DEUTSCHLAND

3	*Einführung* **Deutsch**
19	*Introduction* **Français**
33	*Introduction* **English**
47	*Introduzione* **Italiano**

DEUTSCHLAND

2004

■ *Auswahl an Hotels und Restaurants*
Sélection d'hôtels et de restaurants ■
■ *Selection of hotels and restaurants*
Selezione di alberghi e ristoranti ■

MICHELIN

Der Michelin-Führer bietet Ihnen in jeder Komfort- und Preiskategorie eine Auswahl der besten Hotels und Restaurants. Diese Auswahl wird von einem Team von Inspektoren mit Ausbildung in der Hotellerie erstellt, die das Jahr hindurch das ganze Land bereisen. Ihre Aufgabe ist es, die Qualität und die Leistung der empfohlenen und der neu aufzunehmenden Hotels und Restaurants zu überprüfen. Als Angestellte bei Michelin arbeiten die Inspektoren anonym und völlig unabhängig.

Die Einrichtung und der gebotene Service der Betriebe wird durch Symbole gekennzeichnet- eine internationale Sprache, die auf einen Blick erkennen lässt, ob ein Hotel beispielsweise einen Parkplatz oder ein Schwimmbad besitzt. Um diese umfangreiche Information voll nutzen zu können, werfen Sie einen Blick in die Einleitung. Der Text, der die Atmosphäre eines Hotels oder Restaurants beschreibt, ergänzt die Symbole.

Die Empfehlung im Michelin-Führer ist absolut kostenlos. Alle empfohlenen Hotels und Restaurants füllen jedes Jahr einen Fragebogen aus, in dem uns die Schließungszeiten und die aktuellen Preise für das nächste Jahr genannt werden. Nahezu 100 000 Veränderungen für jede Ausgabe ergeben sich daraus (neue Betriebe, veränderte Preise und Schließungszeiten).

Eine sehr große Hilfe sind jedoch auch Sie, unsere Leser - mit beinahe 45 000 Briefen und E-Mails aus ganz Europa.

Wir bedanken uns im Voraus für Ihre Hilfe und wünschen Ihnen eine gute Reise mit dem Michelin-Führer 2004.

Die Auswahl des Michelin-Führers finden Sie auch im Internet unter : www.Viamichelin.de
Sie erreichen uns unter : dermichelinfuehrer-deutschland@de.michelin.com

Inhaltsverzeichnis

S. 5 *Zum Gebrauch dieses Führers*

S. 14 *Umgebungskarten*

S. 61 *Die Sterne-Restaurants*

S. 64 *Die "Bib Gourmand"*

S. 69 *Die "Bib Hotel"*

S. 72 *Karte: Sterne-Restaurants, "Bib Gourmand", "Bib Hotel", angenehme, sehr ruhige, abgelegene Hotels*

S. 84 *Biere*

S. 87 *Weine*

S. 95 *Hotels, Restaurants, Stadtpläne, Sehenswürdigkeiten*

S. 1547 *Ferientermine*

S. 1548 *Entfernungen*

S. 1550 *Atlas: Hauptverkehrsstraßen, Hotels an der Autobahn, Freizeitparks und Städte mit Umgebungskarten*

S. 1556 *Auszug aus dem Messe- und Veranstaltungskalender*

S. 1558 *Internationale Telefon-Vorwahlnummern*

Wahl eines Hotels, eines Restaurants

Die Auswahl der in diesem Führer aufgeführten Hotels und Restaurants ist für Reisende gedacht. In jeder Kategorie drückt die Reihenfolge der Betriebe (sie sind nach ihrem Komfort klassifiziert) eine weitere Rangordnung aus.

Kategorien

🏨🏨🏨	XXXXX	*Großer Luxus und Tradition*
🏨🏨	XXXX	*Großer Komfort*
🏨	XXX	*Sehr komfortabel*
🏠	XX	*Mit gutem Komfort*
🏡	X	*Mit Standard-Komfort*
🍴		*Familiär geführter Gasthof*
garni		*Hotel ohne Restaurant*
	mit Zim	*Restaurant vermietet auch Zimmer*

Annehmlichkeiten

Manche Häuser sind im Führer durch rote Symbole gekennzeichnet (s. unten.) Der Aufenthalt in diesen ist wegen der schönen, ruhigen Lage, der nicht alltäglichen Einrichtung und Atmosphäre sowie dem gebotenen Service besonders angenehm und erholsam.

🏨🏨🏨 bis 🏡		*Angenehme Hotels*
XXXXX bis X		*Angenehme Restaurants*
🕊		*Sehr ruhiges, oder abgelegenes und ruhiges Hotel*
🕊		*Ruhiges Hotel*
≼ Rhein		*Reizvolle Aussicht*
≼		*Interessante oder weite Sicht*

Die Übersichtskarten S. 72 – S. 83, auf denen die Orte mit besonders angenehmen oder sehr ruhigen Häusern eingezeichnet sind, helfen Ihnen bei der Reisevorbereitung. Teilen Sie uns bitte nach der Reise Ihre Erfahrungen und Meinungen mit. Sie helfen uns damit, den Führer weiter zu verbessern.

Einrichtung

*Die meisten der empfohlenen Hotels verfügen über Zimmer, die alle oder doch zum größten Teil mit Telefon, Bad oder Dusche ausgestattet sind.
In den Häusern der Kategorien 🏠 und 🍸 können diese jedoch in einigen Zimmern fehlen.*

30 Zim	Anzahl der Zimmer
🛗	Fahrstuhl
▤	Klimaanlage
TV	Fernsehen im Zimmer
⊄⊁	Haus teilweise reserviert für Nichtraucher
☏	Modem-, Faxanschluss im Zimmer
♿	Für Körperbehinderte leicht zugänglich
🚻	Spezielle Einrichtungen/Angebote für Kinder
🌳	Garten-, Terrassenrestaurant
ⓦ	Wellness center : schöner Bereich zum Wohlfühlen und Entspannen.
🏊 🏊	Freibad, Hallenbad oder Thermalhallenbad
⚓	Badeabteilung, Thermalkur
🏋 ≦s	Fitnessraum – Sauna – Dampfbad
🏖 🌿	Strandbad – Liegewiese, Garten
🎾	Hoteleigener Tennisplatz
⛳18	Golfplatz und Lochzahl
👥 150	Konferenzräume mit Höchstkapazität
🚗	Hotelgarage, überdachter Parkplatz (wird gewöhnlich berechnet)
P	Parkplatz reserviert für Gäste
🐕‍🦺	Hunde sind unerwünscht (im ganzen Haus bzw. in den Zimmern oder im Restaurant)
Fax	Telefonische Dokumentenübermittlung
Mai-Okt.	Öffnungszeit (Saisonhotel), vom Hotelier mitgeteilt
nur Saison	Unbestimmte Öffnungszeit eines Saisonhotels.

Häuser ohne Angabe von Schließungszeiten sind ganzjährig geöffnet.

Küche

Die Sterne
*Einige Häuser verdienen wegen ihrer
überdurchschnittlich guten Küche Ihre besondere
Beachtung. Auf diese Häuser weisen die Sterne hin.
Bei den mit « **Stern** » ausgezeichneten Betrieben
nennen wir maximal drei kulinarische Spezialitäten,
die Sie probieren sollten.*

❁❁❁ **Eine der besten Küchen : eine Reise wert**
*Man isst hier immer sehr gut, öfters auch
exzellent. Große Weine, tadelloser Service,
elegante Atmosphäre... entsprechende Preise.*

❁❁ **Eine hervorragende Küche : verdient einen Umweg**
Ausgesuchte Menus und Weine... angemessene Preise.

❁ **Eine sehr gute Küche : verdient Ihre besondere Beachtung**
*Der Stern bedeutet eine angenehme Unterbrechung
Ihrer Reise.
Vergleichen Sie aber bitte nicht den Stern
eines sehr teuren Luxusrestaurants mit dem Stern
eines kleineren oder mittleren Hauses, wo man Ihnen
zu einem annehmbaren Preis eine ebenfalls
vorzügliche Mahlzeit reicht.*

Der "Bib Gourmand"

Sorgfältig zubereitete, preiswerte Mahlzeiten

Für Sie wird es interessant sein, auch solche Häuser kennen zu lernen, die eine sehr gute, vorzugsweise regionale Küche zu einem besonders günstigen Preis-Leistungs-Verhältnis bieten.
Im Text sind die betreffenden Restaurants durch das rote Symbol ⓐ "Bib Gourmand" und Menu *kenntlich gemacht, z. B* Menu 28/45.

Siehe Karte der Sterne ✿✿✿, ✿✿, ✿
und "Bib Gourmand" ⓐ S. 72 bis S. 83.
Siehe auch ⇔ S. 10.

Biere und Weine : siehe S. 84, 86, 87, 88

Die Weinkarte

Weinkarte mit besonders attraktivem Angebot

Einige der von uns empfohlenen Restaurants bieten eine besonders interessante Weinauswahl. Aber bitte vergleichen Sie nicht die Weinkarte, die Ihnen vom Sommelier eines großen Hauses präsentiert wird, mit der Auswahl eines Gasthauses, dessen Besitzer die Weine der Region mit Sorgfalt zusammenstellt.

Übernachtung

Der "Bib Hotel"

Hier übernachten Sie gut und preiswert

Suchen Sie ein gastfreundliches Hotel mit zeitgemäßem Komfort, das Ihnen Zimmer zu einem guten Preis-Leistungs-Verhältnis bietet?
In diesen Hotels bietet man Ihnen Zimmer für zwei Personen mit Frühstück für weniger als 90€ an.
Diese Häuser werden durch den "Bib Hotel" und Zim *gekennzeichnet.*

Alle "Bib Hotel" finden Sie auf der Liste S. 69 bis S. 71 und auf den Übersichtskarten S. 72 bis S. 83.

Preise

*Die in diesem Führer genannten Preise wurden uns im Sommer 2003 angegeben. Die Preise sind in Euro angegeben und beziehen sich auf die **Hochsaison**. Sie können sich mit den Preisen von Waren und Dienstleistungen ändern.*
Sie enthalten Bedienung und MWSt.
Es sind Inklusivpreise, die sich nur noch durch die evtl. zu zahlende Kurtaxe erhöhen können.

Erfahrungsgemäß werden bei größeren Veranstaltungen, Messen und Ausstellungen (siehe Seiten am Ende des Führers) in vielen Städten und deren Umgebung erhöhte Preise verlangt.

Die Namen der Hotels und Restaurants, die ihre Preise genannt haben, sind fett gedruckt.
Gleichzeitig haben sich diese Häuser verpflichtet, die von den Hoteliers selbst angegebenen Preise den Benutzern des Michelin-Führers zu berechnen.

Halten Sie beim Betreten des Hotels den Führer in der Hand. Sie zeigen damit, daß Sie aufgrund dieser Empfehlung gekommen sind.

Mahlzeiten

∞   **Mahlzeiten** *(3-gängig)* **unter** 14 Euro (€)

Feste Menupreise :
Menu 20/42   *Mindestpreis* 20 €, *Höchstpreis* 42 €

Mahlzeiten « à la carte »
Menu à la carte 30/41   *Der erste Preis entspricht einer einfachen Mahlzeit und umfaßt Suppe, Hauptgericht, Dessert. Der zweite Preis entspricht einer reichlicheren Mahlzeit (mit Spezialität) bestehend aus: Vorspeise, Hauptgericht, Käse oder Dessert.*

♀   *Wein wird glasweise ausgeschenkt*

Zimmer

31 Zim — *Anzahl der Zimmer.*

🍽 90/150 — *Mindest- und Höchstpreis für Einzelzimmer*

170/210 — *Mindest- und Höchstpreis für Doppelzimmer inkl. Frühstück.*

🍽 20 — *Preis des Frühstücks.*

Suiten und Junior Suiten — *Preise auf Anfrage*

Halbpension

1/2 P 20/40 — *Aufschlag zum Zimmerpreis für Halbpension pro Person und Tag während der Hauptsaison. Es ist ratsam, sich beim Hotelier vor der Anreise nach den genauen Bedingungen zu erkundigen.*

Anzahlung

Einige Hoteliers verlangen eine Anzahlung. Diese ist als Garantie sowohl für den Hotelier als auch für den Gast anzusehen. Es ist ratsam, sich beim Hotelier nach den genauen Bedingungen und Preisen zu erkundigen.

Kreditkarten

AE ⓪ ⓶ VISA JCB — *Akzeptierte Kreditkarten: American Express, Diner's Club, Mastercard (Eurocard), Visa, Japan Credit Bureau*

Städte

In alphabetischer Reihenfolge
(ä = ae, ö = oe, ü = ue, ß = ss)

✉ 78267 Aach	Postleitzahl und Name des Verteilerpostamtes
Ⓛ	Landeshauptstadt
645 R 20	Nummer der Michelin-Karte
718 L 3	mit Koordinaten
24 000 Ew.	Einwohnerzahl
Höhe 175 m	Höhe
Heilbad Kneippkurort Heilklimatischer Kurort-Luftkurort Seebad Erholungsort Wintersport	Art des Ortes
800/1 000 m	Höhe des Wintersportgeländes und Maximal-Höhe, die mit Kabinenbahn oder Lift erreicht werden kann
🚡 2	Anzahl der Kabinenbahnen
🎿 4	Anzahl der Schlepp- oder Sessellifts
⛷	Langlaufloipen
AX A	Markierung auf dem Stadtplan
❋ ≤	Rundblick, Aussichtspunkt
⛳18	Golfplatz mit Lochzahl
✈	Flughafen
🚗	Ladestelle für Autoreisezüge – Nähere Auskünfte bei allen Fahrkartenausgaben
🚢 ⛴	Autofähre, Personenfähre
🛈	Informationsstelle
ADAC	Allgemeiner Deutscher Automobilclub

Sehenswürdigkeiten

Bewertung

★★★	*Eine Reise wert*
★★	*Verdient einen Umweg*
★	*Sehenswert*

Lage

Sehenswert	*In der Stadt*
Ausflugsziel	*In der Umgebung der Stadt*
N, S, O, W	*Im Norden, Süden, Osten, Westen der Stadt.*
über ①, ④	*Zu erreichen über die Ausfallstraße ① bzw. ④, die auf dem Stadtplan und der Michelin-Karte identisch gekennzeichnet sind*
6 km	*Entfernung in Kilometern*

Reiseinformationen

Deutsche Zentrale für Tourismus (DZT)
Beethovenstr. 69, 60325 Frankfurt, ℘ *(069) 97 46 40, Fax 751903.*

ADAC : *Adressen im jeweiligen Ortstext*
℘ *(01805) 10 11 12*
(Servicenummer, bundeseinheitlich)
℘ *(01802) 22 22 22*
(Notrufnummer, bundeseinheitlich).

AvD : *Lyoner Str. 16, 60528 Frankfurt – Niederrad,*
℘ *(069) 6 60 60, Fax 6606789, Notruf (gebührenfrei)* ℘ *(0800) 990 99 09.*

ACE : *Schmidener Str. 227, 70374 Stuttgart,*
℘ *(01802) 33 66 77, Fax (01802) 33 66 78, Notruf :*
℘ *(01802) 34 35 36.*

Umgebungskarten

Denken Sie daran, sie zu benutzen

Die Umgebungskarte erleichtert Ihnen die Suche nach einem Hotel oder Restaurant in der Nähe einer größeren Stadt.

Wenn Sie zum Beispiel eine gute Adresse in der Nähe von München suchen, gibt Ihnen die Umgebungskarte schnell einen Überblick über alle Orte, die in diesem Führer erwähnt sind. Innerhalb der in Kontrastfarbe gedruckten Grenze liegen die Orte, die in einem Zeitraum von 30 Minuten mit dem Auto zu erreichen sind...

Anmerkung :

Alle Orte, die auf einer Umgebungskarte verzeichnet sind, haben im Ortsblock einen Hinweis. Der entsprechende Ortsname ist in diesem Falle in den Entfernungsangaben in „BLAU" gedruckt.

Beispiel :

FREISING Bayern 546 U 19, 47000 Ew – Höhe 448 m
Sehenswert : Domberg★ – Dom★ (Chorgestühl★, Benediktuskapelle★)
🛈 Touristinformation, Marienplatz 7, ✉ 85354, ✆ (08161) 5 41 22, touristinfo@freising.de, Fax (08161) 54231
Berlin 564 – München 37 – Ingolstadt 56 – Landshut 36 – Nürnberg 144

Sie finden FREISING auf der Umgebungskarte von München

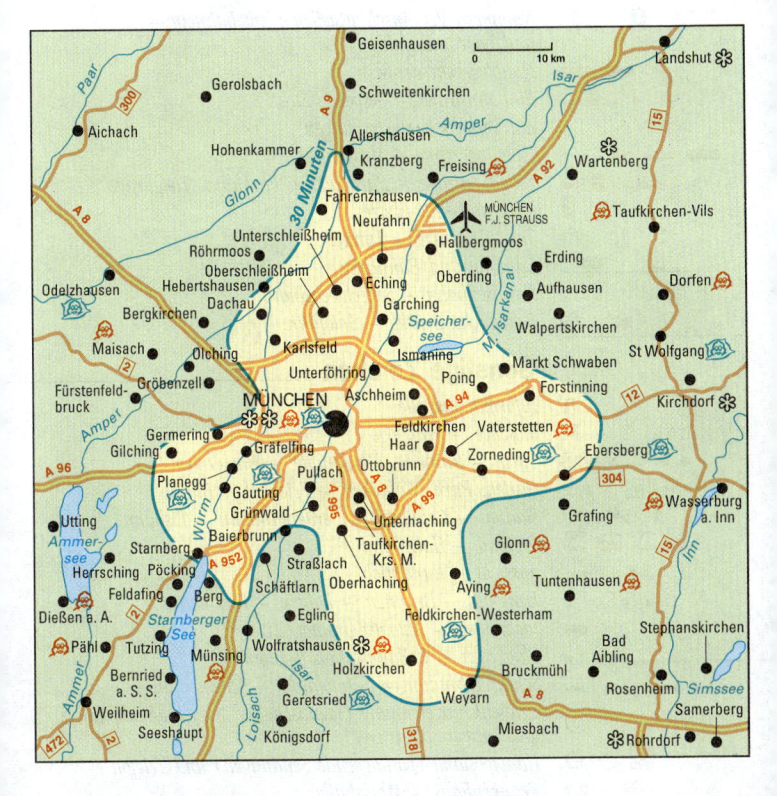

*Die Umgebungs-
karten finden
Sie auf der
Themenkarte
S. 72 bis S. 83.*

Stadtpläne

□ ● Hotels
■ ● Restaurants

Sehenswürdigkeiten

Sehenswertes Gebäude
Sehenswerter Sakralbau

Straßen

Autobahn, Schnellstraße
Nummern der Anschlußstellen : Autobahnein – und/oder –ausfahrt
Hauptverkehrsstraße
Einbahnstraße – Gesperrte Straße, mit Verkehrsbeschränkungen
Fußgängerzone – Straßenbahn
Einkaufsstraße – Parkplatz – Parkhaus, Tiefgarage
Park-and-Ride-Plätze
Tor – Passage – Tunnel
Bahnhof und Bahnlinie
Standseilbahn – Seilschwebebahn
Bewegliche Brücke – Autofähre

Sonstige Zeichen

Informationsstelle
Moschee – Synagoge
Turm – Ruine – Windmühle – Wasserturm
Garten, Park, Wäldchen – Friedhof – Bildstock
Stadion – Golfplatz – Pferderennbahn – Eisbahn
Freibad – Hallenbad
Aussicht – Rundblick
Denkmal – Brunnen – Fabrik – Leuchtturm
Jachthafen – Autobusbahnhof
Flughafen – U-Bahnstation, S-Bahnhof
Schiffsverbindungen : Autofähre – Personenfähre
Straßenkennzeichnung (identisch auf Michelin-Stadtplänen und -Abschnittskarten)
Hauptpostamt (postlagernde Sendungen) und Telefon
Krankenhaus – Markthalle
Öffentliches Gebäude, durch einen Buchstaben gekennzeichnet :
L R - Sitz der Landesregierung – Rathaus
J - Gerichtsgebäude
M T U - Museum – Theater – Universität, Hochschule
POL - Polizei (in größeren Städten Polizeipräsidium)
ADAC Automobilclub

- ☐ a. 🏠 **Privatunterkunft mit Charme**
- ☐ b. 💰 **Zimmer bis maximal 40€ pro Übernachtung**
- ☐ c. 😊 **Das große Plus, das Sie sich nicht entgehen lassen sollten**

Was verbirgt sich hinter dem Bild?
Die Antwort finden Sie im neuen Michelin-Führer Charme und Ambiente!

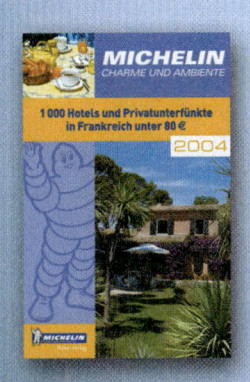

Ob rustikaler, alter Bauernhof, edles Weingut oder ein hinter Bäumen verstecktes Schlösschen – Michelins nach Regionen unterteilte Auswahl garantiert Ihnen immer einen herzlichen Empfang, den auch kleinere Budgets zu schätzen wissen.
Der Michelin-Führer Charme und Ambiente – Freude am Reisen!

MICHELIN

☐ a. *Filmpark Babelsberg*
☐ b. *Mini-Hollywood, Tabernas in Andalusien*
☐ c. *Warner Bros. Movie World*

**Was verbirgt sich hinter dem Bild?
Die Antwort finden Sie im Grünen Reiseführer!**

- Alle wichtigen Sehenswürdigkeiten
- Detaillierte Streckenvorschläge
- Zahlreiche praktische Hinweise
- Adressen, die keine Wünsche offen lassen

Der Grüne Reiseführer – Reisen bedeutet Erleben!

MICHELIN

*Le Guide Michelin vous propose,
dans chaque catégorie de confort et de prix,
une sélection des meilleurs hôtels et restaurants.
Cette sélection est effectuée par une équipe
d'inspecteurs, professionnels de formation
hôtelière, qui sillonnent le pays toute l'année
pour visiter de nouveaux établissements et ceux
déjà cités afin d'en vérifier la qualité et la
régularité des prestations. Salariés Michelin,
les inspecteurs travaillent en tout anonymat
et en toute indépendance.*

*Les équipements et services sont signalés par
des symboles, langage international qui vous
permet de voir en un coup d'œil si un hôtel dispose,
par exemple, d'un parking ou d'une piscine.
Pour bien profiter de cette très riche source
d'information, plongez-vous dans l'introduction.
Un texte décrivant l'atmosphère de l'hôtel
ou du restaurant complète ces renseignements.*

*L'inscription dans le guide est totalement gratuite.
Chaque année, les hôteliers et restaurateurs cités
remplissent le questionnaire qui leur est envoyé,
nous fournissant les dates d'ouverture et les prix
pour l'année à venir.
Près de 100 000 informations sont mises à jour
pour chaque édition (nouveaux établissements,
changements de tarif, dates d'ouverture).*

*Une grande aide vient aussi des commentaires
des lecteurs avec près de 45 000 lettres
et Email par an, pour toute l'Europe.*

*Merci d'avance pour votre participation et bon
voyage avec le Guide Michelin 2004.*

*Consultez le Guide Michelin sur
www.Viamichelin.de
et écrivez-nous à : dermichelinfuehrer-
deutschland@de.michelin.com*

Sommaire

- 21 Comment se servir du guide
- 30 Les cartes de voisinage
- 61 Les établissements à étoiles
- 64 Le "Bib Gourmand"
- 69 Le "Bib Hôtel"
- 72 Carte des bonnes tables à étoiles, "Bib Gourmand", "Bib Hôtel", hôtels agréables, isolés, très tranquilles
- 84 La bière
- 89 Les vins
- 95 Hôtels, restaurants, plans de ville, curiosités...
- 1547 Vacances scolaires
- 1548 Distances
- 1550 Atlas : principales routes, hôtels d'autoroutes, parcs de récréation et localisations des cartes de voisinage
- 1556 Calendrier des foires
- 1558 Indicatifs téléphoniques internationaux

Le choix d'un hôtel, d'un restaurant

Ce guide vous propose une sélection d'hôtels et restaurants établie à l'usage de l'automobiliste de passage. Les établissements, classés selon leur confort, sont cités par ordre de préférence dans chaque catégorie.

Catégories

🏨🏨🏨🏨🏨	XXXXX	Grand luxe et tradition
🏨🏨🏨🏨	XXXX	Grand confort
🏨🏨🏨	XXX	Très confortable
🏨🏨	XX	De bon confort
🏨	X	Assez confortable
♠		Simple mais convenable
garni		L'hôtel n'a pas de restaurant
	mit Zim	Le restaurant possède des chambres

Agrément et tranquillité

Certains établissements se distinguent dans le guide par les symboles rouges indiqués ci-après.
Le séjour dans ces hôtels se révèle particulièrement agréable ou reposant. Cela peut tenir d'une part au caractère de l'édifice, au décor original, au site, à l'accueil et aux services qui sont proposés, d'autre part à la tranquillité des lieux.

🏨🏨🏨🏨🏨 à 🏨		Hôtels agréables
XXXXX à X		Restaurants agréables
🖐		Hôtel très tranquille ou isolé et tranquille
🖐		Hôtel tranquille
← Rhein		Vue exceptionnelle
←		Vue intéressante ou étendue.

Les localités possédant des établissements agréables ou très tranquilles sont repérées sur les cartes pages 72 à 83.
Consultez-les pour la préparation de vos voyages et donnez-nous vos appréciations à votre retour, vous faciliterez ainsi nos enquêtes.

L'installation

Les chambres des hôtels que nous recommandons possèdent, en général, le téléphone et des installations sanitaires complètes. Il est toutefois possible que dans les catégories 🏠 et 🏡, certaines chambres en soient dépourvues.

30 Zim	Nombre de chambres
🛗	Ascenseur
▤	Air conditionné
TV	Télévision dans la chambre
⌖	Établissement en partie réservé aux non-fumeurs
☏	Prise Modem – Fax dans la chambre
♿	Accessible aux handicapés physiques
🧒	Equipements d'accueil pour les enfants
🍽	Repas servis au jardin ou en terrasse
ⓦ	Wellness centre : bel espace de bien-être et de relaxation
🏊 🏊	Piscine : de plein air ou couverte
⚕	Balnéothérapie, Cure thermale
🏋 ♨	Salle de remise en forme – Sauna
🏖 🌳	Plage aménagée – Jardin de repos
🎾	Tennis à l'hôtel
⛳18	Golf et nombre de trous
👥 150	Salles de conférences : capacité maximum
🚗	Garage dans l'hôtel (généralement payant)
P	Parking réservé à la clientèle
🐕‍🚫	Accès interdit aux chiens (dans tout ou partie de l'établissement)
Fax	Transmission de documents par télécopie
Mai-Okt.	Période d'ouverture, communiquée par l'hôtelier
nur Saison	Ouverture probable en saison mais dates non précisées. En l'absence de mention, l'établissement est ouvert toute l'année.

La table

Les étoiles

*Certains établissements méritent d'être signalés
à votre attention pour la qualité de leur cuisine.
Nous les distinguons par
les étoiles de bonne table.*

*Nous indiquons, pour ces établissements,
trois spécialités culinaires qui pourront orienter
votre choix.*

❀❀❀ **Une des meilleures tables, vaut le voyage**
*On y mange toujours très bien, parfois merveilleusement.
Grands vins, service impeccable, cadre élégant...
Prix en conséquence.*

❀❀ **Table excellente, mérite un détour**
*Spécialités et vins de choix...
Attendez-vous à une dépense en rapport.*

❀ **Une très bonne table dans sa catégorie**
*L'étoile marque une bonne étape sur votre itinéraire.
Mais ne comparez pas l'étoile d'un établissement
de luxe à prix élevés avec celle d'une petite maison
où, à prix raisonnables, on sert également une cuisine
de qualité.*

Le "Bib Gourmand"

Repas soignés à prix modérés

Vous souhaitez parfois trouver des tables plus simples, à prix modérés ; c'est pourquoi nous avons sélectionné des restaurants proposant, pour un rapport qualité-prix particulièrement favorable, un repas soigné, souvent de type régional. Ces restaurants sont signalés par 🍲 *le* "Bib Gourmand" *et* Menu *en rouge.*
Ex. Menu 28/45.

Consultez les cartes des étoiles de bonne table ✿✿✿, *✿✿, ✿ et des* "Bib Gourmand" 🍲 Menu, *pages 72 à 83. Voir aussi* 📖 *page 26.*

La bière et les vins : voir p. 84, 86, 89 et 90

La carte des vins

Carte offrant un choix particulièrement attractif.

Parmi les restaurants que nous avons sélectionnés, dans toutes les catégories, certains proposent une carte des vins particulièrement attractive. Mais attention à ne pas comparer la carte présentée par le sommelier d'un grand restaurant avec celle d'une auberge dont le patron se passionne pour les vins de sa région.

L'hébergement

Le Bib Hôtel

Bonnes nuits à petits prix

*Vous cherchez un hôtel accueillant
et au confort actuel vous proposant des chambres
d'un bon rapport qualité-prix ?
Ces hôtels affichent des prix de chambre
pour deux personnes, petits déjeuners compris,
à moins de 90€.
Ils vous sont signalés par le "Bib Hôtel"* et Zim

Consultez la liste des Bib Hôtels pages 69 à 71 et repérez les sur les cartes pages 72 à 83.

Les prix

*Les prix indiqués dans ce guide, établis
en été 2003, sont donnés en euros (€).
Ils s'appliquent à la* **haute saison** *et sont susceptibles
de modifications, notamment en cas de variations
des prix des biens et des services. Ils s'entendent
taxes et services compris. Aucune majoration
ne doit figurer sur votre note, sauf éventuellement
la taxe de séjour.*

*A l'occasion de certaines manifestations
commerciales ou touristiques (voir les dernières
pages), les prix demandés par les hôteliers risquent
d'être sensiblement majorés dans certaines villes
jusqu'à leurs lointains environs.*

*Les hôtels et restaurants figurent en gros caractères
lorsque les hôteliers nous ont donné
tous leurs prix et se sont engagés,
sous leur propre responsabilité,
à les appliquer aux touristes
de passage porteurs de notre guide.*

*Entrez à l'hôtel le Guide à la main, vous montrerez
ainsi qu'il vous conduit là en confiance.*

Repas

☜   *Établissement proposant un repas simple
à* **moins de** 14 Euro (€)

Menus à prix fixe :

Menu 20/42   *minimum* 20 € *maximum* 42 €

Repas à la carte

Menu à la carte 30/41   *Le premier prix correspond à un repas normal
comprenant : potage, plat garni et dessert.
Le 2e prix concerne un repas plus complet
(avec spécialité) comprenant : entrée, plat garni,
fromage ou dessert.*

♀   *Vin servi au verre.*

Chambres

31 Zim — *Nombre de chambre*
⌦ 90/150- — *Prix d'une chambre pour une personne*
170/210 — *minimum/maximum – Prix d'une chambre pour deux personnes minimum/maximum petit déjeuner compris*
⌦ 20 — *Prix du petit déjeuner*
Suites et junior suites — *Se renseigner auprès de l'hôtelier*

Demi-pension

1/2 P 20/40 — *Supplément pour la demi-pension par personne et par jour, en saison. Il est indispensable de s'entendre par avance avec l'hôtelier pour conclure un arrangement définitif.*

Les arrhes

Certains hôteliers demandent le versement d'arrhes. Il s'agit d'un dépôt-garantie qui engage l'hôtelier comme le client. Bien faire préciser les dispositions de cette garantie.

Cartes de crédit

AE ⓪ ⓪ VISA JCB — *Cartes de crédit acceptées par l'établissement American Express, Diner's Club, Mastercard (Eurocard), Visa, Japan Crédit Bureau*

Les villes

*Classées par ordre alphabétique
(mais ä = ae, ö = oe, ü = ue, ß = ss)*

✉ 78267 Aach	Numéro de code postal et nom du bureau distributeur du courrier
L	Capitale de « Land »
546 *R 20*	Numéro de la Carte Michelin
719 *L 3*	et carroyage
24 000 Ew	Population
Höhe 175 m	Altitude de la localité
Heilbad	Station thermale
Kneippkurort	Station de cures Kneipp
Heilklimatischer	Station climatique
Kurort-Luftkurort	Station climatique
Seebad	Station balnéaire
Erholungsort	Station de villégiature
Wintersport	Sports d'hiver
800/1 000 m	Altitude de la station et altitude maximum atteinte par les rémontées mécaniques
🚡 2	Nombre de téléphériques ou télécabines
🎿 4	Nombre de remonte-pentes et télésièges
⛷	Ski de fond
AX A	Lettres repérant un emplacement sur le plan
✻ ≤	Panorama, vue
⛳18	Golf et nombre de trous
✈	Aéroport
🚗	Localité desservie par train-auto. Renseignements aux guichets
🚢 ⛴	Transports maritimes : passagers et voitures, passagers seulement
🛈	Information touristique
ADAC	Automobile Club d'Allemagne

Les curiosités

Intérêt

★★★	*Vaut le voyage*
★★	*Mérite un détour*
★	*Intéressant*

Situation

Sehenswert	*Dans la ville*
Ausflugsziel	*Aux environs de la ville*
N, S, O, W	*La curiosité est située : au Nord, au Sud, à l'Est, ou à l'Ouest*
über ①, ④	*On s'y rend par la sortie ① ou ④ repérée par le même signe sur le plan du Guide et sur la carte*
6 km	*Distance en kilomètres*

Les cartes de voisinage

Avez-vous pensé à les consulter ?

Vous souhaitez trouver une bonne adresse, par exemple aux environs de München ? Consultez la carte qui accompagne le plan de la ville.

La "carte de voisinage" (ci-contre) attire votre attention sur toutes les localités citées au Guide autour de la ville choisie, et particulièrement celles qui sont accessibles en automobile en moins de 30 minutes (limite en couleur).

Les "cartes de voisinage" vous permettent ainsi le repérage rapide de toutes les ressources proposées par le Guide autour des métropoles régionales.

Nota :

Lorsqu'une localité est présente sur une "carte de voisinage", sa métropole de rattachement est imprimée en BLEU sur la ligne des distances de ville à ville.

Exemple :

Vous trouverez FREISING sur la carte de voisinage de München

FREISING Bayern 546 U 19, 47000 Ew – Höhe 448 m
Sehenswert : Domberg★ – Dom★ (Chorgestühl★, Benediktuskapelle★)

🛈 Touristinformation, Marienplatz 7, ✉ 85354, ℘ (08161) 5 41 22, touristinfo@freising.de, Fax (08161) 54231
Berlin 564 – München 37 – Ingolstadt 56 – Landshut 36 – Nürnberg 144

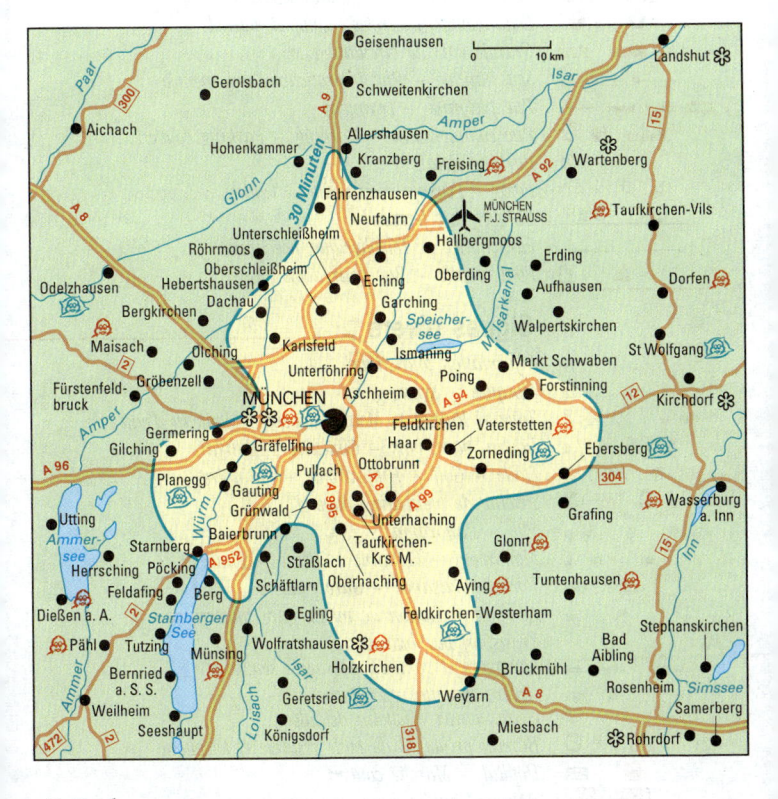

Toutes les « cartes de voisinage » sont localisées sur la carte thématique pages 72 à 83.

Les plans

Hôtels
Restaurants

Curiosités

Bâtiment intéressant
Édifice religieux intéressant

Voirie

Autoroute, route à chaussées séparées
Echangeurs numérotés : complet, partiel
Grande voie de circulation
Sens unique – Rue impraticable, réglementée
Rue piétonne – Tramway
Karlstr. Rue commerçante – Parking – Parking couvert
Parking Relais
Porte – Passage sous voûte – Tunnel
Gare et voie ferrée
Funiculaire – Téléphérique, télécabine
Pont mobile – Bac pour autos

Signes divers

Information touristique
Mosquée – Synagogue
Tour – Ruines – Moulin à vent – Château d'eau
Jardin, parc, bois – Cimetière – Calvaire
Stade – Golf – Hippodrome – Patinoire
Piscine de plein air, couverte
Vue – Panorama
Monument – Fontaine – Usine – Phare
Port de plaisance – Gare routière
Aéroport – Station de métro, gare souterraine
Transport par bateau :
passagers et voitures, passagers seulement
Repère commun aux plans
et aux cartes Michelin détaillées
Bureau principal de poste restante et téléphone
Hôpital – Marché couvert
Bâtiment public repéré par une lettre :
L   R   - Conseil provincial – Hôtel de ville
J   - Palais de justice
M   T   U   - Musée – Théâtre – Université, grande école
POL.   - Police (commissariat central)
ADAC   Automobile Club

The Michelin Guide offers a selection of the best hotels and restaurants in many categories of comfort and price. It is compiled by a team of professionally trained inspectors who travel the country visiting new establishments as well as those already listed in the guide. Their mission is to check the quality and consistency of the amenities and service provided by the hotels and restaurants throughout the year. The inspectors are full-time Michelin employees and their assessments, made anonymously, are therefore completely impartial and independant.

The amenities found in each establishment are indicated by symbols, an international language which enables you to see at a glance whether a hotel has a car park or swimming pool. To take full advantage of the wealth of information contained in the guide, consult the introduction. A short descriptive text complements the symbols.

Entry in the Michelin Guide is completely free of charge and every year the proprietors of those establishments listed complete a questionnaire giving the opening times and prices for the coming year. Nearly 100,000 pieces of information are updated for each annual edition.

Our readers also contribute through the 45,000 letters and e-mails received annually commenting on hotels and restaurants throughout Europe.

Thank you for your support and please continue to send us your comments. We hope you enjoy travelling with the Michelin Guide 2004.

Consult the Michelin Guide at **www.Viamichelin.de** *and write to us at :* **dermichelinfuehrer-deutschland@de.michelin.com**

Contents

- 35 *How to use this guide*
- 44 *Local maps*
- 61 *Starred establishments*
- 64 *The* **"Bib Gourmand"**
- 69 *The* **"Bib Hotel"**
- 72 *Map of star-rated restaurants; the* **"Bib Gourmand"***,* **"Bib Hotel"***, pleasant, secluded and very quiet hotels*
- 85 *Beer*
- 91 *Wines*
- 95 *Hotels, restaurants, town plans, sights*
- 1547 *School holidays*
- 1548 *Distances*
- 1550 *Atlas: main roads, motorway hotels, leisure centres and location of local maps*
- 1556 *Calendar of fairs and other events*
- 1558 *International dialling codes*

Choosing a hotel or restaurant

*This guide offers a selection of hotels
and restaurants to help the motorist on his travels.
In each category establishments are listed in order of
preference according to the degree of comfort they offer.*

Categories

🏨🏨🏨	XXXXX	*Luxury in the traditional style*
🏨🏨	XXXX	*Top class comfort*
🏨	XXX	*Very comfortable*
🏨	XX	*Comfortable*
🏨	X	*Quite comfortable*
♤		*Simple comfort*
garni		*The hotel has no restaurant*
	mit Zim	*The restaurant also offers accommodation*

Peaceful atmosphere and setting

*Certain establishments are distinguished
in the guide by the red symbols shown below.*

*Your stay in such hotels will be particularly pleasant
or restful, owing to the character of the building,
its decor, the setting, the welcome and services
offered, or simply the peace and quiet to be enjoyed
there.*

🏨🏨🏨 to 🏨		*Pleasant hotels*
XXXXX to X		*Pleasant restaurants*
⌘		*Very quiet or quiet, secluded hotel*
⌘		*Quiet hotel*
⇐ Rhein		*Exceptional view*
⇐		*Interesting or extensive view*

*The maps on pages 72 to 83 indicate places
with such peaceful, pleasant hotels and restaurants.*

*By consulting them before setting out and sending
us your comments on your return you can help us
with our enquiries.*

Hotel facilities

In general the hotels we recommend have direct dial phone, full bathroom and toilet facilities in each room. This may not be the case, however, for certain rooms in categories 🏠 and 🐧.

30 Zim	Number of rooms
🛗	Lift (elevator)
▭	Air conditioning
TV	Television in room
🚭	Hotel partly reserved for non-smokers
✆	Modem – Fax point in the bedrooms
♿	Accessible to disabled people
👫	Special facilities for children
🍽	Meals served in garden or on terrace
ⓦ	Wellness center : an extensive facility for relaxation and wellbeing
🏊 🏊	Outdoor or indoor swimming pool
⚕	Hydrotherapy
🏋 🧖	Exercise room – Sauna
🏖 🌳	Beach with bathing facilities – Garden
🎾	Hotel tennis court
⛳18	Golf course and number of holes
👥 150	Equipped conference hall (maximum capacity)
🚗	Hotel garage (additional charge in most cases)
P	Car park for customers only
🚫🐕	Dogs are excluded from all or part of the hotel
Fax	Telephone document transmission
Mai-Okt.	Dates when open, as indicated by the hotelier
nur Saison	Probably open for the season – precise dates not available.

Where no date or season is shown, establishments are open all year round.

Cuisine

Stars

Certain establishments deserve to be brought to your attention for the particularly fine quality of their cooking. **Michelin stars** *are awarded for the standard of meals served.*
For such restaurants we list three culinary specialities to assist you in your choice.

❀❀❀ **Exceptional cuisine, worth a special journey**
One always eats here extremely well, sometimes superbly. Fine wines, faultless service, elegant surroundings. One will pay accordingly!

❀❀ **Excellent cooking, worth a detour**
Specialities and wines of first class quality. This will be reflected in the price.

❀ **A very good restaurant in its category**
The star indicates a good place to stop on your journey. But beware of comparing the star given to an expensive « de luxe » establishment to that of a simple restaurant where you can appreciate fine cuisine at a reasonable price.

The "Bib Gourmand"

Good food at moderate prices

*You may also like to know of other restaurants with less elaborate, moderately priced menus that offer good value for money and serve carefully prepared meals, often of regional cooking.
In the guide such establishments are marked ☺ the "Bib Gourmand" and* Menu *in red just before the price of the menu, for example* Menu 28/45.

Please refer to the map of star-rated restaurants ❀❀❀, ❀❀, ❀ and the "Bib Gourmand" ☺ (pp 72 to 83). See also ☙ page 40.

Beer and wine : see pages 85, 86, 91 and 92

Wine list

A particularly interesting wine list

Some of the restaurants we have chosen, across all categories, offer a particularly interesting wine list. Beware, however, of comparing the list presented by the sommelier of a grand restaurant with that of a simple inn where the owner has a passion for wine.

Accommodation

The "Bib Hotel"

Good accommodation at moderate prices

For a warm welcome and good standards of comfort and service, all at a moderate price, look for the "Bib Hotel" *and* Zim *in the text of the guide.*
Hotels distinguished by the Bib Hotel symbol offer a double or twin room and breakfast for less than 90 €.

All "Bib Hotels" *appear on the list on page 69 to 71 and are shown on the thematic maps on page 72 to 83.*

Prices

*Prices quoted in euros are valid for summer 2003.
They apply to **high season** and changes
may arise particularly if goods and service costs
are revised. The rates include tax and service
and no extra charge should appear on your bill,
with the possible exception of visitors' tax.*

*In the case of certain trade exhibitions or tourist
events (see end of guide), prices demanded
by hoteliers are liable to reasonable increases
in certain cities and for some distance
in the area around them.*

*Hotels and restaurants in bold type have supplied
details of all their rates and have assumed
responsibility for maintaining them
for all travellers in possession of this guide.*

*Your recommendation is selfevident if you always
walk into a hotel, Guide in hand.*

Meals

☜ *Establishment serving a simple meal*
for less than 14 Euro (€)

Set meals
Menu 20/42   *Lowest* 20 € *and highest* 42 € *prices for set meals*

« A la carte » meals
Menu à la carte 30/41   *The first figure is for a plain meal and includes soup,
main dish of the day with vegetables and dessert.
The second figure is for a fuller meal
(with « spécialité ») and includes hors d'œuvre
or soup, main dish with vegetables, cheese or dessert.*

♀   *Wine served by the glass*

Rooms

31 Zim	*Number of rooms*
🍽 90/150	*Lowest/highest price for single rooms –*
170/210	*lowest/highest price for double rooms breakfast included*
🍽 20	*Price for breakfast*
Suites and Junior suites	*Check with the hotelier for prices*

Half board

1/2 P 20/40

This supplement per person per day should be added to the cost of the room in order to obtain the half-board price. It is advisable to agree on terms with the hotelier before arriving.

Deposits

Some hotels will require a deposit, which confirms the commitment of customer and hotelier alike. Make sure the terms of the agreement are clear.

Credit cards

AE ⓪ ⓂⓄ VISA JCB

Credit cards accepted by the establishment
American Express, Diner's Club, Mastercard (Eurocard), Visa, Japan Credit Bureau

Towns

*in alphabetical order
(but ä = ae, ö = oe, ü = ue, ß = ss)*

✉ 78267 Aach	*Postal number and Post Office serving the town*
🅛	*Capital of « Land »*
545 *R 20*	*Michelin map number,*
718 *L 3*	*co-ordinates*
24 000 Ew	*Population*
Höhe 175 m	*Altitude (in metres)*
Heilbad	*Spa*
Kneippkurort	*Health resort (Kneipp)*
Heilklimatischer	*Health resort*
Kurort-Luftkurort	*Health resort*
Seebad	*Seaside resort*
Erholungsort	*Holiday resort*
Wintersport	*Winter sports*
800/1 000 m	*Altitude (in metres) of resort and highest point reached by lifts*
🚡 2	*Number of cable-cars*
🚠 4	*Number of ski and chairlifts*
🎿	*Cross-country skiing*
AX A	*Letters giving the location of a place on the town plan*
※ ≼	*Panoramic view, view*
⛳18	*Golf course and number of holes*
✈	*Airport*
🚗	*Place with a motorail connection, further information from ticket office*
🚢 ⛴	*Shipping line : passengers and cars, passengers only*
🛈	*Tourist Information Centre*
ADAC	*German Automobile Club*

Sights

Star-rating

★★★	Worth a journey
★★	Worth a detour
★	Interesting

Location

Sehenswert	Sights in town
Ausflugsziel	On the outskirts
N, S, O, W	The sight lies north, south, east or west of the town
über ①, ④	Sign on town plan and on the Michelin road map indicating the road leading to a place of interest
6 km	Distance in kilometres

Local maps

May we suggest that you consult them

*Should you be looking for a hotel or a restaurant
not too far from München for example,
you can consult the map along with the town plan.*

*The local map (opposite) draws your attention
to all places arround the town or city selected,
provided they are mentioned in the Guide.
Places located within a thirty minute drive
are clearly identified by the use
of a different coloured background.*

*The various facilities recommended
near the different regional capitals can be located
quickly and easily.*

Note :

*Entries in the Guide provide Information
on distances to nearby towns. Whenever a place
appears on one of the local maps, the name
of the town or city to witch it is attached
is printed "BLUE"*

Example :

FREISING Bayern 546 U 19, 47000 Ew – Höhe 448 m
Sehenswert : *Domberg*★ *– Dom*★ *(Chorgestühl*★*,
Benediktuskapelle*★*)*

FREISING is to be found on the local map München.

🛈 Touristinformation, Marienplatz 7, ✉ 85354,
☏ (08161) 5 41 22, touristinfo@freising.de,
Fax (08161) 54231
Berlin 564 – München 37 – Ingolstadt 56 – Landshut 36
– Nürnberg 144

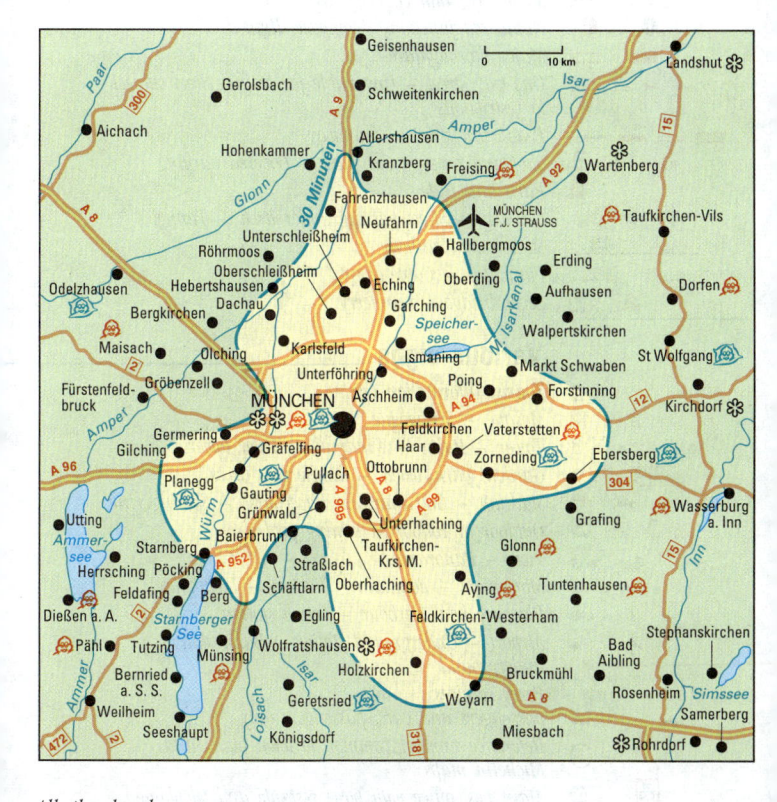

All the local maps are indicated on the thematic map on pages 72 to 83.

Town plans

□ ● Hotels
■ ● Restaurants

Sights

Place of interest
Interesting place of worship

Roads

Motorway, dual carriageway
Numbered junctions : complete, limited
Major thoroughfare
One-way street – Unsuitable for traffic, street subject to restrictions
Pedestrian street – Tramway
Karlstr. Shopping street – Car park – Covered parking
Park and Ride
Gateway – Street passing under arch – Tunnel
Station and railway
Funicular – Cable-car
Lever bridge – Car ferry

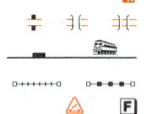

Various signs

Tourist Information Centre
Mosque – Synagogue
Tower – Ruins – Windmill – Water tower
Garden, park, wood – Cemetery – Cross
Stadium – Golf course – Racecourse – Skating rink
Outdoor or indoor swimming pool
View – Panorama
Monument – Fountain – Factory – Lighthouse
Pleasure boat harbour – Coach station
Airport – Underground station, S-Bahn station underground
Ferry services :
passengers and cars, passengers only
(3) Reference number common to town plans and Michelin maps
Main post office with poste restante and telephone
Hospital – Covered market
Public buildings located by letter :
L   R - Provincial Government Office – Town Hall
J - Law Courts
M   T   U - Museum – Theatre – University, College
POL. - Police (in large towns police headquarters)
ADAC Automobile Club

La Guida Michelin le propone, per ogni categoria di confort e di prezzo, una selezione dei migliori alberghi e ristoranti effettuata da un'équipe di professionisti del settore. Gli ispettori, dipendenti Michelin, attraversano il paese tutto l'anno per visitare nuovi esercizi e verificare la qualità e la regolarità delle prestazioni di quelli già citati, lavorando nel più stretto anonimato e in tutta autonomia.

Le attrezzature ed i servizi sono indicati da simboli, un immediato linguaggio internazionale che ti permetterà di capire in un attimo se, per esempio, un albergo dispone di parcheggio o di piscina. Per trarre il meglio da questa ricca fonte d'informazioni, le consigliamo di consultare l'introduzione. Le indicazioni sono poi completate da un testo che descrive l'atmosfera dell'albergo o del ristorante.

L'iscrizione nella guida è completamente gratuita. Ogni anno gli albergatori e i ristoratori citati compilano un questionario inviato loro per fornirci i periodi di apertura e i prezzi per l'anno a venire. Circa 100 000 dati sono aggiornati ad ogni edizione (nuovi esercizi, variazioni di tariffe, periodi di apertura).

Di grande aiuto sono anche i commenti dei lettori che ci inviano circa 45 000 lettere ed e-mail all'anno da tutta l'Europa.

Grazie sin d'ora per la sua partecipazione e buon viaggio con la Guida Michelin 2004.

Consultate la Guida Michelin sul sito **www.Viamichelin.de**
e scriveteci presso **dermichelinfuehrer-deutschland@de.michelin.com**

Sommario

- 49   *Come servirsi della Guida*
- 58   *Le carte dei dintorni*
- 61   *Gli esercizi con stelle*
- 64   *Il* "Bib Gourmand"
- 69   *Il* "Bib Hotel"
- 72   *Carta dei ristoranti con stelle,* "Bib Gourmand"*,* "Bib Hotel"*, degli alberghi ameni, isolati, molto tranquilli*
- 85   *La birra*
- 93   *I vini*
- 95   *Alberghi, ristoranti, piante di città, « curiosità »...*
- 1547   *Vacanze scolastiche*
- 1548   *Distanze*
- 1550   *Carta della Germania : principali strade, alberghi sulle autostrade, parchi di divertimenti e localizzazione delle carte dei dintorni*
- 1556   *Calendario delle fiere*
- 1558   *Indicativi telefonici internazionali*

La scelta di un albergo, di un ristorante

Questa guida propone una selezione di alberghi e ristoranti per orientare la scelta dell'automobilista. Gli esercizi, classificati in base al confort che offrono, vengono citati in ordine di preferenza per ogni categoria.

Categorie

🏨	XXXXX	Gran lusso e tradizione
🏨	XXXX	Gran confort
🏨	XXX	Molto confortevole
🏨	XX	Di buon confort
🏨	X	Abbastanza confortevole
⌂		Semplice, ma conveniente
garni		L'albergo non ha ristorante
	mit Zim	Il ristorante dispone di camere

Amenità e tranquillità

Alcuni esercizi sono evidenziati nella guida dai simboli rossi indicati qui di seguito. Il soggiorno in questi alberghi si rivela particolarmente ameno o riposante.

Ciò può dipendere sia dalle caratteristiche dell'edificio, dalle decorazioni non comuni, dalla sua posizione e dal servizio offerto, sia dalla tranquillità dei luoghi.

🏨	⌂	Alberghi ameni
XXXXX	X	Ristoranti ameni
	⟡	Albergo molto tranquillo o isolato e tranquillo
	⟡	Albergo tranquillo
⇐ Rhein		Vista eccezionale
	⇐	Vista interessante o estesa

Le località che possiedono degli esercizi ameni o molto tranquilli sono riportate sulle carte da pagina 72 a 83.

Consultatele per la preparazione dei vostri viaggi e, al ritorno, inviateci i vostri pareri ; in tal modo agevolerete le nostre inchieste.

Installazioni

Le camere degli alberghi che raccomandiamo possiedono, generalmente, telefono e delle installazioni sanitarie complete.
È possibile tuttavia che nelle categorie 🏠 e 🏡 alcune camere ne siano sprovviste.

30 Zim	*Numero di camere*
🛗	*Ascensore*
▭	*Aria condizionata*
TV	*Televisione in camera*
🚭	*Esercizio riservato in parte ai non fumatori*
📞	*Presa Modem – Fax in camera*
♿	*Agevole accesso per i portatori di handicap*
🧒	*Attrezzatura per accoglienza e ricreazione dei bambini*
🍽	*Pasti serviti in giardino o in terrazza*
🅦	*Wellness centre : Centro attrezzato per il benessere ed il relax*
🏊 🏊	*Piscina : all'aperto, coperta*
⚱	*Idroterapia, Cura termale*
🏋 ≋s	*Palestra – Sauna*
🏖 🌳	*Spiaggia attrezzata – Giardino*
🎾	*Tennis appartenente all'albergo*
⛳18	*Golf e numero di buche*
👥 150	*Sale per conferenze : capienza massima*
🚗	*Garage nell'albergo (generalmente a pagamento)*
P	*Parcheggio riservato alla clientela*
🐕‍🦺	*Accesso vietato ai cani (in tutto o in parte dell'esercizio)*
Fax	*Trasmissione telefonica di documenti*
Mai-Okt.	*Periodo di apertura, comunicato dall'albergatore*
nur Saison	*Probabile apertura in stagione, ma periodo non precisato. Gli esercizi senza tali menzioni sono aperti tutto l'anno.*

La tavola

Le stelle

Alcuni esercizi meritano di essere segnalati alla vostra attenzione per la qualità particolare della loro cucina; li abbiamo evidenziati con le « stelle di ottima tavola ».

Per ognuno di questi ristoranti indichiamo tre specialità culinarie che potranno aiutarvi nella scelta.

❁❁❁ **Una delle migliori tavole, vale il viaggio**
Vi si mangia sempre molto bene, a volte meravigliosamente, grandi vini, servizio impeccabile, ambientazione accurata... Prezzi conformi.

❁❁ **Tavola eccellente, merita una deviazione**
Specialità e vini scelti... Aspettatevi una spesa in proporzione.

❁ **Un'ottima tavola nella sua categoria**
La stella indica una tappa gastronomica sul vostro itinerario.
Non mettete però a confronto la stella di un esercizio di lusso, dai prezzi elevati, con quella di un piccolo esercizio dove, a prezzi ragionevoli, viene offerta una cucina di qualità.

Il "Bib Gourmand"

Pasti accurati a prezzi contenuti

*Talvolta desiderate trovare delle tavole più semplici a prezzi contenuti. Per questo motivo abbiamo selezionato dei ristoranti che, per un rapporto qualità-prezzo particolarmente favorevole, offrono un pasto accurato spesso a carattere tipicamente regionale.
Questi ristoranti sono evidenziati nel testo con il* **"Bib Gourmand"** *e* Menu. *Es.* Menu 28/45.

Consultate le carte con stelle ✿✿✿, ✿✿, ✿
e con **"Bib Gourmand"** *(pagine 72 a 83).
Vedere anche pagina 54.*

La birra e i vini : vedere p. 85, 86, 93 e 94

La carta dei vini

Carta con proposte particolarmente interessanti.

Tra i ristoranti che noi abbiamo selezionato in tutte le categorie, alcuni propongono una carta dei vini particolarmente interessante. Attenzione a non confrontare la carta presentata da un sommelier in un grande ristorante con quella di una trattoria dove il proprietario ha una grande passione per i vini della regione.

L'alloggio

Il "Bib Hotel"

Buona sistemazione a prezzo contenuto

Cercate un hotel accogliente e confortevole, che offra un buon rapporto qualità/prezzo ?
Gli esercizi selezionati, che dispongono di camere doppie a meno di € 90 colazione compresa, sono contrassegnati dai simboli "Bib Hotel" *e* Zim

Consultate la lista dei "Bib Hotel"
da pag. 69 a pag. 71 a localizzateli
sulla carta tematica, da pag. 72 a pag. 83.

I prezzi

*I prezzi indicati in questa guida, stabiliti nell'estate 2003, sono espressi in euro. Si riferiscono all'**alta stagione** e possono subire variazioni legate all'aumento dei pressi dei beni e dei servizi. Essi s'intendono comprensivi di tasse e servizio. Nessuna maggiorazione deve figurare sul vostro conto, salvo eventualmente la tassa di soggiorno. In occasione di alcune manifestazioni commerciali o turistiche (vedere le ultime pagine), i prezzi richiesti dagli albergatori potrebbero subire un sensibile aumento nelle località interessate e nei loro dintorni.*

Gli alberghi e ristoranti vengono menzionati in carattere grassetto quando gli albergatori ci hanno comunicato tutti i loro prezzi e si sono impegnati, sotto la propria responsabilità, ad applicarli ai turisti di passaggio, in possesso della nostra guida.

Entrate nell'albergo con la Guida alla mano, dimostrando in tal modo la fiducia in chi vi ha indirizzato.

Pasti

       Esercizio che offre un pasto semplice **per meno di** 14 Euro (€)

Menu a prezzo fisso :
Menu 20/42   *minimo* 20 € *massimo* 42 €.

Pasto alla carta
Menu à la carte 30/41   *Il primo prezzo corrisponde ad un pasto semplice comprendente : minestra, piatto con contorno e dessert. Il secondo prezzo corrisponde ad un pasto più completo (con specialità) comprendente : antipasto, piatto con contorno, formaggio o dessert.*

♀   *Vino servito al bicchiere*

Camere

31 Zim	*Numero di camere.*
🛏 90/150	*Prezzo minimo/massimo per una camera singola –*
170/210	*prezzo minimo/massimo per una camera per due persone, compresa la prima colazione*
🍽 20	*Prezzo della prima colazione*
Suite e Junior suite	*Informarsi presso l'albergatore*

Mezza pensione

1/2 P 20/40

Questo supplemento per persona al giorno va aggiunto al prezo della camera per ottenere quello della mezza pensione.
È indispensabile contattare precedentemente l'albergatore per raggiungere un accordo definitivo.

La caparra

Alcuni albergatori chiedono il versamento di una caparra. Si tratta di un deposito-garanzia che impegna tanto l'albergatore che il cliente. Vi consigliamo di farvi precisare le norme riguardanti la reciproca garanzia di tale caparra.

Carte di credito

AE ⓘ Ⓜ️Ⓒ VISA JCB

Carte di credito accettate dall'esercizio
American Express, Diner's Club, Mastercard (Eurocard), Visa, Japan Credit Bureau

Le città

Elencate in ordine alfabetico
(ma ä = ae, ö = oe, ü = ue, ß = ss)

✉ 78267 Aach	Numero di codice e sede dell'Ufficio postale
L	Capoluogo di « Land »
545 R 20	Numero della carta Michelin
718 L 3	e del riquadro
24 000 Ew	Popolazione
Höhe 175 m	Altitudine
Heilbad	Stazione termale
Kneippkurort	Stazione di cure Kneipp
Heilklimatischer	Stazione climatica
Kurort-Luftkurort	Stazione climatica
Seebad	Stazione balneare
Erholungsort	Stazione di villeggiatura
Wintersport	Sport invernali
800/1 000 m	Altitudine della località ed altitudine massima raggiungibile con gli impianti di risalita
✆ 2	Numero di funivie o cabinovie
✆ 4	Numero di sciovie e seggiovie
🚶	Sci di fondo
AX B	Lettere indicanti l'ubicazione sulla pianta
※ ≤	Panorama, vista
🏌 18	Golf e numero di buche
✈	Aeroporto
🚗	Località con servizio auto su treno. Informarsi agli sportelli
⛴ ⛵	Trasporti marittimi : passeggeri ed autovetture, solo passeggeri
🛈	Ufficio informazioni turistiche
ADAC	Automobile Club Tedesco

Luoghi d'interesse

Grado di interesse

★★★   *Vale il viaggio*
★★   *Merita una deviazione*
★   *Interessante*

Ubicazione

Sehenswert	*Nella città*
Ausflugsziel	*Nei dintorni della città*
N, S, O, W	*Il luogo si trova : a Nord, a Sud, a Est, a Ovest*
über ①, ④	*Ci si va dall'uscita ① o ④ indicata con lo stesso segno sulla pianta*
6 km	*Distanza chilometrica*

Le carte dei dintorni

Sapete come usarle ?

*Se desiderate, per esempio, trovare un buon
indirizzo nei dintorni di München,
la carta dei dintorni (qui accanto) richiama
la vostra attenzione su tutte le località citate
nella guida che si trovino nei dintorni della città
prescelta, e in particolare su quelle raggiungibli n
automobile in meno di 30 minuti (limite
di colore).*

*In tal modo, le carte dei dintorni permettono
la localizzazione rapida di tutte le risorse proposte
dalla Guida nei dintorni delle metropoli regionali.*

Nota :

*Quando una località è presente su una carta
dei dintorni la città a cui ci si riferisce è scritta
in "BLU" nella linea delle distanze da città a città.*

Esempio :

FREISING Bayern **546** U 19, 47000 Ew – Höhe 448 m
Sehenswert : *Domberg*★ *– Dom*★ *(Chorgestühl*★,
Benediktuskapelle★ *)*

🛈 *Touristinformation, Marienplatz 7,* ✉ *85354,*
✆ *(08161) 5 41 22, touristinfo@freising.de,*
Fax (08161) 54231
Berlin 564 – München 37 – Ingolstadt 56 – Landshut 36
– Nürnberg 144

*Troverete FREISING
sulla carta
dei dintorni
di München*

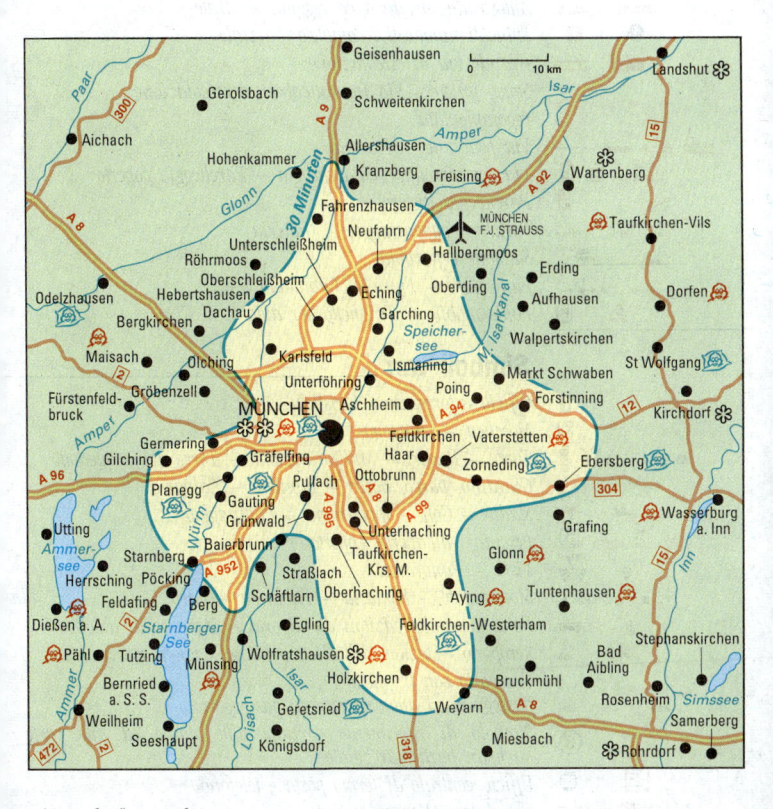

Tutte le "carte dei dintorni" sono localizzate sulla carta tematica a pagine 72 a 83.

Le piante

□ ●   *Alberghi*
■ ●   *Ristoranti*

Curiosità

Edificio interessante
Costruzione religiosa interessante

Viabilità

Autostrada, strada a carreggiate separate
Svincoli numerati : completo, parziale
Grande via di circolazione
Senso unico – Via impraticabile, a circolazione regolamentata
Via pedonale – Tranvia
Via commerciale – Parcheggio – Parcheggio coperto
Parcheggio Ristoro
Porta – Sottopassaggio – Galleria
Stazione e ferrovia
Funicolare – Funivia, Cabinovia
Ponte mobile – Traghetto per auto

Simboli vari

Ufficio informazioni turistiche
Moschea – Sinagoga
Torre – Ruderi – Mulino a vento – Torre dell'acquedotto
Giardino, parco, bosco – Cimitero – Calvario
Stadio – Golf – Ippodromo – Pattinaggio
Piscina : all'aperto, coperta
Vista – Panorama
Monumento – Fontana – Fabbrica – Faro
Porto per imbarcazioni da diporto – Stazione di autobus
Aeroporto – Stazione della Metropolitana, stazione sotterranea
Trasporto con traghetto :
passeggeri ed autovetture, solo passeggeri
Simbolo di riferimento comune alle piante ed alle carte Michelin particolareggiate
Ufficio centrale di fermo posta e telefono
Ospedale – Mercato coperto
Edificio pubblico indicato con lettera :
L R   *- Sede del Governo della Provincia – Municipio*
J   *- Palazzo di Giustizia*
M T U   *- Museo – Teatro – Università*
POL.   *- Polizia (Questura, nelle grandi città)*
ADAC   *Automobile Club*

❀❀❀ *Die Sterne-Restaurants*
❀❀ *Les établissements à étoiles*
❀ *Starred establishments*
Gli esercizi con stelle

❀❀❀

Aschau	*Restaurant Heinz Winkler*	Düsseldorf	*Im Schiffchen*
Baiersbronn	*Schwarzwaldstube*	Wittlich/Dreis	*Waldhotel Sonnora*
Bergisch-Gladbach	*Restaurant Dieter Müller*		

❀❀

Baiersbronn	*Restaurant Bareiss*	Neuenahr-Ahrweiler, Bad	*Steinheuers Rest.*
Bergisch-Gladbach	*Vendôme*		*Zur Alten Post*
Dortmund	*La Table*	Perl	*Gourmetrestaurant Schloss Berg*
Düsseldorf	*Hummerstübchen*	Salzburg/Werfen	*Karl-Rudolf Obauer*
Essen	*Residence*	Stuttgart	*Speisemeisterei*
Grevenbroich	*Zur Traube*	Sulzburg	*Hirschen*
München	*Tantris*	Wernberg-Köblitz	*Kastell*

❀

Aachen	*La Bécasse*	Dietmannsried	*Landhaus Henze*
Aachen	*St. Benedikt*	Dorsten	*Goldener Anker*
Amorbach	*Der Schafhof*	Dorsten	*Rosin*
Baden-Baden	*Le Jardin de France*	Dortmund	*Art Manger*
Baden-Baden	*Zum Alde Gott*	Dresden	*Bülow-Residenz*
Baiersbronn	*Schlossberg*	Düren	*Hefler's*
Balduinstein	*Zum Bären*	Düsseldorf	*Victorian*
Bargum	*Andresen's Gasthof*	Efringen-Kirchen	*Traube*
Bellheim	*Steverding's Isenhof*	Ehningen	*Landhaus Feckl*
Berlin	*Die Quadriga*	Eltville am Rhein	*Marcobrunn*
Berlin	*Facil*	Erftstadt	*Husarenquartier*
Berlin	*First Floor*	Eutin	*L'Etoile*
Berlin	*Hugos*	Frankfurt	*Brick Fine Dining*
Berlin	*Lorenz Adlon*	Frankfurt	*Erno's Bistro*
Berlin	*Margaux*	Frankfurt	*Osteria Enoteca*
Berlin	*The Regent Schlosshotel - Rest. Vivaldi*	Frankfurt	*Tiger-Restaurant*
		Frankfurt	*Villa Merton*
Berlin	*VAU*	Freiburg im Breisgau	*Colombi-Hotel*
Bonn	*Dorint Venusberg - Rest. L'Orquivit*	Freiburg im Breisgau	*Zur Traube*
Bonn	*Halbedel's Gasthaus*	Freinsheim	*Luther*
Bremen	*L'orchidée im Bremer Ratskeller*	Giessen	*Tandreas*
Bühl	*Imperial*	Hamburg	*Haerlin*
Burgwedel	*Merlin*	Hamburg	*Landhaus Scherrer*
Celle	*Endtenfang*	Hamburg	*Le Canard*
Cuxhaven	*Sterneck*	Hamburg	*Louis C. Jacob*
Daun	*Schloss-H.Kurfürstliches Amtshaus*	Hamburg	*Piment*
Deidesheim	*Schwarzer Hahn*	Hamburg	*Poletto*

Hamburg	*Süllberg - Seven Seas*	München	*Schuhbeck's in den Südtiroler Stuben*
Hamburg	*Tafelhaus*	Mulfingen	*Altes Amtshaus*
Hamburg	*Wollenberg*	Murnau	*Reiterzimmer*
Häusern	*Adler*	Nenndorf, Bad	*La Forge*
Heinsberg	*Burgstuben-Residenz*	Nettetal	*La Mairie im Haus Bey*
Herleshausen	*Hohenhaus*	Neuenahr-Ahrweiler, Bad	*Romantik Restaurant Brogsitter's Sanct Peter*
Hermeskeil	*Le Temple du Gourmet*	Neuenburg	*Blauel's Restaurant*
Herxheim	*Krone*	Neunkirchen/Saar	*Hostellerie Bacher*
Kerpen	*Schloss Loersfeld*	Niederkassel	*Wagner's Restaurant*
Kirchdorf Kreis Mühldorf	*Christian's Rest. - Gasthof Grainer*	Nürnberg	*Essigbrätlein*
Kirchheim u. Teck	*Landgasthof am Königsweg*	Nürtingen	*Ulrichshöhe*
Kissingen, Bad	*Laudensacks Parkhotel*	Ochsenfurt	*Philipp*
Klingenberg	*Zum alten Rentamt*	Odenthal	*Zur Post*
Köln	*Börsen-Restaurant Maître*	Öhningen	*Falconera*
Köln	*Capricorn i Aries Restaurant*	Öhringen	*Wald-u.Schloßhotel Friedrichsruhe*
Köln	*Da Bruno*	Osnabrück	*La Vie*
Köln	*La Vision*	Paderborn	*Balthasar*
Köln	*Le Moissonnier*	Peterstal-Griesbach, Bad	*Le Pavillon*
Köln	*Zur Tant*	Pfaffenweiler	*Zehner's-Stube*
Konstanz	*Seehotel Siber*	Pfinztal	*Villa Hammerschmiede*
Kordel/Zemmer	*Landhaus Mühlenberg*	Pliezhausen	*Landgasthaus zur Linde*
Krakow am See	*Ich weiß ein Haus am See*	Prien am Chiemsee	*Mühlberger*
Kreuznach, Bad/Hackenheim	*Metzlers Gasthof*	Pulheim	*Gut Lärchenhof*
Krozingen, Bad	*Zum Storchen*	Ravensburg	*Romantik H. Waldhorn*
Kuppenheim	*Raub's Restaurant*	Regensburg	*Rosenpalais*
Laasphe, Bad	*Ars Vivendi*	Remscheid	*Concordia*
Lahr (Schwarzwald)	*Adler*	Rendsburg/Alt Duvenstedt	*Seehotel Töpferhaus*
Landshut	*Romantik-Hotel Fürstenhof*	Rohrdorf	*Gut Apfelkam*
Langenargen	*Adler*	Rosenberg	*Landgasthof Adler*
Leipzig	*Stadtpfeiffer*	Saarbrücken	*GästeHaus*
Lembruch	*Landhaus Götker*	Salach	*Burgrestaurant Staufeneck*
Lengerich	*Hinterding*	Salzburg	*Brandstätter*
Lindau im Bodensee	*Villino*	Salzburg	*Perkeo*
Lübeck	*Wullenwever*	Salzburg/Golling	*Döllerer's Goldener Stern*
Lüneburg	*Zum Heidkrug*	Salzburg/Hallwang	*Pfefferschiff*
Ludwigsburg	*Alte Sonne*	Sasbachwalden	*Talmühle*
Maintal	*Hessler*	Schriesheim	*Strahlenberger Hof*
Mannheim	*Da Gianni*	Schwäbisch-Hall	*Eisenbahn - Hotel Wolf*
Mannheim	*Dobler's Rest. L'Epi d'or*	Singen (Hohentwiel)	*Flohr's*
Marburg	*Belle Etage*	Sonnenbühl	*Hirsch*
Meersburg	*Romantik-Hotel Residenz am See*	St. Peter	*Zur Sonne*
Melsungen	*Frank Schicker-Alte Apotheke*	St. Wendel	*Kunz*
Mergentheim, Bad	*Zirbelstube*	Stolpe	*Gutshaus Stolpe*
Monschau	*Remise*	Stromberg	*Le Val d'or*
München	*Acquarello*	Stuttgart	*Délice*
München	*Königshof*	Stuttgart	*Olivo*
		Stuttgart	*top air*
		Stuttgart	*Weber's Gourmet im Turm*

Stuttgart	*Wielandshöhe*	Vöhrenbach	*Zum Engel*
Stuttgart	*Zirbelstube*	Wadersloh	*Bomke*
Sylt-Ost	*Bodendorf's*	Wartenberg Kreis Erding	*Bründlhof*
Sylt-Ost	*Restaurant Fährhaus*	Wartenberg-Rohrbach	*Wartenberger Mühle*
Sylt-Rantum	*Dorint Sölring Hof*	Weil am Rhein	*Adler*
Sylt-Westerland	*Jörg Müller*	Weimar	*Anna Amalia*
Tegernsee	*Bischoff am See*	Weissenstadt	*Egertal*
Tholey	*Hôtellerie Hubertus*	Wiesbaden	*Ente*
Timmendorfer Strand	*Orangerie*	Wofratshausen	*Patrizierhof*
Trier	*Weinhaus Becker*	Wolfsburg	*Aqua*
Trittenheim/Naurath	*Landhaus St. Urban*	Wolfsburg	*La Fontaine - Ludwig im Park*
Tübingen	*Waldhorn*		
Verden (Aller)	*Pade's Restaurant*	Xanten	*Landhaus Köpp*
Viersen	*Alte Villa Ling*	Zweibrücken	*Tschifflik*
Vogtsburg	*Schwarzer Adler*	Zwischenahn, Bad	*Apicius*

"Bib Gourmand"

Sorgfältig zubereitete, preiswerte Mahlzeiten
Repas soignés à prix modérés
Good food at moderate prices
Pasti accurati a prezzi contenuti

Aachen	Schloß Schönau
Aalen	Landgasthof Lamm
Abentheuer	La Cachette
Abstatt	Sperber
Adelsdorf	Landgasthof Niebler
Alfeld (Leine)	Grüner Wald
Amberg	Drathammer Schlößl
Arnsberg	Menge
Aschaffenburg / Johannesberg	Rückersbacher Schlucht
Asperg	Adler - Brasserie Adlerstube
Auggen	Zur Krone
Augsburg	Romantik Hotel Augsburger Hof
Aying	Brauereigasthof Aying
Babenhausen	Post
Backnang / Aspach	Lamm
Baden-Baden	Auerhahn
Baden-Baden	Traube
Baden-Baden	Waldhorn
Baiersbronn	Dorfstuben
Bellingen, Bad	Berghofstüble
Bempflingen	Krone
Berlin	Svevo
Berlin	Le Cochon Bourgeois
Berneck im Fichtelgebirge, Bad	Merkel
Bielefeld	Gasthaus Buschkamp
Billerbeck	Domschenke
Birkenau	Drei Birken
Bisingen	Gasthof Adler
Blieskastel	Hämmerle's Restaurant
Bogen / Niederwinkling	Landgasthof Buchner
Bonndorf	Sommerau
Boppard	Gasthaus Hirsch
Boppard	Tannenheim
Bredstedt	Friesenhalle
Bregenz / Lochau	Mangold
Bremen	à point
Bretten	Guy Graessel im Grünen Hof
Buchen (Odenwald)	Zum Engel
Buchenberg	Schwarzer Bock
Bühl	Gude Stub
Bühl	Pospisil's Gasthof Krone
Bühlertal	Bergfriedel
Bürgstadt	Weinhaus Stern
Burgrieden	Ebbinghaus
Burgwedel	Gasthaus Lege
Celle	Allerkrug
Cham	Bräu-Pfandl
Chemnitz	Villa Esche
Coburg	Romantik Hotel Goldene Traube - Meer & mehr
Crailsheim	Post-Faber
Cuxhaven	Spanger Buernstuv'
Deidesheim	St. Urban
Dernbach (Krs. Südl. Weinstr.)	Schneider
Dessau	Pächterhaus
Detmold	Speisekeller im Rosental
Diessen am Ammersee	Seehaus
Dillingen a.d. Donau	Storchennest
Dorfen	Mairot-Werkstätte der Lebensfreude
Dormagen	Holger's
Dresden	Alte Meister
Dresden	Landhaus Lockwitzgrund
Dresden	Lesage
Dresden	Romantik Hotel Pattis - Vitalis
Dresden	Villandry
Düsseldorf / Meerbusch	Lindenhof

Duisburg	*Gasthof Brendel*
Eberbach am Neckar	*Krone-Post*
Ehrenkirchen	*Klostermühle*
Eichwalde	*Carmens Restaurant*
Eisenberg	*Burghotel Bären*
Endingen	*Dutters Stube*
Erfurt	*Alboth's Restaurant im Kaisersaal*
Erlangen	*Altmann's Stube*
Erlangen	*Gasthaus Polster - Polster-Stube*
Eschwege	*Dölle's Nr. 1*
Essen	*Banker's Inn*
Essen	*Hannappel*
Essen	*Püree*
Feldberg im Schwarzwald	*Haus Sommerberg*
Feuchtwangen	*Landgasthof Zum Ross*
Feuchtwangen	*Romantik Hotel Greifen-Post*
Flensburg / Harrislee	*Wassersleben*
Föhr (Insel) / Wyk	*Duus-Hotel - Austernfischer*
Frammersbach	*Schwarzkopf*
Frasdorf	*Alpenhof*
Freiamt	*Zur Krone*
Freiburg im Breisgau	*Hirschen*
Freising	*Gasthaus Landbrecht*
Freudenstadt	*Warteck*
Freyung	*Landgasthaus Schuster*
Frickingen	*Löwen*
Friedewald	*Zum Löwen*
Friesenheim	*Mühlenhof*
Fürth	*Brasserie Baumann*
Füssing, Bad	*Kurhotel Holzapfel*
Fulda	*Dachsbau*
Fulda	*Zum Stiftskämmerer*
Garmisch-Partenkirchen	*Reindl's Partenkirchner Hof*
Gengenbach / Berghaupten	*Hirsch*
Glonn	*Wirtshaus zum Schweinsbräu*
Glottertal	*Zum Adler*
Gössweinstein	*Schönblick*
Gössweinstein	*Zur Post*
Göttingen	*Gauß am Theater*
Grafenau	*Säumerhof*
Grenzach-Wyhlen	*Eckert*
Grenzach-Wyhlen	*Waldhorn*
Grossheubach	*Zur Krone*
Gschwend	*Herrengass*
Gütersloh	*Gasthaus Bockskrug*
Guldental	*Der Kaiserhof*
Hachenburg / Limbach	*Peter Hilger*
Hamburg	*Allegria*
Hamburg	*Brook*
Hamburg	*Jena Paradies*
Hamburg	*Landhaus Flottbeck*
Hamburg	*Le Plat du Jour*
Hamburg	*Lutz und König*
Hamburg	*Rive Bistro*
Hamburg	*Stocker*
Hann. Münden	*Letzter Heller*
Hannover	*Le Monde*
Hausach	*Landhaus Hechtsberg*
Heidelberg	*Backmulde*
Heidenheim	*Weinstube zum Pfauen*
Heilbronn	*Rebstock*
Heilbronn / Flein	*Reiners Rosine*
Heiligenberg	*Baader*
Heiligenberg	*Hack*
Heitersheim	*Landhotel Krone*
Herrenalb, Bad	*Lamm*
Herrieden	*Gasthaus Limbacher*
Hersbruck / Engelthal	*Grüner Baum*
Herxheim	*Zur Krone - Pfälzer Stube*
Herzogenaurach	*Wein und Fein am Turm*
Hinterzarten	*Esche*
Höchst im Odenwald	*Zur Krone - Gaststube*
Hövelhof	*Gasthof Brink*
Hüfingen	*Landgasthof Hirschen*
Ihringen	*Winzerstube*
Illertissen	*Dornweiler Hof*
Illertissen	*Gasthof Krone*
Illschwang	*Weißes Roß*
Immenstaad	*Seehof*
Immenstaad	*Strandcafé Heinzler*
Iphofen	*Romantik Hotel Zehntkeller*
Kaisersbach	*Schassberger Ebnisee - Flößerstube*
Kalkar	*Ratskeller*
Kallmünz	*Zum Goldenen Löwen*
Kappelrodeck	*Zum Rebstock*
Karben	*Neidharts Küche*
Kaub	*Zum Turm*
Kehl	*Grieshaber's Rebstock*
Kehl	*Hirsch*
Kehl	*Milchkutsch*
Kenzingen	*Scheidels Restaurant zum Kranz*
Kernen im Remstal	*Malathounis*

Kiel	Lüneburg-Haus - Die Wirtschaft	Mosbach	Landgasthof zum Ochsen
Kiel / Molfsee	Bärenkrug	München	Bistro Terrine
Kirchzarten	Schlegelhof	München	Freisinger Hof
Kirchzarten	Zum Rössle	München	Il Sorriso
Kleinwalsertal / Riezlern	Almhof Rupp	München	Nymphenburger Hof
Kleinwalsertal / Riezlern	Alpenhof Jäger	München	Zur Goldenen Gans
Kleinwalsertal / Riezlern	Scharnagl's Alpenhof	Münsing	Gasthaus Limm
Klettgau	Landgasthof Mange	Münsingen	Herrmann
Koblenz	Zum Schwarzen Bären	Nastätten	Oranien
Köngen	Schwanen	Nauheim, Bad	Brunnenwärterhaus
Königsbronn	Landgasthof Löwen	Nenndorf, Bad	Schmiedegasthaus Gehrke
Kreuznach, Bad	Weinwelt im Dienheimer Hof	Neuburg am Rhein	Gasthaus zum Sternen
Kreuznach, Bad / Hackenheim	Metzlers Gasthof - Weinstube	Neuburg an der Donau	Zum Klosterbräu
Kronach / Stockheim	Landgasthof Detsch	Neuenahr, Bad	Freudenreich im Weinhaus Nelles
Krozingen, Bad	Krone	Neuenahr, Bad	Steinheuers Rest. - Landgasthof Poststuben
Kueps	Werners Restaurant	Neuenkirchen Krs. Steinfurt	Kleines Restaurant Thies
Kuppenheim	Raub's Restaurant - Kreuz-Stübl	Neumarkt in der Oberpfalz	Mehl
Ladbergen	Zur Post	Neunburg vorm Wald	Landhotel Birkenhof
Landau	Beat Lutz	Neupotz	Zum Lamm
Lauda-Königshofen	Ratskeller	Neustadt an der Weinstraße	Brezel
Laudenbach	Goldner Engel	Neustadt in Holstein	Seehotel Eichenhain
Lauffen am Neckar	Elefanten	Neu-Ulm	Stephans-Stuben
Leer	Zur Waage und Börse	Niedernhall	Rössle
Lemförde	Tiemann's Hotel	Niederstetten	Krone
Lenggries	Schweizer Wirt	Nördlingen	Meyer's Keller - Bierstüble
Lennestadt	Haus Buckmann	Nonnweiler	Landgasthof Paulus
Lindau im Bodensee	Schachener Hof	Nürnberg	Zirbelstube
Lippetal	Gasthof Willenbrink	Oberboihingen	Zur Linde
Lörrach	Zum Kranz	Oberkirch	Haus am Berg
Löwenstein	Lamm	Oberried	Die Halde
Lütjenburg / Panker	Forsthaus Hessenstein	Oberried	SternenPost
Mainz	Gänsthaler's Kuchlmasterei	Oberstdorf	Königliches Jagdhaus
Mainz	Stein's Traube	Ochtendung	Gutshof Arosa
Maisach	Gasthof Widmann	Ötisheim	Sternenschanz
Marienheide	Landhaus Wirth - Im Krug	Offenbach	Dino
Marktbreit	Alter Esel	Offenburg	Blume
Massweiler	Borst	Offenburg	Gasthaus Sonne
Mayen	Zum Alten Fritz	Ostrach	Landhotel zum Hirsch
Meiningen	Romantik Hotel Sächsischer Hof - Posthalterei	Passau	Passauer Wolf
Mengen	Rebstock	Passau	Wilder Mann
Mengkofen Krs. Dingolfing	Zur Post	Pfalzgrafenweiler	Waldsägmühle
Metzingen	Schwanen	Pfronten	Berghotel Schloßanger-Alp
Michelstadt	Geiersmühle	Pfungstadt	Restaurant VM
Mönchengladbach	Lindenhof	Piding	Lohmayr Stub'n
		Pleinfeld	Landgasthof Siebenkäs

Pliezhausen	*Schönbuch*	Schöppingen	*Haus Tegeler*
Plochingen	*Stumpenhof*	Schopfheim	*Alte Stadtmühle*
Potsdam	*Bayrisches Haus*	Schopfheim	*Glöggler*
Prerow / Wieck a.d. Darss	*Haferland*	Schopfheim	*Mühle zu Gersbach*
Radolfzell / Moos	*Gottfried*	Schorndorf / Plüderhausen	*Altes Rathaus*
Ratshausen	*Adler*	Schramberg	*Hirsch*
Rauhenebrach	*Gasthaus Hofmann*	Schriesheim	*Zum goldenen Hirsch*
Ravensburg	*Weinstube Rebleutehaus*	Schwäbisch Gmünd	*Fuggerei*
Rees	*Op de Poort*	Schwäbisch Gmünd / Waldstetten	*Sonnenhof*
Regensburg / Donaustauf	*Forsters Gasthof Zur Post*	Schwäbisch Hall	*Landgasthof Pflug*
Regensburg / Neutraubling	*Am See*	Schwendi	*Oberschwäbischer Hof*
Reichenwalde	*Alte Schule*	Schwerin	*Niederländischer Hof*
Reit im Winkl	*Klauser's Restaurant*	Schwerte	*Gutshof Wellenbad*
Rennerod	*Röttger*	Schwetzingen / Ketsch	*Lacher am See*
Rheda-Wiedenbrück	*Reuter*	Siebeldingen	*Sonnenhof*
Rheine	*Beesten*	Simbach am Inn / Stubenberg	*Zur Post*
Rheinfelden	*I Fratelli*	Simonswald	*Hugenhof*
Rostock	*Il Ristorante*	Singen (Hohentwiel) / Rielasingen	*Salzburger Stub'n*
Rot am See	*Landhaus Hohenlohe - Cafénädle*	Sittensen / Groß Meckelsen	*Zur Kloster-Mühle*
Rothenburg o.d.Tauber	*Mittermeier*	Sobernheim / Meddersheim	*Landgasthof zur Traube*
Rothenburg o.d.T. / Windelsbach	*Landhaus Lebert*	Spalt	*Gasthof Blumenthal*
Rückersdorf	*Roter Ochse*	Sprockhövel	*Eggers*
Rügen (Insel) / Putbus	*Wreecher Hof*	Staufen	*Kreuz-Post*
Salem	*Reck*	Storkau	*Schloß Storkau*
Salem	*Salmannsweiler Hof*	Stühlingen	*Gasthaus Schwanen*
Salzburg	*Alt Salzburg*	Stuttgart	*Das Fässle*
Salzburg	*Auerhahn*	Stuttgart	*La Scala*
Salzburg	*Bei Bruno im Ratsherrnkeller*	Stuttgart	*Zur Linde*
Salzburg	*Gasthof Schloss Aigen*	Stuttgart	*Krehl's Linde*
Salzburg / Mondsee	*Seegasthof Lackner*	Stuttgart	*Wörtz zur Weinsteige*
Salzhausen	*Romantik Hotel Josthof*	Stuttgart / Fellbach	*Aldinger's Weinstube Germania*
Salzuflen, Bad	*Alexandra*	Stuttgart/Leinfelden-Echterdingen	*Am Park*
Sankt Ingbert	*Die Alte Brauerei*	Sylt (Insel) / Ost	*Karsten Wulff*
Sankt Peter-Ording	*Gambrinus*	Sylt (Insel) / Ost-Morsum	*Morsum Kliff*
Sasbachwalden	*Engel*	Sylt (Insel) / Westerland	*Web-Christel*
Sassendorf, Bad	*Hof Hueck*	Taufkirchen	*Landgasthof Forster*
Schalkham	*Sebastianihof*	Tengen	*Sonne*
Scharbeutz	*Maris - Muschel*	Tettnang	*Lamm im Kau*
Scheeßel	*Rauchfang*	Tiefenbronn	*Ochsen-Post - Bauernstube*
Schkeuditz	*Schillerstuben*	Tiefenbronn / Würmtal	*Häckermühle*
Schmallenberg	*Gasthof Schütte*	Tölz, Bad	*Jägerwirt*
Schmölln	*Bellevue*	Trier	*Schloss Monaise*
Schneverdingen	*Ramster*	Tröstau	*Bauer*
Schönau im Schwarzwald / Tunau	*Zur Tanne*	Tuntenhausen	*Landhaus Kalteis*

Tuntenhausen	*Schloßwirtschaft Maxlrain*	Wegberg	*Tüschenbroicher Mühle*
Überlingen	*Landgasthof zum Adler*	Weikersheim	*Laurentius - Brasserie*
Überlingen	*Romantik Hotel Johanniter-Kreuz*	Weil am Rhein	*Rebstock*
Übersee	*Alpenhof*	Weilheim / Pähl	*Zum silbernen Floh - Zur alten Post*
Ürzig	*Moselschild*	Weilrod	*Landsteiner Mühle*
Uhldingen-Mühlhofen	*Seehalde*	Weinstadt	*Gasthaus Rössle*
Vallendar	*Die Traube*	Wernberg-Köblitz	*Landgasthof Burkhard*
Vaterstetten	*Stangl*	Wertheim	*Bestenheider Stuben*
Velbert	*Haus Stemberg*	Wesel	*Art*
Verden	*Pades Restaurant - Bistro*	Wiessee, Bad	*Freihaus Brenner*
Versmold	*Alte Schenke*	Wilthen	*Erbgericht Tautewalde*
Villingen-Schwenningen	*Rindenmühle*	Wingst	*Peter - Oehlschläger-Stube*
Villingendorf	*Linde*	Wörishofen, Bad	*Sonnenbüchl*
Vöhringen	*Burgthalschenke*	Wolfratshausen	*Patrizierhof - Andreas-Stube*
Vogtsburg	*Steinbuck*		
Waging am See	*Landhaus Tanner*	Worbis / Wintzingerode	*Landhotel Gerdes - Merlan*
Waiblingen / Korb	*Zum Lamm*		
Waldkirchen	*Landgasthaus Emerenz Meier*	Worpswede	*Kaffee Worpswede*
Waldmichelbach	*Vettershof*	Wünnenberg	*Parkhotel - Stilleben*
Wangen im Allgäu	*Landgasthaus Neue Welt*	Würzburg / Am Stein	*Weinstein*
Warstein / Rüthen	*Romantik Hotel Knippschild*	Wuppertal	*Galerie Palette*
		Wurzach, Bad	*Adler*
Wasserburg am Inn	*Weisses Rössl*	Zerbst	*Park-Restaurant Vogelherd*

"Bib Hotel"

Hier übernachten Sie gut und preiswert _____
Bonnes nuits à petits prix _____
Good accomodation at moderate prices _____
Buona sistemazione a prezzo contenuto _____

Aalen	*City Hotel Antik*	Bodenteich, Bad	*Landhaus Bodenteich*
Aalen	*Adler*	Boll	*Rosa Zeiten*
Achern	*Schwarzwälder Hof*	Brannenburg	*Schloßwirt*
Adelsdorf	*Zum Löwenbräu*	Bretten	*Eulenspiegel*
Ahaus	*Haus im Flör*	Bruchhausen-Vilsen	*Forsthaus Heiligenberg*
Albstadt	*In der Breite*	Buchholz in der Nordheide	*Gästehaus Ulmenhof*
Aldersbach	*Mayerhofer*	Buchholz in der Nordheide	*Heitmann*
Alf	*Bömer's*	Bühl	*Jägersteig*
Alfeld (Leine)	*Grüner Wald*	Burgthann	*Burghotel Müller*
Altenberg	*Zum Bären*	Buxtehude	*An der Linah*
Alzey	*Am Schloss*	Castrop-Rauxel	*Selle am Wald*
Amelinghausen	*Schenck's Gasthaus*	Celle	*Schaper*
Ampfing	*Fohlenhof*	Chemnitz	*avenue hotel becker*
Ansbach	*Landgasthof Kaeßer*	Chemnitz / Neukirchen	*Almenrausch*
Arnsberg	*Menge*	Cornberg	*Kloster Cornberg*
Aschaffenburg	*Classico*	Crailsheim	*Zum Hirsch*
Aschau im Chiemgau	*Zum Baumbach*	Daun / Darscheid	*Kucher's Landhotel*
Auggen	*Zur Krone*	Dernbach (Krs. Südl. Weinstr.)	*Haus Dernbachtal*
Baden-Baden	*Auerhahn*	Dettingen an der Erms	*Rößle*
Baden-Baden	*Rebenhof*	Dippoldiswalde	*Landhaus Heidehof*
Baden-Baden	*Zum Weinberg*	Dresden	*Privat*
Baiersbronn	*Rosengarten*	Dresden	*Quintessenz*
Bartholomä	*Landhotel Wental*	Ebersberg	*Hölzerbräu*
Bautzen	*Dom Eck*	Ehekirchen	*Strixner Hof*
Beckum	*Alt Vellern*	Ehingen	*Ehinger Hof*
Beilngries	*Die Gams*	Eichstätt	*Sonne*
Beilngries	*Fuchs-Bräu*	Eisenach	*Villa Anna*
Bergzabern, Bad / Pleisweiler	*Landhaus Wilker*	Ellwangen	*Seegasthof*
Berne	*Weserblick*	Erfurt	*Weisser Schwan*
Berneck im Fichtelgebirge, Bad	*Lindenmühle*	Erlensee / Neuberg	*Bei den Tongruben*
Betzdorf / Kirchen	*Zum weißen Stein*	Eschede	*Deutsches Haus*
Biberach an der Riss	*Landhotel zur Pfanne*	Eschwege	*Dölle's Nr. 1*
Billerbeck	*Domschenke*	Eutin	*Voss-Haus*
Birnbach, Bad	*Theresienhof*	Eutin	*Landhaus Holsteinische Schweiz*
Bitburg	*Eifelbräu*		

69

Feldkirchen-Westerham	*Berghotel Aschbach*
Frauenau	*St. Florian*
Freital / Rabenau	*Rabenauer Mühle*
Gaienhofen	*Kellhof*
Gauting	*Gästehaus Bauer*
Gelsenkirchen	*Residenz-Hotel Zum Schwan*
Gengenbach / Berghaupten	*Hirsch*
Geretsried	*Neu Wirt*
Giengen an der Brenz	*Salzburger Hof*
Gommern	*Robinien-Hof*
Gräfelfing / Planegg	*Planegg*
Hagnau	*Alpina*
Haltern am See	*Am Turm*
Hamburg	*Ökotel*
Hameln	*Bellevue*
Hannover / Isernhagen	*Engel*
Hannover / Garbsen	*Bullerdieck*
Hassloch	*Sägmühle*
Heilbrunn, Bad	*Haus Kilian*
Heimbuchenthal	*Heimathenhof*
Heitersheim	*Landhotel Krone*
Herrenalb, Bad	*Lamm*
Hersfeld, Bad	*Haus am Park*
Hersfeld, Bad	*Vitalis*
Hilpoltstein	*Zum schwarzen Roß*
Hövelhof	*Gasthaus Spieker*
Hohentengen am Hochrhein	*Wasserstelz*
Hohnstein	*LuK-Das Kleine Landhotel*
Hosenfeld	*Sieberzmühle*
Husum / Hattstedternarsch	*Arlau-Schleuse*
Ibbenbüren	*Hubertushof*
Idar-Oberstein	*Berghotel Kristall*
Ihringen	*Winzerstube*
Ilmenau	*Lindenhof*
Ingolstadt	*Ebner*
Iphofen	*Huhn das kleine Hotel*
Jena	*Zur Weintraube*
Jesteburg	*Zum grünen Jäger*
Kamenz	*Villa Weiße*
Kandern	*Zur Weserei*
Kappelrodeck	*Zum Rebstock*
Karlsruhe	*Elite*
Kipfenberg	*Zur Linde*
Kirchheim	*Hattenberg*
Kirchheimbolanden / Dannenfels	*Bastenhaus*
Kirchzarten	*Schlegelhof*
Kirchzarten	*Sonne*
Klingenthal	*Berggasthaus Schöne Aussicht*
Krummhörn	*Landhaus Zum Deichgraf*
Laer, Bad	*Landhaus Meyer zum Alten Borgloh*
Landsberg am Lech	*Landhotel Endhart*
Landstuhl	*Landhaus Schattner*
Langenargen	*Im Winkel*
Laubach	*Café Göbel*
Lauf an der Pegnitz	*Zur Post*
Laufenburg (Baden)	*Alte Post*
Leipzig	*Hiemann*
Lemförde	*Tiemann's Hotel*
Leun	*Landhotel Adler*
Lichtenau (Baden-Württemberg)	*Zum Rössel*
Limbach-Oberfrohna	*Lay-Haus*
Linkenheim-Hochstetten	*Waldfrieden*
Lippstadt	*Hubertushof*
Lörrach	*Villa Elben*
Lörrach / Inzlingen	*Krone*
Lüchow	*Alte Post*
Lüchow	*Katerberg*
Maintal	*Irmchen*
Meiningen	*Ernestiner Hof*
Memmingen	*Weisses Ross*
Mergentheim, Bad	*Bundschu*
Mergentheim, Bad	*Gästehaus Birgit*
Mönchberg	*Schmitt*
Mörnsheim	*Lindenhof*
Morbach / Hunsrück	*Landhaus am Kirschbaum*
München	*Lutter*
Munster	*Residenzia Hotel Grenadier*
Neubrandenburg / Burg Stargard	*Zur Burg*
Neuburg an der Donau	*Zum Klosterbräu*
Neuenburg	*Krone*
Neuendettelsau	*Sonne*
Neumarkt i. d. Oberpfalz	*Mehl*
Neunkirchen/Saar	*Hostellerie Bacher*
Neustadt an der Aisch	*Allee-Hotel*
Neustrelitz	*Schlossgarten*
Nidderau	*Zum Adler*
Niedernhall	*Rössle*
Niedernhausen	*Garni*
Niederstetten	*Krone*
Nordhorn	*Am Stadtring*
Nottuln	*Steverburg*
Nürnberg	*Park-Hotel*
Oberahr	*Villa Moritz*
Oberaudorf	*Alpenhof*
Oberharmersbach	*Zur Stube*
Odelzhausen	*Staffler*
Oelde	*Engbert*
Oestrich-Winkel	*F.B. Schönleber*

Offenbach	*Graf*
Oldenburg	*Etzhorner Krug*
Osterburken	*Märchenwald*
Ostrach	*Landhotel zum Hirsch*
Otterndorf	*Am Medemufer*
Pasewalk	*Villa Knobelsdorff*
Perl	*Zur Traube*
Petershagen-Eggersdorf	*Landgasthof zum Mühlenteich*
Piesport	*Winzerhof*
Pirmasens	*Kunz*
Plau am See	*Landhotel Rosenhof*
Pottenstein	*Bruckmayers Gästehaus*
Preetz / Lehmkuhlen	*Neeth*
Ramsau	*Nutzkaser*
Randersacker	*Bären*
Recklinghausen	*Albers*
Regensburg	*Forsters Gasthof Zur Post*
Reichenhall, Bad	*Erika*
Rheinfelden	*Storchen*
Riethnordhausen	*Landvogt*
Rimsting	*Der Weingarten*
Rippoldsau-Schapbach, Bad	*Landhotel Rosengarten*
Rosengarten	*Rosenhof*
Rosshaupten	*Haflinger Hof*
Rostock / Sievershagen	*Atrium Hotel Krüger*
Rotenburg (Wümme) / Hellwege	*Prüser's Gasthof*
Rothenburg o.d. Tauber / Steinsfeld	*Landwehrbräu*
Rottweil	*Johanniterbad*
Rudolstadt	*Adler*
Rügen (Insel) / Baabe	*Villa Granitz*
Rügen (Insel) / Göhren	*Stranddistel*
Salem	*Landgasthof Apfelblüte*
St. Peter	*Jägerhaus*
St. Wolfgang	*St. Georg*
Sasbachwalden	*Engel*
Schmölln	*Bellevue*
Schönau am Königssee	*Georgenhof*
Schonach	*Bergfriede*
Schopfheim	*Krone-Landhaus Brunhilde*
Schopfheim	*Mühle zu Gersbach*
Schopfheim	*Zum Waldhüter*
Schwäbisch Hall	*Landgasthof Pflug*
Schwerin	*De Schün*
Schwerin	*Dobler*
Segeberg, Bad / Pronstorf	*Strengliner Mühle*
Sehnde	*Landhaus Bolzum*
Seiffen	*Seiffener Hof*
Sendenhorst	*Waldmutter*
Sigmaringen / Scheer	*Donaublick*
Sittensen / Stemmen	*Stemmer Landkrug*
Soden-Salmünster, Bad	*Berghotel Berlin*
Sonnenbühl	*Hirsch*
Spalt	*Zum Schnapsbrenner*
Staufen	*Die Krone*
Steinbach-Hallenberg	*Holland-Moritz*
Steisslingen	*Sättele*
Stolberg (Harz)	*Zum Bürgergarten*
Suhlendorf	*Brunnenhof*
Todtmoos	*Rößle*
Tölz, Bad	*Lindenhof*
Trier	*Aulmann*
Trier / Mertesdorf	*Weis*
Überherrn	*Felsberger Hof*
Überlingen	*Bürgerbräu*
Überlingen	*Landgasthof zum Adler*
Übersee	*Alpenhof*
Unterwössen	*Astrid*
Verl	*Papenbreer*
Waging am See	*Landhaus Tanner*
Waldbronn	*La Cigogne -Zum Storch*
Waldsee, Bad	*Altes Tor*
Waren (Müritz)	*Stadt Waren*
Waren (Müritz) / Federow	*Gutshaus Federow*
Wehr	*Landgasthof Sonne*
Weingarten	*Bären*
Weissenfels	*Parkhotel Güldene Berge*
Wernigerode	*Johannishof*
Wertheim / Kreuzwertheim	*Herrnwiesen*
Westerstede	*Altes Stadthaus*
Weyhe	*Koch*
Wiessee, Bad	*Landhaus Midas*
Willingen (Upland)	*Upländer Hof*
Wilthen	*Erbgericht Tautewalde*
Wingerode	*Keppler's Ecke*
Wipperfürth	*Landhotel Napoleon*
Wittenberg (Lutherstadt)	*Brauhaus*
Wittenberg (Lutherstadt)	*Grüne Tanne*
Witzhave	*Pünjer*
Wörlitz	*Parkhotel*
Wolframs-Eschenbach	*Alte Vogtei*
Worpswede	*Buchenhof*
Wünnenberg, Bad	*Parkhotel*
Wurzach, Bad	*Adler*
Zeven / Gyhum	*Niedersachsen-Hof*
Zorneding	*Neuwirt*
Zwiesel	*Glas Hotel Bergfeld*
Zwischenahn, Bad	*HisjeHof*

✿✿✿ *Die Sterne* _____
  ✿✿ *Les étoiles* _____
   ✿ *The stars* _____
    Le stelle _____

    "Bib Gourmand"

Menu 28/45 *Sorgfältig zubereitete preiswerte Mahlzeiten* _____
Repas soignés à prix modérés _____
Good food at moderate prices _____
Pasti accurati a prezzi contenuti _____

    "Bib Hotel"

26 Zim 38/90 *Hier übernachten Sie gut und preiswert* _____
Bonnes nuits à petits prix _____
Good accomodation at moderate prices _____
Buona sistemazione a prezzo contenuto _____

Annehmlichkeit _____
L'agrément _____
Peaceful atmosphere and setting _____
Amenità e tranquillità _____

Stadt mit Umgebungskarte _____
Carte de voisinage : voir à la ville choisie _
Town with a local map _____
Città con carta dei dintorni _____

72

SYLT
Kampen
Wenningstedt
Westerland
Sylt-Ost
DANMARK
1
Harrislee
Flensburg
Rantum
FÖHR
Wyk
Bargum
Bredstedt
Hattstedter Marsch
Pellworm
Husum
Simonsberger Koog
St. Peter-Ording
A 23
Cuxhaven
Otterndorf
73
Wingst
E 234
Norderney
Wilhelmshaven
Bremerhaven
Nordenham
Krummhörn
71
2
Wiesmoor
Zeven
Emden
A 31
A 29
Westerstede
Rastede
Worpswede
N 355
Leer
A 28
E 22
WESER
Groningen
Bad Zwischenahn
Berne
A 27
Hellwege
Oldenburg
Bremen
A 7 E 22
A 28
Ems
E 37
Weyhe
NEDERLAND
A 31
E 233
A 1
Bruchhausen-Vilsen
51
Hunte
213
A 37
N 37 E 233
Haselünne
Hase
Dinklage
Herzlake
Lembruch
61
WESER
A 28 E 232
Zwolle
Uelsen
A 1 E 37
Lemförde
Stemwede
Nordhorn
Hörstel
Ibbenbüren
Minden
A 30 E 30
Osnabrück
Neuenkirchen
Rheine
A 1 E 30
Lengerich
A 30 E 30
Enschede
Gronau
Emsdetten
Ladbergen
Bad Salzuflen
68
Schöppingen
A 1 E 37
Bad Laer
Versmold
54
Bielefeld
Lage
Ahaus
Ems
Warendorf
Münster i. W.
Billerbeck
Gütersloh
A 2 E 34
A 33
Detmold
Telgte
64
A 12 E 35
Nottuln
Rheda-Wiedenbrück
Verl
Isselburg
58
A 43
Sendenhorst
Oelde
Hövelhof
RHEIN
Raesfeld
A 31
Beckum
Wadersloh
Rees
Hamminkeln
4
Haltern
Lippetal
Lippstadt
Paderborn

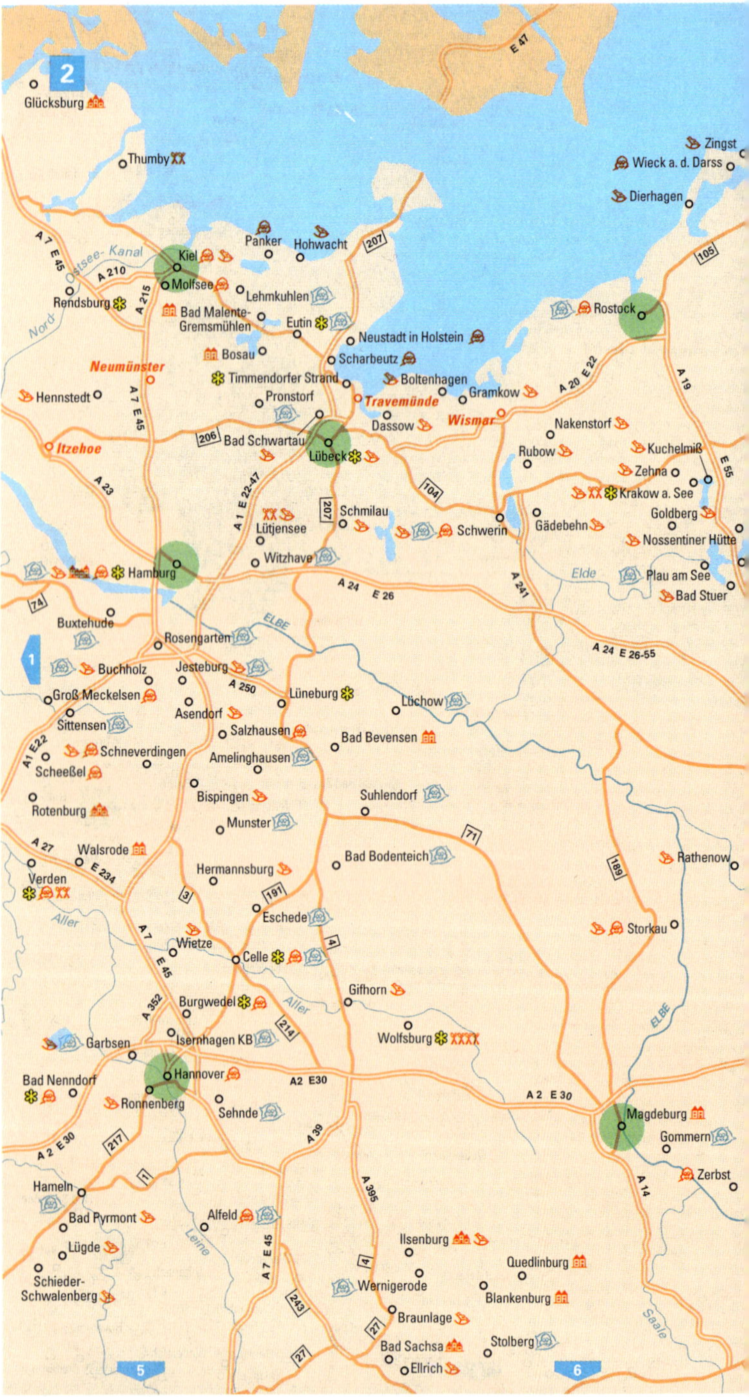
2
Glücksburg
Thumby
Kiel
Molfsee
Panker
Hohwacht
Lehmkuhlen
Rendsburg
Bad Malente-Gremsmühlen
Eutin
Bosau
Neustadt in Holstein
Scharbeutz
Neumünster
Timmendorfer Strand
Boltenhagen
Hennstedt
Pronstorf
Travemünde
Gramkow
Dassow
Wismar
Itzehoe
Bad Schwartau
Lübeck
Rostock
Zingst
Wieck a. d. Darss
Dierhagen
Nakenstorf
Rubow
Kuchelmiß
Zehna
Krakow a. See
Goldberg
Gädebehn
Nossentiner Hütte
Schwerin
Schmilau
Lütjensee
Witzhave
Hamburg
Plau am See
Bad Stuer
Elde
Buxtehude
Rosengarten
ELBE
1
Buchholz
Jesteburg
Groß Meckelsen
Asendorf
Lüneburg
Lüchow
Sittensen
Salzhausen
Bad Bevensen
Schneverdingen
Amelinghausen
Scheeßel
Bispingen
Suhlendorf
Rotenburg
Munster
Walsrode
Bad Bodenteich
Rathenow
Verden
Hermannsburg
Aller
Eschede
Storkau
Wietze
Celle
Gifhorn
Burgwedel
Aller
Wolfsburg
Garbsen
Isernhagen KB
ELBE
Bad Nenndorf
Hannover
Ronnenberg
Sehnde
Magdeburg
Gommern
Zerbst
Hameln
Bad Pyrmont
Alfeld
Leine
Lügde
Ilsenburg
Quedlinburg
Schieder-Schwalenberg
Wernigerode
Blankenburg
Braunlage
Bad Sachsa
Stolberg
Ellrich
Saale
Nord-Ostsee-Kanal
A 7 E 45
A 210
A 215
207
105
A 20 E 22
A 19
E 47
206
A 23
A 1 E 22-47
104
E 55
A 24 E 26
A 241
A 24 E 26-55
74
A 250
A 1 E 22
A 27
E 234
71
189
3
191
4
A 352
214
A2 E30
A 2 E 30
A 39
A 395
A 14
217
1
A 7 E 45
4
243
27
27
5
6

3
Hiddensee
Neuenkirchen
Saßnitz
Schaprode
Trent
Insel Rügen
Sellin
Bergen
Baabe
Göhren
Putbus
96
Mesekenhagen
Zinnowitz
Insel Usedom
6
Neppermin
Heringsdorf
Rubkow
E 28
Stolpe
Meesiger
E 251
109
Hohen Demzin
104
A 20
Pasewalk
Lupendorf
104
104
Neubrandenburg
Szczecin
Burg Stargard
Waren
Groß Nemerow
96
Federow
Neustrelitz
198
Röbel
Wesenberg
Lychen
A 11 E 26
Dorf Zechlin
ODER
E 251
POLSKA
A 24 E 26-55
5
WARTA
Petershagen-Eggersdorf
A 10 E 55
Berlin
Falkenhagen
Frankfurt (Oder)
Havel
E30
A 115
A 12
Eichwalde
Potsdam
Bad Saarow-Pieskow
Storkow
Reichenwalde
A 10 E 30
A 2 E 30
Groß-Briesen
A 13
E 36-55
Spree
ODRA
87
Belzig
A 9 E 51
Atterwasch
Burg
Cottbus
Wittenberg (Lutherstadt)
A 15 E 36
Wörlitz
Dessau
Kemberg
87
ELBE
A 13 E 55
Belgern
Kamenz
7

Map 4

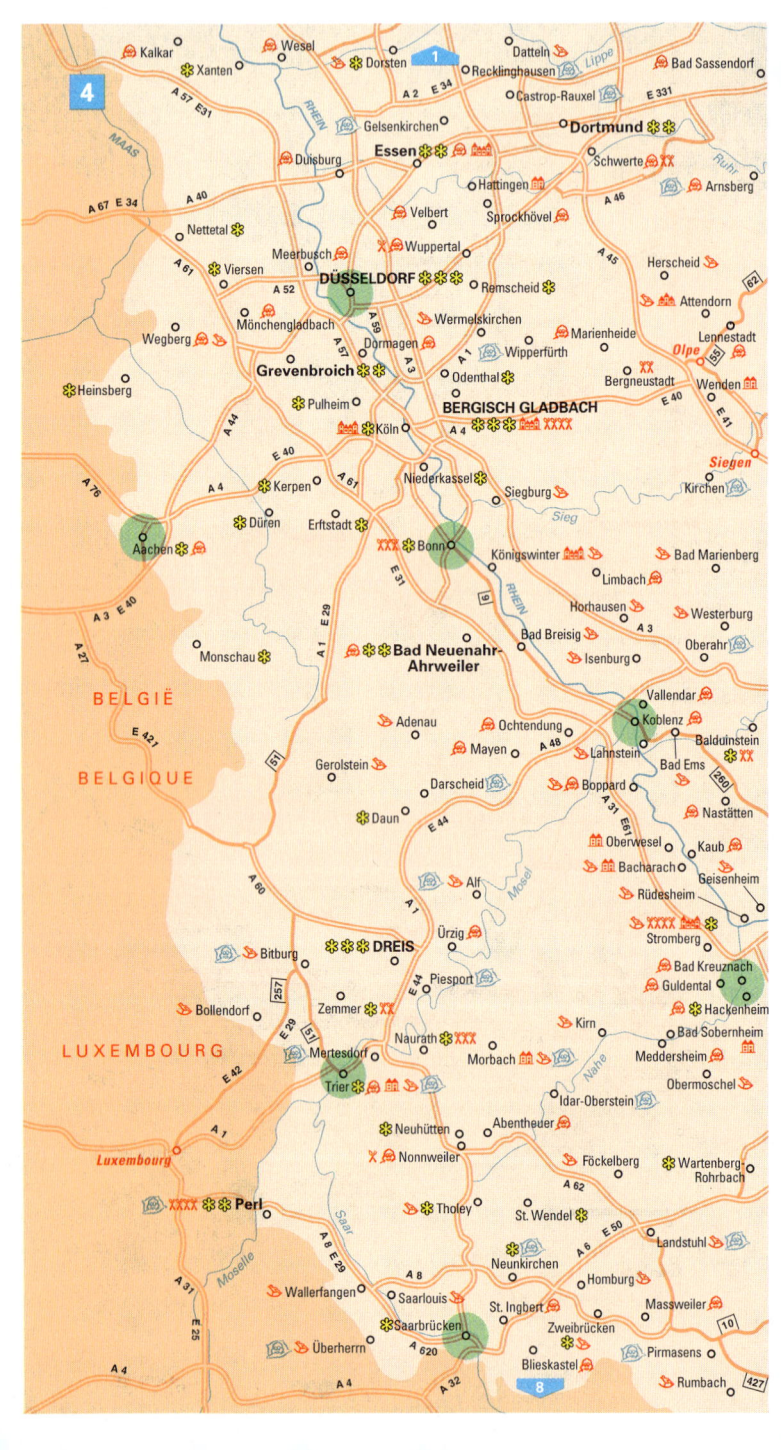

Germany – West region

Cities and towns

- Kalkar
- Wesel
- Dorsten
- Datteln
- Lippe
- Bad Sassendorf
- Xanten
- A 57 E31
- A 2 E 34
- Recklinghausen
- Castrop-Rauxel
- E 331
- RHEIN
- Gelsenkirchen
- Dortmund
- A 67 E 34
- MAAS
- Duisburg
- Essen
- Schwerte
- Ruhr
- Arnsberg
- A 40
- Hattingen
- A 46
- Nettetal
- Velbert
- Sprockhövel
- Herscheid
- Meerbusch
- Wuppertal
- A 45
- Attendorn
- A 61
- Viersen
- A 52
- DÜSSELDORF
- Remscheid
- Lennestadt
- Mönchengladbach
- A 59
- Wermelskirchen
- Marienheide
- Olpe
- Wegberg
- Grevenbroich
- Dormagen
- A 1
- Wipperfürth
- A 3
- Odenthal
- Bergneustadt
- Wenden
- E 40
- E 41
- Heinsberg
- Pulheim
- BERGISCH GLADBACH
- A 44
- Köln
- A 4
- E 40
- Kerpen
- A 61
- Niederkassel
- A 4
- Düren
- Erfstadt
- Siegburg
- Sieg
- Siegen
- Aachen
- Bonn
- Kirchen
- Königswinter
- Bad Marienberg
- A 3 E 40
- E 31
- Limbach
- Westerburg
- A 27
- Monschau
- E 29
- Horhausen
- A 3
- Oberahr
- A 1
- Bad Breisig
- Bad Neuenahr-Ahrweiler
- Isenburg
- BELGIË
- Vallendar
- E 421
- Adenau
- Ochtendung
- Koblenz
- BELGIQUE
- Mayen
- A 48
- Lahnstein
- Bad Ems
- Balduinstein
- Gerolstein
- Darscheid
- Boppard
- (260)
- Daun
- E 44
- Nastätten
- A 31 E 61
- Oberwesel
- Kaub
- Bacharach
- Geisenheim
- Alf
- Mosel
- Rüdesheim
- A 60
- Ürzig
- Stromberg
- Bitburg
- DREIS
- Piesport
- Bad Kreuznach
- Guldental
- Bollendorf
- Zemmer
- Hackenheim
- (257)
- Naurath
- Kirn
- E 29
- Mertesdorf
- Morbach
- Bad Sobernheim
- LUXEMBOURG
- Nahe
- Meddersheim
- E 42
- Trier
- Idar-Oberstein
- Obermoschel
- A 1
- Neuhütten
- Abentheuer
- Luxembourg
- Nonnweiler
- Föckelberg
- Wartenberg-Rohrbach
- A 62
- Perl
- Tholey
- St. Wendel
- E 50
- Landstuhl
- Saar
- Neunkirchen
- A 6
- Homburg
- A 8 E 29
- Massweiler
- A 31
- Wallerfangen
- A 8
- Saarlouis
- St. Ingbert
- Zweibrücken
- (10)
- E 25
- Moselle
- Saarbrücken
- Pirmasens
- A 4
- Überherrn
- A 620
- Blieskastel
- A 32
- Rumbach
- (427)

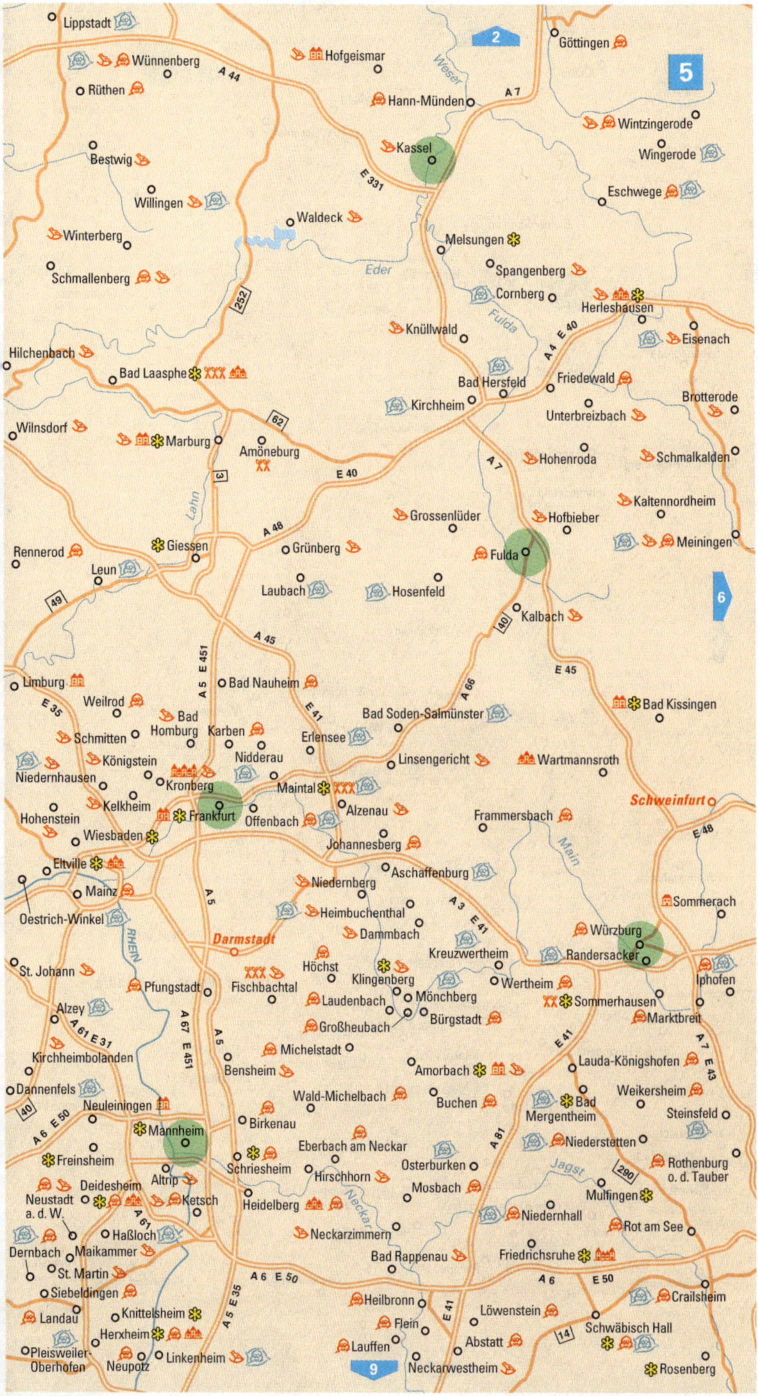

5
2
6
9
Lippstadt
Wünnenberg
Rüthen
A 44
Hofgeismar
Göttingen
Weser
Hann-Münden
A 7
Wintzingerode
Wingerode
Kassel
Bestwig
E 331
Eschwege
Willingen
Waldeck
Winterberg
Melsungen
Eder
Spangenberg
Schmallenberg
Cornberg
Herleshausen
252
Fulda
Knüllwald
E 40
A 4
Eisenach
Hilchenbach
Bad Laasphe
Bad Hersfeld
Friedewald
Kirchheim
Brotterode
62
Unterbreizbach
Wilnsdorf
Marburg
Amöneburg
Hohenroda
Schmalkalden
3
E 40
A 7
Lahn
Kaltennordheim
Grossenlüder
Hofbieber
A 48
Giessen
Grünberg
Fulda
Meiningen
Rennerod
Leun
Laubach
Hosenfeld
49
Kalbach
40
A 45
A 5 E 451
E 45
Limburg
Bad Nauheim
A 66
Weilrod
E 41
Bad Kissingen
E 35
Bad Homburg
Karben
Bad Soden-Salmünster
Schmitten
Erlensee
Nidderau
Königstein
Linsengericht
Wartmannsroth
Niedernhausen
Kronberg
Maintal
Kelkheim
Alzenau
Schweinfurt
Hohenstein
Frankfurt
Offenbach
Frammersbach
Wiesbaden
Johannesberg
E 48
Eltville
Main
Aschaffenburg
Mainz
Niedernberg
Sommerach
A 5
Oestrich-Winkel
Heimbuchenthal
A 3
E 41
Würzburg
RHEIN
Dammbach
Darmstadt
Kreuzwertheim
Randersacker
St. Johann
Höchst
Klingenberg
Iphofen
Pfungstadt
Fischbachtal
Wertheim
Mönchberg
Sommerhausen
Alzey
Laudenbach
Bürgstadt
Marktbreit
A 61 E 31
Großheubach
A 67 E 451
A 5
E 41
A 7 E 43
Michelstadt
Kirchheimbolanden
Amorbach
Lauda-Königshofen
Bensheim
Dannenfels
Weikersheim
Wald-Michelbach
Buchen
Bad Mergentheim
Steinsfeld
40
Neuleiningen
A 6 E 50
Birkenau
Mannheim
Niederstetten
A 81
Eberbach am Neckar
Freinsheim
Schriesheim
Osterburken
Rothenburg o. d. Tauber
Jagst
Altrip
Hirschhorn
290
Deidesheim
Mosbach
Neustadt a. d. W.
Ketsch
Heidelberg
Mulfingen
Neckar
Niedernhall
A 61
Haßloch
Neckarzimmern
Rot am See
Dernbach
Maikammer
Bad Rappenau
Friedrichsruhe
St. Martin
A 6 E 50
A 6
E 50
Siebeldingen
Heilbronn
Crailsheim
E 41
Landau
Knittelsheim
A 5 E 35
Löwenstein
Flein
14
Schwäbisch Hall
Herxheim
Abstatt
Lauffen
Pleisweiler-Oberhofen
Neupotz
Linkenheim
Neckarwestheim
Rosenberg

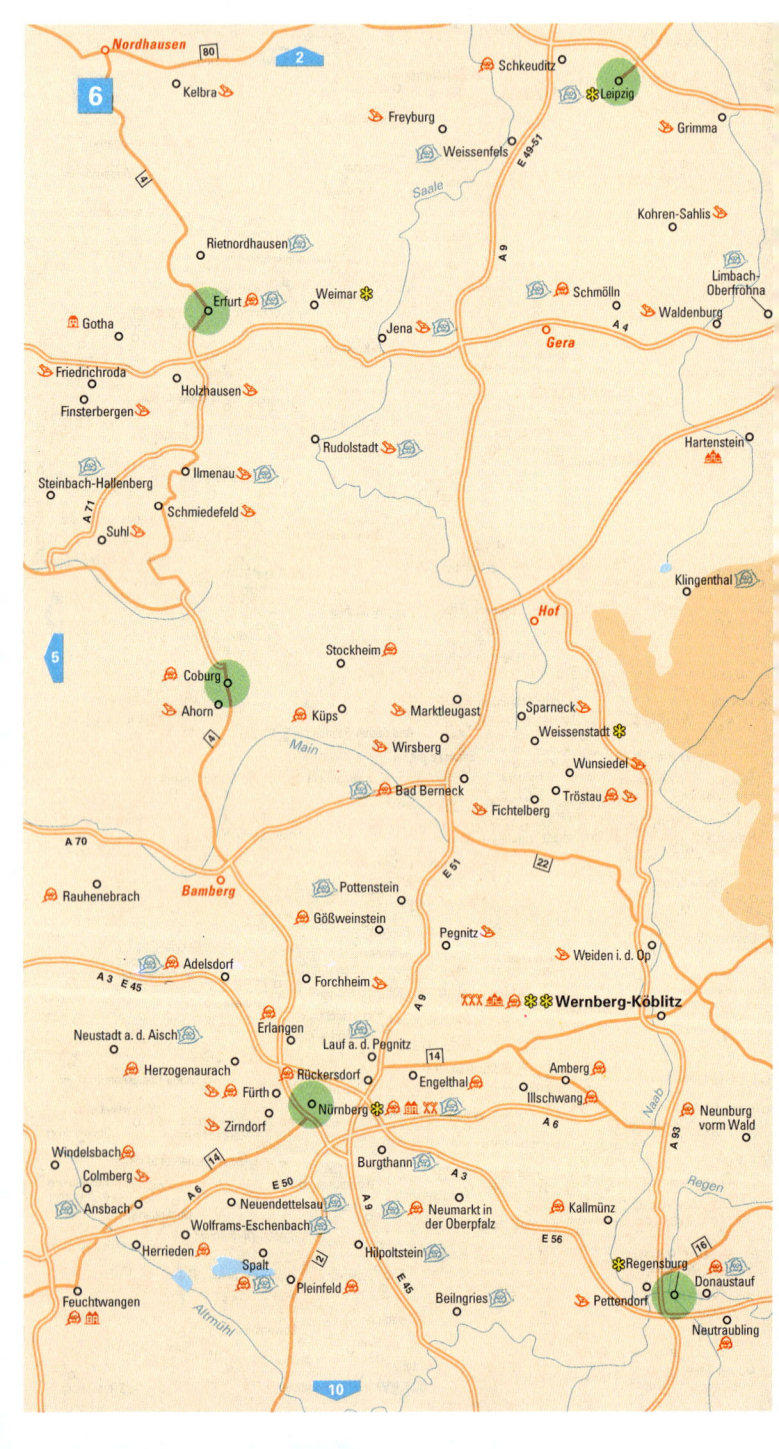

6

Nordhausen · 80 · 2 · Schkeuditz · **Leipzig**
Kelbra · Freyburg · Grimma
Weissenfels · E 49-51
Saale · Kohren-Sahlis
Rietnordhausen · A 9 · Schmölln · Limbach-Oberfröhna
Erfurt · Weimar · Waldenburg
Gotha · Jena · **Gera** · A 4
Friedrichroda · Holzhausen
Finsterbergen
Steinbach-Hallenberg · Rudolstadt · Hartenstein
A 71 · Ilmenau
Suhl · Schmiedefeld
Klingenthal
Hof
Stockheim
5
Coburg · Küps · Marktleugast · Sparneck · Weissenstadt
Ahorn · Wirsberg · Wunsiedel
Main · Bad Berneck · Tröstau
Fichtelberg
A 70 · E 51 · 22
Rauhenebrach · **Bamberg** · Pottenstein
Gößweinstein · Pegnitz · Weiden i. d. Op
Adelsdorf
A 3 E 45 · Forchheim · ✕✕✕ **Wernberg-Köblitz**
Neustadt a. d. Aisch · Erlangen · Lauf a. d. Pegnitz · A 9
Herzogenaurach · Rückersdorf · 14 · Amberg
Fürth · Engelthal · Illschwang
Nürnberg · A 6 · Naab · Neunburg vorm Wald
Zirndorf · A 93
Windelsbach · Burgthann · A 3
Colmberg · 14 · E 50 · Neumarkt in der Oberpfalz · Kallmünz · Regen
Ansbach · A 6 · Neuendettelsau · A 9 · E 56 · **Regensburg** · 16
Wolframs-Eschenbach · Hilpoltstein · Pettendorf · Donaustauf
Herrieden · Spalt · 2 · Pleinfeld · E 45 · Beilngries
Feuchtwangen · Altmühl · Neutraubling

10

Map: Dresden – Praha – Straubing region

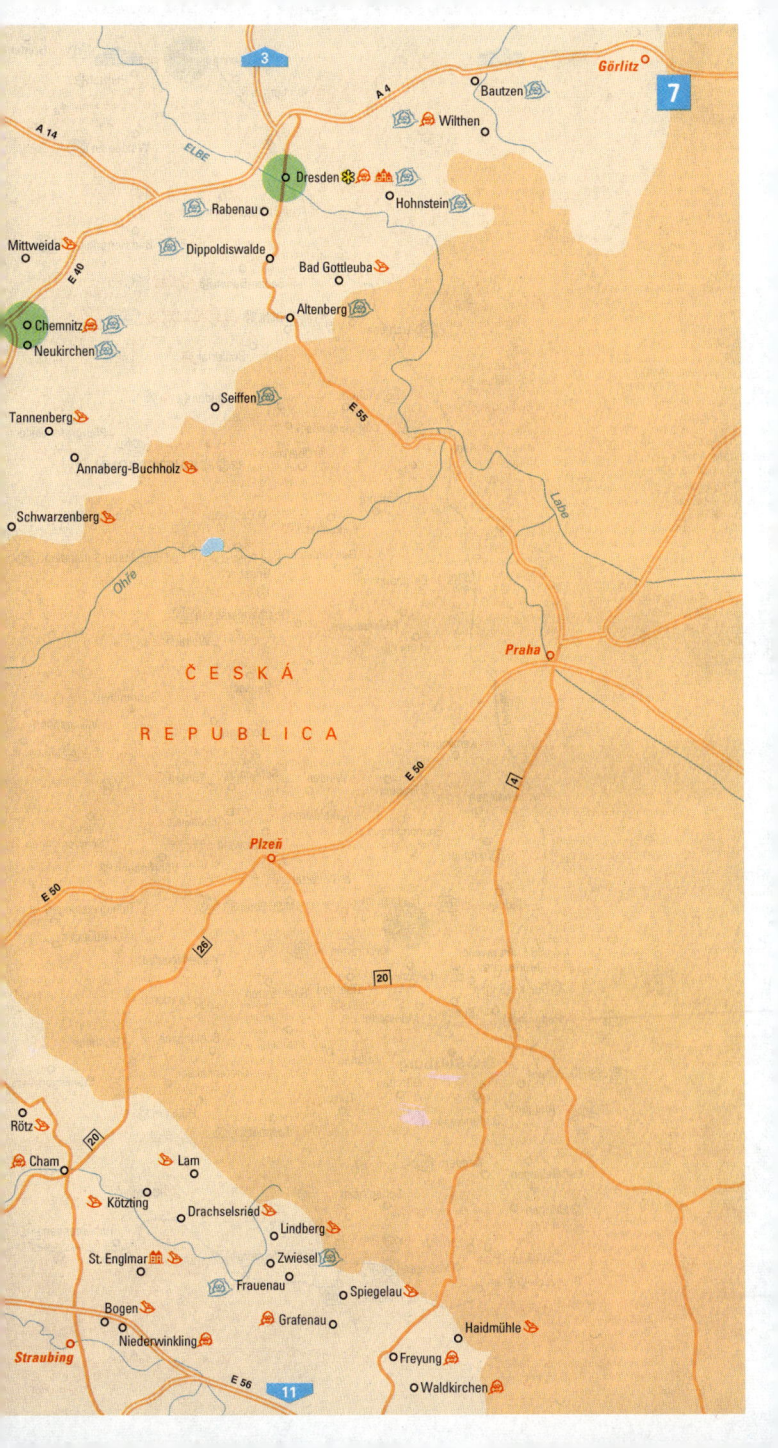

Cities and towns:

- Görlitz
- Bautzen
- Wilthen
- Dresden
- Hohnstein
- Rabenau
- Mittweida
- Dippoldiswalde
- Bad Gottleuba
- Chemnitz
- Neukirchen
- Altenberg
- Tannenberg
- Seiffen
- Annaberg-Buchholz
- Schwarzenberg
- Praha
- Plzeň
- Rötz
- Cham
- Lam
- Kötzting
- Drachselsried
- Lindberg
- St. Englmar
- Zwiesel
- Frauenau
- Spiegelau
- Bogen
- Grafenau
- Haidmühle
- Niederwinkling
- Freyung
- Straubing
- Waldkirchen

Country: ČESKÁ REPUBLICA

Rivers: Elbe, Labe, Ohře

Roads: A 4, A 14, E 40, E 50, E 55, E 56, 20, 26

Map panels: 3, 7, 11

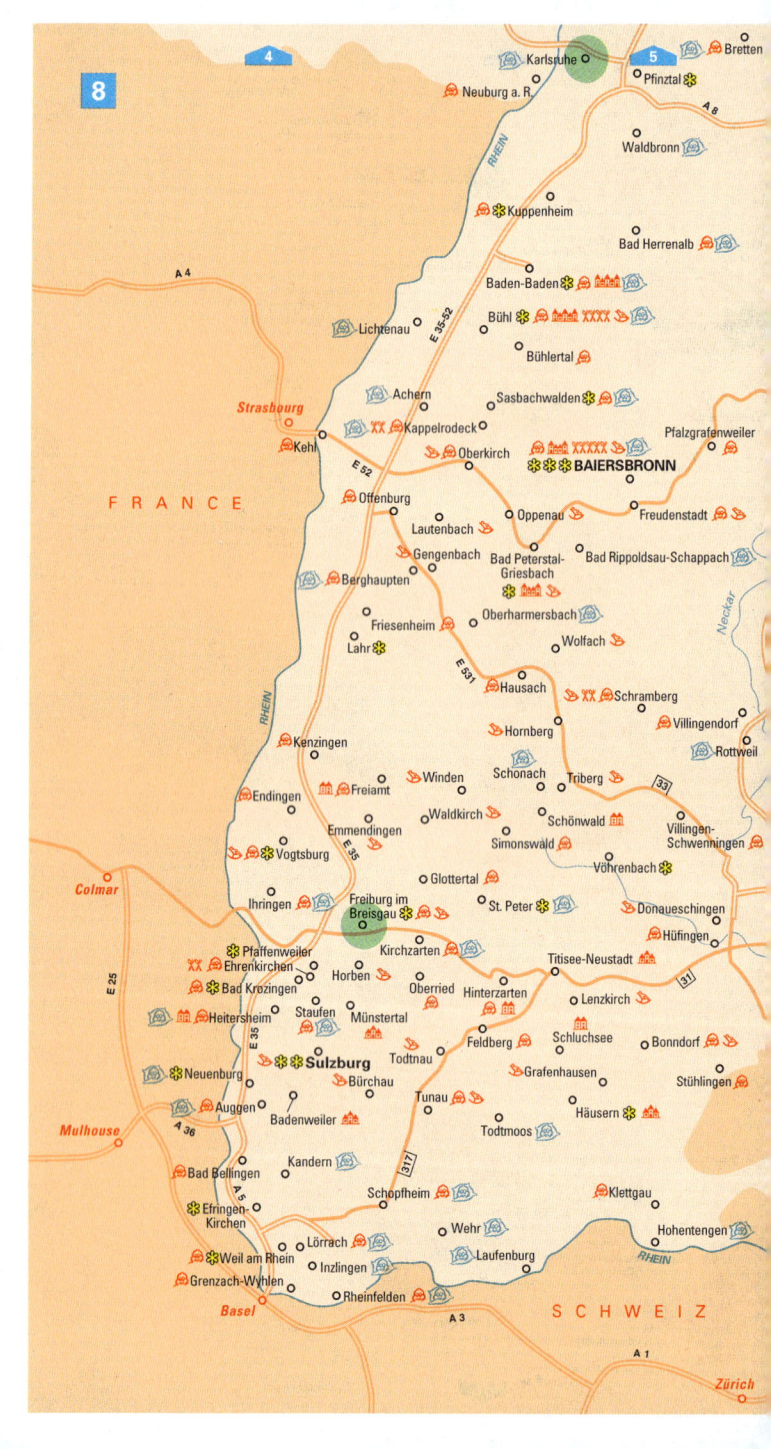

8

France | **Schweiz**

Karlsruhe · Bretten · Pfinztal · Neuburg a. R. · Waldbronn · Kuppenheim · Bad Herrenalb · Baden-Baden · Lichtenau · Bühl · Bühlertal · Achern · Sasbachwalden · Pfalzgrafenweiler · Kappelrodeck · Strasbourg · Kehl · Oberkirch · **BAIERSBRONN** · Offenburg · Oppenau · Freudenstadt · Lautenbach · Gengenbach · Bad Peterstal-Griesbach · Bad Rippoldsau-Schappach · Berghaupten · Friesenheim · Oberharmersbach · Wolfach · Lahr · Hausach · Schramberg · Villingendorf · Hornberg · Rottweil · Kenzingen · Schonach · Triberg · Freiamt · Winden · Schönwald · Endingen · Waldkirch · Villingen-Schwenningen · Emmendingen · Simonswald · Vogtsburg · Glottertal · Vöhrenbach · Colmar · Ihringen · Freiburg im Breisgau · St. Peter · Donaueschingen · Hüfingen · Kirchzarten · Pfaffenweiler · Titisee-Neustadt · Ehrenkirchen · Horben · Heitersheim · Staufen · Oberried · Hinterzarten · Lenzkirch · Bad Krozingen · Münstertal · Feldberg · Schluchsee · Bonndorf · Sulzburg · Todtnau · Stühlingen · Neuenburg · Bürchau · Tunau · Grafenhausen · Häusern · Mulhouse · Auggen · Badenweiler · Todtmoos · Kandern · Bad Bellingen · Schopfheim · Klettgau · Efringen-Kirchen · Wehr · Hohentengen · Lörrach · Laufenburg · Weil am Rhein · Inzlingen · Grenzach-Wyhlen · Rheinfelden · Basel · Zürich

5
9
Backnang
Kaisersbach
Gschwend
Ellwangen
Asperg
Ötisheim
Ludwigsburg
Korb
Schwäbisch Gmünd
Aalen
Fellbach
Weinstadt
Waldstetten
Bartholomä
Tiefenbronn
E 52
Stuttgart
Kernen
Plüderhausen
Königsbronn
Heidenheim
Plochingen
Salach
Köngen
Leinfelden-Echterdingen
Ohmden
Boll
Ehningen
Nürtingen
Oberboihingen
Bempflingen
Langenau
Pliezhausen
E 52
28
Tübingen
Metzingen
Dettingen a. d. Erms
28
Reutlingen
A 81
E 41
Neu-Ulm
Münsingen
Haigerloch
Sonnenbühl
Ehingen
311
Vöhringen
Bisingen
312
Burgrieden
Schwendi
10
Albstadt
Biberach a. d. Riß
Ratshausen
Riedlingen
Sigmaringen
Donau
Hausen ob Verena
Mengen
Bad Wurzach
311
Ostrach
32
Bad Waldsee
A 81
E 41
Heiligenberg
Weingarten
37
Frickingen
Tengen
Steißlingen
Überlingen
Salem
Ravensburg
Singen
Radolfzell
Uhldingen-Mühlhofen
Moos
Wangen
Meersburg
Hagnau
Tettnang
Rielasingen-Worblingen
I. Reichenau
A 96-E 43
Schafhausen
Konstanz
Immenstaad
Gaienhofen
Bodensee
Langenargen
Öhningen
Lindau
Lochau
SCHWEIZ
Bregenz
A 1
E 60

10
6
9
Colmberg
Ansbach
A 6
E 50
Spalt
Kallmünz
E 56
Naab
A 3
Pettendorf
14
Feuchtwangen
Pleinfeld
2
E 45
A 9
Altmühl
Kipfenberg
Eichstätt
Mörnsheim
Ingolstadt
Nördlingen
Neuburg
DONAU
A 93
Donauwörth
E 43
Heidenheim
Ehekirchen
A 9
E 45
Giengen a. d.Brenz
16
Dillingen
2
Lech
Isar
Freising
E 53
A 8
E 52
A 92
Hallbergmoos
Augsburg
Odelzhausen
A 99
Maisach
12
Illertissen
München
17
Langerringen
Planegg
Vaterstetten
Babenhausen
Landsberg
A96
E54
Unterhaching
Gauting
Zorneding
E 43
A 7
A 96
E 54
Pöcking
Glonn
Ammersee
A 8
E 52
Aying
Bad Wörishofen
Dießen a. A.
Starnberger See
Memmingen
Wolfratshausen
Feldkirchen-Westerham
E 532
Pähl
Münsing
Geretsried
Gmund
Iller
Bad Tölz
Dietmannsried
23
Bad Heilbrunn
Bad Wiessee
Rottenbuch
E 533
Tegernsee
Kempten
Lenggries
Isny
Buchenberg
Rückholz
Roßhaupten
Murnau
Oy-Mittelberg
Pfronten
Eisenberg
Garmisch
Partenkirchen
Krün
Ofterschwang
Hindelang
Grainau
Fischen
Mittenwald
314
Oberstdorf
Hirschegg
Riezlern
ÖSTERREICH
Innsbruck
E45-60
Mittelberg
E 60
A 13

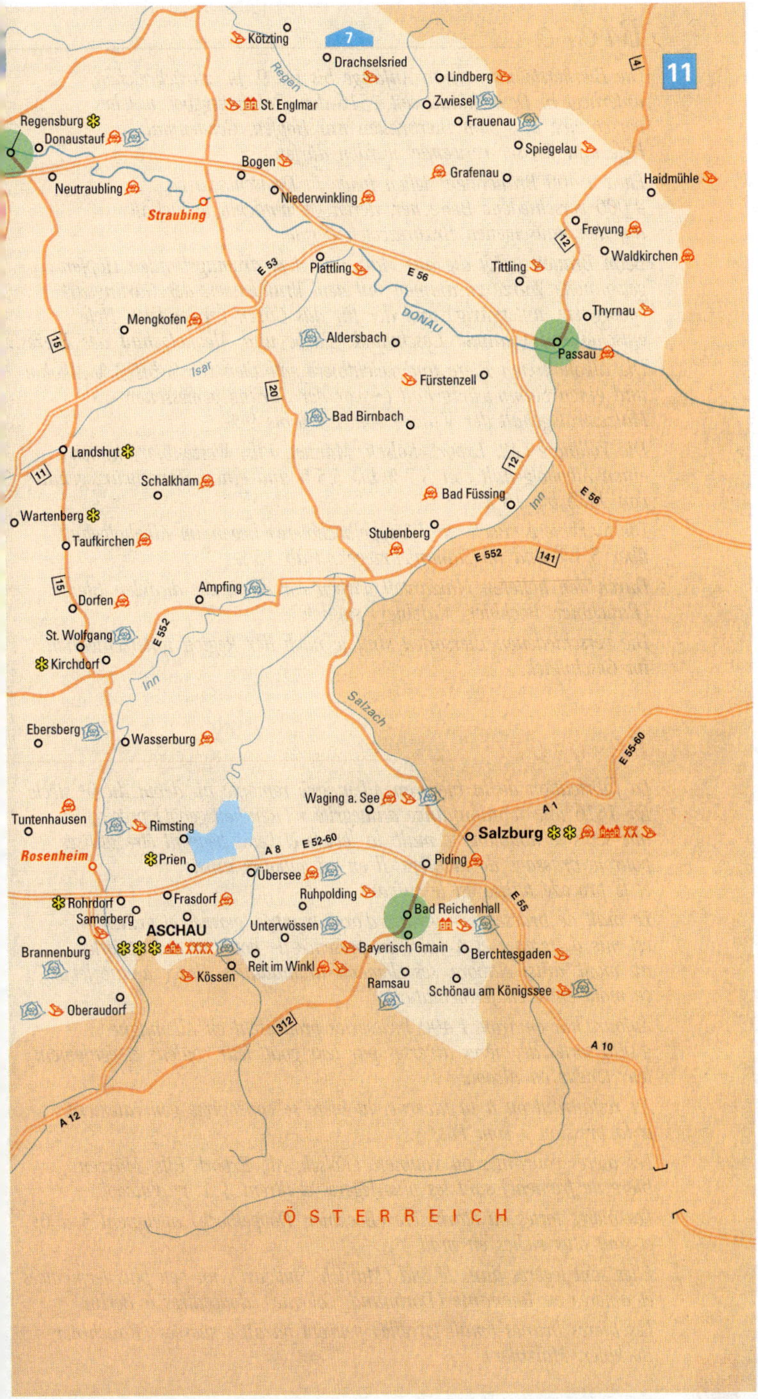
11
7
Kötzting
Drachselsried
Lindberg
Zwiesel
Frauenau
Spiegelau
St. Englmar
Regensburg
Donaustauf
Bogen
Grafenau
Haidmühle
Neutraubling
Niederwinkling
Straubing
Freyung
Waldkirchen
Tittling
Plattling
E 53
E 56
Thyrnau
Mengkofen
Donau
Aldersbach
Passau
Fürstenzell
Isar
Bad Birnbach
Landshut
Schalkham
Bad Füssing
Wartenberg
Stubenberg
Taufkirchen
E 552
Ampfing
Dorfen
St. Wolfgang
Kirchdorf
Inn
Salzach
Ebersberg
Wasserburg
E 55-60
Waging a. See
A 1
Tuntenhausen
Rimsting
Salzburg
Rosenheim
Prien
A 8
E 52-60
Piding
Übersee
Rohrdorf
Frasdorf
Ruhpolding
E 55
Samerberg
Bad Reichenhall
ASCHAU
Unterwössen
Brannenburg
Bayerisch Gmain
Berchtesgaden
Reit im Winkl
Kössen
Ramsau
Schönau am Königssee
Oberaudorf
A 10
A 12
ÖSTERREICH

Biere

Die Bierherstellung, deren Anfänge bis ins 9. Jh. zurückreichen, unterliegt in Deutschland seit 1516 dem Reinheitsgebot, welches vorschreibt, daß zum Bierbrauen nur Hopfen, Gerstenmalz, Hefe und Wasser verwendet werden dürfen.

Etwa 1 400 Brauereien stellen heute in Deutschland ca. 4 000 verschiedene Biere her, deren geschmackliche Vielfalt auf den hauseigenen Braurezepten beruht.

Beim Brauen prägt die aus Malz und dem aromagebenden Hopfen gewonnene Würze zusammen mit dem Brauwasser, der Gärungsart (obergärig, untergärig) und der für das Gären verwendeten Hefe entscheidend Qualität, Geschmack, Farbe und Alkoholgehalt des Bieres.

Die alkoholfreien Biere und Leichtbiere enthalten 0,5 % bis 3 % Alkohol und einen Stammwürzgehalt (= vor der Gärung gemessener Malzextraktgehalt der Würze) von 1,5 % bis 9 %.

Die Vollbiere (Alt, Export, Kölsch, Märzen, Pils, Weizenbier) haben einen Alkoholgehalt von 3,7 % bis 5,5 % und einen Stammwürzegehalt von 11 % bis 15 %.

Die Starkbiere (Bock- und Doppelbockbiere) liegen im Alkoholgehalt über 5,3 % und im Stammwürzegehalt ab 16 %.

Durch den höheren Malzanteil wirken vor allem die dunklen Biere (Rauchbier, Bockbier, Malzbier) süßlich.

Die verschiedenen Biersorten sind je nach der Region unterschiedlich im Geschmack.

La bière

La fabrication de la bière en Allemagne remonte au début du 9e siècle. En 1516 une « ordonnance d'intégrité » (Reinheitsgebot) précise que seuls le houblon, le malt, la levure et l'eau peuvent être utilisés pour le brassage de la bière. Il en est toujours ainsi et le procédé utilisé est le suivant :

Le malt de brasserie – grains d'orge trempés, germés et grillés – est mis à tremper et à cuire en présence de houblon qui apporte au moût, ainsi élaboré, ses éléments aromatiques. Grâce à une levure, ce moût entre en fermentation.

Aujourd'hui environ 1 400 brasseries produisent en Allemagne 4 000 sortes de bières diverses par leur goût, leur couleur et également leur teneur en alcool.

Au restaurant ou à la taverne, la bière se consomme généralement à la pression « vom Fass ».

Les bières courantes ou Vollbiere (Kölsch, Alt, Export, Pils, Märzen, bière de froment) sont les plus légères et titrent 3 à 4° d'alcool.

Les bières fortes ou Starkbiere (Bockbier, Doppelbock) atteignent 5 à 6° et sont plus riches en malt.

Elles sont plus légères dans le Sud (Munich, Stuttgart), un peu plus fermentées et amères en Rhénanie (Dortmund, Cologne), douceâtres à Berlin.

Les bières brunes (malt torréfié) peuvent paraître sucrées (Rauchbier, Bockbier, Malzbier).

Beer

Beer has been brewed in Germany since the beginning of 9C. In 1516 a decree on quality (Reinheitsgebot) was passed which stated that only hops, malt, yeast and water should be used for brewing.
This still applies and the following method is used :

Brewer's malt - obtained from barley after soaking, germination and roasting - is mixed with water and hops which flavour the must, and boiled. Yeast is added and the must is left to ferment.

Today about 1400 breweries in Germany produce 4000 kinds of beer which vary in taste, colour and alcohol content.

In restaurants and bars, beer is generally on draught "vom Fass".

Popular beers or Vollbiere (Kölsch, Alt, Export, Pils, Märzen and beer from wheatgerm) are light and 3-4 % proof.

Strong beers or Starkbiere (Bockbier, Doppelbock) are rich in malt and 5-6 % proof.

These are light in the South (Munich, Stuttgart), stronger and more bitter in Rhineland (Dortmund, Cologne) and sweeter in Berlin.

Dark beers (roasted malt) may seem rather sugary (Rauchbier, Bockbier, Malzbier).

La birra

La fabbricazione della birra in Germania risale all'inizio del nono secolo. Nel 1516, un « ordinanza d'integrità » (Reinheitsgebot) precisa che, per la produzione della birra, possono essere solamente adoperati il luppolo, il malto, il lievito e l'acqua. Ciò è rimasto immutato e il processo impiegato è il seguente :

Il malto - derivato da semi d'orzo macerati, germinati e tostati - viene macerato e tostato unitamente al luppolo che aggiunge al mosto, elaborato in tal modo, le sue componenti aromatiche. Grazie all'apporto di un lievito, questo mosto entra in fermentazione.

Oggigiorno, circa 1400 birrerie producono in Germania 4000 tipi di birra diversi per il loro gusto, colore e la loro gradazione alcolica.

Nei ristoranti o nelle taverne, la birra viene consumata alla spina « vom Fass ».

Le birre comuni o Vollbiere (Kölsch, Alt, Export, Pils, Märzen, birra di frumento) sono le più leggere e raggiungono una gradazione alcolica di 3 o 4°.

Le birre forti o Starkbiere (Bockbier, Doppelbock) raggiungono una gradazione alcolica di 5 o 6° e sono le più ricche di malto.

Esse sono leggere nel Sud (Monaco, Stuttgart), leggermente più fermentate e amare in Renania (Dortmund, Colonia), dolciastre a Berlino.

Le birre scure (malto torrefatto) possono sembrare dolcificate (Rauchbier, Bockbier, Malzbier).

Weinbaugebiete
Carte du vignoble
Map of the vineyards
Carta dei vigneti

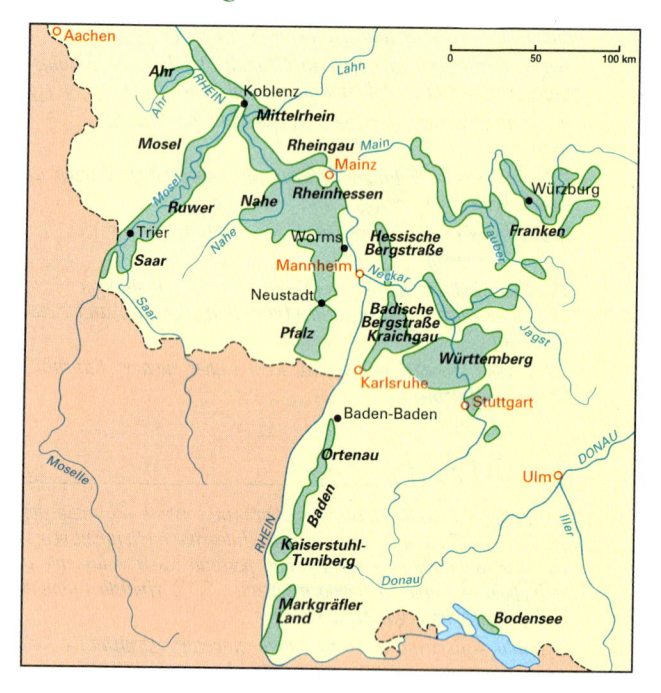

Neben den Spitzengewächsen gibt es in vielen Regionen gebietstypische Weine, die – am Ort verkostet – für manche Überraschung gut sind.

En dehors des grands crus, il existe en maintes régions des vins locaux qui, bus sur place, vous réserveront d'heureuses surprises.

In addition to the fine wines there are many wines, best drunk in their region of origin and which you will find extremely pleasant.

Al di fuori dei grandi vini, esistono in molte regioni dei vini locali che, bevuti sul posto, Vi riserveranno piacevoli sorprese.

Weine

Auf einer Gesamtanbaufläche von ca. 104 000 ha gedeiht in dreizehn bestimmten Anbaugebieten (Ahr, Mittelrhein, Mosel-Saar-Ruwer, Nahe, Rheingau, Rheinhessen, Hessische Bergstraße, Franken, Pfalz, Württemberg, Baden, Saale-Unstrut, Elbtal) eine Vielfalt von Weinen unterschiedlichsten Charakters, geprägt von der Verschiedenartigkeit der Böden, vom Klima und von der Rebsorte.

Die Wichtigsten Weine

Hauptanbaugebiet   **Rebsorten und Charakteristik**

Weißwein

Hauptanbaugebiet	Rebsorten und Charakteristik
Baden	**Gutedel** *leicht, aromatisch*
Württemberg	**Kerner** *rieslingähnlich, rassig*
Franken, Rheinhessen, Baden, Nahe, Elbtal, Saale-Unstrut Pfalz	**Müller-Thurgau** *würzig-süffig, feine Säure*
Mittelrhein, Mosel-Saar-Ruwer, Rheingau Pfalz	**Riesling** *rassig, spritzig, elegant, feine Fruchtsäure*
Baden	**Ruländer (Grauburgunder)** *kräftig, füllig, gehaltvoll*
Franken, Rheinhessen, Nahe, Pfalz	**Silvaner** *fruchtig, blumig, kräftig*
Baden, Elbtal	**(Gewürz-) Traminer** *würzig, harmonisch*
Baden, Elbtal, Saale-Unstrut	**Weißburgunder** *blumig, fruchtig, elegant*

Rotwein

Hauptanbaugebiet	Rebsorten und Charakteristik
Württemberg	**Lemberger** *kernig, kräftig, wuchtig*
Ahr, Pfalz	**Portugieser** *leicht, süffig, mundig frisch*
Württemberg	**Schwarzriesling** *zart, fruchtig*
Ahr, Baden	**(blauer) Spätburgunder** *rubinfarben, samtig, körperreich*
Württemberg	**Trollinger** *leicht, frisch, fruchtig*

Rebsorten und Charakteristik

Rotlinge

Badisch Rotgold *Mischung aus Grauburgunder und blauem Spätburgunder, meist im Verhältnis 3 : 1.*

Schillerwein *Aus roten und weißen Trauben, die gemeinsam gekeltert wurden.*

Weißherbst *Aus roten Trauben, die nach der Weißwein-Methode (nach dem Mahlen kommen die Trauben sofort auf die Presse) gekeltert wurden*

Das Weingesetz von 1971 und 1982 teilt die deutschen Weine in 4 Güteklassen ein:

deutscher Tafelwein *muß aus einer der 4 Tafelweinregionen stammen (Tafelwein, ohne den Zusatz « deutscher » kann mit Weinen aus EG-Ländern verschnitten sein).*

Landwein *trägt eine allgemeine Herkunftsbezeichnung (z. B. Pfälzer Landwein), darf nur aus amtlich zugelassenen Rebsorten gewonnen werden, muß mindestens 55 Öchslegrade haben und darf nur trocken oder halbtrocken sein.*

Qualitätswein bestimmter Anbaugebiete *muß aus einem der deutschen Anbaugebiete stammen und auf dem Etikett eine Prüfnummer haben.*

Qualitätswein mit Prädikat *darf nur aus einem einzigen Bereich innerhalb der deutschen Anbaugebiete stammen, muß auf dem Etikett eine Prüfnummer haben und eines der 6 Prädikate besitzen: Kabinett, Spätlese, Auslese, Beerenauslese, Trockenbeerenauslese, Eiswein.*
Eiswein wird aus Trauben gewonnen, die nach Frost von mindestens − 7 °C gelesen wurden.

Les vins

En Allemagne le vignoble s'étend sur plus de 104 000 ha. Les vins les plus connus proviennent principalement des 13 régions suivantes : Ahr, Mittelrhein (Rhin moyen), Mosel-Saar-Ruwer, Nahe, Rheingau, Rheinhessen (Hesse rhénane), Hessische Bergstraße (Montagne de Hesse), Franken (Franconie), Pfalz (Palatinat), Württemberg (Wurtemberg), Baden (Pays de Bade), Vallée de l'Elbe (entre Dresde et Meissen), Saale et l'Unstrut (entre Naumburg et Feyburg).

Principaux vins

Principales régions	Cépages et caractéristiques
	Vins blancs
Pays de Bade	**Gutedel** léger, bouqueté
Wurtemberg	**Kerner** proche du Riesling
Franconie, Hesse rhénane, Pays de Bade, Nahe, vallée de l'Elbe, région de Saale-Unstrut, Palatinat	**Müller-Thurgau** vigoureux, nerveux
Rhin moyen Moselle-Sarre-Ruwer, Rheingau, Palatinat	**Riesling** racé, élégant, au fruité légèrement acidulé
Pays de Bade	**Ruländer** puissant, rond, riche
Franconie, Hesse rhénane, Nahe, Palatinat	**Silvaner** fruité, bouqueté, puissant
Pays de Bade, vallée de l'Elbe	**Traminer, Gewürztraminer** épicé, harmonieux
Pays de Bade, vallée de l'Elbe, région de Saale-Unstrut	**Weißburgunder** bouqueté, fruité, élégant
	Vins rouges
Wurtemberg	**Lemberger** charnu, puissant
Ahr	**Portugieser** léger, gouleyant, frais
Wurtemberg	**Schwarzriesling** tendre, fruité
Ahr, Pays de Bade	**(blauer) Spätburgunder** de couleur rubis, velouté
Wurtemberg	**Trollinger** léger, frais, fruité

Cépages et caractéristiques

Vins rosés

Badisch Rotgold *Assemblage de Grauburgunder (pinot gris) et de Spätburgunder (pinot noir) dans la plupart des cas dans la proportion 3 : 1.*

Schillerwein *Raisins noirs et blancs pressurés ensembles.*

Weißherbst *Raisins noirs pressurés immédiatement, puis fermentation du moût sans la râfle.*

La législation de 1971 et de 1982 classe les vins allemands en 4 catégories :

Tafelwein ou deutscher Tafelwein, *vins de table, sans provenance précise, pouvant être des coupages, soit de vins de la C.E.E., soit de vins exclusivement allemands.*

Landwein *porte une appellation d'origine générale (ex. Pfälzer Landwein), et ne peut provenir que de cépages officiellement reconnus ; il doit avoir au minimum 55º Öchsle et ne peut être que sec ou demi sec.*

Qualitätswein bestimmter Anbaugebiete, *vins de qualité supérieure, ils portent un numéro de contrôle officiel et ont pour origine une des régions (Ex. : Baden) déterminées.*

Qualitätswein mit Prädikat, *vins strictement contrôlés, ils représentent l'aristocratie du vignoble, ils proviennent d'un seul vignoble d'appellation et portent en général un numéro de contrôle et l'une des dénominations suivantes : Kabinett (réserve spéciale), Spätlese (récolte tardive), Auslese (récolte tardive, raisins sélectionnés), Beerenauslese, Trockenbeerenauslese (vins liquoreux), Eiswein. Les « Eiswein » (vins des glaces) sont obtenus à partir de raisins récoltés après une gelée d'au moins −7 ºC.*

Wines

The vineyards of Germany extend over 104 000 ha – 257 000 acres and 13 regions : Ahr, Mittelrhein, Mosel-Saar-Ruwer, Nahe, Rheingau, Rheinhessen, Hessische Bergstraße, Franken (Franconia), Pfalz (Palatinate), Württemberg, Baden, Elbe Valley (Dresden-Meissen), Saale and Unstrut (Naumburg-Feyburg).

Principal wines

Main regions	Grape stock and characteristics
	White wines
Baden	**Gutedel** light, fragrant
Württemberg	**Kerner** similar to Riesling
Franconia, Rheinhessen, Baden, Nahe, valley of the Elbe, Saale-Unstrut region, Palatinate	**Müller-Thurgau** potent, lively
Mittelrhein, Mosel-Saar-Ruwer, Rheingau, Palatinate	**Riesling** noble, elegant, slightly acidic and fruity
Baden	**Ruländer** potent, smooth, robust
Franconia, Rheinhessen, Nahe, Palatinate	**Silvaner** fruity, good bouquet, potent
Baden, valley of the Elbe	**Traminer, Gewürztraminer** spicy, smooth
Baden, valley of the Elbe, Saale-Unstrut region	**Weißburgunder** delicate bouquet, fruity, elegant
	Red wines
Württemberg	**Lemberger** full bodied, potent
Ahr	**Portugieser** light, smooth, fresh
Württemberg	**Schwarzriesling** delicate, fruity
Ahr, Baden	**(blauer) Spätburgunder** ruby colour, velvety
Württemberg	**Trollinger** light, fresh, fruity

Grape stock and characteristics

Rosé wines

Badisch Rotgold *Blend of Grauburgunder and Spätburgunder, mostly 3 parts to 1.*

Schillerwein *Red and green grapes pressed together.*

Weißherbst *Red grapes are pressed immediately then the must is left to ferment after extraction of the stems.*

Following legislation in 1971 and 1982, German wines fall into 4 categories:

Tafelwein or deutscher Tafelwein *are table wines with no clearly defined region of origin, and which in effect may be a blending of other Common Market wines or of purely German ones.*

Landwein *are medium quality wines between the table wines and the Qualitätswein b. A. which carry a general appellation of origin (i.e. Pfälzer Landwein) and can only be made from officially approved grapes, must have 55° "Öchslegrade" minimum and must be dry or medium dry.*

Qualitätswein bestimmter Anbaugebiete, *are wines of superior quality which carry an official control number and originate from one of the clearly defined regions (Gebiet) e.g. Moselle, Baden, Rhine.*

Qualitätswein mit Prädikat, *are strictly controlled wines of prime quality. These wines are grown and made in a clearly defined and limited area or vineyard and generally carry an official control number and one of the following special descriptions:*
Kabinett (a perfect reserve wine), Spätlese (wine from late harvest grapes), Auslese (wine from specially selected grapes), Beerenauslese, Trockenbeerenauslese (sweet wines), Eiswein.
Eiswein (ice wines) are produced from grapes harvested after a minimum $-7\,°C$ frost.

I vini

Il vigneto della Germania si estende su più di 104.000 ettari. Esso comporta 13 regioni : Ahr, Mittelrhein (Reno medio), Mosel-Saar-Ruwer, Nahe, Rheingau, Rheinhessen (Hesse renano), Hessische Bergstraße (montagna di Hesse), Franken (Franconia), Pfalz (Palatinato), Württemberg, Baden, Valle dell'Elba (Dresda e Meissen), Saale e Unstrut (Naumburg e Friburgo).

Vini principali

Principali regioni	Vitigni e caratteristiche
	Vini bianchi
Baden	**Gutedel** *leggero, aromatico*
Württemberg	**Kerner** *molto simile al Riesling*
Franconia, Hesse renano, Baden, Nahe, Valle di Elbe, regione Saale-Unstrut, Palatinato	**Müller-Thurgau** *vigoroso*
Reno medio, Mosella-Sarre-Ruwer, Rheingau, Palatinato	**Riesling** *aristocratico, elegante, fruttato leggermente acidulo*
Baden	**Ruländer** *forte, corposo, robusto*
Franconia, Hesse renano, Nahe, Palatinato	**Silvaner** *fruttato, aromatico, forte*
Baden, valle di Elbe	**Traminer (Gewürz-)** *corposo, armonico*
Baden, valle di Elbe, regione Saale-Unstrut	**Weißburgunder** *aromatico, fruttato, elegante*
	Vini rossi
Württemberg	**Lemberger** *corposo, forte*
Ahr	**Portugieser** *leggero, fresco*
Württemberg	**Schwarzriesling** *morbido, fruttato*
Ahr, Baden	**(blauer) Spätburgunder** *colore rubino, vellutato, pieno, corposo*
Württemberg	**Trollinger** *leggero, fresco, fruttato*

Vitigni e caratteristiche

Vini rosé

Badisch Rotgold *miscela di Grauburgunder (pinot grigio) e Spatburgunder (pinot nero), nella maggior parte dei casi in proporzione 3 : 1.*

Schillerwein *miscuglio di uve nere e bianche pigiate insieme.*

Weissherbst *pigiatura immediata di uve nere, seguita da fermentazione del mosto, senza graspi.*

La legislazione del 1971 e del 1982 classifica i vini tedeschi in 4 categorie :

Tafelwein o deutscher Tafelwein : *vini da tavola, senza provenienza precisa, possono essere di taglio, sia per i vini della C.E.E. che per vini esclusivamente tedeschi.*

Landwein : *in termini di qualità è una via di mezzo fra il vino da tavola e il Qualitätswein b.A., è contrassegnato da denominazione di origine generale (es. : Pfälzer Landwein) e proviene esclusivamente da uve ufficialmente riconosciute ; deve raggiungere minimo 55° Öchsle e può essere solo secco o semi secco.*

Qualitätswein bestimmter Anbaugebiete : *vini di qualità superiore, sono contrassegnati da un numero di controllo ufficiale e provengono da una delle regioni (Gebiet) determinate (Mosel, Baden, Rhein...)*

Qualitätswein mit Prädikat : *vini rigorosamente controllati, rappresentano l'aristocrazia del vigneto, provengono da un unico vigneto di denominazione e sono generalmente contrassegnati da un numero di controllo ufficiale e una delle seguenti denominazioni : Kabinett (riserva speciale), Spätlese (raccolta tardiva), Auslese (raccolta tardiva, uve selezionate), Beerenauslese, Trockenbeerenauslese (vini liquorosi), Eiswein.*
Gli « Eiswein » (vini dei ghiacci) si ottengono a partire da una raccolta dopo una gelata di almeno −7°C.

Städte
in alphabetischer Reihenfolge
(ä = ae, ö = oe, ü = ue)

Villes
classées par ordre alphabétique
(mais ä = ae, ö = oe, ü = ue)

Towns
in alphabetical order
(but ä = ae, ö = oe, ü = ue)

Città
in ordine alfabetico
(se non che ä = ae, ö = oe, ü = ue)

BREGENZ, KÖSSEN, KUFSTEIN, SALZBURG (Österreich)
sind in der alphabetischen Reihenfolge.

AACHEN Nordrhein-Westfalen **543** N 2 – 250 000 Ew – Höhe 174 m – Heilbad.
  Sehenswert : Dom★★★ (Domschatzkammer★★★, Ambo Heinrichs II★★★, Pala d'Oro★★★, Karlsschrein★★★, Marmorthron★ Karls des Großen) **BZ** – Couven-Museum★ **BY** M1 – Suermondt-Ludwig-Museum★ **CZ** M2.
  Ausflugsziel : Kornelimünster (Abteikirche★) ④ : 10 km.
  ⛳ Aachen-Seffent, Schurzelter Str. 300 (West : 4 km über ⑧), ℘ (0241) 1 25 01.
  Kongresszentrum Eurogress **CY**, ℘ (0241) 9 13 10.
  🅱 aachen tourist service, Friedrich-Wilhelm-Platz, ✉ 52062, ℘ (0241) 1 94 33, info@aachen-tourist.de, Fax (0241) 1802930.
  ADAC, Strangenhäuschen 16.
  Berlin 637 ③ – Düsseldorf 81 ③ – Antwerpen 140 ⑨ – Bonn 91 ③ – Bruxelles 142 ⑥ – Köln 69 ③ – Liège 54 ⑥ – Luxemburg 182 ⑥

Stadtpläne siehe nächste Seiten

Dorint Quellenhof, Monheimsallee 52, ✉ 52062, ℘ (0241) 9 13 20, info.aahque@dorint.com, Fax (0241) 9132100, ≤, 🍴, Massage, 🎱, ☕ – 🛗, 🚭 Zim, 📺 📹 ♿ 🚗 🅿 – 🔺 360. AE ⓄⒹ MO VISA JCB, 🍽 Rest **CY a**
Lakmé (euro-asiatische Küche) (geschl. 22. Juli - 4. Sept., Sonntag - Dienstag)(nur Abendessen) Menu à la carte 37/53 – **La Brasserie** : Menu à la carte 29/44 – ☐ 19 – **185 Zim** 120/170 – 145/270, 3 Suiten.
  ♦ Das traditionsreiche Haus bietet nach kompletter Renovierung modernsten Komfort, elegant-luxuriöse Zimmer, einen repräsentativen öffentlichen Bereich und eine schöne Terrasse. Modernes Ambiente und euro-asiatische Küche im Lakmé.

AACHEN

Holiday Inn, Krefelder Str. 221 (B 57), ✉ 52070, ℘ (0241) 1 80 30, *reservation.hiaachen@queensgruppe.de, Fax (0241) 1803444,* Biergarten – 🛗, ⚒ Zim, 📺 ♿ 🅿 – 🔒 30. 🝙 ⓞ ⓜ 🆅 🅹
über ①
Menu à la carte 24,50/35,50 – ☕ 13 – **99 Zim** 109/149.
 ♦ Verkehrsgünstig gelegenes Hotel mit freundlichem Service. Die Zimmer sind gut und funktionell eingerichtet. Am Morgen erwartet die Gäste ein großes Frühstücksbuffet.

Regence, Peterstr. 71, ✉ 52062, ℘ (0241) 4 78 70, *info@regence.bestwestern.de, Fax (0241) 39055,* ≋ – 🛗, ⚒ Zim, 🍽 📺 ♿ 🚗 – 🔒 10. 🝙 ⓞ ⓜ 🆅
⚒ Rest CY e
Edo (japanische Küche) **Menu** 23/76,50 à la carte 19,50/43 – ☕ 13 – **60 Zim** 112 – 122.
 ♦ Nach der Feng Shui-Lehre eingerichtetes Hotel in der Innenstadt. Die Zimmer sind komfortabel und mit Designermöbeln modern gestaltet. Japanische Kulinarik im Edo : hier werden die Speisen vor Ihren Augen zubereitet.

Novotel, Joseph-von-Görres-Straße (Am Europaplatz), ✉ 52068, ℘ (0241) 1 68 70, *h0482@accor-hotels.com, Fax (0241) 163911,* 🍴, 🏊, 🌳 – 🛗, ⚒ Zim, 🍽 📺 ♿ 🅿 – 🔒 150. 🝙 ⓞ ⓜ 🆅 🅹
DY s
Menu à la carte 22/34 – ☕ 13 – **118 Zim** 95/119 – 105/129.
 ♦ Praktisch am Zugang zur Stadt gelegenes Haus der bekannten Kette, gut geführt, freundlicher Service. Die Zimmer sind geräumig, modern und funktionell.

Mercure garni, Jülicher Str. 10, ✉ 52070, ℘ (0241) 5 10 60, *h1703@accor-hotels.com, Fax (0241) 501180* – 🛗 ⚒ 🍽 📺 ♿ 🚗. 🝙 ⓞ ⓜ 🆅 🅹 CY s
☕ 12 – **103 Zim** 89.
 ♦ Innenstadt-Hotel, seit einiger Zeit unter neuem Namen : einheitlich und praktisch ausgestattete Zimmer, alle mit Schreibtischen und Kofferablagen.

Dorint am Graben, Peterstr. 1, ✉ 52062, ℘ (0241) 1 80 10, *info@dorint-am-graben.com, Fax (0241) 1801100* – 🛗, ⚒ Zim, 🍽 📺 ♿ – 🔒 40. 🝙 ⓞ ⓜ 🆅 🅹
⚒ Rest BZ b
Menu *(nur Abendessen)* à la carte 22/36 – ☕ 13 – **117 Zim** 100/109.
 ♦ Am Rande der Innenstadt ist dieses neuzeitlich ausgestattete Hotel gelegen. Die Zimmer sind in ihrer funktionellen, sachlichen Art besonders auf Geschäftsreisende ausgelegt.

Royal garni, Jülicher Str. 1, ✉ 52070, ℘ (0241) 18 22 80, *info@royal.bestwestern.de, Fax (0241) 18228699* – 🛗 ⚒ 🍽 📺 ♿ 🚗 🅿 🝙 ⓞ ⓜ 🆅 CY z
☕ 10 – **35 Zim** 105/115 – 128.
 ♦ Engagiert und freundlich geführtes Stadthotel. Die renovierten Zimmer sind modern und technisch gut ausgestattet, Allergikerzimmer vorhanden.

Aquis-Grana-Hotel, Büchel 32, ✉ 52062, ℘ (0241) 44 30, *aquishotel@aol.com, Fax (0241) 443137* – 🛗 📺 ♿ 🚗 – 🔒 40. 🝙 ⓞ ⓜ 🆅 🅹 BY a
geschl. 23. – 28. Dez. – **Menu** *(geschl. Samstag - Sonntag) (nur Abendessen)* (Restaurant nur für Hausgäste) à la carte 22/33,50 – **96 Zim** ☕ 105/130 – 130, 3 Suiten.
 ♦ Solide mit dunklen Holzmöbeln eingerichtete Zimmer und ein reichhaltiges Frühstücksbuffet erwarten die Gäste in diesem Stadthotel.

Brülls am Dom garni, Rommelsgasse 2 (Hühnermarkt), ✉ 52062, ℘ (0241) 3 17 04, *Fax (0241) 404326* – 📺 ♿ ⚒ BY c
geschl. 21. Dez. - 6. Jan. – **9 Zim** ☕ 68/79 – 100/110.
 ♦ Engagiert und sympathisch geführtes kleines Hotel in einem Altstadthaus mit gut eingerichteten und hübsch dekorierten Zimmern. Wohnliches Ambiente.

Benelux garni, Franzstr. 21, ✉ 52064, ℘ (0241) 40 00 30, *hotel.benelux@t-online.de, Fax (0241) 40003500,* 🎦 – 🛗 📺 ♿ 🚗. 🝙 ⓞ ⓜ 🆅 BZ f
geschl. 23. Dez. - 3. Jan. – **33 Zim** ☕ 82/97 – 133.
 ♦ Dieses in der Nähe der Aachener Sehenswürdigkeiten gelegene Stadthotel bietet gepflegte und behagliche Zimmer in freundlicher Atmosphäre.

Marx garni, Hubertusstr. 33, ✉ 52064, ℘ (0241) 3 75 41, *info@hotel-marx.de, Fax (0241) 26705* – 🛗 ⚒ 📺 🅿. ⓜ 🆅. ⚒ AZ m
32 Zim ☕ 35/65 – 58/85.
 ♦ Freundliches Familienhotel mit ordentlichen und sauberen Zimmern. Eine zum Haus gehörende Grünanlage mit kleinem Weiher lädt zum Träumen ein.

La Bécasse (Lang), Hanbrucher Str. 1, ✉ 52064, ℘ (0241) 7 44 44, *labecasse@t-online.de* – 🍽. ⓞ ⓜ 🆅 AZ s
geschl. Samstagmittag, Sonntag - Montagmittag – **Menu** (französische Küche) (abends Tischbestellung ratsam) 32,50 (mittags) à la carte 47,50/69,50, 🍷.
 ♦ Im farbenfrohen Bistro klassischen französischen Stils präsentiert Küchenchef Christoph Lang interessante französische Küche mit mediterranen und provenzalischen Aromen.
Spez. Gänseleberterrine mit Brioche. Rohe Fischfilets mit Osietra-Kaviar. Ente aus dem Ofen.

AACHEN

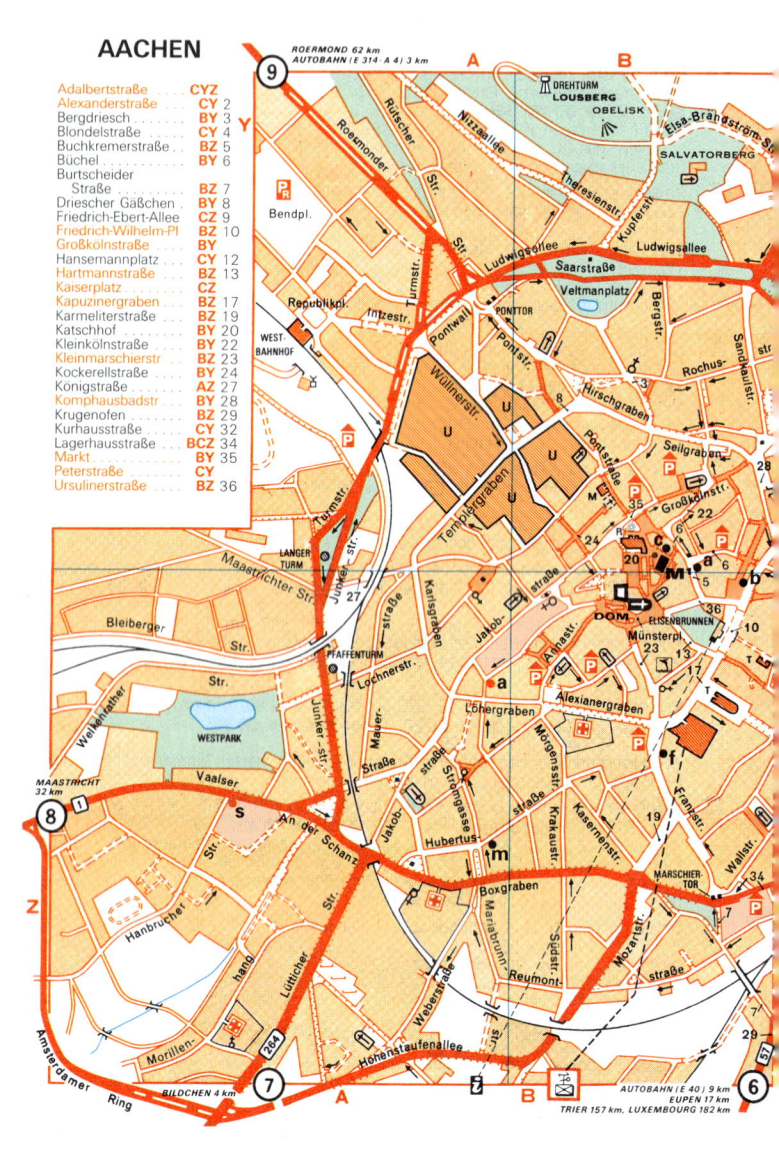

Adalbertstraße	**CYZ**
Alexanderstraße	**CY** 2
Bergdriesch	**BY** 3
Blondelstraße	**CY** 4
Buchkremerstraße	**BZ** 5
Büchel	**BY** 6
Burtscheider Straße	**BZ** 7
Driescher Gäßchen	**BY** 8
Friedrich-Ebert-Allee	**CZ** 9
Friedrich-Wilhelm-Pl	**BZ** 10
Großkölnstraße	**BY**
Hansemannplatz	**CY** 12
Hartmannstraße	**BZ** 13
Kaiserplatz	**CZ**
Kapuzinergraben	**BZ** 17
Karmeliterstraße	**BZ** 19
Katschhof	**BY** 20
Kleinkölnstraße	**BZ** 22
Kleinmarschierstr	**BZ** 23
Kockerellstraße	**BY** 24
Königstraße	**AZ** 27
Komphausbadstr	**BY** 28
Krugenofen	**BZ** 29
Kurhausstraße	**CY** 32
Lagerhausstraße	**BCZ** 34
Markt	**BY** 35
Peterstraße	**CY**
Ursulinerstraße	**BZ** 36

XX **Kohlibri**, Sonnenscheinstr. 80/Ecke Neuenhofstraße, ✉ 52078, ℘ (0241) 5 68 85 00, kohlibri.kohl@kohl.bmw-net.de, Fax (0241) 5688560, ≤, 🍽 – 🛏 🔲 & 🅿 – 🔔 30. 🆎 ⓜ 🆚 über Adalbertsteinweg **DZ**
geschl. Montag, Samstagmittag, Sonntagabend – **Menu** à la carte 30/46.
• Das Restaurant liegt im fünften Stock eines Autohauses und bietet in diesem ungewöhnlichen Ambiente moderne internationale Küche mit französischen Elementen.

XX **Da Salvatore**, Bahnhofplatz 5, ✉ 52064, ℘ (0241) 3 13 77, info@restorante-da-salvatore.de, Fax (0241) 29992 – 🆎 ⓞ ⓜ 🆚 🆑 **CZ** w
geschl. Mittwoch – **Menu** (italienische Küche) à la carte 23/34.
• Hell und klassisch eingerichtetes Restaurant in zentraler Lage mit einem breit gefächerten Angebot an italienischen und internationalen Speisen.

%%% **Gallo Nero**, Kaiserplatz 6, ✉ 52062, ☏ (0241) 4 01 49 30, Fax (0241) 4014930 – AE
🅼🅾 VISA   CZ a
geschl. Montag – **Menu** (italienische Küche) à la carte 18/37.
♦ Auf zwei Ebenen mit Galerie, Stuckdecken, verzierten Eisensäulen und schönen Bildern wird dem Gast an elegant gedeckten Tischen eine interessante italienische Karte gereicht.

%%% **Adams**, Bendelstr. 35, ✉ 52062, ☏ (0241) 4 01 07 45, Fax (0241) 4010759, 🌳 –
🅼🅾 VISA   AZ a
geschl. Ende Aug. - Anfang Sept., Montag, Samstagmittag, Sonntagmittag - **Menu** à la carte 26/39, ♀.
♦ Stilsicher eingerichtet mit Teakholzbestuhlung, Grünpflanzen und warmen Farbtönen ist das Lokal ein beliebter Treffpunkt im Herzen der Stadt.

AACHEN

In Aachen-Burtscheid über ⑤ : 4 km :

Art Hotel, Adenauerallee 209, ⌨ 52066, ℘ (0241) 60 83 60, info@art-hotel-aachen.de, Fax (0241) 60836555, 斎, ℔, ≘s, 🄼 – ᚹ, ⇥ Zim, 📺 ⬛ 🅿 – 🅐 20. 🅰🅴 🅼🅾 🆅🅸🆂🅰
Menu (geschl. Sonntagabend) (wochentags nur Abendessen) à la carte 19/37 – **33 Zim** ⬚ 65 – 80. über ⑤
• In einen Wohnblock integriertes Hotel in einem Vorort. Die Zimmer sind mit neuzeitlichen Möbeln praktisch eingerichtet. Wechselnde Kunstausstellungen. In wintergartenähnlichem Stil zeigt sich das Restaurant.

In Aachen-Eilendorf über ④ und Madrider Ring : 2 km :

Charlemagne, von-Coels-Str. 199, ⌨ 52080, ℘ (0241) 9 51 94 44, Fax (0241) 9519446, 斎 – 🅼🅾 🆅🅸🆂🅰
geschl. über Karneval 2 Wochen, Sept. 2 Wochen, Montag - Dienstag – **Menu** (nur Abendessen) 45/60 à la carte 44,50/52.
• Traditionsreiches, mit Liebe zum Detail eingerichtetes Haus aus dem 17. Jh. mit schöner Einrichtung und französischer Küche. Einladend ist auch die lauschige Gartenterrasse.

In Aachen-Kornelimünster über ④ : 10 km :

Zur Abtei, Napoleonsberg 132 (B 258), ⌨ 52076, ℘ (02408) 92 55 00, hotel-zur-ab tei@t-online.de, Fax (02408) 4151, 斎 – 📺 ⬛ – 🅐 20. 🅞 🅼🅾 🆅🅸🆂🅰 🅹🅲🅱
❄ Rest
Menu (geschl. Donnerstag) 23/65 à la carte 39,50/52 – **12 Zim** ⬚ 50/75 – 75/150.
• Kein Alltagshotel : Im denkmalgeschützten Haus erwarten den Gast individuell mit Designermöbeln und Bildern moderner Künstler eingerichtete, sehr gepflegte Zimmer. Klassisch-elegant gestaltetes Restaurant mit französisch inspirierter Küche.

St. Benedikt (Kreus), Benediktusplatz 12, ⌨ 52076, ℘ (02408) 28 88, st-benedikt@ t-online.de, Fax (02408) 2877 – 🅼🅾 🆅🅸🆂🅰
geschl. Ende Juni - Anfang Juli, Sonntag - Montag – **Menu** (nur Abendessen) (Tischstellung erforderlich) à la carte 40/50, ☐ – **Bistro** (nur Mittagessen) **Menu** à la carte 17,50/23, ☐.
• Küchenchefin Gisela Kreus verwöhnt Sie in dem kleinen, intimen Restaurant in einem historischen Stadthaus mit edlen Weinen und klassischer Küche. Bistro mit Terrasse nebenan.
Spez. Salat mit Kaninchen und Linsenvinaigrette. Zander mit Püree von weißen Bohnen. Allerlei von der Schokolade.

In Aachen-Richterich über ⑨ : 5 km :

Schloß Schönau, Schönauer Allee 20, ⌨ 52072, ℘ (0241) 17 35 77, help@schloss -schoenau.de, Fax (0241) 173577, 斎 – 🅰🅴 🅞 🅼🅾 🆅🅸🆂🅰 🅹🅲🅱
geschl. Feb. 1 Woche, Juli - Aug. 3 Wochen, Montag - Dienstag – **Menu** (nur Abendessen) (Tischbestellung ratsam) à la carte 34/58,50 – **Schänke** (geschl. Montag - Dienstag) (wochentags nur Abendessen) **Menu** à la carte 21/28,50.
• Speisen im Schloss : Im elegant eingerichteten Restaurant mit Stuckdecke und alten Meistern genießt der Gast eine engagierte internationale Küche. Für Freunde eines rustikalen Ambientes bietet sich die Schänke an.

In Aachen-Walheim über ④ : 12 km :

Brunnenhof mit Zim, Schleidener Str. 132 (B 258), ⌨ 52076, ℘ (02408) 5 88 50, info@brunnenhof-aachen.de, Fax (02408) 588588, 斎 – 📺 🅿 – 🅐 15. 🅰🅴 🅞 🅼🅾 🆅🅸🆂🅰
Menu à la carte 28/47 – **10 Zim** ⬚ 49/59 – 70/85.
• In diesem gemütlich-rustikal eingerichteten Landhaus mit schöner Terrasse erwartet Sie eine reichhaltige Speisekarte mit Spezialitäten der internationalen Küche.

An der B 258 Richtung Monschau über ⑤ : 12 km :

Gut Kalkhäuschen, Schleidener Str. 400 (B 258), ⌨ 52076 Aachen-Walheim, ℘ (02408) 5 83 10 – 🅿 ❄
geschl. Montag – **Menu** (nur Abendessen) (Tischbestellung ratsam) (italienische Küche) à la carte 38/45.
• Ein Restaurant auf einem ehemaligen Bauernhof : Lassen Sie sich vom Küchenchef Salvatore Bazzu mit italienischen Spezialitäten und hausgemachtem Ziegenkäse verwöhnen.

An der Straße Verlautenheide-Stolberg über ③ : 9 km :

Gut Schwarzenbruch, Schwarzenbruch 1, ⌨ 52222 Stolberg, ℘ (02402) 2 22 75, info@schwarzenbruch.de, Fax (02402) 4432, 斎 – 🅿 🅰🅴 🅼🅾
Menu à la carte 38/48.
• In dem ehemaligen Gutshof genießen Sie umgeben von Antiquitäten internationale Küche in einer stilvoll-gediegenen Atmosphäre, im Sommer lädt die Terrasse zum Verweilen ein.

AALEN Baden-Württemberg **545** T 14 – 66 000 Ew – Höhe 433 m – Wintersport : 450/520 m
🎿1 🎿.

🛈 Touristik-Service, Marktplatz 2, ⊠ 73430, ℘ (07361) 52 23 58, touristik-service@aalen.de, Fax (07361) 521907.

ADAC, Südlicher Stadtgraben 11.

Berlin 560 – Stuttgart 78 – Augsburg 119 – Nürnberg 132 – Ulm (Donau) 67.

🏨 **Ramada Treff Hotel Limes-Thermen** ⌇, Osterbucher Platz 1, ⊠ 73431, ℘ (07361) 94 40, aalen@ramada-treff.de, Fax (07361) 944550, ≤, 🍽, direkter Zugang zu den Limes-Thermen – 🛗, ↔ Zim, 📺 & 🅿 – 🛎 110. 🆎 ⓞ ⓜⓞ 𝗩𝗜𝗦𝗔 JCB
Menu à la carte 21,50/32,50 – **146 Zim** ⊇ 111/126 – 139/154.
♦ Römische Badekultur : Eine Glasarkade verbindet das Hotel mit den Limes-Thermen. Die geräumigen Zimmer sind hell und mit Kirschbaummöbeln modern und funktional eingerichtet.

🏨 **City Hotel Antik,** Stuttgarter Str. 45, ⊠ 73430, ℘ (07361) 5 71 60 (Hotel) 57 16 20 (Rest.), antik@hotel-antik.de, Fax (07361) 571625, 🍽 – ↔ Zim, 📺 ☎ ⇐ 🅿 – 🛎 30. 🆎 ⓞ ⓜⓞ 𝗩𝗜𝗦𝗔
Menu (geschl. Samstagmittag, Sonntagmittag, Montagmittag) (italienische Küche) à la carte 19/32,50 – **54 Zim** ⊇ 54/69 – 70/95.
♦ Das Hotel bietet wohnliche Zimmer mit teils antiker, teils modernerer Möblierung. Der Service ist freundlich, am Morgen gibt es ein großes Frühstücksbuffet. Klassisch-elegante Einrichtung und italienische Küche erwarten Sie im Restaurant.

🏨 **Ratshotel** garni, Friedrichstr. 7, ⊠ 73430, ℘ (07361) 9 58 40, info@aalener-rasthotel.de, Fax (07361) 958470 – 🛗 📺 ☎ ⇐ 🅿 🆎 ⓞ ⓜⓞ 𝗩𝗜𝗦𝗔
42 Zim ⊇ 50/62 – 68/80.
♦ Engagiert geführtes und zentral gelegenes Stadthotel. Die gepflegten und geräumigen Zimmer sind praktisch und zeitgemäß eingerichtet.

🏨 **Grauleshof,** Ziegelstr. 155, ⊠ 73431, ℘ (07361) 3 24 69, Fax (07361) 36218, Biergarten – 📺 ⇐ 🅿 ⓜⓞ 𝗩𝗜𝗦𝗔. ⌇
Menu (geschl. Fasching 1 Woche, Ende Aug. 1 Woche, Montag, Samstagmittag) à la carte 17/28 – **9 Zim** ⊇ 40/44 – 72.
♦ In diesem von der Familie gut geführten und gepflegten Hotel-Gasthof erwarten den Gast moderne und praktische Zimmer. Der Service ist freundlich. Bürgerliches Restaurant mit schattigem Biergarten.

🍴 **Eichenhof** mit Zim, Stadionweg 1, ⊠ 73430, ℘ (07361) 4 10 20, eichenhof-aalen@t-online.de, Fax (07361) 46688, 🍽 – 📺 ⇐ 🅿 – 🛎 30. 🆎 ⓜⓞ 𝗩𝗜𝗦𝗔. ⌇ Zim
geschl. 24. Mai - 5. Juni – **Menu** (geschl. Montag) à la carte 15/31,50 – **9 Zim** ⊇ 40/45 – 75/80.
♦ Das Richtige für Freunde gutbürgerlicher und internationaler Küche : guter Service und ein rustikales Ambiente. Gepflegte Zimmer laden zum Bleiben ein.

In Aalen-Ebnat Süd-Ost : 8 km - über B 19, in Unterkochen Richtung Neresheim :

🍴 **Landgasthof Lamm** mit Zim, Unterkochener Str. 16, ⊠ 73432, ℘ (07367) 24 12, info@lamm-ebnat.de, Fax (07367) 4912, Biergarten – 📺 ⇐ 🅿 – 🛎 50. 🆎 ⓜⓞ 𝗩𝗜𝗦𝗔. ⌇
geschl. 16. Feb. - 3. März – **Menu** (geschl. Anfang Aug. 2 Wochen, Montagabend - Dienstag) à la carte 19/41,50 – **8 Zim** ⊇ 40 – 60.
♦ Ländlicher Gasthof mit freundlichem Service : Das hochwertige Speisenangebot ist gutbürgerlich ausgelegt. Einige einfache Zimmer sind vorhanden.

In Aalen-Röthardt Nord-Ost : 4 km Richtung Ellwangen :

🏨 **Vogthof** ⌇, Bergbaustr. 28, ⊠ 73433, ℘ (07361) 7 36 88, Fax (07361) 77882, 🍽 – 📺 ⇐ 🅿 🆎 𝗩𝗜𝗦𝗔. ⌇ Zim
geschl. Aug. 2 Wochen – **Menu** (geschl. Feb. 1 Woche, Freitag, letzter Sonntagabend im Monat) à la carte 16/32 – **14 Zim** ⊇ 39/46 – 64.
♦ Ruhiger und gemütlicher Landgasthof mit geräumigen, solide eingerichteten Zimmern. Der kleine Familienbetrieb empfängt seine Gäste mit natürlicher Gastfreundschaft.

In Aalen-Unterkochen Süd-Ost : 4 km über B 19, Richtung Heidenheim :

🏨 **Das Goldene Lamm** (mit Gästehaus), Kocherstr. 8, ⊠ 73432, ℘ (07361) 9 86 80, rezeption@das-goldene-lamm.de, Fax (07361) 986898, 🍽 – 🛗, ↔ Zim, 📺 ☎ & ⇐ 🅿 – 🛎 60. 🆎 ⓞ ⓜⓞ 𝗩𝗜𝗦𝗔
Menu à la carte 27,50/40 – **K 8** (geschl. Sonn- und Feiertage) **Menu** à la carte 19,50/28 – **50 Zim** ⊇ 49/83 – 118.
♦ Hotel mit individuell gestalteten Zimmern. Ein geschmackvolles Ambiente und freundlicher Service garantieren einen angenehmen Aufenthalt. Gut ausgestattete Tagungsräume. Restaurant im Landhausstil mit nettem Kaminzimmer. Bistro K8 mit moderner Crossover-Küche.

AALEN

Scholz, Aalener Str. 80, ✉ 73432, ℘ (07361) 56 70(Hotel) 88 08 40(Rest.), *hotel@hotel-scholz.de, Fax (07361) 567200,* Biergarten – 🛗, ⚡ Zim, TV 📞 ⇐ P – 🏋 60. AE ⓘ ⓜ VISA. ⚡ Rest
geschl. 23. Dez. - 5. Jan. – **Menu** *(geschl. Freitag) (nur Abendessen)* à la carte 17/32 – **51 Zim** ⊑ 52/72 – 85/92.
♦ In diesem Haus erwarten Sie gepflegte und wohnliche Gästezimmer mit behaglicher Atmosphäre und eine ständige Bilderausstellung. Einladend : der schöne Garten. Klassisch eingerichtetes, neuzeitliches Hotelrestaurant.

Läuterhäusle, Waldhäuser Str. 109, ✉ 73432, ℘ (07361) 9 88 90, *laeuterhaeusle@t-online.de, Fax (07361) 988941,* 🌳 – TV 📞 P. 🏋 ⓘ ⓜ VISA
Menu *(geschl. Montag) (wochentags nur Abendessen)* à la carte 17/28 – **11 Zim** ⊑ 45/55 – 65/75.
♦ Hotel-Gasthof im Landhausstil : Praktisch mit Naturholzmöbeln ausgestattete Zimmer erwarten den Gast. Ein idyllischer Garten gehört zum Anwesen. Rustikales Restaurant mit schöner Terrasse.

In Aalen-Waldhausen *Ost : 9,5 km über Ziegelstr. :*

Adler, Deutschordenstr. 8, ✉ 73432, ℘ (07367) 95 00, *adler-aalen@t-online.de, Fax (07367) 950400,* 🌳, ⇌, 🏊, 🦌 – 🛗, ⚡ Zim, TV 📞 ⇐ P – 🏋 50. ⓜ VISA
⚡ Rest
Menu 18,50 à la carte 18,50/37, 🍷 – **32 Zim** ⊑ 65/75 – 80/90.
♦ Freundlich geführtes und gepflegtes Hotel : Die Gäste wohnen in geräumigen, mit Naturholzmöbeln ausgestatteten Zimmern. Zur Entspannung gibt es ein Schwimmbad und ein Dampfbad. Ansprechend gestaltetes Restaurant mit elegant-rustikalem Ambiente.

Alte Linde, Albstr. 121, ✉ 73432, ℘ (07367) 20 01, *info@hotel-altelinde.de, Fax (07367) 2003* – TV 📞 ⇐ P – 🏋 30. ⓜ VISA
Menu *(geschl. Montagmittag, Mittwochmittag)* à la carte 12,50/27 – **17 Zim** ⊑ 37/40 – 60.
♦ Gepflegter und gut geführter Landgasthof mit praktischen, sauberen Zimmern, die mit hellen elegant-rustikalen Möbeln wohnlich ausgestattet sind. Restaurant mit ländlichem Ambiente und preiswerten Mahlzeiten.

ABBACH, BAD *Bayern* 546 T 20 – *9 000 Ew – Höhe 374 m – Heilbad.*

🏌 Gut Deutenhof (Süd-West : 5 km, über Bad Abbach-Lengfeld), ℘ (09405) 9 53 20.
🛈 Kurverwaltung, Kaiser-Karl V.-Allee 5, ✉ 93077, ℘ (09405) 9 59 90, Fax (09405) 959920.
Berlin 496 – München 109 – Regensburg 15 – Ingolstadt 62 – Straubing 56.

Elisabeth ⚡ garni, Ratsdienerweg 8, ✉ 93077, ℘ (09405) 9 50 90, *post@hotel-elisabeth.net, Fax (09405) 950977,* ⇌, 🌳 – ⚡ TV ⇐ P. ⓘ ⓜ VISA
45 Zim ⊑ 43/70 – 85/98.
♦ Sehr gepflegte und engagiert geführte Pension in ruhiger Ortslage. Die Zimmer sind gut ausgestattet, am Morgen erwartet die Gäste ein reichhaltiges Frühstücksbuffet.

Gasthof Schwögler, Stinkelbrunnstr. 18, ✉ 93077, ℘ (09405) 96 23 00, *schwoegler@gmx.de, Fax (09405) 962301,* 🌳 – P. ⓜ
geschl. Sonntagabend – **Menu** à la carte 27/34.
♦ Dieser ländlich-solide, familiengeführte Gasthof am Ortsrand beherbergt ein unterteiltes bürgerliches Lokal mit Kegelbahn und Wintergarten mit Terrasse.

ABENSBERG *Bayern* 546 T 19 – *13 000 Ew – Höhe 371 m.*

🛈 Tourist-Information, Babostr. 21, ✉ 93326, ℘ (09443) 9 18 41 59, *fremdenverkehr@abensberg.de, Fax (09443) 9184118.*
Berlin 521 – München 89 – Regensburg 39 – Ingolstadt 39 – Landshut 46.

Altstadt Hotel garni, Stadtplatz 5 / Eingang Osterriedergasse, ✉ 93326, ℘ (09443) 9 15 40, *info@hotel-kneitinger.de, Fax (09443) 915455,* ⇌ – 🛗 TV 📞 P. ⓜ VISA
23 Zim ⊑ 45/50 – 70/80.
♦ Ein modernes Hotel in einem älteren Stadthaus mit wohnlich und funktionell gestalteten Zimmern und gepflegtem Ambiente. Gutes Frühstücksbuffet.

Jungbräu, Weinbergerstr. 6, ✉ 93326, ℘ (09443) 9 10 70, *info@hotel-jungbraeu.de, Fax (09443) 910733,* Biergarten – TV
geschl. 27. Dez. - 2. Jan. – **Menu** *(geschl. Montag)* à la carte 14,50/29,50 – **17 Zim** ⊑ 35/40 – 75.
♦ In diesem historischen Gasthof aus dem 17. Jh. finden Sie gepflegte und ordentlich eingerichtete Zimmer und einen freundlichen Service. Antoniusstube und Zirbelstube mit gutbürgerlicher Küche.

ABENSBERG

In Siegenburg Süd : 6 km über B 301, Richtung Freising :

× **Bräustüberl**, Hopfenstr. 3, ✉ 93354, ℘ (09444) 4 53, mail@spaetzlewirt.de, Fax (09444) 8614, 😊, 🍴 – **P**, **AE** ⓘ ⓜ **VISA**
geschl. Ende Sept. - Anfang Okt., Montag - Dienstagmittag – **Menu** à la carte 10/26.
• Die rustikale Brauereigaststätte bietet ihren Besuchern Gutbürgerliches aus Küche und Keller der Region. Im Sommer kann man es sich unter freiem Himmel gut gehen lassen.

ABENTHEUER Rheinland-Pfalz **543** R 5 – 500 Ew – Höhe 420 m – Erholungsort.
Berlin 705 – Mainz 116 – Trier 66 – Idar-Oberstein 22.

×× **La Cachette**, Böckingstr. 11, ✉ 55767, ℘ (06782) 57 22, lacachette@web.de, Fax (06782) 9440, 😊, Biergarten – **P**
geschl. Mitte Jan. - Mitte Feb., Sonntagabend - Montag – **Menu** (Tischbestellung erforderlich) 27 à la carte 24/35.
• In einem ehemaligen Jagdschloss mit rustikal-elegantem Ambiente werden die Gäste sowohl mit Gerichten der internationalen als auch der regionalen Küche bewirtet.

ABSTATT Baden-Württemberg **545** S 11 – 4 000 Ew – Höhe 264 m.
Berlin 602 – Stuttgart 40 – Heilbronn 11 – Schwäbisch Hall 40.

🏨 **Sperber**, Heilbronner Str. 10, ✉ 74232, ℘ (07062) 97 80, info@hotel-sperber.de, Fax (07062) 978178, 😊, 🌊 – 🛗, ≡ Rest, 📺 📞 &, ⇔ **P** – 🔥 100. **AE** ⓘ ⓜ **VISA** **JCB**
Sperbers Restaurant (geschl. Jan. 1 Woche, Aug. 1 Woche, Sonntag - Montag) (nur Abendessen) **Menu** à la carte 38/51 – **Wirtstube** : **Menu** à la carte 17/33,50 – **32 Zim** ⇌ 75/96 – 100/130.
• Mit klaren Linien und schlichter Eleganz gefällt dieses neu gebaute und durchdacht konzipierte, geschmackvoll eingerichtete Hotel. Vornehm und modern wirkt Sperbers Restaurant.

ABTSWIND Bayern **546** Q 15 – 700 Ew – Höhe 265 m.
Berlin 469 – München 249 – Würzburg 38 – Nürnberg 79.

🏨 **Zur Schwane** (mit Gästehaus), Hauptstr. 10, ✉ 97355, ℘ (09383) 60 51, info@gasthof-schwane.de, Fax (09383) 6052 – 📺 ⇔ **P** – 🔥 20. ⓜ **VISA**
Menu (geschl. Montag) à la carte 12,50/26 – **9 Zim** ⇌ 44/46 – 67/78.
• Wohnliche und zeitgemäß-funktional gestaltete Zimmer im Nebengebäude eines ehemaligen Bürgerhauses. Das Ambiente ist ländlich-rustikal. Deftige fränkische Gerichte gibt es in der gemütlichen Gaststube.

× **Weingut Behringer**, Rehweilerstr. 7 (Ost : 2 km), ✉ 97355, ℘ (09383) 9 73 70, info@weingut-behringer.de, Fax (09383) 973724, 😊 – **P**
geschl. Mitte Dez. - Mitte Feb., Montag - Dienstag – **Menu** à la carte 11/25.
• In derb-rustikaler Umgebung können Sie hier fränkische Spezialitäten und Weine aus dem eigenen Keller zu sich nehmen. Abenteuerspielplatz für Kinder - samstagabends Tanz.

ACHERN Baden-Württemberg **545** U 8 – 23 000 Ew – Höhe 143 m.
🛈 Achern-Schwarzwald-Information, Hauptstr. 13, ✉ 77855, ℘ (07841) 2 92 99, info@achern-tourist.de, Fax (07841) 25552.
Berlin 725 – Stuttgart 127 – Karlsruhe 54 – Offenburg 26 – Strasbourg 36.

🏨 **Sonne-Eintracht**, Hauptstr. 112, ✉ 77855, ℘ (07841) 64 50, info@hotel-sonne-eintracht.com, Fax (07841) 645645, 😊, 🌊, 🏊, – 🛗 ⇌ 📺 📞 &, ⇔ **P** – 🔥 80. **AE** ⓘ ⓜ **VISA**
Menu 23/40 à la carte 23,50/37, ♀ – **65 Zim** ⇌ 71/91 – 95/135.
• Ländliches, gut geführtes Gasthaus mit Hotelanbau. Die Zimmer sind neuzeitlich und funktionell eingerichtet, einige auch mit älterem Stilmobiliar. Elegant-rustikales Restaurant und Weinstube mit blanken Tischen.

🏨 **Schwarzwälder Hof**, Kirchstr. 38, ✉ 77855, ℘ (07841) 6 96 80, info@hotel-sha.de, Fax (07841) 29526, 😊 – ⇌ Zim, 📺 📞 ⇔ **P** – 🔥 15. **AE** ⓜ **VISA**
geschl. 27. Dez. - 5. Jan. – **Menu** (geschl. Sonntagabend - Montag) à la carte 19/37 – **20 Zim** ⇌ 47/59 – 72/99.
• Wohnlich und geschmackvoll eingerichtete Gästezimmer und ein engagiert-freundlicher Service sprechen für dieses Hotel im Landhausstil. Gepflegtes Restaurant mit südländischem Ambiente auf der Terrasse.

In Achern-Oberachern Süd-Ost : 1,5 km über Illenauer Allee :

× **Kiningers Hirsch** mit Zim, Oberacherner Str. 26, ✉ 77855, ℘ (07841) 2 15 79, info@kiningers-hirsch.de, Fax (07841) 29268, 😊 – 📺 **P**, ⓘ ⓜ **VISA**
geschl. über Fastnacht, Okt. - Nov. 2 Wochen – **Menu** (geschl. Montag - Dienstagmittag) à la carte 22/39 – **5 Zim** ⇌ 43/50 – 80.
• Für die Freunde einer frischen, marktorientierten Küche bietet der liebevoll dekorierte Gasthof internationale Speisen. Gepflegte Zimmer laden zum Übernachten ein.

ACHERN

In Achern-Önsbach Süd-West : 4 km über B 3, Richtung Offenburg :

XX **Adler**, Rathausstr. 5, ⊠ 77855, ℘ (07841) 41 04, Fax (07841) 270857, 😀, (restauriertes Fachwerkhaus a.d.J. 1724) – 🅿. ◎
geschl. über Fastnacht 1 Woche, Donnerstag – **Menu** 19,50/50 à la carte 23/38.
• Hier erwartet den Gast gutbürgerliche badische Küche mit einem Akzent auf saisonalen Produkten. Das Ambiente ist ländlich-gepflegt.

ACHIM Niedersachsen 541 G 11 – 31 000 Ew – Höhe 20 m.

🏌 🏌 🏌 Achim-Badenermoor, Roedenbekstr. 55 (Nord-Ost : 5 km), ℘ (04202) 9 74 00.
Berlin 371 – Hannover 102 – Bremen 24 – Verden an der Aller 21.

🏨 **Gieschen's Hotel**, Obernstr. 12, ⊠ 28832, ℘ (04202) 8 84 80, info@gieschens-hotel.de, Fax (04202) 8848100, 😀 – 😴 Zim, 📺 📞 🅿 – 🔔 80. ㊋ ⓪ ◎ 𝗩𝗜𝗦𝗔
Menu à la carte 21/39 – **53 Zim** ⊊ 58 – 78.
• Geräumige, hell und sachlich eingerichtete Gästezimmer und ein engagierter Service machen dieses Hotel aus. 6 variable Veranstaltungsräume.

In Achim-Uphusen Nord-West : 5,5 km, jenseits der A 1 :

🏨 **Novotel Bremer Kreuz**, zum Klümoor (Nahe BAB-Ausfahrt Bremen-Mahndorf), ⊠ 28832, ℘ (04202) 52 80, h0488@accor-hotels.com, Fax (04202) 84457, 😀, 🏊 (geheizt), 🎾 – 📶, 😴 Zim, 📺 📞 🅿 – 🔔 220. ㊋ ⓪ ◎ 𝗩𝗜𝗦𝗔
Menu à la carte 19/31,50 – ⊊ 13 – **115 Zim** 78/88.
• Helle und zweckmäßige Zimmer, die den für Novotel bekannten Standard bieten. Der Service ist freundlich und kompetent. Gut für Tagungen geeignet.

ACHTERWEHR Schleswig-Holstein siehe Kiel.

ADELSDORF Bayern 546 Q 16 – 6 500 Ew – Höhe 260 m.

Berlin 426 – München 210 – Nürnberg 41 – Bamberg 34 – Würzburg 80.

🏨 **Drei Kronen**, Hauptstr. 6, ⊠ 91325, ℘ (09195) 92 00, info@3kronen.de, Fax (09195) 920480, 😀, Biergarten, ≘s, 🏊, – 📶, 😴 Zim, 📺 📞 🅿 – 🔔 70
Menu à la carte 14/33 – **45 Zim** ⊊ 47/75 – 72/85.
• Fränkische Gastlichkeit : gut geführtes Haus mit teils rustikal, teils im Landhausstil eingerichteten Zimmern. Gepflegter Schwimmbad- und Saunabereich. Nette Gaststuben im Landhausstil.

In Adelsdorf-Neuhaus Süd-West : 4 km :

🏨 **Zum Löwenbräu** 🌿, Neuhauser Hauptstr. 3, ⊠ 91325, ℘ (09195) 72 21, info@zum-loewenbraeu.de, Fax (09195) 8746, 😀 – 😴 Zim, 📺 📞 🅿 ⓪ ◎ 𝗩𝗜𝗦𝗔
Menu (geschl. 23. Feb.- 10. März, 26. Juli - 12. Aug., Montag - Dienstag) à la carte 13/30,50 – **14 Zim** ⊊ 47/77 – 69/90.
• 250 Jahre Familientradition : Das gemütliche ländliche Hotel überzeugt mit wohnlich ausgestatteten Zimmern und freundlichem Service. Fränkische Gaststube mit eigener Hausbrauerei.

X **Landgasthof Niebler** mit Zim, Neuhauser Hauptstr. 30, ⊠ 91325, ℘ (09195) 86 82, Fax (09195) 4468, 😀 – 😴 Zim, 📺 📞 🅿 ◎ 𝗩𝗜𝗦𝗔
geschl. nach Pfingsten 2 Wochen – **Menu** (geschl. Montagmittag, Mittwoch) à la carte 14/31 – **12 Zim** ⊊ 28 – 46.
• Ländlicher Gasthof, in dem Frank Niebler seine Gäste mit aus frischen Produkten zubereiteten regionalen und internationalen Spezialitäten überrascht.

ADENAU Rheinland-Pfalz 543 O 4 – 3 000 Ew – Höhe 300 m.

🛈 Tourist Information, Kirchstr. 15, ⊠ 53518, ℘ (02691) 3 05 16, tourismusverein@adenau.de, Fax (02691) 30518.
Berlin 644 – Mainz 163 – Aachen 125 – Bonn 48 – Koblenz 72 – Trier 95.

🏨 **Landhaus Sonnenhof** 🌿, Auf dem Hirzenstein 1, ⊠ 53518, ℘ (02691) 9 22 70, info@sonnenhof-adenau.de, Fax (02691) 8664, 😀, ≘s, 🎾 – 📶, 😴 Zim, 📺 🚗 🅿 – 🔔 50. ㊋ ◎ 𝗩𝗜𝗦𝗔
Menu à la carte 25,50/49 – **37 Zim** ⊊ 57/60 – 85/112.
• Sehr gepflegtes, idyllisch gelegenes Hotel mit großzügigen, individuell im Landhausstil eingerichteten Zimmern. Die Kinder freuen sich über den großen Spielplatz. Behagliches Restaurant mit viel Holz und Ofenbank, schöne Gartenterrasse.

ADENAU

XX **Historisches Haus-Blaue Ecke** mit Zim, Markt 4, ✉ 53518, ☎ (02691) 20 05, bla
ue.ecke@t-online.de, Fax (02691) 3805, 🍴 – TV 🚗 P. AE ① ⓂⓄ VISA
geschl. 3. - 21. Feb. – **Menu** (geschl. 1. - 14. Jan., Nov. - April Montag - Dienstagmittag)
à la carte 23/49 – **8 Zim** ⌁ 45/70 – 70/100.
   ◆ 1578 erbaut, seit 5 Generationen in Familienbesitz : Genießen Sie saisonale Eifeler Spe-
zialitäten in einer mit Antiquitäten dekorierten traditionsreichen Fachwerk-Gaststube.

In Kaltenborn-Jammelshofen *Ost : 10 km, Richtung Kempenich, nahe der B 412 :*

🏠 **Waldhotel** 🍴, Bergstr. 18, ✉ 53520, ☎ (02691) 20 31, wald-hotel@t-online.de,
Fax (02691) 7630, ≤, 🍴, 🚗 – TV P. AE ① ⓂⓄ VISA
Menu à la carte 19/29,50 – **23 Zim** ⌁ 38/44 – 52/75.
   ◆ Ein guter Ausgangspunkt für Ausflüge in die Eifel : Das Hotel bietet rustikale Zimmer,
gepflegte Zimmer. Der Service ist freundlich, das Frühstücksbuffet reichhaltig. Restaurant
im altdeutschen Stil mit offenem Kamin.

AERZEN *Niedersachsen siehe Hameln.*

AFFALTERBACH *Baden-Württemberg* **545** **T 11** – *4 600 Ew – Höhe 250 m.*
Berlin 616 – Stuttgart 23 – Ludwigsburg 14 – Heilbronn 35.

XX **PS Restaurant**, Benzstr. 8 (Reitanlage im Rotland), ✉ 71563, ☎ (07144) 8 06 19 23,
ps@adler-am-schloss.de, Fax (07144) 8061921, 🍴 – P. ⓂⓄ VISA
geschl. Sonntag – **Menu** *(Montag - Mittwoch nur Mittagessen, Samstag nur Abendessen)*
29 à la carte 38/46, ♀
   ◆ Das Tor zu dieser geschlossenen Reitanlage öffnet sich bei Anfahrt automatisch. Modern-
elegantes Ambiente, klare Linien, gutes Couvert, geschulter Service - engagierte Küche !

AHAUS *Nordrhein-Westfalen* **543** **J 5** – *37 500 Ew – Höhe 50 m.*
🛫 *Ahaus-Alstätte, Schmäinghook 36 (Nord-West : 10 km), ☎ (02567) 4 05.*
🅱 *Verkehrsverein, Wallstr. 16a, ✉ 48683, ☎ (02561) 44 44 44, verkehrsverein@aha
us.de, Fax (02561) 444445.*
*Berlin 522 – Düsseldorf 116 – Nordhorn 51 – Bocholt 49 – Enschede 26 – Münster (West-
falen) 55.*

🏨 **Schlosshotel**, Oldenkottplatz 3, ✉ 48683, ☎ (02561) 91 00, schlosshotel-ahaus@t-
online.de, Fax (02561) 91099, 🍴 – 🛗 TV – 🅿 40. AE ⓂⓄ VISA
Menu à la carte 19/33,50 – **20 Zim** ⌁ 59/70 – 80.
   ◆ Traditionsreiches Altstadthotel, das seinen Gästen hell und modern gestaltete Zimmer
bietet, die auch technisch gut ausgestattet sind. Helles Holzmobiliar und Dielenböden geben
den Restauranträumen ihr behagliches Ambiente.

In Ahaus-Alstätte *Nord-West : 10 km :*

🏨 **Golfhotel Ahaus** 🍴, Schmäinghook 36, ✉ 48683, ☎ (02567) 3 80, info@golfhot
el-ahaus.de, Fax (02567) 38200, 🍴, ≘s, 🛫 – 🛗 TV 📞 ♿ P. – 🅿 40. AE ① ⓂⓄ VISA
🍽 Rest
Menu à la carte 29/36 – **49 Zim** ⌁ 85/130 – 105/150.
   ◆ Gut ausgestattete, im eleganten Landhausstil gehaltene Zimmer und eine niveauvolle
Atmosphäre machen dieses Hotel nicht nur für Golfer interessant. Freundliches, licht-
durchflutetes Restaurant mit Blick auf den Golfplatz.

In Ahaus-Graes *Nord : 6 km über B 474, Richtung Gronau :*

🏠 **Landhotel Elkemann** (mit Gästehaus), Eper Str. 2, ✉ 48683, ☎ (02561) 9 34 10,
info@landhotel-elkemann.de, Fax (02561) 934188, 🍴 – ⚭ Zim, TV P. AE ① ⓂⓄ VISA
Menu *(geschl. Sonntagabend)* (wochentags nur Abendessen) à la carte 16/29 – **36 Zim**
⌁ 33/55 – 54/80.
   ◆ Ein Gasthof und ein neuzeitliches Gästehaus bilden dieses gut geführte Hotel. Die Zimmer
sind teils rustikal in Eiche, teils moderner mit Kirschbaummöbeln eingerichtet.

In Ahaus-Ottenstein *West : 7 km :*

🏨 **Haus im Flör**, Hörsteloe 49 (Nord : 2 km Richtung Alstätte), ✉ 48683, ☎ (02567)
93 99 90, info@haus-im-floer.de, Fax (02567) 9399946, 🍴, 🚗 – TV 📞 P. AE ①ⓂⓄ
VISA, 🍽
Menu *(geschl. Feb. 2 Wochen, Aug. 2 Wochen, Montagmittag, Samstagmittag)* à la carte
22,50/42,50 – **19 Zim** ⌁ 46/49 – 76/82.
   ◆ Behagliche Zimmer mit stilvollem Ambiente und eine schöne, romantische Gartenanlage
mit Teich machen dieses gut geführte kleine Hotel aus. Gemütlich-elegantes Restau-
rant im englischen Landhausstil.

AHAUS

In Ahaus-Wüllen Süd-West : 3 km über B 70, Richtung Stadtlohn :

🏠 **Hof zum Ahaus**, Argentréstr. 10, ✉ 48683, ℘ (02561) 9 80 50, hofzumahaus@t-online.de, Fax (02561) 980523 – ⇔ Zim, 📺 📞 ♿ 🅿 AE ⓜ VISA
geschl. 22. Dez. - 3. Jan. – **Menu** (geschl. Mittwoch) (nur Abendessen) à la carte 13/19,50 – **20 Zim** ⊇ 38 – 68.
• Ein Haus mit langer Familientradition. Solide und funktionell eingerichtete Zimmer erwarten Sie in diesem gepflegten Landgasthof mit Walmdach.

AHLBECK Mecklenburg-Vorpommern siehe Usedom (Insel).

AHLEN Nordrhein-Westfalen **543** K 7 – 51 200 Ew – Höhe 83 m.
Berlin 447 – Düsseldorf 124 – Bielefeld 69 – Hamm in Westfalen 13 – Münster (Westfalen) 34.

In Ahlen-Vorhelm Nord-Ost : 7 km :

🏠 **Witte**, Hauptstr. 32, ✉ 59227, ℘ (02528) 88 86, Fax (02528) 3110, 🌳 – 📺 🅿 – 🔑 60. AE ⓜ VISA
Menu (geschl. Juli - Aug. 2 Wochen) à la carte 17,50/33,50 – **27 Zim** ⊇ 47 – 77.
• Das traditionsreiche, engagiert geführte Haus mit modernem Ambiente verfügt über geschmackvoll ausgestattete, gepflegte Gästezimmer. Gediegen-ländliches Ambiente im Restaurant.

AHORN Bayern siehe Coburg.

AHRENSBURG Schleswig-Holstein **541** E 14 – 27 000 Ew – Höhe 25 m.
🏌 Ahrensburg, Am Haidschlag 39, ℘ (04102) 5 13 09 ; 🏌 Ammersbek, Schevenbarg (West : 3 km), ℘ (040) 6 05 13 37.
Berlin 276 – Kiel 79 – Hamburg 36 – Lübeck 47.

🏨 **Park Hotel**, Lübecker Str. 10a, ✉ 22926, ℘ (04102) 23 00, info@parkhotel-ahrensburg.de, Fax (04102) 230100, 🌳, Massage, 🏋, ≦s – 🛗, ⇔ Zim, 🍴 Rest, 📺 📞 ♿ 🚗 🅿 – 🔑 200. AE ⓘ ⓜ VISA JCB
Le Marron : Menu à la carte 26/37,50 – ⊇ 11 – **109 Zim** 99/139 – 119/149, 8 Suiten.
• Ein großzügiger Hallenbereich empfängt Sie in dem gegenüber dem Renaissance-Schloss gelegenen Hotel. Komfortable Zimmer mit moderner Einrichtung und guter Technik. Mit Showküche und modernem Wintergarten präsentiert sich das Le Marron.

🏨 **Ringhotel Ahrensburg** garni, Ahrensfelder Weg 48, ✉ 22926, ℘ (04102) 5 15 60, ahrensburg@ringhotels.de, Fax (04102) 515656 – ⇔ 📺 📞 🅿 – 🔑 10. AE ⓘ ⓜ VISA
24 Zim ⊇ 76/82 – 94.
• Komfort mit persönlicher Note : gepflegte Zimmer mit individueller Einrichtung. Der Hallenbereich und der kleine Garten laden zum Verweilen ein.

🏨 **Am Schloss**, Am Alten Markt 17, ✉ 22926, ℘ (04102) 80 55, info@hotel-am-schloss.de, Fax (04102) 1801, 🌳, ≦s – 🛗, ⇔ Zim, 📺 📞 ⇔ 🅿 – 🔑 60. AE ⓘ ⓜ VISA
Menu 26,50 à la carte 20,50/28,50 – **79 Zim** ⊇ 75 – 95.
• Hier findet der Gast praktische, vorwiegend mit hellem Holz eingerichtete Zimmer in idyllischer Lage beim Renaissance-Wasserschloss. Neuzeitliches Restaurant mit Kamin.

AHRENSHOOP Mecklenburg-Vorpommern **542** C 21 – 860 Ew – Seebad.
🛈 Kurverwaltung, Kirchnersgang 2, ✉ 18347, ℘ (038220) 66 66 10, ahrenshoop@t-online.de, Fax (038220) 666629.
Berlin 259 – Schwerin 130 – Rostock 46 – Stralsund 65.

🏨 **Romantik Hotel Namenlos & Fischerwiege** ⑤ (mit Gästehäusern), Schifferberg 2, ✉ 18347, ℘ (038220) 60 60, info@hotel-namenlos.de, Fax (038220) 606301, 🌳, ≦s, 🔲, 🏖, ⇔ Zim, 📺 📞 🅿 – 🔑 40. AE ⓜ VISA
Menu à la carte 21,50/41 – **35 Zim** ⊇ 55/122 – 80/130, 18 Suiten – ½ P 22.
• Auf den Spuren der Künstlerkolonie Ahrenshoop in malerischer Ostseelandschaft : Wohnen Sie komfortabel und idyllisch in einem der drei Gästehäuser im Landhausstil. Traditionsreiches Restaurant mit schönem Kachelofen.

🏨 **Haus Antje** garni, Althäger Str. 2, ✉ 18347, ℘ (038220) 69 80, hausantje@t-online.de, Fax (038220) 69850, Massage, ≦s – 🛗 📺 📞 🅿 ⓜ VISA JCB. ⇔ Rest
geschl. 7. - 26. Dez. – **22 Zim** ⊇ 60/90 – 75/105, 4 Suiten.
• Dieses charmante Haus gefällt mit seinen geschmackvollen, ländlich-maritim gehaltenen Zimmern in freundlichen, frischen Farben. Hübscher Frühstücksraum mit gutem Buffet.

AHRENSHOOP

Der Fischländer, Dorfstr. 47e, ⌧ 18347, ℘ (038220) 69 50, *hotelderfischlaender @t-online.de, Fax (038220) 69555*, ≼, 佘, – ⅛, ⥼ Zim, TV 🕻 🚗 P. ⓐⓔ VISA
Menu *(geschl. 5. - 18. Jan.) (im Winter Montag - Donnerstag nur Abendessen)* à la carte 22/35 – **32 Zim** ⌷ 80/95 – 105/125, 3 Suiten – ½ P 22.
◆ Das regionstypische Haus mit Reetdach bietet seinen Gästen sehr wohnliche und gut ausgestattete Zimmer im Landhausstil, teilweise mit Balkon und Meerblick. Café-Restaurant mit Blick auf die Ostsee und maritim-ländlichem Ambiente.

Elisabeth von Eicken mit Zim, Dorfstr. 39, ⌧ 18347, ℘ (038220) 69 90, *mail@e lisabethvoneicken.de, Fax (038220) 69924*, 佘 – TV P
geschl. 18. - 31. Jan. – **Menu** *(geschl. Nov. - März Montag - Dienstag) (Montag - Freitag nur Abendessen)* (abends Tischbestellung ratsam) à la carte 40/50 – **6 Zim** ⌷ 65/105 – 90/125 – ½ P 26.
◆ Die schmucke Villa aus der Jahrhundertwende - einst Wohnhaus und Atelier - verbindet heute Kunst mit Kulinarik : modernes Restaurant, kleine Galerie und Skulpturengarten.

In Ahrenshoop-Niehagen Süd : 2,5 km :

Landhaus Morgensünn garni (mit Gästehaus Susewind), Bauernreihe 4d, ⌧ 18347, ℘ (038220) 64 10, *landhaus.morgensuenn@t-online.de, Fax (038220) 64126*, Massage, ⇌, ☒, 🐴 – ⥼ TV P. ⓐⓔ VISA
29 Zim ⌷ 85 – 100.
◆ Stimmungsvolles Ambiente : 2 Reetdachhäuser - Morgensünn und Susewind - mit wohnlichen Zimmern und Appartements im Landhausstil versprechen einen schönen Aufenthalt.

AIBLING, BAD Bayern **546** W 20 – *17 000 Ew – Höhe 501 m – Moorheilbad.*
ⓡ₈ ⓡ₉ Schloss Maxlrain (Nord : 4 km), ℘ (08061) 14 03.
🛈 Kurverwaltung, W.-Leibl-Platz 3, ⌧ 83043, ℘ (08061) 9 08 00, *info@aib-kur.de,* Fax (08061) 37156.
Berlin 636 – München 61 – Garmisch-Partenkirchen 98 – Salzburg 92 – Rosenheim 12.

Romantik Hotel Lindner (mit Gästehaus ♨), Marienplatz 5, ⌧ 83043, ℘ (08061) 9 06 30, *lindner@romantikhotels.com, Fax (08061) 30535*, 佘, 🐴 – ⥼ Zim, TV 🚗 P – 🛌 20. ⓐⓔ ⓘ ⓜⓞ VISA
Menu à la carte 25/38,50 – **26 Zim** ⌷ 78/98 – 140 – ½ P 24.
◆ Eine stilvolle Verbindung von Tradition und modernem Komfort bieten die Zimmer in diesem Schlösschen. Das niveauvolle Hotel wird individuell und engagiert geführt. Gemütliche, teils mit Antiquitäten eingerichtete Gaststuben.

St. Georg ♨, Ghersburgstr. 18, ⌧ 83043, ℘ (08061) 49 70, *reservation@sanktgeo rg.com, Fax (08061) 497105*, 佘, Massage, ♎, Ⅰ♌, ⇌, ☒, 🐴, ☈ – 🙚, ⥼ Zim, TV ♿ 🚗 P – 🛌 170. ⓐⓔ ⓘ ⓜⓞ VISA
Menu à la carte 17/27 – **220 Zim** ⌷ 79/107 – 122, 9 Suiten – ½ P 15.
◆ Praktisches Tagungs- und Familienhotel. Die Zimmer sind mit einheitlichem Mobiliar ausgestattet, ein großer Freizeitbereich und Aktionen für Kinder ergänzen das Angebot. Restaurant und rustikale Bauernstube.

Schmelmer Hof, Schwimmbadstr. 15/Ecke Äußere Kolbermoorer Straße, ⌧ 83043, ℘ (08061) 49 20, *info@schmelmer-hof.de, Fax (08061) 492551*, 佘, Massage, ♎, ⇌, ☒, 🐴, ☈ – 🙚 TV ℂ 🚗 P – 🛌 60. ⓐⓔ ⓜⓞ VISA
Menu à la carte 17/50/27 – **Da Bacco** (italienische Küche) *(nur Abendessen)* **Menu** à la carte 17/30 – **112 Zim** ⌷ 89/105 – 116/126 – ½ P 19.
◆ Hotel mit Kurbetrieb und gut ausgestatteten Tagungsräumen : Praktische Zimmer und Appartements erwarten die Gäste. Die Badabteilung bietet Anwendungen direkt im Haus. Rustikales Restaurant mit internationalem Angebot. Da Bacco mit italienischer Küche.

Bihler ♨ (mit Gästehaus), Katharinenstr. 8, ⌧ 83043, ℘ (08061) 9 07 50, *hotel-bihl er@aol.com, Fax (08061) 9075150*, 佘, ⇌, 🐴 – 🚗 P. ⓐⓔ VISA ☈ Zim
geschl. Mitte Jan. - Mitte Feb. – **Menu** *(geschl. Donnerstag)* à la carte 17/34 – **23 Zim** ⌷ 44/65 – 80/85 – ½ P 15.
◆ Die Zimmer dieses ruhig in Kurparknähe gelegenen Hotels verteilen sich auf das Haupthaus, eine restaurierte Villa, und das Gästehaus - teils gediegen, teils rustikal in Eiche. Schöne Gartenterrasse.

AICHACH Bayern **546** U 17 – *15 500 Ew – Höhe 445 m.*
Berlin 565 – München 68 – Augsburg 24 – Ingolstadt 53 – Ulm (Donau) 98.

Gasthof Specht (mit 🏠 Anbau), Stadtplatz 43, ⌧ 86551, ℘ (08251) 8 75 20, *rezepti on@hotel-specht.de, Fax (08251) 875252*, Biergarten – ⥼ Zim, TV ♿ P. ⓜⓞ VISA. ☈ Zim
geschl. 24. Dez. - 2. Jan. – **Menu** *(geschl. Anfang Juni 2 Wochen, Ende Aug. 1 Woche, Samstag, Sonntagabend)* à la carte 13/21 – **37 Zim** ⌷ 44/46 – 77.
◆ Das seit 1898 von der Familie Specht geführte Hotel ist in der historischen Altstadt gelegen. In einem Anbau hat man freundliche, neuzeitliche Zimmer eingerichtet. Rustikale, ländliche Gaststuben.

AICHACH

In Aichach-Sulzbach Süd-West : 5 km Richtung Augsburg, nach 3,5 km rechts ab :
- **Zum Tavernwirt,** Tränkstr. 6, ✉ 86551, ✆ (08251) 71 54, *martin.wastl@tavernwirt.de*, Fax (08251) 53410, Biergarten –
  geschl. Dienstag – **Menu** *(wochentags nur Abendessen)* à la carte 19/34,50.
  • Ein 200 Jahre alter Gasthof mit hübscher Fassade. Im Inneren verbreiten Dielenboden sowie alte Tische und Bänke eine behagliche Atmosphäre. Moderne Bilder zieren die Wände.

AICHELBERG Baden-Württemberg **545** U 12 – 850 Ew – Höhe 400 m.
Ausflugsziel : Holzmaden : Museum Hauff★, West : 3 km.
Berlin 614 – *Stuttgart* 48 – Göppingen 12 – Kirchheim unter Teck 11 – Ulm (Donau) 51.
- **Landgasthof Adler** mit Zim, Zeller Str. 2, ✉ 73101, ✆ (07164) 90 28 29, *info@users-adler.de*, Fax (07164) 902830, 🌳 – 📺 🅿 🆗 💳 – geschl. Mitte Feb. 2 Wochen, Sept. 2 Wochen – **Menu** *(geschl. Dienstag)* à la carte 23/44,50 – **9 Zim** ☑ 57 – 77.
  • Vor wenigen Jahren hat der Wirt den Gasthof von seinen Eltern übernommen und ihn mit Fleiß und Engagement umgebaut. Jetzt erfreuen sich die Gäste an einem gemütlichen Lokal.

AICHTAL Baden-Württemberg **545** U 11 – 8 400 Ew – Höhe 385 m.
Berlin 637 – *Stuttgart* 27 – Reutlingen 19 – Ulm (Donau) 74.

In Aichtal-Grötzingen :
- **Aichtaler Hof,** Raiffeisenstr. 5, ✉ 72631, ✆ (07127) 95 90, *info-ai@aichtalerhof.de*, Fax (07127) 959959, 🌳, 🎾 – 📶, 🏊 Zim, 📺 ✆ 👥 ➡ 🅿 – 🆘 100. 🅰🅴 ⓘ 🆗 💳
  Menu à la carte 16,50/35,50 – **58 Zim** ☑ 50/77 – 80/110.
  • Hell möblierte Zimmer mit guter Ausstattung und einige Appartements erwarten Sie in diesem modernen Hotel. Ein Freizeitbereich mit Schönheitsfarm ist vorhanden.

AITERN Baden-Württemberg siehe Schönau im Schwarzwald.

ALBERSDORF Schleswig-Holstein **541** D 11 – 3 500 Ew – Höhe 6 m – Luftkurort.
Berlin 376 – Kiel 72 – *Cuxhaven* 119 – Itzehoe 37 – Neumünster 59 – Rendsburg 36.
- **Ramundt,** Friedrichstr. 1, ✉ 25767, ✆ (04835) 2 21, Fax (04835) 222 – 📺 ➡ 🅿 💳
  Menu *(geschl. Sonntag)(nur Abendessen)* à la carte 15/27,50 – **11 Zim** ☑ 40/52 – 72 – ½ P 13.
  • Ländliche Gastlichkeit bietet dieses Hotel mit gut gepflegten und wohnlichen, mit hellen Holzmöbeln eingerichteten Fremdenzimmern. Eine gemütliche Gaststube und ein freundlich gestaltetes Restaurant mit bürgerlicher Küche.

ALBERSWEILER Rheinland-Pfalz **543** S 8 – 2 000 Ew – Höhe 200 m.
Berlin 668 – Mainz 110 – *Mannheim* 51 – *Karlsruhe* 48 – Landau in der Pfalz 8 – Pirmasens 37.
- **Annahof** 🌳, Schlossstr. 36 (St. Johann), ✉ 76857, ✆ (06345) 94 94 50, *info@annahof-alberweiler.de*, Fax (06345) 9494520, 🌳 – 🏊 Zim, 📺 🅿 – 🆘 15
  geschl. Jan. 2 Wochen – **Menu** *(geschl. April - Okt. Montag, Nov. - März Montag - Dienstag)(Dienstag - Freitag nur Abendessen)* à la carte 23/33 – **17 Zim** ☑ 40/50 – 65/80.
  • Die schöne, recht ruhige Lage - leicht erhöht über dem Ort - sowie saubere und solide möblierte Gästezimmer zählen zu den Annehmlichkeiten dieses kleinen Hotels. Einige Pfälzer Gerichte ergänzen die internationale Karte.
- **Traube** 🌳 garni, Trifelsring 11, ✉ 76857, ✆ (06345) 95 95 10, *hrita@t-online.de*, Fax (06345) 9595280, 🏊 (geheizt) – 🏊 📺 👥 🅿 🚫
  11 Zim ☑ 42 – 65.
  • Am Ortsrand in Hanglage ist dieses durch die Inhaber-Familie geführte Hotel mit zeitgemäßen und funktionellen Zimmern gelegen.

ALBSTADT Baden-Württemberg **545** V 11 – 47 000 Ew – Höhe 730 m – Wintersport : 600/975 m ✯6 ✯. – **Ausflugsziel** : Raichberg★, ≤★, Nord : 11 km.
🛈 Tourist-Information, Albstadt-Ebingen, Marktstr. 35, ✉ 72458, ✆ (07431) 1 60 12 04, *touristinformation@albstadt.de*, Fax (07431) 1601227.
Berlin 721 – Stuttgart 98 – *Konstanz* 99 – Freiburg im Breisgau 132 – Ulm (Donau) 97.

In Albstadt-Ebingen Süd-Ost : 1 km :
- **Linde,** Untere Vorstadt 1, ✉ 72458, ✆ (07431) 13 41 40, *info@hotel-linde-albstadt.de*, Fax (07431) 13414300, 🌳 – 📶, 🏊 Zim, 📺 ✆ 👥 🅿 – 🆘 30. 🅰🅴 ⓘ 🆗 💳 🚫 Rest
  geschl. Jan. 2 Wochen, Juli - Aug. 2 Wochen – **Menu** *(geschl. Sonntag)* à la carte 25/48 – **39 Zim** ☑ 85/105 – 135/160.
  • Nach Komplettsanierung ist aus dem früheren Gasthof ein Hotel mit schöner Fachwerkfassade entstanden. Freundliche Zimmer mit funktioneller Ausstattung stehen bereit. Mooreichenparkett und ein gutes Couvert lassen das Restaurant elegant wirken.

ALBSTADT

In der Breite, Flanderstr. 97, ✉ 72458, ✆ (07431) 9 00 70, hotel-breite@t-online.de, Fax (07431) 900777, 🍴 – ⚞ Zim, 📺 ⇌ 🅿 ⓜ ⓥ Rest geschl. Ende Juli - Mitte Aug. – **Menu** (geschl. Samstagmittag, Montag) à la carte 13,50/21 – **12 Zim** ⇌ 44/55 – 88.
• Ein tadellos geführtes kleines Hotel in einem Wohngebiet mit freundlichem Service und besonders im Anbau ganz modernen und sehr wohnlich gestalteten Zimmern.

ALDERSBACH Bayern ₅₄₆ U 23 – 3 500 Ew – Höhe 324 m.
Berlin 594 – München 158 – Passau 32 – Regensburg 111 – Salzburg 122.

Mayerhofer, Ritter-Tuschl-Str. 2, ✉ 94501, ✆ (08543) 9 63 90, hotel@mayerhofer .org, Fax (08543) 963939, Biergarten, 🍴 – ⚞ Zim, 📺 ⇌ 🅿 ⓜ ⓥⓘⓢⓐ ⱼⒸⒷ geschl. über Fasching 1 Woche, 1. - 7. Aug. – **Menu** (geschl. Anfang - Mitte Nov., Montag, Freitag) à la carte 12,50/26 – **32 Zim** ⇌ 39/47 – 53/78.
• Modernes Hotel mit Landhausflair : Gut ausgestattete, wohnliche Zimmer machen den Aufenthalt in diesem gepflegten Haus zu einem Vergnügen. Niederbayerische Wirtshaustradition erwartet Sie im Restaurant mit romantisch-rustikalem Gewölbe.

ALEXANDERSBAD, BAD Bayern ₅₄₆ P 20 – 1 300 Ew – Höhe 590 m – Heilbad.
🅱 Gemeinde- und Kurverwaltung, Markgrafenstr. 28 (Altes Kurhaus), ✉ 95680 ✆ (09232) 9 92 50, badalexandersbad@i-mo.de, Fax (09232) 992525.
Berlin 356 – München 262 – Weiden in der Oberpfalz 53 – Bayreuth 46 – Hof 58.

Alexandersbad ⓢ, Markgrafenstr. 24, ✉ 95680, ✆ (09232) 88 90, info@hotel-al exandersbad.de, Fax (09232) 889461, 🍴, Massage, ≠, ≈s, 🔲, ※(Halle) Squash – 📶, ⚞ Zim, 📺 ⇌ 🅿 – 🔒 70. ⓐⓔ ⓞⓓ ⓜ ⓥⓘⓢⓐ
Menu à la carte 19/35 – **160 Zim** ⇌ 52/60 – 94/110 – ½ P 16.
• Geräumige Zimmer und Appartements mit Komfort bietet dieses Haus mitten im Fichtelgebirge. Besonders für Kurgäste interessant ist die hauseigene Badeabteilung. In hellem, freundlichem Ambiente serviert man Internationales.

ALEXISBAD Sachsen-Anhalt siehe Harzgerode.

ALF Rheinland-Pfalz ₅₄₃ P 5 – 1 200 Ew – Höhe 95 m.
Ausflugsziele : Marienburg : Lage★★ (≤★★) Süd : 2 km.
Berlin 671 – Mainz 108 – Trier 61 – Koblenz 84.

Burg Arras ⓢ, ✉ 56859, ✆ (06542) 2 22 75, Fax (06542) 2595, ≤ Höllen- und Moseltal, 🍴 – ⚞ Zim, 📺 ⓥ 🅿.
geschl. Jan. - Feb. – **Menu** à la carte 18,50/31,50 – **10 Zim** ⇌ 95/130 – 130/210.
• Einsam auf einer Bergkuppe liegt die Burg von 860, die das kleine Hotel mit seinen geschmackvollen, neuzeitlichen Zimmern beherbergt. Auch ein kleines Museum gehört zum Haus. Ritterrüstungen zieren das rustikale Restaurant - Terrasse mit traumhaftem Blick.

Bömer's, Ferdinand-Remy-Str. 27, ✉ 56859, ✆ (06542) 23 10, info@boemershotel.de, Fax (06542) 1275, 🍴, 🍴 – 📶, ⚞ Zim, 📺 🅿 ⓞ ⓜ ⓥⓘⓢⓐ
geschl. Anfang Jan. - Ostern, Mitte Nov. - 21. Dez. – **Menu** (nur Abendessen) à la carte 14/24 – **34 Zim** ⇌ 46/51 – 70/80.
• Gute Pflege, eine engagierte Führung und solide ausgestattete Zimmer im Landhausstil machen das Haus in dem kleinen Ort im Moseltal aus. Gediegenes Restaurant mit behaglicher Atmosphäre.

ALFDORF Baden-Württemberg ₅₄₅ T 13 – 5 700 Ew – Höhe 500 m.
🏌 Alfdorf-Haghof, Haghof 6 (West : 5 km), ✆ (07182) 9 27 60.
Berlin 594 – Stuttgart 54 – Schwäbisch Gmünd 12 – Schwäbisch Hall 40.

In Alfdorf-Haghof West : 5 km :

Golf- und Landhotel Haghof ⓢ, Haghof 3, ✉ 73553, ✆ (07182) 9 28 00, land hotelhaghof@t-online.de, Fax (07182) 928088, 🍴, ≈s, 🔲, 🍴 – 📶, ⚞ Zim, 📺 ⓥ ⇌ 🅿 – 🔒 40. ⓐⓔ ⓜ ⓥⓘⓢⓐ
Menu à la carte 22/35 – **43 Zim** ⇌ 68/82 – 80/100.
• Land-, Golf- und Tagungshotel mit Tradition : Aus dem ehemaligen Bauernhof entwickelte sich ein komfortables Hotel, das mit schwäbischer Gastfreundschaft empfängt. Das Restaurant zeigt sich leicht rustikal.

ALFELD (LEINE) Niedersachsen 541 K 13 – 21 600 Ew – Höhe 93 m.
 Rheden-Gronau, Schloßstr. 1a (Nord : 9 km), (05182) 5 23 36.
🛈 Bürgeramt, Marktplatz 12, ✉ 31061, (05181) 70 31 11, buergeramt@stadt-alfeld.de, Fax (05181) 703222.
Berlin 312 – *Hannover* 46 – Göttingen 66 – Hildesheim 26 – Kassel 108.

In Alfeld-Warzen West : 2,5 km über Hannoversche Straße :

🏨 **Grüner Wald** 🌿, Am Knick 7, ✉ 31061, (05181) 2 42 48, info@hotel-gasthof-gruener-wald.de, Fax (05181) 280248, 🍽, 🍴 – ✱ Zim, 📺 📞 🅿 – 🔔 20. ⓂⓄ 𝑽𝑰𝑺𝑨. %
geschl. 1. - 10. Jan., Mitte Juli - Mitte Aug. 2 Wochen – **Menu** (geschl. Montagmittag, Samstagmittag) à la carte 18/31 – **17 Zim** ☐ 51/58 – 79/89.

 • Geräumige, solide eingerichtete Zimmer - meist mit Balkon - findet der Gast in diesem ruhig gelegenen Haus. Schreibtisch und Kofferablage erleichtern das Leben auf Reisen. Gaststube und Kachelofenzimmer bilden den gastronomischen Bereich.

ALKEN Rheinland-Pfalz 543 P 6 – 700 Ew – Höhe 85 m.
Berlin 622 – Mainz 93 – *Koblenz* 21 – *Trier* 116 – Cochem 28.

🏨 **Landhaus Müller** (mit Gästehaus), Moselstr. 6, ✉ 56332, (02605) 95 25 12, Fax (02605) 8126, ≤, 🍴 – 📺. ⓂⓄ
geschl. Mitte Jan. - Mitte Feb. – **Menu** (geschl. Nov. - April Dienstag) à la carte 15/28 – **24 Zim** ☐ 34/44 – 51/72 – ½ P 12.

 • Guter Ausgangspunkt für ihre Moselausflüge ist dieses familiengeführte Hotel mit gediegen im Landhausstil gestalteten Zimmern - fragen Sie nach einem Zimmer zur Mosel. Sie speisen im gemütlichen Restaurant oder im Freien mit Blick auf den Fluss.

🍴🍴 **Burg Thurant** mit Zim, Moselstr. 15, ✉ 56332, (02605) 35 81, Fax (02605) 2152, 🍴 – ⓂⓄ
geschl. Feb. – **Menu** (geschl. Dienstag) à la carte 22/37 – **3 Zim** ☐ 38 – 60.

 • Das traditionsreiche Gasthaus, idyllisch in einer alten Burganlage gelegen, verwöhnt seine Gäste mit internationaler Küche und einer umfangreichen Weinkarte.

ALLENBACH Rheinland-Pfalz siehe Idar-Oberstein.

ALLERSBERG Bayern 546 S 17 – 8 400 Ew – Höhe 384 m.
🛈 Verkehrsamt, Kirchstr. 1, ✉ 90584, (09176) 5 09 60, verkehrsamt@allersberg.de, Fax (09176) 50961.
Berlin 450 – München 139 – *Nürnberg* 33 – Ingolstadt 65 – Regensburg 94.

🏨 **Café Kattenbeck** garni, Marktplatz 12, ✉ 90584, (09176) 9 83 00, Fax (09176) 1702 – 📺 🚗 🅿 ⓄⓄ ⓂⓄ 𝑽𝑰𝑺𝑨
20 Zim ☐ 38/44 – 58/62.

 • Das gut gepflegte kleine Hotel liegt in der Innenstadt, direkt hinter dem historischen Torbogen. Die Zimmer sind teils ländlich solide, teils moderner eingerichtet.

ALLERSHAUSEN Bayern 546 U 18 – 4 600 Ew – Höhe 442 m.
Berlin 550 – *München* 36 – *Regensburg* 91 – Freising 13 – Ingolstadt 43.

🏨 **Zum Gock'l** garni, Breimannweg 19, ✉ 85391, (08166) 81 78, info@hotelpension-zum-gockl.de, Fax (08166) 3614 – ✱ 📺 🚗 🅿 ⓂⓄ 𝑽𝑰𝑺𝑨 𝑱𝑪𝑩
17 Zim ☐ 50/85 – 70/90.

 • Gut geführte und saubere Hotelpension, die ihren Gästen eine nette Atmosphäre, modern und bequem ausgestattete Zimmer und ein reichhaltiges Frühstücksbuffet bietet.

ALPIRSBACH Baden-Württemberg 545 U 9 – 7 000 Ew – Höhe 441 m – Luftkurort – Wintersport : 628/749 m ⚡2 🎿.
Sehenswert : Ehemaliges Kloster★.
 Alpirsbach-Peterzell, Fluorner Str. 3 (West : 5 km), (07444) 46 65.
🛈 Tourist Information, Hauptstr. 20 (B 294), ✉ 72275, (07444) 9 51 62 81, tourist-info@alpirsbach.de, Fax (07444) 9516283.
Berlin 726 – Stuttgart 99 – *Freiburg im Breisgau* 78 – Schramberg 19 – Villingen-Schwenningen 51.

🏨 **Rössle**, Aischbachstr. 5, ✉ 72275, (07444) 95 60 40, info@roessle-alpirsbach.de, Fax (07444) 2368 – 📶 🚗 🅿 ⓂⓄ 𝑽𝑰𝑺𝑨
geschl. Mitte - Ende März, Mitte Nov. - Mitte Dez. – **Menu** (geschl. Mittwoch) à la carte 16/32 – **26 Zim** ☐ 40/41 – 65 – ½ P 11.

 • Ein persönlicher Service und behagliche, mit rustikaler Eiche eingerichtete Zimmer machen den Aufenthalt in diesem familiär geführten Schwarzwald-Gasthof angenehm. Nett : das Restaurant mit Gaststuben-Charakter.

ALPIRSBACH

In Alpirsbach-Aischfeld *Ost : 5 km :*

🏠 **Sonne,** Im Aischfeld 2, ✉ 72275, ✆ (07444) 23 30, sonne.alpirsbach@t-online.de, Fax (07444) 2353, 🌳, 🌱, – 📺 📞 AE MC VISA
Menu à la carte 15/32 – **22 Zim** ⌂ 32/40 – 50/60 – ½ P 11.
• In dem soliden Gasthof am Ortsende finden Sie wohnliche, teils neuzeitlich möblierte Zimmer und einen freundlichen Service. Kinder freuen sich über einen Spielplatz am Haus. Im Restaurant : regionstypische Gastlichkeit in familiärer, rustikaler Atmosphäre.

ALSFELD *Hessen* 543 N 11 – *18 000 Ew – Höhe 264 m.*
Sehenswert : *Marktplatz★ – Rathaus★ – Rittergasse (Fachwerkhäuser★).*
🛈 Tourist Center Alsfeld, Markt 13, ✉ 36304, ✆ (06631) 9 11 02 43, tca@alsfeld.de, Fax (06631) 9110244.
Berlin 442 – Wiesbaden 128 – Fulda 43 – Frankfurt am Main 107 – Kassel 93.

🏠 **Klinghöffer** (mit Gästehäusern), Hersfelder Str. 47, ✉ 36304, ✆ (06631) 91 18 40, hotel.klinghoeffer@t-online.de, Fax (06631) 9118413 – 📺 📞 – 🏊 45. AE ⓄⓄ MC VISA JCB
Menu (geschl. Sonntagabend) à la carte 16/32 – **40 Zim** ⌂ 42 – 65.
• Übernachten Sie in einem Gasthof mit Tradition : Dieses familiengeführte Haus entwickelte sich von einer Poststation zu einem Hotel mit zeitgemäßem Anspruch. Gediegen mit rustikalem Touch zeigt sich der gastronomische Bereich.

In Alsfeld-Eudorf *Nord-Ost : 3 km über B 254, Richtung Schwalmstadt :*

🏠 **Zum Schäferhof,** Ziegenhainer Str. 30 (B 254), ✉ 36304, ✆ (06631) 9 66 00, info@hotel-zum-schaeferhof.de, Fax (06631) 966060, 🌳, 🌱 – 🛗, 🚷 Zim, 📺 📞 🚗 📞 – 🏊 120. AE ⓄⓄ MC VISA
Menu à la carte 15/28,50 – **23 Zim** ⌂ 50/60 – 80/90.
• Familiengeführter Fachwerk-Gasthof mit einem Hotelneubau. Die Zimmer sind modern und funktionell, der Frühstücksraum ist wintergartenähnlich angelegt. Ländlich-rustikales Restaurant mit bürgerlicher Küche.

🏠 **Zur Schmiede** (mit Gästehaus), Ziegenhainer Str. 26 (B 254), ✉ 36304, ✆ (06631) 79 38 30, zur.schmiede@t-online.de, Fax (06631) 7938360, Biergarten, 🌱 – 🛗 🚷 📺 📞 🚗 📞 – 🏊 250. AE ⓄⓄ MC VISA
Menu à la carte 16/33,50 – **54 Zim** ⌂ 45/55 – 70.
• Ein gepflegter ländlicher Gasthof. Sie wohnen im traditionellen Fachwerkhaus oder im Gästehaus, in teils im Landhausstil, teils mit Bauernmöbeln eingerichteten Zimmern.

In Romrod *Süd-West : 6 km über B 49 :*

🏨 **Landhotel Vogelsberg** 🌿, Kneippstr. 1 (Süd : 1 km), ✉ 36329, ✆ (06636) 8 90, landhotel@mail.vogelsberg-online.de, Fax (06636) 89427, 🌳, 🏊, 🔲, 🌱, 🎾(Halle) – 🛗, 🚷 Zim, 📺 📞 📞 – 🏊 100. AE ⓄⓄ MC VISA 🚷 Rest
Menu à la carte 17/28,50 – **100 Zim** ⌂ 45/72 – 60/90.
• Ein etwas abseits vom Ort gelegenes Hotel mit Komfort : Die Zimmer sind praktisch mit Kirschbaummöbeln eingerichtet und technisch gut ausgestattet - gutes Freizeitangebot ! Eine Alternative zum klassischen Restaurant ist die Bierstube Hessentreff.

ALTBACH *Baden-Württemberg siehe Plochingen.*

ALTDORF *Bayern* 546 R 18 – *13 000 Ew – Höhe 446 m.*
Berlin 436 – München 176 – Nürnberg 29 – Regensburg 80.

🏠 **Alte Nagelschmiede,** Oberer Markt 13, ✉ 90518, ✆ (09187) 9 52 70, willkommen@alte-nagelschmiede.de, Fax (09187) 952727, 🌳 – 📺 📞
Menu (geschl. Aug. 3 Wochen, Sonntag) à la carte 18/32 – **23 Zim** ⌂ 49/54 – 77/86.
• In diesem traditionsreichen Haus erwartet Sie fränkische Gastlichkeit : Die Zimmer sind überwiegend mit hellen Naturholzmöbeln eingerichtet, der Service ist freundlich. Verschiedene ländliche Gaststuben bilden das Restaurant. Eigene Hausschlachterei.

🍴 **Rotes Ross,** Oberer Markt 5, ✉ 90518, ✆ (09187) 52 72, Fax (09187) 804854 – MC VISA
geschl. Mitte Aug. - Mitte Sept., 24. Dez. - 5. Jan., Montag, Donnerstagabend – **Menu** (Tischbestellung ratsam) à la carte 14,50/30.
• Seit mehr als 100 Jahren ist dieser gemütliche Gasthof in Familienbesitz. Ganz in Holz gehalten, präsentieren sich die Räumlichkeiten in rustikalem Stil.

Die Erläuterungen in der Einleitung helfen Ihnen,
Ihren Michelin-Führer effektiver zu nutzen.

ALTENA Nordrhein-Westfalen 543 M 7 – 24 000 Ew – Höhe 159 m.
Berlin 514 – Düsseldorf 86 – Hagen 25 – Iserlohn 16 – Lüdenscheid 14.

In Altena-Großendrescheid Süd-West : 10 km, Richtung Lüdenscheid, in Altroggenrahmede rechts ab :

Gasthof Spelsberg ⏴ (mit Gästehaus) Großendrescheid 17, ✉ 58762, ℘ (02352) 9 58 00, gasthof-spelsberg@t-online.de, Fax (02352) 958088, ≤, 🍽, 🚗 – TV P – 🛁 30.
Menu (geschl. Juli - Aug. 4 Wochen, Ende Dez. - Anfang Jan., Dienstag) à la carte 16/35 – **12 Zim** ⏴ 55 – 80.
• Ein guter Ausgangspunkt für die Erkundung des Sauerlands : Sehr gut gepflegtes Haus mit solide eingerichteten Zimmern, auch einige Ferienwohnungen sind vorhanden. Im Landhausstil zeigt sich das Restaurant, traditionell die Gaststube.

ALTENAHR Rheinland-Pfalz 543 O 4 – 1 900 Ew – Höhe 169 m.
🛈 Tourist-Information, Haus des Gastes, Altenburger Str. 1a, ✉ 53505, ℘ (02643) 84 48, info@altenahr-ahr.de, Fax (02643) 3516.
Berlin 624 – Mainz 163 – Bonn 31 – Aachen 105 – Euskirchen 29 – Koblenz 62 – Trier 113.

Ruland, Brückenstr. 6, ✉ 53505, ℘ (02643) 83 18, info@hotel-ruland.de, Fax (02643) 3162, 🍽, Biergarten – 🛏 TV 🛁 ⏴ P – 🛁
geschl. 2. Jan. - 4. März – **Menu** à la carte 16/29 – **29 Zim** ⏴ 35/50 – 60/80.
• Direkt an der Ahruferpromenade liegt dieses familiengeführte Hotel mit soliden Zimmern, teils modern, teils mit rustikalerem Mobiliar - einige mit Balkon. Ein freundliches Gelb und terrakottafarbene Fliesen lassen das Restaurant leicht mediterran wirken.

Wein-Gasthaus Schäferkarre, Brückenstr. 29, ✉ 53505, ℘ (02643) 71 28, Fax (02643) 1247, AE ⏴ ⏴ VISA
geschl. Mitte Dez. - Ende Jan., Montag – **Menu** à la carte 15/34.
• Zwischen alten Mauern speisen Sie in einem Winzerhaus von 1716. Die Küche des Chefs ist stark regional und saisonal bestimmt und wird von Weinen aus eigenem Anbau ergänzt.

ALTENBERG Sachsen 544 N 25 – 6 100 Ew – Höhe 754 m – Wintersport : 760/827 m ⏴2 ⏴.
🛈 Tourist-Info, Rathaus, Platz des Bergmanns 2, ✉ 01773, ℘ (035056) 3 33 41, infoaltenberg@t-online.de, Fax (035056) 33366.
Berlin 233 – Dresden 42 – Chemnitz 74 – Leipzig 154.

In Altenberg-Bärenfels Nord-West : 8 km - über B 170 Richtung Dresden, nach 2 km links ab :

Felsenburg ⏴, Böhmische Str. 20, ✉ 01773, ℘ (035052) 2 04 50, info@hotel-felsenburg.de, Fax (035052) 20340, 🍽, 🚗 – TV P – 🛁 20. AE
geschl. 10. - 17. Jan. – **Menu** (geschl. Montagmittag, Dienstagmittag) à la carte 14,50/23 – **14 Zim** ⏴ 38/39 – 44/49 – ½ P 11.
• 1900 erbaut und Anfang der 90er Jahre modernisiert. Der Inhaber hat die Zimmer mit zeitgemäßen Holzmöbeln in verschiedenen Farben und gemütlichen kleinen Sitzecken ausgestattet. Bewirtet werden Sie in bürgerlichem Ambiente.

In Altenberg-Hirschsprung Nord : 3 km :

Ladenmühle ⏴ (mit Gästehaus), Bielatalstr. 8, ✉ 01773, ℘ (035056) 34 50, hotel@ladenmuehle.de, Fax (035056) 345291, 🍽, ≘s, 🚗 – TV P – 🛁 30. AE ⏴ VISA
Menu à la carte 12,50/22 – **46 Zim** ⏴ 44/50 – 57 – ½ P 12.
• Gut gepflegte und saubere, zeitgemäß eingerichtete Zimmer und ein reichhaltiges Frühstücksbuffet bietet Ihnen dieser Gasthof mit neuzeitlichem Gästehaus. Das Restaurant präsentiert sich in gediegen-rustikalem Stil.

In Altenberg-Oberbärenburg Nord-West : 6 km über B 170 Richtung Dresden, nach 4 km rechts ab :

Zum Bären ⏴, Talblick 6, ✉ 01773, ℘ (035052) 6 10, hotel@zum-baeren.de, Fax (035052) 61222, 🍽, ≘s, 🔲, 🚗 – 🛏, ⏴ Zim, TV ⏴ P – 🛁 80. AE ⏴ VISA
Menu à la carte 13,50/26,50 – **38 Zim** ⏴ 57/66 – 80 – ½ P 14.
• Mit hellem Naturholzmobiliar wohnlich eingerichtete sowie technisch gut ausgestattete Zimmer - alle mit Balkon - sprechen für dieses Hotel. Eine Terrasse ergänzt das neuzeitlich gestaltete Restaurant.

Berghotel Friedrichshöhe, Ahornallee 1, ✉ 01776, ℘ (035052) 2 80, berghotel-friedrichshoehe@t-online.de, Fax (035052) 28150, ≘s, 🔲 – 🛏, ⏴ Zim, TV P – 🛁 30. ⏴ VISA
Menu à la carte 12/18 – **38 Zim** ⏴ 60 – 80 – ½ P 13.
• Das im Jahre 1910 im traditionellen Landhausstil erbaute und 1996 komplett rekonstruierte Haus empfängt seine Gäste mit wohnlichen und funktionellen Zimmern. Viel Holz gibt dem Restaurant einen ländlichen Charakter.

ALTENBERGE Nordrhein-Westfalen 543 J 6 – 8 000 Ew – Höhe 104 m.
  Berlin 486 – Düsseldorf 138 – Nordhorn 70 – Enschede 49 – Münster (Westfalen) 15.

- **Stüer** (mit Gästehäusern), Laerstr. 6, ✉ 48341, ✆ (02505) 9 33 10, info@hotel-stuer.de, Fax (02505) 933193, 🍽 – 📺 📞 & P – 🔑 60. AE ⓘ ⓜ VISA
  Menu à la carte 20/33 – **54 Zim** ⛱ 51 – 74.
  • Gasthof im Herzen des Münsterlandes mit gut gepflegten, neuzeitlich eingerichteten Zimmern. Die ländliche Umgebung bietet sich für Wanderungen und Radtouren an. Das Restaurant ist holzvertäfelt und hübsch dekoriert.

ALTENBURG Thüringen 544 N 21 – 40 400 Ew – Höhe 227 m.
  Sehenswert: Rathaus und Markt★ – Schloss (Schlosskirche★) – Lindenau-Museum★ (Sammlung frühitalienischer Malerei★★).
  🛈 Fremdenverkehrsamt, Moritzstr. 21 (Eingang Kornmarkt), ✉ 04600, ✆ (03447) 59 41 74, touristik@stadt-altenburg.de, Fax (03447) 594179.
  Berlin 229 – Erfurt 115 – Gera 39 – Zwickau 33 – Leipzig 49.

- **Parkhotel**, August-Bebel-Str. 16, ✉ 04600, ✆ (03447) 58 30, empfang@parkhotel-altenburg.de, Fax (03447) 583444, 🍽 – 🛗, ⚜ Zim, 📺 📞 & P – 🔑 80. AE ⓘ ⓜ VISA
  Menu (geschl. Sonntag) (nur Abendessen) à la carte 13,50/29 – **65 Zim** ⛱ 43/50 – 65.
  • Das Flair eines historischen Gebäudes in Verbindung mit dem Komfort eines modernen Hotels bietet dieses mit viel Marmor eingerichtete Haus im Herzen Altenburgs. Sie speisen in einem klassisch eingerichteten Hotelrestaurant.

- **Astor**, Bahnhofstr. 4, ✉ 04600, ✆ (03447) 58 70, info@astor-altenburg.de, Fax (03447) 587444 – 🛗, ⚜ Zim, 📺 & P – 🔑 40. AE ⓘ ⓜ VISA JCB
  Menu à la carte 16/29,50 – **89 Zim** ⛱ 59 – 79.
  • Freundliches Stadthotel mit hellen, wohnlich eingerichteten Zimmern. Lage und Ausstattung machen es besonders für Tagungen interessant. Das neuzeitliche Hotelrestaurant bietet Internationales.

- **Treppengasse** 🐾 garni, Treppengasse 5, ✉ 04600, ✆ (03447) 31 35 49, treppengasse5@freenet.de, Fax (03447) 313549, 🍽 – 📺 ⓘ ⓜ VISA. ⚜
  geschl. 24. Dez. - 2. Jan. – **12 Zim** ⛱ 40/45 – 49/56.
  • Freundliche und engagiert geführte Hotelpension mit wohnlicher Atmosphäre. Die Zimmer sind gepflegt und einheitlich mit hellen Holzmöbeln ausgestattet.

- ✕ **Ratskeller**, Markt 1, ✉ 04600, ✆ (03447) 31 12 26, Fax (03447) 506918, 🍽 – AE ⓘ ⓜ VISA
  geschl. Sonntagabend – **Menu** à la carte 14/25.
  • Genießen Sie das traditionsreiche Ambiente des Gewölberestaurants, den geschulten Service und eine gutbürgerliche regional und saisonal beeinflusste Küche.

ALTENHOLZ Schleswig-Holstein siehe Kiel.

ALTENKIRCHEN IM WESTERWALD Rheinland-Pfalz 543 N 6 – 6 000 Ew – Höhe 245 m.
  Berlin 582 – Mainz 110 – Bonn 52 – Koblenz 56 – Köln 65 – Limburg an der Lahn 50.

- **Glockenspitze**, Zum Sportzentrum 2, ✉ 57610, ✆ (02681) 8 00 50, info@glockenspitze.de, Fax (02681) 800599, 🍽, 🛎, ✕(Halle), Zugang zum öffentlichen 🏊 – 🛗 📺 P – 🔑 70. ⓘ ⓜ VISA JCB
  Menu (geschl. Samstagabend - Sonntag) à la carte 22/40 – **46 Zim** ⛱ 77 – 92.
  • Gepflegtes Kirschbaummobiliar dominiert die Einrichtung der komfortablen Zimmer in diesem zeitgemäßen Hotel mit professionellem Tagungsbereich. Zur Halle hin offen ist das moderne Restaurant angelegt.

ALTENKUNSTADT Bayern siehe Burgkunstadt.

ALTENMARKT AN DER ALZ Bayern 546 V 21 – 3 300 Ew – Höhe 490 m.
  Berlin 657 – München 82 – Bad Reichenhall 52 – Rosenheim 44 – Salzburg 60.

- **Im Trauntal**, Grassacher Str. 2 (Grassach, an der B304), ✉ 83352, ✆ (08621) 40 05, Fax (08621) 4009, 🍽 – ⚜ Zim, 📺 🚗 P – 🔑 10. AE ⓜ VISA. ⚜ Rest
  Menu (geschl. Samstagmittag) à la carte 15/33 – **18 Zim** ⛱ 49/59 – 80.
  • Ein familiengeführtes Hotel mit sauberen und praktisch ausgestatteten Gästezimmern - teils mit Balkon, Hosenbügler oder Fitnessgerät. Freundlicher Service. Klassisches Restaurant und gemütliche Bauernstube bilden den gastronomischen Bereich.

ALTENMEDINGEN Niedersachsen siehe Bevensen, Bad.

ALTENSTADT (WETTERAUKREIS) Hessen 543 P 10 – 12 000 Ew – Höhe 124 m.
Berlin 519 – Wiesbaden 67 – Frankfurt am Main 30 – Gießen 49.

Zum schwarzen Adler, Vogelsbergstr. 2, ✉ 63674, ℘ (06047) 9 64 70, info@zumschwarzenadler.de, Fax (06047) 964727, Biergarten – 📶 TV AE ⓞ ⓜ VISA
Menu (wochentags nur Abendessen) à la carte 16,50/38 – **15 Zim** ⊇ 65/90 – 85/110.
♦ Am Fuße des Vogelsbergs erwartet Sie ein traditionsreiches, modernisiertes Fachwerkhaus von 1662 mit hübschen Zimmern im Landhausstil. Ein angenehm helles Ambiente empfängt Sie im neo-rustikalen Restaurant.

ALTENSTEIG Baden-Württemberg 545 U 9 – 10 700 Ew – Höhe 504 m – Luftkurort – Wintersport : 561/584 m ✦1 ⚞.
Sehenswert : Lage★.
🅱 Verkehrsamt, Rosenstr. 28 (ev. Gemeindehaus), ✉ 72213, ℘ (07453) 66 33, verkehrsamt@altensteig.de, Fax (07453) 3249.
Berlin 689 – Stuttgart 68 – Karlsruhe 79 – Tübingen 48 – Freudenstadt 25.

Seeger's Hotel Traube, Rosenstr. 6, ✉ 72213, ℘ (07453) 9 47 30, info@seegers-hotel-traube.de, Fax (07453) 947355 – ✆ ⇔ 🔒 P AE ⓞ ⓜ VISA – geschl. 25. Okt. - 20. Nov. – **Menu** (geschl. Montag) à la carte 15/27,50 – **24 Zim** ⊇ 35 – 61 – ½ P 11.
♦ Gastlichkeit mit Tradition : Seit 5 Generationen ist der ländliche Gasthof in Familienbesitz. Die Zimmer hat man mit neuzeitlichem Naturholzmobiliar gut ausgestattet. Einfache, bürgerlich-rustikale Gaststube.

In Altensteig-Überberg Nord-West : 2 km :

Hirsch (mit Gästehaus), Simmersfelder Str. 24, ✉ 72213, ℘ (07453) 82 90, kirn.ueberberg@t-online.de, Fax (07453) 50989, ⇔, 🚗 – TV ⇔ P ⓜ VISA
Menu 16 à la carte 17/38 – **18 Zim** ⊇ 28/39 – 65/85 – ½ P 20.
♦ Ein durch die Inhaber-Familie kompetent geführter Gasthof mit zeitgemäß eingerichteten, wohnlichen Zimmern und einer ländlichen Atmosphäre. In der Gaststube verbreiten Kachelöfen eine gemütliche Stimmung.

In Altensteig-Wart Nord-Ost : 7 km über B 28, Richtung Calw :

Sonnenbühl, Wildbader Str. 44, ✉ 72213, ℘ (07458) 77 10, info@hotel-sonnenbuehl.de, Fax (07458) 771111, ⇔, Massage, ≠, 🅵🅶, ⇔, 🔲, 🚗, ℜ – 📶, ⇎ Zim, TV ✆ ⇔ P – 🔒 300. AE ⓞ ⓜ VISA ⚞ Rest
Menu à la carte 19,50/32,50 – **134 Zim** ⊇ 79/94 – 128 – ½ P 18.
♦ Ein komfortables Tagungshotel mit in hellem Naturholz wohnlich eingerichteten Zimmern mit guter Technik sowie einem ca. 500 m entfernten Kongresszentrum. Ländlich-rustikale Einrichtung und ein passendes Dekor prägen die Schwarzwaldstube.

ALTENTREPTOW Mecklenburg-Vorpommern 542 E 23 – 7 500 Ew – Höhe 15 m.
Berlin 158 – Schwerin 140 – Neubrandenburg 17 – Greifswald 51 – Stralsund 84.

Am Markt, Marktplatz 1, ✉ 17087, ℘ (03961) 2 58 20, hotelammarkt@t-online.de, Fax (03961) 258299, Biergarten – 📶, ⇎ Zim, TV ✆ & P ⓜ VISA JCB
Menu à la carte 15/28 – **29 Zim** ⊇ 55 – 75/89.
♦ Ein idealer Standort für Ausflüge in die Mecklenburger Seenplatte ist dieses moderne Hotel mit Zimmern im Landhauslook und einem freundlichen Service. Restaurant im Bistrostil - mit viel Holz gemütlich gestaltet.

ALTÖTTING Bayern 546 V 22 – 12 600 Ew – Höhe 403 m – Wallfahrtsort.
Sehenswert : Schatzkammer der Pfarrkirche (Goldenes Rössl★).
🅱 Wallfahrts- und Verkehrsbüro, Kapellplatz 2a, ✉ 84503, ℘ (08671) 50 62 19, info@altoetting-touristinfo.de, Fax (08671) 506019.
Berlin 625 – München 93 – Bad Reichenhall 75 – Passau 83 – Salzburg 66.

Zur Post, Kapellplatz 2, ✉ 84503, ℘ (08671) 50 40, info@zurpostaltoetting.de, Fax (08671) 6214, ⇔, ⇔, 🔲 – 📶 – 🔒 120. AE ⓞ ⓜ VISA
19,50/38 – **Postkeller** (italienische Küche) (geschl. 20. Juli - 10. Sept., Montag) (nur Abendessen) **Menu** à la carte 15/31 – **93 Zim** ⊇ 50/80 – 108 – ½ P 19.
♦ Stilvolles, historisches Hotel mit zuvorkommendem Service und geschmackvoll ausgestatteten Zimmern, die viel Komfort bieten. Ein Haus zum Tagen und für den Urlaub. Sechs unterschiedlich eingerichtete Räume bilden das Restaurant.

In Teising West : 5 km über B 12, Richtung Mühldorf :

Gasthof Hutter, Hauptstr. 17 (B 12), ✉ 84576, ℘ (08633) 2 07, Fax (08633) 207, ⇔ – ⓜ VISA
geschl. Dienstag - Mittwoch – **Menu** à la carte 12/23.
♦ Hier finden Sie einen urigen bayerischen Gasthof mit Kachelofen und holzgetäfelten Wänden, in dem eine regionstypische Küche aufgetischt wird.

ALTÖTTING

In Tüßling-Bräu im Moos *Süd-West : 9,5 km über Tüßling, vor Mörmoosen links ab :*

Bräu im Moos, Bräu im Moos 1, ✉ 84577, ℰ (08633) 10 41, *braeuimmoos@t-onlin e.de,* Fax (08633) 7941, Biergarten, Brauerei-Museum, Hirschgehege – ⚐ 🅿
geschl. Jan. - Ende Feb., Montag, Nov. - März Montag - Dienstag – **Menu** à la carte 15/28.
◆ Mitten in einem Landschaftsschutzgebiet liegt die traditionsreiche Brauerei mit originellem, rustikalem Gasthof, der seine Gäste mit deftigen bayerischen Speisen bewirtet.

In Tüßling-Kiefering *Süd-West : 6 km über B 299, Richtung Garching :*

Bauernsepp ♨, Kiefering 42, ✉ 84577, ℰ (08633) 89 40, *bauernsepp@t-online.de,* Fax (08633) 894200, 🌳, ✕, 🛌 – 📺 🅿 – 🔑 50. 🆎 ⓂⓄ 𝐕𝐈𝐒𝐀
Menu à la carte 19/33,50 – **40 Zim** ⇌ 45 – 65/72 – ½ P 13.
◆ Familiengeführtes Hotel mit ländlichem Charakter. Die Zimmer sind wohnlich, teils neuzeitlich, teils in bäuerlichem Stil mit niedrigen Decken, der Service ist engagiert. Ein schönes Kreuzgewölbe ziert das Restaurant mit Innenhofterrasse.

ALTRIP *Rheinland-Pfalz siehe Ludwigshafen am Rhein.*

ALZENAU *Bayern* ⁵⁴⁶ *P 11* – *19 000 Ew – Höhe 114 m.*

⛳ Freigericht, Hofgut Trages (Nord-Ost : 6 km), ℰ (06055) 9 13 80.
ℹ Verkehrsamt, Rathaus, Hanauer Str. 1, ✉ 63755, ℰ (06023) 50 21 12, verkehrsamt @alzenau.de, Fax (06023) 30497.
Berlin 527 – München 378 – *Frankfurt am Main* 41 – Aschaffenburg 19.

In Alzenau-Hörstein *Süd : 4 km :*

Käfernberg ♨, Mömbriser Str. 9, ✉ 63755, ℰ (06023) 94 10, *kaefernberg-hotel@ t-online.de,* Fax (06023) 941115, ≼, 🌳, 🛌 – 🛗, ⥲ Zim, 📺 🅿 – 🔑 20. 🆎 ⓂⓄ 𝐕𝐈𝐒𝐀
Menu *(geschl. Samstagmittag, Sonntag)* à la carte 27/38,50 – **28 Zim** ⇌ 48/82 – 108.
◆ Schön zwischen Weinbergen und Spessart gelegenes Hotel mit unterschiedlichen Zimmern - fragen Sie nach denen im Gästehaus. Engagiert geführtes Haus mit freundlichem Service. Holztäfelung und Kachelofen im alpenländischen Restaurant.

In Alzenau-Wasserlos *Süd : 2 km :*

Schloßberg ♨, Schloßberg 2, ✉ 63755, ℰ (06023) 9 48 80, *schlossberg@reising-hotels.de,* Fax (06023) 948813, ≼ Maintal, 🌳 – ⥲ Zim, 📺 📞 🅿 – 🔑 25. 🆎 ⓂⓄ 𝐕𝐈𝐒𝐀
Menu *(geschl. Ende Jan. - Mitte Feb., Montag)* à la carte 37/49 – **20 Zim** ⇌ 82/96 – 96/108.
◆ Schöne, wohnlich eingerichtete und tadellos unterhaltene Zimmer mit Aussicht bietet Ihnen dieses gepflegte Hotel inmitten der Weinberge. Klassisch-elegantes Restaurant mit reizvollem Blick.

Parkhotel Krone 🌱 garni, Hellersweg 1, ✉ 63755, ℰ (06023) 60 52, *parkhotel@reisin g-hotels.de, Fax (06023) 8724,* ≼, ♨, 🛌, 🚗, ✕ – 📺 ⥲ 🅿 – 🔑 20. 🆎 ⓂⓄ 𝐕𝐈𝐒𝐀
geschl. Weihnachten - Anfang Jan. – **28 Zim** ⇌ 71/81 – 76/106.
◆ Behagliche, mit hellen Naturholzmöbeln eingerichtete Zimmer zeichnen dieses im fränkischen Landhausstil gehaltene Hotel am Rande des Spessarts aus.

Krone, Hahnenkammstr. 37, ✉ 63755, ℰ (06023) 60 25, *krone@reising-hotels.de,* Fax (06023) 31660 – ⥲ Zim, 📺 🅿 – 🔑 30. 🆎 ⓂⓄ 𝐕𝐈𝐒𝐀
geschl. Ende Juli - Mitte Aug., Weihnachten - Anfang Jan. – **Menu** *(geschl. Sonntagabend - Montagmittag)* à la carte 22/35 – **22 Zim** ⇌ 45/71 – 96.
◆ Hier wohnen Sie in einem in Familientradition geführten Hotel-Gasthof mit ansprechenden und praktischen Zimmern sowie einer gepflegten Atmosphäre. Ländlich-gediegenes Restaurant mit gutem Service.

ALZEY *Rheinland-Pfalz* ⁵⁴³ *Q 8* – *18 800 Ew – Höhe 173 m.*

ℹ Stadtverwaltung Alzey - Kulturamt, Ernst-Ludwig-Str. 42, ✉ 55232, ℰ (06731) 49 93 64, *information@alzey.de,* Fax (06731) 495555.
Berlin 600 – Mainz 34 – *Bad Kreuznach* 34 – *Mannheim* 52 – Darmstadt 48 – Kaiserslautern 48 – Worms 28.

Am Schloss ♨, Amtgasse 39, ✉ 55232, ℰ (06731) 9 42 24, *ebert@hotelamschlos s.com,* Fax (06731) 942255, 🌳 – 📺 ⚐ 🅿 – 🔑 50. 🆎 ⓂⓄ 𝐕𝐈𝐒𝐀 ✕ Rest
Menu *(geschl. Jan. 1 Woche, Aug. 2 Wochen, Sonntag)* à la carte 21/41 – **25 Zim** ⇌ 61/66 – 78/83.
◆ In einer Seitenstraße im Zentrum liegt dieses ältere Hotelgebäude mit persönlicher Atmosphäre und komfortablen, gut ausgestatteten Zimmern. Das Restaurant ist hell und freundlich im Landhausstil eingerichtet.

ALZEY

🏠 **Ramada-Treff,** Industriestr. 13 (Ost : 1 km, nahe der Autobahn beim Rheinhessen Center), ✉ 55232, ✆ (06731) 40 30, alzey@ramada-treff.de, Fax (06731) 403106, 🍽 – 🛗, ✲ Zim, 📺 ♿ 🅿 – 🍴 200. AE ⓘ ⓜⓔ VISA JCB
Menu à la carte 18/34 – **142 Zim** ⊂⊃ 72 – 98.
• Hier erwartet Sie ein zweckmäßiges Tagungshotel mit funktionell eingerichteten und technisch gut ausgerüsteten Zimmern und professionellem Service.

In Lonsheim Nord-West : 5 km, jenseits der A 63 :

🏠 **Landhotel Ellernhof** ⚑ garni, Ellerngasse 5, ✉ 55237, ✆ (06734) 2 60, info@landhotel-ellernhof.de, Fax (06734) 8442 – 📺 🅿 ⓜⓔ VISA
13 Zim ⊂⊃ 43/48 – 63/68.
• Genießen Sie die Atmosphäre eines alten rheinhessischen Weingutes : In dem gut gepflegten kleinen Hotel wohnen Sie in praktischen Gästezimmern.

Wenn Sie ein ruhiges Hotel suchen, benutzen Sie die Übersichtskarte in der Einleitung oder wählen Sie ein Hotel mit dem entsprechenden Zeichen ⚑

AMBERG Bayern ₅₄₆ R 19 – 44 000 Ew – Höhe 374 m.
Sehenswert : *Deutsche Schulkirche*★ **AZ** A – *Wallfahrtskirche Maria-Hilf (Fresken*★) **BY** B.
🏌 Lauterhofen, Ruppertslohe 18 (über ⑤ : 26 km), ✆ (09186) 15 74.
🅱 Tourist-Information, Zeughausstr. 1a, ✉ 92224, ✆ (09621) 10 239, tourismus@amberg.de, Fax (09621) 10863.
ADAC, Kaiser-Wilhelm-Ring 29a.
Berlin 434 ⑤ – München 204 ⑤ – Weiden in der Oberpfalz 53 ② – Bayreuth 79 ⑥ – Nürnberg 61 ⑤ – Regensburg 64 ③.

AMBERG

Äußere Raigeringer Straße	**BY** 2	Fleurystraße	**AY** 12	Nürnberger Straße	**AY** 34
Barbarastraße	**BY** 4	Hallstätterstraße	**BY** 15	Pfistermeisterstraße	**BY** 37
Berliner Straße	**BY** 5	Kastler Straße	**AY** 18	Raigeringer Straße	**BY** 39
Bruno-Hofer-Straße	**BY** 6	Katharinenfriedhofstr.	**AY** 19	Schießstraße	**AY** 47
Dr.-Filchner-Straße	**BY** 7	Kleinraigering	**BY** 21	Schlachthausstraße	**BY** 48
Drahthammerstraße	**BY** 9	Kochkellerstraße	**AY** 23	Sebastianstraße	**AY** 53
		Kümmersbrucker Str.	**BY** 26	Sechserstraße	**AY** 55
		Langangerweg	**AY** 28	Werner-von-Siemens-Str.	**AY** 63
		Merianstraße	**BY** 31	Wingershofer Straße	**AY** 64

AMBERG

Bahnhofstraße		**BZ**	Marktplatz	**BZ**	Schloßgraben	**AZ** 50
Fleurystraße	**AZ**	12	Nabburger Torplatz **BZ**	32	Schrannenplatz	**AZ** 52
Franziskanergasse	**AZ**	14	Obere		Seminargasse	**AZ** 56
Georgenstraße			Nabburger Str. **BZ**	36	Steinhofgasse	**AZ** 58
Kaserntraße	**BZ**	17	Rathausstraße **BZ**	40	Untere	
Malteserplatz	**AZ**	29	Regierungsstraße **AZ**	42	Nabburger Str	**BZ**
			Roßmarkt **AZ**	44	Viehmarktgasse	**AZ** 60
			Salzstadelplatz **AZ**	45	Vilstorplatz	**AZ** 61
			Schlachthausstraße **BYZ**	48	Ziegeltorplatz	**BZ** 69

[city map of Amberg]

🏛️ **Drahthammer Schlößl**, Drahthammer Str. 30, ✉ 92224, ✆ (09621) 70 30, reservierung@hotel-drahthammer-schloessl.com, Fax (09621) 88424, 🌳, 🍴 – TV & 🅿 – 🔔 50. AE ⓘ ⓜⓞ VISA
BY a
Menu (geschl. 27. Dez. - 6. Jan.) à la carte 25,50/35,50 – **Michel** (geschl. 6. Dez. - 6. Jan., Aug., Samstag, Sonn- und Feiertage) (nur Abendessen) **Menu** à la carte 37/57 – **44 Zim** ⌕ 61/75 – 82/100.
♦ Eine gelungene Verbindung von historischem Flair und modernem Komfort finden die Gäste in diesem Hammerschlossgebäude a. d. J. 1820 mit stilvollem Ambiente. Hotelrestaurant mit internationaler Karte. Im Michel serviert man eine anspruchsvolle klassische Küche.

🏨 **Mercure** garni, Schießstätteweg 10, ✉ 92224, ✆ (09621) 48 30, h2843@accor-hotels.com, Fax (09621) 483444 – 📶 ⧼ TV ☎ & 🅿 – 🔔 20. AE ⓘ ⓜⓞ VISA   BZ c
110 Zim ⌕ 64/117 – 78/117.
♦ Ein modernes Hotel mit geräumigen, neuzeitlich eingerichteten und technisch gut ausgestatteten Zimmern im gewohnten Mercure-Standard. Direkt am Kongresszentrum gelegen.

🏨 **Allee Parkhotel Maximilian** garni, Pfalzgrafenring 1, ✉ 92224, ✆ (09621) 33 00, info@allee-parkhotel-maximilian.de, Fax (09621) 330330, 🍴 – 📶 ⧼ TV ☎ &
🔔 30. AE ⓘ ⓜⓞ VISA   AZ s
47 Zim ⌕ 58/70 – 76/88.
♦ Dieses Hotel mit seiner ungewöhnlichen, halbovalen Architektur überzeugt seine Gäste mit komfortablen, modern ausgestatteten Zimmern.

🏨 **Brunner** garni, Batteriegasse 3, ✉ 92224, ✆ (09621) 49 70, hotel-brunner@t-online.de, Fax (09621) 497155 – 📶 ⧼ TV 🚗 🅿 – 🔔 30. AE ⓘ ⓜⓞ VISA JCB   BZ e
geschl. 23. - 28. Dez. – **40 Zim** ⌕ 48/62 – 78/93.
♦ Gut gepflegte und praktische Zimmer mit einer Einrichtung aus hellen Naturholzmöbeln erwarten den Gast in diesem engagiert geführten Hotel mit wohnlichem Ambiente.

In Ursensollen-Oberleinsiedl Süd-West : 7 km über Haager Weg **A** :

🏨 **Kleindienst** 🌿 garni, Oberleinsiedl 3b, ✉ 92289, ✆ (09628) 9 20 00, info@hotelkleindienst.de, Fax (09628) 920049, 📶, 🍴, 🏊 – TV ☎ & 🅿 AE ⓘ ⓜⓞ VISA
21 Zim ⌕ 37/39 – 58.
♦ Ein familiengeführtes Hotel mit hellen, praktisch eingerichteten Zimmern, die zeitgemäßen Standard bieten. Am Morgen erwartet Sie ein reichhaltiges Frühstücksbuffet.

AMELINGHAUSEN Niedersachsen 541 G 14 – 3 800 Ew – Höhe 65 m – Erholungsort.
🛈 Tourist-Information, Lüneburger Str. 55, ✉ 21385, ✆ (04132) 93 05 50, tourist-info@amelinghausen.de, Fax (04132) 930551.
Berlin 294 – Hannover 104 – Hamburg 67 – Lüneburg 26.

　Schenck's Gasthaus (mit Gästehaus), Lüneburger Str. 48 (B 209), ✉ 21385, ✆ (04132) 31 40, schencks-gasthaus@t-online.de, Fax (04132) 31498, 🍴, 🐕, –
✵ Zim, 📺, 🅿 – 🚿 80. ⓐ ⓜ 𝗩𝗜𝗦𝗔
Menu (geschl. Ende Okt. - Anfang Nov., Nov. - April Dienstagmittag) à la carte 17/28 –
36 Zim ⊇ 41/59 – 70/95 – ½ P 15.
• Solide Zimmer und ein freundlicher Service sprechen für dieses traditionelle Gasthaus, das sich seit 300 Jahren in Familienbesitz befindet. Rustikal die Gaststube, gemütlich das Kaminzimmer.

AMERANG Bayern 546 V 20 – 3 400 Ew – Höhe 561 m.
Berlin 642 – München 65 – Reichenhall, Bad 74 – Innsbruck 129 – Salzburg 82.

　Glockenwirt zu Amerang, Bahnhofstr. 23, ✉ 83123, ✆ (08075) 82 63, info@glockenwirt.de, Fax (08075) 9799, 🍴 – 🅿. ⓐⓔ ⓜ 𝗩𝗜𝗦𝗔
geschl. nach Pfingsten 1 Woche, Montag - **Menu** à la carte 18,50/36.
• Ein Neubau im Stil eines gestandenen bayerischen Landgasthauses : Aufmachung und Einrichtung sind rustikal mit blanken Holztischen und Gewölbe. Man kocht vorwiegend regional.

AMERDINGEN Bayern 546 T 15 – 750 Ew – Höhe 530 m.
Berlin 535 – München 132 – Augsburg 63 – Nördlingen 17 – Ulm (Donau) 67.

　Landhotel Kesseltaler Hof, Graf-Stauffenberg-Str. 21, ✉ 86735, ✆ (09089) 6 16, Fax (09089) 1412, 🍴, 🐕 – 🅿. ⓐⓔ ⓜ 𝗩𝗜𝗦𝗔
Menu (geschl. Mitte Jan. 2 Wochen, Mitte Aug. 2 Wochen, Montag - Dienstag) à la carte 16/32 – **14 Zim** ⊇ 36 – 52.
• Ein sehr gepflegtes und gut geführtes ehemaliges Bauernhaus, ruhig am Ortsrand gelegen, das über praktische Gästezimmer mit zeitgemäßem Komfort verfügt. Eine nette kleine Terrasse zum Garten hin ergänzt das rustikale Restaurant.

AMMERBUCH Baden-Württemberg 545 U 10 – 10 000 Ew – Höhe 365 m.
Berlin 668 – Stuttgart 40 – Freudenstadt 51 – Pforzheim 67 – Reutlingen 25.

In Ammerbuch-Entringen :

　Im Gärtle, Bebenhauser Str. 44, ✉ 72119, ✆ (07073) 64 35, restaurant@imgaertle.de, Fax (07073) 913100, 🍴 – 🅿. ⓐⓔ ⓜ 𝗩𝗜𝗦𝗔
geschl. über Fasching, Sonntagabend - Montag – **Menu** à la carte 25/34.
• Stilvolles, mit vielen Bildern dekoriertes Restaurant im Landhausstil mit einem schönen Wintergarten und einer hübschen Gartenterrasse.

In Ammerbuch-Pfäffingen Süd : 4 km über B 28, Richtung Tübingen :

　Lamm, Dorfstr. 42, ✉ 72119, ✆ (07073) 30 50, lammhotel@t-online.de, Fax (07073) 30513, 🍴 – ✵ Zim, 📺, 📞 🅿 – 🚿 25. ⓐⓔ ⓓ ⓜ 𝗩𝗜𝗦𝗔 ᴊᴄʙ
geschl. Mitte Aug. 1 Woche – **Menu** (geschl. Montagmittag, Samstagmittag) à la carte 22/44,50 – **19 Zim** ⊇ 55/65 – 79/85.
• Dieser familiengeführte Gasthof bietet gepflegte, solide eingerichtete Zimmer in einer ländlichen Atmosphäre. Ein reichhaltiges Frühstücksbuffet macht Sie fit für den Tag. Bürgerliches Restaurant und hauseigene Schnapsbrennerei.

AMÖNEBURG Hessen 543 N 10 – 5 500 Ew – Höhe 362 m – Erholungsort.
Berlin 464 – Wiesbaden 125 – Marburg 22 – Kassel 81 – Bad Hersfeld 71 – Giessen 34.

　Dombäcker mit Zim, Am Markt 18, ✉ 35287, ✆ (06422) 9 40 90, Fax (06422) 94097, 🍴 – ✵ Zim, 📺 – 🚿 15
geschl. Anfang Jan. 2 Wochen, Juli - Aug. 2 Wochen – **Menu** (geschl. Montag - Dienstagmittag) 30 (mittags)/58 à la carte 29/47 – **7 Zim** ⊇ 60 – 105.
• In dem alten Fachwerkhaus erfreuen Sie sich in einer elegant-rustikalen Atmosphäre an den Angeboten einer gehobenen internationalen Küche. Mit schönen Zimmern zum Übernachten.

Unsere Hotel-, Reiseführer und Straßenkarten ergänzen sich.
Benutzen Sie sie zusammen.

AMORBACH Bayern 546 R 11 – 5 000 Ew – Höhe 166 m – Luftkurort.
  Sehenswert : Abteikirche★ (Chorgitter★, Bibliothek★, Grüner Saal★).
  ᛋ ᛋ Amorbach-Sansenhof (West : 11 km), ℘ (09373) 21 80.
  🛈 Verkehrsamt, Altes Rathaus, Marktplatz 1, ⊠ 63916, ℘ (09373) 2 09 40, tourist-info@amorbach.de, Fax (09373) 20933.
  Berlin 569 – München 353 – Würzburg 73 – Aschaffenburg 47 – Darmstadt 69 – Heidelberg 67.

  Badischer Hof, Am Stadttor 4, ⊠ 63916, ℘ (09373) 95 05, Fax (09373) 950300, 余 – 弁 Zim, TV ⇔ P – 益 20. AE ⓘ ⓜ VISA
  Menu (geschl. Feb. 2 Wochen, Nov. - März Dienstag) à la carte 20/29 – **27 Zim** ⊇ 44/51 – 68/95 – ½ P 15.
  • Ein gut geführtes Hotel in der Innenstadt, das über wohnlich eingerichtete und komplett ausgestattete Zimmer mit überwiegend weiß lackiertem Holzmobiliar verfügt. Klassischer Restaurantbereich mit Parkett. Wein aus eigenem Anbau.

  Brauerei Burkarth, Am Marktplatz 4, ⊠ 63916, ℘ (09373) 48 63, Fax (09373) 204281, 余 –
  geschl. 28. Dez. - 9. Jan., Aug. 3 Wochen, Montag - Dienstagmittag – **Menu** à la carte 20/32,50.
  • Dieses nette Lokal liegt direkt am Marktplatz. Dunkler Holzfußboden, eine halbhohe Täfelung sowie blanke Holztische schaffen ein gemütlich-rustikales Ambiente.

Im Otterbachtal West : 3 km über Amorsbrunner Straße :

  Der Schafhof 🐾, ⊠ 63916 Amorbach, ℘ (09373) 9 73 30, info@schafhof.de, Fax (09373) 4120, ≤, 余, (ehem. Klostergut), ≘s, ⛨, ※ – 閑 TV ℰ P – 益 40. AE ⓘ ⓜ VISA
  Abtstube (geschl. Ende Jan. - Mitte Feb., Montag - Dienstag) **Menu** à la carte 42,50/54 ♀ 🍴 – **24 Zim** ⊇ 105 – 130/170, 3 Suiten – ½ P 40.
  • Dieses tadellos gepflegte Anwesen in schöner Lage verbindet in seinen individuellen, im Landhausstil eingerichteten Zimmern historisches Flair mit modernem Komfort. Feine, klassische Küche serviert man in den roten Sandsteinmauern der eleganten Abtstube.
  Spez. Getrüffelte Gänseleberterrine mit Weinbeerensauce und Brioche. Lammrücken mit Thymian-Knoblauchjus und Paprikagemüse. Himbeermousse mit Pralinenparfait und Erdbeer-Kirschstrudel.

  Benediktinerstube - Hotel Schafhof, ⊠ 63916 Amorbach, ℘ (09373) 9 73 30, rezeption@schafhof.de, Fax (09373) 4120, ≤, 余 – P. AE ⓘ ⓜ VISA
  geschl. Jan. 3 Wochen, Mittwoch - Donnerstag – **Menu** à la carte 24/35.
  • Im Nebengebäude eines ehemaligen Klosterguts befindet sich dieses neo-rustikal gestaltete Restaurant mit regionalem Speisenangebot.

In Amorbach-Boxbrunn Nord-West : 10 km über B 47, Richtung Michelstadt :

  Bayerischer Hof, Hauptstr. 8 (B 47), ⊠ 63916, ℘ (09373) 14 35, bayerhofboxbrunn@aol.com, Fax (09373) 3208, Biergarten – ⇔ P. ⓜ VISA. ※ Zim
  geschl. Jan. 3 Wochen, Juni 2 Wochen – **Menu** (geschl. Donnerstag - Freitag) à la carte 15/35,50 – **15 Zim** ⊇ 25/37 – 56/68 – ½ P 12.
  • Hier wohnen Sie in einem solide geführten, ländlichen Gasthof mit Gästehaus. Die Zimmer sind schlicht, aber sauber und gepflegt. Familienfreundlich. Das Restaurant ist eine traditionsreiche Odenwälder Gaststube.

AMPFING Bayern 546 V 21 – 5 100 Ew – Höhe 415 m.
  Berlin 644 – München 74 – Regensburg 110 – Landshut 60 – Salzburg 89.

  Fohlenhof, Zangberger Str. 23, ⊠ 84539, ℘ (08636) 98 50, hotel-fohlenhof@t-online.de, Fax (08636) 985100, 余 – TV ℰ P – 益 ⓜ VISA. ※ Zim
  Menu (geschl. Anfang Jan. 1 Woche, Aug., Freitag - Samstag, Sonntagabend) (wochentags nur Abendessen) à la carte 25/39 – **35 Zim** ⊇ 55/60 – 90.
  • Gepflegtes und gut geführtes Hotel mit einer Halle im Landhausstil, in der ein Kachelofen eine gemütliche Atmosphäre verbreitet. Die Zimmer sind wohnlich. Ländlich-rustikal dekoriert präsentiert sich das Restaurant.

AMRUM (Insel) Schleswig-Holstein 541 C 8 – Seeheilbad – Insel der Nordfriesischen Inselgruppe.
  Ausflugsziele : Die Halligen★ (per Schiff).
  🚢 von Dagebüll (ca. 2 Std.). Für PKW Voranmeldung bei Wyker Dampfschiffs-Reederei GmbH in Wyk auf Föhr, ℘ (01805) 08 01 40, Fax (04681) 80116.
  ab Hafen Dagebüll : Berlin 469 – Kiel 131 – Sylt (Westerland) 22 – Flensburg 62 – Niebüll 20.

Nebel – 1 050 Ew.
  🛈 Amrum Touristik, Nebel, Hööwjaat 1a, ⊠ 25946, ℘ (04682) 9 43 00, info@amrum.de, Fax (04682) 943030.

  Ekke Nekkepenn 🐾 garni, Waasterstigh 19, ⊠ 25946, ℘ (04682) 9 45 60, ekkenekkepenn@t-online.de, Fax (04682) 945630 – TV ℰ P
  9 Zim ⊇ 52 – 82, 4 Suiten.
  • Das Friesenhaus, das den Namen des friesischen Meeresgottes trägt, bietet mit schönen Naturholzmöbeln eingerichtete und gut ausgestattete Zimmer.

AMRUM (Insel)

Norddorf – 600 Ew.

🛈 Amrum Touristik, ✉ 25946, ✆ (04682) 9 47 00, norddorf@amrum.de, Fax (04682) 947094.

Romantik Hotel Hüttmann (mit Gästehäusern), Ual Saarepswai 2, ✉ 25946, ✆ (04682) 92 20, info@hotel-huettmann.com, Fax (04682) 922113, ≼, 🍴, 🎾, ≦s, 🚗 – ↔ 📺 🅿 – 🛎 20
Menu à la carte 24,50/45 – **57 Zim** ⇌ 65/85 – 115/155, 9 Suiten – ½ P 26.
• Hübsche und komfortable Zimmer und Ferienwohnungen sprechen für dieses im Zentrum gelegene neuzeitliche Hotelanlage unter familiärer Leitung. Hell, freundlich und modern hat man den gastronomischen Bereich gestaltet.

Seeblick (mit Gästehäusern), Strunwai 13, ✉ 25946, ✆ (04682) 92 10, seeblick-amrum@t-online.de, Fax (04682) 2574, 🍴, Massage, ⚓, ≦s, 🏊, 🚗 – 🛗 ↔, ▦ Rest, 📺 🚗 🅿 – 🛎 60. 🅰🅴 ⓞ ⓜⓞ 𝗩𝗜𝗦𝗔 𝗝𝗖𝗕
Menu à la carte 20/29 – **48 Zim** ⇌ 85 – 148/159, 6 Suiten – ½ P 22.
• In dem Ferienhotel kommen Fitness- und Badefans auf ihre Kosten : Die vielfältige Badeabteilung bietet ein breites Spektrum an Aktivitäten. Auch Ferienwohnungen sind vorhanden. Ein nettes ländliches Dekor ziert die Gaststube.

Ual Öömrang Wiartshüs, Bräätlun 4, ✉ 25946, ✆ (04682) 8 36, Fax (04682) 1432, 🍴, ≦s, 📺 🅿
geschl. 10. Jan. - 21. Feb. - **Menu** (geschl. Nov. - März Mittwoch - Donnerstagmittag) à la carte 27/44 – **12 Zim** ⇌ 51 – 102 – ½ P 16.
• Diese schöne alte Friesenkate erwartet Sie mit wohnlichen, mit hellen Kiefernmöbeln eingerichteten Zimmern und freundlichem Service. Gemütliche Seemannsstube im regionalen Stil.

Wittdün – 700 Ew.

🛈 Amrum Touristik, Am Fähranleger, ✉ 25946, ✆ (04682) 9 40 30, info@amrum.de, Fax (04682) 940320.

Weiße Düne, Achtern Strand 6, ✉ 25946, ✆ (04682) 94 00 00, seesemann@weiss e-duene.de, Fax (04682) 940094, 🎾, ≦s, 🏊, 🚗 – 📺 🅿 ⓜⓞ 𝗩𝗜𝗦𝗔
geschl. 15. Nov. - 15. Dez. - **Menu** (geschl. Montag) à la carte 20,50/32 – **12 Zim** ⇌ 99 – 142 – ½ P 17.
• In dem familiengeführten kleinen Inselhotel warten klassisch eingerichtete, geräumige Zimmer und ein kompetenter Service auf Sie. Gästehaus mit Ferienwohnungen. Rustikales, im traditionellen Stil ausgestattetes Restaurant.

ANDERNACH Rheinland-Pfalz 543 O 6 – 30 200 Ew – Höhe 65 m.

🛈 Tourist Information, Läufstr. 4, ✉ 56626, ✆ (02632) 29 84 20, info@andernach.net, Fax (02632) 298440.
Berlin 608 – Mainz 120 – *Koblenz* 19 – Bonn 43 – Mayen 23.

Parkhotel Am Schänzchen, Konrad-Adenauer-Allee 1, ✉ 56626, ✆ (02632) 92 05 00, parkhotel-schaenzchen@t-online.de, Fax (02632) 920600, ≼, 🍴 – 🛗, ↔ Zim, 📺 📞 🚗 🅿 – 🛎 30. 🅰🅴 ⓞ ⓜⓞ 𝗩𝗜𝗦𝗔 𝗝𝗖𝗕
Menu à la carte 17,50/31 – **28 Zim** ⇌ 58/62 – 95/98.
• Dieses direkt am Rhein gelegene Haus bietet seinen Besuchern behagliche, mit hellem Naturholz modern eingerichtete und auch technisch gut ausgestattete Zimmer. Klassisch eingerichtetes Restaurant mit schöner Rheinterrasse.

Fischer, Am Helmwartsturm 4, ✉ 56626, ✆ (02632) 9 63 60, info@hotel-fischer.net, Fax (02632) 963640, 🍴 – 🛗, ↔ Zim, 📺 🅿. 🅰🅴 ⓞ ⓜⓞ 𝗩𝗜𝗦𝗔
geschl. Juli - Aug. 2 Wochen - **Menu** (geschl. Sonntag) 25 à la carte 29/39 – **20 Zim** ⇌ 65/75 – 80/115.
• Ein stilvoller Rahmen empfängt Sie in diesem komfortablen Hotel. Den Gast erwarten wohnliche, individuelle Zimmer und ein kompetenter Service. Ratsstuben mit schönem Kreuzgewölbe und internationaler Küche.

Villa am Rhein, Konrad-Adenauer-Allee 3, ✉ 56626, ✆ (02632) 9 27 40, villa-am-rh ein@t-online.de, Fax (02632) 927450, ≼, 🍴 – ↔ Zim, 📺 📞 🅿 – 🛎 20. 🅰🅴 ⓞ ⓜⓞ 𝗩𝗜𝗦𝗔 𝗝𝗖𝗕
Menu (geschl. Samstag) à la carte 18/29,50 – **25 Zim** ⇌ 57 – 87.
• Ein engagiert geführtes Haus in einem neuzeitlichen Hotelgebäude direkt an der Rhein-promenade mit praktisch eingerichteten Zimmern. Restaurant mit Panoramablick auf den Rhein.

Alte Kanzlei, Steinweg 30, ✉ 56626, ✆ (02632) 9 66 60, info@alte-kanzlei.de, Fax (02632) 966633, 🍴, ≦s – 📺. 🅰🅴 ⓞ ⓜⓞ 𝗩𝗜𝗦𝗔 𝗝𝗖𝗕
Menu (geschl. Jan. 2 Wochen, Aug. 2 Wochen, Sonntag) (nur Abendessen) à la carte 24,50/36 – **10 Zim** ⇌ 54/64 – 82/92.
• Eine Verbindung von Tradition und modernem Komfort findet der Gast in diesem ehemaligen Schultheißenhaus aus dem Jahre 1677 mit liebevoll gestalteten Zimmern. Gemütliches Gewölberestaurant im alpenländischen Stil.

ANDERNACH

- **Meder** garni, Konrad-Adenauer-Allee 36, ✉ 56626, ✆ (02632) 4 26 32, info@hotel-meder.de, Fax (02632) 30111, ≤ – TV ✆ AE ⓞ ⓜ VISA ✀
  10 Zim ☑ 57/62 – 87.
  ♦ Das an der Rheinpromenade gelegene Haus aus der Jahrhundertwende empfängt seine Gäste mit gepflegten, individuell mit Bauernmöbeln eingerichteten, wohnlichen Zimmern.

- **Am Martinsberg** ⑤, garni, Frankenstr. 6, ✉ 56626, ✆ (02632) 98 77 80, hotel-am-martinsberg@t-online.de, Fax (02632) 9877899 – ✀ TV 🚗 P ⓜ VISA ✀
  28 Zim ☑ 44/57 – 67.
  ♦ Hier erwartet den Gast ein gut geführtes Haus mit Pensionscharakter. Die solide ausgestatteten Zimmer sind bequem und gut gepflegt.

ANGELBACHTAL Baden-Württemberg 545 S 10 – 4 600 Ew – Höhe 154 m.
Berlin 625 – Stuttgart 91 – Karlsruhe 55 – Heilbronn 40 – Mannheim 44.

In Angelbachtal-Michelfeld :

- **Schloss Michelfeld**, Friedrichstr. 2, ✉ 74918, ✆ (07265) 91 99 00, info@schlossotelmichelfeld.de, Fax (07265) 279, ☂, – 🛏 TV P – 🍴 30. AE ⓞ ⓜ VISA
  Menu (geschl. Montag) à la carte 33/45 – **21 Zim** ☑ 55/68 – 95.
  ♦ Schlossherren auf Zeit sind Sie in diesem historischen Gebäude mit großem Hof und angrenzendem Park. Das familiengeführte Hotel bietet stilvoll ausgestattete Zimmer. Elegantes Restaurant mit Blick auf den Schlosspark.

ANGER Bayern 546 W 22 – 4 400 Ew – Höhe 500 m – Luftkurort.
🛈 Verkehrsamt, Dorfplatz 4, ✉ 83454, ✆ (08656) 98 89 22, Fax (08656) 988921.
Berlin 716 – München 122 – Bad Reichenhall 13 – Rosenheim 75 – Salzburg 19.

In Anger-Aufham Süd : 3 km jenseits der A 8 :

- **Hölbinger Alm** ⑤, Kirchenstr. 53, ✉ 83454, ✆ (08656) 5 78, schoendorfer@hoelbinger-alm.de, Fax (08656) 1732, ≤, ☂, 🚴, – TV 🚗 P
  geschl. Nov. – **Menu** (geschl. Montag - Dienstagmittag, Jan. - April Montag - Dienstag) à la carte 10/25,50 – **18 Zim** ☑ 33/41 – 64 – ½ P 10.
  ♦ Am Fuß des Hochstaufen : Ein sauberer und gepflegter Gasthof mit praktisch eingerichteten Zimmern empfängt Sie mit einer familiären Atmosphäre. Ländliche Gaststuben mit Vesperkarte und bürgerlicher Küche.

ANGERMÜNDE Brandenburg 542 G 26 – 11 000 Ew – Höhe 45 m.
Berlin 77 – Potsdam 114 – Neubrandenburg 99 – Prenzlau 41 – Frankfurt (Oder) 106.

- **Weiss**, Puschkinallee 11, ✉ 16278, ✆ (03331) 2 18 54, rweiss-flairhotel.weiss@t-online.de, Fax (03331) 23366, ☂, – 🛏 TV ♿ P – 🍴 35. ⓜ VISA
  Menu à la carte 14/27 – **17 Zim** ☑ 49/66 – 72/92.
  ♦ Hier in der Uckermark finden Sie dieses moderne, gut geführte Hotel mit geräumigen, einheitlich eingerichteten und sehr gut ausgestatteten Zimmern. Restaurant mit Wintergarten.

ANIF Österreich siehe Salzburg.

ANKLAM Mecklenburg-Vorpommern 542 E 25 – 15 000 Ew – Höhe 6 m.
🛈 Anklam-Information, Markt 3 (Rathaus) ✉ 17389, ✆ (03971) 83 51 54, stadtinformationanklam@t-online.de, Fax (03971) 835155.
Berlin 179 – Schwerin 182 – Neubrandenburg 49 – Rügen (Bergen) 94 – Stralsund 77.

- **Vorpommern**, Friedländer Landstr. 20c (B 197), ✉ 17389, ✆ (03971) 2 91 80, hotel-vorpommern@t-online.de, Fax (03971) 291818, ☂, – ✀ Zim, TV ✆ P AE ⓜ VISA JCB ✀
  Menu (geschl. 24. Dez. - 2. Jan., Freitag - Sonntag) (nur Abendessen) à la carte 12/19,50 – **29 Zim** ☑ 54 – 79.
  ♦ Am Ortsrand liegt das neuzeitliche, gepflegte Hotel mit freundlicher Atmosphäre und funktionell eingerichteten Zimmern. Auch 2 Appartements sind vorhanden.

In Auerose Süd-Ost : 6 km über B 109, Richtung Pasewalk :

- **Aueroser Hof**, Dorfstr. 3a (Nahe der B 109), ✉ 17398, ✆ (039726) 2 03 13, mail@hotel-auerose.de, Fax (039726) 20365, ☂, 🚴, – TV 🚗 P AE ⓜ VISA ✀
  Menu à la carte 19/33 – **16 Zim** ☑ 45 – 60.
  ♦ Ein familiengeführtes kleines Hotel mit ländlichem Charakter und gepflegten, zeitgemäß ausgestatteten Zimmern. Morgens erwartet die Gäste ein reichhaltiges Frühstücksbuffet. Helles, rustikales Restaurant mit bürgerlichem Speiseangebot.

ANKLAM

In Rubkow-Bömitz Nord : 12 km über B 109 Richtung Rubkow :

Landhotel Bömitz, Dorfstr. 14, ✉ 17390, ✆ (039724) 2 25 40, info@landhotel-boemitz.de, Fax (039724) 22541, 🞖, 📺 🗚🗉 🕓🅞 🅥🅘🅢🅐
von Hertell (Tischbestellung erforderlich) **Menu** à la carte 23,50/37,50 – **Jägerstube** : Menu à la carte 14/26 – **18 Zim** ⊇ 53 – 77.
• Inmitten einer romantischen Parkanlage liegt der modernisierte klassizistische Gutshof mit gelber Fassade. Die Zimmer sind individuell im Landhausstil eingerichtet. Von Hertell : kleines, intimes Restaurant. Jägerstube : ländlich-rustikal, bürgerliche Küche.

ANNABERG-BUCHHOLZ Sachsen 544 O 23 – 24 000 Ew – Höhe 832 m.

Sehenswert : St. Annen-Kirche★★ : Schöne Pforte★★, Kanzel★, Bergaltar★.
🛈 Tourist-Information, Markt 1, ✉ 09456, ✆ (03733) 1 94 33, tourist-info@annaberg-buchholz.de, Fax (03733) 425185.
Berlin 295 – Dresden 94 – Chemnitz 31 – Leipzig 108.

Wilder Mann, Markt 13, ✉ 09456, ✆ (03733) 14 40, info@hotel-wildermann.de, Fax (03733) 144100, 🞖 – 📶, 🞖 Zim, 📺 🕓 🞖 🅿 – 🞖 40. 🗚 🅞 🅞 🅥🅘🅢🅐
Silberbaum : (nur Abendessen) **Menu** à la carte 19,50/27 – **62 Zim** ⊇ 86/89 – 107/110.
• Das engagiert geführte, traditionsreiche Hotel in dem modernisierten Bürgerhaus mit komfortablen Zimmern verbreitet eine stilvolle Atmosphäre. Historisches Restaurant mit spätgotischer Holzbalkendecke.

Goldene Sonne, Adam-Ries-Str. 11, ✉ 09456, ✆ (03733) 2 21 83, contact@goldene-sonne.de, Fax (03733) 22987, 🞖 – 📶 📺 🅿 🅞 🅥🅘🅢🅐 🞖 Rest
Menu à la carte 12,50/23,50 – **26 Zim** ⊇ 46/49 – 67/72.
• Ein Stadthaus aus dem 19. Jh. beherbergt dieses familiengeführte Hotel mit seinen solide eingerichteten Zimmern und der entspannten Atmosphäre.

Berghotel Pöhlberg, Ernst-Roch-Str. (auf dem Pöhlberg, Ost : 1,5 km), ✉ 09456, ✆ (03733) 1 83 20, berghotel-poehlberg@t-online.de, Fax (03733) 183229, ≤ Erzgebirge, Biergarten, Aussichtsturm – 📺 🅿 🅞
Menu à la carte 13,50/23,50 – **13 Zim** ⊇ 46/60 – 68/82.
• Hier wohnen Sie in einem gepflegten Haus mit schönem Ausblick auf Annaberg und die erzgebirgische Landschaft. Die Zimmer sind wohnlich mit Kiefernmöbeln eingerichtet.

Parkhotel Waldschlößchen, Waldschlößchenpark 1, ✉ 09456, ✆ (03733) 6 77 40, info@parkhotel-waldschloesschen.de, Fax (03733) 677444, 🞖 – 📶, 🞖 Zim, 📺 🞖 🅿 – 🞖 20. 🗚 🅞 🅞 🅥🅘🅢🅐
Menu à la carte 15/27 – **27 Zim** ⊇ 54/64 – 79.
• Das Hotel am Rande einer gepflegten Parkanlage bietet Ihnen gut unterhaltene Zimmer mit Naturholzmöbeln und einen freundlichen Service.

ANRÖCHTE Nordrhein-Westfalen 543 L 8 – 9 300 Ew – Höhe 200 m.

Berlin 449 – Düsseldorf 134 – Arnsberg 43 – Lippstadt 13 – Meschede 30 – Soest 21.

Buddeus, Hauptstr. 128, ✉ 59609, ✆ (02947) 39 95, Fax (02947) 4876 – 📺 🞖 🅿 🅞 🅥🅘🅢🅐
Menu (geschl. 22. Dez. - 10. Jan., Freitag) à la carte 17,50/31 – **24 Zim** ⊇ 25/35 – 60.
• Ein familiengeführter nordrhein-westfälischer Gasthof mit einfachen und gepflegten Zimmern, die nach Schleiflackmöbeln ausgestattet sind.

Zwiebel's l'échalote, Hauptstr. 11, ✉ 59609, ✆ (02947) 56 83 95, info@zwiebelwirt.de, Fax (02947) 4214 – 🅿 🗚 🅞 🅞 🅥🅘🅢🅐
geschl. Montag – **Menu** (wochentags nur Abendessen) à la carte 19/38.
• Ein Gasthof beherbergt das elegant gestaltete Restaurant : gelbe Farbtöne, schön eingedeckte Tische, frische Blumen und freundlicher Service.

ANSBACH Bayern 546 S 15 – 40 000 Ew – Höhe 409 m.

Sehenswert : Residenz★ (Fayencenzimmer★★, Spiegelkabinett★).
🞖 Colmberg, Rothenburger Str. 35 (Nord-West : 17 km), ✆ (09803) 6 00 ; 🞖 Lichtenau, Weickershof 1 (Ost : 9 km), ✆ (09827) 9 20 40.
🛈 Amt für Kultur und Touristik, Johann-Sebastian-Bach-Platz 1, ✉ 91522, ✆ (0981) 5 12 43, akut@ansbach.de, Fax (0981) 51365.
ADAC, Residenzstr. 2.
Berlin 481 – München 202 – Nürnberg 61 – Stuttgart 162 – Würzburg 78.

Am Drechselsgarten, Am Drechselsgarten 1, ✉ 91522, ✆ (0981) 8 90 20, info@drechselsgarten.bestwestern.de, Fax (0981) 8902605, ≤, 🞖, 🞖 – 📶, 🞖 Zim, 📺 🕓
🅿 – 🞖 50. 🗚 🅞 🅞 🅥🅘🅢🅐 🅙🅒🅑
geschl. 24. Dez. - 1. Jan. – **Menu** à la carte 27/35,50 – **51 Zim** ⊇ 88/118 – 118/128.
• Oberhalb der Stadt gelegenes, engagiert geführtes Hotel mit einem repräsentativen Hallenbereich. Die Zimmer sind gut ausgestattet, neuzeitlich und funktionell im Stil.

ANSBACH

- 🏨 **Bürger-Palais,** Neustadt 48, ✉ 91522, ✆ (0981) 9 51 31, *info@hotel-buerger-palais.com*, Fax (0981) 95600, 🌳 – 📺 . AE ⓿ ⓾ VISA
Menu *(geschl. Samstagabend, Sonn- und Feiertage) (Montag - Freitag nur Abendesses)* à la carte 14,50/25 – **12 Zim** ⌑ 82 – 114.
  ◆ Modernisiertes Barockhaus mit stilvollem Ambiente : Elegante, mit hellen Stilmöbeln gestaltete Zimmer bieten modernen Komfort, im Sommer lädt der Rosengarten zum Verweilen ein. Restaurant mit holzvertäfelten Decken und Wänden im alpenländischen Stil.

- 🏨 **Schwarzer Bock,** Pfarrstr. 31, ✉ 91522, ✆ (0981) 42 12 40, *schwarzer_bock@t-online.de*, Fax (0981) 4212424, 🌳 – 📺 P. AE ⓿ ⓾ VISA JCB
Menu *(geschl. Sonntagabend)* à la carte 16,50/27,50 – **16 Zim** ⌑ 44/59 – 77/99.
  ◆ In einem Rokoko-Haus befindet sich dieses familiengeführte, traditionsreiche Hotel, das seinen Gästen moderne, praktische Zimmer bietet. Gepflegte ländliche Gaststube.

- 🏨 **Windmühle,** Rummelsberger Str. 1 (B 14), ✉ 91522, ✆ (0981) 1 50 88, *info@hotel-windmuehle.de*, Fax (0981) 17980, 🌳 – 📶 📺 ✆ P. – 🛁 40. AE ⓿ ⓾ VISA JCB
geschl. Anfang Jan. 2 Wochen – **Menu** à la carte 13/29 – **35 Zim** ⌑ 49/63 – 77/92.
  ◆ Traditionsreicher fränkischer Landgasthof, von der Familie engagiert geführt. Gut unterhaltene, freundliche Zimmer mit neuzeitlichem Standard. Gemütliches ländliches Restaurant mit bürgerlich regionaler Küche.

- ✘ **Gasthaus Kronacher,** Kronacherstr. 1, ✉ 91522, ✆ (0981) 9 77 78 90, Fax (0981) 9777891, 🌳 – ⓾ VISA
geschl. Feb. 2 Wochen, Aug. 1 Woche, Dienstag – **Menu** à la carte 15/28, Ⓢ.
  ◆ Fränkische Gastlichkeit erlebt man in dem schlicht und leicht nostalgisch eingerichteten Restaurant mit regionaler Küche, saisonalen Gerichten und Aktionswochen.

In Ansbach-Brodswinden *Süd-Ost : 7 km über B 13 :*

- 🏨 **Landgasthof Kaeßer** ⍟, *(mit Gästehaus)*, Brodswinden 102, ✉ 91522, ✆ (0981) 97 01 80, *info@landgasthof-kaesser.de*, Fax (0981) 9701850, 🌳, 🐢 – ⇌ Zim, 📺 ✆ ⇌ P. AE ⓿ ⓾ VISA
Menu *(geschl. 29. Dez. - 6 Jan., Samstag)* à la carte 12/28 – **19 Zim** ⌑ 48/50 – 68/82.
  ◆ Ein solide geführter kleiner Landgasthof mit Gästehaus in recht ruhiger Lage. Die Zimmer sind gut gepflegt und wohnlich eingerichtet. Fränkische Speisen, selbst gebackenes Brot, eigene Hausschlachtung.

In Ansbach-Schalkhausen *West : 2 km über Schalkhäuser Landstr., Richtung Leutershausen :*

- 🏨 **Grünwald** ⍟, Am Bocksberg 80, ✉ 91522, ✆ (0981) 46 08 90, *info@hotel-gruenwald.com*, Fax (0981) 4608958, 🌳 – ⇌ Zim, 📺 ✆ P. – 🛁 40. AE ⓾ VISA
geschl. 1. - 6. Jan. – **Menu** *(geschl. 1. - 12 Jan., 2. - 28. Aug., Sonntag - Montag) (nur Abendessen)* à la carte 20/33,50 – **19 Zim** ⌑ 42/55 – 75/85.
  ◆ Dieses in Waldnähe gelegene kleine Hotel hat man mit Naturholzmöbeln, hellen Farben und Parkettböden freundlich und nach ökologischen Gesichtspunkten gestaltet. Licht wirkendes Restaurant in warmen Tönen.

ANTRIFTTAL *Hessen* **543** N 11 – *2 300 Ew – Höhe 265 m.*
Berlin 451 – Wiesbaden 131 – Marburg 48 – Kassel 98 – Alsfeld 6.

In Antrifttal-Seibelsdorf :

- 🏨 **Stausee,** Am Stausee 1, ✉ 36326, ✆ (06631) 80 01 88, *info@stausee-restaurant.de*, Fax (06631) 9685449, ≤, 🌳 – 📺 P. – 🛁 80. ⓿ ⓾ VISA. ✻
Menu à la carte 15,50/38 – ⌑ 7 – **12 Zim** 43 – 69.
  ◆ Etwas außerhalb, direkt an einem Stausee steht der neuzeitliche Hotelbau. Alle Zimmer sind mit hellem Holzmobiliar praktisch ausgestattet. Restaurant mit großer Fensterfront zum See.

APFELSTÄDT *Thüringen siehe Erfurt.*

APOLDA *Thüringen* **544** M 18 – *25 000 Ew – Höhe 182 m.*
Ausflugsziel : *Naumburg : Dom St. Peter und Paul*★★ *(Stifterfiguren*★★★*, Lettner*★*) – St. Wenzel-Kirche*★ *Nord-Ost : 27 km.*
🛈 *Tourist-Information, Markt 1,* ✉ 99510, ✆ (03644) 56 26 42, *apolda-information@t-online.de*, Fax (03644) 19433.
Berlin 255 – *Erfurt* 46 – Jena 17 – Weimar 17 – Leipzig 96.

- 🏨 **Am Schloss,** Jenaer Str. 2, ✉ 99510, ✆ (03644) 58 00, *reservierung@hotel-apolda.de*, Fax (03644) 580100, 🌳, ⇌ – 📶, ⇌ Zim, ⊟ Rest, 📺 ✆ ⇌ P. – 🛁 100. AE ⓿ ⓾ VISA – **Menu** à la carte 17/32 – **113 Zim** ⌑ 75/84 – 95/126.
  ◆ Ein modernes Tagungshotel mit guter Führung, funktionell eingerichteten Zimmern und einer schönen Gartenanlage mit Teich. Appartements mit Küchenzeile. In warmen Gelbtönen gehaltenes Restaurant mit modernen Stillleben.

123

APOLDA

2 Länder, Erfurter Str. 31, ✉ 99510, ✆ (03644) 5 02 20, hotel-2-laender@t-online.de, Fax (03644) 502240 – ✕ Zim, 🛋 🐕 🅿 🚗 AE MC VISA
Menu (geschl. Sonntag) (nur Abendessen) (Restaurant nur für Hausgäste) à la carte 15/23 – **35 Zim** ⇌ 46/49 – 64/68.
• Zwei gut geflegte Gästehäuser, Haus Bayern und Haus Thüringen, beherbergen mit Landhausmobiliar ausgestattete Zimmer, alle mit Terrasse oder Balkon.

APPEL Niedersachsen 541 F 13 – 1650 Ew – Höhe 25 m.
Berlin 319 – Hannover 134 – Hamburg 46.

An der Strasse von Appel-Grauen zur B 3 Nord-Ost : 3,5 km :

Ferien auf der Heid, Karlsteinweg 45, ✉ 21279 Appel-Eversen, ✆ (04165) 9 72 30, ferien-auf-der-heid@t-online.de, Fax (04165) 972349, 🛋, 🚗 – ✕ 📺 🚶 🅿 – 🚲 15. AE ⓘ MC VISA
Menu (geschl. Juli - Aug. 4 Wochen, Montag) à la carte 15,50/35 – **20 Zim** ⇌ 41/55 – 66/85.
• Familiengeführter Gasthof mit roter Klinkerfassade. Unterschiedlich eingerichtete, solide Zimmer und eine schöne Liegewiese zum Wald hin erwarten die Gäste. Rustikale Gaststuben und Wintergarten mit Rattanmöblierung.

APPENWEIER Baden-Württemberg 545 U 7 – 9500 Ew – Höhe 137 m.
🏌 Appenweier, Am Römerweg 12, ✆ (07843) 99 32 40.
Berlin 737 – Stuttgart 143 – Karlsruhe 67 – Freudenstadt 50 – Strasbourg 22 – Baden-Baden 47.

Hanauer Hof, Ortenauer Str. 50 (B 3), ✉ 77667, ✆ (07805) 9 56 60, info@hanauer-hof.de, Fax (07805) 5365, 🛋 – 🛗, ✕ Zim, 📺 🅿 – 🚲 25. ⓘ MC VISA
Menu (geschl. Freitagmittag - Samstagmittag) à la carte 16,50/42 – **25 Zim** ⇌ 45/48 – 65/69.
• Ein guter Ausgangspunkt für Ausflüge ins Elsass oder in den Schwarzwald ist dieser familiengeführte badische Landgasthof mit zeitgemäßen Zimmern, teils mit Balkon. Gemütliches Restaurant im Landhausstil.

ARENDSEE Sachsen-Anhalt 542 H 18 – 3000 Ew – Höhe 26 m – Luftkurort.
🛈 Fremdenverkehrsinformation, Töbelmannstr. 1, Haus des Gastes, ✉ 39619, ✆ (039384) 2 71 64, Fax (039384) 27480.
Berlin 162 – Magdeburg 116 – Schwerin 119.

Deutsches Haus, Friedensstr. 91, ✉ 39619, ✆ (039384) 97 30, deutsches.haus.bannier@t-online.de, Fax (039384) 21771, 🛋, 🚗, ✕ Zim, 📺 🅿 – 🚲 40. AE ⓘ MC VISA
Menu à la carte 15/31 – **15 Zim** ⇌ 55/60 – 76.
• Das engagiert geführte Hotel in dem traditionellen Fachwerkhaus empfängt seine Gäste mit gepflegten, zeitlos eingerichteten Zimmern. Schöne Lage am Arendsee.

ARNSBERG Nordrhein-Westfalen 543 L 8 – 89 900 Ew – Höhe 230 m.
🛤 Arnsberg, Neheim-Hüsten (Nord-West : 9 km), ✆ (02932) 3 15 46.
🛈 Verkehrsverein, Neumarkt 6, ✉ 59821, ✆ (02931) 40 55, vv-arnsberg@t-online.de, Fax (02931) 12331.
ADAC, Graf-Gottfried-Str. 20 (Neheim-Hüsten).
Berlin 482 – Düsseldorf 129 – Dortmund 62 – Hamm in Westfalen 42 – Meschede 22.

Menge, Ruhrstr. 60, ✉ 59821, ✆ (02931) 5 25 20, info@hotel-menge.de, Fax (02931) 525250, 🛋, 🚗 – ✕ Zim, 📺 🚗 🅿 – 🚲 20. AE ⓘ MC VISA
Menu (geschl. Aug. 3 Wochen, Sonntag - Montag) (nur Abendessen) à la carte 25/44 – **18 Zim** ⇌ 52/60 – 75/98.
• Ein traditionsreiches Hotel mit modernem Komfort und einer gediegenen Atmosphäre erwartet Sie. Schön : die hoteleigene Parkanlage mit alten Bäumen. Klassisch-rustikal eingerichtetes Restaurant mit schmackhafter regionaler Küche.

Altes Backhaus, Alter Markt 27, ✉ 59821, ✆ (02931) 5 22 00, mail@altesbackhaus.de, Fax (02931) 522020, 🛋 – 📺 🐕 AE MC VISA
Menu (nur Abendessen) à la carte 15,50/28,50 – **7 Zim** ⇌ 48/50 – 80.
• In einem restaurierten Fachwerkhaus, das mit viel Liebe zum Detail ausgestattet wurde, befinden sich individuell-gemütlich eingerichtete Zimmer. Restaurant mit behaglicher Atmosphäre in der ehemaligen Backstube.

Goldener Stern, Alter Markt 6, ✉ 59821, ✆ (02931) 53 00 20, info@goldenerstern.com, Fax (02931) 5300225 – 📺 🐕 AE MC VISA. 🍽 Rest
Menu (nur Mittagessen) à la carte 12/27,50 – **13 Zim** ⇌ 48/50 – 80.
• Individuell ausgestattete und liebevoll dekorierte Zimmer sowie eine sympathische Atmosphäre finden die Gäste in diesem kürzlich renovierten, traditionellen Haus.

ARNSBERG

In Arnsberg-Neheim *Nord-West : 9 km*

Dorint, Zu den Drei Bänken, ✉ 59757, ✆ (02932) 20 01, info.zcaarn@dorint.com, Fax (02932) 200228, ≤, 佘, Massage, 𝄃₆, ⇌, 🞎 – 📶, 🍴 Zim, TV 📞 P – 🔑 150. AE ⓘ ⓜ ⓞ VISA JCB. ※ Rest – **Menu** à la carte 25/38,50 – **163 Zim** ⥺ 95/106 – 142/152, 11 Suiten.
* Mitten im Naturpark Arnsberger Wald gelegenes modernes Hotel. Die Zimmer sind einheitlich eingerichtet und haben alle einen Balkon. Ansprechend ist der große Freizeitbereich. Helles, modernes Restaurant mit großem Buffet.

Waldhaus-Rodelhaus, Zu den Drei Bänken 1, ✉ 59757, ✆ (02932) 9 70 40, info@rodelhaus.de, Fax (02932) 22437, ≤, 佘, ⇌ – TV P – 🔑 40. AE ⓘ ⓜ ⓞ VISA
Menu (geschl. Dienstag) à la carte 16/29,50 – **21 Zim** ⥺ 44/48 – 77/82.
* Das familiengeführte Hotel am Waldrand bietet seinen Gästen geräumige, in heller Eiche ausgestattete Zimmer. Am Morgen steht ein reichhaltiges Frühstücksbuffet bereit. Gemütlich und rustikal eingerichtetes Restaurant.

ARNSTADT *Thüringen* ⓓⓓⓓ **N 16** – 27 000 Ew – Höhe 285 m.
Sehenswert : Neues Palais (Puppen-Sammlung★).
🄰 Tourist Information, Rankestr. 11, ✉ 99310, ✆ (03628) 60 20 49, information@arnstadt.de, Fax (03628) 660167.
Berlin 311 – Erfurt 20 – Coburg 89 – Eisenach 63 – Gera 85.

Krone, Am Bahnhof 8, ✉ 99310, ✆ (03628) 7 70 60, krone-2000@t-online.de, Fax (03628) 602484, 佘, ⇌ – ※ Zim, TV P – 🔑 50. AE ⓘ ⓜ ⓞ VISA
Menu à la carte 16,50/28,50 – **40 Zim** ⥺ 50/55 – 65/69.
* Hier wohnen Sie in einem renovierten Jugendstilhaus mit soliden, gut ausgestatteten Zimmern. Das Hotel ist sehr gepflegt, der Service ist freundlich. Gutbürgerliches Restaurant mit klassischem Ambiente und Jugendstil-Elementen.

Anders, Gehrener Str. 22, ✉ 99310, ✆ (03628) 74 53, hotel-anders@t-online.de, Fax (03628) 745444, 佘, ⇌ – TV 📞 & P – 🔑 20. AE ⓘ ⓜ ⓞ VISA
geschl. 5. - 11. Jan. – **Menu** à la carte 13/22,50 – **37 Zim** ⥺ 51 – 72.
* Die Gäste erwartet ein modernes, familiengeführtes Hotel in Stadtrandlage. Die komfortablen Zimmer sind mit dunklen Holzmöbeln wohnlich gestaltet. Restaurant mit Blick auf die Stadt.

In Eischleben *Nord : 7 km über B 4, Richtung Erfurt :*

Krone, Erfurter Landstr. 22 (B 4), ✉ 99334, ✆ (03628) 7 58 77, info@krone-thueringen.de, Fax (03628) 640375, Biergarten – ※ Zim, TV P. ⓜ ⓞ VISA
Menu à la carte 15,50/23,50 – **11 Zim** ⥺ 44 – 67.
* Ein gut geführter, traditioneller Landgasthof, der Ihnen praktische, mit Kirschholzmobiliar eingerichtete und auch sanitär gut ausgestattete Zimmer bietet. Rustikales Restaurant mit bodenständiger Kost.

In Holzhausen *Nord-West : 5 km :*

Hotel Romantik Drei Burgen, Schulstr. 37, ✉ 99310, ✆ (03628) 72 31 61, Fax (03628) 723163, 佘 – TV P. ⓜ ⓞ VISA
Menu (geschl. Montag) à la carte 12/18 – **9 Zim** ⥺ 36/40 – 55.
* In dem Ort zu Füßen der "Drei Gleichen" lädt dieses Fachwerkhaus mit soliden, mit hellen Naturholzmöbeln eingerichteten Zimmern zum Verweilen ein. Neuzeitliches Restaurant mit leicht rustikalem Touch.

Veste Wachsenburg 🌲 mit Zim, Veste Wachsenburg 91, ✉ 99310, ✆ (03628) 7 42 40, wachsenburg_wagner@t-online.de, Fax (03628) 742461, ≤ Thüringer Wald-Vorland, 佘, (Burganlage a.d. 10.Jh.) – TV P. ⓜ ⓞ VISA
Menu (geschl. Sonntagabend, Okt. - April Sonntagabend - Montag) à la carte 19/35 – **9 Zim** ⥺ 55/70 – 80/110.
* Diese Veste ist eine der Burgen der sagenumwobenen "Drei Gleichen". Das Innere gefällt mit stilvoller Einrichtung, draußen lockt die romantische Innenhofterrasse.

AROLSEN, BAD *Hessen* ⓓⓓⓓ **L 11** – 18 000 Ew – Höhe 290 m – Heilbad.
🄱 Bad Arolsen, Zum Wiggenberg 33, ✆ (05691) 62 84 44.
🄰 Gäste- und Gesundheitszentrum, Rauchstr. 2, ✉ 34454, ✆ (05691) 8 94 40, Fax (05691) 5121.
Berlin 428 – Wiesbaden 205 – Kassel 45 – Marburg 85 – Paderborn 55.

Brauhaus-Hotel, Kaulbachstr. 33, ✉ 34454, ✆ (05691) 8 98 60, info@brauhaus-hotel.de, Fax (05691) 6942 – 📶, ※ Zim, TV 📞 P. AE ⓘ ⓜ ⓞ VISA. ※ Zim
geschl. 5. - 18. Jan., 12. - 25. Juli – **Menu** (geschl. Montagmittag) à la carte 17/30,50 – **13 Zim** ⥺ 47/51 – 79 – ½ P 14.
* Zeitgemäßes Wohnen in historischem Rahmen bietet dieses kleine Hotel, das in dem alten, denkmalgeschützten Sandsteingebäude einer Brauerei untergebracht ist. Die Gaststätte wird bereits in vierter Generation von der Besitzerfamilie betrieben.

AROLSEN, BAD

Schäfer's Restaurant, Schloßstr. 15, ✉ 34454, ✆ (05691) 76 52, *schaefers-chee rs@t-online.de, Fax (05691) 7652* – AE ① ⓂⓄ VISA
geschl. Dienstag - Mittwochmittag – **Menu** à la carte 24,50/39,50.
♦ In hellem, freundlichen Ambiente nehmen Sie an schön gedeckten Tische Platz und wählen aus einem Angebot an internationalen und gutbürgerlichen Speisen.

In Bad Arolsen-Mengeringhausen *Süd : 4,5 km – Erholungsort :*

Luisen-Mühle ⌂, Luisenmühler Weg 1, ✉ 34454, ✆ (05691) 80 66 90, *hotel.luisen -muehle@t-online.de, Fax (05691) 2578*, ⚑, ⌂, ⌧, ♨, ⌂ Zim, TV ✆ ⌂ P – ⌂ 25.
ⓂⓄ VISA. ✾ Rest
Menu *(geschl. Freitag)* à la carte 15/28,50 – **25 Zim** ⌂ 37/47 – 77/90 – ½ P 13.
♦ Die ländliche Atmosphäre der ehemaligen Getreidemühle, ein großer Garten und solide, teils neuzeitlich gestaltete Zimmer machen das ruhig am Ortsrand gelegene Hotel aus.

In Bad Arolsen-Schmillinghausen *Nord : 6 km, über B 252 Richtung Diemelstadt-Rhoden :*

Landgasthof Teuteberg, Rhoder Str. 8, ✉ 34454, ✆ (05691) 59 61, *landgasthof -teuteberg@t-online.de, Fax (05691) 50303*, ⚑, ⌂, ♨ – TV P. ⓂⓄ VISA. ✾
geschl. 6. Jan. - 1. Feb. – **Menu** *(geschl. 3. - 30. Jan., Dienstag, Sonntagabend)* à la carte 16,50/25 – **22 Zim** ⌂ 30/36 – 54/64.
♦ Mitten im Dorf liegt dieser familiengeführte Gasthof. Die recht individuell gestalteten Zimmer sind alle sehr sauber und gepflegt. Hinter dem Haus : ein schöner Garten. Gaststube in bürgerlich-rustikalem Stil.

ASBACHERHÜTTE *Rheinland-Pfalz siehe Kempfeld.*

ASCHAFFENBURG *Bayern* 546 Q 11 *– 69 000 Ew – Höhe 130 m.*

Sehenswert : Schloss Johannisburg★ Z.

✈ Hösbach-Feldkahl, Am Heigenberg 30 (Nord-Ost : 8 km über ①), ✆ (06024) 6 34 00.
🛈 Tourist-Information, Schlossplatz 1, ✉ 63739, ✆ (06021) 39 58 00, *tourist@info-as chaffenburg.de, Fax (06021)* 395802.
ADAC, Wermbachstr. 10.
Berlin 552 ④ – München 354 ① – *Frankfurt am Main* 45 ④ – Darmstadt 40 ③ – Würzburg 78 ①

Stadtplan siehe gegenüberliegende Seite

Post, Goldbacher Str. 19, ✉ 63739, ✆ (06021) 33 40, *info@post-ab.de, Fax (06021) 13483*, ⌂, ⌧ – ▯, ♨ Zim, ☰ Zim, TV ✆ ⌂ P – ⌂ 35. AE ① ⓂⓄ VISA
geschl. 20. Dez. - 5. Jan. – **Menu** à la carte 17,50/30,50 – **Bistro Oscar** : Menu à la carte 15/27 – **69 Zim** ⌂ 65/118 – 103/136. Y p
♦ Die Zimmer des verkehrsgünstig gelegenen Etagenhotels teilen sich in die Kategorien "Standard" und "Deluxe" - stets funktionell in der der Ausstattung. Gediegen-bürgerliches Ambiente im Restaurant. Im Oscar serviert man eine einfache Bistro-Küche.

City Hotel garni, Frohsinnstr. 23, ✉ 63739, ✆ (06021) 45 49 50, *info@city-hotel-ab .de, Fax (06021) 21514* – ▯ ♨ TV ✆. AE ① ⓂⓄ VISA Y e
40 Zim ⌂ 68/88 – 96/126.
♦ Ein gediegenes, gepflegtes Ambiente erwartet Sie in diesem Hotel. Die gut ausgestatteten Zimmer sind mit wohnlichem Mahagonimobiliar eingerichtet.

Wilder Mann, Löherstr. 51, ✉ 63739, ✆ (06021) 30 20, *info@hotel-wilder-mann.de, Fax (06021) 302234*, Massage, ⌂ – ▯ TV ✆ ⌂ – ⌂ 50. AE ① ⓂⓄ VISA Z e
geschl. 22. Dez. - 7. Jan. – **Menu** *(geschl. Sonntag)* à la carte 22/43 – **75 Zim** ⌂ 65/90 – 95/110.
♦ Der Gasthof kann auf eine 450-jährige Geschichte zurückblicken und begrüßt seine Gäste mit einer gelungenen Mischung aus Tradition und modernem Komfort. Im Restaurant : rustikales Ambiente.

Aschaffenburger Hof, Frohsinnstr. 11 (Einfahrt Weißenburger Str. 20), ✉ 63739, ✆ (06021) 38 68 10, *info@aschaffenburger-hof.de, Fax (06021) 27298*, ⚑ – ▯ TV ✆ ⌂ P – ⌂ 25. AE ① ⓂⓄ VISA Y a
Menu *(geschl. Freitag - Samstag, Sonntagabend)* (wochentags nur Abendessen) à la carte 19/35 – **60 Zim** ⌂ 61/76 – 86/116.
♦ Das Hotel in der Innenstadt bietet seinen Gästen zeitgemäß und funktionell eingerichtete und gepflegte Zimmer mit guten Schreibplätzen und Modemanschluss. Restaurant in bürgerlichem Stil.

Zum Goldenen Ochsen, Karlstr. 16, ✉ 63739, ✆ (06021) 2 31 32, *zum-goldenen- ochsen@web.de, Fax (06021) 25785* – TV P. AE ① ⓂⓄ VISA Y b
Menu *(geschl. Aug. 3 Wochen, Montagmittag)* à la carte 18/29 – **38 Zim** ⌂ 53/57 – 76/86.
♦ Der schöne alte Gasthof mit der denkmalgeschützten Fassade bietet seinen Gästen gepflegte Zimmer mit modernem Inventar und eine gute Führung. Sie speisen in der ländlich dekorierten Gaststube.

Bodelschwingh-		Glattbacher Überfahrt . . . . . . Y 8		Schloßberg . . . . YZ 18	
straße . . . . Y 2		Heinsestraße . . . . Y 9		Schloßgasse . . . . Z 20	
Dalbergstraße . . . . Z 3		Herstallstraße . . . . Z 10		Schloßplatz . . . . Z 21	
Darmstädter Straße . . . . Z 4		Karlstraße . . . . Y 12		Südbahnhofstraße . . . . Z 24	
Erthalstraße . . . . Y 5		Kolpingstraße . . . . Y 13		Weißenburger	
Frohsinnstraße . . . . Y 6		Luitpoldstraße . . . . Y 15		Straße . . . . Y 25	
Glattbacher Straße . . . . Y 7		Roßmarkt . . . . Z		Willigsbrücke . . . . Z 26	

In Aschaffenburg-Nilkheim über ③ : 4 km :

🏨 **Classico** ⓈⒸ garni, Geschwister-Scholl-Platz 10, ✉ 63741, ✆ (06021) 8 49 00, info@hotel-classico.de, Fax (06021) 849040 – 📶 📺 🚗 🅿 🆎 ⓞ ⓜⓞ 🆅🅸🆂🅰. geschl. 20. Dez. - 6. Jan. – **24 Zim** ⌚ 56/62 – 77/82.
  ♦ Recht ruhig liegt das neuzeitliche Hotel in einem Wohngebiet. Man bietet funktionelle, hell möblierte Zimmer und ein gutes Preis-Leistungs-Verhältnis.

In Haibach über ② : 4,5 km :

🏨 **Spessartstuben**, Jahnstr. 7, ✉ 63808, ✆ (06021) 6 36 60, reservierung@hotel-spessartstuben.de, Fax (06021) 636666, 🌳, 🍴 – 📺 🅿 ⓜⓞ 🆅🅸🆂🅰 – **Menu** (geschl. Feb. 2 Wochen, Aug. 3 Wochen, Samstag) à la carte 21,50/38 – **28 Zim** ⌚ 56 – 78.
  ♦ Mit Liebe zum Detail eingerichtete Zimmer finden die Gäste in diesem engagiert geführten Hotel, in dem persönliche Betreuung groß geschrieben wird. Ein schöner Kachelofen und gemütliche Eckbänke prägen das Restaurant.

🏨 **Edel** garni, Zum Stadion 17, ✉ 63808, ✆ (06021) 6 30 30, info@hotel-edel.de, Fax (06021) 66070 – 🚫 🅿 🆎 ⓜⓞ 🆅🅸🆂🅰. ✂
10 Zim ⌚ 40/45 – 59/67.
  ♦ Diese Pension mit privatem Charakter gefällt mit wohnlich eingerichteten und sehr gepflegten Zimmern und einer persönlichen Atmosphäre.

ASCHAFFENBURG

Zur Post garni, Industriestraße Ost 19 (B 8), ✉ 63808, ℘ (06021) 6 30 40, Fax (06021) 630413 – ⚹ TV P. AE ⓪ ⓜ VISA JCB. ※
18 Zim ⌑ 50/72 – 72/82.
* Ein familiengeführtes, neuzeitliches Etagenhotel, das über zeitgemäße Zimmer verfügt, die mit solidem Kirschbaummobiliar aus der eigenen Schreinerei ausgestattet wurden.

In Hösbach-Winzenhohl über ② : 6,5 km, in Haibach-Ortsmitte links ab :

Zur Sonne, Haibacher Str. 108, ✉ 63768, ℘ (06021) 6 99 72, *jahreis@gasthofzursonne.de*, Fax (06021) 60201, 🌳 – TV P. AE ⓜ VISA
Menu *(geschl. Dienstag, Sonntagabend)* à la carte 15/35 – **11 Zim** ⌑ 46 – 72.
* Dieser familiengeführte, ländliche Gasthof überzeugt mit seinen sauberen und gepflegten sowie praktisch ausgestatteten Übernachtungszimmern. Passend zum Stil des Hauses : das rustikal eingerichtete Restaurant.

In Johannesberg über Müllerstraße Y : 8 km :

Sonne - Meier's Restaurant mit Zim, Hauptstr. 2, ✉ 63867, ℘ (06021) 47 00 77, Fax (06021) 413964, 🌳, 🚗 – TV ⟷ P. AE ⓪ ⓜ VISA
Menu *(geschl. Anfang - Mitte Sept., Montagmittag)* (Tischbestellung ratsam) à la carte 28,50/56,50 – **7 Zim** ⌑ 41/46 – 64.
* In dem netten Landgasthof mit Gartenterrasse serviert man in ländlich-elegantem Ambiente eine phantasievolle Küche. Hübsche Zimmer laden zum Übernachten ein.

In Johannesberg-Rückersbach über Müllerstraße Y : 8 km :

Rückersbacher Schlucht, Hörsteiner Str. 33, ✉ 63867, ℘ (06029) 9 98 80, *info@rueckersbacher-schlucht.de*, Fax (06029) 998877, 🌳, Biergarten – TV P. ⓜ VISA
geschl. über Pfingsten 2 Wochen, Anfang - Mitte Aug. – **Menu** *(geschl. Montag - Dienstagmittag)* à la carte 17/30 – **14 Zim** ⌑ 28/40 – 57/66.
* Wohnliche, überwiegend rustikal eingerichtete Zimmer mit technisch gut ausgestatteten Bädern finden Sie in diesem familiengeführten Hotel. In ländlichem Ambiente genießen Sie eine sorgfältig zubereitete regionale Küche.

In Johannesberg-Steinbach über Müllerstraße Y : 6 km :

Berghof 🌿, Heppenberg 7, ✉ 63867, ℘ (06021) 42 38 31, *hotel-berghof@gmx.de*, Fax (06021) 412050, ≤, 🌳 – TV P.
Menu *(geschl. Mitte Juni 1 Woche, Ende Aug. 2 Wochen, Freitag)* (wochentags nur Abendessen) à la carte 16,50/29,50 – **16 Zim** ⌑ 25/36 – 48/62.
* Idyllisch am Eingang des Spessarts liegt das Hotel mit einfachen, teils mit bemalten, teils mit dunklen Eichenmöbeln eingerichteten, gepflegten Zimmern. Eine ländlich-rustikale Gestaltung bestimmt den Charakter des Restaurants.

*Die im Michelin-Führer
verwendeten Zeichen und Symbole haben-
dünn oder **fett** gedruckt, rot oder schwarz -
jeweils eine andere Bedeutung.
Lesen Sie daher die Erklärungen aufmerksam durch.*

ASCHAU IM CHIEMGAU Bayern ⑤④⑥ W 20 – 5 200 Ew – Höhe 615 m – Luftkurort – Wintersport : 700/1 550 m ⚹1 ⚹15.
🗓 Tourist Info, Kampenwandstr. 38, ✉ 83229, ℘ (08052) 90 49 37, Fax (08052) 904945.
Berlin 671 – München 82 – *Bad Reichenhall* 60 – Salzburg 64 – Rosenheim 23.

Residenz Heinz Winkler 🌿, Kirchplatz 1, ✉ 83229, ℘ (08052) 1 79 90, *info@residenz-heinz-winkler.de*, Fax (08052) 179966, ≤ Kampenwand, Massage, ≘s, 🚗 – ⦿ TV ☎ ⟷ P. AE ⓪ ⓜ VISA JCB. ※ Rest
Menu siehe **Restaurant Heinz Winkler** separat erwähnt – ⌑ 17 – **32 Zim** 160/215 – 180/235, 13 Suiten.
* Luxuriös Wohnen in einer Bilderbuchlandschaft : Ein barockes Juwel ist diese liebevoll restaurierte historische Hotelanlage mit edlen, individuell ausgestatteten Zimmern.

ASCHAU IM CHIEMGAU

Zum Baumbach, Kampenwandstr. 75, ⊠ 83229, ℰ (08052) 14 81, *zum-baumbach @t-online.de*, Fax (08052)909769, 余 – ℙ. ⓜ⊙
Menu *(geschl. Montag)* à la carte 16/33 – **9 Zim** ⊆ 45/48 – 70/76 – ½ P 10.
◆ Am Fuße der Kampenwand, umgeben von saftigen Wiesen, finden Sie in diesem stattlichen Gasthof wohnliche und zeitgemäße Zimmer vor. Alpenländische, gemütliche Gasträume.

Edeltraud garni, Narzissenweg 15, ⊠ 83229, ℰ (08052) 9 06 70, *hotel.edeltraud@t -online.de*, Fax (08052) 5170, ≤, 龠, 寿 – ⊡ ⇔ ℙ. ≫
geschl. Mitte Okt. - 25. Dez. – **16 Zim** ⊆ 38/50 – 68.
◆ Genießen Sie den Blick auf die Kampenwand in dem kleinen, persönlich geführten Hotel in einem Wohngebiet am Ortsrand. Mit wohnlichen Gästezimmern.

Alpengasthof Brucker ⚘, Schloßbergstr. 12, ⊠ 83229, ℰ (08052) 49 87, *gasth ofbrucker@aol.com*, Fax (08052) 1564, Biergarten, 寿 – ℙ. ≫ Zim
geschl. 23. Okt. - 8. Nov. - **Menu** *(geschl. Mittwochabend - Donnerstag, Jan. - Mai Mittwoch - Donnerstag)* à la carte 13/23 – **11 Zim** ⊆ 30/35 – 50/66.
◆ Ein einfacher bayerischer Landgasthof mit gut unterhaltenen und sauberen Zimmern mit Laminatfußboden. In einem Nebenhaus : zwei Ferienwohnungen. Gäste bewirtet man in gemütlichem, rustikalem Umfeld.

Restaurant Heinz Winkler – Residenz Heinz Winkler, Kirchplatz 1, ⊠ 83229, ℰ (08052) 1 79 91 52, *info@residenz-heinz-winkler.de*, Fax (08052) 179966, 余 – ℙ. ㏂ ① ⓜ⊙ 𝐕𝐈𝐒𝐀 JCB. ≫
geschl. Montagmittag – **Menu** à la carte 50/86, ♀.
◆ Ein Fest nicht nur für den Gaumen ist der Besuch in dem edel wirkenden Restaurant, in dem man Ihnen eine kreative Saisonküche mit ganz persönlicher Note offeriert.
Spez. Roh marinierte Jakobsmuscheln mit Kaviar-Kartoffel. Lammrücken im Brotteig mit Kräuterjus. Schokoladentränen mit Kokosnusseis.

Bistro Pinot, Kampenwandstr. 20, ⊠ 83229, ℰ (08052) 44 54, 余 – ℙ.
ⓜ⊙ 𝐕𝐈𝐒𝐀
geschl. 30. Mai - 15. Juni, Montag – **Menu** *(nur Abendessen)* à la carte 17/32,50, ♀.
◆ Schon seit über zehn Jahren ist das im Bistro-Charakter gehaltene Lokal eine beliebte Adresse - der Besitzer steht hier selbst am Herd und bereitet regionale Speisen.

In Aschau-Sachrang *Süd-West : 13 km in Richtung Kufstein :*

Posthotel Sachrang, Dorfstr. 7, ⊠ 83229, ℰ (08057) 9 05 80, *posthotelsachran g@web.de*, Fax (08057) 905820, 余, 龠, 寿 – ⇔ Zim, ⊡ ℰ ℙ – ⚿ 120.
ⓜ⊙ 𝐕𝐈𝐒𝐀
geschl. 11. - 29. Nov – **Menu** *(geschl. ausser Saison Montag - Dienstag)* à la carte 22/39 – **13 Zim** ⊆ 57/75 – 60/95.
◆ Die a. d. J. 1465 stammende ehemalige Posthalterei beherbergt heute ein familiär geführtes Hotel, das mit hübschen, individuellen, toskanisch angehauchten Zimmern gefällt. Im Restaurant : verschiedene Stuben im mediterranen oder traditionellen Stil.

ASCHEBERG Nordrhein-Westfalen 𝟓𝟒𝟑 K 6 – *15 800 Ew – Höhe 65 m.*

🏌 Ascheberg-Herbern, Wasserschloss Westerwinkel *(Süd : 7 km)*, ℰ (02599) 9 22 22 ; 🏌 Nordkirchen-Piekenbrock *(Süd-West : 11 km)*, ℰ (02596) 91 90.
🛈 Verkehrsverein, Katharinenplatz 1, ⊠ 59387, ℰ (02593) 63 24, *vv-ascheberg@t-on line.de*, Fax (02593) 7525.
Berlin 470 – *Düsseldorf* 115 – Dortmund 50 – Hamm in Westfalen 24 – Münster (Westfalen) 24.

Goldener Stern, Appelhofstr. 5, ⊠ 59387, ℰ (02593) 9 57 60, *goldenerstern@onl inehome.de*, Fax (02593) 957628 – ⇔ Zim, ⊡ ⇔ ℙ – ⚿ 20. ⓜ⊙ 𝐕𝐈𝐒𝐀 ≫ Zim
Menu *(geschl. Sonntag) (nur Abendessen)* à la carte 16/25 – **18 Zim** ⊆ 40/43 – 65/70.
◆ Solide und wohnliche Zimmer erwarten die Gäste in diesem Hotel im Münsterland. Die Umgebung bietet Ihnen vielfältige Möglichkeiten zur Entspannung und Erholung. Das Restaurant hat man mit hellen Holzmöbeln eingerichtet und mit kräftigen Farben dekoriert.

In Ascheberg-Davensberg *Nord-West : 3,5 km :*

Clemens-August *(mit Gästehaus)*, Burgstr. 54, ⊠ 59387, ℰ (02593) 60 40, *c.stattmann@aol.com*, Fax (02593) 604178, 余, 龠 – ᯅ ⊡ ℰ ℙ – ⚿ 180.
ⓜ⊙ 𝐕𝐈𝐒𝐀
Menu *(geschl. Sonntagabend - Montag)* à la carte 14/27 – **86 Zim** ⊆ 42 – 72.
◆ Ein traditionsreicher, im Laufe der Jahre gewachsener Landgasthof mit praktischen Zimmern, der gut geeignet ist für Tagungen und Gruppenausflüge.

ASCHEBERG (HOLSTEIN) Schleswig-Holstein 541 D 15 – 2 500 Ew – Höhe 22 m – Erholungsort.
Berlin 331 – Kiel 28 – Lübeck 62 – Neumünster 32.

Seehotel Dreiklang, Plöner Chaussee 21 (B 430), ⊠ 24326, ℘ (04526) 3 39 00, info@seehotel-dreiklang.de, Fax (04526) 3390299, ≼, 佘, ≦s, 🖻, ▲ₛ, 🐎 – 🛊, 🖻 Rest, 📺 🐾 🅿 🔙 🐽 🗺
Menu à la carte 20,50/44,50 – ⇌ 10 – **56 Zim** 60/70 – 85/95 – ½ P 16.
• Direkt an einem See steht dieses neu erbaute Hotel, das in drei Gebäude aufgeteilt ist. Die großzügig geschnittenen Zimmer verfügen alle über eine komplette Küche. Das elegant gestaltete Restaurant befindet sich im ersten Stock des Haupthauses.

ASCHERSLEBEN Sachsen-Anhalt 542 K 18 – 27 700 Ew – Höhe 112 m.
🏔 Meisdorf, Petersberger Trifft 33 (Süd-West : 12 km), ℘ (034743) 9 84 50.
🛈 Verkehrsverein, Taubenstr. 6, ⊠ 06449, ℘ (03473) 42 46, Fax (03473) 812897.
Berlin 201 – Magdeburg 50 – Halberstadt 36 – Halle 53 – Nordhausen 77.

Ascania, Jüdendorf 1, ⊠ 06449, ℘ (03473) 95 20, mail@ascaniahotel.de, Fax (03473) 952150, 佘, ≦s – 🛊, ⥇ Zim, 📺 🐾 ⇌ 🅿 – 🛣 60. 🔙 🐽 🗺 🗺 🧊🇧
Menu à la carte 15/33 – **44 Zim** ⇌ 67 – 90.
• Hier wohnen Sie in einem modernen Hotel in der Altstadt, integriert in ein Einkaufszentrum, mit freundlichem Ambiente. Die Zimmer sind hell und komfortabel. Sie speisen in einem stilvoll eingerichteten Hotelrestaurant.

Schreiben Sie uns...
Ihre Meinung, sei es Lob oder Kritik, ist stets willkommen.
Jeder Ihrer Hinweise wird durch unsere Inspektoren sorgfältigst
in den betroffenen Hotels und Restaurants überprüft.
Dank Ihrer Mithilfe wird Der Rote Michelin-Führer
immer aktueller und vollständiger.
Vielen Dank im Voraus !

ASCHHEIM Bayern siehe München.

ASENDORF Niedersachsen siehe Jesteburg.

ASPACH Baden-Württemberg siehe Backnang.

ASPERG Baden-Württemberg 545 T 11 – 12 000 Ew – Höhe 270 m.
Berlin 617 – Stuttgart 21 – Heilbronn 38 – Ludwigsburg 5 – Pforzheim 54.

Adler, Stuttgarter Str. 2, ⊠ 71679, ℘ (07141) 2 66 00, info@adler-asperg.de, Fax (07141) 266060, 佘, ≦s, 🖻 – 🛊, ⥇ Zim, 🖻 Rest, 📺 🐾 ⇌ 🅿 – 🛣 120. 🔙 🐽 🗺 🗺 🧊🇧
Schwabenstube (geschl. Sonntagabend - Montagmittag) **Menu** 34/68 à la carte 31,50/50 – **Brasserie Adlerstube** (geschl. Aug., Samstag - Sonntag) **Menu** à la carte 18/29 – **70 Zim** ⇌ 100/110 – 128.
• Die Hotelanlage teilt sich in den traditionsreichen Fachwerkbau und den neuzeitlichen Hotelanbau mit individuell eingerichteten, teils klimatisierten Zimmern. Elegant zeigt sich die Schwabenstube. Ungezwungen : die Brasserie Adlerstube.

Bären, Königstr. 8, ⊠ 71679, ℘ (07141) 2 65 60, baeren-asperg@t-online.de, Fax (07141) 65478, 佘 – 📺 🐾 🔙 🐽 🗺 🗺 🧊🇧
Menu (geschl. über Fasching 1 Woche, Aug. - Sep. 3 Wochen, Montag) à la carte 17/26,50 – **16 Zim** ⇌ 50 – 80.
• Solide Zimmer und einen freundlichen Service bietet Ihnen dieser ländliche Gasthof, der auf eine 300-jährige Tradition zurückblicken kann. Typisch für die Gegend : das bürgerlich-rustikale Restaurant.

In Tamm Nord-West : 2,5 km :

Historischer Gasthof Ochsen, Hauptstr. 40, ⊠ 71732, ℘ (07141) 2 99 95 55, info@ochsen-tamm.de, Fax (07141) 2999556, 佘 – ⥇ Zim, 📺 🐾 🔙 🐽 🗺
Menu à la carte 24/34 – **17 Zim** ⇌ 69/79 – 89.
• Der schöne Fachwerkgasthof aus dem 18. Jh. mit weiß-grauer Fassade erwartet Sie mit gepflegten Zimmern, die mit hellen Naturholzmöbeln wohnlich eingerichtet sind. Gemütliches Restaurant mit hübschen, holzgetäfelten Gaststuben.

ATERITZ Sachsen-Anhalt siehe Kemberg.

ATTENDORN Nordrhein-Westfalen 543 M 7 – 25 000 Ew – Höhe 255 m.

Sehenswert: Attahöhle★.

☐ Attendorn-Niederhelden, Repetalstr. 220 (Ost : 7 km), ℰ (02721) 71 80 32.
☐ Tourist Information, Rathauspassage, ⌂ 57439, ℰ (02722) 6 42 29, attendorner-hanse@t-online.de, Fax (02722) 4775.
Berlin 539 – Düsseldorf 131 – Siegen 41 – Lüdenscheid 37.

Rauch garni, Wasserstr. 6, ⌂ 57439, ℰ (02722) 9 24 20, info@hotel-rauch.de, Fax (02722) 924233 – ⇌ TV ℰ ⇌ AE ⓪ ⓜ VISA
13 Zim ⇌ 55/73 – 106.
♦ Das historische Stadthaus beherbergt ein nettes Hotel mit moderner Ausstattung, in dem Sie wohnliche, individuell eingerichtete und sehr gepflegte Zimmer finden.

An der Straße nach Helden Ost : 3,5 km :

Burghotel Schnellenberg ⦿, ⌂ 57439 Attendorn, ℰ (02722) 69 40, info@burg-schnellenberg.de, Fax (02722) 694169, ≼, ⛭, ⚛, ⅍ – TV ℰ ⇌ P – ⚿ 80. AE ⓪
ⓜ VISA
geschl. 2. - 5. Jan. – **Menu** à la carte 29/45 – **42 Zim** ⇌ 85/103 – 120/155.
♦ In dieser imposanten Burg aus dem 13. Jh. verbindet sich historisches Ambiente mit zeitgemäßem Komfort. Sehr schön : die Turmzimmer sowie Burgkapelle und Burgmuseum. Das Restaurant befindet sich im Saal mit Kreuzgewölbe und Säulen.

In Attendorn-Niederhelden Ost : 8 km :

Romantik Hotel Haus Platte, Repetalstr. 219, ⌂ 57439, ℰ (02721) 13 10, info@platte.de, Fax (02721) 131415, ⛭, ≋s, ☐, ⚛ – ⇌ Zim, TV ℰ ⇌ P – ⚿ 50. AE
ⓜ VISA
Menu (geschl. 20. - 25. Dez.) à la carte 23,50/38 – **50 Zim** ⇌ 70/87 – 110/155.
♦ Das Haus, das seit sechs Generationen in Familienbesitz ist, hat sich vom ehemaligen Gasthof zu einem elegant-komfortablen Hotel mit schönem Freizeitbereich entwickelt. Landhausstil prägt die Einrichtung des Restaurants.

Landhotel Struck (mit Gästehaus), Repetalstr. 245, ⌂ 57439, ℰ (02721) 1 39 40, info@landhotel-struck.de, Fax (02721) 20161, ⛭, ≋s, ☐, ⚛ – ⇌ Zim, TV ℰ ⇌ P –
⚿ 70. ⓜ VISA
Menu à la carte 21/34 – **49 Zim** ⇌ 59/85 – 92/148.
♦ Ein gewachsener, familiengeführter Landgasthof, der über gediegene, gut gepflegte Zimmer verfügt. In der Halle sorgt ein offener Kamin für Atmosphäre. Gemütliches Restaurant mit Kirschholztäfelung und schweren Polsterbänken.

ATTERWASCH Brandenburg siehe Guben.

AUE Sachsen 544 O 22 – 19 000 Ew – Höhe 343 m.

☐ Stadtinformation, Goethestr. 5, ⌂ 08280, ℰ (03771) 28 11 25, stadtaue@aue.de, Fax (03771) 281234.
Berlin 295 – Dresden 122 – Chemnitz 35 – Zwickau 23.

Blauer Engel, Altmarkt 1, ⌂ 08280, ℰ (03771) 59 20, blauer-engel-aue@t-online.de, Fax (03771) 23173, ≋s – ⑂, ⇌ Zim, TV ℰ P – ⚿ 20. AE ⓜ VISA JCB
Menu à la carte 19,50/32,50 – **Lotters Wirtschaft** (Hausbrauerei) **Menu** à la carte 17,50/23 – **61 Zim** ⇌ 57/67 – 67/92.
♦ Ein traditionsreiches, vollständig renoviertes Haus mit wohnlichen Gästezimmern und einer grottenartig angelegten Saunalandschaft. Viel Holz sorgt in den Gaststuben für Gemütlichkeit. Eigene Hausbrauerei.

AUERBACH (VOGTLAND) Sachsen 544 O 21 – 21 000 Ew – Höhe 480 m.

☐ Fremdenverkehrsamt, Schloßstr. 10, ⌂ 08209, ℰ (03744) 8 14 50, Fax (03744) 81437.
Berlin 305 – Dresden 147 – Gera 58 – Plauen 24.

In Auerbach-Schnarrtanne Ost : 6 km Richtung Schönheide :

Renoir, Schönheider Str. 235, ⌂ 08209, ℰ (03744) 21 51 19, Fax (03744) 215119 – P.
ⓜ VISA
geschl. Anfang Jan. 1 Woche, Juli 2 Wochen, Montag - Dienstagmittag – **Menu** à la carte 17/29,50.
♦ Hier finden Sie ein hübsches kleines Restaurant mit stilvollem Dekor und kleiner Galerie. Der Küchenchef bewirtet Sie mit französischer und internationaler Küche.

AUERBACH IN DER OBERPFALZ *Bayern* 546 Q 18 – *9 800 Ew – Höhe 435 m.*
Berlin 395 – München 212 – Nürnberg 67 – Bayreuth 42 – Regensburg 102 – Weiden in der Oberpfalz 49.

Goldner Löwe, Unterer Markt 9, ⌧ 91275, ℘ (09643) 17 65, *rh-goldner-loewe-auerbach-opf@t-online.de*, Fax (09643) 4670 – 劇, ⇔Zim, ■ Rest, TV ✆ 🚗 ℗ – 🎓 80. AE ⓞ ⓜⓔ VISA JCB. ❋ Rest
Menu *(geschl. 4. - 18. Jan.)* à la carte 18/50 – **27 Zim** ⇌ 50/80 – 87/128.
• Das Hotel, das auf eine Geschichte bis ins Mittelalter zurückblicken kann, wurde nach einem Brand im 19. Jh. neu aufgebaut und bietet heute bequeme und wohnliche Zimmer. Rustikale Gaststuben mit hauseigener Metzgerei.

AUEROSE *Mecklenburg-Vorpommern siehe Anklam.*

AUETAL *Niedersachsen* 541 J 11 – *6 200 Ew – Höhe 160 m.*
Berlin 327 – Hannover 50 – Bückeburg 19 – Hameln 21 – Obernkirchen 19.

In Auetal-Rehren :

Waldhotel Mühlenhof, Zur Obersburg 7, ⌧ 31749, ℘ (05752) 92 88 80, *info@waldhotel-muehlenhof.de*, Fax (05752) 9288877, ≦s, 🏊, 🐎 – 劇 TV 🚗 ℗ – 🎓 20. ⓜⓔ VISA. ❋ Rest
geschl. Nov. - 20. Dez. – **Menu** *(Restaurant nur für Hausgäste)* – **51 Zim** ⇌ 39 – 71.
• Am Rande des Wesergebirges liegt dieses familiengeführte Hotel mit wohnlichen Zimmern. Die Umgebung bietet Möglichkeiten für diverse Freizeitaktivitäten und Ausflüge.

AUFHAUSEN *Bayern siehe Erding.*

AUFSESS *Bayern* 546 Q 17 – *1 400 Ew – Höhe 426 m.*
Berlin 388 – München 231 – Coburg 75 – Bayreuth 31 – Nürnberg 61 – Bamberg 29.

Brauereigasthof Rothenbach, Im Tal 70, ⌧ 91347, ℘ (09198) 9 29 20, *wirt@brauereigasthof-rothenbach.de*, Fax (09198) 9292290, ✿, 🏊 (geheizt), 🐎 – TV ℗ – 🎓 40. ⓜⓔ VISA
geschl. Jan. 2 Wochen, Nov. - Dez. 2 Wochen – **Menu** *(geschl. Dienstag)* à la carte 12/24 – **18 Zim** ⇌ 33/35 – 54/62.
• Schlichte, praktische Fremdenzimmer und eine familiäre Atmosphäre sprechen für diesen gut geführten Gasthof im Herzen der Fränkischen Schweiz. Typische Brauereigaststätte mit bodenständiger Hausmannskost.

AUGGEN *Baden-Württemberg* 545 W 6 – *2 000 Ew – Höhe 266 m.*
Berlin 833 – Stuttgart 240 – Freiburg im Breisgau 35 – Basel 31 – Mulhouse 28.

Zur Krone garni, Hauptstr. 6, ⌧ 79424, ℘ (07631) 17 84 50, *hotelkrone-auggen@t-online.de*, Fax (07631) 16913, ≦s, 🏊, 🐎 – 劇 TV ✆ ℗. AE ⓜⓔ VISA
32 Zim ⇌ 57/72 – 80/123.
• Liebevoll eingerichtete Zimmer bieten dem Besucher in den Gästehäusern dieses im Landhausstil gebauten Hotels. Schön angelegter Garten mit Teich.

Zur Krone, Hauptstr. 12, ⌧ 79424, ℘ (07631) 1 61 82, *gasthauskrone-auggen@t-online.de*, Fax (07631) 1749701 – ℗.
geschl. Dienstag – **Menu** 25 à la carte 21/37, 𝄞.
• Die gemütliche, holzgetäfelte Gaststube mit Kachelofen und der freundliche Service bilden einen netten Rahmen. Regionale und internationale Karte.

Bären mit Zim, Bahnhofstr. 1 (B 3), ⌧ 79424, ℘ (07631) 23 06, Fax (07631) 704990, ✿ – 🚗 ℗
geschl. 28. Dez. - 15. Jan. – **Menu** *(geschl. Donnerstag)* *(Montag - Freitag nur Abendessen)* 18/34 à la carte 16/30,50 – **7 Zim** ⇌ 42/45 – 62/65.
• Hier essen Sie in einem typischen badischen Gasthof, dessen Speisekarte ein reichhaltiges Angebot an regionaler und internationaler Küche bietet.

Die in diesem Führer angegebenen Preise folgen
der Entwicklung der allgemeinen Lebenshaltungskosten.
Lassen Sie sich bei der Zimmerreservierung den endgültigen
Preis vom Hotelier mitteilen.

AUGSBURG Bayern **516** U 16 – 260 000 Ew – Höhe 496 m.

Sehenswert: Fuggerei★ Y – Maximilianstraße★ Z – St. Ulrich- und Afra-Kirche★ (Simpertuskapelle : Baldachin mit Statuen★) Z – Hoher Dom (Südportal★★ des Chores, Prophetenfenster★, Gemälde★ von Holbein dem Älteren) Y – Städtische Kunstsammlungen (Festsaal★★) Z **M1** – St. Anna-Kirche (Fuggerkapelle★) Y B – Staatsgalerie in der Kunsthalle★ X **M4**.

🛬 Bobingen-Burgwalden (über ④ : 17 km), ℘ (08234) 56 21 ; 🛬 Leitershofen (3 km über Augsburger Straße X), ℘ (0821) 43 72 42 ; 🛬 Gessertshausen (Süd-West : 15 km über ⑤), ℘ (08238) 78 44 ; 🛬 Lindauer Str. 56 (Süd : 4 km über ④) ℘ (0821) 90 65 00.

🛈 Tourist-Information, Bahnhofstr. 7, ✉ 86150, ℘ (0821) 50 20 70, tourismus@regio-augsburg.de, Fax (0821) 5020745.

🛈 Tourist-Information, Rathausplatz, ✉ 86150, ℘ (0821) 5 02 07 24, Fax (0821) 5020725.

ADAC, Fuggerstr. 11.

Berlin 560 ① – München 68 ① – Ulm (Donau) 80 ⑥

Stadtpläne siehe nächste Seiten

🏨 **Steigenberger Drei Mohren,** Maximilianstr. 40, ✉ 86150, ℘ (0821) 5 03 60, augsburg@steigenberger.de, Fax (0821) 157864, 🍽 – 🛗, ↙ Zim, 🍴 Rest, 📺 📞 P – 🔔 250. 🆎 ⓞ ⓜ VISA JCB ✄ Rest
Z a
Maximilians (geschl. Sonn- und Feiertage abends) Menu à la carte 21,50/35,50 – **Bistro 3M :** Menu à la carte 17/34 – ⊇ 15 – **106 Zim** 110/138 – 155/165, 5 Suiten.
♦ Ein schöner, großzügiger Hallenbereich empfängt Sie in diesem traditionsreichen Haus. Gäste schätzen die zeitgemäße Wohnkultur der komfortablen Zimmer und Suiten. Im eleganten Maximilians erwartet Sie ein stilvoll-klassischer Rahmen. Hübsche Gartenterrasse.

🏨 **Dorint,** Imhofstr. 12, ✉ 86159, ℘ (0821) 5 97 40, info@dorint.com, Fax (0821) 5974100, 🏋, 🍸 – 🛗, ↙ Zim, 🍴 📺 📞 🛁 ⇐⇒ – 🔔 180. 🆎 ⓞ ⓜ VISA JCB
X c
Menu à la carte 23,50/40,50 – ⊇ 16 – **184 Zim** 116/136 – 136/156.
♦ Der prägnante, runde Turmbau des Hotels sticht sofort ins Auge. Innen finden Sie moderne, funktionelle und technisch gut ausgestattete Räume. Mit Zugang zur Kongresshalle. Bistro-Restaurant mit Buffet und großer Fensterfront.

🏨 **Augusta,** Ludwigstr. 2, ✉ 86152, ℘ (0821) 5 01 40, reception@hotelaugusta.de, Fax (0821) 5014605, 🍸 – 🛗, ↙ Zim, 📺 📞 🛁 – 🔔 70. 🆎 ⓞ ⓜ VISA JCB
Y v
Menu (nur Abendessen) à la carte 20/34 – **107 Zim** ⊇ 98/105 – 124/149, 4 Suiten.
♦ Die ehemalige Druckerei der Augsburger Allgemeinen beherbergt heute ein Hotel mit freundlichen, komfortablen und technisch gut ausgestatteten Zimmern.

🏨 **Riegele,** Viktoriastr. 4, ✉ 86150, ℘ (0821) 50 90 00, mail@hotel-riegele.de, Fax (0821) 517746, 🍽 – 🛗 📺 📞 P – 🔔 80. 🆎 ⓞ ⓜ VISA JCB
X r
Menu (geschl. 15. - 30. Aug., Sonntagabend) à la carte 19/36 – **28 Zim** ⊇ 79/95 – 99/115.
♦ Hier übernachten Sie in einem sehr gepflegten und gut geführten Hotel mit modernen Zimmern und einer persönlichen Ausstrahlung - nahe dem Hauptbahnhof gelegen. Ein eleganter Landhausstil prägt die Atmosphäre im Restaurant.

🏨 **Romantik Hotel Augsburger Hof,** Auf dem Kreuz 2, ✉ 86152, ℘ (0821) 34 30 50, info@augsburger-hof.de, Fax (0821) 3430555, 🍽, 🍸 – 🛗, ↙ Zim, 📺 📞 ⇐⇒. 🆎 ⓞ ⓜ VISA JCB
X v
Menu (geschl. 1. - 18. Jan.) à la carte 21/40 – **36 Zim** ⊇ 78/105 – 80/130.
♦ Eine Unterkunft mit Charme : Eines der ältesten Gasthäuser Augsburgs heißt Sie mit zeitgemäßem Komfort und individuellen, geschmackvoll dekorierten Zimmern willkommen. Umgeben von ländlicher Eleganz serviert man im Restaurant schwäbische Spezialitäten.

🏨 **Dom-Hotel** garni, Frauentorstr. 8, ✉ 86152, ℘ (0821) 34 39 30, info@domhotel-augsburg.de, Fax (0821) 34393200, 🍸, 🏊 – 🛗 ↙ 📺 📞 ⇐⇒ P – 🔔 15. 🆎 ⓞ ⓜ VISA JCB
Y c
52 Zim ⊇ 65/100 – 75/135.
♦ Direkt am Dom übernachten Sie hier in gepflegten Zimmern. Die Besitzerfamilie, die das Hotel in vierter Generation engagiert führt, sorgt für einen sympathischen Rahmen.

🏨 **Ost am Kö** garni, Fuggerstr. 4, ✉ 86150, ℘ (0821) 50 20 40, ulrich@ostamkoe.de, Fax (0821) 5020444, 🍸 – 🛗 ↙ 📺 📞. 🆎 ⓞ ⓜ VISA
Y z
55 Zim ⊇ 65/85 – 80/120.
♦ Gepflegtes Stadthotel mit freundlichem Service. Die mahagonifarben eingerichteten Zimmer sind praktisch und gut ausgestattet.

AUGSBURG

XX Die Ecke, Elias-Holl-Platz 2, ✉ 86150, ℘ (0821) 51 06 00, *restaurant.dieecke@t-online.de, Fax (0821) 311992*, 😀 – AE ⓪ ⓜ VISA Y n
Menu 16 (mittags) à la carte 27/50.
♦ Rustikale und moderne Elemente mischen sich in dem in einem historischen Stadthaus untergebrachten Restaurant, das schon Bert Brecht besuchte. Ausstellung moderner Bilder.

XX Bohème, Vorderer Lech 3, ✉ 86150, ℘ (0821) 15 91 27, *info@restaurant-boheme.de, Fax (0821) 3199704*, 😀 – ⓪ ⓜ VISA Y a
geschl. über Fasching, Montag – **Menu** à la carte 22,50/35.
♦ In einem etwas versteckt liegenden renovierten Altstadthaus hat man dieses kleine Lokal eingerichtet - im Inneren hell, mit leicht elegantem Touch gestaltet. Nette Terrasse.

XX Feinkost Kahn, Annastr. 16 (2. Etage), ✉ 86150, ℘ (0821) 31 20 31, *Fax (0821) 516216* – AE ⓪ ⓜ Y b
geschl. Aug., Sonntag – **Menu** *(nur Mittagessen, Freitag auch Abendessen)* à la carte 27,50/43.
♦ Das in der Fußgängerzone gelegene Geschäftshaus beherbergt ein Feinkostgeschäft, ein Café/Bistro sowie ein halbrund angelegtes Restaurant mit klassischem Rahmen.

X Fuggerei-Stube, Jakoberstr. 26, ✉ 86152, ℘ (0821) 3 08 70, *fuggereistube@t-online.de, Fax (0821) 159023* – AE ⓜ VISA Y s
geschl. Sonn- und Feiertage abends, Montag – **Menu** (Tischbestellung ratsam) à la carte 15/36.
♦ Dieses rustikale Restaurant ist in einem Teil der ältesten Sozialsiedlung der Welt untergebracht. Auch Stammgäste sitzen gerne unter dem schönen, markanten Kreuzgewölbe.

In Augsburg-Göggingen *über ④ : 4 km :*

🏨 Terratel *garni*, Nanette-Streicher-Str. 4, ✉ 86199, ℘ (0821) 90 60 40, *hotel.terratel@t-online.de, Fax (0821) 9060450*, 📶, 🛎 – 📺 – 🍴 📺 ✆ 🚗 AE ⓪ ⓜ VISA JCB 🍽
geschl. Weihnachten - 6. Jan. – **32 Zim** ⌑ 60/75 – 80/90.
♦ Neuzeitlich gestaltete Zimmer, ein reichhaltiges Frühstücksbuffet und ein gepflegter Freizeitbereich machen dieses gut geführte Hotel aus.

In Augsburg-Lechhausen :

X Wirtshaus am Lech, Leipziger Str. 50, ✉ 86169, ℘ (0821) 70 70 74, *railagmbh@aol.com, Fax (0821) 707084*, Biergarten – 🅿 AE ⓜ X s
geschl. Donnerstag – **Menu** à la carte 14,50/29,50.
♦ Die Freunde einer regionalen und schwäbischen Küche kommen in diesem typisch bayerischen, mit viel Holz eingerichteten Gasthof auf ihre Kosten.

AUGSBURG

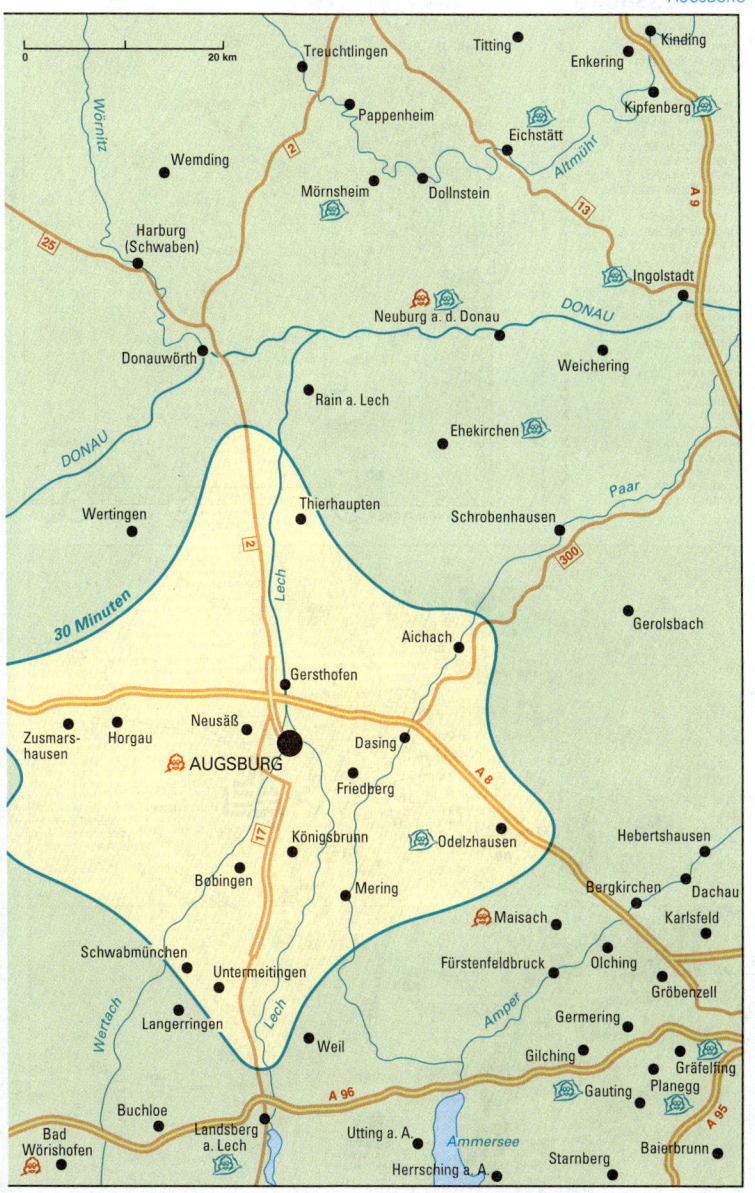

In Augsburg-Oberhausen über ⑥ : 2,5 km :

Alpenhof (mit Gästehaus), Donauwörther Str. 233, ✉ 86154, ℰ (0821) 4 20 40, info@alpenhof-hotel.de, Fax (0821) 4204200, Biergarten, 🍽, 🞋 – 🛗, ✻ Zim, 📺 📞 🚗 🅿 – 🛎 120. AE ⓄD ⓂO VISA – **Menu** à la carte 15,50/39 – **130 Zim** 🖙 69/123 – 97/159.

♦ Ob Tagung, Urlaub oder Reisegruppe : Das Hotel bietet solide ausgestattete Zimmer verschiedener Kategorien, die sich auf drei Gebäude verteilen. Restaurant mit internationaler Küche.

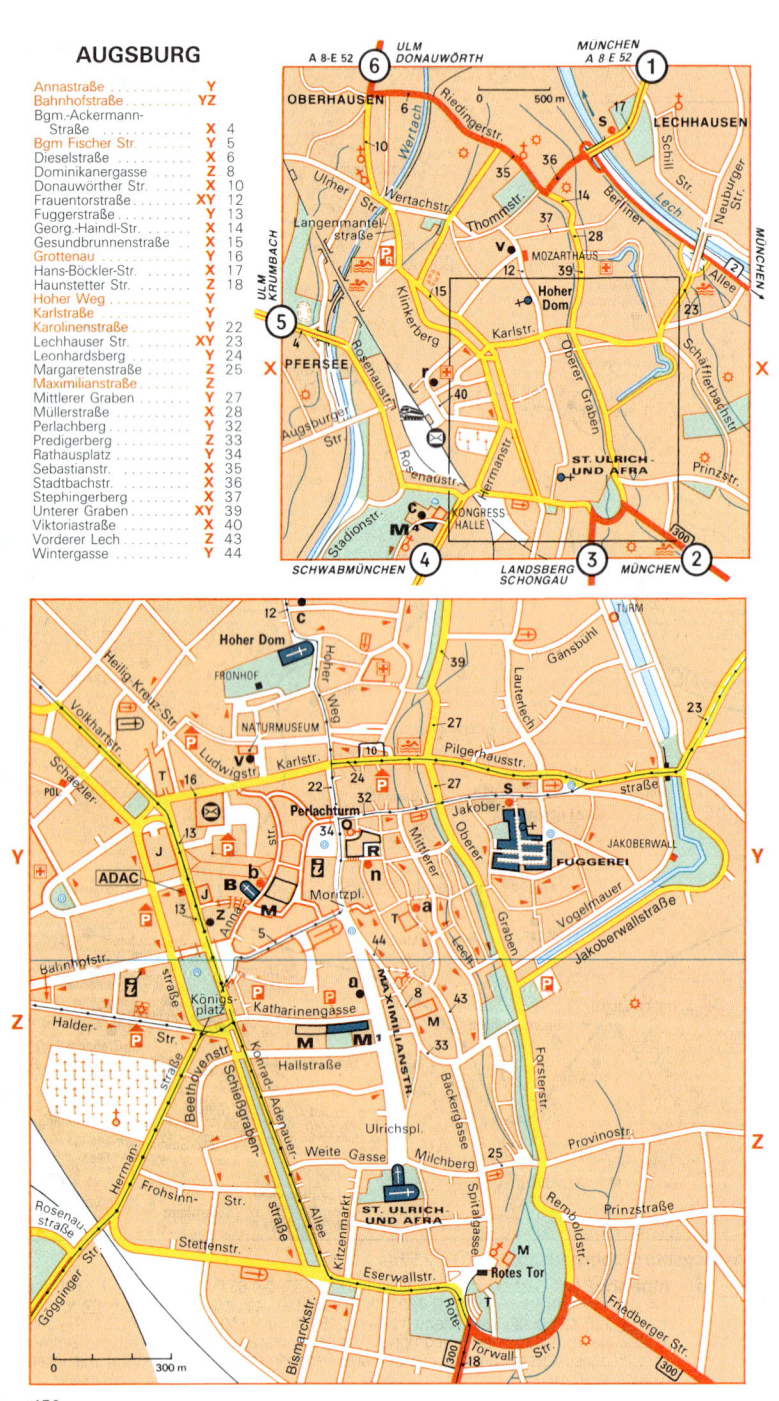

AUGSBURG

Annastraße	Y
Bahnhofstraße	YZ
Bgm.-Ackermann-Straße	X 4
Bgm Fischer Str.	Y 5
Dieselstraße	X 6
Dominikanergasse	Z 8
Donauwörther Str.	X 10
Frauentorstraße	XY 12
Fuggerstraße	Y 13
Georg.-Haindl-Str.	Y 14
Gesundbrunnenstraße	X 15
Grottenau	Y 16
Hans-Böckler-Str.	X 17
Haunstetter Str.	Z 18
Hoher Weg	Y
Karlstraße	Y
Karolinenstraße	Y 22
Lechhauser Str.	XY 23
Leonhardsberg	Y 24
Margaretenstraße	Z 25
Maximilianstraße	Z
Mittlerer Graben	X 27
Müllerstraße	X 28
Perlachberg	Y 32
Predigerberg	Y 33
Rathausplatz	Y 34
Sebastianstr.	Y 35
Stadtbachstr.	X 36
Stephingerberg	X 37
Unterer Graben	XY 39
Viktoriastraße	X 40
Vorderer Lech	Z 43
Wintergasse	Y 44

AUGUSTUSBURG Sachsen 544 N 23 – 2500 Ew – Höhe 470 m.

Sehenswert: Schloss Augustusburg (Jagdtier- und Vogelkundemuseum★, Motorradmuseum★★).

🛈 Fremdenverkehrsamt, Marienberger Str. 24 (Rathaus), ✉ 09573, ℘ (037291) 3 95 50, augustusburg@t-online.de, Fax (037291) 39555.

Berlin 260 – Dresden 96 – Chemnitz 21 – Zwickau 52.

Cafe Friedrich ⚘, Hans-Planer-Str. 1, ✉ 09573, ℘ (037291) 66 66, hotel@cafe-friedrich.de, Fax (037291) 60052, 🌳 – 📺 ⇌ 🅿. 🆎 🟦 🆑 🔶
Menu (geschl. Feb. 3 Wochen) à la carte 9/25 – **11 Zim** ⌺ 39/44 – 52/65.
♦ Das villenartige Hotel mit gemütlichen, gepflegten Zimmern liegt in einem ruhigen, um die Jahrhundertwende entstandenen Waldvillenviertel. Ein gut geführter Familienbetrieb. Restaurant im Café-Stil mit bürgerlicher Küche.

AUMÜHLE Schleswig-Holstein 541 F 14 – 3500 Ew – Höhe 35 m.

Berlin 266 – Kiel 104 – Hamburg 33 – Lübeck 57.

Waldesruh am See, Am Mühlenteich 2, ✉ 21521, ℘ (04104) 30 46, waldesruhamsee@aol.com, Fax (04104) 2073, ≤, 🌳 – 🗐 📺 🅿. 🆎 🟦 🔶
Menu (geschl. Dienstag) 28,50 à la carte 22/35 – **15 Z** ⌺ 58/72 – 87.
♦ Das ehemalige Jagdschloss aus dem 18. Jh. ist an einem kleinen See gelegen. Tadellos unterhaltene, hübsche Zimmer mit guter technischer Ausstattung stehen bereit. Verschiedene Räume von klassisch bis altdeutsch bilden das Restaurant.

✕✕ **Fürst Bismarck Mühle** mit Zim, Mühlenweg 3, ✉ 21521, ℘ (04104) 20 28, szaggars@t-online.de, Fax (04104) 1200, 🌳 – 📺 ☎ 🅿. 🟦 🔶
Menu (geschl. Mittwoch) à la carte 19/38 – **7 Zim** ⌺ 62 – 98.
♦ Neben einem geschmackvoll, leicht rustikal eingerichteten Restaurant mit hübscher Gartenterrasse beherbergt die ehemalige Mühle auch individuell gestaltete Gästezimmer.

AURICH (OSTFRIESLAND) Niedersachsen 541 F 6 – 41200 Ew – Höhe 8 m.

🛈 Verkehrsverein, Norderstr. 32, ✉ 26603, ℘ (04941) 44 64, vvaurich@t-online.de, Fax (04941) 10655.

ADAC, Esenser Str. 122a.

Berlin 506 – Hannover 241 – Emden 26 – Oldenburg 70 – Wilhelmshaven 51.

Piqueurhof, Burgstraße, ✉ 26603, ℘ (04941) 9 55 20, info@piqueurhof.de, Fax (04941) 955268, Biergarten, ≦s, 🏊, – 🗐 📺 ♿ 🅿. – 🎀 250. 🆎 🟦 🆑 🔶
Menu à la carte 18/33 – **40 Zim** ⌺ 51/95 – 89/115.
♦ Das Hotel mit der schönen, denkmalgeschützten Jugendstilfassade verfügt über wohnliche Zimmer in neuzeitlichem Stil, die alle nach einer Stadt benannt sind. Klassisches Restaurant mit hoher Decke und großer Fensterfront.

Brems Garten, Kirchdorfer Str. 7, ✉ 26603, ℘ (04941) 92 00, brems-garten@nwn.de, Fax (04941) 920920, 🌳 – 📺 🅿. – 🎀 300. 🆎 🟦 🆑 🔶
Menu à la carte 17/33 – **29 Zim** ⌺ 45/55 – 70/85 – ½ P 13.
♦ Das familiengeführte Hotel liegt direkt an der Stadthalle und bietet Ihnen geräumige und gepflegte, funktionell ausgestattete Gästezimmer. Unterschiedlich gestaltete Restauranträume, zum Teil maritim dekoriert.

Twardokus (mit Gästehaus), Kirchstr. 6, ✉ 26603, ℘ (04941) 9 90 90, info@twardokus.de, Fax (04941) 990929, 🌳 – 📺 ☎ 🆑 🔶
Menu (geschl. Sonntagabend) à la carte 20,50/28,50 – **30 Zim** ⌺ 50/75 – 70/85.
♦ Im historischen Stadtkern liegt dieses behagliche Hotel mit denkmalgeschütztem Gästehaus. Die wohnlichen Zimmer sind mit Literatur aus der eigenen Buchhandlung bestückt. Gemütliches Restaurant mit lauschigem Biergarten.

In Aurich-Wallinghausen Ost : 3 km :

Köhlers Forsthaus ⚘, Hoheberger Weg 192, ✉ 26605, ℘ (04941) 1 79 20, hotel@koehlers-forsthaus.de, Fax (04941) 179217, 🌳, ≦s, 🏊, – ↯ Zim, 📺 ♿ 🅿 – 🎀 80. 🆑 🔶 JCB
Menu à la carte 15/31 – **50 Zim** ⌺ 47/73 – 82/130.
♦ Individuell gestaltete Zimmer, phantasievolle Bäder und der hübsche Garten zeichnen dieses gewachsene, familiengeführte Hotel im für die Region typischen Baustil aus. Von den gediegenen Gasträumen aus haben Sie einen herrlichen Blick ins Grüne.

In Aurich-Wiesens Süd-Ost : Richtung Friedeburg 6 km :

✕✕ **Waldhof** ⚘ mit Zim, Zum alten Moor 10, ✉ 26605, ℘ (04941) 6 04 09 90, heldfulservice.catering.@t-online.de, Fax (04941) 66579, 🏊, – 📺 ⇌ 🅿. 🆑
Menu (geschl. Montag - Dienstag) (wochentags nur Abendessen) à la carte 23/35 – **9 Zim** ⌺ 50/60 – 85.
♦ Etwas außerhalb recht ruhig in einem parkartigen Garten gelegenes Restaurant mit internationaler Küche - schöne Terrasse. Freundliche Zimmer laden zum Übernachten ein.

AYING Bayern 546 W 19 – 3 000 Ew – Höhe 611 m – Wintersport : ⛷.
🛇 🛇 Schloss Egmating (Nord : 6km), ℘ (08095) 9 08 60.
Berlin 613 – München 29 – Rosenheim 34.

🏨 **Brauereigasthof Aying**, Zornedinger Str. 2, ✉ 85653, ℘ (08095) 9 06 50, *brauereigasthof@ayinger-bier.de*, Fax (08095) 906566, Biergarten, 🛏, ☎ – 🛗 📺 ✆ 🅿 – 🔼 100. AE ⓞ ⓜ VISA
Menu à la carte 18,50/43,50 – **34 Zim** ⚏ 95/145 – 135/180.
♦ Die komfortablen, wohnlichen Zimmer dieses traditionellen, typisch bayerischen Brauereigasthofs gefallen mit individuell gestaltetem, hübschem Landhaus-Ambiente. Das ländlich eingerichtete Restaurant bietet eine regionstypische Küche.

BAABE Mecklenburg-Vorpommern siehe Rügen (Insel).

BABENHAUSEN Bayern 546 V 14 – 5 000 Ew – Höhe 563 m – Erholungsort.
Berlin 612 – München 112 – Augsburg 66 – Memmingen 22 – Ulm (Donau) 39.

🍴 **Post**, Stadtgasse 1, ✉ 87727, ℘ (08333) 13 03, *info@post-babenhausen.de* – 🅿 ⓜ
🏨 *geschl. 27. Aug. - 7. Sept., Montag - Dienstag* – **Menu** à la carte 18/35.
♦ In dem rustikalen Restaurant steht der Chef Michael Scheppach mit großem Eifer am Herd. Und er versteht sein Handwerk : Er präsentiert eine schmackhafte regionale Saisonküche.

BABENHAUSEN Hessen 543 Q 10 – 16 000 Ew – Höhe 126 m.
Berlin 559 – Wiesbaden 63 – Frankfurt am Main 48 – Darmstadt 26 – Aschaffenburg 14.

🏨 **Ziegelruh** ⚘ garni, Ziegelruh 1, ✉ 64832, ℘ (06073) 7 26 70, *ziegelruh@aol.com*, Fax (06073) 726767 – ⚘ 📺 ✆ 🅿 AE ⓞ ⓜ VISA
27 Zim ⚏ 56/66 – 72/95.
♦ Geräumige Zimmer mit Ankleideraum und einfacher Einrichtung - teils auch mit Balkon - finden Sie in diesem ruhig am Waldrand gelegenen Hotel.

In Babenhausen-Langstadt Süd : 4 km :

🏨 **Zur Bretzel**, Bürgermeistergasse 2, ✉ 64832, ℘ (06073) 8 77 42, Fax (06073) 9749
☎ – ⚘ Zim, 📺 🅿 ⓜ VISA – 🔼 Zim
geschl. Anfang Jan. 1 Woche, Juni - Juli 3 Wochen – **Menu** *(geschl. Freitagmittag, Samstag)* à la carte 12,50/19 – **17 Zim** ⚏ 32/45 – 55/70.
♦ Der traditionsreiche Gasthof ist seit über 130 Jahren in Familienbesitz. Die geräumigen und praktischen Zimmer sind mit Buchenholzmöbeln eingerichtet. Restaurant im Stil einer mit Holz verkleideten Gaststube.

BACHARACH Rheinland-Pfalz 543 P 7 – 2 250 Ew – Höhe 80 m.
Sehenswert : Markt★ – Posthof★ – Burg Stahleck (Aussichtsturm ⩽★★).
🛈 Rhein-Nahe Touristik, Oberstr. 45, ✉ 55422, ℘ (06743) 91 93 03, *info@rhein-nahe-touristik.de*, Fax (06743) 919304.
Berlin 615 – Mainz 50 – Bad Kreuznach 35 – Koblenz 50.

🏨 **Park-Hotel**, Marktstr. 8, ✉ 55422, ℘ (06743) 14 22, *park-hotel-bacharach@t-online.de*, Fax (06743) 1541, ☎, 🛁 – 🛗 📺 ⚘ 🅿 ⓜ VISA
Mitte März - Mitte Nov. – **Menu** *(geschl. Mittwoch)* à la carte 18/33,50 – **25 Zim** ⚏ 55/90 – 80/195 – ½ P 15.
♦ Ein persönlich und individuell geführter Familienbetrieb mit behaglichen Zimmern. Von manchen hat man einen wunderschönen Blick auf den Rhein. In der Pfalzgrafenstube geht es bei regionalen Gerichten bürgerlich zu.

🏨 **Altkölnischer Hof**, Blücherstr. 2, ✉ 55422, ℘ (06743) 13 39, *altkoelnischer-hof@t-online.de*, Fax (06743) 2793, ☎ – ⚘ , ⓜ VISA
April - Okt. – **Menu** à la carte 22/35 – **20 Zim** ⚏ 48/80 – 68/105 – ½ P 16.
♦ Das Hotel ist ein restauriertes historisches Fachwerkhaus. Sie übernachten in hübschen, mit gepflegten Naturholz-Möbeln gestalteten Zimmern. Ob im holzvertäfelten Gastraum oder in der altdeutschen Weinstube - serviert wird Rheinisches.

In Bacharach-Henschhausen Nord-West : 4 km :

🏨 **Landhaus Delle** ⚘, Gutenfelsstr. 16, ✉ 55422, ℘ (06743) 17 65, *info@landhaus-delle-hotel.com*, Fax (06743) 1011, 🚗 – ⚘ 📺 🅿 AE ⓜ VISA ⚘
Mai - Mitte Okt. – **Menu** *(geschl. Sonntag - Montag) (nur Abendessen)* (Restaurant nur für Hausgäste) 50/65 – **8 Zim** ⚏ 125 – 155.
♦ Hoch über dem Rhein thront das Hotel mit sehr privatem Charakter. Großzügige und individuell eingerichtete Zimmer. Hausgästen offeriert die engagierte Küche feine Menüs.

BACKNANG
Baden-Württemberg 546 T 12 – 35 000 Ew – Höhe 271 m.

🖹 Stadtinformation, Am Rathaus 1, ✉ 71522, ℘ (07191) 89 42 56, stadtinfo@backnang.de, Fax (07191) 894100.

Berlin 589 – Stuttgart 36 – Heilbronn 36 – Schwäbisch Gmünd 42 – Schwäbisch Hall 37.

Gerberhof garni, Wilhelmstr. 16, ✉ 71522, ℘ (07191) 97 70, gerberhof-backnang@t-online.de, Fax (07191) 977377 – 📶 ⬚ 📺 📞 ⇌, ⚙ ⓄⒷ 💳
42 Zim ⇌ 69/77 – 89.
• Der rosafarbene Bau steht in einem ruhigen Wohngebiet, nur etwa 500 Meter von der Innenstadt entfernt. Geschmackvolle Zimmer mit Kirschbaummöbeln.

Am Südtor garni, Stuttgarter Str. 139, ✉ 71522, ℘ (07191) 14 40, hotel@suedtor.de, Fax (07191) 144144 – 📶 ⬚ 📺 📞 ⇌ 🅿 – 🛎 45. ⚙ ⓄⒷ 💳
geschl. 23. Dez. - 5. Jan. – **60 Zim** ⇌ 65 – 83.
• Besonders Geschäftsreisende schätzen dieses Hotel, das gut zu erreichen in einem Gewerbegebiet liegt. Sie wohnen in funktionellen, neuzeitlichen Zimmern.

Bitzer garni, Eugen-Adolff-Str. 29, ✉ 71522, ℘ (07191) 9 63 35, hotel-bitzer@t-online.de, Fax (07191) 87636 – ⬚ 📺 📞 ⇌ 🅿 ⚙ 💳
geschl. 20. Dez. - 6. Jan. – **32 Zim** ⇌ 53/62 – 74/79.
• Ein familiär geführtes Hotel mit sauberen und ordentlich eingerichteten Zimmern. Sämtliche Fenster zur Straßenseite sind gut isoliert.

Holzwarth garni, Eduard-Breuninger-Str. 2, ✉ 71522, ℘ (07191) 3 25 50, Fax (07191) 325520 – 📺 ⚙ 💳
14 Zim ⇌ 45 – 69.
• Hinter der Fassade des älteren Flachdachbaus finden Sie Zimmer, die mit soliden braunen Holzmöbeln bestückt sind. Morgens wird ein liebevolles Frühstück serviert.

Tafelhaus, Schillerstr. 6, ✉ 71522, ℘ (07191) 90 27 77, tafelhaus1710@msn.com, Fax (07191) 902788, 🍽 – ⚙ ⓄⒷ 💳 🇯🇨🇧
geschl. 4. - 20. Jan., Sonntagabend - Montag – **Menu** à la carte 31,50/50.
• Das reizvolle Fachwerkhaus stammt aus dem 18. Jh. und bittet seine Gäste im Gewölbekeller aus Naturstein zu Tisch. Interessant : Moderne Bilder zieren die Wände.

Backnanger Stuben, Bahnhofstr. 7 (Bürgerhaus), ✉ 71522, ℘ (07191) 3 25 60, info@backnanger-stuben.de, Fax (07191) 325626 – 🛎 250. ⚙ ⓄⒷ 💳
geschl. 28. Juli - 12. Aug., Dienstag – **Menu** à la carte 16/26.
• In dem einladenden, leicht rustikalen Restaurant versteht man es, gutbürgerlich zu kochen. Gäste schätzen die engagierte und freundliche Führung.

In Aspach-Großaspach Nord-West : 4 km, jenseits der B 14 :

Lamm, Hauptstr. 23, ✉ 71546, ℘ (07191) 2 02 71, Fax (07191) 23131 – 🅿 ⓄⒷ 💳
geschl. Aug. 2 Wochen, Sonntagabend - Montag – **Menu** à la carte 24/39,50.
• Die Geschichte des Gasthofs führt bis in das Jahr 1710 zurück. Heute wird in der rustikalen Gaststube eine Karte mit regionalen und französischen Gerichten gereicht.

BAD...

siehe unter dem Eigennamen des Ortes (z. B. Bad Orb siehe Orb, Bad).

voir au nom propre de la localité (ex. : Bad Orb voir Orb, Bad).

see under second part of town name (e.g. for Bad Orb see under Orb, Bad).

vedere nome proprio della località (es. : Bad Orb vedere Orb, Bad).

BADEN-BADEN
Baden-Württemberg 545 T 8 – 52 000 Ew – Höhe 181 m – Heilbad.

Sehenswert : Lichtentaler Allee★★ BZ – Kurhaus (Spielsäle)★ BZ – Stadtmuseum im Baldreit★ BY – Gönneranlage★ – Stiftskirche (Sandsteinkruzifix★) CY.

Ausflugsziele : Ruine Yburg ⁂★★ über Fremersbergstr. AX – Merkur ⇐★ AX – Autobahnkirche★, über ① : 8 km – Schwarzwaldhochstraße (Höhenstraße★★★ von Baden-Baden bis Freudenstadt) – Badische Weinstraße (Rebland★) – Gernsbach (Altes Rathaus★), über Beuerner Str. AX.

🏌 Baden-Baden, Fremersbergstr. 127 AX, ℘ (07221) 2 35 79.

🖹 Tourist-Information, Kaiserallee 3, (Trinkhalle), ✉ 76530, ℘ (07221) 27 52 00, info@baden-baden.com, Fax (07221) 275202.

🖹 Tourist-Information, Schwarzwaldstr. 52 (Autobahnzubringer über ①), ✉ 76530, ℘ (07221) 27 52 00, Fax (07221) 275202.

ADAC, Lange Str. 57.

Berlin 709 ① – Stuttgart 112 ① – Karlsruhe 38 ① – Freiburg 112 ① – Strasbourg 61 ①

Stadtplan siehe nächste Seite

BADEN-BADEN

Beuerner Straße	AX 2
Burgstraße	BY 3
Eichstraße	CZ 6
Europastraße	AX 7
Gernsbacher Str	BCY 8
Geroldsauer Straße	AX 9
Goetheplatz	BZ 10
Gunzenbachstraße	AX 13
Hauptstraße	AX 15
Herchenbachstraße	AX 16
Hirschstraße	BY 18
Kaiser-Wilhelm-Straße	AX, BZ 19
Katzensteinstraße	AX 22
Konrad-Adenauer-Platz	BZ 23
Kreuzstraße	BZ 24
Lange Str	AX, BY 25
Leopoldstraße	AX 26
Lichtentaler Str	AX, CZ 28
Ludwig-Wilhelm-Platz	CZ 30
Luisenstraße	BY
Markgrafenstraße	CZ 32
Marktplatz	CY 33
Merkurstraße	CZ 35
Moltkestraße	AX 36
Prinz-Weimar-Straße	CY 38
Rheinstraße	AX 39
Sonnenplatz	CY 42
Sophienstraße	CY
Steinstraße	CY 43
Werderstraße	AX 45
Willy-Brandt-Platz	CY 47

Die Stadtpläne sind eingenordet (Norden = oben)

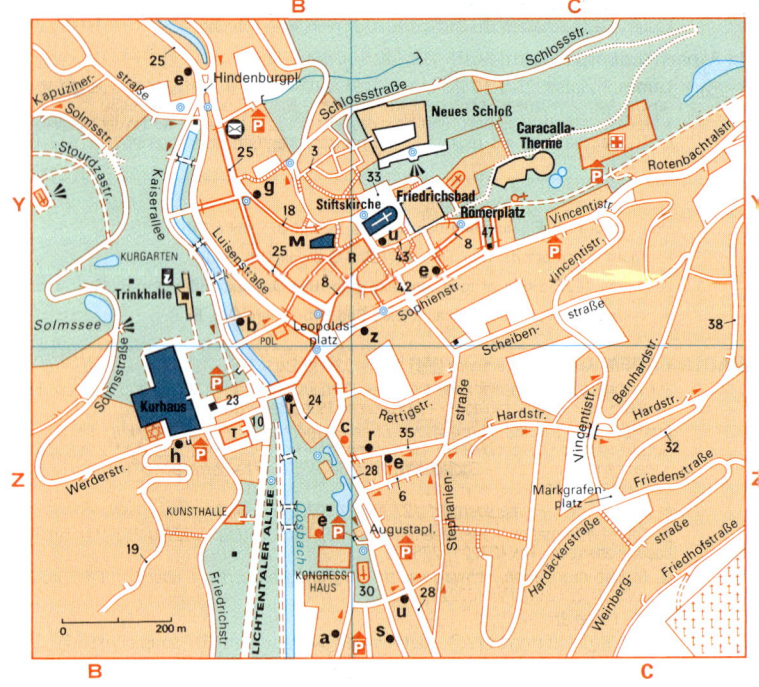

BADEN-BADEN

Brenner's Park-Hotel ⟨⟩, Schillerstr. 4, ✉ 76530, ☎ (07221) 90 00, info@brenn
ers.com, Fax (07221) 38772, ≤, ☆, ⚘, ♨ (Brenner's Spa), ☰s, ▭, ⚿, – ⌘ ▭
⚘ ⚗ – ⛳ 150. ⌶ ⓐ ⓜ ⓥⓘⓢⓐ ⓙⓒⓑ. ⚠ Rest BZ a
Park-Restaurant (nur Abendessen) **Menu** 70 à la carte 61/79, ♨ – **Wintergarten**: Menu
à la carte 41/59, ♨ – ⚗ 22 – **100 Zim** 190/350 – 270/570, 14 Suiten.
◆ Eines der letzten ganz echten Grandhotels in Deutschland. Genießen Sie den exklusiven, opu-
lenten Komfort, den Sie von einem mondänen Luxus-Hotel erwarten können. Aufwändigst
renoviert, erstrahlt das Park-Restaurant in außergewöhnlicher Pracht und Eleganz.

Steigenberger Europäischer Hof, Kaiserallee 2, ✉ 76530, ☎ (07221) 93 30, eur
opaeischer-hof@steigenberger.de, Fax (07221) 28831, ≤, Massage, ☰s – ⌘, ⚿ Zim,
▭ Rest, ⊡ ⓟ – ⛳ 60. ⌶ ⓞ ⓜ ⓥⓘⓢⓐ ⓙⓒⓑ. ⚠ Rest BY b
Menu à la carte 29,50/50,50 – **127 Zim** ⚗ 138/188 – 208/278, 4 Suiten – ½ P 31.
◆ Schon Kaiser Wilhelm, russische Fürsten und viele Staatsoberhäupter residierten in dem
eleganten Hotel. Imposantes Interieur gepaart mit gutem Service. Kleines klassisches
Restaurant mit Terrasse am Oos.

Dorint Maison Messmer, Werderstr. 1, ✉ 76530, ☎ (07221) 3 01 20, info.zccba
d@dorint.com, Fax (07221) 3012100, ⚘, Massage, ⓕ, ☰s, ▭ – ⌘, ⚿ Zim, ▭ ⊡ ⚿
⚘ ⚗ – ⛳ 130. ⌶ ⓞ ⓜ ⓥⓘⓢⓐ ⓙⓒⓑ. ⚠ Rest BZ h
J.B. Messmer (geschl. Sonntagabend) **Menu** à la carte 43/60,50, ♨ – **Brasserie** (geschl.
Sonntagabend) **Menu** à la carte 31/44, ♨ – **Theaterkeller** (geschl. 28. Juni - 23. Aug.,
Montag - Dienstag) (nur Abendessen) **Menu** à la carte 21,50/42, ♨ – ⚗ 19 – **161 Zim**
150/185 – 190/290, 10 Suiten – ½ P 28.
◆ Die zwei historischen Seitenflügel der früheren Sommerresidenz Kaiser Wilhelms I. mit
dem Malersaal wurden um einen Neubau ergänzt und bestechen mit elegantem Interieur.
Nobler Stil im J. B. Messmer in der ersten Etage.

Belle Epoque garni, Maria-Viktoria-Str. 2c, ✉ 76530, ☎ (07221) 30 06 60, info@ho
tel-belle-epoque.de, Fax (07221) 300666, ⚘ – ▭ ⊡ ⚿ ⓟ – ⛳ 25. ⌶ ⓜ ⓥⓘⓢⓐ ⓙⓒⓑ. ⚠
16 Zim ⚗ 150/195 – 175/275. CZ s
◆ Inmitten eines kleinen Parks steht die hochherrschaftliche Villa von 1870. Vom Besitzer
aufwändigst renoviert und mit auserlesenen Antiquitäten diverser Epochen bestückt.

Steigenberger Badischer Hof, Lange Str. 47, ✉ 76530, ☎ (07221) 93 40, badis
cher-hof@steigenberger.de, Fax (07221) 934470, ⚘, ⚘, ♨, ☰s, ▭ (Thermal), ▭, ⚘
– ⌘, ⚿ Zim, ⊡ ⚿ ⚗ – ⛳ 150. ⌶ ⓜ ⓥⓘⓢⓐ ⚠ Rest BY e
Menu à la carte 30,50/51 – **139 Zim** ⚗ 112/159 – 172/244, 4 Suiten – ½ P 29.
◆ Die zentrale und dennoch schöne Lage am Anfang der Fußgängerzone und des Kurparks
sprechen für den Badischen Hof. Den Gästen stehen komfortable Zimmer zur Verfügung.
Das Restaurant gefällt durch eine gelungene Synthese von Altem und zeitgemäßem Kom-
fort.

Quisisana ⟨⟩, Bismarckstr. 21, ✉ 76530, ☎ (07221) 36 90, info@privathotel-quisis
ana.de, Fax (07221) 369269, ⚘, ♨, ⓕ, ☰s, ▭, ⚘ – ⌘, ⚿ Rest, ⊡ ⚗ ⓟ – ⛳ 20.
⌶ ⓜ ⓥⓘⓢⓐ. ⚠ Rest AX n
geschl. 10. - 31. Jan. – **Menu** à la carte 28,50/38,50 – **60 Zim** ⚗ 120/175 – 210/240,
7 Suiten – ½ P 29.
◆ Dieses charmante Hotel liegt etwas versteckt in einem Wohngebiet in Halbhöhenlage.
Stilvolle, elegante Zimmer. Der großzügige Wellness-Bereich lädt zum Entspannen ein. Im
modernen Restaurant mit Wintergarten offeriert man Gästen eine kleine, aber feine Karte.

Holland Hotel Sophienpark, Sophienstr. 14, ✉ 76530, ☎ (07221) 35 60, info@
holland-hotel-sophienpark.de, Fax (07221) 356121, ⚘ – ⌘, ⚿ Zim, ⊡ ⚿ ⓟ – ⛳ 60.
⌶ ⓜ ⓥⓘⓢⓐ ⓙⓒⓑ. ⚠ Rest CY z
Menu (nur Lunchbuffet) 23 – **73 Zim** ⚗ 120/135 – 175/195, 3 Suiten.
◆ Im Herzen der Stadt bietet das Haus mit Park seinen Gästen modernen Komfort. In den
Zimmern erwarten Sie weiße Rattan-Möbel und ein Dekor aus pastellfarbenen Accessoires.
Restaurant in der ersten Etage mit Terrasse und schönem Blick in den Garten.

Queens ⟨⟩, Falkenstr. 2, ✉ 76530, ☎ (07221) 21 90, info.qbaden-baden@queensgr
uppe.de, Fax (07221) 219519, ⚘, Massage, ☰s, ▭, ⚘ – ⌘, ⚿ Zim, ⊡ ⚿ ⚗ ⚘
ⓟ – ⛳ 80. ⌶ ⓞ ⓜ ⓥⓘⓢⓐ ⓙⓒⓑ. ⚠ Rest AX e
Menu à la carte 20,50/38 – **121 Zim** ⚗ 118/156 – 150/187 – ½ P 18.
◆ Beliebtes Hotel für Tagungsgäste und Geschäftsreisende. Die Zimmer sind behaglich
eingerichtet und mit zeitgemäßem Komfort ausgestattet. Schönheitsfarm im Unterge-
schoss! In der Reblaus sorgt ein grüner Kachelofen für eine warme, rustikale Atmos-
phäre.

Romantik Hotel Der kleine Prinz, Lichtentaler Str. 36, ✉ 76530, ☎ (07221)
34 66 00, info@derkleineprinz.de, Fax (07221) 3466059 – ⌘, ▭ Rest, ⊡ ⚿ ⓟ – ⛳ 15.
⌶ ⓜ ⓥⓘⓢⓐ ⓙⓒⓑ. ⚠ Rest CZ u
Menu à la carte 42/46 – **40 Zim** ⚗ 99/195 – 160/265, 7 Suiten – ½ P 35.
◆ Kein Zimmer gleicht hier dem anderen: Von modern über rustikal bis hin zu klassischen
Stilarten - Sie haben die Wahl. Das Frühstück wird im eleganten Salon eingenommen. Kleines
Restaurant mit verspieltem Interieur und wohnzimmerähnlicher Atmosphäre.

141

BADEN-BADEN

Bad-Hotel Zum Hirsch, Hirschstr. 1, ⌧ 76530, ℘ (07221) 93 90, zum-hirsch@steigenberger.de, Fax (07221) 38148, Massage, ♨ – ⌘, ⇔ Zim, 📺 🅿 – 🔒 100. ⊞ ⓞ ⓜ ⓥⓘⓢⓐ ⓙⓒⓑ. ✳ Rest   BY g
Menu (nur Abendessen) (Restaurant nur für Hausgäste) – **58 Zim** ⊇ 85/115 – 140/150 – ½ P 26.
◆ In der Fußgängerzone liegt das mit vielen Blumen geschmückte Hotel. Im Inneren finden Sie Zimmer, die mit graziös geschwungenen Stilmöbeln eingerichtet sind. Schöner Ballsaal.

Atlantic, Sophienstr. 2a, ⌧ 76530, ℘ (07221) 36 10, info@atlantic-baden-baden.de, Fax (07221) 26260, ☕ – ⌘, ⇔ Zim, 📺 ⓜ ⓥⓘⓢⓐ. ✳ Rest   BZ r
Menu à la carte 20/34 – **51 Zim** ⊇ 67/110 – 124/170.
◆ Mit einer über 150-jährigen Tradition ein Klassiker in der Baden-Badener Hotellerie. Das Haus bietet einen guten Komfort, wohnliche Zimmer und eine nette Atmosphäre. Nehmen Sie Platz im Restaurant und genießen Sie die Aussicht auf die Lichtentaler Allee.

Tannenhof, Hans-Bredow-Str. 20, ⌧ 76530, ℘ (07221) 30 09 90, info@hotel-tannenhof-baden-baden.de, Fax (07221) 3009951, ≤, ☕, ⓢ, ✎ – ⌘ 📺 ❤ 🅿 – 🔒 40. ⊞ ⓞ ⓜ ⓥⓘⓢⓐ   AX s
Piemonte (italienische Küche) (geschl. Anfang Aug. 3 Wochen, Samstagmittag, Sonn- und Feiertage) **Menu** à la carte 23/45 – **27 Zim** ⊇ 62/94 – 102/130 – ½ P 18.
◆ Ruhig inmitten des Rundfunkgeländes gelegenes, gut geführtes Hotel. Wie sein Name schon sagt, lehnt sich das Restaurant Piemonte stark an die Küche des italienischen Nordens an.

Merkur, Merkurstr. 8, ⌧ 76530, ℘ (07221) 30 30, info@hotel-merkur.com, Fax (07221) 303333 – ⌘ 📺 ❤ ⇔ – 🔒 20. ⊞ ⓞ ⓜ ⓥⓘⓢⓐ ⓙⓒⓑ. ✳ Zim   CZ e
Sterntaler (Montag - Freitag nur Abendessen) **Menu** à la carte 23/36,50 – **38 Zim** ⊇ 72/98 – 90/139 – ½ P 18.
◆ Moderne und in hellen Farben eingerichtete Zimmer finden Sie in dem netten kleinen Hotel. Zentral gelegen, können Sie von hier aus sofort zu Ihren Unternehmungen starten. Mit vielen Gelb- und Apricot-Tönen präsentiert sich das Restaurant Sterntaler.

Etol garni, Merkurstr. 7, ⌧ 76530, ℘ (07221) 3 60 40, info@hoteletol.de, Fax (07221) 360444 – 📺 ⇔ 🅿. ⊞ ⓞ ⓜ ⓥⓘⓢⓐ ⓙⓒⓑ. ✳   CZ r
19 Zim ⊇ 67/98 – 82/123.
◆ Die ruhige Seitenstraße vom Augustaplatz ist nur einen Steinwurf vom Kongresshaus entfernt. Man hat die Zimmer teils mit Nussbaum-, teils mit Eichenmöbeln gestaltet.

Am Markt, Marktplatz 18, ⌧ 76530, ℘ (07221) 2 70 40, info@hotel-am-markt-baden.de, Fax (07221) 270444 – ⌘. ⊞ ⓞ ⓜ ⓥⓘⓢⓐ. ✳ Rest   CY u
Menu (geschl. Mittwoch, Sonntag) (nur Abendessen) (Restaurant nur für Hausgäste) – **25 Zim** ⊇ 32/60 – 60/80.
◆ Direkt bei den Thermen gelegen, überzeugt das von zwei Schwestern geführte kleine Hotel durch Freundlichkeit, Sauberkeit und Pflege. Nette, wohnliche Zimmer.

Römerhof garni, Sophienstr. 25, ⌧ 76530, ℘ (07221) 2 34 15, Fax (07221) 391707 – ⌘. ⊞ ⓞ ⓜ ⓥⓘⓢⓐ ⓙⓒⓑ   CY e
geschl. Mitte Dez. - Mitte Feb. – **24 Zim** ⊇ 51 – 94.
◆ Die Zimmer des im Familienbesitz befindlichen Hauses sind neuzeitlich möbliert. Sie sind mit wohnlichem hellem oder dunklem Holzinventar eingerichtet.

Le Jardin de France (Bernhard), Lichtentaler Str. 13, ⌧ 76530, ℘ (07221) 3 00 78 60, info@lejardindefrance.de, Fax (07221) 3007870, ☕ – ▣. ⊞ ⓞ ⓜ ⓥⓘⓢⓐ ⓙⓒⓑ   BZ c
geschl. 29. Dez. - 13. Jan., 25. Juli - 10. Aug., Montag - Dienstagmittag, April - Juli Sonntag - Dienstagmittag – **Menu** (abends Tischbestellung ratsam) 45/77 à la carte 44/72, ♀.
◆ In der Passage des Goldenen Kreuzes erwartet Sie exquisite klassische Küche. Elegant: helle Hussenstühle, dunkelrote Wände und große moderne Gemälde. Schöne Innenhofterrasse.
Spez. Gebratene Entenleber mit Früchten der Saison. Filet vom Seewolf mit Champagnersauce und Fenchelpüree. Crème brûlée mit Bourbon-Vanille.

Medici, Augustaplatz 8, ⌧ 76530, ℘ (07221) 20 06, info@medici.de, Fax (07221) 2007, ☕ – ⊞ ⓞ ⓜ ⓥⓘⓢⓐ ⓙⓒⓑ. ✳   BZ e
geschl. Montag – **Menu** (nur Abendessen) (Tischbestellung ratsam) à la carte 34/50.
◆ Hier speisten unter anderem schon Bill Clinton und Nelson Mandela. Genießen Sie das opulente und moderne Ambiente in dem sehenswerten Fin de siècle-Gebäude.

Klosterschänke, an der Straße nach Steinbach, ⌧ 76530, ℘ (07221) 2 58 54, Fax (07221) 25870, ≤, ☕ – 🅿. ⓜ ⓥⓘⓢⓐ   über Fremersbergstraße AX
geschl. Anfang - Mitte Aug., 20. Dez. - Mitte Jan., Montag - Dienstagmittag – **Menu** à la carte 23,50/35.
◆ Bei klarer Sicht sehen Sie von hier aus das Straßburger Münster. Bekocht werden Sie in dem rustikalen Restaurant von der Chefin. Ihr Stil: regional mit italienischem Touch.

BADEN-BADEN

In Baden-Baden-Geroldsau über ② : 5 km :

Auerhahn, Geroldsauer Str. 160 (B 500), ✉ 76534, ✆ (07221) 74 35, *gasthaus-auer hahn@t-online.de, Fax (07221) 7432*, 🞧 – 📺 ⇌ – ⚓ P – 🛁 15. AE ◎ VISA JCB
Menu à la carte 19,50/36 – **28 Zim** ⊇ 50/60 – 72/92 – ½ P 17.
♦ Am Fuße der Schwarzwaldhochstraße gelegener Landgasthof. Übernachten Sie in hübschen, teils wie zeitlosen, teils mit bemalten Holzmöbeln eingerichteten Zimmern. Die Küche sorgt in den rustikalen Stuben mit regionalen Speisen für Ihr leibliches Wohl.

In Baden-Baden-Neuweier Süd-West : 10 km über Fremersbergstraße AX :

Rebenhof ⚘, Weinstr. 58, ✉ 76534, ✆ (07223) 9 63 10, *www@hotel-rebenhof.de, Fax (07223) 963131*, ≤ Weinberge und Rheinebene, 🞧, 🞧 – 📱 📺 ✆ ⇌ P – 🛁 15. AE ◎ VISA
Menu *(geschl. Sonntag - Montagmittag)* à la carte 20/34 – **18 Zim** ⊇ 55/82 – 85/108 – ½ P 19.
♦ Der gut geführte Familienbetrieb liegt inmitten der Weinberge. Man bietet Ihnen behagliche Zimmer, die mit hellen Holzmöbeln oder dunkler Eiche ausgestattet sind. Essen mit Aussicht auf die Rheinebene im Restaurant - reservieren Sie am Fenster !

Heiligenstein ⚘, Heiligensteinstr. 19a, ✉ 76534, ✆ (07223) 9 61 40, *gast@hotel-heiligenstein.de, Fax (07223) 961450*, ≤, 🞧, 🞧, 🞧 – 📱 ✆ Zim, 📺 ✆ P – 🛁 20. ◎ VISA
geschl. 20. - 25. Dez. – **Menu** *(geschl. Donnerstag)* à la carte 22/38 – **30 Zim** ⊇ 59/62 – 98/104 – ½ P 24.
♦ In diesem Landgasthof, der etwas erhöht am Hang gebaut ist, finden Sie hübsche und unterschiedlich eingerichtete Zimmer. Blumige Stoffe schaffen ein freundliches Flair.

Roederhof ⚘ garni, Im Nußgärtel 2, ✉ 76534, ✆ (07223) 8 08 37 90, *hotelroeder hof@aol.com, Fax (07223) 80837931*, 🞧 – 📺 P. AE ◎ VISA
15 Zim ⊇ 35/45 – 60/75.
♦ Die ruhige Pension von Familie Schmalz hat sich vor allem bei Stammgästen einen Namen gemacht. Grund : behagliche, geräumige Zimmer und die freundliche, persönliche Atmosphäre.

Altenberg ⚘ (mit Gästehaus), Schartenbergstr. 6, ✉ 76534, ✆ (07223) 5 72 36, *velten-baden-baden@t-online.de, Fax (07223) 60460*, 🞧, 🞧, 🞧, 🞧 – 📺 P. ◎ VISA JCB
🞧 Rest
geschl. 5. - 20. Jan. – **Menu** *(geschl. Donnerstag)* à la carte 16/34 – **20 Zim** ⊇ 38/65 – 58/80 – ½ P 14.
♦ Ein ländlicher Gasthof in einer Seitenstraße des Ortes. Praktische, saubere Einrichtung. Besonders hübsch sind die größeren Zimmer im Gästehaus. In die gemütliche Wirtsstube kehrt man nach einer Wanderung durch die Weinberge gerne ein.

Zum Alde Gott (Serr), Weinstr. 10, ✉ 76534, ✆ (07223) 55 13, *restaurant-alde-go tt-baden@t-online.de, Fax (07223) 60624*, ≤, 🞧 – P. AE ◎ ◎ VISA
geschl. Donnerstag - Freitagmittag – **Menu** 33 *(mittags)*/80 à la carte 41,50/64.
♦ Die Karte von Wilfried Serr mit Feinem von Jagd und Fischfang folgt dem Rhythmus der Jahreszeiten. Lassen Sie sich von regionalen und internationalen Kreationen überraschen.
Spez. Gänseleber und Artischocken in Kalbschwanzgelee. Zander mit Wiesenkapern und Brennesselmaultäschle. Geschmortes Ochsenbäckle und gegrilltes Ochsenfilet mit Spätburgundersauce.

Traube (mit Zim. und Gästehaus), Mauerbergstr. 107, ✉ 76534, ✆ (07223) 9 68 20, *traube-neuweier@t-online.de, Fax (07223) 968282*, 🞧, 🞧, 🞧 – 📺 ⇌ P – 🛁 20. ◎ VISA 🞧
Menu *(geschl. Mittwoch)* 20/40 à la carte 26/45,50 – **17 Zim** ⊇ 52/70 – 86/113 – ½ P 20.
♦ In dem mit vielen Blumen geschmückten Gasthof haben Sie die Wahl zwischen der farbenfrohen oder der blauen Stube. Serviert wird Regionales mit internationalem Touch.

In Baden-Baden - Oberbeuern Süd-Ost : 3 km über Beuerner Straße AX :

Waldhorn mit Zim, Beuerner Str. 54, ✉ 76534, ✆ (07221) 7 22 88, *Fax (07221) 73488*, 🞧 – 📺 P. ◎ VISA
geschl. Feb. 2 Wochen, Aug. 2 Wochen – **Menu** *(geschl. Sonntag - Montag)* (Tischbestellung ratsam) 24 à la carte 29/41,50 – **11 Zim** ⊇ 45/52 – 85.
♦ Der kochende Patron bringt in seine Kreationen der regionalen Küche immer wieder neue Impulse. Viel Holz verleiht dem Restaurant Gemütlichkeit. Gartenterrasse.

In Baden-Baden - Umweg Süd-West : 8,5 km über Fremersbergstraße AX :

Zum Weinberg (mit Gästehaus), Umweger Str. 68, ✉ 76534, ✆ (07223) 9 69 70, *Fax (07223) 969730*, 🞧, 🞧, 🞧 – 📺 P. ◎ ◎ VISA
Menu *(geschl. Dienstag - Mittwochmittag)* à la carte 21/37,50 – **11 Zim** ⊇ 54 – 70/86 – ½ P 19.
♦ Das nette kleine Hotel ist seit über 150 Jahren in Familienbesitz. Anfang der 90er Jahre wurden die Gästezimmer renoviert und mit wohnlichen Holzmöbeln liebevoll ausgestattet. Heimelig wirkt der Kachelofen in der gemütlichen Gaststube.

BADEN-BADEN

Bocksbeutel mit Zim, Umweger Str. 103, ✉ 76534, ✆ (07223) 94 08 00, *hotel-bok ksbeutel@t-online.de, Fax (07223) 9408029,* ≤ Rheinebene, 😊, 🐟 – 📺 🅿 🖭 🞊 🞋 VISA
Menu *(geschl. Sonntagabend - Montag)* à la carte 29,50/41,50 – **10 Zim** ☐ 51/63 – 75/99 – ½ P 21.
• Marko Kuster steht seit 1999 am Herd in diesem Landgasthof mit elegantem Charme. Die Küche ist vorwiegend an Frankreich orientiert und sorgt dabei für ein gehobenes Angebot.

An der Autobahn A 5 über ① :

Rasthaus & Motel Baden-Baden, Am Rasthof 4, ✉ 76532, ✆ (07221) 6 50 43, *info@rasthaus-baden-baden.de, Fax (07221) 17661,* 😊 – 📶 ✺ 📺 ♿ ➡ 🅿 – 🔒 40. 🖭 🞊 VISA
Menu (auch Self-Service) à la carte 18/29 – **39 Zim** ☐ 75/90 – 100/105.
• Ideal für Geschäftsleute oder Urlauber, die auf ihrer Reise eine längere Rast einlegen wollen. Hier finden Sie gepflegte und praktische Zimmer vor. Ihren Hunger können Sie im Bistro oder im Selbstbedienungsrestaurant stillen.

An der Schwarzwaldhochstraße : *Hotel Bühlerhöhe siehe unter Bühl*

BADENWEILER Baden-Württemberg ⁵⁴⁵ W 7 – 3 800 Ew – Höhe 426 m – Heilbad.

Sehenswert : Kurpark★★ – Burgruine ≤★.
Ausflugsziele : Blauen : Aussichtsturm ✻★★, Süd-Ost : 8 km – Schloss Bürgeln★, Süd : 8 km.

🛈 *Tourist-Information, Ernst-Eisenlohr-Str. 4,* ✉ 79410, ✆ (07632) 79 93 00, *touristik @badenweiler.de, Fax (07632) 799399.*
Berlin 834 – Stuttgart 242 – Freiburg im Breisgau 36 – Basel 45 – Mulhouse 30.

Römerbad 🞴, Schlossplatz 1, ✉ 79410, ✆ (07632) 7 00, *info@hotel-roemerbad.de, Fax (07632) 70200,* 🞮, Massage, 🐟, 🌊 (Thermal), 🟦, 🞂, 💈 – 📶 📺 🚴 ➡ 🅿 – 🔒 80. 🖭 🞊 VISA. 🞿 Rest
Menu 40/48 und à la carte, ♀ – **82 Zim** ☐ 140/175 – 195/215, 10 Suiten – ½ P 35.
• Klassische Gediegenheit erwartet Sie in diesem traditionsreichen Kur-Grandhotel mit Park. Seit 1875 befindet sich das schöne Haus im Besitz der Familie Lauer. Den Gästen präsentiert man im Restaurant eine Karte mit internationalen Speisen.

Schwarzmatt 🞴, Schwarzmattstr. 6a, ✉ 79410, ✆ (07632) 8 20 10, *info@schwa rzmatt.de, Fax (07632) 820120,* 😊, 🟦 – 📶 📺 ➡ 🅿 – 🔒 40
Menu (Tischbestellung ratsam) à la carte 38/55, ♀ – **41 Zim** ☐ 130/140 – 180/310, 5 Suiten – ½ P 15.
• Man spürt sofort, die Besitzerfamilie hat ihr Hotel mit viel Liebe eingerichtet : Gemütlicher Landhausstil verbunden mit verspielten Accessoires zieht sich durchs ganze Haus. Sanfte Pastelltöne bestimmen das Ambiente der Restauranträume.

Romantik Hotel Zur Sonne 🞴, Moltkestr. 4, ✉ 79410, ✆ (07632) 7 50 80, *son ne@romantik.de, Fax (07632) 750865,* 😊, 🞂 – 📺 ➡ 🅿 🖭 🞊 🞋 VISA
Menu à la carte 31/45 – **54 Zim** ☐ 72/70 – 112/135 – ½ P 10.
• Das unübersehbare, schmucke Fachwerkhaus steht in ruhiger Lage mitten in der Stadt. Es bietet seinen Gästen sehr gemütliche, schön gestaltete Zimmer, teils mit Balkon. Historische Atmosphäre macht das Restaurant besonders gemütlich.

Parkhotel Weißes Haus 🞴, Wilhelmstr. 6, ✉ 79410, ✆ (07632) 8 23 70, *parkho tel_weisses_haus@t-online.de, Fax (07632) 5045,* ≤, 😊, Massage, 🐟, 🞂 – 💈, ✺ Zim, 📺 ♿ ➡ 🅿 – 🔒 25. 🖭 🞊 🞋
geschl. 16. Dez. - 7. März – **Menu** à la carte 27/46 – **30 Zim** ☐ 54/96 – 108/140 – ½ P 22.
• Oberhalb der Stadt am Waldrand liegt das Hotel inmitten eines riesigen Parks. Neben wohnlichen Zimmern zählt auch ein Ayurveda-Center zu den Annehmlichkeiten. Im Restaurant bereichert indische Küche das internationale Speiseangebot.

Anna 🞴, Oberer Kirchweg 2, ✉ 79410, ✆ (07632) 79 70, *info@hotel-anna.de, Fax (07632) 797150,* ≤, 🐟, 🟦 (Thermal), 🞂 – 💈, ✺ Rest, 📺 🅿 🞿 Rest
geschl. Mitte Nov. - Mitte Feb. – **Menu** (Restaurant nur für Hausgäste) – **36 Zim** ☐ 59/74 – 108/134 – ½ P 14.
• Freundlichkeit und persönliche Führung prägen den Charakter des Hauses. Die Zimmer sind hübsch und wohnlich eingerichtet und fast alle mit einem Balkon ausgestattet.

Eckerlin 🞴, Römerstr. 2, ✉ 79410, ✆ (07632) 83 20, *info@hotel-eckerlin.de, Fax (07632) 832299,* ≤, 😊, 🐟, 🟦, 🟦, 🞂 – 💈, ✺ Zim, 📺 🅿 – 🔒 40. 🖭 🞊 VISA. 🞿 Rest
Menu 13,50/24 à la carte 22,50/34,50 – **52 Zim** ☐ 63/85 – 112/122 – ½ P 18.
• Die stilvolle Villa befindet sich direkt gegenüber der Therme. Man bietet Ihnen wohnliche Zimmer, die entweder mit Kirsch-, Eichen- oder Schleiflackmöbeln ausgestattet sind. Freundliches und geräumiges Restaurant mit Terrasse.

BADENWEILER

🏠 **Schnepple** ⌂, Hebelweg 15, ✉ 79410, ✆ (07632) 8 28 30, *hotel.schnepple@t-onli ne.de*, Fax *(07632) 828320*, Massage, 🍽 – 📶 📺 🚗 🅿 AE ⓜ VISA ✂
Menu *(nur Abendessen)* (Restaurant nur für Hausgäste) – **18 Zim** ⌧ 39/59 – 72/82 – ½ P 14.
● Das Schnepple ist eine freundliche Familienpension, ruhig in einem Wohngebiet gelegen. Gepflegte Gastlichkeit und praktisch eingerichtete Zimmer sprechen für dieses Haus.

In Badenweiler-Lipburg *Süd-West : 3 km :*

🏛 **Landgasthof Schwanen** ⌂, Ernst-Scheffelt-Str. 5, ✉ 79410, ✆ (07632) 8 20 90, *info@gasthof-schwanen.de*, Fax *(07632) 820944*, 🌳, 🍽 – ⤴ Zim, 📺 🅿. AE ⓜ VISA
geschl. 7. Jan. - 15. Feb. – **Menu** *(geschl. Donnerstag, Nov. - März Mittwoch - Donnerstag)* à la carte 15,50/34 – **16 Zim** ⌧ 36/41 – 64/94 – ½ P 14.
● Zwischen Wald und Weinbergen steht der gepflegte Landgasthof mit eigenem Weinanbau. Familie Rüdlin hat ihre behaglichen Gästezimmer mit hellen Eichenmöbeln eingerichtet. Bodenständig badisch geht's in der Schwarzwälder Gaststube zu.

In Badenweiler-Sehringen *Süd : 3 km Richtung Kandern :*

🏛 **Gasthof zum grünen Baum** ⌂, Sehringer Str. 19, ✉ 79410, ✆ (07632) 74 11, Fax *(07632) 1580*, ≤, 🌳, – 📺 🚗 🅿.
geschl. 15. Dez. - 1. Feb. – **Menu** *(geschl. Montag)* à la carte 18,50/33 – **13 Zim** ⌧ 35/40 – 65/72.
● Sämtliche Zimmer dieses idyllisch gelegenen, familiär und sorgfältig geführten Gasthofs sind mit einfachen, hellen und praktischen Furniermöbeln ausgestattet. Vespern Sie zusammen mit Einheimischen in der gemütlichen Gaststube oder im Garten.

BAESWEILER Nordrhein-Westfalen 543 N 2 – *26 300 Ew – Höhe 112 m.*
Berlin 626 – *Düsseldorf 69* – *Aachen 23.*

🏠 **Blumenhof**, Übacher Weg 8, ✉ 52499, ✆ (02401) 9 15 30, Fax *(02401) 915330*, Biergarten – 📺 🅿. AE ⓜ VISA ✂
Menu à la carte 15,50/36 – **17 Zim** ⌧ 45/65 – 75/95.
● Am Ortsrand auf dem Weg Richtung Übach steht dieser gepflegte Klinkerbau. Im Inneren erwarten Sie Zimmer mit funktionellen Kirschbaummöbeln. Rustikales Restaurant.

BAHLINGEN Baden-Württemberg 545 V 7 – *3 600 Ew – Höhe 248 m.*
Berlin 789 – Stuttgart 190 – *Freiburg im Breisgau 23* – Offenburg 48.

🏠 **Zum Lamm**, Hauptstr. 49, ✉ 79353, ✆ (07663) 9 38 70, *info@lamm-bahlingen.de*, Fax *(07663) 938777*, 🌳, 🍽 – 📺 🚗 🅿 – 🔧 80. AE ⓜ VISA
Menu *(geschl. Sonntagabend)* à la carte 17/36 – **28 Zim** ⌧ 39/44 – 69/89 – ½ P 14.
● Seit Generationen schon ist Familie Boos in ihrem Landgasthof um das Wohlergehen der Gäste bemüht. Es erwarten Sie teils neuzeitliche, teils ältere, rustikale Zimmer. Der ländliche Gastraum lädt mit seinen regionalen Spezialitäten zum Verweilen ein.

BAIERBRUNN Bayern 546 V 18 – *2 400 Ew – Höhe 638 m.*
Berlin 601 – *München 17* – Augsburg 77 – Garmisch-Partenkirchen 72.

🏠 **Strobl** garni, Wolfratshauser Str. 54a, ✉ 82065, ✆ (089) 7 44 20 70, *info@hotel-strobl.de*, Fax *(089) 7931173* – ⤴ 📺 ♿ 🅿. AE ⓞ ⓜ VISA JCB
20 Zim ⌧ 50/80 – 75/120.
● Gleich am Ortseingang hat man in einem ehemaligen Bauernhof ein kleines Hotel eingerichtet. Hier finden Sie modern und funktionell ausgestattete Zimmer.

In Baierbrunn-Buchenhain *Nord-Ost : 1 km über B 11, Richtung München :*

🏠 **Waldgasthof Buchenhain**, Am Klettergarten 7, ✉ 82065, ✆ (089) 7 93 01 24, *hotelbuchenhain@t-online.de*, Fax *(089) 7938701*, 🌳, 🍽 – 📶 📺 🅿. AE ⓜ VISA
geschl. 20. Dez. - 11. Jan. – **Menu** *(geschl. Freitag)* à la carte 17/52,50 – **40 Zim** ⌧ 55/75 – 78/87.
● Am Waldrand, ganz in der Nähe der S-Bahnstation, steht dieser stattliche Gasthof. Die Zimmer sind teils mit hellem, aus alten Bauernhöfen stammendem Naturholz hübsch möbliert. Gemütlich gestaltete Gaststuben in alpenländischem Stil.

BAIERSBRONN Baden-Württemberg **545** U 9 – 16 600 Ew – Höhe 550 m – Luftkurort – Wintersport : 584/1 065 m ⥿ 11 ⥾.

🛈 Baiersbronn Touristik, Rosenplatz 3, ✉ 72270, ℘ (07442) 8 41 40, info@baiersbronn.de, Fax (07442) 841448.
Berlin 720 ② – Stuttgart 100 ② – Karlsruhe 70 ③ – Freudenstadt 7 ② – Baden-Baden 50 ③

Stadtplan siehe gegenüberliegende Seite

🏨 **Rose,** Bildstöckleweg 2, ✉ 72270, ℘ (07442) 8 49 40, info@hotelrose.de, Fax (07442) 849494, ≘s, ⛱, 🞋, – 📶, 📺 ⇔ 🅿 – 🕴 15. ⓜ 🅥🅘🅢🅐 AX h
geschl. 8. Jan. - 8. Feb. – **Menu** (geschl. Dienstag) à la carte 18/33 – **35 Zim** ⤴ 48/58 – 82/106 – ½ P 14.
• Die Chronik der Rose geht zurück bis ins Jahr 1858. Der Familienbetrieb liegt mitten im Ort, die Gästezimmer sind mit hellen Holzmöbeln wohnlich eingerichtet. Ein ansprechender rustikaler Stil prägt die Einrichtung des Restaurants.

🏨 **Falken,** Oberdorfstr. 95, ✉ 72270, ℘ (07442) 8 40 70, info@hotel-falken.de, Fax (07442) 50525, 😊, ≘s, 🞋, – 📶, 🞍 Rest, 📺 🅿 🅐🅔 ⓜ 🅥🅘🅢🅐 AY s
Menu (geschl. 3. - 28. Nov., Dienstag) à la carte 16/28,50 – **20 Zim** ⤴ 39/45 – 68/76 – ½ P 14.
• Am Ortsrand liegt das Ferienhotel leicht erhöht am Hang. Hinter der schmucken Fassade verbergen sich geräumige Gastzimmer mit dunklen Eichenmöbeln. Holzstühle und ländliches Dekor geben dem Restaurant eine rustikale Note.

🏨 **Rosengarten** 🞋, Bildstöckleweg 35, ✉ 72270, ℘ (07442) 8 43 40, info@rosengarten-baiersbronn.de, Fax (07442) 843434, 😊, ≘s, ⛱, – 📺 🅿. 🞋 Zim AX a
geschl. Anfang Nov. - Mitte Dez. – **Menu** (geschl. Mittwoch, Donnerstagabend) à la carte 18/35 – **27 Zim** ⤴ 47 – 74/102 – ½ P 10.
• Ein freundlich geführtes Hotel ! Die Zimmer im Anbau sind neu renoviert und mit geschmackvollen Kirschbaummöbeln eingerichtet. Komplett renovierter Sauna- und Badebereich. Das Restaurant ist unterteilt in den Hausgäste-Bereich und die Gaststube.

🏨 **Krone,** Freudenstädter Str. 32, ✉ 72270, ℘ (07442) 8 41 10, schwarzwaldhotel-krone@t-online.de, Fax (07442) 4408, ≘s, ⛱, – 📶, 🞍 Zim, 📺 ⇔ 🅿. ⓜ 🅥🅘🅢🅐 AY r
geschl. 10. - 30. Jan., 15. Nov. - 15. Dez. – **Menu** (geschl. Montag, Freitagmittag) à la carte 18/35 – **39 Zim** ⤴ 34/36 – 62 – ½ P 11.
• Seit 1912 ist der traditionsreiche Hotel-Gasthof in Besitz der Familie Günther, man stets bemüht, das Haus einem zeitgemäßen Komfort anzupassen. Bürgerliches Restaurant.

🏨 **Haus Petra** garni, Oberdorfstr. 142, ✉ 72270, ℘ (07442) 27 53, haus-petra-baiersbronn@t-online.de, Fax (07442) 3825, 🞋 – 📺 ⇔ 🅿 AY a
20 Zim ⤴ 35/37 – 58.
• Angenehm ruhig in einem Wohngebiet liegt dieses freundliche Haus, in dem Sie gemütlich eingerichtete Zimmer finden - die meisten haben einen Balkon.

In Baiersbronn-Tonbach Nord : 2 km :

🏨 **Traube Tonbach** 🞋, Tonbachstr. 237, ✉ 72270, ℘ (07442) 49 20, info@traube-tonbach.de, Fax (07442) 492692, ≤, 🞋, 🞋, 🅵🅶, ≘s, ⛱ (geheizt), ⛱, 🞋, 🞋 (Halle) – 📶, 🞍 Rest, 📺 🞋 ⇔ 🅿 – 🕴 35. 🞋 BZ n
Menu (Restaurant nur für Hausgäste) - siehe auch Rest. **Schwarzwaldstube** und **Köhlerstube** separat erwähnt – **175 Zim** ⤴ 116/280 – 212/310, 12 Suiten – ½ P 16.
• Am Ende des romantischen Tonbachtals stoßen Sie automatisch auf das luxuriöse Ferienresort. Exklusive Zimmer, herrliche Gartenterrasse und schöne Badelandschaft erwarten Sie.

🏨 **Sonnenhalde** 🞋, Obere Sonnenhalde 63, ✉ 72270, ℘ (07442) 8 45 40, info@sonnenhalde.de, Fax (07442) 8454110, ≤, 🞋, Massage, ≘s, 🞋, – 📶 📺 ⇔ 🅿. 🞋 Rest
geschl. 8. Nov. - 10. Dez. – **Menu** (geschl. Mittwoch) à la carte 17/32,50 – **33 Zim** ⤴ 72/90 – 100/150 – ½ P 16. BZ t
• Etwas erhaben am Hang steht das Ferienhotel mit seinen roten Markisen. Nette Zimmer - in manchen stehen Himmelbetten mit vielen Rüschen. Behaglich im Landhausstil ist das geräumige Hotelrestaurant eingerichtet.

🏨 **Tanne** 🞋, Tonbachstr. 243, ✉ 72270, ℘ (07442) 83 30, urlaub@hotel-tanne.de, Fax (07442) 833100, ≤, ≘s, ⛱, – 📶, 🞋 Rest, 📺 🅿 – 🕴 25 BZ v
geschl. Mitte Nov. - Mitte Dez. – **Menu** (geschl. Montag) à la carte 18/27,50 – **55 Zim** ⤴ 48/68 – 88/94 – ½ P 6.
• Seit 1868 wird die Tanne liebevoll von Familie Möhrle geführt. Fast alle Zimmer sind renoviert und sehr hübsch gestaltet. Die neue Saunalandschaft lädt zum Entspannen ein. Originell : In der Kohlwälder Grillstube grillen Sie Ihr Fleisch direkt am Tisch.

🏨 **Waldlust** 🞋 (mit Gästehaus), Tonbachstr. 174, ✉ 72270, ℘ (07442) 83 50, hotel@waldlust-tonbach.de, Fax (07442) 2127, 🞋, Massage, ≘s, ⛱, 🞋, – 📶 📺 ⇔ 🅿. 🞋 Zim
geschl. 8. Nov. - 15. Dez. – **Menu** (geschl. Dienstag) à la carte 16/38 – **42 Zim** ⤴ 38/53 – 70/104 – ½ P 10. BZ x
• Unten an der Straße befindet sich das Stammhaus, ein Stück oberhalb das Gästehaus. In beiden Gebäuden bietet man Zimmer mit dunklen Eichenmöbeln. Schöner Wellnessbereich. Legere Gemütlichkeit ist das Markenzeichen im Lokal Waldlust.

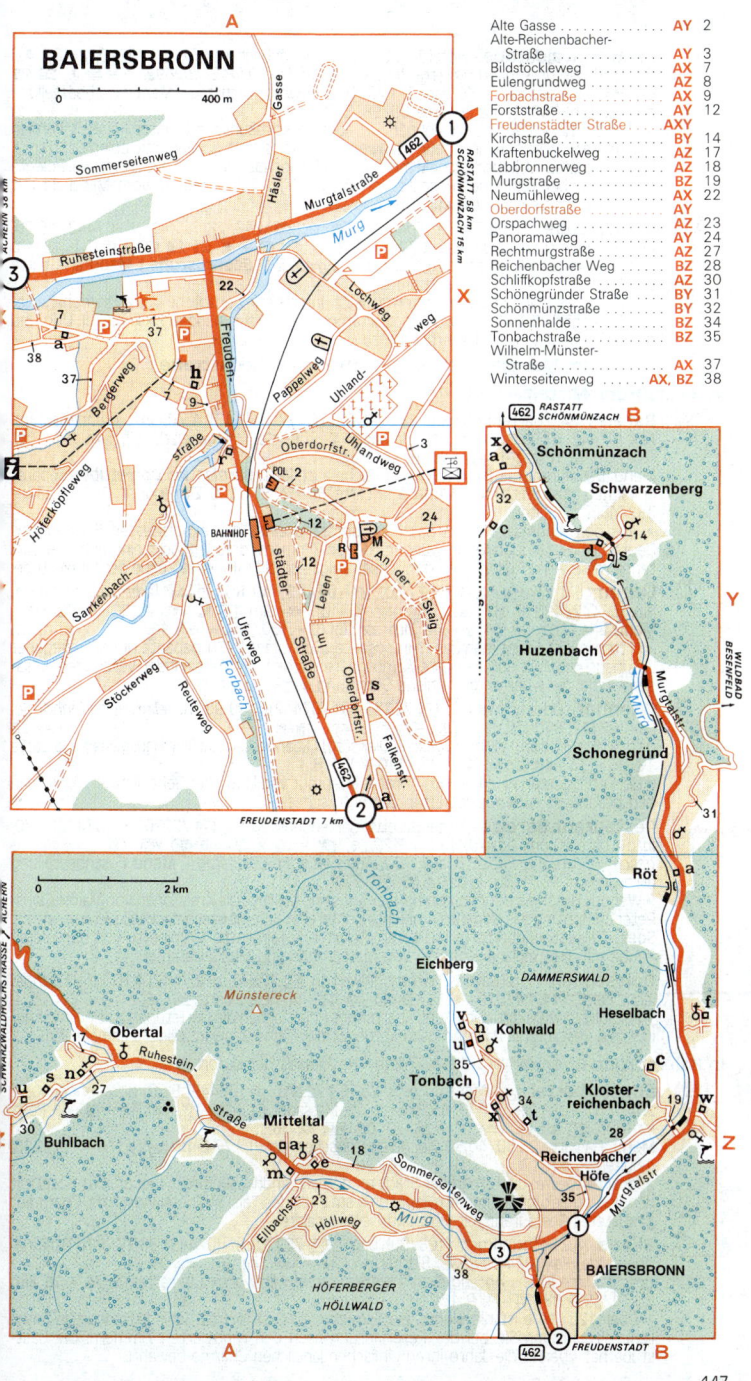

BAIERSBRONN

Alte Gasse	AY	2
Alte-Reichenbacher-Straße	AY	3
Bildstöckleweg	AX	7
Eulengrundweg	AZ	8
Forbachstraße	AX	9
Forststraße	AY	12
Freudenstädter Straße	AXY	
Kirchstraße	BY	14
Kraftenbuckelweg	AZ	17
Labbronnerweg	AZ	18
Murgstraße	BZ	19
Neumühleweg	AX	22
Oberdorfstraße	AY	
Orspachweg	AZ	23
Panoramaweg	AY	24
Rechtmurgstraße	AZ	27
Reichenbacher Weg	BZ	28
Schliffkopfstraße	AZ	30
Schönegründer Straße	BY	31
Schönmünzstraße	BY	32
Sonnenhalde	BZ	34
Tonbachstraße	BZ	35
Wilhelm-Münster-Straße	AX	37
Winterseitenweg	AX, BZ	38

147

BAIERSBRONN

XXXXX
ɛ͡ɜ ɛ͡ɜ ɛ͡ɜ
Schwarzwaldstube - Hotel Traube Tonbach, Tonbachstr. 237, ✉ 72270, ℘ (07442) 49 26 65, *tischreservierung@traube-tonbach.de, Fax (07442) 492692*, ≤ – ▭ P AE ⓞ ⓜⓞ VISA. ⅍ – *geschl. 7. - 30. Jan., 2. - 26. Aug., Montag - Dienstag* – **Menu** (Tischbestellung erforderlich) 100/125 à la carte 69/98, ♀ ⓐ   BZ u
  • Hier bei Harald Wohlfahrt können Sie höchste Kochkunst in all ihrer Feinheit kennen lernen. Dazu exklusives Interieur : schweres rustikales Holz gepaart mit edlen Stoffen.
  Spez. Gebratene Jakobsmuscheln mit Ananas-Mangochutney und Thai-Currysauce. Polenta mit Gänseleber und einer Rosette von Perigord-Trüffeln. Dreierlei vom Milchkalb mit geschmortem Gemüse und Kartoffelmousseline

XXX
Köhlerstube - Hotel Traube Tonbach, Tonbachstr. 237, ✉ 72270, ℘ (07442) 49 20, *info@traube-tonbach.de, Fax (07442) 492692*, ≤, ☂ – P AE ⓞ ⓜⓞ VISA   BZ u
Menu (Tischbestellung ratsam) à la carte 29/45, ♀ – **Bauernstube** : Menu à la carte 23,50/40, ♀.
  • Die rustikale Köhlerstube im Stammhaus ist unterteilt in behagliche kleine Nischen. Genießen Sie neben köstlichen Saison-Spezialitäten einen berauschenden Blick ins Tal. Urig und gemütlich geht's in der Bauernstube zu.

Im Murgtal, Richtung Schwarzwaldhochstraße :

In Baiersbronn-Mitteltal *West : 4 km* :

🏨🏨
Bareiss ⚘, Gärtenbühlweg 14, ✉ 72270, ℘ (07442) 4 70, *info@bareiss.com, Fax (07442) 47320*, ≤, ☂, 🄼, Massage, ⚕, 🅵🅖, 🅴🅢, ⛱ (geheizt), ⛲, ☞, ⅏ – 🏢, ↻ Zim, ▭ Rest, TV ♨ ⇄ P AE ⓞ ⓜⓞ VISA   AZ e
Menu (Restaurant nur für Hausgäste) - siehe auch Rest. *Bareiss* und *Dorfstuben* separat erwähnt – **Kaminstube** : Menu à la carte 30/47, ♀ – **120 Zim** (nur ½ P) 170/237 – 352/488, 12 Suiten.
  • Aus dem ehemals kleinen Gasthaus entstand eines der exquisitesten Ferienhotels Deutschlands. Sie logieren in wunderschönen Zimmern, draußen lockt eine hübsche Gartenterrasse. Allen Ansprüchen gewachsen zeigt sich die raffinierte Küche der Kaminstube.

🏨
Lamm, Ellbachstr. 4, ✉ 72270, ℘ (07442) 49 80, *info@lamm-mitteltal.de, Fax (07442) 49878*, ☂, 🅴🅢, ⛱, ☞ ♨ – 🏢, ↻ Zim, TV ♨ ⇄ P AE ⓞ ⓜⓞ VISA
Menu à la carte 20/34, ♀ – **46 Zim** ⛛ 36/70 – 100/144 – ½ P 16.   AZ m
  • Mitten im Ort findet man das im imposanten Schwarzwald-Stil gebaute Hotel. Gediegener Landhaus-Komfort und familiäre Atmosphäre werden hier miteinander verbunden. Einladend wirkt die wohlige, gemütliche Stimmung des Restaurants.

🏠
Ödenhof, Ödenhofweg 1, ✉ 72270, ℘ (07442) 8 40 90, *hotelinfo@oedenhof.de, Fax (07442) 840919*, ☂, 🅵🅖, 🅴🅢, ⛲, ☞ – 🏢 P   AZ a
geschl. 8. - 31. Jan. – **Menu** *(geschl. Dienstag)* (Abendessen nur für Hausgäste) à la carte 16/28 – **33 Zim** ⛛ 36/41 – 66/110 – ½ P 8.
  • Bei Feriengästen eine beliebte Adresse : Geprägt von ländlicher Behaglichkeit, fühlt man sich besonders in den renovierten Zimmern schnell zu Hause.

XXXXX
ɛ͡ɜ ɛ͡ɜ
Restaurant Bareiss - Hotel Bareiss, Gärtenbühlweg 14, ✉ 72270, ℘ (07442) 4 70, *info@bareiss.com, Fax (07442) 47320*, ≤, ☂ – ▭ P AE ⓞ ⓜⓞ VISA. ⅍   AZ e
geschl. 5. Jan. - 6. Feb., 19. Juli - 20. Aug., Montag - Dienstag – **Menu** (Tischbestellung erforderlich) 98/118 à la carte 63/96, ♀ ⓐ
  • Wer das Besondere sucht, kommt hier auf seine Kosten : Die Kreationen von Maître Claus-Peter Lumpp und das elegante Ambiente gehen eine äußerst geschmackvolle Allianz ein.
  Spez. Gänsestopfleberarte mit karamelisierter Apfelrosette. Crêpinette von der Bresse Taube mit Trüffelglace. Kreation von Mascarpone und Mandelkaramel

X
🍴
Dorfstuben - Hotel Bareiss, Gärtenbühlweg 14, ✉ 72270, ℘ (07442) 4 70, *info@bareiss .com, Fax (07442) 47320* – P AE ⓞ ⓜⓞ VISA. ⅍ – **Menu** à la carte 26/36, ♀.   AZ e
  • Bezaubernde Dekorationen und knarrendes Holz machen die Dorfstuben zu einem schnuckeligen Restaurant. Passend dazu kredenzt die Küche Schwarzwälder Schmankerln.

In Baiersbronn-Obertal *Nord-West : 7 km – Heilklimatischer Kurort* :

🏨🏨
Engel Obertal ⚘, Rechtmurgstr. 28, ✉ 72270, ℘ (07449) 8 50, *hotel-engel-obertal@t-online.de, Fax (07449) 85200*, ☂, 🄼, Massage, 🅵🅖, 🅴🅢, ⛱, ☞, ⅏ – 🏢, ↻ Rest, ▭ Rest, TV ♨ ⇄ P – ⚜ 20. ⓜⓞ VISA. ⅍ Rest   AZ n
Menu à la carte 25,50/40,50 *(auch vegetarisches Menu)* – **77 Zim** ⛛ 76/116 – 152/215, 4 Suiten – ½ P 17.
  • Ideal für Gäste, die fernab der Stadt modernen Landhauskomfort suchen. Das Hotel mit den geschmackvollen Zimmern liegt ruhig am Ende des Tals. Wellnesslandschaft. Charmant gestaltetes Restaurant mit Holz und Deckenmalerei.

🌴
Blume ⚘, Rechtmurgstr. 108 (Buhlbach), ✉ 72270, ℘ (07449) 80 77, *info@blume-obertal.de, Fax (07449) 8009*, Biergarten, ☞ – ↻ Zim, TV ⇄ P   AZ s
geschl. Mitte Nov. - Anfang Dez. – **Menu** *(geschl. Mittwoch)* à la carte 15/24 – **18 Zim** ⛛ 31/39 – 58/74 – ½ P 12.
  • Über 125 Jahre ist die Blume, ein Schwarzwald-Gasthof mit Schindelfassade, in Familienbesitz. Fragen Sie bei der Reservierung nach den renovierten Zimmern. Die Gaststube hat über all die Jahre ihren einfachen ländlichen Charme bewahrt.

BAIERSBRONN

An der Schwarzwaldhochstraße *Nord-West : 18 km, Richtung Achern, ab B 500 Richtung Freudenstadt :*

Schliffkopf-Hotel – Höhe 1025 m, ⊠ 72270 Baiersbronn, ℰ (07449) 92 00, *info@schliffkopf.de*, Fax (07449) 920199, ≤ Schwarzwald, 斎, ⓥ, Massage, Fゟ, ≘s, ◩, ◪ – ⌽, ⋊ Zim, ℡ ℂ ⇔ P – 益 30
Menu à la carte 25/43 – **67 Zim** ⊇ 103/115 – 186 – ½ P 26.
   ♦ Hoch oben an der Schwarzwaldhochstraße thront dieses Ferien-Wellness-Hotel. Die modernen, mit Kiefernmöbeln bestückten Zimmer wirken gemütlich. Die Restaurants mit Landhaus-Charakter bieten teils eine beeindruckende Aussicht.

Im Murgtal, Richtung Forbach :

In Baiersbronn-Klosterreichenbach *Nord-Ost : 3 km :*

Ailwaldhof ⊛ (mit Gästehaus), Ailwald 1, ⊠ 72270, ℰ (07442) 83 60, *info@ailwaldhof.de*, Fax (07442) 836200, ≤, 斎, ≘s, ◩, 垂 – ⌽, ⋊ Zim, ℡ ℂ ⇔ P. ⓜ ⓥⓘⓢⓐ. ⋊ Rest   BZ c
Jakob-Friedrich *(geschl. Mitte Nov.- Mitte Dez.)* **Menu** à la carte 22,50/44, ♀ – **24 Zim** ⊇ 70/140 – 100/260, 5 Suiten – ½ P 16.
   ♦ Traumhafte Lage inmitten von Wiesen und Wäldern. Einheimische Hölzer, arrangiert mit bunten Stoffen, sorgen in den mit viel Stilgefühl gestalteten Zimmern für Behaglichkeit. Im Erdgeschoss bittet das Restaurant Jakob-Friedrich zu Tisch.

Heselbacher Hof ⊛, Heselbacher Weg 72, ⊠ 72270, ℰ (07442) 83 80, *info@heselbacher-hof.de*, Fax (07442) 838100, ≤, 斎, ≘s, ◩, 垂 – ⌽ ℡ ⇔ P – 益 20. ⋊ Zim *geschl. Anfang Nov. - Mitte Dez.* – **Menu** *(geschl. Montag)* à la carte 22/39 – **41 Zim** ⊇ 51/58 – 90/96 – ½ P 10.   BZ f
   ♦ Drei Generationen begrüßen die Gäste. Das Traditionshaus liegt etwas oberhalb des Ortes, verfügt über individuelle, mit warmen und hellen Farben eingerichtete Zimmer. Mit viel Liebe hat man das ländliche Restaurant gestaltet.

Ochsen, Musbacher Str. 5, ⊠ 72270, ℰ (07442) 22 22, *gasthaus.ochsen@t-online.de*, Fax (07442) 2217, 斎, 垂 – ℡ ⇔ P. ⓜ. ⋊ Zim   BZ w
geschl. April 3 Wochen, Ende Nov. - Mitte Dez. – **Menu** *(geschl. Dienstag)* à la carte 13,50/34 – **16 Zim** ⊇ 30 – 48/58 – ½ P 7.
   ♦ Hinter der Schindelfassade des gut geführten Schwarzwald-Gasthofs mit den bunten Blumenkästen verbergen sich ordentliche Zimmer. Die freundliche Wirtsfamilie umsorgt Sie. Schnell bekommt man hier bei regional-bürgerlicher Küche Kontakt zu Einheimischen.

In Baiersbronn-Röt *Nord-Ost : 7 km :*

Sonne, Murgtalstr. 323 (B 462), ⊠ 72270, ℰ (07442) 18 01 50, *info@sonne.roet.de*, Fax (07442) 1801599, 斎, ≘s, ◩, 垂 – ⌽ ℡ P. ⓜ ⓥⓘⓢⓐ   BZ a
geschl. 9. Nov. - 18. Dez. – **Menu** à la carte 16/31 – **30 Zim** ⊇ 51/58 – 96/126 – ½ P 10.
   ♦ Sämtliche Zimmer im Haus sind mit hübschen Accessoires bestückt. So wurde mit unterschiedlichen Naturhölzern und schönen Stoffen ein gemütliches Ambiente geschaffen. Hausherr Hansjörg Frey schwingt hier persönlich den Kochlöffel.

In Baiersbronn-Schwarzenberg *Nord : 13 km :*

Romantik Hotel Sackmann, Murgtalstr. 602 (B 462), ⊠ 72270, ℰ (07447) 28 90, *info@hotel-sackmann.de*, Fax (07447) 289400, 斎, ⓥ, Massage, ♣, Fゟ, ≘s, ◩, 垂 – ⌽, ⋊ Zim, ℡ ℂ ⇔ P – 益 40. ⒶⒺ ⓞ ⓜ ⓥⓘⓢⓐ   BY s
Menu siehe Rest. **Schloßberg** separat erwähnt – **Anita Stube :** Menu à la carte 23,50/40,50 – **56 Zim** ⊇ 56/90 – 96/202 – ½ P 15.
   ♦ Das Ferienhotel können Sie bei der Anreise nicht verfehlen. Mächtig liegt es mitten im Murgtal. Alle Zimmer wurden renoviert und farblich angenehm abgestimmt. In der nach der Senior-Chefin Anita Sackmann benannten Stube ist es besonders nett.

Müllers Löwen, Murgtalstr. 604 (B 462), ⊠ 72270, ℰ (07447) 93 20, *info@loewen-schwarzenberg.de*, Fax (07447) 1049, 斎 – ⌽ ℡ P. ⓜ ⓥⓘⓢⓐ   BY d
Menu *(geschl. Jan., Mittwoch)* à la carte 17/37 – **25 Zim** ⊇ 44/50 – 60/98 – ½ P 13.
   ♦ Familienhotel im Murgtal als idealer Ausgangspunkt für Ihre Schwarzwald-Wanderungen. Hier wurden alle Zimmer renoviert und in schönen Farben wohnlich gestaltet. Im Löwen-Restaurant präsentiert man Gerichte wie sie für die Region typisch sind.

Schloßberg - Romantik Hotel Sackmann, Murgtalstr. 602 (B 462), ⊠ 72270, ℰ (07447) 28 90, *info@hotel-sackmann.de*, Fax (07447) 289400 – P. ⒶⒺ ⓞ ⓜ ⓥⓘⓢⓐ. ⋊   BY s
geschl. 4. - 15. Feb., 28. Juli - 15. Aug., Montag - Dienstag – **Menu** *(nur Abendessen)* 72/92 à la carte 48/78, ♀.
   ♦ Lassen Sie sich in dem kleinen Restaurant an schön gedeckten Tischen vom Küchenchef Jörg Sackmann mit seinen eigenen Variationen der französischen Küche verwöhnen.
   Spez. Salat von Flusskrebsen mit gebackenen Zander-Karthäuserklößchen. Geschmorter Ochsenschwanz mit Waldpilzen soufliert und Essiggemüse. Moccamousse in Knusperröllchen mit Sansho-Pfeffer

BAIERSBRONN

In Baiersbronn-Schönmünzach Nord : 14,5 km – Kneippkurort :

Holzschuh's Schwarzwaldhotel, Murgtalstr. 655 (B 462), ⌧ 72270, ✆ (07447) 9 46 30, holzschuh@schwarzwaldhotel.de, Fax (07447) 946349, 🍴, 🅿, Massage, ♨, 🏋,
≘s, 🔲, 🌳, – 📶, ⇔ Zim, 📺 ⇔ 🅿 – 🚗 30. ℅ Rest BY x
Menu (geschl. 30. Nov. - 15. Dez., Dienstagmittag) à la carte 18,50/30,50 – **30 Zim** ⇌ 52/82 – 94/140 – ½ P 14.
• Ein Ferienhotel, das besonders bei Familien mit Kindern beliebt ist : Auf Wunsch kann man neben wohnlichen Gästezimmern auch Appartements mit separaten Kinderzimmern buchen. Auf der Terrasse klappert die Mühle, im Restaurant knistert den Kamin.

Sonnenhof 🌿, Schifferstr. 36, ⌧ 72270, ✆ (07447) 93 00, info@hotel-sonnenhof.de, Fax (07447) 930333, 🍴, ≘s, 🔲 – 📶, ⇔ Zim, 📺 🅿 🆎 💳 ℅ Rest BY a
geschl. Mitte Nov. - Mitte Dez. – **Menu** à la carte 15/33 – **40 Zim** ⇌ 45/55 – 76/103 – ½ P 13.
• Malerisch in einem schmalen Seitental an einem plätschernden Schwarzwaldbach gelegen, wartet das freundliche Haus mit seinen geräumigen Zimmern auf anreisende Gäste. Im Toni-Stüble wie auch im Restaurant kann man gerne auf die Wünsche der Besucher ein.

Elisabeth 🌿, Schönmünzstr. 63, ⌧ 72270, ✆ (07447) 93 10, info@hotel-elisabeth.de, Fax (07447) 931100, 🍴, 🅿, ≘s, 🔲 – 📶, ⇔ Zim, 📺 ⇔ 🅿 🆎 BY c
geschl. 10. Nov. - 10. Dez. – **Menu** (geschl. Montag) à la carte 15/33,50 – **24 Zim** ⇌ 47/66 – 89/125 – ½ P 11.
• Ruhe findet der Gast in diesem gepflegten, mit roten Korbmarkisen und Blumen geschmückten Haus ganz sicher. Es liegt idyllisch von Tannen und bietet nette Zimmer. Neuer Restaurant-Anbau mit lichtdurchflutetem Wintergarten.

In Baiersbronn-Hinterlangenbach West : 10,5 km ab Schönmünzach BY :

Forsthaus Auerhahn 🌿 (mit Gästehaus), ⌧ 72270, ✆ (07447) 93 40, info@forsthaus-auerhahn.de, Fax (07447) 934199, 🍴, Wildgehege, ≘s, 🔲, 🌳, ℅ – ⇔ Rest, 📺 ⇔ 🅿
geschl. Mitte Nov. - Mitte Dez. – **Menu** (geschl. Dienstagabend, Nov. - April Dienstag) à la carte 16,50/36 – **30 Zim** ⇌ 44/80 – 118, 7 Suiten – ½ P 13.
• Aus einem alten Forsthaus entstand hier in diesem einsamen Tal im Lauf der Jahre dieser rustikale Gasthof, persönlich geführt von Familie Zepf. Schöner Freizeitbereich. Im Restaurant und in der urgemütlichen alten Stube bekommen Sie einheimische Spezialitäten.

BALDUINSTEIN Rheinland-Pfalz **543** O 7 – 600 Ew – Höhe 105 m.
Berlin 557 – Mainz 69 – Koblenz 54 – Limburg an der Lahn 10.

Landhotel Zum Bären (Buggle) mit Zim, Bahnhofstr. 24, ⌧ 65558, ✆ (06432) 80 07 80, info@landhotel-zum-baeren.de, Fax (06432) 8007820, 🍴 – 📺 🅿 – 🚗 25. 🆎 💳 ℅ Rest
geschl. 23. Feb. - 18. März – **Menu** (geschl. Dienstag) (Tischbestellung ratsam) à la carte 37/59, ♀ ⌘ – **Weinstube** (geschl. Dienstag) **Menu** à la carte 27/35, ♀ – **10 Zim** ⇌ 54/57 – 107.
• Seit 1827 in Familienbesitz. Schöne Holzvertäfelung, liebliche Altrosatöne und eine feine Küche setzen in der eleganten Bibliothek die Akzente. Sehr hübsche Zimmer. Die einfachere Variante des Bären stellt die rustikale und urige Weinstube dar.
Spez. Terrine von der Gänsestopfleber mit Holunderblütengelee. Steinbutt auf Kartoffelscheiben mit getrockneten Tomaten und Oliven. Lammrücken mit Kräuterkruste

---

BALINGEN Baden-Württemberg **545** V 10 – 34 000 Ew – Höhe 517 m.
Ausflugsziel : Lochenstein ≤* vom Gipfelkreuz, Süd : 8 km.
ADAC, Wilhelm-Kraut-Str. 18.
Berlin 711 – Stuttgart 82 – Konstanz 109 – Freiburg im Breisgau 116 – Tübingen 36 – Ulm (Donau) 134.

Hamann, Neue Str. 11, ⌧ 72336, ✆ (07433) 95 00, info@hotel-hamann.de, Fax (07433) 5123, 🍴 – 📶, ⇔ Zim, 📺 ✆ ⇔ 🆎 💳 ℅
Menu (geschl. 24. Dez. - 6. Jan., Samstag - Sonntag) à la carte 15/31 – **50 Zim** ⇌ 58/71 – 93.
• In diesem gepflegten Stadthotel beziehen Reisende in behaglichen Zimmern Quartier – entweder mit rustikalen Eichenmöbeln oder mit modernem Inventar ausgestattet. Holzschnitzereien und rustikale Details geben dem Restaurant eine persönliche Note.

Thum, Klausenweg 20, ⌧ 72336, ✆ (07433) 9 69 00, info@hotel-thum.de, Fax (07433) 969044, 🍴 – 📶, ⇔ Zim, 📺 ✆ ⇔ 🅿 – 🚗 30. ◐ 💳
Menu (geschl. Anfang Jan. 1 Woche, Samstag) à la carte 14/33 – **24 Zim** ⇌ 52/76 – 80/100.
• Geschäftsreisende schätzen diesen am Rande der Innenstadt gelegenen soliden Familienbetrieb mit seinem zeitgemäßen, funktionellen Zimmern. Teils ländlich gestalteter Restaurantbereich mit einem Angebot von regional bis international.

BALJE Niedersachsen 541 E 11 – 1 100 Ew – Höhe 2 m.
Berlin 393 – Hannover 218 – Cuxhaven 41 – Bremerhaven 74 – Hamburg 114.

In Balje-Hörne Süd-West : 5 km :

🏨 **Zwei Linden**, Itzwördener Str. 4, ✉ 21730, ✆ (04753) 8 43 00, Fax (04753) 843030,
Menu (geschl. Montagmittag) à la carte 13/23 – **14 Zim** ⛌ 36/40 – 52/62.
 • Aus der kleinen Dorfgaststätte hat sich ein gepflegter Landgasthof mit netten Gästezimmern entwickelt. Sie sind alle mit zeitlosen Kirschholzmöbeln solide eingerichtet. Das Restaurant ist bürgerlich-rustikal in der Aufmachung.

BALLENSTEDT Sachsen-Anhalt 542 K 17 – 7 800 Ew – Höhe 225 m.
🏌 Meisdorf, Petersberger Trift 33 (Süd-Ost : 6 km), ✆ (034743) 9 84 50.
🛈 Tourist-Information, Allee 37, ✉ 06493, ✆ (039483) 2 63, Fax (039483) 263.
Berlin 220 – Magdeburg 66 – Halle 71 – Nordhausen 58 – Quedlinburg 14.

🏰 **Van der Valk Schlosshotel**, Schlossplatz 1, ✉ 06493, ✆ (039483) 5 10, ballenstedt@vandervalk.de, Fax (039483) 51222, ⛲, Massage, ≦s, 🏊 – 🛗, ⚛ Zim, 📺 ✆ 🅿.
Menu à la carte 17/31 – **50 Zim** ⛌ 79/99 – 119/139.
 • Hinter seiner ansprechenden, gepflegten Fassade überzeugt das am Schlossplatz gelegene Hotel mit einem großzügigen Rahmen und klassisch-komfortablen Zimmern. Restaurant mit gediegen-elegantem Ambiente.

BALLSTEDT Thüringen siehe Weimar.

BALTRUM (Insel) Niedersachsen 541 E 6 – 500 Ew – Nordseeheilbad – Insel der Ostfriesischen Inselgruppe, Autos nicht zugelassen.
⛴ von Neßmersiel (ca. 30 min.), ✆ (04939) 9 13 00.
🛈 Pavillon am Anleger, ✉ 26579, ✆ (04939) 91 40 03, kurverwaltung@baltrum.de, Fax (04939) 914005.
ab Fährhafen Neßmersiel : Berlin 536 – Hannover 269 – Emden 50 – Aurich (Ostfriesland) 28 – Norden 17 – Wilhelmshaven 70.

🏨 **Strandhof** ⚐ (mit Appartmenthaus), Nr. 123, ✉ 26579, ✆ (04939) 8 90, strandhof-baltrum@t-online.de, Fax (04939) 8913, ⛲, ≦s, ⚓ – 📺
Mitte März - Okt. - **Menu** (geschl. außer Saison Mittwoch)(nur Abendessen) à la carte 16/32,50 – **44 Zim** ⛌ 51 – 96 – ½ P 10.
 • Inmitten von Dünen, nur einen Steinwurf vom Strand entfernt, erwartet Sie das nette Ferienhotel. Sie wohnen in gepflegten, funktionellen Zimmern. Im gediegenen Hotelrestaurant mit großer Fensterfront serviert man gutbürgerliche Gerichte.

🏨 **Dünenschlößchen** ⚐, Ostdorf 48, ✉ 26579, ✆ (04939) 9 12 30, duenenschloesschen@t-online.de, Fax (04939) 912313, ≤, ⚓ – 🛗, ⚛ Rest. ⚘
Mitte März - Mitte Okt. – **Menu** (geschl. Montag) à la carte 19/38,50 – **40 Zim** ⛌ 45/68 – 80/100 – ½ P 8.
 • Neben netter Atmosphäre und praktischen Zimmern zählt auch der Blick auf den Nationalpark Niedersächsisches Wattenmeer zu den Annehmlichkeiten dieses Familienbetriebs. Restaurant in bürgerlichem Stil.

🏨 **Witthus** ⚐ (mit Gästehaus), Nr. 137, ✉ 26579, ✆ (04939) 99 00 00, witthus.baltrum@t-online.de, Fax (04939) 990001, ≤, ⛲ – 📺, ⚛ Zim
geschl. 6. Jan. - 15. März, 1. Nov. - 26. Dez. – **Menu** (geschl. außer Saison Dienstag) à la carte 20/38 – **11 Zim** ⛌ 82/92.
 • Etwa 200 Meter vom Hafen entfernt hat Familie Klün ihr Gasthaus. Die Zimmer im Gästehaus hat man mit Voglauer-, die im Haupthaus mit Naturholzmöbeln eingerichtet. Rustikales Restaurant mit offenem Kamin.

BALVE Nordrhein-Westfalen 543 M 7 – 12 000 Ew – Höhe 250 m.
Berlin 510 – Düsseldorf 101 – Arnsberg 20 – Hagen 38 – Plettenberg 16.

In Balve-Binolen Nord : 5 km Richtung Menden :

🏨 **Haus Recke**, Binolen 1 (an der B 515), ✉ 58802, ✆ (02379) 2 09, haus-recke@t-online.de, Fax (02379) 293, ⛲, ⚓ – ⚛ Zim, 📺 🅿 – 🛌 30.
geschl. 1. - 15. Feb., 1. - 15. Nov. – **Menu** (geschl. Montag) à la carte 19/37,50 – **9 Zim** ⛌ 40/45 – 83/89.
 • Vis-à-vis der Reckenhöhle an einem Bach verbergen sich hinter der Natursteinfassade teils rustikal mit lackierten Pinienholzmöbeln, teils sachlich-modern ausgestattete Zimmer. Wählen Sie zwischen der einfacheren Gaststube und dem lichtdurchfluteten Restaurant.

BALVE

In Balve-Eisborn *Nord : 9 km, Richtung Menden, hinter Binolen rechts ab :*

Antoniushütte ⚜ (mit Gästehaus), Eisborner Dorfstr. 10, ✉ 58802, ℰ (02379) 91 50, info@hotel-antoniushuette.de, Fax (02379) 644, 😊 – ⅙ Zim, 📺 ♿ 🅿 – 🎿 80. ⓂⓄ 𝗩𝗜𝗦𝗔 – **Menu** à la carte 20/39,50 – **75 Zim** ⌇ 52/79 – 82/120 – ½ P 17.
 • Üppiger Blumenschmuck ziert die Fachwerkfassade des im Laufe der Jahre gewachsenen Gasthofs. Sehr schön wohnen Sie hier in den Zimmern im Pfarr- oder Schulhaus. Ob im Restaurant oder der rustikalen Stube : überall sitzt es sich gemütlich.

Zur Post ⚜ (mit Gästehaus), Eisborner Dorfstr. 3, ✉ 58802, ℰ (02379) 91 60, pony@hotel-zur-post-eisborn.de, Fax (02379) 916200, 😊, ⛱, ◫ – 🛗 📺 ♨ 🅿 – 🎿 70. ⓂⓄ 𝗩𝗜𝗦𝗔 – *geschl. Aug. 3 Wochen* – **Menu** à la carte 18/39 – **50 Zim** ⌇ 52 – 86.
 • Seit 1895 kümmert man sich in diesem Familienunternehmen um das Wohlergehen seiner Gäste. Die praktischen Zimmer und der Freizeitbereich befinden sich im Gästehaus. Viel Holz, ein offener Kamin und blumige Leinenstoffe schmücken das ländliche Restaurant.

BAMBERG *Bayern* 𝟱𝟰𝟲 Q 16 – *70000 Ew – Höhe 260 m.*
Sehenswert *: Dom★★ (Bamberger Reiter★★★, St.-Heinrichs-Grab★★★)* BZ *– Altes Rathaus★* BCZ *– Diözesanmuseum★* BZ M *– Alte Hofhaltung (Innenhof★★)* BZ *– Neue Residenz : Rosengarten ⩽★* BZ*.*

🏌 *Breitengüßbach, Gut Leimershof 5 (Nord-Ost : 16 km über ⑤), ℰ (09547) 7109 ;* 🏌 *Bamberg, Äußere Zollnerstraße, ℰ (0951) 9 68 43 31.*
🅘 *Tourismus & Kongress Service, Geyerswörthstr. 3, ✉ 96047, ℰ (0951) 2 97 62 00, touristinfo@bamberg.info, Fax (0951) 2976222.*
ADAC, *Schützenstr. 4a (Parkhaus).*
Berlin 406 ① – München 232 ② – Coburg 53 ① – Nürnberg 61 ② – Würzburg 96 ② – Erfurt 154 ⑤

Stadtplan siehe gegenüberliegende Seite

Residenzschloss, Untere Sandstr. 32, ✉ 96049, ℰ (0951) 6 09 10, info@residenzschloss.com, Fax (0951) 6091701, 😊, 𝗟𝗯, ⛱ – 🛗, ⅙ Zim, 📺 ♨ ♿ 🚗 – 🎿 160. ⒶⒺ ⓄⒹ ⓂⓄ 𝗩𝗜𝗦𝗔 𝗝𝗖𝗕, ❊ Rest
Menu à la carte 30/42 – **184 Zim** ⌇ 128 – 159.   BY r
 • Aus dem ehemaligen Krankenhaus und kurfürstlichen Bischofssitz entstand Anfang der 90er Jahre ein komfortables Hotel mit modernem Anbau und eigener Hauskapelle. Orangerie und Erthal heißen die beiden gediegenen Hotelrestaurants.

Bamberger Hof - Bellevue, Schönleinsplatz 4, ✉ 96047, ℰ (0951) 9 85 50, info@bambergerhof.de, Fax (0951) 985562 – 🛗 📺 ♨ 🚗 – 🎿 40. ⒶⒺ ⓄⒹ ⓂⓄ 𝗩𝗜𝗦𝗔
Menu à la carte 23/36 – **50 Zim** ⌇ 95/130 – 130/145, 5 Suiten.   CZ e
 • Individuelle Zimmer, von stilvoll bis supermodern, machen das reizvolle Ambiente des Hauses aus. Pittoresk : die Dach-Suite mit Blick über die Stadt und auf den Kaiserdom. Herrschaftliche Räume mit wertvollen Stuckverzierungen beherbergen das Restaurant.

Villa Geyerswörth, Geyerswörther Str. 15, ✉ 96030, ℰ (0951) 9 17 40, info@villageyerswoerth.de, Fax (0951) 9174500, 😊, ⛱ – 🛗, ⅙ Zim, ▤ 📺 ♨ 🚗 – 🎿 45. ⒶⒺ ⓄⒹ ⓂⓄ 𝗩𝗜𝗦𝗔   CZ m
Menu à la carte 26/39 – **40 Zim** ⌇ 120/145 – 150/185.
 • Auf einer Insel mitten in der Altstadt hat man in einer Gartenanlage 2 restaurierte Villen und ein weiteres Gebäude zu diesem eleganten Ensemble im toskanischen Stil vereint. Das La Villa ist ein Bistrorant in warmen Farben und klaren Formen.

Romantik Hotel Weinhaus Messerschmitt, Lange Str. 41, ✉ 96047, ℰ (0951) 29 78 00, hotel-messerschmitt@t-online.de, Fax (0951) 2978029, 😊 – ⅙ Zim, 📺 – 🎿 60. ⒶⒺ ⓄⒹ ⓂⓄ 𝗩𝗜𝗦𝗔 𝗝𝗖𝗕, ❊ Zim   CZ x
geschl. 12. - 18. Jan. – **Menu** à la carte 23,50/40, ♀ – **19 Zim** ⌇ 55/100 – 120/160.
 • Am Anfang der Einkaufsstraße steht das Messerschmitt mit seiner gelb-weißen Zuckerbäckerfassade. Die Zimmer sind mit antiken, rustikalen oder modernen Möbeln bestückt. Rustikal-elegantes Restaurant und hübsche Brunnenhofterrasse.

St. Nepomuk ⚜ (mit Gästehäusern), Obere Mühlbrücke 9, ✉ 96049, ℰ (0951) 9 84 20, gruener@hotel-nepomuk.de, Fax (0951) 9842100, ⩽ – 🛗, ⅙ Zim, 📺 ♿ 🚗 – 🎿 35. ⓄⒹ ⓂⓄ 𝗩𝗜𝗦𝗔 𝗝𝗖𝗕   CZ a
Menu à la carte 25/46,50 – **43 Zim** ⌇ 80/95 – 110/118, 4 Suiten.
 • Verträumt ankert das schmale Fachwerkhaus zwischen den Flussläufen der Regnitz. Wenn Sie hier übernachten, wählen Sie das Gästehaus : freigelegtes Fachwerk und Antiquitäten. Vom Restaurant aus reizvoller Blick auf Altstadt und Rathaus.

Berliner Ring garni, Pödeldorfer Str. 146, ✉ 96050, ℰ (0951) 91 50 50, hotel-garni-berlinerring@t-online.de, Fax (0951) 14715 – 🛗 ⅙ 📺 ♨ 🚗 🅿 ⒶⒺ ⓄⒹ ⓂⓄ 𝗩𝗜𝗦𝗔, ❊
geschl. 23. Dez. - 6. Jan. – **40 Zim** ⌇ 59 – 79.   AX a
 • Besonders Geschäftsreisende übernachten gerne hier : Die Zimmer sind mit modernem Hotelmobiliar eingerichtet und haben große Schreibtische mit allen notwendigen Anschlüssen.

BAMBERG

Äußere Löwenstraße	CY	2
Am Kranen	BZ	3
Bischofsmühlbrücke	BCZ	5
Buger Str.	AX	7
Dominikanerstraße	BZ	8
Domstraße	BZ	9
Geyersworthstraße	CZ	12
Grüner Markt	**CZ**	13
Hauptwachstraße	**CY**	15
Heiliggrabstraße	AX	17
Herrenstraße	BZ	18
Judenstraße	BZ	20
Karolinenstraße	BZ	23
Lange Str.	**CZ**	
Ludwigstraße	AX	24
Luitpoldbrücke	CY	26
Luitpoldstraße	**CY**	
Magazinstraße	AX	27
Marienstraße	AX	29
Maximiliansplatz	**CY**	
Mittlerer Kaulberg	BZ	30
Nonnenbrücke	CZ	32
Obere Karolinenstraße	BZ	33
Obere Königstraße	**CY**	34
Oberer Kaulberg	AX	35
Obere Sandstraße	BZ	36
Regensburger Ring	AX	38
Residenzstraße	BZ	40
Rhein-Main-Donau-Damm	AX	42
Richard-Wagner-Straße	CZ	44
St-Getreu-Str.	BZ	45
Schillerplatz	BZ	47
Schönleinsplatz	CZ	48
Sodenstraße	AX	50
Untere Brücke	BZ	52
Untere Königstraße	**CY**	54
Unterer Kaulberg	BZ	55

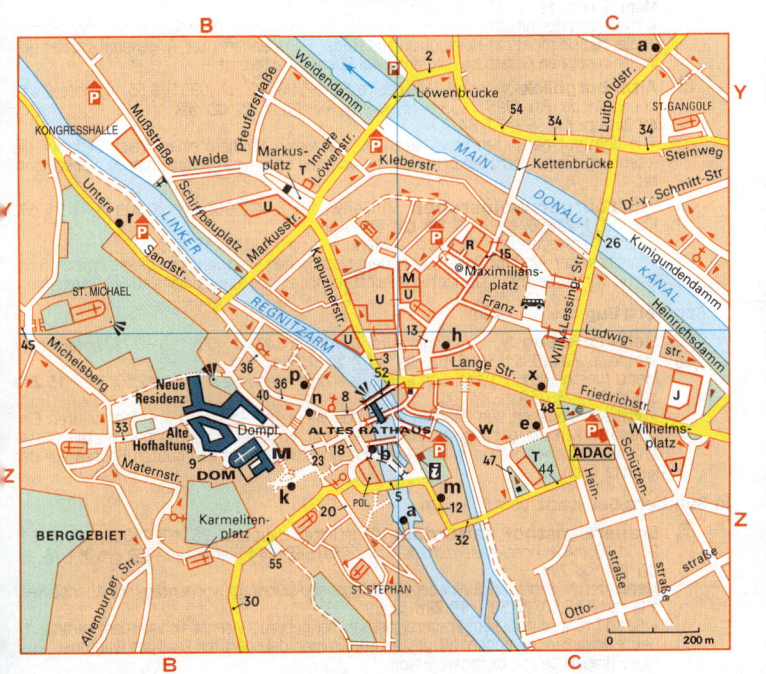

153

BAMBERG

- **Palais Schrottenberg,** Kasernstr. 1, ✉ 96049, ☏ (0951) 95 58 80, *hotel@palais-s chrottenberg.de, Fax (0951) 9558810*, 🍽 – 📺 🅿 – 🔒 25. 🆔 *VISA* BZ **p**
  Menu *(geschl. Feb. - März)* à la carte 13/22,50 – **13 Zim** ⌑ 80/98 – 100/130.
  ◆ Das ehemalige Palais von 1710 beherbergt heute ein kleines Hotel mit geräumigen, schlicht-modernen Zimmern - alle mit Holzfußboden und hellen, großen Marmorbädern. Restaurant mit Parkett und schöner Stuckdecke. Hübsch : der von Fachwerk umgebene Innenhof.

- **Barock-Hotel am Dom** ⚜ garni, Vorderer Bach 4, ✉ 96049, ☏ (0951) 5 40 31, *Fax (0951) 54021* – 📶 📺 ♿. 🅰🅴 ⓓ 🆔 *VISA* BZ **k**
  geschl. Feb., 24. - 27. Dez. – **19 Zim** ⌑ 62/65 – 83/88.
  ◆ Gleich beim Dom finden Sie dieses barocke Stadthaus. Ein sehr freundliches, persönlich geführtes Hotel. Morgens serviert man Ihnen das Frühstück unter gotischem Gewölbe.

- **Wilde Rose,** Keßlerstr. 7, ✉ 96047, ☏ (0951) 98 18 20, *gruener@hotel-wilde-rose.de, Fax (0951) 22071* – 📺. ⓓ 🆔 *VISA* CZ **h**
  Menu *(geschl. Sonntagabend)* à la carte 16/34,50 – **29 Zim** ⌑ 58/65 – 85/90.
  ◆ In einer Seitengasse der Fußgängerzone, am Gabelmann-Brunnen, heißen Sie Maria und Leopold Leicht willkommen und bieten gepflegte, mit Kirschbaummöbeln ausgestattete Zimmer. In der urgemütlichen Sudhausstube serviert man typisch fränkische Spezialitäten.

- **National,** Luitpoldstr. 37, ✉ 96052, ☏ (0951) 50 99 80, *ringhotelnational@t-online.de, Fax (0951) 22436* – 📶 📺 🚗 – 🔒 40. 🅰🅴 🆔 *VISA* CY **a**
  Menu *(geschl. Sonntag)* à la carte 16,50/28 – **41 Zim** ⌑ 54/70 – 75/89.
  ◆ Hinter der Fassade dieses schönen alten Stadthauses verbergen sich praktische Zimmer, die mit älteren, aber sehr gepflegten Möbeln bestückt sind. Hübsch : die Eckzimmer ! Dunkles Holz an den Wänden erzeugt im Restaurant eine gediegene Atmosphäre.

- **Alt Ringlein,** Dominikanerstr. 9, ✉ 96049, ☏ (0951) 9 53 20, *Fax (0951) 9532500*, 🍽 – 📶 📺 ⓓ 🆔 *VISA*. 🅰🅴 BZ **n**
  Menu *(geschl. Feb.)* à la carte 14/30 – **33 Zim** ⌑ 45/70 – 65/100.
  ◆ Liebevoll wurde das altehrwürdige Haus von 1302 Ende der 80er Jahre umgebaut. Entstanden ist ein Hotel mit hübschen, neuzeitlichen und dennoch rustikalen Zimmern. In eine andere Zeit versetzt fühlt man sich in dem mit altem dunklem Holz getäfelten Gastraum.

- **Brudermühle,** Schranne 1, ✉ 96049, ☏ (0951) 95 52 20, *info@brudermuehle.de, Fax (0951) 9552255*, 🍽 – 📺 – 🔒 25. 🆔 *VISA* *JCB* BZ **b**
  Menu à la carte 15/32 – **23 Zim** ⌑ 75/85 – 110/128.
  ◆ Im Herzen der Altstadt wohnen Sie in der Brudermühle in behaglichen Zimmern. Familie Vogler hat sie meist mit Holzmöbeln aus solider Eiche eingerichtet. Angenehm sitzt es sich in der rustikalen Gaststube, die auf zwei Ebenen verteilt ist.

- **Altenburgblick** ⚜ garni, Panzerleite 59, ✉ 96049, ☏ (0951) 9 53 10, *hotel@alte nburgblick.de, Fax (0951) 9531444*, ≤ – 📶 ⚡ 📺 🅿. 🅰🅴 🆔 *VISA* AX **y**
  42 Zim ⌑ 44/55 – 72/84.
  ◆ In dem gut geführten Haus haben Sie von vielen Zimmern einen freien Blick auf die Altenburg. Einige verfügen über Balkone und sind teils mit Kirschbaummöbeln ausgestattet.

- ❌ **Würzburger Weinstuben,** Zinkenwörth 6, ✉ 96047, ☏ (0951) 2 26 67, *Fax (0951) 22656*, 🍽 – 🅰🅴 ⓓ 🆔 *VISA* *JCB* CZ **w**
  geschl. Dienstagabend - Mittwoch – Menu à la carte 20,50/35,50.
  ◆ Inmitten der Altstadt finden Sie in dem historischen Fachwerkhaus dieses typisch fränkische Wirtshaus mit charmantem Weinstubencharakter und regionalen Schmankerln.

In Bamberg-Bug über ③ : 4 km :

- **Lieb - Café Bug** ⚜, Am Regnitzufer 23, ✉ 96049, ☏ (0951) 5 60 78, *hotel.lieb@t -online.de, Fax (0951) 5009502*, 🍽 – 📺 🛎 Zim
  Menu *(geschl. Nov., Freitag, Sonn- und Feiertage abends)* à la carte 12,50/24 – **15 Zim** ⌑ 24/54 – 38/59.
  ◆ Idyllisch umgeben von Bäumen steht das ehemalige Forsthaus am Regnitz-Ufer. Einladend wirken die gepflegten und zumeist mit Voglauermöbeln eingerichteten Gästezimmer. Besuchen Sie die nette Gaststube und schauen Sie den bunten Booten auf der Regnitz nach.

In Bamberg-Gaustadt über ④ : 4 km :

- **Brauereigasthof Kaiserdom,** Gaustadter Hauptstr. 26, ✉ 96049, ☏ (0951) 96 51 40, *info@hotel-kaiserdom.de, Fax (0951) 9651444*, Biergarten – 📺 🚗 🅿 – 🔒 20. 🆔 *VISA*. 🛎 Zim
  Menu *(geschl. Mitte Jan. 2 Wochen, Sonntagabend - Montag)(wochentags nur Abendessen)* à la carte 15,50/25,50 – **18 Zim** ⌑ 59 – 72.
  ◆ Seit 1718 wird in diesem Brauereigasthof Bier gebraut. Viel hat sich seitdem verändert : Heute erwarten Sie modern ausgestattete Zimmer, dekoriert mit knalligen Blautönen. Rustikale Braustube mit deftigem Essen.

BAMBERG

In Hallstadt über ⑤ : 4 km :

🏨 **Country Inn**, Lichtenfelser Str. 35, ✉ 96103, ℘ (0951) 9 72 70, Fax (0951) 972790, 🌳, ⇌ – ⚲ Zim, 📺 ☏ 🚗 – 🔒 40. ㊄ ⓞ ⓜ 💳 JCB
Goldener Adler (geschl. 24. Dez. - 6. Jan., Sonntag) **Menu** à la carte 23/31,50 – **55 Zim** ⊇ 59/75 – 75/112.
* Aus dem einfachen Gast- und Bauernhof ist ein neuzeitliches Hotel entstanden. Die hübschen Zimmer hat man mit reizenden Landhausstoffen geschmackvoll gestaltet. Restaurant mit behaglichem Umfeld und gutbürgerlichen Gerichten.

🏨 **Frankenland**, Bamberger Str. 76, ✉ 96103, ℘ (0951) 7 12 21, info@frankenland-hotel.de, Fax (0951) 73685 – 📶 📺 🚗 🅿. ⓞ ⓜ 💳
Menu (geschl. Freitag, Sonntag) (nur Abendessen) à la carte 15/28 – **37 Zim** ⊇ 42 – 62.
* Der 1975 erbaute Flachdachbau zeichnet sich durch eine verkehrsgünstige Lage nahe der Autobahn A 70 aus. Die Zimmer sind schlicht, aber praktisch eingerichtet. Rustikal-ländliche Galerie

In Stegaurach über ③ : 5 km :

🏨 **Der Krug**, Mühlendorfer Str. 4, ✉ 96135, ℘ (0951) 99 49 90, hotel@der-krug.de, Fax (0951) 9949910, 🌳, Biergarten, 🛁, ⇌, 🏊, 🎾, 🚲 – ⚲ Zim, 📺 ☏ 🚗 🅿 – 🔒 60. ㊄ ⓜ 💳. ⚲ Zim
Menu (geschl. Dienstag) à la carte 15/33 – **26 Zim** ⊇ 61 – 92.
* Mit Geschmack und Liebe hat das engagierte Ehepaar Gabriele und Walter Gaissmaier seinen Hotel-Gasthof eingerichtet. Man wohnt in hübschen Zimmern mit zeitlos elegantem Stil. In verschiedenen gemütlichen Stuben werden regionale Gerichte serviert.

In Kemmern über ⑤ : 5 km :

🏨 **Rosenhof**, Hauptstr. 68, ✉ 96164, ℘ (09544) 92 40, info@hotel-rosenhof.com, Fax (09544) 924240, 🌳 – 📶, ⚲ Zim, 📺 ☏ 🅿. – 🔒 80. ⓜ 💳
Menu à la carte 16/25 – **36 Zim** ⊇ 54 – 81.
* Mitte der 90er Jahre gebautes modernes Hotel mit ansprechender Fassade. Es bietet freundlich eingerichtete Zimmer mit zeitgemäßem Komfort. Im Restaurant setzen himbeerrote Samtstühle und der passende Teppichboden interessante Akzente.

MICHELIN-REIFENWERKE KGaA. ✉96103 Hallstadt (über ⑤ : 5 km), Michelinstr. 130, ℘ (0951) 79 12 01 Fax (0951) 791205.

BANNESDORF Schleswig-Holstein siehe Fehmarn (Insel).

BANSIN Mecklenburg-Vorpommern siehe Usedom (Insel).

BARGTEHEIDE Schleswig-Holstein ⑤⓶⓵ E 14 – 11 000 Ew – Höhe 48 m.
🏌 Jersbek, Oberteicher Weg (West : 3 km), ℘ (04532) 2 09 50.
Berlin 279 – Kiel 73 – Hamburg 29 – Lübeck 38 – Bad Oldesloe 14.

🏨 **Papendoor**, Lindenstr. 1, ✉ 22941, ℘ (04532) 20 39 00, kontakt@hotelpapendoor.de, Fax (04532) 203901, 🌳 – 📺 🚗 🅿. ㊄ ⓞ ⓜ 💳
Menu (geschl. Sonn- und Feiertage) à la carte 13,50/30,50 – **25 Zim** ⊇ 60/70 – 85/90.
* Familiengeführtes Hotel in einem Flachdachbau mit Klinkerfassade. Hier finden Sie gepflegte, solide eingerichtete Gästezimmer in zwei Kategorien. Hell gestaltetes Bistro-Restaurant.

BARGUM Schleswig-Holstein ⑤⓶⓵ B 10 – 800 Ew – Höhe 3 m.
Berlin 451 – Kiel 111 – Sylt (Westerland) 41 – Flensburg 37 – Schleswig 63.

XXX **Andresen's Gasthof** mit Zim, Dörpstraat 63 (B 5), ✉ 25842, ℘ (04672) 10 98, and resensgasthof@gmx.de, Fax (04672) 1099, 🌳, 🚲 – 📺 🅿. ⓜ
geschl. Mitte Jan. - Mitte Feb., Mitte - Ende Sept. – **Menu** (geschl. Montag - Dienstag) (Mittwoch - Donnerstag nur Abendessen) (Tischbestellung erforderlich) 49/66 und à la carte, ♀ – **5 Zim** ⊇ 70 – 100.
* Aus Produkten der Region bereitet Ihnen der Küchenchef hier klassische Gaumenfreuden. Passend dazu : der geschmackvolle friesische Stil des Hauses. Hübscher Garten.
Spez. Knoblauch-Quark-Mousse mit Kaisergranat. Lammkeule mit Ziegenkäse gebraten und Olivenrisotto. Bananen-Kefir-Shake mit Kokos und Zimt

---

BARLEBEN Sachsen-Anhalt siehe Magdeburg.

BARNSTORF Niedersachsen 541 H 9 – 5 300 Ew – Höhe 30 m.
Berlin 395 – Hannover 105 – Bremen 59 – Osnabrück 67.

Roshop, Am Markt 6, ⊠ 49406, ℘ (05442) 98 00, info@hotel-roshop.de, Fax (05442) 980444, 㐃, ⇌, ▢, ≈, – 🛗, ⇌ Zim, ▥ Rest, TV 📞 ♿ ⇌ 🅿 – 🔔 80. AE ⓜ VISA
Menu à la carte 19/38 – **63 Zim** ⇌ 53/70 – 81/99.
  ♦ Besonders Tagungsgäste schätzen das gut geführte Haus. Es stehen wohnliche Zimmer sowie schöne und komfortable Suiten zur Wahl. Zur Entspannung : der gepflegte Freizeitbereich. Rustikale Restaurant-Stuben mit offenem Kamin.

BARSINGHAUSEN Niedersachsen 541 J 12 – 36 000 Ew – Höhe 100 m.
🛈 Bürgerbüro-Tourist Office, Deisterplatz 2, ⊠ 30890, ℘ (05105) 77 42 63, info@barsinghausen-info.de, Fax (05105) 774360.
Berlin 315 – Hannover 25 – Bielefeld 87 – Hameln 42 – Osnabrück 117.

Gilde Sporthotel Fuchsbachtal 𝄞, Bergstr. 54, ⊠ 30890, ℘ (05105) 77 60, sporthotel@t-online.de, Fax (05105) 776333, 㐃, 🏌, ⇌, ▢, ✱ – 🛗, ⇌ Zim, TV 📞 ♿ 🅿 – 🔔 130. AE ⓜ VISA
Menu à la carte 21/38 – **74 Zim** ⇌ 50/137 – 98/180.
  ♦ Etwas außerhalb am Waldrand gelegenes Hotel. Fragen Sie nach den großzügigen Zimmern im vorderen Teil des Hauses. Attraktives Freizeitangebot.

Marmite, Egestorfer Str. 36a, ⊠ 30890, ℘ (05105) 6 18 18, restaurantmarmite@t-online.de, Fax (05105) 515709, 㐃 – 🅿. AE ⓞ ⓜ VISA
geschl. Juli 2 Wochen, Dienstag – **Menu** (wochentags nur Abendessen) à la carte 26,50/33,50.
  ♦ Für ein mediterranes Flair sorgen sonnengelbe Wände, luftige Korbbestuhlung, Parkettboden und viele bunte Bilder. Das Service-Team bemüht sich geschult um seine Gäste.

An der B 65, nahe der A 2, Abfahrt Bad Nenndorf *Nord-Ost : 5 km :*

Echo Hotel, Kronskamp 2, ⊠ 30890 Barsinghausen-Bantorf, ℘ (05105) 52 70, info@echo.de, Fax (05105) 527199 – ⇌ Zim, ▥ Rest, TV 📞 ♿ 🅿 – 🔔 30. AE ⓞ ⓜ VISA
Menu à la carte 15,50/27,50 – ⇌ 6 – **64 Zim** 52/66 – 62/82.
  ♦ Jugendlich-frisch ist der Stil des Hauses, in dem kräftige Blautöne dominieren. Die Zimmer mit blauem Teppichboden und hellen Wänden sind großzügig und gepflegt. Amerika und der Wilde Westen werden in Michael's Diner - American Restaurant lebendig.

BARTH Mecklenburg-Vorpommern 542 C 22 – 10 000 Ew – Höhe 5 m.
🛈 Barth-Information, Lange Str. 16, ⊠ 18356, ℘ (038231) 24 64, info@stadt-barth.de, Fax (038231) 2464.
Berlin 272 – Schwerin 155 – Rostock 59 – Stralsund 33.

Speicher Barth, Am Osthafen 2, ⊠ 18356, ℘ (038231) 6 33 00, speicher-barth@t-online.de, Fax (038231) 63400, ≤ Barther Bodden, 㐃, ⇌ – 🛗, ⇌ Zim, TV 📞 ♿ 🅿 – 🔔 70. AE ⓜ VISA
Menu à la carte 26/38 – **43 Zim** ⇌ 75/90 – 120, 15 Suiten.
  ♦ Der 100 Jahre alte Getreidespeicher wurde Ende der 90er Jahre zu einem außergewöhnlichen Hotel umgebaut. Klares Design hat man mit ursprünglichen Elementen verbunden. Eine offene Dachbalkenkonstruktion prägt das Restaurant - Glasanbau mit toller Aussicht.

Pommernhotel, Divitzer Weg 2, ⊠ 18356, ℘ (038231) 8 20 00, webmaster@pommernhotel.de, Fax (038231) 82006, 㐃 – ⇌ Zim, TV 📞 🅿 – 🔔 25. AE ⓜ VISA, ✱
Menu à la carte 12,50/26,50 – **31 Zim** ⇌ 56/62 – 80/86 – ½ P 13.
  ♦ Am Ortsrand liegt das Hotel der Familie Splettstößer. Die gepflegten und praktischen Zimmer sind durchweg mit zeitlosen Kirschbaummöbeln ausstaffiert.

BARTHOLOMÄ Baden-Württemberg 545 T 13 – 1 800 Ew – Höhe 642 m – Wintersport : ⛷.
Berlin 573 – Stuttgart 75 – Aalen 16 – Heidenheim an der Brenz 18 – Schwäbisch Gmünd 21.

An der Straße nach Steinheim *Süd-Ost : 3 km :*

Landhotel Wental, ⊠ 73566 Bartholomä, ℘ (07173) 97 81 90, info@wental.de, Fax (07173) 9781940, 㐃, ⇌, ≈, – ⇌ TV ⇌ 🅿 – 🔔 25. AE ⓜ VISA JCB
Menu (geschl. 20. - 28. Dez., Sonntagabend - Montag) à la carte 15/27 – **35 Zim** ⇌ 45/48 – 75 – ½ P 13.
  ♦ Ein gestandener Gasthof auf der Schwäbischen Alb, wie er typischer nicht sein kann. Auch ein schöner Freizeitbereich gehört zum Angebot. Nebenan : eine Kletter-Anlage. Rustikales Restaurant mit Kamin und Kachelofen.

BASDORF Brandenburg 542 H 24 – 4 500 Ew – Höhe 55 m.
Berlin 26 – Potsdam 55 – Neubrandenburg 121 – Frankfurt (Oder) 119.

Barnimer Hof, Am Markt 9, ⌧ 16352, ℘ (033397) 78 70, info@barnimer-hof.de, Fax (033397) 78777, 余, – 劇 ⊡ ✆ P – 益 40. ஊ ⓘ ⓜ VISA
Menu à la carte 20/32 – **22 Zim** ⊇ 70 – 85.
◆ Ende der 90er Jahre wurde das behagliche Hotel eröffnet. Und man bewies Geschmack : Zu rot-gelb karierten Stoffen wählte man in den freundlichen Zimmern gelbe Wandanstriche. Elegantes Restaurant und rustikale Schänke mit Showküche.

BATTENBERG AN DER EDER Hessen 543 M 9 – 5 400 Ew – Höhe 349 m.
Berlin 464 – Wiesbaden 151 – Marburg 34 – Kassel 85 – Siegen 71.

Rohde ⟪, Hauptstr. 53, ⌧ 35088, ℘ (06452) 9 33 30, hotelrohde@freenet.de, Fax (06452) 933350, 余, ⟪ – ⊡ ⟪ P. ஊ ⓜ
Menu à la carte 14,50/28 – **12 Zim** ⊇ 34/38 – 67/72.
◆ Das schieferverkleidete Haus in der Altstadt vermittelt schon von außen eine heimelige Atmosphäre, die sich auch innen fortsetzt - mit praktischen und sehr sauberen Zimmern. Einfaches Restaurant mit bürgerlicher Küche.

BAUNATAL Hessen 543 7 12 – 25 400 Ew – Höhe 180 m.
Berlin 398 – Wiesbaden 218 – Kassel 14 – Göttingen 57 – Marburg 82.

Stadt Baunatal, Wilhelmshöher Str. 5, ⌧ 34255, ℘ (0561) 9 48 80, komfort-hotel-stadt-baunatal@t-online.de, Fax (0561) 9488100, 余, Biergarten – 劇 ▦ ⊡ ✆ ⟪ P – 益 300. ஊ ⓜ VISA
Titania : **Menu** à la carte 15/29,50 – *Alte Schmiede* (nur Abendessen) **Menu** à la carte 11,50/27 – **51 Zim** ⊇ 52 – 78.
◆ Tadellose Pflege und Sauberkeit, freundliches Personal sowie großzügig geschnittene Zimmer mit funktioneller Ausstattung zählen zu den Vorzügen dieses Hotels. Das Titania ist in weißem Holz gehalten - mit schöner Theke. Gemütlich-rustikal : die Alte Schmiede.

In Baunatal-Altenbauna :

Ambassador, Friedrich-Ebert-Allee 1, ⌧ 34225, ℘ (0561) 4 99 30, info@ambassador-baunatal.bestwestern.de, Fax (0561) 4993500, 余, ≘ – 劇, ⟪ Zim, ⊡ ✆ ⟪ P – 益 120. ஊ ⓘ ⓜ VISA – **Menu** à la carte 14,50/28 – **120 Zim** ⊇ 81 – 106/133.
◆ Neuzeitlich und funktionell gestaltet sind die Zimmer in diesem Hotel. Einzelne poppige Möbelelemente setzen Akzente. Jedes Zimmer verfügt über einen kleinen Kaffeeautomaten. Rustikales Restaurant.

BAUTZEN Sachsen 544 M 27 – 42 000 Ew – Höhe 219 m.
Sehenswert : Dom St. Peter★ – Stadtbefestigung★ – Alte Wasserkunst★.
Ausflugsziele : Löbau : König-Friedrich-August-Turm★ – Obercunnersdorf★.
🛈 Tourist-Information, Hauptmarkt 1, ⌧ 02625, ℘ (03591) 4 20 16, touristinfo@bautzen.de, Fax (03591) 327629.
ADAC, Steinstr. 26.
Berlin 200 – Dresden 65 – Görlitz 47 – Cottbus 75.

Holiday Inn, Wendischer Graben 20, ⌧ 02625, ℘ (03591) 49 20, holiday-inn@gmx.de, Fax (03591) 492100, ≘ – 劇, ⟪ Zim, ⊡ ✆ ⟪ P – 益 90. ஊ ⓘ ⓜ VISA JCB
Menu à la carte 19/33 – ⊇ 14 – **157 Zim** 71/85, 5 Suiten.
◆ Gegenüber der Altstadt wurde Ende der 90er Jahre dieses neuzeitliche Hotel eröffnet. Auch Geschäftsleute schätzen die gepflegten Zimmer mit ihrer funktionellen Ausstattung.

Goldener Adler, Hauptmarkt 4, ⌧ 02625, ℘ (03591) 4 86 60, kontakt@goldeneradler.de, Fax (03591) 486620 – 劇 ⊡ ✆ P – 益 15. ஊ ⓘ ⓜ VISA
Menu à la carte 18,50/28,50 – **30 Zim** ⊇ 67/87 – 87/108.
◆ Hinter der historischen Fassade des Hauses verbergen sich zeitgemäße Zimmer mit freigelegten Holzbalken. Zur Ausstattung gehören Schreibtische plus technische Anschlüsse. Gemütliche Einkehrmöglichkeit im Schankhaus von 1540.

Residence, Wilthener Str. 32 (Gewerbepark), ⌧ 02625, ℘ (03591) 35 57 00, hotel.residence@t-online.de, Fax (03591) 355705, 余 – ⟪ Zim, ⊡ ⟪ P – 益 100. ஊ ⓘ ⓜ VISA
Menu à la carte 13,50/19,50 – **20 Zim** ⊇ 49/57 – 62/72.
◆ Das im Sommer 1997 erbaute Hotel liegt in einem kleinen Gewerbepark am Stadtrand. Das Haus bietet seinen Gästen großzügig geschnittene Zimmer mit zeitgemäßen Kirschbaummöbeln. Helles Restaurant mit lindgrüner Bestuhlung und beigem Steinboden.

Dom Eck garni, Breitengasse 2, ⌧ 02625, ℘ (03591) 50 13 30, Fax (03591) 501334 – ⊡ ✆ ⟪. ஊ ⓜ VISA
12 Zim ⊇ 51 – 66.
◆ Hinter dem Dom findet man diese nette Logis-Adresse. Nach umfangreichem Umbau präsentiert sich das Haus in neuem Kleid und wartet morgens mit einem einladenden Frühstück.

BAUTZEN

Villa Antonia, Lessingstr. 1, ✉ 02625, ✆ (03591) 50 10 20, info@hotel-villa-antoni
a.de, Fax (03591) 501044, 🍽 – 📺 🅿 ⓜ 💳
Tiroler Stuben : Menu à la carte 17/24,50 – **18 Zim** ☑ 50 – 70/75.
 ◆ Diese renovierte Villa zeigt sich als saubere, gepflegte Unterkunft, die ihre Gäste in praktisch und solide ausgestatteten Zimmern beherbergt. Alpenländische Holztäfelung, nettes Dekor und gemütliche Nischen prägen die Tiroler Stuben.

Schloss-Schänke 🌿 mit Zim (mit Gästehaus), Burgplatz 5, ✉ 02625, ✆ (03591) 30 49 90, david_roesner@web.de, Fax (03591) 490198, 🍽 – 📺 🅿 🆎 ⓞ ⓜ 💳
Menu (geschl. Jan. - Feb.) (wochentags nur Abendessen) à la carte 21/30 – **11 Zim** ☑ 46/59 – 66/84.
 ◆ Urgemütlich und stilvoll sind die Stuben in der 600 Jahre alten Schänke. Unverputztes Mauerwerk sowie Holzbalken- und Gewölbedecken geben ihnen ein historisches Flair.

In Bautzen-Burk Nord-Ost : 3 km über B 156 :

Spree Hotel 🌿, An den Steinbrüchen, ✉ 02625, ✆ (03591) 2 13 00, spreehotel@t-onli
ne.de, Fax (03591) 213010, ☎ – 📶, ✳ Zim,, 🍴 Rest, 📺 📞 ⓖ 🅿 – 🔑 70. 🆎 ⓜ 💳 ⁂ Rest
geschl. 22. Dez. - 2. Jan. – **Menu** à la carte 17/24 – **81 Zim** ☑ 64/74 – 82.
 ◆ Vor den Toren der Stadt am Stausee gelegenes Haus mit moderner Architektur. In den praktisch gehaltenen Räumen schläft man in komfortablen Betten mit verstellbaren Matratzen. Internationales Angebot im Restaurant Atrium.

BAYERISCH EISENSTEIN Bayern 🅵🅴🅶 S 23 – 1 300 Ew – Höhe 724 m – Luftkurort – Wintersport : 724/1 456 m ⛷ 1 ⛷ 7 ⛷.

Ausflugsziel : Hindenburg-Kanzel ≤★, Nord-West : 9 km.
🅱 Tourist-Info, Schulbergstr. 1, ✉ 94252, ✆ (09925) 3 27, info@bayerisch-eisenstein.de, Fax (09925) 478.
Berlin 463 – München 193 – *Passau* 75 – Straubing 85.

Aparthotel Arberresidenz Vierjahreszeiten 🌿 garni, Anton-Pech-Weg 12, ✉ 94252, ✆ (09925) 94 07 40, arberresidenz@t-online.de, Fax (09925) 940750, ☎, 🍽 – 📶 ✳ 📺 ⓖ 🅿
28 Zim ☑ 40 – 53/73.
 ◆ Von außen ein moderner Bau, der in seinem Inneren gut geschnittene und wohnliche 1 - 2 Zimmer-Appartements birgt. Alle Appartements verfügen über eine Küchenzeile.

Waldspitze, Hauptstr. 4, ✉ 94252, ✆ (09925) 9 41 00, waldwinkel-hotels@t-online.de, Fax (09925) 9410199, 🍽, ☎, 🅿 – 📶 🅿 🅿
geschl. Nov. - Mitte Dez. – **Menu** à la carte 12,50/28 – **56 Zim** ☑ 41 – 69 – ½ P 10.
 ◆ An der Dorfstraße gelegener erweiterter Gasthof. Das Haus wird persönlich von den Wirtsleuten geführt, die für ihre Gäste Zimmer mit hellen Naturholzmöbeln bereithalten. Im ersten Stock befindet sich die Gaststube mit einfacher, ländlicher Küche.

BAYERISCH GMAIN Bayern siehe Reichenhall, Bad.

BAYERSOIEN, BAD Bayern 🅵🅴🅶 W 17 – 1 100 Ew – Höhe 812 m – Luftkurort und Moorheilbad.

Ausflugsziel : Echelsbacher Brücke★ Nord : 3 km.
🅱 Kur- und Touristinformation, Dorfstr. 45, ✉ 82435, ✆ (08845) 7 03 06 20, bayers
oien@gaponline.de, Fax (08845) 7030629.
Berlin 642 – München 102 – Garmisch-Partenkirchen 35 – *Kempten (Allgäu)* 73 – Weilheim 38.

Parkhotel 🌿, Am Kurpark 1, ✉ 82435, ✆ (08845) 1 20, info@parkhotel-bayersoie
n.de, Fax (08845) 9695, ≤, 🍽, 🅿, Massage, ♨, 🅵🅶, ☎, 🅿, 🍽 – 📶 ✳ Rest, 📺 📞
⛓ 🅿 – 🔑 30. ⓜ 💳
Menu à la carte 24/34,50 *(auch Diät)* – **66 Zim** ☑ 78/88 – 110/126, 4 Suiten – ½ P 22.
 ◆ Etwas abseits thront mit herrlichem Alpenblick das 1990 erbaute Kurhotel im charmanten Landhausstil. Dazu passend sind die Zimmer mit bayerischen Naturholzmöbeln eingerichtet. Rustikal-elegantes Restaurant.

Zum Metzgerwirt, Dorfstr. 39, ✉ 82435, ✆ (08845) 7 40 80, metzgerwirt@t-onli
ne.de, Fax (08845) 740833 – 📺 🅿 🆎 ⓞ ⓜ 💳
geschl. 15. Nov. - 15. Dez. – **Menu** à la carte 13/25,50 – **10 Zim** ☑ 31/41 – 62/82 – ½ P 12.
 ◆ Mitten im Ort liegt dieser so typisch bayerische Gasthof mit eigener Metzgerei. Während Ihres Aufenthalts sorgen ordentliche, saubere Zimmer für Wohlbefinden. Alpenländische Schmankerln oder Deftiges aus eigener Schlachtung - die Einkehr lohnt sich.

Haus am Kapellenberg 🌿, Eckweg 8, ✉ 82435, ✆ (08845) 5 22, Fax (08845) 7203, ≤, 🍽, 🅿
Menu *(geschl. Mitte Nov. - Mitte Dez., Dienstag)* à la carte 13/29,50 – **14 Zim** ☑ 21/29 – 42 – ½ P 9.
 ◆ Ruhig, in sonniger Südhanglage liegt das gut geführte Haus inmitten eines großen Privat-Grundstücks. Die behaglichen Zimmer verfügen auf der Süd-/Westseite alle über Balkone. Die Küche der ländlichen Gaststube bietet hauptsächlich bayerische Hausmannskost.

BAYREUTH *Bayern* **546** Q 18 – 75 000 Ew – Höhe 340 m.

Sehenswert: *Markgräfliches Opernhaus*★ Y – *Richard-Wagner-Museum*★ Z **M1** – *Neues Schloss (Innenausstattung)*★ Z.

Ausflugsziel: *Schloss Eremitage*★ : *Schlosspark*★ 4 km über ②.

🏌 🏌 Bayreuth, Rodersberg 43 (über ①), ℰ (0921) 97 07 04.

Festspiel-Preise : siehe Seite 10
Prix pendant le festival : voir p. 26
Prices during tourist events : see p. 40
Prezzi duranti i festival : vedere p. 54.

✈ Bindlacher Berg, über ① : 7 km, ℰ (09208) 6 57 00.

🛈 Kongress- und Tourismuszentrale, Luitpoldplatz 9, ✉ 95444, ℰ (0921) 8 85 88, info@bayreuth-tourismus.de, Fax (0921) 88555.

ADAC, Hohenzollernring 64.

Berlin 358 ① – *München 231* ③ – Coburg *67* ⑤ – *Nürnberg 80* ③ – *Regensburg 159* ③ – *Bamberg 65* ⑤

Stadtplan siehe nächste Seite

🏨 **Ramada-Treff Hotel Residenzschloss**, Erlanger Str. 37, ✉ 95444, ℰ (0921) 7 58 50, resi.bayreuth@ramada-treff.de, Fax (0921) 7585601, 🍽, 🈴, – 🛗, ✲ Zim, 📺 🕭 🖘 – 🔒 70. 🅰🅴 ① 🆗 🆅🅸🆂🅰, ✳ Rest Z a
Menu à la carte 23/30,50 – **104 Zim** ⚌ 115 – 145, 3 Suiten.
◆ Das ehemalige Sudhaus einer Brauerei mit neuem Anbau steht inmitten der Wagnerstadt. Ambiente und Komfort des Hauses und insbesondere der Zimmer entsprechen den Ansprüchen. Großzügiges Restaurant mit Galeriebereich und rötlich schimmerndem Granitboden.

🏨 **Arvena Kongreß Hotel**, Eduard-Bayerlein-Str. 5a, ✉ 95445, ℰ (0921) 72 70, info@arvenakongress.de, Fax (0921) 727115, 🍽, 🈱, 🈴, – 🛗, ✲ Zim, 📺 🕭 🖘 🅿 – 🔒 350. 🅰🅴 ① 🆗 🆅🅸🆂🅰 Y b
Menu (geschl. 3. - 11. Jan.) à la carte 23/37,50 – **196 Zim** ⚌ 85/125 – 105/145.
◆ Etwas außerhalb der City finden Sie den blaugestrichenen modernen, im Jahre 1993 errichteten Hotelbau. Gäste beziehen hier komfortable, helle Zimmer.

🏨 **Ramada-Treff Hotel Rheingold**, Austr. 2/Unteres Tor, ✉ 95445, ℰ (0921) 7 56 50, bayreuth@treff-hotels.de, Fax (0921) 7565801, 🍽, 🈴, 🏊 – 🛗, ✲ Zim, 📺 🕭 🖘 🅿 – 🔒 160. 🅰🅴 ① 🆗 🆅🅸🆂🅰 Y g
Menu à la carte 22/31 – **146 Zim** ⚌ 105 – 125.
◆ Besonders Geschäftsreisende schätzen die geräumigen Zimmer dieses gepflegten Stadthotels. Sie sind alle mit hellen Naturholzmöbeln und praktischen Schreibtischen ausgestattet. Zur Halle hin geöffnetes Restaurant mit internationaler Küche.

🏨 **Goldener Anker**, Opernstr. 6, ✉ 95444, ℰ (0921) 6 50 51, info@anker-bayreuth.de, Fax (0921) 65500 – 📺 🕭 🖘. 🅰🅴 ① 🆗 🆅🅸🆂🅰, ✳ Rest Y r
geschl. Weihnachten - Mitte Jan. – **Menu** (geschl. Mitte April - Anfang Mai, Sept. 3 Wochen, Montag - Dienstag) (nur Abendessen) 30/60 und à la carte, ♀ – **35 Zim** ⚌ 65/115 – 95/180.
◆ Alle Zimmer in diesem Traditionshotel bestechen durch ihre persönliche Note. Sie sind sehr groß und teils mit Stilmöbeln und Antiquitäten oder modern-wohnlich eingerichtet. Restaurant mit klassischer Küche in historischen Mauern.

🏨 **Bayerischer Hof**, Bahnhofstr. 14, ✉ 95444, ℰ (0921) 7 86 00, hotel@bayerischer-hof.de, Fax (0921) 7860560, 🈴, 🏊, 🎾 – 🛗, ✲ Zim, 📺 🖘 – 🔒 40. 🅰🅴 ① 🆗 🆅🅸🆂🅰 Y e
Gendarmerie : **Menu** à la carte 20/38 – ⚌ 10 – **50 Zim** 56/81 – 89/119.
◆ Kein Zimmer gleicht hier dem anderen. Zu empfehlen sind die modernen, ausgestattet mit cremefarbenen Möbeln und Marmorbädern. Exquisit : die Suite in der obersten Etage. Bistro-Ambiente im Gendarmerie : vorne geht's legerer zu, hinten schön gedeckte Tische.

🏨 **Accent Hotel im Kolpinghaus**, Kolpingstr. 5, ✉ 95444, ℰ (0921) 8 80 70, info@accent-hotel.de, Fax (0921) 880715, 🍽 – 🛗, ✲ Zim, 📺 🅿 – 🔒 200. 🅰🅴 ① 🆗 🆅🅸🆂🅰 Y x
Menu à la carte 19,50/32,50 – **50 Zim** ⚌ 65/120 – 95/160.
◆ Sämtliche Zimmer dieses gut unterhaltenen Hotels sind mit Mobiliar in Naturholz- oder Kirschbaum sowie gepflegten Bädern in neuzeitlichem und funktionellem Stil eingerichtet. Restaurant mit Wintergarten.

🏨 **Lohmühle**, Badstr. 37, ✉ 95444, ℰ (0921) 5 30 60, lohmuehle@t-online.de, Fax (0921) 5306469, 🍽 – 🛗, ✲ Zim, 📺 🕭 🅿 – 🔒 20. 🅰🅴 ① 🆗 🆅🅸🆂🅰 Y s
Menu (geschl. Sonntagabend) à la carte 20/29,50 – **42 Zim** ⚌ 62/77 – 95/103.
◆ Eine nette Adresse, die auf den Grundfesten einer alten Gerberei und Sägemühle steht. Im Gasthof sind die Zimmer rustikal, im Gästehaus hell und funktionell eingerichtet. Im Restaurant : weiß verputzte Wände und dunkel gebeizte Deckenbalken.

BAYREUTH

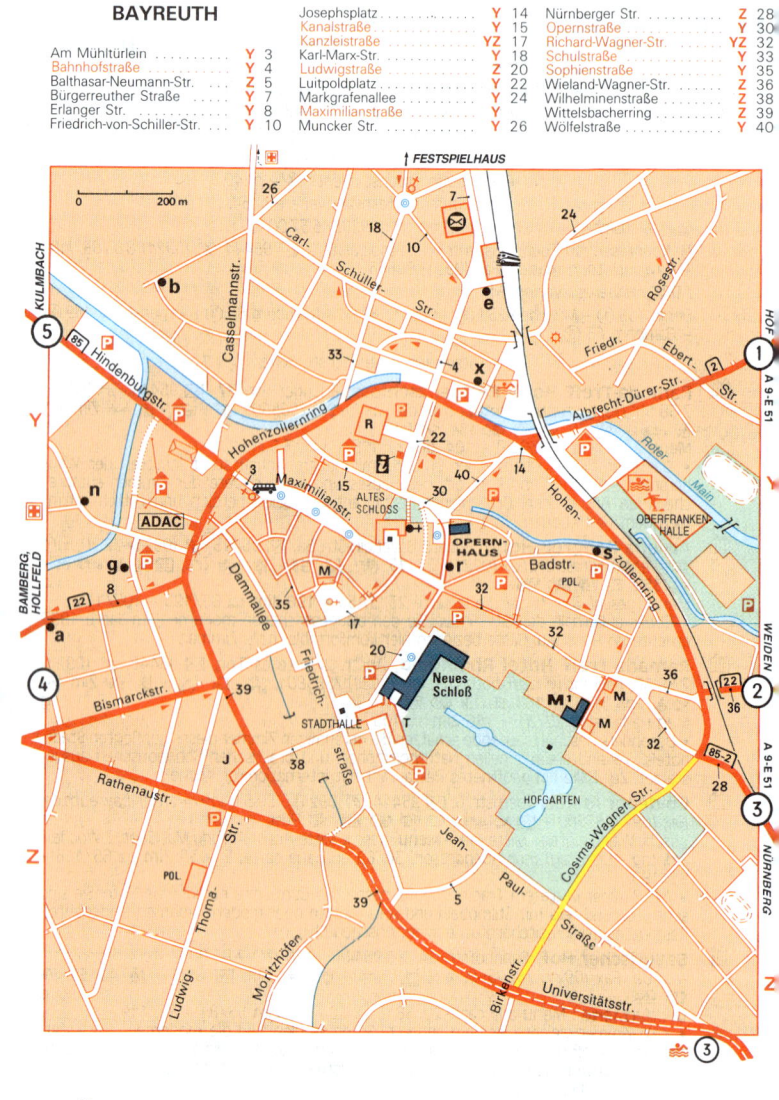

Am Mühltürlein	Y 3	Josephsplatz	Y 14	Nürnberger Str.	Z 28
Bahnhofstraße	Y 4	Kanalstraße	Y 15	Opernstraße	Y 30
Balthasar-Neumann-Str.	Z 5	Kanzleistraße	YZ 17	Richard-Wagner-Str.	YZ 32
Bürgerreuther Straße	Y 7	Karl-Marx-Str.	Y 18	Schulstraße	Y 33
Erlanger Str.	Y 8	Ludwigstraße	Z 20	Sophienstraße	Y 35
Friedrich-von-Schiller-Str.	Y 10	Luitpoldplatz	Y 22	Wieland-Wagner-Str.	Y 36
		Markgrafenallee	Y 24	Wilhelminenstraße	Z 38
		Maximilianstraße	Y	Wittelsbacherring	Z 39
		Muncker Str.	Y 26	Wölfelstraße	Y 40

🏨 **Goldener Löwe,** Kulmbacher Str. 30, ✉ 95445, ☏ (0921) 74 60 60, *info@goldener-loewe-bayreuth.de*, Fax (0921) 47777, 🍴 – TV P. AE ◉ VISA   Y n
Menu *(geschl. Anfang Juni 2 Wochen, Sonntagabend)* (abends Tischbestellung ratsam) à la carte 16/29 – **12 Zim** ☐ 65/70 – 95.
◆ Ein gut geführter typisch fränkischer Gasthof : solide und gemütlich. Sie schlafen in rustikalen Zimmern, die mit Naturholzmöbeln wohnlich gestaltet wurden. Viel Holz und nettes Dekor prägen die Gaststube.

XX **Bürgerreuth** 🌲 mit Zim, An der Bürgerreuth 20, ✉ 95445, ☏ (0921) 7 84 00, *email@minuzzi.com*, Fax (0921) 784024, 🍴 – TV P. AE ◉ VISA JCB
Menu *(italienische Küche)* à la carte 20/40 – **8 Zim** ☐ 45/65 – 70/85.
◆ Oberhalb des Festspielhauses können Sie bei Familie Minuzzi eine klassisch-italienische Küche genießen. War das Mahl zu opulent, stehen einige Gastzimmer zur Verfügung.   über Bürgerreuther Straße   Y

BAYREUTH

XX **Da Corrado,** Sophienstr. 22, ⌂ 95444, ℘ (0921) 51 59 00, *Fax (0921) 515357*, 🍴 –
🄴. 🅼🅾 🆅🅸🆂🅰 – *geschl. Mittwoch*
Menu à la carte 23,50/33, ♀.
♦ Durch ein großes Holztor betreten Sie das alte Stadthaus, in dem man ein modernes Bistro eingerichtet hat. Farben und Dekor geben dem Restaurant einen mediterranen Touch.

In Bayreuth-Oberkonnersreuth über ③ : 3 km :

XX **Zur Sudpfanne,** Oberkonnersreuther Str. 6, ⌂ 95448, ℘ (0921) 5 28 83, *sudpfann e@sudpfanne.com*, Fax (0921) 515011, 🍴, Biergarten - 🄿 – 🅰 150. 🅰🅴 ① 🅼🅾 🆅🅸🆂🅰
Menu 17,50 (mittags) à la carte 31,50/44.
♦ Alter Backstein verbunden mit modernem Glas, so erscheint das Haus von außen. Dahinter verbirgt sich ein Restaurant mit stimmungsvollem rustikalem Ambiente.

In Bayreuth-Wolfsbach über ③ : 6 km :

XXX **Jagdschloss Thiergarten** mit Zim, Oberthiergärtner Str. 36, ⌂ 95448, ℘ (09209) 98 40, *schlosshotel-thiergarten@t-online.de*, Fax (09209) 98429, 🍴, 🌳, – 📺 🄿 – 🅰 25.
🅰🅴 ① 🅼🅾 🆅🅸🆂🅰 – **Menu** (geschl. Feb., Sonntag - Montag) (nur Abendessen) à la carte 34/45,
♀ – **Jagdstüberl :** Menu à la carte 23/34 – **8 Zim** ⌂ 80/150 – 130/180.
♦ Klassisch mit starker Anlehnung an die französische Küche speist man in diesem fränkischen Barockschlösschen. Stilvolle Ambiance durch aufwändiges Interieur. Im Jagdstüberl pflegt man die regionale Küche.

Nahe der BAB-Ausfahrt Bayreuth-Nord über ① : 2 km :

🏨 **Transmar-Travel-Hotel,** Bühlstr. 12, ⌂ 95463 Bindlach, ℘ (09208) 68 60, *Fax (09208) 686100*, 🍴, 🅴🆂 – 🛗, 😴 Zim, 📺 🄿 – 🅰 400. 🅰🅴 ① 🅼🅾 🆅🅸🆂🅰
Menu (Restaurant nur für Hausgäste) à la carte 23/34 – **147 Zim** ⌂ 74/112 – 98/132.
♦ Eine Adresse, die besonders von Tagungsgästen geschätzt wird. Neuzeitliche Halle mit Pianolounge - darüber befinden sich moderne, funktionell ausgestattete Zimmer.

In Bindlach-Obergräfenthal über ⑤ : 10 km, in Heinersreuth rechts ab :

X **Landhaus Gräfenthal,** Obergräfenthal 7, ⌂ 95463, ℘ (09208) 2 89, *Fax (09208) 57174*, 🍴 – 🄿 🅼🅾 🆅🅸🆂🅰 – *geschl. Dienstag* – **Menu** à la carte 20/36.
♦ Das Lokal gliedert sich in gemütliche Stuben und einen modernen, mit bunten Bildern dekorierten Glasanbau, der auch für Veranstaltungen genutzt werden kann.

BAYRISCHZELL Bayern 🅵🅸🅶 W 20 – 1 500 Ew – Höhe 802 m – Heilklimatischer Kurort – Wintersport : 800/1800 m ⛷ 1 🎿 20 ⛷.
Ausflugsziele : Wendelstein ✱✱ (🚠 ab Bayrischzell-Osterhofen) – Ursprungpass-Straße★ (von Bayrischzell nach Kufstein).
🅱 Kur & Tourist-Info, Kirchplatz 2, ⌂ 83735, ℘ (08023) 6 48, *tourist-info@bayrischz ell.de*, Fax (08023) 1034.
Berlin 746 – München 77 – Garmisch-Partenkirchen 96 – Rosenheim 37 – Miesbach 23.

🏨 **Gasthof zur Post,** Schulstr. 3, ⌂ 83735, ℘ (08023) 81 97 10, *gasthof.zur.post.bay rischzell@t-online.de*, Fax (08023) 8197181, 🍴, 🌳, – 📺 🚗 🄿 🅰🅴 ① 🅼🅾 🆅🅸🆂🅰
geschl. Anfang Nov. - Mitte Dez. – **Menu** (geschl. außer Saison Dienstag) à la carte 14/33 – **43 Zim** ⌂ 31/40 – 62/84 – ½ P 13.
♦ Seit Jahren ist die Post ein bodenständig und familär geführter Gasthof. Typisch bayerisch und behaglich sind die Zimmer : Manche Möbel sind sogar mit Bauernmalerei verziert. Holzvertäfelte Gaststuben laden zum Verweilen ein.

🏨 **Haus Effland** ⚘ garni, Tannermühlstr. 14, ⌂ 83735, ℘ (08023) 2 63, *hotel-efflan d@t-online.de*, Fax (08023) 1413, 🅴🆂, 🅿, 🌳 – 📺 🄿
geschl. Nov. - Mitte Dez. – **13 Zim** ⌂ 41 – 66/92.
♦ Am Ortsrand in ruhiger Waldrandlage steht das hübsche alpenländische Landhaus von Familie Effland. Ihre Gastgeber richten für Sie die netten Zimmer heimelig und sauber her.

🏨 **Wendelstein,** Ursprungstr. 1, ⌂ 83735, ℘ (08023) 8 08 90, *hotel.wendelstein@t-o nline.de*, Fax (08023) 808969, Biergarten, – 🍴 Rest, 📺 🄿 🅼🅾 🆅🅸🆂🅰
geschl. nach Ostern 2 Wochen, 5. Nov. - 20. Dez. – **Menu** (geschl. Montag) à la carte 13,50/30 – **18 Zim** ⌂ 33/35 – 56/68 – ½ P 13.
♦ Die schöne Umgebung, die teilweise mit bemalten Bauernmöbeln eingerichteten Zimmer und die bayerische Gastlichkeit sorgen für einen erholsamen Aufenthalt. Ländlich dekorierte Gaststuben.

In Bayrischzell-Geitau Nord-West : 5 km über B 307, Richtung Miesbach :

🏨 **Postgasthof Rote Wand** ⚘, ⌂ 83735, ℘ (08023) 90 50, *info@gasthofrotewan d.de*, Fax (08023) 656, ⬳, 🍴, 🌳 – 🍴 Rest, 🚗 🄿 🅰🅴 🅼🅾 🆅🅸🆂🅰
geschl. April 2 Wochen, 10. Nov. - 15. Dez. – **Menu** (geschl. Dienstag) à la carte 15/28,50 – **30 Zim** ⌂ 29/36 – 58/72 – ½ P 14.
♦ Der in regionalem Stil erbaute Gasthof ist ein sympathischer und gut geführter Familienbetrieb mit sauberen, unterschiedlich möblierten Zimmern von ländlich bis klassisch. Rustikales Restaurant mit schöner Gartenterrasse.

BAYRISCHZELL

In Bayrischzell-Osterhofen *Nord-West : 3 km über B 307, Richtung Miesbach :*

🏨 **Alpenhof,** Osterhofen 1, ✉ 83735, ℘ (08023) 9 06 50, info@alpenhof-bayrischzell.de, Fax (08023) 906520, ≤, 🌳, ℔, ≋, 🔲, 🎿 – 🛗, ✂ Zim, 📺 🚗 🅿 – 🔔 25. 🅰🅴 ⓘ ⓜⓔ 🆅🅸🆂🅰 🆅🅸🅲🅱 🗽 Rest
Menu à la carte 23/39 – **Alpenstube** *(geschl. Sonntag - Montag)(nur Abendessen)* **Menu** à la carte 39/67 – **42 Zim** 🛌 60/75 – 124/144 – ½ P 20.
* Am Ortsrand liegt das mit Blumen geschmückte Haus im regionstypischen Stil. Gästen bietet man rustikale, ansprechende Zimmer sowie einen großzügigen Freizeitbereich. Rustikales, stilvolles Ambiente im Restaurant. In der Alpenstube : gehobene klassische Küche.

BEBRA *Hessen* 543 *N 13 – 16 500 Ew – Höhe 205 m.*
Berlin 395 – Wiesbaden 182 – Kassel 60 – Bad Hersfeld 15 – Erfurt 120.

🏨 **Röse,** Hersfelder Str. 1, ✉ 36179, ℘ (06622) 93 90, info@hotel-roese.de, Fax (06622) 939393, Biergarten, ℔, ≋ – ✂ Zim, 📺 ✆ 🅿 – 🔔 100. ⓘ ⓜⓔ 🆅🅸🆂🅰
Menu *(geschl. Sonntagabend)* à la carte 18/33 – **45 Zim** 🛌 52/68 – 75/102.
* Das in Waldnähe gelegene, gewachsene Familienhotel mit Tradition verfügt über einen Badegarten mit Saunalandschaft. Außerdem hat man ein Kino im Haus.

🏨 **Hessischer Hof,** Kasseler Str. 4, ✉ 36179, ℘ (06622) 93 60, hotel@bebras-hessischer-hof.de, Fax (06622) 936123 – ✂ Zim, 📺 ✆ 🅿 – 🔔 150. 🅰🅴 ⓘ ⓜⓔ 🆅🅸🆂🅰
Menu *(geschl. 27. Dez. - 10. Jan., Samstagmittag)* à la carte 16/27 – **27 Zim** 🛌 47/64 – 69/98.
* In ruhiger Lage befindet sich dieser traditionsreiche Gasthof mit Anbau. Die Zimmer sind teils neuzeitlich gestaltet, teils schlichter mit älterem Mobiliar eingerichtet. Das Restaurant ist im altdeutschen Stil gehalten.

BECKUM *Nordrhein-Westfalen* 543 *K 8 – 38 500 Ew – Höhe 110 m.*
🏌 Lippetal-Lippborg, Ebbekeweg 3 *(Süd : 7 km über die B 475),* ℘ (02527) 81 91.
Berlin 438 – Düsseldorf 130 – Bielefeld 58 – Hamm in Westfalen 20 – Lippstadt 25 – Münster (Westfalen) 41.

Am Höxberg *Süd : 1,5 km :*

🏨 **Höxberg** 🌳, Soestwarte 1, ✉ 59269, ℘ (02521) 8 30 40, hotel.hoexberg@t-online.de, Fax (02521) 830470, 🌳, ≋ ✂ ⇔ 🅿 – 🔔 40. 🅰🅴 ⓘ ⓜⓔ 🆅🅸🆂🅰
Menu *(geschl. Aug. - Mitte Sept. Montag)* à la carte 23/39 – **41 Zim** 🛌 69 – 99.
* Von Garten und Wald umgebenes Landhotel mit wohnlichen Zimmern, ansprechend möbliert. Ein geschmackvolles Kaminzimmer lädt zum Verweilen ein. Hübsch gestaltetes, zum Garten hin gelegenes Restaurant.

🍴 **Zur Windmühle** mit Zim, Unterberg II/33, ✉ 59269, ℘ (02521) 8 60 30, info@nettebrock.de, Fax (02521) 860313, 🌳 – 📺 🅿 ⓜⓔ 🆅🅸🆂🅰 🗽
geschl. Aug. 3 Wochen – **Menu** *(geschl. Montag)(wochentags nur Abendessen)* à la carte 26/49 ⚜ – **8 Zim** 🛌 42 – 72.
* Die benachbarte denkmalgeschützte Windmühle von 1853 gab diesem seit 150 Jahren in Familienbesitz befindlichen Haus - einem stilvoll eingerichteten Restaurant - seinen Namen.

In Beckum-Vellern *Nord-Ost : 4 km :*

🏨 **Alt Vellern** *(mit Gästehaus),* Dorfstr. 21, ✉ 59269, ℘ (02521) 8 71 70, info@alt-vellern.de, Fax (02521) 871758, 🌳 – 🛗 📺 ✆ ⇔ 🅿 – 🔔 15. 🅰🅴 ⓘ ⓜⓔ 🆅🅸🆂🅰 🆅🅸🅲🅱 🗽 Zim
geschl. 22. Dez.- 3. Jan. – **Menu** *(geschl. Sonntagmittag, Freitagabend - Samstagmittag)* à la carte 20/40 – **33 Zim** 🛌 58/68 – 88/100.
* Traditionelles Haus im Stil des Münsterlandes. Die Zimmer befinden sich zum Teil im neuen Anbau. Sie sind mit hellem und modernem Inventar sehr wohnlich hergerichtet. Gemütliche Restaurantstuben mit westfälischem Charakter.

BEDBURG *Nordrhein-Westfalen* 543 *N 3 – 20 000 Ew – Höhe 70 m.*
Berlin 602 – Düsseldorf 50 – Aachen 56 – Köln 36 – Mönchengladbach 29.

In Bedburg-Kaster *Nord-West : 2,5 km :*

🏨 **Landhaus Danielshof,** Hauptstr. 3, ✉ 50181, ℘ (02272) 98 00, info@danielshof.de, Fax (02272) 980200, 🌳 – 🛗, ✂ Zim, 📺 ✆ 🅿 – 🔔 60. 🅰🅴 ⓘ ⓜⓔ 🆅🅸🆂🅰
geschl. 27. Dez. - 4. Jan. – **Menu** à la carte 16/36 – **39 Zim** 🛌 57/83 – 99/115.
* Die ehemalige Gutsanlage mit Park und einem Herrenhaus von 1820 liegt mitten im Ortskern und bietet ländliche Idylle. Die Zimmer sind liebevoll eingerichtet. Neo-rustikal ausgestattetes Restaurant.

BEDERKESA, BAD Niedersachsen 541 F 10 – 5 300 Ew – Höhe 10 m – Moorheilbad.
🚉 Ringstedt, Gut Hainmühlen (Süd-Ost : 6 km), ℘ (04708) 92 00 36.
🛈 Tourist-Information, Amtsstr. 8, ✉ 27624, ℘ (04745) 9 43 30, bad.bederkesa.info@t-online.de, Fax (04745) 943322.
Berlin 400 – Hannover 198 – Cuxhaven 42 – Bremerhaven 25 – Hamburg 108.

Romantik Hotel Waldschlößchen Bösehof ⌂, Hauptmann-Böse-Str. 19, ✉ 27624, ℘ (04745) 94 80, boesehof@t-online.de, Fax (04745) 948200, ≤, 🍴, ≦s, 🏊
– 📶, ✳ Zim, 📺 📞 🅿 ⇌ 🅿 ⬤ ⏺ 🆎 ⓄⓂⒸ JCB
Menu à la carte 27/40 – **48 Zim** ⌖ 47/75 – 104/132, 10 Suiten – ½ P 23.
  • In einer hübschen Gartenanlage mit Teich liegt das traditionsreiche Haus im Fachwerkstil, das mit wohnlichen Zimmern und einem hellen, neuzeitlichen Freizeitbereich gefällt. Elegant-rustikales Ambiente im Restaurant.

C'est la vie, Bahnhofstr. 13, ✉ 27624, ℘ (04745) 28 24 02, Fax (04745) 782745 – 🅿.
ⓂⒸ VISA
geschl. Mitte Jan. - Mitte Feb., Montag – **Menu** (nur Abendessen) à la carte 21,50/30.
  • Hinter seiner gepflegten gelben Fassade beherbergt dieses Stadthaus ein helles, neuzeitliches Restaurant mit mediterranem Touch. Internationale Küche aus frischen Produkten.

BEELEN Nordrhein-Westfalen 543 K 8 – 5 000 Ew – Höhe 52 m.
Berlin 433 – Düsseldorf 148 – Bielefeld 39 – Münster (Westfalen) 37.

Hemfelder Hof mit Zim, Clarholzer Str. 21 (Süd-Ost : 3 km, an der B 64, Richtung Paderborn), ✉ 48361, ℘ (02586) 2 15, Fax (02586) 8624, 🍴 – 📺 ⇌ 🅿 ⬤
Menu (geschl. Freitag - Samstagmittag) à la carte 24/40,50 – **11 Zim** ⌖ 38 – 66.
  • Der familiäre Service wird Ihnen ebenso gefallen wie die gehobene Küche nach regionaler Art. Dekorationen in altdeutschem Stil tragen zum gemütlich-rustikalen Ambiente bei.

BEERFELDEN Hessen 543 R 10 – 7 000 Ew – Höhe 427 m – Erholungsort – Wintersport : 450/550 m, ≰1, ≵.
🚉 Beerfelden-Hetzbach, Ritterstr. 8 (Nord : 5 km), ℘ (06068) 91 20 50.
🛈 Tourist-Information, Metzkeil 1, ✉ 64743, ℘ (06068) 93 03 20, stadtverwaltung@beerfelden.de, Fax (06068) 3529.
Berlin 605 – Wiesbaden 106 – Mannheim 62 – Darmstadt 61 – Heidelberg 44.

In Beerfelden-Gammelsbach Süd : 7 km über B 45, Richtung Eberbach :

Landgasthof Grüner Baum, Neckartalstr. 65, ✉ 64743, ℘ (06068) 21 56, info@hotelgruenerbaum.de, Fax (06068) 47265, 🍴, ≦s, ⇌ – 📺 🅿 ⬤ⓂⒸ VISA
geschl. Mitte Jan. - Mitte Feb. – **Menu** (geschl. Dienstag) à la carte 14/32 – **10 Zim** ⌖ 29 – 48.
  • Eine familiäre, ländliche Adresse, die neben soliden Zimmern - rustikal oder modern möbliert - von der Terrasse einen reizvollen Blick auf die waldreiche Landschaft bietet.

Auf dem Krähberg Nord-Ost : 10 km :

Reussenkreuz ⌂ (mit Gästehaus), ✉ 64759 Sensbachtal, ℘ (06068) 22 63, info@reussenkreuz.de, Fax (06068) 4651, ≤, 🍴, ≦s, ⇌ – 📺 ⇌ 🅿 – 🔒 15. ⬤ⓂⒸ VISA
Menu à la carte 17,50/30,50 – **19 Zim** ⌖ 37/42 – 74.
  • Der Landhausstil passt sich optimal in die waldreiche Gegend ein. Geräumige, wohnliche Gästezimmer machen das Haus zu einer empfehlenswerten Adresse. Bürgerlich-rustikales Restaurant mit offenem Kamin.

BEILNGRIES Bayern 546 S 18 – 8 900 Ew – Höhe 372 m – Erholungsort.
🛈 Touristik-Verband, Hauptstr. 14 (Haus des Gastes), ✉ 92339, ℘ (08461) 84 35, Fax (08461) 9661.
Berlin 482 – München 108 – Nürnberg 76 – Ingolstadt 35 – Regensburg 51.

Die Gams (mit Gästehaus), Hauptstr. 16, ✉ 92339, ℘ (08461) 61 00, info@hotel-gams.de, Fax (08461) 610100, 🍴, ≦s, ⇌ – 📶, ✳ Zim, 📺 🅿 – 🔒 80. 🆎 Ⓞ ⓂⒸ VISA
Menu à la carte 14,50/31 – **62 Zim** ⌖ 62/82 – 82/102 – ½ P 17.
  • Ein netter, sehr gut unterhaltener Betrieb, der über solide ausgestattete Zimmer verfügt. Daneben bietet das Altmühltal verschiedene Rad- und Wanderwege. Gemütliche Gaststuben mit rustikalem Ambiente.

Gallus, Neumarkter Str. 25, ✉ 92339, ℘ (08461) 2 47, hotelgallus@t-online.de, Fax (08461) 7680, 🍴, ≦s, ⇌ – 📶, ✳ Zim, 📺 📞 🅿 – 🔒 120. 🆎 Ⓞ ⓂⒸ VISA
Menu à la carte 18,50/35 – **60 Zim** ⌖ 54/80 – 76/136 – ½ P 19.
  • Im Haus erwartet den Gast engagierter Service, direkt vor der Tür eine reizvolle Landschaft. Nahe einer Schiffsanlegestelle. Auch für Tagungen geeignet. Ländlicher Restaurantbereich mit gemütlicher Ofenstube.

BEILNGRIES

Fuchs-Bräu, Hauptstr. 23, ✉ 92339, ℘ (08461) 65 20, *fuchsbraeu.hotel@t-online.de, Fax (08461) 8357,* Biergarten, ≦s, 🔲 – ⌷ ✄ TV ⚒ P – 🦮 80. ⌶ ⓘ 🅜🅒 VISA
Menu à la carte 12,50/32 – **67 Zim** ⇌ 47/56 – 69/75 – ½ P 14.
♦ Diese Adresse mit einer alten Brauerei zum behaglich-komfortablen Gasthaus entwickelt und gefällt mit liebevoll ausgestatteten Räumen. Fahrräder stehen zur Verfügung. Im Restaurant : rustikales Holzinventar im Bauernstil.

Zur Krone, Hauptstr. 20, ✉ 92339, ℘ (08461) 65 30, *hotel-zur-krone-beilngries@t-online.de, Fax (08461) 653190,* Biergarten, ≦s, 🚗 – ⌷ 📞 P – 🦮 30. ⓘ 🅜🅒 VISA
Menu à la carte 11/23 – **49 Zim** ⇌ 38/46 – 56/68 – ½ P 13.
♦ Das Haus mit dem Treppengiebel und der gelben Fassade steht für Gastlichkeit und Tradition. Zu den Annehmlichkeiten zählen moderne Zimmer und die zentrale Lage. In ländlichen Stuben serviert man bürgerliche Küche oder eine Brotzeit.

Goldener Hahn, Hauptstr. 44, ✉ 92339, ℘ (08461) 6 41 30, *hotel.goldener-hahn@t-online.de, Fax (08461) 641389,* (Brauerei-Gasthof), Biergarten, ≦s – ⌷ TV 📞 ⚒ P – 🦮 30
Menu à la carte 12/26 – **46 Zim** ⇌ 43/47 – 62/70 – ½ P 15.
♦ Die Zimmer dieses im Zentrum gelegenen Hauses sind auf die Wodansburg und das Alte Bräuhaus verteilt - funktionell und freundlich in der Einrichtung. Restaurantbereich im Brauerei-Stil.

In Beilngries-Hirschberg *West : 3 km :*

Zum Hirschen ♨, Hirschberg 25, ✉ 92339, ℘ (08461) 5 20, *zum.hirschen@t-online.de, Fax (08461) 9676,* Biergarten, ≦s, 🚗 – ✄ Zim, TV P – 🦮 20. 🅜🅒 VISA
geschl. 1. - 15. Nov. – **Menu** *(geschl. Jan. 3 Wochen, Montagmittag)* à la carte 11/23,50 – **34 Zim** ⇌ 36 – 56 – ½ P 9.
♦ In der Mitte des kleinen Ortes steht der familiengeführte Gasthof mit zeitlos eingerichteten Zimmern. Ein Extra des Hauses : Abholservice für erschöpfte Radfahrer. Ländliches Restaurant mit Biergarten.

BEILSTEIN Rheinland-Pfalz **543** P 5 – *150 Ew – Höhe 86 m.*
Sehenswert : *Burg Metternich* ≤ ★.
Berlin 655 – Mainz 111 – Koblenz 48 – Trier 102 – Bernkastel-Kues 68 – Cochem 11.

Haus Burgfrieden (mit Gästehaus), Im Mühlental 17, ✉ 56814, ℘ (02673) 9 36 39, *f.von.metternich@t-online.de, Fax (02673) 936388,* 🌳, ≦s – ⌷ TV P
April - Okt. – **Menu** à la carte 15/35 – **39 Zim** ⇌ 34/56 – 59/78.
♦ Das in direkter Nähe zur Burg gelegene Haus bietet Ihnen einen herrlichen Blick ins Grüne. Gepflegtes Ambiente und herzlicher Service sprechen für diese Adresse. Restaurant auf verschiedenen Ebenen mit rustikaler Ausstattung.

Am Klosterberg ♨ garni, Auf dem Teich 8, ✉ 56814, ℘ (02673) 18 50, *lipmann@t-online.de, Fax (02673) 1287* – TV P
Mitte März - Mitte Nov. – **25 Zim** ⇌ 45/55 – 60/80.
♦ Der solide geführte Familienbetrieb verfügt über ältere Gästezimmer in bäuerlichem Stil sowie neuere mit hellem Holz. Rustikal gehaltener Frühstücksraum.

Haus Lipmann mit Zim, Marktplatz 3, ✉ 56814, ℘ (02673) 15 73, *hotel.haus.lipmann@t-online.de, Fax (02673) 1521,* ≤, 🌳 – TV
April - Okt. – **Menu** à la carte 17/31,50 – **5 Zim** ⇌ 75 – 85.
♦ Das historische Stadthaus in malerischer Lage an der Mosel beherbergt eine gemütliche holzvertäfelte Stube und den Rittersaal mit offenem Kamin. Schöne Gartenterrasse.

BELGERN Sachsen **544** L 23 – *4 800 Ew – Höhe 95 m – Erholungsort.*
🛈 *Fremdenverkehrsamt, Markt 10, ✉ 04874, ℘ (034224) 4 65 36, tourismus@stadtbelgern.de, Fax (034224) 465333.*
Berlin 143 – Dresden 77 – Leipzig 66 – Wittenberg 61.

In Belgern-Neußen *Süd : 5 km :*

Forsthaus Dröschkau ♨, ✉ 04874, ℘ (034224) 4 51 80, *hotel@forsthaus-droeschkau.de, Fax (034224) 45199,* 🌳, ≦s, 🚗 – ✄ Zim, TV P – 🦮 200. 🅜🅒 VISA
geschl. 2. - 22. Feb – **Menu** à la carte 22/39,50 – **36 Zim** ⇌ 49 – 72.
♦ Außerhalb am Waldrand liegt das neuzeitliche Hotel, das nach dem traditionsreichen ehemaligen Rittergut Dröschkau benannt ist. Auch von Tagungsgästen gerne genutzt.

BELLHEIM Rheinland-Pfalz 543 S 8 – 7 000 Ew – Höhe 110 m.
Berlin 659 – Mainz 126 – Karlsruhe 33 – Landau in der Pfalz 13 – Speyer 22.

  Lindner's, Postgrabenstr. 54, ⌧ 76756, ℘ (07272) 97 20 60, lindner-hotel@t-online.de, Fax (07272) 9720630, 😊 – TV 📞 P. ⓜ VISA
  Menu (geschl. Jan. 2 Wochen, Juli 2 Wochen, Montag)(wochentags nur Abendessen) (Tischbestellung ratsam) à la carte 20/38 – **15 Zim** ⌧ 46 – 67.
  • Eine familiäre Unterkunft mit modernem Ambiente. Es erwarten Sie behagliche Zimmer mit Wurzelholz-Mobiliar. Die dörfliche Umgebung bietet sich für Radtouren an. Klassisch wirkendes Restaurant mit nettem Dekor.

In Knittelsheim West : 2 km Richtung Landau :

  Steverding's Isenhof, Hauptstr. 15a, ⌧ 76879, ℘ (06348) 57 00, Fax (06348) 5917, 😊 – P. 🌿 – geschl. 30. Dez. - 8. Jan., Ende Juli - Mitte Aug., Sonntag - Montag – **Menu** (Dienstag - Freitag nur Abendessen) (Tischbestellung ratsam) 67/82 und à la carte, ⍋.
  • Hinter der detailgetreu renovierten Fachwerkfassade des Bauernhauses aus dem 14. Jh. deckt man die Tische elegant ein. Der Chef bietet Ihnen eine kreative Küche.
  Spez. Götterspeise von Gänseleber und Kalbschwanz. Limonade von Spargel und Erdbeere mit Waldmeistergranité (Saison). Kalbsfilet gefüllt mit Ragout fin vom Calamar

In Zeiskam Nord-West : 4,5 km :

  Zeiskamer Mühle 🌿, Hauptstr. 87 (Süd : 1,5 km), ⌧ 67378, ℘ (06347) 9 74 00, Fax (06347) 974066, 😊 – 🛏 TV P. AE ⓞ ⓜ VISA
  Menu (geschl. Jan. 2 Wochen, Sept. 1 Woche, Montagmittag, Donnerstag) à la carte 18/35 – **17 Zim** ⌧ 46 – 66.
  • Zimmer im wohnlichen Stil und eine recht ruhige Lage außerhalb des Dorfes sprechen für dieses familiengeführte Haus, einer ehemaligen Mühle. Rustikal eingerichtetes Restaurant.

BELLINGEN, BAD Baden-Württemberg 545 W 6 – 3 800 Ew – Höhe 256 m – Heilbad.
  ☞ Bad Bellingen, Belchenstraße 17 (Süd : 3 km), ℘ (07635) 82 38 88.
  🛈 Tourist-Information, Badstr. 14, ⌧ 79415, ℘ (07635) 82 11 00, info@bad-bellingen.de, Fax (07635) 808290.
  Berlin 841 – Stuttgart 247 – Freiburg im Breisgau 44 – Müllheim 12 – Basel 27.

  Landgasthof Schwanen (mit Gästehaus Rheintalblick), Rheinstr. 50, ⌧ 79415, ℘ (07635) 13 14, hotel@schwanen-bad-bellingen.de, Fax (07635) 2331, 😊, 🌿 – 🍽 Rest, TV & P. ⓜ VISA – geschl. 6. - 30. Jan. – **Menu** (geschl. Dienstag - Mittwochmittag) à la carte 23,50/41 – **26 Zim** ⌧ 48/53 – 74/83 – ½ P 14.
  • Den ältesten Gasthof des Ortes hat man liebevoll renoviert. Das Traditionshaus bietet dem Gast wohnliche Zimmer und eine familiäre Atmosphäre. Ländlich geprägte Gaststube und Restaurant im eleganten Stil.

  Paracelsus, Akazienweg 1, ⌧ 79415, ℘ (07635) 8 10 40, hotel.paracelsus@t-online.de, Fax (07635) 3354, Massage, 🌿 – TV P. ⓜ VISA. 🌿
  geschl. Dez. - Jan. – **Menu** (geschl. Donnerstag) (nur Abendessen) (Restaurant nur für Hausgäste) – **23 Zim** ⌧ 56/70 – 90/112.
  • Das im Kurgebiet gelegene Hotel ist im Wohnhausstil gebaut. Der Gast wird hier in gediegenem, zeitlosem Ambiente empfangen. Die Küche bietet leichte, badische Gerichte.

  Markushof-Quellenhof, Badstr. 6, ⌧ 79415, ℘ (07635) 3 10 80, info@kurhotel-markushof.de, Fax (07635) 310888, 😊, Massage, ⍋, 🌿 – TV 🚪 P. ⓜ VISA. 🌿 Zim
  Menu (geschl. Mittwoch) à la carte 17/41 – **50 Zim** ⌧ 50/65 – 85/110 – ½ P 15.
  • Die Lage der beiden Häuser direkt am Kurpark, zeitgemäße Zimmer sowie gute Sauberkeit und Pflege zählen zu den Annehmlichkeiten des Hotels. Gediegener Speisesaal und rustikale Bauernstube.

  Kaiserhof (mit Gästehaus Therme), Rheinstr. 68, ⌧ 79415, ℘ (07635) 6 00, hotel@der-kaiserhof.de, Fax (07635) 824804, 😊, 🌿 – TV P. ⓜ VISA. 🌿 Zim
  geschl. Mitte Dez. - Mitte Jan. – **Menu** (geschl. Donnerstag) à la carte 19,50/34 – **17 Zim** ⌧ 35/45 – 70/80 – ½ P 13.
  • Der familiäre Charakter und die solide ausgestatteten Räume sprechen für dieses Haus. Angenehm ist auch die Nähe zu verschiedenen Kureinrichtungen.

  Birkenhof, Rheinstr. 76, ⌧ 79415, ℘ (07635) 6 23, birkenhof79415@t-online.de, Fax (07635) 2546, 😊 – 🍽 Zim, TV & P. ⓜ VISA – geschl. Dez. - Mitte Jan. – **Menu** (geschl. Sonntag) (Restaurant nur für Hausgäste) – **15 Zim** ⌧ 40/55 – 74/82 – ½ P 11.
  • Dieser sehr gepflegte Familienbetrieb am Ortsrand verfügt über einheitlich mit hellen Naturholzmöbeln eingerichtete Zimmer und zwei wohnliche Suiten, alle mit Balkon.

  Berghofstüble, über Markus-Ruf-Straße (Nord-Ost : 1,5 km), ⌧ 79415, ℘ (07635) 12 93, Fax (07635) 3772, ≤, 😊 – P. ⓜ VISA
  geschl. Aug. - Sept. 2 Wochen, Montag - Dienstag – **Menu** à la carte 19/42.
  • Im rustikalen Bauernhof-Ambiente, im eleganten Wintergarten oder auf der Terrasse wird der Gast zuvorkommend mit frischen Spezialitäten der Region und guten Weinen bewirtet.

BELLINGEN, BAD

In Bad Bellingen-Hertingen Süd-Ost : 3 km Richtung Kandern :

🏨 **Hebelhof-Römerbrunnen,** Bellinger Str. 5, ✉ 79415, ✆ (07635) 81 90 50, hebelh of-hertingen@t-online.de, Fax (07635) 8190518, 🌳, Massage, ≦s, 🔲, 🍴 – 📺 🚗
P. 🅜 VISA
Menu (geschl. Donnerstag - Freitagmittag) à la carte 23/42 – **18 Zim** ⇌ 50/65 – 75/100 – ½ P 19.
• In landschaftlich schöner Umgebung liegt das familiengeführte Landhaus mit wohnlich-rustikalem Flair vom Eingangsbereich bis in die Zimmer. Gediegene, teils mit Jagdtrophäen geschmückte Gaststuben.

BELM Niedersachsen siehe Osnabrück.

BELZIG Brandenburg **542** J 21 – 8 000 Ew – Höhe 80 m.
🛈 Tourist-Information, Straße der Einheit 5, ✉ 14806, ✆ (033841) 3 87 99 10, info@belzig.com, Fax (033841) 3879999.
Berlin 87 – Potsdam 57 – Brandenburg 35 – Magdeburg 72 – Dessau 57.

🏨 **Burghotel,** Wittenberger Str. 14, ✉ 14806, ✆ (033841) 3 12 96, burghotel-belzig@t-online.de, Fax (033841) 31297, ≤, Biergarten, ≦s – 📺 P. – 🦺 35. 🅐🅔 🅜 VISA
Menu à la carte 19/29 – **34 Zim** ⇌ 42 – 68.
• In einem Teil der etwas oberhalb der Stadt gelegenen Burg hat man dieses Hotel eingerichtet. Die Zimmer sind wohnlich-rustikal, teils mit integriertem Dachbalken. Die urige Einrichtung des Restaurants betont das Ambiente der Burganlage.

🏨 **Springbach-Mühle** 🌿, (mit Gästehäusern), Mühlenweg 2 (Nord : 2 km nahe der B 102), ✉ 14806, ✆ (033841) 62 10, info@springbachmuehle.de, Fax (033841) 62111, 🌳, Biergarten – 📺 P. – 🦺 60. 🅜 VISA
Menu à la carte 16/27,50 – **20 Zim** ⇌ 49/56 – 77.
• Das historische Mühlengebäude wurde 1997 mitsamt seiner Außenanlagen liebevoll restauriert. Sie schlafen in hellen Kiefernholz-Zimmern, teils mit Blick auf den Mühlenteich. Rustikales Restaurant mit Holzbalken und ländlichem Dekor.

In Lüsse Ost : 6 km über B 246 :

🏨 **Landhaus Sternberg,** Dorfstr. 31, ✉ 14806, ✆ (033841) 3 35 18, Fax (033841) 34075, Biergarten, 🍴 – 📺 P. 🅜 VISA
Menu à la carte 10/19 – **9 Zim** ⇌ 35/45 – 50/65.
• Vom Inhaber geführtes, gepflegtes Wohnhaus mit Klinkeranbau, das Ihnen neuzeitliche, mit hellen Holzmöbeln eingerichtete Zimmer bietet.

Außerhalb Nord : 7 km über B 102 Richtung Brandenburg :

🏨 **Fläminghof Wernicke** 🌿, Wenddoche 2, ✉ 14806, ✆ (033846) 4 00 40, flaemin ghof@gmx.de, Fax (033846) 40039, 🌳, Biergarten, 🍴 – ⇌ Zim, 📺 P.
Menu (Montag - Freitag nur Abendessen) à la carte 11/25 – **13 Zim** ⇌ 39/42 – 59/64.
• Seine ruhige Lage macht den Reiz dieses Reiterhofs aus - ideal für Spaziergänge und Ausritte. Sie wohnen in gepflegten Zimmern mit heller Möblierung - alle von außen begehbar.

BEMPFLINGEN Baden-Württemberg **545** U 11 – 3 100 Ew – Höhe 336 m.
Berlin 667 – Stuttgart 30 – Reutlingen 13 – Tübingen 21 – Ulm (Donau) 71.

XXX **Krone,** Brunnenweg 40, ✉ 72658, ✆ (07123) 3 10 83, Fax (07123) 35985 – P.
geschl. 24. Dez. - 6. Jan., über Fasching 1 Woche, über Pfingsten 1 Woche, Juli - Aug. 3 Wochen, Sonntag - Montag, Mittwochmittag, Feiertage – **Menu** (abends Tischbestellung ratsam) à la carte 27/51.
• Der gepflegte Familienbetrieb verfügt über mehrere Räume im neo-rustikalen Stil - mit dunklem Holz und offenem Kamin. Die Angebote der Küche reichen von einfach bis gehoben.

BENDESTORF Niedersachsen **541** F 13 – 2 000 Ew – Höhe 50 m – Luftkurort.
Berlin 306 – Hannover 130 – Hamburg 39 – Lüneburg 40.

🏨 **Landhaus Meinsbur** 🌿, Gartenstr. 2, ✉ 21227, ✆ (04183) 7 79 90, information @meinsbur.de, Fax (04183) 6087, 🌳 – 📺 ✆ P. 🅐🅔 🅜 VISA JCB
Menu à la carte 26/43 – **12 Zim** ⇌ 65/90 – 115/160.
• Man ist stolz auf die geschmackvolle Einrichtung dieses Hotels - untergebracht in einem typisch niedersächsischen Bauernhaus mit Reetdach. Wohnliche Zimmer mit Stilmöbeln. Sehenswerte, rustikal gestaltete Gaststuben mit offenem Kamin. Schöne Gartenterrasse.

BENDORF Rheinland-Pfalz 543 O 6 – 16 000 Ew – Höhe 67 m.
Berlin 593 – Mainz 101 – Koblenz 12 – Bonn 63 – Limburg an der Lahn 42.

- **Berghotel Rheinblick**, Remystr. 79, ⌧ 56170, ℘ (02622) 12 71 27, berghote l@rheinblick.de, Fax (02622) 14323, ≼ Rheintal, 🐕, 🌿, 🎾 – 📶 TV 📞 🚗 P – 🛁 40. AE ⓞ ⓜ VISA
geschl. 22. Dez. - 6. Jan. – **Menu** (geschl. Freitag) à la carte 20/30 – **34 Zim** ⌑ 62/75 – 87/105.
  ◆ Das recht nett und ruhig auf einer Anhöhe gelegene familiär geführte Haus bietet eine neuzeitliche und wohnliche Ausstattung mit Komfort. Restaurant mit Blick auf das Rheintal.

- **Weinhaus Syré**, Engersport 12, ⌧ 56170, ℘ (02622) 25 81, Fax (02622) 2502, 🐕 – P. ⓜ
geschl. Anfang Jan. 1 Woche, Juli - Aug. 2 Wochen, Montag - Dienstag – **Menu** à la carte 25,50/42.
  ◆ Das Restaurant mit klassischem Charakter ist in zwei Räume aufgeteilt. Die Küche offeriert dem Gast eine Mischung aus traditionellen und modernen Gerichten.

In Bendorf-Sayn Nord-West : 1,5 km :

- **Villa Sayn**, Koblenz-Olper-Str. 111, ⌧ 56170, ℘ (02622) 9 44 90, villasayn@t-online.de, Fax (02622) 944944, 🐕, TV P – 🛁 10. AE ⓞ ⓜ VISA
geschl. über Karneval 1 Woche – **Toscana** (geschl. Montag)(nur Abendessen) **Menu** à la carte 25/42 – **Bistro** : **Menu** à la carte 19,50/35 – **17 Zim** ⌑ 50/70 – 77/105.
  ◆ Früher kurten hier illustre Gäste, heute ist die schmucke alte Villa ein neuzeitliches Hotel, das mit wohnlich gestalteten Zimmern gefällt. Leicht elegant : das Toscana im ersten Stock des historischen Gebäudeteils.

BENEDIKTBEUERN Bayern 546 W 18 – 3 200 Ew – Höhe 615 m – Erholungsort.
Sehenswert : Ehemalige Klosterkirche (Anastasia-Kapelle★).
🛈 Gästeinformation, Prälatenstr. 31, ⌧ 83671, ℘ (08857) 2 48, vamt@benediktbeuer n.de, Fax (08857) 9470.
Berlin 650 – München 61 – Garmisch-Partenkirchen 41 – Bad Tölz 15.

- **Klosterbräustüberl**, Zeiler Weg 2, ⌧ 83671, ℘ (08857) 94 07, info@klosterwirt.de, Fax (08857) 9408, Biergarten – P. AE ⓞ ⓜ VISA
geschl. Jan. 2 Wochen, Nov. - Jan. Montag - Dienstag – **Menu** à la carte 11/25,50.
  ◆ In einem Nebengebäude des Klosters befindet sich das rustikale Lokal mit Holztäfelung und Kreuzgewölbe. Schöner Biergarten im Innenbereich des Klosters.

BENNECKENSTEIN Sachsen-Anhalt 542 K 16 – 2 300 Ew – Höhe 560 m – Wintersport : 🎿.
🛈 Kurverwaltung, Haus des Gastes, Straße der Einheit 5, ⌧ 38877, ℘ (039457) 26 12, Fax (039457) 2613.
Berlin 250 – Magdeburg 99 – Erfurt 98 – Nordhausen 24 – Wernigerode 29 – Halberstadt 45.

- **Harzhaus**, Heringsbrunnen 1, ⌧ 38877, ℘ (039457) 9 40, hotel-harzhaus@t-onl ine.de, Fax (039457) 94499, 🐕, ≘s, 🌿, 🎾 (Halle) – TV 🛁 P – 🛁 30. AE ⓞ ⓜ VISA 🔗
Menu à la carte 13,50/28 – **36 Zim** ⌑ 39/54 – 62/82 – ½ P 12.
  ◆ Der ländliche, harztypische Stil - teils mit Holzfassade - gibt dem Haus einen optischen Reiz. Eine helle, zeitlose Möblierung macht die Zimmer wohnlich. Restaurant mit Wintergartenvorbau.

BENNINGEN Baden-Württemberg siehe Marbach am Neckar.

BENSHEIM AN DER BERGSTRASSE Hessen 543 Q 9 – 40 000 Ew – Höhe 115 m.
Ausflugsziel : Staatspark Fürstenlager★★ Nord : 3 km.
⛳ Bensheim, Außerhalb 56 (Süd : 1 km), ℘ (06251) 6 77 32.
🛈 Tourist-Information, Hauptstr. 39, ⌧ 64625, ℘ (06251) 5 82 63 14, touristinfo@be nsheim.de, Fax (06251) 5826331.
ADAC, Bahnhofstr. 9.
Berlin 593 – Wiesbaden 66 – Mannheim 37 – Darmstadt 26 – Heidelberg 35 – Mainz 59 – Worms 20.

- **Alleehotel Europa - Residenz**, Europa-Allee 45, ⌧ 64625, ℘ (06251) 10 50, alle ehotel@alleehotel.de, Fax (06251) 105100, 🐕, ≘s, 📶, ✂ Zim, TV 📞 🚗 P – 🛁 150. AE ⓞ ⓜ VISA
Sankt Georg : **Menu** à la carte 22,50/38 – **Vinothek** : **Menu** à la carte 15/25 – **155 Zim** ⌑ 88/108 – 98/118.
  ◆ Ein behagliches Hotel mit modernem Ambiente außerhalb des Zentrums. Die Zimmer sind geräumig und solide gestaltet, mit hellem oder dunklem Holzmobiliar. Restaurant Sankt Georg mit Bergstraßenpanorama. Urig-rustikales Flair in der Vinothek.

BENSHEIM AN DER BERGSTRASSE

Felix, Dammstr. 46, ✉ 64625, ☏ (06251) 8 00 60, *office@hotelfelix.de, Fax (06251) 800660*, 🌿, 🏋, ≋ – 🛗, 👁 Zim, 📺 📞 & 🅿 – 🅰 60. 🅰🅔 ⓜ ⓜ VISA
Menu à la carte 16/32 – **33 Zim** ⌑ 74/95 – 92/120.
• Diese moderne Adresse überzeugt mit zentraler Lage und wohnlicher Ausstattung. Es stehen auch Zimmer für Allergiker zur Verfügung. Neo-rustikales Restaurant mit Wintergarten.

Bacchus, Rodensteinstr. 30, ✉ 64625, ☏ (06251) 3 90 91(Hotel) 6 59 72(Rest.), *bacchus.hotel@t-online.de, Fax (06251) 67608*, 🌿 – 🛗, 👁 Zim, 📺 📞 & 🅿 – 🅰 30. 🅰🅔 ⓜ ⓜ VISA
Bacchus Keller *(geschl. Mitte Juli - Anfang Aug., Dienstag)(nur Abendessen)* **Menu** à la carte 26/38,50 – **64 Zim** ⌑ 57/75 – 75/92.
• Im Herzen von Bensheim, gegenüber des Bahnhof, liegt dieses Hotel im modernen Stil: freundlich, wohnlich und funktionell hat man die Zimmer ausgestattet. Gemütliches Ambiente im Bacchus Gewölbekeller.

In Bensheim-Auerbach *Nord : 1 km – Luftkurort :*

Poststuben ≋ (mit Gästehaus), Schloßstr. 28, ✉ 64625, ☏ (06251) 5 96 20, *Fax (06251) 74743*, 🌿 – 📺 🚘 🅿 🅰🅔 ⓜ ⓜ VISA
Menu *(geschl. Juli - Aug. 2 Wochen, Montag)* à la carte 23,50/38,50 – **20 Zim** ⌑ 50/55 – 75/90.
• Der Gasthof bietet Ihnen eine wohnliche Unterkunft mit familiärer Atmosphäre. Die Zimmer – überwiegend im Gästehaus untergebracht - sind zeitgemäß eingerichtet. Warmes Holz und hübsche Dekorationen schaffen Behaglichkeit im Restaurant.

Parkhotel Herrenhaus ≋ mit Zim, Im Staatspark Fürstenlager (Ost : 1 km), ✉ 64625, ☏ (06251) 7 09 00, *parkhotel-herrenhaus@t-online.de, Fax (06251) 78473*, 🌿, 🍴 ≋ Rest, 📺 🚘 🅿 🅰🅔 ⓜ ⓜ VISA JCB
Menu *(abends Tischbestellung erforderlich)* 32 à la carte 24/39, ♀ – **9 Zim** ⌑ 75/90 – 120/160.
• In dem kleinen, klassisch-elegant wirkenden Restaurant bereitet das Küchenteam internationale Gerichte für Sie zu. Stilvolle Gästezimmer.

BENTHEIM, BAD Niedersachsen 541 J 5 – 14 500 Ew – Höhe 96 m – Heilbad.
🏌 Bad Bentheim-Sieringhoek, Am Hauptdeich 8 (Süd : 3 km), ☏ (05922) 9 94 97 32.
🛈 Verkehrsamt, Schloßstr. 18, ✉ 48455, ☏ (05922) 9 83 30, Fax (05922) 983320.
Berlin 491 – Hannover 207 – Nordhorn 19 – Enschede 29 – Münster (Westfalen) 56 – Osnabrück 75.

Großfeld ≋ (mit Gästehäusern), Schloßstr. 6, ✉ 48455, ☏ (05922) 7 77 70, *info@grossfeld.de, Fax (05922) 4349*, 🌀, ≋, ◻ , 🌿 – 🛗, 👁 Zim, 📺 🅿 – 🅰 40. 🅰🅔 ⓜ ⓜ VISA. ≋ Rest
Menu (Restaurant nur für Hausgäste) – **144 Zim** ⌑ 55/65 – 95/103, 11 Suiten – ½ P 18.
• Zentral am Markt gelegenes Hotel, dessen Zimmer sich auf mehrere Gebäude verteilen. Eine solide und stilvolle Möblierung schafft ein wohnliches Umfeld.

Am Berghang ≋, Am Kathagen 69, ✉ 48455, ☏ (05922) 9 84 80, *info@hotel-am-berghang.de, Fax (05922) 984848*, 🌿, ≋, ◻ , 🌀 – 🛗, 👁 Zim, 📺 🅿 ≋
Menu *(geschl. 7. - 25 Jan.)* à la carte 16/31 – **29 Zim** ⌑ 65/95 – 95/140 – ½ P 30.
• Ein gut gepflegtes Hotel am Zentrumsrand mit hell und neuzeitlich gestalteten Gästezimmern in den Kategorien "Klassik" oder "Romantik". Gemütlich-rustikal geprägtes Restaurant.

Bentheimer Hof, Am Bahndamm 1, ✉ 48455, ☏ (05922) 9 83 80, *info@bentheimer-hof.de, Fax (05922) 983814*, 🌿 – 🛗, 👁 Zim, 📺 📞 🅿 – 🅰 20. 🅰🅔 ⓜ ⓜ VISA. ≋ Rest
Menu à la carte 34/45 – *Bistro :* **Menu** à la carte 24,50/29 – **20 Zim** ⌑ 57/68 – 76/101.
• Die geschmackvolle Ausstattung mit Teakholz-Möbeln verbreitet einen Hauch von Nostalgie in dem Hotel im ehemaligen Bahnhofsgebäude. Elegantes Ambiente im Restaurant. Bistro mit Modelleisenbahn.

Diana, Bahnhofstr. 16, ✉ 48455, ☏ (05922) 9 89 20, *info@kurhaus-hotel-diana.de, Fax (05922) 989231*, ≋, ◻ – 📺 📞 🅿 🅰🅔 ⓜ ⓜ VISA. ≋ Rest
Menu *(geschl. Jan. 2 Wochen)* à la carte 17,50/33 – **20 Zim** ⌑ 54/59 – 82/92 – ½ P 18.
• Zeitgemäß eingerichtete Zimmer mit mahagonifarbenem Holzmobiliar und teils mit kleiner Küchenzeile. Auf Wunsch erhalten Sie hier Fahrräder. Der kleine Wintergarten-Anbau unterstreicht den Café-Charakter des Restaurants.

BENTHEIM, BAD

Kurhaus ⚘, Am Bade 1 (Kurzentrum), ✉ 48455, ℘ (05922) 9 83 10, info@kurhaus-hotel-diana.de, Fax (05922) 983114, Biergarten – 🛗 📺 🅿 – 🔓 150. 🆎 ⓞ 🆎 🆅🅸🆂🅰. ✸
Menu à la carte 17,50/30 – **20 Zim** ⊇ 54/59 – 82/92.
 ♦ Die umgebende Parklandschaft hebt den Villenstil des Hauses hervor und sorgt außerdem für eine angenehm ruhige Lage. Solide möblierte, gepflegte Zimmer.

In Bad Bentheim-Gildehaus West : 4 km – Erholungsort :

Niedersächsischer Hof ⚘, Mühlenberg 5, ✉ 48455, ℘ (05924) 7 86 60, info@hotel-nhof.de, Fax (05924) 786633, 🌣, ≘ₛ, ▢, 🐴 – ✸ Zim, 📺 🅿 – 🔓 25. 🆎 🆎 🆅🅸🆂🅰
Menu à la carte 23,50/38 – **29 Zim** ⊇ 50/65 – 90/104 – ½ P 15.
 ♦ Die ruhige Lage am Ortsrand und gut unterhaltene, wohnliche Zimmer zählen zu den Annehmlichkeiten dieses im Fachwerkstil erbauten Hauses. Gediegen-rustikales Restaurant mit offenem Kamin.

BERCHING Bayern 🏵🏵🏵 S 18 – 9 100 Ew – Höhe 390 m – Erholungsort.
🅱 Tourismusbüro, Pettenkoferplatz 12 (Rathaus), ✉ 92334, ℘ (08462) 2 05 13, tourismus@berching.de, Fax (08462) 20544.
Berlin 474 – München 114 – Nürnberg 61 – Ingolstadt 41 – Regensburg 45.

Gewürzmühle (mit Gästehaus), Gredinger Str. 2, ✉ 92334, ℘ (08462) 9 40 10, gewuerzmuehle@t-online.de, Fax (08462) 940155, 🌣, Massage, ≘ₛ, 🐴 – 📺 🅿 – 🔓 60. 🆎 ⓞ 🆎 🆅🅸🆂🅰
Menu (geschl. Sept. - 10 Mai Sonntag) à la carte 18/27 – **34 Zim** ⊇ 45/55 – 65.
 ♦ Hier wird kreatives Arbeiten leicht gemacht : vollständige Tagungstechnik und Bibliothek tragen dazu bei. Auch private Gäste schätzen die moderne Atmosphäre des Landhotels. Neuzeitliches Restaurant, teilweise im Bistro-Stil.

Altstadthotel Winkler (mit 🍺 Brauerei-Gasthof), Reichenauplatz 22, ✉ 92334, ℘ (08462) 13 27, info@brauereigasthof-winkler.de, Fax (08462) 27128, 🌣, ≘ₛ – 🛗, ✸ Zim, 📺 🅿 – 🔓 30. 🆎 🆎 🆎 🆅🅸🆂🅰. ✸ Rest
Menu (geschl. Sonntagabend) à la carte 13/28,50 – **21 Zim** ⊇ 38 – 53.
 ♦ Der moderne Hotelanbau des Gasthauses mit komfortablen Zimmern fügt sich harmonisch in den ländlichen Ort ein. Schön : der begrünte Hof. Im rustikalen Ambiente der Gaststube wird man mit Bayerischem verköstigt.

Stampfermühle, Schwimmbadweg 4, ✉ 92334, ℘ (08462) 20 00 10, stampfermuehle@t-online.de, Fax (08462) 2000120, Biergarten – 📺 🅿 🆎 🆅🅸🆂🅰. ✸ Zim
geschl. 17. Feb. - 4. März - **Menu** (geschl. Montag) à la carte 13,50/27,50 – **7 Zim** ⊇ 42 – 70.
 ♦ Aus einer alten Mühle entstand nach umfangreicher Renovierung ein nettes Hotel, dessen mit hellen Holzmöbeln ausgestattete Zimmer wohnlich wirken. In den Stuben sorgt eine urige Einrichtung für Atmosphäre.

Blaue Traube, Pettenkoferplatz 3, ✉ 92334, ℘ (08462) 12 50, info@hotel-blauetraube.de, Fax (08462) 27329, 🌣 – 📺 🅿 🆎 🆅🅸🆂🅰 🅹🅲🅱
Menu (geschl. Anfang Nov. 1 Woche, Okt. - April Mittwoch) à la carte 11,50/23,50 – **27 Zim** ⊇ 33 – 50.
 ♦ Das Bürgerhaus aus dem Spätmittelalter verbindet alte Bausubstanz mit den Vorzügen einer modernen Unterkunft. Helle Landhausmöbel sorgen für ein wohnliches Ambiente. Gaststube mit ländlichem Charakter.

BERCHTESGADEN Bayern 🏵🏵🏵 X 22 – 8 200 Ew – Höhe 540 m – Heilklimatischer Kurort – Wintersport : 530/1 800 m ✰2 ✰ 29.
Sehenswert : Schlossplatz★ – Schloss (Dormitorium★) – Salzbergwerk★.
Ausflugsziele : Deutsche Alpenstraße★★★ (von Berchtesgaden bis Lindau) – Kehlsteinstraße★★★ – Kehlstein ≤★★ (nur mit RVO - Bus ab Obersalzberg : Ost : 4 km) – Roßfeld-Ringstraße ≤★★ (über die B 425).
⛳ Berchtesgaden, Salzbergstr. 33 (Ost : 3 km), ℘ (08652) 21 00.
🅱 Gästeservice, Königsseer Str. 2, ✉ 83471, ℘ (08652) 96 70, info@berchtesgadener-land.com, Fax (08652) 967400.
Berlin 744 ① – München 154 ① – Bad Reichenhall 20 ② – Kitzbühel 77 ② – Salzburg 23 ①

Stadtplan siehe nächste Seite

Vier Jahreszeiten, Maximilianstr. 20, ✉ 83471, ℘ (08652) 95 20, millers-hotel@t-online.de, Fax (08652) 5029, ≤, ≘ₛ, ▢ – 🛗 📺 🚗 🅿 – 🔓 25. 🆎 ⓞ 🆎 🆅🅸🆂🅰
Menu à la carte 18/41 – **59 Zim** ⊇ 53/67 – 82/138 – ½ P 17.
 ♦ Die geschmackvolle Holzausstattung - teils dunkel, teils hell - lässt die Zimmer wohnlich wirken. Nach Süden genießen Sie einen herrlichen Blick auf die Berge. Holzbalken und Dekorationen im Jägerstil zieren das Restaurant.

BERCHTESGADEN

Angergasse	2
Bahnhofstraße	3
Bergwerkstraße	5
Franziskanerplatz	6
Griesstätterstraße	7
Hasensprung	8
von-Hindenburg-Allee	9
Kälbersteinstraße	10
Koch-Sternfeld-Straße	12
Königsseer Straße	13
Locksteinstraße	14
Ludwig-Ganghofer-Straße	15
Marktplatz	16
Maximilianstraße	17
Metzgerstraße	18
Ramsauer Straße	19
Salzburger Straße	20
Weihnachtsschützenplatz	21

Benutzen Sie
auf Ihren Reisen
in Europa
die Michelin-
Länderkarten
1:400 000 bis 1:1 000 000.

Alpenhotel Kronprinz ⑤, Am Brandholz, ✉ 83471, ℘ (08652) 60 70, kronprinz. treff@t-online.de, Fax (08652) 607120, ≤, 壽, ≘s, 쯧 – ❘章 TV ⇔ 짢 – 灷 20. 죠 ⑨ ⑳ ▥ ₴ Rest
Menu à la carte 17,50/29 – **65 Zim** ⊇ 59/85 – 88/156 – ½ P 17.   über Kälbersteinstraße
♦ Je nach Himmelsrichtung und Ausstattung wohnen Sie hier in originell benannten Zimmern - funktionell mit dunklem Holz bestückt. Achten Sie auf besondere Programme des Hotels. Neo-rustikales Rundbaurestaurant, teils mit Blick ins Tal.

Rosenbichl ⑤, Rosenhofweg 24, ✉ 83471, ℘ (08652) 9 44 00, hotel.rosenbichl@t-online.de, Fax (08652) 944040, ≤, Massage, ≘s, 쯧 – 쭕 ❘章 TV 짢 ₴
geschl. 15. Nov. - 15. Dez.   über Locksteinstraße
Menu (nur Abendessen)(Restaurant nur für Hausgäste) – **17 Zim** ⊇ 45/55 – 70/90 – ½ P 15.
♦ Diese freundliche Adresse hält eine gehobene Unterkunft im modernen Stil für Sie bereit. Nutzen Sie die vorhandene eigene Ski- und Bergschule für Ihre Unternehmungen.

Krone ⑤, Am Rad 5, ✉ 83471, ℘ (08652) 9 46 00, grafe@hotel-krone-berchtesgaden.de, Fax (08652) 946010, ≤, ≘s, 쯧 – 쭕 ❘章 TV 짢 ₴
geschl. Ende Okt. - 20. Dez. – **Menu** (geschl. Montag)(nur Abendessen)(Restaurant nur für Hausgäste) – **20 Zim** ⊇ 36/48 – 68/86 – ½ P 10.   über Locksteinstraße
♦ Hinter der alpenländischen Fassade des Hauses verbergen sich Zimmer mit Atmosphäre - in Holz gehaltene Räume im Bauernstil schaffen ein nettes Umfeld.

Alpenhotel Weiherbach ⑤, Weiherbachweg 6, ✉ 83471, ℘ (08652) 97 88 80, alpenhotel@weiherbach.de, Fax (08652) 9788888, ≤, ≘s, ◻, 쯧 – ❘章 TV 짢 ₴
geschl. 8. Nov. - 19. Dez. – **Menu** (geschl. Sonntag)(nur Abendessen)(Restaurant nur für Hausgäste) – **22 Zim** ⊇ 47/63 – 117.   über Locksteinstraße
♦ Der Pensionscharakter des Gasthofs versprüht familiären Charme. Die Zimmer sind wohnlich gestaltet, teilweise mit Landhausstil.

An der Roßfeld-Ringstraße Ost : 7 km :

Neuhäusl ⑤, Wildmoos 45 – Höhe 850 m, ✉ 83471 Berchtesgaden, ℘ (08652) 94 00, info@neuhaeusl.de, Fax (08652) 64637, ≤ Untersberg, Kehlstein, 壽, ₪, ≘s, 쯧 – ❘章 TV ⇔ 짢 ⑳ ▥ – geschl. 20. April - 1. Mai, 15. Nov. - 15. Dez. – **Menu** (geschl. Dienstag) à la carte 15,50/24 – **26 Zim** ⊇ 45/50 – 70/92, 3 Suiten – ½ P 12.
♦ Der einsam gelegene Berggasthof hält für Sie mit solidem Einbaumobiliar ausgestattete Zimmer bereit, die alle über einen Balkon verfügen. Gemütliche Restaurantstuben mit alpenländischem Flair.

BERCHTESGADEN

🏨 **Alpenhotel Denninglehen** ⚘, Am Priesterstein 7 – Höhe 900 m．
✉ 83471 Berchtesgaden, ☏ (08652) 9 78 90, info@denninglehen.de,
Fax (08652) 64710, ← Berchtesgadener Berge, 🍴, Massage, ≦s, 🔲, 🌳 – 🛗, ✗ Rest,
📺 🅿 AE ⓜ VISA. ✗ Rest
geschl. 1. - 18. Dez., 15. - 30. Jan. – **Menu** (nur Abendessen) à la carte 18/32 – **24 Zim**
⊇ 42/47 – 90 – ½ P 19.
♦ Die einsame Lage am Hang zeichnet dieses Hotel aus. Die Gäste werden in ländlichem
Stil beherbergt, die Räume sind teilweise mit bemalten Bauernmöbeln bestückt. Dunkles
Holz gibt dem Restaurant ein rustikales Ambiente.

BERG Bayern **546** W 18 – 7 000 Ew – Höhe 630 m.
Berlin 616 – *München* 30 – Garmisch-Partenkirchen 69 – Starnberg 6.

🏨 **Schloss Berg** ⚘, Seestr. 17, ✉ 82335, ☏ (08151) 96 30, info@hotelschlossberg.de,
Fax (08151) 96352, ← Starnberger See, 🍴, Biergarten, ≦s, 🚣, 🌳 – 🛗 📺 ✗ 🅿 –
🅰 80. AE ⓜ VISA
Menu à la carte 21/38,50 – **60 Zim** ⊇ 73/153 – 89/169 – ½ P 17.
♦ Ruhig liegt das regionstypische Hotel am Seeufer. Im "oberen" Haus wohnen Sie gedie-
gen-rustikal, in der Villa am See elegant im Landhausstil. Gemütliches Restaurant mit Kamin
und Seeterrasse.

BERG Bayern **546** O 19 – 2 800 Ew – Höhe 614 m.
Berlin 302 – München 286 – Hof 19 – Bayreuth 57 – Nürnberg 130.

In Berg-Rudolphstein Nord : 7 km :

🏨 **Saalehotel**, Panoramastr. 2, ✉ 95180, ☏ (09293) 94 10, saalehotel@t-online.de,
Fax (09293) 941666, 🍴, ≦s, 🔲, 🌳 – 🛗, ✗ Zim, 📺 🅿 – 🅰 60. AE ⓘ ⓜ VISA
Menu à la carte 20/27 – **34 Zim** ⊇ 65 – 95 – ½ P 16.
♦ Wählen Sie eines der komfortablen Zimmer im neueren Hotelteil, die durch die rustikale
Weichholzmöblierung einen wohnlichen Charakter erhalten. Mit schönem Freizeitbereich.
Behagliches Restaurant mit hellem Naturholzinventar.

BERG BEI NEUMARKT (OBERPFALZ) Bayern **546** R 18 – 6 000 Ew – Höhe 406 m.
Berlin 445 – München 145 – *Nürnberg* 38 – Amberg 50 – Regensburg 71.

🏨 **Lindenhof**, Rosenbergstr. 13, ✉ 92348, ☏ (09189) 41 00, Fax (09189) 410410, 🍴,
🐕 – 🛗 📺 ✗ 🅿 – 🅰 25. ⓜ VISA. ✗
geschl. Weihnachten – Anfang Jan. – **Menu** (geschl. Montagmittag) à la carte 12/23 –
46 Zim ⊇ 38/44 – 55/63.
♦ Der familiengeführte Gasthof mit neuerem Hotelanbau verfügt über gepflegte Zimmer
mit zeitgemäßer Möblierung und gutem Platzangebot. Das unterteilte Restaurant ist im
Stil eines ländlichen Gasthofs gehalten.

BERGEN Bayern **546** W 21 – 4 500 Ew – Höhe 554 m – Luftkurort – Wintersport : 550/1 670 m
⚙ 1 ⚙ 5 ⚘.
🛈 Tourist-Information, Raiffeisenplatz 4, ✉ 83346, ☏ (08662) 83 21, Fax (08662) 5855.
Berlin 700 – München 105 – *Bad Reichenhall* 37 – Salzburg 42 – Traunstein 10 – Rosenheim
46.

🏨 **Säulner Hof** ⚘, garni, Hochplattenstr. 1, ✉ 83346, ☏ (08662) 86 55, saeulnerhof
@web.de, Fax (08662) 5957, 🌳 – 📺 🅿 ⓜ
geschl. Nov. - 20. Dez. – **14 Zim** ⊇ 34 – 54.
♦ Ein durch den Besitzer geführter Gasthof in einer Seitenstraße mit sauberen, in hellem
Holz eingerichteten Zimmern. Fahrräder stehen im Haus zur Verfügung.

BERGEN Mecklenburg-Vorpommern siehe Rügen (Insel).

BERGEN Niedersachsen siehe Celle.

Die im Michelin-Führer
verwendeten Zeichen und Symbole haben-
*dünn oder **fett** gedruckt, rot oder schwarz -*
jeweils eine andere Bedeutung.
Lesen Sie daher die Erklärungen aufmerksam durch.

BERGEN (Vogtland) Sachsen 544 O 20 – 1 150 Ew – Höhe 450 m.
Berlin 303 – Dresden 145 – Gera 60 – Hof 45 – Plauen 20.

Landhaus Marienstein ⑤, Thomas-Müntzer-Str. 9, ✉ 08239, ☎ (037463) 85 10, landhaus-marienstein@t-online.de, Fax (037463) 851109, 🍴, 🍽, 🚗 – 📶 📺 📞 ♿ P – 🛋 20. AE ⓜ VISA
Menu à la carte 19/34 – **13 Zim** ⇌ 69 – 99 – ½ P 18.
• In beschaulicher Lage am Waldrand finden Sie hinter einer Fassade aus Fachwerk und Naturstein hell und freundlich gestaltete Gästezimmer. Hübsch eingerichtetes Restaurant mit schöner Terrasse.

BERGGIESSHÜBEL Sachsen 544 N 25 – 1 800 Ew – Höhe 350 m – Kneippkurort.
Berlin 224 – Dresden 31 – Chemnitz 106.

In Bad Gottleuba-Augustusberg Süd : 4,5 km Richtung Bahratal :

Berghotel Augustusberg ⑤, Augustusberg 15, ✉ 01816, ☎ (035023) 6 24 80, augustusberg@t-online.de, Fax (035023) 62597, ≤ Bad Gottleuba, 🍴, 🍽, 🚗 – ⇌ Rest, 📺 P – 🛋 35. AE ⓜ VISA
Menu à la carte 13/26 – **24 Zim** ⇌ 39/49 – 51/75 – ½ P 13.
• Kennzeichnend für dieses Hotel ist die exponierte Berglage. Gäste schätzen die wohnlichen, zeitgemäßen Zimmer und die gute Pflege. Ländliche Gaststube und neuzeitliches Restaurant.

Ihre Meinung über die von uns empfohlenen Restaurants, deren Spezialitäten sowie die angebotenen regionalen Weine, interessiert uns sehr.

BERGHAUPTEN Baden-Württemberg siehe Gengenbach.

BERGHAUSEN Rheinland-Pfalz siehe Katzenelnbogen.

BERGHEIM Österreich siehe Salzburg.

BERGHEIM Nordrhein-Westfalen 543 N 3 – 60 000 Ew – Höhe 69 m.
Berlin 590 – Düsseldorf 56 – Aachen 58 – Bonn 53 – Mönchengladbach 38 – Köln 26.

Meyer garni, Beisselstr. 3, ✉ 50126, ☎ (02271) 80 60, Fax (02271) 41722, 🍽 – 📺 P. ⓜ VISA
20 Zim ⇌ 55 – 94.
• Sie finden das kleine Stadthaus am Rand der Fußgängerzone. Man bietet Ihnen geräumige, wohnliche Zimmer in Eiche oder Mahagoni - zu vernünftigen Preisen.

Parkhotel, Kirchstr. 12, ✉ 50126, ☎ (02271) 4 70 80, Fax (02271) 470840, 🍴 – 📺. AE ⓜ VISA. ⇌
Menu à la carte 14,50/32,50 – **25 Zim** ⇌ 47/63 – 83.
• Freundliches Personal und solide möblierte Zimmer, teils in Kirsche, teils in Eiche, zählen zu den Annehmlichkeiten dieses im Zentrum gelegenen Hotels. Rustikales Restaurant mit Balkan-Küche.

BERGHÜLEN Baden-Württemberg siehe Merklingen.

BERGISCH GLADBACH Nordrhein-Westfalen 543 N 5 – 104 000 Ew – Höhe 86 m.
🏌 Bergisch Gladbach-Refrath, Golfplatz 2 ☎ (02204) 9 27 60 A ; 🏌 Overath-Steinenbrück, Bücheler Str. 2 (Süd-Ost : 8 km bei Untereschbach über ②), ☎ (02204) 9 76 00.
ADAC, Kürtener Str. 5a.
Berlin 571 ① – Düsseldorf 46 ④ – Bonn 40 ③ – Köln 17 ④

Schlosshotel Lerbach ⑤, Lerbacher Weg, ✉ 51465, ☎ (02202) 20 40, info@ schlosshotel-lerbach.com, Fax (02202) 204940, 🍴, Massage, 🍽, 🏊, 🚗, 💈 – 📶, ⇌ Zim, 📺 Rest, 📺 📞 🚗 P – 🛋 65. AE ⓞ ⓜ VISA. ⇌ Rest   B a
Menu siehe **Restaurant Dieter Müller** separat erwähnt – **Schlossrestaurant** : Menu à la carte 34/44, ♀ – **54 Zim** ⇌ 197/273 – 222/298, 6 Suiten.
• Das hübsche Schloss und ein großzügig angelegter Park bilden einem romantischen Rahmen für anspruchsvolle Gäste. Geschmackvolle Räume und der Freizeitbereich überzeugen. Restaurant im historischen Kellergewölbe mit neuem, verglastem Anbau.

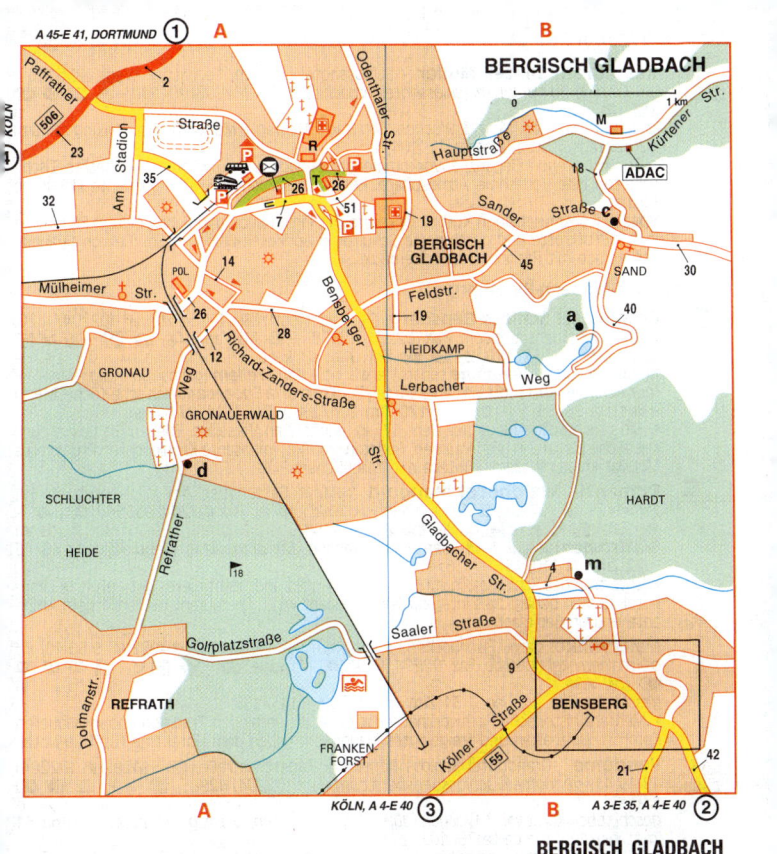

BERGISCH GLADBACH

Street	Grid	No.
Alte Wipperfürther Str.	A	2
Am Milchbornbach	B	4
Am Stockbrunnen	C	5
An der Gohrsmühle	A	7
Buddestr.	BC	9
Cederstr.	A	12
Cederwaldstr.	A	14
Deutscher Pl.	C	16
Dombach-Sander-Str.	B	18
Ferrenbergstr.	A	19
Friedrich-Öffermann-Str.	BC	21
Handstr.	A	23
Hauptstr.	A	26
Heidkamper Str.	A	28
Herkenrather Str.	B	30
Hermann-Löns-Str.	A	32
Jakobstr.	A	35
Kadettenstr.	C	37
Ommerbornstr.	B	40
Overather Str.	BC	42
Rheinhöhenweg	B	45
Schlosstr.	C	49
Schnabelsmühle	A	51

🏨 **Gronauer Tannenhof**, Robert-Schuman-Str. 2, ✉ 51469, ✆ (02202) 9 41 40, *info@gronauer-tannenhof.de*, Fax (02202) 941444, 🍽 – 📺 📞 🅿 – 🔒 50. AE ⓓ ⓜ ⓥⓘⓢⓐ. ✦

Menu à la carte 20/31,50 – **32 Zim** 75/130 – 95/150.

A d

♦ Ein familiengeführtes Haus mit gepflegten, wohnlich eingerichteten Gästezimmern. Wander- und Jogging-Möglichkeiten bieten sich Ihnen durch die Lage am Waldrand. Alpenländisches Restaurant mit durch Holzbalken getrennten Nischen.

BERGISCH GLADBACH

Restaurant Dieter Müller - Schlosshotel Lerbach, Lerbacher Weg, ✉ 51465, ℘ (02202) 20 40, *info@schlosshotel-lerbach.com*, Fax (02202) 204940 – 🅿 🔆 ⓞ 🌀 VISA. ※   B a
geschl. 1. - 19. Jan., Aug. 3 Wochen, Sonntag - Montag – **Menu** (Tischbestellung ratsam) 62 (mittags)/130 à la carte 72/104, 𝓣 ❀.
• Zurückhaltende Eleganz, zuvorkommender Service und aufwändig eingedeckte Tische schaffen eine vornehme Atmosphäre. Ebenso anspruchsvoll : die exzellente klassische Küche.
Spez. Jakobsmuscheln in Kürbiskernkruste mit Piniensauce und Rahmpolenta. Rehrücken in der Brotkruste und geschmorte Schulter in Aprikosen-Chiboust. Soufflé von Guanaja-Schokolade mit Passionsfrucht-Crémeux

In Bergisch Gladbach-Bensberg :

Grandhotel Schloss Bensberg ❀, Kadettenstraße, ✉ 51429, ℘ (02204) 4 20, *info@schlossbensberg.com*, Fax (02204) 42888, ≤, ⓡ, Massage, 𝑓ₛ, ≦ₛ, ⌷ – 🛗 ≣ 📺 ✆ & ↹ 🅿 – 🔆 180. 🅐🅔 ⓞ 🌀 VISA JCB. ※ Rest   C e
Menu siehe Rest. *Vendôme* separat erwähnt – **Jan Wellem** (geschl. Sonntag - Montag) (nur Abendessen) **Menu** à la carte 34/55, 𝓣 – **Trattoria Enoteca** (italienische Küche) **Menu** à la carte 23/35, 𝓣 – ⌕ 20 – **120 Zim** 204/288 – 246/314, 27 Suiten.
• Die prachtvolle Anlage aus dem 17. Jh. erinnert an Versailles. Erleben Sie Luxus pur : klassische Eleganz in allen Räumen, Bäder in Marmor, imposante Kronleuchter. Prunkvolles Mobiliar im Jan Wellem. Enoteca mit italienischem Flair.

Romantik Waldhotel Mangold ❀ (mit Gästehaus), Am Milchbornbach 39, ✉ 51429, ℘ (02204) 9 55 50, *mangold@waldhotel.de*, Fax (02204) 955560, 🈚, ☞ – ↹ Zim, 📺 ✆ 🅿 – 🔆 40. 🅐🅔 🌀 VISA JCB.   B m
Waldstuben (geschl. 1. - 10. Jan., Sonntagabend - Dienstagmittag) **Menu** à la carte 30/45 – **22 Zim** ⌕ 110/155 – 155/170.
• Unterhalb des Schlosses, in ruhiger Lage am Waldrand, steht dieses gut geführte Landhotel, dessen behagliches Interieur leicht elegant wirkt. Restaurant mit ländlichem Ambiente und großer Glasfront.

Malerwinkel garni, Fischbachstr. 3 (am Rathaus), ✉ 51429, ℘ (02204) 9 50 40, *info@malerwinkel-hotel.de*, Fax (02204) 9504100, Massage, ≦ₛ – ↹ 📺 ✆ – 🔆 40. 🅐🅔 🌀 VISA JCB   C n
geschl. 23. Dez. - 2. Jan. – **31 Zim** ⌕ 93/102 – 143/168.
• Mehrere historische Fachwerkhäuser a. d. 18. Jh. verbinden Tradition und individuellen Komfort. Holzbalken und freigelegtes Mauerwerk geben dem Hotel eine rustikale Note.

Vendôme - Grandhotel Schloss Bensberg, Kadettenstraße, ✉ 51429, ℘ (02204) 42 19 41, *vendome@schlossbensberg.com*, Fax (02204) 42985, 🈚 – 🅿. 🅐🅔 ⓞ 🌀 VISA. ※   C e
geschl. über Karneval 2 Wochen, Juli - Aug. 3 Wochen, Montag - Dienstag – **Menu** 51 (mittags)/125 à la carte 76/102, 𝓣 ❀.
• Das Gourmetrestaurant im Kavaliershäuschen überzeugt mit aufmerksamem Service und exklusiver Tischkultur. Man serviert ausgesuchte Köstlichkeiten der klassischen Küche.
Spez. Feuilleté von roh marinierter Gänseleber mit Sommertrüffeln. In Limonen-Olivenöl pochierter Steinbutt mit geschmortem Fenchelgemüse. Perlhuhn mit Jahrgangsspeck auf Holzkohle gegrillt

Das Fachwerkhaus, Burggraben 37, ✉ 51429, ℘ (02204) 5 49 11, *info@dasfachwerkhaus.de*, Fax (02204) 57641, 🈚 – ⓞ 🌀 VISA   C s
geschl. über Karneval 3 Wochen, Juli - Aug. 2 Wochen, Montag - Dienstag – **Menu** (Tischbestellung ratsam) à la carte 33/46.
• In rustikal-gemütlichem Ambiente servieren Ihnen ein freundliches Team Speisen einer internationalen Küche - ergänzt durch mündliche Empfehlungen.

BERGKIRCHEN *Bayern siehe Dachau.*

BERGLEN *Baden-Württemberg siehe Winnenden.*

BERGNEUSTADT *Nordrhein-Westfalen* 543 M 6 – *21 000 Ew – Höhe 254 m.*
Berlin 558 – Düsseldorf *89 –* Köln *57 –* Olpe *20 –* Siegen *47.*

Feste Neustadt, Hauptstr. 19 (Altstadt), ✉ 51702, ℘ (02261) 4 17 95, *info@feste-neustadt.de*, Fax (02261) 48021, 🈚 – 📺 🅿. 🌀 VISA
geschl. 22. Dez. - 6. Jan., Juli 3 Wochen – **Menu** (geschl. Sonntagabend - Montag) à la carte 17,50/32 – **18 Zim** ⌕ 45 – 80.
• Die typische Schieferschindelfassade des kleinen Landhotels im Ortskern stimmt Sie auf eine solide, wohnliche Atmosphäre im Inneren ein. Vornehm-rustikal gehaltenes Restaurant oder Stüberl mit ländlichem Dekor.

BERGNEUSTADT

In Bergneustadt-Niederrengse *Nord-Ost : 7 km - über B 55, in Pernze links ab :*

Rengser Mühle ♨, mit Zim, ✉ 51702, ☎ (02763) 9 14 50, *info@rengser-muehle.de*, Fax (02763) 914520, 🍴, – ⚑ Zim, TV P 🐾 VISA 🐕
Menu *(geschl. Montag - Dienstag)* à la carte 20/41 – **4 Zim** ⊇ 65 – 85.
♦ Holz, ein Kachelofen und die Liebe zum Detail bestimmen den gemütlichen Charakter der Stuben. Bergische Spezialitäten : Eierkuchen und Waffeln am Nachmittag.

BERGRHEINFELD *Bayern siehe Schweinfurt.*

BERGZABERN, BAD *Rheinland-Pfalz* 543 S 8 – *8 300 Ew – Höhe 200 m – Heilklimatischer Kurort – Kneippheilbad.*

Sehenswert : *Gasthaus zum Engel★.*
Ausflugsziel : *Gleiszellen (Winzergasse★).*

🛈 Büro für Tourismus, Kurtalstr. 25 (im Thermalhallenbad), ✉ 76887, ☎ (06343) 9 34 00, *staatsbad.bad.bergzabern@t-online.de*, Fax (06343) 934022.
Berlin 683 – Mainz 127 – Karlsruhe 39 – Landau in der Pfalz 15 – Pirmasens 42 – Wissembourg 19.

Petronella, Kurtalstr. 47 (B 427), ✉ 76887, ☎ (06343) 7 00 10, *hotel-petronella@web.de*, Fax (06343) 700111, 🍴, ≘ – 📶 TV P 🐾 🚿 30. AE ◎ VISA JCB
Menu *(geschl. Jan. - Feb. 3 Wochen, Montag)* à la carte 18/34,50 – **48 Zim** ⊇ 48/63 – 76/109 – ½ P 13.
♦ Familiäre Atmosphäre und Behaglichkeit machen das Kurhotel aus. Gäste beherbergt man in soliden und wohnlichen Zimmern von klassisch bis elegant. Das Restaurant ist teils bürgerlich-rustikal, teils modern gestaltet, mit Gartenterrasse.

Pfälzer Wald, Kurtalstr. 77 (B 427), ✉ 76887, ☎ (06343) 98 91 90, *hotel@hotel-pfaelzer-wald.de*, Fax (06343) 9891977, 🍴, 🐾 – TV P 🐾 VISA 🐕 Zim
Menu *(geschl. 20. Dez. - 1. März) (nur Abendessen)* à la carte 15/37 – **25 Zim** ⊇ 45/50 – 75 – ½ P 14.
♦ Ein engagiert geführter und gut gepflegter Gasthof, der über tadellos unterhaltene und solide möblierte, wohnliche Zimmer verfügt.

Weinstube Weinschlössel, Kurtalstr. 10 (B 427), ✉ 76887, ☎ (06343) 38 60, 🍴 – ◎ VISA
geschl. Mittwochmittag, Samstag – **Menu** *(Nov. - März nur Abendessen)* à la carte 12/29.
♦ Das Restaurant ist Teil eines ehemaligen Weingutes. Das ursprüngliche Flair blieb erhalten und sorgt für Gemütlichkeit. Der Chef selbst bekocht Sie nach Pfälzer Art.

In Pleisweiler-Oberhofen *Nord : 2 km Richtung Klingenmünster :*

Landhaus Wilker ♨, Hauptstr. 31 (Oberhofen), ✉ 76889, ☎ (06343) 70 07 00, *landhaus@wilker.de*, Fax (06343) 700707, 🍴, 🐾 – TV P 🐾 🚿 30. AE ◎ ◎ VISA 🐕 Rest
Menu *(geschl. Jan. 1 Woche, Juli 2 Wochen, Nov. 1 Woche, Montag - Donnerstag, Freitagmittag, Samstagmittag) (nur Eigenbauweine)* à la carte 17/26 – **17 Zim** ⊇ 56 – 85.
♦ Gegenüber dem traditionsreichen Weingut der Familie Wilker wurde dieses kleine, sympathische Haus zum Hotel ausgebaut. Teils moderne Zimmer und eine große Ferienwohnung. Alter Wilhelm heißt das Restaurant im Stil einer Weinstube.

In Gleiszellen-Gleishorbach *Nord : 4,5 km Richtung Klingenmünster :*

Südpfalz-Terrassen ♨, (mit Gästehäusern), Winzergasse 42 (Gleiszellen), ✉ 76889, ☎ (06343) 7 00 00, *info@suedpfalz-terrassen.de*, Fax (06343) 5952, ≤, 🍴, ≘, 🔲, 🐾 – 📶 TV 📞 🖫 🐾 🚿 50. AE ◎ VISA
geschl. 3. Jan. - 3. Feb., Juli 2 Wochen, 18. - 25. Dez. – **Menu** *(geschl. Montag)* à la carte 23/39 – **93 Zim** ⊇ 50/65 – 80/110 – ½ P 15.
♦ Recht ruhig liegt das Ferien- und Tagungshotel in dem Weindörfchen. Man erwartet Sie mit gepflegten, wohnlichen Zimmern - teils modern-funktionell, teils rustikal. Saalartiges Restaurant.

Zum Lam ♨, Winzergasse 37 (Gleiszellen), ✉ 76889, ☎ (06343) 93 92 12, *info@zum-lam.de*, Fax (06343) 939213, 🍴, Biergarten, 🐾 – TV P 🐾 ◎ VISA
geschl. 7. - 29. Jan. – **Menu** *(geschl. Mittwoch)(Nov. - April Montag - Freitag nur Abendessen)* à la carte 17/34,50 – **11 Zim** ⊇ 55 – 70/85.
♦ Der Charme der Winzergemeinde ist in den alten Mauern zu spüren. Moderne Einrichtung vereint sich mit Fachwerk aus dem 18. Jh. - teils auch in den Zimmern. Rustikales Restaurant mit freiliegenden Holzbalken und Mauerwerk.

BERKA, BAD Thüringen 544 N 17 – 7 500 Ew – Höhe 275 m – Heilbad.
🛈 Kurverwaltung, Goetheallee 3, ✉ 99438, ℘ (036458) 57 90, info@bad-berka.de, Fax (036458) 57999.
Berlin 286 – Erfurt 31 – Jena 30 – Suhl 66 – Weimar 13.

🏨 **Hubertushof**, Tannrodaer Str. 3, ✉ 99438, ℘ (036458) 3 50, hotel-hubertushof@t-online.de, Fax (036458) 35150, 🍴, 😊 – 🛗, 👁 Zim, 🍽 Rest, 📺 📞 🅿 – 🅰 20. 🆎 ⓘ 📀 🆅🅸🆂🅰 – **Menu** à la carte 18/34 – **30 Zim** ⌦ 70/90 – 80/95 – ½ P 13.
• Eine gute Führung und wohnliche, zeitgemäß und funktionell ausgestattete Gästezimmer sprechen für dieses Hotel. Mit Tagungsbereich. Helles Restaurant mit kleinem Wintergartenvorbau.

🏠 **Am Goethebrunnen** 🌿, Goetheallee 2, ✉ 99438, ℘ (036458) 57 10, Fax (036458) 57112, 🍴 – 👁 Zim, 📺 🅿 – 🅰 20. 🆎 ⓘ 📀 🆅🅸🆂🅰 🆉🅲🅱
Menu à la carte 14,50/26 – **10 Zim** ⌦ 50/60 – 70/80 – ½ P 8.
• Das ehemals als Kurhaus genutzte kleine Hotel bietet Ihnen praktisch ausgestattete, zeitgemäße Zimmer. Angenehm ruhige Lage nahe dem Kurpark. Klassisches Restaurant mit einem Hauch Eleganz.

BERKHEIM Baden-Württemberg 545 V 14 – 2 000 Ew – Höhe 580 m.
Berlin 657 – Stuttgart 138 – Kempten 53 – Augsburg 103 – Memmingen 11 – Ravensburg 65 – Ulm (Donau) 46.

🏠 **Ochsen**, Alte Steige 1, ✉ 88450, ℘ (08395) 9 29 29, ochsenberkheim@aol.com, 😊 Fax (08395) 92955, 🍴 – 👁 Zim, 🅿 📀 🆅🅸🆂🅰
Menu (geschl. Sonntag) à la carte 9,50/32 – **24 Zim** ⌦ 32/35 – 58/68.
• Ländlich, abseits vom Verkehrslärm, liegt dieses engagiert geführte Haus, ein Gasthof mit neuzeitlichem Anbau - die Zimmer hier sind modern und funktionell ausgestattet. Wirtschaft mit hauseigener Metzgerei.

BERLEBURG, BAD Nordrhein-Westfalen 543 M 9 – 21 500 Ew – Höhe 450 m – Kneippheilbad – Wintersport : 500/750 m ≰2 ≰.
🛈 Tourist-Information, Poststr. 44 (B 480), ✉ 57319, ℘ (02751) 9 39 33, tourist.bad-berleburg@t-online.de, Fax (02751) 936343.
Berlin 494 – Düsseldorf 174 – Siegen 42 – Frankenberg an der Eder 46 – Meschede 56.

An der Straße nach Hallenberg Nord-Ost : 6 km :
🏠 **Erholung**, ✉ 57319 Bad Berleburg-Laibach, ℘ (02751) 72 18, info@erholung-berleburg.de, Fax (02751) 2866, ≤, 🍴, 🐴 – 👁 Rest, 🚗 🅿
geschl. 1. - 15. März, 1. - 15. Nov. – **Menu** (geschl. Montag) à la carte 14/29 – **11 Zim** ⌦ 32/39 – 70 – ½ P 10.
• Das Haus liegt idyllisch von Wäldern umgeben. Die Zimmer sind sauber und ländlich geprägt, teilweise mit bemalten Bauernmöbeln versehen. Rustikale Gaststube und Restaurant mit Café-Charakter.

In Bad Berleburg-Raumland Süd : 4 km über B 480 :
🏠 **Raumland**, Hinterstöppel 7, ✉ 57319, ℘ (02751) 5 18 60, hotelraumland@aol.com, Fax (02751) 53254, 🍴 – 📺 🅿 🆎 ⓘ 📀 🆅🅸🆂🅰 🚫 Zim
Menu (geschl. Sonntagabend) à la carte 17/27 – **10 Zim** ⌦ 35 – 68 – ½ P 10.
• Das kleine Hotel am Ortsrand bietet Ihnen recht schlicht eingerichtete, aber gut unterhaltene Gästezimmer und eine familiäre Atmosphäre. Gemütliches, klassisches Restaurant.

In Bad Berleburg-Wingeshausen West : 14 km :
🍴 **Weber** 🌿 mit Zim, Inselweg 5, ✉ 57319, ℘ (02759) 4 12, Fax (02759) 540, 🍴, 🐴 – 🅿 📀 🚫 Zim
geschl. Anfang Jan. 1 Woche, August 2 Wochen – **Menu** (geschl. Montag - Dienstag) à la carte 19/45 – **6 Zim** ⌦ 34/38 – 68.
• Das Haus mit der urtümlichen Schieferfassade ist ein traditionsreicher ländlicher Gasthof. Westfälische Spezialitäten und Saisonales bereichern die Karte.

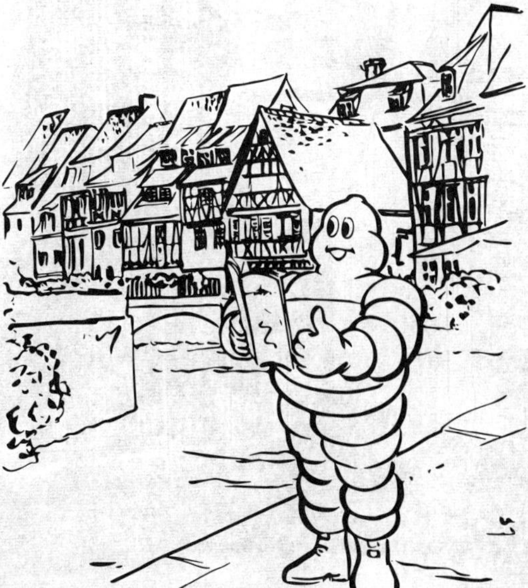

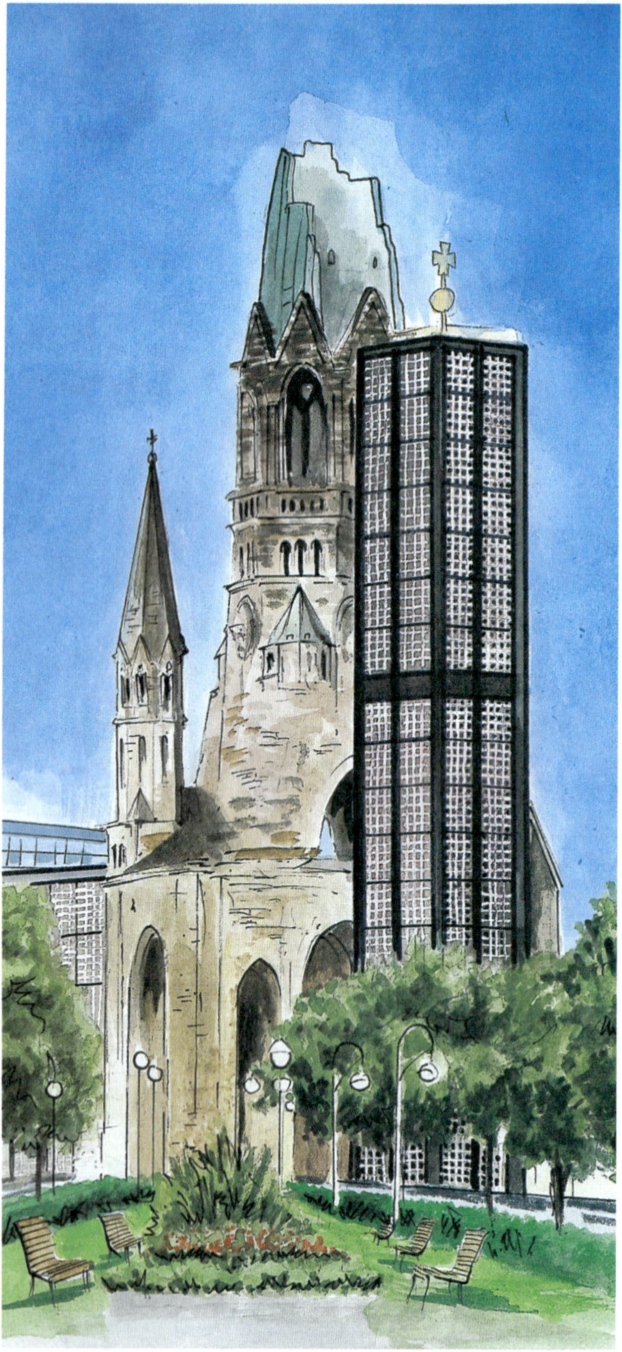

BERLIN

L Berlin 5|4|2 | 24 – Bundeshauptstadt – 3 400 000 Ew – Höhe 40 m

Frankfurt/Oder 105 ① – Hamburg 289 ⑧ – Hannover 288 ⑤ – Leipzig 183 ⑤ – Rostock 222 ⑧.

Hauptsehenswürdigkeiten	S. 2
Umgebungskarte	S. 3
Stadtplan Berlin :	
Berlin und Umgebung	S. 4 und 5
Zentrum	S. 6 und 7
Innenstadt West (Kurfürstendamm und Zoo)	S. 8 und 9
Innenstadt Ost (Unter den Linden)	S. 10 und 11
Straßenverzeichnis	S. 12 und 13
Alphabetische Liste der Hotels und Restaurants	S. 14 und 15
Hotels und Restaurants	S. 16 bis 31

PRAKTISCHE HINWEISE

🛈 *Berlin Tourismus Marketing, Am Karlsbad 11,* ✉ *10785,* ℰ *(030) 25 00 25, information@btm.de, Fax (030) 25 00 24 24*

🛈 *Tourist Info Center (im Europa Center), Budapester Str. 45,* ✉ *10787, Berlin-Charlottenburg*

🛈 *Tourist Info Center (im Brandenburger Tor), Südflügel, Pariser Platz,* ✉ *10117 Berlin*

🛈 *Tourist Info Café, Am Alexander Platz (im Fernsehturm), Panoramastr. 1a,* ✉ *10178 Berlin*

ADAC, *Berlin-Wilmersdorf, Bundesallee 29*

🏌 *Berlin-Wannsee, Golfweg 22* AV, ℰ *(030) 8 06 70 60*

🏌 *Berlin-Gatow, Kladower Damm 182* AU, ℰ *(030) 3 65 00 06*

🏌 *Gross Kienitz (Süd : 25 km über B96),* ℰ *(033708) 5 37 70*

🏌 *Börnicke, Am Kallin 1, (Nord-West : 32 km über ⑧),* ℰ *(033230) 89 40*

🏌 *Mahlow, Kiefernweg (Süd : 20 km über B96),* ℰ *(033379) 37 05 95*

🏌 *Großbeeren, Am Golfplatz 1 (Süd : 22 km über B1 und Teltow),* ℰ *(033701) 3 28 90*

🏌 *Wildenbruch Großer Seddiner See, Zum Weiher 44 (Süd-West : 37 km),* ℰ *(033205) 73 20*

🏌 *Stolpe, Am Golfplatz 1 (Nord-West : 20 km über ⑧),* ℰ *(03303) 54 92 14*

✈ *Berlin-Tegel* EX, ℰ *(0180) 5 00 01 86*

✈ *Berlin-Schönefeld (Süd : 25 km)* ℰ *(0180) 5 00 01 86*

✈ *Berlin-Tempelhof* GZ, ℰ *(0180) 5 00 01 86*

Deutsche Lufthansa City Center, Kurfürstendamm 21, ℰ *(030) 88 75 38 00*

🚗 *Berlin-Wannsee, Reichsbahnstraße*

Messegelände am Funkturm BU ℰ *(030) 3 03 80, Fax (030) 30382325*

HAUPTSEHENSWÜRDIGKEITEN

Museen, Galerien, Sammlungen : *Museumsinsel*** PY : Alte Nationalgalerie*** M[20] (Werke von Caspar David Friedrich***, Werke von Adolph Menzel***), Pergamonmuseum***(Antikensammlung*** : Pergamonaltar***; Vorderasiatisches Museum** : Ischtartor***; Museum für Islamische Kunst**), Altes Museum** M[18] (Antikensammlung*** : Hildesheimer Silberfund***) – Kulturforum*** NZ : Philharmonie und Kammermusiksaal***, Musikinstrumenten-Museum* M[4], Kunstgewerbemuseum** M[5] (Welfenschatz***, Lüneburger Ratssilber***), Gemäldegalerie***M[6] (Altäre von Rogier van der Weyden***, Kupferstichkabinett – Sammlung der Zeichnungen und Druckgraphik*), Neue Nationalgalerie** M[7], Staatsbibliothek Preußischer Kulturbesitz* – Museen Dahlem – Kunst und Kulturen der Welt BV : Ethnologisches Museum*** (Abteilung Amerikanische Archäologie*** : Steinplastiken von Bilbao***, Goldkammer***), Museum für Indische Kunst**, Museum für Ostasiatische Kunst*, Museum Europäischer Kulturen – Schloss Charlottenburg*** EY : Altes Schloss**, Neuer Flügel** (Ladenschild des Kunsthändlers Gersaint***, Einschiffung nach Kythera***), Museum für Vor- und Frühgeschichte*, Schlossgarten** (Neuer Pavillon*, Belvedere*, Mausoleum*) – Ägyptisches Museum und Papyrussammlung*** EY M[2] (Nofretete***, Amarna-Funde***) – Sammlung Berggruen-Picasso und seine Zeit** EY M[16] – Hamburger Bahnhof-Museum für Gegenwart** NX – Deutsches Technikmuseum Berlin** GZ M[3] – Jüdisches Museum*** GZ M[38] – Museum für Naturkunde** NX – Märkisches Museum/Stadtmuseum Berlin** RZ – Bröhan-Museum* EY M[13] – Museum für Kommunikation Berlin* PZ M[1] – Friedrichswerdersche Kirche* PZ – Brücke-Museum* BV M[36] – Bauhaus-Archiv-Museum für Gestaltung* MX – Filmmuseum (im Sony Center)* NZ – Botanisches Museum* BV

Parks, Gärten, Seen : *Zoologischer Garten*** MX – Tiergarten** MX : Siegessäule* (Aussicht**) – Grunewald** AUV : Jagdschloss Grunewald* M[28] – Pfaueninsel** AV : Park**, Lustschloss* – Wannsee* AV – Großer Müggelsee** östlich DV – Botanischer Garten** BV B[1] – Viktoria-Park* GZ

Gebäude, Straßen, Plätze : *Potsdamer Platz** NZ : Quartier DaimlerChrysler*, Sony Center** (Dachkonstruktion***) – Martin-Gropius-Bau** NZ – Band des Bundes** NY : Bundeskanzleramt** – Reichstag** NY (Panorama-Plattform**) – Brandenburger Tor** NZ – Gendarmenmarkt** PZ : Schauspielhaus**, Französischer Dom*, Deutscher Dom* – Unter den Linden** NPZ : Hauptverwaltung der DZ-Bank**, Staatsbibliothek-Preußischer Kulturbesitz*, Reiterdenkmal Friedrichs II.*, Forum Fridericianum** (Staatsoper Unter den Linden*, Alte Bibliothek*, Sankt-Hedwigs-Kathedrale*), Neue Wache*, Zeughaus**, Kronprinzenpalais* – Schlossbrücke* PYZ – Berliner Dom* PY – Alexanderplatz* RY – Fernsehturm* (Aussicht***), Rotes Rathaus* – Nikolaiviertel* RYZ : Nikolaikirche*, Knoblauchhaus*, Ephraim-Palais* – Kurfürstendamm** LXY : Kaiser-Wilhelm-Gedächtniskirche** – KaDeWe* MY – Funkturm* (Aussicht***) EY – Olympiastadion* AU – Zitadelle Spandau* AU – St.-Nikolai-Kirche Spandau* AU – Maria Regina Martyrum* EX

BERLIN S. 3

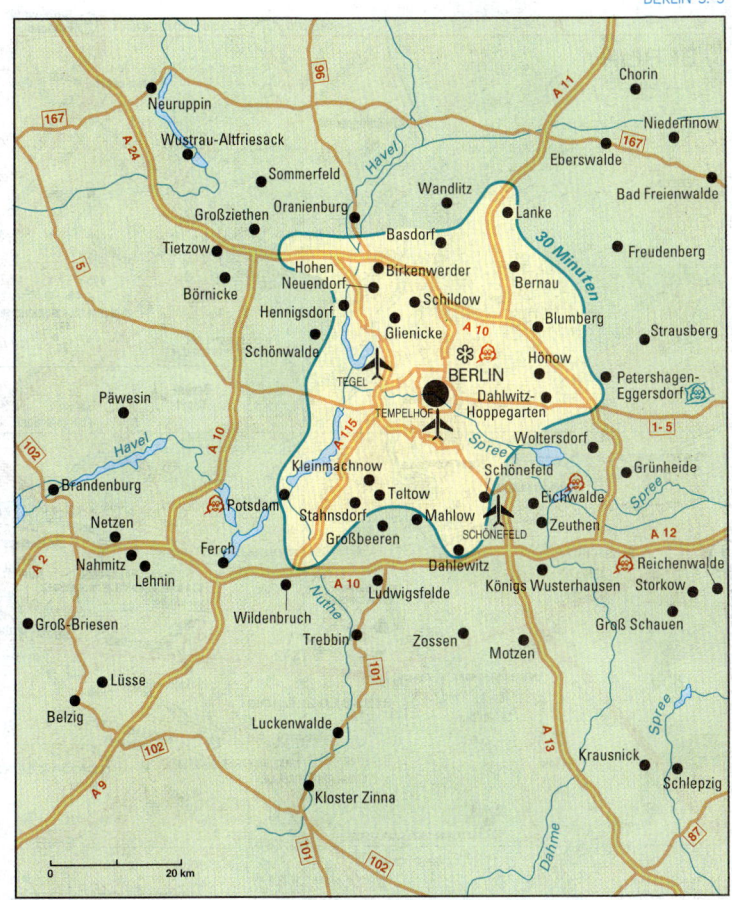

Besonders angenehme Hotels oder Restaurants
sind im Führer rot gekennzeichnet.
Sie können uns helfen, wenn Sie uns die Häuser angeben,
in denen Sie sich besonders wohl gefühlt haben.
Jährlich erscheint eine komplett überarbeitete Ausgabe
aller Roten Michelin-Führer.

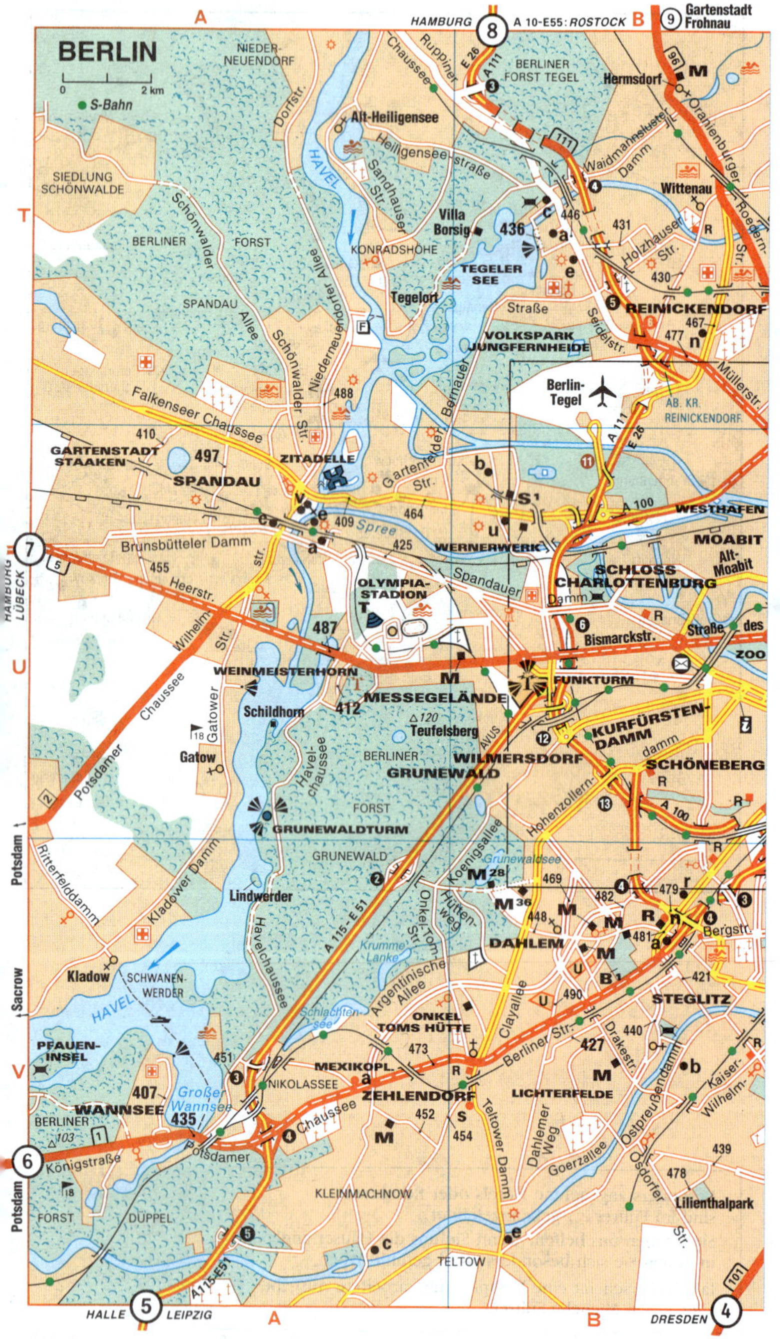
BERLIN
0 2 km
S-Bahn
A
B
T
U
V
HAMBURG
A 10-E55: ROSTOCK
Gartenstadt Frohnau
NIEDER-NEUENDORF
Alt-Heiligensee
BERLINER FORST TEGEL
Hermsdorf
SIEDLUNG SCHÖNWALDE
BERLINER FORST SPANDAU
HAVEL
KONRADSHÖHE
Villa Borsig
TEGELER SEE
Tegelort
Wittenau
REINICKENDORF
VOLKSPARK JUNGFERNHEIDE
Berlin-Tegel
AB. KR. REINICKENDORF
Falkenseer Chaussee
GARTENSTADT STAAKEN
SPANDAU
ZITADELLE
Spree
WERNERWERK
WESTHAFEN
MOABIT
Alt-Moabit
Brunsbütteler Damm
Heerstr.
OLYMPIA-STADION
SCHLOSS CHARLOTTENBURG
Bismarckstr.
ZOO
WEINMEISTERHORN
MESSEGELÄNDE
FUNKTURM
Schildhorn
Teufelsberg
KURFÜRSTENDAMM
Gatow
BERLINER GRUNEWALD FORST
WILMERSDORF
SCHÖNEBERG
GRUNEWALDTURM
Lindwerder
Grunewaldsee
DAHLEM
Kladow
SCHWANENWERDER
Krumme Lanke
Schlachtensee
STEGLITZ
ONKEL TOMS HÜTTE
PFAUENINSEL
MEXIKOPL.
NIKOLASSEE
ZEHLENDORF
LICHTERFELDE
WANNSEE
Großer Wannsee
Königstraße
Potsdamer Chaussee
KLEINMACHNOW
Lilienthalpark
FORST DÜPPEL
TELTOW
HAMBURG LÜBECK
Potsdam
Sacrow
HALLE
LEIPZIG
DRESDEN

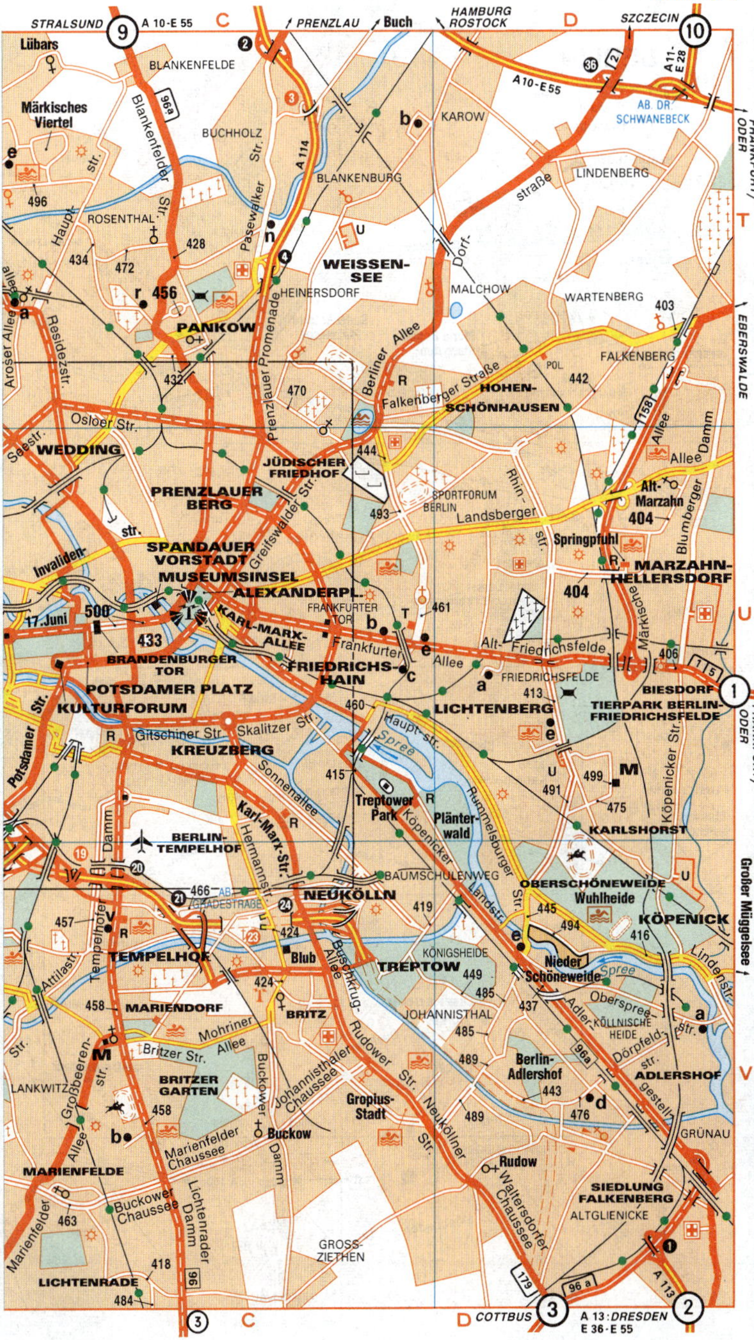
STRALSUND
9
A 10-E 55
PRENZLAU
Buch
HAMBURG ROSTOCK
SZCZECIN
10
A10-E 55
AB. DR. SCHWANEBECK
FRANKFURT/ODER
EBERSWALDE
Lübars
BLANKENFELDE
Märkisches Viertel
BUCHHOLZ
KAROW
BLANKENBURG
LINDENBERG
ROSENTHAL
WEISSEN-SEE
HEINERSDORF
MALCHOW
WARTENBERG
FALKENBERG
PANKOW
HOHEN-SCHÖNHAUSEN
WEDDING
JÜDISCHER FRIEDHOF
SPORTFORUM BERLIN
Alt-Marzahn
PRENZLAUER BERG
Springpfuhl
SPANDAUER VORSTADT
MUSEUMSINSEL
ALEXANDERPL.
MARZAHN-HELLERSDORF
FRANKFURTER TOR
KARL-MARX-ALLEE
FRIEDRICHS-HAIN
BRANDENBURGER TOR
FRIEDRICHSFELDE
POTSDAMER PLATZ
KULTURFORUM
LICHTENBERG
BIESDORF
TIERPARK BERLIN-FRIEDRICHSFELDE
KREUZBERG
Treptower Park
Plänter-wald
KARLSHORST
BERLIN-TEMPELHOF
OBERSCHÖNEWEIDE
Wuhlheide
KÖPENICK
NEUKÖLLN
BAUMSCHULENWEG
TEMPELHOF
TREPTOW
KÖNIGSHEIDE
Nieder Schöneweide
MARIENDORF
BRITZ
JOHANNISTHAL
KÖLLNISCHE HEIDE
LANKWITZ
BRITZER GARTEN
Gropius-Stadt
Berlin-Adlershof
ADLERSHOF
Buckow
GRÜNAU
MARIENFELDE
Rudow
SIEDLUNG FALKENBERG
ALTGLIENICKE
GROSS-ZIETHEN
LICHTENRADE
Großer Müggelsee
3
C
D
COTTBUS
3
A 13: DRESDEN
E 36 · E 55
2

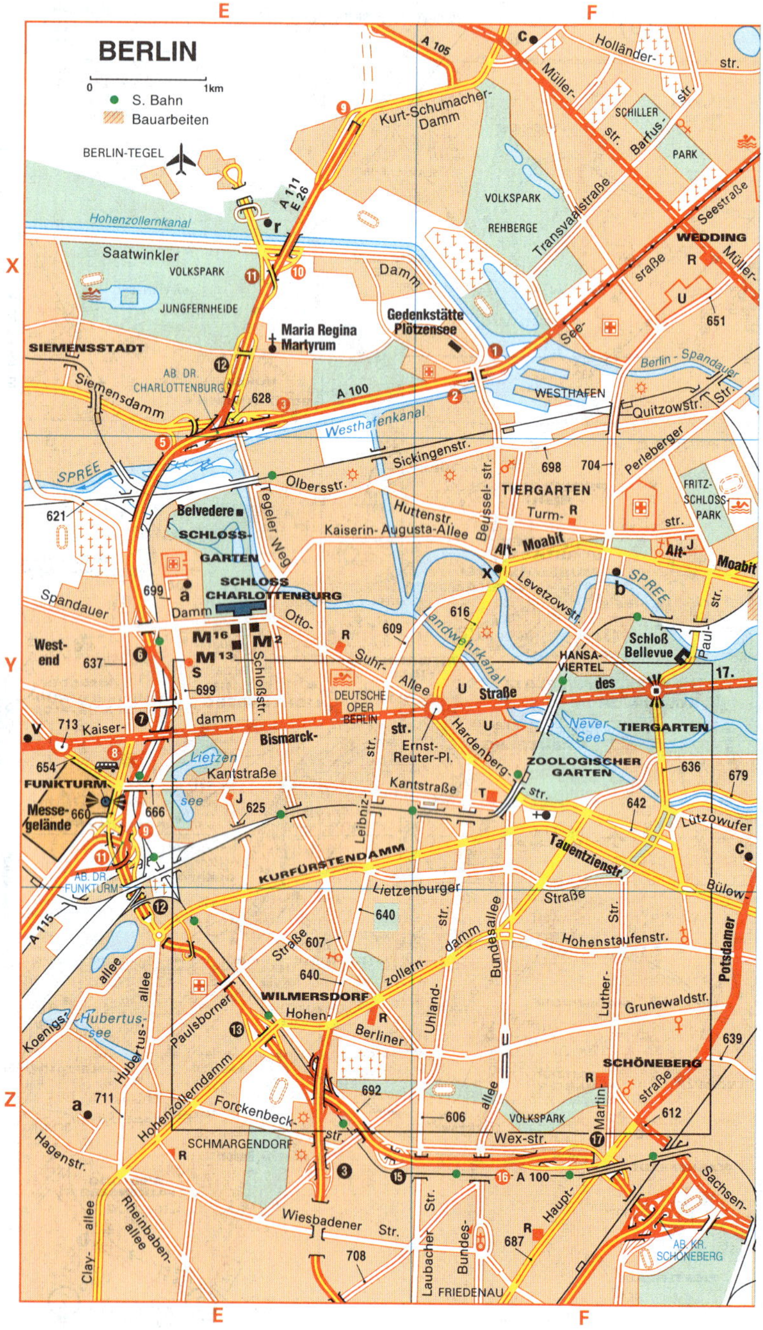
BERLIN
0
1km
S. Bahn
Bauarbeiten
BERLIN-TEGEL
E
F
X
Y
Z
A 105
Kurt-Schumacher-Damm
Holländer-str.
Müller-str.
SCHILLER
PARK
Barfus-str.
Seestraße
VOLKSPARK
REHBERGE
Transvaalstraße
WEDDING
Müller-
A 111
E 26
Hohenzollernkanal
Saatwinkler
VOLKSPARK
JUNGFERNHEIDE
Damm
Gedenkstätte
Plötzensee
Maria Regina
Martyrum
SIEMENSSTADT
AB. DR.
CHARLOTTENBURG
Siemensdamm
628
A 100
Westhafenkanal
WESTHAFEN
Berlin - Spandauer
Quitzowstr.
Str.
See-
straße
651
SPREE
Sickingenstr.
Olbersstr.
Beussel-str.
698
704
Perleberger
TIERGARTEN
Turm-
str.
FRITZ-SCHLOSS-PARK
621
Belvedere
SCHLOSS-
GARTEN
Tegeler Weg
Huttenstr.
Kaiserin-Augusta-Allee
Alt-Moabit
Alt-Moabit
SCHLOSS
CHARLOTTENBURG
699
Spandauer
Damm
Otto-
Levetzowstr.
SPREE
Landwehrkanal
616
609
Suhr-
Allee
Schloß
Bellevue
Paul-
str.
West-
end
637
M16
M2
M13
Schloßstr.
699
HANSA-
VIERTEL
des
17.
DEUTSCHE
OPER
BERLIN
Straße
Juni
713
Kaiser-
damm
Bismarck-
str.
Ernst-
Reuter-Pl.
Hardenberg-
Neuer
See
TIERGARTEN
654
FUNKTURM
Messe-
gelände
660
666
Lietzen
see
Kantstraße
625
Leibniz-
str.
Kantstraße
ZOOLOGISCHER
GARTEN
str.
636
679
642
Lützowufer
AB. DR.
FUNKTURM
KURFÜRSTENDAMM
Tauentzienstr.
A 115
Lietzenburger
640
str.
Bundesallee
Straße
Str.
Bülow-
Hohenstaufenstr.
Potsdamer
607
Straße
640
zollern-
damm
allee
allee
Hubertus-
see
Koenigs-
Hubertus-
allee
Paulsborner
WILMERSDORF
Hohen-
Berliner
Uhland-
str.
Luther-
Grunewaldstr.
639
SCHÖNEBERG
Martin-
Luther-
straße
Hohenzollerndamm
692
Forckenbeck-
str.
711
606
VOLKSPARK
Wex-str.
612
Hagenstr.
SCHMARGENDORF
A 100
Haupt-
Sachsen-
Clay-
allee
Rheinbaben-
allee
Wiesbadener
Str.
708
Laubacher
Str.
Bundes-
687
FRIEDENAU
AB. KR.
SCHÖNEBERG

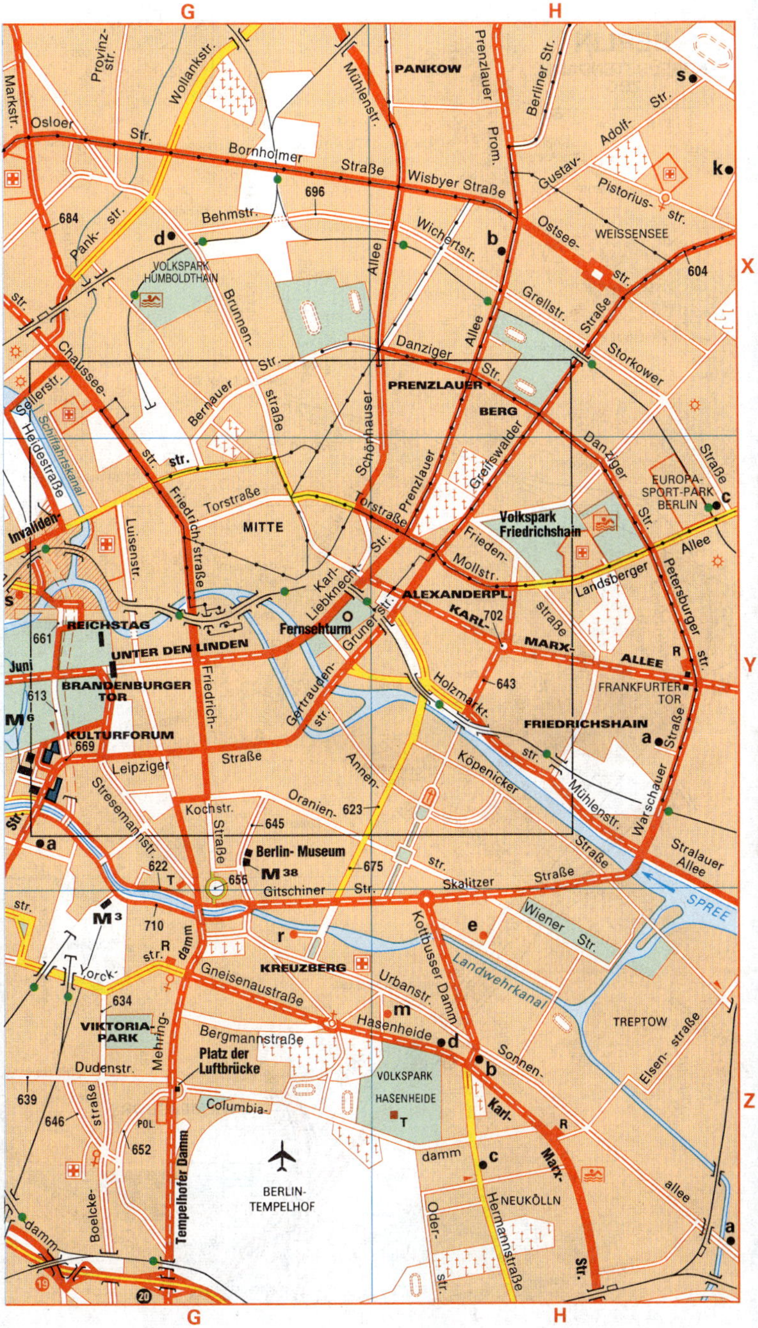
G
H
X
Y
Z
PANKOW
WEISSENSEE
PRENZLAUER
BERG
MITTE
FRIEDRICHSHAIN
KREUZBERG
TREPTOW
NEUKÖLLN
VOLKSPARK HUMBOLDTHAIN
Volkspark Friedrichshain
EUROPA-SPORT-PARK BERLIN
ALEXANDERPL.
Fernsehturm
REICHSTAG
UNTER DEN LINDEN
BRANDENBURGER TOR
KULTURFORUM
FRANKFURTER TOR
Berlin- Museum
VIKTORIA-PARK
Platz der Luftbrücke
VOLKSPARK HASENHEIDE
BERLIN-TEMPELHOF
SPREE
Landwehrkanal
Schiffahrtskanal
Markstr.
Provinz-str.
Wollankstr.
Mühlenstr.
Prenzlauer Prom.
Berliner Str.
Osloer Str.
Bornholmer Straße
Wisbyer Straße
Gustav-Adolf-Str.
Pistorius-str.
Behmstr.
Pank-str.
Schönhauser Allee
Wichertstr.
Ostsee-str.
Grellstr.
Greifswalder Straße
Storkower Str.
Danziger Str.
Chaussee-str.
Brunnen-straße
Bernauer str.
Sellerstr.
Heidestraße
Invaliden-str.
Torstraße
Luisenstr.
Friedrichstraße
Karl-Liebknecht-Str.
Prenzlauer Allee
Frieden-straße
Mollstr.
Landsberger Allee
Petersburger Str.
KARL-MARX-ALLEE
Juni
Grunerstr.
Gertrauden-str.
Holzmarkt.
Köpenicker str.
Mühlenstr.
Warschauer Straße
Stralauer Allee
Friedrich-Straße
Leipziger Straße
Stresemannstr.
Kochstr.
Annen-str.
Oranien-str.
Lindenstraße
Gitschiner Str.
Skalitzer Straße
Wiener Str.
Yorck-str.
Mehring-damm
Gneisenaustraße
Urbanstr.
Kottbusser Damm
Hasenheide
Sonnen-allee
Elsen-straße
Bergmannstraße
Dudenstr.
Columbia-damm
Karl-Marx-Str.
Hermannstraße
Oder-str.
Tempelhofer Damm
Boelcke-straße
POL.
604
684
696
702
643
661
613
669
623
645
622
655
675
710
634
639
646
652
M 6
M 38
M 3
19
20

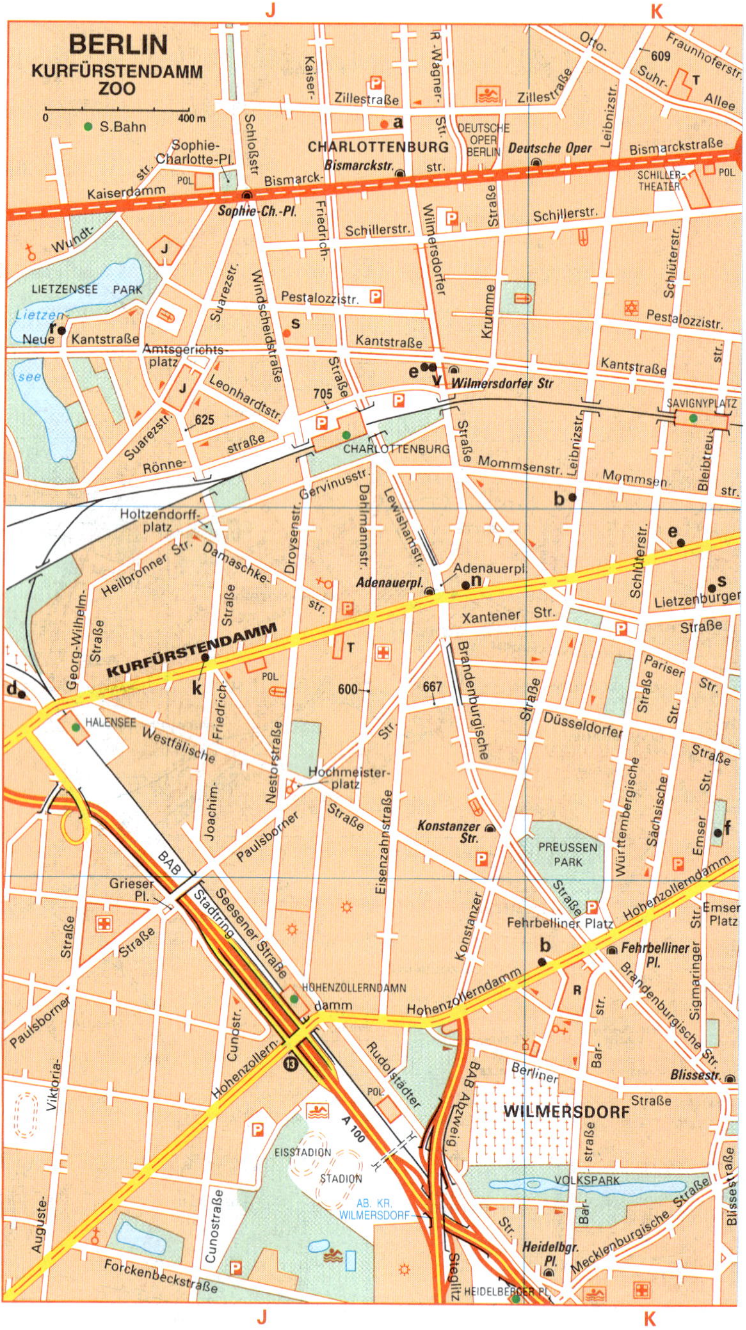
BERLIN
KURFÜRSTENDAMM
ZOO
0
400 m
S.Bahn
J
K
X
Y
Z
CHARLOTTENBURG
Bismarckstr.
Sophie-Ch.-Pl.
Deutsche Oper
DEUTSCHE OPER BERLIN
SCHILLER-THEATER
Zillestraße
Schloßstr.
Kaiserdamm
Sophie-Charlotte-Pl.
Wundt-
LIETZENSEE PARK
Lietzensee
Neue
Kantstraße
Amtsgerichtsplatz
Leonhardtstr.
Suarezstr.
Windscheidstraße
Pestalozzistr.
Schillerstr.
Wilmersdorfer
Wilmersdorfer Str
Krumme
Leibnizstr.
Schlüterstr.
SAVIGNYPLATZ
CHARLOTTENBURG
Mommsenstr.
Holtzendorffplatz
Gervinusstr.
Dahlmannstr.
Lewishamstr.
Adenauerpl.
Heilbronner Str.
Damaschke-str.
KURFÜRSTENDAMM
Xantener Str.
Lietzenburger Straße
Georg-Wilhelm-Straße
HALENSEE
Westfälische
Joachim-Friedrich-Str.
Nestorstraße
Hochmeisterplatz
Paulsborner
Eisenzahnstraße
Brandenburgische
Konstanzer Str.
Düsseldorfer Straße
Pariser Str.
PREUSSEN PARK
Württembergische
Sächsische
Emser Str.
Emser Platz
Fehrbelliner Platz
Fehrbelliner Pl.
Hohenzollerndamm
BAB
Grieser Pl.
Stadtring
Seesener Straße
HOHENZOLLERNDAMM
Cunostr.
Rudolstädter
BAB Abzweig
Berliner Straße
WILMERSDORF
Blissestr.
A 100
EISSTADION
STADION
AB. KR. WILMERSDORF
VOLKSPARK
Mecklenburgische Straße
Heidelbgr. Pl.
HEIDELBERGER PL.
Steglitz
Forckenbeckstraße
Cunostraße
Auguste-Viktoria-
Sigmaringer
Otto-Suhr-Allee
Fraunhoferstr.
Bismarckstraße
705
625
600
667
609
13

L
M
X
Y
Z
TIERGARTEN
Siegessäule
Großer Stern
17. Juni
Straße des
Spreeweg
Altonaer Straße
TECHNISCHE UNIVERSITÄT
CHARLOTTENBURGER TOR
Ernst-Reuter-Platz
Ernst-Reuter Pl.
Marchstr.
Einsteinufer
Bachstr.
Hofjägerallee
Landwehrkanal
ZOOLOGISCHER GARTEN
Tiergartenstr.
Klingelhöferstr.
Stülerstr.
BAUHAUS ARCHIV
Budapester Str.
Aquarium
Zoolog. Gtn.
THEATER DES WESTENS
Kantstraße
Hardenbergstraße
Fasanenstr.
Steinpl.
Steinstraße
Savignypl.
Kaiser-Wilhelm-Gedächtniskirche
Europa Center
Kurfürstendamm
KURFÜRSTENDAMM
Kurfürstenstr.
Lützowplatz
Uhlandstr.
Knesebeckstr.
Grolmanstr.
Joachimstaler Str.
Augsburger Str.
Wittenbergpl.
Passauer Str.
Nürnberger Str.
Lietzenburger Str.
Kleiststraße
Einemstraße
Nollendorfpl.
Fuggerstr.
Schaperstr.
BUNDESHAUS
Ludwigkirchplatz
Meierottostr.
Pariser Str.
Spichernstraße
Spichernstr.
Motzstraße
Geisbergstraße
Ansbacher Str.
Welserstr.
Viktoria-Luise-Pl.
Winterfeldtplatz
Maaßenstr.
Nachodstr.
Hohenstaufenstr.
Hohenzollernpl.
Bundesallee
Motzstr.
Bamberger Str.
Aschaffenburger Str.
Landshuter Straße
Münchener Straße
Barbarossastraße
Goltzstraße
Güntzelstr.
Güntzelstraße
ADAC
Prinzregentenstraße
Eisenacher Str.
Grunewaldstraße
Bayerischer Platz
Bayerischer Pl.
SCHÖNEBERG
Akazienstr.
Uhlandstraße
Nassauische Straße
Berliner Straße
Berliner Str.
Badensche Straße
Salzburger Str.
Innsbrucker Str.
Belziger Straße
Hauptstraße
Albertstr.
Eberstraße
VOLKSPARK
Am Volkspark
Kufsteiner Str.
Meraner Str.
Freiherr-vom-Stein-Str.
Rathaus Schöneberg
Fritz-Elsas-Str.
Heylstr.
Martin-Luther-Str.
Dominicusstr.
WILMERSDORF
630
657
648
676
707
693
603
717
673
633

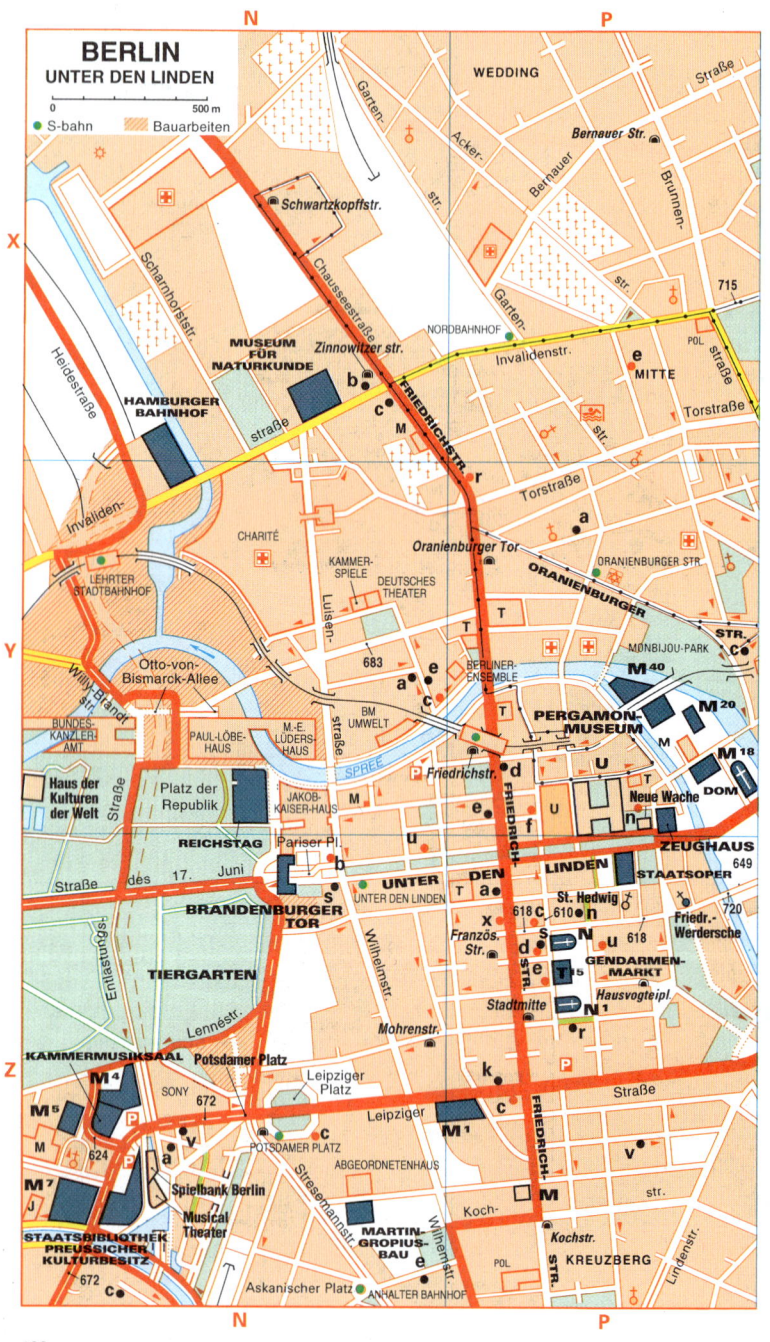

BERLIN
UNTER DEN LINDEN

0 — 500 m

- S-bahn
- Bauarbeiten

WEDDING

Bernauer Str.
Schwartzkopffstr.
Zinnowitzer str.
NORDBAHNHOF
Invalidenstr.
MITTE
Torstraße
MUSEUM FÜR NATURKUNDE
HAMBURGER BAHNHOF
Invaliden-straße
Torstraße
Oranienburger Tor
Oranienburger Str.
CHARITÉ
KAMMER-SPIELE
DEUTSCHES THEATER
BERLINER ENSEMBLE
MONBIJOU-PARK
LEHRTER STADTBAHNHOF
PERGAMON-MUSEUM
Otto-von-Bismarck-Allee
BM UMWELT
Friedrichstr.
DOM
BUNDES-KANZLER-AMT
PAUL-LÖBE-HAUS
M.E. LÜDERS-HAUS
SPREE
Neue Wache
ZEUGHAUS
Haus der Kulturen der Welt
Platz der Republik
JAKOB-KAISER-HAUS
UNTER DEN LINDEN
STAATSOPER
REICHSTAG
Pariser Pl.
St. Hedwig
Friedr.-Werdersche
BRANDENBURGER TOR
Französ. Str.
GENDARMEN-MARKT
Straße des 17. Juni
Wilhelmstr.
Hausvogteipl.
TIERGARTEN
Stadtmitte
Mohrenstr.
Lennéstr.
KAMMERMUSIKSAAL
Potsdamer Platz
Leipziger Platz
Leipziger Straße
SONY
POTSDAMER PLATZ
ABGEORDNETENHAUS
FRIEDRICH-STR.
Spielbank Berlin
Musical Theater
Stresemannstr.
MARTIN-GROPIUS-BAU
Kochstr.
STAATSBIBLIOTHEK PREUSSISCHER KULTURBESITZ
Wilhelmstr.
KREUZBERG
Askanischer Platz
ANHALTER BAHNHOF

BERLIN S. 11

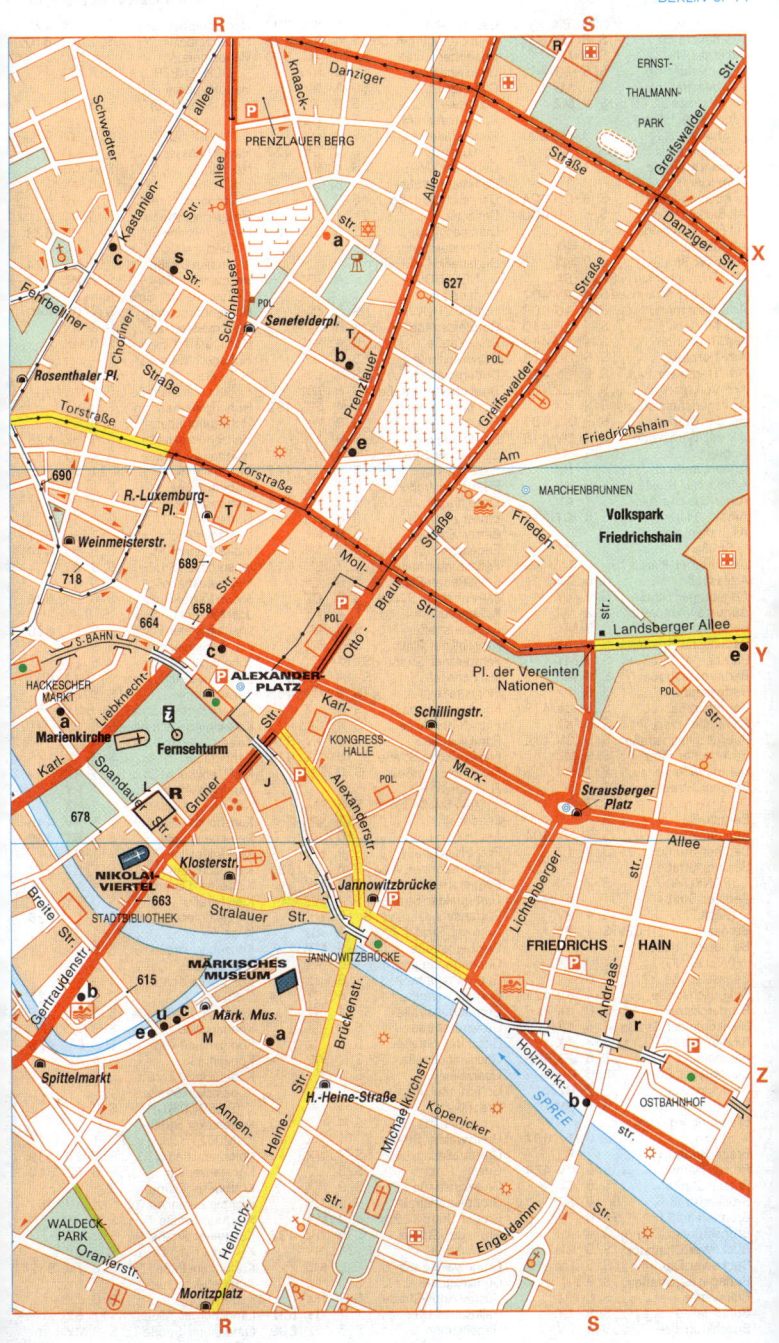

STRASSENVERZEICHNIS

BERLIN S. 12

Ackerstraße . . . . S. 10 **PX**
Adenauerplatz . . . . . S. 8 **JY**
Adlergestell . . . . S. 5 **DV**
Ahrensfelder Ch. . . . . S. 5 **DT** 403
Akazienstraße . . . . S. 9 **MZ**
Albertstraße . . . . S. 9 **MZ**
Albrecht-Achilles-
  Straße . . . . S. 8 **JY** 600
Alexanderplatz . . . . . S. 11 **RY**
Alexanderstraße . . . S. 11 **SY**
Allee der
  Kosmonauten . . . . . S. 5 **DU** 404
Alt-Biesdorf . . . . S. 5 **DU** 406
Alt-Friedrichsfelde . . . S. 5 **DU**
Alt-Moabit . . . . S. 6 **FY**
Altonaer Straße . . . . . S. 9 **MX**
Am Friedrichshain . S. 11 **SX**
Am Großen Wannsee S. 4 **AV** 407
Am Juliusturm . . . . . . S. 4 **AU** 409
Am Kiestech . . . . S. 4 **AU** 410
Am Rupenhorn . . . . . S. 4 **AU** 412
Am Tierpark . . . . S. 5 **DU** 413
Am Treptower Park . S. 5 **CU** 415
Am Volkspark . . . . S. 9 **LZ**
Amtsgerichtsplatz . . . S. 8 **JX**
An der Urania . . . . S. 9 **MY** 603
An der Wuhlheide . . . S. 5 **DV** 416
Andreasstraße . . . . . S. 11 **SY**
Annenstraße . . . . . . S. 11 **RZ**
Ansbacher Straße . . . S. 9 **MY**
Argentinische Allee . . S. 4 **AV**
Aroser Allee . . . . S. 5 **CT**
Aschaffenburger
  Straße . . . . S. 9 **MZ**
Askanischer Platz . . S. 10 **NZ**
Attilastraße . . . . S. 5 **CV**
Augsburger Straße . . . S. 9 **LY**
Auguste-Viktoria-Str. . S. 8 **JZ**
Bachstraße . . . . S. 9 **MX**
Badensche Straße . . . S. 9 **LZ**
Bamberger Straße . . . S. 9 **MY**
Barbarossastraße . . . . S. 9 **MZ**
Barfusstraße . . . . S. 6 **FX**
Barnetstraße . . . . S. 5 **CV** 418
Barstraße . . . . S. 8 **KZ**
Baumschulenstraße . . S. 5 **CV** 419
Bayerischer Platz . . . . S. 9 **MZ**
Behmstraße . . . . S. 7 **GX**
Belziger Straße . . . . . . S. 9 **MZ**
Bergmannstraße . . . . . S. 7 **GZ**
Bergstraße . . . . S. 4 **BV**
Berliner Allee . . . . S. 7 **HX** 604
Berliner Straße . . . . . . S. 9 **LZ**
Berliner Straße
  (PANKOW) . . . . S. 7 **HX**
Berliner Straße
  (ZEHLENDORF) . . . S. 4 **BV**
Bernauer Str. (TEGEL) S. 4 **BT**
Bernauer Straße
  (WEDDING) . . . . . S. 10 **PX**
Beusselstraße . . . . . . S. 6 **FY**
Birkbuschstraße . . . . S. 4 **BV** 421
Bismarckstraße . . . . . S. 8 **JX**
Blankenfelder Straße . S. 4 **CT**
Bleibtreustraße . . . . . S. 8 **KX**
Blissestraße . . . . S. 6 **FZ** 606
Blumberger Damm . . S. 5 **DU**
Boelckestraße . . . . . . S. 7 **GZ**
Bornholmer Straße . . S. 7 **GX**
Brandenburgische
  Straße . . . . S. 6 **EZ** 607
Breite Straße . . . . . . S. 11 **RZ**
Britzer Damm . . . . S. 5 **CV** 424
Britzer Straße . . . . S. 5 **CV**
Brückenstraße . . . . . S. 11 **RZ**
Brunnenstraße . . . . . S. 10 **PX**
Brunsbütteler Damm . S. 4 **AU**
Buckower Chaussee . S. 5 **CV**
Buckower Damm . . . . S. 5 **CV**
Budapester Straße . . . S. 9 **MX**
Bülowstraße . . . . S. 6 **FZ**
Bundesallee . . . . S. 9 **LY**
Buschkrugallee . . . . . S. 5 **CV**

Cauerstraße . . . . S. 8 **KX** 609
Charlottenburger Ch. . S. 4 **AU** 425
Charlottenstraße . . . S. 10 **PZ** 610
Chausseestraße . . . . S. 10 **NX**
Choriner Str. . . . . S. 11 **RX**
Clayallee . . . . S. 6 **EZ**
Columbiadamm . . . . . S. 7 **GZ**
Cunostraße . . . . S. 8 **JZ**
Curtiusstraße . . . . S. 4 **BV** 427
Dahlemer Weg . . . . . . S. 4 **BV**
Dahlmannstraße . . . . . S. 8 **JY**
Damaschkestraße . . . S. 8 **JY**
Danziger Str. . . . . . . S. 11 **RSX**
Dietzgenstraße . . . . . . S. 5 **CT** 428
Dominicusstraße . . . . S. 6 **FZ** 612
Dorfstraße (NIEDER
  NEUENDORF) . . . . S. 4 **AT**
Dorfstraße
  (MALCHOW) . . . . . S. 5 **DT**
Dörpfeldstraße . . . . . . S. 5 **DV**
Drakestraße . . . . S. 4 **BV**
Droysenstraße . . . . . . S. 8 **JY**
Dudenstraße . . . . S. 7 **GZ**
Düsseldorfer Straße . . S. 8 **KY**
Eichborndamm . . . . . . S. 4 **BT** 430
Einemstraße . . . . S. 9 **MY**
Einsteinufer . . . . S. 9 **LX**
Eisenacher Straße . . . S. 9 **MZ**
Eisenhutweg . . . . S. 5 **DV** 443
Eisenzahnstraße . . . . S. 8 **JY**
Elsenstraße . . . . S. 7 **HZ**
Emser Platz . . . . S. 8 **KZ**
Emser Straße . . . . S. 8 **KY**
Engeldamm . . . . S. 11 **SZ**
Entlastungsstraße . . . S. 7 **GY** 613
Ernst-Reuter-Platz . . . S. 8 **LX**
Falkenberger Straße . S. 5 **CT**
Falkenseer Ch. . . . . . . S. 4 **AT**
Fasanenstraße . . . . . . S. 9 **LX**
Fehrbelliner Platz . . . . S. 8 **KZ**
Fehrbelliner Straße . S. 11 **RX**
Fischerinsel . . . . S. 11 **RZ** 615
Florastraße . . . . S. 5 **CT** 433
Forckenbeckstraße . . S. 8 **JZ**
Frankfurter Allee . . . . S. 4 **CU**
Franklinstraße . . . . . . S. 6 **FY** 616
Französische Straße S. 10 **PZ** 618
Fraunhoferstraße . . . . S. 8 **KX**
Freiherr-vom-
  Stein-Straße . . . . . . S. 9 **MZ**
Friedenstr. . . . . S. 11 **SY**
Friedrichstraße . . . . S. 10 **PY**
Fritz-Elsas-Straße . . . S. 9 **MZ**
Fürstenbrunner Weg . S. 6 **EY** 621
Fuggerstraße . . . . S. 9 **MY**
Gartenfelder Straße . . S. 4 **AU**
Gartenstr. . . . . S. 10 **NX**
Gatower Straße . . . . . S. 4 **AU**
Geisbergstraße . . . . . . S. 9 **MY**
Gendarmenmarkt . . . S. 10 **PZ**
Georg-Wilhelm-Str. . . . S. 8 **JY**
Germanenstraße . . . . S. 5 **CT** 434
Gertraudenstraße . . S. 11 **RZ**
Gervinusstraße . . . . . . S. 8 **JX**
Gitschiner Straße . . . . S. 7 **GZ**
Gneisenaustraße . . . . S. 7 **GZ**
Goerzallee . . . . S. 4 **BV**
Goltzstraße . . . . S. 9 **MZ**
Greenwich
  promenade . . . . S. 4 **BT** 436
Greifswalder Straße . S. 11 **SX**
Grellstraße . . . . S. 7 **HX**
Grieser Platz . . . . S. 8 **JZ**
Grolmanstraße . . . . . . S. 9 **LX**
Großbeerenstraße . . . S. 5 **CV**
Großer Stern . . . . S. 9 **MX**
Grünauer Straße . . . . S. 5 **DV** 437
Grunerstraße . . . . . . S. 11 **RY**
Grunewaldstraße . . . . S. 9 **MZ**
Güntzelstraße . . . . S. 9 **LZ**
Gustav-Adolf-Straße . S. 7 **HX**
Hallesches Ufer . . . . . S. 7 **GY** 622
Hagenstraße . . . . S. 6 **EZ** 609

Hardenbergstraße . . . S. 9 **LX** 425
Hasenheide . . . . S. 7 **HZ** 610
Hauptstraße
  (LICHTENBERG) . . S. 5 **CU**
Hauptstraße
  (ROSENTHAL) . . . . S. 5 **CT**
Hauptstraße
  (SCHÖNEBERG) . . S. 9 **MZ**
Havelchaussee . . . . . . S. 4 **AU**
Heerstraße . . . . S. 4 **AU**
Heidestraße . . . . S. 10 **NX**
Heilbronner Straße . . S. 8 **JY**
Heiligenseestraße . . . S. 4 **AT**
Heinrich-Heine-Str. . . S. 7 **HY** 623
Herbert-von
  Karajan-Str. . . . . . S. 10 **NZ** 624
Hermannstraße . . . . . S. 7 **HZ**
Hildburghauser Str. . . S. 4 **BV** 439
Hindenburgdamm . . . S. 4 **BV** 440
Hochmeisterplatz . . . . S. 8 **JY**
Hofjagerallee . . . . S. 9 **MX**
Hohenschönhauser
  Straße . . . . S. 5 **DT** 442
Hohenstaufenstraße . S. 9 **MY**
Hohenzollerndamm . . S. 8 **KZ**
Holtzendorffplatz . . . . S. 8 **JY**
Holtzendorffstraße . . . S. 6 **EY** 625
Holzhauser Straße . . . S. 4 **BT**
Holzmarktstraße . . . S. 11 **SZ**
Hubertusallee . . . . S. 6 **EZ**
Huttenstraße . . . . S. 6 **FY**
Hüttenweg . . . . S. 4 **BV**
Immanuelkirchstraße S. 11 **SX** 627
Indira Gandhi Str. . . . S. 5 **CU** 444
Innsbrucker Straße . . S. 9 **MZ**
Invalidenstraße . . . . S. 10 **NY**
Jacob-Kaiser-Platz . . . S. 6 **EX** 628
Joachim-Friedrich-Str. S. 8 **JY**
Joachimstaler Platz . . S. 9 **LX** 630
Joachimstaler Str. . . . S. 9 **LY**
Johannisthaler Ch. . . . S. 5 **CV**
John-F.-Kennedy-Platz . S. 9 **MZ** 633
Kaiserdamm . . . . S. 8 **JX**
Kaiser-Friedrich-Str. . . S. 8 **JX**
Kaiserin-Augusta-Allee S. 6 **EY**
Kaiser-Wilhelm-Straße S. 4 **BV**
Kantstraße . . . . S. 8 **JX**
Karl-Liebknecht-Str. . S. 11 **RY**
Karl-Marx-Allee . . . . S. 11 **RY**
Karl-Marx-Straße . . . . S. 7 **HZ**
Karlshorster Straße . . S. 5 **DV** 445
Karolinenstraße . . . . . S. 4 **BT** 446
Kastanienallee . . . . . S. 11 **RX**
Katzbachstraße . . . . . S. 7 **GZ** 634
Kladower Damm . . . . S. 4 **AV**
Kleiststraße . . . . S. 9 **MY**
Klingelhöferstraße . . . S. 6 **FY** 636
Knaackstraße . . . . . . S. 11 **RX**
Knesebeckstraße . . . . S. 9 **LX**
Kochstraße . . . . S. 10 **PZ**
Königin-Elisabeth-
  Straße . . . . S. 6 **EY** 637
Königin-Luise-Straße . S. 4 **BV** 448
Koenigsallee . . . . S. 6 **EZ**
Königsheideweg . . . . S. 5 **DV** 449
Königstraße . . . . S. 4 **AV**
Köpenicker Landstr. . . S. 5 **CU**
Köpenicker Straße
  (BIESDORF) . . . . . . S. 5 **DU**
Köpenicker Straße
  (MITTE) . . . . S. 11 **SZ**
Kolonnenstraße . . . . . S. 6 **FZ** 639
Konstanzer Str. . . . . . S. 6 **EZ** 640
Kottbusser Damm . . . S. 8 **HZ**
Kronprinzessinnenweg S. 4 **AV** 451
Krumme Straße . . . . . S. 8 **JX**
Kufsteiner Straße . . . . S. 9 **MZ**
Kurfürstendamm . . . . S. 8 **JY**
Kurfürstenstraße . . . . S. 6 **FY** 642
Kurt-Schumacher-
  Damm . . . . S. 6 **FX**
Landsberger Allee . . S. 11 **SY**
Landshuter Straße . . . S. 9 **MY**

STRASSENVERZEICHNIS

BERLIN S. 13

Straße	Seite	Feld	Nr.
Laubacher Straße	S. 6	FZ	
Leibnizstraße	S. 8	KX	
Leipziger Pl. und Str.	S. 10	NZ	
Lennestr.	S. 10	NZ	
Leonhardtstraße	S. 8	JX	
Levetzowstraße	S. 6	FY	
Lewishamstraße	S. 8	JY	
Lichtenberger Str.	S. 7	HY	643
Lichtenrader Damm	S. 5	CV	
Lietzenburger Straße	S. 9	LY	
Lindenstraße (KÖPENICK)	S. 5	DV	
Lindenstraße (KREUZBERG)	S. 7	GY	645
Loewenhardtdamm	S. 7	GZ	646
Ludwigkirchplatz	S. 9	LY	
Ludwigkirchstraße	S. 9	LY	648
Ludwigsfelder Straße	S. 4	AU	452
Luisenstraße	S. 10	NY	
Lustgarten	S. 10	PZ	649
Lützowplatz	S. 9	MX	
Lützowufer	S. 6	FY	
Luxemburger Straße	S. 6	FX	651
Maaßenstraße	S. 9	MY	
Machnower Straße	S. 4	BV	454
Magistratsweg	S. 4	AU	455
Majakowskiring	S. 5	CT	457
Manfred-von Richthofen-Straße	S. 7	GZ	652
Manteuffelstraße	S. 5	CE	
Marchstraße	S. 9	LX	
Mariendorfer Damm	S. 5	CV	458
Marienfelder Allee	S. 5	CV	
Marienfelder Ch.	S. 5	CV	
Märkische Allee	S. 5	DU	
Markgrafendamm	S. 5	CU	460
Markstraße	S. 7	GX	
Martin-Luther-Straße	S. 9	MZ	
Masurenallee	S. 6	EY	654
Mecklenburgische Straße	S. 8	KZ	
Mehringdamm	S. 7	GZ	
Mehringplatz	S. 7	GY	655
Meierottostraße	S. 9	LY	
Meinekestraße	S. 9	LY	657
Memhardstraße	S. 11	RY	658
Meraner Straße	S. 9	MZ	
Messedamm	S. 6	EY	660
Michaelkirchplatz	S. 11	RZ	
Möllendorffstr.	S. 10	DU	461
Mohriner Allee	S. 5	CV	
Mollstraße	S. 11		
Moltkestraße	S. 7	GY	661
Mommsenstraße	S. 8	JX	
Motzstraße	S. 9	MY	
Mühlendamm	S. 11	RZ	663
Mühlenstraße (FRIEDRICHSHAIN)	S. 7	HY	
Mühlenstraße (PANKOW)	S. 7	GX	
Müllerstraße	S. 6	FX	
Münchener Straße	S. 9	MY	
Münzstraße	S. 11	RY	664
Nachodstr.	S. 9	LY	
Nahmitzer Damm	S. 5	CV	463
Nassauische Straße	S. 9	LZ	
Nestorstraße	S. 8	JY	
Neue Kantstraße	S. 6	EY	666
Neuköllner Straße	S. 5	DV	
Niederneuendorfer Allee	S. 4	AT	
Nonnendammallee	S. 4	AU	464
Nürnberger Str.	S. 9	MY	
Oberlandstraße	S. 5	CV	466
Oberspreestraße	S. 5	DV	
Olberstraße	S. 6	EY	
Ollenhauerstraße	S. 4	BT	467
Onkel-Tom-Straße	S. 4	AV	
Oranienburger Straße (MITTE)	S. 10	PY	
Oranienburger Straße (WITTENAU)	S. 4	BT	
Oranienstraße	S. 11	RZ	
Osdorfer Straße	S. 5	BV	
Osloer Straße	S. 7	GX	
Ostseestraße	S. 7	HX	
Ostpreußendamm	S. 4	BV	
Otto-Braun-Str.	S. 11	RY	
Otto-Suhr-Allee	S. 8	KX	
Pacelliallee	S. 4	BV	469
Paderborner Straße	S. 8	JY	667
Pankstraße	S. 7	GX	
Pariser Platz	S. 10	NZ	
Pariser Straße	S. 8	KY	
Pasewalker Straße	S. 5	CT	
Passauer Straße	S. 9	MY	
Paulsborner Straße	S. 8	JZ	
Paulstraße	S. 6	FY	
Perleberger Straße	S. 6	FY	
Pestalozzistraße	S. 8	JX	
Petersburger Str.	S. 7	HY	
Pistoriusstraße	S. 5	CT	470
Platanenstraße	S. 5	CT	472
Platz der Republik	S. 10	NY	
Platz der Vereinten Nationen	S. 11	SY	
Potsdamer Chaussee (GATOW)	S. 4	AU	
Potsdamer Chaussee (ZEHLENDORF)	S. 4	AV	
Potsdamer Platz	S. 7	GY	669
Potsdamer Straße (SCHÖNEBERG)	S. 10	NZ	672
Potsdamer Straße (ZEHLENDORF)	S. 4	AV	473
Prager Platz	S. 9	LY	673
Prenzlauer Allee	S. 11	RX	
Prenzlauer Prom	S. 7	HX	
Prinzenstraße	S. 7	GY	675
Prinzregentenstraße	S. 9	LZ	
Quitzowstraße	S. 6	FX	
Rankestraße	S. 9	LY	676
Rathausstraße	S. 11	RY	678
Rauchstraße	S. 9	MX	
Reichpietschufer	S. 6	FY	679
Reinhardtstraße	S. 10	NY	
Reinickendorfer Str.	S. 7	GX	684
Residenzstraße	S. 5	CT	
Rheinbabenallee	S. 6	EZ	
Rheinsteinstraße	S. 5	DU	475
Rheinstraße	S. 6	FZ	687
Rhinstraße	S. 5	DU	
Richard-Wagner-Str.	S. 8	JX	
Ritterfelddamm	S. 4	AV	
Roedernallee	S. 4	BT	
Rönnestraße	S. 8	JX	
Rosa-Luxemburg-Straße	S. 11	RY	689
Rosenthaler Straße	S. 11	RY	690
Rudolstädter Str.	S. 6	EZ	692
Rudower Chaussee	S. 5	DV	476
Rudower Straße	S. 5	DV	
Rummelsburger Str.	S. 5	DV	
Ruppiner Chaussee	S. 4	AT	
Saatwinkler Damm	S. 6	EX	
Sachsendamm	S. 6	FZ	
Sächsische Straße	S. 8	KY	
Salzburger Straße	S. 9	MZ	
Savignyplatz	S. 9	LX	
Schaperstraße	S. 9	LY	
Scharnhorststr.	S. 10	NX	
Scharnweberstraße	S. 4	BT	477
Scheelestraße	S. 4	BV	478
Schildhornstraße	S. 4	BV	479
Schillerstraße	S. 8	JX	
Schillstraße	S. 9	MX	693
Schivelbeiner Str.	S. 7	GX	696
Schloßstraße (CHARL.)	S. 8	JX	
Schloßstraße (STEGLITZ)	S. 4	BV	481
Schlüterstraße	S. 8	KX	
Schönhauser Allee	S. 11	RX	
Schönwalder Straße	S. 4	AT	
Schorlemerallee	S. 4	BV	482
Schwedter Str.	S. 11	RX	
Seesener Straße	S. 8	JY	
Seestraße	S. 6	FX	
Seidelstraße	S. 4	BT	
Sellerstraße	S. 7	GX	
Sickingenstraße	S. 6	FY	
Siemensdamm	S. 6	EX	
Siemensstraße	S. 6	FY	698
Sigmaringer Straße	S. 8	KZ	
Skalitzer Straße	S. 7	HY	
Sonnenallee	S. 7	HY	
Sophie-Charlotten-Pl.	S. 8	JX	
Sophie-Charlotten-Straße	S. 6	EY	699
Spandauer Damm	S. 6	EY	
Spandauer Str.	S. 11	PY	
Spichernstraße	S. 9	LY	
Spreeweg	S. 9	MX	
Steinplatz	S. 9	LX	
Steinstraße	S. 5	CV	484
Sterndamm	S. 5	DV	485
Stößenseebrücke	S. 4	AU	487
Storkower Straße	S. 7	HX	
Stralauer Allee	S. 7	HY	
Stralauer Straße	S. 11	RZ	
Straße des 17. Juni	S. 9	MX	
Strausberger Platz	S. 7	HY	702
Streitstraße	S. 4	AT	488
Stresemannstraße	S. 10	PZ	
Stromstraße	S. 6	FY	704
Stubenrauchstraße	S. 5	DV	489
Stülerstraße	S. 9	MX	
Stuttgarter Platz	S. 8	JX	705
Suarezstr.	S. 8	JX	
Südwestkorso	S. 6	EZ	708
Tauentzienstraße	S. 9	MX	707
Tegeler Weg	S. 6	EY	
Teltower Damm	S. 4	BV	
Tempelhofer Damm	S. 7	GZ	473
Tempelhofer Ufer	S. 7	GZ	710
Teplitzer Straße	S. 6	EY	711
Theodor-Heuss-Platz	S. 6	EY	713
Thielallee	S. 4	BV	490
Torstraße	S. 10	PX	
Transvallstraße	S. 5	CT	
Treskowallee	S. 5	DU	491
Turmstraße	S. 6	FY	
Uhlandstraße	S. 9	LZ	
Unter den Linden	S. 10	NZ	
Urbanstraße	S. 7	GZ	
Veteranenstraße	S. 10	PX	715
Viktoria-Luise-Platz	S. 9	MY	717
Waidmannsluster Damm	S. 4	BT	
Waltersdorfer Ch.	S. 5	DV	
Warschauer Str.	S. 7	HY	
Weinmeisterstraße	S. 11	RY	718
Weißenseer Weg	S. 5	CU	493
Welserstraße	S. 9	MY	
Werderstraße	S. 10	PZ	720
Westfälische Str.	S. 8	JY	
Wexstraße	S. 6	FZ	
Wichertstraße	S. 7	HX	
Wiener Straße	S. 7	HZ	
Wiesbadener Straße	S. 8	EZ	
Wilhelminenhofstraße	S. 5	DV	494
Wilhelmsruher Damm	S. 5	CT	496
Wilhelmstraße (MITTE)	S. 10	NZ	
Wilhelmstr. (SPANDAU)	S. 4	AU	
Wilmersdorfer Str.	S. 8	JX	
Windscheidstraße	S. 8	JX	
Winterfeldplatz	S. 9	MY	
Wisbyer Straße	S. 7	HX	
Wittenbergplatz	S. 9	MY	
Wollankstraße	S. 7	GX	
Württembergische Straße	S. 8	KY	
Xantener Straße	S. 8	JY	
Yorckstraße	S. 7	GZ	
Zeppelinstraße	S. 4	AU	497
Zillestraße	S. 8	JX	
Zwieseler Straße	S. 5	DU	499

Alphabetische Liste der Hotels und Restaurants
Liste alphabétique des hôtels et restaurants

A

- S. 26 Abacus Tierpark Hotel
- S. 28 Achat
- S. 16 Adlon
- S. 20 Adrema
- S. 20 Albrechtshof
- S. 18 Alexander Plaza
- S. 22 Allegra
- S. 18 Alsterhof
- S. 23 Alt Luxemburg
- S. 30 Alt-Tempelhof
- S. 26 Altes Zollhaus
- S. 29 Am Borsigturm
- S. 29 Am Forum Steglitz
- S. 29 Am Tegeler See
- S. 23 Ana e Bruno
- S. 19 Art Nouveau
- S. 19 Art'otel Berlin Mitte
- S. 20 Art'otel Berlin City Center West
- S. 22 Astoria
- S. 22 Atrium
- S. 21 Augustinenhof
- S. 21 Avalon

B

- S. 24 Bacco
- S. 26 Bel Air
- S. 19 Bleibtreu
- S. 30 Blockhaus Nikolskoe
- S. 23 Bocca di Bacco
- S. 24 Borchardt
- S. 21 Boulevard
- S. 17 Brandenburger Hof
- S. 25 Businesshotel

C

- S. 21 California
- S. 28 Carat
- S. 26 City Consul
- S. 26 Courtyard by Marriott
- S. 30 Cristallo
- S. 18 Crowne Plaza

D

- S. 22 Delta
- S. 24 Die Eselin von A.
- S. 23 Die Quadriga
- S. 20 Die Zwölf Apostel
- S. 19 Domicil
- S. 25 Dorint
- S. 28 Dorint Airport Hotel
- S. 18 Dorint am Gendarmenmarkt
- S. 30 Dorint am Müggelsee
- S. 19 Dorint an der Charité
- S. 17 Dorint Schweizerhof

E

- S. 29 Edogawa
- S. 24 Engelbrecht
- S. 24 Epoque
- S. 27 Estrel
- S. 27 Euro-Hotel

F

- S. 23 Facil
- S. 22 First Floor
- S. 21 Fjord Hotel
- S. 16 Four Seasons

G

- S. 21 Gates
- S. 16 Grand Hotel Esplanade
- S. 16 Grand Hyatt
- S. 18 Grosser Kurfürst
- S. 23 Guy

H

- S. 20 Hackescher Markt
- S. 20 Hamburg
- S. 23 Harlekin
- S. 19 Hecker's Hotel
- S. 18 Henriette
- S. 17 Hilton
- S. 28 Holiday Inn Berlin-Esplanade

S. 30 Holiday Inn Berlin-Humboldt Park
S. 28 Holiday Inn City Center East
S. 19 Hollywood Media Hotel
S. 22 Hugos

I – J

S. 28 Ibis (Prenzlauer Berg)
S. 28 Ibis (Reinickendorf)
S. 29 Ibis (Spandau)
S. 25 Ibis Ostbahnhof
S. 22 Imperial
S. 25 Inn Side Residence-Hotel
S. 17 InterContinental
S. 17 Jolly Hotel Vivaldi
S. 28 Jurine

K

S. 23 Kaiserstuben
S. 20 Kanthotel
S. 22 Kastanienhof
S. 16 Kempinski Hotel Bristol
S. 30 Königin Luise
S. 20 Kronprinz
S. 19 Ku'Damm 101
S. 21 Kurfürstendamm am Adenauerplatz

L – M

S. 27 Landhaus Alpinia
S. 26 Le Cochon Bourgeois
S. 24 Lindenlife
S. 29 Lindenufer
S. 22 Lorenz Adlon
S. 26 Ludwig van Beethoven
S. 19 Luisenhof
S. 24 Lutter und Wegner
S. 17 Madison
S. 24 Maothai
S. 22 Margaux
S. 17 Maritim proArte
S. 24 Marjellchen
S. 24 Maxwell
S. 27 Mercure
S. 20 Mercure am Checkpoint Charlie
S. 26 Mercure Berlin Mitte
S. 25 Mercure City Ost
S. 18 Mondial
S. 27 Myer's Hotel

N

S. 29 Neotel Senator
S. 25 NH Berlin-Alexanderplatz
S. 18 NH Berlin-Mitte
S. 30 NH Berlin-Treptow
S. 27 Nova
S. 28 Novotel
S. 19 Novotel Berlin Mitte
S. 29 Novotel Berlin Airport

O – P

S. 24 Oktogon
S. 16 Palace
S. 23 Paris-Moskau
S. 21 Park Inn
S. 27 Park Plaza
S. 19 President

Q – R

S. 21 Queens Hotel
S. 20 Ramada
S. 26 relexa Hotel Stuttgarter Hof
S. 28 Rheinsberg am See
S. 24 Rutz

S

S. 18 Savoy
S. 21 Scandotel Castor
S. 30 Schloss Glienicke Remise
S. 20 Schlosspark-Hotel
S. 19 Seehof
S. 27 Solitaire
S. 20 Sorat Art'otel
S. 29 Sorat Hotel Humboldt-Mühle
S. 18 Sorat Hotel Spree-Bogen
S. 29 Steglitz International
S. 17 Steigenberger
S. 26 Svevo
S. 16 Swissôtel

T – U – V – W – Z

S. 25 The Regent Schlosshotel
S. 16 The Westin Grand
S. 25 Tulip Inn
S. 25 Upstalsboom Hotel Friedrichshain
S. 23 VAU
S. 21 Villa Kastania
S. 30 Villa Medici
S. 27 Villa Toscana
S. 24 Weinstein
S. 28 Zander

BERLIN S. 16

Im Zentrum :

In Charlottenburg, Mitte, Schöneberg, Tiergarten und Wilmersdorf Stadtplan Berlin : Seite 4 - 11 :

Adlon, Unter den Linden 77, ✉ 10117, ☎ (030) 2 26 10, adlon@kempinski.com, Fax (030) 22612222, 😊, 🏊, Massage, 🏋, ☎s, 🌊 – 🍴, 🚭 Zim, 📺 📞 ♿ 🚗 – 🚘 300. AE ① ⓜ VISA JCB. ✱ Rest
NZ s
Menu siehe Rest. **Lorenz Adlon** separat erwähnt **Quarré** : Menu à la carte 43/65, 🍷 –
Felix (italienische Küche) (geschl. Sonntag) (nur Abendessen) Menu à la carte 30/50, 🍷 –
Adlon Stube (geschl. Juli - Aug., Montag - Dienstag) Menu à la carte 23/43 – 🛏 29 –
336 Zim 260/365 – 310/415, 30 Suiten.
♦ Eine Legende ist seit 1997 wieder lebendig : Der Inbegriff des Grandhotel am Brandenburger Tor lässt kaum einen Wunsch offen. Im Stil des früheren Prachtbaus. Quarré : klassisch-elegant. Stylish : Felix im Souterrain mit Galeriebar. Adlon Stube : englischer Clubstil.

Four Seasons, Charlottenstr. 49, ✉ 10117, ☎ (030) 2 03 38, ber.guest@fourseasons.com, Fax (030) 20336119, 😊, Massage, 🏋, ☎s – 🍴, 🚭 Zim, 📺 📞 ♿ 🚗 – 🚘 70. AE ① ⓜ VISA JCB. ✱ Rest
PZ n
Seasons : Menu à la carte 50/73 – 🛏 27 – **204 Zim** 265/325 – 300/360, 29 Suiten.
♦ Erleben Sie Luxus pur ! Man empfängt Sie mit einer stilvollen Halle und opulent ausgestatteten Zimmern, mind. 38 qm groß, wahlweise mit Blick auf Gendarmenmarkt oder Innenhof. Im Restaurant mit Kamin und Stuck harmonisches Ambiente und klassische Eleganz.

Grand Hyatt, Marlene-Dietrich-Platz 2, ✉ 10785, ☎ (030) 25 53 12 34, berlin@hyatt.de, Fax (030) 25531235, 😊, 🏊, Massage, 🏋, ☎s, 🌊 – 🍴, 🚭 Zim, 📺 📞 ♿
– 🚘 320. AE ① ⓜ VISA. ✱
NZ a
Vox : Menu à la carte 37/51, 🍷 – 🛏 22 – **342 Zim** 190 – 225, 16 Suiten.
♦ Bau in Trapezform am Potsdamer Platz. Die moderne Architektur setzt sich im Inneren fort : Zimmer mit puristischer Designer-Einrichtung wissen zu überzeugen. Im Vox asiatisch anmutendes Interieur.

Grand Hotel Esplanade, Lützowufer 15, ✉ 10785, ☎ (030) 25 47 80, info@esplanade.de, Fax (030) 254788222, Tagungsschiff mit eigenem Anleger, 🏊, Massage, 🏋, ☎s, 🌊 – 🍴, 🚭 Zim, 📺 📞 ♿ 🚗 – 🚘 260. AE ① ⓜ VISA JCB. ✱ Rest
MX e
Menu siehe Rest. **Harlekin** separat erwähnt – **Eckkneipe** : Menu à la carte 17/35 –
🛏 20 – **386 Zim** 230/280 – 255/305, 23 Suiten.
♦ Die Kulturstätten der Umgebung haben hier abgefärbt : Fast wie eine Ausstellung für modernes Design mutet dieses Grandhotel an ! Gemäldesammlung der "Berliner Wilden". In der rustikalen Eckkneipe serviert man auf Holztischen handfeste Berliner Küche.

Palace, Budapester Str. 45, ✉ 10787, ☎ (030) 2 50 20, hotel@palace.de, Fax (030) 25021119, 🏊, Massage, 🏋, ☎s, 🌊 – 🍴, 🚭 Zim, 📺 📞 ♿ 🚗 – 🚘 300. AE ① ⓜ VISA JCB
MX k
Menu siehe Rest. **First Floor** separat erwähnt – 🛏 20 – **282 Zim** 225/355, 19 Suiten.
♦ Individueller Luxus am Ku'damm ! Sie haben die Wahl : Kaum ein Zimmer gleicht dem anderen, teilweise mit Blick zum Zoo oder auf die Gedächtniskirche. Im rustikal-gemütlichen Alt-Nürnberg vorwiegend fränkische Küche.

Swissôtel, Augsburger Str. 44, ✉ 10789, ☎ (030) 22 01 00, emailus.berlin@swissotel.com, Fax (030) 220102222, 😊, 🏋, ☎s – 🍴, 🚭 Zim, 📺 📞 ♿ 🚗 – 🚘 220. AE ① ⓜ VISA. ✱ Rest
LX k
44 : Menu à la carte 33/56, 🍷 – 🛏 19 – **316 Zim** 270.
♦ Weltoffen und international wie sich Berlin seinen Gästen präsentiert - so sieht sich das postmoderne, neu errichtete und luxuriös ausgelegte Hotel im Herzen der Metropole. Puristische Eleganz im Restaurant 44.

Kempinski Hotel Bristol, Kurfürstendamm 27, ✉ 10719, ☎ (030) 88 43 40, reservations.bristol@kempinski.com, Fax (030) 8836075, 😊, Massage, 🏋, ☎s, 🌊 – 🍴,
🚭 Zim, 📺 📞 ♿ 🚗 – 🚘 280. AE ① ⓜ VISA JCB. ✱ Rest
LX n
Kempinski Grill (geschl. Sonntag - Montag) (nur Abendessen) Menu à la carte 44/68, 🍷
– **Kempinski-Eck** : Menu 14 (mittags) à la carte 26/44 – 🛏 23 – **301 Zim** 265/326 –
302/363, 21 Suiten.
♦ Ein roter Teppich führt vom berühmten Ku'damm direkt in das elegant-luxuriöse Hotel aus den 50ern. Hier logierten illustre Gäste wie John F. Kennedy oder Sophia Loren. Legendärer Kempinski Grill mit erlesener Einrichtung. Kempinski-Eck im Brasserie-Stil.

The Westin Grand, Friedrichstr. 158, ✉ 10117, ☎ (030) 2 02 70, info@westin-grand.com, Fax (030) 20273362, 😊, Massage, 🏋, ☎s, 🌊 – 🍴, 🚭 Zim, 📺 📞 ♿ –
🚘 160. AE ① ⓜ VISA JCB
PZ a
Friedrichs : Menu à la carte 21/38,50 – **Stammhaus** : Menu à la carte 23/35 – 🛏 23
– **358 Zim** 222/370 – 247/395, 20 Suiten.
♦ Im Herzen der historischen Stadtmitte beeindruckt die Hotelhalle mit ihrem 30 Meter hohen Glasdach. Das Hotel strahlt Gediegenheit und nostalgischen Charme aus. Klassisches Ambiente im Friedrichs. Im Stammhaus : regionale Berliner Spezialitäten.

InterContinental, Budapester Str. 2, ✉ 10787, ℘ (030) 2 60 20, *berlin@intercont i.com, Fax (030) 26022600*, 🍽, ⚙, Massage, 🏋, ≋, 🟦, – 🛗, ❄ Zim, 📺 ☎ & 🚗 – 🔔 860. AE ① ⓜ VISA JCB ✗ Rest — MX a
Menu siehe Rest. ***Hugos*** separat erwähnt – ***L.A. Cafe*** : Menu à la carte 29/33 – ⊇ 20 – **584 Zim** 225/265 – 250/290, 42 Suiten.
◆ Eindrucksvoll - von der Halle bis zum Konferenzbereich. Die Zimmer : gediegen-elegant oder - im Ostflügel - schlicht-modern. Großzügig und hochwertig : der Vitality Club. L.A. Café im amerikanischen Stil unter einer hübschen Glaskuppel.

Hilton, Mohrenstr. 30, ✉ 10117, ℘ (030) 2 02 30, *info.berlin@hilton.com, Fax (030) 20234269*, 🍽, ⚙, Massage, 🏋, ≋, 🟦, – 🛗, ❄ Zim, 📺 ☎ & 🚗 – 🔔 300. AE ① ⓜ VISA JCB — PZ r
Fellini (italienische Küche) *(geschl. Mitte Juli - Mitte Aug.)(nur Abendessen)* **Menu** à la carte 29/45, ♀ – ***Mark Brandenburg*** : Menu à la carte 30/41 – ***Trader Vic's*** *(nur Abendessen)* **Menu** à la carte 31/50 – ⊇ 20 – **575 Zim** 150/255 – 150/275, 14 Suiten.
◆ Eine prunkvolle Halle empfängt Sie in diesem noblen Hotel. Alle Zimmer zur Straßenseite mit herrlichem Blick auf den Gendarmenmarkt! Großzügig : der moderne Wellnessbereich. Fellini mit italienischer Küche. Landestypisch gibt sich das Mark Brandenburg.

Dorint Schweizerhof, Budapester Str. 25, ✉ 10787, ℘ (030) 2 69 60, *info.bersch @dorint.com, Fax (030) 26961000*, 🍽, ⚙, Massage, 🏋, ≋, 🟦, – 🛗, ❄ Zim, 📺 ☎ & 🚗 – 🔔 460. AE ① ⓜ VISA JCB — MX w
Menu à la carte 26/36 – ⊇ 19 – **384 Zim** 195/220 – 220/245, 10 Suiten.
◆ Hinter verglaster Fensterfront kann sich die moderne Halle sehen lassen. Perfekte Technik für den Geschäftsmann. Regenerieren Sie sich im Wellnessbereich mit 25 m-Pool! Warme Farben und große Gemälde schmücken das Bistro-Restaurant.

Steigenberger, Los-Angeles-Platz 1, ✉ 10789, ℘ (030) 2 12 70, *berlin@steigenber ger.de, Fax (030) 2127117*, 🍽, Massage, ≋, 🟦, – 🛗, ❄ Zim, 📺 ☎ & 🚗 – 🔔 300. AE ① ⓜ VISA JCB ✗ Rest — MY d
Louis *(geschl. 24. Juni - 7. Aug., Sonntag - Montag) (nur Abendessen)* **Menu** à la carte 38/49, ♀ – ***Berliner Stube*** : Menu à la carte 26/38 – ⊇ 20 – **397 Zim** 199/339 – 219/339, 11 Suiten.
◆ Schon die großzügige Halle stimmt Sie auf den Komfort dieses älteren Stadthotels ein. Privatsphäre gewährt der Executive Floor mit Club Lounge (6. Etage). Diverse Bars. Im Louis : exklusives Interieur und kreative Küche. Berliner Stube mit rustikalem Flair.

Brandenburger Hof, Eislebener Str. 14, ✉ 10789, ℘ (030) 21 40 50, *info@brand enburger-hof.com, Fax (030) 21405100*, 🍽, Massage – 🛗, ❄ Zim, 📺 ☎ & – 🔔 30. AE ① ⓜ VISA JCB ✗ Rest — LY n
Menu siehe Rest. ***Die Quadriga*** separat erwähnt – ***Der Wintergarten*** : Menu à la carte 34/44, ♀ – **82 Zim** ⊇ 165/245 – 240/280, 4 Suiten.
◆ Die klassizistische Fassade vermählt sich spannungsreich und doch konsequent mit dem Interieur des edlen Domizils. Das Inventar im Bauhauslook setzt Akzente. Das lichtdurchflutete Wintergarten-Restaurant umschließt einen japanischen Innenhof.

Maritim proArte, Friedrichstr. 151, ✉ 10117, ℘ (030) 2 03 35, *info.bpa@maritim.de, Fax (030) 20334209*, Massage, 🏋, ≋, 🟦, – 🛗, ❄ Zim, 📺 ☎ & 🚗 – 🔔 700. AE ① ⓜ VISA JCB — PY e
Atelier *(geschl. Mitte Juli - Anfang Aug., Sonntag) (nur Abendessen)* **Menu** à la carte 36/46 – ***Bistro media*** *(nur Mittagessen)* **Menu** à la carte 22/30 – ⊇ 18 – **403 Zim** 149/265 – 168/278, 29 Suiten.
◆ Nur wenige Schritte vom Prachtboulevard Unter den Linden entfernt. Versteht sich als avantgardistisches Designer-Hotel mit ausdrucksstarker Kunst und extravagantem Stil. Im Atelier Designermöbel und moderne Kunst. Bistro Media mit Möbeln von Starck.

Jolly Hotel Vivaldi, Friedrichstr. 96, ✉ 10117, ℘ (030) 2 06 26 60, *vivaldi.jhb@joll yhotels.de, Fax (030) 206266999*, 🏋, ≋ – 🛗, ❄ Zim, 📺 ☎ & – 🔔 50. AE ① ⓜ VISA JCB — PY d
Menu (italienische Küche) à la carte 32/48 – ⊇ 16 – **254 Zim** 145/245 – 170/270.
◆ Eine moderne, großzügige Halle empfängt Sie in dem neuzeitlichen, tadellos geführten Hotel. Hochwertiges Mobiliar und angenehme Farben lassen die Zimmer wohnlich wirken. Helles, offen angelegtes Restaurant.

Madison, Potsdamer Str. 3, ✉ 10785, ℘ (030) 5 90 05 00 00, *welcome@madison-b erlin.de, Fax (030) 590050500*, Massage, ≋ – 🛗, ❄ Zim, 📺 ☎ 🚗 – 🔔 20. AE ① ⓜ VISA ✗ — NZ v
Menu siehe Rest. ***Facil*** separat erwähnt – ⊇ 20 – **167 Zim** 130/230 – 155/270, 17 Suiten.
◆ Im Medien- und Kommunikationsviertel unweit von Sony, Kino und Shoppingmall. Das Appartementhotel vereinigt Hotel und Boarding House : Zimmer mit Küche und Einkaufsservice.

BERLIN S. 18

Dorint am Gendarmenmarkt, Charlottenstr. 50, ✉ 10117, ✆ (030) 20 37 50, *info.bergen@dorint.com*, Fax (030) 20375100, 🍽, 🐟, ≘s – 🛏, ✻ Zim, 🖥 📺 ✆ 🕹 – 🚗 80. 🆎 🅾 🆎 🆅
Aigner : Menu 33 (abends) à la carte 21/40, ♀ – ⌂ 22 – **92 Zim** 215/270 – 245/300. PZ s
♦ Direkt gegenüber dem französischen Dom am Gendarmenmarkt. Renovierter Plattenbau, dem man seine Vergangenheit nicht anmerkt. In unkompliziertem Designer-Stil eingerichtet. Mit Originalteilen eines Wiener Kaffeehauses wurde das Aigner gestaltet.

Crowne Plaza, Nürnberger Str. 65, ✉ 10787, ✆ (030) 21 00 70, *info@cp-berlin.com*, Fax (030) 2132009, Massage, 🐟, ≘s, 🌊 – 🛏, ✻ Zim, 🖥 📺 ✆ 🕹 – 🚗 🅿 – 🚗 350. 🆎 🅾 🆎 🆅 🃏, ✻ Rest MX t
Menu (geschl. Samstagmittag, Sonntagabend) à la carte 24/39 – ⌂ 17 – **423 Zim** 170 – 205, 10 Suiten.
♦ Guter Ausgangspunkt für einen Bummel über den Ku'damm oder zum KaDeWe. Praktische, aparte Möblierung. Technisch vollständiger Konferenzbereich mit neuem Tagungsbereich. Internationales Repertoire im einfachen Restaurant.

Sorat Hotel Spree-Bogen ⚓, Alt-Moabit 99, ✉ 10559, ✆ (030) 39 92 00, *spree-bogen@sorat-hotels.com*, Fax (030) 39920999, 🍽, ≘s – 🛏, ✻ Zim, 🖥 📺 ✆ 🚗 – 🚗 200. 🆎 🅾 🆎 🆅 🃏, ✻ Rest FY b
Menu (nur Mittagessen) à la carte 22/36 – **221 Zim** ⌂ 128/232 – 166/268.
♦ An der Spree die Ruhe selbst : In den denkmalgeschützten Mauern einer ehemaligen Meierei überraschen die geradlinigen Räumlichkeiten. Hauseigener Schiffsanleger vor der Tür. Im Restaurant eine Kombination von Backsteinmauern und jungem Design.

Savoy, Fasanenstr. 9, ✉ 10623, ✆ (030) 31 10 30, *info@hotel-savoy.com*, Fax (030) 31103333, 🍽, ≘s – 🛏, ✻ Zim, 📺 ✆ – 🚗 40. 🆎 🅾 🆎 🆅 LX s
Menu (geschl. Sonntag) à la carte 26/38 – **125 Zim** ⌂ 137/237 – 162/262, 18 Suiten.
♦ Charmantes Stadthotel mit 70-jähriger Erfahrung, das schon Thomas Mann schriftlich würdigte und wo sich bis heute Prominente die Klinke in die Hand geben. Cigar-Lounge. Modernes Interieur mit roten Polstersesseln im Restaurant.

Mondial, Kurfürstendamm 47, ✉ 10707, ✆ (030) 88 41 10, *hotel-mondial@t-online.de*, Fax (030) 88411150, 🍽, ≘s, 🌊 – 🛏, ✻ Zim, ✆ 🕹 🚗 – 🚗 50. 🆎 🅾 🆎 🆅 🃏, ✻ Rest KY e
Menu à la carte 19/35 – **75 Zim** ⌂ 110/220 – 135/245.
♦ Direkt am Ku'damm : Bestens, um in das rege Treiben der Geschäftsmeile einzutauchen. Nach diesem Abenteuer gewährleisten schallisolierte, gepflegte Zimmer Erholung. Klassisch-zeitlos eingerichtetes Restaurant mit großem Buffetbereich.

Alexander Plaza, Rosenstr. 1, ✉ 10178, ✆ (030) 24 00 10, *info@hotel-alexanderplaza.de*, Fax (030) 24001777, 🍽, 🐟, ≘s – 🛏, ✻ Zim, 📺 ✆ 🚗 – 🚗 70. 🆎 🅾 🆎 🆅 🃏 RY a
Menu (geschl. Sonntag) à la carte 22/36 – ⌂ 15 – **92 Zim** 140/175 – 150/185.
♦ Hier wohnen Sie unweit der Trendadresse Hackesche Höfe ! Das Haus wurde um 1897 von einem Pelzhändler errichtet. Im Eingang ist der schöne Mosaikfußboden nicht zu übersehen. Schwarze Ledersessel und rot bezogene Holzstühle setzen im Restaurant klare Akzente.

NH Berlin-Mitte, Leipziger Str. 106, ✉ 10117, ✆ (030) 20 37 60, *nhberlinmitte@nh-hotels.com*, Fax (030) 20376600, 🐟, ≘s – 🛏, ✻ Zim, 🖥 📺 ✆ 🕹 – 🚗 150. 🆎 🅾 🆎 🆅 PZ k
Menu à la carte 23/48 – ⌂ 15 – **392 Zim** 129/189 – 149/209.
♦ Mit einem großzügigen Empfangsbereich, modern, funktionell und wohnlich gestalteten Zimmern und der zentralen Lage überzeugt dieses Hotel. Freizeitbereich im 8. Stock. Offen zur Halle : das Restaurant im Bistrostil.

Grosser Kurfürst, Neue Roßstr. 11, ✉ 10179, ✆ (030) 24 60 00, *grosserkurfuerst@deraghotels.de*, Fax (030) 24600300, 🐟, ≘s – 🛏, ✻ Zim, 🖥 📺 ✆ 🕹 – 🚗 20. 🆎 🅾 🆎 🆅 🃏 RZ e
Menu (italienische Küche) à la carte 24/39 – **144 Zim** ⌂ 140/228 – 175/240, 7 Suiten.
♦ An einem Spreearm liegt das Hotel mit dem Glasturm und der imposanten Halle. Die Zimmer sind sehr gepflegt, modern und wohnlich ausgestattet. Elegant-mediterran das Restaurant.

Henriette, Neue Roßstr.13, ✉ 10179, ✆ (030) 24 60 09 00, *henriette@deraghotels.de*, Fax (030) 24600940, 🍽 – 🛏, ✻ Zim, 📺 🕹 – 🚗 50. 🆎 🅾 🆎 🆅 RZ e
Menu (indische Küche) à la carte 14/20,50 – **53 Zim** ⌂ 135/190 – 165/215.
♦ Um einen vierstöckigen Lichthof gruppieren sich Zimmer und Appartements, die mit hochwertigen Materialien sehr gediegen und behaglich eingerichtet sind.

Alsterhof, Augsburger Str. 5, ✉ 10789, ✆ (030) 21 24 20, *info@alsterhof.com*, Fax (030) 2183949, Biergarten, Massage, 🐟, ≘s – 🛏, ✻ Zim, 📺 ✆ 🚗 – 🚗 120. 🆎 🅾 🆎 🆅 🃏 MY r
Menu (geschl. Sonntagabend) à la carte 21,50/31 – **Zum Lit-Fass** (nur Abendessen) **Menu** à la carte 16/25 – ⌂ 16 – **200 Zim** 94/150 – 99/175.
♦ Das Eckhaus mit verglastem Dachpavillon gefällt mit sehr wohnlich gestalteten Zimmern und einem kleinen, aber hübschen Freizeitbereich in der 6. Etage. Internet-Terminal. Im Untergeschoss : das Hotelrestaurant. Rustikal : Zum Lit-Fass mit schönem Biergarten.

BERLIN S. 19

- **Seehof**, Lietzensee-Ufer 11, ✉ 14057, ℰ (030) 32 00 20, info@hotel-seehof-berlin.de, Fax (030) 32002251, ≼, 斎, 🌊, – 劇, 🎁 Zim, 📺 ⇌ – 🐾 30. 🅰🅴 ⓞ 🅼🅾 🆅🅸🆂🅰   JX r
  Menu (geschl. 4. - 14. Jan.) à la carte 21/34 – **75 Zim** ⇌ 135/190 – 165/220.
  ♦ Am grünen Ufer des Lietzensees finden Sie dieses gut geführte Hotel. Gediegen-elegante Zimmer, teils mit Mahagonimobiliar, teils mit Stilmöbeln bestückt. Restaurant mit klassischem Ambiente und schöner Seeterrasse.

- **President**, An der Urania 16, ✉ 10787, ℰ (030) 21 90 30, president@cca-hotels.de, Fax (030) 2186120, 𝐼𝑑, 🈺 – 劇, 🎁 Zim, 🖥 📺 ☎ & ⇌ 🅿 – 🐾 70. 🅰🅴 ⓞ 🅼🅾 🆅🅸🆂🅰   MY t
  Menu à la carte 26/32 – ⇌ 14 – **181 Zim** 123 – 141.
  ♦ Neben funktionellen Economy- und Businesszimmern mit Internetzugang verfügt das Hotel über Club-Zimmer mit extra großem Schreibtisch und bequemem Ledersessel. Mit Korbstühlen neuzeitlich gestaltetes Restaurant.

- **Art'otel Berlin Mitte**, Wallstr. 70, ✉ 10179, ℰ (030) 24 06 20, aobminfo@artotels.de, Fax (030) 24062222 – 劇, 🎁 Zim, 🖥 Zim, 📺 ☎ & ⇌ – 🐾 35. 🅰🅴 ⓞ 🅼🅾 🆅🅸🆂🅰   RZ c
  Menu (geschl. Sonntag) à la carte 23/31 – **109 Zim** ⇌ 130/180 – 160/210.
  ♦ Das denkmalgeschützte Patrizierhaus am Märkischen Ufer ist mit der modernen Architektur des Art'otel eine spannende Verbindung eingegangen. Exklusiv designtes Interieur.

- **Hollywood Media Hotel** garni, Kurfürstendamm 202, ✉ 10719, ℰ (030) 88 91 00, info@filmhotel.de, Fax (030) 88910280 – 劇 🎁 📺 ☎ & ⇌ – 🐾 90. 🅰🅴 ⓞ 🅼🅾 🆅🅸🆂🅰 🅹🅲🅱   LY r
  185 Zim ⇌ 132/152 – 154/174, 12 Suiten.
  ♦ Hollywood in Berlin : Das Film-Hotel macht jeden Gast zum Star. Die Zimmer sind der Filmwelt gewidmet. Hauseigenes Kinotheater ! Übrigens : Der Besitzer heißt Artur Brauner.

- **Domicil**, Kantstr. 111a, ✉ 10627, ℰ (030) 32 90 30, info@hotel-domicil-berlin.de, Fax (030) 32903299, 斎 – 劇, 🎁 Zim, 📺 ☎ & – 🐾 50. 🅰🅴 ⓞ 🅼🅾 🆅🅸🆂🅰   JX v
  Menu à la carte 21/30 – **70 Zim** ⇌ 118/143 – 154/184, 6 Suiten.
  ♦ Das Eckhaus fällt auf durch die runde Glasfassade. Edles Pinienmobiliar verleiht den Zimmern sonnig-italienisches Flair. Hell gefliesste Bäder mit grünem Mosaikwaschtisch. Roof-Top-Restaurant mit Dachgarten.

- **Hecker's Hotel**, Grolmanstr. 35, ✉ 10623, ℰ (030) 8 89 00, info@heckers-hotel.de, Fax (030) 8890260 – 劇, 🎁 Zim, 🖥 📺 ☎ & ⇌ 🅿 – 🐾 25. 🅰🅴 ⓞ 🅼🅾 🆅🅸🆂🅰 🅹🅲🅱
  Cassambalis (geschl. Sonntag) **Menu** à la carte 30/42 – ⇌ 15 – **69 Zim** 110/170 – 130/180.   LX e
  ♦ Hier legt man Wert auf Individualität und Service. Die Zimmer : teils wohnlich-funktionell, teils im modernen Designerstil oder geschmackvoll als Themenzimmer gestaltet. Mediterran sind Flair und Angebot im Cassambalis.

- **Bleibtreu**, Bleibtreustr. 31, ✉ 10707, ℰ (030) 88 47 40, info@bleibtreu.com, Fax (030) 88474444, 斎, 🈺 – 劇, 🎁 Zim, 📺 ☎ & 🅿. 🅰🅴 ⓞ 🅼🅾 🆅🅸🆂🅰 🅹🅲🅱   KY s
  Menu à la carte 25/36 – ⇌ 15 – **60 Zim** 142/222 – 152/232.
  ♦ Restauriertes Stadthaus aus der Gründerzeit. Vom Bett bis zum Bad : Italienische und deutsche Manufakturen haben die modernen Möbel speziell für das Hotel angefertigt. Zur Halle hin offenes Restaurant im schicken Bistrostil.

- **Ku'Damm 101** garni, Kurfürstendamm 101, ✉ 10711, ℰ (030) 5 20 05 50, info@kudamm101.com, Fax (030) 520055555, 🈺 – 劇, 🎁 Zim, 📺 ☎ & ⇌ – 🐾 65. 🅰🅴 ⓞ 🅼🅾 🆅🅸🆂🅰 ✿   JY k
  ⇌ – **171 Zim** 101/161 – 118/178.
  ♦ Betont schlichter Designer-Stil im ganzen Haus - Zimmer in modernen Farben, mit großen Fenstern und sehr guter Technik. Frühstücksraum im 7. Stock mit Blick über die Stadt.

- **Luisenhof** garni, Köpenicker Str. 92, ✉ 10179, ℰ (030) 2 41 59 06, info@luisenhof.de, Fax (030) 2792983 – 劇 🎁 📺 – 🐾 30. 🅰🅴 ⓞ 🅼🅾 🆅🅸🆂🅰 🅹🅲🅱   RZ a
  27 Zim ⇌ 120/180 – 150/250.
  ♦ Das restaurierte Stadthaus wurde 1822 erbaut und erlebte eine wechselvolle Geschichte, u. a. diente es um die Jahrhundertwende als Pferdebahndepot. Elegant mit Stilmöbeln.

- **Novotel Berlin Mitte**, Fischerinsel 12, ✉ 10179, ℰ (030) 20 67 40, h3278@accor-hotels.com, Fax (030) 20674111, 𝐼𝑑, 🈺 – 劇, 🎁 Zim, 🖥 📺 ☎ & ⇌ – 🐾 220. 🅰🅴 ⓞ 🅼🅾 🆅🅸🆂🅰 🅹🅲🅱, ✿ Rest   RZ b
  Menu à la carte 18,50/34,50 – ⇌ 13 – **238 Zim** 139/189 – 154/214.
  ♦ In einen größeren Gebäudekomplex ist dieses neuzeitliche Hotel integriert. Die Zimmer sind modern und funktionell ausgestattet - in der obersten Etage : Businesszimmer.

- **Dorint an der Charité**, Invalidenstr. 38, ✉ 10115, ℰ (030) 30 82 60, info.bercha@dorint.com, Fax (030) 30826100 – 劇, 🎁 Zim, 🖥 📺 ☎ & ⇌ – 🐾 100. 🅰🅴 ⓞ 🅼🅾 🆅🅸🆂🅰 🅹🅲🅱   NX b
  Menu à la carte 17,50/27,50 – ⇌ 13 – **246 Zim** 106/126 – 116/126.
  ♦ Neben dem Museum für Naturkunde liegt dieses moderne, ganz auf den Geschäftsgast ausgelegte Hotel. Postkarten in Großformat zieren die Wände in den Gängen und Zimmern.

BERLIN S. 20

Mercure am Checkpoint Charlie garni, Schützenstr. 11, ✉ 10117, ℘ (030) 20 63 20, h3120@accor-hotels.com, Fax (030) 20632111, Fs, ≘s – |≡| ⇎ Zim 🆃🆅 🕻 &, ⇔, AE ⓓ ⓜⓞ VISA
115 Zim ⊇ 158 – 186, 28 Suiten.   PZ v
• Hier hat man ein klassisches Sandsteingebäude mit moderner Architektur vereint. Großzügige Zimmer, neuzeitlich und freundlich gestaltet, zum Innenhof mit Balkonen.

Art'otel Berlin City Center West, Lietzenburger Str. 85, ✉ 10719, ℘ (030) 8 87 77 70, aobwinfo@artotels.de, Fax (030) 887777777 – |≡|, ⇎ Zim, 🖳 🆃🆅 🕻 &, 🚗 – 🅰 25. AE ⓓ ⓜⓞ VISA JCB
Menu à la carte 20,50/25 – **91 Zim** ⊇ 130/180 – 160/210.   LY b
• Modernes neues Hotel. Die Pop-art Andy Warhols wird ergänzt durch die farbenfrohe Innengestaltung : die Zimmer in Lindgrün und Violett, Rottöne zieren den öffentlichen Bereich. Restaurant mit großer Glasfront.

Hamburg, Landgrafenstr. 4, ✉ 10787, ℘ (030) 26 47 70, hoham@t-online.de, Fax (030) 2629394, ⇔ – |≡| ⇎ Zim 🖳 🆃🆅 🕻 &, 🚗, 🅿 – 🅰 50. AE ⓓ ⓜⓞ VISA JCB. ⇎ Rest
Menu à la carte 26/37 – **191 Zim** ⊇ 115/134 – 146/200.   MX s
• Zum Tiergarten ist es nur ein kurzer Fußweg. Großzügige Halle mit offenem Kamin. Komfortable und zweckvolle Ausstattung. Hamburger in Berlin finden Trost in der Hanse-Bar. Restaurant mit Wintergartenvorbau.

Die Zwölf Apostel, Hohenzollerndamm 33, ✉ 10713, ℘ (030) 86 88 90, info@12-apostel.de, Fax (030) 86889103, ⇔ – |≡|, ⇎ Zim, 🆃🆅 🕻
Menu (italienische Küche) à la carte 19,50/39 – **36 Zim** ⊇ 93/99 – 117/130.   KZ b
• Ein lieblich roter Anstrich und liebliche Stuckmalereien zieren die Fassade des Hotels. Dahinter verschaffen mit italienischen Stilmöbeln dekorierte Zimmer eine ruhige Nacht. Restaurant im Stil einer gediegenen Trattoria ; dazu noch eine Sushi-Bar.

Hackescher Markt garni, Große Präsidentenstr. 8, ✉ 10178, ℘ (030) 28 00 30, info@hackescher-markt.com, Fax (030) 28003111 – |≡| ⇎ 🆃🆅 🕻 &, 🚗. AE ⓓ ⓜⓞ VISA
⊇ 15 – **31 Zim** 115/165 – 150/175.   PY c
• Neu erbautes Haus mit historisch anmutender Fassade im Szeneviertel von Berlin. Zimmer mit hellem Naturholz und ausreichendem Platzangebot. Kleine Innenhof-Terrasse.

Kanthotel garni, Kantstr. 111, ✉ 10627, ℘ (030) 32 30 20, info@kanthotel.com, Fax (030) 3240952 – |≡| ⇎ 🆃🆅 🕻 &, 🚗 – 🅰 20. AE ⓓ ⓜⓞ VISA JCB
70 Zim ⊇ 135/185 – 145/185.   JX e
• Zwischen dem Internationalen Congress Centrum und der Gedächtniskirche liegt dieses gut geführte Hotel mit seinen wohnlich-funktionell ausgestatteten Zimmern.

Sorat Art'otel garni, Joachimstaler Str. 29, ✉ 10719, ℘ (030) 88 44 70, art-otel@sorat-hotels.com, Fax (030) 88447700 – |≡| ⇎ 🆃🆅 🕻 &, 🚗 – 🅰 25. AE ⓓ ⓜⓞ VISA JCB
133 Zim ⊇ 124 – 146.   LY e
• Zentral im westlichen Stadtteil der Metropole. Das Haus ist vom Foyer bis zur Dachspitze von Wolf Vostell avantgardistisch designt. Bilder mit zeitgenössischer Kunst.

Adrema garni, Gotzkowskystr. 20, ✉ 10555, ℘ (030) 39 21 34 00, info@hewa-hotels.de, Fax (030) 20213444 – |≡| ⇎ 🆃🆅 🕻. AE ⓓ ⓜⓞ VISA JCB
53 Zim ⊇ 105/165 – 115/175.   FY x
• In den komfortablen Designerzimmern dieses Hotels erwarten Sie klare Linien und Funktionalität. Beim Frühstück in der Loft-Etage genießen Sie den Ausblick auf die Spree.

Kronprinz garni, Kronprinzendamm 1, ✉ 10711, ℘ (030) 89 60 30, reception@kronprinz-hotel.de, Fax (030) 8931215 – |≡| ⇎ 🆃🆅 🕻 &, – 🅰 25. AE ⓓ ⓜⓞ VISA JCB
77 Zim ⊇ 115/130 – 145.   JY d
• Gründerzeitgebäude, das bereits Gastronomiegeschichte schrieb. Am westlichen Stadtrand gelegen, sind ICC/Messe zu Fuß erreichbar. Biergarten unter ehrwürdigen Kastanien.

Schlosspark-Hotel ⇘, Heubnerweg 2a, ✉ 14059, ℘ (030) 3 26 90 30, schlossparkhotel@t-online.de, Fax (030) 326903600, 🟦, 🛋, – |≡|, ⇎ Zim, 🆃🆅 🅿 – 🅰 30. ⓓ ⓜⓞ VISA
Menu à la carte 20/27 – **39 Zim** ⊇ 92/150 – 112/170.   EY a
• Prima Ausgangspunkt, um das Schloss und die umliegenden Museen zu besichtigen. Zudem lädt der Schlossgarten zum Spaziergang ein. Reservieren Sie ein Zimmer mit Park-Blick ! Restaurant-Café mit rustikalem Interieur und Wintergarten.

Ramada, Chausseestr. 118, ✉ 10115, ℘ (030) 2 78 75 50, berlin.mitte@ramada-treff.de, Fax (030) 278755550, ≘s – |≡|, ⇎ Zim, 🖳 🆃🆅 🕻 &, 🚗 – 🅰 20. AE ⓓ ⓜⓞ VISA.
⇎ Rest – **Menu** à la carte 25/35 – ⊇ 15 – **145 Zim** 85/175.   NX c
• Vor allem auf Geschäftsreisende ist dieses Hotel mit seinen neuzeitlich und funktionell gestalteten Zimmern zugeschnitten. Originell : Bäder mit modernen Glaswaschbecken.

Albrechtshof, Albrechtstr. 8, ✉ 10117, ℘ (030) 30 88 60, albrechtshof-hotel@t-online.de, Fax (030) 30886100, ⇔ – |≡|, ⇎ Zim, 🆃🆅 🕻 &, – 🅰 45. AE ⓓ ⓜⓞ VISA JCB
Menu à la carte 26,50/35 – **100 Zim** ⊇ 118/169 – 148/199.   NY a
• Das Haus ist dem Verband Christlicher Hotels angeschlossen. Wohnliches Quartier mit kleiner Kapelle, die für Hochzeiten, Taufen oder stille Andachten genutzt werden kann.

BERLIN S. 21

Park Inn, Alexanderplatz, ✉ 10178, ✆ (030) 2 38 90, *hotel@park-inn-alexanderplatz.de*, Fax (030) 23894305, ⇌ – 🛗, 🍴 Zim, 📺 🛏 ♿ 🚗 – 🔔 260. AE ① ⓂⓄ VISA JCB
Menu à la carte 17/28 – ⊇ 15 – **1006 Zim** 140/175 – 166/201.   RY y
♦ Direkt am legendären Alexanderplatz : Das Haus zählt zu den höchsten Gebäuden Berlins. Zimmer teilweise mit Blick über die Stadt. Versuchen Sie doch Ihr Glück im Casino ! Gastronomie in der berlinerischen Zille-Stube und im Buffetrestaurant Humboldt's.

Avalon garni, Emserstr. 6, ✉ 10719, ✆ (030) 86 09 70, *berlin@avalon-hotels.com*, Fax (030) 86097444 – 🛗 🍴 📺 🛏 ♿ 🚗 – 🔔 40. AE ① ⓂⓄ VISA   KY f
94 Zim ⊇ 120/160 – 150/185.
♦ In einer Seitenstraße, wenige Gehminuten vom Ku'damm entfernt, ist das Hotel ein guter Anlaufpunkt für den Berlin-Aufenthalt. Mit hellen Möbeln eingerichtete moderne Räume.

Queens Hotel garni, Güntzelstr. 14, ✉ 10717, ✆ (030) 86 88 60, *reservation.qberlin@queensgruppe.de*, Fax (030) 8619326 – 🛗 🍴 📺 🛏 P – 🔔 60. AE ① ⓂⓄ VISA   LZ t
⊇ 12 – **108 Zim** 90/107 – 105/124.
♦ Das bekannte Ketten-Hotel ist idealer Ausgangsort für Ihre Unternehmungen. Praktisch eingerichtete Zimmer sowie kostenlose Parkplätze gehören zu den weiteren Vorzügen.

Villa Kastania, Kastanienallee 20, ✉ 14052, ✆ (030) 3 00 00 20, *info@villakastania.com*, Fax (030) 30000210, 🌳, ⇌, 🏊 – 🛗, 🍴 Zim, 📺 🛏 P – 🔔 20. AE ⓂⓄ VISA JCB   EY v
Menu *(geschl. Montagabend)* à la carte 22/35 – **43 Zim** ⊇ 100/155 – 125/185.
♦ Gepflegtes Hotel mit gediegener Atmosphäre unweit der Messe/ICC. Zur Auswahl : Zimmer mit Mahagoni, mit luxuriösen Naturholzmöbeln oder italienischen Stilmöbeln. Restaurant Marron mit großer Fensterfront und Terrasse.

Art Nouveau garni, Leibnizstr. 59, ✉ 10629, ✆ (030) 3 27 74 40, *info@hotelartnouveau.de*, Fax (030) 3277440 – 🛗 🍴 📺 🛏 AE ⓂⓄ VISA. 🍴   KX b
22 Zim ⊇ 95 – 110.
♦ Mit einem Aufzug a. d. J. 1906 erreichen Sie das charmante kleine Hotel in der 4. Etage. Individuell und sehr geschmackvoll : die Zimmer mit Antiquitäten und Holzfußboden.

California garni, Kurfürstendamm 35, ✉ 10719, ✆ (030) 88 01 20, *info@hotel-california.de*, Fax (030) 88012111, ⇌ – 🛗 🍴 📺 🛏 🚗 AE ① ⓂⓄ VISA JCB   LY a
50 Zim ⊇ 99/149 – 119/169.
♦ Historisches Gebäude der Jahrhundertwende. Die renovierten Räume sind großzügig geschnitten und zum Innenhof ruhig gelegen. Das hoteleigene Solarium erfrischt den Teint.

Augustinenhof, Auguststr. 82, ✉ 10117, ✆ (030) 30 88 60, *augustinenhof-hotel@t-online.de*, Fax (030) 30886100, 🌳, ⇌ – 🛗, 🍴 Zim, 📺 🛏 ♿ P – 🔔 20. AE ① ⓂⓄ VISA   PY a
bias : **Menu** à la carte 17/26 – **63 Zim** ⊇ 92/162 – 112/190.
♦ Ein durch und durch gepflegtes Haus mit wohnlichen Zimmern in warmen Farben - teils recht ruhig zum Innenhof gelegen. Bei schönem Wetter sehr nett : Frühstück im Freien. Bias : Restaurant im Bistro-Stil.

Gates garni, Knesebeckstr. 8, ✉ 10623, ✆ (030) 31 10 60, *beck@hotel-gates.com*, Fax (030) 31106666 – 🛗, 🍴 Zim, 📺 🛏 🚗. AE ① ⓂⓄ VISA JCB   LX f
⊇ 10 – **71 Zim** 80/130 – 110/140.
♦ Hier ist man ganz auf moderne Geschäftsleute eingestellt : Jedes Zimmer bietet einen Arbeitsplatz mit Computer und freiem Internetzugang. Hübsch : das restaurierte Treppenhaus.

Boulevard garni, Kurfürstendamm 12, ✉ 10719, ✆ (030) 88 42 50, *info@hotel-boulevard.com*, Fax (030) 88425450 – 🛗 🍴 📺 🛏 – 🔔 15. AE ① ⓂⓄ VISA   LX c
57 Zim ⊇ 95 – 128.
♦ Der Hotel-Name ist eine Anspielung auf den Weltstadtboulevard, der vor der Haustür verläuft. Dachterrasse mit Café und gutem Überblick über den Berliner Hochbetrieb.

Scandotel Castor garni, Fuggerstr. 8, ✉ 10777, ✆ (030) 21 30 30, *scandotel@t-online.de*, Fax (030) 21303160 – 🛗 🍴 📺 🛏 P. AE ① ⓂⓄ VISA JCB   MY s
78 Zim ⊇ 95/120 – 107/148.
♦ Ob Ku'damm oder KaDeWe, Kino oder Kneipe : Das neuzeitliche Hotel mit den funktionell eingerichteten Zimmern und der guten technischen Ausstattung liegt in unmittelbarer Nähe !

Kurfürstendamm am Adenauerplatz garni, Kurfürstendamm 68, ✉ 10707, ✆ (030) 88 46 30, *info@hotel-kurfuerstendamm.de*, Fax (030) 8825528 – 🛗 📺 🛏 P – 🔔 30. AE ① ⓂⓄ VISA JCB   JY n
34 Zim ⊇ 90 – 140.
♦ Einheitliche, mit Kirschholzmobiliar funktionell eingerichtete Zimmer. Im Haus befindet sich auch das Ausbildungszentrum für den gastronomischen Nachwuchs.

Fjord Hotel garni, Bissingzeile 13, ✉ 10785, ✆ (030) 25 47 20, *fjordhotelberlin@t-online.de*, Fax (030) 25472111 – 🛗 🍴 📺 🚗 P. AE ① ⓂⓄ VISA. 🍴   NZ c
57 Zim ⊇ 85 – 100.
♦ Familiär geführtes Hotel nur einen Steinwurf entfernt vom Potsdamer Platz. Neuzeitliches Interieur. Bei gutem Wetter wird auf der Dachterrasse das Frühstück serviert !

BERLIN S. 22

Delta garni, Pohlstr. 58, ✉ 10785, ☏ (030) 26 00 20, *delta@cca-hotels.de*, *Fax (030) 26002111* – 📶 ⌀ TV ☏ 🚗, AE ⓘ ⓜ VISA JCB
50 Zim ⌑ 77/108 – 99/133. FY c
♦ Sympathische, praktische Adresse unweit des bekannten Varietés Wintergarten. Das Hotel übernimmt gerne die Reservierung von Theaterkarten für einen unterhaltsamen Abend.

Astoria garni, Fasanenstr. 2, ✉ 10623, ☏ (030) 3 12 40 67, *astoriahotel@t-online.de*, *Fax (030) 3125027* – 📶 TV. AE ⓘ ⓜ VISA JCB LX a
32 Zim ⌑ 85/108 – 115/128.
♦ Kleines Stadthotel mit funktioneller Ausstattung. Zum besonderen Service des Hauses gehört ein Segelboot, auf dem Sie die Gewässer der Havel erkunden können!

Imperial, Lietzenburger Str. 79, ✉ 10719, ☏ (030) 88 00 50, *imperial-berlin@t-online.de*, *Fax (030) 8824579*, 🍽, 🍴, 🏊 – 📶, ⌀ Zim, TV 🚗 – 🛎 40. AE ⓘ ⓜ VISA JCB LY t
Menu à la carte 20/26 – **81 Zim** ⌑ 95 – 136.
♦ In einer Parallelstraße zum Ku'damm ist dieses Hotel gelegen. Die Zimmer sind sauber sowie zeitgemäß und funktionell ausgestattet. Nett : das Schwimmbad im Hof. Neuzeitliches Restaurant mit großem Buffetbereich.

Allegra garni, Albrechtstr. 1, ✉ 10117, ☏ (030) 30 88 60, *allegra-hotel@t-online.de*, *Fax (030) 30886100* – 📶 ⌀ TV ☏ ♿ 🚗, AE ⓘ ⓜ VISA
79 Zim ⌑ 97/148 – 130/182. NY e
♦ Die klassizistische Schinkelfassade fällt ins Auge ! In einem der ältesten Berliner Viertel erwartet der sanierte Altbau den Cast mit zeitgemäß eingerichteten Räumlichkeiten.

Atrium garni, Motzstr. 87, ✉ 10779, ☏ (030) 21 49 10, *atrium-hotel@proximedia.de*, *Fax (030) 2117563* – 📶 TV. P. ⓜ VISA MY e
22 Zim ⌑ 55/72 – 89.
♦ Gepflegter Hotelbetrieb, von dem Sie bequem zu Fuß den Ku'damm erreichen ! Hier wohnt der Cast in braunem Vogelaugenahornmobiliar. Zimmer zum Hof teilweise mit Balkon.

Kastanienhof garni, Kastanienallee 65, ✉ 10119, ☏ (030) 44 30 50, *info@hotel-kastanienhof-berlin.de*, *Fax (030) 44305111* – 📶 ⌀ TV – 🛎 15. ⓜ VISA JCB. ※
36 Zim ⌑ 73/88 – 98/128. RX c
♦ In einem Wohnhaus am Rand von Berlin-Mitte. Hier beginnt der Prenzlauer Berg, das Trend- und Künstlerviertel. Gute Übernachtungsadresse. Straßenbahnlinie vor der Tür.

Lorenz Adlon - Hotel Adlon, Unter den Linden 77, ✉ 10117, ☏ (030) 22 61 19 60, *adlon@kempinski.com*, *Fax (030) 22612222* – 🍽 . AE ⓘ ⓜ VISA JCB. ※ NZ s
geschl. Jan. 2 Wochen, Juli - Aug. 4 Wochen, Sonntag - Montag - **Menu** (nur Abendessen) 95/150 und à la carte, ♀.
♦ Rund angelegtes Restaurant im ersten Stock - mit Blick auf das Brandenburger Tor. Stilvoll-elegant das Interieur, tadellos der Service, aufwändig die klassische Küche.
Spez. Kabeljau und Flusskrebse mit weißem Bohnencassoulet. Taubenbrust und Gänsestopfleber mit Perlgraupen. Komposition von Rhabarber und Himbeeren (Saison).

First Floor - Hotel Palace, Budapester Str. 45, ✉ 10787, ☏ (030) 25 02 10 20, *hotel@palace.de*, *Fax (030) 25021129* – 🍽 🚗. AE ⓘ ⓜ VISA JCB. ♀. MX k
geschl. 19. Juli - 15. Aug., Samstagmittag - **Menu** 40 (mittags)/105 à la carte 57/71, ♀.
♦ First Class auf dem First Floor : In elegantem Ambiente wird mit Silber eingedeckt. Küchenchef Matthias Buchholz brilliert am Herd mit französischer Küche je nach Saison.
Spez. Gebratener Kabeljau unter der Kapernkruste mit Petersilienpüree. Pauillac-Lamm mit Aromaten gebraten und Bohnenmelange. Knusper vom Apfel

Hugos - Hotel InterContinental, Budapester Str. 2, ✉ 10787, ☏ (030) 26 02 12 63, *mail@hugos-restaurant.de*, *Fax (030) 26021239*, ≤ Berlin – 🍽 🚗. AE ⓘ ⓜ VISA JCB. MX a
geschl. Jan. 2 Wochen, Juli - Aug. 4 Wochen, Sonntag - **Menu** (nur Abendessen) 74/127 à la carte 64/75, ♀ 🍷.
♦ Man nehme : modern-elegantes Design, feinste Tischkultur und die kreative Küche von Thomas Kammeier. Das Ergebnis : ein kulinarischer Genuss über den Dächern der Stadt.
Spez. Glasierte Gänsestopfleber mit Pattaya Mango. Kalbstafelspitz mit Trüffelbutter gratiniert. Variation von der Valrhona-Schokolade

Margaux, Unter den Linden 78 (Eingang Wilhelmstrasse), ✉ 10117, ☏ (030) 22 65 26 11, *hoffmann@margaux-berlin.de*, *Fax (030) 22652612*, 🍽 – 🍽 . AE ⓘ ⓜ VISA. ※ NZ b
geschl. Sonntag – **Menu** 35 (mittags) à la carte 62/91, ♀ 🍷.
♦ Cuisine von avantgarde bis classique, serviert zwischen honigfarbenen Onyxwänden zu schwarzem Marmor, Rosenahorn und Samtpolstern, bestrahlt von Blattgoldfeldern.
Spez. Taube mit Gewürzen. Boeuf à la mode. Schokoladencrème mit Olivenöl

BERLIN S. 23

Facil - Hotel Madison, Potsdamer Str. 3 (5. Etage), ✉ 10785, ☎ (030) 5 90 05 12 34, welcome@facil-berlin.de, Fax (030) 590050500, 🍴 – 🍽 🚗, AE ① ⦾ VISA ⊘
geschl. 1. - 25. Jan., 24. Juli - 8. Aug., Samstag - Sonntag, Feiertage – **Menu** 33 (mittags)/145 à la carte 62/82, ⚏.
NZ v
♦ Ein gläserner Lift an der Fassade bringt Sie in das komplett verglaste Restaurant in der 5. Etage. Eleganz in klaren Linien und die grüne Umgebung zeichnen diese Adresse aus.
Spez. Bretonischer Hummer mit Bouillabaisse-Risotto und Venusmuscheln. Müritz-Lamm in Olivenknusperteig mit Bohnenkrautjus und Ofentomaten. Schokoladentarte mit Espressomousse und Banyulsrahmeis

Die Quadriga - Hotel Brandenburger Hof, Eislebener Str. 14, ✉ 10789, ☎ (030) 21 40 56 50, info@brandenburger-hof.com, Fax (030) 21405100 – AE ① ⦾ VISA JCB. ⊘
LY n
geschl. 1. - 11. Jan., 12. Juli - 15. Aug., Samstag - Sonntag – **Menu** (nur Abendessen) 70/90 à la carte 52/72, ⚏ 🌿.
♦ Man sitzt in Lloyd-Wright-Stühlen aus Kirschholz, lauscht den Pianoklängen und speist von Porzellan der Königlichen Manufaktur Berlin : kreative köstlichkeiten.
Spez. Gegrillte Jakobsmuscheln und Tatar vom Thunfisch. Lasagne vom geschmorten Ochsenschwanz und Rinderfilet mit Gänseleberschaum. Törtchen von Ananas und Schokolade mit gratiniertem Passionsfruchtparfait

Harlekin - Grand Hotel Esplanade, Lützowufer 15, ✉ 10785, ☎ (030) 2 54 78 86 30, info@esplanade.de, Fax (030) 254788617, 🍴 – 🍽, AE ① ⦾ VISA JCB. ⊘
MX e
geschl. 1. - 6. Jan., 20. - 28. April, Sonntag - Montag – **Menu** (nur Abendessen) 75 à la carte 49/60, ⚏.
♦ Den Saal beherrscht keck der Harlekin von Markus Lüpertz. Im Restaurant lässt sich das Küchenteam in die Töpfe schauen : zu sehen und zu schmecken gibt es dort kreative Küche.

VAU, Jägerstr. 54, ✉ 10117, ☎ (030) 2 02 97 30, restaurant@vau-berlin.de, Fax (030) 20297311, 🍴 – AE ① ⦾ VISA. ⊘
PZ u
geschl. Sonntag – **Menu** 36 (mittags)/110 à la carte 64/76, ⚏.
♦ Das Auge isst mit ! Architektur, Design und Kochkünste dieses edlen Restaurants im Bistro-Stil gehen eine äußerst appetitanregende Verbindung ein.
Spez. Lauwarm marinierter Hummer mit Mango und Olive. Bresse-Taube mit Feigenchutney und gegrilltem Chicorée. Dreierlei vom Kalb mit Minzspinat und Flammkuchen

Ana e Bruno, Sophie-Charlotten-Str. 101, ✉ 14059, ☎ (030) 3 25 71 10, alexandra@ana-e-bruno.de, Fax (030) 3226895 – 🍽. ⊘
EY s
geschl. Jan. - Feb. 2 Wochen, Juli - Aug. 2 Wochen, Sonntag - Montag – **Menu** (nur Abendessen) (italienische Küche) à la carte 56/73 ⚏.
♦ Küchenchef und Hausherr Bruno Pellegrini erklärt seinen Gästen fachkundig die Zusammenstellung der Menüfolge und empfiehlt den passenden Wein. Modern-elegante Einrichtung.

Alt Luxemburg, Windscheidstr. 31, ✉ 10627, ☎ (030) 3 23 87 30, info@altluxemburg.de, Fax (030) 3274003 – 🍽. AE ① ⦾ VISA
JX s
geschl. Sonntag – **Menu** (nur Abendessen) (Tischbestellung ratsam) 67/75 à la carte 47/60.
♦ Gründerzeit-Ambiente und Stoffentwürfe von Josef Hoffmann, dem Initiator der Wiener Werkstätten. Individuelle, kulinarische Adresse mit klassischer Küche.

Bocca di Bacco, Friedrichstr. 167, ✉ 10117, ☎ (030) 20 67 28 28, info@boccadibacco.de, Fax (030) 20672929 – AE ⦾ VISA. ⊘
PZ x
geschl. Sonntagmittag – **Menu** (italienische Küche) 19,50 (mittags) à la carte 30/41.
♦ Willkommen im "Mund des Bacchus" : Freuen Sie sich auf freundlichen Service und gute italienische Küche in stilvoll-modernem Restaurant mit opulenten Bildern und schicker Bar.

Kaiserstuben, Am Festungsgraben 1, ✉ 10117, ☎ (030) 20 61 05 48, info@kaiserstuben.de, Fax (030) 20610550 – AE ① ⦾ VISA
PY n
geschl. Juli - Aug. 3 Wochen, Sonntag - Montag – **Menu** (nur Abendessen) (Tischbestellung ratsam) à la carte 46/56 – **Die Möve** (geschl. Sonntag) (nur Abendessen) **Menu** à la carte 28/36.
♦ Die Kaiserstuben haben ein neues Domizil. In der ersten Etage des herrschaftlichen Palais findet man das kleine Restaurant mit gediegener Aufmachung und klassischer Karte. In der Möve : weiß gedeckte Tische und moderneres Ambiente mit internationalen Gerichten.

Guy, Jägerstr. 59 (Innenhof), ✉ 10117, ☎ (030) 20 94 26 00, info@guy-restaurant.de, Fax (030) 20942610, 🍴 – AE ⦾ VISA. ⊘
PZ d
geschl. Samstagmittag, Sonntag – **Menu** 20 (mittags) à la carte 39/46 (auch vegetarisches Menu), ⚏.
♦ Stilvollen Charme versprüht das Guy mit seinen vier terrassenförmig angeordneten Ebenen, wo Restaurant, imposanter Hof, Weinkeller, Bar und Bankettsalon untergebracht sind.

Paris-Moskau, Alt-Moabit 141, ✉ 10557, ☎ (030) 3 94 20 81, Fax (030) 3942602, 🍴
geschl. Aug. 2 Wochen – **Menu** (nur Abendessen) (Tischbestellung ratsam) à la carte 33/46, ⚏.
GY s
♦ Unweit des Lehrter Stadtbahnhofes steht das alte Fachwerkhaus auf ehemaligem Grenzgebiet. Zeitlose, geschmackvolle Einrichtung. Einfallsreiche Küche je nach Saison.

BERLIN S. 24

XX Maothai
Meierottostr. 1, ✉ 10719, ℰ (030) 8 83 28 23, Fax (030) 88675658, 🍴 –
AE ⓓ ⓜⓞ VISA. ✂
LY m
Menu *(Montag - Freitag nur Abendessen)* (thailändische Küche) à la carte 20/42.
• Das klassische Haus mit eleganter Fassade steht beim Fasanenplatz gleich um die Ecke.
Die umfassende Speisekarte führt man sich hier bei thailändischer Musik zu Gemüte.

XX Bacco
Marburger Str. 5, ✉ 10789, ℰ (030) 2 11 86 87, *info@bacco.de*,
Fax (030) 2115230 – AE ⓜⓞ VISA. ✂
MX u
geschl. Juli - Aug. Sonntag – **Menu** *(Juli - Aug. nur Abendessen)* (italienische Küche) à la
carte 31,50/44.
• Familiär geführtes Lokal am Europacenter. Der Patron selbst empfiehlt die Tagesspe-
zialitäten. Den passenden Tropfen finden Sie auf einer Karte mit 250 italienischen Weinen.

XX Engelbrecht
Schiffbauerdamm 6, ✉ 10117, ℰ (030) 28 59 85 85, *info@engelbrec
ht-berlin.de*, *Fax (030) 28598587* – AE ⓜⓞ VISA
NY c
geschl. Samstagmittag, Sonntagmittag – **Menu** 16,50 (mittags)/40 à la carte 29/37,50, ⌂.
• Brechts Bühne ist um die Ecke, die Spree vor der Tür und die Kuppel des Reichstags liegt
im Blickfeld. Moderne Einrichtung und international zusammengestelltes Speiseangebot.

X Rutz
Chausseestr. 8, ✉ 10115, ℰ (030) 24 62 87 60, *info@rutz-weinbar.de*,
Fax (030) 24628761, 🍴 – AE ⓓ ⓜⓞ VISA
PY r
geschl. Sonntag – **Menu** *(nur Abendessen)* à la carte 37,50/48 ✑.
• Die moderne Szenerie der zweigeschossigen gastronomischen Einrichtung setzt auf
puristische Eleganz. Eines der Highlights : die Weinkarte mit 1001 verschiedenen Posi-
tionen.

X Die Eselin von A.
Kulmbacher Str. 15, ✉ 10777, ℰ (030) 2 14 12 84, *info@die-es
elin-von-a.de*, *Fax (030) 21476948*, 🍴 – ⓜⓞ VISA
MY a
geschl. Anfang Jan. 2 Wochen, Juli 2 Wochen – **Menu** *(nur Abendessen)* à la carte 30/38, ⌂.
• Viele Stammgäste schätzen dieses bistroartige Restaurant wegen des netten Service,
der entspannten Atmosphäre und einer modernen internationalen Küche aus frischen Pro-
dukten.

X Borchardt
Französische Str. 47, ✉ 10117, ℰ (030) 20 38 71 10, *Fax (030) 20387150*,
🍴 – AE ⓜⓞ VISA – **Menu** à la carte 33/51.
PZ z
• Säulen mit vergoldeten Kapitellen und Stuckdecken beeindrucken hier den Gast. Kein Wun-
der bei dieser edlen In-Adresse. Hier gilt : "Sehen und gesehen werden" ! Innenhofterrasse.

X Maxwell
Bergstr. 22 (Eingang im Hof), ✉ 10115, ℰ (030) 2 80 71 21, *maxwell.berlin
@t-online.de*, *Fax (030) 28599848*, 🍴 – AE ⓓ ⓜⓞ VISA JCB
PX e
Menu *(Tischbestellung ratsam)* à la carte 28/40.
• Im Hinterhof einer ehemaligen Brauerei von ca. 1900 zu finden. Das Gebäude mit schöner
neogotischer Fassade ist durchaus einen Abstecher wert. Schöne Innenhofterrasse.

X Weinstein
Mittelstr. 1, ✉ 10117, ℰ (030) 20 64 96 69, *Fax (030) 20649699*, 🍴 – AE
ⓓ ⓜⓞ VISA
PY f
geschl. Juli 2 Wochen, Samstagmittag, Sonntag - Montag – **Menu** 29/41 und à la carte.
• Das Interieur verbindet exklusives Pariser Bistro-Ambiente mit einem Hauch anspre-
chendem Art déco. Die ambitionierte Küche hat einen starken mediterranen Touch.

X Lindenlife
Unter den Linden 44, ✉ 10117, ℰ (030) 2 06 29 03 33, *zinati@lindenlife
.de*, *Fax (030) 206290335*, 🍴 – AE ⓓ ⓜⓞ VISA
NZ u
Menu à la carte 26,50/39 – **Weinlife : Menu** à la carte 19,50/29.
• Speisen im Lindenlife des Bundesabgeordnetenhauses : Die puristische Restauration
macht's möglich - vielleicht sitzt am Nebentisch ein bekannter Politiker. Modernes Ambiente
im Weinlife mit geradliniger Ausstattung und Weinklimaschränken an den Wänden.

X Lutter und Wegner
Charlottenstr. 56, ✉ 10117, ℰ (030) 20 29 54 10, *reservieru
ng@lutter-wegner-gendarmenmarkt.de*, *Fax (030) 20295425*, 🍴 – AE ⓜⓞ VISA
PZ e
Menu 17 (mittags) à la carte 27,50/42,50 ✑.
• E.T.A. Hoffmann wohnte gleich um die Ecke. Drei große, von zeitgenössischen Künstlern
bemalte Säulen geben das Motto vor : Wein, Weib und Gesang. Gemütliche Weinstube.

X Epoque
Knesebeckstr. 76, ✉ 10623, ℰ (030) 88 67 73 88, 🍴, ⓜⓞ
LX b
geschl. Montag - Dienstag – **Menu** *(nur Abendessen)* à la carte 29,50/38.
• Ein nettes kleines Restaurant mit französischem Flair - Chansons unterstreichen die
Atmosphäre - und freundlichem Service. Terrasse mit Bistrostühlen auf dem Bürgersteig.

X Marjellchen
Mommsenstr. 9, ✉ 10629, ℰ (030) 8 83 26 76, *Fax (030) 88729890*, 🍴
AE ⓓ ⓜⓞ VISA JCB – geschl. Sonntag – **Menu** *(nur Abendessen)* à la carte 20/40.
KX a
• Typische und gemütliche Berliner Adresse, wo deftige ostpreußische und schlesische
Gerichte aufgetischt werden. Die Rezepte erbte das Marjellchen von seiner Großmutter.

X Oktogon
Leipziger Platz 10, ✉ 10117, ℰ (030) 20 64 28 64, *info@oktogon-berlin.de*,
Fax (030) 20642820, 🍴 – AE ⓓ ⓜⓞ VISA
NZ c
Menu 12 (mittags) à la carte 25/30, ⌂.
• Dunkler Holzfußboden, blanke Tische und eine rot gepolsterte Sitzbank schaffen in die-
sem Restaurant Bistro-Ambiente. Von der Terrasse aus blickt man auf den Potsdamer Platz.

BERLIN S. 25

In den Bezirken :

In Berlin-Adlershof *Stadtplan Berlin : S. 5 :*

Dorint, Rudower Chaussee 15, ✉ 12489, ✆ (030) 67 82 20, *info.beradl@dorint.com*, Fax (030) 678221000, 😊 – 🛏, ⚡ Zim, 📺 ✆ & ⚑ 🅿 – 🔔 120. AE ⓘ ⓜ VISA JCB. ✗ Rest
DV d
geschl. 18. Dez. - 9. Jan. – **Menu** à la carte 19/30 – ☐ 12 – **120 Zim** 80/113 – 86/116.
♦ Neues Businesshotel mit moderner Sandsteinfassade am Rande eines Industriegebiets. Einheitlich gestaltete Zimmer mit hellem Einbaumobiliar und guter technischer Ausstattung.

In Berlin-Buchholz *Stadtplan Berlin : S. 5 :*

Businesshotel garni, Pasewalker Str. 97, ✉ 13127, ✆ (030) 47 69 80, *info@businesshotel.de*, Fax (030) 47698453 – 🛏 ⚡ 📺 ✆ & ⚑ 🅿. AE ⓜ VISA JCB
CT n
97 Zim ☐ 50/75 – 60/100.
♦ Business as usual ? In diesem Hotel kein Problem : Praktisch und funktionell eingerichtete Zimmer sowie ein kleiner Tagungsraum stehen hier für den geschäftigen Gast bereit.

In Berlin-Friedrichshain *Stadtplan Berlin : S. 5 u. 7 u. 11 :*

Inn Side Residence-Hotel, Lange Str. 31, ✉ 10243, ✆ (030) 29 30 30, *berlin@innside.de*, Fax (030) 29303199, 😊, 🌊 – 🛏, ⚡ Zim, 📺 ✆ & ⚑ – 🔔 35. AE ⓘ ⓜ VISA JCB. ✗ Rest
SZ r
Menu à la carte 25/40 – ☐ 14 – **133 Zim** 160/230 – 180/250.
♦ Das phantasievolle Zusammenspiel von Farben und Formen prägt die Optik der großräumigen Zimmer. Lassen Sie sich über sechs Etagen von zahlreichen Kunstobjekten inspirieren ! Im Untergeschoss das Restaurant mit Wintergarten und Blick zum Innenhof.

NH Berlin-Alexanderplatz, Landsberger Allee 26, ✉ 10249, ✆ (030) 4 22 61 30, *nhberlinalexanderplatz@nh-hotels.com*, Fax (030) 422613300, 😊, 🌊 – 🛏, ⚡ Zim, 📺 ✆ & ⚑ – 🔔 160. AE ⓘ ⓜ VISA
SY e
Menu à la carte 23/36 – ☐ 13 – **225 Zim** 100 – 115.
♦ Großzügiger Empfangsbereich. Einheitlich mit hellen, modernen Naturholzmöbeln ausgestattete Zimmer, die den Bedürfnissen von Geschäftsleuten entsprechen. Gepflegtes Restaurant im Bistrostil.

Mercure City Ost garni, Frankfurter Allee 73a/Ecke Voigtstraße, ✉ 10247, ✆ (030) 42 83 10, *h2821@accor-hotels.com*, Fax (030) 42831831 – 🛏 ⚡ 📺 – 🔔 20. AE ⓘ ⓜ VISA
CU b
☐ 13 – **120 Zim** 92/130 – 113/151, 4 Suiten.
♦ Hinter der Glas-Betonfassade verbirgt sich ein großes Einkaufs- und Bürocenter, in dem auch das Hotel etabliert ist. Gute und schallisolierte Zimmer für Geschäftsleute.

Upstalsboom Hotel Friedrichshain, Gubener Str. 42, ✉ 10243, ✆ (030) 29 37 50, *info@upstalsboom-berlin.de*, Fax (030) 29375777, ♨, 🌊 – 🛏, ⚡ Zim, 📺 ✆ ⚑ – 🔔 50. AE ⓘ ⓜ VISA
HY a
Menu à la carte 22/31 – **169 Zim** ☐ 85/145 – 100/160.
♦ Im Osten Berlins erwarten Sie wohnlich gestaltete Zimmer in zwei Kategorien. Das Haus befindet sich in einer Seitenstraße in relativ ruhiger Wohnlage. Gartenterrasse und Bar. Im Restaurant friesische und internationale Gerichte.

Tulip Inn, Gürtelstr. 41, ✉ 10247, ✆ (030) 29 38 30, *tulip-inn-bln-frh@debitel.net*, Fax (030) 29383222, 🌊 – 🛏, ⚡ Zim, 📺 & ⚑. AE ⓘ ⓜ VISA JCB. ✗ Rest
CU c
Menu *(geschl. Sonntag) (nur Abendessen)* à la carte 16/25 – **60 Zim** ☐ 85/115 – 100/140.
♦ Direkt an der S- und U-Bahn-Station Frankfurter Allee gelegen. Stilmöbel und viel Liebe zum Detail schmücken das Interieur. Geschäfte und Kneipen in Fußentfernung. Im Restaurant verspieltes Dekor und einfache Küche im Bistrostil.

Ibis Ostbahnhof garni, An der Schillingbrücke 2, ✉ 10243, ✆ (030) 25 76 00, *h3108@accor-hotels.com*, Fax (030) 25760333 – 🛏 ⚡ 📺 ✆ & ⚑. AE ⓘ ⓜ VISA
SZ b
☐ 9 – **242 Zim** 59.
♦ Die Zimmerausstattung dieses neuzeitlichen Hotels entspricht den Ansprüchen, die Reisende an eine funktionelle Unterkunft stellen.

In Berlin-Grunewald *Stadtplan Berlin : S. 4 u. 6 :*

The Regent Schlosshotel ⚜, Brahmsstr. 10, ✉ 14193, ✆ (030) 89 58 40, *schlosshotel@regenthotels.com*, Fax (030) 89584802, 😊, 🎾, Massage, 🎰, 🌊, 🔲, 🌳 – 🛏, ⚡ Zim, 📺 ✆ & ⚑ 🅿 – 🔔 40. AE ⓘ ⓜ VISA JCB. ✗ Rest
EZ y
Vivaldi *(geschl. Jan. 2 Wochen, 26. Juli - 15. Aug., Sonntag - Montag)* **Menu** à la carte 67/93, ♀ – ☐ 23 – **54 Zim** 280/390 – 310/430, 12 Suiten.
♦ Kein Traum : In dem ehemaligen Palais ist alles vom Feinsten ! Karl Lagerfeld hat hier das Innenleben bestimmt. Es fehlen die Worte : Man komme und staune ! Im Vivaldi speisen Sie in der barocken Pracht von Kristallüstern, Stuck und Goldornamenten.
Spez. Lauch-Cannelloni gefüllt mit geeistem Taschenkrebs. Lauwarme Bouillon von Pfifferlingen und Sternanis mit Gänsestopfleber. Kross gebratener Wolfsbarsch mit weißer Gazpacho und kleinen Pimentos

BERLIN S. 26

In Berlin-Karow *Stadtplan Berlin : S. 5* :

Bel Air, Hagenstr. 1a, ✉ 13125, ☏ (030) 9 42 00 90, *hotel-belair@t-online.de*, Fax (030) 94200913 – 🛗, ⇥ Zim, 📺 ☏ 🅿. 🆎 ⓜ VISA. ⌀ Rest   CT b
Menu *(nur Abendessen)* (Restaurant nur für Hausgäste) – **17 Zim** ⌑ 67/77 – 78/82.
• Neuzeitliche Pension mit modernem Glasanbau und wohnlichen Zimmern mit solidem, hellem Einbaumobiliar. Für Hausgäste serviert man abends auf Wunsch kleine Mahlzeiten.

In Berlin-Köpenick *Stadtplan Berlin S. 5* :

Courtyard by Marriott, Grünauer Str. 1, ✉ 12557, ☏ (030) 65 47 90, *cy.bercy.dos@courtyard.com*, Fax (030) 65479555, ☕, ↯, ≘s – 🛗, ⇥ Zim, 🖳 📺 ☏ ⇔ – 🚗 270. 🆎 ⓞ ⓜ VISA JCB   DV a
Menu à la carte 21/37,50 – ⌑ 14 – **190 Zim** 75/130.
• Direkt am Ufer der Dahme gelegen, verfügt das Hotel über eigene Bootsanlegeplätze. Buchen Sie ein Zimmer mit Blick auf Fluss und Köpenicker Schloss ! Großer Fitnessbereich. Restaurant mit Showküche.

In Berlin-Kreuzberg *Stadtplan Berlin : S. 7 u. 10* :

relexa Hotel Stuttgarter Hof, Anhalter Str. 8, ✉ 10963, ☏ (030) 26 48 30, *berlin@relexa-hotel.de*, Fax (030) 26483900, ↯, ≘s – 🛗, ⇥ Zim, 📺 ⇔ – 🚗 160. 🆎 ⓞ ⓜ VISA JCB
Menu à la carte 25/31,50 – **207 Zim** ⌑ 120/195 – 150/225, 10 Suiten.   NZ e
• Schon im kaiserlichen Berlin war der Stuttgarter Hof eine beliebte Adresse für ein internationales Publikum. Jetzt mit fast verdoppelter Zimmerzahl und neuen Konferenzräumen !

Ludwig van Beethoven garni, Hasenheide 14, ✉ 10967, ☏ (030) 6 95 70 00, *info@hotel-ludwig-van-beethoven.de*, Fax (030) 695700150 – 🛗 ⇥ 📺 🅿 – 🚗 15. 🆎 ⓞ ⓜ VISA
68 Zim ⌑ 80/95 – 98/115.   HZ d
• Das Hotel beginnt in der 2. Etage des Geschäftshauses, helle freundliche Zimmer erwarten Sie. Im großen wintergartenähnlichen Frühstücksraum wird auch der müdeste Gast wach.

Mercure Berlin Mitte garni, Luckenwalder Str. 11, ✉ 10963, ☏ (030) 5 16 51 30, *h4988@accor-hotels.com*, Fax (030) 516513600 – 🛗 ⇥ 📺 ☏ – 🚗 15. 🆎 ⓞ ⓜ VISA JCB   GY a
⌑ 13 – **120 Zim** 98/138 – 116/150.
• Ein in Carré-Form um einen Innenhof angelegtes Hotel mit modernen Zimmern in warmen Farben. Bistro/Bar mit Snacks und Live-Übertragung von sportlichen Events.

Altes Zollhaus, Carl-Herz-Ufer 30, ✉ 10961, ☏ (030) 6 92 33 00, Fax (030) 6923566 – 🆎 ⓞ ⓜ VISA   GZ r
geschl. Montag - Dienstag – **Menu** *(nur Abendessen)* 25/45 und à la carte.
• Das Fachwerk- und ehemalige Zollhaus liegt am Landwehrkanal und ist auch mit dem Schiff über den hauseigenen Bootsanleger erreichbar. Internationales Repertoire.

Svevo, Lausitzer Str. 25, ✉ 10999, ☏ (030) 61 07 32 16, Fax (030) 61073244   HZ z
geschl. Aug., Sonntag - Montag – **Menu** *(nur Abendessen)* à la carte 28,50/34, ♌.
• Ein junges Team leitet dieses mit Holzboden und -mobiliar recht schlicht gestaltete Restaurant. Ungewöhnlich : Karteikarten in einem kleinen Kästchen ersetzen die Speisekarte.

Le Cochon Bourgeois, Fichtestr. 24, ✉ 10967, ☏ (030) 6 93 01 01, Fax (030) 6943480, ☕   HZ m
geschl. 1. - 12. Jan., Juli 2 Wochen, Sonntag - Montag – **Menu** *(nur Abendessen)* à la carte 27/37, ♌.
• Eine Lokalität mit ganz eigenem Charakter : Sichtbar geprägt durch die derb-rustikale Einrichtung, die dennoch im Einklang mit der französischen Küche des Hauses steht.

In Berlin-Lichtenberg *Stadtplan Berlin : S. 5* :

Abacus Tierpark Hotel, Franz-Mett-Str. 3, ✉ 10319, ☏ (030) 5 16 20, *info@abacus-hotel.de*, Fax (030) 5162400, ☕, ≘s – 🛗, ⇥ Zim, 📺 ☏ 🅿 – 🚗 250. 🆎 ⓞ ⓜ VISA
Menu 15 (mittags)/24 (Buffet) und à la carte – **278 Zim** ⌑ 99/145 – 125/200.   DU e
• Tierfreunde wohnen hier richtig : Europas größter Freilandgehege-Tierpark ist nur einen Katzensprung entfernt. Die Zimmer sind mit hellem Naturholz funktionell eingerichtet. Restaurant mit lockerer Bistro-Cafeteria-Atmosphäre.

City Consul, Rathausstr. 2, ✉ 10367, ☏ (030) 55 75 70, *ccberlin@consul-hotels.com*, Fax (030) 55757272, ≘s – 🛗, ⇥ Zim, 📺 ☏ ⇔ – 🚗 25. 🆎 ⓞ ⓜ VISA
Menu à la carte 14,50/33 – **98 Zim** ⌑ 98/111 – 119/132.   CU b
• Im Osten der Hauptstadt. Dieses Haus ist stolz auf die mit modernster Konferenztechnik ausgestatteten Veranstaltungsräume. Zwei Etagen sind für Nichtraucher reserviert.

Nova garni, Weitlingstr. 15, ✉ 10317, ℰ (030) 5 25 24 66, info@hotel-nova.de, Fax (030) 5252432 – 📶 📺 AE ① ⓜ VISA JCB
42 Zim ⇔ 60/80 – 75/95.   DU a
• Mit seiner der Gründerzeit nachempfundenen Fassade stellt das Hotel einen markanten Punkt am Bahnhof Lichtenberg dar. Auch ein Solarium steht bereit.

In Berlin-Lichterfelde Stadtplan Berlin : S. 4 :

Villa Toscana garni, Bahnhofstr. 19, ✉ 12207, ℰ (030) 7 68 92 70, hotel@villa-toscana.de, Fax (030) 7734488, 🌳 – 📶 📺 AE ① ⓜ VISA JCB ⚓
16 Zim ⇔ 80/110 – 100/120.   BV b
• Villa aus der Jahrhundertwende mit original italienischem Ambiente, Schleiflackmöbeln und Garten nach toskanischem Vorbild. Im Gartenteich ziehen Koi-Karpfen ihre Bahnen.

In Berlin-Mariendorf Stadtplan Berlin : S. 5 :

Landhaus Alpinia, Säntisstr. 32, ✉ 12107, ℰ (030) 76 17 70 (Hotel) 7 41 99 98 (Rest.), info@alpinia-berlin.de, Fax (030) 7419835, 🌳, ⓢ – 📶, ⚓ Zim, 📺 ℰ 🚗 – 🔒 20. AE ⓜ VISA   CV b
Villa Rossini (italienische Küche) (nur Abendessen) **Menu** à la carte 19/36 – **58 Zim** ⇔ 93/135 – 115/160.
• Wenn Sie der hektischen City entfliehen und dennoch in ihrer Nähe sein möchten, könnten Ihnen das feudal-rustikale Interieur und der kleine Park dieses Hotels gefallen ! Helles Pinienholz und eine elegant-rustikale Einrichtung prägen das Ristorante.

In Berlin-Neukölln : Stadtplan Berlin : S. 7 :

Estrel, Sonnenallee 225, ✉ 12057, ℰ (030) 6 83 10, hotel@estrel.com, Fax (030) 68312345, Biergarten, Massage, 🏊, ⓢ – 📶, ⚓ Zim, 📺 ℰ 🎾 🚗 – 🔒 2700. AE ① ⓜ VISA JCB   HZ a
Sans Souci (nur Abendessen) **Menu** à la carte 22/39 – **Portofino** (italienische Küche) **Menu** à la carte 21/43 – **Estrel-Stube** (nur Abendessen) **Menu** à la carte 16/28 – ⇔ 15 – **1125 Zim** 123/235 – 134/246, 60 Suiten.
• Eine kleine Welt für sich und ein Superlativ : Deutschlands größtes Hotel mit glasüberdachter Piazza, integriertem Convention- und Festivalcenter, Bahnhof und Bootsanleger. Das Sans Souci bietet internationale Küche. Pizza und Pasta im Portofino.

Mercure, Hermannstr. 214, ✉ 12049, ℰ (030) 62 78 00, h1894@accor-hotels.com, Fax (030) 62780111, 🏊, ⓢ – 📶, ⚓ Zim, 📺 ℰ 🚗 – 🔒 250. AE ① ⓜ VISA JCB   HZ c
Menu à la carte 23/32 – ⇔ 13 – **216 Zim** 106/122 – 121/137.
• Für Flugreisende des Airports Tempelhof eine nahe liegende Adresse : Das Hotel bietet unter einem Dach Kino, Friseur- und Kosmetikstudio, Laden-Passage und Büro-Komplexe.

Euro-Hotel garni, Sonnenallee 6, ✉ 12047, ℰ (030) 61 38 20, info@euro-hotel.net, Fax (030) 61382222 – 📶 ⚓ 📺 ℰ – 🔒 50. AE ① ⓜ VISA JCB   HZ b
70 Zim ⇔ 85/136 – 99/156.
• Zentral am Hermannplatz, mit guter Anbindung an die öffentlichen Verkehrsmittel. Ein kostenpflichtiges Parkhaus liegt gegenüber. Einheitliche Zimmer mit Schreibtischen.

In Berlin-Pankow Stadtplan Berlin : S. 5 :

Solitaire, Hermann-Hesse-Str. 64, ✉ 13156, ℰ (030) 91 60 10, info@solitaire.de, Fax (030) 91601100, Massage, ⓢ – 📶, ⚓ Zim, 📺 ♿ 🅿 – 🔒 30. AE ① ⓜ VISA JCB
Zur fröhlichen Pfalz (Weinstube) (geschl. Dienstag) (nur Abendessen) **Menu** à la carte 15,50/31 – **52 Zim** ⇔ 72/92 – 99/123.   CT r
• Der begrünte Innenhof mutet provenzalisch an. Von der Bildergalerie erreicht man die Zimmer, die mit handgeschnitzten Massivholzmöbeln aus Mexiko eingerichtet sind. In der Weinstube bewirtet man Sie mit Pfälzer Gerichten.

In Berlin-Prenzlauer Berg Stadtplan Berlin : S. 7 u. 11 :

Park Plaza, Storkower Str. 162, ✉ 10407, ℰ (030) 42 18 10, ppbinfo@parkplazahotels.de, Fax (030) 42181111 – 📶, ⚓ Zim, 📺 ℰ ♿ – 🔒 50. AE ① ⓜ VISA JCB
⚓ Rest   HY c
Menu (geschl. Sonntagabend) à la carte 22/31 – **155 Zim** ⇔ 100/120 – 120/140.
• Der Büro-Hotel-Komplex präsentiert sich direkt gegenüber des Europa-Sport-Parks und ist nicht nur eine gute Adresse, um von hier das 6-Tage-Rennen im Velodrom zu verfolgen.

Myer's Hotel garni, Metzer Str. 26, ✉ 10405, ℰ (030) 44 01 40, info@myershotel.de, Fax (030) 44014104 – 📶 ⚓ 📺 ♿. AE ⓜ VISA   RX b
41 Zim ⇔ 80/135 – 100/165.
• Mit seinem stilvollen Rahmen und wohnlichen Zimmern gefällt dieses komplett sanierte klassizistische Gebäude. Bei schönem Wetter frühstücken Sie auf der Terrasse im Innenhof.

BERLIN S. 28

Holiday Inn City Center East garni, Prenzlauer Allee 169, ⊠ 10409, ℘ (030) 44 66 10, *info@hi-berlin.com*, *Fax (030) 44661661* – |≋|, 🛏 🖂 📺 📞 🚗 – 🄰 40. 🄰🄴 ⓘ ⓜⓞ 𝚅𝙸𝚂𝙰 𝙹𝙲𝙱
⚏ 15 – **122 Zim** 110/149 – 130/169.
HX b

♦ Schon bei der Ankunft fallen die bunten Motive und Malereien ins Auge : Die Kunstwerke des Spaniers Gustavo ziehen sich als roter Faden durch das gepflegte, moderne Hotel.

Ibis garni, Prenzlauer Allee 4, ⊠ 10405, ℘ (030) 44 33 30, *h0353@accor-hotels.com*, *Fax (030) 44333111* – |≋|, 🛏 Zim, 🖂 📺 📞 🚗. 🄰🄴 ⓘ ⓜⓞ 𝚅𝙸𝚂𝙰
⚏ 9 – **198 Zim** 69 – 81.
RX x

♦ Standardgemäß mit neuzeitlich-hellem Mobiliar ausgestattet, empfiehlt sich dieses Hotel mit seinem guten Preis-Leistungs-Verhältnis als funktionelle Übernachtungsadresse.

Jurine garni, Schwedter Str. 15, ⊠ 10119, ℘ (030) 4 43 29 90, *mail@hotel-jurine.de*, *Fax (030) 44329999* – |≋|, 🛏 Zim, 📺 📞 🚗. 🄰🄴 ⓘ ⓜⓞ 𝚅𝙸𝚂𝙰
⚏ 13 – **53 Zim** 65/125 – 85/145.
RX s

♦ Familiär geführtes Haus am Fuße des Prenzlauer Bergs : guter Ausgangspunkt, um Kunst, Kiez und Kneipen zu besuchen. Hoteleigener Garten mit hübscher Sommerterrasse.

Zander, Kollwitzstr. 50, ⊠ 10405, ℘ (030) 44 05 76 79, *rolalbrecht@aol.com*, *Fax (030) 44057632*, 🌳 – 🄰🄴 ⓜⓞ 𝚅𝙸𝚂𝙰
RX a
geschl. Sonntag – **Menu** 12 (mittags)/48 à la carte 28/36.

♦ Einfach eingerichtetes Restaurant auf zwei Ebenen mit Bistrobestuhlung, das eine frische internationale Küche und ein wöchentlich wechselndes Angebot präsentiert.

In Berlin-Reinickendorf *Stadtplan Berlin : S. 4 u. 5 u. 6* :

Dorint Airport Hotel, Gotthardstr. 96, ⊠ 13403, ℘ (030) 49 88 40, *info.berteg@dorint.com*, *Fax (030) 49884555* – |≋|, 🛏 Zim, 📺 📞 🚗 🅿 – 🄰 70. 🄰🄴 ⓘ ⓜⓞ 𝚅𝙸𝚂𝙰 𝙹𝙲𝙱
✳ Rest
Menu à la carte 20/35 – ⚏ 12 – **303 Zim** 68/129 – 71/141.
FX c

♦ Vor der Tür hält der Bus zum Flughafen Tegel. Darüber hinaus bestehen gute Anbindungen an das weitläufige Verkehrsnetz. Italienischer Stil prägt das Interieur des Hauses.

Rheinsberg am See, Finsterwalder Str. 64, ⊠ 13435, ℘ (030) 4 02 10 02, *info@otel-rheinsberg.com*, *Fax (030) 4035057*, 🌳, Massage, 𝙸𝚜, 🎳, 🏊, 🏊 – |≋|, 🛏 Zim, 📺 📞 🅿 – 🄰 30. 🄰🄴 ⓘ ⓜⓞ
Menu à la carte 25/45 – **81 Zim** ⚏ 94/99 – 109/125.
CT e

♦ Im Norden der Stadt liegt dieses Domizil in attraktiver Lage am See. Eine ehemalige Scheune verspricht einen individuellen Rahmen für Ihre Konferenz ! Großer Fitnessbereich. Offenes Restaurant mit Gartenterrasse.

Carat, Ollenhauerstr. 111, ⊠ 13403, ℘ (030) 41 09 70, *info@carat-hotel-berlin.de*, *Fax (030) 41097464*, 🌳 – |≋|, 🛏 Zim, 📺 📞 🅿 – 🄰 40. 🄰🄴 ⓘ ⓜⓞ 𝚅𝙸𝚂𝙰
Philios : Menu à la carte 19/31 – **44 Zim** ⚏ 70/120 – 80/125.
BT n

♦ Ob kurze Zwischenlandung oder ausgiebiger Berlin-Besuch : Die Nähe zu Flughafen und öffentlichen Verkehrsmitteln ermöglicht beides. Wohnlich, in italienischem Stil. Das Philios ist ein helles, modernes Bistro.

Ibis, Alt Reinickendorf 4, ⊠ 13407, ℘ (030) 49 88 30, *h1573@accor-hotels.com*, *Fax (030) 49883444*, 🌳 – |≋|, 🛏 Zim, 📺 📞 🚗 – 🄰 50. 🄰🄴 ⓘ ⓜⓞ 𝚅𝙸𝚂𝙰 𝙹𝙲𝙱
Menu *(nur Abendessen)* à la carte 15/20 – ⚏ 9 – **116 Zim** 59.
CT t

♦ Einmal mehr heißt Sie ein Ibis-Hotel in Berlin willkommen ! Hier erwarten den Gast funktionelle und gepflegte Räumlichkeiten. Empfehlenswerte Unterkunft in Reinickendorf.

In Berlin-Siemensstadt *Stadtplan Berlin : S. 4* :

Holiday Inn Berlin-Esplanade, Rohrdamm 80, ⊠ 13629, ℘ (030) 38 38 90, *info@hiberlin-esplanade.de*, *Fax (030) 38389900*, 🌳, 𝙸𝚜, 🏊 – |≋|, 🛏 Zim, 🖂 📺 📞 🚗 – 🄰 170. 🄰🄴 ⓘ ⓜⓞ 𝚅𝙸𝚂𝙰 𝙹𝙲𝙱, ✳ Rest
Menu *(geschl. Sonntagabend)* à la carte 23/32 – ⚏ 16 – **336 Zim** 133/199 – 158/224, 4 Suiten.
BU b

♦ Nach der Enge von Flugzeug, Bahn oder Auto lässt Sie die großzügige Lobby des modern gestalteten Hotels tief durchatmen ! Das Haus ist konsequent im Bauhausstil eingerichtet. Helles, modernes Restaurant mit klaren Linien.

Novotel, Ohmstr. 4, ⊠ 13629, ℘ (030) 3 80 30, *h0483@accor-hotels.com*, *Fax (030) 3819403*, 🏊 – |≋|, 🛏 Zim, 📺 📞 🚗 – 🄰 200. 🄰🄴 ⓘ ⓜⓞ 𝚅𝙸𝚂𝙰
Menu à la carte 18/30 – ⚏ 13 – **119 Zim** 99 – 114.
BU u

♦ Das tadellos geführte Novotel ist gleich neben Siemens angesiedelt. Die Zimmer verfügen über große Schreibflächen. Der Garten mit Pool animiert zur Entspannung !

In Berlin-Spandau *Stadtplan Berlin : S. 4* :

Achat garni, Heidereuterstr. 37, ⊠ 13597, ℘ (030) 33 07 20, *hotel.achat.berlin@t-online.de*, *Fax (030) 33072455*, 𝙸𝚜 – |≋|, 🛏 📺 📞 🚗 🅿 – 🄰 60. 🄰🄴 ⓘ ⓜⓞ 𝚅𝙸𝚂𝙰 𝙹𝙲𝙱
69 Zim ⚏ 100 – 128.
AU x

♦ Zum Abspannen und Aufbauen können Sie sich in eines der 69 Zimmer oder ins Solarium zurückziehen. Das Frühstück erwartet Sie dann im Wintergarten oder auf der Terrasse.

BERLIN S. 29

- **Neotel Senator**, Freiheit 5, ⊠ 13597, ℘ (030) 33 09 80, reservierung@hotelsenator.de, Fax (030) 33098980 – 🛗, ⁂ Zim, ☰ 📺 ♿ ⇔ – 🏛 70. AE ① ⓂⓄ VISA JCB AU e
  Menu à la carte 23/34 – **115 Zim** ⊇ 100/144 – 144/179.
  • Hinter der modernen verglasten Fassade eines Hochhauses findet man neuzeitlich gestaltete Zimmer, die geräumig und technisch gut ausgestattet sind. Restaurant im 16. Stock mit schönem Blick über die Stadt.

- **Ibis** garni, Klosterstr. 4 (Spandau-Arcaden), ⊠ 13581, ℘ (030) 33 50 20, h3321@accor-hotels.com, Fax (030)33502100 – 🛗 ⁂ 📺 ♿ ♿ AE ① ⓂⓄ VISA AU c
  ⊇ 9 – **132 Zim** 61 – 73.
  • Hier erwartet die Besucher ein neues Hotel mit dem gewohnten Ibis-Standard : zeitlos-modern eingerichtete, saubere Zimmer zu einem fairen Preis.

- **Lindenufer** garni, Breite Str. 36, ⊠ 13597, ℘ (030) 3 53 77 00, mail@hotel-lindenufer-berlin.de, Fax (030) 35377055 – ⁂ 📺 AE ① ⓂⓄ VISA JCB AU v
  35 Zim ⊇ 60/75 – 80/105.
  • Das Hotel ist am Anfang der Fußgängerzone von Berlin-Spandau zu finden. Berlins Zentrum erreichen Sie stressfrei mit der U-Bahn. Zeitgemäße, funktionelle Zimmer.

In Berlin-Steglitz Stadtplan Berlin : S. 4 :

- **Steglitz International**, Albrechtstr. 2 (Ecke Schloßstraße), ⊠ 12165, ℘ (030) 79 00 50, info@steglitz.bestwestern.de, Fax (030) 79005550 – 🛗, ⁂ Zim, ☰ Rest, 📺 ♿ – 🏛 270. AE ① ⓂⓄ VISA. ⁂ Rest BV a
  Menu à la carte 23/32 – **200 Zim** ⊇ 106 – 126, 3 Suiten.
  • Großstadtflair einerseits, kultivierte Natur im Botanischen Garten andererseits : beides liegt direkt um die Ecke. Räumlichkeiten für Meetings und festliche Ereignisse.

- **Am Forum Steglitz**, Büsingstr. 1, ⊠ 12161, ℘ (030) 8 50 80 40, info@hotel-am-fs.de, Fax (030) 8592298, 🍴 – 🛗 📺 ⓂⓄ VISA BV r
  Menu (geschl. 22. Dez. - 5. Jan.) (nur Abendessen) à la carte 17/33 – **32 Zim** ⊇ 90 – 105.
  • Schmucke renovierte Fassade ! In diesem Stadthaus aus der Gründerzeit laden heute helle, neuzeitlich ausgestattete Gästezimmer zur Logis. Teilweise mit Balkon. Gemütliches Bistro mit roten Lederpolstern.

- **Edogawa**, Lepsiusstr. 36, ⊠ 12163, ℘ (030) 79 70 62 40, sino.com@t-online.de, Fax (030) 79706240, 🍴 – AE ① ⓂⓄ VISA BV n
  Menu (Montag - Freitag nur Abendessen) (japanische Küche) à la carte 15/31.
  • Das Ambiente verkörpert die Schlichtheit des japanischen Minimalismus. In dieser Atmosphäre servieren Ihnen Ihre Gastgeber Spezialitäten aus dem Land der aufgehenden Sonne.

In Berlin-Tegel Stadtplan Berlin : S. 4 u. 6 :

- **Sorat Hotel Humboldt-Mühle** ⁂, An der Mühle 5, ⊠ 13507, ℘ (030) 43 90 40, humboldt-muehle@sorat-hotels.com, Fax (030) 43904444, 🍴, 🌿, ⇔ – 🛗, ⁂ Zim, ☰ 📺 ♿ ⇔ – 🏛 50. AE ① ⓂⓄ VISA JCB BT c
  Menu à la carte 26/38 – **120 Zim** ⊇ 109/149 – 134/174.
  • Heute klappert die Mühle nicht mehr, aber ihre Geschichte reicht bis ins 13. Jh. zurück. Zimmer teils mit Blick auf Tegeler Fließ und Hafen. Hauseigene Motoryacht ! Über eine schmale Brücke des Tegelersee-Seitenkanals gelangt der Gast zum Restaurant.

- **Novotel Berlin Airport**, Kurt-Schumacher-Damm 202 (über Flughafen-Zufahrt), ⊠ 13405, ℘ (030) 4 10 60, h0791@accor-hotels.com, Fax (030) 4106700, 🍴, ⇔, 🏊 – 🛗, ⁂ Zim, 📺 ♿ ♿ 🅿 – 🏛 150. AE ① ⓂⓄ VISA EX r
  Menu à la carte 20/34 – ⊇ 13 – **184 Zim** 111 – 127.
  • Flügellahme nimmt das Novotel gern unter seine Fittiche : Eine Runde im Pool bringt die Energie zurück oder regenerieren Sie ganz einfach Ihre ermattete Seele in der Sauna !

- **Am Borsigturm** garni, Am Borsigturm 1, ⊠ 13507, ℘ (030) 43 03 60 00, info@borsigturm.bestwestern.de, Fax (030) 43036001 – 🛗 ⁂ 📺 ♿ ♿ – 🏛 70. AE ① ⓂⓄ VISA
  105 Zim ⊇ 120/137 – 147/164. BT e
  • 1894 begannen die Borsigwerke hier mit der Produktion von Lokomotiven. Jetzt umgeben Shopping- und Freizeitcenter sowie ein Büropark die moderne Architektur des Hotels.

- **Am Tegeler See** ⁂ (mit Gästehaus), Wilkestr. 2, ⊠ 13507, ℘ (030) 4 38 40 (Hotel), 4 38 43 33 (Rest.), hotelamtegelersee@nikocity.de, Fax (030) 4384150, Biergarten – 📺 ⇔ 🅿 AE ① ⓂⓄ VISA JCB BT a
  Tillners am See : Menu à la carte 16/31 – **56 Zim** ⊇ 75/82 – 99.
  • Die Ruhe selbst : In Tegel verspürt man noch dörfliches Flair. Die Aussicht auf blaues Wasser und grüne Ufer genießen alle, die sich ein Zimmer mit Seeblick reservieren. Im Sommer sitzt es sich nett auf der Terrasse des Tillners am See.

207

BERLIN S. 30

In Berlin-Tempelhof *Stadtplan Berlin : S. 5 :*

🏨 **Alt-Tempelhof** garni, Luise-Henriette-Str. 4, ✉ 12103, ℘ (030) 75 68 50, *info@alt-tempelhof.com, Fax (030) 75685100* – 🛗 ✳ 🖃 📺 ✆ & 🚗 – 🅿 20. AE ① ⓜ VISA
🍽 11 – **73 Zim** 92/102 – 102/112. **CV v**

• Verkehrsgünstiger Standort. Das Hotel ist in ein Geschäftshaus integriert und einheitlich mit grauen Einbaumöbeln praktisch eingerichtet. Eine Parkanlage liegt um die Ecke.

In Berlin-Treptow *Stadtplan Berlin : S. 5 :*

🏨 **NH Berlin-Treptow,** Spreestr. 14, ✉ 12439, ℘ (030) 63 90 30, *nhberlintreptow@nh-hotels.com, Fax (030) 63903300,* 🌞, 🍴 – 🛗, ✳ Zim, 📺 ✆ & 🅿 – 🅿 75. AE ①
ⓜ VISA JCB **DV e**
Menu à la carte 19/35 – 🍽 13 – **126 Zim** 90 – 95.

• Der Bezirk Treptow gilt als traditionsreicher Gewerbestandort mit hohem Freizeitwert. Nur wenige Schritte von der Spree liegt das funktionell ausgestattete Hotel.

In Berlin-Wannsee *Stadtplan Berlin : S. 4 :*

🍴🍴 **Schloss Glienicke Remise,** Königstr. 36, ✉ 14109, ℘ (030) 8 05 40 00, *mail@schloss-glienicke.de, Fax (030) 8059901,* 🌞. VISA   über Königstraße **AV**
geschl. Okt. - April Montag - Dienstag – **Menu** (abends Tischbestellung erforderlich) à la carte 31/43.

• Das Restaurant versteckt sich hinter dem Schloss in einem herrlichen von Lenné und Schinkel gestalteten Park an der Havel. Sehr schöne Terrasse.

🍴 **Blockhaus Nikolskoe,** Nikolskoer Weg 15, ✉ 14109 Berlin, ℘ (030) 8 05 29 14, *blockhaus-nikolskoe@gmx.de, Fax (030) 8052029,* 🌞 – & 🅿   über Königstraße **AV**
geschl. Donnerstag – **Menu** à la carte 16,50/32,50.

• König Wilhelm III. hatte in St. Petersburg sein Herz an ein Blockhaus verloren, das er hier 1819 originalgetreu nachbauen ließ. Ein beliebtes Ausflugsziel am Wannsee.

In Berlin-Weißensee *Stadtplan Berlin : S. 7 :*

🏨 **Königin Luise,** Parkstr. 87, ✉ 13086, ℘ (030) 96 24 70, *koeniginluise@deraghotels.de, Fax (030) 96247160,* 🌞, Biergarten, 🎱, 🍴 – 🛗, ✳ Zim, 🖃 📺 ✆ & 🚗 – 🅿 70.
AE ① ⓜ VISA **HX k**
Menu *(nur Abendessen)* à la carte 19/29 – **84 Zim** 🍽 115/150 – 125/180, 4 Suiten.

• Eingebettet in eine schöne Grünanlage bietet das Haus Geschäftsreisenden und Erholungsuchenden ein gepflegtes und komfortables Logis auch auf längere Zeit. Vom modern gestalteten Restaurant aus schauen Sie ins Grüne.

In Berlin-Wedding *Stadtplan Berlin : S. 7 :*

🏨 **Holiday Inn Berlin-Humboldt Park,** Hochstr. 2, ✉ 13357, ℘ (030) 46 00 30, *info@hiberlin.de, Fax (030) 46003444,* 🍴 – 🛗, ✳ Zim, 📺 ✆ & 🚗 – 🅿 140. AE ①
ⓜ VISA JCB. ✳ Rest **GX d**
Menu à la carte 15/27 – **220 Zim** 🍽 125/175 – 147/197, 6 Suiten.

• Kulturbeutel vergessen ? Kein Problem : das Hotel bietet den "Etwas vergessen ?"-Service für's Bad. Der nahegelegene Volkspark Humboldthain verführt zum Bummel im Grünen. Restaurant Movie mit Filmplakaten und Requisiten aus der deutschen Filmgeschichte.

In Berlin-Zehlendorf *Stadtplan Berlin : S. 4 :*

🍴🍴 **Cristallo,** Teltower Damm 52, ✉ 14167, ℘ (030) 8 15 66 09, *Fax (030) 8153299,* 🌞
– AE VISA **BV s**
Menu (italienische Küche) à la carte 32/46.

• 20 Jahre im herrschaftlichen Zehlendorf : das gemütlich-elegante Restaurant ist eine kleine Institution. Bei Sonnenschein lässt es sich auch auf der Terrasse wohl sein.

🍴🍴 **Villa Medici,** Spanische Allee 1, ✉ 14129, ℘ (030) 8 02 89 21, *mario.veglia.di.aquino.@t-online.de, Fax (030) 8018313,* 🌞 – 🅿. AE ① ⓜ VISA **AV a**
geschl. Montag – **Menu** (italienische Küche) 14,50 (mittags) à la carte 22/37.

• Pizza, Pasta und auch hochwertige Speisen werden in diesem gemütlichen, im Landhausstil eingerichteten Ristorante geboten ; auch preiswerte Mittagsgerichte.

Am Großen Müggelsee *Süd-Ost : 24 km über Adlergestell* **DV** *:*

🏨 **Dorint am Müggelsee** 🏊, Am Großen Müggelsee (südliches Ufer), ✉ 12559 Berlin, ℘ (030) 65 88 20, *hotel@dorint-berlin.de, Fax (030) 65882263,* 🌞, 🍴, 🎾 – 🛗, ✳ Zim,
🖃 📺 ✆ & 🅿 – 🅿 200. AE ① ⓜ VISA. ✳ Rest
Menu à la carte 26/36,50 – 🍽 15 – **176 Zim** 119 – 139, 4 Suiten.

• Wo Berlin am grünsten ist, friedlich zwischen See und Wald, befindet sich das Dorint in exzellenter Lage. Der ehemalige Plattenbau wandelte sich zu einem komfortablen Hotel. Im Restaurant speist man mit Blick auf den Müggelsee.

BERNAU Brandenburg 5|4|2 H 24 – 25 000 Ew – Höhe 79 m.
🍴 🐴 Prenden, Waldweg 3 (Nord : 13 km), ℰ (033396) 77 90.
🛈 Fremdenverkehrsamt, Bürgermeisterstr. 4, ⌧ 16321, ℰ (03338) 76 19 19, Fax (03338) 761970.
Berlin 23 – Potsdam 59 – Neubrandenburg 144 – Frankfurt (Oder) 95.

🏨 **Comfort Hotel** garni, Zepernicker Chaussee 39, ⌧ 16321, ℰ (03338) 7 02 00, Fax (03338) 702070, 🍴 – ⤫ 📺 🏃 🅿 🆎 ⓞ ⓜ VISA
geschl. 3. - 17. Jan. – **48 Zim** ⌂ 50/52 – 62/67.
◆ Die Gästezimmer dieses in einem Industriegebiet gelegenen Hotels sind neuzeitlich und praktisch, in einheitlichem Stil eingerichtet.

In Lanke Nord : 9 km, über Ladeburg :

🏨 **Seeschloss,** Am Obersee 6, ⌧ 16359, ℰ (03337) 20 43, hotel-seeschloss@t-online.de, Fax (03337) 3412, 🌳, 🍴 – ⤫ Zim, 📺 🅿 – 🅰 30. ⓜ
Menu à la carte 15/26 – **28 Zim** ⌂ 51 – 72/88.
◆ Am Ortsrand, am See liegt dieses im Landhausstil gebaute Hotel mit seinen zeitgemäßen und praktischen Zimmern, fast alle mit herrlichem Seeblick. Rustikale Gaststube und lichter, neuzeitlicher Wintergarten.

BERNAU AM CHIEMSEE Bayern 5|4|6 W 21 – 6 200 Ew – Höhe 555 m – Luftkurort.
🛈 Kur- u. Verkehrsamt, Aschauer Str. 10, ⌧ 83233 ℰ (08051) 9 86 80, Fax (08051) 986850.
Berlin 673 – München 84 – Bad Reichenhall 54 – Salzburg 59 – Traunstein 30 – Rosenheim 25.

🏨 **Alter Wirt - Bonnschlößl,** Kirchplatz 9, ⌧ 83233, ℰ (08051) 8 90 11, info@alter
🌿 -wirt-bernau.de, Fax (08051) 89103, Biergarten, 🌳 – 🍴, ⤫ Zim, ⟸ 🅿 🛈
Menu (geschl. 22. März - 5. April, 25. Okt. - 22. Nov., Okt. - Juni Montag) à la carte 12/27,50 – **41 Zim** ⌂ 40/55 – 77/99 – ½ P 10.
◆ Das denkmalgeschützte Haus bietet einfache Zimmer mit bemaltem Bauernmobiliar oder mit weißen Schleiflackmöbeln gestaltete Räume im ehemaligen Landschlösschen. Mit Park. Typische bayerische Metzgerei-Gaststätte.

🏨 **Jägerhof,** Rottauer Str. 15, ⌧ 83233, ℰ (08051) 73 77, info@jaegerhof-bernau.de, Fax (08051) 7829, 🌳 – ⤫ Zim, 📺 🅿 ⓜ VISA
geschl. nach Ostern 1 Woche, Nov. 2 Wochen – **Menu** (geschl. Montag - Dienstag) à la carte 20/40 – **12 Zim** ⌂ 40/50 – 71/77 – ½ P 18.
◆ Der im alpenländischen Stil gehaltene Gasthof empfängt Sie mit dörflicher Atmosphäre und bietet Ihnen solide, wohnlich gestaltete Zimmer. Nette ländliche Gaststube mit regionaler und internationaler Küche.

BERNAU IM SCHWARZWALD Baden-Württemberg 5|4|5 W 8 – 2 000 Ew – Höhe 930 m – Luftkurort – Wintersport : 930/1 415 m ✺ 6 ⛷.
🛈 Tourist Info, Rathausstr.18, ⌧ 79872, ℰ (07675) 16 00 30, tourist-information@be rnau-schwarzwald.de, Fax (07675) 160090.
Berlin 818 – Stuttgart 198 – Freiburg im Breisgau 56 – Basel 59 – Waldshut-Tiengen 35.

In Bernau-Dorf :

🏨 **Bergblick,** Hasenbuckweg 1, ⌧ 79872, ℰ (07675) 2 73, info@bergblick-bernau.de, Fax (07675) 1466, ≼, 🌳, 🍴 – ⤫ Rest, 📺 ⟸ 🅿 ⓜ VISA ⌧
geschl. April 2 Wochen, 17. Nov. - 13. Dez. – **Menu** (geschl. Dez. - April Dienstag) à la carte 19/38 – **12 Zim** ⌂ 29/38 – 60/64 – ½ P 14.
◆ Ein familiengeführter kleiner Gasthof, der mit guter Pflege überzeugt. Sie wohnen in soliden Zimmern mit hellem Bauernmobiliar. Appartements im Gästehaus. Holzgetäfelte Gaststube mit gemütlichem Kachelofen.

In Bernau-Innerlehen :

🏨 **Schwarzwaldhaus,** Am Kurpark 26, ⌧ 79872, ℰ (07675) 3 65, schwarzwaldhaus@
🌿 freenet.de, Fax (07675) 1371, 🍴, 🌲 – ⟸ 🅿 🆎 ⓜ VISA
geschl. Mitte Nov. - Mitte Dez. – **Menu** (geschl. Donnerstag) à la carte 12/38 – **15 Zim** ⌂ 32/38 – 50/56 – ½ P 11.
◆ Schwarzwaldtypisch : Das mit Holzschindeln verkleidete Bauernhaus ist gepflegt und wird engagiert geführt. Die Zimmer sind teils im Bauern-, teils im Landhausstil gestaltet. Rustikales Restaurant mit regionaler Küche im ehemaligen Stall.

In Bernau-Oberlehen :

🏨 **Schwanen,** Todtmooser Str. 17, ⌧ 79872, ℰ (07675) 3 48, info@schwanen-bernau .de, Fax (07675) 1758, 🌳, 🌲 – 📺 ⟸ 🅿 ⓞ ⓜ VISA
geschl. Mitte Nov. - Mitte Dez. – **Menu** à la carte 14/37,50 – **20 Zim** ⌂ 35/38 – 56/70 – ½ P 14.
◆ Der traditionsreiche Schwarzwälder Gasthof unter familiärer Führung verfügt über wohnlich eingerichtete und sehr gepflegte Zimmer. Solides Restaurant mit regionaler Küche.

BERNBURG Sachsen-Anhalt 542 K 19 – 34 000 Ew – Höhe 85 m.

🛈 Stadtinformation, Lindenplatz 9, ✉ 06406, ℰ (03471) 62 60 96, Fax (03471) 626098.
Berlin 161 – Magdeburg 45 – Leipzig 80.

Askania, Breite Str. 2, ✉ 06406, ℰ (03471) 35 40, askania-hotel@t-online.de, Fax (03471) 354135, 🛌 – 🚭 Zim, TV 📞 P – 🔒 40. AE ⓘ ⓜⓞ VISA
Menu à la carte 13/23 – **47 Zim** ⊇ 51/58 – 63/72.
◆ An der historischen Handelsstraße der Stadt gelegen, verbirgt sich hinter einer klassizistischen Fassade ein gepflegtes Hotel mit zeitgemäßem Komfort.

Fürsteneck, Große Einsiedelsgasse 2, ✉ 06406, ℰ (03471) 3 46 70, hotel-fuerstenec k@t-online.de, Fax (03471) 346730, Biergarten, 🛌 – 📺 TV P – 🔒 50. AE ⓘ ⓜⓞ VISA JCB. 🚭 Rest
Menu (geschl. Sonntag) (nur Abendessen) à la carte 16/30 – **19 Zim** ⊇ 65 – 75/100.
◆ Zentral liegt das hübsch renovierte Stadthaus mit dem Ecktürmchen in der reizvollen Kleinstadt. Das Hotel hat wohnliche Zimmer und wird engagiert und freundlich geführt. Restaurant im ersten Stock mit offener Showküche.

BERNE Niedersachsen 541 I 7 – 6 900 Ew – Höhe 2 m.
Berlin 425 – Hannover 140 – Bremen 39 – Bremerhaven 47 – Oldenburg 25 – Wilhelmshaven 72.

Weserblick, Juliusplate 6 (Nord-Ost : 2 km, an der Fähre nach Farge), ✉ 27804, ℰ (04406) 9 28 20, kundenservice@hotel-weserblick.de, Fax (04406) 928250, ≤, 🌳 – TV 📞 P – 🔒 50. AE ⓘ ⓜⓞ VISA
geschl. 7. - 16. Jan. – Menu (geschl. Montag) à la carte 25/35,50 – **12 Zim** ⊇ 65/80 – 85/100.
◆ Das moderne Hotel liegt direkt an einem natürlichen Weserstrand mit Fährverbindung. Sie werden hier in neuzeitlich-elegant eingerichteten Zimmern beherbergt. Schöner Flussblick vom Restaurant im Landhausstil und der Terrasse.

BERNECK IM FICHTELGEBIRGE, BAD Bayern 546 P 19 – 5 000 Ew – Höhe 377 m – Kneippheilbad – Luftkurort.

🛈 Kurverwaltung und Tourismus GmbH, Bahnhofstr. 77, ✉ 95460, ℰ (09273) 57 43 74, Fax (09273) 574376.
Berlin 343 – München 244 – Weiden in der Oberpfalz 85 – Bayreuth 15 – Hof 45.

Lindenmühle, Kolonnadenweg 1, ✉ 95460, ℰ (09273) 50 06 50, info@lindenmuehle.de, Fax (09273) 5006515, 🌳, 🛌, 🅂 – 🚭 Zim, 🍴 Rest, TV 📞 🚗 P – 🔒 35. AE ⓘ ⓜⓞ VISA JCB
Menu à la carte 18,50/28 – **21 Zim** ⊇ 40/60 – 66/96.
◆ Die ehemalige Mühle - ruhig am Ortsrand gelegen - empfängt Sie mit leicht mediterranem Flair. Helle, hübsch eingerichtete Zimmer vermitteln eine wohnliche Atmosphäre. Die freundliche Einrichtung von Bistro und Restaurant hat einen südländischen Touch.

Merkel, Marktplatz 13, ✉ 95460, ℰ (09273) 99 30, gemerkel@merkelhotel.de, Fax (09273) 8612, 🌳, 🛌 – 🚭 TV 📞 🚗 P ⓜⓞ VISA
geschl. 15. Jan. - 15. Feb. – **Menu**(geschl. Montag) à la carte 13/32,50 – **21 Zim** ⊇ 45/55 – 69/75 – ½ P 10.
◆ Ein familiär geführtes Traditionshaus. Das gut unterhaltene Hotel ist zentral gelegen und bietet solide möblierte, saubere Gästezimmer. Gemütliche Gaststuben mit preiswertem Speisenangebot.

Haus am Kurpark 🌿, garni, Heinersreuther Weg 1, ✉ 95460, ℰ (09273) 76 18, hotel-am-kurpark@gmx.de, Fax (09273) 1800 – TV P ⓜⓞ VISA 🚭
geschl. Jan. – **12 Zim** ⊇ 34/43 – 52/60.
◆ Ein von der Eigentümerin selbst geführtes einfaches kleines Hotel am Ortsrand nahe dem Kurpark, das über mit gepflegtem Holzmobiliar eingerichtete Zimmer verfügt.

✗ **Marktplatzstüberl**, Marktplatz 34, ✉ 95460, ℰ (09273) 82 82, info@marktplatzs tueberl.de, Fax (09273) 8087, 🌳 – AE ⓘ ⓜⓞ VISA
geschl. 10. - 20. Jan., Donnerstag – **Menu** à la carte 14/34.
◆ In den kleinen, interessant dekorierten Stuben werden Sie in einer gemütlichen Atmosphäre mit bürgerlichen sowie internationalen Gerichten einer vielseitigen Karte verköstigt.

In Bad Berneck-Goldmühl Süd-Ost : 3 km über B 303 :

Schwarzes Roß (mit Gästehäusern), Goldmühler Str. 11, ✉ 95460, ℰ (09273) 3 64, info@schwarzesross.de, Fax (09273) 5234, Biergarten, 🚗 – TV 🚗 P – 🔒 30
Menu (geschl. Sonntagabend - Montagmittag) à la carte 12/28 – **26 Zim** ⊇ 32/40 – 50/70 – ½ P 16.
◆ Dieses Haus empfängt seine Gäste mit individuell eingerichteten Zimmern - von rustikaler Eiche bis zu hellem Naturholz in modernem Design - auch einige Ferienwohnungen. Ländliche Gaststuben mit Produkten der hauseigenen Metzgerei.

BERNECK IM FICHTELGEBIRGE, BAD

In Goldkronach *Süd-Ost : 5 km - über B 303, in Frankenhammer rechts ab : – Erholungsort :*

🏨 **Meister Bär Hotel** (mit Gästehaus), Bad Bernecker Str. 4, ✉ 95497, ☏ (09273) 97 90, *bt@mb-hotel.de*, Fax (09273) 979888, 🍴, 🛏, 🏊 – 🛗 📺 🚗 🅿 – 🚗 80. AE ⓘ ⓜ VISA JCB
Menu à la carte 14/32 – **50 Zim** ⊇ 59/69 – 79/89 – ½ P 12.
• In der Mitte des Dorfes liegt der erweiterte Gasthof. Die Zimmer sind gepflegt und mit hellen Naturholzmöbeln im Landhaus-Stil eingerichtet.

BERNKASTEL-KUES *Rheinland-Pfalz* 543 Q 5 – *8 000 Ew – Höhe 115 m – Erholungsort.*

Sehenswert : *Markt*★.
Ausflugsziel : *Burg Landshut* ≤★★, *Süd : 3 km*.
🛈 *Tourist-Information, Gestade 6,* ✉ 54470, ☏ (06531) 40 23, *info@bernkastel.de*, Fax (06531) 7953.
Berlin 675 – Mainz 113 – Trier 50 – Koblenz 103 – Wittlich 16.

Im Ortsteil Bernkastel :

🏨 **Zur Post**, Gestade 17, ✉ 54470, ☏ (06531) 9 67 00, *info@hotel-zur-post-bernkastel.de*, Fax (06531) 967050, 🛏 – 🛗, 🍴 Zim, 📺, ⓘ ⓜ VISA JCB
geschl. Jan. – **Menu** à la carte 20/36 – **43 Zim** ⊇ 65 – 72/92.
• Dieser ältere Gasthof ist unweit des mittelalterlichen Stadtkerns gelegen. Die Zimmer verbinden Funktionalität und zeitgemäßen Komfort. Nett dekorierte, gemütliche Gasträume.

🏨 **Bären** (mit Gästehaus), Schanzstr. 9, ✉ 54470, ☏ (06531) 95 04 40, *info@hotel-baeren.de*, Fax (06531) 9504446 – 🛗 🍴 📺 🚗 – 🚗 15. ⓜ VISA
Menu *(geschl. Mittwoch)* à la carte 15,50/35 – **33 Zim** ⊇ 55/70 – 79/99 – ½ P 19.
• Liebevoll und individuell gestaltete Zimmer mit zeitgemäßem Komfort findet man in dem Traditionsgasthof mit Gästehaus und freundlichem Bistro. Unweit vom Hotel liegt das Restaurant Altes Brauhaus mit rustikaler Note und schöner Terrasse.

🏨 **Moselblümchen**, Schwanenstr. 10, ✉ 54470, ☏ (06531) 23 35, *reservierung@hotel-moselbluemchen.de*, Fax (06531) 7633, 🛏 – 📺. ⓘ ⓜ VISA
geschl. 5. Jan. - 19. März – **Menu** *(geschl. Nov. - März Dienstag)* à la carte 17/34 – **20 Zim** ⊇ 40/68 – 64/95 – ½ P 19.
• Im Zentrum, in den engen Gassen der Altstadt, liegt dieses Hotel. Die Zimmer verfügen über eine praktische Einrichtung in dunklem Holz. Einfaches Restaurant.

🏨 **Binz**, Markt 1, ✉ 54470, ☏ (06531) 22 25, *info@hotel-binz.com*, Fax (06531) 7103 – 📺. ⓜ VISA
geschl. 15. Dez. - Anfang März – **Menu** *(geschl. Sonntagabend)* à la carte 15/26,50 – **8 Zim** ⊇ 50 – 75/85 – ½ P 15.
• Ein älteres Stadthaus in einer Gasse im Ortskern beherbergt dieses kleine Hotel mit recht schlichten, aber gut unterhaltenen, sauberen Zimmern.

🍴🍴 **Rotisserie Royale** (mit Gästehaus), Burgstr. 19, ✉ 54470, ☏ (06531) 65 72, *info@rotisserie-royale.de*, Fax (06531) 971129. ⓜ
geschl. Jan. 2 Wochen – **Menu** *(geschl. Mittwoch)(Dez. - März nur Abendessen)* (Tischbestellung ratsam) à la carte 23,50/32,50 – **4 Zim** ⊇ 35 – 55.
• Das kleine Restaurant in dem alten Fachwerkhaus bleibt mit viel Holz seinem rustikalen Charakter treu. Liebevolle Dekorationen geben dem Raum Gemütlichkeit.

Im Ortsteil Kues :

🏨 **Moselpark** 🌿, Im Kurpark, ✉ 54470, ☏ (06531) 50 80, *info@moselpark.de*, Fax (06531) 508612, 🍴, Massage, 🎾, 🛏, 🏊, 🚣, 🎾 (Halle) – 🛗, 🍴 Zim, 📺 📞 🚗 🅿 – 🚗 240. AE ⓘ ⓜ VISA 🍴 Rest
Menu à la carte 20/38,50 – **144 Zim** ⊇ 89/130 – 130 – ½ P 21.
• Die neuzeitliche, ruhig am Rande des Ortes gelegene Hotelanlage eignet sich für Tagungen und Ferien gleichermaßen. Funktionelle Zimmer und geräumige Appartements.

🏨 **Panorama** 🌿 garni, Rebschulweg 48, ✉ 54470, ☏ (06531) 30 61, Fax (06531) 94214, ≤, 🛏, 🚗 – 📺 🅿. ⓜ
geschl. Jan. - Feb. – **16 Zim** ⊇ 30/42 – 58/78.
• In einem Wohngebiet, in Hanglage, ist das familiäre Hotel platziert. Ländliches Flair sorgt für Behaglichkeit in den Zimmern sowie am offenen Kamin im Aufenthaltsraum.

🏨 **Kölchens** (mit Gästehaus), Meisenweg 1, ✉ 54470, ☏ (06531) 30 31, *info@hotel-koelchens.de*, Fax (06531) 4926, 🍴 – 📺 🚗 🅿. AE VISA 🍴 Zim
geschl. 18. Dez. - 4. Jan. – **Menu** à la carte 20/31 – **22 Zim** ⊇ 39/44 – 66/75 – ½ P 15.
• Am Kurparkt, in einem Wohngebiet, liegt dieses gepflegte Hotel. Die meist recht geräumigen Zimmer verfügen größtenteils über einen Balkon. Restaurant mit freundlichem Café-Charakter.

BERNKASTEL-KUES

🏠 **St. Maximilian,** Saarallee 12, ✉ 54470, ☎ (06531) 9 65 00, Fax (06531) 965030, 🛰
– TV P.
geschl. Jan. 3 Wochen – **Menu** (geschl. Anfang Nov. 1 Woche) (Dez. - Feb. nur Abendessen)
à la carte 17/32, ♀ – **12 Zim** ⊇ 33/45 – 60/72.
♦ Hinter der Jugendstil-Fassade erwarten den Gast gediegene Zimmer mit zeitgemäßem Wohnkomfort. Sehenswert ist der alte Gewölbe-Weinkeller. Weinstube im traditionellen Stil der Region.

Im Ortsteil Wehlen Nord-West : 4 km :

🏠 **Mosel-Hotel** 🛇 garni, Uferallee 3, ✉ 54470, ☎ (06531) 9 71 70, service@moselhotel.de, Fax (06531) 9717200, ≤ – TV P. AE ◉ ⦿ VISA. 🞕
März - Okt. – **16 Zim** ⊇ 50/55 – 60/90.
♦ Das durch den Eigentümer selbst geführte kleine Hotel liegt direkt an der Mosel. Sie wohnen in neuzeitlichen Zimmern, fast alle mit Aussicht auf den Fluss.

BERNRIED AM STARNBERGER SEE Bayern 546 W 17 – 2 000 Ew – Höhe 633 m – Erholungsort.

Sehenswert : Buchheim Museum★★.

🛈 Verkehrsbüro, Bahnhofstr. 4, ✉ 82347, ☎ (08158) 80 45, verkehrsb.bernried@t-online.de, Fax (08158) 8047.
Berlin 632 – München 45 – Garmisch-Partenkirchen 52 – Weilheim 18 – Starnberg 20.

🏠 **Marina** 🛇, Am Yachthafen 1, ✉ 82347, ☎ (08158) 93 20, info@hotelmarina.de, Fax (08158) 7117, ≤, 🌳, ≘s, 🏊, 🚣, 🚤 Yachthafen – TV ✆ P. – 🛌 80. AE ◉ ⦿
geschl. 22. Dez. - 7. Jan. – **Menu** à la carte 26/44 – **87 Zim** ⊇ 100/145 – 110/155.
♦ Die Zimmer des Hotels sind auf fünf einzelne Häuser verteilt. Sie wohnen in ländlichelegantem Stil mit Seeblick – für Tagungen stehen gut ausgestattete Räume zur Verfügung. Verschiedene gemütliche Gaststuben direkt am See.

🏠 **Seeblick,** Tutzinger Str. 9, ✉ 82347, ☎ (08158) 25 40, info@hotel-seeblick-bernried.de, Fax (08158) 3056, Biergarten, ≘s, 🏊, 🚣 – 📶, 🞕 Zim, TV & 🚗 P. – 🛌 140.
AE ◉ ⦿ VISA JCB
Menu à la carte 14/31,50 – **103 Zim** ⊇ 77/80 – 118 – ½ P 16.
♦ Der alpenländische Stil des Hauses bietet eine gemütliche Atmosphäre - helles Holz und freundliche Ausstattung lassen die Zimmer wohnlich wirken. Restaurant mit neo-rustikaler Einrichtung.

BERNRIED KREIS DEGGENDORF Bayern 546 T 22 – 5 000 Ew – Höhe 500 m – Wintersport : 750/1 100 m ≰3 ≴.

🛈 Touristinformation, Engerlgasse 25a, ✉ 94505, ☎ (09905) 2 17, Fax (09905) 8138.
Berlin 554 – München 160 – Passau 57 – Regensburg 65 – Straubing 33.

🏠 **Posthotel,** Bayerwaldstr. 13, ✉ 94505, ☎ (09905) 7 40 20, info@posthotelbernried.de, Fax (09905) 740233, Biergarten, ≘s, 🏊 (geheizt), 🚣 – 🞕 Zim, TV 🚗 P. AE ◉ ⦿ VISA
Menu à la carte 13,50/36,50 – **14 Zim** ⊇ 35/47 – 69/78.
♦ Mitten im Dorf bietet Ihnen diese gepflegte Adresse großzügige Zimmer - teils modern, teils im Landhausstil, in der oberen Etage teils mit freigelegtem Fachwerk. Freundliches Restaurant mit angrenzendem Wintergarten.

🏠 **Bernrieder Hof** 🛇, Bogener Str. 9, ✉ 94505, ☎ (09905) 7 40 90, info@bernrieder-hof.de, Fax (09905) 8400, 🌳, 🛁, ≘s, 🏊, 🚣, 🞴 – 📶 TV & P. – 🛌 60. 🞕 Rest
Menu à la carte 12/33 – **45 Zim** ⊇ 33/38 – 68/72 – ½ P 11.
♦ Ende der 90er Jahre wurde dieser Landgasthof mit seiner hübschen Balkonfassade einem kompletten "Lifting" unterzogen und die Zimmer mit zeitgemäßem Mobiliar ausgestattet. Legere Atmosphäre erwartet Sie in den ländlichen Gasträumen.

In Bernried-Rebling Nord-Ost : 8 km :

🏠 **Reblinger Hof** 🛇, Rebling 3, ✉ 94505, ☎ (09905) 5 55, willkommen@reblingerhof.de, Fax (09905) 1839, ≤, 🌳, Damwildgehege, ≘s, 🏊, 🚣, 🞴 – TV 🚗 P. – 🛌 25.
⦿ VISA. 🞕 Rest
Menu à la carte 21/35 – **30 Zim** ⊇ 48 – 70/84 – ½ P 14.
♦ Der verwinkelte Landgasthof bietet seinen Gästen Wohnkomfort in natürlicher Idylle. Die Zimmer verfügen meist über rustikale Bauernmöbel - zum Teil auch mit Himmelbetten. Ländlich-gemütliche Gasträume mit dunklen Holzbalken und offenem Kamin.

BERTRICH, BAD Rheinland-Pfalz 543 P 5 – 1 200 Ew – Höhe 165 m – Heilbad.

🛈 Tourist Information, Kurfürstenstr. 32, ✉ 56864, ✆ (02674) 93 22 22, bad-bertrich@t-online.de, Fax (02674) 932225.

Berlin 659 – Mainz 118 – *Trier* 60 – Koblenz 93.

Fürstenhof ⸎, Kurfürstenstr. 36, ✉ 56864, ✆ (02674) 93 40, info@kurhotel-fuerstenhof.com, Fax (02674) 737, 🍴, direkter Zugang zum Kurmittelhaus, ⇄, ◨ – 🛗, ⇄ Zim, 📺 ⸎ ⸎ 🅿 – 🛁 20. ⓜ VISA ⸎ Rest
Menu à la carte 27/41 – **65 Zim** ⸎ 87/112 – 157.
◆ Klassische Eleganz begleitet Sie durch das ganze Haus. Es erwarten Sie komfortable Zimmer und Suiten sowie ein gepflegter Freizeitbereich. Lage direkt am Kurpark. Restauranträume mit stilvoller Atmosphäre.

Bertricher Hof ⸎, Am Schwanenteich 7, ✉ 56864, ✆ (02674) 9 36 20, bertricher-hof@t-online.de, Fax (02674) 936262, 🍴 – ⇄ Zim, 📺 🅿 ⓜ ⸎
geschl. 6. Dez. - 22. Jan. – **Menu** à la carte 18/28 – **15 Zim** ⸎ 38/43 – 75 – ½ P 12.
◆ Das familiengeführte Hotel an einem kleinen Teich verfügt im Haupthaus wie auch im neueren Anbau über sehr saubere, solide möblierte Zimmer. Helles Restaurant mit schönem Blick auf den Schwanenteich und den dahinter liegenden Wald.

BERTSDORF-HÖRNITZ Sachsen siehe Zittau.

BESCHEID Rheinland-Pfalz siehe Trittenheim.

BESIGHEIM Baden-Württemberg 545 T 11 – 10 300 Ew – Höhe 185 m.

Berlin 610 – *Stuttgart* 29 – Heilbronn 20 – Ludwigsburg 14 – Pforzheim 60.

Am Markt garni, Kirchstr. 43, ✉ 74354, ✆ (07143) 80 30 60, info@besigheim-hotel.de, Fax (07143) 8030620 – 📺 ⸎ ⸎ ⓜ VISA
geschl. 22. - 30. Dez. – **17 Zim** ⸎ 60/65 – 80.
◆ Das Fachwerkhaus von 1615 - beschaulich in einer Altstadtgasse gelegen - besticht durch sein ländliches Flair. Freigelegtes Fachwerk in den Zimmern wirkt gemütlich.

BESTWIG Nordrhein-Westfalen 543 L 9 – 12 000 Ew – Höhe 350 m – Erholungsort – Wintersport : 500/750 m ⸎3 ⸎.

🛈 Touristinformation, Rathausplatz 1, ✉ 59909, ✆ (02904) 98 71 66, touristik@gu.bestwig.de, Fax (02904) 987274.

Berlin 481 – Düsseldorf 156 – Arnsberg 29 – Brilon 14 – Meschede 8.

In Bestwig-Föckinghausen Nord : 3,5 km :

Waldhaus ⸎, ✉ 59909, ✆ (02904) 9 77 60, info@hotel-waldhaus.com, Fax (02904) 977676, 🍴, ⸎ 🅿 – 🛁 40. ⓜ VISA
geschl. Mitte Nov. - Anfang Dez. – **Menu** (geschl. Montag) à la carte 20/32,50 – **17 Zim** ⸎ 41/62 – 72 – ½ P 14.
◆ Die Lage am Waldrand macht das ehemalige Bauernhaus interessant. Besonders Wanderer schätzen die praktischen, rustikalen Gästezimmer. Ländliche Gaststuben mit netter Dekoration.

BETZDORF Rheinland-Pfalz 543 N 7 – 10 700 Ew – Höhe 185 m.

Berlin 576 – Mainz 120 – Siegen 18 – Köln 99 – Limburg an der Lahn 65.

Breidenbacher Hof, Klosterhof 7, ✉ 57518, ✆ (02741) 9 77 90, info@hotel-breidenbacher-hof.de, Fax (02741) 9779777, 🍴, Biergarten – 📺 🅿 AE ⓓ ⓜ VISA
geschl. Ende Dez. - Anfang Jan. – **Menu** (geschl. Samstagmittag, Sonntag, Feiertage mittags) à la carte 25/42,50 – **19 Zim** ⸎ 60/74 – 105/113.
◆ Der historische Gasthof aus dem 19. Jh. - im Zentrum des Ortes gelegen - verfügt über wohnlich gestaltete Gästezimmer - teils auch mit Stilmöbeln bestückt. Gediegenes Restaurant und urige Stuben mit Landhauskamin.

In Kirchen-Katzenbach Nord-Ost : 5 km, über B 62 Richtung Siegen, in Kirchen rechts ab :

Zum weißen Stein, Dorfstr. 50, ✉ 57548, ✆ (02741) 9 59 50, hotel@zum-weissen-stein.de, Fax (02741) 959578, ⸎, Biergarten, ⸎ – 📺 ⸎ ⸎ 🅿 – 🛁 40. AE ⓓ ⓜ VISA
Menu à la carte 19/36 – **40 Zim** ⸎ 54/59 – 82/113.
◆ Die zwei miteinander verbundenen Häuser verbinden gepflegte Ländlichkeit mit zeitgemäßem Komfort. Die Gästezimmer sind ruhig gelegen und überzeugen mit wohnlicher Ausstattung. Restaurant mit verschiedenen im Landhaus-Stil gehaltenen Stuben.

BETZENSTEIN Bayern ▒▒▒ Q 18 – *2 300 Ew – Höhe 511 m – Erholungsort – Wintersport : 600/650 m ⟨1 ⟩.*
Berlin 397 – München 211 – Nürnberg 53 – Bayreuth 41 – Regensburg 125 – Weiden in der Oberpfalz 65.

In Betzenstein-Spies *Süd-West : 7 km :*

Eibtaler Hof ⟨⟩, ✉ 91282, ✆ (09244) 3 63, *eibtalerhof@t-online.de*, *Fax (09244) 1641*, 🌳, 🍽, 🚗 – 📺 📞 – 🛏 100. ▣ ◉ VISA JCB
Menu *(geschl. Montag)* à la carte 9,50/35 – **20 Zim** ⌂ 22/25 – 38/45 – ½ P 8.
 • "Ferien auf dem Bauernhof" bietet der familiengeführte Gasthof. Das Haus ist im Stil der ländlichen Umgebung angepasst : schlichte, in hellem Holz gehaltene Zimmer. Angenehm hell gestaltete Gaststube im 1. Stock.

In Betzenstein-Schermshöhe *Süd-West : 10 km :*

Schermshöhe (mit Gästehaus ⟨⟩), Schermshoehe 1, ✉ 91282 Betzenstein, ✆ (09244) 4 66, *gasthof@schermshoehe.de*, *Fax (09244) 1644*, 🌳, 🍽, 🏊, 🚗 – ⚡ Zim, 🚗 📞 – 🛏 50. ▣ ◉ VISA
geschl. 30. Okt. - 4. Dez. – **Menu** à la carte 11,50/23 – **40 Zim** ⌂ 32/52 – 54/78 – ½ P 11.
 • Das seit langem in Familienbesitz befindliche Haus - Grundstein des heutigen Fremdenverkehrsortes - stellt eine preiswerte und gut geführte Unterkunft dar.

BEUREN Baden-Württemberg ▒▒▒ U 12 – *3 300 Ew – Höhe 434 m – Erholungsort.*
Berlin 632 – Stuttgart 50 – Reutlingen 21 – Ulm (Donau) 66.

Beurener Hof ⟨⟩ mit Zim, Hohenneuffenstr. 16, ✉ 72660, ✆ (07025) 91 01 10, *info@beurener-hof.de*, *Fax (07025) 9101133*, 🌳 – 📺 🚗 📞 ▣ ◉ VISA
geschl. über Fastnacht 1 Woche – **Menu** *(geschl. Dienstag - Mittwochmittag)* à la carte 22/38 – **10 Zim** ⌂ 45/55 – 80/90 – ½ P 15.
 • Massive Holzbalken und Polsterbänke unterstreichen das gemütlich-rustikale, leicht elegante Ambiente in diesem kleinen Familienbetrieb. Regionale Karte.

BEVENSEN, BAD Niedersachsen ▒▒▒ G 15 – *9 500 Ew – Höhe 39 m – Heilbad und Kneippkurort.*
 Bad Bevensen-Secklendorf, Zur Amtsheide 5 (Nord : 4 km), ✆ (05821) 9 82 50.
 Kurverwaltung, Dahlenburger Str. 1, ✉ 29549, ✆ (05821) 5 70, *kurverwaltung@bad-bevensen.de*, *Fax (05821) 5766.*
Berlin 264 – Hannover 113 – Hamburg 86 – Celle 70 – Lüneburg 24 – Braunschweig 100.

Fährhaus ⟨⟩, Alter Mühlenweg 1, ✉ 29549, ✆ (05821) 50 00, *faehrhaus.badbevensen@t-online.de*, *Fax (05821) 50089*, 🌳, Massage, ♨, 🍽, 🏊, 🚗 – 📶 ⚡ Rest, 📺 ♿ 🚗 📞 – 🛏 40. ▣ ◉ VISA
Menu à la carte 20,50/38,50 – **55 Zim** ⌂ 61/92 – 94/112, 5 Suiten – ½ P 15.
 • Hinter der teils holzverkleideten Fassade dieses am Waldrand nahe dem Kurgebiet gelegenen Hotels erwarten Sie wohnlich-rustikale Zimmer und individuelle Suiten. Großes Restaurant mit Wintergartenanbau.

Kieferneck ⟨⟩, Lerchenweg 1, ✉ 29549, ✆ (05821) 5 60, *info@kieferneck.de*, *Fax (05821) 5688*, 🌳, Massage, ♨, 🍽, 🏊, 🚗 – 📶 📺 📞 📞 – 🛏 30. ◉ VISA
Menu à la carte 25/36 – **55 Zim** ⌂ 65/80 – 116/134 – ½ P 17.
 • Das im begrünten Kurbereich gelegene weiß gestrichene Klinkerhaus bietet seinen Gästen einen hübschen Aufenthaltsbereich und sehr gut gepflegte, wohnliche Zimmer. Helles Restaurant mit farbenfrohen Polstern.

Grünings Chalet ⟨⟩, Haberkamp 2, ✉ 29549, ✆ (05821) 9 84 00, *info@hotel-gruening.de*, *Fax (05821) 984041*, 🌳, Massage, ♨, 🍽, 🏊, 🚗 – 📶 📺 📞 📞 ✖
geschl. 6. - 24. Jan., 1. - 18. Dez. – **Menu** *(geschl. Montag - Dienstag)* (Tischbestellung ratsam) à la carte 29/34,50 – **24 Zim** ⌂ 72/97 – 100/160 – ½ P 12.
 • Die in warmen Tönen gehaltenen Zimmer schaffen eine harmonische Landhaus-Atmosphäre. Tadellose Pflege und guter Service überzeugen. Hauseigene Bibliothek. Hübsches Restaurant im Landhausstil und nette Gartenterrasse.

Kur- und Golfhotel Zur Amtsheide ⟨⟩, Zur Amtsheide 5, ✉ 29549, ✆ (05821) 8 51, *amtsheide@t-online.de*, *Fax (05821) 85338*, 🅿, Massage, ♨, 🍽, 🏊, 🚗, 📠 – 📶 📺 📞 – 🛏 40. ▣ ◉ Rest
geschl. 27. Nov. - 17. Dez. – **Menu** *(Restaurant nur für Hausgäste)* – **91 Zim** ⌂ 56/90 – 96/106, 10 Suiten – ½ P 15.
 • Das Hotel gefällt mit wohnlichen, teils sehr schön möblierten Zimmern im Landhausstil und einer großzügigen Badelandschaft. Teils auch einfachere Zimmer.

Ilmenautal ⟨⟩, Am Klaubusch 11, ✉ 29549, ✆ (05821) 54 00, *hotel.ilmenautal@t-online.de*, *Fax (05821) 42432*, 🌳 – 📶 ⚡ Zim, 📺 📞 – 🛏 15. ▣ ◉ VISA ✖ Zim
Menu à la carte 21/35 – **38 Zim** ⌂ 37/59 – 75/92 – ½ P 13.
 • Die bevorzugte Lage direkt am Kurpark und neuzeitlich-funktionell wie auch wohnlich ausgestattete Zimmer sprechen für dieses Haus.

BEVENSEN, BAD

- **Sonnenhügel**, Zur Amtsheide 9, ⊠ 29549, ℘ (05821) 54 10, info@kurhotel-sonnenhuegel.de, Fax (05821) 54112, Massage, ⚓, 🛁, ≦s, – 🛗, ⇥ Zim, TV 🅿 AE ⓜ VISA
  geschl. 1. Dez. - 20. Jan. - **Menu** (Restaurant nur für Hausgäste) – **36 Zim** ⊇ 41/47 – 78/96 – ½ P 13.
  ♦ In diesem durch die Inhaber-Familie geführten Hotel wohnen Sie in gepflegten, behaglichen Zimmern. Auch die ruhige Lage im Kurviertel zählt zu den Annehmlichkeiten.

In Bad Bevensen-Medingen Nord-West : 1,5 km :

- **Vier Linden**, Bevenser Str. 1, ⊠ 29549, ℘ (05821) 54 40, hotel-vier-linden@t-online.de, Fax (05821) 1584, 🍽, Massage, ⚓, ≦s, 🔲, 🐎 – ⇥ Zim, TV 🚗 🅿 – 🅰 60. AE ⓞ ⓜ VISA
  Ganymed (Montag - Freitag nur Abendessen) **Menu** à la carte 28,50/35 – **Lindenstube** : **Menu** à la carte 21/29 – **37 Zim** ⊇ 55/65 – 90/100 – ½ P 18.
  ♦ Durch eine geschmackvolle Halle betreten Sie dieses in einem Dorf im Wald gelegene Haus. Die Zimmer sind unterschiedlich eingerichtet, wohnlich und solide. Gemütlich-elegantes Ambiente im Ganymed. Bürgerliche Lindenstuben im Fachwerkgasthof.

In Altenmedingen Nord : 6 km :

- **Hof Rose**, Niendorfer Weg 12, ⊠ 29575, ℘ (05807) 9 89 60, info@hofrose.de, Fax (05807) 1291, ≦s, 🔲, 🐎, 🍽 – ⇥ Rest, 🚗 🅿 – 🅰 20. ⚒
  geschl. 3. Jan. - 28. Feb., Mitte Nov. - 25. Dez. - **Menu** (nur Abendessen) (Restaurant nur für Hausgäste) – **15 Zim** ⊇ 51/70 – 74/84 – ½ P 14.
  ♦ Eingebettet in einen kleinen Park liegt dieser typische ehemalige Gutshof - heute ein familiengeführtes Hotel mit gepflegten, praktisch ausgestatteten Zimmern.

BEVERUNGEN Nordrhein-Westfalen 543 L 12 – 15 500 Ew – Höhe 96 m.

🛈 Tourist Information, Weserstr. 10 (Cordt-Holstein-Haus), ⊠ 37688, ℘ (05273) 39 22 21, tourist.information@beverungen.de, Fax (05273) 392120.
Berlin 376 – Düsseldorf 226 – Kassel 60 – Hannover 115 – Göttingen 63.

- **Stadt Bremen**, Lange Str. 13, ⊠ 37688, ℘ (05273) 90 30, fricke-beverungen@t-online.de, Fax (05273) 21575, Biergarten, ≦s, 🔲 – 🛗, ⇥ Zim, TV 📞 🅿 – 🅰 45. AE ⓜ VISA
  Menu à la carte 17/30,50 – **50 Zim** ⊇ 50/70 – 80/85.
  ♦ Hinter einer renovierten Fachwerkfassade erwarten den Gast gut unterhaltene, solide möblierte Zimmer und der persönlichen Stil eines Familienbetriebs. Origineller Biergarten mit ausrangierter Straßenbahn.

- **Bevertal** garni, Jahnweg 1a, ⊠ 37688, ℘ (05273) 3 61 90, hotel@bevertal.de, Fax (05273) 361919, TV 🅿
  14 Zim ⊇ 35/40 – 56/60.
  ♦ Helle, praktische Zimmer - überwiegend mit neuzeitlichem Mobiliar ausgestattet - finden Sie in dem gepflegten Familienbetrieb mit schönem Garten. Auch für Radtouristen.

In Beverungen-Würgassen Süd-Ost : 7 km über B 83 :

- **Forsthof**, Alter Postweg 1, ⊠ 37688, ℘ (05273) 3 89 70, info@waldhotel-forsthof.de, Fax (05273) 389710, 🍽, ≦s – ⇥ Zim, TV 📞 🅿 – 🅰 20. ⓜ VISA
  Menu à la carte 20,50/32 – **21 Zim** ⊇ 36/47 – 60/82.
  ♦ Das ehemalige Forstamt beherbergt nun ein Hotel mit in der Größe recht unterschiedlichen, mit hellen Holzmöbeln solide eingerichteten Zimmern. Dunkles Holz und Bruchsteinwände lassen das Restaurant rustikal wirken.

BEXBACH Saarland 543 R 5 – 19 500 Ew – Höhe 249 m.
Berlin 683 – Saarbrücken 35 – Homburg/Saar 7 – Neunkirchen/Saar 7.

- **Hochwiesmühle** (mit Gästehäusern), Hochwiesmühle 50 (Nord : 1,5 km), ⊠ 66450, ℘ (06826) 81 90, hochwiesmuehle@t-online.de, Fax (06826) 819147, Biergarten, ≦s, 🔲, 🐎, 🍽 – 🛗, ⇥ Zim, TV 📞 🅿 – 🅰 120. ⓜ VISA
  Menu à la carte 20/45,50 – **100 Zim** ⊇ 60/90 – 85/118.
  ♦ Die Lage in einem Wohngebiet am Waldrand und praktische Gästezimmer mit neuzeitlichem Komfort sprechen für diese aus mehreren Häusern bestehende Hotelanlage. Gediegenes Restaurant mit weißem Kachelofen.

- **Klein** garni, Rathausstr. 35, ⊠ 66450, ℘ (06826) 9 21 60, Fax (06826) 2280 – TV ⓜ VISA
  19 Zim ⊇ 39 – 60.
  ♦ Das im Zentrum des Ortes gelegene kleine Hotel verfügt über gut unterhaltene, rustikal möblierte Gästezimmer mit teils recht gutem Platzangebot.

BEXBACH

- **Haus Krone**, Rathausstr. 6, ⊠ 66450, ☎ (06826) 9 21 40, Fax (06826) 51124, 🍴 –
  ⌂ TV 🚗 P. AE ⓞ ⓜ VISA
  Menu (geschl. Sonntagabend) à la carte 22/43 – **28 Zim** ⌂ 41/51 – 62/85.
  ◆ Sämtliche Zimmer im Haupthaus und im Gästehaus dieses schlichten, aber gut gepflegten und freundlichen Gasthofs sind mit Eichenmobiliar ausgestattet. Ein Café mit Konditorei ergänzt das bürgerliche Restaurant.

BIBERACH AN DER RISS Baden-Württemberg 545 V 13 – 31 000 Ew – Höhe 532 m.

🛈 Tourist-Information, Theaterstr. 6, ⊠ 88400, ☎ (07351) 5 14 83, Fax (07351) 51511.
ADAC, Rollinstr. 15.
Berlin 653 – Stuttgart 134 – Konstanz 119 – Ulm (Donau) 42 – Ravensburg 47.

- **Eberbacher Hof**, Schulstr. 11, ⊠ 88400, ☎ (07351) 1 59 70, eberbacher-hof@haberbosch.de, Fax (07351) 159797, 🍴 – ⌂, ✻ Zim, TV P. – 🛉 20. ⓜ VISA
  Menu (geschl. Montag - Dienstagmittag) à la carte 17,50/29 – **28 Zim** ⌂ 55/85 – 105.
  ◆ Das 1519 als Pfarrpflegehaus erbaute Gebäude gehört zu den ältesten Häusern der Stadt. Sie wohnen in verschiedenen, teils recht neuzeitlichen Zimmern. Restaurant mit behaglich-rustikalem Ambiente.

- **Kapuzinerhof**, Kapuzinerstr. 17, ⊠ 88400, ☎ (07351) 50 60, info@kapuzinerhof.bestwestern.de, Fax (07351) 506100, 🍴, 🍸 – ⌂, ✻ Zim, TV 📞 🦽 🚗 P. – 🛉 35. AE ⓞ ⓜ VISA. ✻ – geschl. 22. Dez. - 6. Jan. - **Menu** (geschl. Samstag, Sonn- und Feiertage) à la carte 17/29,50 – **72 Zim** ⌂ 78/88 – 106/116.
  ◆ Dieses Hotel am Rande der Innenstadt verfügt über praktische Zimmer mit Kirschholzmobiliar. An ausreichend große Schreibtische für Geschäftsreisende wurde gedacht.

- **Erlenhof** garni, Erlenweg 18, ⊠ 88400, ☎ (07351) 3 47 50, Fax (07351) 347533 – ✻ TV 📞 🚗 P. – 🛉 30. AE ⓜ VISA ✻ Rest
  geschl. Mitte - Ende Dez. – **16 Zim** ⌂ 55/85 – 75/90.
  ◆ Die zeitlos ausgestatteten Zimmer des Hauses laden nicht nur zum Schlafen (auf Wunsch mit Wasserbett), sondern auch zum Arbeiten ein (Fax- und Modemanschluss). Gartenanlage.

In Biberach-Rindenmoos Süd : 3,5 km :

- **Landhotel zur Pfanne** 🍸, (mit Gaststätte zur Pfanne), Auwiesenstr. 24, ⊠ 88400, ☎ (07351) 3 40 30, hotel@landhotel-pfanne.de, Fax (07351) 340380, 🍴, 🛋, 🍸 – TV 📞 🦽 P. – 🛉 15. AE ⓜ VISA – **Menu** à la carte 13,50/27 – **20 Zim** ⌂ 54/60 – 75/80.
  ◆ Hier können Reisende in Ruhe ausschlafen oder auch zu Fuß die nähere Umgebung erkunden : Wanderwege beginnen direkt vor der Tür. Familienbetrieb mit gediegenen Zimmern. Hübsch gestaltetes Restaurant mit Landhausmobiliar.

In Maselheim Nord-Ost : 9 km :

- **Landhotel Maselheimer Hof**, Kronenstr. 1, ⊠ 88437, ☎ (07351) 1 50 50, mahom@t-online.de, Fax (07351) 150559, 🍴 – ⌂, ✻ Zim, TV 📞 🦽 🚗 P. – 🛉 25. AE ⓞ ⓜ VISA JCB – **Menu** (geschl. Sonntag) à la carte 20/37 – **24 Zim** ⌂ 59/69 – 65/99.
  ◆ Das familiengeführte Hotel, ein neuzeitlicher Bau in der Ortsmitte, steht für einen erholsamen Aufenthalt in zeitgemäß ausgestatteten Zimmern - eine gut unterhaltene Adresse. Neo-rustikales Restaurant mit bürgerlicher Küche.

BIBERACH IM KINZIGTAL Baden-Württemberg 545 U 8 – 3 200 Ew – Höhe 195 m – Erholungsort.

🛈 Tourist Information, Hauptstr. 27, ⊠ 77781, ☎ (07835) 63 65 11, tourist-info@biberach-baden.de, Fax (07835) 636520.
Berlin 766 – Stuttgart 164 – Karlsruhe 96 – Freudenstadt 47 – Offenburg 18 – Freiburg im Breisgau 55.

- **Landgasthof Kinzigstrand**, Reiherwald 1 (Süd-West : 2 km), ⊠ 77781, ☎ (07835) 6 39 90, kinzigstrand@t-online.de, Fax (07835) 639920, 🍴, 🐎 – TV P. VISA
  Menu (geschl. 20. Okt. - 6. Nov., Dienstag) à la carte 14,50/30 – **9 Zim** ⌂ 32 – 50/60 – ½ P 9.
  ◆ Im schönen Kinzigtal beherbergt der traditionsreiche Schwarzwald-Gasthof mit Landwirtschaft freundliche Zimmer mit hellen Eichenmöbeln, die teilweise auch Balkone haben. Gaststube mit Wintergarten und schöner Gartenterrasse.

In Biberach-Prinzbach Süd-West : 4 km, Richtung Lahr :

- **Badischer Hof** 🍸, (mit 2 Gästehäusern), Dörfle 20, ⊠ 77781, ☎ (07835) 63 60, badischer-hof@t-online.de, Fax (07835) 636299, 🍴, 🛋, 🍸, 🏊 (geheizt), 🖼 – ⌂, ✻ Zim, TV 🦽 P. – 🛉 30. ⓜ VISA ✻ Zim
  geschl. 25. Feb. - 11. März, Anfang Nov. 3 Wochen – **Menu** à la carte 13/32,50 – **54 Zim** ⌂ 40/50 – 80/106, 3 Suiten – ½ P 15.
  ◆ Der familiäre Betrieb empfiehlt sich als Familien- und Erlebnishotel. Warme Holztöne und ländliches Flair geben ein Gefühl heimeliger Geborgenheit. Kinderspielplatz ! Rustikalgediegenes Restaurant.

BICHL Bayern 546 W 18 – 1 900 Ew – Höhe 622 m.
Berlin 646 – München 59 – Garmisch-Partenkirchen 41 – Bad Tölz 15.

XX **Alpengasthof Bayerischer Löwe**, Kocheler Str. 16, ⊠ 83673, ℘ (08857) 89 95 99, bayerischer.loewe@t-online.de, Fax (08857) 899598, 斎, Biergarten – **P**. ⴀ
⴩ VISA – geschl. nach Fasching 3 Wochen, Dez. 2 Wochen, Dienstag – **Menu** 25/45 und à la carte – **Gaststube** : Menu à la carte 18/37.
 ◆ Dieser typische bayerische Gasthof ist ein engagiert geführtes und gut unterhaltenes Restaurant. In der Stefani-Stube erwartet Sie ein ländliches, leicht elegantes Ambiente. Rustikal wirkt die Gaststube mit blanken Holztischen.

BIEBELRIED Bayern siehe Würzburg.

BIEDENKOPF Hessen 543 N 9 – 14 900 Ew – Höhe 271 m – Luftkurort – Wintersport : 500/674 m ⴜ1 ⴋ.
ℹ Tourist-Information, Hainstr. 63, ⊠ 35216, ℘ (06461) 9 50 10, info@biedenkopf.de, Fax (06461) 950128.
Berlin 482 – Wiesbaden 152 – Marburg 23 – Kassel 101 – Siegen 55.

🏨 **Park-Hotel** ⴈ, Auf dem Radeköppel 2, ⊠ 35216, ℘ (06461) 78 80, info@park-hotel.de, Fax (06461) 788333, ≤, 斎, ≦, ☐ – ⴜ Zim, TV ⴎ ⴘ – ⴝ 120. ⴂ ⴀ VISA JCB
Menu à la carte 16,50/33 – **43 Zim** ⴷ 58/64 – 92/108 – ½ P 12.
 ◆ Hoch über dem Städtchen können Sie hier ein Zimmer mit Balkon sowie Blick auf Biedenkopf und das Schloss reservieren. Frühstücksbuffet mit Bioecke. Hoteleigene Kegelbahn ! Restaurant mit großer Fensterfront.

BIEDERBACH Baden-Württemberg 545 V 8 – 1 800 Ew – Höhe 400 m.
Berlin 771 – Stuttgart 141 – *Freiburg* 34 – Freudenstadt 99.

In Biederbach-Dorf :

🏠 **Hirschen-Dorfmühle**, Dorfstr. 19, ⊠ 79215, ℘ (07682) 3 27, dorfmuehle@t-onlin e.de, Fax (07682) 6037, 斎, ⴖ – ≡ **P**. ⴀ VISA
geschl. Jan. 2 Wochen, Nov. 2 Wochen – **Menu** (geschl. Dienstag) à la carte 13/27,50 – **11 Zim** ⴷ 23/25 – 50/52 – ½ P 11.
 ◆ Die Zimmer dieses Dorfgasthauses sind mit hellen Holzmöbeln, etwas unterschiedlich im Stil, recht wohnlich ausgestattet und bieten einfachen Komfort.

BIELEFELD Nordrhein-Westfalen 543 J 9 – 325 000 Ew – Höhe 118 m.
🛬 Bielefeld, Dornberger Str. 377 AT, ℘ (0521) 10 51 03.
ℹ Tourist-Information, Am Bahnhof 6, ⊠ 33602, ℘ (0521) 51 69 99, touristinfo@biel efeld.de, Fax (0521) 178811.
ℹ Tourist-Information, Neues Rathaus, Niederwall 23, ⊠ 33602, ℘ (0521) 51 69 98, Fax (0521) 178811.
ADAC, Stapenhorststr. 131.
Berlin 394 ② – Düsseldorf 182 ⑤ – Dortmund 114 ⑤ – Hannover 108 ②

Stadtpläne siehe nächste Seiten

🏨🏨🏨 **Mövenpick**, Am Bahnhof 3, ⊠ 33602, ℘ (0521) 5 28 20, hotel.bielefeld@moevenpick.com, Fax (0521) 5282100, 斎 – ⴿ, ⴜ Zim, ≡ TV ⴎ – ⴝ 40. ⴀ ⴂ ⴁ VISA JCB – **Menu** à la carte 17,50/41 – ⴷ 14 – **162 Zim** 120 – 145, 5 Suiten. EY n
 ◆ Einen modernen Neubau und einen nostalgischen Trakt hat man hier zu einem ansprechenden Hotel verbunden. Wohnliche Zimmer und die ideale Lage im Stadtzentrum überzeugen. Das Restaurant ist im Stil eines Zugabteils gestaltet.

🏨 **Ravensberger Hof** ⴈ garni, Güsenstr. 4, ⊠ 33602, ℘ (0521) 9 62 11, ravensber gerhof@t-online.de, Fax (0521) 9621300, ≦ – ⴿ ⴜ TV ⴎ ⴘ – ⴝ 40. ⴀ ⴀ ⴁ VISA
51 Zim ⴷ 89/119 – 133. EZ c
 ◆ Im Zentrum bietet sich das renovierte Altstadthotel als individuelles Domizil an. Die elegante Halle mit farbharmonischem Design gibt einen Vorgeschmack auf die Gästezimmer.

🏨 **Mercure**, Waldhof 15, ⊠ 33602, ℘ (0521) 5 28 00, h0897@accor-hotels.com, Fax (0521) 5280113, 斎 – ⴿ, ⴜ Zim, ≡ TV ⴎ – ⴝ 180. ⴀ ⴂ ⴁ VISA JCB
Menu à la carte 20/28 – **123 Zim** ⴷ 103/113 – 131/141. EZ a
 ◆ Im Herzen der Altstadt - nur wenige Minuten vom Bahnhof entfernt - schätzen Geschäftsleute die funktionell-praktischen Zimmer der Hotelkette.

🏨 **Mercure am Niederwall** garni, Niederwall 31, ⊠ 33602, ℘ (0521) 5 25 30, h2822 @accor-hotels.com, Fax (0521) 5253444 – ⴿ ⴜ TV ⴎ ⴘ ⴆ – ⴝ 60. ⴀ ⴂ ⴁ VISA
150 Zim ⴷ 102/128 – 156. EZ d
 ◆ Nur einen Katzensprung vom Stadttheater beherbergt das Hotel für Geschäftsreisende sinnvoll ausgestattete Zimmer : Fax- sowie Modemanschluss und ein großer Schreibtisch !

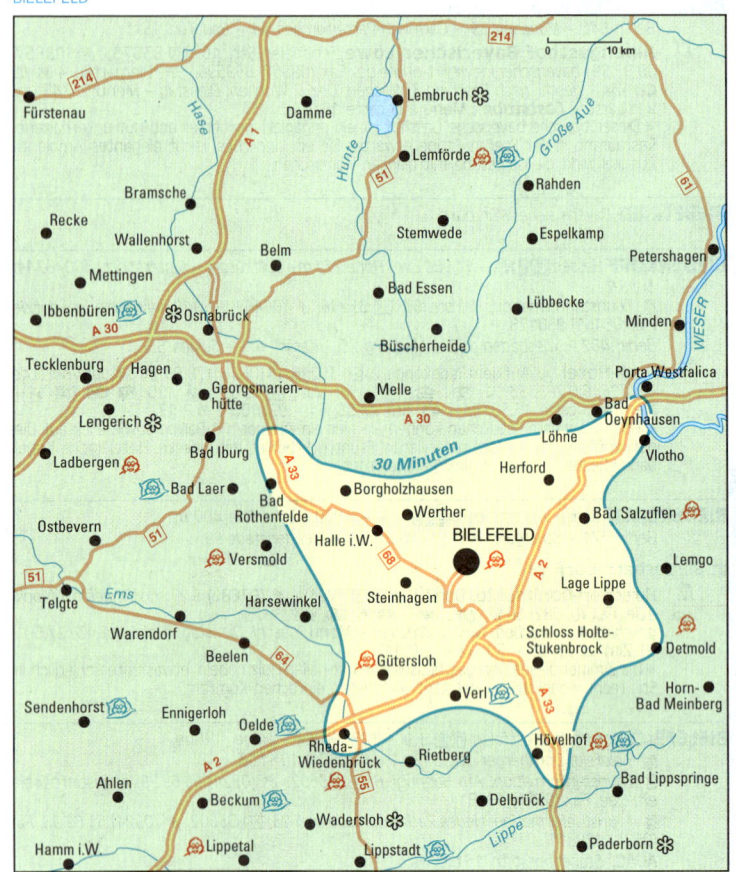

BIELEFELD

🏨 **Novotel** ⚘, Am Johannisberg 5, ⌧ 33615, ℘ (0521) 9 61 80, h0484@accor-hotels
.com, Fax (0521) 9618333, 🍽, ⌇ (geheizt), 🚗 – 🛗, ⚤ Zim, 📺 📞 💻 – 🛗 220. 🅰🅴
Ⓓ 🅼🅾 VISA JCB   DZ u
Menu à la carte 18,50/32,50 – 🍽 13 – **118 Zim** 76 – 102.
  ♦ Auf einer bewaldeten Anhöhe über der Stadt, in einem rund 20 ha großen Park (mit
Joggingpfaden) bietet dieses Novotel alles, was das Leben und Arbeiten auf Reisen erleich-
tert.

🏨 **Brenner Hotel Diekmann,** Otto-Brenner-Str. 133, ⌧ 33607, ℘ (0521) 2 99 90, rec
eption@brenner-hotel.de, Fax (0521) 2999220, 🍽 – 🛗, ⚤ Zim, 📺 📞 💻 – 🛗 60. 🅰🅴
Ⓓ 🅼🅾 VISA ⚘   BU y
Menu à la carte 15,50/34 – **65 Zim** 🍽 65/75 – 80.
  ♦ In verkehrsgünstiger Lage steht das familiär geführte Hotel. Die Zimmer sind mit rus-
tikalen Eichenmöbeln und Schreibtischen eingerichtet. Auf Wunsch Modemanschluss. Alt-
deutscher Stil dominiert im Restaurant.

🏨 **Comfort Garni Stadt Bremen** garni, Bahnhofstr. 32, ⌧ 33602, ℘ (0521) 52 19 80,
hotel@comfort-garni.de, Fax (0521) 52198113 – 🛗 ⚤ 📺 📞 🚗. 🅼🅾
VISA ⚘   EY b
geschl. 23. Dez. - 2. Jan. – **46 Zim** 🍽 72/82 – 92/99.
  ♦ Vollständig renoviert zeigt sich dieses praktische, inmitten der Fußgängerzone gelegene
Stadthotel. Ihr Zimmer ist mit hellen, zeitgemäßen Möbeln eingerichtet.

BIELEFELD

Adenauerplatz	DZ 2
Altstädter Kirchplatz	EZ 9
Altstädter Kirchstraße	EZ 12
Am Güterbahnhof	EY 15
Am Sparrenberg	DZ 21
Bahnhofstraße	EY
Breite Straße	EZ 35
Bunnemannplatz	DZ 38
Elsa-Brändström-Straße	DYZ 48
Feilenstraße	EY
Friedenstraße	EY 51
Friedrich-Ebert-Straße	EY 53
Friedrich-Verleger-Straße	EZ 56
Gehrenberg	EZ
Heeper-Straße	EZ 62
Herbert-Hinnendahl-Straße	EY 63
Jahnplatz	EZ 69
Klosterplatz	DZ 77
Mauerstraße	DZ 86
Mindener Straße	DY 87
MoltkeStraße	DZ 88
Nebelswall	DZ 89
Neustädter Sraße	EZ 91
Niedernstraße	EZ 92
Notpfortenstraße	EZ 94
Oelmühlenstr.	EZ 96
Obernstraße	DEZ
Rathausstraße	EZ 109
Renteistr	EZ 112
Rich-Wagner-Straße	EZ 113
Ritterstraße	DEZ 114
Schildescher Str.	EY 116
Spiegelstraße	EZ 123
Steinstraße	EZ 128
Stresemannstraße	EY 132
Waldhof	DZ 145
Werner-Bock-Straße	EY 146
Willy-Brandt-Pl	EY 147

✕ **Klötzer's Kleines Restaurant**, Ritterstr. 33, ✉ 33602, ✆ (0521) 9 67 75 20, kloetzer-delikatessen@t-online.de, Fax (0521) 9677510 – AE ⓂⓄ EZ e
bis 21 Uhr geöffnet, geschl. Samstagabend - Montag, Feiertage - **Menu** à la carte 33/40.
♦ In der Fußgängerzone verlockt das kleine Restaurant mit Feinkostladen zur Einkehr. Die Karte ist saisonal ausgerichtet. Fragen Sie nach den Kaviarspezialitäten!

219

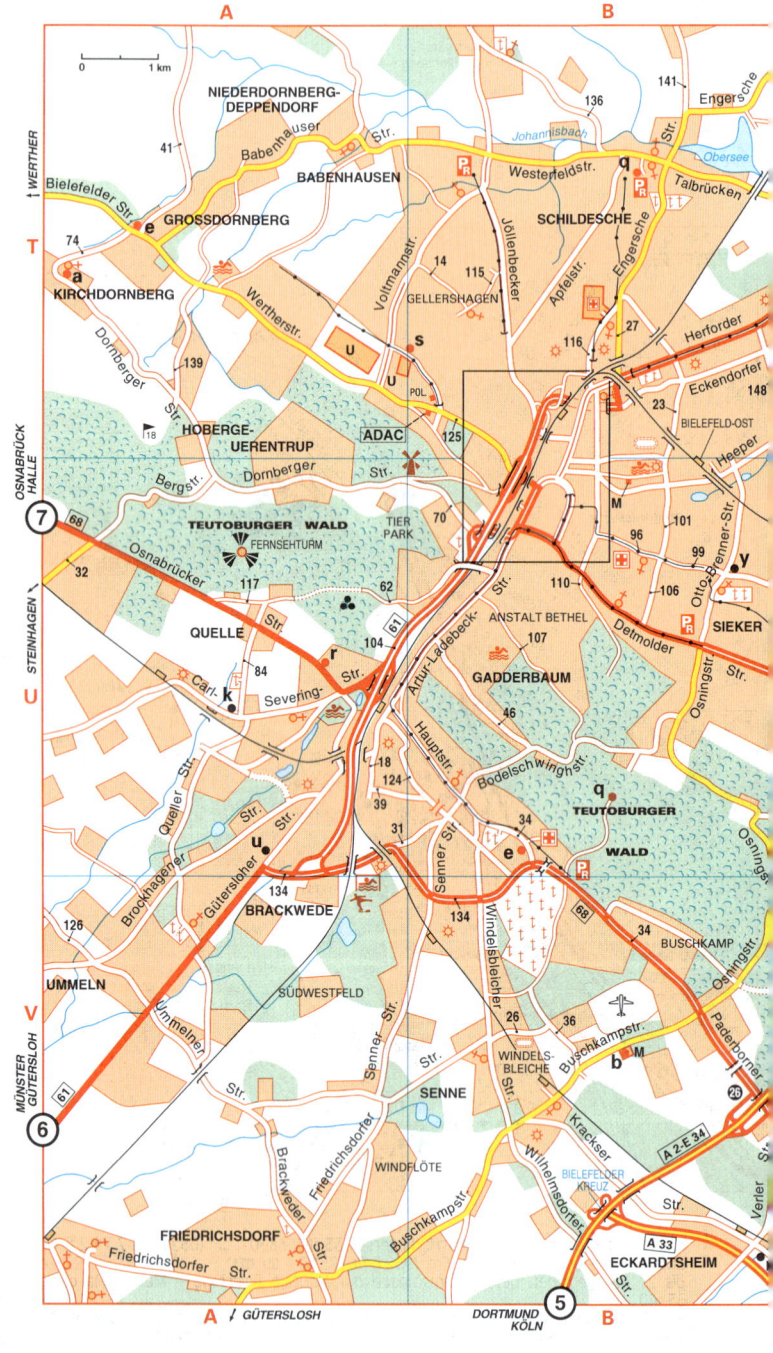

Bielefeld map

- WERTHER
- NIEDERDORNBERG-DEPPENDORF
- 41 Babenhauser Str. 136 141 Engersche
- Johannisbach Obersee
- Bielefelder Str. BABENHAUSEN Westerfeldstr. q Talbrücken
- 74 e GROSSDORNBERG SCHILDESCHE
- T a Jöllenbecker Engersche
- KIRCHDORNBERG 14 115 Apfelstr.
- Dornberger Str. Werthstr. GELLERSHAGEN 116 Herforder 148
- 139 Voltmannstr. 27 Eckendorfer
- U BIELEFELD-OST
- U 23
- POL. 125 Heeper
- OSNABRÜCK HALLE HOBERGE-UERENTRUP ADAC
- Bergstr. Dornberger Str. 70 TIER PARK M 101 Otto-Brenner-Str.
- 7 68 TEUTOBURGER WALD 96 99 y
- 32 Osnabrücker FERNSEHTURM 110 106 SIEKER
- 117 62 ANSTALT BETHEL Detmolder Ostingstr.
- U STEINHAGEN QUELLE Str. 61 107
- r 104 GADDERBAUM
- Carl- 84 k Severing- Artur-Ladebeck- 46
- Queller Str. Str. Hauptstr.
- u 18 Bodelschwinghstr.
- Brockhagener 124 34 q
- 39 TEUTOBURGER
- Gütersloher 31 e WALD
- 134 Senner Str. 68 34 BUSCHKAMP
- BRACKWEDE Windelsbleicher Ostingstr.
- 126 SÜDWESTFELD
- UMMELN 26 36 Paderborner
- Ummelner Str. Senner Str. WINDELS- Buschkampstr. b M
- BLEICHE
- V Krackser A 2 · E 34
- 61 SENNE
- 6 Friedrichsdorfer Str. Brackweder Str. WINDFLÖTE Buschkampstr. Wilhelmsdorfer BIELEFELDER KREUZ 26 Verler
- MÜNSTER GÜTERSLOH
- FRIEDRICHSDORF Str.
- Friedrichsdorfer Str. A 33 ECKARDTSHEIM
- A GÜTERSLOH DORTMUND KÖLN 5 B

BIELEFELD

Street	Grid	No.
Am Brodhagen	**BT**	14
Am Preßwerk	**AU**	18
Am Stadtholz	**BT**	23
Amtmann-Bullrich-Sraße	**CT**	24
Am Waldbad	**BV**	26
Am Wellbach	**CT**	
Apfelstraße	**BT**	
Arthur-Ladebeck-Straße	**ABU**	
Babenhauser Straße	**AT**	
Beckhausstraße	**BT**	27
Bergstraße	**AU**	
Berliner Straße	**ABU**	31
Bielefelder Straße	**AT**	
Bielefelder Straße	**AU**	32
Bodelschwinghstraße	**BU**	
Brackwedder Straße	**AV**	
Brackweder Straße	**BUV**	34
Braker Straße	**CT**	
Brinkstraße	**BV**	36
Brockhagener Straße	**AUV**	
Buschkampstraße	**ABV**	
Buschkampstraße	**BV**	
Cheruskerstraße	**AU**	39
Deppendorfer Straße	**AT**	41
Detmolder Straße	**BCU**	
Dornberger Straße	**ATU**	
Dornberger Straße	**AU**	
Eckendorfer Straße	**BCT**	
Eggweg	**BU**	46
Elbeallee	**CV**	
Engersche Straße	**BCT**	
Friedrichsdorfer Straße	**ABV**	
Gütersloher Straße	**AUV**	
Hallerweg	**AU**	62
Hauptstraße	**BU**	
Heeper Straße	**BCTU**	
Herforder Straße	**BCT**	
Hillegosserstraße	**CU**	
Johannistal	**BU**	70
Jöllenbecker	**BT**	
Kirchdornbreger Straße	**AT**	74
Krackser Straße	**BV**	
Kusenweg	**CT**	
Lämershagener Straße	**CV**	81
Magdalenen Straße	**AU**	84
Oelmühlenstraße	**BU**	96
Oerlinghauser Straße	**CUV**	97
Oldentruper straße	**BCU**	99
Osnabrücker Straße	**AU**	
Osningstraße	**BUV**	
Ostraße	**BU**	101
Ostwestfalendamm	**ABU**	104
Otto-Brenner-Straße	**BU**	
Paderborner Straße	**BCV**	
Postdammer Straße	**CTU**	
Prießallee	**BU**	106
Quellenhofweg	**BU**	107
Queller Straße	**AU**	
Regerstraße	**BU**	110
Salzufler straße	**CTU**	
Schelpsheide	**BT**	115
Schildescher Straße	**BT**	116
Schlingen Straße	**AU**	117
Selhausenstraße	**CU**	
Senner Hellweg	**CV**	
Senner Straße	**AV**	
Senner Straße	**BUV**	
Sennestadtring	**CV**	121
Severing Straße	**AU**	
Stadtring	**ABU**	124
Stapenhorststraße	**BT**	125
Steinhagener Straße	**AV**	126
Stieghorster Straße	**CU**	131
Südring	**ABUV**	134
Talbrücken Straße	**BCT**	
Theesener Straße	**BT**	136
Tieplatz	**CT**	137
Twellbachtal	**AT**	139
Ummelner Straße	**AV**	
Verler Straße	**BCV**	
Vilsendorfer Straße	**BT**	141
Vogteistraße	**CT**	143
Voltmannstraße	**ABT**	
WertherStraße	**AT**	
Westerfeldstraße	**BT**	
Windelsbleicher Straße	**BV**	
Ziegelstraße	**BCT**	148

221

BIELEFELD

Im Bültmannshof, Kurt-Schumacher-Str. 17a, ✉ 33615, ℘ (0521) 10 08 41, Fax (0521) 161390, 🍽, (restaurierter Fachwerkbau a. d. J. 1802) – **P.** ⓘ ⓜⓔ 𝐕𝐈𝐒𝐀 geschl. 1. - 6. Jan., 1. - 15. Juni, Montag – **Menu** à la carte 24,50/49. **ABT** s
• Das ehemalige Bauernhaus ist eine urgemütliche, sehenswerte Adresse ! In authentischem Fachwerk-Ambiente lässt man sich regionale Gerichte schmecken. Karte mit großer Auswahl !

Sparrenburg, Am Sparrenberg 38a, ✉ 33602, ℘ (0521) 6 59 39, restaurant-sparrenburg@t-online.de, Fax (0521) 65999, 🍽 – **P.** ⓐⓔ ⓜⓔ 𝐕𝐈𝐒𝐀 **DZ** f
geschl. Anfang Aug., Dienstag – **Menu** à la carte 21/37,50.
• Rustikale Gemütlichkeit erwartet die Besucher des Restaurants in der Burganlage aus dem 13. Jh. Ausflügler schätzen die Terrasse mit Stadtblick !

In Bielefeld-Brackwede :

Brackweder Hof, Gütersloher Str. 236, ✉ 33649, ℘ (0521) 94 26 60, Fax (0521) 9426610, 🍽 – |❋|, ❋ Zim, 📺 ☏ **P.** – 🅰 60. ⓐⓔ ⓘ ⓜⓔ 𝐕𝐈𝐒𝐀 **AU** u
Menu à la carte 22/41 – **40 Zim** ⌑ 65/70 – 80.
• Gleich mehrere Vorzüge vereinen sich in diesem Neubau : Moderne, gemütliche und doch funktionale Zimmer - mit eigenen PC- und Kommunikationsanschlüssen - erwarten den Gast. Eleganz und rustikale Gediegenheit im Restaurant.

Méditerranée, Brackwerder Str. 66, ✉ 33647, ℘ (0521) 41 00 77, jivino@t-online.de, Fax (0521) 410078, 🍽 – **P.** ⓐⓔ ⓘ ⓜⓔ 𝐕𝐈𝐒𝐀 **BU** e
Menu (geschl. Sonntag - Montag) (nur Abendessen) à la carte 34,50/42,50 – **Jivino** (nur Abendessen) **Menu** à la carte 25/31,50.
• Das stimmungsvolle Restaurant gilt als Institution mit südfranzösischem Flair. An weiß eingedeckten, runden Tischen lässt sich bei mediterranen Genüssen Fernweh lindern. Das Jivino lädt an blanken Holztischen zu italienischem Vino und mediterraner Küche.

In Bielefeld-Großdornberg :

Kreuzkrug, Wertherstr. 462, ✉ 33619, ℘ (0521) 10 22 64, kreuzkrug@t-online.de, Fax (0521) 161197, Biergarten – **P.** ⓐⓔ ⓜⓔ 𝐕𝐈𝐒𝐀 **AT** e
geschl. Montag – **Menu** à la carte 20/35.
• Der Gasthof am Rande des Teutoburger Waldes war einst Posthalterei und ist seit 1827 in Familienbesitz. Interieur im altdeutschen Stil mit rustikalem Zierrat.

In Bielefeld-Heepen :

Petter, Alter Postweg 68, ✉ 33719, ℘ (0521) 93 41 40, hotel-petter@t-online.de, Fax (0521) 9341425 – ❋ Zim, 📺 ⬛ **P.** ⓜⓔ 𝐕𝐈𝐒𝐀 **CT** h
geschl. 22. Dez. - 1. Jan. – **Menu** (geschl. Freitag - Sonntag) (nur Abendessen) à la carte 14,50/25,50 – **16 Zim** ⌑ 58 – 78.
• In dem gut geführten Familienbetrieb finden Reisende östlich von Bielefeld einen vorübergehenden Wohnsitz. Gediegene Zimmereinrichtung mit Mahagonimobiliar.

In Bielefeld-Hillegossen :

Stiller Friede 🍃, Selhausenstr. 12, ✉ 33699, ℘ (0521) 2 39 97 44, info@hotel-stiller-friede.de, Fax (0521) 2399745, 🍽 – 📺 ☏ **P.** – 🅰 25. ⓐⓔ ⓘ ⓜⓔ 𝐕𝐈𝐒𝐀
Menu (geschl. 1. - 15. Jan) à la carte 20,50/37 – **22 Zim** ⌑ 50/65 – 80. **CU** g
• Ruhig am Wald steht das gepflegte gastliche Haus mit der interessanten Fachwerkfassade und dem Bruchsteinsockel. Drei Zimmertypen : Kirschbaum, Fichte und rustikal in Eiche. Sattes Grün vor den Fenstern des Restaurants.

In Bielefeld-Kirchdornberg :

Tomatissimo, Am Tie 15, ✉ 33619, ℘ (0521) 16 33 33, info@tomatissimo.de, Fax (0521) 163326, 🍽 – **P.** ⓐⓔ ⓜⓔ 𝐕𝐈𝐒𝐀 **AT** a
geschl. 21. Aug. - 4. Sept., Montag - Dienstag – **Menu** (wochentags nur Abendessen) 38/50 à la carte 27/44.
• Keine Angst, hier hat man sich nicht der Tomaten-Diät verschrieben ! Vielmehr führt man Sie mit französisch-mediterraner Küche in Versuchung. Italienisches Flair !

In Bielefeld-Milse :

Parkhotel Milser Krug, Herforder Str. 535, ✉ 33729, ℘ (0521) 13 63 30, info@milserkrug.de, Fax (0521) 13633302, 🍽, ⬛s, 🟦 – ❋ Zim, 📺 ☏ **P.** – 🅰 50. ⓜⓔ 𝐕𝐈𝐒𝐀 **CT** a
Menu (geschl. Samstagmittag) à la carte 20/32 – **24 Zim** ⌑ 75/85 – 95/105.
• Ein Glasgang verbindet den Gasthof mit einem neuen Hoteltrakt. Neben netten Zimmern mit mediterranem Touch können Gäste auch den hübschen Garten nutzen. Ein kleiner Wintergarten mit Korbstühlen ergänzt das Restaurant.

In Bielefeld-Oldentrup :

Oldentruper Hof, Niedernholz 2, ✉ 33699, ℘ (0521) 2 09 00, info@oldentruper-bielefeld.bestwestern.de, Fax (0521) 2090100, 🍽, ⬛s, 🟦, ❄ – |❋|, ❋ Zim, 📺 ☏ **P.** – 🅰 200. ⓐⓔ ⓘ ⓜⓔ 𝐕𝐈𝐒𝐀 – **Menu** à la carte 22/35 – ⌑ 11 – **133 Zim** 74/99 – **CU** z
• Die hellen, freundlichen Zimmer sind funktionell ausgestattet. Geschäftsreisende bestellen hier eines der Businesszimmer mit modernen Kommunikationsmöglichkeiten. Nettes, gemütliches Restaurant, das mehrfach unterteilt ist.

BIELEFELD

In Bielefeld-Quelle :

🏨 **Büscher,** Carl-Severing-Str. 136, ✉ 33649, ✆ (0521) 94 61 40, *hotel-buescher@t-on line.de, Fax (0521) 452796,* 😊, 🍴s, 🏊, – 📺 ✆ 🅿 – 🚿 80. AE ① ⑩ VISA JCB
geschl. 22. Dez. - 2. Jan. – **Menu** *(geschl. Sonntagabend - Montagmittag)* à la carte 17/30 – **32 Zim** ⇌ 47/62 – 87. **AU k**
  • Das gepflegte Hotel mit seiner über 115-jährigen Familientradition bürgt für persönlichen Service. Für die Fitness gibt es ein Hallenbad und eine Sauna. Bürgerliche Gaststube und großer Saal für Extras.

XX **Schlichte Hof** mit Zim, Osnabrücker Str. 100, ✉ 33649, ✆ (0521) 4 55 88, *info@s chlichte-hof.de, Fax (0521) 452888,* (Restauriertes Fachwerkhaus a.d. 15. Jh.) – 📺 ⇌ 🅿 – 🚿 30. AE ⑩ VISA – **Menu** à la carte 23/31,50 – ⇌ 8 – **11 Zim** 54 – 71. **AU r**
  • Nach wechselvoller Geschichte wurde das Fachwerkhaus 1990 restauriert. Heute genießt man die Großzügigkeit der alten Deele, die gemütliche Galerie und natürlich Kulinarisches !

In Bielefeld-Schildesche :

XX **Bonne Auberge,** An der Stiftskirche 10, ✉ 33611, ✆ (0521) 8 16 68, *bonne.auber ge@t-online.de,* 😊, (restauriertes Fachwerkhaus a.d.J. 1775) – 🅿. ⑩ VISA **BT q**
geschl. Montag – **Menu** *(wochentags nur Abendessen)* à la carte 25/34.
  • Am Kirchplatz steht das historische Bauernhaus. Dunkle Holzbalken und weiß getünchte Wände unterstreichen das rustikale Ambiente. Internationale Karte mit großer Auswahl.

In Bielefeld-Senne :

XXX **Auberge le Concarneau,** Buschkampstr. 75, ✉ 33659, ✆ (0521) 49 37 17, *muse umshof-senne@t-online.de, Fax (0521) 493388* – 🅿. ⑩ VISA **BV b**
geschl. 5. - 17. April, 22. Juli - 4. Sept., 18. - 30. Okt., Sonntag - Dienstag, Feiertage – **Menu** *(nur Abendessen)* 69/95 und à la carte.
  • Ambitionierte klassisch-französische Küche ! In edel-rustikalem Ambiente kümmert man sich individuell um den Gast : Die Bestellung wird vom Chef persönlich aufgenommen !

XX **Gasthaus Buschkamp,** Buschkampstr. 75, ✉ 33659, ✆ (0521) 49 28 00, *museum shof-senne@t-online.de, Fax (0521) 493388* – 🅿. ⑩ VISA **BV b**
geschl. Montag – **Menu** à la carte 22/38.
  • Im ebullich Museumshof verkörpert das romantische Fachwerkhaus 150-jährige Gastronomietradition, in der "Mutters Küche" wieder zur Delikatesse wird.

X **Waterbör,** Waterboerstr. 77, ✉ 33659, ✆ (0521) 2 41 41, *waterboer@aol.com, Fax (0521) 24346,* 😊 – 🅿. ⑩ VISA **BU q**
geschl. Montag – **Menu** à la carte 19,50/36.
  • Versteckt im Teutoburger Wald ist das Fachwerkhaus im Ravensberger Bauernstil zu finden. Ausflügler schätzen das Innenleben mit rustikalem Flair und die idyllische Terrasse.

In Bielefeld-Sennestadt :

🏨 **Quality Hotel,** Alte Verler Str. 2, ✉ 33689, ✆ (05205) 93 60 (Hotel) 2 20 06 (Rest.), *info@quality-hotel-bielefeld.de, Fax (05205) 936500,* Biergarten – 🛗, ⇌ Zim, 📺 ✆ 🚿 🅿 – 🚿 60. AE ① ⑩ VISA **CV a**
geschl. 22. Dez. - 4. Jan. – **Eickelmann's** *(geschl. 22. Dez. - 3. Jan., Sonn- und Feiertage)* **Menu** à la carte 23,50/41,50 – **85 Zim** ⇌ 75 – 99.
  • Der moderne Rahmen dieses Hotels bietet die Annehmlichkeiten, die Geschäftsleute und Tagungsgäste sich auf Reisen wünschen : Schreibtisch und Faxanschluss sind vorhanden ! Gläserne Decke mit Jugendstil-Elementen im Eickelmann's.

🏨 **Wintersmühle,** Sender Str. 6, ✉ 33689, ✆ (05205) 9 82 50, *hotel@wintersmuehle.de, Fax (05205) 982533,* 🍴s, 🚗, – 📺 ✆ ⇌ 🅿. AE ⑩ VISA. ✵ Rest **BV r**
Menu *(geschl. 19. Dez. - 11. Jan., Freitag - Sonntag) (nur Abendessen)* (Restaurant nur für Hausgäste) – **15 Zim** ⇌ 55 – 70.
  • Die ehemalige Wassermühle wurde vor Jahren zu einer Hotel-Pension umgebaut. Individuell eingerichtete Zimmer - teilweise im Landhausstil - mit Modem- und Faxanschluss.

BIETIGHEIM-BISSINGEN Baden-Württemberg 🔢 **545 T 11** – 41 000 Ew – Höhe 220 m.
 🛈 Stadtinformation, Marktplatz 10, ✉ 74321, ✆ (07142) 7 42 27, *stadt@bietigheim-b issingen.de,* Fax (07142) 74229.
Berlin 611 – *Stuttgart* 25 – Heilbronn 25 – Ludwigsburg 9 – Pforzheim 55.

Im Stadtteil Bietigheim :

🏨 **Parkhotel,** Freiberger Str. 71, ✉ 74321, ✆ (07142) 7 70 60, *inf0@parkhotel-bietigh eim.de, Fax (07142) 54099,* 😊 – 🛗 📺 ✆ ⇌ 🅿 – 🚿 45. AE ① ⑩ VISA JCB
Menu *(geschl. Samstagmittag, Sonn- und Feiertage abends)* à la carte 22/31 – **58 Zim** ⇌ 56/65 – 82.
  • Die Zimmer dieses Hauses sind praktisch mit unterschiedlichen Holzmöbeln ausgestattet. Seine Funktionalität macht es auch für Geschäftsreisende zur attraktiven Unterkunft.

BIETIGHEIM-BISSINGEN

Rose, Kronenbergstr. 14, ✉ 74321, ✆ (07142) 4 20 04, *hotel.rose@t-online.de*, Fax (07142) 45928 – 📺 ✆ 🚗 – 🏛 40. AE ⓪ ⓜ VISA JCB
geschl. 22. Dez. - 7. Jan. – **Menu** à la carte 27/46,50 – **24 Zim** ⊇ 75/90 – 95/110.
◆ In der Altstadt bietet dieser Gasthof unterschiedliche Zimmer : teils solide mit Kirschbaummöbeln eingerichtet, teils mit älterem, einfacherem Mobiliar, aber immer gepflegt. Im Restaurant sorgen holzgetäfelte Wände für eine behagliche Atmosphäre.

Friedrich von Schiller (mit Gästehaus), Marktplatz 5, ✉ 74321, ✆ (07142) 9 02 00, *schiller.bietigheim.enz@t-online.de*, Fax (07142) 902090, ☂ – 📶 📺 🅿 – 🏛 20. AE ⓪ ⓜ VISA JCB – **Menu** *(geschl. 1. - 6. Jan., 24. Mai - 6. Juni, Sonn- und Feiertage, Montagmittag)* à la carte 30/53, ♀ – **22 Zim** ⊇ 59/67 – 82/100.
◆ Im vorderen Bereich ist dieses Restaurant rustikal gehalten und mit Kachelofen bestückt. Im hinteren Bereich ist es eleganter, hier werden die Tische schön eingedeckt.

Im Stadtteil Bissingen :

Otterbach (mit Gästehäusern), Bahnhofstr. 153, ✉ 74321, ✆ (07142) 58 40, *hotel.otterbach@t-online.de*, Fax (07142) 64142 – 📶, ↔ Zim, 📺 ✆ ♿ 🅿 – 🏛 20. AE ⓪ ⓜ VISA JCB. ✕
geschl. 27. Dez. - 6. Jan. – **Menu** *(geschl. Samstagmittag)* à la carte 24/38,50 – **64 Zim** ⊇ 52/94 – 76/125.
◆ Moderner Familienbetrieb gegenüber des Bahnhofs. In einem imposanten Glasanbau hat man großzügige Zimmer, Konferenzräume und einen lichtdurchfluteten Wintergarten geschaffen. Restaurant mit schöner Holztäfelung und regionaler Küche.

BILLERBECK Nordrhein-Westfalen 𝟱𝟰𝟯 K 5 – 11 350 Ew – Höhe 138 m – Erholungsort.
🛈 Tourist-Information, Rathaus, Markt 1, ✉ 48727, ✆ (02543) 73 73, *stadt@billerbeck.de*, Fax (02543) 7350.
Berlin 510 – Düsseldorf 110 – Nordhorn 69 – Enschede 56 – Münster (Westfalen) 32.

Weissenburg, Gantweg 18 (Nord : 2 km, Richtung Steinfurt), ✉ 48727, ✆ (02543) 7 50, *team@hotel-weissenburg.de*, Fax (02543) 75275, ≤, ☂, ☎, 🔲, 🏊, – 📶, ↔ Zim, 📺 ♿ 🅿 – 🏛 180. AE ✕
Menu à la carte 18,50/44 – **80 Zim** ⊇ 60/70 – 120 – ½ P 13.
◆ Auf einer Anhöhe mit Blick auf Billerbeck und Münsterland beziehen Sie hier funktionell-wohnliche Zimmer. Eine nahe gelegene Wildgehege und der Park laden zum Besuch ein ! Münsterländer Stil beherrscht die Restauranträume.

Domschenke, Markt 6, ✉ 48727, ✆ (02543) 9 32 00, *domschenke@t-online.de*, Fax (02543) 932030, ☂ – 📺 ♿ ⓪ ⓜ VISA
Menu *(geschl. Okt. 2 Wochen)* à la carte 22,50/42 – **30 Zim** ⊇ 48/70 – 75/100.
◆ Im Zentrum steht das nette Klinker-Fachwerkhaus direkt am Dom. Wohnliche, großzügige Zimmer : einige elegant, einige rustikal im Münsterländer Stil. Restauranträume teils gediegen-ländlich, teils mit südlichem Flair im Landhausstil.

BINDLACH Bayern siehe Bayreuth.

BINGEN Rheinland-Pfalz 𝟱𝟰𝟯 Q 7 – 25 000 Ew – Höhe 82 m.
Sehenswert : *Burg Klopp* ≤★.
Ausflugsziele : *Burg Rheinstein* ≤★★ ⑤ : 6 km – *Rheintal*★★★ *(von Bingen bis Koblenz)*.
🛈 Tourist-Information, Rheinkai 21, ✉ 55411, ✆ (06721) 18 42 05, Fax (06721) 16275.
Berlin 600 ① – Mainz 31 ① – *Bad Kreuznach* 20 ② – Koblenz 66 ④ – Wiesbaden 35 ①

Stadtplan siehe gegenüberliegende Seite

NH Bingen, Am Rhein-Nahe-Eck, ✉ 55411, ✆ (06721) 79 60, *nhbingen@nh-hotels.com*, Fax (06721) 796500, ≤, ☂, ☎ – 📶, ↔ Zim, 📺 ✆ 🚗 🅿 – 🏛 400. AE ⓪ ⓜ VISA JCB. ✕ Rest – **Menu** à la carte 26/48 – ⊇ 13 – **135 Zim** 85.   **Y b**
◆ Dieses Hotel am Rheinufer ist mit seinen neuzeitlich und funktionell gestalteten Zimmern und einem Konferenzzentrum vor allem auf Geschäftsreisende zugeschnitten. Restaurant mit schönem Blick auf den Fluss und die Weinberge.

Martinskeller ⑤ garni, Martinstr. 1, ✉ 55411, ✆ (06721) 1 34 75, *martinskeller@rheinhotel.com*, Fax (06721) 2508 – 📺 ♿ AE ⓪ ⓜ VISA   **Y f**
geschl. 22. - 30. Dez. – **15 Zim** ⊇ 64/68 – 82/103.
◆ 1884 diente das Haus als Weinhandlungshof der Firma Augstein und 100 Jahre später wurde es zum Hotel ausgebaut. Fragen Sie nach einem der gemütlichen Zimmer mit Fachwerk !

Weinhotel Michel garni, Mainzer Str. 74, ✉ 55411, ✆ (06721) 9 15 10, *hotel@weinhotel-michel.de*, Fax (06721) 915152, ☎ – 📶 ↔ 📺 ✆ 🚗 🅿 AE ⓪ ⓜ VISA
30 Zim ⊇ 80/95 – 110/135.   *über* ①
◆ Keine Angst, hier besteht kein Weinzwang ! Das gut geführte Hotel ist mit seinen komfortablen Zimmern ein ideales Heim für Geschäftsreisende.

BINGEN

Am Burggraben	Z 2	Laurenzigasse	
Am Rupertsberg	Y 4	Martinstraße	Y 17
Amtsstraße	Y 5	Pfarrer-Römheld-	Y 18
Basilikastraße	Y	Straße	Z 19
Beuchergasse	Y	Rathausstraße	Y 20
Drususbrücke	Z 8	Rheinkai	Y 21
Eisenbahnbrücke	Y 9	Rheinstraße	Y 22
Espenschiedstraße	Y 10	Rupertusstraße	Y 24
Freidhof	Y 12	Saarlandstraße	Z 25
Gerbhausstraße	Y 13	Salzstraße	Y 26
Hasengasse	Y 14	Schmittstraße	YZ
Hospitalstraße	Y 15	Speisemarkt	Y 28
Kapuzinerstraße	Y 16	Stromberger Straße	Z 29

🏨 **Krone**, Rheinkai 19, ✉ 55411, ℰ (06721) 1 70 16, *hotelkronebingen@t-online.de,* Fax (06721) 17210 – 📺 – 🛁 30. AE ① MC VISA   Y n
geschl. 23. Dez. - 10. Jan. – **Menu** *(geschl. Sonntagabend - Montag) (wochentags nur Abendessen)* à la carte 18/31 – **26 Zim** 🍽 45/50 – 64/70.
    ♦ Zwischen Fußgängerzone und Rheinufer liegt dieses Hotel. Buchen Sie ein Zimmer mit Blick auf den Fluss! Bürgerliche Gästezimmer mit schallisolierten Fenstern.

🏨 **Rheinhotel Starkenburger Hof** garni, Rheinkai 1, ✉ 55411, ℰ (06721) 1 43 41, Fax (06721) 13350 – 📺 📞 AE ① MC VISA   Y a
geschl. Jan. - Feb. – **30 Zim** 🍽 49/52 – 69/75.
    ♦ Nur wenige Minuten von Bahnhof und Schiffsanlegestelle entfernt, ist dieses standardgemäße Hotel ein guter Ausgangspunkt für geschäftliche und touristische Unternehmungen.

In Bingen-Bingerbrück :

🍴 **Schlößchen am Mäuseturm**, Stromberger Str. 28, ✉ 55411, ℰ (06721) 3 66 99, *steininger.weinstube@t-online.de,* Fax (06721) 36699, 🌿, (Weinstube) – 🅿 MC   Z c
(geschl. Okt. 1 Woche) – **Menu** *(nur Abendessen)* à la carte 21/39.
    ♦ Eine ländlich-rustikale Einrichtung gibt diesem Lokal seinen Weinstuben-Charakter. In netter Atmosphäre serviert man internationale Gerichte.

In Münster-Sarmsheim über ② : 4 km :

🏨 **Münsterer Hof** garni, Rheinstr. 35, ✉ 55424, ℰ (06721) 4 10 23, *muenstererhof@aol.com,* Fax (06721) 41025 – 📺 AE ① MC VISA
15 Zim 🍽 52 – 77.
    ♦ Das alte Fachwerkhaus bietet Ihnen gepflegte, solide möblierte Zimmer. Moderner und ruhiger wohnen Sie in dem nach hinten gelegenen Anbau - über den Innenhof erreichbar.

🍴 **Weinstube Kruger-Rumpf**, Rheinstr. 47, ✉ 55424, ℰ (06721) 4 50 50, *kruger-rumpf@t-online.de,* Fax (06721) 41882, 🌿, 🅿 MC VISA
geschl. 22. Dez. - 15. Jan., Montag – **Menu** *(nur Abendessen)* à la carte 23/31,50.
    ♦ Das Weingut - 1790 gegründet - steht heute unter Denkmalschutz. In der charmanten Weinstube mit idyllischer Terrasse lebt man von Rebensaft und Winzerschmaus !

BINZ Mecklenburg-Vorpommern siehe Rügen (Insel).

BINZEN Baden-Württemberg 545 X 6 – 2 400 Ew – Höhe 285 m.
Berlin 858 – Stuttgart 260 – Freiburg im Breisgau 65 – Basel 11 – Lörrach 6.

Mühle (mit Gästehaus), Mühlenstr. 26, ✉ 79589, ℘ (07621) 9 40 84 90, hotel.mue hle.binzen@t-online.de, Fax (07621) 65808, 😊, 🌐, ≼ Zim, 📺 ✆ 🅿 – 🔒 40. ae ⓞ 💳 VISA. ✼ Rest – **Menu** (geschl. Sonntag) à la carte 36/58 – **20 Zim** ⌑ 60/115 – 80/135.
◆ Auf die "feine Markgräfler Art" empfängt man Sie in dem eleganten Landhaus. Die Zimmer versprühen den unaufdringlichen Charme von warmen Farben und geblümten Stoffen. Holzgetäfelt-rustikal oder hell und stilvoll geben sich die Gaststuben. Nette Gartenterrasse.

In Rümmingen Nord-Ost : 2 km Richtung Kandern :

Landgasthof Sonne, Wittlinger Str. 3, ✉ 79595, ℘ (07621) 32 70, Fax (07621) 2853, 😊 – 🅿. ae ⓞ 💳 VISA. ✼ – geschl. Jan. - Feb. 2 Wochen, Juni 2 Wochen, Okt. 2 Wochen, Mittwoch - Donnerstag – **Menu** 21/33 und à la carte.
◆ Hinter der gelben Fassade des Gasthofes geht's gemütlich zu : Im rustikalen Ambiente isst man sich gerne durch's Menü ! Das gibt sich international, regional und je nach Saison !

In Schallbach Nord : 4 km - Richtung Kander, in Rümmingen links ab :

Alte Post (mit Gästehaus), Alte Poststr. 16, ✉ 79597, ℘ (07621) 9 40 94 90, info@ gasthof-altepost.de, Fax (07621) 94094933, 😊 – 📺 ✆ 🅿 – 🔒 25. ae 💳 VISA
Menu (geschl. 1. - 6. Jan., Aug. 2 Wochen, Donnerstag - Freitagmittag) à la carte 18,50/28,50 – **19 Zim** ⌑ 48/50 – 76.
◆ Die Postkutsche - das hauseigene Wahrzeichen - steht für die Herzlichkeit, der man sich verpflichtet fühlt. Das moderne Hotel verfügt über zeitgemäße Zimmer, teils mit Balkon. Ansprechendes rustikales Restaurant mit nettem Dekor.

BIRGEL Rheinland-Pfalz 543 P 3 – 500 Ew – Höhe 400 m.
Berlin 656 – Mainz 184 – Aachen 86 – Daun 26.

Le Moulin, Bahnhofstr. 16, ✉ 54587, ℘ (06597) 9 28 20, info@moulin.de, Fax (06597) 9282149 – 🅿. ae ⓞ 💳 VISA. ✼ Rest
geschl. Nov. - Ostern Montag - Dienstagmittag – **Menu** à la carte 25/44.
◆ Das rustikale Kellerlokal mit Gewölbe und blanken Holztischen sowie die Erlebnisgastronomie im ehemaligen Sägewerk sind Teil eines einzigartigen Mühlenzentrums.

BIRKENAU Hessen 543 R 10 – 10 500 Ew – Höhe 110 m – Erholungsort.
🛈 Kultur- und Verkehrsamt, Hauptstr. 119, ✉ 69488, ℘ (06201) 3 97 47, Fax (06201) 39755.
Berlin 611 – Wiesbaden 97 – Mannheim 30 – Darmstadt 44 – Heidelberg 27.

Drei Birken mit Zim, Hauptstr. 170, ✉ 69488, ℘ (06201) 3 23 68 (Rest) 30 32 (Hotel), dreibirken@t-online.de, Fax (06201) 3849, 😊 – 📺 🅿. ⓞ 💳 VISA
Menu (geschl. Anfang Feb. 2 Wochen, Aug. 2 Wochen, Montagabend - Dienstag) 22 à la carte 22,50/39,50 – **18 Zim** ⌑ 46/50 – 67/72 – ½ P 22.
◆ Neben einem neuzeitlich und hell wirkenden Restaurant mit schmackhafter internationaler und regionaler Saisonküche beherbergt man hier gepflegte Gästezimmer.

BIRKENFELD Baden-Württemberg siehe Pforzheim.

BIRKENFELD (MAIN-SPESSART-KREIS) Bayern 546 Q 13 – 1 800 Ew – Höhe 211 m.
Berlin 517 – München 312 – Würzburg 29 – Frankfurt am Main 100.

In Birkenfeld-Billingshausen Nord-Ost : 2 km, Richtung Zellingen :

Goldenes Lamm, Untertorstr. 13, ✉ 97834, ℘ (09398) 3 52, goldenes_lamm@t-o nline.de, Fax (09398) 514, (Steinhaus a.d.J. 1883) – 🅿
geschl. Montag - Dienstag – **Menu** à la carte 16/31.
◆ Hinter der hübschen Fassade des alten Steinhauses erwartet Sie ein gepflegtes Restaurant - ländlich-rustikal in der Aufmachung, neuzeitliche Elemente dienen als Dekor.

BIRKENFELD Rheinland-Pfalz 543 R 5 – 7 800 Ew – Höhe 396 m.
🛈 Touristik- und Informationsbüro, Am Bahnhof 6, ✉ 55765, ℘ (06782) 9 93 40, tou rist.info.birkenfeld@t-online.de, Fax (06782) 993449.
Berlin 679 – Mainz 107 – Trier 64 – Idar-Oberstein 16 – Neunkirchen/Saar 46 – St. Wendel 26.

Oldenburger Hof, Achtstr. 7, ✉ 55765, ℘ (06782) 8 25, oldenburgerhof.hdelbe@ t-online.de, Fax (06782) 9659, 😊, Biergarten – 📺 🅿 – 🔒 20. 💳 VISA JCB
Menu à la carte 17/26 – **12 Zim** ⌑ 41 – 57.
◆ Das Eckhaus in der Stadtmitte von Birkenfeld empfiehlt sich als familiäres, gemütliches Quartier. Die sachlich eingerichteten Zimmer entsprechen solidem Standard.

BIRKENWERDER Brandenburg 542 H 23 – 5 700 Ew – Höhe 60 m.
Berlin 32 – Potsdam 45.

Andersen (mit Gästehaus), Clara-Zetkin-Str. 11, ⊠ 16547, ℘ (03303) 2 94 60, *birkenwerder@andersen.de*, Fax (03303) 2946155, 斎 – ⌘, ⇌ Zim, 📺 📞 🅿 – 🛎 40. ᴀᴇ ⓞ ⓜⓞ 🆅🅸🆂🅰 – **Menu** *(geschl. Sonntag)* à la carte 18/28 – **40 Zim** ⊇ 48/78 – 63/90.
♦ Von hier erreichen Sie mit der S-Bahn in dreißig Minuten die Berliner City. Geschäftsleute schätzen die neuzeitlichen Zimmer mit Schreibtischen sowie Fax- und Modemanschluss.

BIRNBACH, BAD Bayern 546 U 23 – 5 900 Ew – Höhe 450 m – Heilbad.
🛈 Kurverwaltung, Neuer Marktplatz 1, ⊠ 84364, ℘ (08563) 96 30 40, *kurverwaltung @badbirnbach.de*, Fax (08563) 963066.
Berlin 618 – München 147 – *Passau 41* – Landshut 82.

Sonnengut ⚘, Am Aunhamer Berg 2, ⊠ 84364, ℘ (08563) 30 50, *info@sonneng ut.de*, Fax (08563) 305100, 斎, 🄿, Massage, ♨, 𝐅ₛ, ≋, ⊠ (Thermal), 🛌 – ⌘, ⇌ Zim, 📺 📞 🅿 – 🛎 40. ❄ Rest
Menu à la carte 19,50/34 – **88 Zim** ⊇ 81/89 – 145/158, 4 Suiten – ½ P 13.
♦ Wo höchstens den Krähen eines Gockels die Ruhe stört, schlafen Kurgäste hier in liebenswerten, im Landhausstil eingerichteten Zimmern. Attraktive, großzügige Wellness-Oase! Gaststuben teils gemütlich-rustikal, teils stilvoll-gediegen.

Vitalhotel ⚘, Brunnaderstr. 27, ⊠ 84364, ℘ (08563) 30 80, *vitalhotel.bad.birnbach @t-online.de*, Fax (08563) 308111, 🄿, Massage, ♨, 𝐅ₛ, ≋, ⊠ (Thermal), 🛌 – ⌘, ⇌ Zim, 📺 📞 🅿 – 🛎 25. ❄ Rest – **Menu** *(nur Abendessen)* (Restaurant nur für Hausgäste) – **108 Zim** ⊇ 59 – 92/118 – ½ P 15.
♦ Frisch und munter erwachen Sie in mediterranem Ambiente! Das Haus ist geprägt durch leichte, zeitgemäße Architektur. Wohlbefinden für Körper und Geist: der Wellnessbereich.

Kurhotel Hofmark ⚘, Professor-Drexel-Str. 16, ⊠ 84364, ℘ (08563) 29 60, *hotel.hofmark@t-online.de*, Fax (08563) 296295, 斎, Massage, ♨, 𝐅ₛ, direkter Zugang zur Therme, 🛌 – ⌘ ⇌ 📺 📞 🅿 ❄ Rest
Menu à la carte 15/25 – **85 Zim** ⊇ 62/69 – 104/120, 6 Suiten – ½ P 17.
♦ Sie haben die Auswahl: Zimmer mit Blick auf den Ort, zum Rottal-Therme oder zum Kurpark. Vom Bett zum Schwimmbad gelangen Sie im Bademantel direkt durch den beheizten Gang! Im gediegenen Restaurant wählt man zwischen bürgerlichen und bayerischen Gerichten.

Sammareier Gutshof, Pfarrkirchner Str. 22, ⊠ 84364, ℘ (08563) 29 70, *sammareiergutshof@t-online.de*, Fax (08563) 29713, 斎, Massage, ♨, 𝐅ₛ, ≋, ⊠ – ⌘ 📺 📞 ᴀᴇ ⓜⓞ – **Menu** à la carte 21,50/39,50 – **38 Zim** ⊇ 56/66 – 86/122, 5 Suiten – ½ P 17.
♦ Alte Landhausmöbel gehören zur Einrichtung des ehemaligen Gutshofes. Alle Zimmer mit kleiner Küche und teilweise mit Balkon oder Terrasse. Wohnlich! Gemütlich rustikal geben sich die Restaurant-Stuben. Kuchen und Pralinen im hauseigenen Café.

Kurhotel Quellenhof ⚘, Brunnaderstr. 11, ⊠ 84364, ℘ (08563) 30 70, *kurhotel_quellenhof@t-online.de*, Fax (08563) 307200, 斎, Massage, ♨, ≋, ⊠ – ⌘ 📺 🅿 – *geschl. Dez. - Jan.* – **Menu** *(geschl. Donnerstag)* à la carte 15/29 – **39 Zim** ⊇ 67/77 – 114/134 – ½ P 13.
♦ Am Kurpark steht dieses Hotel in Form eines Dreiseithofes. Stilvolle Eingangshalle mit Kaminen! Zimmer mit neuzeitlicher oder rustikaler Einrichtung, Balkon oder Terrasse.

Alte Post, Hofmark 23, ⊠ 84364, ℘ (08563) 29 20, *alte-post.badbirnbach@t-online.de*, Fax (08563) 29299, 斎, Massage, ≋, ⊠, 🛌 – 📺 🅿 ❄ *geschl. 1. - 25. Dez.* (Hotel) – **Menu** à la carte 12,50/28 – **35 Zim** ⊇ 38/58 – 60/84 – ½ P 10.
♦ Das Haus ist schon im 13. Jh. als Hofwirtstaverne erwähnt und war Umspanne zur Poststation des Fürsten Thurn und Taxis. Heute hält es ländliche bis gehobene Zimmer bereit. Ob in der Post- oder Hofwirtsstube: bei deftiger Hausmannskost geht's hier zünftig zu.

Theresienhof garni, Breindoblweg 5, ⊠ 84364, ℘ (08563) 9 63 20, *info@landhotel-theresienhof.de*, Fax (08563) 963244, Massage, ≋, ⊠ (geheizt), 🛌 – 📺 🅿 ❄
21 Zim ⊇ 25/45 – 54.
♦ Reservieren Sie in diesem netten Familienbetrieb in rustikaler Aufmachung eines der freundlichen Zimmer mit wunderschönem Blick ins stille Rottal. Pavillon mit Grillplatz.

BISCHOFSGRÜN Bayern 546 P 19 – 2 200 Ew – Höhe 679 m – Heilklimatischer Kurort – Wintersport: 653/1 024 m ⦦4 ⛷ (Skizirkus Ochsenkopf) – Sommerrodelbahn.
🛈 Kur- und Verkehrsamt, Hauptstr. 27, ⊠ 95493, ℘ (09276) 12 92, Fax (09276) 505.
Berlin 354 – München 259 – Weiden in der Oberpfalz 74 – Bayreuth 27 – Hof 57.

Sport-Hotel Kaiseralm ⚘, Fröbershammer 31, ⊠ 95493, ℘ (09276) 8 00, *info@kaiseralm.de*, Fax (09276) 8145, ≤ Bischofsgrün und Fichtelgebirge, 斎, ≋, ⊠, 🛌, ❄(Halle) – ⌘, ⇌ Zim, 📺 📞 🅿 – 🛎 120. ᴀᴇ ⓞ ⓜⓞ 🆅🅸🆂🅰 ❄ Rest
Menu à la carte 26/35 – **102 Zim** ⊇ 63/95 – 125, 3 Suiten – ½ P 15.
♦ Dieses schmucke Haus am Rande des Luftkurorts lässt seinen Gästen die Wahl zwischen Standardzimmern und Zimmern im Landhausstil. Auch moderne Tagungsräume sind vorhanden. Restaurantbereich in rustikaler Ausstattung.

BISCHOFSGRÜN

🏨 **Kurhotel Puchtler - Deutscher Adler,** Kirchenring 4, ✉ 95493, ℘ (09276) 92 60 60, info@puchtlers.de, Fax (09276) 92606155, Massage, ♨, ≦s, 🛋 ⚞ – 🛗, ⇜ Zim, ♿ 🕊, ⇦ 🅿 – 🔑 40. ● 🅅🅸🅂🅰 – **Menu** (geschl. Dienstagmittag) à la carte 14/27 – **40 Zim** ⇌ 35/43 – 80/86 – ½ P 12.
  • Angegliedert an das alteingesessene Kurhotel mit dem fränkisch-rustikalen Ambiente sind eine medizinische Bäderabteilung und der hauseigene Skilift. Derb-ländliche Gaststuben mit einfachem Angebot.

🏨 **Siebenstern** ⚘ garni, Kirchbühl 15, ✉ 95493, ℘ (09276) 3 07, info@hotel-siebenstern .de, Fax (09276) 8407, ≤, ≦s, 🛋 – 🅿 – geschl. Nov. - 8. Dez. – **26 Zim** ⇌ 33/35 – 56.
  • Neubau in schöner Südlage - innen ganz im bayerischen Stil dekoriert. Romantische, bemalte Bauernmöbel gehören zur Ausstattung der geräumigen Zimmer.

🏨 **Jägerhof,** Hauptstr. 12, ✉ 95493, ℘ (09276) 2 57, jaegerhof-bischofsgruen@t-onli ne.de, Fax (09276) 8396, Biergarten, 🛋 – 🆃🆅 ⇦ 🅿 ● 🅅🅸🅂🅰 – geschl. Mitte Nov. - Mitte Dez. – **Menu** (geschl. Donnerstag) à la carte 13,50/25 – **16 Zim** ⇌ 27/42 – 44/64 – ½ P 10.
  • Ganz mit hellen Naturhölzern möbliert, verströmt hier jeder Raum behagliche Atmosphäre. Die Preise sind günstig und man kümmert sich liebenswürdig um die Gäste.

BISCHOFSHEIM A. D. RHÖN Bayern ₅₄₆ O 14 – 6 000 Ew – Höhe 447 m – Erholungsort – Wintersport : 450/930 m ⚞ 10 ⚞.
Ausflugsziel : Kreuzberg (Kreuzigungsgruppe ≤ ★) Süd-West : 7 km.
🛈 Touristinfo, Altes Rentamt, Kirchplatz 5, ✉ 97653, ℘ (09772) 14 52, tourist-info@ bischofsheim-rhoen.de, Fax (09772) 1054.
Berlin 421 – München 364 – Fulda 40 – Bad Neustadt an der Saale 20 – Würzburg 96.

🏨 **Rhönhäuschen,** Rhönhaus 1 (Nord-West : 5 km über B 278 Richtung Ehrenberg), ✉ 97653, ℘ (09772) 3 22, info@rhoenhaeuschen.de, Fax (09772) 912033, 🛋 – 🆃🆅 🅿. ● 🅅🅸🅂🅰. ⚞ – **Menu** à la carte 23,50/34 – **18 Zim** ⇌ 52/56 – 75/82.
  • Das ehemalige Straßenwärter- und Zollhaus fungiert heute als nettes Landhotel. Wohnlich sind die mit Weichholzmöbeln eingerichteten Gästezimmer. Schöne Holzvertäfelung und liebevolle Dekorationen prägen den Stil des Restaurants.

🍴 **Adler** (mit Gästehaus), Ludwigstr. 28, ✉ 97653, ℘ (09772) 3 20, Fax (09772) 8898, ≦s, 🛋 – ⇜ Zim, ⇦ 🅿 – geschl. 1. - 25. Dez. – **Menu** (nur Abendessen) à la carte 14,50/27 – **14 Zim** ⇌ 30/38 – 50/54 – ½ P 12.
  • Der Einklang zwischen dem Erscheinungsbild des Hauses und der Landschaft der Rhön ist der Betreiberfamilie schon immer ein besonderes Anliegen gewesen. Helles Holz an den Wänden und rustikales Mobiliar geben der Gaststube den ländlichen Charakter.

BISCHOFSMAIS Bayern ₅₄₆ T 23 – 3 300 Ew – Höhe 685 m – Erholungsort – Wintersport : 700/1 097 m ⚞ 6 ⚞.
🛈 Touristikinformation, Hauptstr 34, ✉ 94253, ℘ (09920) 94 04 44, touristikinformat ion@bischofsmais.de, Fax (09920) 940440.
Berlin 536 – München 159 – Passau 68 – Deggendorf 18 – Regen 10.

🏨 **Alte Post,** Dorfstr. 2, ✉ 94253, ℘ (09920) 9 40 20, info@alte-post.com, Fax (09920) 940244, ≦s – 🛗, ⇜ Zim, 🅿. geschl. 1. Nov. - 15. Dez. – **Menu** à la carte 12/23,50 – **33 Zim** ⇌ 29 – 57 – ½ P 8.
  • Lang ist die Chronik dieses alten Gasthofes, in dem von jeher die Poststation des Ortes untergebracht war. Sie wohnen in soliden Zimmern. Aus der eigenen Metzgerei kommt Deftiges frisch auf den Tisch der gemütlichen Gaststube.

In Bischofsmais-Habischried Nord-West : 4,5 km :

🏨 **Schäfflerstubn,** Ortsstr. 2, ✉ 94253, ℘ (09920) 13 75, schaeffler@bischofsmais.com, Fax (09920) 8318, 🛋, 🛋 – 🅿 – geschl. 1. Nov. - 20. Dez. – **Menu** (geschl. Montag) (Dienstag - Freitag nur Abendessen) à la carte 12/23,50 – **12 Zim** ⇌ 23/27 – 42/46 – ½ P 9.
  • Hier dreht sich alles um die Umwelt. Und natürlich um die Gäste ! Solaranlage, Blockheizkraftwerk und Wassersparmaturen sind beispielhaft in den Betrieb integriert worden. Altbayerisch-zünftig eingerichtetes Speiselokal.

BISCHOFSWERDA Sachsen ₅₄₄ M 26 – 14 600 Ew – Höhe 290 m.
🛈 Rammenau, Oberammenauer Str. 27 (Nord-West : 5 km), ℘ (03594) 70 58 10.
Berlin 213 – Dresden 32 – Cottbus 91 – Görlitz 62.

In Bischofswerda-Belmsdorf Süd-Ost : 2 km Richtung Oppach :

🍴 **Gutshof** ⚘, Alte Belmsdorfer Str. 33, ✉ 01877, ℘ (03594) 70 52 00, gutshofhotel @t-online.de, Fax (03594) 705201, 🛋 – 🆃🆅 🅿
Menu (Montag - Freitag nur Abendessen) à la carte 14,50/32 – **10 Zim** ⇌ 36/40 – 62.
  • Der Gutshof fügt sich harmonisch in die ihn umgebende dörfliche Landschaft ein. Er ist ein Haus für alle, die Ruhe und gepflegte, ländliche Gemütlichkeit lieben. Urige Dekoration mit alten Gebrauchsgegenständen und Musikinstrumenten im Gewölbe-Restaurant.

BISCHOFSWIESEN Bayern **546** X 22 – 7 500 Ew – Höhe 600 m – Heilklimatischer Kurort – Wintersport : 600/1 390 m ⛷5 🎿.

🛈 Tourist-Information, Hauptstr. 40 (B 20), ✉ 83483, 𝒫 (08652) 97 72 20, info@bischofswiesen.de, Fax (08652) 9772222.

Berlin 736 – München 148 – Bad Reichenhall 13 – Berchtesgaden 5 – Salzburg 28.

🏨 **Reissenlehen** (mit 🍴 Gästehaus), Reissenpoint 11, ✉ 83483, 𝒫 (08652) 97 72 00, info@reissenlehen.de, Fax (08652) 97720220, ≤ Kehlstein, Hoher Göll und Brett, Massage, 🛁, ⊆s, 🏊 – 🛗 TV 🅿 ⓜ 🅜🅞 VISA – geschl. 3. Nov. - 25. Dez. – **Menu** (geschl. Sonntag) (nur Abendessen) (Restaurant nur für Hausgäste) – **18 Zim** ⊇ 75 – 124 – ½ P 13.
 ♦ Umgeben von weiten Wiesen finden Sie das 2001 neu eröffnete, familiengeführte Haus. Wählen Sie ein Zimmer im Haupthaus, dort ist alles ganz modern und wohnlich gestaltet.

🍴🍴 **Gran Sasso**, Hauptstr. 30 (B 20), ✉ 83483, 𝒫 (08652) 82 50, Fax (08652) 8250, 🍽 – 🅿 🅐🅔 ⓜ 🅜🅞 VISA
 geschl. Montag, über Pfingsten – **Menu** (italienische Küche) à la carte 27/39,50.
 ♦ Träumen Sie vom sonnigen Süden und genießen Sie dabei die Spezialitäten aus dem Land "wo die Zitronen blühen"! Landhausstil, helle Farbe, gute Polsterstühle - einfach typisch.

BISINGEN Baden-Württemberg **545** V 10 – 9 000 Ew – Höhe 510 m.
Berlin 710 – Stuttgart 71 – Konstanz 120 – Reutlingen 35 – Rottweil 30.

In Bisingen-Zimmern Nord-Ost : 2 km :

🍴🍴 **Gasthof Adler**, Schloss-Str. 1, ✉ 72406, 𝒫 (07471) 1 69 75, hartwin.loeffler@t-online.de, Fax (07471) 621560, 🍽 – 🅿.
 geschl. über Fasching 1 Woche, Aug. 3 Wochen, Dienstag - Mittwoch – **Menu** à la carte 20/35.
 ♦ Neuzeitlich-ländlicher Stil kombiniert mit geschmackvollen Dekorationen zieht sich durchs ganze Restaurant - man spürt sofort : hier ist Gemütlichkeit zu Hause.

BISPINGEN Niedersachsen **541** G 13 – 6 200 Ew – Höhe 70 m – Luftkurort.

🛈 Bispingen-Touristik, Borsteler Str. 6, ✉ 29646, 𝒫 (05194) 3 98 50, info@bispingen-touristik.de, Fax (05194) 39853.
Berlin 335 – Hannover 94 – Hamburg 71 – Lüneburg 45.

🏨 **König-Stuben**, Luheweg 25, ✉ 29646, 𝒫 (05194) 9 81 00, info@koenig-stuben.de, Fax (05194) 981019, 🍽, 🔲, 🏊 – TV 🅿 🅜🅞 VISA – geschl. 10. Jan. - 15. Feb. – **Menu** (geschl. Okt. - Juni Mittwoch) à la carte 14,50/30,50 – **25 Zim** ⊇ 44/65 – 65/88.
 ♦ Gediegen ist das Ambiente in diesem ruhigen und dennoch zentral gelegenen Haus am Rand der Lüneburger Heide. Auf der Kegelbahn schiebt man hier gern eine "ruhige Kugel". Rustikales Kaminrestaurant.

🏨 **Das kleine Hotel am Park** 🏡 garni, Am Park 2c (Borstel, Nord-West 1,5 km), ✉ 29646, 𝒫 (05194) 68 44, Fax (05194) 6845, ⊆s, 🏊 – TV 🅿 🅜🅞 VISA JCB
 9 Zim ⊇ 43 – 72.
 ♦ Eine kleine, nette Adresse. Die Zimmer sind einheitlich mit blaugrauem Mobiliar ausgestattet, schnörkellos und doch behaglich gibt sich das Design des Frühstücksraumes.

🏨 **Rieckmanns Gasthof**, Kirchweg 1, ✉ 29646, 𝒫 (05194) 95 10, info@hotel-rieckmann.de, Fax (05194) 95134, 🍽, 🏊 – TV 🅿 🅐🅔 ⓜ 🅜🅞 VISA
 geschl. Mitte Dez. - Mitte Jan. – **Menu** (geschl. Nov. - April Montag) (Nov. - Juli Dienstag - Freitag nur Abendessen) à la carte 14/29 – **21 Zim** ⊇ 42/45 – 62/79 – ½ P 12.
 ♦ Ein gepflegter Gasthof mit familiärem Charakter. Stammgäste schätzen hier die individuelle Betreuung und die soliden, gepflegten Zimmer. Restaurant mit einfacher Einrichtung und hübscher Cafégarten.

In Bispingen-Hützel Nord-Ost : 2,5 km :

🍴 **Ehlbeck's Gasthaus**, Bispinger Str. 8, ✉ 29646, 𝒫 (05194) 23 19, ehlbecks-gasthaus@t-online.de, Fax (05194) 2319, 🍽, 🏊 – TV 🅿 ⓜ 🅜🅞 VISA
 geschl. Feb. – **Menu** (geschl. Nov. - Juli Montag) à la carte 14/30,50 – **13 Zim** ⊇ 40/47 – 70 – ½ P 11.
 ♦ Das Heidedorf Hützel liegt in der unberührten Natur. Folgen Sie auf romantischen Wegen den Spuren des Dichters Hermann Löns. Ländlicher Gasthof mit roter Klinkerfassade. Bürgerlich-einfache Gaststuben.

In Bispingen-Niederhaverbeck Nord-West : 10 km, jenseits der A 7 :

🏨 **Gasthof Menke** 🏡, ✉ 29646, 𝒫 (05198) 3 30, gasthof-menke@t-online.de, Fax (05198) 1275, 🍽, ⊆s, 🏊 – ⥢ Zim, TV 🏊 🅿 🍴 25. ⓜ 🅜🅞 VISA
 geschl. Anfang Jan.- Feb. – **Menu** (geschl. Nov. - Juli Donnerstag) à la carte 16,50/38,50 – **16 Zim** ⊇ 45 – 70/90.
 ♦ Erholungssuchende schätzen den typischen, idyllisch gelegenen Heidegasthof als Oase der Ruhe. Wie wär's mit einer Kutschfahrt durch Heide und Wald, fernab von Lärm und Verkehr ? Das eigene Backhaus mit Holzofen liefert Brot und Kuchen.

BISPINGEN

Landhaus Haverbeckhof (mit Gästehäusern), ⊠ 29646, ℘ (05198) 9 89 80, info@haverbeckhof.de, Fax (05198) 989818, 🍽, 🌳 – 🛏 Rest, 🅿. AE ⓘ ⓜⓞ VISA
Menu à la carte 16/30 (auch vegetarische Gerichte) – **26 Zim** ⊇ 26/45 – 68 – ½ P 13.
• Das Haupthaus ist ein typisch niedersächsischer Fachwerkbau. Sie können auch in den reetgedeckten Nebenhäusern Heidekate, Eichenhof und Schäferhaus Quartier beziehen. Restauranträume im bäuerlichen Stil.

BISTENSEE Schleswig-Holstein siehe Rendsburg.

Michelin bringt keine Schilder an den empfohlenen Hotels und Restaurants an.

BITBURG Rheinland-Pfalz 543 Q 3 – 14 000 Ew – Höhe 339 m.
🏌 Wissmannsdorf-Hermesdorf, Zur Weilersheck 1 (Nord-West : 8 km), ℘ (06527) 9 27 20 ;
🏌 Baustert, Auf Kinnscheid 1 (West : 12 km), ℘ (06527) 81 21 ; 🏌 Burbach, Lietzenhof (Nord : 20 km Richtung Neustraßburg), ℘ (06563) 96 10 39.
🛈 Tourist-Information Bitburger Land, Im Graben 2, ⊠ 54634, ℘ (06561) 9 43 40, Fax (06561) 943420.
Berlin 705 – Mainz 165 – *Trier* 23 – Wittlich 36.

Eifelbräu, Römermauer 36, ⊠ 54634, ℘ (06561) 91 00, eifelbraeubitburg@t-online.de, Fax (06561) 910100 – TV ⇔ 🅿. – 🛁 100. ⓘ ⓜⓞ VISA
Menu (geschl. Montagmittag) à la carte 16,50/30 – **28 Zim** ⊇ 50/55 – 82/85.
• Einheitlich, geschmackvoll farbig gestaltete Zimmer laden ein ! Von hier aus lässt sich das Städtchen in der typischen Kultur der Südeifel prima erkunden. Nett dekoriert und hübsch eingedeckt zeigt sich das altdeutsch gestaltete Restaurant.

Leander, Am Markt 2, ⊠ 54634, ℘ (06561) 34 22, info@hotel-leander.de, Fax (06561) 940118, 🍽 – 🛏 Zim, TV 🅿. ⓜⓞ VISA
Menu (geschl. Jan. 3 Wochen, Montag, Samstagmittag) 22/35 à la carte 25/35,50 – **17 Zim** ⊇ 41/50 – 75.
• Das kleine, sympathische Hotel in der Bitburger Innenstadt (gleich neben der bekannten Brauerei) überzeugt durch seinen freundlichen und engagierten Service. Im Restaurant : schmackhafte Bistroküche und Internationales.

Zum Simonbräu mit Zim, Am Markt 7, ⊠ 54634, ℘ (06561) 33 33, info@simonbraeu.de, Fax (06561) 3373, Biergarten – 📶 TV 🅿. – 🛁 20. AE ⓘ ⓜⓞ VISA
Menu à la carte 17,50/33,50 – **5 Zim** ⊇ 51 – 72.
• Im unkomplizierten Ambiente der Braustube oder im gediegenen Restaurant genießt man die ländliche Küche, die auch wechselnde Saisongerichte bietet. Alle Zimmer mit großem Bad !

In Rittersdorf Nord-West : 4 km, jenseits der B 51 :

Am Wisselbach, Bitburger Str. 2, ⊠ 54636, ℘ (06561) 9 59 70, info@hotel-wisselbach.de, Fax (06561) 9597150, 🍽, 🛁, ⊆ₛ, 🌳 – 🛏 Zim, TV 📶 🅿. AE ⓘ ⓜⓞ VISA, 🎀 Rest
Menu (geschl. 7. - 31. Jan., Dienstagmittag, Mittwochmittag) à la carte 15,50/34 – **24 Zim** ⊇ 42/72 – 75/144.
• Möchten Sie gerne im Wasserbett übernachten oder im Bauernzimmer auf Stroh ? Kein Problem, die neu eingerichteten "Erlebniszimmer" machen's möglich ! Freundliches Restaurant mit großem Buffetbereich.

In Dudeldorf Ost : 11 km über B 50, Richtung Wittlich :

Zum alten Brauhaus, Herrengasse 2, ⊠ 54647, ℘ (06565) 9 27 50, rhdudel@t-online.de, Fax (06565) 927555, 🍽, 🌳 – TV 🅿. AE ⓘ ⓜⓞ VISA
geschl. Jan., Ende Juli - Ende Aug. – **Menu** (geschl. Mittwoch) (wochentags nur Abendessen) à la carte 21,50/40 – **16 Zim** ⊇ 58/70 – 100/110.
• Stilmöbel, Antiquitäten und elegante Rustikalität prägen das Erscheinungsbild des ländlichen Hauses, einer ehemaligen Brauerei aus dem 18. Jh. Gepflegte, wohnliche Zimmer. Leicht elegantes Restaurant, gemütliche Gaststube und hübsche Gartenterrasse.

Am Stausee Bitburg Nord-West : 12 km über Biersdorf :

Dorint Sporthotel ⊠ 54636 Biersdorf, ℘ (06569) 9 90, info.bbjbie@dorint.com, Fax (06569) 7909, ≤, 🍽, 🄲, Massage, 🏋, ⊆ₛ, ⊠, 🌳, 🎾 (Halle) Squash – 📶, 🛏 Zim, TV 📶 🅿. – 🛁 250. AE ⓘ ⓜⓞ VISA
Menu 22 (Lunchbuffet) à la carte 26/41 – **100 Zim** ⊇ 120 – 195, 4 Suiten.
• Komfortabel logieren Sie in diesem Domizil, das großzügige Zimmer und Appartements mit Wald- oder Seeblick anzubieten hat. Sehr schöner Hallenbad- und Wellnessbereich !

BITTERFELD Sachsen-Anhalt 542 L 20 – 25 000 Ew – Höhe 80 m.
Berlin 151 – Magdeburg 96 – *Leipzig* 40.

🏛 **Mercure**, Zörbiger Str. 47, ✉ 06749, 𝒞 (03493) 2 13 40, h5192@accor-hotels.com, Fax (03493) 21346, ☕ – ⚱ Zim, TV 📞 – 🎯 50. AE ⓞ ⓜ VISA JCB
Schweizer Stuben (geschl. Samstag, Sonntag) **Menu** à la carte 22/31 – ☐ 13 – **68 Zim** 75/115 – 87/135.
♦ Großzügig und modern ist der Zuschnitt der Zimmer, stilvoll in Schwarz das Mobiliar. Auch die Veranstaltungs- und Tagungsräume wirken einladend durch ihr apartes Interieur. Schweizer Stuben mit Chalet-Atmosphäre in einem pavillonartigen Anbau.

BLAICHACH Bayern siehe Sonthofen.

BLANKENBACH Bayern 546 P 11 – 1 300 Ew – Höhe 175 m.
Berlin 538 – München 356 – *Würzburg* 81 – Aschaffenburg 15 – Frankfurt am Main 48.

🍴 **Landgasthof Behl**, Krombacher Str. 2, ✉ 63825, 𝒞 (06024) 47 66, info@behl.de, Fax (06024) 5766, ☕ – 📞 AE ⓞ ⓜ VISA
geschl. Aug. 2 Wochen, Montag, Dienstagmittag, Mittwochmittag – **Menu** à la carte 19/41.
♦ Ländlich-rustikales Restaurant mit eleganter Note und gehoben-bürgerlichem und internationalem Angebot. Für Veranstaltungen ist die Destille mit integrierter Brennerei ideal!

BLANKENBURG Sachsen-Anhalt 542 K 16 – 17 600 Ew – Höhe 225 m.
🅱 Tourist-Information, Markt 3, ✉ 38889, 𝒞 (03944) 28 98, Fax (03944) 63102.
Berlin 222 – *Magdeburg* 71 – Göttingen 124 – Halle 88 – Nordhausen 42.

🏛 **Viktoria Luise** ⚘, Hasselfelder Str. 8, ✉ 38889, 𝒞 (03944) 9 11 70, info@viktoria-luise.de, Fax (03944) 911717, ≤, ☕, ≋, 🌲 – ⚱ TV 📞 🎯 AE ⓜ VISA. ✂ Rest
Menu (nur Abendessen) à la carte 21/29,50 – **15 Zim** ☐ 56/90 – 112/133.
♦ Die liebevoll restaurierte Jugendstilvilla von 1893 garantiert neben der Sicht auf Schloss und Wald geschmackvolles Ambiente mit italienischen Stilmöbeln und gute Technik. Stilvolle, kleine Restauranträume und gemütlicher Weinkeller.

🏛 **Kurhotel Fürstenhof**, Mauerstr. 9, ✉ 38889, 𝒞 (03944) 9 04 40, mail@kurhotel-fuerstenhof.de, Fax (03944) 9044299, ☕ – 📶, ⚱ Zim, TV ♿ ≋ 📞 – 🎯 100. AE ⓞ ⓜ VISA – **Menu** (nur Abendessen) à la carte 15/22 – **27 Zim** ☐ 50/67 – 72/87.
♦ Die Zimmer, einige mit unterteiltem Wohn- und Schlafbereich, präsentieren sich mit elegant-rustikaler Atmosphäre und sind mit Pinien-Vollholz-Möbeln eingerichtet. Das in Pastelltönen gehaltene Restaurant umgibt den Gast mit mediterranem Flair.

BLANKENBURG, BAD Thüringen 544 N 17 – 7 600 Ew – Höhe 220 m.
🅱 Tourist-Information, Magdeburger Gasse 1, ✉ 07422, 𝒞 (036741) 26 67, info@bad-blankenburg.de, Fax (036741) 42442.
Berlin 293 – *Erfurt* 57 – Bayreuth 126 – Coburg 82 – Gera 77.

🏛 **Zum Steinhof**, Wirbacher Str. 6, ✉ 07422, 𝒞 (036741) 34 70, info@hotel-zum-steinhof.de, Fax (036741) 41035, ☕, ≋ – TV ♿ 📞 – 🎯 45. AE ⓞ ⓜ VISA JCB
Menu à la carte 12,50/22 – **28 Zim** ☐ 45/47 – 65.
♦ Fühlen Sie sich wohl in geräumigen Zimmern, die mit hellen Holzmöbeln eingerichtet wurden, oder besuchen Sie Sauna, Dampfbad und Whirlpool im Untergeschoss. Bürgerlich eingerichteter Gastraum mit Wintergarten-Anbau.

BLANKENHEIM Nordrhein-Westfalen 543 O 3 – 9 000 Ew – Höhe 497 m – Erholungsort.
🅱 Bürger- und Verkehrsbüro, Rathausplatz 16, ✉ 53945, 𝒞 (02449) 8 72 22, verkehrsbuero@blankenheim-ahr.de, Fax (02449) 87303.
Berlin 638 – Düsseldorf 110 – *Aachen* 70 – Köln 74 – Trier 99.

🏛 **Kölner Hof**, Ahrstr. 22, ✉ 53945, 𝒞 (02449) 14 05, blankenheim@hotel-koelner-hof.de, Fax (02449) 1061, ☕, ≋ – TV ≋ 📞 – 🎯 15. ⓜ
geschl. Nov. – **Menu** (geschl. Mittwoch) à la carte 18/34,50 – **21 Zim** ☐ 50/60 – 72 – ½ P 18.
♦ Reizvolles Fachwerkhaus, das im Inneren mit Liebe zum Detail im rustikal-ländlichen, altdeutschen Stil gestaltet wurde. Wählen Sie zwischen massiven Eichen- oder Stilmöbeln. Das Restaurant besticht mit seinem liebevoll-aufwändigen Dekor.

🍴 **Culinari**, Kölner Str. 5 (B 258), ✉ 53945, 𝒞 (02449) 91 15 90, culinari@t-online.de, Fax (02449) 911592, ☕, ⚘.
geschl. Anfang Jan. 1 Woche, Aug. 2 Wochen, Montag - Dienstag – **Menu** (nur Abendessen) à la carte 27/38,50, ⚘.
♦ Ansprechend wie die Küche ist auch das Interieur : In den netten Räumen mit hellen Wänden, Holzboden, einem offenen Kamin und Antiquitäten herrscht immer freundliche Stimmung.

BLAUBACH Rheinland-Pfalz siehe Kusel.

BLAUBEUREN Baden-Württemberg ▌5▐▌4▐▌6▐ U 13 – 11 500 Ew – Höhe 519 m.
  Sehenswert : *Ehemalige Klosterkirche (Hochaltar★★, Chorgestühl★).*
  Berlin 633 – Stuttgart 81 – Reutlingen 57 – Ulm (Donau) 18.

🏨 **Ochsen**, Marktstr. 4, ✉ 89143, ℘ (07344) 96 98 90, ochsen.blaubeuren@t-online.de, Fax (07344) 8430 – 📺 ✱ 🚗 🅿 – 🏛 15. 🆎 ⓞ ⓜ 𝐕𝐈𝐒𝐀
  geschl. Anfang Jan. 1 Woche – **Menu** (geschl. Sonntagabend) à la carte 18,50/32,50 – **35 Zim** ⚌ 45/65 – 72/90.
  ♦ Bereits seit dem 16. Jh. existiert dieses Hotel. Hinter der schönen Fachwerkfassade von 1740 verbergen sich modern-solide Zimmer, die angenehmen Schlaf versprechen. Gaststuben mit ländlich-gediegener Aufmachung.

In Blaubeuren-Weiler West : 2 km über B 492 :

🍴 **Forellen-Fischer**, Aachtalstr. 6, ✉ 89143, ℘ (07344) 65 45, forellenfischer@ngi.de, Fax (07344) 922631, 🌳 – 🅿 ⓞ ⓜ 𝐕𝐈𝐒𝐀
  geschl. Anfang Jan. 3 Wochen, Ende Aug. 1 Woche, Sonntagabend - Montag – **Menu** à la carte 23/40.
  ♦ Fischer's Fritz fischt frische Forellen. Aber auch andere Fisch- und Fleischsorten gibt es auf der Speisekarte. Genießen Sie in idyllischer Umgebung und rustikalem Ambiente.

BLAUFELDEN Baden-Württemberg ▌5▐▌4▐▌6▐ S 13 – 4 500 Ew – Höhe 460 m.
  Berlin 539 – Stuttgart 123 – Würzburg 71 – Nürnberg 122 – Heilbronn 80.

🍴 **Zum Hirschen** mit Zim, Hauptstr. 15, ✉ 74572, ℘ (07953) 10 41, info@hirschen-blaufelden.de, Fax (07953) 1043, 🌳 – 📺 🚗 🅿 – 🏛 20. ⓜ 𝐕𝐈𝐒𝐀 𝐉𝐂𝐁
  geschl. 1. - 7. Jan., Aug. 3 Wochen – **Menu** (geschl. Sonntagabend - Dienstagmittag) (Tischbestellung ratsam) 26/64 à la carte 35/58, 🍷 – **12 Zim** ⚌ 65 – 90.
  ♦ Historischer Gasthof gegenüber der Kirche : Die Kreationen der klassischen und regionalen Küche verspeisen Sie wahlweise in ländlich-rustikalem oder modern-elegantem Ambiente.

BLECKEDE Niedersachsen ▌5▐▌4▐▌1▐ G 16 – 8 000 Ew – Höhe 10 m.
  Berlin 268 – Hannover 148 – Schwerin 94 – Lüneburg 24 – Hamburg 66.

🏨 **Landhaus an der Elbe** ⚶, Elbstr. 5, ✉ 21354, ℘ (05852) 12 30, Fax (05852) 3022, 🌳, 🌿 – 📺 🅿
  Menu (geschl. Nov. - März Freitag) à la carte 16/25,50 – **15 Zim** ⚌ 40/50 – 65/80.
  ♦ Einzigartige grüne Idylle mitten im Nationalpark Elbtalaue ! Geschmackvolle Gästezimmer mit Massivholzmöbeln und pastellfarbenen Stoffen runden Ihren Aufenthalt an der Elbe ab. Wohnliches Restaurant im altdeutschen Stil.

BLEICHERODE Thüringen ▌5▐▌4▐▌4▐ L 15 – 7 000 Ew – Höhe 405 m.
  🛈 Touristinformation, Hauptstr. 55, ✉ 99752, ℘ (036338) 45 62 30, touristinfo.bleicherode@gmx.de, Fax (036338) 45623.
  Berlin 279 – Erfurt 80 – Göttingen 62 – Nordhausen 19.

🏨 **Berliner Hof**, Hauptstr. 62, ✉ 99752, ℘ (036338) 4 24 54, Fax (036338) 44086 – 🏛 40. 🆎 ⓜ 𝐕𝐈𝐒𝐀
  Menu à la carte 12/20 – **17 Zim** ⚌ 39/44 – 62.
  ♦ Nettes Fachwerkhaus im Zentrum, nahe dem Marktplatz : In zeitgemäß eingerichteten Zimmern mit hellen, honigfarbenen Massivholzmöbeln dürfen Sie sich entspannen.

BLIESKASTEL Saarland ▌5▐▌4▐▌3▐ S 5 – 24 500 Ew – Höhe 211 m – Kneippkurort.
  🛈 Verkehrsamt, Kardinal-Wendel-Str. 56, ✉ 66440, ℘ (06842) 5 20 75, info@blieskastel-touristinfo.de, Fax (06842) 52076.
  Berlin 693 – Saarbrücken 30 – Neunkirchen/Saar 16 – Sarreguemines 24 – Zweibrücken 12.

🍴 **Hämmerle's Restaurant**, Bliestalstr. 110 a, ✉ 66440, ℘ (06842) 5 21 42, Fax (06842) 507492, 🌳 – 🅿
  geschl. Jan. 2 Wochen, Juli - Aug. 2 Wochen, Samstagmittag, Sonntagabend - Montag – **Menu** à la carte 18,50/32.
  ♦ Ein hübsches rustikales Landgasthaus, das von seinen Gästen sehr geschätzt wird. Blanke Tische und hübsche Dekorationen sorgen für ein gemütliches Flair.

In Blieskastel-Niederwürzbach Nord-West : 5 km :

🍴 **Hubertushof** ⚶ mit Zim, Kirschendell 32, ✉ 66440, ℘ (06842) 65 44, Fax (06842) 7866, 🌳, Damwildgehege – 🍴 Rest, 📺 🅿 🚗
  geschl. Jan. 2 Wochen – **Menu** (geschl. Dienstag) à la carte 18,50/41 – **6 Zim** ⚌ 35 – 60.
  ♦ Am Waldrand finden Sie das ländliche Gasthaus mit eigenem Wildgehege und rustikalen Zimmern. Die bürgerliche Küche wird in nett dekorierten Stuben serviert.

BLOMBERG Nordrhein-Westfalen 543 K 11 – 18 000 Ew – Höhe 200 m.
  Blomberg-Cappel, Huxoll 14 (Nord-West : 7 km), ℘ (05236) 4 59.
  B Städt. Verkehrsbüro, Hindenburgplatz 1, ✉ 32825, ℘ (05235) 50 40, Fax (05235) 504450.
  Berlin 357 – Düsseldorf 208 – *Hannover* 75 – Detmold 21 – Paderborn 38.

  Burghotel Blomberg ⑤, Burg 1, ✉ 32825, ℘ (05235) 5 00 10, info@burghotel-blomberg.de, Fax (05235) 500145, 🍽, ≘s, 🏊, – 🛗, 🚭 Zim, 📺 📞 🅿 – 🚗 110. AE ⊙
  VISA
  Menu à la carte 29,50/52,50 – **53 Zim** ⇌ 99 – 130, 3 Suiten – ½ P 25.
  ◆ Romantik in mittelalterlichen Mauern : Die Betten in den teils eleganten, stilmöblierten, teils modernen Zimmern sind so gebaut, dass auch Große keinen Anstoß nehmen. Ländlich-elegantes Restaurant im mit Rüstungen dekorierten Rittersaal.

BLUMBERG Baden-Württemberg 545 W 9 – 11 000 Ew – Höhe 703 m.
  Ausflugsziel : *Wutachtalbahn★ (von Blumberg bis Weizen).*
  B Touristinfo, Hauptstr. 72, ✉ 78176, ℘ (07702) 5 12 03, touristinfo@stadt-blumberg.de, Fax (07702) 51222.
  Berlin 760 – Stuttgart 143 – *Freiburg im Breisgau* 70 – Schaffhausen 26 – Waldshut-Tiengen 44 – Donaueschingen 17.

In Blumberg-Epfenhofen *Süd-Ost : 3 km :*

  Löwen, Kommentalstr. 2, ✉ 78176, ℘ (07702) 21 19, loewen-epfenhofen@t-online.de, Fax (07702) 3903, 🍽 – 🛗 📺 ⇔ 🅿. ⊙ VISA
  geschl. Jan. - Mitte Feb., Nov. 2 Wochen – **Menu** *(geschl. Montagmittag, Freitag)* à la carte 14/28 – **25 Zim** ⇌ 31 – 52 – ½ P 8.
  ◆ Das ländliche Hotel im Ortsmitte unterhalb der Kirche hat praktischerweise die Bushaltestelle direkt vor dem Haus. Geräumige, in Eiche möblierte Zimmer, teils mit Balkon.

BLUMBERG KREIS BARNIM Brandenburg 542 I 24 – 1 700 Ew – Höhe 75 m.
  Berlin 22 – Potsdam 53 – Bad Freienwalde 37 – Frankfurt an der Oder 94.

  Am Rehhahn, Ehrig-Hahn-Str. 3 (Gewerbegebiet), ✉ 16356, ℘ (033394) 51 40, service@hotel-amrehhahn.de, Fax (033394) 51497, 🍽, ≘s – 🛗, 🚭 Zim, 📺 📞 🅿 – 🚗 40. AE ⊙ VISA
  Menu *(nur Abendessen)* à la carte 16/25,50 – **69 Zim** ⇌ 51/57 – 85.
  ◆ Die geräumigen Zimmer mit ansprechendem Kirschbaummobiliar erwarten Sie nicht nur für eine Nacht : Auch als Langzeitgast sind Sie in den modernen Räumen willkommen.

  Am Lenné Park, Kietz 2a (B 158), ✉ 16356, ℘ (033394) 5 00, hotel-lennepark@t-online.de, Fax (033394) 50251, 🍽 – 🚭 Zim, 📺 📞 🅿 – 🚗 30. AE
  Menu à la carte 13/28 – **37 Zim** ⇌ 59/89 – 85/130.
  ◆ Verbringen Sie die Nacht in wohnlich-geschmackvollen Zimmern, mit moderner Technik und Ausstattung. Stoffe in kräftigen Farben sorgen für aufmunternde, lebendige Akzente. Gaststätte im ländlichen Stil.

BLUNK Schleswig-Holstein siehe Segeberg, Bad.

BOBINGEN Bayern 546 V 16 – 15 100 Ew – Höhe 526 m.
  Berlin 576 – München 78 – *Augsburg* 18.

  Schempp, Hochstr. 74, ✉ 86399, ℘ (08234) 99 90, mail@clever-schlafen.de, Fax (08234) 9975599, 🍽 – 🛗, 🚭 Zim, 📺 📞 ⇔ 🅿 – 🚗 30. AE ⊙ ⊙ VISA JCB
  Menu *(geschl. Sonntagabend)* à la carte 18/34 – **48 Zim** ⇌ 72 – 99/125.
  ◆ Vor allem Tagungsgäste schätzen diese gepflegte Adresse. Die Zimmer verteilen sich auf den Gasthof und einen Anbau - solide und funktionell, z. T. recht modern gestaltet. Einfache Gaststätte.

BOCHOLT Nordrhein-Westfalen 543 K 3 – 74 000 Ew – Höhe 26 m.
  B Tourist-Info, Kreuzstr. 27, ✉ 46395, ℘ (02871) 50 44, bohinfo@mail.bocholt.de, Fax (02871) 185927.
  Berlin 575 – *Düsseldorf* 81 – Arnhem 57 – Enschede 58 – Münster (Westfalen) 82.

  Residenz, Kaiser-Wilhelm-Str. 32, ✉ 46395, ℘ (02871) 9 97 50, info@hotelresidenz.de, Fax (02871) 9975599, 🍽, 🏋, ≘s – 🛗, 🚭 Zim, 🍽 Rest, 📺 📞 🅿 – 🚗 20. AE ⊙ ⊙ VISA JCB. 🚭 Rest
  Menu *(geschl. Ende Juli - Mitte Aug., Sonntag - Montag) (nur Abendessen)* à la carte 29/45,50 – **53 Zim** ⇌ 83/98 – 113/126.
  ◆ Besonders auf die Bedürfnisse von Geschäftsreisenden zugeschnitten ist dieses moderne Domizil mit großzügigem Rahmen und geschmackvollen, mit Pinienholz möblierten Zimmern. Restaurant mit klassisch-eleganter Einrichtung.

BOCHOLT

Am Erzengel, Münsterstr. 250 (B 67), ✉ 46397, ☎ (02871) 24 77 00, info@am-erzenge
l.de, Fax (02871) 24770247, 🍴 – 🛗, 🚭 Zim, 📺 🐕 ⚿ 🚗 🅿 – 🎓 100. 🆎 ⓜ 🆅🆂🅰 🅹🅲🅱
Menu (geschl. Anfang - Mitte Aug., Montagmittag) à la carte 18/38,50 – **61 Zim** ⇌ 70/77
– 104.
• Komfortable Räume mit gediegenem Mobiliar und guter Technik sprechen für dieses
Haus. Nicht weniger wohnlich und funktionell präsentieren sich auch die neuen Zimmer. Das
Restaurant : in modernem italienischem Stil.

Bacco, Bismarckstr. 7, ✉ 46397, ☎ (02871) 18 31 41, Fax (02871) 16901, 🍴 – 🆎
ⓜ 🆅🆂🅰 🅹🅲🅱. 🎨 – geschl. Samstagmittag – **Menu** (italienische Küche) à la carte 36/51.
• Liebhaber der italienischen Küche kommen hier auf ihre Kosten. Das freundlich helle
Interieur erinnert an die Toskana, die angebotenen Speisen versetzen in Urlaubsstimmung.

BOCHUM Nordrhein-Westfalen 🔢🔢🔢 L 5 – 396 000 Ew – Höhe 83 m.
Sehenswert : Bergbaumuseum** Y – Eisenbahnmuseum* X
Bochum-Stiepel, Im Mailand 127 (Süd-Ost : 6 km über ③), ☎ (0234) 79 98 32.
🛈 Tourist-Info, Huestr. 9, ✉ 44787, ☎ (0234) 96 30 20, touristinfo@bochum-marketi
ng.de, Fax (0234) 9630255.
ADAC, Ferdinandstr. 12.
Berlin 518 ① – *Düsseldorf* 47 ⑤ – Dortmund 21 ① – Essen 17 ⑤

Stadtplan siehe gegenüberliegende Seite

Renaissance, Stadionring 20, ✉ 44791, ☎ (0234) 6 10 10, info@renaissance-bochu
m-hotel.de, Fax (0234) 6101171, 🍴 – 🛗, 🚭 Zim, 📺 🐕 ⚿ 🚗 🅿 – 🎓 80. 🆎 ⓜ
ⓜ 🆅🆂🅰. 🎨 Rest – **Menu** à la carte 25/37 – ⇌ 12 – **177 Zim** 113.   X a
• Eine großzügige Halle empfängt Sie in diesem modernen Tagungshotel. Die Zimmer :
funktionell und recht aufwändig gestaltet. Sehr nett : der Saunabereich in der 7. Etage.
Offen angelegtes Restaurant mit großem Buffetbereich.

Courtyard by Marriott, Klinikstr. 43, ✉ 44791, ☎ (0234) 6 10 00,
Fax (0234) 6100444, 🏋, 🈂 – 🛗, 🚭 Zim, 📺 🐕 ⚿ 🚗 🅿 – 🎓 35. 🆎 ⓞ ⓜ 🆅🆂🅰
🅹🅲🅱   Y m
Menu à la carte 21/29 – **107 Zim** ⇌ 99/105 – 111/117.
• Beim Stadtpark liegt das u-förmig in modernem Stil gebaute Hotel, das mit einem neu-
zeitlichen Rahmen und komfortablen, funktionellen Zimmern überzeugt. Hell wirkendes
Restaurant mit internationaler Karte.

Holiday Inn, Massenbergstr. 19, ✉ 44787, ☎ (0234) 96 90, bochum@eventhotels.
com, Fax (0234) 9692222, 🈂 – 🛗, 🚭 Zim, 📺 🐕 ⚿ 🚗 – 🎓 120. 🆎 ⓞ ⓜ 🆅🆂🅰
🅹🅲🅱   Z c
Menu (geschl. Sonntag) à la carte 18,50/39 – **162 Zim** ⇌ 135 – 163.
• In einem Wahrzeichen der Stadt, dem "Twin Tower", befindet sich diese ganz im sach-
lichen Design gehaltene Unterkunft. Für Geschäfts- und Privataufenthalt bestens geeignet.
Modern eingerichtetes Restaurant mit internationaler Küche.

Excelsior, Max-Greve-Str. 32, ✉ 44791, ☎ (0234) 9 55 50 (Hotel), 9 50 75 67 (Rest.),
hotel.excelsior@t-online.de, Fax (0234) 9555555 – 📺 🐕 🚗 🅿 – 🎓 25. 🆎 ⓞ ⓜ 🆅🆂🅰
Raffaello (italienische Küche) **Menu** à la carte 28/44 – **32 Zim** ⇌ 66/74 – 86/96.
• Zentrumsnah und trotzdem ruhig gelegen, ist dieses neuzeitliche Hotel ein idealer Stand-
ort, um das vielfältige kulturelle Angebot der Stadt zu erkunden. Im Raffaello italienische
Küche und elegantes, mediterranes Ambiente.   Y n

Novotel, Stadionring 22, ✉ 44791, ☎ (0234) 5 06 40, h0486@accor-hotels.com,
Fax (0234) 5064444, 🍴, 🈂, 🏊 (geheizt) – 🛗, 🚭 Zim, 📺 🐕 ⚿ 🚗 🅿 – 🎓 150. 🆎
ⓞ ⓜ 🆅🆂🅰   X n
Menu à la carte 21/31 – **119 Zim** ⇌ 100 – 127.
• Am Rand des Stadtzentrums befindet sich dieses funktionelle und solide Quartier, in
dessen Fitnessbereich und Schwimmbad Sie aktiv relaxen können. Im Restaurant : helle
Einrichtung im Bistrostil.

Oekey, Auf dem Alten Kamp 10, ✉ 44803, ☎ (0234) 38 81 30, info@oekey.de,
Fax (0234) 3881388, 🍴 – 📺 🚗 🅿 – 🎓 20. 🆎 ⓞ ⓜ 🆅🆂🅰   X c
Menu (geschl. Sonntag - Montag) à la carte 24/37,50 – **17 Zim** ⇌ 57 – 78.
• Ein familiär geführtes Haus, das für seine praktischen Zimmer bekannt ist. Der schöne
Biergarten und die ruhige Lage versprechen einen erholsamen Aufenthalt. Nett gestaltetes
Restaurant mit elegant-rustikalem Touch.

Schmidt-Mönnikes, Drusenbergstr. 164, ✉ 44789, ☎ (0234) 33 39 60 (Hotel) 31 24 69
(Rest.), Fax (0234) 3339666 – 📺 🚗 🅿. 🆎 ⓜ 🆅🆂🅰   X r
geschl. 22. Dez. - 4. Jan. – **Vitrine** (geschl. 27. Dez. - 9. Jan., Donnerstag, Samstagmittag,
Sonntagabend) **Menu** à la carte 19/33 – **32 Zim** ⇌ 54/87 – 78/115.
• Bereits in dritter Generation führt die Familie das Hotel in der südlichen Vorstadt Bochums.
Der Stil ist dezent und man legt viel Wert auf eine persönliche Atmosphäre. Gemüt-
liches Restaurant mit rustikalen Holzdecken und Polstermobiliar.

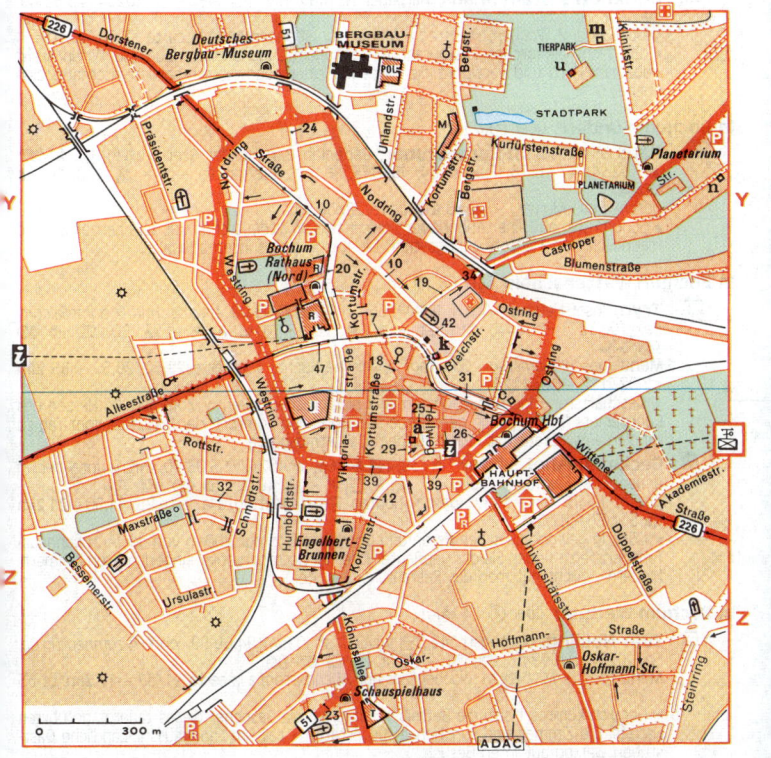

BOCHUM

Street	Ref
Altenbochumer Straße	X 3
Bleichstraße	Y 7
Bongardstraße	Y 7
Brückstraße	Y 10
Brüderstraße	Z 12
Dorstener Straße	X 13
Drusenbergstraße	X 15
Friederikastraße	X 16
Gahlensche Straße	X 17
Grabenstraße	Y 18
Große Beckstraße	Y 19
Hans-Böckler-Str.	Y 20
Hasenkampstraße	Y 21
Hattinger Straße	Z 23
Hellweg	
Herner Straße	X, Y 24
Huestraße	Z 25
Kortumstraße	YZ
Kurt-Schumacher-Platz	Z 26
Liebfrauenstraße	X 28
Luisenstraße	Z 29
Massenbergstraße	YZ 31
Maximilian-Kolbe-Straße	Z 32
Schwanenmarkt	Y 34
Sheffiel-Ring	Y 37
Südring	Z 39
Untere Marktstraße	Y 42
Viktoriastraße	YZ
Wattenscheider Str.	X 43
Wiemelhauser Str.	X 45
Willy-Brandt-Platz.	Y 47

235

BOCHUM

Gastronomie im Stadtpark, Klinikstr. 41, ✉ 44791, ℘ (0234) 50 70 90, *gastronomie_im_stadtpark@t-online.de, Fax (0234) 5070999*, 🌿 – 🚻 P – 🎩 350. AE ⓘ ⓜ VISA
Y u
geschl. 27. Dez. - 6. Jan., Aug. 2 Wochen, Montag, Okt.- März Sonntag - Montag – **Menu** à la carte 27,50/50.
• Edel und klassisch-elegant ist die Optik dieses Palais. Doch nicht nur die Augen, auch der Gaumen kommt hier auf seine Kosten! Versuchen Sie die Patisserie!

Livingroom, Luisenstr. 9, ✉ 44787, ℘ (0234) 9 53 56 85, *info@livingroom-bochum.de, Fax (0234) 9535688* – AE ⓘ ⓜ VISA
Z a
geschl. Sonn- und Feiertage abends – **Menu** à la carte 24/42.
• Modern durchgestylt mit dunklem Holz, neuzeitlichen Bildern und Fotografien. Sie sitzen an schön eingedeckten Tischen, die Dekorationen - dem Stil entsprechend - schlicht.

Mutter Wittig, Bongardstr. 35, ✉ 44787, ℘ (0234) 1 21 41, *mutterwittig@t-online.de, Fax (0234) 683301*, 🌿 – AE ⓘ ⓜ VISA
Y k
Menu à la carte 15,50/27,50.
• Mutter Wittig ist eine Institution. Die Räumlichkeiten sind liebevoll mit rustikal-nostalgischem Inventar bestückt und die Küche ist bürgerlich mit regionalem Einschlag.

Beim Ruhrpark-Einkaufszentrum *über A 40* X :

Grandhotel, Kohlleppelsweg 45, ✉ 44791, ℘ (0234) 9 25 90, *bochum@privathotel.net, Fax (0234) 9259625*, 🌿, 🛋 – 🛗, ⚡ Zim, TV 📞 🚻 P – 🎩 80. AE ⓘ ⓜ VISA
Menu à la carte 21/30 – **108 Zim** 🛏 122 – 162.
• Modern-elegantes Gebäude mit einer imposanten Eingangshalle im Atriumstil. In verkehrsgünstiger Lage wird dem Reisenden alle Bequemlichkeit geboten. Zeitgemäßes Restaurant mit großem Buffetbereich.

In Bochum-Harpen *über* ① : *5 km* :

Brinkhoff's Stammhaus, Harpener Hellweg 157, ✉ 44805, ℘ (0234) 23 35 49, – P
geschl. Aug. 2 Wochen, Dienstag – **Menu** *(nur Abendessen)* à la carte 33,50/40,50.
• Ein nicht alltägliches Restaurant mit schönem Jugendstilinterieur. Die Wirtin steht selbst am Herd und verwöhnt die Gäste mit einer handwerklich soliden internationalen Küche.

In Bochum-Sundern *über* ④ : *5 km* :

Haus Waldesruh-Borgböhmer, Papenloh 8 (nahe der Sternwarte), ✉ 44797, ℘ (0234) 47 16 76, *Fax (0234) 461815*, ≤, 🌿, Biergarten – P – 🎩 100. AE ⓘ ⓜ VISA
geschl. Feb., Montag – **Menu** à la carte 28/38,50.
• Schön ruhig auf einer Anhöhe liegt dieser teils im altdeutschen Stil, teils neuzeitlich und freundlich eingerichtete Landgasthof. Die Küche bietet Internationales.

In Bochum-Wattenscheid *über* ⑤ : *9 km* :

Tryp, Josef-Haumann-Str. 1, ✉ 44866, ℘ (02327) 99 00, *tryp.bochum@solmelia.com, Fax (02327) 990444*, 🌿, 🛋 – 🛗, ⚡ Zim, TV 📞 🚻 P – 🎩 50. AE ⓘ ⓜ VISA JCB
Menu *(geschl. Samstag - Sonntag)* (spanische Küche) à la carte 21,50/29,50 – **95 Zim** 🛏 92/112 – 104/123.
• Geschäftsreisende und Touristen sind hier gleichermaßen willkommen. Im Herzen des Ruhrgebiets findet man in dem modernen Hotel den Komfort, der hilft, sich vom Tag zu erholen. Restaurant mit heller, zeitgemäßer Atmosphäre.

Beckmannshof, Berliner Str. 39, ✉ 44866, ℘ (02327) 3 03 70, *info@hotel-beckmannshof.de, Fax (02327) 303720*, 🌿 – TV P – 🎩 40. AE ⓘ ⓜ VISA JCB
geschl. 1. - 15. Jan. – **Menu** *(geschl. Montag, Samstagmittag)* à la carte 25/41,50 – **21 Zim** 🛏 51/67 – 82/88.
• Günstig gelegen zwischen Essen und Dortmund und nur 200 m von der Autobahnausfahrt entfernt finden Sie das gepflegte Hotel mit netten, rustikal eingerichteten Zimmern. Modern-schlicht hat man das Restaurant gestaltet.

In Bochum-Weitmar *über* ④ : *4 km* :

Zum Neuling, Neulingstr. 42, ✉ 44795, ℘ (0234) 94 69 80, *hotel@zumneuling.de, Fax (0234) 9469845*, 🛋, 🏊 – TV P AE ⓘ ⓜ VISA
Menu *(geschl. Mittwoch)* *(wochentags nur Abendessen)* à la carte 21/37 – **17 Zim** 🛏 65 – 85.
• Herzlich kümmert sich die Betreiberfamilie um die Besucher dieses tadellos geführten Hauses. Die Zimmer sind funktionell ausgestattet - teils im Landhausstil. Ländliche Gaststuben warten auf Ihren Besuch.

BOCKLET, BAD Bayern **546** P 14 – 4 900 Ew – Höhe 230 m – Heilbad.

Ausflugsziel : Schloss Aschach : Graf-Luxburg-Museum★, Süd-West : 1 km (Mai - Okt. Fahrten mit hist. Postkutsche).

🛈 Kur- und Touristikinformation, Kurhausstr. 2, ✉ 97708, ✆ (09708) 70 70 30, info@bad-bocklet.de, Fax (09708) 707039.

Berlin 425 – München 339 – Fulda 58 – Bad Kissingen 10.

🏠 **Laudensack**, von-Hutten-Str. 37, ✉ 97708, ✆ (09708) 2 24, info@hotel-laudensack.de, Fax (09708) 1285, 🍽, 🐢 – 🛗 ⬌ 🅿 – geschl. 24. Dez. - 20. Feb. – **Menu** (geschl. Dienstag) à la carte 16/31 – **40 Zim** ⊇ 27/49 – 54/78 – ½ P 12.
 ♦ Dieser nahe dem Kurpark gelegene Familienbetrieb bietet Ihnen teils recht schlicht eingerichtete Zimmer sowie - im Anbau - neuzeitliche Appartements mit hellem Holzmobiliar. Bürgerlich-rustikaler Restaurantbereich mit sehr schöner Gartenterrasse.

BODELSHAUSEN Baden-Württemberg siehe Hechingen.

BODENHEIM Rheinland-Pfalz siehe Mainz.

BODENMAIS Bayern **546** S 23 – 3 600 Ew – Höhe 689 m – Heilklimatischer Kurort – Wintersport : 700/1 456 m ≤ 1 ≤ 1 ≤, ⛷.

Ausflugsziele : Großer Arber ≤★★ Nord-Ost : 11 km und Sessellift – Großer Arbersee★ Nord-Ost : 8 km.

🛈 Kurverwaltung, Bahnhofstr. 56, ✉ 94249, ✆ (09924) 77 81 35, Fax (09924) 778150.

Berlin 178 – Passau 72 – Cham 51 – Deggendorf 35.

🏨 **Riederin** ⊗, Riederin 1, ✉ 94249, ✆ (09924) 77 60, info@riederin.de, Fax (09924) 7337, ≤ Bodenmais, 🛁, Massage, ♨, ≦s, 🔲 (geheizt), 🔲, 🛋, ✳ (Halle) – 🛗 ⇌ TV ⬌ 🅿 ⌘ Rest
Menu à la carte 15,50/23,50 – **60 Zim** (nur ½ P) 68/91 – 142/162.
 ♦ Das am Berg gelegene Sporthotel offeriert die verschiedensten Freizeitaktivitäten. Ein unterirdischer Gang verbindet das Haus mit der Sauna und dem Erlebnisbad. Ein leicht eleganter Speisesaal und gemütliche Stüberln laden zum Essen.

🏨 **Neue Post**, Kötztinger Str. 25, ✉ 94249, ✆ (09924) 95 80, info@hotel-neue-post.de, Fax (09924) 958100, 🍽, 🛁, Massage, ≦s, 🔲, 🛋, ✳ – 🛗 TV 🅿 ⌘ Rest
geschl. 14. Nov. - 13. Dez. – **Menu** à la carte 16,50/31 – **62 Zim** ⊇ 60/70 – 74/124 – ½ P 10.
 ♦ Mit einem, großzügigem Empfangsbereich präsentiert sich die Neue Post. Bei dem gewohnt umfangreichen Wellnessprogramm ist alles beim Alten geblieben. Nette, gemütliche Gaststuben im rustikal-gediegenen Stil.

🏨 **Hofbräuhaus**, Marktplatz 5, ✉ 94245, ✆ (09924) 77 70, info@hotel-hofbraeuhaus.de, Fax (09924) 777200, ≤, 🍽, 🛁, Massage, ♨, 🏋, ≦s, 🔲 (geheizt), 🔲, 🛋 – 🛗, ⇌ Zim, TV ⬌ 🅿.
geschl. Anfang Nov. - Mitte Dez. – **Menu** à la carte 15/30,50 – **76 Zim** ⊇ 52/65 – 98/144 – ½ P 13.
 ♦ Dieses traditionsreiche Haus war früher ein Gasthof und eine Brauerei im Besitz des Bayerischen Königs. Heute tut man hier alles, damit der Gast sich fühlt wie ein König ! Restauranträume mit praktisch-rustikaler Ausstattung.

🏠 **Ferien-Hotel zum Arber** ⊗, Rechenstr. 32, ✉ 94249, ✆ (09924) 95 23 00, info@zumaber.de, Fax (09924) 952400, ≤, 🍽, ≦s – 🛗 🕻 ⬌ 🅿 ⌘ Rest
geschl. Nov. – **Menu** (nur Abendessen) (Restaurant nur für Hausgäste) – **50 Zim** ⊇ 32 – 56 – ½ P 10.
 ♦ Warme Töne überwiegen bei der Einrichtung dieser Unterkunft. Ländlich ausgestattet, lässt es dennoch keinen technischen Komfort vermissen.

In Bodenmais-Böhmhof Süd-Ost : 1 km Richtung Zwiesel :

🏨 **Feriengut Böhmhof**, Böhmhof 1, ✉ 94249, ✆ (09924) 9 43 00, geiger@feriengut-boehmhof.de, Fax (09924) 943013, 🍽, 🛁, ≦s, 🔲 (geheizt), 🔲, 🛋 – 🛗 TV ⬌ 🅿 ⌘ Rest – geschl. Mitte Nov. - Mitte Dez. – **Menu** 12,50 (mittags) à la carte 14/28,50 – **36 Zim** ⊇ 64/79 – 105/131, 4 Suiten – ½ P 11.
 ♦ Idyllisch am Waldrand gelegen, bietet der traditionsreiche alte Gutshof im Landhausstil Erholung in bäuerlicher Umgebung. Sechs verschiedene Zimmertypen stehen zur Auswahl. Restaurant im Stil einer Bauernstube.

In Bodenmais-Kothinghammer Süd-West : 2,5 km Richtung Deggendorf :

🏨 **Hammerhof**, Kothinghammer 1, ✉ 94249, ✆ (09924) 95 70, hotel@hammerhof.de, Fax (09924) 95777, 🍽, 🛁, Massage, ≦s, 🛋, ✳ – 🛗 ⇌ TV 🅿 ⌘ Zim – geschl. 21. Nov. - 18. Dez. – **Menu** à la carte 14/31 – **45 Zim** ⊇ 51/62 – 90/100, 18 Suiten – ½ P 12.
 ♦ Der gemütliche Landgasthof in privilegierter Alleinlage bietet dem Urlauber durch Doppelzimmer mit separatem Wohn- und Schlafteil eine behagliche Atmosphäre. Lichte, gemütliche Gasträume mit viel Holz - auch rauchfrei können Sie sitzen.

BODENMAIS

In Bodenmais-Mooshof *Nord-West : 1 km Richtung Drachselsried :*

Mooshof, Mooshof 7, ✉ 94249, ℘ (09924) 77 50, info@hotel-mooshof.de, Fax (09924) 7238, ≤, 🌿, 🛀, Massage, ♨, ≦s, 🔲, 🚿, ✹ – 🖶, 🐾 Zim, 📺 📞 🅿 – 🔬 20. ⓓ ⓜ VISA. ✸ Rest – *geschl. 20. Nov. - 18. Dez.* – **Menu** à la carte 15,50/30,50 – **58 Zim** ⊇ 63/78 – 108/130, 6 Suiten – ½ P 15.
• Großes, komfortables Hotel mit vielfältigem Angebot auf dem Sport- und Freizeitsektor. Die Räumlichkeiten sind im eleganten Landhausstil möbliert, die Suiten exklusiv. Helles Holz verleiht den Gaststuben einen gediegen-rustikalen Charakter.

BODENSEE *Baden-Württemberg und Bayern* 546 X 12 *– Höhe 395 m.*
Sehenswert : See★★ *mit den Inseln Mainau★★ und Reichenau★ (Details siehe unter den erwähnten Ufer-Orten).*

BODENTEICH, BAD *Niedersachsen* 541 H 16 *– 3 400 Ew – Höhe 55 m – Kneipp- und Luftkurort.*
🛈 *Kurverwaltung und Tourist-Information, Burgstr. 8,* ✉ *29889,* ℘ *(05824) 35 39, service@bad-bodenteich.de, Fax (05824) 3308.*
Berlin 226 – Hannover 107 – Schwerin 135 – Lüneburg 50 – Wolfsburg 54 – Braunschweig 76.

Landhaus Bodenteich garni, Neustädter Str. 100, ✉ 29389, ℘ (05824) 9 64 60, landhaus-bodenteich@t-online.de, Fax (05824) 946430, ≦s, 🚿 – 📺 📞 🅿 ✸
19 Zim ⊇ 39/50 – 66/72.
• Eine kleine, empfehlenswerte Adresse mit hübscher Gartenanlage. Stilmöbel aus Eiche geben der persönlichen, behaglichen Atmosphäre eine besondere Note.

BODENWERDER *Niedersachsen* 541 K 12 *– 6 500 Ew – Höhe 75 m – Luftkurort.*
🛈 *Touristinformation, Weserstr. 3,* ✉ *37619,* ℘ *(05533) 4 05 41, Fax (05533) 6152.*
Berlin 336 – Hannover 67 – Detmold 59 – Hameln 23 – Kassel 103.

Goldener Anker, Brückenstr. 5a, ✉ 37619, ℘ (05533) 40 07 30, info@goldeneranker.com, Fax (05533) 400733, 🌿, ✸ – – ✹ 📺 📞 🅿 – 🔬 60. ⓜ VISA
Menu *(Nov. - März Montag - Donnerstag nur Abendessen)* à la carte 14/30,50 – **11 Zim** ⊇ 43/50 – 65/85.
• Wenn Wände reden könnten, dann hätten diese viel zu erzählen, denn die Grundmauern des Gasthofs stehen schon über 1000 Jahre. Übernachtet wird in hellen, freundlichen Zimmern. Der Rahmen der Gaststube ist bürgerlich-schlicht.

BODENWÖHR *Bayern* 546 S 20 *– 3 600 Ew – Höhe 378 m.*
Berlin 466 – München 168 – Regensburg 55 – Cham 34 – Nürnberg 99.

Brauereigasthof Jacob, Ludwigsheide 2, ✉ 92439, ℘ (09434) 9 41 00, brauereijacob@t-online.de, Fax (09434) 941066, 🌿, 🚣, – ✹ Zim, 📺 ⇌ 🅿 – 🔬 100. ⓜ VISA – **Menu** à la carte 13,50/22 – **20 Zim** ⊇ 40/50 – 65/75.
• Ein bayerischer Landgasthof wie er im Buche steht ! Die Zimmer sind sehr solide mit rustikalem Holzmobiliar ausgestattet, viele mit Balkon oder Blick auf den See. Selbst gebrautes Bier und Wurst aus der Hausmetzgerei serviert man in der Gaststube.

BODMAN-LUDWIGSHAFEN *Baden-Württemberg* 545 W 11 *– 4 000 Ew – Höhe 408 m – Erholungsort.*
🛈 *Tourist-Information (Ludwigshafen), Hafenstr. 5,* ✉ *78351,* ℘ *(07773) 93 00 40, tourist-info@bodman-ludwigshafen.de, Fax (07773) 930043.*
Berlin 741 – Stuttgart 165 – Konstanz 31 – Bregenz 74 – Singen (Hohentwiel) 26.

Im Ortsteil Ludwigshafen :

Seehotel Adler ⌕, Hafenstr. 4, ✉ 78351, ℘ (07773) 9 33 90, seehotel.adler@t-online.de, Fax (07773) 933939, ≤, 🌿, ≦s, 🚿, – ✹ Zim, 📺 📞 🅿 🔬 ⓓ ⓜ VISA
Menu *(geschl. Jan. - Feb. Montag)* à la carte 19,50/26,50 – **28 Zim** ⊇ 64/89 – 105/133 – ½ P 17.
• Direkt am Bodensee gelegen, verfügt dieses Haus über individuell gestaltete, schön mit Naturholz eingerichtete Zimmer, von denen fast alle mit Seeblick aufwarten können. Gaststube mit hübscher Seeterrasse.

Krone, Hauptstr. 25 (B 31), ✉ 78351, ℘ (07773) 9 31 30, info@bodenseehotelkrone.de, Fax (07773) 931340, 🌿 – 📺 🅿 AE ⓓ ⓜ VISA – *geschl. Nov.* – **Menu** *(geschl. Mittwochmittag, Donnerstagmittag)* à la carte 15/24 – **22 Zim** ⊇ 40/56 – 66/81 – ½ P 14.
• Seit 125 Jahren im Familienbesitz ist dieses gepflegte und liebenswert geführte Hotel. Die nette Atmosphäre verleiht dem Haus eine besonders persönliche Note. Ländliche Gaststube mit Kachelofen und rustikalem Thekenbereich.

BÖBINGEN *Baden-Württemberg siehe Schwäbisch Gmünd.*

BÖBLINGEN Baden-Württemberg 545 T 11 – 47 000 Ew – Höhe 464 m.

🛈 Stadtinformation, Ida-Ehre-Platz 1, ✉ 71032, ℘ (07031) 66 11 00, stadtinformation
@ccb-boeblingen.de, Fax (07031) 661110.

Berlin 647 – *Stuttgart* 21 – Karlsruhe 80 – Reutlingen 36 ① – Ulm (Donau) 97.

🏨 **Zum Reussenstein**, Kalkofenstr. 20, ✉ 71032, ℘ (07031) 6 60 00, info@reussens
tein.com, Fax (07031) 660055, 🍴 – 📶, ✻ Zim, 📺 📞 🛏 🅿 – 🛎 30. 🆎 ⓓ ⓜ ⓥⓘⓢⓐ
Menu *(geschl. Sonntagabend - Montagmittag)* (Mahlzeiten im Gasthof Reussenstein) à la
carte 15,50/29,50 – **42 Zim** 🛏 60/90 – 90/105.   BT h

♦ Bequemes Stadthotel, in dem sich zwei Generationen der Familie Böckle um das Wohl
der Gäste kümmern. Die Zimmer sind groß und praktisch mit modernen Elementen aus-
gestattet. Im einfachen Gasthof gegenüber dem Hotel kocht der Juniorchef.

BÖBLINGEN SINDELFINGEN

Straße	Ref	Nr
Achalmstraße	BTU	8
Arthur-Gruber-Straße	BS	9
Benzstraße	AT	13
Berliner Straße	AS	14
Böblinger Straße	BT	17
Dornierstraße	AT	20
Dresdener Straße	BT	21
Eschenbrünnlestraße	BST	22
Freiburger Allee	BU	24
Friedrich-Gerstlacher-Str.	BT	25
Fronäckerstraße	AS	26
Hanns-Klemm-Straße	ATU	28
Hohenzollernstraße	BS	31
Käsbrünnlestraße	AT	33
Kremser Straße	AU	34
Leibnizstraße	BT	38
Leipziger Straße	BT	39
Mahdentalstraße	BS	43
Maurener Weg	ABU	48
Neckarstraße	BS	49
Obere Vorstadt	AS	50
Pontoiser Straße	ABU	53
Rudolf-Diesel-Straße	BT	57
Schickardstraße	ATU	58
Schönbuchstraße	BU	60
Schwabstraße	BT	62
Silberweg	BT	63
Sindelfinger Straße	AS, BT	64
Talstraße	AS	68
Wilhelm-Haspel-Straße	BS	74

239

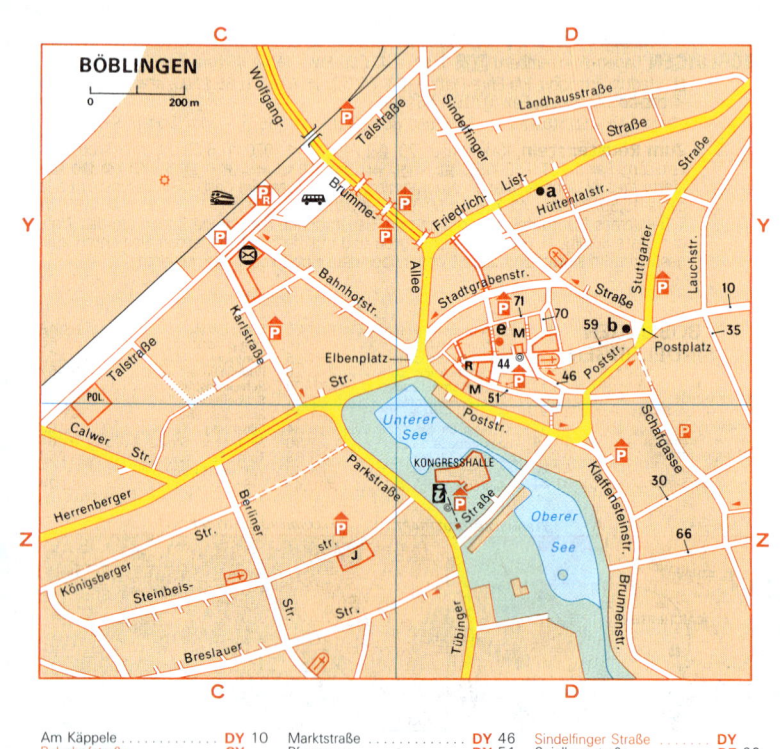

BÖBLINGEN

Am Käppele . . . . **DY** 10	Marktstraße . . . . **DY** 46	Sindelfinger Straße . . . . **DY**
Bahnhofstraße . . . . **CY**	Pfarrgasse . . . . **DY** 51	Spielbergstraße . . . . **DZ** 66
Herrschaftsgartenstr. . . . . . **DZ** 30	Postplatz . . . . **DY**	Turmstraße . . . . **DY** 70
Lange Straße . . . . **DY** 35	Poststraße . . . . **DYZ**	Untere Gasse . . . . **DY** 71
Marktplatz . . . . **DY** 44	Schloßberg . . . . **DY** 59	Wolfgang-Brumme-Allee . . **CDY**

🏨 **List** garni, Friedrich-List-Str. 57, ✉ 71032, ℘ (07031) 2 18 40, email@hotel-list-bb.de, Fax (07031) 218484 – 📶 📺 Zim, 📺 ℘ 🚗 🅿. AE ⓘ ⓜ VISA
geschl. 21. Dez. - 6. Jan. – **32 Zim** ⊇ 73/80 – 90/93. **DY** a
♦ "Kleines Haus mit großem Service" - so sieht man sich hier selbst. Wäsche waschen und bügeln oder Geschäftskorrespondenz erledigen - auf Wunsch nimmt man es Ihnen ab!

🏨 **Rieth** (mit Gästehaus), Tübinger Str. 157 (B 464), ✉ 71032, ℘ (07031) 72 30, info@hotel-rieth.de, Fax (07031) 723160, 🈴, — – 📺 Zim, 📺 ℘ 🚗 🅿. AE ⓘ ⓜ VISA. ❀
geschl. 21. Dez. - 7. Jan. – (geschl. Freitag - Sonntag) (nur Abendessen) à la carte 19,50/38 – **50 Zim** ⊇ 69/74 – 92. **BU** r
♦ Ganz auf die Belange des Geschäftsreisenden abgestimmt präsentiert sich das moderne Hotel am grünen Rand der Stadt. Sauna und Garten laden zum Relaxen nach Feierabend ein. Helles Restaurant mit großer Fensterfront.

🏨 **Böhler**, Postplatz 17, ✉ 71032, ℘ (07031) 4 60 40, post@hotel-boehler.de, Fax (07031) 226168, 🈴, 🏊 – 📶 📺 Zim, 🟦 Zim, 📺 ℘ 🚗 🅿 – 🅰 20. AE ⓘ ⓜ VISA **DY** b
Menu (geschl. Aug. 3 Wochen, Freitag - Samstag)(nur Abendessen) à la carte 26/47,50 – **41 Zim** ⊇ 85/100 – 104/118.
♦ Ein zeitgemäßes Etagenhotel im Stadtzentrum mit praktischen Zimmern in Naturholzmöblierung, mit einfachem Komfort und gepflegtem Schwimmbad- und Saunabereich.

🏨 **Böblinger Haus**, Keilbergstr. 2, ✉ 71032, ℘ (07031) 21 10, info@hotel-boeblinger-haus.de, Fax (07031) 229811, 🈴 – 📶 📺 Zim, 📺 ℘ 🚗 🅿 – 🅰 20. AE ⓘ ⓜ VISA **BT** f
Menu (geschl. Aug. 3 Wochen, Freitag - Samstag) à la carte 20/33 – **34 Zim** ⊇ 65/77 – 89/99.
♦ Fragen Sie nach den Zimmern in der Nichtraucher-Etage ! Sie sind durch die Dachgauben und schrägen Wände besonders gemütlich. Außerdem sind hier die Betten extra breit. Restaurant mit Wintergarten und Terrasse.

BÖBLINGEN

In Böblingen-Hulb :

Novotel, Otto-Lilienthal-Str. 18, ✉ 71034, ℰ (07031) 64 50, h0485-re@accor-hotels
.com, Fax (07031) 645166, 🍽, 🛋, 🏊, – 🛗, ⚡ Zim, 📺 📞 🐾 🅿, – 🏛 150. 🆎 ⓞ ⓜ
🆅 JCB   AT s
Menu à la carte 19/31,50 – ⚏ 13 – **111 Zim** 105 – 120.
  • Nach einer umfassenden Renovierung bietet man Ihnen jetzt praktische Zimmer, die mit
  weißem Einbaumobiliar sinnvoll und zeitgemäß eingerichtet wurden.

Ascot garni, Wolf-Hirth-Str. 8/1, ✉ 71034, ℰ (07031) 6 20 30, ascotboeblingen@as
cothotels.de, Fax (07031) 6203100, 🛋, – 🛗 ⚡ 📺 📞 🚗. 🆎 ⓞ ⓜ 🆅   AT r
74 Zim ⚏ 94/104 – 124/134.
  • Das Businesshotel inmitten des Industriegebietes ist auf die Bedürfnisse des Geschäfts-
  reisenden zugeschnitten. Alle Zimmer sind mit jeglichem technischen Komfort ausgestat-
  tet.

In Schönaich Süd-Ost : 6 km, über Schönaicher Straße BU :

Waldhotel Sulzbachtal 🌲, im Sulzbachtal 2 (Nord-Ost : 2 km, Richtung Steinen-
bronn), ✉ 71101, ℰ (07031) 7 57 80 (Hotel) 7 54 80 (Rest.), hotel-sulzbachtal@schoe
nbuch.de, Fax (07031) 757810, 🍽, – ⚡ Zim, 📺 📞 🐾. 🆎 ⓞ ⓜ 🆅. ✂ Zim
geschl. 27. Dez. - Mitte Jan. – **Menu** (geschl. 13. - 19. Sept., Montag - Dienstagmittag) à
la carte 14/23 – **20 Zim** ⚏ 56/62 – 89/97.
  • Eingebettet in eine naturbelassene Umgebung, liegt das Haus direkt am Waldrand. Die
  wohnliche Atmosphäre entspricht in allen Punkten modernen Ansprüchen. Bürgerlich-
  rustikales Restaurant in unmittelbarer Nachbarschaft.

BÖNNIGHEIM Baden-Württemberg 545 S 11 – 7 200 Ew – Höhe 221 m.
Berlin 616 – Stuttgart 36 – Heilbronn 20 – Karlsruhe 65 – Pforzheim 35.

Adler am Schloss (mit Gästehaus), Schlossstr. 34, ✉ 74357, ℰ (07143) 8 20 20, inf
o@adler-am-schloss.de, Fax (07143) 820229, 🍽, – ⚡ Zim, 📺 📞 🅿. 🆎 ⓞ ⓜ 🆅
Menu (geschl. Dienstag - Mittwoch) (wochentags nur Abendessen) à la carte 25,50/39 –
17 Zim ⚏ 54/64 – 70/82.
  • Moderner Stil und klare Linien prägen die Zimmer dieses kleinen, sanierten Gasthofs -
  teils mit freigelegtem Fachwerk. Neu hinzugekommen sind einige nette Zimmer im Gäs-
  tehaus. Das Restaurant bietet eine breit gefächerte Auswahl von regional bis cross-over.

BÖRNICKE Brandenburg 542 H 22 – 760 Ew – Höhe 40 m.
Berlin 46 – Brandenburg 56 – Neuruppin 37 – Potsdam 42.

Landhaus Börnicke 🌲, Grünfelder Str. 15, ✉ 14641, ℰ (033230) 5 13 06,
Fax (033230) 51408 – ⚡ Rest, 🅿.
Menu (geschl. Jan. - Feb. Montag) à la carte 16/26 – **10 Zim** ⚏ 64/74 – 79/89.
  • Im idyllischen Havelland ist diese Oase der Ruhe beheimatet. Eingebettet in den haus-
  eigenen Wald und den Streichelzoo, bietet das Haus gerade Familien Ruhe und Erholung.
  Gepflegter, wohnlicher Restaurantbereich mit Wintergarten.

BÖSDORF Schleswig-Holstein 541 D 15 – 1 500 Ew – Höhe 25 m.
Berlin 308 – Kiel 36 – Lübeck 46 – Eutin 8 – Oldenburg in Holstein 48.

In Bösdorf-Niederkleveez Nord : 3 km :

Fährhaus Niederkleveez 🌲, Am Dieksee 6, ✉ 24306, ℰ (04523) 99 59 29, hot
el@faehrhaus-niederkleveez.de, Fax (04523) 995955, ≤, 🍽, 🛶, ⚓ – ⚡ Zim, 📺 🅿
– 🏛 20. ⓞ ⓜ 🆅
Menu à la carte 17/28 – **17 Zim** ⚏ 45/50 – 65/90.
  • Die reizvolle Lage direkt am Fähranleger macht den Reiz dieser Adresse aus. Für die
  Erkundung des Sees wählen Sie zwischen Segel- und Tretboot. Solide, zeitgemäße Zimmer.
  Restaurant mit Sonnenterrasse und wunderschönem Seepanorama.

BÖTZINGEN Baden-Württemberg 545 V 7 – 4 800 Ew – Höhe 186 m.
Berlin 795 – Stuttgart 224 – Freiburg im Breisgau 24 – Colmar 36.

Zur Krone, Gottenheimer Str. 1, ✉ 79268, ℰ (07663) 9 44 60, fischer@krone-boet
zingen.de, Fax (07663) 944699, 🍽 – ⚡ Zim, 📺 🅿. ⓜ 🆅
Menu (geschl. Donnerstag - Freitagmittag) à la carte 16,50/31 – **43 Zim** ⚏ 41/49 – 62/72
– ½ P 13.
  • Am Kaiserstuhl befindet sich dieses gastliche Haus. Das freundliche Personal und vor allem
  die Zimmer im Neubau vermitteln den Gästen das Gefühl, zu Hause zu sein. Im Restaurant
  gibt die gutbürgerliche Küche den Ton an.

241

BOGEN Bayern ⁵⁴⁶ T 22 – 9 900 Ew – Höhe 332 m.
Berlin 541 – München 134 – Regensburg 51 – Straubing 12.

In Bogen-Bogenberg Süd-Ost : 3,5 km :

Schöne Aussicht ⊗, ✉ 94327, ℘ (09422) 15 39, Fax (09422) 809162, ≼ Donauebene, Biergarten – ⇔ 🄿 – geschl. 10. Jan. - 23. Feb. – **Menu** (geschl. Freitag)(Nov. - Feb. nur Mittagessen) à la carte 15/25,50 – **7 Zim** ⊇ 30 – 50.
• Nomen est Omen : Hoch über der Donau geht hier der Blick in weite Ferne. Einfache, aber praktisch eingerichtete Räumlichkeiten machen den Aufenthalt erholsam. Durch und durch bayerisch gibt sich das Angebot des Restaurants.

In Niederwinkling-Welchenberg Süd-Ost : 8 km :

Landgasthof Buchner, Freymannstr. 15, ✉ 94559, ℘ (09962) 7 30, Fax (09962) 2430, Biergarten – 🄿 🕮 – geschl. Mitte Aug. - Anfang Sept. 3 Wochen, Anfang Nov. 1 Woche, Montag - Dienstag – **Menu** à la carte 23/38,50.
• In einem kleinen Dorf liegt der restaurierte Gasthof aus dem Jahre 1658. Eine Mischung aus gehobenen regionalen Rezepten und internationalen Gerichten überzeugt den Gast.

BOKEL Schleswig-Holstein ⁵⁴¹ E 13 – 650 Ew – Höhe 5 m.
Berlin 343 – Kiel 73 – Hamburg 55 – Itzehoe 29 – Lübeck 78.

Bokel-Mühle ⊗, Neel-Greve-Str.2, ✉ 25364, ℘ (04127) 9 42 00, bokelmuehle@ringhotels.de, Fax (04127) 9420150, ≼, 佘, ≘s, 🔲, ♣₀, ≉ – ⫼, ⤺ Zim, 📺 📞 ⇔ 🄿 – ⚿ 160. 🄰🄴 ⓞ ⓜⓞ 🆅🅸🆂🅰 – **Menu** à la carte 19,50/32,50 – **24 Zim** ⊇ 50/72 – 66/102.
• Die im 18. Jh. erbaute ehemalige Wassermühle hat eine lange Tradition als Gasthaus. Neben der Mühle existieren heute zusätzlich der Hoteltrakt und der Seepavillon. Das Restaurant gibt sich ländlich-klassisch mit gemütlichem Kamin. Schöne Terrasse am See.

BOLL Baden-Württemberg ⁵⁴⁵ U 12 – 5 000 Ew – Höhe 425 m.
🄱 Bad Boll Info, Am Kurpark 1, ✉ 73087, ℘ (07164) 8 08 28, info@verkehrsamt-badboll.de, Fax (07164) 902309.
Berlin 613 – Stuttgart 52 – Göppingen 9 – Ulm (Donau) 49.

Badhotel Stauferland ⊗, Gruibinger Str. 32, ✉ 73087, ℘ (07164) 80 16 80, info@badhotel-stauferland.de, Fax (07164) 8014146, 佘, ≘s, 🔲, ⫼, ⤺ Zim, 📺 📞 ⇔ 🄿 – ⚿ 30. 🄰🄴 ⓞ ⓜⓞ 🆅🅸🆂🅰. ⊁ Rest – **Menu** à la carte 21/37 – **42 Zim** ⊇ 68/78 – 98.
• Neuzeitlich präsentieren sich Lobby und Zimmer des Hotels mit starkem Tagungsgeschäft. Gepflegter Freizeitbereich, Zimmer teils allergikerfreundlich. Eine Terrasse mit schöner Aussicht ergänzt das leicht elegante Restaurant.

Löwen, Hauptstr. 46, ✉ 73087, ℘ (07164) 9 40 90, info@loewen-badboll.de, Fax (07164) 940944, 佘, ≘s – ⫼ 🄿 – ⚿ 60. 🄰🄴 ⓞ ⓜⓞ 🆅🅸🆂🅰 – **Menu** (geschl. Ende Dez. - Mitte Jan., Ende Juli - Mitte Aug., Montag) à la carte 15/33 – **31 Zim** ⊇ 42 – 70.
• Urigen Charme verbreitet das mit viel Holz dekorierte Innere dieses rustikalen Gasthofs. Die gepflegten Außenanlagen sich ebenfalls sehen lassen. Ländliches Restaurant mit zur Terrasse hin gelegenem Wintergarten.

Rosa Zeiten garni, Bahnhofsallee 7, ✉ 73087, ℘ (07164) 20 22, Fax (7164) 2221 – ⤺ 📺 📞 🄿 🆅🅸🆂🅰
9 Zim ⊇ 45/49 – 75.
• Wo früher ein ländlicher Bahnhof Reisende empfing, führt man heute ein idyllisches Gästehaus vor romantischer Kulisse - ein neuzeitliches und wohnliches Zuhause auf Zeit.

In Boll-Bad Boll – Heilklimatischer Kurort :

Seminaris ⊗, Michael-Hörauf-Weg 2, ✉ 73087, ℘ (07164) 80 50, sales-badboll@seminaris.de, Fax (07164) 12886, 佘, ≘s, 🔲, ⫼, ⤺ Zim, 📞 ⇔ 🄿 – ⚿ 160. 🄰🄴 ⓞ ⓜⓞ 🆅🅸🆂🅰. ⊁ – **Menu** à la carte 22/30 – **161 Zim** ⊇ 95/104 – 126.
• Das großzügig und einfallsreich gestaltete Fitness-Areal Jurabädle macht das modern eingerichtete Tagungshotel auch für Urlauber interessant. Rustikale à la carte-Gaststube und Tagungsrestaurant mit kalt-warmem Buffet.

BOLLENDORF Rheinland-Pfalz ⁵⁴³ Q 3 – 1 700 Ew – Höhe 215 m – Luftkurort.
🄱 Tourist - Information, An der Brücke, ✉ 54669, ℘ (06526) 9 30 33, Fax (06526) 93035.
Berlin 733 – Mainz 193 – Trier 48 – Bitburg 26 – Luxembourg 43.

Burg Bollendorf ⊗, ✉ 54669, ℘ (06526) 6 90, info@burg-bollendorf.de, Fax (06526) 6938, 佘, ≉ – ⫼, ⤺ Zim, 📺 🄿 🄰🄴 ⓞ ⓜⓞ 🆅🅸🆂🅰, ⊁ geschl. 5. Jan. - 12. Feb. – **Menu** (geschl. Feb. - März, Nov. - Dez.)(wochentags nur Abendessen) à la carte 19,50/32 – **40 Zim** ⊇ 59 – 98/120 – ½ P 16.
• Auf dem ehemaligen Burggelände befindet sich das imposante, in den 70er Jahren zum Hotel umgebaute Anwesen. Jeder Winkel atmet das historisch gewachsene Ambiente. Genießen Sie die Tafelfreuden im klassisch-rustikal möblierten Restaurant.

BOLLENDORF

🏨 **Waldhotel Sonnenberg** ॐ, Sonnenbergallee 1 (Nord-West : 1,5 km), ✉ 54669, ℘ (06526) 9 28 00, waldhotel-sonnenberg@t-online.de, Fax (06526) 928079, ≤ Sauertal, ☆, ⇌, ⬜, ⇌, – ⬒, ⇌ Zim, TV P. ⓜ VISA. ⚡ Rest
geschl. 15. Nov. - 15. Dez. – **Menu** à la carte 18/41 – **25 Zim** ⇌ 60/81 – 110/146 – ½ P 17.
♦ Für Reisende, die die absolute Ruhe suchen, ist dieses Haus in Alleinlage zu empfehlen. Die größtenteils rustikalen Gästezimmer bieten zeitgemäßen Komfort. Im Restaurant Bellevue fühlt man sich der gutbürgerlichen sowie der Eifeler Küche verpflichtet.

🏨 **Hauer**, Sauerstaden 20, ✉ 54669, ℘ (06526) 92 05 00, info@hotel-hauer.de, Fax (06526) 9205050, ☆, – ⬒, ⇌ Zim, TV P. AE ⓜ VISA. ⚡ Rest
geschl. 5. Jan. - 10. Feb., 15. - 24. Nov. – **Menu** (Montag - Freitag nur Abendessen) à la carte 14,50/37,50 – **21 Zim** ⇌ 50 – 80/84 – ½ P 10.
♦ Mit Blick auf den deutsch-luxemburgischen Grenzfluß offeriert dieser Familienbetrieb einfache, freundliche Zimmer, vielfach mit Balkon.

BOLSTERLANG Bayern siehe Fischen im Allgäu.

BOLTENHAGEN Mecklenburg-Vorpommern 542 E 17 – 2 800 Ew – Höhe 5 m – Seebad.
ℹ Tourist-Information, Ostseeallee 4, ✉ 23946, ℘ (038825) 36 00, ostseebad-boltenhagen@t-online.de, Fax (038825) 36030.
Berlin 250 – Schwerin 47 – *Lübeck* 41 – Wismar 26.

🏨 **Seehotel Grossherzog v. Mecklenburg**, Ostseeallee 1, ✉ 23946, ℘ (038825) 5 00, info@seehotel-boltenhagen.de, Fax (038825) 50500, ☆, Massage, ⇌, ⬜, – ⬒, ⇌ Zim, TV ☎ P. – 🔸 130. AE ⓜ VISA. ⚡ Rest
Menu à la carte 21/30 – **149 Zim** ⇌ 116 – 148/205 – ½ P 23.
♦ Wo bereits die Vorfahren der jetzigen Besitzer ein Hotel führten, steht heute diese ansprechende Adresse, die mit Komfort und neuzeitlichem, freundlichem Design gefällt. Das Restaurant befindet sich in einem lichtdurchfluteten Pavillon.

In Boltenhagen-Redewisch West : 2 km :

🏨 **Gutshaus Redewisch** ॐ, Dorfstr. 46, ✉ 23946, ℘ (038825) 37 60, info@gutshaus-redewisch.de, Fax (038825) 37637, ☆, ⇌, ⇌, – ⬒ TV ☎ P. – 🔸 40. ⓜ VISA
geschl. Jan. - Ende Feb. – **Menu** (geschl. außer Saison Montag - Dienstag) à la carte 16/22 – **21 Zim** ⇌ 65/75 – 100/130 – ½ P 15.
♦ Das renovierte ehemalige Gutshaus liegt einsam außerhalb des Ortes - fernab vom Straßenlärm. Hier beziehen Sie solide möblierte Zimmer mit gutem Platzangebot. Eine hohe Decke und eine dunkle Einrichtung prägen das Restaurant. Hübsche Terrasse.

BONN Nordrhein-Westfalen 543 N 5 – 310 000 Ew – Höhe 64 m.
Sehenswert : In Bonn : Schwarz-Rheindorf-Kirche★ AV – Alter Zoll ≤★ CZ – Rheinisches Landesmuseum★ (Römische Abteilung★) BZ M1 – Münster★ (Kreuzgang★) BCZ – Haus der Geschichte der Bundesrepublik Deutschland ★ – Kunstmuseum Bonn ★ AX M2 – Beethovenhaus ★ CY M – **In Bonn-Bad Godesberg :** Godesburg ❋★.
⛳ ⛳ Bornheim, Römerhof (Nord-West : 14 km), ℘ (02222) 93 19 40 ; ⛳ St. Augustin, Gut Großenbusch (Nord-Ost : 8 km über ②), ℘ (02241) 3 98 80.
✈ Köln-Bonn in Wahn (über ① : 27 km), ℘ (02203) 4 00.
ℹ Bonn Information, Windeckstr. 1, ✉ 53103, ℘ (0228) 77 50 00, bonninformation@bonn.de, Fax (0228) 775077.
ADAC, Godesberger Allee 127 (Bad Godesberg).
Berlin 593 ① – Düsseldorf 73 ⑥ – Aachen 91 ⑥ – Köln 28 ⑥ – Luxembourg 190 ④

Stadtpläne siehe nächste Seiten

🏨 **Günnewig Hotel Bristol** ॐ, Prinz-Albert-Str. 2, ✉ 53113, ℘ (0228) 2 69 80, bristol.bonn@guennewig.de, Fax (0228) 2698222, ☆, ⇌, ⬜, – ⬒, ⇌ Zim, ▦ TV ☎ ⇌ – 🔸 220. AE ⓘ ⓜ VISA CZ v
Majestic (geschl. Aug., Samstag - Sonntag) **Menu** à la carte 31/54 – **Kupferklause** (geschl. Sonntag)(nur Abendessen) **Menu** à la carte 20,50/33 – **114 Zim** ⇌ 155/190 – 180/215.
♦ Zwischen Poppelsdorfer Schloss und einstiger Kurfürstenresidenz liegt das exklusive Haus, dessen eleganter Rahmen sich schon in der Halle zeigt. Mahagonimobiliar prägt das klassisch-elegante Majestic. Im Untergeschoss die rustikale Kupferklause.

🏨 **Königshof**, Adenauerallee 9, ✉ 53111, ℘ (0228) 2 60 10, info@hotel-koenigshof-bonn.de, Fax (0228) 2601529, ≤ Rhein, ☆, – ⬒, ⇌ Zim, ▦ TV ☎ & ⇌ – 🔸 180. AE ⓘ ⓜ VISA. ⚡ Rest CZ a
Menu à la carte 24,50/45 – **130 Zim** ⇌ 125/155 – 155/185.
♦ Ein Logenplatz : Mitten in der City und doch im Grünen, aber vor allem am Rhein : Das schönste Panorama hat man von der Terrasse. Stilvolle Räumlichkeiten für Festivitäten. Gediegenes Ambiente empfängt Sie im Restaurant La Belle Epoque.

BONN

Hilton, Berliner Freiheit 2, ⌧ 53111, ℘ (0228) 7 26 90, info.bonn@hilton.com, Fax (0228) 7269700, 螫, 朋, ≘s, ⊠ – ⌽, ⇔ Zim, ≡ TV ☏ & ≘ – 🛇 190. ⌶ ⓞ ⓜⓞ 𝘝𝘐𝘚𝘈 CY m
Menu 25 (Buffet) à la carte 25,50/31 – ⊇ 19 – **252 Zim** 160/215 – 180/235, 9 Suiten.
• Hinter einer gepflegten hellgelben Fassade erwarten den Gast komfortable, neuzeitlich gestaltete Zimmer - teils mit Rheinblick, teils als Business-Zimmer ausgelegt. Das Seasons mit Mittagsbuffet und Terrasse wird am Abend ergänzt durch das mediterrane L'Oliva.

Günnewig Hotel Residence, Kaiserplatz 11, ⌧ 53113, ℘ (0228) 2 69 70, hotel.residence@guennewig.de, Fax (0228) 2697777, Biergarten, ≘s, ⊠ – ⌽, ⇔ Zim, ≡ Zim, TV ☏ ≘ – 🛇 120. ⌶ ⓞ ⓜⓞ 𝘝𝘐𝘚𝘈 𝘑𝘊𝘉 CZ f
Kaisergarten : Menu à la carte 19,50/34 – **144 Zim** ⊇ 133/173 – 153/203, 5 Suiten.
• Direkt am Kaiserplatz liegt dieses moderne Hotel mit funktionell gestalteten Zimmern. Machen Sie Urlaub vom Alltag im Swimming Pool mit südländischer Illusionsmalerei. Im Kaisergarten strahlen die mit Zirbelholz getäfelten Wände Gemütlichkeit aus.

Domicil garni, Thomas-Mann-Str. 24, ⌧ 53111, ℘ (0228) 72 90 90, info@domicil-bonn.bestwestern.de, Fax (0228) 691207, ≘s – ⌽ TV ☏ ≘ – 🛇 30. ⌶ ⓞ ⓜⓞ 𝘝𝘐𝘚𝘈 BZ f
geschl. 22. Dez. - 3. Jan. – **44 Zim** ⊇ 119/160 – 187/222.
• Mit architektonischer Raffinesse sind hier sieben einzelne Häuser diverser Epochen zu einem Hotel mit Persönlichkeit und individuellen Zimmern verbunden worden.

Consul garni, Oxfordstr. 12, ⌧ 53111, ℘ (0228) 7 29 20, hotel@consul-bonn.de, Fax (0228) 7292250 – ⌽ ⇔ TV ☏ & ≘ 🅿 – 🛇 25. ⌶ ⓞ ⓜⓞ 𝘝𝘐𝘚𝘈 BY t
geschl. 23. Dez. - 2. Jan. – **92 Zim** ⊇ 82/125 – 135/160.
• Den Bedürfnissen von Geschäftsleuten wird hier Rechnung getragen : Zeitgemäß möblierte Zimmer mit Schreibtischen sind auf den beruflichen Bedarf zugeschnitten.

Amber, Clemens-August-Str. 32, ⌧ 53115, ℘ (0228) 7 25 00, bonn@amber-hotels.de, Fax (0228) 725072, 螫 – ⌽, ⇔ Zim, TV ☏ ≘ – 🛇 50. ⌶ ⓞ ⓜⓞ 𝘝𝘐𝘚𝘈 AX s
Menu (geschl. Aug., Sonntagabend) à la carte 13/20,50 – **98 Zim** ⊇ 99 – 114.
• Wenige Gehminuten vom Poppelsdorfer Schloß : gute Räumlichkeiten für Tagungen, zeitgemäßer Komfort in den Zimmern. Treffpunkt sind Bar sowie Salon mit Literatur und Spielen. Restaurant mit Wintergarten und Innenhofterrasse.

Villa Esplanade garni, Colmantstr. 47, ⌧ 53115, ℘ (0228) 98 38 00, mail@hotel-villa-esplanade.de, Fax (0228) 9838011 – TV ☏ ⓜⓞ 𝘝𝘐𝘚𝘈 BZ a
17 Zim ⊇ 92 – 112.
• Die Villa aus dem 19. Jh. hat ihren historischen Charakter behalten : der große, hohe Frühstücksraum mit Stuckdecke hat nichts von seiner Pracht verloren.

BONN

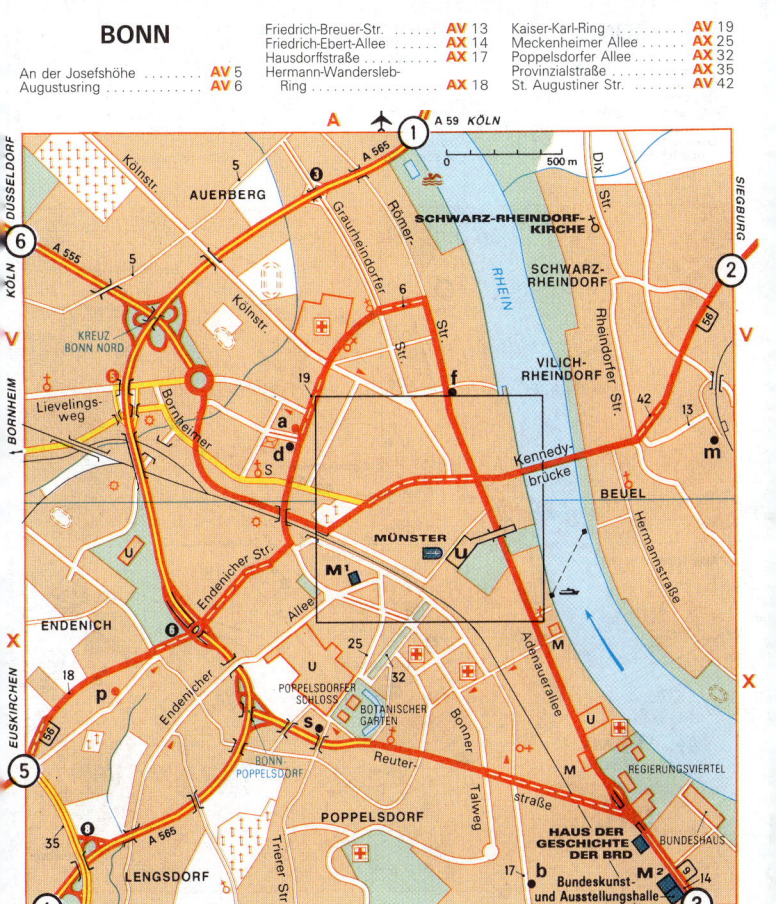

An der Josefshöhe .... **AV** 5	Friedrich-Breuer-Str. ...... **AV** 13	Kaiser-Karl-Ring .... **AV** 19
Augustusring .... **AV** 6	Friedrich-Ebert-Allee ...... **AX** 14	Meckenheimer Allee ...... **AX** 25
	Hausdorffstraße .... **AX** 17	Poppelsdorfer Allee ...... **AX** 32
	Hermann-Wandersleb-	Provinzialstraße .... **AX** 35
	Ring .... **AX** 18	St. Augustiner Str. .... **AV** 42

🏨 **Sternhotel** garni, Markt 8, ✉ 53111, ✆ (0228) 7 26 70, info@sternhotel-bonn.de, Fax (0228) 7267125 – 📶 ⚡ 📺 ☎ – 🅿 15. ⓐ ⓜ 𝖵𝖨𝖲𝖠
geschl. 24. Dez. - Anfang Jan. – **80 Zim** ⊠ 100/135 – 135/165. **CZ e**
♦ Neben dem alten Rathaus gelegen, ist das Hotel mit der schönen Fassade ein Teil der Bonner Geschichte. Zentral und ruhig, komfortable Zimmer mit allen Annehmlichkeiten.

🏨 **Astoria** garni, Hausdorffstr. 105, ✉ 53129, ✆ (0228) 9 69 64 90, astoria@t-online.de, Fax (0228) 969649999, 📶 – 📶 📺 ⓐ ⓜ 𝖵𝖨𝖲𝖠 𝖩𝖢𝖡
geschl. 23. Dez. - 1. Jan. – **46 Zim** ⊠ 70 - 98. **AX b**
♦ Gute Straßenbahnanbindung zur Innenstadt. Standardgemäß ausgestattete und praktische Zimmer. Von hier führt ein kleiner Spaziergang zur namhaften "Bonner Museumsmeile".

🏨 **Ibis** garni, Vorgebirgsstr. 33, ✉ 53119, ✆ (0228) 7 26 60, h1441@accor-hotels.com, Fax (0228) 7266405 – 📶 ⚡ 📺 ☎ 🛗 🚗 🅿 – 🔔 80. ⓐ ⓞ ⓜ 𝖵𝖨𝖲𝖠 **AV d**
⊠ 9 – **147 Zim** 69.
♦ Unweit vom berühmten Alten Friedhof und dem August-Macke-Haus. Das bekannte Ketten-Hotel verfügt über zweckmäßige Räumlichkeiten mit hellem Mobiliar.

🏨 **Mozart** garni, Mozartstr. 1, ✉ 53115, ✆ (0228) 65 90 71, hotel.mozart@web.de, Fax (0228) 659075 – 📶 ⚡ 📺 ⓐ ⓜ 𝖵𝖨𝖲𝖠
geschl. 22. Dez. - 4. Jan. – **39 Zim** ⊠ 41/75 – 90. **BZ d**
♦ Das Eckhaus - eine kleine Villa aus der Jahrhundertwende - befindet sich im Viertel mit den musikalischen Straßennamen. Solide Zimmer versprechen eine erholsame Nacht.

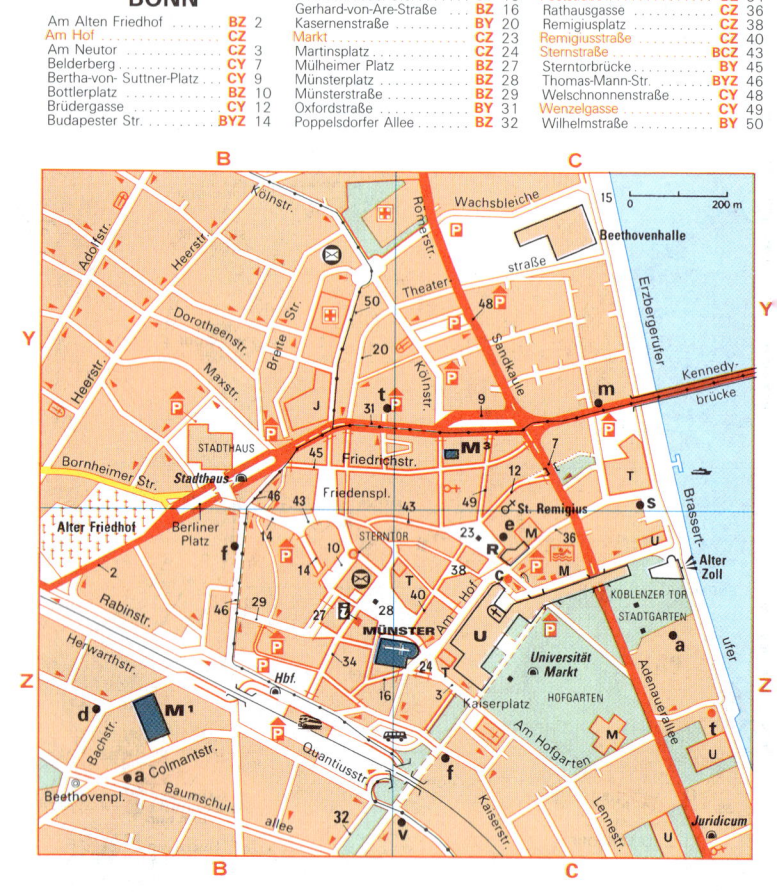

BONN

Am Alten Friedhof .... **BZ** 2	Fritz-Schroeder-Ufer .... **CY** 15	Poststraße .... **BZ** 34
Am Hof .... **CZ**	Gerhard-von-Are-Straße .... **BZ** 16	Rathausgasse .... **CZ** 36
Am Neutor .... **CZ** 3	Kasernenstraße .... **BY** 20	Remigiusplatz .... **CZ** 38
Belderberg .... **CY** 7	Markt .... **CZ** 23	Remigiusstraße .... **CZ** 40
Bertha-von- Suttner-Platz ... **CY** 9	Martinsplatz .... **CZ** 24	Sternstraße .... **BCZ** 43
Bottlerplatz .... **BZ** 10	Mülheimer Platz .... **CY** 27	Sterntorbrücke .... **BY** 45
Brüdergasse .... **CY** 12	Münsterplatz .... **BZ** 28	Thomas-Mann-Str. ...... **BYZ** 46
Budapester Str. .... **BYZ** 14	Münsterstraße .... **BZ** 29	Welschnonnenstraße .... **CY** 48
	Oxfordstraße .... **BY** 31	Wenzelgasse .... **CY** 49
	Poppelsdorfer Allee .... **BZ** 32	Wilhelmstraße .... **BY** 50

🏠 **Römerhof** garni, Römerstr. 20, ✉ 53111, ✆ (0228) 60 41 80, kontakt@hotel-roem
erhof-bonn.de, Fax (0228) 633838 – ✄ 📺 🅿 ⓜ 💳 ✄ **AV f**
26 Zim ⊇ 63/78 – 84/99.
♦ Nur ein Katzensprung bis zur legendären Beethovenhalle. Familiär geführter Gasthof mit
dezent-rustikaler Einrichtung. Abends lockt ein Bummel über die Rheinpromenade.

🍴🍴 **Zur Lese**, Adenauerallee 37, ✉ 53113, ✆ (0228) 22 33 22, zur-lese@web.de,
Fax (0228) 222060, ≤ Rhein, 🍴 – 🛗 🅿 ⓜ ⒶⒺ ⓞ ⓜ 💳 ✄ **CZ t**
geschl. Montag – **Menu** 22 (mittags) à la carte 26/37.
♦ Weinrestaurant, dessen Name sich nicht auf die Traubenernte, sondern auf die Lese-
und Erholungs-Gesellschaft bezieht, die - 1787 gegründet - aufklärerische Ziele verfolgte.

🍴🍴 **Grand'Italia**, Bischofsplatz 1, ✉ 53111, ✆ (0228) 63 83 33 – ⒶⒺ ⓞ ⓜ 💳 ✄
Menu (italienische Küche) à la carte 20/44. **CZ c**
♦ Das gemütlich-charmante Ristorante ist über 30 Jahre alt und in Bonn eine Institu-
tion. Kellner in schwarzem Anzug kredenzen Vino, Pasta und Pizza - und das nicht zu
knapp.

🍴🍴 **Bistro Kaiser Karl**, Vorgebirgsstr. 50, ✉ 53119, ✆ (0228) 69 69 67, **AV a**
Fax (0228) 9855777, 🍴 – ⓜ 💳
geschl. über Karneval 1 Woche, Samstagmittag, Sonn- u. Feiertage – **Menu** à la carte 28/36.
♦ Glänzende Lüster und Ornamente an den Decken, verspiegelte Wände und hübsche Fens-
ter zur Terrasse sind nur einige Einrichtungselemente des aparten Jugendstil-Bistros.

BONN

Auf dem Venusberg *Süd-West : 4 km über Trierer Straße* **AX** *und Im Wingert :*

Dorint Venusberg ⚘, An der Casselsruhe 1, ✉ 53127 Bonn, ✆ (0228) 28 80, *info@dorint.com*, Fax (0228) 288228, ⚜, Massage, ⇌ – 📶, ✱ Zim, 🖥 Zim, 📺 ☏ 🚗 🅿. ⬚ 70. AE ⓞ 🆘 VISA JCB. ✂ Rest
l'orquivit *(geschl. Karneval 1 Woche, Aug. 3 Wochen, Sonntagabend - Montag)* **Menu** à la carte 55/68, ♀ – ⚌ 18 – **85 Zim** 170/270 – 214/334, 3 Suiten.
♦ Hoch überm Rhein, von einem waldreichen Naturschutzpark umgeben, ruht das Landhaus mit elegantem Interieur und schöner Aussicht. Ein Health Club verwöhnt Körper und Geist. Das l'orquivit gefällt mit dunklem Parkett und modernem Design. Schöne Terrasse.
Spez. Langustinos mit grünem Paprika und Minze. Geschmortes und Gebratenes vom Salzwiesenlamm mit Romana. Topfen-Serviettenknödel mit Schokoladeneis.

In Bonn-Beuel :

Schloßhotel Kommende Ramersdorf, Oberkasseler Str. 10 (Ramersdorf), ✉ 53227, ✆ (0228) 44 07 34, Fax (0228) 444400, ≤, ⚜ 📺 ☏ 🅿 – ⚌ 25. AE ⓞ 🆘 VISA. ✂ *geschl. Juli –* **Menu** *(geschl. Dienstag) (italienische Küche)* à la carte 25,50/37 – **18 Zim** ⇌ 55/80 – 85/105.   über ③ und die B 42
♦ Eine Einrichtung mit Stilmöbeln und Antiquitäten erwartet Sie in dem ehemaligen Ritterordens-Schloß. Außergewöhnliche, aber wohnliche Unterkunft. Bankett- und Tagungsräume. Im Restaurant serviert man Tafelfreuden der italienischen Art.

Willkens garni, Goetheallee 1, ✉ 53225, ✆ (0228) 4 00 29 40, *boettcher-bonn@t-online.de*, Fax (0228) 462293 – 📺 ☏ 🚗 🅿. AE ⓞ 🆘 VISA. ✂   **AV** m
geschl. 22. - 31. Dez. – **34 Zim** ⇌ 65/70 – 85.
♦ Eckhaus aus der Jahrhundertwende in der Beueler Ortsmitte unweit des Bahnhofs. Das familiär geführte Quartier ist funktionell mit Kirschbaummöbeln eingerichtet.

In Bonn-Endenich :

Altes Treppchen (mit Gästehaus), Endenicher Str. 308, ✉ 53121, ✆ (0228) 62 50 04, Fax (0228) 621264, ⚜ – 📺 ⇌ 🅿. AE ⓞ 🆘 VISA   **AX** p
geschl. 23. Dez. - 3. Jan. – **Menu** *(geschl. Samstagmittag, Sonntag)* à la carte 24/39 – **12 Zim** ⇌ 69 – 100.
♦ Keine steile Treppe, nur drei Stufen sind es bis zur Gastlichkeit : Dann haben Sie das urig-gemütliche Ambiente des aus dem 16. Jh. stammenden Familienbetriebs erklommen.

In Bonn-Bad Godesberg :

Maritim, Godesberger Allee, ✉ 53175, ✆ (0228) 8 10 80, *info.bon@maritim.de*, Fax (0228) 8108811, Massage, ⇌, 🏊 – 📶, ✱ Zim, 📺 ☏ 🚗 – ⚌ 1800. AE ⓞ 🆘 VISA JCB   über Bonner Str. und ①
La Marée *(geschl. Samstag, Sonn- und Feiertage) (nur Abendessen)* **Menu** à la carte 37/43 – *Rôtisserie* *(nur Mittagessen)* **Menu** *(nur Buffet)* 30,50/39 – ⇌ 13 – **410 Zim** 141/223 – 168/249, 20 Suiten.
♦ Wohnen und Tagen nah der Rheinaue im ehemaligen Regierungsviertel. Gläserne Aufzüge bringen Sie in die eleganten Zimmer. Die Rooftop-Driving-Range ist ein Paradies für Golfer. Im La Marée : elegante Einrichtung und eine offene Showküche.

Rheinhotel Dreesen ⚘, Rheinstr. 45, ✉ 53179, ✆ (0228) 8 20 20, *service@rheinhoteldreesen.de*, Fax (0228) 8202153, ≤ Rhein und Siebengebirge, ⚜, 🌳 – 📶, ✱ Zim, 📺 ☏ 🚗 – ⚌ 100. AE ⓞ 🆘 VISA. ✂ Rest   **Z** m
geschl. 23. - 29. Dez. – **Menu** *(geschl. 18. - 26. Feb.)* 25 à la carte 27/40,50 – **72 Zim** ⇌ 120/198 – 170/248.
♦ Näher am Rhein kann man fast nicht sein ! Das Hotel mit Park hat seinen 100. Geburtstag hinter sich und ist in bester Form. Klassisch-eleganter Rahmen. Behagliches Restaurant und Terrasse mit Blick auf den Fluß.

Kaiserhof garni, Moltkestr. 64, ✉ 53173, ✆ (0228) 95 70 50, *info@kaiserhof.bestwestern.de*, Fax (0228) 95705100 – 📶 ✱ 📺 ☏ 🚗. AE ⓞ 🆘 VISA. ✂   **Z** t
geschl. 22. Dez. - 4. Jan. – **50 Zim** ⇌ 93 – 105.
♦ Gegenüber dem Bahnhof befindet sich das restaurierte, denkmalgeschützte Gebäude aus der Jahrhundertwende. Reservieren Sie ein Zimmer mit Blick auf den Drachenfels !

Insel Hotel, Theaterplatz 5, ✉ 53177, ✆ (0228) 3 50 00, *inselhotel@aol.com*, Fax (0228) 3500333, ⚜ – 📶, ✱ Zim, 📺 ☏ 🚗 – ⚌ 25. AE ⓞ 🆘 VISA JCB   **Z** v
Menu *(nur Mittagessen)* à la carte 16/25,50 – **64 Zim** ⇌ 85/95 – 99/115.
♦ Nicht auf einem Eiland im Rhein, sondern im Stadtzentrum liegt das Insel-Hotel. Praktische und zeitgemäße Zimmer, teils mit Blick auf die Godesburg. Restaurant mit eigener Konditorei.

Am Hohenzollernplatz garni, Plittersdorfer Str. 56, ✉ 53173, ✆ (0228) 95 75 90, *hotel@hohenzollernplatz.de*, Fax (0228) 9575929, 🌳 – 📺 AE ⓞ 🆘 VISA JCB   **Z** s
geschl. 24. Dez. - 6. Jan. – **20 Zim** ⇌ 80/105 – 135/160.
♦ Im Villenviertel hat man zwei Jugendstilhäuser miteinander verbunden. Teestube mit Waffeleisensammlung - die Inhaberin ist Friesin. Individuell-gemütliche Zimmer !

BONN- BAD GODESBERG

Alte Bahnhofstraße		Z 2
Am Kurpark		Z 3
Am Michaelshof		Z 4
Brunnenallee		Z 5
Friedrichallee		Z 6
Koblenzer Str.		Z
Kurfürstenallee		Z 7
Löbestraße		Z 9
Marienforster Str.		Z 10
Marktplatz		Z 12
Moltkeplatz		Z 13
Moltkestraße		Z 15
Nikolaus-Becker-Str.		Z 16
Rheinstraße		Z 21
Schwertberger Straße		Z 22
Theaterplatz		Z 23
Von-Groote-Platz		Z 24

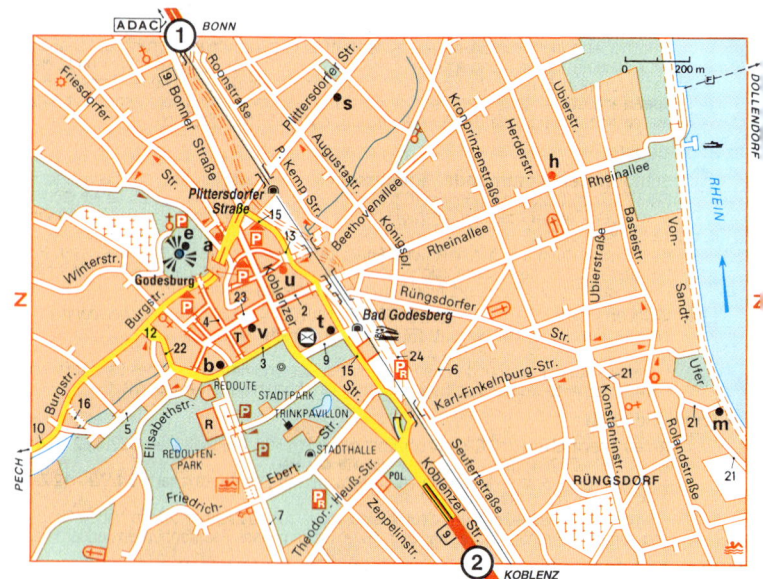

[Map of Bonn-Bad Godesberg]

🏨 **Sebastianushof**, Waldburgstr. 34, ✉ 53177, ℘ (0228) 9 51 14 00, *hotelsebastianushof@t-online.de*, Fax (0228) 9511450, 🍴 – ⇆ Zim, 📺 ℘ ⇔ – 🛋 20. 🆎 ⓘ ⓜ ⓥⓘⓢⓐ
über Winterstraße   Z
Menu *(geschl. Samstag)(wochentag nur Abendessen)* à la carte 16/24 – **18 Zim** ⇆ 70/80 – 80/90.
• Oberhalb der Stadt in einem ruhigen Wohngebiet hat sich dieser Familienbetrieb mit rustikalem Flair etabliert. Guter Ausgangspunkt für Ausflüge im "Rheinischen". Mit Liebe zum Detail ausgestattete, gemütliches Restaurant.

🏨 **Eden** garni, Am Kurpark 5a, ✉ 53177, ℘ (0228) 95 72 70, *rezeption@eden-godesberg.de*, Fax (0228) 362494 – ⇆ 📺 ℘ 🆎 ⓘ ⓜ ⓥⓘⓢⓐ   Z b
40 Zim ⇆ 70/85 – 85/100.
• Gegenüber dem Stadtpark gelegenes, neuzeitliches Hotel. Unterschiedlich ausgestattete, praktische Zimmer, teils mit Blick auf die Godesburg oder mit sonnigem Südbalkon.

🍴🍴🍴 **Halbedel's Gasthaus**, Rheinallee 47, ✉ 53173, ℘ (0228) 35 42 53, *info@halbedels-gasthaus.de*, Fax (0228) 352534, 🍴 – 🆎 ⓜ ⓥⓘⓢⓐ   Z h
geschl. Ende Juli - 22. Aug., Montag – **Menu** *(nur Abendessen)* (Tischbestellung ratsam) à la carte 43/66, ♀ 🍷
• Halbedel ist zu tief gegriffen - Richtig edel - doch stets persönlich - geht es unter den aufmerksamen Augen des Gastgeberehepaars zu. Bonns kulinarisches Aushängeschild.
Spez. Bresse-Taube auf warmem Bohnensalat. Steinbutt mit Kartoffelkruste und Kaviarsauce. Ziegenkäse-Soufflé mit Kirschragout und Joghurteis

🍴🍴 **Zur Lindenwirtin Aennchen**, Aennchenplatz 2, ✉ 53173, ℘ (0228) 31 20 51, *mai l@aennchen.de*, Fax (0228) 312061, 🍴 – 🆎 ⓘ ⓜ ⓥⓘⓢⓐ   Z a
geschl. Samstagmittag, Sonntag – **Menu** à la carte 30,50/38,50.
• Aennchen Schumacher, meistbesungene Gastwirtin Europas, verzauberte einst mit ihren schwarzen Augen und ihrer Kochkunst die Studenten : nostalgisch-originelles Lokal.

🍴 **Gasthaus K. u. K.** mit Zim, Bürgerstr. 4, ✉ 53173, ℘ (0228) 3 23 00 20, *kukhotel@aol.com*, Fax (0228) 32300231, 🍴 – 📺 🆎 ⓘ ⓜ ⓥⓘⓢⓐ   Z u
Menu *(geschl. Juli - Aug. 3 Wochen, Montag)* à la carte 21/33 – **8 Zim** ⇆ 65/85 – 85/105.
• Kaiserlich und königlich erhaben darf sich der Gast in der Gründerzeitvilla mit restaurierten Stuckdecken fühlen. Österreichische Schmankerln in rustikalem Rahmen.

BONN

In Bonn-Bad Godesberg-Lannesdorf über ② und Drachenburg Str. Z

XX **Korkeiche,** Lyngsstr. 104, ⊠ 53177, ℘ (0228) 34 78 97, rest.korkeiche-kaever
@t-online.de, Fax (0228) 856844, 🍴 – 🍷 VISA
geschl. 5. - 17. April, Anfang Aug. 1 Woche, 18. - 30. Okt., Sonntag – **Menu** (nur Abendessen)
à la carte 27,50/34,50.
♦ Blumen und Wein begrünen den malerischen Innenhof des alten Fachwerkhauses. Romantiker schätzen das behagliche Holzbalken-Interieur bei Kerzenlicht und knisterndem Kamin.

In Bonn-Hardtberg über ⑤ : 5 km :

🏨 **Novotel,** Max-Habermann-Str. 2, ⊠ 53123, ℘ (0228) 2 59 90, h0676@accor-hotels.
com, Fax (0228) 250893, 🍴, 🏊 (geheizt) – 📶, ✻ Zim, 📺 & 🅿 – 🛎 180. 🅰🅴
🍷🅾🆅🅸🆂🅰
Menu à la carte 23/32 – 🍽 13 – **142 Zim** 93 – 103.
♦ Nahe der Hardthöhe mit guter Verkehrsanbindung an die Autobahn am westlichen Stadtrand von Bonn gelegen. Funktionelle Zimmer erfüllen die Anforderungen von Geschäftsleuten.

In Bonn-Kessenich :

XX **Ristorante Sassella,** Karthäuserplatz 21, ⊠ 53129, ℘ (0228) 53 08 15, info@rist
orante-sassella.de, Fax (0228) 239971, 🍴 – 🅿. 🅰🅴 🍷 VISA
geschl. Samstagmittag, Sonntagabend - Montag – **Menu** à la carte 24,50/40.
♦ Im Kerzenschein erstrahlt das reizvolle Restaurant im italienischen Landhausstil : Rustikale Natursteinmauern passen gut zu den Spezialitäten aus der lombardischen Region.
über Hausdorffstraße, Pützstraße rechts ab AX

In Bonn-Lengsdorf :

XX **Raphael's Restaurant,** Provinzialstr. 35, ⊠ 53127, ℘ (0228) 9 25 17 00, rest.raph
ael@freenet.de, Fax (0228) 9251701, 🍴 – 🅿. 🍷 VISA über Provinzialstraße AX
geschl. Samstagmittag, Montag – **Menu** à la carte 34/47.
♦ Ziegelsteinmauerwerk, Fliesenboden, Holzbalkendecke und offener Kamin : das Restaurant besitzt rustikalen Charme. Probieren Sie die internationale Küche.

BONNDORF Baden-Württemberg 🆅🅸🆂 W 9 – 6 700 Ew – Höhe 847 m – Luftkurort – Wintersport : 847/898 m ✻.

Ausflugsziel : Wutachschlucht★, Nord : 4 km.
🅱 Tourist-Information, Schloßstr. 1, ⊠ 79848, ℘ (07703) 76 07, touristinfo@bonndor
f.de, Fax (07703) 7507.
Berlin 773 – Stuttgart 151 – Freiburg im Breisgau 55 – Donaueschingen 25 – Schaffhausen 35.

🏨 **Schwarzwald-Hotel,** Rothausstr. 7, ⊠ 79848, ℘ (07703) 9 32 10, schwarzwaldhot
el@t-online.de, Fax (07703) 9321999, 🍴, Massage, 🏊, 🅿 – 🛎 100.
🅰🅴 🍷 VISA JCB – **Menu** à la carte 13/28 – **79 Zim** 🍽 48/74 – 86/118 – ½ P 19.
♦ Ruhig und doch zentral wohnen Sie in dem imposanten Bau mit den verspielten Türmchen und Erkern. Die Einrichtung ist hell und im zeitlos-praktischen Stil. Teils neuzeitlich, teils bürgerlich gestaltetes Restaurant mit Buffetbereich.

🏠 **Sommerau** ⚘, Im Steinatal (West : 9 km ; Richtung Grafenhausen), ⊠ 79848,
℘ (07703) 6 70, gasthofsommerau@t-online.de, Fax (07703) 1541, 🍴, 🏊, 🅿 – 📶
🅿 – 🛎 20. 🅰🅴 🍷 VISA. ✻ Rest
geschl. nach Fastnacht 2 Wochen, 10. Nov. - Anfang Dez. – **Menu** (geschl. Montag - Dienstag) à la carte 23/38,50 – **12 Zim** 🍽 41 – 58/70 – ½ P 20.
♦ Bei der Errichtung des typischen Schwarzwaldhauses hat man sich ökologischer Bauweise geachtet. In einem ruhigen Seitental gelegen, fügt es sich malerisch in die Natur ein. Ein grüner Kachelofen verbreitet Behaglichkeit in den bäuerlichen Gaststuben.

🏠 **Sonne,** Martinstr. 7, ⊠ 79848, ℘ (07703) 9 39 30, gasthaussonne@t-online.de,
Fax (07703) 939320 - 🅿. – geschl. Mitte Nov. - Anfang Dez. – **Menu** (geschl. Mittwoch) à
la carte 14,50/26,50 – **31 Zim** 🍽 30 – 55/58 – ½ P 10.
♦ Ein netter Gasthof mit dörflichem Gepräge. Die Räumlichkeiten sind mit viel Holz im Stil einer "guten Stube" dekoriert. Kachelöfen verbreiten Wärme und Gemütlichkeit. Das Restaurant offeriert eine große Auswahl an bürgerlichen und lokalen Gerichten.

BOPFINGEN Baden-Württemberg 🆅🅸🆂 T 15 – 12 000 Ew – Höhe 470 m.
Berlin 526 – Stuttgart 102 – Augsburg 84 – Nürnberg 104 – Ulm (Donau) 77.

🏨 **Zum Sonnenwirt,** Hauptstr. 20 (am Markt), ⊠ 73441, ℘ (07362) 9 60 60, info@zu
m-sonnenwirt.de, Fax (07362) 960640, 🍴 – 📺 🅿 – 🛎 110. 🅰🅴 🍷 VISA
Menu à la carte 23/35 – **Wirtshaus** à la carte 16/30 – **16 Zim** 🍽 49 – 72.
♦ Gefällig eingerichtete Zimmer und flexible Veranstaltungsräume, die sich im Handumdrehen in einen festlichen Saal verwandeln lassen, prägen den Stil des Hotels. Das Restaurant ist wohnlich und dezent dekoriert. Urig geht es im Wirtshaus zu.

BOPFINGEN

In Bopfingen-Trochtelfingen *Süd-Ost : 4 km, über B 29 :*

Gasthof Zum Lamm, Ostalbstr. 115, ⊠ 73441, ℰ (07362) 40 01, Fax (07362) 22102, 佘 – TV P. ◍ ◎ – **Menu** *(geschl. Montag)* à la carte 14/27 – **10 Zim** ⊇ 37 – 64.
  ♦ Einladend ist bereits die historische Fassade dieser ehemaligen Brauerei aus dem Jahre 1814. Solide präsentieren sich die rustikalen Gästezimmer. Heimelige Gaststuben, die mit viel Liebe dekoriert sind.

BOPPARD *Rheinland-Pfalz* 543 P 6 – *17 000 Ew – Höhe 70 m.*

Sehenswert : *Gedeonseck* ≤★.

🚣 Boppard, Im Tal der Loreley *(Nord : 10 km über die B9)*, ℰ (06742) 80 84 91.
🛈 Tourist Information, Marktplatz *(Altes Rathaus)*, ⊠ 56140, ℰ (06742) 38 88, tourist @boppard.de, Fax (06742) 81402.
Berlin 612 – Mainz 89 – *Koblenz* 21 – Bingen 42.

Bellevue, Rheinallee 41, ⊠ 56154, ℰ (06742) 10 20, info@bellevue-boppard.de, Fax (06742) 102602, ≤, 佘, Massage, 🛎, 🚐, 🏊 – 🛗, ⇎ Zim, 🍽 Rest, TV 📞 ⇋ – 🔏 100. 쬬 ⓘ ◍ ◎ VISA JCB. ※ Rest
Le Chopin (geschl. Montag) (wochentags nur Abendessen) **Menu** à la carte 36/45 – **Bristol : Menu** à la carte 22/26 – ⊇ 10 – **93 Zim** 76/93 – 100/133 – ½ P 21.
  ♦ Über der Uferpromenade des Rheins thront das Jugendstil-Hotel von 1887. Das Interieur ist stilvoll und gediegen. In der Suite hat schon der Japanische Kaiser Akihito gewohnt ! Im Le Chopin elegantes Ambiente und ein Piano im Eingangsbereich.

Günther garni, Rheinallee 40, ⊠ 56154, ℰ (06742) 8 90 90, info@hotelguenther.de, Fax (06742) 890950, ≤ – 🛗 TV. 쬬 ⓘ ◍ ◎ VISA JCB.
19 Zim ⊇ 78 – 78/94.
  ♦ Modern und hell von außen und innen präsentiert sich die nette und zeitgemäß ausgestattete Unterkunft im Herzen des Loreley-Städtchens. Viele Zimmer mit Sicht auf den Rhein.

In Boppard-Buchholz *West : 6,5 km, jenseits der A 61 – Höhe 406 m*

Tannenheim, Bahnhof Buchholz 3 (B 327), ⊠ 56154, ℰ (06742) 22 81, hoteltannenheim@aol.com, Fax (06742) 2432, 佘, 🚐 – TV ⇋ P. 쬬 ◍ VISA
Menu *(geschl. 1. - 23. Jan., Samstagmittag, Donnerstag, Sonn- und Feiertage abends)* à la carte 17/32 – **12 Zim** ⊇ 40/55 – 65/85 – ½ P 14.
  ♦ Bereits in der vierten Generation wird dieses nette Quartier von der Familie Fuchs geführt. Neuzeitliche Zimmer und eine schöne Gartenterrasse warten auf Sie. Gemütlich ist das Jagdstübchen - die Küche bietet wechselnde, der Jahreszeit angepasste Gerichte.

In Boppard-Hirzenach *Süd : 8 km über B 9, Richtung St. Goar :*

Gasthaus Hirsch mit Zim, Rheinstr. 17, ⊠ 56154, ℰ (06741) 26 01, Fax (06741) 1328, 佘 – 쬬 ⓘ ◍ VISA. ※ – *geschl. nach Ostern 2 Wochen, 15. - 25. Nov.* – **Menu** *(geschl. Montag, Nov. - Mai Montag - Dienstag) (wochentags nur Abendessen)* (Tischbestellung ratsam) 23,50 à la carte 26/40 – **5 Zim** ⊇ 45 – 63/70.
  ♦ Feinschmecker kommen im liebenswert eingerichteten Gasthaus auf ihre Kosten. Die Küche versteht es, aus marktfrischen Produkten schmackhafte Gerichte und Menüs zu zaubern.

In Boppard-Bad Salzig *Süd : 3 km über B 9, Richtung St. Goar – Heilbad :*

Park-Hotel ⑤, Römerstr. 38 (am Kurpark), ⊠ 56154, ℰ (06742) 9 39 30, info@park-hotel-online.de, Fax (06742) 939393, 佘, 🚐 – ⇎ Zim, TV P. – 🔏 40. 쬬 ⓘ ◍ ◎ VISA
geschl. 24. Dez. - Mitte Jan. – **Menu** *(geschl. 24. Dez. - 29. Feb.) (wochentags nur Abendessen)* à la carte 20/32,50 – **26 Zim** ⊇ 70/95 – 105/115 – ½ P 19.
  ♦ In der kleinen, liebevoll renovierten Villa aus der Jahrhundertwende wohnen Sie in individuell und farbenfroh gestalteten Zimmern, einige davon mit Messing- oder Himmelbetten. Restaurant mit ausgewähltem internationalem Angebot in der Pergola.

Berghotel Rheinpracht ⑤, Rheinblick 5, ⊠ 56154, ℰ (06742) 62 79, hotelrheinpracht@aol.com, Fax (06742) 6279, ≤, 佘, 🚐 – ⇋ P.
Mitte März - Mitte Okt. – **Menu** *(geschl. Dienstag)* à la carte 12,50/22,50 – **9 Zim** ⊇ 27/35 – 52/55 – ½ P 16.
  ♦ Inmitten der Kurzone, nahe dem Kurpark, befindet sich dieses gastliche Haus. Einfach und funktionell ausgerüstete Zimmer mit schönem Ausblick warten auf Sie.

Außerhalb *Nord : 12 km über B 9 bis Spay, dann links, Auffahrt Jakobsberg :*

Jakobsberg ⑤, Im Tal der Loreley – Höhe 248 m, ⊠ 56154 Boppard, ℰ (06742) 80 80, info@jakobsberg.de, Fax (06742) 3069, ≤, 佘, Massage, ♨, 🛎, 🚐, 🏊, 🎾, ※ (Halle), 🚣 – 🛗, ⇎ Zim, TV 📞 P. – 🔏 120. 쬬 ⓘ ◍ ◎ VISA JCB. ※ Rest
geschl. Ende Dez. - Mitte Jan. – **Menu** (Tischbestellung ratsam) à la carte 30/47 – **108 Zim** ⊇ 105/110 – 150/160, 5 Suiten – ½ P 26.
  ♦ Altehrwürdige Klostermauern und Kunstwerke des italienischen Bildhauers Benetton - Tradition und Moderne gehen hier eine überaus harmonische Verbindung ein. In der ersten Etage liegt das Restaurant, das hübsche Ausblicke auf Rheintal und Loreley gewährt.

BORCHEN Nordrhein-Westfalen siehe Paderborn.

BORGHOLZHAUSEN Nordrhein-Westfalen 543 J 8 – 8 000 Ew – Höhe 133 m.
Berlin 402 – Düsseldorf 185 – Bielefeld 25 – Münster (Westfalen) 57 – Osnabrück 35.

In Borgholzhausen-Winkelshütten Nord : 3 km Richtung Melle :

Landhaus Uffmann, Meller Str. 27, ✉ 33829, ℘ (05425) 9 48 90, landhausuffman
n@t-online.de, Fax (05425) 255, 🍽, ❄, ❀ – ✉, 📺, P, 🅿 80. AE ⦿ VISA
Menu (geschl. Montagmittag) à la carte 16/30 – **34 Zim** ⊇ 54 – 81.
♦ Am nördlichen Rand des Teutoburger Waldes, umgeben von Wäldern und Wiesen, ist dieses Landhotel beheimatet. - mit solider Tagungstechnik und eigenem Tennisplatz ausgestattet. Das Restaurant mit den Gemälden und dem warmen Dekor erinnert an Großmutters Zeiten.

BORKEN Nordrhein-Westfalen 543 K 4 – 41 000 Ew – Höhe 46 m.
🛈 Tourist-Info, Bahnhofstr. 22 (im Bahnhof), ✉ 46325, ℘ (02861) 93 92 52, tourist-in
fo@borken.de, Fax (02861) 66792.
Berlin 537 – Düsseldorf 83 – Bocholt 18 – Enschede 57 – Münster (Westfalen) 64.

Lindenhof, Raesfelder Str. 2, ✉ 46325, ℘ (02861) 92 50, lindenhof-borken@t-onlin
e.de, Fax (02861) 63430 – ⦁, 🍽, ❄, 🛏 – ✉, 📺, P, 🅿 100. AE ⦿ VISA ❄ Rest
Menu à la carte 25/39 – **57 Zim** ⊇ 58/75 – 98/108.
♦ Ein Stadthotel, das für den geschäftlichen wie privaten Aufenthalt gleichermaßen geeignet ist. Mit hauseigenen Fahrrädern erkunden Sie das schöne Münsterland. Hell und licht ist die Stimmung des Restaurants im Wintergarten.

In Borken-Gemen Nord : 1 km :

Demming, Neustr. 15, ✉ 46325, ℘ (02861) 6 20 99, info@hotel-demming.de, Fax (02861) 66242, Biergarten – ❄ Zim, 📺 P – 🅿 80. ⦿ VISA JCB
Menu (wochentags nur Abendessen) à la carte 18/29 – **17 Zim** ⊇ 41/45 – 72.
♦ Im Schatten der "Jugendburg", eines westfälischen Wasserschlosses, findet man hier eine praktische Unterkunft. Solide ausgestattete Räume sprechen für sich.

In Borken-Rhedebrügge West : 6 km - über B 67 Richtung Bocholt, in Rhedebrügge links ab :

Landhaus Grüneklee mit Zim, Rhedebrügger Str. 16, ✉ 46325, ℘ (02872) 18 18, info@landhaus-grueneklee.de, Fax (02872) 2716, 🍽 – 📺 ⇔ P, ⦿ VISA
geschl. Jan. 2 Wochen, Okt. 2 Wochen - **Menu** (geschl. Montag - Dienstag) (wochentags nur Abendessen) à la carte 25/35 – **5 Zim** ⊇ 35/40 – 60/70.
♦ International und regional ist das Angebot des hübschen Landhauses mit der Einrichtung im westfälischen Bauernstil. Im Sommer ißt man auf der romantischen Gartenterrasse.

In Borken-Weseke Nord : 6 km, über B 70 Richtung Stadtlohn :

Landhaus Lindenbusch mit Zim, Hauptstr. 29, ✉ 46325, ℘ (02862) 91 20, landh auslindenbusch@t-online.de, Fax (02862) 41155, 🍽 – ❄ Zim, 📺 P ⦿ VISA JCB
Menu (geschl. Mittwoch)(wochentags nur Abendessen) à la carte 17/34 – **10 Zim** ⊇ 37 – 59.
♦ Im Ortskern von Weseke liegt dieses familiengeführte kleine Haus mit der auffällig gelben Fassade. Helle, freundliche Restauranträume mit schön eingedeckten Tischen.

BORKUM (Insel) Niedersachsen 541 F 4 – 6 000 Ew – Seeheilbad – Größte Insel der Ostfriesischen Inselgruppe.
🚢 von Emden-Außenhafen (ca. 2h 30min) - Voranmeldung erforderlich, ℘ (01805) 18 01 82, Fax (04921) 8907405.
🛈 Tourist-Information, Am Georg-Schütte-Platz 5, ✉ 26757, ℘ (04922) 93 30, Fax (04922) 933104.
ab Fährhafen Emden : Berlin 523 – Hannover 253 – Emden 50.

Inselhotel VierJahreszeiten ⑤, Georg-Schütte-Platz 4, ✉ 26757, ℘ (04922) 92 00, info@inselhotel.de, Fax (04922) 920420, 🍽, Massage, ≘s, ⊇ (geheizt), ⛳ – 🛗, ❄ Zim, 📺 ⦁ P. ⦿ VISA ❄ Rest
Menu à la carte 25/35 – **65 Zim** ⊇ 78/105 – 160 – ½ P 20.
♦ Gleich neben dem Leuchtturm liegt das schön verklinkerte Gebäude. Die Zimmer sind wohnlich und in frischen Farben dekoriert. Fragen Sie nach einer Suite mit Kaminofen ! Restaurant im Bistrostil.

Strandhotel Ostfriesenhof ⑤, Jann-Berghaus-Str. 23, ✉ 26757, ℘ (04922) 70 70, info@ostfriesenhof.de, Fax (04922) 3133, ← – ❄ Zim, 📺, ⦿ VISA ❄ Rest
Menu (nur Abendessen) à la carte 17,50/29,50 – **34 Zim** ⊇ 110 – 115/156, 3 Suiten – ½ P 20.
♦ Direkt an der Strandpromenade ist dieses Hotel gelegen, das wohnliche Gästezimmer mit Mahagonimobiliar für Sie bereithält. Fragen Sie nach den schönen Zimmern zur Seeseite. Restaurant mit klassischem Ambiente und großer Fensterfront zum Meer.

BORKUM (Insel)

Nautic-Hotel Upstalsboom, Goethestr. 18, ⌂ 26757, ☏ (04922) 30 40, nautic-hotel@upstalsboom.de, Fax (04922) 304911, Massage, ⚕, ⇌ – 🛗, ✲ Zim, TV 🎾
P. AE ⓘ ⓂⒸ VISA. ✲
geschl. 20. Nov. - 25. Dez. - **Menu** (geschl. 6. Jan. - 13. Feb.) à la carte 17/26,50 – **74 Zim**
⌂ 84/116 – 92/128, 13 Suiten – ½ P 18.
• Friesische Gastlichkeit wird hier groß geschrieben. Die luftige Halle wirkt frisch und einladend, genau wie die Gästezimmer, die farbig gestrichen und modern möbliert sind. Hübsches Restaurant mit großer Fensterfront und frischem Interieur.

Seehotel Upstalsboom, Viktoriastr. 2, ⌂ 26757, ☏ (04922) 91 50, seehotel@upstalsboom.de, Fax (04922) 7173 – 🛗 ✲ TV ☏ AE ⓘ ⓂⒸ VISA. ✲ Rest
geschl. Mitte Nov. - Mitte Feb. - **Menu** (Restaurant nur für Hausgäste) – **39 Zim** ⌂ 78/90
– 130/144 – ½ P 18.
• Hinter der klassischen Fassade verbirgt sich eine stilvolle, moderne Inneneinrichtung. Bereits zu Kaisers Zeiten konnte man in diesem aparten Haus logieren.

BORNA Sachsen **544** M 21 – 20 000 Ew – Höhe 150 m.
Berlin 213 – Dresden 105 – Leipzig 29 – Chemnitz 52.

Drei Rosen, Bahnhofstr. 67, ⌂ 04552, ☏ (03433) 20 44 96, Fax (03433) 204498, Biergarten, ⇌ – TV P. – 🅿 15. AE ⓂⒸ VISA
Menu (geschl. Sonntagabend) à la carte 13/25 – **19 Zim** ⌂ 51 – 67.
• Der schmuckvolle Gründerzeitbau befindet sich in zentrumsnaher Lage unweit des Bahnhofs. Praktisch und solide zeigen sich die Zimmer. Das Restaurant ist schlicht-rustikal im Stil einer Wirtschaft gehalten.

In Borna-Zedtlitz Süd : 2 km, über B 95 Richtung Chemnitz :

Zur Schlossmühle garni, Mühlgasse 5, ⌂ 04552, ☏ (03433) 2 78 00, Fax (03433) 278016 – TV P. – 🅿 30
15 Zim ⌂ 40/45 – 62.
• Gegenüber der namengebenden ehemaligen Mühle steht ein schönes altes Herrenhaus, das heute ein kleines Hotel beherbergt. Hier finden Sie wohnliche Zimmer - sauber und solide.

BORNHEIM Nordrhein-Westfalen **543** N 4 – 35 000 Ew – Höhe 55 m.
🏌 🏌 Bornheim, Römerhof (Süd : 2 km), ☏ (02222) 93 19 40.
Berlin 601 – Düsseldorf 71 – Bonn 11 – Aachen 86 – Köln 21.

Bonnem Inn garni, Kalkstr. 4, ⌂ 53332, ☏ (02222) 9 40 50, info@bonnem-inn.de, Fax (02222) 940529 – TV ☏ P. ⓂⒸ VISA
17 Zim ⌂ 55/60 – 75.
• Die kleine, nette Pension liegt in einem Wohngebiet. Sie ist funktionell gestaltet und gefällig eingerichtet. Der Reisende findet hier ein freundliches Zuhause auf Zeit.

BORNHEIM Rheinland-Pfalz siehe Landau in der Pfalz.

BOSAU Schleswig-Holstein **541** D 15 – 3 500 Ew – Höhe 25 m – Luftkurort.
🏌 Thürk, Bergstr. 3 (Ost : 5 km), ☏ (04527) 18 42 ; 🏌 Bösdorf, Gut Waldshagen (Nord-Ost : 5 km), ☏ (04522) 76 67 66.
🛈 Touristik-Information, Bischof-Vicelin-Damm 11, ⌂ 23715, ☏ (04527) 9 70 44, info@luftkurort-bosau.de, Fax (04527) 97045.
Berlin 315 – Kiel 45 – Lübeck 37 – Eutin 16.

Strauers Hotel am See, Gerolddamm 2, ⌂ 23715, ☏ (04527) 99 40, hotel@strauer.de, Fax (04527) 994111, ≤, ☀, Massage, ⚕, ⇌, ⛴, ⚓, 🚤 Bootssteg – ✲ Zim, TV ☏ P. ⓂⒸ VISA. ✲ Rest
geschl. 5. Jan. - Feb. - **Menu** (geschl. Montagabend) à la carte 25,50/39,50 – **35 Zim** ⌂ 65/90 – 110/135, 7 Suiten – ½ P 16.
• Ob in der Halle am Kamin oder in den stilsicher dekorierten Zimmern : Charme und Behaglichkeit finden Sie im ganzen Hotel und in den Suiten im Gästehaus. Schöne Lage am See. Klassisch und neuzeitlich gestaltetes Restaurant - Terrasse mit Blick zum Wasser.

Zum Frohsinn (mit Gästehaus), Bischof-Vicelin-Damm 18, ⌂ 23715, ☏ (04527) 2 69, info@zum-frohsinn.de, Fax (04527) 1703, 🚤 Bootssteg – TV ⇌ P.
März - Okt. - **Menu** (geschl. Dienstag) à la carte 13,50/28,50 – **30 Zim** ⌂ 36/39 – 60/65 – ½ P 16.
• Im Mittelpunkt des Dorfes liegt das Landgasthaus mit der wechselvollen Geschichte, über die man Ihnen manche Anekdote erzählen wird. Das Gästehaus hat einen eigenen Bootssteg. Die Backstube (der Gasthof war früher eine Bäckerei) sorgt für frisches Brot.

BOTHEL Niedersachsen siehe Rotenburg (Wümme).

BOTTROP Nordrhein-Westfalen 543 L 4 – 121 000 Ew – Höhe 30 m.
  Sehenswert : Museum für Ur- und Ortsgeschichte (Eiszeithalle★).
  Ausflugsziel : Warner Brothers Movie World★ (Museum für deutsche Filmgeschichte★) Bottrop-Kirchhellen Nord-West : 9 km.
  ☞ Bottrop-Kirchhellen, Gahlener Str. 44 (Nord : 14 km Richtung Gahlen), ℘ (02045) 8 24 88.
  🛈 Touristinfo, Osterfelder Str. 13, ✉ 46236, ℘ (02041) 7 66 95 13, tourist-info@bottrop.de, Fax (02041) 7669515.
  ADAC, Schützenstr. 3. – Berlin 530 – *Düsseldorf* 44 – Essen 11 – Oberhausen 8,5.

🏨 **Courtyard by Marriott**, Paßstr. 6, ✉ 46236, ℘ (02041) 16 80, cy.zcjbt.reservations.mgr@courtyard.com, Fax (02041) 262699, ⚏ – 🏢, ⚿ Zim, ▦ 📺 📞 ⇔ 🅿 – 🎓 100. 🆎 ① 🌐 VISA JCB
  Menu à la carte 26/38 – ⚌ 12 – **102 Zim** 85/100.
  ◆ Bequem und mit allem technischen Komfort ausgerüstet sind die Zimmer. Individuell regulierbare Klimaanlage und Pay-TV sind überall vorhanden. In der Showküche lässt man sich in die Töpfe gucken !

🏨 **Brauhaus** garni, Gladbecker Str. 78, ✉ 46236, ℘ (02041) 77 44 60, info@brauhaus-bottrop.de, Fax (02041) 7744639 – 📺 🅿. 🆎 🌐 VISA
  23 Zim ⚌ 60 – 90.
  ◆ Dieses kleine Hotel ist in einer alten Villa untergebracht - mit angegliederter Hausbrauerei. Die Zimmer sind mit hellen, einfachen Möbeln eingerichtet und sehr gepflegt.

✕✕ **Oddiah**, Osterfelderstr. 19, ✉ 46236, ℘ (02041) 2 23 91, restaurantoddiah@aol.com, Fax (02041) 707436 – 🆎 ① 🌐 VISA
  geschl. über Karneval 2 Wochen, Juli - Aug. 3 Wochen, Sonntag – Montag – **Menu** à la carte 29/43.
  ◆ Ein nettes kleines Restaurant mit guter klassischer Küche. Viel Holz, warme Farben und ansprechend eingedeckte Tische schaffen ein gemütliches, rustikal-elegantes Ambiente.

In Bottrop-Kirchhellen Nord-West : 9 km über B 223, Richtung Dorsten :
✕✕ **Petit marché**, Hauptstr. 16, ✉ 46244, ℘ (02045) 32 31, Fax (02045) 3231 – 🌐 VISA
  geschl. Samstagmittag, Sonntag – **Menu** à la carte 27/40.
  ◆ Frankophil wie der Name gibt sich auch das Repertoire der Küche. Frisches und Leichtes, appetitanregend zubereitet, offeriert man in freundlichem Bistro-Ambiente.

In Bottrop-Kirchhellen-Feldhausen Nord : 14 km über B 223, Richtung Dorsten :
✕ **Gasthof Berger** mit Zim, Schloßgasse 35, ✉ 46244, ℘ (02045) 26 68, info@gasthof-berger.de, ⚏ – 📺 🅿. 🆎 🌐 VISA. ⚿ Zim
  geschl. Aug. 4 Wochen – **Menu** (geschl. Montag) à la carte 17/36 – **5 Zim** ⚌ 36 – 68.
  ◆ Ländlich-rustikaler Gasthof mit eigener Konditorei. Die gutbürgerliche Küche mit regionalem Akzent erfreut sich in der Umgebung großer Beliebtheit.

BRACKENHEIM Baden-Württemberg 545 S 11 – 14 700 Ew – Höhe 192 m.
  🛈 Tourist-Information, Heilbronner Str. 36, ✉ 74336, ℘ (07135) 93 35 25, info@zabergaeu-tourismus.de, Fax (07135) 933526.
  Berlin 604 – *Stuttgart* 41 – Heilbronn 15 – Karlsruhe 58.

In Brackenheim-Botenheim Süd : 1,5 km :
🏨 **Adler**, Hindenburgstr. 4, ✉ 74336, ℘ (07135) 9 81 10, adlerbotenheim@t-online.de, Fax (07135) 981120, ⚏ – ⚿ Zim, 📺 📞 🅿 – 🎓 15. 🌐 VISA
  geschl. 28. Juli - 17. Aug. – **Menu** (geschl. Dienstag) 38 à la carte 21,50/40 – **15 Zim** ⚌ 50/62 – 75/85.
  ◆ Ein engagiert geführter Familienbetrieb : Die Zimmer des im Ortskern gelegenen Hotels sind mit hellen, zeitgemäßen Möbeln solide eingerichtet und bieten guten Komfort. Holzgetäfelte Gaststube in ursprünglicher Art - mit regionaler und internationaler Küche.

BRÄUNLINGEN Baden-Württemberg 545 W 9 – 6 200 Ew – Höhe 693 m – Erholungsort.
  🛈 Verkehrsamt, Kirchstr. 10, ✉ 78199, ℘ (0771) 6 19 00, touristinfo@braeunlingen.de, Fax (0771) 603169.
  Berlin 754 – Stuttgart 132 – *Freiburg im Breisgau* 62 – Donaueschingen 6,5 – Schaffhausen 41.

🏨 **Lindenhof** (mit Gästehaus), Zähringer Str. 24, ✉ 78199, ℘ (0771) 92 90 50, info@hotel-restaurant-lindenhof.de, Fax (0771) 6723, ⚏ – 🏢, ⚿ Zim, 📺 ⇔ 🅿 – 🎓 80. 🆎 🌐 VISA
  Menu (geschl. Nov. - April Freitag) à la carte 14,50/33 – **44 Zim** ⚌ 40 – 66.
  ◆ Elegantes Parkett und uralte Eichendielen finden sich im ganzen Haus. Auch sonst steht hier alles im Zeichen bäuerlicher, rustikaler Gemütlichkeit. Südbadisch geprägt sind Speise- und Weinkarte.

BRÄUNSDORF *Sachsen siehe Freiberg.*

BRAKE *Niedersachsen* 541 F 9 – *16 100 Ew – Höhe 4 m.*
Berlin 445 – Hannover 178 – Bremen 59 – Oldenburg 31.

Wilkens-Hotel Haus Linne, Mitteldeichstr. 51, ⊠ 26919, ℘ (04401) 53 57, *Fax (04401) 4828*, ≤, 斧, – 🅣 🅿 🆎 🆚 🆂. ✕ Zim
Menu *(geschl. Samstagmittag)* à la carte 26/35 – **11 Zim** ⊇ 53/56 – 76/82.
• Aufgrund der Lage direkt am Fluß kann man hier von fast allen Räumlichkeiten aus den einmaligen Blick auf die Weser mit ihrem regen Schiffsverkehr genießen. Gediegen gestaltetes Restaurant mit ansprechendem Dekor.

Landhaus, Am Stadion 4 (Zufahrt Weserstraße), ⊠ 26919, ℘ (04401) 50 11, *Fax (04401) 5011*, 斧, – 🅣 🅿 🆎 🅾 🆚 🆂
Menu *(geschl. Sonntagabend - Dienstagmittag)* à la carte 15/33 – **12 Zim** ⊇ 43/62 – 62/72.
• Wie der Name schon sagt, ist das Hotel im Landhausstil eingerichtet. Die Zimmer sind zweckmäßig und weiß möbliert. Kinder und Haustiere sind besonders gern gesehene Gäste. Rustikale Atmosphäre und freundlicher Service im Restaurant.

BRAMSCHE *Niedersachsen* 541 I 7 – *28 500 Ew – Höhe 46 m.*
Berlin 440 – Hannover 167 – Bielefeld 81 – Nordhorn 90 – Lingen 56 – Osnabrück 16.

Idingshof ⟲, Bührener Esch 1 (Ecke Malgartener Straße), ⊠ 49565, ℘ (05461) 88 90, *info@idingshof.de, Fax (05461) 88964*, 斧, ≦s, 🏊, ✕(Halle) Squash – 🛗, ↔ Zim, 🅣 ✆ 🅿 – 🛎 100. 🆎 🅾 🆙 🆚
Menu à la carte 19/32 – **73 Zim** ⊇ 65 – 99.
• Der alte Gutshof mit seinen modernen Anbauten fügt sich harmonisch in die norddeutsche Landschaft ein. Sport und Erholung werden hier ganz groß geschrieben. Im rustikalen Restaurant offeriert man bürgerliche Küche.

In Bramsche-Hesepe *Nord : 2,5 km :*

Haus Surendorff, Dinglingsweg 1 (an der Kreisstraße nach Hesepe), ⊠ 49565, ℘ (05461) 9 30 20, *hotel.haus.surendorff@t-online.de, Fax (05461) 930228*, 斧, ≦s, 🏊, 🚲 – ↔ Zim, 🅣 ✆ 🚗 🅿 – 🛎 40. 🆎 🅾 🆙 🆚 ✕ Zim
Menu à la carte 18/32 – **30 Zim** ⊇ 65/77 – 85/98.
• Hell und freundlich eingerichtete Zimmer versprechen einen erholsamen Aufenthalt. Übrigens : der Ort ist geschichtsträchtig ! In der Nähe fand die antike Varusschlacht statt. Ein offener Kamin ziert das mit Holzmöbeln gestaltete Restaurant.

In Bramsche-Malgarten *Nord-Ost : 6 km :*

Landhaus Hellmich mit Zim, Sögelner Allee 47, ⊠ 49565, ℘ (05461) 38 41, *Fax (05461) 64025*, 斧, – 🅣 🅿 🅾 🆙 🆚
Menu *(geschl. Montag)* à la carte 24/49 – **8 Zim** ⊇ 38/42 – 55/75.
• Schlemmen in gemütlicher Wohnzimmeratmosphäre ! Aus einer großen Auswahl internationaler Gerichte können Sie sich ein Menü nach Ihrem Geschmack zusammenstellen.

BRAMSTEDT, BAD *Schleswig-Holstein* 541 E 13 – *12 800 Ew – Höhe 10 m – Heilbad.*
🅶 Bad Bramstedt, Hamburger Str. 61, ℘ (04192) 89 75 15 ; 🅶 Bad Bramstedt, Gut Bissenmoor (Süd-West : 5 km), ℘ (04192) 81 95 91.
🅱 Tourismusbüro, Rathaus, Bleeck 17, ⊠ 24576, ℘ (04192) 5 06 27, *touristinfo@bad-bramstedt.de, Fax (04192) 50680*.
Berlin 329 – Kiel 58 – Hamburg 49 – Itzehoe 27 – Lübeck 60.

Gutsmann ⟲, Birkenweg 14, ⊠ 24576, ℘ (04192) 50 80, *info@gutsmann.de, Fax (04192) 508159*, 斧, 🅵🅶, ≦s, 🏊, – 🛗, ↔ Zim, 🅣 ✆ 🅿 – 🛎 180. 🆎 🅾 🆙 🆚
Menu à la carte 22/34 – **141 Zim** ⊇ 60/130 – 80/150, 4 Suiten – ½ P 18.
• Der moderne Zweckbau bietet für den geschäftlichen und den privaten Aufenthalt den passenden Komfort. An manchen Abenden können Sie bei Live-Musik das Tanzbein schwingen ! Restaurant mit leicht eleganter Ausstattung und Gartenterrasse.

Zur Post, Bleeck 29, ⊠ 24576, ℘ (04192) 5 00 60, *Fax (04192) 500680*, 斧 – 🛗, ↔ Zim, 🅣 🚗 🅿 – 🛎 80. 🆎 🅾 🆙 🆚
Menu à la carte 23,50/32 – **33 Zim** ⊇ 62/75 – 90/100 – ½ P 18.
• Wo einst Postkutschen und Pferdegespanne versorgt wurden, erwartet Sie nun ein komfortables Zuhause auf Zeit. Der gepflegte Garten ist besonders hübsch und einen Besuch wert !

Bramstedter Wappen, Bleeck 9, ⊠ 24576, ℘ (04192) 33 54, *Fax (04192) 3354*, 斧 – 🅿 – *geschl. Anfang Juni 1 Woche, Anfang Sept. 1 Woche, Donnerstagabend - Freitag* – **Menu** à la carte 17/28.
• Behagliches Restaurant, im bürgerlichen Stil eingerichtet. Bei gutbürgerlichen Speisen können Sie es sich hier gut gehen lassen. Preiswertes Mittagsmenü !

BRAND-ERBISDORF Sachsen ⁵⁴⁴ N 23 – 10 000 Ew – Höhe 390 m.
Berlin 234 – Dresden 55 – Chemnitz 40 – Freiberg 6.

- **Strupix**, Großhartmannsdorfer Str. 6 (B 101), ⊠ 09618, ℰ (037322) 87 00, info@ho tel-strupix.de, Fax (037322) 87020 – 🛏, ✯ Zim, 📺 📞 ⚐ 🅿, 🆎 🅾 VISA. ✯ Rest
  Menu (nur Abendessen) (Restaurant nur für Hausgäste) 12/35 und à la carte – **16 Zim** ⊊ 46/53 – 65/75.
  • Mit sehr viel Liebe und Sorgfalt wurden die Stoffe, die Tapeten und die Kirschbaummöbel für die Gästezimmer ausgesucht. Ein wohnliches Flair ist dadurch entstanden.

- **Brander Hof**, Am Markt 4 (B 101), ⊠ 09618, ℰ (037322) 5 50, info@hotel-brande r-hof.de, Fax (037322) 55100, 🏡 – 🛏, ✯ Zim, 📺 📞 ⚐ 🅿 – 🚗 30. 🆎 🅾 🅜 VISA
  Menu à la carte 13,50/23 – **37 Zim** ⊊ 44/54 – 72/77.
  • An Sachsens traditioneller Silberstraße liegt dieser gewachsene Gasthof. Die sympathische Inneneinrichtung trägt viel zum besonderen Charme des Hauses bei. Im urigen Ritterkeller kann man feiern wie im Mittelalter.

BRANDENBURG Brandenburg ⁵⁴² I 21 – 78 000 Ew – Höhe 35 m.
Sehenswert : Dom ★ – St. Katharinenkirche★.
Ausflugsziel : Klosterkirche Lehnin ★ (Süd-Ost : 20 km).
🅱 Tourist-Information, Steinstr. 66, ⊠ 14770, ℰ (03381) 1 94 33, touristinfo@stadt-brb.brandenburg.de, Fax (03381) 223743.
ADAC, Ritterstr. 102.
Berlin 84 – Cottbus 178 – Dessau 82 – Magdeburg 83.

- **Axxon**, Magdeburger Landstr. 228, ⊠ 14770, ℰ (03381) 32 10, info@axxon-hotel.de, Fax (03381) 321111, 🏡, ✯ – 🛏, ✯ Zim, 📺 📞 ⚐ 🅿 – 🚗 700. 🆎 🅾 🅜 VISA
  Menu (italienische Küche) à la carte 19,50/35 – **119 Zim** ⊊ 63 – 80, 6 Suiten.
  • Aus einem alten Plattenbau ist ein modernes Hotel entstanden, das einiges an Bequemlichkeit zu bieten hat. Die Bäder sind sehr großzügig und mit Marmor und Granit bestückt. Italienisch ist die Aufmachung im Ristorante Rossini.

- **Sorat**, Altstädtischer Markt 1, ⊠ 14770, ℰ (03381) 59 70, brandenburg@sorat-hote ls.com, Fax (03381) 597444, 🏡, ✯ – 🛏, ✯ Zim, 📺 📞 ⚐ – 🚗 30. 🆎 🅾 🅜 VISA JCB
  Menu (geschl. Nov. - Feb. Sonntagabend) à la carte 20/26 – **88 Zim** ⊊ 94/99 – 110/115.
  • Warme Farben, dunkles Holz und Ledersessel stehen für geschmackvolle Wohnkultur. Die Zimmer sind ebenfalls behaglich eingerichtet und blicken zum Teil auf den Innengarten. Im Restaurant verbreiten Bücher, Bilder und die stilvolle Bestuhlung britische Eleganz.

- **Am St.Gotthardt**, Mühlentorstr. 56, ⊠ 14770, ℰ (03381) 5 29 00, Fax (03381) 529030, 🏡 – 🛏, 📺.
  Menu à la carte 14/20 – **11 Zim** ⊊ 50/60 – 78.
  • Im Zentrum der idyllischen Altstadt liegt dieses kleine, praktische Hotel. Es handelt sich um ein umgebautes Wohnhaus, das mit viel Einsatz der Betreiberfamilie geführt wird. Die Chefin steht hier noch selbst am Herd.

- **Bismarck Terrassen**, Bergstr. 20, ⊠ 14770, ℰ (03381) 30 09 39, Fax (03381) 300939, 🏡 – 🆎 🅾 🅜 VISA
  Menu à la carte 13/28.
  • Typische Gerichte aus dem Havelland bestimmen die Speisekarte. Auf Wunsch können Individualisten und Gruppen auch in historischen Uniformen bedient werden !

Am Beetzsee Nord : 5 km, Richtung Brielow :

- **Park Hotel Seehof** ✯, Am Seehof, ⊠ 14778 Brielow, ℰ (03381) 75 00, parkhote l-seehof@t-online.de, Fax (03381) 702910, 🏡, Biergarten, ✯, 🚣, ✯ – 🛏, ✯ Zim, 📺 📞 ⚐ 🅿 – 🚗 90. 🆎 🅾 🅜 VISA
  geschl. 1. - 11. Jan. – **Menu** à la carte 16/33 – **82 Zim** ⊊ 68/87 – 106/115.
  • Der alte Baumbestand und die Lage direkt am Beetzsee machen das Park Hotel zu einem romantischen Quartier. Die ruhigen und dezent gestalteten Zimmer garantieren schöne Träume ! Der Dichter Theodor Fontane gab dem Restaurant seinen Namen.

In Netzen Süd-Ost : 14 km über B 102 und A 2 Richtung Berlin :

- **Seehof** ✯, Am See 7, ⊠ 14797, ℰ (03382) 76 70, hotel.seehof.netzen@t-online.de, Fax (03382) 842, 🏡, ✯, ✯ – ✯ Zim, 📺 📞 🅿 – 🚗 40. 🅜 VISA
  Menu à la carte 15,50/29 – **32 Zim** ⊊ 45/67 – 65/87.
  • Harmonisch fügt sich das Haus in die unberührte Natur am Seeufer ein. Das hoteleigene Fahrgastschiff kann von Hausgästen für Entdeckungsfahrten auf dem See genutzt werden. Das Restaurant, die Terrasse und die Kaminstube laden zum gemütlichen Verweilen ein.

BRANNENBURG Bayern 546 W 20 – 5 400 Ew – Höhe 509 m – Luftkurort – Wintersport: ≰1 ≰.
Ausflugsziel : Wendelsteingipfel ※★★ (mit Zahnradbahn, 25 Min.).
🛈 Verkehrsamt, Rosenheimer Str. 5, ✉ 83098, ℘ (08034) 45 15, info@brannenburg.de, Fax (08034) 9581.
Berlin 660 – München 72 – Bad Reichenhall 83 – Rosenheim 17 – Miesbach 72.

Schloßwirt, Kirchplatz 1, ✉ 83098, ℘ (08034) 7 07 10, post@schlosswirt.de, Fax (08034) 7071128, 😀, Biergarten – ⇔ Rest, 📺 ⇔ 🅿. ⓜ VISA. ※ Rest
geschl. 15. - 25. März, 15. Nov. - 3. Dez. – **Menu** (geschl. Dienstag, Okt. - April Dienstag - Mittwoch) à la carte 13/29 – **16 Zim** ⇌ 34/50 – 63/67 – ½ P 12.
• 1452 erstmals urkundlich erwähnt, blickt die ehemalige Schlosstaverne auf eine lange Geschichte zurück. Heute genießt der Gast hier die gewachsene urbayerische Gemütlichkeit. Die Fleisch- und Wurstwaren kommen frisch von der eigenen Metzgerei auf den Tisch.

BRAUBACH Rheinland-Pfalz 543 P 6 – 3 500 Ew – Höhe 71 m.
Ausflugsziel : Lage★★ der Marksburg★ Süd : 2 km.
🛈 Tourist-Information, Rathausstr. 8, ✉ 56338, ℘ (02627) 97 60 01, stadtbraubach@t-online.de, Fax (02627) 976005.
Berlin 600 – Mainz 87 – Koblenz 13.

Zum weißen Schwanen (mit Gästehaus), Brunnenstr. 4, ✉ 56338, ℘ (02627) 98 20, zum-weissen-schwanen@rz-online.de, Fax (02627) 8802, 😀, 🐴 – ⇔ Zim, 📺 🅿. – 🚿 30. AE ⓘ ⓜ VISA JCB
Menu (geschl. Jan., Mittwoch) (wochentags nur Abendessen) (Tischbestellung ratsam) à la carte 25,50/39,50 – **17 Zim** ⇌ 60/65 – 85/95.
• Viele sehenswerte Ecken hat das aus drei restaurierten Gebäuden bestehende Hotel : die Mühle von 1341, die Schwarzküche, den Bauerngarten. Hier wird Geschichte lebendig ! Uriges Weinhaus, in dem man schon 1693 Grafen und Landsknechte bewirtete.

Schreiben Sie uns...
Ihre Meinung, sei es Lob oder Kritik, ist stets willkommen.
Jeder Ihrer Hinweise wird durch unsere Inspektoren sorgfältigst
in den betroffenen Hotels und Restaurants überprüft.
Dank Ihrer Mithilfe wird Der Rote Michelin-Führer
immer aktueller und vollständiger.
Vielen Dank im Voraus !

BRAUNEBERG Rheinland-Pfalz 543 Q 4 – 1 200 Ew – Höhe 111 m.
Berlin 683 – Mainz 123 – Trier 47 – Bernkastel-Kues 10 – Wittlich 18.

Brauneberger Hof, Moselweinstr. 136, ✉ 54472, ℘ (06534) 14 00, braunebergerhof@t-online.de, Fax (06534) 1401, 😀, 🐴 – 🅿. AE ⓘ ⓜ VISA
geschl. Mitte Jan. - Mitte Feb. – **Menu** (geschl. Donnerstag) (wochentags nur Abendessen) à la carte 18,50/35,50 – **17 Zim** ⇌ 51/65 – 67/85.
• Bei der Zimmerwahl haben Sie hier zwei Möglichkeiten : den nostalgischen Fachwerkbau von 1750 oder den Neubau mit komfortablen Räumen, alle mit Balkon oder Terrasse. Kleines Restaurant mit gemütlicher Atmosphäre.

BRAUNFELS Hessen 543 O 9 – 11 400 Ew – Höhe 236 m – Luftkurort.
🏌 Braunfels, Homburger Hof (West : 1 km), ℘ (06442) 45 30.
🛈 Tourist-Info, Fürst-Ferdinand-Str. 4 (Haus des Gastes), ✉ 35619, ℘ (06442) 9 34 40, Fax (06442) 934422.
Berlin 518 – Wiesbaden 84 – Frankfurt am Main 77 – Gießen 28.

Altes Amtsgericht, Gerichtsstr. 2, ✉ 35619, ℘ (06442) 9 34 80, hotel@altesamtsgericht.de, Fax (06442) 934811, 😀, ⇔ – 🛗, ⇔ Zim, 📺 📞 🅿. – 🚿 60. AE ⓜ VISA
Menu (geschl. Jan., Sonntag - Montag) (nur Abendessen) à la carte 27/39 – **22 Zim** ⇌ 75/82 – 103/135 – ½ P 15.
• Stilvoll restauriert präsentiert sich das alte Gerichtsgebäude. Eingangsbereich und Zimmer sind geschmackvoll farbig gestaltet und mit moderner Eleganz eingerichtet. Die warmen Farben des Restaurants harmonieren mit der mediterran angehauchten Küche.

BRAUNFELS

- **Schloß Hotel**, Hubertusstr. 2, ✉ 35619, ☎ (06442) 30 50, info@schloss-hotel-braunfels.de, Fax (06442) 305222, 斧 – ⇥ Zim, 📺 🅿 – 🔔 30. AE MC VISA
geschl. Weihnachten - Mitte Jan. – **Menu** (nur Abendessen) (Restaurant nur für Hausgäste)
– **34 Zim** ⊑ 58/72 – 86/110 – ½ P 16.
  • Mitten im historischen Kern des Städtchens befindet sich das schloßähnliche Gebäude in schöner Lage. Fragen Sie nach den besonders attraktiven Turmzimmern!

- **Geranio**, Am Kurpark 2, ✉ 35619, ☎ (06442) 93 19 90, rgeranio@t-online.de, Fax (06442) 931992, 斧 – ⇥ AE MC VISA
geschl. Mitte Juli - Mitte Aug., Dienstag – **Menu** (italienische Küche) à la carte 25,50/43.
  • Unterhalb der Burg finden Sie dieses renovierte Fachwerkhaus, das hell und freundlich eingerichtet ist und wo Sie freundliches Personal mit italienischen Gerichten bewirtet.

Jährlich eine neue Ausgabe, benutzen Sie den Hotelführer des laufenden Jahres.

BRAUNLAGE Niedersachsen 541 K 15 – 5 400 Ew – Höhe 565 m – Heilklimatischer Kurort – Wintersport : 560/965 m ⟨1 ⟨4 ⟨⟨.

🛈 Tourist-Info, Elbingeroder Str. 17, ✉ 38700, ☎ (05520) 9 30 70, tourist-info@braunlage.de, Fax (05520) 930720.

🛈 Kurverwaltung Hohegeiss, Kirchstr. 15 a, ✉ 38700, ☎ (05583) 2 41, tourist-info@hohegeiss.de, Fax (05583) 1235.

Berlin 252 – Hannover 119 – Braunschweig 69 – Göttingen 67 – Goslar 33.

- **Maritim Berghotel** 🐾, Am Pfaffenstieg, ✉ 38700, ☎ (05520) 80 50, info.brl@maritim.de, Fax (05520) 805380, ≤, ☎, Massage, ♨, 🏋, ≦s, 🔲, 🛌, 🎣 – 📶, ⇥ Zim, 📺 ☏ 🏃 🛌 🅿 – 🔔 420. AE ① MC VISA JCB. ⋇ Rest
Menu à la carte 24,50/36,50, ♀ – **309 Zim** ⊑ 80/155 – 115/220, 8 Suiten – ½ P 23.
  • Umgeben von Wald liegt auf einer Anhöhe dieser weitläufige Hotelkomplex. Fragen Sie nach Zimmern der Komfort- oder Superior-Kategorie oder nach einem Eckzimmer! Vom Dachgarten-Café hat man einen umwerfenden Blick auf die Wälder.

- **Residenz Hohenzollern** 🐾, Dr.-Barner-Str. 11, ✉ 38700, ☎ (05520) 9 32 10, info@residenz-hohenzollern.de, Fax (05520) 932193, ≤, 斧, ☎, Massage, 🏋, ≦s, 🔲 – 📶 📺 ☏ 🛌 🅿 AE ① MC VISA
Victoria-Luise (geschl. Juni 2 Wochen, Nov. 3 Wochen, Dienstag - Mittwoch) **Menu** à la carte 31/49 – **17 Zim** ⊑ 95/120 – 130/150, 14 Suiten – ½ P 27.
  • Schöne Lage oberhalb des Ortes, behagliche Atmosphäre, elegant mit exklusiven Landhausmöbeln eingerichtete Zimmer mit schicken Bädern sind die Trümpfe des renovierten Hauses. Mediterran wirkendes Restaurant mit schöner Terrasse.

- **Relexa Hotel Harz-Wald** 🐾, Karl-Röhrig-Str. 5a, ✉ 38700, ☎ (05520) 80 70, braunlage@relexa-hotel.de, Fax (05520) 807444, 斧, 🏋, ≦s, 🔲, 🎣 – 📶, ⇥ Zim, 📺 ☏ 🏃 🛌 – 🔔 200. AE ① MC VISA. ⋇ Rest
Menu à la carte 18/44 – **120 Zim** ⊑ 85/105 – 120/165 – ½ P 16.
  • In einer ehemaligen Privatklinik ist ein großzügiges Ferien- und Tagungshotel entstanden. Familien mit Kindern schätzen das Spielzimmer mit Playstation und die Bibliothek.

- **Romantik Hotel Zur Tanne**, Herzog-Wilhelm-Str. 8, ✉ 38700, ☎ (05520) 9 31 20, zur-tanne@romantikhotels.com, Fax (05520) 3992, 斧, ≦s – ⇥ Zim, 📺 🛌 🅿 – 🔔 20. MC VISA
Menu (nur Abendessen) (Tischbestellung ratsam) à la carte 21/41,50 – **Brunos Marktwirtschaft** : **Menu** à la carte 15/31 – **22 Zim** ⊑ 52/105 – 80/150, 3 Suiten – ½ P 20.
  • Mit viel Liebe zum Detail hat man hier ein geschmackvolles Hotel geschaffen. Die Zimmer im neu gebauten Bachhaus bieten viel Komfort und Behaglichkeit. Restaurant mit stilvollem Ambiente. Brunos Marktwirtschaft : modern-rustikal mit Galerie.

- **Landhaus Foresta** 🐾, Am Jermerstein 1, ✉ 38700, ☎ (05520) 9 32 20, landhaus-foresta@t-online.de, Fax (05520) 932213, 斧, ≦s, 🎣 – 📺 🅿
Menu (geschl. Mittwoch) (nur Abendessen) (Restaurant nur für Hausgäste) à la carte 17,50/31,50 – **22 Zim** ⊑ 41/60 – 63/82 – ½ P 11.
  • Das Haus ist im Harzer Stil mit Holzfassade gebaut. In den Zimmern verbreiten Naturholz und liebevolle Dekorationen rustikale Gemütlichkeit. Kaminhalle im Landhausstil.

- **Hasselhof** 🐾 garni, Schützenstr. 6, ✉ 38700, ☎ (05520) 30 41, hotel-hasselhof@web.de, Fax (05520) 1442, 🏋, 🔲, 🎣 – ⇥ 📺 🛌 AE ① MC VISA
20 Zim ⊑ 45 – 88.
  • Fast wie ein Wohnhaus wirkt dieses familiär geführte Hotel. Auch das Interieur verbreitet eine anheimelnd private Atmosphäre. Hier sind Sie gut aufgehoben!

BRAUNLAGE

- **Harzhotel Regina**, Bahnhofstr. 12, ⌂ 38700, ✆ (05520) 9 30 40, info@harzhotel-regina.de, Fax (05520) 1345, 🛋, ⬜, – ✄ Zim, 📺 ⌸ 🅿 – 🅰 20. AE ⓜ VISA. ✄ Rest
  geschl. 25. Nov. - 24. Dez. – **Menu** (Restaurant nur für Hausgäste) – **24 Zim** ⌦ 49/55 – 80/104 – ½ P 13.
  • Im Herzen des Ortes gelegen, ist dieses praktische Haus ein idealer Ausgangspunkt für Ausflüge in den Harz. Möchten Sie den Hexentanz auf dem Brocken erleben ? Kein Problem !

- **Rosenhof** ✄, garni, Herzog-Johann-Albrecht-Str. 41, ⌂ 38700, ✆ (05520) 9 32 90, hotel@rosenhof-braunlage.de, 🛋, ✐ – ✄ Zim, 📺 🅿
  geschl. 15. Nov. - 15. Dez. – **14 Zim** ⌦ 42/52 – 65/72.
  • Gepflegte Gastzimmer und freundliche Stimmung versprechen einen erholsamen Urlaub. Zum geselligen Beisammensein lädt die bequeme Sitzgruppe im Salon ein.

In Braunlage-Hohegeiss Süd-Ost : 12 km über B 4 Richtung Nordhausen – Höhe 642 m – Heilklimatischer Kurort – Wintersport : 600/700 m ✄ 4 ✄:

- **Vitalhotel Sonneneck** ✄, Hindenburgstr. 24, ⌂ 38700, ✆ (05583) 9 48 00, hotel.sonneneck@t-online.de, Fax (05583) 939033, ≤, ✐, Massage, 🛋, ⬜ – ✄ 📺 ⌸ 🅿.
  Menu (geschl. Nov.) (nur Abendessen) (Restaurant nur für Hausgäste) à la carte 20/35 – **28 Zim** ⌦ 47/69 – 78/99 – ½ P 9.
  • In schöner Höhenlage erwarten Sie geräumige, leicht elegant möblierte Zimmer. Vom neu erbauten Panorama-Hallenbad hat man einen traumhaften Ausblick auf den Brocken.

- **Rust** ✄ (mit Gästehaus), Am Brande 5, ⌂ 38700, ✆ (05583) 8 31, hotel.rust@t-online.de, Fax (05583) 364, ≤, ✐, 🛋, ⬜, ✐ – ✄ 📺 ⌸ 🅿 – 🅰 15. AE ⓞ ⓜ VISA. ✄
  Menu (geschl. 15. Nov. - 15. Dez.) (nur Abendessen) à la carte 17,50/31,50 – **21 Zim** ⌦ 40/65 – 70/136 – ½ P 9.
  • Das beliebte Hotel befindet sich in schöner Südhanglage. Viele der großzügig geschnittenen Gästezimmer verfügen über einen Balkon mit beeindruckender Fernsicht.

- ✕ **Landhaus Bei Wolfgang**, Hindenburgstr. 6, ⌂ 38700, ✆ (05583) 8 88, wolfgang.stolze.landhaus@t-online.de, Fax (05583) 1354 – AE ⓞ ⓜ VISA
  geschl. Montag, Donnerstag, Juni - Mitte Dez. Montag - Freitag – **Menu** à la carte 18,50/44.
  • Samstags singt der Koch, wenn alle Gäste satt sind ! Der Küchenstil ist französisch angehaucht, das Ambiente im Restaurant ist rustikal und von uriger Gemütlichkeit.

BRAUNSBACH Baden-Württemberg ⁵⁴⁵ S 13 – 2 600 Ew – Höhe 235 m.
Berlin 563 – Stuttgart 99 – Heilbronn 53 – Schwäbisch Hall 13.

In Braunsbach-Döttingen Nord-West : 3 km :

- **Schloß Döttingen** ✄ (mit Gästehäusern), ⌂ 74542, ✆ (07906) 10 10, info@schloss-doettingen.de, Fax (07906) 10110, ✐, 🛋, ⬜ (geheizt), ✐ – ✄ Zim, 📺 ✆ 🅿 – 🅰 80. ⓜ VISA. ✄
  geschl. 20. Dez. - 5. Jan. – **Menu** (geschl. Anfang Aug. 2 Wochen) à la carte 15/29 – **73 Zim** ⌦ 35/40 – 60/120.
  • Mit einem romantischen Innenhof präsentiert sich die ehemalige Wasserburg mit ihren drei schmucken Gästehäusern, in denen sich auch die geräumigsten Zimmer befinden. Saalartiges Restaurant mit Parkettboden und Kronleuchtern.

BRAUNSCHWEIG Niedersachsen ⁵⁴¹ J 15 – 240 000 Ew – Höhe 72 m.
Sehenswert : Dom★ (Imerward-Kruzifix★★, Bronzeleuchter★) BY – Herzog-Anton-Ulrich-Museum (Mittelalter-Abteilung★) BY M1.
🛧 Braunschweig, Schwartzkopffstr. 10 (über Salzdahlumer Str. BZ), ✆ (0531) 26 42 40.
✈ Lilienthalplatz, über ② : 9 km, ✆ (0531) 35 44 00.
🅱 Städtischer Verkehrsverein, Vor der Burg 1, ⌂ 38100, ✆ (0531) 27 35 50, tourist-service-braunschweig@t-online.de, Fax (0531) 2735529.
ADAC, Lange Str. 63.
Berlin 228 ② – Hannover 66 ⑦ – Magdeburg 92 ②

Stadtpläne siehe nächste Seiten

- **Stadtpalais** garni, Hinter Liebfrauen 1a, ⌂ 38100, ✆ (0531) 24 10 24, info@palais-braunschweig.bestwestern.de, Fax (0531) 241025 – 🛗 ✄ 📺 ✆ 🅿 – 🅰 20. AE ⓞ ⓜ VISA
  45 Zim ⌦ 97/119 – 130.   BY a
  • Besonders elegant übernachtet man in diesem restaurierten Haus von 1787 im Herzen der Stadt. Geschmackvoll-moderne Möbel und Marmorbäder geben den Räumen eine luxuriöse Note.

BRAUNSCHWEIG

🏨 **Mövenpick-Hotel**, Jöddenstr. 3 (Welfenhof), ✉ 38100, ✆ (0531) 4 81 70, *hotel.bra unschweig@moevenpick.com*, Fax (0531) 4817551, 🍽, direkter Zugang zum Saunarium, 🏊 und Sole-Grotte (FKK) – 🛗, 🚭 Zim, 🍴 Rest, 📺 📞 ♿ 🚗 – 🔔 120. 🅰 ⓘ ⓜ 🅥 🅹
Menu à la carte 19,50/44,50 – 🍽 14 – **147 Zim** 120/170, 4 Suiten. BY z
* Eine großzügige Halle in klarem Design empfängt die Gäste in diesem Haus. Die Zimmer sind mit modernem Mobiliar und unaufdringlichen Farben ansprechend gestaltet worden. Neuzeitliches Restaurant mit dem bewährten Mövenpick-Repertoire.

🏨 **Courtyard by Marriott**, Auguststr. 6, ✉ 38100, ✆ (0531) 4 81 40, *braunschweig @courtyardhotels.com*, Fax (0531) 4814100, 🍺 – 🛗, 🚭 Zim, 📺 📞 ♿ 🚗 🅿 – 🔔 60. 🅰 ⓘ ⓜ 🅥 🅹 BY w
Menu *(geschl. Freitagabend - Samstag, Sonntagabend)* à la carte 25/42 – 🍽 13 – **140 Zim** 89.
* Als gelungene Synthese alter und neuer Architektur versteht sich dieses Haus, das aufgrund seiner soliden technischen Ausrüstung bei Tagungsgästen sehr beliebt ist. Nettes Ambiente und moderne Bilder im Restaurant, das im alten Gebäudeteil untergebracht ist.

🏨 **Mercure Atrium**, Berliner Platz 3, ✉ 38102, ✆ (0531) 7 00 80, *h0871@accor-hot els.com*, Fax (0531) 7008125, 🍽 – 🛗, 🚭 Zim, 🍴 Zim, 📺 📞 🚗 – 🔔 240. 🅰 ⓘ ⓜ 🅥 🅹 BZ a
Menu *(geschl. Samstag - Sonntag)* à la carte 20/33 – **130 Zim** 🍽 87/107 – 115/125.
* Die verkehrsgünstige Lage macht dieses Haus zu einer attraktiven Adresse für Geschäftsreisende - doch auch Privatgäste finden in dem praktischen Hotel Ruhe.

🏨 **Deutsches Haus**, Ruhfäutchenplatz 1, ✉ 38100, ✆ (0531) 1 20 00, *resi@ringhotel -braunschweig.de*, Fax (0531) 1200444, 🍽 – 🛗, 🚭 Zim, 📺 📞 🅿 – 🔔 100. 🅰 ⓘ ⓜ 🅥 🅹 BY u
Menu à la carte 21/34 – **84 Zim** 🍽 92/100 – 125/135.
* Zentral in den historischen Stadtkern eingebettet befindet sich das traditionsreiche Haus. Für gepflegtes Wohnen und erfolgreiches Tagen ist hier gesorgt. Klassisches Restaurant mit hoher Decke und schönen, gerahmten Holzbalken.

🏨 **Advance Hotel** garni, Mittelweg 7 (im Panther Business Center), ✉ 38106, ✆ (0531) 39 07 70, *info@advance-hotel.de*, Fax (0531) 39077399 – 🛗 🚭 📺 📞 🅿. 🅰 ⓜ 🅥
48 Zim 🍽 75/93 – 106/116.   über Mittelweg BX
* Am Rande des Stadtzentrums finden Übernachtungsgäste dieses moderne Logis - bestehend aus geräumigen Zimmern mit praktischen Schreibflächen und guter Technik.

🏨 **An der Stadthalle** garni, Leonhardstr. 21, ✉ 38102, ✆ (0531) 7 30 68, *info@hot el-an-der-stadthalle.de*, Fax (0531) 75148 – 🛗 📺 🅿. 🅰 ⓘ ⓜ 🅥 BY c
geschl. Weihnachten - Neujahr – **24 Zim** 🍽 54/70 – 77/87.
* Praktisch und doch elegant sind die Zimmer dieses ehemaligen Wohnhauses. Angenehm sitzt man im lichtdurchfluteten Frühstücksraum, der im Stil einer Rotunde gebaut ist.

🏨 **Wartburg** garni, Rennelbergstr. 12, ✉ 38114, ✆ (0531) 59 01 70, *info@hotelwartb urg.de*, Fax (0531) 5901710 – 🛗 📺 📞. 🅰 ⓜ 🅥 🅹 AX z
20 Zim 🍽 65/75 – 71/105.
* 20 sinnvoll eingerichtete Gästezimmer warten in diesem gepflegten Stadthaus auf den Reisenden. Das Haus wird familiär geführt, man bemüht sich freundlich um den Gast.

🍴 **Raffinerie**, Frankfurter Str. 2 (im ARTmax), ✉ 38122, ✆ (0531) 2 81 98 11, *info@d annenfeld-raffinerie.de*, Fax (0531) 2819828, 🍽 – 🅿 – 🔔 35. 🅰 ⓜ 🅥 AZ r
geschl. Jan. 1 Woche, Sonntag – **Menu** à la carte 24/36, ₰.
* Freundliches Bistroambiente umgibt den Gast in diesem modernen Lokal, das in einer ehemaligen Zuckerfabrik entstanden ist. Freigelegte Bruchsteinmauern erzeugen Gemütlichkeit.

Im Gewerbegebiet Hansestraße *über Hamburger Str.* ① : *8 km* :

🏨 **nord**, Robert-Bosch-Str. 7 (Nähe BAB Kreuz BS-Nord), ✉ 38112, ✆ (0531) 31 08 60, Fax (0531) 3108686 – 🛗 📺 📞 🚗 🅿 – 🔔 50
Menu *(geschl. Samstag - Sonntag)* à la carte 16/26 – **31 Zim** 🍽 46/82 – 66/100.
* Die gute Autobahnanbindung macht das Haus speziell für Geschäftsreisende interessant. Einige der Zimmer sind mit einer praktischen Kochgelegenheit ausgerüstet.

In Braunschweig-Riddagshausen *über Kastanienallee* BY :

🏨 **Landhaus Seela**, Messeweg 41, ✉ 38104, ✆ (0531) 37 00 11 62, *info@hotel-landh aus-seela.de*, Fax (0531) 37001193, 🍽 – 🛗, 🚭 Zim, 📺 🚗 🅿 – 🔔 110. 🅰 ⓘ ⓜ 🅥
Menu à la carte 21/42,50 – **57 Zim** 🍽 73/88 – 132.
* Vor den Toren der Stadt findet man hier Ruhe und Abgeschiedenheit bei bester Verkehrsanbindung. Das ganze Haus ist mit elegantem Landhausmobiliar ausgestattet. Gediegenes Restaurant mit aufwändigem Holzdekor.

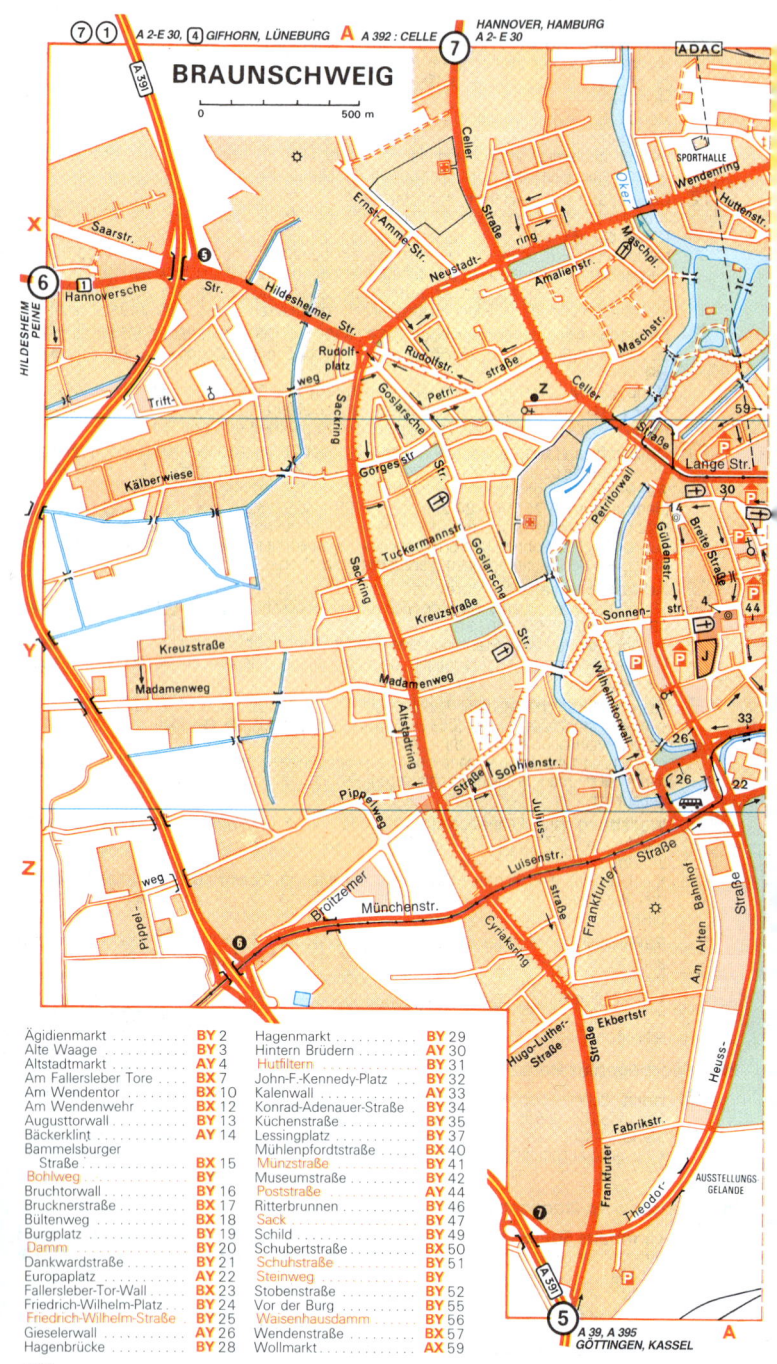

BRAUNSCHWEIG

Straße	Ref
Ägidienmarkt	BY 2
Alte Waage	BY 3
Altstadtmarkt	AY 4
Am Fallersleber Tore	BX 7
Am Wendentor	BX 10
Am Wendenwehr	BX 12
Augusttorwall	BY 13
Bäckerklint	AY 14
Bammelsburger Straße	BX 15
Bohlweg	BY
Bruchtorwall	BY 16
Brucknerstraße	BX 17
Bültenweg	BX 18
Burgplatz	BY 19
Damm	BY 20
Dankwardstraße	BY 21
Europaplatz	AY 22
Fallersleber-Tor-Wall	BX 23
Friedrich-Wilhelm-Platz	BY 24
Friedrich-Wilhelm-Straße	AY 25
Gieselerwall	AY 26
Hagenbrücke	BY 28
Hagenmarkt	BY 29
Hintern Brüdern	AY 30
Hutfiltern	BY 31
John-F.-Kennedy-Platz	BY 32
Kalenwall	AY 33
Konrad-Adenauer-Straße	BY 34
Küchenstraße	BY 35
Lessingplatz	BY 37
Mühlenpfordtstraße	BX 40
Münzstraße	BY 41
Museumstraße	BY 42
Poststraße	AY 44
Ritterbrunnen	BY 46
Sack	BY 47
Schild	BY 49
Schubertstraße	BX 50
Schuhstraße	BY 51
Steinweg	BY
Stobenstraße	BY 52
Vor der Burg	BY 55
Waisenhausdamm	BY 56
Wendenstraße	BX 57
Wollmarkt	AX 59

261

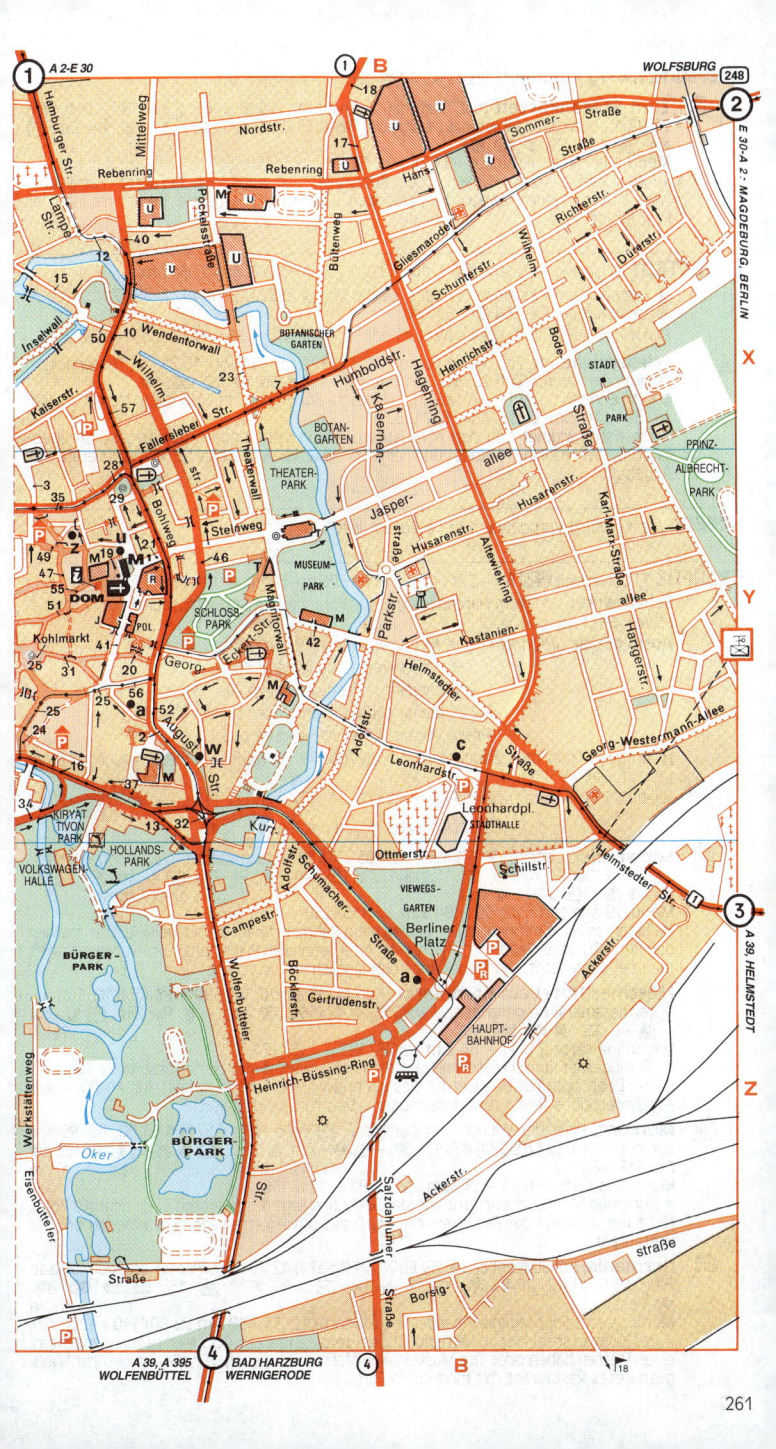

BRAUNSCHWEIG

In Braunschweig-Rüningen über ⑤ : 5 km :

Zum Starenkasten (mit Gästehaus), Thiedestr. 25 (B 248), ✉ 38122, ℘ (0531) 28 92 40, zum_starenkasten@t-online.de, Fax (0531) 874126, 📶, 🔲 – 🏢, ⇔ Zim, 📺 🅿 – 🔑 100. 🅰🅴 ⓘ 🆘 VISA 🍴
Menu à la carte 14/30,50 – **57 Zim** ⌇ 65/85 – 95/150.
• Ob Geschäftsreise, Urlaub oder Kurzvisite, der engagiert geführte Familienbetrieb hält für jeden Zweck die passenden Räumlichkeiten bereit. Helles, freundliches Restaurant.

BREDSTEDT Schleswig-Holstein 541 C 10 – 4 900 Ew – Höhe 5 m – Luftkurort.

🛈 Fremdenverkehrsverein, Rathaus, Markt 31, ✉ 25821, ℘ (04671) 58 57, touristinfo@bredstedt.de, Fax (04671) 6975.
Berlin 440 – Kiel 101 – Sylt (Westerland) 51 – Flensburg 38 – Husum 17 – Niebüll 25.

🍴 **Friesenhalle** mit Zim, Hohle Gasse 2, ✉ 25821, ℘ (04671) 15 21, die.friesenhalle@t-online.de, Fax (04671) 2875 – ⇔ Zim, 📺 🚗 🅿. 🅰🅴 ⓘ 🆘 VISA 🍴
geschl. Ende Okt. - Anfang Nov. – **Menu** (geschl. Sonntagabend - Montagmittag) à la carte 19/39 – **14 Zim** ⌇ 36/46 – 82/105.
• Die Karte widmet sich den norddeutschen und insbesondere den friesischen Spezialitäten. Wechselnde Menüs und eine preiswerte Mittagskarte komplettieren das Angebot.

BREEGE Mecklenburg-Vorpommern siehe Rügen (Insel).

BREGENZ 🅻 Österreich 730 B 6 – 27 000 Ew – Höhe 396 m – Wintersport : 414/1 020 m ⛷ 1 ⛸.

Sehenswert : ≤★ (vom Hafendamm) BY – Vorarlberger Landesmuseum★ BY – Martinsturm ⋆★ BY.
Ausflugsziele : Pfänder★★ : ⋆★★, Alpenwildpark (auch mit ⛷) BY.

Festspiel-Preise : siehe Seite 10
Prix pendant le festival : voir p. 26
Prices during tourist events : see p. 40
Prezzi duranti i festival : vedere p. 54.

🛈 Bregenz-Tourismus, Bahnhofstr. 14, ✉ A-6900, ℘ (05574) 4 95 90, tourismus@bregenz.at, Fax 495959.
Wien 627 ① – Innsbruck 199 ② – Konstanz 62 ① – Zürich 119 ③ – München 196 ①.

Stadtplan siehe gegenüberliegende Seite

🏨 **Schwärzler**, Landstr. 9, ✉ 6900, ℘ (05574) 49 90, schwaerzler@schwaerzler-hotels.com, Fax (05574) 47575, 🌳, Massage, 📶, 🔲, 🐕, 🚗 – 🏢, ⇔ Zim, 📺 🚗 – 🔑 40. 🅰🅴 ⓘ 🆘 VISA JCB. 🍴 Rest
über Landstr. AZ
Menu 19 à la carte 22/39 – **84 Zim** ⌇ 115/150 – 168/196.
• Elegantes Haus mit neuzeitlich-gediegenem Rahmen. Charme und Individualität machen den Betrieb zum beliebten Treffpunkt der internationalen Prominenz. Formvollendet tafelt man bei Kerzenlicht und Pianoklängen im ländlichen Restaurant.

🏨 **Messmer Hotel am Kornmarkt**, Kornmarktstr. 16, ✉ 6900, ℘ (05574) 4 23 56, hotel.messmer@bregenznet.at, Fax (05574) 423566, 🌳, 📶 – 🏢, ⇔ Zim, 📺 🐕 🚗 – 🔑 60. 🅰🅴 ⓘ 🆘 VISA. 🍴
BY u
Menu à la carte 21/31 – **84 Zim** ⌇ 78/125 – 135/174.
• Mit moderner Konferenztechnik ausgestattet, erwartet man hier insbesondere Tagungsgäste. Doch auch für Urlauber ist dies ein preiswerter Ausgangspunkt für Ausflüge aller Art. Unterteiltes Restaurant, teils modern, teils rustikal gestaltet.

🏨 **Mercure**, Platz der Wiener Symphoniker 2, ✉ 6900, ℘ (05574) 4 61 00, h0799@accor-hotel.com, Fax (05574) 47412, 🌳 – 🏢, ⇔ Zim, 🔲 Rest, 📺 ♿ 🅿 – 🔑 100. 🅰🅴 ⓘ 🆘 VISA JCB
AY e
Menu à la carte 19/35 – **94 Zim** ⌇ 83/95 – 111/136.
• Nur einen Steinwurf entfernt von der Seebühne liegt das praktisch eingerichtete Hotel. Nicht nur während der Festspiele eine durchaus privilegierte Lage ! Zur Halle hin offenes Restaurant.

🏨 **Germania**, Am Steinenbach 9, ✉ 6900, ℘ (05574) 42 76 60, office@hotel-germania.at, Fax (05574) 427664, 🌳, 📶 – 🏢 ⇔ 📺 🚗 🅿 – 🔑 15. 🅰🅴 ⓘ 🆘 VISA. 🍴 Rest
BY a
Menu (geschl. Sonntag)(nur Abendessen) à la carte 22/34 – **38 Zim** ⌇ 80/110 – 120/170.
• Das Fahrrad steht hier im Mittelpunkt des Freizeitangebots. Ob Sie eines leihen möchten, einen Platten haben oder Ihre Muskeln eine Massage brauchen, für alles ist gesorgt ! Neugestaltetes Restaurant mit modernem Flair.

BREGENZ

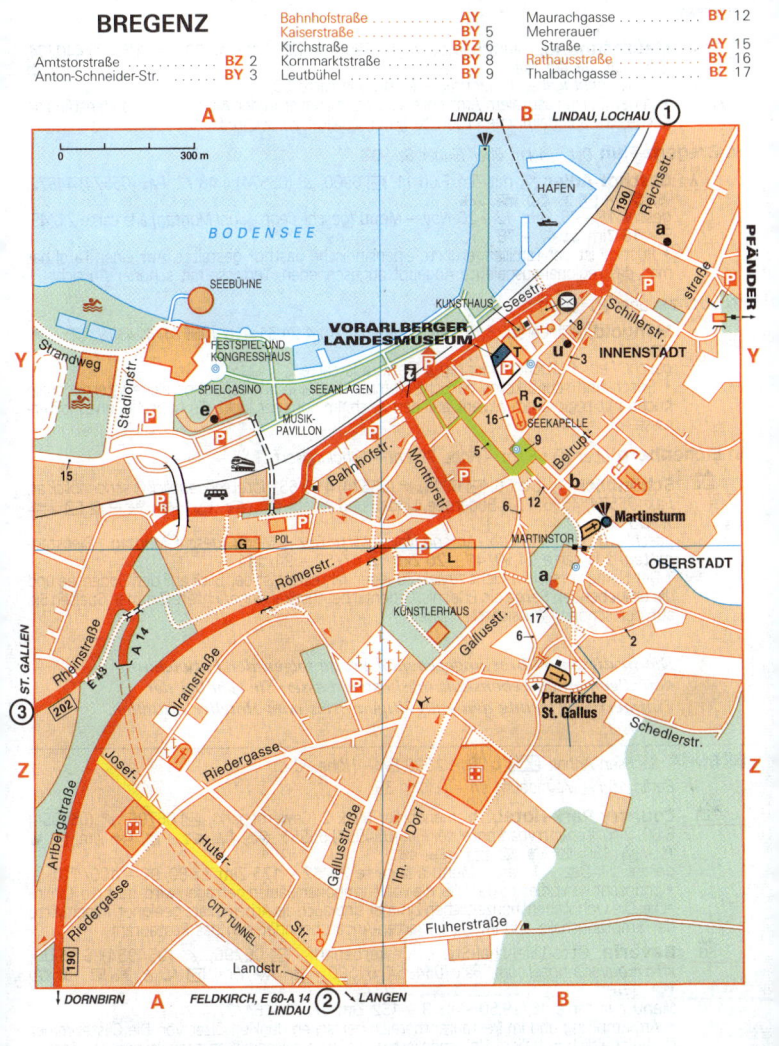

Amtstorstraße	BZ 2	Bahnhofstraße	AY	Maurachgasse	BY 12
Anton-Schneider-Str.	BY 3	Kaiserstraße	BY 5	Mehrerauer Straße	AY 15
		Kirchstraße	BYZ 6	Rathausstraße	BY 16
		Kornmarktstraße	BY 8	Thalbachgasse	BZ 17
		Leutbühel	BY 9		

%%% **Deuring-Schlössle** ⓢ mit Zim, Ehre-Guta-Platz 4, ✉ 6900, ✆ (05574) 4 78 00, *deuring@schloessle.vol.at*, Fax (05574) 4780080, 🌿 – ✕ Rest, 📺 📞 🅿 – 🛇 40. 🆎 ⓘ ⓜⓒ 𝒱𝐼𝒮𝒜. ✕ Rest BZ a
Menu *(geschl. 9. - 15. Feb., Montag)* (Tischbestellung ratsam) 34 (mittags) à la carte 37,50/58, ♀ – **13 Zim** ⎕ 142/163 – 186/270.
♦ Genießen Sie die klassisch-moderne Küche in dem kleinen Stadtschloss a. d. 17. Jh. Römische Mauerreste, gotische Fassaden und Antiquitäten entführen in eine andere Welt.

%% **Neubeck**, Anton-Schneider-Str. 5, ✉ 6900, ✆ (05574) 4 36 09, *restaurant@neubeck.at*, Fax (05574) 43710, 🌿 – ⓘ ⓜⓒ 𝒱𝐼𝒮𝒜 BY c
geschl. Mai 2 Wochen, Sept. 1 Woche, Montag - Dienstag – **Menu** *(nur Abendessen)* à la carte 30,50/55,50, ♀.
♦ In seiner langen gastronomischen Geschichte hat das Stadthaus schon als Gaststätte, Casino und Tanzbar fungiert - heute ist es ein neuzeitlich-komfortables Restaurant.

BREGEZ

※ **Maurachbund,** Maurachgasse 11, ✉ 6900, ℘ (05574) 4 40 20, Fax (05574) 440204, 🍴 – AE ① ⓜ VISA
geschl. Sonntagabend - Montag – **Menu** à la carte 20/30.   BY **b**
• In gemütlich-rustikalem Ambiente serviert man hier in der Altstadt eine bodenständige Küche, die auf heimische Produkte guter Qualität zurückgreift.

In Bregenz-Fluh *Ost : 4 km über Fluher Str.* BZ :

※ **Gasthof Adler** ⚘ mit Zim, Fluh 11, ✉ 6900, ℘ (05574) 4 48 72, Fax (05574) 44872, ≤, 🍴 – 📺 P. VISA JCB
geschl. 15. - 28. Feb., 12. - 26. Nov. – **Menu** (geschl. Sept. - Juni Montag) à la carte 21/49, ♀ – **15 Zim** ⚏ 47 – 78.
• Rustikal ist der familiengeführte alpenländische Gasthof gestaltet. Auf einer Tafel hat man das regional ausgelegte Angebot angeschrieben. Terrasse mit schöner Aussicht.

In Lochau *über ① : 3 km :*

※※ **Mangold,** Pfänderstr. 3, ✉ 6911, ℘ (05574) 4 24 31, Fax (05574) 424319, 🍴 – P. ⓜ VISA
geschl. Feb. 3 Wochen, Montag – **Menu** à la carte 24/42, ♀.
• Frisch und schnörkellos gekocht, wartet hier eine abwechslungsreiche internationale Küche mit regionalem Akzent auf den Tisch. Im Sommer lockt die hübsche Innenhofterrasse.

In Eichenberg *über ① : 8 km – Höhe 796 m – Erholungsort :*

🏨 **Schönblick** ⚘, Dorf 6, ✉ 6911, ℘ (05574) 4 59 65, hotel.schoenblick@schoenblick.at, Fax (05574) 459657, ≤ Bodensee, Lindau und Alpen, 🍴, ≘s, 🏊, 🐎, ※ – 📶 📺 🚗 P. ⓜ VISA
geschl. 10. Jan. - 10. Feb., Anfang Nov. - Mitte Dez. – **Menu** (geschl. Montag - Dienstagmittag) à la carte 24,50/41 – **26 Zim** ⚏ 47/52 – 94/114.
• Der Name verspricht nicht zuviel ! Zu jeder Jahreszeit ist der Blick auf den Bodensee und die umgebenden Berge ein Erlebnis. Ordentliche, rustikal eingerichtete Zimmer. Speisen Sie auf der schönen Aussichtsterrasse !

Die in diesem Führer angegebenen Preise folgen der Entwicklung der allgemeinen Lebenshaltungskosten. Lassen Sie sich bei der Zimmerreservierung den endgültigen Preis vom Hotelier mitteilen.

BREHNA *Sachsen-Anhalt* 542 L 20 *– 2 500 Ew – Höhe 90 m.*
Berlin 154 – Magdeburg 94 – Leipzig 38.

🏨 **Country Park-Hotel,** Thiemendorfer Mark 2 (Gewerbepark), ✉ 06796, ℘ (034954) 6 50, info@countryparkhotel.de, Fax (034954) 65556, 🍴, ₤₅, ≘s – 📶, ⇌ Zim, 📺 📞 P. – 🔺 150. AE ① ⓜ VISA JCB. ⚙
geschl. 24. Dez. - 1. Jan. – **Menu** à la carte 20/32 – **175 Zim** ⚏ 80/90 – 100/110.
• Imposant wirkt die riesige Halle, die von turmhohen Säulen getragen wird, nett die Kaminecke. Die wohnlichen, neuzeitlichen Zimmer sind auch als Arbeitsplatz geeignet. In der Mitte der Empfangshalle und im Wintergarten-Anbau befindet sich das Restaurant.

🏨 **Bavaria,** Otto-Lilienthal-Str. 6 (Gewerbepark), ✉ 06796, ℘ (034954) 6 16 00, info@bavaria-hotel.com, Fax (034954) 61500 – 📶, ⇌ Zim, 📺 📞 ♿ P. AE ① ⓜ VISA JCB
Menu à la carte 16/29,50 – ⚏ 8 – **152 Zim** 57/70 – 64/77.
• Am Empfang und im Restaurantbereich herrschen dunkle Hölzer vor. Die Gästezimmer sind einheitlich in hellem Holz möbliert und bieten zeitgemäßen technischen Komfort.

BREISACH *Baden-Württemberg* 545 V 6 *– 13 000 Ew – Höhe 191 m.*
Sehenswert : Münster★ (Hochaltar★★, Innendekoration★, Lage★), Münsterberg ≤★.
Ausflugsziel : Niederrotweil : Schnitzaltar★ der Kirche St. Michael, Nord : 11 km.
🅸 Breisach-Touristik, Marktplatz 16, ✉ 79206, ℘ (07667) 94 01 55, breisach-touristik @breisach.de, Fax (07667) 940158.
Berlin 808 – Stuttgart 209 – Freiburg im Breisgau 30 – Colmar 24.

🏨 **Am Münster** ⚘ (mit Gästehaus), Münsterbergstr. 23, ✉ 79206, ℘ (07667) 83 80, hotel-am-muenster@t-online.de, Fax (07667) 838100, ≤ Rheinebene und Vogesen, 🍴, ≘s, 🏊 – 📶, ⇌ Zim, 📺 🚗 P. – 🔺 150. AE ① ⓜ VISA
geschl. 2. - 22. Jan. – **Menu** à la carte 24/39 – **69 Zim** ⚏ 62/88 – 98/140.
• Schön liegt das Haus auf der Sonnenseite des Münsterbergs. Fragen Sie auch nach den Zimmern in der Dependance Bellevue, die elegant eingerichtet und geräumiger sind. Restaurant mit Panoramablick.

BREISACH

- **Kaiserstühler Hof**, Richard-Müller-Str. 2, ✉ 79206, ✆ (07667) 8 30 60, *kaiserstuehler-hof@t-online.de*, Fax (07667) 830666 – 🍴 ⇔, 🆎 TV 🚗 VISA
  Menu *(geschl. über Fastnacht 1 Woche)* 26 à la carte 20/47,50 – **Weinstube :** *(geschl. über Fastnacht 1 Woche)* **Menu** à la carte 15/26 – **20 Zim** 🛏 55/65 – 80/110.
  ♦ Ganz mit Efeu bewachsen ist die einladende Fassade dieses sympathischen Familienbetriebs. Die Zimmer überzeugen mit solidem Holzmobiliar und bequemen Korbstühlen. Gehobene Speisenfolgen im heimeligen Restaurant oder deftige badische Vesper in der Metzgerstube.

- **Kapuzinergarten** 🌿, Kapuzinergasse 26, ✉ 79206, ✆ (07667) 9 30 00, *mail@kapuzinergarten.de*, Fax (07667) 930093, ≤ Kaiserstuhl und Schwarzwald, 🌳, ≦s, 🍴 – 🍴, ↔ Zim, 🛗 🅿 🆎 VISA
  geschl. Ende Jan. - Anfang Feb., über Fastnacht 2 Wochen – **Menu** à la carte 25/46 – **43 Zim** 🛏 53/65 – 65/90.
  ♦ Wohnen kann man hier im schlichten ″Klosterzimmer″ oder in der komfortablen Maisonette. Alle Zimmer haben einen tollen Ausblick auf den Kaiserstuhl oder den Schwarzwald. Im Sommer speist man auf der Dachgartenterrasse, im Winter in der Gaststube mit Kamin.

In Breisach-Hochstetten *Süd-Ost : 2,5 km, über B 31 :*

- **Landgasthof Adler** (mit Gästehaus), Hochstetter Str. 11, ✉ 79206, ✆ (07667) 9 39 30, *adler-hochstetten@t-online.de*, Fax (07667) 939393, 🌳, 🏊, 🎠 – TV 🅿 🏧 VISA
  geschl. Mitte Feb. - Anfang März – **Menu** *(geschl. Donnerstag, Nov. - April Donnerstag, Samstagmittag)* à la carte 17/32 – **23 Zim** 🛏 39/50 – 64/75.
  ♦ Ungekünstelte dörfliche Gastlichkeit erlebt man hier am Fuß des Kaiserstuhls und des Tunibergs. Die rustikale Einrichtung verbreitet ländlichen Charme und Behaglichkeit. Gediegenes Restaurant mit holzvertäfelten Decken und Wänden.

BREISIG, BAD Rheinland-Pfalz 543 O 5 – 9 100 Ew – Höhe 62 m – Heilbad.

Ausflugsziel : *Burg Rheineck* :≤* *Süd : 2 km.*

🛈 Tourist-Information, Koblenzer Str. 59 (B 9), ✉ 53498, ✆ (02633) 4 56 30, *tourist-info@bad-breisig.de*, Fax (02633) 456350.
Berlin 618 – Mainz 133 – *Koblenz* 30 – Bonn 33.

- **Rheinhotel Vier Jahreszeiten**, Rheinstr. 11, ✉ 53498, ✆ (02633) 60 70, *rheinhotel@breisig.de*, Fax (02633) 9220, ≤ Rhein, 🌳, ≦s, 🖥 – 🍴, ↔ Zim, TV 🚗 🅿 – 🛎 200. 🏧 ⓘ 🆎 VISA JCB
  Menu à la carte 17,50/36 – **170 Zim** 🛏 64/72 – 101/116 – ½ P 16.
  ♦ Weil es am Rhein so schön ist, wird das Business-Hotel nicht nur von Tagungen gern besucht. Fragen Sie nach den Zimmern mit Blick auf den Fluß, diese haben meist auch Balkon ! Zeitlos möbliertes Restaurant.

- **Gutshof Mönchsheide** 🌿, Mönchsheider Weg 1, ✉ 53498, ✆ (02633) 6 00 00, Fax (02633) 600011, 🌳, 🎠 – ↔ Zim, TV 🅿
  Menu *(geschl. Dienstag)* à la carte 15/27 – **10 Zim** 🛏 46 – 82.
  ♦ Nahe dem Segelflugplatz liegt einsam das ehemalige Gut der Zisterzienser, das seit 1785 als Gasthof betrieben wird. Sie finden hier gepflegte, solide möblierte Zimmer. Gemütliches Restaurant mit rustikalen blanken Tischen. Lauschige Terrasse.

- **Vater Rhein**, Rheinufer 8, ✉ 53498, ✆ (02633) 9 52 57, *hotel-vater-rhein@t-online.de*, Fax (02633) 7636, 🌳 – ↔ Zim, TV 🅿 🏧 ⓘ 🆎 VISA
  Menu à la carte 16/32,50 – **15 Zim** 🛏 36/60 – 67/75.
  ♦ Ein sehr gepflegtes kleines Hotel direkt am Rhein. Im Haupthaus sowie im neueren Anbau bietet man freundliche, funktionelle Zimmer mit hellem Holzmobiliar und Laminat. Schlichtes Restaurant mit Pizza-/Pasta-Angebot.

- XX **Historisches Weinhaus Templerhof**, Koblenzer Str.45 (B 9), ✉ 53498, ✆ (02633) 94 35, Fax (02633) 7394, 🌳, (Haus a.d.J 1657) – 🅿 🏧 ⓘ 🆎 VISA
  geschl. über Fasching, Mittwoch - Donnerstagmittag – **Menu** à la carte 26,50/45,50.
  ♦ In der alten Komturei des Templerordens pflegt man heutzutage eine internationale Küche, die frankophil geprägt ist. Rustikale, gemütliche Einrichtung, freundlicher Service.

- XX **Am Kamin**, Zehner Str. 10 (B 9), ✉ 53498, ✆ (02633) 9 67 22, *restaurant-am.kamin@t-online.de*, Fax (02633) 471822, 🌳 – *geschl. Montag* – **Menu** à la carte 20,50/34.
  ♦ Ein familiengeführter, gut gepflegter Gasthof. Rustikale Polsterbänke und -stühle und ein großer Kamin geben dem Restaurant seinen ländlichen Charakter.

- X **Wirtshaus zum Weißen Roß**, Zehner Str. 19 (B 9), ✉ 53498, ✆ (02633) 91 35, *info@weissesross-badbreisig.de*, Fax (02633) 95755, Biergarten – 🅿 🏧 🆎 VISA
  geschl. Montag – **Menu** à la carte 19/31.
  ♦ Knarrende Holzdielen und der Kachelofen verbreiten eine urgemütliche Stimmung in dem Gasthaus von 1628. Auf den Tisch kommt eine bodenständige, schmackhafte Kost.

BREITENGÜSSBACH Bayern 546 Q 16 – 3 600 Ew – Höhe 245 m.
  Breitengüßbach, Gut Leimershof 5 (Ost : 6 km), ℘ (09547) 71 09.
  Berlin 406 – München 239 – Coburg 37 – Bayreuth 64 – Bamberg 9 – Schweinfurt 63.

  Vierjahreszeiten, Am Sportplatz 6, ✉ 96149, ℘ (09544) 92 90, info@vierjahr
  eszeiten.de, Fax (09544) 929292, 佘, ≘s, 🔲, 霖, – 㨽 Zim, TV P – ♨ 40.
  Menu (geschl. Mitte Jan. - Mitte Feb., Freitag, Sonntagabend) (wochentags nur Abend-
  essen) à la carte 14/28 – **38 Zim** ☐ 45/60 – 65/80.
  ♦ Ländliche Atmosphäre erwartet Sie in Oberfranken ! Bereits im behaglich mit Polster-
  gruppen und Kachelofen ausgestatteten Foyer werden Sie auf einen schönen Urlaub ein-
  gestimmt. Inge, die ″singende Wirtin″, veranstaltet musikalische Abende.

BREITNAU Baden-Württemberg 545 W 8 – 1 860 Ew – Höhe 1 018 m – Luftkurort – Wintersport :
  1 000/1 200 m ⬥2 ⬦.
  🅱 Tourist Information, Dorfstr. 11, ✉ 79874, ℘ (07652) 12 06 60, tourist-info@breit
  nau.de, Fax (07652) 120669.
  Berlin 788 – Stuttgart 167 – Freiburg im Breisgau 28 – Donaueschingen 42.

  Kaisers Tanne, Am Wirbstein 27 (B 500, Süd-Ost : 2 km), ✉ 79874, ℘ (07652) 1 20 10,
  info@kaisers-tanne.de, Fax (07652) 1507, 佘, ≘s, 🔲, 霖, – 㨽 TV ⇔ P.
  Menu (nur Abendessen) à la carte 30/41 – **30 Zim** ☐ 65/110 – 120/190 – ½ P 14.
  ♦ Ein schöner, typischer Schwarzwaldgasthof mit verschiedenen Zimmertypen und enga-
  giertem Service : Die Schwarzwaldstuben bieten einen tollen Fernblick und luxuriöse Aus-
  stattung. In den Gaststuben : rustikal-gemütliches Wohlfühl-Ambiente. Hübsche Garten-
  terrasse.

  Faller, Im Ödenbach 5 (B 500, Süd-Ost : 2 km), ✉ 79874, ℘ (07652) 10 01, info@ho
  tel-faller.de, Fax (07652) 311, 佘, ≘s, 霖 – 㨽 TV ⇔ P. ※ Rest
  geschl. Ende Nov. - Anfang Dez. – **Menu** (geschl. Mittwochabend - Donnerstag) à la carte
  16/41 – **25 Zim** (nur ½ P) 58/75 – 96/136, 3 Suiten.
  ♦ In unberührter Natur liegt dieser Schwarzwald-Landgasthof. Fragen Sie nach den geräu-
  migen Zimmern unterm Dach, von dort und von der Terrasse hat man einen schönen
  Ausblick ! Rustikal-gemütliche Restauranträume mit regional geprägtem Angebot.

  Löwen, Dorfstr. 44 (an der B 500, Ost : 1 km), ✉ 79874, ℘ (07652) 3 59, feriengas
  thof.loewen@t-online.de, Fax (07652) 5512, ≼, 佘, ≘s, 霖, ※ – TV P
  geschl. 15. Nov. - 22. Dez. – **Menu** (geschl. Dienstag) à la carte 19/27 – **14 Zim** ☐ 37/46
  – 66/72.
  ♦ Das gut geführte Hotel liegt unterhalb des Dorfes, umgeben von Wäldern und Wiesen.
  Schöne Spielmöglichkeiten und einige Haustiere lassen die Kinderherzen höher schlagen.
  Behagliche Gaststube mit Kachelofen.

BREITSCHEID Hessen siehe Herborn.

BREITUNGEN Thüringen 544 N 14 – 6 000 Ew – Höhe 290 m.
  Berlin 373 – Erfurt 82 – Eisenach 29 – Bad Hersfeld 56 – Meiningen 24 – Suhl 41.

  Skaras Landhaushotel, Wirtsgasse 13, ✉ 98597, ℘ (036848) 88 00, info@skara
  s-landhaushotel.de, Fax (036848) 880122, 佘 – TV P – ♨ 15. ⓂⓄ VISA
  Menu à la carte 13,50/26,50 – **15 Zim** ☐ 36/41 – 52/72.
  ♦ In einem kleinen Ort zwischen Thüringer Wald und der vorderen Rhön liegt dieses Haus.
  Aus einer kleinen historischen Schankwirtschaft entstand das gediegene Landhaushotel.

BREMEN Ⓛ Stadtstaat Bremen 541 G 10 – 550 000 Ew – Höhe 10 m.
  Sehenswert : Marktplatz★★ – Focke-Museum★★ Y M3 – Rathaus★ (Treppe★★) Z R –
  Dom St. Petri★ (Taufbecken★★ Madonna★) Z – Wallanlagen★ YZ – Böttcherstraße★ Z :
  Roseliushaus (Nr.6) und Paula-Modersohn-Becker-Haus★ (Nr.8) Z E – Schnoor-Viertel★ Z
  – Kunsthalle★ Z.
   Bremen-Vahr, Bgm.-Spitta-Allee 34 V, ℘ (0421) 23 00 41 ; Garlstedt, Am Golfplatz
  10 (Nord : 11 km über die ④ und B 6), ℘ (04795) 4 17 ; Bremen-Oberneuland, Heinrich-
  Baden-Weg 25 (West : 4 km über ④), ℘ (0421) 25 92 21 ; Bremen-Burg, Lesumbroker
  Landstr. 70 (Nord-West : 11 km über ④), ℘ (0421) 9 49 34 40.
   Bremen-Neustadt (Süd : 6 km) X, ℘ (0421) 5 59 50.
   Hauptbahnhof.
  Ausstellungsgelände a. d. Stadthalle CX, ℘ (0421) 3 50 50.
  🅱 Touristinformation am Bahnhofsplatz, ✉ 28195, ℘ (0421) 30 80 00, btz@bremen-
  tourism.de, Fax (0421) 3080030.
  ADAC, Bennigsenstr. 2.
  Berlin 390 ① – Hamburg 120 ① – Hannover 123 ①

Stadtpläne siehe nächste Seiten

BREMEN

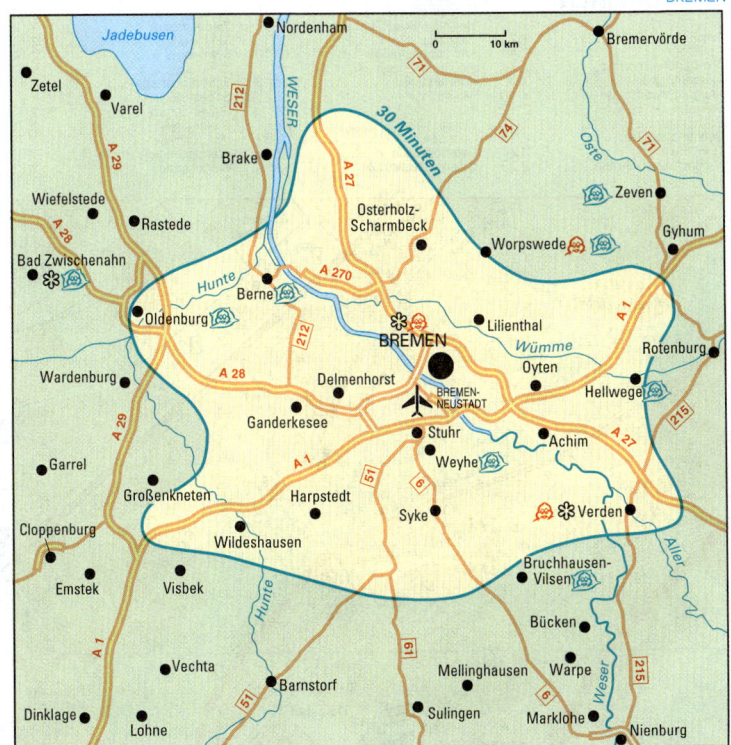

🏰🏰🏰 **Park Hotel** 🌿, Im Bürgerpark, ✉ 28209, ☎ (0421) 3 40 80, *relax@park-hotel-bremen.de*, Fax (0421) 3408602, ≤, 🍽, ⚕, Massage, 💆, 🧖, 🏊 (geheizt) – 📶, ⚞ Zim, TV
📞 🚗 🅿 – 🎯 350. AE ⓘ Ⓜ VISA JCB
V f
Park Restaurant : Menu à la carte 39/52, 🌿 – ***Bistro Fontana*** (geschl. Sonntag - Montag) (nur Abendessen) Menu à la carte 25/31 – **180 Zim** ⇌ 155/220 – 205/320, 12 Suiten.

♦ Schon in der edlen Kuppelhalle des früheren Landsitzes erahnen Sie den Luxus und die Exklusivität, die Ihnen individuelle Zimmer und eine großzügige Wellnesslandschaft bieten. Elegantes Park-Restaurant mit aufwändigem Couvert. Mediterran : Bistro Fontana.

🏰🏰 **Maritim**, Hollerallee 99, ✉ 28215, ☎ (0421) 3 78 90, *info.bre@maritim.de*, Fax (0421) 3789600, 🧖, 🏊 – 📶, ⚞ Zim, 📺 TV 📞 🚗 – 🎯 960. AE ⓘ Ⓜ VISA JCB
❄ Rest
V n
L'Echalote (geschl. Juli - Aug.) (nur Abendessen) Menu à la carte 27/35, 🌿 – ***Brasserie*** (nur Mittagessen) Menu 23,50 (Buffet) – ⇌ 15 – **261 Zim** 123/185 – 146/208, 5 Suiten.

♦ Mit seinen großzügigen Dimensionen ist das moderne Hotel ein guter Standort für Tagungen aller Art. Aber auch für den Privataufenthalt bietet man jeden erdenklichen Komfort. Abends speist man im stilvollen L'Echalote mit Blick auf den Bürgerpark.

🏰 **Hilton**, Böttcherstr. 2 (Eingang Wachtstraße), ✉ 28195, ☎ (0421) 3 69 60, *info.brem en@hilton.de*, Fax (0421) 3696960, 🧖, 🏊 – 📶, ⚞ Zim, 📺 TV 📞 ♿ 🚗 – 🎯 250.
AE ⓘ Ⓜ VISA JCB
Z x
Menu (nur Abendessen) 27/35 und à la carte, 🌿 – ⇌ 18 – **235 Zim** 185 – 205.

♦ Sachlich, aber bequem und mit allem technischen Komfort ausgerüstet sind die Zimmer. Vor allem für Geschäftsreisende ist das Hotel eine attraktive, gut zu erreichende Adresse. Restaurant im mediterranen Stil.

BREMEN

Am Brill	Y	2
Am Dom	Z	4
Am Landherrnamt	Z	7
Ansgaritorstraße	Y	9
Ansgaritorwallstraße	Y	10
Balgebrückstraße	Z	12
Böttcherstraße	Z	
Dechanatstraße	Z	23
Domsheide	Z	24
Friedrich-Ebert-Straße	Z	29
Goetheplatz	Z	32
Herdentorswallstraße	Y	36
Hermann-Böse-Straße	Y	37
Hutfilterstraße	Y	38
Katharinenstraße	YZ	40
Knochenhauerstraße	Y	
Komturstraße	Z	43
Marktplatz	Z	
Martinistraße	YZ	
Obernstraße	YZ	
Osterdeich	Z	52
Osterorstraße	Z	55
Osterorswallstraße	Z	56
Papenstraße	Y	57
Pelzerstraße	Y	58
Pieperstraße	Y	59
Sandstraße	Z	62
Schnoor	Z	63
Schüsselkorb	Y	64
Schüttingstraße	Z	67
Sögestraße	Y	71
Stavendamm	Z	73
Violenstraße	Z	78
Wachtstraße	Z	79
Wandschneiderstraße	Y	83
Wegesende	Y	85

Die im Michelin-Führer
verwendeten Zeichen und Symbole haben-
*dünn oder **fett** gedruckt, rot oder schwarz -*
jeweils eine andere Bedeutung.
Lesen Sie daher die Erklärungen aufmerksam durch.

Lesen Sie die Einleitung, sie ist der Schlüssel zu diesem Führer.

BREMEN

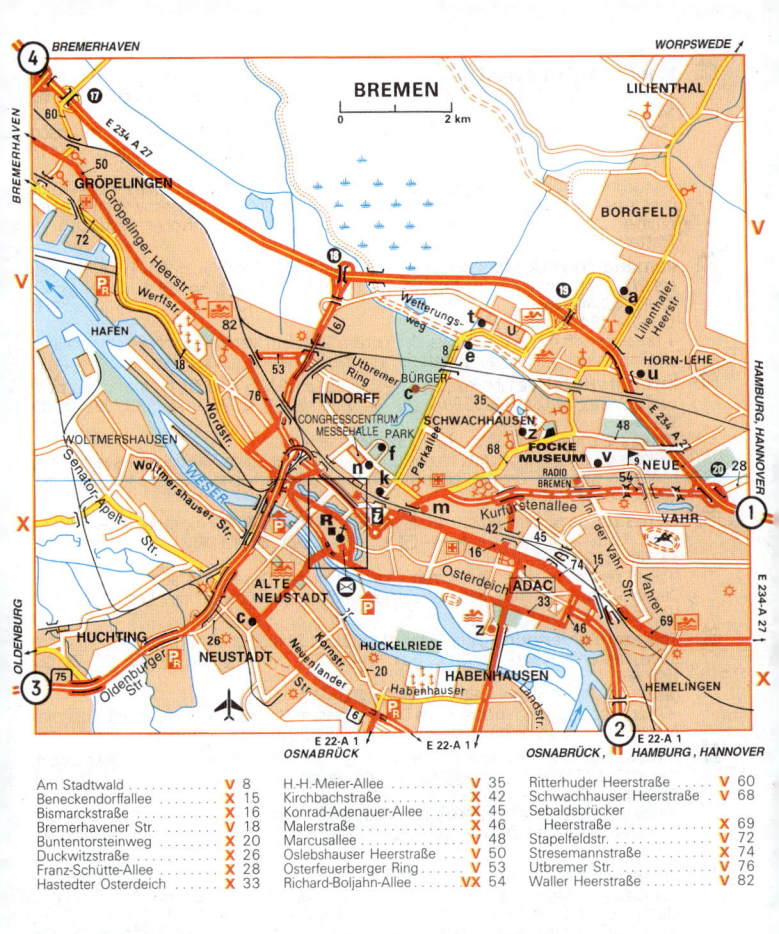

Am Stadtwald	**V** 8	H.-H.-Meier-Allee	**V** 35	Ritterhuder Heerstraße	**V** 60
Beneckendorffallee	**X** 15	Kirchbachstraße	**X** 42	Schwachhauser Heerstraße	**V** 68
Bismarckstraße	**X** 16	Konrad-Adenauer-Allee	**V** 45	Sebaldsbrücker	
Bremerhavener Str.	**V** 18	Malerstraße	**X** 46	Heerstraße	**X** 69
Buntentorsteinweg	**V** 20	Marcusallee	**V** 48	Stapelfeldstr.	**V** 72
Duckwitzstraße	**V** 26	Oslebshauser Heerstraße	**V** 50	Stresemannstraße	**V** 74
Franz-Schütte-Allee	**X** 28	Osterfeuerberger Ring	**V** 53	Utbremer Str.	**V** 76
Hastedter Osterdeich	**X** 33	Richard-Boljahn-Allee	**VX** 54	Waller Heerstraße	**V** 82

🏛 **Zur Post**, Bahnhofsplatz 11, ✉ 28195, ☎ (0421) 3 05 90, info@zurpost.bestwestern.de, Fax (0421) 3059591, 🍽, 🔲 – 🛗, 🛏 Zim, 📺 📞 🚗 – 🔔 70. 🆎 ⓞ ⓜⓞ 𝖵𝖨𝖲𝖠
Y x
La dolce vita (italienische Küche) (geschl. Samstagmittag) **Menu** à la carte 21/37 – 183 **Zim** ⇆ 109/137 – 137/171, 4 Suiten.
♦ Ein engagiert geführtes, zentral gelegenes Stadthotel, das solide eingerichtete Zimmer und einen tropischen Fitnessbereich mit Bad, Sauna und Wasserfall bietet. Im La dolce vita : gepflegtes Ambiente im Trattoria-Stil.

🏛 **Marriott**, Hillmannplatz 20, ✉ 28195, ☎ (0421) 1 76 70, bremen.marriott@marriotthotels.com, Fax (0421) 1767203 – 🛗, 🛏 Zim, 📺 📞 – 🔔 400. 🆎 ⓞ ⓜⓞ 𝖵𝖨𝖲𝖠
Y n
Menu (nur Abendessen) à la carte 28/39, ♀ – **Hillmann's Garden** (nur Mittagessen) **Menu** à la carte 20/34, ♀ – **228 Zim** 155, 4 Suiten.
♦ Als modernes Tagungs- und Urlaubshotel am Puls der Zeit sieht sich dieses Haus. Die integrierte Geschäftsarkade mit Glaskuppel und schicken Boutiquen ist einen Besuch wert ! Gediegenes Restaurant mit gepflegtem Dekor. Heiteres Bistro-Flair in Hillmann's Garden.

🏛 **Atlantic Hotel Universum**, Wiener Str. 4, ✉ 28359, ☎ (0421) 2 46 70, universum@atlantic-hotels.de, Fax (0421) 2467500, 🍽, 🍽 – 🛗, 🛏 Zim, 📺 📞 ♿ 🚗 🅿 – 🔔 260. 🆎 ⓞ ⓜⓞ 𝖵𝖨𝖲𝖠 𝖩𝖢𝖡
V t
Menu à la carte 21/29 – **150 Zim** ⇆ 103/129 – 128/158.
♦ Glasbetonte, lichte Architektur beeindruckt bereits im Foyer des Hotels am Rand des Technologie- und Universitätsparks. In den Zimmern : geradliniges, modernes Design. Halbrund gebautes Restaurant mit geschwungener Lobby-Bar.

BREMEN

Munte am Stadtwald, Parkallee 299, ✉ 28213, ☎ (0421) 2 20 20, info@hotel-m unte.de, Fax (0421) 2202609, ⇌, 🖼, – 🛗, 🍴 Zim, 📺 📞 🚗 🅿 – 🔔 260. 🆎 ⓞ ⓜⓞ VISA JCB   V e
Menu *(geschl. Sonntagabend)(wochentags nur Abendessen)* à la carte 26/42 – **Del bosco** (italienische Küche) *(geschl. 24. - 31. Dez.)* Menu à la carte 19/32 – **136 Zim** ⊑ 91/113 – 111/139.
- Das Hotel mit der roten Klinkerfassade liegt gegenüber dem Stadtwald und verfügt über eine gute Verkehrsanbindung. Fragen Sie nach den gut ausgestatteten Deluxe-Zimmern. Kleines, elegantes Restaurant. Del bosco mit farbenfroher Gestaltung im Trattoriastil.

Ramada-Treff Überseehotel garni, Wachtstr. 27, ✉ 28195, ☎ (0421) 3 60 10, ueberseehotel-bremen@ramada-treff.de, Fax (0421) 3601555 – 🛗 🍴 📺 ♿ 🚗 – 🔔 40. 🆎 ⓞ ⓜⓞ VISA JCB   Z u
⊑ 13 – **124 Zim** 80/125.
- Unterschiedlich sind die Zimmer des Hotels nahe dem Marktplatz möbliert - geräumig und mit solider Technik ausgestattet. Halle mit bequemen Ledersesseln.

InterCityHotel, Bahnhofsplatz 17, ✉ 28195, ☎ (0421) 1 60 30, bremen@intercityhotel.de, Fax (0421) 1603599 – 🛗, 🍴 Zim, 📺 📞 ♿ – 🔔 130. 🆎 ⓞ ⓜⓞ VISA JCB   Y a
Menu à la carte 19/45 – ⊑ 12 – **152 Zim** 118 – 136.
- Dieses großzügig angelegte, moderne Hotel überzeugt durch funktionell ausgestattete, behaglich wirkende Zimmer, einen guten Tagungsbereich und professionelle Führung. Restaurant im Bistrostil.

Lichtsinn garni, Rembertistr. 11, ✉ 28203, ☎ (0421) 36 80 70, mail@hotel-lichtsinn.com, Fax (0421) 327287 – 🛗 🍴 📺 📞 🚗. 🆎 ⓞ ⓜⓞ VISA JCB   Y z
31 Zim ⊑ 80/90 – 105.
- Fast überall im Haus findet man dunkle Stilmöbel. Diese - wie auch die liebevollen Details - unterstreichen den gediegenen, individuellen Charme des geschmackvollen Hotels.

Schaper-Siedenburg garni, Bahnhofstr. 8, ✉ 28195, ☎ (0421) 3 08 70, hotel_schaper_siedenburg@t-online.de, Fax (0421) 308788 – 🛗 🍴 📺 📞. 🆎 ⓞ ⓜⓞ VISA JCB   Y r
geschl. 22. Dez. - 5. Jan. – **88 Zim** ⊑ 70/100 – 90/120.
- Apart und neuzeitlich gibt sich das Dekor in diesem Mix aus traditioneller und moderner Architektur. Sinnvoll kombiniert sind hier Funktionalität und Wohnkultur.

Hanseat garni, Bahnhofsplatz 8, ✉ 28195, ☎ (0421) 1 46 88, info@hotel-hanseat.com, Fax (0421) 170588 – 🛗 🍴 📺 📞 🚗. 🆎 ⓞ ⓜⓞ VISA JCB   Y e
33 Zim ⊑ 85/110 – 110/135.
- Das wohnlich gestaltete, gediegene Haus am Bahnhof ist für Geschäftsreisende und Touristen ein nettes Zuhause auf Zeit. Frühstück gibt es auch außerhalb der üblichen Zeiten.

Bremer Haus, Löningstr. 16, ✉ 28195, ☎ (0421) 3 29 40, bremerhaus@online.de, Fax (0421) 3294411 – 🛗, 🍴 Zim, 📺 🚗 🅿 – 🔔 20. 🆎 ⓞ ⓜⓞ VISA   Y d
Menu *(geschl. Sonntag)* à la carte 20/35 – **71 Zim** ⊑ 72/87 – 87/110.
- Das 1907 erbaute weiße Stadthaus überzeugt mit praktischen Räumen und dem stilsicher mit Bildern dekorierten Kaminzimmer. Dort serviert man auch das Frühstück. Wandmalereien und elegante Leuchten zieren Wände und Decken des Restaurants.

Residence garni, Hohenlohestr. 42, ✉ 28209, ☎ (0421) 34 87 10, info@hotelresidence.de, Fax (0421) 342322, ⇌, 🍴 📺 📞 🚗. 🆎 ⓞ ⓜⓞ VISA JCB   VX k
geschl. 24. Dez. - 5. Jan. – **30 Zim** ⊑ 70/95 – 100/120.
- Die Stadtvilla aus dem 19. Jh. präsentiert sich mit einer schönen Fassade, die zumTeil aus Fachwerk besteht. Individuell gestaltete Zimmer mit ausreichendem Platzangebot.

L'Orchidée im Bremer Ratskeller, Am Markt (im alten Rathaus), ✉ 28195, ☎ (0421) 3 34 79 27, bremer-ratskeller@t-online.de, Fax (0421) 3378121 – 🆎 ⓞ ⓜⓞ VISA JCB. ❀   Z R
geschl. über Ostern 2 Wochen, Juli - Aug. 4 Wochen, Sonntag - Montag – **Menu** *(nur Abendessen)* (Tischbestellung ratsam) 89 à la carte 47/62, ♀ 🍷.
- Im 16. Jh. wurden Senats- und Kaiserzimmer für die Ehrengäste des Bremer Senats eingerichtet. Edle Holzvertäfelungen, Wandmalereien und ein Rokoko-Ofen schmücken die Räume.
Spez. Terrine vom Räucheraal und Granat. Rotbarbe mit Chorizo-Calmar-Risotto. Maibockrücken mit Mispelkompott

Meierei, im Bürgerpark, ✉ 28209, ☎ (0421) 3 40 86 19, mein.tisch@meierei-bremen.de, Fax (0421) 219981, ≤, 🌳 – 🅿 – 🔔 60. 🆎 ⓞ ⓜⓞ VISA JCB   V c
geschl. Montag – **Menu** à la carte 29/42, ♀ 🍷.
- Die historische Holzvilla - idyllisch im Bürgerpark am See gelegen - beherbergt ein klassisch gestaltetes Restaurant. Bei gutem Wetter speist man auf der schönen Terrasse.

BREMEN

XX **à point,** Am Markt 13, ✉ 28195, ℘ (0421) 3 64 84 58, clubzubremen@nord-com.net, Fax (0421) 3648459 – AE ① ⓂⓄ VISA
Z z
geschl. 23. Dez. - 2. Jan., Samstag - Sonntag – **Menu** (nur Mittagessen) 23,50 à la carte 27/46,50 – **Bistro** (geschl. Samstag - Sonntag) (nur Mittagessen) **Menu** à la carte 20,50/28,50.
 • Im Keller des "Schütting", des Hauses der Handelskammer, wurde dieses moderne kleine Restaurant mit schön gedeckten Tischen und ansprechendem Dekor eingerichtet. Legeres Bistro mit blanken Holztischen und neuzeitlichem Ambiente.

XX **Jürgenshof,** Pauliner Marsch 1 (Nähe Weserstadion), ✉ 28205, ℘ (0421) 44 10 37, Fax (0421) 4985458, 🌳 – P. AE ① ⓂⓄ VISA
X z
Menu (Tischbestellung ratsam) à la carte 25,50/41.
 • In den Mauern des reetgedeckten alten Hirtenhofs und auf der Gartenterrasse kann man "gut bremisch essen und trinken". Das Haus ist teils mit bäuerlichem Hausrat geschmückt.

X **Grashoff's Bistro,** Contrescarpe 80 (neben der Hillmann-Passage), ✉ 28195, ℘ (0421) 1 47 40, info@grashoff.de, Fax (0421) 302040 – ▬. ① ⓂⓄ VISA. ✸
Y n
geschl. Montag ab 15 Uhr, Dienstag - Samstag ab 19 Uhr, Sonn- und Feiertage – **Menu** (Tischbestellung erforderlich) à la carte 33,50/43,50, ♀.
 • Ganz wie im französischen Bistro kann es hier auch mal recht eng und lebendig zugehen! Netter, aufmerksamer Service. Das Feinkostgeschäft ist ins Haus integriert.

X **Bremer Ratskeller,** Am Markt (im alten Rathaus), ✉ 28195, ℘ (0421) 32 16 76, bremer-ratskeller@t-online.de, Fax (0421) 3378121 – AE ① ⓂⓄ VISA JCB
Z R
Menu à la carte 20/30 ♣.
 • Ein Wahrzeichen Bremens : Ca. 550 Weine finden sich auf der Karte des traditionsreichen Ratskellers mit beeindruckender Gewölbedecke und rustikal geprägter Einrichtung.

X **Osteria,** Schlachte 1, ✉ 28195, ℘ (0421) 3 39 82 07, Fax (0421) 3398208 – AE ⓂⓄ VISA
Z b
geschl. Sonntagmittag
Menu (italienische Küche) à la carte 20/39,50.
 • Helles Restaurant im mediterranen Stil mit offener Küche und gut besetztem Service. Man bietet ein klassisch-italienisches Repertoire mit einem Schwerpunkt auf Fischgerichten.

X **Alte Gilde,** Ansgaritorstr. 24, ✉ 28195, ℘ (0421) 17 17 12, Fax (0421) 15701, 🌳. AE ⓂⓄ VISA
Y b
geschl. Sonntag – **Menu** à la carte 17/32.
 • Im Keller des altehrwürdigen Gebäudes mit seinen mächtigen Gewölben auf viereckigen Pfeilern ist nach dem Krieg ein gemütliches, altdeutsches Restaurant entstanden.

In Bremen-Alte Neustadt :

🏨 **Mercure Hotel Hanseatic,** Neuenlander Str. 55 (B 6), ✉ 28199, ℘ (0421) 52 26 80, h5253@accor-hotels.com, Fax (0421) 52268488, 🌀 – 📶, ✸ Zim, 📺 📞 & P – 🛎 25. AE ① ⓂⓄ VISA
X c
Menu (geschl. Sonntag) (nur Abendessen) à la carte 20/27 – ⊃ 13 – **183 Zim** 76/103 – 108/162.
 • Das Hotelgebäude aus den 80er Jahren liegt an der Bundesstraße Richtung Flughafen. Die Zimmer sind hell und gut ausgestattet, einige auch mit Kochecke.

In Bremen-Farge über ④ : 32 km :

🏨 **Fährhaus Farge,** Wilhelmshavener Str. 1, ✉ 28777, ℘ (0421) 68 86 00, faerhaus-farge@t-online.de, Fax (0421) 6886066, ≤, 🌳 – 📶, ✸ Zim, 📺 📞 🚗 P – 🛎 250. AE ① ⓂⓄ VISA JCB
Menu à la carte 22/44 – **45 Zim** ⊃ 72/77 – 98/103.
 • Direkt am Fähranleger ist dieses Hotel zu finden. Die Turmzimmer über zwei Etagen sind mit ihrer Wendeltreppe und dem tollen Blick auf die Weser besonders reizvoll. Restaurant mit schöner Terrasse zum Fluss. Mit Schiffsbegrüßungsanlage.

In Bremen-Hemelingen über ② : 6 km :

🏨 **Montana** garni, Europaallee 1 (im Gewerbegebiet Hansalinie, nahe der BAB-Ausfahrt), ✉ 28309, ℘ (0421) 45 85 70, bremen@hotel-montana.de, Fax (0421) 45857100 – 📶 ✸ 📺 📞 P – 🛎 40. AE ⓂⓄ VISA
75 Zim ⊃ 50 – 70.
 • Nicht übersehen können Sie dieses neue Businesshotel mit der Milka-lila Fassade, das verkehrsgünstig an einem Autohof liegt. Modernes Ambiente mit funktionellen Zimmern.

BREMEN

In Bremen-Horn-Lehe :

Landgut Horn, Leher Heerstr. 140, ⌧ 28357, ☎ (0421) 2 58 90, *info@landgut-horn.de, Fax (0421) 2589222,* 🌳 – 🛗, ⤫ Zim, 📺 ☎ 🚗 🅿 – 🚶 80. AE ⓘ ⓜ VISA JCB
V u
Menu à la carte 23,50/37,50 – **106 Zim** ⊇ 89/103 – 107/129.
• Der kleine, im Atriumstil erbaute Eingangsbereich wirkt durch viele Grünpflanzen luftig und angenehm. Die Zimmer bestechen mit gediegenen Landhausmöbeln und ruhigen Farben. Stilvolles Restaurant mit Bar- und Bistrobereich.

Horner Eiche garni, Im Hollergrund 1, ⌧ 28357, ☎ (0421) 2 78 20, *info@hotel-horner-eiche.de, Fax (0421) 2769666* – 🛗 ⤫ 📺 ☎ 🚗 🅿 – 🚶 40. AE ⓘ ⓜ VISA JCB
V a
68 **Zim** ⊇ 75/85 – 85/105.
• Neuzeitlich und funktionell ist die Ausstattung des hauptsächlich von Geschäftsreisenden besuchten Hotels. Man offeriert rund um die Uhr einen Service für Getränke und Snacks.

Deutsche Eiche, Lilienthaler Heerstr. 174, ⌧ 28357, ☎ (0421) 25 10 11, *kontakt@hotel-deutsche-eiche-hb.de, Fax (0421) 251014,* 🌳 – 🛗, ⤫ Zim, 📺 🅿 – 🚶 30. AE ⓘ ⓜ VISA JCB
V a
Menu à la carte 20/35 – **39 Zim** ⊇ 75/85 – 90/105.
• Ein verkehrsgünstig gelegenes Hotel mit gepflegten und praktisch ausgestatteten Zimmern, die teils mit hellen, teils mit dunklen Eichenmöbeln eingerichtet sind.

In Bremen-Neue Vahr :

Golden Tulip, August-Bebel-Allee 4, ⌧ 28329, ☎ (0421) 2 38 70, *info@hotelbremen.net, Fax (0421) 2387837* – 🛗, ⤫ Zim, ≡ Rest, 📺 ♿ 🅿 – 🚶 220. AE ⓘ ⓜ VISA JCB
V v
Menu à la carte 18/39 – ⊇ 13 – **144 Zim** 78/93 – 103/127.
• Ein solide und technisch gut ausgestattetes Businesshotel mit großzügigem Hallenbereich, gut besetzter Rezeption und funktionellen Zimmern in zwei Kategorien. Modernes Restaurant mit großem Buffetbereich.

In Bremen-Oberneuland : Ost : 10 km über Franz-Schütte-Allee X :

Landhaus Höpkens Ruh 🌿 mit Zim, Oberneulander Landstr. 69, ⌧ 28355, ☎ (0421) 20 58 53, *Fax (0421) 2058545,* 🌳, 🏞 – ⤫ Zim, 📺 🅿 AE ⓜ VISA JCB
geschl. 1. - 15. Jan. – **Menu** *(geschl. Montag)* 30 (mittags) à la carte 32/49, ♀ – **8 Zim** ⊇ 90 – 100.
• Das Restaurant im Park ist im eleganten Landhausstil eingerichtet. Das klassische Angebot hat seine Wurzeln in der französischen Küche. Schöne Gartenterrasse.

In Bremen-Schwachhausen :

Heldt 🌿 (mit Gästehäusern), Friedhofstr. 41, ⌧ 28213, ☎ (0421) 21 30 51, *hotelheldt@aol.com, Fax (0421) 215145* – ⤫ Zim, 📺 🚗 🅿 AE ⓘ ⓜ VISA JCB
V z
Menu *(geschl. 22. Dez. - 4. Jan., Freitag - Sonntag) (nur Abendessen)* à la carte 16/26 – **60 Zim** ⊇ 55/85 – 75/105.
• Seit über hundert Jahren existiert das Gebäude, in dem heute das sehr persönlich geführte Hotel zu finden ist. Fragen Sie nach den schönen Appartements im neuen Gästehaus.

Va bene, Graf-Moltke-Str. 26, ⌧ 28211, ☎ (0421) 34 49 24, *vabene@gmx.net, Fax (0421) 1574*
X m
geschl. Juli - Aug. 4 Wochen, Sonntag - Montag – **Menu** *(nur Abendessen)* à la carte 25/43.
• Ein kleines Restaurant mit italienischer Weinhandlung und unkompliziertem Ambiente. Die offene Küche erlaubt Einblicke in die Zubereitung der mediterran inspirierten Speisen.

In Bremen-Vegesack über ④ : 22 km :

Strandlust Vegesack, Rohrstr. 11, ⌧ 28757, ☎ (0421) 6 60 90, *info@strandlust.de, Fax (0421) 6609111,* ≤, 🌳, Biergarten, 🏞 – 🛗 📺 ☎ 🅿 – 🚶 300. AE ⓘ ⓜ VISA
Menu à la carte 29/42 – **45 Zim** ⊇ 85/95 – 115/162.
• Frische, sommerliche Farben hat man bei der Gestaltung des Interieurs gewählt. Dementsprechend einladend wirken die Räumlichkeiten dieser lebendigen, schön gelegenen Adresse. Vielfältige gastronomische Bereiche ; hübsche Terrasse am Weserufer.

Atlantic Hotel Vegesack garni, Sagerstr. 20, ⌧ 28757, ☎ (0421) 6 60 50, *info@atlantic-hotel-vegesack.de, Fax (0421) 664774* – 🛗 ⤫ 📺 ☎ 🚗 – 🚶 60. AE ⓘ ⓜ VISA
94 **Zim** ⊇ 75/90 – 100/135.
• Ansprechend ist die moderne Architektur des Hotelbaus mit dem auffälligen Turm, in dem zwei sehr schön gestaltete Turmsuiten untergebracht sind. Auch Zimmer mit Weserblick !

BREMEN

In Lilienthal *Nord-Ost : 12 km Richtung Worpswede* V :

Rohdenburg, Trupermoorer Landstr. 28, ⊠ 28865, ℘ (04298) 4 00 90, info@hotel-rohdenburg.de, Fax (04298) 3269, 😊 – ❌ 📺 📞 ♿ 🅿 – 🚗 15. AE ⓪ ⓂⓈ VISA
Menu *(geschl. 21. Juli - 4. Aug., Montagmittag, Mittwochmittag, Freitagmittag)* à la carte 15,50/35,50 – **23 Zim** ☑ 52/75 – 82/100.
♦ Zwischen Bremen und dem Künstlerdorf Worpswede findet man hier ein nettes, gut geführtes Hotel mit wohnlichen Zimmern. Im Wintergarten beginnt man den Tag auf angenehme Weise. Das Hotelrestaurant ist leicht rustikal und ländlich in der Einrichtung.

Schomacker, Heidberger Str. 25, ⊠ 28865, ℘ (04298) 9 37 40, hotelschomacker@t-online.de, Fax (04298) 4291, 😊 – ❌ Zim, 📺 🚗 🅿 – 🚗 20. AE ⓂⓈ VISA JCB
Menu *(Dienstag - Freitag nur Abendessen)* à la carte 19,50/32,50 – **28 Zim** ☑ 49/59 – 85/93.
♦ Ein gepflegter und gut geführter ländlicher Gasthof mit ausreichend großen Zimmern, die alle mit Kirschbaummöbeln eingerichtet sind. Gemütliches Restaurant in einem separaten Gebäude.

In Oyten *Süd-Ost : 17 km über Sebaldsbrücker Heerstr. und B 75* X :

Fehsenfeld garni, Hauptstr. 50, ⊠ 28876, ℘ (04207) 7 00 60 – 📺 📞 🚗 🅿. AE ⓪ ⓂⓈ VISA JCB. ❌
geschl. 24. Dez. - Mitte Jan. – **9 Zim** ☑ 38/41 – 59/62.
♦ Wer es klein und gediegen mag, ist hier gut aufgehoben. Neun solide, teilweise mit dunklen Stilmöbeln eingerichtete Gästezimmer erwarten den Besucher.

Benutzen Sie den Hotelführer des laufenden Jahres

BREMERHAVEN Bremen 541 F 9 – 120 000 Ew – Höhe 3 m.

Sehenswert : *Deutsches Schiffahrtsmuseum*★★ AZ.
🛈 Tourist-Info, Obere Bürger 17 (im Columbus-Center), ⊠ 27568, ℘ (0471) 4 30 00, tourist-info@bis-bremerhaven.de Fax (0471) 43080.
ADAC, Deichstr. 91d.
Berlin 410 ② – Bremen 58 ② – Cuxhaven 43 ① – Hamburg 134 ②

Stadtpläne siehe nächste Seiten

Haverkamp, Prager Str. 34, ⊠ 27568, ℘ (0471) 4 83 30, hotel.haverkamp@t-online.de, Fax (0471) 4833281, 😊, 🏊 – 🛗, ❌ Zim, 📺 📞 🅿 – 🚗 90. AE ⓪ ⓂⓈ VISA
BZ d
Menu à la carte 25/38 – **88 Zim** ☑ 75/130 – 95/170.
♦ Die individuellen Zimmer dieses Hotels bieten für jeden das Richtige : Ob modern-funktionell, rustikal im alpenländischen Stil oder eher gediegen, hier ist alles vorhanden. Klassisch eingerichtetes Restaurant mit hellen Stilmöbeln.

Comfort Hotel garni, Am Schaufenster 7, ⊠ 27572, ℘ (0471) 9 32 00, info@comfort-hotel-bremerhaven.de, Fax (0471) 9320100 – 🛗 ❌ 📺 📞 ♿ – 🚗 100. AE ⓪ ⓂⓈ VISA
über ②
geschl. 22. - 26. Dez. – **114 Zim** ☑ 71/74 – 88/91.
♦ Interessante Ausblicke auf das Hafengelände und die großen "Pötte" bieten Halle und Gasträume dieses gepflegten Hotels. Zwei Business-Suiten mit allem technischen Komfort !

Natusch Fischereihafen-Restaurant, Am Fischbahnhof 1, ⊠ 27572, ℘ (0471) 7 10 21, restaurantnatusch@t-online.de, Fax (0471) 75008 – 🚗 80. AE ⓪ ⓂⓈ VISA
über ②
geschl. Montag, außer Feiertage – **Menu** 16,50 (mittags) à la carte 24/47.
♦ Zwischen barbusigen Galionsfiguren und anderen Original-Schiffsteilen wird vor allem Fisch frisch von der Auktion serviert. Traditionelle Zubereitung, freundlicher Service.

Fiedler's Aalkate, An der Packhalle IV 34 (1. Etage), ⊠ 27572, ℘ (0471) 9 32 23 50, info@fisch-aalkate.de, Fax (0471) 9322330, 😊 – AE ⓪ ⓂⓈ VISA. ❌
über ②
Menu à la carte 17/32.
♦ Originell im antik-flämischen Stil eingerichtetes Restaurant in der ersten Etage, im Erdgeschoß die einfachere Gaststätte Räucherkate und ein Fischfeinkostgeschäft.

Seute Deern, Am Alten Hafen, ⊠ 27568, ℘ (0471) 41 62 64, Fax (0471) 45949, 😊 – AE ⓪ ⓂⓈ VISA
AZ r
geschl. Montag – **Menu** (überwiegend Fischgerichte) à la carte 17/27,50.
♦ Das Ambiente im Rumpf der Dreimast-Bark von 1919 ist gewiss einmalig ! In der eleganten Kapitäns-Kajüte kann man sich auch das Jawort für den gemeinsamen Lebensweg geben.

273

Bremerhaven

	A	B
Y		CUXHAVEN ①
Z		

Streets and locations (A-B, Y-Z):

- Rickmersstr.
- Barkhausenstr.
- Bürgermeister-Smidt-Str.
- Rudloffstr.
- Pestalozzistr.
- Frenssenstr.
- Eupener Str.
- Goethestr.
- Rickmersstr.
- Frenssenstr.
- Hafenstr.
- Neulandstr.
- POL
- 22
- R
- Stresemannstr.
- Dresdener Str.
- Kistner- str.
- Hafenstr.
- Werft-
- 43
- STADTHALLE
- 15
- 12
- Wiener Str.
- 45
- Rudloffstr.
- Barkhausenstr.
- Bogenstr.
- Schiller-
- Hafenstr.
- Grimsbystr.
- KAISERHAFEN I
- 45
- NEUER HAFEN
- Kommodore-Ziegenbein-Promenade
- Lohmannstr.
- Lloydstr.
- Rampenstr.
- Deichstr.
- ADAC
- Geesthetter Damm
- Geeste
- Smidt- str.
- 32
- 40
- HELGOLAND
- SEEBÄDERKAJE
- Zoo am Meer
- 18
- 50
- ALTER HAFEN
- Am Strom
- 2
- 39
- COLUMBUS CENTER
- Mittelstr.
- 40
- d
- Deich- str.
- 38
- Elbestr.
- **DEUTSCHES SCHIFFAHRTSMUSEUM**
- 2
- 48
- T
- Fährstr.
- U
- 29
- M
- Borriesstr.
- Ludwigstr.
- Friedrich-
- r
- 50
- 4
- 8
- Berliner Platz
- Bülowstr.
- Elbinger Platz
- Bismarck-
- Rheinstr.
- Schiller-
- BLEXEN
- WESER
- F
- Busse- str.
- HAUPT- KANAL
- 28
- Grashoffstr.
- Deichpromenade
- HAFENKANAL
- HANDELSHAFEN
- Klußmannstr.
- Georgstr.
- WILHELMSHAVEN OLDENBURG
- A 27-E 234 BREMEN ② 71 HAMBURG

274

BREMERHAVEN

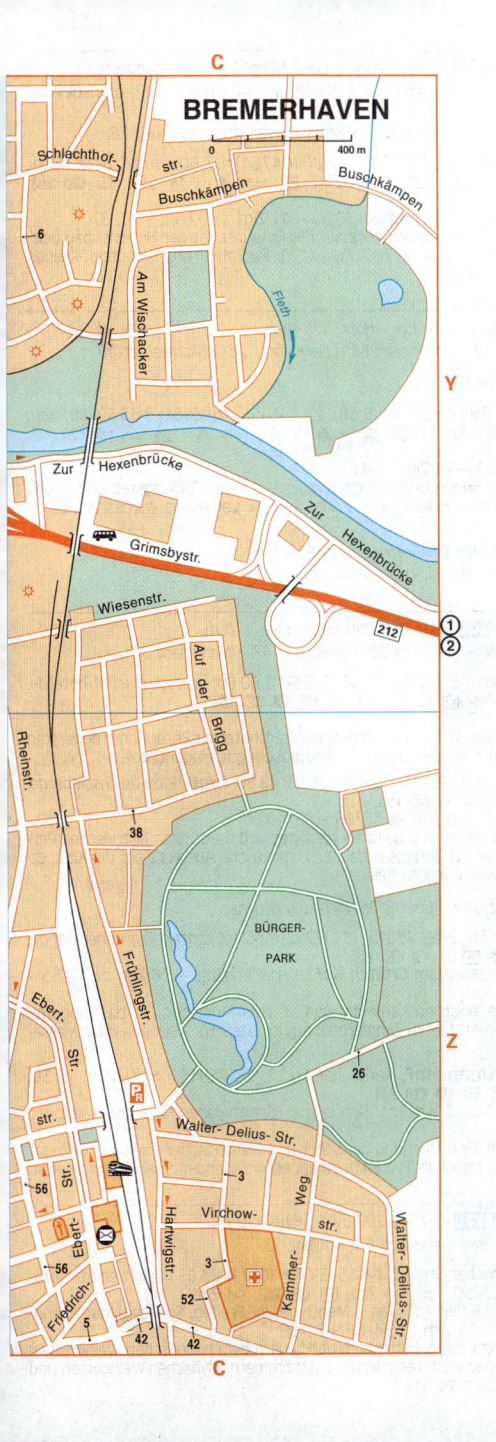

Street	Grid
Am Alten Hafen	**AZ** 2
Am Klint	**CZ** 3
Am Strom	**AZ**
Am Wischacker	**CY**
An der Geeste	**BZ** 4
An der Mühle	**CZ** 5
Auf dem Reuterhamm	**CY** 6
Auf der Brigg	**CYZ**
Barkhausenstraße	**AY**
Berliner Platz	**BZ**
Bismarckstraße	**BCZ**
Bogenstraße	**AY**
Borriesstraße	**BZ**
Bülowstraße	**BZ**
Bürgermeister-Smidt-Straße	**AYZ**
Buschkämpen	**CY**
Bussestraße	**ABZ**
Columbusstraße	**ABZ** 8
Deichstraße	**BYZ**
Dresdener Straße	**AY**
Elbestraße	**BZ**
Elbinger Platz	**BZ**
Emslandstraße	**AY** 12
Eupener Straße	**ABY**
Fährstraße	**BZ**
Frenssenstraße	**ABY**
Friedrich-Ebert-Straße	**BCZ**
Frühlingstraße	**CZ**
Geestheller Damm	**BY**
Georgstraße	**BZ**
Gildemeisterstraße	**AY** 15
Goethestraße	**BY**
Grashoffstraße	**BZ**
Grimsbystraße	**CY**
Hafenstraße	**BY**
Hartwigstraße	**CZ**
Hermann-Henrich-Meier-Straße	**AZ** 18
Hinrich-Schmalfeldt-Straße	**BY** 22
Johann-Wichels-Weg	**CZ** 26
Kaistraße	**BZ** 28
Kammerweg	**CZ**
Karlsburg	**BZ** 29
Keilstraße	**AYZ** 32
Kistnerstraße	**ABY**
Klußmannstraße	**BZ**
Löningstraße	**BZ** 36
Lohmannstraße	**AY**
Lloydstraße	**AY**
Ludwigstraße	**BZ**
Melchior-Schwoon-Straße	**BY** 43
Mittelstraße	**BZ**
Mozartstraße	**BCZ** 38
Neuelandstraße	**BY**
Obere Bürger	**AZ** 39
Pestalozzistraße	**AY**
Prager Straße	**BZ** 40
Rampenstraße	**ABY**
Rheinstraße	**BCZ**
Rickmersstraße	**ABY**
Rudloffstraße	**AY**
Schiffdorfer Chaussee	**CZ** 42
Schifferstraße	**AYZ**
Schillerstraße	**BZ**
Schlachthofstraße	**CY**
Schleusenstraße	**AY** 45
Stresemannstraße	**BY**
Theodor-Heuss-Platz	**BZ** 48
Van-Ronzelen-Straße	**ABZ** 50
Vierhöfen	**CZ** 52
Virchowstraße	**CZ**
Walter-Delius-Straße	**CZ**
Weißenburger Straße	**CZ** 56
Werftstraße	**BY**
Wiener Staße	**AY**
Wiesenstraße	**CY**
Zur Hexenbrücke	**CY**

BREMERVÖRDE Niedersachsen 541 F 11 – 20 900 Ew – Höhe 4 m – Erholungsort.
🛈 Tourist-Information, Rathausmarkt 1, ✉ 27432, ℘ (04761) 98 71 42, touristik@bremervoerde.de, Fax (04761) 987143.
Berlin 374 – Hannover 170 – Bremen 68 – Bremerhaven 48 – Hamburg 78.

🏨 **Oste-Hotel**, Neue Str. 125, ✉ 27432, ℘ (04761) 87 60, info@oste-hotel.de, Fax (04761) 87666, 🌳, 🅼 – 🛏 Zim, 📺 🚗 🅿 – 🔺 150. 🅰🅴 🅼🅾 🆅🅸🆂🅰 ✖ Rest
geschl. 1. - 11. Jan. – Menu à la carte 20/30,50 – **41 Zim** ⇌ 52/62 – 77/87.
• Auf einem historischen Mühlengrundstück auf der Oste-Insel ist der Hotelneubau gelegen. Man fungiert hier auch gerne als Anlaufpunkt für Radfahrer und Wanderer. Kleines, zeitlos eingerichtetes Restaurant.

BRENSBACH Hessen 543 Q 10 – 5 200 Ew – Höhe 175 m.
Berlin 574 – Wiesbaden 73 – Mannheim 64 – Darmstadt 26 – Michelstadt 19.

In Brensbach-Wersau Nord-West : 2 km :

🏨 **Zum Kühlen Grund**, Bahnhofstr. 81 (B 38), ✉ 64395, ℘ (06161) 9 33 30, kuehlergrund@yahoo.de, Fax (06161) 933322, 🌳 – 🛗 🛏 📺 🚗 🅿 – 🔺 25. 🅾 🅼🅾 🆅🅸🆂🅰 ✖ Zim
Menu à la carte 13,50/34 – **25 Zim** ⇌ 44 – 75.
• Am Tor zum Odenwald finden Urlauber ein ruhiges Plätzchen. Tagungsteilnehmer und Geschäftsreisende erwarten moderne, mit solider Technik versehene Arbeitsräume.

Die Erläuterungen in der Einleitung helfen Ihnen,
Ihren Michelin-Führer effektiver zu nutzen.

BRETTEN Baden-Württemberg 545 S 10 – 27 000 Ew – Höhe 170 m.
Berlin 634 – Stuttgart 54 – Karlsruhe 28 – Heilbronn 47 – Mannheim 64.

🏨 **Achat** garni, Am Seedamm 8, ✉ 75015, ℘ (07252) 5 80 60, bretten@achat-hotel.de, Fax (07252) 5806333 – 🛏 📺 📞 ♿ – 🔺 60. 🅰🅴 🅾 🅼🅾 🆅🅸🆂🅰
⇌ 11 – **74 Zim** 64/84 – 74/94.
• Ein neu erbautes, in ein Geschäftshaus integriertes Stadthotel mit Rezeption in der ersten Etage. Die Zimmer sind mit modernen Buchenholzmöbeln gut eingerichtet.

🏨 **Eulenspiegel**, Marktplatz 8, ✉ 75015, ℘ (07252) 9 49 80, info@hotel-eulenspiegel.de, Fax (07252) 949830 – 📺 📞 🅿 🅼🅾 🆅🅸🆂🅰
Menu à la carte 15,50/22 – **8 Zim** ⇌ 55/65 – 85/100.
• Alle Räume sind individuell und mit Antiquitäten gestaltet und meist nach historischen Personen benannt. Die Zimmer mit Terrasse erlauben romantische Ausblicke auf die Altstadt. Das Bistro im Haus hat eine hübsche Galerie.

In Bretten-Diedelsheim West : 2 km über B 35, Richtung Bruchsal :

🏨 **Grüner Hof**, Karlsruher Str. 2, ✉ 75015, ℘ (07252) 9 35 10, kontakt@gruener-hof.de, Fax (07252) 935116 – 🛗 📺 🅿 🅾 🅼🅾 🆅🅸🆂🅰
Menu siehe Rest. **Guy Graessel im Grünen Hof** separat erwähnt – **26 Zim** ⇌ 42/55 – 59/78.
• Ungefähr in der Mitte zwischen Karlsruhe und Stuttgart gelegen, ist das moderne Hotel mit den solide ausgestatteten Zimmern eine gute Basis für Reisende oder Messebesucher.

XX **Guy Graessel im Grünen Hof**, Karlsruher Str. 2, ✉ 75015, ℘ (07252) 71 38, Fax (07252) 958637 – 🅿 🅰🅴 🅾 🅼🅾 🆅🅸🆂🅰
geschl. Feb. 2 Wochen, Aug. 3 Wochen, Donnerstag, Sonntagabend – Menu à la carte 24/37, ⚜.
• Die Küche repräsentiert eine Mischung badischer und französischer Einflüsse. Gekonnt werden hier marktfrische regionale Produkte zu appetitanregenden Speisen verarbeitet.

BRETZENHEIM Rheinland-Pfalz 543 Q 7 – 2 200 Ew – Höhe 110 m.
Berlin 606 – Mainz 38 – Bad Kreuznach 6 – Koblenz 75.

🏨 **Grüner Baum**, Kreuznacher Str. 33, ✉ 55559, ℘ (0671) 83 63 40, gruenerbaum@gmx.net, Fax (0671) 8363450 – 🛗 🛏 📺 🅼🅾 🆅🅸🆂🅰 ✖ Zim
geschl. 10. Juli - 1. Aug., 23. Dez. - 10. Jan. – **Menu** (geschl. Freitag, Sonntag) (nur Abendessen) à la carte 16/24 – **31 Zim** ⇌ 34/52 – 62/99.
• Bereits seit 1779 existiert das hübsche Fachwerkhaus in dem historischen Weinörtchen an der Nahe. Fragen Sie nach den renovierten Gästezimmern. Idyllischer Weingarten und rustikal eingerichtete Weinstube.

BRETZFELD Baden-Württemberg 545 S 12 – 10 000 Ew – Höhe 210 m.
Berlin 575 – Stuttgart 61 – Heilbronn 20 – Nürnberg 145 – Würzburg 107.

In Bretzfeld-Bitzfeld Nord : 2 km :

Zur Rose (mit Gästehaus), Weißlensburger Str. 12, ⌂ 74626, ℘ (07946) 77 50, hotel-rose@t-online.de, Fax (07946) 775400, 😊, 🏊 – 📶, ❄ Zim, 📺 📞 🅿 – 🚗 35. ⚫ ⚫ VISA
geschl. Mitte - Ende Aug. – **Menu** (geschl. Donnerstag) à la carte 18/38,50 – **40 Zim** ⌂ 50/62 – 85/110.
◆ Naturholz und helle Polstermöbel geben den Übernachtungszimmern dieses ländlichen Gasthofs ihr wohnliches Gepräge. Einige Zimmer auch noch mit einfacherem Komfort. Fleisch- und Wurstwaren aus der hauseigenen Metzgerei.

In Bretzfeld-Brettach Süd-Ost : 9 km, Richtung Mainhardt :

Rössle 🍽 mit Zim, Mainhardter Str. 26, ⌂ 74626, ℘ (07945) 9 11 10, gasthof@roessle-brettach.de, Fax (07945) 911130, 😊 – 📺 🅿 ⚫ ⚫ ❄ Zim
geschl. 19. Jan. - 5. Feb., 13. - 29. Sept. – **Menu** (geschl. Montagabend - Dienstag) à la carte 20/35 – **4 Zim** ⌂ 42 – 58/68.
◆ Netter, gut geführter Landgasthof. Die Zinnstube (mit Zinntellern und -figuren dekoriert), die Kaminstube und die Rappenbachstube (mit Blick ins Grüne) warten auf die Gäste.

BREUBERG/ODENWALD Hessen 543 Q 11 – 7 700 Ew – Höhe 150 m.
Berlin 577 – Wiesbaden 83 – Frankfurt am Main 65 – Darmstadt 38 – Aschaffenburg 24.

In Breuberg-Neustadt :

Kuhar's Rodensteiner, Wertheimer Str. 3, ⌂ 64747, ℘ (06165) 9 30 50, info@kuhars.hotel-rodensteiner.de, Fax (06165) 930550, 😊, Biergarten, 🚗 – 📶 ❄ 📞 🅿 – 🚗 35. ⚫ ⚫ VISA
Menu (geschl. 2. - 15. Jan., Sonntagabend - Montag) à la carte 32,50/57 – **21 Zim** ⌂ 95/115 – 130/164.
◆ Nach einer gründlichen Renovierung in 2001 sind die Zimmer dieses Odenwald-Hotels wohnlich und funktionell mit unterschiedlichen italienischen Stilmöbeln ausgestattet. Stilvolles Restaurant mit Stuckdecken und gepflegtem Dekor.

BREUNA Hessen 543 L 11 – 3 600 Ew – Höhe 200 m – Luftkurort.
🏌 Zierenberg, Gut Escheberg (Süd-Ost : 6 km), ℘ (05606) 26 08.
Berlin 421 – Wiesbaden 240 – Kassel 37 – Paderborn 59.

Sonneneck 🍽, Stadtpfad 2, ⌂ 34479, ℘ (05693) 2 93, sonneneck@t-online.de, Fax (05693) 7144, 😊, 😊, 🚗 – ❄ Zim, 📺 🚗 🅿 ⚫ ⚫ VISA
geschl. 4. - 25. Jan. – **Menu** (geschl. Sonntagabend - Montag)(Montag - Freitag nur Abendessen) à la carte 18/31,50 – **20 Zim** ⌂ 38/55 – 65/75 – ½ P 10.
◆ Der Gasthof liegt mit seinem Anbau inmitten einer Gartenanlage. Wählen Sie ein Zimmer im vorderen Teil des Hauses, dort hat man meist einen Balkon und helle, gekalkte Möbel. Restaurant mit ländlich-rustikalem Ambiente.

BRIETLINGEN Niedersachsen siehe Lüneburg.

BRILON Nordrhein-Westfalen 543 L 9 – 28 000 Ew – Höhe 455 m – Kneippkurort – Wintersport : 450/600 m ⛷2 🎿.
🏌 Brilon, Hölsterloh 5, ℘ (02961) 5 35 50.
🛈 Brilon Touristik, Steinweg 26, ⌂ 59929, ℘ (02961) 9 69 90, brilon-touristik@t-online.de, Fax (02961) 51199.
Berlin 469 – Düsseldorf 168 – Arnsberg 42 – Kassel 89 – Lippstadt 47 – Paderborn 47.

Haus Rech, Hoppecker Str. 1, ⌂ 59929, ℘ (02961) 9 75 40, hotel-rech@t-online.de, Fax (02961) 975454, 😊 – 📶 📺 ♿ – 🚗 20. ⚫ ⚫ VISA ❄ Zim
Menu (geschl. Juli - Aug. 2 Wochen, Montagabend) à la carte 16/36 – **26 Zim** ⌂ 47/55 – 78/88 – ½ P 11.
◆ Farblich unterschiedlich, mit großzügigem Platzangebot und teils mit Bistrotisch und Korbstühlen, überzeugen die individuellen Gastzimmer in diesem schmucken Stadthaus. Behagliche Gastlichkeit findet sich im stilvoll eingerichteten Restaurant.

Waldhotel, Hölsterloh 1 (Süd-Ost : 1,5 km, nahe der B 251), ⌂ 59929, ℘ (02961) 34 73, waldhotel-klaholz@t-online.de, Fax (02961) 50470, ≤, 😊 – 📺 🅿 ⚫ ⚫ VISA
Menu à la carte 19/33 – **20 Zim** ⌂ 37/43 – 62/78 – ½ P 10.
◆ Oberhalb einer Golfanlage in der Waldlandschaft des Hochsauerlandes findet man dieses Gasthaus. Fragen Sie nach den Zimmern im Anbau. Frühstück gibt's im Wintergarten.

BRILON

Wiegelmanns am Wall mit Zim, Strackestr. 23, ✉ 59929, ✆ (02961) 40 44, kontakt@hotel-am-wallgraben.de, Fax (02961) 973519, 🍴, Biergarten – 📺 ✆ 🅿 – 🔔 60. 🅰🅴 🍷 🆅🅸🆂🅰 ✂ Rest
geschl. 22. - 26. Dez. – **Menu** (geschl. Sonntagabend) à la carte 21/42 – **Deele** (geschl. Montag) (nur Abendessen) **Menu** à la carte 14/25 – **8 Zim** ⊆ 48 – 80 – ½ P 18.
♦ Dieses familiengeführte Haus ist ein hell und freundlich gestaltetes Bistro-Restaurant. Warme Farben und blanke Holztische bestimmen das Ambiente. Betont rustikal präsentiert sich die Deele.

In Brilon-Gudenhagen Süd : 4 km über B 251, Richtung Willingen :

Haus Waldsee mit Zim, Am Waldfreibad, ✉ 59929, ✆ (02961) 9 79 20, Fax (02961) 908569, 🍴 – 📺 🅿
Menu (geschl. Montag - Dienstag) à la carte 30,50/47, ♀ – **5 Zim** ⊆ 42 – 68.
♦ Idyllisch am See gelegen, ist dieses Haus ein Kleinod urgemütlicher Gastlichkeit mit guter Küche. Der Service arbeitet sehr freundlich, die Zimmer sind rustikal eingerichtet.

BROTTERODE Thüringen 544 N 15 – 3 000 Ew – Höhe 600 m – Erholungsort.

🅱 Gästeinformation, Bad-Vilbeler-Platz 4, Haus des Gastes ✉ 98599, ✆ (036840) 33 33, gaesteinformation@brotterode-online.de, Fax (036840) 3335.
Berlin 353 – Erfurt 62 – Bad Hersfeld 97 – Coburg 96.

Zur guten Quelle, Schmalkalder Str. 27, ✉ 98599, ✆ (036840) 3 40, hotel.quelle@t-online.de, Fax (036840) 34111, ≘ – 🛗, ✂ Zim, 📺 ♿ 🅿 – 🔔 100. 🍷 🆅🅸🆂🅰
Menu à la carte 13,50/19,50 – **44 Zim** ⊆ 36/47 – 52/78 – ½ P 10.
♦ Nur wenige Kilometer vom Rennsteig entfernt, fungiert dieses Unterkunft als Standort für die Erkundung der Kulturstädte Thüringens. Reservieren Sie ein Zimmer im neueren Teil.

Außerhalb West : 3 km :

Waldschlößchen ✂, Gehegsweg 12, ✉ 98599, ✆ (036840) 3 22 63, info@gehege.com, Fax (036840) 32127, 🍴, ≘, 🐎 – ✂ Zim, 📺 ♿ 🅿 🍷 🆅🅸🆂🅰 ✂
Menu à la carte 13,50/22 – **22 Zim** ⊆ 42 – 58 – ½ P 11.
♦ Umrahmt von Boots- und Fischteichen, liegt das kleine Waldhotel in absoluter Abgeschiedenheit. Natur pur und familiäre Gastlichkeit garantieren Erholung und Entspannung. Ländliches Restaurant, Café und Sonnenterrasse.

BRUCHHAUSEN-VILSEN Niedersachsen 541 H 11 – 6 000 Ew – Höhe 19 m – Luftkurort.
Berlin 369 – Hannover 87 – Bremen 49 – Minden 83 – Verden an der Aller 30.

Forsthaus Heiligenberg ✂, Heiligenberg 3 (in Homfeld, Süd-West : 4 km), ✉ 27305, ✆ (04252) 9 32 00, hotel@forsthaus-heiligenberg.de, Fax (04252) 932020, 🍴 – 📺 🅿 – 🔔 20. 🅰🅴 🍷 🆅🅸🆂🅰
Menu (geschl. Montag) à la carte 26/36,50 – **14 Zim** ⊆ 49/60 – 84/120.
♦ Schon seit über 200 Jahren steht das Forsthaus an dieser Stelle. Hier wohnen Sie in freundlich möblierten Zimmern, das neue Gästehaus zeigt sich geschmackvoll im Landhausstil. Freigelegtes Fachwerk und ein Kamin geben dem Restaurant ein rustikales Ambiente.

Dillertal, an der B 6 (Süd-West : 4 km), ✉ 27305, ✆ (04252) 26 80, dillertal@t-online.de, Fax (04252) 678, 🍴 – 🅿 – 🔔 250. 🅾 🍷 🆅🅸🆂🅰
Menu à la carte 18/35.
♦ Die neo-rustikale Bestuhlung, Holzvertäfelung an der Decke, ein offener Kamin und Geweihe an den Wänden prägen diese ländliche Gaststätte am Museumsbahnhof Heiligenberg.

BRUCHSAL Baden-Württemberg 545 S 9 – 42 000 Ew – Höhe 115 m.

Sehenswert : Schloss★★ (Treppe★★, Museum mechanischer Musikinstrumente★★).
🅸🅶 Bruchsal, Langental 2, ✆ (07251) 8 74 74.
🅱 Touristcenter, Am alten Schloss 22, ✉ 76646, ✆ (07251) 5 05 94 60, touristcenter@btmv.de, Fax (07251) 5059465.
ADAC, Moltkestr. 38.
Berlin 646 – Stuttgart 68 – Karlsruhe 29 – Heilbronn 61 – Heidelberg 37 – Mannheim 49.

Scheffelhöhe ✂, Adolf-Bieringer-Str. 20, ✉ 76646, ✆ (07251) 80 20 (Hotel) 30 03 73 (Rest.), hotel@scheffelhoehe.de, Fax (07251) 802156, ≤, 🍴, ≘ – 🛗, ✂ Zim, 📺 ✆ 🅿 – 🔔 40. 🅰🅴 🅾 🍷 🆅🅸🆂🅰 🅹🅲🅱
geschl. 24. Dez. - 1. Jan. – **Belvedere : Menu** à la carte 21/36 – **95 Zim** ⊆ 79/104 – 99/129.
♦ Am Südhang eines Kraichgauhügels liegt das Hotel mit Blick auf die Rheinebene. Zeitlos eingerichtete Zimmer mit gutem Komfort versprechen einen erholsamen Aufenthalt. Im Belvedere essen Sie mit Blick auf die historische Altstadt.

BRUCHSAL

Business Hotel garni, Am Mantel 1a (nahe der BAB-Ausfahrt), ✉ 76646, ℘ (07251) 93 90, businessho@aol.com, Fax (07251) 939339 – 📱 ⚡ 📺 📞 ♿ ⇔ 🅿 – 🔒 80. 🎫 💳 VISA
104 Zim ⊇ 45/69 – 68/125.
♦ In den hellen Räumen mit moderner Konferenztechnik lässt es sich gut tagen und lernen. Sie übernachten in einheitlich gestalteten Zimmern mit funktioneller Ausstattung.

Zum Bären, Schönbornstr. 28, ✉ 76646, ℘ (07251) 8 86 27, info@baeren-bruchsal.de, Fax (07251) 88611, 🌳 – 🅿. 🎫 ⓪ 💳 VISA
Menu à la carte 20/44, 🅧
♦ Hinter der klassischen Fassade des renovierten Stadthauses erwartet Sie ein zeitgemäß gestaltetes Restaurant mit freundlichem Service. Im Frühjahr gibt es Bruchsaler Spargel.

In Bruchsal-Büchenau Süd-West : 7 km über B 3, in Untergrombach rechts ab :

Ritter (mit Gästehäusern), Au in den Buchen 92, ✉ 76646, ℘ (07257) 8 80, info@ritterbruchsal.de, Fax (07257) 88111, 🌳, ⚡ – 📱 ⚡ Zim, 📺 📞 ♿ 🅿 – 🔒 100. 🎫 ⓪ 💳 VISA JCB
Menu à la carte 20,50/40 – **Brasserie** (geschl. Aug., Sonntag - Montag)(nur Abendessen) **Menu** à la carte 33,50/40 – **98 Zim** ⊇ 68/75 – 95, 4 Suiten.
♦ Aus drei Häusern besteht dieses familiär geführte Hotel. Unterschiedlich in der Möblierung, aber ausreichend groß und funktionell sind die Gästezimmer. Im Landhausstil : das Restaurant. Brasserie in zeitlos-moderner Gestaltung.

In Karlsdorf-Neuthard Nord-West : 4 km, über B 35, jenseits der A 5 :

Schlindwein-Stuben, Altenbürgstr. 6, ✉ 76689, ℘ (07251) 4 10 76, Fax (07251) 49343, Biergarten – ⚡ – 🔒 20. 🎫 ⓪ 💳 VISA
geschl. Aug. - Sept. 3 Wochen, Montag – **Menu** à la carte 16/36.
♦ Fünf verschiedene ländliche Gasträume und ein liebevoll bepflanzter Biergarten laden ein zu Gerichten der bürgerlichen Küche. Man bietet auch aktuelle Saisongerichte.

In Forst Nord-West : 5 km :

Zum Löwen, Kirchstr. 8, ✉ 76694, ℘ (07251) 30 08 96, 🌳 – 💳 VISA
geschl. Anfang Jan. 1 Woche, Aug., Sonntagabend - Montag, Samstagmittag – **Menu** à la carte 24,50/34,50.
♦ Dem alten Stadthaus wurde neues Leben eingehaucht. Im neo-rustikal gestalteten Restaurant wird ein internationaler Küchenstil mit saisonalen Akzenten dargeboten.

BRUCKMÜHL Bayern 546 W 19 – 12 000 Ew – Höhe 507 m.
Berlin 630 – München 46 – Garmisch-Partenkirchen 92 – Salzburg 100 – Innsbruck 119.

Demmel garni, Rathausplatz 2, ✉ 83052, ℘ (08062) 31 11, Fax (08062) 3311, 🌳 – ⚡ 📺 🅿
17 Zim ⊇ 41/46 – 67/72.
♦ Am Fuß der Bayerischen Alpen liegt diese sympathische Herberge inmitten einer gepflegten Gartenanlage. Fensterläden und Holzbalkone lassen eine heimelige Stimmung aufkommen.

In Bruckmühl-Kirchdorf Nord : 1 km :

Großer Wirt mit Zim, Am Griesberg 2, ✉ 83052, ℘ (08062) 90 89 80, info@gastho f-grosser-wirt.de, Fax (08062) 5888, 🌳, 🏊 (geheizt), 🌳 – 📺 ⇔ 🅿. 🎫 💳 VISA
Menu à la carte 15,50/32 – **11 Zim** ⊇ 47 – 72.
♦ Hinter der Backsteinfassade wird ländlich-deftig gekocht. Auch die bayerische Brotzeit und Wurst- und Fleischwaren aus eigener Schlachtung fehlen nicht auf der Karte.

BRÜCKENAU, BAD Bayern 546 P 13 – 7 700 Ew – Höhe 300 m – Heilbad.
🛈 Tourist-Information, Rathausplatz 1 (Altes Rathaus), ✉ 97769, ℘ (09741) 8 04 11, inf o@bad-brueckenau.de, Fax (09741) 6904.
Berlin 478 – München 345 – Fulda 32 – Frankfurt am Main 97 – Würzburg 78.

In Bad Brückenau - Stadtmitte :

Zur Krone, Marktplatz 5, ✉ 97769, ℘ (09741) 40 81, Fax (09741) 3851 – 📺 🅿
Menu (geschl. Sonntag) (nur Abendessen) à la carte 14/25 – **10 Zim** ⊇ 42 – 75.
♦ Behagliche, mit Naturholzmöbeln ausgestattete und geräumige Zimmer warten dem Gasthof in der Fußgängerzone auf den erholungsuchenden Reisenden. Das Restaurant bietet ein rustikal-gemütliches Ambiente.

Zur Mühle 🌳, Ernst-Putz-Str. 17, ✉ 97769, ℘ (09741) 9 16 10, zur-muehle@t-onl ine.de, Fax (09741) 916191, 🌳 – 📺 ⇔ 🅿. 🎫 💳 VISA
Menu à la carte 13,50/30 – **42 Zim** ⊇ 38/54 – 65/80 – ½ P 13.
♦ Zentrumsnah und doch idyllisch in einem kleinen Park mit Teich ist dieses gastfreundliche, aus einer Mühle entstandene Haus situiert. Hübsch die Zimmer mit Balkon oder Loggia !

BRÜHL Nordrhein-Westfalen 543 N 4 – 45 900 Ew – Höhe 65 m.

Sehenswert : Schloss Augustusburg★★ (Treppenhaus★★, Deckenfresko★, Innenräume★★, Audienzsaal★, Garten★) – Schloss Falkenlust★ (Lackkabinett★, Spiegelkabinett★) – Phantasialand★ (Galaxy★).

🛈 Brühl-Info, Uhlstr. 1, ✉ 50321, ☏ (02232) 7 93 45, bruehl.info@t-online.de, Fax (02232) 79346.

Berlin 589 – Düsseldorf 61 – Bonn 25 – Aachen 76 – Düren 35 – Köln 13.

Ramada Treff Hotel, Römerstr. 1, ✉ 50321, ☏ (02232) 20 40, bruehl-koeln@ramada-treff.de, Fax (02232) 204523, 🍽, ≘s – 🛗, ¾ Zim, ▪ Rest, TV ☏ ⇔ 🅿 – 🔔 240. AE ⓪ ⓜ VISA JCB
Menu à la carte 19/31 – ⇌ 13 – **157 Zim** 105 – 116.
• Modern und praktisch ist das ganze Hotel, von der Architektur bis zur Einrichtung der Gästezimmer. Einige der Zimmer eignen sich dank einer Verbindungstür als Familienzimmer. Helles Restaurant mit Fensterfront und großem Buffet.

Am Stern garni, Uhlstr. 101, ✉ 50321, ☏ (02232) 1 80 00, info@hotel-am-stern.de, Fax (02232) 180055 – 🛗 TV 🅿 ⓜ VISA
41 Zim ⇌ 70/75 – 100.
• Einheitlich mit weißen Möbeln und hellen Accessoires sind die Übernachtungszimmer ausgestattet. Freundlicher, aber unaufdringlicher Service. Gute Kommunikationstechnik.

Orangerie, Schloßstr. 6a (Schloss Augustusburg), ✉ 50321, ☏ (02232) 9 49 46 10, info@orangerie-bruehl.de, Fax (02232) 9494601, 🍽
geschl. Montag - Dienstag – **Menu** (wochentags nur Abendessen) à la carte 36/52.
• In einem Seitenflügel von Schloss Augustusburg begrüßt Sie die Gastgeberin in einem länglichen Raum mit Gewölbedecke und Sprossentüren, die den Blick in den Park freigeben.

Glaewe's Restaurant, Balthasar-Neumann-Platz, ✉ 50321, ☏ (02232) 1 35 91, Fax (02232) 44360 – ✄
geschl. Ende Dez. - Anfang Jan., Aug. 3 Wochen, Montag - Dienstag – **Menu** (wochentags nur Abendessen) à la carte 32/40.
• Viele große Bilder schmücken die Wände des hellen, mediterran wirkenden Restaurants in einer Geschäftspassage. Die Speisekarte bietet eine Auswahl internationaler Gerichte.

Sicker's, Carl-Schurz-Str. 8, ✉ 50321, ☏ (02232) 94 29 33, 🍽
geschl. Feb. 1 Woche, Sept. 2 Wochen, Mittwoch, Sonntagmittag – **Menu** (Tischbestellung ratsam) à la carte 27/36.
• Mediterranes Flair umgibt Sie in diesem kleinen Restaurant. Man sitzt auf zwei Ebenen, die hellen Räume sind mit Rattanstühlen und blanken dunklen Holztischen eingerichtet.

BRUNSBÜTTEL Schleswig-Holstein 541 E 11 – 13 500 Ew – Höhe 2 m.
Berlin 374 – Kiel 96 – Cuxhaven 84 – Hamburg 83 – Itzehoe 27.

Zur Traube, Markt 9, ✉ 25541, ☏ (04852) 5 46 10, zur_traube@t-online.de, Fax (04852) 546150, 🍽, ≘s – TV ☏ ⇔ 🅿 – 🔔 40. AE ⓪ ⓜ VISA. ✄ Rest
Menu à la carte 21/39 – **19 Zim** ⇌ 52/55 – 72/75.
• An einem kleinen Platz im Altstadtbereich des Städtchens, wo der Nord-Ostsee-Kanal in die Elbe mündet, befindet sich dieser ältere, über Jahrzehnte gewachsene Gasthof.

In St. Michaelisdonn Nord : 12 km :

Landhaus Gardels, Westerstr. 15, ✉ 25693, ☏ (04853) 80 30, landhaus.gardels@t-online.de, Fax (04853) 803183, 🍽, 🏋, ≘s – ¾ Zim, TV 🕭 ⇔ 🅿 – 🔔 50. AE ⓪ ⓜ VISA
Menu (geschl. Sonntagabend) à la carte 18/41 – **59 Zim** ⇌ 75/95 – 92/130 – ½ P 18.
• Seit 115 Jahren kommen hier Reisende in den Genuss unverfälschter nordischer Gastlichkeit. Unterschiedlich möblierte und zugeschnittene Zimmer versprechen ruhigen Schlaf.

BRUSCHIED Rheinland-Pfalz siehe Kirn.

BUCHAU, BAD Baden-Württemberg 545 V 12 – 4 300 Ew – Höhe 586 m – Moorheilbad.

Ausflugsziele : Steinhausen : Wallfahrtskirche★ Süd-Ost : 10 km – Bad Schussenried : ehemaliges Kloster (Klosterbibliothek★) Süd-Ost : 9 km.

🛈 Tourist-Information, Marktplatz 6, ✉ 88422, ☏ (07582) 9 33 60, Fax (07582) 933620.
Berlin 679 – Stuttgart 112 – Konstanz 108 – Reutlingen 71 – Ulm (Donau) 63 – Ravensburg 43.

Zum Kreuz, Hofgartenstr. 1, ✉ 88422, ☏ (07582) 9 31 40, Fax (07582) 931420, 🍽, ≘s – TV ⇔ – 🔔 20. AE ⓜ VISA
geschl. 6. - 26. Jan. – **Menu** (geschl. Mittwoch) à la carte 13,50/35,50 – **24 Zim** ⇌ 32/35 – 55/59 – ½ P 8.
• Diese ländliche, privat geführte Adresse ermöglicht ihren Besuchern eine erholsame Zeit in gepflegten und praktisch ausgestatteten Zimmern. Die hauseigene Metzgerei bereichert das Speiseangebot.

BUCHEN (ODENWALD) Baden-Württemberg 5 4 5 R 11 – 18 800 Ew – Höhe 340 m – Erholungsort.
  ⓘ Mudau, Donebacher Str. 41 (West : 10 km), ℰ (06284) 84 08.
  🛈 Verkehrsamt, Hochstadtstr. 1, ✉ 74722, ℰ (06281) 27 80, verkehrsamt-buchen@t-online.de, Fax (06281) 2732.
  Berlin 560 – Stuttgart 113 – *Würzburg* 65 – Heidelberg 87 – Heilbronn 59.

🏨 **Prinz Carl**, Hochstadtstr. 1, ✉ 74722, ℰ (06281) 5 26 90, infoprinzcarl@t-online.de, Fax (06281) 526969, 🍽 – 🛗, ↻ Zim, 📺 🚗 🅿 – 🛁 25. AE ① ◎ VISA
  Menu à la carte 25,50/42 – **31 Zim** ⌸ 51/64 – 74/120 – ½ P 16.
  ♦ Die geschmackvoll eingerichteten Zimmer der ehemaligen Posthalterstation sind teils mit Möbeln im Eiermann-Stil bestückt, teils mediterran gestaltet. Restaurant mit gemütlicher Atmosphäre.

🏨 **Reichsadler**, Walldürner Str. 1, ✉ 74722, ℰ (06281) 5 22 60, hotel-reichsadler@t-online.de, Fax (06281) 522640, 🍽 – ↻ Zim, 📺 🅿 ◎ VISA. 🚫 Zim
  geschl. Aug. 2 Wochen – **Menu** à la carte 15/31 – **20 Zim** ⌸ 40/50 – 74.
  ♦ Herzlichkeit mit Tradition empfängt Sie in den ländlichen Räumlichkeiten. In hellem Holz neuzeitlich gestaltete Schlafquartiere warten auf Ihren Besuch. Das Restaurant bietet nette Plätze in rustikaler Umgebung oder auf der Terrasse im Hof.

In Buchen-Hainstadt Nord : 1,5 km :

🏨 **Zum Schwanen**, Hornbacher Str. 4, ✉ 74722, ℰ (06281) 28 63, info@schwanen-online.de, Fax (06281) 97098, 🔲 – 🛗 🚗 🅿 ◎ VISA. 🚫
  geschl. Aug. 3 Wochen – **Menu** (geschl. Mittwoch, Sonntagabend) à la carte 12,50/20 – **17 Zim** ⌸ 32 – 50 – ½ P 9.
  ♦ Das Haus möchte seinen Gästen ein behagliches Zuhause bieten. Eine einfache und gepflegte Einrichtung macht die Fremdenzimmer zu einer soliden Unterkunft.

In Buchen-Hollerbach Süd-West : 3 km :

✕ **Zum Engel**, Holunderstr. 7, ✉ 74722, ℰ (06281) 89 46, 🍽 – 🅿 ◎ VISA
  geschl. über Pfingsten 1 Woche, Ende Juli - Mitte Aug., Dienstag - Mittwoch – **Menu** (wochentags nur Abendessen) à la carte 24/40, ♀.
  ♦ Hinter einer geschmackvollen Sandsteinfassade bietet man eine Speiseauswahl von österreichisch bis mediterran. Holztäfelung und Wandmalerei bilden das kunstvolle Dekor.

BUCHENBERG Bayern 5 4 6 W 14 – 4000 Ew – Höhe 895 m – Luftkurort – Wintersport : 900/1036 m ≤6 ⚡.
  🛈 Tourist Info, Rathaussteige 2, ✉ 87474, ℰ (08378) 9 20 22, anita.kloepf@buchenberg.de, Fax (08378) 920223.
  Berlin 703 – München 133 – *Kempten (Allgäu)* 8 – Isny 17.

🏨 **Schwarzer Bock** ⚘, Hölzlers 169 (Nord-West : 1,5 km), ✉ 87474, ℰ (08378) 9 40 50, info@freudeimgruenen.de, Fax (08378) 940520, 🍽 , 🛏 , 🔲 , 🏊 , 🐎 – ↻ Zim, 📺 🅿 – 🛁 30. ◎ VISA. 🚫 Rest
  Menu (geschl. Montagmittag, Dienstagmittag) à la carte 20/39,50, ♀ – **20 Zim** ⌸ 49/66 – 79/107 – ½ P 23.
  ♦ Seine "grüne Freude" erlebt der Gast in diesem von reizvoller Natur umgebenen Landhaus. In einem Nebenhaus hat man nette, wohnliche Zimmer eingerichtet. Komfortabel ausgestattete Gaststuben mit schön eingedeckten Tischen.

BUCHHOLZ IN DER NORDHEIDE Niedersachsen 5 4 1 F 13 – 37 000 Ew – Höhe 46 m.
  ⓘ Buchholz-Seppensen, An der Rehm 25 (Süd : 5 km), ℰ (04181) 3 62 00.
  🛈 Tourist-Information, Rathausplatz 4, ✉ 21244, ℰ (04181) 28 28 10, Fax (04181) 282890.
  Berlin 312 – Hannover 124 – *Hamburg* 40 – Bremen 96.

🏨 **Landart Hotel**, Lindenstr. 21, ✉ 21244, ℰ (04181) 91 90, info@landart-hotel.de, Fax (04181) 919199, 🍽 , 🎱 , 🛏 , 🔲 – 🛗, ↻ Zim, 🍴 Rest, 📺 🕭 🚗 🅿 – 🛁 100. AE ① ◎ VISA. 🚫 Rest
  Menu à la carte 25,50/32 – **48 Zim** ⌸ 84/105 – 109/130.
  ♦ Vor den Toren Hamburgs entstand ein Haus, in dem sich Geschäftsleute und auch Urlauber wohlfühlen. Geschmackvolle, nach Landschaftsthemen gestaltete Zimmer. Modernes Restaurant mit dunkler Lederpolsterung, Bildern und Pflanzen.

✕✕ **Ristorante Il Sole**, Lohbergenstr. 51, ✉ 21244, ℰ (04181) 9 77 08, libsalerno@aol.com, Fax (04181) 97706, 🍽 – 🅿 ◎ VISA
  geschl. Montag – **Menu** (Dienstag- Freitag nur Abendessen) (italienische Küche) à la carte 24/36, ♀.
  ♦ An einem kleinen Teich gelegen, wartet das Restaurant mit elegant-rustikaler Lederbestuhlung, dunkler Holztäfelung, Wandmalerei mit Aktmotiven und italienischer Küche auf.

BUCHHOLZ IN DER NORDHEIDE

In Buchholz-Dibbersen *Nord* : *4 km* :

Frommann, Harburger Str. 8 (B 75), ✉ 21244, ✆ (04181) 28 70, *hotel-frommann@t-online.de*, Fax (04181) 287287, 🍴, 🔲, 🐴 – ✶ Zim, TV P – 🛋 40
Menu à la carte 16/31 – **49 Zim** ⊇ 42/55 – 60/82.
  ◆ Unweit von Hamburg und nahe der Heidelandschaft gelegen, präsentiert sich dieser Gasthof mit Anbau als zeitgemäß und solide ausgestattete Übernachtungsadresse. Sie speisen in bürgerlich-rustikalem Umfeld.

Gästehaus Ulmenhof 🌲, garni, Am Sööl'n 1, ✉ 21244, ✆ (04181) 9 99 70, *familie.stoever@gaestehaus-ulmenhof.de*, Fax (04181) 97103, (ehem. Bauernhaus), 🐴 – ✶ TV ⇌ P. ⓜ ⚫
16 Zim ⊇ 39 – 50/57.
  ◆ Einst bäuerlich genutzt, hat man hier nun preisgünstigen Wohnkomfort für Reisende geschaffen. Holzmobiliar und Holzvertäfelungen prägen die Räume rustikal. Schöner Garten.

In Buchholz-Holm-Seppensen *Süd* : *5 km* :

Seppenser Mühle 🌲, ✉ 21244, ✆ (04187) 3 22 30, *info@seppenser-muehle.de*, Fax (04187) 322399, 🍴, 🐴 – 🛋 15. ⓜ ⚫
geschl. Jan. – **Menu** (geschl. Mittwoch) à la carte 18/28 – **21 Zim** ⊇ 47 – 75.
  ◆ Idyllisch an einem Teich gelegen, stellt diese Adresse ein friedliches Zuhause auf Zeit dar - mit familiärer Atmosphäre und praktischen Gästezimmern. Nett dekorierte, ländliche Restauranträume und hübsche Gartenterrasse.

In Buchholz-Seppensen *Süd* : *3,5 km* :

Heitmann garni, Buchholzer Landstr. 6, ✉ 21244, ✆ (04181) 9 32 50, *fritz.heitmann@web.de*, Fax (04181) 932525 – TV P. AE ⓜ VISA. ✶
11 Zim ⊇ 49 – 69.
  ◆ Freundliches Kleinstadt-Flair umgibt diese Adresse. Vor allem Familien schätzen das Haus wegen seines persönlichen Charmes. Ein zusätzliches Kinderbett ist kein Problem.

In Buchholz-Steinbeck *Nord-West* : *3 km* :

Zur Eiche, Steinbecker Str. 111, ✉ 21244, ✆ (04181) 2 00 00, *hotel@zur-eiche.de*, Fax (04181) 39509, Biergarten, – ✶ TV P – 🛋 40. AE ⓞ ⓜ VISA
Menu à la carte 19/31 – **18 Zim** ⊇ 54/57 – 78/91.
  ◆ Im stilvollen Landhotel widmet man sich mit Engagement Ihrem Wohlbefinden. Sie wohnen in funktionell ausgestatteten Zimmern - ein rustikaler Rahmen sorgt für Behagen. Ländlicher Restaurantbereich mit leicht elegantem Touch.

Hoheluft (mit Gästehäusern), Hoheluft 1 (an der B 75), ✉ 21244, ✆ (04181) 9 21 10, *info@landgasthof-hoheluft.de*, Fax (04181) 921150, Biergarten, 🐴 – ✶ Zim, TV ⇌ P – 🛋 40. ⓞ ⓜ VISA
Menu (geschl. 25. Dez. - 1. Jan., Sonntagabend) à la carte 19/34 – **24 Zim** ⊇ 39/47 – 59/77.
  ◆ Zeitgemäß, mit braunem oder kirschfarbenem Mobiliar, sind die Zimmer dieses Gasthofs gehalten. Auch die Bäder sind entsprechend modern ausgestattet. Wählen Sie zwischen bürgerlicher Gaststube, lichtdurchflutetem Wintergarten oder geselligem Biergarten.

BUCHLOE Bayern 🟦🟦🟦 V 16 – *8 500 Ew* – *Höhe 627 m*.

Berlin 606 – München 68 – Augsburg 48 – Kempten (Allgäu) 59 – Memmingen 49.

Stadthotel, Bahnhofstr. 47, ✉ 86807, ✆ (08241) 50 60, *info@stadthotel-buchloe.de*, Fax (08241) 506135, 🍴, ⇌ – 🛗, ✶ Zim, TV ✆ ⇌ P – 🛋 90. ⓜ VISA
Menu à la carte 15/32,50 – **44 Zim** ⊇ 52/62 – 82/92.
  ◆ Genießen Sie Ihre wohlverdiente Nachtruhe in diesem neuzeitlichen Haus. Mit freundlichem Mobiliar hat man die Gästezimmer funktionell eingerichtet. Angenehm helles Restaurant im ersten Stock.

BUCKOW Brandenburg 🟦🟦🟦 I 26 – *1 700 Ew* – *Höhe 46 m* – *Kneippkurort*.

🅱 *Fremdenverkehrsamt, Wriezener Str. 1a, ✉ 15377, ✆ (033433) 5 75 00, Fax (033433) 57719.*
Berlin 62 – Potsdam 91 – Frankfurt (Oder) 48 – Eberswalde 50.

Kur- und Tagungshotel Am See 🌲, Ringstr. 5, ✉ 15377, ✆ (033433) 63 60, Fax (033433) 636138, ≤, 🍴, Massage, ⛲, ⇌, 🐴 – 🛗 TV P – 🛋 25. ⓜ VISA
Menu à la carte 15/24 – **28 Zim** ⊇ 42/52 – 67/72.
  ◆ Hier bewohnen Sie hübsche Zimmer in unmittelbarer Nähe des Scharmützelsees. Mit einem Badestrand und Bootsverleih vor der Tür steht Ihrem Vergnügen nichts im Wege. Helles Restaurant und Terrasse mit Seeblick.

BÜCHLBERG Bayern 546 T 24 – 4 000 Ew – Höhe 489 m – Erholungsort – Wintersport : ⛷.
🛈 Verkehrsamt, Hauptstr. 5 (Rathaus), ✉ 94124, ☎ (08505) 9 00 80, info@buechlberg.de, Fax (08505) 900848.
Berlin 613 – München 192 – Passau 19 – Freyung 21.

Binder, Freihofer Str. 6, ✉ 94124, ☎ (08505) 9 00 70, info@hotelbinder.de, Fax (08505) 900799, ≤, 🌳, ≘s, 🐎 – 🛗 📺 ⟵ 🅿 – 🏊 120. ⓜ 𝗩𝗜𝗦𝗔
※ Zim
geschl. Mitte Jan. - Mitte Feb. – **Menu** (geschl. Okt. - April Donnerstag) à la carte 11/22 – **57 Zim** ⊆ 36/38 – 55/65 – ½ P 9.
♦ Praktisch, sauber und gepflegt zeigt sich dieses gastliche Haus, eine geeignete Adresse für Ausflüge in den Bayerischen Wald. Auch größere Gruppen sind herzlich willkommen.

Beinbauer ⬩, Pangerlbergstr. 5, ✉ 94124, ☎ (08505) 65 20, info@hotel-beinbauer.de, Fax (08505) 6463, ≘s, ◻, 🐎 – 📺 🅿
geschl. Nov. – **Menu** (Restaurant nur für Hausgäste) – **33 Zim** ⊆ 30/42 – 51/72 – ½ P 8.
♦ Rustikale Räumlichkeiten, familiärer Charme und die ruhige Lage machen das Haus zu einer netten Herberge. Fragen Sie nach den verschiedenen Pauschalangeboten.

BÜCKEBURG Niedersachsen 541 J 11 – 20 800 Ew – Höhe 60 m.
Sehenswert : Schloss★ – Hubschraubermuseum★ – Stadtkirche★.
🏌 Obernkirchen, Röserheide 2 (Nord-Ost : 8 km), ☎ (05724) 46 70.
🛈 Tourist-Information, Marktplatz 4, ✉ 31675, ☎ (05722) 20 61 81, tourist-info@bueckeburg.de, Fax (05722) 206210.
Berlin 340 – Hannover 64 – Bielefeld 63 – Bremen 106 – Osnabrück 93.

Ambiente, Herminenstr. 11, ✉ 31675, ☎ (05722) 96 70, info@ambiente-hotel.de, Fax (05722) 967444, 🌳, ≘s – 🛗, ※ Zim, 📺 ✆ ♿ ⟵ 🅿 – 🏊 35. 𝗔𝗘 ⓄⒹ ⓜ 𝗩𝗜𝗦𝗔
Menu à la carte 14/39 – **34 Zim** ⊆ 116 – 152.
♦ Neben wohnlich gestalteten Gästezimmern mit funktioneller Ausstattung zählt auch die Nähe zum Zentrum zu den Annehmlichkeiten des Hauses. Das Restaurant hat man in legerem Bistrostil eingerichtet.

Am Schlosstor garni, Lange Str. 31, ✉ 31675, ☎ (05722) 9 59 90, Fax (05722) 959950 – ※ 📺 ✆ 🅿 𝗔𝗘 ⓜ 𝗩𝗜𝗦𝗔
25 Zim ⊆ 51/87 – 77/107.
♦ In der Fußgängerzone wartet eine gepflegte Adresse auf Ihren Besuch. Neuzeitliches Design und Funktionalität vereinen sich zu einer netten, wohnlichen Unterkunft.

In Bückeburg-Röcke West : 5 km :

Große Klus, Am Klusbrink 19, ✉ 31675, ☎ (05722) 9 51 20, info@kluesker.de, Fax (05722) 951250, 🌳 – ※ Zim, 📺 ✆ 🅿 – 🏊 30. 𝗔𝗘 ⓜ 𝗩𝗜𝗦𝗔
Menu (wochentags nur Abendessen) à la carte 20/36 🔸 – **28 Zim** ⊆ 56/81 – 82/117.
♦ Ihr Quartier ist ein a. d. J. 1794 stammender Gasthof mit modernem Hotelanbau. Die Zimmer sind teils mit hellem Naturholz, teils mit italienischem Mobiliar bestückt. Gemütliches Restaurant mit Kamin und Fachwerk.

BÜCKEN Niedersachsen 541 H 11 – 1 000 Ew – Höhe 20 m.
Berlin 355 – Hannover 72 – Bremen 63 – Hamburg 122.

Thöles, Hoyaer Str. 33, ✉ 27333, ☎ (04251) 9 30 00, info@thoeles-hotel.de, Fax (04251) 930093, 🌳, ≘s, ◻, 🐎, ※(Halle) – 📺 ✆ ⟵ 🅿 – 🏊 200. ⓄⒹ ⓜ 𝗩𝗜𝗦𝗔
Menu (geschl. Sonntagabend) à la carte 14/26 – **24 Zim** ⊆ 40/45 – 60.
♦ Eine preisgünstige, solide Adresse für Radler auf der Durchreise, aber auch für länger Verweilende. Pferde freuen sich auf eine Gastbox. Ländlich-rustikal eingerichtete Restauranträume.

In Warpe-Nordholz Süd-West : 6,5 km, über Altenbrücker Str.

Landhaus Hünecke, Haus Nr. 2, ✉ 27333, ☎ (05022) 6 21, landhaus.huenecke@gmx.net, Fax (05022) 1726, 🌳, ◻, 🐎, ※ – 📺 🅿 ※ Zim
Menu (geschl. Okt. 2 Wochen, Sonntagabend) à la carte 15/26 – **14 Zim** ⊆ 32 – 55.
♦ Der gewachsene Gasthof besteht seit über 100 Jahren. Ländlich in hellem Holz gehalten, stellen die Zimmer eine gepflegte, praktische Unterkunft dar. Großes Freizeitangebot.

BÜDELSDORF Schleswig-Holstein siehe Rendsburg.

BÜHL Baden-Württemberg 5️⃣4️⃣5️⃣ T 8 – 28 800 Ew – Höhe 135 m.

Ausflugsziel : Burg Altwindeck ≤★ Süd-Ost : 4 km.

🛬 Rheinmünster, Cabot Trail G208 (Nord-West : 10 km), ✆ (07229) 66 15 01.

🛈 Tourist-Information, Hauptstr. 92/Ecke Grabenstraße, ✉ 77815, ✆ (07223) 93 53 32, tourist.info@buehl.de, Fax (07223) 935339.

Berlin 716 – Stuttgart 117 – Karlsruhe 45 – Offenburg 41 – Baden-Baden 17.

🏨 **Zum Sternen,** Hauptstr. 32, ✉ 77815, ✆ (07223) 9 86 50, Fax (07223) 986533 – 🛗
📺 🅿 AE 🌑 VISA

Menu (geschl. Mittwoch) à la carte 13/28 – **16 Zim** ⇔ 42/47 – 72/77.

◆ Mit diesem Haus wird man Ihren Ansprüchen an eine solide Unterkunft gerecht. Die Zimmer dienen in ihrer liebenswerten Gestaltung der Erholung des Gastes.

✕✕ **Grüne Bettlad** mit Zim, Blumenstr. 4, ✉ 77815, ✆ (07223) 9 31 30, Fax (07223) 931310, 🍽, (Haus a.d. 18. Jh.) – 📺 ✆ 🅿 – 🅰 🌑 VISA

geschl. Weihnachten - Mitte Jan., Ende Juli - Anfang Aug. – **Menu** (geschl. Sonntag - Montag) 30 (mittags) à la carte 32/49, ♀ – **6 Zim** ⇔ 70/75 – 95/110.

◆ Das Restaurant im Puppenstubencharakter ist sehr gemütlich und urig eingerichtet. Im Sommer serviert man Ihnen auch im schönen Innenhof badische und französische Gerichte.

✕✕ **Gude Stub,** Dreherstr. 9, ✉ 77815, ✆ (07223) 84 80, Fax (07223) 900180, 🍽 – 🌑 VISA

geschl. 16. Feb. - 9. März, Dienstag – **Menu** (Tischbestellung ratsam) 24 à la carte 26,50/37.

◆ Kleine, gemütliche Räume mit Holztäfelung, Parkettfußboden und niedrigen Decken bilden die Gude Stub. Mit Sorgfalt und Geschmack bereitet man hier Ihr Essen zu.

In Bühl-Eisental Nord : 2 km, über B 3 :

✕ **Zum Rebstock,** Weinstr. 2 (B 3), ✉ 77815, ✆ (07223) 2 42 45, wohund@t-online.de, Fax (07223) 900708, 🍽 – 🅿 🌑 VISA

geschl. Anfang - Mitte Jan., Anfang - Mitte Aug., Montag - Dienstagmittag – **Menu** à la carte 20,50/37.

◆ In angenehm einfachem Rahmen erfährt der Gast die Vielfalt badischer Küche - dazu umgibt Sie ein gemütliches Ambiente mit reichlich Dekorationen.

In Bühl-Kappelwindeck Süd-Ost : 2 km, über Rungsstraße und Kappelwindeckstraße :

🏨 **Jägersteig** 🍃, Kappelwindeckstr. 95a, ✉ 77815, ✆ (07223) 9 85 90, leppert@jaeg ersteig.de, Fax (07223) 985998, ≤ Bühl und Rheinebene, 🍽 – 📺 ✆ 🅿 – 🅰 25. 🌑 VISA

Menu (geschl. Montagmittag, Donnerstag) à la carte 18/30 – **13 Zim** ⇔ 36/54 – 70/80 – ½ P 15.

◆ Eingebettet in eine Landschaft voller herrlicher Wanderwege, sorgt dieses kleine Landhaus mit seinem familären Flair und gepflegten Zimmern für Behagen. Von der Terrasse aus genießen Sie beim Speisen einen wunderschönen Blick.

✕ **Rebstock** mit Zim, Kappelwindeckstr. 85, ✉ 77815, ✆ (07223) 2 21 09, info@rebst ock-kappelwindeck.de, Fax (07223) 40142, 🍽 – 🛗, ⇌ Zim, 📺 🅿 🌑 VISA

Menu (geschl. Mitte Jan. - Mitte Feb., Mittwoch) à la carte 17,50/29 – **8 Zim** ⇔ 41/45 – 68/75 – ½ P 14.

◆ Auf badischem Rebengrün blicken Sie von diesem oberhalb des Ortes gelegenen Gasthof. Neben Gasträumen in ländlichem Stil bietet man neuzeitliche Gästezimmer.

In Bühl-Neusatz Süd : 5 km, Richtung Ottersweier, dann links ab :

🏨 **Pension Linz** 🍃, garni, Waldmattstr. 10, ✉ 77815, ✆ (07223) 9 86 70, hotel-pensi on-linz@t-online.de, Fax (07223) 25206, ≤, Massage, ≦s, 🌊, 🐎, ✕ – 📺 🛏 🅿

8 Zim ⇔ 48 – 80/85.

◆ Klein, aber fein : Die individuelle Einrichtung der Zimmer und der persönliche Charakter zeichnen diese heimelige Adresse aus. Abgeschiedenheit verschafft Ihnen Ruhe.

In Bühl-Oberbruch Nord-West : 4 km, jenseits der A 5 :

✕✕ **Pospisil's Gasthof Krone** mit Zim, ✉ 77815, ✆ (07223) 9 36 00, pavel@pospisils -krone.de, Fax (07223) 936018, 🍽 – 📺 🅿 🌑 VISA

Pavel's Restaurant (geschl. Montag - Dienstagmittag) **Menu** 32/80, ♀ – **Kronenstube** (geschl. Montag - Dienstagmittag) **Menu** à la carte 23/42,50 – **6 Zim** ⇔ 40/50 – 70.

◆ Hier empfiehlt der Patron des Hauses mündlich seine Menüs. Pavel's Restaurant hat Wohnzimmeratmosphäre - schön eingedeckte Tische und netter Service. Die Kronenstube ist der rustikale Bereich des Hauses.

In Bühl-Rittersbach Süd : 2 km, über Rungsstraße und Hubstraße :

🏨 **Zur Blume,** Hubstr. 85, ✉ 77815, ✆ (07223) 2 21 04, zurblume@t-online.de, Fax (07223) 22117, 🍽 – ⇌ 📺 🛏 🅿 AE 🌑 VISA

Menu (geschl. Donnerstag) à la carte 18/31 – **20 Zim** ⇔ 35/44 – 57/80.

◆ Hier erleben Sie mittelbadische Gastlichkeit. Das Haus bietet Ihnen eine gediegene Unterkunft. Die Rebhügel laden zu Spaziergängen in beschaulicher Umgebung ein. Sie speisen in einem behaglich-rustikalen Gastraum.

BÜHL

An der Burgruine Altwindeck *Süd-Ost : 4 km über Kappelwindeck :*

Burg Windeck, Kappelwindeckstr. 104, ✉ 77815 Bühl, ℘ (07223) 9 49 20, *burg-windeck@t-online.de*, Fax (07223) 949290, ≤ Bühl und Rheinebene, 佘, ♿, ☎ – ⇌ Zim, 📺 ✆ ⇐ 🅿 – 🔑 35. 🆎 ① ⓂⓄ 𝗩𝗜𝗦𝗔
geschl. 2. - 30. Jan. – **Menu** *(geschl. Mittwoch, Sonntagabend)* à la carte 33/45, ♀ – **21 Zim** ⇌ 80/100 – 125/140.
◆ Historische Mauern in schöner Lage - umgeben von Rebstöcken. Ihr Aufenthalt in elegantem Landhaus-Ambiente wird Ihnen in guter Erinnerung bleiben. Panorama-Restaurant mit herrlicher Aussicht auf die Weinberge.

An der Schwarzwaldhochstraße *Ost : 13 km, über Bühlertal, in Sand links ab :*

Schlosshotel Bühlerhöhe, Schwarzwaldhochstr. 1 – Höhe 800 m, ✉ 77815 Bühl, ℘ (07226) 5 50, *info@buehlerhoehe.de*, Fax (07226) 55777, ≤ Schwarzwald und Rheinebene, 佘, ☯, Massage, ♿, ☎, 🏊, 🎾, ✵(Halle) – 🛗, ⇌ Zim, 🍽 Rest, 📺 ✆ ⇐ 🅿 – 🔑 120. 🆎 ① ⓂⓄ 𝗩𝗜𝗦𝗔. ✵ Rest
Menu siehe Rest. *Imperial* separat erwähnt – ***Schlossrestaurant*** : **Menu** à la carte 34/52, ♀ – ⇌ 18 – **90 Zim** 160/260 – 260/360, 12 Suiten – ½ P 60.
◆ Durch den privaten Schlosspark erreichen Sie Ihre Residenz : Dezenter Luxus vereint sich mit moderner Eleganz. Ein stilvolles Rondell stellt das Herzstück des Hauses dar. Klassisches Restaurant mit ansprechendem Couvert.

Imperial - Schlosshotel Bühlerhöhe, Schwarzwaldhochstr. 1, ✉ 77815 Bühl, ℘ (07226) 5 57 42, *info@buehlerhoehe.de*, Fax (07226) 55777 – 🅿. 🆎 ① ⓂⓄ 𝗩𝗜𝗦𝗔. ✵
geschl. Mitte Jan. - Mitte Feb., Aug. 2 Wochen, Montag - Dienstag – **Menu** *(wochentags nur Abendessen)* (Tischbestellung ratsam) à la carte 55/76, ♀.
◆ Helle Räumlichkeiten bilden das edle Ambiente dieser kulinarischen Adresse. Feinschmecker werden von der niveauvollen Verköstigung mit saisonalen Genüssen begeistert sein.
Spez. Gänseleber-Bratwürstchen mit sauren Linsen und glasierten Äpfeln. Dreierlei vom Kalbsbries mit Wiesenkräuter-Salat. Stubenküken mit Langostinos gefüllt und Salsa verde

---

BÜHLERTAL Baden-Württemberg 🟦🟦🟦 T 8 – 8 200 Ew – Höhe 500 m – Luftkurort.
🛈 *Tourist-Information, Hauptstr. 92,* ✉ 77830, ℘ (07223) 9 96 70, *info@buehlertal.de*, Fax (07223) 75984.
Berlin 721 – Stuttgart 120 – *Karlsruhe 50* – Strasbourg 51 – Baden-Baden 20.

Rebstock, Hauptstr. 110 (Obertal), ✉ 77830, ℘ (07223) 9 97 40, *rebstock-buehlertal@t-online.de*, Fax (07223) 997499, 佘, ≋ – 🛗, ⇌ Zim, 📺 🅿 – 🔑 100. ⓂⓄ 𝗩𝗜𝗦𝗔
Menu *(geschl. Feb. 2 Wochen, Nov. 2 Wochen, Donnerstag)* à la carte 21/37 – **21 Zim** ⇌ 62/68 – 85/98 – ½ P 15.
◆ Hinter der Balkonfassade dieses familiengeführten Hauses erwarten den Gast gepflegte, wohnliche Zimmer und ein freundlicher, individueller Service. Ländliches Restaurant mit schöner Gartenterrasse.

Engel mit Zim, Hauptstr. 13 (Untertal), ✉ 77830, ℘ (07223) 7 21 63, Fax (07223) 999164, 佘 – 📺 🅿. ⓂⓄ 𝗩𝗜𝗦𝗔. ✵
Menu à la carte 24/40 – **8 Zim** ⇌ 39/46 – 66.
◆ Der durch Familie Recht geführte Gasthof beherbergt ein ländlich-gemütliches Restaurant mit nettem Dekor und hellem Holzfußboden sowie einige gepflegte, rustikale Zimmer.

Bergfriedel mit Zim, Haabergstr. 23 (Obertal), ✉ 77830, ℘ (07223) 7 22 70, *bergfriedel@t-online.de*, Fax (07223) 999596, ≤ Bühlertal, 佘 – 📺 ✆ 🅿. ⓂⓄ 𝗩𝗜𝗦𝗔
geschl. Nov. 3 Wochen – **Menu** *(geschl. Montag - Dienstag)* à la carte 24/45, ♀ – **10 Zim** ⇌ 35/38 – 70 – ½ P 15.
◆ Einen herrlichen Panoramablick über die grünen Schwarzwaldhänge haben Sie dank großer Fenster von der Gaststube aus - und natürlich auch von der sonnigen Terrasse.

BÜLOW Mecklenburg-Vorpommern 🟦🟦🟦 E 21 – 350 Ew – Höhe 33 m.
Berlin 174 – Schwerin 106 – Neubrandenburg 55 – Güstrow 44 – Rostock 73.

In Bülow-Schorssow *Süd-West : 2 km :*

Schloß Schorssow (mit Gästehaus), Am Haussee, ✉ 17166, ℘ (039933) 7 90, *schloss.schorssow@t-online.de*, Fax (039933) 79100, 佘, ☎, 🏊, ⛵, ≋ – 🛗, 🍽 Rest, 📺 ♿ 🅿 – 🔑 45. 🆎 ① ⓂⓄ 𝗩𝗜𝗦𝗔
Hofjägermeister von Moltke : **Menu** à la carte 37/46, ♀ – **Weinkeller** *(nur Abendessen)*
Menu à la carte 20/32 – **44 Zim** ⇌ 97/128 – 143/199 – ½ P 28.
◆ Der elegante Rahmen des Schlosses aus dem 19. Jh. in dem Park mit See erfüllt Ihre hohen Ansprüche an komfortables Wohnen. Hübsch anzusehen : die Bibliothek. Stuckdecken geben dem Hofjägermeister von Moltke einen Hauch Eleganz.

BÜRCHAU Baden-Württemberg siehe Neuenweg.

BÜREN Nordrhein-Westfalen 543 L 9 – 22 000 Ew – Höhe 232 m.
🛈 Tourist-Information, Königstr.16, ✉ 33142, ℘ (02951) 97 01 24, Fax (02951) 9701524.
Berlin 450 – Düsseldorf 152 – Arnsberg 56 – Kassel 92 – Paderborn 29.

🏠 **Kretzer**, Wilhelmstr. 2, ✉ 33142, ℘ (02951) 98 49 80, hotel.kretzer@t-online.de, Fax (02951) 70119 – TV 🅿 ⓜ VISA. ❄ Zim
geschl. Ende Juli - Mitte Aug. – **Menu** (geschl. Karwoche, Mittwochabend) à la carte 15/26 – **10 Zim** ⊇ 33 – 60.
• Sie werden dieses Haus als solide Unterkunft schätzen. Die zeitgemäßen Zimmer sind unterschiedlich eingerichtet, Herzlichkeit sorgt für Behagen. Rustikale Ländlichkeit bestimmt den Charakter des Restaurants.

🏠 **Ackfeld**, Bertholdstr. 9, ✉ 33142, ℘ (02951) 9 84 50, ackfeld@aol.com, Fax (02951) 984545, Biergarten – 🅿 ⇔. AE ⓄⓅ VISA JCB
Menu (geschl. 23. Dez. - 7. Jan., Donnerstag, Samstagmittag) à la carte 13,50/28 – **8 Zim** ⊇ 38 – 70.
• Seien Sie zu Gast in diesem netten, familiengeführten kleinen Haus. Hier stellt man Ihnen geräumige und wohnlich eingerichtete Zimmer zur Verfügung. Einfache Gaststube.

BÜRGEL Thüringen 544 N 19 – 1800 Ew – Höhe 263 m.
Berlin 233 – Erfurt 55 – Gera 34 – Jena 12 – Halle 88.

🏠 **Zur Sonne**, Markt 9, ✉ 07616, ℘ (036692) 2 25 22, webmail@gruenderzeithotel.de, Fax (036692) 20116, ⇔ – ↔ Zim, TV. AE Ⓞ ⓂⓄ VISA JCB
Menu (geschl. Sonntag) (nur Abendessen) à la carte 14,50/21,50 – **10 Zim** ⊇ 35/50 – 66.
• Das Hotel steht in einer Töpferstadt mit 400-jähriger Tradition. 1901 im Stil der Gründerzeit erbaut, wurde das Haus jetzt originalgetreu restauriert. Zeitgemäße Zimmer. Bürgerliche Galerie Gasträume.

Bei verspäteter Anreise, nach 18 Uhr, ist es sicherer,
Ihre Zimmerreservierung zu bestätigen.

BÜRGSTADT Bayern 546 Q 11 – 4600 Ew – Höhe 130 m.
🛈 Tourist Information (Rathaus), Große Maingasse 1, ✉ 63927, ℘ (09371) 9 73 80, fremdenverkehr@buergstadt.de, Fax (09371) 69200.
Berlin 566 – München 352 – Würzburg 69 – Aschaffenburg 43 – Heidelberg 79.

🏠🏠 **Adler** (mit Gästehäusern), Hauptstr. 30, ✉ 63927, ℘ (09371) 9 78 80, info@gasthof-adler.de, Fax (09371) 978860, Biergarten, ⇔, 🌿 – ↔ Zim, TV 📞 🅿 AE ⓂⓄ VISA ❄ Rest
Menu (geschl. Jan. 1 Woche, Montagmittag, Dienstagmittag) à la carte 20/35,50, ♀ – **21 Zim** ⊇ 40/59 – 90/102.
• Mit Engagement kümmert man sich hier um seine Gäste. Neuere Zimmer befinden sich im Haupthaus - gepflegte, großzügige Räume, die Moderne mit Wohnlichkeit verbinden. Eine nette Gartenwirtschaft ergänzt das rustikale Restaurant.

🏠🏠 **Weinhaus Stern**, Hauptstr. 23, ✉ 63927, ℘ (09371) 4 03 50, info@hotel-weinhaus-stern.de, Fax (09371) 403540, ⇔ – TV ⓂⓄ VISA
Menu (geschl. Dienstagmittag, Mittwoch, Donnerstag, Freitagmittag) à la carte 26/41, ♀ ⇔ – **12 Zim** ⊇ 35/55 – 70/105.
• Das historische Gebäude beherbergt seine Gäste in wohnlichen Zimmern. Die Architektur aus Sandstein und Fachwerk bewahrt dem Haus seinen ursprünglichen Charakter. In gemütlich-ländlichen Gaststuben serviert man Schmackhaftes der Region. Schöne Weinlaube.

BÜRSTADT Hessen 543 R 9 – 16 000 Ew – Höhe 90 m.
🏌 🏌 Biblis-Wattenheim, Golfparkallee 2 (Nord : 6 km), ℘ (06245) 9 06 00.
Berlin 601 – Wiesbaden 73 – Mannheim 33 – Frankfurt am Main 65 – Worms 7.

🏠🏠 **Berg**, Vinzenzstr. 6, ✉ 68642, ℘ (06206) 98 30, hotelberg@gmx.de, Fax (06206) 98349, ⇔, ⇔ – ↔ Zim, TV 📞 ⇐ 🅿 – 🛎 60. AE Ⓞ ⓂⓄ VISA JCB
Menu (geschl. Samstagmittag, Sonntagabend) à la carte 33/47 – **35 Zim** ⊇ 45/75 – 65/99.
• Geschmackvoll eingerichtete Zimmer unterschiedlichen Zuschnitts bieten Gästen eine bequeme und solide Unterkunft. Die persönliche Atmosphäre sorgt für Behagen. Neuzeitlich gestaltetes Restaurant.

BÜSCHERHEIDE Niedersachsen siehe Preußisch-Oldendorf.

BÜSUM Schleswig-Holstein 541 D 10 – 4 600 Ew – Nordseeheilbad.

🚉 Warwerort, Dorfstr. 11 (Ost : 8 km), ℰ (04834) 63.00.

🛈 Kur und Tourismus Service, Südstrand 11, ✉ 25761, ℰ (04834) 90 91 14, info@buesum.de, Fax (04834) 6530.

Berlin 406 – Kiel 102 – Cuxhaven 131 – Flensburg 103 – Meldorf 25.

Friesenhof ⚘, Nordseestr. 66, ✉ 25761, ℰ (04834) 95 51 20, Fax (04834) 8108, ≤, 😀, Ⅰ♨, ≋, 🌳 – 📶, ⤫ Zim, 📺 📞 🅿. 🆎 ⓞ ⓜ ⓥⓘⓢⓐ
Menu à la carte 21/39,50 – **45 Zim** ⍩ 59/100 – 123/150 – ½ P 19.
 ◆ Direkt hinter dem Deich widmet man sich mit Fürsorge Ihrem Wohl. Die gelungene Kombination von Funktionalität und Wohnlichkeit wird Ihren Ansprüchen gerecht. Ein heller Wintergarten ist Teil des Restaurants.

Strandhotel Hohenzollern ⚘, Strandstr. 2, ✉ 25761, ℰ (04834) 99 50, strand-hotel-hohenzollern@t-online.de, Fax (04834) 995150, 😀 – 📶 📺 🅿. ⤫ Rest
geschl. 18. Nov. - 20. Dez. – **Menu** à la carte 17/29 – **43 Zim** ⍩ 43/82 – 86/96 – ½ P 13.
 ◆ In diesem gastlichen Haus finden Sie ein gepflegtes Quartier - die hauseigene Brücke führt Sie zum Strand. Die Zimmer sind mit Mahagonimöbeln eingerichtet. Schlichtes Restaurant mit rustikalem Touch.

Zur Alten Post (mit Gästehaus), Hafenstr. 2, ✉ 25761, ℰ (04834) 9 51 00, alte-post@t-online.de, Fax (04834) 4944, 😀 – 📺 ♿ 🅿. ⓜ. ⤫ Rest
geschl. 19. - 25. Dez. – **Menu** à la carte 17/36 – **45 Zim** ⍩ 39/65 – 78/90 – ½ P 13.
 ◆ Ein ländliches Hotel im Zentrum des Ortes, das Sie ganz im Sinne einer langen Familientradition im historischen Gasthof oder im großzügigeren Gartenflügel beherbergt. Restaurant im Stil der Region. Besonders sehenswert : die Dithmarscher Bauernstube.

Windjammer ⚘, Dithmarscher Str. 17, ✉ 25761, ℰ (04834) 66 61, Fax (04834) 3040, Ⅰ♨, ≋, 🌳 – ⤫ Zim, 📺 📞 🅿. ⤫ Rest
Menu (Nov. - April garni) (nur Abendessen) à la carte 14,50/28,50 – **17 Zim** ⍩ 57/90 – 80/94 – ½ P 11.
 ◆ Hier erleben Sie nordisches Flair und Gastlichkeit. Als wohnliches Zuhause präsentieren sich die neuzeitlichen Zimmer - teils mit Südbalkon.

Büsum ⚘ garni, Blauort 15, ✉ 25761, ℰ (04834) 6 01 40, info@hotel-buesum.de, Fax (04834) 60188, Ⅰ♨, ≋ – 📶 ⤫ 📺 🅿.
Mitte März - Okt. – **35 Zim** ⍩ 32/52 – 80.
 ◆ Mit Strand, Meer und dem Engagement des Hauses ist die Basis für Ihre Erholung geschaffen. Für die angenehme Nachtruhe stehen Zimmer sowie Appartements zur Verfügung.

Kolles Alter Muschelsaal, Hafenstr. 27, ✉ 25761, ℰ (04834) 24 40, kolle-buesum@t-online.de, Fax (04834) 4555 – 🅿.
geschl. Montag – **Menu** à la carte 20/34,50.
 ◆ Früher Gaststube einer alten Fischerkneipe, wurde diese Adresse zu einem gemütlichen Restaurant erweitert. Viele Muscheln aus allen Weltmeeren zieren das Interieur.

BÜTTELBORN Hessen 543 Q 9 – 10 000 Ew – Höhe 85 m.
Berlin 567 – Wiesbaden 35 – Frankfurt am Main 38 – Darmstadt 12 – Mainz 28.

Haus Monika, an der B 42 (Ost : 1 km), ✉ 64572, ℰ (06152) 18 10, info@haus-monika.de, Fax (06152) 18150, 😀 – 📶, ⤫ Zim, 📺 📞 🅿. – 🅰 30. 🆎 ⓞ ⓜ ⓥⓘⓢⓐ. ⤫ Zim
geschl. 24. Dez. - 2. Jan. – **Menu** (geschl. Juli - Aug. 2 Wochen, Samstag, Sonntagabend) à la carte 22/36 – **38 Zim** ⍩ 50/65 – 84.
 ◆ Mit seinen neuzeitlichen, in hellem Holz eingerichteten Zimmern stellt das Hotel ein gepflegtes und praktisch ausgestattetes Zuhause auf Zeit dar. Das Restaurant : leicht rustikal.

BÜTZER Brandenburg siehe Rathenow.

BURG Schleswig-Holstein siehe Fehmarn (Insel).

BURG BEI MAGDEBURG Sachsen-Anhalt 542 J 19 – 23 000 Ew – Höhe 54 m.
🛈 Information, Markt 1, ✉ 39288, ℰ (03921) 48 44 90, burginfo@stadt-burg.de, Fax (03921) 6895.
Berlin 130 – Magdeburg 26 – Brandenburg 55.

Wittekind, An den Krähenbergen 2 (im Gewerbegebiet Ost, Süd-Ost : 2 km), ✉ 39288, ℰ (03921) 9 23 90, Fax (03921) 923939, 😀 – 📶 – ⤫ Zim, 📺 ♿ 🅿. – 🅰 25
Menu à la carte 14,50/30 – **46 Zim** ⍩ 67 – 92.
 ◆ Freuen Sie sich auf ein sympathisches, gepflegtes Ambiente. Äußerlich wie auch im Inneren zeigt sich das Haus in neuzeitlichem Stil. Hell und modern : das Restaurant.

BURG/MOSEL Rheinland-Pfalz siehe Enkirch.

BURG (SPREEWALD) Brandenburg 542 K 26 – 4 000 Ew – Höhe 58 m – Erholungsort.
Ausflugsziele : Spreewald★★ (Freilandmuseum Lehde★, per Kahn ab Lübbenau West : 19 km).
🛈 Touristinformation, Am Hafen 6, ✉ 03096, ℘ (035603) 4 17, Fax (035603) 498.
Berlin 113 – Potsdam 144 – Cottbus 19 – Frankfurt (Oder) 98 – Leipzig 117.

Zur Bleiche ⓢ, Bleichestr. 16 (West : 2 km), ✉ 03096, ℘ (035603) 6 20, reservierung@hotel-zur-bleiche.com, Fax (035603) 60292, 🍽, Biergarten, 🌿, Massage, ⑤, ≋,
☰ (geheizt), 🎾, 🚲 – ✵ TV 📞 P – 🅿 120
Menu (Mittwoch - Sonntag nur Mittagessen) à la carte 19/36, ♀ – **17 fuffzig** (geschl. Feb. 1 Woche, Ende Juli - Mitte Aug., Montag - Dienstag)(nur Abendessen) Menu à la carte 33,50/49, ♀ – **90 Zim** (nur ½ P) 138/190 – 278/338, 7 Suiten.
♦ Durch und durch geschmackvoll : die großzügige Hotelanlage gefällt mit Landhaus-Ambiente und Individualität. Außergewöhnlich : der Wellnessbereich "Landtherme". Das Restaurant : teils gemütlich-elegant, teils als rustikale Stube. Sehr hübsch : das 17 fuffzig.

Am Spreebogen, Ringchaussee 140 (West : 3 km), ✉ 03096, ℘ (035603) 68 00, hotel-am-spreebogen@t-online.de, Fax (035603) 68020, 🍽 – TV P – 🅿 25. ⓐ ⓜ ᴠɪsᴀ
✵ Rest
Menu à la carte 12,50/26 – **24 Zim** ⊇ 58 – 87 – ½ P 11.
♦ Die Zimmer Ihrer Unterkunft sind mit hellen Naturholzmöbeln neuzeitlich und sehr solide eingerichtet - eine saubere und tadellos gepflegte Adresse. Ein Wintergartenanbau ergänzt das Restaurant.

In Burg-Kauper Nord-West : 9 km :

Waldhotel Eiche ⓢ, Eicheweg 1, ✉ 03096, ℘ (035603) 6 70 00, waldhotel-eiche@spreewald-info.de, Fax (035603) 67222, 🍽, Biergarten, ⑤, ≋, 🚲 – ⟦ ✵ TV P –
🅿 50. ⓐ ⓓ ⓜ ᴠɪsᴀ ✵ Rest
geschl. 4. - 29. Jan. – Menu à la carte 20/26,50 – **62 Zim** ⊇ 67/79 – 98/128, 8 Suiten
– ½ P 17.
♦ Das einsam am Spreekanal gelegene Hotel gefällt mit seiner reizvollen Außenanlage, komfortablen Zimmern - teils im Landhausstil und diversen Freizeitmöglichkeiten. Das Restaurant : teils gediegen mit einem Hauch Eleganz, teils eher rustikal.

Landhotel Burg im Spreewald, Ringchaussee 125, ✉ 03096, ℘ (035603) 6 46, landhotel@landhotel-burg.de, Fax (035603) 64800, 🍽, Massage, ⑤, ≋ – ✵ Zim, TV
📞 P – 🅿 200. ⓐ ⓓ ⓜ ᴠɪsᴀ ᴊᴄʙ
Menu à la carte 17/28 – **53 Zim** ⊇ 62/78 – 79/99 – ½ P 13.
♦ Inmitten des Spreewaldes finden Reisende ein wohnliches Quartier. Naturbelassenes Holz schenkt dem Inneren dieses modernen Hauses ein besonderes Flair. Mit hellen, freundlichen Farben hat man das Restaurant also gestaltet.

Seehotel Burg ⓢ, Willischzaweg 4, ✉ 03096, ℘ (035603) 6 50, seehotel-burg@t-online.de, Fax (035603) 65250, 🚲 – TV P ⓐ ⓜ ᴠɪsᴀ
Menu (nur Abendessen) (Restaurant nur für Hausgäste) – **35 Zim** ⊇ 49/60 – 67/77 – ½ P 13.
♦ Hier steht Ihrer Erholung nichts im Wege : direkt im Biosphärenreservat an einem kleinen See finden Sie eine Unterkunft im Landhausstil - teils mit guten Platzangebot.

In Werben Süd-Ost : 3 km Richtung Cottbus :

Zum Stern, Burger Str. 1, ✉ 03096, ℘ (035603) 6 60, hotel-stern-werben@spreewald.de, Fax (035603) 66199, Biergarten – TV P. ⓐ ⓓ ⓜ ᴠɪsᴀ
Menu à la carte 12/28 – **30 Zim** ⊇ 49 – 58/72 – ½ P 12.
♦ Helles Naturholz-Mobiliar verleiht den modernen Räumlichkeiten des Hauses eine freundliche Atmosphäre. Lassen Sie sich von langjähriger Familientradition begeistern. Sie wählen aus einem preiswerten gutbürgerlichen Speisenangebot.

In Leipe Nord-West : 8 km :

Spreewaldhotel Leipe ⓢ, Dorfstr. 20, ✉ 03226, ℘ (03542) 22 34, info@spreewaldhotel-leipe.de, Fax (03542) 3891, 🍽 – TV P. ⓐ ⓓ ⓜ ᴠɪsᴀ
geschl. Jan. - März, Nov. - Weihnachten – **Menu** à la carte 12,50/24,50 – **21 Zim** ⊇ 55/70 – 65/90 – ½ P 10.
♦ Der Tradition verpflichtet bietet diese Unterkunft ein solides Quartier in malerischer Umgebung. Beginnen Sie Ihre Spreewalderkundung direkt vor der Tür.

BURG STARGARD Mecklenburg-Vorpommern siehe Neubrandenburg.

BURGDORF Niedersachsen 541 I 14 – 31 000 Ew – Höhe 56 m.

🛫 Burgdorf-Ehlershausen, Waldstr. 27 (Nord : 10 km), ℘ (05085) 76 28.
Berlin 274 – *Hannover* 31 – Braunschweig 52 – Celle 24.

Am Försterberg, Immenser Str. 10, ✉ 31303, ℘ (05136) 8 80 80, Fax (05136) 873342, 🍽 – 📺 🅿 🆎 ⓞ ⓜⓞ 💳
Menu à la carte 20/33 – **24 Zim** ⊇ 44/54 – 77.
♦ Mit gepflegtem Rahmen und wohnlicher Gediegenheit heißt Sie dieses Hotel herzlich willkommen. In behaglichem Umfeld können Sie die Seele baumeln lassen. Holz und Fachwerkbalken geben dem Restaurant rustikale Gemütlichkeit.

In Burgdorf-Beinhorn-Moormühle West : 7 km über B 188, Richtung Hannover :

Landhotel Moormühle, Oldhorster Moor 4, ✉ 31303, ℘ (05136) 8 89 80, moormuehle@t-online.de, Fax (05136) 889855, 🍽, 🌳 – 📺 🅿 🍴 – 🔔 40. 🆎 ⓞ ⓜⓞ 💳 🟢 ※ Rest
Menu à la carte 22,50/36 – **28 Zim** ⊇ 45/49 – 70/75.
♦ Das Anwesen im bäuerlichen Stil bietet mit hellen Möbeln eingerichtete Zimmer sowie ausreichend Platz für Feste und Tagungen nach Ihren Vorstellungen. Der ländliche Charakter der Anlage setzt sich im Restaurant fort.

In Burgdorf-Ehlershausen Nord : 10 km Richtung Celle :

Bähre, Ramlinger Str. 1, ✉ 31303, ℘ (05085) 9 89 80, info@hotel-baehre.de, Fax (05085) 989898, 🍽 – 📺 🅿 🍴 🆎 💳 🇯🇵 ※ Rest
geschl. 27. Dez. - 7. Jan. – **Menu** (geschl. Donnerstag) à la carte 16/39 – **21 Zim** ⊇ 42/79 – 72/99.
♦ Sie haben sich für ein idyllisches, ländliches Quartier entschieden. Besucher dieser gastlichen Adresse schätzen die familiäre Atmosphäre. Neben dem Restaurant lädt auch die gemütliche Stube zum Verweilen ein.

BURGHASLACH Bayern 546 Q 15 – 2 500 Ew – Höhe 300 m.

Berlin 448 – München 229 – *Nürnberg* 60 – Bamberg 46 – Würzburg 59.

In Burghaslach-Oberrimbach West : 5 km über Unterrimbach :

Steigerwaldhaus, ✉ 96152, ℘ (09552) 9 23 90, steigerwaldhaus@t-online.de, Fax (09552) 923929, 🍽, 🌳 – ※ Zim, 📺 🅿 🍴 – 🔔 20. 🆎 ⓞ ⓜⓞ 💳 ※ Rest
Menu (geschl. Mitte Jan. - Mitte Feb., Aug. 2 Wochen, Dienstag) à la carte 15/34 – **19 Zim** ⊇ 27/43 – 45/80.
♦ Urigkeit empfängt den Gast dieser fränkischen Adresse. Mit modernen, aber dennoch ländlich gehaltenen Zimmern fügt sich das Haus gut in die natürliche Umgebung ein. Die Gaststuben sind derb-rustikal eingerichtet, mit hübschen Fachwerkbalken.

BURGHAUSEN Bayern 546 V 22 – 20 000 Ew – Höhe 368 m.

Sehenswert : Lage★★ der Burg★★, ≤★.
Ausflugsziele : Wallfahrtskirche Marienberg★ Süd-West : 4 km – Klosterkirche Raitenhaslach★ (Deckenmalerei★★) Süd-West : 5 km.
🛫 Markt, Falkenhof 1 (Nord : 13 km), ℘ (08678) 98 69 03, 🛫 Haiming, Piesing 4 (Nord-Ost : 5 km), ℘ (08678) 98 69 03.
🏛 Touristik GmbH (Verkehrsamt), Rathaus, Stadtplatz 112, ✉ 84489, ℘ (08677) 88 71 40, touristinfo@burghausen.de, Fax (08677) 887144.
Berlin 639 – München 110 – *Bad Reichenhall* 67 – Passau 81 – Salzburg 58.

Lindacher Hof garni, Mehringer Str. 47, ✉ 84489, ℘ (08677) 98 60, info@lindacher-hof.de, Fax (08677) 986400, 🛁 – 📺 ※ 📺 📞 ➡ 🆎 ⓞ ⓜⓞ 💳
51 Zim ⊇ 67/69 – 92.
♦ Das Haus bleibt seit mehreren Jahrzehnten seinem familiären Charakter treu - sehr zur Freude seiner Gäste. Sie werden in neuzeitlichen, funktionellen Zimmern beherbergt.

Post (mit Gästehäusern), Stadtplatz 39, ✉ 84489, ℘ (08677) 96 50, info@hotelpost.de, Fax (08677) 965666, 🍽 – ※ Zim, 📺 📞 ➡ – 🔔 30. 🆎 ⓞ ⓜⓞ 💳
Menu à la carte 15,50/35 – **82 Zim** ⊇ 72/82 – 82/90.
♦ Die Gästezimmer verteilen sich auf das Stammhaus, Tagungshotel und "Burgblick" - hier können Sie die schöne Aussicht durch Panoramafenster genießen. Nette, teils urige Gasträume.

Glöcklhofer (mit Gästehaus), Ludwigsberg 4, ✉ 84489, ℘ (08677) 9 61 70, eurorin g.hotels@t-online.de, Fax (08677) 65500, Biergarten, 🏊 (geheizt), 🌳 – ※ Zim, 📺 🛁 ➡ 🅿 – 🔔 40. 🆎 ⓞ ⓜⓞ 💳
Menu à la carte 18,50/35 – **56 Zim** ⊇ 62/75 – 85/95.
♦ Logieren Sie im Zentrum der Stadt - zwischen Burg und Salzach. Zeitgemäße Zimmer in Haupt- und Gästehaus machen diese gepflegte Adresse aus. Sie nehmen an gut eingedeckten Tischen Platz - oder in einer rustikalen Stube.

BURGHAUSEN

Bayerische Alm, Robert-Koch-Str. 211, ✉ 84489, ☎ (08677) 98 20, info@bayerischealm.de, Fax (08677) 982200, 🍽, Biergarten – 📺 ✆ 🚗 P – ♨ 15. ⓜⓔ 𝐕𝐈𝐒𝐀
Menu à la carte 20/32 – **23 Zim** ⇄ 60/80 – 82/98.
• Machen Sie Urlaub auf der Alm - oberhalb der Salzach mitten im Grünen. Eine lauschige, rustikale Anlage mit Balkons im alpenländischen Stil. Nettes, ländliches Restaurant auf zwei Ebenen und hübsche Gartenterrasse.

Fuchsstuben, Mautnerstr. 271, ✉ 84489, ☎ (08677) 6 27 24, 🍽 – ⓜⓔ 𝐕𝐈𝐒𝐀
geschl. Ende Aug. - Mitte Sept., Sonntagabend - Montag - **Menu** à la carte 14/28.
• Eine nette Adresse im Herzen der Altstadt : eingerichtet mit hübschen altdeutschen Stilmöbeln, ausgelegt mit Terrakottaboden und geschmackvoll dekoriert.

BURGKUNSTADT Bayern 545 546 P 17 – 6 800 Ew – Höhe 304 m.
Berlin 366 – München 273 – Coburg 31 – Bayreuth 38 – Bamberg 48.

In Altenkunstadt Süd : 2 km :

Gondel, Marktplatz 7, ✉ 96264, ☎ (09572) 36 61, Fax (09572) 4596, 🍽 – 📺 🚗 P. 𝐀𝐄 ⓞ ⓜⓔ 𝐕𝐈𝐒𝐀. ✗
geschl. 1. - 12. Jan. – **Menu** (geschl. Samstagmittag) à la carte 16,50/37 – **36 Zim** ⇄ 40/52 – 75.
• Hinter einer ländlichen Fachwerkfassade verbirgt sich ein familiengeführtes Hotel mit solide möblierten, teils recht geräumigen Gästezimmern. Im Restaurant : rustikaler Charme.

Die in diesem Führer angegebenen Preise folgen
der Entwicklung der allgemeinen Lebenshaltungskosten.
Lassen Sie sich bei der Zimmerreservierung den endgültigen
Preis vom Hotelier mitteilen.

BURGRIEDEN Baden-Württemberg 545 546 V 13 – 3 400 Ew – Höhe 500 m.
Berlin 637 – Stuttgart 115 – Konstanz 150 – Ulm (Donau) 24.

Ebbinghaus, Bahnhofplatz 2, ✉ 88483, ☎ (07392) 60 41, info@restaurant-ebbinghaus.de, Fax (07392) 16765, 🍽 – P.
geschl. 1. - 8. Jan, 8. Aug. - 2. Sept., Montag - **Menu** (wochentags nur Abendessen) 28/70 à la carte 25,50/45.
• Wo ehemals ein Schrankenhäuschen stand, findet sich heute ein neuzeitliches Landhaus. Man kocht für Sie Internationales mit mediterranem Einschlag.

BURGTHANN Bayern 545 546 R 17 – 9 800 Ew – Höhe 440 m.
Berlin 439 – München 159 – Nürnberg 29 – Regensburg 79.

Burghotel Müller (mit Gästehäusern), Burgstr. 2, ✉ 90559, ☎ (09183) 9 32 10, burghotel-mueller@t-online.de, Fax (09183) 932161, 🍽, 🈂 – 📺 ✆ 🚗 P – ♨ 20. ⓜⓔ 𝐕𝐈𝐒𝐀. ✗ Zim
Zum Goldenen Hirschen (geschl. Montag) **Menu** à la carte 12,50/24 – **39 Zim** ⇄ 36/52 – 62/100.
• Das Haus liegt im oberen Teil des Ortes, nahe der namengebenden Burg. Der Gasthof und zwei neu erbaute Gästehäuser beherbergen teils einfache, teils komfortablere Zimmer. Das rustikal gehaltene Restaurant befindet sich im Stammhaus.

Blaue Traube mit Zim, Schwarzachstr. 7, ✉ 90559, ☎ (09183) 75 55, blauetraube@web.de, Fax (09183) 3787, 🍽 – 📺 ⓜⓔ 𝐕𝐈𝐒𝐀
Menu (geschl. Dienstag) à la carte 15/31 – **7 Zim** ⇄ 32 – 64.
• Mit viel Holz eingerichtet, spiegelt dieses Haus den Charakter der Region wider - mit hübschem Kachelofen und nettem Dekor. Geboten wird eine bodenständige, fränkische Küche.

BURGWALD Hessen 543 N 10 – 5 500 Ew – Höhe 230 m.
Berlin 462 – Wiesbaden 145 – Marburg 27 – Kassel 90 – Paderborn 111 – Siegen 82.

In Burgwald-Ernsthausen :

Oertel Burgwald-Stuben, Marburger Str. 25 (B 252), ✉ 35099, ☎ (06457) 80 66, wolfgangoertel@web.de, Fax (06457) 1076 – P.
geschl. Mittwoch – **Menu** (wochentags nur Abendessen) à la carte 26/48.
• Das ehemalige Wohnhaus beherbergt heute ein Restaurant mit elegant-rustikalem Ambiente. Aufgetischt werden Gerichte nach internationaler Art.

BURGWEDEL Niedersachsen 541 I 13 – 20 000 Ew – Höhe 58 m.

🛪 Burgwedel-Engensen, Wettmarer Str. 13 (Ost : 6 km), ℘ (05139) 89 44 94.
Berlin 283 – Hannover 30 – Bremen 107 – Celle 28 – Hamburg 137.

In Burgwedel-Grossburgwedel :

🏨 **Menge's Hof,** Isernhägener Str. 3, ✉ 30938, ℘ (05139) 80 30, info@mengeshof.com, Fax (05139) 87355, 🍽, Massage, ⇔, 🏊 – 🛗, ⇔ Zim, 📺 ✆ ⚙ 🅿 – 🔔 70. 🆎 ⓞ ⓜ ⓥⓘⓢⓐ
Menu à la carte 24/35, ♀ – **44 Zim** ⇌ 102 – 136.
♦ Die Hotelanlage besteht aus renovierten Fachwerkhäusern. Im Inneren erwartet den Gast Gediegenheit mit elegantem Touch. Tagen oder feiern Sie in Willis Scheune. Mobiliar im englischen Stil sorgt für Gemütlichkeit im Restaurant. Innenhofterrasse mit Teich.

🏨 **Marktkieker,** Am Markt 7, ✉ 30938, ℘ (05139) 9 99 40, info@marktkieker.de, Fax (05139) 999429, 🍽 – 📺 ✆ 🅿 – 🔔 20. 🆎 ⓞ ⓜ ⓥⓘⓢⓐ
Menu (geschl. Sonntagabend - Montag) à la carte 17/34,50 – **12 Zim** ⇌ 45/64 – 70/99.
♦ Das schmucke Fachwerkhaus aus dem 17. Jh. bietet seinen Gästen ein rustikal geprägtes Quartier. Die verkehrsgünstige Lage ermöglicht Ihnen eine bequeme Anreise. Freigelegte Holzbalken zieren das Restaurant.

🏨 **Ole Deele** garni, Heinrich-Wöhler-Str. 14, ✉ 30938, ℘ (05139) 9 98 30, Fax (05139) 998340 – 📺 ✆ 🅿 ⓜ ⓥⓘⓢⓐ
15 Zim ⇌ 45/75 – 75/105.
♦ In einer denkmalgeschützten Straße finden Sie hinter der ländlichen Fassade des früheren kleinen Bauernhofs wohnliche Zimmer. Die Landschaft lädt zu Spaziergängen ein.

🍴🍴 **Merlin,** In der Meineworth 1, ✉ 30938, ℘ (05139) 98 34 83, strohdach@aol.com, Fax (05139) 892913, 🍽 – 🅿 ⓜ ⓥⓘⓢⓐ
geschl. Jan. 1 Woche, Juli - Aug. 2 Wochen, Dienstag, Samstagmittag – **Menu** 44/72 à la carte 33/56, ♀.
♦ Das hübsche Lokal in einer renovierten Scheune verbindet Ländlichkeit mit Moderne. Ton in Ton gehaltene Räumlichkeiten bilden einen harmonischem Rahmen zum Speisen.
Spez. Gebratene Jakobsmuscheln mit Zitronengras und Ingwer. Steinbutt mit Safransauce und Langostinos. Geschmorte Ochsenbacken mit Burgundersauce und glasierten Schalotten

In Burgwedel-Kleinburgwedel :

🍴🍴 **Woltemaths Restaurant Lüttjen Borwe,** Wallstr. 13, ✉ 30938, ℘ (05139) 17 45, mail@woltemaths-restaurant.de, Fax (05139) 27488, 🍽 – 🅿 🆎 ⓜ ⓥⓘⓢⓐ
geschl. Montag - Dienstag – **Menu** (wochentags nur Abendessen) à la carte 30,50/ 39, ♀.
♦ Das kleine Fachwerkhaus a. d. J. 1920 wird heute - nach baulicher Erweiterung - als Restaurant genutzt. Im Inneren schafft Landhausstil Behagen.

In Burgwedel-Thönse :

🍴🍴 **Gasthaus Lege,** Engenser Str. 2, ✉ 30938, ℘ (05139) 82 33, gasthauslege@aol.com, Fax (05139) 8233, 🍽 – 🅿 🆎 ⓜ ⓥⓘⓢⓐ
geschl. Juli - Aug. 3 Wochen, Montag - Dienstag – **Menu** (Mittwoch - Freitag nur Abendessen) 27 à la carte 29,50/38,50, ♀.
♦ Das ländliche, nett dekorierte Restaurant bietet sorgfältig zubereitete Mahlzeiten. Auch der engagierte Service unter Leitung der Chefin spricht für das Haus.

BURLADINGEN Baden-Württemberg 545 V 11 – 11 000 Ew – Höhe 722 m.
Berlin 713 – Stuttgart 78 – Konstanz 106 – Ulm (Donau) 92 – Freiburg im Breisgau 173.

In Burladingen-Gauselfingen Süd-Ost : 4,5 km über B 32, Richtung Gammertingen :

🏨 **Wiesental,** Gauzolfstr. 23 (B 32), ✉ 72393, ℘ (07475) 95 36 00, info@hotel-fink-wi esental.de, Fax (07475) 9536033, 🍽, 🚗 – 📺 ⇔ 🅿
geschl. Aug. 2 Wochen – **Menu** (geschl. Donnerstag) à la carte 18/27 – **13 Zim** ⇌ 41/45 – 62.
♦ Praktische, liebenswert eingerichtete Zimmer erwarten den Gast : helles Holz und eine solide Ausstattung machen die Räume zu einer gepflegten Unterkunft. Einfache Gaststuben, in denen Bodenständigkeit groß geschrieben wird.

In Burladingen-Melchingen Nord : 15 km, über B 32, in Killer rechts ab :

🏨 **Gästehaus Hirlinger** 🌿 garni, Falltorstr. 9, ✉ 72393, ℘ (07126) 9 29 70, info@ gaestehaus-hirlinger.de, Fax (07126) 929723, ⇔, 🚗 – ⇔ 📺 ✆ ⇔ 🅿 ⓜ ⓥⓘⓢⓐ
20 Zim ⇌ 40/50 – 60.
♦ Sie wohnen in der familiären Atmosphäre einer gepflegten und sauberen Pension - in funktionellen Gästezimmern kommen Sie zur Ruhe.

BURSCHEID Nordrhein-Westfalen 543 M 5 – 17 500 Ew – Höhe 200 m.
Berlin 546 – Düsseldorf 42 – Köln 26 – Remscheid 19.

In Burscheid-Hilgen Nord-Ost : 4 km über B 51, Richtung Wermelskirchen :

Heyder, Kölner Str. 94 (B 51), ⌧ 51399, ℘ (02174) 73 13 60, reservierung@hotel-h eyder.de, Fax (02174) 61814 – TV, P, AE MC VISA, Rest
geschl. Weihnachten - Anfang Jan. – **Menu** (geschl. Samstag) (wochentags nur Abendessen) à la carte 16/32 – **30 Zim** ⊇ 48/52 – 72/104.
◆ Das Haus ist ein bergischer Gasthof mit uriger Schindelfassade. Solide eingerichtete Zimmer verteilen sich auf verschiedene Bauabschnitte. Appartements für Langzeitgäste. Rustikale Gasträume.

BUTJADINGEN Niedersachsen 541 F 8 – 6 000 Ew – Höhe 3 m.
🛈 Butjadingen Kur und Touristik, Strandallee 61 (Burhave), ⌧ 26969, ℘ (04733) 92 93 11, kontakt@butjadingen-info.de, Fax (04733) 929399.
Berlin 487 – Hannover 214 – Cuxhaven 64 – Bremerhaven 15 – Oldenburg 67.

In Butjadingen-Fedderwardersiel – Seebad :

Zur Fischerklause ⌦, Sielstr. 16, ⌧ 26969, ℘ (04733) 3 62, hotel@fischerklause.de, Fax (04733) 1847, ⌧ – TV, P
geschl. Nov. - Feb. – **Menu** (geschl. Sept. - März Montag - Dienstag) à la carte 19/25,50 – **22 Zim** ⊇ 42/46 – 72/84 – ½ P 12.
◆ Friesisches Flair umgibt Sie beim Besuch dieses Hauses. Beschaulich am Kutterhafen gelegen, wird das gepflegte Quartier Ihren Ansprüchen gerecht. Bürgerliches Restaurant.

In Butjadingen-Tossens – Seebad :

Upstalsboom Nordsee Tropen Parc ⌦, Strandallee 36, ⌧ 26969, ℘ (04736) 92 80, tropenparc@upstalsboom.de, Fax (04736) 9428, ⌧, ⌧, Massage, ⌧, ⌧, (Halle) Squash – ⌧, Zim, TV, P – ⌧ 300. AE ① MC VISA JCB.
Menu à la carte 17,50/26,50 – **75 Zim** (nur ½ P) 95 – 150.
◆ Diese gepflegte Ferienadresse ist auch für Familien bestens geeignet. Man bietet dem Gast zeitgemäße Zimmer und eine großzügige Badelandschaft. Die Erlebnisgastronomie hält verschiedene Themenbereiche bereit.

BUTTENHEIM Bayern siehe Hirschaid.

BUXHEIM Bayern siehe Memmingen.

BUXTEHUDE Niedersachsen 541 F 13 – 38 000 Ew – Höhe 5 m.
⌧₁₈ Buxtehude, Zum Lehmfeld 1 (Süd : 5 km), ℘ (04161) 8 13 33 ; ⌧₉ Gut Immenbeck, Ardestorfer Weg 1 (Süd-Ost : 5 km), ℘ (04161) 8 76 99.
🛈 Stadtinformation, Stavenort 2, ⌧ 21614, ℘ (04161) 50 12 97, stadtinfo@buxtehu de.de, Fax (04161) 501298.
Berlin 326 – Hannover 158 – Hamburg 37 – Cuxhaven 93 – Bremen 99.

Am Stadtpark garni, Bahnhofstr. 1 (Estepassage), ⌧ 21614, ℘ (04161) 50 68 10, hotel.stadtpark@t-online.de, Fax (04161) 506815 – ⌧ ⌧ TV ⌧ P – ⌧ 20. AE MC VISA
20 Zim ⊇ 69 – 90.
◆ Im Herzen der Altstadt - nahe der Fußgängerzone - wartet ein neuzeitliches Haus auf Sie. Sie beziehen Quartier in gepflegten und wohnlichen Zimmern.

An der Linah garni, Harburger Str. 44, ⌧ 21614, ℘ (04161) 6 00 90, hotelanderlin ah@t-online.de, Fax (04161) 600910 – ⌧ TV ⌧ P. AE ① MC VISA
28 Zim ⊇ 57/61 – 81.
◆ Lernen Sie in diesem liebenswerten Haus - freundlich und funktionell - ein Stück nordische Lebensart kennen. Der historische Charakter des Städtchens lädt zum Schlendern ein.

C'era una Volta, Abtstr. 8, ⌧ 21614, ℘ (04161) 51 28 00, Fax (04161) 53460, ⌧ – AE ① MC VOLTA
geschl. 27. Dez. - 14 Jan., Sonntag – **Menu** (italienische Küche) à la carte 20/45.
◆ Mediterrane Farben an den Wänden, Säulen, Weinflaschen und bunte Bilder sorgen in diesem italienischen Restaurant für südländisches Flair.

In Buxtehude-Hedendorf West : 5 km über B 53, Richtung Stade :

Zur Eiche, Harsefelder Str. 64, ⌧ 21614, ℘ (04163) 8 07 60, Fax (04163) 807630, ⌧ – ⌧ Zim, TV P – ⌧ 100. ⌧ Rest
Menu (geschl. Juli - Aug. 2 Wochen, Donnerstag) à la carte 15,50/24,50 – **17 Zim** ⊇ 50/62 – 77/82.
◆ Typisch norddeutsch im Stil präsentiert sich dieses kleine Hotel seinen Gästen. Hier steht ein solides Quartier für Sie bereit - fragen Sie nach den neueren Zimmern. Rustikales Restaurant mit netter, zum Garten hin gelegener Terrasse.

292

CADENBERGE Niedersachsen 541 E 11 – 3 200 Ew – Höhe 8 m.
Berlin 388 – Hannover 218 – Cuxhaven 33 – Bremerhaven 56 – Hamburg 97.

🏠 **Eylmanns Hotel** (mit Gästehaus), Bergstr. 5 (B 73), ✉ 21781, ℰ (04777) 2 21, info
@eylmanns-hotel.de, Fax (04777) 1514, 🌭 – 📺 ⇔ 🅿 – 🕯 40. ⓄⒸ 🆅🅸🆂🅰
Menu à la carte 15/28 – **19 Zim** ⏛ 39/45 – 55/65.
• Dieses ländliche Hotel empfängt Sie mit Behaglichkeit und gepflegtem Ambiente. Wenn Sie's preisgünstig mögen, fragen Sie nach den einfacheren Zimmern. Das Restaurant : freundlich, in rustikalem Stil. Bürgerliche Bierstube.

CADOLZBURG Bayern 546 R 16 – 8 600 Ew – Höhe 351 m.
Berlin 462 – München 179 – Nürnberg 26 – Ansbach 30 – Würzburg 87.

In Cadolzburg-Egersdorf Ost : 2 km :

🏠 **Grüner Baum** 🌿, Dorfstr. 11, ✉ 90556, ℰ (09103) 7 15 70, info@collischon.de,
Fax (09103) 5539, 🌭 – ⥬ Zim, 📺 🅿 – 🕯 30. 🅰🅴 ⓄⒸ 🆅🅸🆂🅰
Menu (geschl. Sonntagabend - Montagmittag) à la carte 12/24 – **32 Zim** ⏛ 50 – 75.
• Das Haus besticht mit der angenehmen Schlichtheit eines Landgasthofs - und mit seinem nahe gelegenen Wald- und Wandergebiet. Freundliche Zimmer freuen sich auf Ihren Besuch. Gemütlich sind die ländlichen Gasträume.

CALDEN Hessen siehe Kassel.

CALW Baden-Württemberg 545 T 10 – 22 500 Ew – Höhe 347 m.
Sehenswert : Kloster Hirsau★ (Eulenturm★).
🛈 Stadtinformation, Marktbrücke 1, ✉ 75365, ℰ (07051) 96 88 10, stadtinfo@calw.de, Fax (07051) 968877.
Berlin 659 – Stuttgart 47 – Karlsruhe 54 – Pforzheim 26 – Tübingen 40.

🏠 **Rössle**, Hermann-Hesse-Platz 2, ✉ 75365, ℰ (07051) 7 90 00, info@roessle-calw.de, Fax (07051) 790079 –, 📺 ⇔ 🅿. 🅰🅴 ⓄⒸ 🆅🅸🆂🅰. ✳
Menu (geschl. Freitag) à la carte 14/33 – **29 Zim** ⏛ 46/56 – 74/84.
• Man legt großen Wert auf die Erhaltung der langjährigen Tradition. Das historische Flair und die geschmackvolle Gestaltung der Räume bilden eine gelungene Kombination. Gediegenes Ambiente umgibt Sie beim Speisen.

In Calw-Hirsau Nord : 2,5 km, über B 463 – Luftkurort :

🏨 **Kloster Hirsau**, Wildbader Str. 2, ✉ 75365, ℰ (07051) 9 67 40, info@hotel-kloster-hirsau.de, Fax (07051) 967469, 🌭, 🍃, 🟦, 🐎, ✳(Halle) –, ⥬ Zim, 📺 📞 ⇔ 🅿
– 🕯 80. 🅰🅴 ⓄⒸ 🆅🅸🆂🅰. ✳
Menu à la carte 22/34 – **40 Zim** ⏛ 55/65 – 86/110 – ½ P 18.
• Die ehemalige Klosterherberge aus dem 15. Jh. bietet Ihnen eine Unterkunft hinter denkmalgeschützten Mauern - solide Räumlichkeiten mit zeitgemäßem Komfort. Im Restaurant wählen Sie aus einem saisonalen Angebot.

In Calw-Stammheim Süd-Ost : 4,5 km, über B 296 :

✕✕ **Adler** mit Zim, Hauptstr. 16, ✉ 75365, ℰ (07051) 42 87, mundinger@adlerstammhe im.de, Fax (07051) 20311, 🌭 – ⥬ Rest, 📺 🅿. ⓄⒸ 🆅🅸🆂🅰. ✳ Rest
geschl. über Fastnacht 2 Wochen, Nov. 2 Wochen – **Menu** (geschl. Montag - Dienstag) (wochentags nur Abendessen) à la carte 18/38 – **8 Zim** ⏛ 49 – 75.
• In elegant angehauchtem Ambiente erfahren Sie haustypische Gastlichkeit. An gut eingedeckten Tischen serviert man eine gehobene Regionalküche. Gepflegte Zimmer.

CAMBERG, BAD Hessen 543 P 8 – 13 900 Ew – Höhe 200 m – Kneippheilbad.
🛈 Tourist-Information, Chambray-les-Tours-Platz 1, ✉ 65520, ℰ (06434) 2 02 32, Fax (06434) 20223.
Berlin 544 – Wiesbaden 37 – Frankfurt am Main 60 – Limburg an der Lahn 17.

An der Autobahn A 3 West : 4 km :

🏠 **Rasthaus und Motel Bad Camberg,** (Westseite), ✉ 65520 Bad Camberg, ℰ (06434) 60 66, rasthaus.badcamberg@t-online.de, Fax (06434) 7004, 🌭 – ⥬ Zim, 📺 📞 🅿 – 🕯 🅰🅴 ⓄⒸ 🆅🅸🆂🅰
Menu (nur Selbstbedienung) à la carte 15/25 – ⏛ 11 – **28 Zim** 59/70 – 87.
• Moderne Frische bestimmt den Charakter der Räume - mit Naturholzmöbeln wohnlich gestaltet. Die Raststätte bietet sich an für einen bequemen Zwischenstopp auf Ihrer Reise. Bedienen Sie sich im Restaurant selbst am Speisenbuffet.

CAPUTH Brandenburg siehe Potsdam.

CASTELL Bayern 546 Q 15 – 950 Ew – Höhe 310 m.
Berlin 472 – München 238 – Würzburg 42 – Bamberg 69 – Nürnberg 83.

Gasthaus zum Schwan, Birklinger Str. 2 (B 286), ✉ 97355, ℰ (09325) 9 01 33, info@schwan-castell.de, Fax (09325) 90134, 佘 – 叱 P. 旺 ⓥ꜀꜀
geschl. 23. Dez. - Mitte Jan., Anfang Aug. 2 Wochen – **Menu** (geschl. Dienstag) à la carte 18/27 – **9 Zim** ⌒ 32 – 54.
♦ Solide, in Holz gehaltene Gästezimmer ermöglichen Ihnen einen erholsamen Aufenthalt - ganz im Sinne der langen Familientradition des Hauses. Hinter der ländlichen Fassade wird Ihnen kreative Regionalküche geboten.

CASTROP-RAUXEL Nordrhein-Westfalen 543 L 5 – 80 000 Ew – Höhe 55 m.
ᖨ Castrop-Rauxel, Dortmunder Str. 383 (Ost : 4 km), ℰ (02305) 6 20 27.
Berlin 498 – Düsseldorf 63 – Bochum 12 – Dortmund 12 – Münster (Westfalen) 56.

Mercure, Dortmunder Str. 55, ✉ 44575, ℰ (02305) 30 10, h2826@accor-hotels.com, Fax (02305) 30145, ≦s – ⇜ Zim, 叱 & P – 丄 45. 旺 ⓞ ⓥꜿꜿ ꛕꛕꛕꛕ. ⁇ Rest
Goldschmieding : Menu à la carte 19/42 – **85 Zim** ⌒ 111 – 139.
♦ Ein moderner Hotelbau und ein ehemaliger Adelssitz mit idyllischem Park bilden dieses hübsch angelegte Anwesen. Hier finden Sie gepflegte, funktionell ausgestattete Zimmer. Klassisch : das Goldschmieding mit markantem Sandsteinkamin von 1597.

Haus Bladenhorst, Wartburgstr. 5, ✉ 44579, ℰ (02305) 7 79 91, gasthaus.stromberg@t-online.de, Fax (02305) 15945 – P. 旺 ⓞ ⓥ꜀꜀
geschl. Sonntagabend - Montag – **Menu** à la carte 23/35.
♦ Sie haben die Wahl : Die kleine Villa beherbergt neben einem netten bürgerlichen Restaurant mit gut eingedeckten Tischen auch eine gemütliche Weinstube.

In Castrop-Rauxel-Schwerin :

Selle am Wald ≫ garni, Cottenburgschlucht 41, ✉ 44577, ℰ (02305) 94 10, Fax (02305) 941252 – ⇜ 叱 & ⇒ P. 旺 ⓥ꜀꜀ ꛕꛕꛕ
32 Zim ⌒ 45/56 – 66.
♦ Eine sympathische Übernachtungsadresse mit tadellos gepflegten, solide möblierten Zimmern. Frühstücksraum teils mit Wohnzimmer-Charakter, teils als Wintergarten.

CELLE Niedersachsen 541 I 14 – 72 000 Ew – Höhe 40 m.
Sehenswert : Altstadt★★ – Schloss★ (Hofkapelle★) Y – Bomann-Museum★ Y – Stadtkirche★ Y.
Ausflugsziel : Kloster Wienhausen (Wandmalereien des Nonnenchors★) über ③ : 12 km.
ᖨ Celle-Garßen, Beuckenbusch 1 (Nord-Ost : 6 km über ②), ℰ (05086) 3 95 ; ᖨ Hambühren, Ericaweg 22 (Nord : 20 km über ① und Belsen), ℰ (05084) 9 24 30.
🛈 Tourismus Region Celle (Altes Rathaus), Markt 14, ✉ 29221, ℰ (05141) 12 12, info@tourismus-region-celle.de, Fax (05141) 12459.
ADAC, Hannoversche Str. 14.
Berlin 276 ③ – Hannover 51 ④ – Bremen 112 ⑤ – Hamburg 117 ①

Stadtplan siehe gegenüberliegende Seite

Fürstenhof ≫, Hannoversche Str. 55, ✉ 29221, ℰ (05141) 20 10, info@fuerstenhof.de, Fax (05141) 201120, 佘, ≦s, 冫 – 冑 叱 ⦃ ⇒ P. 丄 80. 旺 ⓞ ⓥ꜀꜀ ꛕꛕꛕ. ⁇ Rest Z e
Menu siehe Rest. **Endtenfang** separat erwähnt – **Palio** (italienische Küche) **Menu** à la carte 28/40, ⌦ – **Le Bistro** (geschl. Montag) **Menu** à la carte 27/32 – **73 Zim** ⌒ 119/139 – 179/198, 5 Suiten.
♦ Im historischen Palais mit Hotelanbau logiert man niveauvoll. Klassische Eleganz gepaart mit Funktionalität beschert ein Wohnerlebnis mit besonderer Note. Toskanisches Flair im Palio löst Urlaubsstimmung aus. Le Bistro mit alten Eichenbalken.

Caroline Mathilde garni (mit Gästehaus), Alter Bremer Weg 37, ✉ 29223, ℰ (05141) 98 07 80, info@hotel-caroline-mathilde.de, Fax (05141) 98078555, ≦s, 冫 – 冑 ⇜ 叱 P – 丄 30. 旺 ⓞ ⓥ꜀꜀ ꛕꛕꛕ ꛕꛕꛕ Y e
53 Zim ⌒ 64/115 – 95/143.
♦ Eine ansprechende Unterkunft mit neuzeitlicher, gehobener Ausstattung. Wohnlich und funktionell hat man die Zimmer in Haupt- und Gästehaus gestaltet.

Blumlage garni, Blumlage 87, ✉ 29221, ℰ (05141) 91 19 30, reservation@residenzhotels.de, Fax (05141) 9119333 – 叱 ⦃ P. 旺 ⓞ ⓥ꜀꜀ ꛕꛕꛕ Z d
32 Zim ⌒ 60/65 – 90.
♦ Am Rande des historischen Altstadtkerns liegt das Klinkerhaus mit den 3 markanten Giebeln. Neuzeitlich, funktionell und gepflegt - so zeigen sich die Zimmer dieses Hotels.

CELLE

- Am Heiligen Kreuz . . . . Y 3
- Bergstraße . . . . . . Y 4
- Brandplatz . . . . . . Y 5
- Braunhirschstr . . . Y 6
- Großer Plan . . . . . Y 8
- Hehlentorstraße . . Y 9
- Kalandgasse . . . . Y 12
- Kanzleistraße . . . Y 13
- Kleiner Plan . . . . Y 14
- Magnusstraße . . . Z 17
- Markt . . . . Y 18
- Mauernstraße . . . Y 19
- Mühlenstraße . . . Y 20
- Neue Straße . . . . Y 22
- Neumark . . . . . . Y 23

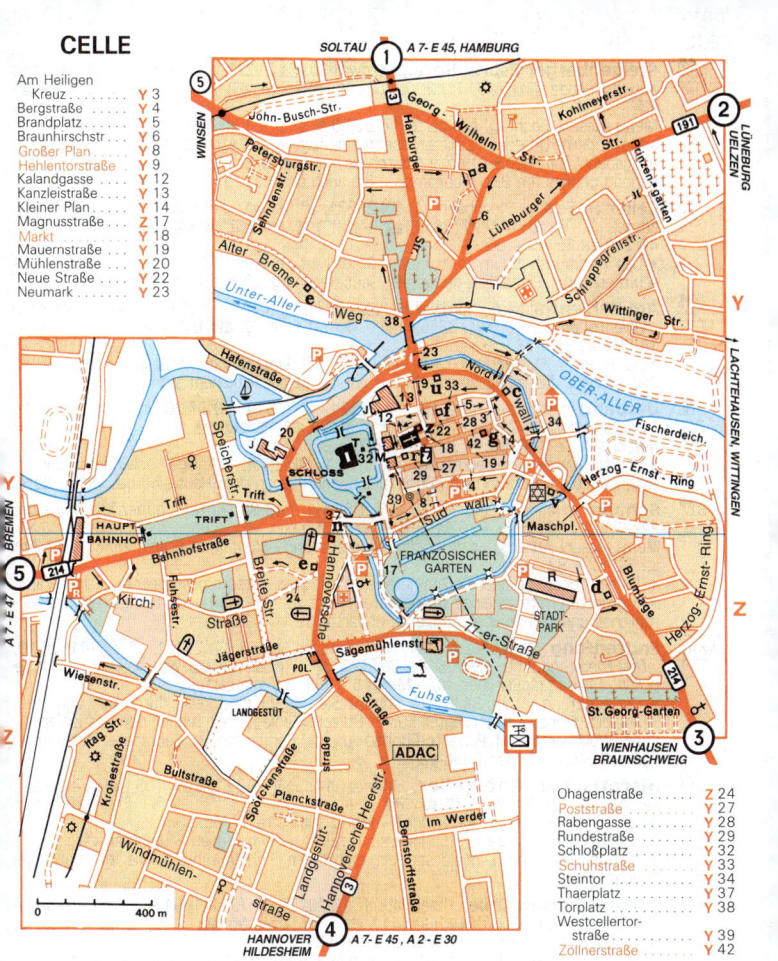

- Ohagenstraße . . . . Z 24
- Poststraße . . . . . . Y 27
- Rabengasse . . . . . Y 28
- Rundestraße . . . . Y 29
- Schloßplatz . . . . . Y 32
- Schuhstraße . . . . Y 33
- Steintor . . . . Y 34
- Thaerplatz . . . . . Y 37
- Torplatz . . . . Y 38
- Westcellertorstraße . . . . Y 39
- Zöllnerstraße . . . . Y 42

Am Braunen Hirsch garni, Münzstr. 9c, ✉ 29223, ✆ (05141) 9 39 30, info@hotel-ambraunenhirsch.de, Fax (05141) 939350 – ⧖ TV ✆ P – ⚜ 15. AE ⦿
VISA Y a
24 Zim ⇔ 59/75 – 79/90.
♦ Das Klinkerhaus im modernen Design verfügt über freundliche Zimmer, die mit ihrer funktionellen Ausstattung ganz auf den Geschäftsreisenden abgestimmt sind.

Tryp, Fuhrberger Str. 6, ✉ 29225, ✆ (05141) 97 20, tryp.celle@solmelia.com, Fax (05141) 972444, 🍴, ⇌ – 🛗, ⧖ Zim, TV ✆ ♿ P – ⚜ 50. AE ① ⦿ VISA
⚡ Rest über ⑤
Menu (geschl. Sonntag) à la carte 23/39 – **126 Zim** ⇔ 80/91 – 91/102.
♦ Funktionell, sachlich und gepflegt ist die Einrichtung dieses äußerlich etwas nüchtern wirkenden Hotels - die Zimmer verfügen teils über Faxgerät oder Wasserkocher.

Borchers garni, Schuhstr. 52 (Passage), ✉ 29221, ✆ (05141) 91 19 20, reservation@residenzhotels.de, Fax (05141) 9119244 – 🛗 ⧖ TV ✆ ⇌ AE ① ⦿
VISA Y f
19 Zim ⇔ 70 – 100.
♦ Die zentrale Lage macht diese Adresse so reizvoll : Direkt vor der Tür liegt die von Fachwerkhäusern gesäumte Fußgängerzone. Sie übernachten in neuzeitlich gestalteten Zimmern.

CELLE

Steigenberger Esprix Hotel, Nordwall 20, ✉ 29221, ✆ (05141) 20 00, *celle@esprix-hotels.de, Fax (05141) 200200* – 🛗, ⇨ Zim, 📺 ♿ 🅿 – 🛋 55. AE ⓞ ⓜ VISA Y c
Menu *(geschl. Sonntag)* à la carte 17/30,50 – ☐ 9 – **121 Zim** 62/88 – 62/98.
• Die moderne Unterkunft mit angenehm ungezwungener Atmosphäre bietet sich als Ausgangspunkt für einen Spaziergang durch die malerischen Straßen der Altstadt an. Im durchgehend geöffneten Bistro bekämpfen Sie auch den kleinen Hunger zwischendurch.

Celler Hof garni, Stechbahn 11, ✉ 29221, ✆ (05141) 911960, *reservation@residenzhotels.de, Fax (05141) 9119644,* 🎇 – 🛗 📺 🍴 🚗 . AE ⓞ ⓜ VISA Y r
49 Zim ☐ 65/70 – 90.
• Das Traditionshotel im Zentrum der Stadt liegt nur wenige Schritte vom Romantikmuseum entfernt. Einheitlich gestaltete, saubere und gepflegte Zimmer.

Am Hehlentor garni, Nordwall 62, ✉ 29221, ✆ (05141) 8 85 69 00, *info@hotel-am-hehlentor.de, Fax (05141) 88569013* – ⇨ 📺 🍴 🅿. AE ⓜ VISA JCB Y u
16 Zim ☐ 53 – 78.
• Der hübsche Fachwerkbau bleibt seit langer Zeit dem typischen Altstadt-Charakter treu. Das Interieur des liebenswerten Hotels entspricht neuzeitlichem Standard.

Utspann garni, Im Kreise 13, ✉ 29221, ✆ (05141) 9 27 20, *info@utspann.de, Fax (05141) 927252,* 🎇 – ⇨ 📺 🅿 – 🛋 20. AE ⓞ ⓜ VISA Y
geschl. 24. Dez. - 6. Jan. – ☐ 10 – **24 Zim** 68/70 – 94.
• 3 restaurierte Fachwerkhäuser a. d. 17. Jh. bilden diese Anlage. Individuelle Zimmer, sehenswertes Dekor und ein hübscher Innenhof geben dem Haus eine besondere Note.

Schaper, Heese 6, ✉ 29225, ✆ (05141) 9 48 80, *hotel.schaper@t-online.de, Fax (05141) 948830* – ⇨ Zim, 📺 🅿. ⓜ VISA. ✳ über Wiesenstraße Z
Menu *(geschl. Anfang Jan. 1 Woche, Sonntagabend - Montag)* à la carte 25/37 – **14 Zim** ☐ 52/57 – 82.
• Tadellos gepflegt sind die Zimmer dieses aus zwei Häusern bestehenden kleinen familiengeführten Hotels - eines wurde bereits kurz vor der Jahrhundertwende erbaut. Persönliches und gemütliches Ambiente erwartet Sie im Restaurant.

Endtenfang - Hotel Fürstenhof, Hannoversche Str. 55, ✉ 29221, ✆ (05141) 20 10, *info@fuerstenhof.de, Fax (05141) 201120,* 🎇 – 🅿. AE ⓞ ⓜ VISA. ✳ Z e
geschl. Montag (außer Messen) – **Menu** 65/109 und à la carte, 🍷 ⚜.
• Der Empfang in der Bibliothek stimmt Sie ein auf eine Reise durch das Gourmet-Repertoire französisch geprägter Küche. Stilvolle Gediegenheit rundet den Besuch ab.
Spez. Wolfsbarsch mit Pimento-Chorizo-Jus und Bohnenragout. Gebratene Ente in drei Gängen. Délice von der Tahiti-Vanille

Historischer Ratskeller, Markt 14, ✉ 29221, ✆ (05141) 2 90 99, *Fax (05141) 29090,* 🎇 – AE ⓜ VISA JCB Y z
geschl. Sonn- und Feiertage abends – **Menu** à la carte 17/36.
• Das gotische Kellergewölbe erinnert mit seinen verschiedenen Räumen an vergangene Zeiten. In rustikalem Umfeld serviert man Ihnen Einheimisches sowie internationale Gerichte.

Congress Union Celle, Thaerplatz 1, ✉ 29221, ✆ (05141) 91 93, *congress-union-celle@t-online.de, Fax (05141) 919444,* 🎇 – ≣ 🚗. ⓜ VISA YZ n
geschl. Sonntag - Montag – **Menu** à la carte 21/31.
• Der Wintergarten bietet seinen Gästen eine Auswahl internationaler Speisen. Alternativ zur Karte wählen Sie an einigen Tagen von einem bunten Aktionsbuffet.

Weinkeller Postmeister von Hinüber, Zöllnerstr. 25, ✉ 29221, ✆ (05141) 2 84 44, *info@weinkeller-celle.de, Fax (05143) 3343* – ⓜ VISA Y g
geschl. Aug. 3 Wochen, Sonntag - Montag – **Menu** *(Montag - Freitag nur Abendessen)* à la carte 25/33, 🍷.
• Ein historisches Fachwerkhaus, das im Inneren mit nettem Ambiente überrascht. In der Weinstube sitzen Sie an massiven Holztischen in einem Backsteinkeller.

In Celle-Altencelle über ③ : 3 km :

Schaperkrug, Braunschweiger Heerstr. 85 (B 214), ✉ 29227, ✆ (05141) 9 85 10, *info@schaperkrug.de, Fax (05141) 9851199,* 🎇 – ⇨ Zim, 📺 🍴 🚗 🅿 – 🛋 80. AE ⓞ ⓜ VISA JCB
Menu *(geschl. Sonntagabend)* à la carte 17/31 – **37 Zim** ☐ 49/64 – 70/90.
• Das traditionsreiche Haus - ein Gasthof mit Anbau - bietet seinen Gästen eine persönliche Atmosphäre und solide Zimmer mit zeitgemäßer, funktioneller Einrichtung. Weitläumiges Restaurant mit behaglichem Kamin.

Allerkrug, Alte Dorfstr. 14, ✉ 29227, ✆ (05141) 8 48 94, *info@allerkrug.de, Fax (05141) 882610* – ⇨ Rest, 🅿. ⓜ VISA
geschl. Juli 2 Wochen, Montagabend - Dienstag – **Menu** à la carte 26/43.
• Wenn Sie's bürgerlich mögen, werden Sie diesen regionstypischen Gasthof schätzen. Regionales sowie Speisen der internationalen Küche stehen zur Wahl.

CELLE

In Celle-Boye über *John-Busch-Str.* Y : *4 km* :

XX **Köllner's Landhaus** mit Zim, Im Dorfe 1, ✉ 29223, ℘ (05141) 95 19 50, *info @koellners-landhaus.de, Fax (05141) 9519555*, 🍽, 🐎, – ⇤ Zim, TV 📞 P. AE ① ⓜ VISA. 🐎 Zim
Menu à la carte 32/39 – **6 Zim** ⇆ 78/110 – 104/130.
• Unter typischer Reetbedachung empfiehlt Ihnen der aufmerksame Service des modernisierten niedersächsischen Bauernhauses internationale Gerichte. Mit hübscher Terrasse.

In Celle-Groß Hehlen über ① : *4 km* :

🏛 **Celler Tor**, Scheuener Str. 2 (an der B 3), ✉ 29229, ℘ (05141) 59 00, *info@celler-t or.de, Fax (05141) 590490*, 🍽, ≘s, ⬜, 🐎 – 🛗, ⇤ Zim, TV 📞 🚗 P. – ⛟ 180. AE
① ⓜ VISA JCB
Menu à la carte 25/45, ♀ – **73 Zim** ⇆ 97/130 – 134/190.
• Das moderne Hotel im Klinkerstil hält sowohl elegante Komfortzimmer als auch funktionelle Standardzimmer für seine Gäste bereit. Freizeitbereich. Tafeln Sie in gediegenem, klassischem Rahmen.

In Wienhausen-Oppershausen *Süd-Ost : 12 km über* ③ :

🏠 **Landhotel Klosterhof** garni (mit Gästehaus), Dorfstr. 16, ✉ 29342, ℘ (05149) 9 80 30, *Fax (05149) 980335*, 🍽, ≘s, 🐎 – ⇤ Zim, TV P. ⓜ VISA. 🐎
34 Zim ⇆ 64/74 – 84.
• Früher als landwirtschaftlicher Betrieb genutzt, beherbergt der typisch norddeutsche Fachwerkbau heute wohnliche, sehr gut gepflegte Zimmer und einen hübschen Frühstücksraum.

In Bergen-Altensalzkoth *Nord : 14 km über* ① :

🏠 **Helms** (mit Gästehaus), Altensalzkoth 7, ✉ 29303, ℘ (05054) 81 82, *info@hotel-hel ms.de, Fax (05054) 8180*, 🍽, ≘s, 🐎 – 🛗, ⇤ Zim, TV 📞 ♿ 🚗 P. – ⛟ 80. ① ⓜ
VISA
geschl. 22. Dez. - Ende Jan. – **Menu** à la carte 16/34 – **50 Zim** ⇆ 38/55 – 70/95.
• Der familiäre Stil gibt dem Haus einen besonderen Charakter. Grundlage für Ihre Erholung sind die netten Zimmer - Wiesen und Wälder in nächster Nähe tun ihr Übriges. Bürgerliche Gaststuben.

CHAM Bayern ⁵⁴⁶ S 21 – *17 500 Ew – Höhe 368 m.*
🅱 *Tourist Information, Propsteistr. 46 (im Cordonhaus)*, ✉ 93413, ℘ (09971) 80 34 93, *tourist@cham.de, Fax (09971) 79842.*
Berlin 481 – München 178 – Regensburg 73 – Amberg 73 – Passau 109 – Plzen 94.

🏠 **Randsberger Hof**, Randsberger-Hof-Str. 15, ✉ 93413, ℘ (09971) 8 57 70, *info@r andsbergerhof.de, Fax (09971) 20299*, 🍽, 🏋, ≘s, ⬜ Squash – 🛗, ⇤ Zim, TV 🚗
P. – ⛟ 100. AE ① ⓜ VISA
Menu à la carte 17/26 – **101 Zim** ⇆ 34/37 – 68/75.
• Einst der Sitz von Rittern und Adeligen, bietet Ihnen das Haus heute moderne Annehmlichkeiten. Der Bayerische Wald und sein Vorland laden zu Ausflügen ein. Rustikale Gaststuben verbreiten ritterliches Flair.

XX **Bräu-Pfandl**, Lucknerstr. 11, ✉ 93413, ℘ (09971) 2 07 87, *info@braeupfandl.de*,
🚗 *Fax (09461) 5675* – AE ① ⓜ VISA
geschl. Aug., Sonntag - Montag – **Menu** à la carte 16/31.
• Gemütliche Nischen mit einem ansprechenden Couvert machen Lust auf ein leckeres Essen. Die Zubereitungen nach regionaler Art sind geprägt von den Produkten der Saison.

In Cham-Chammünster *Süd-Ost : 3 km über B 85 in Richtung Viechtach* :

🏠 **Berggasthaus Oedenturm** , Am Oedenturm 11, ✉ 93413, ℘ (09971) 8 92 70, *info@oedenturm.de, Fax (09971) 892720*, ≤, 🍽 – TV P. ① ⓜ VISA
geschl. Anfang Okt. - Ende Nov. – **Menu** *(geschl. Sonntagabend - Montag)* à la carte 16/28
– **12 Zim** ⇆ 24 – 48 – ½ P 13.
• Urtypische Gastlichkeit und die friedliche Waldrandlage zählen zu den Annehmlichkeiten dieses Hauses. Gepflegte Ländlichkeit begleitet Sie durch die Räume. Der gastronomische Bereich teilt sich in eine Gaststube und das eigentliche Restaurant.

---

*Die in diesem Führer angegebenen Preise folgen
der Entwicklung der allgemeinen Lebenshaltungskosten.
Lassen Sie sich bei der Zimmerreservierung den endgültigen
Preis vom Hotelier mitteilen.*

CHEMNITZ Sachsen **5**|**44** N 22 – 250 000 Ew – Höhe 300 m.

Sehenswert : Museum für Naturkunde (versteinerter Wald★) **EU M1** – Schlosskirche (Geißelsäule★) **ET**.

Ausflugsziel : Schloss Augustusburg★ (Museum für Jagdtier- und Vogelkunde★, Motorradmuseum★★), über Augustusburger Str. **CY** Ost : 15 km.

🯅 Klaffenbach, Wasserschlossweg 6 (Süd : 8 km über ④), ✆ (0371) 2 62 18 40 ; 🯅 Gahlenz, Hauptstr. 130b (Ost : 24 km über B 173), (037292) 6 06 66.

🛈 Chemnitz-Service, Markt 3, ✉ 09111, ✆ (0371) 69 06 80, chemnitzservice@chemnitz.de, Fax (0371) 6906830.

ADAC, Hartmannstr. 5 – Berlin 257 ② – Dresden 70 ② – Leipzig 78 ⑦ – Praha 163 ③.

Stadtpläne siehe nächste Seiten

Renaissance, Salzstr. 56, ✉ 09113, ✆ (0371) 3 34 10, Fax (0371) 3341777, 🛋, Massage, 🛌, ≘s, 🎿, ✈ – 🛗, ⚒ Zim, 📺 📞 ♿ ⚐ – 🔔 250. 🆎 ⓞ ⓜ 💳   **ET s**

Glashaus : Menu à la carte 20/28 – **226 Zim** ⚏ 93 – 107, 19 Suiten.

◆ Warme Farben machen die Zimmer zu wohnlichen Refugien, die Ihren Wunsch nach niveauvoller Beherbergung erfüllen - eine Mischung aus Eleganz und Funktionalität. Wie der Name schon sagt, ist das Restaurant Glashaus ein freundlicher Wintergarten.

CHEMNITZ

Adelsbergstr.	**CY**	
Annaberger Str.	**BY**	
Augustusburger Str.	**CY**	
Bernsdorfer Str.	**CY**	4
Blankenauer Str.	**BX**	9
Bornaer Str.	**BX**	
Carl-von-Ossietzky-Str.	**CY**	10
Chemnitzer Str. (RÖHRSDORF)	**AX**	
Chemnitztalstr.	**BX**	
Dresdner Str.	**CX**	
Erfenschlager Str.	**BCY**	16
Eubaer Str.	**CY**	
Frankenberger Str.	**CX**	
Geibelstr.	**CY**	
Glösaer Str.	**BCX**	
Gornauer Str.	**CY**	
Grenzweg	**CXY**	
Grünaer Str.	**AY**	18
Haardt Str.	**AX**	
Heinrich-Schütz-Str.	**CX**	19
Hohensteiner Str.	**AY**	21
Jagdschänkenstr.	**AY**	24
Jägerschlößhenstr.	**CY**	25
Leipziger Str.	**BX**	
Leipziger Str. (RÖHRSDORF)	**AX**	
Limbacher Str.	**ABY**	
Limbacher Str. (RÖHRSDORF)	**AX**	
Max-Saupe-Str.	**CX**	
Neefestr. (GRÜNA)	**AY**	
Neefestr.	**ABY**	
Oberfrohnaer Str.	**AXY**	
Reichenhainer Str.	**BCY**	
Stelzendorfer Str.	**AY**	31
Stollberger Str.	**BY**	
Südring	**BY**	
Trützschlerstr.	**AY**	34
Unritzstr.	**AY**	36
Waldenburger Str.	**BY**	39
Wartburgstr.	**CY**	40
Wasserschänkenstr.	**AX**	41
Werner-Seelenbinder-Str.	**BY**	42
Weststr.	**BY**	
Wilhelm-Busch-Str.	**CY**	43
Wittgensdorfer Str.	**BX**	45
Wladimir-Sagorski-Str.	**BY**	46
Yorckstr.	**CY**	48
Zschopauer Str.	**CY**	
Zwickauer Str.	**ABY**	

*Jährlich eine neue Ausgabe,
aktuellste Informationen,
jährlich für Sie!*

CHEMNITZ

Dorint Parkhotel Chemnitz, Deubners Weg 12, ✉ 09112, ☏ (0371) 3 80 70, inf o.ztzche@dorint.com, Fax (0371) 3807100, 🍴, ℩, ≦s – ⫯, ✳ Zim, 🟰 Rest, 📺 🐾 – 🅿️ – 🎾 130. AE ⓞ ⓜ VISA JCB
Menu à la carte 22,50/37 – ☕ 12 – **187 Zim** 82/119 – 95/126.
♦ Ein mondänes Design - von der Fassade bis zum Interieur - begeistert die Besucher dieses Domizils. Mit hoher Wohnkultur und Engagement widmet man sich Ihren Ansprüchen. Auch beim Speisen brauchen Sie nicht auf ein stilvolles Ambiente verzichten.

EV a

Günnewig Hotel Chemnitzer Hof, Theaterplatz 4, ✉ 09111, ☏ (0371) 68 40, chemnitzer.hof@guennewig.de, Fax (0371) 6762587, 🍴, ≦s – ⫯, ✳ Zim, 📺 🐾 – 🎾 150. AE ⓞ ⓜ VISA JCB. ❋ Rest
Opera : Menu à la carte 24,50/35 – **92 Zim** ☕ 82/92 – 108/126.
♦ Eleganz gepaart mit Funktionalität macht den Reiz dieser Residenz aus. Sie logieren unweit des Stadtzentrums und der ausgedehnten Parkanlage in geschmackvollem Rahmen. Die klassische Gestaltung des Restaurants Opera sorgt für eine angenehme Stimmung.

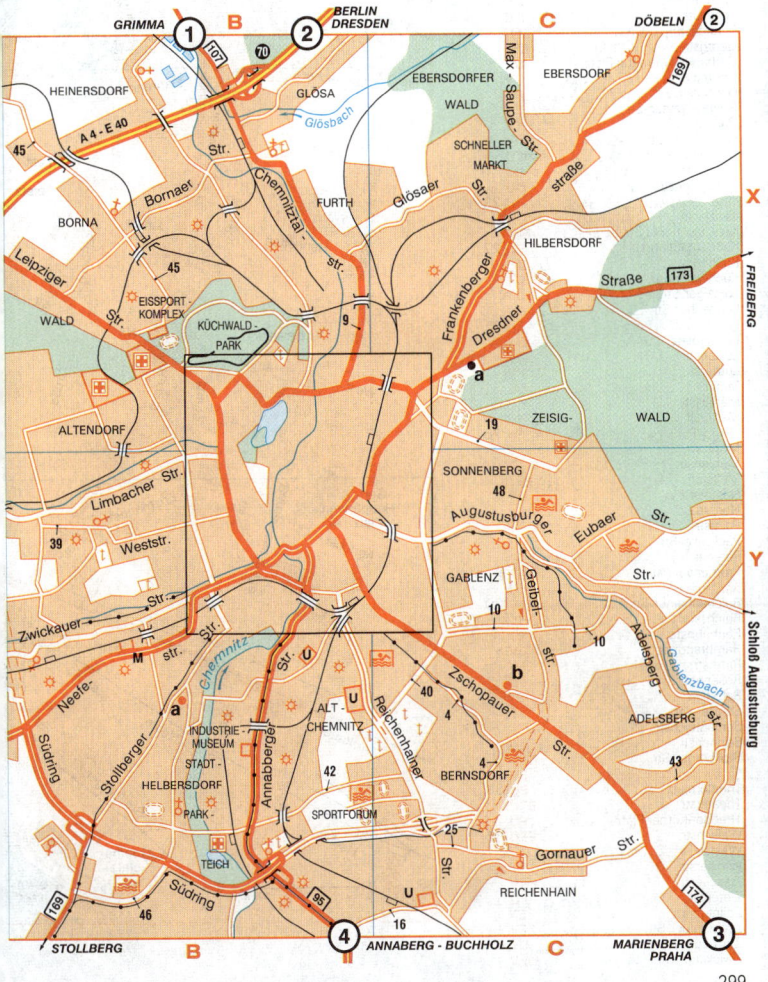

EU b

CHEMNITZ

Street	Grid	No.
Agricolastr.	DV	
Altchemnitzer Straße	EV	3
Andréplatz	DU	
Annaberger Str.	EV	
Annenstr.	EV	
Augsburger Str.	FU	
August-Bebel-Str.	FT	
Bahnhofstr.	EFU	
Barbarossastr.	DUV	
Bergstr.	DT	
Bernhardstr.	FV	
Bernsdorfer Str.	FV	
Beyerstr.	DT	6
Blankenauer Str.	FT	9
Brückenstr.	EU	
Brühl	ET	
Carolastr.	EFU	12
Charlottenstr.	FV	13
Deubners Weg	EV	15
Dresdner Str.	FTU	
Elisenstr.	EFT	
Enzmannstr.	DV	
Festplatz	DU	
Fürstenstr.	FU	
Georgstr.	EFT	
Gerhart-Hauptmann-Platz	DV	
Goethe-Platz	DV	
Goethestr.	DV	
Gustav-Freytag-Str.	EV	
Hainstr.	FTU	
Hans-Sachs-Str.	FV	
Hartmannstr.	DEU	
Hechlerstr.	DT	
Henriettenstr.	DU	
Innere Klosterstr.	EU	22
Kanzlerstr.	DU	
Karl-Liebknecht-Str.	EFT	
Kaßbergauffahrt	EU	27
Kaßbergstr.	DU	
Küchwaldring	DT	
Leipziger Str.	DT	
Limbacher Str.	DU	
Lohrstr.	EU	
Luisenplatz	DT	
Luisenstr.	DT	
Lutherstr.	FV	
Markt	EU	
Markusstr.	FU	
Martinstr.	FU	
Moritz Passage	EU	28
Moritzstr.	EUV	
Mühlenstr.	ET	
Müllerstr.	EFT	
Neefestr.	DV	
Nordstr.	ET	
Palmstr.	FT	
Paul-Jäkel-Str.	DT	
Peterstr.	FT	
Promenadenstr.	ET	
Rathausstr.	EU	
Reichenhainer Str.	EFV	30
Reichsstr.	DUV	
Reitbahnstr.	EV	
Rembrandtstr.	FV	
Ritterstr.	EFV	
Rosenhof	EU	
Salzstr.	DET	
Schillerplatz	ET	
Schloßteichstr.	DET	
Sonnenstr.	FU	
Stollberger Str.	DEV	
Straße der Nationen	EU	
Theaterplatz	EU	33
Theaterstr.	ETU	
Theodor-Körner-Platz	FU	
Waisenstr.	EFU	37
Weststr.	DU	
Winklerstr.	DT	
Zieschestr.	FUV	
Zietenstr.	FU	
Zöllnerplatz	ET	
Zschopauer Str.	EFV	
Zum Luisenplatz	DT	49
Zwickauer Str.	DEV	

301

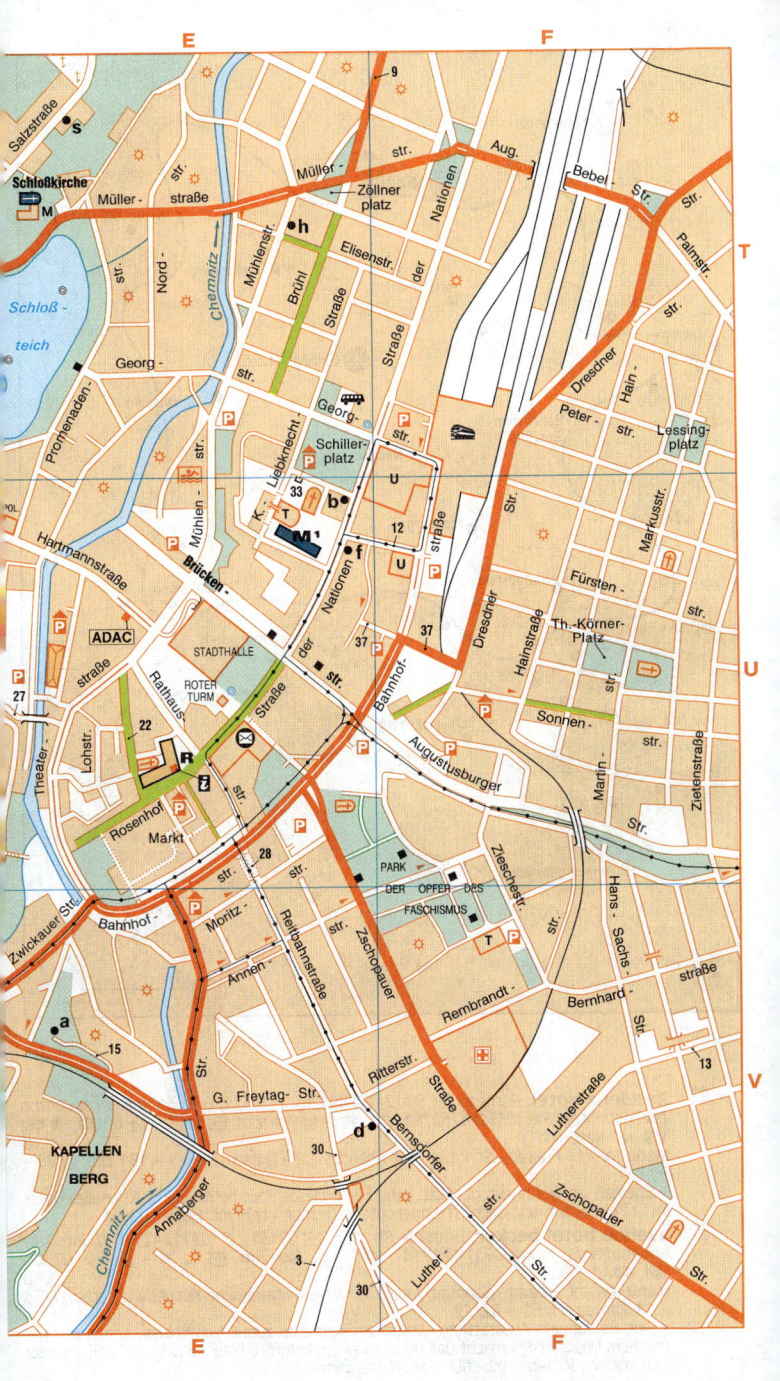

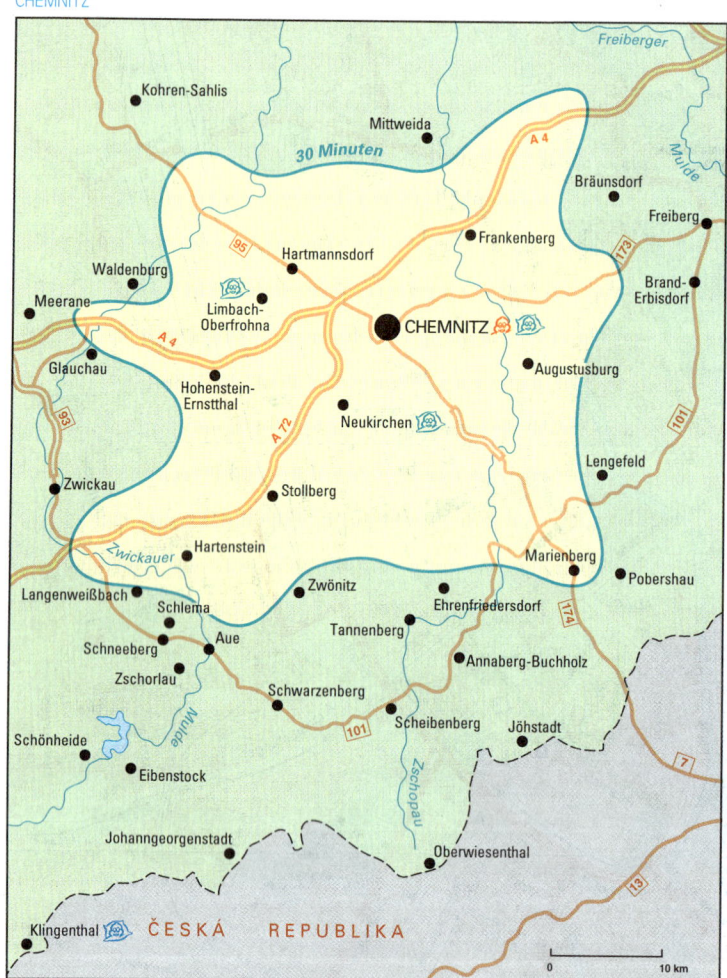

CHEMNITZ

🏨 **Residenz Hotel,** Bernsdorfer Str. 2, ✉ 09126, ☎ (0371) 6 01 31, *info@residenzho telchemnitz.de, Fax (0371) 6762781*, 🌲, ⇌s – 📶, ⇌ Zim, 📺 ☏ 🅿 – 🔔 80. 🆎 ⓓ ⓜ ⓢ VISA. ⁂ Rest
EV d
Menu *(geschl. Freitag - Sonntag) (nur Abendessen)* à la carte 16/25 – **191 Zim** ⊇ 70 – 90.
* Ehemals als Wohnheim genutzt, beherbergt dieses Haus heute ein funktionelles Hotel. Im Stil einheitlich und sachlich eingerichtete Zimmer - teils mit kleiner Küche.

🏨 **avenue hotel becker,** Dresdner Str. 136, ✉ 09131, ☎ (0371) 47 19 10, *info@av enuehotel.de, Fax (0371) 4719147*, 🌲 – 📶, ⇌ Zim, 📺 ☏ 🅿 – 🔔 20. 🆎 ⓜ ⓢ VISA. ⁂
CX a
Menu *(geschl. Freitag - Sonntag) (nur Abendessen)* (italienische Küche) à la carte 17/33 – **21 Zim** ⊇ 51/61 – 62/72.
* Eine funktionelle Ausstattung - vom Schreibplatz bis zum Faxanschluss - kombiniert mit frischem Designer-Stil macht das Hotel zu einem komfortablen Zuhause auf Zeit. Restaurant mit modernem Ambiente - als Wintergarten angelegt.

CHEMNITZ

- **Günnewig Hotel Europa** garni, Straße der Nationen 56, ⊠ 09111, ℘ (0371) 68 10, hotel.europa@guennewig.de, Fax (0371) 670606 – |‡| 5⊄ TV – ⚐ 25. AE ⓪ ⓜ VISA JCB
 103 Zim ⊇ 56/61 – 77. **EU** f
 ♦ Dank der zentralen Lage des Hauses kann der Gast so manch interessante Adresse der Stadt zu Fuß erreichen. Das Hotel bietet gepflegte, sachlich gestaltete Zimmer.

- **Elisenhof** garni, Mühlenstr. 102, ⊠ 09111, ℘ (0371) 47 16 90, info@hotelelisenhof.de, Fax (0371) 4716950 – |‡| 5⊄ TV. AE ⓪ ⓜ VISA **ET** h
 24 Zim ⊇ 48 – 61.
 ♦ Gute Pflege und Sauberkeit sowie die Lage im Zentrum machen dieses Hotel zu einem idealen Ausgangspunkt für die Erkundung der Stadt.

- **Richter**, Zschopauer Str. 259, ⊠ 09126, ℘ (0371) 5 59 10, service@feinkost-richter.de, Fax (0371) 5204130 – ℗. ⓜ VISA **CY** b
 geschl. 12. - 31. Juli, Sonntagabend - Montag – **Menu** à la carte 26/38.
 ♦ Ein ehemaliges Wohnhaus mit markanter gelblicher Fassade beherbergt das kleine Restaurant, in dem die Gäste in zwei Räumen Platz finden. Man kocht international.

- **Villa Esche**, Parkstr. 58 (Eingang Rich.-Wagner-Str.), ⊠ 09120, ℘ (0371) 2 36 13 63, villaesche@compuserve.de, Fax (0371) 2361365, 🌳 – ℗. AE ⓜ VISA **BY** a
 Menu à la carte 20/40.
 ♦ In der Remise dieser von Henry van de Velde entworfenen Jugendstilvilla befindet sich ein modernes, rundum verglastes Restaurant mit sehr schöner Terrasse zum Park.

- **Streller's Restaurant**, Bergstr. 69, ⊠ 09113, ℘ (0371) 3 55 19 00, info@strellers-restaurant.de, Fax (03737) 786770 – ⓜ VISA **DT** b
 geschl. Anfang Aug. 1 Woche, Samstagmittag, Sonntag – **Menu** à la carte 21,50/29.
 ♦ Im Erdgeschoss eines Altstadthauses hat man dieses nette kleine Restaurant eingerichtet. Eine dunkle Täfelung und moderne Bilder dienen als Dekor.

In Chemnitz-Klaffenbach Süd : 10 km über ④ :

- **Schlosshotel Klaffenbach** 🐦, Wasserschloßweg 6, ⊠ 09123, ℘ (0371) 2 61 10, schlosshotel-klaffenbach@t-online.de, Fax (0371) 2611100, 🌳 – |‡|, 5⊄ Zim, TV 📞 ℗ – ⚐ 50. AE ⓪ ⓜ VISA
 Menu à la carte 18/25,50 – **52 Zim** ⊇ 70/77 – 88/98.
 ♦ Nicht ganz alltäglich residieren Sie in der Schlossanlage aus dem 16. Jh. vor den Toren der Stadt. Sinnvolle Ausstattung und Stil bilden eine wohnliche Einheit mit Niveau. Internationale Küche bietet man im eleganten Gewölberestaurant.

In Chemnitz-Kleinolbersdorf Süd-Ost : 9 km über ③ :

- **Kleinolbersdorf**, Ferdinandstr. 105, ⊠ 09128, ℘ (0371) 77 24 02, hotel-kleinolbersdorf@t-online.de, Fax (0371) 772404, 🌳, 🐎 – 5⊄ Zim, TV 📶 ℗. AE ⓪ ⓜ VISA
 Menu (geschl. Sonntagabend) à la carte 13,50/27 – **14 Zim** ⊇ 46 – 62.
 ♦ Die Zimmer des Hauses - mit Naturholzmobiliar eingerichtet - stellen ein nettes Schlafquartier voller Gemütlichkeit und ländlichem Charme dar. Die Kaminstube bringt mit einem internationalen Repertoire und heimischen Gerichten Abwechslung auf den Teller.

In Chemnitz-Mittelbach über Zwickauer Straße **AY** Süd-West : 9 km :

- **Abendroth**, Hofer Str. 11a, ⊠ 09224, ℘ (0371) 2 39 80, info@abendroth-hotel.de, Fax (0371) 2398225, 🌳, ☎ – 5⊄ TV ℗. ⚐ 20. AE ⓜ VISA
 geschl. 27. - 31. Dez. – **Menu** à la carte 14/23 – **33 Zim** ⊇ 49/52 – 62/70.
 ♦ Hinter einer neuzeitlichen Fachwerkfassade überzeugen Führung und gepflegte Räumlichkeiten. Man verfügt über funktionelle Zimmer mit gutem Platzangebot. Helles verglastes Restaurant.

In Chemnitz-Röhrsdorf Nord-West : 5 km :

- **Amber Hotel Chemnitz Park**, Wildparkstr. 6, ⊠ 09247, ℘ (03722) 51 30, chemnitz@amber-hotels.de, Fax (03722) 513100, 🌳, ☎ – |‡|, 5⊄ Zim, TV ℗ – ⚐ 60. AE ⓪ ⓜ VISA JCB **AX** s
 Menu à la carte 16/27 – **103 Zim** ⊇ 56/81 – 84/105.
 ♦ Neben "normalen" Zimmern verfügt das Haus auch über Business-Zimmer - Freunde des Orients fragen nach dem "1001 Nacht"-Zimmer. Tagungsräume mit modernster Medientechnik. Freundliches Ambiente im Restaurant.

In Chemnitz-Siegmar Süd-West : 5 km :

- **Alte Mühle** 🐦, An der alten Mühle 10, ⊠ 09117, ℘ (0371) 8 14 40, info@hotel-alte-muehle.de, Fax (0371) 8144333, Biergarten, ☎ – |‡|, 5⊄ Zim, TV 📞 ℗ – ⚐ 30. AE ⓪ ⓜ VISA **AY** r
 Menu (geschl. 1. - 5. Jan.) à la carte 13/23,50 – **41 Zim** ⊇ 61/75 – 97/108.
 ♦ Die Mischung aus Funktionalität und Wohnlichkeit, Moderne und Komfort gestaltet diese sympathische Adresse zu einem Quartier ganz nach Ihren Vorstellungen. Gastfreundschaft wie schon anno dazumal : Ein Rahmen, in dem man gerne speist.

CHEMNITZ

In Neukirchen über Stollberger Straße BY Süd-West : 8 km :

Almenrausch, Bahnhofstr. 5, ✉ 09221, ℘ (0371) 26 66 60, info@hotel-almenrausc h.de, Fax (0371) 2666640, 😊 – 🌾 Zim, 📺 📞 P – 🛎 30. 🆎 ⓜ 🆅 ❄
Menu à la carte 14/23 – **16 Zim** ☐ 38/48 – 69/84.
♦ Ein gemütliches Landhaus-Hotel freut sich auf Ihren Besuch : Passend zur alpenländischen Fassade des netten Hotels ist das Innere mit viel Holz im Bauernstil gehalten. Rustikale Gaststube.

In Hartmannsdorf Nord-West : 9 km über ⑦ :

Country Inn, Am Berg 3, ✉ 09232, ℘ (03722) 40 50, info-che@countryinns.de, Fax (03722) 405405, 😊, 🈯 – 🛗 🌾 Zim, 📺 📞 & 🅿 – 🛎 50. 🆎 ⓜ 🆅
Menu (geschl. Sonntag) (nur Abendessen) à la carte 16/23 – **87 Zim** ☐ 61/76.
♦ Sie haben sich für ein Haus mit Niveau entschieden : Das moderne Hotel ergänzt den bequemen Komfort mit geschmackvollem Design - von der Rezeption bis zum Zimmer. Freundliches Restaurant mit großer Fensterfront - viele Fotos zieren die Wände.

CHIEMING Bayern ⁵⁴⁶ W 21 – 4 400 Ew – Höhe 532 m – Erholungsort.
Sehenswert : Chiemsee★ – Schloss Herrenchiemsee★★.
🏌 🏌 Chieming-Hart, Kötzing 1 (Nord : 7 km), ℘ (08669) 8 73 30 ; 🏌 Chieming-Ising, Kirchberg 3 (Nord-West : 7 km), ℘ (08667) 7 93 58.
🛈 Tourist-Information, Haus des Gastes, Hauptstr. 20b, ✉ 83339, ℘ (08664) 98 86 47, info@chieming.de, Fax (08664) 988619.
Berlin 666 – München 104 – *Bad Reichenhall* 43 – Wasserburg am Inn 37 – Traunstein 12.

Unterwirt zu Chieming, Hauptstr. 32, ✉ 83339, ℘ (08664) 9 84 60, info@unter wirt-chieming.de, Fax (08664) 984629, Biergarten – 📺 🅿
geschl. 7. Jan. - 11. Feb., 18. Okt. - 17. Nov. – **Menu** *(geschl. Okt. - Mai Montag - Dienstag)* à la carte 15/25 – **11 Zim** ☐ 45 – 60.
♦ Wenn Sie das gemütliche Flair eines typischen Gasthofs schätzen, bleiben Sie doch einfach über Nacht. Die kleinen Zimmer des Hauses präsentieren sich schlicht und gepflegt. Kosten Sie mit Speis und Trank der Region ein Stück bayerische Lebensart.

In Chieming-Ising Nord-West : 7 km – Luftkurort :

Gut Ising 🆂, (ehem. Gutshofanlage mit 7 Gästehäusern), Kirchberg 3, ✉ 83339, ℘ (08667) 7 90, gutising@t-online.de, Fax (08667) 79432, 😊, Biergarten, Massage, 🆕, 🈯, 🎾, ⛳(Halle), 🏌 – 🛗 🌾 Zim, 📺 📞 P – 🛎 180. ⓜ 🆎 🆅
geschl. 6. Jan. - 18. Feb. – **Menu** à la carte 22/35 – **105 Zim** ☐ 95/145 – 135/200.
♦ Die Anlage stellt eine Symbiose aus traditionellen Formen und neuzeitlichem Komfort dar. Wählen Sie eine Unterkunft mit Stil- oder Bauernmöbeln. Gestüt und Reitmöglichkeiten. Heimelige Stuben bilden das Restaurant.

CHIEMSEE Bayern ⁵⁴⁶ W 21 – *Höhe 518 m.*
Sehenswert : See ★ mit Herren- und Fraueninsel – Schloss Herrenchiemsee★★.
ab Gstadt : Berlin 660 – München 94 – *Bad Reichenhall* 57 – Traunstein 27 – Rosenheim 27.

Auf der Fraueninsel – Autos nicht zugelassen.
🚢 von Gstadt (ca. 5 min) und von Prien (ca. 20 min)

Zur Linde 🆂, ✉ 83256 Chiemsee, ℘ (08054) 9 03 66, hotel.linde.fraueninsel@t-onl ine.de, Fax (08054) 7299, ≤, 😊, – 🛎 15. ⓜ 🆅 ❄ Zim
geschl. 8. Jan. - 15. März – **Menu** à la carte 15/34 – **14 Zim** ☐ 60/65 – 110/115.
♦ Reif für die Insel ? Der Gasthof wurde früher gerne von Künstlern als Herberge genutzt. Auf dem autofreien Eiland verleben Sie ruhige Abende - sommers wie winters. Historische und im Original erhaltenen Gaststuben sorgen für eine besondere Atmosphäre.

CHORIN Brandenburg ⁵⁴² H 25 – 1 800 Ew – Höhe 36 m.
Berlin 71 – Potsdam 95 – Frankfurt (Oder) 96 – Neubrandenburg 108.

Haus Chorin 🆂, Neue Klosterallee 10, ✉ 16230, ℘ (033366) 5 00, hotel@chorin.de, Fax (033366) 326, 😊, 🆕, 🈯, 🎾, – 🛗 🌾 Zim, 📺 📞 & 🅿 – 🛎 170. 🆎 ⓜ 🆅
Menu (geschl. Nov. - März Mittwoch) à la carte 17/25 – **63 Zim** ☐ 55/69 – 70/95.
♦ In ruhiger Lage am Waldrand finden Sie dieses behagliche Hotel - freundliche Zimmer mit neuzeitlichem Komfort inmitten des Biosphärenreservats. Ländliches Ambiente herrscht in der Gaststube vor.

CLAUSTHAL-ZELLERFELD Niedersachsen 541 K 15 – 14 500 Ew – Höhe 600 m – Heilklimatischer Kurort – Wintersport : 600/700 m ≰1 ≮.

🛈 Touristinformation, Bahnhofstr. 5a, ✉ 38678, ✆ (05323) 8 10 24, Fax (05323) 83962.
Berlin 270 – *Hannover* 99 – Braunschweig 62 – Göttingen 59 – Goslar 19.

Parkhotel Calvör ⌕, Treuerstr. 6 (Zellerfeld), ✉ 38678, ✆ (05323) 95 00, *parkhotel.calvoer@t-online.de*, Fax (05323) 950222, 🍽, ≘s, 🐾 Zim, 📺 📞 🅿, 🔒 45. ⓐⓔ
VISA
Menu *(geschl. Sonntag - Mittwoch) (nur Abendessen)* (Restaurant nur für Hausgäste) –
35 Zim ☑ 60/65 – 85 – ½ P 13.
♦ Hinter historischen Mauern prägen massives Holz und Parkettboden die Atmosphäre in dem Gebäude aus dem 17. Jahrhundert. Helle, wohnliche Zimmer. Im Restaurant erfreut sich seine Gäste mit ansprechenden Couvert.

Goldene Krone, Kronenplatz 3 (Clausthal), ✉ 38678, ✆ (05323) 93 00 (Hotel) 92 21 99 (Rest.), *goldene.krone@t-online.de*, Fax (05323) 930100, 🍽, – 📶, 🐾 Zim, 📺 📞 ⇌
🅿 – 🔒 30. ⓐⓔ ⓜⓞ **VISA**
Menu *(geschl. 1. - 21. Aug., Montag)* à la carte 17/34 – **25 Zim** ☑ 50/65 – 75/120.
♦ Ein neuzeitlicher Stil und das Flair eines traditionsreichen Gebäudes mit bewegter Vergangenheit bilden eine attraktive Kombination - eine charmante Unterkunft mit Niveau. Restaurant mit bürgerlichem Ambiente.

Zum Prinzen garni, Goslarsche Str. 20 (Zellerfeld), ✉ 38678, ✆ (05323) 9 66 10, *hotel@zum-prinzen.de*, Fax (05323) 966110 – 🐾 📺 📞 & 🅿, ⓜⓞ **VISA**
21 Zim ☑ 49/52 – 64.
♦ Das um 1850 erbaute hübsche, holzverkleidete Harzhaus beherbergt ein familiengeführtes Hotel mit wohnlich und funktionell ausgestatteten Gästezimmern.

CLOPPENBURG Niedersachsen 541 H 8 – 30 000 Ew – Höhe 39 m.

Sehenswert : *Museumsdorf*★.

🏌18 🏌9 Thülsfelder Talsperre, Mühlenweg 9 (Nord-West : 9 km), ✆ (04474) 79 95.
🛈 Tourist-Information, Eschstr. 29, ✉ 49661, ✆ (04471) 1 52 56, *tourist-info@lkclp.de*, Fax (04471) 933828.
Berlin 444 – Hannover 178 – *Bremen* 65 – Lingen 68 – Osnabrück 76.

Schäfers Hotel, Lange Str. 66, ✉ 49661, ✆ (04471) 24 84, Fax (04471) 947714, 🍽
– 📺 ⇌ 🅿 ⓞ 🔒 80. ⓐⓔ ⓜⓞ **VISA**
Menu *(geschl. Anfang Nov. 1 Woche, Mittwoch) (wochentags nur Abendessen)* à la carte 25,50/41 – **10 Zim** ☑ 42/50 – 66/78.
♦ Die Zimmer dieses Quartiers wurden mit hellen Buchenmöbeln im mediterranen Stil eingerichtet. Nutzen Sie die herrlichen Rad- und Wanderwege der Umgebung. Im Restaurant umgibt Sie ein Hauch Eleganz.

Jagdhaus Bühren, Alte Friesoyther Str. 22 (Nord-West : 1,5 km Richtung Friesoythe), ✉ 49661, ✆ (04471) 93 16 13, *mail@jagdhaus-buehren.de*, Fax (04471) 931614, 🍽, Biergarten – 🅿 ⓜⓞ **VISA**
geschl. Feb. 2 Wochen, Montag – **Menu** *(Dienstag - Freitag nur Abendessen)* à la carte 20/31.
♦ Nett ist die Lage des Hauses etwas außerhalb am Wald. Sie speisen in ländlichem Ambiente - große Fenster geben den Blick ins Grüne frei. Breit gestreutes Angebot.

COBURG Bayern 546 P 16 – 43 000 Ew – Höhe 297 m.

Sehenswert : *Gymnasium Casimirianum*★ Z – *Kunstsammlungen*★ *(Veste)* X.

🏌 Weitramsdorf, Schloss Tambach (Süd-West : 10 km über ②), ✆ (09567) 92 10 10.
🛈 Tourismus und Congress Service, Herrngasse 4, ✉ 96450, ✆ (09567) 7 41 80, *info@coburg-tourist.de*, Fax (09561) 741829.
ADAC, Mauer 9.
Berlin 383 ② – München 279 ② – Bamberg 47 ② – Bayreuth 74 ②

Stadtpläne siehe nächste Seiten

Romantik Hotel Goldene Traube, Am Viktoriabrunnen 2, ✉ 96450, ✆ (09561) 87 60, *goldene-traube@romantikhotels.com*, Fax (09561) 876222, 🍽, ≘s – 📶, 🐾 Zim, 📺 📞 🅿 – 🔒 80. ⓐⓔ ⓜⓞ **VISA** Z t
Meer & mehr *(geschl. 27. Mai - 2. Juni, Sonntagmittag)* **Menu** 26/49 und à la carte 32/41, ♀ ♨ – **Weinstübla** *(geschl. Samstag) (nur Abendessen)* **Menu** à la carte 16/21, ♀ – **72 Zim** ☑ 79/89 – 107/153.
♦ Am Rande der Altstadt liegt das gepflegte Hotel mit seinen ansprechend gestalteten Zimmern - freundliche Farben schaffen ein wohnliches Ambiente. Ein gutes Couvert in elegantem Rahmen weckt im Meer & mehr die Sinne. Deftiges im Weinstübla

COBURG

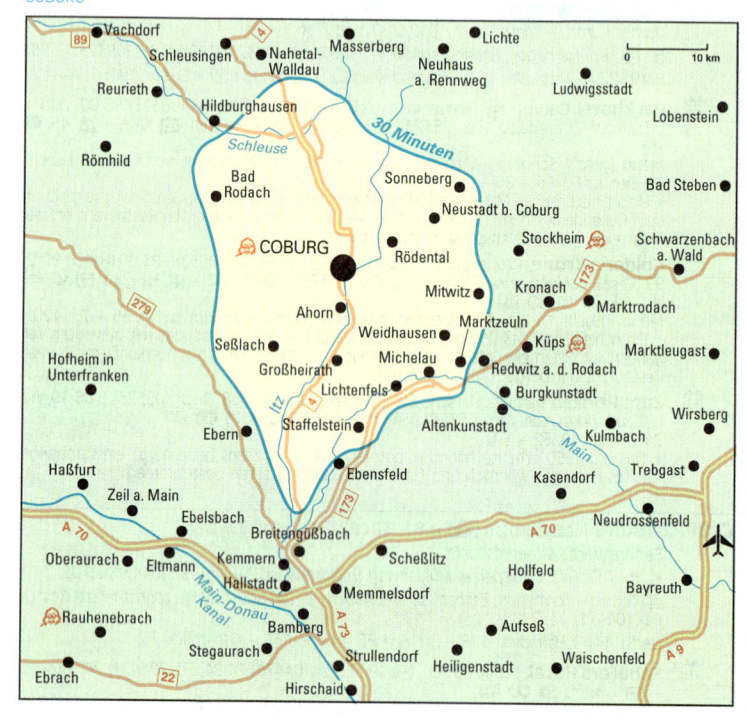

🏨 **Mercure** garni, Ketschendorfer Str. 86, ✉ 96450, ☎ (09561) 82 10, *h2834@accor-hotels.com*, Fax (09561) 821444 – 📶 ✱ 📺 📞 ♿ – 🏛 30. ⦿ ⦿ ⦿ ⦿ ⦿
123 Zim ⊇ 84 – 114.   X c
• Den gewohnten Mercure-Standard bieten die Zimmer des etwas außerhalb des Zentrums liegenden modernen Hotels. Verschiedene Geschäfte und Restaurant am gleichen Gebäude.

🏨 **Blankenburg**, Rosenauer Str. 30, ✉ 96450, ☎ (09561) 64 40, *hotel@blankenburg.bestwestern.de*, Fax (09561) 644199 – 📶 ✱ Zim, 📺 📞 🅿 – 🏛 50. ⦿ ⦿ ⦿ ⦿ ⦿
Menu siehe Restaurant ***Kräutergarten*** – **36 Zim** ⊇ 79/92 – 96.   X y
• Die Zimmer dieses zeitgemäßen Hotels sind fast einheitlich im Stil - sie unterscheiden sich nur in der Größe und in der Holzart des Mobiliars.

🏨 **Stadt Coburg**, Lossaustr. 12, ✉ 96450, ☎ (09561) 87 40, *stadtcoburg@ringhotels.de*, Fax (09561) 874222, ✱ – 📶 ✱ Zim,, 🍽 Rest, 📺 📞 🅿 – 🏛 60. ⦿ ⦿ ⦿ ⦿
✱ Rest
Menu (geschl. 2. - 6. Jan., Sonntag) à la carte 24/39 – **44 Zim** ⊇ 74/87 – 92/98.   Y e
• Die Gästezimmer Ihrer Unterkunft bieten - mit dunklem Holz möbliert - genau die Wohnlichkeit, die man sich für sein vorübergehendes Zuhause wünscht. Kleines rustikales Grillrestaurant.

🏨 **Festungshof** ✱, Festungshof 1, ✉ 96450, ☎ (09561) 8 02 90, *hotel-festungshof@t-online.de*, Fax (09561) 802933, ✱ – 📺 ✱ 🅿 – 🏛 120. ⦿ ⦿ ⦿ ⦿   X b
Menu (geschl. Sonntagabend - Montagmittag) à la carte 15/31 – **14 Zim** ⊇ 50/75 – 70/120.
• Logieren Sie am Fuße der Veste Coburg in einem ehemaligen Domänengut a. d. 14. Jh. - eine gepflegte Adresse. Die Zimmer sind einheitlich mit hellen Kirschbaummöbeln gestaltet. Passend zu den rustikalen Stuben bewirtet man seine Gäste nach gutbürgerlicher Art.

XXX **Coburger Tor - Restaurant Schaller** mit Zim, Ketschendorfer Str. 22, ✉ 96450, ☎ (09561) 2 50 74, Fax (09561) 28874, ✱ – 📶 📺 🅿 ⦿ ⦿ ✱   Z a
Menu (geschl. Anfang - Mitte Jan., Ende Juli - Anfang Aug., Sonn- und Feiertage) (nur Abendessen) (Tischbestellung ratsam) à la carte 28/44, ♀ – **13 Zim** ⊇ 60/80 – 80/115.
• Ein eleganter Touch und schön eingedeckte Tische prägen den Rahmen dieses Restaurants am Rande der Altstadt. Geboten wird eine fast klassische französische Küche.

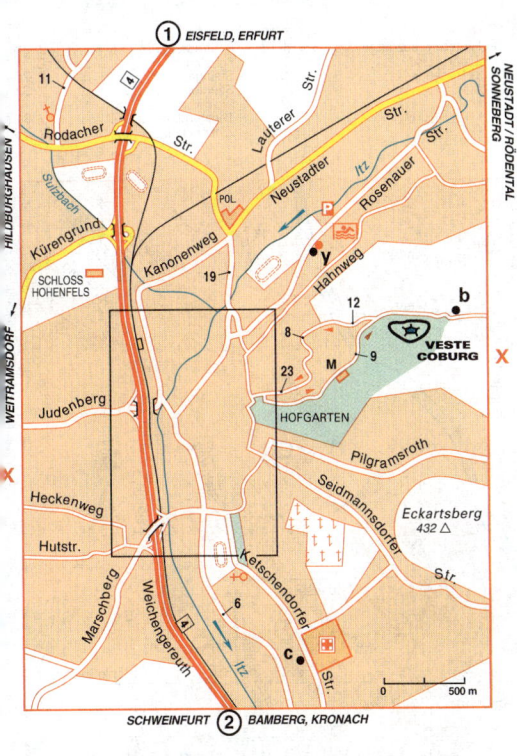

COBURG

Bamberger Straße	**X** 6
Bergstraße	**X** 8
Festungstraße	**X** 9
Fr.-Rückert-Straße	**X** 11
Gustav-Freytag-Weg	**X** 12
Heckenweg	**X**
Hutstraße	**X**
Judenberg	**X**
Kanonenweg	**X**
Kasernenstraße	**X** 19
Ketschendorfer Straße	**X**
Kürengrund	**X**
Lauterer Straße	**X**
Marschberg	**X**
Neustadter Straße	**X**
Obere Klinge	**X** 23
Pilgramsroth	**X**
Rodacher Straße	**X**
Rosenauer Straße	**X**
Seidmannsdorfer Straße	**X**
Weichengereuth	**X**

XX **Kräutergarten**, Rosenauer Str. 30c, ✉ 96450, ✆ (09561) 42 60 80, *info@kraeutergarten-coburg.de*, Fax (09561) 426081 – AE ⓘ M◎ VISA **X** y
Menu (abends Tischbestellung ratsam) à la carte 16/33.
♦ Nischen lockern das Interieur des rustikalen Lokals auf, ein hübsches Dekor erfreut das Auge. Die Küche bringt mit ihren Zubereitungen internationale Vielfalt auf den Tisch.

In Coburg-Lützelbuch *Ost : 5 km über Seidmannsdorfer Straße* **X** :

🏨 **Gasthof und Landhaus Fink** 🌿, Lützelbucher Str. 22, ✉ 96450, ✆ (09561) 2 49 43, *email@gasthof-fink.de*, Fax (09561) 27240, 🍴 – 🛗, 🚻 Zim, TV 📞 ♿ 🚗 Ⓟ – 🔥 35. M◎ VISA
Menu (geschl. Montag) à la carte 12/23,50 – **34 Zim** ⌧ 28/42 – 46/63.
♦ Sie werden in neuzeitlichen Zimmern im gemütlichen Landhausstil beherbergt - alternativ sorgt man im ursprünglichen Gasthof mit einem soliden Quartier für Ihre Unterbringung. Das Restaurant besticht durch sein gemütliches ländliches Ambiente.

In Coburg-Scheuerfeld *West : 3 km über Judenberg* **X** :

🌳 **Gasthof Löhnert** 🌿, Schustersdamm 28 (Einfahrt Weidacher Straße), ✉ 96450, ✆ (09561) 8 33 60, *hotel-loehnert@t-online.de*, Fax (09561) 833699, 🍴, 🚿, 🔧, 🚴 – TV Ⓟ – 🔥 25. AE M◎ VISA
Menu (geschl. 1. - 14. Jan., 1. - 21. Aug., Sonntagabend) (wochentags nur Abendessen) à la carte 11,50/22 – **42 Zim** ⌧ 37 – 53.
♦ Außerhalb der Stadt warten ruhige Zimmer auf Ihren Besuch. Ihre Herberge bietet eine funktionelle Unterkunft mit liebenswerter Schlichtheit. Ländliches Restaurant mit Gast-stuben-Charakter.

In Rödental-Oeslau *Nord-Ost : 7 km über Neustadter Straße* **X** :

🏨 **Brauereigasthof Grosch**, Oeslauer Str. 115, ✉ 96472, ✆ (09563) 75 00, *groschbier@aol.com*, Fax (09563) 750147, 🍴, Biergarten – 🚻 Zim, TV 📞 Ⓟ. M◎ VISA
geschl. 22. - 25. Dez. – **Menu** à la carte 13/31 – **19 Zim** ⌧ 51/56 – 72/76.
♦ Die Mischung macht´s bei diesem Brauereigasthof aus dem Jahre 1425 : das Flair eines traditionsreichen Hauses kombiniert mit modernem Komfort. Neben Fränkischem serviert man im gemütlich-rustikalen Restaurant auch eine "bierige Küche".

COBURG

Alexandrinenstraße .... Z 2	Herrngasse .... Z	Sally-Ehrlich-
Am Viktoriabrunnen ...... Z 3	Hintere Kreuzgasse ..... Y 18	Straße .... Z 26
Badergasse .... Y 5	Judengasse .... Z	Spitalgasse .... YZ
Bahnhofstraße .... Y	Ketschengasse .... Z 21	Steingasse .... Z 29
Heiligkreuzstraße .... Y 15	Marktplatz .... Z	Steintor .... Z 31
	Mauer .... YZ	Steinweg .... Y
	Mohrenstraße .... Y	Theaterplatz .... Y 32
	Rosengasse .... Z 24	Zinkenwehr .... Z 33

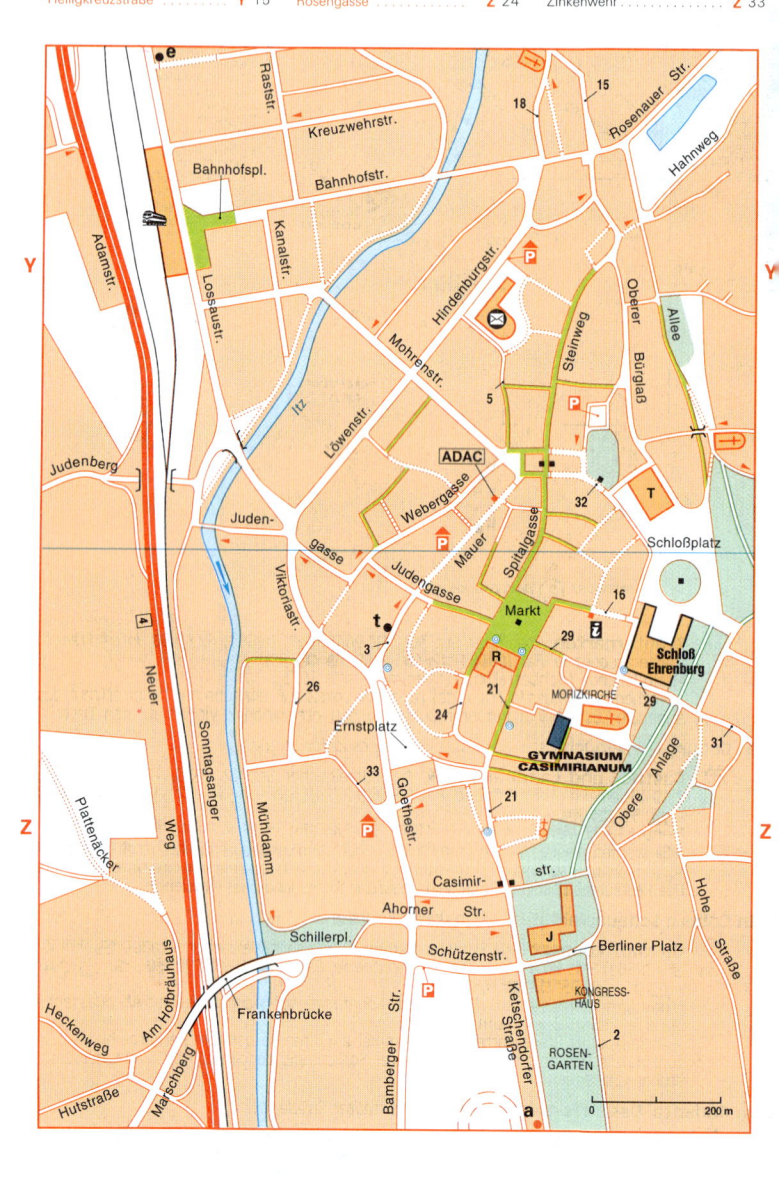

Die Preise   Einzelheiten über die in diesem Führer angegebenen Preise finden Sie in der Einleitung.

COBURG

In Rödental-Oberwohlsbach Nord-Ost : 10 km über Neustadter Straße X :

Alte Mühle ⌂, Mühlgarten 5, ✉ 96472, ℘ (09563) 7 23 80, info@alte-muehle-hotel.com, Fax (09563) 723866, 🍽 – 📺 ☎ 📶 – 🔒 15. AE MC VISA JCB. ⌀ Rest
Menu (nur Abendessen) à la carte 20/33 – **24 Zim** ⊇ 53/65 – 85.
 • Hinter der Fassade der Getreidemühle von 1902 finden Sie ein neuzeitliches Quartier, in unmittelbarer Nähe einer natürlichen Idylle - ganz im Sinne erholungsuchender Gäste. Neorustikales Restaurant mit internationaler Küche.

In Ahorn-Hohenstein Süd-West : 9 km über ② und B 303 :

Schloss Hohenstein ⌂, Hohenstein 1, ✉ 96482, ℘ (09565) 9 49 40, info@schloss-hohenstein.de, Fax (09565) 949460, 🍽 – 📺 🅿 – 🔒 60. AE MC VISA
Menu à la carte 35,50/45, ♀ ☀ – **13 Zim** ⊇ 70 – 95/130, 3 Suiten.
 • Die Burganlage a. d. 16. Jh. bietet individuell gestaltete Zimmer : teils antik, teils rustikal oder modern - doch stets unter Bewahrung der historischen Substanz. Das Wintergartenrestaurant zum Innenhof des Schlosses offeriert eine ambitionierte Küche.

In Großheirath über ② : 11 km :

Steiner, Hauptstr. 5, ✉ 96269, ℘ (09565) 79 40, info@hotel-steiner.de, Fax (09565) 79497, 🍽, ☎, ☒, ☰ – 📺 – 🔒 120. MC VISA
Menu à la carte 15/28 – **71 Zim** ⊇ 42/54 – 63/84, 4 Suiten.
 • Die gepflegten Zimmer - auf Alt- und Neubau verteilt - sind teils neuzeitlich geprägt, teils rustikal gehalten. Die reizvolle Umgebung lädt ein zum Wandern und Rad fahren. Restaurant mit bürgerlicher Küche.

COCHEM Rheinland-Pfalz 543 P 5 – 6 000 Ew – Höhe 91 m.
Sehenswert : Lage★★.
🛈 Tourist-Information, Endertplatz 1, ✉ 56812, ℘ (02671) 6 00 40, verkehrsamt.cochem@lcoc.de, Fax (02671) 600444.
Berlin 645 – Mainz 139 – Koblenz 51 – Trier 93.

Karl Müller, Moselpromenade 9, ✉ 56812, ℘ (02671) 13 33, info@hotel-karl-mueller.de, Fax (02671) 7131, 🍽 – 📶, ⌀ Zim, 📺 ☎ AE MC VISA
Menu à la carte 20/35 – **44 Zim** ⊇ 67/86 – 114/152 – ½ P 19.
 • Direkt gegenüber der Schiffsanlegestelle liegt dieses Haus an der Moselpromenade. Zimmer in neuzeitlichem Stil werden den Ansprüchen Reisender gerecht. Das Restaurant liegt im ersten Stock : ein heller Raum mit Fensterfront zur Mosel hin.

Haus Erholung garni (mit Gästehaus), Moselpromenade 64, ✉ 56812, ℘ (02671) 75 99, info@haus-erholung.de, Fax (02671) 4362, ☎, ☒ – 📶 📺 🅿. MC VISA. ⌀
Mitte März - Mitte Nov. – **12 Zim** ⊇ 38/52 – 68/80.
 • Ein Hotel, das seinem Namen alle Ehre macht : Zeitgemäßer Komfort und eine solide Ausstattung zeichnen diese nette Adresse aus. Frühstücken Sie mit Blick auf die Mosel.

Lohspeicher ⌂ mit Zim, Obergasse 1, ✉ 56812, ℘ (02671) 39 76, service@lohspeicher.de, Fax (02671) 1772, 🍽 – 📺 ☎. AE MC VISA
geschl. Feb. - Mitte März – **Menu** (geschl. Mittwoch) (Dez. - Jan. nur Abendessen) à la carte 31,50/46 – **9 Zim** ⊇ 50/80 – 92/126.
 • Sie speisen international in Räumlichkeiten, die dem Charakter eines ehemaligen Speichergebäudes gerecht werden - auf der knarrenden Empore oder am offenen Kamin.

In Cochem-Cond :

Thul ⌂, Brauselaystr. 27, ✉ 56812, ℘ (02671) 91 41 50, info@hotel-thul.de, Fax (02671) 91451144, ≤ Cochem und Mosel, 🍽, 🎾, ☎, 🚲 – 📶, ⌀ Zim, 📺 ☎ 🅿. MC VISA
geschl. Dez. - Feb. – **Menu** (Montag - Freitag nur Abendessen) à la carte 18/29 – **23 Zim** ⊇ 46/52 – 78/102 – ½ P 15.
 • Auf der Sonnenseite des Moseltales - oberhalb des Ortes - findet man dieses gut geführte Hotel mit gepflegten Zimmern, teils in rustikaler Eiche, teils in Kirschbaum möbliert. Elegantrustikales Ambiente im Restaurant.

Am Rosenhügel, Valwiger Str. 57, ✉ 56812, ℘ (02671) 9 76 30, rosenhuegel@rz-online.de, Fax (02671) 976363, ≤, ☎, 🚲 – 📶, ⌀ Zim, 📺 ☎ 🅿. MC VISA
geschl. 15. Dez. - 15. Feb. – **Menu** (nur Abendessen) (Restaurant nur für Hausgäste) – **23 Zim** ⊇ 44/74 – 67/100 – ½ P 15.
 • Neben der Idylle der Mosellandschaft, Spaziergängen durch die historische Altstadt und Weinproben beim Winzer bietet man Ihnen hier funktionelle Räume zum Nächtigen.

Moselflair garni, Bergstr. 6, ✉ 56812, ℘ (02671) 88 94, hotel-moselflair@t-online.de, Fax (02671) 8990, 🍽, ☎, ⌀ Zim, 📺 ☎ 🅿. MC VISA. ⌀
geschl. 30. Nov. - 31. Jan. – **20 Zim** ⊇ 75 – 130.
 • Ein kleines familiengeführtes Hotel. Sie haben die Wahl zwischen gepflegten Gästezimmern in Kirsche oder Eiche und einem geräumigen Komfortzimmer im Giebel.

COCHEM

Brixiade, Uferstr. 13, ✉ 56812, ✆ (02671) 98 10, moselstern@t-online.de, Fax (02671) 981400, ≼, 🍴 – 📺 📞 ⬛ P, – 🛁 30. AE ① ⓜ VISA
Menu à la carte 20/33,50 – **57 Zim** ⇌ 55/85 – 76/130.
• Neben zeitgemäßen, solide möblierten Gästezimmern zählt auch die schöne Aussicht auf Mosel und Cochem zu den Annehmlichkeiten dieses Hauses.

Am Hafen, Uferstr. 4, ✉ 56812, ✆ (02671) 9 77 20, hotel-am-hafen.cochem@t-online.de, Fax (02671) 977227, ≼, 🍴 – 📺 📞, AE ① ⓜ VISA. ✖
Menu (geschl. Jan.) à la carte 17/37 – **18 Zim** ⇌ 50/70 – 65/110.
• Sie logieren direkt am Flussufer. Die Zimmer des Hauses bieten eine praktische Ausstattung - nur ein paar Schritte von der malerischen Altstadt entfernt.

In Cochem-Sehl :

Keßler-Meyer ⌘ (mit 2 Gästehäusern), Am Reilsbach 10, ✉ 56812, ✆ (02671) 9 78 80, rezeption@hotel-kessler-meyer.de, Fax (02671) 3858, ≼, 🍴, Massage, 🛀, ≾, ⛱ – 🛗 🎿 📺 🏊 ⬛ P, 🛁 15. ⓜ VISA. ✖ Rest
Menu à la carte 21/43 – **48 Zim** ⇌ 74/106 – 112/170, 4 Suiten – ½ P 22.
• Dieses Hotel überzeugt mit romantischer Lage oberhalb der Mosel, gemütlich-wohnlicher Atmosphäre und geschmackvoller, moderner Einrichtung. Hübsches helles Restaurant.

Zur schönen Aussicht, Sehler Anlagen 22, ✉ 56812, ✆ (02671) 72 32, Fax (02671) 980295, ≼, 🍴 – 📺
Menu (geschl. Nov. – Juni Montag, Juli – Okt. Montagmittag) à la carte 19/30 – **15 Zim** ⇌ 45 – 65/82 – ½ P 17.
• Hinter einer hübschen Steinfassade hat man dieses kleine familiengeführte Hotel eingerichtet. Die Zimmer unterscheiden sich in der Einrichtung, sind gut unterhalten.

Weinhaus Klasen, Sehler Anlagen 8, ✉ 56812, ✆ (02671) 76 01, weinhaus-klasen @t-online.de, Fax (02671) 91380, 🍴 – 🛗 📺 📞 P
März – Nov. – **Menu** (geschl. Mittwoch) (nur Abendessen) à la carte 12,50/19 – **12 Zim** ⇌ 38 – 76 – ½ P 12.
• Direkt an der Mosel liegt dieses familiengeführte Hotel. Man verfügt über sehr saubere und praktisch ausgestattete Gästezimmer in einheitlichem Stil. Die Küche hält für Sie ein kleines preiswertes Angebot parat.

Im Enderttal Nord-West : 3 km Richtung Mayen :

Weißmühle ⌘, ✉ 56812 Cochem, ✆ (02671) 89 55, info@weissmuehle.de, Fax (02671) 8207, 🍴, ≾ – 🛗 P, 🛁 40. ⓜ VISA
Menu à la carte 30/42 – **36 Zim** ⇌ 57/67 – 98/120 – ½ P 25.
• Suchen Sie ein nettes Quartier umgeben von unberührter Natur? Man bietet Ihnen wohnliche Zimmer im Landhausstil - oder alternativ auch einfacher gestaltete. Rustikalgemütliche Restauranträume.

In Ernst Ost : 5 km Richtung Trier :

Pollmanns, Moselstr. 53, ✉ 56814, ✆ (02671) 86 83, info@hotel-pollmanns.de, Fax (02671) 5646, 🍴, ≾ – 🛗 P, ⬛ P
geschl. 2. Jan. - 15. April – **Menu** (geschl. Donnerstagmittag) à la carte 13/29 – **90 Zim** ⇌ 45/50 – 70/80 – ½ P 13.
• Eine schöne Aussicht und nett eingerichtete Gästezimmer im Haupthaus sowie in zwei Nebengebäuden - eines davon ein umgebautes Winzergehöft - sprechen für diese Adresse. Mit Gerichten der deutschen Küche bittet man Sie im Restaurant zu Tisch.

Filla Andre, Moselstr. 1, ✉ 56814, ✆ (02671) 46 88, filla.andre@t-online.de, Fax (02671) 5859, ≼, 🍴 – 📺 P. ✖ Rest
Menu (geschl. Mittwoch) (nur Abendessen) (Restaurant nur für Hausgäste) – **14 Zim** ⇌ 35/40 – 50/67 – ½ P 11.
• Der kleine Familienbetrieb verfügt über solide Zimmer mit Naturholzmobiliar und Laminatfußboden. Schön ist die Aussicht auf Mosel und Valwiger Herrenberg.

COELBE Hessen siehe Marburg.

COESFELD Nordrhein-Westfalen **543** K 5 – 37 500 Ew – Höhe 81 m.
🏌 Coesfeld, Stevede 8a, ✆ (02541) 59 57.
🛈 Tourist Information, Rathaus, Markt 8, ✉ 48653, ✆ (02541) 9 39 10 09, info@coesfeld.de, Fax (02541) 9394009.
Berlin 513 – *Düsseldorf* 105 – Nordhorn 73 – Münster (Westfalen) 38.

Zur Mühle garni, Mühlenstr. 23, ✉ 48653, ✆ (02541) 91 30, Fax (02541) 6577 – 🛗 📺 📞 ⬛ P, AE ① ⓜ VISA
31 Zim ⇌ 57/69 – 83.
• Die attraktiven Zimmer überzeugen mit ihrer praktischen, zeitgemäßen Ausstattung nicht nur Geschäftsreisende. Die schöne Lage bietet einige Anreize für Unternehmungen.

COESFELD

Haselhoff, Ritterstr. 2, ✉ 48653, ℘ (02541) 9 42 00, hotel-haselhoff@t-online.de, Fax (02541) 942030, 🍴, 🔲 TV 📞 ⇔ 🅿 AE ⓜⓞ VISA. ⚒
Menu (geschl. 24. Dez. - 1. Jan., Samstag) à la carte 17/27 – **30 Zim** ⇌ 50/60 – 75.
  ♦ Die Lage im verkehrsberuhigten Innenstadtbereich, eine engagierte Führung und neuzeitlich eingerichtete Gästezimmer sprechen für das rote Backsteinhaus. Gemütlich und leicht rustikal ist das Ambiente im Restaurant.

COLMBERG Bayern 546 R 15 – 1 300 Ew – Höhe 442 m.

🛈 Colmberg, Rothenburger Str. 35, ℘ (09803) 6 00.
Berlin 498 – München 225 – Nürnberg 64 – Rothenburg ob der Tauber 18 – Würzburg 71 – Ansbach 17.

Burg Colmberg ⚐, ✉ 91598, ℘ (09803) 9 19 20, info@burg-colmberg.de, Fax (09803) 262, ≤, 🍴, Wildpark – ⚒ Zim, 🔲 TV ⇔ 🅿 – 🔔 40. AE ⓜⓞ VISA. ⚒
geschl. Feb. – **Menu** (geschl. Dienstag) à la carte 17,50/34 – **25 Zim** ⇌ 40/65 – 100.
  ♦ Der Charme vergangener Zeiten erwartet Sie in der 1000-jährigen Burganlage mit eigener Hauskapelle. Wie möchten Sie wohnen? Historisch-elegant, rustikal oder neuzeitlich? Zur Bewirtung stehen die Burgstuben, das Restaurant oder die Gartenterrasse bereit.

CORNBERG Hessen 543 M 13 – 2 000 Ew – Höhe 330 m.

Berlin 399 – Wiesbaden 190 – Kassel 62 – Fulda 71 – Gießen 118.

Kloster Cornberg, Am Steinbruch 1 (an der B 27), ✉ 36219, ℘ (05650) 9 69 60, Fax (05650) 969622, 🍴 – 🔲 TV 📞 🅿 – 🔔 50. ⓜⓞ VISA
Menu (geschl. Feb. 1 Woche, Nov. 1 Woche, Sonntagabend) à la carte 17/32 – **9 Zim** ⇌ 55/63 – 80.
  ♦ Neben der ehrwürdigen Fassade erinnern Wände aus Naturstein auch im Inneren an das Alter des Benediktinerinnen-Klosters von 1296 - modern das Ambiente der Räume. Der historischen Bausubstanz wird auch im Restaurant mit schickem Design neues Leben eingehaucht.

COTTBUS Brandenburg 542 K 26 – 100 000 Ew – Höhe 64 m.

Sehenswert : Schloss und Park Branitz★★ – Brandenburgisches Apotheken-Museum★ AY M1 – Wendisches Museum★ AY M2 – Klosterkirche (Doppelgrabmal)★ AY.
Ausflugsziele : Spreewald★★ (Kahnfahrt ab Lübbenau, Freilandmuseum Lehde★) über Am Zollhaus S Nord-West : 31 km – Bad Muskau : Muskauer Park★★ über ② : 42 km.
🛈 Drieschnitz-Kahsel, Birkengrund 5 (Süd-Ost : 18 km über ④), ℘ (03563) 41 32.
🛈 Cottbus-Service, Berliner Platz 6, Stadthalle, ✉ 03046, ℘ (0355) 7 54 20, cottbus-service@cmt-cottbus.de, Fax (0355) 7542455.
Berlin 129 – Potsdam 146 – Dresden 104 – Frankfurt (Oder) 80 – Leipzig 174.

Stadtpläne siehe nächste Seiten

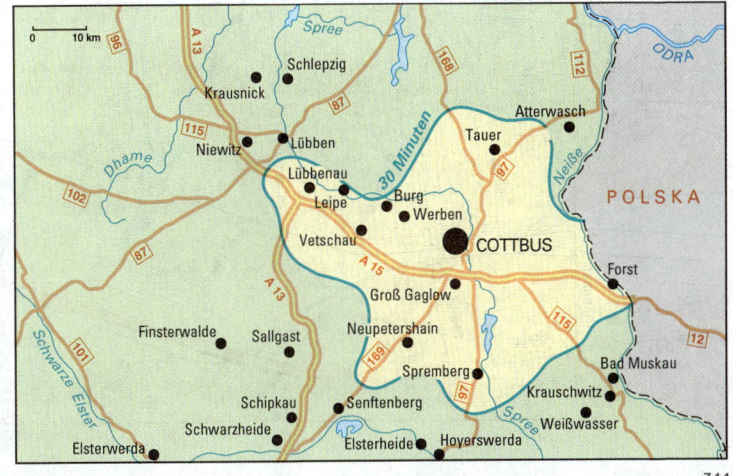

312

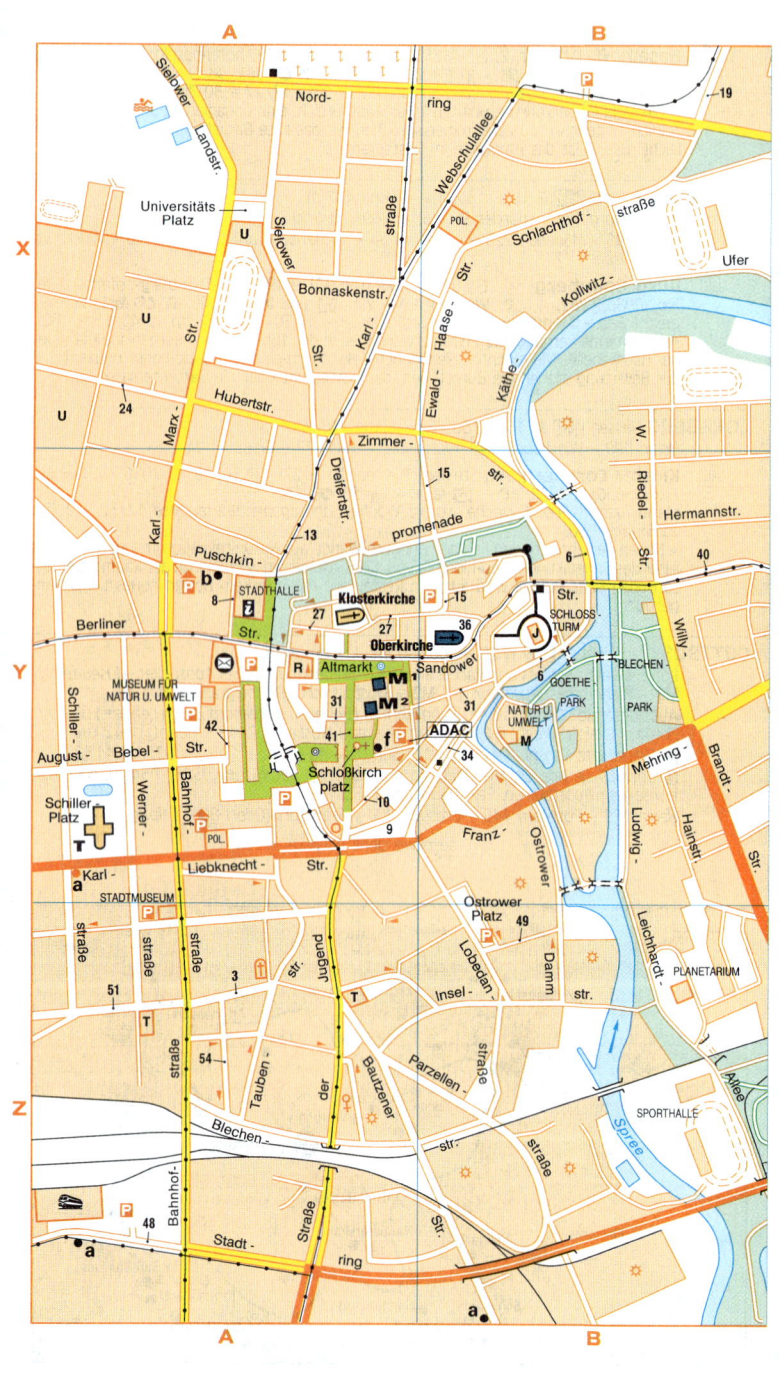

COTTBUS

Street	Grid	No.
Adolph-Kolping-Str.	AZ	3
August-Bebel-Str.	AY	
Altmarkt	BY	6
Am Spreeufer	AYZ	
Bahnhofstr.	ABZ	
Bautzener Str.	ABZ	
Berliner Platz	AY	8
Berliner Str.	AY	
Blechenstr.	ABZ	
Bodelschwinghstr.	CY	
Brandenburger Platz	AY	9
Burgstr.	AY	10
Curt-Möbius-Str.	CY	
Dissenchener Str.	AY	
Dreiferstr.	AY	
Elisabeth-Wolf-Str.	BCX	
Ewald-Haase-Str.	BX	
Forster Str.	CZ	
Franz-Mehring-Str.	BCY	
Friedrich-Ebert-Str.	AY	13
Friedrich-Ludwig-Jahn-Straße	BY	15
Gerhart-Hauptmann-Str.	BX	19
Gustav-Hauptmann-Str.	CZ	
Hainstr.	BY	
Hubertstr.	AX	
Hüfner Str.	CY	
Inselstr.	BZ	
Juri-Gagarin-Str.	AX	24
Kahrener Str.	CY	
Karl-Liebknecht-Str.	AY	
Karl-Marx-Str.	AXY	
Karlstr.	AX	
Käthe-Kollwitz-Ufer	BX	
Kiekebuscher Str.	CZ	
Klosterstr.	AY	27
Lobedanstr.	BZ	
Ludwig-Leichhardt-Allee	BYZ	
Merzdorfer Weg	CX	
Mühlenstr.	ABY	31
Muskauer Str.	CY	
Neustädter Platz	BY	34
Nordring	ACX	
Oberkirchplatz	BY	36
Ostrower Damm	BYZ	
Ostrower Platz	BYZ	
Parzellenstr.	ABZ	
Peitzer Str.	CXY	
Puschkinpromenade	ABY	
Pyramidenstr.	CZ	
Sandower Hauptstr.	BCY	40
Sandower Str.	BY	
Schillerplatz	AY	
Schillerstr.	AYZ	
Schlachthofstr.	BX	
Schloßkirchplatz	AY	
Sielower Landstr.	AX	
Sielower Str.	AX	
Spremberger Str.	AY	41
Stadtpromenade	AY	42
Stadtring	ACZ	
Straße der Jugend	AZ	
Taubenstr.	AZ	
Universitäts Platz	AX	
Vetschauer Str.	AZ	48
Vorparkstr.	CZ	
Warschauer Str.	CY	
Wasserstr.	BZ	49
Webschulallee	BX	
Wernerstr.	AYZ	
Wilhelm-Külz-Str.	AZ	51
Wilhelm-Riedel-Str.	BY	
Wilhelmstr.	AZ	54
Willy-Brandt-Str.	BYZ	
Zimmerstr.	ABX	

Michelin hängt keine Schilder an die empfohlenen Hotels und Restaurants.

COTTBUS

Street	Ref
Am Nordrand	S 4
Bautzener Str.	T 7
Drachhausener Str.	S 12
Gaglower Landstr.	U 16
Gerhart-Hauptmann-Str.	S 18
Hermann-Löns-Str.	T 21
Juri-Gagarin-Str.	S 24
Kiekebuscher Str.	T 25
Kolkwitzer Str.	T 28
Marjana-Domäskojc-Strasse	S 30
Neue Chaussestr. (GROSS GAGLOW)	U 33
Sachsendorfer Str.	T 37
Sachsendorfer Str. (GROSS GAGLOW)	U 39
Straße der Jugend	T 43
Ströbitzer Hauptstr.	ST 45
Tierparkstr.	T 46
Wilhelm-Külz-Str.	T 51
Zielona-Gora-Str.	U 55

Die Übernachtungs- und Pensionspreise können sich durch die Kurtaxe erhöhen.
Erfragen Sie daher bei der Zimmerreservierung den zu zahlenden Endpreis.

COTTBUS

Radisson SAS Hotel, Vetschauer Str. 12, ✉ 03048, ☏ (0355) 4 76 10, *info@radissonsas.com*, Fax (0355) 4761900, 😊, 🅕, ≋, ⬜ – 🕮, ⁂ Zim, 🍽 📺 📞 🛗 – 🏛 330. AE ⓘ ⓜ VISA AZ a
Menu *(geschl. Sonntag)* à la carte 25/34 – **241 Zim** 🗄 90 – 105, 11 Suiten.
♦ Ein Empfangsbereich in Marmor stimmt Sie auf das elegante Ambiente dieses in ein modernes Geschäftszentrum integrierten Hotels ein. Freundlicher Service und komfortable Zimmer. Restaurant mit Showküche.

Holiday Inn, Berliner Platz, ✉ 03046, ☏ (0355) 36 60, *hi-cb@t-online.de*, Fax (0355) 366999, Biergarten – 🕮, ⁂ Zim, 🍽 📺 📞 🚗 – 🏛 110. AE ⓘ ⓜ VISA AY b
Menu à la carte 24/32 – 🗄 13 – **193 Zim** 75/110 – 75/135, 11 Suiten.
♦ In Stadtzentrum liegt dieses neuzeitliche Hotel, das mit seinen technisch sehr gut ausgestatteten Zimmern vor allem auf den Business-Gast zugeschnitten ist.

Dorotheenhof, Waisenstr. 19, ✉ 03046, ☏ (0355) 7 83 80, *dorotheenhof.cottbus@t-online.de*, Fax (0355) 7838444, 😊 – 🕮, ⁂ Zim, 📺 📞 🛗 🅿 – 🏛 80. AE ⓘ ⓜ VISA T e
Menu *(geschl. Sonntag) (nur Abendessen)* à la carte 19/33 – **62 Zim** 🗄 75/85 – 90/105.
♦ Solide möbliert und tadellos gepflegt präsentieren sich die Zimmer dieses am Rande der Innenstadt gelegenen Hauses - eine zeitgemäße Übernachtungsadresse.

Sorat Hotel, Schloßkirchplatz 2, ✉ 03046, ☏ (0355) 7 84 40, *cottbus@sorat-hotels.com*, Fax (0355) 7844244, 😊, ≋ – 🕮, ⁂ Zim, 🍽 Zim, 📺 📞 🛗 🚗 – 🏛 20. AE ⓘ ⓜ VISA JCB AY f
Menu *(geschl. Nov. - Feb. Sonntag)* à la carte 16,50/31 – **101 Zim** 🗄 79/112 – 104/137.
♦ Die historische Fassade des restaurierten Gründerzeitgebäudes schmückt die Altstadt von Cottbus, das Interieur zeigt sich geschmackvoll, modern und funktionell. Das Restaurant ist ein ehemaliger Kartoffelkeller mit Gewölbe.

Branitz ⚐, Heinrich-Zille-Straße, ✉ 03042, ☏ (0355) 7 51 00, *info@branitz.bestwestern.de*, Fax (0355) 713172, 😊, Massage, 🅕, ≋ – 🕮, ⁂ Zim, 📺 📞 🅿 – 🏛 450. AE ⓘ ⓜ VISA T g
Menu à la carte 20/34 – **128 Zim** 🗄 69/79 – 98/118.
♦ Gepflegte und zeitgemäß ausgestattete Zimmer bietet Ihnen das großzügig angelegte Hotel - ein ehemaliges Schulungszentrum. Tagungsgäste schätzen den Konferenzbereich.

Ahorn, Bautzener Str. 134, ✉ 03050, ☏ (0355) 47 80 00, *info@ahornhotel.com*, Fax (0355) 4780040, Biergarten – 📺 📞 🅿 – 🏛 15. AE ⓘ ⓜ VISA BZ a
Menu à la carte 11,50/23 – **21 Zim** 🗄 57/62 – 65/75.
♦ Das gut geführte, in einem Wohngebiet gelegene Hotel verfügt über solide Zimmer - teils mit Kochgelegenheit. Zu einem günstigeren Preis bietet man auch einfachere Zimmer.

Mephisto, Karl-Liebknecht-Str. 25, ✉ 03046, ☏ (0355) 70 38 06, *mephisto-pape@proximedia.de*, Fax (0355) 703808, 😊 – 🅿. AE ⓜ VISA AY a
geschl. Samstagmittag, Sonntag – **Menu** à la carte 25/42.
♦ Im Kellerlokal einer Jugendstil-Villa verköstigt man seine Gäste nach regionaler und internationaler Art. Leicht elegantes Ambiente und aufmerksamer Service.

In Gross Gaglow *Süd : 3,5 km :*

Tryp Hotel, Am Seegraben, ✉ 03058, ☏ (0355) 5 83 70, *tryp.cottbus@solmelia.com*, Fax (0355) 5837444, 😊, ≋ – 🕮, ⁂ Zim, 📺 📞 🛗 🅿 – 🏛 50. AE ⓘ ⓜ VISA JCB U n
Menu à la carte 15/25 – **96 Zim** 🗄 45/65 – 52/69.
♦ In einem Industriegebiet, verkehrsgünstig nahe der Autobahn, liegt dieses Hotel. Funktionalität und ein neuzeitlicher Stil kennzeichnen die Zimmer.

CRAILSHEIM Baden-Württemberg 545 S 14 – 32 500 Ew – Höhe 413 m.

🛈 Städt. Verkehrsamt, Marktplatz 1, ✉ 74564, ☏ (07951) 40 31 25, Fax (07951) 403264.
Berlin 528 – *Stuttgart* 114 – Nürnberg 102 – Würzburg 112.

Post-Faber, Lange Str. 2, ✉ 74564, ☏ (07951) 96 50, *postfaber@t-online.de*, Fax (07951) 965555, 😊, ≋ – 🕮 📺 📞 🚗 🅿 – 🏛 20. AE ⓘ ⓜ VISA JCB
Menu *(geschl. Freitagabend - Samstagmittag)* à la carte 20/38 – **Gourmet-Stüble** *(geschl. Jan. - Feb. 3 Wochen, Aug. 3 Wochen, Freitag, Sonn- und Feiertage) (nur Abendessen)* **Menu** 20/30 à la carte 32/42 – **64 Zim** 🗄 55/78 – 86.
♦ Ein familiengeführtes gewachsenes Stadthotel, das für seine Gäste komfortabel ausgestattete sowie auch einige einfachere Zimmer bereithält. Im Gourmet-Stüble dürfen Sie sich auf eine gehobene klassisch-mediterrane Küche freuen.

CRAILSHEIM

In Crailsheim-Westgartshausen *Süd-Ost : 5 km :*

🏨 **Zum Hirsch** ⚜, Westgartshausener Hauptstr. 16, ✉ 74564, ℰ (07951) 9 72 00 (Hotel) 46 90 50 (Restaurant), info@stirn-hotel.de, Fax (07951) 972097 – 🛗, ✯ Zim, 📺 📞 🅿 – 🏋 70. 🎦 VISA. ✯ Zim
Menu *(geschl. Jan. 1 Woche, Aug. 2 Wochen, Montag)* à la carte 14,50/21,50 – **24 Zim** ☲ 40 – 60.
• Recht ruhig liegt das familiengeführte Hotel in dörflicher Umgebung. Die gepflegten, solide ausgestatteten Zimmer entsprechen neuzeitlichem Standard. Im Restaurant : rustikal-bürgerliches Ambiente.

CREUZBURG *Thüringen siehe Eisenach.*

CRIMMITSCHAU *Sachsen* 544 N 21 *– 22 700 Ew – Höhe 230 m.*

🛈 Stadtinformation, Markt 1 (Rathaus), ✉ 08451, ℰ (03762) 9 00, Fax (03762) 909901.
Berlin 262 – Dresden 114 – Gera 39 – Leipzig 72 – Zwickau 71 – Chemnitz 44.

🏨 **Stadthotel Mauritius**, Herrengasse 11, ✉ 08451, ℰ (03762) 9 46 10, Fax (03762) 946199, 🍴, ⇌ – 📺 – 🏋 15. 🅰🅴 ⓞ 🎦 VISA
Menu *(geschl. Montag)* (böhmische Küche) à la carte 15/23 – **14 Zim** ☲ 45/55 – 67.
• Die Lage direkt in der Fußgängerzone und die wohnlich und zeitgemäß ausgestatteten Gästezimmer machen dieses kleine Hotel interessant. Mit dunklem Holz hat man das Restaurant im altdeutschen Stil eingerichtet.

In Crimmitschau-Gablenz *Ost : 2 km :*

🌲 **Sperlingsberg** ⚜, Sperlingsberg 2, ✉ 08451, ℰ (03762) 94 56 70, *hotelsperlingsb @aol.com*, Fax (03762) 9456717, ⇌ – 📺 🅿 – 🏋 15. 🎦 VISA. ✯ Rest
Menu *(geschl. Freitag, Sonntagabend)* (Restaurant nur für Hausgäste) – **15 Zim** ☲ 36/40 – 60.
• Ehemals als Wohnhaus und landwirtschaftlicher Betrieb genutzt, wird diese Adresse heute als kleines Hotel mit sauberen, praktischen Zimmern geführt.

CUXHAVEN *Niedersachsen* 541 E 10 *– 62 000 Ew – Höhe 3 m – Nordseeheilbad.*

Sehenswert : *Landungsbrücke "Alte Liebe"★* ≤★ Y *– Kugelbake* ≤★ *Nord-West : 2 km.*
🏌 Cuxhaven-Oxstedt, Hohe Klint (Süd-West : 11 km über ②), ℰ (04723) 27 37.
🛈 Touristic, Lichtenbergplatz, ✉ 27472, ℰ (04721) 3 60 46, Fax (04721) 52564.
Berlin 421 ① – Hannover 222 ① – Bremerhaven 43 ① – Hamburg 130 ①

Stadtplan siehe nächste Seite

🏨 **Seepavillon Donner** ⚜, Bei der Alten Liebe 5, ✉ 27472, ℰ (04721) 56 60, *donn er.seepavillon.cuxhaven@t-online.de*, Fax (04721) 566130, ≤ Nordsee-Schiffsverkehr, 🍴, 🏋, ⇌ – 🛗, ✯ Zim, 📺 📞 🚹 🅿 – 🏋 180. 🅰🅴 ⓞ 🎦 VISA   Y   f
Menu à la carte 19/32 – **50 Zim** ☲ 100 – 108/118, 4 Suiten – ½ P 17.
• Wohnliche, funktionelle Zimmer - teils mit Seeblick - und ein gepflegter Freizeitbereich sprechen für dieses Haus. Schön ist auch die Lage an der Elbmündung, direkt am Hafen. Restaurant mit Blick aufs Wasser.

🏨 **Donner's Hotel** ⚜, Am Seedeich 2, ✉ 27472, ℰ (04721) 50 90, *info@donners.be stwestern.de*, Fax (04721) 509134, ≤, ⇌, 🗓 – 🛗, ✯ Zim, 📺 🅿 – 🏋 60. 🅰🅴 ⓞ 🎦
VISA. ✯ Zim   Y   b
Menu à la carte 28,50/44,50 – **80 Zim** ☲ 77/112 – 135/159 – ½ P 19.
• Die Lage hinterm Deich - mit Aussicht auf die Hafeneinfahrt - zählt zu den Vorzügen dieses familiengeführten Hauses. Die Zimmer sind unterschiedlich möbliert und funktionell. Im Restaurant haben Sie stets den Schiffsverkehr im Blick.

🏨 **Stadt Cuxhaven**, Alter Deichweg 11, ✉ 27472, ℰ (04721) 58 20, *info@hotel-stad t-cuxhaven.de*, Fax (04721) 582200 – 🛗, ✯ Zim, 📺 🅿 – 🏋 20. 🅰🅴 ⓞ 🎦 VISA   Y   e
Casa del Taco (mexikanische Küche) *(geschl. Sonntag)* (nur Abendessen) à la carte 18,50/29,50 – **42 Zim** ☲ 57/75 – 89/110 – ½ P 17.
• Das alte Backsteinhaus beherbergt seine Gäste in funktionell und freundlich eingerichteten Zimmern. Hafen und Innenstadt befinden sich ganz in Ihrer Nähe. Sombreros, Kakteen und Bilder zieren das Casa del Taco.

In Cuxhaven-Döse *Nord-West : 3 km über Feldweg* Y *:*

🏨 **Veermaster Hotel Deichgraf** ⚜, Nordfeldstr. 16, ✉ 27476, ℰ (04721) 40 50,
🚃 *deichgraf-kur-hotel@t-online.de*, Fax (04721) 405614, ≤, 🍴, ♨, 🏋, ⇌, 🗓 – 🛗,
✯ Zim, 📺 📞 ⇌ 🅿 – 🏋 30. 🎦 ⓞ VISA
Menu à la carte 13,50/24,50 – **77 Zim** ☲ 56/86 – 80/100, 4 Suiten – ½ P 13.
• Sachlich gestaltete Zimmer mit zeitgemäßem Komfort und einen schönen Fitness- und Beautybereich bietet Ihnen dieses direkt hinterm Deich gelegene Hotel.

CUXHAVEN

Gambero Rosso, Nordfeldstraße/Ecke Kurparkallee (7. Etage), ✉ 27476, ✆ (04721) 44 08 80, *Fax (04721) 509134*, ≤ Nordsee und Schiffsverkehr – 🛗 P. AE ① ⓜ VISA. ✁
geschl. Mitte Jan. - Mitte Feb., Juli 2 Wochen, Montag - Dienstag – **Menu** à la carte 30/52, ₷.
◆ In der 7. Etage eines modernen Wohn- und Geschäftshauses hat man das elegante Restaurant eingerichtet - die große Fensterfront bietet eine schöne Aussicht.

In Cuxhaven-Duhnen *Nord-West : 6 km über Strichweg* Y :

Strandperle ✵ (mit Appartementhäusern), Duhner Strandstr. 15, ✉ 27476, ✆ (04721) 4 00 60, *info@strandperle-hotels.de, Fax (04721) 4006196*, ≤, ✿, Massage, ≦s, 🖾 – 🛗 ⚜ TV ✆ ⇔ P. 🔒 40. ① ⓜ VISA. ✁ Rest
Menu à la carte 26/38 – **65 Zim** ⊇ 88/105 – 119/130, 15 Suiten – ½ P 20.
◆ Überzeugend : die klassisch-elegante Gestaltung vom Empfang bis in die Zimmer sowie die Lage direkt an der Strandpromenade. Exklusiv : Suiten und Wellness im Admiralsflügel. Die Restauranträume : Wintergarten, Schweizer Stuben und Le Jardin.

Badhotel Sternhagen ✵, Cuxhavener Str. 86, ✉ 27476, ✆ (04721) 43 40, *sternhagen@badhotel-sternhagen.de, Fax (04721) 434444*, ≤, ✿, Massage, ≜, Fs, ≦s, 🖾 – 🛗 ⚜ TV ✆ 🔒 P. AE ① ⓜ. ✁ Rest
geschl. 10. Nov. - 20. Dez. – **Menu** siehe Rest. **Sterneck** separat erwähnt – **Panorama-Restaurant** : **Menu** à la carte 35/47 – **Ekendöns** (nur Abendessen) **Menu** à la carte 29/42 – **49 Zim** ⊇ 150/185 – 200, 9 Suiten – ½ P 27.
◆ Das Bemühen um den Gast spiegelt die Philosophie des Hauses wider. Von der schmucken Hotelhalle bis zu klassisch gehaltenen Zimmern - es wird Ihnen an nichts fehlen. Eine elegante Einrichtung und gut eingedeckte Tische prägen das Panorama-Restaurant.

Strandhotel Duhnen ✵ (mit Aparthotel Kamp), Duhner Strandstr. 5, ✉ 27476, ✆ (04721) 40 30, *info@kamp-hotels.de, Fax (04721) 403333*, ≤, ✿, ≦s, 🖾 – 🛗 ⚜ Zim, TV P. 🔒 60. AE ① ⓜ VISA JCB. ✁ Rest
geschl. 16. Nov. - 4. Dez. – **Menu** à la carte 26,50/46 – **97 Zim** ⊇ 92/146 – 113/161 – ½ P 17.
◆ Eine nette Atmosphäre empfängt Sie schon in der Halle und begleitet Sie durch das ganze Haus. Geschmackvolle Zimmer, teils mit Seeblick und Wohnecke. Klassisches Restaurant im 1. Stock mit großer Fensterfront. Außerdem : ein Bistro.

Annenstraße	**Y**	4
Bahnhofstraße	**Z**	6
Blohmstraße	**Y**	7
Fährstraße	**Y**	8
Friedrich-Carl-Straße	**Z**	10
Grodener Chaussee	**Z**	
Helgoländer Straße	**Y**	14
Kaemmererplatz	**Z**	16
Konrad-Adenauer-Allee	**Z**	17
Nordersteinstraße	**Z**	
Schillerplatz	**Y**	18
Schillerstraße	**Y**	20
Stresemannplatz	**Y**	21
Werner-Kammann-Straße	**YZ**	23
Westerreihe	**Z**	24
Zollkaje	**Y**	27

🏨 **Seeschwalbe** garni, Cuxhavener Str. 87, ✉ 27476, ☏ (04721) 42 01 00, info@hotel-seeschwalbe.de, Fax (04721) 420144, ⇌s – 🛗 ⚡ TV 📞 P. 🚭
geschl. 11. - 30. Jan., 21. Nov. - 25. Dez. – **49 Zim** ⌂ 52/108 – 86/117.
♦ Hinter einer gepflegten roten Klinkerfassade finden Sie funktionell und wohnlich eingerichtete Zimmer - zum Teil mit Balkon oder Terrasse.

🏨 **Wehrburg** garni (mit Gästehaus), Wehrbergsweg 53, ✉ 27476, ☏ (04721) 4 00 80, info@wehrburg.de, Fax (04721) 4008276, ⇌s, 🌿 – 🛗 ⚡ TV 🚗 P. ⓘ
🆗 VISA
70 Zim ⌂ 40/82 – 77/102.
♦ Am Duhner Kurpark und nur wenige Meter vom Strand entfernt liegen das Haupthaus und die Kleine Wehrburg. Funktionelle Zimmer sowie Ferienwohnungen für Langzeitgäste.

CUXHAVEN

Meeresfriede, Wehrbergsweg 11, ⌂ 27476, ☎ (04721) 43 50, *info@hotel-meeresfriede.de*, Fax (04721) 435222, 🏊 , 🌿 – 📺 🚗 🅿 . ✗
geschl. Jan. - Feb. – **Menu** (nur Abendessen)(Restaurant nur für Hausgäste) – **29 Zim** ⌂ 70 – 120 – ½ P 18.
• Neben solide möblierten Zimmern verschiedener Kategorien zählt auch die zentrale und doch strandnahe Lage zu den Annehmlichkeiten dieses familiengeführten Hauses.

Neptun garni, Nordstr. 11, ⌂ 27476, ☎ (04721) 42 90, *m.behrmann@t-online.de*, Fax (04721) 579999, 🌿 – ⚒ 📺 🅿 . 🆎 ⓜ VISA
geschl. Mitte Nov. - Mitte Dez. – **24 Zim** ⌂ 49/81 – 90/118.
• Eine nette Urlaubsadresse mit familiärer Note und wohnlich gestalteten Räumen. Das Haus liegt recht ruhig in einer Seitenstraße, ganz in Strandnähe.

Sterneck – Badhotel Sternhagen, Cuxhavener Str. 86, ⌂ 27476, ☎ (04721) 43 40, *sternhagen@badhotel-sternhagen.de*, Fax (04721) 434444, ≼, 🆎 ⓓ . ✗
geschl. 13. Jan. - 11. Feb., 4. Nov. - 23. Nov., Montag - Mittwoch – **Menu** 50/75 à la carte 44/54, 🍷 ♣.
• Ein elegantes Ambiente, ein engagiertes Team und eine feine Küche zeichnen das kleine Restaurant aus. Dank seiner Lage im 1. Stock genießen Sie den Blick auf die Nordsee.
Spez. Salat von Hummer und gepökelter Kalbsbacke mit Bohnen. Steinbutt mit pochiertem Gewürzei und Kaviarsauce. Lammrücken im Olivencrêpe mit Paprikakompott

Fischerstube (mit Gästehaus), Nordstr. 6, ⌂ 27476, ☎ (04721) 4 20 70, Fax (04721) 420742, ♣, ⚒ – 📺 ☏ ⓓ ⓜ VISA
geschl. Mitte Nov. - Mitte Dez., Mitte - Ende Jan. – **Menu** à la carte 16/35 – **10 Zim** ⌂ 63 – 69/79.
• Die Kombination von nordischem Flair und Fischereidekor prägt den Rahmen dieses Restaurants. Der Schwerpunkt der Küche liegt eindeutig auf Fischgerichten.

In Cuxhaven - Holte-Spangen *Süd-West : 6 km über Altenwalder Chaussee* Z *und Drangstweg :*

Spanger Buernstuv', Sixtstr. 14, ⌂ 27476, ☎ (04721) 2 87 14, Fax (04721) 28714, ♣ – 🅿 . ⓜ VISA
geschl. Jan. 2 Wochen, Montag – **Menu** (wochentags nur Abendessen) à la carte 24/34.
• Passend zum Charme des alten Bauernhauses präsentiert sich das Restaurant in gemütlich-rustikaler Aufmachung. Im Sommer nett : die Terrasse unter altem Baumbestand.

In Cuxhaven-Sahlenburg *West : 10 km über Westerwischweg* Z *:*

Wattenkieker, Am Sahlenburger Strand 27, ⌂ 27476, ☎ (04721) 20 00, *wattenkieker@t-online.de*, Fax (04721) 200200, ≼, ♣, ⚒ – ∣🛗∣ ⚒ 📺 ☏ ♿ 🅿 . 🆎 ⓜ VISA
März - Okt. – **Menu** à la carte 19/29 – **21 Zim** ⌂ 60/100 – 93/125.
• Das familiengeführte Hotel liegt direkt am Strand und verfügt über neuzeitlich ausgestattete 1- bis 4-Bett-Zimmer mit Balkon - teils zur Seeseite hin gelegen. Restaurant mit bürgerlichem Ambiente und Blick zum Meer.

Muschelgrund garni, Muschelgrund 1, ⌂ 27476, ☎ (04721) 20 90, *info@muschelgrund.de*, Fax (04721) 209209, ⚒ – 📺 🅿 . ✗
März - 9. Nov. – **17 Zim** ⌂ 58/71 – 78/106.
• Modern und funktionell hat man die Zimmer dieses hübsch im nordischen Stil gehaltenen kleinen Domizils eingerichtet. Freundliches Ambiente im ganzen Haus.

Itjen garni, Am Sahlenburger Strand 3, ⌂ 27476, ☎ (04721) 2 03 10, *info@hotel-itjen.de*, Fax (04721) 203119, ≼ – 📺 🅿 . ✗
März - Okt. – **21 Zim** ⌂ 44/60 – 70.
• Hinter schlichter Fassade erwartet den Gast eine gepflegte, funktionell gestaltete Unterkunft mit freundlicher Betreuung. Das Meer befindet sich ganz in Ihrer Nähe.

DACHAU Bayern 546 V 18 – 39 000 Ew – Höhe 505 m.

🏌 Dachau, An der Floßlände 1, ☎ (08131) 1 08 79 ; 🏌 Eschenried, Am Kurfürstenweg 10 (Süd-West : 4 km), ☎ (08131) 5 67 40 ; 🏌 Markt Indersdorf, (Nord : 10 km) ☎ (08139) 99 50 40.

🛈 Tourist-Information, Konrad-Adenauer-Str. 1, ⌂ 85221, ☎ (08131) 7 52 86, *infobuero@dachau.de*, Fax (08131) 75150.

Berlin 583 – *München* 19 – *Augsburg* 54 – Landshut 72.

Central garni, Münchner Str. 46a, ⌂ 85221, ☎ (08131) 56 40, *info@hotel-central-dachau.de*, Fax (08131) 564121 – ∣🛗∣ ⚒ 📺 ♿ 🚗 – 🚐 15. 🆎 ⓜ VISA JCB . ✗
geschl. 19. Dez. - 6. Jan. – **45 Zim** ⌂ 77/103 – 101/149.
• Moderne Architektur kennzeichnet die äußere Erscheinung des Hotels. Innen laden gemütliche Sitzgruppen und gut geschnittene, wohnliche Zimmer zum Entspannen ein.

DACHAU

Fischer, Bahnhofstr. 4, ⊠ 85221, ℘ (08131) 7 82 04, info@hotel-fischer-dachau.de, Fax (08131) 78508, 🕭 – 📶, 🛏 Zim, 📺 🚗 🅿 AE ⓘ ⓜ VISA, 🚫 Zim
Menu (geschl. 21. Dez. - 7. Jan., Samstag) à la carte 20/34 – **28 Zim** ☐ 69/119 – 89/149.
• Direkt gegenüber dem Bahnhof liegt das rote Hotelgebäude sehr verkehrsgünstig. Insbesondere Geschäftsreisende schätzen die eigenen Tiefgaragen-Stellplätze des Hauses. Schlichtes Restaurant in bistroähnlichem Stil.

Schloss Dachau, Schlossstr. 2, ⊠ 85221, ℘ (08131) 4 54 36 60, Fax (08131) 4543661, 🕭 – 🅿 ⓜ VISA
Menu à la carte 23/43.
• Klassische Küche wird hier oben auf dem Schlossberg serviert. Klassisch auch das Ambiente : der ehemalige Festsaal des Barockschlosses wurde aufwändig restauriert.

In Dachau-Ost :

Aurora, Roßwachtstr. 1, ⊠ 85221, ℘ (08131) 5 15 30, info@aurorahoteldachau.de, Fax (08131) 515332, 🕭, 🛋 – 📶 📺 🚗 🅿 AE ⓘ ⓜ VISA
Menu (geschl. Sonntag) à la carte 31/48 – **14 Zim** ☐ 78/93 – 119.
• Ansprechend sind der Wintergartenvorbau, die Außenanlage und der Saunabereich gestaltet. Solide Materialien und sanfte Farbtöne dominieren bei der Zimmereinrichtung. Zum Speisen stehen das helle, leicht elegante Restaurant und die hübsche Terrasse zur Wahl.

Huber 🌿 garni, Josef-Seliger-Str. 7, ⊠ 85221, ℘ (08131) 5 15 20, webmaster@hotelhuber-garni.de, Fax (08131) 515250 – 📺 📞 🚗 🅿 AE ⓘ ⓜ VISA, 🚫
geschl. 24. Dez. - 6. Jan. – **15 Zim** ☐ 69/72 – 85/89.
• Mit zum Teil bemalten Bauernmöbeln hat man diesen von außen etwas sachlich wirkenden Neubau in eine Oase der Ruhe und der bayerischen Gemütlichkeit verwandelt.

Götz, Pollnstr. 6, ⊠ 85221, ℘ (08131) 2 10 61, hotel-goetz@t-online.de, Fax (08131) 26387, 🛋, 🔲 (Gebühr) – 📶 📺 🚗 🅿 – 🛎 20. AE ⓜ VISA
Menu (geschl. Sonntag)(nur Abendessen) à la carte 19/29 – **38 Zim** ☐ 65/77 – 80/100.
• Nur wenige Kilometer von der pulsierenden bayerischen Metropole entfernt findet der Reisende hier ein recht ruhiges und anheimelndes Zuhause auf Zeit. Das Restaurant ist im Charakter einer "Guten Stube" eingerichtet.

In Bergkirchen-Günding West : 3 km :

Forelle garni, Brucker Str. 16, ⊠ 85232, ℘ (08131) 5 67 30, forelle@dachau-online.de, Fax (08131) 567356 – 🛏 📺 🚗 🅿 ⓜ VISA
25 Zim ☐ 85 – 110.
• Geräumige, größtenteils im Landhausstil und mit Weichholz möblierte Zimmer warten auf die Besucher. Für die kleinen Gäste hat man eigens ein großes Spielzimmer vorbereitet.

In Hebertshausen Nord : 4 km :

Landgasthof Herzog, Heripertplatz 1, ⊠ 85241, ℘ (08131) 16 21, Fax (08131) 1623, 🕭 – 📶 📺 🚗 – 🛎 40. AE ⓜ VISA
Menu (geschl. Montag) à la carte 14/33 – **25 Zim** ☐ 46 – 70/73.
• Die alte Taverne aus dem 17. Jh. befindet sich seit Generationen im Familienbesitz. Heute betreibt man hier einen typischen bayerischen Landgasthof mit bäuerlichem Ambiente. Produkte der hoteleigenen Metzgerei sind fester Bestandteil der bürgerlichen Küche.

DAHLEN Sachsen 🟦🟦 **L 23** – 5 400 Ew – Höhe 120 m.
Berlin 152 – Dresden 80 – Leipzig 51 – Oschatz 12 – Torgau 23 – Grimma 30.

In Dahlen-Schmannewitz Nord : 4,5 km Richtung Torgau :

Wiesenhof 🌿, Schulstr. 8, ⊠ 04774, ℘ (034361) 82 00, hotel.wiesenhof.schmannewitz@t-online.de, Fax (034361) 820299, 🕭, 🛋, 🔲 – 🛏 Zim, 📺 🅿 – 🛎 40. ⓜ VISA
Menu à la carte 13/26 – **31 Zim** ☐ 40 – 60 – ½ P 11.
• Dieses gut geführte Haus in ruhiger Lage am Ortsrand war früher ein Bauernhof. Heute hält man hier solide und praktisch ausgestattete Zimmer für Sie bereit - alle mit Balkon. Bürgerliches Restaurant mit schönem Kachelofen - nette Terrasse hinter dem Haus.

DAHLEWITZ Brandenburg 542 J 24 – 1 700 Ew – Höhe 35 m.
  Groß Kienitz (Ost : 2 km) ℰ (033708) 53 70.
Berlin 21 – Potsdam 29 – Cottbus 107 – Frankfurt (Oder) 80.

Berliner Ring, Eschenweg 18 (Industriegebiet an der A 10), ✉ 15827, ℰ (033708) 5 80, info@hotel-berliner-ring.de, Fax (033708) 58888, 🍴, 🛋, ≋, 🔲, ※ – 🛗, ⇔ Zim, 📺 📞 📍 🚗 450. 🅰🅴 ⓘ 🆗 VISA
Menu à la carte 21/48 – **270 Zim** ☑ 75 – 85.
  ◆ Neuzeitliches Hotel mit imposantem Eingangsbereich und eleganten, farblich unterschiedlich gestalteten Räumen. Jedes Zimmer verfügt über einen Balkon. Kongresszentrum nebenan. Ein lichtdurchflutetes Atrium gibt dem Restaurant ein besonderes Flair.

DAHLWITZ-HOPPEGARTEN Brandenburg 542 I 24 – 3 900 Ew – Höhe 35 m.
Berlin 19 – Potsdam 54 – Frankfurt/Oder 86 – Dresden 206.

Hoppegarten Berlin, Köpenicker Str. 1, ✉ 15366, ℰ (03342) 36 70, hot.hoppe@gmx.de, Fax (03342) 367367, 🍴, ≋, 🛗, ⇔ Zim, 📺 📞 ♿ 🚗 📍 🚙 60. 🅰🅴 ⓘ 🆗 VISA JCB
Menu à la carte 16/28 – **160 Zim** ☑ 98 – 128.
  ◆ Hinter der neuzeitlichen Fassade wird ein modernes Innenleben den Ansprüchen von heute gerecht. Funktionelle Zimmer ersetzen Ihnen vorübergehend Ihr eigenes Zuhause. Frischer Bistro-Stil mit Rattanstühlen und Boden im Schachbrettmuster prägt das Restaurant.

Die in diesem Führer angegebenen Preise folgen
der Entwicklung der allgemeinen Lebenshaltungskosten.
Lassen Sie sich bei der Zimmerreservierung den endgültigen
Preis vom Hotelier mitteilen.

DAHN Rheinland-Pfalz 543 S 7 – 5 200 Ew – Höhe 210 m – Luftkurort.
Sehenswert : Burgruinen★ – Hochstein (≤★).
Ausflugsziele : Drachenfels (≤★), Süd-Ost : 9 km – Burg Berwartstein★ (≤★), Süd-Ost : 11 km – Fladensteine★ (Geologischer Lehrpfad★), Süd : 10 km.
🛈 Tourist-Information Dahner Felsenland, Schulstr. 29, ✉ 66994, ℰ (06391) 58 11, Fax (06391) 406199.
Berlin 698 – Mainz 143 – Karlsruhe 57 – Saarbrücken 82 – Wissembourg 24 – Pirmasens 22.

Pfalzblick ⌘, Goethestr. 1, ✉ 66994, ℰ (06391) 40 40, info@pfalzblick.de, Fax (06391) 404540, ⊘, Massage, ≋, 🔲, 🚗 – 🛗 ⇔ 📺 📍 🚙 30. ※ Rest
geschl. 6. - 16. Jan., 12. - 19. Dez. - **Menu** (nur Abendessen) à la carte 28,50/42,50 – **76 Zim** ☑ 78/138 – 125/159 – ½ P 26.
  ◆ Sechs verschiedene Zimmertypen, die alle mit rustikalen Landhausmöbeln ausgestattet sind, stehen den Urlaubsgästen zur Verfügung - eine solide, gut geführte Adresse. Mehrere, leicht rustikal gehaltene Räume bilden das Restaurant - mit Wintergarten.

DAMMBACH Bayern 546 Q 11 – 1 900 Ew – Höhe 290 m.
Berlin 557 – München 342 – Würzburg 58 – Aschaffenburg 25 – Miltenberg 25.

Wald-Hotel Heppe ⌘, Heppe 1 (Süd-Ost : 2,5 km), ✉ 63874, ℰ (06092) 94 10, waldhotelheppe@t-online.de, Fax (06092) 941285, 🍴, 🔲, 🚗 – 📍 🚙 20
geschl. Mitte Dez. - Mitte Feb. - **Menu** (geschl. Dienstag, Freitagabend) à la carte 13/28 – **29 Zim** ☑ 34/44 – 74.
  ◆ Der großzügige Hotelbau liegt einsam, mitten im Wald. Die Zimmer sind mit älterem Mobiliar eingerichtet, aber sehr gepflegt und sauber - alle mit Balkon. Großes Restaurant in rustikalem Stil.

DAMME Niedersachsen 541 I 8 – 14 500 Ew – Höhe 63 m.
Berlin 416 – Hannover 114 – Bielefeld 89 – Bremen 98 – Osnabrück 37.

Tepe, Osterdammer Str. 51, ✉ 49401, ℰ (05491) 9 71 70, info@hotel-tepe.de, Fax (05491) 971747, 🍴, ≋, 🚗 – 🛗 📞 📍 🚙 80. 🅰🅴 🆗 VISA
Menu à la carte 18/42 – **35 Zim** ☑ 60/65 – 93/100.
  ◆ Wenn Sie moderne Inneneinrichtung lieben, fragen Sie nach einem Zimmer im Haupthaus ! Ansprechend sind auch der Wintergarten und die Kaminecke mit ihren roten Sesseln. Restaurant mit gemütlicher Atmosphäre.

DANNENBERG Niedersachsen 541 G 17 – 8 700 Ew – Höhe 22 m.
  Zernien, Braasche 2 (West : 14 km), ℘ (05863) 5 56.
  ᴅ Gästeinformation, Am Markt 5, ⊠ 29451, ℘ (05861) 80 81 90, gaeste-info@sgdan.de, Fax (05861) 808189.
  Berlin 223 – Hannover 137 – Schwerin 80 – Lüneburg 51 – Braunschweig 125.

- **Alter Markt**, Am Markt 9, ⊠ 29451, ℘ (05861) 78 80, koelln@t-online.de, Fax (05861) 7836, ⌂ – 📺 📞 🚗, ᴀᴇ ⓞ ⓜ ᴠɪsᴀ
  Menu à la carte 16/28,50 – **10 Zim** ⊇ 40/55 – 76/86.
  • Mitten im historischen Ortskern des Kleinstädtchens befindet sich das liebevoll restaurierte Fachwerkhaus aus dem 15. Jh. Im Inneren norddeutsche Gemütlichkeit. Behagliches Restaurant mit überdachtem, verglastem Innenhof.

- **Marschtor** garni, Marschtorstr. 43, ⊠ 29451, ℘ (05861) 43 78 65 daasch@t-online.de, Fax (05861) 8722, ⌂ – ᴀᴇ ⓞ ⓜ ᴠɪsᴀ
  6 Zim ⊇ 44 – 64.
  • Sie finden dieses Hotel im Zentrum der Altstadt in einem kleinen, schmalen Geschäftshaus. Eine nette Adresse mit praktischen Zimmern - im Obergeschoss mit Balkon.

DANNENFELS Rheinland-Pfalz siehe Kirchheimbolanden.

DARMSTADT Hessen 543 Q 10 – 138 000 Ew – Höhe 146 m.
  Sehenswert : Hessisches Landesmuseum★ X M1 – Prinz-Georg-Palais (Großherzogliche Porzellansammlung★) X M2 – Mathildenhöhe★ X.
  Mühltal-Traisa, Am Dippelshof 19(Süd-Ost : 6 km über B 449), ℘ (06151) 14 65 43 ;
  Worfelden, Im Bachgrund 1 (Nord-West : 9 km über ④), ℘ (06152) 80 87 78 ;
  Riedstadt-Leeheim, Landgut Hof Hayna (West : 15 km über ③), ℘ (06158) 74 73 85.
  ᴅ Info Darmstadt, Luisencenter, Luisenplatz 5, ⊠ 64283, ℘ (06151) 13 27 81, tourist@proregio-darmstadt.de, Fax (06151) 133434.
  ᴅ Tourist-Information am Hauptbahnhof, ⊠ 64293, ℘ (06151) 13 27 82, Fax (06151) 132783.
  ADAC, Marktplatz 4.
  Berlin 569 ⑤ – Wiesbaden 44 ④ – Frankfurt am Main 36 ⑤ – Mannheim 50 ④

  Stadtplan siehe nächste Seite

- **Maritim Rhein-Main Hotel**, Am Kavalleriesand 6, ⊠ 64295, ℘ (06151) 30 30, info.dam@maritim.de, Fax (06151) 303111, ⌂, ⌂, ▨ – ⌂, ⌂ Zim, ▨ 📺 📞 ⚓ 🚗 – 🅰 180. ᴀᴇ ⓞ ⓜ ᴠɪsᴀ ᴊᴄʙ
  Menu à la carte 29,50/42 – ⊇ 13 – **248 Zim** 131/157 – 154/170, 3 Suiten. Y s
  • Elegant und mit einem Hauch von Luxus wohnt man in diesem modernen Hotel. Die Zimmer sind geräumig und gediegen, die Lobby lädt mit Ledersesseln zum Verweilen ein. Edle Hölzer und Messing verbreiten nobles Ambiente im Restaurant Rotisserie.

- **Maritim-Konferenzhotel**, Rheinstr. 105 (B 26), ⊠ 64295, ℘ (06151) 87 80, info.dar@maritim.de, Fax (06151) 893194, ⌂, ▨ – ⌂, ⌂ Zim, ▨ Rest, 📺 📞 🚗 – 🅰 310. ᴀᴇ ⓞ ⓜ ᴠɪsᴀ ᴊᴄʙ. ✻ Rest
  Menu à la carte 22/41,50 – ⊇ 13 – **352 Zim** 125/205 – 155/235. Y d
  • Vergoldete Barockspiegel und bequeme Ledersofas stimmen in der Hotelhalle auf einen angenehmen Aufenthalt ein. Auf Tagungen aller Art ist man hier bestens vorbereitet ! Rottöne und gediegenes Holzmobiliar geben dem Restaurant einen exklusiven Anstrich.

- **Contel**, Otto-Röhm-Str. 90, ⊠ 64293, ℘ (06151) 88 20, hotel@contel-darmstadt.de, Fax (06151) 882888, ⌂, – ⌂, 📺 📞 ℗ – 🅰 100. ᴀᴇ ⓞ ⓜ ᴠɪsᴀ
  Menu (geschl. 18. Dez. - 5. Jan., Samstag, Sonn- und Feiertage) à la carte 20,50/35 – ⊇ 9 – **275 Zim** 80/90 – 90/95. über ④
  • Die weitläufige Anlage hat einen hübschen Garten im japanischen Stil. Die Gästezimmer sind alle recht groß, einige verfügen über Wasserbetten und Futon-Matratzen. Das Restaurant hat man mit freundlichen Farben und leicht rustikalem Touch eingerichtet.

- **Ramada-Treff Page Hotel**, Eschollbrücker Str.16, ⊠ 64295, ℘ (06151) 38 50, dar mstadt@ramada-treff.de, Fax (06151) 385100 – ⌂, ⌂ Zim, 📺 📞 ⚓ 🚗 – 🅰 80. ᴀᴇ ⓞ ⓜ ᴠɪsᴀ ᴊᴄʙ
  Menu à la carte 19/34 – ⊇ 13 – **166 Zim** 84/119. Z s
  • Architektonisch interessant wirkt der Neubau mit seiner Rotunde. Innen hat man viel Wert auf Funktionalität und praktische Einrichtung gelegt. Alle Zimmer mit Modemanschluss.

DARMSTADT

Straße		
Arheilger Straße	Y	2
Elisabethenstraße	X	
Ernst-Ludwig-Straße	X, Y	3
Feldbergstraße	Y	4
Gräfenhäuser Straße	Y	5
Gutenbergstraße	Y	6
Heidenreichstraße	Y	7
Hobrechtstraße	Z	8
Hölgesstraße	X, Y	9
Hohler Weg	Y	10
Holzstraße	X	12
Kirchstraße	X	13
Klappacher Straße	Y	14
Landgraf-Georg-Straße	Y	15
Lauteschlägerstraße	Y	16
Liebfrauenstraße	Y	17
Ludwigstraße	X	
Luisenplatz	X	
Marktplatz	X	
Mollerstraße	Y	19
Olbrichweg	Y	21
Pädagogstraße	X	22
Pützerstraße	Y	24
Rheinstraße	Y	
Riedeselstraße	Z	25
Schloßgartenstraße	X, Y	26
Schützenstraße	Y	30
Steubenplatz	Y	31
Teichhausstraße	Y	32
Wilhelminenstraße	X, Z	34
Wilhelm-Leuschner-Straße	X	35
Zeughausstraße	X	36

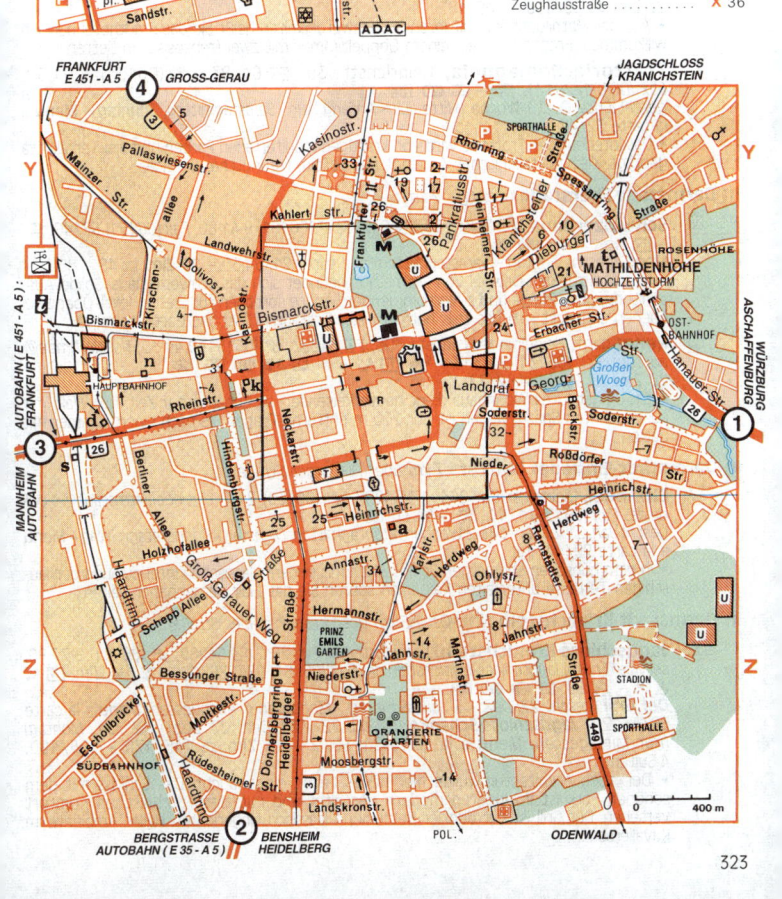

323

DARMSTADT

Parkhaus-Hotel garni, Grafenstr. 31, ✉ 64283, ✆ (06151) 2 81 00, *pahoda@aol.com*, Fax (06151) 293908 – 📶 ✳ TV ✆ 🅿 AE ⓓ ⓜ VISA X e
geschl. 24. Dez. - 4. Jan. - **80 Zim** ⌕ 97/113 – 118/142.
• Das Hotel ist in ein Parkhaus integriert. Seine verkehrsgünstige Lage macht das Haus besonders für Geschäftsreisende zu einer außergewöhnlich praktischen Anlaufstelle.

Hornung garni, Mornewegstr. 43, ✉ 64293, ✆ (06151) 92 66, *hotel-hornung@web.de*, Fax (06151) 891892 – 📶 ✳ TV 🅿 AE ⓓ ⓜ VISA Y n
36 Zim ⌕ 55/99 – 70/99.
• Sehr zentral, in der Nähe des Bahnhofs liegt das apart ausgestattete Haus. Nette Zimmer, ein hübscher Wintergarten und eine kleine Terrasse machen diese Adresse aus.

Donnersberg garni, Donnersbergring 38, ✉ 64295, ✆ (06151) 3 10 40, *reservation @hotel-donnersberg.de*, Fax (06151) 33147 – 📶 ✳ TV ✆ 🅿 VISA Z t
geschl. Ende Dez. - Anfang Jan. - **18 Zim** ⌕ 55/80 – 80/100.
• Mit dunklen Holzmöbeln und zum Teil mit Polstergruppen sind die Zimmer eingerichtet. In der Lobby befindet sich eine Kaffeebar, die ein gern genutzter Treffpunkt ist.

Prinz Heinrich garni, Bleichstr. 48, ✉ 64293, ✆ (06151) 8 13 70, Fax (06151) 813713 – 📶 ✳ TV AE ⓓ ⓜ VISA Y k
geschl. 19. Dez. - 4. Jan. - **64 Zim** ⌕ 58/85 – 93.
• Hinter der mit Wein komplett begrünten Fassade verbirgt sich rustikale Atmosphäre. Erholsam schläft man in den zum Teil mit Malereien verzierten eichenen Bauernbetten.

Mathildenhöhe garni, Spessartring 53, ✉ 64287, ✆ (06151) 4 98 40, *hotel-mathildenhoehe@t-online.de*, Fax (06151) 498450 – 📶 ✳ TV 🚗 🅿 – 🛎 15. AE ⓓ ⓜ VISA Y t
22 Zim ⌕ 80/130 – 105/155.
• Auf der Mathildenhöhe mit ihren Sehenswürdigkeiten heißt Sie das Stadthotel herzlich willkommen. Fragen Sie nach einem Doppelzimmer mit zwei französischen Betten!

Trattoria Romagnola, Heinrichstr. 39, ✉ 64283, ✆ (06151) 2 01 59, Fax (06151) 20171, 🌳 – AE ⓜ VISA Z a
geschl. Ende Dez. 1 Woche, Mitte Juli - Anfang Aug., Samstagmittag, Sonntag – **Menu** à la carte 32/47.
• Das Interieur der Trattoria wird von kräftigen mediterranen Farben und viel Terrakotta geprägt. Kleines, frisches, italienisches Angebot auf Tafeln, freundlicher Service.

In Darmstadt-Eberstadt über ② : 7 km :

Schweizerhaus, Mühltalstr. 35, ✉ 64297, ✆ (06151) 9 41 80, Fax (06151) 57740, 🌳 – TV 🚗 🅿 AE ⓜ VISA
Menu (geschl. Freitag - Samstagmittag) à la carte 21/34,50 – **20 Zim** ⌕ 48 – 85.
• In einem ruhigen Ortsteil von Darmstadt befindet sich das Schweizerhaus. Solide Ausstattung, gute Pflege und zuvorkommender Service sprechen für dieses Hotel. Über zwei Ebenen erstreckt sich das teils holzgetäfelte Restaurant. Schöne Gartenterrasse.

Rehm garni, Heidelberger Landstr. 306, ✉ 64297, ✆ (06151) 9 41 30, *hotelrehmda@aol.com*, Fax (06151) 941313 – ✳ TV ✆ 🚗 AE ⓓ ⓜ VISA ✴
20 Zim ⌕ 36/51 – 62/72.
• Ein umgebautes Wohnhaus dient heute Reisenden als Zuhause auf Zeit. Der Wald mit ausgedehnten Spazierwegen ist nur 200 m entfernt. Fragen Sie nach einem Zimmer mit Balkon!

In Darmstadt-Einsiedel *Nord-Ost : 7 km über Dieburger Straße* Y :

Einsiedel, Dieburger Str. 263, ✉ 64287, ✆ (06159) 2 44, *einsiedeldarmstadt@t-online.de*, Fax (06159) 1744, 🌳 – 🅿 AE ⓜ
geschl. Jan. 2 Wochen, Okt. 2 Wochen, Montagmittag, Dienstag - Donnerstagmittag – **Menu** à la carte 29/44.
• In dem hübschen ehemaligen Schlösschen mit seinem klassischen Interieur und der lauschigen Terrasse unter alten Kastanien spüren Sie das Flair vergangener Zeiten.

In Darmstadt-Kranichstein *Nord-Ost : 5 km über Kranichsteiner Straße* Y :

Jagdschloss Kranichstein, Kranichsteiner Str. 261, ✉ 64289, ✆ (06151) 9 77 90, *service@hotel.jagdschloss.kranichstein.de*, Fax (06151) 977920, 🌳 – 📶 ✳ Zim, TV ✆ 🛎 🅿 – 🛎 80. AE ⓓ ⓜ VISA JCB
Der Grill (geschl. 22. Dez. - 5. Jan., Sonntag - Montag)(nur Abendessen) **Menu** à la carte 36/45, ⌕ – *Jagdschloss-Schänke* (geschl. 22. - 24. Dez., 2. - 12. Jan., Montag) (nur Mittagessen) **Menu** à la carte 21/30, ⌕ – **15 Zim** ⌕ 145/170 – 165/190, 4 Suiten.
• Der alten Architektur wurde hier neues Leben eingehaucht. Das Schloss mit dem schönen Park ist im Inneren modern gestaltet und mit allem technischen Komfort versehen. Der Grill ist mit dunkler Bestuhlung klassisch eingerichtet. Helles Ambiente im Kavaliersbau.

DARMSTADT

In Mühltal-Traisa *Süd-Ost : 5 km über Nieder-Ramstädter-Straße* Z :

Hofgut Dippelshof 🦆, Am Dippelshof 1 (am Golfplatz), ✉ 64367, ℘ (06151) 91 71 88, *info@dippelshof.de, Fax (06151) 917189*, 🍴, 🌺 – ↩ Zim, 📺 📞 🅿 – 🚗 35. 🅰🅴 ⓘ 🆎 🅅🅸🅂🅐
Menu à la carte 35/45 – **18 Zim** ⊑ 80/100 – 120/150.
♦ "Ein Schmuckstück im Grünen" nennt sich dieses Hofgut. Hier ist ein kleines Juwel des Jugendstils erhalten geblieben, das nun Gäste zeitgemäß beherbergt. Stimmungsvolles Restaurant im Rattanzimmer mit hellen Parkettböden und Stuckdecken.

In Mühltal-Trautheim *Süd-Ost : 5 km über Nieder-Ramstädter-Straße* Z :

Waldesruh 🦆, Am Bessunger Forst 28 (über Waldstraße), ✉ 64367, ℘ (06151) 9 11 50, *hotelwaldesruh@t-online.de, Fax (06151) 911563*, 🍴, 🅅 – 🛗 📺 🅿 – 🚗 20. 🆎 🅅🅸🅂🅐
Menu (geschl. 21. Dez. - 12. Jan., Donnerstag, Sonntagabend) à la carte 14/31 – **35 Zim** ⊑ 47/67 – 72.
♦ In ruhiger Waldrandlage, doch nur wenige Autominuten von der Innenstadt entfernt, erfährt man unverfälschte Odenwälder Gastfreundschaft. Sie speisen im rustikalen Ambiente von Pichlers Restaurant oder im "Äppelwoigarten".

Die im Michelin-Führer
verwendeten Zeichen und Symbole haben-
*dünn oder **fett** gedruckt, rot oder schwarz -*
jeweils eine andere Bedeutung.
Lesen Sie daher die Erklärungen aufmerksam durch.

DARSCHEID *Rheinland-Pfalz siehe Daun.*

DASING *Bayern* 546 U 17 – *4 600 Ew – Höhe 482 m.*
Berlin 577 – München 54 – Augsburg 13 – Ingolstadt 62.

In Dasing-Lindl *Nord-Ost : 2 km nahe der A 8 :*

Highway-Hotel garni, Robert-Bosch-Str. 1, ✉ 86453, ℘ (08205) 60 90, *office@highway-hotel.de, Fax (08205) 609255*, 🅵 – 🛗 ↩ 📺 & 🅿 🆎 ⓘ 🆎 🅅🅸🅂🅐
82 Zim ⊑ 65/100 – 95/130.
♦ Ganz modern und völlig auf die Bedürfnisse des Durchreisenden zugeschnitten ist dieses Autobahnhotel. Ein Automat versorgt Sie rund um die Uhr mit Erfrischungen und Snacks.

DASSOW *Mecklenburg-Vorpommern* 542 E 16 – *3 500 Ew – Höhe 20 m.*
Berlin 243 – Schwerin 49 – Lübeck 21 – Ratzeburg 31 – Wismar 38.

Schloß Lütgenhof 🦆, Ulmenweg 10, ✉ 23942, ℘ (038826) 82 50, *info@schloss-luetgenhof.de, Fax (038826) 82522*, 🍴, 🅵 – 🛗 📺 📞 ⇔ 🅿 – 🚗 25. ⓘ 🆎 🅅🅸🅂🅐 🍴
Menu (geschl. Feb., Montag - Dienstag) (nur Abendessen) 42/69 und à la carte, 🍷 – **Terrazza Menu** à la carte 22/35 – ⊑ 15 – **23 Zim** 118 – 144/179.
♦ Wie ein Schlossherr fühlt man sich in den klassizistischen Mauern. Vornehme Champagnertöne verbreiten im ganzen Haus zurückhaltende Eleganz. Ein Park umgibt das Anwesen. Dezente Farben und klares Design prägen das Restaurant. Nett : das Bistro Terrazza.

DATTELN *Nordrhein-Westfalen* 543 L 6 – *37 000 Ew – Höhe 53 m.*
Berlin 500 – Düsseldorf 73 – Dortmund 20 – Münster (Westfalen) 44 – Recklinghausen 12.

In Datteln-Ahsen *Nord-West : 7 km über Westring :*

Landhotel Jammertal 🦆, Redderstr. 421, ✉ 45711, ℘ (02363) 37 70, *info@jammertal.de, Fax (02363) 377100*, 🍴, ⓥ, Massage, 🅵, 🅃 (geheizt), 🅂, 🌺, 💪 – 🛗, ↩ Zim, 📺 🅿 – 🚗 45. 🅰🅴 ⓘ 🆎 🅅🅸🅂🅐 🍴
Menu à la carte 25/42 – **71 Zim** ⊑ 90/165 – 135/177, 8 Suiten.
♦ Ein Landhotel im besten Sinne des Wortes ! Landhausmobiliar, die dörfliche Umgebung und eine großzügige Wellness-Oase laden ein, die Seele so richtig baumeln zu lassen ! Das Restaurant zeigt sich elegant-rustikal - mit schönem Glaspavillon.

DAUN Rheinland-Pfalz 545 P 4 – 9 000 Ew – Höhe 420 m – Heilklimatischer Kurort · Kneippkurort – Mineralheilbad.

Ausflugsziele : *Die Maare*★ *(Weinfelder Maar, Totenmaar, Pulvermaar).*

🛈 *Tourist-Information, Leopoldstr. 5, ✉ 54550, ☏ (06592) 9 51 30, Fax (06592) 951320.*
Berlin 666 – Mainz 161 – Trier 76 – Bonn 79 – Koblenz 70.

Schloß-Hotel Kurfürstliches Amtshaus ⟨⟩, Dauner Burg/Burgfriedstraße, ✉ 54550, ☏ (06592) 92 50, *kurfuerstliches.amtshaus@t-online.de*, Fax (06592) 925255, ≤, 斎, ≦s, 🔲, 🚗 – 🛗 📺 🅿 – 🏛 40. 🅰🅴 🅼🅾 🆅🅸🆂🅰 ⸙ Rest
geschl. 5. - 29. Jan. – **Menu** *(geschl. Montag - Dienstag) (wochentags nur Abendessen)* 28 (mittags)/79 à la carte 47,50/53,50 – **30 Zim** ⇌ 80/118 – 135 – ½ P 30.
♦ Malerisch thront die Burg über dem Ort. Jedes Zimmer ist ein Kleinod, mit antiken Möbeln und wertvollen Teppichen. Jedes Bett ist ein Unikat, fast schon ein Sammlerstück ! In stimmungsvollem Ambiente serviert man eine ausgezeichnete französische Küche.
Spez. Kokon von der Wachtel mit Gänseleber und Morcheln. Orientalischer Gemüsesalat mit Hummer und Pakora-Lauch. Zander mit Rauchaal in Pumpernickel gebacken

Panorama ⟨⟩, Rosenbergstr. 26, ✉ 54550, ☏ (06592) 93 40, *info@hotelpanorama.de*, Fax (06592) 934230, ≤, 斎, 🌐, Massage, ♨, ≦s, 🔲, 🚗 – 🛗 📺 🅿. 🅼🅾 🆅🅸🆂🅰 ⸙ Rest
geschl. Mitte Feb. - Ende März – **Menu** *(geschl. Montag - Dienstagmittag)* à la carte 21/34 – **26 Zim** ⇌ 58/60 – 106/116 – ½ P 16.
♦ Das rustikale-elegante Innenleben macht den Charme dieses am Hang stehenden Hotels aus. Ein neuer Wellnessbereich lädt zum Entspannen ein. Im Restaurant hat man von einigen Tischen aus einen schönen Blick auf das Tal.

Zum Goldenen Fäßchen, Rosenbergstr. 5, ✉ 54550, ☏ (06592) 30 97, *goldfass@aol.com*, Fax (06592) 8673, 斎, ≦s – 🛗 📺 🚗 🅿. 🅰🅴 🅾
🅼🅾 🆅🅸🆂🅰
Menu *(geschl. Donnerstag)* à la carte 14/30 – **30 Zim** ⇌ 41/45 – 84/86.
♦ Zwei Generationen der Betreiberfamilie bemühen sich um das Wohl ihrer Gäste. Gepflegte Zimmer, meistens mit Balkon, versprechen gute Erholung. Der Restaurantbereich ist im bürgerlichen Stil gehalten.

In Daun-Gemünden *Süd : 2 km :*

Müller, Lieserstr. 17, ✉ 54550, ☏ (06592) 25 06, *info@hotel-mueller-daun.de*, Fax (06592) 2524, 斎, 🚗 – 📺 🚗 🅿. ⸙ Rest
geschl. 5. Jan. - 19. Feb. – **Menu** *(geschl. Donnerstag)* à la carte 19/27 – **12 Zim** ⇌ 28/34 – 62 – ½ P 11.
♦ Ein kleines, einfaches Urlaubshotel, das tipptopp gepflegt und nett geführt wird. Die Zimmer im Anbau sind etwas größer und mit zeitlosen Naturholzmöbeln eingerichtet. In neuzeitlichem Stil präsentiert sich das Restaurant.

In Schalkenmehren *Süd-Ost : 6 km, über B 257/421, in Mehren rechts ab – Erholungsort*

Landgasthof Michels, St.-Martin-Str. 9, ✉ 54552, ☏ (06592) 92 80, *michels@landidyll.de*, Fax (06592) 928160, 斎, Massage, ≦s, 🔲, 🚗 – 🛗, ⸙ Zim, 📺 📞 ⚿ 🚗
🅿 – 🏛 25. 🅰🅴 🅾 🅼🅾 🆅🅸🆂🅰
Menu à la carte 20/38 – **37 Zim** ⇌ 58/67 – 82/112 – ½ P 18.
♦ Der schmucke Landgasthof befindet sich in der Nähe eines Maars. Die Suite "Sperlingsnest", unterm Dach des Rundbaus, überrascht mit einer schönen Holzbalkenkonstruktion. Eine nette kleine Stube und weitere Räumlichkeiten im Landhausstil bilden das Restaurant.

Schneider-Haus am Maar, Maarstr. 22, ✉ 54552, ☏ (06592) 9 55 10, *hotelschneider@t-online.de*, Fax (06592) 955140, 斎, 🌐, Massage, ≦s, 🚗 – 📺 🚗 🅿
Menu à la carte 14/34,50 – **19 Zim** ⇌ 34/55 – 68/90 – ½ P 13.
♦ In unterschiedlichen Stilrichtungen gestaltete, immer praktische Gästezimmer zeichnen diesen Betrieb aus, der auch über einen neuzeitlichen Wellnessbereich verfügt. In ländlichem Umfeld bittet man Sie zu Tisch.

In Darscheid *Nord-Ost : 6 km über B 257 – Erholungsort :*

Kucher's Landhotel mit Zim, Karl-Kaufmann-Str. 2, ✉ 54552, ☏ (06592) 6 29, *kucherslandhotel@t-online.de*, Fax (06592) 3677, 斎, 🚗 – ⸙ Zim, 📞 🅿. 🅰🅴 🅼🅾
🆅🅸🆂🅰 🅹🅲🅱
geschl. 4. Jan. - 12. Feb. – **Kucher's Gourmet** *(geschl. Montag - Dienstagmittag)* **Menu** à la carte 33/47, 🍷 – **Eifelstube** *(geschl. Montag - Dienstagmittag)* **Menu** à la carte 20,50/35 – **14 Zim** ⇌ 43 – 86 – ½ P 16.
♦ Ein imposanter Weinkeller - einer der bestsortierten des Landes - sowie nette, wohnliche Gästezimmer bereichern das freundlich gestaltete Restaurant Gourmet. Rustikal geht es in der Eifelstube zu.

DEDELSTORF Niedersachsen siehe Hankensbüttel.

DEGGENDORF Bayern 546 T 22 – 33 400 Ew – Höhe 312 m – Wintersport : 500/1 114 m ≰4 ≰.

Ausflugsziele : Kloster Metten (Kirche und Bibliothek★) Nord-West : 5 km – Klosterkirche★ in Niederalteich Süd-Ost : 11 km.

🏌 Schaufling, Rusel 123 (Nord-Ost : 10 km), ℘ (09920) 89 11.

🛈 Touristinformation, Oberer Stadtplatz, ✉ 94469, ℘ (0991) 2 96 01 69, Fax (0991) 31586.

Berlin 563 – München 144 – *Passau* 51 – Landshut 74 – Regensburg 80.

🏨 **NH Parkhotel**, Edlmairstr. 4, ✉ 94469, ℘ (0991) 3 44 60, nhdeggendorf@nh-hotel s.com, Fax (0991) 3446423, 宗, 16, 金 – 劇, 张 Zim, TV ☏ ⇔ P – 益 50. 壓 ⓞ ⓜ VISA
Menu à la carte 22/37 – ⟂ 13 – **125 Zim** 80/110 – 110/123.
• Ein modernes Businesshotel im Herzen des mittelalterlichen Städtchens. Eingangsbereich und Kaminzimmer sind fast schon elegant und mit modernen Gemälden geschmückt.

🏨 **Donauhof**, Hafenstr. 1, ✉ 94469, ℘ (0991) 3 89 90, info@hotel-donauhof.de, Fax (0991) 389966, 金 – 劇, 张 Zim, TV ☏ P – 益 25. 壓 ⓞ ⓜ VISA
🍴 Rest
Menu (geschl. Sonntag) à la carte 16,50/22 – **60 Zim** ⟂ 49/54 – 72/79.
• Ein altes Lagerhaus aus dem 19. Jh. hat man komplett und sehr fachkundig restauriert. Heute kann man hier preisgünstig in wohnlich ausgestatteten Zimmern übernachten. Das Restaurant : teils mit Kristallleuchtern, teils als urige Weinstube.

🍴🍴 **Grauer Hase**, Untere Vorstadt 12, ✉ 94469, ℘ (0991) 37 12 70, info@grauer-hase.de, Fax (0991) 3712720, 宗, Biergarten – 📠 P – 益 50. ⓜ VISA
geschl. 7. - 21. Jan., Sonntag außer Feiertage – **Menu** à la carte 30,50/47,50, ♀.
• Räumlichkeiten in geschmackvollem Stil - teils bewusst schlicht gehalten - bilden hier den Rahmen. Auch der Kastaniengarten stellt ein idyllisches Plätzchen zum Verweilen dar.

🍴🍴 **La padella**, Rosengasse 7, ✉ 94469, ℘ (0991) 55 41, lapadella@t-online.de, Fax (0991) 3831845, 宗 – 壓 ⓞ ⓜ VISA
geschl. nach Pfingsten 1 Woche, Montag – **Menu** (wochentags nur Abendessen) (Tischbestellung ratsam) à la carte 22,50/32.
• Hell und mit Geschmack eingerichtet präsentiert sich dieses im Zentrum gelegene Restaurant. Gekocht wird international - mit saisonalen Einflüssen.

🍴 **Goldener Engel**, Oberer Stadtplatz 6, ✉ 94469, ℘ (0991) 47 67, goldener_engel@goldmail.de, Fax (0991) 3790667, 宗, (traditionelles Gasthaus a.d.J. 1694) – ⓜ
Menu à la carte 14/35.
• Freunde altbayerischer Wirtshauskultur kommen hier auf ihre Kosten ! Im Traditionswirtshaus kocht man mit Geschmack regionale Schmankerln und internationale Speisen.

In Deggendorf-Natternberg Süd-West : 6 km, jenseits der A 3 :

🏨 **Burgwirt** 🌿, (mit Gästehaus), Deggendorfer Str. 7, ✉ 94469, ℘ (0991) 3 00 45, info@hotel-burgwirt.de, Fax (0991) 32090332, 宗, 金 – 张 Zim, TV ⇔ P – 益 25
Menu (geschl. Sonntagabend, Montagmittag) à la carte 16/38 – **39 Zim** ⟂ 45/50 – 60/75.
• Entscheiden Sie selbst, ob Sie lieber in Eiche oder in Kirschbaum wohnen wollen. In jedem Fall sind die Zimmer groß und komfortabel eingerichtet. Internetzugang für Hausgäste. In der Gaststube unterstreicht ein Kachelofen den ländlich-bäuerlichen Charme.

DEGGENHAUSERTAL Baden-Württemberg 545 W 12 – 3 000 Ew – Höhe 497 m.

🏌 Deggenhausertal, Unterhomberg 1, ℘ (07555) 91 96 30.
Berlin 728 – Stuttgart 144 – *Konstanz* 33 – Ravensburg 20 – Bregenz 55.

In Deggenhausertal-Limpach :

🏨 **Gutsgasthof Mohren** 🌿, Kirchgasse 1, ✉ 88693, ℘ (07555) 93 00, info@gutsgasthof-mohren.de, Fax (07555) 930100, 宗, 🐎 – TV P – 益 100. ⓜ VISA
🍴 Zim
Menu (geschl. 6. Jan. - 15. Feb., Montag - Donnerstag nur Abendessen) à la carte 14/37 – **33 Zim** ⟂ 40/50 – 60/75 – ½ P 16.
• Einladend wirken die im modernen Landhausstil wohnlich gestalteten Zimmer. Mit einem Picknickkorb bewaffnet können Sie die Ländereien des Naturlandhofes erkunden. Restaurant mit mediterranem Flair.

DEGGENHAUSERTAL

In Deggenhausertal-Wittenhofen :

🏠 **Landhotel Adler,** Roggenbeurer Str. 2, ✉ 88693, ℘ (07555) 2 02, *info@landhotel -adler.de, Fax (07555) 5273,* 🌳, Biergarten –, 📺 ⇌ 🅿 ⃟ 🆅 🆅🆂🅰
geschl. Ende Feb. - Mitte März – **Menu** *(geschl. Mittwoch - Donnerstagmittag)* à la carte 17/31 – **18 Zim** ⇌ 38/48 – 66 – ½ P 12.
• Tradition und moderne Gastronomie verbinden sich in diesem aparten, idyllisch gelegenen Landhotel. Der Bodensee mit seinen Ausflugszielen liegt nur wenige Minuten entfernt. Für Ihr leibliches Wohl sorgt man in der heimeligen Gaststube.

DEIDESHEIM Rheinland-Pfalz ⁵⁴³ R 8 – 4 100 Ew – Höhe 117 m – Luftkurort.
🛈 *Tourist-Information, Bahnhofstr. 5,* ✉ 67146, ℘ (06326) 9 67 70, *touristinfo@deid esheim.de, Fax (06326) 967718.*
Berlin 645 – Mainz 88 – *Mannheim* 31 – Kaiserslautern 39.

🏨 **Deidesheimer Hof,** Am Marktplatz 1, ✉ 67146, ℘ (06326) 9 68 70, *info@deidesh eimerhof.de, Fax (06326) 7685,* 🌳 – 🛗, ✳ Zim, 📺 ☎ ⇌ 🅿 – 🄰 40. 🄰🄴 ⓓ ⓜⓔ 🆅🅸🆂🅰
Menu siehe Rest. **Schwarzer Hahn** und **St. Urban** separat erwähnt – ⇌ 12 – **28 Zim** 90/100 – 120/200, 4 Suiten.
• Behaglichkeit und zurückhaltende Eleganz begegnen Ihnen in dem prachtvollen Renaissancebau an der Deutschen Weinstraße. Neue, komfortable Zimmer mit italienischem Mobiliar !

🏨 **Hatterer's Hotel,** Weinstr. 12, ✉ 67146, ℘ (06326) 60 11, *hotel-hatterer@t-onlin e.de, Fax (06326) 7539,* 🌳 – 🛗 📺 🅿 – 🄰 60. 🄰🄴 ⓓ ⓜⓔ 🆅🅸🆂🅰
Menu à la carte 31/49 – **57 Zim** ⇌ 80/95 – 120/130.
• Mitten im Herzen des historischen Weinstädtchens liegt das Hotel mit dem markanten Glasturm. Wohnliche Zimmer und der romantische Garten geben dem Haus seinen Charme. Die Türen des hübschen Jardin d' hiver lassen sich bei gutem Wetter zur Terrasse hin öffnen.

🏨 **Steigenberger MAXX Hotel** ⚜, Am Paradiesgarten 1, ✉ 67146, ℘ (06326) 97 00, *deidesheim@maxx-hotels.de, Fax (06326) 970333,* 🌳, ☎ – 🛗, ✳ Zim, 📺 ⇌ 🅿 – 🄰 70. 🄰🄴 ⓓ ⓜⓔ 🆅🅸🆂🅰 🆭🅲🅱
Menu à la carte 19,50/29,50 – **124 Zim** ⇌ 101/156 – 127/182.
• Wer diese anglo-amerikanische Hotelwelt betritt, wird vom Stil der 30er bis 50er Jahre umgeben. Vom Seifenspender bis zum Bettüberwurf ist hier alles aufeinander abgestimmt. Mit legerem Bistro-Ambiente ist das Restaurant ganz an den Stil des Hotels angepasst.

🏠 **Kurpark-Residenz** ⚜ garni, An der Marlach 20, ✉ 67146, ℘ (06326) 70 80, *kurp ark-residenz@deidesheim.de, Fax (06326) 989285* – ⇌ 🅿. 🄰🄴 ⓓ ⓜⓔ 🆅🅸🆂🅰
22 Zim ⇌ 59/74 – 79/99.
• In einem Wohngebiet liegt das in neuzeitlichem Stil gebaute Appartement-Hotel. Wohnlich gestaltete Zimmer mit Balkon/Terrasse und eine gute Führung sprechen für diese Adresse.

XXXX **Schwarzer Hahn** - Hotel Deidesheimer Hof, Am Marktplatz 1, ✉ 67146, ℘ (06326) ❀ 9 68 70, *info@deidesheimerhof.de, Fax (06326) 7685,* 🌳 – 🄰🄴 ⓓ ⓜⓔ 🆅🅸🆂🅰 ✳
geschl. 1. - 29. Jan., 4. Juni - 19. Aug., Sonntag - Montag – **Menu** *(nur Abendessen, außer Feiertage)* (Tischbestellung ratsam) 83/100 à la carte 36/75, ♀ ⚜.
• In dem imposanten Gewölbekeller zaubert die Küchenbrigade unter Manfred Schwarz klassische Kreationen der französischen Kochkunst auf den aufwändig gedeckten Tisch. **Spez.** Hummersabayon mit Kerbel. Gebratene Wachtelbrust mit Artischocken-Pesto. Atlantik-Steinbutt in der Senfmelange

XX **Weinschmecker,** Steingasse 2, ✉ 67146, ℘ (06326) 98 04 60, Fax (06326) 989475, 🌳
geschl. Sonntag - Montag – **Menu** *(nur Abendessen)* à la carte 24,50/34,50, ♀.
• In dem ehemaligen Kelterhaus empfängt Sie ein helles, freundliches Ambiente mit klaren Linien. Schön sitzt man auch auf der Innenhofterrasse.

X **St. Urban** - Hotel Deidesheimer Hof, Am Marktplatz 1, ✉ 67146, ℘ (06326) 9 68 70, ⚜ *info@deidesheimerhof.de, Fax (06326) 7685,* 🌳 – 🅿. 🄰🄴 ⓓ ⓜⓔ 🆅🅸🆂🅰
Menu 18 (mittags) à la carte 27/41, ♀.
• Hier umgibt Sie der ländliche Charme einer Weinstube. Bei gutem Wetter wird das typisch regionale Angebot durch italienische Speisen im Gartenrestaurant Gallino ergänzt.

X **Gutsausschank Dr. Kern,** Schloss Deidesheim, ✉ 67146, ℘ (06326) 9 66 90, *info @schloss-deidesheim.de, Fax (06326) 966920,* 🌳 – ✳ Rest,
geschl. 20. Dez. - Feb., Mittwoch - Donnerstag – **Menu** *(wochentags nur Abendessen)* (nur Eigenbauweine) à la carte 18/32,50, ♀.
• Ein Teil des Deidesheimer Schlosses wurde zum Restaurant und Weinausschank umfunktioniert. Sie speisen unter wertvollen Stuckarbeiten oder auf der Terrasse am Schlossgarten.

DEIDESHEIM

In Forst Nord : 2 km, über Weinstraße :

※ **Gutsausschank Spindler**, Weinstr. 44, ✉ 67147, ℘ (06326) 58 50, hch.spindler@t-online.de, Fax (06326) 7877, 斎 – **P**. **VISA**
geschl. 4. Advent - Ende Jan., Sonntag – Montag – **Menu** (nur Eigenbauweine) à la carte 15/27,50, ♀.
• Deftige Spezialitäten aus der Pfalz und natürlich Weine aus eigenem Anbau werden dem Gast hier im netten Ambiente eines alten Weinguts kredenzt - mit Gartenterrasse.

DEISSLINGEN Baden-Württemberg siehe Rottweil.

DEIZISAU Baden-Württemberg siehe Plochingen.

DELBRÜCK Nordrhein-Westfalen **543** K 9 – 24 500 Ew – Höhe 95 m.
Berlin 432 – Düsseldorf 171 – *Bielefeld* 52 – Münster (Westfalen) 74 – Paderborn 16.

🏨 **Waldkrug**, Graf-Sporck-Str. 34, ✉ 33129, ℘ (05250) 9 88 80, rezeption@waldkrug.de, Fax (05250) 988877, 斎, ≦s, ⊠ – ⧄, ⇔ Zim, 📺 ♦ **P** – 🚗 250. 🅰🅴 **©** **VISA**
Menu à la carte 17/33 – **49 Zim** ⊇ 67/86 – 94/136.
• Im englischen Stil hat man das Interieur des Landgasthauses gestaltet. Besonders stimmungsvoll nächtigt man in den Zimmern mit Naturholzmöbeln und Parkettfußboden. Im Stammhaus befindet sich das bürgerlich-gediegene Restaurant.

DELITZSCH Sachsen **544** L 21 – 27 000 Ew – Höhe 98 m.
🛈 Tourist-Information, Im Schloss, ✉04509, ℘ (034202) 5 57 21, Fax (034202) 55722.
Berlin 162 – Dresden 116 – *Leipzig* 23.

🏨 **Goldener Adler**, Hallesche Str. 13, ✉ 04509, ℘ (034202) 5 71 68, Fax (034202) 61033, ≦s – ⧄, ⇔ Zim, 📺 ♦ **P**. **©** **VISA**
Menu (geschl. Samstag - Sonntag) à la carte 15/22 – **26 Zim** ⊇ 35/41 – 40/51.
• Umgeben von romantischen Gassen und historischen Gebäuden findet man diese solide, praktische Übernachtungsadresse. Einige der Zimmer haben eine Kochnische. Von einem Fensterplatz aus kann man beim Speisen das rege Treiben in der Altstadt beobachten.

🏨 **Akzent Hotel**, Grünstr. 43, ✉ 04509, ℘ (034202) 81 10, info@hotel-delitzsch.de, Fax (034202) 81199 – ⇔ Zim, 📺 ♦ **P** – 🚗 30. 🅰🅴 **©** **VISA**. ⚑ Rest
geschl. 23. Dez. - 2. Jan. – **Menu** (nur Abendessen) (Restaurant nur für Hausgäste) – **28 Zim** ⊇ 50/63 – 65/85.
• Ein ehrwürdiger Ziegelsteinbau aus dem 19. Jh. wurde durch einen Wintergarten auf interessante Weise mit dem Hotelneubau verbunden. Zeitgemäße Zimmer mit modernen Bädern.

In Delitzsch-Schenkenberg Nord-West : 2,5 km :

🏨 **Schenkenberger Hof**, Hofegasse 3, ✉ 04509, ℘ (034202) 73 00, kontakt@schenkenberger-hof.de, Fax (034202) 73073, 斎, 🐖 – **P**.
geschl. 22. - 27. Dez. – **Menu** (geschl. Sonntag) (nur Abendessen) (Restaurant nur für Hausgäste) – **26 Zim** ⊇ 48 – 52/60.
• Die Zimmer in dem restaurierten Scheunenbau sind mit wohnlichen Rattanmöbeln eingerichtet. Durch den netten, persönlichen Service fühlt man sich gut aufgehoben.

DELMENHORST Niedersachsen **541** G 9 – 80 000 Ew – Höhe 18 m.
🛫 Hude, Lehmweg 1 (Nord-Ost : 17 km), ℘ (04408) 92 90 90.
🛈 Verkehrsverein, im Rathaus, Rathausplatz 1, ✉ 27749, ℘ (04221) 99 22 99, verkehrsverein@delmenhorst.de, Fax (04221) 992244.
ADAC, Reinersweg 34.
Berlin 403 – Hannover 136 – *Bremen* 17 – Oldenburg 37.

🏨 **Thomsen** (mit Gästehaus), Bremer Str. 186, ✉ 27751, ℘ (04221) 97 00, hotel.thomsen@t-online.de, Fax (04221) 70001, 🛁, ≦s – ⧄ 📺 ♦ **P** – 🚗 120. 🅰🅴 **①** **©** **VISA**
Menu (geschl. 26. Dez. - 2. Jan., Samstagmittag) à la carte 14/32 – **97 Zim** ⊇ 34/75 – 66/155.
• Seit 1951 wird hier Gastfreundschaft groß geschrieben. In den angenehm praktischen Zimmern findet der Reisende nach einem anstrengenden Tag Entspannung. Restaurant mit bürgerlichem Ambiente.

329

DELMENHORST

Goldenstedt, Urselstr. 18, ✉ 27751, ℘ (04221) 96 00, mail@hotel-goldenstedt.
de, Fax (04221) 960100, 🍴 – ⚡ Zim, 📺 ✆ ⇌ 🅿 – 🛁 50. ㆍ ⓐ ⓜ
🆅🅸🆂🅰. ⚓
Menu (nur Abendessen) à la carte 16/32 – **35 Zim** ⌂ 55 – 79.
• Viel behagliches Holz hat man für die Ausstattung des Hotels verwendet. Für sport-
begeisterte Besucher stehen 20 vollautomatische Bundeskegelbahnen zur Verfügung. In
bürgerlicher Aufmachung zeigt sich das Restaurant.

DENZLINGEN Baden-Württemberg 545 V 7 – 11 500 Ew – Höhe 235 m.

Berlin 802 – Stuttgart 203 – *Freiburg im Breisgau* 19 – Offenburg 61.

Hirschen, Hauptstr. 233, ✉ 79211, ℘ (07666) 22 43, seyferle.denzlingen@t-online.de,
Fax (07666) 3078, 🍴 – 📺 🅿. ㆍ ⓜ
Menu (geschl. Fastnacht 1 Woche, Mitte - Ende Aug., Montag) à la carte 17/32,50 – **25 Zim**
⌂ 30 – 60.
• Der ältere, renovierte Gasthof beherbergt praktische, mit hellen Holzmöbeln eingerich-
tete Zimmer - eine saubere und preiswerte Adresse für unterwegs. In rustikalem Umfeld
bewirtet man Einkehrende mit bürgerlich zubereiteten Speisen.

Rebstock-Stube mit Zim, Hauptstr. 74, ✉ 79211, ℘ (07666) 90 09 90,
Fax (07666) 7942, (Gasthof a.d. 14. Jh.) – ⚡ Zim, 📺 🅿. ㆍ ⓜ 🆅🅸🆂🅰
Menu (geschl. 1. - 15. Aug., Sonntag - Montag, außer Feiertage) (Tischbestellung ratsam)
à la carte 30,50/52, ♀ – **8 Zim** ⌂ 40/45 – 70.
• In den Mauern des ehrwürdigen Gasthofs werden schon seit dem 16. Jh. Gäste bewirtet.
Heute zaubert ein geschultes Küchenteam hier französische Speisen auf den Teller.

In Vörstetten West : 3 km :

Sonne, Freiburger Str. 4, ✉ 79279, ℘ (07666) 23 26, sonnestahl@aol.com,
Fax (07666) 8595, 🍴 – 📺 🅿
Menu (geschl. Montag, Samstagmittag) à la carte 15/33 – **10 Zim** ⌂ 37/39 – 58/60.
• In diesem Gasthaus am Fuße des Hochschwarzwaldes wird seit 250 Jahren einfache,
gepflegte Gastfreundschaft gelebt. Eine preisgünstige Station auf dem Weg in den Süden.
Nette Stuben, ländlich-rustikal im Stil, dienen als Restaurant.

DERENBURG Sachsen-Anhalt 542 K 16 – 2 800 Ew – Höhe 180 m.

Berlin 220 – *Magdeburg* 66 – Göttingen 98 – Halle 102 – Nordhausen 52.

Schloßvilla, Schlossstr. 15, ✉ 38895, ℘ (039453) 67 80, info@schlossvilla-derenbur
g.de, Fax (039453) 67850, 🍴, 🐴 – 📺 🅿 – 🛁 30. ⓜ 🆅🅸🆂🅰
Menu à la carte 16/22,50 – **15 Zim** ⌂ 48/54 – 75/82.
• Erhaltene Jugendstilelemente und die moderne Ausstattung der Zimmer machen die
Schlossvilla zu einer attraktiven Herberge. Hübsch : der kleine Park. Eine alte dunkle Täfe-
lung und Holzbalken geben dem Restaurant eine rustikale Note.

DERMBACH Thüringen 544 N 14 – 3 800 Ew – Höhe 350 m.

Berlin 385 – Erfurt 107 – *Fulda* 46 – Bad Hersfeld 40.

Rhönpaulus, Bahnhofstr. 21 (B 285), ✉ 36466, ℘ (036964) 8 22 34, info@hotel-rh
oenpaulus.de, Fax (036964) 7096, 🍴 – 📺 🅿.
Menu à la carte 11,50/25 – **11 Zim** ⌂ 28/32 – 45/48.
• Nach dem berühmten Räuber und Volkshelden ist das 1992 gegründete Landhotel
benannt worden. Die Thüringer Rhön und den Thüringer Wald können Sie von hier aus gut
erkunden. Sie speisen in rustikal-gemütlichen Räumlichkeiten - im Sommer auch unter
freiem Himmel.

DERNBACH (KREIS SÜDLICHE WEINSTRASSE) Rheinland-Pfalz 543 S 8 – 460 Ew – Höhe 190 m.

Berlin 671 – Mainz 112 – *Mannheim* 53 – Landau in der Pfalz 14.

Haus Dernbachtal 🌲 garni, Am Berg 3a, ✉ 76857, ℘ (06345) 9 54 40,
Fax (06345) 954444, 🐴 – ⚡ 📺 🅿
16 Zim ⌂ 50 – 76.
• An der südlichen Weinstraße liegt das Hotel mit Pensionscharakter. Die Übernachtungs-
zimmer sind mit hellem Naturholz und einer kleinen Kochnische ausgestattet.

Schneider, Hauptstr. 88, ✉ 76857, ℘ (06345) 83 48, wpuengeler@t-online.de,
Fax (06345) 954444 – 🅿. ⓜ 🆅🅸🆂🅰. ⚓
geschl. Juli - Aug. 2 Wochen, Nov. 2 Wochen, Montag - Dienstag, Sept. - Okt. nur Montag –
Menu à la carte 21/43.
• Seit mehr als 100 Jahren ist dieser Gasthof im Familienbesitz. Das Ambiente ist ländlich-
rustikal, der Service freundlich. Die Küche bietet Internationales und Regionales.

DERSAU Schleswig-Holstein 541 D 15 – 900 Ew – Höhe 40 m – Luftkurort.

🛈 Fremdenverkehrsverein, Dorfstr. 67, ⊠ 24326, ℘ (04526) 6 80, fvv.dersau@t-onlin e.de, Fax (04526) 201.

Berlin 332 – Kiel 32 – Lübeck 70 – Hamburg 92.

Zur Mühle am See (mit Gästehäusern), Dorfstr. 47, ⊠ 24326, ℘ (04526) 30 50, jah n@dersau.net, Fax (04526) 305205, 🍽, 🎣, 🚤 – 📺 ♿ 🅿 – 🏛 20. AE ◍ ◉ VISA JCB

Menu (geschl. Nov.- Feb. Sonntagabend) à la carte 15/29 – **33 Zim** ⊇ 48/55 – 75/90.

• In der malerischen Landschaft der Holsteinischen Schweiz befindet sich dieses Hotel direkt am Plöner See. Das Rundfahrt-Schiff hat eine Anlegestelle vor dem Haus. In gepflegtem Ambiente reicht man eine gutbürgerliche Karte.

Schreiben Sie uns...
Ihre Meinung, sei es Lob oder Kritik, ist stets willkommen.
Jeder Ihrer Hinweise wird durch unsere Inspektoren sorgfältigst
in den betroffenen Hotels und Restaurants überprüft.
Dank Ihrer Mithilfe wird Der Rote Michelin-Führer
immer aktueller und vollständiger.
Vielen Dank im Voraus !

DESSAU Sachsen-Anhalt 542 K 20 – 80 000 Ew – Höhe 61 m.

Sehenswert : Bauhausbauten★★ AX – Schloss Mosigkau★ (Gartensaal★) über ④.

Ausflugsziel : Luisium★ über ② : 4 km – Wörlitz : Wörlitzer Park★★, Schloss Wörlitz★, Gotisches Haus★ (Schweizer Glasmalereien★) Ost : 13 km.

🛈 Tourist-Information, Zerbster Str. 2c (Rathaus), ⊠ 06844, ℘ (0340) 2 04 14 42, tou ristinfo@dessau.de, Fax (0340) 2041142.

ADAC, Kavalierstr. 20.

Berlin 122 ② – Magdeburg 64 ① – Leipzig 74 ③ – Nordhausen 140 ③

Stadtpläne siehe nächste Seiten

Fürst Leopold, Friedensplatz, ⊠ 06844, ℘ (0340) 2 51 50, info@hotel-fuerst-leop old.de, Fax (0340) 2515177, 🍽, Massage, 🛁, 🛋 – 🛗, ⇔ Zim, 📺 ♿ 🚘 – 🏛 160. AE ◍ ◉ VISA JCB. ❄ Rest BX a

Menu à la carte 20,50/34,50 – **204 Zim** ⊇ 70/125 – 100/155.

• Klare Formen prägen die Bauhaus-Architektur dieses Hauses. Interessante Farbkombinationen und modernes Design machen die Zimmer zu einem attraktiven Quartier. Das Restaurant hat eine große Fensterfront und ein neuzeitliches Ambiente.

NH Dessau, Zerbster Str. 29, ⊠ 06844, ℘ (0340) 2 51 40, nhdessau@nh-hotels.com, Fax (0340) 2514100, ⇔ – 🛗, ⇔ Zim, 🍽 Rest, 📺 ♿ 🚘 🅿 – 🏛 120. AE ◍ ◉ VISA CX e

Menu à la carte 22,50/34,50 – ⊇ 12 – **153 Zim** 51/80.

• Das neuzeitliche Business-Hotel ist abgestimmt auf die besonderen Bedürfnisse von Geschäftsreisenden. Praktisch zum Arbeiten : gute Schreibflächen und Modemanschluss. Bistroähnlich präsentiert sich das Restaurant.

An den 7 Säulen garni, Ebertallee 66, ⊠ 06846, ℘ (0340) 6 40 09 00, pension7sa eulen@freenet.de, Fax (0340) 619622 – ⇔ 📺 🅿 AE ◍ ◉ VISA AX f

21 Zim ⊇ 47/60 – 62/74.

• Das kleinere, in einem Wohngebiet gelegene Haus zeichnet sich durch seine sehr gute Pflege und nette Führung aus. Der Frühstücksraum hat einen schönen Wintergartenanbau.

City-Pension garni, Ackerstr. 3a, ⊠ 06842, ℘ (0340) 8 82 30 76, mail@city-pension -dessau.de, Fax (0340) 8825017 – 🛗 📺 🚘. AE ◉ VISA JCB

24 Zim ⊇ 41/46 – 58. über ③: 1,5 km

• In absoluter Zentrumsnähe situiert, bietet das Etagenhotel praktischen Komfort. Beim Frühstück kann man einen Blick auf das geschäftige Treiben vor dem Fenster werfen.

In Dessau-Ziebigk Nord-West : 1 km über Kornhausstraße AX :

Pächterhaus, Kirchstr. 1, ⊠ 06846, ℘ (0340) 6 50 14 47, maedel@paechterhaus-d essau.de, Fax (0340) 6501448, 🍽 – 🅿. AE ◉ VISA

geschl. Montag – **Menu** à la carte 17/29.

• Mit viel Enthusiasmus wurde das halbverfallene Fachwerkhaus von 1743 in den jetzigen Zustand versetzt. In diesem ehrwürdigen Rahmen genießt man heute gute regionale Küche.

331

DESSAU

Akazienwäldchen	**BY** 2
Bertolt-Brecht-Straße	**CX** 3
Carl-Maria-von-Weber-Straße	**CX** 5
Eisenbahnstraße	**BY** 8
Erdmannsdorffstraße	**BY** 10
Ferdinand-von-Schill-Straße	**BCX** 12
Flössergasse	**CX** 14
Friedrich-Naumann-Straße	**CY** 15
Friedrich-Schneider-Straße	**CX** 16
Hausmannstraße	**BX** 18
Humboldtstraße	**CX** 20
Johannisstraße	**CX**
Kleiststraße	**BX** 21
Kornhausstraße	**AX** 23
Liebknechtstraße	**ABX** 25
Marktstraße	**CY** 26
Mendelssohnstraße	**CX** 28
Mozartstraße	**CX** 29
Richard-Wagner-Straße	**CX** 30
Schwabestraße	**BX** 32
Steinstraße	**CX** 33
Wallstraße	**CY** 34
Wörlitzer Straße	**CX** 37
Zerbster Straße	**CXY**

Check-in:
Nicht schriftlich reservierte
Zimmer werden in
den meisten Hotels
nur bis 18 Uhr freigehalten.
Bei späterer Anreise ist daher
der ausdrückliche Hinweis
auf die Ankunftzeit
oder - besser noch - schriftliche
Zimmerreservierung ratsam.

Wenn Sie ein ruhiges Hotel suchen,
benutzen Sie die Übersichtskarte in der
Einleitung oder wählen Sie ein Hotel
mit dem entsprechenden Zeichen ✤

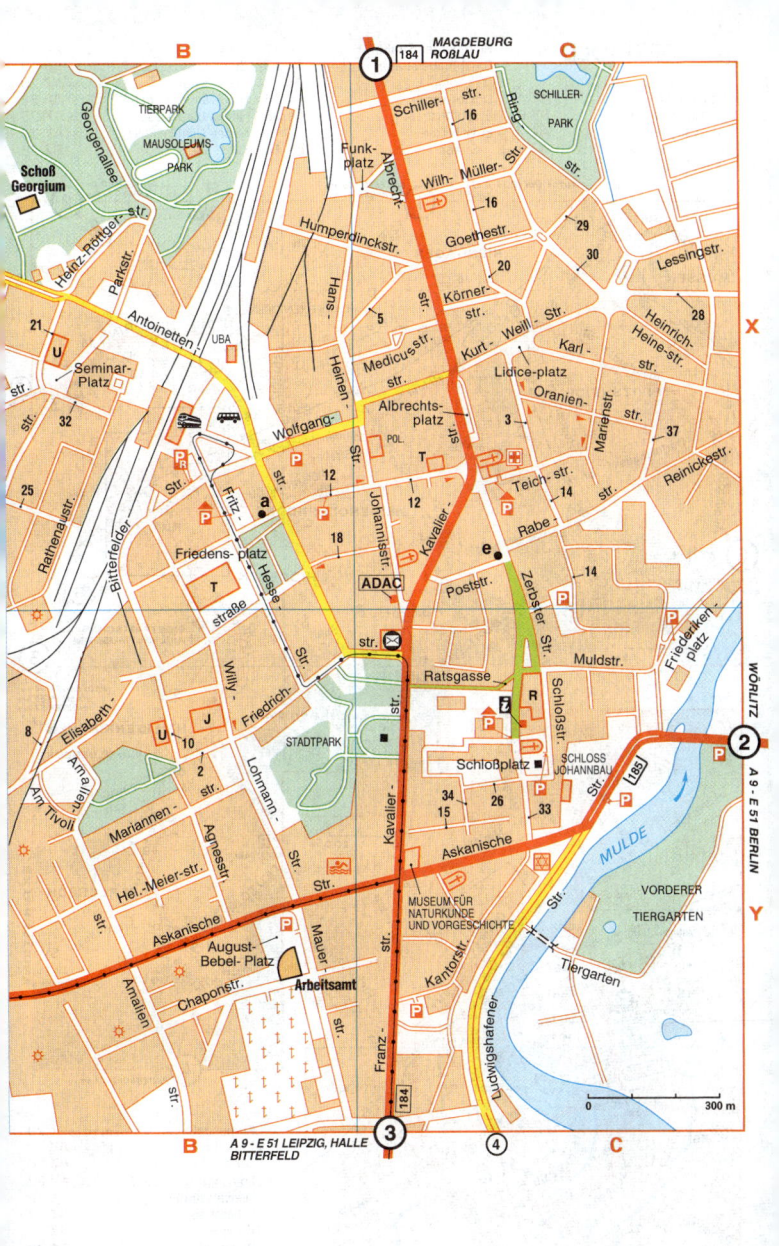

Ihre Meinung über die von uns empfohlenen Restaurants, deren Spezialitäten sowie die angebotenen regionalen Weine, interessiert uns sehr.

DETMOLD

Auguststraße	**AZ** 4
Barntruper Straße	**BX** 6
Benekestraße	**AZ** 7
Bielefelder Straße	**AZ** 9
Blomberger Straße	**AYZ** 12
Bruchmauerstraße	**AZ** 13
Bruchstraße	**AZ**
Doktorweg	**AY** 14
Elisabethstraße	**AY** 15
Ernst-Hilker-Straße	**BX** 16
Exterstraße	**AZ** 17
Georgstraße	**BX** 19
Grabbestraße	**AYZ** 20
Hans-Hinrichs-Straße	**AZ** 22
Hindenburgstraße	**AZ** 25
Kaiser-Wilhelm-Platz	**AY** 27
Karlstraße	**AZ** 28
Krohnstraße	**AZ** 29
Krummestraße	**AZ**
Lange Straße	**AZ** 30
Lortzingstraße	**AY** 32
Niewaldstraße	**AX** 35
Palaisstraße	**AZ** 37
Paulinenstraße	**AYZ**
Pivitsheider Straße	**AX** 38
Rosental	**AZ** 39
Schubertplatz	**AZ** 40
Schülerstraße	**AZ** 41
Seminarstraße	**AZ** 42
Sylbeckestraße	**BX** 43
Thedor-Heuss-Straße	**AY** 44
Wiesenstraße	**AY** 45
Wittekindstraße	**BX** 48

DETMOLD Nordrhein-Westfalen 543 K 10 – 80 000 Ew – Höhe 134 m.

Sehenswert : Westfälisches Freilichtmuseum★ BX.
Ausflugsziele : Externsteine★ (Flachrelief★★ a.d. 12. Jh.), Süd : 11 km BY – Hermannsdenkmal★ (※★) Süd-West : 6 km AY.

🛈 Tourist Information, Rathaus am Markt, ✉ 32754, ℰ (05231) 97 73 28, tourist.info @detmold.de, Fax (05231) 977447.

ADAC, Paulinenstr. 64.

Berlin 384③ – Düsseldorf 197⑤ – *Bielefeld* 27① – Hannover 95③ – Paderborn 27④

Stadtplan siehe gegenüberliegende Seite

Residenz Hotel garni, Paulinenstr. 19, ✉ 32756, ℰ (05231) 93 70, info@residenz-detmold.bestwestern.de, Fax (05231) 937333, 龠, ☎, ☐ – 園 ⇔ TV ☏ ⇌ – 🅿 80. 🆎 ⓞ ⓜ 🆅🅸🆂🅰   AZ a
☐ 13 – **83 Zim** 97/103 – 117/130.
♦ Allerhand zu bieten hat die historische ostwestfälische Stadt. Hier finden Sie ein komfortables Domizil und einen idealen Ausgangspunkt für Exkursionen in die Umgebung.

Detmolder Hof, Lange Str. 19, ✉ 32756, ℰ (05231) 9 91 20, info@detmolderhof.de, Fax (05231) 991299, 龠, (Steingiebelhaus a.d.J. 1560) – 園, ⇔ Zim, TV ☏ – 🅿 25. 🆎 ⓞ ⓜ 🆅🅸🆂🅰   AZ v
Le Fonti (geschl. Sonntagabend - Montag) **Menu** à la carte 20/35 – **Schuster's Bistro** : **Menu** à la carte 17/29 – **39 Zim** ☐ 79/83 – 119/121.
♦ Ein einmaliges Zeugnis der Weserrenaissance stellt das Gebäude dar, in dem dieses zeitgemäße Hotel untergebracht ist. Fragen Sie nach der Suite mit der Galerie ! Ein Weingut in der Toskana gab dem Le Fonti seinen Namen. Ein netter Treffpunkt : Schuster's Bistro.

Lippischer Hof garni, Willy-Brandt-Platz 1, ✉ 32756, ℰ (05231) 93 60, lippischerhof@t-online.de, Fax (05231) 24470 – 園 TV ☏ 🅿 – 🅿 40. 🆎 ⓞ ⓜ 🆅🅸🆂🅰   AZ n
27 Zim ☐ 69/87 – 95/110.
♦ Dieses interessante Bauwerk - einst ein fürstliches Kavalierhaus - liegt gegenüber der Altstadt. Sie wohnen in großzügigen, ganz in Creme gehaltenen Zimmern.

Stadthotel garni, Bahnhofstr. 9a, ✉ 32756, ℰ (05231) 6 16 18 00, stadthotel-detmold@t-online.de, Fax (05231) 6161801 – TV 🅿 ⓞ ⓜ 🆅🅸🆂🅰, ⇔   AY b
17 Zim ☐ 48/74 – 84/89.
♦ Die Zimmer sind alle hell und freundlich eingerichtet und gut gepflegt - unter dem Dach : ein großzügiges Studio. Gemütlicher Frühstücksraum mit Dielenboden und Täfelung.

Speisekeller im Rosental, Schloßplatz 7 (Stadthalle), ✉ 32756, ℰ (05231) 2 22 67, Fax (05231) 33756, 龠 – 🅿 100. 🆎 ⓜ 🆅🅸🆂🅰   AZ
geschl. Montag – **Menu** à la carte 25/40, 🍷.
♦ Moderne Eleganz herrscht in dem einladenden Kellerlokal, wo helles Holz und schlichte Möbel ein stimmungsvolles Ambiente erzeugen. Hier serviert man eine internationale Küche.

In Detmold-Heiligenkirchen :

Achilles, Paderborner Str. 87, ✉ 32760, ℰ (05231) 9 46 30, hotel-achilles@t-online.de, Fax (05231) 946355, 龠, ☎ – ⇔ Zim, TV ⇌ 🅿 – 🅿 50. ⓜ 🆅🅸🆂🅰, ⇔ Zim   BY g
geschl. 1. - 9. Jan. – **Menu** (geschl. Sonntagabend - Montagmittag) à la carte 16,50/29 – **23 Zim** ☐ 36/46 – 61/77.
♦ Auf geschichtsträchtigem Boden, ganz in der Nähe des Hermanns-Denkmals, können Sie in ein behagliches, familiär geleitetes Hotel einkehren. Hübscher Wintergarten ! Das Motto des Restaurants : "Ob Deftiges oder Süßes, hier schmeckt es wie bei Muttern".

In Detmold-Pivitsheide :

Forellenhof ⑤, Gebr.-Meyer-Str. 50, ✉ 32758, ℰ (05232) 9 85 00, hotel-forellenhof@t-online.de, Fax (05232) 985040, 龠 – ⇔ Zim TV ☏ 🅿 🆎 ⓞ ⓜ 🆅🅸🆂🅰, ⇔   AX b
Menu (nur Abendessen) (Restaurant nur für Hausgäste) – **12 Zim** ☐ 49/55 – 70/76.
♦ Einige der Zimmer dieses Hotels mit Pensionscharakter haben einen direkten Zugang zum parkähnlichen, schönen Garten. Angler können hier ihrem Hobby nachgehen.

DETTELBACH Bayern 546 Q 14 – 4300 Ew – Höhe 189 m.

Sehenswert : Wallfahrtskirche (Kanzel★, Renaissance-Portal★).

🛈 Mainsondheim, Schlossweg 3, ℰ (09324) 46 56.

Berlin 483 – München 264 – *Würzburg* 22 – Bamberg 61 – Nürnberg 93.

Grüner Baum, Falterstr. 2, ✉ 97337, ℰ (09324) 9 72 30, gruenerbaum@dettelbach.de, Fax (09324) 972333, 龠 – TV ⇌ 🆎 ⓜ 🆅🅸🆂🅰
geschl. 24. Dez. - 15. Jan., 23. Juni - 15. Juli – **Menu** (geschl. Sonntagabend - Montagmittag) à la carte 13/28 – **19 Zim** ☐ 42/45 – 54/61.
♦ In dem altfränkischen Gasthof herrscht urige Gemütlichkeit. Die Gästezimmer sind schlicht, doch mit allem notwendigen Komfort ausgestattet, besonders die im zweiten Stock. Sie speisen in einer mit dunklem Holz behaglich eingerichteten Stube.

DETTELBACH

Himmelstoss, Bamberger Str. 3, ✉ 97337, ℘ (09324) 47 76, *kuffer-herbert@t-onl ine.de*, Fax (09324) 4969, 🍽 – 🌐 VISA
geschl. über Fasching 2 Wochen, Montag - Dienstag - **Menu** à la carte 26/41, ⚡.
• In dem aus dem 17. Jh. stammenden Winzerhaus mit Innenhofterrasse überrascht Sie der Küchenchef mit überbordender Kreativität. Wein aus eigenem Anbau.

DETTINGEN AN DER ERMS Baden-Württemberg 545 U 12 – 8 000 Ew – Höhe 398 m.
Berlin 678 – Stuttgart 39 – Reutlingen 13 – Ulm (Donau) 61.

Rößle, Uracher Str. 30, ✉ 72581, ℘ (07123) 9 78 00, *info@hotel-metzgerei-roessle.de*, Fax (07123) 978010, 🍽 – ⚒ Zim, 🅿. 🚗 – 🛁 30. 🌐 VISA ⚡ Rest
Menu *(geschl. Montag)* à la carte 19/38,50 – **23 Zim** 🛏 34/58 – 78/95.
• Aus einem Altbau im Fachwerkstil und einem modernen Anbau besteht das Traditionshotel am Tor zur Schwäbischen Alb. Besonders freundlich wirken die hellen Zimmer im Neubau. Produkte aus der eigenen Metzgerei bereichern das Angebot des Restaurants.

DETTINGEN UNTER TECK Baden-Württemberg 545 U 12 – 5 200 Ew – Höhe 385 m.
Berlin 624 – Stuttgart 42 – Reutlingen 34 – Ulm (Donau) 57.

Rößle garni, Austr. 32, ✉ 73265, ℘ (07021) 9 84 90, *roessle-dettingen@gmx.de*, Fax (07021) 9849150 – ⚒ 📺 📞 🚗 🅿. AE 🌐 VISA
geschl. 24. Dez. - 6. Jan., 8. - 12. April – **48 Zim** 🛏 42/48 – 57/60.
• Nur 15 Autominuten vom Stuttgarter Flughafen entfernt, bietet dieses solide Haus mit seinem guten Preis-Leistungs-Verhältnis eine echte Alternative zur Großstadt-Hektik.

Teckblick, Teckstr. 44, ✉ 73265, ℘ (07021) 8 30 48, *teckblick@t-online.de*, Fax (07021) 53024, 🍽 – ⚒ 📺 🅿 – 🛁 30. AE 🌐 VISA ⚡
Menu *(geschl. 1. - 6. Jan., Sonntagabend)* à la carte 14/30 – **24 Zim** 🛏 40 – 55.
• Funktionalität und ausreichenden Komfort haben die Übernachtungszimmer dieser netten Adresse zu bieten - die auf der Rückseite des Hauses blicken auf die Schwäbische Alb. In bürgerlichem Ambiente bekocht Sie der Chef persönlich.

DEUDESFELD Rheinland-Pfalz 543 P 4 – 500 Ew – Höhe 450 m – Erholungsort.
Berlin 688 – Mainz 181 – Trier 57 – Bitburg 28 – Bonn 107.

Zur Post, Hauptstr. 8, ✉ 54570, ℘ (06599) 8 66, *info@hotelzurpost.de*, Fax (06599) 1304, 🍽, 🈁, 🛌 – 📺 🅿. AE 🌐 VISA
Menu *(geschl. Nov., Dez. - März Donnerstag)* à la carte 11,50/20 – **25 Zim** 🛏 28/47 – 55/58.
• Eingebettet in die Landschaft der Vulkaneifel ist der Landgasthof mit der schönen Außenanlage. Die Zimmer sind neuzeitlich und wohnlich eingerichtet. Das Restaurant ist rustikal gestaltet und mit viel Holz dekoriert.

DEUTSCH-EVERN Niedersachsen siehe Lüneburg.

DEUTSCHE ALPENSTRASSE Bayern 546 X 13 bis X 22.
Sehenswert : Panoramastraße★★★ von Lindau bis Berchtesgaden (Details siehe unter den erwähnten Orten entlang der Strecke).

DIEBLICH Rheinland-Pfalz 543 P 6 – 2 200 Ew – Höhe 65 m.
Berlin 616 – Mainz 96 – Koblenz 15 – Cochem 39.

Pistono, Hauptstr. 30, ✉ 56332, ℘ (02607) 2 18, *pistono@gmx.de*, Fax (02607) 1039, 🍽, 🈁, 🏊, 🛌 – ⚒ 🅿 🚗 – 🛁 80. 🌐 🅾.
Menu *(geschl. Montagmittag, Nov. - März Montag)* à la carte 17/32 – **90 Zim** 🛏 45/50 – 75/80.
• Auch auf größeren Gruppen ist man im Ortskern des Moselstädtchens gut vorbereitet. Zimmer sind teils mit rustikalen Eichenmöbeln, teils mit hellen Landhausmöbeln eingerichtet. Ein Weinprobierkeller ergänzt das ländlich-rustikale Restaurant.

Halferschenke mit Zim, Hauptstr. 63, ✉ 56332, ℘ (02607) 10 08, *info@halferschenke.de*, Fax (02607) 960294, 🍽 – 📺. AE 🌐 VISA
Menu *(geschl. Montag)* (wochentags nur Abendessen) à la carte 29,50/41 – **4 Zim** 🛏 45/55 – 65/80.
• Liebevoll restauriertes, moseltypisches Bruchsteinhaus a. d. Jahr 1832. Das Ambiente ist recht gemütlich, nettes Dekor, der Service arbeitet aufmerksam. Internationale Karte.

DIEBURG Hessen 543 Q 10 – 15 000 Ew – Höhe 144 m.
Berlin 558 – Wiesbaden 61 – Frankfurt am Main 41 – Darmstadt 16 – Aschaffenburg 28.

🏨 **Mainzer Hof** garni, Markt 22, ✉ 64807, ℰ (06071) 2 50 95, info@mainzer-hof.de, Fax (06071) 25090 – 📺 📞 🅿 – 🚗 15. 🅰🅴 ① 🆗 VISA JCB
geschl. 22. Dez. - 4. Jan. – **34 Zim** ⚏ 52/64 – 74/92.
♦ Der Mainzer Hof stammt aus Kurmainzer Zeit. Trotz vieler Umbauten ist er in seiner historischen Form erhalten. Individuelle Zimmer sind mit zeitgemäßem Komfort eingerichtet.

DIEKHOLZEN Niedersachsen siehe Hildesheim.

DIELHEIM Baden-Württemberg 545 S 10 – 7 600 Ew – Höhe 130 m.
Berlin 635 – Stuttgart 102 – Mannheim 40 – Heidelberg 25 – Karlsruhe 48.

In Dielheim-Horrenberg Ost : 3,5 km :

🍴 **Zum wilden Mann**, Burgweg 1, ✉ 69234, ℰ (06222) 7 10 53, restaurant@wilder-mann-horrenberg.de, Fax (06222) 73171, 🌿, 🏡 – 🅿. 🆗 VISA
geschl. über Fasching 1 Woche, Dienstag – **Menu** à la carte 15,50/32,50.
♦ Ob Wildgerichte, frischer Fisch oder Fleisch-und Geflügelspezialitäten, das breitgefächerte Angebot dieses älteren ländlichen Gasthofs bietet für jeden Geschmack etwas.

DIEMELSTADT Hessen 543 L 10 – 6 300 Ew – Höhe 280 m.
🅱 Städt. Verkehrsamt, Ramser Str. 6 (Wrexen), ✉ 34474, ℰ (05642) 84 34, info@diemelstadt.de, Fax (05694) 979826.
Berlin 437 – Wiesbaden 218 – Kassel 53 – Dortmund 126 – Paderborn 38.

In Diemelstadt-Rhoden :

🏨 **Montana**, Zum Jungfernborn 1 (B 252), ✉ 34474, ℰ (05694) 9 79 70, diemelstadt@hotel-montana.de, Fax (05694) 979797 – 🛏 Zim, 📺 📞 🅿 – 🚗 20. 🅰🅴 ① 🆗 VISA
Menu (nur Abendessen) à la carte 15/19 – **35 Zim** ⚏ 50/64 – 70.
♦ Ganz auf die Bedürfnisse Durchreisender zugeschnitten ist dieses funktionelle und durchaus nicht ungemütliche Hotel. Ein 24-Stunden-Schlüsselservice garantiert Unabhängigkeit. Nettes, schlichtes Restaurant.

DIERDORF Rheinland-Pfalz 543 O 6 – 4 400 Ew – Höhe 240 m.
Berlin 584 – Mainz 106 – Koblenz 48 – Bonn 60 – Limburg an der Lahn 47 – Köln 77.

In Großmaischeid Süd-West : 6 km, über B 413 Richtung Koblenz, in Kleinmaischeid links ab :

🏨 **Tannenhof** 🌿, Stebacher Str. 64, ✉ 56276, ℰ (02689) 60 41, hotel_tannenhof@t-online.de, Fax (02689) 5513, 🌿, 🏓, 🏊 – 🛏 Zim, 📺 📞 🅿 – Rest, 🚗 45. 🅰🅴 ① 🆗 VISA
Menu à la carte 14/25 – **21 Zim** ⚏ 42 – 80 – ½ P 10.
♦ Für Freizeitvergnügen aller Art ist hier bestens gesorgt : Baden im nahen Waldsee, ein Tennismatch oder eine zünftige Grillparty. Zimmer alle mit neuzeitlichem Komfort. Die ortsansässige Landwirtschaft und der Metzger von nebenan bereichern die Küche.

In Isenburg Süd-West : 11 km über B 413 Richtung Koblenz :

🏨 **Haus Maria** 🌿, Caaner Str. 6, ✉ 56271, ℰ (02601) 29 80, Fax (02601) 2964, 🌿, 🏡 – 📺 🚗 🅿 – 🚗 20. ① 🆗 VISA
geschl. Jan. 2 Wochen – **Menu** (geschl. Montag) à la carte 18/35 – **12 Zim** ⚏ 36 – 64.
♦ Größtenteils mit Kiefernmobiliar sind die Zimmer in dieser gastfreundlichen Herberge ausgestattet. Auf angenehm naturbelassenem Terrain erlebt man hier wohltuende Ruhe. Das Restaurant ist zeitgemäß gestaltet und hat eine große Fensterfront.

DIERHAGEN Mecklenburg-Vorpommern 542 D 21 – 1 500 Ew – Seebad.
🅱 Kurverwaltung, Ernst-Moritz-Arndt-Str. 2 (Strand), ✉ 18347, ℰ (038226) 2 01, kv.dierhagen@t-online.de, Fax (038226) 80466.
Berlin 248 – Schwerin 122 – Rostock 35 – Stralsund 57.

In Dierhagen-Dorf :

🏨 **Werth's Hof** 🌿, Neue Str. 6, ✉ 18347, ℰ (038226) 50 80, Fax (038226) 50840, 🌿 – 🛏 Zim, 📺 🅿. 🆗. 🌿
geschl. Jan. – **Menu** à la carte 16/22 – **19 Zim** ⚏ 41/60 – 67 – ½ P 10.
♦ Neben zeitgemäßen, soliden Zimmern erwartet Sie hier ein gutes Frühstück und eine herzliche familiäre Führung. Zum Baden und Wassersport laden Ostsee und Bodden ein. Das Restaurant ist in einem restaurierten niedersächsischen Hallenhaus von 1850 untergebracht.

DIERHAGEN

In Dierhagen-Strand West : 2 km :

Strandhotel Fischland, Ernst-Moritz-Arndt-Str. 6, ⌧ 18347, ℘ (038226) 5 20, mail@strandhotel-fischland.de, Fax (038226) 52999, ≤, 斎, Lå, ≘s, ⊠, ⊼, ※ (Halle) – ⌂, ⥌ Rest, TV ℡ P – 益 110. AE ◑ ⦿ VISA. ※ Rest
Menu à la carte 22/40 – **117 Zim** ⥀ 125 – 150/205, 8 Suiten – ½ P 21.
• Die weitläufige Hotel- und Ferienanlage befindet sich in einem Kiefernwäldchen am Meer. Moderne und wohnliche Zimmer mit großen Fenstern - Seeblick ab der 3. Etage ! Stilvoll ist der Rahmen im Restaurant des Strandhotels.

In Dierhagen-Ost Nord : 1,5 km :

Blinkfüer, An der Schwedenschanze 20, ⌧ 18347, ℘ (038226) 8 03 84, hotel-blinkfueer@t-online.de, Fax (038226) 80392, 斎, Lå, ≘s, ⊼ – ⥌ TV ⟵ P – 益 50. ※ Rest
Menu à la carte 22/41 – **28 Zim** ⥀ 75 – 105/125 – ½ P 18.
• In einer schönen Gartenanlage zwischen Bodden und Meer liegt dieses gediegene Hotel. Erholungsuchende finden ansprechende Komfortzimmer und Maisonetten. Teil des Restaurants ist ein schöner Wintergarten für Nichtraucher.

DIESSEN AM AMMERSEE Bayern 546 W 17 – 9 800 Ew – Höhe 536 m – Luftkurort.

Sehenswert : Marienmünster★ – Ammersee★.

🛈 Verkehrsamt, Mühlstr. 4a, ⌧ 86911, ℘ (08807) 10 48, verkehrsamt@diessen.de, Fax (08807) 4459.

Berlin 635 – München 55 – Garmisch-Partenkirchen 62 – Landsberg am Lech 22.

Strand-Hotel, Jahnstr. 10, ⌧ 86911, ℘ (08807) 9 22 20, strandhotel.diessen@t-online.de, Fax (08807) 8958, ≤, 斎, ⧉, ⊼ – ⥌ TV P. AE ◑ VISA
geschl. 23. Nov. – 10. Dez, 10. Jan. – 20. Feb. – **Menu** (geschl. 15. Nov. – Feb.)(geschl. Montag - Dienstag, Freitagmittag, außer Feiertage) à la carte 16/29 – **18 Zim** ⥀ 53/70 – 76/132.
• Sämtliche Erdgeschosszimmer verfügen über eine eigene Terrasse und einen kleinen Garten mit Komfort-Liegen. Ein besonderer Reiz ist auch die idyllische Lage des Hauses. Rustikales Restaurant mit großer Fensterfront und Seeterrasse.

In Diessen-Riederau Nord : 4 km :

Seehaus, Seeweg 22, ⌧ 86911, ℘ (08807) 73 00, info@seehaus.de, Fax (08807) 6810, ≤ Ammersee, 斎, Bootssteg – P
Menu à la carte 26,50/38.
• Am malerischen Westufer des Sees kuschelt sich das Haus an die umstehenden knorrigen Weiden. Besonders schön : die Terrasse und der Ausblick auf den See.

DIETENHOFEN Bayern 546 R 16 – 5 200 Ew – Höhe 356 m.

Berlin 473 – München 201 – Nürnberg 37 – Ansbach 17.

Moosmühle, Mühlstr. 12, ⌧ 90599, ℘ (09824) 95 90, hotel.moosmuehle@t-online.de, Fax (09824) 95959, 斎, ≘s, ※ (Halle) – ⌂, ⥌ Zim, TV ℡ P – 益 35. ◑ ⦿ VISA
Menu (geschl. Sonntagabend - Montagmittag) à la carte 16,50/28,50 – **30 Zim** ⥀ 46/59 – 76/82.
• Gemütlich hat man die Gästezimmer mit hellem Holz im Landhausstil eingerichtet. Wer die Romantik liebt, träumt unter dem Baldachin im Himmelbett des Hochzeitszimmers. Unterteiltes Restaurant im rustikalen Stil.

DIETERSHEIM Bayern siehe Neustadt an der Aisch.

DIETFURT AN DER ALTMÜHL Bayern 546 S 18 – 6 400 Ew – Höhe 365 m – Erholungsort.

🛈 Tourismusbüro, Rathaus, Hauptstr. 26, ⌧ 92345, ℘ (08464) 6 40 00, touristik@diet furt.de, Fax (08464) 640033.

Berlin 496 – München 126 – Regensburg 67 – Nürnberg 82 – Ingolstadt 44.

Zur Post, Hauptstr. 25, ⌧ 92345, ℘ (08464) 3 21, info@zur-post-dietfurt.de, Fax (08464) 9126, Biergarten, ⊼ – TV P. AE ◑ ⦿ VISA
geschl. Nov. 3 Wochen – **Menu** (geschl. außer Saison Dienstag) à la carte 11,50/19 – **28 Zim** ⥀ 27 – 48.
• Noch bis 1910 war die örtliche Postkutschenstation im Gasthof untergebracht. Auch heute finden müde Reisende hier freundliche Aufnahme und ein weiches Bett. Das Restaurant ist eine schlichte ländliche Gaststube.

DIETMANNSRIED Bayern 546 W 14 – 5 900 Ew – Höhe 682 m.
Berlin 684 – München 112 – Kempten (Allgäu) 14 – Augsburg 90 – Memmingen 25.

In Dietmannsried-Probstried Nord-Ost : 4 km, jenseits der A 7 :

Landhaus Henze mit Zim, Wohlmutser Weg 2, ⊠ 87463, ℘ (08374) 5 83 20, pia@landhaus-henze.de, Fax (08374) 583222, 🍴 – 📺 ✆ 🚗 🅿. 🌐 VISA 🚭 Rest
Menu (geschl. Donnerstag)(wochentags nur Abendessen) (Tischbestellung erforderlich) 46/72 à la carte 43/53,50, ♀ – **9 Zim** ⚮ 45/57 – 82/97 – ½ P 30.
• In ländlich kultivierter Atmosphäre dreier geschmackvoll im rustikal-eleganten Stil eingerichteter Stuben serviert man Ihnen freundlich eine klassische Küche.
Spez. Komposition von Spanferkel und Gänseleber mit Löwenzahn. Allgäuer Rehrücken in Knusperhülle mit Preiselbeer-Trüffelsauce. Ensemble von Himbeeren und weißer Schokolade

DIETZENBACH Hessen 543 P 10 – 31 000 Ew – Höhe 170 m.
Berlin 556 – Wiesbaden 47 – Frankfurt am Main 17 – Darmstadt 33 – Aschaffenburg 30.

Sonnenhof, Otto-Hahn-Str. 7 (Ost : 2 km, im Gewerbegebiet), ⊠ 63128, ℘ (06074) 48 90, hotel@sonnenhof-dtz.de, Fax (06074) 489333, 🍴 – 🛗, 🚭 Zim, 📺 ✆ 🚗 🅿. 🛎 200. AE ⓘ 🌐 VISA
Menu à la carte 17/34 – **130 Zim** ⚮ 85/100 – 116/125.
• Die hellen, mit Naturholz praktisch eingerichteten Zimmer, die auch für Messebesucher bestens geeignet sind, verfügen teilweise über Balkone. Ein freundliches Team bedient Sie im modernen Restaurant.

Alte Schmiede Restaurant Piemontese, Rathenaustr. 7, ⊠ 63128, ℘ (06074) 4 27 45, Fax (06074) 481257, 🍴 – 🅿.
geschl. Juli - Aug. 3 Wochen, Samstagmittag, Montag – **Menu** (italienische Küche) à la carte 24/39.
• Ein Hauch von Süden umgibt Sie in den mit hellen, warmen Farben im mediterranen Stil eingerichteten Räumen. Hier serviert man Ihnen Spezialitäten aus der Provinz Piemont.

Wenn Sie ein ruhiges Hotel suchen, benutzen Sie die Übersichtskarte in der Einleitung oder wählen Sie ein Hotel mit dem entsprechenden Zeichen 🍃

DILLINGEN AN DER DONAU Bayern 546 U 15 – 18 500 Ew – Höhe 434 m.
ℹ Fremdenverkehrsamt im Rathaus, Königstr. 37, ⊠ 89407, ℘ (09071) 5 41 08, touristinfo@dillingen-donau.de Fax (09071) 54199.
Berlin 545 – München 108 – Augsburg 51 – Nürnberg 121 – Ulm (Donau) 53.

Stark, Weberstr. 1 1/2, ⊠ 89407, ℘ (09071) 79 59 69, 🍴 – 🚭
geschl. Sonntag - Montag, Feiertage – **Menu** (nur Abendessen) (Tischbestellung ratsam) 22/32 und à la carte.
• Etwas versteckt liegt dieses moderne kleine Restaurant in der Innenstadt. Blanke Holzarten und Bistro-Charakter schaffen ein sympathisches Umfeld. Nette Terrasse.

In Dillingen-Fristingen Süd-Ost : 6 km Richtung Wertingen :

Storchennest, Demleitnerstr. 6, ⊠ 89407, ℘ (09071) 45 69, restaurant-storchennest@t-online.de, Fax (09071) 6180, 🍴 – 🅿. AE 🌐 VISA 🚭
geschl. Montag - Dienstag – **Menu** (geschl. Jan. 1 Woche) à la carte 23/35.
• Auf dem Dach ist tatsächlich ein Storchennest ! Das Ambiente ist gemütlich und beim Genießen der Saisonküche merkt man, dass man es mit einem geschulten Küchenteam zu tun hat.

DILLINGEN/SAAR Saarland 543 R 4 – 21 600 Ew – Höhe 182 m.
Berlin 730 – Saarbrücken 33 – Saarlouis 5 – Trier 62.

Saarland-Hotel König, Göbenstr. 1, ⊠ 66763, ℘ (06831) 90 50, info@saarland-hotel-koenig.de, Fax (06831) 905123 – 📺 🅿 – 🛎 40. AE 🌐 VISA JCB
Menu (geschl. Anfang Jan. 1 Woche, Sonntagabend - Montagmittag, Samstagmittag) à la carte 21/38 – **27 Zim** ⚮ 45/50 – 75/80.
• Ein altes Stadthaus beherbergt diesen gepflegten Familienbetrieb. Die solide möblierten Zimmer mit kompletter Ausstattung sind für Geschäftsreisende und Urlauber geeignet. Zum Speisen nehmen Sie an ansprechend eingedeckten Tischen Platz.

Meilchen garni, Hüttenwerkstr. 31, ⊠ 66763, ℘ (06831) 9 09 82 00, info@hotel-meilchen.de, Fax (06831) 9098250 – 🛗 🚭 📺 🌐 VISA
geschl. 20. Dez. - 3. Jan. – **23 Zim** ⚮ 46/49 – 65/72.
• Auf drei Etagen verteilen sich die Gästezimmer dieses Stadthauses. Für die Einrichtung hat man zeitloses Schlafzimmermobiliar in Naturhölzern gewählt.

DILLINGEN/SAAR

In Dillingen-Diefflen Nord-Ost : 3,5 km :

Bawelsberger Hof, Dillinger Str. 5a, ⊠ 66763, ℘ (06831) 76 99 90, info@bawelsbergerhof.de, Fax (06831) 7699976, Biergarten, 龠 – 🛗, ⇌ Zim, 📺 🅿 – 🔥 40. 🖭 ⓞ ⓜⓞ 🆅🅸🆂🅰
Casa Pepe (spanische Küche) (geschl. Sonntag)(nur Abendessen) **Menu** à la carte 18/30 – 46 **Zim** ⊆ 73/78 – 94.
• Wuchtiges, zum Teil antikes Mobiliar bestimmt den Charakter des Hauses. Das Zitat "Hier bin ich Mensch, hier darf ich's sein" von Goethe hat man sich zum Motto gemacht. Casa Pepe ist geprägt von stilvoller Eleganz - gekocht wird nach spanischem Vorbild.

DILLSTÄDT Thüringen 544 O 15 – 1 000 Ew – Höhe 320 m.
Berlin 375 – Erfurt 82 – Coburg 64 – Suhl 11.

Der Distelhof, Dorfstr. 3, ⊠ 98530, ℘ (036846) 6 05 47, Fax (036846) 61332, 龠 – 📺 🚗 🅿
Menu à la carte 12/30 – **26 Zim** ⊆ 45/50 – 50/65.
• Harmonisch fügen sich das Haupthaus im Fachwerkstil und die modernen Anbauten in die Rhönvegetation ein. Fragen Sie nach den Zimmern im Neubau, wenn Sie es etwas größer mögen. Viel dunkles Holz gibt dem Restaurant seinen rustikalen Charakter.

DINGOLFING Bayern 546 U 21 – 15 000 Ew – Höhe 364 m.
Berlin 582 – München 101 – Regensburg 91 – Landshut 32 – Straubing 34.

Maximilian garni, Wollerstr. 2, ⊠ 84130, ℘ (08731) 5 06 20, maxzwo@garni-maximilian.de, Fax (08731) 506250 – 🛗 📺 🅿. 🖭 ⓞ ⓜⓞ 🆅🅸🆂🅰 🅹🅲🅱. ⇌
45 Zim ⊆ 56/65 – 82.
• Dezente Pastelltöne haben dazu beigetragen, im ganzen Haus eine freundliche und angenehme Stimmung zu erzeugen. Helle, gut ausgestattete Zimmer mit liebevoller Dekoration.

Ambient Hotel Tassilo garni, Mühlbachgasse 2, ⊠ 84130, ℘ (08731) 31 98 90, mail@hotel-tassilo.de, Fax (08731) 3198913 – 📺 📞 ⓜⓞ 🆅🅸🆂🅰
16 Zim ⊆ 46 – 74.
• Mit funktionellem Kirschbaummobiliar sind die Zimmer eingerichtet. Die Räume im Dachgeschoss wirken durch ihre schrägen Wände besonders gemütlich.

Palko garni, Ennser Str. 1 (Ecke Schiller Str.), ⊠ 84130, ℘ (08731) 3 79 90, mail@hotel-palko.de, Fax (08731) 379999 – 📺 🅿. 🖭 ⓜⓞ 🆅🅸🆂🅰
28 Zim ⊆ 45 – 72.
• Praktische und gut gepflegte Zimmer erwarten den Reisenden. Bereits ab 6.15 Uhr wird den Gästen ein reichhaltiges Frühstücksbuffet mit Diät-Ecke angeboten.

In Loiching-Oberteisbach Süd-West : 5 km, Richtung Loiching, in Teisbach links ab :

Räucherhansl 龠, ⊠ 84180, ℘ (08731) 32 00, info@raeucherhansl.de, Fax (08731) 40670, 龠, 龠 – 🛗, ⇌ Zim, 📺 📞 🅿 – 🔥 40. 🖭 ⓜⓞ 🆅🅸🆂🅰
Menu à la carte 14/27 – **56 Zim** ⊆ 58/53 – 74.
• Außerhalb des kleinen Dorfes findet man diesen Gasthof, der ganz in der Tradition alpenländischer Architektur erbaut wurde. Freizeitbereich mit Sauna und Dampfbad. Ein imposanter Kamin bildet den optischen Mittelpunkt der rustikalen Gaststube.

DINKELSBÜHL Bayern 546 S 14 – 11 500 Ew – Höhe 440 m.
Sehenswert : Münster St.-Georg-Kirche★ – Deutsches Haus★.
🚉 Dinkelsbühl, Feuchtwanger Str. 5b (Nord-West : 3 km), ℘ (09851) 5 30 09.
🅱 Touristik Service, Marktplatz, ⊠ 91550, ℘ (09851) 9 02 40, touristik.service@dinkelsbuehl.de, Fax (09851) 90279.
Berlin 520 – München 159 – Stuttgart 117 – Nürnberg 93 – Aalen 37.

Blauer Hecht, Schweinemarkt 1, ⊠ 91550, ℘ (09851) 58 10, info@blauer-hecht.de, Fax (09851) 581170, 龠, ≦s – ⇌ Zim, 📺 – 🔥 50. 🖭 ⓞ ⓜⓞ 🆅🅸🆂🅰
Menu (geschl. Jan. - April, Nov., Sonntag)(nur Abendessen) à la carte 17/32 – **44 Zim** ⊆ 55/60 – 75/90.
• Dieses Hotel hat sich aus einem Brauerei-Gasthof entwickelt, dessen Anfänge sich bis ins Jahr 1648 zurückverfolgen lassen. Zimmer teilweise mit verspieltem Dekor. Das altdeutsche Restaurant und die Landhausstube laden zum Tafeln in netter Atmosphäre ein.

Eisenkrug, Dr.-Martin-Luther-Str. 1, ⊠ 91550, ℘ (09851) 5 77 00, info@hotel-eisenkrug.de, Fax (09851) 577070 – 🛗 📺. 🖭 ⓜⓞ 🆅🅸🆂🅰
Menu à la carte 17,50/25 – **13 Zim** ⊆ 49/69 – 70/86.
• Das historische Stadthaus mit den hübschen Fensterläden verfügt über dreizehn behagliche Zimmer, die meist in rustikalem Stil gehalten sind. Im mittelalterlichen Gewölbekeller des Hauses ist ein Teil des Restaurants untergebracht.

DINKELSBÜHL

- **Goldene Kanne**, Segringer Str. 8, ✉ 91550, ☎ (09851) 5 72 90, *hotel-goldene-kanne@t-online.de, Fax (09851) 572929*, 🍴 – 📺 📞 – 15. AE 🌐 VISA 🍷
  geschl. 7. Jan. - 16. April (Hotel) – **Menu** à la carte 16/30 – **22 Zim** ⊇ 49/83 – 68/102.
  ◆ Das historische Gebäude im Zentrum des Romantik-Städtchens beherbergt nett eingerichtete und bequeme Zimmer. Besonders hübsch : die beiden Erkersuiten ! Im Steakrestaurant Angus wird bis 24 Uhr auf dem Lava-Stein gegrillt.

- **Goldener Anker** (mit Gästehäusern), Untere Schmiedgasse 22, ✉ 91550, ☎ (09851) 5 78 00, *goldener.anker@t-online.de, Fax (09851) 578080*, 🍴 – 📺 🚗 – 🚪 20. AE ① 🌐 VISA
  Menu (geschl. Jan. - März Freitag) à la carte 17/33,50 – **25 Zim** ⊇ 39/49 – 72/77.
  ◆ Helle Zimmer, zum Teil auch im Landhausstil, erzeugen ein Gefühl von Wärme und Behaglichkeit. Auf einen schönen Platz schaut man, wenn man vorne aus den Fenstern blickt. Ländliche Stuben bilden das Restaurant.

- **Haus Appelberg** garni, Nördlinger Str. 40, ✉ 91550, ☎ (09851) 67 50, *info@haus-appelberg.de, Fax (09851) 553527* – 🍽 📺 AE 🌐 VISA 🍷
  6 Zim ⊇ 50 – 65/70.
  ◆ Das historische Bauernhaus beherbergt heute neben wohnlichen, meist mit bemaltem Mobiliar eingerichteten Zimmern ein Graphik-Atelier/-Museum und eine gemütliche Weinstube.

- **Kunst-Stuben** garni, Segringer Str. 52, ✉ 91550, ☎ (09851) 67 50, *info@kunst-stuben.de, Fax (09851) 553527* – 🍽 AE 🌐 VISA 🍷
  geschl. Feb. – **5 Zim** ⊇ 55/70.
  ◆ Keine gewöhnliche Adresse ! Das kleine Hotel mit der privaten Atmosphäre wird von zwei Künstlern geführt. Deren im Haus befindliches Atelier vermittelt interessante Einblicke.

- **Goldene Rose** (mit Gästehaus), Marktplatz 4, ✉ 91550, ☎ (09851) 5 77 50, *hotel-goldene-rose@t-online.de, Fax (09851) 577575*, 🍴 – 📺 📞 🚗 🅿 – 🚪 20. ① 🌐 VISA JCB
  Menu à la carte 16/30 – **33 Zim** ⊇ 49/83 – 68/102.
  ◆ Im Jahre 1891 logierte Queen Victoria in diesen ehrwürdigen Mauern ! Heutzutage pflegt man hier den Charme der "guten alten Zeit", damit auch Sie sich königlich fühlen ! Der Rahmen des Restaurants ist altdeutsch und gediegen.

- **Goldene Krone**, Nördlinger Str. 24, ✉ 91550, ☎ (09851) 22 93, *hotel@goldenekrone.de, Fax (09851) 6520* – 🛗 📺 📞 🅿 AE ① 🌐 VISA JCB
  geschl. 29. April - 10. Mai, Ende Aug. - Mitte Sept. – **Menu** (geschl. Samstag) à la carte 13/25 – **25 Zim** ⊇ 41 – 65.
  ◆ Noch innerhalb der mittelalterlichen Stadtmauern gelegen, finden Erholungsuchende in diesem schmucken Gasthof ein praktisches und gut gepflegtes Zuhause auf Zeit. Ländlich-rustikales Restaurant.

In Dürrwangen Nord-Ost : 8 km, über B 25 Richtung Feuchtwangen, in Dinkelsbühl rechts ab über Bechhofener Straße :

- **Zum Hirschen**, Hauptstr. 13, ✉ 91602, ☎ (09856) 2 60, *gasthof-zum-hirschen@t-online.de, Fax (09856) 1801* – 📺 🚗 🅿
  geschl. 26. Juli - 15. Aug. – **Menu** (geschl. 1. - 22. Aug., Dienstag) à la carte 11,50/28,50 – **30 Zim** ⊇ 32 – 52.
  ◆ Inmitten eines schmucken fränkischen Dorfes liegt das Haus mit dem Pensionscharakter. Ruhe und Beschaulichkeit sind hier keine Fremdworte. Nehmen Sie ein Zimmer mit Balkon ! Holzsäulen und andere Holzarbeiten bestimmen das Bild in der Gaststube.

In Fichtenau-Lautenbach West : 7 km :

- **Storchenmühle**, Buckenweiler Str. 42, ✉ 74579, ☎ (07962) 9 00 60, *info@hotel-storchenmuehle.de, Fax (07962) 1234*, Biergarten, 🐟, 🌳 – 📺 📞 🅿 – 🚪 50. AE ① 🌐 VISA
  Menu (geschl. Dienstag)(nur Abendessen) à la carte 13/38 – **12 Zim** ⊇ 39/44 – 49/62.
  ◆ Sehr idyllisch liegt das Landhotel mit der Balkonfassade an einem kleinen See. Entspannen Sie sich bei einer Kahnpartie, beim Angeln oder bei Ausflügen in die schöne Gegend. Die Gaststube ist in bürgerlich-schlichtem Stil gehalten.

DINKLAGE Niedersachsen 541 I 8 – 9 600 Ew – Höhe 30 m.
Berlin 417 – Hannover 131 – *Bremen* 78 – Oldenburg 59 – Osnabrück 48.

- **Vila Vita Burghotel** 🌿, Burgallee 1, ✉ 49413, ☎ (04443) 89 70, *reservierung@vilavitaburghotel.de, Fax (04443) 897444*, 🍴, Wildgehege, 🎭, Massage, 🏋, 🏊, 🌳 – 🛗, 🍽 Zim, 📺 📞 ♿ 🅿 – 🚪 100. AE ① 🌐 VISA
  Menu à la carte 25/40,50 – **55 Zim** ⊇ 115/120 – 180.
  ◆ Malerisch liegt die weitläufige Fachwerkanlage in einem großen Park mit Wildgehege. Sehr wohnlich gestaltete Zimmer und eine Badelandschaft sorgen für Komfort. Holz, Klinkersteine und Kamin geben dem Restaurant sein rustikales Flair.

DINKLAGE

An der Straße zur Autobahn *Ost : 2 km :*

Landhaus Stuben, Dinklager Str. 132, ✉ 49393 Lohne, ☏ (04443) 43 83, *landhaus stuben@ewetel.net, Fax (04443) 3767,* 🍴 – & P – 🛎 30. AE ① ◎ VISA JCB. ⋘
geschl. Jan. 1 Woche, Samstagmittag, Montag – **Menu** à la carte 23/38,50.
♦ Speisen aus einem internationalen Angebot, zum Teil auch regionale Gerichte, werden Ihnen in diesem Haus mit klassischem Rahmen von der Chefin freundlich serviert.

DINSLAKEN *Nordrhein-Westfalen* 543 L 4 – 72 000 Ew – Höhe 30 m.

🏌 Hünxe, Hardtbergweg 16 (Nord: 10 km), ☏ (02858) 64 80 ; 🏌 Hünxe-Bruckhausen, An den Höfen 7 (Nord : 3 km), ☏ (02064) 3 30 43.
🛈 Bürgerbüro Stadtmitte, Friedrich-Ebert-Str. 82, ✉ 46535, ☏ (02064) 6 66 66, *stadt info@dinslaken.de, Fax (02064) 66556.*
Berlin 545 – *Düsseldorf* 46 – Duisburg 16 – Oberhausen 20 – Wesel 14.

Am Park garni, Althoffstr. 16, ✉ 46535, ☏ (02064) 5 40 54, *hoteldinslaken@aol.com, Fax (02064) 54057* – 🛗 🗐 TV ✆ P AE ◎ VISA. ⋘
24 Zim ⥄ 72/80 – 103/108.
♦ Guter Komfort und eine sehr private Atmosphäre sind hier selbstverständlich. Gästezimmer, Frühstücksraum und Rezeption sind ganz in Weiß gehalten und wirken einladend.

Tiepolo, Saarstr. 12, ✉ 46535, ☏ (02064) 5 13 99 – AE ◎ VISA
geschl. Montag – **Menu** à la carte 27/38,50.
♦ Mitten in der Stadt liegt dieses leicht elegant wirkende Restaurant mit mediterranem Flair. Die italienischen Speisen werden den Gästen zumeist mündlich empfohlen.

In Dinslaken-Hiesfeld *Süd-Ost : 3 km :*

Landhotel Galland-Im kühlen Grunde, Dickerstr. 346 (jenseits der A 3), ✉ 46539, ☏ (02064) 4 95 90, *info@hotelgalland.de, Fax (02064) 495935,* 🍴 – TV ✆ P – 🛎 40. AE ◎ VISA JCB
Menu *(geschl. Sonntag)(nur Abendessen)* à la carte 14/35,50 – **22 Zim** ⥄ 49/57 – 72/82.
♦ Recht einsam gelegen ist der Gasthof mit dem Hotelanbau. Trotzdem erreicht man dank der guten Anbindung von hier aus schnell und mühelos alle wichtigen Orte des Ruhrgebietes. Das Ambiente im Restaurant ist betont ländlich und gediegen.

DIPPOLDISWALDE *Sachsen* 544 N 25 – 6 700 Ew – Höhe 350 m.

Berlin 213 – *Dresden* 22 – Chemnitz 65 – Marienberg 64 – Pirna 36.

Landhaus Heidehof, Hohe Str. 2 (Nord-Ost : 1,5 km Richtung Malter), ✉ 01744, ☏ (03504) 6 48 70, *hotel@landhaus-heidehof.de, Fax (03504) 648755,* ≤, 🍴 – TV ✆ P – 🛎 80. AE ① ◎ VISA JCB
Menu à la carte 15/29,50 – **34 Zim** ⥄ 60 – 85.
♦ Die Zimmer des erweiterten Gasthofs, der auf einer Anhöhe errichtet wurde, sind entweder im Yorkshire- oder in einem eleganten Landhausstil eingerichtet. Wählen Sie ! Biergarten und Terrasse ergänzen mit einigen luftigen Plätzen das gediegene Restaurant.

Am Schloß ⋙, Rosengasse 12, ✉ 01744, ☏ (03504) 61 79 47, *hotelamschloss@web.de, Fax (03504) 617948,* 🍴 – TV. ◎ VISA
geschl. Feb. 1 Woche – **Menu** *(geschl. Donnerstagmittag)* à la carte 14,50/22,50 – **12 Zim** ⥄ 49 – 65.
♦ Unmittelbar an der historischen Stadtmauer des Ortes ist dieses kleine, sehr gepflegte Hotel zu finden. Die Zimmer auf der Rückseite bieten einen Blick über das Städtchen. In einer neuzeitlich gestalteten Gaststube serviert man bürgerliche Speisen.

DITZENBACH, BAD *Baden-Württemberg* 545 U 13 – 3 600 Ew – Höhe 509 m – Heilbad.

🛈 Tourismus- und Kulturbüro, Haus des Gastes, Helfensteinstr. 20, ✉ 73342, ☏ (07334) 69 11, Fax (07334) 920408.
Berlin 607 – *Stuttgart* 61 – Göppingen 19 – Reutlingen 51 – Ulm (Donau) 44.

Kurhotel St. Bernhard ⋙, Sonnenbühl 1, ✉ 73342, ☏ (07334) 9 64 10, Fax (07334) 964141, 🌀, ♨, 🍴, ≦s – 🛗 🗐 TV P. ◎ VISA. ⋘
Menu *(Restaurant nur für Hausgäste)* – **30 Zim** ⥄ 57/70 – 87/107.
♦ Hier ist man auf Kurbetrieb eingestellt, doch auch als Durchreisender schätzen Sie das wohnliche Ambiente und die schöne Bade- und Freizeitanlage.

Zum Lamm (mit 🏠 Gästehaus ⋙), Hauptstr. 30, ✉ 73342, ☏ (07334) 50 80, *zumbuehl@lamm-badditzenbach.de, Fax (07334) 5089* – TV & ⇔ P ◎ VISA. ⋘ Zim
Menu *(geschl. über Fasching, Sonntag - Montagmittag)* à la carte 17,50/41 – **16 Zim** ⥄ 40/55 – 60/75 – ½ P 15.
♦ Im Gästehaus hat man acht Zimmer errichtet, die durch großen Komfort und wohnliches Ambiente begeistern. Das Stammhaus im Dorf bietet angenehme Schlichtheit. Rustikaler Stil und nettes Dekor bestimmen den Charakter des Restaurants.

DITZENBACH, BAD

In Bad Ditzenbach-Gosbach *Süd-West : 2 km über B 466 :*

Hirsch, Unterdorfstr. 2 (an der B 466), ✉ 73342, ℘ (07335) 9 63 00, *info@hirsch-b addizenbach.de*, Fax (07335) 963030 – TV 📞 P. AE 🟠 🟢.
geschl. Jan. 2 Wochen, Aug. 2 Wochen, Okt. - Nov. 2 Wochen – **Menu** *(geschl. Montag - Dienstagmittag)* à la carte 22/40,50 – **8 Zim** ⌖ 40 – 60 – ½ P 13.
  ◆ Dunkles Holz sorgt in den Gästezimmern und in allen anderen Räumlichkeiten des gestandenen Fachwerkgasthofs für eine gemütliche und rustikale Stimmung. Kosten Sie die Erzeugnisse der seit 1854 im Hause betriebenen Edelobst-Brennerei.

DITZINGEN *Baden-Württemberg* 545 T 11 – *23 500 Ew – Höhe 381 m.*
Berlin 626 – Stuttgart 18 – Pforzheim 33.

Blankenburg Hotel Ditzingen, Gerlinger Str. 27, ✉ 71254, ℘ (07156) 93 20, *bla nkenburghotel@t-online.de*, Fax (07156) 932190 – 🛗, 🔁 Zim, 🍽 Rest, TV 📞 🚗 – 🅿 25. AE 🟠 🟢 VISA. ✗ Rest
Menu *(geschl. Sonntagabend)* à la carte 22/32,50 – **72 Zim** ⌖ 70/90 – 85/105.
  ◆ Es sind die Nähe zur Landeshauptstadt und die komfortable Ausstattung, die dieses Haus so interessant machen. Drei klimatisierte Konferenzräume sind ein zusätzliches Plus. Neuzeitliches Restaurant mit internationaler und regionaler Küche.

DOBEL *Baden-Württemberg* 545 T 9 – *2 400 Ew – Höhe 689 m – Heilklimatischer Kurort – Wintersport : 500/720 m ≤2, ≰.*
🅱 *Kurverwaltung, Neue Herrenalber Str. 11, im Kurhaus,* ✉ 75335, ℘ (07083) 7 45 13, *kurverwaltung@gemeinde-dobel.de,* Fax (07083) 74535.
Berlin 686 – Stuttgart 74 – Karlsruhe 36 – Baden-Baden 28 – Pforzheim 24.

XX Wagnerstüble 🌿 mit Zim, Wildbaderstr. 45, ✉ 75335, ℘ (07083) 87 58, *info@ro ykieferle.de*, Fax (07083) 7345, 🌳 – TV P. 🟢 VISA
geschl. Mitte Nov. - Jan. – **Menu** *(geschl. Montagabend - Dienstag)* à la carte 28/41 – **6 Zim** ⌖ 45/50 – 90.
  ◆ Im Zentrum des Ortes liegt dieses rustikal gestaltete Restaurant, dessen Chef sich der Naturkost verschrieben hat. Aus sehr guten Produkten bereitet man schmackhafte Speisen.

DOBERAN, BAD *Mecklenburg-Vorpommern* 542 D 19 – *11 500 Ew – Höhe 50 m – Heilbad.*
Sehenswert : *Münster★★ (Altar★, Triumphkreuz★, Sakramentshaus★).*
🅱 *Tourist-Information, Alexandrinenplatz 2,* ✉ 18209, ℘ (038203) 6 21 54, *touristinfo @bad-doberan.de,* Fax (038203) 77050.
Berlin 239 – Schwerin 79 – Rostock 17 – Wismar 44.

City-Hotel garni, Alexandrinenplatz 4, ✉ 18209, ℘ (038203) 7 47 40, *info@cityhote l-doberan.de,* Fax (038203) 7474109 – TV. 🟢 VISA
15 Zim ⌖ 75 – 110.
  ◆ Recht zentral liegt dieses kleine Hotel mit der gelben, teils fachwerkverzierten Fassade. Die Zimmer sind mit Kirschbaummobiliar solide eingerichtet, manche mit Balkon.

In Heiligendamm *Nord-West : 7 km – Seeheilbad*

Kempinski Grand Hotel Heiligendamm, ✉ 18209, ℘ (038203) 74 00, *reserva tions.heiligendamm@kempinski.com,* Fax (038203) 7407474, ≤, 🌳, 🎋, Massage, 𝔉, 🈺, ⛱, 🏖 – 🛗, 🔁 Zim, 🍽 TV 📞 🚗 P – 🅿 130. AE 🟠 🟢 VISA
Menu à la carte 31/68 – **225 Zim** ⌖ 210/340 – 275/405, 78 Suiten – ½ P 25.
  ◆ Sechs Gebäude im klassizistischen Stil bilden dieses beeindruckende, weitläufige Ensemble, das mit luxuriösen Zimmern und einem exklusiven Wellnessbereich besticht. Im Kurhaus : der klassische Speisesaal mit hoher Decke - elegant in Bleu gehalten.

DÖBELN *Sachsen* 544 M 23 – *27 000 Ew – Höhe 151 m.*
🅱 *Döbeln-Information, Am Lutherplatz 4* ✉ 04720, ℘ (03431) 71 11 50, Fax (03431) 711152.
Berlin 234 – Dresden 55 – Leipzig 68.

In Großweitzschen-Obergoseln *Nord-West : 5 km, in Zschepplitz rechts ab :*

Zum Nicolaner 🌿 (mit Gästehaus), Obergoseln 4, ✉ 04720, ℘ (03431) 6 62 10, *inf o@nicolaner.de,* Fax (03431) 662143, 🌳 – 🔁 Rest, TV 📞 P – 🅿 50. AE 🟠 🟢 VISA
Menu *(Montag - Freitag nur Abendessen)* à la carte 19/33 – **13 Zim** ⌖ 47/57 – 75/85.
  ◆ Nicht einmal zwanzig Einwohner zählt das Dörfchen, in dem das Landhotel beheimatet ist. Wenn Sie Abgeschiedenheit und Ruhe suchen, sind Sie hier an der richtigen Adresse ! In dem rustikalen Restaurant kümmert sich ein geschulter Service um die Gäste.

DÖLBAU Sachsen-Anhalt siehe Halle (Saale).

DÖRENTRUP Nordrhein-Westfalen 543 J 11 – 8 000 Ew – Höhe 200 m.
 Berlin 368 – Düsseldorf 206 – Hannover 78 – Detmold 20 – Bielefeld 37.

In Dörentrup-Schwelentrup – Luftkurort :

 Waldhotel , Am Wald 2, 32694, (05265) 94 54 94, info@waldhotel-doerentrup.de, Fax (05265) 9454954, Biergarten, , , Zim, , , , 30.
 Menu à la carte 18/30 – **19 Zim** 45 – 80.
 ♦ Durch umfangreiche Umbaumaßnahmen im Jahre 2000 erhielt das Waldhotel seinen eigenen Stil aus Behaglichkeit und privatem Flair. Kleiner Freizeitbereich. Klassisch eingerichtetes Restaurant - im Sommer ergänzt durch einen hübschen Biergarten.

DÖRPEN Niedersachsen 541 H 5 – 3 300 Ew – Höhe 5 m.
 Berlin 504 – Hannover 242 – Emden 44 – Bremen 118 – Groningen 64 – Oldenburg 71.

 Borchers (mit Gästehaus), Neudörpener Str. 48, 26892, (04963) 16 72, hotelborchers@t-online.de, Fax (04963) 4434, , , , Zim, , , , 30.
     Zim
 Menu (geschl. Samstagmittag) à la carte 15/36 – **41 Zim** 43/49 – 68/79.
 ♦ Die geringe Entfernung zur Nordsee mit ihren Inseln macht das Hotel zu einem günstigen Standort für Ausflüge aller Art. Die Zimmer sind sachlich und tadellos gepflegt. Vom Restaurant aus hat man einen schönen Blick auf die umliegende Gartenanlage.

DÖTTESFELD Rheinland-Pfalz 543 O 6 – 350 Ew – Höhe 220 m – Erholungsort.
 Berlin 608 – Mainz 117 – Bonn 59 – Köln 74 – Limburg an der Lahn 58 – Koblenz 43.

 Zum Wiedbachtal , Wiedstr. 14, 56305, (02685) 10 60, info@hotel-zum-wiedbachtal.de, Fax (02685) 8660, , , ,   , , , . Zim
 Menu (geschl. Dienstag) à la carte 16/29 – **10 Zim** 40 – 66/70 – ½ P 13.
 ♦ Seit über hundert Jahren befindet sich das Haus im Familienbesitz. Gastfreundlichkeit und zuvorkommender Service sind seitdem in diesem Betrieb das oberste Gebot. Zum Speisen stehen ein rustikales Restaurant und die gemütliche Saueecke zur Wahl.

DOLLE Sachsen-Anhalt 542 I 18 – 550 Ew – Höhe 100 m.
 Berlin 170 – Magdeburg 32 – Gardelegen 44 – Stendal 29 – Wolfsburg 102.

 Deutsches Haus, Magdeburger Str. 25 (B 189), 39517, (039364) 93 60, heilnd-deutsches-haus-dolle@t-online.de, Fax (039364) 93649, – Zim,   – 100.

 Menu à la carte 15,50/26 – **24 Zim** 40/45 – 52/67.
 ♦ Sowohl für den Geschäftsreisenden als auch für den Feriengast ist dies eine günstige Übernachtungsadresse. Ländliches Ambiente verbindet sich mit freundlichem Service.

DOLLNSTEIN Bayern 546 T 17 – 1 800 Ew – Höhe 400 m.
 Berlin 515 – München 122 – Augsburg 80 – Ingolstadt 42 – Nürnberg 91.

In Dollnstein-Obereichstätt Nord-Ost : 7 km, Richtung Eichstätt, über Bahnhofstraße :

 Zur Hütten-Schänke , Allee 15, 91795, (08421) 9 79 70, info@huettenschaenke.de, Fax (08421) 979797, , Biergarten, , ,   ,   , .
 Menu à la carte 15/28 – **24 Zim** 40 – 70.
 ♦ Die großzügig und modern ausgestatteten Fremdenzimmer sind ein guter Ausgangspunkt, um die schöne Landschaft des Altmühltals mit dem Rad oder zu Fuß zu erkunden. Ein Kachelofen ziert das Restaurant.

DONAUESCHINGEN Baden-Württemberg 545 W 9 – 21 000 Ew – Höhe 686 m.
 18 5 Donaueschingen, Öschberghof (Nord-Ost : 4 km), (0771) 8 45 25.
 B Tourismus- und Sportamt, Karlstr. 58, 78166, (0771) 85 72 21, Fax (0771) 857228.
 Berlin 747 – Stuttgart 131 – Freiburg im Breisgau 64 – Konstanz 67 – Zürich 99.

 Öschberghof , Am Golfplatz 1 (Nord-Ost : 4 km), 78166, (0771) 8 40, info@oeschberghof.com, Fax (0771) 84600, , , , Massage, , , , , , –
    , , , – 100.   – **73 Zim** 117/140 – 179.
 geschl. 22. Dez. - 16. Jan. – **Menu** à la carte 27/45 – **73 Zim** 117/140 – 179.
 ♦ Zum Jubiläum erstrahlt das Tagungs- und Golfresort in neuem Glanz. Die Zimmer in modernem, klarem Stil erhielten Panoramafenster und bieten Sicht auf die Fürstenresidenz. Elegant wirkendes Restaurant mit Blick zum Golfplatz.

DONAUESCHINGEN

Ochsen, Käferstr. 18, ⌧ 78166, ℘ (0771) 8 09 90, Fax (0771) 809988, ☎ – 📳,
✦ Zim, TV ⇔ 🅿. AE ⓄⒸ VISA – **Menu** à la carte 13/25 – **45 Zim** ⊆ 38/45 – 60/70.
♦ Der traditionsreiche Familienbetrieb liegt im ruhigen Herzen der Stadt, fünf Minuten von den Sehenswürdigkeiten entfernt. Reisegruppen bietet man stimmungsvolle Heimatabende. Die Gasträume haben durch die Holztäfelung ein ländlich-rustikales Ambiente.

Linde, Karlstr. 18, ⌧ 78166, ℘ (0771) 8 31 80, hotel-linde@t-online.de, Fax (0771) 831840 – 📳 TV 🅿. ⓄⒸ VISA – geschl. 20. Dez. - 10. Jan. – **Menu** (geschl. Freitag - Samstag) à la carte 18/31 – **21 Zim** ⊆ 47/57 – 74/79.
♦ Das kleine Stadthotel mit hübscher Fassade und Türmchen bietet Ihnen einheitlich eingerichtete Zimmer in ländlichem Stil und Schwarzwälder Gastlichkeit. Gepflegte, renovierte Gaststube.

In Donaueschingen-Aufen Nord-West : 2,5 km – Erholungsort :

Waldblick ⋟, Am hinteren Berg 7, ⌧ 78166, ℘ (0771) 83 25 20, hotelwaldblick@gmx.de, Fax (0771) 8325225, ⛱, ☎, 🌳, 🍽 – 📳 🅿 – 🏛 50. AE ⓄⒸ VISA
Menu (geschl. Montag) à la carte 17,50/29,50 – **40 Zim** ⊆ 48/60 – 67/80 – ½ P 13.
♦ Ländliches Ambiente erwartet Sie in dem Gasthof, der sich schon lange in Familienbesitz befindet. Nehmen Sie ein Zimmer mit Balkon, dann haben Sie den Schwarzwald im Blick! Schlichtes Restaurant.

Beim Flughafen Nord : 2 km :

Concorde, Dürrheimer Str. 82, ⌧ 78166 Donaueschingen, ℘ (0771) 8 36 30, info@concorde-donau.de, Fax (0771) 8363120, ⛱, ☎ – 📳, ✦ Zim, TV ☏ & 🅿 – 🏛 80. AE ⓄⒸ VISA – **Menu** (geschl. Sonntagabend) à la carte 25,50/41,50 – **76 Zim** ⊆ 65 – 91.
♦ Funktionalität vermittelt das Hotel schon durch seine äußere Erscheinung. Im Inneren überzeugen gute Pflege und eine zeitgemäße Ausstattung. Die Fensterfront des modernen Restaurants ermöglicht einen interessanten Blick auf die Rollbahn.

DONAUSTAUF Bayern siehe Regensburg.

DONAUWÖRTH Bayern ⑤④⑥ T 16 – 18 000 Ew – Höhe 405 m.

Ausflugsziele : Kaisheim : ehemalige Klosterkirche (Chorumgang★) Nord : 6 km – Harburg : Schloss (Sammlungen★) Nord-West : 11 km.
🏌 Donauwörth, Lederstatt 1 (Nord : 2 km), ℘ (0906) 40 44 ; 🏌 Gut Maierhof, Hauptstr. 4 (Süd-Ost : 7 km über Asbach) ℘ (09090) 9 02 50.
🛈 Städt. Tourist-Information, Rathausgasse 1, ⌧ 86609, ℘ (0906) 78 91 51, tourist-info@donauwoerth.de, Fax (0906) 789159.
Berlin 518 – München 100 – *Augsburg* 44 – Ingolstadt 56 – Nürnberg 95 – Ulm (Donau) 79.

Viktoria garni, Artur-Proeller-Str. 4 (nahe dem Gewerbegebiet Riedlingen), ⌧ 86609, ℘ (0906) 7 05 70 80, Fax (0906) 70570819 – ✦ TV ☏ 🅿. VISA
13 Zim ⊆ 44 – 68.
♦ Das kleine Hotel besticht durch Funktionaliät und neuzeitlichen Stil. Parkettboden und Landhaus-Mobiliar unterstreichen das behagliche Ambiente im Inneren.

In Donauwörth-Parkstadt :

Parkhotel, Sternschanzenstr. 1, ⌧ 86609, ℘ (0906) 70 65 10, info@parkhotel-donauwoerth.de, Fax (0906) 7065180, ≼ Donauwörth, ⛱, 🌳 – ✦ Zim, TV ☏ 🅿 – 🏛 30. AE ⓄⒸ VISA – **Menu** à la carte 20/34,50 – **45 Zim** ⊆ 72/85 – 98/112.
♦ Apricottöne und Korbmöbel verleihen den Gästezimmern ihr wohnliches Flair. Im Erdgeschoss haben die Zimmer eine Terrasse, die höher gelegenen Räume blicken über das Tal. Die Panorama-Sicht, die das Restaurant bietet, wird Ihnen gefallen.

Parkstadt garni, Andreas-Mayr-Str. 11, ⌧ 86609, ℘ (0906) 40 39, Fax (0906) 23986, 🔲 – TV. AE ⓄⒸ VISA
14 Zim ⊆ 35/40 – 59/63.
♦ Relativ ruhig liegt dieser sachliche Flachbau in einem Wohngebiet. Solide möblierte Zimmer, gute Pflege und netter Service sprechen für diese Unterkunft.

DONZDORF Baden-Württemberg ⑤④⑤ T 13 – 12 000 Ew – Höhe 405 m.

🏌 Donzdorf, Unter dem Ramsberg, ℘ (07162) 2 71 71.
Berlin 594 – *Stuttgart* 54 – Göppingen 13 – Schwäbisch Gmünd 17 – Ulm (Donau) 45.

Becher (mit Gästehäusern), Schloßstr. 7, ⌧ 73072, ℘ (07162) 2 00 50, hotel-becher@t-online.de, Fax (07162) 200555, ⛱, ☎ – 📳, ✦ Zim, TV ☏ ⇔ 🅿 – 🏛 80. AE ⓄⒸ VISA, ✦ Zim – **Menu** (geschl. Samstagmittag, Sonntagabend) à la carte 21,50/45 – **59 Zim** ⊆ 65/95 – 85/115.
♦ Die Zimmer dieses gewachsenen Gasthofs verteilen sich auf Haupthaus und Gästehaus. Die Möblierung ist solide, teils im Landhausstil gehalten. Elegant geht es im Restaurant Balzac zu, rustikaler in den gemütlichen Gaststuben.

DONZDORF

XXX Schloß Restaurant Castello, Im Schloß 1, ✉ 73072, ✆ (07162) 92 97 00, info@schlossrestaurant-castello.de, Fax (07162) 929702, 🍴 – 🅿
geschl. Dienstag – **Menu** à la carte 38/49,50, ℤ.
● Klassisch und elegant sitzt man unter dem hohen Gewölbe dieses Restaurants. Der noble Rahmen stimmt ein auf einen französisch inspirierten Küchenstil.

DORF MECKLENBURG Mecklenburg-Vorpommern 542 E 18 – 2 100 Ew – Höhe 23 m.
Berlin 230 – Schwerin 26 – Rostock 46 – Lübeck 63 – Güstrow 73 – Wismar 6.

Mecklenburger Mühle, ✉ 23972, ✆ (03841) 39 80, hotel-mecklenburger-muehle@m-vp.de, Fax (03841) 398198, 🍴, ≦s – ⇔ Zim, 📺 📞 ♿ 🅿 – 🔑 40. 🅰🅴 🆀 VISA
Menu (geschl. Nov. - April Montagmittag) à la carte 14/25,50 – **36 Zim** ⊇ 54/58 – 75.
● Weithin sichtbar ist die alte Mühle, das Wahrzeichen dieses gastfreundlichen Hauses. Die Zimmer sind praktisch, die Appartements sind zusätzlich mit einer Pantry ausgerüstet. In der Mühle selbst hat man drei Ebenen als Restaurant angelegt.

DORF ZECHLIN Brandenburg 542 G 22 – 350 Ew – Höhe 60 m.
Berlin 98 – Potsdam 104 – Neubrandenburg 81 – Neuruppin 24.

Am Großen Zechliner See Nord-Ost : 2 km :

Gutenmorgen ⊛ (mit Gästehaus), Zur Beckersmühle 103, ✉ 16837, ✆ (033923) 7 02 75, hotel-gutenmorgen@t-online.de, Fax (033923) 70510, 🍴, Massage, ≦s, 🌲 – ⇔ Zim, 📺 📞 ⇔ – 🔑 30. 🅰🅴 🆀 VISA
Menu à la carte 13/25 – **61 Zim** ⊇ 39 – 62 – ½ P 11.
● Der Zechliner See ist nur einen Steinwurf entfernt von der Hotelanlage, die auch für Erholungsuchende und Familien eine günstige und praktische Ferienadresse ist. Das neuzeitliche Restaurant ist teils als Wintergarten angelegt.

DORFEN Bayern 546 V 20 – 12 000 Ew – Höhe 464 m.
Berlin 588 – München 60 – Regensburg 96 – Landshut 35.

Am Hof garni, Marienplatz 9, ✉ 84405, ✆ (08081) 9 37 70, reception@hotelamhof.de, Fax (08081) 937777 – 📶 📞 ⇔ – 🔑 15. 🅰🅴 🆀 VISA
geschl. 22. - 30. Dez., Aug. 2 Wochen – **31 Zim** ⊇ 48/63 – 80/98.
● Hier wohnen Sie in einem neu erbauten Hotel, dessen Zimmer sich in verschiedene Kategorien aufteilen. Allen gemeinsam : die neuzeitliche, praktische Ausstattung.

In Dorfen-Zeilhofen Nord-West : 4 km, über Oberdorfen :

X Mairot-Werkstätte der Lebensfreude, Zeilhofen 14, ✉ 84405, ✆ (08081) 20 34, restaurant.mairot@t-online.de, Fax (08081) 938356 – 🅿
geschl. 4. - 24. Feb., Mittwoch – **Menu** (wochentags nur Abendessen) 22,50 à la carte 24/34, ℤ.
● Dielenboden, Kachelofen und warme Apricottöne machen dieses Restaurant zu einem behaglichen Aufenthaltsort. Die frische internationale Küche gefällt ebenso.

DORMAGEN Nordrhein-Westfalen 543 M 4 – 59 000 Ew – Höhe 45 m.
Ausflugsziel : Zons : befestigtes Städtchen★ Nord : 6 km.
Berlin 571 – Düsseldorf 17 – Aachen 85 – Köln 24 – Neuss 19.

Höttche, Krefelder Str. 14, ✉ 41539, ✆ (02133) 25 30, hoettche@gmx.net, Fax (02133) 10616, 🍴 – 📶, ⇔ Zim, 📺 📞 ⇔ 🅿 – 🔑 50. 🅰🅴 ⓞ 🆀 VISA
Menu (Mai - Aug. nur Abendessen) à la carte 26/43 – **49 Zim** ⊇ 77/92 – 92/113.
● Einladend wirkt die hell gestrichene Fassade des restaurierten Gasthofs mit seinem schmucken Anbau. Die Zimmer im Altbau sind etwas geräumiger als die Neubauzimmer. Holztäfelung und schwere Polsterstühle prägen das komfortable Restaurant.

Flora, Florastr. 49, ✉ 41539, ✆ (02133) 4 60 11, info@hotelrestaurantflora.de, Fax (02133) 477824, 🍴 – ⇔ Zim, 📺 📞 🅿 – 🔑 20. 🆀 VISA
Menu (geschl. Montag, Samstagmittag) à la carte 19,50/31,50 – **16 Zim** ⊇ 65 – 85.
● Die unmittelbare Nähe zu den Zentren Köln und Düsseldorf macht dieses Haus zur praktischen Übernachtungsadresse. Die Zimmer sind sehr geräumig und sachlich eingerichtet. Sie speisen in hellem, bürgerlichem Ambiente.

In Dormagen-Ückerath Nord-West : 6 km, jenseits der A 57, in Nievenheim links ab, Richtung Gohr :

XX Holger's, In Ückerath 62, ✉ 41542, ✆ (02133) 29 92 29, info@restaurant.holgers.de, Fax (02133) 299228 – 🅿
geschl. Montag – **Menu** (wochentags nur Abendessen) à la carte 24/41, ℤ.
● Eine internationale Küche auf klassischer Basis gilt es in dem hell und freundlich wirkenden Restaurant zu entdecken. Ausgesuchte Weine begleiten die anspruchsvollen Menüs.

DORMAGEN

In Dormagen-Zons Nord : 6 km über B 9 Richtung Neuss :

Schloss Friedestrom ⌖ (mit Gästehaus), Parkstr. 2, ✉ 41541, ℘ (02133) 50 30, info@friedestrom.de, Fax (02133) 503290, 🍽, ≘ – ⋈, ⋇ Zim, 📺 ☏ 🖧 🅿 – ♨ 70. AE ⓞ ⓜ VISA
geschl. 27. Dez. - 4. Jan. - **Zum Volksgarten** (geschl. Samstagmittag) **Menu** à la carte 27/35 – **42 Zim** ⌑ 100/185 – 120/210.
• Die Atmosphäre des Hauses wird bestimmt durch warme, mediterrane Farben. Gäste schätzen die neuzeitlichen Zimmer mit Holz- und Rattanmobiliar sowie den Freizeitbereich. Im Volksgarten schaffen Holz, hübsche Stoffe und blanke Tische mit Sets ein nettes Umfeld.

DORNUM Niedersachsen **541** F 6 – 4700 Ew – Höhe 5 m – Seebad.

❶ Kurverwaltung, Hafenstr. 3 (Dornumersiel), ✉ 26653, ℘ (04933) 9 11 00, kv-dornum@t-online.de, Fax (04933) 911115.
Berlin 530 – Hannover 242 – Emden 44 – Oldenburg 94 – Wilhelmshaven 54.

In Dornum-Neßmersiel Nord-West : 8 km über Schatthauser Straße :

Fährhaus, Dorfstr. 42 (Am alten Sieltor), ✉ 26553, ℘ (04933) 3 03, faerhaus-nessmersiel@t-online.de, Fax (04933) 2390, 🍽 – 📺 🅿.
geschl. 5. Jan. - 19. Feb. - **Menu** (Feb. - März Montag - Freitag nur Abendessen) à la carte 17,50/33,50 – **21 Zim** ⌑ 39/50 – 66/86.
• Die familiäre und gemütliche Atmosphäre des Hauses, behagliche Zimmer sowie der Reiz der ostfriesischen Küste bilden das Umfeld für erholsame Urlaubstage. Maritime Accessoires schmücken das Restaurant.

DORSTEN Nordrhein-Westfalen **543** L 4 – 81000 Ew – Höhe 37 m.

Ausflugsziel : Wasserschloss Lembeck ★ (Nord-Ost : 10,5 km).
Berlin 529 – Düsseldorf 61 – Bottrop 17 – Essen 29 – Recklinghausen 19.

XXX **Henschel**, Borkener Str. 47 (B 224), ✉ 46284, ℘ (02362) 6 26 70, Fax (02362) 794633 – 🍽 🅿, AE ⓞ ⓜ VISA 🍴.
geschl. 1. - 17. Jan., Montag – **Menu** (nur Abendessen) à la carte 40/53,50, ⚜.
• Am Ortsrand von Dorsten findet man dieses kleine, feine Restaurant, das durch seine Eleganz besticht. Aus der Küche kommen Speisen nach klassischen Rezepten.

XX **Goldener Anker** (Freitag), Lippetor 4, ✉ 46282, ℘ (02362) 2 25 53, bjoern.freitag@t-online.de, Fax (02362) 996315, 🍽 – 🅿. AE ⓞ ⓜ VISA
ಜ geschl. Anfang Jan. 1 Woche, Mitte Aug. - Anfang Sept., Montag - Dienstag – **Menu** (nur Abendessen) (Tischbestellung ratsam) 39/63 und à la carte, ⚜.
• Hinter der weißen Fassade mit Treppengiebel verbirgt sich ein helles und freundliches Interieur. Der Küchenchef bereitet aus frischen Produkten kreative Köstlichkeiten.
Spez. Carpaccio vom Kalbsfilet mit mariniertem Hummer und Beluga-Kaviar. Crème brûlée von Ziegenfrischkäse mit Spanferkelbäckchen. Lende vom irischen Ochsen mit Trüffel-Rotweinbutter

In Dorsten-Holsterhausen Nord-West : 4 km über B 224 Richtung Borken :

Albert, Borkener Str. 199 (B 224), ✉ 46284, ℘ (02362) 9 47 90, info@hotel-albert.de, Fax (02362) 947919, 🍽 – 🅿. AE ⓞ ⓜ VISA JCB
Menu (geschl. Freitag) à la carte 20,50/39 – **20 Zim** ⌑ 62 – 79.
• Wohnliche, moderne Möbel und eine ansprechende farbliche Gestaltung zeichnen die Zimmer in diesem Klinkerbau aus. Besonders sympathischer Service trägt zum Wohlbefinden bei. Neuzeitlich, hell und freundlich präsentiert sich das Restaurant.

In Dorsten-Lembeck Nord-Ost : 10,5 km über Wulfen :

Schloßhotel Lembeck ⌖, im Schloss (Süd : 2 km), ✉ 46286, ℘ (02369) 72 83, info@schlosshotel-lembeck.de, Fax (02369) 77370, 🍽, ⋇ – 📺 🅿. AE ⓞ ⓜ VISA
Menu (geschl. Montagmittag, Donnerstagmittag, Freitagmittag) à la carte 16,50/38 – **17 Zim** ⌑ 53/63 – 99/120.
• In dem Wasserschloss aus dem 17. Jh. - mit Park, Schlosskapelle und Museum - können Sie in stilvollen Gewölben tafeln und in mit Antiquitäten bestückten Zimmern übernachten. Ansprechende Restauranträume mit Gewölbedecke.

In Dorsten-Wulfen Nord-Ost : 7 km :

XX **Rosin**, Hervester Str. 18, ✉ 46286, ℘ (02369) 43 22, frank_rosin@hotmail.com, Fax (02369) 6835, 🍽 – 🅿. AE ⓞ ⓜ VISA
ಜ geschl. Sonntag - Montag – **Menu** (nur Abendessen) 49/69, ⚜.
• In hellem, freundlichem, leicht elegant-rustikal wirkendem Ambiente serviert man an ansprechend eingedeckten Tischen ein im Menü kreativer und marktorientierter Küche.
Spez. Lauwarmer Steinbutt mit Steinpilz-Eintopf und Fondo Montebello. Geschmorter Milchferkelrücken mit Spitzkohlpraline und Polenta. Bienenstich von Erdbeeren mit Schokoladenkuchen und Champagnersorbet

DORTMUND Nordrhein-Westfalen 543 L 6 – 598 000 Ew – Höhe 87 m.

Sehenswert : Fernsehturm ※ ★ CZ – Westfalenpark★ BCZ – Marienkirche (Marienaltar★) BYZ B – Reinoldikirche★ BY A – Petrikirche (Antwerpener Schnitzaltar★) AY D – Museum für Kunst und Kulturgeschichte (Dortmunder Goldschatz★) AY M1.

🛫 Dortmund-Reichsmark, Reichsmarktstr. 12 (über ④: 7 km), ℰ (0231) 77 41 33 ; 🛫 Dortmund-Brackel, Heßlingsweg (über ②: 5 km), ℰ (0231) 2 00 80 21 ; 🛫 Dortmund, Rennweg 70 (Rennbahn-Gelände) R, ℰ (0231) 9 81 29 50.

✈ Dortmund-Wickede (über ②: 11 km), ℰ (0231) 92 13 01.

🚗 Grüne Straße/Ecke Treibstraße.

Ausstellungsgelände Westfalenhallen AZ, ℰ (0231) 1 20 40.

🛈 Kongress Tourismus Service, Königswall 18a, ✉ 44137, ℰ (0231) 5 02 56 66, touristinfo@dortmund.de, Fax (0231) 163593.

ADAC, Kaiserstr. 63.

Berlin 492 ① – *Düsseldorf* 78 ④ – Bremen 236 ② – Frankfurt am Main 224 ④ – Hannover 212 ① – Köln 94 ④.

Stadtpläne siehe nächste Seiten

🏨 **Mercure Grand Hotel**, Lindemannstr. 88, ✉ 44137, ℰ (0231) 9 11 30, h2833-gm@accor-hotels.com, Fax (0231) 9113999, 🍴, ≦s – 📶, 🛏 Zim, 📺 📞 ♿ ➡ – 🅿 180. AE ① MO VISA ☒ Rest AZ a

Menu à la carte 29/41 – **228 Zim** 🛏 143/159 – 169/184.

♦ Durch eine imposante Hallenkonstruktion aus Glas betritt man dieses luxuriöse Domizil. In den geräumigen Zimmern setzt sich der elegante Stil des Eingangsbereichs fort. Im Restaurant Michelangelo empfängt Sie ein gediegenes Ambiente.

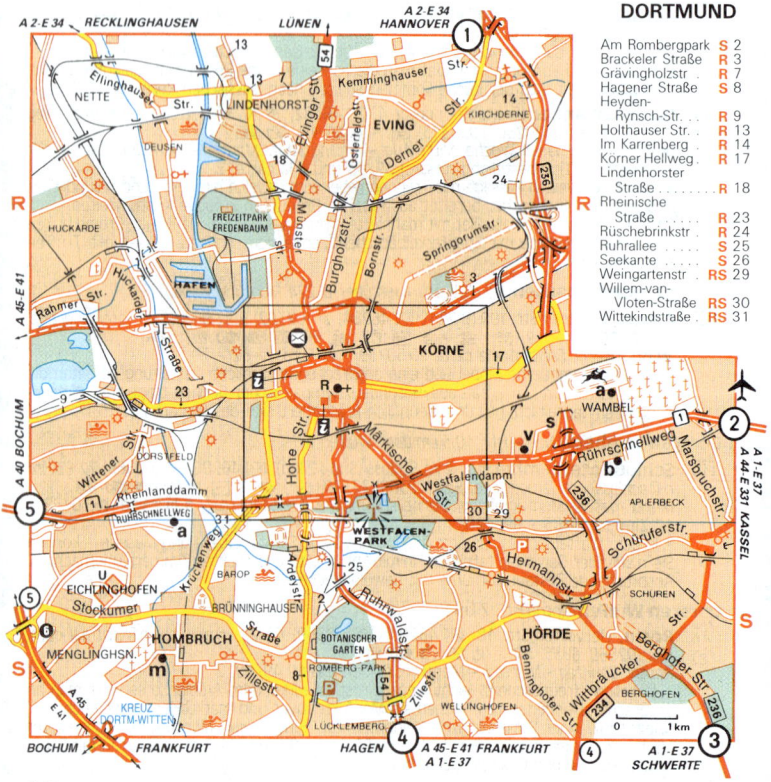

DORTMUND

Am Rombergpark	**S** 2
Brackeler Straße	**R** 3
Grävingholzstr.	**R** 7
Hagener Straße	**S** 8
Heyden-Rynsch-Str.	**R** 9
Holthauser Str.	**R** 13
Im Karrenberg	**R** 14
Körner Hellweg	**R** 15
Lindenhorster Straße	**R** 18
Rheinische Straße	**R** 23
Rüschebrinkstr	**R** 24
Ruhrallee	**S** 25
Seekante	**S** 26
Weingartenstr	**RS** 29
Willem-van-Vloten-Straße	**RS** 30
Wittekindstraße	**RS** 31

DORTMUND

Hilton, An der Buschmühle 1, ✉ 44139, ✆ (0231) 1 08 60, *dos_dortmund@hilton.com*, *Fax (0231) 1086777*, 🍴, 🎾, ≋, 🏊, – 🛗, ✳ Zim, 📺 ✆ ♿ 🚗 🅿 – 🛎 300. ㏂ ⓞ ⓜ 🆅🆂🅰 🆁🅲🅱, ✳ Rest
BZ r
Menu à la carte 27,50/40 – ⊇ 17 – **190 Zim** 115/205 – 140/230, 5 Suiten.
◆ Die Gästezimmer sind mit dunklem Holzmobiliar wohnlich bestückt und bieten jeden technischen Komfort. Auch an Allergiker ist man gedacht! Entsprechende Räume sind vorhanden. Eleganter, skandinavisch angehauchter Stil im kleinen Passantenrestaurant.

Parkhotel Wittekindshof, Westfalendamm 270 (B 1), ✉ 44141, ✆ (0231) 5 19 30, *info@wittekindshof.bestwestern.de, Fax (0231) 5193100*, 🍴, ≋ – 🛗, ✳ Zim, 📺 ✆ 🅿 – 🛎 120. ㏂ ⓞ ⓜ 🆅🆂🅰 🆁🅲🅱
R b
Menu *(geschl. Samstagmittag)* à la carte 27/42,50, 🍷 – **65 Zim** ⊇ 80/125 – 130/140.
◆ In den Zimmern erzeugen helles Holz und Stoffe mit dezenten Farben und Mustern ein angenehm wohnliches Ambiente. Für Workaholics : Überall gibt es extra große Schreibtische. Das Restaurant hat einen eleganten Touch, die Stube ist rustikal gehalten.

Holiday Inn-City Center, Olpe 2, ✉ 44135, ✆ (0231) 54 32 00, *info.hidortmund@eventhotels.com, Fax (0231) 574354*, Biergarten, ≋ – 🛗, ✳ Zim, 📺 ✆ ♿ 🅿 – 🛎 120. ㏂ ⓞ ⓜ 🆅🆂🅰 🆁🅲🅱, ✳ Rest
BZ a
Menu à la carte 23/38 – ⊇ 13 – **125 Zim** 115, 3 Suiten.
◆ Ein neuzeitliches Stadthotel, das keinen Komfort vermissen lässt. Die acht Suiten sind mit Whirlpool ausgestattet - und man leistet sich einen Wagenmeister-Service. Mit dunklem Mobiliar, Spiegeln und Messing versprüht die Brasserie französisches Flair.

NH Dortmund garni, Königswall 1, ✉ 44137, ✆ (0231) 9 05 50, *nhdortmund@nh-hotels.com, Fax (0231) 9055900*, ≋ – 🛗 ✳ 📺 ✆ 🚗 – 🛎 20. ㏂ ⓞ ⓜ 🆅🆂🅰 🆁🅲🅱
⊇ 13 – **190 Zim** 100/115.
AY c
◆ Alle Zimmer sind durch eine Schiebetür in Schlaf- und Wohnbereich unterteilt - bequem und funktionell mit Polstersessel, Marmortisch und hellen Naturholzmöbeln eingerichtet.

Drees, Hohe Str. 107, ✉ 44139, ✆ (0231) 1 29 90, *das-hotel-drees@riepe.com, Fax (0231) 1299555* – 🛗, ✳ Zim, 📺 ✆ 🚗 🅿 – 🛎 70. ㏂ ⓞ ⓜ 🆅🆂🅰
AZ b
Menu à la carte 22/43 – **112 Zim** ⊇ 89/100 – 112/122.
◆ Nahe dem Zentrum finden Sie diese neuzeitliche, funktionelle Übernachtungsadresse. Die Zimmer hat man mit hellen Naturholzmöbeln und frischen, modernen Farben gestaltet.

Steigenberger MAXX Hotel, Berswordtstr. 2, ✉ 44139, ✆ (0231) 9 02 10, *dortmund@maxx-hotels.de, Fax (0231) 9021999*, 🍴, 🎾, ≋ – 🛗, ✳ Zim, 📺 ✆ ♿ 🚗 🅿 – 🛎 110. ㏂ ⓞ ⓜ 🆅🆂🅰 🆁🅲🅱, ✳ Rest
AZ a
Menu *(geschl. Samstagmittag, Sonntagabend)* à la carte 21/31,50 – ⊇ 11 – **166 Zim** 94/114 – 104/124.
◆ Nostalgisches Ambiente im US-amerikanischen Clubstil herrscht in der Lobby und in den Zimmern vor. Rattanmöbel und Deckenventilatoren runden das Bild ab. American style dominiert im bistroartigen Restaurant.

Esplanade garni, Bornstr. 4, ✉ 44135, ✆ (0231) 5 85 30, *hotel-esplanade-do@t-online.de, Fax (0231) 5853270* – 🛗 ✳ 📺 ✆ 🅿 – 🛎 15. ㏂ ⓞ ⓜ 🆅🆂🅰
BY e
geschl. 23. Dez. - 2. Jan. – **48 Zim** ⊇ 98 - 125.
◆ Ganz auf die Bedürfnisse von Geschäftsreisenden und Langzeitgästen hat man sich in diesem Stadthotel eingestellt. Die gemütliche Bar ist ein netter Treffpunkt.

Mercure Dortmund City garni, Kampstr. 35, ✉ 44137, ✆ (0231) 5 89 70, *h2900-gm@accor-hotels.com, Fax (0231) 5897222* – 🛗 ✳ 📺 ✆ ♿ – 🛎 20. ㏂ ⓞ ⓜ 🆅🆂🅰 🆁🅲🅱
⊇ 13 – **82 Zim** 56/110 – 85/120.
AY t
◆ Im neu errichteten Hotel im Westfalen Forum erwarten den Gast freundliche, in hellen Farben gestrichene Zimmer mit technischem Komfort auf dem allerneuesten Stand.

Express by Holiday Inn garni, Moskauer Str. 1 (Stadtkrone-Ost, nahe der B 1), ✉ 44269, ✆ (0231) 17 69 90, *express.dortmund@ichotelsgroup.com, Fax (0231) 17699100* – 🛗 ✳ ≋ 📺 ✆ ♿ 🅿 – 🛎 30. ㏂ ⓞ ⓜ 🆅🆂🅰
R b
107 Zim ⊇ 80.
◆ Durch seine verkehrsgünstige Lage an der B1 ist dieses neu erbaute Haus besonders leicht zu finden. Im Inneren finden Sie helle Zimmer mit kompletter technischer Ausstattung.

City-Hotel garni, Silberstr. 37, ✉ 44137, ✆ (0231) 4 77 96 60, *info@cityhoteldortmund.de, Fax (0231) 47796669* – 🛗 ✳ 📺 🅿 – 🛎 30. ㏂ ⓞ ⓜ 🆅🆂🅰
AZ u
48 Zim ⊇ 87/94 – 97/109.
◆ Gut geführtes Hotel mit Stadtzentrum, das vom Empfang über die Zimmer bis hin zum Frühstücksraum mit Bar mit einem modernen und freundlichen Ambiente gefällt.

Art Manger, Lübkestr. 21 (1. Etage), ✉ 44141, ✆ (0231) 5 31 61 98, *restaurant@artmanger.de, Fax (0231) 5316197*, 🍴 –
R v
geschl. Sonntag - Montag – **Menu** 62 à la carte 42/59, 🍷.
◆ Dem Haus aus der Gründerzeit hat man neues Leben eingehaucht : das Restaurant ist konsequent im modernen Stil gehalten. Gehobene klassische Küche mit kreativem Einfluss.
Spez. Terrine von Blutwurst und Gänseleber in geliertem Schalottensud. Seeteufelkotelett mit geschmolzenem Kalbskopf und Petersilienbisquit. Medaillon vom Rehbock mit Rhabarber in Malzzucker und Graupenplätzchen

349

Dortmund Stadtplan

Y-Zone (oberer Bereich):
- Mallinckrodtstraße
- Brunnenstr.
- Bornstr.
- Schützenstr.
- Uhlandstraße
- Leopoldstraße
- Münsterstr.
- Herold
- Brunestraße
- Gneisenaustr.
- Blücherstr.
- Kielstraße
- Gronau
- Treibstr.
- Kesselstraße
- Kurfürstenstr.
- Steinstr.
- Freiherr-vom-Stein-Platz
- Heiligegartenstr.
- Grüne Str.
- Königshof
- Brügmannpl.
- Dortmund Hbf
- HAUPTBAHNHOF
- Königswall
- Burgwall
- Schwanenwall
- Brinkhoffstr.
- Kampstr.
- Hansastr.
- Brüderweg
- Rheinische Straße
- Westenhellweg
- Alter Markt
- Reinoldikirche
- Lange Str
- Hoher Wall
- Olpe
- Ostwall
- Humboldtstr.
- Hiltropwall
- Friedenspl.
- WESTPARK
- Wilhelmstr.
- Postst.
- Hansa
- Stadtgarten
- Rittershausstr.
- Möllerstr.
- Beurhausstr.
- Chemnitzer Straße
- Ruhrallee
- Do-Stadthaus
- Märkische Straße

Z-Zone (unterer Bereich):
- Do-Städt. Kliniken
- Hollestraße
- Gutenbergstraße
- Sonnenstr.
- Neuer Graben
- Lindemannstraße
- Sonnenstr.
- Neuer Graben
- Hohe Straße
- Alter Saarlandstr.
- Dresdener Str.
- Saarlandstr.
- Hainalle Am
- Metzer Str.
- Schillingstraße
- Kreuzstraße
- Saarlandstr.
- Ruhrallee
- Landgrafenstraße
- ADAC
- Kreuzstraße
- Heinstraße
- Wittekindstr.
- Mühlenstraße
- Landgrafenstr.
- Markgrafenstr.
- Markgrafenstr.
- Do-Polizeipräsidium
- Markgrafenstr.
- Knappenberg
- Eintrachtstraße
- SÜD FRIEDHOF
- Lindemannstr.
- Hohe weg
- POL.
- Wittekindstr.
- RUHRSCHNELLWEG
- Rheinlanddamm
- Rheinlanddamm
- WESTFALENHALLEN
- STEINERNER TURM
- Westfalenpark
- Florianstraße
- Wittekindstr.
- VOLKSPARK
- Maurice-Vast-Str.
- WESTFALENPARK

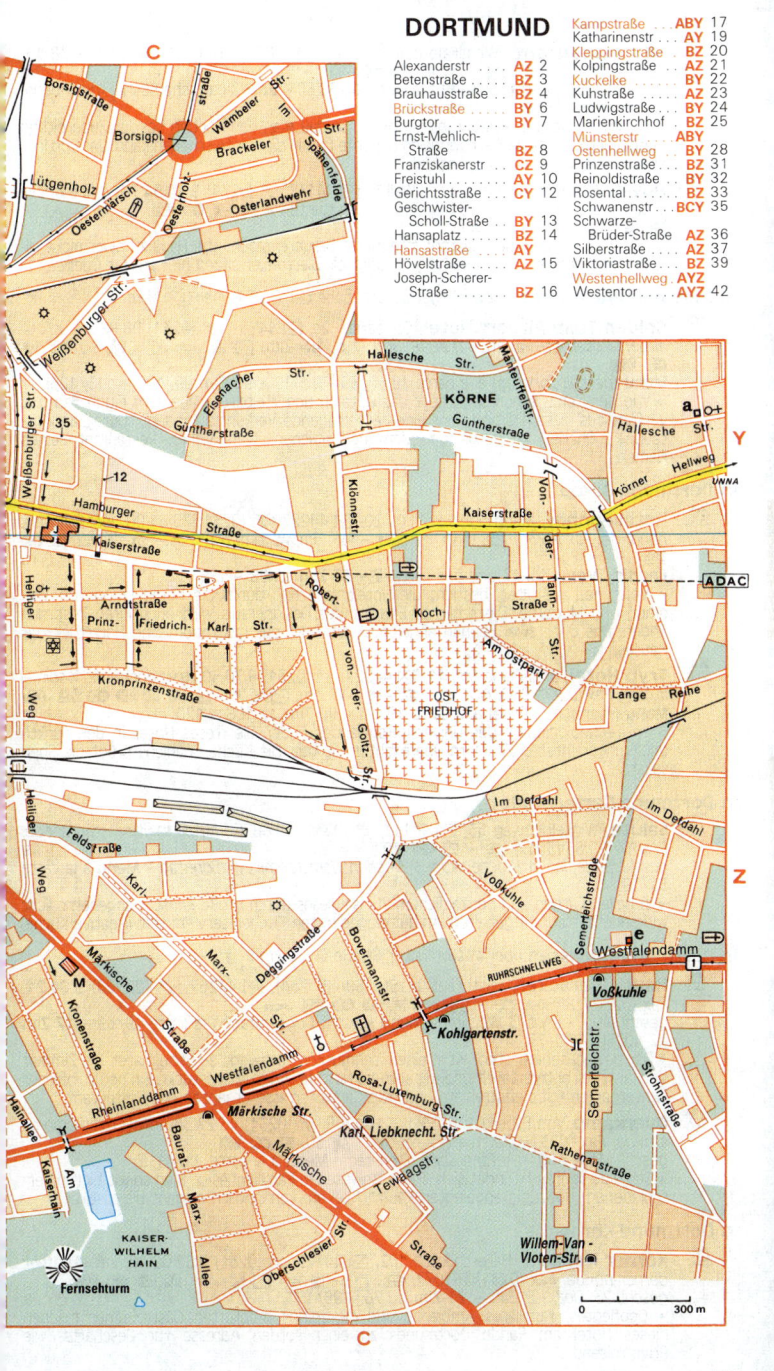

DORTMUND

Alexanderstr	AZ 2		Kampstraße	ABY 17
Betenstraße	BZ 3		Katharinenstr	AY 19
Brauhausstraße	BZ 4		Kleppingstraße	BZ 20
Brückstraße	BY 6		Kolpingstraße	AZ 21
Burgtor	BY 7		Kuckelke	BY 22
Ernst-Mehlich-			Kuhstraße	AZ 23
Straße	BZ 8		Ludwigstraße	BY 24
Franziskanerstr	CZ 9		Marienkirchhof	BY 25
Freistuhl	AY 10		Münsterstr	ABY
Gerichtsstraße	CY 12		Ostenhellweg	BY 28
Geschwister-			Prinzenstraße	BZ 31
Scholl-Straße	BY 13		Reinoldistraße	BY 32
Hansaplatz	BY 14		Rosental	BZ 33
Hansastraße	AY		Schwanenstr	BCY 35
Hövelstraße	AZ 15		Schwarze-	
Joseph-Scherer-			Brüder-Straße	AZ 36
Straße	BZ 16		Silberstraße	AZ 37
			Viktoriastraße	BZ 39
			Westenhellweg	AYZ
			Westentor	AYZ 42

351

DORTMUND

SBB-Restaurant, Westfalendamm 166 (B 1), ✉ 44141, ℘ (0231) 59 78 15, Fax (0231) 5600637, 🍽 – **P**. AE ⓓ ⓜ VISA CZ e
geschl. Samstagmittag – **Menu** à la carte 24/38,50 – *Edo* (japanische Küche) *(nur Abendessen)* **Menu** 36/67.
◆ Die Küche ist zum Restaurant hin offen, so daß man den Köchen bei der Zubereitung der deutschen und internationalen Gerichte fast in die Töpfe schauen kann. Das Edo lädt ein zu einer Reise nach Fernost.

Hövels Hausbrauerei, Hoher Wall 5, ✉ 44137, ℘ (0231) 9 14 54 70, info@hoevels-hausbrauerei.de, Fax (0231) 91454720, Biergarten – AE ⓓ ⓜ VISA AZ c
Menu à la carte 19,50/35,50.
◆ Die einsehbare, in den Gasthof integrierte Brauerei macht das Haus zu einer nicht alltäglichen Adresse. Die Einrichtung ist originell, Biertrinker sitzen hier an der Quelle!

In Dortmund-Aplerbeck : *Gewerbegebiet Ost, nahe der B 234 über* ② : *8 km* :

Golden Tulip Airport Hotel, Schleefstr. 2c, ✉ 44287, ℘ (0231) 98 98 90, info@airport-hotel.net, Fax (0231) 98989800 – 📱, ✧ Zim, TV ♿ ⇔ **P**. – 🔔 90. AE ⓓ ⓜ VISA
Menu *(geschl. Sonntag)* à la carte 18,50/36 – 🍽 12 – **96 Zim** 99/109 – 113/125.
◆ Wie der Name schon sagt, liegt das Hotel in unmittelbarer Nähe zum Flughafen und verfügt aus diesem Grund über eine hervorragende Verkehrsanbindung. Gute Tagungstechnik! Charles Lindbergh gab dem neuzeitlichen, freundlichen Restaurant seinen Namen.

In Dortmund-Barop :

Hotellennhof, Menglinghauser Str. 20, ✉ 44227, ℘ (0231) 75 81 90, info@hotellennhof.de, Fax (0231) 7581960, 🍽, 🚗 – ✧ Zim, 🗄 Zim, TV ♿ **P**. – 🔔 40. AE ⓓ ⓜ VISA S m
Lennis : **Menu** 34/47 und à la carte, ♀ – **37 Zim** 🍽 98 – 138.
◆ Völlig neu gestaltet, besticht die Hotelanlage nun durch die Kombination von Tradition und Moderne. Die schlichte Eleganz des Designerstils wird auch Ihren Zuspruch finden. Das über zwei Ebenen angelegte Lennis ist das gastronomische Herzstück des Hauses.

Tryp Hotel, Emil-Figge-Str. 41, ✉ 44227, ℘ (0231) 9 70 50, tryp.dortmund@solmelia.com, Fax (0231) 9705444, 🍽, ♨ – 📱, ✧ Zim, TV ♿ **P**. – 🔔 60. AE ⓓ ⓜ VISA ⓙⒸⒷ
Menu (spanische Küche) à la carte 19/36 – **90 Zim** 🍽 108 – 120. S a
◆ Im Technologiepark des Universitätsgeländes finden Sie dieses Hotel. In den funktionell eingerichteten Zimmern übernachten Sie gut. Die Küche Spaniens prägt die Speisekarte.

In Dortmund-Gartenstadt :

Salute, Winkelriedweg 53, ✉ 44141, ℘ (0231) 59 88 77, info@salute-restaurant.de, Fax (0231) 5313017, 🍽 – AE ⓜ VISA R s
geschl. Ende Jan. 1 Woche, Aug. 3 Wochen, Samstagmittag, Sonntag – **Menu** à la carte 31/39.
◆ In hellen Farben und neuzeitlichem Stil ist dieses durch große Fenster angenehm licht wirkende Restaurant gehalten. An gut eingedeckten Tischen serviert man kreative Küche.

In Dortmund-Höchsten *über Wittbräucker Straße* S : *8 km* :

Haus Überacker, Wittbräucker Str. 504 (B 234), ✉ 44267, ℘ (02304) 8 04 21, Fax (02304) 86844, 🍽 – TV ⇔ **P**. ⓓ ⓜ VISA ⓙⒸⒷ
geschl. Aug. - Sept. 3 Wochen – **Menu** *(geschl. Donnerstag)* à la carte 19/39 – **17 Zim** 🍽 40/50 – 70/75.
◆ Der gewachsene Gasthof ist in einem schmucken Fachwerkbau beheimatet. Die Zimmer sind zum Teil holzvertäfelt und mit solidem Naturholzmobiliar bestückt. Ein neuer, offener Wintergarten mit Heizstrahlern und eine Gartenterrasse ergänzen das Restaurant.

Overkamp, Am Ellberg 1 (B 234), ✉ 44265, ℘ (0231) 46 27 36, info@overkamp-gastro.de, Fax (0231) 47001, 🍽 – ✧ **P**. – 🔔 60. AE ⓜ VISA
geschl. Aug. - Anfang Sept., Dienstag – **Menu** à la carte 21/41, ♀.
◆ Seit 300 Jahren befindet sich dieses Anwesen in Familienbesitz. Man speist hier in verschiedenen großzügig angelegten Räumlichkeiten, von ländlich elegant bis rustikal.

In Dortmund-Körne :

Körner Hof garni, Hallesche Str. 102, ✉ 44143, ℘ (0231) 5 62 08 40, info@hotel-koerner-hof.de, Fax (0231) 561071, ♨, 🌡 – 📱 ✧ TV ♿ ⇔. AE ⓓ ⓜ VISA
geschl. 23. Dez. - 5. Jan. – **21 Zim** 🍽 76 – 96/104. CY r
◆ Gepflegtes, familiäres Ambiente und die zeitlos möblierten Gästezimmer machen dieses Hotel am Rande Dortmunds zu einer soliden Adresse für Geschäfts- wie Privatreisende.

DORTMUND

In Dortmund-Lücklemberg über Hagener Str. S : 6 km :

Zum Kühlen Grunde, Galoppstr. 57, ⌧ 44229, ℘ (0231) 7 38 70, zumkuehlen grunde@t-online.de, Fax (0231) 7387100, Biergarten, ≦, ☐ – TV P – ⚕ 40. AE ⓞ ⓜⓞ VISA JCB
geschl. 22. Dez. - 6. Jan. – **Menu** (geschl. Sonn- und Feiertage)(nur Abendessen) à la carte 17/34,50 – **30 Zim** ⌂ 65/75 – 85.
♦ Von altem Baumbestand umgeben, liegt das Haus in einer ruhigen Seitenstraße. Sonnenhungrige können sich bei gutem Wetter auf der Dachterrasse aalen - bei Regen im Solarium.

In Dortmund-Syburg über ④ : 13 km :

La Table, Hohensyburgstr. 200 (im Spielcasino), ⌧ 44265, ℘ (0231) 7 74 07 37, latable@westspiel.de, Fax (0231) 774077, ☂ – P. AE ⓞ ⓜⓞ VISA JCB. ※
geschl. 1. - 10 Jan., Juli - Aug. 3 Wochen, Montag - Dienstag, Feiertage – **Menu** (nur Abendessen) 68/108 à la carte 64/83, ♀ ♣.
♦ Eine gelungene Mischung aus klassischen und modernen Einrichtungselementen gibt dem Haus seine spezielle Note. Exquisite französische Küche und sehr aufmerksamer Service! **Spez.** Tandoori gewürztes Rotbarbenfilet mit Bouillabaisse. Soufflierter St. Pierre mit Gänsestopfleber und Champagnerschaum. Filet vom kanadischen Bison mit Sauce Foyot und Gemüsefondue

In Dortmund-Wambel :

Ambiente, Am Gottesacker 70, ⌧ 44143, ℘ (0231) 4 77 37 70, rezeption@hotel-ambiente.info, Fax (0231) 47737710, ☂ – 🛗, ⇔ Zim, TV ✆ ⚒ P – ⚕ 40. AE ⓜⓞ VISA
Menu (geschl. Sonntag)(nur Abendessen) à la carte 18,50/36 – **36 Zim** ⌂ 74/80 – 96/114. R a
♦ Hier ist ein ehemaliges Offizierscasino der britischen Armee zu einem modernen Business-Hotel umgebaut worden. Die Zimmer überzeugen mit neuzeitlichem Komfort. Das bistroähnliche Restaurant befindet sich in einem neuen Anbau.

DOSSENHEIM Baden-Württemberg ❺❹❻ R 10 – 11 500 Ew – Höhe 120 m.
Berlin 622 – Stuttgart 126 – Mannheim 22 – Darmstadt 57 – Heidelberg 5.

Goldener Hirsch (mit Gästehaus), Hauptstr. 59, ⌧ 69221, ℘ (06221) 86 80 40, goldener-hirsch@t-online.de, Fax (06221) 863835 – TV
Menu (geschl. Montag) à la carte 14/29 – **24 Zim** ⌂ 45/55 – 65/75.
♦ Der Weinort Dossenheim liegt an der Bergstraße, einer der wärmsten Regionen des Landes. Mit viel Liebe zum Detail hat man hier ein gemütliches Quartier geschaffen. Restaurant in ländlicher Aufmachung.

Heidelberger Tor, Heidelberger Str. 32, ⌧ 69221, ℘ (06221) 8 75 70, Fax (06221) 875740 – TV P. AE ⓜⓞ VISA JCB. ※ Rest
Menu (geschl. Aug. 2 Wochen, Freitag - Sonntag)(nur Abendessen) (Restaurant nur für Hausgäste) – **25 Zim** ⌂ 40/42 – 59/62.
♦ Dunkle Eichenmöbel verbreiten eine heimelige Stimmung im ganzen Gebäude, welches sich am Rande des Weinörtchens in einer ruhigen Nebenstraße befindet.

DRACHSELSRIED Bayern ❺❹❻ S 23 – 2 400 Ew – Höhe 533 m – Erholungsort – Wintersport : 700/850 m ⬩2 ⚶.
🛈 Tourist-Information, Zellertalstr. 12, ⌧ 94256, ℘ (09945) 90 50 33, tourist-info@drachselsried.de, Fax (09945) 905035.
Berlin 512 – München 178 – Passau 80 – Cham 37 – Deggendorf 35.

In Drachselsried-Asbach Süd : 6 km, über Grafenried :

Berggasthof Fritz (mit Gästehaus), Asbach 10, ⌧ 94256, ℘ (09923) 22 12, Fax (09923) 3767, ≤, ☂, ≦, ☐, ✿ – 🛗 ⇔ P
geschl. Nov. - 15. Dez. – **Menu** à la carte 12/20,50 – **48 Zim** ⌂ 24/33 – 48/66 – ½ P 9.
♦ Auf die schöne Südlage ist man in diesem Berggasthof mit der altbewährten Gaststättentradition besonders stolz. In unmittelbarer Nähe befinden sich Skilift und Langlaufloipen. Eigene Landwirtschaft und eigene Metzgerei bereichern die Küche.

Außerhalb Ost : 6 km über Oberried – Höhe 730 m

Sport- und Ferienhotel Riedlberg ☞, ⌧ 94256 Drachselsried, ℘ (09924) 9 42 60, riedlberg@t-online.de, Fax (09924) 7273, ≤, ☂, ⚘, Massage, ≦, ☒ (geheizt), ☐, ✿ 2 ⚶, ⚵ – TV P. ※ Rest
geschl. 10. Nov. - Mitte Dez. – **Menu** à la carte 12/26 – **37 Zim** ⌂ 50/63 – 95/105 – ½ P 5.
♦ Am Waldrand, in schöner Hanglage, befindet sich die weitläufige Hotelanlage. Gemütliche Ausstattung und großzügiger Wellnessbereich gehören zu den Annehmlichkeiten des Hauses. Die Gaststube mit Kachelofen und Dielenboden verbreitet wohlige Geborgenheit.

DREIEICH Hessen ️️️ P 10 – 39 400 Ew – Höhe 130 m.
 Dreieich, Hofgut Neuhof, ℘ (06102) 32 70 10.
Berlin 557 – Wiesbaden 45 – *Frankfurt am Main* 16 – Darmstadt 17.

In Dreieich-Dreieichenhain :

Alte Bergmühle (mit Gästehaus), Geisberg 25, ✉ 63303, ℘ (06103) 8 18 58, *service@altebergmuehle.de*, Fax (06103) 88999, – Zim,
Menu à la carte 38/45 – **14 Zim** ☑ 85/100 – 125.

♦ Mit viel Aufwand und Liebe zum Detail ist die alte Mühle restauriert und renoviert worden. In den eleganten Räumlichkeiten serviert man eine internationale und leichte Küche.

In Dreieich-Götzenhain :

Gutsschänke Neuhof, an der Straße nach Neu-Isenburg (Nord : 2 km), ✉ 63303, ℘ (06102) 3 00 00, *info@gutsschaenkeneuhof.de*, Fax (06102) 300055, –

geschl. Montag – **Menu** à la carte 32/53.

♦ Ein fast 500-jähriges Hofgut mit rustikalem Ambiente und hübscher Gartenterrasse. Die angebotenen Weine kommen vom hauseigenen Weingut und anderen erstklassigen Lagen.

In Dreieich-Sprendlingen :

Dorint, Eisenbahnstr. 200, ✉ 63303, ℘ (06103) 60 60, *info.fradre@dorint.com*, Fax (06103) 500, , , – , Zim,   – 60.   Rest
Menu à la carte 20,50/33 – ☑ 15 – **92 Zim** 144 – 188, 4 Suiten.

♦ Auf vier Etagen bietet dieses Hotel komfortable und farblich angenehm abgestimmte Zimmer. In der Halle kann man zum Plaudern auf bequemen Korbsesseln Platz nehmen.

DREIS KREIS BERNKASTEL-WITTLICH Rheinland-Pfalz siehe Wittlich.

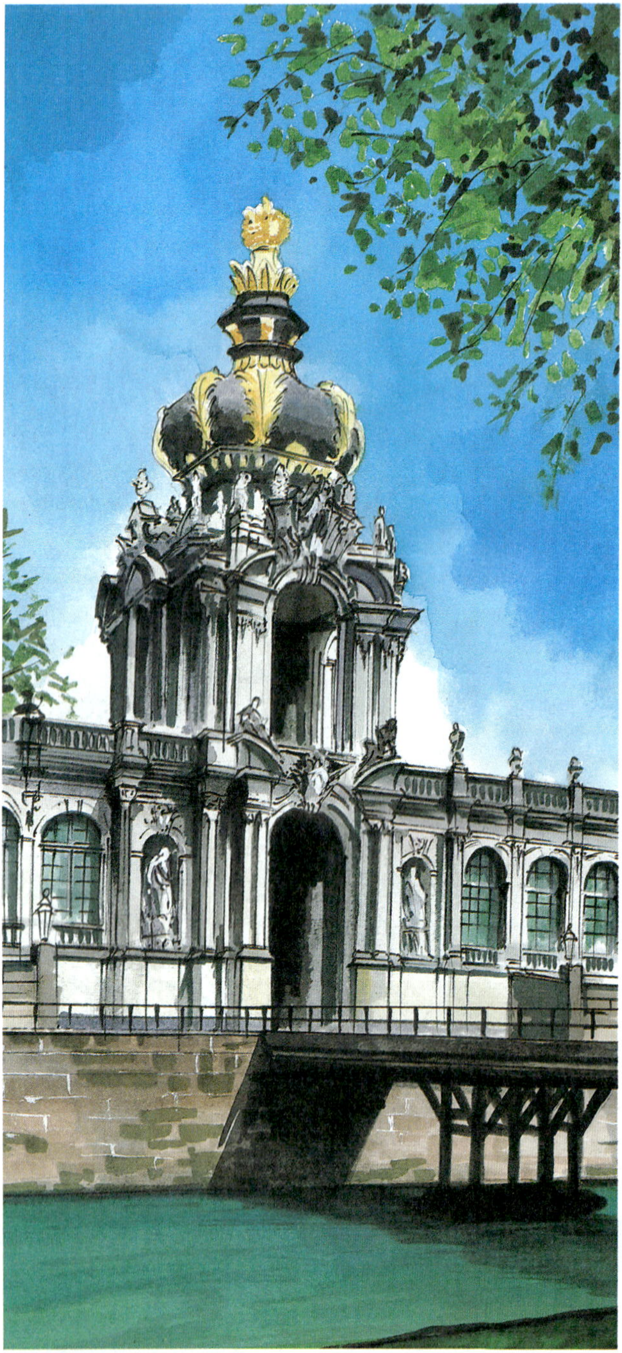

DRESDEN

L Sachsen 544 M 25 - 500 000 Ew - Höhe 105 m

Berlin 192 ⑧ - Chemnitz 70 ⑦ - Görlitz 98 ① - Leipzig 111 ⑦ - Praha 152 ⑤

PRAKTISCHE HINWEISE

🛈 *Tourist-Information, Prager Str. 2a* ✉ *01069,* ☏ *(0351) 49 19 20, info@dresden-tourist.de, Fax (0351) 49192116*

🛈 *Tourist-Information, Schinkelwache, Theaterplatz,* ✉ *01067,* ☏ *(0351) 49 19 20*
ADAC*, Striesener Str. 37*

✈ *Dresden-Klotzsche (über ② : 13 km),* ☏ *(0351) 8 81 33 60*
Deutsche Lufthansa City Center, Zellescher Weg 3, ✉ *01069,* ☏ *(0351) 49 98 80, Fax (0351) 4998899*

⛳ *Possendorf, Ferdinand-von-Schill-Str. 4 a (über ⑤ : 13 km),* ☏ *(035206) 24 30*
⛳ *Ullersdorf, Am Golfplatz 1 (über ③ : 8 km),* ☏ *(03528) 4 80 60*

HAUPTSEHENSWÜRDIGKEITEN

Sehenswert : *Zwinger*★★★ *(Wallpavillon*★★*, Nymphenbad*★★*, Porzellansammlung*★★*, Mathematisch-physikalischer Salon*★★*, Rüstkammer*★★*)* AY *- Semper-Oper*★★ AY *- Hofkirche*★★ BY *- Schloss (Fürstenzug-Mosaik*★*, Langer Gang*★*)* BY *- Albertinum (Gemäldegalerie Alte Meister*★★★*, Gemäldegalerie Neue Meister*★★★*, Grünes Gewölbe*★★★*)* BY *- Prager Straße*★ ABZ *- Museum für Geschichte der Stadt Dresden*★ BY **M⁴** *- Kreuzkirche*★ BY *- Japanisches Palais*★ *(Garten* ≤★*)* ABX *- Museum für Volkskunst*★ BX **M²** *- Großer Garten*★ CDZ *- Russisch-orthodoxe Kirche*★ V *- Brühlsche Terrasse* ≤★ BY *- Reiterstandbild Augusts des Starken*★ BX **E** *- Pfundts Molkerei (Innenausstattung)*★ *(Bautzner Str. 79)* CX*.*

Ausflugsziele : *Schloss Moritzburg*★ *(Nord-West : 14 km über Moritzburger Landstr.* U*) - Schloss Pilnitz*★ *(Süd-Ost : 15 km über Pilnitzer Landstr.* V*) - Sächsische Schweiz*★★★ *(Bastei*★★★*, Festung Königstein*★★ ≤★★*, Großseditz : Barockgarten*★*).*

DRESDEN

🏨 Kempinski Hotel Taschenbergpalais, Taschenberg 3, ✉ 01067, ☎ (0351) 4 91 20, *reservations.taschenbergpalais@kempinski.com, Fax (0351) 4912812,* 🍽, Massage, 🎱, ≋, 🔲 – 📶, ✻ Zim, 📺 📞 ♿ 🚗 – 🅿 320. AE ⓓ ⓜ VISA JCB
BY a
Menu à la carte 43/55 – ⌚ 22 – **213 Zim** 255/340 – 285/370, 12 Suiten.
• In dem rekonstruierten Barock-Palais ist heute der Gast König. Die eleganten Zimmer und luxuriösen Suiten sind wahlweise mit roter Buche, Barock- oder Designermöbeln bestückt. Schlichte Eleganz bestimmt die Atmosphäre im Intermezzo.

🏨 The Westin Bellevue, Große Meißner Str. 15, ✉ 01097, ☎ (0351) 80 50, *hotelinfo@westin-bellevue.com, Fax (0351) 8051609,* ≤, 🍽, Biergarten, 🎱, ≋, 🔲 – 📶, ✻ Zim, 📺 📞 🚗 🅿 – 🅿 440. AE ⓓ ⓜ VISA JCB. ✻ Rest
BX a
Menu à la carte 26/55 – **339 Zim** ⌚ 120/279 – 140/307, 16 Suiten.
• Inmitten malerischer Gärten am Elbufer, mit Blick auf die Kuppeln und Türme von Semperoper und Schloss, finden Sie schöne, klassisch möblierte Zimmer. Das Canaletto unterstreicht mit elegantem Ambiente den stilvollen Rahmen. Frei- und Innenhofterrassen.

🏨 Radisson SAS Gewandhaus Hotel, Ringstr. 1, ✉ 01067, ☎ (0351) 4 94 90, *info.dresden@radissonsas.com, Fax (0351) 4949490,* 🎱, ≋, 🔲 – 📶, ✻ Zim, 📺 📞 ♿ 🅿 – 🅿 60. AE ⓓ ⓜ VISA JCB
BY s
Menu à la carte 27,50/42 – ⌚ 16 – **97 Zim** 135/200.
• Im Herzen der Altstadt verbergen sich hinter der historischen Fassade des 1525 erbauten Gewandhauses elegant eingerichtete Räume im Biedermeierstil mit modernster Ausstattung. Um den lichten, malerischen Innenhof mit Glaskuppel hat man das Restaurant angelegt.

DRESDEN

Alttolkewitz .... V 57	Fritz-Löffler-Straße ...... V 62	Moritzburger
Borsbergstraße ..... V 58	Gerhart-Hauptmann-Str. .. V 63	Landstraße .... U 74
Emerich-Ambros-Ufer . U 60	Hamburger Straße ..... U 64	Moritzburger Weg ...... U 75
Flügelwegbrücke .... UV 61	Lommatzscher	Naumannstraße .... U 78
	Straße .... U 69	Washingtonstraße ..... U 79
	Nossener Brücke ...... U 71	Wehlener Straße ...... V 81
	Nürnberger Straße ..... V 72	Zellescher Weg .... V 83

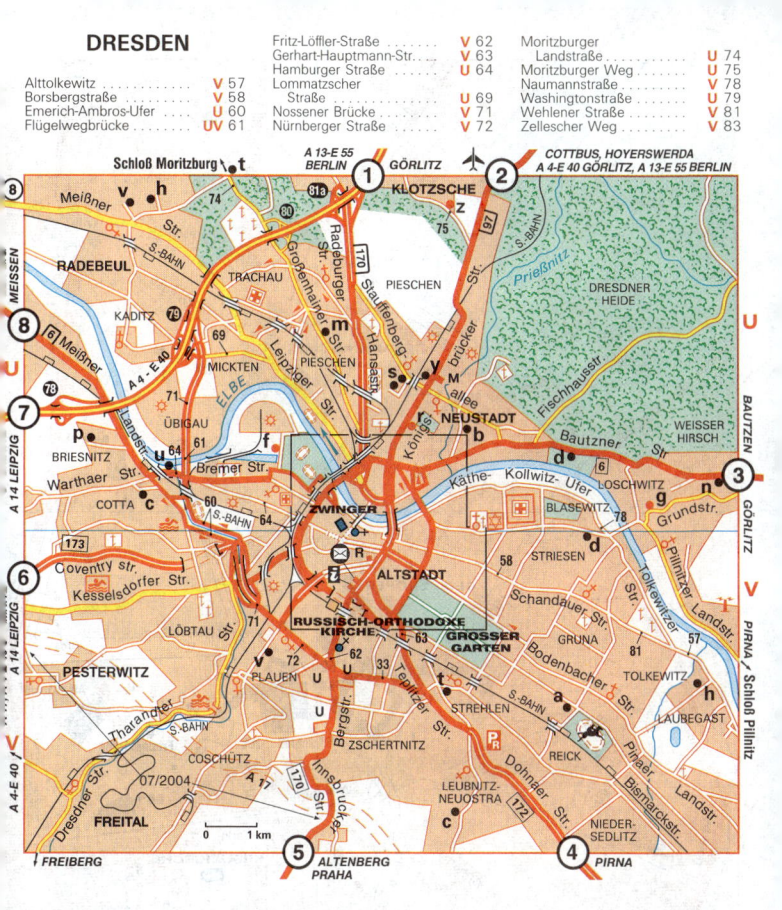

🏨 **Hilton**, An der Frauenkirche 5, ✉ 01067, ☏ (0351) 8 64 20, info.dresden@hilton.com, Fax (0351) 8642725, 🌐, Massage, 🏋, ≋, 🏊 – 🛗, 🚭 Zim, 📺 📞 🅿 – 🔔 320. AE ① ⓜ VISA JCB
BY **e**
Rossini (italienische Küche) *(geschl. Juli - Aug. 2 Wochen) (nur Abendessen)* **Menu** à la carte 34/48,50 – *Wettiner Keller* *(geschl. Sonntag - Montag) (nur Abendessen)* **Menu** à la carte 20/36 – *Ogura* (japanische Küche) *(geschl. Montag)* **Menu** à la carte 17/38 – ⌧ 18 – **333 Zim** 155/190 – 170/205, 4 Suiten.
♦ Wo Dresden am schönsten ist, steht das Hilton : Am Balkon Europas, der Brühlschen Terrasse und unmittelbar neben der im Aufbau befindlichen Frauenkirche. In der ersten Etage offeriert das Rossini eine gehobene Küche. Fernöstliches Flair versprüht das Ogura.

🏨 **Bülow Residenz**, Rähnitzgasse 19, ✉ 01097, ☏ (0351) 8 00 30, info@buelow-resid enz.de, Fax (0351) 8003100, 🌞 – 🛗, 🚭 Zim, 📺 📞 ♿ 🅿 – 🔔 15. AE ①
ⓜ VISA
BX **c**
Carousell (Tischbestellung ratsam) *(geschl. Sonntag - Montag)* **Menu** à la carte 58/70, ⛛ – ⌧ 17 – **30 Zim** 180 – 220.
♦ In einem der ältesten barocken Herrenhäuser Sachsens bieten individuelle Zimmer höchsten Komfort. Die dezente Kirschbaumeinrichtung strahlt Wärme und Gemütlichkeit aus. Genießen Sie die exzellente Küche Stefan Hermanns im stilvollen Ambiente des Carousell.
Spez. Gebratenes Rotbarbenfilet mit Ruccolasalat und Ofentomaten. Ravioli von Ossobucco und Gänsestopfleber mit zweierlei Petersilienpüree. Feines von der Valrhona-Schokolade mit glasierten Kirschen und Vanilleis

360

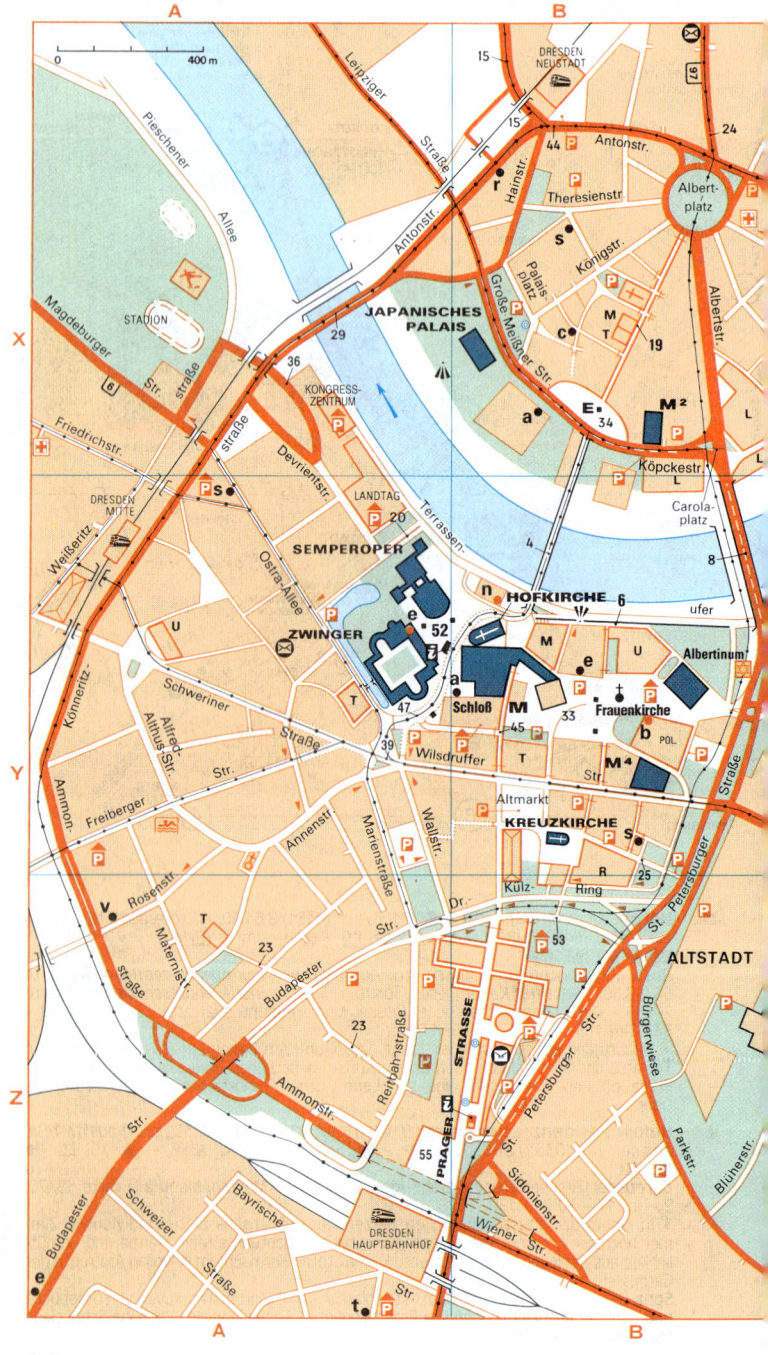

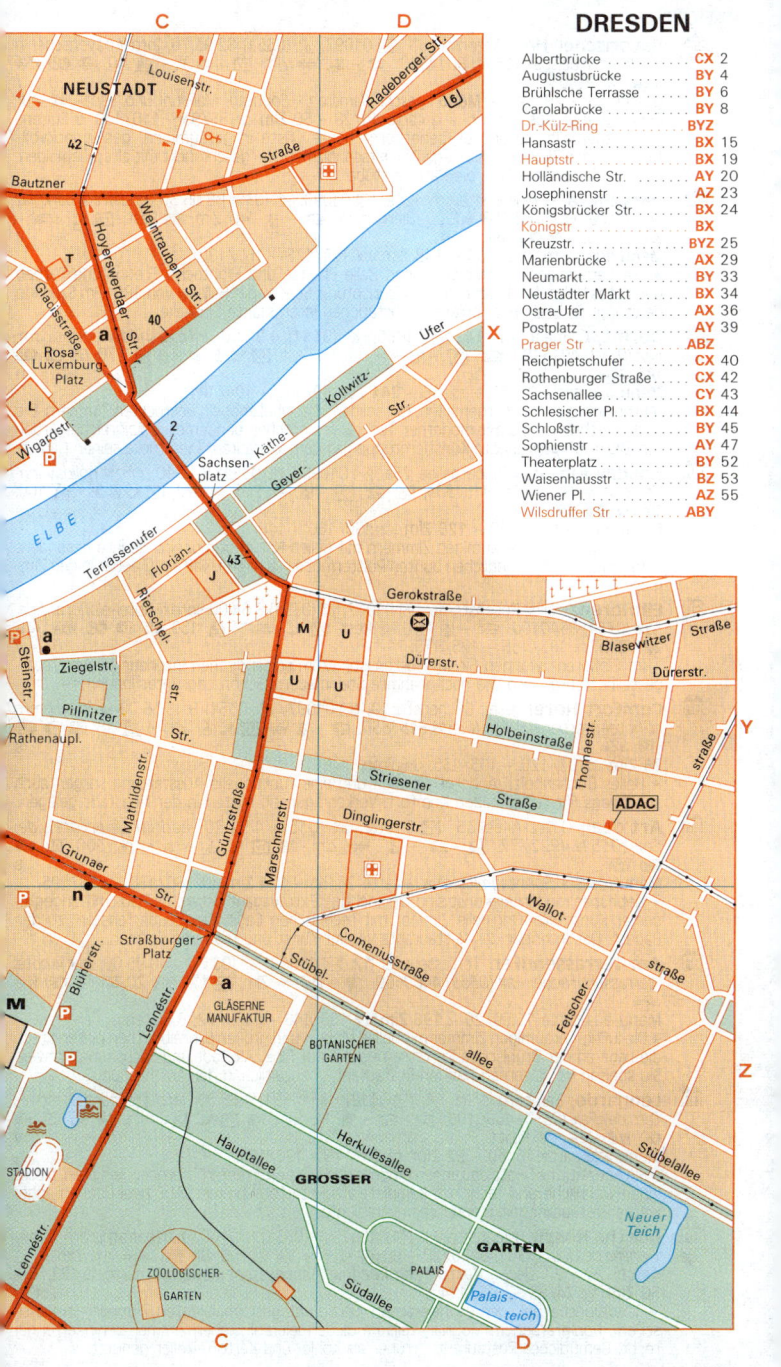

DRESDEN

Albertbrücke	**CX**	2
Augustusbrücke	**BY**	4
Brühlsche Terrasse	**BY**	6
Carolabrücke	**BY**	8
Dr.-Külz-Ring	**BYZ**	
Hansastr	**BX**	15
Hauptstr.	**BX**	19
Holländische Str.	**AY**	20
Josephinenstr	**AZ**	23
Königsbrücker Str.	**BX**	24
Königstr.	**BX**	
Kreuzstr.	**BYZ**	25
Marienbrücke	**AX**	29
Neumarkt	**BY**	33
Neustädter Markt	**BX**	34
Ostra-Ufer	**AX**	36
Postplatz	**AY**	39
Prager Str	**ABZ**	
Reichpietschufer	**CX**	40
Rothenburger Straße	**CX**	42
Sachsenallee	**CY**	43
Schlesischer Pl.	**BX**	44
Schloßstr.	**BY**	45
Sophienstr	**AY**	47
Theaterplatz	**BY**	52
Waisenhausstr	**BZ**	53
Wiener Pl.	**AZ**	55
Wilsdruffer Str	**ABY**	

DRESDEN

Bayerischer Hof, Antonstr. 33, ✉ 01097, ℘ (0351) 82 93 70, *info@bayerischh of-dresden.de*, Fax (0351) 8014860, 济, – 園, ⇔ Zim, 📺, ⇔ – 🛎 40. ● 📧 VISA JCB. ⌘ Rest BX r
geschl. 23. - 28. Dez. – **Menu** *(geschl. Samstag - Sonntag, Mai-Juni und Sept.-Okt. nur Sonntag)* à la carte 14/28 – **50 Zim** ⊇ 85/95 – 110/150, 5 Suiten.
◆ Die ehemalige Bibliothek beherbergt heute Gäste in geräumigen, geschmackvollfarbenfrohen Zimmern mit eleganten Kirschholzmöbeln - geschmückt mit alten Gemälden. Ganz in klassischem Stil : die Patrizierstube.

Park Plaza, Königsbrückerstr. 121a, ✉ 01099, ℘ (0351) 8 06 30, *ppdinfo@parkplaz ahotels.de*, Fax (0351) 8063200, Biergarten, ⇌, – 園, ⇔ Zim, ⊜ Rest, 📺 ✆ ⇔ – 🛎 330. 🖭 ● 📧 VISA U y
Menu à la carte 20,50/34 – **148 Zim** ⊇ 145/175 – 160/180.
◆ Die geräumigen Zimmer verbinden Belle Epoque und Hightech : Freundliche Farben und helles Holzdekor bestimmen die Einrichtung. Schön : der Ballsaal von 1891. Im Szenario gewähren freistehende, offene Kochstationen interessante Einblicke.

Dorint, Grunaer Str. 14, ✉ 01069, ℘ (0351) 4 91 50, *info.drshdd@dorint.com*, Fax (0351) 4915100, ⇌, ☒ – 園, ⇔ Zim, ⊜ Rest, 📺 ✆ ⅋ ⇔ – 🛎 170. 🖭 ● 📧 VISA JCB CYZ n
Menu à la carte 24/35 – ⊇ 15 – **244 Zim** 99/136 – 104/141.
◆ Erholen Sie sich in zeitgemäßen, mit soliden Massivholzmöbeln bestückten Zimmern. Die großen Schreibtische mit moderner Technik ermöglichen bequemes, erfolgreiches Arbeiten. Die 1905 gegründete Künstlergruppe gab dem Restaurant Die Brücke seinen Namen.

Holiday Inn, Stauffenbergallee 25a, ✉ 01099, ℘ (0351) 8 15 10, *info@holiday-inn-dresden.de*, Fax (0351) 8151333, 𝟐, ⇌, ☒ – 園, ⇔ Zim, ⊜ Rest, 📺 ✆ ⅋ 🅿 – 🛎 100. 🖭 ● 📧 VISA U s
Menu à la carte 20/30 – **120 Zim** ⊇ 130/160 – 148/175.
◆ Nächtigen Sie in geräumigen Zimmern mit hellen Naturholzmöbeln, die ihre besondere Atmosphäre von freundlichen bunten Polstermöbeln erhalten. Kaffee-/Teebar in den Zimmern.

Elbflorenz garni, Rosenstr. 36, ✉ 01067, ℘ (0351) 8 64 00, *info@hotel-elbflorenz.de*, Fax (0351) 8640100, ⇌ – 園 ⇔, ⊜ Rest, 📺 ✆ ⇔ – 🛎 150. 🖭 ● 📧 VISA AZ v
227 Zim ⊇ 105/155 – 125/175.
◆ Im Elbflorenz wohnen Sie im Toskanastil : Zum südländischen Interieur zählen Metallgestellbetten ebenso wie nachgeahmte Steinmauern. Schön begrünter Innenhof !

Comfort Hotel garni, Buchenstr. 10, ✉ 01097, ℘ (0351) 8 15 15 00, *info@comfo rt-hotel-dresden.de*, Fax (0351) 8151555, ⇌ – 園 ⇔ 📺 ✆ ⅋ ⇔ – 🛎 15. 🖭 ● 📧 VISA JCB U s
76 Zim ⊇ 87/120 – 103/135, 8 Suiten.
◆ Helles Buchenholz, moderne Formen und eine funktionale Ausstattung sorgen auch unterwegs für zeitgemäßen Komfort. Verkehrsgünstig mitten in der Neustadt gelegen.

Art'otel, Ostra-Allee 33, ✉ 01067, ℘ (0351) 4 92 20, *aodrinfo@artotels.de*, Fax (0351) 4922777, 𝟐, ⇌, – 園, ⇔ Zim, ⊜ 📺 ✆ ⅋ ⇔ – 🛎 300. 🖭 ● 📧 VISA AY s
Menu *(geschl. Sonntagmittag)* à la carte 26/31 – **174 Zim** ⊇ 160/180 – 175/195.
◆ Liebhaber moderner Kunst sind hier richtig : Extravagant designtes Haus mit angegliederter Kunsthalle. Originelle Zimmer mit technischen Gags wie "Zauberfenster" zu den Bädern. Das Interieur des Restaurants vereint Kunst und moderne Formen.

Am Terrassenufer, Terrassenufer 12, ✉ 01069, ℘ (0351) 4 40 95 00, *hat@hotel -terrassenufer.de*, Fax (0351) 4409600, 济, – 園, ⇔ Zim, 📺 ✆ – 🛎 20. 🖭 ● 📧 VISA JCB CY a
Menu à la carte 15,50/26 – **196 Zim** ⊇ 100/148 – 110/172, 6 Suiten.
◆ Die luftig-geräumigen Zimmer mit hellen Möbeln und großen Schreibflächen bieten durch die Lage an der Brühlschen Terrasse Ausblick auf Elbe, Altstadt und Sächsische Schweiz. Sie speisen im gläsernen Pavillon-Restaurant - neuzeitlich in der Aufmachung.

Leonardo, Bamberger Str. 14, ✉ 01187, ℘ (0351) 4 66 00, *info@leonardo.bestwes tern.de*, Fax (0351) 4660100, 济, ⇌ – 園, ⇔ Zim, ⊜ 📺 ✆ ⅋ ⇔ – 🛎 35. 🖭 ● 📧 VISA JCB. ⌘ Rest V v
Menu à la carte 16/30 – **92 Zim** ⊇ 96/116 – 126/150.
◆ Ein neuzeitlicher Hotelbau, innen modern und in mediterranen Farbtönen gehalten, bietet Ihnen wohnliche und technisch komplett ausgestattete Zimmer. Auf zwei Ebenen angelegtes Restaurant mit freundlichem Ambiente.

Martha Hospiz, Nieritzstr. 11, ✉ 01097, ℘ (0351) 8 17 60, *marthahospiz.dresden@ t-online.de*, Fax (0351) 8176222, – 園 📺 ✆ ⅋ – 🛎 20. 🖭 ● 📧 VISA JCB. ⌘ Zim
geschl. 22. - 27. Dez. – **Kartoffelkeller** *(nur Abendessen)* **Menu** à la carte 12/22,50 – **50 Zim** ⊇ 74/89 – 105/114. BX s
◆ Traditionsbetrieb der evangelischen Kirche mit geschmackvollen Zimmern in klassischem, honigfarbenem Mobiliar, teils im Biedermeierstil. Sieben Zimmer behindertengerecht. Gemütliches Restaurant - früher als Kohle- und Kartoffelkeller genutzt.

DRESDEN

Achat garni, Budapester Str. 34, ✉ 01069, ✆ (0351) 47 38 00, *dresden@achat-hote l.de, Fax (0351) 47380999* – 🛗 ✱ TV 📞 🚗 – 🚲 20. AE ⓪ ⓜ VISA
158 Zim ☐ 75/95 – 96/116. AZ e
• Zentrumsnah beim Hauptbahnhof liegt das Haus mit funktional ausgestatteten Zimmern in hellem Naturholz. Langzeitgäste wohnen in Appartements mit Miniküche.

Privat, Forststr. 22, ✉ 01099, ✆ (0351) 81 17 70, *hotel-privat@t-online.de, Fax (0351) 8013953*, ☕ – 🛗 ✱ TV 📞 P – 🚲 25. AE ⓜ VISA ✄ U b
Menu à la carte 11/18 – **30 Zim** ☐ 61 – 82/87.
• Ein privat und persönlich geführtes Nichtraucherhotel, das seinen Gästen funktional ausgestattete Zimmer mit den Annehmlichkeiten einer neuzeitlichen Unterkunft bietet. Helles Restaurant mit Wintergartenanbau und netter kleiner Terrasse.

Kipping, Winckelmannstr. 6, ✉ 01069, ✆ (0351) 47 85 00, *reception@hotel-kipping.de, Fax (0351) 4785099*, ☕ – 🛗 TV 📞 P AE ⓜ VISA JCB AZ t
Menu *(geschl. Sonntag)* à la carte 14/23 – **20 Zim** ☐ 70/95 – 85/115.
• In einer Seitenstraße hinter dem Bahnhof finden Sie dieses gepflegte, renovierte Stadthaus, das über unterschiedlich eingerichtete, wohnliche Gästezimmer verfügt.

Amadeus, Großenhainer Str. 118, ✉ 01129, ✆ (0351) 8 41 80, *empfang@hotel-amadeus-dresden.de, Fax (0351) 8418333* – 🛗, ✱ Zim, TV P AE ⓪ ⓜ VISA U m
Menu *(geschl. Sonntag) (nur Abendessen)* à la carte 14/22,50 – **80 Zim** ☐ 62/70 – 89/93.
• Ein typischer Dresdener Gründerzeitbau stellt Ihnen Quartiere zur Verfügung, die in sanften Farben und warmen Holztönen eingerichtet sind. Appartements für Langzeitgäste. Im Restaurant : Natursteinwände und Ziegelbögen.

Lesage, Lennéstr. 1, ✉ 01069, ✆ (0351) 4 20 42 50, *restaurant.lesage@kempinski.com, Fax (0351) 4204994*, ☕ – P AE ⓪ ⓜ VISA JCB CZ a
Menu à la carte 26/33, ♀.
• Außergewöhnlich ist die Lage dieses Restaurants in der Gläsernen Manufaktur von Volkswagen. Klares Design und ein eleganter Bistrostil beherrschen das Ambiente.

Italienisches Dörfchen, Theaterplatz 3, ✉ 01067, ✆ (0351) 49 81 60, *gastro.theaterplatz@t-online.de, Fax (0351) 4981688*, ☕, Biergarten – AE ⓪ ⓜ VISA JCB BY n
Bellotto (italienische Küche) **Menu** à la carte 21/38,50 – **Wein- und Kurfürstenzimmer**: **Menu** à la carte 19/33.
• Teil des Italienischen Dörfchens - benannt nach einer Siedlung italienischer Bauarbeiter - ist das modern gestaltete Bellotto. Stuck und ein schönes Rot geben der Weinstube eine elegante Note. Blickfang im Kurfürstenzimmer ist die verzierte Decke.

Coselpalais, An der Frauenkirche 12, ✉ 01067, ✆ (0351) 4 96 24 44, *Fax (0351) 4962445*, ☕ – ✄. AE ⓪ ⓜ VISA – **Menu** à la carte 17/35. BY b
• Traumhaft schon das Äußere dieses rekonstruierten Palais aus dem Jahre 1763. Das klassische Interieur mit Kaffeehauscharakter steht dem Gesamtbild gut zu Gesicht.

Am Glacis, Glacisstr. 8, ✉ 01099, ✆ (0351) 8 03 60 33, *restaurant@am-glacis.de, Fax (0351) 8036034*, ☕ – AE ⓪ ⓜ VISA CX a
geschl. 2. - 11. Jan., Sonntag – **Menu** à la carte 25/41,50.
• Im selben Haus wie das Mercure-Hotel Albertbrücke liegt dieses modern-elegante Restaurant, das die auf eine kulinarische Reise nach Frankreich mitnimmt.

Alte Meister, Theaterplatz 1a, ✉ 01067, ✆ (0351) 4 81 04 26, *info@altemeister.net, Fax (0351) 4810479*, ☕ – AE ⓜ VISA ✄ – **Menu** à la carte 20/28. AY e
• Helle, hohe Räume und eine Gewölbedecke - teils mit alten Fresken als Dekor - prägen das Ambiente. Schön sitzt man auch auf der Terrasse mit Blick auf Oper und Theaterplatz.

Fischhaus Alberthafen, Magdeburger Str. 58 (B 6), ✉ 01067, ✆ (0351) 4 98 21 10, *fischhaus@binnenhafen-sachsen.de, Fax (0351) 4982109*, ☕ – P AE ⓜ VISA U f
Menu *(überwiegend Fischgerichte) (abends Tischbestellung ratsam)* à la carte 18/29.
• Hafenatmosphäre mitten in Dresden, maritimes Dekor mit Masten und angedeutetem Schiffsrumpf. Das Angebot der offenen Küche ist fast ausschließlich auf Fisch bezogen.

Villandry, Jordanstr. 8, ✉ 01099, ✆ (0351) 8 99 67 24, *mail@villandry-restaurant.de, Fax (0351) 8996746*, ☕ – AE ⓜ VISA U r
geschl. Feb. 2 Wochen, Aug. 2 Wochen, Sonntag – **Menu** *(nur Abendessen) (Tischbestellung ratsam)* 24 à la carte 23/28
• Mediterraner Bistro-Look bestimmt das Ambiente dieses Restaurants. Neben einer schmackhaften internationalen Küche gefallen ungezwungene Stimmung und Live-Musik.

In Dresden-Blasewitz :

Am Blauen Wunder, Loschwitzer Str. 48, ✉ 01309, ✆ (0351) 3 36 60, *dresden@hotel-am-blauen-wunder.de, Fax (0351) 3366299*, ☕ – 🛗 TV 📞 🚗 – 🚲 20. AE ⓜ VISA
La Strada (italienische Küche) *(geschl. Sonntag) (nur Abendessen)* **Menu** à la carte 19/37,50 – **39 Zim** ☐ 95 – 120. UV d
• Ihr blaues Wunder erleben Sie hier nicht, höchstens geschmackvolle Zimmer, gestaltet in warmen, mediterranen Farben und mit technisch komplettester Ausstattung. Völlig neu gestaltet präsentiert sich das La Strada nun im Bistro-Stil.

DRESDEN

In Dresden-Cotta :

Mercure Elbpromenade, Hamburger Str. 64 (B 6), ✉ 01157, ✆ (0351) 4 25 20, h0479@t-online.de, Fax (0351) 4252420, 😊, 🍸 – 📶, 🛌 Zim, 📺 ♿ 🚗 🅿 – 🅰 60. 🅰🅴 ① ⓂⓄ 💳 JCB. ✗ Rest   U u
Menu *(geschl. Sonntagmittag)* à la carte 16/44 – ☐ 13 – **103 Zim** 59/80 – 72/87.
♦ Ihre Residenz in der "Perle des Nordens" direkt an der Elbe : Moderne, helle Naturholzmöblierung und blaue Schreibflächen mit guter Technik warten in geräumigen Zimmern.

Residenz Alt Dresden, Mobschatzer Str. 29, ✉ 01157, ✆ (0351) 4 28 10, residenzaltdresden@ringhotels.de, Fax (0351) 4281988, 😊, 🛁, 🍸 – 📶 🛌 📺 ♿ ♿ 🚗 🅿 – 🅰 100. 🅰🅴 ① ⓂⓄ 💳 JCB   U c
Menu à la carte 20,50/28,50 – **124 Zim** ☐ 90/114 – 107/140.
♦ Wohnen Sie in funktionellen Zimmern mit gelb-orangefarbenen, modernen Holzmöbeln. Langzeitgäste residieren im angegliederten Boardinghaus, Frühstück gibt's im Wintergarten ! Schlichtes Hotelrestaurant im Bistrostil.

In Dresden-Hellerau

Schmidt's, Moritzburger Weg 67 (in den Hellerauer Werkstätten), ✉ 01109, ✆ (0351) 8 04 48 83, Fax (0351) 8042958, 😊 – 🅿. 🅰🅴 ① ⓂⓄ 💳 JCB   U z
geschl. Samstagmittag, Sonntag – **Menu** (Tischbestellung ratsam) à la carte 16,50/26,50.
♦ Die ehemalige Feuerwehr-Garage der alten Hellerauer Werkstätten gibt diesem Restaurant seinen schlichten Rahmen. Innen : Holzboden, blanke Tische und eine große Fensterfront.

In Dresden-Kemnitz :

Romantik Hotel Pattis, Merbitzer Str. 53, ✉ 01157, ✆ (0351) 4 25 50, info@pattis.net, Fax (0351) 4255255, 😊, 🌀, Massage, 🍸, 🚿 – 📶, 🛌 Zim, 🍽 Rest, 📺 ♿ ♿ 🚗 🅿 – 🅰 80. 🅰🅴 ① ⓂⓄ 💳   U p
Gourmet-Restaurant *(geschl. Feb. 2 Wochen, Aug. 2 Wochen, Sonntag - Montag) (nur Abendessen)* **Menu** à la carte 55/65 – **Vitalis :** Menu à la carte 25/31 – **47 Zim** ☐ 100/135 – 135/190, 3 Suiten.
♦ Ein Hauch von Luxus : sehr geschmackvolle Zimmer mit gediegenen dunklen Jugendstilmöbeln, ein bemerkenswerter Wellnessbereich und ein kleiner Park. Das Gourmet-Restaurant imponiert mit edlem Interieur. Pavillon-Charakter prägt das Vitalis.

In Dresden-Klotzsche *Nord-Ost : 9 km über ② :*

Airport Hotel, Karl-Marx-Str. 25, ✉ 01109, ✆ (0351) 8 83 30, bestwestern@airporthoteldresden.com, Fax (0351) 8833333, 😊, 🍸 – 📶, 🛌 Zim, 🍽 Rest, 📺 ♿ ♿ 🚗 🅿 – 🅰 50. 🅰🅴 ① ⓂⓄ 💳 JCB
Menu à la carte 19/29 – **100 Zim** ☐ 97/108 – 114/128, 7 Suiten.
♦ Hier können Sie landen : Entspannen Sie in modernen, um das Atrium gruppierten Zimmern, solide bestückt mit neuzeitlichen Holzmöbeln, Schreibtischen und tadelloser Technik. Freundliches, mit Raumteilern aufgelockertes Restaurant.

In Dresden-Langebrück *über ② : 10 km :*

Lindenhof, Dresdner Str. 36, ✉ 01465, ✆ (035201) 7 50, hotel.lindenhof.dresden@t-online.de, Fax (035201) 75111, 😊 – 📶, 🛌 Zim, 📺 ♿ 🅿 – 🅰 40. 🅰🅴 ⓂⓄ 💳
Menu à la carte 12/23,50 – **35 Zim** ☐ 55 – 80.
♦ Die ehemalige Villa aus dem 19. Jh. mit reizendem Fachwerktürmchen diente früher als Erholungsheim. Zeitloses Mobiliar und Schreibflächen mit allen notwendigen Anschlüssen. Hotelrestaurant mit Parkettfußboden und neuzeitlicher Einrichtung.

In Dresden-Laubegast :

Ramada-Treff Resident Hotel, Brünner Str. 11, ✉ 01279, ✆ (0351) 2 56 20, resident.dresden@ramada-treff.de, Fax (0351) 2562800 – 📶, 🛌 Zim, 📺 ♿ 🚗 🅿 – 🅰 45. 🅰🅴 ① ⓂⓄ 💳 JCB. ✗ Rest   V h
Menu *(wochentags nur Abendessen)* à la carte 17/30 – **122 Zim** ☐ 70/90 – 86/102.
♦ Entspannen Sie sich in gemütlichen, mit hellen Pastellfarben freundlich aufgelockerten Zimmern, die in ihrer Funktionalität ganz auf Geschäftsreisende zugeschnitten sind.

In Dresden-Leubnitz-Neuostra :

Treff Hotel Dresden, Wilhelm-Franke-Str. 90, ✉ 01219, ✆ (0351) 4 78 20, dresden@treff-hotels.de, Fax (0351) 4782550, 😊, 🛁, 🍸 – 📶, 🛌 Zim, 📺 ♿ ♿ 🚗 🅿 – 🅰 350. 🅰🅴 ① ⓂⓄ 💳   V c
Menu à la carte 24/33 – ☐ 13 – **262 Zim** 88/98.
♦ Als halbrund erbautes Hotel unweit vom Stadtzentrum empfiehlt sich das Treff Hotel Dresden mit seinen geschmackvoll in hellem Kirschholz gehaltenen, komfortablen Zimmern. Großes, neuzeitlich-nüchternes Restaurant.

DRESDEN

In Dresden-Lockwitz *Süd-Ost : 11 km über ④ :*

Landhaus Lockwitzgrund, Lockwitzgrund 100, ✉ 01257, ✆ (0351) 2 71 00 10, tkaiser@landhaus-lockwitzgrund.de, Fax (0351) 27100130, 🎋, Biergarten – 쓪 Zim, 📺 ✆ 🅿 – 🚗 35. 🆎 🞅 🆅
Menu *(geschl. Jan., Montag)* à la carte 16,50/30, ♀ – **12 Zim** ⊆ 50 – 65.
• Im romantischen Lockwitzgrund läßt es sich in behaglicher Atmosphäre trefflich ausspannen : wohnliche Landhaus-Zimmer mit vielen Accessoires und original erhaltenen Details ! Die ehemaligen Stallungen mit Kreuzgewölbe dienen heute als Restaurant.

In Dresden-Loschwitz :

Schloß Eckberg (mit Kavaliershaus), Bautzner Str. 134, ✉ 01099, ✆ (0351) 8 09 90, email@hotel-schloss-eckberg.de, Fax (0351) 8099199, ≤ Dresden und Elbe, 🎋, Massage, 🛌, ≘s, 🏊, – 🛗, 쓪 Zim, 📺 ✆ 🅿 – 🚗 70. 🆎 🞅 🆗 🆅 🅹🅲🅱. 🞿 Rest   U d
Menu 20 (mittags) à la carte 35/43 – **84 Zim** ⊆ 97/180 – 135/235.
• Ein großzügiger Park und Zimmer mit wertvollen Antiquitäten machen die Hotelanlage mit dem neugotischen Schloß und dem modernen Kavalierhaus zu einer attraktiven Adresse. Klassisch-stilvoll fügt sich das Restaurant in den historischen Rahmen.

In Dresden-Marsdorf *über ① : 13 km und A 13, Ausfahrt Marsdorf :*

Landhaus Marsdorf 🌿, Marsdorfer Hauptstr. 15, ✉ 01108, ✆ (0351) 8 80 81 01, info@landhaus-marsdorf.de, Fax (0351) 8805760, Biergarten, 🏊 – 📺 ✆ 🅿 – 🚗 60. 🆎 🆗 🆅
Menu à la carte 15/34 – **23 Zim** ⊆ 63/76 – 86/92.
• Wählen Sie zwischen den modern gestalteten Zimmern im Erdgeschoß - alle mit Zugang zum Garten - und den rustikalen, gemütlichen Zimmern im Obergeschoß der Tenne. Im ursprünglichen, historischen Gasthof hat man das Restaurant eingerichtet.

In Dresden-Niedersedlitz *Süd-Ost : 10 km über Bismarckstraße* V :

Ambiente 🌿, Meusegaster Str. 23, ✉ 01259, ✆ (0351) 20 78 80, info@hotel-ambiente.de, Fax (0351) 2078836 – 🛗 쓪 📺 ✆ 🅿 🆗 🆅. 🞿 Rest
Menu *(geschl. Sonntag) (nur Abendessen)* (Restaurant nur für Hausgäste) – **20 Zim** ⊆ 71/81 – 82/118.
• Das persönlich geführte Hotel präsentiert anspruchsvolle Ausstattung in dezenter Eleganz : Kirschbaumholz, Treca-Betten und geschmackvoll gemusterte Stoffe prägen die Zimmer.

In Dresden-Pillnitz *Süd-Ost : 13 km über Pillnitzer Landstraße* V :

Schloss Hotel Pillnitz, August-Böckstiegel-Str. 10, ✉ 01326, ✆ (0351) 2 61 40, info@schlosshotel-pillnitz.de, Fax (0351) 2614400, 🎋 – 🛗, 쓪 Zim, 📺 ✆ & 🅿 – 🚗 50. 🆎 🆗 🆅 🅹🅲🅱. 🞿 Zim
Menu à la carte 23/35 – **Kaminrestaurant** *(geschl. 5. - 29. Jan., Sonntag) (nur Abendessen)* **Menu** à la carte 35/49 – **45 Zim** ⊆ 75/95 – 100/125.
• Die ehemalige Schloss-Schänke von 1724 - direkt neben dem Schloss - bietet heute Gästen wohnliche Zimmer in zart mediterranem Stil. Zwei Romantiksuiten mit Wasserbett. Modern im Bistrostil zeigt sich das Restaurant. Im Kaminrestaurant : rustikale Eleganz.

In Dresden-Seidnitz :

An der Rennbahn, Winterbergstr. 96, ✉ 01237, ✆ (0351) 21 25 00, buero@hotel-an-der-rennbahn-dresden.de, Fax (0351) 2125050, Biergarten – 📺 🅿 – 🚗 50. 🆎 🆗 🆅   V a
Menu à la carte 14/22 – **22 Zim** ⊆ 67/74 – 82/92.
• Nahe der Rennbahn finden Sie Zimmer in gediegenem Stil, mit farblich abgesetzten Naturholzmöbeln. Für Sportbegeisterte hält man zwar keine Pferde, aber Drahtesel bereit. Eine dunkle Holztäfelung gibt dem Restaurant einen rustikalen Touch.

In Dresden-Strehlen :

Four Points Hotel Königshof, Kreischaer Str. 2 (Wasaplatz), ✉ 01219, ✆ (0351) 8 73 10, fourpoints.koenigshof@arabellasheraton.com, Fax (0351) 8731499, ≘s – 🛗, 쓪 Zim, 📺 ✆ & ⟵⟶ – 🚗 180. 🆎 🞅 🞅 🆅 🅹🅲🅱   V t
Menu à la carte 17,50/28 – ⊆ 11 – **93 Zim** 103 – 123, 9 Suiten.
• Das denkmalgeschützte Haus empfängt Sie mit freundlicher Einrichtung, hochwertigen Buchenmöbeln und moderner Kommunikationstechnik. Fragen Sie nach den Himmelbett-Zimmern. Gemütliches Restaurant mit Bistro-Ambiente.

In Dresden-Unkersdorf *West : 11 km über Warthaer Straße* U :

Unkersdorfer Hof, Am Schreiberbach 3, ✉ 01156, ✆ (035204) 9 80 40, unkersdorfer.hof@t-online.de, Fax (035204) 98042, Biergarten, ≘s, 🏊 – 📺 & 🅿. 🞿 Zim
Menu *(Montag - Freitag nur Abendessen)* à la carte 12/19 – **35 Zim** ⊆ 41 – 61.
• Die historischen Mauern des Unkersdorfer Hofes sind eine saubere, einfache und praktische Alternative für den preisbewussten Dresden-Besucher.

DRESDEN

In Dresden-Weißer Hirsch :

Pension Arcade garni, Bautzner Landstr. 58, ✉ 01324, ℘ (0351) 26 99 50, bartsch@pension-arcade.de, Fax (0351) 2699531 – 📺 ☏ 🚗. ※   U n
12 Zim ⊐ 47/57 – 67/82.
• Diese solide und gut eingerichtete kleine Adresse mit privatem Charakter bietet dem Gast eine neuzeitliche, praktische Unterkunft zu fairen Preisen.

Luisenhof, Bergbahnstr. 8, ✉ 01324, ℘ (0351) 2 14 99 60, gastronomie@luisenhof.org, Fax (0351) 2149977, ≤ Dresden und Elbe, 🌳 – 🅿 50. AE MC VISA JCB   U g
Menu à la carte 16,50/35,50.
• Modernes Ambiente und eine große Fensterfront prägen das höchste Aussichtsrestaurant der Stadt - auch als Balkon Dresdens bekannt. Schöne Terrasse unter Bäumen.

In Dresden-Weixdorf : *Nord-Ost : 10 km über* ② :

Quintessenz, Hohenbusch Markt 1, ✉ 01108, ℘ (0351) 88 24 40, hotel.quintessenz@t-online.de, Fax (0351) 8824444, 🌳 – 🛗, ⇌ Zim, 📺 ☏ 🅿 – 🅿 60. AE ① MC VISA
Menu (geschl. Sonntag) (nur Abendessen) à la carte 14/25 – **75 Zim** ⊐ 69/84 – 87/99.
• Am Ortsrand, auf dem Weg zur A3, liegt etwas versteckt in einem modernen Geschäftszentrum dieses gute, mit komfortablen Zimmern ausgestattete Hotel. Landschaftsbilder italienischer Regionen zieren die Wände des kleinen Restaurants Toskana.

DRIBURG, BAD Nordrhein-Westfalen ₅₄₃ K 11 – 19 500 Ew – Höhe 220 m – Heilbad.

🛁 Bad Driburg, Georg-Nave-Str. 24a, ℘ (05253) 71 04.
🛈 *Tourist-Information*, Lange Str. 140, ✉ 33014, ℘ (05253) 9 89 40, infoservice@bad-driburg.de, Fax (05253) 989424.
Berlin 390 – Düsseldorf 190 – *Hannover* 108 – Kassel 86 – Paderborn 20 – Detmold 28.

Gräfliches Parkhotel ⑤, (mit Gästehäusern), Im Kurpark, ✉ 33014, ℘ (05253) 95 20, info@graefliches-parkhotel.de, Fax (05253) 952204, 🌳, Massage, ♨, ≦s, 🏊, 🐎, ※ – 🛗, ⇌ Zim, 📺 ☏ 🚗 🅿 – 🅿 120. AE ① MC VISA JCB. ※
Menu à la carte 23/30,50 – **185 Zim** ⊐ 85/120 – 120 – ½ P 14.
• Gediegen und stilvoll ist der Rahmen dieses vornehmen Hotels. Die Gästezimmer sind in separaten Gebäudeteilen untergebracht und individuell mit Sinn für's Detail eingerichtet. Kronleuchter und Wandgemälde vermitteln im Restaurant den Charme vergangener Zeiten.

Schwallenhof, Brunnenstr. 34, ✉ 33014, ℘ (05253) 98 13 00, hotel@schwallenhof.de, Fax (05253) 981388, 🌳, Massage, ≦s, 🏊, 🐎, 🐎 – 🛗 📺 🚗 🅿 – 🅿 40. AE ① MC VISA. ※ Rest
Menu à la carte 16,50/33 – **40 Zim** ⊐ 43/72 – 74/97 – ½ P 14.
• Ein ehemaliger Bauernhof beherbergt heute erholungsuchende Reisende. Man hat beim Gestalten der Innenräume viel Holz verwendet, dies erzeugt eine behagliche Stimmung. Holz, ein Kamin und einige Nischen machen das Restaurant gemütlich.

Neuhaus ⑤, Steinbergstieg 18, ✉ 33014, ℘ (05253) 40 80, info@hotel-neuhaus.com, Fax (05253) 408616, ≦s, 🏊, 🐎 – 🛗, ⇌ Zim, 📺 ☏ 🚗 🅿 – 🅿 75. AE ① MC VISA. ※ Rest
geschl. Ende Juli - Anfang Aug. – **Menu** à la carte 20/29 – **66 Zim** ⊐ 55/72 – 74/94 – ½ P 13.
• Man hat sich in diesem praktischen Haus ganz besonders auf die Bedürfnisse von Tagungs- und Seminargästen eingestellt. Kompetent und sympathisch steht man Ihnen zur Seite.

Am Rosenberg ⑤, Hinter dem Rosenberg 22, ✉ 33014, ℘ (05253) 9 79 70, info@hotel-am-rosenberg.de, Fax (05253) 979797, ≤, 🌳, ≦s, 🏊, 🐎 – ⇌ Zim, 📺 🅿. MC VISA
Menu (geschl. Mittwoch) à la carte 19,50/41,50 – **21 Zim** ⊐ 36/41 – 72/82 – ½ P 12.
• Das aus zwei Gebäuden bestehende Hotel liegt am Waldrand des Rosenbergs, der sich an die Kuranlagen anschließt. Fragen Sie nach einem Zimmer mit Balkon und Aussicht. Eine schöne Gartenterrasse ergänzt das Restaurant mit einigen luftigen Plätzen.

DROLSHAGEN Nordrhein-Westfalen ₅₄₃ M 7 – 12 500 Ew – Höhe 375 m.

🛈 *Bürgerbüro, Am Mühlenteich 1*, ✉ 57489, ℘ (02761) 97 01 81, buergerbuero@drolshagen.de, Fax (02761) 970188.
Berlin 555 – Düsseldorf 114 – Siegen 31 – Hagen 59 – Köln 70.

Zur Brücke mit Zim, Hagener Str. 12 (B 54/55), ✉ 57489, ℘ (02761) 75 48, tschoeder@hotelzurbruecke.de, Fax (02761) 7540, 🌳 – 📺 🚗 🅿. MC VISA. ※ Zim
geschl. 20. - 30. Okt. – **Menu** (geschl. Dienstag) à la carte 18/28 – **11 Zim** ⊐ 40 – 75.
• Von deftiger Hausmannskost bis zur feinen Wildspezialität reicht das Repertoire der Küche des seit 150 Jahren bestehenden Gasthauses mit der Schieferfassade.

DUDELDORF Rheinland-Pfalz siehe Bitburg.

DUDERSTADT Niedersachsen 541 L 14 – 24 600 Ew – Höhe 172 m – Erholungsort.
- Duderstadt, Rothenbergerhaus (Nord-Ost : 13 km über Zwinge), ℰ (05529) 89 92.
- Gästeinformation, Rathaus, Marktstr. 66, ✉ 37115, ℰ (05527) 84 12 00, gaesteinfo@duderstadt.de, Fax (05527) 841201.
- Berlin 350 – Hannover 131 – Erfurt 98 – Göttingen 32 – Braunschweig 118.

Zum Löwen, Marktstr. 30, ✉ 37115, ℰ (05527) 30 72, info@hotelzumloewen.de, Fax (05527) 72630, 😊, 🖼 – ⌘ Zim, 📺 📞 💿 ✈ 🛏 – 🔒 50. AE ⓞ ⓜ VISA JCB – **Menu** à la carte 23,50/36 – **42 Zim** ⌄ 75/90 – 115/145.
- In den Gästezimmern dieses schmucken Altstadthotels herrscht elegante Wohnkultur. Edle Stoffe und helle Farben schaffen eine heitere und behagliche Atmosphäre. Auf rustikale Art ergänzt das Alt-Duderstadt das gediegen-elegante Restaurant.

In Duderstadt-Fuhrbach Nord-Ost : 6 km :

Zum Kronprinzen, Fuhrbacher Str. 31, ✉ 37115, ℰ (05527) 91 00, info@hotelzumkronprinzen.com, Fax (05527) 910250, 😊, 🛁, 🌴 – ⌘, 🛏 Zim, 📺 📞 💿 – 🔒 100. AE ⓞ ⓜ VISA
Menu à la carte 17,50/34 – **51 Zim** ⌄ 55/65 – 75/85.
- In diesem rustikalen, aufwändig modernisierten Fachwerkbau erwarten Sie funktionelle Zimmer mit Balkon und ein sehr gepflegter Saunabereich mit Dampfbad und Solarium. Leicht rustikal präsentiert sich auch der Stil des Restaurants.

DÜBEN, BAD Sachsen 544 L 21 – 10 000 Ew – Höhe 92 m.
- Touristinformation, Paradeplatz 19, ✉ 04849, ℰ (034243) 5 28 86, touristinformation@t-online.de, Fax (034243) 52886.
- Berlin 140 – Dresden 137 – Leipzig 33 – Halle 56 – Dessau 41.

Schützenhaus ♨, Schützenstr. 8, ✉ 04849, ℰ (034243) 2 44 56, hotel_schuetzenhaus@t-online.de, Fax (034243) 51994, Biergarten, 🏊, 😊 – 🛏 📺 💿 – 🔒 80. AE ⓞ ⓜ VISA JCB
Menu (Montag - Freitag nur Abendessen) à la carte 14/28 – **27 Zim** ⌄ 41/43 – 66/69 – ½ P 10.
- Der 1994 erbaute Hotelkomplex liegt ruhig oberhalb des Flußlaufes Mulde mit seiner einzigartigen Landschaft. Die Gästezimmer sind praktisch eingerichtet, einige mit Balkon. Leicht rustikal gestaltetes Restaurant.

Burgschänke Goldener Löwe, Leipziger Str. 5, ✉ 04849, ℰ (034243) 28 60, info@burgschaenke.com, Fax (034243) 28666, Biergarten – 🛏 Zim, 📺 📞 💿 – 🔒 30. AE ⓞ ⓜ VISA JCB
Menu (Montag - Freitag nur Abendessen) à la carte 15/28 – **14 Zim** ⌄ 55 – 80.
- Mit Liebe zum Detail hat man diese Anlage nach historischem Vorbild rekonstruiert. Das denkmalgeschützte Haus a. d. 17. Jh. beherbergt gemütliche Zimmer mit Internetzugang. Ländlich und derb-rustikal geht es im Restaurant zu - nett : der Innenhof.

DÜLMEN Nordrhein-Westfalen 543 K 5 – 47 000 Ew – Höhe 70 m.
- Verkehrsbüro, Markt 1 (Rathaus), ✉ 48249, ℰ (02594) 1 23 45, touristik@duelmen.de, Fax (02594) 12346.
- Berlin 508 – Düsseldorf 90 – Münster (Westfalen) 34 – Recklinghausen 27.

Merfelder Hof, Borkener Str. 60, ✉ 48249, ℰ (02594) 97 00, info@merfelder-hof.de, Fax (02594) 970100, 😊, 😊 – 🛏 📺 💿 – 🔒 40. AE ⓞ ⓜ VISA JCB
Menu à la carte 20/36 – **55 Zim** ⌄ 45/60 – 65/90.
- Die Zimmer sind mit unterschiedlichem Holzmobiliar solide eingerichtet und verfügen über den notwendigen technischen Komfort. Freuen Sie sich auf ein gutes Frühstücksbuffet. Rustikal-elegantes Restaurant.

In Dülmen-Hausdülmen Süd-West : 3 km Richtung Flugplatz Borkenberge :

Große Teichsmühle, Borkenbergestr. 78, ✉ 48249, ℰ (02594) 9 43 50, info@grosse-teichsmuehle.de, Fax (02594) 943537, 😊 – 🛏 Zim, 📺 💿 – 🔒 40. AE ⓞ ⓜ VISA
Menu à la carte 21,50/35 (auch vegetarische Gerichte) – **15 Zim** ⌄ 36/45 – 66/78.
- Die umliegenden Teiche bestimmen das Bild der malerischen Landschaft. Die alte Mühle verfügt über unterschiedliche Zimmer, die teils mit nostalgischen Möbeln bestückt sind. Teil des gastronomischen Bereichs ist eine gemütliche Gaststube mit Kamin.

Außerhalb Nord-West : 5 km über Borkener Straße :

Haus Waldfrieden, Börnste 20, ✉ 48249 Dülmen, ℰ (02594) 22 73, info@haus-waldfrieden.de, Fax (02594) 3739, 😊 – 💿 🌴
geschl. 5. Jan. - 6. Feb., Freitag – **Menu** à la carte 15/30,50.
- Inmitten von Weiden und Feldern liegt dieses Ausflugslokal - ländlich-rustikal in der Aufmachung. Auf den Tisch kommt Bürgerliches sowie Kuchen aus eigener Herstellung.

DÜREN

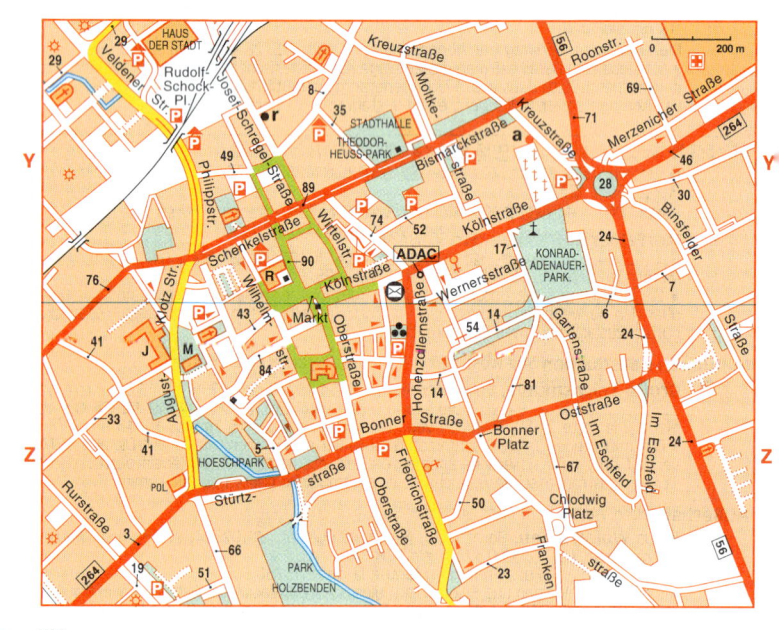

Street	Ref
Aachener Straße	Z 3
Alte-Jülicher-Straße	X 4
Altenteich	Z 5
Am Adenauerpark	YZ 6
Am Krausberg	Y 7
Arnoldsweilerstraße	XY 8
Bahnstraße	X 9
Dechant-Bohnekamp-Straße	X 10
Dechant-Vaßen-Straße	Z 14
Dr.-Kotthaus-Straße	Y 17
Eisenbahnstraße	X 18
Elberfelder Straße	Z 19
Eschstraße	Z 23
Euskirchener Straße	XYZ 24
Friedrich-Ebert-Platz	Y 28
Fritz-Erler-Str.	XY 29
Girbelsrather Straße	Y 30
Goethestraße	Z 33
Hans-Brückmann-Str.	Y 35
Holzstraße	Z 41
Josef-Schregel-Straße	Y
Kaiserplatz	Z 43
Kapellenstraße	X 45
Kölner Landstraße	XY 46
Kölnstraße	Y
Kuhgasse	Z 49
Kurfürstenstraße	Z 50
Langenberger Straße	Z 51
Marienstraße	Y 52
Markt	YZ
Martin-Luther-Platz	Z 54
Monschauer Straße	X 56
Neue Jülicher Straße	Y 60
Nippesstraße	X 61
Oberstraße	Z
Rütger-von-Scheven-Straße	XZ 66
Sachsenstraße	Z 67
Scharnhorststraße	Y 69
Schoellerstraße	XY 71
Schützenstraße	Y 74
Stockheimer Landstraße	X 75
Tivolistraße	XY 79
Valencienner Straße	X 80
Van-der-Giese-Straße	Z 81
Weierstraße	Z 84
Wirtelstraße	Y
Wirteltorplatz	Y 89
Zehnthofstraße	Y 90

DÜREN Nordrhein-Westfalen **543** N 3 – 89 000 Ew – Höhe 130 m.
   ᴮ Düren-Gürzenich, Trierbachweg 32 (Süd-West : 5 km über ④), ℰ (02421) 6 72 78.
   ADAC, Kölnstr. 52.
   Berlin 611 ① – Düsseldorf 71 ① – Aachen 36 ① – Bonn 57 ③ – Köln 48 ①

Stadtplan siehe gegenüberliegende Seite

🏨 **Düren's Post-Hotel,** Josef-Schregel-Str. 36, ⌧ 52349, ℰ (02421) 2 89 60, *duerens*
   .posthotel@uumail.de, Fax (02421) 10138 – |≡|, ⋇ Zim, 🅃🆅 ✆ ⇌ 🅿 – 🛏 100. 🄰🄴 ⓘ
   🄼🄲 🆅🅸🆂🅰   **Y r**
   Menu *(geschl. Sonn- und Feiertage)(nur Abendessen)* à la carte 25,50/35 – **57 Zim** ⌥ 82
   – 118.
   ♦ Zentrale Lage und sehr gepflegte, unterschiedlich möblierte Zimmer - teils ruhig nach hin-
   ten gelegen - sprechen für dieses Haus. Residenten-Suite mit Kamin und 2 Schlafräumen.
   Im Restaurant serviert man Ihnen internationale Küche.

🕸 **Hefter's,** Kreuzstr. 82, ⌧ 52351, ℰ (02421) 1 45 85, *restauranthefter@t-online.de,*
   Fax (02421) 202889, 🌲   **Y a**
   geschl. über Karneval 2 Wochen, Aug. 2 Wochen, Sonn- und Feiertage mittags, Montag
   - Dienstag – **Menu** *(Tischbestellung erforderlich)* 29/89 à la carte 47,50/72, ⌥ – *Bistro*
   Petit Hefter : Menu à la carte 33,50/50, ⌥.
   ♦ Parkett und elegante Chromstühle bestimmen den Rahmen für ein kulinarisches Erlebnis
   der besonderen Art. Französische Kochkunst trifft edles modernes Ambiente ! Garten-
   terrasse. Im Wintergarten bietet das Bistro eine kleine, preiswertere Karte.
   Spez. Variation von der Gänsestopfleber mit Apfelsalat. Hummer mit weißem Zwiebel-
   mousse und Lauchmaultaschen. Wildgerichte aus der Eifeler Jagd

In Düren-Rölsdorf :

🏨 **Jägerhof** garni (mit Gästehaus), Monschauer Str. 217, ⌧ 52355, ℰ (02421) 9 67 10,
   reservierung@jaegerhof-dueren.de, Fax (02421) 967171 – 🅃🆅 ✆ 🅿. 🄰🄴 🄼🄲 🆅🅸🆂🅰   **X s**
   34 Zim ⌥ 57/62 – 72/80.
   ♦ Das Haupthaus ist ein ehrwürdiges Gebäude aus dem 18. Jh. Dort sind die Zimmer zumeist
   mit Eichenmöbeln ausgestattet ; im Gästehaus geräumigere Zimmer in Mahagoni.

In Kreuzau-Untermaubach *Süd : 11 km über Nideggener Straße* **X** :

🕸 **Mühlenbach,** Rurstr. 16, ⌧ 52372, ℰ (02422) 41 58 – 🅿. 🄼🄲 🆅🅸🆂🅰
   geschl. über Karneval 1 Woche, Montag, Dienstagabend – **Menu** à la carte 17/30,50.
   ♦ Im Restaurant mit den zwei Ebenen sitzt man auf bequemen Eichenstühlen und betrach-
   tet den vorbeifließenden Mühlenbach, während man die gutbürgerliche Karte studiert.

DÜRKHEIM, BAD Rheinland-Pfalz **543** R 8 – 19 500 Ew – Höhe 120 m – Heilbad.
   ᴮ Dackenheim, Im Blitzgrund 1 (Nord : 3 km), ℰ (06353) 98 92 12.
   🄱 *Tourist Information, Kurbrunnenstr. 14 (Kurzentrum),* ⌧ 67098, ℰ (06322) 9 56 62 50,
   verkehrsamt@bad-duerkheim.de, Fax (06322) 9566259.
   Berlin 639 – Mainz 82 – Mannheim 25 – Kaiserslautern 33.

🏨 **Kurparkhotel** ⚜, Schloßplatz 1, ⌧ 67098, ℰ (06322) 79 70, *info@kurpark-hotel.de,*
   Fax (06322) 797158, ≼, 🌲, Massage, ⚕, ⇌, 🅂 – |≡|, ⋇ Zim, 🅃🆅 ✆ ⇌ 🅿 – 🛏 150.
   🄰🄴 ⓘ 🄼🄲 🆅🅸🆂🅰 🄹🄲🄱
   Menu à la carte 22,50/40 – **113 Zim** ⌥ 114/125 – 145/160 – ½ P 18.
   ♦ Der historische Prachtbau bietet Zimmer mit dem Wohnkomfort eines modernen Ferien-
   und Seminarhotels. Täglich (außer montags) können Sie zum Live-Musik das Tanzbein schwin-
   gen. Im Restaurant Graf zu Leiningen empfängt Sie ein helles, freundliches Ambiente.

🏨 **Parkhotel Leininger Hof,** Kurgartenstr. 17, ⌧ 67098, ℰ (06322) 60 20, *zuhaus@lein*
   inger-hof.de, Fax (06322) 602300, 🌲, ⇌, 🅂 – |≡|, ⋇ Zim, 🅃🆅 ✆ ⇌ – 🛏 150. 🄰🄴 ⓘ 🄼🄲
   🆅🅸🆂🅰 🄹🄲🄱. ⋇ Rest – **Menu** à la carte 22/33 – **100 Zim** ⌥ 80/115 – 102/155 – ½ P 19.
   ♦ Gepflegt, neuzeitlich und funktionell - so zeigen sich die Zimmer dieses Hotels, ausge-
   stattet mit solidem, hellem Naturholzmobiliar, guter Technik und meist mit Balkon. Ob im
   Wintergarten oder auf der Terrasse - Sie speisen immer mit Blick auf den Park.

🏨 **Gartenhotel Heusser** ⚜, Seebacher Str. 50, ⌧ 67098, ℰ (06322) 93 00, *info@*
   hotel-heusser.de, Fax (06322) 930499, 🌲, ⇌, 🅂 – |≡|, ⋇ Zim, 🅃🆅 ✆ 🅿 – 🛏 110. 🄰🄴
   ⓘ 🄼🄲 🆅🅸🆂🅰. ⋇ Rest – **Menu** à la carte 19,50/37 – **90 Zim** ⌥ 70/80 – 117, 3 Suiten – ½ P 20.
   ♦ Wie der Name schon sagt, liegt das Haus inmitten eines Gartens. Neben der schönen
   Außenanlage zählen auch die soliden, gut unterhaltenen Zimmer zu den Annehmlichkeiten.
   Restaurant und Wintergarten bieten ein gepflegtes Ambiente zum Speisen.

🏨 **Dorint** ⚜, Kurbrunnenstr. 30, ⌧ 67098, ℰ (06322) 60 10, *Fax (06322) 601603,* 🌲
   direkter Zugang zum Salinarium – |≡|, ⋇ Zim, 🅃🆅 ✆ ⚕ 🅿 – 🛏 550. 🄰🄴 ⓘ 🄼🄲 🆅🅸🆂🅰. ⋇ Rest
   Menu *(geschl. Montag - Dienstag)(nur Abendessen)* à la carte 25/37,50 – **100 Zim**
   ⌥ 135/145 – 165/170 – ½ P 21.
   ♦ Durch einen direkten Zugang erreichen Hausgäste von hier aus das Salinarium. Nach
   einem ausgiebigen Bad im Thermalwasser finden Sie in komfortablen Zimmern die nötige
   Ruhe.

DÜRKHEIM, BAD

Fronmühle, Salinenstr. 15, ✉ 67098, ✆ (06322) 9 40 90, *fronmuehle_uwe.krauss@ t-online.de, Fax (06322) 940940*, 🌳, Biergarten, ≦s, 🔲, 🐎 – 📶, ⇌ Zim, TV P – ⚿ 20.
① ⓂⓄ VISA
Menu *(geschl. Montag)* à la carte 26/38,50 – **21 Zim** ⇌ 65/70 – 85/90 – ½ P 15.
• Umgeben von Kurpark und Weinbergen liegt die Fronmühle direkt an der Saline. Unverfälschte Pfälzer Lebensart kann man in dem familiären Hotel noch kennen lernen. Holzmobiliar, bäuerliches Gerät und Schnitzereien zieren das Restaurant.

Weingarten garni, Triftweg 11a, ✉ 67098, ✆ (06322) 9 40 10, *hotel-weingarten@ t-online.de, Fax (06322) 940155*, ≦s, 🐎 – ⇌ TV P – ⚿ 20. AE ⓂⓄ VISA ⚲
geschl. 20. Dez. - 20. Jan. – **18 Zim** ⇌ 63 – 84/94.
• Geräumige und sehr gut gepflegte Zimmer erwarten Sie in diesem kleinen, aber intensiv geführten Hotel. Die Dependance im angrenzenden Weingut bietet weitere Zimmer.

Philip's Brasserie, Römerplatz 3, ✉ 67098, ✆ (06322) 6 88 08, *info@philips-brass erie.de, Fax (06322) 949633*, 🌳
Menu 20/33 à la carte 22,50/36, ⚱.
• Hinter schönen, bis zum Boden reichenden Rundbogenfenstern hat man dieses nette Restaurant mit Bistro-Ambiente eingerichtet. Blickfang : die große Theke mit Vorspeisenvitrine.

Weinstube Ester, Triftweg 21, ✉ 67098, ✆ (06322) 98 90 65, *ester-gmbh@t-onl ine.de, Fax (06322) 989726*, 🌳 – ① ⓂⓄ VISA
geschl. 5. - 20. Sept., Montag - Dienstag – **Menu** *(wochentags ab 16.00 Uhr geöffnet)* (Tischbestellung ratsam) à la carte 17/27,50, ⚱.
• Typische Pfälzer Weinstube mit rustikalem Ambiente. Das Angebot ist überwiegend regional gefärbt und die Fleisch- und Wurstspezialitäten stammen aus der eigenen Metzgerei.

In Bad Dürkheim-Seebach *Süd-West : 1,5 km :*

Landhaus Fluch ⚲ garni, Seebacher Str. 95, ✉ 67098, ✆ (06322) 24 88, *Fax (06322) 65729*, 🌳 – ⇌ TV P. ⚲
geschl. 20. Dez. - Mitte Jan. – **24 Zim** ⇌ 50/55 – 75/80.
• Die Zimmer sind mit hellem Landhausmobiliar ausgestattet und verfügen alle über einen Balkon und Gartenblick. Den Tag beginnt man hier mit einem Pfälzer Frühstücksbuffet.

DÜRRHEIM, BAD Baden-Württemberg 545 V 9 – *12 500 Ew* – Höhe 706 m – Heilbad – Heilklimatischer Kurort – Wintersport : ⛷.
🛈 *Information im Haus des Gastes, Luisenstr. 4*, ✉ 78073, ✆ (07726) 66 62 66, *info@badduerrheim.de, Fax (07726) 666361.*
Berlin 737 – Stuttgart 113 – *Freiburg im Breisgau* 71 – Konstanz 76 – Villingen-Schwenningen 8.

Parkhotel Waldeck ⚲, Waldstr. 18, ✉ 78073, ✆ (07726) 66 31 00, *info@hotel-waldeck.com, Fax (07726) 8001*, 🌳, Massage, ♨, 🏋, ≦s, 🔲, 🐎 – 📶, ⇌ Zim, TV 📞
♿ 🚗 P – ⚿ 160. AE ① ⓂⓄ VISA ⚲ Rest
Menu à la carte 21,50/41,50 – **39 Zim** ⇌ 82/124 – 124/166 – ½ P 15.
• Dem Hotelbetrieb ist eine Kurklinik angegliedert - dem Hausgast stehen somit alle Anwendungsmöglichkeiten und die sehr gepflegte Bade- und Fitnessabteilung offen. Klassisch eingerichtetes Restaurant.

Haus Baden ⚲ garni, Kapfstr. 6, ✉ 78073, ✆ (07726) 9 23 90, *Fax (07726) 923950*,
🐎 – ⇌ TV P. ⚲
19 Zim ⇌ 39/43 – 70/78.
• Geschmackvoll und behaglich gestaltete Aufenthaltsräume, ein großzügig eingerichteter Fernsehraum und eine wohlsortierte Bibliothek bestimmen den Charakter dieses Hauses.

DÜRRWANGEN Bayern siehe Dinkelsbühl.

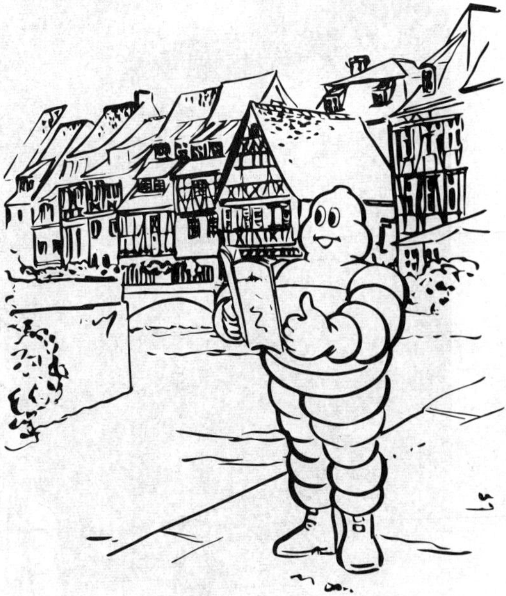

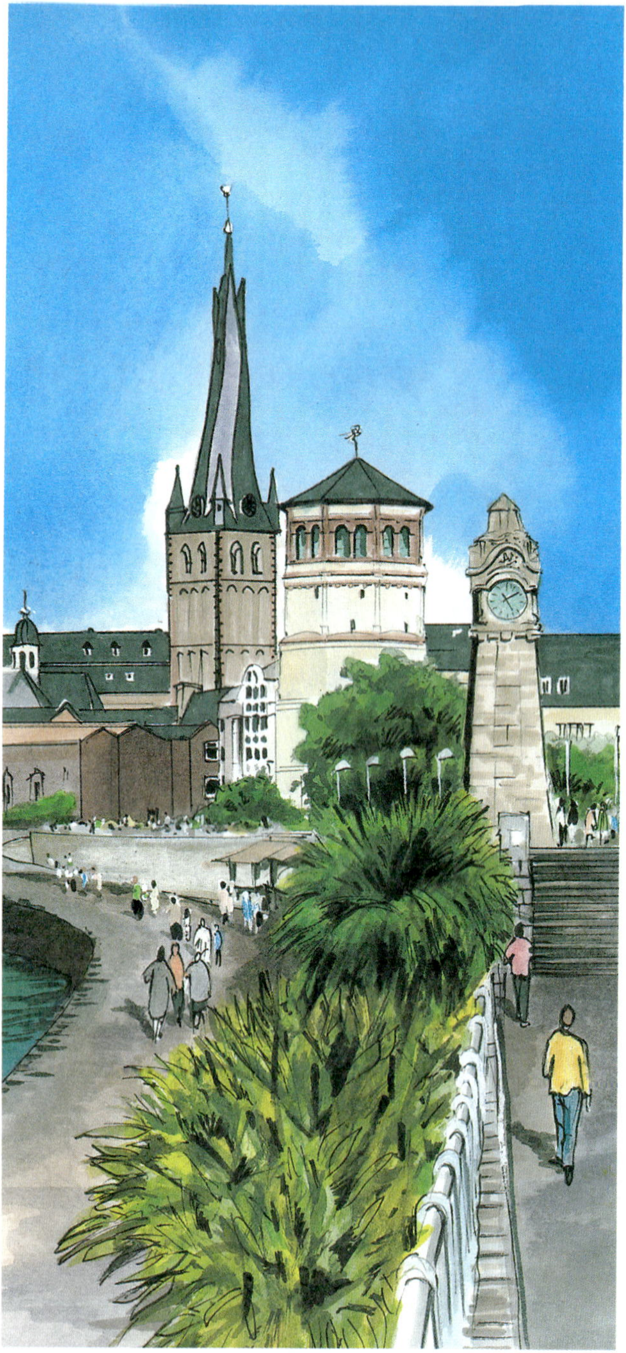

DÜSSELDORF

🇱 *Nordrhein-Westfalen* **543** M 4 – 570 000 Ew – Höhe 40 m

Berlin 552 ④ – Amsterdam 225 ② – Essen 31 ② – Köln 40 ⑤ – Rotterdam 237 ②

Umgebungskarte	S. 2 und 3
Alphabetisches Verzeichnis der Hotels und Restaurants	S. 4 und 5
Stadtplan Düsseldorf :	
Düsseldorf	S. 9
Zentrum	S. 6 bis 8
Hotels und Restaurants	S. 9 bis 17

🛈 *Tourist-Information, Berliner Allee 33,* ✉ *40212,* ✆ *(0211) 17 20 20, Fax (0211) 161071*

🛈 *Tourist-Information, Immermannstr. 65b,* ✉ *40210,* ✆ *(0211) 17 20 20, tourist@duesseldorf.de, Fax (0211) 161071*

ADAC, *Himmelgeisterstr. 63*

✈ *Düsseldorf-Lohausen,* ✆ *(0211) 42 10*

🚗 *Hauptbahnhof* BV

Messegelände S, ✆ *(0211) 45 60 01, Fax (0211) 4560668*

Sehenswert : Königsallee★ EZ – Hofgarten★ und Schloss Jägerhof DEY (Goethe-Museum★ EY M¹) – Hetjensmuseum★ DZ M⁴ – Kunstmuseum★ DY M² – Kunstsammlung NRW★ DY M³ – Löbbecke-Museum und Aquazoo★ S M⁶

Ausflugsziel : Schloss Benrath (Park★) Süd : 10 km über Kölner Landstr. T

⛳ *Düsseldorf-Grafenberg, Rennbahnstr. 26* S, ✆ *(0211) 9 64 49 50*

⛳ *Gut Rommeljans, Rommeljansweg 12 (12 km über die A44* S, *Ausfahrt Ratingen Ost),* ✆ *(02102) 8 10 92*

⛳ ⛳ *Düsseldorf-Hubbelrath, Bergische Landstr. 700 (Ost : 12 km über ③* S), ✆ *(02104) 7 21 78*

⛳ *Düsseldorf-Hafen, Auf der Lausward 51* T, ✆ *(0211) 41 05 29*

⛳ *Düsseldorf-Hubbelrath (KOSAIDO), Am Schmidtberg 11 (Ost : 12 km über ③* S), ✆ *(02104) 7 70 60*

⛳ *Meerbusch, Badendonker Str. 15 (über Neusser Str.* S), ✆ *(02132) 9 32 50*

DÜSSELDORF S. 2

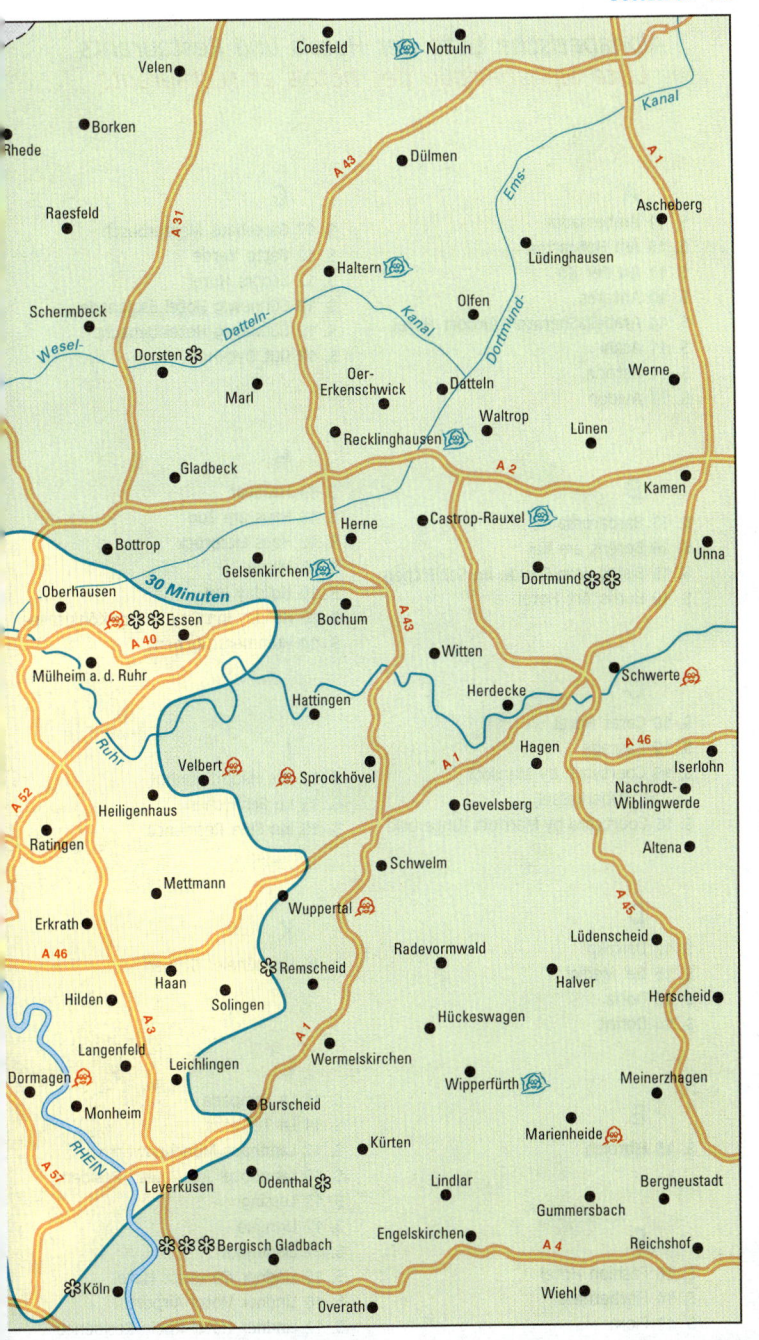

DÜSSELDORF S. 3

- Coesfeld
- Nottuln
- Velen
- Rhede
- Borken
- Dülmen
- Raesfeld
- Ascheberg
- Haltern
- Lüdinghausen
- Schermbeck
- Olfen
- Wesel-Datteln-Kanal
- Dorsten
- Marl
- Oer-Erkenschwick
- Datteln
- Werne
- Waltrop
- Lünen
- Recklinghausen
- Gladbeck
- Kamen
- Bottrop
- Herne
- Castrop-Rauxel
- Unna
- Oberhausen
- Gelsenkirchen
- 30 Minuten
- Dortmund
- Essen
- Bochum
- Mülheim a. d. Ruhr
- Witten
- Hattingen
- Herdecke
- Schwerte
- Ruhr
- Velbert
- Hagen
- Iserlohn
- Sprockhövel
- Nachrodt-Wiblingwerde
- Heiligenhaus
- Gevelsberg
- Ratingen
- Altena
- Mettmann
- Schwelm
- Erkrath
- Wuppertal
- Lüdenscheid
- Radevormwald
- Haan
- Remscheid
- Halver
- Herscheid
- Hilden
- Solingen
- Hückeswagen
- Langenfeld
- Leichlingen
- Wermelskirchen
- Dormagen
- Wipperfürth
- Meinerzhagen
- Monheim
- Burscheid
- Kürten
- Marienheide
- Leverkusen
- Odenthal
- Lindlar
- Bergneustadt
- Bergisch Gladbach
- Engelskirchen
- Gummersbach
- Köln
- Reichshof
- Overath
- Wiehl

Alphabetische Liste der Hotels und Restaurants
Liste alphabétique des hôtels et restaurants

A
- S. 11 Ambassador
- S. 15 Am Hofgarten
- S. 11 An der Kö
- S. 10 Antares
- S. 14 ArabellaSheraton Airport Hotel
- S. 11 Asahi
- S. 11 Astoria
- S. 17 Avidon

B
- S. 13 Barbarossa
- S. 16 Berens am Kai
- S. 13 Bistro Jean-Claude im Schiffchen
- S. 10 Burns Art Hotel

C
- S. 10 Carat Hotel
- S. 12 Cascade
- S. 15 Courtyard by Marriott (Oberkassel)
- S. 16 Courtyard by Marriott (Unterbilk)

D
- S. 12 Daitokai
- S. 15 De' Medici
- S. 16 Doria
- S. 14 Dorint

E
- S. 13 Elbroich

F
- S. 16 Fashion Hotel
- S. 14 Fischerhaus
- S. 12 Flora

G
- S. 17 Gästehaus Meererbusch
- S. 12 Gatto Verde
- S. 12 Gildors Hotel
- S. 10 Günnewig Hotel Esplanade
- S. 10 Günnewig Hotel Uebachs
- S. 17 Gut Dyckhof

H
- S. 15 Hanseat
- S. 13 Haus am Zoo
- S. 12 Haus Litzbrück
- S. 13 Hilton
- S. 10 Holiday Inn
- S. 10 Holiday Inn City Centre-Königsallee
- S. 14 Hummerstübchen

I
- S. 11 Ibis Hauptbahnhof
- S. 13 Im Schiffchen
- S. 15 Inn Side Residence

K
- S. 15 Kitzbüheler Stuben

L
- S. 11 La Lampada
- S. 11 La Terrazza
- S. 17 Landhaus Mönchenwerth
- S. 16 Landhotel Am Zault - Residenz
- S. 15 Lessing
- S. 12 Lignano
- S. 17 Lindenhof
- S. 15 Lindner Congress Hotel
- S. 16 Lindner Hotel Airport
- S. 12 Lindner Hotel Rhein Residence

M

- S. 10 Madison I
- S. 10 Madison II
- S. 10 Majestic
- S. 15 Mercure Seestern
- S. 14 Merkur

N

- S. 14 NH Düsseldorf
- S. 9 Nikko
- S. 12 Nippon Kan
- S. 15 Novotel-City-West

O – P

- S. 11 Orangerie
- S. 14 Osteria Saitta am Nussbaum
- S. 16 Positano

R

- S. 13 Radisson SAS Hotel
- S. 17 Regalido
- S. 14 Renaissance
- S. 11 Residenz
- S. 17 Rheinhotel Vier Jahreszeiten
- S. 16 Rheinturm Top 180
- S. 13 Rosati
- S. 16 Rossini

S

- S. 16 Schorn
- S. 16 Sorat
- S. 10 Stadt München
- S. 9 Steigenberger Parkhotel

T

- S. 13 Tonhalle

V

- S. 11 Victorian
- S. 14 Villa im Park
- S. 12 Villa Viktoria

W

- S. 11 Weinhaus Tante Anna
- S. 11 Windsor

Z

- S. 17 Zum Deutschen Eck
- S. 12 Zum Schiffchen

DÜSSELDORF S. 6

STRASSENVERZEICHNIS DÜSSELDORF S. 7

Straße	Seite	Feld
Aachener Straße	S. 6	AX
Achenbachstraße	S. 6	BV 2
Ackerstraße	S. 6	BV
Adlerstraße	S. 6	BV
Am Wehrhahn	S. 8	EY 3
Auf'm Hennekamp	S. 6	BX
Bachstraße	S. 6	AX
Bagelstraße	S. 6	BV
Bastionstraße	S. 8	EY
Benrather Straße	S. 8	DZ
Benzenbergstraße	S. 6	AX 5
Berger Allee	S. 8	DZ
Berliner Allee	S. 8	EZ
Bilker Allee	S. 6	AX
Bilker Straße	S. 8	DZ
Birkenstraße	S. 6	CV
Bismarckstraße	S. 8	EZ
Blumenstraße	S. 8	EZ 7
Bolkerstraße	S. 8	DY 8
Brehmplatz	S. 6	BU 9
Brehmstraße	S. 6	BU
Breite Straße	S. 8	EZ
Brunnenstraße	S. 6	BX 12
Burgplatz	S. 8	DY
Cecilienallee	S. 6	AV
Citadellstraße	S. 8	DZ 13
Collenbachstraße	S. 6	BU
Corneliusstraße	S. 8	EZ 15
Cranachstraße	S. 7	CV
Danziger Straße	S. 6	AU 16
Dorotheenstraße	S. 7	CV
Duisburger Straße	S. 8	EY
Eisenstraße	S. 6	BV
Elberfelder Straße	S. 8	EY 21
Elisabethstraße	S. 8	DZ
Ellerstraße	S. 6	BX
Erasmusstraße	S. 6	BX 22
Erkrather Straße	S. 6	CV
Ernst-Reuter-Pl.	S. 8	EZ 23
Eulerstraße	S. 6	BV
Fischerstraße	S. 8	EY 27
Flinger Straße	S. 8	DY 28
Friedrich-Ebert-Straße	S. 8	EZ 29
Friedrichstraße	S. 8	EZ
Fritz-Roeber-Straße	S. 8	DY
Fürstenplatz	S. 6	BX 30
Fürstenwall	S. 6	AX
Gartenstraße	S. 8	EY
Gladbacher Straße	S. 6	AX 31
Grabbeplatz	S. 8	DY 32
Graf-Adolf-Platz	S. 8	EZ
Graf-Adolf-Straße	S. 8	EZ
Grafenberger Allee	S. 6	BV
Graf-Recke-Str.	S. 7	CU
Grashofstraße	S. 6	BU
Grunerstraße	S. 6	BU
Hans-Sachs-Straße	S. 7	CV 39
Harkortstraße	S. 8	EY 40
Haroldstraße	S. 8	DZ
Heinr.-Ehrhardt-Straße	S. 6	BV
Heinr.-Heine-Allee	S. 8	EY 42
Heinrichstraße	S. 7	CU
Hellweg	S. 7	CV
Heresbachstraße	S. 6	BX 43
Herzogstraße	S. 6	BX 44
Höherweg	S. 7	CV
Hofgartenrampe	S. 8	DY 45
Homberger Straße	S. 6	AU 46
Hubertusstraße	S. 8	DZ
Hüttenstraße	S. 6	BX
Immermannstraße	S. 8	EY
Inselstraße	S. 8	DY
Jacobistraße	S. 8	EY
Jägerhofstraße	S. 8	EY
Jan-Wellem-Platz	S. 8	EY 51
Johannstraße	S. 6	AU
Joseph-Beuys-Ufer	S. 8	DY
Jülicher Straße	S. 6	BU 52
Jürgensplatz	S. 6	AX 54
Kaiser-Friedrich-Ring	S. 6	AU
Kaiserstraße	S. 8	EY
Kaiserswerther Straße	S. 6	AU
Kaiser-Wilhelm-Ring	S. 6	AV
Karl-Geusen-Str.	S. 7	CX
Karlplatz	S. 8	DY
Karlstraße	S. 6	BV
Kasernenstraße	S. 8	DZ
Kavalleriestraße	S. 8	DZ
Kennedydamm	S. 6	AU
Kettwiger Straße	S. 7	CV
Klever Straße	S. 6	AU
Klosterstraße	S. 8	BV 56
Kölner Straße	S. 6	BV
Königsallee	S. 8	EZ
Königsberger Straße	S. 7	CV 58
K.-Adenauer-Pl.	S. 6	BV 59
Kopernikusstr.	S. 6	AX 60
Kronprinzenstr.	S. 6	BX
Kruppstraße	S. 6	BX
Lenaustraße	S. 7	CU
Lessingplatz	S. 6	BX
Lichtstraße	S. 7	CV 62
Lindemannstr.	S. 7	CV
Lorettostraße	S. 6	AX 64
Luegallee	S. 6	AV
Luisenstraße	S. 8	EZ
Marktplatz	S. 8	DY 68
Martin-Luther-Platz	S. 8	EZ 69
Max.-Weyhe-Allee	S. 8	EY 70
Mecumstraße	S. 6	BX
Merowingerstr.	S. 6	AX
Mintropstraße	S. 6	BV 71
Mörsenbroicher Weg	S. 7	CU
Moltkestraße	S. 6	BU
Mühlenstraße	S. 8	DY 73
Münsterstraße	S. 6	BU
Nördl. Zubringer	S. 6	BU 77
Nordstraße	S. 8	EY
Oberbilker Allee	S. 6	BX
Oberbilker Markt	S. 6	BX 80
Oberkasseler Br.	S. 8	DY
Oststraße	S. 8	EZ
Pempelforter Str.	S. 6	BV 84
Plockstraße	S. 6	AX 86
Poststraße	S. 8	DZ
Prinz-Georg-Str.	S. 8	EY
Rather Straße	S. 6	BU
Ratinger Straße	S. 8	DY 88
Reichsstraße	S. 6	AX
Rethelstraße	S. 6	BV
Ronsdorfer Str.	S. 7	CX
Roßstraße	S. 6	BU
Schadowplatz	S. 8	EY 90
Schadowstraße	S. 8	EY 91
Scheurenstraße	S. 6	BV 92
Schillerplatz	S. 6	BV 93
Schinkelstraße	S. 6	BV
Schirmstraße	S. 6	BV 94
Schneider-Wibbel-Gasse	S. 8	DY 95
Schulstraße	S. 8	DZ 96
Schumannstr.	S. 6	BV
Schwanenmarkt	S. 8	DZ 97
Siegburger Straße	S. 7	CX
Simrockstraße	S. 7	CU 98
Sonnenstraße	S. 6	BX 99
Steinstraße	S. 8	EZ
Sternstraße	S. 8	EY
Stoffeler Kapellenweg	S. 6	BX
Stoffeler Straße	S. 7	CX 100
Stresemannstr.	S. 8	EZ
Stromstraße	S. 6	AV
Südring	S. 6	AX
Th.-Heuss-Br.	S. 6	AU
Tiergartenstraße	S. 7	CU
Tonhallenstraße	S. 8	EY 101
Uerdinger Str.	S. 6	AU
Ulmenstraße	S. 6	BU
Vagedesstraße	S. 8	EY 104
Vautierstraße	S. 7	CU
Venloer Straße	S. 8	EY 105
Victoriaplatz	S. 8	DY
Völklinger Str.	S. 6	AX
Volmerswerther Straße	S. 6	AX
Werdener Straße	S. 7	CV
Witzelstraße	S. 6	BX 114
Worringer Platz	S. 6	BV 115
Worringer Straße	S. 6	BV

DÜSSELDORF S. 8

DÜSSELDORF

Am Wehrhahn	**EY** 3	Flinger Str.	**DY** 28	Mühlenstraße	**DY** 73
Berliner Allee	**EZ**	Friedrich-Ebert-Str.	**EZ** 29	Ratinger Str.	**DY** 88
Blumenstraße	**EZ** 7	Grabbeplatz	**DY** 32	Schadowplatz	**EY** 90
Bolkerstraße	**DY** 8	Graf-Adolf-Str.	**EZ**	Schadowstraße	**EY** 91
Citadellstraße	**DZ** 13	Heinrich-Heine-Allee	**EY** 42	Schneider-Wibbel-	
Corneliusstraße	**EZ** 15	Hofgartenrampe	**DY** 45	Gasse	**DY** 95
Elberfelder Str.	**EY** 21	Jan-Wellem-Platz	**EY** 51	Schulstraße	**DZ** 96
Ernst-Reuter-Platz	**EZ** 23	Königsallee	**EZ**	Schwanenmarkt	**DZ** 98
Fischerstraße	**EY** 27	Marktplatz	**DY** 68	Tonhallenstraße	**EY** 101
		Martin-Luther-Platz	**EZ** 69	Vagedesstraße	**EY** 104
		Maximilian-Weyhe-Allee	**EY** 70	Venloer Str.	**EY** 105

DÜSSELDORF S. 9

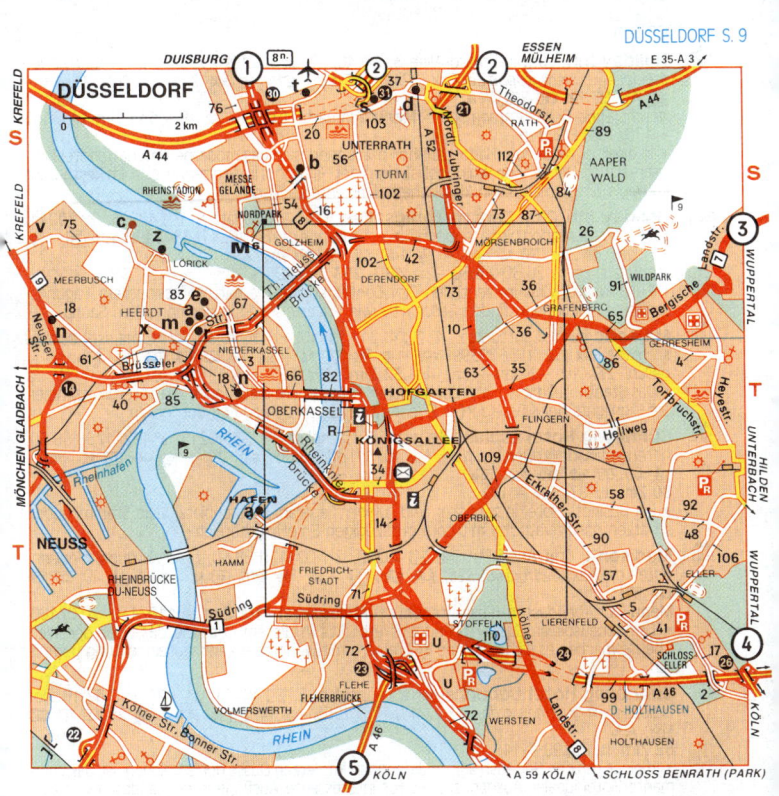

Am Schönenkamp	T 2	Heinrich-Ehrhardt-Str.	S 42	Oberlöricker Str.	S 83
Arnulfstraße	T 3	In den Kötten	T 48	Oberrather Str.	S 84
Benderstraße	T 4	Kaiserswerther Str.	S 54	Pariser Str.	T 85
Bernburger Str.	T 5	Kalkumer Str.	S 56	Pöhlenweg	T 86
Brehmstraße	S 10	Klein-Eller	T 57	Rather Broich	S 87
Corneliusstraße	T 14	Königsberger Str.	T 58	Reichswaldallee	S 89
Danziger Str.	S 16	Krefelder Str.	S 61	Reisholzer Str.	T 90
Deutzer Str.	ST 17	Lindemannstraße	T 63	Rennbahnstraße	S 91
Düsseldorfer Str.	ST 18	Ludenberger Str.	S 65	Sandträgerweg	T 92
Eckenerstraße	S 20	Luegallee	T 66	Südlicher Zubringer	T 99
Fahneburgstraße	S 26	Lütticher Str.	S 67		
Graf-Adolf-Str.	T 34	Merowingerstraße	T 71	Ulmenstraße	T 102
Grafenberger Allee	T 35	Münchener Str.	T 72	Unterrather Str.	S 103
Graf-Recke-Str.	S 36	Münsterstraße	S 73	Vennhauser Allee	T 106
Hamborner Str.	S 37	Niederlöricker Str.	S 75	Werdener Straße	T 109
Heerdter Landstraße	T 40	Niederrheinstraße	S 76	Werstener Str.	T 110
Heidelberger Str.	T 41	Oberkasseler Brücke	S 82	Westfalenstraße	S 112

Steigenberger Parkhotel, Corneliusplatz 1, ✉ 40213, ✆ (0211) 1 38 10, *duesseldorf@steigenberger.de*, Fax (0211) 1381592, ☎ – 🛗, ⚡ Zim, 🖥 📺 📞 P – 🅰 110. AE ① ⓜ VISA JCB. ❄ Rest   EY p
Menuett : Menu à la carte 37/63, ☕ – **133 Zim** ☕ 195/320 – 260/380, 6 Suiten.
♦ Das erste Haus am Platz liegt mitten in der Stadt in einem kleinen Park. Hinter der klassisch-schönen Fassade: eine elegante Halle mit Marmorboden und luxuriöser Wohnkomfort. Mit stilvollem, komfortablem Rahmen überzeugt das Menuett.

Nikko, Immermannstr. 41, ✉ 40210, ✆ (0211) 83 40, *info@nikko-hotel.de*, Fax (0211) 161216, ☎, 🏊 – 🛗, ⚡ Zim, 🖥 📺 📞 & – 🅰 270. AE ① ⓜ VISA JCB. ❄ Rest   BV g
Benkay (japanische Küche) **Menu** à la carte 34/63 – **Brasserie Nikkolette** : Menu à la carte 25/42 – ☕ 17 – **301 Zim** 198 – 225, 6 Suiten.
♦ Die Sushi-Bar und die Filiale des Kaufhauses Mitsukoshi versprühen fernöstliche Exotik. Vom Hallenbad und Sauna aus zeigt sich die Stadt in Vogelperspektive. Im Benkay erleben Sie in typischem Ambiente die Fingerfertigkeit japanischer Köche.

DÜSSELDORF S. 10

- **Holiday Inn,** Ludwig-Erhard-Allee 3, ✉ 40227, ℘ (0211) 7 77 10, *reservation.hi-duesseldorf@queensgruppe.de, Fax (0211) 7771888,* ≘s – 🛏, ⇔ Zim, 🖃 📺 ✆ 🔥 – BV s
  🏄 45. AE ⓘ ⓜ VISA JCB
  geschl. Ende Dez. - Anfang Jan. – **Menu** à la carte 19/36 – ☐ 18 – **134 Zim** 145/165 – 175/195, 8 Suiten.
  • In direkter Nähe zum Hauptbahnhof präsentiert sich das moderne Geschäftshotel klassisch-zeitlos. Der Schöne Whirlpool ist eines der Highlights im Freizeitbereich. Im Restaurant Ludwig's bittet man Sie in klassischem Ambiente zu Tisch.

- **Holiday Inn City Centre-Königsallee,** Graf-Adolf-Platz 8, ✉ 40213, ℘ (0211) 3 84 80, *reservation.hiduesseldorf@queensgruppe.de, Fax (0211) 3848390,* ≘s, 🅼 – 🛏, ⇔ Zim, 🖃 Zim, 📺 ✆ 🚗 – 🏄 140. AE ⓘ ⓜ VISA JCB   EZ z
  Menu à la carte 26,50/44,50 – ☐ 18 – **253 Zim** 195 – 225.
  • Funktioneller Chic im zentralen City Center Königsallee mit professionellem Tagungsservice. Entspannung finden Geschäfts- wie Privatreisende in der finnischen Sauna.

- **Majestic** garni, Cantadorstr. 4, ✉ 40211, ℘ (0211) 36 70 30, *info@majestic.bestwestern.de, Fax (0211) 3670399,* ≘s – 🛏 ⇔ 📺 ✆ 🚗 – 🏄 30. AE ⓘ ⓜ VISA JCB
  geschl. 23. Dez. - 2. Jan. – ☐ 14 – **52 Zim** 139/157.   BV a
  • Das Stadthotel mit privater, behaglicher Atmosphäre bietet auch zwei Allergikerzimmer. Die Highlights der Düsseldorfer Erlebniswelt lassen sich zu Fuß entdecken.

- **Günnewig Hotel Esplanade** garni, Fürstenplatz 17, ✉ 40215, ℘ (0211) 38 68 50, *hotel.esplanade@guennewig.de, Fax (0211) 38685555,* ≘s, 🅼 – 🛏 ⇔ 📺 ✆ 🚗 – 🏄 60. AE ⓘ ⓜ VISA JCB   BX s
  80 Zim ☐ 87/105 – 112.
  • Ein Business-Hotel in zentraler und ruhiger Lage am Fürstenplatz. Viele Stammkunden schätzen das Privathotel mit dem großzügigen Empfangsbereich.

- **Madison I,** Graf-Adolf-Str. 94, ✉ 40210, ℘ (0211) 1 68 50, *reservierung@madison-hotels.de, Fax (0211) 1685328,* 🛁, ≘s, 🅼 – 🛏, ⇔ Zim, 📺 ✆ 🚗 – 🏄 40. AE ⓘ ⓜ VISA   BV n
  Menu *(nur Abendessen)* (Restaurant nur für Hausgäste) – **100 Zim** ☐ 110/130 – 130/160.
  • Der Schauspieler Gustav Gründgens erblickte in diesem Gebäude das Licht der Welt - heute machen es sich Reisende in Zimmern mit wohnlicher Landhauseinrichtung gemütlich.

- **Günnewig Hotel Uebachs** garni, Leopoldstr. 5, ✉ 40211, ℘ (0211) 17 37 10, *hotel.uebachs@guennewig.de, Fax (0211) 17371555* – 🛏 ⇔ 📺 ✆ 🚗 – 🏄 25. AE ⓘ ⓜ VISA JCB   BV r
  82 Zim ☐ 89/99 – 116.
  • In einer ruhigen Seitenstraße und dennoch im Herzen Düsseldorfs gelegen, ist das charmante Hotel idealer Ausgangspunkt für interessante Ausflüge in die Landeshauptstadt.

- **Stadt München** garni, Pionierstr. 6, ✉ 40215, ℘ (0211) 38 65 50, *info@hotel-stadt-muenchen.de, Fax (0211) 38655900,* ≘s – 🛏 ⇔ 🖃 📺 ✆ 🚗 – 🏄 25. AE ⓘ ⓜ VISA   EZ m
  90 Zim ☐ 65/100 – 100/140.
  • Neuzeitlich und funktionell ausgestattete Gästezimmer, tadellose Pflege und die Lage nur wenige Gehminuten von der Altstadt entfernt machen diese Adresse interessant.

- **Burns Art Hotel,** Bahnstr. 76, ✉ 40210, ℘ (0211) 7 79 29 10, *info@hotel-burns.de, Fax (0211) 77929177* – 🛏, ⇔ 📺 ✆. AE ⓘ ⓜ VISA. ⇞ Rest   EZ e
  Sila Thai (thailändische Küche) **Menu** à la carte 23/41 – **35 Zim** ☐ 125/175 – 145/185, 3 Suiten.
  • Hinter der aufgefrischten Fassade a. d. J. 1898 bildet eine Mischung aus italienischem Charme und asiatischem Purismus das interessante Innenleben des Designerhotels. Im Erdgeschoss verbreitet das Sila Thai asiatisches Flair.

- **Madison II** garni, Graf-Adolf-Str 47, ✉ 40210, ℘ (0211) 38 80 30, *c.bohacek@madison-hotels.de, Fax (0211) 3880388* – 🛏 📺 ✆. AE ⓘ ⓜ VISA   EZ a
  geschl. 20. Dez. - 3. Jan., Juli – **24 Zim** ☐ 85/115 – 105/140.
  • Gekalkte Naturholzmöbel vermitteln behagliche Atmosphäre und großzügiges Landhaus-Ambiente. Gäste beider Madison-Hotels dürfen sich im hauseigenen Sportclub trimmen.

- **Carat Hotel** garni, Benrather Str. 7a, ✉ 40213, ℘ (0211) 1 30 50, *info-d@carat-hotel.de, Fax (0211) 322214,* ≘s – 🛏 ⇔ 🖃 📺 ✆ – 🏄 20. AE ⓘ ⓜ VISA   DZ r
  73 Zim ☐ 120/130 – 145/150.
  • Das Stadthotel stellt eine gepflegte und gut unterhaltene Unterkunft dar - mit Straßenbahnanbindung. Auf Wunsch Sekretariats- und Übersetzungsservice.

- **Antares** garni, Corneliusstr. 82, ✉ 40215, ℘ (0211) 38 65 60, *info@antares-duesseldorf.de, Fax (0211) 3865510* – 🛏 ⇔ 📺 ✆ 🅿 – 🏄 20. AE ⓘ ⓜ VISA JCB   BX s
  48 Zim ☐ 71/78 – 91/98.
  • Das solide Stadthaus beherbergt zeitgemäße, schallisolierte Zimmer für einen erholsamen Aufenthalt in zentraler Lage. Geschäftsreisende nutzen die Business-Zimmer.

DÜSSELDORF S. 11

Asahi garni, Kurfürstenstr. 30, ✉ 40211, ✆ (0211) 3 61 20, info@hotel-asahi.com, Fax (0211) 3612345, … – 53 Zim ⊇ 123 – 141. BV t
* Von Zeitungen über Frühstück bis zu speziellen Teesorten erhält der Japan-Liebhaber alles, was das Herz begehrt. Neu die Sauna mit Erlebnisdusche, Dampfbad und Solarium.

Astoria garni, Jahnstr. 72, ✉ 40215, ✆ (0211) 38 51 30, info@hotel-astoria-dus.de, Fax (0211) 372089, – geschl. 22. Dez. – 8. Jan. – 26 Zim ⊇ 84/90 – 105/120, 4 Suiten. BX b
* Hinter der schönen Altbaufassade verbergen sich freundlich möblierte, helle Zimmer in relativ ruhiger Lage. Gute Führung und Sauberkeit überzeugen. Hoteleigener Parkplatz.

Windsor garni, Grafenberger Allee 36, ✉ 40237, ✆ (0211) 91 46 80, dkiermeier@t-online.de, Fax (0211) 9146840, … – geschl. 22. Dez. – 2. Jan. – 18 Zim ⊇ 98 – 128. BV c
* Individuelles Patrizierhaus mit traditioneller Sandsteinfassade. Geschmackvolle Stilmöbel harmonieren mit neu und hell restaurierten Rundbogentüren und Stuckdecken.

Ambassador garni, Harkortstr. 7, ✉ 40210, ✆ (0211) 8 76 77 40, info@ambassador-duesseldorf.bestwestern.de, Fax (0211) 376702, – ≠ 20. … – geschl. 23. Dez. – 1. Jan. – 62 Zim ⊇ 77/89 – 99. BV e
* Einheitlich in neuzeitlich-funktioneller Art gestaltet präsentieren sich die Zimmer dieses zentral gelegenen Hauses. Morgens bedienen Sie sich am Frühstücksbuffet.

Orangerie garni, Bäckergasse 1, ✉ 40213, ✆ (0211) 86 68 00, hotelorangerie@t-online.de, Fax (0211) 8668099 – ≠ 30. – 27 Zim ⊇ 100/116 – 126/180. DZ n
* Im historischen Kern der Altstadt steht dieses im klassizistischen Stil erbaute Haus, das vom Speeschen Palais, der alten Orangerie und der Maxkirche reizvoll eingerahmt wird.

An der Kö garni, Talstr. 9, ✉ 40217, ✆ (0211) 37 10 48, hotelanderkoe@t-online.de, Fax (0211) 370835, – 45 Zim ⊇ 87 – 123. EZ n
* Zeitgemäße Ausstattung kombiniert mit professionellem Büro-Service. Im Angebot: Diktieren, Schreiben, Faxen, Übersetzen. Mit eigenen Hotelparkplätzen mitten in der Stadt!

Residenz garni, Worringer Str. 88, ✉ 40211, ✆ (0211) 5 50 48 80, info@residenzhotelduesseldorf.de, Fax (0211) 55048877 – 34 Zim ⊇ 75 – 95. BV z
* Im Herzen Düsseldorfs mit direkten U-Bahn- und Busverbindungen zu Flughafen und Messe. Funktionelle Zimmer mit Kirschbaummöbeln. Eine Etage ist Nichtrauchern vorbehalten.

Ibis Hauptbahnhof garni, Konrad-Adenauer-Platz 14, ✉ 40210, ✆ (0211) 1 67 20, h0793@accor-hotels.com, Fax (0211) 1672101 – ⊇ – 9 – 166 Zim 99. BV u
* Das im Bahnhofsgebäude gelegene Hotel ist rund um die Uhr empfangsbereit und hat freundliche, klimatisierte Zimmer, von denen zwei behindertenfreundlich ausgestattet sind.

Victorian, Königstr. 3a (1. Etage), ✉ 40212, ✆ (0211) 8 65 50 22, Fax (0211) 8655013 – geschl. Sonn- und Feiertage – **Menu** (Tischbestellung erforderlich) 32 (mittags) à la carte 52/68, ♀ – **Bistro im Victorian :** Menu à la carte 23/37. EZ c
* Genießen Sie klassische Küche im eleganten Restaurant englischen Stils. Für Atmosphäre sorgen Sessel und Bänke aus Leder, ergänzt durch Leuchter und Spiegel. Ein Stockwerk unter dem Victorian geht es im Bistro nicht weniger stilvoll zu.
Spez. Spaghetti alla ghitarra mit Hummer und Estragon. Kross gebratener Seewolf mit Krustentierschaum und Fenchelpüree. Gefüllter Ochsenschwanz mit Kalbsbries.

Weinhaus Tante Anna, Andreasstr. 2, ✉ 40213, ✆ (0211) 13 11 63, info@tanteanna.de, Fax (0211) 132974 – geschl. Sonntag (außer Messen) – **Menu** (nur Abendessen) (Tischbestellung ratsam) à la carte 28,50/46. DY c
* Im Jahr 1593 als Hauskapelle des Jesuitenklosters erbaut, versprüht das Restaurant in der Altstadt urig-gemütlichen Charme. Antike Bilder und Möbel schmücken das Interieur.

La Terrazza, Königsallee 30 (3. Etage), ✉ 40212, ✆ (0211) 32 75 40, Fax (0211) 320975 – geschl. Sonn- und Feiertage (außer Messen) – **Menu** (Tischbestellung ratsam) à la carte 41/58, ♀. EZ v
* Hinter der lichten Rundumverglasung in bester Stadtbummellage präsentiert sich die italienisch angehauchte Küche in einem leicht mediterranen Ambiente.

La Lampada, Hüttenstr. 9, ✉ 40215, ✆ (0211) 37 46 92, info@lalampada.de, Fax (0211) 377799, – geschl. Samstagmittag, Sonntag – **Menu** à la carte 24/37. EZ a
* In gepflegtem Ambiente nehmen Sie an einem der gut eingedeckten Tisch Platz. Frische Produkte sind die Grundlage der italienisch ausgelegten Küche.

DÜSSELDORF S. 12

※ **Nippon Kan,** Immermannstr. 35, ✉ 40210, ✆ (0211) 17 34 70, nippon-kan@dnk.jis.de, Fax (0211) 3613625 – AE ⓪ ⓜ VISA JCB. ※ BV g
geschl. Weihnachten - Neujahr, über Ostern, Sonntag – **Menu** (Tischbestellung ratsam) (japanische Küche) 36/92 à la carte 19/53.
• Wer japanische Köstlichkeiten stilecht auf Sitzkissen an niedrigen Tischen essen will, besucht die mit Reisstroh-Matten ausgelegten und Ikebana-dekorierten Tatami-Räume.

※ **Daitokai,** Mutter-Ey-Str. 1, ✉ 40213, ✆ (0211) 32 50 54, dus@daitokai.de, Fax (0211) 325056 – 🍽. AE ⓪ ⓜ VISA JCB. ※ DY z
geschl. 22. Juli - 4. Sept., Sonn- und Feiertage (außer Messen) – **Menu** (nur Abendessen) (japanische Küche) à la carte 31/54.
• Erlebnisgastronomie auf japanisch: An den Teppanyaki-Tischen werden die Gerichte live zubereitet und zubereitet. Wer's lieber roh mag, ist in der Otaru-Sushi-Bar richtig.

Brauerei-Gaststätten:

※ **Zum Schiffchen,** Hafenstr. 5, ✉ 40213, ✆ (0211) 13 24 21, info.schiffchen@stockheim.de, Fax (0211) 134596, 🍴 – AE ⓪ ⓜ VISA DZ f
geschl. 23. Dez. - 1. Jan., Sonn- und Feiertage (außer Messen) – **Menu** à la carte 23/37,50.
• Mehr als 350 Jahre alte, traditionsreiche Düsseldorfer Brauereigaststätte mit rheinischer Küche, urigen blank gescheuerten Tischen und einem berühmt-attraktiven Biergarten.

In Düsseldorf-Angermund über ① : 15 km und B 8 :

🏨 **Haus Litzbrück,** Bahnhofstr. 33, ✉ 40489, ✆ (0203) 99 79 60, info@hotel-litzbrueck.de, Fax (0203) 9979653, 🍴, 🛌, 🏊, 🚴 – TV 🚗 P – 🏋 30. AE ⓜ VISA
Menu (geschl. Montag, außer Feiertage) à la carte 23/39,50 – **22 Zim** 69/78 – 85/150.
• Mit eigenem Park liegt das Litzbrück in idyllischer Niederrhein-Landschaft. Sie beziehen Quartier in einem herrschaftlichen Gebäude, erbaut in den 30er Jahren. Klassisches Restaurant mit ansprechendem Couvert und schönen Nebenräumen. Gartenterrasse.

In Düsseldorf-Benrath über Kölner Landstraße T :

※※ **Lignano,** Hildener Str. 43, ✉ 40597, ✆ (0211) 7 11 89 36, Fax (0211) 718959 – AE ⓪ ⓜ VISA JCB. ※ – geschl. Ende Juli - Anfang Aug., Sonntag – **Menu** (nur Abendessen) (italienische Küche) à la carte 29,50/45.
• Im Inneren des hübschen, unweit des Benrather Bahnhofs gelegenen Stadthauses dürfen sich die Gäste Spezialitäten der italienischen Küche zu Gemüte führen.

In Düsseldorf-Bilk:

🏨 **Flora** garni, Auf'm Hennekamp 37, ✉ 40225, ✆ (0211) 93 49 80, info@hotel-flora-duesseldorf.de, Fax (0211) 9349810 – 📶 🆓 TV P. AE ⓪ ⓜ VISA BX a
31 Zim ⊇ 60/69 – 68/77.
• Suchen Sie eine solide Übernachtungsadresse in zentraler Stadtlage? Eine gute Technik und funktionelles Mobiliar finden sich in allen Zimmern des Hauses.

In Düsseldorf-Derendorf:

🏨 **Villa Viktoria** garni, Blumenthalstr. 12, ✉ 40476, ✆ (0211) 46 90 00, info@villaviktoria.com, Fax (0211) 46900601, 🛌, 🌳 – 📶 🆓 TV 🚗 – 🏋 15. AE ⓪ ⓜ VISA JCB
geschl. 23. Dez. - 4. Jan. – ⊇ 19 – **40 Suiten** 155/270. BU c
• Das architektonische Schmuckstück aus dem Jahr 1914 beherbergt edle, geschmackvoll gestaltete Suiten für den anspruchsvollen Gast. Offene, säulenumkränzte Gartenterrasse.

🏨 **Lindner Hotel Rhein Residence,** Kaiserswerther Str. 20, ✉ 40477, ✆ (0211) 4 99 90, info.rheinresidence@lindner.de, Fax (0211) 4999499, 🍴, Massage, 🏋, 🛌 – 📶, 🆓 Zim, TV ✆ – 🏋 20. AE ⓪ ⓜ VISA ABU f
Menu à la carte 22,50/34,50 – ⊇ 15 – **126 Zim** 140/165.
• In der Nähe von Rheinterrasse und Kö, unweit des Messegeländes, finden Sie auf der Gartenterrasse ebenso Erholung wie im Fitnesscenter des Hauses. Neuzeitliches Restaurant mit internationaler Küche.

🏨 **Gildors Hotel** garni (mit Gästehaus), Collenbachstr. 51, ✉ 40476, ✆ (0211) 5 15 05 00, mail@gildors-hotel.de, Fax (0211) 51585050 – 📶 🆓 TV 🚗. AE ⓪ ⓜ VISA BU n
54 Zim ⊇ 90/133 – 155/180.
• Vom großen Frühstücksraum des zentrumsnah gelegenen Hotels blickt man in den kleinen Innenhof. Messe, Hauptbahnhof und Flughafen erreicht man in wenigen Minuten.

🏨 **Cascade** garni, Kaiserswerther Str. 59, ✉ 40477, ✆ (0211) 49 22 00, info@hotel-cascade.de, Fax (0211) 4922022 – 📶 TV ✆ 🚗. AE ⓪ ⓜ VISA JCB. ※ AU c
geschl. Weihnachten - Anfang Jan. – **29 Zim** ⊇ 78/82 – 93/101.
• Funktionell und praktisch eingerichtete Zimmer. Die Lage im Herzen der Messestadt vor den Toren der Altstadt ist optimaler Ausgangspunkt für Business und Freizeit.

※※ **Gatto Verde,** Rheinbabenstr. 5, ✉ 40476, ✆ (0211) 46 18 17, Fax (0211) 462933, 🍴 – AE ⓪ ⓜ VISA BU a
geschl. Juli 3 Wochen, Samstagmittag, Sonntag – **Menu** (italienische Küche) à la carte 23/46.
• Klassische Einrichtung, gut eingedeckte Tische und ein nettes, originäres Dekor prägen das Restaurant. Eine verglaste Terrasse erinnert an "bella Italia".

DÜSSELDORF S. 13

In Düsseldorf-Düsseltal :

Haus am Zoo ♾ garni (mit Gästehaus), Sybelstr. 21, ✉ 40239, ℘ (0211) 6 16 96 10, leyh@hotel-haus-am-zoo.de, Fax (0211) 61696169, ≘s, 🏊 (geheizt), 🐾 – 🛗 📺 🅲 🚗.
AE MC VISA
BU h
22 Zim 🛏 85/110 – 98/128.
• Mitten in der Stadt und doch im Grünen : Wo vor über hundert Jahren ein Zoo war, steht jetzt ein Familienbetrieb mit Garten und einem ruhig gelegenen Gästehaus.

In Düsseldorf-Golzheim :

Hilton, Georg-Glock-Str. 20, ✉ 40474, ℘ (0211) 4 37 70, info_duesseldorf@hilton.com, Fax (0211) 43772519, 😊, Massage, ≘s, 🏊, 🐾 – 🛗, ⚞ Zim, 📺 🅲 ♿ 🚗 P –
🏛 800. AE ① MC VISA JCB. ⚞ Rest
AU r
Menu à la carte 35,50/52 – 🛏 20 – **375 Zim** 115/495 – 135/515.
• Nach einem kompletten Umbau im Jahre 2003 erstrahlt diese exklusive Adresse in neuem Glanz. Moderne Zimmer in hellen, warmen Farben vermitteln einen Hauch Luxus. Elegant wirkendes Restaurant.

Radisson SAS Hotel, Karl-Arnold-Platz 5, ✉ 40474, ℘ (0211) 4 55 30, info.dusseld orf@radissonsas.com, Fax (0211) 4553110, 😊, Massage, 🎠, ≘s, 🏊, 🐾 – 🛗, ⚞ Zim, 📺 🅲 ♿ 🚗 P – 🏛 450. AE ① MC VISA JCB. ⚞ Rest
AU q
Menu à la carte 31/45, 🍷 – 🛏 18 – **309 Zim** 169, 12 Suiten.
• Das Konferenz-Zentrum der 10. Etage bietet einen bildschönen Ausblick auf die Stadt und den Rhein. Entspannung wartet im Pool-Club mit Whirlpool, Fitnessraum oder Massage. Eine helle, freundliche Atmosphäre empfängt Sie im Le Jardin.

Rosati, Felix-Klein-Str. 1, ✉ 40474, ℘ (0211) 4 36 05 03, Fax (0211) 452963, 😊 – P.
AE ① MC VISA JCB. ⚞
AU s
geschl. Samstagmittag, Sonntag (außer Messen) – **Menu** (Tischbestellung ratsam) (italienische Küche) à la carte 36/48,50 – **Rosatidue** (italienische Küche) **Menu** à la carte 26,50/37.
• Seit Jahrzehnten bekochen Renzo und Remo Rosati ihre Gäste mit klassischen italienischen Speisen. In leicht elegantem Ambiente nehmen Sie auf guten Polsterstühlen Platz. Das Rosatidue zeigt sich im legeren Bistrostil - mit offener Showküche.

In Düsseldorf-Holthausen über Kölner Landstraße T :

Elbroich garni, Bonner Str. 7 (Ecke Am Langen Weiher), ✉ 40589, ℘ (0211) 79 90 71, kontakt@elbroich.de, Fax (0211) 7900088 – 🛗 ⚞ 📺 🚗. AE ① MC VISA
52 Zim 🛏 75/80 – 85.
• Ein Etagen-Hotel mit gepflegten Zimmern, die einheitlich mit braunen Standardmöbeln eingerichtet sind. Günstige Verkehrsverbindungen zur Innenstadt.

In Düsseldorf-Kaiserswerth über ① und B 8 :

Barbarossa garni, Niederrheinstr. 365, ✉ 40489, ℘ (0211) 4 08 09 20, info@hotel-barbarossa.com, Fax (0211) 40809270, ≘s – 🛗 ⚞ 📺 🚗. 🏛 50. AE
MC VISA
über Niederrheinstraße S
50 Zim 🛏 92 – 119.
• Alle Zimmer dieses renovierten Hotels sind in Wischtechnik gestrichen und im italienischen Landhausstil eingerichtet. Manche sind mit hübschen Messingbetten bestückt worden.

Im Schiffchen (Bourgueil), Kaiserswerther Markt 9 (1. Etage), ✉ 40489, ℘ (0211) 40 10 50, restaurant.imschiffchen@t-online.de, Fax (0211) 403667 – AE ① MC VISA. ⚞
geschl. Karwoche, Juli - Aug. 3 Wochen, Sonntag - Montag – **Menu** (nur Abendessen) (Tischbestellung erforderlich) à la carte 67/89, 🍷.
• Das Schiffchen befindet sich im 1. Stock eines historischen Backsteinhauses-klassisch-elegant der Rahmen. Hier serviert man eine der besten französischen Küchen des Landes ! **Spez.** Brachfeldfrüchte im Knoblauchsud. Mit Kamillenblüten gedämpfter Hummer. Bastilla von der Taube mit Schnepfenjus

Bistro Jean-Claude im Schiffchen, Kaiserswerther Markt 9 (Erdgeschoss), ✉ 40489, ℘ (0211) 40 10 50, restaurant.imschiffchen@t-online.de, Fax (0211) 403667 – ⚞
geschl. Karwoche, Juli - Aug. 3 Wochen, Sonntag - Montag – **Menu** (nur Abendessen) (Tischbestellung erforderlich) à la carte 35/46.
• In der legeren Variante des Sterne-Restaurants gibt die Farbe Weiß den Ton an. Maître Bourgueil offeriert hier seine "cuisine spontanée".

Tonhalle, Klemensplatz 7, ✉ 40489, ℘ (0211) 4 05 16 59, ericfehling@t-online.de, Fax (0211) 4051673, 😊. AE MC VISA
geschl. 27. Dez. - 7. Jan., Montag, Samstagmittag – **Menu** (nur Abendessen) à la carte 30/42.
• Eine gemütliche, ungezwungene Adresse, die in früheren Zeiten ein Teil des Befestigungswalles war. Die offene Küche ermöglicht interessante Einblicke.

DÜSSELDORF S. 14

In Düsseldorf-Lörick :

Fischerhaus ⓢ, Bonifatiusstr. 35, ✉ 40547, ✆ (0211) 59 79 79, *fischerhaus@aol .com, Fax (0211) 5979759* – ✕ Zim, TV ✆ P. AE ⓞ ⓜ VISA   S   z
geschl. 22. Dez. - 4. Jan. – **Menu** *siehe Rest.* **Hummerstübchen** *separat erwähnt* – ⌂ 8 – **41 Zim** 80 – 105.
• Im Grünen und doch zentral liegt der Klinkerbau in ruhiger Wohnlage. Spazierwege und ein Yacht-Hafen befinden sich direkt vor der Tür.

Hummerstübchen (Nöthel) - Hotel Fischerhaus, Bonifatiusstr. 35, ✉ 40547, ✆ (0211) 59 44 02, *fischerhaus@aol.com, Fax (0211) 5979759* – P. AE ⓞ ⓜ VISA   S   z
geschl. 27. Dez. - 3. Jan., 8. - 23. Aug., Sonntag (außer Messen) **Menu** *(nur Abendessen)* (Tischbestellung ratsam) 87/105 à la carte 65/79, ♀.
• Nicht nur das rote Krustentier, auch andere Gaumenfreuden werden hier von Peter Nöthel gekonnt zubereitet und in elegantem Ambiente von einer kompetenten Brigade serviert.
Spez. Hummer-Menu. Hummersuppe mit Champagner. Loup de mer mit Gewürzkruste und Gazpacho

In Düsseldorf-Lohausen :

ArabellaSheraton Airport Hotel, im Flughafen, ✉ 40474, ✆ (0211) 4 17 30, *air porthotel.duesseldorf@arabellasheraton.com, Fax (0211) 4173707* – 🏢, ✕ Zim, ☰ TV ✆ & – 🛎 120. AE ⓞ ⓜ VISA JCB   S   t
Menu à la carte 31,50/47,50 – ⌂ 18 – **200 Zim** 185/240 – 210/265.
• Wer den Duft der großen weiten Welt schnuppern will oder kurze Wege bevorzugt, ist hier richtig : Das Hotel im Flughafen ist mit Ankunfts- und Abflughalle direkt verbunden. Das Restaurant mit großer Fensterfront ist auf zwei Ebenen halbrund angelegt.

Villa im Park garni, Nagelsweg 6, ✉ 40474, ✆ (0211) 4 36 26 00, *villa-im-park@t-o nline.de, Fax (0211) 4362629*, ⓢ, 🎾, ✳ – TV ⇔. AE ⓞ ⓜ VISA JCB
9 Zim ⌂ 110/135 – 145.   über Niederrheinstraße S *und Dorfstraße*
• Bis vor kurzem noch privat genutzt, bietet die Villa nun Reisenden ein funktionelles Heim mit elegantem Touch. Mit nur neun Zimmern hat das Haus zudem privaten Charme.

In Düsseldorf-Mörsenbroich :

Renaissance, Nördlicher Zubringer 6, ✉ 40470, ✆ (0211) 6 21 60, *rhi.dusrn.dos@r enaissancehotels.com, Fax (0211) 6216666*, 🍽, Massage, ⓢ, 🎾 – 🏢, ✕ Zim, ☰ TV ✆ ⇔ – 🛎 260. AE ⓞ ⓜ VISA   BU e
Menu à la carte 21,50/39 – ⌂ 17 – **244 Zim** 129, 8 Suiten.
• Der Club in der sechsten Etage verspricht Privat-Atmosphäre. Aktiv-Erholung bieten das Penthouse-Schwimmbad mit Blick über Düsseldorfs Dächer. Sauna, Solarium und Dampfbad. Das Restaurant ist offen zur lichtdurchfluteten Hotelhalle hin angelegt.

Dorint, Nördlicher Zubringer 7, ✉ 40470, ✆ (0211) 98 90 40, *info.dusmoe@dorint.com, Fax (0211) 98904100*, 🍽 – 🏢, ✕ Zim, ☰ TV ✆ & ⇔ – 🛎 65. AE ⓞ ⓜ VISA JCB   BU d
Menu *(geschl. Samstagabend - Sonntag)* à la carte 22/32 – **190 Zim** 100 – 133.
• Der moderne Hotelbau ist dank seiner verkehrsgünstigen Lage und neuzeitlich ausgestatteter Zimmer mit Schreibplatz und guter Technik bestens für Geschäftsreisende geeignet.

Merkur garni, Mörsenbroicher Weg 49, ✉ 40470, ✆ (0211) 1 59 24 60, *hotel-merku r-garni@t-online.de, Fax (0211) 15914625* – ✕ TV ⇔. P. AE ⓞ ⓜ VISA
30 Zim ⌂ 69/79 – 89/109.   CU a
• Nette Übernachtungsadresse : Die gepflegten Zimmer sind überwiegend mit Kirschbaummöbeln praktisch eingerichtet. Das Merkur liegt recht ruhig und besitzt eigene Parkplätze.

In Düsseldorf-Niederkassel :

Osteria Saitta am Nussbaum, Alt Niederkassel 32, ✉ 40547, ✆ (0211) 57 49 34, *osteria-saitta@t-online.de, Fax (0211) 5591544* – ☰. AE ⓞ ⓜ VISA   AU e
geschl. 22. Dez. - 4. Jan., Samstagmittag, Sonntag - Montagmittag – **Menu** (Tischbestellung ratsam) (italienische Küche) à la carte 35/45,50.
• Gemütliches Fachwerkhaus mit typisch südländischem Ambiente. Früher ein Dorfgasthaus, kommt hier heute italienische Küche auf den Tisch.

In Düsseldorf-Oberbilk :

NH Düsseldorf, Kölner Str. 186, ✉ 40227, ✆ (0211) 7 81 10, *nhduesseldorf@nh-h otels.com, Fax (0211) 7811800*, 🏋, ⓢ – 🏢, ✕ Zim, ☰ TV ✆ & ⇔ – 🛎 90. AE ⓞ ⓜ VISA JCB   BV b
Menu à la carte 21/41 – ⌂ 15 – **338 Zim** 105/285 – 125/305.
• Zentral und verkehrsgünstig gelegen, ist das mit viel Glas versehene, imposante Business-Hotel idealer Ausgangspunkt für Geschäftstermine. Alle Zimmer mit Modem-Anschluss. Zur Halle hin offenes Restaurant mit Lunchbuffet.

DÜSSELDORF S. 15

- **Lessing** garni, Volksgartenstr. 6, ✉ 40227, ✆ (0211) 9 77 00, *info@hotel-lessing.de*, Fax (0211) 9770100, ≘s – 🛗 ⚓ 📺 📞 🚗, AE ① ⓜ VISA JCB BX t
  30 Zim ⇌ 85 – 118.
  ♦ Alle Zimmer bis hin zur Bar sind mit massivem Pinienholz elegant-rustikal möbliert. Der nahegelegene Volksgarten verlockt zu Joggingtouren.

In Düsseldorf-Oberkassel :

- **Lindner Congress Hotel**, Emanuel-Leutze-Str. 17, ✉ 40547, ✆ (0211) 5 99 70, *info.congresshotel@lindner.de*, Fax (0211) 59971111, ≘s, 🏊 – 🛗, ⚓ Zim, 🖥 📺 📞 🚗 – 🅿 240. AE ① ⓜ VISA JCB. ✄ Rest S e
  Menu 22 (Lunchbuffet) à la carte 23/37 – ⇌ 15 – **254 Zim** 130/140 – 140/150.
  ♦ Geschäftsadresse am Puls der Zeit : funktionelle Zimmer mit Fax-, Modem- und Internetanschluss, teils mit eigenem PC sowie ein Konferenzbereich mit modernster Technik. Eine moderne Gestaltung verleiht dem Belle Etoile einen bistroähnlichen Charakter.

- **Inn Side Residence**, Niederkasseler Lohweg 18a, ✉ 40547, ✆ (0211) 52 29 90, *duesseldorf@innside.de*, Fax (0211) 52299522, 🌳, 🏋, ≘s – 🛗, ⚓ Zim, 🖥 Rest, 📺 📞 🚗 🅿. AE ① ⓜ VISA S a
  Menu (geschl. Sonntag) à la carte 27/40 – **126 Zim** ⇌ 146 – 180, 6 Suiten.
  ♦ Ganz neu gestaltet, eröffnet Ihnen das Hotel die Welt des "modern living" - hier dominieren kreatives Design und zurückhaltende Eleganz - vom Empfang bis in Ihr Zimmer. Modern ist das Restaurant im Stil eines Speisesaals.

- **Mercure Seestern**, Fritz-Vomfelde-Str.38, ✉ 40547, ✆ (0211) 53 07 60, *h2199@accor-hotels.com*, Fax (0211) 53076444, 🌳, 🏋, ≘s – 🛗, ⚓ Zim, 🖥 📺 📞 🚗 – 🅿 120. AE ① ⓜ VISA JCB. ✄ Rest S r
  Menu (italienische Küche) à la carte 17/36 – **160 Zim** ⇌ 139/152 – 169/175.
  ♦ Schon die großzügige Lobby stimmt Sie auf den modernen Stil ein, der sich durch das ganze Haus zieht. In einem warmen, freundlichen Umfeld finden Sie den gewünschten Komfort. Das Restaurant liegt in der ersten Etage - modern-schlicht in der Aufmachung.

- **Courtyard by Marriott**, Am Seestern 16, ✉ 40547, ✆ (0211) 59 59 59, *courtyard.duesseldorf@courtyard.com*, Fax (0211) 593569, 🌳, ≘s, 🏊 – 🛗, ⚓ Zim, 🖥 📺 🚗 – 🅿 120. AE ① ⓜ VISA JCB S a
  Menu à la carte 21,50/35 – **217 Zim** ⇌ 113/123 – 127/137.
  ♦ Großzügige Gästezimmer bieten modernen Komfort und die Schreibtische alle Anschlüsse, die das Herz eines modernen Geschäftsreisenden begehrt. Fünf Nichtraucheretagen. Neuzeitlich eingerichtetes Restaurant mit internationaler Küche.

- **Novotel-City-West**, Niederkasseler Lohweg 179, ✉ 40547, ✆ (0211) 52 06 00, *h3279@accor-hotels.com*, Fax (0211) 52060888, 🏋, ≘s – 🛗, ⚓ Zim, 🖥 📺 📞 🚗 🅿 275. AE ① ⓜ VISA S r
  Menu à la carte 20/37 – ⇌ 15 – **232 Zim** 124/139 – 139/154.
  ♦ Funktionell und modern in seiner Gestaltung, ist das im Jahre 2001 eröffnete Haus ganz auf die Bedürfnisse von Geschäftsleuten und Tagungsgästen zugeschnitten.

- **Hanseat** garni, Belsenstr. 6, ✉ 40545, ✆ (0211) 57 50 60, *info@hotel-hanseat.de*, Fax (0211) 589662 – 📺. AE ① ⓜ VISA T n
  geschl. 24. Dez. - 3. Jan. – **37 Zim** ⇌ 85/95 – 105/130.
  ♦ Hinter der reizvollen Jugendstilfassade weht ein Hauch von Eleganz : Stilmöbel und persönliche Details prägen die behaglichen Zimmer und Salons. Sehr hübsche Gartenterrasse.

- XX **De' Medici**, Amboßstr. 3, ✉ 40547, ✆ (0211) 59 41 51, *demedici@aol.com*, Fax (0211) 592612 – AE ① ⓜ VISA S m
  geschl. Samstagmittag, Sonn- und Feiertage – **Menu** (Tischbestellung ratsam) (italienische Küche) à la carte 27/54.
  ♦ Schon seit vielen Jahren führt Familie Pocaterra dieses gepflegte Restaurant. Mündliche Empfehlungen ergänzen die klassisch italienisch ausgelegte Karte.

- X **Kitzbüheler Stuben**, Hansaallee 165, ✉ 40549, ✆ (0211) 59 11 44, *kitzbueheler-stuben@t-online.de*, Fax (0211) 5370817, 🌳 – AE ① ⓜ VISA S x
  geschl. Anfang Jan. 2 Wochen, Ende Aug. 2 Wochen, Samstagmittag, Sonntagmittag, Sonntagabend (außer Messen) – **Menu** à la carte 26,50/38,50.
  ♦ Hier bereitet man eine Regionalküche mit starken österreichischen Akzenten. Das Restaurant ist schlicht gehalten : Steinfußboden und mit Sets eingedeckte Tische.

In Düsseldorf-Pempelfort :

- **Am Hofgarten** garni, Arnoldstr. 5, ✉ 40479, ✆ (0211) 49 19 90, *am-hofgarten@t-online.de*, Fax (0211) 4919949 – 📺. AE ① ⓜ VISA JCB EY c
  24 Zim ⇌ 80 – 105.
  ♦ Nur ein Katzensprung ist es von dem überwiegend modern möblierten Hotel zum Hofgarten, dem schönen innerstädtischen Park der Rheinmetropole mit dem Heinrich-Heine-Denkmal.

DÜSSELDORF S. 16

Doria garni (mit Gästehaus), Duisburger Str. 1a, ✉ 40477, ✆ (0211) 49 91 92, *info@doria.de, Fax (0211) 4910402* – 🅿 TV ✆ AE ⓘ Ⓜ VISA JCB
geschl. 23. Dez. - 2. Jan. – **41 Zim** ⊇ 60/68 – 79/87. EY s
• Deutsche Oper, Tonhalle, Düsseldorfer Schauspielhaus, Kammerspiele oder das "Kommödchen" - Theater und Kinos liegen ganz in der Nähe des freundlich eingerichteten Hotels.

Rossini, Kaiserstr. 5, ✉ 40479, ✆ (0211) 49 49 94, *info@restaurant-rossini.de, Fax (0211) 4910819*, 🌳 – 🔲 ⇔ AE ⓘ Ⓜ VISA JCB ⌘ EY r
geschl. Sonn- und Feiertage (außer Messen) – **Menu** (italienische Küche) à la carte 48/63, ♀.
• Klassischer Treffpunkt mit italienischer Feinschmeckerküche und exquisitem Weinkeller. Elegantes Ambiente mit mediterranen Terrakottafliesen in einem modernen Geschäftshaus.

Positano, Freiligrathstr. 36, ✉ 40479, ✆ (0211) 4 98 28 03, *Fax (0211) 4910819* – ⇔, AE VISA JCB ⌘. EY e
geschl. Montag – **Menu** (italienische Küche) à la carte 29,50/39.
• Diese sympathische Trattoria, benannt nach der Heimat des Patrons, empfängt ihre Gäste mit einer kräftigen Landküche und familiärer, gemütlicher Atmosphäre.

In Düsseldorf-Stockum :

Fashion Hotel garni, Am Hain 44, ✉ 40468, ✆ (0211) 4 39 50, *hotel@fashion-duesseldorf.de, Fax (0211) 4395200* – TV ✆ 🅿 AE ⓘ Ⓜ VISA JCB S b
geschl. 24. - 31. Dez. – **38 Zim** ⊇ 75 – 99.
• Entspannung abseits vom Trubel, bei gleichzeitig kürzesten Wegen zu den Zentren von Handel und Industrie. Das Fashion-House liegt in unmittelbarer Nachbarschaft.

In Düsseldorf-Unterbach *Süd-Ost : 11 km über Torfbruchstraße* T :

Landhotel Am Zault - Residenz, Gerresheimer Landstr. 40, ✉ 40627, ✆ (0211) 2 09 40, *amzault@t-online.de, Fax (0211) 254718*, 🌳, ≘s – ⇔ Zim, TV 🅿 – 🛆 90. AE ⓘ Ⓜ VISA
Menu à la carte 23/40 – **59 Zim** ⊇ 103/133 – 133/153.
• Eine gewachsene Hotelanlage, bestehend aus einem achteckigen Landhotel und der modernen Residenz. Wörtlich übersetzt residiert man "Im Zollhaus". Dorfstube und rustikale Zault-Wirtschaft ergänzen das gepflegte Restaurant.

In Düsseldorf-Unterbilk :

Courtyard by Marriott, Speditionstr. 11, ✉ 40221, ✆ (0211) 4 93 90, *cy.dushfales.mgr@courtyard.com, Fax (0211) 49392000*, 🌳, Massage, 🄵₆, ≘s – 📶, ⇔ Zim, ☰ TV ✆ ⇔ 🅿 – 🛆 90. AE ⓘ Ⓜ VISA JCB T a
Menu à la carte 28/34 – ⊇ 14 – **139 Zim** 125/140, 6 Suiten.
• Dunkle, neuzeitliche Möbel und Dekorationen in warmen Erdtönen geben den Zimmern und Suiten dieses im Jahre 2001 eröffneten Hauses ein wohnliches Gepräge. Restaurant Julian's hat sich zum Treffpunkt in den Docklands gemausert.

Sorat, Volmerswerther Str. 35, ✉ 40221, ✆ (0211) 3 02 20, *duesseldorf@sorat-hotels.com, Fax (0211) 3022555*, 🌳, ≘s – 📶, ⇔ Zim, ☰ TV ✆ ⇔ 🅿 – 🛆 135. AE ⓘ Ⓜ VISA JCB AX c
Menu *(geschl. Sonntag, außer Messen)* à la carte 24,50/31 – **160 Zim** ⊇ 118 – 148.
• Mit jungem Design und warmen Farben sprechen die wohnlichen Zimmer im ehemaligen Hafenbezirk und heutigen Medien- und Regierungsviertel Bilk den Gast an. Bistroähnliches, modernes Restaurant.

Berens am Kai, Kaistr. 16, ✉ 40221, ✆ (0211) 3 00 67 50, *info@berensamkai.de, Fax (0211) 30067515*, 🌳 – AE Ⓜ VISA AX d
geschl. 1. - 7. Jan., Samstagmittag, Sonn- und Feiertage – **Menu** 42 à la carte 55/65.
• Wer sich in diesem modern gestylten Restaurant niederläßt, hat dank der imposanten Glasfassade des Gebäudes und der Hafenlage einen schönen Blick auf den Rhein!

Schorn mit Zim, Martinstr. 46a, ✉ 40223, ✆ (0211) 3 98 19 72, *Fax (0211) 8766195* – TV ✆ Ⓜ ⌘ Zim AX s
geschl. über Ostern 1 Woche, Juli - Aug. 3 Wochen – **Menu** *(geschl. Sonntag - Montag) (nur Abendessen) (Tischbestellung ratsam)* à la carte 41/61, ♀ 🌳 – **4 Zim** ⊇ 105 – 150.
• In der ehemaligen Konditorei neben der St. Martin Kirche wird heute französisch inspiriert gekocht. Übernachtungsgäste schlafen in hübschen Doppelzimmern.

Rheinturm Top 180, Stromstr. 20, ✉ 40221, ✆ (0211) 8 48 58, *rheinturm@guennewig.de, Fax (0211) 325619*, ✳ Düsseldorf und Rhein (📶, Gebühr) – ☰ – 🛆 40. AE ⓘ Ⓜ VISA JCB ⌘ – **Menu** à la carte 34/53. AV a
• In weniger als einer Minute fährt man mit dem Aufzug hinauf zum Restaurant in 172 m Höhe und genießt während der sanften Rotation um die eigene Achse den herrlichen Ausblick.

In Düsseldorf-Unterrath :

Lindner Hotel Airport, Unterrather Str. 108, ✉ 40468, ✆ (0211) 9 51 60, *info.airport@lindner.de, Fax (0211) 9516516*, ≘s – 📶, ⇔ Zim, ☰ TV ✆ ⇔ 🅿 – 🛆 120. AE ⓘ Ⓜ VISA JCB – **Menu** à la carte 25/37,50 – ⊇ 16 – **201 Zim** 99/109. S s
• Das nahe dem Flughafen gelegene Hotel bietet Ihnen komfortable Zimmer verschiedener Kategorien, teils funktionelle Businesszimmer, teils Appartements mit Kochgelegenheit. Zur Halle hin offenes, neuzeitliches Restaurant.

DÜSSELDORF S. 17

🏠 **Avidon** garni, Unterrather Str. 42, ✉ 40468, ✆ (0211) 95 19 50, hotel@avidon.de, Fax (0211) 95195333 – 🛗 ✦ 📺 ✆ 🅿 – 🛋 15. AE ⓘ ⓜ VISA JCB   S d
geschl. Weihnachten - Neujahr – **33 Zim** ☐ 89/129 – 99/139.
• Modern und hochwertig gestaltete Zimmer mit großen Schreibtischen in zentraler Lage zu Flughafen, Messegelände und Innenstadt. Die Bar hat rund um die Uhr geöffnet.

In Meerbusch-Büderich :

🏠 **Gästehaus Meererbusch** garni, Hindenburgstr. 4, ✉ 40667, ✆ (02132) 93 34 00, Fax (02132) 933429 – ✦ 📺 ✆ 🅿. AE ⓘ ⓜ VISA über Düsseldorfer Straße (B 9)   S
geschl. 22. Dez. - 6. Jan. – **16 Zim** ☐ 79/85 – 99/123.
• Englisches Bed & Breakfast Hotels auf dem Lande nachempfundenes Haus mit eleganten Stilantiquitäten. Das wahlweise englische Frühstück wird an einem großen Tisch serviert !

🏠 **Gut Dyckhof** 🍃, Am Dyckhof 3, ✉ 40667, ✆ (02132) 97 77, reservierung@gutdyckhof.de, Fax (02132) 9775, 🌳 – ✦ Zim, 📺 ✆ 🅿 – 🛋 30. AE ⓘ ⓜ VISA. ※ Zim geschl. 20. Dez. - 4. Jan. – **Menu** (geschl. 23. Dez. - 2. Jan.) à la carte 19,50/36,50 – **39 Zim** ☐ 83/88 – 124.   über Düsseldorfer Straße (B 9) und Laacher Weg
• Die ehemalige Scheune des landwirtschaftlichen Anwesens - ruhig am Ortsrand gelegen - wurde hinter der alten Backsteinfassade zu einem neuzeitlichen Hotel umgebaut. Eine Mischung aus rustikal und modern prägt den Charakter des Restaurants.

🏠 **Zum Deutschen Eck** garni, Düsseldorfer Str. 87, ✉ 40667, ✆ (02132) 9 92 20, zum.deutschen.eck@t-online.de, Fax (02132) 992220 – 🛗 📺 ✆ ➚. ⓘ ⓜ VISA. ※   S n
geschl. Weihnachten - Neujahr – **24 Zim** ☐ 75 – 95.
• Seit 1996 steht das Klinkerhaus für die Beherbergung Reisender bereit. Ein freundliches, neuzeitliches Interieur sowie persönlicher Service sprechen für diese Adresse.

🍴🍴 **Landhaus Mönchenwerth**, Niederlöricker Str. 56 (an der Schiffsanlegestelle), ✉ 40667, ✆ (02132) 75 76 50, contact@moenchenwerth.de, Fax (02132) 757638, ≤, 🌳, Biergarten – 🅿 – 🛋 25. AE ⓘ ⓜ VISA   S c
geschl. Montag – **Menu** (wochentags nur Abendessen) à la carte 43/58.
• Direkt am Rhein liegt dieses modernisierte Landhaus - ein neuzeitliches, freundlich wirkendes Restaurant, teils mit blanken Tischen. Serviert wird eine klassische Küche.

🍴 **Lindenhof**, Dorfstr. 48, ✉ 40667, ✆ (02132) 26 64, service@lindenhof-restaurant.de, Fax (02132) 10196, 🌳 – AE ⓜ VISA JCB   S v
geschl. 27. Dez. - 3. Jan., Montag – **Menu** (abends Tischbestellung ratsam) à la carte 27,50/40,50.
• Klinkerhaus mit gemütlichem Landhaus-Innenleben und wechselnder Bilderausstellung. Die regionale Küche wird im Sommer auch in einem kleinen Biergarten serviert.

In Meerbusch - Langst-Kierst Nord-West : 14 km über Neusser Straße S :

🏨 **Rheinhotel Vier Jahreszeiten** 🍃, Zur Rheinfähre 14, ✉ 40668, ✆ (02150) 91 40, info@rheinhotel-meerbusch.de, Fax (02150) 914900, 🌳, Biergarten, ≦ – 🛗, ✦ Zim, 📺 📺 ✆ 🅿 – 🛋 120. AE ⓘ ⓜ VISA JCB
Bellevue (geschl. Okt. - März Montag)(nur Abendessen) **Menu** à la carte 33/43,50 – **Orangerie** (nur Mittagessen) **Menu** 24,50(Buffet) – **Langster Fährhaus** (geschl. Jan. - März, April - Dez. Montag) **Menu** à la carte 26,50/31 – **75 Zim** ☐ 113/128 – 133/148, 3 Suiten.
• Direkt an der Anlegestelle am Rhein, vis-à-vis von Messe und Flughafen, liegt das Landhotel. Business- und Komfortzimmer bieten alle Annehmlichkeiten. In der Villa hat man das Bellevue eingerichtet, hell und elegant. Rustikal angehaucht : das Langster Fährhaus.

In Meerbusch-Strümp Nord-West : 11 km über B 9 und B 222 S :

🍴🍴 **Regalido**, Am Kapellengraben 1 / Ecke Buschstraße, ✉ 40670, ✆ (02159) 81 88 04, info@regalido.de, Fax (02159) 818806, 🌳 – AE ⓜ VISA. ※
geschl. 1. - 18. Jan., Juli - Aug. 3 Wochen, Montag - Dienstagmittag, Samstagmittag – **Menu** 20 (mittags) à la carte 35,50/57.
• Der mediterrane Charakter des freundlich gestalteten Restaurants spiegelt sich auch auf der Karte wider - Geschmack und Qualität kennzeichnen das kleine Speiseangebot.

DUISBURG Nordrhein-Westfalen 543 L 4 – 518 000 Ew – Höhe 33 m.
Sehenswert : Wilhelm-Lehmbruck-Museum** CZ **M1** – Museum der Deutschen Binnenschiffahrt* AY **M2**.
🛬 Duisburg, Großenbaumer Allee 240 AX, ✆ (0203) 72 14 69.
🛈 Duisburg-Information, Königstr. 86, ✉ 47051, ✆ (0203) 28 54 40, service@duisburg-information.de, Fax (0203) 2854444.
ADAC, Clauberstr. 4.
Berlin 547 – Düsseldorf 33 ④ – Essen 20 ② – Nijmegen 107 ⑥

DUISBURG

Aldenrader Straße	**AV** 2
Am Nordhafen	**AV** 5
Asterlager Straße	**AX** 6
Borgschenweg	**AX** 8
Bürgermeister-Putz-Straße	**AV** 9
Düsseldorfer Straße	**AX** 15
Eisenbahnstraße	**AV** 16
Emmericher Straße	**AVX** 17
Essenberger Straße	**AX** 20
Friedrich-Ebert-Brücke	**AV** 21
Friedrich-Ebert-Straße	**AX** 22
Friemersheimer Straße	**AX** 24
Großenbaumer Allee	**AX** 25
Hohenbudberger Straße	**AX** 28
Honigstraße	**AX** 29
Kaiser-Wilhelm-Straße	**AX** 30
Krefelder Straße	**AX** 36
Kreuzacker	**AX** 37
Lauerstraße	**AX** 42
Neue Krefelder Straße	**AX** 55
Obermeidericher Straße	**AV** 57
Papiermühlenstraße	**AV** 60
Rathenaustraße	**AV** 64
Ruhrorter Straße	**AX** 65
Schwarzenberger Straße	**AX** 68
Schweizer Straße	**AX** 69
Sittardsberger Allee	**AX** 70
Stockholmer Straße	**AV** 78
Wanheimer Straße	**AX** 83
Wedauer Straße	**AX** 84

Alter Markt . . . . **BY** 3	Köhnenstraße . . . . **CY** 31	Musfeldstraße . . . . **BZ** 52
Am Buchenbaum . . . . **CZ** 4	König-Heinrich-Platz . . . . . **CZ** 32	Neckarstraße . . . . **CY** 53
Averdunkplatz . . . . **CZ** 7	Königstraße . . . . **CZ**	Neue Marktstraße . . . . **CZ** 56
Beekstraße . . . . **BZ**	Kuhlenwall . . . . **CY** 35	Papendelle . . . . **BZ** 59
Burgplatz . . . . **BY** 10	Kuhstraße . . . . **BYZ** 38	Peterstal . . . . **BZ** 61
Calaisplatz . . . . **BY** 12	Kuhtor . . . . **CY** 39	Philosophenweg . . . . **CY** 62
Claubergstraße . . . . **CZ** 13	Landfermannstraße . . . . . **CYZ** 40	Portsmouthplatz . . . . **CZ** 63
Dellplatz . . . . **BZ** 14	Marientor . . . . **BZ** 44	Schwanenstraße . . . . **BY** 66
Düsseldorfer Straße . . . . . **CZ** 15	Marientorbrücke . . . . **BZ** 45	Schwanentorbrücke . . . . . . **BY** 67
Essenberger Straße . . . . . . **BZ** 19	Menzelstraße . . . . **BCZ** 48	Sonnenwall . . . . **BZ** 74
Friedrich-Wilhelm-Straße . . **CZ** 23	Mülheimer Straße . . . . **CZ** 50	Steinsche Gasse . . . . **BZ** 75
Gutenbergstraße . . . . **CY** 27	Münzstraße . . . . **BYZ**	Universitätsstraße . . . . **BZ** 79

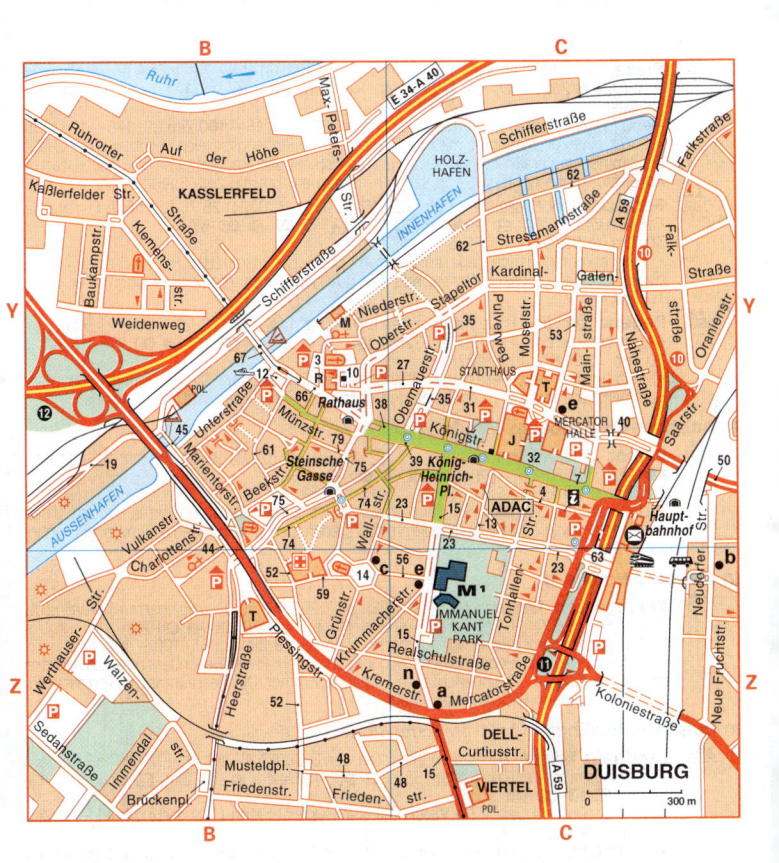

Steigenberger Duisburger Hof, Neckarstr. 2, ✉ 47051, ☏ (0203) 3 00 70, duisburg@steigenberger.de, Fax (0203) 3007400, 🍴, ≘s – 🛗, 🚻 Zim, 📺 📞 🅿 – 🕸 180. 🅰🅴 ① 🅼🅾 🆅🅸🆂🅰 🅹🅲🅱. 🍴 Rest **CY** e
Menu (geschl. Samstagmittag, Sonntagabend) à la carte 38/59 – **115 Zim** 🖇 170/230 – 190/250, 3 Suiten.
• Gegenüber der Deutschen Oper am Rhein wird gediegene Hotelkultur gepflegt. Von Zeit zu Zeit dient das Haus auch als Kulisse für spannende "Ruhrpott-Krimis". Eine elegante Atmosphäre umgibt Sie im Restaurant L'Escalier.

Conti garni (mit Gästehaus), Düsseldorfer Str. 131, ✉ 47051, ☏ (0203) 28 70 05, info@contihotels.de, Fax (0203) 288148, ≘s – 🛗 🚻 📺 📞 🅰🅴 ① 🅼🅾 🆅🅸🆂🅰. 🍴
50 Zim 🖇 92/199 – 114/225. **CZ** a
• Das neuzeitliche Stadthotel bietet komfortable Zimmer, die mit cremefarbenem Einbaumobiliar, Rattan und zum Teil auch mit kleinen Ledersesseln sehr wohnlich wirken.

DUISBURG

Plaza, Düsseldorfer Str. 54, ✉ 47051, ✆ (0203) 2 82 20, *info@hotel-plaza.de*, Fax (0203) 2822300, ⇌, 🔲 – 🛗, ⇌ Zim, TV 🚗 – 🔔 60. AE ⓘ ⓜ VISA. ✖ Rest
CZ e
Menu *(geschl. Freitag - Sonntag)* à la carte 25/37 – ⌑ 13 – **100 Zim** 89/175 – 125/245.
• Durch einen großzügigen, mit Granit ausgelegten Eingangsbereich betritt man das Haus. Die Zimmer sind praktisch und selbstverständlich mit allem nötigen Komfort ausgestattet. An Bistrotischen nehmen Sie in sachlich-modernem Umfeld zum Speisen Platz.

Ferrotel garni, Düsseldorfer Str. 122, ✉ 47051, ✆ (0203) 28 70 85, *info@ferrotel.de*, Fax (0203) 287754, ⇌ – 🛗 ⇌ TV ☎ – 🔔 45. AE ⓘ ⓜ VISA
CZ n
30 Zim ⌑ 82/98 – 104/125.
• Die verkehrsgünstige Lage im Zentrum Duisburgs macht das Haus zu einer attraktiven Adresse für Geschäftsreisende. Die gut gepflegten Zimmer verfügen über solide Technik.

Regent garni (mit Haus Hammerstein), Dellplatz 1, ✉ 47051, ✆ (0203) 29 59 00, *info@hotel-regent.de*, Fax (0203) 22288, ⇌, 🔲 – 🛗 ⇌ TV. AE ⓘ ⓜ VISA
BZ c
60 Zim ⌑ 82/89 – 99/102.
• Zentrumsnah liegt dieses Hotel in einer kleinen Seitenstraße. Die Dependance, das Haus Hammerstein, liegt 50 m entfernt und gefällt mit ihrer klassizistischen Fassade.

In Duisburg-Großenbaum über Großenbaumer Allee AX :

Ramor garni, Angermunder Str. 37, ✉ 47269, ✆ (0203) 99 80 60, *ramor@tiscali.de*, Fax (0203) 9980655 – 🛗 ☎ P. AE ⓘ ⓜ VISA JCB
20 Zim ⌑ 70/85 – 102.
• Das Hotel im Bungalow-Stil liegt unweit eines Verkehrsknotenpunktes, jedoch trotzdem recht ruhig. Solide Kirschbaummöbel geben den großzügigen Zimmern ein wohnliches Flair.

In Duisburg-Homberg :

Rheingarten, Königstr. 78, ✉ 47198, ✆ (02066) 5 50 01, *rheingarten@t-online.de*, Fax (02066) 55004, ≤, 🍴 – 🛗, ⇌ Zim, TV P. – 🔔 70. AE ⓘ ⓜ VISA
AX s
Menu *(geschl. Samstagmittag)* à la carte 23/34 – **28 Zim** ⌑ 85/100 – 100/120.
• Hier wohnen Sie in einem kleinen Hochhaus direkt am Rhein. Besonders nett sind die drei im alpenländischen Stil eingerichteten Romantik-Zimmer. Das Restaurant mit Terrasse bietet einen schönen Blick auf den Rhein.

In Duisburg-Huckingen über Düsseldorfer Straße AX :

Landhaus Milser, Zur Sandmühle 2 (an der B 8), ✉ 47259, ✆ (0203) 7 58 00, *info@landhausmilser.de*, Fax (0203) 7580199, 🍴, 🎱, ⇌ – 🛗, ⇌ Zim, TV ☎ ♿ ⇌ P – 🔔 50. AE ⓘ ⓜ VISA
geschl. 27. Dez. - 4. Jan. – **Da Vinci** (italienische Küche) **Menu** à la carte 24/41 – **60 Zim** ⌑ 110 – 145, 3 Suiten.
• Ein Hotel mit mediterranem Charme ! Die Zimmer sind in sanften Farben gestrichen und mit edlen italienischen Möbeln und schönen Fußböden aus Terracotta oder Parkett bestückt. Ein Hauch von Toskana umfängt den Gast bei seinem Besuch im Da Vinci.

In Duisburg-Neudorf :

Friederichs garni, Neudorfer Str. 33, ✉ 47057, ✆ (0203) 31 86 50, *info@hotel-friederichs.de*, Fax (0203) 3186565 – 🛗 ⇌ TV ☎. ⓜ VISA. ✖
CZ b
geschl. 20. Dez. - 4. Jan. – **38 Zim** ⌑ 96/110 – 121.
• Direkt gegenüber dem Hauptbahnhof steht dieses 1914 erbaute Haus mit hellgelber Fassade und Sprossenfenstern. Hier beziehen Sie neuzeitlich ausgestattete Gästezimmer.

In Duisburg-Rheinhausen :

Gasthof Brendel, Kaiserstr. 81 (Friemersheim), ✉ 47229, ✆ (02065) 4 70 16, *info@brendel.de*, Fax (02065) 40192, 🍴 P
AX n
geschl. Anfang - Mitte Jan., über Karneval, Samstagmittag, Sonntagabend - Montag – **Menu** à la carte 29/38, ⓒ.
• Mit viel Holz und Terrakotta-Fliesen hat man das Haus bewusst zwanglos gestaltet. Dirk Brendel kocht sorgfältig eine vorwiegend internationale Küche mit mediterranem Einfluss.

In Duisburg-Wanheimerort :

Am Stadion - Dettmann's Restaurant mit Zim, Kalkweg 26, ✉ 47055, ✆ (0203) 72 40 24(Hotel), 72 57 90 (Rest.), *dettmannsrest@aol.com*, Fax (0203) 729213, 🍴 – TV ☎. AE ⓜ VISA
AX r
Menu *(geschl. 1. - 15. Jan., Samstagmittag, Montag)* à la carte 29,50/39 – **17 Zim** ⌑ 62/67 – 77/87.
• Das Landhaus am Stadion beherbergt ein gediegenes Restaurant, dessen Küche internationale Spezialitäten zubereitet. Im Hotelbereich finden Sie praktische Gästezimmer.

DUNNINGEN Baden-Württemberg **545** V 9 – 5 500 Ew – Höhe 665 m.
Berlin 727 – Stuttgart 101 – Freiburg im Breisgau 77 – Villingen-Schwenningen 25 – Freudenstadt 49.

- **Zur Krone,** Hauptstr. 8 (B 462), ⊠ 78655, ℘ (07403) 2 75, Fax (07403) 8122 – TV P AE ◉ VISA – Menu (geschl. Donnerstagabend - Freitag) à la carte 18/29 – **10 Zim** ⊇ 35 – 56.
  ♦ Ländlich und schlicht sind die Übernachtungszimmer in diesem Gasthof. Dennoch bieten sie den nötigen Komfort und der Service ist familiär und freundlich. Leicht rustikal und nett dekoriert zeigt sich das Restaurant.

DURBACH Baden-Württemberg **545** U 8 – 4 000 Ew – Höhe 216 m – Erholungsort.
🛈 Tourist-Information, Tal 36, ⊠ 77770, ℘ (0781) 4 21 53, info@durbach.de, Fax (0781) 43989.
Berlin 752 – Stuttgart 148 – Karlsruhe 80 – Freudenstadt 51 – Offenburg 9 – Baden-Baden 54.

- **Ritter** ⑤, Tal 1, ⊠ 77770, ℘ (0781) 9 32 30, ritter-durbach@t-online.de, Fax (0781) 9323100, 🌳, ≘s, ⊆ – 🛗 TV 🅫 ⇔ P – 🛦 30. AE ◉ VISA
  Menu (geschl. Jan. - Feb. 3 Wochen, Sonntag - Montagmittag) à la carte 24/47 – **Ritterkeller** (geschl. Jan. - Feb. 4 Wochen, Sonntag)(nur Abendessen) Menu à la carte 23/34 – **41 Zim** ⊇ 53/70 – 107/130, 6 Suiten – ½ P 25.
  ♦ Schwarzwälder Gemütlichkeit umfängt Sie beim Betreten dieses Gasthauses. Fragen Sie nach den sonnendurchfluteten, stilvoll eingerichteten Zimmern im neueren Teil des Hotels. Viel Holz gibt der Ritter-Stube ihren ländlich-gemütlichen Charakter.

- **Rebstock** ⑤, Halbgütle 30, ⊠ 77770, ℘ (0781) 48 20, info@rebstock.biz, Fax (0781) 482160, 🌳, ≘s, 🐎 – 🛗, 🛏 Zim, TV 📞 P – 🛦 30. ◉ VISA
  Menu (geschl. Mitte Jan. - Mitte Feb., Montag) 21,50/36 à la carte 25/44,50, ♀ – **40 Zim** ⊇ 63 – 104 – ½ P 23.
  ♦ Mit viel Liebe zum Detail hat man es verstanden, den Räumlichkeiten eine kultivierte und wohnliche Atmosphäre zu verleihen. Sehenswert sind auch die großzügigen Außenanlagen. Das Restaurant sorgt mit rustikal-elegantem Ambiente für Gemütlichkeit.

- **Linde,** Lindenplatz 1, ⊠ 77770, ℘ (0781) 9 36 30, mail@hotel-linde-durbach.de, Fax (0781) 936339, 🌳 – TV P – 🛦 30. ◉ VISA
  Menu (geschl. Dienstag) à la carte 19,50/34,50 – **20 Zim** ⊇ 65 – 95 – ½ P 15.
  ♦ Hinter der denkmalgeschützten Fassade verbergen sich großzügig geschnittene Zimmer und Appartements, die dem Gast die Annehmlichkeiten eines zeitgemäßen Hotels bieten. In bürgerlichem Stil eingerichtetes Restaurant.

EBELSBACH Bayern siehe Eltmann.

EBENSFELD Bayern **546** P 16 – 5 200 Ew – Höhe 254 m.
Berlin 384 – München 251 – Coburg 29 – Bayreuth 67 – Bamberg 21 – Hof 88.

- **Pension Veitsberg** ⑤, Prächtinger Str. 14, ⊠ 96250, ℘ (09573) 64 00, info@pension-veitsberg.de, Fax (09573) 31430, 🐎 – TV ⇔ P.
  Menu (geschl. Jan., Dienstag) (nur Abendessen) (Restaurant nur für Hausgäste) – **24 Zim** ⊇ 35/37 – 48/56.
  ♦ Genießen Sie die schöne Umgebung dieser freundlichen Pension im oberen Maintal. Die gepflegten Zimmer, teilweise mit Balkon, versprechen einen erholsamen Aufenthalt.

EBERBACH AM NECKAR Baden-Württemberg **545** R 10 – 15 700 Ew – Höhe 131 m – Heilquellen-Kurbetrieb.
🛈 Tourist-Information, Kellereistr. 36, ⊠ 69412, ℘ (06271) 48 99, tourismus@eberbach.de, Fax (06271) 1319.
Berlin 611 – Stuttgart 107 – Mannheim 56 – Heidelberg 33 – Heilbronn 53.

- **Karpfen,** Alter Markt 1, ⊠ 69412, ℘ (06271) 7 10 15, hotel-karpfen@t-online.de, Fax (06271) 71010, 🌳, (Fassade mit Fresken der Stadtgeschichte) – 🛗 TV P AE ◉ VISA
  Menu (geschl. 27. Jan. - 12. März, Dienstag) à la carte 22,50/34,50 – **50 Zim** ⊇ 51/72 – 75/115 – ½ P 15.
  ♦ Das historische Gebäude im Herzen der staufischen Altstadt beherbergt ein engagiert geführtes Hotel mit liebevoll ausgestatteten Zimmern und einer besonderen Atmosphäre. Gemütliche, ländliche Eleganz im Hotelrestaurant.

- **Krone-Post,** Hauptstr. 1, ⊠ 69412, ℘ (06271) 20 13, hotel-krone-post@t-online.de, Fax (06271) 1633, 🌳 – 🛗, 🛏 Zim, TV P – 🛦 20. 🛇 Rest
  geschl. 2. - 6. Jan. – Menu (geschl. Nov. - Feb. Freitag) à la carte 23,50/40 – **35 Zim** ⊇ 70 – 118 – ½ P 22.
  ♦ Direkt am Neckar liegt das traditionelle Privathotel mit familiärem Charme. Komfortable Zimmer in drei Kategorien und ein reichhaltiges Frühstücksbuffet erwarten die Gäste. Gediegenes Restaurant mit Jugendstilterrasse unter Kastanien.

EBERMANNSTADT Bayern 546 Q 17 – 6 700 Ew – Höhe 290 m – Erholungsort.
  Ebermannstadt, Kanndorf 8 (West : 4 km), ℰ (09194) 48 27.
  🛈 Touristinformation, Bahnhofstr. 5, ✉ 91320, ℰ (09194) 5 06 40, touristinfo@ebermannstadt.de, Fax (09194) 50641.
  Berlin 406 – München 219 – Nürnberg 50 – Bayreuth 61 – Bamberg 30.

  Resengörg (mit Gästehäusern), Hauptstr. 36, ✉ 91320, ℰ (09194) 7 39 30, info@resengoerg.de, Fax (09194) 739373, 🛌 – 📶 TV 🚗 P – 🛁 40. ⓂⒷ VISA
  Menu (geschl. 12. - 28. Feb., Montagmittag) à la carte 14/23 – **39 Zim** ⇄ 40 – 60 – ½ P 12.
  ◆ Ein schönes, älteres Fachwerkhaus sowie drei Gästehäuser mit unterschiedlich gestalteten Zimmern bilden dieses am Marktplatz gelegene Hotel. Das bürgerlich-rustikale Restaurant befindet sich im Stammhaus.

  Schwanenbräu (mit Haus Feuerstein), Marktplatz 2, ✉ 91320, ℰ (09194) 2 09, info@schwanenbraeu.de, Fax (09194) 5836 – TV – 🛁 40. ⓐ ⓂⒷ VISA
  geschl. Anfang - Mitte Jan. – Menu (geschl. Sonntagabend) à la carte 13/27 – **13 Zim** ⇄ 40 – 56 – ½ P 14.
  ◆ Seit dem 19. Jh. sorgt dieser Gasthof für seine Besucher. Heute finden Sie hier wohnliche, bequeme Zimmer. Auch ein modernes Gästehaus steht zur Verfügung. Hausgebrautes Bier und selbstgebrannte Obstschnäpse verkosten Sie im rustikalen Restaurant.

EBERN Bayern 546 P 16 – 7 000 Ew – Höhe 269 m.
  Berlin 422 – München 255 – Coburg 28 – Bamberg 26 – Schweinfurt 56.

In Pfarrweisach Nord-West : 7 km, über B 279 :

  Gasthof Eisfelder, Lohrer Str. 2 (B 279), ✉ 96176, ℰ (09535) 2 69, keisfelder@aol.de, Fax (09535) 723 – P
  geschl. 28. Juli - 14. Aug. – Menu (geschl. Nov. - April Mittwochmittag) à la carte 9,50/16 – **20 Zim** ⇄ 21 – 36 – ½ P 7.
  ◆ Mitten in der schönen Landschaft Frankens liegt dieser gut geführte Gasthof aus dem 17. Jh. Alle Zimmer haben einen Balkon, auf dem Sie sich in Ruhe entspannen können. Rustikale Gaststube und eigene Metzgerei gehören zum Haus.

EBERSBACH AN DER FILS Baden-Württemberg 545 T 12 – 15 300 Ew – Höhe 292 m.
  Berlin 614 – Stuttgart 33 – Göppingen 10 – Ulm (Donau) 70.

In Ebersbach-Weiler Süd : 2 km, jenseits der B 10 :

  Schätzl, Schäferstr. 11, ✉ 73061, ℰ (07163) 91 23 40, hotel.schaetzl@t-online.de, Fax (07163) 52368 – TV ☎ P. AE ⓂⒷ VISA
  Menu (geschl. Aug.) (nur Abendessen) à la carte 16/29,50 – **12 Zim** ⇄ 49 – 75.
  ◆ Diese nette Pension mit Blick auf die Schwäbische Alb und das Filstal empfängt ihre Gäste mit einer persönlichen Atmosphäre und praktischen Zimmern. Kleine, rustikale Gaststätte.

EBERSBERG Bayern 546 V 19 – 10 000 Ew – Höhe 563 m – Erholungsort.
  Steinhöring, Zaißing 6 (Nord-Ost : 8 km), ℰ (08094) 81 06 ; Steinhöring, Gut Thailing 4 (Nord-Ost : 6 km), ℰ (08094) 92 10.
  Berlin 610 – München 35 – Landshut 69 – Rosenheim 31.

  Hölzerbräu, Sieghartstr. 1, ✉ 85560, ℰ (08092) 2 40 20, hotel.gasthof@hoelzerbraeu.de, Fax (08092) 85258944, Biergarten – 📶 TV 🚗 P. AE ⓐ ⓂⒷ VISA
  Menu (geschl. Feb. 1 Woche, Aug. 3 Wochen) à la carte 16/29 – **45 Zim** ⇄ 58/84 – 84/104, 3 Suiten.
  ◆ Ein familiengeführter Gasthof mit gepflegter Fassade und einem neuerem Gästehaus. Die mit hellem Naturholzmobiliar eingerichteten Zimmer bieten ein wohnliches Ambiente. Ein schöner Kachelofen und Holzdecken bestimmen den ländlichen Charakter des Restaurants.

EBERSBURG Hessen 543 O 13 – 3 900 Ew – Höhe 382 m.
  Berlin 468 – Wiesbaden 141 – Fulda 18 – Frankfurt am Main 102 – Würzburg 93.

In Ebersburg-Weyhers :

  Rhönhotel Alte Mühle, Altenmühle 4 (Ost : 2 km), ✉ 36157, ℰ (06656) 81 00, info@rhoenhotel-altemuehle.de, Fax (06656) 7748, 🌳, ☎, 🛌 – ↻ Zim, TV P – 🛁 25
  Menu (Montag - Freitag nur Abendessen) à la carte 13/23 – **35 Zim** ⇄ 42/50 – 50/75 – ½ P 13.
  ◆ Eine nette Urlaubsadresse ist dieses Hotel im Naturpark Rhön. Neben den soliden Zimmern vermietet man auch Appartements und Ferienwohnungen. Rustikales Restaurant mit schöner Terrasse.

EBERSWALDE Brandenburg 542 H 25 – 45 000 Ew – Höhe 70 m.
  Ausflugsziel : Niederfinow : Schiffshebewerk★ Ost : 10 km..
  🛈 Tourist-Information, Steinstr. 3, ✉ 16225, ✆ (03334) 6 45 20, Fax (03334) 64521.
  Berlin 57 – Potsdam 85 – Neubrandenburg 118 – Frankfurt (Oder) 86.

In Niederfinow Ost : 10 km, über B 167, in Hohenfinow links ab :

🏨 **Am Schiffshebewerk**, Hebewerkstr. 43, ✉ 16248, ✆ (033362) 7 00 99, Fax (033362) 619066, 😊, 🌳 – ½ Zim, TV 🗣 P – 🎿 20
  Menu à la carte 16/31,50 – **18 Zim** ⌒ 45/60 – 62/70.
  ◆ Nahe dem namengebenden Schiffshebewerk liegt das 1992 erbaute Hotel : Bequeme, mit dunklen Holzmöbeln eingerichtete Zimmer und ein familiärer Service erwarten Sie. Gutbürgerliche Küche und Fischgerichte bietet das gediegene Restaurant.

EBRACH Bayern 546 Q 15 – 2 000 Ew – Höhe 340 m – Erholungsort.
  Sehenswert : Ehemaliges Kloster (Kirche★).
  🛈 Verkehrsamt, Rathausplatz 2, ✉ 96157, ✆ (09553) 9 22 00, info@ebrach.de, Fax (09553) 922020.
  Berlin 441 – München 248 – Coburg 84 – Nürnberg 77 – Würzburg 47 – Bamberg 34.

🏨 **Klosterbräu**, Marktplatz 4, ✉ 96157, ✆ (09553) 1 80, klosterbraeu@landidyll.de, Fax (09553) 1888, 😊, 🌳 – ½ Zim, TV 🗣 P – 🎿 80. AE ① ⓜ 🆅🆂🅰 JCB
  Menu à la carte 13,50/29 – **40 Zim** ⌒ 49/59 – 87/97 – ½ P 15.
  ◆ Für Freunde eines historischen Ambientes : Das Hotel befindet sich im renovierten Teil eines ehemaligen Zisterzienserklosters und überzeugt seine Gäste mit modernem Komfort. Im Restaurant Mönchstube speisen Sie unter einer schönen Gewölbedecke.

ECHING Bayern 546 V 18 – 10 500 Ew – Höhe 460 m.
  Berlin 567 – München 21 – Regensburg 104 – Ingolstadt 59 – Landshut 55.

🏨 **Olymp**, Wielandstr. 3, ✉ 85386, ✆ (089) 32 71 00, hotel-olymp-munich@t-online.de, Fax (089) 32710112, 😊, ☕, 🔲 – 📶, ½ Zim, TV 🗣 ⇔ P – 🎿 50. AE ① ⓜ 🆅🆂🅰
  ❌ Rest
  Menu (geschl. 24. Dez - 4. Jan., über Ostern, Samstagmittag, Sonntagmittag) à la carte 24,50/36,50 – **96 Zim** ⌒ 100 – 113.
  ◆ Wenn Sie ein gehobenes Ambiente bevorzugen, werden Ihnen die mit alten Hölzern und edlen Stoffen liebevoll im mediterranen Stil eingerichteten Gästezimmer gefallen. Das Restaurant teilt sich in verschiedene gemütliche Räume - teils elegant-rustikal.

ECHING KREIS LANDSHUT Bayern siehe Landshut.

ECKERNFÖRDE Schleswig-Holstein 541 C 13 – 23 000 Ew – Höhe 5 m – Seebad.
  Sehenswert : Nikolaikirche (Innenausstattung★).
  ⛳ Altenhof (Süd-Ost : 4 km über die B 76), ✆ (04351) 4 12 27.
  🛈 Eckernförde Touristik, Am Exer 1, ✉ 24340, ✆ (04351) 7 17 90, info@ostseebad-eckernfoerde.de, Fax (04351) 6282.
  Berlin 376 – Kiel 30 – Rendsburg 30 – Schleswig 24.

🏨 **Stadthotel** garni, Am Exer 3, ✉ 24340, ✆ (04351) 7 27 80, stadthotel-eckernfoerde@t-online.de, Fax (04351) 7278178, ☕ – 📶 ½ TV 🖥 ⇔ – 🎿 50. AE ⓜ 🆅🆂🅰
  65 Zim ⌒ 87/112 – 112/137.
  ◆ Genießen Sie einen Urlaub an der Ostsee : Direkt am Strand liegt dieser moderne Klinkerbau mit funktionell eingerichteten, gepflegten Zimmern.

🏨 **Seelust** garni, Preußerstr. 3, ✉ 24340, ✆ (04351) 7 27 90, Fax (04351) 7279179, ≤, – 📶 TV 🖥 P. AE ⓜ 🆅🆂🅰
  geschl. Anfang Dez. - Ende März – **32 Zim** ⌒ 65/110 – 100/135.
  ◆ Direkten Zugang zum Strand haben Sie von diesem Hotel aus den 30er Jahren mit renovierten, wohnlichen Zimmern - die meisten haben Meerblick - und einer schönen Strandterrasse.

🏨 **Alte Fischereischule** garni, Sehestedter Str. 77, ✉ 24340, ✆ (04351) 7 16 60, fischereischule@t-online.de, Fax (04351) 716620, ≤, ☕, 🌳 – ½ TV 🗣 P – 🎿 30. AE ① ⓜ 🆅🆂🅰
  18 Zim ⌒ 55/64 – 80/92.
  ◆ In einem ruhigen Wohngebiet liegt das ganz modern ausgestattete Hotel im Gebäude der ehemaligen Fischereischule. Von hier aus hat man einen herrlichen Blick über die Bucht.

✂ **Ratskeller**, Rathausmarkt 8, ✉ 24340, ✆ (04351) 24 12, ratskellereck@aol.com, Fax (04351) 712824, 😊, (Haus a.d.J. 1420) – AE ① ⓜ 🆅🆂🅰
  geschl. Feb. 3 Wochen, Nov. - März Montag – **Menu** à la carte 17/37,50.
  ◆ Einen historischen Rahmen hat diese Gaststätte - wahrscheinlich der älteste Ratskeller Deutschlands. Die Einrichtung ist in bürgerlich-gediegenem Stil gehalten.

ECKERNFÖRDE

In Gammelby *Nord-West : 5 km über B 76 :*

🏠 **Gammelby,** Dorfstr. 6, ✉ 24340, ℘ (04351) 88 10, *hotel.gammelby@t-online.de, Fax (04351) 88166,* 😊, ⚒ – 🅿 – 🎵 50. 🆎 ⓞ 🎴 𝗩𝗜𝗦𝗔. ✂ Zim
Menu à la carte 19/32,50 – **32 Zim** ⊡ 52/58 – 78 – ½ P 14.
• Der traditionell geführte, gut unterhaltene Familienbetrieb hält für seine Gäste tadellos gepflegte Zimmer mit einer Einrichtung aus den 70er Jahren bereit.

In Groß Wittensee *Süd-West : 11,5 km, an B 203 :*

🏠 **Schützenhof** (mit 2 Gästehäusern), Rendsburger Str. 2, ✉ 24361, ℘ (04356) 1 70, *info@hotel-wittensee.de, Fax (04356) 1766,* 😊, 𝟻, 😊, ⚒ – ✂ Zim, 📺 📞 ⚒ 🅿 – 🎵 100 – geschl. 20. Dez. - 6. Jan. – **Menu** *(geschl. Mai - Sept. Donnerstagmittag, Okt. - April Donnerstag)* à la carte 18/33 – **60 Zim** ⊡ 50/86 – 86/117 – ½ P 15.
• Ein Gasthof und 2 Gästehäuser bilden das nahe dem Wittensee gelegene ländliche Hotel. Man bietet ältere und neuere Zimmer - alle solide ausgestattet, mit Balkon/Terrasse. Unterteilte Gaststube mit offenem Kamin und Wintergarten.

In Klein Wittensee *Süd-West : 14 km, an B 203 :*

🍴 **Landhaus Wolfskrug,** Dorfstr. 11, ✉ 24361, ℘ (04356) 3 54, *Fax (04356) 354,* 😊 – 🅿. 🆎 🎴 𝗩𝗜𝗦𝗔
geschl. Dienstag – **Menu** à la carte 23,50/43.
• Ein ausgestopfter Wolf begrüßt Sie in dem gemütlichen, mit Antiquitäten dekorierten Restaurant, wo der Küchenchef Sie mit einer bürgerlichen und regionalen Küche bewirtet.

EDELSFELD *Bayern siehe Königstein.*

EDENKOBEN *Rheinland-Pfalz* 𝟱𝟰𝟯 *S 8 – 6 500 Ew – Höhe 148 m – Luftkurort.*

Ausflugsziele : *Schloss Villa Ludwigshöhe★ (Max-Slevogt-Galerie★) West : 2 km – Rietburg : ≤ ★ West : 2 km und Sessellift.*

🅱 *Büro für Tourismus, Poststr. 23, ✉ 67480, ℘ (06323) 95 92 22, touristinfo@vg.edenkoben.de, Fax (06323) 959288.*
Berlin 655 – Mainz 101 – Mannheim 40 – Landau in der Pfalz 11 – Neustadt an der Weinstraße 10.

🏨 **Gutshof Ziegelhütte** (mit Gästehäusern), Luitpoldstr. 79, ✉ 67480, ℘ (06323) 9 89 40, *info@gutshof-ziegelhuette.de, Fax (06323) 9894199,* 😊 – ✂ Zim, 📞 🅿 – 🎵 30. 🆎 ⓞ 🎴 𝗩𝗜𝗦𝗔 – **Menu** *(geschl. Montag - Dienstagmittag)* à la carte 13/24 – **25 Zim** ⊡ 50/60 – 70/90 – ½ P 15.
• Die Hotelanlage, die sich auf mehrere Gebäude eines ehemaligen Gutes verteilt, überzeugt mit gut eingerichteten Zimmern, zum Teil elegant und mit viel Komfort.

🏠 **Boller's,** Ludwigsplatz 23, ✉ 67480, ℘ (06323) 9 40 90, *p.boller@gmx.de, Fax (06323) 940929,* 😊 – ✂ Zim, 📺 📞 🎴 𝗩𝗜𝗦𝗔
Menu *(geschl. 2. - 31. Jan., Dienstag)* à la carte 15/30 653 **9 Zim** ⊡ 56 – 86 – ½ P 15.
• Ein ehemaliges Feuerwehrgerätehaus im Zentrum beherbergt heute dieses kleine Hotel mit seinen gepflegten, modern in Buche eingerichteten Zimmern. Restaurant mit ländlichem Ambiente - Bilder dienen als Dekor.

🍴 **Weinstube Alte Kanzlei** mit Zim, Weinstr. 120, ✉ 67480, ℘ (06323) 39 83, *info @weingut-bentz.de, Fax (06323) 980680,* 😊 – ✂
Menu *(geschl. Montag - Dienstag) (nur Abendessen)* (nur Eigenbauweine) à la carte 12/21 – **7 Zim** ⊡ 35/40 – 65.
• Hier erwartet Sie eine typische Pfälzer Atmosphäre : Ein gemütlicher Gewölbekeller, der seinen Gästen eine kleine, aber überzeugende Auswahl an regionalen Spezialitäten bietet.

In Rhodt unter Rietburg *Süd-West : 2 km :*

🏠 **Weinstube Waldkirch** 😊, Weinstr. 53, ✉ 76835, ℘ (06323) 70 53, *hotelweingutwaldkirch@t-online.de, Fax (06323) 81137,* 😊 – 📺 🅿. 🎴 𝗩𝗜𝗦𝗔
Menu *(geschl. 10. Jan. - 10. Feb., Donnerstag) (nur Eigenbauweine)* à la carte 12/20,50 – **17 Zim** ⊡ 39/41 – 65.
• Die Zimmer sind in den historischen Mauern dieses Weinguts gepflegt und wohnlich. Der Frühstücksraum mit dem reichhaltigen Buffet befindet sich im ehemaligen Kelterhaus. Urige Weinstube mit einem durch die Mauer gewachsenen Birnbaum und Brunnentisch.

In Weyher *Süd-West : 4 km, über Rhodt :*

🏠 **Zum Kronprinzen,** Josef-Meyer-Str. 11, ✉ 76835, ℘ (06323) 70 63, *kronprinz-weyher@t-online.de, Fax (06323) 7065 –* 📺
geschl. 4. Jan. - 13. Feb. – **Menu** *(geschl. Dienstag)* à la carte 15/29 – **11 Zim** ⊡ 39/44 – 62 – ½ P 13.
• In dem malerischen Winzerdorf finden Sie einen traditionellen Gasthof, der Sie mit Pfälzer Gastlichkeit und modern eingerichteten Zimmern erwartet. Ländlich-rustikales Restaurant mit einer Auswahl an Weinen der Region.

EDESHEIM Rheinland-Pfalz 543 S 8 – 2 400 Ew – Höhe 150 m.
Berlin 657 – Mainz 101 – Mannheim 42 – Kaiserslautern 48 – Karlsruhe 46.

Schloss Edesheim (mit Residenz), Luitpoldstr. 9, ✉ 67483, 𝒞 (06323) 9 42 40, info@schloss-edesheim.de, Fax (06323) 942411, 😊, ⇔s – TV 📞 P – 🌐 100. AE ⓓ ⓜⓞ VISA. ⚡ Rest
Da Nico (italienische Küche) (geschl. Sonntag - Montag)(nur Abendessen) Menu à la carte 38/43 – **36 Zim** ⇆ 79/99 – 131/149, 8 Suiten.
♦ Der ehemalige Bischofssitz a. d. 16. Jh. bildet den exklusiven Rahmen für das schöne Hotel. Elegante Zimmer und eine Umgebung mit toskanischem Flair genügen hohen Ansprüchen. Da Nico gefällt mit zarten Wandgemälden, großem Kamin und mediterranem Ambiente.

Wein-Castell, Staatsstr. 21 (B 38), ✉ 67483, 𝒞 (06323) 93 89 40, info@wein-castell-edesheim.de, Fax (06323) 9389428, 😊, (Sandsteinbau a.d.19.Jh.) – TV P. ⓜⓞ VISA. ⚡ Rest
Menu (geschl. Feb. 2 Wochen, Montag - Dienstag) à la carte 19/36 – **11 Zim** ⇆ 48 – 78.
♦ Das Hotel mit den soliden, gepflegten Zimmern gehört zu einem typischen Pfälzer Weingut. Die freundliche und familiäre Atmosphäre verspricht einen netten Aufenthalt. Probieren Sie die hauseigenen Weine im Restaurant.

EDIGER-ELLER Rheinland-Pfalz 543 P 5 – 1 500 Ew – Höhe 92 m.
🅱 Verkehrsamt, im Ortsteil Ediger, Pelzerstr. 1, ✉ 56814, 𝒞 (02675) 13 44, Fax (02675) 1643.
Berlin 666 – Mainz 118 – Koblenz 61 – Trier 75 – Cochem 8.

Im Ortsteil Ediger :

Zum Löwen, Moselweinstr. 23, ✉ 56814, 𝒞 (02675) 2 08, info@mosel-hotel-loewen.de, Fax (02675) 214, ≤, 😊 – TV ⇔ . ⓜⓞ VISA – geschl. Jan. – **Menu** (geschl. Feb. - Ostern Montag - Mittwoch) à la carte 18/47 – **22 Zim** ⇆ 44/50 – 70/104.
♦ Erholen Sie sich im romantischen Moseltal : Das familiengeführte Hotel bietet Ihnen solide Zimmer. Schöne Wanderwege beginnen direkt am Haus. Restaurant mit Moselblick.

Im Ortsteil Eller :

Weinhaus Oster, Moselweinstr. 61, ✉ 56814, 𝒞 (02675) 2 32, hotel-oster@t-online.de, Fax (02675) 1570, 😊 – ⚡ ⇔ – 🌐 20. ⓜⓞ VISA. ⚡
geschl. 9. - 26. Dez., Jan. - 15. März – **Menu** (geschl. Dienstagmittag) à la carte 15/27 – **20 Zim** ⇆ 37/56 – 60/92 – ½ P 11.
♦ In dem alten Fachwerkhaus mit Hotelanbau finden Sie praktische Zimmer und eine familiäre Atmosphäre. Ein reichhaltiges Frühstücksbuffet macht Sie fit für den Tag. Das Restaurant ist hell und rustikal eingerichtet.

EFFELDER (KREIS EICHSFELD) Thüringen 544 M 14 – 1 400 Ew – Höhe 420 m.
Berlin 327 – Erfurt 73 – Mühlhausen 17 – Eisenach 43 – Göttingen 56.

Waldhotel Klostermühle, Klostermühle 1 (Nord-West 2 km, Richtung Großbartloff), ✉ 37359, 𝒞 (036075) 39 00, waldhotel-klostermuehle@t-online.de, Fax (036075) 39075, Biergarten, ⇔s, 🏊, 😊 – TV P. 🌐 40. ⓜⓞ VISA
geschl. Jan. – **Menu** (geschl. Montag) à la carte 16,50/27 – **27 Zim** ⇆ 44 – 72.
♦ In ländlicher Umgebung, am Waldrand, finden Reisende eine solide geführte, saubere Übernachtungsadresse. Praktisch ausgestattete Zimmer sprechen für das Haus. Die Einrichtung in hellem Holz bestimmt den rustikalen Charakter des Restaurants.

EFRINGEN-KIRCHEN Baden-Württemberg 545 X 6 – 7 100 Ew – Höhe 266 m.
Berlin 852 – Stuttgart 254 – Freiburg im Breisgau 59 – Basel 15 – Müllheim 28.

In Efringen-Kirchen - Blansingen Nord-West : 5 km, über B 3 :

Traube (Albrecht) mit Zim (mit Gästehaus), Alemannstr. 19, ✉ 79588, 𝒞 (07628) 82 90, traube-blansingen@t-online.de, Fax (07628) 8736, 😊 – TV P. ⓜⓞ VISA
geschl. Ende Jan. - Anfang Feb., Ende Juli - Anfang Aug. – **Menu** (geschl. Dienstag - Mittwoch) 27 (mittags)/71 à la carte 52,50/67 – **7 Zim** ⇆ 72 – 93/113.
♦ Im ländlich-eleganten Ambiente des einstigen Bauernhauses von 1811 mit Kachelofen können Sie eine klassische Saisonküche genießen. Schöne Zimmer laden zum Übernachten ein.
Spez. Gänseleber und Kaninchenrückenfilet mit Kräutergelee im Gemüsemantel. Mit Vanille gewürzter Hirschkalbsrücken und Arabica-Cafésauce. Mohn-Grießtimbale mit eingelegter Safran-Ingwerbirne

In Efringen-Kirchen - Egringen Nord-Ost : 3 km, jenseits der B 3 :

Rebstock mit Zim (mit Gästehaus), Kanderner Str. 21, ✉ 79588, 𝒞 (07628) 9 03 70, gasthaus@rebstock-egringen.de, Fax (07628) 903737, 😊 – TV P. ⓜⓞ VISA
geschl. über Fastnacht 2 Wochen, Ende Aug. - Anfang Sept. 2 Wochen – **Menu** (geschl. Montag - Dienstag) à la carte 23/39,50, ₰ – **10 Zim** ⇆ 39/65 – 57/90.
♦ Hier erwartet Sie ein typischer badischer Gasthof mit einer Speisekarte, die regionale Spezialitäten der Saison und eine Auswahl von Weinen aus dem Markgräfler Land bietet.

EGESTORF Niedersachsen **541** G 14 – 2 500 Ew – Höhe 80 m – Erholungsort.
🛈 Touristik-Information, Barkhof 1b, ✉ 21272, ℘ (04175) 15 16, egestorf@t-online.de, Fax (04175) 802071.
Berlin 322 – Hannover 107 – Hamburg 57 – Lüneburg 29.

🏨 **Acht Linden** (mit Gästehaus), Alte Dorfstr. 1, ✉ 21272, ℘ (04175) 8 43 33, acht-linden@t-online.de, Fax (04175) 843359, 🌲, ☎ – 📺 📞 🅿 – 🔥 80. ① ⓜ 𝐕𝐈𝐒𝐀. 🛇 Rest
Menu à la carte 19/38 – **30 Zim** ⊇ 48/55 – 72/95 – ½ P 12.
♦ Wie wär's mit Urlaub in der Lüneburger Heide ? Der engagiert geführte niedersächsische Gasthof verfügt über gepflegte, unterschiedlich eingerichtete Zimmer. Essen kann man in der rustikalen Gaststube oder in den eleganteren Nebenzimmern.

🏨 **Egestorfer Hof** (mit Gästehäusern), Lübberstedter Str. 1, ✉ 21272, ℘ (04175) 4 80, kontakt@egestorferhof.de, Fax (04175) 1090, 🌲 – 🚫 Zim, 📺 🅿 – 🔥 25. ⒶⒺ ⓜ 𝐕𝐈𝐒𝐀
Menu à la carte 18/33 – **26 Zim** ⊇ 50/60 – 75/90 – ½ P 13.
♦ In dem familiengeführten Hotel erwarten Sie gepflegte und saubere Zimmer. Auch wohnliche Ferienwohnungen in reetgedeckten Häusern sind zu vermieten. Das Restaurant ist reich mit Sammlerstücken aus der bäuerlichen Welt der Heide dekoriert.

In Egestorf-Sahrendorf Nord-West : 3 km :

🏨 **Studtmann's Gasthof** (mit Gästehaus), Im Sahrendorf 19, ✉ 21272, ℘ (04175) 8 43 60, studtmannsgasthof@t-online.de, Fax (04175) 843631, 🌲, 🍴 – 🚫 📺 🅿
ⓜ 𝐕𝐈𝐒𝐀 – geschl. 15. Jan. - 15. Feb. – **Menu** (geschl. Dienstag) 10 (mittags) à la carte 17/30 – **22 Zim** ⊇ 35/50 – 55/70 – ½ P 13.
♦ Hier empfängt Sie die typische Atmosphäre eines traditionellen Heidegasthofs. Die Zimmer sind sauber und gepflegt, der Rahmen ländlich. Rustikale, schlichte Gaststuben.

EGGENFELDEN Bayern **546** U 22 – 13 000 Ew – Höhe 415 m.
📍 Hebertsfelden, Am Fischgartl 2 (Ost : 11 km), ℘ (08561) 59 69.
Berlin 599 – München 117 – Regensburg 101 – Landshut 56 – Passau 72 – Salzburg 98 – Straubing 62.

🏨 **Bachmeier**, Schönauer Str. 2, ✉ 84307, ℘ (08721) 9 71 00, info@hotelbachmeier.de, Fax (08721) 9710100, 🌲, Biergarten, ☎, 🍴 – 📺 📞 🚗 🅿 – 🔥 50. ⒶⒺ ⓜ 𝐕𝐈𝐒𝐀 𝐉𝐂𝐁
Menu à la carte 21/35 – **40 Zim** ⊇ 53 – 80.
♦ Niederbayerische Gastlichkeit erlebt man in diesem komfortablen Gasthof. Ein Teil der Zimmer ist mit neuen, modernen Möbeln wohnlich eingerichtet, andere in Eiche rustikal. Restaurant mit ländlicher Eleganz und regionaler Küche.

EGGENSTEIN-LEOPOLDSHAFEN Baden-Württemberg **545** S 9 – 13 000 Ew – Höhe 112 m.
Berlin 660 – Stuttgart 97 – Karlsruhe 12 – Mannheim 63.

Im Ortsteil Eggenstein :

🏨 **Zum Goldenen Anker**, Hauptstr. 20, ✉ 76344, ℘ (0721) 70 60 29, Fax (0721) 782333, 🌲 – 📶 📺 📞 ⓜ 𝐕𝐈𝐒𝐀. 🛇
Menu (geschl. Juli - Aug 2 Wochen, Samstag) à la carte 17/30 – **32 Zim** ⊇ 40/49 – 68/83.
♦ Ein ländlicher, gut geführter Gasthof mit praktischen, sauberen Zimmern. Die freundliche Atmosphäre sorgt für einen netten Aufenthalt. Schlichtes Restaurant mit bürgerlicher und regionaler Küche.

🍴 **Zum Löwen** mit Zim, Hauptstr. 51, ✉ 76344, ℘ (0721) 78 00 70, zum-loewen-eggenstein@t-online.de, Fax (0721) 7800799, 🌲 – 🚫 Zim, 📺 📞 ⓜ 𝐕𝐈𝐒𝐀
Menu (geschl. 1. - 6. Jan., Samstagmittag, Sonntagabend - Montagmittag) (Tischbestellung ratsam) 25 (mittags)/75 à la carte 38/49 – **11 Zim** ⊇ 52/55 – 83/88.
♦ In diesem Restaurant lassen Sie sich an gut eingedeckten Tischen von einem aufmerksamen Service umsorgen. Schön sitzt man auch auf der Gartenterrasse.

Im Ortsteil Leopoldshafen :

🏨 **Landhotel Schröcker Tor,** Mannheimer Str. 1, ✉ 76344, ℘ (07247) 2 01 89, info@schroeckertor.de, Fax (07247) 208240, 🌲 – 🚫 Zim, 📺 🅿 ⒶⒺ ⓜ 𝐕𝐈𝐒𝐀 𝐉𝐂𝐁
geschl. über Fastnacht 3 Wochen – **Menu** (geschl. Freitag - Samstagmittag) à la carte 21,50/38 – **19 Zim** ⊇ 50/55 – 70/80.
♦ Ruhig und doch zentral liegt dieses Hotel mit praktischen Zimmern, die teils mit einfachen Naturholzmöbeln, teils mit älteren Schleiflackmöbeln eingerichtet sind. Viele Bilder schmücken die Wände des kleinen Restaurants.

EGGESIN Mecklenburg-Vorpommern **542** E 26 – 9 000 Ew – Höhe 20 m.
Berlin 160 – Schwerin 208 – Neubrandenburg 69 – Greifswald 74 – Szczecin 86.

🏨 **Waldidyll**, Luckower Str. 14, ✉ 17367, ℘ (039779) 2 05 31, Fax (039779) 20531, 🌲 – 🚫 Zim, 📺 🅿 ⓜ 𝐕𝐈𝐒𝐀 – **Menu** à la carte 14/24 – **12 Zim** ⊇ 40 – 51/55.
♦ Ein guter Standort für Ausflüge ans Stettiner Haff oder nach Polen ist dieses gepflegte, neuzeitliche Hotel mit den gut eingerichteten und bequemen Zimmern.

EGGSTÄTT *Bayern* **546** W 21 – 2 400 Ew – Höhe 539 m – Erholungsort.
🛈 *Verkehrsamt, Obinger Str. 7, ✉ 83125, ℘ (08056) 15 00, Fax (08056) 1422.*
Berlin 656 – München 99 – *Bad Reichenhall* 59 – Traunstein 28 – Rosenheim 23.

Unterwirt, Kirchplatz 8, ✉ 83125, ℘ (08056) 3 37, info@unterwirt-eggstaett.de, Fax (08056) 1666, 😊, 🌳 – 🅿.
geschl. 3. - 25. Nov. – **Menu** (geschl. Montag) à la carte 12/25 – **33 Zim** ⊊ 34/58 – 54/60.
◆ Dieser gepflegte, typisch bayerische Landgasthof an der Eggstätter Seenplatte ist ein guter Ausgangspunkt für Wanderungen und Radtouren in die schöne Chiemgauer Landschaft. Rustikale Stuben mit regional geprägter Schmankerlküche.

EGLING *Bayern* **546** W 18 – 4 700 Ew 600 m.
Berlin 627 – *München* 36 – Garmisch-Partenkirchen 65 – Bad Tölz 21.

In Egling-Neufahrn *Süd-West : 2 km :*

Landhaus Vogelbauer 🌿 mit Zim, Schanzenstr. 4, ✉ 82544, ℘ (08171) 2 90 63, vogelbauer@info, Fax (08171) 22671, 😊, – 📺 📞 🅿. ⓐ 🅐 🅥 🅢🅐
Menu (wochentags nur Abendessen) à la carte 33/49 – **10 Zim** ⊊ 65/75 – 95.
◆ Die Lage in den ehemaligen Stallungen des einstigen Bauernhauses von 1630 gibt dem Restaurant eine gemütliche Atmosphäre und einen rustikalen Touch.

EGLOFFSTEIN *Bayern* **546** Q 17 – 2 100 Ew – Höhe 350 m – Luftkurort.
🛈 *Tourist-Information, Felsenkellerstr. 20, ✉ 91349, ℘ (09197) 2 02, egloffstein@tr ubachtal.com, Fax (09197) 625491.*
Berlin 417 – München 201 – *Nürnberg* 37 – Bayreuth 52 – Bamberg 45.

Zur Post, Talstr. 8, ✉ 91349, ℘ (09197) 5 55, gasthofzurpost-egloffstein@gmx.de, Fax (09197) 8801, 😊, 🌳 – 📶 🅿.
geschl. 1. - 31. Jan. – **Menu** (geschl. Montag, Feb. Montag - Freitag) à la carte 12/29,50 – **23 Zim** ⊊ 27/36 – 39/56 – ½ P 10.
◆ Für einen Urlaub in der Fränkischen Schweiz : Ein traditioneller Familienbetrieb, in dem die Gäste einfache, jedoch saubere und gepflegte Zimmer vorfinden. Nettes, ländlich-schlichtes Restaurant.

EHEKIRCHEN *Bayern* **546** U 17 – 3 200 Ew – Höhe 405 m.
Berlin 553 – München 54 – *Augsburg* 43 – Ingolstadt 35.

Strixner Hof, Leitenweg 5 (Schönesberg), ✉ 86676, ℘ (08435) 18 77, strixnerhof @t-online.de, Fax (08435) 1260, 😊, 🍴 – 📶 ⇔ 🅿. 🧖
geschl. Jan. 2 Wochen, Juli 2 Wochen – **Menu** (geschl. Donnerstag) à la carte 12,50/25,50 – **8 Zim** ⊊ 38 – 58.
◆ In dem familiengeführten Hotel erwarten die Gäste geräumige, einheitlich mit hellen Holzmöbeln eingerichtete Zimmer und eine entspannte Atmosphäre. Die Speisegaststätte befindet sich im Wintergarten.

EHINGEN *Baden-Württemberg* **545** V 13 – 23 800 Ew – Höhe 511 m.
Ausflugsziel : Obermarchtal : *ehem. Kloster★* Süd-West : 14 km.
Berlin 644 – Stuttgart 101 – *Konstanz* 119 – Ulm (Donau) 26 – Ravensburg 70.

Adler, Hauptstr. 116, ✉ 89584, ℘ (07391) 7 06 60, info@adler-ehingen.de, Fax (07391) 7066500 – 📶 📺 📞 ⇔ 🅿. 🧖 100
geschl. Anfang Jan. 1 Woche, Anfang Aug. 1 Woche – **Menu** (geschl. Sonntagabend - Montag) à la carte 16/37 – **39 Zim** ⊊ 55/72 – 80/100.
◆ In diesem gut geführten Stadthotel mit geräumigen, zeitgemäß eingerichteten und auch technisch gut ausgestatteten Zimmern finden die Gäste eine nette Atmosphäre. Unterteiltes Speiselokal mit rustikalem Ambiente.

Ehinger Hof, Lindenstr. 26, ✉ 89584, ℘ (07391) 7 70 70, info@ehingerhof.de, Fax (07391) 7707200, 😊 – 📶 📺 📞 ⇔ 🅿. 🧖 20. 🅐
Menu (geschl. Donnerstag, Sonn- und Feiertage abends) à la carte 28/37 – **15 Zim** ⊊ 50/60 – 79.
◆ Solide und komfortabel : Geräumige, mit zeitlosen Naturholzmöbeln eingerichtete Zimmer finden die Gäste in der zweiten Etage des Hauses. In dem hellen, modernen Restaurant reicht man eine breitgefächerte Karte.

Gasthof zum Ochsen, Schulgasse 3, ✉ 89584, ℘ (07391) 77 05 30, rezeption@h otel-zum-ochsen-ehingen.de, Fax (07391) 7705314, 😊 – 📶 📺 📞 ⇔ 🅿. 🧖 15. 🅐 🅥
Menu (geschl. Jan. - April Freitagmittag, Samstagmittag) à la carte 13/35 – **20 Zim** ⊊ 52/60 – 78/82.
◆ Hier verbindet sich eine 350-jährige Tradition mit modernem Komfort : Mit Kirschholzmobiliar eingerichtete Zimmer und ein freundlicher Service sorgen für Ihr Wohlbefinden. Stärken kann man sich in der holzgetäfelten, hübsch dekorierten Gaststube.

EHINGEN

In Ehingen-Kirchen West : 7,5 km :

Zum Hirsch ⌂, Osterstr. 3, ✉ 89584, ✆ (07393) 9 50 10, info@hotel-hirsch-ehing en.de, Fax (07393) 4101, 🍽, 🏊 – 📶 📺 🅿 – 🚗 20. AE ⓘ ⓜ VISA
Menu (geschl. Montag) à la carte 17/31 – **17 Zim** ⊇ 39/48 – 58/78.
 • Der Gasthof ist das älteste Gebäude des Ortes : Als ehemalige Kornkammer hat es seinen Ursprung im 13. Jh. Heute übernachten Sie in wohnlichen und geräumigen Zimmern. Am Herd steht der Sohn des Hauses und bekocht Sie mit bürgerlichen und regionalen Speisen.

In Ehingen-Nasgenstadt Ost : 3 km, über B 311 :

Panorama garni, Karpfenweg 7, ✉ 89584, ✆ (07391) 7 74 60, sigi.buck@t-online.de, Fax (07391) 774677, 🍽 – 📶 📺 🅿 AE ⓘ ⓜ VISA, 🚫 Rest
geschl. 20. Dez. - 6. Jan. – **32 Zim** ⊇ 45/52 – 68/73.
 • Gut ausgestattete und praktisch eingerichtete Zimmer erwarten die Gäste in diesem Hotel mit freundlichem Service. Morgens stärken Sie sich an einem guten Frühstücksbuffet.

EHLSCHEID Rheinland-Pfalz 543 O 6 – 1 400 Ew – Höhe 360 m – Heilklimatischer Kurort.

🅘 Kurverwaltung, Parkstr. 2, ✉ 56581, ✆ (02634) 22 07, tourist@ehlscheid.de, Fax (02634) 8489.
Berlin 608 – Mainz 118 – *Koblenz* 30 – Köln 73.

Park-Hotel ⌂, Parkstr. 17, ✉ 56581, ✆ (02634) 9 68 70, parkhotel7@aol.com, Fax (02634) 2421, 🍽 – 📺
geschl. Nov. – **Menu** (geschl. Okt. - April Donnerstag) à la carte 15/26 – **12 Zim** ⊇ 40 – 68 – ½ P 11.
 • Solide und funktionell eingerichtete, geräumige Zimmer und gute Pflege sprechen für dieses familiengeführte kleine Hotel direkt am Kurpark.

EHNINGEN Baden-Württemberg 545 U 10 – 7 300 Ew – Höhe 477 m.

Berlin 655 – *Stuttgart* 25 – Freudenstadt 65 – Karlsruhe 81.

Landhaus Feckl, Keltenweg 1, ✉ 71139, ✆ (07034) 2 37 70, landhausfeckl@addco m.de, Fax (07034) 2377277, 🍽 – 📶 Zim, 🍴 Rest, 📺 🅿 AE ⓘ ⓜ VISA
geschl. Jan. 1 Woche, Aug. 2 Wochen – **Menu** (geschl. Sonn- und Feiertage) 35 (mittags)/85 à la carte 44/69, ⌂ – **21 Zim** ⊇ 89 – 99/110.
 • Das neu erbaute Hotel überzeugt seine Gäste mit modernen, komfortablen Zimmern, geschultem Service und einer behaglichen Atmosphäre. In den im Landhausstil eingerichteten Gasträumen serviert man eine regional beeinflusste internationale Küche.
Spez. Dreierlei vom Thunfisch mit Tomaten-Couscous. Variation vom Ochsenschwanz mit Lembergersauce und Spätzle. Geeistes Passionsfruchtmousse mit Himbeerstrudel

EHRENBERG (RHÖN) Hessen 543 O 14 – 2 800 Ew – Höhe 577 m – Wintersport : 800/900 m ✶ 5.

🅘 Tourist-Information, Georg-Meilinger-Str. 3, in Wüstensachsen, ✉ 36115, ✆ (06683) 96 01 16, Fax (06683) 960222.
Berlin 432 – Wiesbaden 168 – *Fulda* 29 – Frankfurt am Main 124 – Nürnberg 171.

In Ehrenberg-Seiferts Nord : 4,5 km :

Zur Krone, Eisenacher Str. 24 (B 278), ✉ 36115, ✆ (06683) 9 63 40, info@rhoener lebnis.de, Fax (06683) 1482, 🍽, 🏊 – 📺 🅿 – 🚗 25. ⓜ VISA
Menu à la carte 14,50/30 – **20 Zim** ⊇ 30/42 – 64 – ½ P 10.
 • Urig übernachten in der Rhön : In dem Erlebnisgasthof dreht sich alles um das Rhönschaf und die Apfelkelterei. Die Zimmer sind mit hellen Naturholzmöbeln eingerichtet. Im rustikalen Restaurant spielen regionale Produkte eine Hauptrolle.

EHRENFRIEDERSDORF Sachsen 544 O 22 – 5 700 Ew – Höhe 720 m.

Berlin 290 – Dresden 105 – *Chemnitz* 24 – Annaberg-Buchholz 9.

Nussknacker-Hotel, Annaberger Str. 30, ✉ 09427, ✆ (037341) 1 40, info@nussk nacker-hotel.com, Fax (037341) 14141, 🍽, 🍽 – 📶 📺 🅿 – 🚗 40. AE ⓘ ⓜ VISA
Menu à la carte 15/28 – **40 Zim** ⊇ 60/70 – 81/107 – ½ P 15.
 • Hell, modern und sehr gepflegt - so zeigen sich die Zimmer wie auch das Äußere dieses gut geführten Hotels. Besonders hübsch : die großen Doppelzimmer unterm Dach. Freundliche Farben und viel Licht lassen das Restaurant frisch wirken.

EHRENKIRCHEN Baden-Württemberg **545** W 7 – 5 600 Ew – Höhe 265 m.
Berlin 813 – Stuttgart 221 – *Freiburg im Breisgau* 10 – Basel 56.

In Ehrenkirchen-Ehrenstetten :

  Barthel's Adler, Wentzinger Str. 33, ⌧ 79238, ℘ (07633) 9 08 93 90, *barthels-adler@t-online.de*, Fax (07633) 90893915, 🍽 – 📞 **P.** ⓘ **M⊙** **VISA**
  geschl. über Fastnacht 1 Woche – **Menu** *(geschl. Mittwoch)* à la carte 23/40 – **8 Zim** ⇔ 50 – 78.
  • Der alte, traditionelle Gasthof begrüßt seine Besucher mit praktischen und geräumigen Zimmern, die mit hellen Holzmöbeln wohnlich gestaltet sind. In der rustikalen, reich dekorierten Gaststube schafft ein Kachelofen behagliches Ambiente.

In Ehrenkirchen-Kirchhofen :

  Sonne-Winzerstuben, Lazarus-Schwendi-Str. 20, ⌧ 79238, ℘ (07633) 70 70, Fax (07633) 6060, 🍽, 🌳 – ⇔ Zim, 📺 🚗 **P.** **AE** ⓘ **M⊙** **VISA** **JCB**
  geschl. 1. - 12. Aug. – **Menu** *(geschl. Donnerstag - Freitag)* à la carte 16/44 – **12 Zim** ⇔ 40/50 – 80.
  • Hier im Breisgau erwartet Sie ein typischer badischer Gasthof mit freundlicher Atmosphäre : Gepflegte und solide Zimmer laden zum Übernachten ein. Hübscher Garten. Drei rustikal gestaltete Gaststuben stehen für den Einkehr bereit.

XX **Zur Krone** mit Zim, Herrenstr. 5, ⌧ 79238, ℘ (07633) 52 13, *info@gasthaus-krone.de*, Fax (07633) 83550, 🍽, 🌳 – 📺 🚗 **P.** **AE** ⓘ **M⊙** **VISA**
  geschl. 24. Juni - 14. Juli – **Menu** *(geschl. Dienstag - Mittwochmittag, Nov. - März Dienstag - Mittwoch)* à la carte 19,50/33 – **8 Zim** ⇔ 32/35 – 56.
  • Tradition im Markgräfler Land : Der Gasthof aus dem Jahr 1747 ist seit über 200 Jahren in Familienbesitz und hat sich ganz der Pflege der bodenständigen Küche verschrieben.

In Ehrenkirchen-Offnadingen *Nord-West : 2,5 km :*

XX **Klostermühle,** Am Mühlbach 6, ⌧ 79238, ℘ (07633) 40 63 15, Fax (07633) 406316, – ⇔ **P.** ⓘ **M⊙** **VISA**
  geschl. über Fastnacht 2 Wochen, Mitte Aug. 1 Woche, Sonntag - Dienstag – **Menu** 30 à la carte 27,50/45.
  • Nach einer Komplettsanierung ist in der Getreidemühle aus dem 13. Jh. ein schönes Restaurant entstanden. Holz und Naturstein prägen das Ambiente. Gekocht wird klassisch.

Unsere Hotel-, Reiseführer und Straßenkarten ergänzen sich.
Benutzen Sie sie zusammen.

EIBAU Sachsen **544** N 28 – 3 400 Ew – Höhe 325 m.
Berlin 254 – Dresden 78 – Görlitz 41 – Bautzen 32.

  Landgasthof zum Hirsch, Hauptstr. 118 (B 96), ⌧ 02739, ℘ (03586) 7 83 70, *zum-hirsch@t-online.de*, Fax (03586) 783711, Biergarten, 🌳 – 📺 **P.** – 🚗 30. **M⊙** **VISA**
  Menu à la carte 13/24,50 – **14 Zim** ⇔ 41/44 – 64/70.
  • Die Zimmer in dem alten, familiengeführten Gasthof sind solide und praktisch eingerichtet. Das Haus bietet durch seine überschaubare Größe eine nette Atmosphäre.

EIBENSTOCK Sachsen **544** O 21 – 7 000 Ew – Höhe 640 m.
🛈 Tourist-Information, Postplatz 4, ⌧ 08309, ℘ (037752) 22 44, *touristinformation@eibenstock.de*, Fax (037752) 69844.
Berlin 311 – Dresden 108 – *Chemnitz* 52 – Zwickau 34.

  Am Bühl 🌳, Am Bühl 1, ⌧ 08309, ℘ (037752) 5 60, *kontakt@hotel-blaues-wunder.de*, Fax (037752) 56888, 🍽, direkter Zugang zu den Badegärten, 🌳 – 🛗, ⇔ Zim, 📺 📞 ⚐ **P.** – 🚗 120. **AE** ⓘ **M⊙** **VISA**
  Menu 17/32,50 – **129 Zim** ⇔ 50/66 – 66/70.
  • Das gepflegte Hotel, ein ehemaliges Ferienheim, liegt etwas außerhalb im Grünen. Die Zimmer - teils Business-, Senioren- oder Familienzimmer - sind hell und recht modern. Saalartiges Hotelrestaurant mit internationaler Küche.

  Bühlhaus 🌳, Bühlstr. 16, ⌧ 08309, ℘ (037752) 58 10, *familiebraeunig@web.de*, Fax (037752) 2924, Biergarten – 📺 **P.** **AE** ⓘ **M⊙** **VISA** ⇔ Zim
  Menu à la carte 14/21 – **21 Zim** ⇔ 41 – 57/75.
  • In 652 m Höhe mitten im Erzgebirge liegt dieser Gasthof mit netten Zimmern, von dem aus man einen schönen Blick auf die Umgebung hat. Das Restaurant zeigt sich hell und zeitgemäß eingerichtet.

EIBENSTOCK

In Eibenstock-Carlsfeld-Weitersglashütte Süd-West : 10 km :

Zum Kranichsee (mit Gästehaus), Weitersglashütte 15, ✉ 08309, ℘ (037752) 6 78 70, hotel_zum_kranichsee@t-online.de, Fax (037752) 678777, – **24 Z** 42/50 – 72/80 – ½ P 13.
Menu à la carte 11,50/25,50
• Vor allem die angenehme ruhige Lage im Grünen macht diese aus Haupt- und Wiesenhaus bestehende nette Familienadresse interessant. Praktisch ausgestattete Zimmer. Viel Holz und ein Kachelofen machen das Restaurant behaglich.

EICHENBERG Österreich siehe Bregenz.

EICHENZELL Hessen 543 O 13 – 8 200 Ew – Höhe 285 m.
Berlin 457 – Wiesbaden 134 – Fulda 9 – Frankfurt am Main 95 – Würzburg 100.

Kramer, Fuldaer Str. 4, ✉ 36124, ℘ (06659) 16 91, Fax (06659) 4091, –
Menu (geschl. Sonntag) à la carte 11/22 – **34 Zim** 36 – 62.
• Hier hat Gastlichkeit Tradition : Der ländliche Gasthof in der Rhön lädt mit geräumigen und wohnlichen Zimmern zum Übernachten ein. Bürgerliche Küche serviert man im gediegen-rustikalen Restaurant.

EICHSTÄTT Bayern 546 T 17 – 13 000 Ew – Höhe 390 m.
Sehenswert : Bischöflicher Residenzbezirk★ : Residenzplatz★ – Dom (Pappenheimer Altar ★★, Mortuarium ★, Kreuzgang ★) – Hofgarten (Muschelpavillon★) – Jura-Museum★.
🛈 Tourist Information, Domplatz 8, ✉ 85072, ℘ (08421) 9 88 00, tourismus@eichstaett.de, Fax (08421) 988030.
Berlin 501 – München 107 – Augsburg 73 – Ingolstadt 27 – Nürnberg 93.

Adler garni, Marktplatz 22, ✉ 85072, ℘ (08421) 67 67, adler.stigler@t-online.de, Fax (08421) 8283, – 20. geschl. Anfang Nov. 1 Woche, 15. Dez. - 15. Jan. – **28 Zim** 65/75 – 83/115.
• Moderner Komfort in historischem Rahmen : Das restaurierte Barockhaus a. d. 17. Jh. beherbergt gut ausgestattete Zimmer - Fön und Bademantel gehören dazu.

Sonne (mit Gästehaus), Buchtal 17, ✉ 85072, ℘ (08421) 67 91, info@sonne-eichstaett.de, Fax (08421) 89836 – Zim
geschl. Mitte - Ende Feb. – **Menu** (geschl. Mittwoch) (nur Abendessen) à la carte 13/22 – **20 Zim** 40/60 – 58/68.
• Traditionelle Gastlichkeit im Altmühltal : Die gemütlichen, zum Teil mit Kirschholz, zum Teil mit Eiche eingerichteten Zimmer befinden sich alle im ruhig gelegenen Gästehaus. Ländliche Gaststuben, teils mit Gewölbe, in denen man deftig speisen kann.

Schießstätte garni, Schießstättberg 8, ✉ 85072, ℘ (08421) 9 82 00, xhillner@aol.com, Fax (08421) 982080 –
26 Zim 45/64 – 70/82.
• Helle, fröhlich-bunte Farben dominieren die Einrichtung dieses Hotels mit Blick auf die Stadt, in dem die Gäste geräumige und gut ausgestattete Zimmer erwarten.

Gästehaus Abtei St. Walburg (Marienhaus) garni, Walburgiberg 6, ✉ 85072, ℘ (08421) 9 88 70, st-walburg.ei@kirche-bayern.de, Fax (08421) 988740, –
19 Zim 32 – 54.
• Die von Benediktinerinnen geführte Klosteranlage aus dem 11. Jh. dient heute als Hotel. Sie wohnen in hellen, freundlichen Zimmern mit Parkettboden.

Café Fuchs garni, Ostenstr. 8, ✉ 85072, ℘ (08421) 67 88, info@hotel-fuchs.de, Fax (08421) 80117 –
geschl. 7. - 14. Jan. – **21 Zim** 38/62 – 64/80.
• Das zentrumsnahe Hotel überzeugt mit gut gepflegten Zimmern, die mit Kirschholzmöbeln eingerichtet sind. Probieren Sie auch die Spezialitäten der hauseigenen Konditorei.

Domherrnhof, Domplatz 5 (1. Etage), ✉ 85072, ℘ (08421) 61 26, waldmueller@domherrnhof.de, Fax (08421) 80849 –
geschl. Jan. - Feb. 3 Wochen, Anfang Nov. 1 Woche, Montag – **Menu** à la carte 36/47.
• Das restaurierte Stadthaus bildet einen schönen Rahmen zum Speisen : Authentische Rokokostuckaturen und schön gedeckte Tische unterstreichen das historische Ambiente.

EICHSTÄTT

In Eichstätt-Wasserzell *Süd-West : 4,5 km, über Marienstein :*

Zum Hirschen (mit Gästehaus), Brückenstr. 9, ⊠ 85072, ℰ (08421) 96 80, info@hirschenwirt.de, Fax (08421) 968888, Biergarten, 🍴 – 🛗, 😋 Rest, 📺 📞 ⇔ 🅿 – 🛎 45. ① 𝕍𝕀𝕊𝔸
geschl. Jan. – **Menu** *(geschl. Janv.-Feb.)* à la carte 10,50/24 – **40 Zim** ⇔ 39/44 – 54/64.
• Der gut geführte Gasthof ist idealer Ausgangspunkt für Ausflüge in den Naturpark Altmühltal. Gemütliche Zimmer, eine Liegewiese und ein Kinderspielplatz runden das Angebot ab. Im Restaurant mit Wintergarten kommen fränkische Spezialitäten auf den Tisch.

An der B 13 *Nord-West : 9 km :*

Zum Geländer 🌿, Geländer 1, ⊠ 85132 Schernfeld-Geländer, ℰ (08421) 67 61, info@waldgasthof-gelaender.de, Fax (08421) 2614, Biergarten, Wildschweingehege, 🍴 – 📺 ⇔ 🅿 – 🛎 25. 🍽 𝕍𝕀𝕊𝔸
geschl. Mitte Jan. - Anfang März – **Menu** *(geschl. außer Saison Donnerstag)* à la carte 12,50/26 – **30 Zim** ⇔ 40/50 – 51/64.
• Ein idyllisch gelegener Waldgasthof : Auf die Gäste warten unter anderem renovierte Zimmer, ein Wildgehege, ein Spielplatz und ein Naturerlebnispfad. Schlichter, teils holzverkleideter Speisesaal.

EICHSTETTEN *Baden-Württemberg* 545 V 7 – *3 000 Ew – Höhe 190 m.*
Berlin 792 – Stuttgart 193 – Freiburg im Breisgau 21 – Offenburg 51.

Zum Ochsen, Altweg 2, ⊠ 79556, ℰ (07663) 15 16, Fax (07663) 1020, 🍴 – 😋 🅿
geschl. Montag - Dienstagmittag – **Menu** à la carte 22,50/31.
• In dem historischen Gasthof lädt das Restaurant mit der schönen Holzdecke zum Probieren der gutbürgerlichen und badischen Gerichte sowie des hauseigenen Weins ein.

EICHWALDE *Brandenburg* 542 I 24 – *5 500 Ew – Höhe 35 m.*
Berlin 31 – Potsdam 65 – Cottbus 115 – Frankfurt (Oder) 79.

Carmens Restaurant, Bahnhofstr. 9, ⊠ 15732, ℰ (030) 6 75 84 23, Fax (030) 6758423, 🍽
geschl. Montag - Dienstag, Mai - Sept. Sonntagmittag, Okt. - April Sonntagabend – **Menu** à la carte 28,50/33,50.
• Schwarz und Weiß sind die vorherrschenden Farben in dem kleinem Restaurant im modernen Bistro-Stil, das seinen Gästen eine schmackhafte regionale Küche bietet.

EIGELTINGEN *Baden-Württemberg* 545 W 10 – *2 700 Ew – Höhe 450 m.*
Berlin 740 – Stuttgart 148 – Konstanz 40 – Freiburg im Breisgau 104 – Stockach 10 – Ulm (Donau) 124.

Zur Lochmühle 🌿 (mit 2 Gästehäuser), Hinterdorfstr. 44, ⊠ 78253, ℰ (07774) 9 39 30, lochmuehle-eigeltingen@t-online.de, Fax (07774) 939393, 🍴, 🍴 – 📺 🅿 – 🛎 50. 🍽 𝕍𝕀𝕊𝔸
geschl. über Fastnacht 2 Wochen – **Menu** à la carte 15/30,50 – **40 Zim** ⇔ 50/80 – 80.
• Hier wird viel geboten : Erlebnisurlaub auf dem Bauernhof mit Aktivitäten wie Ponyreiten und Traktorrennen. Die Zimmer sind wohnlich mit hellen Naturholzmöbeln eingerichtet. Urige, mit bäuerlichen Geräten dekorierte Stube - ergänzt durch eine Gartenterrasse.

EILENBURG *Sachsen* 544 L 21 – *21 000 Ew – Höhe 150 m.*
🛈 Touristinformation, Rinckartstr. 6, ⊠ 04838, ℰ (03423) 75 97 95, Fax (03423) 759796.
Berlin 157 – Dresden 106 – Leipzig 24 – Halle 52 – Dessau 59 – Wittenberg 50.

Il-Burg garni, Puschkinstr. 33, ⊠ 04838, ℰ (03423) 75 94 04, Fax (03423) 759405 – 🛗 📺 📞 ⇔ 🅿 – 🛎 25. 🝠 🍽 𝕍𝕀𝕊𝔸
geschl. 21. Dez. - 3. Jan. – **26 Zim** ⇔ 64/69 – 72/77.
• Das moderne Etagenhotel liegt in einem Geschäfts- und Wohnviertel. Die wohnlichen Zimmer sind solide möbliert und zeitgemäß ausgestattet.

EILSEN, BAD *Niedersachsen* 541 J 11 – *2 500 Ew – Höhe 70 m – Heilbad.*
🛈 Tourist-Information, Bückeburger Str. 2, ⊠ 31707, ℰ (05722) 8 86 50, info@bad-eilsen.de, Fax (05722) 88651.
Berlin 342 – Hannover 76 – Hameln 27 – Minden 15.

Landhaus Lahmann 🌿 garni, Harrlallee 3, ⊠ 31707, ℰ (05722) 83 33, landhaus.lahmann@t-online.de, Fax (05722) 81132, 😋, 🍴 – 😋 📺 ⇔ 🅿 🍽 𝕍𝕀𝕊𝔸
geschl. 23. - 26. Dez. – **18 Zim** ⇔ 39/49 – 64/68.
• Ruhig an einem Waldstück gelegenes Hotel empfängt Sie mit einer persönlichen Atmosphäre und teils im Landhausstil gehaltenen Zimmern. Zum Haus gehört auch ein Reiterhof.

403

EIMELDINGEN Baden-Württemberg **546** X 6 – 1 600 Ew – Höhe 266 m.
Berlin 857 – Stuttgart 260 – Freiburg im Breisgau 64 – Basel 11 – Lörrach 7.

Zum Löwen (mit Gästehaus), Hauptstr. 23 (B 3), ⌧ 79591, ℘ (07621) 96 46 40 (Hotel) 6 25 88 (Rest.), info@loewen-eimeldingen.de, Fax (07621) 69726, 畲, 龠 – 🅣 🅿 geschl. Anfang Aug. – **Menu** (geschl. Dienstag - Mittwoch) à la carte 22/39 – **6 Zim** ⇌ 50 – 80.
• Dies ist ein traditioneller badischer Gasthof mit ländlich gestalteten Stuben und saisonal beeinflusster Küche. Im modernen Gästehaus bietet man solide Zimmer in Eiche.

EIMKE Niedersachsen **541** H 14 – 1 100 Ew – Höhe 45 m.
Berlin 249 – Hannover 120 – Braunschweig 93 – Celle 54 – Lüneburg 48.

Wacholderheide (mit Gästehaus), Dorfstr. 6, ⌧ 29578, ℘ (05873) 98 06 46, hotel-wacholderheide@t-online.de, Fax (05873) 980600, 🚗 – ⥮ Zim, 🅣 🅿 – 🔬 20. 🅰🅴 🅼🅲 🆅🅸🆂🅰
Menu (geschl. Montag) à la carte 16/29 – **24 Zim** ⇌ 37/40 – 64/67.
• Hier in der Lüneburger Heide erwartet Sie ein typischer niedersächsischer Landgasthof mit roter Klinkerfassade und geräumigen, solide eingerichteten Zimmern. Im Restaurant sind auch Heidschnuckenspezialitäten zu haben.

EINBECK Niedersachsen **541** K 13 – 28 000 Ew – Höhe 114 m.
Sehenswert : Marktplatz★★ (Fachwerkhäuser★★) – Haus Marktstraße 13★★ – Tiedexer Straße★★ – Ratswaage★.
🏌 Einbeck-Immensen, Am Holzgrund (Süd : 4 km), ℘ (05561) 98 23 05.
🛈 Tourist-Information, Marktplatz 6, ⌧ 37574, ℘ (05561) 91 61 21, touristinfo@einbeck.de, Fax (05561) 916300.
Berlin 326 – Hannover 72 – Braunschweig 94 – Göttingen 41 – Goslar 64.

Panorama, Mozartstr. 2, ⌧ 37574, ℘ (05561) 9 37 70, hotel.panorama@t-online.de, Fax (05561) 74011, 畲, 龠, ᾇ Squash – ⥮ Zim, 🅣 📞 ⇌ 🅿 – 🔬 110. 🅰🅴 ①
🅼🅲 🆅🅸🆂🅰
Menu à la carte 22/32 – **40 Zim** ⇌ 69/77 – 92/112.
• Etwas oberhalb der historischen Fachwerkstadt liegt dieser engagiert geführte Hotelneubau. Die gepflegten Zimmer sind individuell eingerichtet, geräumig und komfortabel. Leicht klassisch gestaltetes Restaurant und Bierstube.

Hasenjäger, Hubeweg 119, ⌧ 37574, ℘ (05561) 9 30 20, hotelhasenjaeger@t-online.de, Fax (05561) 73667, ≤, 畲, 🏌 – 🅣 📞 ⇌ 🅿 – 🔬 50. 🅰🅴 ① 🅼🅲 🆅🅸🆂🅰
Menu à la carte 17,50/36 – **19 Zim** ⇌ 60 – 65/90.
• Ein professionell geführtes, freundliches Hotel mit alpenländischem Flair : Die Zimmer sind mit bemalten Bauernmöbeln rustikal eingerichtet. Salzburger Stüberl und Zirbelstube mit Kachelofen erwarten Sie.

Der Schwan mit Zim, Tiedexer Str. 1, ⌧ 37574, ℘ (05561) 46 09, info@schwan-einbeck.de, Fax (05561) 72366, 畲 – ⥮ Zim, 🅣 📞 🅿. 🅰🅴 ① 🅼🅲 🆅🅸🆂🅰 ⥮ Rest
Menu (geschl. Sonntag) (nur Abendessen) à la carte 31/42,50 – **12 Zim** ⇌ 65/70 – 75/96.
• Rosa ist die dominierende Farbe in diesem reich dekorierten Restaurant. Die Tische werden hübsch eingedeckt. Der Stil der Küche ist international mit modernen Akzenten.

EISCHLEBEN Thüringen siehe Arnstadt.

EISENACH Thüringen **544** N 14 – 45 000 Ew – Höhe 208 m.
Sehenswert : Predigerkirche (Mittelalterliche Schnitzplastik★) BY.
Ausflugsziele : Wartburg ★★ (Palas ★, ≤ ★) AZ Thüringer Wald ★★ über ④.
🏌 Wenigen-Lupnitz, Am Röderweg 3 (Ost : 8 km über ③), ℘ (036920) 7 18 71.
🛈 Tourist-Information, Markt, ⌧ 99817, ℘ (03691) 7 92 30, tourist@eisenach-tourist.de, Fax (03691) 792320.
ADAC, Bahnhofstr. 1.
Berlin 353 ③ – Erfurt 62 ③ – Kassel 92 ① – Nordhausen 130 ②

Stadtplan siehe nächste Seite

Steigenberger Hotel Thüringer Hof, Karlsplatz 11, ⌧ 99817, ℘ (03691) 2 80, eisenach@steigenberger.de, Fax (03691) 28190, 龠 – 📶, ⥮ Zim, 🅣 📞 ⇌ 🅿 – 🔬 100. 🅰🅴 ① 🅼🅲 🆅🅸🆂🅰
BY e
Menu à la carte 23/35 – ⇌ 12 – **127 Zim** 99/114 – 118/133.
• Das historische Hotel aus dem 19. Jh. wurde liebevoll restauriert und empfängt seine Gäste mit komfortablen, zeitgemäß gestalteten Zimmern und einem stilvollen Ambiente. Bistroähnliches Restaurant mit offener Showküche.

EISENACH

Kaiserhof, Wartburgallee 2, ✉ 99817, ☏ (03691) 21 35 13, *info@kaiserhof-eisenach.bestwestern.de*, Fax (03691) 203653, ≘s – 📱, ⚙ Zim, 📺 ✆ 🅿 – 🏛 50. 🅰🅴 🆂 🆁
🆅🅸🆂🅰 🅹🅲🅱 BCY a
Turmschänke (geschl. Sonntag) (nur Abendessen) Menu à la carte 30,50/44,50 – *Zwinger* : Menu à la carte 17/27 – **64 Zim** ⊇ 69/80 – 99/119.
• Ein Haus mit über 100-jähriger Tradition : Die großzügige Lobby und die mit eleganten Möbeln eingerichteten Zimmer lassen die Vergangenheit wieder aufleben. Holzgetäfelte Wände und Gemälde in der Turmschänke. Im Zwinger begeistert eine prächtige Gewölbedecke.

Schloßhotel, Markt 10, ✉ 99817, ☏ (03691) 21 42 60, *schlosshotel@eisenachonline.de*, Fax (03691) 214259, 🌳, ≘s – 📱 📺 ♿ 🚗 🅿 – 🏛 45. 🅰🅴 🆂 🆅🅸🆂🅰 BY b
Menu à la carte 21/39 – **43 Zim** ⊇ 75/80 – 110.
• Das Hotel im ehemaligen Franziskanerkloster wurde 1994 restauriert und empfängt seine Gäste nun mit einer Mischung aus historischem Flair und moderner Bequemlichkeit. Mittags isst man im Restaurant im Hochparterre, abends ist der alte Gewölbekeller geöffnet.

Villa Anna 🌿 garni, Fritz-Koch-Str. 12, ✉ 99817, ☏ (03691) 2 39 50, *villa.anna@t-online.de*, Fax (03691) 239530 – 📺 ✆ 🚗. 🅰🅴 🆂 🆅🅸🆂🅰 BZ r
15 Zim ⊇ 59/65 – 75/80.
• Wenn Sie Individualität zu schätzen wissen : Die Kombination von historischer Atmosphäre mit moderner Eleganz macht diese Gründerzeitvilla zu einem Hotel mit persönlicher Note.

Sophien Hotel, Sophienstr. 41, ✉ 99817, ☏ (03691) 25 10, *info@sophienhotel.de*, Fax (03691) 25111, 🌳, ≘s – 📱, ⚙ Zim, 📺 ✆ 🚗 🅿 – 🏛 40. 🅰🅴 🆂 🆁
🆅🅸🆂🅰 🅹🅲🅱 BY f
Menu à la carte 15/28 – **56 Zim** ⊇ 60/65 – 90/100.
• Das neuzeitliche Etagenhotel ist aufgrund der modernen technischen Ausstattung besonders für Geschäftsleute interessant. Geschmackvoll gestaltete Zimmer bieten viel Komfort. Zur Halle hin offenes Restaurant.

Burgfried garni, Marienstr. 60, ✉ 99817, ☏ (03691) 21 42 21, *info@hotelburgfried.de*, Fax (03691) 214224 – 📺 🅿. 🅰🅴 🆂 🆁 🆅🅸🆂🅰 BZ s
19 Zim ⊇ 49/60 – 78.
• Direkt an der Auffahrt zur Wartburg : Die Zimmer in dieser Villa aus der Jahrhundertwende sind elegant im Landhausstil eingerichtet. Die Atmosphäre ist freundlich und privat.

Logotel, Karl-Marx-Str. 30, ✉ 99817, ☏ (03691) 23 50, *info@logotel.de*, Fax (03691) 235100 – 📱, ⚙ Zim, 📺 ✆ 🚗 🅿 – 🏛 50. 🅰🅴 🆂 🆁 🆅🅸🆂🅰 BY h
Menu à la carte 16/22 – **50 Zim** ⊇ 51/59 – 65/79.
• Dieses neuzeitliche, gut geführte Businesshotel überzeugt mit seiner günstigen Lage und den einheitlich ausgestatteten, funktionellen Zimmern. Freundliches Hotelrestaurant.

Haus Hainstein 🌿, Am Hainstein 16, ✉ 99817, ☏ (03691) 24 20, *haushainstein@t-online.de*, Fax (03691) 242109, ≤, 🌳 – 📱 📺 ✆ ♿ 🅿 – 🏛 80. 🅰🅴 🆂 🆁
🆅🅸🆂🅰 🅹🅲🅱 BZ w
Menu à la carte 14/25,50 – **67 Zim** ⊇ 45/60 – 70/80.
• In landschaftlich schöner Lage finden Sie dieses traditionsreiche, modernisierte Hotel aus der Wende des 19. Jh. Die Zimmer sind mit nachempfundenen Stilmöbeln eingerichtet. Schönes Ambiente im Restaurant Lutherstube mit antiker Holztäfelung. Gartenterrasse.

Berghotel 🌿, An der Göpelskuppe 1, ✉ 99817, ☏ (03691) 2 26 60, *berghotel-eisenach@t-online.de*, Fax (03691) 226644, ≤ Wartburg, 🌳, ≘s – 📱, ⚙ Zim, 📺 ✆ 🅿 – 🏛 80. 🅰🅴 🆂 🆁 🆅🅸🆂🅰 CZ c
Menu (geschl. Nov. Sonntagabend, Jan. - März Sonntagabend) à la carte 17,50/37 – **16 Zim** ⊇ 55/63 – 85/100.
• Am Waldrand unweit des Burschenschaftsdenkmals liegt dieses 1923 erbaute und sorgfältig restaurierte, tadellos unterhaltene Haus mit soliden, leicht eleganten Zimmern. Restaurant und Orangerie mit schönem Blick auf die Wartburg.

Am Bachhaus, Marienstr. 7, ✉ 99817, ☏ (03691) 2 04 70, *ambachhaus@aol.com*, Fax (03691) 2047133 – 📱 📺 🅿 – 🏛 25. 🆂 🆁 🆅🅸🆂🅰 BZ u
Menu à la carte 13/23 – **30 Zim** ⊇ 45/50 – 65/75.
• In der Nähe des Bachhauses erwartet Sie ein praktisches Hotel mit geräumigen Zimmern, die mit hellen Holzmöbeln gut ausgestattet sind. In den rustikalen Gasträumen bietet man bis zu 200 Personen Platz.

Eisenacher Hof (mit Gästehaus 🌿), Katharinenstr. 11, ✉ 99817, ☏ (03691) 2 93 90, *info@eisenacherhof.de*, Fax (03691) 293926, 🌳, ≘s – 📺 🚗 🅿 – 🏛 45. 🅰🅴
🆁 🆅🅸🆂🅰 ABY t
Menu à la carte 12/22,50 – **39 Zim** ⊇ 54/64 – 74/82.
• Die Zimmer - unterschiedlich in Größe und Ausstattung - verteilen sich auf das Haupthaus und ein Gästehaus, beide in Stadtrandlage, aber räumlich getrennt. In der Lutherstube gibt es Thüringer Grillspezialitäten und Internationales.

EISENACH

Alexanderstraße	**BY**
Altstadtstraße	**CY** 4
Am Hainstein	**BZ** 5
Am Klosterholz	**AY** 7
Am Roten Bach	**AY** 9
August-Bebel-Straße	**ABY** 12
Barfüßerstraße	**BZ** 13
Christianstraße	**AY** 15
Clemdastraße	**BY** 18
Ernst-Böckel-Straße	**BCZ** 19
Frauenberg	**BZ** 21
Gabelsbergerstraße	**CY** 22
Georgenstraße	**BY** 25
Goldschmiedenstraße	**BY** 26
Grimmelgasse	**BZ** 28
Heinrich-Ehrardt-Pl.	**BY** 29
Hinter der Mauer	**BY** 30
Johannisstraße	**BY** 31
Johann-Sebastian-Bach-Straße	**CZ** 33
Karlstraße	**BY**
Kupferhammer	**BY** 34
Langensalzaer Straße	**CY** 37
Markt	**BY** 38
Naumannstr.	**BY** 39
Querstraße	**BY** 40
Reuterweg	**BZ** 42
Schmelzerstraße	**BY** 43
Sommerstr.	**BY** 44
Stedtfelder Straße	**AY** 45
Theaterpl.	**BY** 46
Waisenstraße	**BCZ** 47
Werrastraße	**AY** 50
Wilhem-Rinkens-Straße	**BY** 51

*Die im Michelin-Führer verwendeten Schriftypen und Symbole haben - **fett** oder dünn gedruckt, rot oder schwarz - jeweils eine andere Bedeutung. Lesen Sie daher die Erklärungen aufmerksam durch.*

City Hotel garni, Bahnhofstr. 25, ✉ 99817, ℘ (03691) 2 09 80, *cityhotel-eisenach@web.de*, Fax (03691) 2098120 – 🛗 📺 ✆ 🅿. 🏧 💳 *geschl. Dez. - Jan. 2 Wochen* – **22 Zim** ⌂ 44/60 – 55/70. **CY b**
• Die zentrale, bahnhofsnahe Lage dieses renovierten Stadthauses wissen privat wie auch geschäftlich Reisende zu schätzen. Gepflegt und sauber präsentieren sich die Gästezimmer.

Auf der Wartburg *Süd-Ost : 4 km – Höhe 416 m*

Auf der Wartburg 🌄, Auf der Wartburg (Shuttle-Bus zum Hotel), ✉ 99817 Eisenach, ℘ (03691) 79 70 (Hotel) 79 71 19 (Rest.), *info@wartburghotel.de*, Fax (03691) 797100, ≤ Eisenach und Thüringer Wald, 🍽 – ⇌ Zim, 📺 🅿. – 🛎 90. 🏧 ⓘ 🏧 💳 ✂ Rest *geschl. 6. Jan. - 6. Feb.* – **Landgrafen Stube** *(Nov. - Feb. nur Abendessen)* **Menu** à la carte 24/40,50 – **35 Zim** ⌂ 130/180 – 195/315. **AZ z**
• Ein Erlebnis besonderer Art - nicht nur für Geschichtsbewusste - verspricht eine Übernachtung in dem stilvoll restaurierten Hotel direkt unterhalb der Wartburg zu werden. Die Landgrafen Stube ist ein rustikales Restaurant - geschmackvoll : die Salons und Säle.

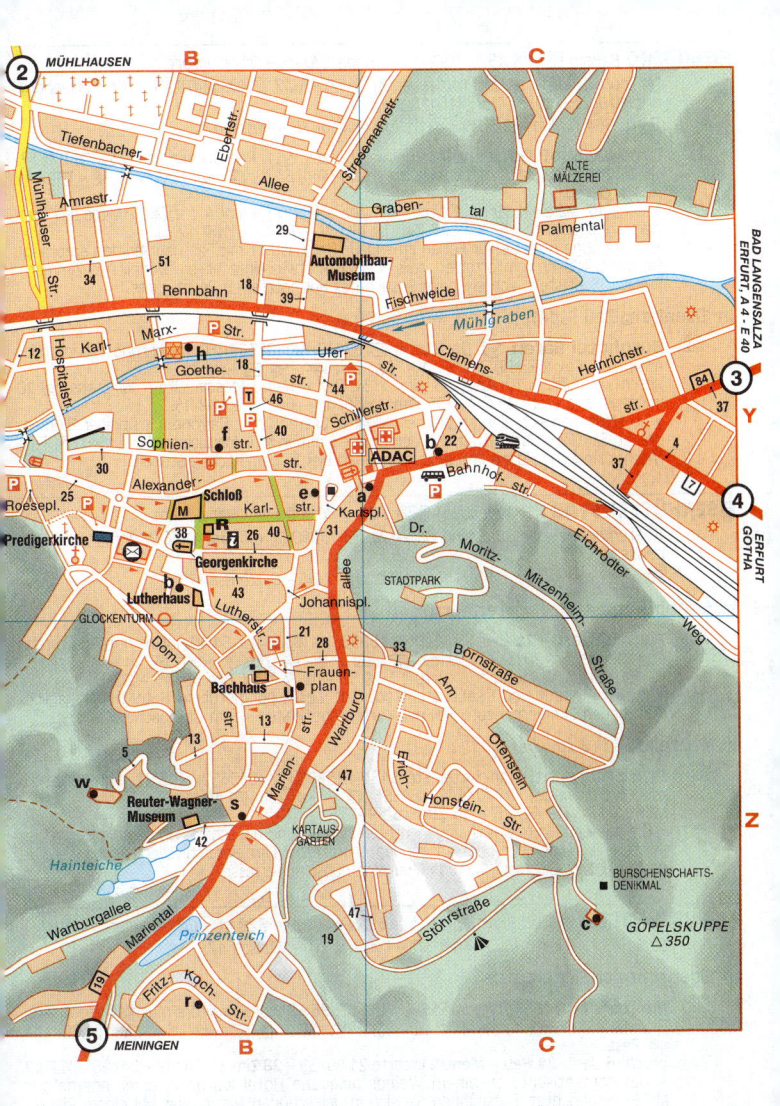

In Eisenach-Stedtfeld *Nord-West : 4 km über Stedtfelder Straße* **AY** :

Courtyard by Marriott ⚐, Weinbergstr. 5, ✉ 99817, ✆ (03691) 81 50, Fax (03691) 815100, 🍴, ≘s – 📶, ✻ Zim, 📺 ✆ & 🅿 – 🔔 150. 🅰🅴 ⓘ 🅾🅾 🆅🅸🆂🅰 🅹🅲🅱. ✖ Rest
Menu à la carte 19/28 – **138 Zim** ⚏ 79 – 89.
♦ Genießen Sie die Annehmlichkeiten einer großen Hotelkette : Internationalen Standard bieten die Zimmer in diesem modern und funktionell ausgestatteten Haus am Stadtrand. Beim Essen haben Sie eine schöne Aussicht auf die Umgebung.

In Creuzburg *Nord-West : 11 km über* ① :

Altes Brauhaus garni, Plan 2, ✉ 99831, ✆ (036926) 95 50, info@hotel-altes-brau haus.net, Fax (036926) 95555 – 📺 🅿. 🅰🅴 🅾🅾 🆅🅸🆂🅰. ✖
17 Zim ⚏ 40 – 60.
♦ Wohnen Sie in einem der ältesten Städtchen Thüringens : Ein guter Standort für Ausflüge ins Werratal ist dieses freundliche Hotel mit hellen, praktisch eingerichteten Zimmern.

EISENBERG Bayern ☐☐☐ X 15 – 1 300 Ew – Höhe 870 m – Erholungsort.
🛈 Touristik-Information, Pröbstener Str. 9, ✉ 87637, ✆ (08364) 12 37, info@eisenberg-allgaeu.de, Fax (08364) 987154.
Berlin 664 – München 125 – *Kempten (Allgäu)* 35 – Füssen 12.

Landgasthof Gockelwirt (mit Gästehaus 🌲), Pröbstener Str. 23, ✉ 87637, ✆ (08364) 8 30, info@gockelwirt.de, Fax (08364) 8320, 🍽, 🍴, 🏊, 🌳, 🐕, TV, 🚗.
℗ ⓘ ⓜⓞ 💳
geschl. 15. März - 1. April, 2. Nov. - 15. Dez. - **Menu** (geschl. Mitte Okt. - Mitte Juli Donnerstag) à la carte 13/50 – **23 Zim** ☐ 43/60 – 78/94 – ½ P 17.
• Die richtige Adresse für Ferien im Allgäu : Der Gasthof mit Familientradition empfängt Sie mit teils sehr komfortablen, teils aber auch etwas einfacheren, wohnlichen Zimmern. Behaglichkeit stellt sich ein beim Besuch des holzgetäfelten Restaurants.

In Eisenberg-Zell Süd-West : 2 km, Richtung Pfronten :

Burghotel Bären 🌲, Dorfstr. 4, ✉ 87637, ✆ (08363) 50 11, burghotel.baeren@t-online.de, Fax (08363) 73119, 🍽, 🍴, 🧖, 🍽, 🌳, TV, ℗.
geschl. 24. März - 10. April, 15. Nov. - 24. Dez. – **Menu** (geschl. Okt. - Juli Dienstag) 10 (mittags) à la carte 16/37 – **35 Zim** ☐ 36/41 – 66/74 – ½ P 15.
• So stellt man sich einen typischen Allgäuer Gasthof vor : Balkone mit üppiger Blumenpracht, familiäre Gastlichkeit und gemütliche Zimmer, z. T. mit kleinem Wohnbereich. Eine frische, ländliche Küche kredenzt man Ihnen hier in gemütlichen Stuben.

EISENHÜTTENSTADT Brandenburg ☐☐☐ J 27 – 40 000 Ew – Höhe 30 m.
🛈 Fremdenverkehrsbüro, Lindenallee 2a, ✉ 15890, ✆ (03364) 41 36 90, info@fvv-oder-neisse.de.
Berlin 123 – Potsdam 141 – Frankfurt (Oder) 24 – Cottbus 64.

In Eisenhüttenstadt-Fürstenberg :

Fürstenberg, Gubener Str. 11, ✉ 15890, ✆ (03364) 7 54 40, info@hotel-fuerstenberg-oder.de, Fax (03364) 750132, 🍽, 🍴, 🛗, 🥂 Zim, 🍽 Rest, TV, 🚗, ℗, 🏦 25.
AE ⓘ ⓜⓞ 💳 – **Menu** à la carte 17/29,50 – **34 Zim** 55/65 – 60/65.
• In der Altstadt von Eisenhüttenstadt lädt dieses gut geführte Hotel mit behaglich-gediegenen Zimmern - zum Teil mit Kochgelegenheiten - zum Übernachten ein.

In Neuzelle Süd : 6 km über B 112 :

Prinz Albrecht, Frankfurter Str. 34, ✉ 15898, ✆ (033652) 8 13 22, hotel-prinz-albrecht@t-online.de, Fax (033652) 81325, 🍽, 🥂 Zim, TV, ℗, ⓜⓞ 💳
Menu à la carte 12/25 – **16 Zim** ☐ 59 – 75.
• Die mit Liebe zum Detail eingerichteten Zimmer und die schöne Umgebung der nahen Klosteranlage verleihen dem gut gepflegten Hotel das Flair eines stilvollen Landhauses. Das Restaurant im Bistrostil verfügt über eine hübsche Terrasse.

EISENSCHMITT Rheinland-Pfalz ☐☐☐ P 4 – 600 Ew – Höhe 328 m – Erholungsort.
Berlin 691 – Mainz 146 – *Trier* 50 – Kyllburg 13 – Wittlich 17.

In Eisenschmitt-Eichelhütte :

Molitors Mühle 🌲, ✉ 54533, ✆ (06567) 96 60, hotel-molitors-muehle@t-online.de, Fax (06567) 966100, ≤, 🍽, 🍴, 🏊, 🌳, 🐕 – 🛗, TV, 🚗, ℗ – 🏦 35. ⓜⓞ 💳. 🥂 Rest
geschl. 6. Jan. - 24. Feb. – **Menu** à la carte 21,50/39 – **28 Zim** ☐ 54/69 – 84/98 – ½ P 19.
• Das romantische, an einem Weiher gelegene Hotel wurde in einer ehemaligen Mühle eingerichtet. Entspannen Sie sich in der schönen Natur oder bei einem Plausch im Kaminzimmer. Ländlich-elegantes Restaurant mit Wintergarten und Gartenterrasse.

EISLEBEN (LUTHERSTADT) Sachsen-Anhalt ☐☐☐ L 18 – 21 000 Ew – Höhe 128 m.
🛈 Fremdenverkehrsverein, Bahnhofstr. 36, ✉ 06295, ✆ (03475) 60 21 24, info@eisleben-tourist.de, Fax (03475) 602634.
Berlin 179 – Magdeburg 85 – *Erfurt* 94 – Leipzig 66 – Nordhausen 59 – Halle 32.

Graf von Mansfeld, Markt 56, ✉ 06295, ✆ (03475) 25 07 22, info@hotel-eisleben.de, Fax (03475) 250723, 🍽, 🍴 – 🛗, 🥂 Zim, TV, 📞, ℗ – 🏦 50. ⓜⓞ 💳
Menu à la carte 15/28 – **50 Zim** ☐ 50/65 – 80.
• Historisches Ambiente und moderner Komfort vereinen sich in dem einstigen Stadtschloss a. d. 15. Jh. Stilmöbel und hübsche Stoffe prägen die Einrichtung der eleganten Zimmer. Ein schönes Kreuzgewölbe ziert das Restaurant im Bistrostil.

EISLEBEN (LUTHERSTADT)

In Eisleben-Helfta Süd-Ost : 3 km :

An der Klosterpforte, Lindenstr. 34, ⊠ 06295, ℰ (03475) 7 14 40, klosterpforte .eisleben@vch.de, Fax (03475) 7144100, 佘 – ⃞, ⋈ Zim, ⓣⓥ ℰ ♿ 🅿 – 🏛 300. ⓜⓞ 🆅🅸🆂🅰
Menu à la carte 13,50/27 – **44 Zim** ⊇ 46 – 66.
• Auf dem Gelände des 1999 wieder belebten Zisterzienserklosters St. Marien zu Helfta befindet sich ein 2001 erbautes gepflegtes Hotel mit Tagungs- und Veranstaltungsbereich. Das Restaurant wird durch Schänke und Biergarten ergänzt.

EISLINGEN AN DER FILS Baden-Württemberg 545 T 13 – 18 300 Ew – Höhe 336 m.
Berlin 602 – Stuttgart 46 – Göppingen 5 – Heidenheim an der Brenz 38 – Ulm (Donau) 45.

Schönblick 🌲 mit Zim, Höhenweg 11, ⊠ 73054, ℰ (07161) 98 44 30, Fax (07161) 9844318, 佘 – 🅿 – 🏛 40. ⓜⓞ 🆅🅸🆂🅰 ⋈ Zim – geschl. 1. - 13. März, 12. - 28. Aug. – **Menu** (geschl. Montag - Dienstag) à la carte 24/36 – ⊇ 13 – **3 Zim** 40 – 63.
• Sie sitzen im gediegenen Restaurant oder im Palmengarten, wo Sie umgeben von exotischen Pflanzen die internationalen und bürgerlichen Spezialitäten des Chefs probieren können.

ELCHINGEN Bayern 546 U 14 – 12 000 Ew – Höhe 464 m.
Berlin 607 – München 127 – Augsburg 69 – Stuttgart 94 – Ulm (Donau) 14.

In Elchingen-Unterelchingen :

Zahn, Hauptstr. 35, ⊠ 89275, ℰ (07308) 30 07, zahn200@compuserve.de, Fax (07308) 42389, 佘 – ⓣⓥ 🅿
Menu (geschl. Freitag) à la carte 16/31, ♀ – **16 Zim** ⊇ 46 – 65/72.
• In dem ehemaligen Brauereigasthof, gepflegt und ländlich-familiär geführt, bietet man Besuchern saubere und ordentlich eingerichtete Zimmer. Bürgerliches Restaurant mit schwäbischen Spezialitäten.

ELEND Sachsen-Anhalt siehe Schierke.

ELFERSHAUSEN Bayern 546 P 13 – 1 500 Ew – Höhe 199 m.
Berlin 484 – München 318 – Würzburg 54 – Fulda 69 – Bad Kissingen 12.

Ullrich, August-Ullrich-Str. 42, ⊠ 97725, ℰ (09704) 9 13 00, info@hotel-ullrich.de, Fax (09704) 9130300, 佘, Biergarten, ≘s, 🅂, 🐎 – ⃞, ⋈ Zim, ⓣⓥ ℰ 🅿 – 🏛 80. ⓞ
ⓜⓞ 🆅🅸🆂🅰
Menu à la carte 17/25,50 – **63 Zim** ⊇ 55/65 – 90.
• Zwei miteinander verbundene Gebäude beherbergen dieses Tagungshotel : im Hochhaus sind die Zimmer neuzeitlich, im Anbau etwas älter, aber recht geräumig. Schöner Garten. Rustikales, in mehrere Räume unterteiltes Restaurant mit Terrasse.

ELIXHAUSEN Österreich siehe Salzburg.

ELLERBEK Schleswig-Holstein 541 E 13 – 4 300 Ew – Höhe 12 m.
Berlin 305 – Kiel 86 – Hamburg 17 – Lübeck 73 – Stade 63.

Heinsen's, Hauptstr. 1, ⊠ 25474, ℰ (04101) 3 77 70, info@heinsens.de, Fax (04101) 377729, 佘 – 🅿 ⓜⓞ 🆅🅸🆂🅰
geschl. Samstagmittag, Montag – **Menu** à la carte 28/42 – **Bistro** (geschl. Samstag - Montag) **Menu** à la carte 14,50/23.
• Ein hübsches Haus in ländlichem Stil beherbergt dieses Restaurant. Stuckdecken, Holztäfelung und helle Wandfliesen zieren das Interieur - teils mit Blick in die Küche. Auf der unteren Ebene des Restaurants hat man das Bistro eingerichtet.

ELLRICH Thüringen 544 L 16 – 1 100 Ew – Höhe 300 m.
Berlin 267 – Erfurt 94 – Nordhausen 15 – Goslar 56 – Göttingen 198.

In Ellrich-Sülzhayn Nord-Ost : 3 km :

Pakhotel Südharz 🌲, Carl-von-Ossietzky-Str. 9, ⊠ 99755, ℰ (036332) 28 60, Fax (036332) 28622, 佘, ≘s, 🐎 – ⃞, ⋈ Zim, ⓣⓥ ♿ 🅿 – 🏛 40. 🅰🅴 ⓜⓞ 🆅🅸🆂🅰
Menu à la carte 19/26 – **38 Zim** ⊇ 45/70 – 65/95.
• Die alte Kurklinik aus dem 19. Jh. lockt mit ihrer ruhigen Lage außerhalb des Ortes. Helles Holz und warme Farben machen die Zimmer zu einem behaglichen Zuhause auf Zeit. In zeitlosem Ambiente bittet man Sie mit internationalen und regionalen Speisen zu Tisch.

ELLWANGEN Baden-Württemberg **545** T 14 – 25 000 Ew – Höhe 439 m – Erholungsort.
- Bühlerzell, Grafenhof Hinterwald 4 (West : 18 km), ℰ (07963) 4 38.
- Tourist-Information, Rathaus, Spitalstr. 4, ⊠ 73479, ℰ (07961) 8 43 03, info@ellwangen.de, Fax (07961) 55267.
Berlin 547 – Stuttgart 97 – Augsburg 127 – Aalen 19 – Nürnberg 114 – Ulm (Donau) 82 – Würzburg 135.

Königin Olga garni, Karlstr. 2, ⊠ 73479, ℰ (07961) 9 80 80, office@hotel-koenigin-olga.de, Fax (07961) 980850, ⇌ – ⌷ ⌸ 📺 🕿 📞 P. AE ⓜ VISA JCB
30 Zim ⊒ 66/77 – 92.
- Funktionelle, mit eleganten italienischen Möbeln eingerichtete Zimmer erwarten die Gäste in diesem kürzlich modernisierten Haus aus der Mitte des 19. Jh.

In Ellwangen-Espachweiler Süd-West : 4 km, über Schrezheim :

Seegasthof ⌂, Bussardweg 1, ⊠ 73479, ℰ (07961) 77 60, seegasthof@t-online.de, Fax (07961) 53846, ⌸ – 📺 🕿 P. AE ⓜ VISA
geschl. Jan. 3 Wochen – **Menu** (geschl. Freitag) à la carte 17/31 – **10 Zim** ⊒ 28/33 – 62.
- Ein gut geführter und sehr gepflegter Landgasthof mit wohnlichen Zimmern, die mit Naturholzmöbeln eingerichtet sind und zum Teil Balkone mit Seeblick haben. Gemütliches Restaurant mit wintergartenartigem Anbau und Terrasse zum Wasser.

In Ellwangen-Neunheim Ost : 2,5 km, Richtung A 7 :

Hirsch, Maierstr. 2, ⊠ 73479, ℰ (07961) 9 19 80, info@hirsch-landgasthof.de, Fax (07961) 919870, ⌸ – ⌷ Zim, 📺 P. – 🎿 30. ⓜ
geschl. Anfang Aug. 2 Wochen – **Menu** (geschl. Mittwoch) à la carte 15/42 – **9 Zim** ⊒ 33/38 – 50/55.
- Geräumige, solide Zimmer erwarten die Gäste in diesem typischen, familiengeführten Landgasthof mit der gelben Fassade und den grünen Fensterläden. In der gemütlichen Stube sorgt ein Kachelofen für die richtige Stimmung.

ELMSHORN Schleswig-Holstein **541** E 12 – 47 900 Ew – Höhe 5 m.
- Lutzhorn, Bramstedter Landstraße (Nord-Ost : 12 km), ℰ (04123) 74 08.
- Verkehrs- und Bürgerverein, Torhaus, Probstendamm 7, ⊠ 25336, ℰ (04121) 26 88 32, stadt-elmshorn@t-online.de, Fax (04121) 25627.
Berlin 323 – Kiel 90 – Hamburg 41 – Cuxhaven 77 – Itzehoe 25.

Royal, Lönsweg 5, ⊠ 25335, ℰ (04121) 4 26 40, info@hotel-royal-elmshorn.de, Fax (04121) 426494, ⌸ ⇌ ⌷ – 📺 🕿 ⇌ P. – 🎿 300. AE ⓞ ⓜ VISA
Menu à la carte 18/39 – ⊒ 8 – **63 Zim** 36/63 – 56/80.
- Das engagiert geführte Hotel - teils mit komfortablen, teils mit einfacheren Zimmern - liegt im größten Baumschul- und Rosenzuchtgebiet der Welt. Zum Speisen wählen Sie zwischen gediegenem und rustikalem Ambiente.

Drei Kronen, Gärtnerstr. 92, ⊠ 25335, ℰ (04121) 4 21 90, hotel3kronen@aol.com, Fax (04121) 421950, ⌸ – ⌷ Zim, 📺 ⇌ P. AE ⓞ ⓜ VISA
Menu à la carte 17/29 – **31 Zim** ⊒ 47/51 – 66/74.
- Ein Haus mit langer Tradition : Schon früher waren Wirtshaus und Herberge bei Fuhrleuten und Reisenden beliebt. Heute finden Sie solide Zimmer in einem neueren Anbau. Restaurant und Küche befinden sich im historischen Altbau. Nette Gartenterrasse.

ELSTER, BAD Sachsen **544** P 20 – 4 600 Ew – Höhe 480 m.
- Tourist-Information, Bahnhofstr.2, ⊠ 08645, ℰ (037437) 53 93 93, touristinfo@bad-elster.de, Fax (037437) 539394.
Berlin 331 – Dresden 176 – Hof 50 – Plauen 27.

Quellenpark ⌂, Ascher Str. 20, ⊠ 08645, ℰ (037437) 56 00, info@quellenpark.de, Fax (037437) 56056, ⌸ – ⌷ Zim, 📺 P. ⓜ VISA
Menu à la carte 15/29,50 – **21 Zim** ⊒ 41/80 – 69/92.
- Eine gelungene Verbindung von Tradition und Moderne : Die liebevoll renovierte alte Pension in einem großen Park erwartet Sie mit zeitgemäßen Zimmern. Im Restaurant : nostalgisches Flair mit antikem Kirschmobiliar, Jugendstillampen und altem englischem Silber.

Parkhotel Helene ⌂, Parkstr. 33, ⊠ 08645, ℰ (037437) 5 00, parkhotel.helene@t-online.de, Fax (037437) 5099, ⌸ ⇌ – ⌷ ⌸ ⌷ Zim, 📺 🕿 ⇌ P. – 🎿 30. AE ⓞ ⓜ VISA
Menu à la carte 14/27 – **25 Zim** ⊒ 46/54 – 74 – ½ P 7.
- Egal, ob Sie Urlaub im Vogtland machen oder die Kureinrichtungen nutzen wollen, in der vollständig renovierten Villa mit den wohnlichen Zimmern werden Sie sich wohlfühlen. Wählen Sie zwischen dem gemütlichen Vogtlandstübl und dem klassischen Restaurant.

ELSTER, BAD

Goldner Anker, Walter-Rathenau-Str. 9, ⌧ 08645, ☏ (037437) 55 80, *hotelgoldneranker@web.de, Fax (037437) 55866,* 🍴 – 📺 🅿 🅰🅴 🆗 VISA
Menu à la carte 16/26 – **22 Zim** ⌑ 35/65 – 65/95 – ½ P 8.
♦ Vor der Wende war es ein Ferienhaus, nun ist das Hotel am Ufer des Louisa-Sees wieder in den Besitz der alten Eignerfamilie übergegangen, die es vollständig renovierte.

In Bad Elster-Mühlhausen *Nord-Ost : 5 km :*

Vogtland, Brambacher Str. 38 (B 92), ⌧ 08645, ☏ (037437) 4 60 24, *info@hotel-vogtland.de, Fax (037437) 3484,* 🍴, 🍴, 🍴 – 📺, 🍴 Zim, 📺 🅿 – 🛁 20. 🆗 VISA. 🍴 Rest
geschl. 5. - 31. Jan., Nov. – **Menu** *(Restaurant nur für Hausgäste)* – **30 Zim** ⌑ 30/40 – 48/70 – ½ P 10.
♦ Idealer Ausgangspunkt für Wanderungen und Ausflüge : Ein neuerer Hotelbau mit wohnlichen und geschmackvoll eingerichteten Zimmern und freundlichem Service.

ELSTERHEIDE Sachsen siehe Hoyerswerda.

ELSTERWERDA Brandenburg **542** L 24 – 10 400 Ew – Höhe 93 m.
Berlin 163 – Potsdam 122 – *Cottbus* 76 – *Dresden* 66 – Leipzig 97.

Weißes Roß, Hauptstr. 30, ⌧ 04910, ☏ (03533) 31 88, *hotelweissesrosselsterwerda@t-online.de, Fax (03533) 164110,* 🍴 – 🍴 Zim, 📺 🅿 🅰🅴 🆕 🆗 VISA
Menu *(geschl. Montagmittag)* à la carte 17/26 – **11 Zim** ⌑ 46/60 – 75/85.
♦ Fühlen Sie sich wohl in dem sanierten historischen Gasthof : Die behutsame Rekonstruktion und die ansprechende Innenarchitektur erzeugen einen besonderen Charme. Sie essen im klassisch eingerichteten Restaurant oder bei schönem Wetter im romantischen Innenhof.

Arcus, Hauptstr. 14, ⌧ 04910, ☏ (03533) 16 23 55, *hotel_arcus@t-online.de, Fax (03533) 162354,* 🍴 – 📺 🅿 🅰🅴 🆕 🆗 VISA
Arcus-Keller : **Menu** à la carte 12/21 – **16 Zim** ⌑ 48/54 – 69/75.
♦ Ein engagiert geführtes, gepflegtes Hotel : Das über 200 Jahre alte Gebäude wurde liebevoll restauriert und verfügt über wohnliche, mit hellen Holzmöbeln eingerichtete Zimmer. Der Arcus-Keller wartet mit rotem Backsteingewölbe auf seine Gäste.

ELTMANN Bayern **546** Q 16 – 5 000 Ew – Höhe 240 m.
🍴 Ebelsbach-Steinbach, Neue Laube 1, ☏ (09522) 7 08 55 00.
Berlin 421 – München 254 – *Coburg* 64 – Schweinfurt 35 – Bamberg 19.

Haus am Wald, Georg-Göpfert-Str. 31, ⌧ 97483, ☏ (09522) 2 31, *Fax (09522) 70620,* ≤, 🍴 *(geheizt),* 🍴 – 🍴, 🍴 Zim, 📺 🅿 🆗 VISA
geschl. Nov. – **Menu** *(geschl. Sonntag) (nur Abendessen) (Restaurant nur für Hausgäste)* – **15 Zim** ⌑ 34/40 – 57/70.
♦ Erholen Sie sich in diesem engagiert geführten, von einer großen Parkanlage umgebenen Hotel mit soliden, individuell eingerichteten Zimmern und behaglichen Aufenthaltsräumen.

In Ebelsbach-Steinbach *Nord-West : 3,5 km, über B 26 :*

Landgasthof Neeb, Dorfstr. 1 (an der B 26), ⌧ 97500, ☏ (09522) 9 23 10, *info@neeb.de, Fax (09522) 923144,* 🍴 – 📺 🅿 – 🛁 30. 🆗 VISA
Menu *(geschl. 21. Dez. - 9. Jan., Montag)* à la carte 12/20 – **16 Zim** ⌑ 35 – 62.
♦ Verkehrsgünstig gelegen am Rand des Naturparks Haßberge präsentiert sich das ländliche Hotel mit wohnlichen und gut gepflegten Zimmern. In den mit hellen Holzmöbeln rustikal eingerichteten Gasträumen sorgen Kachelöfen für eine gemütliche Atmosphäre.

In Oberaurach - Oberschleichach *Süd-West : 7 km, in Eltmann über Oskar-Serrand-Straße :*

Landhaus Oberaurach, Steigerwaldstr. 23, ⌧ 97514, ☏ (09529) 9 22 00, *landhaus-oberaurach@t-online.de, Fax (09529) 922060,* 🍴, 🍴, 🍴, 🍴 – 🍴 Zim, 📺 🅿 – 🛁 20
Menu *(geschl. Nov. 2 Wochen, Montag)* à la carte 16/28 – **17 Zim** ⌑ 38/49 – 70/78.
♦ Am Rand des Naturparks Steigerwald liegt das Hotel mit dem behaglichen Ambiente. Genießen Sie die Ausflüge in die Umgebung oder entspannen Sie sich auf der Liegewiese. Fränkisch-rustikales Restaurant.

ELTVILLE AM RHEIN Hessen **543** P 8 – 16 500 Ew – Höhe 90 m.
Ausflugsziel : Kloster Eberbach★★ (Weinkeltern★★) Nord-West : 9 km :.
🛈 Touristinformation, Schmittstr. 2, ⌧ 65343, ☏ (06123) 9 09 80, *Fax (06123) 909890.*
Berlin 576 – Wiesbaden 14 – *Bad Kreuznach* 52 – Limburg an der Lahn 51 – Mainz 17.

Frankenbach - Mainzer Hof garni *(mit Café und Weinstube Zum Wülfen)*, Wilhelmstr. 13, ⌧ 65343, ☏ (06123) 90 40, *info@hotel-frankenbach.de, Fax (06123) 63602* – 🍴 📺 🍴 🅿 – 🛁 80. 🅰🅴 🆕 🆗 VISA
23 Zim ⌑ 62/75 – 86/110.
♦ Der gut geführte Familienbetrieb mit Tradition bietet seinen Gästen komfortable, mit Kirschholzmobiliar eingerichtete Zimmer und einen aufmerksamen Service.

ELTVILLE AM RHEIN

Parkhotel Sonnenberg 🏡, Friedrichstr. 65, ✉ 65343, ✆ (06123) 6 05 50, info@parkhotel-sonnenberg.com, Fax (06123) 61829 – 📶 📺 🚗 🅿 AE ⓘ ⓜ VISA
geschl. über Weihnachten **Menu** *(nur Abendessen)* (Restaurant nur für Hausgäste) – **30 Z** ⎕ 62/85 – 85/110.
• Ein familiengeführtes Hotel in einem Wohngebiet oberhalb des Ortes. Die Zimmer sind teils in neuzeitlichem, geschmackvollem Stil eingerichtet, teils etwas älter möbliert.

Burg Crass mit Zim, Freygässchen 1 (Zufahrt über Rheingauer Straße), ✉ 65343, ✆ (06123) 6 90 60, burgcrass@t-online.de, Fax (06123) 690669, 🌞 – 📺 🍴 🅿 – 🛁 AE ⓜ VISA
Menu *(geschl. Jan. 3 Wochen, Sonntag - Dienstag)(nur Abendessen)* 32/53, ♀ – **Vinothek 510,8** *(geschl. Montagmittag)* **Menu** 15/26 – **7 Zim** ⎕ 125 – 130/160.
• Schlichte moderne Eleganz in einem alten Herrenhaus von 1076 : Sie speisen in dem mit warmen Farbtönen gestalteten Restaurant oder auf der traumhaften Rheinterrasse.

In Eltville-Erbach *West : 2 km, über B 42 :*

Schloss Reinhartshausen Kempinski, Hauptstr. 41, ✉ 65346, ✆ (06123) 67 60, info@reinhartshausen.com, Fax (06123) 676400, 🌞, ≘s, 🔲, 🎾 – 📶, 🚭 Zim, 🖥 📺 🍴 🖐 🚗 🅿 – 🛁 120. AE ⓘ ⓜ VISA 🙅
Menu siehe Rest. **Marcobrunn** separat erwähnt – **Wintergarten** : Menu à la carte 44,50/59 – **Schlosskeller** *(nur Abendessen)* **Menu** à la carte 29/40 – ⎕ 21 – **54 Zim** 250/310 – 280/340, 15 Suiten.
• Genießen Sie das luxuriöse Flair des modernisierten Schlosshotels : Edel gestaltete Zimmer und persönlicher Service machen den Aufenthalt zum Erlebnis. Schöne Parkterrasse. Landhaus-Interieur im Wintergarten. Der Schlosskeller mit Gewölbe wirkt mediterran.

Tillmanns garni, Hauptstr. 2, ✉ 65346, ✆ (06123) 9 23 30, info@hotel-tillmanns.de, Fax (06123) 923366, 🎾 – 📺 🅿 – 🛁 15. AE ⓜ VISA
geschl. 15. Dez. - 8. Jan. – **18 Zim** ⎕ 70/80 – 95/110.
• Ein frühere Weingut - in der Art an ein französisches Landhaus erinnernd - begrüßt seine Gäste mit stilvollen Räumlichkeiten und einer schönen Parkanlage.

Marcobrunn - Schloß Reinhartshausen Kempinski, Hauptstr. 43, ✉ 65346, ✆ (06123) 67 64 32, Fax (06123) 676450, 🌞 – 🖥 AE ⓘ ⓜ VISA 🙅
geschl. 5. - 30. Jan., Juli - Aug. 3 Wochen, Montag - Dienstagmittag – **Menu** 49 *(mittags)*/130 à la carte 67/92, ♀.
• Eine gute Adresse für Gourmets : In dem kleinen, eleganten Restaurant mit Parkterrasse verwöhnt Sie der Chef mit seiner klassisch-kreativen Küche im französischen Stil.
Spez. Rindermark-Tempura mit Kaviar und Schalottenvinaigrette. Langustino "Royal" mit Marillen und Eisenkraut (Juni-Juli). Filet vom Waldschwein mit Calamaretti-Gröstl

In Eltville-Hattenheim *West : 4 km, über B 42 :*

Kronenschlösschen, Rheinallee, ✉ 65347, ✆ (06723) 6 40, info@kronenschloesschen.de, Fax (06723) 7663, 🌞 – 🚭 Zim, 📺 🅿 – 🛁 60. AE ⓘ ⓜ VISA
Menu *(wochentags nur Abendessen)* à la carte 48/69 – **Bistro :** **Menu** à la carte 31,50/43 – ⎕ 13 – **18 Zim** 125/145 – 135/170, 4 Suiten.
• Möchten Sie sich einmal richtig verwöhnen lassen ? Die luxuriösen, opulent ausgestatteten Zimmer machen den Aufenthalt in dem edel restaurierten Gebäude zu einem Vergnügen. Stuckdecken und verfeinerte Tischkultur bietet das Restaurant. Hübsche Gartenterrasse.

Zum Krug, Hauptstr. 34, ✉ 65347, ✆ (06723) 9 96 80, weinkrug.hattenheim@t-online.de, Fax (06723) 996825, (Fachwerkhaus a.d.J. 1720) – 🚭 Zim, 📺 🅿 ⓜ VISA JCB
geschl. 20. Dez. - 20. Jan. – **Menu** *(geschl. Sonntagabend - Dienstagmittag)* à la carte 24,50/43 🌞 – **9 Zim** ⎕ 70 – 110.
• Das schöne Fachwerkhaus mit der bemalten Fassade strahlt eine besondere Atmosphäre aus und überzeugt durch bequeme, mit rustikalen Eichenmöbeln eingerichtete Zimmer. Kachelofen, Deckenbalken und Holztäfelung machen das Restaurant gemütlich.

Adler Wirtschaft, Hauptstr. 51, ✉ 65347, ✆ (06723) 79 82, adlerwirtschaft@franzkeller.de, Fax (06723) 87867, 🌞
geschl. Feb. - März 3 Wochen, Dienstag - Mittwoch – **Menu** *(wochentags nur Abendessen)* (Tischbestellung ratsam) à la carte 33/45.
• Holzstühle, blanke Tische und Stoffservietten erzeugen ein rustikales Ambiente und bilden den richtigen Rahmen für die individuelle und kreative Regionalküche des Patrons.

In Eltville-Kloster Eberbach *Nord-West : 6 km :*

Gästehaus Kloster Eberbach 🏡, ✉ 65346, ✆ (06723) 99 30, info@klosterebrbach.com, Fax (06723) 993100, 🌞, Biergarten, – 🚭 Zim, 📺 🍴 🖐 🅿 – 🛁 35. AE ⓜ VISA JCB
Menu à la carte 20/31,50 – **28 Zim** ⎕ 65 – 110.
• Das Gästehaus befindet sich in einem renovierten historischen Gebäude am Rand der mittelalterlichen Klosteranlage. Man übernachtet in schlichten, aber komfortablen Zimmern. Freigelegte Bruchsteinwände zieren das modern eingerichtete Restaurant.

ELZACH Baden-Württemberg **545** V 8 – 6 900 Ew – Höhe 361 m – Luftkurort.
- *Tourist-Information, Schulstr. 8 (in Elzach-Oberprechtal), ⊠ 79215, ℘ (07682) 1 94 33, elzach@zweitaelerland.de, Fax (07682) 6296.*

Berlin 764 – Stuttgart 189 – Freiburg im Breisgau 39 – Offenburg 43.

In Elzach-Oberprechtal *Nord-Ost : 7,5 km, über B 294, am Ortsausgang rechts ab Richtung Hornberg – Höhe 459 m*

Adler, Waldkircher Str. 2, ⊠ 79215, ℘ (07682) 12 91, hoteladleropt@aol.com, Fax (07682) 9200888, 雷, ≦s, ⊁ Zim, TV P. ① ⓶ VISA
geschl. Mitte Jan. - Anfang Feb. – **Menu** (geschl. Dienstag) à la carte 22/43 – **17 Zim** ≃ 21/44 – 82 – ½ P 16.
• Hier finden Sie einen typischen, traditionsreichen Schwarzwaldgasthof mit persönlicher Atmosphäre, der sich gut als Ausgangspunkt für Wanderungen und Ausflüge eignet. Wirtsstube, Heimatstube und Jägerstüble bilden den gastronomischen Bereich des Hauses.

Hirschen (mit Gästehaus), Triberger Str. 8, ⊠ 79215, ℘ (07682) 9 20 00, info@hapy-hirsch.de, Fax (07682) 9200123, 雷, ≦s, 気, ⊁ Zim, TV P. ⓶ VISA
geschl. Jan. 2 Wochen, März 2 Wochen, Nov. 2 Wochen – **Menu** (geschl. Montag - Dienstagmittag) à la carte 16,50/32 – **33 Zim** ≃ 31/35 – 54/62 – ½ P 13.
• Die Zimmer - praktisch und modern in der Ausstattung - verteilen sich auf Haupt- und Gästehaus. Reizvoll ist auch die Umgebung des kleinen Örtchens. Heller Holzboden und Mobiliar in neuzeitlichem Design bestimmen den Stil des Restaurants.

Ihre Meinung über die von uns empfohlenen Restaurants, deren Spezialitäten sowie die angebotenen regionalen Weine, interessiert uns sehr.

ELZE Niedersachsen **541** J 13 – 10 000 Ew – Höhe 76 m.
Berlin 294 – Hannover 30 – Göttingen 82 – Hameln 31 – Hildesheim 17.

Papenhof, Papendahlweg 14, ⊠ 31008, ℘ (05068) 40 45, info@hotel-papenhof.de, Fax (05068) 2260, ≦s, ⊁ Zim, TV P. ① ⓶ VISA
geschl. 24. Dez. - 1. Jan. – **Menu** (nur Abendessen) (Restaurant nur für Hausgäste) – **21 Zim** ≃ 44/65 – 75/95.
• Solide eingerichtete, geräumige und auch technisch gut ausgestattete Zimmer erwarten die Gäste in diesem gepflegten und praktischen Hotel.

In Elze-Mehle *Süd-West : 3 km über B 1 :*

Schökel mit Zim, Alte Poststr. 35 (B 1), ⊠ 31008, ℘ (05068) 30 66, Fax (05068) 3069, 雷, – TV P. – 🖳 30. 🖭 ① ⓶ VISA
geschl. 1. - 10. Jan. – **Menu** (geschl. Montag - Dienstag) (wochentags nur Abendessen) 31 à la carte 29/43 – **10 Zim** ≃ 45/90 – 65/92.
• Ein historisches Fachwerkhaus beherbergt das elegant-rustikale Restaurant, das mit einer gehobenen internationalen Küche erfreut. Gepflegte Zimmer laden zum Übernachten ein.

EMBSEN Niedersachsen siehe Lüneburg.

EMDEN Niedersachsen **541** F 5 – 51 000 Ew – Höhe 4 m.
Sehenswert : Ostfriesisches Landesmuseum★ (Rüstkammer★★) **Z M1** – Kunsthalle★ (Stiftung Henri Nannen) **Y M2**.
⛴ nach Borkum (Autofähre, ca. 2h 30min, Voranmeldung erforderlich) ℘ (01805) 18 01 82, Fax (04921) 890405.
Tourist-Information, Alter Markt 2a, ⊠ 26721, ℘ (04921) 9 74 00, info@emden-touristik.de, Fax (04921) 97409.
Berlin 517 ② – Hannover 251 ② – Groningen 98 ② – Oldenburg 80 ② – Wilhelmshaven 77 ①

Stadtplan siehe nächste Seite

Faldernpoort (mit Gästehaus), Courbièrestr. 6, ⊠ 26725, ℘ (04921) 9 75 20, info@faldernpoort.de, Fax (04921) 28761 – ⊁ Zim, TV P. – 🖳 150. 🖭 ① ⓶ VISA
🕸 Rest   **Z u**
Menu (geschl. Sonntag) (nur Abendessen) à la carte 17/35,50 – **41 Zim** ≃ 75 – 105.
• Viel Platz und eine wohnliche Ausstattung finden Sie in den Zimmern dieses Hotels mit Gästehaus (liegt vis-à-vis). Beides sind Neubauten im typisch norddeutschen Klinkerstil. Die rustikale Friesenstube offeriert Bürgerliches und Fischgerichte.

413

EMDEN

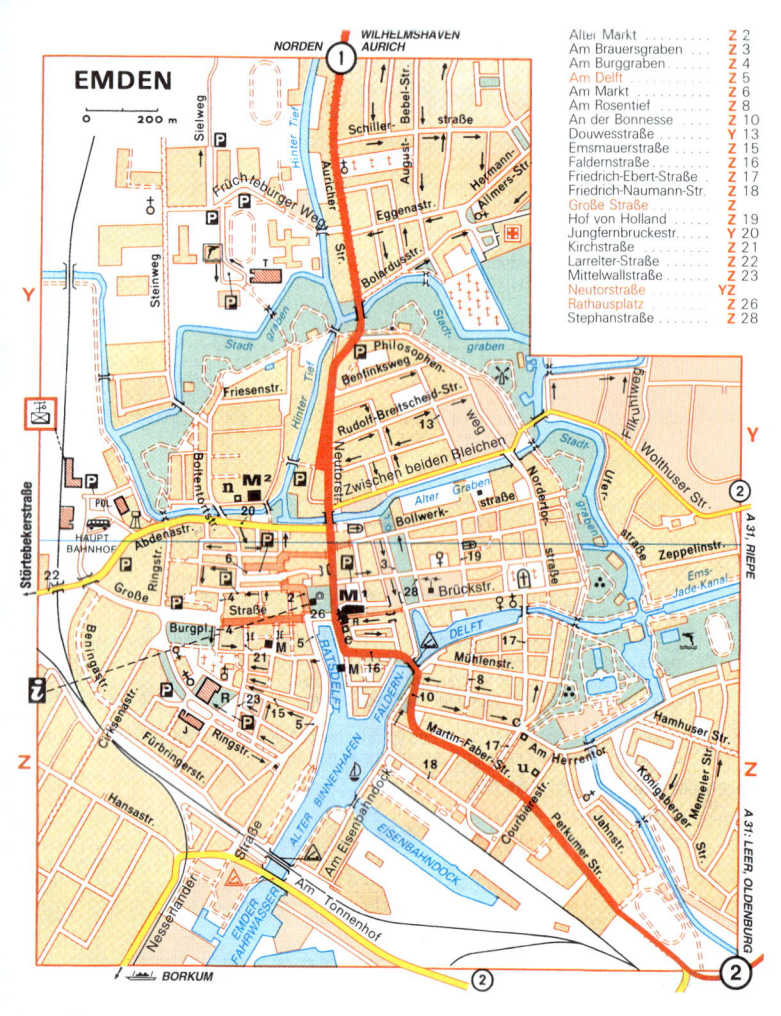

Alter Markt	Z 2
Am Brauersgraben	Z 3
Am Burggraben	Z 4
Am Delft	Z 5
Am Markt	Z 6
Am Rosentief	Z 8
An der Bonnesse	Z 10
Douwesstraße	Y 13
Emsmauerstraße	Z 15
Falderstraße	Z 16
Friedrich-Ebert-Straße	Z 17
Friedrich-Naumann-Str.	Z 18
Große Straße	
Hof von Holland	Z 19
Jungfernbruckestr.	Y 20
Kirchstraße	Z 21
Larrelter-Straße	Z 22
Mittelwallstraße	Z 23
Neutorstraße	YZ
Rathausplatz	Z 26
Stephanstraße	Z 28

🏨 **Heerens Hotel**, Friedrich-Ebert-Str. 67, ✉ 26725, ☎ (04921) 2 37 40, *heerenshotel@nordkurs.de*, Fax (04921) 23158 – TV 📞 🚗 P. AE ⓘ MC VISA. ⁂   Z c
Menu (geschl. Juli - Aug. 3 Wochen, Samstag - Sonntag) (nur Abendessen) à la carte 23/33,50 – **21 Zim** ⇄ 74/77 – 90/103
♦ Der historische Hotelbau im Palaisstil mit der hellgelben Fassade hat Charme. Besonders die Zimmer in der 1. Etage sind individuell und wohnlich eingerichtet. Holzgetäfelte Wände und dunkle Deckenbalken machen das Restaurant gemütlich.

🏨 **Am Boltentor** garni, Hinter dem Rahmen 10, ✉ 26721, ☎ (04921) 9 72 70, Fax (04921) 972733 – ⁂ TV P. MC VISA.   Y n
18 Zim ⇄ 65 - 84.
♦ Direkt an den Wallanlagen, die zum Spazierengehen und Joggen einladen, liegt das Hotel mit den gepflegten Zimmern - eingerichtet mit Mahagoni- oder Kirschbaummöbeln.

🏨 **Goldener Adler**, Neutorstr. 5, ✉ 26721, ☎ (04921) 9 27 30, *info@goldener-adler-emden.de*, Fax (04921) 927339, ☕ – TV AE ⓘ MC VISA   Z e
Menu à la carte 18/33 – **18 Zim** ⇄ 65/70 – 80/85.
♦ An einem Kanal im Herzen der Hafenstadt steht dieses Stadthaus mit roter Klinkerfassade. Wohnliche Zimmer mit teils dunklem, teils hellem Mobiliar. Ortstypische Fischgerichte gibt es im Restaurant.

EMMELSHAUSEN Rheinland-Pfalz 543 P 6 – 5 000 Ew – Höhe 490 m – Luftkurort.
Berlin 621 – Mainz 76 – Koblenz 30 – Bad Kreuznach 57 – Trier 112.

- **Union-Hotel Klinkner**, Rhein-Mosel-Str. 71, ⌧ 56281, ℘ (06747) 15 67, info@hotel-klinkner.de, Fax (06747) 1012, 🌞 – 🛗, ⇥ Zim, 📺 ⇌ 🅿 – 🔔 30. 🟧 VISA. 🍴 Rest geschl. Mitte Juli - Anfang Aug. – **Menu** (geschl. Mittwoch) à la carte 16/34 – **30 Zim** ⇌ 42/45 – 67/70 – ½ P 11.
  - Mitten im Hunsrück liegt dieses familiengeführte Hotel mit soliden Zimmern, die mit dunklen Holzmöbeln eingerichtet sind und zum Teil Südbalkone haben. Die Atmosphäre in dem rustikalen Restaurant ist gemütlich.

- **Münster** 🌿, Waldstr. 3a, ⌧ 56281, ℘ (06747) 9 39 40, info@hotel-muenster.de, Fax (06747) 939413, 😊, 🍴 – 📺 📞 🙎 🅿 🟧 VISA
  Menu (geschl. Sonntag) (nur Abendessen) (Restaurant nur für Hausgäste) – **18 Zim** ⇌ 40/45 – 60/66.
  - Das Richtige für einen entspannten Urlaub : Ein gut geführtes Haus mit Pensionscharakter - die Zimmer sind geräumig, wohnlich und gepflegt, der Garten macht auch Kindern Spaß.

In Halsenbach-Ehr Nord : 3,5 km über B 327 :

- **Zur Katz**, Auf der Katz 6a (B 327), ⌧ 56283, ℘ (06747) 66 26, hotelzurkatz@compuserve.de, Fax (06747) 6625, 😊, 😊, 🏊, 🍴 – ⇥ Zim, 📺 ⇌ 🅿 – 🔔 60. 🟧 VISA
  Menu (geschl. Montag) à la carte 13/32 – **15 Zim** ⇌ 38 – 65 – ½ P 12.
  - Praktisch ausgestattete Zimmer - teilweise mit Balkon - erwarten die Gäste in diesem familiengeführten Hotel, das ein guter Ausgangspunkt für Ausflüge und Wanderungen ist.

EMMENDINGEN Baden-Württemberg 545 V 7 – 25 000 Ew – Höhe 201 m.
Sehenswert : Ruinen der Hochburg★.
🛈 Tourist-Information, Bahnhofstr. 5, ⌧ 79312, ℘ (07641) 1 94 33, touristinfo@emmendingen.de, Fax (07641) 935235.
Berlin 794 – Stuttgart 193 – Freiburg im Breisgau 23 – Offenburg 51.

- **Markgraf** garni, Markgrafenstr. 53, ⌧ 79312, ℘ (07641) 93 06 80, auskunft@hotel-galerie-markgraf.de, Fax (07641) 9306868 – 🛗 📺 📞 🙎 ⇌ – 🔔 15. 🟧 VISA
  geschl. 20. Dez. - 4. Jan. – **16 Zim** ⇌ 52/57 – 72/77.
  - Geschmackvoll und modern eingerichtete Zimmer zeichnen dieses neuere Hotel aus. Im Frühstücksraum genießen Sie den Blick auf den Park und wechselnde Kunstausstellungen.

In Emmendingen-Maleck Nord-Ost : 4 km, über Tennenbacher Straße :

- **Park-Hotel Krone** 🌿, Brandelweg 1, ⌧ 79312, ℘ (07641) 9 30 96 90, info@krone-maleck.de, Fax (07641) 52576, 😊, 🍴 – 🛗, ⇥ Zim, 📺 📞 🙎 ⇌ 🅿 – 🔔 20. ① 🟧 VISA
  geschl. Feb. 2 Wochen – **Menu** (geschl. Montag) (Tischbestellung ratsam) 22/55 à la carte 26/46 – **26 Zim** ⇌ 49/56 – 72/82.
  - Die Flamingos im Garten sind das Wahrzeichen des Gasthofs am Schwarzwaldrand. Die Zimmer sind etwas unterschiedlich, teils sehr schön, geräumig und großzügig eingerichtet. Klassisch-elegant gestaltet : das Restaurant.

In Emmendingen-Windenreute Ost : 3,5 km, über Hochburger Straße :

- **Windenreuter Hof** 🌿, Rathausweg 19, ⌧ 79312, ℘ (07641) 93 08 30, info@windenreuter-hof.de, Fax (07641) 93083444, ≤, 😊, 😊, 🏊, 🍴 – ⇥ Zim, 📺 📞 🙎 ⇌ 🅿 – 🔔 90. AE ① 🟧 VISA
  Menu à la carte 20/41 – **64 Zim** ⇌ 66/73 – 97, 3 Suiten – ½ P 16.
  - Gewachsenes Tagungshotel in schöner Lage. Die Zimmer sind unterschiedlich in Ausstattung und Komfort - von jedem Balkon hat man eine schöne Aussicht. Elegantes Panorama-Restaurant mit Wintergarten.

EMMERICH AM RHEIN Nordrhein-Westfalen 543 K 2 – 30 000 Ew – Höhe 19 m.
🏌 Emmerich-Hüthum, Abergsweg 30 (Nord-West : 3 km), ℘ (02822) 9 27 10.
🛈 infoCenter, Rheinpromenade 26, ⌧ 46446, ℘ (02822) 9 41 40, infocenteremmerich@t-online.de, Fax (02822) 989434.
Berlin 597 – Düsseldorf 103 – Arnhem 33 – Nijmegen 34 – Wesel 40.

In Emmerich-Elten Nord-West : 7 km über B 8 – Erholungsort :

- **Waldhotel Hoch-Elten** 🌿, Lindenallee 34, ⌧ 46446, ℘ (02828) 70 41, Fax (02828) 7122, ≤ Niederrheinische Tiefebene, 😊, 🏋, 😊, 🍴, 🏊, 🍴 – 🛗 📺 🅿 – 🔔 50. AE ① 🟧 VISA 🍴 Rest
  Menu à la carte 36/52 – **Bistro Orangerie** : **Menu** à la carte 18/28 – **34 Zim** ⇌ 70/85 – 95/130.
  - Oberhalb des Rheins finden Sie dieses Hotel im Villenstil, das durch seine Lage einen erholsamen Aufenthalt verspricht. Genießen Sie den Blick von der Terrasse. Das Restaurant ist klassisch und elegant mit hellen Möbeln eingerichtet. Kleine Karte im Bistro.

EMMERICH AM RHEIN

- **Maiß**, Luitgardisstr. 8, ✉ 46446, ✆ (02828) 9 14 20, info@hotel-restaurant-maiss.de, Fax (02828) 7336, 🍴, Biergarten, ⇌ – 🛏 Zim, 📺 📶 🅿 – 🏛 20. 🅰🅴 ⓘ ⓜⓑ 𝗩𝗜𝗦𝗔
  Menu (nur Abendessen) à la carte 22/41 – **25 Zim** ⌐ 55/60 – 80.
  • Ein Haus zum Wohlfühlen und Erholen : Das Tagungs- und Ferienhotel mit persönlichem Service liegt am Naturschutzgebiet. Zu Fuß oder per Rad können sie die Umgebung erkunden. Antiquitäten verleihen dem gemütlich-rustikalen Restaurant einen nostalgischen Touch.

EMS, BAD Rheinland-Pfalz 543 O 7 – 10 000 Ew – Höhe 85 m – Heilbad.

🏌 Bad Ems, Denzerheide (Nord : 5 km), ✆ (02603) 65 41.
🛈 Tourist Information, Römerstr. 1, ✉ 56130, ✆ (02603) 9 41 50, info@bad-ems-touristik.de, Fax (02603) 941550.
Berlin 590 – Mainz 66 – Koblenz 19 – Limburg an der Lahn 40 – Wiesbaden 61.

- **Häcker's Kurhotel**, Römerstr. 1, ✉ 56130, ✆ (02603) 79 90, bad-ems@haeckers-kurhotel.de, Fax (02603) 799252, 🍴, Massage, ⇌, 🅼 (Thermal), – 🛗, 🛏 Zim, 📺 📶 – 🏛 70. 🅰🅴 ⓘ ⓜⓑ 𝗩𝗜𝗦𝗔 𝗝𝗖𝗕. ⚜ Rest
  Menu à la carte 26/41 – **110 Zim** ⌐ 75/110 – 133/160, 4 Suiten – ½ P 15.
  • An die traditionsreiche Vergangenheit des Kurorts fühlt man sich beim Anblick des großen, klassischen Badehotels erinnert. Wohnliche Zimmer und hoteleigenes Thermalbad. International speisen Sie in dem klassischen Restaurant mit schönen Stuckdecken.

- **Schweizerhaus** mit Zim, Malbergstr. 21, ✉ 56130, ✆ (02603) 9 36 30, hotel.schweizerhaus@t-online.de, Fax (02603) 936325, ≤ Bad Ems, 🍴 – 📺 📶 🅰🅴 ⓘ 𝗩𝗜𝗦𝗔 ⚜
  geschl. 25. Okt. - 12. Nov. – **Menu** (geschl. Dienstag) (nur Abendessen) à la carte 25/39 – **11 Zim** ⌐ 40/55 – 77/80 – ½ P 18.
  • Oberhalb der Stadt liegt dieses klassisch-gediegene Restaurant - die Aussicht ist phantastisch. Die Tische werden hübsch gedeckt ; freundlicher, persönlicher Service.

Außerhalb Süd : 3 km über Braubacher Straße :

- **Berghotel Café Wintersberg** garni, ✉ 56130 Bad Ems, ✆ (02603) 42 82, Fax (02603) 4282, ≤ Bad Ems und Umgebung, 🌳 – 📺 🅿 🅰🅴 ⓘ ⓜⓑ 𝗩𝗜𝗦𝗔
  geschl. 15. Dez. - 15. Jan. – **14 Zim** ⌐ 40/48 – 78.
  • Ausflugsidylle im Wald : Die einfachen, aber gepflegten Zimmer dieses oberhalb der Stadt gelegenen Hotels haben einen gewissen nostalgischen Charme.

In Kemmenau Nord-Ost : 5 km – Erholungsort :

- **Kupferpfanne-Maurer-Schmidt** (mit Gästehaus,), Hauptstr. 17, ✉ 56132, ✆ (02603) 9 61 30, maurer-schmidt@t-online.de, Fax (02603) 14198, 🍴, 🌳 – 📺 🚗 🅿 – 🏛 35. 🅰🅴 ⓘ ⓜⓑ 𝗩𝗜𝗦𝗔 ⚜
  geschl. nach Karneval 2 Wochen – **Menu** (geschl. Dienstag) à la carte 25/42 – **12 Zim** ⌐ 36/40 – 70/80 – ½ P 20.
  • Die Freunde guter Küche nehmen in gediegenem Ambiente an ansprechend gedeckten Tischen Platz. Man kocht international und regionale Spezialitäten.

EMSDETTEN Nordrhein-Westfalen 543 J 6 – 35 000 Ew – Höhe 45 m.

🛈 Verkehrsverein, Friedrichstr. 1, ✉ 48282, ✆ (02572) 9 30 70, vvemsdetten@delta-city.net, Fax (02572) 930750.
Berlin 466 – Düsseldorf 152 – Nordhorn 54 – Enschede 50 – Münster (Westfalen) 31 – Osnabrück 46.

- **Lindenhof** (mit Gästehaus), Alte Emsstr. 7, ✉ 48282, ✆ (02572) 92 60, info@lindenhof-emsdetten.de, Fax (02572) 926200, ⇌ – 🛗, 🛏 Zim, 📺 📶 🚗 🅿 🅰🅴 ⓜⓑ 𝗩𝗜𝗦𝗔 ⚜
  geschl. 22. Dez. - 6. Jan. – **Menu** (geschl. Aug. 2 Wochen, Sonn- und Feiertage) (nur Abendessen) à la carte 19,50/38 – **27 Zim** ⌐ 49/51 – 79/82.
  • Das klassische Klinkergebäude mit modernem Glasanbau erwartet Sie mit gemütlichen Zimmern, die teils mit Antiqitäten, teils mit modernen Einbaumöbeln eingerichtet sind. Stilvolle Wohnzimmeratmosphäre umgibt Sie im Restaurant.

- **Kloppenborg**, Frauenstr. 15, ✉ 48282, ✆ (02572) 92 10, info@hotel-kloppenborg.de, Fax (02572) 921150 – 🛗 📺 📶 🚗 🅿 🅰🅴 ⓘ ⓜⓑ 𝗩𝗜𝗦𝗔
  geschl. 23. Dez. - 1. Jan. – **Menu** (geschl. Sonn- und Feiertage) (nur Abendessen) à la carte 18/32 – **24 Zim** ⌐ 52/62 – 87/93.
  • Ein Gasthof mit Tradition und münsterländischer Atmosphäre : Direkt gegenüber dem Rathaus finden Sie das Hotel mit den gepflegten, unterschiedlich eingerichteten Zimmern. Altdeutsches Restaurant mit gemütlichem Herdfeuer.

- **Maurer's kleines Restaurant**, Borghorster Str. 97, ✉ 48282, ✆ (02572) 94 13 12, Fax (02572) 941311 – 🅿 ⓜⓑ 𝗩𝗜𝗦𝗔 ⚜
  geschl. Mitte Juli - Mitte Aug., Dienstag – **Menu** (nur Abendessen) (Tischbestellung ratsam) à la carte 21/41.
  • Ein Restaurant, teils rustikal, teils modern und mit warmen Farbtönen eingerichtet. Man hat sich vor allem auf Fischgerichte spezialisiert und legt Wert auf gute Produkte.

EMSDETTEN

In Emsdetten-Hembergen *Süd-Ost : 6 km, über Hansestraße :*

Altes Gasthaus Lanvers, Dorfstr. 11, ✉ 48282, ℰ (02572) 1 50 90, info@hotel-lanvers.de, Fax (02572) 150990, 🍴, ☎ – 🛗 📺 ♨ ♿ 🅿 – 🔔 70. ﷽ ① ⓜⓞ 𝕍𝕀𝕊𝔸
Menu à la carte 16,50/33 – **34 Zim** ☑ 45/65 – 80/100.
  ♦ Das 1978 in westfälischer Tradition wieder errichtete Fachwerkhaus überzeugt mit komfortablen Zimmern und engagiertem Service. Geboten werden Rad-, Kutschen- oder Kanutouren. Das Restaurant ist mit ländlichen Utensilien dekoriert.

In Emsdetten-Veltrup *Nord-Ost : 4 km über B 475 Richtung Rheine :*

Waldhotel Schipp-Hummert, Veltrup 17, ✉ 48282, ℰ (02572) 96 01 60, Fax (02572)9601629, 🍴, 🌿, ✳ Zim, 📺 ♨ 🅿 ﷽ ⓜⓞ 𝕍𝕀𝕊𝔸 𝕁𝕔𝕓
Menu à la carte 17/30 – **15 Zim** ☑ 48 – 68.
  ♦ Das einsam gelegene Hotel ist ein netter kleiner Familienbetrieb, der seinen Gästen ordentlich ausgestattete Zimmer zur Verfügung stellt - sauber und zeitgemäß eingerichtet. Teil des Restaurantbereichs ist das rustikale Kaminzimmer.

EMSKIRCHEN *Bayern* 543 R 16 – *5 000 Ew – Höhe 359 m.*
Berlin 464 – München 207 – Nürnberg 39 – Bamberg 59 – Würzburg 69.

Rotes Herz, Hindenburgstr. 21 (B 8), ✉ 91448, ℰ (09104) 6 94, Fax (09104) 1786, 🍴 – 📺 ⇄ 🅿 ✳ – geschl. 31. Mai - 19. Juni – **Menu** *(geschl. Samstag - Sonntag)* à la carte 12,50/20 – **12 Zim** ☑ 28 – 48.
  ♦ Ländlich und rustikal präsentiert sich dieser typisch fränkische Fachwerkgasthof. Die gepflegten Zimmer sind mit hellen Bauernmöbeln solide eingerichtet. Die Gaststube ist mit bemalten Holztäfelungen geschmückt.

EMSTAL, BAD *Hessen* 543 M 11 – *6 300 Ew – Höhe 320 m – Heilbad - Luftkurort.*
🅱 Kurverwaltung im Thermalbad, Karlsbader Str. 4 (Sand), ✉ 34308, ℰ (05624) 99 97 26, kurverwaltung@bad-emstal.de, Fax (05624) 2278.
Berlin 416 – Wiesbaden 212 – Kassel 34 – Frankfurt am Main 203.

In Bad Emstal-Sand :

Grischäfer, Kasseler Str. 78, ✉ 34308, ℰ (05624) 9 98 50, kontakt@grischaefer.de, Fax (05624) 8778, Biergarten – 📺 🅿 – **Menu** *(geschl. Montag) (wochentags nur Abendessen)* à la carte 17/31 – **Alter Grischäfer** *(geschl. Juli, Freitagmittag, Samstagmittag, Sonntagmittag)* **Menu** à la carte 13/24 – **17 Zim** ☑ 44 – 61.
  ♦ Der Tradition verpflichtet fühlt sich dieser urige Gasthof im Fachwerkstil. Jedes der gemütlich-rustikal eingerichteten Zimmer hat seinen eigenen Namen. Das Restaurant : in der ehemaligen Scheune. Im Alten Grischäfer tafelt man in derb-rustikalem Ambiente.

EMSTEK *Niedersachsen* 541 H 8 – *10 000 Ew – Höhe 60 m.*
Berlin 443 – Hannover 114 – Bremen 62.

In Emstek-Hoheging *Nord : 8 km, über Halener Straße :*

Waldesruh, Am Baumweg 2, ✉ 49685, ℰ (04471) 9 48 50, klauswendeln@t-online.de, Fax (04471) 948516, 🍴 – 🟰 🅿 ﷽ ① ⓜⓞ 𝕍𝕀𝕊𝔸
Menu *(wochentags nur Abendessen)* à la carte 19/31 – **23 Zim** ☑ 39/42 – 62/67.
  ♦ Helle, solide eingerichtete Gästezimmer stehen hier zum Einzug bereit. Auch die Lage am Wald zählt zu den Annehmlichkeiten dieses familiengeführten Quartiers.

ENDINGEN *Baden-Württemberg* 545 V 7 – *8 800 Ew – Höhe 187 m.*
🅱 Verkehrsbüro, Adelshof 20 (im Museum), ✉ 79346, ℰ (07642) 68 99 90, info@endingen.de, Fax (07642) 689999.
Berlin 789 – Stuttgart 189 – Freiburg im Breisgau 28 – Offenburg 47.

Kaiserstuhl, Alfred-Herr-Str. 1, ✉ 79346, ℰ (07642) 91 90, Fax (07642) 919109, 🍴, ☎ – 🛗, ✳ Zim, 📺 ♨ 🅿 ﷽ 𝕍𝕀𝕊𝔸
Menu *(geschl. Dienstag) (nur Abendessen)* à la carte 18/30 – **34 Zim** ☑ 55/70 – 79/88.
  ♦ Ein funktionelles Hotel mit modern eingerichteten Zimmern. Viel Wert wurde auf Lärm dämmende Innenarchitektur gelegt, damit Sie nicht in Ihrer Nachtruhe gestört werden. Das Restaurant ist hell und freundlich gestaltet, neuzeitlich in der Ausstattung.

Pfauen garni (mit Gästehaus), Hauptstr. 78, ✉ 79346, ℰ (07642) 9 02 30, hotel-pfauen@t-online.de, Fax (07642) 902340 – 🛗 ✳ Zim, ⇄ 🅿 – 🔔 30. 𝕍𝕀𝕊𝔸
geschl. Karneval – **35 Zim** ☑ 42/60 – 62/80.
  ♦ In der Altstadt der drittgrößten Weinbaugemeinde Baden-Württembergs gelegenes solides Hotel mit praktischen Zimmern in verschiedenen Kategorien.

ENDINGEN

XX **Schindler's Ratsstube,** Marktplatz 10, ✉ 79346, ✆ (07642) 34 58, info@schindlers-ratsstube.de, Fax (07642) 923273, 🌞 – 🍽 ☒ 💳 💳 – geschl. Sonntagabend - Montag – **Menu** (Tischbestellung ratsam) 13 (mittags)/30 à la carte 18/38,50.
 • Kleines Restaurant neben dem Rathaus. Die Einrichtung ist klassisch, man kocht gutbürgerlich und auch regionale Spezialitäten finden sich auf der Speisekarte.

X **Winzerstube Rebstock,** Hauptstr. 2, ✉ 79346, ✆ (07642) 79 00, info@winzerstube-rebstock.de, Fax (07642) 924797, 🌞 – 🅿 💳 💳
geschl. Nov. 3 Wochen, Mittwochabend - Donnerstag – **Menu** à la carte 24/42.
 • Das neuzeitlich eingerichtete Restaurant wird ergänzt durch eine Bier- und Weinstube, die den ländlich-rustikalen Charakter dieses Winzerhauses unterstreicht.

X **Weinstube Zur Sonne,** Hauptstr. 67, ✉ 79346, ✆ (07642) 4 04 50, Fax (07642) 922917 – 💳
geschl. Nov. 1 Woche, Dienstag, Samstagmittag – **Menu** à la carte 17/35,50.
 • In dem kleinen, gemütlichen Lokal mit den holzgetäfelten Wänden erwartet die Gäste ein ausgewähltes Repertoire an bürgerlichen Speisen und Getränken.

In Endingen-Kiechlinsbergen Süd-West : 5,5 km, über Königschaffhausen :

XX **Dutters Stube** mit Zim, Winterstr. 28, ✉ 79346, ✆ (07642) 17 86, info@dutters-stube.de, Fax (07642) 4286, (Fachwerkhaus a.d. 16. Jh.) – 📺 💳 💳
geschl. Jan. 2 Wochen, Aug. 2 Wochen – **Menu** *(geschl. Montag - Dienstagmittag, Nov. - März Montag - Dienstag)* 23 (mittags) à la carte 27,50/42,50 🍴 – **4 Zim** ⛌ 35 – 58.
 • Schon in der vierten Generation verwöhnen die Dutters ihre Gäste. Freuen Sie sich auf ein Lokal mit angenehmem Ambiente und einer frischen Küche mit regionalen Akzenten.

*Die wichtigsten Einkaufsstraen sind im Straenindex
der Stadtpläne in rot gekennzeichnet*

ENGE-SANDE Schleswig-Holstein siehe Leck.

ENGELSKIRCHEN Nordrhein-Westfalen **543** N 6 – 21 300 Ew – Höhe 120 m.
🛈 Verkehrsamt im Rathaus, Engels-Platz 4, ✉ 51766, ✆ (02263) 8 31 37, rathaus@gemeinde-engelskirchen.de, Fax (02263) 1610.
Berlin 575 – Düsseldorf 68 – Köln 36 – Olpe 43.

XX **Alte Schlosserei,** Engels-Platz 7, ✉ 51766, ✆ (02263) 2 02 12, Fax (02263) 2225, Biergarten – 🅿 ☒ ① 💳 💳
geschl. über Karneval, Montag, Samstagmittag, Sonntagabend – **Menu** à la carte 32,50/42.
 • Wie der Name schon sagt, befindet sich das rustikale Restaurant mit dem leicht eleganten Touch in einer renovierten, ehemaligen Schlosserei. Man kocht international.

In Engelskirchen-Bickenbach Nord-Ost : 4 km, über Leppestraße :

🏨 **Zur Post,** Gelpestr. 1, ✉ 51766, ✆ (02263) 92 94 20, info@ihr-hotel-zur-post.de, Fax (02263) 9294250, 🌞 – 🍽 – 🅿 – 🛎 20. 💳
Menu *(geschl. Donnerstag)* à la carte 11,50/26 – **18 Zim** ⛌ 49/69 – 69.
 • Der gepflegte, ländliche Hotel-Gasthof mit den ordentlich eingerichteten Zimmern überzeugt mit einer engagierten Führung durch die Familie. Rustikale Stube und neuzeitlich eingerichtetes Restaurant.

ENGELTHAL Bayern siehe Hersbruck.

ENKENBACH-ALSENBORN Rheinland-Pfalz **543** R 7 – 7 500 Ew – Höhe 290 m.
Berlin 632 – Mainz 80 – Mannheim 54 – Kaiserslautern 10.

Im Ortsteil Enkenbach :

🏨 **Schläfer,** Hauptstr. 3, ✉ 67677, ✆ (06303) 30 71, hotel-schlaefer@t-online.de, Fax (06303) 4485, 🌞 – 📺 📞 ☒ 💳 💳
Menu *(geschl. Juli 2 Wochen, Montag - Dienstagmittag, Samstagmittag)* à la carte 23/39 – **13 Zim** ⛌ 49 – 78.
 • Die Zimmer im Anbau des Gasthofs sind geräumig und mit hellen Holzmöbeln zeitgemäß eingerichtet. Die hübsche Hofterrasse lädt im Sommer zum Verweilen ein. In der Küche sorgen frische Produkte und sorgfältige Zubereitung für gute Qualität.

ENKERING Bayern siehe Kinding.

ENKIRCH Rheinland-Pfalz 543 Q 5 – 1 850 Ew – Höhe 100 m – Erholungsort.
  Ausflugsziel : Starkenburg ≤★, Süd : 5 km.
  🛈 Tourist-Information, Brunnenplatz 2, ✉ 56850, ✆ (06541) 92 65, info@enkirch.de, Fax (06541) 5269.
  Berlin 677 – Mainz 104 – Trier 70 – Bernkastel-Kues 29 – Cochem 51.

  Dampfmühle, Am Steffensberg 80, ✉ 56850, ✆ (06541) 81 39 50, info@dampfmuehle.com, Fax (06541) 4904, 🍴, ≋ (geheizt), 🌳 – ⇔ Zim, TV P 🅼 VISA geschl. Anfang Jan. - Mitte Feb. – **Menu** (geschl. Mittwochmittag, Nov. - Mai Mittwoch) à la carte 16,50/29 – **17 Zim** ⇌ 35/40 – 67/71 – ½ P 13.
  ◆ Behagliche Zimmer und gemütliche Aufenthaltsräume finden Sie in dem Familienhotel im Moseltal. Erholen Sie sich in einer reizvollen Umgebung mit vielen Ausflugsmöglichkeiten. Rustikal gibt sich das Restaurant, romatisch ist die Terrasse im Sommer.

In Burg/Mosel Nord : 3 km über B 53 :

  Zur Post, Moselstr. 18, ✉ 56843, ✆ (06541) 92 14, floeterpost@t-online.de, Fax (06541) 2865, 🍴, ⇔ TV 🚗 🅼 VISA – geschl. 6. Jan. - 17. März – **Menu** (geschl. Mittwoch) à la carte 16/30 – **14 Zim** ⇌ 30/34 – 48/60 – ½ P 16.
  ◆ In einem kleinen Winzerdorf in der schönen Mosellandschaft liegt dieser familiengeführte Gasthof mit unterschiedlich eingerichteten, gepflegten Zimmern. Stilvoll, aber nicht steif : das Restaurant.

ENNIGERLOH Nordrhein-Westfalen 543 K 8 – 20 400 Ew – Höhe 106 m.
  Ausflugsziel : Wasserburg Vornholz★ Nord-Ost : 5 km.
  🏌 Ennigerloh-Ostenfelde, Schloss Vornholz (Nord-Ost : 5 km), ✆ (02524) 57 99.
  Berlin 443 – Düsseldorf 134 – Bielefeld 66 – Beckum 10 – Warendorf 16.

  Hubertus, Enniger Str. 4, ✉ 59320, ✆ (02524) 9 30 80, info@haushubertus.de, Fax (02524) 930880, ⇔ – TV P 🚗 ⚿ 25. AE ⓓ ⓞ VISA
  Menu (geschl. Samstagmittag, Sonntagabend - Montag) à la carte 23/34,50 – **19 Zim** ⇌ 45/50 – 74.
  ◆ Die Zimmer dieses Hotel-Gasthofs im Münsterland befinden sich in einem neueren Klinkergebäude. Sie sind mit Eichenmöbeln eingerichtet und technisch gut ausgestattet. Im Fachwerkhaus von 1670 : das Restaurant mit nostalgischem Flair.

In Ennigerloh-Ostenfelde Nord-Ost : 5 km :

  Kröger, Hessenknapp 17, ✉ 59320, ✆ (02524) 9 31 90, info@kroeger-hotel.de, Fax (02524) 931910, 🍴, 🌳 ℡ 🚗 P – ⚿ 40. 🅼 VISA
  geschl. Mitte Juli - Anfang Aug. – **Menu** (geschl. Freitag) (nur Abendessen) à la carte 14,50/25 – **14 Zim** ⇌ 40 – 65.
  ◆ Das engagiert geführte Hotel hat sich stark auf Tagungen spezialisiert. Hier erwarten die Gäste sehr gepflegte, mit dunklen Holzmöbeln eingerichtete Zimmer.

ENZKLÖSTERLE Baden-Württemberg 545 T 9 – 1 300 Ew – Höhe 598 m – Luftkurort – Wintersport : 600/900 m ≤2 ✦.
  🛈 Kurverwaltung, Friedenstr. 16, ✉ 75337, ✆ (07085) 75 16, info@enzkloesterle.de, Fax (07085) 1398.
  Berlin 693 – Stuttgart 89 – Karlsruhe 64 – Pforzheim 39 – Freudenstadt 26.

  Enztalhotel (mit Gästehäusern), Freudenstädter Str. 67, ✉ 75337, ✆ (07085) 1 80, info@enztalhotel.de, Fax (07085) 1642, 🍴, ⚘, Massage, ≋, ⊡, 🌳 – 🛗 TV 🚗 P ⇎ Rest
  Menu (geschl. Mitte Jan. - Mitte Feb.) à la carte 22/45,50, ♀ – **50 Zim** ⇌ 74/87 – 139/161 – ½ P 13.
  ◆ Das neuzeitliche Ferienhotel mit schwarzwaldtypischer Schindelfassade überzeugt mit komfortablen, teils kürzlich renovierten Zimmern und einer neuen Wellnessanlage. Elegantrustikal und hübsch dekoriert zeigt sich das Restaurant.

  Schwarzwaldschäfer ≫, Am Dietersberg 2, ✉ 75337, ✆ (07085) 9 23 70, info@hotel-schwarzwald-schaefer.de, Fax (07085) 923737, ≋, ⊡, 🌳 – ⇔ Zim, TV 🚗 P – ⚿ 25 – geschl. 15. Nov. - 15. Dez. – **Menu** (nur Abendessen) (Restaurant nur für Hausgäste) à la carte 15/30 – **25 Zim** ⇌ 40 – 78 – ½ P 13.
  ◆ Tanzen Sie gern ? Die Hoteliers sind Tanzlehrer und bieten Kurse für Standard-, Lateinund Partytänze an. Das Hotel im rustikalen Stil ist gut geführt, die Zimmer sind solide.

  Wiesengrund ≫, Friedenstr. 1, ✉ 75337, ✆ (07085) 9 23 20, info@hotelwiesengrund.de, Fax (07085) 923243, 🍴, 🌳 – 🛗 TV P – ⚿ 40. ⇎ Zim
  geschl. Nov. - 18. Dez. – **Menu** (geschl. Nov. - März Montag) à la carte 17/27 – **24 Zim** ⇌ 43/49 – 58/68 – ½ P 13.
  ◆ Genießen Sie das Ambiente dieses Ferienhotel inmitten von Wiesen und den Blick auf die bewaldeten Schwarzwaldhänge. Wohnliche, leicht rustikal eingerichtete Zimmer erwarten die Gäste. Gepflegter Landhausstil prägt das Ambiente des Restaurants.

ENZKLOSTERLE

Hirsch - Café Klösterle (mit Gästehaus), Freudenstädter Str. 2, ✉ 75337, ℘ (07085) 72 61, info@hirsch-enzkloesterle.de, Fax (07085) 1686, 🍴, ⇌ – ⧉ Zim, TV P ≠ Zim geschl. 10. Jan. - 29. Feb., 23. Okt. - 4. Dez. - **Menu** à la carte 15/35,50 – **45 Zim** ⇌ 34/68 – 59/84 – ½ P 11.
• Mitten im Ort, direkt am Kurpark, liegt das gepflegte, solide eingerichtete Hotel im Schwarzwaldhausstil. Beachten Sie auch die Pauschalangebote mit Abholung von Zuhause. Für das leibliche Wohl finden Sie ein Restaurant und ein Café mit Konditorei.

Gästehaus am Lappach garni, Aichelberger Weg 4, ✉ 75337, ℘ (07085) 75 11, info@hotel-am-lappach.de, Fax (07085) 7611, 🏊, 🍴 – ⧉ TV P ≠
geschl. Nov. - 20. Dez. – **30 Zim** ⇌ 44 – 66/78.
• Für einen Schwarzwaldurlaub zu jeder Jahreszeit empfiehlt sich dieses gut geführte Hotel. Alle solide ausgestatteten Zimmer verfügen über einen Balkon.

EPPELBORN Saarland 543 R 4 – 19 500 Ew – Höhe 285 m.
Berlin 716 – Saarbrücken 29 – Neunkirchen 29 – Saarlouis 21.

Eppelborner Hof (mit Gästehaus), Rathausstr. 1, ✉ 66571, ℘ (06881) 89 50, eppelborner-hof@t-online.de, Fax (06881) 895200, 🍴, ⓕ, ⇌ – ⧉ TV 📞 & P – 🔒 60. AE ⓜ VISA 🅳 – **Menu** *(geschl. Samstagmittag)* à la carte 28/40,50 – **54 Zim** ⇌ 60 – 82.
• Ein sehr gepflegtes und engagiert geführtes, modernes Hotel mit leicht eleganter Einrichtung. Die Zimmer haben ein gutes Platzangebot und sind technisch gut ausgestattet. Das Restaurant mit Wintergarten und Terrasse hat einen gediegenen Touch.

EPPENBRUNN Rheinland-Pfalz 543 S 6 – 1 800 Ew – Höhe 390 m – Luftkurort.
Berlin 698 – Mainz 135 – Saarbrücken 76 – Pirmasens 14 – Landau in der Pfalz 59.

Kupper ≫, Himbaumstr. 22, ✉ 66957, ℘ (06335) 91 30, hotel-kupper@t-online.de, Fax (06335) 913113, Biergarten, ⇌, 🏊, 🍴 – TV P ⓜ VISA
Menu *(geschl. Jan., Sonntagabend, Mittwoch)* à la carte 13,50/29,50 – **22 Zim** ⇌ 39 – 68 – ½ P 10.
• Erholen Sie sich im Pfälzer Wald : Direkt am Waldrand liegt das ländliche Hotel mit den gepflegten Zimmern. Schön hat man den Hallenbad- und Saunabereich gestaltet. Von deftiger Hausmannskost bis zu bürgerlicher Küche reicht das Speiseangebot.

EPPERTSHAUSEN Hessen 543 Q 10 – 5 800 Ew – Höhe 140 m.
Berlin 552 – Wiesbaden 57 – Frankfurt am Main 35 – Darmstadt 22 – Aschaffenburg 27.

Am Rotkäppchenwald garni, Jahnstr. 22 (Gewerbegebiet West), ✉ 64859, ℘ (06071) 3 90 40, Fax (06071) 390444 – ⧉ ⇌ TV ⇌ P ⓜ VISA
18 Zim ⇌ 49 – 67.
• Solide und praktisch eingerichtete Zimmer und ein gutes Frühstücksbuffet erwarten die Gäste in dem verkehrsgünstig zwischen Darmstadt und Frankfurt gelegenen Hotel.

EPPINGEN Baden-Württemberg 545 S 10 – 19 000 Ew – Höhe 190 m.
🏌 Schwaigern-Stetten, Pflullinger Hof 1 (Ost : 10 km), ℘ (07138) 6 74 42.
Berlin 615 – Stuttgart 71 – Heilbronn 26 – Karlsruhe 48 – Mannheim 64.

Altstadthotel Wilde Rose ≫, Kirchgasse 29, ✉ 75031, ℘ (07262) 9 14 00, Fax (07262) 914090 – TV 📞 AE ⓜ VISA
Menu *(geschl. Aug. 3 Wochen, Montagabend, Samstagmittag)*(italienische Küche) à la carte 20/34,50 – **10 Zim** ⇌ 72 – 97.
• An das historische Baumannsche Haus a. d. 16. Jh. im Fachwerkstil wurde ein Hotelanbau mit hübschen Zimmern im Landhausstil angefügt, z. T. mit Balkon oder Terrasse. Im historischen Gebäudeteil befindet sich das Restaurant mit Tonnengewölbe.

Palmbräuhaus, Rappenauer Str. 5, ✉ 75031, ℘ (07262) 84 22, pbhaus@web.de, Fax (07262) 206068, 🍴 – ⓜ VISA
geschl. Sept. 2 Wochen, Montagabend - Dienstag – **Menu** à la carte 18/38,50.
• Liebevoll dekorierte Galerieräume mit hübsch gedeckten Tischen warten hier auf Sie. Man kocht Regionales, saisonale Besonderheiten finden auf Sonderkarten Berücksichtigung.

EPPSTEIN Hessen 543 P 9 – 12 500 Ew – Höhe 184 m – Luftkurort.
Berlin 549 – Wiesbaden 20 – Frankfurt am Main 31 – Limburg an der Lahn 41.

In Eppstein-Vockenhausen :

Nassauer Hof garni, Hauptstr. 104, ✉ 65817, ℘ (06198) 5 90 20, ramp@nassauerhof-eppstein.de, Fax (06198) 590222 – TV ⇌ P ⓞ ⓜ VISA 🅹🅲🅱 ≠
12 Zim ⇌ 52/57 – 75.
• Ein engagiert geführter Familienbetrieb : Der gepflegte Landgasthof erwartet seine Gäste mit komfortablen Zimmern, die mit zeitlosen, hellen Eichenmöbeln eingerichtet sind.

ERBACH (ALB-DONAU-KREIS) Baden-Württemberg 545 V 13 – 11 000 Ew – Höhe 530 m.
Berlin 630 – Stuttgart 104 – Konstanz 133 – Ulm (Donau) 12 – Tuttlingen 105.

- **Kögel**, Ehinger Str. 44 (B 311), ⊠ 89155, ℘ (07305) 80 21, hotel.koegel@t-online.de, Fax (07305) 5084, 斧 – ⚡ Zim, TV ⇔ P – 🛋 20. ⓘ ⓜ VISA
geschl. Weihnachten - 8. Jan., Anfang - Mitte März – **Trüffel** (geschl. Sonn- und Feiertage)
Menu à la carte 21/36 – **19 Zim** ⊇ 53/55 – 68/70.
  • Eine persönliche Atmosphäre zu schaffen, ist der Hoteliersfamilie ein wichtiges Anliegen. Dies verspricht in Verbindung mit den wohnlichen Zimmern einen netten Aufenthalt. Internationale Saisonküche im zeitlos eingerichteten Restaurant Trüffel.

- **Zur Linde**, Bahnhofstr. 8, ⊠ 89155, ℘ (07305) 93 11 00, hotel-zur-linde@t-online.de, Fax (07305) 9311020, 斧 – ⚡ Zim, TV ⇔ P ⓜ VISA
Menu (geschl. Aug. 3 Wochen, Sonntag) à la carte 11/25 – **12 Zim** ⊇ 45/48 – 62/68.
  • Gegenüber dem Bahnhof liegt der gepflegte Gasthof. Die Zimmer sind mit hellen Eichenmöbeln eingerichtet, haben neuzeitliche Bäder und bieten ausreichend Platz. Das Restaurant ist in gemütliche Nischen unterteilt.

- **Schloß-Restaurant**, Am Schloßberg 1, ⊠ 89155, ℘ (07305) 69 54, Fax (07305) 6963, 斧 – P ⓜ VISA – geschl. 5. - 27. Jan., 2. - 17. Aug., Montag – **Menu** (Dienstag - Freitag nur Abendessen) französische Küche) à la carte 23,50/36,50.
  • L'art de vivre : Genießen Sie französische Küche und Lebensart im Gewölberestaurant des Schlosses von 1530. Das Bistro mit Kleinkunstbühne ist an Wochenenden geöffnet.

In Erbach-Dellmensingen Süd-Ost : 3 km :

- **Brauereigasthof Adler**, Adlergasse 2, ⊠ 89155, ℘ (07305) 93 11 90, info@adler-dellmensingen.de, Fax (07305) 9311959, 斧 – TV P VISA
geschl. 27. - 30. Dez. – **Menu** (geschl. 5. - 9. April, Montag - Dienstagmittag) à la carte 12/27,50 – **18 Zim** ⊇ 27/39 – 45/64.
  • Solide, mit rustikalen Eichenmöbeln eingerichtete Zimmer, die über ein gutes Platzangebot verfügen und teilweise Balkone haben, finden sich in diesem gepflegten Gasthof. Ländliches Restaurant mit eigener Brauerei.

ERBACH IM ODENWALD Hessen 543 R 10 – 14 800 Ew – Höhe 212 m – Luftkurort.
Sehenswert : Schloss (Hirschgalerie★).

🅱 Touristik-Information, Marktplatz 1, ⊠ 64711, ℘ (06062) 94 33 13, stadtverwaltung@erbach.de, Fax (06062) 943317.
Berlin 595 – Wiesbaden 95 – Mannheim 53 – Darmstadt 50 – Heilbronn 79.

In Erbach-Erlenbach Süd-Ost : 2 km :

- **Erlenhof**, Bullauer Str. 10, ⊠ 64711, ℘ (06062) 31 74, info@hotel-erlenhof-erbach.de, Fax (06062) 62666, 斧, ⽅, ⍨, ⚡ – TV P AE ⓜ VISA – **Menu** (geschl. Montagmittag, Dienstagmittag) à la carte 17/33 – **27 Zim** ⊇ 44/54 – 75 – ½ P 10.
  • Für einen Urlaub im Odenwald bietet sich dieses persönlich geführte Hotel am Stadtrand an. Machen Sie Ausflüge in die Umgebung oder entspannen Sie sich im hoteleigenen Garten. Regionale Spezialitäten und internationale Küche im Restaurant oder Wintergarten.

ERBENDORF Bayern 545 Q 20 – 5 400 Ew – Höhe 509 m – Erholungsort.
🅱 Tourist-Info, Bräugasse 2, ⊠ 92681, ℘ (09682) 92 10 22, stadt-erbendorf@erbendorf.de, Fax (09682) 921023.
Berlin 395 – München 248 – Weiden in der Oberpfalz 25 – Bayreuth 40 – Nürnberg 108.

In Erbendorf-Pfaben Nord : 6 km in Richtung Fichtelberg – Höhe 720 m – Wintersport ≰ 1 :

- **Steinwaldhaus** ≫, Pfaben 18, ⊠ 92681, ℘ (09682) 93 30, hotel@steinwaldhaus.de, Fax (09682) 933199, ≤ Oberpfälzer Wald, 🔲 – ⚡ TV ⇔ P – 🛋 45. AE ⓘ ⓜ VISA. ⚜ Rest
geschl. 6. Jan. - 5. März – **Menu** à la carte 15/34,50 – **95 Zim** ⊇ 47/55 – 80/84 – ½ P 14.
  • Ein ansprechendes Ferien- und Tagungshotel im Naturpark Steinwald mit großzügigem Rahmen und einem umfangreichen Freizeitangebot. Man hat schlichte Zimmer und Ferienwohnungen. Den tollen Blick darf jeder genießen : Im Drehrestaurant sitzt jeder mal am Fenster.

ERDING Bayern 546 V 19 – 25 500 Ew – Höhe 462 m.
🟨 Grünbach, Am Kellerberg (Ost : 8 km über die B 388), ℘ (08122) 4 96 50.
Berlin 597 – München 40 – Regensburg 107 – Landshut 39 – Rosenheim 66.

- **Parkhotel**, Am Bahnhof 5, ⊠ 85435, ℘ (08122) 49 90, parkhotel@erding.de, Fax (08122) 499499, 斧 – 📶, ⚡ Zim, TV ✆ & ⇔ – 🛋 60. AE ⓘ ⓜ VISA JCB
Menu (geschl. Mitte - Ende Aug., Samstag - Sonntag) à la carte 19,50/28 – **64 Zim** ⊇ 95/110 – 110/135.
  • Das sehr gut geführte und gepflegte moderne Hotel mit komfortablen Zimmern und gut ausgestatteten Tagungsräumen liegt zentral in der altbayerischen Herzogstadt. Großes Restaurant mit klassischer Einrichtung.

ERDING

Henry garni, Dachauer Str. 1, ✉ 85435, ☏ (08122) 90 99 30, info@hotel-henry.de, Fax (08122) 90993500 – 📶 ⛉ 📺 ☏ 🚗 🅿 – 🛁 30. 🅰🅴 🆆 🆅🅸🆂🅰
43 Zim ⛌ 85/95 – 105.
• Hier gleicht kein Raum dem anderen ! Nach europäischen, amerikanischen und asiatischen Städten benannt, bieten die Zimmer ein wohnliches, individuelles Interieur.

Mayr-Wirt, Haager Str. 4, ✉ 85435, ☏ (08122) 88 09 20, mayrwirt@erding.com, Fax (08122) 7098 – 📶 📺 🅿 – 🛁 40. 🅰🅴 🆆 🆅🅸🆂🅰
Menu (geschl. Samstag) à la carte 13,50/25 – **23 Zim** ⛌ 60/90 – 90/120.
• Für die Freunde bayerischer Gastlichkeit : Ein traditioneller, familiengeführter Gasthof im Herzen der Stadt mit soliden Zimmern - auch Vierbett-Familienzimmern sind vorhanden. Freunde der Schmankerlküche kommen im Restaurant mit Herrgottswinkel auf ihre Kosten.

In Aufhausen Süd : 3 km, über B 388 :

Am Schloßberg garni, Schloßallee 26, ✉ 85435, ☏ (08122) 96 20, hotel-am-schlossberg@t-online.de, Fax (08122) 962222, ☎ – 📶 📺 ☏ 🅿 – 🛁 20. 🅰🅴 🅾 🆆 🆅🅸🆂🅰
48 Zim ⛌ 55/75 – 65/95.
• Ein Hotelneubau mit zeitlos eingerichteten, wohnlichen Zimmern. Schön ist auch der großzügige Frühstücksraum mit heller Naturholzmöblierung und einem guten Buffet.

ERFTSTADT Nordrhein-Westfalen 543 N 4 – 47 500 Ew – Höhe 90 m.

🏌 Erftstadt-Konradsheim, Am Golfplatz 1, ☏ (02235) 95 56 60.
Berlin 593 – Düsseldorf 64 – Bonn 41 – Köln 18 – Brühl 8.

In Erftstadt-Lechenich :

Husarenquartier (Brockel) mit Zim, Schloßstr. 10, ✉ 50374, ☏ (02235) 50 96, gourmetapassion@gmx.de, Fax (02235) 691143, 🌳 – 📺 🅿 🅰🅴 🅾 🆆 🆅🅸🆂🅰
Menu (geschl. Montag - Dienstag, außer Feiertage) 39/70 und à la carte, 🍷 – **Bistro** (geschl. Montag - Dienstag, außer Feiertage) **Menu** 16 à la carte 19/37, 🍷 – **5 Zim** ⛌ 64 – 95.
• Das klassisch-elegante Restaurant in dem historischen kleinen Palais verführt zum Schlemmen : Das Küchenteam verwöhnt seine Gäste mit einer feinen französischen Küche. Für einfachere Genüsse gibt es das modern eingerichtete Bistro.
Spez. Praline vom Kalbsschwanz mit Langustinen und Salaten. Eifeler Rehrücken mit Kirschsauce und Kartoffelterrine (Mai-Aug.). Bierschaumschnitte mit Mille-feuille von Mango und Sorbet (Juni-Sept.)

ERFURT L Thüringen 544 N 17 – 197 300 Ew – Höhe 200 m.

Sehenswert : Mariendom ★★ (Nordportale★★, Mosaikfenster★ im Chor, Kandelaber-Statue★)A – Severi-Kirche★ (Sarkophag★ des Hl. Severin)A – Rathaus (Fresken★)A R – Krämerbrücke ★B – Angermuseum ★ (Altaraufsätze ★★, Pieta ★★)B M1.
🏌 Erfurt-Schaderode, Schaderoder Grund (Nord-West : 8 km über Alach), ☏ (0361) 2 28 39 30.
✈ Erfurt-Bindersleben (West : 4 km) Y, ☏ (0361) 65 60.
🛈 Tourismus-Information, Benediktsplatz 1, ✉ 99084, ☏ (0361) 6 64 00, Fax (0361) 6640290.
ADAC, Johannesstr. 176.
Berlin 304 – Chemnitz 154 ② – Leipzig 130 ② – Nordhausen 77 ④

Stadtpläne siehe nächste Seiten

Dorint, Meienbergstr. 26, ✉ 99084, ☏ (0361) 5 94 90, info.erferf@dorint.com, Fax (0361) 5949100, 🌳, ☎ – 📶 ⛉ Zim, 📺 ☏ ♿ 🚗 🅿 – 🛁 100. 🅰🅴 🅾 🆆 🆅🅸🆂🅰 🅹🅲🅱
Menu à la carte 21/33,50 – ⛌ 14 – **141 Zim** 96/106 – 106/116, 3 Suiten.   B n
• Eine gelungene Verbindung von historischen Elementen und moderner Architektur : Das Ergebnis ist ein zeitgemäßes Hotel mit komfortablen Zimmern und stilvollem Rahmen. Das Restaurant Zum Robstock befindet sich im 500 Jahre alten Teil des Hauses.

Victor's Residenz-Hotel, Häßlerstr. 17, ✉ 99096, ☏ (0361) 6 53 30, info.erfurt@victors.de, Fax (0361) 6533599, 🌳 – 📶 ⛉ Zim, 📧, 📺 Rest, ☏ 🚗 – 🛁 250. 🅰🅴 🆆 🆅🅸🆂🅰 🅹🅲🅱   Y a
Menu à la carte 20/32,50 – **68 Zim** ⛌ 105/135 – 115/145, 3 Suiten.
• Komfortabel und funktionell präsentieren sich die Zimmer und Suiten dieses Hotels. Geschäftsreisende schätzen die Ausstattung mit Fax- und Modemanschluß. Das Hotelrestaurant wird ergänzt durch die rustikale Bayerische Stube.

Sorat, Gotthardtstr. 27, ✉ 99084, ☏ (0361) 6 74 00, erfurt@sorat-hotels.com, Fax (0361) 6740444, 🌳, ☎ – 📶 ⛉ Zim, 📧 📺 ☏ 🚗 🅿 – 🛁 120. 🅰🅴 🅾 🆆 🆅🅸🆂🅰 🅹🅲🅱
Zum Alten Schwan (geschl. Sonntagabend, Montagabend) **Menu** à la carte 23,50/38 – **85 Zim** ⛌ 99/179 – 119/212.   B a
• "Alter Schwan im neuen Gewand" : Aus dem traditionellen Gasthof wurde ein modernes Hotel. Designermöbel und natürliche Farben und Materialien schaffen einen edlen Rahmen. Im historischen Teil des Hauses : ein schönes Restaurant mit Terrasse zum Fluss.

ERFURT

🏨 **Zumnorde am Anger,** Anger 50 (Eingang Weitergasse), ✉ 99084, ☏ (0361) 5 68 00, info@hotel-zumnorde.de, Fax (0361) 5680400, Biergarten, ⇌ – 🛗, ↔ Zim, 📺 📞 ♿ 🚗 – 🅿 50. AE ① 🆎 VISA JCB ※ Rest   B s
geschl. 21. - 31. Dez. – **Menu** *(geschl. Jan. 2 Wochen)* à la carte 26/34,50 – **50 Zim** ⇌ 100/130 – 120/150, 4 Suiten.
♦ Mehrere renovierte Stadthäuser wurden zu einem gepflegten Hotel umgebaut. Die geräumigen Zimmer sind mit Kirschholzmöbeln wohnlich eingerichtet und technisch gut ausgestattet. Wandgemälde und Säulen sorgen im Restaurant für ein klassisches Ambiente.

🏨 **Excelsior,** Bahnhofstr. 35, ✉ 99084, ☏ (0361) 5 67 00, info@excelsior.bestwestern.de, Fax (0361) 5670100, ⇌ – 🛗, ↔ Zim, 📺 📞 🅿 – 🅿 35. AE ① 🆎   B c
VISA JCB
Menu *(geschl. Samstag - Sonntag)* à la carte 14,50/33,50 – **77 Zim** ⇌ 98/108 – 110/126, 3 Suiten.
♦ Hinter der schönen Jugendstilfassade erwartet Sie die Hotelhalle mit einer imposanten Glaskuppel. Die geräumigen Zimmer sind zeitgemäß und wohnlich eingerichtet. Das Restaurant glänzt mit moderner Ausstattung in Erdtönen und Pastellfarben.

ERFURT

Albrechtstraße	X 3
Am Schwemmbach	Y 4
Biereyestraße	X 6
Bindeslebener Landstraße	Y 7
Bonifaciusstraße	Y 9
Cyriaxstraße	Y 12
Gothaer Platz	Y 18
Gutenbergstraße	X 19
Kranichfelder Straße	Y 21
Martin-Andersen-Nexö-Str.	Y 25
Mühlhäuser Straße	Y 30
Paul-Schäfer-Straße	X 31
Pförtchenstraße	Y 33
Steigerstraße	Y 39
Straße des Friedens	Y 41

Carat, Hans-Grundig-Str. 40, ✉ 99099, ☎ (0361) 3 43 00, *hotel-carat@web.de*, Fax (0361) 3430100, ↔, ≋ – 📶, ✳ Zim, 📺 ☏ 🚗 🅿 – 🔔 45. AE ⓞ ⓜ VISA
Menu à la carte 16/26 – **60 Zim** ⊇ 69/89 – 85/109.   Y n
♦ Ein gläserner Turm - hier ist der Aufzug untergebracht - ist das Wahrzeichen dieses Hauses, das von einem Plattenbau zu einem modernen Hotel mit Komfort umgebaut wurde.

Radisson SAS, Juri-Gagarin-Ring 127, ✉ 99084, ☎ (0361) 5 51 00, *sascha.neumann @radissonsas.com*, Fax (0361) 5510210 – 📶, ✳ Zim, 🍽 Rest, 📺 ☏ 🅿 – 🔔 200.
ⓜ VISA JCB   B e
Menu à la carte 23/38,50 – **280 Zim** ⊇ 85/98 – 90/133, 3 Suiten.
♦ Das Hochhaus empfängt Sie mit einer repräsentativen Lobby mit Rezeption, Sitzgruppen und Hotelbar. Zum Angebot gehören auch komfortable Zimmer und ein Tagungsbereich. Das Restaurant Classico ist hell eingerichtet und hat einen großen Buffetbereich.

ERFURT

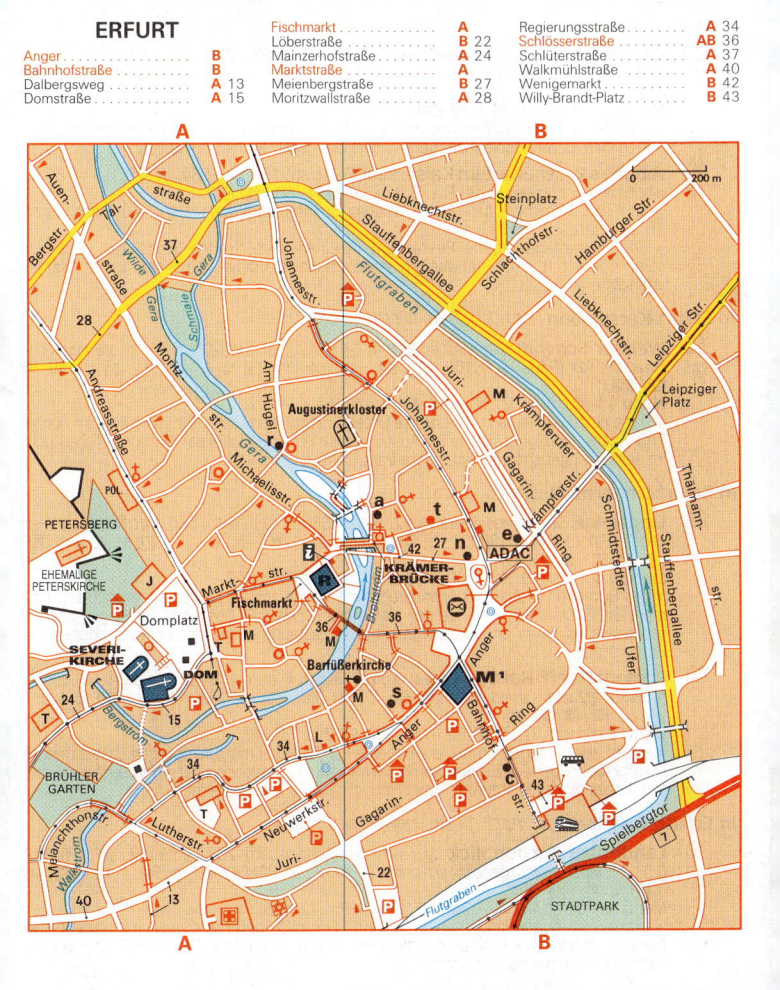

Anger	B	Fischmarkt	A	Regierungsstraße	A 34
Bahnhofstraße	B	Löberstraße	B 22	Schlösserstraße	AB 36
Dalbergsweg	A 13	Mainzerhofstraße	A 24	Schlüterstraße	A 37
Domstraße	A 15	**Marktstraße**	A	Walkmühlstraße	A 40
		Meienbergstraße	B 27	Wenigemarkt	B 42
		Moritzwallstraße	A 28	Willy-Brandt-Platz	B 43

🏨 **Erfurtblick** garni (mit Gästehaus), Nibelungenweg 20, ✉ 99092, ✆ (0361) 22 06 60, *info@hotel-erfurtblick.de, Fax (0361) 2206622,* ≼ - ⚞ TV ✆ P. ⓜ VISA. ⚠ Y m
11 Zim ⚏ 50/60 – 70/75.
♦ Eine engagiert geführte und gepflegte Hotelpension mit hellen, freundlichen Zimmern und einer persönlichen Atmosphäre. Genießen Sie den Blick auf die Stadt.

🏨 **Airport Hotel,** Binderslebener Landstr. 100 (West : 4 km), ✉ 99092, ✆ (0361) 6 56 11 11, *airport-hotel-erfurt@t-online.de, Fax (0361) 6561060,* 🍴, ≋ - ⚞ Zim, TV ✆ P. - 🛋 80. AE ⓞ ⓜ VISA JCB über Binderslebener Landstraße Y
Menu *(nur Abendessen)* à la carte 16/29,50 – **72 Zim** ⚏ 78/82 – 88/98.
♦ Direkt am Flughafen gelegenes modernes Travel- und Tagungshotel mit soliden, geräumigen Zimmern. Auch Frühflieger bekommen schon ein Frühstück. Im Restaurant : Essen mit Blick auf den Flugplatz.

🏨 **Nikolai,** Augustinerstr. 30, ✉ 99084, ✆ (0361) 59 81 70, *info@hotel-nikolai-erfurt. com, Fax (0361) 59817120,* 🍴 - ⚞ Zim, TV P. - 🛋 25. AE ⓞ ⓜ VISA A r
Menu *(nur Abendessen)* (Restaurant nur für Hausgäste) – **17 Zim** ⚏ 65/79 – 80/90.
♦ Am Fluss Gera liegt dieser ältere Gasthof mit der gelben Fassade. Die Gäste erwarten mit Stilmöbeln gediegen-elegant eingerichtete Zimmer, teils mit Parkettfußboden.

ERFURT

Gartenstadt, Binderslebener Landstr. 212, ✉ 99092, ℘ (0361) 2 10 45 12, *gartenstadt@t-online.de, Fax (0361) 2104513*, Biergarten, ⇌ – 📺 ☎ 🅿 AE ⓘ ⓂⓈ VISA JCB Y e
Menu à la carte 14/26 – **16 Zim** ⇌ 50 – 70.
 ♦ In der Nähe des Flughafens und der neuen Messe finden Sie diesen renovierten Klinkerbau mit soliden, komfortablen Zimmern und einem guten Frühstücksbuffet.

Alboth's Restaurant im Kaisersaal, Futterstr. 15, ✉ 99084, ℘ (0361) 5 68 82 07, *alboth@kaisersaalerfurt.de, Fax (0361) 5688181* – AE ⓂⓈ VISA B t
geschl. Jan. 3 Wochen, Juli - Aug. 4 Wochen, Sonntag - Montag – **Menu** (nur Abendessen) 26 à la carte 27/46.
 ♦ Das elegant-gediegene Restaurant in einem historischen Stadthaus verwöhnt seine Gäste mit einer gehobenen internationalen Küche und einer gut sortierten Weinkarte.

In Erfurt-Kerspleben *Nord-Ost : 5 km über Leipziger Straße* X :

Weisser Schwan, Zum Sulzenberg 1, ✉ 99198, ℘ (036203) 5 80, *info@weisser-schwan.de, Fax (036203) 58100*, 🍽, ⇌ – 🛗, ⇌ Zim, 📺 ☎ 🅿 – 🎪 50. AE ⓘ ⓂⓈ VISA
Menu à la carte 16/27,50 – **43 Zim** ⇌ 49/67 – 69/82.
 ♦ Diese nette und engagiert geführte Unterkunft mit den soliden Zimmern liegt im Herzen Thüringens und eignet sich so für Ausflüge nach Erfurt und Weimar. Gutbürgerliche Küche im zeitlos eingerichteten Hotelrestaurant.

In Erfurt-Linderbach *über* ① *: 5 km* :

LinderHof, Straße des Friedens 12, ✉ 99198, ℘ (0361) 4 41 80, *info@linderhof-erfurt.de, Fax (0361) 4418200*, 🍽, Biergarten, ⇌, 🏊 – 🛗, ⇌ Zim, 📺 ☎ 🅿 – 🎪 40. AE ⓘ ⓂⓈ VISA
Menu à la carte 19,50/29,50 – **53 Zim** ⇌ 65/75 – 80/90.
 ♦ Das Hotel im Landhausstil erwartet Sie mit komfortablen, funktionell gestalteten Räumen. Die Business-Zimmer werden den Ansprüchen von Geschäftsleuten gerecht. Sie essen, wo es Ihnen am besten gefällt : Im Restaurant, im Wintergarten oder in der Bürgerstube.

Ramada-Treff Hotel, Auf der großen Mühle 4 (an der B 7), ✉ 99198, ℘ (0361) 4 38 30, *erfurt@ramada-treff.de, Fax (0361) 4383400*, 🍽 – 🛗, ⇌ Zim, 📺 ☎ 🅿 – 🎪 60. AE ⓘ ⓂⓈ VISA
Menu à la carte 22,50/31,50 – ⇌ 13 – **91 Zim** 73 – 85.
 ♦ Hinter einem modernen Äußeren überzeugt das Hotel mit funktionellen Gästezimmern. Komfortable Business-Zimmer kombinieren bequemes Wohnen mit erfolgreichem Arbeiten. Neuzeitliches Restaurant - mit freundlichen Farben gestaltet.

In Erfurt-Molsdorf *Süd-West : 10 km über Winzerstraße* Y :

Landhotel Burgenblick 🌿, Am Zwetschgenberg 20, ✉ 99192, ℘ (036202) 8 11 11, *landhotelburgenblick@t-online.de, Fax (036202) 81112*, 🍽, Biergarten, ⇌, 🏊 – 📺 ☎ 🅿 – 🎪 20
Menu à la carte 16/31 – **24 Zim** ⇌ 56/69 – 72/129.
 ♦ Erholen Sie sich in ländlicher Umgebung : Ein solide geführtes Hotel mit altdeutscher Einrichtung und einer familiären Atmosphäre wartet hier auf die Gäste. Das Restaurant mit Kachelofen ist rustikal gestaltet.

In Apfelstädt *Süd-West : 12 km über Winzerstraße* Y :

Country Inn, Riedweg 1, ✉ 99192, ℘ (036202) 8 50, *info-erf@countryinns.de, Fax (036202) 85410*, 🍽, 🏋, ⇌ – 🛗 📺 ☎ 🅿 – 🎪 40. AE ⓘ ⓂⓈ VISA JCB
Menu (geschl. Sonntagabend) à la carte 15,50/29 – **98 Zim** ⇌ 66/76 – 71/81, 3 Suiten.
 ♦ Ein komfortables Haus mit einer Einrichtung im Landhausstil. Es gibt zeitgemäße Zimmer in 2 Kategorien sowie Annehmlichkeiten wie kostenlosen Kaffee/Tee und eine Tageszeitung. Liebevoll dekoriertes Restaurant mit Namen Country Terrace.

ERGOLDSBACH *Bayern* 𝟻𝟺𝟼 **T 20** *– 6 000 Ew – Höhe 417 m*.
Berlin 532 – München 88 – Regensburg 40 – Ingolstadt 80 – Landshut 16.

Dallmair, Hauptstr. 26 (B 15), ✉ 84061, ℘ (08771) 12 10, *Fax (08771) 910788*, Biergarten – 📺 ☎ 🅿 AE ⓘ ⓂⓈ VISA
geschl. 29. Dez. - 14. Jan. – **Menu** à la carte 12/35 – **16 Zim** ⇌ 28/40 – 56/70.
 ♦ Genießen Sie bayerische Gastlichkeit : Übernachten Sie in dem netten, gepflegten Landgasthof mit einfach, aber praktisch eingerichteten Zimmern. In der ländlichen Gaststube gibt es regionale Schmankerln.

ERGOLDSBACH

ERKELENZ Nordrhein-Westfalen 543 M 2 – 41 000 Ew – Höhe 97 m.
Berlin 597 – Düsseldorf 45 – Aachen 38 – Mönchengladbach 15.

🏨 **Am Weiher,** Nordpromenade 7, ✉ 41812, ✆ (02431) 9 69 30, Fax (02431) 9693299, 😀 – 📺 📞 ♿, 🅿 VISA
geschl. 27. Dez. - 4. Jan. - **Menu** (geschl. 27. Dez. - 11. Jan., Karneval, Samstag - Sonntag) (nur Abendessen) à la carte 19/46 – **28 Zim** ⇌ 75/90 – 103/130.
  ◆ Ein Hotel im Stadtzentrum mit Blick auf die mittelalterliche Burg : Die geräumigen Zimmer sind modern und mit viel Liebe zum Detail eingerichtet worden. Das neuzeitliche Restaurant mit dem hellen Naturholzmobiliar wirkt hell und gemütlich.

🏨 **Rheinischer Hof** garni, Kölner Str. 18, ✉ 41812, ✆ (02431) 22 94, rheinischerhof @t-online.de, Fax (02431) 74666, 🛁, 🍴 – 📺 📞 🅿 VISA
15 Zim ⇌ 63/73 – 83/93.
  ◆ Ein Haus mit persönlicher Note : Individuell eingerichtete, wohnliche Zimmer im klassischen Stil finden Sie in diesem Stadthotel. Freuen Sie sich auf das gute Frühstücksbuffet.

ERKHEIM Bayern 546 V 15 – 2 500 Ew – Höhe 600 m.
Berlin 646 – München 105 – Kempten 55 – Augsburg 78 – Memmingen 15 – Ulm (Donau) 70.

🏛 **Erkheimer Landhaus** 🌿, Färberstr. 37, ✉ 87746, ✆ (08336) 81 39 70, service@ erkheimer-landhaus.de, Fax (08336) 8139720, 😀, 🏊, 🎾, 📞 🅿 ⚡ Rest
geschl. Ende Jan. - Mitte Feb. - **Menu** (geschl. Montag - Dienstag) (wochentags nur Abendessen) à la carte 17/36 – **13 Zim** ⇌ 37 – 52.
  ◆ Dieses ländlich gelegene Haus empfängt seine Besucher in sonnigen Zimmern mit bemalten Bauernmöbeln und teils mit Balkon. Garten und Hallenbad stehen zur Verfügung. Moderne Bilder zieren die champagnerfarbenen Wände im Restaurant.

ERKRATH Nordrhein-Westfalen 543 M 4 – 49 000 Ew – Höhe 50 m.
Berlin 552 – Düsseldorf 6 – Wuppertal 26.

🏨 **Mercure,** Neanderstr. 2, ✉ 40699, ✆ (0211) 9 27 50, h2823@accor-hotels.com, Fax (0211) 9275666, 😀, 🍴 – 📶, 🛏 Zim, 📺 📞 🚗 🅿 – 🅰 70. 🆎 ⓞ 🆗 VISA JCB
Menu à la carte 23,50/38,50 – **81 Zim** ⇌ 103/142 – 136/175, 15 Suiten.
  ◆ Vor den Toren Düsseldorfs liegt das moderne Stadt- und Tagungshotel. Komfortable Zimmer im Landhausstil und ein freundlicher Service sorgen für einen gelungenen Aufenthalt.

ERLABRUNN Bayern siehe Würzburg.

ERLANGEN Bayern 546 R 17 – 102 000 Ew – Höhe 279 m.
🏌 Kleinsendelbach, Am Schleinhof (Ost : 14 km über ②), ✆ (09126) 50 04.
🛈 Tourist-Information, Rathausplatz 1, ✉ 91052, ✆ (09131) 8 95 10, tourist@ekmerlangen.de, Fax (09131) 895151. – ADAC, Henkestr. 26.
Berlin 444 ④ – München 191 ④ – Nürnberg 19 ④ – Bamberg 40 ① – Würzburg 91 ⑥

Stadtplan siehe nächste Seite

🏨 **Bayerischer Hof,** Schuhstr. 31, ✉ 91052, ✆ (09131) 78 50, bay.hof.erlangen@gm x.net, Fax (09131) 25800, 😀, 🍴 – 📶, 🛏 Zim, 📺 📞 🚗 🅿 – 🅰 80. 🆎 ⓞ 🆗 VISA JCB   Z q
Menu à la carte 27,50/39,50 – **158 Zim** ⇌ 80/120 – 95/135.
  ◆ Mit Kirschbaummöbeln eingerichtete Zimmer erwarten die Gäste in diesem gut gepflegten Stadthotel. Das Frühstück wird unter einem schönen Kreuzgewölbe serviert. Internationale Küche finden Sie auf der Speisekarte des gediegenen Hotelrestaurants.

🏨 **Dorint,** Hofmannstr. 34, ✉ 91052, ✆ (09131) 9 74 70, info.nueerl@dorint.com, Fax (09131) 9747500, 😀 – 📶, 🛏 Zim, ▣ 📺 📞 🚗 – 🅰 130. 🆎 ⓞ 🆗 VISA JCB   Z f
Menu (geschl. 24. Dez. - 6. Jan.) à la carte 19/34 – ⇌ 13 – **170 Zim** 91 – 101.
  ◆ Warme Farbtöne, klare Linien und eine gute Technik ziehen sich durch das ganze Haus. Die modern-komfortablen Zimmer nutzen Sie privat oder als "Büro auf Reisen". Olive Tree nennt sich das Restaurant, in dem man Sie mit mediterraner Küche zu Tisch bittet.

🏨 **Mercure** garni, Bayreuther Str. 53, ✉ 91054, ✆ (09131) 87 60, rezeption@mercure -erlangen.com, Fax (09131) 876550 – 📶 🛏 📺 📞 🚗 – 🅰 20. 🆎 ⓞ 🆗 VISA JCB
⇌ 13 **117 Zim** 83 – 113.   V e
  ◆ Ein neuzeitlicher Hotelbau mit modernen, funktionell eingerichteten Zimmern in drei Kategorien. Alle sind einheitlich mit guten, hellen Naturholzmöbeln ausgestattet.

🏨 **Luise** garni, Sophienstr. 10, ✉ 91052, ✆ (09131) 12 20, reception@hotel-luise.de, Fax (09131) 122100, Massage, 🛁, 🍴 – 📶 🛏 📺 📞 🚗 🅿 🆎 ⓞ 🆗 VISA JCB
100 Zim ⇌ 79/109 – 114/124.   X p
  ◆ Ein Haus mit Umweltbewußtsein : Die Zimmer sind mit natürlich behandelten Holzmöbeln eingerichtet und für das reichhaltige Frühstücksbuffet werden Bio-Produkte verwendet.

427

ERLANGEN

Street	Grid	No.
Äussere-Brucker-Str.	X	2
Bahnhofplatz	Z	4
Bayreuther Straße	Y	6
Bismarckstraße	Y	8
Breslauer Straße	X	10
Büchenbacher Damm	X	13
Essenbacher Straße	X	14
Fließbachstraße	X	16
Fürther Straße	X	18
Glockenstraße	Y	20
Glückstraße	V	21
Günther-Scharowsky-Straße	X	22
Güterhallenstraße	Z	24
Hauptstraße	YZ	
Heuwaagstraße	Y	26
Hindenburgstraße	Y	28
Hugenottenplatz	V	29
Jahnstraße	V	30
Karl-Zucker-Straße	X	32
Koldestraße	X	33
Komotauer Straße	X	34
Kuttlerstraße	X	35
Langemarckplatz	Z	37
Lorlebergplatz	Y	38
Loschgestraße	Y	39
Marktplatz	Y	40
Martinsbühler Straße	Y	41
Maximiliansplatz	Y	42
Münchener Straße	YZ	43
Nägelsbachstraße	Z	44
Neckarstraße	X	45
Nürnberger Straße	Z	
Östliche Stadtmauerstr.	Y	46
Palmsanlage	Y	47
Palmstraße	V	48
Pfälzer Straße	X	49
Rathausplatz	Z	50
Resenscheckstraße	X	51
Schillerstraße	Y	52
Schloßplatz	Y	53
Sieboldstraße	X	57
Sophienstraße	X	58
Theaterplatz	Y	62
Wasserturmstraße	Y	65
Westliche Stadtmauerstr.	YZ	66
Wöhrstraße	Y	67

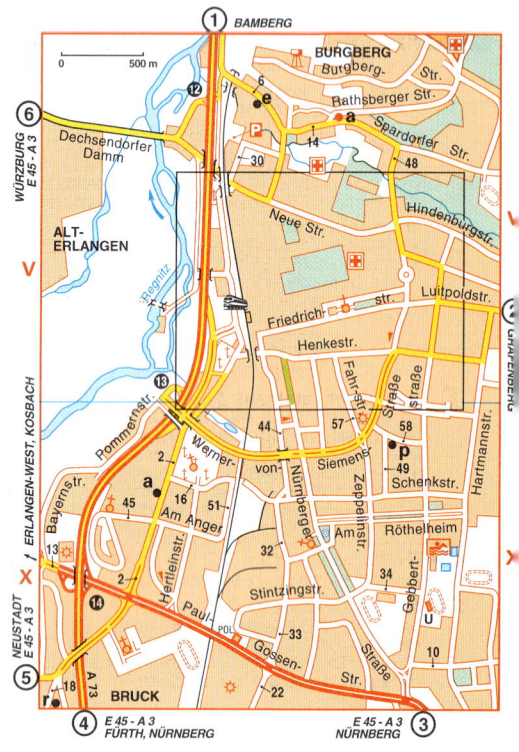

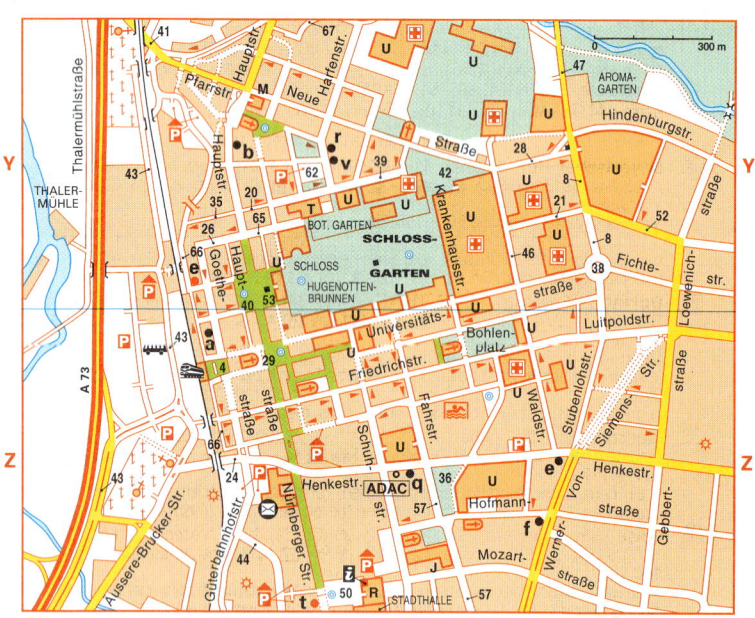

428

ERLANGEN

König Otto garni, Henkestr. 56, ⌧ 91054, ℘ (09131) 87 80, *koenig_otto_hotel@t-online.de*, Fax *(09131) 878503* – 📶 ⇄ TV ⌕ 🅿 – 🅰 20. AE ① ⓜ VISA JCB. ※
50 Zim ⌑ 87 – 100.   **Z** e
♦ In diesem traditionsreichen Gasthof übernachten Sie in solide eingerichteten, wohnlichen Zimmern. Pflege und Sauberkeit lassen nichts zu wünschen übrig.

Altmann's Stube, Theaterplatz 9, ⌧ 91054, ℘ (09131) 8 91 60, *info@altmanns-stube.de*, Fax *(09131) 891666*, 🌲 – ⇄ Zim, TV ⌕. AE ① ⓜ VISA   **Y** v
Menu *(geschl. 27. Dez. - 6. Jan., Ende Aug. - Anfang Sept. 2 Wochen, Sonn- und Feiertage)* à la carte 24,50/42,50 – **23 Zim** ⌑ 60/75 – 86/100.
♦ Zimmer in zwei Kategorien hält das Natursteinhaus mit Hotelneubau bereit : Helle, moderne Räume, in denen farbige Stoffe Akzente setzen, und solide eingerichtete ältere Zimmer. Elegant und gemütlich ist das Restaurant. Hübsche Innenhof-Terrasse.

Rokokohaus ⚘ garni (mit Gästehaus), Theaterplatz 13, ⌧ 91054, ℘ (09131) 78 30, *info@rokokohaus.de*, Fax *(09131) 783199* – 📶 ⇄ TV ⇌. AE ① ⓜ VISA JCB   **Y** r
geschl. 24. Dez. - 1. Jan. – **42 Zim** ⌑ 65/85 – 100.
♦ Hinter der historischen Fassade liegt ein Hotel mit zeitgemäßem Komfort : Zentral und doch ruhig in einem Innenhof gelegene Zimmer, die meist mit Stilmöbeln eingerichtet sind.

Grauer Wolf, Hauptstr. 80, ⌧ 91054, ℘ (09131) 8 10 60, *hotel@grauer-wolf.de*, Fax *(09131) 810647*, ⇌ – 📶, ⇄ Zim, TV 🅿. AE ① ⓜ VISA   **Y** b
Kaleidoskop *(geschl. Aug.) (nur Abendessen)* **Menu** à la carte 20/28,50 – **34 Zim** ⌑ 70 – 90.
♦ Gepflegte fränkische Gastlichkeit : Das historische Hotel überzeugt mit seinem gediegenen Ambiente und den wohnlichen, neuzeitlich ausgestatteten Zimmern. Eine moderne Gestaltung prägt das Kaleidoskop.

Fränkischer Hof garni, Goethestr. 34, ⌧ 91054, ℘ (09131) 87 20, *info@fraenkischer-hof-erlangen.de*, Fax *(09131) 23798* – 📶 ⇄ TV ⇌. AE ① ⓜ VISA   **Z** a
40 Zim ⌑ 50/77 – 84/98.
♦ Im Herzen der Stadt liegt dieses familiengeführte Hotel mit den solide eingerichteten Zimmern, die unterschiedlichen Komfort bieten.

Da Pippo, Paulistr. 12, ⌧ 91054, ℘ (09131) 20 73 94, *ristorante.da.pippo@gmx.com*, Fax *(09132) 9843*, 🌲 – AE ⓜ VISA   **Y** e
geschl. 17. - 22. April, 24. Aug. - 7. Sept., Sonntag – **Menu** *(nur Abendessen)* (italienische Küche) 36/50.
♦ Stellen Sie sich ein 3- oder 4-Gang-Menü zusammen und erfreuen Sie sich in dem eleganten Restaurant an den italienischen Köstlichkeiten der Küchenchefin. Schöne Terrasse !

Bärengarten, Rathsberger Str. 2, ⌧ 91054, ℘ (09131) 2 50 25, *info@baerengarten-er.de*, Fax *(09131) 25027*, Biergarten – ① ⓜ VISA   **V** a
Menu *(wochentags nur Abendessen)* (Tischbestellung ratsam) à la carte 22,50/32.
♦ Ein Restaurant mit schlichten Designermöbeln erwartet Sie in der ehemaligen Ausflugsgaststätte. Mediterranes erfreut den Gaumen, im Sommer unter Bäumen im Garten.

Gasthaus Zum tapferen Bayern, Nürnberger Str. 43, ⌧ 91052, ℘ (09131) 2 44 72, *norbertpolster@t-online.de*, Fax *(09131) 898925*, 🌲   **Z** t
geschl. Montag – **Menu** à la carte 16,50/29,50.
♦ Im altdeutschen Stil zeigt sich das einfache kleine Restaurant mit dunkler Holztäfelung - die richtige Adresse für die Freunde einer bürgerlich-regionalen Küche.

In Erlangen-Bruck :

Art Hotel garni, Äußere Brucker Str. 90, ⌧ 91052, ℘ (09131) 7 14 00, *info@art-hotel-erlangen.de*, Fax *(09131) 714013*, ⇌ – 📶, ⇄ Zim, TV ⇌. – 🅰 20. AE ① ⓜ VISA   **X** a
geschl. 22. Dez. - 6. Jan. – **36 Zim** ⌑ 80/92 – 100/124.
♦ Die Zimmer des gepflegten und gut geführten neueren Hotels sind mit hellgrauen Rattanmöbeln eingerichtet. Ein reichhaltiges Frühstücksbuffet erleichtert den Start in den Tag.

Roter Adler garni, Fürther Str. 5, ⌧ 91058, ℘ (09131) 6 60 00, *hotel@roteradler.de*, Fax *(09131) 660066*, ⇌ – ⇄ TV 🅿. AE ① ⓜ VISA   **X** r
geschl. 24. Dez. - 1. Jan. – **30 Zim** ⌑ 40/65 – 60/79.
♦ Ein engagiert geführtes Hotel mit leicht rustikal eingerichteten Zimmern. Wärme und Strom werden in einem eigenen kleinen Blockheizkraftwerk erzeugt.

In Erlangen-Büchenbach über Büchenbacher Damm X :

Zur Einkehr, Dorfstr. 14, ⌧ 91056, ℘ (09131) 79 20, Fax *(09131) 792188*, Biergarten – ⇄ Zim, TV 🅿. AE ⓜ VISA – **Menu** à la carte 12/24 – **45 Zim** ⌑ 52/62 – 77/90.
♦ Dieser ländliche Gasthof bietet Zimmer in unterschiedlichen Kategorien. Von einfachem Standard bis zu modernen, komfortablen Räumlichkeiten ist alles geboten. In dem hellen Restaurant serviert man bürgerliche Küche.

Nägels Landhaus mit Zim, Dorfstr. 17, ⌧ 91056, ℘ (09131) 7 96 40, *naegels-landhaus@t-online.de*, Fax *(09131) 994278*, 🌲 – TV 🅿. ⓜ VISA – *geschl. 24. Dez. - 7. Jan.* – **Menu** *(geschl. Samstagmittag, Sonntagabend - Montag)* à la carte 28,50/39 – **5 Zim** ⌑ 52 – 77.
♦ In behaglichem Landhaus-Ambiente nehmen Sie an einem der ansprechend eingedeckten Tische Platz. Freundlich serviert man Ihnen eine schmackhafte regionale Küche.

ERLANGEN

In Erlangen-Eltersdorf Süd : 5 km über Fürther Straße X :

Rotes Ross garni, Eltersdorfer Str. 15a, ⌧ 91058, ℘ (09131) 69 08 10, *reservierung@hotelrotesross.de, Fax (09131) 6908157*, ☎, 🍴 – 🛏 TV 📞 ⊕ P. AE ⓘ ⓜ VISA
geschl. 21. Dez. - 6. Jan. – **23 Zim** ⌇ 55/59 – 74/79.
• Gut gepflegte, saubere Zimmer mit einfachem Komfort und praktischer Ausstattung erwarten die Gäste in diesem gut geführten Landgasthof.

In Erlangen-Frauenaurach über ⑤ : 5 km :

Schwarzer Adler ⌘, Herdegenplatz 1, ⌧ 91056, ℘ (09131) 99 20 51, *schwarzer adler-frauenaurach@web.de, Fax (09131) 993195* – 🛏 Zim, TV. AE ⓘ ⓜ VISA
geschl. 24. Dez. - 12. Jan. – **Menu** *(geschl. 29. Mai - 14. Juni, 16. Aug. - 6. Sept., Samstag - Sonntag) (nur Abendessen)* 33/55 und à la carte – **14 Zim** ⌇ 70/85 – 90/100.
• Eine sympathische Atmosphäre finden Sie in dem schönen Fachwerkhaus a. d. 17. Jh. Gemütliche Zimmer und ein freundlicher, kompetenter Service machen den Aufenthalt erholsam. Behaglich ist das kleine Restaurant mit historischer Spunddecke.

In Erlangen-Kosbach West : 6 km über Büchenbacher Damm X :

Gasthaus Polster mit Zim, Am Deckersweiher 26, ⌧ 91056, ℘ (09131) 7 55 40, *info@gasthaus-polster.de, Fax (09131) 755445*, 🍴 – ⌘ TV 📞 P. – 🚗 25. AE ⓘ ⓜ VISA
Menu (Tischbestellung ratsam) 25 (mittags) à la carte 35,50/52,50 ☆ – **Polster Stube** : **Menu** à la carte 22/32 – **12 Zim** ⌇ 75 – 90/100.
• Das Fachwerkhaus beherbergt ein elegant gestaltetes Restaurant im Landhausstil, in dem man Ihnen an gut eingedeckten Tischen eine klassische Karte reicht. Nette Zimmer. In der Polster Stube erwarten Sie sorgfältig zubereitete regionale Speisen.

In Erlangen-Tennenlohe über ③ : 4 km :

Arvena Business Hotel, Am Wetterkreuz 7, ⌧ 91058, ℘ (09131) 60 80, *info@arvenabusiness.de, Fax (09131) 608100*, 🍴, ☎ – ⌘, 🛏 Zim, TV 📞 P. – 🚗 150. AE ⓘ ⓜ VISA
Menu à la carte 20/30 – **125 Zim** ⌇ 95 – 125.
• Günstig zwischen Erlangen und Nürnberg gelegenes Hotel : Die Zimmer sind mit hellen, modernen Einbaumöbeln eingerichtet, ausgewählte Dekostoffe setzen farbige Akzente. Bauernstube und Kärntner Stube bieten rustikale Gemütlichkeit.

Lachnerhof garni, Märterleinsweg 2, ⌧ 91058, ℘ (09131) 7 70 70, *hotel@lachnerhof.de, Fax (09131) 770747* – ⌘ 🛏 TV 📞 P. – 🚗 40. AE ⓘ ⓜ VISA JCB
28 Zim ⌇ 70 – 92.
• Ein neueres Hotel mit komfortablen Zimmern, die mit Buchenmöbeln eingerichtet sind. Gut ausgestattete Schulungsräume machen das Haus für Seminare und Tagungen interessant.

Tennenloher Hof (mit Gästehaus), Am Wetterkreuz 32, ⌧ 91058, ℘ (09131) 69 60, *tennenloherhof@aol.com, Fax (09131) 696295*, Biergarten, ☎ – ⌘, 🛏 Zim, TV 📞 P. – 🚗 20. AE ⓘ ⓜ VISA
Menu *(geschl. Aug. 2 Wochen, Samstagmittag, Sonntagabend)* à la carte 12,50/29 – **44 Zim** ⌇ 62 – 65/75.
• Ein Gasthof mit Tradition im Herzen Frankens : Altfränkische Gastlichkeit und behaglichen Hotelkomfort finden die Gäste in diesem gepflegten Landhotel. Neben dem urigen Gastraum befindet sich auch ein freundlich eingerichtetes Restaurant.

In Marloffstein Nord-Ost : 5 km - über Spardorfer Straße und Spardorf :

Alter Brunnen, Am alten Brunnen 1, ⌧ 91080, ℘ (09131) 5 36 50, *Fax (09131) 501770*, ≤, 🍴 – TV P. ⓜ
Menu *(geschl. Jan. 1 Woche, Ende Aug. - Mitte Sept., Montagmittag, Dienstag)* à la carte 14/28 – **18 Zim** ⌇ 35 – 53.
• Das ländliche Hotel mit den geräumigen, mit Eichenmöbeln eingerichteten Zimmern liegt auf der Marloffsteiner Anhöhe. Nutzen Sie die guten Ausflugsmöglichkeiten. Rustikales Restaurant und Wintergarten.

ERLBACH Sachsen **544** P 21 – *2 000 Ew – Höhe 520 m – Erholungsort.*
🛈 *Tourist Information, Klingenthaler Str. 1, ⌧ 08265, ℘ (037422) 62 25, erlbach@t-online.de, Fax (037422) 6225.*
Berlin 337 – Dresden 183 – Hof 47 – Karlovy Vary 90 – Weiden in der Oberpfalz 118.

Landhotel Lindenhöhe ⌘, Hetzschen 10, ⌧ 08265, ℘ (037422) 60 66, *willkommen@landhotel-lindenhoehe.de, Fax (037422) 6165*, Biergarten, ☎ – ⌘ TV P. – 🚗 20. ⓜ VISA
geschl. 4. - 31. Jan. – **Menu** à la carte 12/21 – **23 Zim** ⌇ 40/45 – 53/65 – ½ P 12.
• Für einen Urlaub im Vogtland bietet sich das Hotel im Landhausstil an. Gediegen eingerichtete Zimmer und vielfältige Sport- und Freizeitmöglichkeiten in der Nähe erwarten Sie. Leicht rustikales Restaurant mit Wintergartenanbau.

ERLENBACH AM MAIN Bayern 546 Q 11 – 8 500 Ew – Höhe 125 m.
  Berlin 593 – München 354 – Frankfurt am Main 76 – Miltenberg 16 – Würzburg 78 – Aschaffenburg 25.

  Fränkische Weinstuben, Mechenharder Str. 5, ⊠ 63906, ℘ (09372) 9 45 40, post@fraenkische-weinstuben.de, Fax (09372) 945444, ⇔ – 🆃🆅 🅿 ⓪ VISA
  Menu (geschl. Montagmittag) à la carte 17/37,50 – **13 Zim** ⊇ 40/50 – 60/75.
  ♦ Zwischen Spessart und Odenwald liegt dieses sehr gut unterhaltene, familiengeführte Hotel, das Sie mit fränkischer Gastlichkeit und einer gepflegten Atmosphäre empfängt. Frankenwein und ländliche Küche offeriert man im Restaurant.

ERLENSEE Hessen 543 P 10 – 10 700 Ew – Höhe 105 m.
  Berlin 525 – Wiesbaden 65 – Frankfurt am Main 26 – Fulda 81 – Würzburg 114.

In Neuberg-Ravolzhausen Nord : 2 km :

  Bei den Tongruben ⌂ garni, Unterfeld 19, ⊠ 63543, ℘ (06183) 2 04 00, info@hotel-tongruben.de, Fax (06183) 204099, ⇔ – ⇔ 🆃🆅 & 🅿 – ▲ 20. 🅰🅴 ① ⓪ VISA. ※
  geschl. 20. Dez. – 4. Jan. – **28 Zim** ⊇ 65/95 – 87/115.
  ♦ Recht ruhig und verkehrsgünstig liegt diese nette, funktionelle Adresse - ein engagiert geführtes Hotel mit wohnlichen, tadellos gepflegten Zimmern.

ERNST Rheinland-Pfalz siehe Cochem.

ERNZEN Rheinland-Pfalz siehe Irrel.

ERWITTE Nordrhein-Westfalen 543 L 9 – 16 100 Ew – Höhe 106 m.
  🯅 Kurverwaltung Bad Westernkotten, Weringhauser Str. 17 (Kurmittelzentrum), ⊠ 59597, ℘ (02943) 80 90, Fax (02943) 809129.
  Berlin 443 – Düsseldorf 135 – Arnsberg 39 – Lippstadt 7 – Meschede 36 – Soest 17.

  Schlosshotel ⌂, Schlossallee 14, ⊠ 59597, ℘ (02943) 9 76 00, info@schlosshotel-erwitte.de, Fax (02943) 486445, ⇔ – 🛗 🆃🆅 ✆ ⇔ 🅿 – ▲ 15. 🅰🅴 ⓪ VISA
  Menu (geschl. Montagmittag, Samstagmittag) à la carte 21/33 – **20 Zim** ⊇ 57/77 – 100/110, 5 Suiten.
  ♦ In dem renovierten Wasserschloß im Stil der Weserrenaissance finden nicht nur Reisende eine wohnliche Unterkunft, es ist auch Heimat kultureller Veranstaltungen. Im großen Gewölbekeller ist das schöne Restaurant untergebracht.

  Büker, Am Markt 14, ⊠ 59597, ℘ (02943) 23 36, info@hotel-bueker.de, Fax (02943) 4168, ⇔ – 🆃🆅 ✆ ⇔ 🐴 – ▲ ⓪ ⓪ VISA
  Menu (geschl. 24. Dez. – 5. Jan., Sonntagabend) (wochentags nur Abendessen) à la carte 16,50/35 – **19 Zim** ⊇ 40/53 – 65/75.
  ♦ Ein am Rande des Sauerlandes gelegener historischer Fachwerkgasthof aus dem 17. Jh., der seinen Gästen durch fortwährende Renovierungen immer zeitgemäßen Komfort bietet. Das kleine Restaurant ist rustikal und gemütlich.

In Erwitte-Bad Westernkotten Nord-Ost : 3 km – Heilbad :

  Hotel Kurhaus, Weringhauser Str. 9, ⊠ 59597, ℘ (02943) 9 70 00, hotel-kurhaus@t-online.de, Fax (02943) 970050, ⇔, Lₒ, ⇔, – 🛗, ⇔ Zim, 🆃🆅 🅿 – ▲ 30. 🅰🅴
  Menu à la carte 21,50/37 – **Brasserie Piazza : Menu** à la carte 18,50/30,50 – **37 Zim** ⊇ 62/78 – 98/108.
  ♦ In dem neuen Haus erwarten Sie mit soliden hellen Möbeln modern eingerichtete Zimmer, in denen farblich aufeinander abgestimmte Stoffe eine geschmackvolle Atmosphäre schaffen. Wandmalereien und elegante schwarzgraue Sitzmöbel schmücken das Restaurant.

  Kurpension Grüttner, Salzstr. 15, ⊠ 59597, ℘ (02943) 80 70, Fax (02943) 807290, Massage, 🟉, ⇔, ⧄, – 🛗, ⇔ Zim, 🐴 🅿 ⓪ ⓪
  geschl. Nov. 3 Wochen – **Menu** (Restaurant nur für Hausgäste) – **50 Zim** ⊇ 42 – 84.
  ♦ Ein neuzeitliches Hotel mit geräumigen Zimmern, die wohnlich und funktionell ausgestattet sind. Das Rauchen ist nur in der geselligen Klönstube erlaubt.

ESCHAU Bayern 546 Q 11 – 4 100 Ew – Höhe 171 m.
  Berlin 567 – München 347 – Würzburg 68 – Aschaffenburg 32 – Miltenberg 16.

In Eschau-Hobbach Nord-Ost : 5,5 km :

  Gasthof Engel, Bayernstr. 47, ⊠ 63863, ℘ (09374) 3 88, engeleschau@aol.com, Fax (09374) 7831, ⇔, ⇔ – 🆃🆅 🅿 – ▲ 25. ⓪ VISA
  geschl. 18. – 25. Dez. – **Menu** (geschl. Freitag) à la carte 18,50/32 – **25 Zim** ⊇ 40 – 68.
  ♦ Der Gasthof in dem früheren Bauernhof von 1786 mit neueren Hotelanbauten hält Zimmer mit unterschiedlicher Ausstattung und Einrichtung von einfach bis komfortabel bereit. Das holzgetäfelte Restaurant hat historisches Flair.

ESCHBACH Rheinland-Pfalz 543 P 7 – 300 Ew – Höhe 380 m.
Berlin 614 – Mainz 57 – *Koblenz* 28 – Bingen 37.

Zur Suhle ⚘, Talstr. 2, ✉ 56357, ℘ (06771) 80 94 00, hotel-zur-suhle@t-online.de, Fax (06771) 809406, ≤, 斧, ≘s, ☐, 🐟 – ⦀ TV P – 🚗 20. ⓞ ⑩ VISA. ⚘ Rest geschl. Ende Juli - Anfang Aug. – **Menu** à la carte 20/29 – **19 Zim** ⌑ 44/64 – 106.
♦ Vom Hotel aus genießt man einen schönen Blick bis zum Hunsrück. Rustikal eingerichtete Zimmer, ein gepflegtes Hallenbad und der hübsche Garten mit Teich runden das Angebot ab. Großes, ländliches Restaurant.

ESCHBORN Hessen siehe Frankfurt am Main.

ESCHEDE Niedersachsen 541 H 14 – 6 500 Ew – Höhe 70 m.
Berlin 293 – *Hannover* 62 – Celle 17 – Lüneburg 69.

Deutsches Haus, Albert-König-Str. 8, ✉ 29348, ℘ (05142) 22 36, hartmutfergel@aol.com, Fax (05142) 2505, 斧 – TV ℡ ⇔ P. ⑩ VISA. ⚘
geschl. 12. Feb. - 12. März, 10. - 24. Juli – **Menu** (geschl. Montag) à la carte 16/34 – **11 Zim** ⌑ 45 – 70.
♦ Der familiengeführte Gasthof am Rande der Lüneburger Heide erwartet seine Gäste mit gepflegten und praktischen Zimmern, teilweise mit Balkon. Gemütliches Restaurant mit Wohnzimmer-Ambiente.

ESCHENLOHE Bayern 546 X 17 – 1 600 Ew – Höhe 636 m – Erholungsort.
🛈 Fremdenverkehrsamt im Rathaus, Murnauer Str. 1, ✉ 82438, ℘ (08824) 2 21, Fax (08824) 8956.
Berlin 661 – München 74 – Garmisch-Partenkirchen 15 – Weilheim 30.

Tonihof ⚘, Walchenseestr. 42, ✉ 82438, ℘ (08824) 9 29 30, hotel.tonihof@t-online.de, Fax (08824) 929399, ≤ Loisachtal mit Wettersteingebirge, 斧, Massage, ≘s, 🐟 – TV ℡ ⇔ ⇔ P – 🚗 20. ⓞ ⑩ VISA
Menu (geschl. Mittwoch) à la carte 23/42,50 – **25 Zim** ⌑ 57/66 – 95/132 – ½ P 18.
♦ Erholen Sie sich in der bayerischen Bergwelt in einem landestypischen Gasthof mit geräumigen Zimmern, die mit hellen oder dunklen Eichenmöbeln rustikal eingerichtet sind. Gemütliche Stube und Terrassen-Restaurant mit schöner Aussicht.

Zur Brücke, Loisachstr. 1, ✉ 82438, ℘ (08824) 2 10, hotel-zur-bruecke.eschenlohe@t-online.de, Fax (08824) 232, 斧 – ⇔ Zim, ⇔ P
geschl. Mitte Nov. - Mitte Dez. – **Menu** (geschl. Dienstag) à la carte 12/28 – **20 Zim** ⌑ 35 – 62.
♦ Ferien in einer ländlichen Atmosphäre : Der alpenländische Gasthof mit den solide eingerichteten Zimmern liegt direkt an der Brücke über die Loisach. Die rustikal-einfache Gaststube bewirtet ihre Gäste mit deftiger, bodenständiger Kost.

In Eschenlohe-Wengen Süd-Ost : 1 km :

Alpenhotel Wengererhof ⚘, garni, ✉ 82438, ℘ (08824) 9 20 30, Fax (08824) 920345, ≤, 𝕃ₛ, 🐟 – ⇔ Zim P.
23 Zim ⌑ 40/45 – 60/72.
♦ Sommers wie winters ein guter Standort für Ferien im Gebirge ist dieses gepflegte Hotel, das seine Besucher mit einer landschaftsbezogenen rustikalen Behaglichkeit überzeugt.

ESCHWEGE Hessen 543 M 14 – 23 500 Ew – Höhe 170 m.
🛈 Tourist-Information, Hospitalplatz 16, ✉ 37269, ℘ (05651) 33 19 85, tourist-information@eschwege.de, Fax (05651) 50291.
Berlin 389 – Wiesbaden 221 – *Kassel* 54 – Bad Hersfeld 58 – Göttingen 49.

Dölle's Nr. 1, Friedrich-Wilhelm-Str. 2, ✉ 37269, ℘ (05651) 7 44 40, doelle1@t-online.de, Fax (05651) 744477, ≘s – ⦀ TV P – 🚗 80. Æ ⓞ ⑩ VISA
Menu (geschl. Sonntag) à la carte 20/38,50 – **38 Zim** ⌑ 45/65 – 78/100.
♦ Das familiengeführte Hotel in der Nähe des historischen Stadtzentrums empfängt seine Gäste mit behaglichem Ambiente, komfortablen Zimmern und geschultem Service. Im eleganten Restaurant bewirtet man Sie mit regionalen und internationalen Speisen.

Stadthalle, Wiesenstr. 9, ✉ 37269, ℘ (05651) 7 44 30, info@stadthalle-eschwege.de, Fax (05651) 744333, 斧 – ⦀, ⇔ Zim, TV P – 🚗 300. Æ ⓞ ⑩ VISA
Menu (geschl. 1. - 12. Jan., Montag) à la carte 19/30 – **13 Zim** ⌑ 40/46 – 68.
♦ Durch den direkten Zugang zu den Veranstaltungsräumen der Stadthalle ist das Hotel gut für Tagungen und Seminare geeignet. Die Zimmer sind modern und funktionell. Hell und zeitgemäß zeigt sich auch der Restaurantbereich mit Terrasse.

ESCHWEILER Nordrhein-Westfalen 543 N 2 – 56 000 Ew – Höhe 161 m.
 Eschweiler-Kinzweiler, Kambachstr. 9 (Nord-West : 3 km), ℘ (02403) 5 08 90.
Berlin 623 – Düsseldorf 74 – Aachen 18 – Düren 17 – Köln 55.

Günnewig Hotel de Ville garni, Dürener Str. 5, ⊠ 52249, ℘ (02403) 86 10, hotel.deville@guennewig.de, Fax (02403) 861150 – |$| ⇌ TV ☏ & 🚗 – 🔔 60. AE ① ⓜ ⓞ
VISA JCB
66 Zim ⊇ 90/103 – 116/126.
♦ Ein modernes Business-Hotel, das sich auf Tagungen, Seminare und Präsentationen spezialisiert hat. Man bietet ein zeitgemäßes Ambiente und helle, funktionelle Zimmer.

ESENS Niedersachsen 541 F 6 – 7 000 Ew – Höhe 3 m – Nordseeheilbad.
🛈 Kurverwaltung, Kirchplatz 1, ⊠ 26427, ℘ (04971) 9 1 50, info@bensersiel.de, Fax (04971) 4988.
Berlin 520 – Hannover 261 – Emden 72 – Oldenburg 91 – Wilhelmshaven 50.

Krögers Hotel (mit Gästehaus), Bahnhofstr. 18, ⊠ 26427, ℘ (04971) 30 65, info@kroegershotel.de, Fax (04971) 4265, 🍽, ≦s, 🌳 – |$| ⇌ TV & 🅿 – 🔔 150. AE ① ⓜ ⓞ VISA
Menu (geschl. Montagmittag) à la carte 21/35 – **42 Zim** ⊇ 65 – 90/110 – ½ P 17.
♦ Das 1990 im roten Klinkerstil - typisch für Ostfriesland - erbaute Hotel erwartet Sie mit gut ausgestatteten Zimmern, einem Park, Kegelbahnen und anderen Annehmlichkeiten. Im Windlicht können Sie auch ostfriesische Spezialitäten kosten.

In Esens-Bensersiel Nord-West : 4 km :

Vier Jahreszeiten am Yachthafen, Hauptstr. 19, ⊠ 26427, ℘ (04971) 9 25 10, info@hotel-4jahreszeiten.com, Fax (04971) 925111, 🍽, ≦s – |$|, ⇌ Zim, TV ☏ 🚗
🅿. AE ① ⓜ ⓞ VISA ⌘ Rest
Menu (geschl. Montag) à la carte 20/37 – **19 Zim** ⊇ 75/92 – 108/120.
♦ Ein neues, modernes Ferienhotel direkt am Hafen mit schönem Blick auf das Meer und zu den Inseln. Die Zimmer sind einheitlich mit italienischen Stilmöbeln eingerichtet. Zeitgemäßes Restaurant mit großer Fensterfront zum Meer und schöner Terrasse.

Hörn van Diek garni, Lammertshörn 1, ⊠ 26427, ℘ (04971) 24 29, info@hoern-van-diek.de, Fax (04971) 3504, ≦s, 🎾 – ⇌ TV 🅿. ⌘
20 Zim ⊇ 55/65 – 75/85, 5 Suiten.
♦ In 5 Minuten Entfernung von Strand und Hafen finden Sie dieses Hotel im Landhausstil mit Appartements, die über einen kleinen Küchen- und Wohnbereich verfügen.

Störtebeker ⚘ garni, Am Wattenmeer 4, ⊠ 26427, ℘ (04971) 9 19 00, info@bensersiel-stoertebeker.de, Fax (04971) 919055, ≦s – TV 🅿. ⓜ ⓞ ⌘
geschl. 10. Jan. - 20. Feb. – **32 Zim** ⊇ 29/38 – 48/74.
♦ Urlaub an der Nordsee in einer freundlichen, gepflegten Hotel-Pension : In einem separaten Anbau gibt es sogar allergikergeeignete Nichtraucherzimmer.

ESLOHE Nordrhein-Westfalen 543 M 8 – 9 300 Ew – Höhe 310 m – Luftkurort.
🛈 Touristik-Information, Hauptstr. 65, ⊠ 59889, ℘ (02973) 4 42, info@ferienregion eslohe.de, Fax (02973) 2510.
Berlin 502 – Düsseldorf 159 – Arnsberg 31 – Meschede 20 – Olpe 43.

Forellenhof Poggel, Homertstr. 21, ⊠ 59889, ℘ (02973) 9 71 80, info@forellenhof.poggel.de, Fax (02973) 971878, 🍽, 🎾 – |$| ⇌ Zim, TV & 🅿 – 🔔 35. ⓜ ⓞ VISA
Menu (geschl. Nov. - April Donnerstag) à la carte 16/32 – **23 Zim** ⊇ 41/54 – 62/88 – ½ P 12.
♦ Das historische Fachwerkhaus im Hochsauerland - bekannt für schöne Wanderwege - erwartet seine Gäste mit einer familiären Atmosphäre und praktischen, teils einfachen Zimmern. Restaurant mit gemütlichem Ambiente.

In Eslohe-Cobbenrode Süd : 7,5 km über B 55 :

Hennemann, Olper Str. 28 (B 55), ⊠ 59889, ℘ (02973) 9 75 10, hotel.w.hennemann@t-online.de, Fax (02973) 97549, Biergarten, ≦s, 🔲, 🎾 – |$| TV 🚗 🅿 – 🔔 30. AE ① ⓜ ⓞ VISA – geschl. Mitte - Ende Juli – **Menu** (geschl. Montag) à la carte 16/30 – **24 Zim** ⊇ 45/55 – 90/106 – ½ P 14.
♦ Ein gepflegtes und gut geführtes Ferienhotel mit wohnlichen, rustikal eingerichteten Zimmern. Nutzen Sie die vielfältigen Freizeitangebote des Hotels und der schönen Umgebung. Mit viel Holz hat man das Restaurant behaglich gestaltet.

In Eslohe-Niedersalwey West : 4 km über Homertstraße :

Woiler Hof, Salweytal 10, ⊠ 59889, ℘ (02973) 8 16 00, info@woiler-hof.de, Fax (02973) 81602, 🍽 – TV 🚗 🅿. ⓜ ⓞ ⌘
Menu (geschl. Dienstag) 11 (mittags) à la carte 16/27,50 – **20 Zim** ⊇ 26 – 52.
♦ Ein sehr gepflegter Landgasthof, der wohnliche Zimmer zu einem günstigen Preis-Leistungs-Verhältnis bietet. Planwagenfahrten, Angeln, Wandern sind nur einige Freizeitangebote. Jagd-Accessoires schmücken die Gaststuben.

ESPELKAMP Nordrhein-Westfalen 543 I 9 – 27 000 Ew – Höhe 43 m.
Berlin 375 – Düsseldorf 223 – Bielefeld 52 – Bremen 99 – Hannover 93 – Osnabrück 46.

Mittwald ⚐, Ostlandstr. 23, ✉ 32339, ✆ (05772) 9 77 80, info@mittwaldhotel.de, Fax (05772) 977822, 🍽, ≘s – 📺 🍴 Zim, 📺 📞 🅿 – 🛎 50. AE ⓘ ⓜ VISA. ⚐ Zim
Menu (geschl. Samstag) à la carte 17/35 – **46 Zim** 🍽 50/68 – 72/95.
◆ Egal, ob Sie geschäftlich oder privat unterwegs sind : Das neuzeitliche Hotel überzeugt mit geräumigen, technisch gut ausgestatteten Zimmern und einer familiären Atmosphäre. Modern und sehr gepflegt ist das Restaurant.

In Espelkamp-Frotheim Süd-Ost : 4 km :

Im Loh, Diepenauer Str. 53, ✉ 32339, ✆ (05743) 40 90, hotel-im-loh@t-online.de, Fax (05743) 40930, 🍽 – 📺 🍴 🅿 – 🛎 100. ⓜ VISA
Menu (geschl. Montag) (wochentags nur Abendessen) à la carte 14/32 – **19 Zim** 🍽 42 – 66.
◆ Das Hotel mit den ausreichend großen, wohnlich mit Kirschbaummöbeln eingerichteten Zimmern ist ein guter Ausgangspunkt für Ausflüge in die interessante Umgebung. Für die Freunde der bodenständigen Küche wird im Restaurant gesorgt.

ESPENAU Hessen siehe Kassel.

ESSEN Nordrhein-Westfalen 543 L 5 – 600 000 Ew – Höhe 120 m.
Sehenswert : Münster (Westchor★, Goldene Madonna★★★) : Münsterschatzkammer★★ (M1) mit Vortragekreuzen★★★ DZ – Museum Folkwang★★ ABY – Ruhrlandmuseum★ AV – Johanniskirche (Altar★) DZ A.
Ausflugsziel : Essen-Werden : St. Ludger (Vierungskuppel★, Bronzekruzifixus★, Elfenbeinpyxis★) S.
🛫 Essen-Heidhausen, Preutenborbeckstr. 36 (über die B 224) S, ✆ (0201) 40 41 11 ; 🛫 Essen-Kettwig, Laupendahler Landstr. S, ✆ (02054) 8 39 11 ; 🛫 Essen-Hügel, Frh.-vom-Stein-Str. 92a S, ✆ (0201) 44 14 26.
Messegelände und Grugahalle AZ, ✆ (0201) 7 24 40, Fax (0201) 7244248.
🛈 Touristikzentrale, Am Hauptbahnhof 2, ✉ 45127, ✆ (0201) 1 94 33, touristenzentrale@essen.de, Fax (0201) 8872044.
ADAC, Viehofer Str. 14.
Berlin 528 ① – Düsseldorf 37 ⑥ – Amsterdam 204 ⑨ – Arnhem 108 ⑨ – Dortmund 38 ③

Stadtpläne siehe nächste Seiten

Sheraton, Huyssenallee 55, ✉ 45128, ✆ (0201) 1 00 70, essen.sales@sheraton.com, Fax (0201) 1007777, 🍽, Massage, 🎿, ≘s, 🏊 – 📺 🍴 🗙 📺 📞 & 🚗 🅿 – 🛎 70. AE ⓘ ⓜ VISA. ⚐ Rest
Menu à la carte 40/52 – 🍽 18 – **205 Zim** 115/295 – 135/315, 12 Suiten.   BV e
◆ Hinter gläserner Fassade zeigt sich elegant-komfortable Hotellerie. Zimmer zum Park mit schönem Ausblick. Vor der Tür finden Jogger Auslauf im Stadtgarten. Business Center. Das Restaurant lockt mit hübschem Blick und Wintergartenatmosphäre.

Welcome Hotel Ruhr Residenz, Schützenbahn 58, ✉ 45127, ✆ (0201) 1 77 90, info@welcome-to-essen.de, Fax (0201) 1779199, 🍽 – 📺 🍴 Zim, 📺 📞 & 🚗 – 🛎 65. AE ⓘ ⓜ VISA   BU
Menu à la carte 25/39,50 – **176 Zim** 🍽 117/120 – 130/133, 5 Suiten.
◆ Das neue Hotelgebäude im Zentrum überzeugt mit modern ausgestatteten Zimmern – teils allergikergerecht. Ein unaufdringliches Rotton setzt im ganzen Haus farbige Akzente. Helles, freundliches Restaurant mit großer Glasfront zum Innenhof.

Mercure Plaza garni, Bismarckstr. 48, ✉ 45128, ✆ (0201) 87 85 80, h4990@accor-hotel.com, Fax (0201) 87858700, ≘s, 🏊 – 📺 🍴 📺 📞 & 🚗. AE ⓘ ⓜ VISA JCB
132 Zim 🍽 110 – 120, 7 Suiten.   BV a
◆ Eine großzügige, mit viel Glas licht gestaltete Halle empfängt Sie in diesem neuzeitlichen, nahe dem Folkwang-Museum gelegenen Hotel. Die Zimmer : modern und funktionell.

Mövenpick Hotel Handelshof, Am Hauptbahnhof 2, ✉ 45127, ✆ (0201) 1 70 80, hotel.essen@moevenpick.com, Fax (0201) 1708173, 🎿, ≘s – 📺 🍴 Zim, 📺 & – 🛎 90. AE ⓘ ⓜ VISA JCB   DZ
Menu (geschl. Sonntagmittag) à la carte 19,50/41 – 🍽 14 – **206 Zim** 125/153 – 158/178.
◆ Nur 200 m vom Bahnhof ist der klassische Jugendstilbau ein Zuhause für unterwegs : schicke Empfangshalle und modern-wohnliche Hotel-Ausstattung. Fitnessbereich mit Solarium. Der Name Le Bistro entspricht ganz dem Stil des Restaurants.

Holiday Inn Essen City Centre, Frohnhauser Str. 6, ✉ 45127, ✆ (0201) 2 40 70, info@holiday-inn-essen.de, Fax (0201) 2407240, 🍽, ≘s – 📺 🍴 Zim, 📺 📞 & 🚗. AE ⓘ ⓜ VISA ⚐
🛎 60. AE ⓘ ⓜ VISA ⚐   DZ
Menu à la carte 22/30 – 🍽 15 – **168 Zim** 130/145 – 145/160, 15 Suiten.
◆ Empfehlenswerte Adresse in einem Geschäftszentrum. Die Zimmer sind recht geräumig und bieten eine moderne und funktionelle Ausstattung. Appartements mit Kitchenette.

ESSEN

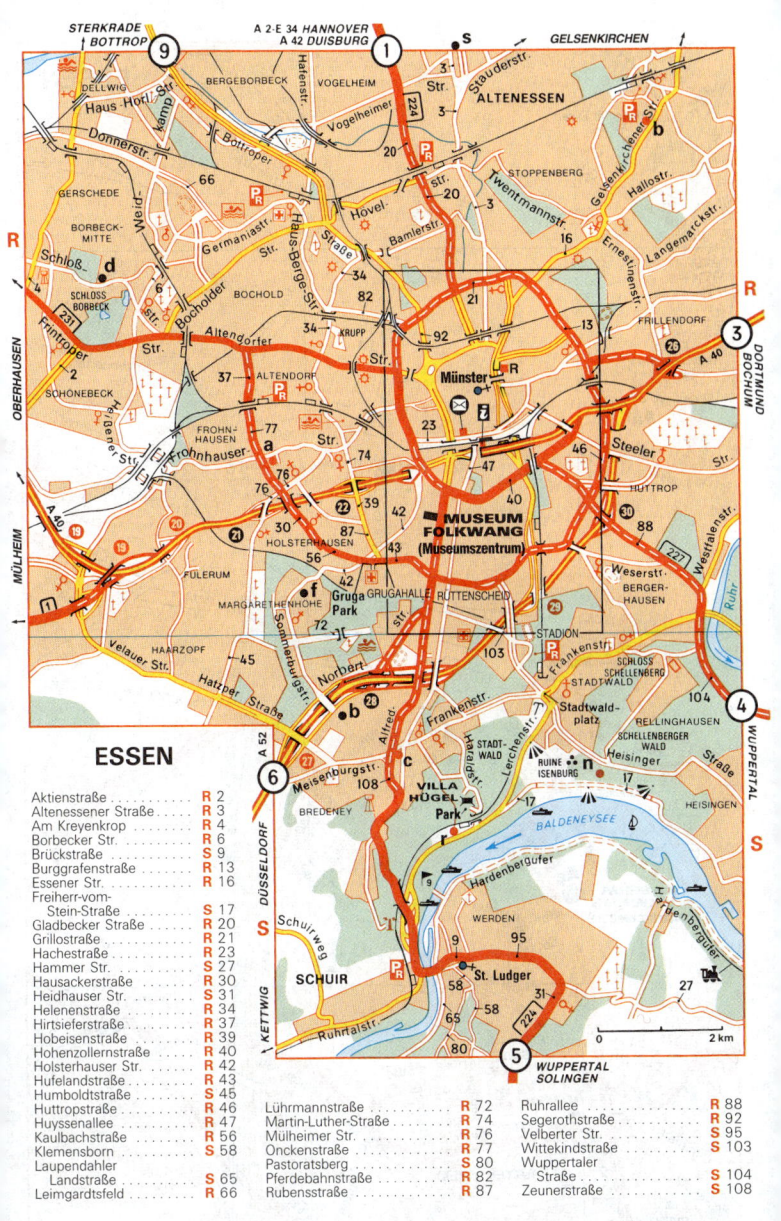

Aktienstraße	R 2
Altenessener Straße	R 3
Am Kreyenkrop	R 4
Borbecker Str.	R 6
Brückstraße	S 9
Burggrafenstraße	R 13
Essener Str.	R 16
Freiherr-vom-Stein-Straße	S 17
Gladbecker Straße	R 20
Grillostraße	R 21
Hachestraße	R 23
Hammer Str.	S 27
Hausackerstraße	S 30
Heidhauser Str.	S 31
Helenenstraße	R 34
Hirtsieferstraße	R 37
Hobeisenstraße	R 39
Hohenzollernstraße	R 40
Holsterhauser Str.	R 42
Hufelandstraße	R 43
Humboldtstraße	R 45
Huttropstraße	R 46
Huyssenallee	R 47
Kaulbachstraße	R 56
Klemensborn	S 58
Laupendahler Landstraße	S 65
Leimgardtsfeld	R 66
Lührmannstraße	R 72
Martin-Luther-Straße	R 74
Mülheimer Str.	R 76
Onckenstraße	R 77
Pastoratsberg	S 80
Pferdebahnstraße	R 82
Rubensstraße	R 87
Ruhrallee	R 88
Segerothstraße	R 92
Velberter Str.	R 95
Wittekindstraße	S 103
Wuppertaler Straße	S 104
Zeunerstraße	S 108

Essener Hof, Teichstr. 2, ✉ 45127, ☎ (0201) 2 42 50, info@essener-hof.com, Fax (0201) 2425751 – 🛗 ⚙ TV 📞 & – 🏨 80. AE ⓘ ⓜⓞ VISA 🚭 DZ c
Menu (geschl. 23. Dez. - 4. Jan, 30. Juli - 15. Aug., Samstag - Sonntag) à la carte 21,50/34 – **127 Zim** ⌕ 89/150 – 128/180.
♦ Seit 1883 existiert dieser gut geführte Familienbetrieb mit individuell und modern ausgestatteten Zimmern. Reizende, einem alten Eisenbahnabteil nachempfundene Bar. Im Restaurant: friesisches Ambiente in Weiß-Blau und fischreiche Karte.

436

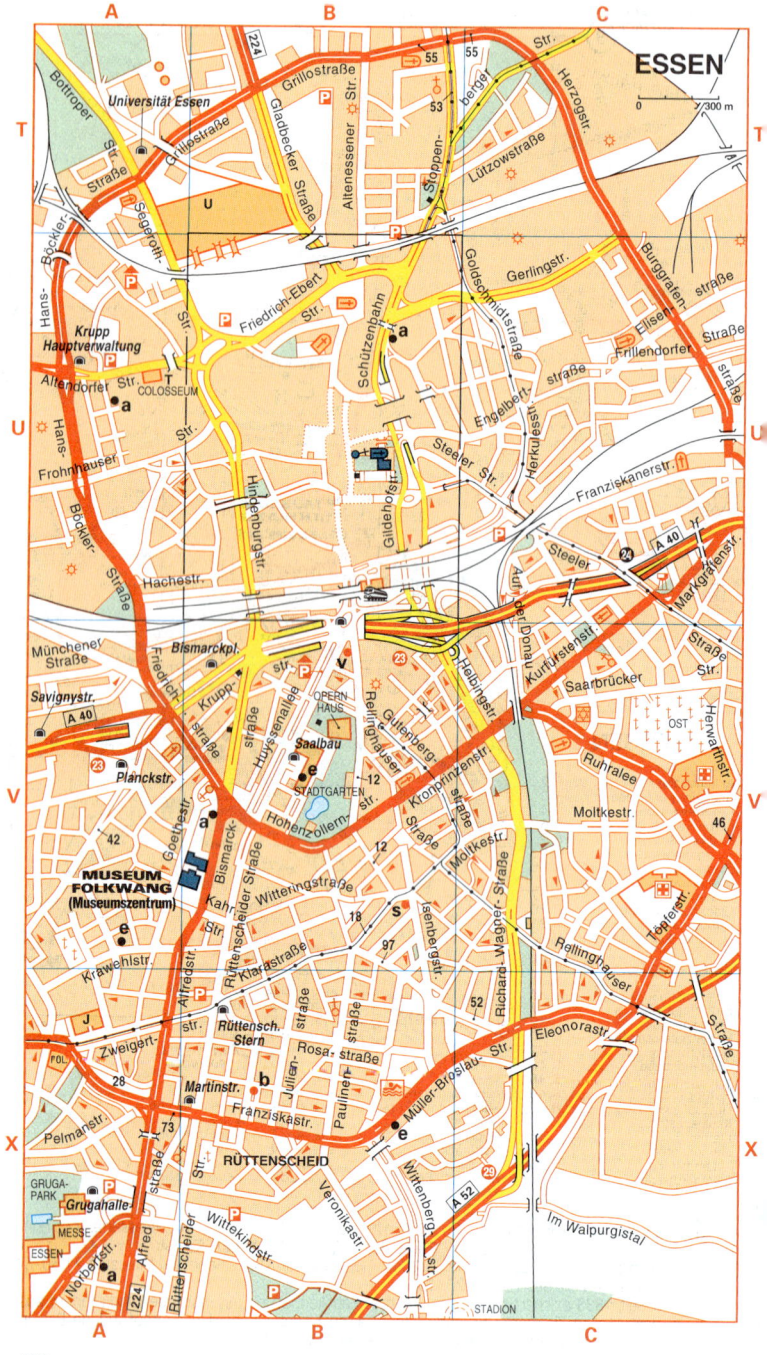

ESSEN

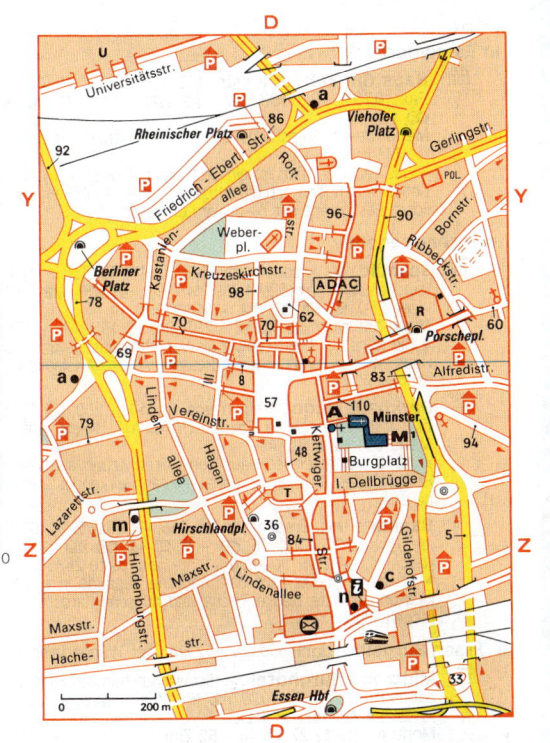

Bernestraße	**DZ**	5
Brandstraße	**DZ**	8
Brunnenstraße	**BV**	12
Friederikenstraße	**BV**	18
Haumannplatz	**AX**	27
Helbingstraße	**DZ**	33
Hirschlandplatz	**DZ**	36
Holsterhauser Str.	**AV**	42
Huttropstraße	**CV**	46
I. Hagen	**DZ**	48
Huyssenallee	**BV**	
Karolinenstraße	**CX**	52
Karolingerstraße	**BT**	53
Katzenbruchstraße	**BCT**	55
Kennedyplatz	**DZ**	57
Kettwiger Str.	**DZ**	
Klosterstraße	**DY**	60
Kopstadtplatz	**DY**	62
Limbecker Platz	**DY**	69
Limbecker Str.	**DY**	70
Martinstraße	**AX**	73
Ostfeldstraße	**DY**	78
Ottilienstraße	**DZ**	79
Porscheplatz	**DY**	83
Rathenaustraße	**DZ**	84
Rheinischer Platz	**DY**	86
Rottstraße	**DY**	
Rüttenscheider Str.	**ABX**	
Schützenbahn	**DY**	90
Segerothstraße	**DY**	92
Steeler Str.	**DZ**	94
Viehofer Str.	**DY**	96
Vöcklinghauser Straße	**BV**	97
I. Weberstraße	**DY**	98
Zwölfling	**DZ**	110

Benachrichtigen Sie sofort das Hotel, wenn Sie ein bestelltes Zimmer nicht belegen können.

Mercure Viehofer Platz garni, Viehofer Platz 5, ✉ 45127, ℰ (0201) 10 56 10, *h4991 @accor-hotels.com, Fax (0201) 236685*, ≘s – ⌷ ✻ 📺 📞 🅿. 🅰🅴 ⓘ 🆆🅾 🆅🅸🆂🅰 🅹🅲🅱 DY **a**
☑ 13 – **45 Zim** 85/140 – 100/180.
♦ Praktische Zimmer finden Sie in dem Hotel am Rand des Zentrums : moderne Einrichtung, hübsche Farben, gute technische Ausstattung und freundlicher Service.

Express by Holiday Inn garni, Thea-Leymann-Str. 11, ✉ 45127, ℰ (0201) 1 02 60, *holidayinnexpressessen@t-online.com, Fax (0201) 1026100* – ⌷ ✻ ≡ 📺 📞 ♿ 🚗 –
🅰 30. 🅰🅴 ⓘ 🆆🅾 🆅🅸🆂🅰 AU **a**
153 Zim ☑ 92.
♦ Modernes Domizil neben dem Musicaltheater - auf die Bedürfnisse von Geschäftsreisenden ausgerichtet. Ganz gleich, ob Einzel- oder Doppelzimmer : Sie zahlen einen Preis !

Europa garni, Hindenburgstr. 35, ✉ 45127, ℰ (0201) 23 20 41, *info@hotel-europa-essen.de, Fax (0201) 232656* – ⌷ 📺. 🅰🅴 ⓘ 🆆🅾 🆅🅸🆂🅰 DZ **m**
geschl. Ende Dez. - Anfang Jan. – **47 Zim** ☑ 65/85 – 84/112.
♦ Neben sehr gepflegten und sauberen Zimmern in Eiche zählt auch die Innenstadtlage zu den Annehmlichkeiten dieses in der oberen Etage eines Parkhauses untergebrachten Hotels.

La Grappa, Rellinghauser Str. 4, ✉ 45128, ℰ (0201) 23 17 66, *rino.frattesi@la-grappa.de, Fax (0201) 229146* – 🅰🅴 ⓘ 🆆🅾 🆅🅸🆂🅰 – geschl. Samstagmittag, Sonntag – **Menu** (Tischbestellung ratsam) à la carte 41/62. BV **v**
♦ Üppiges Dekor aus Bildern, Tellern, Flaschen und Spiegeln prägt das Ambiente des Restaurants. Bemerkenswert : das umfangreiche Grappa-Angebot, das dem Haus seinen Namen gab.

In Essen-Altenessen :

Astoria (mit Gästehaus), Wilhelm-Nieswandt-Allee 175, ✉ 45326, ℰ (0201) 8 35 84, *info@astoria-hotels.de, Fax (0201) 8358040*, 😀, 🅵🅾, ≘s – ⌷ ✻ Zim, 📺 📞 ♿ 🚗 🅿 –
🅰 90. 🅰🅴 ⓘ 🆆🅾 🆅🅸🆂🅰 R **s**
Menu (geschl. Samstagmittag) à la carte 21/38,50 – **102 Zim** ☑ 95/145 – 125/200.
♦ Nördlich von Essen verkehrsgünstig in einem Wohngebiet gelegen. Standardgemäße Zimmer mit Mahagonimöbeln eingerichtet. Ruhiger Innenhof mit Parkmöglichkeiten. Neuzeitliches Interieur dominiert im Restaurant Hahnenkorb.

ESSEN

In Essen-Borbeck :

Haus Gimken, Schloßstr. 182, ✉ 45355, ℘ (0201) 86 70 80, info@gimken.de, Fax (0201) 8670888, 😊, 🛌, 🐟, 🚗 – 📺 📞 ♿ ⇔ 🅿 – 🔒 40. 🆎 ⓘ ⓜ 🆅🅸🆂🅰
R d
Menu (geschl. Dienstagmittag, Samstagmittag) à la carte 20,50/37 – **25 Zim** ⌑ 72/90 – 87/110.
• Das Fachwerkhaus ist ein Gasthaus mit über 200-jähriger Tradition. In einem neueren Gebäude befinden sich die neuzeitlichen, in ländlichem Stil eingerichteten Zimmer. Gemütliches Restaurant mit rustikalem Charakter.

In Essen-Bredeney :

Scandic ⌕, Theodor-Althoff-Str. 5, ✉ 45133, ℘ (0201) 76 90, info.essen@hi.scandic-hotels.com, Fax (0201) 7693143, 😊, ⇌, 🟦, 🚗 – 🛗, ⇌ Zim, ▥ Rest, 📺 📞 ♿ 🅿 – 🔒 250. 🆎 ⓘ ⓜ 🆅🅸🆂🅰 🅹🅲🅱, ⌘ Rest
S b
Menu à la carte 18,50/37 – **293 Zim** ⌑ 135/175 – 175, 6 Suiten.
• Die Nähe zur Messe sowie die verkehrsgünstige und doch ruhige Lage machen dieses Haus zu einer praktischen Adresse für Geschäftsleute und Messebesucher - Allergikerzimmer.

Parkhaus Hügel, Freiherr-vom-Stein-Str. 209, ✉ 45133, ℘ (0201) 47 10 91, imhoff@parkhaus-huegel.de, Fax (0201) 444207, ≤, 😊 – 🅿 – 🔒 60. 🆎 ⓘ ⓜ 🆅🅸🆂🅰 S r
Menu à la carte 25/45.
• 1870 wurde dieses Haus von Alfred Krupp als Casino seiner Villa Hügel errichtet. Heute finden Sie hier ein helles, elegant wirkendes Restaurant mit Blick auf den Baldeneysee.

Banker's Inn, Bredeneyer Str. 116, ✉ 45133, ℘ (0201) 42 42 45, info@bankers-inn.de, Fax (0201) 4504536, 😊 – 🅿 🆎 ⓘ ⓜ 🆅🅸🆂🅰, ⌘ S c
geschl. 1. - 4. Jan., Sonntag – **Menu** à la carte 26/38.
• Etwas versteckt liegt das moderne Gebäude in einem Innenhof. Holztäfelung, dunkelgrün gebeizte blanke Tische und hübsche Karostoffe erinnern etwas an einen englischen Club.

In Essen-Burgaltendorf Süd-Ost : 12 km über Wuppertaler Straße S :

Mintrop's Burghotel ⌕, Schwarzensteinweg 81, ✉ 45289, ℘ (0201) 57 17 10, info@mintrop.com, Fax (0201) 5717147, 😊, ⇌, 🟦, 🚗 – 🛗, ⇌ Zim, ▥ Rest, 📺 📞 ♿ 🅿 🆎 🆅🅸🆂🅰, ⌘ Rest
Menu à la carte 27,50/46 – **52 Zim** ⌑ 100/132 – 130/162.
• 1968 nach einem Brand neu aufgebaut, hat sich das Gut inzwischen zu einem neuzeitlichen Hotel entwickelt. Die Zimmer : teils Landhaus-, teils Designer-Stil. Im Restaurant : Küche der Nationen und moderne Formen.

In Essen-Frohnhausen :

Kölner Hof, Duisburger Str. 20, ✉ 45145, ℘ (0201) 76 34 30, koelner-hof@t-online.de, Fax (0201) 8761495, 😊 – ⌘
R a
geschl. Montag - Dienstag – **Menu** à la carte 33,50/51.
• Ehemalige Eckkneipe aus den 20er Jahren, wo man einst Skat klopfte. Heute erfreut man sich in elegantem Ambiente an den mit Sorgfalt zubereiteten klassischen Speisen.

In Essen-Heisingen :

Jagdhaus Schellenberg, Heisinger Str. 170a, ✉ 45134, ℘ (0201) 43 78 70, info@jagdhaus-schellenberg.de, Fax (0201) 4378729, ≤, 😊, Biergarten – 🅿 🆎 ⓜ 🆅🅸🆂🅰, ⌘
geschl. Montag – **Menu** 28 à la carte 23/42.
S n
• Fachwerkidylle am Waldrand : Ein blauer Kachelofen, Dielenboden und nettes Dekor schaffen ein gediegen-rustikales Ambiente. Terrasse mit schöner Aussicht.

In Essen-Horst Ost : 3 km über Steeler Straße R :

Hannappel, Dahlhauser Str. 173, ✉ 45279, ℘ (0201) 53 45 06, info@restaurant-hannappel.de, Fax (0201) 8607835 – 🔒 40. 🆎 ⓜ 🆅🅸🆂🅰
geschl. Juni 1 Woche, Aug. - Sept. 3 Wochen, Dienstag – **Menu** (wochentags nur Abendessen) à la carte 24,50/41.
• Sie werden sehen : Die lange Anfahrt lohnt sich ! Üppige, sättigende Portionen zu bestem Preis-Leistungs-Verhältnis : In dem schlichten Ambiente macht es einfach Spaß zu essen.

In Essen-Katernberg :

Casino Zollverein, Gelsenkirchener Str. 181, ✉ 45309, ℘ (0201) 83 02 40, info@casino-zollverein.de, Fax (0201) 8302411, 😊 – 🅿 – 🔒 250. ⓜ 🆅🅸🆂🅰
R b
geschl. 27. Dez. - 9. Jan., Montag – **Menu** à la carte 37,50/57,50.
• Das Turbinenhaus der Zeche Zollverein - Weltkulturerbe der UNESCO - beherbergt ein Bistro, in dem hohe, alte Betonsäulen und modernes Design ein einzigartiges Umfeld schaffen.

ESSEN

In Essen-Kettwig *Süd : 11 km über Ruhrtalstraße* **S** *:*

Schloß Hugenpoet, August-Thyssen-Str. 51 (West ; 2,5 km), ✉ 45219, ✆ (02054) 1 20 40, info@hugenpoet.de, Fax (02054) 120450, 🍽, 🍴, ✕ – 📶 📺 ✆ ♿ 🚗 🅿 – 🛁 50. AE ⓞ ⓜ VISA JCB. ✕ Rest
Menu *(geschl 2. - 15. Jan., 3. - 19. Aug., Dienstag) (nur Abendessen)* à la carte 47/66,50, ♀ 🍷 – ***Hugenpöttchen*** : Menu à la carte 23/36 – **25 Zim** ⌆ 189/205 – 225/270.
◆ Kein Krötenpfuhl - so die Bedeutung von Hugenpoet - sondern ein architektonisches Kleinod ist das Wasserschloss von 1650 mit Park. Luxuriös mit Antiquitäten ausgestattet. Klassische Küche reicht man in der edlen Atmosphäre des Restaurants.

Sengelmannshof, Sengelmannsweg 35, ✉ 45219, ✆ (02054) 9 59 70, info@sengelmannshof.de, Fax (02054) 83200, 🍽, 🅦 – 📶 📺 ✆ 🅿 – 🛁 30. ⓞ ⓜ VISA
Menu *(geschl. 27. Dez. - 3. Jan., Samstagmittag)* à la carte 24/38 – **27 Zim** ⌆ 72/82 – 103/118.
◆ Inmitten eines Grüngürtels gelegen. Das hübsche Fachwerkhaus und einstige Lehnsgut ist seit 1817 in Familienbesitz. Neuzeitliche Zimmer, Hochzeitssuite für Frischvermählte. Offener Kamin, Holzstühle und freigelegte Balken lassen das Restaurant rustikal wirken.

Schmachtenbergshof, Schmachtenbergstr. 157, ✉ 45219, ✆ (02054) 1 21 30, info@hotel-schmachtenbergshof.de, Fax (02054) 121313, 🍽 – 📺 ✆ 🚗 🅿 – 🛁 70. ✕ Zim
Menu *(geschl. Juli - Aug. 3 Wochen, Montag) (wochentags nur Abendessen)* à la carte 18/32,50 – **21 Zim** ⌆ 65/90 – 93/102.
◆ Das Haus gehört seit dem 17. Jh. zum Familieneigentum und verfügt über gepflegte Zimmer. Kurzweil bietet die hauseigene Kegelbahn, sommers erfrischt man sich auf der Terrasse. Gastronomischer Bereich mit behaglichem Ambiente.

Landhaus Knappmann, Ringstr. 198, ✉ 45219, ✆ (02054) 78 09, hotel-knappmann@web.de, Fax (02054) 6789, Biergarten – ✕ Zim, 📺 ✆ 🅿. AE ⓜ VISA ✕ Zim
geschl. 23. Dez. - 3. Jan. - **Menu** *(Montag - Freitag nur Abendessen)* à la carte 16,50/29,50 – **15 Zim** ⌆ 65/99 – 89/129.
◆ Erweiterter, familiär geführter Gasthof. Reservieren Sie eines der Komfort-Zimmer mit honigfarbenem Mobiliar, gutem Platzangebot und Marmor-Bädern mit Whirlpool. Rustikal : Frankenheim Brauhaus mit Biergarten in Südlage.

🏮🏮🏮🏮
❄❄ **Résidence** (Bühler) 🌿 mit Zim, Auf der Forst 1, ✉ 45219, ✆ (02054) 9 55 90, info@hotel-residence.de, Fax (02054) 82501, 🍽 – 🅿. AE ⓞ ⓜ VISA
geschl. 1. - 10. Jan., Aug. 3 Wochen – **Menu** *(geschl. Sonntag - Montag)(nur Abendessen)* (Tischbestellung ratsam) 101 à la carte 64/89, ♀ 🍷 – ⌆ 14 – **18 Zim** 99 – 125.
◆ In der Jugendstilvilla residiert und kreiert Meisterkoch Bühler ! Nicht nur Ihr Gaumen wird staunen : Silber, Porzellan und frische Blumen sowie ein vorbildlicher Service.
Spez. Mit Gänseleber und Trüffel gefüllter Schmorapfel. Geräucherte Roulade von Saibling und Jakobsmuschel. Atlantik-Hummer mit dicken Bohnen

Püree - Restaurant Résidence, Auf der Forst 1, ✉ 45219, ✆ (02054) 9 55 90, info@hotel-residence.de, Fax (02054) 82501, – AE ⓞ ⓜ VISA
geschl. 1. - 10. Jan., Juli - Aug. 3 Wochen, Samstag - Montag – **Menu** *(nur Abendessen)* à la carte 20/35, ♀.
◆ Wie der Name schon sagt : Püree ist die dominierende Beilage bei den schmackhaften und sorgfältig zubereiteten Speisen, die man in diesem modernen Lokal serviert.

Jägerhof mit Zim, Hauptstr. 23, ✉ 45219, ✆ (02054) 8 40 11, loevenm@lycos.de, Fax (02054) 80984, 🍽 – 📺 🅿. AE ⓞ ⓜ VISA
Menu *(geschl. Samstagmittag, Sonn- und Feiertage)* à la carte 25/51 – **12 Zim** ⌆ 66/97 – 92/153.
◆ Renovierter Gasthof mit rustikal-gediegenem Ambiente und individuell ausgestatteten Zimmern. Im Winter lässt es sich am Kachelofen wohl sein. Internationale Küche.

le petit restaurant, Ruhrtalstr. 417, ✉ 45219, ✆ (02054) 1 85 78, info@le-petit-restaurant.de, Fax (02054) 18578, Biergarten
geschl. Aug. 3 Wochen, Montag - Dienstag – **Menu** *(Tischbestellung erforderlich)* à la carte 32/48 – **Peters Bistro :** Menu à la carte 21,50/29.
◆ Es ist wirklich klein, aber fein ! In der Wohnzimmer-Atmosphäre bei Familie Höppeler fühlt man sich gut aufgehoben. Die gelungene klassische Küche trägt ihren Teil dazu bei. Im Bistro kann man den kleinen Hunger stillen.

Ange d'or Junior, Ruhrtalstr. 326, ✉ 45219, ✆ (02054) 23 07, huppertz@ange-dor.de, Fax (02054) 6343, 🍽 – 🅿. AE ⓞ ⓜ VISA. ✕
geschl. 20. Dez. - 6. Jan., Montag - Dienstag – **Menu** *(nur Abendessen)* à la carte 28/42, ♀.
◆ Der Goldengel hat sich farbenfroh gewandet : Zu antik-französischem Holzmobiliar stellen Künstler ihre poppigen Werke aus. Trendig auch die weltoffene Küche des Bistros.

439

ESSEN

In Essen-Margarethenhöhe

Margarethenhöhe, Steile Str. 46, ✉ 45149, ℘ (0201) 4 38 60, m-hotel@t-online.de, Fax (0201) 4386100 – 🛗, ⚒ Zim, 📺 📞 ♿ ⇔ – 🚗 90. ㊊ ⓘ ⓜ 💳 JCB
Menu à la carte 26/38 – **30 Zim** ⌚ 118/128 – 148/158.   R f
* Früher diente diese Adresse den Arbeitern der Krupp-Industrie, heute steht hier ein schmuckes, modernes Hotel mit tadellos gepflegten, funktionellen Zimmern. Ein helles Ambiente und klare Linien prägen das Restaurant.

In Essen-Rüttenscheid

An der Gruga garni (mit Gästehaus), Eduard-Lucas-Str. 17, ✉ 45131, ℘ (0201) 84 11 80, info@grugahotel.de, Fax (0201) 8411869 – 🛗 ⚒ 📺 📞 ⇔ 🅿 – 🚗 20. ㊊ ⓘ ⓜ 💳 JCB
40 Zim ⌚ 78/98 – 99/119.   AX a
* Sympathische Unterkunft gegenüber von Messe und Grugapark. Behagliche Zimmer mit ISDN-Anschluss und Internet-Zugang. Hinter dem Haus : ein hübscher Garten.

Ypsilon, Müller-Breslau-Str. 18, ✉ 45130, ℘ (0201) 8 96 90, info@ypsilon.bestweste rn.de, Fax (0201) 8969100 – 🛗, ⚒ Zim, 📺 📞 ♿ ⇔ 🅿 – 🚗 20. ㊊ ⓘ ⓜ 💳 JCB
Menu à la carte 22/33 – **101 Zim** ⌚ 120/150 – 150.   BX e
* Die Ypsilonform des Gebäudes war hier wohl namengebend. Zu den Annehmlichkeiten zählen neuzeitlich gestaltete Zimmer und die Lage unweit der Messe. Kostenloser Fahrradverleih. Im Wintergartenanbau des Hotels serviert man internationale Küche.

Ruhr-Hotel garni, Krawehlstr. 42, ✉ 45130, ℘ (0201) 77 80 53, info@ruhrhotel.de, Fax (0201) 780283 – 🛗 ⚒ 📺 📞 ㊊ ⓘ ⓜ 💳 JCB
29 Zim ⌚ 89/105 – 89/145.   AV e
* Gepflegtes, gut geführtes Hotel im Museumsviertel. Hier haben Sie die Wahl zwischen Zimmern in rustikalem Wurzelholz oder solchen mit italienischen Stilmöbeln.

Bonne Auberge, Witteringstr. 92, ✉ 45130, ℘ (0201) 78 39 99, t.eidenweil@bonn e-auberge.de – ㊊ ⓘ ⓜ 💳
geschl. Anfang Aug. 2 Wochen, Samstagmittag, Sonntag – **Menu** 22 (mittags) à la carte 31/43.   BV s
* Wer zum Rendezvous nicht gleich nach Paris fahren möchte, findet hier guten Ersatz : Seit 1974 gilt das Restaurant als Herberge für französisches Flair mit klassischer Küche.

Schote, Emmastr. 25, ✉ 45130, ℘ (0201) 78 01 07, schote@web.de, Fax (0201) 780107 – ⓜ 💳
geschl. 24. Dez. - 6. Jan., Aug. 3 Wochen, Montag – **Menu** (nur Abendessen) à la carte BX b
24,50/39,50, ℥.
* Hinter großen Fenstern erwarten den Gast ein modernes, bistroartiges Ambiente und ein sehr freundlicher Service - Grün, Gelb und Blau sind hier die dominierenden Farben.

ESSEN, BAD Niedersachsen **541** J 9 – 15 800 Ew – Höhe 90 m – Thermalsole-Heilbad.

🛈 Tourist-Information, Lindenstr. 39, ✉ 49152, ℘ (05472) 9 49 20, touristik@bades sen.de, Fax (05472) 949285.
Berlin 396 – Hannover 133 – *Bielefeld* 71 – Osnabrück 24.

Landhotel Buchenhof garni, Bergstr. 22, ✉ 49152, ℘ (05472) 93 90, info@land hotel-buchenhof.de, Fax (05472) 939200, ⇌s, ☀, ⚒ 📺 📞 ⇔ 🅿 – 🚗 15. ㊊ ⓜ 💳 – geschl. Juli - Aug. 2 Wochen – **26 Zim** ⌚ 60/65 – 90/95.
* Das Hotel besteht aus drei renovierten, mit Komfort und moderner Technik ausgestatteten Fachwerkbauernhäusern (eins von 1703), die in einer idyllischen Gartenanlage licgcn.

Waldhotel, Bergstr. 51, ✉ 49152, ℘ (05472) 9 78 80, info@waldhotel-badessen.de, Fax (05472) 978888, ☀, Massage, ⇌s, ⏟, ☀ – 🛗, ⚒ Zim, 📺 📞 ⇔ 🅿 – 🚗 25. ㊊ ⓘ ⓜ 💳, ⚒ Rest – **Menu** à la carte 19/29,50 – **21 Zim** ⌚ 60 – 90.
* Das vollständig renovierte Waldhotel lockt mit komfortablen und stilvoll ausgestatteten Zimmern und einer idyllischen Umgebung, in der man Ruhe und Entspannung findet. In der Schauküche des Restaurants bereitet man internationale Gerichte und Mediterranes zu.

Höger's Hotel, Kirchplatz 25, ✉ 49152, ℘ (05472) 9 46 40, info@hoegers.de, Fax (05472) 946434, ☀ – 🛗, ⚒ Zim, 📺 📞 ⇔ 🅿 – 🚗 100. ㊊ ⓘ ⓜ 💳, ⚒ geschl. Jan. 3 Wochen, Juli - Aug. 1 Woche – **Menu** (geschl. Montag) à la carte 20/33 – **13 Zim** ⌚ 50 – 90.
* Im Stadtzentrum steht dieser durch Anbauten ergänzte gewachsene Gasthof - ein familiengeführtes kleines Hotel mit gepflegten, solide möblierten Zimmern. Das Restaurant teilt sich in die historischen Gaststuben und die Veranda mit großer Fensterfront.

ESSENBACH Bayern 545 U 20 – 8 700 Ew – Höhe 386 m.
Berlin 542 – München 83 – Regensburg 53 – Ingolstadt 81 – Landshut 9.

In Essenbach-Mirskofen West : 1,5 km :

Luginger, Obere Sendlbachstr. 11, ✉ 84051, ℘ (08703) 9 33 00, info@luginger.de, Fax (08703) 933066, 🌳, Biergarten, 🏊, – TV P – 🅿 120. ⓦⓔ VISA geschl. 22. Dez. - 6. Jan. – **Menu** (geschl. Aug. 2 Wochen, Sonntagabend - Montagmittag) à la carte 13/26 – **22 Zim** ⊏ 26/36 – 50/62.
◆ Ein sehr gepflegter, für die Region Niederbayern typischer, familiengeführter Landgasthof mit solide eingerichteten, wohnlichen Zimmern. In der gemütlichen Gaststube wartet gutbürgerliche Kost auf Sie.

ESSING Bayern siehe Kelheim.

ESSLINGEN AM NECKAR Baden-Württemberg 545 T 11 – 90 500 Ew – Höhe 240 m.
Sehenswert : Altes Rathaus★ Y B – Marktplatz★ Y – Stadtkirche (Glasmalereien★) Y – Frauenkirche (Turm★) Y.
🛈 Stadtinformation, Marktplatz 2, ✉ 73728, ℘ (0711) 3 96 93 90, info@esslingen-tourist.de, Fax (0711) 39693919.
ADAC, Plochingerstr. 21.
Berlin 641 ④ – Stuttgart 17 ④ – Reutlingen 40 ③ – Ulm (Donau) 80 ③

Bahnhofplatz	Z 2	Heugasse	Y 14	Pliensaustraße	Z
Bahnhofstraße	**Z**	Im Heppächer	Z 16	Plochinger Straße	Z 29
Blarerplatz	Z 5	Küferstraße	Z 17	Rathausplatz	Y 30
Brückenstraße	Z 6	Kurt-Schumacher-Straße	Z	Roßmarkt	Z 31
Charlottenplatz	Z 7	Landolinsplatz	Y 21	Strohstraße	Z 33
Entengrabenstraße	Z 10	**Marktplatz**	**Y 22**	**Unterer Metzgerbach**	**Z 36**
Franziskanergasse	Z 12	Milchstraße	Z 23	Vogelsangbrücke	Z 39
Hafenmarkt	Y 13	**Oberer Metzgerbach**	**Z 26**	Wielandstraße	YZ 40

441

ESSLINGEN AM NECKAR

Am Schillerpark garni, Neckarstr. 60, ✉ 73728, ☏ (0711) 93 13 30, info@hotel-am-schillerpark.de, Fax (0711) 93133100 – 🛗 ✼ TV 📞 ♿ 🚗 🅿. AE ① ⓜ VISA JCB
49 Zim ⚏ 94/104 – 102/112.
Z r
* Das Hotel überzeugt durch die komfortablen, technisch gut ausgestatteten Zimmer und Maisonetten sowie den Service, der speziell auf Geschäftsreisende zugeschnitten ist.

Rosenau, Plochinger Str. 65, ✉ 73730, ☏ (0711) 3 15 45 60, info@hotel-rosenau.de, Fax (0711) 3161344, 🍽, ⊜s, 🔲 – 🛗 ✼ Zim, TV 📞 🅿. AE ① ⓜ VISA JCB
Menu (geschl. Aug., Samstag) (nur Abendessen) (Restaurant nur für Hausgäste) – **57 Zim** ⚏ 60/90 – 95/115.
über Plochinger Straße Z
* Ein gut geführtes Hotel mit gepflegten, praktisch und zeitlos eingerichteten Zimmern, von denen ein Teil mit überlangen Betten versehen ist.

Dicker Turm, Auf der Burg (Zufahrt über Mülberger Straße), ✉ 73728, ☏ (0711) 35 50 35, herbstrith@dicker-turm.de, Fax (0711) 3508596, ≤ Esslingen – 🛗 🅿. ①
ⓜ VISA
Y d
geschl. über Fastnacht, 18. Juli - 6. Aug., Sonntagabend, Mitte Mai - Mitte Okt. Sonntag – **Menu** à la carte 29/43, ♀.
* Im Turm der mittelalterlichen Burg speist man an schön gedeckten Tischen mit Blick aufs Neckartal. Die Küche ist international, aber auch regionale Speisen fehlen nicht.

Kuntzer's Öxle, Marktplatz 4, ✉ 73728, ☏ (0711) 3 51 04 51, Fax (0711) 3510352
geschl. Aug. 2 Wochen, Montag, Sonn- und Feiertage – **Menu** à la carte 37/61. Y a
* Zuerst Schmiede, dann Weinstube, jetzt Restaurant : Genießen Sie in der gemütlichen Atmosphäre der holzgetäfelten Gaststube die klassische, marktorientierte Küche des Chefs.

In Esslingen-Berkheim über ③ : 4 km :

Linde, Ruiter Str. 2, ✉ 73734, ☏ (0711) 34 53 05, info@linde-esslingen.de, Fax (0711) 3454125, 🍽, ⊜s, 🔲 – 🛗 ✼ Zim, TV 📞 🚗 🅿 – 🔼 30. AE ① ⓜ VISA
Menu (geschl. 20. Dez. - 12. Jan., Samstagmittag) à la carte 15/41 – **83 Zim** ⚏ 50/91 – 85/117.
* Der gewachsene, gut geführte Gasthof mit den gepflegten Zimmern, die sich im Alt- und Neubau etwas im Komfort unterscheiden, ist eine solide Übernachtungsadresse. Schwäbische und internationale Speisen in der mit allerlei bäuerlichen Geräten dekorierten Stube.

Esslingen-Neckarhalde Nord-West : 3 km über Geiselbachstraße Y :

Kelter 🐾, Kelterstr. 104, ✉ 73733, ☏ (0711) 9 18 90 60, Fax (0711) 91890628, ≤ Neckartal, 🍽, Biergarten – 🛗 TV 📞 ⓜ VISA
Menu (geschl. Montag) à la carte 22,50/30,50 – **12 Zim** ⚏ 47/52 – 80.
* Oberhalb der Weinberge liegt dieser traditionsreiche Gasthof - seit drei Generationen in Familienbesitz - mit zeitgemäßen Zimmern und einer freundlichen Atmosphäre. Das Restaurant zeigt sich teils rustikal, teils leicht gediegen.

ESTERWEGEN Niedersachsen 🟥🟥🟥 H 6 – 3 700 Ew – Höhe 35 m.
Berlin 482 – Hannover 200 – Emden 49 – Bremen 96 – Lingen 63 – Osnabrück 121.

Graf Balduin 🐾, Am Sportpark 1, ✉ 26897, ☏ (05955) 2 02 00, hotel@graf-balduin.de, Fax (05955) 20299, 🍽, 💥(Halle) – 🛗 ✼ TV 🅿 – 🔼 50. ⓜ VISA
Menu (geschl. Sonntag) (nur Abendessen) (Restaurant nur für Hausgäste) – **33 Zim** ⚏ 40 – 70.
* Tennisfans aufgepasst ! Neben funktionellen Zimmern bietet dieses neuzeitliche Hotel einen Tennishallenanbau. Weitere Sportanlagen finden Sie in der Nähe.

ETTAL Bayern 🟥🟥🟥 X 17 – 850 Ew – Höhe 878 m – Luftkurort – Wintersport : 🎿.
Ausflugsziel : Schloss Linderhof⋆⋆ (Schlosspark⋆⋆) West : 9,5 km.
🛈 Tourist-Information, Ammergauer Str. 8, ✉ 82488, ☏ (08822) 35 34, info@ettal.de, Fax (08822) 6399.
Berlin 674 – München 88 – Garmisch-Partenkirchen 15 – Landsberg am Lech 62.

Zur Post, Kaiser-Ludwig-Platz 18, ✉ 82488, ☏ (08822) 35 96, info@posthotel-ettal.de, Fax (08822) 6971, 🍽, ⊜s – ✼ TV 📞 🅿. ⓜ VISA
geschl. 1. - 20. Dez. – **Menu** (geschl. Nov. - 20. Dez.)(nur Abendessen) à la carte 15,50/32 – **21 Zim** ⚏ 55/62 – 72/92 – ½ P 14.
* Ein charakteristischer, blumengeschmückter alpenländischer Gasthof : Mit wohnlichen Zimmern erwartet dieses familiär geführte Haus seine Gäste. Gepflegte rustikale Ländlichkeit strahlt das Restaurant aus.

ETTAL

In Ettal-Linderhof West : 11 km über B 23, nach Ettal links ab über Graswang :

Schlosshotel Linderhof ⌂, Linderhof 14, ⊠ 82488, ℰ (08822) 7 90, info@schlossh otel-linderhof.com, Fax (08822) 4347, 🌳 – 🏢 TV 🚗 P 🅿 40. AE ⓜ ⓜ VISA JCB
Menu à la carte 13,50/30,50 – **29 Zim** ⊆ 45/58 – 86/98 – ½ P 13.
 ♦ Auf den Spuren König Ludwigs : Direkt angrenzend an den Park des Schlosses Linderhof finden Sie diesen für die Region typischen Landgasthof mit gediegen-ländlicher Einrichtung. In den gepflegten Gaststuben werden Sie mit einer regionalen Küche bewirtet.

ETTLINGEN Baden-Württemberg 545 T 9 – 40 000 Ew – Höhe 135 m.
🛈 Stadtinformation (Schloss), ⊠ 76275, ℰ (07243) 10 12 21, info@ettlingen.de, Fax (07243) 101430.
Berlin 678 – Stuttgart 79 – Karlsruhe 10 – Baden-Baden 36 – Pforzheim 30.

Erbprinz, Rheinstr. 1, ⊠ 76275, ℰ (07243) 32 20, info@erbprinz.de, Fax (07243) 322322, 🌳, 🛋 – 🏢, 🚭 Zim, 🍽 Rest, TV ☎ 🚗 P 🅿 40. AE ⓞ ⓜ VISA JCB
Menu à la carte 39/60 – **Weinstube Sibylla** : Menu à la carte 29/40 – **84 Zim** ⊇ 120/130 – 165/175, 6 Suiten.
 ♦ Frischer Wind weht in dem klassischen Haus mit der 200-jährigen Tradition. Dank sehr behutsamer Modernisierungen blieb der Charakter des stilvollen Hotels erhalten. Kultiviert speist man in elegantem Restaurant. Ländlicher Stil macht die Weinstube gemütlich.

Watthalden, Pforzheimer Str. 67a, ⊠ 76275, ℰ (07243) 71 40, hotel@watthalden.de, Fax (07243) 7143333, – 🏢, 🚭 Zim, TV ☎ 👥 🚗 P 🅿 40. AE ⓞ ⓜ VISA JCB. 🌭 Rest
Menu siehe Rest. **Hartmaier's Villa** separat erwähnt – **83 Zim** ⊇ 88/93 – 105/130.
 ♦ In dem neben einem kleinen Park gelegenen neuzeitlichen Hotelbau erwartet Sie ein modernes, helles Interieur - vom Empfangsbereich bis in die Zimmer.

Stadthotel Engel garni (mit Gästehaus), Kronenstr. 13, ⊠ 76275, ℰ (07243) 33 00, info@stadthotel-engel.de, Fax (07243) 330199, 🛋 – 🏢 🚭 TV 👥 🚗 🅿 40. AE ⓞ ⓜ VISA
geschl. 23. Dez. - 6. Jan. – **94 Zim** ⊇ 68/87 – 104.
 ♦ Im Herzen der Altstadt finden Sie dieses gut geführte Hotel. Die solide und funktionell eingerichteten Zimmer verteilen sich auf das Haupthaus und ein Gästehaus.

Holder, Lindenweg 16, ⊠ 76275, ℰ (07243) 1 60 08, info@hotel-holder.de, Fax (07243) 79595, 🛋 – TV 🅿 AE ⓜ VISA   Stadtplan Karlsruhe **AV** b
Menu (geschl. Samstag - Sonntag) (nur Abendessen) (Restaurant nur für Hausgäste) – **29 Zim** ⊇ 49/73 – 79/92.
 ♦ Recht ruhig in einem Wohngebiet und doch verkehrsgünstig liegt dieses Hotel. Wohnliche und geräumige Doppelzimmer - die Einzelzimmer sind etwas kleiner - erwarten die Gäste.

Drei Mohren, Rheinstr. 15, ⊠ 76275, ℰ (07243) 1 60 31, info@hotel-drei-mohren.de, Fax (07243) 15791, 🌳 – 🏢 TV 🚗 🅿 AE ⓞ ⓜ VISA
geschl. 27. Dez. - 6. Jan. – **Menu** (geschl. Aug. 2 Wochen, Samstag - Sonntag) à la carte 18,50/35 – **25 Zim** ⊇ 82/85 – 95/105.
 ♦ Ein gepflegtes, familiengeführtes Hotel : Die Zimmer befinden sich größtenteils in einem Anbau des alten Gasthofs und bieten neuzeitlichen Komfort. Restauranträume in ländlichem Stil.

XXX **Hartmaiers Villa**, Pforzheimer Str. 67, ⊠ 76275, ℰ (07243) 76 17 20, info@hartm aiers.de, Fax (07243) 4673, 🌳 – 🅿 AE ⓜ VISA
Menu à la carte 29/51.
 ♦ Die Villa Watthalden a. d. J. 1818 beherbergt ein elegantes Restaurant und ein legeres Bistro – in beiden Bereichen kredenzt man dem Gast Haute Cuisine. Eigene Weinhandlung.

X **Ratsstuben**, Kirchenplatz 1, ⊠ 76275, ℰ (07243) 7 61 30, Fax (07243) 761320, 🌳 – 🅿, AE ⓜ VISA
Menu 25,50 à la carte 20/39,50.
 ♦ Im gemütlich-rustikalen Restaurant in der Altstadt - die kleinen Tische mit Blick auf die Alb - serviert man badische und internationale Spezialitäten sowie Saisonales.

An der Autobahn A 5 (Anschlussstelle Karlsruhe-Süd) Nord-West : 2,5 km :

Radisson SAS, Am Hardtwald 10 (Industriegebiet), ⊠ 76275 Ettlingen, ℰ (07243) 38 00, info.karlsruhe@radissonsas.com, Fax (07243) 380666, 🌳, 🎢, 🛋, 🎱 – 🏢, 🚭 Zim, 🍽 TV ☎ 👥 🅿 🚗 200. AE ⓞ ⓜ VISA JCB. 🌭 Rest
Menu à la carte 24/43,50 – ⊇ 15 – **199 Zim** 125/130, 4 Suiten.
 ♦ Ein Tagungs- und Business-Hotel mit komfortablen Zimmern, die ausreichend Platz bieten und funktionelle Inneneinrichtung mit dezenter Eleganz kombinieren.

Stadtplan Karlsruhe **AV** e

ETTRINGEN Rheinland-Pfalz siehe Mayen.

EUSKIRCHEN Nordrhein-Westfalen 543 O 4 – 45 000 Ew – Höhe 150 m.
  ADAC, Hochstr. 64.
  Berlin 611 – Düsseldorf 78 – Bonn 32 – Aachen 87 – Düren 30 – Köln 41.

🏨 **Eifel-Hotel** garni, Frauenberger Str. 181, ✉ 53879, ✆ (02251) 33 11, info@hotel-ei
  fel-hilgers.de, Fax (02251) 73847, 🍴 – 🛗 ✻ 📺 ☎ & 🅿 – 🔔 20. AE ⓞ ⓜ
  VISA JCB
  29 Zim ⟵ 84 – 97.
  ♦ Jedes Zimmer ein Unikat : Mit Hilfe von Farben, Bildern, Wandmalereien und Deko-
  material ist es hier gelungen, ein extravagantes Haus zu schaffen. Lassen Sie sich über-
  raschen !

XX **Stadtwald Vinum**, Münstereifeler Str. 148, ✉ 53879, ✆ (02251) 6 33 13, stadtwa
  ldvinum@t-online.de, Fax (02251) 861819, 🍴 – 🅿 AE ⓜ VISA
  geschl. Anfang Jan. 1 Woche, über Karneval, Montag, Samstagmittag – **Menu** (Tischbe-
  stellung ratsam) à la carte 23,50/41.
  ♦ Eine internationale Küche mit mediterranem Einschlag genießen die Gäste des Restau-
  rants im südländischen Landhausstil. Bei gutem Wetter lockt die Terrasse mit kleinem
  Teich.

EUTIN Schleswig-Holstein 541 D 15 – 17 000 Ew – Höhe 43 m – Luftkurort.
  🏌 Bösdorf, Gut Waldshagen (West : 8 km), ✆ (04522) 76 67 66.
  🛈 Tourist-Information, Bleekergang 6, ✉ 23701, ✆ (04521) 7 09 70, info@eutin-
  tourismus.de, Fax (04521) 709720.
  Berlin 299 – Kiel 44 – Lübeck 48 – Oldenburg in Holstein 29.

🏨 **Voss-Haus**, Vossplatz 6, ✉ 23701, ✆ (04521) 4 01 60, info@vosshauseutin.de,
  Fax (04521) 401620, 🍴 – 📺 ☎ ⚓ – 🔔 120. AE ⓜ VISA
  Da Vinci (italienische Küche) (geschl. Jan. - Juli und Okt.- Dez. Montag) **Menu** à la carte
  21/32 – **12 Zim** ⟵ 50/55 – 77/90 – ½ P 22.
  ♦ In der Mitte des Orts steht dieses alte Haus mit Anbau. Durch den historischen Hal-
  lenbereich des Hotels gelangen Sie in funktionelle Zimmer mit solider Naturholzmöblierung.
  Täfelung und Stuck der Räume a. d. 18. Jh. geben dem Da Vinci ein stilvolles Ambiente.

XXX **L'Etoile** (mit Gästehäusern), Lübecker Landstr. 36, ✉ 23701, ✆ (04521) 70 28 60, klaushe
  idel@t-online.de, Fax (04521) 702861, 🍴 – ✻ Zim, 📺 ☎ 🅿 – 🔔 20. AE ⓞ ⓜ VISA
  geschl. 1. - 27. Jan., 6. - 19. Okt. – **Menu** (geschl. Montag - Dienstag)(nur Abendessen)
  (Tischbestellung ratsam) 40/80 und à la carte, 🍷 🍴 – **Le Bistro** (geschl. Montag - Dienstag)
  Menu à la carte 25/37 – ⟵ 5 – **8 Zim** 45/90 – 60/115.
  ♦ Die ehemaligen Schauräume eines Autohändlers hat man zum edlen Restaurant umge-
  staltet - mit Natursteinwänden im Stil eines Weinkellers eingerichtet. Neu : der Hotelbereich.
  Ein elegant-mediterranes Ambiente lockt im Bistro in der ersten Etage.
  Spez. Variation von der Gänsestopfleber mit Koriander-Brioche. Karamellisierter Spieß von
  Thunfisch und Langustinos mit Spitzkohl. Soufflé von Zitrone und Vanille mit flambierten
  Himbeeren (Sommer).

In Eutin-Fissau Nord : 2,5 km über Plöner Straße :

🏨 **Landhaus Holsteinische Schweiz** garni, Sielbecker Landstr. 11, ✉ 23701,
  ✆ (04521) 7 99 00, info@landhaus-holsteinische-schweiz.de, Fax (04521) 799030, 🍴 –
  📺 ⚓ 🅿 ✻
  12 Zim ⟵ 49/56 – 74/88.
  ♦ Das Hotel mit schöner Gartenanlage und kleinem Teich verspricht einen erholsamen
  Aufenthalt. Wohnliche, mit Kiefernmöbeln eingerichtete Zimmer und Appartements erwar-
  ten Sie.

🏨 **Wiesenhof**, Leonhardt-Boldt-Str. 25, ✉ 23701, ✆ (04521) 7 07 60, wiesenhof@hot
  el-wiesenhof.de, Fax (04521) 707666, 🍴 🍴 🍷 – 📺 ⚓ 🅿 ⓜ VISA ✻ Zim
  Menu (geschl. Jan. - Feb., Mittwoch) à la carte 21/34 – **30 Zim** ⟵ 45/66 – 88/92.
  ♦ Dieses Urlaubshotel in der Holsteinischen Schweiz hält gemütliche Zimmer und Appar-
  tements für seine Gäste bereit. Die Liegewiese lädt zum Entspannen ein.

In Eutin-Sielbeck Nord : 5,5 km über Plöner Straße und Fissau :

🏨 **Uklei-Fährhaus** (mit Gästehaus), Eutiner Str. 7 (am Kellersee), ✉ 23701, ✆ (04521)
  24 58, info@uklei-faehrhaus.de, Fax (04521) 5576, ≤, 🍴, 🍴 – 📺 🅿
  geschl. Dez. - Anfang Feb. – **Menu** (geschl. außer Saison Donnerstag) à la carte 20/41 –
  26 Zim ⟵ 40/51 – 63/66 – ½ P 12.
  ♦ Ferien am See : An der Anlegestelle am Kellersee liegt dieses gepflegte und gut geführte
  Haus mit soliden Zimmern und Ferienwohnungen - meist mit schöner Aussicht. Das Restau-
  rant : ein rotes Blockhaus mit Ausblick aufs Wasser. Schöne Seeterrasse.

EXTERTAL Nordrhein-Westfalen **543** J 11 – 13 300 Ew – Höhe 220 m.
   🛈 Verkehrsamt, Mittelstr. 33 (Bösingfeld), ✉ 32699, ✆ (05262) 40 20, Fax (05262) 40258.
   Berlin 359 – Düsseldorf 221 – Hannover 77 – Paderborn 64 – Osnabrück 103.

In Extertal-Linderhofe :

🏛 **Zur Burg Sternberg**, Sternberger Str. 37, ✉ 32699, ✆ (05262) 94 40, info@hotel-burg-sternberg.de, Fax (05262) 944144, 🍽, ≘s, ▭, ⛳, – 📶, ⇔ Zim, 📺 ☎ ⇌ 🅿 – 🔔 70. ⓞ 🆅🅸🆂🅰 🅹🅲🅱
   Menu 11,50 (Buffet) à la carte 15/34,50 – **50 Zim** ⊆ 59/66 – 90/106.
   ♦ Eine umfangreiche Erweiterung machte aus dem ehemaligen Gast- und Pensionshaus direkt am Waldrand ein Hotel mit zeitgemäßem Standard - funktionelle Zimmer. Einladend: das Restaurant im frischen Landhausstil.

EYBA Thüringen – 250 Ew – Höhe 220 m.
   Berlin 300 – Erfurt 59 – Saalfeld 5 – Coburg 67.

🏛 **Schlosshotel** ≫ (mit Gästehaus), Ortsstr. 23, ✉ 07318, ✆ (036736) 3 40, info@schlosshotel-eyba.de, Fax (036736) 3419, ≤, 🎾, ≘s, ⛳, – 📺 🅿 – 🔔 40.
   Menu (Restaurant nur für Hausgäste) – **42 Zim** ⊆ 55/65 – 79/89, 4 Suiten.
   ♦ In dem modernen Gästehaus des historischen Schlosses hat man nette, neuzeitliche Zimmer eingerichtet. Im Schloss : 3 Suiten. Schöne Lage mit Blick über die Landschaft.

FAHRENZHAUSEN Bayern **546** U 18 – 3 700 Ew – Höhe 450 m.
   Berlin 562 – München 25 – Freising 26 – Augsburg 72.

In Fahrenzhausen-Großnöbach Süd-Ost : 2 km Richtung München :

🏛 **AmperVilla**, Gewerbering 1 (B 13), ✉ 85777, ✆ (089) 87 78 85 57, info@ampervilla.de, Fax (089) 89399199, ≘s, ⛳, – 📶, ⇔ Zim, 📺 ☎ ⇌ 🅿 – 🔔 30. 🅰🅴 ⓞ 🆅🅸🆂🅰, ℅ Rest
   Menu (geschl. Samstag - Sonntag)(nur Abendessen) (Restaurant nur für Hausgäste) – **27 Zim** ⊆ 77 – 88.
   ♦ Mediterraner Landhausstil gibt dem Haus seinen besonderen Charme. Überzeugend ist die gelungene Kombination von Wohnlichkeit und Funktionalität.

FALKENHAGEN Brandenburg siehe Pritzwalk.

FALKENHAGEN KREIS MÄRKISCH-ODERLAND Brandenburg **542** I 26 – 900 Ew – Höhe 60 m.
   Berlin 73 – Potsdam 117 – Frankfurt (Oder) 22.

🏛 **Seehotel Luisenhof** ≫, Am Gabelsee (Süd : 1 km), ✉ 15306, ✆ (033603) 4 00, seehotel-luisenhof@t-online.de, Fax (033603) 40400, 🍽, ≘s, 🎾, ⛳, ✕ – ⇔ Zim, 📺 ☎ 🅿 – 🔔 35. 🅰🅴 ⓞ 🆅🅸🆂🅰, ℅ Rest
   Menu à la carte 19/29 – **32 Zim** ⊆ 55/59 – 78/88.
   ♦ Etwas außerhalb an einem See steht der Luisenhof - eine Mitte der 90er Jahre entstandene Hotelanlage. Sie gefällt mit freundlichen, hellen Zimmern, alle mit Marmorbädern. Stimmungsvoll ist das Rotunden-Restaurant mit seinem herrlichen Ausblick.

FALKENSTEIN KREIS CHAM Bayern **546** S 21 – 3 300 Ew – Höhe 627 m – Luftkurort – Wintersport : 630/700 m ⛷1 ⛸.
   🛈 Tourismus-Büro, Marktplatz 1, ✉ 93167, ✆ (09462) 94 22 20, tourist@markt-falkenstein.de, Fax (09462) 942229.
   Berlin 499 – München 162 – Regensburg 41 – Cham 21 – Straubing 29.

🏛 **Am Schloßpark**, Rodinger Str. 5, ✉ 93167, ✆ (09462) 9 40 40, amschlossparkfalkenstein@bayerntours.de, Fax (09462) 1664, 🍽, ≘s – 📶, ⇔ Zim, 📺 ⇌ 🅿 – 🔔 30. 🅰🅴 ⓞ 🆅🅸🆂🅰
   Menu (geschl. Montag) à la carte 13,50/28 – **17 Zim** ⊆ 40 – 65 – ½ P 11.
   ♦ Nahe dem Ortszentrum liegt dieses neuzeitliche Hotel. Wenn Sie eine funktionelle Unterkunft in überschaubarer Größe suchen, werden Sie hier fündig. In gepflegtem Ambiente umsorgt man Sie mit bürgerlicher Küche.

🏛 **Café Schwarz** ≫, Arracher Höhe 1, ✉ 93167, ✆ (09462) 2 50, pension.schwarz@t-online.de, Fax (09462) 674, ≤, ≘s, 🎾, ⇌ 🅿 –
   geschl. Mitte Nov. - Mitte Dez. - **Menu** (geschl. Montag) (nur Abendessen)(Restaurant nur für Hausgäste) – **23 Zim** ⊆ 26/30 – 52/60 – ½ P 9.
   ♦ Ein gepflegter Gasthof, leicht erhöht am Hang gelegen. Zum Übernachten stehen hier solide ausgestattete Zimmer bereit, teils mit hellem Holzmobiliar, meist mit Balkon.

FALKENSTEIN (Vogtland) Sachsen 544 O 21 – 9 500 Ew – Höhe 500 m.

B Fremdenverkehrsamt im Heimatmuseum, Schlossplatz 1, ✉ 08223, ℘ (03745) 60 76, Fax (03745) 6076.

Berlin 310 – Dresden 151 – Gera 63 – Plauen 20.

Falkenstein, Amtstr. 1, ✉ 08223, ℘ (03745) 74 20, Fax (03745) 742444, ≘s – |§|, ⤢ Zim, TV ⇔ P – 🔒 70. AE ⓘ ⓜ VISA
Menu à la carte 15/25 – **50 Zim** ⊇ 63 – 75.
• Vor allem Geschäftsreisende schätzen diese neuzeitliche, gepflegte Adresse im Zentrum, die über saubere und funktionell ausgestattete Zimmer verfügt.

Jägerhalle, Schloßstr. 50 (an der B 169), ✉ 08223, ℘ (03745) 7 12 83, jaegerhalle@t-online.de, Fax (03745) 71324 – TV ⇔.
Menu à la carte 10,50/20 – **12 Zim** ⊇ 34/40 – 49.
• Im Herzen der Stadt unterhält Familie Zoglauer ein einfaches, aber sehr ordentliches und freundliches Haus. Rustikale Naturholzmöbel geben den Gastzimmern Charme. Eine bodenständige vogtländische Küche gibt es im üppig dekorierten Restaurant.

FALLINGBOSTEL, BAD Niedersachsen 541 H 13 – 14 000 Ew – Höhe 50 m – Kneippheilbad und Luftkurort.

ᴛ₅ Fallingbostel, Tietlingen 6c, ℘ (05162) 38 89.

B Tourist-Information, Sebastian-Kneipp-Platz 1, ✉ 29683, ℘ (05162) 40 00, fallingbostel@vogelpark-region.de, Fax (05162) 400500.

Berlin 329 – Hannover 69 – Bremen 70 – Hamburg 95 – Lüneburg 69.

Berlin, Düshorner Str. 7, ✉ 29683, ℘ (05162) 90 00 60, info@hotel-berlin-online.de, Fax (05162) 9000625, 🍴, ⇐ – ⤢ Zim, TV ⇔ P – 🔒 25. AE ⓘ ⓜ VISA
Menu (geschl. Montag) à la carte 15,50/33,50 – **20 Zim** ⊇ 49/57 – 72/92 – ½ P 13.
• Schon von außen wirkt das nett angelegte Hotel einladend. Im Inneren erwarten Sie zeitgemäße, funktionelle Zimmer, teils recht geräumig, teils mit Balkon. Restaurant mit großer Fensterfront zum Garten.

Haus Petersen garni, Schlüterberg 1, ✉ 29683, ℘ (05162) 59 66, Fax (05162) 1262, ≘s, 🏊, 🛋, ⤢ TV ⇔ P ⓜ VISA
18 Zim ⊇ 46/51 – 66/71.
• Das Haus liegt nett umgeben von einem großen Garten. Alle Zimmer sind in ländlichem Stil eingerichtet und vermitteln eine wohnliche und warme Atmosphäre.

Haus am Walde garni, Soltauer Str. 14, ✉ 29683, ℘ (05162) 9 74 80, hausamwalde.fall@t-online.de, Fax (05162) 974834, Massage, ≘s – ⇔ P. AE ⓘ ⓜ VISA
30 Zim ⊇ 44/49 – 72/81.
• Der Name sagt es bereits: Das Haus mit den wohnlichen Zimmern steht auf einem parkartigen Gelände, das sich bis zum Böhme-Ufer erstreckt und direkt an den Liethwald grenzt.

FARCHANT Bayern 546 X 17 – 3 900 Ew – Höhe 700 m – Erholungsort – Wintersport: 650/700 m ⛷.

B Verkehrsamt im Rathaus, Am Gern 1, ✉ 82490, ℘ (08821) 96 16 96, Fax (08821) 961622.

Berlin 671 – München 84 – Garmisch-Partenkirchen 4 – Landsberg am Lech 73.

Alter Wirt, Bahnhofstr. 1, ✉ 82490, ℘ (08821) 62 38, alter-wirt@gmx.de, Fax (08821) 61455, 🍴 – ⤢ Zim, TV ⇔ P – 🔒 80. AE ⓘ ⓜ VISA
Menu (geschl. März, Montag) à la carte 14/22,50 – **28 Zim** ⊇ 37/48 – 65/80 – ½ P 13.
• Inmitten alpenländischer Bergkulisse beeindruckt der Gasthof durch seine schmucke Fassade. Auch in den Zimmern spiegelt sich dank Naturholz die heimelige Atmosphäre wider. Gaststube mit dörflichem Charakter.

Kirchmayer, Hauptstr. 14, ✉ 82490, ℘ (08821) 6 87 33, info@hotel-kirchmayer.de, Fax (08821) 6345, 🍴 – |§| TV ⇔ P. AE ⓘ ⓜ VISA
Menu à la carte 15,50/29,50 – **17 Zim** ⊇ 30/45 – 65/80 – ½ P 15.
• Ein Gasthof wie aus einem Heimatfilm, seit 200 Jahren im Familienbesitz. Die Zimmer sind eingerichtet mit einfachen, hellen Bauernmöbeln, die sehr gepflegt wirken. Das Restaurant präsentiert sich im Stil einer Dorfgaststätte.

Föhrenhof ⬧, Frickenstr. 2, ✉ 82490, ℘ (08821) 66 40, info@hotel-foehrenhof.com, Fax (08821) 61340, 🍴 – TV ⇔ P. ⓜ VISA
geschl. 24. März - 15. April, Nov. – **Menu** (nur Abendessen) (Restaurant nur für Hausgäste) à la carte 14,50/22,50 – **18 Zim** ⊇ 36/45 – 57/97.
• Erholung im Einklang mit der Natur findet man in diesem ruhigen, in die Loisachauen eingebetteten Gasthof. Tipp: Reservieren Sie eines der aparten Zirbelholz-Zimmer.

Gästehaus Zugspitz garni, Mühldörfstr. 4, ✉ 82490, ℘ (08821) 9 62 60, info@gaestehaus.zugspitz.de, Fax (08821) 962636, ≤, ≘s, 🍴 – TV P. ⤬
geschl. Nov. - 15. Dez. – **13 Zim** ⊇ 34/50 – 54/60.
• Einfache Gastlichkeit spricht für diesen kleinen Familienbetrieb mit Blick auf die Zugspitze. Sie wohnen in Zimmern, die mit bemalten Bauernmöbeln ausgestattet sind.

FASSBERG Niedersachsen 541 H 14 – 7 150 Ew – Höhe 60 m – Erholungsort.
🛈 Touristinformation Müden, Unterlüßer Str. 5, ✉ 29328, ℰ (05053) 98 92 22, verkehrsverein@mueden-oertze.de, Fax (05053) 989223.
Berlin 308 – Hannover 90 – Celle 44 – Munster 14.

In Faßberg-Müden Süd-West : 4 km – Erholungsort :

Niemeyer's Posthotel, Hauptstr. 7, ✉ 29328, ℰ (05053) 9 89 00, info@niemeyers-posthotel.de, Fax (05053) 989064, 😊, ⇔ – ⚬ Zim, 📺 📞 🅿 – 🔒 40. ⓞ ⓜ 𝐯𝐈𝐒𝐀. ✂ Zim
Menu 18 (mittags) à la carte 21/44 – **36 Zim** ⇄ 67/100 – 95/120 – ½ P 21.
◆ 1866 als einfaches Gasthaus gegründet und seitdem im Familienbesitz. Heute verwöhnt man seine Gäste mit modernen Annehmlichkeiten : komfortable Zimmer mit Marmorbädern. Verschiedene, sehr gemütliche Stuben laden zum Schlemmen ein. Hübsche Gartenterrasse.

Landhotel Bauernwald ⚘, Alte Dorfstr. 8, ✉ 29328, ℰ (05053) 9 89 90, Fax (05053) 1556, 😊, ⇔, 🌳 – ⚬ Zim, 📺 📞 ⇔ 🅿 – 🔒 40. ⓞ ⓜ 𝐯𝐈𝐒𝐀. ✂ Rest
geschl. 3. - 10. Jan. – **Menu** à la carte 19,50/37 – **37 Zim** ⇄ 61/69 – 84/92 – ½ P 19.
◆ Auf einem hübschen baumbestandenen Grundstück steht dieses Klinker-Fachwerkhaus. Die persönliche Atmosphäre und die wohnlichen Zimmer versprechen einen erholsamen Aufenthalt. Sehr gemütliches, rustikales Restaurant mit Gartenterrasse.

FEDEROW Mecklenburg-Vorpommern siehe Waren (Müritz).

FEHMARN (Insel) Schleswig-Holstein 541 C 17 – Ostseeinsel, durch die Fehmarnsundbrücke★ (Auto und Eisenbahn) mit dem Festland verbunden.
🆖 🆖 Burg-Wulfen, ℰ (04371) 69 69.
⚓ von Puttgarden nach Rodbyhavn/Dänemark, ℰ (04371) 86 51 61.
🛈 Tourismus-Information in Burg, Landkirchener Weg 2, ✉ 23769, ℰ (04371) 86 86 86, Fax (04371) 868642.
🛈 Kurverwaltung in Burg-Südstrand, ✉ 23769, ℰ (04371) 50 63 20, Fax (04371) 506390.
ab Burg : Berlin 350 – Kiel 86 – Lübeck 83 – Oldenburg in Holstein 31.

Bannesdorf – 2 300 Ew.
Burg 5.

In Bannesdorf - Neue Tiefe Süd : 2 km ab Burg :

Strandhotel garni, Am Binnensee 2 (Nähe Südstrand), ✉ 23769, ℰ (04371) 31 42, Fax (04371) 6950 – 📺 🅿 ⓜ
24 Zim ⇄ 41 – 72/85.
◆ Das 1996 renovierte Hotel liegt nur 600 Meter vom feinsandigen Südstrand entfernt. Praktischer Komfort erwartet den urlaubenden Gast. Lage am Binnensee.

Burg – 6 000 Ew – Ostseeheilbad.
Zur Traube, Ohrtstr. 9, ✉ 23769, ℰ (04371) 18 11, Fax (04371) 4144, 😊 – 🅿 ⓜ 𝐯𝐈𝐒𝐀
geschl. Jan. 3 Wochen, Nov. 2 Wochen, Mittwoch – **Menu** (nur Abendessen) 25 à la carte 30/41.
◆ Ein kleines älteres Stadthaus mit charakter-regionalem Charakter beherbergt dieses Restaurant. An tadellos eingedeckten Tischen serviert man dem Gast Internationales.

In Burg-Burgstaaken :

Schützenhof ⚘, Menzelweg 2, ✉ 23769, ℰ (04371) 5 00 80, norbert.waclawek@t-online.de, Fax (04371) 500814, 😊 – 📺 🅿 ⓜ 𝐯𝐈𝐒𝐀
geschl. 2. Jan. - 10. Feb. – **Menu** (geschl. Dienstag) à la carte 13,50/33 – **29 Zim** ⇄ 52/55 – 88 – ½ P 14.
◆ Gastlichkeit verbunden mit einer gemütlichen Atmosphäre erwartet Sie im Schützenhof. Morgens wird in der Friesen-Stube ein wunderbares Frühstück hergerichtet. Ein großes Restaurant und heimelige Stuben laden zum Verweilen ein.

In Burg-Südstrand :

Intersol ⚘, Südstrandpromenade, ✉ 23769, ℰ (04371) 86 53, hotel-intersol@t-online.de, Fax (04371) 3765, ≼, 😊 – 🛗 Zim, 📺 🅿 – 🔒 40. ⓞ ⓜ 𝐯𝐈𝐒𝐀
geschl. Jan. - Feb. – **Menu** à la carte 18/28,50 – ⇄ 10 – **44 Zim** 59/124 – 89/129 – ½ P 16.
◆ Neben der Lage direkt am Meer zählen auch die soliden, sauberen Gästezimmer - teils mit praktischer Küchenzeile - zu den Annehmlichkeiten dieses Hauses. Beim Essen genießen Sie den freien Blick durch die große Fensterfront.

FEILNBACH, BAD
Bayern **546** W 20 – 7 000 Ew – Höhe 540 m – Moorheilbad.
🛈 Kur- und Gästeinformation, Bahnhofstr. 5, ✉ 83075, ℰ (08066) 14 44, Fax (08066) 906844.
Berlin 650 – München 62 – Garmisch-Partenkirchen 99 – Rosenheim 19 – Miesbach 22.

Gundelsberg ≤, Gundelsberger Str. 9, ✉ 83075, ℰ (08066) 9 04 50, info@gundelsberg.de, Fax (08066) 904519, ← Bad Feilnbach und Inntal, Biergarten, Massage, ⇌ – TV
🅿 – 🛉 20. ⓜ ⓜⓞ 𝚅𝙸𝚂𝙰
Menu (geschl. Montag) à la carte 17/29 – **11 Zim** ⌇ 58 – 92 – ½ P 16.
• Der Berggasthof liegt am Fuße des Wendelsteins und bietet mit seiner Lage eine ideale Urlaubsadresse : Die Zimmer sind großzügig, aufgeteilt in Wohn- und Schlafbereich, haben alle kleine Küchen. An hellen Holztischen serviert man heimische und Schweizer Spezialitäten.

Gästehaus Kniep ≤, garni, Wendelsteinstr. 41, ✉ 83075, ℰ (08066) 3 37, ⇌, 🛬 – 🅿
geschl. Nov. - 20. Dez. – **12 Zim** ⌇ 26/31 – 51.
• Neben einer behaglichen, familiären Atmosphäre bietet man den Gästen tadellos gepflegte Zimmer. Alle verfügen über Balkone, im Sommer mit Blumen geschmückt.

Nahe der BAB-Ausfahrt Bad Aibling Nord : 4,5 km :

Maximilian, Torfwerk 2, ✉ 83075 Bad Feilnbach, ℰ (08064) 9 05 70, info@landgasthof-maximilian.de, Fax (08064) 9057110, 🛬 – 🛉, 🛁 Zim, TV ℰ ⇌ 🅿 – 🛉 20. ⓜⓞ 𝚅𝙸𝚂𝙰 𝙹𝙲𝙱
geschl. Mitte Dez. - Mitte Jan. – **Menu** (geschl. Freitag) (Montag - Donnerstag nur Abendessen) à la carte 15/29 – **40 Zim** ⌇ 56/76 – 80/105.
• Ein schmucker Gasthof, der im regionaltypischen Stil erbaut wurde. Im Inneren finden Sie nette Zimmer mit hellem Naturholz - teilweise auch unter der gemütlichen Dachschräge. Restaurant im Wirtshausstil mit ansprechendem Terrassenbereich.

In Bad Feilnbach-Au Nord-West : 4 km, über Kufsteiner Straße und Auer Straße :

Landgasthof zur Post, Hauptstr. 48, ✉ 83075, ℰ (08064) 7 42, Fax (08064) 905440, 🛬 – 🅿, 🛁 – geschl. Anfang - Mitte Sept. – **Menu** (geschl. Sonntagabend - Dienstag) (wochentags nur Abendessen) (Tischbestellung erforderlich) 50/68.
• Hinter der gepflegten Fassade des einfach wirkenden, familiengeführten bayerischen Gasthauses erwarten Sie ein ländliches Ambiente und ein freundlicher Service.

FELDAFING
Bayern **546** W 17 – 4 900 Ew – Höhe 650 m – Erholungsort.
🛈₁₈ Feldafing, Tutzinger Str. 15, ℰ (08157) 9 33 40.
Berlin 621 – München 35 – Garmisch-Partenkirchen 65 – Weilheim 19.

In Feldafing-Wieling West : 2 km, Richtung Traubing, dann rechts ab über B 2 :

Zur Linde, An der B 2, ✉ 82340, ℰ (08157) 93 31 80, info@linde-wieling.de, Fax (08157) 933189, Biergarten – 🛉, 🛁 Zim, TV ℰ ⇌ 🅿 – 🛉 20. 🅰🅴 ⓓ ⓜⓞ 𝚅𝙸𝚂𝙰 🛬 Zim
Menu à la carte 14/32 – **40 Zim** ⌇ 50/75 – 65/110 – ½ P 18.
• Richtig herausgeputzt hat Familie Weidenhiller ihren Gasthof. Entstanden sind geschmackvolle Gästezimmer, funktionell und zeitgemäß in der Ausstattung - einige mit Balkon. Eine typisch bayerische, holzvertäfelte Stube erwartet Sie zum Essen.

FELDBERG
Mecklenburg-Vorpommern **542** F 24 – 5 200 Ew – Höhe 100 m.
🛈 Touristinformation, Strelitzer Str. 42, ✉ 17258, ℰ (039831) 27 00, Fax (039831) 27027. – Berlin 116 – Schwerin 171 – Neubrandenburg 34.

Altes Zollhaus am Luzinsee, Erddamm 31 (Nord-Ost : 2 km), ✉ 17258, ℰ (039831) 5 00, altes.zollhaus@t-online.de, Fax (039831) 20269, 🛬, ⇌ – 🛁 Zim, TV ℰ 🅿 – 🛉 25. ⓜⓞ 𝚅𝙸𝚂𝙰 – **Menu** (Nov. - April Montag - Freitag nur Abendessen) à la carte 16/27 – **20 Zim** ⌇ 65/80 – 89/106.
• Solide und wohnliche Zimmer - teils hübsche Maisonetten - sowie die reizvolle Lage am See sprechen für diese Unterkunft. Fahrrad- und Bootsverleih direkt am Haus. Viel Holz und ein ländliches Dekor prägen den Stil des Restaurants - Nette Terrasse.

Landhaus Stöcker ≤, mit Zim, Strelitzer Str. 8, ✉ 17258, ℰ (039831) 27 10, landhaus-stoecker@t-online.de, Fax (039831) 271113, 🛬, 🛬, 🛬 – TV ℰ 🅿 ⓜⓞ 𝚅𝙸𝚂𝙰 🛬 geschl. Jan. – **Menu** (geschl. Dienstag) à la carte 30,50/45 – **4 Zim** ⌇ 75/85 – 95/110.
• Die Villa am See aus dem Jahre 1912 wurde völlig renoviert und umgebaut. Nun empfängt sie ihre Gäste mit einem stilvollen, komfortablen Interieur. Wohnliche, moderne Zimmer.

FELDBERG IM SCHWARZWALD
Baden-Württemberg **546** W 8 – 1 700 Ew – Höhe 1 230 m – Luftkurort – Wintersport : 1000/1500 m ⛷20 🎿.
Sehenswert : Gipfel ❄** – Bismarck-Denkmal ≤*.
🛈 Tourist-Information, Kirchgasse 1, Feldberg-Altglashütten, ✉ 79868, ℰ (07655) 80 19, tourist-info@feldberg-schwarzwald.de, Fax (07655) 80143.
Berlin 791 – Stuttgart 170 – Freiburg im Breisgau 38 – Basel 60 – Donaueschingen 45.

FELDBERG IM SCHWARZWALD

Feldberger Hof ⚘, Dr. Pilet-Spur 1, ✉ 79868, ☏ (07676) 1 80, info@feldberger-hof.de, Fax (07676) 1220, ≤, 😊, ⚐, ≋, 🏊, 🐴 Squash – 📶, ⚲ Zim, 📺 🏃 ⬅ 🅿 – 🏊 40. 🅰 ① 🆎 𝐕𝐈𝐒𝐀
geschl. 21. Nov. - 5. Dez. – **Menu** à la carte 18/24,50 – **105 Zim** ⚲ 62/94 – 88/152 – ½ P 18.
• Wohnliche Zimmer und geräumige Appartements, zahlreiche Freizeitangebote sowie die attraktive Lage direkt an der Talstation der Bergbahn machen dieses Familienhotel aus. Das Restaurant : gemütliche Stuben und ein freundlicher Wintergarten.

In Feldberg-Altglashütten – Höhe 950 m

Schlehdorn, Sommerberg 1 (B 500), ✉ 79868, ☏ (07655) 9 10 50, hotel@schlehdorn.de, Fax (07655) 910543, ≤, ⚐, ≋, 🐴 – 📶 📺 ⬅ 🅿
geschl. Mitte Nov. - Mitte Dez. – **Menu** (nur Abendessen) (Restaurant nur für Hausgäste) – **27 Zim** ⚲ 45/65 – 80/100, 8 Suiten – ½ P 14.
• Auf den Höhen des Schwarzwaldes liegt diese einladende Pension mit gemütlichen Zimmern im Landhausstil und schönen, großzügigen Appartements.

Schwarzwälder Hof, Windgfällstr. 4, ✉ 79868, ☏ (07655) 9 10 60, schwarzwaelder-hof-vieler@t-online.de, Fax (07655) 910666, 😊, ≋, ⚐, 🐴 – 📶, ⚲ Zim, 📺 🅿. ✖ Rest
Menu (Montag - Freitag nur Abendessen) à la carte 14,50/36 (auch vegetarische Gerichte) – **20 Zim** ⚲ 56/85 – 110 – ½ P 29.
• Freundlich empfängt man Sie in diesem mit Holzbalkonen im typischen Schwarzwälder Stil erbauten Landhotel. Die praktischen Zimmer bestechen durch tadellose Pflege. Eher rustikal gehaltene Gaststube.

Waldeck, Windgfällstr. 19, ✉ 79868, ☏ (07655) 9 10 30, webmaster@hotel-waldeck-feldberg.de, Fax (07655) 231, ≤, 😊, ≋, 🐴 – 📺 ⬅ 🅿. 🆎 𝐕𝐈𝐒𝐀. ✖ Rest
Menu (geschl. Mittwoch) à la carte 18/36 – **16 Zim** ⚲ 37/55 – 68/86 – ½ P 14.
• Am Rand des Dorfes liegt dieses familiengeführte Hotel. Für einen erholsamen Aufenthalt sorgen besonders die im Landhausstil umgebauten Zimmer in der dritten Etage. Hausmannskost gibt's im Restaurant mit Kachelofen.

Haus Sommerberg mit Zim, Am Sommerberg 14, ✉ 79868, ☏ (07655) 14 11, haussommerberg@t-online.de, Fax (07655) 1640, 😊, 🐴 – ⚲ Zim, 📺 🅿. 🆎 𝐕𝐈𝐒𝐀
geschl. 14. - 24. Juni, 15. Nov. - 7. Dez. – **Menu** (geschl. Montag - Dienstagmittag) à la carte 25,50/44,50, ♀ – **7 Zim** ⚲ 32/38 – 64/84 – ½ P 17.
• Engagiert führen Birgit und Jürgen Gauwitz diesen Betrieb. In neuzeitlich-ländlichem Ambiente serviert man Ihnen eine schmackhaft zubereitete regionale Saisonküche.

In Feldberg-Bärental – Höhe 980 m

Adler, Feldbergstr. 4 (B 317), ✉ 79868, ☏ (07655) 2 30, info@adler-feldberg.de, Fax (07655) 930521, 😊, 🐴 – ⚲ Zim, 📺 🅿. 🆎 𝐕𝐈𝐒𝐀
Menu à la carte 22/32 – **16 Zim** ⚲ 60/65 – 85/140, 3 Suiten – ½ P 20.
• Unübersehbar steht das alte Schwarzwaldhaus von 1840 am Marktplatz. Jedes der geschmackvollen, teils mit Himmelbetten ausgestatteten Zimmer hat seinen eigenen Charakter. Badische Spezialitäten und rustikales Ambiente im Restaurant.

In Feldberg-Falkau – Höhe 950 m

Peterle ⚘, Schuppenhörnlestr. 18, ✉ 79868, ☏ (07655) 6 77, hotel-peterle@t-online.de, Fax (07655) 1771, ≤, 😊, ≋, 🐴 – ⚲ Zim, 📺 ⬅ 🅿. 🆎 𝐕𝐈𝐒𝐀
geschl. Mitte Nov. - Mitte Dez. – **Menu** (geschl. Donnerstag) à la carte 15/25,50 – **14 Zim** ⚲ 23/31 – 56/58 – ½ P 12.
• Ein typisches Schwarzwaldhaus, das durch seine Südhanglage am Waldrand immer auf der Sonnenseite steht. In den tipptopp gepflegten Zimmern fühlen sich die Gäste gleich wohl. Unkompliziert-familiäre Stimmung umgibt den Besucher im rustikalen Restaurant.

FELDKIRCHEN Bayern siehe München.

FELDKIRCHEN-WESTERHAM Bayern ⒌⓸⓺ W 19 – 8 500 Ew – Höhe 551 m.

🏌 Feldkirchen-Westerham, Oed 1, ☏ (08063) 63 00.
Berlin 623 – *München* 39 – Rosenheim 24.

Im Ortsteil Aschbach Nord-West : 3 km ab Feldkirchen in Richtung Bad Aibling :

Berghotel Aschbach, ✉ 83620, ☏ (08063) 8 06 60, reception@berghotel-aschbach.de, Fax (08063) 806620, ≤, ✖ Rest, 📺 ☏ 🅿. 🅰 🆎 𝐕𝐈𝐒𝐀
geschl. 3. - 19. Feb. – **Menu** à la carte 16/32,50 – **20 Zim** ⚲ 65/78 – 80/105.
• Eingebettet in die malerische Alpenlandschaft, ist das Haus wie geschaffen für Entspannung und Erholung. Die Zimmer wurden sehr geschmackvoll in ländlichem Stil eingerichtet. Gemütlich : die mit viel Holz gestalteten Gaststuben.

449

FELLBACH Baden-Württemberg siehe Stuttgart.

FENSTERBACH Bayern siehe Schwarzenfeld.

FERCH Brandenburg siehe Potsdam.

FEUCHT Bayern 546 R 17 – 13 200 Ew – Höhe 361 m.
Siehe Nürnberg (Umgebungsplan).
Berlin 441 – München 153 – Nürnberg 19 – Regensburg 95.

🏨 **Bauer** garni, Schwabacher Str. 25b, ✉ 90537, ✆ (09128) 29 33, hotel-bauer-feucht
@t-online.de, Fax (09128) 16090 – 📶 📺 🅿 ⓜ 💳 CT x
geschl. 30. Mai - 10. Juni, 23. Dez. - 6. Jan. – **38 Zim** ⊆ 43/80 – 80/98.
• Verkehrsgünstig, nicht weit von der Autobahn entfernt, bietet dieses freundliche kleine Hotel praktische Zimmer, die mit gepflegtem Mobiliar eingerichtet sind.

FEUCHTWANGEN Bayern 546 S 14 – 12 200 Ew – Höhe 450 m – Erholungsort.
🛈 Tourist Information, Marktplatz 1, ✉ 91555, ✆ (09852) 9 04 55, touristinformation
@feuchtwangen.de, Fax (09852) 904250.
Berlin 509 – München 171 – Stuttgart 131 – Schwäbisch Hall 52 – Ulm (Donau) 115 – Ansbach 25.

🏨 **Romantik Hotel Greifen-Post**, Marktplatz 8, ✉ 91555, ✆ (09852) 68 00, hotel
@greifen.de, Fax (09852) 68068, 🈴, 🏊 – 📶, ≼ Zim, 📺 🚗 – 🎿 15. 🅰 ⓜ 💳
Menu (geschl. Sonntagabend - Montagmittag) à la carte 26/37,50 – **35 Zim** ⊆ 75/100
– 99/150 – ½ P 25.
• Hier können Sie wahre Gastlichkeit kennen lernen. Die Zimmer des 600 Jahre alten Hauses sind in verschiedenen Stilrichtungen vom 17. Jh. bis Landhaus elegant eingerichtet. Die Restauranträume strahlen den ganzen Charme des historischen Gebäudes aus.

🏨 **Ambiente** garni, Dinkelsbühler Str. 2, ✉ 91555, ✆ (09852) 6 76 40,
Fax (09852) 676044 – ≼ 📺 🚗 🅿 🅰 ⓜ 💳
30 Zim ⊆ 44/51 – 65/72.
• Eine Unterkunft in neuzeitlichem Stil. Besonders Geschäftsreisende schätzen die sachlich gestalteten Zimmer wegen der guten Schreibplätze.

🏨 **Ballheimer**, Ringstr. 57, ✉ 91555, ✆ (09852) 91 82, gasthof.ballheimer@t-online.de,
Fax (09852) 3738, 🈴 – 📺 ✆ ⓜ 💳 JCB
Menu (geschl. Okt. 1 Woche, Montag) à la carte 13/29 – **14 Zim** ⊆ 39/42 – 67/70.
• Das zeitgemäße, familiengeführte Haus am Rande der Innenstadt bietet sehr gepflegte Zimmer mit Landhausmobiliar. Auch Geschäftsleute nutzen gerne dieses solide kleine Hotel. Ländlich dekoriertes Restaurant.

🏨 **Walkmühle** ⚜, Walkmühle 1 (Süd 1,5 km), ✉ 91555, ✆ (09852) 67 99 90, walkmu
ehle-feuchtwangen@t-online.de, Fax (09852) 6799967, Biergarten, – 📺 🎿 🅿 – 🎿 15. 💳 ⓞ ⓜ
💳 JCB
geschl. 27. - 31. Okt. – **Menu** (geschl. Sept. - April Samstagmittag, Sonntagabend) à la carte
14,50/28,50 – **22 Zim** ⊆ 42/52 – 68/72 – ½ P 16.
• Gäste empfängt man in der alten Mühle aus dem 14. Jh. wie gute Freunde, die man auch gerne duzt. Besonders die Landhausstil-Zimmer sorgen für Wohlfühl-Atmosphäre. Gemütlich-rustikale Gaststube.

🍴 **Lamm**, Marktplatz 5, ✉ 91555, ✆ (09852) 25 00, gasthoflamm.feu@t-online.de,
Fax (09852) 2884 – 📺
Menu (geschl. Dienstag) à la carte 12/26 – **8 Zim** ⊆ 34/44 – 62/75.
• Schon seit Generationen genießt dieser einfache Familienbetrieb am Ort einen guten Ruf. Die Gästezimmer sind schlicht gestaltet, sauber und ordentlich.

In Feuchtwangen-Dorfgütingen Nord : 6 km über B 25 :

🏨 **Landgasthof Zum Ross**, Dorfgütingen 37 (B 25), ✉ 91555, ✆ (09852) 6 74 30, inf
o@zum-ross.de, Fax (09852) 6743116, Biergarten, 🈴, ❀ – 📺 ✆ 🚗 🅿 – 🎿 15. ⓜ
💳 JCB
geschl. 26. Dez. - 15. Jan., 26. Okt. - 5. Nov. – **Menu** (geschl. Sonntagabend - Montag) à
la carte 15/26 – **12 Zim** ⊆ 39 – 55/70.
• In diesem historischen Gasthof aus dem Jahre 1851 überzeugen die engagierte Führung und die sehr gute Pflege. Die Einrichtung ist in ländlichem Stil gehalten. Rustikal gestalteter Restaurantbereich.

An der B 14 West : 5 km, an der Ausfahrt Feuchtwangen (A 7) :

🍴 **A. Seven's**, Am Casino 1 (in der Spielbank), ✉ 91555 Feuchtwangen, ✆ (09852)
61 50 58, a-sevens@spielcasino-feuchtwangen.de, Fax (09852) 615068, 🈴 – 📺 ♿ 🅿
Menu à la carte 21,50/37,50.
• In dem örtlichen Casino lockt man Gäste nicht nur wegen spannender Glücksspiele, sondern auch wegen der nicht alltäglichen Spezialitäten die im A. Seven's serviert werden.

FICHTELBERG Bayern **546** O 19 – 2 800 Ew – Höhe 684 m – Luftkurort – Wintersport : 700/1 024 m ⟜1 ⟑.

🛈 Verkehrsbüro im Rathaus, Bayreuther Str. 4, ✉ 95686, ✆ (09272) 9 70 33, Fax (09272) 97044.

Berlin 366 – München 259 – Weiden in der Oberpfalz 67 – Bayreuth 30.

- **Schönblick** ⚐ (mit Ferienwohnanlage), Gustav-Leutelt-Str. 18, ✉ 95686, ✆ (09272) 9 78 00, info@hotel-schoenblick.de, Fax (09272) 9780200, 🍴, ≘s, ⌂, 🐎, – 🄿, ⇌ Zim, 📺 ⇌ 🄿 – 🔬 40. 🐕 Rest
  Menu (Okt. - April Montag - Freitag nur Abendessen) à la carte 15/31 – **48 Zim** ⊇ 54/65 – 66/82 – ½ P 13.
  ♦ Dieses gewachsene Anwesen am Ortsende ist ein gepflegter Familienbetrieb. Man bietet komfortable Zimmer mit Naturhölzern, teils recht modern gestaltet. Die Eulenstube ist mit viel Holz elegant eingerichtet.

In Fichtelberg-Neubau Nord-West : 2 km :

- **Specht**, Fichtelberger Str. 41, ✉ 95686, ✆ (09272) 97 30, fichtelgebirge-gasthof-specht@t-online.de, Fax (09272) 97320, 🍴, 🐎, – 🄿, – 🔬 30
  Menu à la carte 11,50/28,50 – **24 Zim** ⊇ 23/25 – 60 – ½ P 9.
  ♦ Mitten im Ort findet man den familienfreundlichen Gasthof aus dem 18. Jh. Inzwischen wurde ein Anbau errichtet, in dem der Gast solide Standardzimmer findet. In der bäuerlichen Gaststube stehen einfache Regionalgerichte auf der Karte.

- **Waldhotel am Fichtelsee** ⚐, Am Fichtelsee 1 (Ost : 1 km, Zufahrt nur für Hotelgäste), ✉ 95686, ✆ (09272) 96 40 00, waldhotel-fichtelsee@t-online.de, Fax (09272) 9640064, ≤, 🍴, 🐎 – 🄿 – 🔬
  geschl. Nov. - 15. Dez. - **Menu** à la carte 14/32,50 – **18 Zim** ⊇ 29/39 – 50/58 – ½ P 12.
  ♦ Dank seiner angenehmen Lage am See ist dieses gepflegte Haus eine nette Urlaubsadresse. Es erwarten Sie zeitgemäße, funktionell ausgestattete Zimmer - teils mit Balkon. Das großzügige Restaurant bietet einen schönen Blick auf den See.

FICHTENAU Baden-Württemberg siehe Dinkelsbühl.

FIEFBERGEN Schleswig-Holstein **541** C 15 – 350 Ew – Höhe 30 m.
Berlin 348 – Kiel 20 – Lübeck 89 – Lütjenburg 27 – Preetz 24.

- **Der Alte Auf**, Am Dorfteich 15, ✉ 24217, ✆ (04344) 41 55 25, der.alte.auf@t-online.de, Fax (04344) 4498, 🍴 – 🄿, 🐎
  geschl. Montag - Dienstag – **Menu** (nur Abendessen) à la carte 27/33.
  ♦ In der früheren Diele eines alten Bauernhauses entstand ein orginelles rustikalgemütliches Restaurant mit offenem Kamin. Die Küche orientiert sich an der Region.

FILDERSTADT Baden-Württemberg **545** T 11 – 37 000 Ew – Höhe 370 m.
Berlin 656 – Stuttgart 19 – Reutlingen 25 – Ulm (Donau) 80.

In Filderstadt-Bernhausen :

- **Schwanen**, Obere Bachstr. 1, ✉ 70794, ✆ (0711) 7 08 20 (Hotel), 9 07 77 24 (Rest.), ghschwanen@gmx.de, Fax (0711) 7082411, 🍴, 🏋, – 🄿, ⇌ Zim, 📺 📞 ⇌ – 🔬 60. 🄰🄴 ⓘ ⓜⓞ 🅅🄸🅂🄰
  Da Gianni (italienische Küche) (geschl. Samstag - Sonntagmittag) **Menu** à la carte 21/31,50 – **Stadlerbräu** : **Menu** à la carte 13,50/25,50 – **89 Zim** ⊇ 82/94 – 102/118.
  ♦ Durch einen modernen Anbau hat man das Hotel um eine großzügige Halle sowie neuzeitliche, funktionell ausgestattete Zimmer erweitert. Ideal für Geschäftsleute. Der Name Da Gianni weist bereits auf eine italienische Karte hin. Stadlerbräu : gemütlich-rustikal.

- **Schumacher** garni, Volmarstr. 19, ✉ 70794, ✆ (0711) 70 02 63 40, info@garnihotelschumacher.de, Fax (0711) 700263459 – 🄿 📺 🄿 ⓜⓞ 🅅🄸🅂🄰
  25 Zim ⊇ 57 – 66/85.
  ♦ Bei diesem Haus merkt man sofort : ein gepflegter Familienbetrieb. Das ruhig im Ortskern von Bernhausen gelegene Quartier verfügt über Zimmer, die alles Notwendige bieten.

In Filderstadt-Bonlanden :

- **Am Schinderbuckel**, Bonländer Hauptstr. 145 (nahe der B 27/312), ✉ 70794, ✆ (0711) 7 78 10, info@hotel-schinderbuckel.de, Fax (0711) 7781555, 🍴 – 🄿, ⇌ Zim, 📺 🄿 – 🔬 120. 🄰🄴 ⓘ ⓜⓞ 🅅🄸🅂🄰
  Menu à la carte 23,50/41 – **121 Zim** ⊇ 103 – 116.
  ♦ In Sichtweite des Stuttgarter Flughafens gelegen, ist dieses Hotel mit seiner funktionellen Ausstattung auf die Bedürfnisse des Geschäftsreisenden ausgelegt. Über zwei Ebenen erstreckt sich das rustikal gestaltete Restaurant.

FILDERSTADT

Stuttgart-Airport, Uhlbergstr. 61, ✉ 70794, ℘ (0711) 7 78 30, info@airport-fild erstadt.bestwestern.de, Fax (0711) 7783387, ⇌ – 🛗, ↬ Zim, TV ☎ ♿ ⇆ P – 🛉 15.
AE ◉ VISA JCB
Menu (Restaurant nur für Hausgäste) – **62 Zim** ⌂ 80/93 – 108.
• Eine modern-schlichte und gepflegte Adresse, die besonders Geschäfts- und Flugreisende sicherlich auch wegen der freundlichen und aufmerksamen Hotel-Crew schätzen.

In Filderstadt-Plattenhardt :

Crystal, Uhlbergstr. 54, ✉ 70794, ℘ (0711) 77 88 90, hotelcrystal@arcor.de, Fax (0711) 7788950 – TV ⇆ ♿ VISA
Menu (geschl. Samstag) (nur Abendessen) (italienische Küche) à la carte 15/28 – **18 Zim** ⌂ 60/75 – 78/88.
• Günstiger Standort auf der Filderebene an der Autobahn A8 und dem Stuttgarter Flughafen. Die Gäste werden in Zimmern mit neuzeitlicher Einrichtung untergebracht. Liebhaber italienischer Gerichte kommen im Restaurant auf Ihre Kosten.

In Filderstadt-Sielmingen :

Zimmermann, Brühlstr. 2, ✉ 70794, ℘ (07158) 93 30, info@hotel-zimmermann.de, Fax (07158) 933275 – 🛗 ↬ TV ☎ ♿ ⇆ P – 🛉 15. AE ◉ VISA ※
38 Zim ⌂ 52/68 – 92.
• Das in einem Wohngebiet gelegene Hotel bietet Zimmer im Alt- oder im Neubau. Besonders zu empfehlen sind die neueren : geräumig und mit Vogelaugenahornmöbeln eingerichtet.

FINNENTROP Nordrhein-Westfalen **543** M 7 – 17 400 Ew – Höhe 230 m.
Berlin 529 – Düsseldorf 130 – Arnsberg 39 – Lüdenscheid 43 – Meschede 46 – Olpe 25.

In Finnentrop-Rönkhausen Nord : 7 km über B 236 :

Im Stillen Winkel ⑤, Kapellenstr. 11, ✉ 57413, ℘ (02395) 9 16 90, info@hotel-im-stillen-winkel.de, Fax (02395) 916912, ⇞ – TV P. AE ◉ ◉ VISA ※ Rest
Menu (geschl. Donnerstag) (wochentags nur Abendessen) à la carte 16/29,50, ♀ – **12 Zim** ⌂ 41/49 – 61/75.
• Ruhig liegt das blumengeschmückte Fachwerkhaus in einer Nebenstraße. Ein sympathisch geführtes kleines Hotel, das sich als einfache, günstige Übernachtungsmöglichkeit gibt.

FINSTERBERGEN Thüringen **544** N 15 – 1 600 Ew – Höhe 419 m – Luftkurort.
🛈 Kurverwaltung, Hauptstr. 17, ✉ 99898, ℘ (03623) 3 64 20, info@finsterbergen.de, Fax (03623) 306396.
Berlin 341 – *Erfurt* 50 – Bad Hersfeld 89 – Coburg 104.

Zur Tanne, Hauptstr. 37, ✉ 99898, ℘ (03623) 3 60 30, Fax (03623) 36031, ⇞ – TV ☜ P. AE ◉ ◉ ※ Zim
geschl. Nov. 3 Wochen – **Menu** (geschl. Donnerstag) à la carte 8,50/20 – **9 Zim** ⌂ 31 – 48 – ½ P 10.
• Dieser Dorfgasthof ist ein solide geführter kleiner Familienbetrieb. Es erwarten Sie saubere, praktische, mit hellem Holzmobiliar eingerichtete Zimmer. Schlicht-rustikales Restaurant.

Spießberghaus ⑤ (mit Gästehaus), Am Rennsteig (West : 14 km, Zufahrt über Friedrichroda), ✉ 99894, ℘ (03623) 36 35 00, spiessberg@aol.com, Fax (03623) 363543, ⇞ – TV P. AE ◉ ◉ VISA
Menu à la carte 15/23 – **32 Zim** ⌂ 39 – 50 – ½ P 6.
• Einsam steht dieser Berggasthof am Waldrand. Neben der ruhigen Lage zählen auch solide Zimmer und Ferienwohnungen in neo-rustikalem Stil zu den Annehmlichkeiten. Das Restaurant : mit viel Holz und Kachelofen rustikal gestaltet.

FINSTERWALDE Brandenburg **542** L 25 – 20 300 Ew – Höhe 106 m.
🛈 Touristinformation, Markt 1 (Rathaus), ✉ 03238, ℘ (03531) 70 30 79, Fax (03531) 703079.
Berlin 120 – Potsdam 144 – *Cottbus* 55 – Dresden 93 – Leipzig 115.

Zum Vetter garni, Lange Str. 15/Eingang Grosse Ringstraße, ✉ 03238, ℘ (03531) 22 69, hotel-zum-vetter@t-online.de, Fax (03531) 3205 – ↬ TV ⇆. AE ◉ VISA
21 Zim ⌂ 37/46 – 62/72.
• Seit 1919 ist das kleine Hotel in Familienbesitz. Über einen Innenhof betreten Sie das engagiert geführte Haus, das Ihnen gepflegte, zeitgemäße Zimmer bietet.

Goldener Hahn mit Zim, Bahnhofstr. 3, ✉ 03238, ℘ (03531) 22 14, goldener.hahn @t-online.de, Fax (03531) 8535, Biergarten – TV. AE ◉ VISA
Menu (geschl. Sonntagabend - Montagmittag) à la carte 23/40 (auch vegetarisches Menü), ♀ – **12 Zim** ⌂ 38/45 – 75/80.
• Ursprünglich als Bierkneipe gegründet, findet man hier heute eine gelungene Mischung aus traditioneller Gastlichkeit und innovativer Gastronomie.

FISCHBACHAU
Bayern 546 W 19 – 5 500 Ew – Höhe 771 m – Erholungsort – Wintersport : 770/900 m ⟨1 ⟨.

🛈 Tourismusbüro, Rathaus, Kirchplatz 10, ✉ 83730, ℰ (08028) 8 76, info@fischbachau.de, Fax (08028) 906643.

Berlin 661 – München 72 – Garmisch-Partenkirchen 90 – Miesbach 18.

In Fischbachau-Winkl Nord : 1 km :

Café Winklstüberl mit Zim, Leitzachtalstr. 68, ✉ 83730, ℰ (08028) 7 42, Fax (08028) 1586, 😊 – TV 🅿 – VISA
Menu à la carte 12,50/22 – **8 Zim** ⚌ 25 – 50.
♦ Dieser Alpengasthof mit den gemütlichen Bauernstuben ist ein Schmuckstück aus Holz, Putten und 500 antiken Kaffeemühlen. Genießen Sie den schönen Blick von der Gartenterrasse.

FISCHBACHTAL
Hessen 543 Q 10 – 2 500 Ew – Höhe 300 m.

Berlin 575 – Wiesbaden 72 – Mannheim 52 – Darmstadt 25.

In Fischbachtal-Lichtenberg – Erholungsort :

Landhaus Baur ⚘ mit Zim, Lippmannweg 15, ✉ 64405, ℰ (06166) 83 13, info@landhausbaur.de, Fax (06166) 8841, ≤, 😊, (Ehemalige Villa in einem kleinen Park), 🚗 – TV 📞 🅿 AE ⦿ VISA, ⚘ Rest
geschl. Jan. 2 Wochen, Okt. 2 Wochen – **Menu** (geschl. Montag - Dienstag) (Mittwoch - Freitag nur Abendessen) (Tischbestellung erforderlich) 58 à la carte 45/64, ♀ – **9 Zim** ⚌ 75/130 – 110/160.
♦ Die Gastlichkeit begegnet Ihnen in der Zuvorkommenheit der Patronne, die Sie ebenso begeistern wird wie das stilvolle Interieur und die kreative Küche des Ehemanns.

FISCHEN IM ALLGÄU
Bayern 546 X 14 – 2 800 Ew – Höhe 760 m – Heilklimatischer Kurort – Wintersport : 760/1 665 m ⟨3 ⟨.

🛈 Kurverwaltung, Am Anger 15, ✉ 87538, ℰ (08326) 3 64 60, Fax (08326) 364656.

Berlin 731 – München 157 – Kempten (Allgäu) 34 – Oberstdorf 6.

Parkhotel Burgmühle ⚘, Auf der Insel 2, ✉ 87538, ℰ (08326) 99 50, info@parkhotel-burgmuehle.de, Fax (08326) 7352, ⚘, Massage, ≦s, 🅇, 🚗 – 🛗 ⚘ TV 🚗 🅿. ⦿.
Menu (nur Abendessen) (Restaurant nur für Hausgäste) – **48 Zim** (nur ½ P) 105/158 – 140/210.
♦ Im regionstypischen Stil ist dieses beliebte Urlaubshotel gebaut. Sehr wohnliche Zimmer mit hellem Naturholz und modernen Bädern sowie ein netter Wellnessbereich überzeugen.

Rosenstock, Berger Weg 14, ✉ 87538, ℰ (08326) 36 45 60, info@hotel-rosenstock.de, Fax (08326) 3645699, 😊, 🅇, ≦s, – 🛗 TV 🅿. ⚘ Rest
geschl. 3. Nov. - 17. Dez. – **Menu** (Restaurant nur für Hausgäste) – **43 Zim** ⚌ 44/64 – 74/138 – ½ P 8.
♦ Gediegenes Hotel vor der Alpenkulisse, für einen Urlaub wie geschaffen. Die Herzlichkeit der Gastgeberfamilie und die gepflegten, komfortablen Zimmern sprechen für das Haus.

Café Haus Alpenblick ⚘ (mit Gästehaus), Maderhalmer Weg 10, ✉ 87538, ℰ (08326) 97 91, hotel-alpenblick@t-online.de, Fax (08326) 9794, ≤, 😊, ≦s, – 🛗 TV 🅿. ⦿ VISA. ⚘ Zim
geschl. Nov. - Mitte Dez. – **Menu** (geschl. Dienstagabend - Mittwoch) à la carte 14,50/27 – **30 Zim** ⚌ 40/44 – 80/85, 3 Suiten – ½ P 7.
♦ Das Haus macht seinem Namen alle Ehre : Die geräumigen und wohnlichen Zimmer blicken auf die imposante Bergwelt oder den Ortskern von Fischen. Vor dem rustikalen Restaurant befindet sich eine herrliche Terrasse.

Krone mit Zim, Auf der Insel 1, ✉ 87538, ℰ (08326) 2 87, info@krone-fischen.de, Fax (08326) 9351, 😊 – 🅿. ⦿ VISA
geschl. 22. - 29. März, 15. Nov. - 15. Dez. – **Menu** (geschl. Montag) à la carte 18/31 – **11 Zim** ⚌ 37/45 – 60/90 – ½ P 14.
♦ Die drei gemütlichen Stuben des freundlich geführten Gasthofs sind mit Naturholz und nettem Dekor bewusst regionstypisch gestaltet. Gepflegte, saubere Zimmer.

In Fischen-Langenwang Süd : 3 km :

Sonnenbichl Hotel am Rotfischbach ⚘, Sägestr. 19, ✉ 87538, ℰ (08326) 99 40, info@hotel-sonnenbichl.com, Fax (08326) 994180, ≤, 😊, 🅇, Massage, ♨, ≦s, 🅇, 🚗, ⚘ – 🛗 TV 🚗 🅿 – 🔒 20. ⦿ VISA. ⚘ Zim
Menu (geschl. 2. Nov. - 20. Dez.) à la carte 15,50/36 – **53 Zim** ⚌ 62/64 – 110/174 – ½ P 15.
♦ Nett liegt das Urlaubshotel am Rand eines kleinen Ortes. Neben tadelloser Pflege und wohnlichem Ambiente gefällt auch das finnische Wellnessdorf in einem kleinen Blockhaus. Rustikal gestaltetes Restaurant mit schönem, luftigem Wintergarten.

FISCHEN IM ALLGÄU

Café Frohsinn, Wiesenweg 4, ⌂ 87538, ℘ (08326) 38 49 30, gaestepost@frohsinn.de, Fax (08326) 3849375, ≤, Massage, ♣, ≘s, 🅟, 🚗 – 🛗 P. ⌘ Rest
geschl. 9. Nov. - 20. Dez. – **Menu** (geschl. Montag) (nur Abendessen) (Restaurant nur für Hausgäste) – **50 Zim** ⌂ 66/78 – 134 – ½ P 5.
 • In ruhiger Lage, umrahmt von Wiesen und Wäldern, bietet dieses Haus ländlich-rustikale Zimmer in hellem Holz sowie ein Frühstücksbuffet in alpenländisch gestalteten Stuben.

In Fischen-Maderhalm :

Tanneck, Maderhalm 20, ⌂ 87538, ℘ (08326) 99 90, hotel-tanneck@t-online.de, Fax (08326) 999133, ≤ Fischen und Allgäuer Berge, 🍴, Massage, ♣, ♁, ≘s, 🅟, 🚗, ⌘ – 🛗 🖂 ⛟ P – 🚲 40. ⌘ Rest
geschl. Anfang Nov. - Mitte Dez. – **Menu** à la carte 24,50/38,50 – **62 Zim** ⌂ 67/109 – 135/218, 3 Suiten – ½ P 14.
 • Viele Gäste lieben das Tanneck besonders wegen seines einmaligen Blickes ins Tal und der netten Atmosphäre. Sie nächtigen in eher schlicht gehaltenen, rustikalen Zimmern. Die Restauranträume sind zumeist im Allgäuer Stil gestaltet.

In Bolsterlang West : 3,5 km über Beslerstraße :

Zum Kitzebichl, Flurstr. 5, ⌂ 87538, ℘ (08326) 96 09, kitzebichl@t-online.de, Fax (08326) 35352, 🍴 – P.
geschl. Anfang Juni 2 Wochen, 1. - 20. Nov., Dienstag - Mittwochmittag – **Menu** à la carte 21/41,50.
 • Ganz in hellem Holz gehalten, zeigt sich das Restaurant in alpenländischem Stil. An gut eingedeckten Tischen reicht man Ihnen eine regional und international ausgelegte Karte.

FISCHERBACH Baden-Württemberg ❺❹❺ V 8 – 1600 Ew – Höhe 220 m – Erholungsort.
Berlin 780 – Stuttgart 149 – Freiburg im Breisgau 52 – Freudenstadt 50 – Offenburg 33.

Krone, Vordertalstr. 17, ⌂ 77716, ℘ (07832) 29 97, krone-fischerbach@t-online.de, Fax (07832) 5575, 🍴, 🚗 – 🛗 🖂 ⛟ P. AE ⓞ ⓜⓞ VISA JCB
geschl. Feb. - März 2 Wochen, Okt. - Nov. 2 Wochen – **Menu** (geschl. Montag) à la carte 17/32,50 – **19 Zim** ⌂ 35/45 – 63/66 – ½ P 9.
 • Die herrliche Lage des einfachen Gasthofs mit seinen soliden Zimmern ist besonders für Ruhesuchende geeignet : Rings um das Haus gibt es nur Wiesen, Kühe und Wälder. Restaurant mit ländlichem Charakter.

FLADUNGEN Bayern ❺❹❻ O 14 – 2400 Ew – Höhe 416 m.
Berlin 405 – Wiesbaden 183 – Fulda 52 – Bad Neustadt 32 – Thann 27.

Sonnentau, Wurmberg 1, ⌂ 97650, ℘ (09778) 9 12 20, info@sonnentau.com, Fax (09778) 912255, ≤, 🍴, ≘s, 🅟, – 🛗 🖂 P – 🚲 40
Menu (geschl. Dienstagmittag) à la carte 14,50/22,50 – **51 Zim** ⌂ 33/56 – 65/91 – ½ P 12.
 • In herrlicher Südhanglage steht der Gasthof mit neuzeitlichem Anbau. Die freundlichen, zeitgemäßen Zimmer haben teils Balkon und eine schöne Aussicht. Freizeitbereich. Bürgerliche Gaststuben.

FLEIN Baden-Württemberg siehe Heilbronn.

FLENSBURG Schleswig-Holstein ❺❹❶ B 12 – 85000 Ew – Höhe 20 m.
Sehenswert : Städtisches Museum (Bauern- und Bürgerstuben★) Y M1 – Nikolaikirche (Orgel★) Z – Flensburger Förde★ Y.
🅱 Touristinformation, Am ZOB, ⌂ 24937, ℘ (0461) 9 09 09 20, info@flensburg-tourist.de, Fax (0461) 9090936.
ADAC, Schleswiger Str. 130.
Berlin 426 ③ – Kiel 88 ③ – Hamburg 158 ③

Stadtplan siehe nächste Seite

Mercure garni, Norderhofenden 6, ⌂ 24937, ℘ (0461) 8 41 10, h2825@accor-hotels.com, Fax (0461) 8411299, ≘s, – 🛗 ⌘ 🖂 P ✆ 🚗 – 🚲 50. AE ⓞ ⓜⓞ VISA   Y a
⌂ 13 – **94 Zim** 72/77 – 87/92, 4 Suiten.
 • Am Rande der Fußgängerzone, am Innenstadtring, finden Sie hinter der modernen weißen Hotelfassade komfortable Zimmer mit zeitgemäßer Technik.

Central-Hotel garni, Neumarkt 1, ⌂ 24937, ℘ (0461) 8 60 00, central@foni.net, Fax (0461) 22599 – 🛗 ⌘ 🖂 P – 🚲 25. AE ⓞ ⓜⓞ VISA   Z a
geschl. 23. Dez. - 3. Jan. – **50 Zim** ⌂ 50/75 – 87/90.
 • Mit dem Auto ist das Haus im Zentrum der Stadt bequem anzufahren. Es besticht durch gepflegte Zimmer, die mit hellem Mobiliar funktionell eingerichtet sind.

FLENSBURG

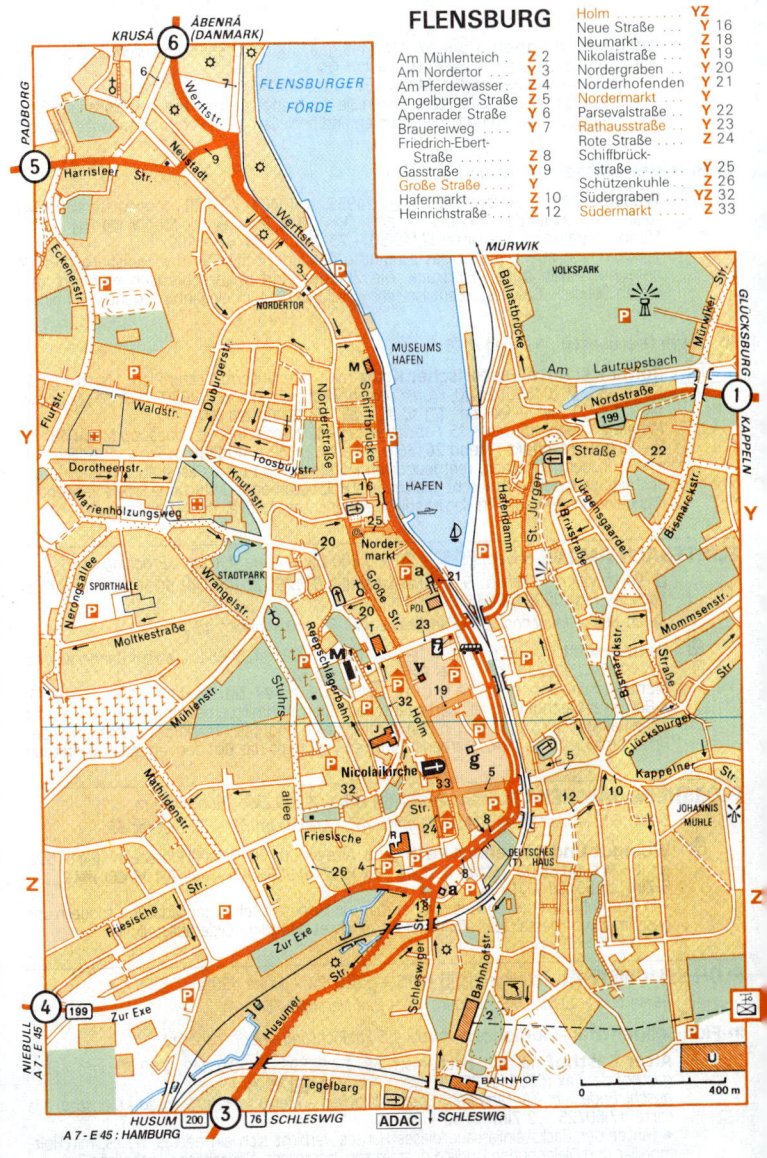

Am Mühlenteich	Z 2	Holm	YZ	
Am Nordertor	Z 3	Neue Straße	Y	16
Am Pferdewasser	Z 4	Neumarkt	Y	18
Angelburger Straße	Z 5	Nikolaistraße	Y	19
Apenrader Straße	Y 6	Nordergraben	Y	20
Brauereiweg	Y 7	Norderhofenden	Y	21
Friedrich-Ebert-Straße	Z 8	Norderstraße	Y	
Gasstraße	Y 9	Parsevalstraße	Y	22
Große Straße	Y	Rathausstraße	Y	23
Hafermarkt	Z 10	Rote Straße	Z	24
Heinrichstraße	Z 12	Schiffbrückstraße	Y	25
		Schützenkuhle	Y	26
		Südergraben	YZ	32
		Südermarkt	Z	33

🏨 **Flensburger Hof** garni, Süderhofenden 38, ✉ 24937, ✆ (0461) 14 19 90, *hotel-flensburger-hof@t-online.de*, Fax (0461) 1419999 – 📶 ⚙ TV ☎ 🚗 – 🔒 15. AE ⓜ ⓥ VISA geschl. 23. Dez. - 4. Jan. – **28 Zim** ⌂ 73/79 - 99.
◆ Ein freundlich geführtes Haus mit praktisch ausgestatteten Zimmern. Zu den Annehmlichkeiten zählen außerdem ein gutes Frühstücksbuffet und ein Schuhputz-Service. **Z g**

🍴 **Marienhölzung**, Marienhölzungsweg 150, ✉ 24939, ✆ (0461) 58 22 94, Fax (0461) 5008099, Biergarten – 🅿 ⓜ VISA über Dorotheenstraße **Y** geschl. Feb., Montag – **Menu** (Tischbestellung ratsam) à la carte 20/33,50, ♀.
◆ Einsam liegt das 175 Jahre alte Jagdhaus am Waldrand. In einem hübsch und modern wirkenden Ambiente umsorgt Sie ein geschulter Service. Vor dem Haus : ein hübscher Biergarten.

FLENSBURG

Borgerforeningen, Holm 17, ✉ 24937, ✆ (0461) 2 33 85, meurermax@aol.com, Fax (0461) 23085, 🍴 – 🅿 AE ⓘ ⓜ VISA
geschl. Sonn- und Feiertage – **Menu** à la carte 18/33,50.
• Versteckt in der Fußgängerzone finden Sie das orange gestrichene Traditionshaus. Nehmen Sie Platz in den freundlichen Räumen und genießen Sie die empfehlenswerte Saison-Küche.

In Harrislee-Wassersleben über ⑥ : 5 km :

Wassersleben, Wassersleben 4, ✉ 24955, ✆ (0461) 7 74 20, hotel.wassersleben@t-online.de, Fax (0461) 7742133, ≤, 🍴 – ⇔ TV ✆ 🅿 – 🔥 60. AE ⓘ ⓜ VISA
Menu 23 (mittags) à la carte 27/40,50 – **25 Zim** ⊇ 54/87 – 100/120.
• Schon von außen macht das schmucke Gebäude, schön an der Flensburger Förde gelegen, einen guten Eindruck. Die Zimmer sind unterschiedlich möbliert und bieten Seeblick. Das Restaurant ist sehr geschmackvoll im eleganten Country-Stil eingerichtet.

In Oeversee über ③ : 9 km an B 76 :

Romantik Hotel Historischer Krug (mit Gästehäusern), Grazer Platz 1 (an der B 76), ✉ 24988, ✆ (04630) 94 00, krug@romantikhotels.com, Fax (04630) 780, 🍴, Massage, ≦s, 🏊, 🔲, 🎾 – ⇔ Zim, TV ✆ 🅿 – 🔥 25. AE ⓘ ⓜ VISA
Privileg (geschl. 15. Jan. - 15. Feb., Dienstag - Mittwoch) (nur Abendessen) **Menu** 38/74,
♀ – **Krugwirtschaft** : **Menu** 26/36 à la carte 27/39 – **40 Zim** ⊇ 71/111 – 109/168.
• Wer in dem hübschen, reetgedeckten Hotel von 1519 mit Gästehäusern und Garten absteigt, wird nicht enttäuscht : Man hat viel Holz verarbeitet und schöne Stoffe verwendet. Das kleine und elegante Privileg ist stilvoll eingerichtet. Rustikal : die Krugwirtschaft.

FLINTSBACH AM INN Bayern 546 W 20 – 2 800 Ew – Höhe 496 m – Erholungsort.

🛈 Verkehrsamt, Kirchstr. 9, (im Rathaus), ✉ 83126, ✆ (08034) 30 66 20, info@flintsbach.de, Fax (08034) 306610.
Berlin 662 – München 73 – Bad Reichenhall 85 – Rosenheim 18.

Dannerwirt ⑤, Kirchplatz 4, ✉ 83126, ✆ (08034) 9 06 00, info@dannerwirt.de, Fax (08034) 906050, 🍴 – ⇔ Rest, TV 🅿 VISA
Menu (geschl. Donnerstag) à la carte 15,50/30,50 – **27 Zim** ⊇ 41 – 63/81 – ½ P 13.
• Bemalter Gasthof mit viel oberbayerischem Charme inmitten des Inntals. Die Herzlichkeit Ihrer Gastgeber spiegelt sich in den komfortablen und geschmackvollen Zimmern wider. Holz kombiniert mit altrosafarbenen Stoffen bestimmt das Bild der reizenden Gaststube.

FLÖRSHEIM-DALSHEIM Rheinland-Pfalz 543 O 8 – 3 000 Ew – Höhe 170 m.

Berlin 617 – Mainz 49 – Bad Kreuznach 47 – Mannheim 38 – Darmstadt 55.

Weingut und Gästehaus Peth garni, Alzeyer Str. 28 (Ortsteil Flörsheim), ✉ 67592, ✆ (06243) 90 88 00, jutta@peth.de, Fax (06243) 9088090 – ⇔ TV 🅿 ⓜ VISA
6 Zim ⊇ 59/68 – 79/85.
• In dem ruhig gelegenen Weingut hat man ein kleines Hotel mit individuellen, modern und geschmackvoll gestalteten Zimmern eingerichtet. Ständige Bilderausstellung.

FLOH-SELIGENTHAL Thüringen 544 N 15 – 5 500 Ew – Höhe 420 m.

Berlin 355 – Erfurt 63 – Coburg 87 – Bad Hersfeld 73.

In Floh-Seligenthal - Hohleborn Nord : 1,5 km Richtung Friedrichsroda :

Alter Gasthof mit Zim, Heubergstr. 68, ✉ 98593, ✆ (036849) 2 27 70, info@altergasthof.de, Fax (036849) 22778, 🍴 – ⇔ Rest, TV 🅿
geschl. Ende Jan. - Anfang Feb., Sept. 2 Wochen – **Menu** (geschl. Montag - Dienstag) à la carte 17,50/25 – **2 Zim** ⊇ 50 – 65/70.
• Hinter der Backsteinfassade dieses Hauses verbirgt sich ein nettes, helles, mit Holzmobiliar und Dielenboden ländlich gestaltetes Restaurant. Neuzeitliche, wohnliche Zimmer.

In Floh-Seligenthal - Struth-Helmershof Süd-Ost : 3 km, über Tambacher Straße und Nesselbergstraße :

Thüringer Hof, Kronsteinstr. 3, ✉ 98593, ✆ (03683) 7 91 90, info@hotel-thueringer-hof.de, Fax (03683) 791999, 🍴, ≦s – 🛗 TV ✆ 🅿 – 🔥 40. ⓜ ⇔ Zim
Menu (geschl. Nov., Mittwoch - Donnerstagmittag) à la carte 12,50/24,50 – **20 Zim** ⊇ 39 – 66/76.
• Das gepflegte Hotel mit alpenländischer Fassade liegt in einem idyllischen kleinen Ort. Ein zeitgemäßes Innenleben und die familiäre Atmosphäre sprechen für das Haus. Restaurant mit elegant-rustikalem Ambiente.

FLOH-SELIGENTHAL

Helmerser Wirtshaus, Hauptstr. 94, ✉ 98593, ✆ (03683) 78 86 34, info@helmerser-wirtshaus.de, Fax (03683) 409877, 🌳, Biergarten, 🍴 – 📺 P. 🅰🅴 🆘 VISA
geschl. Nov. 1 Woche – **Menu** (geschl. Dienstag) à la carte 12/19 – **10 Zim** ⇌ 29/34 – 46/56.
• Das 1914 nach einem Brand wieder aufgebaute Fachwerkhaus sowie weitere Gebäude erinnern in ihrer Anordnung an einen ehemaligen Thüringer Bauernhof. Praktische Zimmer. Verschiedene Gasträume stehen für ein gemütliches Essen bereit.

FÖCKELBERG Rheinland-Pfalz 543 R 6 – 400 Ew – Höhe 300 m.
Berlin 680 – Mainz 109 – Saarbrücken 72 – Trier 96 – Kaiserslautern 22.

Beim Wildpark Potzberg West : 1 km – Höhe 562 m

Turmhotel 🌳, Auf dem Potzberg 3, ✉ 66887, ✆ (06385) 7 20, turmhotel-pfalz@t-online.de, Fax (06385) 72156, ≤ Pfälzer Bergland, 🍴 – 📺 P. 🛁 80. 🅰🅴 🆘 VISA
Menu à la carte 16,50/31,50 – **46 Zim** ⇌ 50/52 – 78/83.
• Eine Burganlage der Neuzeit - erst vor ein paar Jahren errichtet. Entstanden sind solide Zimmer, wobei die Turmzimmer offene Kamine haben. Schöner Rittersaal. Besonders Tagungsgäste schätzen die großen Räume des Restaurants.

FÖHR (Insel) Schleswig-Holstein 541 B 9 – Seebad – Insel der Nordfriesischen Inselgruppe.
Ausflugsziele : Die Halligen★ (per Schiff).
Nieblum-Greveling, ✆ (04681) 58 04 55.
⛴ von Dagebüll (ca. 45 min). Für PKW Voranmeldung bei Wyker Dampfschiffs-Reederei GmbH in Wyk, ✆ (01805) 08 01 40, Fax (04681) 80116.
ab Hafen Dagebüll : Berlin 466 – Kiel 126 – Sylt (Westerland) 14 – Flensburg 57 – Niebüll 15.

Nieblum – 800 Ew.

Landhotel Witt (mit Gästehaus), Alkersumstieg 4, ✉ 25938, ✆ (04681) 5 87 70, landhotel-witt@t-online.de, Fax (04681) 587758, 🌳, 🛁, 🍴 – 🚭 Zim, 📺 P.
geschl. 10. Jan. – **Menu** (geschl. Montag, Mai – Okt. Montagmittag) à la carte 25/40,50 – **15 Zim** ⇌ 69/102 – 99/136 – ½ P 19.
• Ein älterer Gasthof und ein reetgedecktes Backsteinhaus bilden dieses kleine Hotel mit individuell eingerichteten Zimmern. Schön angelegter Garten. Eine kleine Vinothek ergänzt das stilvolle Restaurant. Hübsche Gartenterrasse.

Oevenum – 500 Ew.

Landhaus Laura 🌳, Buurnstrat 49, ✉ 25938, ✆ (04681) 5 97 90, landhaus-laura@foehr.net, Fax (04681) 597935, 🌳, 🛁 – 🚭 📺 P. 🚫 Rest
geschl. Mitte Jan. - Mitte Feb., Mitte Nov. - Mitte Dez. – **Menu** (geschl. Montagmittag, Dienstag - Mittwochmittag, Okt. - März Montag – Freitagmittag) à la carte 20,50/37 – **15 Zim** ⇌ 45/70 – 120/150.
• Ruhig liegt der 300 Jahre alte regionstypische Reethof im Ortskern. Geschmackvoll und individuell hat man die Zimmer eingerichtet - teils im Laura-Ashley-Stil. Im rustikalen Restaurant herrscht uriges Ambiente. Mit hübscher Terrasse.

Süderende – 150 Ew.

Die Scheune, Haus Nr. 60, ✉ 25938, ✆ (04683) 96 25 67, Fax (04681) 580748, 🌳 – P.
geschl. 6. Jan. - Mitte März, Anfang Nov. - 25. Dez., Montag – **Menu** (nur Abendessen) à la carte 28,50/41.
• Nachdem ein Feuer Die Scheune 1998 völlig zerstörte, erstrahlt sie jetzt in neuem Glanz : schwedischer Landhausstil schafft ein nettes Ambiente. Schöne Terrasse.

Wyk – 4 500 Ew – Heilbad.
🛈 Gästeservicecenter, Rathaus, Hafenstraße 23, ✉ 25938, ✆ (04681) 3 00, urlaub@foehr.de, Fax (04681) 3068.

Duus-Hotel, Hafenstr. 40, ✉ 25938, ✆ (04681) 5 98 10, duus-hotel@t-online.de, Fax (04681) 598140, 🚭 Rest, 📺 🅰🅴 ◐ 🆘 VISA
geschl. 20. Dez. - 20. Feb. – **Austernfischer** (geschl. Donnerstag) **Menu** à la carte 21/31,50 – **20 Zim** ⇌ 62/70 – 86/100.
• Tipptopp gepflegte, zeitgemäße Zimmer sprechen für diesen soliden, gut geführten Familienbetrieb am Anfang der Fußgängerzone - einige mit Blick auf den Hafen. Im Austernfischer serviert man in bürgerlich-rustikalem Ambiente eine schmackhafte Regionalküche.

Alt Wyk, Große Str. 4, ✉ 25938, ✆ (04681) 32 12, altwyk@t-online.de, Fax (04681) 59172 –
geschl. Anfang März 2 Wochen, Mitte Nov. 2 Wochen, Dienstag – **Menu** (nur Abendessen) à la carte 30/38.
• Sehr hübsch sitzt man in dem in drei Stuben unterteilten Restaurant. Alles ist liebevoll im friesisch-rustikalen Stil eingerichtet und dekoriert - schön : der helle Kachelofen.

FÖHR (Insel)

※ **Friesenstube,** Süderstr. 8, ✉ 25938, ℰ (04681) 24 04, Fax (04681) 915 – 🆎 ⓄⒹ ⓂⒺ 🆅🅸🆂🅰
geschl. 6. Jan. - 8. Feb., Montag – **Menu** *à la carte 14,50/32,50.*
♦ Schon das Ambiente stimmt den Gast heiter : rustikal-friesisch, teils mit typischen Kacheln gefliest. Gekocht wird schnörkellos - hauptsächlich regionale Fischgerichte.

FORBACH Baden-Württemberg 🆕🆕🆕 T 9 – 5 400 Ew – Höhe 331 m – Luftkurort.
🅱 Tourist-Info, Landstr. 27 (Rathaus), ✉ 76596, ℰ (07228) 23 40, touristinfo@forbach.de, Fax (07228) 2997.
Berlin 717 – Stuttgart 106 – *Karlsruhe 46* – Freudenstadt 31 – Baden-Baden 26.

In Forbach-Hundsbach Süd-West : 14 km über Raumünzach – Wintersport : 750/1000 m ≤ 1 ≰ :

🌴 **Feiner Schnabel** ⚑, Hundseckstr. 24, ✉ 76596, ℰ (07220) 2 72, ksiegwarth@aol.com, Fax (07220) 352, 🍽, ☎, 🅻, 🏊 – 🛏 Zim, 📺 🚗 🅿 🆎 ⓄⒹ ⓂⒺ 🆅🅸🆂🅰 🅹🅲🅱 ※ Rest
geschl. 2. Nov. - 18. Dez. – **Menu** *(geschl. Dienstag) à la carte 13,50/30 –* **9 Zim** ⊆ 43 – 66/74 – ½ P 14.
♦ Ringsum nur hohe Tannen, grüne Wiesen und ein paar Häuser. Das kleine, familiengeführte Ferienhotel bietet Ihnen einfache, aber sehr gepflegte, saubere Gästezimmer. Bürgerlich-ländliches Restaurant.

*Fragen Sie Ihren Buchhändler nach dem aktuellen
Katalog des Michelin Reise-Verlags*

FORCHHEIM Bayern 🆕🆕🆕 Q 17 – 31 000 Ew – Höhe 265 m.
Sehenswert : Pfarrkirche (Bilder der Martinslegende★).
🅱 Tourist-Information, Hauptstr. 24, Rathaus, ✉ 91301, ℰ (09191) 71 43 38, tourist@forchheim.de, Fax (09191) 714206.
Berlin 429 – München 206 – *Nürnberg 38* – Bamberg 25 – Würzburg 93.

🏨 **Kleines Hotel Garni,** Dreikirchenstr. 13, ✉ 91301, ℰ (09191) 7 07 90, info@hotel-forchheim.de, Fax (09191) 707930 – 🛏 📺 🆎 ⓄⒹ ⓂⒺ 🆅🅸🆂🅰
12 Zim ⊆ 69 – 85.
♦ Hinter einer schlichten Fassade verbirgt sich ein exquisites Kleinod : Man hat die Zimmer mit eleganten Landhausmöbeln eingerichtet - die Bäder mit Granit.

🏨 **Franken,** Ziegeleistr. 17, ✉ 91301, ℰ (09191) 62 40 (Hotel), 6 24 44 (Rest.), Fax (09191) 62480, 🍽 – 🛏 Zim, 📺 📞 🚗 🅿 🆎 ⓄⒹ ⓂⒺ 🆅🅸🆂🅰 ※ Zim
Bobby's *(geschl. Sonntag) (nur Abendessen)* **Menu** *à la carte 21,50/29,50 –* **40 Zim** ⊆ 50/65 – 65/75.
♦ Am Ortsausgang, unweit der B 470, liegt dieses Haus mit etwas älter möblierten, aber soliden und gepflegten Zimmern - mehr Platz bieten die Zimmer im Gästehaus.

🏨 **Am Kronengarten** garni, Bamberger Str. 6a, ✉ 91301, ℰ (09191) 7 25 00, kontakt@hotel-am-kronengarten.de, Fax (09191) 66331 – 📶 📺 🆎 ⓂⒺ 🆅🅸🆂🅰
23 Zim ⊆ 49/53 – 69/75.
♦ Im Zentrum der Altstadt, in einen Innenhof versetzt, steht dieses typische Stadthotel. Es hat praktisch eingerichtete Zimmer und wird von der Eigentümerin persönlich geführt.

In Forchheim-Burk West : 1,5 km über B 470 :

🏨 **Schweizer Grom** (mit Gästehaus), Röthenstr. 5, ✉ 91301, ℰ (09191) 39 55, Fax (09191) 3955, Biergarten – 📺 🅿 – 🪑 25. ⓂⒺ 🆅🅸🆂🅰
Menu *(geschl. Juni, Freitag) à la carte 12/20 –* **30 Zim** ⊆ 38/50 – 55/65.
♦ Mit viel Engagement führen die Wirtsleute ihren Gasthof. Ein Einsatz, den man überall sieht : saubere, tadellose Zimmer - besonders zu empfehlen sind die im Gästehaus. Gemütlich fränkisch lautet die Devise in der Stube mit dem ockerfarbenen Kachelofen.

In Kunreuth-Regensberg Süd-Ost : 15 km, über B 470, in Reuth rechts ab, dann über Gosberg, Kunreuth und Weingarts :

🏨 **Berg-Gasthof Hötzelein** ⚑, ✉ 91358, ℰ (09199) 80 90, hoetzelein@berg-gasthof.de, Fax (09199) 80999, ≤Fränkische Schweiz, 🍽, ☎, 🏊 – 📶 📺 🚗 🅿 – 🪑 25. ⓂⒺ 🆅🅸🆂🅰 ※
geschl. 24. Nov. - 24. Dez. – **Menu** *(geschl. Dienstag) à la carte 13/27,50 –* **31 Zim** ⊆ 47/50 – 63/78.
♦ Hoch oben auf dem Regensberg thront das Hötzelein. Übernachtungsgäste quartiert man in wohnlichen Zimmern mit Naturholz- oder Landhausmöblierung ein. Großzügig gibt sich der Restaurantbereich, in dem vorwiegend Regionales angeboten wird.

FORCHTENBERG Baden-Württemberg ᴅᴉᴇ S 12 – 3 800 Ew – Höhe 189 m.
Berlin 573 – Stuttgart 83 – Würzburg 82 – Heilbronn 41 – Künzelsau 13.

In Forchtenberg-Sindringen West : 6 km Richtung Neuenstadt :

🏠 **Krone** (mit Gästehaus), Untere Str. 2, ✉ 74670, ✆ (07948) 9 10 00, *landgasthof_krone@t-online.de*, Fax (07948) 2492, 🌳, 🍴 – 📺 – 🚗 – 🅿 – 🛁 40. ⓐⓔ ⓜⓞ 🅥🅘🅢🅐
geschl. 8. - 28. Jan. – **Menu** (geschl. Dienstag) à la carte 14,50/28,50 – **27 Zim** ⌷ 41/45 – 67/70.
♦ Ein ländlicher Gasthof inmitten des Kochertals. Er wird von der Wirtsfamilie ordentlich geführt und verfügt über gepflegte Zimmer - besonders hübsch sind die im Gästehaus. In den rustikalen Garträumen spürt man die familiäre Atmosphäre des Hauses.

FORST Baden-Württemberg siehe Bruchsal.

FORST Rheinland-Pfalz siehe Deidesheim.

FORST (LAUSITZ) Brandenburg ᴅᴉᴇ K 27 – 23 500 Ew – Höhe 78 m.

🅘 Touristinformation, Cottbuser Str. 10, ✉ 03149, ✆ (03562) 66 90 66, *forst-information@t-online.de*, Fax (03562) 669067.
Berlin 149 – Potsdam 157 – Cottbus 26 – Frankfurt (Oder) 81.

🏨 **Wiwo**, Domsdorfer Kirchweg 14, ✉ 03149, ✆ (03562) 95 10, *info@hotel-wiwo.de*, Fax (03562) 984379, 🌳 – 🛗, 🛏 Zim, 🍴 Rest, 📺 🅿 – 🛁 180. ⓐⓔ ⓜⓞ 🅥🅘🅢🅐 ⓙⒸⒷ
Menu à la carte 14/27,50 – **71 Zim** ⌷ 50/52 – 65/70.
♦ In einem kleinen Industriegebiet liegt dieses Hotel, das hinter seiner etwas nüchtern wirkenden Fassade wohnliche, zeitgemäß ausgestattete Zimmer beherbergt.

FORSTINNING Bayern ᴅᴉᴇ V 19 – 2 900 Ew – Höhe 512 m.
Berlin 600 – München 27 – Ebersberg 13 – Erding 19 – Rosenheim 44.

In Forstinning-Schwaberwegen Süd-West : 1 km, Richtung Anzing :

🏠 **Zum Vaas**, Münchner Str. 88, ✉ 85661, ✆ (08121) 4 30 91, *gasthof.vaas@t-online.de*, Fax (08121) 43094, Biergarten – 🛏 Zim, 📺 🅿 🅰 🛁 30. ⓐⓔ ⓞ ⓜⓞ 🅥🅘🅢🅐
geschl. Weihnachten - Anfang Jan., über Ostern 1 Woche, Aug. 3 Wochen – **Menu** (geschl. Montag - Dienstag) à la carte 13,50/35,50 – **9 Zim** ⌷ 48 – 75.
♦ Vor den Toren Münchens und nur 12 Kilometer von der Neuen Messe entfernt finden Sie diesen regionstypischen Landgasthof mit gut eingerichteten, soliden Zimmern. Rustikale Schänke, in der bayerische Schmankerln und frisch gezapftes Bier serviert werden.

FRAMMERSBACH Bayern ᴅᴉᴇ P 12 – 4 900 Ew – Höhe 225 m – Erholungsort – Wintersport : 450/530 m ⚐1 ⚘.
🅘 Verkehrsverein, Marktplatz 3, ✉97833, ✆ (09355) 48 00, *verkehrsverein@frammersbach.de*, Fax (09355) 975625.
Berlin 527 – München 332 – Würzburg 55 – Frankfurt am Main 71 – Fulda 74.

🏠 **Landgasthof Kessler,** Orber Str. 23 (B 276), ✉ 97833, ✆ (09355) 12 36, *landgasthof@t-online.de*, Fax (09355) 99741 – 🛏 Zim, 📺 🅿 🅰 🛁 30. ⓐⓔ ⓜⓞ 🅥🅘🅢🅐
Menu (geschl. Mittwoch) à la carte 13/26 – **14 Zim** ⌷ 33 – 56 – ½ P 10.
♦ Seit Generationen schon bemüht sich Familie Kessler um das Wohlbefinden ihrer Gäste. Nach umfangreichen Umbauten bietet man Ihnen jetzt wohnliche Zimmer mit Naturholzmöbeln. Die Gastwirtschaft besticht durch ihre gemütliche Atmosphäre.

🍴 **Schwarzkopf** mit Zim, Lohrer Str. 80 (B 276), ✉ 97833, ✆ (09355) 3 07, *mail@gasthof-schwarzkopf.de*, Fax (09355) 4412, Biergarten – 📺 🚗. ⓜⓞ 🅥🅘🅢🅐
geschl. Feb. 2 Wochen, Sept. 2 Wochen – **Menu** (geschl. Montag) à la carte 17/29 – **6 Zim** ⌷ 37/40 – 68.
♦ Die mit dunklem Holz verkleidete Stube und die bunten Tiffany-Lampen verbreiten gediegenes Flair. Die Küche lässt sich von Frischem aus der Region inspirieren.

In Frammersbach-Habichsthal West : 10 km, über Wiesener Straße und Spessartstraße, im Frammersbacher Forst links ab :

🏠 **Zur frischen Quelle,** Dorfstr. 10, ✉ 97833, ✆ (06020) 13 93, Fax (06020) 2815, 🌳, 🍴 – 📺 🅿 ⓜⓞ 🅥🅘🅢🅐
geschl. Anfang März 2 Wochen – **Menu** (geschl. Mittwoch) à la carte 13/26 – **20 Zim** ⌷ 25 – 45.
♦ Eingebettet in den Naturpark Spessart liegt dieser einfache, aber gut unterhaltene Gasthof mit sauberen und solide möblierten Gästezimmern. Ländlich-bürgerliche Gaststuben.

FRANKENBERG Sachsen 544 N 23 – 16 000 Ew – Höhe 262 m.

🛈 Bürger- und Tourist-Information, Markt 15, ✉ 09669, ℘ (037206) 6 41 06, Fax (037206) 64105.

Berlin 245 – Dresden 63 – Chemnitz 13 – Chomutov 79 – Karlovy Vary 95 – Zwickau 54.

Lützelhöhe garni, Dr.-Wilhelm-Külz-Str. 53, ✉ 09669, ℘ (037206) 53 20, Fax (037206) 5300 – ⚒ 🅿 🛏 20. AE ⓘ ⓜ VISA
20 Zim ⊃ 36 – 57.
 • Ein Haus mit über 100-jähriger Tradition, das Anfang der 90er Jahre umgebaut wurde. Eröffnet hat man ein ländliches Hotel mit netten und praktischen Zimmern.

Am Rittergut garni, Hainichener Str. 4, ✉ 09669, ℘ (037206) 50 27 00, Fax (037206) 502722, 😐 – ⚒ 🅿 AE ⓜ VISA
12 Zim ⊃ 36/55 – 56/70.
 • Das kleine, gut geführte Hotel - früher mal ein Kindergarten - verfügt über schlichte und sachlich gestaltete, tadellos gepflegte Gästezimmer mit Parkettboden.

FRANKENBERG AN DER EDER Hessen 543 M 10 – 19 000 Ew – Höhe 296 m.

Sehenswert : Rathaus★.

Ausflugsziel : Haina : Ehemaliges Kloster★, Ost : 18 km.

🛈 Verkehrsamt, Obermarkt 13 (Stadthaus), ✉ 35066, ℘ (06451) 50 51 13, Fax (06451) 505100.

Berlin 451 – Wiesbaden 156 – Marburg 39 – Kassel 78 – Paderborn 104 – Siegen 83.

Sonne , Marktplatz 2, ✉ 35066, ℘ (06451) 75 00, anfrage@sonne-frankenberg.de, Fax (06451) 22147, 😐, Massage, 😐 – 🛏 🅿 ℘ – 🛏 120. ⓘ ⓜ VISA
Menu (geschl. Sonntagabend, 19. Juli - 27. Aug. Sonntag - Montag) à la carte 20/34,50, ♀ – **42 Zim** ⊃ 55/85 – 85/115 – ½ P 21.
 • Hinter der Klinkerfassade dieses Altstadthotels gleicht kein Zimmer dem anderen : Sie sind von einfach-ländlich bis hin zu modern völlig unterschiedlich ausgestattet. Das rustikal gehaltene Restaurant bewirtet seine Gäste mit Internationalem.

Rats-Schänke , Marktplatz 7, ✉ 35066, ℘ (06451) 7 26 60, Fax (06451) 726655 – 🛏, ⚒ Zim, 📺 ℘ ⇔, AE ⓘ ⓜ VISA
geschl. 2. - 16. Jan., Aug. 2 Wochen – **Menu** (geschl. Donnerstag) à la carte 16/29 – **36 Zim** ⊃ 54/62 – 90/125 – ½ P 15.
 • Im Herzen der Altstadt, direkt neben dem 10-türmigen Rathaus, steht das alteingesessene Hotel. Es bietet seinen Gästen bürgerliche Zimmer mit Bauern- oder Landhausmöbeln. Ländliches Ambiente im Restaurant.

FRANKENHAIN Thüringen 544 N 16 – 1 000 Ew – Höhe 398 m.

Berlin 330 – Erfurt 39 – Gotha 28 – Ilmenau 14 – Suhl 25.

Am Gisselgrund, Ohrdrufer Str. 9, ✉ 99330, ℘ (036205) 74 30, info@hotel-gisselgrund.de, Fax (036205) 74334, 😐, 😐 – 📺 🅿 AE ⓘ ⓜ VISA
Menu à la carte 12,50/19 – **17 Zim** ⊃ 40 – 65.
 • Ansprechend wirkt der Gisselgrund schon durch seine hübsche Fassade mit Holzbalkonen und Erkern. Im Inneren erwarten Sie neuzeitliche Gästezimmer. Die Küche bietet typische Thüringer Speisen.

FRANKENHAUSEN, BAD Thüringen 544 L 17 – 9 500 Ew – Höhe 138 m – Sole-Heilbad.

🛈 Kyffhäuser-Information, Anger 14, ✉ 06567, ℘ (034671) 7 17 17, info@kyffhaeusertourismus.de, Fax (034671) 71719.

Berlin 246 – Erfurt 57 – Göttingen 110 – Halle 81 – Nordhausen 31.

Residenz , Am Schlachtberg 3, ✉ 06567, ℘ (034671) 7 50, info@residenz-frankenhausen.de, Fax (034671) 75300, ≤ Bad Frankenhausen, 😐, Massage, 😐, 🛏 – 🛏, ⚒ Zim, 🛏 Rest, 📺 🅿 – 🛏 30. AE ⓘ ⓜ VISA 🛏 Rest
Menu à la carte 21/38 – **86 Zim** ⊃ 69/79 – 99 – ½ P 17.
 • Ein reizvolles Hotel, das durch seine Hanglage einen beeindruckenden Blick ins Tal der Diamantenen Aue ermöglicht - dazu bietet man elegant ausgestattete Zimmer. Eine nette Aussicht hat man durch die Fensterfront des zeitlos gestalteten Restaurants.

Reichental, Rottlebener Str. 4, ✉ 06567, ℘ (034671) 6 80, info@hotelreichental.de, Fax (034671) 68100, 😐, 😐, 🛏, 🛏 – 🛏, ⚒ Zim, 📺 ℘ 🅿 – 🛏 100. AE ⓜ VISA
Menu 18/34 à la carte 18/39 – **50 Zim** ⊃ 55/65 – 85/95 – ½ P 18.
 • Eine gute Führung und gepflegte, funktionell eingerichtete Zimmer mit Kirschbaummöbeln sprechen für dieses familiengeführte Hotel am Ortsrand. Hell gestaltetes Restaurant.

FRANKENHAUSEN, BAD

🏠 **Alte Hämmelei** (mit Gästehaus), Bornstr. 33, ✉ 06567, ✆ (034671) 51 20, Fax (034671) 51210, Biergarten – 📺 🅿 ⓂⓄ 𝙑𝙄𝙎𝘼
Menu (Montag - Freitag nur Abendessen) à la carte 14,50/24 – **10 Zim** ⊇ 40/45 – 60 – ½ P 11.
• Das Fachwerkhaus liegt an der alten Stadtmauer im Herzen des Ortes. Eines der mit solidem Holzmobiliar eingerichteten Zimmer befindet sich in einem Stadtturm. Blanke Tische, Nischen und ein nettes Dekor bestimmen das rustikale Ambiente im Restaurant.

FRANKENTHAL IN DER PFALZ
Rheinland-Pfalz **543** R 9 – 49 800 Ew – Höhe 94 m.
Siehe auch Mannheim-Ludwigshafen (Umgebungsplan).
🛈 Stadtverwaltung, Rathausplatz 2, ✉ 67227, ✆ (06233) 8 93 95, Fax (06233) 89400.
Berlin 618 – Mainz 66 – Mannheim 18 – Kaiserslautern 47 – Worms 10.

FRANKENTHAL
IN DER PFALZ

Am Kanal	2
August-Bebel-Straße	3
Bahnhofstraße	4
Erzberger Straße	5
Europaring	6
Friedrich-Ebert-Straße	7
Heinrich-Heine-Straße	10
Heßheimer Straße	12
Karolinenstraße	13
Mahlastraße	14
Mühlstraße	16
Nürnberger Straße	17
Philipp-Karcher-Straße	18
Rathausplatz	19
Speyerer Straße	
Wallonenstraße	21
Westliche Ringstraße	23
Willy-Brandt-Anlage	25
Wormser Straße	28
Zuckerfabrikstraße	30

🏨 **Victor's Residenz-Hotel** garni, Mina-Karcher-Platz 9, ✉ 67227, ✆ (06233) 34 30, info@residenz-frankenthal.bestwestern.de, Fax (06233) 343434, ☎ – 🛗 ⚞ 📺 ✆ 🚗 – 🔸 20. 𝘈𝘌 ⓞ ⓂⓄ 𝙑𝙄𝙎𝘼. 🞽 Rest   Umgebungsplan Mannheim-Ludwigshafen **AU** c
104 Zim ⊇ 95/132 – 125/160, 8 Suiten.
• Das Victor besticht durch seine ungewöhnliche Turm-Silhouette. Dem modernen Äußeren entsprechend sind die Zimmer mit guter Technik neuzeitlich-funktionell ausgestattet.

🏨 **Central**, Karolinenstr. 6, ✉ 67227, ✆ (06233) 87 80, central-frankenthal@remahote l.de, Fax (06233) 22151, Biergarten – 🛗, 🞽 Zim, 📺 🅿 – 🔸 80. 𝘈𝘌 ⓞ ⓂⓄ 𝙑𝙄𝙎𝘼   a
La Bohème (geschl. Sonntagabend) **Menu** à la carte 27/41,50 – **71 Zim** ⊇ 62/93 – 98/116.
• Ein gepflegtes Hotel, in das die Besitzer immer wieder investieren. So bieten auch die Zimmer guten Komfort und entsprechen durchaus modernem Stilempfinden. Helle Farben und Glas unterstreichen das neuzeitliche Ambiente im Restaurant.

🏨 **Achat** garni, Mahlastr. 18, ✉ 67227, ✆ (06233) 49 20, frankenthal@achat-hotel.de, Fax (06233) 492999 – 🛗 🞽 📺 ✆ 🚗 🅿 𝘈𝘌 ⓞ ⓂⓄ 𝙑𝙄𝙎𝘼 𝙅𝘾𝘽   **AU** a
126 Zim ⊇ 70/100 – 96/126.   Umgebungsplan Mannheim-Ludwigshafen
• Verkehrsgünstig am Stadtrand liegt das Mitte der 90er Jahre eröffnete Hotel. Besonders Geschäftsleute und Langzeitgäste schätzen das praktische Haus ohne viele Schnörkel.

🏠 **Weinhotel Wagner**, Schlachthausweg 14, ✉ 67227, ✆ (06233) 3 68 80, mhw@w einhotel-wagner.de, Fax (06233) 368811, 🎐 – 🞽 Zim, 📺 ✆ 🅿 ⓂⓄ 𝙑𝙄𝙎𝘼
Menu (geschl. 1. - 15. Jan.) (wochentags nur Abendessen) à la carte 14/25 – **11 Zim** ⊇ 45 – 67.   Umgebungsplan Mannheim-Ludwigshafen **AU** e
• In einer Seitenstraße zum Stadtring liegt dieses familiengeführte kleine Hotel. Gästen bietet man recht geräumige, funktionell gestaltete Zimmer. Weinstube mit gemütlichem Ambiente und typischem Speisenangebot.

FRANKENTHAL IN DER PFALZ

Filling (mit Gästehaus), Nürnberger Str. 14, ✉ 67227, ℰ (06233) 3 16 60, *post@hotelfilling.de*, *Fax (06233) 28259*, Biergarten – 📺 ✆ 🚗 🅿 ① ⓜ ⓢ 𝚅𝙸𝚂𝙰 r
Menu *(wochentags nur Abendessen)* à la carte 18,50/36,50 – **32 Zim** ⊊ 29/45 – 62.
• Man betritt das Hotel durch eine hübsch gestaltete Halle. Die Zimmer sind recht unterschiedlich eingerichtet, wobei die im Landhausstil besonders zu empfehlen sind. Mit hellem Holz nett gestaltetes Restaurant.

Adamslust, An der Adamslust 10, ✉ 67227, ℰ (06233) 6 17 16, *Fax (06233) 68249*, 🌳 – 🅿 ⓜⓢ Umgebungsplan Mannheim-Ludwigshafen **AU** n
geschl. Jan. 2 Wochen, Sept. 2 Wochen, Samstagmittag, Sonntagabend - Montag – **Menu** (Tischbestellung ratsam) à la carte 31,50/44.
• Stilvolles Landhaus mit rustikalem Charme. Der Chef des Hauses kocht eine an den Jahreszeiten orientierte Küche, die Appetit macht - dazu der nette Service der Gastgeberin.

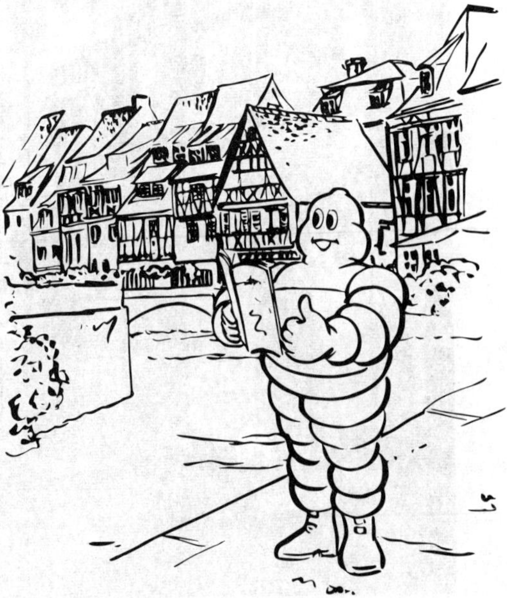

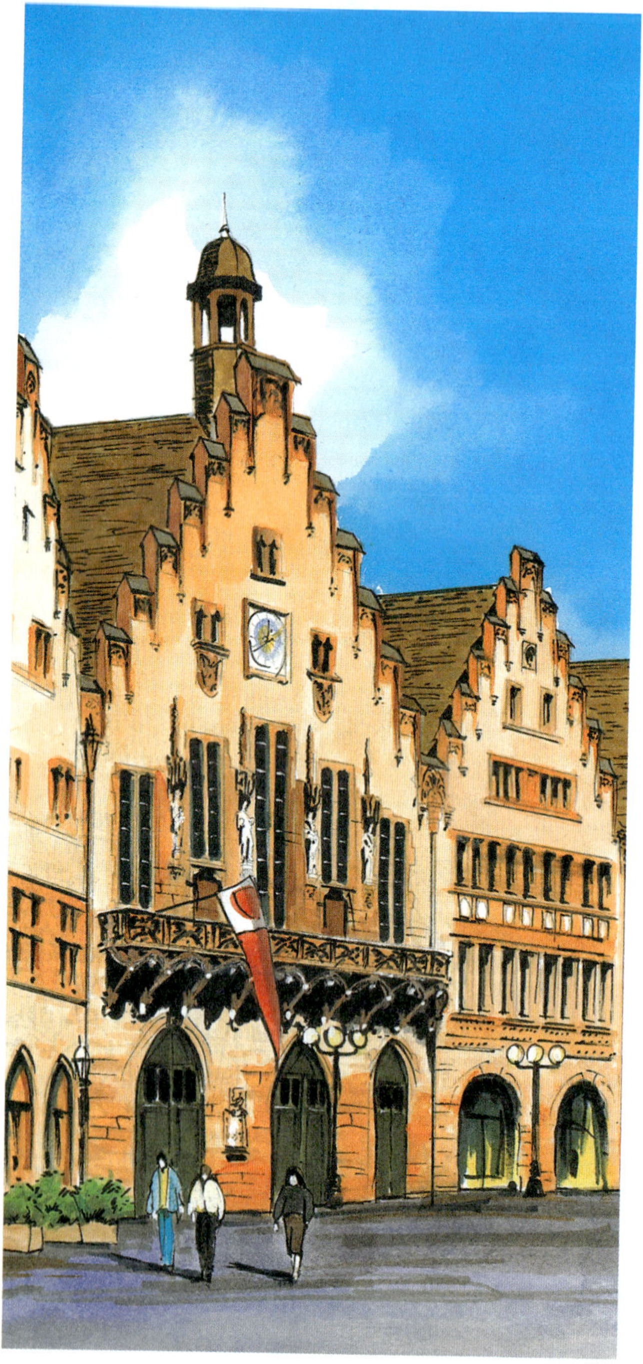

FRANKFURT AM MAIN

Hessen 543 P 10 - *650 000 Ew - Höhe 95 m*

Berlin 537 ⑧ *- Wiesbaden 41* ⑦ *- Bonn 178* ⑤ *- Nürnberg 226* ③ *- Stuttgart 204* ⑤

Alphabetisches Verzeichnis der Hotels und Restaurants	S. 2 und 3
Stadtplan Frankfurt :	
Frankfurt und Umgebung	S. 4 und 5
Frankfurt	S. 6 und 7
Zentrum	S. 8
Umgebungskarte	S. 9
Hotels und Restaurants	S. 10 bis 19

🛈 *Touristinformation im Römer*, ✉ *60311,* ℘ *(069) 21 23 88 00, info@tcf.frankfurt.de, Fax (069) 21237880*

🛈 *Touristinformation im Hauptbahnhof,* ✉ *60329,* ℘ *(069) 21 23 88 00, Fax (069) 21237880*

ADAC, *Schillerstr. 12*

✈ *Frankfurt am Main* AU, ℘ *(069) 69 00*

🚗 *In Neu-Isenburg, Kurt-Schumacher-Straße*

Messegelände CX, ℘ *(069) 7 57 50, Fax (069) 75756433*

Sehenswert : *Goethehaus*★ GZ *- Senkenberg-Museum*★ *(Paläntologie*★★*)* CV M⁹ *- Städelsches Museum und Städtische Gallerie*★★ GZ *- Museum für Kunsthandwerk*★ HZ *- Deutsches Filmmuseum*★ GZ M⁷ *- Museum für moderne Kunst*★ HY M¹⁰ *- Dom*★ *(Westturm*★★*, Chorgestühl*★*, Dom-Museum*★*)* HZ *- Palmengarten*★ CV *- Zoo*★★ FV

⛳ *Frankfurt-Niederrad, Golfstr. 41* BT, ℘ *(069) 6 66 23 17*

⛳ *Frankfurt-Niederrad, Schwarzwaldstr. 127,* BT, ℘ *(069) 96 74 13 53*

⛳ *Hanau-Wilhelmsbad, Wilhelmsbader Allee 32 (Ost : 12 km über Hanauer Landstraße* BS*),* ℘ *(06181) 8 20 71*

⛳ *Dreieich, Hofgut Neuhof (Süd : 13 km über A 661 und Abfahrt Dreieich* BU*)* ℘ *(06102) 32 70 10*

⛳ *Bad Vilbel-Dortelweil, Lindenhof (Nord-Ost : 13 km über Friedberger Landstraße* AR*),* ℘ *(06101) 5 24 52 00*

Alphabetische Liste der Hotels und Restaurants
Liste alphabétique des hôtels et restaurants

A

- S. 14 Adolf Wagner
- S. 10 Alexander am Zoo
- S. 15 Amadeus
- S. 12 Am Dom
- S. 11 An der Messe
- S. 16 ArabellaSheraton Congress Hotel
- S. 10 ArabellaSheraton Grand Hotel
- S. 12 Astoria
- S. 12 Atlantic
- S. 12 Atrium
- S. 13 Aubergine
- S. 14 Avocado

B

- S. 18 Bommersheim
- S. 15 Borger
- S. 17 Brick Fine Dining
- S. 15 Brighella
- S. 11 Bristol

C

- S. 12 Corona
- S. 15 Courtyard by Marriott
- S. 17 Courtyard by Marriott Nordwest Zentrum
- S. 14 Cyrano

D

- S. 16 Darmstädter Hof
- S. 12 Diana
- S. 12 Domicil
- S. 18 Dorint

E

- S. 14 Ernos Bistro
- S. 14 Estragon

F

- S. 14 Fichtekränzi
- S. 13 Français
- S. 18 Frankfurter Haus

G

- S. 13 Gallo Nero
- S. 13 Gargantua

H

- S. 15 Harheimer Hof
- S. 15 Hausener Dorfkrug
- S. 10 Hessischer Hof
- S. 10 Hilton
- S. 17 Holbein's
- S. 18 Holiday Inn (Neu Isenburg)
- S. 16 Holiday Inn (Niederrad)
- S. 17 Holiday Inn (Sachsenhausen)
- S. 18 Hugenottenhof

I

- S. 11 Imperial
- S. 11 InterCityHotel
- S. 10 InterContinental

K

- S. 19 Kempinski Hotel Gravenbruch
- S. 14 Klaane Sachsehäuser

L

- S. 16 Landhaus Alte Scheune
- S. 13 L'Artichoc
- S. 13 La Trattoria
- S. 10 Le Méridien Parkhotel
- S. 11 Liebig-Hotel
- S. 16 Lindner Congress Hotel

M

- S. 17 Maingaustuben
- S. 17 Main Plaza
- S. 13 Main Tower Restaurant
- S. 12 Manhattan
- S. 10 Maritim
- S. 16 Markgraf
- S. 10 Marriott
- S. 12 Memphis
- S. 18 Mercure (Eschborn)

S. 11 Mercure (Zentrum)
S. 14 Meyer's Restaurant
S. 12 Miramar

N

S. 18 Neuer Haferkasten
S. 11 NH Frankfurt-City
S. 16 NH Frankfurt Niederrad
S. 17 Niederräder Hof
S. 18 Novotel
S. 11 Novotel Frankfurt City West

O – P

S. 13 Opéra
S. 17 Osteria Enoteca
S. 11 Palmenhof
S. 12 Plaza

R

S. 16 relexa

S

S. 12 Scala
S. 15 Schöne Aussicht

S. 17 Senso e Vita
S. 19 Sheraton
S. 19 Steigenberger Esprix Hotel
S. 10 Steigenberger Frankfurter Hof
S. 11 Steigenberger MAXX Hotel

T

S. 13 Tiger-Restaurant
S. 14 Toan

V – W

S. 13 Villa Merton
S. 11 Villa Orange
S. 17 Weidemann
S. 18 Wessinger

Z

S. 12 Zeil
S. 14 Zum gemalten Haus
S. 18 Zum Grünen Baum
S. 14 Zum Rad
S. 15 Zur Buchscheer
S. 15 Zur Eulenburg

FRANKFURT AM MAIN S. 4

STRASSENVERZEICHNIS

Straße	Seite	Feld
Adalbertstraße	S. 6	CV
Adickesallee	S. 7	EV
Alfred-Brehm-Platz	S. 7	FV 2
Allerheiligenstr.	S. 8	HY 3
Altebrückesweg	S. 7	FV
Alte Brücke	S. 8	HZ
Alte Gasse	S. 8	HY
Am Tiergarten	S. 7	FV
An der Hauptwache	S. 8	GHY
Arnsburger Straße	S. 7	FV 4
Bärenstraße	S. 7	FV 6
Baseler Straße	S. 6	CX
Battonnstraße	S. 8	HY
Beethovenstraße	S. 6	CV
Berger Straße	S. 7	FV
Berliner Straße	S. 8	GHZ
Bethmannstraße	S. 8	GZ 7
Biebergasse	S. 8	GZ
Bleichstraße	S. 8	HY
Bleidenstraße	S. 8	HY 9
Bockenheimer Anlage	S. 8	GY
Bockenheimer Landstraße	S. 8	GY 10
Börsenstraße	S. 8	GY
Braubachstraße	S. 8	HZ
Bremer Straße	S. 6	DV 12
Brückenstraße	S. 8	HZ
Burgstraße	S. 7	FV
Danziger Platz	S. 7	FV
Darmstädter Landstr.	S. 7	EFX
Deutschherrnufer	S. 8	HZ
Diesterwegstraße	S. 8	HZ
Domstraße	S. 8	HZ 13
Dreieichstraße	S. 7	FX
Dürerstraße	S. 8	GZ
Düsseldorfer Str.	S. 6	CX 14
Eckenheimer Landstr.	S. 7	EV 15
Elisabethenstraße	S. 8	HZ 16
Eschenheimer Anlage	S. 8	HY
Escherheimer Landstr.	S. 8	GY
Eyseneckstraße	S. 6	DV
Fahrgasse	S. 8	HYZ
Flößerbrücke	S. 7	FX 17
Frankenallee	S. 6	CX
Franz-Rücker-Allee	S. 6	CV
Frauenlobstraße	S. 6	CV
Friedberger Anlage	S. 8	HY 20
Friedberger Landstr.	S. 8	HY 22
Friedensbrücke	S. 6	CX
Friedensstraße	S. 8	GZ 24
Friedrich-Ebert-Anlage	S. 6	CVX
Fürstenberger Str.	S. 6	CDV
Gallusanlage	S. 8	GZ
Gartenstraße	S. 8	GHZ
Gerbermühlstraße	S. 8	HZ
Gießener Straße	S. 5	BR
Goetheplatz	S. 8	GY
Goethestraße	S. 8	GY
Goldbergweg	S. 7	FX
Gräfstraße	S. 6	CV
Gr. Bockenheimer Str.	S. 8	GY 27
Große Eschenheimer Straße	S. 8	GY
Große Friedbergerstr.	S. 8	HY 29
Große Gallusstraße	S. 8	GYZ
Großer Hirschgraben	S. 8	GZ 30
Grüneburgweg	S. 6	CDV
Guiollettstraße	S. 6	CX
Gunthersburgallee	S. 7	FV
Gutleutstraße	S. 8	GZ
Gutzkowstraße	S. 8	HZ
Habsburgerallee	S. 7	FV
Hafenstraße	S. 6	CX
Hamburger Allee	S. 6	CX
Hanauer Landstraße	S. 7	FV
Hans-Thoma-Straße	S. 8	GZ
Hasengasse	S. 8	HY
Hemmerichsweg	S. 6	CX
Heerstraße	S. 4	AR
Henschelstraße	S. 7	FV
Hochstraße	S. 8	GY
Höhenstraße	S. 7	FV
Holbeinstraße	S. 8	GZ
Holzhausenstraße	S. 7	EV
Homburger Landstr.	S. 5	BR
Im Prüfling	S. 7	FV
Isenburger Schneise	S. 5	BT
Junghofstraße	S. 8	GY
Kaiserstraße	S. 8	GZ
Kalbächer Gasse	S. 8	GY 32
Karlstraße	S. 6	CX 33
Kennedyallee	S. 8	GZ
Kleiner Hirschgraben	S. 8	GY 35
Konrad-Adenauer-Straße	S. 8	HY
Kurt-Schumacher-Straße	S. 8	HYZ
Lange Straße	S. 7	FX
Leibigstraße	S. 6	CV
Limpurgergasse	S. 8	HZ 36
Mainkai	S. 8	HZ
Mainzer Landstr.	S. 6	CVX
Markt	S. 8	HZ
Miquelallee	S. 6	CV
Mörfelder Landstr.	S. 7	EX
Münchener Straße	S. 8	GZ
Munzgasse	S. 8	GZ 40
Neebstraße	S. 7	FV 42
Neue Mainzer Str.	S. 8	GYZ
Nibelungenallee	S. 7	EFV 43
Nizza Anlage	S. 8	GZ
Nordendstraße	S. 7	FV
Obermainanlage	S. 8	HZ 44
Obermainbrücke	S. 8	HZ 45
Oeder Weg	S. 8	GY
Offenbacher Landstr.	S. 7	FX
Oppenheimer Landstraße	S. 8	HZ
Oskar-von-Miller-Straße	S. 7	FX
Ostendstraße	S. 7	FX
Paradiesgasse	S. 8	HZ
Petersstraße	S. 8	HY
Pfingstweidstraße	S. 8	HY 47
Platz der Republik	S. 6	CX
Rechneigrabenstr.	S. 8	HZ 50
Reuterweg	S. 8	GY
Rhönstraße	S. 7	FV
Röderbergweg	S. 7	FV
Römerberg	S. 8	HZ
Roßmarkt	S. 8	GY
Rothschildallee	S. 7	FV
Saalburgallee	S. 7	FV
Saalburgstraße	S. 7	FV
Sachsenhäuser Ufer	S. 8	HZ
Sandweg	S. 7	FV
Schäfergasse	S. 8	HY
Schaumainkai (Museumsufer)	S. 8	GHZ
Scheffelstraße	S. 7	EV
Schifferstraße	S. 8	HZ
Schillerstraße	S. 8	GY 54
Schloßstraße	S. 6	CV
Schöne Aussicht	S. 8	HZ
Schwanheimer Ufer	S. 4	AT
Schweizer Platz	S. 8	HZ
Schweizer Straße	S. 8	GHZ
Seehofstraße	S. 7	FX 55
Seilerstraße	S. 8	HY
Senckenberganlage	S. 6	CV
Siemensstraße	S. 7	FX 56
Siesmayerstraße	S. 6	CV
Sonnemannstraße	S. 7	FX
Sophienstraße	S. 6	CV
Sprendlinger Landstraße	S. 5	BU
Stegstraße	S. 8	HZ
Stiftstraße	S. 8	HY
Stoltzestraße	S. 8	HY 58
Stresemannallee	S. 6	DX
Taunusanlage	S. 8	GZ
Taunustraße	S. 0	GZ 02
Taunustor	S. 8	GZ
Textorstraße	S. 8	HZ
Theodor-Heuss-Allee	S. 6	CV
Töngesgasse	S. 8	HY
Untermainanlage	S. 8	GZ 65
Untermainbrücke	S. 8	GZ
Untermainkai	S. 8	GZ
Vilbeler Straße	S. 8	HY
Walter-Kolb-Straße	S. 8	HZ
Wasserweg	S. 7	FX 67
Weißfrauenstraße	S. 8	GZ 68
Wendelsweg	S. 7	FX
Weserstraße	S. 8	GZ 69
Westendstraße	S. 6	CV
Wilhelm-Leuschner-Straße	S. 8	GZ
Windeckstraße	S. 7	FX 74
Wittelsbacherallee	S. 7	FV
Zeil	S. 8	HY

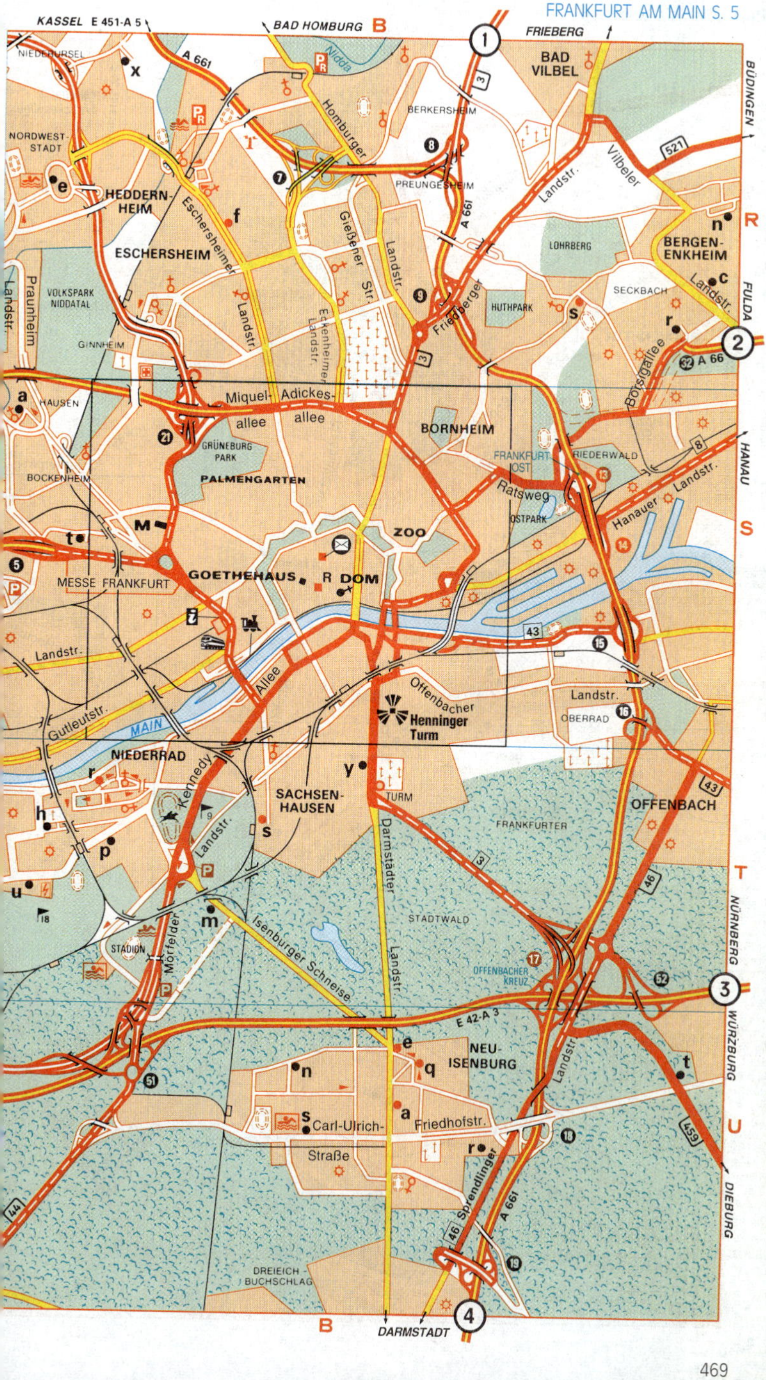
KASSEL E 451-A 5
BAD HOMBURG
FRIEBERG
BÜDINGEN
FULDA
HANAU
NÜRNBERG
WÜRZBURG
DIEBURG
DARMSTADT
BAD VILBEL
BERKERSHEIM
PREUNGESHEIM
NORDWEST-STADT
HEDDERN-HEIM
ESCHERSHEIM
VOLKSPARK NIDDATAL
GINNHEIM
LOHRBERG
BERGEN-ENKHEIM
SECKBACH
HUTHPARK
HAUSEN
BOCKENHEIM
GRÜNEBURG PARK
PALMENGARTEN
BORNHEIM
FRANKFURT OST
RIEDERWALD
OSTPARK
Ratsweg
Hanauer Landstr.
ZOO
GOETHEHAUS
DOM
MESSE FRANKFURT
MAIN
Gutleutstr.
NIEDERRAD
Kennedy Allee
Offenbacher Landstr.
Henninger Turm
OBERRAD
SACHSEN-HAUSEN
TURM
OFFENBACH
FRANKFURTER
STADTWALD
OFFENBACHER KREUZ
Isenburger Schneise
Mörfelder Landstr.
Darmstädter Landstr.
STADION
E 42-A 3
NEU-ISENBURG
Carl-Ulrich-Straße
Friedhofstr.
Sprendlinger Landstr.
A 661
DREIEICH BUCHSCHLAG
Miquel-allee
Adickes-allee
Eschersheimer Landstr.
Eckenheimer Landstr.
Gießener Str.
Homburger Landstr.
Friedberger Landstr.
Vilbeler Landstr.
Borsigallee
Praunheim Landstr.
Nidda
A 66
B
R
S
T
U

FRANKFURT AM MAIN S. 6

FRANKFURT AM MAIN

500 m

470

E
F
V
X
Seckbacher Landstr.
Adickesallee
Nibelungenallee /
Deutsche Bibliothek
Friedberger Landstr.
GÜNTHERSBURG
PARK
Prüfling
Berger Str.
Nordendstr.
Rothschild-
allee
Holzhausenstr.
Oeder Weg
Glauburgstr.
Burgstr.
BORNHEIM
Saalburgstr.
Saalburgallee
Bornheim Mitte
Berger Str.
Landstr.
Günthersburg-
Höhenstr.
Höhenstr.
Habsburger-
Musterschule
Scheffelstr.
Merianpl.
Sandweg
Wittelsbacherallee
Parlamentspl.
Eschenheimer
Anlage
Friedberger
Berger Str.
Wittelsbacherallee
allee
Habsburgerallee
Röderbergweg
Bleich-
straße
Seilerstr.
Friedberger
Sandweg
Stiftstr.
Zeil
Zeil
Zeil
Anlage
ZOO
Am Tiergarten
Röderbergweg
Rhönstr.
Henschelstr.
Danziger Platz
Hanauer
Landstr.
Berliner Str.
Battonnstr.
OSTENDSTR.
Ostendstr.
Hanauer
OSTBAHNHOF
Landstr.
DOM
Kurt-Schumacher-Str.
Lange Str.
Sonnemannstr.
Oskar-von-Miller-Str.
S-BAHN
Alte Brücke
Sachsenhäuser Ufer
Deutschherrn-
ufer
MAIN
MUSEUM FÜR ANGEWANDTE KUNST
Gartenstr.
Schweizer Str.
Paradiesgasse
Dreieichstr.
Brückenstr.
Gutzkowstr.
Gerbermühlstr.
Deutschherrnufer
SACHSENHAUSEN
LOKALBAHNHOF
Offenbacher
Landstr.
MÜHLBERG
Offenbacher
Landstr.
SÜDBAHNHOF
S-BAHN
Landstr.
Mörfelder
Darmstädter Landstr.
Henninger Turm
Wendelsweg
Goldbergweg
Altebergsweg
POL

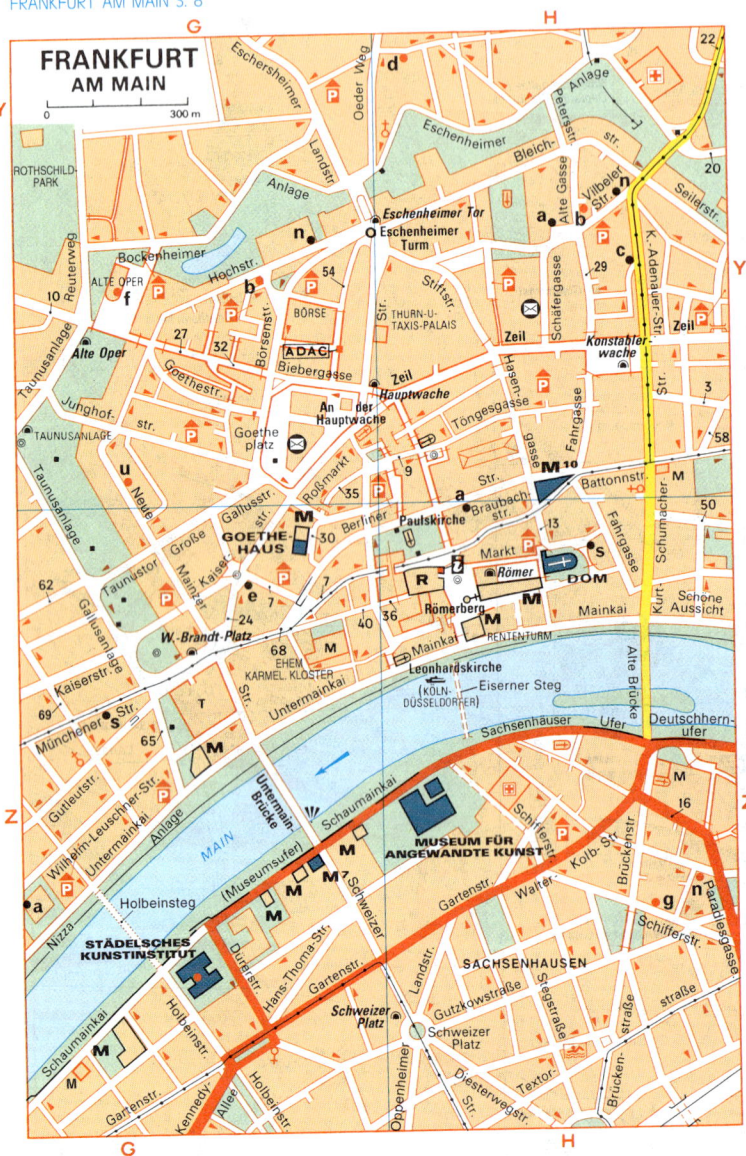

FRANKFURT AM MAIN S. 8

Allerheiligenstraße	HY 3	Friedensstraße	GZ 24	Münzgasse	GZ 40
An der Hauptwache	GHY	Goethestraße	GY	Rechneigrabenstr.	HZ 50
Bethmannstraße	GZ 7	Gr. Bockenheimer Str.	GY 27	Roßmarkt	GY
Bleidenstraße	HY 9	Große Friedberger Str.	HY 29	Schillerstraße	GY 54
Bockenheimer Landstr.	GY 10	Großer Hirschgraben	GZ 30	Stoltzestraße	HY 58
Domstraße	HZ 13	Kaiserstraße	GZ	Taunusstraße	GZ 62
Elisabethenstraße	HZ 16	Kalbächer Gasse	GY 32	Untermainanlage	GZ 65
Friedberger Anlage	HY 20	Kleiner Hirschgraben	GY 35	Weißfrauenstraße	GZ 68
Friedberger Landstr.	HY 22	Limpurgergasse	HZ 36	Weserstraße	GZ 69
		Münchener Str.	GZ	Zeil	HY

Straßenverzeichnis siehe Frankfurt S. 4

FRANKFURT AM MAIN S. 9

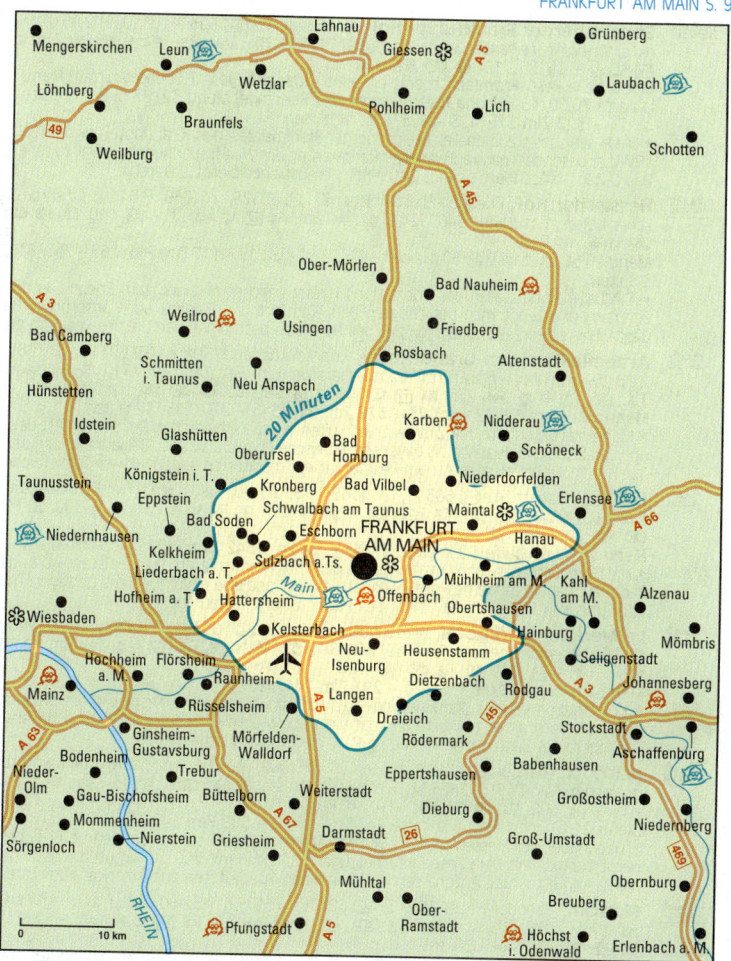

Besonders angenehme Hotels oder Restaurants
sind im Führer rot gekennzeichnet.
Sie können uns helfen, wenn Sie uns die Häuser angeben,
in denen Sie sich besonders wohl gefühlt haben.
Jährlich erscheint eine komplett überarbeitete Ausgabe
aller Roten Michelin-Führer.

473

FRANKFURT AM MAIN S. 10

Steigenberger Frankfurter Hof, Am Kaiserplatz, ✉ 60311, ℘ (069) 2 15 02, *frankfurter-hof@steigenberger.de*, Fax (069) 215900, 斧, Massage, ≘s – 劇, ⇔ Zim, ▤ ▥ ✆ ⌖ – 🛆 250. ㏂ ◉ ⦾ ᴠɪsᴀ ᴊᴄʙ
GZ e
Menu siehe Rest. **Francais** separat erwähnt – **Oscar's** (geschl. Sonntagmittag) **Menu** à la carte 30,50/39 – **Iroha** (geschl. Sonn- und Feiertage) **Menu** 32/87 und à la carte – ⊠ 24 – **322 Zim** 375/425 – 425/475, 10 Suiten.
◆ Die Pracht des traditionellen Steigenberger Stammsitzes, dem Grandhotel aus dem Jahr 1876, ist besonders nach aufwändiger Renovierung des Weißfrauenflügels überall zu sehen. Das Oscar's präsentiert sich im Bistro-Stil. Fernöstliches bietet das Iroha.

Hessischer Hof, Friedrich-Ebert-Anlage 40, ✉ 60325, ℘ (069) 7 54 00, *info@hessischer-hof.de*, Fax (069) 75402924 – 劇, ⇔ Zim, ▤ ▥ ✆ ⌖ ⇔ ℙ – 🛆 110. ㏂ ◉ ⦾
CX p
ᴠɪsᴀ ᴊᴄʙ. ⨯ Rest
Menu 26,50 (mittags)/46,50 à la carte 42/52,50 – ⊠ 19 – **117 Zim** 213/263 – 258/331, 3 Suiten.
◆ Exklusive Antiquitäten des Prinzen von Hessen machen Wohnen zum Erlebnis. In den Zimmern überzeugt man mit zeitgemäßem Komfort und Eleganz auch anspruchsvolle Gäste. Sèvres Porzellan und Trompe l'oeil Malereien bestimmen den Stil des Restaurants.

ArabellaSheraton Grand Hotel, Konrad-Adenauer-Str. 7, ✉ 60313, ℘ (069) 2 98 10, *grandhotel.frankfurt@arabellasheraton.com*, Fax (069) 2981810, 🎖, Massage, ₤ₔ, ≘s, 🞋 – 劇, ⇔ Zim, ▤ ▥ ✆ ⌖ – 🛆 280. ㏂ ◉ ⦾ ᴠɪsᴀ ᴊᴄʙ. ⨯ Rest HY c
Menu à la carte 32/42 – ⊠ 23 – **378 Zim** 250/515 – 270/515, 12 Suiten.
◆ Modernes Grandhotel mit Zimmern und Suiten in verschiedenen Dekors von Art déco über arabisch und asiatisch bis bayerisch. Römische Badelandschaft "Balneum Romanum". Zur Hotelhalle hin offenes Atrium-Restaurant mit mediterran angehauchter Show-Küche.

Hilton, Hochstr. 4, ✉ 60313, ℘ (069) 1 33 80 00, *sales_frankfurt@hilton.com*, Fax (069) 13381338, 🎖, ₤ₔ, ≘s, 🞋 – 劇, ⇔ Zim, ▤ ▥ ✆ ⌖ ⇔ – 🛆 300. ㏂ ◉
GY n
⦾ ᴠɪsᴀ ᴊᴄʙ. ⨯
Menu 28 (Lunchbuffet) à la carte 32/43 – ⊠ 24 – **342 Zim** 299/374, 3 Suiten.
◆ Am Grüngürtel des Zentrums wurde das denkmalgeschützte alte Stadtbad renoviert und in das aufwändig-moderne Hotel integriert, es entstand eine einmalige Fitnessanlage. "The fine American Style" ist die Devise des Pacific Colors Restaurant.

Le Méridien Parkhotel, Wiesenhüttenplatz 28, ✉ 60329, ℘ (069) 2 69 70, *info.frankfurt@lemeridien.com*, Fax (069) 2697884, 🎖, Massage, ₤ₔ, ≘s – 劇, ⇔ Zim, ▤ ▥ ✆ ⌖ ⇔ ℙ – 🛆 180. ㏂ ◉ ⦾ ᴠɪsᴀ ᴊᴄʙ. ⨯ CX k
Menu à la carte 30/46 – ⊠ 20 – **297 Zim** 244/450.
◆ Kombination von Stil und Moderne : Sachlichkeit und perfekte Technik in der Business Class, mit Sorgfalt restauriertes und mit viel Liebe möblierte Zimmer im Jugendstil-Palais. Das legere, im Bistrostil gehaltene Le Parc bietet kulinarische Vielfalt.

Marriott, Hamburger Allee 2, ✉ 60486, ℘ (069) 7 95 50, *info.frankfurt@marriotthotels.com*, Fax (069) 79552374, ≤ Frankfurt, Massage, ₤ₔ, ≘s – 劇, ⇔ Zim, ▤ ▥ ✆ ⌖ – 🛆 600. ㏂ ◉ ⦾ ᴠɪsᴀ ᴊᴄʙ. ⨯ Rest CV a
Menu 21 (Lunchbuffet) à la carte 24/48 – ⊠ 20 – **588 Zim** 145/235, 10 Suiten.
◆ Gegenüber der Messe ragt der Wolkenkratzer unübersehbar in den Himmel. Er beherbergt Zimmer mit High-Speed-Internetzugang und den mit 700 qm größten Ballsaal der Stadt. Im Restaurant Arizona serviert man Ihnen Spezialitäten aus Amerikas Südwesten.

Maritim, Theodor-Heuss-Allee 3, ✉ 60486, ℘ (069) 7 57 80, *info.fra@maritim.de*, Fax (069) 75781000, Massage, ₤ₔ, ≘s, 🞋 – 劇, ⇔ Zim, ▤ ▥ ✆ ⌖ ⇔ – 🛆 210. ㏂ ◉ ⦾ ᴠɪsᴀ ᴊᴄʙ. ⨯ Rest CVX c
Classico (geschl. Samstagmittag, Sonntagmittag) **Menu** à la carte 37/49 – **SushiSho** (japanische Küche) (geschl. Mitte Juli - Mitte Aug.) **Menu** à la carte 25/45 – ⊠ 20 – **543 Zim** 250/440 – 295/485, 24 Suiten.
◆ Als Nachbar von Festhalle und Messeturm hat man von den oberen Stockwerken einen phantastischen Ausblick auf die Stadt. "Große" schlafen hier in extra langen Betten. Das elegante Classico bietet internationale Küche. Auf japanisch verführt das SushiSho.

InterContinental, Wilhelm-Leuschner-Str. 43, ✉ 60329, ℘ (069) 2 60 50, *frankfurt@interconti.com*, Fax (069) 252467, Massage, ₤ₔ, ≘s, 🞋 – 劇, ⇔ Zim, ▤ ▥ ✆ ⌖ – 🛆 400. ㏂ ◉ ⦾ ᴠɪsᴀ ᴊᴄʙ. ⨯ GZ a
Signatures : Menu à la carte 33/60, ♀ – ⊠ 21 – **770 Zim** 395/465 – 415/465, 35 Suiten.
◆ Stilmöbel, angenehme Farben und schöne Stoffe prägen das Hotel direkt am Main. Bei Konferenzen im 21. Etage lohnt sich ein Blick aus dem Fenster auf die Skyline der Stadt. Elegant, in warmen Tönen gehalten : das Signatures. Mit schickem Wintergarten.

Alexander am Zoo garni, Waldschmidtstr. 59, ✉ 60316, ℘ (069) 94 96 00, *info@alexanderamzoo.de*, Fax (069) 94960720, ≘s – 劇 ⇔ ▥ ✆ ⌖ – 🛆 30. ㏂ ◉ ⦾ FV c
ᴠɪsᴀ ᴊᴄʙ
59 Zim ⊠ 125 – 150, 9 Suiten.
◆ Moderner Winkelbau mit ebenso moderner Einrichtung nicht weit vom Zoo. Während der Tagungspausen genießt man auf den Terrassen den Blick über die Dächer der Mainmetropole.

FRANKFURT AM MAIN S. 11

An der Messe garni, Westendstr. 104, ⊠ 60325, ℘ (069) 74 79 79, hotel.an.der.messe@web.de, Fax (069) 748349, 🚗 – 🛗 🔲 📺 📞 🅿️ (AE) ⓘ 🆎 (VISA) (JCB)
45 Zim ⊇ 123 – 149.
CV e
♦ Asiatisch gelackte Nachtschränkchen mit goldenen Holzverzierungen, Stilmöbel mit Einlegearbeiten oder modern glänzendes Wurzelholz - jeder Raum hat sein eigenes Gesicht.

Palmenhof, Bockenheimer Landstr. 89, ⊠ 60325, ℘ (069) 7 53 00 60, info@palmenhof.com, Fax (069) 75300666 – 🛗 📺 📞 🅿️ (AE) ⓘ 🆎 (VISA) (JCB)
geschl. 24. Dez. - 2. Jan. - **Menu** siehe Rest. **L'Artichoc** separat erwähnt – ⊇ 15 – **46 Zim** 100/170 – 160/200.
CV m
♦ Jedes der mit Antiquitäten gestalteten und durch moderne Möbel bereicherten Zimmer ist ein Unikat. Zur Vorderseite hat man einen schönen Ausblick auf alte Kastanienbäume.

NH Frankfurt-City, Vilbelerstr. 2, ⊠ 60313, ℘ (069) 9 28 85 90, nhfrankfurtcity@nh-hotels.com, Fax (069) 928859100, ≘ – 🛗, ✽ Zim, 🔲 📺 📞 &, ⇔ – 🔑 120. (AE) ⓘ 🆎 (VISA) (JCB), ✽ Rest
Menu à la carte 22,50/37 – ⊇ 17 – **256 Zim** 130, 8 Suiten.
HY n
♦ In der Innenstadt ist dieses gut geführte Hotel gelegen - um die Ecke die Fußgängerzone. Zum modernen Komfort der Zimmer zählt eine gute technische Ausstattung. Restaurant mit großem Buffetbereich in der 1. Etage.

Villa Orange garni, Hebelstr. 1, ⊠ 60318, ℘ (069) 40 58 40, contact@villa-orange.de, Fax (069) 40584100 – 🛗 ✽ 📺 📞 – 🔑 25. (AE) ⓘ 🆎 (VISA)
38 Zim ⊇ 140 – 140/150.
EV a
♦ Ein Haus mit Charme : Hinter der orangefarbenen Fassade erwartet Sie ein geschmackvolles Interieur mit einem Mix aus modern-komfortabler Eleganz und nostalgischen Elementen.

Steigenberger MAXX Hotel, Lange Str. 5, ⊠ 60311, ℘ (069) 21 93 00, frankfurt@maxx-hotels.de, Fax (069) 21930599, 🛁 – 🛗, ✽ Zim, 🔲 📺 📞 &, ⇔ 🅿️ – 🔑 120. (AE) ⓘ 🆎 (VISA) (JCB)
Menu à la carte 19/46 – ⊇ 16 – **149 Zim** 140/156 – 170/186.
FX s
♦ Vor allem Geschäftsleute schätzen das Mitte 2001 eröffnete Haus. Es bietet geschmackvoll gestaltete Zimmer mit neuester Technik, teils mit Blick auf die Skyline. Restaurant mit Showküche.

Imperial, Sophienstr. 40, ⊠ 60487, ℘ (069) 7 93 00 30, info@imperial.bestwestern.com, Fax (069) 79300388, 🚗 – 🛗, ✽ Zim, 🔲 📺 📞 ⇔ 🅿️ (AE) ⓘ 🆎 (VISA) (JCB)
geschl. Weihnachten - Anfang Jan. – **Menu** (nur Abendessen) à la carte 18/28,50 – **60 Zim** ⊇ 120 – 149.
CV t
♦ Großzügige, klimatisierte Zimmer unweit des Palmengartens, nur wenige Gehminuten von Bankenviertel, Messegelände, Uni und U-Bahn entfernt. Einkaufszentrum in direkter Nähe. In dunklem Holz gehaltenes Hotelrestaurant mit Pilsbar.

Mercure, Voltastr. 29, ⊠ 60486, ℘ (069) 7 92 60, h1204@accor-hotels.com, Fax (069) 79261606, 🚗, ≘ – 🛗, ✽ Zim, 🔲 📺 📞 ⇔ – 🔑 80. (AE) ⓘ 🆎 (VISA) (JCB)
Menu à la carte 20/41 – **336 Zim** ⊇ 133/169 – 169/266, 8 Suiten.
BS t
♦ Vis-à-vis der Messe liegt dieser neuzeitliche Hotelbau. Größere Clubzimmer befinden sich in der oberen Etage, Langzeitgäste wohnen im Appartmenthaus gegenüber.

Liebig-Hotel garni, Liebigstr. 45, ⊠ 60323, ℘ (069) 72 75 51, hotelliebig@t-online.de, Fax (069) 727555 – ✽ 📺 (AE) ⓘ 🆎 (VISA), ✽
geschl. 22. Dez. - 2. Jan. – ⊇ 12 – **20 Zim** 103/152 – 128/179.
CV z
♦ Fragen Sie nach Zimmern auf der zweiten und dritten Etage, die mit italienischen und englischen Stilmöbeln sowie nostalgischen Badarmaturen aufwändig eingerichtet wurden.

Novotel Frankfurt City West, Lise-Meitner-Str. 2, ⊠ 60486, ℘ (069) 79 30 30, h1049@accor-hotels.com, Fax (069) 79303930, 🚗, ≘ – 🛗, ✽ Zim, 🔲 📺 📞 &, ⇔ 🅿️ – 🔑 150. (AE) ⓘ 🆎 (VISA) (JCB)
Menu à la carte 21/33 – ⊇ 13 – **235 Zim** 100/215 – 117/235.
CV r
♦ Hinter der modernen Fassade des über Eck gebauten Hotels stehen funktionelle Zimmer mit großzügigen, gut ausgeleuchteten Arbeits- und Schreibflächen bereit.

Bristol garni, Ludwigstr. 15, ⊠ 60327, ℘ (069) 24 23 90, bristol-hotel@t-online.de, Fax (069) 251539 – 🛗 ✽ 📺 📞 ⇔ – 🔑 20. (AE) ⓘ 🆎 (VISA)
145 Zim ⊇ 55/65 – 70/85.
CX a
♦ In direkter Nähe zu Hauptbahnhof und Innenstadt liegt dieser neuzeitliche Hotelbau. Die moderne, funktionelle Ausstattung bietet auch für Geschäftsreisende alles Notwendige.

InterCityHotel, Poststr. 8, ⊠ 60329, ℘ (069) 27 39 10, frankfurt@intercityhotel.de, Fax (069) 27391999 – 🛗, ✽ Zim, 🔲 📺 📞 &, ⇔ – 🔑 80. (AE) ⓘ 🆎 (VISA) (JCB)
Menu (geschl. Samstag - Sonntagmittag) à la carte 17/26,50 – ⊇ 13 – **384 Zim** 110/197 – 134/244.
CX e
♦ Bahnreisende haben es hier nicht weit zu ihrer Unterkunft : Das funktionell gestaltete Haus mit hellen, zeitlosen Naturholzmöbeln liegt gegenüber der Nordseite des Bahnhofs.

475

FRANKFURT AM MAIN S. 12

Plaza garni, Esslinger Str. 8, ⌧ 60329, ℰ (069) 2 71 37 80, *info@plaza-frankfurt.bestwestern.de*, Fax (069) 237650 – ... CX v
geschl. Weihnachten - Neujahr – **45 Zim** ⌷ 107 – 148.
◆ Das ehemalige Sozialamt prägt heute eine wohnliche Atmosphäre mit liebevollen Details und moderner Innenausstattung aus hellem Holz, freundlichen warmen Stoffen und Farben.

Atlantic garni, Düsseldorfer Str. 20, ⌧ 60329, ℰ (069) 27 21 20, *info@atlantic.pacat.com*, Fax (069) 27212100 – ... CX b
geschl. 19. Dez. - 1. Jan, über Ostern – **60 Zim** ⌷ 80 – 100.
◆ So grün-blau wie der Atlantik zeigt sich auch die poppig designte Rezeption. Die modernen Zimmer greifen das Motiv mit farbiger Bettwäsche und hellgrünen Möbeln wieder auf.

Memphis garni, Münchener Str. 15, ⌧ 60329, ℰ (069) 2 42 60 90, *memphis-hotel@t-online.de*, Fax (069) 24260999 – ... GZ s
42 Zim ⌷ 90/110 – 110/130.
◆ Im Zentrum, inmitten einer regen Kunstszene, steht das charmante Designer-Hotel, das klare Formen mit kräftigen Farben verbindet. Zimmer teils recht ruhig zum Innenhof.

Miramar garni, Berliner Str. 31, ⌧ 60311, ℰ (069) 9 20 39 70, *info@miramar-frankfurt.de*, Fax (069) 92039769 – ... HZ a
geschl. 23. Dez. - 2. Jan. – **39 Zim** ⌷ 90/120 – 120/140.
◆ Zwischen Zeil und Römer warten gepflegte, freundlich eingerichtete Zimmer mit dunkel gemasertem Wurzelholzfurnier - zur funktionellen Ausstattung gehört auch Internetzugang.

Domicil garni, Karlstr. 14, ⌧ 60329, ℰ (069) 27 11 10, *info@domicil-frankfurt.bestwestern.de*, Fax (069) 253266 – ... CX d
geschl. Weihnachten - Neujahr – **67 Zim** ⌷ 105 – 142.
◆ Dank U- und S-Bahn hat man vom Domicil aus eine perfekte Anbindung zum Flughafen. Messe und Hauptbahnhof erreicht man ohne Hilfsmittel in wenigen Minuten zu Fuß.

Manhattan garni, Düsseldorfer Str. 10, ⌧ 60329, ℰ (069) 2 69 59 70, *manhattan-hotel@t-online.de*, Fax (069) 269597777 – ... CX r
60 Zim ⌷ 85/110 – 100/130.
◆ Der moderne Stil des Hotels zieht sich vom hellen Eingangsbereich mit Parkett bis in die chic designten Zimmer. Messe, Banken, Kunst und Kulturstätten besucht man per pedes.

Scala garni, Schäfergasse 31, ⌧ 60313, ℰ (069) 1 38 11 10, *info@scala.bestwestern.de*, Fax (069) 284234 – ... HY a
40 Zim ⌷ 105 – 135.
◆ Suchen Sie eine Übernachtungsadresse mitten in der Stadt? Kürzlich renoviert, zeigt sich das Hotel in neuzeitlichem Stil - gepflegt und technisch modern ausgestattet.

Atrium garni, Beethovenstr. 30, ⌧ 60325, ℰ (069) 97 56 70, *info@atrium.pacat.com*, Fax (069) 97567100 – ... CV d
45 Zim ⌷ 99 – 129.
◆ Ehemaliges Bürohaus, das relativ ruhig in einer Wohngegend im Westend nahe der Messe, der Innenstadt und dem Hauptbahnhof liegt. Praktische Zimmer mit hellem Mobiliar.

Am Dom garni, Kannengießergasse 3, ⌧ 60311, ℰ (069) 1 38 10 30, *info@hotelamdom.de*, Fax (069) 283237 – ... HZ s
31 Zim ⌷ 85/95 – 110.
◆ Auch Schauspieler sollen in dieser Seitenstraße in der Stadtmitte zuweilen Quartier beziehen. Fragen Sie nach Zimmern mit Ausblick auf den direkten Nachbarn, den Dom.

Zeil garni, Zeil 12, ⌧ 60313, ℰ (069) 2 09 77 70, *info@hotel-zeil.de*, Fax (069) 20977777 – ... FV e
35 Zim ⌷ 95 – 115.
◆ Die Lage direkt an der Zeil gab dem renovierten Stadthaus mit der gepflegten Fassade seinen Namen. Die Zimmer sind recht geräumig, neuzeitlich-funktionell in der Ausstattung.

Astoria garni, Rheinstr. 25, ⌧ 60325, ℰ (069) 97 56 00, *astoria@block.de*, Fax (069) 97560140, ... CX n
geschl. Weihnachten - Anfang Jan. – **60 Zim** ⌷ 59/99 – 100/130.
◆ Im Astoria können Sie problemlos Ihren Wagen parken - und auch stehen lassen, denn Sie erreichen zu Fuß Messe, Alte Oper, Bankenviertel, den Hauptbahnhof und die City.

Diana garni, Westendstr. 83, ⌧ 60325, ℰ (069) 74 70 07, Fax (069) 747079 – ... CV
26 Zim ⌷ 52/62 – 86/100.
◆ "Fortiter occupa fortum" - "Komm beherzt herein!" unter dieser einladenden Inschrift betritt der Gast die kleine Villa mit den schlichten, preisgünstigen Gästezimmern.

Corona garni, Hamburger Allee 48, ⌧ 60486, ℰ (069) 77 90 77, Fax (069) 708639 – ... CV h
geschl. 23. Dez. - 3. Jan. – **25 Zim** ⌷ 65/75 – 90/95.
◆ Nahe der Messe, in einer Alleestraße im Wohngebiet, finden Reisende eine schlichte, aber saubere und preisgünstige Übernachtungsmöglichkeit mit bürgerlicher Einrichtung.

FRANKFURT AM MAIN S. 13

XXXX **Français** - Hotel Steigenberger Frankfurter Hof, Am Kaiserplatz, ⊠ 60311, ℘ (069) 21 51 18, frankfurterhof@steigenberger.de, Fax (069) 215900 – 🔳. AE ⓘ ⓜ VISA JCB. ※
geschl. Juli - Aug. 7 Wochen, Sonntag - Montag – **Menu** (nur Abendessen) (Tischbestellung ratsam) à la carte 49/61, ♀.
GZ e
• Das Restaurant des beeindruckenden Grandhotels Frankfurter Hof präsentiert sich in klassisch-elegantem Gewand. Kristallüster und Gemälde verbreiten einen Hauch Noblesse.

XXX **Villa Merton**, Am Leonhardsbrunnen 12, ⊠ 60487, ℘ (069) 70 30 33, jb@kofler-company.de, Fax (069) 7073820, 佘 – AE ⓘ ⓜ VISA, ※
geschl. 20. Dez. - 15. Jan., Samstag, Sonn- und Feiertage – **Menu** (Tischbestellung ratsam) 28 (mittags)/72 à la carte 49/68, ♀.
CV n
• "Members only !" gilt für den 1925 im Diplomatenviertel erbauten Club nicht mehr, so dass auch Passanten das Flair des klassisch-eleganten Restaurants schnuppern dürfen.
Spez. Marinierte Gänsestopfleber und gebackene Dörraprikosen-Knödel. Wolfsbarsch auf der Haut gebraten mit jungen Bohnenkernen. Knusprige Tarte von Zirusfrüchten mit Mangosorbet.

XXX **Tiger-Restaurant**, Heiligkreuzgasse 20, ⊠ 60313, ℘ (069) 92 00 22 25, info@tigerpalast.com, Fax (069) 92002217, (Varieté-Theater im Haus) – 🔳. AE ⓘ ⓜ VISA. ※
geschl. 12. Juli - 25. Aug., Sonntag - Montag – **Menu** (nur Abendessen) (Tischbestellung erforderlich) à la carte 57,50/87,50, ♀ – **Palast-Bistrot** (geschl. Montag) (nur Abendessen) **Menu** à la carte 33/42,50, ♀.
FV s
• Nicht nur Varieté-Fans treffen sich nach der Vorstellung im Kellerrestaurant, wo Bilder aus der Artistenwelt und kreative Küche für gute Stimmung sorgen. Historisches Backsteingewölbe prägt die Atmosphäre des Bistros.
Spez. Törtchen von Gänsestopfleber und Périgord-Trüffel mit glasierten Äpfeln. Gebratener Steinbutt mit Weinbergschnecken und jungem Lauch. Schokoladentarte mit Beeren

XXX **Opéra**, Opernplatz 1, ⊠ 60313, ℘ (069) 1 34 02 15, info@opera-restauration.de, Fax (069) 1340239, 佘 – AE ⓜ VISA
Menu à la carte 27/45, ♀.
GY f
• Aufwändig restauriertes ehemaliges Foyer der Alten Oper mit Parkett, Stuckdecken, Wandverzierungen und original Jugendstilleuchtern. Terrasse mit Blick auf Frankfurts Skyline.

XX **Aubergine**, Alte Gasse 14, ⊠ 60313, ℘ (069) 9 20 07 80, Fax (069) 9200786 – AE ⓜ VISA
geschl. Weihnachten - Neujahr, Juli - Aug. 3 Wochen, Samstagmittag, Sonn- und Feiertage (außer Messen) – **Menu** (Tischbestellung ratsam) 27 (mittags)/65 (abends) à la carte 45/54, ♀ 👌.
HY b
• In dem historischen Stadthaus mit roten Sandsteinmauern und farbigen Bleiglasfenstern genießt man inmitten moderner Kunst italienisch angehauchte Küche von Versace-Geschirr.

XX **La Trattoria**, Fürstenberger Str. 179, ⊠ 60322, ℘ (069) 55 21 30, info@latrattoria-ffm.de, Fax (069) 552130, 佘 – AE ⓘ ⓜ VISA JCB
geschl. 24. Dez. - 4. Jan., Mitte Juni 2 Wochen, Samstag - Sonntag (außer Messen) – **Menu** (Tischbestellung ratsam) (italienische Küche) à la carte 49/59.
DV t
• Schön gedeckte Tische und ein engagierter Service erwarten Sie in dem Ristorante mit rustikal-mediterranem Touch, das sich in einem Eckhaus aus der Jahrhundertwende befindet.

XX **L'Artichoc** -Hotel Palmenhof, Bockenheimer Landstr. 91, ⊠ 60325, ℘ (069) 90 74 87 71, info@lartichoc.de, Fax (069) 90748772 – AE ⓜ VISA
geschl. 24. Dez. - 6. Jan., Samstag, Sonn- und Feiertage – **Menu** 24 à la carte 34/43, ♀ 👌.
CV b
• Der "Liebe zur Küche und zur Kunst" hat sich das Restaurant mit den rötlich getönten Wänden im Keller des Hotels Palmenhof verschrieben ; es wird ein Crossover-Mix serviert.

XX **Gallo Nero**, Kaiserhofstr. 7, ⊠ 60313, ℘ (069) 28 48 40, Fax (069) 91396594, 佘 – AE ⓘ ⓜ VISA JCB
geschl. Sonntag (außer Messen) – **Menu** (italienische Küche) à la carte 34/55.
GY s
• Zwischen Hauptwache und Alter Oper, in einer Seitenstraße der berühmten Fressgass', lässt man es sich in gemütlicher Atmosphäre bei typisch italienischen Klassikern gut gehen.

X **Main Tower Restaurant**, Neue Mainzer Str. 52 (53. Etage), ⊠ 60311, ℘ (069) 36 50 47 77, Fax (069) 36504871, ≤ Frankfurt – |♿|. AE ⓜ VISA. ※
geschl. Montag – **Menu** (nur Abendessen) (Tischbestellung ratsam) 49/90 und à la carte.
GY u
• Über den Dächern der Stadt speist man in 200 Metern Höhe in schlicht-modernem Ambiente. Die raumhohen Fenster des im Halbrund angelegten Restaurants sorgen für beste Aussicht.

X **Gargantua**, Liebigstr. 47, ⊠ 60323, ℘ (069) 72 07 18, gargantua@t-online.de, Fax (069) 71034695, 佘 – AE ⓜ VISA
geschl. 22. Dez. - 8. Jan., Samstagmittag, Sonn- und Feiertage – **Menu** (Tischbestellung ratsam) 28 (mittags)/65 à la carte 35/58.
CV s
• Die kleine Villa im Bankenviertel beherbergt ein nettes Restaurant mit schön eingedeckten Tischen, Holzfußboden und zeitgenössischen Bildern. Kochbuchsammlung am Stammtisch.

477

FRANKFURT AM MAIN S. 14

Ernos Bistro, Liebigstr. 15, ⌧ 60323, ℘ (069) 72 19 97, Fax (069) 173838, 🍽 – AE ⓜ VISA
CV k
geschl. 20. Dez. - 5. Jan., Juli - Aug. 3 Wochen, Samstag - Sonntag – **Menu** (Tischbestellung ratsam) (französische Küche) 31 (mittags) à la carte 50/75, ♀.
◆ Uriges, fast ländlich gestaltetes Lokal mit sympathischem Bistro-Ambiente am Rande des Westends. Hier verwöhnt man Sie mit solider, geschmacksintensiver französischer Küche.
Spez. Hausgemachte Gänsestopfleber "à la cuillère". Lammcarré mit Paprikaconfit und Tapenade. Gebratene Kirschen mit Pistazieneis und "Baba au Kirsch" (Saison)

Cyrano, Leibnizstr. 13, ⌧ 60385, ℘ (069) 43 05 59 64, info@cyrano-restaurant.de, Fax (069) 43055965, 🍽
FV d
Menu (nur Abendessen) à la carte 34,50/44,50, ♀.
◆ Steinfußboden, dunkle Holzbänke und -stühle sowie gut eingedeckte kleine Tische schaffen ein schlicht-modernes Ambiente, in dem Sie freundliches, geschultes Personal umsorgt.

Estragon, Jahnstr. 49, ⌧ 60318, ℘ (069) 5 97 80 38, Fax (069) 5978038 – AE ⓜ VISA
HY d
geschl. Ende Mai - Mitte Juni, Sonntag – **Menu** (nur Abendessen) 28,50/45 à la carte 32/39, ♀.
◆ Das nette kleine Lokal zeigt sich in freundlichem Bistrostil - geprägt durch warme Farben und ein gepflegtes Dekor. Klassisch und mediterran angehauchte internationale Küche.

Avocado, Hochstr. 27, ⌧ 60313, ℘ (069) 29 28 67, resto-avocado@t-online.de, Fax (069) 13379455, 🍽 – AE ⓜ VISA JCB
GY b
geschl. Sonntag - Montagmittag – **Menu** 29,50 (mittags) à la carte 43,50/52,50.
◆ Hell und modern ist dieses Bistro-Restaurant im Zentrum der Stadt gestaltet. Prägende Einrichtungselemente sind Parkettfußboden, eine umlaufende Bank und eine Theke.

Meyer's Restaurant, Große Bockenheimerstr. 54, ⌧ 60313, ℘ (069) 91 39 70 70, info@meyer-frankfurt.de, Fax (069) 91397071, 🍽 – AE ⓜ VISA
GY a
geschl. 1. - 5. Jan., Sonntag – **Menu** à la carte 28/39.
◆ Kleines Restaurant am Anfang der Fußgängerzone, um die Ecke die alte Oper. Das Lokal ist im Bistro-Stil eingerichtet - im hinteren Bereich kann man in die Küche schauen.

Toan, Friedberger Anlage 14, ⌧ 60316, ℘ (069) 44 98 44, Fax (069) 432596, 🍽 – ⓓ ⓜ VISA
FV a
geschl. Juni - Juli 2 Wochen, Montag, Samstagmittag – **Menu** (vietnamesische Küche) à la carte 17/31.
◆ Vietnamesisches Restaurant am Rande des inneren Grüngürtels der Frankfurter Innenstadt, der sich auch im Interieur fortsetzt : Reichlich Grünpflanzen dienen als Raumteiler.

Frankfurter Äppelwoilokale (kleines Speiseangebot) :

Zum Rad, Leonhardsgasse 2 (Seckbach), ⌧ 60389, ℘ (069) 47 91 28, info@zum-rad.de, Fax (069) 47885057, 🍽
BR s
geschl. 20. Dez. - 5. Jan., Dienstag, Nov. - März Montag - Dienstag – **Menu** (wochentags ab 17.00 Uhr, Sonn- und Feiertage ab 15.00 Uhr geöffnet) à la carte 13/25.
◆ "Seit 190 Jahr" malt des Rad die Äbbel klaa" - heißt es im Dorfkern von Seckbach, wo man im Lokal mit Kelterei auch erfährt, wie der "Sieße" und der "Rauscher" entstehen.

Klaane Sachsehäuser, Neuer Wall 11 (Sachsenhausen), ⌧ 60594, ℘ (069) 61 59 83, klaanesachse@web.de, Fax (069) 622141, 🍽
FX n
geschl. Sonntag – **Menu** (ab 16 Uhr geöffnet) à la carte 12/19.
◆ In der urwüchsigen Wirtschaft wartet seit 1876 nicht nur das "Stöffche" aus der eigenen Kelterei, sondern auch gutbürgerliche Frankfurter Küche. Hier sitzt keiner allein !

Zum gemalten Haus, Schweizer Str. 67 (Sachsenhausen), ⌧ 60594, ℘ (069) 61 45 59, Fax (069) 6031457, 🍽 – VISA
EX c
geschl. Mitte Juli 2 Wochen, Montag - Dienstag (außer Messen) – **Menu** à la carte 10/19.
◆ Zwischen bemalten Wänden und Relikten vergangener Zeit wird zusammengerückt, "Schoppe gepetzt" und "schläächtgebabbelt" - Hauptsache der "Bembel" bleibt immer gut gefüllt !

Fichtekränzi, Wallstr. 5 (Sachsenhausen), ⌧ 60594, ℘ (069) 61 27 78, Fax (069) 612778, 🍽
HZ r
Menu (ab 17 Uhr geöffnet) à la carte 14/25.
◆ Holzbänke und ein rustikales Dekor geben dem Restaurant seinen gemütlichen Charakter. Frankfurter Küche und "Äppelwoi" bereichern das internationale Angebot.

Adolf Wagner, Schweizer Str. 71 (Sachsenhausen), ⌧ 60594, ℘ (069) 61 25 65, apfelwein-wagner@t-online.de, Fax (069) 611445, 🍽 – AE ⓜ VISA
EX c
Menu à la carte 14/24.
◆ Im Zentrum der Äppelwoi-Hochburg Sachsenhausen lässt man sich auf rustikalderben Holzbänken nieder, um den goldgelben "Saft" zu "schlauchen" oder "Rippche" zu futtern.

FRANKFURT AM MAIN S. 15

Zur Buchscheer, Schwarzsteinkautweg 17 (Sachsenhausen), ⊠ 60598, ℘ (069) 63 51 21, info@buchscheer.de, Fax (069) 63199516, 🍽 - 🅿
BT s
geschl. Dienstag – **Menu** *(Montag - Freitag ab 15 Uhr geöffnet)* à la carte 12/22.
♦ In diesem, seit 1876 familiengeführten Lokal, das seinen Namen von der Buchecernmast der Schweine trägt, können Sie im Herbst miterleben, wie der Apfelsaft gekeltert wird.

Zur Eulenburg, Eulengasse 46 (Bornheim), ⊠ 60385, ℘ (069) 45 12 03, Fax (069) 4692645, 🍽
FV x
geschl. April 1 Woche, Juli - Aug. 3 Wochen, Montag - Dienstag – **Menu** *(ab 16 Uhr geöffnet)* à la carte 14/27.
♦ Seit 1732 wird die traditionsreiche Wirtschaft im ''lustigen Dorf'' gerne als geselliger Vergnügungsort aufgesucht, um das Frankfurter National- und Volksgetränk zu ''zappen''.

In Frankfurt - Bergen-Enkheim :

Amadeus, Röntgenstr. 5, ⊠ 60338, ℘ (06109) 37 00, reservation@hotel-amadeus-frankfurt.de, Fax (06109) 370720, 🍽 - 🛗, ⇔ Zim, 📺 📞 👤 ⇔ 🅿 🅰🅴 - 🎾 100. 🅰🅴 ⓜ 🆅🅸🆂🅰
BR r
Menu *(geschl. 22. Dez. - 7. Jan.)* à la carte 22/36 – 😊 15 – **160 Zim** 119/137 - 157.
♦ Modernes Tagungshotel in Sternform im Osten Frankfurts mit neuzeitlichen Art déco-Zimmern. Für den längeren Aufenthalt bieten sich die Boarding-Zimmer mit Kitchenette an.

Borger garni, Triebstr. 51, ⊠ 60388, ℘ (06109) 3 09 00, info@hotel-borger.de, Fax (06109) 309030 – 📺 📞 ⇔ 🅿 🅰🅴 ⓜ 🆅🅸🆂🅰. ❄
BR c
geschl. 24. Dez. - 2. Jan. – **34 Zim** 😊 72/105 – 92/160.
♦ Seit 1893 in Familienbesitz, bietet das in einem Wohngebiet relativ ruhig gelegene Haus geräumige Zimmer mit praktischer Einrichtung - ideal für den Geschäftsreisenden.

Schöne Aussicht, Im Sperber 24, ⊠ 60388, ℘ (06109) 5 04 70, info@schoene-aussicht.de, Fax (06109) 5047329, ≤, 🍽 – 🛗 ⇔ 📺 📞 🅿 – 🎾 40. 🅰🅴 ⓞ ⓜ 🆅🅸🆂🅰
BR n
Menu à la carte 17/35 – **48 Zim** 😊 58/80 – 73/100.
♦ Am östlichen Stadtrand Frankfurts, am Berger Südhang gelegenes Haus. Fragen Sie nach den Zimmern auf der Südseite mit Blick auf das Maintal ! Restaurant mit schöner, teils überdachter Gartenterrasse.

In Frankfurt-Eschersheim :

Brighella, Eschersheimer Landstr. 442, ⊠ 60433, ℘ (069) 53 39 92, Fax (069) 95218531, 🍽 – 🅰🅴 ⓜ 🆅🅸🆂🅰
BR f
Menu *(italienische Küche)* à la carte 29/46,50.
♦ Steinboden, Deckenventilatoren und Bilder der namengebenden Theaterfigur - einer der Patrons wirkte früher in der Commedia dell' Arte mit - prägen das Ambiente im Restaurant.

In Frankfurt-Griesheim :

Courtyard by Marriott, Oeserstr. 180, ⊠ 65933, ℘ (069) 3 90 50, cy.fracv.sales @courtyard.com, Fax (069) 3808218, ⇔, 🏊 – 🛗, ⇔ Zim, 📺 Rest, 📺 📞 🅿 – 🎾 230. 🅰🅴 ⓞ ⓜ 🆅🅸🆂🅰 🅹🅲🅱
AS p
Menu à la carte 24,50/29 – 😊 15 – **236 Zim** 105/125.
♦ Sie wohnen am grünen Gürtel zwischen Flughafen und Stadtzentrum. Von der 12. Etage mit Terrasse und Fitnessanlagen hat man einen wunderbaren Blick auf Frankfurts Skyline.

In Frankfurt-Harheim *Nord : 12 km über Homburger Landstraße BR und Bonames :*

Harheimer Hof, Alt Harheim 11, ⊠ 60437, ℘ (06101) 40 50, harheimerhof@t-online.de, Fax (06101) 405411, 🍽 – 🛗, ⇔ Zim, 📺 📞 👤 ⇔ 🅿 – 🎾 70. 🅰🅴 ⓞ ⓜ 🆅🅸🆂🅰 🅹🅲🅱
Menu à la carte 26/36 – **46 Zim** 😊 115/157 – 156/163.
♦ Zu den Vorzügen dieses Hauses zählen der Erholungswert einer ländlichen Umgebung und dennoch nur 15 Minuten Weg bis zur City sowie Zimmer mit gediegenem Wohnkomfort. Stilvoll diniert man in der Einhornstube.

In Frankfurt-Hausen :

Hausener Dorfkrug, Alt Hausen 11, ⊠ 60488, ℘ (069) 7 89 89 00, info@hausener-dorfkrug.de, Fax (069) 7891367, 🍽 – 📺 📞 🅿 – 🎾 15. 🅰🅴 ⓞ ⓜ 🆅🅸🆂🅰 🅹🅲🅱
BS a
Menu à la carte 13/28 – **14 Zim** 😊 70/87 – 85/115.
♦ Am nordwestlichen Stadtrand liegt der Dorfkrug, der sich mit seinen soliden Zimmern nicht nur für Radwanderer auf einer Tour entlang der Nidda zum Nächtigen anbietet. Rustikale, gemütliche Gaststube.

FRANKFURT AM MAIN S. 16

In Frankfurt-Heddernheim :

relexa, Lurgiallee 2, ✉ 60439, ☎ (069) 95 77 80, *frankfurt-main@relexa-hotel.de*, Fax (069) 95778878, 🍽, Massage, 🏋, ⌂s – 🛗, ❄ Zim, 📺 📞 ⇌ 🅿 – 🔔 150. 🅰🅴 ⓘ ⓜⓞ 𝕍𝕀𝕊𝔸 JCB
BR x
Menu à la carte 17/35 – **163 Zim** ⌒ 155/195 – 185/225.
• Großzügig und individuell gestaltete Zimmer mit warmen Farben und Materialien, die zum Wohlfühlen einladen und an den letzten Mittelmeerurlaub erinnern sollen. Im eleganten La fenêtre offeriert man eine internationale Karte.

In Frankfurt-Höchst West : 10 km über Mainzer Landstraße AS :

Lindner Congress Hotel, Bolongarostr. 100, ✉ 65929, ☎ (069) 3 30 02 00, *info.f rankfurt@lindner.de*, Fax (069) 33002999, 🏋, ⌂s – 🛗, ❄ Zim, 📠 📺 📞 ♿ ⇌ – 🔔 160. 🅰🅴 ⓘ ⓜⓞ 𝕍𝕀𝕊𝔸 JCB. ✂ Rest
Menu à la carte 25/39 – ⌒ 18 – **285 Zim** 155 – 180.
• Gemäß dem Hotelmotto "Welträume" wird Multimedia in den Zimmern groß geschrieben. Die Zimmer haben Internetzugang und sind mit modernsten Online-Anschlüssen versehen.

In Frankfurt - Nieder-Erlenbach Nord : 14 km über Homburger Landstraße BR :

Landhaus Alte Scheune, Alt Erlenbach 44, ✉ 60437, ☎ (06101) 54 40 00, *alte-s cheune@t-online.de*, Fax (06101) 544045, 🍽 – ❄ Zim, 📺 📞 ⇌ 🅿 – 🔔 30. 🅰🅴 ⓜⓞ 𝕍𝕀𝕊𝔸
geschl. 21. Dez. - 4. Jan. – **Menu** *(geschl. Sonntag - Montag) (nur Abendessen)* (Tischbe-stellung ratsam) à la carte 19/36 – **33 Zim** ⌒ 68/110 – 98/124.
• Um 1900 erbaut, diente das Haus lange als Hofreite und landwirtschaftlicher Betrieb, bevor das Gehöft 1986 mit viel Liebe zum vorhandenen Material behutsam renoviert wurde. Mit schönen Details gestaltetes Restaurant mit Backsteingewölbe und Innenhof-terrasse.

In Frankfurt - Nieder-Eschbach über Homburger Landstraße BR :

Darmstädter Hof, An der Walkmühle 1, ✉ 60437, ☎ (069) 5 09 10 90, *kontakt@ darmstaedterhof-frankfurt.de*, Fax (069) 50910950, 🍽 – 📺 📞 🅿 – 🔔 80. 🅰🅴 ⓜⓞ 𝕍𝕀𝕊𝔸 JCB. ✂ Zim
Menu *(geschl. Juli- Aug. 2 Wochen, Montag, außer Messen)(nur Abendessen)* à la carte 17/31 – **17 Zim** ⌒ 72 – 90.
• Obwohl nur wenige Kilometer vom Zentrum der Mainmetropole entfernt, findet der Gast in dem ländlich anmutenden Vorort erholsame Entspannung nach einem anstrengenden Tag. Mittelpunkt des Hotels ist das rustikal gestaltete Restaurant.

Markgraf, Deuil-La-Barre-Str. 103, ✉ 60437, ☎ (069) 9 50 76 30, *hotel-markgraf@t -online.de*, Fax (069) 95076315 – ❄ Zim, 📺 ⇌ 🅿. 🅰🅴 ⓘ ⓜⓞ 𝕍𝕀𝕊𝔸 JCB. ✂ Zim
Menu *(wochentags nur Abendessen)* (griechische Küche) à la carte 14,50/31,50 – **22 Zim** ⌒ 52/85 – 80/100.
• Am ruhigen Nordrand Frankfurts erlebt man die behagliche Atmosphäre der teils in Eiche, teils in Kirschholz gehaltenen Zimmer. Hinter dem Haus murmelt ein kleines Bächlein. Aus einer Auswahl an griechischen Spezialitäten wählen Sie im Restaurant.

In Frankfurt-Niederrad :

ArabellaSheraton Congress Hotel, Lyoner Str. 44, ✉ 60528, ☎ (069) 6 63 30, *congress@arabellasheraton.com*, Fax (069) 6633667, ⌂s, 🔲 – 🛗, ❄ Zim, 📠 📺 📞 ⇌ 🅿 – 🔔 290. 🅰🅴 𝕍𝕀𝕊𝔸 JCB
BT u
Menu à la carte 21,50/41,50 – **396 Zim** ⌒ 205/345 – 240/370, 4 Suiten.
• Das Hotel liegt für Geschäftsleute optimal in der Bürostadt Niederrad und vereint pro-fessionelles Tagen und komfortables Wohnen. Der große Stadtwald grenzt direkt ans Haus. Zwei Hotelrestaurants servieren internationale Speisen à la carte.

Holiday Inn, Isenburger Schneise 40, ✉ 60528, ☎ (069) 6 78 40, *info.hi-frankfurt-a irportnorth@queensgruppe.de*, Fax (069) 6784190, 🍽, Biergarten, Massage, 🏋, ⌂s – 🛗, ❄ Zim, 📠 📺 📞 🅿 – 🔔 250. 🅰🅴 ⓘ ⓜⓞ 𝕍𝕀𝕊𝔸 JCB
BT m
Menu à la carte 23/35,50 – ⌒ 17 – **295 Zim** 138/297 – 178/322.
• Mitten im Grünen, in Deutschlands größtem Stadtwald, steht dieses Tagungshotel mit den funktionellen, kirschholzmöblierten Zimmern zwischen Frankfurter City und Flughafen. Modernes Hotelrestaurant und Bar im englischen Stil.

NH Frankfurt Niederrad, Lyoner Str. 5, ✉ 60528, ☎ (069) 66 60 80, *nhfrankfu rtniederrad@nh-hotels.com*, Fax (069) 66608100, 🍽 – 🛗, ❄ Zim, 📠 📺 📞 ♿ ⇌ – 🔔 70. 🅰🅴 ⓘ ⓜⓞ 𝕍𝕀𝕊𝔸 JCB
BT h
Menu à la carte 23/40 – ⌒ 15 – **165 Zim** 130.
• In einem kleinen Gewerbegebiet nahe der Autobahn steht dieser moderne Hotelbau. Die Zimmer sind alle einheitlich gestaltet - funktionell und technisch auf dem neuesten Stand. Zur Halle hin offenes Restaurant mit Fensterfront.

FRANKFURT AM MAIN S. 17

Niederräder Hof garni, Triftstr. 33, ✉ 60528, ✆ (069) 67 73 66 60, hotel@nieder
raederhof.de, Fax (069) 6773666666 – 🛗 ✽ 📺 ✆ 🅿 🚗, 🅰🅴 ⓞ ⓜⓞ 𝗩𝗜𝗦𝗔
55 Zim ⌁ 79/89 – 99.
BT p
♦ In der Nähe des Flughafens befindet sich diese gepflegte und saubere Unterkunft.
Modern und funktionell hat man die Gästezimmer ausgestattet.

XX **Weidemann**, Kelsterbacher Str. 66, ✉ 60528, ✆ (069) 67 59 96, weidemann@t-onl
ine.de, Fax (069) 673928, 🌿 – 🅿 🅰🅴 ⓞ ⓜⓞ 𝗩𝗜𝗦𝗔
BT r
geschl. über Ostern, Samstagmittag, Sonn- und Feiertage – **Menu** (Tischbestellung ratsam)
28 (mittags) à la carte 40/59, ⚘.
♦ Angelo Vega hat sich den Traum vom eigenen Restaurant verwirklicht und kredenzt in stil-
voll-gemütlichem Ambiente internationale Küche, zubereitet nach traditionellen Rezepten.

In Frankfurt-Nordweststadt :

Courtyard by Marriott Nordwest Zentrum garni, Walter-Möller-Platz 2,
✉ 60439, ✆ (069) 58 09 30, cy.fracy.res.mgr@marriott.com, Fax (069) 582447 – 🛗 ✽
📺 ✆ 🚗 – 🔒 20. 🅰🅴 ⓞ ⓜⓞ 𝗩𝗜𝗦𝗔 𝙹𝙲𝙱
⌁ 14 – **93 Zim** 97/113.
BR e
♦ Angeschlossen an das Nordwest Einkaufszentrum liegt das sehr gepflegte Hotel nur rund
15 Minuten von der City entfernt. Moderne, teils in Pastellfarben gehaltene Zimmer.

In Frankfurt-Rödelheim :

XX **Osteria Enoteca**, Arnoldshainer Str. 2/Ecke Lorscher Straße, ✉ 60489, ✆ (069)
7 89 22 16, Fax (069) 7892216, 🌿 – 🅰🅴 ⓜⓞ 𝗩𝗜𝗦𝗔, ✻
AS v
geschl. 22. Dez. - 7. Jan., Samstagmittag, Sonn- und Feiertage – **Menu** 50/65 à la carte 47/69, ⚘.
♦ Erst auf Klingeln öffnet sich das Portal dieses hellen, freundlichen Ortes. Treten Sie ein,
nehmen Sie Platz und lassen Sie sich eine kreative italienische Küche servieren.
Spez. Conchiglie di S.Jacobo e Cannelloni di salsiccia con Cipolle di Tropea. Paccheri di Gra-
gnano alla Sorrentina. Rombo con pappa di sedano e fumet di pesce

XX **Senso e Vita**, Trümpertstr. 12, ✉ 60489, ✆ (069) 78 79 00, Fax (069) 78803686, 🌿
– 🅰🅴 𝗩𝗜𝗦𝗔 𝙹𝙲𝙱, ✻
AS e
geschl. Samstagmittag, Sonntag – **Menu** (italienische Küche) à la carte 46/63,50.
♦ Chef Francesco Toro kredenzt die kulinarischen Schätze Italiens in zwei Räumen mit edlem
Ambiente, aufgelockert durch die Neuinterpretation der Fresken Michelangelos.

In Frankfurt-Sachsenhausen :

Main Plaza, Walther-von-Cronberg Platz 1, ✉ 60594, ✆ (069) 66 40 10, info@main
-plaza.com, Fax (069) 604014408, ≤ Skyline, 🌿, 🛋, 🏊 – 🛗 ✽ Zim, 🖥 📺 ✆
– 🔒 50. 🅰🅴 ⓞ ⓜⓞ 𝗩𝗜𝗦𝗔 𝙹𝙲𝙱, ✻ Rest
FX b
Menu siehe Rest. **Brick Fine Dining** separat erwähnt – **Rivercafé :** Menu à la carte 29/35
– ⌁ 19 – **131 Zim** 165/225 – 225/460.
♦ An das New York der 30er Jahre erinnert die Silhouette des rot verklinkerten Hochhauses
mit luxuriös-elegant gestalteten Appartements, umfassendem Service und Health Club. Am
Mainufer : das Rivercafé mit modernem Bistro-Ambiente und ungezwungener Atmosphäre.

Holiday Inn, Mailänder Str. 1, ✉ 60598, ✆ (069) 6 80 20, info.hifrankfurt-citysouth
@queensgruppe.de, Fax (069) 6802333, 𝐼𝑠, 🛋 – 🛗 ✽ Zim, 🖥 📺 ✆ 🚗 🅿 – 🔒 200.
🅰🅴 ⓞ ⓜⓞ 𝗩𝗜𝗦𝗔 𝙹𝙲𝙱
BT y
Menu à la carte 27/52 – ⌁ 18 – **436 Zim** 160/220 – 195/255.
♦ Gegenüber dem Henningerturm erwarten Sie helle, kirschbaummöblierte Zimmer. Von
den Räumen im 25. Stockwerk eröffnet sich eine beeindruckende, herrliche Sicht auf die
Stadt. Elegantes Hotelrestaurant Le Chef mit internationalen Speisen.

XX **Brick Fine Dining** - Hotel Main Plaza, Walther-von-Cronberg-Platz 1, ✉ 60594, ✆ (069)
66 40 10, info@main-plaza.com, Fax (069) 664014408, 🌿 – 🅰🅴 ⓞ ⓜⓞ 𝗩𝗜𝗦𝗔 𝙹𝙲𝙱, ✻
geschl. Samstag - Sonntag – **Menu** (nur Abendessen) 69/89 und à la carte, ⚘.
FX b
♦ Im Erdgeschoss des Main Plaza empfängt Sie dieses mit moderner Eleganz eingerichtete
Restaurant. Die offene Küche erlaubt Einblicke in die Zubereitung der kreativen Menus.
Spez. Marinierte Gänseleber mit karamellisierter Thai-Mango. Gebratener Wolfsbarsch mit
Blumenkohl-Couscous und Blutwurst. Limousin-Lamm mit lauwarmen Antipasti-Gemüsen
und kleiner Kartoffelpizza

XX **Maingaustuben**, Schifferstr. 38, ✉ 60594, ✆ (069) 61 07 52, maingau@t-online.de,
Fax (069) 61995372 – 🅰🅴 ⓞ ⓜⓞ 𝗩𝗜𝗦𝗔 𝙹𝙲𝙱
HZ g
geschl. Ende Juli - Anfang Aug., Samstagmittag, Sonntagabend - Montag – **Menu** 11,50
(mittags) à la carte 22/37, ⚘.
♦ Speisen Sie internationale Leckerbissen in modern-elegantem Ambiente. Nach dem Essen
lockt ein Spaziergang an das nahe Museumsufer oder ins berühmte Apfelweinviertel.

XX **Holbein's**, Holbeinstr. 1 (im Städel), ✉ 60596, ✆ (069) 66 05 66 66, gmeyer@meyer
-frankfurt.de, Fax (069) 66056677, 🌿 – 🅰🅴 ⓞ ⓜⓞ 𝗩𝗜𝗦𝗔
GZ
geschl. Montag – **Menu** à la carte 33/46, ⚘.
♦ Hier trifft sich Frankfurts Society, um zu sehen und gesehen zu werden - und sie kommt,
um im schicken Ambiance des Städels einer Küche mit vielen Tendenzen zu frönen.

FRANKFURT AM MAIN S. 18

In Eschborn Nord-West : 12 km :

Mercure, Frankfurter Str. 71 (im Gewerbegebiet-Süd), ✉ 65760, ☎ (06196) 7 79 00, h3128@accor-hotels.com, Fax (06196) 7790500 – |≡|, ⇔ Zim, 🖬 📺 📞 ⚒ 🚗 – 🔒 60. AE ① ⑩ VISA. ※ Rest
AR b
Menu à la carte 20,50/38,50 – ⊇ 13 – **125 Zim** 108/220 – 118/230.
♦ Ein in einem Gewerbegebiet gelegener Neubau beherbergt dieses Hotel mit Atriumkuppel. Das Haus überzeugt mit Moderne, Funktionalität und tadelloser Pflege. Ein frisches, bistroähnliches Design gibt dem Restaurant eine gewisse Leichtigkeit.

Novotel, Helfmann-Park 10, ✉ 65760, ☎ (06196) 90 10, h0491@accor-hotels.com, Fax (06196) 482114, 😊, 🏊 (geheizt), 🛥 – |≡|, ⇔ Zim, 🖬 📺 ⚒ 🅿 – 🔒 200. AE ① ⑩ VISA
AR n
Menu à la carte 19/35 – ⊇ 13 – **224 Zim** 99/220 – 114/235.
♦ Funktionelle und geräumige Hotelzimmer sorgen für entspannten Schlaf. Familien mit Kindern schätzen das hoteleigene Schwimmbad mit Liegewiese und Kinderspielplatz.

Dorint, Philipp-Helfmannstr. 20, ✉ 65760, ☎ (06196) 9 69 70, info.fraesc@dorint.de, Fax (06196) 9697100, 😊 – |≡|, ⇔ Zim, 🖬 📺 📞 ⚒ 🚗 🅿 – 🔒 100. AE ① ⑩ VISA
AR R
Menu 22 à la carte 22/38 – ⊇ 14 – **179 Zim** 101/131 – 116/146.
♦ Ein neuer, funktioneller Hotelbau mit modern ausgestatteten Zimmern, die vor allem auf die Bedürfnisse von Geschäftsreisenden zugeschnitten sind. Restaurant Olive Tree im Bistrostil mit großem Buffetbereich.

In Eschborn-Niederhöchstadt Nord-West : 2 km ab Eschborn AR :

Bommersheim, Hauptstr. 418, ✉ 65760, ☎ (06173) 60 08 00, info@hotel-bommersheim.de, Fax (06173) 600840, 😊 – |≡| 📺 📞 🅿. AE ⑩ VISA JCB
geschl. 23. Dez. - 1. Jan. – **Menu** (geschl. Mitte Mai - Mitte Juni, 1. - 7. Okt., Samstag, Sonn- und Feiertage) (nur Abendessen) à la carte 18,50/35,50 – **35 Zim** ⊇ 98/145 – 120/190.
♦ Familiäre Atmosphäre finden Sie in diesem Hotel mit Landhausflair. Entspannen Sie sich am offenen Kamin oder in den exklusiven Zimmern im Tiroler Stil. Ein Zimmer mit Sauna ! Sehr gemütlicher Restaurantbereich im alpenländischen Stil.

In Neu-Isenburg Süd : 7 km :

Holiday Inn, Wernher-von-Braun-Str. 12 (Gewerbegebiet Ost), ✉ 63263, ☎ (06102) 74 60, reservation@holiday-inn-neu-isenburg.de, Fax (06102) 746746, 😊 – |≡|, ⇔ Zim, 🖬 📺 📞 ⚒ 🅿 – 🔒 70. AE ① ⑩ VISA
BU r
Menu à la carte 20/34 – ⊇ 15 – **164 Zim** 130, 19 Suiten.
♦ Helles, freundliches Hotel mit ebensolchen Holzmöbeln, das vor allem Tagungsgäste und Geschäftsleute beherbergt. Anspruchsvolle Seminartechnik mit Tageslicht und Klimaanlage. Modern gestaltetes Hotelrestaurant.

Wessinger, Alicestr. 2, ✉ 63263, ☎ (06102) 80 80, info@wessinger.com, Fax (06102) 808280, 😊 – |≡|, ⇔ Zim, 📺 📞 🅿 – 🔒 25. ⑩ VISA
BU n
Menu à la carte 25/38 – **46 Zim** ⊇ 92/128 – 119/179.
♦ Das familiengeführte Hotel überzeugt mit modernen, elegant-wohnlichen Zimmern in freundlichen Farben. Die Lage am Frankfurter Stadtwald bietet beste Möglichkeiten für Ausflüge. Nett gestaltetes Restaurant mit schöner Gartenterrasse.

Hugenottenhof garni, Carl-Ulrich-Str. 161, ✉ 63263, ☎ (06102) 2 90 09, Fax (06102) 2900444 – |≡| ⇔ 📺 📞 🚗 – 🔒 15. AE ① ⑩ VISA
BU s
geschl. 20. Dez. - 4. Jan. – **86 Zim** ⊇ 80 – 105.
♦ Hier pflegt man eine fast vergessene Hoteltradition : den Schuhputzservice. Helle, großzügige Zimmer auch für Nichtraucher und Allergiker. Um die Ecke : Frei- und Hallenbad

Neuer Haferkasten, Frankfurter Str. 118, ✉ 63263, ☎ (06102) 3 53 29, Fax (06102) 34542, 😊 – 🅿. AE ① ⑩ VISA
BU a
Menu (italienische Küche) à la carte 39/52.
♦ Vor einigen Jahren zog man samt hausgemachter Pasta und fangfrischen Mittelmeerfischen in die ehemalige Apfelkelterei, wo man seither kreativ-italienische Speisen zubereitet.

Zum Grünen Baum, Marktplatz 4, ✉ 63263, ☎ (06102) 3 83 18, Fax (06102) 770868 – 🅿. AE ⑩ VISA
BU c
geschl. Anfang Jan. 1 Woche – **Menu** à la carte 17/26.
♦ Das ehemalige Äppelwoilokal ist nun ein engagiert geführtes, rustikal gestaltetes Restaurant mit bürgerlicher Karte und traditionellen Gerichten aus dem Elsass. Innenhof.

Frankfurter Haus, Darmstädter Landstr. 741, ✉ 63623, ☎ (06102) 3 14 66, Fax (06102) 326899, Biergarten – 🅿. AE
BU e
Menu à la carte 20/34.
♦ In dem historischen Gasthaus von 1702 hat man dieses beliebte, lebhafte Lokal eingerichtet. In ländlich-rustikalem Umfeld serviert man Ihnen eine bodenständige Küche.

FRANKFURT AM MAIN S. 19

In Neu-Isenburg-Gravenbruch Süd-Ost : 11 km :

Kempinski Hotel Gravenbruch, An der Bundesstraße 459, ⊠ 63263, ℰ (06102) 30 06 50, *reservations.gravenbruch@kempinski.com*, Fax (06102) 30065199, 😊, Massage, ⊆s, ⊼ (geheizt), ⊠, ⊶, ※ – 🏛, 🛌 Zim, 📺 🎧 ⇔ 🅿 – 🎿 350. AE ⓞ ⓜⓞ VISA JCB. ※ Rest
Menu 39/45 und à la carte, ♀ – *L'olivo* (italienische Küche) *(geschl. Samstag - Sonntag) (nur Abendessen)* Menu à la carte 24/33 – 🖂 22 – **283 Zim** 285/425 – 365/450, 15 Suiten.
BU t
• Der Wintergarten mit Blick auf den hauseigenen See ist ein Erlebnis für sich ! Ehemaliger Gutshof inmitten parkähnlicher Park-Idylle mit großzügigen Zimmern und luxuriösen Suiten. Klassisch-gediegenes Restaurant. Im italienischen Stil zeigt sich das L'olivo.

Beim Flughafen Frankfurt Main Süd-West : 12 km :

Sheraton, Hugo-Eckener-Ring 15 (Terminal 1), ⊠ 60549 Frankfurt, ℰ (069) 6 97 70, *reservationsfrankfurt@sheraton.com*, Fax (069) 69772209, Massage, 🏋, ⊆s, ⊼ – 🏛, 🛌 Zim, 📺 🎧 ⇔ – 🎿 700. AE ⓞ ⓜⓞ VISA JCB. ※ Rest
Flavors : Menu à la carte 35/50 – **Taverne** *(geschl. Samstag - Sonntag)(nur Abendessen)* Menu à la carte 32/43 – **1006 Zim** 🖂 310/575 – 345/610, 28 Suiten.
AU u
• Vom Frühstück ins Flugzeug oder vom Jet direkt ins Bett - nur eine gläserne Fußgängerbrücke trennt das schallisolierte, funktionelle Hotel von der Drehscheibe Europas. Vielfältiges internationales Angebot im Flavors. Grill und Showküche in der Taverne.

Steigenberger Esprix Hotel, Cargo City Süd, ⊠ 60549 Frankfurt, ℰ (069) 69 70 99, *frankfurt@esprix-hotels.com*, Fax (069) 69709444, 😊 – 🏛, 🛌 Zim, 📺 🎧 ⇔ 🅿 – 🎿 100. AE ⓞ ⓜⓞ VISA JCB
Menu 22 (Buffet) à la carte 23/32 – 🖂 16 – **360 Zim** 139/229 – 159/319.
AU r
• Schnörkellose Architektur und pures Design : Die schallisolierten, großen Zimmer bestechen durch klare, funktionelle Ausstattung und verbreiten dennoch wohnliches Flair. Farbenfrohes, modernes Restaurant.

Ihre Meinung über die von uns empfohlenen Restaurants,
deren Spezialitäten sowie die angebotenen regionalen Weine,
interessiert uns sehr.

FRANKFURT (ODER) Brandenburg 542 I 27 – 70 000 Ew – Höhe 30 m.

🛈 Tourist-Information, Karl-Marx-Str. 8, ⊠ 15230, ℰ (0335) 32 52 16, info@frankfurt-oder-tourist.de, Fax (0335) 22565.
ADAC, An der Autobahn 3.
Berlin 101 ② – Potsdam 121 ② – Cottbus 80 ②

Stadtplan siehe nächste Seite

Messehotel, Nuhnenstr. 47, ⊠ 15234, ℰ (0335) 41 47 00, *messehotel-ffo@t-onlin e.de*, Fax (0335) 414747 – 🏛, 🛌 Zim, 📺 🎧 🅿 – 🎿 30. AE ⓞ ⓜⓞ VISA
Menu *(15. Juli - 15. Aug., Montag - Freitag nur Abendessen)* à la carte 15/21 – **65 Zim** 🖂 67 – 77.
über Fürstenwalder Straße X
• Die Lage direkt an der Messe sowie neuzeitliche, funktionell ausgestattete Zimmer mit gutem Schreibplatz machen dieses Hotel zu einer idealen Adresse für Geschäftsreisende.

City Park Hotel, Lindenstr. 12, ⊠ 15230, ℰ (0335) 5 53 20, *hotel-citypark@blueb and.de*, Fax (0335) 5532605 – 🏛, 🛌 Zim, 📺 🎧 ⇔ 🅿 – 🎿 140. AE ⓞ ⓜⓞ VISA JCB
Menu *(geschl. Samstag - Sonntag)* à la carte 15,50/21 – **90 Zim** 🖂 62/97 – 90/130.
Y c
• Dieses gut geführte, erst vor wenigen Jahren neu erbaute Hotel verfügt über komfortable Zimmer - sie sind alle mit hellen Holzmöbeln und bunten Deko-Stoffen eingerichtet. Das zur Halle offene Restaurant ist - passend zum Stil des Hauses - modern gehalten.

Turm 24, Logenstr. 8, ⊠ 15230, ℰ (0335) 50 45 17, *info@turm24.de*, Fax (0335) 50080014, ≤ Frankfurt und Oderlandschaft – AE ⓞ ⓜⓞ VISA
Menu à la carte 20,50/32,50.
X t
• Einen tollen Blick über die Stadt genießen Sie in diesem Restaurant im 24. Stock des Oder-Turms. Lassen Sie sich in luftiger Höhe mit internationalen Spezialitäten verwöhnen.

In Frankfurt-Boossen über ③ : 7 km :

Am Schloss garni, Berliner Str. 48 (B 5), ⊠ 15234, ℰ (0335) 6 80 18 41, *hotelamsc hloss-ff@gmx.de*, Fax (0335) 65427 – 📺 🅿. AE ⓞ ⓜⓞ VISA
13 Zim 🖂 41/43 – 61.
• Ende der 90er Jahre hat man hier ein ehemaliges Gasthaus umgebaut und modernisiert. Entstanden ist ein kleines Hotel mit wohnlichen, solide möblierten Zimmern.

FRANKFURT/ODER

Am Kleistpark	X 2
Berliner Straße	X 3
Carl-Philipp-Emanuel-Bach-Straße	X 4
Einheit (Platz der)	X 5
Ernst-Thälmann Straße	X 7
Fürstenberger Straße	Y 8
Große Scharrnstraße	X 9
Heinrich-Hildebrand-Straße	Y 12
Karl-Liebknecht-Straße	X 15
Karl-Marx-Straße	X
Kleine Oderstraße	X 16
Leipziger Straße	Y 17
Luckauer Straße	Y 18
Paul-Feldner-Straße	XY 19
Rudolf-Breitscheid-Straße	X 21
Schmalzgasse	X 22
Tunnelstraße	Y 24
Wieckestraße	X 27

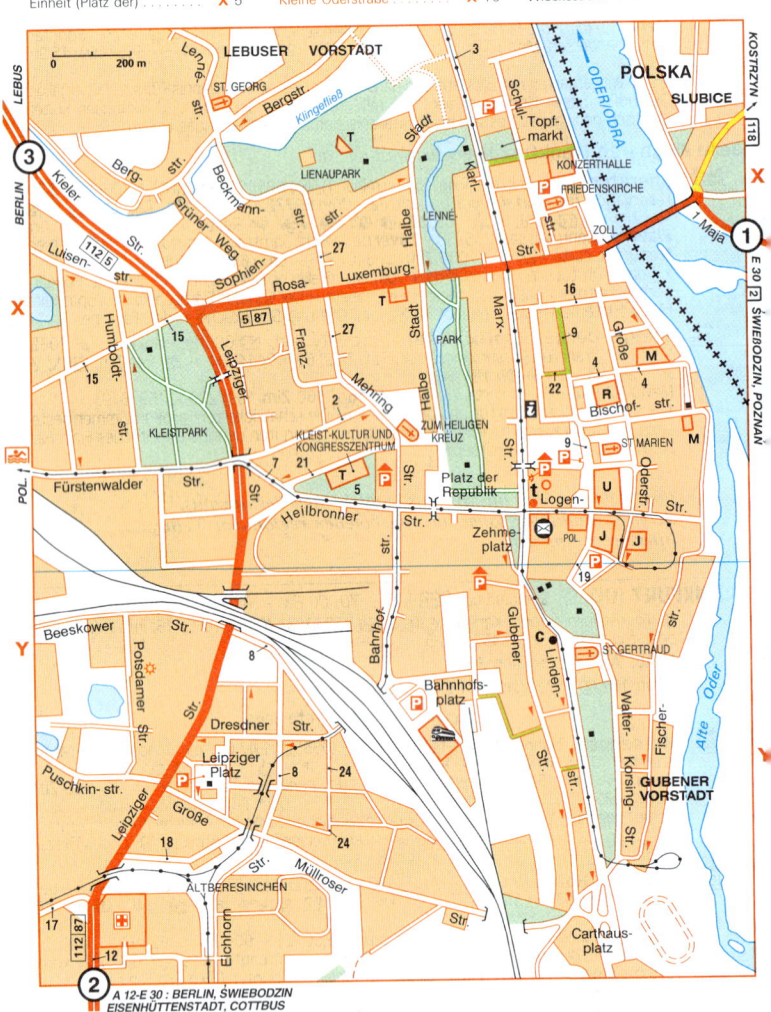

In Frankfurt-Lichtenberg Süd-West : 7 km, über Leipziger Straße Y und Müllroser Chaussee :

Ramada-Treff Hotel, Turmstr. 1, ✉ 15234, ℘ (0335) 5 56 50, frankfurt-oder@ramada-treff.de, Fax (0335) 5565100, 🍴, ☎ – 🛗, ⚿ Zim, 🍽 Rest, 📺 📞 & 🅿 – 🛎 210. AE ⓘ ⓜ VISA
Menu à la carte 18/27 – **150 Zim** ⥄ 76 – 88.
• Besonders Geschäftsreisende schätzen den verkehrsgünstig an der A12 liegenden neuzeitlichen Hotelkomplex mit seinen modernen, funktionellen Zimmern. Restaurant mit großem Buffetbereich.

FRANKWEILER Rheinland-Pfalz 543 S 8 – 900 Ew – Höhe 250 m.
Berlin 664 – Mainz 113 – Mannheim 49 – Landau in der Pfalz 11 – Neustadt an der Weinstraße 17 – Pirmasens 42.

XX **Robichon**, Orensfelsstr. 31, ✉ 76833, ℘ (06345) 32 68, brunorobichon@gmx.de, Fax (06345) 8529, 🍽 – P. MC VISA
geschl. Anfang Jan. 1 Woche, Juli - Aug. 3 Wochen, Montagabend - Dienstag - **Menu** à la carte 25,50/35,50.
• Mit Erfolg hat Bruno Robichon in dem pfälzischen Ort seine französische Küche eingeführt. Ein gutes Couvert und eine nette Atmosphäre prägen das kleine Restaurant.

FRASDORF Bayern 546 W 20 – 3 000 Ew – Höhe 598 m.
🛈 Verkehrsbüro, Schulstr. 7, ✉ 83112, ℘ (08052) 17 96 25, Fax (08052) 179628.
Berlin 667 – München 78 – Bad Reichenhall 60 – Salzburg 64 – Innsbruck 115.

🏨 **Landgasthof Karner** ⌂, Nußbaumstr. 6, ✉ 83112, ℘ (08052) 40 71, info@landgasthof-karner.de, Fax (08052) 4711, 🍽, ≤s, 🎾, TV P, 🛎 40. AE ① MC VISA JCB
Menu 26 (mittags)/60 à la carte 35/49 – **26 Zim** ⊇ 55/80 – 90/150 – ½ P 28.
• Tadellose Pflege und das im alpenländischen Stil gehaltene Ambiente werden Sie überzeugen. Die komfortablen Zimmer sind mit typischen Weichholzmöbeln liebevoll gestaltet. Reizend dekoriert das gemütliche Lokal. Schön im Sommer : das Gartenrestaurant.

X **Alpenhof**, Hauptstr. 31, ✉ 83112, ℘ (08052) 22 95, info@alpenhof-frasdorf.de, Fax (08052) 5118, 🍽 – P.
geschl. Mittwoch - Donnerstagmittag – **Menu** à la carte 18/36,50.
• Ein oberbayerischer Gasthof mit kunstsinnigem und leicht italienischem Ambiente. Denn : Der Chef des Hauses ist talentiert - er kann gut kochen und auch malen.

In Frasdorf-Wildenwart Nord-Ost : 3 km, jenseits der A 8 :

X **Schloßwirtschaft Wildenwart**, Ludwigstr. 8, ✉ 83112, ℘ (08051) 27 56, Fax (08051) 64193, 🍽 – P. 🚫
geschl. Ende Feb. - Mitte März, Sept. 3 Wochen, Montag - Dienstag – **Menu** à la carte 15,50/30.
• In der Mitte des Dorfes liegt diese regionstypische Gaststätte. In urigem Ambiente serviert man Einkehrenden ein ständig wechselndes Angebot - zubereitet aus Bio-Produkten.

FRAUENAU Bayern 546 T 23 – 3 100 Ew – Höhe 616 m – Erholungsort – Wintersport : 620/800 m ⛷1 ⛄.
🛈 Tourist-Information, Hauptstr. 12, ✉ 94258, ℘ (09926) 9 41 00, touristinfo@frauenau.de, Fax (09926) 1799.
Berlin 482 – München 187 – Passau 56 – Cham 66 – Deggendorf 43.

🏨 **St. Florian**, Althüttenstr. 22, ✉ 94258, ℘ (09926) 95 20, info@st-florian.de, Fax (09926) 8266, 🍽, ≤s, 🏊, 🎾, ≠, ✵ Zim, TV & P
geschl. Nov. - Mitte Dez. – **Menu** à la carte 14/24,50 – **26 Zim** ⊇ 37/43 – 78 – ½ P 12.
• Das St. Florian versteht sich als sympathisches Ferienhotel. Es erwartet seine Gäste mit einem stilvollen Einrichtungs-Mix aus Landhaus- und wohnlichen Kirschbaummöbeln. Holzgetäfeltes Restaurant mit geschmackvollem Ambiente.

🏨 **Eibl-Brunner**, Hauptstr. 18, ✉ 94258, ℘ (09926) 95 10, info@eibl-brunner.de, Fax (09926) 951160, Massage, 🛎, ≤s, 🏊, 🎾, ≠, TV P. MC VISA
geschl. 24. Nov. - 20. Dez. – **Menu** à la carte 16/28,50 – **54 Zim** ⊇ 26/43 – 62/82 – ½ P 12.
• Dieser Gasthof verspricht Erholung zu jeder Jahreszeit. Nicht nur die wohnlichen Zimmer tragen dazu bei, sondern auch das großzügige Fitnessangebot. Helles Holz, Jagdtrophäen und ein Kachelofen bestimmen das Bild der Speiseräume.

⌂ **Büchler**, Dörflstr. 18, ✉ 94258, ℘ (09926) 9 40 40, info@hotel-buechler.de, Fax (09926) 757, ≤, 🍽, ≤s, 🎾, TV P. AE ① MC VISA
geschl. 4. Nov. - 18. Dez. – **Menu** à la carte 13/22 – **22 Zim** ⊇ 30/33 – 54/60 – ½ P 8.
• Am Fuße des Rachel gelegen, bietet dieser gut geführte Gasthof einfache, mit bemalten Bauernmöbeln eingerichtete Zimmer. Vor allem Stammgäste fühlen sich hier wie zu Hause. Rustikal und ohne viel Brimborium kann man in der freundlichen, hellen Gaststube essen.

FRAUENSTEIN Sachsen 544 N 24 – 1 100 Ew – Höhe 654 m.
🛈 Fremdenverkehrsamt, Markt 28, ✉ 09623, ℘ (037326) 93 35, Fax (037326) 83819.
Berlin 231 – Dresden 40 – Chemnitz 51.

⌂ **Goldener Stern**, Markt 22, ✉ 09623, ℘ (037326) 94 01, info@goldener-stern-frauenstein.de, Fax (037326) 9403, 🍽 – P. 🛎 30. AE MC VISA
geschl. Jan. 2 Wochen – **Menu** à la carte 13,50/19,50 – **30 Zim** ⊇ 36 – 57 – ½ P 10.
• Einladend steht der rosafarbene Gasthof im Herzen von Frauenstein. Die Gästezimmer sind schlicht, aber gepflegt und solide und erfüllen in jeder Hinsicht ihren Zweck. Die ländlich eingerichteten Stuben wirken recht gemütlich.

FRAUENWALD Thüringen 544 O 16 – 1 200 Ew – Höhe 786 m – Erholungsort – Wintersport : ⛷.
🛈 Fremdenverkehrsamt, Nordstr. 96, ✉ 98711, ℘ (036782) 6 19 25, Fax (036782) 61239.
Berlin 345 – Erfurt 62 – Coburg 56 – Suhl 17.

🏠 **Drei Kronen**, Südstr. 18, ✉ 98711, ℘ (036782) 68 00, ahrndt@t-online.de, Fax (036782) 68068, Biergarten, ⇌ – 📺 ☎ ⇌ 🅿
geschl. 8. Nov. - 2. Dez. – **Menu** à la carte 13/23,40 – **20 Zim** ⇌ 38/51 – 49/57 – ½ P 8.
• Gelungener Architektur-Mix aus Alt und Neu : An den schiefergetäfelten Gasthof aus dem 18. Jh. wurde ein moderner Anbau mit neuzeitlich eingerichteten Zimmern gesetzt. Dunkles Holz an Wänden und Boden macht das Restaurant behaglich.

FRECHEN Nordrhein-Westfalen 543 N 4 – 45 000 Ew – Höhe 65 m.
Berlin 579 – Düsseldorf 47 – Bonn 39 – Aachen 65 – Köln 13.

🏨 **Halm-Schützenhaus**, Johann-Schmitz-Platz 22, ✉ 50226, ℘ (02234) 95 70 00, hotel-halm@t-online.de, Fax (02234) 52232, 🍴 – 🛗, 🍽 Rest, 📺 ☎ ⇌ 🅿 – 🔒 200. 🅰🅴 ⓘ ⓜ🅾 🆅🅸🆂🅰. ✻ Zim
Menu (geschl. Montagmittag) à la carte 16/45,50 – **39 Zim** ⇌ 88 – 132.
• In diesem alten Schützenhaus finden Reisende eine empfehlenswerte Übernachtungsmöglichkeit. Die Zimmer sind alle einheitlich mit soliden Kirschbaummöbeln eingerichtet. Richtig urig wirkt die einfache, aber gemütliche Gaststube.

FREDEBURG Schleswig-Holstein siehe Ratzeburg.

FREDENBECK Niedersachsen 541 F 12 – 4 800 Ew – Höhe 5 m.
Berlin 354 – Hannover 181 – Hamburg 64 – Bremerhaven 69 – Bremen 91.

🏠 **Fredenbeck** garni, Dinghorner Str. 19, ✉ 21717, ℘ (04149) 9 28 20, hotel-fredenbeck@web.de, Fax (04149) 928234 – 📺 ☎ 🅿 ⓜ🅾 🆅🅸🆂🅰
10 Zim ⇌ 45/55 – 65/75.
• Hinter der rund gebauten Klinkerfassade dieser familiengeführten kleinen Pension finden Übernachtungsgäste saubere Zimmer mit älterem, aber gepflegtem Mobiliar vor.

FREIAMT Baden-Württemberg 545 V 7 – 4 200 Ew – Höhe 434 m – Erholungsort.
🛈 Verkehrsbüro (im Kurhaus), Badstraße 1, ✉ 79348, ℘ (07645) 9 10 30, info@freiamt.de, Fax (07645) 910399.
Berlin 790 – Stuttgart 195 – Freiburg im Breisgau 40 – Offenburg 53.

In Freiamt-Brettental :

🏨 **Ludinmühle** ⊱ (mit Gästehaus), Brettental 31, ✉ 79348, ℘ (07645) 9 11 90, info@ludinmuehle.de, Fax (07645) 911999, 🍴, 🅿, Massage, ⇌, 🏊, 🌳 – 🛗, ✻ Zim, 📺 ☎ 🚗 🅿 – 🔒 20. ⓜ🅾 🆅🅸🆂🅰. ✻ Rest
Menu à la carte 24/52 – **53 Zim** ⇌ 69/95 – 110/188, 3 Suiten – ½ P 14.
• Hübsche, individuell gestaltete Zimmer und sehr komfortable Suiten, Wellness- und Kosmetikangebote sowie eine persönliche Betreuung zeichnen dieses Hotel aus. Das gemütliche Restaurant ist im Schwarzwälder Stil gestaltet.

In Freiamt-Mussbach :

🍴 **Zur Krone**, Mussbach 6, ✉ 79348, ℘ (07645) 2 27, Fax (07645) 916196, 🍴 – 🅿
geschl. Jan. 2 Wochen, Aug. 3 Wochen, Mittwoch – **Menu** (Montag - Freitag nur Abendessen) (Tischbestellung ratsam) à la carte 18,50/35.
• Ein einfacher Gasthof, unscheinbar mitten im Dorf gelegen. In einer ländlichen Stube mit hellem Holz und Kachelofen serviert man schmackhafte regionale Speisen.

FREIBERG Sachsen 544 N 24 – 44 000 Ew – Höhe 400 m.
Sehenswert : Freiberg★ – Dom★★ (Triumphkreuz★, Tulpenkanzel★, Silbermannorgel★★, Goldene Pforte★★, Begräbniskapelle★) – Mineralogische Sammlung der TU Bergakademie★ – Lehr- und Besucherbergwerk★.
🛈 Tourist-Information, Burgstr. 1, ✉ 09599, ℘ (03731) 27 32 65, touristinfo-freiberg@abo.freiepresse.de, Fax (03731) 273260.
Berlin 228 – Dresden 49 – Chemnitz 35 – Leipzig 98.

🏨 **Alekto**, Am Bahnhof 3, ✉ 09599, ℘ (03731) 79 40, info@alekto.de, Fax (03731) 794100 – 🛗, ✻ Zim, 📺 ☎ 🅿 – 🔒 40. 🅰🅴 ⓘ ⓜ🅾 🆅🅸🆂🅰
Menu à la carte 16,50/25 – **52 Zim** ⇌ 49/72 – 78/90.
• Eine umgebaute Maschinenfabrik neben dem Bahnhof dient heute als Hotel. Hinter der Jugendstilfassade erwarten den Gast neuzeitlich-funktionell ausgestattete Zimmer. Blau gemusterte Polster und rote Wände tragen zum modern-sachlichen Stil des Restaurants bei.

FREIBERG

Silberhof, Silberhofstr. 1, ✉ 09599, ℰ (03731) 2 68 80, mail@silberhof.de, Fax (03731) 268878, 🍴 – 🏢, AE ⓘ ⓜⓞ VISA JCB
Menu (geschl. Sonntag) (nur Abendessen) à la carte 14/22,50 – **30 Zim** ⌇ 50/65 – 75/95.
♦ Sinn für Gastlichkeit und guter Geschmack sind die Kennzeichen dieses stattlichen rosafarbenen Jugendstilhauses. Elegante Zimmer und einladende Salons mit ausgewählten Möbeln. Warme Pastelltöne und gediegenes Stilmobiliar bestimmen im Restaurant das Bild.

Am Obermarkt, Waisenhausstr. 2, ✉ 09599, ℰ (03731) 2 63 70, info@hotel-am-obermarkt.de, Fax (03731) 2637330 – TV P – 🚗 15. AE ⓘ ⓜⓞ VISA
Menu à la carte 13/24 – **33 Zim** ⌇ 46/58 – 70/85.
♦ Im Herzen der Stadt, in einer Seitenstraße des Marktplatzes gelegenes gut geführtes Hotel mit sauberen, recht sachlich und praktisch eingerichteten Zimmern. Teil des Restaurants ist der Gewölbekeller.

Kreller, Fischerstr. 5, ✉ 09599, ℰ (03731) 3 59 00, kontakt@hotel-kreller.de, Fax (03731) 23219, 🍴 – 🏢, ↔ Zim, TV P – 🚗 60. AE ⓘ ⓜⓞ VISA
Menu 15,50/38 – **37 Zim** ⌇ 45/65 – 68/88.
♦ Nicht nur die alte Fassade, auch das Innere des Hotels wurde Anfang der 90er Jahre komplett saniert. Alle Gastzimmer entsprechen zeitgemäßem Komfort. Bürgerlich-gediegenes Restaurant.

XX **Le Bambou** (mit Gästehaus Mistral), Obergasse 1, ✉ 09599, ℰ (03731) 35 39 70, c.wiesner@atis2000.net, Fax (03731) 32094, 🍴 – ↔ Zim, TV ℰ P, AE ⓘ ⓜⓞ VISA
geschl. Sonntag – Montag – **Menu** (nur Abendessen) 33/50 à la carte 28/36 – **9 Zim** ⌇ 52/90 – 72/128.
♦ Liebhaber exotischer Kultur kommen hier auf ihre Kosten. Umgeben von Kunst und Einrichtungselementen aus Afrika bietet man internationale Küche. Schöne Zimmer im Gästehaus.

X **Blaue Blume** mit Zim, Donatsgasse 25, ✉ 09599, ℰ (03731) 2 65 60, rest@blaue-blume.de, Fax (03731) 265629 – TV, ⓜⓞ VISA, 🍴
geschl. Feb. 1 Woche, Ende Aug. - Anfang Sept., Montag – **Menu** (nur Abendessen) à la carte 19/26 – **7 Zim** ⌇ 45/60 – 65/70.
♦ An der Stadtmauer, bei einem alten Torturm, liegt das sanierte alte Haus - ein zeitlos gestaltetes kleines Restaurant mit fast intim wirkender Atmosphäre.

In Bräunsdorf Nord-West : 9 km über Hainichener Straße :

Landhaus Striegistal 🌿, An der Striegis 4, ✉ 09603, ℰ (037321) 88 10, landhaus-striegistal@intus-hotels.de, Fax (037321) 88150, 🍴 – TV P – 🚗 30
Menu (Montag - Freitag nur Abendessen) (Restaurant nur für Hausgäste) – **19 Zim** ⌇ 50/61 – 88.
♦ Eines ist Ihnen hier in der Sächsischen Schweiz gewiss : absolute Ruhe ! Umgeben von Wäldern und Wiesen schlafen Sie in einfachen, freundlich gestalteten Zimmern.

In Hetzdorf Nord-Ost : 12 km, über B 173, nach Niederschöna rechts ab :

Waldhotel Bergschlößchen 🌿, Am Bergschlößchen 14, ✉ 09600, ℰ (035209) 23 80, info@bergschloesschen.de, Fax (035209) 23819, ≤, 🍴, 🐎 – TV ℰ P – 🚗 20. AE ⓜⓞ VISA. 🍴 Rest
Menu à la carte 12/25 – **18 Zim** ⌇ 39 – 54/74.
♦ Ruhig liegt das grau-weiße, aus der Jahrhundertwende stammende Bergschlösschen am Waldrand. Zeitgemäßen Standard bieten die sauberen, gut unterhaltenen Zimmer. Restaurant mit Panorama-Wintergarten.

FREIBERG AM NECKAR Baden-Württemberg siehe Ludwigsburg.

Die in diesem Führer angegebenen Preise folgen
der Entwicklung der allgemeinen Lebenshaltungskosten.
Lassen Sie sich bei der Zimmerreservierung den endgültigen
Preis vom Hotelier mitteilen.

FREIBURG (ELBE) Niedersachsen **541** E 11 – 2 000 Ew – Höhe 2 m – Erholungsort.
Berlin 381 – Hannover 197 – Cuxhaven 51 – Bremerhaven 76 – Hamburg 82 – Stade 33.

Gut Schöneworth 🌿, Landesbrücker Str 42, ✉ 21729, ℰ (04779) 9 23 50, info@gutschoeneworth.de, Fax (04779) 8203, 🍴, ≦s, 🐎 – ↔ Zim, TV 🚗 P – 🚗 80. AE ⓜⓞ VISA
Menu (Okt. - März Restaurant nur für Hausgäste) (Okt. - März nur Abendessen) à la carte 25,50/35 – **15 Zim** ⌇ 55/70 – 80/105 – ½ P 21.
♦ Der ehemalige Zwei-Ständer Bauernhof von 1869 besteht aus drei hübschen reetgedeckten Gebäuden. Wohnlich und funktionell sind die Zimmer eingerichtet. Ländlich-stilvoll gibt sich das kleine Restaurant.

FREIBURG IM BREISGAU Baden-Württemberg **545** V 7 – 200 000 Ew – Höhe 278 m.

Sehenswert : Münster★★ : Turm★★★ (≤★), Hochaltar von Baldung Grien★★ Y – Ehemaliges Kaufhaus★ YZ B – Rathausplatz★ und Neues Rathaus★ Y R1 – Augustiner-Museum★★ (mittelalterliche Kunst★★) Z M1 – Museum für Ur- und Frühgeschichte (Keltischer Stierkopf★, alemannische Fibel★) Y.

Ausflugsziel : Schlossberg★ (mit ≤) Z – Schauinsland★ (≤★), über Günterstalstr. X 21 km.

Freiburg-Munzingen, Großer Brühl 1 (Süd : 12 km über ③), ℘ (07664) 93 06 10 ; Kirchzarten, Krüttweg 1 (Ost : 7 km über ②), ℘ (07661) 9 84 70.

Messegelände an der Stadthalle (über ②), ℘ (0761) 7 03 70, Fax (0761) 709885.

Tourist Information, Rotteckring 14, ⌧ 79098, ℘ (0761) 3 88 18 80, touristik@fwt-online.de, Fax (0761) 3881887.

ADAC, Karlsplatz 1.

Berlin 805 ④ – Stuttgart 208 ④ – Basel 71 ④ – Karlsruhe 134 ④ – Strasbourg 86 ④

Stadtpläne siehe nächste Seiten

Colombi-Hotel, Rotteckring 16, ⌧ 79098, ℘ (0761) 2 10 60, info@colombi.de, Fax (0761) 31410, ♨, Massage, ≘s, ⬜ – 🛗, ⇎ Zim, 📺 📞 ⇔ – 🏛 120. AE ⓘ ⓜ VISA JCB
Y r
Colombi-Restaurant (Tischbestellung ratsam) Menu 24 (mittags) à la carte 43,50/64, ⚭ – *Hans-Thoma-Stube* : Menu 24 (mittgas) à la carte 34,50/48, ⚭ – ⌸ 15 – **116 Zim** 175/195 – 230/260, 11 Suiten.
♦ Zwischen Bahnhof und Münster liegt dieses exquisite Hotel. Es bietet seinen Gästen eine stilgerechte Einrichtung, Luxus und besten Service. Das Restaurant ist ein rustikal-eleganter Ort für verwöhnte Gaumen. Original aus dem 18. Jh. : die Hans-Thoma-Stube. Spez. Gegrillte Langustinen mit Ratatouille-Vinaigrette. Taubenbrüstchen mit Périgord-Trüffel und Selleriescheiben gebraten. Lammcarrée mit Pestojus und gratinierten Kartoffeln

Dorint am Konzerthaus, Konrad-Adenauer-Platz 2, ⌧ 79098, ℘ (0761) 3 88 90, info.qfbfbc@dorint.com, Fax (0761) 3889100, ♨, Massage, ≘s, ⬜ – 🛗, ⇎ Zim, 📺 📞 ⇔ – 🏛 130. AE ⓘ ⓜ VISA JCB. ※ Rest
X
Menu à la carte 30/46,50 – ⌸ 16 – **219 Zim** 172/177 – 182.
♦ Das moderne Geschäftshotel mit elegantem Flair ist direkt mit dem Konzerthaus verbunden. Warme Farben und eine funktionelle Ausstattung kennzeichnen die Zimmer. Als Rondell angelegtes Restaurant mit internationaler Küche.

Zum Roten Bären, Oberlinden 12, ⌧ 79098, ℘ (0761) 38 78 70, info@roter-baeren.de, Fax (0761) 3878717, (Haus a.d.J. 1120, seit 1311 Gasthof), ≘s – 🛗 📺 ⇔ – 🏛 30. AE ⓘ ⓜ VISA
Z u
Menu (geschl. Sonntag) à la carte 25,50/43 – **25 Zim** ⌸ 103/118 – 133/149.
♦ Im Zentrum der Stadt, am Schwabentor, liegt dieses traditionsreiche Haus, das sich mit seinen gediegenen, sehr wohnlichen Zimmern den Bedürfnissen von heute angepasst hat. In der alemannischen Stube bewirtet man seit Jahrhunderten Gäste.

Oberkirchs Weinstuben (mit Gästehaus), Münsterplatz 22, ⌧ 79098, ℘ (0761) 2 02 68 68, info@hotel-oberkirch.de, Fax (0761) 2026869, ☼ – 🛗 📺 ⇔. AE ⓜ VISA
Y a
Menu (geschl. Jan. 3 Wochen, Sonntag) à la carte 21,50/38,50 – **26 Zim** ⌸ 86/107 – 136, 3 Suiten.
♦ Von manchen Zimmern des historischen Gebäudes schaut man auf das Münster. Die Einrichtung ist recht unterschiedlich : Man hat die Wahl zwischen Stil- und Landhausmobiliar. Ein dunkel getäfeltes und gemütlich wirkendes Restaurant erwartet Sie.

Park Hotel Post garni, Eisenbahnstr. 35, ⌧ 79098, ℘ (0761) 38 54 80, park-hotel-post-freiburg@t-online.de, Fax (0761) 31680 – 🛗 📺 📞 ⇔. AE ⓜ VISA. ※
Y h
45 Zim ⌸ 104/129 – 144/159.
♦ 1867 als Privathaus gebaut, bietet das zentral gelegene Hotel heute seinen Gästen ein wohnliches Logis. Dazu tragen die persönliche Führung sowie die ansprechenden Zimmer bei.

Victoria garni, Eisenbahnstr. 54, ⌧ 79098, ℘ (0761) 20 73 40, sleep@hotel-victoria.de, Fax (0761) 20734444 – 🛗 ⇎ 📺 📞 ⇔. Ⓟ. AE ⓘ ⓜ VISA
Y p
63 Zim ⌸ 102/122 – 135/165.
♦ Umweltschutz steht bei Hotelier Bertram Späth an oberster Stelle. So wird z. B. der gesamte Energiebedarf des gepflegten Hotels aus regenerativen Energien gewonnen.

Rheingold, Eisenbahnstr. 47, ⌧ 79098, ℘ (0761) 2 82 10, hotelrheingold@t-online.de, Fax (0761) 2821111, ☼ – 🛗, ⇎ Zim, 📺 📞 ⇔ – 🏛 180. AE ⓘ ⓜ VISA JCB
Y d
Menu (geschl. Samstagmittag, Sonn- und Feiertage) 20 à la carte 26/35,50 – **49 Zim** ⌸ 109/129 – 139/159.
♦ Ganz in der Nähe von Fußgängerzone und Bahnhof liegt dieses zeitgemäße Stadthotel mit freundlichen und funktionellen Zimmern - ideal auch für Tagungsgäste. Hell gestaltetes Restaurant.

488

FREIBURG IM BREISGAU

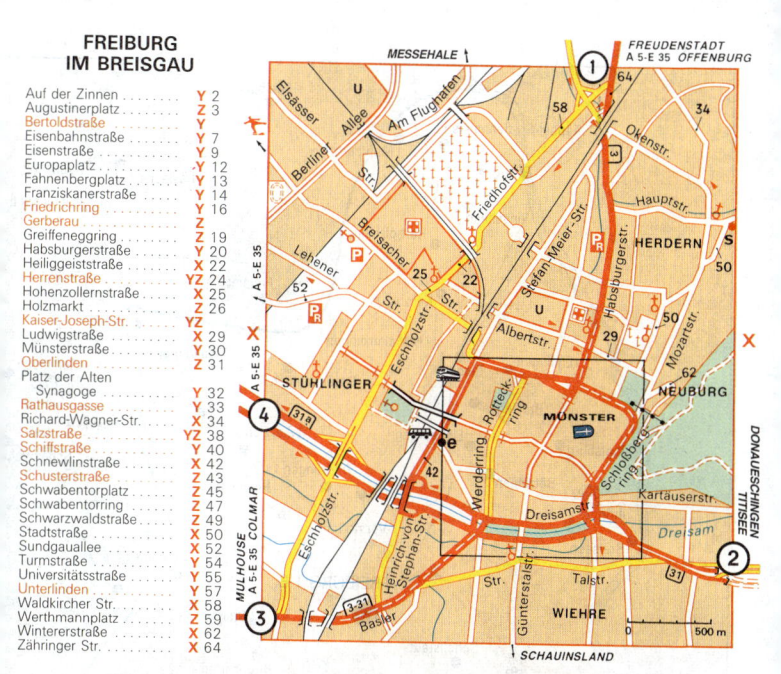

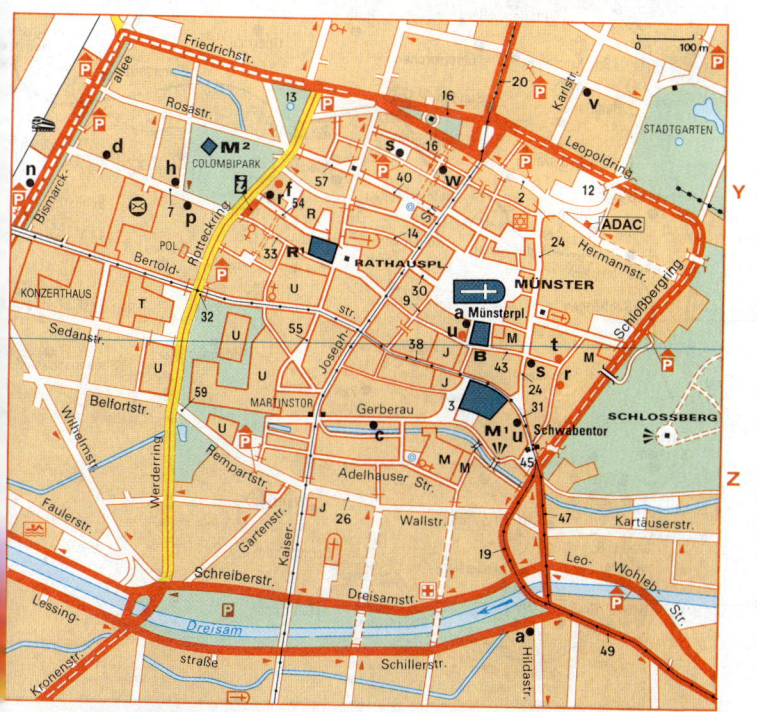

Auf der Zinnen	**Y** 2
Augustinplatz	**Z** 3
Bertoldstraße	**Y**
Eisenbahnstraße	**Y** 7
Eisenstraße	**Y** 9
Europaplatz	**Y** 12
Fahnenbergplatz	**Y** 13
Franziskanerstraße	**Y** 14
Friedrichring	**Y** 16
Gerberau	**Z**
Greiffeneggring	**Z** 19
Habsburgerstraße	**Y** 20
Heiliggeiststraße	**X** 22
Herrenstraße	**YZ** 24
Hohenzollernstraße	**X** 25
Holzmarkt	**Z** 26
Kaiser-Joseph-Str.	**YZ**
Ludwigstraße	**X** 29
Münsterstraße	**Y** 30
Oberlinden	**Z** 31
Platz der Alten Synagoge	**Y** 32
Rathausgasse	**Y** 33
Richard-Wagner-Str.	**X** 34
Salzstraße	**YZ** 38
Schiffstraße	**Y** 40
Schnewlinstraße	**X** 42
Schusterstraße	**Y** 43
Schwabentorplatz	**Z** 45
Schwabentorring	**Z** 47
Schwarzwaldstraße	**Z** 49
Stadtstraße	**X** 50
Sundgauallee	**X** 52
Turmstraße	**Y** 55
Universitätsstraße	**Y** 57
Unterlinden	**Y**
Waldkircher Str.	**X** 58
Werthmannplatz	**Z** 59
Winterstraße	**Y** 62
Zähringer Str.	**X** 64

FREIBURG IM BREISGAU

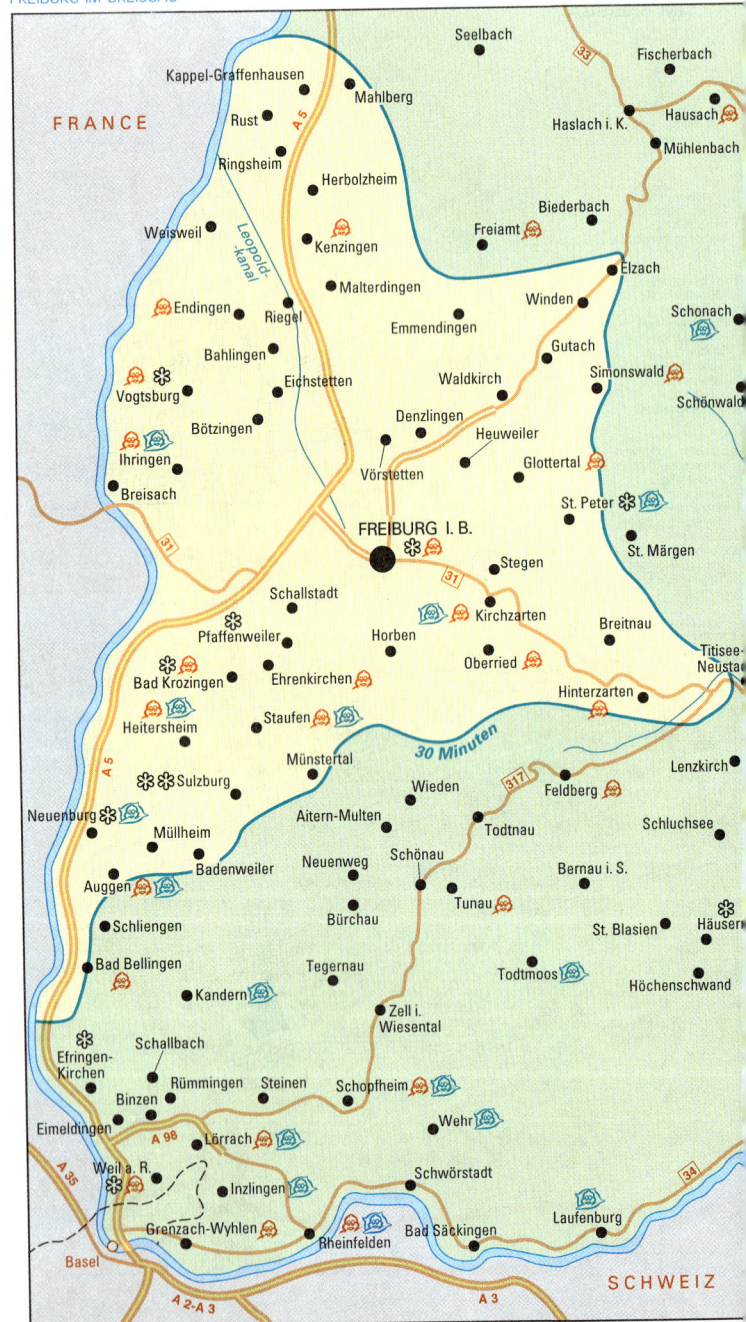

FREIBURG IM BREISGAU

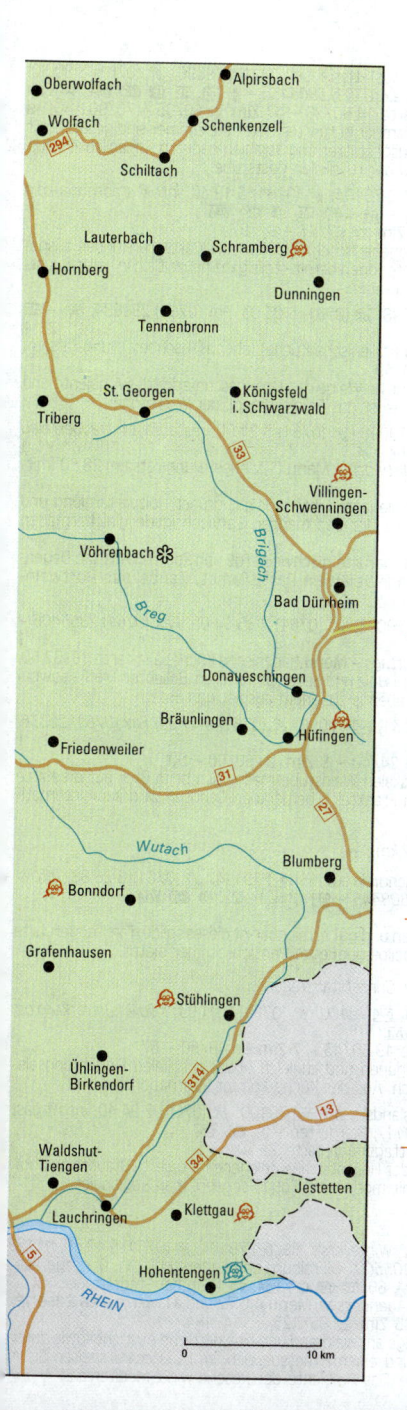

🏨 **InterCityHotel**, Bismarckallee 3,
✉ 79098, ✆ (0761) 3 80 00, freib
urg@intercityhotel.de,
Fax (0761) 3800999 – 🛗, ⚞ Zim,
📺 ✆ & - 🚗 40. AE ⓘ MC VISA JCB.
✻ Rest   Y n
Menu (geschl. Sonntag) à la carte
16,50/32,50 – **152 Zim** ⊇ 103/108
– 124/129.
♦ Wer mit dem Zug reist, wird
diese Übernachtungsadresse beim
Bahnhof schätzen. Die Zimmer sind
gut ausgestattet und verfügen
über zeitgemäße technische
Anschlüsse.

🏨 **Central-Hotel** garni, Wasserstr. 6,
✉ 79098, ✆ (0761) 3 19 70, info
@central-freiburg.de,
Fax (0761) 3197100 – 🛗 ⚞ 📺
🚗 - 🚶 30. AE ⓘ MC VISA
JCB   Y s
geschl. 19. - 26. Dez. – **49 Zim**
⊇ 79/89 – 125.
♦ Guter Ausgangspunkt für Besich-
tigungen und Stadtbummel ist die-
ses Hotel am Rande der Fußgänger-
zone. Die Zimmer sind funktionell
eingerichtet - fragen Sie nach den
renovierten.

🏨 **Markgräfler Hof**, Gerberau 22,
✉ 79098, ✆ (0761) 3 25 40, info
@markgraeflerhof.de,
Fax (0761) 2964949 – ⚞ 📺. AE
MC VISA   Z c
Menu (geschl. Sonntag - Montag) à la
carte 26/39 – **17 Zim** ⊇ 82/93 –
100/120.
♦ 1998 wurde das ehemalige Stadt-
palais grundlegend und gelungen
renoviert : Hübsche Landhausmöbel,
gepaart mit Stoffen in warmen Farb-
tönen, geben ein apartes Bild ab.
Frisch und leicht elegant wirkt das
Restaurant.

🏩 **City Hotel** garni, Weberstr. 3,
✉ 79098, ✆ (0761) 38 80 70, city
.hotel.freiburg@t-online.de,
Fax (0761) 3880765 – 🛗, 🚗. AE
ⓘ MC VISA JCB   Y w
42 Zim ⊇ 78/95 – 101/115.
♦ In zentraler Lage finden Geschäfts-
reisende und Touristen hier ein
funktionelles Quartier mit netten
Zimmern, die alle einheitlich
mit hellen Buchenmöbeln eingerich-
tet sind.

🏩 **Schiller**, Hildastr. 2, ✉ 79102,
✆ (0761) 70 33 70, freiburg@schil
ler-hotel.de, Fax (0761) 7033777,
☕ – 🛗 📺. MC VISA   Z a
Menu (geschl. Dienstag) à la carte
26/44,50 – **22 Zim** ⊇ 79/104 –
112/144.
♦ Ein Haus mit über 100-jähriger Tra-
dition : 1994 wurde das Hotel neu
eröffnet und bietet seinen Gästen
mit einfachen, aber modernen Zim-
mern eine nette Unterkunft. Ein
Stückchen Paris erlebt man in der
typischen Brasserie.

FREIBURG IM BREISGAU

Schwarzwälder Hof (mit Gästehaus), Herrenstr. 43, ✉ 79098, ✆ (0761) 3 80 30, hotel-schwarzwaelderhof@gmx.de, Fax (0761) 3803135 – 🛗 TV AE ⓘ MC VISA ⚹ Zi
Menu (geschl. Sonntagabend) à la carte 14,50/26 – **47 Zim** ⌁ 60/65 – 70/90. Z s
♦ In der oberen Altstadt gelegenes, familiär geführtes Hotel. Die Zimmer sind größtenteils mit hellen, gepflegten Holzmöbeln ausgestattet und strahlen dadurch Behaglichkeit aus. Gemütlich badisch ist die Einrichtung der rustikalen Gaststube.

Stadthotel Kolping, Karlstr. 7, ✉ 79104, ✆ (0761) 3 19 30, info@stadthotel-kolping.de, Fax (0761) 3193202 – 🛗 TV – ♨ 140. AE ⓘ MC VISA Y v
Menu à la carte 17,50/31,50 – **94 Zim** ⌁ 67/77 – 87/97.
♦ Dieses im Zentrum der Stadt gelegene Hotel hält für seine Gäste funktionell ausgestattete Zimmer unterschiedlicher Kategorien bereit – teils ganz neuzeitlich in heller Buche. Nett gestaltetes bürgerliches Restaurant.

Wolfshöhle, Konviktstr. 8, ✉ 79098, ✆ (0761) 3 03 03, Fax (0761) 288884, ⛱ – AE ⓘ MC VISA ⚹ Z t
geschl. Sonn- und Feiertage – **Menu** (italienische Küche) (abends Tischbestellung ratsam) 17,50 (mittags)/49 à la carte 27,50/39.
♦ Schlemmen wie in "Bella Italia", herrliche Weine dazu, ein geschmackvolles Ambiente und ein gut funktionierender Service – das ist das Erfolgsrezept der Wolfshöhle.

Zur Traube, Schusterstr. 17, ✉ 79098, ✆ (0761) 3 21 90, restaurant@traubefreiburg.de, Fax (0761) 26313 – AE MC VISA ⚹ Y u
geschl. Aug. 3 Wochen, Dienstag – Mittwoch – **Menu** (Tischbestellung ratsam) 28,50 (mittags) à la carte 46/61, 🍷.
♦ Das Restaurant wird vom rustikal-eleganten Interieur mit grüner Holzvertäfelung und elfenbeinfarbenem Kachelofen sowie der charmanten Servicebrigade gleichermaßen geprägt.
Spez. Gebratene Jacobsmuscheln mit gefülltem Schweinefuß und Radieschensalat. Degenfischroulade mit Kaisergranat und Weißwein-Pastisfumet. Taube mit Portwein-Schalottenjus und Linsengemüse

Basho-An, Am Predigertor 1, ✉ 79098, ✆ (0761) 2 85 34 05, Fax (0761) 2853406 – AE MC VISA ⚹ Y f
geschl. Sonntagmittag, Feiertage mittags – **Menu** (japanische Küche) à la carte 18/52,50.
♦ Puristisch gestylter Szene-Japaner : Holz und Leder dominieren. Beliebter Treff - sowohl mittags an der Sushi-Bar wie auch abends zu einem ausgiebigen Essen.

Kreuzblume mit Zim, Konviktstr. 31, ✉ 79098, ✆ (0761) 3 11 94, Fax (0761) 26836, ⛱ – 🛗 TV AE MC VISA Z r
Menu (geschl. Mittwoch) à la carte 24/40 – **8 Zim** ⌁ 50/60 – 90.
♦ In der immer gut besuchten rustikalen Weinstube macht sich beim Blick auf die Karte sofort die Nähe zum benachbarten Frankreich bemerkbar. Geboten wird auch Internationales.

In Freiburg-Betzenhausen über ④ : 2 km :

Bischofslinde ⚘ garni, Am Bischofskreuz 15, ✉ 79114, ✆ (0761) 8 26 88, info@hotel-bischofslinde.de, Fax (0761) 808345 – TV 🚗 P AE ⓘ MC VISA
26 Zim ⌁ 60/69 – 75.
♦ Ruhig in einem Wohngebiet gelegen und gut erreichbar ist dieses solide, familiengeführte Haus, das Ihnen einfache, aber tadellos gepflegte Pensionszimmer bietet.

In Freiburg-Günterstal Süd : 2 km über Günterstalstraße X :

Kühler Krug mit Zim, Torplatz 1, ✉ 79100, ✆ (0761) 2 91 03, info@kuehlerkrug.de, Fax (0761) 29782, ⛱ – TV MC VISA
Menu (geschl. Mittwoch) à la carte 19,50/43 – **7 Zim** ⌁ 46/50 – 67.
♦ Eine Mischung aus zeitlos-gediegenen und zugleich etwas rustikalen Einrichtungselementen macht die Räume behaglich. Aus der Küche kommt Internationales.

Gasthaus Kybfelsen, Schauinslandstr. 49, ✉ 79100, ✆ (0761) 2 94 40, info@gasthaus-kybfelsen.de, Fax (0761) 290117, Biergarten – P MC VISA
geschl. Montag – **Menu** 16,50 (mittags) à la carte 22,50/35,50.
♦ Kaum zu verfehlen ist dieser an der Hauspstraße gelegene renovierte Brauereigasthof. In den beiden rustikalen Stuben mit modernem Touch serviert man Regionales.

In Freiburg-Herdern :

Panorama Hotel Mercure ⚘, Wintererstr. 89, ✉ 79104, ✆ (0761) 5 10 30, h1128@accor-hotels.com, Fax (0761) 5103300, ≤ Freiburg und Kaiserstuhl, ⛱, Massage, ≘s, 🏊, – 🛗, ⚹ Zim, TV ✆ P – ♨ 60. AE ⓘ MC VISA ⚹ Restüber Stadtstraße X
La Baccara (geschl. Sonntag)(nur Abendessen) **Menu** 44/72 und à la carte – **La Roserie** : **Menu** à la carte 37,50/50,50 – **83 Zim** ⌁ 95/125 – 114/184.
♦ Das Hotel besticht durch seine Lage am Waldrand und eine herrliche Aussicht sowie durch behaglich eingerichtete Zimmer und einen Fitnessbereich. Im La Baccara speisen Sie in intimer, romantischer Atmosphäre. Das Ambiente der Roserie wirkt mediterran.

FREIBURG IM BREISGAU

※※ **Eichhalde,** Stadtstr. 91, ✉ 79104, ✆ (0761) 5 48 17, eichhalde@t-online.de, Fax (0761) 54386, 🍽 – 🆗 VISA
X S
geschl. über Fastnacht 2 Wochen, Ende Aug. - Anfang Sept., Dienstag, Samstagmittag – **Menu** 22 (mittags) à la carte 27,50/40,50, ♀.
• In modernem, freundlichem Ambiente reicht man an blanken Tischen mit ansprechendem Couvert eine französisch orientierte Karte. Hübsche kleine Vinothek im mediterranen Stil.

In Freiburg-Kappel Süd-Ost : 7 km über ② :

🏠 **Zum Kreuz** (mit Gästehaus), Großtalstr. 28, ✉ 79117, ✆ (0761) 62 05 50, gasthaus. kreuzkappel@t-online.de, Fax (0761) 6205520, 🍽, 🛋 – 🛌 Zim, 📺 🚗 🅿. 🆗 VISA
geschl. Feb. 2 Wochen – **Menu** (geschl. Montag - Dienstag) à la carte 18,50/37 – **18 Zim** ☐ 50/55 – 75/82.
• Seit Generationen wird in diesem Familienbetrieb Schwarzwälder Gastlichkeit gepflegt. Die Zimmer sind wohnlich eingerichtet und verfügen teils über blumengeschmückte Balkone. Wohlige Gaststube, nach alemannischer Art eingerichtet.

In Freiburg-Lehen über ④ : 3 km :

🏠 **Bierhäusle,** Breisgauer Str. 41, ✉ 79110, ✆ (0761) 8 83 00, info@bierhaeusle.de, Fax (0761) 8830133, 🍽 – 📶, 🛌 Zim, 📺 📞 🅿 – 🔔 30. 🆎 ⓞ 🆗 VISA
Menu (geschl. Sonntagabend - Montag) à la carte 21/35 – **46 Zim** ☐ 60/64 – 85/95.
• Aus einem einfachen Gasthof ist ein schmuckes Hotel geworden, das seinen Gästen tadellose Zimmer mit Kirschbaum- oder rustikalen Eichenmöbeln bietet. Regen Zulauf hat das beliebte Restaurant, das seit 1842 in Familienbesitz ist.

🏠 **Hirschengarten-Hotel** garni, Breisgauer Str. 51, ✉ 79110, ✆ (0761) 8 03 03, info @hirschengarten.de, Fax (0761) 8833339 – 📶 🛌 📺 🅿. 🆎 🆗 VISA. 🍽
geschl. 15. Dez. - 18. Jan. – **20 Zim** ☐ 46/49 – 72.
• Das erst vor wenigen Jahren erbaute Hotel ist tipptopp gepflegt. Die praktischen Zimmer bieten mit separaten Schreibtischen auch einen Arbeitsplatz für Geschäftsreisende.

※ **Hirschen** mit Zim, Breisgauer Str. 47, ✉ 79110, ✆ (0761) 8 21 18, Fax (0761) 87994, 🍽 – 📺 🅿
Menu (geschl. Donnerstag) (abends Tischbestellung erforderlich) à la carte 19,50/41 – **7 Zim** ☐ 42 – 57.
• Schöner rustikaler Gasthof von 1698 - seit sechs Generationen in Familienbesitz. Die Zubereitungen des Patrons sind etwas für Liebhaber der badisch-französischen Küche.

In Freiburg-Munzingen über ③ : 13 km :

🏠 **Schloss Reinach,** St.-Erentrudis-Str. 12 (B 31), ✉ 79112, ✆ (07664) 40 70, info@s chlossreinach.de, Fax (07664) 407155, 🍽, 🏋 – 📶, 🛌 Zim, 📺 📞 🚗 🅿 – 🔔 220. 🆗 VISA. 🍽 Rest
Menu (geschl. 12. - 30. Jan., Montag) (wochentags nur Abendessen) à la carte 19,50/32,50 – **75 Zim** ☐ 60/77 – 90/117.
• Aus dem ehemaligen Gutshof von 1647 wurde eine stattliche Anlage mit neuerem Hotelanbau. Man bietet den Gästen freundliche Zimmer, die alle über moderne Bäder verfügen. Das stilvolle Restaurant des Schlosses ist im Herrenhaus eingerichtet worden.

In Freiburg-Opfingen West : 10,5 km über Eschholzstraße X :

🏠 **Zur Tanne,** Altgasse 2, ✉ 79112, ✆ (07664) 18 10, tanne-opfingen@t-online.de, Fax (07664) 5303, 🍽 – 🛌 Zim, 📺. VISA
geschl. Mitte Jan. - Mitte Feb. – **Menu** (geschl. Juli - April Dienstag) (Mitte April - Mitte Juni nur Spargelgerichte) à la carte 18/39 – **10 Zim** ☐ 30/54 – 41/82.
• Einen netten Aufenthalt versprechen die geschmackvollen Zimmer dieses badischen Gasthofs von 1786, der sich seit vielen Jahren in Familienbesitz befindet. Viel Holz und ein alter Kachelofen sorgen in den Gaststuben Schwarzwälder Gemütlichkeit.

🏠 **Blume** garni, Freiburger Str. 1, ✉ 79112, ✆ (07664) 93 97 90, s.g.raab@t-online.de, Fax (07664) 939799 – 📶 🛌 📺 📞 🚗 🅿. ⓞ 🆗 VISA
25 Zim ☐ 55/65 – 65/95.
• Eine saubere und gut unterhaltene Übernachtungsadresse, die ihren Gästen praktische, neuzeitlich möblierte Zimmer mit gepflegten Bädern bietet.

In Freiburg-St. Georgen über ③ : 5 km :

🏠 **Zum Schiff,** Basler Landstr. 35, ✉ 79111, ✆ (0761) 40 07 50, hotel-zumschiff@t-o nline.de, Fax (0761) 40075555, 🍽, 🛋, 🍴 – 📶, 🛌 Zim, 📺 📞 🚗 🅿. 🆎 ⓞ 🆗 VISA JCB
Menu à la carte 18/33,50 – **79 Zim** ☐ 64/110 – 86/130.
• An den etwas älteren Gasthof hat man in den letzten Jahren immer wieder neu angebaut. Die Zimmer : teils neuzeitlich in Kirsche, teils in rustikaler Eiche solide eingerichtet. Restaurant mit gemütlicher Atmosphäre.

FREIBURG IM BREISGAU

Beim Thermalbad über ③ : 9 km (B 3 und B 31) :

Dorint an den Thermen 🌿, An den Heilquellen 8, ✉ 79111 Freiburg-St. Georgen, ℘ (0761) 4 90 80, info.qfbfre@dorint.com, Fax (0761) 4908100, 🌳, direkter Zugang zum Thermalbad – 🛗, ⇄ Zim, 📺 ♿ ⟨⟩ 🅿 – 🎿 70. 🆎 ① ⓜ⓪ 𝗩𝗜𝗦𝗔 JCB
Menu à la carte 19,50/38,50 – ⊇ 14 – **95 Zim** 116/126 – 121/155.
  ◆ Das ruhig am Waldrand und beim Thermalbad gelegene Hotel überzeugt mit modernen, hell möblierten Zimmern - in ihrer funktionellen Art ganz auf Geschäftsreisende abgestimmt. Neuzeitlich und freundlich gestaltetes Restaurant.

FREIENWALDE BAD Brandenburg 542 H 26 – 9 800 Ew – Höhe 30 m – Moorheilbad.

🛈 Tourist-Information, Uchtenhagenstr. 2, ✉ 16259, ℘ (03344) 15 08 90, info@bad-freienwalde.de, Fax (03344) 1508920.
Berlin 58 – Potsdam 102 – Frankfurt (Oder) 70 – Angermünde 30.

Eduardshof, Eduardshof 8, ✉ 16259, ℘ (03344) 41 30, hotel-eduardshof@t-online .de, Fax (03344) 413180, 🌳, Massage, ≘s, ≘⃖, – 🛗, ⇄ Zim, 🔲 📺 📞 🅿 – 🎿 120. 🆎 ① ⓜ⓪ 𝗩𝗜𝗦𝗔
Menu à la carte 18/32,50 – **57 Zim** ⊇ 67/82 – 79/97 – ½ P 16.
  ◆ In einem kleinen Gewerbegebiet am Ortsrand ist dieser moderne Hotelbau gelegen. Die Zimmer sind mit hellem Einbaumobiliar funktionell ausgestattet. Neuzeitlich und freundlich wirkt das Restaurant.

FREILASSING Bayern 546 W 22 – 15 000 Ew – Höhe 420 m – Luftkurort.

📍 Weng (West : 10 km), ℘ (08654) 6 90 20.
🛈 Verkehrsverein, Bahnhofstr. 2, ✉ 83395, ℘ (08654) 23 12, vv.freilassing@t-online.de, Fax (08654) 1795.
Berlin 729 – München 139 – Bad Reichenhall 20 – Salzburg 7 – Traunstein 29.

Moosleitner (mit Gästehaus), Wasserburger Str. 52 (West : 2,5 km), ✉ 83395, ℘ (08654) 6 30 60, info@moosleitner.com, Fax (08654) 630699, 🌳, ≘s, ≘⃖, ⚔ (Halle) – 🛗, ⇄ Zim, 📺 📞 ⟨⟩ 🅿 – 🎿 30. 🆎 ① ⓜ⓪ 𝗩𝗜𝗦𝗔
Menu (geschl. Anfang Jan. 1 Woche, Samstagmittag, Sonntag) à la carte 20/33, ♀ – **49 Zim** ⊇ 52/74 – 95/114 – ½ P 15.
  ◆ Ein gewachsener Gasthof mit bayerisch-elegantem Charme, eingebettet in eine schöne Umgebung. Alle Zimmer sind wohnlich gestaltet und schaffen eine warme Atmosphäre. Gemütliches Restaurant in ländlichem Stil.

Krone garni, Hauptstr. 26, ✉ 83395, ℘ (08654) 6 01 70, kronehotel@compuserve.com, Fax (08654) 601717 – 🛗, ⇄ 📺 📞 ⟨⟩. 🆎 ① ⓜ⓪ 𝗩𝗜𝗦𝗔. ⚔
32 Zim ⊇ 54/58 – 89.
  ◆ Mitten in der Fußgängerzone finden Sie in diesem persönlich geführten Hotel nette, praktische Zimmer zum Wohlfühlen. Morgens offeriert man ein appetitliches Frühstücksbuffet.

FREINSHEIM Rheinland-Pfalz 543 R 8 – 5 000 Ew – Höhe 100 m.

📍 Dackenheim, Im Blitzgrund 1 (Nord-West : 3 km), ℘ (06353) 98 92 12.
🛈 Tourist-Information, Hauptstr. 2, ✉ 67251, ℘ (06353) 98 92 94, touristik@freinsheim.de, Fax (06353) 989904.
Berlin 630 – Mainz 79 – Mannheim 31 – Kaiserslautern 42.

Luther, Hauptstr. 29, ✉ 67251, ℘ (06353) 9 34 80, luther@luther-freinsheim.de, Fax (06353) 934845, 🌳, ≘⃖, – ⇄ Zim, 📺 📞 🅿 – 🎿 25. 🆎 ⓜ⓪ 𝗩𝗜𝗦𝗔. ⚔
geschl. Feb. – **Menu** (geschl. Sonntag, Jan. Sonntag - Montag)(nur Abendessen) (Tischbestellung ratsam) à la carte 40/60, ♀ 🌷 – **23 Zim** ⊇ 60/75 – 90/130.
  ◆ Romantisch fügt sich das stilvolle Gebäude aus der Barockzeit in das Stadtbild. Darin verbergen sich Zimmer mit wohnlichem Interieur. Hübsche Innenhofterrasse. Das südliche Flair des Restaurants harmoniert mit der feinen französischen Küche.
  Spez. Parfait von Gänsestopfleber im Haselnuss-Gewürzmantel mit Mangochutney. Kalbsergranat in Anis-Fenchelnage mit Spargelrösti (Saison). Bitterschokolade aus dem Ofen mit süßem Paprikacoulis und Basilikumeis

Landhotel Altes Wasserwerk 🌿, garni (mit Gästehaus), Burgstr. 9, ✉ 67251, ℘ (06353) 93 25 20, altes.wasserwerk@t-online.de, Fax (06353) 9325252, ≘⃖ – 📺 📞 🅿 – 🎿 20. ⓜ⓪ 𝗩𝗜𝗦𝗔
geschl. 20. - 27. Dez., 2. - 5. Jan. – **19 Zim** ⊇ 55 – 75/95.
  ◆ Früher einmal Wasserwerk und heute ein kleines Hotel, das mit komfortabel ausgestatteten Zimmern den Ansprüchen seiner Gäste gerecht wird.

FREINSHEIM

- **Weisbrod**, Gewerbestr. 7, ✉ 67251, ℘ (06353) 77 76, weisbrodhotel@t-online.de, Fax (06353) 1659, 😊, 🌳 – 📺 🅿.
  geschl. 22. Dez. - 22. Jan. - **Menu** (geschl. Montag - Mittwoch)(wochentags nur Abendessen) à la carte 17,50/28 – **10 Zim** ☑ 35/38 – 65/70.
  • Dieser gut gepflegte Familienbetrieb ist in einem Privathaus am Ortsrand untergebracht. Die Zimmer sind teils mit hellem Naturholz eingerichtet - wohnlich-rustikal im Stil. Nette Weinstube. Im Anbau : eine helle, hübsch im Landhausstil gestaltete Gaststube.

- **Hornung**, Hauptstr. 18, ✉ 67251, ℘ (06353) 9 59 60, Fax (06353) 959660 – 🛌 Zim, 📺 🆎 VISA
  Menu (geschl. Donnerstag) à la carte 16,50/29 – **13 Zim** ☑ 50/55 – 65/80.
  • Das familiengeführte kleine Hotel im Stadtkern gefällt mit seinen geräumigen, neuzeitlichen Zimmern, die mit hübschem Mobiliar im Landhausstil eingerichtet sind. Schlichtes, hell gestaltetes Restaurant.

XX **Freinsheimer Hof** mit Zim, Breitestr. 7, ✉ 67251, ℘ (06353) 5 08 04 10, freinsheimer.hof@t-online.de, Fax (06353) 5080415, 😊 – 🛌 Rest, 📺 🅺
  geschl. Jan. 2 Wochen, Juli 2 Wochen - **Menu** (geschl. Mittwoch - Donnerstag)(wochentags nur Abendessen) à la carte 30/46 – **4 Zim** ☑ 80/100 – 95/145.
  • Im Frühjahr 2000 wurde dieser spätbarocke Winzerhof a. d. 18. Jh. grundlegend renoviert. Entstanden ist ein einladendes Restaurant mit schöner Innenhofterrasse.

XX **Von-Busch-Hof**, Von-Busch-Hof 5, ✉ 67251, ℘ (06353) 77 05, vgilcher@gmx.de, Fax (06353) 3741, 😊 – 🆎
  geschl. Feb., Montag - Dienstag - **Menu** (wochentags nur Abendessen) à la carte 27/35.
  • Hinter der ehrwürdigen Fassade eines Klosters aus dem 13. Jh. bereitet man den Gästen in gepflegtem klassischem Ambiente schmackhafte Gerichte mit französischem Touch zu.

X **Alt Freinsheim**, Korngasse 5, ✉ 67251, ℘ (06353) 25 82, Fax (06353) 2582
  geschl. Dez. - Jan. 2 Wochen, Juli - Aug. 3 Wochen, Mittwoch - **Menu** (nur Abendessen) à la carte 23/36.
  • Fast wie zu Hause fühlt man sich in diesem heimeligen Weinstuben-Restaurant mit gemütlichem Charakter. Die Küchen-Crew bereitet regionale Spezialitäten.

FREISING Bayern ⁵⁴⁶ U 19 – 47 000 Ew – Höhe 448 m.
Sehenswert : Domberg★ : Dom★ (Chorgestühl★, Benediktuskapelle★).
🛈 Touristinformation, Marienplatz 7, ✉ 85354, ℘ (08161) 5 41 22, touristinfo@freising.de, Fax (08161) 54231.
Berlin 564 – München 37 – Regensburg 86 – Ingolstadt 56 – Landshut 36 – Nürnberg 144.

🏨 **München Airport Marriott**, Alois-Steinecker-Str. 20, ✉ 85354, ℘ (08161) 96 60, mhrs.mucfr.sales@marriotthotels.com, Fax (08161) 9666281, 🏋, ☎ , ⛲ – 🛗, 🛌 Zim, ≡ 📺 🆎 🆗 ⇌ – 🚗 220. 🆎 ① 🆎 VISA JCB.
  Menu 20 (Lunchbuffet) à la carte 20/33 – ☑ 15 – **252 Zim** 139.
  • Beeindruckend wirkt beim Betreten des Hotels die imposante Halle mit Glasdach. Bei der Gestaltung der Zimmer wurde viel Wert auf die Bedürfnisse von Geschäftsreisenden gelegt.

🏨 **Dorint Airport-Hotel**, Dr.-von-Daller-Str. 1, ✉ 85356, ℘ (08161) 53 20, info.muchfm@dorint.com, Fax (08161) 532100, 😊, ☎ – 🛗, 🛌 Zim, ≡ Zim, 📺 🆎 ⇌ 🅿 – 🚗 60. 🆎 ① 🆎 VISA JCB
  Menu à la carte 18,50/28,50 – ☑ 17 – **140 Zim** 153/223 – 173/233.
  • Gelungen verbindet man hier einen restaurierten alten Gasthof mit einem neuzeitlichen Hotelbau. Bei der Gestaltung der Zimmer hat man einen modernen, klaren Stil verfolgt. Im historischen Teil des Hauses : das Restaurant mit Wintergartenanbau über der Isar.

🏨 **Isar** garni, Isarstr. 4, ✉ 85356, ℘ (08161) 86 50, info@isarhotel.de, Fax (08161) 865555 – 🛗 📺 ⇌ 🅿 🆎 ① 🆎 VISA
  55 Zim ☑ 72/100 – 87/115.
  • 6 Kilometer vom Flughafen entfernt und nahe der Autobahn gelegen, ist dieses Hotel mit seinen funktionell ausgestatteten Zimmern eine geeignete Adresse für Geschäftsreisende.

🏨 **Bayerischer Hof**, Untere Hauptstr. 3, ✉ 85354, ℘ (08161) 53 83 00, Fax (08161) 538339 – 🛗 📺 ⇌ 🅿 🆎 🆗 VISA JCB
  Menu (geschl. Aug., Freitagabend - Samstag) à la carte 14/28 – ☑ 7 – **70 Zim** 45 – 65.
  • Im historischen Zentrum der Stadt finden Sie in diesem seit 100 Jahren in Familienbesitz befindlichen und freundlich geführten Hotel gepflegte und funktionelle Zimmer. Dunkles Holz lässt das Restaurant gediegen-gemütlich wirken.

In Freising-Haindlfing Nord-West : 5 km, über B 301, in Erlau links ab :

X **Gasthaus Landbrecht**, Freisinger Str. 1, ✉ 85354, ℘ (08167) 89 26, 😊 – 🅿 🆎 VISA
  geschl. über Pfingsten 1 Woche, Mitte - Ende Aug., Montag - Dienstag – **Menu** (Mittwoch - Freitag nur Abendessen) à la carte 18,50/30,50.
  • Ein typisch bayerisches Landgasthaus mit schnörkellosem rustikalem Ambiente. Die Küchenmannschaft bereitet Schmackhaftes aus heimischen Produkten.

FREISING

Im Flughafen Franz-Josef-Strauß *Süd-Ost : 8 km :*

Kempinski Airport München, Terminalstraße Mitte 20, ⊠ 85356 München, ℘ (089) 9 78 20, info@kempinski-airport.de, Fax (089) 97822610, 佘, ₤₅, ≦s, 🗖 – 🛗, ⇸ Zim, 🔳 🔳 📞 ఈ ⇔ 🅿 – 🔏 280. 🖭 ⦿ 🚇 VISA JCB. ℅ Rest
Menu à la carte 25/43 – ヱ 23 – **389 Zim** 181 – 195, 46 Suiten.
  • Als Glanzpunkt moderner Hotelarchitektur erweist sich das gewaltige Glas-Atrium, in dem 17 Meter hohe Palmen nach oben ragen. Passend dazu : moderne Luxus-Zimmer. Dezente Eleganz und neuzeitlicher Stil prägen das Restaurant.

In Hallbergmoos *Süd : 12 km, über B 11, in Mintraching links ab :*

Mövenpick Hotel München-Airport, Ludwigstr. 43, ⊠ 85399, ℘ (0811) 88 80, hotel.muenchen-airport@moevenpick.com, Fax (0811) 888444, 佘, ≦s – 🛗, ⇸ Zim, 🔳 🔳 ఈ 🅿 – 🔏 30. 🖭 ⦿ 🚇 VISA JCB
Menu à la carte 18/32,50 – ヱ 16 – **165 Zim** 125/195 – 150/220.
  • Eine als Atrium angelegte Halle springt in diesem mit neuzeitlichen, funktionellen Zimmern ausgestatteten Hotel. Ein Shuttle-Bus bringt Sie direkt zum Flughafen. Restaurant in schlicht-modernem Stil - mit Wintergartenanbau.

In Hallbergmoos-Goldach *Süd-Ost : 12 km, über B 11, in Mintraching links ab :*

Daniel's garni, Hauptstr. 11, ⊠ 85399, ℘ (0811) 5 51 20, Fax (0811) 551213 – ⇸ 🔳 📞 🅿 – 🔏 15. 🖭 ⦿ 🚇 VISA
28 Zim ヱ 70/75 – 90/98.
  • Neben einer tadellosen Führung zeichnet auch ein leicht verspieltes, behagliches Ambiente mit exquisiten italienischen Stilmöbeln dieses ansprechende Hotel aus.

Landgasthof Alter Wirt (mit 🏠 Gästehaus), Hauptstr. 68, ⊠ 85399, ℘ (0811) 37 74 (Rest.) 5 51 40 (Hotel), Fax (0811) 551499, Biergarten – 🔳 📞 🅿.
Menu *(wochentags nur Abendessen)* à la carte 15/27,50 – **14 Zim** ヱ 59/69 – 75/89.
  • Familiär und rustikal ist hier die Atmosphäre. Man serviert Ihnen regionale und bürgerliche Speisen. Neuzeitliche Zimmer im Gästehaus.

In Oberding-Notzing *Süd-Ost : 12 km, jenseits der A 92, über B 11A, Richtung Erding :*

Kandler, Erdingermoosstr. 11, ⊠ 85445, ℘ (08122) 28 26, info@hotekandler.de, Fax (08122) 13051, Biergarten – 🛗, ⇸ Zim, 🔳 📞 🅿 – 🔏 50. 🚇 VISA. ℅
geschl. Anfang Jan. 2 Wochen, Aug. 3 Wochen – **Menu** *(geschl. Montagmittag)* à la carte 18/30 – **47 Zim** ヱ 70/75 – 88/95, 3 Suiten.
  • Ihr Domizil begrüßt Sie mit einer gepflegten Fassade in kräftigem Gelb. Ein komplett renovierter Gasthof und ein neuer Hoteltrakt beherbergen wohnlich-komfortable Zimmer. Eine ehemalige Kegelbahn dient heute als Restaurant - rustikal gestaltete Gaststuben.

In Oberding-Schwaig *Süd-Ost : 12 km, jenseits der A 92, über B 11A, Richtung Erding :*

ArabellaSheraton Airport Hotel, Freisinger Str. 80, ⊠ 85445, ℘ (089) 92 72 20, airport.muenchen@arabellasheraton.com, Fax (089) 92722800, 佘, ≦s, 🗖 – 🛗, ⇸ Zim, 🔳 🔳 📞 ఈ ⇔ 🅿 – 🔏 140. 🖭 ⦿ 🚇 VISA JCB
Menu 24 (Buffet) und à la carte – ヱ 15 – **170 Zim** 155/170.
  • Eine großzügige Halle empfängt Sie in dieser modernen Hotelanlage in Flughafennähe. Die Zimmer sind komfortabel und sehr wohnlich im Landhausstil gehalten. Ganz in Holz : das elegant-rustikale Hotelrestaurant.

Airport Hotel Schwaig, Freisinger Str. 77, ⊠ 85445, ℘ (08122) 95 91 10, info@airport-hotel-schwaig.de, Fax (08122) 95911999 – 🛗, ⇸ Zim, 🔳 📞 ⇔ – 🔏 30. 🖭 ⦿ 🚇 VISA
Menu à la carte 19/31 – **67 Zim** ヱ 80/130 – 100/145 (Erweiterung um 38 Zim. bis Frühjahr 2004).
  • Hinter der roten Fassade des in L-Form erbauten Hotels stehen dem Gast funktionell ausgestattete Zimmer zur Verfügung. Hier bestimmt ein moderner, klarer Stil das Ambiente. Warme Farben und Granitfußboden verleihen dem Fidelio eine mediterrane Note.

FREITAL *Sachsen* 544 N 24 – *40 000 Ew – Höhe 184 m.*

🅱 *Possendorf, Ferdinand-von-Schill-Str. 4a (Ost : 3 km), ℘ (035206) 24 30.*
🅱 *Tourist-Information, Freizeitzentrum Hains, An der Kleinbahn 24, ⊠ 01705, ℘ (0351) 65 20 96 14, tourist@freital.de, Fax (0351) 65209633.*
Berlin 205 – Dresden 14 – Freiberg 22 – Chemnitz 70.

Zum Rabenauer Grund, Somsdorfer Str. 6, ⊠ 01705, ℘ (0351) 6 44 49 99, reservierung@rabenauergrund.de, Fax (0351) 6469629, 佘 – 🅿.
Menu *(Montag - Freitag nur Abendessen)* à la carte 15,50/23.
  • Der alte Gasthof zeigt sich innen geschmackvoll renoviert. Viel Holz, freiliegende Deckenbalken, ein Kachelofen und nettes Dekor schaffen eine gemütliche Atmosphäre.

FREITAL

In Freital-Wurgwitz Nord-West : 5 km Richtung Kesselsdorf :

Solar Parkhotel, Pesterwitzer Str. 8, ✉ 01705, ℘ (0351) 6 56 60, reception@solar-parkhotel.de, Fax (0351) 6502951, ≤, 🍴, 🍺 – 🛗, 🚭 Zim, ■ Rest, 📺 🅿 & 🅿 – 🛎 80. AE ① MO VISA JCB
Menu à la carte 15,50/25,50 – **70 Zim** ⊇ 55/70 – 69/98.
◆ Das architektonisch moderne Haus zählt zu den beliebten Logis-Adressen in der Region - vereint es doch gelungen freundliche Atmosphäre und zeitgemäße Technik. Helles, großzügig angelegtes Restaurant mit Wintergartenanbau.

In Rabenau Süd-Ost : 5 km :

Rabenauer Mühle, Bahnhofstr. 23, ✉ 01734, ℘ (0351) 4 60 20 61, rabenauer-muehle@t-online.de, Fax (0351) 4602062, 🍴, Biergarten, 🍺 – 🛎 50.
Menu (Montag - Freitag nur Abendessen) à la carte 14,50/22,50 – **21 Zim** ⊇ 40/45 – 70.
◆ Reisenden stehen in dieser ehrwürdigen Mühle attraktiv-behagliche Hotelzimmer mit hellen Holzmöbeln und pastellfarbenen Stoffen für erholsame Aufenthalte zur Verfügung. Der grüne Kachelofen ist das gemütliche Zentrum des Restaurants.

König Albert Höhe, Höhenstr. 26, ✉ 01734, ℘ (0351) 64 47 50, hotelkoenigalberthoehe@t-online.de, Fax (0351) 6447555, ≤, 🍴, Biergarten, 🚭 – 🚭 Zim, 📺 📞 🅿 – 🛎 80. AE ① MO VISA
Menu à la carte 14,50/26 – **43 Zim** ⊇ 41/49 – 65/82.
◆ Das Hotel blickt auf eine über hundertjährige Tradition zurück. Nach umfangreicher Rekonstruktion finden Sie hier ein wohnlich-funktionell ausgestattetes Haus.

In Kesselsdorf Nord-West : 6 km :

NH Kesselsdorf, Zschoner Ring 6 (Gewerbegebiet), ✉ 01723, ℘ (035204) 45 90, nhdresdenkesselsdorf@nh-hotels.com, Fax (035204) 459113, 🍴, 🍺 – 🛗, 🚭 Zim, ■ 📺 & ⇔ 🛎 100. AE ① MO VISA
Menu à la carte 21/31 – ⊇ 10 – **126 Zim** 55/65.
◆ Ein neuzeitlicher Hotelbau in einem Gewerbegebiet. Gäste beziehen hier gepflegte, gut geschnittene Zimmer mit sachlicher, funktioneller Einrichtung.

In Hartha, Kurort West : 9 km Richtung Tharandt :.

🅸 Touristinformation, Talmühlenstr. 11, ✉ 01737, ℘ (0351) 3 76 16, info@kurort-hartha.de, Fax (0351) 37617

Parkhotel Forsthaus, Am Kurplatz 13, ✉ 01737, ℘ (035203) 3 40, info@parkhotel-forsthaus.de, Fax (035203) 34150, 🍴, Biergarten, 🍺 – 🛗, 🚭 Zim, 📺 🅿 – 🛎 40. AE ① MO VISA
Menu à la carte 13,50/22,50 – **37 Zim** ⊇ 49/52 – 68 – ½ P 11.
◆ Solide, sauber und gepflegt zeigt sich das einstige Forsthaus nahe dem Kurpark. Die Gästezimmer sind funktionell und wohnlich eingerichtet. Bürgerlich-rustikales Restaurant.

Fragen Sie Ihren Buchhändler nach dem aktuellen Katalog des Michelin Reise-Verlags

---

FREMDINGEN Bayern 546 T 15 – 2 200 Ew – Höhe 475 m.

Berlin 511 – München 143 – Augsburg 88 – Nürnberg 114 – Würzburg 124.

In Fremdingen-Raustetten Süd-West : 2 km, über B 25 Richtung Nördlingen, nach 1 km rechts ab :

Waldeck (mit Gästehaus), Raustetten 12, ✉ 86742, ℘ (09086) 2 30, Fax (09086) 1400, 🍴, 🅂 (Gebühr), 🚭 – 🚭 Zim, ⇔ 🅿. 🚭
geschl. 16. Dez. - 28. Feb. - **Menu** (nur Abendessen) à la carte 12,50/21 – **32 Zim** ⊇ 27/30 – 42/46.
◆ Ruhige Lage, saftige Wiesen und ländliches Flair sowie saubere und solide Zimmer - teils im neuen Gästehaus untergebracht - sind die Annehmlichkeiten dieser Adresse. Schlichte Gemütlichkeit prägt die Gaststube.

FREUDENBERG Brandenburg 542 H 25 – 315 Ew – Höhe 172 m.

Berlin 46 – Potsdam 77 – Eberswalde 17 – Frankfurt (Oder) 66.

✗ **Gasthaus Am Weiher**, Dorfstr. 16, ✉ 16259, ℘ (033451) 62 29, info@guy-am-weiher.de, Fax (033451) 55433, 🍴 – 🅿. MO VISA
geschl. Montag - Dienstag - **Menu** à la carte 18,50/31.
◆ In einem kleinen Dorf an einem Weiher ist das hübsche Holzhaus gelegen - ein gemütliches neo-rustikales Restaurant mit großem Kachelofen. Nebenraum mit Kleinkunstbühne.

FREUDENBERG Baden-Württemberg 545 Q 11 – 4000 Ew – Höhe 127 m.
Berlin 559 – Stuttgart 145 – Würzburg 60 – Aschaffenburg 48 – Heidelberg 85.

Rose mit Zim, Hauptstr. 230, ⌧ 97896, ℰ (09375) 6 53, Fax (09375) 1491, 🍽 – 📺 P. AE ⓞ ⓜⓔ VISA. ✂ Zim
geschl. 2 Wochen nach Fasching – **Menu** (geschl. Dienstag) à la carte 16,50/37 – **5 Zim** ⌑ 40 – 60.
• Die Leistung der Küche in diesem behaglich-rustikalen Gasthof wird von den Gästen geschätzt. Denn: Der Wirt steht selbst am Herd und versteht es, gutbürgerlich zu kochen.

In Freudenberg-Boxtal Ost: 10 km Richtung Wertheim: – Erholungsort:

Rose ⚘, Kirchstr. 15, ⌧ 97896, ℰ (09377) 12 12, gasthof@rose-boxtal.de, Fax (09377) 1427, 🍽, 🛋 – ✂ Zim, 📺 P. ⓜⓔ VISA
geschl. Feb. – **Menu** (geschl. Nov. 2 Wochen, Montag) à la carte 12,50/23 – **23 Zim** ⌑ 31/36 – 58/62.
• Eingebettet in das stille Wildbachtal, abseits vom Verkehr, ist die Rose ideal für Ruhesuchende. Die Zimmer sind praktisch eingerichtet, einige verfügen über Balkone. Rustikalgepflegt und ungezwungen ist die Atmosphäre im Restaurant.

FREUDENBERG Nordrhein-Westfalen 543 N 7 – 18 000 Ew – Höhe 300 m – Luftkurort.
🛈 Tourist-Information, Haus des Gastes, Krottdorferstr. 25, ⌧ 57258, ℰ (02734) 4 31 64, Fax (02734) 43112.
Berlin 572 – Düsseldorf 119 – Siegen 15 – Dortmund 94 – Hagen 75 – Köln 82.

Zur Altstadt, Oranienstr. 41, ⌧ 57258, ℰ (02734) 49 60, hotel-zur-altstadt@t-onli ne.de, Fax (02734) 49649, 🍽, ⇆ – ⏍ 📺 ⇌ – ☎ 60. AE ⓜⓔ VISA
Menu à la carte 22/40, ⚘ – **28 Zim** ⌑ 69/85 – 98/118 – ½ P 17.
• Im Herzen der Altstadt verbirgt sich hinter der denkmalgeschützten Fachwerkfassade ein Hotel mit gut eingerichteten Zimmern und neuzeitlichem Komfort. Ein Hauch Eleganz weht durch die teilweise holzvertäfelte Restaurant.

FREUDENSTADT Baden-Württemberg 545 U 9 – 23 000 Ew – Höhe 735 m – Heilklimatischer Kurort – Kneippkurort – Wintersport: 660/938 m ⚴4 ⚶.
Sehenswert: Marktplatz★ A – Stadtkirche (Lesepult★★, Taufstein★) AB.
Ausflugsziel: Schwarzwaldhochstraße (Höhenstraße★★★ von Freudenstadt bis Baden-Baden) über ④.
🏌 Freudenstadt, Hohenrieder Straße, ℰ (07441) 30 60.
🛈 Kongresse - Touristik - Kur, Marktplatz 64, ⌧ 72250, ℰ (07441) 86 47 30, touristin fo@freudenstadt.de, Fax (07441) 85176.
Berlin 713 ② – Stuttgart 88 ② – Karlsruhe 77 ⑤ – Freiburg im Breisgau 96 ③ – Tübingen 73 ② – Baden-Baden 57 ⑤

Stadtplan siehe gegenüberliegende Seite

Schwarzwaldhotel Birkenhof, Wildbader Str. 95, ⌧ 72250, ℰ (07441) 89 20, inf o@schwarzwaldhotel-birkenhof.de, Fax (07441) 4763, 🍽, Massage, ⚕, ⇌, 🏊 – 📶, ✂ Zim, 📺 ⇌ P – ☎ 80. AE ⓞ ⓜⓔ VISA über ① **Menu** à la carte 17,50/30,50 – **60 Zim** ⌑ 69/83 – 124 – ½ P 20.
• Ein gewachsenes Schwarzwalhotel mit wohnlich-rustikalem Flair. Besonders zu empfehlen sind die hellen, freundlichen Zimmer im Anbau, die mit Naturholzmöbeln eingerichtet sind. Zeitlos gestaltetes Restaurant.

Bären, Langestr. 33, ⌧ 72250, ℰ (07441) 27 29, hotel_baeren@web.de, Fax (07441) 2887, 🍽 – ✂ Zim, 📺. ⓜⓔ VISA A a
Menu (geschl. Mitte Jan. 2 Wochen, Freitag) (wochentags nur Abendessen) à la carte 19/29,50 – **24 Zim** ⌑ 55/75 – 88/95 – ½ P 16.
• Seit 1878 ist dieser Gasthof im Ortskern in Familienbesitz. Geräumige solide Zimmer und eine familiäre Atmosphäre sorgen für einen erholsamen Aufenthalt. In behaglich-rustikalen Räumen bittet die Besitzerfamilie ihre Gäste zu Tisch.

Schwanen, Forststr. 6, ⌧ 72250, ℰ (07441) 9 15 50, info@schwanen-freudenstadt .de, Fax (07441) 915544, 🍽 – ✂ Zim, 📺 ⚘. ⓜⓔ VISA A v
Menu à la carte 17,50/19,50 – **17 Zim** ⌑ 40/52 – 90 – ½ P 14.
• Familie Bukenberger renovierte den Schwanen mit viel Engagement und hat ihm ein zeitgemäßes Gesicht gegeben. Nette, sehr gepflegte Zimmer mit hellem Holzmobiliar. Nett und harmonisch dekorierte Gaststube mit regionaler Karte.

Adler, Forststr. 17, ⌧ 72250, ℰ (07441) 9 15 20, info@adler-fds.de, Fax (07441) 915252 – ✂ Rest, ⇌ P. ⓜⓔ VISA. ✂ Zim A t
geschl. Nov. – **Menu** (geschl. Mittwoch) à la carte 15/25,50 bzw. Zim – **15 Zim** ⌑ 35/43 – 56/75 – ½ P 15.
• Auf eine langeTradition und viel Erfahrung mit Gästen blickt man in dem einfachen, aber sehr gepflegten Gasthof zurück: schlichte Zimmer, die jedoch alles Notwendige bieten. Am Herd behauptet sich der Junior mit bodenständigen Gerichten.

FREUDENSTADT

Alfredstraße	**AB**
Bahnhofstraße	**A**
Bismarckstraße	**B**
Blaicherstraße	**A** 2
Christophstaler Steige	**AB** 3
Forststraße	**A** 4
Friedrich-Ebert-Straße	**B** 5
Friedrichstraße	**A** 8
Goethestraße	**A**
Hartranftstraße	**B**
Herrenfelder-Straße	**B** 9
Herzog-Friedrich-Straße	**B** 10
Hirschkopfstraße	**A** 11
Karl-von-Hahn-Straße	**A** 12
Kasernenstraße	**A** 15
Katharinenstraße	**A** 16
Kleinrheinstraße	**A** 17
Landhausstraße	**B**
Lange Straße	**A**
Lauterbadstraße	**B**
Loßburger Straße	**AB** 18
Ludwig-Jahn-Straße	**A** 19
Marktplatz	**A**
Martin-Luther-Straße	**A** 21
Moosstraße	**A** 22
Murgtalstraße	**A**
Musbacher Straße	**A**
Palmenwaldstraße	**B**
Rappenstraße	**AB**
Reichsstraße	**AB** 23
Ringstraße	**A**
Straßburger Straße	**B**
Stumpengartenweg	**B** 25
Stuttgarter Straße	**A**
Tannenstraße	**AB**
Turnhallenstraße	**AB**
Wildbader Straße	**A** 26
Wölperwiesenweg	**B** 27

※※ **Warteck** mit Zim, Stuttgarter Str. 14, ✉ 72250, ℰ (07441) 9 19 20, warteck@t-online.de, Fax (07441) 919293 – ⋇ Zim, 🅼🅲 𝗩𝗜𝗦𝗔 ⋇ Rest
Menu (geschl. Dienstag) à la carte 23/47 ♨ – **13 Zim** ⊇ 40/52 – 60/77 – ½ P 18.   **A** C
♦ Von außen betrachtet wirkt das Warteck eher unscheinbar, doch dahinter überrascht es mit behaglichen, fast eleganten Räumen und einer sorgfältigen, ideenreichen Küche.

※ **Jägerstüble** mit Zim, Marktplatz 12, ✉ 72250, ℰ (07441) 23 87, info@jaegerstueble-fds.de, Fax (07441) 51543, 🈴 – 🅼🅲 𝗩𝗜𝗦𝗔
geschl. Mitte Okt. - Anfang Nov. – **Menu** (geschl. Sonntagabend - Montag) à la carte   **A** Z
18,50/37 – **15 Zim** ⊇ 38/52 – 70/84.
♦ Am Marktplatz gelegen, ist das Jägerstüble ein beliebter Treffpunkt für Einheimische und Gäste der Stadt. Die ungezwungene, rustikale Atmosphäre lädt zum Verweilen ein.

An der B 28 über ④ : 2 km :

🏨 **Langenwaldsee**, Straßburger Str. 99, ✉ 72250 Freudenstadt, ℰ (07441) 8 89 30, langenwaldsee@t-online.de, Fax (07441) 88936, ≤, 🈴, ≘s, 🅻, 🐎 – ⋇ Rest, 📺 🅿
geschl. 3. Nov. - 22. Dez. – **Menu** (geschl. Montag - Dienstag) à la carte 17,50/49 – **35 Zim** ⊇ 60/100 – 90/120 – ½ P 22.
♦ Eine persönliche Atmosphäre und wohnliche Zimmer von solide rustikal bis neuzeitlich zählen zu den Annehmlichkeiten dieses gut unterhaltenen Hauses. Unterteiltes Restaurant, teils ländlich-gediegen im Stil.

In Freudenstadt-Igelsberg über ① : 11 km – *Erholungsort* :

🏨 **Krone**, Hauptstr. 8, ✉ 72250, ℰ (07442) 8 42 80, info@krone-igelsberg.de, Fax (07442) 50372, 🈴, ≘s, 🅻, 🐎 – ⧉ 📺 🅿 – 🔥 30. 🆎 ⓞ 🅼🅲 𝗩𝗜𝗦𝗔 ⋇ Rest
geschl. 15. Nov. - 15. Dez., Jan. 1 Woche – **Menu** (geschl. Montag) à la carte 22,50/47,50 – **29 Zim** ⊇ 54/70 – 96/118 – ½ P 16.
♦ Ein gewachsener, erweiterter Gasthof, der seinen Gästen solide Zimmer mit wohnlichem Ambiente bietet - teils in rustikaler Eiche, teils mit modernem Mobiliar. Gepflegte ländliche Restaurantstuben mit freundlichem, geschultem Service.

FREUDENSTADT

In Freudenstadt-Kniebis *West : 10 km – Höhe 920 m – Luftkurort :*.
ᵢ *Tourist-Info, Baiersbronner Sträßle 23,* ✉ *72250,* ℘ *(07442) 75 70, info@kniebis.de, Fax (07442) 50632*

Waldblick, Eichelbachstr. 47, ✉ 72250, ℘ (07442) 83 40, *info@waldblick-kniebis.de, Fax (07442) 3011,* 🅿, ⊜s, 🔲, – 🛗 TV 🔌 P. 🆖 VISA
geschl. 15. - 27. März, Mitte Nov. - Mitte Dez. – **Menu** *(geschl. Dienstag)* à la carte 20/42,50 – **32 Zim** ⊇ 68/85 – 122/153 – ½ P 17.
• Ein familiär geführter Schwarzwaldgasthof in ansprechendem Gewand. Er gefällt mit wohnlich eingerichteten Zimmern, die auch den Komfort für einen längeren Aufenthalt bieten. Gemütliche Gaststube mit bemalten Bauernmöbeln und Kachelofen.

Kniebishöhe, Alter Weg 42, ✉ 72250, ℘ (07442) 84 99 40, *kniebishoehe@t-online.de, Fax (07442) 8499450,* ⊜s, – 🛗 TV 🔌 P.
geschl. 18. - 30. April, 8. Nov. - 15. Dez. – **Menu** *(geschl. Dienstag)* 15 (mittags) à la carte 17/35 – **14 Zim** ⊇ 35/50 – 53/74 – ½ P 14.
• Ruhig in einer Nebenstraße gelegene, praktische, gut geführte Urlaubsadresse. Eine besondere Attraktion ist der moderne Saunabereich mit Whirlpool. Restaurant mit Stubencharakter.

Café Günter, Baiersbronner Str. 26, ✉ 72250, ℘ (07442) 8 41 30, *cafe-guenter@t-online.de, Fax (07442) 4252,* 🌳, – 🛗 TV 🔌 P. 🆖 VISA
geschl. 14. März - 3. April, 2. Nov. - 18. Dez. – **Menu** *(geschl. Montag)* à la carte 13/29 – **17 Zim** ⊇ 35/45 – 66/76 – ½ P 12.
• Gleich am Ortseingang begrüßt Sie der schmucke Gasthof mit seinen leuchtend roten Markisen und Sonnenschirmen. Dahinter verbergen sich gepflegte Urlaubszimmer. Neben dem Restaurant steht den Gästen eine große Café-Terrasse zur Verfügung.

In Freudenstadt-Lauterbad *über ③ : 3 km – Luftkurort :*

Kur- und Sporthotel Lauterbad, Amselweg 5, ✉ 72250, ℘ (07441) 86 01 70, *info@lauterbad-wellnesshotel.de, Fax (07441) 8601710,* 🌳, 🅿, Massage, 🎾, ⊜s, 🔲, 🌳 – ⨯ Rest, TV P. – 🅿 20. 🆖 VISA 🌳 Rest
Menu à la carte 20/37 – **37 Zim** ⊇ 69/89 – 130/168 – ½ P 17.
• Von dem charmanten Ferienhotel hat man freie Sicht auf die herrliche Umgebung. Zu den Vorzügen zählen außerdem komfortable, geschmackvolle Zimmer und ein Wellnessbereich. Heimelige Wohlfühlatmosphäre findet man im Stüble.

Grüner Wald, Kinzigtalstr. 23, ✉ 72250, ℘ (07441) 86 05 40, *hotel@gruener-wald.de, Fax (07441) 8605425,* 🌳, 🅿, ⊜s, 🔲, 🌳 – TV P. – 🅿 25. 🆖 VISA JCB
Menu 18 à la carte 21/38 – **43 Zim** ⊇ 67/75 – 92/138 – ½ P 15.
• Im Laufe der Jahre entstand hier ein ansehnlicher Feriengasthof mit Wellnesslandschaft und schönem Garten. Besonders hübsch sind die neuen Landhauszimmer. Restaurant mit individuell-rustikaler Note.

In Freudenstadt-Zwieselberg *über ④ : 8 km Richtung Bad Rippoldsau :*

Hirsch, Haus Nr. 10, ✉ 72250, ℘ (07441) 86 01 90, *info@zwieselberg.de, Fax (07441) 8601959,* 🌳, ⊜s, 🌳 – ⨯ Rest, TV 🔌 P. 🆖 VISA
geschl. Anfang Nov. - Anfang Dez. – **Menu** à la carte 15/28 – **29 Zim** ⊇ 30/40 – 71/84 – ½ P 12.
• Idyllisch in die Landschaft eingebettet liegt dieser solide, etwas ältere Gasthof. Die Zimmer sind teils ländlich-rustikal, teils neuzeitlich eingerichtet und gut gepflegt. Bürgerliches Restaurant.

FREYBURG (UNSTRUT) *Sachsen-Anhalt* 🄱🄰🄸 **M 19** – *4 300 Ew – Höhe 120 m – Erholungsort.*
ᵢ *Fremdenverkehrsverein, Markt 2,* ✉ *06632,* ℘ *(034464) 2 72 60, freyburger-fremdenverkehr@t-online.de, Fax (034464) 27376.*
Berlin 213 – Magdeburg 130 – Leipzig 52 – Halle 41.

Berghotel zum Edelacker, Schloss 25, ✉ 06632, ℘ (034464) 3 50, *edelacker@weinberghotels.de, Fax (034464) 35333,* ≤ Freyburg, 🌳, ⊜s – 🛗 ⨯ Zim, TV 🔌 🅴 P. – 🅿 80. AE ⓞ 🆖 VISA
Menu à la carte 15,50/26 – **80 Zim** ⊇ 65 – 95/100 – ½ P 16.
• Auf einem Berg mit Blick auf das Winzerstädtchen wurde 1996 das gepflegte, modern eingerichtete Hotel eröffnet. Die Zimmer überzeugen mit guter Raumaufteilung und Komfort.

Unstruttal, Markt 11, ✉ 06632, ℘ (034464) 70 70, *hotel-unstruttal@t-online.de, Fax (034464) 70741,* 🌳 – 🛗 TV 🅿 – 🅿 50. 🆖 VISA
geschl. Feb. – **Menu** à la carte 16/33 – **17 Zim** ⊇ 50/59 – 79 – ½ P 13.
• Ein Haus mit Geschichte ! Schon 1653 eine Herberge, durch die Napoleons Truppen zogen. Natürlich ist das Haus inzwischen als komfortables Logis auf der Höhe der Zeit. Im Restaurant nehmen Sie Platz unter einem imposanten Kreuzgewölbe.

FREYBURG (UNSTRUT)

- **Altdeutsche Weinstuben Zum Künstlerkeller**, Breite Str. 14, ✉ 06632, ℰ (034464) 7 07 50, kuenstlerkeller-freyburg@t-online.de, Fax (034464) 70799, 🌿 – 📺 – 🚗 40. 🆎 ⓜ VISA
  Menu à la carte 16/29 – **33 Zim** ⛓ 51/61 – 80/95.
  ♦ Seit 1890 befindet sich das Gasthaus in Familienbesitz. 1992 erweiterte man es um ein Hotel und bietet Gästen dadurch eine nette Übernachtungsmöglichkeit. Schnitzereien und Gewölbe prägen den Stil des Restaurants - mit Innenhofterrasse.

- **Rebschule** ⛲, Ehrauberge 33, ✉ 06632, ℰ (034464) 30 80, rebschule@weinbergh otels.de, Fax (034464) 28036, ≤, 🌿 – 📺 🅿 – 🚗 30. 🆎 ⓞ ⓜ VISA
  Menu à la carte 14,50/23,50 – **23 Zim** ⛓ 49/52 – 70/74 – ½ P 10.
  ♦ Auf einer Anhöhe gelegen, umgeben von Weinreben, bietet das Haus einen herrlichen Blick. Hier kann man fernab von Hektik und Stress in wohnlichen Zimmern abschalten. Schlichtes, sehr gepflegtes kleines Restaurant.

Ihre Meinung über die von uns empfohlenen Restaurants,
deren Spezialitäten sowie die angebotenen regionalen Weine,
interessiert uns sehr.

FREYUNG Bayern **546** T 24 – 7 500 Ew – Höhe 658 m – Luftkurort – Wintersport : 658/800 m ≤3 🎿.
🛈 Touristinformation, Rathausplatz 2, ✉ 94078, ℰ (08551) 5 88 50, Fax (08551) 58855.
Berlin 529 – München 205 – *Passau* 36 – Grafenau 15.

- **Landhotel Brodinger**, Zuppinger Str. 3, ✉ 94078, ℰ (08551) 43 42, info@brodin ger.de, Fax (08551) 7973, 🌿, ≦s, 🔲, 🐎 – 🛗 📺 🅿 ⓜ VISA
  Menu (geschl. nach Fasching 3 Wochen, Sonntagabend - Montag) à la carte 19/31,50 – **23 Zim** ⛓ 34/50 – 70/85 – ½ P 11.
  ♦ Besonders Geschäftsreisende schätzen das verkehrsgünstig am Ortsrand beim Freibad gelegene Haus. Die Zimmer sind gepflegt und solide eingerichtet. Gemütlich-bayerische Gasthaus-Atmosphäre bietet Ihnen das Restaurant.

- **Zur Post**, Stadtplatz 2, ✉ 94078, ℰ (08551) 5 79 60, info@posthotel-freyung.de, Fax (08551) 579620, 🌿, 🐎 – 🛗, ✻ Rest, 📺 🅿 ⓜ VISA
  geschl. Ende April 1 Woche, Nov. 3 Wochen – **Menu** (geschl. Montag) à la carte 12,50/21 – **30 Zim** ⛓ 32/50 – 64/80.
  ♦ Sehr gut geführter Familienbetrieb im Herzen der Stadt. Fragen Sie bei Ihrer Reservierung nach den geräumigen, mit Kirschbaummöbeln gut eingerichteten Zimmern. Ländlich gestaltetes Restaurant.

- **Brodinger** garni, Schulgasse 15, ✉ 94078, ℰ (08551) 40 04, info@metzgerei-brodi nger.de, Fax (08551) 7283, 🔲, 🐎 – 🛗 📺 🅿 ⓜ VISA
  15 Zim ⛓ 30/35 – 60/70.
  ♦ Knallblau ist die Fassade dieses schmucken Gasthofs - und somit nicht zu verfehlen. Dahinter verbergen sich wohnliche Gästezimmer, die durch tadellose Pflege bestechen.

In Freyung-Ort Süd-West : 1 km :

- **Landgasthaus Schuster**, Ort 19, ✉ 94078, ℰ (08551) 71 84, leoschuster@aol.com, Fax (08551) 911920 – 🅿
  geschl. Ende Mai 1 Woche, Anfang Sept. 1 Woche, Montag - Dienstagmittag – **Menu** (abends Tischbestellung ratsam) 25/50 à la carte 28/41,50.
  ♦ Leicht elegant wirkt das Ambiente in diesem gut geführten Restaurant. Genießen Sie, betreut von der Hausherrin, eine sorgfältig zubereitete regionale Küche.

FRICKENHAUSEN Bayern **546** Q 14 – 1 300 Ew – Höhe 180 m.
Berlin 495 – München 277 – *Würzburg* 23 – Ansbach 61.

- **Meintzinger** ⛲ garni, Babenbergplatz 2, ✉ 97252, ℰ (09331) 8 72 10, hotel-mein tzinger@t-online.de, Fax (09331) 7578 – 📺 🅿 🆎 ⓜ VISA
  22 Zim ⛓ 50/72 – 70/125.
  ♦ Mit Weinhandel begann im Jahre 1790 die Geschichte dieses Hauses - heute Hotel und Weingut. Gäste wohnen in soliden, mit massiven Holzmöbeln eingerichteten Zimmern.

- **Ehrbar Fränkische Weinstube**, Hauptstr. 17, ✉ 97252, ℰ (09331) 6 51, info@ ehrbar-weinstube.de, Fax (09331) 5207, 🌿 – ⓜ
  geschl. 1. - 21. Jan., 21. Juni - 7. Juli, Montag - Dienstag – **Menu** à la carte 17,50/33.
  ♦ Aufwändig dekorieren die Wirtsleute ihre gemütliche Weinstube - alles passt zum rustikalen Rahmen des alten Fachwerkhauses. Hübsche Gartenterrasse im Hof.

FRICKINGEN Baden-Württemberg 🅖🅗🅘 W 11 – 2 600 Ew – Höhe 500 m.
Berlin 721 – Stuttgart 142 – Konstanz 34 – Sigmaringen 41 – Bregenz 67.

🏠 **Paradies**, Kirchstr. 8, ✉ 88699, ☎ (07554) 99 89 90, info@landgasthof-paradies.de, Fax (07554) 99899123, 🌳 – 📺 🅿 – 🛁 15. 🛏 Zim
geschl. 28. Dez. - 20. Jan. – **Menu** (geschl. Freitagabend - Samstagmittag) à la carte 17,50/27 – **19 Zim** 🍴 33 – 64.
• Ländlicher Gasthof, der erst kürzlich renoviert wurde. Sie nächtigen in Zimmern mit Naturholzmöbeln, die durch bunte Bettwäsche und Vorhänge sehr frisch wirken. Gemütlichkeit strahlt die mit Ulmenholz ausgestattete Gaststube aus.

In Frickingen-Altheim Nord-West : 2 km, über Leustetter Straße :

🍴 **Löwen**, Hauptstr. 41, ✉ 88699, ☎ (07554) 86 31, Fax (07554) 97335, 🌳 – 🅿
geschl. März 3 Wochen, 24. Dez. - 1. Jan., Sonntagabend - Montag – **Menu** (wochentags nur Abendessen) (Tischbestellung ratsam) à la carte 20/31.
• Aus der Hobbyköchin Isolde Pfaff wurde die "Löwenwirtin". In rustikalem Ambiente serviert sie eine sorgfältig zubereitete regionale Küche - zu einem guten Preis.

FRIDINGEN AN DER DONAU Baden-Württemberg 🅖🅗🅘 V 10 – 2 900 Ew – Höhe 600 m – Erholungsort.
Ausflugsziel : Knopfmacherfelsen : Aussichtskanzel ≤★, Ost : 3 km.
Berlin 748 – Stuttgart 118 – Konstanz 70 – Freiburg im Breisgau 107 – Ulm (Donau) 120.

In Fridingen-Bergsteig Süd-West : 2 km Richtung Mühlheim – Höhe 670 m

🍴🍴 **Landhaus Donautal** mit Zim, ✉ 78567, ☎ (07463) 4 69, info@landhaus-donautal.de, Fax (07463) 5099, ≤, 🌳, 🐾 – 📺 🅿 🆎 🆇
geschl. über Fastnacht 3 Wochen, Anfang Aug. 1 Woche, Anfang Nov. 1 Woche – **Menu** (geschl. Montag, Freitag) à la carte 20,50/33 – **8 Zim** 🍴 57 – 79.
• Etwas außerhalb steht dieses nett anzusehende Landhaus. Hübsch auch das Interieur : eine rustikale, gemütliche Gaststube mit Holztäfelung.

FRIEDBERG Bayern 🅖🅗🅘 U 16 – 26 000 Ew – Höhe 514 m.
Berlin 583 – München 75 – Augsburg 8 – Ulm (Donau) 87.

🏠 **Zum Brunnen** 🌿 garni, Bauernbräustr. 4 (Passage Brunnenhof/Garage West), ✉ 86316, ☎ (0821) 60 09 20, hotel@herzog-ludwig.de, Fax (0821) 6009229 – 📺 🚗.
🆎 🆇
14 Zim 🍴 52 – 78.
• In der Altstadt finden Reisende dieses gut geführte kleine Hotel. Es bietet dem Zeitgeschmack entsprechende, praktische Zimmer, die nichts vermissen lassen.

🍴🍴 **Herzog Ludwig**, Bauernbräustr. 15, ✉ 86316, ☎ (0821) 60 71 27, gasthaus@herzog-ludwig.de, Fax (0821) 607126, 🌳 – 🆎 🆇
geschl. Nov. 1 Woche, Montag - Dienstag – **Menu** (wochentags nur Abendessen) 31 à la carte 26,50/35,50.
• In den Stallungen eines ehemaligen Bauernhofs hat man ein rustikal-elegantes Restaurant mit gotischen Säulen und Holztäfelung eingerichtet. Leicht südländisch : der Innenhof.

FRIEDBERG / HESSEN Hessen 🅖🅗🅘 O 10 – 28 600 Ew – Höhe 150 m.
Sehenswert : Judenbad★ – Burg (Adolfsturm★) – Stadtkirche (Sakramentshäuschen★).
🏌 🏌 Friedberg, Am Löwenhof (West : 3 km Richtung Ockstadt), ☎ (06031) 99 27.
🅕 Fremdenverkehrsamt, Am Seebach 2 (Stadthalle), ✉ 61169, ☎ (06031) 7 24 60, stadt@friedberg-hessen.de, Fax (06031) 61270.
Berlin 510 – Wiesbaden 61 – Frankfurt am Main 28 – Gießen 36.

In Friedberg-Dorheim Nord-Ost : 3 km über B 455 :

🏠 **Dorheimer Hof**, Wetteraustr. 70, ✉ 61169, ☎ (06031) 7 37 00, info@dorheimerhof.de, Fax (06031) 737040, Biergarten – 📺 🅿 – 🛁 20. 🆎 🆇
Menu (nur Abendessen) à la carte 14/29 – **18 Zim** 🍴 48/55 – 65/75.
• Beim Betreten des Hauses sticht sofort die tadellose Pflege ins Auge. Diese Annehmlichkeit setzt sich auch in den praktischen, hell gehaltenen Zimmern fort.

🍴🍴 **Le Gourmet**, Erbsengasse 16, ✉ 61169, ☎ (06031) 79 11 04, le_gourmet@gmx.li, Fax (06031) 791105, 🌳 – 🆎 🆇
geschl. Montag - Dienstag – **Menu** (nur Abendessen) (französische Küche) à la carte 23,50/38.
• Eine neuzeitliche Einrichtung im Landhausstil, wechselnde Bilder an hell gestrichenen Wänden und ein gutes, gepflegtes Couvert prägen das Interieur dieser ländlichen Adresse

FRIEDBERG / HESSEN

In Rosbach vor der Höhe – Süd-West : 7 km, über B 455, in Ober-Rosbach links ab :

Garni, Homburger Str. 84 (B 455), ✉ 61191, ☏ (06003) 9 12 20, hotelgarni.seidel@t-online.de, Fax (06003) 912240 – TV P AE ⓪ VISA JCB
geschl. Weihnachten - Anfang Jan. – **22 Zim** ☑ 49/61 – 83/92.
  • Verkehrsgünstig liegt dieses neuzeitliche Hotel in direkter Nähe zur A5. Neben einer tadellosen Pflege bieten die Gästezimmer eine funktionelle Ausstattung.

Post garni, Nieder-Rosbacher-Str. 11, ✉ 61191, ☏ (06003) 9 41 00, hotelpost.rosbach@t-online.de, Fax (06003) 941010 – ⟲ ⎯ P AE ⓪ VISA
geschl. 20. Dez. - 2.Jan. – **14 Zim** ☑ 57/77 – 85/115.
  • Ein absolut gepflegtes Etagenhotel, das in einem Wohnhaus direkt neben dem Postamt untergebracht ist. Morgens serviert man den Gästen ein appetitliches Frühstücksbuffet.

FRIEDENWEILER Baden-Württemberg 545 W 8 – 2 100 Ew – Höhe 910 m – Erholungsort – Wintersport : 920/1 000 m ⟲1 ⟲.

🛈 Tourist-Information, Rathausstr. 16, ☏ 79877, ☏ (07651) 50 34, tourist-info@friedenweiler.de, Fax (07651) 4130.
Berlin 771 – Stuttgart 151 – *Freiburg im Breisgau* 45 – Donaueschingen 25.

In Friedenweiler-Rötenbach Süd-Ost : 4 km, jenseits der B 31 – Erholungsort :

Rössle (mit Gästehaus, ⟲), Hauptstr. 14, ✉ 79877, ☏ (07654) 3 51, roessleganter@aol.com, Fax (07654) 7041, ⟲, ⟲, ⟲ – ⎯ P ⓪ VISA
geschl. 20. Nov. - 20. Dez. – **Menu** (geschl. Dienstag) à la carte 11/23,50 – **28 Zim** ☑ 28/45 – 56/70 – ½ P 12.
  • Ein ausgezeichnetes Reiseziel für alle Ruhebedürftigen, Naturliebhaber und Wanderer ist dieser Schwarzwaldgasthof. Besonders hübsch sind die neuen Zimmer im Gästehaus. Die ländlich-bürgerliche Stube lädt zum gemütlichen Verweilen ein.

FRIEDEWALD Hessen 543 N 13 – 2 400 Ew – Höhe 388 m.

Berlin 395 – Wiesbaden 179 – *Kassel* 87 – Fulda 58 – Gießen 100 – Erfurt 113.

Schlosshotel Prinz von Hessen ⟲, Schloßplatz 1, ✉ 36289, ☏ (06674) 9 22 40, info@goebels-schlosshotel.de, Fax (06674) 9224250, ⟲, Park, Massage, ⟲, ⟲ – ⎯
⎯ Zim, ▤ Rest, TV ⟲ ⎯ P – 🛦 150. AE ⓪ ⓪ VISA JCB. ⟲ Rest
Prinzenstube (geschl. 5. - 20. Jan., Montag - Mittwochmittag) **Menu** 32/72, ⟲ – **Schlossgarten** : Menu à la carte 28/42 – **72 Zim** ☑ 108/128 – 188/198, 9 Suiten.
  • Harmonisch hat man hier das Nebengebäude der a. d. 15. Jh. stammenden Wasserburg mit einem neueren Hotelanbau verbunden. Die Zimmer : aufwändig und geschmackvoll. Gelbtöne und moderne Formen prägen die Prinzenstube. Hell und elegant : der Schlossgarten.

Zum Löwen, Hauptstr. 17, ✉ 36289, ☏ (06674) 9 22 20, zum-loewen-friedewald@t-online.de, Fax (06674) 922259, ⟲, ⟲, TV ⟲ ⎯ P – 🛦 75. AE ⓪ ⓪ VISA
Menu 17 (mittags) à la carte 23/34,50 *(auch vegetarische Gerichte)*, ⟲ – **32 Zim** ☑ 65 – 92.
  • Der Löwen wurde aufwändig erweitert : Die komfortablen Zimmer sind zeitgemäß und wohnlich, teils mit eleganten Landhausmöbeln eingerichtet. Wechselnde Bilderausstellungen. Eine bemerkenswerte Vinothek mit Probierstube ergänzt das Restaurant.

FRIEDLAND Niedersachsen siehe Göttingen.

FRIEDRICHRODA Thüringen 544 N 15 – 5 300 Ew – Höhe 450 m – Luftkurort.

🛈 Kur- und Tourismus, Marktstr. 13, ✉ 99894, ☏ (03623) 3 32 00, friedrichroda.kzr@t-online.de, Fax (03623) 332029.
Berlin 345 – *Erfurt* 54 – Bad Hersfeld 97 – Coburg 96.

Ramada-Treff Hotel Friedrichroda, Burchardtsweg 1, ✉ 99894, ☏ (03623) 35 20, friedrichroda@ramada-treff.de, Fax (03623) 352500, ⟲, Massage, ⟲, ⟲, ⟲,
⟲ – ⎯ Zim, TV ⟲ ⎯ P – 🛦 250. AE ⓪ ⓪ VISA ⟲ Rest
Menu à la carte 19,50/33 – **154 Zim** ☑ 85 – 110 – ½ P 18.
  • Das ehemalige Kurhaus mit seiner schönen Grünanlage wurde zu einem modernen Hotel mit freundlichen und hübsch möblierten Gästezimmern umgestaltet. Das helle Panorama-Restaurant macht seinem Namen alle Ehre.

An der Strasse nach Schmalkalden Süd-West : 7 km, am Heuberghaus rechts ab :

Tanzbuche ⟲ (mit Gästehaus), Auf dem Höhenberg, ✉ 99894, ☏ (03623) 36 99 00, tanzbuche@aol.com, Fax (03623) 369943, ⟲, ⟲, ⟲, ⟲ – TV ⎯ P – 🛦 15. ⓪ VISA
Menu à la carte 15/23 – **42 Zim** ☑ 39 – 62.
  • Seinen Namen verdankt der Berggasthof einer an dieser Stelle gewachsenen Buche, um die schon vor 160 Jahren getanzt wurde. Heute finden Reisende hier eine solide Unterkunft. Rustikales Restaurant mit Wandvertäfelung und Holzpolstern.

503

FRIEDRICHSHAFEN Baden-Württemberg **546** X 12 – 56 500 Ew – Höhe 402 m.

✈ Friedrichshafen-Löwental, über ① : 2 km, ☏ (07541) 2 84 01.
Messegelände, in Friedrichshafen-Allmannsweiler, über Ailinger Str. (BY), ☏ (07541) 70 80, Fax (07541) 70 81 10.

🛈 Tourist-Information, Bahnhofplatz 2, ✉ 88045, ☏ (07541) 3 00 10, tourist-info@friedrichshafen.de, Fax (07541) 72588.

Berlin 721 ② – Stuttgart 167 ① – Konstanz 31 ③ – Freiburg im Breisgau 161 ③ – Ravensburg 20 ① – Bregenz 30 ②

FRIEDRICHSHAFEN

Adenauerplatz	**AY** 2
Albrechtstraße	**AZ** 3
Buchhornplatz	**AY** 4
Charlottenstraße	**BZ** 5
Dammstraße	**AY** 6
Eugen-Bolz-Straße	**AY** 8
Flugplatzstraße	**BY** 9
Franziskus-Platz	**AZ** 10
Friedrichstraße	**AY**
Gebhardstraße	**BZ** 12
Goldschmiedstraße	**AY** 13
Hofener Straße	**AZ** 18
Karlstraße	**AY**
Katharinenstraße	**BZ** 21
Klosterstraße	**AZ** 22
Maybachstraße	**AZ** 23
Meistershofener Straße	**BY** 25
Montfortstraße	**AY** 26
Östliche Uferstraße	**BZ** 28
Olgastraße	**AZ** 29
Paulinenstraße	**AY** 30
Ravensburger Straße	**BZ** 32
Romanshorner Platz	**AZ** 33
Schanzstraße	**AY** 34
Scheffelstraße	**BZ** 35
Schloßstraße	**AZ** 36
Wendelgardstraße	**BZ** 39
Wilhelmstraße	**AY** 41
Zeppelinstraße	**AZ** 42

🏛 **Buchhorner Hof**, Friedrichstr. 33, ✉ 88045, ☏ (07541) 20 50, baur@buchhorn.de, Fax (07541) 32663, 😊 – 📶, ✳ Zim, 📺 📞 🚗 – 🏛 100. 🏧 ⓘ ⓜ VISA **AZ a**
Menu à la carte 24/42 – **97 Zim** ☑ 82/149 – 100/165.
♦ Das Haus liegt in unmittelbarer Nähe des sonnigen Bodenseeufers. Manche der geschmackvollen Zimmer geben den uneingeschränkten Blick auf den See und die Alpen frei. Im zeitlos-eleganten Restaurant widmet man sich seit über 100 Jahren seinen Gästen.

🏛 **Seehotel**, Bahnhofplatz 2, ✉ 88045, ☏ (07541) 30 30, seehotelfn@t-online.de, Fax (07541) 303100, 😊 – 📶, ✳ Zim, 📺 📞 🚗 – 🏛 80. 🏧 ⓘ ⓜ VISA
Menu à la carte 27/36,50 – **132 Zim** ☑ 100/115 – 126/157. **AZ r**
♦ Im Mittelpunkt des an der Uferstraße gelegenen Hotels stehen Schlichtheit und modernes Design. Ein Stil, der sich wie ein roter Faden durchs ganze Haus zieht. Modern wie das Hotel gibt sich auch das im Bistro-Stil gehaltene Restaurant.

🏛 **Goldenes Rad** (mit Gästehaus), Karlstr. 43, ✉ 88045, ☏ (07541) 28 50, info@goldenes-rad.de, Fax (07541) 285285, 😊, 🍴 – 📶, ✳ Zim, 📺 📞 🚗 – 🏛 20. 🏧 ⓘ ⓜ VISA
geschl. 24. - 26. Dez. – **Menu** (geschl. Montag) à la carte 24/38,50, ☑ – **70 Zim** ☑ 79/109 – 99/148. **AY b**
♦ In der Ortsmitte liegt dieses familiengeführte Hotel mit gepflegter Fassade. Die Zimmer verteilen sich auf Haupt- und Gästehaus, teils mit modern-eleganter Einrichtung. Gemütlich wirkendes Restaurant in neuzeitlichem Stil.

FRIEDRICHSHAFEN

- **City-Krone**, Schanzstr. 7, ✉ 88045, ✆ (07541) 70 50, citykrone@t-online.de, Fax (07541) 705100, ⇔, 🍳, ⇒ Zim, 📺 📞 P. 🅰🅴 ① ⓜ VISA
  Menu (nur Abendessen) à la carte 20,50/43 – **100 Zim** ⊇ 82/102 – 125/150. AY c
  • Im Herzen der Stadt betreibt Familie Rieger ihr ansprechendes Hotel. Gäste wohnen in behaglichen Zimmern, die teils mit Kirschbaum- oder Vogelaugenahorn eingerichtet sind. Im ersten Stock des Hotels befindet sich das Restaurant.

- **Föhr**, Albrechtstr. 73, ✉ 88045, ✆ (07541) 30 50, hotel.foehr@t-online.de, Fax (07541) 27273 – 📶, ⇒ Zim, 📺 📞 ⇐ P. 🅰🅴 ① ⓜ VISA
  Menu (nur Abendessen) à la carte 17/30 – **70 Zim** ⊇ 75/125 – 95/165.
  • Etwas außerhalb der Stadt finden Reisende in diesem ruhig gelegenen, von der Besitzerfamilie persönlich geführten Hotel ein freundliches und ordentliches Zuhause auf Zeit. Einladend wirkt das holzvertäfelte Restaurant.   über Albrechtstraße AZ

In Friedrichshafen-Ailingen Nord : 6 km, über Ailinger Str. BY – Erholungsort :

- **Sieben Schwaben**, Hauptstr. 37, ✉ 88048, ✆ (07541) 60 90, info@hotel-7schwaben.de, Fax (07541) 60940, 🍳 – 📶, ⇒ Zim, 📺 📞 P. 🅰🅴 ① ⓜ VISA
  Menu (geschl. Jan. 2 Wochen) (wochentags nur Abendessen) à la carte 16/30 – **24 Zim** ⊇ 51/65 – 77/85 – ½ P 15.
  • Von außen wirkt das familiär geführte Hotel fast wie ein Wohnhaus. Dahinter verbergen sich saubere, praktische Gastzimmer. Am Morgen lockt ein appetitliches Frühstück. Im Restaurant herrscht ländlich-gemütliche Atmosphäre.

In Friedrichshafen-Fischbach über ③ : 5 km :

- **Maier**, Poststr. 1, ✉ 88048, ✆ (07541) 40 40, info@hotel-maier.de, Fax (07541) 404100, 🍳, ⇔ – 📶, ⇒ Zim, 📺 📞 P. – 🛎 25. 🅰🅴 ① ⓜ VISA JCB
  Menu (geschl. Okt. - April Freitag) à la carte 19,50/36,50 – **50 Zim** ⊇ 55/80 – 90/125 – ½ P 15.
  • Hinter der gelben Fassade mit den grün-weiß gestreiften Markisen empfängt Familie Maier die Gäste mit netten Zimmern, die teilweise neu gestaltet wurden. Schwäbische Gastfreundschaft erlebt man in der geschmackvoll-rustikalen Gaststube.

- **Traube am See**, Meersburger Str. 11, ✉ 88048, ✆ (07541) 95 80, traubeamsee@t-online.de, Fax (07541) 958888, 🍳, 🏝, Massage, ⇔, 🏊, 🎾, – 📶, ⇒ Zim, 📺 📞 ♿ ⇐ P. – 🛎 50. 🅰🅴 ① ⓜ VISA
  Menu à la carte 18,50/39 – **91 Zim** ⊇ 55/95 – 100/128.
  • Ein gewachsener Gasthof, der nur einen Steinwurf vom Seeufer entfernt steht. Er bietet seinen Gästen geräumige Zimmer, die von der Wirtsfamilie tadellos gepflegt werden. In nett gestalteten Restauranträumen werden Sie freundlich bewirtet.

In Friedrichshafen-Schnetzenhausen Nord-West : 4 km, über Hochstr. AZ :

- **Krone**, Untere Mühlbachstr. 1, ✉ 88045, ✆ (07541) 40 80, info@ringhotel-krone.de, Fax (07541) 43601, 🍳, 🏝, Massage, 🏋, ⇔, 🏊 (geheizt), 🏊, 🎾, 🎱 (Halle) – 📶, ⇒ Zim, 📺 📞 ⇐ P. – 🛎 60. 🅰🅴 ① ⓜ VISA
  geschl. 20. - 25. Dez. – **Menu** à la carte 18,50/39 – **130 Zim** ⊇ 80/110 – 115/176.
  • Mit viel Engagement betreibt Familie Rueß seit vielen Jahren ihr ansprechendes Hotel. Sehr guter Komfort und ein individueller Stil machen die Gästezimmer aus. Verschiedene behagliche Stuben locken mit rustikaler Eleganz.

In Friedrichshafen-Waggershausen Nord : 3 km, über Hochstr. AZ :

- **Traube**, Sonnenbergstr. 12, ✉ 88045, ✆ (07541) 60 60, hotel.traube.waggershausen @t-online.de, Fax (07541) 606169, 🍳, ⇔ – 📶 📺 📞 P. 🅰🅴 ① ⓜ VISA
  geschl. 23. - 26. Dez. – **Menu** (geschl. Montagmittag) à la carte 16/29,50 – **54 Zim** ⊇ 48/65 – 72/95.
  • Der gut geführte Gasthof in ruhiger Vorstadtlage befindet sich seit 1850 in Familienbesitz. Einfache, gepflegte Zimmer tragen zu einem erholsamen Aufenthalt bei. Hübsch sind die rustikalen Governance mit Kachelöfen.

FRIEDRICHSHALL, BAD Baden-Württemberg 545 S 11 – 11 800 Ew – Höhe 160 m.
Berlin 594 – Stuttgart 62 – Heilbronn 10 – Mannheim 83 – Würzburg 110.

In Bad Friedrichshall-Jagstfeld :

- **Sonne** mit Zim, Deutschordenstr. 16, ✉ 74177, ✆ (07136) 9 56 10, info@sonne-bad friedrichshall.de, Fax (07136) 956111, ≤, 🍳 – ⇒ Zim, 📺 P. – 🛎 30. 🅰🅴 ⓜ VISA
  Menu (geschl. Jan. 2 Wochen, Montag) à la carte 16,50/33,50 – **13 Zim** ⊇ 54 – 86 – ½ P 15.
  • Hier erwartet Sie ein ländlich-rustikales, nett dekoriertes Restaurant. Von der kleinen Terrasse hat man einen schönen Blick auf den Neckar. Mit hübsch renovierten Zimmern.

FRIEDRICHSRUHE Baden-Württemberg siehe Öhringen.

FRIEDRICHSTADT Schleswig-Holstein ❙❹❶ C 11 – 2 600 Ew – Höhe 4 m – Luftkurort.
Sehenswert : Friedrichstadt (Stadtbild★).

🛈 Tourist Information, Am Markt 9, ✉ 25840, ✆ (04881) 9 39 30, touristinformation@friedrichstadt.de, Fax (04881) 7093.
Berlin 408 – Kiel 82 – Sylt (Westerland) 62 – Heide 25 – Husum 15 – Schleswig 49.

Aquarium, Am Mittelburgwall 4, ✉ 25840, ✆ (04881) 9 30 50, info@hotel-aquarium.de, Fax (04881) 7064, 🍴, ⇔, 🏊 – ✲ Zim, 📺 🅿 – 🔔 20. AE ⓓ ⓜⓞ VISA
Menu à la carte 17/40 – **38 Zim** ⊇ 68/81 – 93/116.
• Das weiß getünchte Stadthotel am Mittelburggraben überzeugt mit gutem Komfort, freundlichem Service sowie einer behaglichen und geschmackvollen Zimmereinrichtung. Restaurant mit stilvoller, gepflegter Atmosphäre.

Holländische Stube mit Zim, Am Mittelburgwall 22, ✉ 25840, ✆ (04881) 9 39 00, klaus-peter.willhoeft@t-online.de, Fax (04881) 939022, 🍴 – 📺. ⓜⓞ VISA
Menu (geschl. Nov. - März Montag - Mittwoch) à la carte 20,50/33,50 – **9 Zim** ⊇ 68/79 – 85/95 – ½ P 16.
• Ein holländisches Kaufmannshaus mit Treppengiebel aus dem 17. Jahrhundert : Das Restaurant befindet sich in originalgetreu restaurierten Räumen. Hotelbereich im Jugendstil.

FRIESENHEIM Baden-Württemberg ❙❹❺ U 7 – 10 200 Ew – Höhe 158 m.
Berlin 759 – Stuttgart 158 – Karlsruhe 88 – Offenburg 12 – Freiburg im Breisgau 54.

In Friesenheim-Oberweier Ost : 0,5 km :

Mühlenhof, Oberweierer Hauptstr. 33, ✉ 77948, ✆ (07821) 63 20, info@landhotel-muehlenhof.de, Fax (07821) 632153, 🍴 – 🛗 📺 ✆ ⇔ 🅿. AE ⓜⓞ VISA
Menu (geschl. Jan. 3 Wochen, Aug. 3 Wochen, Dienstag) à la carte 13,50/26 – **32 Zim** ⊇ 32/42 – 52/72.
• Ein sympathisches, gepflegtes Domizil mit soliden, teils hübsch im Landhausstil gestalteten Zimmern ist dieser familiär geführte Schwarzwälder Landgasthof. Das elegant-rustikale Restaurant überzeugt mit sorgfältig zubereiteter Küche.

FRITZLAR Hessen ❙❹❸ M 11 – 15 000 Ew – Höhe 235 m.
Sehenswert : Dom★ – Marktplatz★ – Stadtmauer (Grauer Turm★).

🛈 Touristinformation, Zwischen den Krämen 7, ✉ 34560, ✆ (05622) 98 86 43, touristinfo@fritzlar.de, Fax (05622) 988626.
Berlin 409 – Wiesbaden 201 – Kassel 25 – Bad Hersfeld 48 – Marburg 61.

In Fritzlar-Ungedanken Süd-West : 8 km, über B 450 und B 253 Richtung Bad Wildungen :

Zum Büraberg, Bahnhofstr. 5 (B 253), ✉ 34560, ✆ (05622) 99 80, info@hotel-bueraberg.de, Fax (05622) 998160, 🍴 – 📺 ✆ ⇔ 🅿 – 🔔 50. AE ⓓ ⓜⓞ VISA
Menu (geschl. Sonntagabend - Montagmittag) à la carte 16/28,50 – **34 Zim** ⊇ 45/55 – 65/85.
• Dieser schmucke Landgasthof wurde kürzlich großzügig renoviert. So findet der Gast heute ein behaglich eingerichtetes Hotel mit individuell ausgestatteten Zimmern. Ungezwungene rustikale Gemütlichkeit strahlt das Restaurant aus.

FÜRSTENAU Niedersachsen ❙❹❶ I 7 – 8 000 Ew – Höhe 50 m.

🛈 Touristisches Informationsbüro (im alten Rathaus), Große Str. 27, ✉ 49584, ✆ (05901) 96 10 25, tib@fuerstenau.de, Fax (05901) 961010.
Berlin 449 – Hannover 195 – Nordhorn 50 – Bielefeld 94 – Osnabrück 44.

Stratmann, Große Str. 29, ✉ 49584, ✆ (05901) 9 39 90, info@hotel-stratmann.de, Fax (05901) 939933, 🍴 – 📺 🅿. ※ Rest
Menu (geschl. Mittwoch) à la carte 16/29 – **11 Zim** ⊇ 32 – 64.
• Mitten im Ort, gleich bei der Kirche, steht dieser dunkle Klinker-Gasthof. Er wird tadellos geführt und besticht durch sein gutes Preis-Leistungs-Verhältnis. Ländlich gestaltete Gaststuben.

Wübbel, Osnabrücker Str. 56 (B 214), ✉ 49584, ✆ (05901) 27 89, Fax (05901) 4155 – 🅿. 🔔 30
geschl. Mitte Juli - Mitte Aug. – **Menu** (geschl. Dienstag) (nur Abendessen) à la carte 15/20,50 – **10 Zim** ⊇ 32 – 64.
• Das gut gepflegte Haus bietet sich als preiswerte und praktische Übernachtungsadresse an. Idyllisch : An das Grundstück grenzen Wiesen und Wälder.

FÜRSTENFELDBRUCK Bayern 546 V 17 – 31 000 Ew – Höhe 528 m.

Rottbach, Weiherhaus 5 (Nord : 13 km), ℘ (08135) 9 32 90.
Berlin 605 – München 35 – Augsburg 46 – Garmisch-Partenkirchen 97.

Romantik-Hotel Post, Hauptstr. 7, ✉ 82256, ℘ (08141) 3 14 20, zur-post@romantikhotels.com, Fax (08141) 16755, ☆ – 🏠, ✧ Zim, TV ✆ ⇔ ℘. – 🔧 50. AE ⓞ ⓜ VISA JCB
geschl. 23. Dez. - 6. Jan. - **Menu** (geschl. Samstag, Sonntagabend) à la carte 15,50/28,50
– **41 Zim** ⊡ 75/85 – 90/125.
• Die persönliche Führung der Familie Weiß und tadellos gepflegte, teils gediegen im Biedermeierstil gehaltene Zimmer zeichnen dieses stattlichen Gasthof aus. Kachelofen und Holzmobiliar schaffen im Restaurant ein behagliches bürgerliches Ambiente.

Brucker Gästehaus garni, Kapellenstr. 3, ✉ 82256, ℘ (08141) 4 09 70, info@brucker-gaestehaus.de, Fax (08141) 409799 – TV ⇔ ℘. AE ⓜ VISA
geschl. 3. - 18. Jan. – **13 Zim** ⊡ 54/65 – 79/89.
• Unter dem spitzen Dach des hübsch bemalten Gebäudes sorgen helle Naturholzmöbel in den Gästezimmern für eine warme, gediegene Atmosphäre.

FÜRSTENWALDE Brandenburg 542 I 26 – 34 000 Ew – Höhe 50 m.

🛈 Fremdenverkehrs- und Tourismusverein, Mühlenstr. 26, ✉ 15517, ℘ (03361) 76 06 00, Fax (03361) 760601.
Berlin 59 – Potsdam 88 – Frankfurt (Oder) 36.

Zille-Stuben (mit Gästehaus), Schloßstr. 26, ✉ 15517, ℘ (03361) 5 77 25, Fax (03361) 57726 – TV. AE ⓜ VISA
Menu à la carte 12/18 – **13 Zim** ⊡ 40/55 – 67/74.
• Nahe dem Zentrum liegt dieses ältere restaurierte Stadthaus - ein charmantes kleines Hotel, das Ihnen saubere und praktisch ausgestattete Zimmer bietet. Legeres und nett dekoriertes rustikales Restaurant.

FÜRSTENZELL Bayern 546 U 23 – 7 000 Ew – Höhe 358 m.

Berlin 604 – München 169 – Passau 15 – Linz 92 – Regensburg 121.

In Fürstenzell-Altenmarkt Nord-Ost : 4,5 km, über Passauer Straße, am Ortsende links ab :

Zur Platte ⊛, ✉ 94081, ℘ (08502) 2 00, Fax (08502) 5200, ≤ Neuburger und Bayerischer Wald, ☆, 🌲 – ✧ Zim, TV ⇔ ℘.
geschl. Mitte Jan. - Mitte Feb., Nov. 2 Wochen – **Menu** (geschl. Montag - Dienstag) à la carte 16/29 – **17 Zim** ⊡ 35/40 – 60.
• Vor den Toren von Passau gelegen, umgeben von Wiesen und Wäldern, verheißt dieser Gasthof wohltuende Ruhe. Erlenholzmöbel in den Zimmern schaffen ein wohnliches Ambiente. Ländliches Restaurant mit gutbürgerlicher Küche.

FÜRTH Bayern 546 R 16 – 111 500 Ew – Höhe 294 m.

Siehe auch Nürnberg (Umgebungsplan).

Fürth, Vacher Str. 261, ℘ (0911) 75 75 22.
🛈 Tourist-Information, Bahnhofplatz 2, ✉ 90762, ℘ (0911) 7 40 66 15, tourist-info@fuerth.de, Fax (0911) 7406617.
ADAC, Theresienstr. 5.
Berlin 453 – München 172 – Nürnberg 7.

Stadtplan siehe nächste Seite

NH Nürnberg/Fürth garni, Königstr. 140, ✉ 90762, ℘ (0911) 7 40 40, nhnuernbergfuerth@nh-hotels.com, Fax (0911) 7404400, ☎ – 🏠 ✧ Zim, TV ✆ ⇔. AE ⓞ ⓜ VISA JCB
⊡ 15 – **118 Zim** 85 – 130. Z b
• Das Anfang der 90er Jahre erbaute Hotel liegt im Herzen der Stadt. Mit modernen, technisch gut ausgestatteten Zimmern ist man ganz auf Geschäftsleute eingestellt.

Bavaria (mit Gästehaus), Nürnberger Str. 54, ✉ 90762, ℘ (0911) 74 31 90, bavariahotel@t-online.de, Fax (0911) 748015, ☆, ☎, ☐ – 🏠, ✧ Zim, TV ✆ ℘. AE ⓞ ⓜ VISA JCB
Menu (italienische Küche) à la carte 15/37,50 – **58 Zim** ⊡ 75/98 – 95/118. Z e
• Liebevoll führen Mutter und Tochter ihr nettes Hotel zwischen Nürnberg und Fürth. Ein Mix aus rustikalen und eleganten Möbeln prägt das alte fränkische Sandsteinhaus. Liebhaber der "cucina italiana" können im Restaurant ihrer Leidenschaft nachgehen.

Werners Apartment Hotel, Friedrichstr. 20, ✉ 90762, ℘ (0911) 74 05 60, werners_hotel@t-online.de, Fax (0911) 7405630, ☆ – TV ✆. AE ⓞ ⓜ VISA Z c
Werners Bistro (geschl. Sonn- und Feiertage) **Menu** à la carte 14/29,50 – **29 Zim**
⊡ 64/79 – 87/98.
• Ein südländischer Touch bestimmt das Ambiente in diesem Haus. Helles Holzmobiliar und warme Farben lassen die Zimmer mediterran wirken - mit Küchenzeile. Neuzeitlich und freundlich : Werners Bistro.

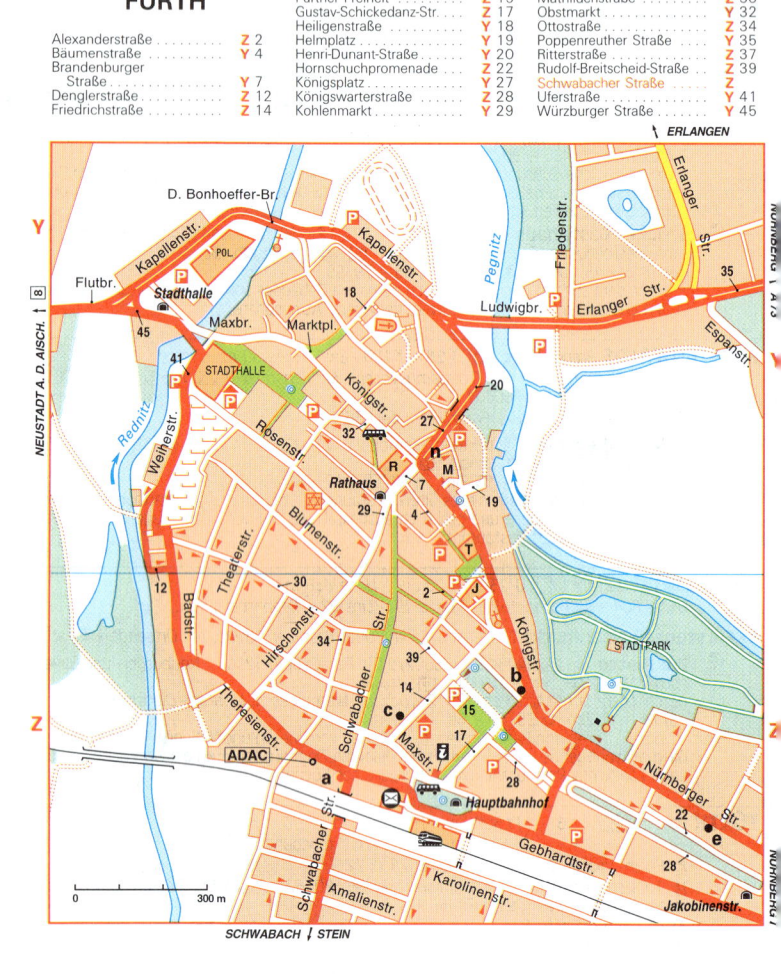

FÜRTH

Alexanderstraße	**Z** 2	Fürther Freiheit	**Z** 15	Mathildenstraße	**Z** 30
Bäumenstraße	**Y** 4	Gustav-Schickedanz-Str.	**Z** 17	Obstmarkt	**Y** 32
Brandenburger		Heiligenstraße	**Y** 18	Ottostraße	**Y** 34
Straße	**Y** 7	Helmplatz	**Y** 19	Poppenreuther Straße	**Z** 34
Denglerstraße	**Y** 12	Henri-Dunant-Straße	**Z** 20	Ritterstraße	**Z** 37
Friedrichstraße	**Z** 14	Hornschuchpromenade	**Z** 22	Rudolf-Breitscheid-Straße	**Z** 39
		Königsplatz	**Z** 27	Schwabacher Straße	**Z**
		Königswarterstraße	**Z** 28	Uferstraße	**Y** 41
		Kohlenmarkt	**Y** 29	Würzburger Straße	**Y** 45

🏨 **Baumann**, Schwabacher Str. 131, ✉ 90763, ✆ (0911) 77 76 50, *hotelbaumann@aol .com*, Fax (0911) 746859 – |≡|, ⇔ Zim, TV 🅿 AE ⓘ ⓂⓔⒸ VISA
geschl. 1. - 8. Jan., 1. - 30. Aug. – **Menu** siehe Rest. **Brasserie Baumann** separat erwähnt – **21 Zim** ⊆ 51/65 – 81/85. siehe Stadtplan Nürnberg **AS** d
◆ Hinter den dicken Natursteinmauern dieses Stadthauses stehen Übernachtungsgästen helle und gepflegte Zimmer zur Verfügung. Morgens serviert man ein ansprechendes Frühstück.

✕✕ **Brasserie Baumann** - Hotel Baumann, Schwabacher Str. 131, ✉ 90763, ✆ (0911) 77 76 50, *hotelbaumann@aol.com*, Fax (0911) 746859, 🌂 – 🅿 AE ⓘ ⓂⓔⒸ VISA
geschl. 1. - 8. Jan., 1. - 30. Aug., Montag, Samstagmittag, Sonn- und Feiertage – **Menu** 15 (mittags) à la carte 22/46. siehe Stadtplan Nürnberg **AS** d
◆ Leicht elegant wirkt dieses klassisch gestaltete und engagiert geführte Restaurant. Serviert wird die französisch inspirierte Küche von Patron Werner Baumann.

✕✕ **Kupferpfanne**, Königstr. 85, ✉ 90762, ✆ (0911) 77 12 77, Fax (0911) 777637 – AE ⓂⓔⒸ VISA
Y n
geschl. Sonn- und Feiertage – **Menu** (Tischbestellung ratsam) à la carte 31/47,50.
◆ Besonders Stammgäste schätzen das rustikale Restaurant hinter der Natursteinfassade seit vielen Jahren. Ein Beweis dafür, dass Ambiente und Küche stimmen.

FÜRTH

XX **La Palma,** Karlstr. 22, ✉ 90763, ℘ (0911) 74 75 00, Fax (0911) 7418830, 🍽 – 🅿 AE ⓘ ⓜ VISA   siehe Stadtplan Nürnberg AS b
geschl. Aug., Montag – **Menu** (italienische Küche) à la carte 18,50/36.
• Ein gepflegtes, seit vielen Jahren von der Familie geführtes Restaurant, das man mit mediterranen Farben und Holztäfelung nett gestaltet hat. Gekocht wird italienisch.

XX **Comödie,** Theresienstr. 1 (Berolzheimerianum), ✉ 90762, ℘ (0911) 74 92 99 47, gas tronomie@comoedie.de, Fax (0911) 74929949, 🍽 – ⓜ VISA   Z a
geschl. 12. Aug. - 5. Sept., Montag – **Menu** (wochentags nur Abendessen) à la carte 20/32.
• Lassen Sie sich entführen von der Atmosphäre des ehemaligen jüdischen Theaters von 1890 und dem künstlerisch eleganten Ambiente – kräftige Farben setzen Akzente.

Folgende Häuser finden Sie auf dem Stadtplan Nürnberg :

In Fürth-Dambach :

🏨 **NH Forsthaus Fürth** ⚘, Zum Vogelsang 20, ✉ 90768, ℘ (0911) 77 98 80, nhfor sthausnuernbergfuerth@nh-hotels.com, Fax (0911) 720885, 🍽, ≦s, 🔲 – 🛗, ↔ Zim, 📺 ℘ 🅿 – 🔑 160. AE ⓘ ⓜ VISA   AS g
Menu à la carte 27/38 – ➔ 13 – **112 Zim** 101/205.
• Am Waldrand und doch in Stadtnähe ist dieser moderne Hotelbau gelegen. Die gediegenen Zimmer bieten eine funktionelle Ausstattung. Das Restaurant gefällt mit elegantem Ambiente.

In Fürth-Höfen :

🏨 **Pyramide,** Europa-Allee 1, ✉ 90763, ℘ (0911) 9 71 00, info@pyramide.de, Fax (0911) 9710111, ≤, 🍽, Massage, 🛋, ≦s – 🛗, ↔ Zim, 📺 ℘ 🅿 – 🔑 270. AE ⓘ ⓜ VISA   AS f
Keop's (nur Abendessen) **Menu** à la carte 18/40,50 – **Setos** (nur Mittagessen) **Menu** 20 (nur Buffet) – **101 Zim** ➔ 93/202 – 118/227.
• Als Glanzpunkt moderner Hotelarchitektur erweist sich der gläserne Bau in Pyramidenform. Auch die komfortablen Zimmer mit großen Fensterfronten enttäuschen nicht. Neuzeitlich gestylt : das Restaurant Keop's.

In Fürth-Poppenreuth :

🏨 **Novotel,** Laubenweg 6, ✉ 90765, ℘ (0911) 9 76 00, Fax (0911) 9760100, 🍽, ≦s, 🔲 (geheizt), 🍽 – 🛗, ↔ Zim, ℘ 🅿 – 🔑 220. AE ⓘ ⓜ VISA   AS n
Menu à la carte 16/32,50 – ➔ 13 – **128 Zim** 89 – 99.
• Sehr verkehrsgünstig liegt dieses neuzeitliche Hotel an der Autobahnausfahrt. Die freundlich wirkenden Zimmer bieten eine funktionelle Ausstattung.

FÜRTH IM ODENWALD Hessen 543 R 10 – 11 000 Ew – Höhe 198 m – Erholungsort.
Berlin 608 – Wiesbaden 83 – Mannheim 43 – Darmstadt 42 – Heidelberg 36.

In Fürth-Weschnitz Nord-Ost : 6 km, über B 38, ab Krumbach über B 460 :

🏨 **Erbacher Hof,** Hammelbacher Str. 2, ✉ 64658, ℘ (06253) 2 00 80, erbacherhof@gmx.de, Fax (06253) 2008200, Biergarten, ≦s, 🔲, 🍽 – 🛗 📺 🅿 – 🔑 60. ⓘ ⓜ VISA JCB
Menu à la carte 14,50/33 – **40 Zim** ➔ 41/47 – 67 – ½ P 12.
• Inmitten des Naturparks Bergstraße-Odenwald gelegener familiärer Gasthof. Sie wohnen hier in einfachen, gepflegten Zimmern, die zum größten Teil über Balkone verfügen. Restaurant in bürgerlichem Stil.

In Rimbach Süd-West : 4,5 km über B 38 :

🏨 **Berghof** ⚘, Holzbergstr. 27, ✉ 64668, ℘ (06253) 9 81 80, info@berghof.de, Fax (06253) 981849, ≤, 🍽, 🍽 – ↔ Zim, 📺 🅿
geschl. 26. Juli - 11. Aug. – **Menu** (geschl. Donnerstag) (Montag - Mittwoch nur Abendessen) à la carte 21,50/30,50 – **13 Zim** ➔ 46/48 – 75 – ½ P 16.
• Auf einer Anhöhe oberhalb des Ortes finden Sie dieses familiengeführte kleine Hotel. Es bietet Ihnen gepflegte und geräumige Zimmer, die fast alle über einen Balkon verfügen. Nett dekoriertes Restaurant mit Fensterfront.

FÜSSEN Bayern 546 X 16 – 14 000 Ew – Höhe 803 m – Kneipp- und Luftkurort – Wintersport : 810/950 m ⛷3 ⛷.
Sehenswert : St.-Anna-Kapelle (Totentanz★) B.
Ausflugsziele : Schloss Neuschwanstein★★★ 4 km über ② – Schloss Hohenschwangau★ 4 km über ② – Alpsee★ : Pindarplatz ≤★ 4 km über ② – Romantische Straße★★ (von Füssen bis Würzburg).

🛈 Tourist Information, Kaiser-Maximilian-Platz 1, ✉ 87629, ℘ (08362) 9 38 50, touris mus@fuessen.de, Fax (08362) 938520.
Berlin 659 ② – München 120 ② – Kempten (Allgäu) 44 ④ – Landsberg am Lech 63 ②

	Alatseestraße	2
	Brotmarkt	5
	Brunnengasse	7
	Hutergasse	8
	Jesuitergasse	9
	Kaiser-Maximilian-Platz	12
	Klosterstraße	13
	Lechhalde	15
	Magnusplatz	16
	Reichenstraße	18
	Schrannengasse	19
	Tiroler Straße	20
	Weidachstraße	22

Treff Hotel Luitpoldpark, Luitpoldstraße, ⊠ 87629, ℘ (08362) 90 40, fuessen@treff-hotels.de, Fax (08362) 904678, 😊, 🛁, ⇔, – 🛗, 🔁 Zim, 📺 📞 🚗 – 🏛 130. 🅰🅴 🅾 🆂 🆅 🅹🅲🅱. 🍽 Rest
Menu à la carte 18/38 – **131 Zim** ⊇ 59/114 – 85/190, 7 Suiten – ½ P 19.
♦ Ein Haus, das auch gehobenen Ansprüchen gerecht wird : mit stilvollen, elegant wirkenden Zimmern und schicken Marmorbädern - abgerundet durch einen guten Service. Restaurant in verschiedenen Stilrichtungen von elegant bis rustikal.

Sommer ⌂, Weidachstr. 74, ⊠ 87629, ℘ (08362) 9 14 70, info@hotel-sommer.de, Fax (08362) 914714, ≤, Massage, ⇔, ⌂ (geheizt), ⌂, 🌳 – 🛗, 🔁 Zim, 📺 📞 ♿ 🚗 🅿. 🅰🅴 🅾 🆂. 🍽 Rest über Weidachstraße
Menu 20 und à la carte – **70 Zim** ⊇ 99/116 – 134/158, 5 Suiten – ½ P 20.
♦ Etwas außerhalb, eingebettet in die herrliche Kulisse der Allgäuer Bergwelt findet man diesen properen Gasthof. Die Zimmer sind zeitgemäß und behaglich eingerichtet. Die mit hellem Holz ausstaffierte Gaststube wirkt einladend.

Kurcafé, Prinzregentenplatz 4, ⊠ 87629, ℘ (08362) 93 01 80, info@kurcafe.com, Fax (08362) 9301850 – 🛗, 🔁 Zim, 📺 📞 🚗. 🅰🅴 🅾 🆂 🅹🅲🅱. 🍽 Rest
Menu (geschl. 7. - 31. Jan.) à la carte 16,50/43 – **30 Zim** ⊇ 92 – 99/139 – ½ P 13.
♦ Ein nettes, familiengeführtes Hotel in zentraler Lage. Fragen Sie nach den neuen Zimmern im Anbau - diese hat man geschmackvoll im Landhausstil eingerichtet. Das Restaurant : teils gemütlich-rustikal, teils mediterran als Wintergarten.

Hirsch, Kaiser-Maximilian-Platz 7, ⊠ 87629, ℘ (08362) 9 39 80, info@hotel-hirsch.de, Fax (08362) 939877, Biergarten – 🛗, 🔁 Zim, 📺 🚗 🅿. 🅰🅴 🅾 🆂 🆅 🅹🅲🅱.
geschl. 7. - 31. Jan. – **Menu** à la carte 22,50/35,50 (auch vegetarische Gerichte) – **53 Zim** ⊇ 59/99 – 109/162 – ½ P 15.
♦ Seit Generationen befindet sich das rosafarbene historische Haus mit seinem spitzen Dach in Familienbesitz. Die Zimmer wurden kürzlich renoviert und ansprechend eingerichtet. Gepflegte Rustikalität prägt die holzvertäfelten Gaststuben.

Christine ⌂ garni, Weidachstr. 31, ⊠ 87629, ℘ (08362) 72 29, Fax (08362) 940554, 🌳 – 📺 🚗 🅿. 🅾 🆂. 🍽
geschl. 15. Jan. - 15. Feb. – **13 Zim** ⊇ 75/95 – 95/130.
♦ Ein etwas unscheinbares kleines Hotel in einer ruhigen Wohnstraße. Hier wird den Gästen ein wohnliches Ambiente geboten. Morgens lockt ein liebevoll zubereitetes Frühstück.

Zum Schwanen, Brotmarkt 4, ⊠ 87629, ℘ (08362) 61 74, Fax (08362) 940781 – 🔁. 🅾 🆂
geschl. Feb., Montag – **Menu** à la carte 15,50/28.
♦ In diesem Altstadthaus empfängt man seine Gäste in einem schnörkellosen, rustikal angehauchten Ambiente und serviert ihnen Allgäuer Spezialitäten.

FÜSSEN

In Füssen-Bad Faulenbach – *Mineral- und Moorbad* :

Kurhotel Wiedemann, Am Anger 3, ⊠ 87629, ℘ (08362) 9 13 00, *info@hotel-wiedemann.de*, Fax (08362) 913077, Massage, ♣, ≦s, – ☒ TV P ◎ VISA
geschl. 20. Nov. - 22. Dez. – **Menu** (Restaurant nur für Hausgäste) – **44 Zim** ⊇ 59/68 – 98/124 – ½ P 10.
• Aus der ursprünglichen "Villa am See" hat Familie Wiedemann das heutige moderne Kur- und Vitalhotel geschaffen. Solide Zimmer und ruhige Lage zählen zu den Annehmlichkeiten.

Frühlingsgarten, Alatseestr. 8, ⊠ 87629, ℘ (08362) 9 17 30, *hotel-fruehlingsgarten@t-online.de*, Fax (08362) 917340, 🌳, – ☒ P ◎
geschl. Mitte Nov. - Mitte Dez. – **Menu** (geschl. Dienstag) à la carte 14,50/30 – **11 Zim** ⊇ 34/39 – 66/74 – ½ P 11.
• Ländlicher Gasthofkomfort erwartet Sie in diesem Haus, in dem man schon seit über 150 Jahren zufrieden ein- und ausgeht. Einfache, aber gepflegte Zimmer stehen zur Verfügung. Gemütliche, lichtdurchflutete Stube mit Kachelofen und Balkendecke.

Alpenschlößle mit Zim, Alatseestr. 28, ⊠ 87629, ℘ (08362) 40 17, *hotel-alpenschloessle@t-online.de*, Fax (08362) 39847, 🌳, – P ◎ Rest
Menu (geschl. Dienstag) 15 (mittags) à la carte 30/43 – **11 Zim** ⊇ 57/82 – 93/103 – ½ P 24.
• Apart steht das kleine Haus mit seinem Türmchen und den roten Korbmarkisen am Waldrand - Gäste schätzen den familiären Empfang und das leicht italienische Flair.

In Füssen-Hopfen am See über ① : 5 km :

Geiger, Uferstr. 18, ⊠ 87629, ℘ (08362) 70 74, *info@hotel-geiger.de*, Fax (08362) 38838, ← See und Allgäuer Alpen – TV P ◎ VISA
geschl. Anfang Nov. - Mitte Dez. – **Menu** à la carte 16,50/34 – **25 Zim** ⊇ 39/53 – 80/100 – ½ P 14.
• Ferien am idyllischen Hopfensee bietet das direkt an der Uferpromenade gelegene Hotel, das auf eine jahrzehntelange Familientradition zurückblicken kann. Ein gediegenes Ambiente erwartet Sie im Restaurant.

Fischerhütte, Uferstr. 16, ⊠ 87629, ℘ (08362) 9 19 70, *wltrvol@aol.com*, Fax (08362) 919718, ←, 🌳, Biergarten – P AE ◎
geschl. Anfang Jan. 1 Woche – **Menu** à la carte 16/31,50.
• Ländliches Gasthaus : An kalten Tagen sind die verschiedenen rustikalen Stuben besonders gemütlich - im Sommer lädt die herrliche Terrasse am See zum Verweilen ein.

In Füssen-Oberkirch über ④ : 7 km :

Bergruh, Alte Steige 16 (Hinteregg), ⊠ 87629, ℘ (08362) 90 20, *info@hotelbergruh.de*, Fax (08362) 90212, ←, 🌳, Massage, ♣, ≦s, ☒, 🌳 – 📶, ⇔ Rest, TV P ◎ VISA
geschl. Mitte Nov. - Mitte Dez. – **Menu** à la carte 20/32 – **29 Zim** ⊇ 44/78 – 87/135, 3 Suiten – ½ P 19.
• Ruhig liegt der im alpenländischen Stil erbaute Feriengasthof etwas außerhalb in einer Nebenstraße. Man verfügt über wohnliche Zimmer mit hellem Naturholzmobiliar. Restaurant im regionstypischen Stil - mit schöner Aussicht.

In Rieden-Dietringen über ① : 9 km :

Schwarzenbach's Landhotel, an der B 16, ⊠ 87669, ℘ (08367) 3 43, *info@landhotel-schwarzenbach.de*, Fax (08367) 1061, ← Forggensee und Allgäuer Alpen, 🌳, ≦s, 🌳 – TV P ◎ VISA
geschl. Mitte Jan. - Mitte Feb., 21. Okt. - 15. Nov. – **Menu** (geschl. Dienstag, Nov. - Mai Montag - Dienstag) à la carte 17/30 – **25 Zim** ⊇ 40/51 – 76/80.
• Stattlich steht dieser Gasthof im reizvollen Alpenvorland - umgeben von saftigen Wiesen. Sie logieren in netten Zimmern, die überwiegend mit Naturholzmöbeln eingerichtet sind. Die Räume des Restaurants gefallen mit urwüchsigem Allgäu-Charakter.

FÜSSING, BAD Bayern 546 U 23 – 6 500 Ew – Höhe 324 m – Heilbad.
🏌 Bad Füssing-Kirchham, Tierham 3 (West : 4 km), ℘ (08537) 9 19 90.
🛈 Kurverwaltung, Rathausstr. 8, ⊠ 94072, ℘ (08531) 97 55 80, *info@gemeinde-badfuessing.de*, Fax (08531) 21367.
Berlin 636 – München 147 – *Passau* 31 – Salzburg 110.

Parkhotel, Waldstr. 16, ⊠ 94072, ℘ (08531) 92 80, *parkhotel.badfuessing@t-online.de*, Fax (08531) 2161, 🌳, Massage, ♣, 🐾, ☒ (geheizt), ☒ (Thermal), 🌳 – 📶, ⇔ Zim, TV ℘ P – 🅿 60.
geschl. 3. Jan. - 10. Feb., 15. Nov. - 26. Dez. – **Menu** à la carte 17/36,50 – **100 Zim** ⊇ 63/86 – 123/189 – ½ P 13.
• Das großzügig angelegte und elegant wirkende Hotel liegt mitten im Grünen und doch zentrumsnah. Die wohnlichen Zimmer eignen sich auch für einen längeren Kuraufenthalt. Klein, aber fein und gemütlich lautet die Devise des Restaurants mit Gartenterrasse.

FÜSSING, BAD

Kurhotel Holzapfel, Thermalbadstr. 5, ✉ 94072, ℘ (08531) 95 70, *kurhotel-holzapfel@t-online.de, Fax (08531) 957280,* ⛲, Massage, ♨, 🎳, ≋s, 🏊 direkter Zugang zu den Thermalschwimmbädern – |≋|, ⚒ Zim, 📺 📞 🚗 🅿 – 🅿 20. 🏨 💳 🏦
geschl. 1. - 26. Dez., 5. - 30. Jan. – Menu à la carte 20/46 – **79 Zim** ⊑ 66/75 – 122/156, 3 Suiten – ½ P 14.
• Eine engagierte Führung, zeitgemäße, gediegen eingerichtete Zimmer und ein gepflegter Freizeitbereich machen dieses bei der Therme gelegene Hotel aus. Mit viel Holz behaglig gestaltete Schwarzwaldstube.

Wittelsbach, Beethovenstr. 8, ✉ 94072, ℘ (08531) 95 20, *Fax (08531) 22256,* Massage, ♨, ≋s, 🏊 (Thermal), 🏊 (Thermal), 🌺 – |≋| ⚒ Zim, 📺 🚗 🅿 – 🅿 30. 🏨 💳 🏦
geschl. 12. - 26. Dez. – Menu (Restaurant nur für Hausgäste) – **69 Zim** ⊑ 82/97 – 144/164 – ½ P 17.
• Die zentrale Lage direkt am Freizeitpark, ein aufmerksamer Service und dazu ein komplettes Kurangebot machen das Haus zu jeder Jahreszeit besuchenswert.

Am Mühlbach, Bachstr.15 (Safferstetten, Süd : 1 km), ✉ 94072, ℘ (08531) 27 80, *info@muehlbach.de, Fax (08531) 278427,* ⛲, ❷, Massage, ♨, ≋s, 🏊 (Thermal), 🏊 (Thermal), 🌺 – |≋|, ⚒ Rest, 📺 📞 🚗 🅿 – 🅿 20. 💳 🏦
geschl. 8. - 20. Dez. – Menu à la carte 14,50/24,50 – **65 Zim** ⊑ 86/98 – 147/161 – ½ P 13.
• Ein geschmackvoll-rustikal eingerichtetes Kurhotel, in dem sich Tradition mit modernem Komfort, Gastlichkeit und familiärer Atmosphäre harmonisch verbindet. Im gotischen Stil restauriert mit viel altem Holz und Wandvertäfelung.

Apollo, Mozartstr. 1, ✉ 94072, ℘ (08531) 95 10, *info@hotel-apollo.de, Fax (08531) 951232,* ⛲, ❷, Massage, ♨, ≋s, 🏊 (Thermal), 🏊 (Thermal), 🌺 – |≋| ⚒ 📺 📞 🚗 🅿. ⚒ Rest
Menu 12 (Lunchbuffet) à la carte 12/25 – **105 Zim** ⊑ 75 – 122 – ½ P 5.
• Am Ortsrand steht dieser moderne Hotelbau. Hier haben Sie die Wahl zwischen gepflegten, behaglich eingerichteten Zimmern und großzügigen Appartements mit Kochgelegenheit. Das Restaurant lockt mit neo-rustikalem Ambiente und Wintergarten.

Promenade garni, Kurallee 20, ✉ 94072, ℘ (08531) 94 40, *promenade@haslingerhof.de, Fax (08531) 295800,* 🌺 – |≋| 📺 🚗. ⚒
22 Zim ⊑ 45/64 – 89/99.
• Im Herzen von Bad Füssing, gegenüber dem Kurpark, fällt das zitronengelb gestrichene Haus ins Auge. Es beherbergt seine Gäste in einem angnehmen rustikalen Ambiente.

Bayerischer Hof, Kurallee 18, ✉ 94072, ℘ (08531) 95 66, *bayerischer-hof@t-online.de, Fax (08531) 956800,* ⛲, Massage, ♨, 🏊 (Thermal) – |≋| 📺 🚗 🅿 🏨 💳 🌑 🏦 ⚒ Rest
geschl. Dez. - Jan. – Menu à la carte 15/26 – **59 Zim** ⊑ 62/76 – 110/120 – ½ P 14.
• In der Ortsmitte, gegenüber dem Kurpark, ist das regionstypische, familiengeführte Hotel gelegen. Man bietet dem Gast wohnliche Zimmer und ein eigenes kleines Thermalbad. Vom bürgerlichen Restaurant aus hat man einen schönen Blick ins Grüne.

Kurpension Diana garni, Kurallee 12, ✉ 94072, ℘ (08531) 2 90 60, *info@kurpension-diana.de, Fax (08531) 2906103,* Massage, 🌺 – |≋| 📺 🚗 🅿. ⚒
geschl. 15. Nov. - 31. Jan. – **42 Zim** ⊑ 39/45 – 71/82.
• Mit ihren äußerst gepflegten und wohnlichen Zimmern ist diese sympathische Familienpension eine empfehlenswerte Adresse für Urlaub oder Kuraufenthalt.

🍴 **Schloss-Taverne,** Inntalstr. 26 (Riedenburg, Süd-Ost : 1 km), ✉ 94072, ℘ (08531) 9 24 70, *Fax (08531) 924725,* ⛲, Biergarten – ⚒ 🅿
geschl. 12. Jan. - 19. Feb., Mittwoch – Menu à la carte 16/27.
• Ein rustikal gehaltenes, familiengeführtes Restaurant für Freunde der bürgerlich-regionalen Küche. Nett sitzt man auch auf der Terrasse oder im Biergarten.

FULDA *Hessen* 🔢 O 13 *– 63 500 Ew – Höhe 280 m.*
Sehenswert : Dom (Bonifatiusaltar★*)* Y *– St.-Michael-Kirche*★ Y B.
Ausflugsziel : Kirche auf dem Petersberg (romanische Steinreliefs★★*, Lage*★*, ≤*★*) Ost : 4 km (über die B 458)* Y.
🏌 *Hofbieber, Am Golfplatz (Ost : 11 km über B 458), ℘ (06657) 13 34.*
🛈 *Tourismus- und Kongressmanagement, Palais Buttlar, Bonifatiusplatz 1, ✉ 36037, ℘ (0661) 1 02 18 14, toursimus@fulda.de, Fax (0661) 1022811.*
ADAC, *Karlstr. 19 – Berlin 448* ① *– Wiesbaden 141* ② *– Frankfurt am Main 99* ② *– Gießen 109* ① *– Kassel 106* ① *– Würzburg 108* ②

Stadtplan siehe nächste Seite

Romantik Hotel Goldener Karpfen, Simpliziusbrunnen 1, ✉ 36037, ℘ (0661) 8 68 00, *goldnener-karpfen@romantikhotels.com, Fax (0661) 8680100,* ⛲, ≋s – |≋|, ⚒ Zim, 📺 ♨ ☎ 🚗 🅿 – 🅿 50. 🏨 💳 🌑 💳 🏦 ⚒ Rest   Z f
Menu à la carte 24/53 – **50 Zim** ⊑ 95/165 – 130/230, 4 Suiten.
• Zurückhaltende Eleganz bestimmt den Charakter des Hauses. Mit hochwertigem Interieur hat man sich den Bedürfnissen anspruchsvoller Reisender angepasst. Vornehm wirkende Restauranträume.

FULDA

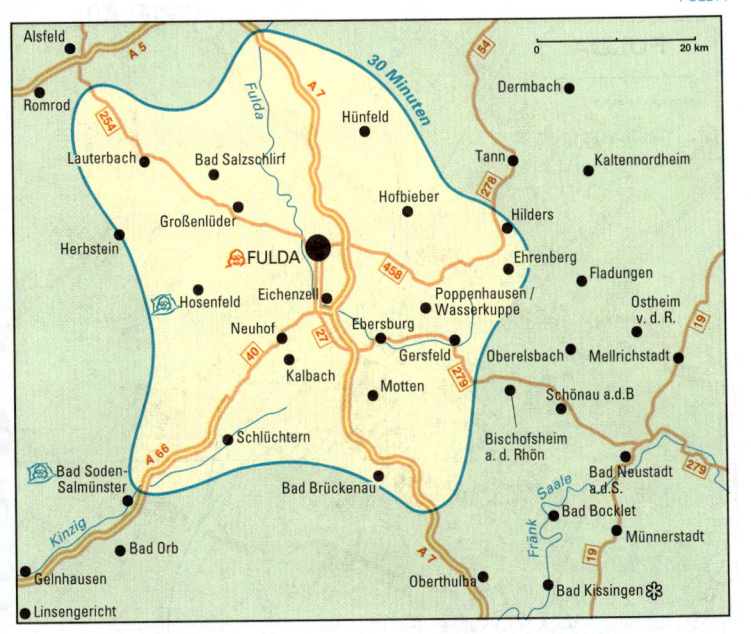

- 🏨 **Kurfürst,** Schloßstr. 2, ✉ 36037, ℘ (0661) 8 33 90, *empfang@kurfuerst-fulda.de*, Fax (0661) 8339339, ≘, (ehem. Palais a.d.J. 1737) – 🛗 ⚡ TV 📞 🅿 – 🔥 30. AE ⓞ VISA. ❀ Rest Y a
  Menu à la carte 27,50/41,50 – **22 Zim** ⊇ 82/100 – 110/140.
  ◆ Ein bemerkenswertes restauriertes Stadtpalais aus dem 18. Jh. Den Charme dieser Zeit hat man hier gelungen mit modernem Wohnkomfort kombiniert. Das Restaurant ist im Stil einer französischen Brasserie gehalten.

- 🏨 **Zum Ritter,** Kanalstr. 18, ✉ 36037, ℘ (0661) 25 08 00, *reception@hotel-ritter.de*, Fax (0661) 25080174, ≘ – 🛗 ⚡ Zim, TV 🅿 – 🔥 40. AE ⓞ VISA Z a
  Menu à la carte 16/35 – **33 Zim** ⊇ 74/89 – 94/109.
  ◆ Reisenden eine gepflegte Unterkunft fern der Heimat zu bieten, das hat in diesem Haus seit über 140 Jahren Tradition. Man bietet dem Gast nette neuzeitliche Zimmer. Holzvertäfelung und historische Deckengemälde verleihen dem Restaurant seinen Reiz.

- 🏨 **Holiday Inn,** Lindenstr. 45, ✉ 36037, ℘ (0661) 8 33 00, *info@holiday-inn-fulda.de*, Fax (0661) 8330555, ≘ – 🛗 ⚡ Zim, TV 📞 ⚙ 🅿 – 🔥 120. AE ⓞ VISA JCB Z c
  Menu à la carte 14,50/30,50 – **134 Zim** ⊇ 110 – 135.
  ◆ Besonders Tagungsgäste schätzen das zentral gelegene Hotel. Denn : Die modern und freundlich eingerichteten Zimmer verfügen auch über den notwendigen technischen Komfort.

- 🏨 **Am Dom** garni, Wiesenmühlenstr. 6, ✉ 36037, ℘ (0661) 9 79 80, *mail@hotel-am-dom-fulda.de*, Fax (0661) 9798500 – 🛗 ⚡ Zim, TV 📞 🅿 – 🔥 15. AE ⓞ VISA. ❀ geschl. 23. Dez. - 3. Jan. – **45 Zim** ⊇ 66/76 – 92. Z d
  ◆ Das 1993 erbaute Hotel liegt in einer ruhigen Seitenstraße im historischen Stadtzentrum. Es bietet Übernachtungsgästen ein solides und geschmackvolles Logis.

- 🏨 **Peterchens Mondfahrt** garni, Rabanusstr. 7, ✉ 36037, ℘ (0661) 90 23 50, *info@hotel-peterchens-mondfahrt.de*, Fax (0661) 90235799 – 🛗 ⚡ Zim, TV 📞 🅿 – 🔥 20. AE ⓞ VISA JCB Y e
  42 Zim ⊇ 58/68 – 73/98.
  ◆ Unweit des Schlosses finden Sie in diesem netten Etagenhotel praktische und wohnlich eingerichtete Zimmer, die größtenteils renoviert wurden.

- 🏛 **Wiesenmühle** ❀, Wiesenmühlenstr. 13, ✉ 36037, ℘ (0661) 92 86 80, *info@wiesnmuehle.de*, Fax (0661) 9286839, ≘, Biergarten – 🛗 TV 🅿 – 🔥 50. AE ⓞ VISA Z t
  Menu à la carte 15/33 – **24 Zim** ⊇ 37/70 – 77/87.
  ◆ Idyllisch liegt die restaurierte Mühle a. d. 14. Jh. an einem Bach am Rande der Stadt. Hinter ihren dicken Mauern erwarten Sie gemütliche Zimmer in hellem Naturholz. In der urigen Mühlenstube wird eine bürgerliche Küche serviert. Kleine Hausbrauerei.

FULDA

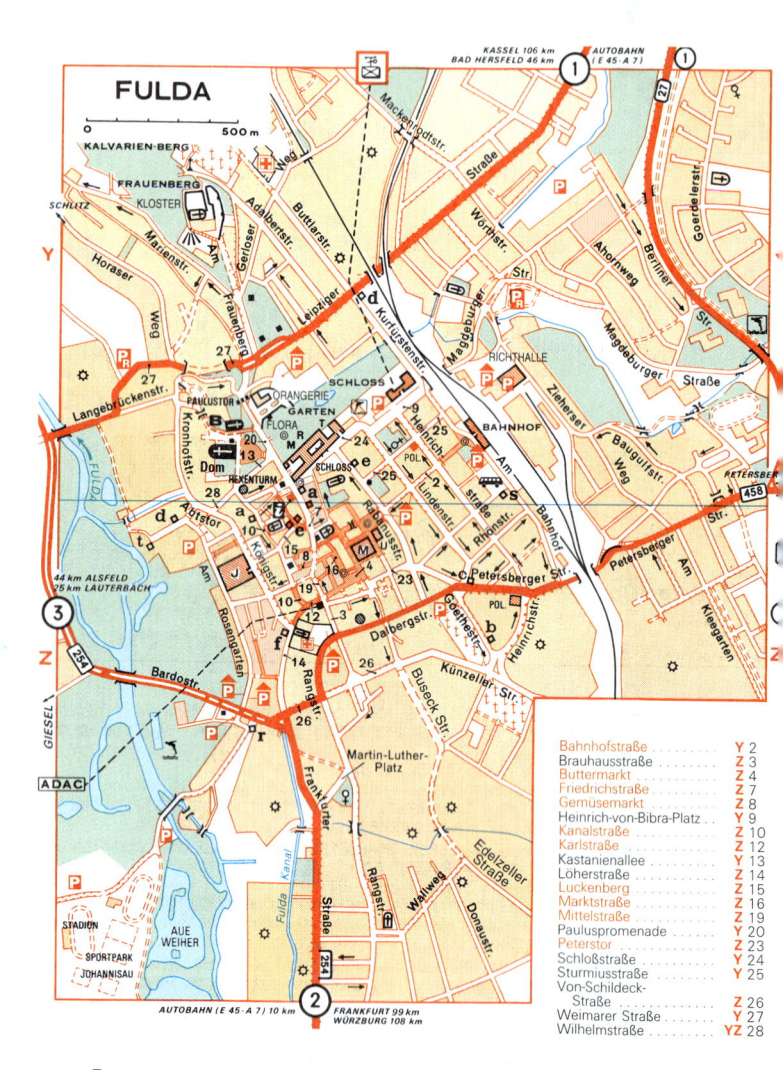

Straße	Ref
Bahnhofstraße	Y 2
Brauhausstraße	Z 3
Buttermarkt	Z 4
Friedrichstraße	Z 7
Gemüsemarkt	Z 8
Heinrich-von-Bibra-Platz	Y 9
Kanalstraße	Z 10
Karlstraße	Z 12
Kastanienallee	Y 13
Löherstraße	Y 14
Luckenberg	Z 15
Marktstraße	Z 16
Mittelstraße	Z 19
Pauluspromenade	Y 20
Peterstor	Z 23
Schloßstraße	Z 24
Sturmiusstraße	Y 25
Von-Schildeck-Straße	Z 26
Weimarer Straße	Y 27
Wilhelmstraße	YZ 28

Hessischer Hof garni, Nikolausstr. 22, ✉ 36037, ☎ (0661) 7 80 11, *info@hessische rhof.de*, Fax (0661) 72289 – ✵ TV ⇔. AE ⓜ VISA JCB Y s
28 Zim ⇌ 55/65 – 75/85.
 ♦ Hinter der schlichten Fassade dieses Hotels überraschen Zimmer, die teils großzügig geschnitten und mit praktischen, geschmackvollen Möbeln eingerichtet sind.

Ibis garni, Kurfürstenstr. 3, ✉ 36037, ☎ (0661) 25 05 60, *h3286@accor-hotels.com*, Fax (0661) 25056555 – 🛗 ✵, ☰ Zim, TV ✆ ⇔ P. AE ⓜ VISA Y d
⇌ 9 – **75 Zim** 49.
 ♦ Im Zentrum der Stadt ist dieser Hotelneubau gelegen. Die Einrichtung der Zimmer ist neuzeitlich, schlicht und funktionell. Heller, zur Halle hin offener Frühstücksraum.

Kolpinghaus, Goethestr. 13, ✉ 36043, ☎ (0661) 8 65 00, *rezeption@hotel-kolping haus-fulda.de*, Fax (0661) 8650111, ⛲ – 🛗, ✵ Zim, TV P. – 🅰 120. AE ⓓ ⓜ VISA
Menu *(geschl. Sonntagabend)* à la carte 18,50/32 – **77 Zim** ⇌ 63/70 – 93/99. Z b
 ♦ Ein sauberes, gut unterhaltenes Hotel, das über praktisch ausgestattete Gästezimmer verfügt - recht unterschiedlich in Größe und Möblierung. Rustikal gestalteter Restaurantbereich.

FULDA

🏨 **Am Rosenbad** garni, Johannisstr. 5, ✉ 36041, ℰ (0661) 92 82 60, info@hotel-am-rosenbad.de, Fax (0661) 9282648 – 📺 🅿 ⓂⓄ 🆅🅸🆂🅰. ✳ Z r
geschl. Weihnachten - Neujahr - **20 Zim** ⊇ 59/75 – 85/95.
♦ Eine gepflegte kleine Übernachtungsadresse am Stadtrand. Eine freundliche Führung und zeitgemäß ausgestattete Zimmer zählen zu den Annehmlichkeiten dieses Hauses.

🍴🍴 **Dachsbau**, Pfandhausstr. 8, ✉ 36037, ℰ (0661) 7 41 12, Fax (0661) 74110 – 🅰🅴 ⓂⓄ
🆅🅸🆂🅰 Z e
geschl. Aug. 2 Wochen, Sonntagabend - Montag - **Menu** à la carte 23,50/40.
♦ Etwas versteckt in einer Seitenstraße der Altstadt liegt dieses nette Restaurant mit gemütlich-rustikalem Charakter. Etwa 300 Kupferstiche zieren die Wände.

🍴 **Alte Pfandhausstube**, Pfandhausstr. 7, ✉ 36037, ℰ (0661) 2 29 01, altepfandhausstube@t-online.de, Fax (0661) 22900, 🍽 – ⓂⓄ 🆅🅸🆂🅰 Z e
geschl. Montag - **Menu** à la carte 14,50/30,50.
♦ Das Altstadthaus beherbergt ein Restaurant im Stil einer Weinstube - nett-rustikal in der Aufmachung. An blanken Tischen bewirtet man Sie mit bürgerlicher Kost.

🍴 **Schwarzer Hahn**, Friedrichstr. 18, ✉ 36037, ℰ (0661) 24 03 12, Fax (0661) 9012478, – ⓂⓄ Z a
Menu à la carte 15,50/30,50.
♦ In diesem hübsch gestalteten Restaurant nehmen Sie an blanken, mit Sets eingedeckten Tischen Platz. Bilder verschiedener Art zieren die Wände.

In Fulda-Kämmerzell Nord : 6 km über Horaser Weg Y :

🍴 **Zum Stiftskämmerer**, Kämmerzeller Str. 10, ✉ 36041, ℰ (0661) 5 23 69, stiftskaemmerer@aol.com, Fax (0661) 59545, 🍽 – 🅿 🅾 ⓂⓄ 🆅🅸🆂🅰 🅹🅲🅱
geschl. Juli 2 Wochen, Dienstag - **Menu** à la carte 14/29,50.
♦ Mitten im Dorf ist dieser Gasthof mit der schönen Fachwerkfassade gelegen. Ins Innere lockt man seine Gäste mit gut zubereiteten ländlichen Spezialitäten.

Unsere Hotel-, Reiseführer und Straßenkarten ergänzen sich.
Benutzen Sie sie zusammen.

FURTH IM WALD
Bayern 𝟝𝟜𝟞 S 22 – 10 000 Ew – Höhe 410 m – Erholungsort – Wintersport : 610/950 ≤3 ✦.

🏌 Voithenberg (Nord-West : 4 km), ℰ (09973) 20 89.
🛈 Tourist Information, Schloßplatz 1, ✉ 93437, ℰ (09973) 5 09 80, tourist@furth.de, Fax (09973) 50985.
Berlin 492 – München 198 – *Regensburg* 93 – Cham 19.

🏨 **Habersaign**, Haberseigen 1 (West : 2 km), ✉ 93437, ℰ (09973) 38 23, info@habersaign.de, Fax (09973) 3284, 🍽, 🅴🆂, 🏊 – 🚻, ⇔ Zim, 📺 🅿 ⓂⓄ
geschl. Nov. - **Menu** à la carte 10,50/20,50 - **24 Zim** ⊇ 35 – 62 – ½ P 8.
♦ Ein Gasthof mit neuerem Anbau, der Ihnen solide mit Naturholzmobiliar eingerichtete Gästezimmer bietet. Die saftig grüne Naturlandschaft lädt zum Wandern ein. Rustikales Restaurant.

🏨 **Hohenbogen**, Bahnhofstr. 25, ✉ 93437, ℰ (09973) 15 09, hotel.hohenbogen@gmx.de, Fax (09973) 1502 – 🚻 📺 ⇔ – 🅿 40. ⓂⓄ ✳
Menu à la carte 13,50/35 - **37 Zim** ⊇ 32 – 63/67 – ½ P 7.
♦ In zentraler Lage gegenüber dem Bahnhof steht dieser ältere Gasthof. Die Zimmer sind wohnlich und funktionell in der Ausstattung - teils im Landhausstil. Restaurant mit ländlichem Charakter.

FUSCHL AM SEE
Österreich siehe Salzburg.

GÄDEBEHN
Mecklenburg-Vorpommern 𝟝𝟜𝟚 F 18 – 240 Ew – Höhe 60 m.
Berlin 187 – Schwerin 25 – Parchim 27 – Ludwigslust 50 – Wismar 54.

In Gädebehn-Basthorst Nord : 4 km :

🏨 **Schloss Basthorst** ✦ (mit Gästehaus), Basthorster Weg 18, ✉ 19089, ℰ (03863) 52 50, info@schloss-basthorst.de, Fax (03863) 525555, 🍽 – 📺 🅿 – 🏊 35. 🅰🅴 ⓂⓄ 🆅🅸🆂🅰
Menu (Montag - Freitag nur Abendessen) à la carte 22,50/32 - **46 Zim** ⊇ 67/82 – 82/98.
♦ Die renovierte Schlossanlage - einsam in einem großen Park gelegen - bietet Ihnen einen klassisch-gediegenen Rahmen. Stilmöbel und Holzboden schaffen ein charmantes Ambiente. Geschmackvolle Räumlichkeiten bilden den gastronomischen Bereich.

GÄGELOW
Mecklenburg-Vorpommern siehe Wismar.

515

GÄRTRINGEN Baden-Württemberg 545 U 10 – 10 000 Ew – Höhe 476 m.

Berlin 657 – Stuttgart 31 – Freudenstadt 59 – Karlsruhe 88.

Bären, Daimlerstr. 11, ✉ 71116, ☎ (07034) 27 60, hotel-baeren@t-online.de, Fax (07034) 276222, 🍴 – 🚭 Zim, 📺 📞 🅿 – 🔒 20. AE ⓘ ⓜⓞ VISA JCB
geschl. 24. Dez. - 6. Jan. – **Menu** (geschl. Aug., 22. Dez. - 15. Jan., Freitag - Sonntag (nur Abendessen)) à la carte 17,50/30 – **32 Zim** ⊇ 49/68 – 75/85.
* Ein familiengeführtes Hotel in einem kleinen Industriegebiet. Mit seinen sauberen, gepflegten Zimmern stellt das Haus eine praktische Übernachtungsadresse dar. In der Gaststube serviert man Ihnen in schlichtem Ambiente bürgerliche Gerichte.

Kerzenstüble, Böblinger Str. 2, ✉ 71116, ☎ (07034) 9 24 00, info@kerzenstueble.de, Fax (07034) 924040, 🍴 – 📶, 🚭 Zim, 📺 📞 🅿 – 🔒 20. AE ⓜⓞ VISA
Menu (geschl. Samstagmittag, Sonntagabend - Montag) à la carte 16/30 – **28 Zim** ⊇ 62/80 – 87.
* Das neuzeitliche Hotel stellt eine funktionale Adresse für unterwegs dar. Eine gute Verkehrsanbindung lässt Sie wichtige Ziele rund um Stuttgart bequem erreichen. Mediterran wirkendes Restaurant.

GÄUFELDEN Baden-Württemberg siehe Herrenberg.

GAGGENAU Baden-Württemberg 545 T 8 – 30 000 Ew – Höhe 142 m.

🅱 Tourist - Info, Rathausstr. 11 (Bad Rotenfels), ✉ 76571, ☎ (07225) 7 96 69, gaggenau.stadt@gaggenau.de, Fax (07225) 79669.
Berlin 702 – Stuttgart 103 – Karlsruhe 31 – Baden-Baden 16 – Rastatt 14.

Parkhotel, Konrad-Adenauer-Str. 1, ✉ 76571, ☎ (07225) 6 70, reservierung@parkhotel-gaggenau.de, Fax (07225) 76205, 🍴 – 📶, 🚭 Zim, 📺 📞 ♿ 🅿 – 🔒 100. AE ⓘ ⓜⓞ VISA
Menu à la carte 24/36 – **63 Zim** ⊇ 86/113 – 105/149.
* Eine nicht alltägliche Architektur präsentiert dieses in dreieckiger Form erbaute Hotel in der Innenstadt. Man verfügt über funktionelle Zimmer mit einer guten Technik. Eine ländliche Stube ergänzt das gepflegte Restaurant.

In Gaggenau-Moosbronn Nord-Ost : 8 km, über Michelbacher Straße :

Hirsch, Herrenalber Str. 17, ✉ 76571, ☎ (07204) 94 60 00, andreas.abendschoen@t-online.de, Fax (07204) 8697, 🍴, 🍴 – 📺 📞 🅿 AE ⓜⓞ VISA
Menu (geschl. Montagabend - Dienstag) à la carte 15/30 – **9 Zim** ⊇ 28/33 – 60.
* Sind Sie auf der Suche nach einer praktischen Unterkunft ? Schlicht in der Einrichtung, entsprechen die Zimmer ganz dem ländlichen Charakter des Hauses. Das Restaurant ist bürgerlich-rustikal gehalten.

In Gaggenau-Bad Rotenfels Nord-West 2,5 km :

Ochsen, Murgtalstr. 22, ✉ 76571, ☎ (07225) 9 69 90, roth@hotel-gasthof-ochsen.de, Fax (07225) 969950, 🍴 – 📺 📞 🅿 AE ⓜⓞ VISA
Menu (geschl. 1. - 27. Aug., 28. Dez. - 12. Jan., Freitag - Samstagmittag) à la carte 17,50/28 – **23 Zim** ⊇ 52/56 – 77/82.
* Die traditionelle Gastlichkeit des Hauses erfahren Sie hier auch heute noch. In zeitgemäßem Stil eingerichtete Zimmer - nach hinten gelegen - sind über den Hof erreichbar. Restaurant mit ländlichem Ambiente.

GAIENHOFEN Baden-Württemberg 545 W 10 – 3 000 Ew – Höhe 400 m – Erholungsort.

🅱 Kultur- und Gästebüro, Im Kohlgarten 1, ✉ 78343, ☎ (07735) 8 18 23, info@gaienhofen.de, Fax (07735) 81818.
Berlin 757 – Stuttgart 175 – Konstanz 33 – Singen (Hohentwiel) 23 – Zürich 68 – Schaffhausen 29.

In Gaienhofen-Hemmenhofen – Erholungsort :

Höri am Bodensee, Uferstr. 20, ✉ 78343, ☎ (07735) 81 10, info@hoeri-am-bodensee.de, Fax (07735) 811222, ≤, 🍴, 🐾, Massage, 🎱, ≦s, 🏊, 🎿, 🚴, ℅ – 📶, 🚭 Zim, 📺 📞 🅿 – 🔒 120. ⓘ ⓜⓞ VISA. ℅ Rest
Menu à la carte 25/33, ♀ – **Lorenzo's** (geschl. 5. - 21. Jan., 2. - 17. Nov., Montag - Dienstag) (nur Abendessen) **Menu** à la carte 42,50/49, ♀ – **80 Zim** ⊇ 91/133 – 125/180 – ½ P 20.
* Relativ ruhig liegt das engagiert geführte Hotel am Bodenseeufer. Neben teils rustikal, teils neuzeitlich eingerichteten Zimmern bietet man einen gepflegten Freizeitbereich. Als Wintergarten angelegtes Restaurant. Hell und freundlich : das Lorenzo's.

GAIENHOFEN

🏨 **Kellhof**, Hauptstr. 318, ✉ 78343, ☏ (07735) 20 35, *kellhof@t-online.de*, *Fax (07735) 938738*, 🍽 – ⇌ Zim, 📺 **P**, **MC** **VISA**, ⌘ geschl. 1. Jan. - 15. März – **Menu** *(geschl. 15. Okt. - 31. Dez. Montag - Dienstag)* à la carte 15,50/31 – **13 Zim** ⌑ 52/59 – 85 – ½ P 18.
♦ Außen Fachwerk-Charme, innen Moderne : Die Zimmer Ihrer Unterkunft sind in neuzeitlichem Design gehalten - je nach Geschmack in kräftigen Farben oder eher klassisch. Bürgerlich-ländlich hat man das Restaurant eingerichtet.

In Gaienhofen-Horn :

🏨 **Hirschen-Gästehaus Verena**, Kirchgasse 1, ✉ 78343, ☏ (07735) 9 33 80, *hirschen-horn@t-online.de*, *Fax (07735) 933859*, 🍽 – 📺 📞 **P**
Menu *(geschl. 26. Feb. - 18. März, Nov. - März Mittwoch - Donnerstag)* à la carte 20/36 – **30 Zim** ⌑ 47/57 – 84/93 – ½ P 14.
♦ Geschmackvolle Zimmer in hellem oder dunklem Holz beherbergen Sie in diesem Haus mit traditioneller Gastlichkeit. Die Lage nahe dem Bodensee zählt ebenfalls zu den Vorzügen. Viel Holz verleiht der Gaststube ein gemütliches Ambiente.

GAILDORF *Baden-Württemberg* **545** **S 13** – *12 000 Ew – Höhe 329 m*.
Berlin 557 – Stuttgart 69 – Aalen 43 – Schwäbisch Gmünd 29 – Schwäbisch Hall 17.

In Gaildorf-Unterrot *Süd : 3 km über B 298 :*

🏨 **Kocherbähnle**, Schönberger Str. 8, ✉ 74405, ☏ (07971) 26 09 50, *info@kocherbaehnle.de*, *Fax (07971) 21088*, 🍽 – 📺 📞 🍴 **P**, **AE** **①** **MC** **VISA**
geschl. Aug. 2 Wochen – **Menu** *(geschl. Sonntagabend - Montag)* à la carte 13/29 – **16 Zim** ⌑ 35/40 – 62/75 – ½ P 10.
♦ Gegenüber den Bahngleisen liegt dieses nette Klinkerhaus. Das familiengeführte Hotel stellt für seine Gäste wohnliche Unterkünfte bereit. Rustikales Restaurant.

Die Erläuterungen in der Einleitung helfen Ihnen,
Ihren Michelin-Führer effektiver zu nutzen.

GALLMERSGARTEN *Bayern* **546** **R 14** – *820 Ew – Höhe 430 m*.
Berlin 486 – München 208 – Würzburg 59 – Ansbach 34 – Nürnberg 66.

In Gallmersgarten-Steinach :

🏨🏨 **Landgasthof Sämann**, Bahnhofstr. 18, ✉ 91605, ☏ (09843) 93 70, *gasthof-saemann@t-online.de*, *Fax (09843) 937222*, 🍽, 🐎 – 🛗, ⇌ Zim, 📺 📞 ♿ 🍴 **P** – 🔔 50. **AE** **MC** **VISA**
Menu à la carte 13/22 – **26 Zim** ⌑ 39 – 51/59.
♦ Mit wohnlichen und funktionellen Zimmer wird man hier Ihren Ansprüchen an ein zeitgemäßes Hotel gerecht. Natur und Sehenswertes liegen ganz in Ihrer Nähe. Ländliches Flair umgibt Sie im Restaurant.

GAMMELBY *Schleswig-Holstein siehe Eckernförde.*

GAMMERTINGEN *Baden-Württemberg* **545** **V 11** – *6 300 Ew – Höhe 665 m*.
Berlin 699 – Stuttgart 77 – Konstanz 95 – Freiburg im Breisgau 160 – Ulm (Donau) 79.

🏨 **Kreuz** ⌘, Marktstr. 6, ✉ 72501, ☏ (07574) 9 32 90, *kreuzhotel@t-online.de*, *Fax (07574) 932920*, 🍽 – 📺 📞 **P** – 🔔 150. **MC** **VISA**
Menu à la carte 15/26 – **20 Zim** ⌑ 47/69 – 69/71.
♦ Ob in traditionsreichen Mauern oder hinter der modernen Fassade des Gästehauses - man bietet Ihnen ein solides, zeitgemäß ausgestattetes Zimmer. In ländlichem Stil zeigt sich die Gaststube.

GANDERKESEE *Niedersachsen* **541** **G 9** – *30 000 Ew – Höhe 25 m – Erholungsort.*
Berlin 409 – Hannover 140 – Bremen 22 – Oldenburg 31.

🏨 **Zur Jägerklause** ⌘, (mit Gästehaus), Neddenhüsen 16, ✉ 27777, ☏ (04222) 9 30 20, *info@jaegerklause.de*, *Fax (04222) 930250*, 🍽, 🐎 – ⇌ Zim, 📺 📞 🍴 **P** – 🔔 20. **AE** **MC** **VISA**
Menu à la carte 16,50/29 – **23 Zim** ⌑ 45/60 – 65/85.
♦ Im Naturpark Wildeshauser Geest liegt dieses familiär geführte Haus mit funktionell ausgestatteten Zimmern in sachlichem Stil sowie großzügigeren Komfortzimmern. Ein schlichtes bürgerliches Umfeld erwartet Sie im Restaurant.

GANDERKESEE

In Ganderkesee-Stenum Nord : 6 km, jenseits der A 28 :

🏨 **Backenköhler** ⌘, (mit Gästehaus), Dorfring 40, ✉ 27777, ☏ (04223) 7 30, backen koehler@landidyll.de, Fax (04223) 8604, 🍺, Biergarten, ⇌s, 🛏, ⇌ Zim, 📺 ✆ ♿ 🅿 – 🍴 500. AE 🅾 🆗 VISA
geschl. 1. - 9. Jan. - **Menu** à la carte 19/28 – **48 Zim** ⇌ 51/61 – 76/92 – ½ P 16.
◆ Das einstige Forsthaus steht für Tradition und Atmosphäre und unterstreicht mit seinem typischen Reetdach den Charme des Dorfes. Gepflegte Zimmer sorgen für erholsamen Schlaf. Biergarten und Terrasse ergänzen das Restaurant.

GARBSEN Niedersachsen siehe Hannover.

GARCHING Bayern 🏅🏅🏅 V 18 – 15 500 Ew – Höhe 485 m.
Berlin 573 – München 15 – Regensburg 112 – Landshut 64.

🏨 **Hoyacker Hof** garni, Freisinger Landstr. 9a (B 11), ✉ 85748, ☏ (089) 3 26 99 00, inf o@hoyackerhof.de, Fax (089) 3207243 – 📳 ⇌ 📺 ✆ ⇌ 🅿 🆗 VISA. ⌘
geschl. 23. Dez. - 9. Jan. - **62 Zim** ⇌ 72/82 – 98/108.
◆ Suchen Sie eine Unterkunft, die Moderne mit Ländlichkeit kombiniert ? Geschmackvolle Zimmer in hellem Naturholz vermitteln alpenländisches Flair und neuzeitlichen Wohnkomfort.

🏨 **Coro** garni, Heideweg 1, ✉ 85748, ☏ (089) 3 26 81 60, room@hotelcoro.de, Fax (089) 32681640 – 📺 ✆ 🅿 AE 🅾 🆗 VISA. ⌘
23 Zim ⇌ 46/67 – 90.
◆ Die Lage am Ortsrand unweit der Autobahn macht das familiär geführte Haus mit den neuzeitlichen, wohnlichen Zimmern auch für Geschäftsreisende interessant.

GARMISCH-PARTENKIRCHEN Bayern 🏅🏅🏅 X 17 – 27 000 Ew – Höhe 707 m – Heilklimatischer Kurort – Wintersport : 800/2 950 m ⛷9 ⛷26 ⛷.
Sehenswert : St.-Anton-Anlagen ⇐ * X.
Ausflugsziele : Wank ⛷** Ost : 2 km und ⛷ – Partnachklamm** 25 min zu Fuß (ab Skistadion) – Zugspitzgipfel*** (⛷***) mit Zahnradbahn (Fahrzeit 75 min) oder mit ⛷ ab Eibsee (Fahrzeit 10 min).

⛳ Werdenfels, Schwaigwang (über ① : 2 km), ☏ (08821) 94 56 70 ; ⛳ Oberau, Gut Buchwies (über ① : 10 km), ☏ (08824) 83 44.

🛈 Tourist Information, Richard-Strauss-Platz 2, ✉ 82467, ☏ (08821) 18 07 00, touristinfo@gapa.de, Fax (08821) 180755.

ADAC, Hindenburgstr. 14.

Berlin 675 ① – München 89 ① – Augsburg 117 ① – Innsbruck 60 ② – Kempten (Allgäu) 103 ③

Stadtplan siehe gegenüberliegende Seite

🏨🏨 **Grand Hotel Sonnenbichl**, Burgstr. 97, ✉ 82467, ☏ (08821) 70 20, info@sonne nbichl.de, Fax (08821) 702131, ⇐ Wetterstein und Zugspitze, 🍺, Massage, ⇌s, 🏊 – 📳, ⇌ Zim, 📺 ✆ 🅿 – 🍴 60. AE 🅾 🆗 VISA JCB. ⌘ Rest   über ①   X
Blauer Salon : Menu à la carte 33/41 – **Zirbelstube** : Menu à la carte 18/29 – **93 Zim** ⇌ 95/146 – 130/156, 3 Suiten – ½ P 23.
◆ Eleganz durchzieht die Räume dieser Residenz - Stilmobiliar schmückt die individuell gestalteten Zimmer. Genießen Sie die Annehmlichkeiten niveauvollen Wohnens. Aufwändiges Couvert verleiht dem Blauen Salon eine vornehme Note. Ländlich-nett : die Zirbelstube.

🏨🏨 **Reindl's Partenkirchner Hof**, Bahnhofstr. 15, ✉ 82467, ☏ (08821) 94 38 70, inf o@reindls.de, Fax (08821) 94387250, ⇐ Wetterstein, ⇌s, 🏊, 🛏 – 📳, ⇌ Zim, 📺 ⇌ – 🍴 30. 🅾 🆗 VISA JCB   Z r
geschl. 8. Nov. - 16. Dez. - **Menu** (Tischbestellung ratsam) à la carte 21/41 ♨ – **63 Zim** ⇌ 72/78 – 110/118, 7 Suiten – ½ P 21.
◆ Wählen Sie den gehobenen Landhausstil dieser noblen Herberge. Warme Töne und nette Wohnbereiche schaffen ein geschmackvolles Interieur - teils mit besonderem Komfort. Mit rustikaler Eleganz besticht das Restaurant.

🏨🏨 **Zugspitze**, Klammstr. 19, ✉ 82467, ☏ (08821) 90 10, info@hotel-zugspitze.de, Fax (08821) 901333, ⇐, 🍺, Massage, ⇌, ⇌s, 🏊, 🛏 – 📳, ⇌ Zim, 📺 ⇌ – 🍴 15. AE 🅾 🆗 VISA JCB. ⌘   Z d
Menu (geschl. Dienstag) à la carte 18/31 – **48 Zim** ⇌ 107/130 – 149/179, 3 Suiten.
◆ Hinter einer ganz regionstypischen Fassade erleben Sie ein Stück bayerische Lebensart in Form von gemütlich-wohnlichem Landhausstil. Das heimelige Restaurant und die schmucke Kaminstube verbreiten Behaglichkeit.

GARMISCH-PARTENKIRCHEN

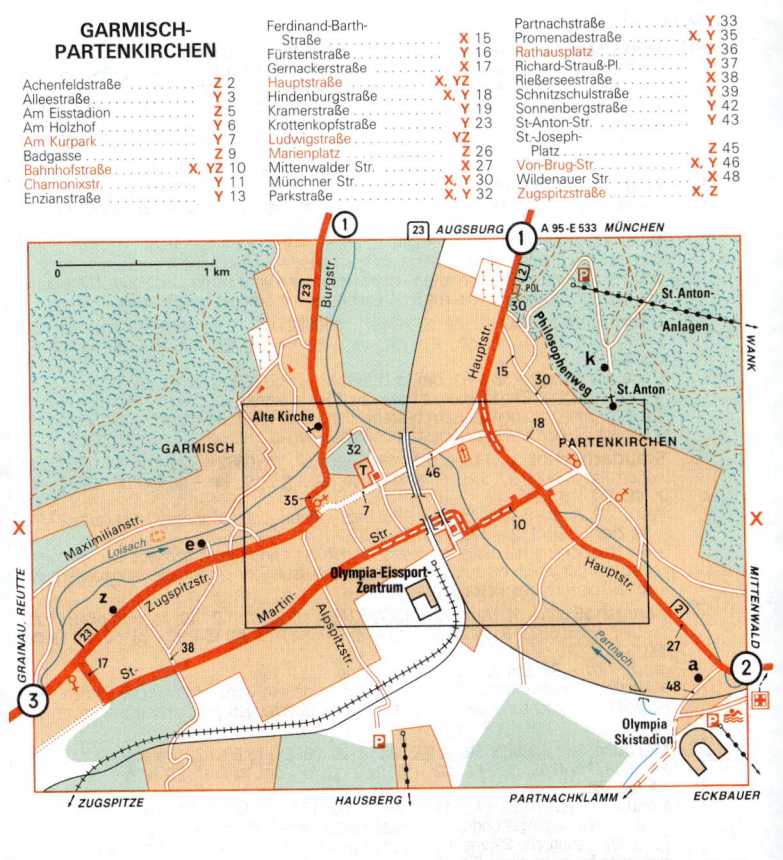

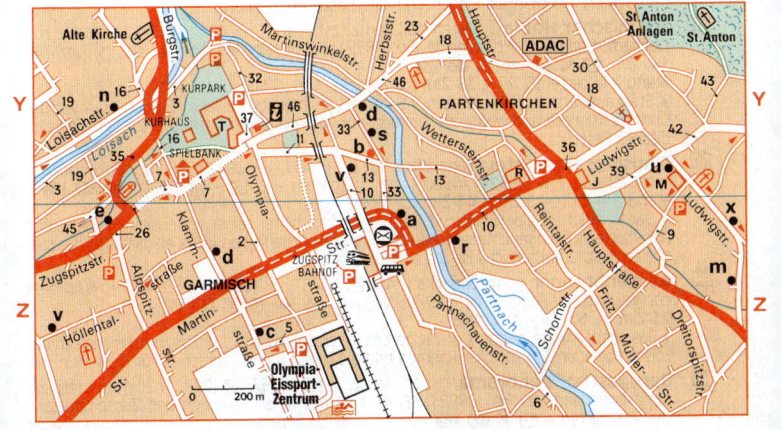

Straße	Ref
Achenfeldstraße	Z 2
Alleestraße	Y 3
Am Eisstadion	Y 5
Am Holzhof	Y 6
Am Kurpark	Y 7
Badgasse	Z 9
Bahnhofstraße	X, YZ 10
Chamonixstr.	Y 11
Enzianstraße	Y 13
Ferdinand-Barth-Straße	X 15
Fürstenstraße	Y 16
Gernackerstraße	X 17
Hauptstraße	X, YZ
Hindenburgstraße	X, Y 18
Kramerstraße	Y 19
Krottenkopfstraße	Y 23
Ludwigstraße	YZ
Marienplatz	Z 26
Mittenwalder Str.	X 27
Münchner Str.	X, Y 30
Parkstraße	X, Y 32
Partnachstraße	Y 33
Promenadestraße	X, Y 35
Rathausplatz	Y 36
Richard-Strauß-Pl.	Y 37
Rießerseestraße	X 38
Schnitzschulstraße	Y 39
Sonnenbergstraße	Y 42
St-Anton-Str.	Y 43
St-Joseph-Platz	Z 45
Von-Brug-Str.	X, Y 46
Wildenauer Str.	X 48
Zugspitzstraße	X, Z

Erfahrungsgemäß werden bei größeren Veranstaltungen, Messen und Ausstellungen in vielen Städten und deren Umgebung erhöhte Preise verlangt.

GARMISCH-PARTENKIRCHEN

Wittelsbacher Hof, von-Brug-Str. 24, ⌧ 82467, ℘ (08821) 5 30 96, info@wittelsbacher-hof.com, Fax (08821) 57312, ≤ Waxenstein und Zugspitze, 🍴, ≘s, 🏊, 🌲 – 🛗, ⁂ Zim, TV 📞 🚗 P – 🔒 25. AE ◐ ⓜ VISA JCB ⁎ Rest
Y d
geschl. Nov. - 20. Dez. – **Menu** à la carte 25/39 – **60 Zim** ⊇ 72/125 – 114/170 – ½ P 20.
• Klassische Gediegenheit empfängt Sie hinter einem ansprechenden Äußeren - ein zeitgemäßes Domizil, das seine Gäste mit wohnlich gestalteten Räumlichkeiten überzeugt. Gepflegtes Restaurant mit elegantem Touch und schöne Gartenterrasse.

Post-Hotel Partenkirchen, Ludwigstr. 49, ⌧ 82467, ℘ (08821) 9 36 30, posthotel@privathotel.net, Fax (08821) 93632222, ≤, 🍴 – 🛗 TV 📞 – 🔒 60. AE ◐ ⓜ VISA JCB ⁎ Rest
Y u
Menu à la carte 17/37,50 – **59 Zim** ⊇ 65/95 – 95/150 – ½ P 18.
• Individuelle Zimmer stehen in dem historischen Haus zur Wahl : mit Antiquitäten bestückt, teils rustikal oder sachlich gehalten - eine Kombination von Gestern und Heute. Mittelpunkt des Restaurantbereichs : die rustikale Gaststube mit schöner Holztäfelung.

Obermühle ♨, Mühlstr. 22, ⌧ 82467, ℘ (08821) 70 40, info@hotel-obermuehle.de, Fax (08821) 704112, ≤, 🍴, ≘s, 🏊, 🌲 – 🛗, ⁂ Zim, TV 🚗 P – 🔒 100. AE ◐ ⓜ VISA
X e
Menu à la carte 25/38 – **91 Zim** ⊇ 128/140 – 185/200, 4 Suiten – ½ P 19.
• Ein großzügiger Eingangsbereich empfängt Sie in diesem aus zwei miteinander verbundenen regionstypischen Häusern bestehenden Hotel. Ländlich-wohnliches Ambiente. Verschiedene Stuben bilden den gastronomischen Bereich. Hübsche Gartenterrasse.

Staudacherhof ♨, Höllentalstr. 48, ⌧ 82467, ℘ (08821) 92 90, info@staudacherhof.de, Fax (08821) 929333, ≤, ⚕, Massage, ≘s, 🏊, 🌲 – 🛗, ⁂ Zim, TV 📞 P. ⓜ VISA ⁎ Rest
Z v
geschl. 19. April - 6. Mai, 15. Nov. - 16. Dez. – **Menu** (nur Abendessen) à la carte 27/43 – **41 Zim** ⊇ 66/112 – 123/180 – ½ P 22.
• Ein traditionsreiches Haus, professionell geführt und tadellos gepflegt. Das Ambiente reicht von bürgerlich bis zum eleganten Landhausstil. Sehr schön : die Saunalandschaft! Rustikal-komfortables Restaurant.

Königshof garni, St.-Martin-Str. 4, ⌧ 82467, ℘ (08821) 91 40, koenigshof@privathotel.net, Fax (08821) 914400, 🍴, ≘s – 🛗 ⁂, ⌫ Rest, TV 📞 🚗 – 🔒 60. AE ◐ ⓜ VISA JCB
Z a
geschl. Nov. – **91 Zim** ⊇ 95 – 125, 4 Suiten – ½ P 15.
• Kürzlich renoviert, erstrahlt das Haus nun in neuem Glanz : freundliche Farben, eine neuzeitliche Einrichtung und eine gute Technik überzeugen geschäftlich wie privat Reisende.

Mercure, Mittenwalder Str. 2, ⌧ 82467, ℘ (08821) 75 60, h2940@accor-hotels.com, Fax (08821) 74268, 🍴, 🏋, ≘s, 🏊, ⁑ – 🛗, ⁂ Zim, ⌫ Rest, TV ♿ P – 🔒 110. AE ◐ ⓜ VISA
Z m
Menu à la carte 18,50/37 – **117 Zim** ⊇ 103/172 – 153/222, 5 Suiten – ½ P 20.
• Ein solides Tagungs- und Urlaubshotel. Hinter seiner schlichten Fassade bietet es dem Besucher freundliche Räume mit Naturholzmöblierung im alpenländischen Stil. Im Restaurant schafft die rustikale Einrichtung eine nette Atmosphäre.

Rheinischer Hof (mit Gästehaus), Zugspitzstr. 76, ⌧ 82467, ℘ (08821) 91 20, rheinischerhof-garmisch@t-online.de, Fax (08821) 59136, 🍴, Massage, ⚕, ≘s, 🏊, 🌲 – 🛗, ⁂ Zim, TV 📞 🚗 – 🔒
X z
Menu à la carte 16/27 – **38 Zim** ⊇ 75/95 – 126, 5 Suiten – ½ P 17.
• Stadtauswärts wartet ein nettes Haus im Landhausstil auf Ihren Besuch. Man verfügt über funktionelle und wohnliche Zimmer - im Gästehaus in neuzeitlicherem Stil. Alpenländisches Restaurant.

Clausings Posthotel, Marienplatz 12, ⌧ 82467, ℘ (08821) 70 90, info@clausings-posthotel.de, Fax (08821) 709205, 🍴, Biergarten – 🛗 ⌫ – 🔒 60. AE ◐ ⓜ VISA
Z e
Menu à la carte 19/30 – **44 Zim** ⊇ 58/68 – 85/110 – ½ P 18.
• Der traditionelle alpenländische Gasthof verfügt hinter seiner schmucken Fassade über unterschiedlich eingerichtete, solide Zimmer von bürgerlich bis leicht elegant. Teil des rustikalen Restaurantbereichs ist die altdeutsche Stube.

Aschenbrenner garni, Loisachstr. 46, ⌧ 82467, ℘ (08821) 9 59 70, info@hotel-aschenbrenner.de, Fax (08821) 959795, ≤, 🌲 – 🛗 ⁂ TV P. ⓜ VISA
Y n
23 Zim ⊇ 67/75 – 107/118.
• Das villenähnliche, ehemals privat genutzte Haus aus dem 19. Jh. ist zentrumsnah an der Loisach gelegen. Ein stilvoller Rahmen und die gute Führung sprechen für diese Adresse.

Berggasthof Panorama ♨, St. Anton 3, ⌧ 82467, ℘ (08821) 25 15, hotel.panorama@oberland.net, Fax (08821) 4884, ≤ Garmisch-Partenkirchen und Zugspitzmassiv, 🍴, Biergarten – TV P. ⓜ VISA
X k
geschl. Mitte Nov. - Mitte Dez. – **Menu** à la carte 14/30 – **16 Zim** ⊇ 51 – 77/85 – ½ P 14.
• Neben der schönen Lage mit toller Aussicht bietet auch die mit solidem Naturholzmobiliar wohnlich gestalteten Zimmer zu den Vorzügen des netten kleinen Gasthofs. Beliebte Alternativen zum gemütlichen Restaurant : die Terrasse und der Biergarten.

GARMISCH-PARTENKIRCHEN

Leiner, Wildenauer Str. 20, ✉ 82467, ☏ (08821) 9 52 80, hotel.leiner@t-online.de, Fax (08821) 9528100, ≤, 🍽, Biergarten, ⇌s, 🅿, 🐾 – 🛗, ✗ Rest, TV 🅿 – 🅰 45. AE ⓘ ⓜ VISA JCB. ✗ Rest   X a
geschl. Nov. - Mitte Dez. – **Menu** à la carte 17/32 – **49 Zim** ⇌ 48/72 – 86/96 – ½ P 15.
♦ Liebenswerte Ländlichkeit bestimmt den Charakter dieses familiengeführten Hauses mit hübschem Garten - ob in der Halle oder in den behaglichen Zimmern. Das Restaurant ist eine gemütliche Gaststube.

Bavaria ⚘, Partnachstr. 51, ✉ 82467, ☏ (08821) 34 66, info@hotel-bavaria-garmisch.com, Fax (08821) 76466, ⇌s – 🅿, AE ⓘ ⓜ VISA JCB. ✗ Rest   Y s
geschl. 17. Nov. - 20. Dez. – **Menu** (nur Abendessen) (Restaurant nur für Hausgäste) – **32 Zim** ⇌ 45/65 – 74/79 – ½ P 10.
♦ Wohnliche Zimmer finden Sie in diesem netten, in bürgerlichem Stil gehaltenen Haus. Sehenswertes sowie Nützliches erreichen Sie auch ohne Auto bequem zu Fuß.

Roter Hahn garni, Bahnhofstr. 44, ✉ 82467, ☏ (08821) 94 32 70, info@hotel-roter-hahn.com, Fax (08821) 9432777, 🅿, 🐾 – 🛗 TV 🅿 ⓘ ⓜ VISA   Y v
28 Zim ⇌ 40/69 – 72/115.
♦ Im Herzen der Stadt - umgeben von Geschäften, Cafés und kulturellem Programm - finden Sie ein sauberes, gut unterhaltenes Haus, das praktische Zimmer bereithält.

Gasthof Fraundorfer (mit Gästehaus), Ludwigstr. 24, ✉ 82467, ☏ (08821) 92 70, fraundorfer@gaponline.de, Fax (08821) 92799, Biergarten, ⇌s – TV 🅿. ⓜ VISA   Z x
geschl. 11. Nov. - 3. Dez. – **Menu** (geschl. 13. - 23. April, 3. Nov. - 3. Dez., Dienstag - Mittwochmittag) à la carte 14/31 – **29 Zim** ⇌ 40/65 – 80/90, 4 Suiten – ½ P 14.
♦ Dieser gut geführte Familienbetrieb ist ein sympathischer alpenländischer Gasthof, der Ihnen eine gepflegte, wohnliche Unterkunft bietet - im Hauptbaus schlichtere Zimmer. Blanke Tische und viel Holz geben den Gaststuben ihren ländlichen Charakter.

Hilleprandt ⚘, Riffelstr. 17, ✉ 82467, ☏ (08821) 94 30 40, hotel-hilleprandt@t-online.de, Fax (08821) 74548, Massage, ⇌s, 🐾 – ✗ Rest, TV 🅿. ⓜ VISA ✗ Rest   Z c
Menu (nur Abendessen) (Restaurant nur für Hausgäste) – **17 Zim** ⇌ 54/76 – 76/96 – ½ P 17.
♦ Hier lernen Sie die Vorzüge eines kleinen Familienhotels kennen: liebenswerte Zimmer und ein freundlicher Service machen das Haus zu einer netten Ferienadresse.

Spago, Partnachstr. 50, ✉ 82467, ☏ (08821) 96 65 55, Fax (08821) 966556, 🍽 – AE ⓘ ⓜ VISA   Y b
Menu à la carte 25/35.
♦ Die interessante Kombination von einem mediterran beeinflussten Restaurant mit einem Bistro und einer Café-Bar macht dieses Haus zu einer beliebten Adresse.

Am Rießersee Süd : 2 km über Rießerseestraße X :

Renaissance Riessersee Hotel ⚘, Am Riess 5, ✉ 82467 Garmisch-Partenkirchen, ☏ (08821) 75 80, info@r-r-h.de, Fax (08821) 758121, ≤, 🍽, Biergarten, Massage, 🏊, ⇌s, 🅿 – 🛗, ✗ Zim, TV 🚗 🅿 – 🅰 65. AE ⓘ ⓜ VISA JCB. ✗ Rest
Menu à la carte 22/38 – **155 Zim** ⇌ 110/252 – 161/252 – ½ P 21.
♦ Eine attraktive Ferienadresse, die mit einer Mischung von neuzeitlicher Ausstattung und wohnlichem Ambiente gefällt. Ein zusätzlicher Reiz ist die Lage am See. Ein heller, freundlicher Wintergarten ergänzt das rustikale Restaurant.

GARREL Niedersachsen **541** H 8 – 10 000 Ew – Höhe 20 m.
🏌 🏌 Thülsfelder Talsperre (Süd-West : 7km) ☏ (04474) 79 95.
Berlin 449 – Hannover 190 – Bremen 73 – Lingen 80 – Osnabrück 88.

Auehof, Nikolausdorfer Str. 21 (Nord-Ost : 1,5 km), ✉ 49681, ☏ (04474) 9 48 40, info@der-auehof.de, Fax (04474) 948430 – 🛗, ✗ Zim, TV ☏ 🅿 – 🅰 100. ⓜ
Menu (geschl. 2. - 6. Jan., Dienstagmittag) à la carte 14/34 – **20 Zim** ⇌ 40 – 65.
♦ Moderne Tagungstechnik, hübsche Zimmer im Landhausstil sowie eine Vielfalt an Freizeitangeboten zählen zu den Vorzügen des privat wie geschäftlich genutzten Hauses. Bürgerliches Restaurant.

Zur Post (mit Gästehaus), Hauptstr. 34, ✉ 49681, ☏ (04474) 80 00, klaus.thoben@t-online.de, Fax (04474) 7847, 🍽 TV 📺 🅿. ⓘ ⓜ VISA
Menu (geschl. Freitagmittag, Samstagmittag) à la carte 19/30 – **35 Zim** ⇌ 43/60 – 85/110.
♦ Das regionstypische Klinkerhaus mit nordischem Flair erwartet seine Gäste mit vom Zuschnitt bis zur Einrichtung ganz individuell gestalteten Zimmern. Das Restaurant wird ergänzt durch einen Raum in pubähnlichem Stil.

GARREL

In Garrel-Petersfeld Süd-West : 7,5 km - an der Thülsfelder Talsperre-Süd :

Dreibrücken ⌂, Drei-Brücken-Weg 10, ✉ 49681, ℘ (04495) 8 90, hotel-dreibruecken@t-online.de, Fax (04495) 89100, 🍽, 🏋, ≋, 🏊, 🌳 – 🛗, ⊁ Zim, 📺 ℘ – 🔒 130. AE ⓪ 🅥🅘🅢🅐
Menu à la carte 16/29 – **54 Zim** 🍴 64/75 – 112/126.
  ♦ Neben seiner schönen Lage am Waldrand zählen auch ein gepflegter Rahmen und Zimmer mit funktioneller Einrichtung zu den Annehmlichkeiten dieses Domizils. In einem Rundbau mit großer Fensterfront hat man auf zwei Ebenen das Restaurant angelegt.

GAU-BISCHOFSHEIM Rheinland-Pfalz siehe Mainz.

GAUTING Bayern 546 V 18 – 18 000 Ew – Höhe 540 m.
Berlin 606 – München 22 – Augsburg 79 – Garmisch-Partenkirchen 84 – Starnberg 10.

Gästehaus Bauer, Unterbrunner Str. 9, ✉ 82131, ℘ (089) 8 50 12 30, Fax (089) 8509710, 🌳 – ⊁ Zim, 📺 ℘ AE ⓪ 🅥🅘🅢🅐
Menu (Restaurant nur für Hausgäste) – **13 Zim** 🍴 52/67 – 81.
  ♦ Harmonisch in die Wohngegend eingefügt, besticht das bungalowähnliche Häuschen mit seinem privaten Charme. Sie wohnen in heimeligen, sauberen Zimmern.

GEESTHACHT Schleswig-Holstein 541 F 15 – 25 000 Ew – Höhe 16 m.
🏌 Escheburg, Am Soll 3 (Nord-West : 7 km), ℘ (04152) 8 32 04.
Berlin 265 – Kiel 118 – Hamburg 30 – Hannover 167 – Lüneburg 29.

Fährhaus Ziehl, Fährstieg 20, ✉ 21502, ℘ (04152) 30 41, info@faerhaus-ziehl.de, Fax (04152) 70788, 🍽 – 📺 ⬛ ℘ AE ⓪ 🅜🅞 🅥🅘🅢🅐
Menu (geschl. Jan. 3 Wochen, Juli - Aug. 4 Wochen) à la carte 15/34 – **18 Zim** 🍴 38/54 – 52/76.
  ♦ In netter Lage am Elbufer finden Erholungsuchende hier ein hübsches Hotel mit soliden Zimmern. Starten Sie von hier aus zu einem Ausflug nach Hamburg. Viel Holz gibt dem Restaurant seinen rustikalen Charakter.

Lindenhof, Johannes-Ritter-Str. 38, ✉ 21502, ℘ (04152) 84 67 84, Fax (04152) 846734, 🍽 – 📺 ⬛ ℘ 🅜🅞 🅥🅘🅢🅐
Menu (geschl. Sonntag)(nur Abendessen) à la carte 18/29 – **24 Zim** 🍴 33/54 – 52/72.
  ♦ Mit einer individuellen und wohnlichen Zimmereinrichtung überzeugt das traditionsreiche Haus seine Gäste - Liebe zum Detail wird hier groß geschrieben. Eine gepflegte Atmosphäre sowie eine internationale und regionale Karte erwarten Sie im Restaurant.

GEHLBERG Thüringen 544 N 16 – 830 Ew – Höhe 650 m – Wintersport : 600/970 ⛷ 1, 🎿.
🛈 Fremdenverkehrsbüro, Hauptstr. 41, ✉ 98559, ℘ (036845) 5 05 00, gehlberginfo@aol.com, Fax (036845) 549919.
Berlin 337 – Erfurt 45 – Suhl 24.

Daheim ⌂, Ritterstr. 16, ✉ 98559, ℘ (036845) 5 02 39, gdaheim.@aol.com, Fax (036845) 51091, ≤, 🍽, ≋, 🌳 – 🛗, ⊁ Zim, 📺 ℘ – 🔒 80. 🅜🅞 🅥🅘🅢🅐
geschl. Nov. 2 Wochen – **Menu** à la carte 11/23 – **24 Zim** 🍴 32 – 55 – ½ P 10.
  ♦ ...so sollen Sie sich auch fühlen ! In ruhiger Lage am Ortsrand ist dieses mit freundlichen Zimmern im Landhausstil ausgestattete Hotel gelegen. Das Restaurant ist in ländlichem Stil eingerichtet.

GEHRDEN Niedersachsen 541 J 12 – 14 700 Ew – Höhe 75 m.
Berlin 300 – Hannover 14 – Bielefeld 96 – Osnabrück 125.

Stadt Gehrden garni, Schulstr. 18, ✉ 30989, ℘ (05108) 92 20, reception@hotel-gehrden.de, Fax (05108) 92210 – 🛗 ⊁ 📺 ℘ AE 🅜🅞 🅥🅘🅢🅐
44 Zim 🍴 55/65 – 75.
  ♦ Das neuzeitliche Gebäude mit Klinkerfassade beherbergt gepflegte und funktionell eingerichtete Gästezimmer - in der 2. Etage mit Dachschräge.

Berggasthaus Niedersachsen, Köthnerberg 4 (über Gartenstraße, Süd-West : 1 km), ✉ 30989, ℘ (05108) 31 01, Fax (05108) 2031, 🍽 – ℘ 🅜🅞 🅥🅘🅢🅐
geschl. Montag - Dienstag – **Menu** (Mittwoch - Freitag nur Abendessen) (Tischbestellung ratsam) 45 à la carte 37/43.
  ♦ Kamin, Holzdecke und Steinboden schaffen hier eine angenehme Atmosphäre. Freundlich serviert man Ihnen Speisen aus saisonalem Angebot. Nette Gartenterrasse.

GEILENKIRCHEN Nordrhein-Westfalen 543 N 2 – 25 000 Ew – Höhe 75 m.
Berlin 622 – Düsseldorf 69 – Aachen 28 – Mönchengladbach 40.

City Hotel garni, Theodor-Heuss-Ring 15, ⊠ 52511, ℘ (02451) 62 70, office@cityhotel-geilenkirchen.de, Fax (02451) 627300, ⊆s – ⌸ TV ℘ – 🅰 25. ÆE ⓘ ⓜ VISA JCB ⥂ 7 – **52 Zim** 55/60 – 70/77.

♦ Die Zimmer Ihrer Unterkunft sind mit unterschiedlich gefärbten Rattanmöbeln bestückt - teils sehr geräumig, teils mit Kochgelegenheit oder als Appartement für Langzeitgäste.

GEISELWIND Bayern 546 Q 15 – 2 200 Ew – Höhe 330 m.
⛳18 Geiselwind, Friedrichstr. 10, ℘ (09556) 14 84.
Berlin 458 – München 237 – Nürnberg 70 – Bamberg 55 – Würzburg 44.

Landhotel Krone ⌂, Friedrichstr. 10, ⊠ 96160, ℘ (09556) 9 22 50, info@landhotel-krone.com, Fax (09556) 922550, ☀, ⊆s – ⌸, ⥂ Zim, TV ℘ ℗ – 🅰 55. ÆE ⓘ ⓜ VISA JCB
Menu (geschl. Nov. - März Montag) à la carte 15/38 – **30 Zim** ⥂ 44/57 – 67/78.

♦ Neben einem engagierten Hotelteam und attraktiv gestalteten, funktionellen Gästezimmern zählt auch die recht ruhige Lage etwas abseits zu den Annehmlichkeiten dieses Hauses. Gepflegtes, neuzeitliches Restaurant - ergänzt durch eine kleine Stube.

Krone (mit Gästehaus), Kirchplatz 2, ⊠ 96160, ℘ (09556) 9 22 40, hotel-krone@geiselwind.de, Fax (09556) 922411, Biergarten – ⌸, TV ⥂ ℗. ÆE ⓘ ⓜ VISA
Menu à la carte 12/21 – **60 Zim** ⥂ 40/42 – 50/53.

♦ Die Zimmer dieses gewachsenen Gasthofs und dem ca. 300 m entferntem Gästehaus sind meist neuzeitlich mit hellem Naturholz eingerichtet, teils mit recht viel Platz. Zum Essen steht eine schlichte Gaststube mit rustikalem Dekor für Sie bereit.

Stern, Marktplatz 11, ⊠ 96160, ℘ (09556) 2 17, Fax (09556) 844 – ⥂, ℗. ÆE ⓜ VISA
geschl. Ende Okt. - Ende Nov. – **Menu** (geschl. Okt. - Mai Mittwoch) à la carte 12/25 – **30 Zim** ⥂ 34/44 – 48/58.

♦ Sind Sie auf der Durchreise und suchen eine nette Unterkunft für die Nacht ? Hier werden Sie ein einfaches, aber sauberes und gepflegtes Quartier finden. Die Gaststuben sind derb-rustikal eingerichtet.

GEISENHAUSEN Bayern siehe Schweitenkirchen.

GEISENHEIM Hessen 543 Q 7 – 11 700 Ew – Höhe 94 m.
Berlin 590 – Wiesbaden 28 – Bad Kreuznach 68 – Koblenz 68 – Mainz 31.

Beim Kloster Marienthal Nord : 4 km :

Waldhotel Gietz ⌂, Marienthaler Str. 20, ⊠ 65366 Geisenheim, ℘ (06722) 9 96 00, info@waldhotel-gietz.de, Fax (06722) 996099, ☀, ⊆s, ⛊, ☞ – ⌸, ⥂ Zim, TV ℗ – 🅰 100. ⓜ VISA JCB. ⥂ Rest
Menu à la carte 19/30 – **59 Zim** ⥂ 80/105 – 98/135.

♦ Dieses gut unterhaltene, familiengeführte Hotel ist in einem schmalen Tal am Hang gelegen. Wohnliche Zimmer in hellem Naturholz und ein moderner Tagungsbereich überzeugen. In rustikalem Umfeld stellt man Ihnen ein bürgerlich-regionales Speiseangebot vor.

In Geisenheim-Johannisberg Nord : 4,5 km in Richtung Presberg :

Haus Neugebauer ⌂, Nahe der Straße nach Presberg (Nord-West : 2,5 km), ⊠ 65366, ℘ (06722) 9 60 50, info@hotel-neugebauer.de, Fax (06722) 7443, ☀, ☞ – ⥂ Zim, TV ⥂ ℗ – 🅰 20. ⓜ VISA
Menu (geschl. Jan. - Feb.) à la carte 14,50/32 – **20 Zim** ⥂ 60 – 90.

♦ Die Lage im Wald begeistert die Besucher dieses Hauses. Ihre Zimmer sind teils neuzeitlich, teils älter in der Einrichtung, bieten aber stets eine funktionelle Ausstattung. Nettes, gepflegtes Restaurant mit Wintergartenanbau.

Gutsschänke Schloss Johannisberg, ⊠ 65366, ℘ (06722) 9 60 90, restaurant@schloss-johannisberg.de, Fax (06722) 7392, ≤ Rheintal, ☀ – ℗. ÆE ⓜ VISA
Menu à la carte 26/41, ⥂.

♦ Eine nette Adresse in schöner Lage, die mit ihrem Landhausstil und hübschem Dekor gefällt. Die Terrasse bietet einen schönen Blick ins Rheintal.

GEISING Sachsen 544 N 25 – 3 000 Ew – Höhe 600 m – Wintersport : 690/790 m ⚡4, ⚡.
Berlin 237 – Dresden 46 – Chemnitz 74 – Freital 36.

Schellhaus Baude ⌂, Altenberger Str. 14, ⊠ 01778, ℘ (035056) 34 60, schellhaus@aol.com, Fax (035056) 346111, ☀, ⊆s, ☞ – TV ℗. ÆE ⓜ VISA
geschl. 8. - 12. März – **Menu** à la carte 12/19 – **24 Zim** ⥂ 38/42 – 48/50.

♦ Die kleine Erzgebirgsstadt bietet Ihnen neben diesem mit neo-rustikalen, wohnlichen Zimmern ausgestatteten Hotel auch Wanderwege in der direkten Umgebung. Ländlicher Restaurantbereich.

523

GEISINGEN Baden-Württemberg 545 W 9 – 5 700 Ew – Höhe 661 m.
Berlin 754 – Stuttgart 128 – Konstanz 56 – Singen (Hohentwiel) 30 – Tuttlingen 17 – Donaueschingen 15.

XX **Zum Hecht** mit Zim, Hauptstr. 41, ⊠ 78187, ℘ (07704) 2 81, info@zumhecht.de, Fax (07704) 6464, 🍽 – 🛏 Zim, TV, 🍴 Zim
geschl. über Fastnacht 1 Woche – **Menu** (geschl. Montag - Dienstag, Samstagmittag) 26 (mittags) à la carte 32/40, ⛋ – **6 Zim** ⊃ 35/42 – 62/72.
• Der Gasthof wurde mit viel Liebe zum Detail renoviert. Die Einrichtung ist ländlich-gemütlich, mit modernen Elementen. Klassische Küche mit mediterranem Einfluss.

In Geisingen - Kirchen-Hausen Süd-Ost : 2,5 km :

🏨 **Sternen** (mit Gästehaus Kirchtal), Ringstr. 1 (Kirchen), ⊠ 78187, ℘ (07704) 80 39, Fax (07704) 803888, Biergarten, ℩₆, ≋, 🏊, – 📶, 🛏 Zim, TV, 🍴 ⅋, 🅿 – 🛋 100. AE ⓄⓂⓋⓘⓢⓐ
Menu à la carte 17/34 – **83 Zim** ⊃ 48/80 – 65/85.
• Im Gästehaus dieses gewachsenen Gasthofs stehen moderne Zimmer, teils mit kleiner Kochgelegenheit, bereit - im Stammhaus : einfachere, rustikale Zimmer. Restaurant mit ländlichem Charakter. Sehenswert : der mit viel Holz gestaltete Antonius-Saal.

🌴 **Burg** (mit 2 Gästehäusern), Bodenseestr. 4 (Hausen), ⊠ 78187, ℘ (07704) 9 29 90, hotel.burg@t-online.de, Fax (07704) 6339, 🍽, 🍴 – 🛏 TV 🍴 ⅋, 🅿 ⓄⓂⓄⓋⓘⓢⓐ
Menu (geschl. Mittwoch) à la carte 15/28 – **27 Zim** ⊃ 30/57 – 67/96.
• In ländlicher Umgebung steht dieses familiengeführte Hotel. Sie wohnen in neuzeitlichen, hell möblierten Zimmern oder in einer Ferienwohnung. Sie speisen in der rustikalen Jagdstube oder im urigen Restaurant mit Kachelofen.

GEISLINGEN AN DER STEIGE Baden-Württemberg 545 U 13 – 28 000 Ew – Höhe 464 m.
🛈 Bürgerservice-Stadtinformation (im Schubarthaus), Schlossgasse 3, ⊠ 73312, ℘ (07331) 2 42 79, touristinfo@geislingen.de, Fax (07331) 24276.
Berlin 594 – Stuttgart 58 – Göppingen 18 – Heidenheim an der Brenz 30.

🏨 **Krone**, Hauptstr. 148 (B 10), ⊠ 73312, ℘ (07331) 3 05 60, hotel-krone-geislingen@t-online.de, Fax (07331) 305656 – 📶 TV 🅿 – 🛋 80. ⓂⓄⓋⓘⓢⓐ ⅋.
Menu à la carte 16/33 – **34 Zim** ⊃ 45/50 – 65/81.
• Dieser ordentliche und gepflegte Gasthof mit Gästehaus ist eine solide, familiengeführte Übernachtungsadresse mit praktisch ausgestatteten Zimmern. Ländlich-schlicht der Restaurantbereich.

In Geislingen-Weiler ob Helfenstein Ost : 3 km : – Höhe 640 m

🏨 **Burghotel** ⇘ garni, Burggasse 41, ⊠ 73312, ℘ (07331) 9 32 60, info@burghotel-schiehle.de, Fax (07331) 932636, ≋, 🏊, 🍴 – 🛏 TV ⅋ 🅿 – 🛋 15. ⓂⓄⓋⓘⓢⓐ ⅋.
geschl. 24. Dez. - 7. Jan. – **23 Zim** ⊃ 52/80 – 91/164.
• Ein relativ ruhig gelegenes familiengeführtes Hotel in dörflicher Umgebung. Das Innere des Hauses ist leicht rustikal geprägt und überzeugt mit seiner Funktionalität.

XX **Burgstüble**, Dorfstr. 1, ⊠ 73312, ℘ (07331) 4 21 62, burgstueble-geislingen@t-online.de, Fax (07331) 941751, 🍽 – 🅿 AE Ⓞ ⓂⓄ Ⓥⓘⓢⓐ
geschl. Sonntag – **Menu** (nur Abendessen) (Tischbestellung erforderlich) 25 à la carte 19/42.
• Die gediegene Einrichtung und ein üppiges Dekor schaffen in diesem solide geführten Restaurant Wohnzimmer-Charakter und eine heimelige Atmosphäre.

GELDERN Nordrhein-Westfalen 543 L 2 – 32 000 Ew – Höhe 25 m.
⛳ Issum, Pauenweg 68 (Ost : 10 km), ℘ (02835) 9 23 10 ; ⛳ Schloß Haag, Bartelter Weg 8 (Nord : 2 km), ℘ (02831) 92 44 20.
Berlin 580 – Düsseldorf 64 – Duisburg 43 – Krefeld 30 – Venlo 23 – Wesel 29.

🏨 **See Hotel**, Danziger Str. 5, ⊠ 47608, ℘ (02831) 92 90, info@seepark.de, Fax (02831) 929299, 🍽, ≋, 🏊 (geheizt), 🍴 – 📶, 🛏 Zim, TV, 🍴 ⅋ 🅿 – 🛋 350. AE Ⓞ ⓂⓄ Ⓥⓘⓢⓐ JCB
Menu à la carte 14/33 – **64 Zim** ⊃ 66/86 – 95/119.
• Ihre Unterkunft verfügt über funktionelle Zimmer in einheitlichem Stil, mit hellem Holz möbliert. Mit Zustellbetten oder Eltern/Kinderzimmern ist auch an kleine Gäste gedacht. Eine große Fensterfront im Restaurant bietet eine schöne Aussicht auf den See.

In Geldern-Walbeck Süd-West : 6 km :

XX **Alte Bürgermeisterei**, Walbecker Str. 2, ⊠ 47608, ℘ (02831) 8 99 33, Fax (02831) 980172, 🍽 – 🅿
geschl. Juli 3 Wochen, Montag - Dienstag – **Menu** à la carte 36/52, ⛋.
• Hübsch gedeckte Tische und moderne Bilder, aber auch alte Elemente wie Holz und Vitrinen prägen das adrette Gasthaus. Internationale Karte mit französischen Elementen.

GELNHAUSEN Hessen 543 P 11 – 22 300 Ew – Höhe 159 m.
  Sehenswert : Marienkirche★ (Chorraum★★).
  ⓖ Gründau, Gut Hühnerhof (Nord-West 7 km), ℘ (06058) 9 19 71 00.
  🛈 Fremdenverkehrsamt, Am Obermarkt, ⊠ 63571, ℘ (06051) 83 03 00, verkehrsamt
  @gelnhausen.de, Fax (06051) 830303.
  Berlin 508 – Wiesbaden 84 – Fulda 59 – Frankfurt am Main 42 – Würzburg 86.

🏨 **Burg-Mühle,** Burgstr. 2, ⊠ 63571, ℘ (06051) 8 20 50, burgmuehle@ecos.net,
  Fax (06051) 820554, 😊, 🈴, 🈶 – ⥇ Zim, 📺 🅿 – 🅰 30. ⓞ ⓜⓞ 𝗩𝗜𝗦𝗔. 🈺
  Menu (geschl. Sonntagabend) à la carte 24/38 – **42 Zim** ⊇ 57/72 – 83/98.
  ◆ Der historische Charakter der in der Altstadt gelegenen ehemaligen Mühle bildet mit der
  zeitgemäßen Ausstattung eine gelungene Kombination.

🏨 **Stadt-Schänke,** Fürstenhofstr. 1, ⊠ 63571, ℘ (06051) 1 60 51, hotel-stadt-schaen
  ke@t-online.de, Fax (06051) 16053, 😊 – 📺 ♿ 🅿. ⒶⒺ ⓞ ⓜⓞ 𝗩𝗜𝗦𝗔. 🈺 Zim
  Menu (geschl. Samstagmittag) à la carte 19/34 – **13 Zim** ⊇ 50/61 – 85/105.
  ◆ Das 700 Jahre alte Haus in der Altstadt beherbergt in seinen altehrwürdigen Mauern ein
  kleines Hotel mit funktionell und zeitgemäß ausgestatteten Zimmern. Freigelegtes Fach-
  werk schmückt des Restaurant.

🏨 **Grimmelshausen-Hotel** garni, Schmidtgasse 12, ⊠ 63571, ℘ (06051) 9 24 20, gri
  mmelshausen-hotel@t-online.de, Fax (06051) 924242 – 📺 🚗. ⒶⒺ ⓞ ⓜⓞ 𝗩𝗜𝗦𝗔
  28 Zim ⊇ 40/60 – 60/75.
  ◆ Sie haben die Wahl : Ob im zeitlosen Stil oder eher modern - die Zimmer dieses gepflegten
  Hauses präsentieren sich dem Gast funktionell und sauber.

✕✕ **Bergschlösschen,** Am Schlößchen 4, ⊠ 63571, ℘ (06051) 47 26 47,
  Fax (06051) 472648, ≤, 😊 – 🅿. ⒶⒺ ⓞ ⓜⓞ 𝗩𝗜𝗦𝗔. 🈺
  geschl. Mitte Sept. - Mitte Okt., Dienstag, Samstagmittag – **Menu** (italienische Küche) à la
  carte 27/42.
  ◆ Im Stil eines kleinen Schlösschens ist dieses Haus erbaut. Die Einrichtung gibt sich klassisch,
  das Angebot italienisch inspiriert. Schön : die Terrasse mit Aussicht.

In Gelnhausen-Meerholz Süd-West : 3,5 km, jenseits der A 66 :

✕✕ **Schießhaus,** Schießhausstr. 10, ⊠ 63571, ℘ (06051) 6 69 29, Fax (06051) 66097, 😊
  – 🅿. ⓞ ⓜⓞ 𝗩𝗜𝗦𝗔
  geschl. 1. - 14. Jan., Juli - Aug. 2 Wochen, Montag - Dienstag – **Menu** 15 (mittags)/40 à
  la carte 20/34.
  ◆ Das ehemalige Schützenhaus beherbergt heute ein Restaurant mit klassisch-bürgerlicher
  Einrichtung und einem aufmerksamen Service. Gepflegter Garten.

In Linsengericht-Eidengesäß Süd-Ost : 3 km, jenseits der A 66 :

✕✕ **Der Löwe,** Hauptstr. 20, ⊠ 63589, ℘ (06051) 7 13 43, sauter@ecos.net,
  Fax (06051) 75339, 😊 – ⓜⓞ 𝗩𝗜𝗦𝗔
  geschl. Jan. 1 Woche, Juli - Aug. 2 Wochen, Sonntagabend - Dienstagmittag – **Menu** à la
  carte 32/45.
  ◆ Diese gastliche Adresse ist nett im ländlichen Stil gehalten - sehr sauber und gut unter-
  halten. Eine ansprechende Auswahl an internationalen Speisen steht zur Wahl.

Nahe der Straße nach Schöllkrippen Süd : 5 km, über Altenhaßlau :

🏨 **Hufeisenhof** 🐾, ⊠ 63589 Linsengericht, ℘ (06051) 9 66 10, info@hufeisenhof.de,
  Fax (06051) 966119, 😊 – 🛗, ⥇ Zim, 📺 🅿 – 🅰 40. ⓜⓞ 𝗩𝗜𝗦𝗔. 🈺 Zim
  geschl. 1. - 7. Jan. – **Menu** à la carte 16/34,50 – **22 Zim** ⊇ 52/71 – 71/81.
  ◆ Die einsame Lage am Wald macht den Reiz dieses Hauses aus. In soliden,
  zeitgemäßen Zimmern fühlen Sie sich als Tagungsgast wie auch privat wohl. Mit eigener
  Kapelle. Das Restaurant hat man mit dunklem Holz und einem gepflegten Dekor einge-
  richtet.

GELSENKIRCHEN Nordrhein-Westfalen 543 L 5 – 290 000 Ew – Höhe 54 m.
  ⓖ Gelsenkirchen-Buer, Middelicher Str. 72 Y, ℘ (0209) 70 11 00 ; ⓖ Schloß Horst, Auf der
  Rennbahn 11 Z, ℘ (0209) 50 30 20 ; ⓖ Herten-Westerholt, Schloss Westerholt (Nord :
  5 km), ℘ (0209) 62 00 44.
  ADAC, Daimlerstr. 1 (Ecke Emscherstraße).
  Berlin 516 ① – Düsseldorf 44 ③ – Dortmund 32 ③ – Essen 11 – Oberhausen 19 ④

Stadtplan siehe nächste Seite

🏨 **Maritim,** Am Stadtgarten 1, ⊠ 45879, ℘ (0209) 17 60, info.sge@maritim.de,
  Fax (0209) 1762091, ≤, 😊, 🈴, 🔲 – 🛗, ⥇ Zim, 🅟 Rest, 📺 📞 🅿 – 🅰 350. ⒶⒺ ⓞ
  ⓜⓞ 𝗩𝗜𝗦𝗔. 🈺 Rest   Z a
  Menu à la carte 26/41 – ⊇ 13 – **223 Zim** 105/135 – 125/155, 3 Suiten.
  ◆ Die renovierten Zimmer des Hauses sind mit solidem Mobiliar wohnlich gestaltet. Wenn
  Sie in den oberen Etagen logieren, genießen Sie eine schöne Aussicht auf die Stadt. Klas-
  sisches Restaurant mit Blick auf den Stadtgarten.

GELSENKIRCHEN

Street	Ref
An der Rennbahn	Z 2
Augustastraße	X 3
Bahnhofstraße	X
Bleckstraße	Y 4
Bochumer Straße	X 5
Cranger Straße	Y 6
De-la-Chevallerie-Straße	Y 7
Emil-Zimmermann-Allee	Y 8
Feldmarkstraße	Z 9
Fersenbruch	Z 10
Freiheit	Y 11
Gewerkenstraße	Z 12
Goldbergstraße	Y 13
Grenzstraße	V, Z 14
Hans-Böckler-Allee	Z 15
Hattinger Straße	Z 16
Herzogstraße	Z 17
Hohenzollernstraße	Z 18
Kärntener Ring	Y 19
Königswiese	Y 20
Magdeburger Str.	Z 23
Münsterstraße	Y 24
Munckelstraße	X 25
Nordring	Z 26
Ostring	Y 27
Ressestraße	Y 28
Rotthauser Straße	X, Z 29
Trinenkamp	Z 33
Turfstraße	Y 34
Uechtingstraße	Y 35
Ückendorfer Straße	X, Z 36
Uferstraße	Y 37
Vinckestraße	Y 38
Vom-Stein-Straße	Y 39
Westerholter Straße	Y 41
Wiesmannstraße	Z 44
Wilhelminenstraße	Z 45

GELSENKIRCHEN

InterCityHotel, Ringstr. 1, ✉ 45879, ✆ (0209) 9 25 50, gelsenkirchen@intercityhotel.de, Fax (0209) 9255999, 🍴 – 🛗, ✻ Zim, 📺 ✆ ♿ ⟿ – 🚗 50. ᴀᴇ ① ⓜⓞ 𝚅𝙸𝚂𝙰 𝙹𝙲𝙱
Menu (geschl. Sonntag - Montag, Feiertage) (nur Abendessen) à la carte 22/27 – ⚍ 11 – **135 Zim** 89. X n
- Sie haben einen idealen Ausgangspunkt für Ihre Unternehmungen gefunden : Zimmer in modernem Design sorgen für Erholung, eine gute Verkehrsanbindung ermöglicht bequemes Reisen.

In Gelsenkirchen-Buer :

Buerer Hof garni, Hagenstr. 4, ✉ 45894, ✆ (0209) 9 33 43 00, info@buerer-hof.de, Fax (0209) 9334350 – 🛗 ✻ 📺 ✆ ⟿ 🅿 ① ⓜⓞ 𝚅𝙸𝚂𝙰 ✻
24 Zim ⚍ 76 – 96/110. Y c
- Neben der zentralen Lage zählen auch die mit Kirschbaumholz möblierten, wohnlichen Gästezimmer und ein leckeres Frühstücksbuffet zu den Annehmlichkeiten dieses Hauses.

Residenz-Hotel Zum Schwan, Urbanusstr. 40, ✉ 45894, ✆ (0209) 31 83 30, info@schwanhotel.de, Fax (0209) 3183310, 🍴 – 🛗, ✻ Zim, 📺 ✆ 🅿 ① ⓜⓞ 𝚅𝙸𝚂𝙰
Menu (geschl. Freitag - Sonntag) (nur Abendessen) à la carte 14/34 – **15 Zim** ⚍ 71/80 – 89/119. Y b
- Ein sehr engagiert geführter kleiner Familienbetrieb in einem Wohngebiet, der seinen Gästen tadellos gepflegte und solide ausgestattete Zimmer bietet. Ein Kamin und ein großes Aquarium schmücken das bürgerliche Restaurant.

Monopol, Springestr. 9, ✉ 45894, ✆ (0209) 93 06 40, info@hotel-monopol.de, Fax (0209) 378675 – 🛗, ✻ Zim, 📺 ✆ ᴀᴇ ① ⓜⓞ 𝚅𝙸𝚂𝙰 𝙹𝙲𝙱 Y e
Menu (geschl. Sonntag) (nur Abendessen) à la carte 16/32 – **30 Zim** ⚍ 70 – 87.
- Das Hotel bietet mit Kirschbaummöbeln solide, funktionell und zeitgemäß ausgestattete Zimmer. Die verkehrsgünstige Lage macht das Haus auch für Geschäftsreisende interessant. Hell und freundlich : Leo's Bistro.

GEMÜNDEN AM MAIN Bayern 𝟧𝟦𝟨 P 13 – 12 300 Ew – Höhe 160 m.

🛈 Tourist-Information im Verkehrsmuseum, Frankfurterstr. 2, ✉ 97737, ✆ (09351) 38 30, touristinfo.gemuenden@web.de, Fax (09351) 4854.
Berlin 507 – München 319 – Würzburg 42 – Frankfurt am Main 88 – Bad Kissingen 38.

Zum Koppen, Obertorstr. 22, ✉ 97737, ✆ (09351) 9 75 00, hotel.koppen@t-online.de, Fax (09351) 975044, 🍴 – 📺 🅿 ᴀᴇ ⓜⓞ 𝚅𝙸𝚂𝙰
geschl. 1. - 6. Jan., 1. - 15. Nov. - **Menu** à la carte 21/29 – **10 Zim** ⚍ 45/55 – 70/80.
- In dem hübschen Sandsteinhaus a. d. 16. Jh. herrscht eine persönliche Atmosphäre. Die Lage im Herzen der Altstadt unterstreicht die lange Geschichte dieses Hotels. Man bewirtet Sie in ländlichen Räumen mit rustikalem Touch.

In Gemünden-Langenprozelten West : 2 km :

Gasthof Imhof, Frankenstr. 1, ✉ 97737, ✆ (09351) 9 71 10, e.imhof@t-online.de, Fax (09351) 971133, 🍴, Biergarten, ⚍s, ✻ – 🛗 📺 ✆ ♿ 🅿 – 🚗 40. ⓜⓞ 𝚅𝙸𝚂𝙰
Menu à la carte 13/25 – **33 Zim** ⚍ 37 – 56.
- Sowohl die attraktive Fassade des Altbaus als auch der moderne Neubau bieten einen optischen Reiz. Im Inneren finden Sie funktionell gestaltete Gästezimmer.

GENGENBACH Baden-Württemberg 𝟧𝟦𝟧 U 8 – 11 000 Ew – Höhe 172 m – Erholungsort.
Sehenswert : Altstadt★.

🛈 Tourist-Information, Höllengasse 2 (Im Winzerhof), ✉ 77723, ✆ (07803) 93 01 43, tourist-info@stadt-gengenbach.de, Fax (07803) 930142.
Berlin 756 – Stuttgart 160 – Karlsruhe 90 – Villingen-Schwenningen 68 – Offenburg 11.

Schwarzwald Hotel, Berghauptener Straße, ✉ 77723, ✆ (07803) 9 39 00, info@schwarzwaldhotel-gengenbach.de, Fax (07803) 939099, 🍴, ⚍s, 🏊 – 🛗, ✻ Zim, 📺 ✆ ♿ 🅿 – 🚗 100. ① ⓜⓞ 𝚅𝙸𝚂𝙰
geschl. 2. - 6. Jan. – **Menu** (geschl. 2. - 18. Jan.) (nur Abendessen) à la carte 20/32 – **59 Zim** ⚍ 83 – 102, 3 Suiten.
- Direkt an der Kinzig liegt der moderne Hotelbau in U-Form. Die in neuzeitlichem Stil gehaltenen Zimmern kombinieren Funktionalität mit attraktiver Wohnlichkeit. Appartements. Das Restaurant zeigt sich in neuzeitlichem Stil.

Stadthotel Pfeffermühle 🌲 garni, Oberdorfstr. 24a, ✉ 77723, ✆ (07803) 9 33 50, pfeffermuehle@t-online.de, Fax (07803) 6628 – ✻ 📺 ✆ ⟿ 🅿 – 🚗 20. ᴀᴇ ① ⓜⓞ 𝚅𝙸𝚂𝙰 𝙹𝙲𝙱
25 Zim ⚍ 41/50 – 60.
- Nahe dem malerischen Altstadtkern finden Sie eine freundliche Unterkunft in zeitlosem Stil. Eine gepflegte Adresse, die aus einfachem Übernachten behagliches Wohnen macht.

GENGENBACH

Benz, Mattenhofweg 3, ✉ 77723, ℘ (07803) 9 34 80, *hotel-benz@t-online.de*, Fax (07803) 934840, ≤, 😊, 📺 P. 🅰🅾 VISA
Menu *(geschl. Montag) (Dienstag - Freitag nur Abendessen)* à la carte 16,50/40 – **11 Zim** ⊇ 42 – 70/84.
• Eine beschauliche Unterkunft am Waldrand wartet auf Sie - fernab vom Trubel. Die Zimmer sind solide möbliert und meist mit einem kleinen Balkon versehen. Rustikales Restaurant mit elegantem Touch.

Reichsstadt mit Zim, Engelgasse 33, ✉ 77723, ℘ (07803) 9 66 30, *reichsstadt-gengenbach@t-online.de*, Fax (07803) 966310, 😊 – 🔳 Rest, 📺 🕻 🚗 – 🄰 15. 🅾 🅰🅾 VISA
Menu *(geschl. Jan., Montag - Dienstagmittag)* à la carte 27/46 – **6 Zim** ⊇ 60 – 80/90.
• Im Inneren des in der Altstadt gelegenen Restaurants dient eine wechselnde Kunstausstellung der Dekoration. Zum Haus gehören auch eine Gartenterrasse und schöne Appartements.

Pfeffermühle, Victor-Kretz-Str. 17, ✉ 77723, ℘ (07803) 9 33 50, *pfeffermuehle@t-online.de*, Fax (07803) 6628, 😊 – 🅰🅴 🅾 🅰🅾 VISA JCB
geschl. Donnerstag – **Menu** à la carte 17/32,50.
• Das hübsche Häuschen fügt sich harmonisch in das historische Zentrum der Stadt ein. Das Angebot wechselt je nach Saison - auch an den kleinen Hunger ist gedacht.

Gasthof Hirsch mit Zim, Grabenstr. 34, ✉ 77723, ℘ (07803) 33 87, *info@gasthof-hirsch.com*, Fax (07803) 7881 – 📺 🚗. 🅰🅴 🅰🅾 VISA
geschl. Ende Jan. 2 Wochen, Anfang Aug. 2 Wochen – **Menu** *(geschl. Mittwoch, Sonntagabend)* à la carte 14/33 – **6 Zim** ⊇ 34/36 – 54/58.
• Das historische Gasthaus liegt am Rande der Innenstadt. Am Herd steht der Patron selbst. Die Gaststuben sind gemütlich und gepflegt, regional orientiert gibt sich die Küche.

In Berghaupten *West : 2,5 km - Erholungsort :*

Hirsch, Dorfstr. 9, ✉ 77791, ℘ (07803) 9 39 70, Fax (07803) 939749, 😊 – 🔳, ✻ Zim, 📺 🕻 🚗 – P. – 🄰. 🅾 🅰🅾
geschl. über Fastnacht 2 Wochen, Anfang Aug. 2 Wochen – **Menu** *(geschl. Montag - Dienstagmittag)* à la carte 24/36 – **23 Zim** ⊇ 48/60 – 74/90.
• In der Ortsmitte und dennoch ruhig liegt dieser gewachsene Gasthof. Es erwarten Sie hier mit hellem, solidem Holzmobiliar wohnlich eingerichtete Zimmer. In gemütlichem Ambiente serviert man sorgfältig und schmackhaft Zubereitetes.

GENTHIN *Sachsen-Anhalt* 542 I 20 – 16 000 Ew – Höhe 35 m.

🛈 *Touristinformation, Bahnhofstr. 8, ✉ 39307, ℘ (03933) 80 22 25, info@touristinfo-genthin.de, Fax (03933) 802225.*
Berlin 111 – Magdeburg 53 – Brandenburg 31 – Stendal 34.

Stadt Genthin, Mühlenstr. 3, ✉ 39307, ℘ (03933) 9 00 90, *hotel-stadt-genthin@t-online.de*, Fax (03933) 900910 – ✻ Zim, 📺 🕻 P. 🅰🅴 🅾 🅰🅾 VISA
Menu 14/22 – **25 Zim** ⊇ 45/55 – 68.
• Trotz der Lage des Hauses im Zentrum haben Sie es nicht weit ins Grüne. Man verfügt über gepflegte, neuzeitlich-funktionale ausgestattete Zimmer. Das Restaurant ist im Stil einer bürgerlichen Gaststube eingerichtet.

In Roßdorf-Dunkelforth *Ost : 4 km, Richtung Brandenburg :*

Rasthof Dunkelforth, an der B 1, ✉ 39307, ℘ (03933) 80 21 06, *hotel-rasthof-dunkelforth@t-online.de*, Fax (03933) 2267, 😊, 🏊, 🌳 – ✻ Zim, 📺 🕻 P. – 🄰 25. 🅰🅴 🅰🅾 VISA. ✻ Rest
Menu à la carte 12,50/25,50 – **21 Zim** ⊇ 40/55 – 60/80.
• Der ehemalige Ausspann nimmt auch heute noch Besucher auf - ob auf der Durchreise oder für länger. Die schlichte, zeitgemäße Art macht das Haus zu einer soliden Unterkunft.

GEORGENTHAL *Thüringen* 544 N 15 – 3 300 Ew – Höhe 460 m.

🛈 *Touristinformation, Tambacher Str. 2, ✉ 99887, ℘ (036253) 3 81 08, vg-aa@t-online.de, Fax (036253) 38102.*
Berlin 334 – Erfurt 43 – Gotha 17 – Eisenach 41 – Saalfeld 69 – Suhl 35.

Meister Bär Hotel, St.-Georg-Str. 2, ✉ 99887, ℘ (036253) 47 80, *geo@mb-hotel.de*, Fax (036253) 478888, 😊 – 🔳, ✻ Zim, 📺 P. – 🄰 50. 🅰🅴 🅾 🅰🅾 VISA JCB
Menu à la carte 22,50/49 – **30 Zim** ⊇ 44/49 – 64/79.
• Hinter der schmucken Fassade dieses Jugendstilhauses stehen für Gäste praktische, hell möblierte Zimmer unterschiedlicher Größe bereit - teils mit Balkon. Bürgerliches Restaurant und rustikale Stube mit Kamin.

GEORGENTHAL

An der Straße nach Tambach-Dietharz *Süd-West : 3 km :*

🏠 **Rodebachmühle,** ✉ 99887 Georgenthal, ☎ (036253) 3 40, *rodenbach muehle@t-online.de*, Fax (036253) 34511, 😊, 🏋, ≘ – TV P – 🛂 30. AE ⓜ 🆅🅸🆂🅰
🚫 Rest
Menu à la carte 14/25 – **62 Zim** ⇄ 40/55 – 60/85.
• Die Landstraße führt Sie direkt zu Ihrem etwas außerhalb am Waldrand gelegenen Quartier. Ein Teil der Zimmer ist mit hellen Holzmöbeln eingerichtet, recht gutes Platzangebot. Gepflegtes bürgerliches Hotelrestaurant.

GEORGSMARIENHÜTTE Niedersachsen 𝟓𝟒𝟏 J 8 – *32 000 Ew – Höhe 100 m.*
Berlin 426 – Hannover 142 – Bielefeld 50 – Münster (Westfalen) 51 – Osnabrück 8,5.

In Georgsmarienhütte-Oesede :

🏠 **Herrenrest,** Teutoburgerwald Str. 110 (B 51, Süd : 2 km), ✉ 49124, ☎ (05401) 8 31 30, *info@hotel-herrenrest.de*, Fax (05401) 6951, 😊 – TV 📞 🚗 P – 🛂 40. ⓜ 🆅🅸🆂🅰
🚫 Zim
Menu (geschl. Montag) à la carte 17/28 – **25 Zim** ⇄ 39/45 – 62/70.
• Wo schon vor langer Zeit an der uralten Pass-Straße Reisende beherbergt wurden, bietet Ihnen heute ein familiengeführtes Hotel gepflegte Zimmer mit hellem Massivholzmobiliar. Ländlich-schlichtes Restaurant.

*Die in diesem Führer angegebenen Preise folgen
der Entwicklung der allgemeinen Lebenshaltungskosten.
Lassen Sie sich bei der Zimmerreservierung den endgültigen
Preis vom Hotelier mitteilen.*

GERA Thüringen 𝟓𝟒𝟒 N 20 – *114 000 Ew – Höhe 205 m.*
🅱 *Gera-Information, Heinrichstr. 31,* ✉ 07545, ☎ (0365) 8 00 70 30, *info@gera-tourismus.de*, Fax (0365) 8007031.
ADAC, Reichstr. 8.
Berlin 238 ① – Erfurt 88 ① – Bayreuth 127 ④ – Chemnitz 69 ①

Stadtplan siehe nächste Seite

🏨 **Dorint,** Berliner Str. 38, ✉ 07545, ☎ (0365) 4 34 40, *info.zgager@dorint.com*, Fax (0365) 4344100, 😊, Massage, ≘, ▢ – 📶, 🚫 Zim, ■ Rest, TV 📞 🚗 P – 🛂 180.
AE ⓞ ⓜ 🆅🅸🆂🅰   BY a
Menu à la carte 25,50/41 – ⇄ 12 – **267 Zim** 65/83 – 70/88.
• Ein großzügiger Hallenbereich empfängt Sie in diesem neuzeitlichen Hotel. Die in geschmackvollem Design eingerichteten Räume verbinden Wohnlichkeit mit Funktionalität. Restaurant mit elegantem Touch.

🏨 **Courtyard by Marriott,** Gutenbergstr. 2a, ✉ 07548, ☎ (0365) 2 90 90, Fax (0365) 2909100, 😊, 🏋, ≘ – 📶, 🚫 Zim, ■ TV 📞 ♿ 🚗 – 🛂 160. AE ⓞ ⓜ
🆅🅸🆂🅰 JCB   AY s
Menu (geschl. Sonntag) à la carte 16/32 – ⇄ 10 – **165 Zim** 69.
• Zu den Annehmlichkeiten dieses gepflegten Hotels zählen geräumige, wohnlich gestaltete Zimmer, deren funktionale Ausstattung vor allem Geschäftsreisende schätzen. Freundlich eingerichtetes Restaurant mit internationaler Küche.

🏨 **Regent,** Schülerstr. 22, ✉ 07545, ☎ (0365) 9 18 10, *info@regent-gera.bestwestern.de*, Fax (0365) 9181100, 😊, ≘ – 📶, 🚫 Zim, ■ TV 📞 🚗 P – 🛂 60. AE
ⓜ 🆅🅸🆂🅰   BZ e
Menu à la carte 16/26 – **102 Zim** ⇄ 82/87 – 102/107.
• Helle Holzmöbel geben den Räumen des Hotels eine gemütliche Note. Vom kleineren Zimmer bis zum Appartement stehen für den Gast verschiedene Kategorien zur Wahl. Das Restaurant ist mit viel Holz urig-gemütlich gestaltet.

🏠 **Gewürzmühle** garni, Clara-Viebig-Str. 4, ✉ 07545, ☎ (0365) 82 43 30, *servicehotel-gewuerzmuehle@t-online.de*, Fax (0365) 8243344 – 📶 🚫 Zim TV 📞 🚗 P – 🛂 25. AE
ⓜ 🆅🅸🆂🅰   BZ n
29 Zim ⇄ 47/53 – 71.
• Eine ehemalige Gewürzmühle beherbergt heute ein Hotel mit freundlichem Rahmen und neuzeitlich-funktionell mit hellem Holzmobiliar eingerichteten Zimmern.

🏠 **An der Elster** 🍃 garni, Südstr. 12 (Zugang Georg-Büchner-Straße), ✉ 07548, ☎ (0365) 7 10 61 61, Fax (0365) 7106171, ≘ – 🚫 Zim TV 📞 P   über Wiesestraße BZ
23 Zim ⇄ 48 – 69.
• Das Jugendstilhaus aus dem Jahre 1890 bietet sich mit unaufdringlichem Ambiente und funktioneller Ausstattung als Übernachtungsadresse an.

GERA

Am Fuhrpark	**BZ**	2
Bielitzstraße	**BY**	4
Biermannplatz	**AY**	5
Breitscheidstraße	**BYZ**	6
Burgstraße	**BZ**	8
Calvinstraße	**CY**	9
Christian-Schmidt-Straße	**BZ**	12
Dr. Eckener Straße	**BY**	62
Eisenbahnstraße	**BZ**	13
Elsterdamm	**BZ**	14
Enzianstraße	**BZ**	15
Erich-Weinert-Straße	**CX**	16
Ernst-Weber-Straße	**BZ**	17
Fichtestraße	**AX**	18
Friedrich-Engels-Straße	**BCY**	20
Greizer Straße	**CZ**	22
Große Kirchstraße	**BZ**	23
Gutenbergstraße	**AY**	24
Heinrich-Schütz-Straße	**BZ**	26
Heinrichstraße	**BZ**	27
Hinter der Mauer	**BYZ**	28
Johanes-R-Becher-Straße	**BCX**	29
Johannisstraße	**BYZ**	30
Joliot-Curie-Straße	**ABY**	31
Kantstraße	**AY**	32
Karl-Marx-Allee	**ABZ**	33
Kleiststraße	**CZ**	35
Küchengartenallee	**ABY**	36
Leipziger Straße	**BY**	38
Loreystraße	**CY**	39
Louis-Schlutter-Straße	**BZ**	41
Ludwig-Jahn-Straße	**CYZ**	42
Maler-Reinhold-Straße	**AX**	44
Markt	**BZ**	
Mohrenplatz	**AY**	45
Museumplatz	**BZ**	46
Nicolaistraße	**CZ**	49
Paul-Felix-Straße	**BY**	51
Richterstraße	**CZ**	52
Rudolf-Diener-Straße	**BY**	55
Schellingstraße	**AY**	58
Schillerstraße	**CZ**	59
Schloßstraße	**BY**	60
Sorge	**BCY**	
Stadtgraben	**BCZ**	65
Tobias-Hoppe-Straße	**ABY**	68
Zschochernstraße	**CY**	70

*Wenn Sie
ein ruhiges Hotel suchen,
benutzen Sie
zuerst die Übersichtskarte
in der Einleitung
oder wählen Sie im Text
ein Hotel mit dem
Zeichen ⛔ bzw. ⛔*

530

531

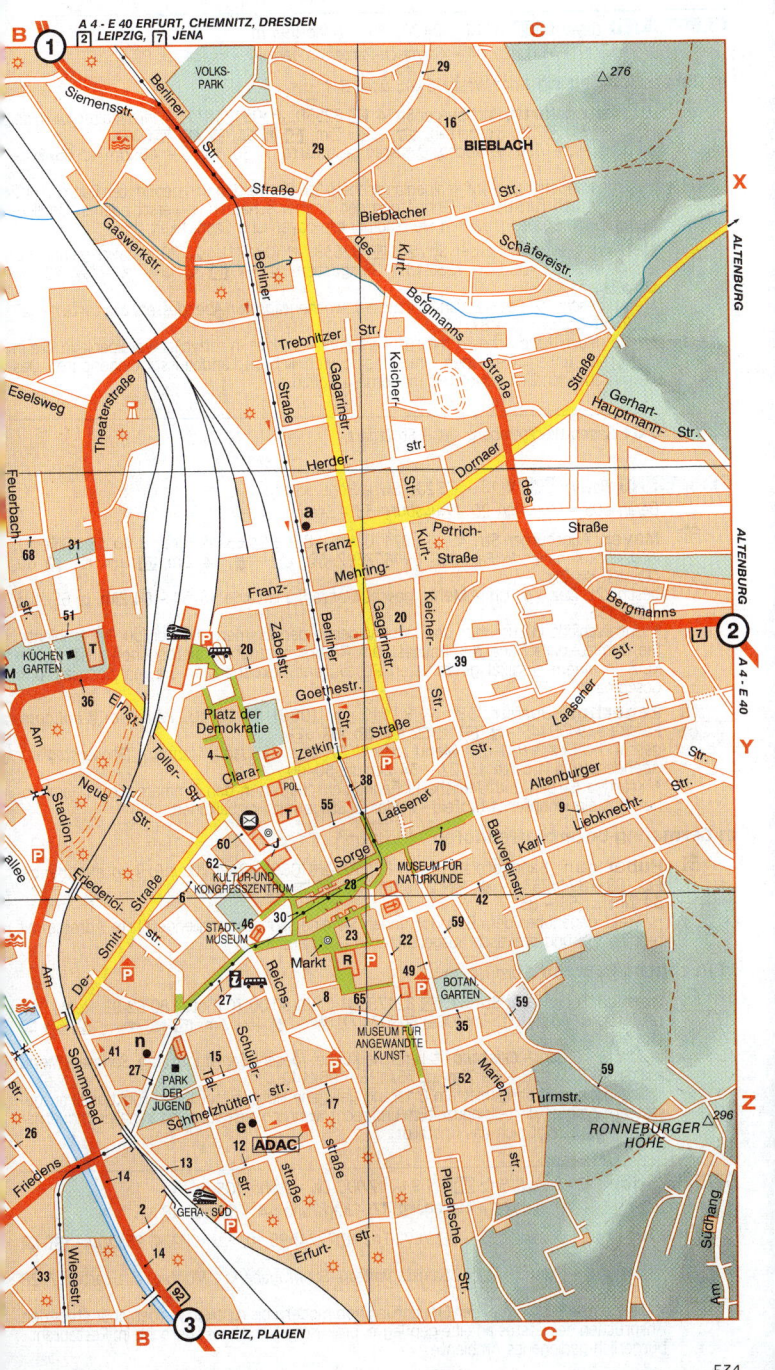

GERETSRIED Bayern ⁦546⁩ W 18 – 24 000 Ew – Höhe 593 m.
Berlin 629 – München 44 – Garmisch-Partenkirchen 64 – Innsbruck 99.

In Geretsried-Gelting Nord-West : 6 km, über B 11 :

Zum alten Wirth, Buchberger Str. 4, ⌧ 82538, ℘ (08171) 71 94, info@alter-wirth.de, Fax (08171) 76758, Biergarten, ⇔ – ⥀ Zim, TV P. AE ⓞ ⓜ VISA JCB
Menu (geschl. Aug. 1 Woche, Dienstag) à la carte 17,50/36,50 – **40 Zim** ⊇ 55/70 – 90/95.
• Ein gestandener Gasthof in alpenländischem Stil. Sie werden den gepflegten Rahmen und die solide und funktionelle Einrichtung der Zimmer schätzen. In verschiedenen ländlich-gemütlichen Stuben erfahren Sie traditionelle bayerische Gastlichkeit.

Neu Wirt, Wolfratshauser Str. 24, ⌧ 82538, ℘ (08171) 4 25 20, neuwirt-gelting@t-online.de, Fax (08171) 4252152, Biergarten, ⇔ – TV ℓ ⇐ P. – ⥀ 20. AE ⓜ VISA
Menu (geschl. 27. Dez. - 6. Jan., Mittwoch) (wochentags nur Abendessen) à la carte 17/27 – **29 Zim** ⊇ 67/75 – 87/97.
• Eine neuzeitliche Adresse mit rustikal-regionaler Note in reizvoller Voralpenlage. Die in der Größe unterschiedlichen Zimmer sind wohnlich im Landhausstil eingerichtet. Das Restaurant : ländlich-stilvoll mit modernem Touch.

GERLINGEN Baden-Württemberg siehe Stuttgart.

GERMERING Bayern ⁦546⁩ V 18 – 35 200 Ew – Höhe 532 m.
Berlin 605 – München 20 – Augsburg 53 – Starnberg 18.

Mayer, Augsburger Str. 45, ⌧ 82110, ℘ (089) 8 94 65 70(Hotel) 8 40 15 15(Rest.), info@hotel-mayer.de, Fax (089) 894657597, ⌂, ⊡ – ⦷, ⥀ Zim, TV ⇐ P. – ⥀ 60. ⓜ VISA ⤬ Zim
geschl. 22. Dez. - 6. Jan. - Menu (geschl. Montag) à la carte 16/34 – **64 Zim** ⊇ 65/105 – 89/135.
• Unterschiede in Zuschnitt und Mobiliar geben den Zimmern ein individuelles Ambiente. Die unmittelbare Nähe des Hauses zum Naturschutzgebiet bietet einen zusätzlichen Reiz. In einem rustikal gestalteten Restaurant bekocht man Sie mit Sorgfalt und Geschmack.

Regerhof, Dorfstr. 38, ⌧ 82110, ℘ (089) 84 00 40, regerhof@aol.com, Fax (089) 8400445 – ⦷ TV P. AE ⓞ ⓜ VISA JCB
geschl. 24. Dez. - 8. Jan. – Menu (geschl. 27. Dez. - 8. Jan.) (Montag - Donnerstag nur Abendessen) à la carte 13/22 – **34 Zim** ⊇ 50/60 – 85.
• Kräftige Farben und ländliche Eichenmöbel schaffen in den Zimmern dieses Familienbetriebs ein wohnliches Umfeld - in der 2. Etage mit Holzbalkonen.

In Germering-Unterpfaffenhofen Süd : 1 km :

Huber garni, Bahnhofplatz 8, ⌧ 82110, ℘ (089) 89 41 70, info@hotel-huber.de, Fax (089) 89417333 – ⦷, ⥀ Zim, TV ⇐ P. AE ⓜ VISA JCB
34 Zim ⊇ 56 – 83.
• Direkt gegenüber dem Bahnhof finden Sie eine saubere familiengeführte Adresse mit renovierten und praktisch ausgestatteten Gästezimmern.

In Puchheim-Bahnhof Nord : 4 km :

Domicil, Lochhauser Str. 61, ⌧ 82178, ℘ (089) 80 00 70 (Hotel) 80 62 99 (Rest.), kontakt@domicil-hotel.de, Fax (089) 80007400, ⌂ – ⦷, ⥀ Zim, TV ℓ ⇐ – ⥀ 60. AE ⓜ VISA
geschl. 2. - 6. Jan. - **Cristallo** (italienische Küche) (geschl. Samstagmittag, Sonntag) Menu à la carte 20,50/28 – **99 Zim** ⊇ 75/125 – 95/140.
• Das in einem Wohngebiet am Ortsrand gelegene Hotel bietet Ihnen funktionell ausgestattete Zimmer, die teils neuzeitlich und recht wohnlich gestaltet sind. In heller, moderner Aufmachung zeigt sich das Cristallo.

GERMERSHEIM Rheinland-Pfalz ⁦543⁩ S 9 – 17 000 Ew – Höhe 105 m.
Berlin 653 – Mainz 111 – Mannheim 47 – Karlsruhe 34 – Speyer 18.

Kurfürst, Oberamtsstr. 1, ⌧ 76726, ℘ (07274) 95 10, Fax (07274) 951200 – TV. AE ⓜ VISA
geschl. Aug. – Menu (geschl. Samstagmittag, Sonntagabend - Montag) à la carte 17/28 – **25 Zim** ⊇ 44/50 – 60/70.
• Die Zimmer variieren in der Einrichtung von modern bis rustikal, werden aber stets den Ansprüchen des Gastes an eine gepflegte, praktische Unterkunft gerecht. Im Restaurant : bürgerlich-gediegenes Ambiente.

GERNSBACH Baden-Württemberg 545 T 8 – 14 500 Ew – Höhe 160 m – Luftkurort.

Sehenswert : Altes Rathaus★.

🛈 Kultur- und Verkehrsamt, Igelbachstr. 11 (Rathaus), ✉ 76593, ℘ (07224) 6 44 44, touristinfo@gernsbach.de, Fax (07224) 64464.

Berlin 705 – Stuttgart 91 – *Karlsruhe* 34 – Baden-Baden 11 – Pforzheim 41.

Sonnenhof, Loffenauer Str. 33, ✉ 76593, ℘ (07224) 64 80, mbsunyard@aol.com, Fax (07224) 64860, 余, ≘s, 🔲 - 劇 🆈 🅿 - 🔏 30. AE ⓞ ⓜ VISA
Menu à la carte 23,50/34 – **40 Zim** ⊇ 45/56 – 65/76.
• Oberhalb des Schwarzwaldstädtchens steht dieses saubere familiengeführte Hotel. Man bietet Ihnen neuzeitlich eingerichtete Zimmer, meist mit Balkon. Dunkles Holz gibt dem Restaurant seinen rustikalen Charakter.

Stadt Gernsbach garni, Hebelstr. 2, ✉ 76593, ℘ (07224) 9 92 80, info@hotelstadtgernsbach.de, Fax (07224) 9928555 – 劇 ⥂ 🆈 🅿 - 🔏 25. AE ⓞ ⓜ VISA
40 Zim ⊇ 56 – 80.
• Das Etagenhotel im Zentrum verfügt über gepflegte Zimmer, die mit älterem Holzmobiliar schlicht eingerichtet sind und ein gutes Platzangebot haben.

An der Straße nach Baden-Baden und zur Schwarzwaldhochstr. *Süd-West : 4 km :*

Nachtigall (mit Gästehaus), Müllenbild 1, ✉ 76593 Gernsbach, ℘ (07224) 21 29, Fax (07224) 69626, 余, ℅ – ⥂ Zim, 🆈 ⇐⇒ 🅿 ⓞ ⓜ VISA
geschl. Feb. – **Menu** (geschl. Montag) à la carte 15/30 – **16 Zim** ⊇ 40 – 60/80 – ½ P 15.
• Die Lage im Wald macht den Reiz dieses kleinen Hotels aus - daneben zählen auch die soliden, funktionell eingerichteten Zimmer zu den Vorzügen des Hauses. Ländlich-rustikale Gasträume.

In Gernsbach-Kaltenbronn *Süd-Ost : 16 km, über B 462, in Hilpertsau links ab – Höhe 900 m – Wintersport : 900/1 000 m ⟨ 2 ⟩ :*

Sarbacher, Kaltenbronner Str. 598, ✉ 76593, ℘ (07224) 9 33 90, info@hotel-sarbacher.de, Fax (07224) 933993, 余, ≘s, 🎿 – 🆈 🅿 - 🔏 20. AE ⓞ ⓜ VISA, ℅ Rest
geschl. März, Nov. – **Menu** (geschl. Nov. - Mai Montag) à la carte 17/37 – **15 Zim** ⊇ 43/55 – 87 – ½ P 18.
• Ein gut unterhaltener typischer Landgasthof - abgelegen auf einer Anhöhe im Wald. Ländliches Mobiliar und Holzboden schaffen ein gemütliches Ambiente. In Stuben unterteiltes Restaurant mit nettem Dekor und viel Holz.

In Gernsbach-Staufenberg *West : 2,5 km :*

Sternen, Staufenberger Str. 111, ✉ 76593, ℘ (07224) 33 08, sternen.staufenberg@t-online.de, Fax (07224) 69486, 余 – 🆈 🅿 ⓜ VISA, ℅ Zim
Menu (geschl. Donnerstag) à la carte 18/36 – **14 Zim** ⊇ 38/58 – 55/75 – ½ P 16.
• In der Mitte des Dorfes steht dieser gut geführte Landgasthof. Neben gepflegten, schlichten Zimmern mit Bauernmobiliar verfügt man über einige ganz neue Zimmer. Das Restaurant unterteilt sich in verschiedene Stuben - teils mit schöner Holztäfelung.

GERNSHEIM Hessen 543 Q 9 – 8 000 Ew – Höhe 90 m.

🛈 Hamm, Gernsheimer Fahrt (West : 1 km), ℘ (06246) 90 64 44 ; 🛈 Gernsheim, Hof Gräbenbruch, (Nord-Ost : 6 km), ℘ (06157) 8 76 22.

Berlin 587 – Wiesbaden 53 – *Mannheim* 45 – Darmstadt 21 – Mainz 46 – Worms 20.

Hubertus, Außerhalb 20 (Waldfrieden, Ost : 2 km), ✉ 64579, ℘ (06258) 8 03 80 (Hotel) 90 59 09 (Rest.), info@hubertus-gernsheim.de, Fax (06258) 803888, 余, ≘s – ⥂ Zim, 🆈 ⟨ 🅿 ⓜ VISA
geschl. 20. Dez. - 4. Jan. – **Menu** (geschl. Samstagmittag) à la carte 12,50/24 – **42 Zim** ⊇ 59/69 – 75/80.
• Das Zimmer überzeugen durch Funktionalität. Verschiedene Kategorien stehen zur Wahl - teils neuzeitlich, teils älter in der Einrichtung. Die Zimmer nach hinten sind ruhiger. Restaurant in rustikalem Stil.

GEROLSBACH Bayern 546 U 18 – 2 600 Ew – Höhe 456 m.

🛈 Gerolsbach, Hof 1 (Süd-Ost : 4 km), ℘ (08445) 7 99.

Berlin 559 – *München* 65 – *Augsburg* 57 – Ingolstadt 44.

Zur Post, St.-Andreas-Str. 3, ✉ 85302, ℘ (08445) 5 02, Fax (08445) 929432, 余 – 🅿.
AE ⓞ ⓜ VISA JCB
geschl. Montag - Dienstag – **Menu** (wochentags nur Abendessen) (Tischbestellung ratsam) à la carte 32/43.
• Nehmen Sie Platz an einem der ansprechend eingedeckten Tische - umgeben von einem ländlichen Ambiente. Das Küchenteam bereitet eine internationale, saisonale Küche.

GEROLSBACH

Benedikt Breitner, Propsteistr. 7, ⊠ 85302, ℘ (08445) 15 93, Fax (08445) 1594, 🌳, Biergarten – 🅿. 🆎 ⓜⓞ 🆅🅸🆂🅰
geschl. Anfang Jan. 1 Woche, Ende Aug. - Anfang Sept., Dienstag – **Menu** à la carte 13,50/36.
• Ein ländlich-schlichter, sympathischer Familienbetrieb. Sehr nett : der gemütliche Hauptraum mit Stammtisch und bemalten Bauernmöbeln. Schöner Biergarten.

GEROLSTEIN Rheinland-Pfalz 543 P 4 – 7 400 Ew – Höhe 362 m – Luftkurort.

🛈 Touristinformation, Kyllweg 1, ⊠ 54568, ℘ (06591) 1 31 80, touristinfo@gerolsteiner-land.de, Fax (06591) 13183.
Berlin 678 – Mainz 182 – Trier 73 – Bonn 90 – Koblenz 86 – Prüm 20.

Calluna ⚘, Zur Büschkapelle 5, ⊠ 54568, ℘ (06591) 9 43 90, info@callunahotel.de, Fax (06591) 943999, ≤, 🌳, Massage, ≘s, 🐎 – 🛗, ⇆ Zim, 🍽 Rest, 📺 📞 🅿 – 🔔 100. 🆎 ⓞ ⓜⓞ 🆅🅸🆂🅰
Menu à la carte 22/40 – **50 Zim** ⊇ 75 – 115 – ½ P 18.
• Modern und geschmackvoll im Landhausstil eingerichtete Zimmer, ein ansprechender Freizeitbereich und die schöne Aussicht machen diese neuzeitliche Adresse aus. Helles, freundliches Restaurant und Bistro in typischem Stil - beides mit großer Fensterfront.

Seehotel ⚘, Am Stausee 4, ⊠ 54568, ℘ (06591) 2 22, Fax (06591) 81114, ≘s, 🏊, 🐎 – 🅿. ⚙ Rest
geschl. 15. Nov. - 15. Dez. – **Menu** à la carte 15/20 – **50 Zim** ⊇ 30/40 – 56/64 – ½ P 9.
• Hier ist man ganz auf das Ruhebedürfnis seiner Gäste ausgerichtet. Die schlichten Gästezimmer lassen sich auf Wunsch mit einem Farbfernseher ergänzen.

Am Brunnenplatz garni, Raderstr. 1, ⊠ 54568, ℘ (06591) 98 08 98, brunnenplatz-hotel-molitor@t-online.de, Fax (06591) 980899 – 📺 🅿. ⓜⓞ 🆅🅸🆂🅰. ⚙
9 Zim ⊇ 35/45 – 62/70.
• Die hellen, geräumigen Zimmer dieses kleinen Gästehauses am Rand des Zentrums sind schlicht und funktionell eingerichtet und auch für Geschäftsleute gedacht.

Landhaus Tannenfels, Lindenstr. 68, ⊠ 54568, ℘ (06591) 41 23, Fax (06591) 4104, 🐎 – 📺 🅿. ⚙ Rest
Menu (nur Abendessen) (Restaurant nur für Hausgäste) – **12 Zim** ⊇ 33/43 – 57/64 – ½ P 11.
• Ein kleiner Familienbetrieb mit privatem Charakter. Die Gästezimmer sind ländlich-schlicht in der Einrichtung, sauber und gut in Schuss.

In Gerolstein-Müllenborn Nord-West : 5 km :

Landhaus Müllenborn ⚘, Auf dem Sand 45, ⊠ 54568, ℘ (06591) 9 58 80, info@landhaus-muellenborn.de, Fax (06591) 958877, ≤, 🌳, ≘s – 📺 📞 ♿ 🅿. 🔔 20. 🆎 ⓞ ⓜⓞ 🆅🅸🆂🅰. ⚙ Rest
Menu (geschl. 24. Feb. - 9. März, Montagmittag, Dienstagmittag) à la carte 28/40 – **22 Zim** ⊇ 64/75 – 102/112.
• Die ruhige Lage oberhalb des Dorfes, tadellose Pflege und Sauberkeit sowie ein gediegen-rustikales, wohnliches Ambiente machen dieses Hotel aus. Ländlich gestaltetes Restaurant mit schönem Blick ins Tal.

GEROLZHOFEN Bayern 546 Q 15 – 7 000 Ew – Höhe 245 m.

🛈 Tourist-Information, Altes Rathaus, Marktplatz 20, ⊠ 97447, ℘ (09382) 90 35 12, Fax (09382) 903513.
Berlin 456 – München 262 – Würzburg 45 – Schweinfurt 22 – Nürnberg 91.

Altes Zollhaus, Rügshöfer Str. 25, ⊠ 97447, ℘ (09382) 60 90, post@alteszollhaus.de, Fax (09382) 609179, 🌳 – 🛗 📺 🅿 – 🔔 20. ⓜⓞ 🆅🅸🆂🅰
Menu (geschl. Mitte Jan. - Mitte Feb., Mittwoch) (wochentags nur Abendessen) à la carte 14,50/25 – **36 Zim** ⊇ 44/54 – 67/82.
• Am Rande des Altstadtbereichs liegt dieser alte Fachwerk-Gasthof mit neuerem Anbau. Die Zimmer sind mit hellem Holz wohnlich und praktisch eingerichtet. Ländliche Stuben bilden den Restaurantbereich.

Weinstube am Markt, Marktplatz 5, ⊠ 97447, ℘ (09382) 90 09 10, info@hotel-weinstube.de, Fax (09382) 900919, 🌳 – ⇆ 🅿. ⚙ Rest
Menu (geschl. Montag) (Dienstag - Donnerstag nur Abendessen) à la carte 13/26 – **8 Zim** ⊇ 44/53 – 68/78.
• Eine nette Adresse im Herzen der Stadt : Hier finden Sie behaglich eingerichtete Zimmer mit Parkettfußboden und guter Technik - teils mit hellen Naturholzmobiliar. Mehrere gemütliche Räume bilden das Restaurant.

GERSFELD Hessen 543 O 13 – 6 400 Ew – Höhe 482 m – Kneippheilbad – Wintersport : 500/950 m ⊀5 ⊀.
  Ausflugsziel: Wasserkuppe : ≤** Nord : 9,5 km über die B 284.
  🛈 Tourist-Information, Brückenstr. 1, ✉ 36129, ✆ (06654) 17 80, tourist-info@gersfeld.de, Fax (06654) 1788.
  Berlin 431 – Wiesbaden 160 – *Fulda* 28 – Würzburg 96.

  Gersfelder Hof ⊗ (mit Appartementhaus), Auf der Wacht 14, ✉ 36129, ✆ (06654) 18 90, gersfelder.hof@t-online.de, Fax (06654) 7466, 🍽, Massage, ♃, ≋, 🏊, 🚗 – 🛗 📺 🅿 – 🔒 70. 🅰🅴 ⓓ ⓜ🅾 🆅🅸🆂🅰
  Menu à la carte 17/40 – **83 Zim** ⌇ 67/74 – 104/114 – ½ P 16.
  • Ein weitläufiges Hotel mit großzügiger Halle und zeitgemäßen, funktionellen Zimmern - auch für Seminare geeignet. Wohnlich und geräumig : die Appartements im Gästehaus. Dekor und Einrichtung geben dem Restaurant seinen rustikalen Charakter.

  Sonne, Amelungstr. 1, ✉ 36129, ✆ (06654) 9 62 70, hotel-sonne-gersfeld@t-online.de, Fax (06654) 7649, ≋ – 🚻 🚗 – 🔒 20
  geschl. 15. Jan. - 1. Feb. – **Menu** à la carte 14/22 – **30 Zim** ⌇ 28/33 – 54 – ½ P 11.
  • Ein modernisierter Gasthof im Ortskern, der Besuchern gut unterhaltene, teils recht neuzeitliche Zimmer bietet. Appartements für Langzeitgäste. Freundlich gestaltetes Restaurant.

GERSTHOFEN Bayern 546 U 16 – 16 800 Ew – Höhe 470 m.
  Berlin 552 – München 65 – *Augsburg* 10 – Ulm (Donau) 76.

  Stadthotel Gersthofen, Bahnhofstr. 6, ✉ 86368, ✆ (0821) 2 98 25 50, Fax (0821) 29825550, ≋ – 🛗, 🚭 Zim, 📺 🅿 – 🔒 25. 🅰🅴 ⓓ ⓜ🅾 🆅🅸🆂🅰 🚭 Rest
  Menu (geschl. Sonn- und Feiertage) à la carte 15/24 – **46 Zim** ⌇ 59 – 79.
  • Durch eine ansprechende Lobby betreten Sie diesen modernen Hotelbau. Vor allem Geschäftsleute schätzen die funktionellen, mit italienischen Möbeln eingerichteten Zimmer. Restaurant im Bistrostil.

  XX Steinerhof, Schulstr. 16, ✉ 86368, ✆ (0821) 29 79 30, info@steinerhof.de, Fax (0821) 2979393, 🍽 – 🅿. ⓜ🅾 🆅🅸🆂🅰
  geschl. Aug. 2 Wochen, Mittwoch – **Menu** à la carte 18/27.
  • Dieser neuzeitliche Landgasthof ist ein gepflegter Familienbetrieb. Helles Holz, Steinfußboden und sauber eingedeckte Tische prägen das Ambiente. Nett im Sommer : die Terrasse.

GESEKE Nordrhein-Westfalen 543 L 9 – 18 000 Ew – Höhe 103 m.
  Berlin 441 – Düsseldorf 138 – Arnsberg 51 – Lippstadt 15 – Meschede 46 – Paderborn 18 – Soest 30.

  Feldschlößchen, Salzkottener Str. 42 (B 1), ✉ 59590, ✆ (02942) 98 90, info@hotel-feldschloesschen.de, Fax (02942) 989399, 🍽, 🏋, ≋, 🚗 – 🛗, 🚭 Zim, 📺 📞 🅿 – 🔒 60. 🅰🅴 ⓓ ⓜ🅾 🆅🅸🆂🅰 🅹🅲🅱 🚭 Zim
  Menu (geschl. Juli - Aug. 3 Wochen, Dienstag) à la carte 14/30 – **62 Zim** ⌇ 50 – 85.
  • Das kleine Schlösschen bietet sich mit seinem neuzeitlich und funktional gestalteten Hotelbereich für privat wie auch geschäftlich Reisende an. Im Stammhaus, einer Jugendstilvilla, ist das Restaurant untergebracht.

GEVELSBERG Nordrhein-Westfalen 543 M 6 – 32 500 Ew – Höhe 140 m.
  ⛳ Gevelsberg Gut Berge, Berkenberg 1 (Nord-Ost : 3 km) ✆ (02332) 91 37 55.
  Berlin 516 – *Düsseldorf* 55 – Hagen 9 – Köln 62 – Wuppertal 17.

  Alte Redaktion, Hochstr. 10, ✉ 58285, ✆ (02332) 7 09 70, mail@alte-redaktion.de, Fax (02332) 709750, Biergarten – 🚭 Zim, 📺 🅿 – 🔒 80. 🅰🅴 ⓓ ⓜ🅾 🆅🅸🆂🅰
  Menu (geschl. Samstag - Sonntag) (nur Abendessen) à la carte 20/37 – **43 Zim** ⌇ 73 – 85/95.
  • Der ehemalige Zeitungsverlag im Zentrum bietet seinen Gästen zeitgemäße Zimmer - gepflegt und funktionell, teils recht geräumig, teils eher klein. Im Pavillonstil angelegtes Restaurant mit nettem kleinem Biergarten.

GIENGEN AN DER BRENZ Baden-Württemberg 545 U 14 – 20 000 Ew – Höhe 464 m.
  Ausflugsziel: Lonetal* Süd-West : 7 km.
  Berlin 588 – *Stuttgart* 95 – *Augsburg* 88 – Heidenheim an der Brenz 12.

  Lobinger Parkhotel, Steigstr. 110, ✉ 89537, ✆ (07322) 95 30, mail@lobinger-hotels.de, Fax (07322) 953111 – 🛗, 🚭 Zim, 📺 📞 🅿 – 🔒 100. 🅰🅴 ⓓ ⓜ🅾 🆅🅸🆂🅰 🅹🅲🅱
  Menu (geschl. Sonntag) (Restaurant nur für Hausgäste) – **75 Zim** ⌇ 75/85 – 95/115.
  • Die mit unterschiedlichen italienischen Stilmöbeln solide eingerichteten Gästezimmer bieten Ihnen ein sehr gutes Platzangebot - im obersten Stock mit Dachschräge und Balkon.

GIENGEN AN DER BRENZ

Salzburger Hof, Richard-Wagner-Str. 5, ✉ 89537, ℘ (07322) 9 68 80, *epromberge r@salzburger-hof.de*, Fax (07322) 968888, 🍽 – ⇔ Zim, TV 📞 ⇔ 🅿 – 🔒 20. AE ⓞ ⓜ VISA JCB
Menu *(geschl. 24. Dez. - 1. Jan., Aug. 2 Wochen)* à la carte 18,50/33 – **31 Zim** ⌑ 44/55 – 73/88.
• Das familiengeführte Hotel verfügt über neuzeitlich gestaltete Zimmer in einheitlichem Stil. Die kleineren Zimmer stellen eine preiswertere Alternative dar. Besonderen Charme versprüht die altösterreichische Gaststube.

Lamm, Marktstr. 17, ✉ 89537, ℘ (07322) 9 67 80, *lamm-giengen@t-online.de*, Fax (07322) 9678150, 🍽 – 🛗, ⇔ Zim, TV 📞 ⇔ 🅿 – 🔒 15. AE ⓞ ⓜ VISA
Menu *(geschl. Sonntagabend)* à la carte 18/25 – **31 Zim** ⌑ 56/60 – 85/90.
• Der gut geführte Gasthof liegt im Zentrum der Kleinstadt. Es erwarten Sie solide Zimmer mit Wurzelholz oder hellen Eichenmöbeln. Fahrradverleih gegen eine geringe Gebühr! Für Ihre Bewirtung steht eine ländliche Gaststube bereit.

GIESSEN Hessen 543 O 10 – 73 000 Ew – Höhe 165 m.
Ausflugsziel : Burg Krofdorf-Gleiberg (Bergfried ✴★) *(Nord-West : 6 km)*.
🛈 Lich, Hofgut Kolnhausen (Süd-Ost : 18 km über ⑤), ℘ (06404) 9 10 71 ; 🛈 🛈 Reiskirchen-Winnerod, Parkstr. 22 (West : 14 km über ④), ℘ (06408) 9 51 30.
🛈 Tourist-Information, Berliner Platz 2, ✉ 35390, ℘ (0641) 1 94 33, *tourist-info@giessen.de*, Fax (0641) 76957.
ADAC, Bahnhofstr. 15.
Berlin 495 ④ – Wiesbaden 89 ⑤ – *Frankfurt am Main 63* ⑤ – Kassel 139 ④ – Koblenz 106 ②

Stadtplan siehe gegenüberliegende Seite

Tandreas (Gerlach), Licher Str. 55, ✉ 35394, ℘ (0641) 9 40 70, *tandreas-giessen@t-online.de*, Fax (0641) 9407499, 🍽 – 🛗, TV 📞 ♿ ⇔ 🅿. AE ⓜ VISA JCB. 🏵 über ⑤
geschl. Anfang Jan. 1 Woche – **Menu** *(geschl. Anfang Jan. 1 Woche, Ende Juli - Mitte Aug., Sonntag)(nur Abendessen)* 45/59 und à la carte – **31 Zim** ⌑ 90/94 – 108.
• Hinter einem architektonisch interessanten Äußeren findet der Gast eine gelungene Kombination von Wohnlichkeit und moderner Ausstattung vor - in Zentrumsnähe gelegen. Das helle, zeitlos gestaltete Restaurant mit tadellosem Couvert wirkt leicht elegant.
Spez. Entenleber mit Apfel-Rotwein-Confit. Kabeljau mit geschmortem Ochsenschwanz und Gartengurken. Lammrücken mit Rosmarinsauce und Selleriepüree

Steinsgarten, Hein-Heckroth-Str. 20, ✉ 35390, ℘ (0641) 3 89 90, *info@hotel-steinsgarten.de*, Fax (0641) 3899200, ⇔, 🔲 – 🛗, ⇔ Zim, TV 🅿 – 🔒 120. AE ⓞ ⓜ VISA   Z a
Menu à la carte 24/42 – **126 Zim** ⌑ 105/125 – 138/168.
• Neben funktionell ausgestatteten "normalen" Zimmern stehen dem Besucher auch großzügigere Deluxe-Zimmer zur Verfügung. Moderne Technik ermöglicht effektives Tagen. Im Restaurant umgibt Sie ein klassisches Ambiente.

Köhler, Westanlage 33, ✉ 35390, ℘ (0641) 97 99 90, *hotel-koehler@servicereisen.de*, Fax (0641) 9799977 – 🛗, ⇔ Zim, TV ⇔ 🅿 – 🔒 60. AE ⓞ ⓜ VISA   Z t
Menu à la carte 15/40 – **42 Zim** ⌑ 65/92 – 84/120.
• Eine einladend gestaltete Halle empfängt Sie in dem familiengeführten Hotel. Zimmer mit neuzeitlichem Holzinventar bieten dem Gast eine gepflegte Unterkunft in der Innenstadt.

Parkhotel Sletz garni, Wolfstr. 26, ✉ 35394, ℘ (0641) 40 10 40, *parkhotel-sletz@t-online.de*, Fax (0641) 40104140, 🔟, ⇔s – ⇔ Zim, TV 📞 ⇔ 🅿. AE ⓜ VISA   Z r
20 Zim ⌑ 61 – 82.
• Ein sehr gepflegtes Haus, dessen Zimmer mit weißen und pastellfarbenen Möbeln praktisch eingerichtet sind. Die Fußgängerzone der Stadt ist bequem zu Fuß erreichbar.

Am Ludwigsplatz garni, Ludwigsplatz 8, ✉ 35390, ℘ (0641) 93 11 30, *webmaster@ham-ludwigsplatz.de*, Fax (0641) 390499 – 🛗 ⇔ TV 📞 ⇔. AE ⓜ VISA JCB   Z h
36 Zim ⌑ 70/81 – 108.
• Sie wohnen in neuzeitlichen, funktionellen Zimmern - in der oberen Etage für Allergiker geeignet. Auch die zentrale Lage in der Innenstadt spricht für das Haus.

Residenz Hotel garni, Wiesecker Weg 12, ✉ 35396, ℘ (0641) 3 99 80, *hotel@residenz-giessen.de*, Fax (0641) 399888 – 🛗 TV 📞 ⇔. AE ⓜ VISA JCB über ③
geschl. Ende Dez. - Anfang Jan., Aug. 3 Wochen – **33 Zim** ⌑ 70/73 – 102.
• Funktionalität, helles neuzeitliches Mobiliar und nettes Personal machen dieses zentrumsnah gelegene ehemalige Wohnhaus zu einem gepflegten Hotel.

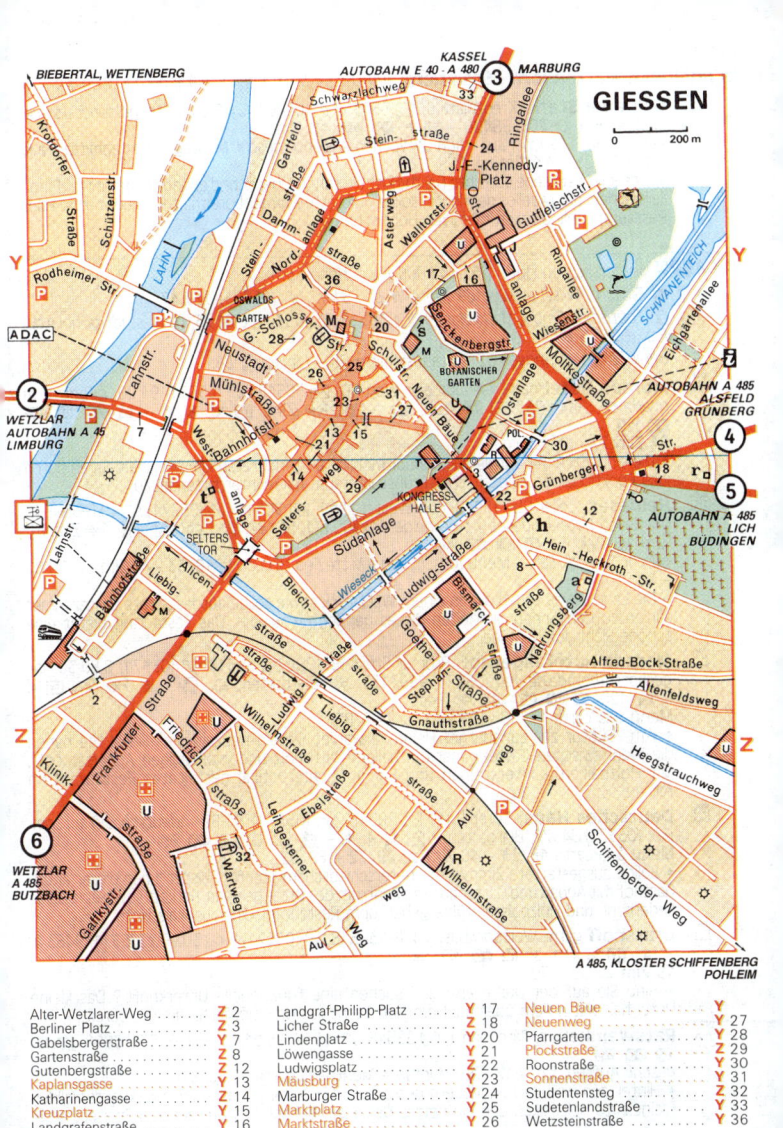

Alter-Wetzlarer-Weg	Z 2	Landgraf-Philipp-Platz	Y 17	Neuen Bäue	Y 27
Berliner Platz	Z 3	Licher Straße	Z 18	Neuenweg	Y 28
Gabelsbergerstraße	Z 7	Lindenplatz	Y 20	Pfarrgarten	Y 29
Gartenstraße	Z 8	Löwengasse	Z 21	Plockstraße	Y 30
Gutenbergstraße	Y 12	Ludwigsplatz	Z 22	Roonstraße	Y 31
Kaplansgasse	Y 13	Mäusburg	Z 23	Sonnenstraße	Z 32
Katharinengasse	Y 14	Marburger Straße	Y 24	Studentensteg	Y 33
Kreuzplatz	Y 15	Marktplatz	Z 25	Sudetenlandstraße	Y 33
Landgrafenstraße	Y 16	Marktstraße	Y 26	Wetzsteinstraße	Y 36

In Wettenberg-Launsbach Nord-West : 6 km über Krofdorfer Str. **Y** :

🏨 **Schöne Aussicht**, Gießener Str. 3, ✉ 35435, ☏ (0641) 98 23 70, info@schoene-au
ssicht-hotel.de, Fax (0641) 98237120, 🌳 – 🛗, ⚡ Zim, 📺 ☏ 🅿 – 🔔 25. ⓓ
ⓜⓒ VISA
Menu (geschl. Samstagmittag) à la carte 14/32 – **39 Zim** ⊇ 56/62 – 82.
♦ Stammhaus und zwei Anbauten bilden dieses gut unterhaltene Hotel mit
teils hell möblierten und recht komfortablen Zimmern, die auch Geschäftsreisende
schätzen. Das Restaurant ist teils im Bistrostil, teils mit rustikaler Note einge-
richtet.

GIESSEN

In Pohlheim-Watzenborn - Steinberg Süd-Ost : 7,5 km über Schiffenberger Weg Z :

- **Goldener Stern,** Kreuzplatz 6, ⊠ 35415, ℘ (06403) 6 16 24, hotel-goldenerstern@web.de, Fax (06403) 68426 – 📺 🅿 ⓜ 💳, ⚘ Zim
  geschl. Jan. 1 Woche, Juli - Aug. 2 Wochen – **Menu** (geschl. Montag, Samstagmittag) à la carte 13/25 – **13 Zim** ⊇ 41 – 62.
  • Dieser gewachsene schlichte Gasthof ist ein sehr sauberer und engagiert geführter Familienbetrieb, der tadellos gepflegte, solide möblierte Zimmer bereithält. Bürgerlich-rustikales Restaurant mit blanken massiven Holztischen.

GIFHORN Niedersachsen 541 I 15 – 43 000 Ew – Höhe 55 m.

🏌 Gifhorn, Wilscher Weg 69 (Nord-West : 5 km), ℘ (05371) 1 67 37.
🛈 Tourismus GmbH, Marktplatz 1, ⊠ 38518, ℘ (05371) 8 81 75, tgg@stadt-gifhorn.de, Fax (05371) 88311.
Berlin 247 – Hannover 82 – Braunschweig 28 – Lüneburg 88.

- **Morada Hotel** garni, Isenbütteler Weg 56, ⊠ 38518, ℘ (05371) 93 00, gifhorn@morada.de, Fax (05371) 930499, ≘s – 📶, ⚘ Zim, 📺 📞 ⅙ 🅿 – 🔒 70. 🅰🅴 ⓜ ⓜ 💳
  64 Zim 77 – 85.
  • Die einheitlich mit dunklem Kirschholzmobiliar eingerichteten Zimmer überzeugen durch ihre Funktionalität. Neuzeitlicher Frühstücksraum mit Wintergartenanbau.

- **Heidesee,** Celler Str. 159 (B 188, West : 2 km), ⊠ 38518, ℘ (05371) 95 10 (Hotel) 43 48 (Rest.), hotel-heidesee@t-online.de, Fax (05371) 56482, ⚘, ≘s, 🌊 – 📶, ⚘ Zim, 📺 ⇔ 🅿 – 🔒 60. 🅰🅴 ⓞ ⓜ 💳
  geschl. 23. - 29. Dez. – **Menu** (geschl. Jan. - Mitte Feb.) à la carte 18/33 – **45 Zim** ⊇ 72/82 – 98.
  • Die Lage etwas außerhalb an einem Waldstück sowie solide ausgestattete Gästezimmer zählen zu den Annehmlichkeiten dieses gepflegten Hauses. Das Restaurant bietet eine schöne Sicht auf den See.

- **Morada Hotel Jägerhof,** Bromer Str. 4 (B 188), ⊠ 38518, ℘ (05371) 9 89 30, jaegerhof@morada.de, Fax (05371) 9893433, ⚘, Biergarten, ≘s, 🌊 – 📶, ⚘ Zim, 📺 🅿 – 🔒 120. 🅰🅴 ⓞ ⓜ 💳, ⚘ Rest
  Menu à la carte 17/30 – **76 Zim** ⊇ 77 – 85.
  • Am "Südtor zur Lüneburger Heide" erwartet Sie ein neuzeitliches Hotel. Sie haben die Wahl zwischen Gästezimmern in hellem Naturholz und großzügigen Appartements. Mit Holzbalken, Klinkersteinen und Kamin leicht rustikal gestaltetes Restaurant im Altbau.

- **Deutsches Haus,** Torstr. 11, ⊠ 38518, ℘ (05371) 81 80, hdeutsches@aol.com, Fax (05371) 54672, Biergarten – 📺 📞 🅿 – 🔒 60. 🅰🅴 ⓞ ⓜ 💳
  Menu à la carte 18/33 – **46 Zim** ⊇ 49/72 – 69/92.
  • Solide ausgestattete Zimmer mit unterschiedlichem Komfort bietet Ihnen dieser ältere Gasthof mit Anbau und Gästehaus - im Zentrum des Ortes gelegen. Parkett sowie eine blaue Lederbank und Holzpolsterstühle geben dem Restaurant eine rustikale Note.

- **Grasshoff** garni, Weißdornbusch 4, ⊠ 38518, ℘ (05371) 9 46 30, Fax (05371) 946340 – 📺 ⇔ 🅿 🅰🅴 ⓜ 💳, ⚘
  19 Zim ⊇ 50 – 70.
  • Sind Sie auf der Durchreise und suchen eine funktionelle Unterkunft ? Das kleine Hotel hält mit hellem oder dunklem Holz recht sachlich möblierte Zimmer bereit.

%% **Ratsweinkeller,** Cardenap 1, ⊠ 38518, ℘ (05371) 5 91 11, Fax (05371) 3828, ⚘ 🅰🅴 ⓞ ⓜ 💳
geschl. Anfang Jan. 1 Woche, Montag – **Menu** à la carte 23,50/37.
• Hinter den historischen Mauern des a. d. J. 1562 stammenden Fachwerkhauses bilden freigelegte Holzbalken und ein nettes Dekor ein behagliches Umfeld zum Speisen.

In Gifhorn-Winkel Süd-West : 6 km :

- **Löns-Krug,** Hermann-Löns-Str. 1, ⊠ 38518, ℘ (05371) 5 30 38, info@loenskrug.de, Fax (05371) 140404, ⚘, ⚘ – ⚘ Zim, 📺 📞 🅿 ⓜ 💳
  Menu (geschl. Montagmittag) à la carte 17/32 – **16 Zim** ⊇ 45 – 76.
  • Der Dichter Hermann Löns war Dauergast in dem traditionsreichen Fachwerkgasthof, der zu seinen Ehren sogar umbenannt wurde. Heute bietet man zeitgemäße Zimmer. Jagdtrophäen und ein Kamin zieren das ländliche Restaurant. Mit hübscher Terrasse.

- **Landhaus Winkel** garni, Hermann-Löns-Weg 2, ⊠ 38518, ℘ (05371) 1 29 55, Fax (05371) 4337, ⚘ – 📺 🅿 🅰🅴 ⓜ 💳
  geschl. 20. Dez. - 4. Jan. – **15 Zim** ⊇ 45/48 – 76/80.
  • Die kleine Adresse fügt sich harmonisch in das ruhige Wohngebiet ein - in nächster Nähe zur Natur. Wohnliche Zimmer stellen Ihr vorübergehendes Zuhause dar.

GILCHING Bayern 546 V 17 – 16 000 Ew – Höhe 564 m.
Berlin 610 – München 26 – Augsburg 49 – Garmisch-Partenkirchen 84.

  Thalmeier garni, Sonnenstr. 55, ⊠ 82205, ℘ (08105) 50 41, thalmeier@t-online.de,
  Fax (08105) 9899 – TV ✆ ⇌ ⓂⒸ 𝗩𝗜𝗦𝗔 ⚛
  geschl. Weihnachten - Anfang Jan. – **16 Zim** ⇌ 65 – 90.
  ◆ Sauberkeit und Pflege überzeugen in diesem familiengeführten kleinen Haus. Das rustikale
  Mobiliar schafft in den Zimmern ein wohnliches Ambiente.

In Gilching-Geisenbrunn Süd-Ost : 3 km :

  Am Waldhang garni, Am Waldhang 22, ⊠ 82205, ℘ (08105) 3 72 40, bpollinger@
  t-online.de, Fax (08105) 372437 – TV ✆ ⇌ 𝗣 Æ ⓂⒸ 𝗩𝗜𝗦𝗔
  13 Zim ⇌ 60/70 – 80.
  ◆ Zeitlos und funktionell sind die Zimmer in diesem neuzeitlichen, im Bungalow-Stil angelegten Hotelbau eingerichtet - ein familiengeführtes kleines Haus.

GINSHEIM-GUSTAVSBURG Hessen siehe Mainz.

GIRBIGSDORF Sachsen siehe Görlitz.

GLADBECK Nordrhein-Westfalen 543 L 5 – 81 000 Ew – Höhe 30 m.
Berlin 523 – Düsseldorf 53 – Dorsten 11 – Essen 16.

  Schultenhof, Schultenstr. 10, ⊠ 45966, ℘ (02043) 5 17 79, info@hotel-schultenho
  f.de, Fax (02043) 983240, ☎, ⚞ – TV ✆ ⇌ 𝗣 Æ ⓞ ⓂⒸ 𝗩𝗜𝗦𝗔
  Menu (geschl. Montagmittag) à la carte 12/30 – **27 Zim** ⇌ 55/58 – 70.
  ◆ Verkehrsgünstig im Zentrumsnähe gelegen ist diese funktionelle Übernachtungsadresse gelegen.
  Man bietet wohnliche und gepflegte Zimmer mit gut isolierten Fenstern. Ein freundliches
  Design in Orange-Tönen prägt das Restaurant.

GLADENBACH Hessen 543 N 9 – 13 500 Ew – Höhe 340 m – Kneippheilbad – Luftkurort.
🛈 Tourist-Information, Karl-Waldschmidt-Str. 5 (Haus des Gastes), ⊠ 35075, ℘ (06462)
20 16 12, kfg@gladenbach.de, Fax (06462) 201618.
Berlin 491 – Wiesbaden 122 – Marburg 22 – Gießen 28 – Siegen 61.

  Schlossgarten ☜, Karl-Waldschmidt-Str. 9, ⊠ 35075, ℘ (06462) 9 17 60,
  Fax (06462) 917624, ☎, ⚞ – TV ⇌ 𝗣 – 🛇 40. Æ ⓞ ⓂⒸ
  Menu à la carte 17/29 – **22 Zim** ⇌ 49 – 76.
  ◆ Recht ruhig liegt das Hotel oberhalb des Kurparks. Die Zimmer sind großzügig angelegt,
  teils wohnlich im Landhausstil gehalten, teils eher funktionell. Viel Holz lässt das Restaurant
  leicht alpenländisch wirken.

 X **Zur Post** mit Zim, Marktstr. 30, ⊠ 35075, ℘ (06462) 70 23, Fax (06462) 3318, ☎ –
  TV Æ ⓞ ⓂⒸ 𝗩𝗜𝗦𝗔
  Menu à la carte 16/27 – **8 Zim** ⇌ 39/42 – 58.
  ◆ Das Küchenteam bekocht Sie hier nach bürgerlicher Art. Ein rustikales Umfeld mit nettem
  Dekor verbreitet Behaglichkeit - alternativ lädt das Bistro zum Verweilen ein.

GLASHÜTTEN Hessen 543 P 9 – 5 500 Ew – Höhe 506 m.
Berlin 549 – Wiesbaden 34 – Frankfurt am Main 31 – Limburg an der Lahn 33.

  Panorama-Hotel garni, Limburger Str. 17 (B 8), ⊠ 61479, ℘ (06174) 63 97 50, pan
  oramahotel@t-online.de, Fax (06174) 639755, ≤, ⚞ – ⌷ ⨉ TV ✆ 𝗣 – 🛇 40. Æ ⓂⒸ
  𝗩𝗜𝗦𝗔
  28 Zim ⇌ 69/89 – 76/95.
  ◆ Vollständig renoviert und unter engagierter Führung, stellt dieser recht nüchterne Hotelbau eine moderne und funktionelle Adresse dar. Zimmer teils mit schöner Sicht.

 XX **Glashüttener Hof** mit Zim, Limburger Str. 86 (B 8), ⊠ 61479, ℘ (06174) 69 22,
  Fax (06174) 6946, ☎ – TV 𝗣 Æ ⓂⒸ 𝗩𝗜𝗦𝗔 ⚛ Zim
  geschl. Jan.- Feb 2 Wochen, Juli - Aug. 2 Wochen – **Menu** (geschl. Montag) 12/24 (mittags)
  à la carte 23/41 – **9 Zim** ⇌ 60/80 – 110.
  ◆ Der Gasthof ist hell und freundlich eingerichtet, die Tische werden hübsch eingedeckt.
  International ausgelegte Karte - mittags bietet man ein preiswertes 3-Gang-Menü.

In Glashütten-Schloßborn Süd-West : 3,5 km :

 XX **Schützenhof,** Langstr. 13, ⊠ 61479, ℘ (06174) 6 10 74, schuetzenhof@t-online.de,
  Fax (06174) 964012, ☎ – 𝗣 ⚛
  geschl. Juli - Aug. 3 Wochen, Montag - Dienstagmittag, Mittwochmittag, Sonntagmittag
  – **Menu** à la carte 39/54, ♀ ⚛
  ◆ Rustikale Eleganz prägt das kleine, auf zwei Ebenen angelegte Restaurant, das Familie
  Mort mit viel Engagement führt. Klassische Küche mit modernen Akzenten.

GLAUCHAU Sachsen 544 N 21 – 26 500 Ew – Höhe 260 m.

fl Tourist-Information, Markt 1, ✉ 08371, ℰ (03763) 25 55, Fax (03763) 2555.
Berlin 256 – Dresden 97 – Chemnitz 37 – Gera 47 – Leipzig 77.

Meyer ⌕, Agricolastr. 6, ✉ 08371, ℰ (03763) 40 27 00, info@hotelmeyer.de, Fax (03763) 4027013, 🍴 – ⇥ Zim, 📺 ☎ P – 🎿 20. AE ⓞ ⓜ VISA
Menu à la carte 15/25 – **20 Zim** ⌑ 52 – 77.
• In recht ruhiger Lage in einem altstadtnahen Wohngebiet finden Sie eine funktionale Unterkunft mit wohnlich eingerichteten, solide möblierten Zimmern. Zeitgemäß gestaltetes Restaurant mit bürgerlicher Karte.

Wettiner Hof, Wettiner Str. 13, ✉ 08371, ℰ (03763) 50 20, info@hotel-wettiner-hof.de, Fax (03763) 502299, 🍴 – 🛗, ⇥ Zim, 📺 ☎ P – 🎿 50. AE ⓞ ⓜ VISA
Menu à la carte 12,50/28 – **48 Zim** ⌑ 54 – 75.
• Eine gute Pflege und die solide und funktionelle Ausstattung der Gästezimmer sprechen für dieses zeitgemäße familiengeführte Haus. Eine helle Holztäfelung unterstreicht den leicht rustikalen Charakter des Restaurants.

In Waldenburg-Oberwinkel Nord-Ost : 6 km :

Glänzelmühle ⌕, Am Park 9b, ✉ 08396, ℰ (037608) 2 10 15, glaenzelmuehle@t-online.de, Fax (037608) 21017, Biergarten – 📺 ☎ P – 🎿 15. ⓜ VISA
Menu (geschl. Montag) à la carte 13/23 – **16 Zim** ⌑ 40/66 – 51/83.
• Die Lage im Wald und die friedliche Umgebung machen den Reiz dieses Hauses aus. Sie wohnen in gepflegten Zimmern mit zeitgemäßem Inventar oder in kleinen Finnhütten. Das Restaurant ist eine ländliche Gaststube.

GLEISWEILER Rheinland-Pfalz – 560 Ew – Höhe 240 m – Luftkurort.

Berlin 666 – Mainz 107 – Mannheim 49 – Landau in der Pfalz 8.

Zickler mit Zim, Badstr. 4, ✉ 76835, ℰ (06345) 9 31 39, landgasthof-zickler@t-online.de, Fax (06345) 93142, 🍴, ☎ – 📺 ⓜ
geschl. Mitte - Ende Feb., Mitte - Ende Juli – **Menu** (geschl. Mittwoch) à la carte 14/28 – **8 Zim** ⌑ 33/40 – 50/60.
• Inmitten eines malerischen Dorfes bietet man dem Gast in behaglicher Atmosphäre eine bürgerlich geprägte Karte - der Chef selbst macht die Küche.

GLEISZELLEN-GLEISHORBACH Rheinland-Pfalz siehe Bergzabern, Bad.

GLIENICKE (NORDBAHN) Brandenburg 542 I 23 – 4 440 Ew – Höhe 66 m.

Berlin 22 – Potsdam 38.

Waldschlößchen, Karl-Liebknecht-Str. 55, ✉ 16548, ℰ (033056) 63 70, info@waldschloesschen-berlin.de, Fax (033056) 82406, Biergarten – 📺
Menu à la carte 17/36 – **23 Zim** ⌑ 39/45 – 49.
• Trotz der Nähe zu Berlin können Sie hier eine erholsame Zeit ohne städtische Hektik verleben. Ihr Quartier verfügt über wohnlich eingerichtete Zimmer in dunklem Holz. Mahagonifarbenes Holz und Polsterbänke geben dem Restaurant einen Hauch Club-Atmosphäre.

GLINDE Schleswig-Holstein 541 F 14 – 16 100 Ew – Höhe 25 m.

🏌 Gut Glinde, In der Trift 1, ✉ 21509, ℰ (040) 7 10 05 06, Fax (040) 71005079.
Berlin 275 – Kiel 108 – Hamburg 16.

San Lorenzo, Kupfermühlenweg 2, ✉ 21509, ℰ (040) 7 11 24 24, bpp331@aol.com, Fax (040) 88162004, 🍴 – P. ⓜ VISA
geschl. März 2 Wochen, Okt. 2 Wochen, Montag – **Menu** (wochentags nur Abendessen) (italienische Küche) à la carte 32/46, ⌘.
• Die 100 Jahre alte Villa beherbergt heute ein durch hohe stuckverzierte Decken, alten Holzfußboden und schöne Möbelstücke klassisch-elegant wirkendes Restaurant.

GLONN Bayern 546 W 19 – 4 000 Ew – Höhe 536 m – Erholungsort.

Berlin 610 – München 32 – Landshut 99 – Rosenheim 33.

Schwaiger garni, Feldkirchner Str. 3, ✉ 85625, ℰ (08093) 9 08 80 65info@hotel-cafe-schwaiger.de, Fax (08093) 908820 – 🛗 ⇥ 📺 ☎ ⇌ P. AE ⓞ ⓜ VISA
79 Zim ⌑ 49/89 – 89/110.
• Ein ländlicher, bayerischer Gasthof. Die Zimmer im Haupthaus sind frisch renoviert und mit Buchenmöbeln zeitgemäß eingerichtet, die Räume im Gästehaus sind etwas einfacher.

In Glonn-Herrmannsdorf *Nord-Ost : 3 km, über Rotter Straße, nach Mecking links ab :*

Wirtshaus zum Schweinsbräu, Hermannsdorf 7, ⌧ 85625, ℘ (08093) 90 94 45, Fax (08093) 909410, Wirtsgarten – **P. ⦶ VISA**
geschl. 1. - 10. Jan., Montag - Dienstag – **Menu** à la carte 25/41.
• Hinter einer rustikalen Fassade hat man schmuckes Fachwerk gelungen mit modernen Elementen kombiniert. In der offenen Küche wird regional gekocht.

GLOTTERTAL Baden-Württemberg 545 V 7 – 3 070 Ew – Höhe 306 m – Erholungsort.

🛈 *Tourist Information, In der Eichberghalle, Rathausweg 12,* ⌧ *79286,* ℘ *(07684) 9 10 40, tourist-info@glottertal.de, Fax (07684) 910413.*
Berlin 810 – Stuttgart 208 – *Freiburg im Breisgau* 27 – Waldkirch 11.

Hirschen (mit Gästehaus Rebenhof), Rathausweg 2, ⌧ 79286, ℘ (07684) 8 10, strecker@hirschen-glottertal.de, Fax (07684) 1713, 🍴, 🐎, ⬜, 🐎, ⚔, – 🛗 TV 📞 P. – 🛁 20. ⦶ ⦶ VISA
Menu *(geschl. Montag)* à la carte 29/51 – **49 Zim** ⌸ 56/90 – 110/150 – ½ P 25.
• Die meist modernen Gästezimmer wartet stilgerecht mit Holzmöbeln auf guten Platzangebot in komfortables Zuhause auf Zeit. Die reizvolle Landschaft rundet Ihren Besuch ab. Teils rustikal, teils neuzeitlich - so zeigen sich die Restaurant-Stuben.

Schwarzenberg's Traube, Kirchstr. 25, ⌧ 79286, ℘ (07684) 13 13, schwarzenbergs-traube@t-online.de, Fax (07684) 738, 🍴 – 🛗 TV 🚗 P. – 🛁 15. ⦶ ⦶ VISA. ⚔
Menu *(geschl. Montag)* à la carte 27/46 – **12 Zim** ⌸ 56/66 – 80/100 – ½ P 22.
• Die freundlichen Zimmer des Hotels sind gediegen mit hellem Holz ausgestattet. Das Haus mit der blumengeschmückten Fassade liegt fußgängerfreundlich unweit des Dorfkerns. Holztäfelung und Kachelofen verbreiten Schwarzwälder Gemütlichkeit im Restaurant.

Zum Kreuz, Landstr. 14, ⌧ 79286, ℘ (07684) 8 00 80, kreuzkunz@aol.com, Fax (07684) 800839, 🍴 – 🛗 TV 📞 P. – 🛁 20. ⦶ ⦷ ⦶ VISA
Menu à la carte 15/39 – **41 Zim** ⌸ 44/69 – 86/106 – ½ P 18.
• Der gewachsene Gasthof mit Hotelanbau verfügt über solide ausgestattete Gästezimmer, teils rustikal in Eiche, teils moderner in warmen Farben. Gutes Frühstücksbuffet. In den gemütlichen Stuben pflegt man die badische Küche.

Schloßmühle, Talstr. 22, ⌧ 79286, ℘ (07684) 2 29, schlossmuehle-glottertal@t-online.de, Fax (07684) 1485, 🍴 – 🛗 ✼ Zim, TV P. ⦶ ⦷ ⦶ VISA
Menu *(geschl. Nov. 2 Wochen, Mittwoch)* 24/28,50 à la carte 21/36 – **12 Zim** ⌸ 45/48 – 75/78.
• Der historische Gasthof - eine ehemalige Mühle - mit Anbau bietet mit Eiche oder Zirbelkiefer möblierte Zimmer, ländlichen Charme und familiäre Führung. Heimelige rustikale Gaststuben.

Tobererhof ⚭ garni, Kandelstr. 34, ⌧ 79286, ℘ (07684) 9 10 50, info@tobererhof.de, Fax (07684) 1013, Massage, 🐎 – ✼ TV 📞 P. ⦶ ⦶ VISA
22 Zim ⌸ 50/60 – 72/94.
• Ihre oberhalb des Dorfes gelegene Unterkunft beherbergt Sie mal rustikal im Schwarzwaldstil, mal in Naturholz, teils mit alten Holzbalken, teils mit kleiner Kochgelegenheit.

Schwarzenberg, Talstr. 24, ⌧ 79286, ℘ (07684) 13 24, schwarzenberghot@aol.com, Fax (07684) 1791, 🍴, ⬜, – 🛗 ✼ TV 🚗 P. ⦶ ⦷ ⦶ VISA
Menu *(nur Abendessen)* (Restaurant nur für Hausgäste) – **22 Zim** ⌸ 47/65 – 80/96 – ½ P 17.
• Hinter ländlicher Fassade sind Besucher in gepflegten Zimmern untergebracht - meist in rustikaler Eiche gehalten. Interessante Ziele der Umgebung sind bequem erreichbar.

Wisser's Sonnenhof ⚭, Schurhammerweg 7, ⌧ 79286, ℘ (07684) 2 64, sonnenhof.glottertal@t-online.de, Fax (07684) 1093, 🍴, 🐎 – TV P. ⦶ ⦶ VISA
geschl. Feb. 2 Wochen, Nov. 2 Wochen – **Menu** *(geschl. Montag - Dienstag)* *(wochentags nur Abendessen)* à la carte 15/32 – **17 Zim** ⌸ 35/50 – 60/80 – ½ P 13.
• Zeitgemäße Zimmer schaffen Ihnen ein behagliches Zuhause auf Zeit. Die umgebende idyllische Landschaft unterstreicht den Charakter des Hauses. Einfache ländliche Räumlichkeiten bilden das Restaurant.

Pension Faller ⚭ garni, Talstr. 9, ⌧ 79286, ℘ (07684) 2 26, heizmann@pension-faller.de, Fax (07684) 1453, 🐎 – ✼ TV 🚗 P. ⦶ VISA
geschl. 12. - 21. März – **11 Zim** ⌸ 38/45 – 59/75.
• Sie logieren in einem Haus mit privater Atmosphäre und wohnlichem Ambiente. Die Zimmer sind mit unterschiedlichem Holzmobiliar eingerichtet - teils mit kleinem Wohnbereich.

Zum Goldenen Engel, Friedhofstr. 2, ⌧ 79286, ℘ (07684) 2 50, goldener-engel@t-online.de, Fax (07684) 267, 🍴 – TV P. ⦶ VISA
Menu *(geschl. Mittwoch)* à la carte 20/39 – **9 Zim** ⌸ 34 – 56 – ½ P 16.
• Passend zum Stil des Hauses sind die Gästezimmer mit bemalten Bauernmöbeln ausgestattet. Wer ein angenehm schlichtes Umfeld schätzt, wird hier gerne verweilen. Ein urig-rustikaler Rahmen mit nettem Dekor und viel Holz prägt den gastromomischen Bereich.

GLOTTERTAL

Zum Adler mit Zim, Talstr. 11, ✉ 79286, ☏ (07684) 9 08 70, adler.glottertal@t-online.de, Fax (07684) 908766, 🍽 – 📺 🅿 – 🛁 25. AE MC VISA
Menu (geschl. Dienstagmittag) (Tischbestellung ratsam) 22/42 à la carte 23/44 – **14 Zim** ☐ 40/50 – 60/80.
• Dieses Haus bietet dem Gast ein Stück Schwarzwälder Lebensart : urig-gemütlich die Stuben, regional die Küche, recht schlicht, aber wohnlich die Zimmer.

Wirtshaus zur Sonne, Talstr. 103, ✉ 79286, ☏ (07684) 2 42, sonne-glottertal@t-online.de, Fax (07684) 9335, 🍽 – 🅿 VISA. ※
geschl. über Fastnacht 2 Wochen, Mittwoch - Donnerstagmittag – **Menu** à la carte 16/32.
• Die holzgetäfelte Stube dieses seit 1723 als Gasthof bestehenden Hauses verbreitet eine ländlich-gemütliche Atmosphäre. Auf der Karte finden sich regionale Gerichte.

In Heuweiler West : 2,5 km :

Grüner Baum (mit Gästehaus), Glottertalstr. 3, ✉ 79194, ☏ (07666) 9 40 60, info@gasthof-gruener-baum.de, Fax (07666) 940635, 🍽 – 📶 📺 🛎 🅿 – 🛁 25. AE ⓘ MC VISA JCB
geschl. Jan. 3 Wochen – **Menu** (geschl. Donnerstag - Freitagmittag) à la carte 14/33 – **35 Zim** ☐ 36/50 – 64/85 – ½ P 11.
• Das sympathische, familiengeführte Hotel in dörflicher Umgebung verfügt über geräumige, neuzeitliche Zimmer im Gästehaus sowie einfachere im Stammhaus. Bürgerlich gestaltetes Restaurant.

Zur Laube mit Zim, Glottertalstr. 1, ✉ 79194, ☏ (07666) 9 40 80, info@hotel-laube.de, Fax (07666) 940857, 🍽, Biergarten – 📶 MC VISA
Menu (geschl. über Fasching 2 Wochen, Dienstag) à la carte 17/39 – **11 Zim** ☐ 50/70 – 79/102.
• In dem schönen restaurierten Fachwerkhaus sind ein mit viel Holz gemütlich-rustikal eingerichtetes Restaurant sowie helle, moderne Gästezimmer untergebracht.

Die in diesem Führer angegebenen Preise folgen
der Entwicklung der allgemeinen Lebenshaltungskosten.
Lassen Sie sich bei der Zimmerreservierung den endgültigen
Preis vom Hotelier mitteilen.

GLOWE Mecklenburg-Vorpommern siehe Rügen (Insel).

GLÜCKSBURG Schleswig-Holstein 541 B 12 – 6 500 Ew – Höhe 30 m – Seeheilbad.
Sehenswert : Wasserschloss (Lage★).
🏌 Glücksburg, Bockholm 23 (Ost : 3 km), ☏ (04631) 25 47.
Berlin 437 – Kiel 100 – Flensburg 10 – Kappeln 40.

Strandhotel ⊛, Kirstenstr. 6, ✉ 24960, ☏ (04631) 6 14 10, info@strandhotel-gluecksburg.de, Fax (04631) 614111, ≤, 🍽, 🏖 – 📶, ⁂ Zim, 📺 🛎 🅿 – 🛁 150. AE MC VISA
Menu à la carte 33/43 – **27 Zim** ☐ 95/155 – 120/155 – ½ P 25.
• Die Zimmer dieses Jugendstil-Hauses sind in Zuschnitt und Größe individuell gestaltet - teils mit Balkon, teils mit Wohnbereich. Die Flensburger Förde lädt zum Erkunden ein. Neuzeitlicher Landhausstil gibt dem Restaurant einen eleganten Touch.

In Glücksburg-Meierwik Süd-West : 3 km :

Vitalhotel Alter Meierhof, Uferstr. 1, ✉ 24960, ☏ (04631) 6 19 90, info@altermeierhof.de, Fax (04631) 619999, ≤ Flensburger Förde, 🍽, ⚘, Massage, ≋, ⬜ – 📶, ⁂ Zim, 🍽 Rest, 📺 🛎 ⇌ 🅿 – 🛁 100
Menu à la carte 32/46 – **54 Zim** ☐ 127/169 – 190/236, 6 Suiten – ½ P 38.
• Individuell mit modernen Möbeln und Antiquitäten eingerichtete Zimmer, ein Wellnessbereich und die malerische Lage mit Blick auf die Flensburger Förde sprechen für das Haus. Das Restaurant mit seinem geschmackvollen Ambiente wird durch die Kaminstube ergänzt.

In Glücksburg-Holnis Nord-Ost : 5 km :

Café Drei ⊛, Drei 5, ✉ 24960, ☏ (04631) 6 10 00, info@cafe-drei.de, Fax (04631) 610037, 🍽 – 📺 🛎 🅿 AE ⓘ MC VISA
Menu (geschl. Mittwoch) à la carte 21/33 – **9 Zim** ☐ 49 – 78 – ½ P 18.
• Mit dem Meer direkt vor der Tür bekommt Ihnen dieses Haus eine reizvolle wie auch solide ausgestattete Unterkunft. Die Zimmer sind modern im Landhausstil eingerichtet. Der ländliche Charakter des Hauses findet sich auch im Restaurant wieder.

GLÜCKSTADT Schleswig-Holstein 541 E 12 – 12 500 Ew – Höhe 3 m.
🛈 Tourist Information, Große Nübelstr. 31, ⌧ 25348, ℘ (04124) 93 75 85, Fax (04124) 937586.
Berlin 342 – Kiel 91 – Hamburg 65 – Bremerhaven 75 – Itzehoe 22.

XX **Ratskeller**, Am Markt 4, ⌧ 25348, ℘ (04124) 24 64, Fax (04124) 4154, 🍴 – AE MC VISA
Menu (Tischbestellung ratsam) à la carte 20/35,50.
• Hübsche, gepflegte Räumlichkeiten im Keller des historischen Rathauses bilden einen netten Rahmen für Ihren Besuch. Das breit gestreute internationale Angebot macht Appetit.

In Krempe Nord-Ost : 8 km, über B 431 :

X **Ratskeller zu Krempe**, Am Markt 1, ⌧ 25361, ℘ (04824) 3 81 54, Fax (04824) 38155, 🍴 – AE MC VISA
geschl. Montag – **Menu** (Dienstag - Donnerstag nur Abendessen) à la carte 15/28.
• Am Marktplatz bietet sich das restaurierte Rathaus von 1570 als geeignete Einkehrmöglichkeit an. In rustikalem Ambiente kommt gutbürgerliche Küche auf den Tisch.

GMUND AM TEGERNSEE Bayern 546 W 19 – 6 200 Ew – Höhe 739 m – Luftkurort – Wintersport : 700/900 m ⚜3 ⚜.
🏌 Marienstein, Gut Steinberg (West : 8 km), ℘ (08022) 7 50 60.
🛈 Tourist-Information, Kirchenweg 6 (Rathaus), ⌧ 83703, ℘ (08022) 75 05 27, info@gmund.de, Fax (08022) 750545.
Berlin 637 – München 48 – Garmisch-Partenkirchen 70 – Bad Tölz 14 – Miesbach 11.

In Waakirchen-Marienstein West : 8 km, über Tölzer Straße, in Hauserdörfl links ab :

🏠🏠🏠 **Margarethenhof Golf und Country Club** 🐾, Gut Steinberg 1, ⌧ 83701, ℘ (08022) 7 50 60, info@margarethenhof.com, Fax (08022) 74818, ≤, 🍴, 🏌, ≋s, 🌲, 🏌 – TV 🅿 – 🔒 120. AE ① MC VISA. 🌸 Rest
geschl. 22. Dez. - 12. Jan. – **Menu** à la carte 25,50/33 – **38 Zim** ⌑ 130/145 – 160/190, 15 Suiten – ½ P 20.
• Die hellen, großzügigen Zimmer dieser herrlich gelegenen Residenz bieten dem Gast wohnlichen Komfort - fernab von großen Straßen. Ideales Tagungs- und Urlaubshotel. Sie speisen in ländlich-elegantem Umfeld - Terrasse mit schöner Aussicht.

GOCH Nordrhein-Westfalen 543 K 2 – 32 500 Ew – Höhe 18 m.
🛈 Kultur- und Verkehrsbüro, Markt 15, ⌧ 47574, ℘ (02823) 32 02 02, kultourbueh ne@goch.de, Fax (02823) 320251.
Berlin 592 – Düsseldorf 82 – Krefeld 54 – Nijmegen 31.

🏠 **De Poort** 🐾, Jahnstr. 6, ⌧ 47574, ℘ (02823) 96 00, info@depoort.de, Fax (02823) 960333, 🍴, 🏌, ≋s, 🏊, 🌸 (Halle) – 🕪, ⚭ Zim, TV 🕻 🅿 – 🔒 60. AE ① MC VISA. 🌸 Rest
Menu à la carte 21/35 – **74 Zim** ⌑ 71/79 – 102/110, 6 Suiten.
• "Das Tor" zu idealen Sport- und Tagungsmöglichkeiten. Ihr vorübergehendes Zuhause bietet Ihnen zeitgemäße Gästezimmer - teils in Eiche, teils in Kirsche gehalten.

🏠 **Am Kastell** garni, Kastellstr. 6, ⌧ 47574, ℘ (02823) 96 20, Fax (02823) 96244 – ⚭ TV 🕻 ⇌ 🅿. AE MC VISA
23 Zim ⌑ 55 – 80.
• Das ehemalige kleine Fabrikgebäude im Zentrum des Ortes beherbergt Sie in unterschiedlich zugeschnittenen Räumen - mit neuzeitlichem Holzmobiliar freundlich eingerichtet.

🏠 **Litjes**, Pfalzdorfer Str. 2, ⌧ 47574, ℘ (02823) 9 49 90, michael.litjes@t-online.de, Fax (02823) 949949, 🍴 – TV 🕻 🅿. AE MC VISA
Menu (geschl. Montag) à la carte 18/33 – **17 Zim** ⌑ 44/50 – 70.
• Die kleine gastliche Adresse im Stadtkern - ganz in Bahnhofsnähe - stellt dem Besucher zeitgemäße und praktische Zimmer zur Verfügung.

🏠 **Zur Friedenseiche**, Weezer Str. 1, ⌧ 47574, ℘ (02823) 9 74 40, zur-friedenseiche @t-online.de, Fax (02823) 974443 – TV 🅿. AE MC VISA
geschl. 22. Dez. - 10. Jan. – **Menu** (geschl. Aug., Mittwoch, Sonntag) (nur Abendessen) à la carte 12/17 – **12 Zim** ⌑ 40/45 – 61/69.
• Wer eine einfache Unterkunft sucht, wird in diesem gepflegten Haus fündig. Die Zimmer unterscheiden sich in der Einrichtung : teils rustikal in Eiche, teils in hellem Holz.

GÖDENSTORF Niedersachsen siehe Salzhausen.

GÖHREN Mecklenburg-Vorpommern siehe Rügen (Insel).

GÖHREN-LEBBIN Mecklenburg-Vorpommerm 542 F 21 – 550 Ew – Höhe 60 m.
🆑 🆑 🆑 Göhren-Lebbin, Fleesensee, ℰ (039932) 8 04 00.
Berlin 153 – Schwerin 85 – Neubrandenburg 85 – Rostock 86.

Radisson SAS Resort Schloß Fleesensee ⚜, Schloßstr. 1, ✉ 17213, ℰ (039932)
8 01 00, info.fleesensee@radissonsas.com, Fax (039932) 80108010, 🍽, (Schloss a.d.J.
1842 mit Dependancen), 🏊, freier Zugang zur Therme Fleesensee, 🚿, 🏊, 🏌, ⛳ – 🛗,
✖ Zim, 📺 📺 🔌 ⚙ 🅿 – 🅰 120. 🅰🅴 ⓘ 🔘 **VISA**. ✖ Rest
Frederic (geschl. Jan., Sonntag - Montag) (nur Abendessen) **Menu** à la carte 46,50/65,50
– **Orangerie** : Menu à la carte 22,50/35,50 – **184 Zim** ⛉ 135/195 – 160/225, 14 Suiten
– ½ P 25.
◆ Eine reizvolle Parklandschaft umgibt das noble Anwesen, das Ihnen stilvolles Residieren
und zeitgemäßen Komfort garantiert. Sie wohnen im Schloss selbst oder im Anbau. Im
Frederic schafft klassische Eleganz einen geschmackvollen Rahmen.

Lesen Sie die Einleitung, sie ist der Schlüssel zu diesem Führer.

GÖPPINGEN Baden-Württemberg 545 T 12 – 57 000 Ew – Höhe 323 m.
Ausflugsziel : Gipfel des Hohenstaufen ✳★, Nord-Ost : 8 km.
🛫 Göppingen, Fraunhoferstr. 2 (Nord-Ost : 3 km), ℰ (07161) 96 41 40.
ℹ Tourist-Information, Hauptstr. 1 (Rathaus), ✉ 73033, ℰ (07161) 65 02 92, Fax (07161)
650299.
ADAC, Willi-Bleicher-Str. 3.
Berlin 601 ⑤ – *Stuttgart* 43 ⑤ – Reutlingen 49 ⑤ – Schwäbisch Gmünd 26 ① – Ulm-
(Donau) 63 ④

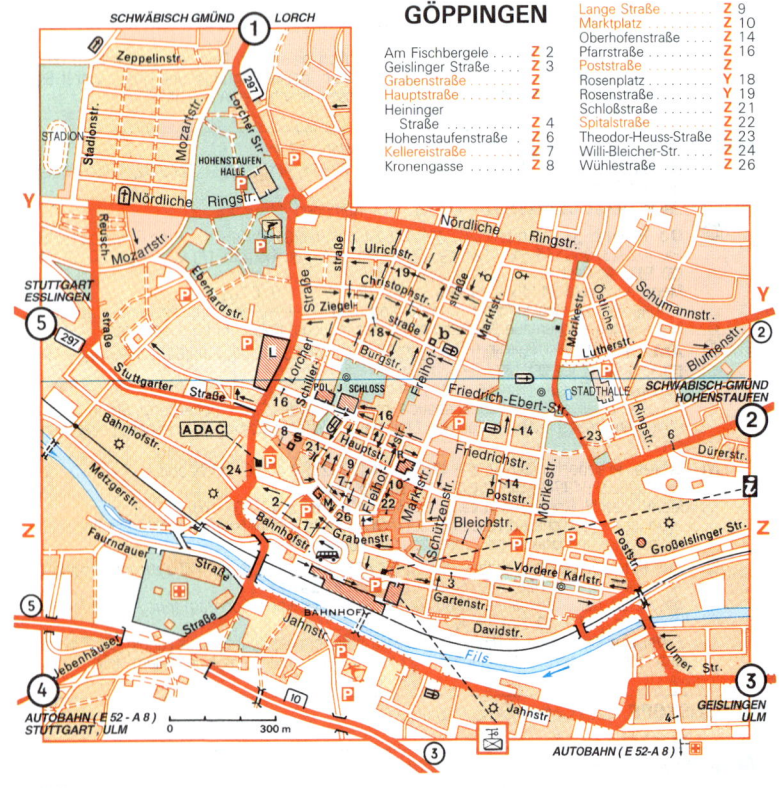

GÖPPINGEN

		Lange Straße	Z 9
		Marktplatz	Z 10
Am Fischbergele	Z	Oberhofenstraße	Z 14
Geislinger Straße	Z 3	Pfarrstraße	Z 16
Grabenstraße	Z	Poststraße	Z
Hauptstraße	Z	Rosenplatz	Y 18
Heininger		Rosenstraße	Y 19
Straße	Z 4	Schloßstraße	Z 21
Hohenstaufenstraße	Z 6	Spitalstraße	Z 22
Kellereistraße	Z 7	Theodor-Heuss-Straße	Z 23
Kronengasse	Z 8	Willi-Bleicher-Str.	Z 24
		Wühlestraße	Z 26

GÖPPINGEN

🏨 **Hohenstaufen,** Freihofstr. 64, ✉ 73033, ℘ (07161) 67 00, ringhotel@hotel-hohen staufen.de, Fax (07161) 70070 – ⇔ Zim, TV 📞 ⇔ P – 🛋 20. AE ⓘ ⓜⓞ VISA JCB
Y b
Menu (geschl. 24. - 30. Dez., Samstagmittag) à la carte 23,50/43 – **50 Zim** ⇆ 85/110 – 105/135.
• In einem Wohngebiet außerhalb des Stadtzentrums ist dieses saubere, gepflegte Hotel gelegen. Die Zimmer sind mit unterschiedlichem Holzmobiliar funktionell eingerichtet. Das Restaurant : teils behaglich-rustikal, teils als lichter Wintergarten angelegt.

🏨 **Drei Kaiserberge** garni (mit Gästehaus), Schillerplatz 4, ✉ 73033, ℘ (07161) 9 74 60, hotel@drei-kaiserberge.de, Fax (07161) 974620 – TV. AE ⓘ ⓜⓞ VISA
Z s
36 Zim ⇆ 53/75 – 95/122.
• Neben wohnlich gestalteten Zimmern beherbergt Ihr vorübergehendes Heim ständig wechselnde Kunstausstellungen. Sie finden das Haus direkt im Stadtzentrum von Göppingen.

GÖRLITZ Sachsen **544** M 28 – 62 000 Ew – Höhe 200 m.

Sehenswert : Dreifaltigkeitskirche (Chorgestühl★, Marienaltar★) BX – Untermarkt★ BCX – Städtische Kunstsammlungen (Bauernschränke★) CX M1 – St. Peter und Paul★ CX – Reichenbacher Turm ≤★ BY.

Ausflugsziel : Ostritz : St. Marienthal★ (Süd : 15 km).

🛈 Görlitzinformation, Obermarkt 29, ✉ 02826, ℘ (03581) 4 75 70, Fax (03581) 475727.
ADAC, Wilhelmsplatz 8.
Berlin 215 ⑤ – Dresden 98 ④ – Cottbus 90 ⑤

Stadtpläne siehe nächste Seiten

🏨 **Mercure Parkhotel Görlitz** ☸, Uferstr. 17f, ✉ 02826, ℘ (03581) 66 20, h1945 @accor-hotels.com, Fax (03581) 662662, 😊, 🎢, ≘s – 🛗, ⇔ Zim, 📺 Rest, TV 📞 🔄 ⇔ P – 🛋 110. AE ⓘ ⓜⓞ VISA
CY d
Menu à la carte 17/34 – **186 Zim** ⇆ 96/106 – 134.
• Eine geräumige Halle mit Sitzgruppen empfängt Sie in diesem gut geführten und gepfleg- ten Hotel. Mit wohnlichem Ambiente und funktioneller Ausstattung überzeugen die Zim- mer.

🏨 **Romantik Hotel Tuchmacher,** Peterstr. 8, ✉ 02826, ℘ (03581) 4 73 10, tuchm acher@aol.com, Fax (03581) 473179, 🎢, ≘s – 🛗, ⇔ Zim, TV 📞 P – 🛋 40. AE ⓘ ⓜⓞ VISA
BCX n
geschl. 20. Dez. - 4. Jan. – **Menu** (geschl. Montagmittag) à la carte 19/35 – **42 Zim** ⇆ 93 – 120.
• Zwei Bürgerhäuser aus dem 15. und 17. Jh. wurden zu einem schönen Hotel umgebaut. Ansprechendes Mobiliar und historische Bausubstanz gehen eine wohnliche Verbindung ein. Restaurant Schneider Stube mit elegantem dunklem Holz und Kreuzgewölbe.

🏨 **Sorat** garni, Struvestr. 1, ✉ 02826, ℘ (03581) 40 65 77, goerlitz@soratmail.de, Fax (03581) 406579 – 🛗 ⇔ TV 📞 🔄 P. AE ⓘ ⓜⓞ VISA
BY a
46 Zim ⇆ 79/99 – 99/109.
• Die restaurierte Jugendstil-Fassade Ihres Domizils bietet einen wunderschönen Anblick. Ganz unterschiedlich zugeschnittene Zimmer vermitteln Wohnlichkeit und Charme.

🏨 **Europa** garni, Berliner Str. 2, ✉ 02826, ℘ (03581) 4 23 50, hotel.europa.goerlitz@t-online.de, Fax (03581) 423530 – 🛗 TV 📞 🔄 ⇔. AE ⓜⓞ VISA JCB
BY e
21 Zim ⇆ 42/57 – 82.
• Sind Sie auf der Suche nach einer zeitgemäßen Unterbringung in zentraler Lage ? Das Hotel bietet praktische Zimmer - direkt vor der Tür die Fußgängerzone.

In Görlitz-Ludwigsdorf Nord : 5 km über Am Stockborn CX :

🏨 **Gutshof Hedicke** ☸, Neißetalstr. 53, ✉ 02828, ℘ (03581) 3 80 00, hotel@gutsh of-hedicke.de, Fax (03581) 380020, 😊, 🌳 – ⇔ Zim, TV 📞 P – 🛋 30. AE ⓜⓞ VISA
Menu (geschl. Jan., Sonntag - Montag) (nur Abendessen) à la carte 32/35 – **14 Zim** ⇆ 64/97 – 93/112.
• Als Gast des alten Familiensitzes beherbergt man Sie in wohnlichen Zimmern. Zu den Annehmlichkeiten zählen das gute Platzangebot und der Blick auf die schöne Gartenanlage. Gewölbedecke und Säulen geben dem Restaurant einen Hauch von Eleganz.

In Girbigsdorf Nord-West : 5 km : über Girbigsdorfer Straße AX :

🏨 **Mühlenhotel** ☸ garni, Kleine Seite 47, ✉ 02829, ℘ (03581) 31 40 49, muehlenho tel-lobedann@t-online.de, Fax (03581) 315037, 🏊 – TV P. AE ⓜⓞ VISA
geschl. 20. - 28. Dez. – **23 Zim** ⇆ 40/45 – 60/75.
• Die ehemalige Mühle präsentiert sich dem Gast als liebenswertes Quartier mit ländlichem Charme. Ausflüge nach Görlitz oder ins Grüne bieten Abwechslung.

GÖRLITZ

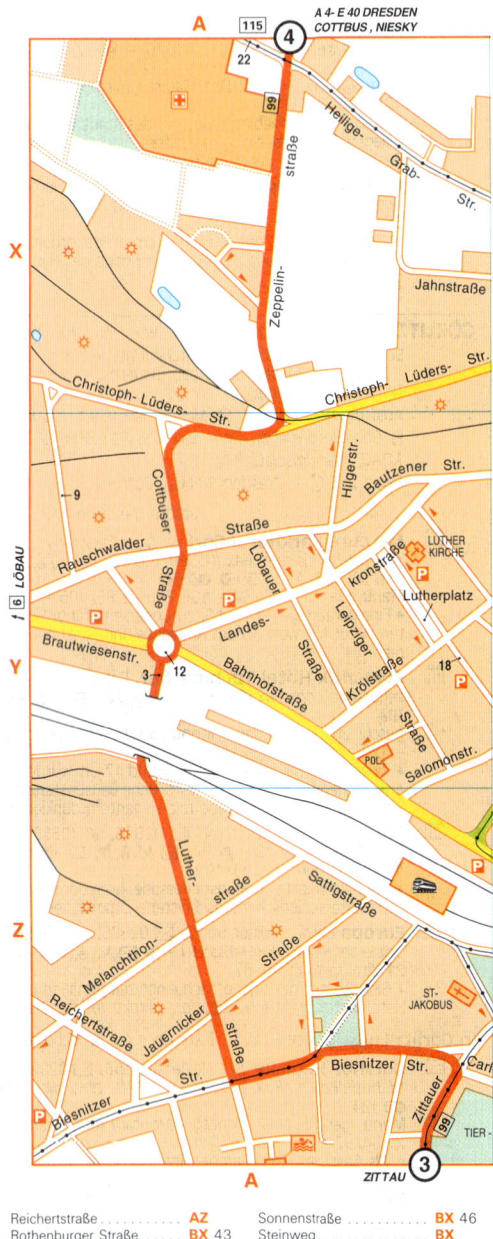

Street	Grid	No.
Am Brautwiesentunnel	AY	3
Am Hirschwinkel	CX	4
Am Stadtpark	CY	
Am Stockborn	CX	6
An der Frauenkirche	BY	7
An der Weißen Mauer	AY	9
Augustastraße	BZ	
Bahnhofstraße	ABYZ	
Bautzener Straße	ABY	
Berliner Straße	BY	
Biesnitzer Straße	ABZ	
Bismarckstraße	BY	
Blockhausstraße	BZ	10
Blumenstraße	BCZ	
Brautwiesenplatz	AY	12
Brautwiesenstraße	AY	
Brückenstraße	CZ	
Brüderstraße	BX	13
Büttnerstraße	BX	15
Carl-von-Ossietzky-Straße	BZ	
Christoph-Lüders-Straße	AX	
Cottbuser Straße	AY	
Demianiplatz	BY	16
Dr.-Kahlbaum-Allee	CYZ	
Dresdener Straße	AY	18
Elisabethstraße	BY	19
Emmerichstraße	BCZ	
Fleischerstraße	BX	21
Friedhofstraße	BX	
Girbigsdorfer Straße	AX	22
Goethestraße	BZ	24
Große Wallstraße	BX	25
Grüner Graben	BX	
Hainwald	CX	27
Hartmannstraße	BY	28
Heilige-Grab-Straße	AX	
Hildegard-Burjan-Platz	BX	30
Hilgerstraße	AY	
Hohe Straße	BX	
Hospitalstraße	BY	
Hugo-Keller-Straße	BX	
Jahnstraße	AX	
Jakobstraße	BYZ	
James-von-Moltke-Straße	BYZ	
Jauernicker Straße	AZ	
Johannes-Wüsten-Straße	CY	31
Joliot-Curie-Straße	CY	33
Klosterplatz	BY	34
Konsulstraße	BYZ	
Kränzelstraße	CX	36
Krölstraße	AY	
Landeskronstraße	AY	
Langenstraße	BX	
Leipziger Straße	AY	
Lindenweg	CY	
Löbauer Straße	AY	
Luisenstraße	BY	
Lunitz	BX	
Lutherplatz	AY	
Luthersteig	BX	
Lutherstraße	AZ	
Marienplatz	BY	
Melanchthonstraße	AZ	
Mittelstraße	BY	37
Mühlweg	CY	
Nicolaigraben	BX	
Obermarkt	BXY	39
Otto-Buchwitz-Platz	BY	40
Pontestraße	BX	
Postplatz	BY	42
Rauschwalser Straße	AY	
Reichertstraße	AZ	
Rothenburger Straße	BX	43
Salomonstraße	AY	
Sattigstraße	ABZ	
Schanze	BX	45
Schillerstraße	BZ	
Schützenstraße	BCY	
Schützenweg	CY	
Sonnenstraße	BX	46
Steinweg	BX	
Struvestraße	BY	
Uferstraße	CXY	
Untermarkt	BCX	48
Wilhelmsplatz	BY	
Zeppelinstraße	AX	
Zittauer Straße	ABZ	

546

547

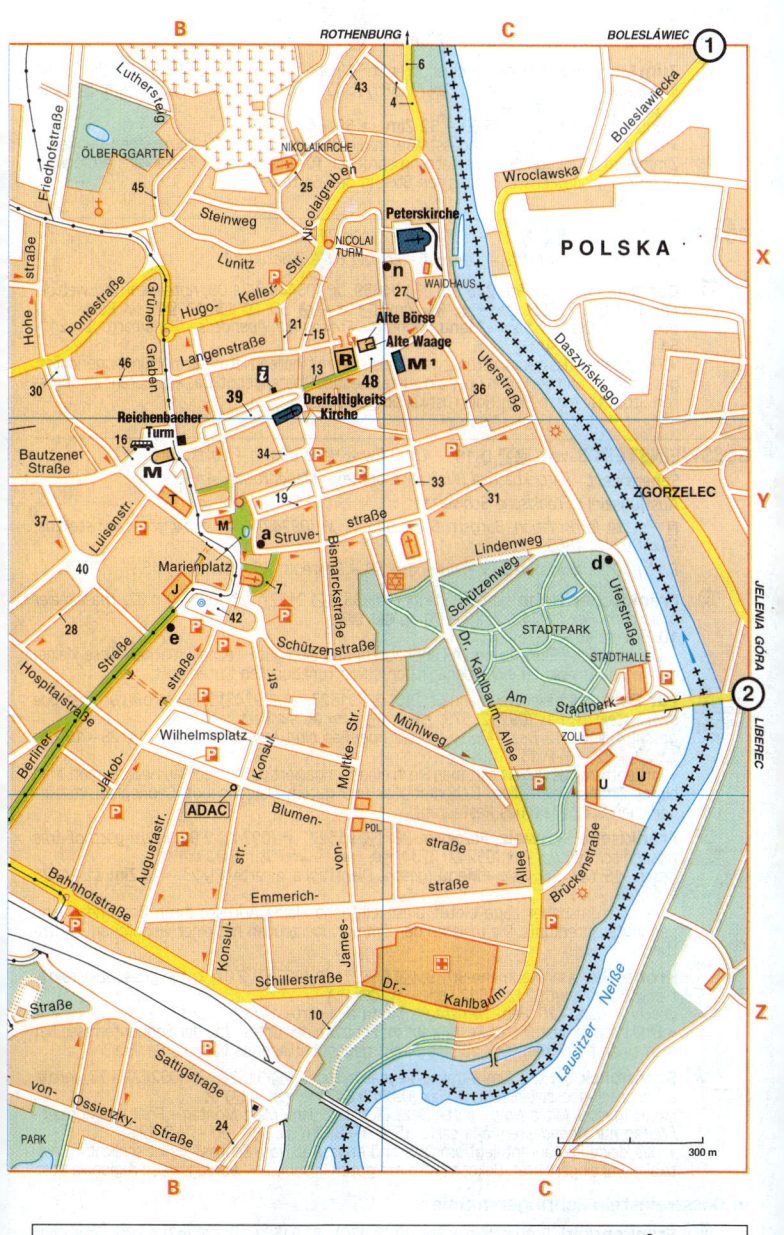

GÖRLITZ

In Markersdorf-Holtendorf West : 7 km über ④ :

Zum Marschall Duroc, Girbigsdorfer Str. 3 (nahe der B 6), ⌧ 02829, ☏ (03581) 73 44, info@hotelmarschallduroc.de, Fax (03581) 734222, 🍴, 🍺, 🌳 – 🛗, ⚡ Zim, 📺, ♿ 🅿 – 🔔 30. 🆎 ⓘ ⓜ VISA
Menu à la carte 13,50/25,50 – **52 Zim** ⌕ 59/64 – 72/99.
• Etwas abseits, nahe der Bundesstraße, ist dieser neuzeitliche Hotelbau gelegen. Gepflegte Zimmer mit funktioneller Ausstattung sprechen für das Haus. Im Restaurant ermöglicht Ihnen die große Fensterfront einen Blick in den Garten.

GÖSSNITZ Thüringen 544 N 21 – 5 000 Ew – Höhe 219 m.
Berlin 232 – Erfurt 112 – Gera 34 – Leipzig 61 – Zwickau 24.

Central, Zwickauer Str. 2 (B 93), ⌧ 04639, ☏ (034493) 71 00, hotel-central@web.de, Fax (034493) 71099, 🍴 – 🛗, ⚡ Zim, 📺 🅿 – 🔔 50. 🆎 ⓘ ⓜ VISA. ✂ Rest geschl. 22. Dez. – 4. Jan. – Menu (Montag - Freitag nur Abendessen) à la carte 14/21 – **51 Zim** ⌕ 40 – 46.
• Die Zimmer des renovierten Zweckbaus sind mit hellen Naturholzmöbeln eingerichtet, gut gepflegt und verfügen über ein ausreichendes Platzangebot. Das Restaurant im obersten Stock ist mit hellem Holz rustikal ausgestattet.

GÖSSWEINSTEIN Bayern 545 546 Q 18 – 4 500 Ew – Höhe 493 m – Luftkurort.
Sehenswert : Barockbasilika (Wallfahrtskirche) – Marienfelsen ⋖★★.
Ausflugsziel : Fränkische Schweiz★★.
🅱 Tourist Information, Burgstr. 6, ⌧ 91327, ☏ (09242) 4 56, info@goessweinstein.de, Fax (09242) 1863.
Berlin 401 – München 219 – *Nürnberg* 50 – Bayreuth 46 – Bamberg 45.

Fränkischer Hahn garni, Badangerstr. 35, ⌧ 91327, ☏ (09242) 4 02, fhaselmaier@aol.com, Fax (09242) 7329 – 📺 🅿 ⓜ VISA
10 Zim ⌕ 36 – 52/60.
• Die wohnliche Einrichtung im Landhausstil und eine gute Technik machen diese kleine, gepflegte Adresse zu einer behaglichen sowie funktionellen Unterkunft.

Zur Post, Balthasar-Neumann-Str. 10, ⌧ 91327, ☏ (09242) 2 78, info@zur-post-goessweinstein.de, Fax (09242) 578, 🍴 – 📺 ⇔ 🅿 Rest
geschl. 4. Nov. - 12. Dez. – Menu (geschl. über Fasching, Montag) à la carte 14/28 – **15 Zim** ⌕ 29 – 52 – ½ P 13.
• Im Zentrum des Ortes heißt man Sie in einem engagiert geführten Haus willkommen. Man bietet Zimmer mit hellem Eichenmobiliar und gutem Platzangebot. Gepflegtes, im bürgerlichen Stil gehaltenes Restaurant.

Fränkische Schweiz, Pezoldstr. 20, ⌧ 91327, ☏ (09242) 2 90, info@gasthof-fraenkische-schweiz.de, Fax (09242) 7234, 🍴 – 📺 ⇔ 🅿
geschl. 15. Nov. - 1. Dez. – Menu (geschl. Dienstag) à la carte 11/23 – **16 Zim** ⌕ 24/25 – 42/46 – ½ P 9.
• In zentrumsnaher Lage bietet diese einfache kleine Adresse ihren Besuchern eine gepflegte Unterkunft. Die meisten der Zimmer überzeugen mit einer wohnlichen Einrichtung.

Krone, Balthasar-Neumann-Str. 9, ⌧ 91327, ☏ (09242) 2 07, krone-goessweinstein@t-online.de, Fax (09242) 7362, 🍴 – 🅿 VISA
geschl. 7. Jan. - 20. Feb., Dienstag – Menu à la carte 16/32.
• Ein klassisch gestaltetes Restaurant im Zentrum des Ortes. Von der Sonnenterrasse hat man einen herrlichen Blick auf die direkt gegenüberliegende barocke Basilika.

Schönblick ⋛ mit Zim, August-Sieghardt-Str. 8, ⌧ 91327, ☏ (09242) 3 77, info@schoenblick-goessweinstein.de, Fax (09242) 847, ⋖, 🍴 – 📺 🅿
Menu (geschl. Mitte Nov. - Mitte Dez., Dienstag, Jan.- März Montag - Freitag) (Montag - Freitag nur Abendessen) à la carte 15/27 – **8 Zim** ⌕ 38 – 60 – ½ P 12.
• Das kleine Restaurant liegt am Ortsrand etwas "ab vom Schuss". Es ist schlicht im rustikalen Stil eingerichtet. Gekocht wird mit guten Produkten - vorzugsweise regionale Kost.

In Gössweinstein-Behringersmühle :

Frankengold, Pottensteiner Str. 29 (B 470), ⌧ 91327, ☏ (09242) 15 05, frankengold@t-online.de, Fax (09242) 7114, 🍴 – 🛗 📺 🅿
geschl. Mitte Nov. 2 Wochen – Menu (geschl. Donnerstag) à la carte 17,50/33 – **17 Zim** ⌕ 38/45 – 65/76 – ½ P 14.
• Zu den Annehmlichkeiten dieses kleinen Hotels zählen neben mit Naturholz wohnlich eingerichteten Zimmern auch die gute Pflege und die familiäre Führung. Gemütliche Gasträume in rustikalem Stil.

GÖTTINGEN Niedersachsen 541 L 13 – 128 000 Ew – Höhe 159 m.

Sehenswert : *Fachwerkhäuser (Junkernschänke*) YZ* B.

🏌 *Northeim, Gut Levershausen (über ① : 20 km), ℰ (05551) 6 19 15.*

🛈 *Tourist-Information, Altes Rathaus, Markt 9, ✉ 37073, ℰ (0551) 49 98 00, Fax (0551) 4998010.*

ADAC, *Kasseler Landstr. 44a.*

Berlin 340 ③ – Hannover 122 ③ – Kassel 47 ③ – Braunschweig 109 ③

Stadtplan siehe nächste Seite

🏨 **Romantik Hotel Gebhards,** Goethe-Allee 22, ✉ 37073, ℰ (0551) 4 96 80, *gebhards@romantikhotels.com, Fax (0551) 4968110,* 🌳, 🍽 – 🏢, ⚡ Zim, 📺 📞 🚗 🅿 – 🔒 50. 🅰🅴 ⓘ ⓜⓞ 🆅🅸🆂🅰 ⓙⓒⓑ Y e

Georgia-Augusta-Stuben : Menu à la carte 29/49 – **61 Zim** ⇌ 90/130 – 155/220.

◆ Hinter der Fassade aus dem 19. Jh. warten Zimmer mit geschmackvoller und funktioneller Ausstattung auf Sie. Sie werden den Komfort und die Lage des Hauses schätzen. Dunkles Holz schafft ein gediegenes Ambiente in den Georgia-Augusta-Stuben.

🏨 **Eden,** Reinhäuser Landstr. 22a, ✉ 37083, ℰ (0551) 50 72 00 (Hotel) 7 70 50 70 (Rest.), *info@eden-hotel.de, Fax (0551) 5072111,* 🍽, 🅿 – 🏢, ⚡ Zim, 📺 📞 🚗 🅿 – 🔒 120. 🅰🅴 ⓘ ⓜⓞ 🆅🅸🆂🅰 ⓙⓒⓑ, 🍽 Zim Z d

Pampel Muse (geschl. Sonntag - Montag) **Menu** à la carte 17/30 – **100 Zim** ⇌ 68/83 – 93/137.

◆ Hier stehen komfortable Zimmer unterschiedlicher Kategorien zur Wahl : neuzeitlich möbliert - mal stilvoll, mal gediegen - bieten sie auch gute Kommunikationstechnik. Die Pampel Muse ist hübsch, mit leicht mediterranem Touch eingerichtet.

🏨 **Stadt Hannover** garni, Goethe-Allee 21, ✉ 37073, ℰ (0551) 54 79 60, *info@hotel stadthannover.de, Fax (0551) 45470* – 🏢, ⚡ Zim, 📺 📞 🅿. 🅰🅴 ⓘ ⓜⓞ 🆅🅸🆂🅰 ⓙⓒⓑ Y a

32 Zim ⇌ 70/85 – 95/99.

◆ Am Rande der historischen Altstadt werden Sie Ihr vorübergehendes Zuhause finden. Gepflegte Räume bieten Ihnen eine Kombination von Wohnlichkeit und Funktionalität.

🏨 **Leine-Hotel** garni, Groner Landstr. 55, ✉ 37081, ℰ (0551) 5 05 10, *info@leinehotel-goe.de, Fax (0551) 5051170* – 🏢 ⚡ 📺 📞 🚗. 🅰🅴 ⓘ ⓜⓞ 🆅🅸🆂🅰 ⓙⓒⓑ über ③

101 Zim ⇌ 53/63 – 75/85.

◆ Schlicht und praktisch mit hellen Möbeln sind die Zimmer dieses Hotels in Bahnhofsnähe ausgestattet. Für Langzeitgäste gibt es Räume mit Pantryküche.

🍴 **Gauß am Theater,** Obere Karspüle 22, ✉ 37073, ℰ (0551) 5 66 16, *gauss@restaurant-gauss.de, Fax (0551) 5317632,* 🌳 – 🅰🅴 ⓜⓞ 🆅🅸🆂🅰 Y s

geschl. Sonntag - **Menu** (nur Abendessen) à la carte 27/43.

◆ Das Kellerlokal lädt mit seiner Gewölbedecke und einer appetitanregenden Speisekarte zu gemütlichem Verweilen ein. Man bietet Ihnen Zubereitungen der internationalen Küche an.

In Göttingen-Grone über ③ :

🏨 **Adesso Hotel Schweizer Hof,** Kasseler Landstr. 120, ✉ 37081, ℰ (0551) 5 09 60, *info@adesso-hotels.com, Fax (0551) 5096100,* 🍽 – 🏢, ⚡ Zim, 📺 📞 🅿 – 🔒 35. ⓘ ⓜⓞ 🆅🅸🆂🅰, 🍽 Rest

geschl. 22. Dez. - 5. Jan. - **Menu** (geschl. Juli - Aug. 6 Wochen, Sonn- und Feiertage) (nur Abendessen) à la carte 19/32 – **50 Zim** ⇌ 56/92 – 76/132.

◆ Ein gepflegtes Hotel, verkehrsgünstig an der Durchgangsstraße gelegen, das Ihnen wohnliche und solide ausgestattete Zimmer bietet - teils recht geräumig. Das Restaurant hat man mit hellem Holz zeitlos eingerichtet.

🏨 **Novostar** garni, Kasseler Landstr. 25d, ✉ 37081, ℰ (0551) 9 97 70, *info@novostar.de, Fax (0551) 9977400* – 🏢, ⚡ Zim, 📺 📞 🅿 – 🔒 20. 🅰🅴 ⓘ ⓜⓞ 🆅🅸🆂🅰

72 Zim ⇌ 65/75 – 86.

◆ Gepflegte Räume mit solider, funktioneller Ausstattung erwarten den Gast. Der günstige Standort bietet gute Voraussetzungen für Business- und Privatreisende.

🏨 **Rennschuh** garni, Kasseler Landstr. 93, ✉ 37081, ℰ (0551) 9 00 90, *hotel@rennschuh.de, Fax (0551) 9009199,* 🍽, 🅿 – 🏢 📺 📞 🚗 🅿 – 🔒 75. 🅰🅴 ⓘ ⓜⓞ 🆅🅸🆂🅰

geschl. 24. Dez. - 1. Jan. - **104 Zim** ⇌ 40/50 – 56/70.

◆ Die Zimmer dieses gepflegten Hotels sind praktisch und im Stil einheitlich mit zeitgemäßem Mobiliar ausgestattet. Auch für Tagungen geeignet.

In Göttingen - Groß-Ellershausen über ③ : 4 km :

🏨 **Freizeit In,** Dransfelder Str. 3 (B 3), ✉ 37079, ℰ (0551) 9 00 10, *info@freizeit-in.de, Fax (0551) 9001100,* 🌳, Massage, 💪, 🎾 (Halle) Squash – 🏢, ⚡ Zim, 📺 📞 🅿 – 🔒 300. 🅰🅴 ⓘ ⓜⓞ 🆅🅸🆂🅰

Menu 15 (Lunch-Buffet) à la carte 26,50/41 – **211 Zim** ⇌ 92/102 – 123/133.

◆ Neben modern, wohnlich und funktionell gestalteten Zimmern zählt auch ein schöner, großzügiger Bade- und Saunapark zu den Annehmlichkeiten dieses Hauses. Das Restaurant : mal gediegen, mal rustikal oder mit einem eleganten Touch.

GÖTTINGEN

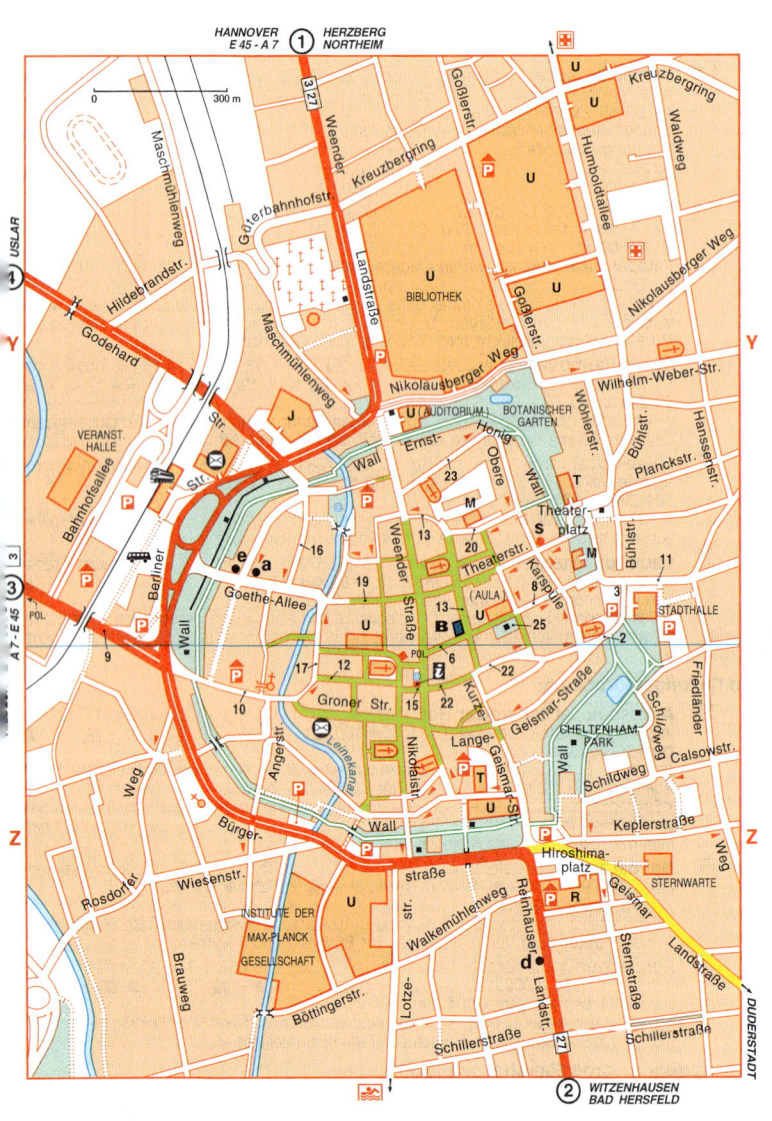

Albanikirchhof	YZ 2	Groner Straße	Z
Albaniplatz	Y 3	Groner-Tor-Straße	Z 10
Barfüßerstraße	YZ 6	Herzberger Landstraße	Y 11
Friedrichstraße	Y 8	Johannisstraße	Z 12
Goethe-Allee	Y	Judenstraße	Y 13
Groner Landstraße	Y 9	Kurze-Geismar-Straße	Z
		Markt	Z 15
Obere-Masch-Straße	Y 16		
Papendiek	YZ 17		
Prinzenstraße	Y 19		
Ritterplan	Y 20		
Rote Straße	Z 22		
Theaterstraße	Y		
Untere Karspüle	Y 23		
Weender Straße	Y		
Wilhelmsplatz	Y 25		

Alle Michelin-Straßenkarten werden ständig überarbeitet und aktualisiert.

GÖTTINGEN

In Göttingen-Weende Nord : 3 km :

Am Papenberg, Hermann-Rein-Str. 2, ⌧ 37075, ℘ (0551) 3 05 50 (Hotel) 3 40 84 (Rest.), info@papenberg.bestwestern.de, Fax (0551) 3055400, 🍽 – 🛗, ⇐ Zim, TV 📞 &
⇐ 🅿 – 🔔 50. AE ⓘ ⓜⓞ VISA JCB   über Humboldtallee Y
Menu (italienische Küche) à la carte 18,50/29 – **72 Zim** ⊇ 95/130 – 110/153.
• Die Zimmer dieses gepflegten Hotels sind mit braunen Holzmöbeln und Polstern wohnlich und urban elegant. Mit einem modernen Tagungsbereich. Restaurant Bella Italia mit einer Auswahl an typischen italienischen Gerichten.

Weender Hof, Hannoversche Str. 150, ⌧ 37077, ℘ (0551) 50 37 50, weender-hof
@web.de, Fax (0551) 5037555, 🍽 – TV 🅿 – 🔔 50. ⓘ ⓜⓞ VISA
⇐ Zim   über ①
geschl. 1. - 14. Jan., Juli - Aug. 3 Wochen – **Menu** (geschl. Sonntag) (nur Abendessen) à la carte 17/27 – **20 Zim** ⊇ 40/50 – 65.
• Eine nette, familiär geführte Übernachtungsadresse mit gepflegtem Rahmen. Hier finden Sie saubere und funktionell eingerichtete Gästezimmer. Neo-rustikales Restaurant.

In Friedland über ② : 12 km :

Biewald mit Zim, Weghausstr. 20, ⌧ 37133, ℘ (05504) 9 35 00, kontakt@biewald-riedland.de, Fax (05504) 935040, 🍽 – TV ⇐ 🅿. AE ⓘ ⓜⓞ VISA
Menu 18/36 – **9 Zim** ⊇ 45 – 65.
• Das rustikal-gemütliche Flair eines 200 Jahre alten Hauses bestimmt den Charakter der verschiedenen Stuben. Die Küche bietet Regionales und Internationales.

In Friedland - Groß-Schneen über ② : 10 km :

Schillingshof 🌲 mit Zim, Lappstr. 14, ⌧ 37133, ℘ (05504) 2 28, info@schillingshof.de, Fax (05504) 427, 🍽 – TV 🅿. ⓘ ⓜⓞ VISA
geschl. 1. - 14. Jan., Juli - Aug. 3 Wochen – **Menu** (geschl. Montag - Dienstag) à la carte 27/51 🍷 – **5 Zim** ⊇ 45 – 80.
• Gediegen-rustikales Ambiente und guter Tischkomfort lassen das familiengeführte Restaurant gemütlich und leicht elegant wirken. Serviert wird eine internationale Küche.

Ihre Meinung über die von uns empfohlenen Restaurants,
deren Spezialitäten sowie die angebotenen regionalen Weine,
interessiert uns sehr.

GOHRISCH (KURORT) Sachsen ⓯⓱ N 26 – 850 Ew – Höhe 300 m – Luftkurort.
🛈 Fremdenverkehrsamt, Königsteiner Str. 14, ⌧ 01824, ℘ (035021) 7 66 13, Fax (035021) 76650.
Berlin 229 – *Dresden* 35 – Bautzen 54.

Parkhotel Margaretenhof 🌲, Pfaffendorfer Str. 89, ⌧ 01824, ℘ (035021) 62 30, info@margaretenhof.de, Fax (035021) 62599, 🍽, 🎿, ⇐, 🏊 – 🛗 TV 📞 🅿 – 🔔 30.
AE ⓘ ⓜⓞ VISA
Menu à la carte 16/28,50 – **45 Zim** ⊇ 54/80 – 68/95 – ½ P 15.
• Das renovierte ältere Landhaus mit neuerem Anbau beherbergt solide und funktionell ausgestattete, teils auch recht komfortable Zimmer. Mit hübsch angelegtem Garten. Gut eingerichtetes Restaurant mit rustikaler Note.

GOLDBERG Mecklenburg-Vorpommern ⓯⓲ F 20 – 5 000 Ew – Höhe 67 m.
Berlin 170 – Schwerin 52 – Güstrow 28.

Seelust 🌲 (mit Gästehaus), Am Badestrand 4, ⌧ 19399, ℘ (038736) 82 30, hotelseelust@t-online.de, Fax (038736) 82358, ≤, 🍽, ⇐, 🎿, 🏊 – ⇐ Zim, TV 🅿 – 🔔 60.
AE ⓜⓞ VISA
Menu à la carte 18/22 – **27 Zim** ⊇ 49/63 – 66/95.
• Sie haben die Wahl zwischen wohnlichen Doppel- oder Einzelzimmern sowie Appartements, teils mit Balkon und Seeblick. Allein schon die schöne Lage spricht für dieses Haus. Ländlich-schlichtes Restaurant mit neuzeitlichem Wintergartenvorbau.

GOLDKRONACH Bayern siehe Berneck im Fichtelgebirge, Bad.

GOLLING Österreich siehe Salzburg.

GOLM Brandenburg siehe Potsdam.

GOMADINGEN Baden-Württemberg 545 U 12 – 2 200 Ew – Höhe 675 m – Luftkurort – Wintersport : 680/800 m.
🛈 Tourist-Information, Rathaus, Marktplatz 2, ⊠ 72532, ℘ (07385) 96 96 33, info@gomadingen.de, Fax (07385) 969622.
Berlin 665 – *Stuttgart* 64 – Reutlingen 23 – Ulm (Donau) 60.

Zum Lamm mit Zim, Hauptstr. 3, ⊠ 72532, ℘ (07385) 9 61 50, info@lamm-gomadingen.de, Fax (07385) 96151, 🍴 – 🛌 Zim, TV P 🌐 VISA
geschl. 12. - 30. Jan. - **Menu** (geschl. Montag) à la carte 15/29 – **6 Zim** ⇌ 42/45 – 64/70.
• Der Familienbetrieb im Zentrum bietet neben einem sehr gepflegten, schlichten Restaurant mit ländlichem Charakter auch neuzeitliche, wohnliche Zimmer mit guter Technik.

In Gomadingen-Offenhausen West : 2 km :

Landhotel Gulewitsch - Gestütsgasthof, Ziegelbergstr. 24, ⊠ 72532, ℘ (07385) 9 67 90, Fax (07385) 967996, 🍴, 🅵🅶, 🛁, 🌳 – 🛌 Zim, TV ℡ 🚗 P – 🅿 40. 🌐 VISA
Menu (geschl. Mittwoch) à la carte 18,50/36 – **22 Zim** ⇌ 44/49 – 61/73 – ½ P 18.
• Ein Hotel etwas oberhalb des Ortes ergänzt den ca. 400 m entfernten Gasthof - früher Teil eines Gestüts. Gepflegte Zimmer in hellem Naturholz und gute technische Ausstattung. Rustikal gestalteter Restaurantbereich.

GOMARINGEN Baden-Württemberg 545 U 11 – 7 800 Ew – Höhe 640 m.
Berlin 690 – *Stuttgart* 59 – Hechingen 17 – Reutlingen 11 – Tübingen 9.

Arcis garni, Bahnhofstr. 10, ⊠ 72810, ℘ (07072) 91 80, hotelarcis@aol.com, Fax (07072) 918191 – 🛗 🛌 TV ℡ P – 🅿 30. ⓪ 🌐 VISA
38 Zim ⇌ 35/55 – 60/75.
• Suchen Sie eine gepflegte Unterkunft, die Funktionalität und Wohnlichkeit gelungen kombiniert ? Die Zimmer sind neuzeitlich möbliert und technisch gut ausgestattet.

GOMMERN Sachsen-Anhalt 542 J 19 – 6 800 Ew – Höhe 52 m.
Berlin 153 – *Magdeburg* 18 – Brandenburg 90 – Dessau 43.

Robinien-Hof, Salzstr. 49, ⊠ 39245, ℘ (039200) 6 40, hotel-robinienhof@addcom.de, Fax (039200) 64317, 🍴, 🛁, ⬜ – 🛗 🛌 TV P – 🅿 200. 🆎 🌐 VISA
Menu à la carte 15/28 – **45 Zim** ⇌ 49/56 – 72.
• Die Lage am See, ein ansprechendes Preis-Leistungs-Verhältnis und die neuzeitliche Gestaltung der Zimmer machen den Reiz Ihres vorübergehenden Zuhauses aus. Zeitlos und gepflegt zeigt sich das Restaurant - mit hellem Wintergarten.

GOSLAR Niedersachsen 541 K 15 – 46 000 Ew – Höhe 320 m.
Sehenswert : Fachwerkhäuser** in der Altstadt*** : Marktplatz** Z, Rathaus* mit Huldigungssaal** YZ R – Kaiserpfalz* Z – Breites Tor* Y – Neuwerkkirche* Y – Pfarrkirche St. Peter und Paul* Z F – Mönchehaus* Y M1.
Ausflugsziel : Klosterkirche Grauhof* (Nord-Ost : 3 km über die B 82) X.
🛈 Tourist-Information, Markt 7, ⊠ 38640, ℘ (05321) 7 80 60, goslarinfo@t-online.de, Fax (05321) 780644.
🛈 Kurverwaltung Hahnenklee, Kurhausweg. 7, ⊠ 38644, ℘ (05325) 5 10 40, Fax (05325) 510420.
Berlin 252 ① – *Hannover* 84 ④ – Braunschweig 43 ① – Göttingen 80 ④ – Hildesheim 59 ④

Stadtplan siehe gegenüberliegende Seite

Der Achtermann, Rosentorstr. 20, ⊠ 38640, ℘ (05321) 7 00 00, info@der-achtermann.de, Fax (05321) 7000999, 🍴, Massage, ♨, 🛁, ⬜ – 🛗 TV ℡ ♿ P – 🅿 500. 🆎 ⓪ 🌐 VISA JCB   Y r
Menu à la carte 19/34 – **152 Zim** ⇌ 99/115 – 145.
• Die wohnlichen Zimmer sind mal mit dunklem Holz versehen, mal mit Rattan bestückt oder in Kirsche gehalten. Sie bieten ein unterschiedliches Platzangebot - je nach Bedarf. Eine dunkle Holzdecke mit Malerei prägt die Altdeutschen Stuben im historischen Turm.

Niedersächsischer Hof, Klubgartenstr. 1, ⊠ 38640, ℘ (05321) 31 60, niedersaechsischerhof@t-online.de, Fax (05321) 316444 – 🛗 🛌 Zim, TV ℡ ♿ P – 🅿 70. ⓪ 🌐 VISA JCB   Y a
Menu (wochentags nur Abendessen) à la carte 23/40 – **Pieper's Bistro** (auch Mittagessen)
Menu à la carte 19/30 – **63 Zim** ⇌ 91/105 – 124/139.
• Neben gepflegten, neuzeitlichen Zimmern hält Ihr Quartier ein besonderes Extra für Sie bereit : eine Ausstellung zeitgenössischer Gemälde. Schwere Polsterstühle verleihen dem Restaurant eine stilvolle Note. Im Untergeschoss : das Bistro.

GOSLAR

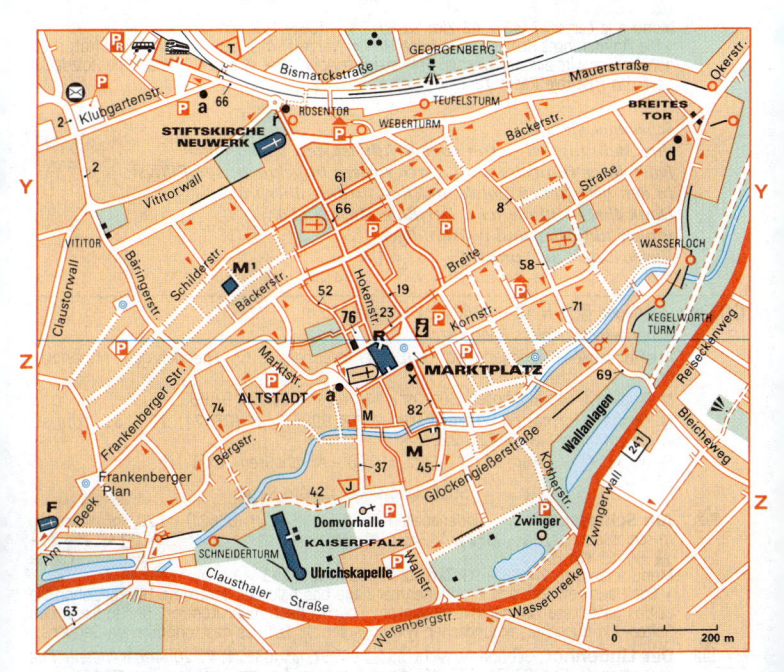

Street	Ref
Astfelder Straße	X 2
Berliner Allee	X 5
Breite Straße	Y
Brüggemannstraße	Y 8
Clausthaler Straße	X 10
Danziger Straße	X 14
Dörpkestieg	X 17
Fischemäkerstraße	Y 19
Fleischscharren	Y 23
Grauhöfer Landwehr	X 26
Heinrich-Pieper-Straße	X 32
Hildesheimer Straße	X 34
Hoher Weg	Z 37
Hokenstraße	Y
Im Schleeke	X 39
Kaiserbleek	Z 42
Königstraße	Y 45
Köppelsbleek	X 47
Marienburger Straße	X 50
Marktstraße	Z
Münzstraße	Y 52
Nonnenweg	X 55
Obere Kirchstraße	Y 58
Petersilienstraße	Y 61
Rammelsberger Straße	Z 63
Rosentorstraße	Y 66
St-Annenhöhe	Z 69
Schielenstraße	Y 71
Schreiberstraße	Z 74
Schuhhof	Y 76
Vienenburger Straße	X 79
Worthstraße	Z 82

*Die in diesem Führer angegebenen Preise folgen
der Entwicklung der allgemeinen Lebenshaltungskosten.
Lassen Sie sich bei der Zimmerreservierung den endgültigen
Preis vom Hotelier mitteilen.*

GOSLAR

🏨 **Kaiserworth,** Markt 3, ✉ 38640, ✆ (05321) 70 90, hotel@kaiserworth.de, Fax (05321) 709345, 🌳 – 🛗, 🚭 Zim, 📺 📞 🅿 – 🏛 80. 🅰🅴 ⓘ ⓜ🅾 VISA Z x
Menu à la carte 18/40 – **65 Zim** ⌂ 58/95 – 101/171.
◆ Das schmucke Haus im Herzen der Altstadt - ein ehemaliges Gewandhaus a. d. 15. Jh. - beherbergt behagliche Zimmer, teils modern, teils mit Stilmobiliar eingerichtet. Blickfang im Restaurant ist das prächtige Kreuzgewölbe.

🏨 **Treff Hotel Das Brusttuch** garni, Hoher Weg 1, ✉ 38640, ✆ (05321) 3 46 00, brusttuch.goslar@treff-hotels.de, Fax (05321) 346099 – 🛗 📺 – 🏛 15. 🅰🅴 ⓘ ⓜ🅾 VISA JCB
13 Zim ⌂ 71/87 – 112/127.   Z a
◆ Das Patrizierhaus a. d. 16. Jh. stellt eine gelungene Kombination von mittelalterlicher Baukunst und modernem Wohnen dar - umgeben von hübschen Fachwerkhäusern.

🏠 **Goldene Krone,** Breite Str. 46, ✉ 38640, ✆ (05321) 3 44 90, goldkrone@kiekin-hotels.de, Fax (05321) 344950 – 📺 🅿. 🅰🅴 ⓘ ⓜ🅾 VISA JCB   Y d
Menu (Montag - Mittwoch nur Abendessen) à la carte 19,50/33 – **18 Zim** ⌂ 50/75 – 85/115.
◆ Das für Goslar typische Fachwerkhaus nimmt bereits seit dem Jahr 1733 Reisende auf. Nach einem beschaulichen Bummel durch die Stadt logieren Sie in praktischen Zimmern. Im Restaurant herrscht eine heimelige Atmosphäre.

🍴🍴 **Les petites maisonnettes,** Am Siechenhof 12, ✉ 38640, ✆ (05321) 1 88 88, info@les-petites-maisonnettes.de, Fax (05321) 304439, 🌳 – ⓜ🅾 VISA   X m
geschl. 1. - 5. Jan., Dienstag, Samstagmittag - **Menu** à la carte 29/38.
◆ Das rustikale Restaurant befindet sich in einem kleinen Fachwerkhaus mit Nebengebäude und ist ansprechend dekoriert. Sie wählen aus einer Karte mit internationalen Gerichten.

In Goslar-Hahnenklee Süd-West : 15 km über ③ – Höhe 560 m – Heilklimatischer Kurort – Wintersport : 560/724 m ⚡1 ⚡2 ⚡.

🏨 **Am Kranichsee,** Parkstr. 4, ✉ 38644, ✆ (05325) 70 30, hotels@kranichsee.de, Fax (05325) 703100, ≤, 🌳, Massage, ♨, 🈶, 🅿 – 🛗 📺 🚗 🅿 – 🏛 35. 🅰🅴 ⓘ ⓜ🅾 VISA
Menu à la carte 17/35 – **48 Zim** ⌂ 61/74 – 106 – ½ P 15.
◆ Die Zimmer Ihres Hotels sind auf drei Häuser verteilt : mal neuzeitlich in hellem Naturholz gehalten, mal im alpenländischen Stil - stets in wohnlicher Machart. Eine schöne Holzdecke ziert das rustikale Restaurant.

Schreiben Sie uns...
Ihre Meinung, sei es Lob oder Kritik, ist stets willkommen.
Jeder Ihrer Hinweise wird durch unsere Inspektoren sorgfältigst
in den betroffenen Hotels und Restaurants überprüft.
Dank Ihrer Mithilfe wird Der Rote Michelin-Führer
immer aktueller und vollständiger.
Vielen Dank im Voraus !

GOTHA Thüringen ⁵⁴⁴ N 16 – 48 000 Ew – Höhe 270 m.
Sehenswert : Schloss Friedenstein★ CY.
Ausflugsziele : Thüringer Wald ★★ (Großer Inselsberg ≤ ★★, Friedrichroda : Marienglashöhle ★).
🏌 Mühlberg, Gut Ringhofen (Süd-Ost : 11 km) ✆ (036256) 8 69 83.
🛈 Gotha-Information, Hauptmarkt 2, ✉ 99867, ✆ (03621) 22 21 32, tourist-info@gotha.de, Fax (03621) 222134.
Berlin 326 ③ – *Erfurt 22* ② – Gera 114 ③ – Nordhausen 76 ①

Stadtpläne siehe nächste Seiten

🏨🏨 **Am Schlosspark** 🌳, Lindenauallee 20, ✉ 99867, ✆ (03621) 44 20, info@hotel-am-schlosspark.de, Fax (03621) 442452, 🌳, Massage, 🈶 – 🛗, 🚭 Zim, 📺 📞 🚗 🅿 – 🏛 80. 🅰🅴 ⓜ🅾 VISA   CZ a
Menu à la carte 24/35 – **95 Zim** ⌂ 72/90 – 100/115.
◆ Das Haus befindet sich in angenehmer Lage oberhalb des Zentrums. Hier beziehen Sie zeitlos gestaltete Zimmer mit elegantem Touch - noch mehr Komfort finden Sie in den Suiten. Ein hübscher, freundlicher Wintergarten ist Teil des gastronomischen Bereichs.

🏨 **Der Lindenhof,** Schöne Aussicht 5, ✉ 99867, ✆ (03621) 77 20, info@lindenhof.bestwestern.de, Fax (03621) 772410, 🌳, Biergarten, 🛠, 🈶 – 🛗, 🚭 Zim, 📺 📞 🚗 🅿 – 🏛 150. 🅰🅴 ⓘ ⓜ🅾 VISA, 🚭 Rest   AX e
Menu à la carte 18/33 – **90 Zim** ⌂ 76/83 – 90/99.
◆ Die funktionellen Zimmer des ehemaligen Kasernengebäudes schätzen private wie auch tagende Gäste. Die Hotelhalle verfügt über eine kleine Bibliothek. Leicht elegant präsentiert sich das Hotelrestaurant.

554

GOTHA

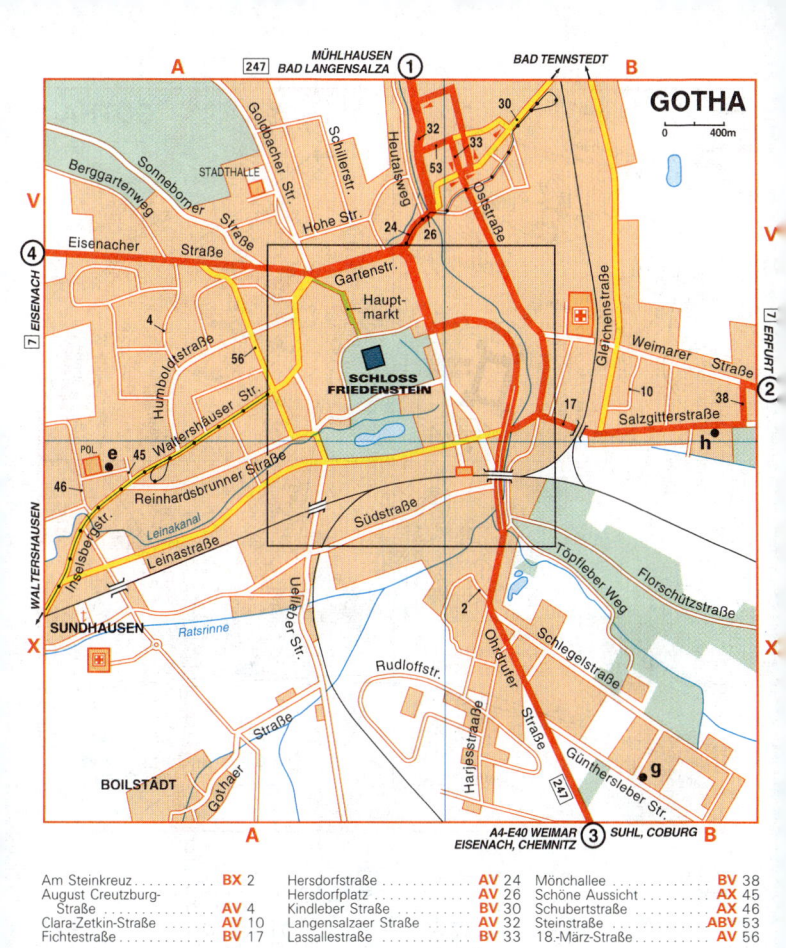

Am Steinkreuz	**BX** 2	Hersdorfstraße	**AV** 24	Mönchallee	**BV** 38
August Creutzburg-Straße	**AV** 4	Hersdorfplatz	**AV** 26	Schöne Aussicht	**AX** 45
Clara-Zetkin-Straße	**AV** 10	Kindleber Straße	**BV** 30	Schubertstraße	**AX** 46
Fichtestraße	**BV** 17	Langensalzaer Straße	**AV** 32	Steinstraße	**ABV** 53
		Lassallestraße	**BV** 33	18.-März-Straße	**AV** 56

Waldbahn Hotel, Bahnhofstr. 16, ✉ 99867, ✆ (03621) 23 40, *informationen@waldbahn-hotel.de, Fax (03621) 234130*, 🍴 – ⇌s – |≬|, ⇥ Zim, 📺 🅿 – 🛇 50. AE ⓓ ⓜⓞ VISA
DZ b
Menu à la carte 15/26 – **56 Zim** ⇌ 59 – 87.
♦ Eine funktionelle und wohnliche Einrichtung in Kirsche macht die Zimmer dieses in Bahnhofsnähe gelegenen sauberen und gut unterhaltenen Stadthauses aus. Gepflegtes, durch Raumteiler aufgelockertes Restaurant.

Turmhotel, Am Luftschiffhafen 2 (Gewerbegebiet), ✉ 99867, ✆ (03621) 71 60, *info@turmhotel.de, Fax (03621) 716430*, 🍴 – |≬|, ⇥ Zim, 📺 📞 ♿ 🚗 🅿 – 🛇 110. AE ⓓ ⓜⓞ VISA
BX g
Menu à la carte 16/30 – **104 Zim** ⇌ 67/72 – 77.
♦ In diesem quadratisch angelegten Hotelbau mit Innenhof und Turmvorbau erwarten den Gast neuzeitlich möblierte und funktionell ausgestattete Zimmer. Das unterteilte, zur Halle hin offene Restaurant wird ergänzt durch eine rustikale Stube.

Quality Hotel, Ohrdrufer Straße 2b (B 247), ✉ 99867, ✆ (03621) 71 70, *info@quality-gotha.de, Fax (03621) 717500*, 🍴 – ⇌s – |≬|, ⇥ Zim, 🖥 📺 ♿ 🅿 – 🛇 70. AE ⓜⓞ VISA JCB, ✂ Rest
DZ c
Menu à la carte 14,50/24 – **118 Zim** ⇌ 57/65 – 72/85.
♦ Neben netten Zimmern in neuzeitlicher Aufmachung sprechen auch ein zuvorkommender Service und die Nähe zum historischen Zentrum der Stadt für dieses Hotel. Blickfang im Restaurant : die offene Küche.

GOTHA

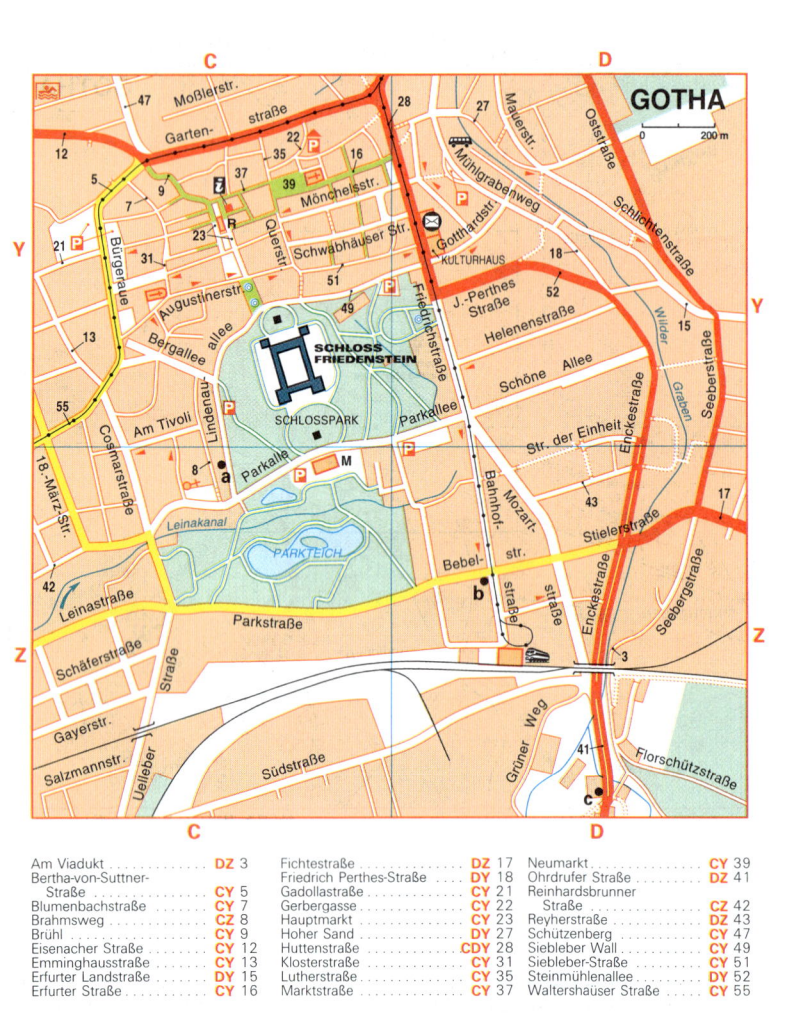

Am Viadukt	**DZ** 3	Fichtestraße	**DZ** 17
Bertha-von-Suttner-		Friedrich Perthes-Straße	**DY** 18
Straße	**CY** 5	Gadollastraße	**CY** 21
Blumenbachstraße	**CY** 7	Gerbergasse	**CY** 22
Brahmsweg	**CZ** 8	Hauptmarkt	**CY** 23
Brühl	**CY** 9	Hoher Sand	**DY** 27
Eisenacher Straße	**CY** 12	Huttenstraße	**CDY** 28
Emminghausstraße	**CY** 13	Klosterstraße	**CY** 31
Erfurter Landstraße	**DY** 15	Lutherstraße	**CY** 35
Erfurter Straße	**CY** 16	Marktstraße	**CY** 37
Neumarkt	**CY** 39		
Ohrdrufer Straße	**DZ** 41		
Reinhardsbrunner			
Straße	**CZ** 42		
Reyherstraße	**DZ** 43		
Schützenberg	**CY** 47		
Siebleber Wall	**CY** 49		
Siebleber-Straße	**CY** 51		
Steinmühlenallee	**DY** 52		
Waltershäuser Straße	**CY** 55		

🏨 **Landhaus Hotel Romantik,** Salzgitterstr. 76 (B 7), ✉ 99867, ☏ (03621) 3 64 90, gewalter@landhaus-hotel-romantik.de, Fax (03621) 364949, 🌳 – 🍴 Zim, 📺 📞 🅿 AE ⓂⓈ VISA ⌘ Rest **BV h**
Menu (geschl. Sonntag) (nur Abendessen) (Restaurant nur für Hausgäste) – **14 Zim** ⌑ 58 – 77/82.
♦ Nettes Dekor und eine Einrichtung im Landhausstil schaffen in diesem kleinen Familienbetrieb ein wohnliches Ambiente. Hübsch : die Gartenanlage mit Teich.

GOTTLEUBA, BAD Sachsen siehe Berggießhübel.

Die in diesem Führer angegebenen Preise folgen
der Entwicklung der allgemeinen Lebenshaltungskosten.
Lassen Sie sich bei der Zimmerreservierung den endgültigen
Preis vom Hotelier mitteilen.

GOTTMADINGEN Baden-Württemberg 545 W 10 – 8 900 Ew – Höhe 432 m.
Berlin 789 – Stuttgart 159 – Konstanz 47 – Singen (Hohentwiel) 7 – Schaffhausen 17.

Kranz (mit Gästehaus), Hauptstr. 37 (B 34), ⊠ 78244, ℰ (07731) 70 61, Fax (07731) 73994 – 🛗 ⁂ Zim, 📺 ♿ 🚗 🅿 – 🔒 15. AE ⓄⓂ VISA
Menu (geschl. Sonn- und Feiertage) à la carte 13/23 – **32 Zim** ⊑ 44 – 70.
• Eine Übernachtungsmöglichkeit zu fairen Preisen bietet Ihnen dieses Haus mit seinen solide und zeitgemäß eingerichteten Zimmern - im Gästehaus etwas moderner. Schlichte Gaststube mit bürgerlicher Küche.

In Gottmadingen-Bietingen West : 3 km :

Landgasthof Wider, Ebringer Str. 11, ⊠ 78244, ℰ (07734) 9 40 00, landgasthof-wider@t-online.de, Fax (07734) 940099, 🍽, 🚗 🅿 ⓄⓂ VISA
Menu (geschl. Dienstag) à la carte 15/26 – **24 Zim** ⊑ 37/42 – 58/68.
• Freuen Sie sich auf das gute Preis-Leistungs-Verhältnis dieses gepflegten Hotels. Die Zimmer sind teils mit hellem Wurzelholz möbliert, teils in rustikaler Eiche gehalten. Bürgerliche Gaststube mit Kachelofen - Steyrerstube für Nichtraucher.

GRAACH Rheinland-Pfalz 543 Q 5 – 830 Ew – Höhe 105 m.
Berlin 678 – Mainz 116 – Trier 46 – Bernkastel-Kues 3 – Wittlich 13.

Weinhaus Pfeiffer garni, Gestade 12, ⊠ 54470, ℰ (06531) 9 63 50, Fax (06531) 9635130, ← , 🚗 🅿
13 Zim ⊑ 29/52 – 52/60.
• An der Mosel liegt dieses einfache kleine Hotel - ein etwas älteres, aber tadellos gepflegtes Haus mit sauberen Gästezimmern in ländlichem Stil.

GRAAL-MÜRITZ Mecklenburg-Vorpommern 542 D 20 – 4 000 Ew – Seeheilbad.
🛈 Haus des Gastes, Rostocker Str. 3, ⊠ 18181, ℰ (038206) 70 30, Fax (038206) 70320.
Berlin 241 – Schwerin 109 – Rostock 28 – Stralsund 59.

Haus am Meer 🍃, Zur Seebrücke 36, ⊠ 18181, ℰ (038206) 73 90, haus-am-meer@t-online.de, Fax (038206) 73939, 😊, Massage, 🍽 – 📺 🅿 – 🔒 20. AE ⓄⓂ VISA 🐾
geschl. 21. - 24. Dez. - **Menu** à la carte 15/21 – **34 Zim** ⊑ 50/65 – 85/90 – ½ P 10.
• Dieses persönlich geführte Hotel bietet Ihnen unterschiedlich möblierte, funktionelle Zimmer. Die strandnahe Lage des Hauses beschreibt bereits der Name. Freundliches, zeitlos eingerichtetes Restaurant.

GRÄFELFING Bayern 546 V 18 – 13 300 Ew – Höhe 540 m.
siehe Stadtplan München (Umgebungsplan).
Berlin 598 – München 14 – Augsburg 61 – Garmisch-Partenkirchen 81 – Landsberg am Lech 46.

In Gräfelfing-Lochham :

Würmtaler Gästehaus, Rottenbucher Str. 55, ⊠ 82166, ℰ (089) 8 54 50 56, info@hotel-wuermtaler.de, Fax (089) 853897, 🍽, 🚴 – ⁂ 📺 ♿ 🚗 🅿 – 🔒 40. AE ⓄⓂ VISA   **AS** c
Menu (geschl. Dez. - Jan. 2 Wochen, Aug. 1 Woche, Freitag - Sonntag) à la carte 14/25 – **55 Zim** ⊑ 65/115 – 85/168.
• Abseits vom Großstadtlärm und dennoch nahe der Münchner City liegt dieses Hotel. Man verfügt über solide Zimmer mit unterschiedlicher Möblierung.

In Planegg Süd-West : 1 km :

Planegg 🍃 garni, Gumstr. 13, ⊠ 82152, ℰ (089) 8 99 67 60, info@hotel-planegg.de, Fax (089) 89967676 – 🛗 ⁂ 📺 ♿ 🅿 ⓄⓂ VISA JCB   **AT** a
geschl. Weihnachten - Anfang Jan. – **39 Zim** ⊑ 59/75 – 72/86.
• Hier finden Sie Ruhe und Entspannung vor den Toren Münchens. Fragen Sie nach einem der renovierten Gästezimmer - freundlich und praktisch eingerichtet.

GRÄFENBERG Bayern 546 R 17 – 5 000 Ew – Höhe 433 m.
Berlin 409 – München 190 – Nürnberg 28 – Bamberg 42.

In Gräfenberg-Haidhof Nord : 7,5 km, über Hohenschwärz und Thuisbrunn :

Schloßberg 🍃, (mit Gästehaus), Haidhof 5, ⊠ 91322, ℰ (09197) 6 28 40, info@hotel-schlossberg.com, Fax (09197) 628462, 🍽, 😊, 🚴 – 📺 🅿 – 🔒 80. AE ⓄⓂ VISA
geschl. Jan. - **Menu** (geschl. Montag) à la carte 14/30 – **39 Zim** ⊑ 36/38 – 57/62.
• In ländlicher Umgebung befindet sich dieses familiengeführte Hotel mit hübsch angelegtem Park. Haupthaus und Gästehaus mit rustikal gestalteten Zimmern. Gemütliche Restauranträume.

GRAFENAU Bayern 546 T 24 – 9 200 Ew – Höhe 610 m – Luftkurort – Wintersport : 610/700 m ≰2 ≴.

🛈 Touristinformation, Rathausgasse 1, ✉ 94481, ✆ (08552) 96 23 43, tourismus@grafenau.de, Fax (08552) 920114.

Berlin 505 – München 190 – *Passau* 38 – Deggendorf 46.

Mercure Hotel Sonnenhof ⦵, Sonnenstr. 12, ✉ 94481, ✆ (08552) 44 80, h3191 @accor-hotels.com, Fax (08552) 4680, ≤, ≋, Massage, ≘s, ⊡, ☞, ✤, – ⧎ ⇌ ⊡
✆ 👬 ⇌ ₱ – ⚿ 150. AE ⓘ ⓜ VISA. ✾ Rest
Menu à la carte 19/31 – **147 Zim** ⊡ 70/85 – 120/140 – ½ P 21.
♦ Sind Sie auf der Suche nach einer wohnlichen Unterkunft mit gutem Freizeitbereich ? Die Zimmer sind teils mit rustikalen Eichenmöbeln, teils in hellem Naturholz eingerichtet.

Säumerhof ⦵ mit Zim, Steinberg 32, ✉ 94481, ✆ (08552) 40 89 90, saeumerhof @t-online.de, Fax (08552) 4089950, ≤, ≋, ≘s, ✤, – ⊡ ₱. AE ⓘ ⓜ VISA
Menu (geschl. Montag)(wochentags nur Abendessen) à la carte 24/44 – **9 Zim** ⊡ 52/60 – 104 – ½ P 20/25.
♦ Das stilvolle Restaurant liegt etwas oberhalb des Ortes. Der Service ist sehr engagiert. Geboten wird eine sorgfältig zubereitete Saisonküche. Einige gepflegte Zimmer !

In Grafenau-Grüb *Nord : 1,5 km :*

Hubertus, Grüb 20, ✉ 94481, ✆ (08552) 9 64 90, info@hubertus-grafenau.de, Fax (08552) 5265, ≋, ≘s, ⊡, – ⧎ ⊡ ⇌ ₱. ⓜ VISA
Menu 13,50/23 – **35 Zim** ⊡ 44/66 – 72/98 – ½ P 11.
♦ Dieser erweiterte Gasthof bietet Ihnen in seinem Anbau gut ausgestattete Zimmer mit zeitgemäßem, hellem Mobiliar. Kleiner und schlichter sind die Zimmer im Haupthaus. Ländliches Restaurant.

GRAFENBERG Baden-Württemberg siehe Metzingen.

GRAFENHAUSEN Baden-Württemberg 545 W 8 – 2 300 Ew – Höhe 895 m – Luftkurort – Wintersport : 900/1 100 m ≰1 ≴.

Sehenswert : Heimatmuseum "Hüsli"★ (in Rothaus, Nord : 3 km).

🛈 Tourist-Information, Schulstr. 1, ✉ 79865, ✆ (07748) 5 20 41, info@grafenhausen.de, Fax (07748) 52042.

Berlin 788 – Stuttgart 174 – *Freiburg im Breisgau* 50 – Donaueschingen 41 – Waldshut-Tiengen 30.

Tannenmühle ⦵, Tannenmühlenweg 5 (Süd-Ost : 3 km), ✉ 79865, ✆ (07748) 2 15, info@tannenmuehle.de, Fax (07748) 1226, ≋, ⦵, ≘s, ✤, – ⊡ ₱. ⓜ
geschl. Mitte Nov. - Mitte Dez. – **Menu** (geschl. Nov. - April Dienstag) à la carte 19/30 – **18 Zim** ⊡ 38/55 – 61/90.
♦ Neben solide, teils neu eingerichteten Zimmern gehören ein Mühlenmuseum, ein Tiergehege und eine Forellenzucht zu diesem schön gelegenen typischen Schwarzwaldgasthof. Gaststuben mit rustikalem Charakter sorgen für eine gemütliche Atmosphäre.

In Grafenhausen-Rothaus *Nord : 3 km, über Rothauser Straße – Höhe 975 m*

Schwarzwaldhotel Rothaus (mit Gästehaus), ✉ 79865, ✆ (07748) 9 20 90, info @schwarzwaldhotel-rothaus.de, Fax (07748) 9209199, Biergarten, ≘s, ✤, – ⊡ ₱
– ⚿ 50. ⓜ VISA
Menu à la carte 16/31, ⦵ – **48 Zim** ⊡ 42/54 – 68/92, 7 Suiten – ½ P 15.
♦ Die unterschiedlich geschnittenen Zimmer des Hauses überzeugen die Gäste mit viel Platz und attraktivem ländlichem Design - wahlweise auch mit getrenntem Wohnbereich. Zum Speisen nehmen Sie in der rustikalen Braustube Platz - oder unter freiem Himmel.

GRAFENWIESEN Bayern 546 S 22   1 700 Ew   Höhe 509 m – Erholungsort.

🛈 Verkehrsamt, Rathausplatz 6, ✉ 93479, ✆ (09941) 16 97, Fax (09941) 4783.

Berlin 501 – München 191 – *Passau* 98 – Cham 26 – Deggendorf 50.

Birkenhof ⦵, Auf der Rast 7, ✉ 93479, ✆ (09941) 15 82, hotel-birkenhof@t-online.de, Fax (09941) 4961, ≤, ≋, ⦵, ≘s, ⊡, ✤, – ⧎ ⊡ ₱. ✾ Rest
Menu (geschl. Sonntagabend) (wochentags nur Abendessen) à la carte 12/19 – **50 Zim** ⊡ 48/65 – 96/100 – ½ P 13.
♦ Am Dorfrand ist dieses gepflegte und zeitgemäße Hotel gelegen. Helles, solides Holzmobiliar lässt die Zimmer wohnlich wirken. Hallenbadbereich mit Sauna und Beautyfarm. Das Restaurant ist - wie das gesamte Haus - freundlich und neuzeitlich gestaltet.

GRAFING Bayern ⁵⁴⁶ V 19 – 11 000 Ew – Höhe 519 m.
 ₁₈ Oberelkofen, Hochreiterweg 14 (Süd : 3 km), ℰ (08092) 74 94.
Berlin 614 – München 39 – Landshut 80 – Rosenheim 35 – Salzburg 110.

Hasi's Hotel garni, Griesstr. 5, ✉ 85567, ℰ (08092) 7 00 70, hotelhasi@aol.com, Fax (08092) 700780 – 🛏 TV 🚗 P – 🏊 60. ◉ VISA
23 Zim ☑ 40/50 – 66/80.
• Das Hotel ermöglicht Ihnen einen Aufenthalt in familiärer, gemütlicher Atmosphäre. Die Einrichtung aus Naturholz macht die neuzeitlichen Zimmer zu einem netten Quartier.

GRAINAU Bayern ⁵⁴⁶ X 17 – 3 700 Ew – Höhe 748 m – Luftkurort – Wintersport : 750/2 950 m ≤3 ≤9 ⛷.
Sehenswert : Eibsee★ (Süd-West : 3 km).
Ausflugsziel : Zugspitzgipfel★★★ (✱★★★) mit Zahnradbahn (40 min) oder ⛷ ab Eibsee (10 min).
🛈 Kurverwaltung, Parkweg 8, ✉ 82491, ℰ (08821) 98 18 50, info@grainau.de, Fax (08821) 981855 – Berlin 682 – München 94 – Garmisch-Partenkirchen 11 – Kempten 94.

Alpenhof ♨, Alpspitzstr. 34, ✉ 82491, ℰ (08821) 98 70, alpenhof@grainau.de, Fax (08821) 98770, ≤, 🌳, Massage, ≋s, 🏊, 🐾, ❄ Zim, TV 🚗 P 18.
Menu à la carte 17/35 – **36 Zim** ☑ 58/100 – 130/180 – ½ P 18.
• Ein großzügiger Hallenbereich empfängt Sie hinter der alpenländischen Fassade. Landhausstil, Komfort, tadellose Pflege und familiäre Atmosphäre zeichnen dieses Hotel aus. Mit rustikalem Holzinventar unterstreicht das Restaurant den Charakter des Hauses.

Eibsee-Hotel ♨, am Eibsee 1 (Süd-West : 3 km), ✉ 82491, ℰ (08821) 9 88 10, info@eibsee-hotel.de, Fax (08821) 82585, ≤ Eibsee und Zugspitze, 🌳, 🏋, ≋s, 🏊, 🐾, 🎾, ❄ – 🛗, ❄ Zim, TV ✆ 🚗 P – 🏊 130. ◉ ◎ VISA JCB. ❄ Rest
Menu 14,50 Lunchbuffet à la carte 24/34 – **Taverne** (euro-asiatische Küche) (geschl. April, Mitte Nov. - Mitte Dez., Sonntag - Montag) (nur Abendessen) **Menu** 23,50 à la carte 26/35 – **120 Zim** ☑ 75/100 – 100/160, 6 Suiten – ½ P 21.
• Mit dem See unmittelbar vor der Tür, können Sie jederzeit einen Sprung ins kühle Nass wagen. Ihr Zimmer bietet mit gediegenem Interieur beste Möglichkeiten zur Entspannung. Im Restaurant erwartet Sie klassisches Ambiente. Rustikal : die Taverne.

Romantik Hotel Waxenstein, Höhenrainweg 3, ✉ 82491, ℰ (08821) 98 40, info@waxenstein.de, Fax (08821) 9840 1, ≤ Waxenstein und Zugspitze, 🌳, Massage, ≋s, 🏊, 🐾, 🎾 – 🛗, ❄ Zim, TV ✆ 🚗 P – 🏊 60. ◉ ◉ VISA ❄ Rest
Menu à la carte 26/42 – **48 Zim** ☑ 65/85 – 120/160 – ½ P 19.
• Eine gelungene Kombination von Wohnlichkeit und Funktionalität prägt die Zimmer Ihres Hotels. Die Gegend stellt im Sommer wie auch im Winter ein reizvolles Ziel dar. Bequeme Polsterstühle und gut eingedeckte Tische laden im Restaurant zum Verweilen ein.

Längenfelder Hof ♨, Längenfelderstr. 8, ✉ 82491, ℰ (08821) 98 58 80, mail@laengenfelder-hof.de, Fax (08821) 9858830, ≤, ≋s, 🏊, 🐾, 🎾 – TV 🚗 P ❄
geschl. 2. Nov. - 15. Dez. – **Menu** (geschl. Sonntag) (nur Abendessen) (Restaurant nur für Hausgäste) – **19 Zim** ☑ 46/72 – 76/92 – ½ P 16.
• Die Zimmer des Hauses sind im Stil einheitlich mit Holzmobiliar bestückt. Die eindrucksvolle Gebirgskulisse und eine familiäre Atmosphäre runden Ihren Aufenthalt ab.

Wetterstein garni, Waxensteinstr. 26, ✉ 82491, ℰ (08821) 98 58 00, wetterstein@t-online.de, Fax (08821) 9858013, ≋s, 🐾 – ❄ TV ✆ 🚗 P ❄
15 Zim ☑ 35/53 – 56/86.
• Im Zentrum des Ortes findet der Gast eine regionstypische Unterkunft. Mit dunklen Holzmöbeln hat man die Zimmer wohnlich wie auch praktisch eingerichtet.

Gasthof Höhenrain, Eibseestr. 1, ✉ 82491, ℰ (08821) 9 88 80, info@hotel-hoehenrain.de, Fax (08821) 98720, 🌳 – ❄ TV 🚗 P ◉ ◎ VISA JCB
Menu (geschl. Mitte Nov. - Mitte Dez., Nov. - Juni Montag) à la carte 18/34 ❄ – **12 Zim** ☑ 36/45 – 64/80 – ½ P 14.
• Ein engagiert geführtes Haus mit typischem Gasthofcharakter. Hinter der bemalten Fassade verbergen sich praktisch ausgestattete Zimmer und eine heimelige Atmosphäre. Gaststube in rustikaler Aufmachung.

Gasthaus am Zierwald mit Zim, Zierwaldweg 2, ✉ 82491, ℰ (08821) 9 82 80, zierwald@t-online.de, Fax (08821) 982888, ≤ Waxenstein und Zugspitze, 🌳, 🐾 – TV P. ◉ ◉ VISA JCB. ❄
geschl. 15. - 30. Jan. – **Menu** (geschl. Mittwoch) à la carte 14/23 – **5 Zim** ☑ 42/48 – 74/78 – ½ P 13.
• Helles Holz in bayerischen Stil verbreitet in diesem gastlichen Haus rustikale Gemütlichkeit. Auf der Karte finden sich Schmankerln der Region sowie schwäbische Gerichte.

Zugspitze ♨, mit Zim, Törlenweg 11, ✉ 82491, ℰ (08821) 88 89, j.vogel@gaponine.de, Fax (08821) 81317, 🌳 – TV P. ◉ VISA
Menu (geschl. Dienstag) à la carte 15/25 – **8 Zim** ☑ 33 – 66.
• Hinter der alpenländischen Fassade erwarten Sie drei nette Stuben mit rustikalem Charme und regionstypisch ausgerichteter Küche. Ordentliche Zimmer mit Naturholzmobiliar.

559

GRAMKOW Mecklenburg-Vorpommern 🄵🄲 E 18 – *1 000 Ew – Höhe 32 m.*
Berlin 240 – Schwerin 40 – Lübeck 49 – Wismar 11.

In Gramkow-Hohen Wieschendorf *Nord : 3 km :*

Golfhotel (mit Gästehäusern), Am Golfplatz 1, ⊠ 23968, ℘ (038428) 6 60, *info @howido.de, Fax (038428) 6666*, ≤, 佘, 🔞, TV, 🚗, P, 🏄 60
Menu à la carte 20/36,50 – **48 Zim** ⊇ 100 – 140, 16 Suiten – ½ P 20.
• Das ehemalige landwirtschaftliche Areal bietet nun Platz für ein modernes Hotel und sportliche Aktivitäten auf dem eigenen Golfplatz. Wohnliche Zimmer in klarem Stil. Restaurant mit Blick ins Grüne.

GRASELLENBACH Hessen 🄵🄳 R 10 – *3 000 Ew – Höhe 420 m – Kneippheilbad – Luftkurort.*
🅱 *Kurverwaltung, Nibelungenhalle,* ⊠ *64689,* ℘ *(06207) 25 54, Fax (06207) 82333.*
Berlin 592 – Wiesbaden 95 – Mannheim 55 – Beerfelden 21 – Darmstadt 55.

Siegfriedbrunnen, Hammelbacher Str. 7, ⊠ 64689, ℘ (06207) 60 80, *siegfrie dbrunnen@stti.de, Fax (06207) 1577*, 佘, Massage, ♣, ≦ₛ, ☒ (geheizt), ☒, ⛳, ※ – ⇌, P, 🚗, 💳, 🅰🅴 🅼🅾 VISA
Menu à la carte 23,50/43 – **62 Zim** ⊇ 79/97 – 131 – ½ P 11.
• Abseits vom Verkehrslärm liegt dieses gerne für Tagungen genutzte Hotel. Die Zimmer sind wohnlich in leicht rustikalem Stil eingerichtet. Guter Freizeitbereich. Das gepflegte Restaurant verteilt sich auf nett gestaltete Stuben.

Gassbachtal, Hammelbacher Str. 16, ⊠ 64689, ℘ (06207) 9 40 00, *hotel-gassb achtal@t-online.de, Fax (06207) 940013*, 佘, ≦ₛ – ⇌, TV, 🚗, P
geschl. 15. Jan. - 12. Feb. – **Menu** (geschl. Montag) (nur Mittagessen) à la carte 16/25 – **22 Zim** ⊇ 37/52 – 74/82 – ½ P 10.
• Eine familiäre Atmosphäre, ein engagiertes Team sowie mit soliden Holzmöbeln leicht rustikal eingerichtete Zimmer erwarten Sie in dem sauberen, gepflegten Hotel. Café-Charakter prägt das Restaurant.

Landgasthof Dorflinde, Siegfriedstr. 14, ⊠ 64689, ℘ (06207) 9 22 90, *Fax (06207) 922933*, 佘, ⛳ – TV, P, 🏄 50. 🅼🅾
Menu à la carte 16/36 – **20 Zim** ⊇ 43 – 93 – ½ P 10.
• Die Zimmer dieses in der Ortsmitte gelegenen ländlichen Hotels sind mit unterschiedlichem Mobiliar bestückt : teils in neuzeitlichem Naturholz, teils in sachlichem Stil. Gemütliche Gaststuben.

Marienhof, Güttersbacher Str. 43, ⊠ 64689, ℘ (06207) 60 90, *marienhofhotel @aol.com, Fax (06207) 60972*, ⻌, ≦ₛ, ☒, ⛳ – ⇌, TV, 🚗, P
geschl. Jan. - Feb. – **Menu** (Restaurant nur für Hausgäste) – **24 Zim** ⊇ 43/68 – 86/110 – ½ P 16.
• Ein Familienbetrieb in ruhiger Lage am Ortsrand. Die Zimmer sind gepflegt und in der Größe recht unterschiedlich - zum Teil verfügen Sie über einen kleinen Wohnbereich.

In Grasellenbach-Tromm *Süd-West : 7 km, Richtung Affolterbach, in Wahlen rechts ab : – Höhe 577 m*

Zur schönen Aussicht, Auf der Tromm 2, ⊠ 64689, ℘ (06207) 33 10, *schoe ne-aussicht-trom@t-online.de, Fax (06207) 5023*, ≤, 佘, ⛳ – TV, 🚗, P, 🏄 20
geschl. Ende Nov. - 24. Dez. – **Menu** (geschl. Montag) à la carte 13/25 – **16 Zim** ⊇ 33 – 60 – ½ P 10.
• Neben der ruhigen Lage oberhalb des Ortes zählen auch die nicht sehr schlichten, aber sehr sauberen Zimmer zu den Vorzügen dieses familiengeführten kleinen Hauses.

In Grasellenbach-Wahlen *Süd : 2 km Richtung Affolterbach :*

Burg Waldau, Volkerstr. 1, ⊠ 64689, ℘ (06207) 94 50, *info@burg-waldau.de, Fax (06207) 945126*, 佘, Biergarten, ≦ₛ, ⛳ – ⇌, ↔ Zim, TV, P, 🏄 30. 🅰🅴 🅾 🅼🅾 VISA
Menu (geschl. 5. - 18. Jan.) à la carte 17/30 – **31 Zim** ⊇ 52/65 – 82/133 – ½ P 10.
• In ländlicher Umgebung steht dieser gepflegte Familienbetrieb mit neuzeitlich gestalteten Gästezimmern im Anbau. Einige auch etwas älter, aber dennoch solide eingerichtet. Bürgerlich-schlichtes Restaurant.

GRASSAU Bayern 🄵🄶 W 21 – *6 300 Ew – Höhe 537 m – Luftkurort.*
🅱 *Verkehrsamt, Kirchplatz 3,* ⊠ *83224,* ℘ *(08641) 69 79 60, Fax (08641) 6979616.*
Berlin 681 – München 91 – Bad Reichenhall 49 – Traunstein 25 – Rosenheim 32.

Sperrer, Ortenburger Str. 5, ⊠ 83224, ℘ (08641) 20 11, *Fax (08641) 1881*, Biergarten, ≦ₛ, ⛳ – ⇌, TV, 🚗, P, 🏄 30. 🅼🅾
geschl. April 1 Woche, Nov. – **Menu** (geschl. Montag) à la carte 9,50/21,50 – **34 Zim** ⊇ 36 – 62 – ½ P 10.
• Im Zentrum des Ortes finden Sie einen netten Gasthof mit praktischen und gut unterhaltenen Zimmern. Für mehr Komfort stehen Ihnen Appartements zur Verfügung. Ländliches Restaurant.

GREDING
Bayern **546** S 18 – 7 200 Ew – Höhe 400 m – Erholungsort.

🛈 Kultur- u. Fremdenverkehrsamt, Marktplatz 13 (Rathaus), ✉ 91171, 📞 (08463) 9 04 20, tourist-info@greding.de, Fax (08463) 90450.

Berlin 476 – München 113 – Nürnberg 59 – Ingolstadt 39 – Regensburg 61.

Am Markt, Marktplatz 2, ✉ 91171, 📞 (08463) 6 42 70, hotel-am-markt-gmbh@t-online.de, Fax (08463) 6427200, 🌳, Biergarten – 🛌 Zim, 📺 📞 📶, 🅰🅴 ⓘ 🆈 🆅

Menu à la carte 12/26 – **43 Zim** ⊇ 37 – 51.

♦ In der Ortsmitte liegt diese saubere und gut unterhaltene ländliche Adresse mit gutem Preis-Leistungs-Verhältnis. Die Zimmer sind teils hell, teils dunkel möbliert und solide. Eine ungezwungene Atmosphäre herrscht in den rustikalen Gasträumen.

GREFRATH
Nordrhein-Westfalen **543** L 3 – 14 000 Ew – Höhe 40 m.

Berlin 582 – Düsseldorf 48 – Krefeld 20 – Mönchengladbach 25 – Venlo 16.

Grefrather Hof (mit Gästehaus), Am Waldrand 1 (Nähe Eisstadion), ✉ 47929, 📞 (02158) 40 70, info@grefratherhof.de, Fax (02158) 407200, 🌳, ≘s, 🟦, ※ (Halle) – 🛗 📺 📞 📶 – 🅰 80. 🅰🅴 🆈 🆅

Menu à la carte 24/37 – **80 Zim** ⊇ 72/89 – 97.

♦ Das Hotel verfügt über neuzeitlich wie auch funktionell ausgestattete Zimmer - im Gästehaus etwas kleiner, aber ebenfalls gut gepflegt. Backsteinwände zieren das Restaurant Böoscher Stuben.

GREIFSWALD
Mecklenburg-Vorpommern **542** D 23 – 54 000 Ew – Höhe 6 m.

Sehenswert : Marktplatz★ D (Haus Nr. 11★) – Marienkirche★ D (Kanzel★) – Dom St. Nikolai★ C – Botanischer Garten★ B – Klosterruine Eldena★ – Fischerdorf Wieck★ (Klappbrücke★).

🛈 Greifswald-Information, Rathaus am Markt, ✉ 17489, 📞 (03834) 52 13 80, greifswald-information@t-online.de, Fax (03834) 521382.

Berlin 214 ③ – Schwerin 178 ① – Rügen (Bergen) 60 ① – Rostock 103 ① – Stralsund 32 ① – Neubrandenburg 67 ③

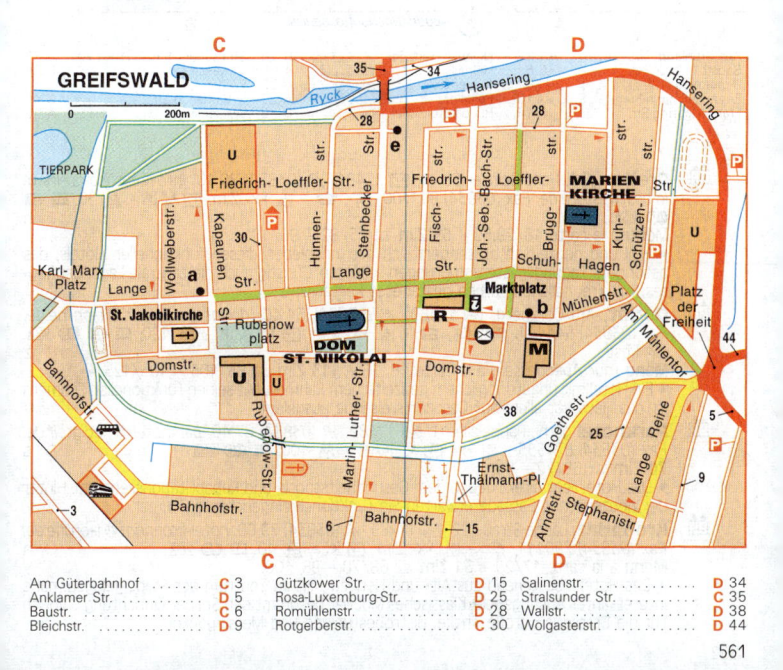

Am Güterbahnhof	C 3	Gützkower Str.	D 15	Salinenstr.	D 34
Anklamer Str.	D 5	Rosa-Luxemburg-Str.	D 25	Stralsunder Str.	C 35
Baustr.	C 6	Romühlenstr.	D 28	Wallstr.	D 38
Bleichstr.	D 9	Rotgerberstr.	C 30	Wolgasterstr.	D 44

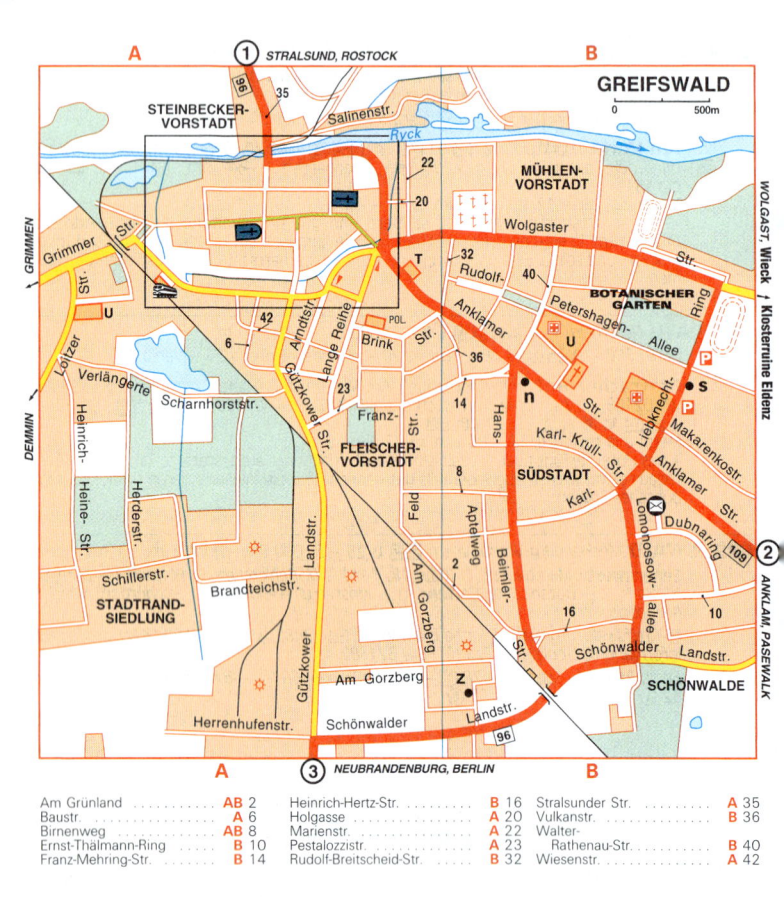

GREIFSWALD

0 — 500m

Am Grünland	**AB** 2	Heinrich-Hertz-Str.	**B** 16	Stralsunder Str.	**A** 35
Baustr.	**A** 6	Holgasse	**A** 20	Vulkanstr.	**B** 36
Birnenweg	**AB** 8	Marienstr.	**A** 22	Walter-	
Ernst-Thälmann-Ring	**B** 10	Pestalozzistr.	**A** 23	Rathenau-Str.	**B** 40
Franz-Mehring-Str.	**B** 14	Rudolf-Breitscheid-Str.	**B** 32	Wiesenstr.	**A** 42

Greifswald, Hans-Beimler-Str. 1, ⌧ 17491, ℰ (03834) 80 10, info@europa-greifswald.bestwestern.de, Fax (03834) 801100, 🍽, ⚒s – 🛗, ⊁ Zim, 📺 📞 P – 🛏 50. 🅰🅴 ⓪ 🅼🅲 🆅🅸🆂🅰 B n
Menu à la carte 18/29,50 – **55 Zim** ⌧ 75/82 – 96/101.
  ♦ Hell und neuzeitlich präsentiert sich das Innenleben dieses funktionellen Hotels, das besonders Tagungsgäste und Gruppen schätzen. Günstig auch die zentrale Lage. Gepflegtes, mit freundlichen Farben gestaltetes Restaurant.

Dorint, Am Gorzberg, ⌧ 17489, ℰ (03834) 54 40, dorint-greifswald@t-online.de, Fax (03834) 544444, 🍽, 🏊, ⚒s – 🛗, ⊁ Zim, 📺 📞 & P – 🛏 120. 🅰🅴 ⓪ 🅼🅲 🆅🅸🆂🅰 ⊁ Rest B z
Menu (nur Abendessen) à la carte 18/26 – **113 Zim** ⌧ 85/105 – 105/125.
  ♦ Ein Hotel mit unaufdringlichem neuzeitlichem Rahmen. Mit seinen funktionellen Zimmern ist das Haus vor allem auf Geschäftsreisende ausgelegt.

Parkhotel garni, Pappelallee 1, ⌧ 17489, ℰ (03834) 87 40, parkhotel@medigreif.de, Fax (03834) 874555 – 🛗 ⊁ 📺 📞 & P – 🛏 100. 🅰🅴 🅼🅲 🆅🅸🆂🅰 B s
70 Zim ⌧ 68/72 – 84.
  ♦ Das Hotel liegt direkt neben dem Gesundheitssport- und Rehabilitationszentrum. Hinter der neuzeitlichen Fassade erwarten Sie funktionell eingerichtete Zimmer.

Kronprinz, Lange Straße 22, ⌧ 17489, ℰ (03834) 79 00, hotel-kronprinz@t-online.de, Fax (03834) 790111, 🍽 – 🛗, ⊁ Zim, 📺 P – 🛏 40. 🅰🅴 🅼🅲 🆅🅸🆂🅰 C a
Menu à la carte 17/29 – **31 Zim** ⌧ 68/78 – 98/100.
  ♦ Das Hotel - bestehend aus Alt- und Neubau - ist im Zentrum der Stadt gelegen, nahe interessanter Ausflugsziele. Klassisches Mobiliar bestimmt den Stil der Einrichtung. Typisch für die Brasserie : große Theke, Bistrobestuhlung und Messingdekor.

562

GREIFSWALD

- **Galerie** garni, Mühlenstr. 10, ✉ 17489, ✆ (03834) 7 73 78 30, info@hotelgalerie.de, Fax (03834) 7737831 – |≡| ✳ TV ✆ ♿ ⛐. ⦿ VISA D b
  11 Zim ⌂ 75/80 – 95.
  ♦ Aktuelle Kunst durchzieht das kleine modern gestaltete Hotel - am Empfang, in den Gängen, im Café Galerie. Alle Zimmer des Hauses sind Künstlern gewidmet.

- **Alter Speicher**, Roßmühlenstr. 25 (B 96), ✉ 17489, ✆ (03834) 7 77 00, Fax (03834) 777077, 🌳 – |≡|, ✳ Zim, TV P. AE ⦿ VISA C e
  Menu à la carte 16/28 – **14 Zim** ⌂ 67/71 – 82.
  ♦ Das neu erbaute Haus mit bewegter Geschichte befindet sich am zentrumsnahen Museumshafen. Man beherbergt Sie in geschmackvollem Design - freundlich und neuzeitlich. Das Restaurant ist rustikal im Stil eines Pubs, das Wintergarten angelegt.

In Greifswald-Wieck Ost : 4 km über Wolgaster Straße C :

- **Ryck-Hotel** 🌲, Rosenstr. 17b, ✉ 17493, ✆ (03834) 8 33 00, Fax (03834) 833032, 🌳, ≘s, 🔲 – TV P. – 🎿 20. ⦿ VISA. ✳
  Menu (Montag - Freitag nur Abendessen) à la carte 15/23 – **25 Zim** ⌂ 52/75 – 77/135.
  ♦ Sind Sie auf der Suche nach einem ruhigen Hotel in küstennaher Lage ? Eine gepflegte Einrichtung in klassischer Machart unterstreicht den behaglichen Rahmen des Hauses. Helles, nett gestaltetes Restaurant.

- **Maria**, Dorfstr. 45a, ✉ 17493, ✆ (03834) 84 14 26, info@hotel-maria.de, Fax (03834) 840136, 🌳 – TV P. ⦿ VISA. ✳ Rest
  Menu (Montag - Freitag nur Abendessen) à la carte 16,50/23 – **13 Zim** ⌂ 49/57 – 72.
  ♦ Das kleine Hotel im Landhausstil liegt am malerischen Greifswalder Bodden. Freundliche, rustikal möbliertes Gästezimmer stehen hier bereit. Zeitlos eingerichtetes Restaurant.

In Neuenkirchen Nord : 3 km über ① :

- **Stettiner Hof**, Theodor-Körner-Str. 20, ✉ 17498, ✆ (03834) 89 96 24, rezeption@hotel-stettiner-hof.de, Fax (03834) 899627, 🌳, 🚗 – TV ♿ P. – 🎿 20. AE ⦿ ⦿ VISA
  Menu (Montag - Freitag nur Abendessen) à la carte 15/33 – **23 Zim** ⌂ 62 – 77/82.
  ♦ Die Zimmer des hübschen Klinkerhauses zeigen sich in neuzeitlicher Aufmachung. Auf der Anlage können Sie restaurierte Maschinen vom Anfang des 20. Jh. bestaunen. Das Restaurant ist mit vielen Pflanzen und Bildern im Bistrostil eingerichtet.

In Mesekenhagen Nord-West : 7 km über ① :

- **Terner** garni, Greifswalder Str. 40, ✉ 17498, ✆ (038351) 55 40, Fax (038351) 554433, 🚗 – ✳ TV ✆ P. AE ⦿ ⦿ VISA. ✳
  April - Okt. – **14 Zim** ⌂ 59/69 – 89/99.
  ♦ In diesem sympathischen kleinen Landhaus überzeugen wohnliche Zimmer in angenehmen Farben, netter Service sowie die tadellose Führung und Sauberkeit.

GREIZ Thüringen 🔢 O 20 – 27 000 Ew – Höhe 325 m.
🛈 Greiz-Information, Burgplatz 12, ✉ 07973, ✆ (03661) 68 98 15, fva@greiz.de, Fax (03661) 703291.
Berlin 277 – Erfurt 111 – Gera 30 – Plauen 24 – Zwickau 27.

- **Schlossberg Hotel** garni, Marienstr. 1, ✉ 07973, ✆ (03661) 62 21 23, gwc@schlossberghotel-greiz.de, Fax (03661) 622166 – |≡| ✳ TV ✆ ♿ ⛐ – 🎿 80. AE ⦿ ⦿ VISA
  33 Zim ⌂ 46 – 72, 5 Suiten.
  ♦ Sie wohnen in einem Etagenhotel im Zentrum der Stadt. Zeitgemäß eingerichtete Zimmer bieten die Funktionalität, die Sie sich von Ihrer Übernachtungsadresse wünschen.

In Greiz-Untergrochlitz Süd-West : 3 km, über B 94 Richtung Zeulenroda, im Wald links ab :

- **Am Wald** 🌲, Untergrochlitzer Str. 8, ✉ 07973, ✆ (03661) 67 08 03, Fax (03661) 670805, 🚗 – ✳ Zim, TV P. ⦿. ✳ Rest
  geschl. 1. - 5. Jan. – **Menu** (geschl. Freitag - Sonntag) (nur Abendessen) (Restaurant nur für Hausgäste) – **13 Zim** ⌂ 39/45 – 52/60.
  ♦ Mit hellem Naturholz sind die Zimmer dieses kleinen, gepflegten Hotels eingerichtet. Auch die dörfliche Lage am Waldrand und ein engagiertes Team sprechen für das Haus.

In Mohlsdorf Nord-Ost : 4 km, Richtung Werdau :

- **Gudd** 🌲, Raasdorfer Str. 2, ✉ 07987, ✆ (03661) 43 00 25, hotelgudd@t-online.de, Fax (03661) 430027, 🌳, 🚗 – ✳ Zim, TV P. – ⦿ ⦿ VISA
  Menu (geschl. Montagmittag) à la carte 13/25 – **15 Zim** ⌂ 45 – 67.
  ♦ Etwas oberhalb des Ortes ist das in modernem Stil erbaute Hotel gelegen. Mit seiner neuzeitlichen, funktionellen Ausstattung ist das Haus auch für Geschäftsleute geeignet. Eine Terrasse zur Wiese hin ergänzt das freundliche Restaurant um einige nette Plätze.

GREMSDORF Bayern siehe Höchstadt an der Aisch.

GRENZACH-WYHLEN Baden-Württemberg 545 X 7 – 13 200 Ew – Höhe 272 m.
Berlin 868 – Stuttgart 271 – Freiburg im Breisgau 87 – Bad Säckingen 25 – Basel 6.

Im Ortsteil Grenzach :

Eckert, Basler Str. 20, ⌧ 79639, ℘ (07624) 9 17 20, hotel-eckert@t-online.de, Fax (07624) 2414, 🍽 – 🛏 TV 🚗 P 🅰🅴 VISA
Menu (geschl. 27. Dez. - 5. Jan., Freitag - Samstagmittag) (Tischbestellung ratsam) 26 à la carte 29/41 – **29 Zim** ⌂ 58/62 – 89/92.
• Der Hotelbereich im rückwärtigen Teil dieses engagiert geführten Hauses bietet praktisch eingerichtete Zimmer, meist mit Balkon - einige auch mit recht modernem Mobiliar. Gediegene Restauranträume.

Waldhorn mit Zim, Hörnle 70 (am Grenzübergang), ⌧ 79639, ℘ (07624) 9 17 60, Fax (07624) 917615, 🍽 – TV P
Menu (geschl. Sonntagabend - Montag) (österreichische Küche) à la carte 21/32 – **4 Zim** ⌂ 40 – 70.
• Ein modernisiertes 250 Jahre altes Stadthaus direkt an der deutsch-schweizerischen Grenze. Mit seinem schlichten Interieur erinnert das Restaurant an ein typisches "Beizli".

GREVEN Nordrhein-Westfalen 543 J 6 – 34 000 Ew – Höhe 52 m.
🏌 Greven, Aldruper Oberesch 12 (Süd : 3 km), ℘ (02571) 9 70 95.
🅱 Verkehrsverein, Alte Münsterstr. 23, ⌧ 48268, ℘ (02571) 13 00, verkehrsverein@greven.net, Fax (02571) 55234.
Berlin 465 – Düsseldorf 141 – Nordhorn 76 – Enschede 59 – Münster (Westfalen) 20 – Osnabrück 43.

Kroner Heide (mit Gästehaus), Kroner Heide 5 (Ost : 1,5 km), ⌧ 48268, ℘ (02571) 9 39 60, info@kronerheide.de, Fax (02571) 939666 – 🚭 Zim, TV 🚗 P – 🅰 30. 🅼🅾 VISA
Menu (geschl. Sonntag) (nur Abendessen) (Restaurant nur für Hausgäste) – **35 Zim** ⌂ 57/67 – 82/92.
• In recht ruhiger Lage etwas außerhalb der Stadt erwartet Sie eine Mischung aus rustikaler Gemütlichkeit und modernem Komfort - entstanden aus einem ehemaligen Bauernhof.

Eichenhof, Hansaring 70, ⌧ 48268, ℘ (02571) 5 20 07, m-denk@t-online.de, Fax (02571) 52000, 🍽 – TV & P – 🅰 25. AE ⓘ 🅼🅾 VISA JCB
Menu (geschl. Samstagmittag, Sonntag) (Tischbestellung ratsam) à la carte 15,50/27,50 – **29 Zim** ⌂ 60 – 85.
• Ein umgebauter alter Bauernhof mit Klinker-Fachwerkfassade dient heute mit solide möblierten Zimmern und einem freundlichen Ambiente als Hotel - gepflegt und gut geführt. Rustikaler Charme prägt den Charakter des Restaurants.

Wermelt, Nordwalder Str. 160 (West : 3,5 km), ⌧ 48268, ℘ (02571) 92 70, hotel-wermelt@t-online.de, Fax (02571) 927152, TV P AE ⓘ 🅼🅾 VISA
Menu (wochentags nur Abendessen) à la carte 14/30 – **28 Zim** ⌂ 43/48 – 65.
• In dem regionstypischen Klinkerhaus ist ein gepflegtes Hotel mit funktionellen Zimmern untergebracht. Gute Unterhaltung und familiäre Führung sprechen für diese Adresse. Das Restaurant : mehrfach unterteilt und rustikal in der Einrichtung.

Altdeutsche Gaststätte Wauligmann, Schiffahrter Damm 22 (Süd-Ost : 4 km), ⌧ 48268, ℘ (02571) 23 88, Fax (02571) 4500, 🍽 – P – 🅰 30. 🅼🅾 VISA
geschl. 2. - 24. Aug., 24. - 31. Dez., Montag - Dienstag – **Menu** à la carte 16/33.
• Hinter historischer Klinker-Fachwerk-Fassade lernen Sie westfälische Spezialitäten kennen. Der altdeutsche Stil des Restaurants schafft eine gemütliche Atmosphäre.

In Greven-Gimbte Süd : 4,5 km, über B 219, nach Ortsausgang links ab, jenseits der A 1 :

Schraeder (mit Gästehaus), Dorfstr. 29, ⌧ 48268, ℘ (02571) 92 20, Fax (02571) 92257, 🍽 – TV 🚗 P – 🅰 25. 🅼🅾 VISA
Menu (geschl. Sonntagabend - Montagmittag) à la carte 14/36, ♀ – **30 Zim** ⌂ 40/45 – 65/75.
• In dem idyllischen Dörfchen wartet ein Hotel in regionstypischer Bauweise auf Ihren Besuch. Der familiengeführte Betrieb bietet Zimmer in heller oder dunkler Eiche. Ein schlichter, rustikaler Stil prägt das Restaurant.

Altdeutsche Schänke, Dorfstr. 18, ⌧ 48268, ℘ (02571) 22 61, Fax (02571) 800028, 🍽 – P AE 🅼🅾 VISA
geschl. Feb. - März 2 Wochen, Mitte - Ende Sept., Dienstag – **Menu** à la carte 15/34.
• Liebe zum Detail kennzeichnet die Räume : Bleiverglasung, viele Unikate und Eichenholz zeugen von der langen Tradition des alten Bauernhofs a. d. 17. Jh. Bürgerliche Küche.

GREVENBROICH
Nordrhein-Westfalen 543 M 3 – 62 000 Ew – Höhe 60 m.

Ausflugsziel: Schloss Dyck★ Nord : 7 km.

Grevenbroich, Zur Mühlenerft 1 (Süd-Ost : 2 km), ℘ (02181) 28 06 37.

Berlin 581 – Düsseldorf 28 – Aachen 59 – Köln 31 – Mönchengladbach 26.

Montanushof garni, Montanusstr. 100, ✉ 41515, ℘ (02181) 60 90, hotel-montanushof@t-online.de, Fax (02181) 609600 – 120. AE ⓘ ⓂⓄ VISA
114 Zim ⊇ 95/130 – 130/150.
  ◆ Die neuzeitliche Möblierung, eine gute technische Ausstattung und die Nähe zum Stadtzentrum gehören zu den Annehmlichkeiten. Ideale Adresse für Tagungsgäste und Reisende.

Sonderfeld garni, Bahnhofsvorplatz 6, ✉ 41515, ℘ (02181) 2 27 20, hotel-sonderfeld@t-online.de, Fax (02181) 227260 – 50. AE ⓂⓄ VISA
geschl. 22. Dez. - 5. Jan. – **46 Zim** ⊇ 54/68 – 90/115.
  ◆ Das gegenüber dem Bahnhof gelegene Stadthotel bietet seinen Gästen gepflegte, funktionell ausgestattete Zimmer mit Kirschholzmobiliar, in sachlichem Stil gehalten.

Zur Traube (Kaufmann) mit Zim, Bahnstr. 47, ✉ 41515, ℘ (02181) 6 87 67, zurtraube-grevenbroich@t-online.de, Fax (02181) 61122 – TV P. AE ⓂⓄ VISA. ※ Zim
geschl. 23. Dez. - 13. Jan., 5. - 19. April, 20. Juli - 10. Aug. – **Menu** (geschl. Sonntag - Montag) (Tischbestellung erforderlich) 48 (mittags)/108 à la carte 61/80, ☯ – **6 Zim** ⊇ 118 – 148/190.
  ◆ Das klassisch-elegante Ambiente im Stil der großen Gourmet-Tempel wird Ihnen gefallen. Geschult serviert man Ihnen Ihr Mahl, mit Finesse aus erlesenen Produkten zubereitet.
Spez. Terrine von Wildlachs und Hummer. Birnenravioli mit warmer Gänseleber in Sauternes. Variation von der Ananas mit Rumeis.

In Grevenbroich-Kapellen Nord-Ost : 6 km, Richtung Neuss über A 46 :

Drei Könige mit Zim, Neusser Str. 49, ✉ 41516, ℘ (02182) 81 21 53, info@drei-koenige.de, Fax (02182) 2784, ☯ – ※ Zim, TV P. AE ⓘ ⓂⓄ VISA. ※ Zim
geschl. über Karneval 2 Wochen – **Menu** (geschl. Montag, Samstagmittag) à la carte 34/44 – **6 Zim** ⊇ 76 – 101/115.
  ◆ Die Kombination von rustikalen und klassischen Elementen sowie gut eingedeckte Tische lassen das Restaurant leicht elegant wirken. Saisonal beeinflusste Küche.

GREVESMÜHLEN
Mecklenburg-Vorpommern 542 E 17 – 11 000 Ew – Höhe 50 m.

Berlin 235 – Schwerin 32 – Lübeck 37 – Wismar 21.

Am See, Klützer Str. 17a, ✉ 23936, ℘ (03881) 72 70, ringhotel.am.see@t-online.de, Fax (03881) 727100, ☯, ☞ – ⎮, ※ Zim, TV ☏ P. – 30. AE ⓘ ⓂⓄ VISA
Menu à la carte 12,50/27 – **28 Zim** ⊇ 65/70 – 90.
  ◆ Moderne Gästezimmer - in einheitlichem Stil möbliert - werden Ihren Ansprüchen an eine funktionell ausgestattete Unterkunft gerecht. Die Nähe der Ostsee spricht für sich. Rattan-Polsterstühle und hübsche Farben prägen das Restaurant.

GRIESBACH, BAD IM ROTTAL
Bayern 546 U 23 – 8 500 Ew – Höhe 525 m – Luftkurort – Thermalbad.

Brunnwies (Nord-West : 6 km), ℘ (08535) 9 60 10 ; Lederbach (Nord-West : 3 km), ℘ (08532) 31 35 ; Uttlau (Nord-West : 5 km), ℘ (08532) 79 00 ; Sagmühle (Süd : 4 km), ℘ (08532) 20 38.

🄑 Kurverwaltung, Stadtplatz 1, ✉ 94086, ℘ (08532) 7 92 40, info@badgriesbach.de, Fax (08532) 7614.

Berlin 606 – München 153 – Passau 38 – Landshut 95 – Salzburg 116.

Columbia, Passauer Str. 39a, ✉ 94086, ℘ (08532) 30 90, griesbach@columbia-hotels.de, Fax (08532) 309154, ☯, ☺, Massage, ♨, ℐ6, ⊇s, ☷ (geheizt), ☷ (Thermal), ☞ – ⎮, ※ Zim, TV ☏ P. – 100. AE ⓘ ⓂⓄ VISA. ※ Rest
Menu 33 à la carte 27,50/35 – **115 Zim** ⊇ 79/99 – 148/160 – ½ P 24.
  ◆ Die großzügige Hotelanlage in Hufeisenform ist äußerlich wie auch im Inneren ansprechend gestaltet : neuzeitliche, wohnliche Zimmer und ein gepflegter Freizeitbereich. Klassisches Ambiente mit einem Hauch Eleganz umgibt Sie im Restaurant.

In Bad Griesbach-Therme Süd : 3 km Richtung Bad Füssing :

Maximilian, Kurallee 1, ✉ 94086, ℘ (08532) 79 50, maximilian@hartl.de, Fax (08532) 795151, ☯, ☺, Massage, ♨, ℐ6, ⊇s, ☷ (geheizt), ☷ (Thermal), ☞ – ⎮, ※ Zim, TV ☏ ☺, ☞ – 140. AE ⓘ ⓂⓄ VISA JCB. ※
Ferrara : Menu à la carte 36,50/49 – **229 Zim** ⊇ 113/128 – 196/226, 15 Suiten – ½ P 25.
  ◆ Bereits die großzügige Halle stimmt Sie gut auf den modernen Komfort dieses aufwändig gestalteten Hotels ein. Hübsche, mit hellem Holz wohnlich eingerichtete Zimmer. Die Maximilianstuben und das Ferrara bilden den eleganten gastronomischen Bereich.

GRIESBACH, BAD IM ROTTAL

St. Wolfgang, Ludwigpromenade 6, ✉ 94086, ℰ (08532) 98 00, *badgriesbach @asklepios.com*, Fax (08532) 980635, 🌞, 🌀, Massage, 🎿, ≋, 🏊 (geheizt), 🏊 (Thermal), – 🛗 ✻ ≡ Rest, TV 📞 ⇔ – 🎓 70. AE ① ⓜ VISA ✳
Menu à la carte 20/35 – **181 Zim** ☑ 92/107 – 184, 8 Suiten – ½ P 19.
◆ Das attraktive Kurhotel mit Klinikbereich überzeugt seine Gäste mit neuzeitlich-elegantem Ambiente, technisch gut ausgestatteten Zimmern und ruhiger Lage am Ortsrand. Mehrfach unterteiltes Restaurant - in Stil und Farben unterschiedlich gestaltet.

König Ludwig, Am Kurwald 2, ✉ 94086, ℰ (08532) 79 90, *koenig-ludwig@hartl.de*, Fax (08532) 799799, 🌞, 🌀, Massage, ♣, 🎿, ≋, 🏊 (Thermal), 🏊 (Thermal), 🐎, ✻ (Halle) – 🛗, ✻ TV ⇔ – 🎓 140. AE ① ⓜ VISA ✳ Rest
Alois Stub'n : (geschl. Montag) (nur Abendessen) Menu à la carte 31/46, ♀ – **Zum Heurigen** (geschl. Anfang Dez. 2 Wochen) Menu 21,50 (nur Buffet), ♀ – **182 Zim** ☑ 111/121 – 202/222 – ½ P 15.
◆ Diese großzügig angelegte Hotelanlage mit Balkonfassade gefällt mit stilvoll eingerichteten, recht geräumigen Zimmern und einem ansprechenden Freizeitbereich. Schmuckstück des Hauses : die Alois Stub'n. Eine rustikale Alternative : Zum Heurigen.

Parkhotel, Am Kurwald 10, ✉ 94086, ℰ (08532) 2 80, *parkhotel@hartl.de*, Fax (08532) 28204, 🌞, 🌀, Massage, ♣, 🎿, ≋, 🏊 (geheizt), 🏊 (Thermal), 🐎, ✻ – 🛗 TV ⇔ AE ① ⓜ VISA ✳ Rest
Menu à la carte 23/27 – *Classico* (nur Abendessen) **Menu** 25,50 à la carte 30/42 – **159 Zim** ☑ 104/119 – 178/208, 5 Suiten – ½ P 18.
◆ Ruhig durch das weitläufige, aus mehreren Häusern bestehende Hotel am Ortsrand. Die Zimmer sind meist in hellem Naturholz wohnlich eingerichtet und sehr gepflegt - mit Balkon. Restaurant mit klassisch-elegantem Ambiente.

Prinzregent, Am Kurplatz 6, ✉ 94086, ℰ (08532) 9 25 00, *info@hpbg.de*, Fax (08532) 9250100, 🌞, Massage, ♣, 🎿, direkter Zugang zur Therme, ≋, 🐎 – 🛗 ✻ ≡ Rest, TV 📞 ⇔ – 🎓 80. ⓜ VISA ✳ Rest
Menu à la carte 22/40, ♀ – **43 Zim** ☑ 66/96 – 128/186 – ½ P 18.
◆ Ruhige, neuzeitlich-gediegene, technisch gut ausgestattete Zimmer - alle mit Grüne - sowie ein Tagungsbereich machen dieses Hotel interessant. Legeres Bistro und elegant wirkende Restauranträume mit großen Fenstern.

Fürstenhof, Thermalbadstr. 28, ✉ 94086, ℰ (08532) 98 10, *fuerstenhof@hartl.de*, Fax (08532) 981135, 🌞, 🌀, Massage, ♣, 🎿, ≋, 🏊 (geheizt), 🏊 (Thermal), 🐎 – 🛗 ✻ TV 📞 ⇔. AE ① ⓜ VISA JCB
Menu à la carte 27/43 – **148 Zim** ☑ 93/110 – 169/194, 8 Suiten – ½ P 15.
◆ Zu den Annehmlichkeiten dieses Hotels zählen das wohnliche Ambiente der teils rustikalen, teils mit klassischen Stilmöbeln bestückten Zimmer sowie ein guter Freizeitbereich. Verschiedene Restaurant-Stuben von stilvoll bis bewusst ländlich.

Drei Quellen Therme, Thermalbadstr. 3, ✉ 94086, ℰ (08532) 79 80, *info@hotel-dreiquellen.de*, Fax (08532) 7547, 🌞, Massage, ♣, 🎿, direkter Zugang zur Therme, ≋, 🐎 – 🛗 ✻ TV 📞 ⇔. AE ① ⓜ VISA ✳
Menu à la carte 17/22 – **101 Zim** ☑ 69/97 – 130, 5 Suiten – ½ P 8.
◆ In diesem gut geführten, zentral gelegenen Hotel schafft die Kombination von bayerischem Landhausstil und neuzeitlichem Komfort ein wohnliches Umfeld. Räumlichkeiten mit leicht mediterranem Touch laden zu gemütlichem Verweilen ein.

Am Golfplatz Süd : 4 km Richtung Bad Füssing, nahe der B 388 :

Gutshof Sagmühle, Am Golfplatz 1, ✉ 94086 Bad Griesbach, ℰ (08532) 9 61 40, *gutshof-sagmuehle@hartl.de*, Fax (08532) 3435, 🌞 – ✻ Zim, TV 🅿 – 🎓 30. AE ① ⓜ VISA ✳ Zim
geschl. 2. Jan. - 6. Feb., 15. Nov. - 10. Dez. – **Menu** (geschl. 10. Feb. - Mitte März Montag - Mittwoch) à la carte 19/31 – **22 Zim** ☑ 67/89 – 108/134.
◆ Das Haus gefällt mit seinem attraktiven Äußeren, der schönen Lage direkt am Golfplatz sowie mit in freundlichen Farben eingerichteten Zimmern. Nicht nur Golfer heißt man in den behaglichen Galträumen willkommen.

GRIESHEIM Hessen 543 Q 9 – 21 400 Ew – Höhe 145 m.
🐎 Riedstadt Lcchcim, Hof Hayna (West : 6 km), ℰ (06158) 74 73 85.
Berlin 573 – Wiesbaden 43 – *Frankfurt am Main* 40 – Darmstadt 7.

Prinz Heinrich, Am Schwimmbad 12, ✉ 64347, ℰ (06155) 6 00 90, *hotel@hotel-prinz-heinrich.de*, Fax (06155) 6009288, 🌞, ≋ – 🛗, ✻ Zim, TV ⇔ 🅿 – 🎓 25. AE ① ⓜ VISA JCB
geschl. 19. Dez. - 4. Jan. – **Menu** (nur Abendessen) à la carte 17/30 – **80 Zim** ☑ 58/73 – 86/92.
◆ Das gepflegte und gut geführte Hotel in einer Nebenstraße bietet Ihnen eine funktionelle, wohnliche Unterkunft - ländliches Mobiliar bestimmt den Charakter der Gästezimmer. Holzdecke und Kachelofen schaffen im Restaurant eine gemütliche Atmosphäre.

GRIESHEIM

Achat garni, Flughafenstr. 2, ✉ 64347, ✆ (06155) 88 20, *darmstadt@achat-hotel.de*, Fax (06155) 882999, 🌳 – 🛗 ♨ TV ✆ 🚗 P – 🚴 20. AE ① ⑩ VISA
🍽 11 **101 Zim** 85/135 – 95/145.
♦ Geschäftlich wie auch privat Reisende schätzen die mit guter Technik praktisch ausgestatteten Zimmer - teils mit Kochecke, teils als Appartement.

Café Nothnagel garni, Wilhelm-Leuschner-Str. 67, ✉ 64347, ✆ (06155) 8 37 00, *info@hotel-nothnagel.de*, Fax (06155) 837077, ⊜s, 🏊 – 🛗 TV ✆ P – 🚴 15. AE ⑩ VISA JCB
31 Zim 🍽 50/75 – 75/95.
♦ Die Zimmer dieses familiengeführten Hotels an der Durchgangsstraße sind unterschiedlich möbliert, mal in heller Eiche, mal ganz in Weiß, aber immer solide in der Machart.

Bei verspäteter Anreise, nach 18 Uhr, ist es sicherer,
Ihre Zimmerreservierung zu bestätigen.

GRIMMA Sachsen 544 M 22 – 20 000 Ew – Höhe 135 m.

🛈 *Fremdenverkehrsamt, Markt 23*, ✉ 04668, ✆ (03437) 9 85 82 85, Fax (03437) 945772.
Berlin 214 – Dresden 84 – Leipzig 36.

Schloß Gattersburg, Colditzer Str. 3, ✉ 04668, ✆ (03437) 92 46 80, *info@gattersburg.de*, Fax (03437) 911852, 🌳 – 🛗 TV ✆ P – 🚴 35. AE ⑩ VISA
Menu à la carte 13/27,50 – **14 Zim** 🍽 58 – 80.
♦ Neben einem attraktiven Äußeren mit der Villa mit schlosschenartigem Türmchen ein ansprechendes Innenleben zu bieten - rustikal-gemütliches Flair macht die Zimmer aus. Das Restaurant ist in mehrere nette Räume unterteilt - Café-Dachterrasse mit Blick ins Muldetal.

In Grimma-Höfgen Süd-Ost : 6 km :

Zur Schiffsmühle ⚓, Zur Schiffsmühle 2, ✉ 04668, ✆ (03437) 7 60 20, *schiffsmuehle@t-online.de*, Fax (03437) 760217, 🌳, ⊜s – TV P – 🚴 150. AE ⑩ VISA
Menu à la carte 12/26 – **31 Zim** 🍽 48/60 – 75/100.
♦ Die Lage außerhalb an einem Waldstück sowie eine zeitgemäße und funktionell-sachliche Zimmerausstattung zählen zu den Vorzügen dieses Hauses. Spielplätze. Restaurant in ländlichem Stil.

GRIMMEN Mecklenburg-Vorpommern 542 D 23 – 13 500 Ew – Höhe 15 m.

Berlin 219 – Schwerin 161 – Rügen (Bergen) 57 – Neubrandenburg 77 – Rostock 70 – Stralsund 26 – Greifswald 26.

Grimmener Hof, Friedrichstr. 50, ✉ 18507, ✆ (038326) 5 50, *gh@info-mv.de*, Fax (038326) 55400 – 🛗, ♨ Zim, TV ♿ P. AE ① ⑩ VISA
Menu (geschl. Samstag - Sonntag, Feiertage) (nur Abendessen) à la carte 11/17 – **37 Zim** 🍽 67 – 82.
♦ Neben einheitlich gestalteten Zimmern mit neuzeitlich-funktioneller Ausstattung zählt auch die Lage im Zentrum zu den Annehmlichkeiten dieses Hotels.

GRÖBENZELL Bayern 546 V 18 – 18 400 Ew – Höhe 507 m.

Berlin 589 – München 24 – Augsburg 54 – Dachau 14.

Zur Alten Schule, Rathausstr. 3, ✉ 82194, ✆ (08142) 50 46 60, Fax (08142) 504662, Biergarten
geschl. Montag – **Menu** à la carte 20/29.
♦ Das Interieur des 1924 erbauten Hauses erinnert stark an seine Vergangenheit als Schule : blanke Tische und allerlei alte Schulutensilien zieren das Restaurant.

GRÖDITZ Sachsen 544 L 24 – 10 100 Ew – Höhe 95 m.

Berlin 175 – Dresden 52 – Cottbus 89 – Leipzig 92 – Potsdam 133.

Spanischer Hof, Hauptstr. 15a, ✉ 01609, ✆ (035263) 4 40, *info@spanischer-hof.de*, Fax (035263) 44444, 🌳, ⊜s – 🛗, ♨ Zim, TV ✆ ♿ P – 🚴 80. AE ①
⑩ VISA
El Dorado (geschl. Sonntagabend) (Montag - Freitag nur Abendessen) **Menu** 32/40 und à la carte 24,50/34 – **Bodega** : **Menu** à la carte 16/26 – **47 Zim** 🍽 79/99 – 119/129.
♦ Diese großzügige Anlage im Stil eines spanischen Landsitzes schafft ein behagliches Umfeld für komfortables Wohnen - südländische Elemente finden sich überall. Im El Dorado : helles, ländliches Ambiente. Viel Holz und nettes Dekor machen die Bodega gemütlich.

GRÖMITZ Schleswig-Holstein 541 D 16 – 7 500 Ew – Höhe 10 m – Seeheilbad.

🏌18 🏌9 Grömitz, Am Schoor 46, ℘ (04562) 22 26 50.

🛈 Tourismus-Service, Kurpromenade 58, ✉ 23743, ℘ (04562) 25 62 55, info@groemitz.de, Fax (04562) 256246.

Berlin 309 – Kiel 72 – Lübeck 54 – Neustadt in Holstein 12 – Oldenburg in Holstein 21.

🏨 **Strandidyll** ⚓, Uferstr. 26, ✉ 23743, ℘ (04562) 18 90, info@strandidyll.de, Fax (04562) 18989, ≼ Ostsee, 🍽, ≋, 🏊 – 🛗 📺 🅿 🆗 VISA
geschl. 8. Nov. - 24. Dez. – **Menu** (geschl. Mittwoch) (Restaurant nur für Hausgäste) – 🍽 10 – **27 Zim** 67/100 – 83/115, 5 Suiten – ½ P 16.

♦ Modern eingerichtete Zimmer - oder wahlweise Suiten mit kleinem Wohnbereich - bietet Ihnen dieses gepflegte, ruhig gelegene Hotel mit direktem Zugang zu Strand und Meer. Die große Fensterfront im Restaurant gewährt Ihnen einen schönen Blick auf die Ostsee.

🏨 **Villa am Meer** ⚓, Seeweg 6, ✉ 23743, ℘ (04562) 25 50, info@villa-am-meer.de, Fax (04562) 255299, 🍽, ≋ – 🛗 📺 🅿 🆗 VISA 🍴 Rest
Ostern - Mitte Okt. – **Menu** à la carte 18/32 – **33 Zim** 🍽 57/92 – 114/132, 3 Suiten.

♦ Hinter der Promenade liegt dieser engagiert geführte Familienbetrieb, der über funktionell eingerichtete Gästezimmer verfügt - die zur See hin gelegenen mit Balkon.

🏨 **Pinguin**, Christian-Westphal-Str. 52, ✉ 23743, ℘ (04562) 2 20 70, Fax (04562) 220733, ≋ – 📺 ⇔ 🅿
geschl. 6. Jan. - 9. März – **La Marée** (geschl. Montag) (wochentags nur Abendessen) **Menu** à la carte 29/48 – **20 Zim** 🍽 40/65 – 80/105 – ½ P 16.

♦ Eine saubere Übernachtungsadresse mit familiärer Führung. Die Zimmer sind mit solidem Eichenmobiliar gut ausgestattet und gepflegt. Hell und leicht elegant gestaltet : das La Marée.

🏨 **See-Deich**, Blankwasserweg 6, ✉ 23743, ℘ (04562) 26 80, info@hotel-seedeich.de, Fax (04562) 268200 – 📺 🅿 🍴 Zim
geschl. 4. Jan. - 20. Feb. – **Menu** (geschl. Dienstag) à la carte 17/30 – **25 Zim** 🍽 45/50 – 90/95.

♦ Dieses solide Hotel hinter dem Deich überzeugt mit engagierter Führung und tadellos gepflegten, zeitgemäß eingerichteten Gästezimmern - einige mit Dachschräge. Das Restaurant ist unterteilt : teils rustikal, teils neuzeitlicher mit Steinfußboden und Kachelofen.

GRONAU IN WESTFALEN Nordrhein-Westfalen 543 J 5 – 46 000 Ew – Höhe 40 m.

🛈 Touristik-Service, Konrad-Adenauer-Str. 45, ✉ 48599, ℘ (02562) 9 90 06, tourist@gronau.de, Fax (02562) 99008.

Berlin 509 – Düsseldorf 133 – Nordhorn 35 – Enschede 10 – Münster (Westfalen) 54 – Osnabrück 81.

🏨 **Driland**, Gildehauser Str. 350 (Nord-Ost : 4,5 km Richtung Nordhorn), ✉ 48599, ℘ (02562) 36 00, team@driland.de, Fax (02562) 4147, 🍽 – 📺 ⇔ 🅿 – 🔑 40. AE 🆗 VISA 🍴 Zim
Menu (geschl. 19. Jan. - 1. Feb., Dienstag) à la carte 17/33 – **14 Zim** 🍽 49 – 82.

♦ Ein traditionsreiches, gut geführtes Haus, das sich zu einem zeitgemäßen kleinen Hotel gemausert hat. Es erwarten Sie helle, freundliche Zimmer - neuzeitlich und funktionell. Das Restaurant teilt sich in 3 Stuben - von bürgerlich bis rustikal.

In Gronau-Epe Süd : 3,5 km über B 474 :

🏨 **Schepers**, Ahauser Str. 1, ✉ 48599, ℘ (02565) 9 33 20, team@hotel-schepers.de, Fax (02565) 93325, 🍽, ≋ – 🛗, ⇔ Zim, 📺 ⇔ 🅿 – 🔑 50. AE ① 🆗 VISA
Menu (geschl. Samstagmittag, Sonntagmittag) 13 (mittags) à la carte 25/37 – **40 Zim** 🍽 59/75 – 84/98.

♦ Die Zimmer Ihres Hotels sind teils im Altbau - mit klassizistischer Fassade - teils im neueren Anbau untergebracht. Sie logieren stets in wohnlichem Ambiente. Ein klassisches Ambiente mit eleganter Note umgibt Sie beim Speisen.

🏨 **Ammertmann**, Nienborger Str. 23, ✉ 48599, ℘ (02565) 9 33 70, ammertmann@t-online.de, Fax (02565) 933755, 🍽 – 📺 ⇔ 🅿 – 🔑 30. AE ① 🆗 VISA
Menu (geschl. Sonntagabend) à la carte 16/30 – **23 Zim** 🍽 40/70 – 68/80.

♦ In diesem familiengeführten Hotel wohnen Sie in funktionellen, meist mit Kirschholz möblierten Zimmern. Überall im Haus zieren selbst gemalte Bilder die Wände.

🍴🍴 **Heidehof**, Amtsvenn 1 (West : 4 km, Richtung Alstätte), ✉ 48599, ℘ (02565) 13 30, team@restaurant-heidehof.de, Fax (02565) 3073, 🍽 – 🅿 – 🔑 60. AE ① 🆗 VISA 🍴
geschl. Aug. 2 Wochen, Montag – **Menu** à la carte 27/42, 🍷.

♦ Schon das hübsche Äußere des regionstypischen Klinkerhauses mit Reetdach und weißen Fensterläden wirkt einladend. In gepflegtem Ambiente reicht man eine internationale Karte.

GROSS GRÖNAU Schleswig-Hostein 541 E 16 – 4 000 Ew – Höhe 16 m.
Berlin 270 – Kiel 85 – Lübeck 8 – Schwerin 74 – Hamburg 76.

※※ **Forsthaus St. Hubertus,** St. Hubertus 1, ⊠ 23627, ℘ (04509) 87 78 77, restaurant@forsthaus-st-hubertus.de, Fax (04509) 877864 – 🅿. 🆎 ⓘ ⓜ VISA JCB
geschl. Dienstag – **Menu** à la carte 24/39.
• Hinter der renovierten Fassade des Gasthauses stehen Räumlichkeiten in bürgerlich-rustikaler Aufmachung bereit, in denen Sie an einem gut eingedeckten Tisch Platz nehmen.

GROSSALMERODE Hessen 543 M 13 – 8 000 Ew – Höhe 354 m – Erholungsort.
Berlin 379 – Wiesbaden 255 – Kassel 24 – Göttingen 39.

🏠 **Pempel,** In den Steinen 2, ⊠ 37247, ℘ (05604) 9 34 60, info@pempel.de, Fax (05604) 934621 – ⁇ Zim, 📺 ☏ ⇌ 🅿 – 🔬 25. ⓜ VISA ※ Rest
geschl. 1. - 12. Jan. – **Menu** (geschl. Samstagmittag, Sonntagabend) à la carte 17/36 – **9 Zim** ⊇ 35/45 – 65.
• Das kleine Stadthaus bietet sich mit seinen zeitgemäß und funktionell ausgestatteten Zimmern als tadellos unterhaltene, familiengeführte Übernachtungsadresse an. Bürgerlich-rustikaler Restaurantbereich.

GROSSBEEREN Brandenburg 542 I 23 – 2 500 Ew – Höhe 40 m.
Berlin 20 – Potsdam 21.

🏨 **Großbeeren,** Dorfaue 9, ⊠ 14979, ℘ (033701) 7 70, ringhotel_grossbeeren@t-online.de, Fax (033701) 77100, 🍴 – 📶, ⁇ Zim, 📺 ☏ 🅿 – 🔬 80. 🆎 ⓘ ⓜ VISA ※ Rest
Menu (griechische Küche) à la carte 14/22 – **46 Zim** ⊇ 65/70 – 80/87, 3 Suiten.
• Geschäftlich wie auch privat Reisende schätzen die funktionale Ausstattung und das gepflegte Ambiente dieses vor den Toren Berlins gelegenen Hauses.

GROSSBETTLINGEN Baden-Württemberg siehe Nürtingen.

GROSSBOTTWAR Baden-Württemberg 545 T 11 – 7 800 Ew – Höhe 215 m.
Berlin 605 – Stuttgart 38 – Heilbronn 23 – Ludwigsburg 19.

🏠 **Bruker** garni (mit Gästehaus), Kleinaspacher Str. 18, ⊠ 71723, ℘ (07148) 92 10 50, herbert.bruker@hotel-bruker.de, Fax (07148) 6190, ⇌ – 📶 ⁇ 📺 ⚒ 🅿 – 🔬 15. ⓜ VISA
27 Zim ⊇ 39 – 67.
• Schwäbische Gastlichkeit erwartet Sie in diesem Weingut mit kleinem Hotel. Helle Naturholzmöbel geben den Zimmern des Hauses ihr sympathisches ländliches Ambiente.

GROSS BRIESEN Brandenburg 542 J 21 – 240 Ew – Höhe 80 m.
Berlin 93 – Potsdam 55 – Brandenburg 23 – Dessau 65 – Magdeburg 74.

🏠 **Juliushof** ⚘, ⊠ 14806, ℘ (033846) 9 06 00, hotel-juliushof@t-online.de, Fax (033846) 90622, 🍴 – 📺 🅿 – 🔬 20. 🆎 ⓜ VISA
Menu à la carte 14/22 – **14 Zim** ⊇ 52 – 67.
• Die rustikalen Gästezimmer verteilen sich auf vier Häuser - in ansprechendem Waldhüttenstil gebaut. Die schöne Lage macht das Haus zu einer netten Urlaubsadresse. Jagdtrophäen zieren die ländlich gestalteten Gasträume.

GROSS DÖLLN Brandenburg siehe Templin.

GROSSENHAIN Sachsen 544 M 24 – 19 000 Ew – Höhe 115 m.
Berlin 176 – Dresden 35 – Leipzig 104 – Meißen 17 – Cottbus 88.

🏠 **Stadt Dresden** garni, Kupferbergstr. 3c, ⊠ 01558, ℘ (03522) 55 00 30, Fax (03522) 550033 – 📺 ☏ 🅿 🆎 ⓜ VISA
30 Zim ⊇ 48 – 67.
• Ein sauberes und gut gepflegtes Hotel, das für seine Gäste zeitgemäße, praktisch ausgestattete Zimmer bereithält - eine geeignete Adresse für einen Ausflug nach Dresden.

569

GROSSENKNETEN Niedersachsen 541 H 8 – 11 500 Ew – Höhe 35 m.
Berlin 430 – Hannover 133 – Bremen 50 – Oldenburg 30.

In Großenkneten-Moorbek Ost : 5 km :

🏨 **Zur Wassermühle-Gut Moorbeck** ≫, Amelhauser Str. 56, ✉ 26197, ℘ (04433) 2 55 (Hotel) 9 41 60 (Rest.), gutmoorbeck@landguthotels.de, Fax (04433) 969629, 😊, ≘s, 🞋 – TV P – ⚐ 100. ⓜ️ VISA
geschl. 1. - 9. Jan., 27. - 30. Dez. – **Menu** (geschl. Nov. - März Montag) (Nov. - März Dienstag - Freitag nur Abendessen) à la carte 23/33 – **14 Zim** ⌕ 50/62 – 70/85.
♦ Das Hotel gefällt mit seiner attraktiven Lage in einem sehr schönen Park am See. Die Zimmer sind meist in Eiche eingerichtet, größtenteils mit einen kleinen Balkon. Teil des Restaurants ist das historische Kaminzimmer mit Parkett - Gartenterrasse am See.

GROSSENLÜDER Hessen 543 O 12 – 7 700 Ew – Höhe 250 m.
Berlin 456 – Wiesbaden 164 – Fulda 12 – Alsfeld 30.

🏨 **Landhotel Kleine Mühle** (mit Gästehaus), St.-Georg-Str. 21, ✉ 36137, ℘ (06648) 9 51 00, kleine-muehle@gmx.de, Fax (06648) 61123 – ⇌ Zim, TV ☏ P – ⚐ 25. AE ⓜ️ VISA
Menu (nur Abendessen) (Restaurant nur für Hausgäste) – **17 Zim** ⌕ 65/85 – 110/130.
♦ Das schmucke Hotel mit Gästehaus bietet seinen Besuchern eine Unterkunft in geschmackvollem Landhausstil - mit gutem Platzangebot und einem Hauch Eleganz.

🍴 **Landgasthof Weinhaus Schmitt**, Am Bahnhof 2, ✉ 36137, ℘ (06648) 74 86, weinhaus-schmitt@web.de, Fax (06648) 8762, 😊 – TV ⇐⇒ P. ⓜ️ VISA
Menu (geschl. Donnerstag, Samstagmittag) à la carte 13/28,50 – **8 Zim** ⌕ 30/35 – 60/65.
♦ Sind Sie auf der Suche nach einer Unterkunft ohne große Extras ? Hier finden Sie schlicht gestaltete Zimmer mit einer soliden wie auch praktischen Ausstattung. Rustikal-gemütliche Stuben laden zur Einkehr ein.

In Großenlüder-Kleinlüder Süd : 7,5 km, über Uffhausen :

🏨 **Landgasthof Hessenmühle** ≫, (mit 3 Gästehäusern), (Süd-Ost : 2,5 km), ✉ 36137, ℘ (06650) 98 80, hessenmuehle@t-online.de, Fax (06650) 98888, 😊, 🞋 – TV & ⇐⇒ P – ⚐ 50. ⓜ️ VISA
Menu à la carte 15/28 – **70 Zim** ⌕ 47/52 – 68 – ½ P 10.
♦ Die Zimmer Ihres Domizils sind auf mehrere Häuser verteilt - stets zeitgemäß ausgestattet. Die ruhige Lage der Anlage überzeugt Tagungsgäste wie auch privat Reisende. Stübchen, Kamineck und Tenne bieten Ihnen urige Gemütlichkeit.

GROSSENSEEBACH Bayern siehe Weisendorf.

GROSS GAGLOW Brandenburg siehe Cottbus.

GROSSHARTHAU Sachsen 544 M 26 – 3 000 Ew – Höhe 290 m.
Berlin 194 – Dresden 30 – Bautzen 25 – Kamenz 22.

🏨 **Kyffhäuser**, Dresdner Str. 3 (B 6), ✉ 01909, ℘ (035954) 58 00, kyffhaeuser-grossharthau@t-online.de, Fax (035954) 58015, Biergarten – TV ☏ P – ⚐ 80. ①
ⓜ️ VISA
geschl. 2. - 9. Jan – **Menu** à la carte 14/24 – **26 Zim** ⌕ 37/41 – 64.
♦ Neben einem kleinen Schloss ist dieser solide Gasthof gelegen. Hier beziehen Sie Quartier in gepflegten und wohnlich gestalteten Zimmern. Helles, neuzeitlich eingerichtetes Restaurant.

GROSSHEIRATH Bayern siehe Coburg.

GROSSHEUBACH Bayern 546 Q 11 – 4 600 Ew – Höhe 125 m – Erholungsort.
Berlin 570 – München 354 – Würzburg 73 – Aschaffenburg 38 – Heidelberg 77.

🏨 **Rosenbusch**, Engelbergweg 6, ✉ 63920, ℘ (09371) 81 42, info@hotel-rosenbusch.de, Fax (09371) 69838, 😊, ≘s, 🞋 – ⇌ Zim, TV ⇐⇒ P. ⓜ️ VISA
geschl. 10. Jan. - 5. Feb., 16. Nov. - 3. Dez. – **Menu** (geschl. Donnerstag, Sonntagabend) à la carte 18/24 – **18 Zim** ⌕ 44/49 – 66/75 – ½ P 14.
♦ Etwas abseits und relativ ruhig liegt dieser familiengeführte Gasthof. Die Zimmer sind meist recht schlicht gestaltet, aber gepflegt und funktionell. Im Restaurant unterstreicht ein Kachelofen das rustikale Ambiente.

GROSSHEUBACH

XX **Zur Krone** mit Zim, Miltenberger Str. 1, ⌧ 63920, ℘ (09371) 26 63, *krone-restel@t-online.de*, Fax (09371) 65362, 🌿, – 📺 🅿 ⓦ❼
Menu *(geschl. über Fasching 1 Woche, Montag, Freitagmittag)* 36 à la carte 21/38 – **8 Zim** ⌂ 40 – 70.
• Drei gemütliche Galerträume laden mit ihrer familiären Atmosphäre zum Verweilen ein. Gekocht wird Regionales und Internationales auf solidem Niveau. Hübsche Sommerterrasse !

GROSSKARLBACH Rheinland-Pfalz 543 R8 – 1 100 Ew – Höhe 110 m.
Berlin 637 – Mainz 76 – *Mannheim* 24 – Kaiserslautern 39.

XX **Restaurant Gebr. Meurer** (mit Gästehaus), Hauptstr. 67, ⌧ 67229, ℘ (06238) 6 78, *gebruedermeurer@aol.com*, Fax (06238) 1007, 🌿 – ⇾ Zim, 📺 ✆ 🅿 – 🛎 50. 🅰🄴 ⓦ❼ 🆅🅸🆂🅰
Menu *(nur Abendessen)* (Tischbestellung ratsam) à la carte 33/46 – **15 Zim** ⌂ 82 – 113.
• Drinnen wie draußen umgibt Sie hier toskanisches Flair : in einem gemütlichen Restaurant mit Atmosphäre, auf der Terrasse sowie in dem Pavillon inmitten eines schönen Gartens.

XX **Karlbacher**, Hauptstr. 57, ⌧ 67229, ℘ (06238) 37 37, Fax (06238) 4535, 🌿, (Fachwerkhaus a.d. 17. Jh.) – 🅿 ⓦ❼ 🆅🅸🆂🅰
geschl. Dienstag – **Menu** *(wochentags nur Abendessen)* à la carte 32/47 – **Weinstube** *(geschl. Montag - Dienstag)* *(wochentags nur Abendessen)* **Menu** à la carte 20/29.
• Hier hat man den Charme längst vergangener Zeiten bewahrt. Drei gemütliche Stuben im Obergeschoss sowie ein glasüberdachter Innenhof schaffen eine stimmungsvolle Atmosphäre. Eine nette Alternative stellt die Weinstube dar.

GROSSMAISCHEID Rheinland-Pfalz siehe Dierdorf.

GROSS MECKELSEN Niedersachsen siehe Sittensen.

GROSS NEMEROW Mecklenburg-Vorpommern siehe Neubrandenburg.

GROSSOSTHEIM Bayern 546 Q 11 – 14 500 Ew – Höhe 137 m.
Berlin 558 – München 363 – *Frankfurt am Main* 47 – Darmstadt 39.

In Großostheim-Ringheim West : 4 km :

🏨 **Landhaus Hotel** ⚘, Ostring 8b, ⌧ 63762, ℘ (06026) 9 79 70, *landhaus-hotel@t-online.de*, Fax (06026) 2212, 🌿 – 📺 🅿 🅰🄴 ⓦ❼ 🆅🅸🆂🅰
Weinstube Zimmermann *(geschl. Sonn- und Feiertage)* *(nur Abendessen)* **Menu** à la carte 17,50/32,50 – **24 Zim** ⌂ 50 – 75.
• Das solide Landhotel ist eine gut geführte, neuzeitliche Adresse. Die funktionellen Gästezimmer sind meist mit hellem Naturholzmobiliar eingerichtet. In der Weinstube Zimmermann finden Sie einen rustikalen Rahmen für gemütliche Stunden.

GROSS PLASTEN Mecklenburg-Vorpommern siehe Waren (Müritz).

GROSSROSSELN Saarland 543 S 4 – 10 200 Ew – Höhe 210 m.
Berlin 731 – *Saarbrücken* 14 – Forbach 6 – Saarlouis 21.

XXX **Seimetz**, Ludwigstr. 34, ⌧ 66352, ℘ (06898) 46 12, *info@seimetz-gourmet.de*, Fax (06898) 400127 – ⓦ❼ 🆅🅸🆂🅰
geschl. Montag, Samstagmittag – **Menu** *(Dienstag - Donnerstag nur Abendessen)* 25/64 à la carte 38/50, ⚜.
• Das Innere des Hauses besticht mit einem modern-eleganten Ambiente und aufwändigem Couvert. Mit asiatischen Akzenten bereichert Frank Seimetz seine französische Küche.

GROSS SCHAUEN Brandenburg siehe Storkow Mark.

GROSSTREBEN-ZWETHAU Sachsen 544 L 22/23 – 1 100 Ew – Höhe 82 m.
Berlin 123 – Dresden 96 – *Leipzig* 59 – Wittenberg 53.

Im Ortsteil Zwethau :

🏠 **Wenzels Hof**, Herzberger Str. 7, ⌧ 04886, ℘ (03421) 7 31 10, *wenzelshof@zwethau.de*, Fax (03421) 731125, 🌿, ⇌ – ⇾ Zim, 📺 🅿 – 🛎 40. 🅰🄴 ⓞ ⓦ❼ 🆅🅸🆂🅰
Menu à la carte 15/24 – **22 Zim** ⌂ 48/54 – 76.
• Einst als stattlicher Bauernhof genutzt, bietet diese Adresse heute Reisenden eine tadellos unterhaltene Unterkunft mit familiärer Führung und ländlich-rustikalem Ambiente. Helles Holz und Kamin bestimmen den Charakter der Gaststube. Gartenterrasse.

GROSS-UMSTADT Hessen 543 O 10 – 19 500 Ew – Höhe 160 m.
Berlin 568 – Wiesbaden 67 – *Frankfurt am Main* 51 – Darmstadt 22 – Mannheim 75 – Würzburg 108.

Jakob garni, Zimmerstr. 43, ✉ 64823, ✆ (06078) 7 80 00, *info@hotel-jakob.de*, Fax (06078) 74156, ≤, 🍴 – ⇔ TV 📞 🚗 P. AE ⓘ ⓜ VISA JCB. ✷
35 Zim ⌂ 45/55 – 65/72.
♦ In angenehmer Stadtrandlage finden Sie ein sehr gepflegtes Hotel, das Ihnen wohnliche, mit unterschiedlich gefärbtem Holzmobiliar eingerichtete Zimmer bietet.

Brüder-Grimm-Hotel ⚜, Krankenhausstr. 8, ✉ 64823, ✆ (06078) 78 40, *brueder-grimm-hotel@web.de*, Fax (06078) 784444 – 🛗, ⇔ Zim, TV ♿ P – 🍽 60. AE ⓘ ⓜ VISA JCB
Menu *(nur Abendessen)* (Restaurant nur für Hausgäste) – **51 Zim** ⌂ 68/72 – 92.
♦ Das etwas außerhalb des Zentrums gelegene Hotel verfügt über individuell und praktisch eingerichtete Gästezimmer - die geräumigeren recht wohnlich mit Sitzecke.

Farmerhaus, Röntgenstr. 35 (auf dem Hainrich), ✉ 64823, ✆ (06078) 91 11 91, *afrika@farmerhaus.de*, Fax (06078) 911192, 🌳 – P. AE ⓘ ⓜ VISA. ✷
geschl. Jan. 2 Wochen, Juli 2 Wochen, Okt. 2 Wochen, Sonntag - Montag – **Menu** *(nur Abendessen)* (afrikanische Küche) à la carte 40/63.
♦ Afrikanische Produkte bereichern die international zubereiteten Speisen. Schnitzereien und Trophäen aus dem Herkunftsland der Gerichte bieten Interessantes fürs Auge.

La Villetta, Zimmerstr. 44, ✉ 64823, ✆ (06078) 7 22 56, *carmelo@lavilletta.de*, Fax (06078) 75465, 🌳 – AE ⓜ VISA. ✷
geschl. Montag – **Menu** (italienische Küche) à la carte 29/41.
♦ In dem ehemaligen Wohnhaus ist heute ein nettes Restaurant mit einem Hauch Landhaus-Ambiente untergebracht - Weinflaschen dienen als Dekor. Italienische Küche.

GROSSWEITZSCHEN Sachsen siehe Döbeln.

GROSS WITTENSEE Schleswig-Holstein siehe Eckernförde.

GROSS-ZIEHTEN (KREIS OBERHAVEL) Brandenburg 542 H 23 – 250 Ew – Höhe 43 m.
Berlin 43 – Potsdam 44 – Oranienburg 26 – Neuruppin 32.

Schloss Ziethen ⚜ (mit Gästehaus), ✉ 16766, ✆ (033055) 9 50, *info@schlossziethen.de*, Fax (033055) 9559, 🌳, ≤s, 🍴 – 🛗, ⇔ Zim, TV 📞 🚗 P – 🍽 30. AE ⓜ VISA
Die Orangerie : Menu à la carte 26/34 – **39 Zim** ⌂ 77/115 – 97/137.
♦ Der rekonstruierte Herrensitz a. d. 14. Jh. - mit Park - ist geprägt durch ein elegantes Interieur. Antike Stücke ergänzen das moderne Inventar der Zimmer. Kleine Bibliothek. Klassischer Stil und ein gepflegtes Couvert machen die Orangerie aus.

GRÜNBERG Hessen 543 O 10 – 14 600 Ew – Höhe 273 m – Luftkurort.
🛈 Fremdenverkehrsamt, Rabegasse 1 (Marktplatz), ✉ 35305, ✆ (06401) 80 41 14, *info@gruenberg.de*, Fax (06401) 804103.
Berlin 476 – Wiesbaden 102 – *Frankfurt am Main* 72 – Gießen 22 – Bad Hersfeld 72.

Sporthotel ⚜, Am Tannenkopf 1 (Ost : über B 49, Richtung Alsfeld, 1,5 km), ✉ 35305, ✆ (06401) 80 20, *info@sporthotel-gruenberg.de*, Fax (06401) 802166, 🌳, 🎱, ≤s, 🏊, 🍴, ✻(Halle) – 🛗, ⇔ Zim, TV P – 🍽 100. ⓜ VISA JCB. ✷ Rest
geschl. 1. - 4. Jan. – **Menu** (geschl. 27. Dez. - 4. Jan., Sonntagabend) à la carte 30/40 – **47 Zim** ⌂ 52 – 86.
♦ Am Ortsrand der Fachwerkstadt, sehr ruhig gelegen. Ein unaufdringliches Design und eine solide Gestaltung kennzeichnen das Innere des Hotels. Mit Park. Sie speisen im Restaurant, in der Bierstube oder auf der Terrasse.

Villa Emilia, Giessener Str. 42 (B 49), ✉ 35305, ✆ (06401) 64 47, *villaemilia@gmx.de*, Fax (06401) 4132, 🌳, 🍴 – TV P. ⓜ VISA. ✷ Zim
Menu (geschl. über Karneval, Sonntag, im Winter auch Donnerstag) (nur Abendessen) à la carte 25/39 – **12 Zim** ⌂ 50 – 78.
♦ Für Ihre Unterbringung stehen zwei Zimmervarianten zur Wahl : mit dunklem Mobiliar bestückt oder Landhausstil in hellem Naturholz - stets zeitgemäß ausgestattet. Kleines Abendrestaurant im ländlichen Stil.

GRÜNHEIDE Brandenburg 542 I 25 – 2 500 Ew – Höhe 43 m.
Berlin 39 – Potsdam 67 – Frankfurt (Oder) 60 – Königs Wusterhausen 25.

Seegarten, Am Schlangenluch 12, ⊠ 15537, ℘ (03362) 7 96 00, mail@hotelsee garten.de, Fax (03362) 796289, 余, ≦s, 瘀 – ⥂ Zim, TV ⚕ P – 🔏 40. ⒶⒺ ⓞ ⓜ VISA
Menu à la carte 17/27,50 – **42 Zim** ⊃ 50/72 – 68/88.
◆ Diese gepflegte Anlage mit hübschem Äußeren zählt neben praktischen Gästezimmern auch einen Bootssteg mit Bademöglichkeit zu ihren Vorzügen. Eine schöne Terrasse mit Blick zum See ergänzt das Restaurant.

GRÜNSTADT Rheinland-Pfalz 543 R 8 – 13 500 Ew – Höhe 165 m.
⛳ Dackenheim, Im Blitzgrund 1 (Süd : 5 km), ℘ (06353) 98 92 12.
Berlin 632 – Mainz 59 – Mannheim 31 – Kaiserslautern 36 – Neustadt an der Weinstraße 28.

In Grünstadt-Asselheim Nord : 2 km :

Pfalzhotel Asselheim, Holzweg 6, ⊠ 67269, ℘ (06359) 8 00 30, pfalzhotel-asselh eim@t-online.de, Fax (06359) 800399, 余, ≦s, ⊡ – ⬒, ⥂ Zim, TV P – 🔏 80. ⒶⒺ ⓞ ⓜ VISA
Menu à la carte 23/37,50 – **68 Zim** ⊃ 75/85 – 99/110.
◆ Mit einem neueren Anbau hat man das gewachsene Landhotel um einige wohnliche, neuzeitlich eingerichtete Zimmer erweitert. Auch auf Tagungen ist man eingestellt. Teil des Restaurants : das gemütlich-rustikale "Scharfe Eck".

In Grünstadt-Sausenheim Süd : 2,5 km, jenseits der A 6 :

Am Bienenbrunnen, Hintergasse 2, ⊠ 67269, ℘ (06359) 81 09 25, Fax (06359) 810926, 余 – P. ⓜ VISA
geschl. über Karneval 1 Woche, Juli – Aug. 2 Wochen, Montag – **Menu** (wochentags nur Abendessen) 32/36 à la carte 28/39.
◆ In der Mitte des Dorfes liegt das kleine Gutsrestaurant. Natursteinwände, eine von Säulen getragene Gewölbedecke und Landhaus-Mobiliar schaffen ein nettes Ambiente.

In Neuleiningen Süd-West : 3 km, jenseits der A 6, über Sausenheim :

Alte Pfarrey, Untergasse 54, ⊠ 67271, ℘ (06359) 8 60 66, Fax (06359) 86060, 余 – TV ⓞ ⓜ VISA
Menu (geschl. Montag – Dienstag) (abends Tischbestellung ratsam) 27 (mittags)/72 à la carte 40/53 – **9 Zim** ⊃ 65/95 – 95/150.
◆ Individualität kennzeichnet das geschmackvolle Innenleben dieses aus Fachwerkhäusern bestehenden Hotels. Für besonderen Komfort wählen Sie eines der größeren Zimmer. Elegantes Restaurant mit ansprechend eingedeckten Tischen.

GRÜNWALD Bayern siehe München.

GSCHWEND Baden-Württemberg 545 T 13 – 4 300 Ew – Höhe 475 m – Erholungsort.
Berlin 567 – Stuttgart 60 – Schwäbisch Gmünd 19 – Schwäbisch Hall 27.

Herrengass, Welzheimer Str. 11, ⊠ 74417, ℘ (07972) 4 50, info@herrengass.de, Fax (07972) 6434, 余 – P
geschl. über Fasching 1 Woche, Aug. 2 Wochen, Montag – **Menu** à la carte 22/39.
◆ Der Bistro-Stil schafft ein freundliches Ambiente. Die Tische werden nett eingedeckt, der Service arbeitet aufmerksam. Es wird sorgfältig mit guten Produkten gekocht.

GSTADT AM CHIEMSEE Bayern 546 W 21 – 1 000 Ew – Höhe 534 m – Erholungsort.
Sehenswert : Chiemsee★.
🛈 Verkehrsamt, Seeplatz 5, ⊠ 83257, ℘ (08054) 4 42, Fax (08054) 7997.
Berlin 660 – München 94 – Bad Reichenhall 57 – Traunstein 27 – Rosenheim 27.

Gästehaus Grünäugl am See garni, Seeplatz 7, ⊠ 83257, ℘ (08054) 5 35, grue naeugl-chiemsee@t-online.de, Fax (08054) 7743, ≤, ≦s, 瘀 – ⥂ TV ⇔ P. ⚓
geschl. 15. Dez. – 15. Jan. – **15 Zim** ⊃ 43/72 – 84.
◆ Solides Naturholz und Wohnkultur prägen die Zimmer dieses Hauses. Die unmittelbare Lage am See ermöglicht dem Gast eine abwechslungsreiche Freizeitgestaltung.

Café am See, Seeplatz 3, ⊠ 83257, ℘ (08054) 2 24, Fax (08054) 7747, 余 – ⓞ ⓜ VISA
geschl. Nov. – Weihnachten, Mitte Jan. – Anfang März – **Menu** à la carte 15/29.
◆ Ein großes, rustikal gestaltetes Restaurant mit schöner Terrasse am See. Spezialiät auf der Speisekarte mit regionalen Gerichten sind fangfrische Fische.

GUBEN Brandenburg 542 K 28 – 23 800 Ew – Höhe 58 m.
🛈 Touristinformation, Frankfurter Str. 21, ✉ 03172, ℘ (03561) 38 67, Fax (03561) 3910.
Berlin 147 – Potsdam 164 – *Cottbus* 40 – Frankfurt (Oder) 52.

In Atterwasch Süd-West : 9 km, über B 97, bei Schenkendöbern links ab :

🏨 **Waldhotel Seehof** ⚲, Am Deulowitzer See (Süd-Ost : 1,5 km), ✉ 03172, ℘ (035692) 2 08, seehof-atterwasch@residenz-hotels.com, Fax (035692) 208, ≼, 🍽, ≘s, 🅜, 🚗, ※ – ⇆ Zim, 📺 🅿 – 🔏 30. 🅰🅴 🆆 🆅🆂🅰 ※ Rest
Menu à la carte 15/26 – **28 Zim** ⌂ 48/66 – 66/86 – ½ P 14.
  • Die nette Hotelanlage ist in einem Waldstück am See gelegen. Die solide ausgestatteten Gästezimmer sind auf verschiedene Gebäude verteilt. Vom Hotelrestaurant aus haben Sie einen schönen Blick auf den See.

GÜGLINGEN Baden-Württemberg 545 S 11 – 6 200 Ew – Höhe 220 m.
🏌 Cleebronn, Schlossgut Neunagenheim (Süd-Ost : 7 km), ℘ (07135) 1 32 03.
Berlin 609 – *Stuttgart* 46 – Heilbronn 20 – Karlsruhe 54.

In Güglingen-Frauenzimmern Ost : 2 km :

🏨 **Gästehaus Löwen** garni, Brackenheimer Str. 29, ✉ 74363, ℘ (07135) 9 83 40, Fax (07135) 983440 – 📺 🅿 🆆 🆅🆂🅰 ※
geschl. 20. Dez. - 10. Jan. – **14 Zim** ⌂ 41/45 – 67/70.
  • Ein Landgasthaus mit einem kleinen neuzeitlichen Hotelbereich. Hier stehen saubere und gepflegte sowie praktisch ausgestattete Zimmer bereit.

GÜNTHERSDORF Sachsen-Anhalt 542 L 20 – 400 Ew – Höhe 108 m.
Berlin 176 – Magdeburg 118 – *Leipzig* 15 – Dessau 58 – Halle 25.

In Kötschlitz Nord : 1 km :

🏨 **Holiday Inn**, Aue-Park-Allee 3, ✉ 06254, ℘ (034638) 5 10, lejgd@aol.com, Fax (034638) 51220, 🍽 – 🛗, ⇆ Zim, 📺 📞 & 🚗 🅿 – 🔏 60. 🅰🅴 ⓞ 🆆 🆅🆂🅰 🅹🅲🅱
Menu à la carte 15,50/24 – ⌂ 10 – **89 Zim** 65 – 70.
  • In einem kleinen Industriegebiet unweit der Autobahn liegt dieses in neuzeitlichem Stil erbaute Hotel. Vor allem Tagungsgäste schätzen die funktionelle Ausstattung.

GÜNZBURG Bayern 546 U 14 – 20 000 Ew – Höhe 448 m.
Sehenswert : Legoland★.
🏌 Jettingen-Scheppach, Schloß Klingenburg (Süd-Ost : 19 km), ℘ (08225) 30 30.
🛈 Tourist-Information, Lannionplatz 1, ✉ 89312, ℘ (08221) 20 04 44, tourist-information@guenzburg.de, Fax (08221) 200446.
Berlin 569 – München 112 – *Augsburg* 53 – *Stuttgart* 110 – Nürnberg 147.

🏨 **Zettler**, Ichenhauser Str. 26a, ✉ 89312, ℘ (08221) 3 64 80, zettler@t-online.de, Fax (08221) 6714, 🍽, ≘s, 🚗 – 🛗, ⇆ Zim, 📺 📞 🚗 🅿 – 🔏 80. 🅰🅴 🆆 🆅🆂🅰 ※
geschl. 21. Dez. - 8. Jan. – **Menu** (geschl. Sonn- und Feiertage abends) (Aug. nur Abendessen) à la carte 30/47 – **49 Zim** ⌂ 79/89 – 109/128.
  • Die Zimmer dieses sehr gut geführten Hotels sind funktionell eingerichtet und stets tadellos gepflegt - teils mit Balkon. Mehr Komfort bieten die zwei schönen Juniorsuiten. Im Sommer ergänzt eine hübsche Terrasse das klasssich gestaltete Restaurant.

🏨 **Mercure Am Hofgarten** garni, Am Hofgarten, ✉ 89312, ℘ (08221) 35 10, h2844 @accor.hotels.com, Fax (08221) 351333 – 🛗 ⇆ 📺 📞 & 🚗 – 🔏 35. 🅰🅴 ⓞ 🆆
🆅🆂🅰 🅹🅲🅱
100 Zim ⌂ 88/110 – 126/149.
  • Im Zentrum der Stadt - in relativ ruhiger Lage - erwartet Sie ein seriöses Geschäftshotel, das neuzeitliche und technisch gut ausgestattete Gästezimmer für Sie bereithält.

GÜSTROW Mecklenburg-Vorpommern 542 E 20 – 32 500 Ew – Höhe 10 m.
Sehenswert : Renaissanceschloss★ – Dom★ (Renaissance-Grabmäler★, Apostelstatuen★) – Gertrudenkapelle : Ernst-Barlach-Gedenkstätte★ – Pfarrkirche St. Marien (Hochaltar★).
🛈 Güstrow-Information, Domstr. 9, ✉ 18273, ℘ (03843) 68 10 23, stadtinfo@guestrow.de, Fax (03843) 682079.
Berlin 192 – Schwerin 63 – *Rostock* 38 – Neubrandenburg 87 – Lübeck 129.

🏨 **Kurhaus am Inselsee** ⚲, Heidberg 1 (Süd-Ost : 4 km), ✉ 18273, ℘ (03843) 85 00, kurhaus-guestrow@t-online.de, Fax (03843) 850100, 🍽, ≘s, 🅜, 🚗 – 🛗, ⇆ Zim, 📺 📞 & 🅿 – 🔏 90. 🅰🅴 🆆 🆅🆂🅰
Menu à la carte 18,50/34,50 – **38 Zim** ⌂ 68/95 – 95/130.
  • Hinter einem netten Äußeren erleben Besucher eine gelungene Kombination von Wohnlichkeit und Funktionalität. Auch die schöne Lage zählt zu den Vorzügen des Hauses. Das Restaurant ist auf zwei Ebenen angelegt - mal im Pub-Stil, mal rustikaler.

GÜSTROW

Am Güstrower Schloß, Schloßberg 1, ⊠ 18273, ℘ (03843) 76 70, *schlosshotel-g uestrow@t-online.de*, Fax (03843) 767100, 😊, ⬛ – 📱, ⬛ Zim, 📺 ⬛ ⬛ 🅿 – 🅰 50. AE ⬛ VISA
Menu à la carte 16,50/28 – **47 Zim** ⊑ 68/82 – 85/95.
♦ Hier wohnen Sie in modernen, hell möblierten und technisch gut ausgestatteten Zimmern - vis-à-vis das Schloss. Tadellos die Pflege und Sauberkeit im Haus. Restaurant mit Wintergartenvorbau.

Stadt Güstrow, Pferdemarkt 58, ⊠ 18273, ℘ (03843) 78 00, *nordikhotel@web.de*, Fax (03843) 780100, 😊, ⬛ – 📱, ⬛ Zim, 📺 ⬛ ⬛ ⬛ – 🅰 200. AE ⬛ ⬛ VISA
Menu (Okt. - April nur Abendessen) à la carte 15/23 – **71 Zim** ⊑ 65/75 – 85/95.
♦ Zentral, direkt am Marktplatz, liegt dieses alte Stadthaus, das neben einem Kino auch ein Hotel mit modern und funktionell ausgestatteten Zimmern beherbergt.

Weinberg 🌿, Bölkower Str. 8, ⊠ 18273, ℘ (03843) 8 33 30, *hotel-weinberg@t-on line.de*, Fax (03843) 833344, 😊, ⬛ – ⬛ Zim, 📺 🅿. ⬛ VISA
Menu (Montag - Freitag nur Abendessen) à la carte 17/22 – **23 Zim** ⊑ 54/60 – 69/75.
♦ In einem Wohngebiet nahe dem Zentrum liegt dieses familiengeführte, gut unterhaltene Hotel. Die Zimmer sind neuzeitlich und funktionell gestaltet - teils mit Dachschräge.

Altstadt garni, Baustr. 8, ⊠ 18273, ℘ (03843) 4 65 50, *nordikhotel@web.de*, Fax (03843) 4655222, – 📱 ⬛ 📺 🅿. AE ⬛ ⬛ VISA
43 Zim ⊑ 55/65 – 75/85.
♦ Das Hotel im historischen Zentrum beherbergt seine Gäste in einheitlich ausgestatteten, praktischen Zimmern. Sehenswürdigkeiten der Stadt erreichen Sie bequem zu Fuß.

Rubis, Schweriner Str. 89, ⊠ 18273, ℘ (03843) 6 93 80, Fax (03843) 693850, – 📺 🅿. ⬛ VISA
Menu (geschl. Sonntagabend) à la carte 15/22 – **18 Zim** ⊑ 49 – 66.
♦ Solides Mobiliar, gute Pflege sowie Funktionalität kennzeichnen die Zimmer dieser neuzeitlichen Übernachtungsadresse im westlichen Stadtteil. Nettes Restaurant in bürgerlichem Stil.

Barlach-Stuben, Plauer Str. 7, ⊠ 18273, ℘ (03843) 68 48 81, *barlach-stuben@t-o nline.de*, Fax (03843) 344614, 😊 – 🅿. ⬛ VISA
Menu à la carte 15,50/29.
♦ In dem Restaurant am Rande der Altstadt erwarten Sie ein freundliches, neuzeitliches Ambiente sowie ein internationales und regionales Speiseangebot.

In Lalendorf Süd-Ost : 16 km Richtung Neubrandenburg, jenseits der A 19 :

Im Wiesengrund, Hauptstr. 3 (B 104), ⊠ 18279, ℘ (038452) 2 05 42, Fax (038452) 21720, 😊 – 📺 🅿.
Menu (geschl. Mittwochmittag) à la carte 12,50/26 – **15 Zim** ⊑ 34/45 – 60/63.
♦ Das familiengeführte Haus mit roter Klinkerfassade bietet Gästen eine gepflegte Unterkunft mit zeitgemäßer, praktischer Einrichtung. Mehr Platz bieten die Zimmer im Nebenhaus. Das kleine Hotelrestaurant hat man bürgerlich ausgestattet.

GÜTERSLOH Nordrhein-Westfalen 543 K 9 – 96 000 Ew – Höhe 94 m.

🏌 Rietberg-Varensell, Gütersloher Str. 127 (über ③ : 8 km), ℘ (05244) 23 40.
ℹ Verkehrsverein, Rathaus, Berliner Str. 70, ⊠ 33330, ℘ (05241) 82 27 49, *verkehrs verein.stadtguetersloh@gt-net.de*, Fax (05241) 823537.
Berlin 412 ③ – Düsseldorf 156 ④ – Bielefeld 18 ② – Münster (Westfalen) 57 ⑤ – Paderborn 45 ④

Stadtplan siehe nächste Seite

Parkhotel Gütersloh, Kirchstr. 27, ⊠ 33330, ℘ (05241) 87 70, *business@parkho tel-gt.de*, Fax (05241) 877400, 😊, ⬛ – 📱, ⬛ Zim, 📺 ⬛ ⬛ – 🅰 150. AE ⬛ ⬛ VISA
BZ n
Menu à la carte 26,50/42 – **Bellini** (italienische Küche) (geschl. Sonntag - Montag)(nur Abendessen) **Menu** à la carte 17/27 – **103 Zim** ⊑ 117/177 – 137/197, 3 Suiten.
♦ Dieses Hotel bietet mit Zimmern verschiedener Kategorien Komfort nach Maß - mal geschmackvoll und elegant, mal freundlich und funktionell als "Business-Zimmer". Park. Restaurant mit stilvoll-gediegenem Ambiente.

Stadt Gütersloh, Kökerstr. 23, ⊠ 33330, ℘ (05241) 10 50, *hotel.stadt.guetersloh @t-online.de*, Fax (05241) 105100, 😊, ⬛ – 📱, ⬛ Zim, 📺 ⬛ ⬛ ⬛ – 🅰 40. AE ⬛ VISA
BZ e
Schiffchen (geschl. Juli - Aug. 3 Wochen, Sonntag) (nur Abendessen) **Menu** à la carte 34/49 – **56 Zim** ⊑ 98/107 – 139/155.
♦ Ihr Domizil überzeugt mit Pflege, Sauberkeit und gut ausgestatteten Zimmern im elegant-rustikalen Landhausstil. Daneben zählt auch die zentrale Lage zu den Annehmlichkeiten. Hübsches Dekor und ein Kamin geben dem Schiffchen eine wohlige Atmosphäre.

GÜTERSLOH

Berliner Straße .... **AZ**	Eickhoffstraße .... **BYZ** 11	Lindenstraße .... **BZ** 21
Brockhäger Straße .... **AY** 3	Feuerbornstraße .... **AZ** 13	Moltkestraße .... **AY** 22
Carl-Miele-Straße .... **BY** 4	Herzebrocker Straße ..... **AZ** 15	Münsterstraße .... **AZ** 23
Dalkestraße .... **AZ** 7	Kahlertstraße .... **BY** 16	Schulstraße .... **AY** 27
Daltropstraße .... **AZ** 8	Kökerstraße .... **BZ** 19	Strengerstraße .... **BY** 28
	Kolbeplatz .... **BZ** 20	Theodor-Heuss-Platz ..... **AZ** 30
	Königstraße .... **AZ**	Willy-Brandt-Platz ..... **BY** 32

Appelbaum, Neuenkirchener Str. 59, ✉ 33332, ☎ (05241) 9 55 10, *a.kerkhoff@hotel-appelbaum.de*, Fax (05241) 955123, Biergarten, ≘ – ⇔ Zim, 📺 📞 ⇔ 🅿 – ⚙ 60. AE ⓘ 🆘 VISA   AZ s
Menu *(geschl. Samstagmittag, Sonn- und Feiertage)* à la carte 18,50/28,50 – **42 Zim** ⇌ 60/90 – 85/105.
 ◆ Besonders nett sind die neuen Zimmer dieses Hotels : hell, freundlich und modern. In der 3. Etage hat man einen kleinen Fitnessbereich eingerichtet.

Stadt Hamburg, Feuerbornstr. 9, ✉ 33330, ☎ (05241) 4 00 99 70, Fax (05241) 58981, Biergarten – ⇔ Zim, ⇔ 🅿. AE ⓘ 🆘 VISA   AZ r
Hanna's *(geschl. 22. Dez - 1. Jan., 18. Juli - 8. Aug., Sonn- und Feiertage) (nur Abendessen)* Menu à la carte 22/31 – **30 Zim** ⇌ 70/87 – 90/110.
 ◆ Mit hell und freundlich eingerichteten, sauberen Zimmern ist dieses sympathische Hotel für einen Stopp auf der Durchreise oder für einen längeren Aufenthalt geeignet. Hanna's : im Bistro-Stil.

Sinfonie, Friedrichstr. 10 (Stadthalle), ✉ 33330, ☎ (05241) 86 42 69, *siewecke@sinfonie-gt.de*, Fax (05241) 864268, ☎ – ⚙ 1000. AE ⓘ 🆘 VISA   AZ
geschl. Montag, Samstagmittag – **Menu** à la carte 20/40.
 ◆ Das in die Stadthalle integrierte Restaurant wirkt mit Holzboden und Rattanbestuhlung recht einladend. Die Karte bietet eine große Auswahl an internationalen Speisen.

GÜTERSLOH

XX **Gasthaus Bockskrug**, Parkstr. 44, ✉ 33332, ℰ (05241) 5 43 70, 🍴 – 🅿 BZ a
geschl. Montag – **Menu** *(wochentags nur Abendessen)* à la carte 27/41,50.
♦ Das nette Waldgasthaus liegt am Rande eines Wohngebietes. Helles Naturholz gibt den
Gaststuben ihren ländlichen Charakter. Internationale und regionale Küche.

In Gütersloh-Spexard über ③ : 2 km :

🏠 **Waldklause**, Spexarder Str. 205, ✉ 33334, ℰ (05241) 9 76 30, info@hotel-
waldklause.de, Fax (05241) 77185, Biergarten – ⚭ Zim, 📺 📞 🅿 – 🛎 80. 🆎 ⓘ
🅼 VISA
geschl. Aug. 2 Wochen – **Menu** *(geschl. Sonntagabend) (wochentags nur Abendessen)* à
la carte 15/27 – **24 Zim** ⊇ 44 – 67.
♦ Mit seinen soliden, gepflegten Gästezimmern stellt dieses außerhalb der Stadt gelegene
familiengeführte Hotel eine praktische Übernachtungsadresse dar.

GULDENTAL Rheinland-Pfalz 543 Q 7 – 2 900 Ew – Höhe 150 m.
Berlin 612 – Mainz 44 – *Bad Kreuznach* 12 – Koblenz 67.

🏨 **Der Kaiserhof** *(mit Gästehaus)*, Hauptstr. 2, ✉ 55452, ℰ (06707) 9 44 40, info@ka
iserhof-guldental.de, Fax (06707) 944415, 🍴 – 📺 🅿 VISA
Menu *(geschl. Dienstag - Mittwoch) (abends Tischbestellung ratsam)* à la carte 22/35, ⚭
– **15 Zim** ⊇ 50/65 – 80/95.
♦ Gut geführter, solider Gasthof mit Hotelanbau. Die mit dunklem Stilmobiliar
geschmackvoll eingerichteten Gästezimmer wirken wohnlich und gepflegt. Fachwerk und
Steinwände geben dem Restaurant eine rustikale Note.

🏠 **Enk** garni, Naheweinstr. 36, ✉ 55452, ℰ (06707) 91 20, enk@das-hotel-im-weingut.de,
Fax (06707) 91241 – ⚭ 📺 🅿 🅼 VISA. ⚭
geschl. 20. Dez. - Mitte Jan. – **15 Zim** ⊇ 45 – 68.
♦ Sie wohnen in einem dem traditionsreichen Weingut angegliederten Hotel. Praktisch
ausgestattete Zimmer und eine familiäre Atmosphäre machen diese Unterkunft aus.

GUMMERSBACH Nordrhein-Westfalen 543 M 6 – 54 300 Ew – Höhe 250 m.
🏌 Gummersbach-Berghausen, Kreuzstr. 10 (West : 7 km), ℰ (02266) 44 04 47.
🛈 Fremdenverkehrsamt, Rathausplatz 1, ✉ 51643, ℰ (02261) 8 74 04, tourist-
info@stadt-gummersbach.de, Fax (02261) 87600.
ADAC, Moltkestr. 19.
Berlin 557 – *Düsseldorf* 86 – Köln 54 – Lüdenscheid 44 – Siegen 55.

🏨 **Victor's Residenz-Hotel**, Brückenstr. 52, ✉ 51643, ℰ (02261) 8 01 09, info.gum
mersbach@victors.de, Fax (02261) 801599, 🍴 – 🛗, ⚭ Zim, 📺 📞 🅿 – 🛎 120. 🆎
ⓘ 🅼 VISA
Menu *(geschl. Samstag - Sonntag)* à la carte 19,50/31 – **80 Zim** ⊇ 84/127 – 100/127.
♦ Verkehrsgünstig liegt dieses Haus am Rande der Innenstadt. Die neuzeitlich und funk-
tionell eingerichteten Zimmern bieten ausreichend Platz und Modemanschluss. In nettem,
gepflegtem Ambiente serviert man Ihnen Internationales.

In Gummersbach-Becke Nord-Ost : Richtung Remscheid 3 km :

🏠 **Stremme** *(mit Gästehaus)*, Beckestr. 55, ✉ 51647, ℰ (02261) 9 26 40, info@hotel-
stremme.de, Fax (02261) 29521, 🍴, Biergarten – 📺 🅿 – 🛎 30. 🆎 ⓘ 🅼 VISA. ⚭
Menu *(geschl. Freitag)* à la carte 19/36 – **19 Zim** ⊇ 46/52 – 68/90.
♦ Dem Gast stehen verschiedene Varianten von Räumen zur Wahl : mal praktisch in Eiche,
mal im Landhausstil oder mit bemaltem Mobiliar - in der oberen Etage mit Gaube. Restaurant
mt leicht rustikaler Note. Nett : der Biergarten.

In Gummersbach-Dieringhausen Süd : 7 km über B 55 :

🏠 **Aggertal** garni, Vollmerhauser Str. 127 (B 55), ✉ 51645, ℰ (02261) 9 68 20,
Fax (02261) 968260 – ⚭ 📺 📞 🅿 🆎 ⓘ 🅼 VISA JCB
46 Zim ⊇ 45/85 – 95/105.
♦ Die Gästezimmer dieses verkehrsgünstig gelegenen Hotels sind in einheitlichem Stil gehal-
ten - mit zeitgemäßem Inventar und französischen Betten ausgestattet.

XXX **Die Mühlenhelle** mit Zim, Hohler Str. 1, ✉ 51645, ℰ (02261) 29 00 00, kontakt@
muehlenhelle.de, Fax (02261) 2900020, 🍴 – ☰ Rest, 📺 🅿 🆎 ⓘ 🅼 VISA. ⚭ Zim
geschl. 1. - 14. Jan., 16. Aug. - 5. Sept., Montag - Dienstag – **Menu** 48 à la carte
41/52, ⚭ – *allegro (geschl. Montag - Dienstag)* **Menu** à la carte 32/38 – **6 Zim**
⊇ 80 – 120.
♦ Mit hochwertigen Materialien hat man die denkmalgeschützte Villa aufwändig ausge-
stattet. Entstanden sind ein helles, klassisch gehaltenes Restaurant und geschmackvolle
Zimmer. Im Bistro allegro herrscht eine legere Atmosphäre.

GUMMERSBACH

In Gummersbach-Hülsenbusch *West : 7 km, über Steinenbrück und Strombach :*

XX **Schwarzenberger Hof,** Schwarzenberger Str. 48, ⊠ 51647, ℰ (02261) 2 21 75, Fax (02261) 21907, 🍽 – 🅿 ⓜ 𝗩𝗜𝗦𝗔 – *geschl. 2. - 15. Jan., Montag* – **Menu** à la carte 26/38.
• Gegenüber der Kirche liegt dieses in drei ländlich-rustikal gestaltete Räume unterteilte, familiär geführte Restaurant. Die Speisekarte bietet Internationales.

In Gummersbach-Lieberhausen *Nord-Ost : 10 km :*

🏠 **Landgasthof Reinhold** ⌀, Kirchplatz 2, ⊠ 51647, ℰ (02354) 52 73, hotelreinh@ aol.com, Fax (02354) 5873, 🍽 – ⇔ Zim, 📺 🅿 – 🏛 20. 𝗔𝗘 ⓜ 𝗩𝗜𝗦𝗔
Menu *(geschl. Donnerstag)* à la carte 15/26 – **17 Zim** ⊇ 52/57 – 88.
• Das Haus ist am Dorfplatz in der Mitte des Ortes gelegen. Die Zimmer hat man mit ansprechendem Landhausmobiliar neuzeitlich ausgestattet. Das Restaurant ist ländlich-rustikal in der Aufmachung.

In Gummersbach-Rospe *Süd : 2 km, über B 256 :*

🏠 **Tabbert** garni (mit 2 Gästehäusern), Hardtstr. 28, ⊠ 51643, ℰ (02261) 6 02 50, Fax (02261) 28565, 🍽 – 📺 ⇔ 🅿 𝗔𝗘 ⓘ ⓜ 𝗩𝗜𝗦𝗔 𝗝𝗖𝗕. ⌀
18 Zim ⊇ 50 – 78.
• Das ältere Stadthaus mit zwei kleinen Gästehäusern ist eine recht persönlich geführte Übernachtungsadresse mit gepflegten und praktischen Zimmern. Netter Garten.

In Gummersbach-Windhagen *Nord : 2 km, über B 256 :*

🏨 **Privathotel-Rothstein,** Hückeswagener Str. 4, ⊠ 51647, ℰ (02261) 8 02 60, info @ privathotel-rothstein.de, Fax (02261) 8026998, 🍽, ⌀, 🔲, 🍽 – 📶 📺 ⌀ ⇔ 🅿 – 🏛 170. 𝗔𝗘 ⓘ ⓜ 𝗩𝗜𝗦𝗔 – **Menu** à la carte 28/36 – *Alte Wirtschaft* : **Menu** à la carte 21/31 – **110 Zim** ⊇ 79/89 – 110/140.
• In einer schönen Parkanlage steht dieses Fachwerkhaus mit modernem Anbau. Die Zimmer sind solide und wohnlich gestaltet und verfügen über eine gute Technik. Gemütliche Restaurantstuben von rustikal bis elegant.

GUNDELSHEIM Baden-Württemberg 𝟱𝟰𝟲 S 11 – 6 900 Ew – Höhe 154 m.
Ausflugsziel : Burg Guttenberg★ ; Greifvogelschutzstation Süd-West : 2 km.
Berlin 604 – Stuttgart 75 – Mannheim 80 – Heidelberg 50 – Heilbronn 20.

🏠 **Zum Lamm** (mit Gästehaus), Schloßstr. 25, ⊠ 74831, ℰ (06269) 4 20 20, info@ lamm-gundelsheim.de, Fax (06269) 420299, 🍽 – 📺 – 🏛 20. 𝗔𝗘 ⓘ
ⓜ 𝗩𝗜𝗦𝗔
Menu *(geschl. Donnerstag)* à la carte 16/48 – **32 Zim** ⊇ 40/70 – 65.
• Das hübsche Fachwerkhaus a. d. 16. Jh. beherbergt Sie in der verkehrsberuhigten Altstadt. Die gepflegten Räume sind teils mit rustikalem Mobiliar eingerichtet. Ländlich geprägte Gaststuben.

GUNZENHAUSEN Bayern 𝟱𝟰𝟲 S 16 – 17 000 Ew – Höhe 416 m – Erholungsort.
🛈 *Tourist-Information,* Marktplatz 25, ⊠ 91710, ℰ (09831) 50 83 00, touristik@gun zenhausen.de, Fax (09831) 508179.
Berlin 478 – München 152 – Nürnberg 54 – Ingolstadt 73 – Ansbach 28.

🏨 **Parkhotel Altmühltal,** Zum Schießwasen 15, ⊠ 91710, ℰ (09831) 50 40, info@a ktiv-parkhotel.de, Fax (09831) 89422, 🍽, Massage, ⌀, 🔲 – 📶, ⇔ Zim, 📺 ⌀ ⌀ ⇔ 🅿 – 🏛 330. 𝗔𝗘 ⓜ 𝗩𝗜𝗦𝗔
Menu à la carte 20/33 – **67 Zim** ⊇ 77 – 122, 5 Suiten.
• Ein gutes Platzangebot, ein solides Inventar im Landhausstil sowie eine gute technische Ausstattung zählen zu den Annehmlichkeiten dieses gut geführten Tagungshotels. Zur Terrasse hin ergänzt ein kleiner Wintergartenvorbau das gepflegte Restaurant.

🏨 **Zur Post,** Bahnhofstr. 7, ⊠ 91710, ℰ (09831) 6 74 70, info@hotelzurpost-gunzenhausen.de, Fax (09831) 6747222, 🍽 – ⇔ Zim, 📺 🅿 – 🏛 20. 𝗔𝗘 ⓜ 𝗩𝗜𝗦𝗔
geschl. 27. Dez. - 6. Jan. – **Menu** *(geschl. 1. - 6. Jan., Sonntagabend - Montag)* à la carte 15/25 – **26 Zim** ⊇ 48/50 – 85/90.
• Reisende finden in diesem familiengeführten fränkischen Gasthof a. d. 17. Jh. sympathische Ländlichkeit und solide Zimmer - ein nach hinten gelegenen Teil recht ruhig. Holzfußboden und Holztäfelung geben dem Restaurant seinen besonderen Charme.

In Pfofeld-Langlau *Ost : 10 km in Richtung Pleinfeld :*

🏨 **Strandhotel Seehof** ⌀, Seestr. 33, ⊠ 91738, ℰ (09834) 98 80, info@strandhot el-seehof.de, Fax (09834) 988988, ≤, 🍽, Massage, ⌀, 🔲 – 📶, ⇔ Zim, 📺 ⌀ ⌀ 🅿 – 🏛 75. 𝗔𝗘 ⓜ 𝗩𝗜𝗦𝗔
Menu à la carte 18,50/34,50 – **85 Zim** ⊇ 74/83 – 109/133, 3 Suiten – ½ P 19.
• In ruhiger Lage am kleinen Brombachsee logieren Sie in einem neuzeitlichen Hotel. Zu den Annehmlichkeiten zählen die wohnliche Gestaltung und die Funktionalität der Zimmer. Restaurant mit schönem Blick auf den See.

GUTACH IM BREISGAU Baden-Württemberg 545 V 7 – 4 300 Ew – Höhe 290 m.
 Gutach, Golfstraße 16, ☎ (07681) 2 31 51.
 ZweiTälerLand Tourismus, Im Bahnhof Bleibach, ✉ 79261, ☎ (07685) 1 94 33, info@zweitaelerland.de, Fax (07685) 9088989.
Berlin 774 – Stuttgart 208 – Freiburg im Breisgau 31 – Offenburg 66.

In Gutach-Bleibach Nord-Ost : 2 km über B 294 – Erholungsort :

Silberkönig ⸺, Am Silberwald 24, ✉ 79261, ☎ (07685) 70 10, info@silberkoenig.de, Fax (07685) 701100, ≤, 佘, ≘s, ≠, %, – ⌊, ↔ Zim, TV ✆ & P – ⛐ 60. AE ⓞ ⓜ VISA
Menu à la carte 21/34 – **41 Zim** ⊇ 65/73 – 104/116 – ½ P 21.
 ◆ Dieses gerne für Tagungen genutzte Hotel liegt recht ruhig etwas außerhalb des Ortes. Die Zimmer sind praktisch und solide in rustikaler Eiche eingerichtet. Nett gestaltetes Restaurant mit gutem Couvert.

In Gutach-Siegelau Nord-West : 3 km :

Bären ⸺, Talstr. 17, ✉ 79261, ☎ (07685) 2 74, Fax (07685) 7555, 佘 – TV P. ⓜ VISA. ⋇ Zim – geschl. nach Fastnacht 2 Wochen, Okt. - Nov. 2 Wochen – **Menu** (geschl. Montagmittag, Dienstag) à la carte 13/20 – **12 Zim** ⊇ 27 – 46.
 ◆ Hinter der regionstypischen Fassade dieses gut geführten kleinen Familienbetriebs bietet man rustikal möblierte Gästezimmer. In unmittelbarer Nähe : Wander- und Radwege. Restaurant mit ländlichem Charakter.

In Gutach-Stollen Nord-Ost : 1 km :

Romantik Hotel Stollen, Elzacher Str. 2, ✉ 79261, ☎ (07685) 9 10 50, stollen@romantikhotels.com, Fax (07685) 1550 – ↔ Zim, TV ✆ ⋐, P. AE ⓜ VISA geschl. Jan. - Feb. 2 Wochen – **Menu** (geschl. Dienstag - Mittwochmittag) à la carte 26/41 – **9 Zim** ⊇ 64/74 – 94/131 – ½ P 22.
 ◆ Mit seiner herrlichen Fassade fügt sich das familiengeführte Schwarzwaldhaus gut in die ländliche Umgebung. Innen gefällt das kleine Hotel mit einer behaglichen Einrichtung. Nette Gaststuben mit gemütlich-rustikaler Atmosphäre.

GUTENZELL-HÜRBEL Baden-Württemberg siehe Ochsenhausen.

GUXHAGEN Hessen 543 M 12 – 5 500 Ew – Höhe 172 m.
Berlin 398 – Wiesbaden 207 – Kassel 19 – Melsungen 12 – Fritzlar 21.

Montana, Ellenberger Str. 12, ✉ 34302, ☎ (05665) 9 46 50, guxhagen@hotel-montana.de, Fax (05665) 9465100, 佘, Biergarten, ⨳, ≘s – ⌊, ↔ Zim, TV ✆ & P – ⛐ 45. AE ⓜ VISA
La Cucina (geschl. Montag)(italienische Küche) **Menu** à la carte 15/29,50 – **45 Zim** ⊇ 45/58 – 58/68.
 ◆ Das ehemalige Fabrikgebäude mit gelber Fassade und Erkern beherbergt neben einem Kosmetik- und einem Fitnessstudio auch dieses moderne Hotel mit funktionellen Zimmern. Warme Farben und ein heller, freundlicher Rahmen lassen das La Cucina mediterran wirken.

GYHUM Niedersachsen siehe Zeven.

HAAN Nordrhein-Westfalen 543 M 5 – 28 000 Ew – Höhe 165 m.
 Haan, Pannschoppen 2 (Nord : 4 km über Gruiten), ☎ (02104) 17 03 07.
Berlin 541 – Düsseldorf 19 – Köln 40 – Wuppertal 14.

Home Hotel garni, Schallbruch 15 (nahe der B 228, Nord-Ost : 2 km), ✉ 42781, ☎ (02129) 92 00, homehotelhaan@t-online.de, Fax (02129) 920111, ≘s, ◻ – ⌊ ↔ TV ✆ ⋐ P – ⛐ 20. AE ⓞ ⓜ VISA – geschl. 24. Dez. - 3. Jan. – **50 Zim** ⊇ 77/129 – 109/169.
 ◆ Das verkehrsgünstig in einem kleinen Industriegebiet gelegene Hotel ist mit seinen vielen Parkmöglichkeiten sehr autofahrerfreundlich. Neuzeitlich eingerichtete Zimmer.

CityClass Hotel Savoy garni (mit Gästehaus), Neuer Markt 23, ✉ 42781, ☎ (02129) 92 20, savoy@cityclass.de, Fax (02129) 922299, ≘s, ◻ – ⌊ ↔ TV ✆ & ⋐ – ⛐ 40. AE ⓞ ⓜ VISA
86 Zim ⊇ 92/99 – 112.
 ◆ Am Eingang zur Fußgängerzone befindet sich das moderne Hotel. Die funktionellen Zimmer verfügen über eine gute technische Ausstattung. Wechselnde Bilderausstellungen.

Friedrich Eugen Engels ⸺, Hermann-Löns-Weg 14, ✉ 42781, ☎ (02129) 9 37 00 (Hotel) 37 79 21 (Rest.), info@hotel-engels.de, Fax (02129) 937040, ≘s, ◻, ≠ – TV ⋐ P. ⓜ VISA – geschl. 24. Dez. - 2. Jan. – **Menu** (geschl. 24. Dez. - 6. Jan., Montag) (nur Abendessen) à la carte 27,50/34,50 – **20 Zim** ⊇ 45/77 – 77/82.
 ◆ Durch mehrere Anbauten ist aus einem Wohnhaus dieses gepflegte Hotel am Rande der Hildener Heide entstanden. Saubere Zimmer und netter Service sprechen für das Haus.

HAAR Bayern siehe München.

HABICHTSWALD Hessen siehe Kassel.

HACHENBURG Rheinland-Pfalz 543 O 7 – 5 900 Ew – Höhe 370 m – Luftkurort.
 ₁₈ Dreifelden, Steinebacher Str. (Süd : 10 km), ℘ (02666) 82 20.
 🛈 Tourist-Information, Perlengasse 2, ✉ 57627, ℘ (02662) 80 11 17, hachenburg@westerwald.info, Fax (02662) 801285.
 Berlin 569 – Mainz 106 – Siegen 37 – Koblenz 54 – Limburg an der Lahn 46.

 Landhotel am Rothenberg ♨, Lessingstr. 20, ✉ 57627, ℘ (02662) 67 55, landhotelamrothenberg@t-online.de, Fax (02662) 939252, ⇔ – ⤢ Zim, 📺 📞. 🌐 VISA
 Menu (geschl. Feb. 2 Wochen, Montag - Dienstag) (wochentags nur Abendessen) 22 à la carte 20,50/36 – **9 Zim** ⊇ 45 – 70/80.
 ♦ Recht ruhig liegt das familiengeführte kleine Hotel in einem Wohngebiet. Die Zimmer sind teils mit hellem Holz und frischen Farben hübsch gestaltet - alle mit Balkon/Terrasse. Teil des Restaurants ist ein freundlicher, mediterran wirkender Wintergarten.

In Limbach Nord : 6,5 km über B 414 Richtung Altenkirchen, nach 2 km rechts ab Richtung Streithausen – Erholungsort :

 Peter Hilger ♨ mit Zim, Hardtweg 5, ✉ 57629, ℘ (02662) 71 06, Fax (02662) 939231, ☕, ☞, 🅿. 🌐 VISA. ✂
 Menu (geschl. Montag - Dienstag) à la carte 25,50/42 – **9 Zim** ⊇ 22/34 – 47/49 – ½ P 10.
 ♦ Seit über 20 Jahren kümmert sich Familie Hilger um das Wohl ihrer Gäste. In nettem Ambiente - teils mit rustikalen Elementen - serviert man eine gute internationale Küche.

HACKENHEIM Rheinland-Pfalz siehe Kreuznach, Bad.

HADAMAR Hessen 543 O 8 – 11 000 Ew – Höhe 130 m.
 Berlin 550 – Wiesbaden 60 – Koblenz 63 – Limburg an der Lahn 8,5.

 Nassau-Oranien, Am Elbbachufer 12, ✉ 65589, ℘ (06433) 91 90, hotel-nassau-oranien@t-online.de, Fax (06433) 919100, ☕, ⇔, 🅢 – 📳, ⤢ Zim, 📺 📞 ♿ 🅿 – 🔔 60. AE ① 🌐 VISA
 Menu à la carte 22/29,50 – **61 Zim** ⊇ 75/105 – 90/120.
 ♦ Zwei alte Fachwerkhäuser mit neuzeitlichen Anbauten. Ein Teil der Zimmer ist im Landhaus-Stil eingerichtet - im Altbau einige "Romantik-Zimmer" mit freigelegten Holzbalken. Gemütliches Restaurant mit elegantem Touch.

HÄUSERN Baden-Württemberg 545 W 8 – 1 300 Ew – Höhe 875 m – Luftkurort – Wintersport : 850/1 200 m ✦ 1 ✧.
 🛈 Tourist-Information, Spitzacker 1, ✉ 79837, ℘ (07672) 93 14 15, Fax (07672) 931422.
 Berlin 806 – Stuttgart 186 – Freiburg im Breisgau 58 – Donaueschingen 60 – Basel 66 – Waldshut-Tiengen 22.

 Adler (Zumkeller), St.-Fridolin-Str. 15, ✉ 79837, ℘ (07672) 41 70, hotel-adler-schwarzwald@t-online.de, Fax (07672) 417150, ☕, 💧, Massage, 🏋, ⇔, 🅢, ☞, ✂ – 📳 📺 ⟶ 🅿. 🌐 VISA
 geschl. 21. Nov. - 18. Dez. – **Menu** (geschl. 7. Nov. - 18. Dez., Montag - Dienstag) à la carte 30,50/54,50, ♀ – **45 Zim** ⊇ 83/125 – 176, 4 Suiten – ½ P 23.
 ♦ Geschickt hat man in diesem Haus urwüchsige Tradition mit einem Hauch von zeitgemäßem Luxus versehen. Drei Generationen sorgen dafür, dass man sich hier wirklich wohlfühlt. Verschiedene elegante Landhaus-Stuben mit ansprechend eingedeckten Tischen.
 Spez. Gebratene Gänseleber und Rehmedaillon mit eingelegten Balsamicopflaumen. Steinbutt und Hummer mit Noilly-Pratsauce. Kalbsfilet und geschmortes Kalbsbäckle "Adlerwirt's Art"

 Albtalblick, St. Blasier Str. 9 (West : 1 km), ✉ 79837, ℘ (07672) 9 30 00, albtalblick@landidyll.de, Fax (07672) 930090, ≤ Albtal mit Albsee, ☕, Massage, ♨, ⇔, ☞ – 📳, ⤢ Zim, 📺 ⟶ 🅿 – 🔔 30. AE 🌐 VISA
 Menu à la carte 18/35 – **34 Zim** ⊇ 45/70 – 76/99, 4 Suiten – ½ P 15.
 ♦ Das im typischen Schwarzwald-Stil erbaute Landhaus bietet Komfort und Gastlichkeit. In der medizinischen Bäderabteilung können Sie etwas Besonderes für Ihre Gesundheit tun. Ein geschultes Küchenteam sorgt umfassend für das leibliche Wohl der Gäste.

HAGEN Nordrhein-Westfalen 543 L 6 – 205 000 Ew – Höhe 105 m.

Sehenswert : *Westf. Freilichtmuseum* ★★ *(Süd-Ost : 4 km über Eilper Straße* Z*).*

🛫 Hagen-Berchum, Tiefendorfer Str 48 (Nord-Ost : 5 km über Haldener Str. Y), ℘ (02334) 5 17 78 ; 🛫 Gevelsberg Gut Berge, Berkenberg 1 (Süd-West : 6 km über ⑤), ℘ (02332) 91 37 55.

🛈 *Hagen-Information, Pavillon im Volkspark*, ✉ 58095, ℘ (02331) 2 07 58 89, info@stadt-hagen.de, Fax (02331) 2072088.

ADAC, *Körnerstr. 62.*

Berlin 505 ① – *Düsseldorf 62* ① – Dortmund 27 ① – Kassel 178 ①

🏨 **Mercure,** Wasserloses Tal 4, ✉ 58093, ℘ (02331) 39 10, h2922@accor-hotels.de, Fax (02331) 391153, 🍽, ⊆s, 🏊, – 🛗, 🚭 Zim, 🍴 Rest, 📺 📞 📧 – 🛎 90. 🆎 ⓪ 🆚 🆚
Z

Menu à la carte 21,50/38,50 – **146 Zim** ⊇ 85/117 – 99/140.
♦ Eingebettet in die bizarre Kulisse eines alten Steinbruchs liegt das moderne Tagungshotel. Sie beziehen Quartier in hellen, mit freundlichen Farben dekorierten Zimmern. Das Restaurant Felsengarten ist neuzeitlich gestaltet.

HAGEN

Alexanderstraße . . . . **Y** 2	Bahnhofstraße . . . . **Y** 4	Elberfelder Straße . . . . **YZ**
Am Hauptbahnhof . . . . **Y** 3	Bülowstraße . . . . **Y** 6	Gertrudstraße . . . . **Y** 12
	Eduard-Müller-Straße . . . . **Y** 7	Kampstraße . . . . **Z**
	Eilper Straße . . . . **Z** 8	Körnerstraße . . . . **Y**
		Mittelstraße . . . . **Z** 15

HAGEN

In Hagen-Rummenohl über ④ : 13 km :

Dresel, Rummenoher Str. 31 (B 54), ✉ 58091, ℘ (02337) 13 18, info@hotel-dresel.de, Fax (02337) 8981, 😊 – 📺 🅿 – 🛎 100. 🆎 ⓞ ⓜⓞ VISA. ✂
geschl. Mitte Juli - Anfang Aug. – **Menu** (geschl. Montagmittag, Dienstagmittag, Donnerstagmittag, Freitagmittag) à la carte 21/44 – **20 Zim** ⊇ 41/63 – 87/102.
• In waldreicher Sauerländer Umgebung liegt der traditionsreiche Gasthof im Landhaus-Stil. Zahlreiche Wanderwege nehmen in unmittelbarer Nähe des Hauses ihren Anfang. Gemütliche Gaststuben mit Gartenterrasse.

HAGEN AM TEUTOBURGER WALD Niedersachsen 541 J 7 – 14 200 Ew – Höhe 110 m.

🛈 Tourist-Information, Schulstr. 7, ✉ 49170, ℘ (05401) 9 77 40, info@hagen-atw.de, Fax (05401) 97749.
Berlin 427 – Hannover 145 – Bielefeld 51 – Osnabrück 11 – Lengerich 10.

Landhotel Buller, Iburger Str. 35 (Süd-Ost : 1,5 km Richtung Bad Iburg), ✉ 48170, ℘ (05401) 88 40, info@landhotel-buller.de, Fax (05401) 884200, 😊, 𝑳𝟔, ≘s, 🏊, 🎾
– 📳, 🍴 Zim, 📺 📱 🅿 – 🛎 45. 🆎 ⓜⓞ VISA. ✂ Rest
Menu 14 à la carte 20,50/35,50 – **40 Zim** ⊇ 44/70 – 75/120.
• Das familiengeführte Haus - ein Gasthof mit Fachwerkfassade und diverse Anbauten - verfügt über solide und wohnliche Zimmer sowie eine schöne Badelandschaft. Angenehm helles Restaurant mit zwei netten Terrassen.

HAGENOW Mecklenburg-Vorpommern 542 F 17 – 14 200 Ew – Höhe 37 m.

🛈 Hagenow-Information, Lange Str. 79, ✉ 19230, ℘ (03883) 72 90 96, Fax (03883) 729096.
Berlin 202 – Schwerin 30 – Hamburg 90 – Stendal 133.

Zum Maiwirth mit Zim, Teichstr. 7, ✉ 19230, ℘ (03883) 6 14 10, Fax (03883) 614117, 😊 – 📺 🅿 ⓜⓞ
Menu à la carte 16/28,50 – **4 Zim** ⊇ 47 – 65.
• Internationales sowie einige bodenständige Gerichte aus Mecklenburg-Vorpommern kommen hier auf den Tisch. Im Wintergarten-Anbau sitzt man fast so schön wie draußen.

In Moraas Ost : 11 km, über B 321 Richtung Schwerin, nach 1,5 km rechts ab :

Heidehof, Hauptstr. 15, ✉ 19230, ℘ (03883) 72 21 40, hotel-heidehof@m-vp.de, Fax (03883) 729118, 😊 – 📺 🅿 ⓜⓞ VISA
Menu (geschl. 2. - 13. Feb., Dienstagmittag, Mittwochmittag) à la carte 15/21,50 – **11 Zim** ⊇ 49 – 69.
• Zwei schöne reetgedeckte Fachwerkhäuser beherbergen Restaurant und Hotel. Die Gästezimmer wirken durch das helle Landhausmobiliar freundlich und einladend. Restaurant mit ländlichem Charakter. Schöne Gartenterrasse mit Grill.

HAGNAU Baden-Württemberg 545 W 11 – 1 400 Ew – Höhe 409 m – Erholungsort.

🛈 Tourist-Information, Seestr. 16, ✉ 88709, ℘ (07532) 43 43 43, tourist-info@hagnau.de, Fax (07532) 434330.
Berlin 731 – Stuttgart 196 – Konstanz 17 – Ravensburg 29 – Bregenz 43.

Villa am See 𝒮 garni, Meersburger Str. 4, ✉ 88709, ℘ (07532) 4 31 30, erbguth @villa-am-see.de, Fax (07532) 6997, ≤, ≘s, 🍼, 🎾 – 🍴 📺 🅿 🆎 ⓞ ⓜⓞ VISA JCB
April - Okt. – **7 Zim** ⊇ 90/150 – 140/220.
• Weißer Marmor, venezianischer Spachtelputz und Stuck verschönern die Jugendstilvilla mit Gartenanlage - Eleganz und geschmackvolle Wohnkultur bis ins letzte Detail.

Der Löwen, Hansjakobstr. 2, ✉ 88709, ℘ (07532) 43 39 80, loewen-hagnau@t-online.de, Fax (07532) 43398300, 😊, (Fachwerkhaus a.d.J. 1696), 🍼, 🎾 – 🍴 Zim, 📺 ⟺ 🅿 ⓜⓞ VISA. ✂ Zim
geschl. 1. Jan. - 26. März, Nov. - Dez. – **Menu** (geschl. Mittwoch)(wochentags nur Abendessen) à la carte 19/33,50 – **18 Zim** ⊇ 41/75 – 81/99.
• Das historische Gasthaus wartet mit neuzeitlichen Zimmern, Strandbad und stimmigem Ambiente auf. Der schöne Garten mit Teichanlage ist ebenfalls sehenswert. Zum Speisen nehmen Sie unter dem imposanten Kreuzgewölbe des Restaurants Platz.

Alpina, Höhenweg 10, ✉ 88709, ℘ (07532) 4 50 90, rezeption@alpina-hagnau.de, Fax (07532) 450945 – 🍴 Zim, 📺 ⟺ 🅿 ⓜⓞ VISA. ✂
geschl. Mitte Dez. - Mitte Jan. – **Menu** (nur Abendessen) (Restaurant nur für Hausgäste) – **18 Zim** ⊇ 72 – 82/98.
• Das sympathische Haus liegt idyllisch am Weinberg. Die Einrichtung ist im hellen, rustikalen Alpenstil gehalten, Pflege und Unterhaltung sind tadellos.

HAGNAU

- **Landhaus Messmer** garni, Meersburger Str. 12, ⊠ 88709, ℰ (07532) 43 31 14, info@landhaus-messmer.de, Fax (07532) 6698, ≤, ≘s, ﬔ, ﬔ – ﬔ TV P. AE ◯ ◯ VISA
  März - Nov. – **13 Zim** ⌺ 55/70 – 95/120.
  ♦ Direkt am See gelegen ist dieses Hotel mit Wohnhauscharakter. Solide ausgestattete Gästezimmer und eine Terrasse mit unverbautem Seeblick machen das Haus aus.

- **Strandhaus Dimmeler** garni, Seestr. 19, ⊠ 88709, ℰ (07532) 4 33 40, strandhausdimmeler@gmx.de, Fax (07532) 433434, ﬔ, ﬔ – TV ℰ ↔ P. ﬔ
  geschl. 5. Nov. - 10. März – **16 Zim** ⌺ 42/52 – 67/100.
  ♦ Wohnen am Wasser ! Die aus zwei Gebäuden bestehende Hotelanlage verfügt über solide Zimmer und einen schönen Garten, der direkt an den See grenzt.

HAIBACH Bayern siehe Aschaffenburg.

HAIDMÜHLE Bayern **546** T 25 – 1500 Ew – Höhe 831 m – Erholungsort – Wintersport : 800/1300 m ⟨3 ﬔ.
  Ausflugsziel: Dreisessel : Hochstein ⁂★ Süd-Ost : 11 km.
  🛈 Tourist-Information, Schulstr. 39, ⊠ 94145, ℰ (08556) 1 94 33, haidmuehle@t-online.de, Fax (08556) 1032.
  Berlin 524 – München 241 – *Passau* 52 – Freyung 25.

- **Haidmühler Hof,** Max-Pangerl-Str. 11, ⊠ 94145, ℰ (08556) 97 00, haidmuehlerhof@t-online.de, Fax (08556) 1028, ﬔ, ℰ, Massage, ≘s, ﬔ, ﬔ – ﬔ, ↔ Zim, TV P. – ﬔ 20. AE ◯ ◯ VISA ﬔ Rest
  Menu à la carte 17,50/32 – **40 Zim** ⌺ 60/65 – 105/115 – ½ P 17.
  ♦ Der im Ortskern gelegene Gasthof beherbergt in einem modernen Anbau gut ausgestattete, neuzeitliche Zimmer - die im Haupthaus etwas einfacher. Schöner Freizeitbereich. Im Restaurant Goldene Stadt serviert man eine regionale und internationale Küche.

In Haidmühle-Auersbergsreut Nord-West : 3 km – Höhe 950 m

- **Haus Auersperg,** ⊠ 94145, ℰ (08556) 9 60 60, hausauersperg@t-online.de, Fax (08556) 96069, ﬔ, ≘s, ﬔ ﬔ Rest, TV ↔ P. ◯
  geschl. Ende März 2 Wochen, Anfang Nov. - Anfang Dez. – **Menu** (geschl. Dienstag) à la carte 14,50/26,50 – **15 Zim** ⌺ 38/45 – 56/65.
  ♦ Außerhalb an einem Waldstück liegt diese ländliche kleine Adresse, die mit gepflegten Zimmern und einer netten, familiären Atmosphäre gefällt. Gemütliche Gaststuben mit regionaler Küche.

In Haidmühle-Bischofsreut Nord-West : 7 km – Höhe 950 m

- **Märchenwald** ﬔ, Langreut 42 (Nord-Ost : 1 km), ⊠ 94145, ℰ (08550) 2 25, info@hotel-maerchenwald.de, Fax (08550) 648, ﬔ, ≘s, ﬔ – ↔ Zim, TV ↔ P. ﬔ Zim
  geschl. 22. März - 2. April, 19. April - 7. Mai, Nov. - Mitte Dez. – **Menu** (geschl. Montag) à la carte 10,50/23,50 – **18 Zim** ⌺ 31/38 – 52/75 – ½ P 9.
  ♦ Sehr geräumig sind die Hotelzimmer in diesem einsam gelegenen Haus. Die Bäder verfügen über Fußbodenheizung, die Zimmer sind mit einer Küchenzeile ausgestattet. Ländliche Gaststube.

HAIGERLOCH Baden-Württemberg **545** U 10 – 11 000 Ew – Höhe 425 m.
  Sehenswert : Lage★★ – ≤★ von der Oberstadtstraße unterhalb der Wallfahrtskirche St. Anna.
  🛈 Touristinformation, Oberstadtstr. 11 (Rathaus), ⊠ 72401, ℰ (07474) 6 97 27, info@haigerloch.de, Fax (07474) 697627.
  Berlin 697 – Stuttgart 70 – *Karlsruhe* 126 – Reutlingen 48 – Villingen-Schwenningen 59 – Freudenstadt 40.

- **Schwanen** (mit Gästehaus), Marktplatz 5 (Unterstadt), ⊠ 72401, ℰ (07474) 9 54 60, info@schwanen-haigerloch.de, Fax (07474) 954610, ﬔ – ﬔ, ↔ Zim, TV ℰ ↔ – ﬔ 15. AE ◯ ◯ VISA
  geschl. Mitte - Ende Aug. – **Menu** (geschl. Montag - Dienstag) 64/75 à la carte 41/53 – **25 Zim** ⌺ 70/80 – 120/125.
  ♦ Teil des Hotels ist ein restauriertes Barockhaus a. d. 17. Jh. Im Haupthaus leicht rustikales Ambiente mit freigelegtem Fachwerk, im Gästehaus modern mit eleganter Note. Stilvolles Restaurant mit historischer Fußbodendecke und geschmackvollem Dekor.

- **Gastschloß Haigerloch** ﬔ, Im Schloß (Nord : 2,5 km), ⊠ 72401, ℰ (07474) 69 30, gastschloss@schloss-haigerloch.de, Fax (07474) 69382, ≤, ﬔ – TV ℰ P. – ﬔ 55. AE ◯ ◯ VISA – geschl. Jan. 2 Wochen, Ende Juli - Mitte Aug. – **Menu** (geschl. Sonntag) à la carte 29/49 – **30 Zim** ⌺ 75/92 – 130/143.
  ♦ Über dem Felsenstädtchen liegt die ehemalige Obervogtei, die heute ein Hotel beherbergt. In den ehrwürdigen Mauern bietet man moderne, praktische Zimmer. Eine ständige Ausstellung von Kunstobjekten und Gemälden ziert das Restaurant. Terrasse im Schlosshof.

583

HAIGERLOCH

Krone, Oberstadtstr. 47, ✉ 72401, ✆ (07474) 9 54 40, s.erat@t-online.de, Fax (07474) 954444 – 📺 ◎ 💳
geschl. 12. - 28. Feb., 31. Mai - 6. Juni, Mitte - Ende Aug. – **Menu** (geschl. Donnerstag) à la carte 18/30,50 – **9 Zim** ⇌ 44 – 72.
• Seit vier Generationen befindet sich das kleine Hotel in Familienbesitz. Fragen Sie nach einem Zimmer mit Blick hinüber zum Schloss. Gaststube mit bürgerlicher Küche.

HAINBURG Hessen siehe Hanau am Main.

HALBERSTADT Sachsen-Anhalt 542 K 17 – 40 300 Ew – Höhe 125 m.
Sehenswert : Dom St. Stephanus★★ (Lettner★, Kreuzigungsgruppe★, Domschatz★★) – Liebfrauenkirche (Reliefs★).
🛈 Halberstadt-Information, Hinter dem Rathause 6, ✉ 38820, ✆ (03941) 55 18 15, halberstadt-information@halberstadt.de, Fax (03941) 551089.
Berlin 206 – Magdeburg 55 – Halle 90.

Parkhotel Unter den Linden, Klamrothstr. 2, ✉ 38820, ✆ (03941) 6 25 40, info@pudl.de, Fax (03941) 6254444, 🍴, 🛋 – 📶, 💱 Zim, 📺 ✆ 🅿 – 🏛 30. 💳 ◎ ⑳ 💳 JCB
Menu à la carte 21/35,50 – **40 Zim** ⇌ 65/75 – 85/105.
• Das Natursteingebäude wurde vom bekannten Berliner Architekten Muthesius erbaut. Rundbögen, Balkone und Erker geben den Zimmern im Haupthaus ihr individuelles Gepräge. Restaurant mit schöner gewölbter Stuckdecke.

Villa Heine, Kehrstr. 1, ✉ 38820, ✆ (03941) 3 14 00 (Hotel) 3 18 00 (Rest.), info@hotel-heine.de, Fax (03941) 31500, 🍴, Massage, 🎱, 🛋, 🏊, – 📶, 💱 Zim, 📺 ✆ 🅿 – 🏛 200. 💳 ◎ ⑳ 💳
Brauhaus Heine Bräu : **Menu** à la carte 14/23 – **50 Zim** ⇌ 67/82 – 108.
• In der früheren Fabrikantenvilla wurden alte Stilelemente mit Wohnkomfort der heutigen Zeit kombiniert. Geschmackvolle Möbel und Stoffe geben den Zimmern ihren edlen Touch. Mittelpunkt des nostalgischen Gastraumes sind die riesigen, kupfernen Braukessel.

Halberstädter Hof, Trillgasse 10, ✉ 38820, ✆ (03941) 2 70 80, halberstaedter-hof@t-online.de, Fax (03941) 26189, 🍴 – 📺 ✆ 🅿 💳 ◎ ⑳ 💳
Menu à la carte 19/27 – **23 Zim** ⇌ 55/67 – 87/98.
• In dem historischen Vogteihaus a. d. 16. Jh. finden Sie moderne Zimmer, die durch antike Elemente und freigelegtes Fachwerk ihren historischen Charakter bewahrt haben. Rustikales Restaurant mit neuzeitlichen Akzenten.

Am Grudenberg garni, Grudenberg 10, ✉ 38820, ✆ (03941) 6 91 20, kontakt@hotel-grudenberg.de, Fax (03941) 691269, 🛋 – 📺 🅿 ⑳ 💳
geschl. 23. Dez.- Anfang Jan. – **22 Zim** ⇌ 50/55 – 70/75.
• Die herausragendsten Merkmale dieses netten Fachwerkbaus sind der liebevoll gestaltete Innenhof und der Glaspavillon mit Korbstühlen, der als Frühstücksraum genutzt wird.

Ambiente garni, Gröperstr. 88, ✉ 38820, ✆ (03941) 58 66 50, ambiente@zuckerfabrik.de, Fax (03941) 586666 – 💱 📺 ✆ ♿ 🅿 – 🏛 60. ⑳ 💳
74 Zim ⇌ 43/53 – 54/63.
• Auf dem Gelände einer ehemaligen Zuckerfabrik ist ein Hotel mit neuzeitlich ausgestatteten Zimmern entstanden. Nebenan : Kinopark, Freizeitcenter und Restaurant.

Gästehaus Abtshof ⚘ garni, Abtshof 27a, ✉ 38820, ✆ (03941) 6 88 30, abtshof-halberstadt@t-online.de, Fax (03941) 688368 – 📺 🅿 ⑳ 💳
25 Zim ⇌ 45/55 – 65/75.
• Im Herzen des historischen Altstadt befindet sich das schlichte, liebenswerte kleine Fachwerkhotel mit tadellos gepflegten, recht ruhigen Zimmern.

HALBLECH Bayern 546 X 16 – 3 500 Ew – Höhe 815 m – Erholungsort – Wintersport : 800/1 500 m ⛷4 ⛸.
🛈 Gästeinformation, Bergstr. 2a (Buching), ✉ 87642, ✆ (08368) 2 85, info@halblech.de, Fax (08368) 7221.
Berlin 646 – München 106 – Garmisch-Partenkirchen 54 – Kempten 56 – Schongau 23 – Füssen 13.

In Halblech-Buching :

Bannwaldsee, Sesselbahnstr. 10 (an der B 17), ✉ 87642, ✆ (08368) 90 00, info@bannwaldseehotel.de, Fax (08368) 900150, ≤, 🍴, 🛋, 🏊, – 📶 📺 ♿ 🅿 – 🏛 40. 💳 ◎ ⑳ 💳, 🎿
geschl. 1. Nov. - 21. Dez. – **Menu** (wochentags nur Abendessen) à la carte 15,50/28 – **63 Zim** ⇌ 55/65 – 70/95 – ½ P 15.
• Das Hotel besteht aus zwei miteinander verbundenen Gebäudeteilen. Die Zimmer haben helle Naturholzmöbel und größtenteils Balkone mit schöner Aussicht.

HALBLECH

- **Landgasthof Schäder,** Romantische Str. 16 (B 17), ✉ 87642, ✆ (08368) 13 40, lan dgasthof.schaeder@t-online.de, Fax (08368) 867, 🍴 – 📺 🅿 🆎 ⓜ 🆅🅸🆂🅰 ℅ Zim
Menu (geschl. Mitte - Ende Jan., Nov. - April Freitagmittag) à la carte 15,50/31 – **12 Zim** ⊇ 34/38 – 51/61 – ½ P 10.
• Das Haus verbindet die Atmosphäre eines Landgasthofes mit bürgerlichem Komfort. Die Zimmer sind zweckmäßig und verfügen meistens über einen Balkon. Besonders hübsch ist in der Gaststube die kleine Wolpertinger-Sammlung.

HALDENSLEBEN Sachsen-Anhalt 542 J 18 – 20 400 Ew – Höhe 70 m.

🛈 Information, Stendaler Turm, ✉ 39331, ✆ (03904) 4 04 11, info@haldensleben.de, Fax (03904) 71770.
Berlin 168 – Magdeburg 29 – Brandenburg 117 – Stendal 68.

- **Behrens,** Bahnhofstr. 28, ✉ 39540, ✆ (03904) 34 21, info@hotel-behrens.de, Fax (03904) 2734, Biergarten – ℅ Zim, 🍴 🅿 – 🛁 15. 🆎 ⓜ 🆅🅸🆂🅰 ℅ Rest
Menu (geschl. Sonntag) (nur Abendessen) à la carte 17/28 – **19 Zim** ⊇ 52/65 – 84.
• Zwei miteinander verbundene Jugendstilvillen bilden diese hübsche Hotelanlage. Mit zeitlosen Möbeln und dezent gemusterten Polstern hat man die Zimmer sehr individuell eingerichtet. Das Restaurant wirkt durch die angenehme Farbgebung und die schönen Stühle klassisch.

HALFING Bayern 546 W 20 – 2 000 Ew – Höhe 602 m.

🐴 Höslwang, Kronberg 3 (Ost : 5km), ✆ (08075) 7 14.
Berlin 643 – München 68 – Bad Reichenhall 71 – Rosenheim 17 – Salzburg 76 – Wasserburg am Inn 14 – Landshut 78.

- **Kern,** Kirchplatz 5, ✉ 83128, ✆ (08055) 87 11, info@hotel-kern.de, Fax (08055) 8018, 🍴, 🈴 – 🅿 – 🛁 35. ⓜ 🆅🅸🆂🅰
geschl. Jan. – **Menu** (geschl. Montag) à la carte 15/33 – **35 Zim** ⊇ 35/49 – 78/98.
• Highlight dieses bayerischen Gasthofs ist ein Wohnturm, in dem man zwei sehr geräumige Turmzimmer eingerichtet hat, eines davon mit Glaskuppel. Im Restaurant herrscht eine rustikale Atmosphäre.

HALLBERGMOOS Bayern siehe Freising.

HALLE (SAALE) Sachsen-Anhalt 542 L 19 – 249 000 Ew – Höhe 94 m.

Sehenswert : Händelhaus★ DY – Staatl. Galerie Moritzburg★★ DY – Marktplatz★ EY – Marktkirche★ (Aufsatz des Hochaltars★) EY – Moritzkirche (Werke★ von Conrad v. Einbeck) DZ – Doppelkapelle in Landsberg (Kapitelle★, Blick★).
Ausflugsziel : Merseburg : Dom★★ (Kanzel★, Bronzegrabplatte★ König Rudolfs) Süd : 16 km über ④.
🛈 Tourist-Information, Große Ulrichstr. 60, ✉ 06108, (im Stadtcenter Rolltreppe) ✆ (0345) 47 23 30, info@halle-tourist.de, Fax (0345) 4723333.
ADAC, Herrenstr. 20.
Berlin 170 ① – Magdeburg 86 ⑥ – Leipzig 42 ④ – Gera 74 ② – Nordhausen 91 ⑤

Stadtpläne siehe nächste Seiten

- **Dorint Charlottenhof,** Dorotheenstr. 12, ✉ 06108, ✆ (0345) 2 92 30, info.lejhal @dorint.com, Fax (0345) 2923100, 🍴, 🈴, 🆎 – 🔲, ℅ Zim, 🔲 📺 ✆ 🅿 – 🛁 120. 🆎 ⓞ ⓜ 🆅🅸🆂🅰
Menu à la carte 22/35 – ⊇ 14 – **166 Zim** 109 – 120.
FZ c
• Überall in diesem modernen Hotelneubau trifft man auf angedeutete Jugendstilelemente. Die Zimmer sind in warmen Farbtönen gehalten und bieten ein kultiviertes Ambiente. Mit runden Sitzgruppen nett gestaltetes Restaurant.

- **Maritim,** Riebeckplatz 4, ✉ 06110, ✆ (0345) 5 10 10, info.hal@maritim.de, Fax (0345) 5101777, 🍴, Massage, 🆎, 🏊 – 🔲, ℅ Zim, 🔲 📺 ✆ 🅿 – 🛁 450. 🆎 ⓞ ⓜ 🆅🅸🆂🅰 🅹🅲🅱
FZ a
Le Grand : **Menu** à la carte 19/31 – **298 Zim** ⊇ 83/103 – 110/130.
• Moderne Eleganz dominiert in den Zimmern und Suiten dieses renommierten Hauses. Kosmetikstudio und Frisörsalon zählen zu den Annehmlichkeiten, die man hier genießt. Teppichboden und Polsterstühle in Blau geben dem Le Grand ein elegantes Flair.

- **Kempinski Hotel Rotes Ross,** Leipziger Str. 76, ✉ 06108, ✆ (0345) 23 34 30, res ervations.rotesross@kempinski.com, Fax (0345) 23343699, 🆎 – 🔲, ℅ Zim, 📺 ✆ – 🛁 350. 🆎 ⓞ ⓜ 🆅🅸🆂🅰 🅹🅲🅱
EZ s
Menu (geschl. Sonntag) à la carte 19/36,50 – ⊇ 14 – **89 Zim** 120/160 – 150/190, 3 Suiten.
• Sie betreten das Haus durch eine hübsche Halle im englischen Stil. Die Zimmer sind geschmackvoll und elegant gestaltet, mit schönen Accessoires dekoriert. Im Hotelrestaurant serviert man mediterrane Küche.

MAGDEBURG
BERNBURG
KÖTHEN
A
B
T
U
V
LETTIN
Schiepziger Str.
Brachwitzer Str.
HAFEN HALLE-TROTHA
Köthener Str.
TROTHA
Trothaer Str.
Nord-str.
HEIDE-NORD
Wald-str.
SAALE
KRÖLLWITZ
DÖLAU
Dölauer Str.
ZOOLOG. GARTEN
GALGENBERG-SCHLUCHT
Landrain
Dessauer Str.
Posthornstr.
Berliner
KOLKTURMBERG
132
DÖLAUER HEIDE
Brandbergweg
BURG GIEBICHENSTEIN
LANDES MUSEUM
Reilstr.
HARZGERODE SALZMÜNDE
Kolkturmweg
HEIDE-SÜD
PEISSNITZ-INSEL
TOURISTIK-ZENTRUM
Heide-see
Blücherstr.
MORITZBURG
An der Magistrale
NEUSTADT
NORDHAUSEN EISLEBEN LUTHERSTADT
Eislebener Str.
Zollrain
Chaussee
Böllberger Weg
Merseburger Str.
RABEN-INSEL
ANGERSDORF
Lauchstädter Str.
Paul-Suhr-Str.
Diesel-
WÖRMLITZ
Südstadtring
Europachaussee
Kaiserslauterer Str.
Karlsruher Allee
Freyburger Str.
Kasseler Str.
SILBERHÖHE
HOLLEBEN
Mühlengraben
Ernst-Thälmann-Str.
Süd-Str.
Neustädter Str.
HOHENWEIDEN
BEESEN
AMMENDORF
RADEWELL
DELITZ AM BERGE
BAD LAUCHSTÄDT
MERSEBURG
MERSEBURG JENA
GERA

HALLE

Straße	Ref
Äußere Diemitzer Straße	CU 7
Birkhahnweg	CT 10
Blumenauweg	AT 12
Burgstraße	BT 16
Damaschkestraße	BU 19
Dieskauer Straße (DIESKAU)	CV 21
Diesterwegstraße	BU 22
Dölbauer Landstraße	CU 24
Döllnitzer Straße (DIESKAU)	CV 25
Dorfstraße (PEISSEN)	CT 28
Freiimfelder Straße	BU 30
Fritz-Hoffmann-Straße	BU 33
Georgi-Dimitroff-Straße	BV 34
Geschwister-Scholl-Straße	BT 36
Gimritzer Damm	BU 37
Große Brunnenstraße	BT 40
Grubenstraße	CV 44
Hallesche Straße (DIESKAU)	CV 45
Heideallee	AT 46
Heidestraße	AU 48
Helmut-Just-Straße	BT 49
Hubertusplatz	AT 54
Käthe-Kollwitz-Straße	CU 55
Kröllwitzer Straße	ABT 61
Kurt-Wüsteneck-Straße	BV 63
Lindenring (PEISSEN)	CT 66
Nietlebener Straße	AU 72
Paul-Singer-Straße	CU 75
Raffineriestraße	BU 76
Regensburger Straße	BCV 81
Reideburger Landstraße	CU 82
Reideburger Straße (ZWINTSCHÖNA)	CUV 84
Richard-Wagner-Straße	BT 85
Rosenfelder Straße	CT 87
Salzmünder Straße	AT 90
Schneeberger Straße	CU 93
Straße der Republik	BU 96
Straße des Friedens (PEISSEN)	CT 97
Vogelweide	BU 102
Weststraße	AU 103
Wörmlitzer Straße	BU 105
Wolfensteinstraße	BT 106
Zieglerstraße	CV 107
Zöberitzer Straße (PEISSEN)	CT 109
Zöberitzer Weg (BRASCHWITZ)	CT 111
Zörbiger Straße	CT 112
Zum Planetarium	CU 114

Erfahrungsgemäß werden bei größeren Veranstaltungen, Messen und Ausstellungen in vielen Städten und deren Umgebung erhöhte Preise verlangt.

Halle (Saale) – Stadtplan

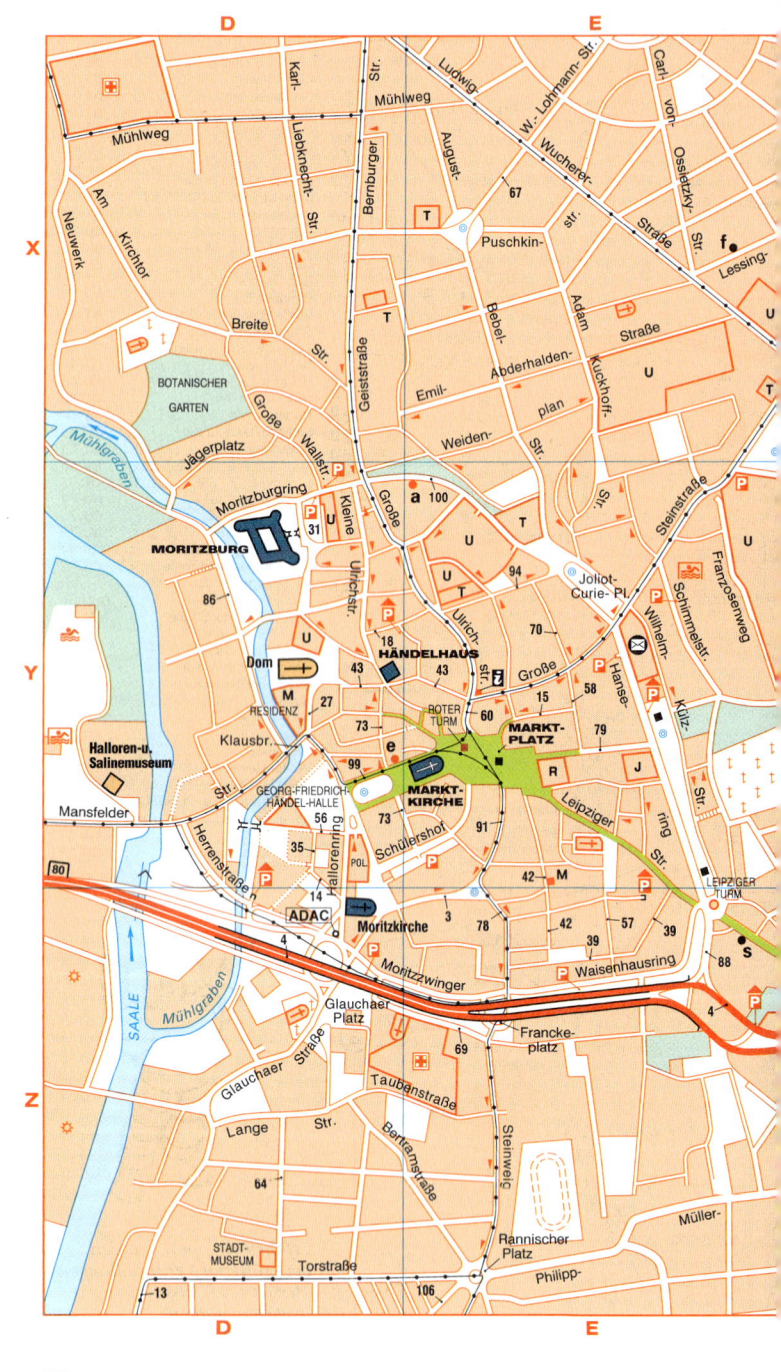

Straßen und Plätze:
- Mühlweg
- Ludwig-Wucherer-Straße
- W. Lohmann-Str.
- Carl-von-Ossietzky-Straße
- Karl-Liebknecht-Str.
- Bernburger Str.
- August-Bebel-Straße
- Adam-Kuckhoff-Straße
- Puschkinstraße
- Lessingstraße
- Am Kirchtor
- Neuwerk
- Breite Str.
- Geiststraße
- Emil-Abderhalden-Straße
- Weidenplan
- Große Steinstraße
- Große Wallstraße
- Jägerplatz
- Moritzburgring
- Kleine Ulrichstr.
- Joliot-Curie-Pl.
- Schimmelstr.
- Franzosenweg
- Wilhelm-Külz-Str.
- Hansering
- Dom
- Residenz
- Klausbrücke
- Herrenstraße
- Hallorenring
- Mansfelder Straße
- Große Ulrichstraße
- Roter Turm
- Marktplatz
- Marktkirche
- Händelhaus
- Georg-Friedrich-Händel-Halle
- Schülershof
- Leipziger Str.
- Leipziger Turm
- Moritzkirche
- Moritzzwinger
- Waisenhausring
- Glauchaer Platz
- Glauchaer Straße
- Franckeplatz
- Taubenstraße
- Lange Str.
- Bernsteinstraße
- Steinweg
- Torstraße
- Rannischer Platz
- Philipp-
- Müllerstraße

Sehenswürdigkeiten:
- Moritzburg
- Botanischer Garten
- Halloren- u. Salinemuseum
- Dom
- Händelhaus
- Marktkirche
- Moritzkirche
- Stadtmuseum
- ADAC

Gewässer:
- Saale
- Mühlgraben

HALLE

Street	Grid	No.
Adam-Kuckhoff-Straße	EXY	
Alter Markt	EZ	3
Am Kirchtor	DX	
Am Steintor	EFX	
An der Waisenhausmauer	DEZ	4
Anhalter Straße	FY	6
August-Bebel-Straße	EXY	
Berliner Straße	FX	
Bernburger Straße	DX	
Bertramstraße	DEZ	
Böllberger Weg	DZ	13
Bornknechtstraße	DYZ	14
Breite Straße	DX	
Brüderstraße	EY	15
Carl-von-Ossietzky-Straße	EX	
Dachritzstraße	DEY	18
Delitzscher Straße	FZ	
Domstraße	DY	27
Dorotheenstraße	FYZ	
Emil-Abderhalden-Straße	EX	
Ernst-Kamieth-Straße	FZ	
Franckeplatz	EZ	
Franckestraße	FZ	
Franzosenweg	EY	
Friedemann-Bach-Platz	DY	31
Geiststraße	DX	
Gerberstraße	DY	35
Glauchaer Platz	DZ	
Glauchaer Straße	DZ	
Große Brauhausstraße	EZ	39
Große Märkerstraße	EYZ	42
Große Nikolaistraße	DEY	43
Große Steinstraße	EY	
Große Ulrichstraße	DEY	
Große Wallstraße	DYZ	
Hallorenring	EY	
Hansering	DYZ	
Herrenstraße	DYZ	
Joliot-Curie-Platz	EY	
Julius-Kühn-Straße	FX	
Karl-Liebknecht-Straße	DX	
Kellnerstraße	DY	56
Klausbrücke	DY	
Kleine Brauhausstraße	EYZ	57
Kleine Steinstraße	EY	58
Kleine Ulrichstraße	DY	
Kleinschmieden	EFY	60
Krausenstraße	EFY	
Lange Straße	DZ	
Leipziger Straße	EFYZ	
Lerchenfeldstraße	DZ	64
Lessingstraße	EFX	
Ludwig-Wucherer-Straße	EX	
Magdeburger Straße	FY	
Mansfelder Straße	DY	
Markplatz	EY	
Martha-Brautzsch-Straße	EX	67
Matthias-Claudius-Straße	FX	
Mauerstraße	EZ	69
Merseburger Straße	FZ	
Mittelstraße	EY	70
Moritzburgring	DY	
Moritzzwinger	DEZ	
Mühlweg	DEX	
Neuwerk	DX	
Oleariusstraße	DY	73
Paracelsusstraße	FX	
Philipp-Müller-Straße	EFZ	
Puschkinstraße	DEX	
Rannischer Platz	EZ	
Rannische Straße	EZ	78
Rathausstraße	EY	79
Riebeckplatz	EZ	
Robert-Franz-Ring	DY	86
Rudolf-Breitscheid-Straße	EFZ	88
Rudolf-Ernst-Weise-Straße	FZ	89
Schimmelstraße	EY	
Schmeerstraße	EY	91
Schülershof	EY	
Schulstraße	EY	94
Steinweg	EZ	
Talamtstraße	DY	99
Taubenstraße	DEZ	
Torstraße	DZ	
Turmstraße	FZ	
Universitätsring	DEY	100
Volkmannstraße	FXY	
Waisenhausring	EZ	
Weidenplan	EX	
Wilhelm-Külz-Straße	EY	
Willy-Lohmann-Straße	EX	
Wörmlitzer Straße	EZ	105

HALLE (SAALE)

Europa, Delitzscher Str. 17, ⊠ 06112, ℘ (0345) 5 71 20, *hotel-europa.halle@t-online.de*, *Fax (0345) 5712121*, ⇔ – 🛗, ⇔ Zim, 📺 ⚒ ⇔ 🅿 – 🏛 40. 🆎 ⓞ ⓜⓞ 🆅🅸🆂🅰 🅹🅲🅱
FZ b
Menu *(geschl. Samstagabend, Sonntagabend)* à la carte 16/30 – **103 Zim** ⊇ 47/54 – 108.
• Im Zentrum der Saalestadt liegt dieses Hotel an einem Verkehrsknotenpunkt. Die Inneneinrichtung ist komplett in Mahagoni gehalten, die Tagungsräume bieten solide Technik. Restaurant und Bistro erinnern an einen Schiffsinnenraum.

Apart Hotel garni, Kohlschütterstr. 5, ⊠ 06114, ℘ (0345) 5 25 90, *info@apart.halle.de*, *Fax (0345) 5259200*, ⇔ – 🛗 ⇔ 📺 ⚒ 🅿 – 🏛 35. 🆎 ⓞ ⓜⓞ 🆅🅸🆂🅰 BT a
48 Zim ⊇ 64/69 – 77/85.
• Das Hotel ist in einer alten Villa und einem ehemaligen Krankenhaus untergebracht. Hohe Decken und Stuck charakterisieren beide Häuser. Moderne, wohnliche Zimmer!

Am Wasserturm garni, Lessingstr. 8, ⊠ 06114, ℘ (0345) 2 98 20, *city-hotel-halle@gmx.de*, *Fax (0345) 5126543*, ⇔ – 🛗 ⇔ 📺 ⚒ – 🏛 35. 🆎 ⓞ ⓜⓞ 🆅🅸🆂🅰 🅹🅲🅱
50 Zim ⊇ 56/67 – 72/80.
EX f
• In einem Wohngebiet, in Sichtweite zum alten Wasserturm-Ost befindet sich das Stadthotel. Langzeitgästen bietet man Zimmer mit komplett eingerichteter Kleinküche.

San Luca, Universitätsring 8 (Innenhof), ⊠ 06108, ℘ (0345) 2 00 35 87, *Fax (0345) 2003588*, 🍽 🆎
EY a
geschl. Sonntag – **Menu** (italienische Küche) à la carte 26/38.
• Über den Innenhof erreichen Sie das Restaurant mit dem schönen Kreuzgewölbe und den Bogenfenstern. Serviert wird eine italienische Küche mit französischem Einfluss.

Mönchshof, Talamtstr. 6, ⊠ 06108, ℘ (0345) 2 02 17 26, *kontakt@moenchshof-halle.de*, *Fax (0345) 2091065* – 🆎 ⓜⓞ 🆅🅸🆂🅰
DY e
geschl. Sonntagabend – **Menu** à la carte 16/28.
• Wenn Sie die rustikale Gemütlichkeit lieben, werden Sie sich hier wohlfühlen! Das dunkel getäfelte Restaurant direkt am Dom bietet Gutbürgerliches mit regionalem Einfluss.

In Halle-Neustadt *West : 2 km :*

Magistralen Carré, Neustädter Passage 5, ⊠ 06122, ℘ (0345) 6 93 10, *info@hotel-magistralen-carre.de*, *Fax (0345) 6931626*, 🍽 – 🛗, ⇔ Zim, 📺 ⚒ ⚒ ⇔ – 🏛 100. 🆎 ⓞ ⓜⓞ 🆅🅸🆂🅰 🅹🅲🅱
AU d
Menu à la carte 14/30 – **186 Zim** ⊇ 70/90 – 85/105.
• "Weniger ist mehr" ist hier die Devise. Recht schnörkellos, doch trotzdem mit netten Einrichtungsideen und zeitgemäßem Komfort wartet das neu erbaute Hotel auf. Neuzeitliches Restaurant im Bistrostil.

In Dölbau *Süd-Ost : 6 km über ② ; an der Autobahn Ausfahrt Halle-Ost :*

Konsul, Hotelstr. 1, ⊠ 06184, ℘ (034602) 6 70, *hotel-konsul@t-online.de*, *Fax (034602) 67670*, ⇔ – 🛗, ⇔ Zim, 📺 ⚒ ⚒ 🅿 – 🏛 50. 🆎 ⓞ ⓜⓞ 🆅🅸🆂🅰
Menu *(geschl. Samstag - Sonntag)* à la carte 17,50/28,50 – **123 Zim** ⊇ 54/60 – 87/102.
• Die günstige Lage an der A 14 macht das Hotel zu einem idealen Standort für Ihre Aktivitäten in Halle. Funktionelle Zimmer mit Klimaanlage und schalldichten Fenstern.

In Peißen *Nord-Ost : 5 km :*

Treff Hansa, Hansaplatz 1 (Gewerbegebiet), ⊠ 06188, ℘ (0345) 5 64 70, *halle@treff-hotels.de*, *Fax (0345) 5647550*, 🍽, Massage, 🅵🅶, ⇔ – 🛗, ⇔ Zim, ⚒ 📺 ⚒ ⚒ 🅿 – 🏛 450. 🆎 ⓞ ⓜⓞ 🆅🅸🆂🅰
CT f
Menu à la carte 19/29 – ⊇ 13 – **301 Zim** 65.
• Vor allem Tagungsgäste schätzen die sachliche und funktionelle Zimmerausstattung sowie die verkehrsgünstige Lage dieses neuzeitlichen Hotels.

Mercure Alba, An der Mühle 1 (Gewerbegebiet), ⊠ 06188, ℘ (0345) 5 75 00, *h5029@accor-hotels.com*, *Fax (0345) 5750100*, Biergarten, ⇔ – 🛗, ⇔ Zim, 📺 ⚒ 🅿 – 🏛 160. 🆎 ⓞ ⓜⓞ 🆅🅸🆂🅰
CT c
Menu à la carte 18/27 – **134 Zim** ⊇ 75/85 – 95/105.
• Blickfang des Hauses ist die in die neue Architektur integrierte alte Mühle, in der sich die Hotelbar befindet. Extras der Businesszimmer sind Hosenbügler und Faxgerät.

Die im Michelin-Führer
verwendeten Zeichen und Symbole haben-
*dünn oder **fett** gedruckt, *rot* oder **schwarz** -*
jeweils eine andere Bedeutung.
Lesen Sie daher die Erklärungen aufmerksam durch.

HALLE IN WESTFALEN Nordrhein-Westfalen 543 J 9 – 19 500 Ew – Höhe 130 m.
🖪 Halle, Eggeberger Str. 13 (Nord : 2 km), ℰ (05201) 62 79.
Berlin 399 – Düsseldorf 176 – Bielefeld 15 – Münster (Westfalen) 60 – Osnabrück 38.

🏨 **Sportpark Hotel** ⌘, Weststr. 16, ✉ 33790, ℰ (05201) 89 90, infohotel@sportparkhotel.de, Fax (05201) 899440, 🍴, Massage, ≘s, %(Halle) – 📶, 🛏 Zim, 📺 📞 ♿ 🅿
– 🔒 90. AE ① ⓜ VISA JCB
Menu à la carte 22,50/32,50 – 🍽 13 – **101 Zim** 99/112 – 109/134, 5 Suiten.
• Der Eingangsbereich ist großzügig und in hellen, mediterranen Tönen gehalten. Die Zimmer hat man ebenfalls mit modernen Möbeln und interessanten Farben wohnlich gestaltet. Stilvolles Restaurant mit Blick auf den Park und eine Teichanlage.

🏨 **St. Georg** ⌘ garni, Winnebrockstr. 2, ✉ 33790, ℰ (05201) 8 10 40, hotel_st._georg@t-online.de, Fax (05201) 8104132 – 🛏 📺 📞 🅿 ⓜ
geschl. 20. Dez. - 7. Jan. – **27 Zim** 🍽 41 – 67.
• Jedes Zimmer ist hier individuell gestaltet : Von weißem Schleiflack bis zu modernen schwarzen Möbeln ist alles vertreten - einige der Zimmer sind ruhig zum Garten hin gelegen.

In Werther Ost : 6 km, über Grüner Weg :

🏨 **Stadthotel Werther** garni, Alte Bielefelder Str. 24, ✉ 33824, ℰ (05203) 97 41 41, Fax (05203) 974159 – 🛏 📺 🅿 AE ① ⓜ VISA. %
16 Zim 🍽 45 – 75.
• Am Ortsrand liegt dieses kleine Hotel. Die mit sachlich-modernem Mobiliar eingerichteten Zimmer unterscheiden sich im Zuschnitt und in der Farbgebung.

🏨 **Kippskrug**, Engerstr. 61, ✉ 33824, ℰ (05203) 9 71 80, hagehring@aol.com, Fax (05203) 268, Biergarten, % (Halle) – 📺 🅿 ⓜ VISA
Menu (geschl. Donnerstagmittag, Freitagmittag) à la carte 17/33,50 – **12 Zim** 🍽 32/45 – 50/72.
• Seit 1899 beherbergt das Anwesen einen gastronomischen Betrieb. Heute bietet das familiengeführte kleine Hotel zwölf gut gepflegte Gästezimmer. Mit Kegelbahnen. Rustikale, bürgerliche Gaststube.

HALLENBERG Nordrhein-Westfalen 543 M 9 – 5 000 Ew – Höhe 385 m – Wintersport : ⛷.
🛈 Touristverband, Merklinghauser Str. 1, ✉ 59969, ℰ (02984) 82 03, post@stadthallenberg.de, Fax (02984) 31937.
Berlin 467 – Düsseldorf 200 – Marburg 45 – Kassel 86 – Korbach 32 – Siegen 85.

🏨 **Diedrich**, Nuhnestr. 2 (B 236), ✉ 59969, ℰ (02984) 93 30, mail@hotel-diedrich.de, Fax (02984) 933244, 🍴, ≘s – 📶 📞 🅿 – 🔒 40. ① VISA
Menu (geschl. Dienstag) à la carte 20/39,50 – **44 Zim** 🍽 48/51 – 87 – ½ P 16.
• Der gut geführte Familienbetrieb bietet seinen Gästen mit solidem Mobiliar wohnlich und funktionell ausgestattete Zimmer. Im Keller organisiert man Tanzveranstaltungen. Das Ambiente des Restaurants ist gediegen und sehr gepflegt.

🏨 **Sauerländer Hof**, Merklinghauser Str. 27 (B 236), ✉ 59969, ℰ (02984) 9 23 70, hotel@sauerlaender-hof.de, Fax (02984) 2556, 🍴, ≘s, 🏊 – 📶, 🛏 Zim, 📺 📞 🚗 🅿 –
🔒 30. ① ⓜ VISA
Menu à la carte 20/37,50 – **31 Zim** 🍽 47/65 – 74/104.
• Einheitlich in elegantem Landhaus-Stil ist dieses Haus eingerichtet. Schon die Halle empfängt Sie mit einem durch viel Holz und wertvolle Teppiche ansprechenden Ambiente. Kultiviert speist man im Restaurant mit Wintergarten, Kaminecke und Terrasse.

In Hallenberg-Hesborn Nord : 6 km, über B 236, nach Hallenberg rechts ab Richtung Liesen :

🏨 **Zum Hesborner Kuckuck** ⌘, Ölfestr. 22, ✉ 59969, ℰ (02984) 9 21 30, hotel@hesbornerkuckuck.de, Fax (02984) 9213333, 🍴, ≘s, 🅇, 🏊 – 📶 🛏 Zim, 📺 🅿 AE ⓜ VISA
% Rest
Menu à la carte 21/30 – **53 Zim** 🍽 67 – 109 – ½ P 16.
• Inmitten der waldreichen Landschaft des Hochsauerlands liegt dieses gepflegte Urlaubshotel. Ein Allwettertennisplatz erlaubt es Ihnen, auch bei Regen aktiv zu sein.

HALLERNDORF Bayern 546 Q 16 – 3 300 Ew – Höhe 260 m.
Berlin 426 – München 223 – Nürnberg 47 – Bamberg 22 – Würzburg 97.

In Hallerndorf-Pautzfeld Nord-Ost : 3,5 km, Richtung A 73 :

🏨 **Kammerer** ⌘, (mit Gästehaus), Pautzfelder Str. 36, ✉ 91352, ℰ (09545) 74 68, info@gaestehaus-kammerer.de, Fax (09545) 4025, 🏊 – 🛏 Zim, 📺 🅿 ⓜ VISA. % Rest
Menu (nur Abendessen) (Restaurant nur für Hausgäste) – **33 Zim** 🍽 26/38 – 45/52.
• In der Ortsmitte liegt das Stammhaus des gewachsenen Familienbetriebs. Die Zimmer befinden sich im 100 Meter entfernten Gästehaus. Sie sind wohnlich und tadellos unterhalten.

HALLERNDORF

In Hallerndorf-Willersdorf *Süd-West : 3 km :*

Brauerei Rittmayer 🦌, Willersdorf 108, ⌧ 91352, ✆ (09195) 9 47 30, *kontakt@rittmayer.com*, Fax (09195) 9473150, Biergarten – ⇔ Zim, TV ✆ P – 🎗 20. AE ⓪ ⓪ VISA. ⇔ Rest
Menu *(geschl. Mitte - Ende Juli, Montagmittag, Dienstag)* à la carte 12/24 – **15 Zim** ⊒ 36 – 55.
♦ Der ehrwürdige Landgasthof, der seit 1422 das Braurecht besitzt, wurde gelungen mit einem modernen Gästehaus kombiniert. Die Zimmer sind gemütlich und komfortabel. Im alten Sudhaus befindet sich heute der gemütliche Gastraum.

HALLSTADT *Bayern siehe Bamberg.*

HALLWANG *Österreich siehe Salzburg.*

HALSENBACH *Rheinland-Pfalz siehe Emmelshausen.*

HALTERN AM SEE *Nordrhein-Westfalen* 543 K 5 *– 37800 Ew – Höhe 35 m.*
🛈 *Tourist-Information, Altes Rathaus, Markt 1, ⌧ 45721, ✆ (02364) 93 33 66, stadtagentur@haltern.de, Fax (02364) 933364.*
Berlin 500 – *Düsseldorf* 77 – Münster (Westfalen) 46 – Recklinghausen 15.

Am Turm, Turmstr. 4, ⌧ 45721, ✆ (02364) 9 60 10, Fax (02364) 960122 – TV ✆. AE ⓪ ⓪ VISA. ⇔ Zim
Menu à la carte 19/38 – **12 Zim** ⊒ 55 – 85.
♦ Die Zimmer in dem 1998 erbauten Hotel sind geräumig und durch Polstersitzgruppen aufgelockert. Kirschholz, helle Buche und dezente Farbkontraste erzeugen wohnliches Flair. Das Restaurant hat sich auf Grillgerichte und Balkanküche spezialisiert.

In Haltern-Sythen *Nord : 5 km über Münsterstr. :*

Pfeiffer's Sythener Flora, Am Wehr 71, ⌧ 45721, ✆ (02364) 9 62 20, *mail@hotel-pfeiffer.de*, Fax (02364) 962296, ⇔ – 🛇 TV P. AE ⓪ ⓪ VISA
geschl. 19. Juli - 13. Aug. – **Menu** *(geschl. Donnerstag)* à la carte 16/36 – **11 Zim** ⊒ 38/45 – 66/75.
♦ Abseits der Hauptstraße ist das Haus gegenüber der alten Sythener Wassermühle gelegen. Hier empfängt die engagierte Hoteliersfamilie schon seit 1851 Reisende und Urlauber. Das Restaurant ist groß, mehrfach unterteilt und mit vielen Grünpflanzen dekoriert.

HALVER *Nordrhein-Westfalen* 543 M 6 *– 15800 Ew – Höhe 436 m.*
Berlin 534 – *Düsseldorf* 64 – Hagen 23 – Köln 63 – Lüdenscheid 12.

In Halver-Carthausen *Nord-Ost : 4 km, über B 229 :*

Haus Frommann, Carthausen 14, ⌧ 58553, ✆ (02353) 9 14 55, *info@haus-frommann.de*, Fax (02353) 914566, ⇔, 🌳 – ⇔ Zim, TV P – 🎗 30. AE ⓪ ⓪ VISA
Menu à la carte 19/40 – **21 Zim** ⊒ 59/69 – 76/85.
♦ Recht ruhig liegt diese gut geführte Adresse am Ortseingang - in dörflicher Umgebung. Die Zimmer sind gepflegt und verfügen teils über einen Balkon. Nett sitzt man im Restaurant an gut eingedeckten Tischen.

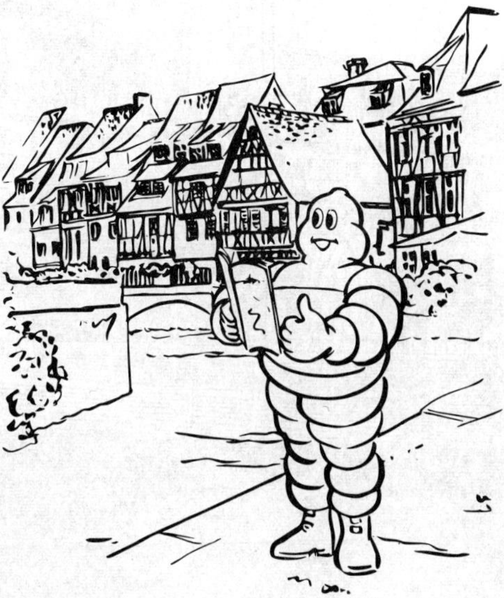

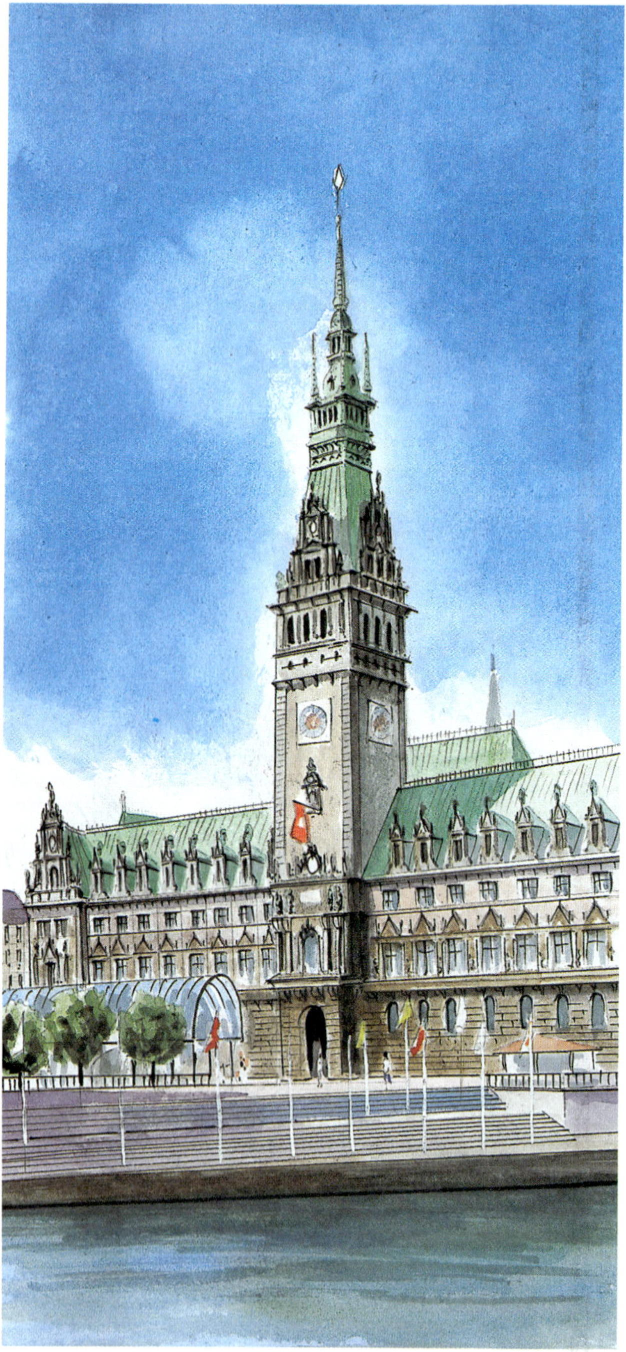

HAMBURG

L Stadtstaat Hamburg 541 F 14 – 1 700 000 Ew – Höhe 10 m

Berlin 284 ③ – Bremen 120 ⑥ – Hannover 151 ⑤

Umgebungskarte	S. 2
Stadtplan Hamburg :	
Hamburg und Umgebung	S. 3
Innenstadt und Stadtteile	S. 4 und 5
Zentrum	S. 6 und 7
Straßenverzeichnis	S. 8
Alphabetisches Verzeichnis der Hotels und Restaurants	S. 9 und 10
Hotels und Restaurants	S. 11 bis 24

PRAKTISCHE HINWEISE

🛈 Hamburg Tourismus GmbH, Steinstr. 7, ✉ 20095,
☏ (040) 30 05 13 00, info@hamburg-tourismus.de, Fax (040) 30051210.
🛈 Tourist-Information im Hauptbahnhof, ✉ 20099, ☏ (040) 30 05 13 00.
🛈 Tourist-Information am Hafen, Landungsbrücke 4-5, ✉ 20459
☏ (040) 30 05 12 03, Fax (040) 313578
ADAC, Amsinckstr. 39

🏌 Hamburg-Blankenese, Falkenstein, In de Bargen 59 (über Elbchaussee S), ☏ (040) 81 21 77

🏌 Hamburg-Lemsahl, Treudelberg, Lemsahler Landstr. 45, (Nord : 16 km), ☏ (040) 60 82 25 00

🏌 Wendlohe, Oldesloer Str. 251 R, ☏ (040) 5 52 89 66

🏌 Prisdorf, Peiner Hag (Nord-West : 22 km), ☏ (04101) 7 37 90

🏌 Ammersbeck, Walddörfer, Schevenbarg (Nord-Ost : 20 km, über ①), ☏ (040) 6 05 13 37

🏌 Escheburg, Am Soll 3, (Süd-Ost : 25 km, über B5), ☏ (04152) 8 32 04

🏌 Wentorf-Reinbek, Golfstr. 2 (Süd-Ost : 20 km), ☏ (040) 72 97 80 68

🏌 Holm, Haverkamp 1 (Nord-Ost : 24 km, über B431 und Wedel), ☏ (04103) 9 13 30

🏌 Seevetal-Hittfeld, Am Golfplatz 24, (Süd : 24 km), ☏ (04105) 23 31

✈ Hamburg-Fuhlsbüttel (Nord : 15 km R), ☏ (040) 5 07 50

🚗 Hamburg Altona, Präsident-Krahn-Straße

Hamburg Messe und Congress GmbH **EFX** St. Petersburger Str. 1 ✉ 20355, ☏ (040) 3 56 90, Fax (040) 35692180.

HAUPTSEHENSWÜRDIGKEITEN

Museen, Galerien, Sammlungen : Kunsthalle★★ **HY M**[1] – Museum für Kunst und Gewerbe★ **HY M**[2] – Museum für Hamburgische Geschichte★ **EYZ M**[3] – Museum für Kommunikation★ **FY M**[4] – Hamburgisches Museum für Völkerkunde★ **CT M**[5] – Norddeutsches Landesmuseum★★ **AU M**[6].

Parks, Gärten, Seen : Außenalster★★★ **GHXY** – Tierpark Hagenbeck★★ **R** – Hafen★★ **EZ** – Park „Planten un Blomen"★ **EFX**.

Gebäude, Straßen, Plätze : Fernsehturm★ (⚓★★) **EX** – Jungfernstieg★ **GY** – St-Michaelis★ (⚓★)**FZ** – Stintfang (≤★)**EZ** – Elbchaussee★ **S** – Altonaer Balkon (≤★)**AU S**.

HAMBURG S. 2

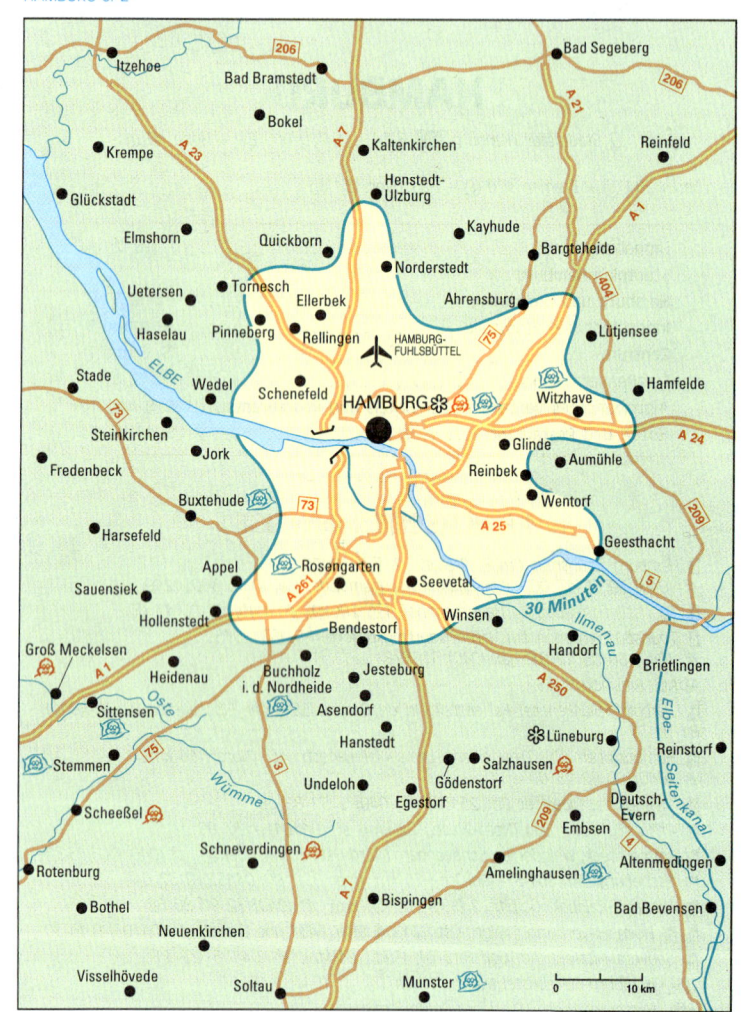

GRÜNE MICHELIN-FÜHRER *in deutsch*

Paris	Korsika	Deutschland
Atlantikküste	Nordfrankreich	Frankreich
Auvergne Perigord	Umgebung von Paris	Italien
Bretagne	Provence	Oberrhein
Burgund Jura	Pyrenäen Roussillon	Österreich
Côte d'Azur (Französische Riviera)	Gorges du Tarn	Schweiz
Elsaß Vogesen Champagne	Schlösser an der Loire	Spanien

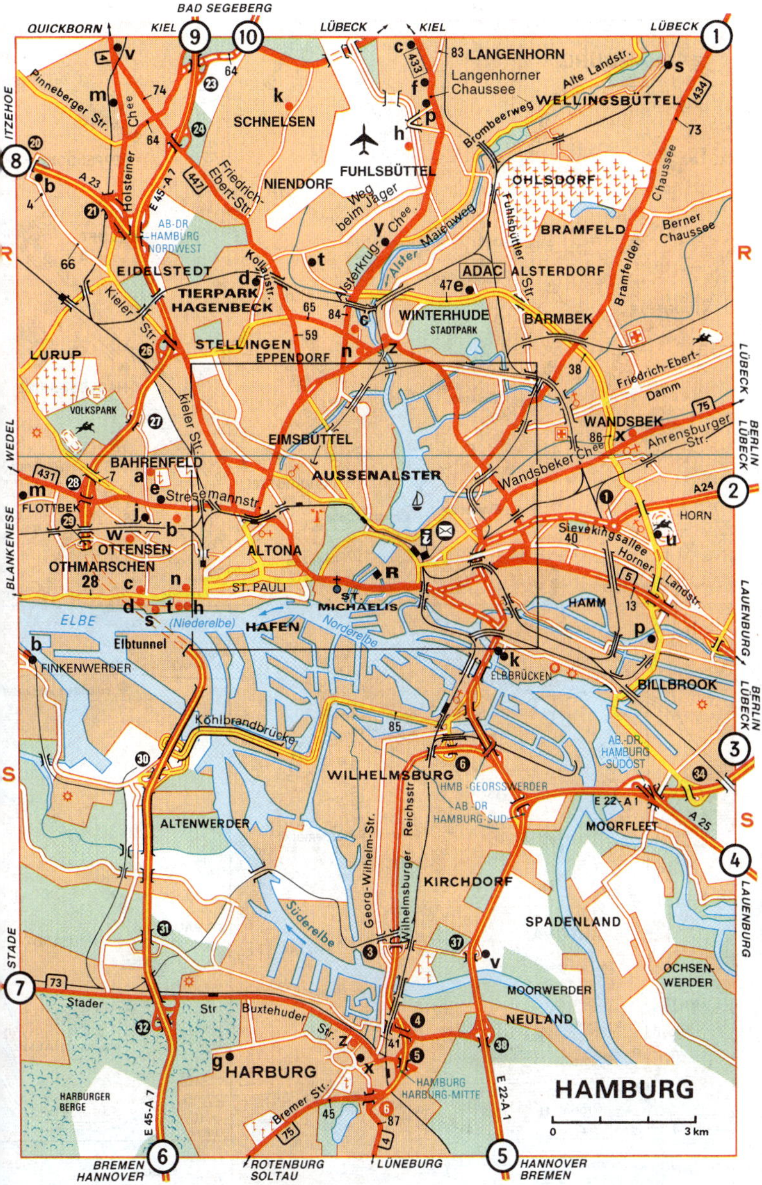

Si vous écrivez à un hôtel à l'étranger,
joignez à votre lettre un coupon réponse international
(disponible dans les bureaux de poste).

HAMBURG S. 4

HAMBURG S. 5

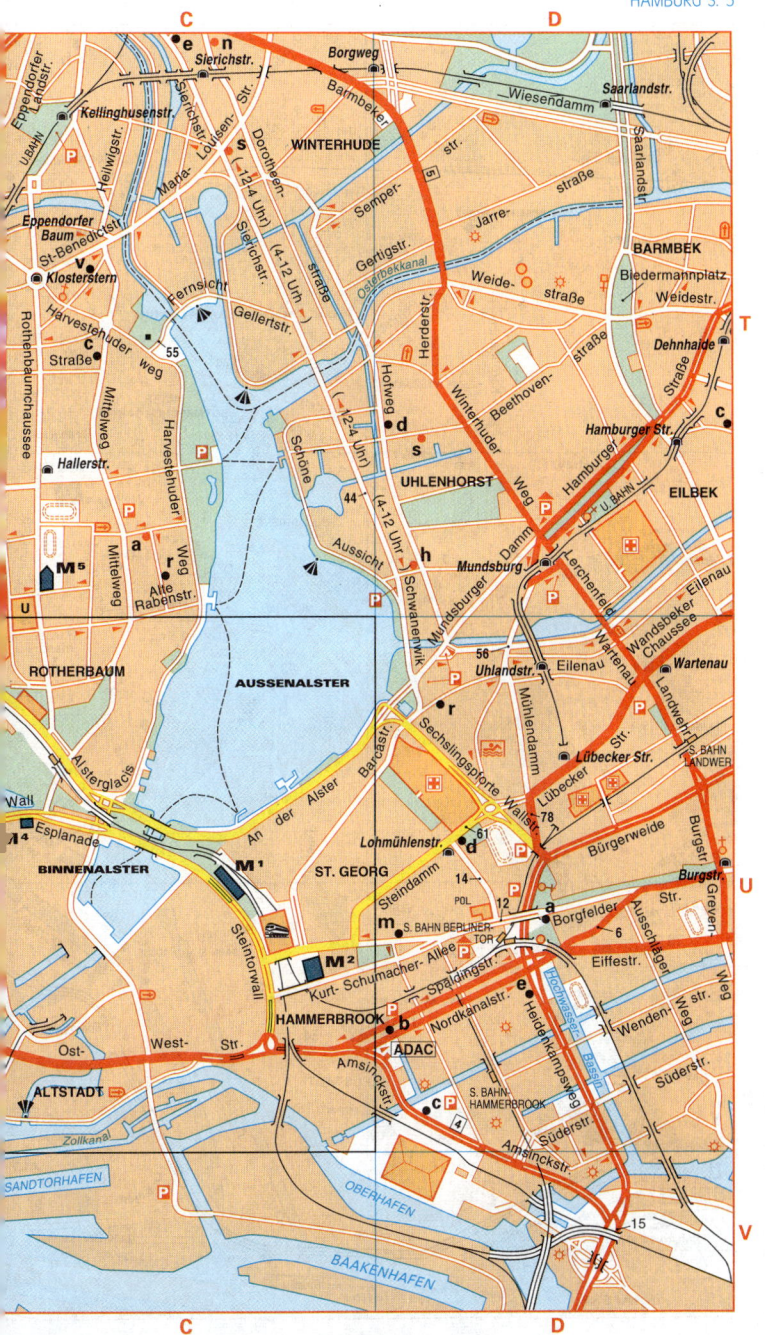

599

HAMBURG S. 6

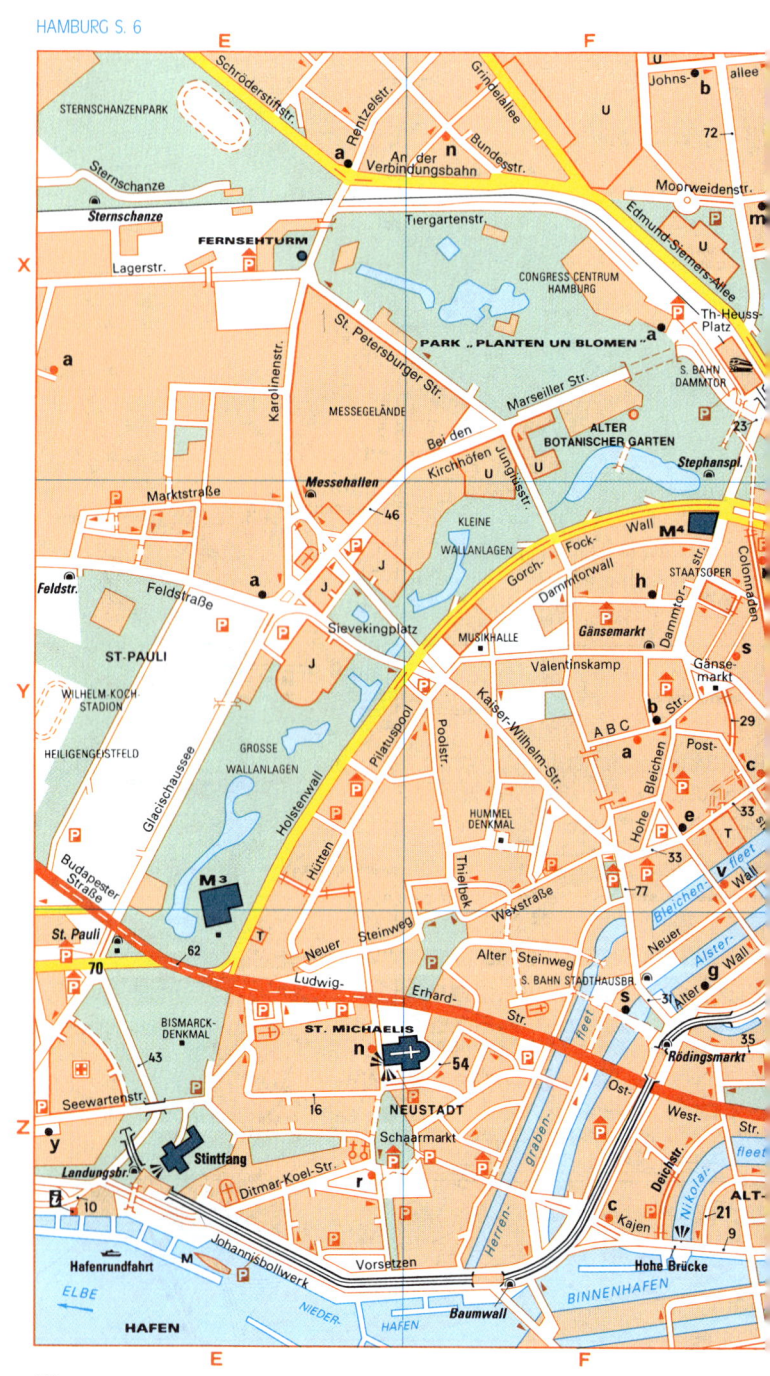

HAMBURG S. 7

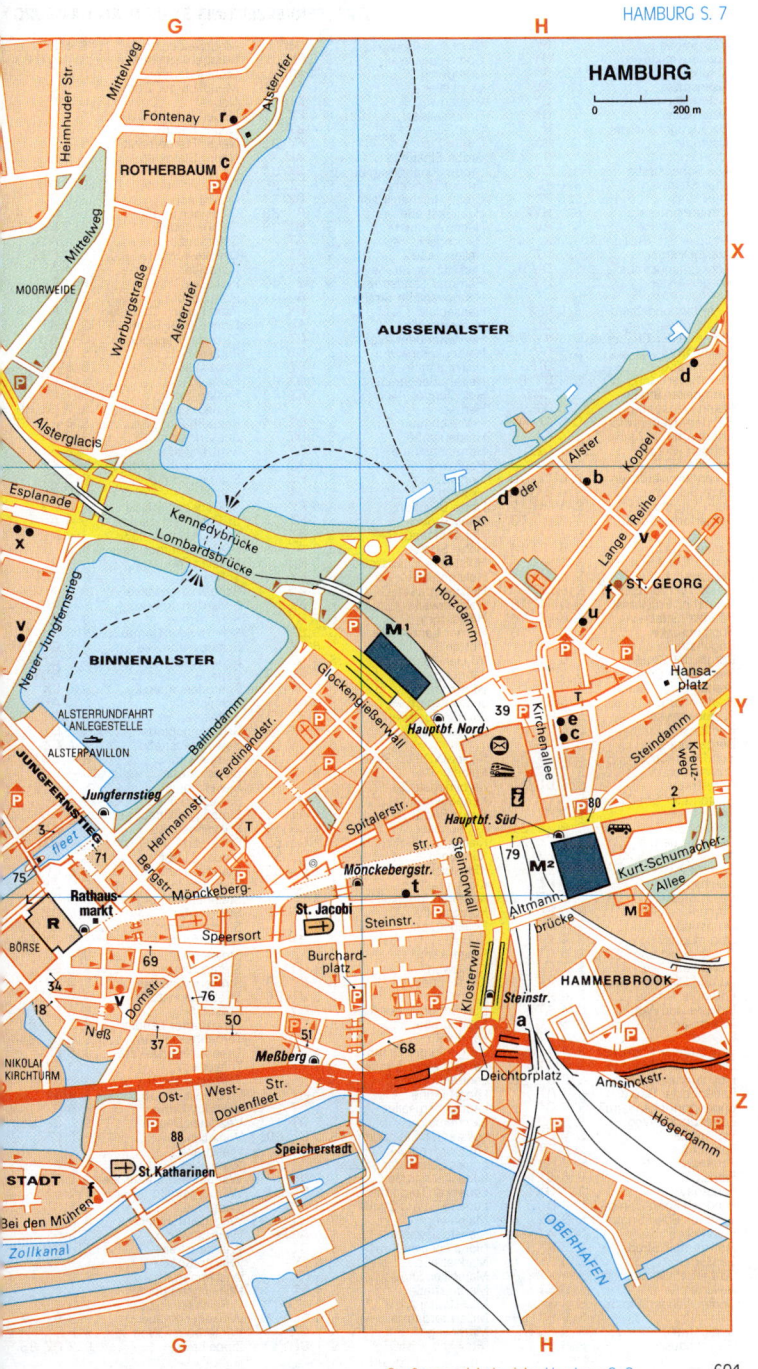

HAMBURG
0 200 m

STRASSENVERZEICHNIS STADTPLAN HAMBURG

Straße	Seite	Feld	Nr.
ABC Straße	S. 6	FY	
Adenauerallee	S. 7	HY	2
Ahrensburger Straße	S. 3	R	
Alsenstraße	S. 4	AU	
Alsterarkaden	S. 7	GY	3
Alsterglacis	S. 7	GX	
Alsterkrugchaussee	S. 3	R	
Alsterufer	S. 7	GX	
Alte Landstraße	S. 3	R	
Alte Rabenstraße	S. 5	CT	
Alter Steinweg	S. 6	FZ	
Alter Wall	S. 6	FZ	
Altmannbrücke	S. 7	HYZ	
Altonaer Straße	S. 4	AU	
Altonaer Str. (Rellingen)	S. 3	R	4
Amsinckstraße	S. 7	HZ	
Anckelmannstraße	S. 5	DU	6
An der Alster	S. 7	HX	
An der Verbindungsbahn	S. 6	EFX	
Ausschläger Weg	S. 5	DU	
Bahrenfelder Chaussee	S. 3	S	7
Ballindamm	S. 7	GY	
Barcastraße	S. 5	DT	
Barmbeker Markt	S. 5	DT	8
Barmbeker Straße	S. 5	CDT	
Beethovenstraße	S. 5	DT	
Bei dem Neuen Krahn	S. 6	FZ	9
Bei den Kirchhöfen	S. 5	FX	
Bei den Mühren	S. 7	GZ	
Bei den St.-Pauli-Landungsbrücken	S. 6	EZ	10
Beim Schlump	S. 4	BT	
Beim Strohhause	S. 5	DU	12
Bergedorfer Straße	S. 3	S	13
Bergstraße	S. 7	GY	
Berliner Tor	S. 5	DU	14
Berner Chaussee	S. 3	R	
Bernstorffstraße	S. 4	AU	
Biedermannplatz	S. 5	DT	
Billhorner Brückenstr.	S. 5	DV	15
Böhmkenstraße	S. 6	EZ	16
Börsenbrücke	S. 7	GZ	18
Bogenstraße	S. 4	BT	
Borgfelder Straße	S. 5	DU	
Bramfelder Chaussee	S. 3	R	
Breitenfelder Straße	S. 4	BT	
Bremer Straße	S. 3	S	
Brombeerweg	S. 3	R	
Budapester Straße	S. 6	EY	
Bürgerweide	S. 5	DU	
Bundesstraße	S. 6	FX	
Burchardplatz	S. 7	GZ	
Burgstraße	S. 5	DU	
Buxtehuder Straße	S. 3	S	
Colonnaden	S. 6	FY	
Cremon	S. 6	FZ	21
Dammtordamm	S. 6	FX	23
Dammtorstraße	S. 6	FX	
Dammtorwall	S. 6	FY	
Deichstraße	S. 6	FZ	
Deichtorplatz	S. 7	HZ	
Ditmar-Koel-Straße	S. 6	EZ	
Domstraße	S. 7	GZ	
Doormannsweg	S. 4	AT	
Dorotheenstraße	S. 5	CT	
Dovenfleet	S. 7	GZ	
Edmund-Siemers-Allee	S. 6	FX	
Ehrenbergstraße	S. 4	AU	26
Eidelstedter Weg	S. 4	AT	
Eiffestraße	S. 5	DU	
Eilenau	S. 5	DTU	
Eimsbütteler Chaussee	S. 4	ATU	
Eimsbütteler Marktpl.	S. 4	AT	
Elbchaussee	S. 3	S	28
Eppendorfer Baum	S. 4	BT	
Eppendorfer Landstraße	S. 4	CT	
Eppendorfer Weg	S. 4	CT	
Esplanade	S. 7	GY	
Feldstraße	S. 6	EY	
Ferdinandstraße	S. 7	GY	
Fernsicht	S. 5	CT	
Fontenay	S. 7	GX	
Friedrich-Ebert-Damm	S. 3	R	
Friedrich-Ebert-Straße	S. 3	R	
Fruchtallee	S. 4	AT	
Fuhlsbüttler Straße	S. 3	R	
Gänsemarkt	S. 6	FY	
Gärtnerstraße	S. 4	AT	
Gellerstraße	S. 5	CT	
Georg-Wilhelm-Straße	S. 3	S	
Gerhofstraße	S. 6	FY	29
Gertigstraße	S. 5	CDT	
Glacischaussee	S. 6	EY	
Glockengießerwall	S. 7	GHY	
Gorch-Fock-Wall	S. 6	FY	
Grandweg	S. 4	AT	
Graskeller	S. 6	FZ	31
Grevenweg	S. 5	DU	
Grindelallee	S. 6	FX	
Grindelberg	S. 4	BT	
Große Bleichen	S. 6	FY	33
Große Elbstraße	S. 4	AU	
Große Johannisstraße	S. 7	GZ	34
Großer Burstah	S. 7	FZ	35
Große Reichenstraße	S. 7	GZ	37
Habichtstraße	S. 3	R	38
Hachmannplatz	S. 7	HY	39
Hagenbeckstraße	S. 4	AT	
Hallerstraße	S. 4	BT	
Hamburger Straße	S. 5	DT	
Hammer Landstraße	S. 3	S	40
Hannoversche Straße	S. 3	S	41
Hansaplatz	S. 7	HY	
Harkortstraße	S. 4	AU	
Harvestehuder Weg	S. 5	CT	
Heidenkampsweg	S. 5	DU	
Heilwigstraße	S. 4	BT	
Heimhuder Straße	S. 7	GX	
Helgoländer Allee	S. 6	EZ	43
Herbert-Weichmann-Str.	S. 5	CT	44
Herderstraße	S. 5	DT	
Hermannstraße	S. 7	GY	
Heußweg	S. 4	AT	
Högerdamm	S. 7	HZ	
Hofweg	S. 5	DT	
Hohe Bleichen	S. 6	FY	
Hohe Brücke	S. 6	FZ	
Hoheluftchaussee	S. 4	BT	
Hohe Straße	S. 3	S	45
Holsteiner Chaussee	S. 3	R	
Holstenglacis	S. 6	EY	46
Holstenstraße	S. 4	AU	
Holstenwall	S. 6	EY	
Holzdamm	S. 7	HY	
Horner Landstraße	S. 3	S	
Hütten	S. 6	EY	
Im Gehölz	S. 4	AT	
Jahnring	S. 3	R	47
Jarrestraße	S. 5	DT	
Jessenstraße	S. 4	AU	
Johannisbollwerk	S. 6	EZ	
Johnsallee	S. 7	FX	
Jungfernstieg	S. 7	GY	
Kaiser-Wilhelm-Straße	S. 6	FY	
Kajen	S. 6	FZ	
Karolinenstraße	S. 6	EY	
Kennedybrücke	S. 7	GY	
Kieler Straße	S. 4	AT	
Kirchenallee	S. 7	HY	
Kleine Reichenstraße	S. 7	GZ	50
Klingberg	S. 7	GZ	51
Klopstockstraße	S. 4	AU	52
Klosterwall	S. 7	HZ	
Köhlbrandbrücke	S. 3	S	
Königstraße	S. 4	AU	
Kollaustraße	S. 3	R	
Koppel	S. 7	HX	
Krayenkamp	S. 6	FZ	54
Kreuzweg	S. 7	HY	
Krugkoppel	S. 5	CT	55
Kuhmühle	S. 5	DU	56
Kurt-Schumacher-Allee	S. 7	HY	
Lagerstraße	S. 6	EX	
Landweg	S. 5	DT	
Langenfelder Damm	S. 4	AT	
Langenfelder Straße	S. 4	ATU	
Langenhorner Ch.	S. 3	R	
Lange Reihe	S. 7	HY	
Lappenbergsallee	S. 4	AT	
Lerchenfeld	S. 5	DT	
Lokstedter Steindamm	S. 3	R	59
Lombardsbrücke	S. 7	GY	
Louise-Schroeder-Straße	S. 4	AU	
Lübecker Straße	S. 5	DU	
Lübecker Tordamm	S. 5	DU	61
Ludwig-Erhard-Straße	S. 6	EFZ	
Maienweg	S. 3	R	
Mansteinstraße	S. 4	ABT	
Maria-Louisen-Straße	S. 5	CT	
Marktstraße	S. 6	EY	
Marseiller Straße	S. 6	FX	
Martinistraße	S. 4	BT	
Max-Brauer-Allee	S. 4	AU	
Millerntordamm	S. 6	EZ	62
Mittelweg	S. 5	GX	
Mönckebergstraße	S. 7	GHY	
Moorweidenstraße	S. 6	FX	
Müggenkampstraße	S. 4	AT	63
Mühlendamm	S. 5	DU	
Mundsburger Damm	S. 5	DT	
Neß	S. 7	GZ	
Neuer Jungfernstieg	S. 7	GY	
Neuer Kamp	S. 4	AU	
Neuer Pferdemarkt	S. 4	AU	
Neuer Steinweg	S. 6	EFZ	
Neuer Wall	S. 6	FYZ	
Nordkanalstraße	S. 5	DU	
Oberstraße	S. 4	BT	
Oldesloer Straße	S. 3	R	64
Osterfeldstraße	S. 3	R	65
Osterstraße	S. 4	AT	
Ost-West-Straße	S. 6-7	FGZ	
Palmaille	S. 4	AU	
Parkallee	S. 4	BT	
Pilatuspool	S. 6	EFY	
Pinneberger Chaussee	S. 3	R	66
Pinneberger Straße	S. 3	R	
Platz der Republik	S. 4	AU	67
Poolstraße	S. 6	FY	
Poststraße	S. 6	FY	
Pumpen	S. 7	HZ	68
Rathausmarkt	S. 7	GYZ	
Rathausstraße	S. 7	GZ	69
Reeperbahn	S. 6	EZ	70
Reesendamm	S. 7	GY	71
Rentzelstraße	S. 6	EX	
Rothenbaumchaussee	S. 6	FX	72
Saarlandstraße	S. 5	DT	
Spitalerstraße	S. 7	GHY	
St.-Benedict-Straße	S. 5	CT	
St.-Pauli-Fischmarkt	S. 4	AU	
St.-Pauli-Hafenstraße	S. 4	AU	
St.-Petersburger Str.	S. 6	EFX	
Saseler Chaussee	S. 3	R	73
Schaarmarkt	S. 6	EFZ	
Schäferkampsallee	S. 4	ABT	
Schanzenstraße	S. 4	AU	
Schlankreye	S. 4	BT	
Schleswiger Damm	S. 3	R	74
Schleusenbrücke	S. 7	GY	75
Schmiedestraße	S. 7	GZ	76
Schöne Aussicht	S. 5	CDT	
Schröderstiftstraße	S. 4	AU	
Schulterblatt	S. 4	AU	
Schwanenwik	S. 5	DTU	
Sechslingspforte	S. 5	DU	
Seewartenstraße	S. 6	EZ	
Semperstraße	S. 5	CDT	
Sierichstraße	S. 5	CT	
Sievekingplatz	S. 6	EFY	
Sievekingsallee	S. 3	S	
Simon-von-Utrecht-Str.	S. 4	AU	
Spaldingstraße	S. 5	DU	
Speersort	S. 7	GZ	
Stader Straße	S. 3	S	
Stadthausbrücke	S. 6	FY	77
Steindamm	S. 7	HY	
Steinhauerdamm	S. 5	DU	78
Steinstraße	S. 7	GHZ	
Steintordamm	S. 7	HY	79
Steintorplatz	S. 7	HY	80
Steintorwall	S. 7	HYZ	
Sternschanze	S. 6	EX	
Stresemannallee	S. 4	AT	
Stresemannstraße	S. 4	AU	
Süderstraße	S. 5	DUV	
Tangstedter Landstr.	S. 3	R	83
Tarpenbekstraße	S. 3	R	84
Theodor-Heuss-Platz	S. 6	FX	
Thielbek	S. 6	FY	
Tiergartenstraße	S. 6	FX	
Troplowitzstraße	S. 4	AT	
Valentinskamp	S. 6	FY	
Veddeler Damm	S. 3	S	85
Vorsetzen	S. 6	EFZ	
Wallstraße	S. 5	DU	
Wandsbeker Allee	S. 3	R	86
Wandsbeker Chaussee	S. 5	DTU	
Warburgstraße	S. 5	GX	
Wartenau	S. 5	DU	
Weg beim Jäger	S. 3	R	
Weidestraße	S. 5	DT	
Wendenstraße	S. 5	DU	
Wexstraße	S. 6	FYZ	
Wiesendamm	S. 5	D	
Wilhelmsburger Reichsstr.	S. 3	S	
Winsener Straße	S. 3	S	87
Winterhuder Weg	S. 5	DT	
Zippelhaus	S. 7	GZ	88

Alphabetische Liste der Hotels und Restaurants
Liste alphabétique des hôtels et restaurants

A

- S. 12 Abtei
- S. 20 Airport Hotel
- S. 15 Al Campanile
- S. 23 Allegria
- S. 14 Alster-Hof
- S. 16 Alsterkrug-Hotel
- S. 21 Alt Lohbrügger Hof
- S. 19 Alte Mühle
- S. 14 Ambassador
- S. 20 Am Elbufer
- S. 14 Anna
- S. 13 Arcadia
- S. 18 Atlas
- S. 17 Au Quai
- S. 23 Ausspann

B

- S. 13 Baseler Hof
- S. 13 Berlin
- S. 19 Böttcherhof
- S. 15 Brook

C

- S. 16 Casse-Croûte
- S. 16 Cox
- S. 12 Crowne Plaza

D

- S. 18 Darling Harbour
- S. 18 Das Weisse Haus
- S. 11 Dorint
- S. 13 Dorint an der Messe
- S. 21 Dorint-Hotel-Airport

E

- S. 22 Eggers
- S. 18 Elba
- S. 22 Elbbrücken-Hotel
- S. 12 Elysée
- S. 21 Engel
- S. 20 Entrée
- S. 12 Europäischer Hof

F

- S. 20 Finkenwerder Elbblick
- S. 17 Fischereihafen-Restaurant
- S. 15 Fischküche
- S. 16 Fischmarkt
- S. 19 Forsthaus Bergedorf

G

- S. 12 Garden Hotel
- S. 16 Gastwerk

H

- S. 14 Haerlin
- S. 13 Hafen Hamburg
- S. 23 Hanseatic
- S. 17 Henssler Henssler
- S. 22 Holiday Inn (Rothenburgsort)
- S. 23 Holiday Inn (Stellingen)

I

- S. 16 Ilot
- S. 15 Il Ristorante
- S. 17 IndoChine
- S. 16 InterCityHotel
- S. 11 InterContinental

J

- S. 16 Jena Paradies

K

- S. 11 Kempinski Hotel Atlantic
- S. 14 Kronprinz

L

- S. 15 La Fayette
- S. 15 La Mirabelle
- S. 21 Lambert

HAMBURG S. 10

S. 17 Landhaus Dill
S. 20 Landhaus Flottbek
S. 17 Landhaus Scherrer
S. 15 L'auberge française
S. 17 La Vela
S. 17 Le Canard
S. 23 Le Méridien
S. 16 Le Plat du Jour
S. 19 Le Relais de France
S. 11 Le Royal Méridien
S. 20 Lindtner
S. 22 Louis C. Jacob
S. 22 Lutz und König

M

S. 15 Manee Thai
S. 12 Marriott
S. 21 Marriott Hotel Treudelberg
S. 16 Matsumi
S. 16 Mercure Hotel Domicil
S. 18 Mercure Hotel Meridian
S. 14 Mittelweg

N

S. 23 NH Hamburg
S. 21 NH Hamburg Horn
S. 18 NH Hamburg-Altona
S. 23 Ni Hao
S. 14 Nippon
S. 13 Novotel City Süd

O

S. 23 Ökotel

P

S. 21 Panorama Harburg
S. 11 Park Hyatt
S. 19 Piment
S. 20 Poletto
S. 22 Poppenbütteler Hof
S. 24 Portomarin

Q – R

S. 19 Queens Hotel
S. 12 Radisson SAS Hotel
S. 18 Ramada-Treff Hotel
S. 17 Raphael Hotel Altona
S. 15 Ratsweinkeller
S. 12 relexa Hotel Bellevue
S. 11 Renaissance Hamburg Hotel
S. 18 Rive Bistro
S. 15 Roma
S. 23 Rosengarten

S

S. 24 Sale e Pepe
S. 17 Saliba
S. 15 San Michele
S. 21 Schümann
S. 20 Sellmer
S. 13 Senator
S. 14 Sgroi
S. 12 SIDE
S. 11 Steigenberger
S. 17 Stocker
S. 21 Stock's Fischrestaurant
S. 13 St. Raphael
S. 19 Süllberg - Seven Seas
S. 13 Suitehotel Hamburg City

T

S. 18 Tafelhaus
S. 14 Tirol
S. 20 Top air

V

S. 11 Vier Jahreszeiten
S. 13 Vorbach

W

S. 14 Wedina
S. 22 Weinwirtschaft Kleines Jacob
S. 14 Wollenberg

Z

S. 15 Zippelhaus
S. 21 Zum Wattkorn

HAMBURG S. 11

Im Zentrum mit folgenden Stadtteilen :

Eimsbüttel, Harvestehude, Rotherbaum, Uhlenhorst *Stadtplan Hamburg : S. 4 - 7 :*

Vier Jahreszeiten, Neuer Jungfernstieg 9, ✉ 20354, ℘ (040) 3 49 40, *emailus.hvj
@raffles.com*, Fax (040) 34942600, ≤ Binnenalster, Massage, 🎏, 😊s, – 📶, ⟱ Zim, 🖥
📺 📞 🐕 – 🛎 110. 🎫 ⓞ 🄌 𝙑𝙄𝙎𝘼 JCB. GY v
Menu siehe Rest. **Haerlin** separat erwähnt – **Doc Cheng's** (euro-asiatische Küche) *(geschl.
Samstagmittag, Sonntagmittag, Montag)* **Menu** à la carte 35/47 – **Jahreszeiten Grill :**
Menu à la carte 49/53 – ⇌ 22 – **156 Zim** 215/290 – 265/340, 11 Suiten.
♦ An der Binnenalster liegt eines der letzten "echten" Grandhotels : es erwarten Sie luxuriöses Gründerzeit-Ambiente und moderner, klassischer Komfort. Exklusiv : Amrita Spa. Das
Doc Cheng's kombiniert gelungen West und Fernost. Im Grill : klassische Eleganz.

Kempinski Hotel Atlantic, An der Alster 72, ✉ 20099, ℘ (040) 2 88 80, *hotel.a
tlantic@kempinski.com*, Fax (040) 247129, ≤ Außenalster, 🎏, Massage, 😊s, 📶, – 📶,
⟱ Zim, 📺 📞 🐕 🚗 – 🛎 220. 🎫 ⓞ 🄌 𝙑𝙄𝙎𝘼 JCB. 🗴 Rest HY a
Menu *(geschl. Sonntagmittag)* 29 (mittags) à la carte 45/72 – ⇌ 22 – **252 Zim** 250/390
– 290/430, 11 Suiten.
♦ Seit 1909 ist der "Weiße Riese" ein renommierter Treffpunkt gesellschaftlichen Lebens.
Zimmer mit unterschiedlichen Decken und Stilmöbeln - teils mit Blick auf die Alster. Gediegenelegant : das Ambiente im Restaurant. Schöne Innenhofterrasse.

Park Hyatt, Bugenhagenstr. 8, ✉ 20095, ℘ (040) 33 32 12 34, *hamburg@hyatt.de*,
Fax (040) 33321235, 🎏, 🎿, Massage, 🎏, 😊s, 📶, – 📶, ⟱ Zim, 🖥 📺 📞 🐕 –
🛎 120. 🎫 ⓞ 🄌 𝙑𝙄𝙎𝘼. 🗴 HYZ t
Apples *(geschl. Samstagmittag, Sonntagmittag)* **Menu** à la carte 42/67 – ⇌ 22 – **252 Zim**
185 – 210, 21 Suiten.
♦ In dem historischen Backstein-Kontorhaus öffnet sich eine Welt schlichter Eleganz
mit hochwertigen Stoffen, kanadischer Kirsche und Bädern im Philippe Starck-Design. Stilvolle Moderne gibt dem Apples seinen unverwechselbaren Charme.

Le Royal Méridien, An der Alster 52, ✉ 20099, ℘ (040) 2 10 00, *info.lrmhamburg
@lemeridien.com*, Fax (040) 21001111, Massage, 🎏, 😊s, 📶, – 📶, ⟱ Zim, 🖥 📺 🐕,
🚗 – 🛎 200. 🎫 ⓞ 🄌 𝙑𝙄𝙎𝘼 JCB. 🗴 Rest HY d
Menu 29/39 à la carte 35/69, 🍷 – ⇌ 19 – **284 Zim** 195/315 – 255/345, 37 Suiten.
♦ Ein Hauch Exklusivität begleitet Sie von der großzügigen Halle bis in die geschmackvoll
und modern im "Art + Tech"-Design gestalteten Zimmer mit neuester Technik. Das Restaurant Le Ciel im 8. Stock bietet einen fantastischen Blick auf die Außenalster.

Dorint, Alter Wall 40, ✉ 20457, ℘ (040) 36 95 00, *info.hamalt@dorint.com*,
Fax (040) 36951000, 🎏, 🎿, Massage, 🎏, 😊s, 📶, – 📶, ⟱ Zim, 🖥 📺 📞 🐕 🚗 –
🛎 350. 🎫 ⓞ 🄌 𝙑𝙄𝙎𝘼 JCB. 🗴 Rest FZ g
Menu à la carte 35/48 – ⇌ 19 – **241 Zim** 175/240 – 205/250, 16 Suiten.
♦ An einem Alsterfleet liegt das Design-Hotel im früheren Postbankgebäude. Das Interieur
wird bestimmt von Marmor und Sichtbeton, edlem Holz und modernster Technik. Das
Restaurant gefällt mit "opulentem Purismus".

Steigenberger, Heiligengeistbrücke 4, ✉ 20459, ℘ (040) 36 80 60, *hamburg@stei
genberger.de*, Fax (040) 36806777, 🎏, – 📶, ⟱ Zim, 🖥 📺 📞 🐕 🚗 – 🛎 180. 🎫 ⓞ
🄌 𝙑𝙄𝙎𝘼 JCB. 🗴 Rest FZ s
Calla *(geschl. Anfang Jan. 1 Woche, 24. Juni - 4. Aug., Sonn- und Feiertage, Montag) (nur
Abendessen)* **Menu** à la carte 29/48 – **Bistro am Fleet :** **Menu** à la carte 21/33 –
⇌ 18 – **234 Zim** 175/220 – 201/246, 4 Suiten.
♦ Traumhafte Lage am Alsterfleet : Das Haus mit seiner Rotklinker-Fassade überzeugt
durch Eleganz.Tagungsräume über den Dächern der Stadt. Im Calla : Euro-Asiatisches
mit Blick auf vorbeigleitende Alsterdampfer. Gäste mit wenig Zeit vertrauen auf das
Bistro.

InterContinental, Fontenay 10, ✉ 20354, ℘ (040) 4 14 20, *hamburg@interconti.
com*, Fax (040) 41422299, ≤ Hamburg und Alster, 🎏, 🎿, Massage, 🎏, 😊s, 📶, – 📶,
⟱ Zim, 🖥 📺 📞 🐕 🅿 – 🛎 300. 🎫 ⓞ 🄌 𝙑𝙄𝙎𝘼 JCB. GX r
Windows *(geschl. Sonntag)(nur Abendessen)* **Menu** à la carte 51/75, 🍷 – **Signatures :**
Menu à la carte 21/37 – ⇌ 19 – **281 Zim** 180/250, 12 Suiten.
♦ Das schön an der Alster gelegene Haus weiß mit edlem Rahmen, internationalem
Flair und neuzeitlich-funktionellen Zimmern zu überzeugen. Toll : das Panorama vom
eleganten Restaurant Windows in der 9. Etage. Hell : das Wintergarten-Restaurant
Signatures.

Renaissance Hamburg Hotel, Große Bleichen, ✉ 20354, ℘ (040) 34 91 80, *rhi.h
amrn.doms@renaissancehotels.com*, Fax (040) 34918919, 🎏, 🎏, 😊s – 📶, ⟱ Zim, 🖥
📺 📞 🅿 – 🛎 80. 🎫 ⓞ 🄌 𝙑𝙄𝙎𝘼 JCB. 🗴 Rest FY e
Menu à la carte 26/35 – ⇌ 18 – **205 Zim** 195/240.
♦ Tradition und moderne Eleganz : Der Klinkerbau mit den dekorativen blauen Balkongittern
beherbergt neuzeitliche, großzügige Zimmer in warmen Gelb-, Orange- und Rottönen.
Restaurant mit offener Showküche und Barbereich.

HAMBURG S. 12

Elysée, Rothenbaumchaussee 10, ✉ 20148, ✆ (040) 41 41 20, *info@elysee-hambur g.de*, Fax (040) 41412733, 🍴, Massage, 🛌, ≘s, 🏊, – 🛗, ⇄ Zim, 🍽 📺 ✆ ♿ 🚗 – 🅰 325. AE ① ⓜ VISA JCB
FX m
Piazza Romana (italienische Küche) **Menu** à la carte 29/44 – **Brasserie :** Menu à la carte 20/31 – ⌕ 15 – **305 Zim** 138 – 158, 4 Suiten.
• In mondänem Rahmen finden Sie klassische Eleganz und wohnliche Zimmer. Bibliothek im English-Club-Style mit internationalen Zeitungen. Das italienische Restaurant offeriert in mediterranem Ambiente "cucina d'alto livello". Pariser Flair in der Brasserie.

SIDE, Drehbahn 49, ✉ 20354, ✆ (040) 30 99 90, *info@side-hamburg.de*, Fax (040) 30999399, 🍴, Massage, 🛌, ≘s, 🏊, – 🛗, ⇄ Zim, 🍽 📺 ✆ ♿ 🚗 – 🅰 160. AE ① ⓜ VISA
FY h
Menu à la carte 29/44 – ⌕ 19 – **178 Zim** 180 – 205, 10 Suiten.
• In dem neu erbauten Hotel umgibt Sie eine nicht alltägliche Inneneinrichtung von Matteo Thun. Die Zimmer und Suiten sind großzügig und technisch auf dem neuesten Stand. Im Restaurant Fusion bestimmen klare Linien und minimalistische Dekorationen das Interieur.

Marriott, ABC-Str. 52, ✉ 20354, ✆ (040) 3 50 50, *hamburg.marriott@marriotthotel s.com*, Fax (040) 35051777, 🍴, Massage, 🛌, ≘s, 🏊, – 🛗, ⇄ Zim, 🍽 📺 ✆ ♿ 🚗 – 🅰 150. AE ① ⓜ VISA
FY b
Menu 17,50 (Lunchbuffet) à la carte 25/46 – ⌕ 18 – **277 Zim** 179/217, 5 Suiten.
• Direkt am Gänsemarkt wohnen Sie in komfortablen Zimmern, die nach einer Renovierung nun mit farbenfrohen Stoffen und italienischen Stilmöbeln in neuem Glanz erstrahlen. Lassen Sie sich im langgestreckten Restaurant American Place verköstigen.

Europäischer Hof, Kirchenallee 45, ✉ 20099, ✆ (040) 24 82 48, *info@europaeisc her-hof.de*, Fax (040) 24824799, 🍴, Massage, 🛌, ≘s, 🏊, Squash – 🛗, ⇄ Zim, 🍽 📺 🚗 – 🅰 200. AE ① ⓜ VISA. ⇄
HY e
Menu (geschl. Sonntag - Montag) (Dienstag - Donnerstag nur Abendessen) à la carte 28/41 – **Paulaner's :** Menu à la carte 16/25 – **320 Zim** ⌕ 103/171 – 133/183.
• Edle Hölzer und warme Farben prägen die denkbare Wohlfühlzimmer. Highlight des Freizeitbereiches ist die über sechs Ebenen reichende Wasserrutsche. Rustikal-leger geht's im Paulaner's zu.

Crowne Plaza, Graumannsweg 10, ✉ 22087, ✆ (040) 22 80 60, *reservations.cpham burg@ichotelsgroup.com*, Fax (040) 2208704, 🛌, ≘s, 🏊, – 🛗, ⇄ Zim, 🍽 📺 ✆ ♿ 🚗 – 🅰 150. AE ① ⓜ VISA JCB
DU r
Menu à la carte 32/40 – ⌕ 20 – **285 Zim** 176/226.
• Um das Atrium mit der dominierenden Tageslichtkuppel gruppieren sich Zimmer, die elegant im englischen Stil und mit warmen Farben eingerichtet wurden. Ein freundliches Ambiente umgibt Sie im Restaurant Blue Marlin.

Garden Hotel ⇘ garni (mit Gästehäusern), Magdalenenstr. 60, ✉ 20148, ✆ (040) 41 40 40, *garden@garden-hotels.de*, Fax (040) 4140420, 🚗 – 🛗 ⇄ 📺 ✆ 🚗 – 🅰 15. AE ① ⓜ VISA
CT r
⌕ 12 – **59 Zim** 125/145 – 145/185.
• Alles, was in Hamburg chic ist, beginnt praktisch vor dieser Tür ! Und dahinter ? Die ideenreich gestalteten, modern-eleganten Zimmer verteilen sich auf drei sehenswerte Häuser.

Radisson SAS Hotel, Marseiller Str. 2, ✉ 20355, ✆ (040) 3 50 20, *reservations.ha mburg@radissonsas.com*, Fax (040) 35023440, ≼ Hamburg, 🛌, ≘s, 🏊, – 🛗, ⇄ Zim, 🍽 📺 🚗 – 🅰 400. AE ① ⓜ VISA JCB
FX a
Menu à la carte 25/36 – **Trader Vic's** (nur Abendessen) **Menu** à la carte 24/45 – ⌕ 15 – **560 Zim** 145, 20 Suiten.
• Das Hochhaus liegt mitten in "Planten un Blomen", verbunden mit dem CCH. Großzügiger Rahmen und funktionelle Zimmer - im obersten Stock : die beliebte Tower-Bar. Restaurant mit gutem Couvert und cremefarbenen Lederpolstern. Im Trader Vic's : Südseeatmosphäre.

Abtei ⇘, Abteistr. 14, ✉ 20149, ✆ (040) 44 29 05, *abtei@relaischateaux.com*, Fax (040) 449820, 🍴, 🚗 – 🍽 Rest, 📺 ✆. AE ① ⓜ VISA. ⇄ Rest
CT v
geschl. 24. - 27. Dez. – **Menu** (geschl. Sonntag - Montag) (nur Abendessen) (Tischbestellung erforderlich) 98 à la carte 48/68 – **11 Zim** ⌕ 135/180 – 180/240.
• In schönster Privatheit erstrahlt diese Stadtvilla mit einer den erlesenen Antiquitäten. Dem Charme von hanseatisch-englischer Eleganz erliegen nicht nur Nostalgiker ! Die feine englische Art regiert in dem intimen Restaurant mit seinem stilvollen Interieur.

relexa Hotel Bellevue, An der Alster 14, ✉ 20099, ✆ (040) 28 44 40, *hamburg@ relexa-hotel.de*, Fax (040) 28444222 – 🛗, ⇄ Zim, 📺 🚗 📠 – 🅰 40. AE ⓜ VISA
HX d
Menu à la carte 22/32 – **92 Zim** ⌕ 100/120 – 145/185.
• Klassischer Hotelbau in Weiß. Besonders hübsch sind die Zimmer im Stammhaus, meist zur Alster hin gelegen - recht klein, aber solide die Einzelzimmer im St. Georg. Mittags speisen Sie mit Blick auf die Alster, abends in geschmackvollen Stuben im Untergeschoss.

HAMBURG S. 13

Hafen Hamburg (mit Classic Residenz), Seewartenstr. 9, ⊠ 20459, ℘ (040) 31 11 30, info@hotel-hamburg.de, Fax (040) 31113755, ≤, 🌿 – 🛗, ✵ Zim, 📺 🚗 🅿 – 🔔 220.
AE ⓞ 🆎 VISA JCB
EZ y
Menu à la carte 33/39 – ⊋ 12 – **355 Zim** 90/165.
♦ Hoch über dem Hafen thronend, wirkt das Hotel recht imponierend. Neben funktionellen Zimmern in 2 Kategorien steht auch die moderne, komfortable Classic Residenz zur Wahl. Das saalartige Restaurant besticht durch einen schönen Blick auf den Hafen.

Dorint an der Messe, Schröderstiftstr. 3, ⊠ 20146, ℘ (040) 45 06 90, info.hammes@dorint.com, Fax (040) 450691000 – 🛗, ✵ Zim, 🖳 📺 ✆ & 🚗 – 🔔 70. AE ⓞ 🆎 VISA
EX a
Menu à la carte 23/30 – ⊋ 13 – **180 Zim** 95/125 – 105/125.
♦ In unmittelbarer Nähe zur Messe, nur wenige Schritte vom Fernsehturm entfernt ist dieses Business-Hotel gelegen - modern im Design, funktionell in der Ausstattung.

Vorbach garni, Johnsallee 63, ⊠ 20146, ℘ (040) 44 18 20, vorbach1@aol.com, Fax (040) 44182888 – 🛗 ✵ 📺 ✆ 🚗 – 🔔 20. AE 🆎 VISA
FX b
116 Zim ⊋ 85/135 – 105/150.
♦ Klassisches Stadthaus aus der Jahrhundertwende mit den großzügigen Dimensionen der Gründerzeit. Komfortable Zimmer im Altbau, die Räume im Neubau sind zweckmäßiger gehalten.

Berlin, Borgfelder Str. 1, ⊠ 20537, ℘ (040) 25 16 40, hotelberlin.hamburg@t-online.de, Fax (040) 25164413, 🌿 – 🛗 📺 🚗 🅿 – 🔔 25. AE ⓞ 🆎 VISA. ✺ Rest
DU a
Menu à la carte 20/28 – **93 Zim** ⊋ 94 – 110.
♦ Schon von außen beeindruckt das sternförmig angelegte Hotel mit seinem eigenwilligen Stil, der sich auch im Inneren mit modernen, farbenfroh designten Zimmern fortsetzt. Restaurant und Terrasse sind gleichermaßen geschmackvoll gestaltet.

Senator garni, Lange Reihe 18, ⊠ 20099, ℘ (040) 24 12 03, info@hotel-senator-hamburg.de, Fax (040) 2803717 – 🛗 ✵ 📺 ✆ 🚗. AE ⓞ 🆎 VISA JCB
HY u
56 Zim ⊋ 99/149 – 119/175.
♦ Helles Holz und pastellfarbene Stoffe vermitteln ein harmonisches Ambiente. Suchen Sie ganz besonderen Liegekomfort? Einige Zimmer besitzen moderne Wasserbetten.

St. Raphael, Adenauerallee 41, ⊠ 20097, ℘ (040) 24 82 00, info@straphael-hamburg.bestwestern.de, Fax (040) 24820333, ≦s – 🛗, ✵ Zim, 📺 ✆ 🅿 – 🔔 30. AE ⓞ 🆎 VISA JCB. ✺ Rest
DU m
Menu (geschl. Samstagmittag, Sonntagabend) à la carte 16/26 – ⊋ 11 – **125 Zim** 104/124 – 121/141.
♦ Hier stehen Ihnen funktionelle, unterschiedlich eingerichtete Zimmer zur Wahl, teils helle, farbenfrohe Designerzimmer, u. a. mit den Motiven "Natur", "Rosen" oder "Fische". Restaurant mit Wintergarten - abends bedienen Sie sich am Buffet.

Baseler Hof, Esplanade 11, ⊠ 20354, ℘ (040) 35 90 60, info@baselerhof.de, Fax (040) 35906919 – 🛗 📺 ✆ 🚗 – 🔔 55. AE ⓞ 🆎 VISA JCB. ✺ Rest
GY x
Kleinhuis (geschl. Juli 2 Wochen) **Menu** 12,50 (mittags) à la carte 26/33 – **153 Zim** ⊋ 79/99 – 109/119.
♦ Zwischen Außenalster und Botanischem Garten liegt das zum Verband Christlicher Hotels zählende Haus. Gepflegte, unterschiedlich möblierte Zimmer - von Mahagoni bis Rattan. Das Kleinhuis ist ein nettes Restaurant im Bistrostil.

Arcadia, Spaldingstr. 70 (Zufahrt über Nordkanalstraße), ⊠ 20097, ℘ (040) 23 65 04 00, arcadiahotel@compuserve.com, Fax (040) 23650629, ≦s – 🛗, ✵ Zim, 📺 ✆ 🚗 🅿 – 🔔 40. AE ⓞ 🆎 VISA
DU b
Menu (geschl. Sonntag) à la carte 20/32 – **98 Zim** ⊋ 90 – 110.
♦ Ein ehemaliges Bürogebäude, das im Jahre 2000 zum Hotel umgebaut wurde. Neben der zentralen Lage bietet es Ihnen funktionelle Übernachtungszimmer. Recht schlicht in seiner Ausstattung zeigt sich das Restaurant Aquarius.

Novotel City Süd, Amsinckstr. 53, ⊠ 20097, ℘ (040) 23 63 80, h1163@accor-hotels.com, Fax (040) 234230, ≦s – 🛗, ✵ Zim, 📺 ✆ & 🚗 🅿 – 🔔 60. AE ⓞ 🆎 VISA JCB
DU c
Menu à la carte 19/33 – **185 Zim** ⊋ 107/158 – 130/182.
♦ Platz zum Arbeiten und Entspannen bieten helle, freundliche Zimmer, die mit ihrer Funktionalität speziell auf Geschäftsreisende zugeschnitten sind. Restaurant mit großer Showküche.

Suitehotel Hamburg City garni, Lübeckertordamm 2, ⊠ 20099, ℘ (040) 27 14 00, h3756@accor-hotels.com, Fax (040) 27140140, ≤ – ✵ 🖳 📺 ✆ & 🚗. AE ⓞ 🆎 VISA
DU d
⊋ 6 – **186 Zim** 89.
♦ Alle Zimmer der 17 Etagen sind identisch: geräumig und schlicht-funktionell. Ihr Frühstück: ein gefüllter Korb auf dem Zimmer - Kaffee und Croissants kostenlos in der Halle.

HAMBURG S. 14

🏨 **Wedina** garni (mit Gästehäusern), Gurlittstr. 23, ✉ 20099, ℘ (040) 2 80 89 00, *info@wedina.de, Fax (040) 2803894*, 🛥 – TV 🅿 AE ① MO VISA HY b
59 Zim ⌑ 85/120 – 105/145.
   ◆ Die verschiedenen Gebäude, aus denen das Hotel besteht, erstrahlen in den Bauhausfarben. Auch das Innere ist attraktiv gestaltet worden, natürliche Materialien dominieren.

🏨 **Ambassador**, Heidenkampsweg 34, ✉ 20097, ℘ (040) 2 38 82 30, *mail@ambassador-hamburg.de, Fax (040) 230009*, 🛁, 🆂, 🔲 – 🕸 Zim, TV 📞 🚗 🅿 – 🚿 110. AE ① MO VISA DU e
Menu à la carte 19/28 – **122 Zim** ⌑ 86/110 – 122/135.
   ◆ Das zentrumsnahe Hotel wurde im Jahr 2000 komplett renoviert und bietet nun einen gepflegten Hallenbereich und modern gestaltete Zimmer mit gutem Komfort. Restaurant im Bistrostil.

🏨 **Nippon**, Hofweg 75, ✉ 22085, ℘ (040) 2 27 11 40, *reservations@nippon-hotel-hh.de, Fax (040) 22711490* – 🛗, 🕸 Zim, TV 📞 🚗 – 🚿 20. AE ① MO VISA JCB ⚘ DT d
geschl. 23. Dez. - 1. Jan. – **Menu** *(geschl. Montag) (nur Abendessen)* (japanische Küche) à la carte 24/40 – ⌑ 10 – **42 Zim** 95/118 – 113/146.
   ◆ Moderne Sachlichkeit prägt das typisch japanische Domizil mit viel Naturholz, Transparenz und klaren Farben : Tatami-Fußboden, Shoji-Schiebewände vor den Fenstern und Futons ! Ein "Muß" für Liebhaber der japanischen Küche ist das Wa-Yo mit Sushi-Bar.

🏨 **Alster-Hof** garni, Esplanade 12, ✉ 20354, ℘ (040) 35 00 70, *info@alster-hof.de, Fax (040) 35007514* – 🛗 TV AE ① MO VISA JCB GY x
geschl. 23. Dez. - 2. Jan. – **118 Zim** ⌑ 70/96 – 99/114, 3 Suiten.
   ◆ Das in der Innenstadt, nahe der Alster gelegene Hotel beherbergt seine Gäste in soliden, funktionell gestalteten Zimmern - teils mit älterem Mobiliar, teils renoviert.

🏨 **Mittelweg** garni, Mittelweg 59, ✉ 20149, ℘ (040) 4 14 10 10, *hotel.mittelweg@t-online.de, Fax (040) 41410120*, 🛥 – 🕸 Zim 🅿, AE ① MO VISA JCB CT c
30 Zim ⌑ 85/100 – 100/153.
   ◆ Dieses Hotel wurde um die Jahrhundertwende von einem Hamburger Kaufmann als Stadtvilla erbaut. Es gefällt mit wohnlichen Zimmern und privater Atmosphäre.

🏨 **Kronprinz** garni, Kirchenallee 46, ✉ 20099, ℘ (040) 2 71 40 70, *info@kronprinz-hamburg.de, Fax (040) 2801097* – 🛗 🕸 TV 📞 AE ① MO VISA JCB ⚘ HY c
geschl. 23. - 27. Dez. – **72 Zim** ⌑ 68/78 – 90.
   ◆ Sie wohnen in recht schlichten, gepflegten Zimmern, möbliert in Mahagoni, Kirsche oder Nussbaum - die Flure hat man mit Antiquitäten bestückt. Frühstück in der Schifferbörse.

XXXXX **Haerlin** - Hotel Vier Jahreszeiten, Neuer Jungfernstieg 9, ✉ 20354, ℘ (040) 34 94 33 10, *emailus.hvj@raffles.com, Fax (040) 34942608*, ≤ Binnenalster – 🍽. AE ① MO VISA JCB GY v
geschl. 1. - 12. Jan., 14. - 22. März, 4. Juli - 2. Aug., Sonntag - Montag – **Menu** *(nur Abendessen)* à la carte 56/73, ♀ 🍴.
   ◆ Hier überzeugen ein eleganter, stilvoller Rahmen, ein versierter, aufmerksamer Service und eine ausgezeichnete klassische Küche. Schön : der Blick auf die Binnenalster.
Spez. Feines von der Gänsestopfleber mit Apfelkompott. Kabeljau mit weißem Bohnenpüree und kleinen Tintenfischen. Warmer Haselnussauflauf mit eingelegten Zwergorangen

XXX **Wollenberg**, Alsterufer 35 (1. Etage), ✉ 20354, ℘ (040) 4 50 18 50, *wollenberg-hamburg@t-online.de, Fax (040) 45018511* – 🚿 40. AE ① MO VISA GX c
geschl. Samstagmittag, Sonntag – **Menu** à la carte 34/57, ♀.
   ◆ Abends wird die repräsentative Fassade der weißen Villa am Alsterufer effektvoll beleuchtet. Elegant-mediterran gestaltetes Interieur und klassische Küche.
Spez. Hummerfrikassée mit getrüffeltem Kartoffelpüree. Gekochter Nordsee Steinbutt mit Kräutersenfsauce. Krosse Ente mit Cassis-Rhabarber und Mohnknödel

XX **Sgroi**, Lange Reihe 40, ✉ 20099, ℘ (040) 28 00 39 30, *Fax (040) 28003931*, 🍴 – MO VISA HY f
geschl. Samstagmittag, Sonntag - Montagmittag – **Menu** 50 à la carte 39/45.
   ◆ Recht nett liegt das Restaurant an einem kleinen Platz - ansprechend auch das Ambiente : betont schlicht und modern. Kleines italienisches Angebot aus guten Produkten.

XX **Tirol**, Milchstr. 19, ✉ 20148, ℘ (040) 44 60 82, *Fax (040) 44809327*, 🍴 – MO VISA CT a
geschl. Sonntag – **Menu** à la carte 29/44.
   ◆ Für alle mit Fern- und Heimweh nach Österreich ! Rustikal-gemütliches Ambiente lässt norddeutschen Nieselregen vergessen. Serviert werden österreichische Schmankerln.

XX **Anna**, Bleichenbrücke 2, ✉ 20354, ℘ (040) 36 70 14, *Fax (040) 37500736*, 🍴 – AE MO VISA. ⚘ FY v
geschl. Sonn- und Feiertage – **Menu** 20 (mittags) à la carte 34/51.
   ◆ Vom Parkett bis zu den Korbsesseln und rot-grünen Stoffen versprüht hier alles warmes Toskana-Flair. Kulinarischer Crossover-Mix vom Borschtsch bis zum Topfenpalatschinken.

HAMBURG S. 15

XX Il Ristorante, Große Bleichen 16 (1. Etage), ✉ 20354, ✆ (040) 34 33 35, Fax (040) 345748 – 🍽 AE ① ⓂⓈ
FY c
Menu (italienische Küche) à la carte 29/49.
♦ Restaurant in exklusiver Innenstadt-Lage - mit freundlichem Ambiente, aufwändiger Blumendeko und prominenter Klientel. Der Küchenchef bereitet hier italienische Klassiker.

XX San Michele, Englische Planke 8, ✉ 20459, ✆ (040) 37 11 27, info@san-michele.de, Fax (040) 378121 – AE ① ⓂⓈ VISA JCB
EZ n
geschl. Mitte Juli - Anfang Aug. – Menu (italienische Küche) 20,50 (mittags) à la carte 34,50/49.
♦ Gegenüber dem Michel befindet sich der "italienischste aller Italiener". In hellem, mediterranem Ambiente wählen Sie aus einem neapolitanischen Speiseangebot.

XX Manee Thai, Brodschrangen 1, ✉ 20457, ✆ (040) 33 39 50 05, frontdesk@manee-thai.de, Fax (040) 33395006 – AE ⓂⓈ VISA. ⚘
GZ v
geschl. Samstagmittag, Sonntag – Menu (thailändische Küche) à la carte 21/42, ♀.
♦ In einem historischen Stadthaus a. d. J. 1760 hat man dieses thailändische Restaurant eingerichtet - unterteilt in 7 hübsch gestaltete Séparées mit landestypischem Dekor.

XX Brook, Bei den Mühren 91, ✉ 20457, ✆ (040) 37 50 31 28, Fax (040) 37503127 – AE
🚗 geschl. Sonntag – Menu 16 (mittags)/29 (abends) à la carte 31/45. GZ f
♦ Ein modernes und bewusst schlicht gehaltenes Restaurant mit gutem, freundlichem Service. Am Abend können Sie die angestrahlte Speicherstadt gegenüber sehen.

XX Roma, Hofweg 7, ✉ 22085, ✆ (040) 2 20 25 54, info@rist-roma.de, Fax (040) 2279225, 🌿 – AE ① ⓂⓈ VISA
DT h
geschl. Samstagmittag, Sonntagmittag – Menu (italienische Küche) à la carte 27/46.
♦ Carlo Cametti beglückt seit 30 Jahren seine Gäste mit wöchentlich wechselnden italienischen Spezialitäten, die Sie auch auf der überdachten Terrasse genießen können.

XX La Fayette, Zimmerstr. 30, ✉ 22085, ✆ (040) 22 56 30, Fax (040) 225630, 🌿 – 🅿 AE ⓂⓈ
DT s
geschl. Sonntag – Menu (nur Abendessen) à la carte 33/41.
♦ Das moderne, durch eine kleine Empore optisch unterteilte, helle Restaurant bietet ein klassisch-internationales Angebot. Sie nehmen Platz auf bequemen roten Lederpolstern.

XX Zippelhaus, Zippelhaus 3, ✉ 20457, ✆ (040) 30 38 02 80, info@stricker-event.com, Fax (040) 321777 – AE ⓂⓈ VISA
GZ e
geschl. Samstagmittag, Sonntag – Menu 19,50 (mittags) à la carte 28/46.
♦ In dem ehemaligen Zwiebellager mit der stuckverzierten Fassade werden internationale und regionale Genüsse in historischer Umgebung serviert, ergänzt durch moderne Malerei.

XX L'auberge française, Rutschbahn 34, ✉ 20146, ✆ (040) 4 10 25 32, Fax (040) 4505015, 🌿 – AE ① ⓂⓈ VISA
BT s
geschl. 23. - 30. Dez., Samstagmittag, Sonntag – Menu (französische Küche) 27/55 à la carte 31/41.
♦ Manch einer wünscht sich auf seinen Reisen durch Frankreich so zu speisen wie hier in diesem traditionsreichen Eckhaus mit dem ländlich-rustikalen Interieur.

XX Al Campanile, Spadenteich 1, ✉ 20099, ✆ (040) 24 67 38, Fax (040) 246738, 🌿 – AE ① ⓂⓈ VISA
HY m
geschl. Juli - Aug. 4 Wochen, Samstagmittag, Sonntag – Menu (italienische Küche) à la carte 25/40.
♦ Neben typischen italienischen Spezialitäten stehen hier auch Fischgerichte auf der Karte. Im Sommer isst man auf der mit Blumen geschmückten Terrasse.

XX Ratsweinkeller, Große Johannisstr. 2, ✉ 20457, ✆ (040) 36 41 53, ratsweinkeller@ratsweinkeller.de, Fax (040) 372201 – AE ① ⓂⓈ VISA JCB
GZ R
geschl. Sonntagabend, Feiertage – Menu à la carte 22/51.
♦ Seit 1896 eine Institution in Hamburg, in der Sie in stilvollen Räumen mit hohen Gewölbedecken, Schiffsmodellen und bunten Bleiglasfenstern speisen.

X La Mirabelle, Bundesstr. 15, ✉ 20146, ✆ (040) 4 10 75 85, Fax (040) 4107585. AE ⓂⓈ VISA
FX n
geschl. Juli - Aug. 2 Wochen, Sonntag – Menu (nur Abendessen) à la carte 33/43.
♦ Sympathisches kleines Restaurant mit legerer Atmosphäre und französischem Flair. Gerne empfiehlt der Patron seinen Gästen persönlich die Spezialitäten des Tages.

X Fischküche, Kajen 12, ✉ 20459, ✆ (040) 36 56 31, Fax (040) 36091153, 🌿 – AE ① ⓂⓈ VISA
FZ c
geschl. Samstagmittag, Sonn- und Feiertage – Menu (Tischbestellung ratsam) à la carte 27/50.
♦ Am Hafen wartet dieses originelle Bistro : Kräftig-gelbe Wände zu blau-weißen Kacheln sorgen für Abwechslung. Die offene Showküche offeriert überwiegend Fischgerichte.

HAMBURG S. 16

× **Fischmarkt**, Ditmar-Koel-Str. 1, ✉ 20459, ℘ (040) 36 38 09, Fax (040) 362191, 🍴
– AE MC VISA   EZ r
geschl. Samstagmittag – **Menu** (Tischbestellung ratsam) à la carte 25/55.
• Von A wie Aal bis Z wie Zander : Hier wird fleißig gegrillt und gekocht, um Ihnen inmitten einer zauberhaften, mediterranen Umgebung das Beste aus dem Meer zu servieren.

× **Ilot**, ABC-Str. 46 (ABC-Forum), ✉ 20354, ℘ (040) 35 71 58 85, Fax (040) 35715887, 🍴
– AE ① MC VISA   FY a
geschl. Sonntag – **Menu** à la carte 16/32,50.
• Das deutsch/französische Wirtsehepaar heißt Sie in dem bistroartigen Lokal mit der großen Fensterfront willkommen. Sie werden mit französischer Küche nett bewirtet.

× **Le Plat du Jour**, Dornbusch 4, ✉ 20095, ℘ (040) 32 14 14, jacqueslemercier@aol.com, Fax (040) 4105857 – AE ① MC VISA   GZ v
geschl. 23. Dez. - 7. Jan., Sonntag, Juli - Aug. Samstag - Sonntag – **Menu** (Tischbestellung ratsam) 25,50 (abends) à la carte 24/34.
• Sympathisches französisches Bistro mit Holzbestuhlung und rot-weiß karierten Servietten. Für Hamburger Verhältnisse sehr günstige französische Gerichte !

× **Casse-Croûte**, Büschstr. 2, ✉ 20354, ℘ (040) 34 33 73, info@casse-croute.de, Fax (040) 41283468 – AE MC VISA   FY s
geschl. Sonntagmittag – **Menu** 23,50 à la carte 29/35.
• Hier gibt man sich die Klinke in die Hand. Moderne Einrichtung, legere Atmosphäre und eine offene Küche geben diesem netten Restaurant seinen Bistro-Charakter.

× **Cox**, Lange Reihe 68, ✉ 20099, ℘ (040) 24 94 22, info@restaurant-cox.de, Fax (040) 28050902 –   HY v
geschl. Samstagmittag, Sonntagmittag – **Menu** (abends Tischbestellung ratsam) à la carte 26/35.
• Nahe beim Schauspielhaus lassen Sie sich auf markanten roten Lederpolsterstühlen nieder, um kreative internationale Speisen in freundlich-warmem Ambiente zu verzehren.

× **Matsumi**, Colonnaden 96 (1. Etage), ✉ 20354, ℘ (040) 34 31 25, Fax (040) 344219 –
AE ① MC VISA JCB   FY r
geschl. 24. Dez. - 4. Jan., Sonntag – **Menu** (japanische Küche) à la carte 23/39.
• Erleben Sie eine authentische Japan-Küche in ihrer ganzen Vielfalt : Hideaki Morita zaubert japanische Köstlichkeiten für Kenner und alle, die es werden möchten.

× **Jena Paradies**, Klosterwall 23, ✉ 20095, ℘ (040) 32 70 08, jena-paradies@t-online.de, Fax (040) 327598   HZ a
geschl. 24. - 26. Dez. – **Menu** à la carte 17,50/31, ♀.
• Die ehemalige Halle der Kunstakademie beherbergt heute in ihren hohen Räumen ein Bistro im Bauhausstil mit internationaler Küche. Mittags preiswertes bürgerliches Angebot.

In den Außenbezirken :

In Hamburg-Alsterdorf :

🏨 **Alsterkrug-Hotel**, Alsterkrugchaussee 277, ✉ 22297, ℘ (040) 51 30 30, rez@alsterkrug.bestwestern.de, Fax (040) 51303403, 🍴, ≤s – 📶, 🚭 Zim, 📺 ✆ 🚗 🅿 – 🛎 50.
AE ① MC VISA JCB   R y
Menu à la carte 26/36 – ⊃ 13 – **105 Zim** 105/195 – 115/205.
• Lassen Sie sich einfangen vom mediterranen Flair der hellen, in warmen Farben gestalteten Zimmern mit Korbmöbeln und Grünpflanzen. Schreibtische mit Fax- und Modemanschluss. Ansprechendes Interieur in warmen Farben sorgt im Restaurant für Ihr Wohlbefinden.

In Hamburg-Altona :

🏨 **Mercure Hotel Domicil** garni, Stresemannstr. 62, ✉ 22769, ℘ (040) 4 31 60 26, h4995@accor-hotels.com, Fax (040) 4397579 – 📶 🚭 📺 ✆ 🚗. AE ① MC
VISA JCB   AU e
⊃ 13 – **75 Zim** 80/140 – 100/160.
• Dieses Hotel beleben kräftige Farben, insbesondere Schwarz und Lila ! Originelle Details betonen die Individualität der großzügigen Zimmer.

🏨 **InterCityHotel**, Paul-Nevermann-Platz 17, ✉ 22765, ℘ (040) 38 03 40, hamburg@intercityhotel.de, Fax (040) 38034999 – 📶, 🚭 Zim, 📺 ✆ ♿ – 🛎 60. AE ①
MC VISA   AU c
Menu (geschl. Sonntagabend) à la carte 20/30 – ⊃ 12 – **133 Zim** 103/123 – 118/138.
• Direkt am Altonaer ICE-Bahnhof liegt das Hotel mit den mit hellem Holz möblierten Zimmern. Die Nutzung des öffentlichen Nahverkehrs ist im Zimmerpreis inbegriffen. Im gemütlichen Wintergartenrestaurant serviert man Hamburger Spezialitäten.

HAMBURG S. 17

Raphael Hotel Altona garni, Präsident-Krahn-Str. 13, ✉ 22765, ℘ (040) 38 02 40, info@altona.bestwestern.de, Fax (040) 38024444, 🕿 – 🛗 ⚒ TV 🅿 AE ⓜ ⓜ VISA JCB
AU a
geschl. 22. Dez. - 2. Jan. – ⌂ 8 – **39 Zim** 86/112 – 92/102.
◆ Freundliche, funktionelle und schallgeschützte Zimmer bietet diese Adresse. Zu den Annehmlichkeiten zählen neben einer guten Technik auch Hosenbügler.

XXXX **Landhaus Scherrer,** Elbchaussee 130, ✉ 22763, ℘ (040) 8 80 13 25, info@landhausscherrer.de, Fax (040) 8806260 – ▤ 🅿 AE ⓞ ⓜ VISA   S c
geschl. über Ostern, Pfingsten, Sonntag – **Menu** à la carte 42/72, ⚒ 🍴 – *Bistro* : Menu 27,50 à la carte 34,50/40, ⚒.
◆ Erotische Malereien im Interieur und auf der Speisekarte kontrastieren freimütig den Landhausstil. Das Orgiengemälde Bachmanns und die französische Küche führen in Versuchung. Verlockende Sinnes- und Gaumenfreuden treffen sich im eleganten Bistro.
Spez. Gepökelter Kalbskopf mit Rosmarinsauce. Gebratenes Dorschmedaillon mit weißer Balsamico-Senfvinaigrette. Krosse Vierländer Ente (2 Pers.)

XXX **Le Canard,** Elbchaussee 139, ✉ 22763, ℘ (040) 8 80 50 57, lecanard@viehhauser.de, Fax (040) 88913259, ≤, 🍴 – 🅿 AE ⓞ ⓜ VISA. ⚒   S d
geschl. Sonntag – **Menu** (Tischbestellung ratsam) 36 (mittags)/108 (abends) à la carte 52/67, ⚒ 🍴.
◆ Direkt an der Elbe steht ein stilisierter weißer Schiffsrumpf, in dem man beste französisch geprägte, klassische Küche serviert - mittags zu günstigen Preisen !
Spez. Rahmsuppe vom Hummer. Krosse Vierländer Ente mit Bordeauxsauce. Topfensoufflé mit Champagnersabayon

XXX **Fischereihafen-Restaurant,** Große Elbstr. 143, ✉ 22767, ℘ (040) 38 18 16, info@fischereihafen-restaurant-hamburg.de, Fax (040) 3893021, ≤, 🍴 – 🅿 AE ⓞ ⓜ VISA
AU d
Menu (Tischbestellung ratsam) (nur Fischgerichte) 17,50 (mittags) à la carte 28/56.
◆ Promis geben sich in dem Klinkerbau gerne ein Stelldichein, um in klassischem Ambiente das regional gehobene, auf Krustentiere und Fische spezialisierte Angebot zu genießen.

XX **Landhaus Dill,** Elbchaussee 94, ✉ 22763, ℘ (040) 3 90 50 77, volkmarpreis@landhaus-dill.de, Fax (040) 3900975, 🍴 – AE ⓞ ⓜ VISA JCB   S n
geschl. Montag – **Menu** 22 à la carte 24,50/38.
◆ Nahe der Elbe im Villenviertel liegt das Haus mit der rot-weißen Fassade und elegantem, um Stuck und moderne Bilder bereicherter Einrichtung. Klassische, internationale Küche.

XX **Au Quai,** Grosse Elbstr. 145 b-d, ✉ 22767, ℘ (040) 38 03 77 30, info@au-quai.com, Fax (040) 38037732, ≤, 🍴 – AE ⓞ ⓜ VISA
AU q
geschl. Samstagmittag, Sonntagmittag – **Menu** à la carte 34/48.
◆ Direkt am Hafen finden Sie diese Trendadresse mit Terrasse zum Wasser. Die Einrichtung ist modern mit Designerstücken und holographischen Lichtobjekten ergänzt worden.

XX **IndoChine,** Neumühlen 11, ✉ 22763, ℘ (040) 39 80 78 80, info@indochine.de, Fax (040) 39807882, ≤ – 🅿 AE ⓜ VISA JCB   S h
Menu (asiatische Küche) à la carte 30/47.
◆ Im 2. und 3. Stock eines Bürogebäudes mit Glasfassade finden Sie dieses modern-elegante Restaurant. Alte asiatische Kunst wirkt hier ebenso wie die schöne Sicht. Elbterrasse.

XX **Stocker,** Max-Brauer-Allee 80, ✉ 22765, ℘ (040) 38 61 50 56, manfred.stocker@t-online.de, Fax (040) 38615058, 🍴 – AE ⓞ ⓜ VISA
AU n
geschl. Jan. 2 Wochen, Montag, Samstagmittag, Sonntagmittag – **Menu** 18 (mittags) à la carte 28/43.
◆ Verspielte Freskomalereien bilden die malerische Kulisse für Manfred Stockers Neuinterpretation österreichischer Klassiker, die er mit modernen Akzenten versieht.

XX **Saliba,** Leverkusenstr. 54, ✉ 22761, ℘ (040) 85 80 71, info@saliba.de, Fax (040) 858082 – 🅿
AU h
geschl. Sonntag – **Menu** (nur Abendessen) (Tischbestellung ratsam) (syrische Küche) 43/46 und à la carte.
◆ Inmitten tausender kleiner Lichter, die sich in rotem, blauem und grünem Marmor spiegeln, genießen Sie zu den Klängen orientalischer Musik die feine Küche Syriens.

X **La Vela,** Große Elbstr. 27, ✉ 22767, ℘ (040) 38 69 93 93, la-vela@t-online.de, Fax (040) 38086788, ≤, 🍴 – AE ⓜ VISA
AU b
Menu à la carte 30/36.
◆ Direkt neben dem Fischmarkt liegt das Restaurant in einem ehemaligen Speicher - bistroartiges Interieur und freundlicher Service bestimmen die Atmosphäre. Nette Elbterrasse !

X **Henssler Henssler,** Große Elbstr. 160, ✉ 22767, ℘ (040) 38 69 90 00, Fax (040) 38699055, 🍴 – AE
AU u
geschl. Sonn- und Feiertage – **Menu** (japanische Küche) à la carte 25,50/39.
◆ Smartes Restaurant in einer alten Fischverkaufshalle : Schlichtes, japanisch inspiriertes Interieur in Schwarz-Weiß, Sushi-Bar und japanische Küche mit kalifornischen Akzenten.

611

HAMBURG S. 18

✗ **Rive Bistro,** Van-der-Smissen-Str. 1 (Kreuzfahrt-Center), ✉ 22767, ℘ (040) 3 80 59 19, info@rive.de, Fax (040) 3894775, ≤, 🍴 – AE
AU r
  Menu (Tischbestellung ratsam) 18,50/24 à la carte 22/44.
  ◆ Nahe dem Fischmarkt genießen Sie den Blick auf den Hafen und die internationale Fischküche. Originelles Dekor aus metallenen Blättern. Frische Austern gibt es an der Bar.

✗ **Darling Harbour,** Neumühlen 17, ✉ 22763, ℘ (040) 3 80 89 00, darling-harbour@t-online.de, Fax (040) 38089044, ≤, 🍴 – ⇐. AE ⓘ ⓜⓢ VISA
S t
  geschl. Samstagmittag – **Menu** 37 und à la carte.
  ◆ Schickes In-Restaurant in einem verglasten Bürogebäude gegenüber dem Container-Terminal. Modernes Design prägt das Interieur, der Küchenstil ist phantasievoll. Elbterrasse.

✗ **Elba,** Grosse Elbstraße 49, ✉ 22767, ℘ (040) 8 09 00 90 00, Fax (040) 809009001, 🍴 ≤ – AE ⓘ ⓜⓢ VISA, ⚿
AU f
  Menu 18 (mittags) à la carte 28/43, ♆.
  ◆ Helles, modernes Restaurant in einem Bürogebäude - mit Parkett, Kronleuchtern und großen Fenstern zur Elbe. Last order : 24 Uhr. Abends parken Sie kostenlos in der Tiefgarage.

✗ **Das Weisse Haus,** Neumühlen 50, ✉ 22763, ℘ (040) 3 90 90 16, weisshaus@aol.com, Fax (040) 3908799, 🍴
S s
  geschl. Dienstag, Samstagmittag – **Menu** à la carte 23/31.
  ◆ Ein kleines weißes Haus an der Elbpromenade beherbergt dieses gepflegte, schlicht gehaltene Restaurant. Man reicht eine ansprechende Karte mit internationalem Angebot.

In Hamburg-Bahrenfeld :

🏨 **Gastwerk,** Beim Alten Gaswerk 3/Ecke Daimlerstr., ✉ 22761, ℘ (040) 89 06 20, info@gastwerk-hotel.de, Fax (040) 8906220, ⇌ – 🛗, ⚿ Zim, 📺 ℘ 🅿 – 🔑 100. AE ⓜⓢ VISA
S j
  Menu (geschl. Samstagmittag, Sonntag) (italienische Küche) à la carte 30/42 – ⌿ 15 – **134 Zim** 125/175, 3 Suiten.
  ◆ Vom Gaswerk zum Gastwerk : Aus dem imposanten Industriedenkmal wurde ein Design-Hotel in edlem Loft-Stil mit großzügigen Zimmern, Naturmaterialien und vielen schönen Details. Im Restaurant entspannen Sie auf roten Polsterbänken in heller Bistro-Atmosphäre.

🏨 **NH Hamburg-Altona,** Stresemannstr. 363, ✉ 22761, ℘ (040) 4 21 06 00, nhhamburgaltona@nh-hotels.com, Fax (040) 421060100, ⇌ – 🛗 ⚿ 📺 ℘ – 🔑 150. AE ⓘ ⓜⓢ VISA JCB
S e
  Menu à la carte 22/41 – **232 Zim** ⌿ 105/142 – 121/155.
  ◆ Das 2001 eröffnete Hotel mit Klinkerfassade verfügt über einheitlich gestaltete Zimmer, die mit einer neuzeitlichen und funktionellen Ausstattung überzeugen. Modernes Restaurant mit großem Buffetbereich.

✗✗ **Tafelhaus** (Rach), Holstenkamp 71, ✉ 22525, ℘ (040) 89 27 60, Fax (040) 8993324, 🍴 – 🅿. AE ⓘ ⓜⓢ VISA
S a
  geschl. Anfang Jan. 2 Wochen, über Ostern 1 Woche, Ende Juli - Mitte Aug., Samstagmittag, Sonntag - Montag – **Menu** (Tischbestellung erforderlich) 35 (mittags)/80 (abends) à la carte 46/53, ♆.
  ◆ In dem mit Grünpflanzen überwucherten roten Häuschen mit moderner Einrichtung und zurückhaltender Eleganz schwelgen Sie in der kreativen, neuen Küche von Christian Rach. **Spez.** Saltimbocca vom Kaninchen mit Hummer und weißen Bohnen. Steinbutt mit Pfirsich und Pfifferlingen. Gebackene Zitronencreme mit Himbeeren und Kaffee-Eis

✗ **Atlas,** Schützenstr. 9a, Eingang Phoenixhof, ✉ 22761, ℘ (040) 8 51 78 10, atlas@atlas.at, Fax (040) 8517811, 🍴 – 🅿. AE ⓜⓢ VISA
S b
  Menu 15,50 (mittags)/25,50 (abends) à la carte 24/36, ♆.
  ◆ Früher eine Fischräucherei, heute ein gut geführtes Restaurant - neuzeitlich und schlicht im Bistro-Stil gehalten. Hinter dem Haus : eine kleine, efeuberankte Terrasse.

In Hamburg-Barmbek :

🏨 **Mercure Hotel Meridian** garni, Holsteinischer Kamp 59, ✉ 22081, ℘ (040) 2 91 80 40, h4993@accor-hotels.com, Fax (040) 2983336, ⇌, 🈳 – 🛗 ⚿ 📺 ♿ 🅿 – 🔑 25. AE ⓘ ⓜⓢ VISA
DT c
  ⌿ 13 – **67 Zim** 85/115 – 95/125.
  ◆ Originelle farbige Details verleihen der Einrichtung des Hotels mit den schwarzen Holzmöbeln den besonderen Pfiff. Die geräumigen Zimmer besitzen gute Schreibflächen.

In Hamburg-Bergedorf über ③ : 18 km und die B 5 :

🏨 **Ramada-Treff Hotel,** Holzhude 2, ✉ 21029, ℘ (040) 72 59 50, hamburg-bergedorf@ramada-treff.de, Fax (040) 72595187, 🍴, 🏋, ⇌ – 🛗 ⚿ Zim, 📺 ℘ ♿ ⇐ – 🔑 500. AE ⓘ ⓜⓢ VISA JCB
  à la carte 21/37 – ⌿ 13 – **205 Zim** 106.
  ◆ In Ruhe wohnen und arbeiten : In farblich harmonischen Zimmern zählen ein gutes Platzangebot und große Schreibtische mit allen nötigen Anschlüssen zu den Annehmlichkeiten. Neuzeitliches Hotelrestaurant.

HAMBURG S. 19

🏠 **Forsthaus Bergedorf** ⚘, Reinbeker Weg 77, ✉ 21029, ☎ (040) 7 25 88 90, info@forsthaus-bergedorf.de, Fax (040) 72588925, 🍽, 🌿 – ⚑ Zim, 📺 ☏ 🅿. 🆎 ⓜ 💳
Menu à la carte 19,50/32 – **17 Zim** ⊇ 69/85 – 90/110.
♦ Mit hellem Holz und blauem Teppichboden modern und freundlich ausgestattete Zimmer erwarten Sie - alle mit Modem-Anschluss versehen. Reizvolle Waldlandschaft. Hübsches, mit Jagd-Zierrat geschmücktes Wintergartenrestaurant.

In Hamburg-Bergstedt über ① und die B 434 : 17 km :

🍴 **Alte Mühle,** Alte Mühle 34, ✉ 22395, ☎ (040) 6 04 91 71, Fax (040) 60449172, Biergarten – 🅿
geschl. März., Montag - Dienstag – **Menu** à la carte 20/34.
♦ Nette rustikale Adresse mit schönem Biergarten, deren Angebot mit regionalen Gerichten durchzogen ist. Nutzen Sie das kleine Häuschen am See für besondere Feierlichkeiten!

In Hamburg-Billbrook :

🏨 **Böttcherhof,** Wöhlerstr. 2, ✉ 22113, ☎ (040) 73 18 70, info@boettcherhof.com, Fax (040) 73187899, 🏋, 🈷 – 🛗, ⚑ Zim, 📺 ☏ ♿, ⇌ 🅿 – 🔔 150. 🆎 ⓜ 💳
🙅 Rest
S p
Menu à la carte 25/42 – ⊇ 13 – **155 Zim** 100/131 – 121/152.
♦ Hell und hochwertig mit massivem Kirschholz und geschmackvollen Farben ausgestattet sind die Zimmer dieses neuzeitlichen, gepflegten Hauses. Freundlich gestaltetes Restaurant.

In Hamburg-Blankenese West : 16 km über Elbchaussee S :

🍴🍴🍴🍴 **Süllberg - Seven Seas** (Hauser) ⚘, mit Zim, Süllbergsterrasse 12, ✉ 22587, ☎ (040) 8 66 25 20, info@suellberg-hamburg.de, Fax (040) 866625213, ≤, 🍽 – 🛗 🖥 📺 ☏ ⇌
✿ – 🔔 100. 🆎 ⓞ ⓜ 💳 ⌨
Menu (geschl. 5. - 20. Jan., Montag - Dienstag)(nur Abendessen) 56/110 à la carte 49/78, ♀ 🍷 – **Bistro : Menu** à la carte 26/39, ♀ – ⊇ 12 – **11 Zim** 160 – 180.
♦ Herzstück des Süllberg-Ensembles stellt das luxuriöse Seven Seas mit feinster Tischkultur dar. Für Festlichkeiten : der Ballsaal, der im Glanz vergangener Zeiten erstrahlt. Das Bistro : hell, freundlich und modern im Stil.
Spez. Eminicé von Flusskrebsen und Seezunge mit exotischen Gewürzen. Steinbutt auf der Haut gebraten mit Erbsen à la française. Topfensoufflé mit Apfelkompott und Sauerrahmeis

In Hamburg-City Nord :

🏨 **Queens Hotel,** Mexikoring 1, ✉ 22297, ☎ (040) 63 29 40, info.qhamburg@queensgruppe.de, Fax (040) 6322472, 🍽, 🈷 – 🛗, ⚑ Zim, 🖥 Rest, 📺 ☏ ⇌ 🅿 – 🔔 120.
🆎 ⓞ ⓜ 💳
R e
Menu à la carte 25/40 – ⊇ 14 – **182 Zim** 117 – 140/172.
♦ Nahe am Zentrum und nur zehn Minuten vom Flughafen entfernt. Fragen Sie hier nach einem der renovierten Zimmer : Diese sind wohnlich, mit hellem Inventar funktionell möbliert.

In Hamburg-Duvenstedt über Alte Landstraße R :

🍴🍴 **Le Relais de France,** Poppenbütteler Chaussee 3, ✉ 22397, ☎ (040) 6 07 07 50, lerelais@t-online.de, Fax (040) 6072673, 🍽 – 🅿. 🙅
geschl. Sonntag - Montag – **Menu** (nur Abendessen) (Tischbestellung ratsam) à la carte 33/39 – **Bistro** (geschl. Sonntag - Montag)(auch Mittagessen) **Menu** 25,50 und à la carte.
♦ Nach Herzenslust können Sie hier Ihr Menü selbst gestalten : Dazu hält der Patron französische Leckereien bereit, die er wahlweise in mehreren Gängen kredenzt. Das Bistro empfängt Sie mit rustikalem Flair.

In Hamburg-Eppendorf :

🍴🍴 **Piment** (Nouri), Lehmweg 29, ✉ 20251, ☎ (040) 42 93 77 88, Fax (040) 42937789, 🍽
✿ – ⓜ 💳
BT a
geschl. über Ostern, Mitte - Ende Juli, Sonntag – **Menu** (nur Abendessen) 48/65 à la carte 44,50/58,50, ♀.
♦ Das hübsche Jugendstilgebäude wurde vom Pächterehepaar liebevoll restauriert. In ansprechenden Räumen bietet man eine klassische Küche mit nordafrikanischen Einflüssen.
Spez. Weichgekochtes Gänsestopfleberei mit Topinambur-Carpaccio. Geschmorte Kalbsbäckchen mit Schalotten gratiniert und Kartoffelcreme. Topfenknödel mit glasierter Williamsbirne und Sauerrahmeis

HAMBURG S. 20

XX **Poletto,** Eppendorfer Landstr. 145, ✉ 20251, ℘ (040) 4 80 21 59,
ప్ప Fax (040) 41406993, 🍽
R c
geschl. Samstagmittag, Sonntag - Montag, Feiertage – **Menu** 39/59 à la carte
43,50/61,50, ♀.
• Schön gedeckte Tische und ungewöhnliches Porzellan bestimmen den Stil des in vornehmem Gelb gehaltenen Lokals. Cornelia Poletto kocht mediterran mit italienischem Akzent.
Spez. Tramezzini mit gebratener Gänseleber und Gewürzapfel. Kartoffelagnolotti mit Trüffel. Dorade Royal in der Meersalzkruste mit Kirschtomaten-Fondue.

XX **Sellmer,** Ludolfstr. 50, ✉ 20249, ℘ (040) 47 30 57, Fax (040) 4601569 – 🅿. 🆎
🔘 🆅🅸🆂🅰
R n
Menu (überwiegend Fischgerichte) à la carte 27/51.
• Von Aal bis Zander - die Wasserbewohner bestimmen hier die Karte. Stammgäste schätzen dieses traditionell geführte und seit über 20 Jahren etablierte Fischrestaurant.

In Hamburg-Finkenwerder :

🏨 **Am Elbufer** 🌿, garni, Focksweg 40a, ✉ 21129, ℘ (040) 7 42 19 10, hotel-@m-elb
ufer.de, Fax (040) 74219140 – 📺 ✆ 🅿. 🆎 🔘 🆅🅸🆂🅰. ⌀
S b
geschl. 20. Dez. - 5. Jan. – **14 Zim** ⊇ 75 – 100.
• Ein kleines, familiäres Hotel mit modernen Zimmern. Vom hellen Frühstücksraum aus haben Sie einen schönen Blick auf die Elbe und das gegenüberliegende Ufer (Blankenese).

XX **Finkenwerder Elbblick,** Focksweg 42, ✉ 21129, ℘ (040) 7 42 70 95, restaurant
@finkenwerder-elbblick.de, Fax (040) 7434672, ≤ Elbe, 🍽 – 🔲 🅿. 🆎 🔘
🔘 🆅🅸🆂🅰
S b
Menu à la carte 23/37.
• Klassisches Restaurant mit Elbterrasse, dessen Name nicht zuviel verspricht : Während die Blicke den vorbeiziehenden Schiffen folgen, serviert man des Anglers Glück.

In Hamburg-Flottbek :

🏨 **Landhaus Flottbek,** Baron-Voght-Str. 179, ✉ 22607, ℘ (040) 8 22 74 10, info@l
andhaus-flottbeck.de, Fax (040) 82274151, 🍽, 🍽 – 📺 ✆ 🅿 – 🛎 30. 🆎 🔘 🔘
🆅🅸🆂🅰 🅹🅲🅱
S m
Menu (geschl. Sonntag) (nur Abendessen) à la carte 26/39, ♀ – **Club-House** (Montag - Donnerstag nur Mittagessen) **Menu** à la carte 23/35 – **25 Zim** ⊇ 99/120 – 135/170.
• Mehrere Bauernhäuser aus dem 18. Jh. bilden diese Anlage mit schönem Garten. Liebevoll und individuell eingerichtete Landhauszimmer - rustikal-elegant im Stil. Der ehemalige Pferdestall ist heute ein stimmungsvolles Restaurant. Hübsch : das Bistro Club-House.

In Hamburg-Fuhlsbüttel :

🏨 **Airport Hotel,** Flughafenstr. 47, ✉ 22415, ℘ (040) 53 10 20, service@airporthh.com,
Fax (040) 53102222, 🈳, 🔲 – 🛗, 🛌 Zim, 🍽 Rest, 📺 ✆ ⇔ 🅿 – 🛎 140. 🆎 🔘
🔘 🆅🅸🆂🅰
R p
Menu à la carte 27/40 – ⊇ 15 – **159 Zim** 140/210 – 165/235, 11 Suiten.
• Von hier sind es nur 500 m bis zum Take Off. Das Hotel mit Landhaus-Charme legt Wert auf farbharmonische, funktionelle Räume. Traumhafte Illusionsmalerei im Schwimmbad ! Flügellahme kommen in diesem Restaurant unweit des Flughafens wieder zu Kräften.

XX **Top air,** Flughafenstr. 1 (im Flughafen, Terminal 4, Ebene 3), ✉ 22335, ℘ (040)
50 75 33 24, top-air.hamburg@woellhaf-airport.de, Fax (040) 50751842 – 🆎 🔘
🔘 🆅🅸🆂🅰
R h
geschl. 24. Dez. - 10. Jan., 20. Juli - 10. Aug., Samstag – **Menu** 27 (mittags) à la carte 30/51.
• "On the top", ganz oben im architektonisch eindrucksvollen Terminal 4 greift man Reisenden gastronomisch unter die Flügel. Zum mondänen Airport passt internationale Küche.

In Hamburg-Gross-Borstel :

🏨 **Entrée** garni, Borsteler Chaussee 168, ✉ 22453, ℘ (040) 5 57 78 80, info@entree-h
otel.de, Fax (040) 55778810 – 🛗, 🛌 Zim, 📺 ✆ ⇔, 🆎 🔘 🔘 🆅🅸🆂🅰. ⌀
R t
20 Zim ⊇ 103 – 123.
• "Treten Sie ein" in dieses wohnliche Hotel : Einrichtung im mediterranen Stil, farbklimatisch abgestimmt. Schreibtische mit moderner Technik. Zimmer teils mit Balkon.

In Hamburg-Harburg :

🏨 **Lindtner** 🌿, Heimfelder Str. 123, ✉ 21075, ℘ (040) 79 00 90, info@lindtner.com,
Fax (040) 79009482, 🍽, 🍽 – 🛗, 🛌 Zim, 🍽 Rest, 📺 ✆ 🛌 🅿 – 🛎 450. 🆎 🔘 🔘
🆅🅸🆂🅰 🅹🅲🅱
S g
Menu à la carte 33/45 – ⊇ 13 – **115 Zim** 120/145 – 145/175, 7 Suiten.
• Ein großzügiger Hallenbereich empfängt Sie in diesem modernen Hotel. Schlichte Eleganz und lichtdurchflutete Räume prägen das Haus. Sammlung zeitgenössischer Kunst. Das Restaurant : teils mit deckenhohen Fenstern und Showküche, teils rustikal.

Panorama Harburg, Harburger Ring 8, ✉ 21073, ☎ (040) 76 69 50, *panoramaharburg@aol.com*, Fax (040) 76695183 – 🛗, ✻ Zim, 📺 🚗 – 🔒 110. AE ⓪ ⑩ VISA JCB
S x
Menu *(geschl. Sonntagabend)* à la carte 19/27 – **99 Zim** ⊇ 98/105 – 112.
• Geschäftsreisende finden in diesem Hotel eine praktische Unterkunft mit mahagonifarbenem Holzmobiliar. Ausreichend große Schreibtische stehen bereit. Helles, freundliches Restaurant im Café-Stil.

In Hamburg-Horn :

NH Hamburg Horn, Rennbahnstr. 90, ✉ 22111, ☎ (040) 65 59 70, *nhhamburg-horn@nh-hotels.com*, Fax (040) 65597100, 🍽, ⊜ – 🛗, ✻ Zim, 📺 ♨ ♿ 🅿 – 🔒 120. AE ⓪ ⑩ VISA
S u
Menu à la carte 25,50/38,50 – ⊇ 13 – **172 Zim** 138 – 174.
• Rennbahn-Atmosphäre erleben Sie in diesem im Jahre 2000 fertig gestellten Hotel. Sie beziehen Quartier in funktionellen Zimmern mit guter Technik. Die große Fensterfront im Restaurant gibt den Blick frei auf die angrenzende Galopprennbahn.

In Hamburg-Langenhorn :

Dorint-Hotel-Airport, Langenhorner Chaussee 183, ✉ 22415, ☎ (040) 53 20 90, *info.hamburg@dorint.com*, Fax (040) 53209600, 🍽, ⊜, 🏊 – 🛗, ✻ Zim, 📺 ♨ ♿ 🚗 – 🔒 80. AE ⓪ ⑩ VISA JCB
R c
Menu à la carte 25/44 – ⊇ 16 – **146 Zim** 133/188 – 155/210.
• Unweit des Flughafens beeindruckt die Architektur des Hauses mit Glasgängen und begrünten Innenhöfen. Sie residieren hier in funktionell-modernen Zimmern.

Schümann garni, Langenhorner Chaussee 157, ✉ 22415, ☎ (040) 5 31 00 20, *info@hotel-schuemann.de*, Fax (040) 53100210 – ✻ 📺 🚗 🅿. AE ⑩ VISA JCB
R f
45 Zim ⊇ 69/79 – 89/115.
• Verkehrsgünstige Lage in Flughafennähe. Reisende finden in diesem familiär geführten und gepflegten Hotel einen vorübergehenden Wohnsitz mit praktischer Einrichtung.

XX Zum Wattkorn, Tangstedter Landstr. 230, ✉ 22417, ☎ (040) 5 20 37 97, *wattkorn@viehhauser.de*, Fax (040) 5209044, 🍽 – 🅿. über Tangstedter Landstraße R
geschl. Montag - Dienstag – **Menu** à la carte 28,50/43.
• Das rustikale Landhaus mit Reetdach gehört zur Familie des bekannten Kochs Viehhauser. Die Küche ist spezialisiert auf Gerichte vom Nordseestrand und Alpenrand.

In Hamburg - Lemsahl-Mellingstedt über Alte Landstraße R :

Marriott Hotel Treudelberg 🐾, Lemsahler Landstr. 45, ✉ 22397, ☎ (040) 60 82 20, *info@treudelberg.com*, Fax (040) 60822444, ≤, 🍽, Massage, 🎱, ⊜, 🏊, 🎾, 🎿 – 🛗, ✻ Zim, 📺 ♨ ♿ 🅿 – 🔒 150. AE ⓪ ⑩ VISA JCB. ✻ Rest
Menu à la carte 28/42 – ⊇ 15 – **135 Zim** 135.
• Mit Blick auf die Naturlandschaft des Alstertals können Sie sich in Ruhe die Treudelberg-Geschichte zu Gemüte führen. Elegantes Hotel mit gutem Angebot für Sportfreunde. Den Golfplatz des Hotels im Blickfeld, speist man hier in wohltuend ruhigem Ambiente.

XX Stock's Fischrestaurant, An der Alsterschleife 3, ✉ 22399, ☎ (040) 6 02 00 43, *info@stocks.de*, Fax (040) 6020028, 🍽 – 🅿. AE ⑩ VISA
geschl. Montagabend, Samstagmittag – **Menu** (Tischbestellung ratsam) à la carte 38/42,50.
• Das reetgedeckte Fachwerkhaus a. d. 18. Jh. wurde nach einem Brand originalgetreu rekonstruiert und um einen Wintergarten ergänzt. Einrichtung im zeitgemäßen Landhausstil.

In Hamburg-Lohbrügge Süd-Ost : 15 km über B 5 :

Alt Lohbrügger Hof, Leuschnerstr. 76, ✉ 21031, ☎ (040) 7 39 60 00, *hotel@altlohbrueggerhof.de*, Fax (040) 7390010, 🍽 – ✻ Zim, 📺 🅿 – 🔒 120. AE ⓪ ⑩ VISA
Menu à la carte 20/32 – **67 Zim** ⊇ 83/90 – 106/113.
• Hinter der aparten Backsteinfassade stellt man Sie vor die Wahl : Hier sind Zimmer im feinen Landhausstil oder mit rustikalem Charakter zu haben. Hoteleigene Kegelbahn. Rustikal mit Zierrat bestücktes Hotelrestaurant.

In Hamburg-Lokstedt :

Engel, Niendorfer Str. 55, ✉ 22529, ☎ (040) 55 42 60, *rezeption@hotel-engel-hamburg.de*, Fax (040) 55426500, 🍽, ⊜ – 🛗 📺 ♨ 🚗 🅿 – 🔒 35. AE ⓪ ⑩ VISA JCB
R d
Menu à la carte 21/37 – **95 Zim** ⊇ 105 – 130.
• Im familiär geführten Haus legt man Wert auf liebevoll und individuell eingerichtete Zimmer. Jogger finden Auslauf im nahe gelegenen Niendorfer Gehege. Das Restaurant mit ländlichem Ambiente nennt sich Papillon.

HAMBURG S. 22

In Hamburg-Niendorf :

XX **Lutz und König,** König-Heinrich-Weg 200, ✉ 22455, ℘ (040) 55 59 95 53, Fax (040) 55599554, 😂 – 🅿. AE ⓘ ⓂⓄ VISA JCB R k
geschl. Anfang Aug. 2 Wochen, Montag, Samstagmittag – **Menu** (Tischbestellung ratsam) à la carte 25/47.
• Ein Name mit Programm : "Lutz" ist der Patron und "König" der Gast. Diesen bittet er in sein geschmackvolles Landhaus zu verfeinerten regionalen Speisen mit mediterranem Touch.

In Hamburg-Nienstedten West : 13 km über Elbchaussee S :

Louis C. Jacob, Elbchaussee 401, ✉ 22609, ℘ (040) 82 25 50, jacob@hotel-jacob.de, Fax (040) 82255444, ≤ Hafen und Elbe, 😂, ⇔s – 📱, ↔ Zim, 🖥 TV 📞 🚗 – 🎿 120. AE ⓘ ⓂⓄ VISA JCB. ≫ Rest
Menu (Tischbestellung ratsam) 63 (mittags)/93 à la carte 51/85, ♀ – ⇌ 20 – **85 Zim** 185 – 395/395, 8 Suiten.
• Luxushotel mit zurückhaltender Formensprache : Die Zimmer sind mit Stilmöbeln schlicht-elegant, farblich unterschiedlich gestaltet. Schön : die Lage über der Elbe. Vornehme Creme-Töne und ein hochwertiges Couvert bestimmen das Restaurant. Lindenterrasse !
Spez. Sautierte Jakobsmuscheln mit Trüffelmayonnaise und Ofentomaten. Kalbskopfscheiben und Kalbsbäckchen mit Flusskrebsen. Milchlamm mit Salsa Verde gratiniert und Schmorjus

X **Weinwirtschaft Kleines Jacob** - Hotel Louis C. Jacob, Elbchaussee 401, ✉ 22609, ℘ (040) 82 25 50, jacob@hotel-jacob.de, Fax (040) 82255444, Biergarten – AE ⓘ ⓂⓄ VISA JCB. ≫
geschl. 1. - 14. Jan., Mitte Juli - Mitte Aug., Dienstag – **Menu** (wochentags nur Abendessen) à la carte 24,50/32, ♀.
• Eine betont regional-bürgerliche Karte reicht man in diesem liebevoll im rustikalem Stil eingerichteten Restaurant gegenüber dem Hotel Louis C. Jacob.

In Hamburg-Osdorf West : 12 km über B 431 S :

X **Lambert,** Osdorfer Landstr. 239 (B 431), ✉ 22549, ℘ (040) 80 77 91 66, buero.lambert@t-online.de, Fax (040) 80779164, 😂 – 🅿. AE ⓂⓄ VISA
geschl. Montag – **Menu** (nur Abendessen) à la carte 26/38.
• Bistro und Restaurant befinden sich im ersten Stock des Wackerhof, einem alten Osdorfer Bauernhof, erbaut im Jahre 1828. Gemütlich-rustikal mit internationaler Küche !

In Hamburg-Poppenbüttel : Nord-Ost : 12 km über Alte Landstrape R :

Poppenbütteler Hof, Poppenbütteler Weg 236, ✉ 22399, ℘ (040) 60 87 80, hotel-poppenbuetteler-hof@t-online.de, Fax (040) 60878178, 😂 – 📱, ↔ Zim, TV 🅿 – 🎿 45. AE ⓘ ⓂⓄ VISA
Pirandello (italienische Küche) (geschl. Sonntagabend - Montag) **Menu** à la carte 28/35,50 – **32 Zim** ⇌ 100 – 123.
• Bei Hamburgs schönem Naturpark am Poppenbütteler Alstertal ist dieses Hotel zu finden. Neuzeitlich-funktionelle Zimmer mit Kirschbaummobiliar und Marmorbädern. Leicht elegant zeigt sich das Pirandello.

In Hamburg-Rahlstedt Nord-Ost : über Ahrensburger Straße (B 75) R :

Eggers, Rahlstedter Str. 78 (B 453), ✉ 22149, ℘ (040) 67 57 80, info@eggers.de, Fax (040) 67578444, 😂, Biergarten, 🎿, ⇔s, 🏊 – 📱, ↔ Zim, TV 📞 🅿 – 🎿 150. AE ⓂⓄ VISA. ≫ Rest
Menu à la carte 22/40,50 – **102 Zim** ⇌ 105/125 – 145/165.
• Ästhetisches Design, helle Räume und innovative Technik in traditionsreichem Rahmen. Liebevoll eingerichtete Zimmer auf gutem technischen Standard (Modem- und Faxanschluss). Art Déco Restaurant Oscar Eggers.

In Hamburg-Rothenburgsort :

Holiday Inn, Billwerder Neuer Deich 14, ✉ 20539, ℘ (040) 7 88 40, info@hi-hamburg.de, Fax (040) 78841000, ≤, 🎿, ⇔s, 🏊 – 📱 ↔ TV 📞 🚗 🅿 – 🎿 90. AE ⓘ ⓂⓄ VISA. ≫ Rest S k
Menu à la carte 28/37 – ⇌ 14 – **385 Zim** 115/135 – 135, 12 Suiten.
• Legen Sie an im Holiday Inn, direkt an der Elbe. Ideal für Geschäftsleute, die Funktionalität suchen. Die Schreibtische sind mit den notwendigen Anschlüssen versehen. Restaurant mit großen Buffetbereich.

Elbbrücken-Hotel garni, Billhorner Mühlenweg 28, ✉ 20539, ℘ (040) 7 80 90 70, service@elbbruecken-hotel.de, Fax (040) 780907222 – 📱 TV 🚗. AE ⓂⓄ VISA. ≫ Rest S k
geschl. 24. - 28. Dez. – **40 Zim** ⇌ 49/65 – 69/89.
• Familiär geführtes Hotel mit günstiger Verkehrsanbindung, zeitgemäßer Einrichtung und leckerem Frühstücksbuffet. Joggingmöglichkeiten in nächster Nähe.

In Hamburg-St. Pauli :

NH Hamburg garni, Feldstr. 53, ⊠ 20357, ☏ (040) 43 23 20, *nh-hotels.com*, Fax (040) 43232300, ⇔ – 📶, ⋇ 📺 ☎ ⚹ ⇌ – 🏛 10. AE ① ⓜ
VISA JCB
EY a
⊑ 14 – **119 Zim** 98/168 – 98/181.
• Alle Zimmer dieses Hotels sind als Appartements angelegt und verfügen über eine moderne Einrichtung mit kleiner Küche, Esstheke und Wohnbereich. PC, Fax und Modem auf Wunsch.

In Hamburg-Schnelsen :

Ökotel, Holsteiner Chaussee 347, ⊠ 22457, ☏ (040) 5 59 73 00, *info@oekotel.de*, Fax (040) 55973099 – 📶, ⋇ 📺 ☎ ⇌ – 🏛 15. AE VISA ⋇
R m
Menu *(geschl. Samstag - Sonntag) (nur Abendessen)* (Restaurant nur für Hausgäste) – **23 Zim** ⊑ 57/95 – 82/115, 3 Suiten.
• Das nach ökologischen Kriterien gebaute, eingerichtete und geführte Hotel ist eine komfortable Alternative mit alle umweltbewußten Gäste. Wohnliche Zimmer, teils mit Balkon.

Ausspann, Holsteiner Chaussee 428, ⊠ 22457, ☏ (040) 5 59 87 00, Fax (040) 55987060, 🌳, 🍽 – ⋇ Zim, 📺 ☎ ⚹ 🅿 – 🏛 AE ① ⓜ VISA
R v
Menu *(wochentags nur Abendessen)* à la carte 22/35 – **30 Zim** ⊑ 62/69 – 90/95.
• Das Haus blickt auf eine 100-jährige Geschichte als Ausspann - Wirtshaus mit Stall - zurück. Heute können Sie im umsichtig renovierten Hotel in gepflegten Zimmern ausspannen. Im Restaurant wird die Tradition des Wirtshauses fortgesetzt.

In Hamburg-Stellingen :

Holiday Inn, Kieler Str. 333, ⊠ 22525, ☏ (040) 54 74 00, *hihamburg-fo@ichotelsgroup.com*, Fax (040) 54740100, ⇔ – 📶, ⋇ Zim, 📺 ☎ ⚹ ⇌ 🅿 – 🏛 25. AE ① ⓜ VISA JCB. ⋇ Rest
AT r
Menu à la carte 17,50/24,50 – **105 Zim** ⊑ 115/140 – 129/154.
• Die mit hellen Holzmöbeln ausgestatteten Zimmer werden durch moderne Bilder farbig belebt und bieten ein gutes Platzangebot. Am Hotel finden Sie eine Bushaltestelle. Modern gestaltetes Hotelrestaurant.

In Hamburg-Stillhorn :

Le Méridien, Stillhorner Weg 40, ⊠ 21109, ☏ (040) 75 01 50, *gm1313@lemeridien.com*, Fax (040) 75015501, ⇔ – 📶, ⋇ Zim, 🍽 Rest, 📺 ☎ ⚹ 🅿 – 🏛 120. AE ① ⓜ VISA JCB
S v
Menu à la carte 29/38 – ⊑ 12 – **146 Zim** 117/127 – 131/141.
• Wohnen im "Safari-Stil" : Die "wild" gemusterten Bettüberwürfe in einigen der großzügig geschnittenen Zimmer harmonieren bestens mit den rötlich-dunklen Massivholzmöbeln. Genießen Sie in den eleganten Restaurants einen schönen Blick ins Grüne.

In Hamburg-Wandsbek :

Ni Hao, Wendemuthstr. 3, ⊠ 22041, ☏ (040) 6 52 08 88, Fax (040) 6520885 – AE ① ⓜ VISA ⋇
R x
Menu (chinesische Küche) à la carte 15/33.
• Wollten Sie schon immer lernen, mit Stäbchen zu essen ? Dann sind Sie in diesem China-Restaurant genau richtig, das Insider zu den besten unter Hamburgs Chinesen zählen !

In Hamburg-Wellingsbüttel :

Rosengarten garni, Poppenbüttler Landstr. 10b, ⊠ 22391, ☏ (040) 6 08 71 40, Fax (040) 60871437, 🍽 – 📺 ☎ ⇌ 🅿 AE ⓜ VISA
R s
geschl. 24. Dez. - 2. Jan., 27. Juni - 15. Juli – **10 Zim** ⊑ 65/80 – 90/100.
• Von den mit dunklem Holz möblierten Zimmern mit moderner Technik hat man teils einen schönen Blick ins Grüne. Wer es noch grüner liebt, begibt sich draußen auf die Liegewiese.

In Hamburg-Winterhude :

Hanseatic garni, Sierichstr. 150, ⊠ 22299, ☏ (040) 48 57 72, *service@hanseatic-hamburg.de*, Fax (040) 485773 – ⋇ 📺 ☎ AE ⓜ VISA
CT e
14 Zim ⊑ 133/164 – 164/210.
• Klein, aber fein : Diesen Geheimtipp wissen auch Prominente zu schätzen. In der Villa warten elegant und wohnlich möblierte Zimmer und selbst gekochte Marmelade zum Frühstück.

Allegria, Hudtwalckerstr. 13, ⊠ 22299, ☏ (040) 46 07 28 28, *info@allegria-restaurant.de*, Fax (040) 46072607, 🌳
R z
geschl. Jan. 2 Wochen, Montag, Samstagmittag – **Menu** à la carte 28/48.
• Direkt am Winterhuder Fährhaus-Theater speisen Sie in modernem, farbenfrohem und lichtdurchflutetem Ambiente eine wohlschmeckende Küche mit einem Hauch von Felix Austria.

HAMBURG S. 24

XX **Portomarin,** Dorotheenstr. 180, ⊠ 22299, ℘ (040) 46 96 15 47, *restaurante_porto
marin@hotmail.de, Fax (040) 28800696*, 斎 – AE ⓘ ⓂⓄ VISA
CT n
geschl. Juli - Aug. 4 Wochen, Sonntag – **Menu** *(nur Abendessen)* (Tischbestellung ratsam)
(spanische Küche) à la carte 27,50/34.
  ◆ Rötlich gestrichene Wände und heller Holzboden schaffen das richtige Umfeld für die
  Küche der Iberischen Halbinsel. Von den Tapas bis zum Dessert rein spanische Karte.

X **Sale e Pepe,** Sierichstr. 94, ⊠ 22301, ℘ (040) 27 38 80, *Fax (040) 273880* – AE ⓘ
ⓂⓄ VISA
CT s
geschl. Mitte Juli - Mitte Aug., Dienstag – **Menu** *(Montag - Freitag nur Abendessen)* (italienische Küche) à la carte 31/45.
  ◆ Salz und Pfeffer gehören hier sicherlich nicht zu den einzigen Gewürzen. In dem netten
  Kellerlokal mit Bistro-Flair bestimmen neapolitanische Spezialitäten die Speisekarte.

HAMELN *Niedersachsen* 541 J 12 – *60 000 Ew – Höhe 68 m.*
Sehenswert : *Rattenfängerhaus*★ N *– Hochzeitshaus*★ B.
Ausflugsziel : *Hämelschenburg*★ *über* ③ *: 11 km.*
🏌 🏌 Aerzen, Schloss Schwöbber (Süd-West : 10 km), ℘ (05154) 98 70.
🛈 *Tourist-Information, Deisterallee 1,* ⊠ 31785, ℘ (05151) 95 78 23, *touristinfo@ha
meln.de, Fax (05151) 957840.*
ADAC, *Hafenstr. 14.*
Berlin 327 ① – Hannover *45* ① – *Bielefeld 80* ⑤ – *Hildesheim 48* ② – *Paderborn 67* ④
– Osnabrück 110 ⑤

Stadtplan siehe gegenüberliegende Seite

🏨 **Dorint,** 164er Ring 3, ⊠ 31785, ℘ (05151) 79 20, *info.zezham@dorint.com,
Fax (05151) 792191,* 斎, ≘s, 🏊 – 📶, 🍴 Zim, 📺 🛎 🚗 🅿 – 🔒 400. AE ⓘ ⓂⓄ
VISA JCB
s
Menu 20/26 und à la carte – **105 Zim** ⊇ 95/115 – 130/155.
  ◆ Nur wenige Minuten vom historischen Stadtkern entfernt, wohnt man hier in einem
  modernen Tagungshotel. Saunieren Sie doch mal hoch oben im 9. Stock mit Blick auf die
  Altstadt ! Neuzeitliches, leicht elegantes Hotelrestaurant.

🏨 **Stadt Hameln,** Münsterwall 2, ⊠ 31787, ℘ (05151) 90 10, *info@stadthameln.best
western.de, Fax (05151) 901333,* 斎, ≘s, 🏊 – 📶 📺 🛎 🚗 🅿 – 🔒 100. AE ⓘ ⓂⓄ
VISA JCB
u
Menu à la carte 27/40 – **85 Zim** ⊇ 80 – 115/122.
  ◆ Ein ehemaliges Gefängnis hat man zum Hotel umgebaut. Keine Angst, man lässt Sie auch
  wieder raus - vorausgesetzt Sie wollen, denn das fällt schwer bei soviel Chic und Komfort !
  Sie speisen im elegant angehauchten Restaurant oder auf der Terrasse mit Aussicht.

🏨 **Jugendstil** garni, Wettorstr. 15, ⊠ 31785, ℘ (05151) 9 55 80, *info@hotel-jugendst
il.de, Fax (05151) 955866,* ≘s – 📶 🍴 📺 🛎 & 🚗 🅿 AE ⓂⓄ VISA JCB
e
geschl. 20. Dez. - Anfang Jan. – **22 Zim** ⊇ 82/128 – 108/178.
  ◆ Antiquitäten, hohe Decken und Stuckverzierungen verleihen der liebevoll restaurierten
  Gründerzeitvilla ihren unverwechselbaren Charme. Es gibt ein behindertengerechtes
  Zimmer.

🏨 **Bellevue** garni, Klütstr. 34, ⊠ 31787, ℘ (05151) 9 89 10, *hotel.bellevue@t-online.de,
Fax (05151) 989199* – 🍴 📺 🛎 🚗 🅿 AE ⓘ ⓂⓄ VISA JCB über Klütstraße
18 Zim ⊇ 56/75 – 80/100.
  ◆ Die 1910 erbaute Villa ist toll in Schuss und überzeugt mit komfortablen Gästezimmern.
  Das Frühstück nehmen Sie im hübschen Erkerzimmer ein, im Sommer auf der Terrasse.

🏨 **Zur Börse,** Osterstr. 41a, ⊠ 31785, ℘ (05151) 70 80, *Fax (05151) 25485,* 斎 – 📶 📺
🛎 🚗 – 🔒 60. AE ⓘ ⓂⓄ VISA JCB
x
Menu à la carte 15/21,50 – **31 Zim** ⊇ 62 – 84.
  ◆ Im Jahre 1999 wurde das Haus komplett renoviert. Nun lockt das inmitten der Innenstadt
  situierte Hotel mit funktionellen und praktisch ausgestatteten Räumlichkeiten. Sie haben
  die Wahl zwischen Restaurant und dem legeren Börsenbistro.

🏨 **An der Altstadt** garni, Deisterallee 16, ⊠ 31785, ℘ (05151) 4 02 40, *info@hotel-
an-der-altstadt.de, Fax (05151) 402444,* – 🍴 📺 🛎 🅿 ⓂⓄ VISA
a
geschl. Ende Dez. - Mitte Jan. – **19 Zim** ⊇ 50/75 – 69/95.
  ◆ Im Herzen der sagenhaften Rattenfängerstadt finden Sie diesen hübschen Jugendstilbau,
  dessen Zimmer mit Kirschbaummöbeln solide eingerichtet sind.

🏨 **Zur Post** 🌿 garni, Am Posthof 6, ⊠ 31785, ℘ (05151) 76 30, *Fax (05151) 7641* – 📶
📺 🚗 AE ⓂⓄ VISA JCB
v
34 Zim ⊇ 49/59 – 79/82.
  ◆ Zeitgemäße Ausstattung und unterschiedliches Platzangebot bieten die Zimmer
  dieses Hauses. Fragen Sie nach einem der beiden Dachgeschosszimmer mit französischem
  Balkon !

HAMELN

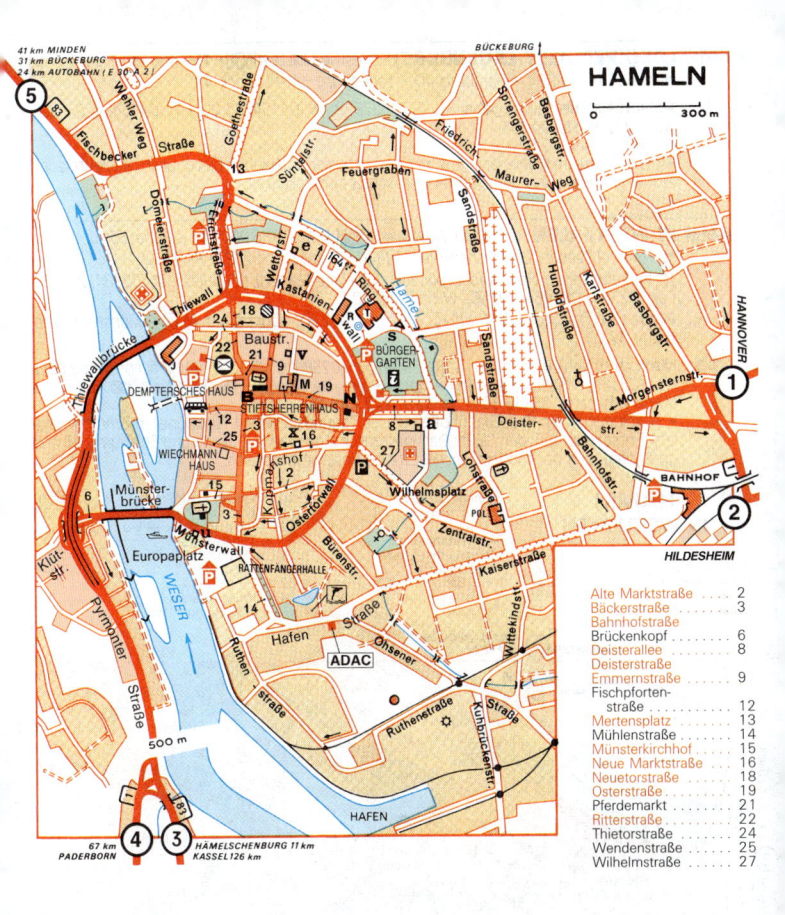

Street	No.
Alte Marktstraße	2
Bäckerstraße	3
Bahnhofstraße	
Brückenkopf	6
Deiserallee	8
Deisterstraße	
Emmernstraße	9
Fischpfortenstraße	12
Mertensplatz	13
Mühlenstraße	14
Münsterkirchhof	15
Neue Marktstraße	16
Neuetorstraße	18
Osterstraße	19
Pferdemarkt	21
Ritterstraße	22
Thietorstraße	24
Wendenstraße	25
Wilhelmstraße	27

Auf dem Klütberg West : 7 km über ④ :

%% **Klütturm,** ✉ 31787 Hameln, ℰ (05151) 6 16 44, Fax (05151) 963071, ≤ Weser und Hameln, 🌳 – 🅿 ᴀᴇ ⓜⓞ 𝖵𝖨𝖲𝖠 ᴊᴄʙ
geschl. Mitte Jan. - Mitte Feb., Dienstag – **Menu** à la carte 29/46.
♦ Bei einem herrlichen Blick auf die Umgebung tafelt man hier stilvoll in gediegenem Ambiente, umgeben von den Überresten der alten Klütfestung, einem Wahrzeichen der Stadt.

In Aerzen-Multhöpen über ④ : 13 km und Königsförde :

🏠 **Landluft** ⓢ, Buschweg 7, ✉ 31855, ℰ (05154) 20 01, hotel-landluft@t-online.de, Fax (05154) 2003, ≤, 🌳, 🐎 – 📺 🚗 🅿 ⓜⓞ 𝖵𝖨𝖲𝖠
Menu (geschl. Montag) (wochentags nur Abendessen) à la carte 17/31 – **19 Zim** ⚏ 41/47 – 69/79.
♦ Freundliche Gästezimmer, die einheitlich mit massivem Kiefernholz eingerichtet sind, bestimmen das Gesicht dieses Hauses. Im Parterre Zimmer mit eigener Terrasse ! Hübsches, holzdekoriertes Restaurant.

Die in diesem Führer angegebenen Preise folgen
der Entwicklung der allgemeinen Lebenshaltungskosten.
Lassen Sie sich bei der Zimmerreservierung den endgültigen
Preis vom Hotelier mitteilen.

HAMFELDE (KREIS HZGT. LAUENBURG) Schleswig-Holstein 541 F 15 – 450 Ew – Höhe 27 m.
Berlin 263 – Kiel 94 – Hamburg 40 – Lauenburg 34 – Lübeck 42.

Pirsch-Mühle garni, Möllner Str. 2, ⊠ 22929, ℘ (04154) 23 00, Fax (04154) 4203, 🛌,
– TV P. AE ⦾ VISA
13 Zim ☑ 45 – 71.
♦ Die dreigeteilte Mühlenanlage mit ihrem rustikalen Innenleben bietet Geschäftsleuten und Privatreisenden eine behagliche Übernachtungsmöglichkeit.

HAMM IN WESTFALEN Nordrhein-Westfalen 543 K 7 – 186 000 Ew – Höhe 63 m.
Hamm-Drechen, Drei-Eichen-Weg 5 (Süd : 9 km), ℘ (02385) 91 35 00.
Verkehrsverein, Bahnhofsvorplatz (im Kaufhaus Horten), ⊠ 59065, ℘ (02381) 2 34 00, Fax (02381) 28348 – **ADAC**, Wilhelmstr. 50.
Berlin 459 ② – Düsseldorf 111 ③ – Bielefeld 72 ① – Dortmund 44 ③ – Münster (Westfalen) 37 ①

Mercure, Neue Bahnhofstr. 3, ⊠ 59065, ℘ (02381) 9 19 20, h2941@accor-hotels.com, Fax (02381) 9192833, 🛌, ⊡ – 📶, ⥹ Zim, 🖳 TV ⚙ – 🔁 90. AE ⦾ ⦾ VISA Z a
Menu à la carte 23/35,50 – ☑ 13 – **142 Zim** 95 – 105.
♦ Zentrumsnah am Hauptbahnhof ist dieses Tagungshotel mit funktionellen Zimmern situiert. Entspannung finden Sie im Dachgartenschwimmbad mit Sauna und Solarium. Hell und groß zeigt sich der modern ausgestattete Restaurantbereich.

HAMM
IN WESTFALEN

Bahnhofstraße . . . . **Z**	Heinrich-Lübke-Straße . . . . . . **Z** 20	Otto-Brenner-Straße . . . . **Z** 36
Bismarckstraße . . . . **Z** 4	Luisenstraße . . . . **Z** 25	Otto-Kraft-Platz . . . . **Z** 37
Gustav-Heinemann-Straße . . **Y** 18	Marktplatz . . . . **Y** 22	Richard-Matthaei-Platz . . . . . **Y** 39
Hafenstraße . . . . **Y** 19	Martin-Luther-Platz . . . . **Y** 27	Schillerplatz . . . . **Z** 42
	Martin-Luther-Straße . . . . **Y** 29	Theodor-Heuss-Platz . . . . . . **Y** 45
	Münsterstraße . . . . **Y** 30	Westentor . . . . **Y** 46
	Neue Bahnhofstraße . . . . **Z** 32	Weststraße . . . . **Y**
	Nordstraße . . . . **Y** 34	Wilhelmstraße . . . . **Z** 52
	Oststraße . . . . **Y**	Willy-Brandt-Platz . . . . **Y** 53

HAMM IN WESTFALEN

Stadt Hamm, Südstr. 9, ✉ 59065, ℰ (02381) 2 90 91, hotelstham@aol.com, Fax (02381) 15210 – 📞 TV ⇔ – 👤 30. ⚐ ⓘ ⓜ VISA Y a
Menu (geschl. Sonntag) (nur Abendessen) (italienische Küche) à la carte 16,50/23,50 –
29 Zim ⌂ 49/82 – 93/98.
• Auf eine 200-jährige gastronomische Tradition blickt man hier zurück. Die Zimmer sind einheitlich mit Mahagonimöbeln eingerichtet und wirken wohnlich und gepflegt.

Herzog garni, Caldenhofer Weg 22, ✉ 59065, ℰ (02381) 92 45 90, info@hotel-herzog.de, Fax (02381) 9245966 – TV ⇔ P. ⚐ ⓘ ⓜ VISA Z e
25 Zim ⌂ 52 – 80.
• Mitten in der Hammer Innenstadt finden Sie hier eine schlichte, aber praktische Unterkunft. Nehmen Sie eines der Zimmer mit Balkon und nettem Ausblick auf den Garten.

In Hamm-Rhynern über ② : 7 km :

Haus Helm - La Mar mit Zim, Reginerstr. 5, ✉ 59069, ℰ (02385) 80 61, info@la-mar.de, Fax (02385) 706097 – TV ⇔ P. ⚐ ⓘ ⓜ VISA JCB
Menu (geschl. 22. Juli - 4. Sept., Samstagmittag, Sonntag) (nur Abendessen) à la carte 16,50/36,50 – **13 Zim** ⌂ 36/40 – 60/65.
• Das rustikale, reich dekorierte Restaurant befindet sich in einem Klinkerhaus aus dem Jahr 1905. Man bietet eine Auswahl an internationaler Küche und Fischgerichten.

In Hamm-Wiescherhöfen :

Wieland-Stuben, Wielandstr. 84, ✉ 59077, ℰ (02381) 40 12 17, Fax (02381) 405659, 🍽 – P. ⚐ ⓜ VISA über ③ und Kamener Straße Z
geschl. Samstagmittag, Montag – **Menu** à la carte 30/45,50.
• Das elegant-rustikale Interieur des Restaurants hat man mit nostalgischen und modernen Details versehen. Es wird eine gehobene internationale Küche geboten.

Mausefalle, Provinzialstr. 37, ✉ 59077, ℰ (02383) 25 65, achimbohnensack@web.de, Fax (02383) 95 00 53, Biergarten – P. ⚐ ⓜ VISA über ③ und Kamener Straße Z
geschl. Montag – **Menu** (wochentags nur Abendessen) à la carte 18/30.
• Ein freundliches Wirtsehepaar, das den elterlichen Betrieb übernommen und modernisiert hat, pflegt hier eine meist bürgerliche Küche. Eine nette ländliche Adresse.

HAMM (SIEG) Rheinland-Pfalz ⑤④③ N 7 – 11 500 Ew – Höhe 208 m.
Berlin 593 – Mainz 124 – Bonn 65 – Limburg an der Lahn 64 – Siegen 48.

Romantik Hotel Alte Vogtei, Lindenallee 3 (B 256), ✉ 57577, ℰ (02682) 2 59, alte-vogtei@romantikhotels.com, Fax (02682) 8956, 🍽, 🎿 – ⇎ Zim, TV ⇔. ⚐ ⓘ ⓜ VISA
geschl. 10. - 16. April, 21. Juli - 12. Aug. – **Menu** (geschl. Mittwoch - Donnerstagmittag) à la carte 22,50/35 – **15 Zim** ⌂ 45/65 – 83/115.
• Das Fachwerkhaus von 1753 - Geburtshaus von F. W. Raiffeisen - hält für seine Besucher ein rustikales Innenleben bereit. Die Zimmer sind mit Liebe zum Detail gestaltet. Freigelegte Balken und verwinkelte Räume prägen das Erscheinungsbild des Restaurants.

An der B 256 West : 2,5 km, Richtung Waldbröl :

Auermühle, Auermühle 4, ✉ 57577 Hamm, ℰ (02682) 2 51, hotelauermuehle@t-online.de, Fax (02682) 8438, 🍽 – TV ⇔ P. ⚐ ⓘ ⓜ VISA
Menu (geschl. 5. - 19. Jan., 12. - 26. Juli, Freitag - Samstagmittag) à la carte 17,50/36 – **18 Zim** ⌂ 40 – 72.
• Bereits in der vierten Generation wird das Hotel von der Familie Fischer geführt. Interessant für Angler : Man besitzt eigene Fischereirechte auf 700 m Flusslänge an der Sieg ! Das Restaurant und die Gaststube wirken mit Stammtisch und Kachelofen gemütlich.

HAMMELBURG Bayern ⑤④⑥ P 13 – 12 500 Ew – Höhe 180 m.
ℬ Tourist-Information, Kirchgasse 4, ✉ 97762, ℰ (09732) 90 21 49, touristik@hammelburg.de, Fax (09732) 902184.
Berlin 487 – München 319 – Würzburg 57 – Bamberg 94 – Fulda 70.

Stadtcafé garni, Am Marktplatz 8, ✉ 97762, ℰ (09732) 9 11 90, Fax (09732) 1679 – 📞 TV 📺 ⇔. ⚐ ⓜ VISA
19 Zim ⌂ 35/45 – 60.
• Das engagiert geführte kleine Hotel mit zeitgemäßen, funktionellen Zimmern liegt am historischen Marktplatz. Im Erdgeschoss befindet sich ein Café.

Kaiser, An der Walkmühle 11, ✉ 97762, ℰ (09732) 9 11 30, hotelkaiser@aol.com, Fax (09732) 9113300, 🍽, 🎿 – P. ⚐ – 👤 30. ⓜ
Menu (geschl. Montag) à la carte 14/33 – **16 Zim** ⌂ 35 – 58.
• Ein kleines, einfaches, aber gepflegtes und sauberes Hotel mit Wohnhaus-Charakter. Man verfügt über praktisch ausgestattete Zimmer mit Balkon. Ländliches Restaurant.

HAMMELBURG

In Hammelburg-Obererthal Nord : 5 km, über B 27, in Untererthal rechts ab :

Zum Stern (mit Gästehaus), Obererthaler Str. 23, ✉ 97762, ℰ (09732) 47 07, info@gh-stern.de, Fax (09732) 5400, 🕭, 🔲, ✎ Zim, 📺 🅿 – 🏊 20. ⓐⓔ 𝗩𝗜𝗦𝗔
Menu (geschl. Dienstag) à la carte 12/22 – **22 Zim** ⊆ 30 – 50.
◆ Der in der Ortsmitte gelegene Gasthof mit Gästehaus ist ein gut geführtes, tadellos gepflegtes Hotel mit zeitgemäß eingerichteten Zimmern. Zu den Spezialitäten des Hauses gehören Fleisch und Wurst aus eigener Schlachtung.

In Wartmannsroth-Neumühle West : 6 km über Hammelburg-Diebach :

Neumühle ⚜, Neumühle 54, ✉ 97797, ℰ (09732) 80 30, info@hotel-neumuehle.de, Fax (09732) 80379, 🕭, 🔲, ⚘, ✎ – 📺 ❣ 🅿 – 🏊 30. ⒶⒺ ⓪ ⓐⓔ 𝗩𝗜𝗦𝗔. ✎ Rest
geschl. 2. Jan. – 6. Feb. – **Menu** (Tischbestellung ratsam) à la carte 35/43 – **28 Zim** ⊆ 105/150 – 150/190, 5 Suiten.
◆ Die aus sieben Gebäuden bestehende alte Mühle am Ufer der Saale wurde zu einem einzigartigen Hotel ausgebaut. Wertvolle antike Einrichtung gepaart mit modernster Technik ! Stilvoll-rustikales Restaurant und Stube.

HAMMINKELN Nordrhein-Westfalen siehe Wesel.

HANAU Hessen 543 P 10 – 92 000 Ew – Höhe 105 m.

🏌 Hanau-Wilhelmsbad, Wilhelmsbader Allee 32 (über ⑤), ℰ (06181) 8 20 71.
🅱 Tourist-Information (Rathaus), Am Markt 14, ✉ 63450, ℰ (06181) 29 59 50, touristinformation@hanau.de, Fax (06181) 295959.
ADAC, Sternstr. 17 (Parkhaus).
Berlin 531 ① – Wiesbaden 59 ③ – *Frankfurt am Main 20* ④ – Fulda 89 ① – Würzburg 104 ②

Stadtplan siehe gegenüberliegende Seite

Zum Riesen garni, Heumarkt 8, ✉ 63450, ℰ (06181) 25 02 50, riesen@hanauhotel.de, Fax (06181) 250259, 🕭 – 📶 ✎ 📺 ❣ ♿ – 🏊 25. ⓐⓔ 𝗩𝗜𝗦𝗔 𝗝𝗖𝗕   Y c
geschl. 24. – 28. Dez. – **56 Zim** ⊆ 75/120 – 100/130.
◆ Eine funktionelle und doch behagliche Unterkunft finden Reisende hier im Herzen der Stadt. Fragen Sie nach der Business-Suite, die komfortabel mit Whirlpool ausgerüstet ist !

In Hanau-Steinheim Süd : 4 km, über Westerburgstraße und Ludwigstraße Z :

Villa Stokkum, Steinheimer Vorstadt 70, ✉ 63456, ℰ (06181) 66 40, info@villastokkum.bestwestern.de, Fax (06181) 661580, 🞖 – 📶, ✎ Zim, 🔲 📺 ❣ ⟸ 🅿 – 🏊 80. ⒶⒺ ⓪ ⓐⓔ 𝗩𝗜𝗦𝗔
Menu (geschl. 26. Dez. - 4. Jan., Samstagmittag, Sonntagabend) 20/26 (Buffet) à la carte 30/35 – **135 Zim** ⊆ 101/131 – 131/141.
◆ Komfortable Kingsize-Betten und Marmorbäder erwarten Sie in der Villa, die durch neue Bausubstanz interessant gestaltet wurde. Einige Zimmer mit Klimaanlage. Erdtöne und das große Oberlicht geben dem Restaurant Bella Gusta mediterranen Charme.

Zur Linde (mit Gästehaus), Steinheimer Vorstadt 31, ✉ 63456, ℰ (06181) 96 43 20, mail@hotel-zur-linde-hanau.de, Fax (06181) 659074, ⚘ – ✎ Zim, 📺 🅿. ⓐⓔ 𝗩𝗜𝗦𝗔 𝗝𝗖𝗕. ✎
geschl. 20. Dez. - 5. Jan. – **Menu** (nur Abendessen) (Restaurant nur für Hausgäste) – **30 Zim** ⊆ 66/85 – 85/95.
◆ Nach einer umfassenden Renovierung bietet das gut geführte Familienhotel nun geräumige und solide Zimmer mit zeitgemäßem Komfort und einer persönlichen Note.

Birkenhof (mit Gästehaus), von-Eiff-Str. 37, ✉ 63456, ℰ (06181) 6 48 80, info@hotelbirkenhof.de, Fax (06181) 648839, 🖽, 🕭, ⚘ – ✎ Zim, 📺 ⟸ 🅿. ⒶⒺ ⓐⓔ 𝗩𝗜𝗦𝗔
Menu (geschl. Freitag - Sonntag) (nur Abendessen) (Restaurant nur für Hausgäste) – **52 Zim** ⊆ 72/77 – 92/107.
◆ Das schmucke Landhaus überzeugt durch seinen netten und zuvorkommenden Service. Beim Frühstück erwarten Sie liebevoll angerichtete hausgemachte Zutaten.

In Hainburg-Hainstadt über ③ : 6 km :

Hessischer Hof, Hauptstr. 56, ✉ 63512, ℰ (06182) 44 11, Fax (06182) 7547, ⚘ – 📶 📺 ❣ 🅿. ⒶⒺ ⓐⓔ 𝗩𝗜𝗦𝗔 ✎
Menu (geschl. Montag) à la carte 19,50/36 – **13 Zim** ⊆ 57/62 – 67/87.
◆ Der gestandene Gasthof erwartet seine Besucher mit rustikalem Ambiente und modern ausgestatteten Zimmern. Fragen Sie nach den gemütlichen Räumen im Dachgeschoss ! Das Restaurant ist im Stil einer ländlichen Stube dekoriert.

HANAU

Am Markt	YZ	3
Bangerstraße	Y	4
Fischerstraße	Z	7
Franfurter Landstraße	Y	8
Französische Allee	Z	9
Graf-Philipp-Ludwig-Straße	Y	10
Hafenplatz	Z	12
Hammerstraße	Y	13
Hanauer Vorstadt	Y	14
Heinrich-Bott-Straße	Y	15
Heraeusstraße	Z	17
Kanaltorplatz	YZ	18
Kleine Hainstraße	Y	20
Langstraße	Y	
Leimenstraße	Y	22
Lindesraße	Z	23
Lothringer-Straße	Z	24
Louise-Schroeder-Straße	Y	23
Nordstraße	Y	27
Nürnberger Straße	Z	28
Philippsruher Allee	Y	29
Ramsaystraße	Y	30
Römerstraße	Y	
Rosenstraße	Y	32
Schnurstraße	Y	35
Thomas-Münzer-Straße	Y	37
Vor dem Kanaltor	Z	39

Keine bezahlte Reklame im Michelin-Führer.

623

HANDORF Niedersachsen 541 F 15 – 1 800 Ew – Höhe 12 m.
Berlin 298 – Hannover 145 – Hamburg 49 – Bremen 131 – Lüneburg 15.

※ **Schwabenstüble**, Cluesweg 22a, ✉ 21447, ℘ (04133) 21 02 51, schwabenstube@t-online.de, Fax (04133) 210253, 🍴 – 🅿. 🆎 ⓂⒸ 🆅🅸🆂🅰. ※
geschl. Anfang Okt. 1 Woche, Montag - Dienstagmittag – **Menu** à la carte 23/32.
 • Mitten im tiefsten Niedersachsen kann man hier Typisches aus dem "Ländle" erleben. Bei Maultaschen und Schupfnudeln schlägt nicht nur das Schwabenherz höher!

HANERAU-HADEMARSCHEN Schleswig-Holstein 541 D 12 – 3 000 Ew – Höhe 68 m.
Berlin 367 – Kiel 64 – Cuxhaven 120 – Itzehoe 25 – Neumünster 48 – Rendsburg 33.

🏠 **Landgasthof Köhlbarg**, Kaiserstr. 33, ✉ 25557, ℘ (04872) 33 33, info@koehlbarg.de, Fax (04872) 9119, 🍴, 🍺, 🈵 – 📺 ℅ 🅿. ⓂⒸ 🆅🅸🆂🅰. ※
Menu (geschl. Mitte - Ende Feb., Dienstag) (Montag - Freitag nur Abendessen) à la carte 18/31 – **12 Zim** ⊊ 35 – 65.
 • Unweit des Nord-Ostsee-Kanals befindet sich dieses familiär geführte Ferienhotel auf dem Lande. Die Zimmer haben überwiegend Südlage, einige verfügen über eine Terrasse. Vorwiegend Bürgerliches serviert man im rustikal gestalteten Restaurant.

HANN. MÜNDEN Niedersachsen 541 L 12 – 25 600 Ew – Höhe 125 m – Erholungsort.
Sehenswert : Fachwerkhäuser★★ Y – Rathaus★ YR – Altstadt★ YZ.
Ausflugsziel : Wesertal★ (von Hann. Münden bis Höxter).

🏌 Staufenberg-Speele, Gut Wissmannshof (Süd-West : 10 km über ③), ℘ (05543) 91 03 30.

🛈 Touristik Naturpark Münden, Rathaus, Lotzestr. 2, ✉ 34346, ℘ (05541) 7 53 13, tourist-info@hann.muenden.de, Fax (05541) 75404.
Berlin 364 ① – Hannover 151 ① – Kassel 23 ② – Göttingen 34 ① – Braunschweig 138 ①

Stadtplan siehe gegenüberliegende Seite

🏨 **Alter Packhof**, Bremer Schlagd 10, ✉ 34346, ℘ (05541) 9 88 90, hotel.alter.packhof@t-online.de, Fax (05541) 988999 – 📶, ※ Zim, 📺 ℅ 🚗 🅿. ⓂⒸ 🆅🅸🆂🅰 Y b
Menu à la carte 20/35,50 – **25 Zim** ⊊ 70/80 – 105/115.
 • Wohnliche Zimmer und Suiten, die mit massivem Naturholz, Marmorbädern und Fußbodenheizung ausgestattet sind, erwarten Sie. Altstadt und Fluss in unmittelbarer Nähe. Das Restaurant ist im modernen Landhausstil eingerichtet.

🏠 **Schlossschänke**, Vor der Burg 3, ✉ 34346, ℘ (05541) 7 09 40, schlosschaenke@hann-muenden.net, Fax (05541) 709440, 🍴 – 🈵 📺 ℅ – 🛎 25. ⓂⒸ 🆅🅸🆂🅰 🅹🅲🅱 Y c
Menu (geschl. Feb. 2 Wochen) à la carte 19/29 – **17 Zim** ⊊ 60 – 90.
 • Hinter der historischen Gründerzeitfassade im Herzen der Altstadt verbergen sich moderne Zimmer, die durch ihre geschmackvolle Einrichtung eine besondere Wohnqualität bieten. Das Restaurant ist schlicht im englischen Kolonialstil eingerichtet.

🏠 **Berghotel Eberburg** ⑤ (mit Gästehaus), Tillyschanzenweg 14, ✉ 34346, ℘ (05541) 50 88, info@berghotel-eberburg.de, Fax (05541) 4685, ≤, 🍴 – 📺 🅿. 🆎 ⓄⒸ 🆅🅸🆂🅰. ※ Rest Z a
Menu (geschl. Sonntag) (nur Abendessen) à la carte 17/30 – **25 Zim** ⊊ 48/54 – 68/85.
 • Ruhig liegt das Haus am Hang des Reinhardswaldes, mit Blick auf die Stadt und das Fuldatal. Die Zimmer im Gästehaus haben teils Balkon oder Terrasse. Das bürgerlich eingerichtete Restaurant befindet sich hinter einer teils aus Naturstein bestehenden Fassade.

🏠 **Schmucker Jäger**, Wilhelmshäuser Str. 45 (B 3), ✉ 34346, ℘ (05541) 9 81 00, busch@hotel-schmucker-jaeger.de, Fax (05541) 981033 – 📺 ℅ 🚗 🅿. 🆎 Ⓞ ⓂⒸ 🆅🅸🆂🅰 Z r
geschl. 2. - 11. Jan. – **Menu** (geschl. Sonntagabend - Montagmittag) à la carte 13,50/30 – **30 Zim** ⊊ 44/49 – 62/72.
 • Am Rande der pittoresken Altstadt findet man dieses solide Hotel. Im Anbau hält man praktisch eingerichtete Zimmer mit großem Balkon für Sie bereit. Gemütlich-rustikale Galsträume, urige Bierstube und Kaminzimmer.

※※ **Letzter Heller** mit Zim, Am letzten Heller (B 80, über ① : 4 km), ✉ 34346, ℘ (05541) 64 46, letzter-heller@t-online.de, Fax (05541) 6071, 🍴 – 🚗 🅿. 🆎 Ⓞ ⓂⒸ 🆅🅸🆂🅰
Menu (geschl. Donnerstag) à la carte 23/31 – **10 Zim** ⊊ 22/32 – 44/54.
 • Ihren letzten Heller dürfen Sie behalten! Sorgfältig zubereitete Speisen, für die frische Produkte verwendet werden, bekommen Sie hier nämlich zu fairen Preisen.

HANN. MÜNDEN

Bremer Schlagd	**Y** 3
Burgstraße	**Z** 6
Friedrich-Ludwig-Jahn-Straße	**Y** 8
Fuldabrückenstraße	**Z** 9
Hedemündener Straße	**Y** 12
Kasseler Schlagd	**Y** 13
Kattenbühl	**Z** 14
Lange Straße	**YZ** 16
Markt	**Y** 17
Marktstraße	**Y** 19
Rosenstraße	**Z** 20
Tanzwerderstraße	**Z** 22
Vogelsangweg	**Z** 24
Wallstraße	**Z** 26
Wanfrieder Schlagd	**Y** 27
Ziegelstraße	**Z** 30

% **Die Reblaus** mit Zim, Ziegelstr. 32 (Kirchplatz), ⊠ 34346, ℘ (05541) 95 46 10, diere **Z** d
blaus@t-online.de, Fax (05541) 954609, 😊,
geschl. Feb. - **Menu** (geschl. Mittwoch) à la carte 22,50/29 - **3 Zim** ⊇ 38/44 - 58/64.
  ◆ Das kleine Restaurant in dem Fachwerkhaus a. d. 17. Jh. ist rustikal gestaltet, die Tische sind sauber eingedeckt und der Service ist freundlich. Gekocht wird international.

In Hann. Münden-Gimte Nord : 3 km über ⑤ :

🏨 **Freizeit Auefeld**, Hallenbadstr. 33 (nahe der B 3), ⊠ 34346, ℘ (05541) 70 50, hot el@freizeit-auefeld.de, Fax (05541) 1010, 😊, ⅃ₒ, ☎, ※(Halle) - ⧌, ⇔ Zim, 📺 ℴ ⅄ ⟺ 🅿 - 🔔 80. ⅍ⴱ ⓔ ⦂ⓞ 𝓥𝓘𝓢𝓐
Menu à la carte 14/26 - **93 Zim** ⊇ 62/75 - 78/95.
  ◆ Besonders für Sport- und Fitnessfans hat man hier viel zu bieten : Tennis, Squash, Bowling und vieles mehr. Außerdem veranstaltet man Picknicks, Dampfer- und Floßfahrten. Man speist mit Blick in die Tennishalle.

In Hann. Münden-Laubach über ① : 6 km :

🏨 **Werratal Hotel** (mit Gästehaus), Buschweg 41, ⊠ 34346, ℘ (05541) 99 80, info@ werratalhotel.de, Fax (05541) 998140, 😊, ☎ - ⇔ Zim, 📺 ℴ ⅄ ⟺ 🅿 - 🔔 30. ⅍ⴱ ⓔ ⦂ⓞ 𝓥𝓘𝓢𝓐. ※ Zim
Menu (geschl. Okt. - März Sonntagabend - Montag) à la carte 23/34 - **40 Zim** ⊇ 49/59 - 69/85.
  ◆ Das nette Fachwerkhotel überzeugt mit soliden Landhaus-Zimmern. Am Haus befindet sich eine Anlegestelle, von wo aus Kanu- oder Paddelbootstouren unternommen werden. Das Restaurant ist rustikal eingerichtet, das Gourmetstübchen wirkt ländlichelegant.

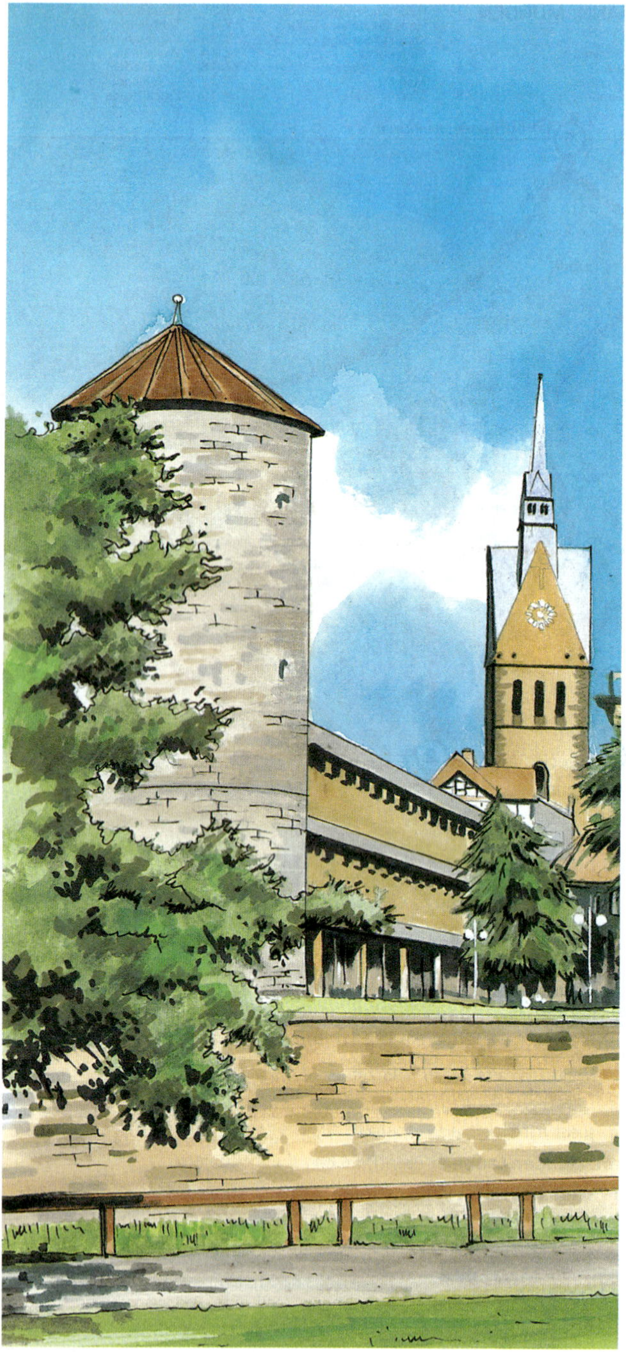

HANNOVER

Niedersachsen 541 I 13 – 530 000 Ew – Höhe 55 m

Berlin 289 ② – Bremen 123 ① – Hamburg 151 ①

PRAKTISCHE HINWEISE

🛈 Tourismus-Service, Ernst-August-Platz 2 ✉ 30159, ☎ (0511) 12 34 51 11, tourismus-service@hannover-stadt.de, Fax (0511) 12 34 51 12
ADAC, Nordmannpassage 4
ADAC, Laatzen ✉ 30880, Lübecker Str. 17
✈ Hannover-Langenhagen (über ① : 11 km), ☎ (0511) 9 77 12 23
Messegelände, Laatzener Straße, (über ④ und die B 6), ☎ (0511) 8 90, Fax (0511) 8931216

🏌18 Garbsen, Am Blauen See 120 (über ⑧ : 14 km), ☎ (05137) 7 30 68
🏌18 Isernhagen, Gut Lohne 22 (über ② : 17 km), ☎ (05139) 89 31 85
🏌18 🏌9 Langenhagen, Hainhaus 22 (über ① : 19 km), ☎ (0511) 73 68 32
🏌27 Laatzen-Gleidingen, Am Golfplatz 1 (über ④ : 12 km), ☎ (05102) 30 55
🏌18 Sehnde-Rethmar, Seufzerallee 10 (über ③ : 20 km), ☎ (05138) 7 00 53

Sehenswert : Herrenhäuser Gärten★★ (Großer Garten★★, Berggarten★) A – Kestner-Museum★ DY M¹ – Marktkirche (Schnitzaltar★★ DY – Niedersächsisches Landesmuseum (Urgeschichtliche Abteilung★) EZ M².

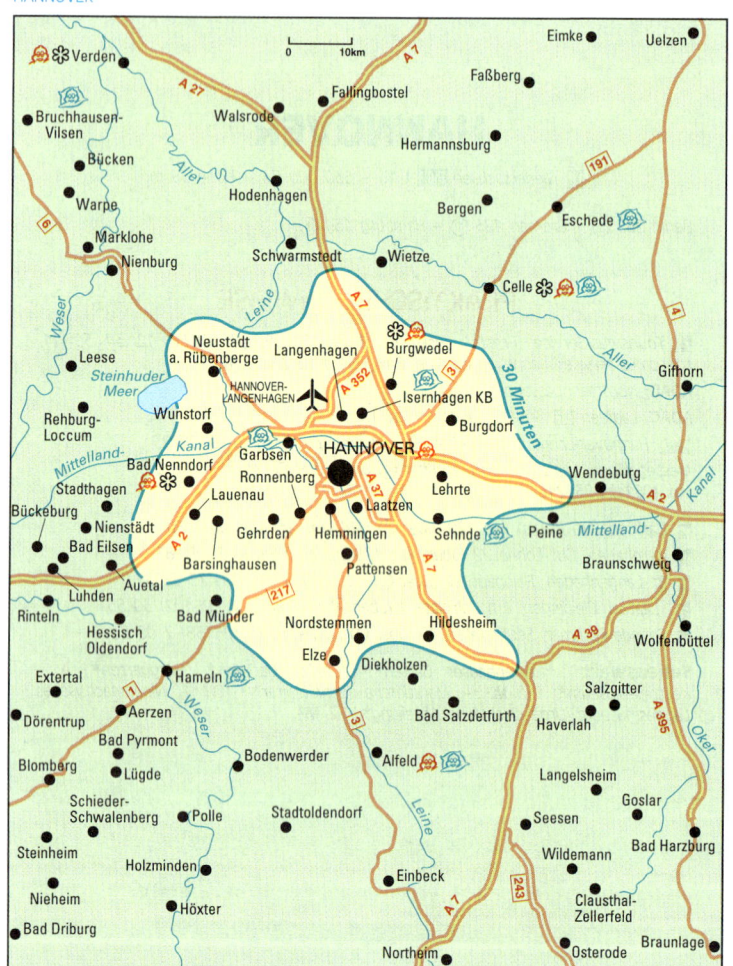

HANNOVER

Kastens Hotel Luisenhof, Luisenstr. 1, ✉ 30159, ✆ (0511) 3 04 40, info@kastens-luisenhof.de, Fax (0511) 3044807 – 🛗, ⚡ Zim, 📺 ✆ 🚗 🅿 – 🚗 90. AE ⓞ ⓜ ⓥⓘⓢⓐ ⒿⒸⒷ, ❀ Rest EX b
Menu (geschl. Juli - Aug. Sonntag) à la carte 31/56 – **152 Zim** ⊇ 139/325 – 178/380, 7 Suiten.
♦ Rundum-Komfort in Hannovers ältestem Hotel mit individuell-eleganter Ausstattung. Seit 1856 in Familienhänden. Turm-Suite mit Blick über die Stadt. Moderner Tagungs-Service. Verschieden gestaltete Restauranträume bieten den passenden Rahmen für jeden Anlass.

Maritim Grand Hotel, Friedrichswall 11, ✉ 30159, ✆ (0511) 3 67 70, info.hgr@maritim.de, Fax (0511) 325195, 🍴 – 🛗, ⚡ Zim, 📺 ⚡ – 🚗 250. AE ⓞ ⓜ ⓥⓘⓢⓐ ⒿⒸⒷ, ❀ Rest DY a
geschl. 21. - 28. Dez. – **L'Adresse - Brasserie :** Menu à la carte 31/55 – **Wilhelm-Busch-Stube** (geschl. Samstag - Sonntag) (nur Abendessen) Menu à la carte 19/32 – ⊇ 15 – **285 Zim** 124 – 144, 14 Suiten.
♦ Neben der zentralen Lage genießen Sie Annehmlichkeiten wie gediegen-eleganten Wohnkomfort, ansprechende Festsäle und eine geschmackvolle Lobby mit Kamin. Stilvoll zeigt sich das L'Adresse, legerer die Brasserie. Rustikales Ambiente in der Wilhelm-Busch-Stube.

HANNOVER

Maritim Stadthotel, Hildesheimer Str. 34, ✉ 30169, ℰ (0511) 9 89 40, *info.hnn@maritim.de*, Fax (0511) 9894900, �️, ≘s, 🖳, – 🛗, ↹ Zim, 🖃 📺 📞 📶, 🅿 – 🅐 250. 🆎 ⓞ 🅜 🆅🅸🆂🅰 🅹🅲🅱 🛠 Rest EZ b
Menu à la carte 22/34 – ⊇ 15 – **291 Zim** 119 – 140.
◆ Seinem Namen gemäß empfängt Sie das Hotel an Rezeption und Bar in klassischem Maritimstil. Sie beziehen funktionelle, auf den Geschäftsreisenden zugeschnittene Zimmer. Restaurant mit klassischem Ambiente.

Courtyard by Marriott, Arthur-Menge-Ufer 3, ✉ 30169, ℰ (0511) 36 60 00, *cy.hajcy.sales.mgr@courtyard.com*, Fax (0511) 36600555, 🛎, 🅵🆂, ≘s – 🛗, ↹ Zim, 🖃 📺 📞 🕒 🅿 🅐 🆎 ⓞ 🅜 🆅🅸🆂🅰 🅹🅲🅱 DZ b
Julian's : Menu à la carte 19/35 – *Grand Café :* Menu à la carte 14/22,50 – ⊇ 14 – **149 Zim** 111/127, 5 Suiten.
◆ "Nichts geht mehr ! " – hieß es hier früher : Im einstigen Casino haben Besucher heute freie Wahl : Wohnlich-funktionelle Zimmer mit Blick zum Maschsee oder auf die City. Interessant : die vielen Bilder an den Wänden des Julian's. Grand Café mit Terrasse zum See.

Crowne Plaza Schweizerhof, Hinüberstr. 6, ✉ 30175, ℰ (0511) 3 49 50, *info@chhdef.de*, Fax (0511) 3495102 – 🛗, ↹ Zim, 🖃 📺 📞 🕒 – 🅐 220. 🆎 ⓞ 🅜 🆅🅸🆂🅰 🛠 Rest EX d
Gourmet's Buffet : Menu à la carte 28,50/39,50 – ⊇ 16 – **201 Zim** 127/175, 4 Suiten.
◆ Der neuzeitliche Atriumbau in Bahnhofsnähe beherbergt ein komfortables Hotel. Die Businesszimmer verfügen über Fax-Drucker-Kombination, TV mit Internetzugang und Videospielen. Gourmet's Buffet : elegant wirkendes Bistro.

Congress Hotel am Stadtpark, Clausewitzstr. 6, ✉ 30175, ℰ (0511) 2 80 50, *info@congress-hotel-hannover.de*, Fax (0511) 814652, 🛎, Massage, ≘s, 🖳 – 🛗, ↹ Zim, 📺 📞 🅿 – 🅐 1300. 🆎 ⓞ 🅜 🆅🅸🆂🅰 🛠 Rest B e
Parkrestaurant Bristol : Menu à la carte 19/31 – **258 Zim** ⊇ 102/155 – 176, 3 Suiten.
◆ Beim Kongresszentrum : niveauvolles Ambiente auf 18 Etagen. Standardgemäße Zimmer, in den oberen Etagen mit Weitblick. Baden Sie im höchsten Pool der Stadt ! Das Parkrestaurant ist der Treffpunkt des Hotels.

Central-Hotel Kaiserhof, Ernst-August-Platz 4, ✉ 30159, ℰ (0511) 3 68 30, *mail@centralhotel.de*, Fax (0511) 3683114, 🛎 – 🛗 ↹ 📺 📞 – 🅐 100. 🆎 ⓞ 🅜 🆅🅸🆂🅰 🛠 Zim EX a
Menu à la carte 28/50 – **78 Zim** ⊇ 116/145 – 145/155.
◆ Ein klassischer, kürzlich renovierter Hotelbau schräg gegenüber dem Bahnhof mit wohnlich und geschmackvoll im Landhausstil eingerichteten Zimmern und komfortablen Bädern. Restaurant mit offener Showküche und Wiener Café.

Grand Hotel Mussmann garni, Ernst-August-Platz 7, ✉ 30159, ℰ (0511) 3 65 60, *grandhotel@hannover.de*, Fax (0511) 3656145, ≘s – 🛗 ↹ 📺 📞 – 🅐 40. 🆎 ⓞ 🅜 🆅🅸🆂🅰 EX v
100 Zim ⊇ 92/132 – 142/162.
◆ Hübsch sind die renovierten, geschmackvoll eingerichteten Zimmer zum begrünten Innenhof und zum Bahnhofsvorplatz. Wahlweise mit Teppichboden oder Parkett ausgestattet.

Loccumer Hof, Kurt-Schumacher-Str. 16, ✉ 30159, ℰ (0511) 1 26 40, *office@loccumerhof.de*, Fax (0511) 131192 – 🛗, ↹ Zim, 📺 📞 🅿 – 🅐 35. 🆎 ⓞ 🅜 🆅🅸🆂🅰 DX s
Menu (geschl. Samstagabend, Sonntagabend) à la carte 20/31 – **87 Zim** ⊇ 87/95 – 114.
◆ Das Haus gehört der ältesten Hotelkette Deutschlands an, dem Verband Christlicher Hotels. Gepflegte, familiär geführte Übernachtungsadresse mit Lärmstoppfenstern. Zartes Gelb und dezentes Blau sorgen im Restaurant für ein freundliches Ambiente.

Concorde Hotel Berlin garni, Königstr. 12, ✉ 30175, ℰ (0511) 4 10 28 00, *berlin@concorde-hotels.de*, Fax (0511) 41008013 – 🛗 ↹ 📺 📞 🕒 – 🆎 ⓞ 🅜 🆅🅸🆂🅰 EX e
78 Zim ⊇ 100/110 – 120.
◆ Vor allem für Geschäftsleute gedacht sind die funktionell und zeitgemäß mit Kirschbaummöbeln eingerichteten Zimmer dieses Etagenhotels in der Innenstadt.

ANDOR Hotel Plaza, Fernroder Str. 9, ✉ 30161, ℰ (0511) 3 38 80, *mail@hotel-plaza-hannover.de*, Fax (0511) 3388188 – 🛗, ↹ Zim, 📺 📞 – 🅐 90. 🆎 ⓞ 🅜 🆅🅸🆂🅰 EX u
Menu à la carte 23/33 – **140 Zim** ⊇ 105/115 – 130.
◆ Nur 100 m vom Bahnhof entfernt finden vor allem Geschäftsreisende in dem einstigen Kaufhaus ein modern-funktionelles Hotel mit technisch gut ausgestatteten Zimmern. In der zweiten Etage befindet sich das Restaurant Esprit.

HANNOVER

Concorde Hotel am Leinenschloss garni, Am Markte 12, ✉ 30159, ℰ (0511) 35 79 10, *leinenschloss@concorde-hotels.de*, Fax (0511) 35791100 – 📶 ⤧ TV 📞 ⇌. AE ⓘ ⓜ VISA JCB   DY e
81 Zim ⊇ 101 – 136.
• Ein gut unterhaltenes Haus mit recht individuellen, wohnlichen und funktionellen Zimmern. Beim Frühstück in der 4. Etage hat man einen schönen Blick auf die Marktkirche.

Amadeus garni, Fössestr. 83, ✉ 30451, ℰ (0511) 21 97 60, *info@hotelamadeus.de*, Fax (0511) 21976200 – 📶 ⤧ TV 🅿 – 🛆 55. AE ⓘ ⓜ VISA   B m
129 Zim ⊇ 116/142 – 154.
• Am Rand zur Innenstadt findet man dieses gut geführte Hotel mit gepflegten Zimmern, die zwar nicht allzu groß, aber mit modernen hellen Möbeln ansprechend eingerichtet sind.

Am Rathaus, Friedrichswall 21, ✉ 30159, ℰ (0511) 32 62 68, *info@hotelamrathaus.de*, Fax (0511) 32626968 – 📶 ⤧ Zim, TV. AE ⓜ VISA. ⤧ Zim   EY y
Menu *(geschl. Mitte Juli - Mitte Aug., Samstag - Sonntag) (nur Abendessen)* à la carte 18/33 – **44 Zim** ⊇ 75/83 – 120/148.
• Vis-à-vis des schönen Rathausparks gibt sich der seit drei Generationen familiengeführte Betrieb bürgerlich. Mit praktisch eingerichteten Zimmern. Neuzeitliches Restaurant und separate Bierstube mit rustikalem Charakter.

Savoy, Schloßwender Str. 10, ✉ 30159, ℰ (0511) 1 67 48 70, *info@hotel-savoy.de*, Fax (0511) 16748710, ⇌ – 📶 TV 📞 ⇌. AE ⓘ ⓜ VISA. ⤧ Zim   CV e
Menu *(Restaurant nur für Hausgäste)* – **18 Zim** ⊇ 89/95 – 114/125.
• Das im Zentrum der Stadt gelegene Hotel überzeugt mit einer Mischung aus Funktionalität und einem Hauch Eleganz. Geschäftsreisende schätzen die moderne Kommunikationstechnik.

Atlanta garni, Hinüberstr. 1, ✉ 30175, ℰ (0511) 3 38 60, *atlanta.hotel@t-online.de*, Fax (0511) 345928 – 📶 ⤧ 🖃 TV ⇌ 🅿 AE ⓜ VISA. ⤧   EX t
geschl. 22. Dez. - 2. Jan. – **36 Zim** ⊇ 75 – 99.
• In einer Seitenstraße, fünf Gehminuten vom Bahnhof entfernt, liegt das familiär geführte Haus mit gediegen-behaglichem Interieur und gutem Preis-Leistungs-Verhältnis.

CVJM City Hotel garni, Limburgstr. 3, ✉ 30159, ℰ (0511) 3 60 70, *cityhotelh@aol.com*, Fax (0511) 3607177 – 📶 ⤧ TV 📞 – 🛆 65. ⓜ VISA JCB   DX c
47 Zim ⊇ 70 – 100.
• Eine sympathische Adresse ist dieses tadellos geführte Hotel in der Fußgängerzone der Messestadt. Die wohnliche Gestaltung versprüht einen Hauch von mediterranem Flair.

Landhaus Ammann mit Zim, Hildesheimer Str. 185, ✉ 30173, ℰ (0511) 83 08 18, *mail@landhaus-ammann.de*, Fax (0511) 8437749, ⇌, ⇌ – 📶 TV ⇌ 🅿 – 🛆 100. AE ⓘ ⓜ VISA JCB. ⤧ Rest   B b
Menu 31 *(mittags)* à la carte 44/64 ⅔ – **16 Zim** ⊇ 120/170 – 140/195.
• Ein Landhaus in der Stadt! Hier rührt Helmut Ammann in den Töpfen. Im elegant eingerichteten Restaurant wird französische Küche aufgetragen. Genießen Sie die schöne Terrasse.

Georgenhof-Stern's Restaurant, Herrenhäuser Kirchweg 20, ✉ 30167, ℰ (0511) 70 22 44, *georgenhof@gmx.de*, Fax (0511) 708559, ⇌ – 🅿. AE ⓘ ⓜ VISA   B r
Menu 19,50 *(mittags)* à la carte 35/55 ⅔.
• Unweit der Herrenhäuser Gärten bezaubert das niederdeutsche Landhaus mit einer Mischung aus klassischer Gediegenheit und einem Hauch Romantik. Wunderschöne Gartenterrasse.

Adenauerallee . . . . . B 2
Altenauer Weg . . . . A 3
Clausewitzstraße . . . B 5
Friedrichswall . . . . . B 6
Friedrich-Ebert-Str. . . B 8
Goethestraße . . . . . B 9
Gustav-Bratke-Allee . B 10
Humboldtstraße . . . B 13
Kirchröder Straße . . B 16
Lavesallee . . . . B 17
Leibnizufer . . . . B 18
Ritter-Brüning-Str. . . B 20
Scheidestraße . . . . B 21
Schloßwender Str. . . B 22
Stöckener Straße . . A 23
Stresemannallee . . . B 25

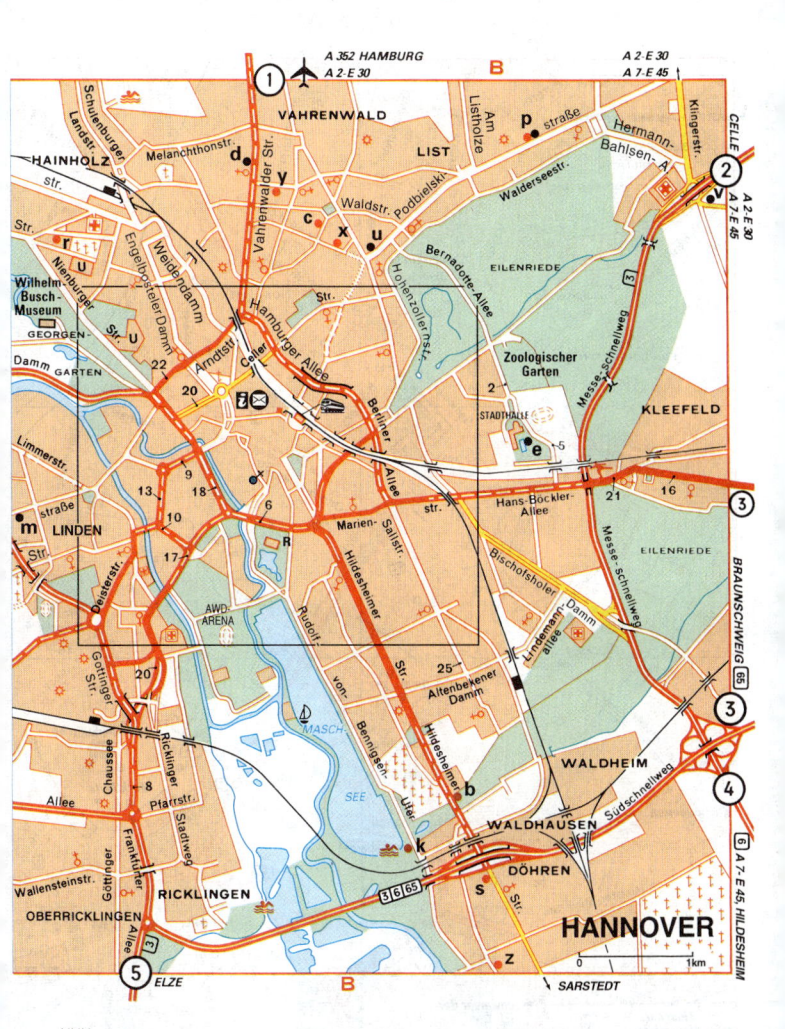

	Clichy, Weißekreuzstr. 31, ✉ 30161, ✆ (0511) 31 24 47, *clichy@clichy.de*, Fax (0511) 318283 – AE ⓂⓄ VISA	**EV** d

geschl. Samstagmittag, Sonntag – **Menu** à la carte 33/47.
 ♦ Pariser Bistro im Jugendstil mit dem Kredo : "Luxus ja, Firlefanz nein !" In elegant wirkendem Ambiente serviert man eine klassische Küche mit modernen Akzenten.

	Gattopardo, Hainhölzer Str. 1 / Ecke Postkamp, ✉ 30159, ✆ (0511) 1 43 75, *clichy @clichy.de*, Fax (0511) 14375, 🌿 – AE ⓂⓄ VISA	**DV** f

Menu (nur Abendessen) (italienische Küche) à la carte 30/37.
 ♦ Sympathisches Ristorante : Freunde der italienischen Lebensart finden hier eine mediterran-legere Atmosphäre und eine gute italienische Küche.

	Le Monde, Marienstr. 116, ✉ 30171, ✆ (0511) 8 56 51 71, 🌿	**FY** a

geschl. Sonntag – **Menu** (nur Abendessen) 19,50/31 à la carte 22/34.
 ♦ Helle Farben, moderne Bilder und eine Fensterfront mit Blick auf einen kleinen Park geben dem Bistro ein nettes Ambiente. Mit sorgfältig zubereiteter französischer Küche.

	Biesler, Sophienstr. 6, ✉ 30159, ✆ (0511) 32 10 33, Fax (0511) 321034 – ⓂⓄ VISA	**EY** c

geschl. Juli- Aug. 2 Wochen, Samstagabend - Montag – **Menu** à la carte 32/40.
 ♦ Älteste Weinstube Hannovers mit rustikalem Gewölbekeller, wo man sich in deutsche Küche, zahlreiche Weinbücher und natürlich in ein gutes Glas Wein vertiefen kann. Gemütlich !

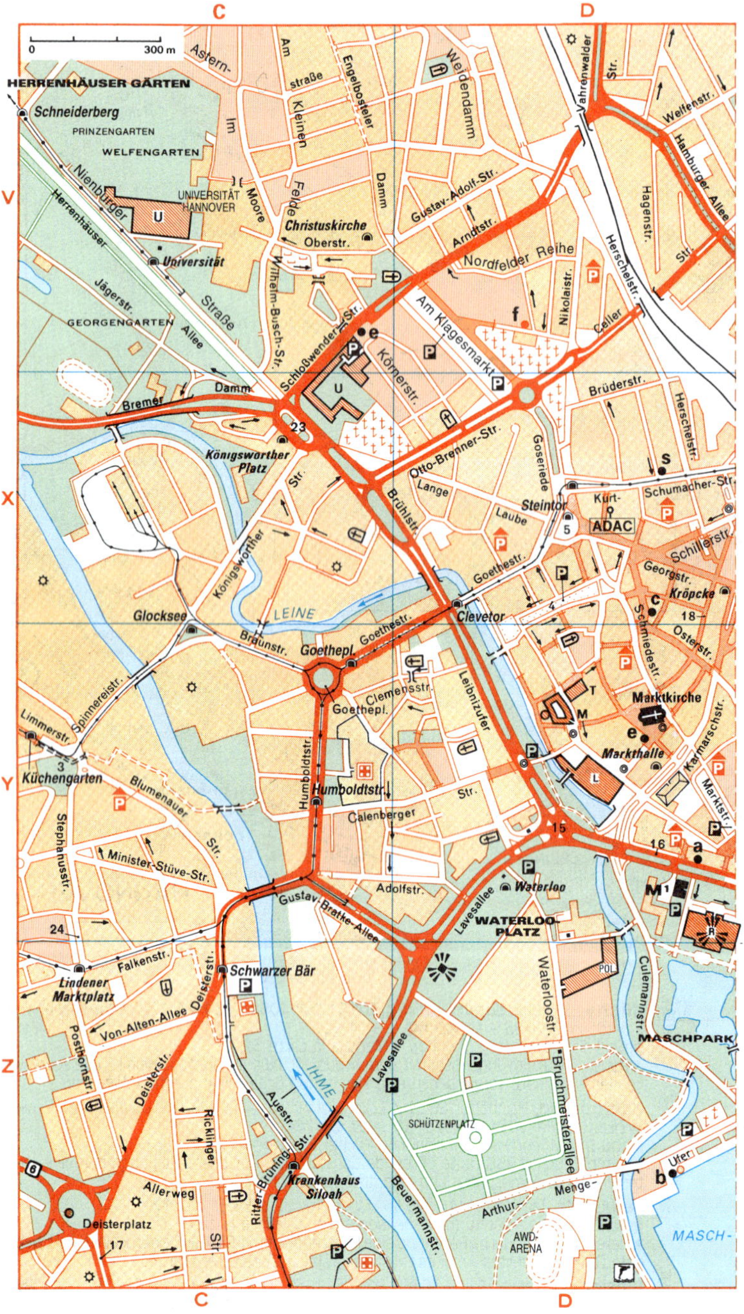
C
D
V
X
Y
Z
0
300 m
HERRENHÄUSER GÄRTEN
Schneiderberg
PRINZENGARTEN
WELFENGARTEN
UNIVERSITÄT HANNOVER
Universität
Nienburger
Herrenhäuser
Straße
Allee
Jägerstr.
GEORGENGARTEN
Astern-
Am
Kleinen
straße
Im
Moore
Felde
Engelbosteler
Damm
Weidendamm
Christuskirche
Oberstr.
Wilhelm-Busch-Str.
Gustav-Adolf-Str.
Arndtstr.
Nordfelder Reihe
Nikolaistr.
Vahrenwalder
Str.
Welfenstr.
Hamburger Allee
Hagenstr.
Herschelstr.
Celler
Am Klagesmarkt
Schloßwender Str.
Körnerstr.
Bremer
Damm
Königsworther Platz
Otto-Brenner-Str.
Goseriede
Brüderstr.
Lange
Laube
Steintor
Kurt-
Schumacher-Str.
ADAC
Schillerstr.
Georgstr.
Kröpcke
Brühlstr.
Goethestr.
Clevetor
Königsworther
LEINE
Glocksee
Braunstr.
Goethepl.
Goethestr.
Clemensstr.
Leibnizufer
Schmiedestr.
Osterstr.
Marktkirche
Markthalle
Karmarschstr.
Marktstr.
Limmerstr.
Spinnereistr.
Küchengarten
Blumenauer
Str.
Humboldtstr.
Calenberger
Str.
Stephanusstr.
Minister-Stüve-Str.
Adolfstr.
Waterloo
Lavesallee
WATERLOO PLATZ
Gustav-Bratke-Allee
Falkenstr.
Lindener Marktplatz
Schwarzer Bär
Von-Alten-Allee
Deisterstr.
Posthornstr.
Waterloostr.
POL
Culemannstr.
MASCHPARK
IHME
Auestr.
Lavesallee
SCHÜTZENPLATZ
Bruchmeisterallee
Ricklinger
Str.
Ritter-Brüning-Str.
Krankenhaus Siloah
Allerweg
Deisterplatz
Beuermannstr.
Arthur-
Menge-
Ufer
AWD-ARENA
MASCH-
23
5
4
18
15
16
24
3
6
17
U
T
M
L
R
M1
a
b
c
e
f
s

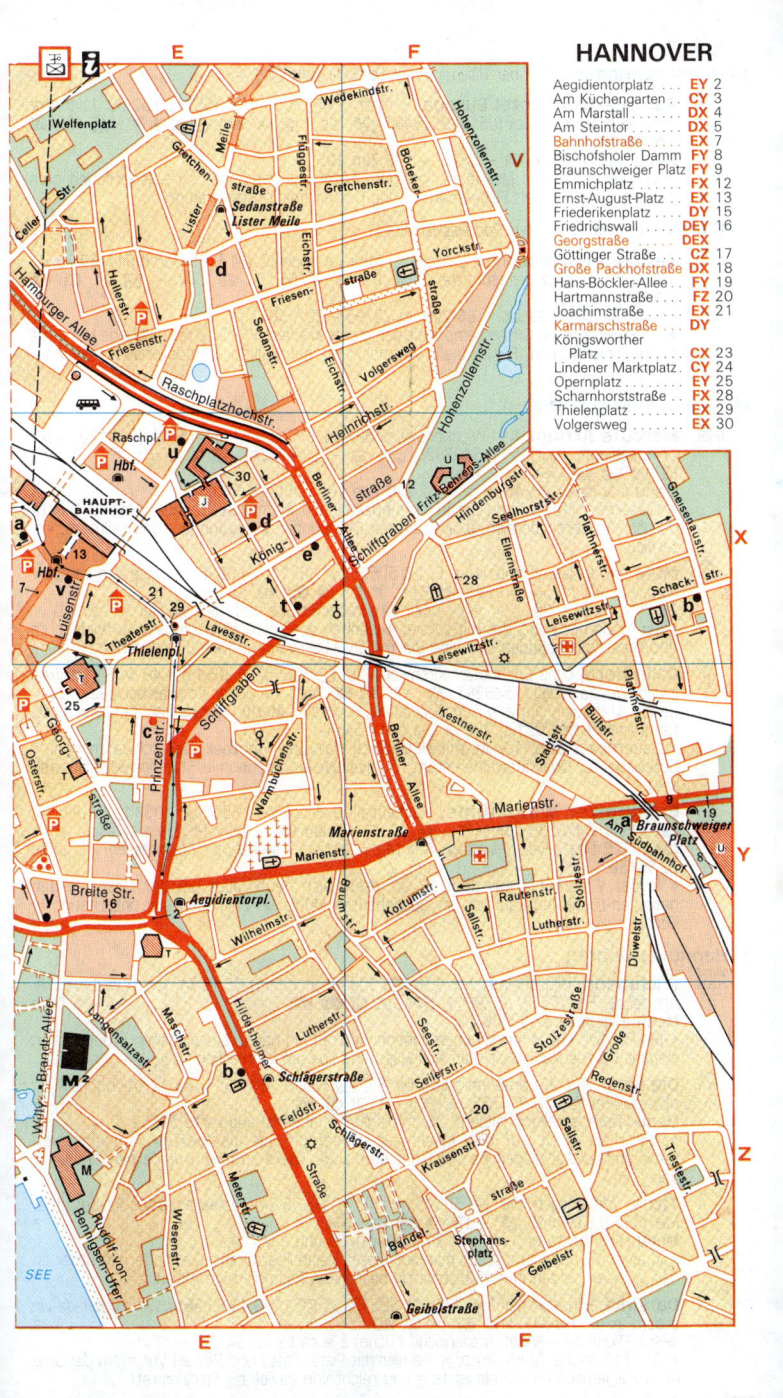

HANNOVER

Aegidientorplatz		EY 2
Am Küchengarten		CY 3
Am Marstall		DX 4
Am Steintor		DX 5
Bahnhofstraße		EX 7
Bischofsholer Damm		FY 8
Braunschweiger Platz		FY 9
Emmichplatz		FX 12
Ernst-August-Platz		EX 13
Friederikenplatz		DY 15
Friedrichswall		DEY 16
Georgstraße		DEX
Göttinger Straße		CZ 17
Große Packhofstraße		DX 18
Hans-Böckler-Allee		FY 19
Hartmannstraße		FZ
Joachimstraße		EX 21
Karmarschstraße		DY
Königsworther Platz		CX 23
Lindener Marktplatz		CY 24
Opernplatz		EY 25
Scharnhorststraße		FX 28
Thielenplatz		EX 29
Volgersweg		EX 30

633

HANNOVER

In Hannover-Bemerode *über Bischofsholer Damm* B *und* ③ :

Ramada-Treff Hotel Europa, Bergstr. 2, ⌧ 30539, ℘ (0511) 9 52 80, *hannover @ramada-treff.de, Fax (0511) 9528488*, 😊, ⇌s – |♣|, ⇌ Zim, 📺 ✆ & 🅿 – 🏊 180. 🆎 ⓄⓄ 🆅🆂🅰 🅹🅲🅱
Menu à la carte 19/41 – ⌑ 13 – **179 Zim** 105.
♦ Verkehrsgünstig in Messennähe gelegen, bietet das Haus praktische, jedoch behaglich eingerichtete Zimmer. Fitnessbereich und Gästeanimationsprogramm!

In Hannover-Bothfeld *über Podbielskistraße* B :

Residenz Hotel garni (mit Gästehaus), Im Heidkampe 80, ⌧ 30659, ℘ (0511) 64 75 50, *info@hotel-viva-creativo.de, Fax (0511) 6475515*, ⇌s, 🍳 – 📺 🅿. 🆎 Ⓞ ⓄⓄ 🆅🆂🅰
geschl. 22. Dez. - 2. Jan. – **66 Zim** ⌑ 75/95 – 90/130.
♦ Als Stadthotel im Grünen empfiehlt sich dieses in einem Wohngebiet gelegene Hotel mit gepflegtem Garten. Funktionelle Zimmer, teils mit Balkon. Im Gästehaus : Themenzimmer.

In Hannover-Buchholz :

Mercure Atrium, Karl-Wiechert-Allee 68, ⌧ 30625, ℘ (0511) 5 40 70, *h1701@acc or-hotels.com, Fax (0511) 5407826*, 😊, ⇌s – |♣|, ⇌ Zim, 📺 ✆ & ⇌ 🅿 – 🏊 120. 🆎 Ⓞ ⓄⓄ 🆅🆂🅰
Menu à la carte 28/46 – ⌑ 14 – **220 Zim** 107 – 117, 6 Suiten.   B v
♦ Gläserne Lifte bringen Sie in die neuzeitlichen Räumlichkeiten des Hotels. Durchdachter Konferenzbereich, u. a. Raum mit Drehbühne, Sekretärinnen- und Dolmetscherservice.

MGM garni, Baumschulenallee 6, ⌧ 30625, ℘ (0511) 54 05 46, *service@mgm-hotel. com, Fax (0511) 54054999* – |♣| 📺 ✆ 🅿. 🆎 Ⓞ ⓄⓄ 🆅🆂🅰
28 Zim ⌑ 70 – 90.   *über Kirchröder Straße und Karl-Wiechert-Allee*   B
♦ Ein modernes Haus, das mit soliden, technisch gut bestückten Zimmern aufwartet. Im Untergeschoss befinden sich eine Bar mit DVD-Leinwand und ein Billardtisch.

Gallo Nero, Groß Buchholzer Kirchweg 72b, ⌧ 30655, ℘ (0511) 5 46 34 34, *mail@g isyvina.de, Fax (0511) 548283*, 😊 – 🅿. 🆎 Ⓞ ⓄⓄ 🆅🆂🅰   B
geschl. Mitte Juli - Anfang Aug. 3 Wochen, Sonntag – **Menu** (abends Tischbestellung ratsam) (italienische Küche) 25/52 à la carte 34/47 🍷.
♦ Bauernhaus a. d. 18. Jh. mit Holzbalken-Flair und Vinothek. Der schwarze Hahn - Gütesiegel für Qualitätsweine - steht für niveauvolle Gastronomie. Ständige Bilderausstellung.

Buchholzer Windmühle, Pasteurallee 30, ⌧ 30655, ℘ (0511) 64 91 38, *Fax (0511) 6478930*, 😊 – 🅿. – 🏊 40. 🆎 Ⓞ ⓄⓄ 🆅🆂🅰   *über Podbielskistraße*   B
geschl. 23. Dez. - Feb., Samstag - Montag, Feiertage – **Menu** (nur Abendessen) à la carte 22,50/36.
♦ In der Windmühle aus dem 16. Jh. dreht sich heute alles um den Gast : In den gediegen-rustikalen Räumen der ausgebauten Mühle serviert man eine internationale Küche.

In Hannover-Döhren :

Wichmann, Hildesheimer Str. 230, ⌧ 30519, ℘ (0511) 83 16 71, *gastw.wichmann@ htp-tel.de, Fax (0511) 8379811*, 😊 – 🅿. 🆎 Ⓞ ⓄⓄ 🆅🆂🅰
Menu à la carte 37,50/60.   B s
♦ Ein Fachwerkhaus mit schönem Innenhofgarten : In neun verschiedenen Stuben - von elegant bis rustikal - lässt man sich klassische Speisen schmecken.

Die Insel, Rudolf-von-Bennigsen-Ufer 81, ⌧ 30519, ℘ (0511) 83 12 14, *n.schu@t-o nline.de, Fax (0511) 831322*, ≤, 😊 – 🅿. 🆎 ⓄⓄ 🆅🆂🅰   B k
Menu (Tischbestellung ratsam) 26 (mittags)/55 (abends) à la carte 30/52, ♀ 🍷.
♦ Die freie Sicht auf den Maschsee suggeriert das Inselgefühl : Im einstigen Schwimmbadlokal tragen Fensterfront und lange Theke zu einem modernen Ambiente bei.

Titus, Wiehbergstr. 98, ⌧ 30519, ℘ (0511) 83 55 24, *restaurant-titus@t-online.de, Fax (0511) 8386538*, 😊 – 🆎 Ⓞ ⓄⓄ 🆅🆂🅰 🅹🅲🅱   B z
Menu (Tischbestellung ratsam) 24 (mittags)/63 und à la carte.
♦ In einer Wohngegend stößt man auf dieses kleine Restaurant. Die modernen Bilder an den Wänden setzen in dem bistroartig bestuhlten Raum farbige Akzente.

Da Vinci, Hildesheimer Str. 228, ⌧ 30519, ℘ (0511) 8 43 65 56, *davinci@rist-da-vin ci.de, Fax (0511) 8437208*, 😊 🅿. 🆎 🆅🆂🅰   B s
geschl. Sonntag – **Menu** (italienische Küche) à la carte 22/34.
♦ Das italienische Team umsorgt Sie hier mit Pizza, Pasta und Pesce ! Vor allem die Liste der hausgemachten Nudeln ist lang und reicht von Ravioli bis Strozzapreti.

HANNOVER

In Hannover-Flughafen über ① : 11 km :

Maritim Airport Hotel, Flughafenstr. 5, ✉ 30669, ℘ (0511) 9 73 70, info.hfl@maritim.de, Fax (0511) 9737590, ≘s, ⌧ – 📶, ↔ Zim, 📺 📞 🚗 – 🔔 900. ⚐ ⓘ ⓜ ⚐ 🄹, ❋ Rest
Menu (nur Buffet) 24 – **Bistro Bottaccio** (geschl. Sonntag - Montag) **Menu** à la carte 27/41 – ⌑ 15 – **528 Zim** 128 - 143, 30 Suiten.
♦ Ein Hotel zum Abheben ! Checken Sie ein in das einem Flugzeug nachempfundene Hotel. Eleganter Komfort gehört zur Ausstattung. Club Lounge mit Blick auf Start- und Landebahnen. Gediegenes Hotelrestaurant.

Holiday Inn Airport, Petzelstr. 60, ✉ 30662, ℘ (0511) 7 70 70, reservation.hi-hannover@queensgruppe.de, Fax (0511) 737781, 🌿, ≘s, ⌧ – 📶, ↔ Zim, ▭ 📺 📞 ♿ 🅿 – 🔔 150. ⚐ ⓘ ⓜ ⚐ 🄹
Menu 20 (Lunchbuffet) à la carte 28/45 – **211 Zim** ⌑ 105/147 – 125/167.
♦ In unmittelbarer Nähe zum Flughafen (Bustransfer-Service) beziehen Sie hier geschmackvolle Zimmer oder tagen in modernen Konferenzräumen.

In Hannover-Herrenhausen :

Mercure am Entenfang garni, Eichsfelder Str. 4, ✉ 30419, ℘ (0511) 9 79 50, info@hotel-am-entenfang.de, Fax (0511) 9795299, ≘s – 📶, ↔ Zim, 📺 📞 🚗 🅿 – 🔔 50. ⚐ ⓘ ⓜ ⚐
über Stöckener Straße und Fuhsestraße A
83 Zim ⌑ 87 – 108.
♦ In der Nähe der berühmten Gärten liegt das Hotel idyllisch inmitten eines 100-jährigen Baumbestandes. Praktische, komfortable Adresse mit kiefernholzmöblierten Zimmern.

In Hannover-Kirchrode über ③ :

Queens 🌿, Tiergartenstr. 117, ✉ 30559, ℘ (0511) 5 10 30, info.qhannover@queensgruppe.de, Fax (0511) 5103510, 🌿, 🛁, ≘s – 📶, ↔ Zim, 📺 📞 ♿ 🚗 🅿 – 🔔 150. ⚐ ⓘ ⓜ ⚐ 🄹
Menu à la carte 22/40 – ⌑ 14 – **178 Zim** 122/135 – 151, 3 Suiten.
♦ Der Hotelbau aus den 60er Jahren wird eingerahmt vom großen Tiergarten. Helle, freundliche Zimmer, funktionell in der Ausstattung - teilweise mit Balkon. Restaurant mit Blick ins Grüne.

In Hannover-Lahe über Podbielskistraße B :

Holiday Inn, Oldenburger Allee 1, ✉ 30659, ℘ (0511) 6 15 50, hannover@eventhotels.com, Fax (0511) 6155555, ≘s – 📶, ↔ Zim, ▭ Zim, 📺 📞 ♿ 🚗 🅿 – 🔔 280. ⚐ ⓘ ⓜ ⚐ 🄹
Menu à la carte 17,50/29 – ⌑ 13 – **150 Zim** 102/123.
♦ Verkehrsgünstige Lage im Nord-Osten. Zeitgemäße, funktionelle Zimmer - die Executive-Zimmer sind auf die Bedürfnisse von Geschäftsleuten ausgerichtet.

Der Föhrenhof, Kirchhorster Str. 22, ✉ 30659, ℘ (0511) 6 15 40, hotel@foehrenhof.bestwestern.de, Fax (0511) 619719, 🌿, 🐎 – 📶, ↔ Zim, 📺 📞 🅿 – 🔔 90. ⚐ ⓘ ⓜ ⚐ 🄹
Menu (geschl. 27. Dez. - 2. Jan.) à la carte 20/33 – **79 Zim** ⌑ 85 – 118.
♦ Behaglichkeit strahlt die Halle mit Kamin aus - rustikale Möbel unterstreichen den Stil. Hinter dem Haus ermöglicht der Jogging-Parcour sportliche Betätigung. Eine rustikale Bierstube ergänzt das elegante Restaurant.

In Hannover-List :

ArabellaSheraton Pelikan, Podbielskistr. 145, ✉ 30177, ℘ (0511) 9 09 30, pelikanhotel@arabellasheraton.com, Fax (0511) 9093555, 🌿, 🛁, ≘s – 📶, ↔ Zim, 📺 📞 ♿ 🚗 🅿 – 🔔 140. ⚐ ⓘ ⓜ ⚐ 🄹
B p
5th Avenue : à la carte 25/36 – ⌑ 16 – **147 Zim** 149, 7 Suiten.
♦ Umsichtig restauriertes Fabrikgebäude : Wo einst berühmte "Pelikan-Füller" hergestellt wurden, residiert man heute in einem mit witzigen Details gestylten Ambiente. Kühles Design gehört zum puristischen Look des Restaurants.

Dorint, Podbielskistr. 21, ✉ 30163, ℘ (0511) 3 90 40, info.hajhan@dorint.com, Fax (0511) 3904100, 🌿, ≘s – 📶, ↔ Zim, ▭ Zim, 📺 📞 ♿ 🚗 – 🔔 200. ⚐ ⓘ ⓜ ⚐ 🄹
B u
Menu à la carte 22/36, ♀ – ⌑ 16 – **206 Zim** 122/151 – 131/161, 4 Suiten.
♦ Auf dem Gelände der ehemaligen Bahlsen-Keksfabrik beeindrucken historische Dampfmaschinen, avantgardistische Architektur und moderne Zimmer mit Komfort. Leicht elegantes Restaurant mit internationaler Küche.

Neue Zeiten, Jakobistr. 24, ✉ 30163, ℘ (0511) 39 24 47, neuezeiten@gmx.net, Fax (05033) 3478 – ⚐ ⓜ ⚐
B x
geschl. Juli 3 Wochen, Sonntag - Montag – **Menu** (nur Abendessen) à la carte 28/40.
♦ Wechselnde Ausstellungen moderner Bilder untermalen die kreative, mediterran angehauchte Saisonküche. Freundlich macht die Chefin den Service.

HANNOVER

Azurro, Voßstr. 51, ✉ 30163, ☎ (0511) 66 63 22, *service@azurro.de*, *Fax (0511) 3941665* – **⦿⦾** B c
geschl. Sonntag – **Menu** *(nur Abendessen)* à la carte 30/49.
• Ein älteres Stadthaus beherbergt dieses kleine Restaurant mit leicht mediterran wirkendem Bistro-Ambiente. Serviert wird eine internationale Küche.

Grüner Pelikan, Podbielskistr. 143a, ✉ 30177, ☎ (0511) 3 94 23 00, *info@gruener-pelikan.de*, *Fax (0511) 3942302*, 🍴 – AE ⦿ ⦾ VISA B p
geschl. Samstagmittag, Sonntagabend – **Menu** à la carte 22,50/36.
• Das Bistrorant befindet sich in einer Fabrikhalle : hohe Räume und legeres Ambiente. Auf der Karte finden sich Pizza, Tapas und mehr - zu günstigen Preisen.

In Hannover-Messe *über* ④ :

Radisson SAS, Expo Plaza 5 (am Messegelände), ✉ 30539, ☎ (0511) 38 38 30, *info.hannover@radissonsas.com*, *Fax (0511) 383838000*, 🍴 – 📶, ⚜ Zim, 🍴 TV ☎ & 🚗 – 🔒 240. AE ⦿ ⦾ VISA JCB
Menu à la carte 23/37 – ⊡ 15 – **250 Zim** 110.
• Ob Hightech, Italian, Maritim oder Scandinavian : Hier stehen Gästen modern-wohnliche Zimmer in verschiedene Einrichtungsstilen zur Verfügung. Das Restaurant liegt in der Lobby und ist in einen Buffet- und einen a la carte-Bereich unterteilt.

Parkhotel Kronsberg (mit Gästehaus), Gut Kronsberg1 (am Messegelände), ✉ 30539, ☎ (0511) 8 74 00, *parkh@kronsberg.bestwestern.de*, *Fax (0511) 867112*, 🍴, ≋, ⬜, 🏊 – 📶, ⚜ Zim, 🍴 Rest, TV ☎ 🚗 – 🔒 150. AE ⦿ ⦾ VISA JCB
Menu *(geschl. 27. Dez. - 2. Jan.)* à la carte 21/31 – **200 Zim** ⊡ 88/160 – 136/186.
• Eine schöne, im mediterranen Stil gestaltete Halle mit Lichtkuppel empfängt die Gäste dieses komfortablen Domizils. Reservieren Sie ein Zimmer im Stil Ihres Sternzeichens ! Mehrere Restaurants und die Gartenterrasse mit Café stehen zur Wahl.

In Hannover-Mittelfeld *über Hildesheimer Str.* B :

Median, Karlsruher Str. 8, ✉ 30519, ☎ (0511) 82 00 30, *info@medianhotel-messe.de*, *Fax (0511) 82003100* – 📶, ⚜ Zim, 🍴 TV ☎ & 🅿 – 🔒 40. AE ⦿ ⦾ VISA JCB
Menu *(nur Abendessen)* 10 (Buffet) – **132 Zim** ⊡ 74/79 – 84/89.
• Die Lage nahe der Messe sowie die neuzeitliche und funktionelle Ausstattung der Zimmer machen das gepflegte Hotel auch für Geschäftsreisende interessant.

In Hannover-Roderbruch *über* ② *: 7 km* :

Novotel, Feodor-Lynen-Str. 1, ✉ 30625, ☎ (0511) 9 56 60, *h1631@accor-hotels.com*, *Fax (0511) 9566333*, 🍴, ≋, ⬜ (geheizt) – 📶, ⚜ Zim, TV ☎ & 🅿 – 🔒 80. AE ⦿ ⦾ VISA
Menu à la carte 17,50/24 – ⊡ 13 – **112 Zim** 99 – 105.
• Die einheitlich mit hellem Mobiliar eingerichteten Zimmer bieten ausreichend Platz und große Schreibtische - eine praktische Adresse. Kinder haben ihre eigene Spielecke ! Zur Halle hin offenes Restaurant.

In Hannover-Vahrenwald *über* ① :

Fora, Großer Kolonnenweg 19, ✉ 30163, ☎ (0511) 6 70 60, *reservation.hannover@fora.de*, *Fax (0511) 6706111*, 🍴, ≋ – 📶, ⚜ Zim, 🍴 Rest, TV ☎ & 🚗 – 🔒 100. AE ⦿ ⦾ VISA JCB
Menu à la carte 20/31 – **142 Zim** ⊡ 98/118 – 118/138.
• Funktionelle Unterkunft für den Geschäftsmann : großzügige Arbeitsflächen und eigenes Telefaxgerät erleichtern die Arbeit. Moderne Technik auch in den Tagungsräumen.

Ibis Hannover City, Vahrenwalder Str. 113, ✉ 30165, ☎ (0511) 38 81 10, *h3365@accor-hotels.com*, *Fax (0511) 38811333* – 📶, ⚜ Zim, TV ☎ 🅿 AE ⦿ ⦾ VISA
Menu *(nur Abendessen)* à la carte 16/22 – ⊡ 9 – **125 Zim** 59. B d
• Die verkehrsgünstige Lage nahe dem Kongress- und dem Geschäftszentrum sowie die funktionell ausgestatteten Zimmer machen dieses neuzeitliche Hotel aus.

Basil, Dragonerstr. 30, ✉ 30163, ☎ (0511) 62 26 36, *info@basil.de*, *Fax (0511) 3941434*, 🍴 – 🅿. AE ⦿ ⦾ VISA B y
geschl. Sonntag – **Menu** *(nur Abendessen)* (Tischbestellung ratsam) 26 à la carte 30/38.
• Wo einst die königlichen Dragoner ausgebildet wurden, speist man heute Crossover in einmaligem Ambiente : Gusseiserne Säulen tragen die schöne Gewölbedecke ; modernes Mobiliar.

In Hannover-Zoo :

Hindenburg-Klassik, Gneisenaustr.55, ✉ 30175, ☎ (0511) 85 85 88, *hindenburg-klassik@web.de*, *Fax (0511) 819213*, 🍴 – AE ⦿ ⦾ VISA FX b
geschl. Samstagmittag, Sonn- und Feiertage – **Menu** (italienische Küche) à la carte 33/51.
• Stammgäste schätzen die unkomplizierte italienische Küche und den freundlichen Service dieses gut geführten Restaurants. Wechselnde moderne Bilder zieren den Raum.

HANNOVER

In Hemmingen-Westerfeld *über ⑤ : 8 km :*

Landhaus Artischocke, Dorfstr. 30, ✉ 30966, ☏ (0511) 94 26 46 30, *info@artischocke.com, Fax (0511) 94264659*, 😊 – 🅿 AE VISA
Menu *(geschl. Montag) (wochentags nur Abendessen)* à la carte 29/38 – **20 Zim** 🛏 50 – 80.
♦ In einer Seitenstraße am Ortsrand gelegen. Im renovierten Fachwerkhaus findet der Reisende ein nettes Zuhause auf Zeit mit gemütlich-ländlichem Interieur. Fachwerkbalken und Holzboden bestimmen den Stil des Restaurants.

In Laatzen *Süd-Ost : 9 km über Hildesheimer Straße B :*

Copthorne, Würzburger Str. 21, ✉ 30880, ☏ (0511) 9 83 60, *sales.hannover@mill-cop.com, Fax (0511) 9836666*, 😊, 🏋, 🅘, 🅢 – 🛗, ⚡ Zim, 📺 📞 ♿ 🚗 🅿 – 🛎 300.
AE ⓞ ⓜ VISA JCB
Menu à la carte 22/40 – **222 Zim** 🛏 150 – 190.
♦ In fünf Gehminuten erreichen Sie von hier das Messegelände ! Zahlreiche prominente Gäste haben bereits den modern-gediegenen Komfort genossen. Die gläserne Pyramide lässt das Restaurant Bentley's licht wirken.

Haase, Am Thie 4 (Ortsteil Grasdorf), ✉ 30880, ☏ (0511) 82 01 60, *hotel-haase@hotel-haase.de, Fax (0511) 8201666* – 🛗 📺 🅿 AE ⓞ ⓜ
Menu *(geschl. Montagmittag, Dienstagmittag)* à la carte 16/26 – **43 Zim** 🛏 59 – 85/95.
♦ Gut geführter Familienbetrieb, seit 1698 an dieser Stelle. Ob bürgerlich oder neuzeitlich : Individuell eingerichtete Zimmer bieten für jeden Geschmack etwas. Holzbalkendecke und ländliches Dekor vermitteln im Restaurant Wohlfühlatmosphäre.

In Langenhagen *über ① : 10 km :*

Allegro garni, Walsroder Str. 105, ✉ 30853, ☏ (0511) 7 71 96 10, *hotel@hotel-allegro.de, Fax (0511) 77196196* – 🛗 ⚡ 📺 📞 🚗 – 🛎 200. AE ⓞ ⓜ VISA
74 Zim 🛏 85 – 105.
♦ Verschiedene Raumwelten tun sich hier auf ! Ob in einem Zimmer im englischen, mexikanischen, maurischen oder mediterranen Stil : Entscheiden Sie, wohin die Reise gehen soll !

Ambiente, Walsroder Str. 70, ✉ 30853, ☏ (0511) 7 70 60, *hotel@ambiente.com, Fax (0511) 7706111* – 🛗, ⚡ Zim, 📺 📞 🚗 – 🛎 20. AE ⓞ ⓜ VISA
geschl. 24. Dez. - 2. Jan. – **Menu** *(geschl. Samstagmittag, Sonntagmittag)* à la carte 22/32 – **67 Zim** 🛏 90 – 115.
♦ Der moderne Hotelbau empfiehlt sich als komfortables Domizil mit technisch kompletter Ausstattung : jedes Zimmer mit Internet-Anschluss, optional auch mit PC ausgerüstet. Geschmackvoll ist das Ambiente des hoteleigenen Restaurants ; Kamin-Bar.

Grethe, Walsroder Str. 151, ✉ 30853, ☏ (0511) 7 70 60, *hotel-grethe@t-online.de, Fax (0511) 772418*, Biergarten, 🅘, 🅢 – 🛗, ⚡ Zim, 📺 📞 🅿 – 🛎 40. AE ⓜ VISA JCB
geschl. 22. Dez. - 6. Jan. – **Menu** *(geschl. Samstagmittag, Sonntag, ausser Messen)* à la carte 21/32 – **51 Zim** 🛏 68/75 – 90.
♦ Behaglichkeit kennzeichnet dieses Hotel in Langenhagen. Die gepflegten Zimmer des Familienbetriebs sind funktional in der Ausstattung - auch Nichtraucherzimmer. Restaurant in rustikaler Gestaltung.

In Langenhagen-Krähenwinkel *über ① : 11 km :*

Jägerhof, Walsroder Str. 251, ✉ 30855, ☏ (0511) 7 79 60, *jaegerhof1@aol.com, Fax (0511) 7796111*, 😊, 🅘, ⚡ Zim, 📺 📞 🅿 – 🛎 60. AE ⓞ ⓜ VISA JCB
geschl. 23. Dez. - 6. Jan. – **Menu** *(geschl. Samstagmittag, Sonn- und Feiertage)* à la carte 19/38 – **77 Zim** 🛏 50/80 – 80/85.
♦ Ein familiär geführtes Hotel mit ländlichem Charme, die Wanderwege beginnen direkt hinter dem Haus. Fragen Sie nach einem der originellen Zimmer mit bemaltem Bauernmobilar ! Das gediegene Interieur des Lokals schafft anheimelnde Atmosphäre.

In Ronnenberg-Benthe *über ⑦ : 10 km über B 65 :*

Benther Berg 🌿, Vogelsangstr. 18, ✉ 30952, ☏ (05108) 6 40 60, *info@hotel-bentherberg.de, Fax (05108) 640650*, 😊, 🅢 – 🛗, 📺 Rest, 📺 🅿 – 🛎 60. AE ⓞ ⓜ VISA
Menu à la carte 30/45 – **70 Zim** 🛏 76/97 – 92/128.
♦ Das Idyll mit schönem Park gliedert sich in 3 Teile : das behagliche Alte Haus (1894 als Herrenhaus erbaut), das funktionale Neue Haus und das komfortable Landhaus. Elegantes Restaurant mit internationalem Repertoire.

In Isernhagen *Nord : 14 km über Podbielskistraße B und Sutelstr. :*

Engel garni, Burgwedeler Str. 151 (HB), ✉ 30916, ☏ (0511) 97 25 60, *info@hotel-engel-isernhagen.de, Fax (0511) 9725646* – ⚡ 📺 🅿 – 🛎 20. AE ⓞ ⓜ VISA
28 Zim 🛏 46/97 – 72/112.
♦ Eine empfehlenswerte Adresse ist das nette Hotel im Landhausstil mit wohnlich und geschmackvoll gestalteten Zimmern und einem hübschen Frühstücksraum mit guter Buffetauswahl.

HANNOVER

- ℵ **Leonardo da Vinci**, Weizenkamp 4 (HB), ✉ 30916, ✆ (0511) 77 57 64, ristorante-leonardo-davinci@web.de, Fax (0511) 7287938, 🍽 – 🄫 𝗩𝗜𝗦𝗔
  geschl. 8. Juli - 18. Aug., Mittwoch – **Menu** (italienische Küche) à la carte 23/42.
  ♦ Lassen Sie sich vom freundlichen Service des hübsch dekorierten Lokals mit einer unkomplizierten italienischen Küche bewirten. Tagesempfehlungen ergänzen die Standardkarte.

In Garbsen-Berenbostel über ⑧ : 13 km und B 6 :

- 🏨 **Landhaus am See** ⚓ (mit Gästehaus), Seeweg 27, ✉ 30827, ✆ (05131) 4 68 60, info@landhausamsee.de, Fax (05131) 468666, ≤, 🍽, ⊜, ▢, 🌳 – ▯ 📺 ☏ 🅿 – 🛄 30. 𝗔𝗘 ⓞ 🄫 𝗩𝗜𝗦𝗔
  Menu (geschl. Sonntag) à la carte 24/31 – **38 Zim** ⌂ 85 – 100.
  ♦ Wie gemalt liegt die Villa am See. Die im Landhausstil gehaltenen Zimmer, teilweise mit Balkon, gefallen mit modernem und elegantem Ambiente. Angenehm helles Restaurant mit schöner Aussicht und Gartenterrasse.

In Garbsen-Frielingen über ⑧ : 19 km und B 6 :

- 🏨 **Bullerdieck** (mit Gästehaus), Bgm.-Wehrmann-Str. 21, ✉ 30826, ✆ (05131) 45 80, info@bullerdieck.de, Fax (05131) 458222, Biergarten, Massage, ⊜ – ▯, ❄ Zim, 📺 ☏ 🅿 – 🛄 35. 𝗔𝗘 ⓞ 🄫 𝗩𝗜𝗦𝗔
  Menu à la carte 18/36 – **56 Zim** ⌂ 65/75 – 90/100.
  ♦ Seit 1869 befindet sich die großzügige Anlage in Familienbesitz. Die Zimmer sind individuell und behaglich eingerichtet. Umfangreiches Kosmetikangebot im Beauty-Bereich. Das rustikale Restaurant bietet eine ungezwungene Atmosphäre.

Die in diesem Führer angegebenen Preise folgen
der Entwicklung der allgemeinen Lebenshaltungskosten.
Lassen Sie sich bei der Zimmerreservierung den endgültigen
Preis vom Hotelier mitteilen.

HANSTEDT Niedersachsen 𝟱𝟰𝟭 G 14 – 5 000 Ew – Höhe 40 m – Erholungsort.

🛈 Tourist-Information, Am Steinberg 2, Küsterhaus, ✉ 21271, ✆ (04184) 5 25, info@hanstedt-nordheide.de, Fax (04184) 898630.
Berlin 321 – Hannover 118 – Hamburg 56 – Lüneburg 31.

- 🏨 **Sellhorn**, Winsener Str. 23, ✉ 21271, ✆ (04184) 80 10, info@hotel-sellhorn.de, Fax (04184) 801333, 🍽, Massage, ⊜, ▢, 🌳 – ▯, ❄ Zim, 📺 ⚕ ⚖ ⌂ 🅿 – 🛄 45. 𝗔𝗘 ⓞ 🄫 𝗩𝗜𝗦𝗔
  Menu à la carte 23/44,50 – **56 Zim** ⌂ 76/92 – 102/124, 3 Suiten – ½ P 18.
  ♦ Komfort und einen Hauch von Luxus versprechen die Zimmer des Landgasthofs am Rand der Heide. Die unberührte Natur und der schöne Fitness-Bereich stehen für Erholung pur. Hübsche Gaststuben mit geschmackvollem Dekor und offenem Kamin. Gartenterrasse !

In Hanstedt-Ollsen Süd : 4 km, über Rathausstraße und Ollsener Straße :

- 🍴 **Zur Eiche** (mit Gästehaus), Am Naturschutzpark 3, ✉ 21271, ✆ (04184) 8 83 00, r.hartig@zur-eiche-ollsen.de, Fax (04184) 8830140, 🍽, 🌳 – ❄ 📺 🅿 – 🛄 15. 𝗔𝗘 ⓞ 🄫 𝗩𝗜𝗦𝗔
  geschl. Anfang Jan. - Mitte März – **Menu** (geschl. Montag) à la carte 16/28,50 – **19 Zim** ⌂ 49/61 – 67/84 – ½ P 11.
  ♦ Der Heide-Landgasthof blickt auf eine 125-jährige Tradition zurück. Zusätzlich zum Haupthaus hat man noch das Ernst-Hus, wo 12 gemütliche Appartements warten. Die ländlich-rustikale Gaststube ist um einen hübsch eingerichteten Wintergarten erweitert worden.

HAPPURG-KAINSBACH Bayern siehe Hersbruck.

HARBURG (SCHWABEN) Bayern 𝟱𝟰𝟲 T 16 – 6 100 Ew – Höhe 413 m.
Berlin 524 – München 112 – Augsburg 55 – Ingolstadt 68 – Nürnberg 97 – Stuttgart 133.

- 🏨 **Zum Straußen**, Marktplatz 2, ✉ 86655, ✆ (09080) 13 98, hotel-straussen@web.de, Fax (09080) 4324, 🍽, ⊜ – ▯, ❄ Zim, 📺 ⚕ ⌂ 🅿 🍴
  geschl. Mitte Aug. - Anfang Sept. – **Menu** (geschl. Sonntagabend - Montag) à la carte 12/20 – **16 Zim** ⌂ 19/29 – 35/55.
  ♦ Unterhalb des Harburger Schlosses liegt dieser saubere familiengeführte Gasthof, der Besuchern behagliche und praktisch eingerichtete Zimmer bietet. In der ländlichen Gaststube serviert man Gerichte, die auf Produkten der eigenen Metzgerei basieren.

HARDEGSEN Niedersachsen 541 L 13 – 9 000 Ew – Höhe 173 m – Luftkurort.
  🛈 Touristinformation, Vor dem Tore 1, ✉ 37181, ☎ (05505) 5 03 17, Fax (05505) 50345.
  Berlin 335 – Hannover 115 – Kassel 64 – Göttingen 21 – Braunschweig 102.

In Hardegsen-Goseplack Süd-West : 5 km :

  Altes Forsthaus, an der B 241, ✉ 37181, ☎ (05505) 94 00, info@altes-forsthaus-goseplack.de, Fax (05505) 940444, 🍴, 🐎 – 📶 TV 📞 & 🅿 – 🔔 50. AE ⓘ 🅜 VISA
  Menu à la carte 21,50/34 – **19 Zim** ⇌ 51/56 – 96/102, 3 Suiten.
  ◆ Das ehemalige Forsthaus macht seinem Namen alle Ehre, gibt es doch ein Wildschweingehege im Garten ! Auch die Gästezimmer im Landhaus-Stil können sich sehen lassen. Das Besondere am Restaurant sind die liebevollen Dekorationen.

HARDERT Rheinland-Pfalz siehe Rengsdorf.

HARDHEIM Baden-Württemberg 545 R 12 – 6 700 Ew – Höhe 271 m – Erholungsort.
  🏌 🏌 Eichenbühl-Guggenberg, Ortsstr. 12 (Nord-West : 7 km), ☎ (09378) 7 89 62.
  Berlin 545 – Stuttgart 116 – Würzburg 50 – Aschaffenburg 70 – Heilbronn 74.

In Hardheim-Schweinberg Ost : 4 km, über B 27 :

  Landgasthof Ross, Königheimer Str. 23, ✉ 74736, ☎ (06283) 10 51, hartwig.scherzinger@t-online.de, Fax (06283) 50322 – 📶 TV 🅿 📞 🅜 VISA JCB
  geschl. über Fasching 1 Woche, 1. - 22. Aug. – **Menu** (geschl. Sonntagabend - Montagmittag, Dienstagmittag) à la carte 15,50/35 – **25 Zim** ⇌ 34 – 58.
  ◆ Wenn Sie stilvolle Behaglichkeit lieben, sind Sie hier richtig ! Solide, bemalte Bauernmöbel verbreiten Atmosphäre in den sehr sauberen Gästezimmern. Leger und dennoch gemütlich wirkt das Restaurant.

HAREN (EMS) Niedersachsen 541 H 5 – 23 000 Ew – Höhe 40 m – Erholungsort.
  🏌 Gut Düneburg, (Süd-West : 2 km), ☎ (05932) 7 27 40.
  🛈 Touristinformation, Neuer Markt 1 (Rathaus), ✉ 49733, ☎ (05932) 7 13 13, Fax (05932) 71315.
  Berlin 519 – Hannover 219 – Nordhorn 54 – Groningen 82 – Osnabrück 100.

  Hagen (mit Gästehäusern), Wesuweer Str. 40, ✉ 49733, ☎ (05932) 7 29 90, info@hotel-hagen.de, Fax (05932) 729939 – ⥿ Zim, TV 📞 & 🚗 🅿 – 🔔 300. 🅜 VISA
  Menu (geschl. Nov. – Mai Dienstag) à la carte 13/25 – **27 Zim** ⇌ 35/45 – 60/70.
  ◆ Das Klinkerhotel bietet Ihnen praktisch ausgestattete Zimmer, teils mit Modemanschluss. Das Haus ist ein idealer Ausgangspunkt für Radfahrer und Golfer. Neuzeitliche Gaststube mit Nebenzimmer im Landhausstil.

HARPSTEDT Niedersachsen 541 H 9 – 4 500 Ew – Höhe 20 m – Erholungsort.
  Berlin 390 – Hannover 103 – Bremen 30 – Osnabrück 95.

  Zur Wasserburg (mit Gästehaus), Amtsfreiheit 4, ✉ 27243, ☎ (04244) 9 38 20, info@zurwasserburg.de, Fax (04244) 938277, 🍴, 🐎 – ⥿ Zim, TV 📞 & 🚗 🅿 – 🔔 40. AE ⓘ 🅜 VISA
  geschl. 2. - 16. Jan. – **Menu** à la carte 16/30,50 – **30 Zim** ⇌ 55/65 – 80/95 – ½ P 15.
  ◆ Der erweiterte Gasthof ist teilweise im Fachwerk-Stil erbaut und verfügt über eine hübsche Außenanlage an einem kleinen Flüsschen. Fragen Sie nach einem Zimmer zum Garten ! Im Restaurant serviert man bürgerliche und regionale Küche.

HARRISLEE Schleswig-Holstein siehe Flensburg.

HARSEFELD Niedersachsen 541 F 12 – 9 500 Ew – Höhe 30 m.
  Berlin 346 – Hannover 176 – Hamburg 56 – Bremen 82.

  Meyers Gasthof, Marktstr. 19, ✉ 21698, ☎ (04164) 8 14 60, info@hotel-meyer.de, Fax (04164) 3022 – ⥿ Zim, TV & 🚗 🅿 – 🔔 25. AE ⓘ 🅜 VISA
  Menu (geschl. Juli 3 Wochen, Sonntagabend)(wochentags nur Abendessen) à la carte 14/28 – **25 Zim** ⇌ 40/56 – 95.
  ◆ Hinter dem Haus liegt ein schöner Park, der zu Spaziergängen einlädt. Am Abend bietet das hauseigene Kino Unterhaltung. Solide, teils ältere, teils neuere Zimmer. Restaurant im Stil einer ländlichen Stube. Spezialität : Wurst aus eigener Schlachtung.

HARSEWINKEL Nordrhein-Westfalen 543 K 8 – 19 000 Ew – Höhe 65 m.
- Marienfeld, Remse 27 (Süd-Ost : 4 km), ℘ (05247) 88 80.
Berlin 424 – Düsseldorf 158 – Bielefeld 30 – Münster (Westfalen) 46.

Poppenborg mit Zim, Brockhäger Str. 9, ⊠ 33428, ℘ (05247) 22 41, hotel-poppenborg@t-online.de, Fax (05247) 1721, 🍽 – 🛗 📺 📞 🚗 🅿. AE ⓘ ⓜ VISA JCB.
Menu (geschl. Mittwoch) à la carte 37/54, ♀ – **18 Zim** ⊃ 50/65 – 95.
- Eine französisch inspirierte Küche kann man sich in dem eleganten Restaurant schmecken lassen. Geschliffene Spiegel und Art déco-Elemente bilden den Rahmen. Gartenrestaurant.

In Harsewinkel-Marienfeld Süd-Ost : 4 km, über B 513 :

Klosterpforte (mit Gästehaus), Klosterhof 2, ⊠ 33428, ℘ (05247) 70 80, post@klosterpforte.de, Fax (05247) 80484, 🍽, ⓥ, Massage, ℺, ⊜s, 🏊 – 🛗 📺 📞 🅿 – 🔔 120. AE ⓜ VISA
geschl. 23. Dez. - 6. Jan. – **Menu** 12,50 (mittags Lunchbuffet) à la carte 20/34 – **112 Zim** ⊃ 73/148 – 98/169.
- Dieses nicht alltägliche Haus liegt vor den Toren des Klosters Marienfeld. Unter der Turmkuppel finden Sie das Highlight : die opulente Turmsuite mit ihren Deckenmalereien. Gemütliches, im rustikalen Stil eingerichtetes Restaurant.

HARTENSTEIN Sachsen 544 O 22 – 2 800 Ew – Höhe 405 m.
Berlin 304 – Dresden 109 – Chemnitz 32 – Gera 66 – Leipzig 94.

Schloß Wolfsbrunn, Stein 8, ⊠ 08118, ℘ (037605) 7 60, wolfsbrunn@t-online.de, Fax (037605) 76299, 🍽, ⊜s, 🚗, ⚒ – 🛗, 🚭 Zim, 📺 📞 🅿 – 🔔 40. AE ⓘ ⓜ VISA. ⚒ Rest
Menu (geschl. Sonntagabend - Montag) (wochentags nur Abendessen) à la carte 34/56, ♀ – **Georg Wolf** : **Menu** à la carte 16/29, ♀ – **24 Zim** ⊃ 95/120 – 145, 3 Suiten.
- Seit 1997 dient das restaurierte Schloss im Jugendstil als Hotel. Es präsentiert sich mit edlen Zimmern und Suiten, teilweise mit Originalmobiliar. Schöner Park ! Elegantes Ambiente im Restaurant. Georg Wolf : rustikal im ehemaligen Schlosskeller.

Romantik Hotel Jagdhaus Waldidyll ⌂, Talstr. 1, ⊠ 08118, ℘ (037605) 8 40, waldidyll@romantikhotels.com, Fax (037605) 84444, 🍽, ℺, ⊜s, 🚗 – 🛗, 🚭 Zim, 📺 📞 🚗 🅿 – 🔔 60. AE ⓘ ⓜ VISA. ⚒ Rest
Menu (abends Tischbestellung ratsam) à la carte 20/33,50 – **28 Zim** ⊃ 67/85 – 97/125.
- Hier kann man sich wirklich geborgen fühlen ! Außen im erzgebirgischen Stil gehalten, spürt man innen die Liebe zum Detail, mit der das Haus harmonisch eingerichtet wurde. Im Restaurant verbreiten Parkettboden und Holzvertäfelung eine wohlige Stimmung.

HARTH-PÖLLNITZ Thüringen – 3 000 Ew – Höhe 320 m.
Berlin 254 – Erfurt 84 – Gera 18 – Greiz 28.

In Harth-Pöllnitz - Großebersdorf :

Adler, Hauptstr. 22 (B 2), ⊠ 07589, ℘ (036607) 50 00, adler_landidyll_hotel@t-online.de, Fax (036607) 50100, 🍽, ⊜s – 🚭 Zim, 📺 📞 🅿 – 🔔 60. AE ⓘ ⓜ VISA
Menu à la carte 22/32,50 – **42 Zim** ⊃ 55/70 – 75/90.
- Zimmer für jeden Geschmack - ob mit Stilmobiliar, rustikal in Eiche oder mit Naturholz bestückt. Nette Accessoires betonen die liebenswerte Einrichtung des Hauses. Eine gemütliche Atmosphäre umgibt Sie im Restaurant.

HARTHA KREIS DOEBELN Sachsen 544 M 22 – 8 600 Ew – Höhe 200 m.
Berlin 241 – Dresden 67 – Leipzig 67 – Gera 91.

Flemmingener Hof, Leipziger Str. 1, ⊠ 04746, ℘ (034328) 5 30, fischer_ralf@t-online.de, Fax (034328) 53444, Biergarten, ⊜s – 🛗, 🚭 Zim, 📺 🅿 – 🔔 25. AE ⓜ VISA. ⚒
Menu (geschl. Samstagmittag, Sonntagabend) à la carte 15/34 – **40 Zim** ⊃ 51/58 – 71/90.
- Der Gasthof Flemmingen diente früher den Handelsreisenden als Unterkunft und den Fuhrleuten als Ausspanne. Heute finden Sie funktionellen und zeitgemäßen Komfort. Das Restaurant ist in kleine Nischen unterteilt, in denen man gemütlich sitzt.

HARTHA (KURORT) Sachsen siehe Freital.

HARTMANNSDORF Sachsen siehe Chemnitz.

HARZBURG, BAD Niedersachsen 541 K 15 – 25 000 Ew – Höhe 300 m – Heilbad – Heilklimatischer Kurort – Wintersport : 480/800 m ≰ 1 ≴ 3 ⚐ (Torfhaus).

🛈 Bad Harzburg, Am Breitenberg 107, ℘ (05322) 67 37.

🛈 Kur-, Tourismus- und Wirtschaftsbetriebe, Herzog-Wilhelm-Str. 86, ✉ 38667, ℘ (05322) 7 53 30, info@bad-harzburg.de, Fax (05322) 75329.

Berlin 253 – Hannover 96 – Braunschweig 46 – Göttingen 90 – Goslar 10.

Braunschweiger Hof, Herzog-Wilhelm-Str. 54, ✉ 38667, ℘ (05322) 78 80, ringhotel-braunschweiger-hof@t-online.de, Fax (05322) 788499, 😊, ℔, 🛋, 🞔, 🌁 – 🛗 ⋇ 📺 🍴 ⬜ 🅿 – 🛎 100. 🅰🅴 ① 🔘 🆅🅸🆂🅰 ※ Rest
Menu à la carte 25,50/46 – **84 Zim** ⌂ 86/98 – 128/168, 4 Suiten – ½ P 24.
♦ Über viele Jahrzehnte gewachsene Harzer Gastlichkeit umfängt Sie in dem schmucken Hotel. Traditionelle Details gepaart mit modernster Technik prägen den Charakter des Hauses. Stilvolle, elegant-rustikale Speiseräume.

Michels Kurhotel Vier Jahreszeiten ⚘, Herzog-Julius-Str. 64 b, ✉ 38667, ℘ (05322) 78 70, kurhotelvierjahreszeiten@michelshotels.de, Fax (05322) 787200, 😊, (Spielcasino im Hause), Massage, ♨, 🛋, 🞔 – 🛗 ⋇ Zim, 🍴 Rest, 📺 🍴 🅿 – 🛎 30. 🔘 🆅🅸🆂🅰
Menu à la carte 19,50/25 – **74 Zim** ⌂ 63/131 – 81/157, 6 Suiten.
♦ Dem ehemaligen Badehaus wurde durch eine komplette Renovierung neues Leben eingehaucht. Historische Architektur und modernes Innenleben ergänzen sich auf reizvolle Weise. Das Restaurant ist im Stil eines eleganten Cafés gestaltet.

Germania ⚘ garni, Berliner Platz 2, ✉ 38667, ℘ (05322) 95 00, info@hotelgermania.de, Fax (05322) 950195, 🛋 – 🛗 ⋇ 📺 🍴 🅿 🅰🅴 ① 🔘 🆅🅸🆂🅰 🅹🅲🅱
35 Zim ⌂ 68/103 – 103/143.
♦ Wohnlich-stilvoll präsentiert sich die Innenausstattung dieses Hauses. Gästen mit künstlerischer Ader stehen das Klavierzimmer und die Bibliothek zur Verfügung.

Seela, Nordhäuser Str. 5 (B 4), ✉ 38667, ℘ (05322) 79 60, info@hotel-seela.de, Fax (05322) 796199, 😊, Massage, ♨, ℔, 🛋, 🞔 – 🛗, ⋇ Zim, 📺 ⬜ 🅿 – 🛎 70. 🅰🅴 ① 🔘 🆅🅸🆂🅰 ※ Rest
Menu à la carte 22/41 (auch Diät u. vegetar. Gerichte) – **120 Zim** ⌂ 69/85 – 130/140, 7 Suiten – ½ P 13.
♦ Die Vorzüge dieses Sport- und Kurhotels : stilvolle Gemütlichkeit am Kamin, gute Sportmöglichkeiten und eine moderne Bäderabteilung mit eigenem Thermal-Sole-Anschluss. In den zwei Restaurants wählen Sie zwischen internationaler, Harzer und Diät-Küche.

Tannenhof (mit Gästehaus Winterberg), Nordhäuser Str. 6, ✉ 38667, ℘ (05322) 9 68 80, hotel.cafe.tannenhof@t-online.de, Fax (05322) 968899, 😊 – 🛗 📺 🅿 – 🛎 30. 🅰🅴 ① 🔘 🆅🅸🆂🅰 🅹🅲🅱
Menu à la carte 21/30,50 – **37 Zim** ⌂ 39/65 – 69/99 – ½ P 13.
♦ Das kleine, zum Teil mit Fachwerk gebaute Hotel hat Pensionscharakter und bietet seinen Urlaubsgästen freundliche, geräumige Zimmer, teilweise auch mit Balkon. Bürgerlich eingerichtetes Restaurant, das auch als Tagescafé genutzt wird.

Victoria garni, Herzog-Wilhelm-Str. 74, ✉ 38667, ℘ (05322) 7 80 50, h.victoria@t-online.de, Fax (05322) 7805500, 🛋 – 🛗 ⋇ 📺 🅿 – 🛎 30. ① 🔘 🆅🅸🆂🅰
38 Zim ⌂ 49/75 – 98/110.
♦ Direkt an der Fußgängerzone befindet sich das Stadthotel mit seinem auffälligen Türmchen. Von hier aus kann man wunderbar bummeln und das Kurgeschehen miterleben.

Marxmeier ⚘ garni, Am Stadtpark 41, ✉ 38667, ℘ (05322) 91 10 90, hotel-marxmeier@harzregio.de, Fax (05322) 9110956, 🛋, 🞔 – 📺 🍴 🅿 ※
geschl. 20. Nov. - 15. Dez. – **22 Zim** ⌂ 34/39 – 68/77.
♦ Im Herzen des Kurzentrums finden Sie diese weiß-grau gestrichene Villa. Persönliche, wohltuende Atmosphäre und gepflegte Zimmer mit Sitzgruppen, teils Balkone.

HARZGERODE Sachsen-Anhalt 542 L 17 – 5 000 Ew – Höhe 400 m.

🛈 Stadtinformation, Markt 7, ✉ 06493, ℘ (039484) 3 24 21, Fax (039484) 32421.

Berlin 230 – Magdeburg 79 – Erfurt 105 – Nordhausen 44 – Quedlinburg 22 – Halle 68.

In Alexisbad Nord-West : 4 km, über B 242 und B 185 :

Habichtstein, Kreisstr. 4 (B 185), ✉ 06493, ℘ (039484) 7 80, hotel-habichtstein@t-online.de, Fax (039484) 78380, 😊, 🛋 – 🛗, ⋇ Zim, 📺 🅿 – 🛎 80. 🅰🅴 ① 🔘 🆅🅸🆂🅰 ※ Rest
Menu à la carte 18,50/37 – **69 Zim** ⌂ 52/57 – 77/87 – ½ P 11.
♦ Der imposante Fachwerkbau befindet sich zwischen dem Waldrand und dem historischen Selketalbahnhof. Stammgäste schätzen die sympathischen Zimmer mit ihren komfortablen Bädern. Rustikales Restaurant.

HASELAU Schleswig-Holstein 541 F 12 – 950 Ew – Höhe 2 m.
Berlin 315 – Kiel 96 – Hamburg 39 – Itzehoe 47.

Haselauer Landhaus, Dorfstr. 10, ⊠ 25489, ℘ (04122) 9 87 10, haselauerlan dhaus@t-online.de, Fax (04122) 987197 – TV P. ⦿ VISA
Menu (geschl. Mittwoch) à la carte 18/29,50 – **8 Zim** ⊇ 40 – 66.
• Wenn Sie eine dörfliche Idylle suchen, wird es Ihnen hier bestimmt gefallen: Das Haupthaus ist ein reetgedeckter Klinkerbau, das Gästehaus liegt an einem kleinen Bachlauf. In der ländlichen Gaststube hält man regionaltypische Gerichte für Sie bereit.

HASELÜNNE Niedersachsen 541 H 6 – 13 200 Ew – Höhe 25 m – Erholungsort.
🛈 Touristinformation, Krummer Dreh 18, ⊠ 49740, ℘ (05961) 50 93 20, touristin fo@haseluenne.de, Fax (05961) 509500.
Berlin 490 – Hannover 224 – Nordhorn 47 – Bremen 113 – Enschede 69 – Osnabrück 68.

Burghotel garni, Steintorstr. 7, ⊠ 49740, ℘ (05961) 9 43 30, reservierung@burgh otel-haseluenne.de, Fax (05961) 943340, ⓔs – ⊠ TV ✆ ⇌ P. ⊶ 30. ⦿ VISA JCB
31 Zim ⊇ 56/74 – 82/112.
• Ein alter Burgmannshof und ein Stadtpalais a. d. 18. Jh. stehen Ihnen zum stilvollen Logieren zur Verfügung. Hinter den alten Mauern verbinden sich Romantik und Komfort.

Parkhotel am See, Am See 2 (im Erholungsgebiet), ⊠ 49740, ℘ (05961) 9 42 50, parkhotel-am-see@gmx.de, Fax (05961) 942525, ≤, 🌳 – ⇌ Zim, TV P.
⦿ VISA
Menu à la carte 19/30 – **11 Zim** ⊇ 45/50 – 75.
• Das neuzeitliche Hotel in schöner Lage am See beherbergt wohnliche Gästezimmer, wahlweise mit Park- oder Seeblick. Sportliche trimmen sich mit einem der hauseigenen Tretboote. Auf einer Galerie kann man im Restaurant sein Essen mit Blick auf den See genießen.

Jagdhaus Wiedehage, Steintorstr. 9, ⊠ 49740, ℘ (05961) 79 22, Fax (05961) 4141, 🌳 – P. ⦿ VISA
geschl. Dienstag – **Menu** à la carte 17/33,50.
• Bei regionalen und überregionalen Speisen lernt man im klassisch-rustikalen Ambiente dieses ehrwürdigen Jagdhauses die emsländische Gastfreundschaft kennen.

In Herzlake-Aselage Ost : 13 km in Richtung Cloppenburg (B 213) :

Romantik Hotel Aselager Mühle, Zur alten Mühle 12, ⊠ 49770, ℘ (05962) 9 34 80, info@aselager-muehle.de, Fax (05962) 9348160, 🌳, Massage, ⓔs, 🔲, ⇌, ※ (Halle) – ⊠ TV P. – ⊶ 120. AE ⦿ ⦿ VISA
Menu à la carte 27,50/44 – **60 Zim** ⊇ 85/110 – 110/180 – ½ P 27.
• Eine großzügige Hotelanlage, die aus mehreren Gebäudeteilen besteht. Das Herzstück bildet die alte Windmühle. Gediegenheit und Komfort begleiten Sie bis in den letzten Winkel. Das Mühlenrestaurant empfängt seine Gäste mit dezent luxuriösem Flair.

HASLACH IM KINZIGTAL Baden-Württemberg 545 V 8 – 6 600 Ew – Höhe 222 m – Erholungsort.
Sehenswert : Schwarzwälder Trachtenmuseum★.
🛈 Tourist-Information, Im Alten Kapuziner Kloster, Klosterstr. 1, ⊠ 77716, ℘ (07832) 70 61 70, Fax (07832) 706179.
Berlin 774 – Stuttgart 174 – Freiburg im Breisgau 54 – Freudenstadt 50 – Offenburg 28.

Zum Ochsen mit Zim, Mühlenstr. 39, ⊠ 77716, ℘ (07832) 99 58 90, Fax (07832) 995899, 🌳, ⇌ – TV P. ⦿
Menu (geschl. Mitte - Ende März, Mitte - Ende Sept., Montag, Donnerstagabend) à la carte 16,50/32 – **7 Zim** ⊇ 34/36 – 67/72.
• Das Speiseangebot in diesem Schwarzwald-Gasthof ist der Region und der Saison angepasst. Sie sitzen gemütlich in einer ländlich gestalteten Stube.

In Haslach-Schnellingen Nord : 2 km, über B 33 :

Zur Blume, Schnellinger Str. 56, ⊠ 77716, ℘ (07832) 9 12 50, info@zur-blume.de, Fax (07832) 912599, 🌳, 🎾 – ⇌ Zim, TV P. AE ⦿ VISA
geschl. Nov. – **Menu** à la carte 12/31 – **25 Zim** ⊇ 34/57 – 57/103 – ½ P 12.
• Mit einem netten Äußeren begrüßt Sie das in freundlichem Gelb gestrichene Gasthaus. Innen finden Sie sehr wohnliche Zimmer, die teilweise über Balkon und Safe verfügen. Ein Kachelofen sorgt in der Gaststube für Stimmung. Bei Sonnenschein lockt der Biergarten.

HASSELFELDE Sachsen-Anhalt 542 K 16 – 3 300 Ew – Höhe 470 m.

🛈 Touristinformation, Lindenstr. 3a, ✉ 38899, ℘ (039459) 7 13 69, hasselfelde.harz@t-online.de, Fax (039459) 76055.
Berlin 238 – Magdeburg 87 – Erfurt 100 – Nordhausen 26 – Halberstadt 33.

Hagenmühle ⌂, Hagenstr. 6, ✉ 38899, ℘ (039459) 7 00 50, info@hotel-hagenmuehle.de, Fax (039459) 71336, Biergarten, 🍴 – 📺 🅿 – 🛁 40
Menu à la carte 15/32,50 – **17 Zim** ⚏ 38/50 – 63/70.
• Die ehemalige Wassermühle hat sich zu einem attraktiven Feriendomizil entwickelt. Individuelle Zimmer und familiärer Service sprechen für sich. Mit Reitmöglichkeit. Im Restaurant : traditionelle Harzküche.

HASSFURT Bayern 546 P 15 – 13 800 Ew – Höhe 225 m.

🛈 Verkehrsamt, Hauptstr. 5, ✉ 97437, ℘ (09521) 68 82 27, Fax (09521) 688280.
Berlin 436 – München 276 – Coburg 52 – Schweinfurt 20 – Bamberg 34.

Meister Bär Hotel, Pfarrgasse 2, ✉ 97437, ℘ (09521) 92 80, has@mb-hotel.de, Fax (09521) 928888, 🛋 – 🛗, 🚫 Zim, 📺 📞 ♿ 🚗 – 🛁 30. 🅰🅴 ⓞ ⓜⓞ 🆅🅸🆂🅰 🅹🅲🅱
Menu à la carte 12/32 – **36 Zim** ⚏ 59/69 – 79/89.
• In dem von Grund auf restaurierten Gebäude war früher einmal eine Schule untergebracht. Heute erwartet den Gast moderner Standard in traditionellem Ambiente. Gemäß seinem "Vorleben" ist das Restaurant wie ein Klassenzimmer gestaltet.

HASSLOCH Rheinland-Pfalz 543 R 8 – 20 000 Ew – Höhe 115 m.

Berlin 642 – Mainz 89 – Mannheim 27 – Neustadt an der Weinstraße 9,5 – Speyer 16.

Sägmühle ⌂, Sägmühlweg 140, ✉ 67454, ℘ (06324) 9 29 10, hotel@saegmuehle.pfalz.com, Fax (06324) 929160, 🍴, 🍽 – 🛗, 🚫 Zim, 📺 📞 🅿 ⓜⓞ 🆅🅸🆂🅰
Menu (geschl. Montagmittag, Dienstagmittag) à la carte 26,50/44,50 – **27 Zim** ⚏ 54/75 – 75/125.
• Idyllisch liegt das ehemalige Mühlengebäude eingerahmt von Wiesen und Wäldern. Der sich durch das Mühlengelände ziehende Wasserlauf gibt dem Anwesen einen besonderen Reiz. Im Original erhaltene Gebäudeelemente machen den rustikal-eleganten Gastraum aus.

HASSMERSHEIM Baden-Württemberg 545 S 11 – 4 500 Ew – Höhe 152 m.

Ausflugsziel : Burg Guttenberg★ : Greifvogelschutzstation Süd : 5 km.
Berlin 609 – Stuttgart 78 – Mannheim 84 – Heilbronn 27 – Mosbach 13.

Auf Burg Guttenberg Süd : 5 km - – Höhe 279 m

Burgschenke, Burgstr. 1, ✉ 74855 Hassmersheim, ℘ (06266) 2 28, burgschenke@burg-guttenberg.de, Fax (06266) 1697, ≤ Gundelsheim und Neckartal, 🍴 – 🅿 ⓞ ⓜⓞ 🆅🅸🆂🅰
geschl. Jan. - Feb., Montag - **Menu** à la carte 17,50/31.
• Wikinger-, Räuber- und Rittermahle erlebt man hier stilecht in mittelalterlichen Räumen. Wem solche Gelage zu derb sind, der kann auch "normal" nach bürgerlicher Art speisen.

HATTERSHEIM Hessen 543 P 9 – 24 100 Ew – Höhe 100 m.

Berlin 548 – Wiesbaden 20 – Frankfurt am Main 21 – Mainz 20.

Am Schwimmbad, Staufenstr. 35, ✉ 65795, ℘ (06190) 9 90 50, info@hotel-am-schwimmbad.de, Fax (06190) 9905155, 🛋 – 🚫 Zim, 📺 🅿 ⓞ ⓜⓞ 🆅🅸🆂🅰, 🚭
Menu (geschl. Freitag - Sonntag) (nur Abendessen) (Restaurant nur für Hausgäste) – **24 Zim** ⚏ 67/75 – 97.
• In den solide und wohnlich gestalteten Zimmern kann man sich wirklich zu Hause fühlen. Für jedes Zimmer steht ein hoteleigener Parkplatz zur Verfügung.

In Hattersheim-Eddersheim Süd : 5 km, über Okriftel :

Steinbrech garni, Bahnhofstr. 44, ✉ 65795, ℘ (06145) 9 34 10, steinbrech-hotel@t-online.de, Fax (06145) 934199 – 🛗 🚫 📺 🚗 🅿 🅰🅴 ⓜⓞ 🆅🅸🆂🅰, 🚭
18 Zim ⚏ 60 – 80.
• Das Besondere an diesem Hotel : Hier erfahren Sie trotz der Nähe zu allen Rhein-Main-Metropolen noch eine persönliche und familiäre Betreuung.

HATTGENSTEIN Rheinland-Pfalz 543 Q 5 – 300 Ew – Höhe 550 m – Wintersport (am Erbeskopf) : 680/800 m ≰ 4 ≰.
Berlin 680 – Mainz 114 – *Trier* 53 – Birkenfeld 8 – Morbach 15.

An der B 269 Nord-West : 4 km :

Gethmann, ⌧ 55743 Hüttgeswasen, ℘ (06782) 98 60, info@hotel-gethmann.de, Fax (06782) 880, 㐀, ≘, 🗆, 🛋 – 🛗 🆃🆅 ⇔ 🅿 🅰🅴 ⓞ ⓜ VISA JCB
geschl. 1. - 25. Dez. – **Menu** à la carte 18/32,50 – **26 Zim** ⇆ 59/70 – 85/95 – ½ P 18.
• In den Höhenlagen des Hunsrücks gelegenes Hotel, das aus dem Oldenburg-Preußischen Zollhaus entstanden ist. Behagliche Gästezimmer, teils mit Balkon. Sie speisen im Wintergarten, in der Jägerstube oder in der Schinderhannesstube.

HATTINGEN Nordrhein-Westfalen 543 L 5 – 63 000 Ew – Höhe 80 m.
🛈 Verkehrsverein, Langenberger Str. 2, ⌧ 45525, ℘ (02324) 95 13 95, verkehrsverein .hattingen@kdt.de, Fax (02324) 951394.
Berlin 524 – *Düsseldorf* 50 – Bochum 10 – Wuppertal 24.

Avantgarde Hotel ⸕, garni, Welperstr. 49, ⌧ 45525, ℘ (02324) 5 09 70, avantgarde-hotel@t-online.de, Fax (02324) 23827, ≘ – 🛗, 🚳 Zim, 🆃🆅 🅿 – 🛋 40. 🅰🅴 ⓞ ⓜ VISA. ⸝
geschl. 20. Dez.- 5. Jan. – **48 Zim** ⇆ 59/95 – 75/110.
• Sächliche, mit Mahagonihölzern eingerichtete Gästezimmer und das liebevoll angerichtete Frühstück, das Sie schon ab 6 Uhr einnehmen können, erleichtern das Leben auf Reisen.

※※ **Diergardts Kühler Grund**, Am Büchsenschütz 15, ⌧ 45527, ℘ (02324) 9 60 30, info@diergardt.com, Fax (02324) 960333, Biergarten – 🅿 ⓞ ⓜ VISA
geschl. Ende Juli - Mitte Aug., Donnerstag – **Menu** (abends Tischbestellung ratsam) à la carte 26/34,50.
• Größtenteils mit eleganter Zirbelholztäfelung ist hier das Interieur versehen. In den verschiedenen Gasträumen genießen Sie in netter Atmosphäre eine internationale Küche.

In Hattingen-Bredenscheid Süd : 5,5 km, über B 51 :

Zum Hackstück ⸕, Hackstückstr. 123 (Ost : 3 km), ⌧ 45527, ℘ (02324) 9 06 60, info@hackstueck.de, Fax (02324) 906655, 㐀 – 🆃🆅 📞 ⇔ 🅿 – 🛋 30
Menu (geschl. Dienstag) à la carte 21/39 – **23 Zim** ⇆ 72/90 – 103/130.
• Wohltuende Ruhe und freundlicher Service zeichnen dieses Hotel aus. Inmitten einer Parkanlage können Sie es sich in hübschen, wohnlichen Zimmern gut gehen lassen ! Eine Gartenterrasse ergänzt das gemütliche Restaurant mit Stubencharakter.

In Hattingen-Holthausen Ost : 2 km :

An de Krüpe ⸕, Dorfstr. 27, ⌧ 45527, ℘ (02324) 9 33 50, info@hotel-kruepe.de, Fax (02324) 933555, 㐀 – 🆃🆅 ⇔ 🅿
Menu (geschl. Mittwoch)(Montag - Freitag nur Abendessen) à la carte 19/30 – **20 Zim** ⇆ 53 – 80.
• Der Zweckbau liegt in einem ruhigen Ortsteil. Dennoch brauchen Sie auf eine verkehrsgünstige Anbindung nicht zu verzichten. Solide eingerichtete Übernachtungszimmer. Ländlich wirkt das Restaurant mit bürgerlichem Speiseangebot.

HATTSTEDTERMARSCH Schleswig-Holstein siehe Husum.

HAUENSTEIN Rheinland-Pfalz 543 S 7 – 4 200 Ew – Höhe 249 m – Luftkurort.
Sehenswert : Museum für Schuhproduktion und Industriegeschichte★.
Ausflugsziel : Teufelstisch★★, West : 7 km.
🛈 Tourist-Info, Turmstr. 5, ⌧ 76846, ℘ (06392) 915 165, info@deutsches-schuhmuseum.de, Fax (06392) 915172.
Berlin 686 – Mainz 124 – *Karlsruhe* 66 – Pirmasens 24 – Landau in der Pfalz 26.

Felsentor, Bahnhofstr. 88, ⌧ 76846, ℘ (06392) 40 50, felsentor@ringhotels.de, Fax (06392) 405145, 㐀, ≘, 🛋 – 🆃🆅 📞 🅿 – 🛋 45. 🅰🅴 ⓜ VISA
Menu (geschl. Jan. - Feb. 2 Wochen, Montag) à la carte 15/37 – **27 Zim** ⇆ 60/65 – 101/110 – ½ P 22.
• Das alte Naturdenkmal hat dem Haus seinen Namen gegeben. Die Zimmer sind gepflegt und zeitgemäß ausgestattet. Hübsch : die Zimmer mit Dachgauben sowie die Suiten. Der Chef selbst kümmert sich um die Küche. Zum Essen serviert man Pfälzer Wein.

Zum Ochsen, Marktplatz 15, ⌧ 76846, ℘ (06392) 5 71, landgasthof-zum-ochsen@t-online.de, Fax (06392) 7235, 㐀 – 🚳 Rest, 🆃🆅 🅿 – 🛋 50. ⓜ VISA
Menu à la carte 12/26 – **17 Zim** ⇆ 42/51 – 66/84 – ½ P 14.
• Der Hotelneubau mit dem aparten Eckturm hält ruhig gelegene Zimmer für Sie bereit. Fragen Sie nach den Anbauzimmern, sie sind geräumiger. Mit blau-weiß gestreiften Stoffen ist das Restaurant behaglich dekoriert.

HAUENSTEIN

In Schwanheim *Süd-Ost : 4 km :*

× **Zum alten Nußbaum** mit Zim, Wasgaustr. 17, ✉ 76848, ℘ (06392) 99 31 46, service@zumaltennussbaum.de, Fax (06392) 993147, 🍽 – TV P. 🎫 VISA
Menu *(geschl. Dienstag, Jan. - Feb. Montag - Donnerstag)* à la carte 17/32, ⌧ – **4 Zim** ⌧ 35 – 52.
• Aus Produkten der Saison bereitet der Küchenchef internationale Gerichte, die Sie im urgemütlichen Restaurant oder im Sommer unter dem "Namensgeber" einnehmen können.

HAUSACH Baden-Württemberg 545 V 8 – 5 700 Ew – Höhe 239 m.
🅱 Verkehrsamt, Rathaus, Hauptstr. 40, ✉ 77756, ℘ (07831) 79 75, Fax (07831) 7956.
Berlin 755 – Stuttgart 132 – *Freiburg im Breisgau* 62 – Freudenstadt 40 – Karlsruhe 110 – Strasbourg 62.

🏠 **Zur Blume**, Eisenbahnstr. 26, ✉ 77756, ℘ (07831) 2 86, pastor@hotelblume.de, Fax (07831) 8933, 🍽 – TV 🚗 P. 🎫 🎫 VISA
geschl. 3. - 20. Jan. – **Menu** *(geschl. Samstagmittag)* à la carte 14,50/30,50 – **17 Zim** ⌧ 38/39 – 56/58 – ½ P 13.
• Mit unterschiedlichen, zum Teil bemalten Naturholzmöbeln hat die Wirtsfamilie es verstanden, das Gasthaus in ein heimeliges Zuhause auf Zeit zu verwandeln. Rustikales Restaurant mit Kamin.

In Hausach-Hechtsberg *: West : 1 km, Richtung Haslach :*

×× **Landhaus Hechtsberg** mit Zim, Hechtsberg 1, ✉ 77756, ℘ (07831) 9 66 60, info@landhaus-hechtsberg.de, Fax (07831) 9666200, 🍽 – ⌧ Zim, TV 📞 P. 🅾 🎫 VISA.
🐾 Zim
geschl. 1. - 5. Jan., über Fastnacht 1 Woche, Aug. 2 Wochen, Montag – **Menu** 14 à la carte 21,50/38,50 – **8 Zim** ⌧ 54 – 89.
• Hier hat man ein altes Gasthaus zu einem hübschen, ländlichen Zimmern gemacht. Nett sitzt man auch auf der Gartenterrasse unter alten Bäumen.

HAUSEN OB VERENA Baden-Württemberg siehe Spaichingen.

HAUZENBERG Bayern 546 U 24 – 12 500 Ew – Höhe 545 m – Erholungsort – Wintersport : 700/830 m ≰2 ✦.
🅱 Tourismusbüro, Schulstr. 2 (Rathaus), ✉ 94051, ℘ (08586) 30 31, Fax (08586) 3058.
Berlin 625 – München 195 – *Passau* 18.

🏠 **Landgasthaus Gidibauer-Hof** 🐾, Grub 7 (Süd : 0,5 km), ✉ 94051, ℘ (08586) 9 64 40, landgasthof@gidibauer.de, Fax (08586) 964444, 🍽, 🍴 – TV ⌧ P. – 🅿 40. 🎫
VISA
geschl. Ende Feb. - Anfang März – **Menu** *(geschl. Montag)* à la carte 13,50/28 – **8 Zim** ⌧ 30/35 – 58/62 – ½ P 12.
• Helle Naturholzmöbel tragen viel zum ländlich-gemütlichen Charme dieses etwas außerhalb gelegenen ehemaligen Bauernhofs von 1816 bei. Restaurant mit behaglichem Ambiente.

In Hauzenberg-Penzenstadl *Nord-Ost : 4 km :*

🏠 **Sonnenhotel Rosenberger** 🐾, Penzenstadl 31, ✉ 94051, ℘ (08586) 97 00, info@sonnenhotel-rosenberger.de, Fax (08586) 5563, ≼, 🍽, Massage, 🍴, ⌧, 🍴 – TV
P. 🎫 🎫 VISA. 🐾 Rest
Menu à la carte 15/23 – **45 Zim** ⌧ 38 – 74.
• Das Dreiländereck Deutschland-Österreich-Tschechien ist die Heimat dieser im Alpenstil erbauten Hotelanlage. Sommers wie winters erwartet Sie hier ein tolles Freizeitangebot. Die Wände der urig bayerisch eingerichteten Gaststube schmücken Jagdtrophäen.

HAVERLAH Niedersachsen siehe Salzgitter.

HAVIXBECK Nordrhein-Westfalen 543 K 6 – 10 600 Ew – Höhe 100 m.
Berlin 496 – Düsseldorf 123 – Nordhorn 69 – Enschede 57 – Münster (Westfalen) 17.

🏠 **Beumer**, Hauptstr. 46, ✉ 48329, ℘ (02507) 9 85 40, hotel-beumer@t-online.de, Fax (02507) 9181, 🍽, 🍴, ⌧, 🅿 50. 🎫 🅾 🎫 VISA. 🐾 Zim
geschl. 20. - 28. Dez. – **Menu** *(geschl. Montag)* à la carte 16/31 – **21 Zim** ⌧ 48/53 – 75/95.
• Im verkehrsberuhigten Teil des Städtchens liegt das Fachwerkhaus mit der hübschen Terrasse. Die Zimmer sind solide ausgestattet und gut unterhalten. Das Restaurant präsentiert sich hell und neuzeitlich im mediterranen Landhausstil.

HAVIXBECK

Kemper, Altenberger Str. 14, ✉ 48329, ℰ (02507) 12 40, *info@hotelkemper.de*, Fax (02507) 9262, 🍴 – 📺 ✆ – 🅿 20. AE ⓂⓄ VISA
geschl. 27. Dez. - 5. Jan. – **Menu** *(geschl. Dienstag - Mittwochmittag)* à la carte 20/29 – **16 Zim** ⊊ 50/55 – 65/85.
◆ Typisch münsterländisch ist der Klinkerbau, in dem der Gasthof untergebracht ist. Die Zimmer sind teils mit honigfarbenem Mobiliar bestückt, einige verfügen über Balkone. Freigelegtes Fachwerk und bäuerliche Accessoires bestimmen den Charakter des Restaurants.

HEBERTSHAUSEN Bayern siehe Dachau.

HECHINGEN Baden-Württemberg 545 U 10 – 20 700 Ew – Höhe 530 m.

Ausflugsziel : *Burg Hohenzollern★ (Lage★★★, ❄★) Süd : 6 km.*

🏌 *Hechingen, Auf dem Hagelwasen,* ℰ (07471) 26 00.

🛈 *Bürger- und Tourismusbüro, Kirchplatz 12,* ✉ 72379, ℰ (07471) 94 02 11, *touristinfo@hechingen.de, Fax (07471) 940210.*

Berlin 701 – Stuttgart 67 – *Konstanz* 123 – Freiburg im Breisgau 131 – Ulm (Donau) 119.

Klaiber, Obertorplatz 11, ✉ 72379, ℰ (07471) 22 57, *info@hotel-klaiber.de*, Fax (07471) 13918 – ⌿ Zim, 📺 🛌 – 🅿 20. ⓂⓄ VISA
Menu *(geschl. ab 19.30 Uhr, Samstag)* à la carte 14/27 – **27 Zim** ⊊ 46/48 – 75.
◆ Abseits der Durchgangsstraße finden Sie hier auf ein gepflegtes Haus unter fachkundiger Leitung. Die Zimmer sind wohnlich eingerichtet und entsprechen modernem Standard. Im Café-Restaurant serviert man bürgerliche Speisen.

Kupferpfanne, Schadenweilerstr. 41, ✉ 72379, ℰ (07471) 54 00, *gerd.merkel@t-online.de, Fax (07471) 15858* – ⓂⓄ VISA
geschl. Ende Feb. 1 Woche, Ende Aug. - Mitte Sept., Donnerstag – **Menu** à la carte 20/35.
◆ Ein umfangreiches internationales Speiseangebot hält das Restaurant, das teils mit rustikaler Holzbalkendecke, teils heller im Bistrostil gestaltet ist, für Sie bereit.

In Hechingen-Stein *Nord-West : 2,5 km :*

Lamm, Römerstr. 29, ✉ 72379, ℰ (07471) 92 50, *info@hotel-gasthof-lamm.de*, Fax (07471) 92542, 🍴 – ⌿ Zim, 📺 ✆ 🅿 – 🅿 30. ⓄⓈ ⓂⓄ VISA
geschl. 27. Dez. - 10. Jan. – **Menu** *(geschl. Freitagabend - Samstag)* à la carte 16/34,50 – **30 Zim** ⊊ 52/62 – 78/89.
◆ Unterschiedlichen Komfort bieten die Zimmer des Landgasthofs : Die neueren sind mit soliden Kirschbaummöbeln eingerichtet, die einfachen, älteren mit rustikalem Eichenmobiliar. Die ländlichen Gasträume sind im neuzeitlichen Stil gestaltet und nett dekoriert.

In Hechingen-Stetten *Süd-Ost : 1,5 km :*

Brielhof, an der B 27, ✉ 72379, ℰ (07471) 9 88 60, *info@brielhof.de*, Fax (07471) 16908, 🍴 – 📺 🛌 🅿 – 🅿 40. AE ⓄⓈ ⓂⓄ VISA
Menu à la carte 22/39 – **25 Zim** ⊊ 47/70 – 93/104.
◆ In den Gästebüchern des Hotels am Fuße des Schlosses Hohenzollern finden sich klangvolle Namen ! Aber auch Gäste mit blauem Blut heißt man in funktionellen Zimmern willkommen. Dezente Farben und viele Gemälde geben den Gasträumen einen gediegenen Touch.

In Bodelshausen *Nord : 6,5 km über B 27 :*

Zur Sonne garni, Hechinger Str. 5, ✉ 72411, ℰ (07471) 9 59 60, Fax (07471) 959669, ⇔ – 📺 🅿. ⓂⓄ
15 Zim ⊊ 38/45 – 46/65.
◆ Das kleine Hotel hat Pensionscharakter und bietet blitzsaubere Zimmer mit ausreichendem Komfort. Die Räume in der ersten Etage verfügen zusätzlich über Balkone.

HEIDE Schleswig-Holstein 541 D 11 – 20 500 Ew – Höhe 14 m.

🛈 *Tourismusverein, Markt 28,* ✉ 25746, ℰ (0481) 6 85 01 17, *info@heide-nordsee.de*, Fax (0481) 67767.

Berlin 389 – Kiel 81 – *Cuxhaven* 120 – Husum 40 – Itzehoe 51 – Rendsburg 45.

Berlin 🛉, Österstr. 18, ✉ 25746, ℰ (0481) 8 54 50, *info@hotel-berlin.com*, Fax (0481) 8545300, 🍴, 🎱, ⇔, 🏊 (geheizt), 🌳 – ⌿ Zim, 📺 ✆ 🅿 – 🅿 80. AE ⓄⓈ ⓂⓄ VISA
Österegg *(wochentags nur Abendessen)* **Menu** à la carte 22,50/31,50 – ⊊ 9 – **70 Zim** 60/134 – 100/154.
◆ Hier in Dithmarschen legt man Wert auf Behaglichkeit mit klaren Linien. Die Zimmer wie auch Empfang und Frühstücksraum bestechen durch Klarheit und eine individuelle Note. Das Restaurant Österegg zeichnet sich durch einen geradlinigen, modernen Stil aus.

HEIDELBERG Baden-Württemberg 545 R 10 – 140 000 Ew – Höhe 114 m.

Sehenswert: Schloss★★★ (Rondell ≤★, Gärten★, Friedrichsbau★★, Großes Fass★, Deutsches Apothekenmuseum★) Z M1 – Alte Brücke ≤★★ Y – Kurpfälzisches Museum★ (Riemenschneider-Altar★★, Gemälde und Zeichnungen der Romantik★★) Z M2 – Haus zum Ritter★ Z N.

🏌 Lobbach-Lobenfeld, Am Biddersbacher Hof (Süd-Ost : 20 km über ②), ℰ (06226) 95 21 10 ; 🏌 Wiesloch-Baiertal, Hohenhardter Hof (Süd : 18 km über ③), ℰ (06222) 78 81 10 ; 🏌 Oftersheim, an der B 291 (Süd-West : 12 km über ④), ℰ (06202) 5 63 90.
🛈 Verkehrsverein, Friedrich-Ebert-Anlage 2, ✉ 69117, ℰ (06221) 1 42 20, info@cvb-heidelberg.de, Fax (06221) 142222.
ADAC, Heidelberg-Kirchheim, Carl-Diem-Str. 2 (über ④).
Berlin 627 ⑤ – Stuttgart 122 ④ – Mannheim 21 ⑤ – Darmstadt 59 ④ – Karlsruhe 59 ④

Stadtplan siehe nächste Seite

🏨🏨🏨🏨🏨 **Der Europäische Hof - Hotel Europa,** Friedrich-Ebert-Anlage 1, ✉ 69117, ℰ (06221) 51 50, reservations@europaeischerhof.com, Fax (06221) 515506, 🌳, Massage, 𝄞, 🧖, 🏊, – 📶, ✁ Zim, 📺 📞 🅿 ⇔ – 🛎 130. 🆎 ⓘ ⓜⓞ 𝘝𝘐𝘚𝘈 V u
Menu à la carte 39/56 – **118 Zim** ⌚ 235/273 – 292/360, 3 Suiten.
♦ Auch anspruchsvolle Gäste schätzen die recht individuellen Zimmer und Suiten, den geschmackvoll gestalteten öffentlichen Bereich und die schöne Gartenanlage im Innenhof. Eine imposante Kassettendecke ziert die stilvolle Kurfürstenstube.

🏨🏨🏨🏨 **Marriott,** Vangerowstr. 16, ✉ 69115, ℰ (06221) 90 80, mhrs.hdbrn.dom@marriotthotels.com, Fax (06221) 908698, ≤, 🌳, Bootssteg, Massage, 𝄞, 🧖, 🏊, – 📶, ✁ Zim, 📺 📞 🅿 ⇔ – 🛎 220. 🆎 ⓘ ⓜⓞ 𝘝𝘐𝘚𝘈 ✂ Rest V d
Menu 21 (Lunchbuffet) à la carte 24/40 – ⌚ 16 – **248 Zim** 145/175, 3 Suiten.
♦ Terrassenförmig ist der neuzeitliche Hotelbau am Neckarufer gebaut worden. Überall im Haus umgibt Sie Exklusivität - von der großzügigen Halle bis in die komfortablen Zimmer. Helles, freundliches Restaurant mit leicht mediterranem Touch und Neckarblick.

🏨🏨🏨🏨 **Crowne Plaza,** Kurfürstenanlage 1, ✉ 69115, ℰ (06221) 91 70, reservations@cp-heidelberg.de, Fax (06221) 21007, Massage, 𝄞, 🧖, 🏊, – 📶, ✁ Zim, 📺 📞 🅿 – 🛎 180. 🆎 ⓘ ⓜⓞ 𝘝𝘐𝘚𝘈 𝐽𝐶𝐵 X s
Menu à la carte 22/52,50 – **Gaudeamus** (Weinstube) (nur Abendessen) **Menu** 19/34 – ⌚ 16 – **232 Zim** 165/190 – 186/211.
♦ Ein sehr komfortables Businesshotel mit gediegenen, gut ausgestatteten Zimmern -Bademäntel, Personenwaage sowie kostenloses Mineralwasser sind nur einige der Extras. In pyramidenförmiges Glasdach und ein großes Aquarium zieren das Hotelrestaurant.

🏛 **Hirschgasse** 🌿, Hirschgasse 3, ✉ 69120, ℰ (06221) 45 40, info@hirschgasse.de, Fax (06221) 454111, 🌳, (historisches Gasthaus a.d.J. 1472) – 📶 📺 🅿. 🆎 ⓘ ⓜⓞ 𝘝𝘐𝘚𝘈 𝐽𝐶𝐵
Le Gourmet (geschl. 1. - 15. Jan., 1. - 15. Aug., Sonntag - Montag) (nur Abendessen) **Menu** 89 à la carte 53/66 – **Mensurstube** (geschl. 1. - 10. Jan., Sonntag) (nur Abendessen) **Menu** 36 à la carte 31/42 – ⌚ 17 – **20 Zim** 135/195 – 195/245, 4 Suiten. Y s
♦ Zimmer und Suiten sind im Laura-Ashley-Stil kostbar ausgestattet. Schöne Stoffe und Ledersitzgruppen komplettieren das romantische Bild. Antiquitäten und Bilder prägen den Stil im Le Gourmet. In der Mensurstube sitzen Sie an über 200 Jahre alten Stammtischen.

🏨🏨 **Rega-Hotel Heidelberg,** Bergheimer Str. 63, ✉ 69115, ℰ (06221) 50 80, info@rega.bestwestern.de, Fax (06221) 508500, 🌳 – 📶, ✁ Zim, 📺 📞 ⇔ – 🛎 60. 🆎 ⓘ ⓜⓞ 𝘝𝘐𝘚𝘈 VX r
Menu à la carte 27,50/42 – ⌚ 15 – **124 Zim** 124 – 136.
♦ Das Stadthotel ist in einem modernen Hochhaus untergebracht. Im Kontrast zur nüchternen Architektur wirken die Zimmer angenehm wohnlich und bieten durchdachte Technik. Gemütliches kleines Restaurant namens Badische Stub'.

🏨 **Holländer Hof** garni, Neckarstaden 66, ✉ 69117, ℰ (06221) 6 05 00, info@hollaender-hof.de, Fax (06221) 605060, ≤ – 📶 ✁ 📺 📞 🅿. 🆎 ⓘ ⓜⓞ 𝘝𝘐𝘚𝘈 Y v
39 Zim ⌚ 69/113 – 88/143.
♦ Logieren Sie mit Blick auf den Neckar und den berühmten Philosophenweg ! Das stattliche Biedermeierhaus hat gediegene Zimmer, die teils behindertengerecht sind, anzubieten.

🏨 **Alt Heidelberg,** Rohrbacher Str. 29, ✉ 69115, ℰ (06221) 91 50, info@altheidelberg.bestwestern.de, Fax (06221) 164272 – 📶, ✁ Zim, 📺 📞 – 🛎 30. 🆎 ⓘ ⓜⓞ 𝘝𝘐𝘚𝘈 𝐽𝐶𝐵
Menu (geschl. 22. Dez. - 7. Jan., Samstagmittag, Sonn- und Feiertage) à la carte 25/36 – ⌚ 10 – **78 Zim** 87/110 – 100/115. X n
♦ Von hier aus erreichen Sie die romantische Altstadt bequem zu Fuß. Hinter der Jugendstilfassade finden Sie helle, freundliche Zimmer, wobei die mit Erker besonders schön sind. Das Restaurant Graimberg ist mit Gelbtönen ansprechend gestaltet worden.

🏨 **Romantik Hotel Zum Ritter St. Georg,** Hauptstr. 178, ✉ 69117, ℰ (06221) 13 50, info@ritter-heidelberg.de, Fax (06221) 135230 – 📶 📺. 🆎 ⓘ ⓜⓞ 𝘝𝘐𝘚𝘈 𝐽𝐶𝐵
Menu à la carte 25/43 – **39 Zim** ⌚ 90/140 – 140/180. Z N
♦ Der Drachentöter stand Pate bei der Taufe des Hotels in dem schönen Renaissancehaus von 1592. Hinter der Sandsteinfassade umgibt Sie Tradition und Historie. Festlich wirkt das saalartige Restaurant Belier. In der Rittersstube sitzt man gemütlich.

HEIDELBERG

Bahnhofstraße	X 2
Bauamtsgasse	Z 5
Bismarckplatz	V 10
Bismarcksäulenweg	V 13
Bismarckstraße	V 16
Brückenstraße	
Burgweg	Z 19
Carl-Benz-Straße	X 20
Czernyring	X 22
Eppelheimer Straße	X 25
Ernst-Walz-Brücke	V 28
Franz-Knauff-Straße	X 31
Gaiberger Weg	X 34
Grabengasse	Z 36
Graimbergweg	Z 39
Häusserstraße	X 41
Hauptstraße	YZ
Heiliggeiststraße	Y 44
Jubiläumsplatz	YZ 47
Kaiserstraße	Z 49
Karlsplatz	YZ 55
Klingenteichstr.	Z 56
Kornmarkt	Z 57
Kurfürsten-Anlage	Y 60
Marktplatz	Y 63
Marstallstraße	Y 66
Mittermaierstraße	X 69
Montpellierbrücke	X 71
Neue Schlossstraße	Z 74
Quinckestraße	V 76
Ringstraße	X 79
Rohrbacher Straße	X 81
Schlossberg	Z 84
Schurmanstraße	V 86
Sofienstraße	V 88
Speyerer Straße	X 90
Steingasse	Y 92
Universitätsplatz	Z 94
Vangerowstraße	V 96
Zähringerstraße	X 97
Zwingerstraße	Z 99

HEIDELBERG

🏨 **Weißer Bock,** Große Mantelgasse 24, ✉ 69117, ℰ (06221) 9 00 00, *weisserbock@ t-online.de, Fax (06221) 900099,* 🍴 – 📶, ✳ Zim, 📺 📞 – 🛋 25. ⓜ 💳   **Y a**
Menu à la carte 27,50/47 – ⚏ 10 – **23 Zim** 85 – 110.
 • Freigelegtes Fachwerk und edler Parkettboden machen den besonderen Reiz des Gästezimmer aus, in denen die spannende Verbindung von Tradition und Komfort spürbar ist. Restaurant und Festsaal haben sich den Charme eines ehemaligen Studentenlokales erhalten.

🏨 **Backmulde,** Schiffgasse 11, ✉ 69117, ℰ (06221) 5 36 60, *backmulde.heidelberg@ -online.de, Fax (06221) 536660* – 📺 🔒 🅿 – 🛋 40. 🅰🅴 ⓞ ⓜ 💳   **YZ a**
Menu *(geschl. Aug. 2 Wochen, Sonntag - Montagmittag)* 17,50 à la carte 23/35 – **16 Zim** ⚏ 65/75 – 99/110.
 • Die ehemalige Schifferherberge glänzt mit sympathischen Zimmern, die durch blaue Teppiche und Polsterstühle eine interessante Farbgestaltung erhalten haben. In der Gaststube erzeugen dunkle Hölzer im Zusammenspiel mit roten Stoffen eine warme Atmosphäre.

🏨 **Goldene Rose** garni, St. Annagasse 7, ✉ 69117, ℰ (06221) 90 54 90, *hotelgoldene rose@compuserve.com, Fax (06221) 182040* – 📶 📺 📞 🚗. 🅰🅴 ⓜ 💳 ᴊᴄʙ   **V a**
33 Zim ⚏ 95/110 – 99/125.
 • In einer ruhigen, kleinen Seitenstraße finden Sie diese nette Unterkunft. Die Zimmer sind praktisch mit hellem Holzmobiliar eingerichtet und bieten Standardtechnik.

🏨 **Acor** garni, Friedrich-Ebert-Anlage 55, ✉ 69117, ℰ (06221) 65 40 70, *acor.hotel@t-online.de, Fax (06221) 6540717* – 📶 ✳ 📺 📞.   **Z f**
geschl. Ende Dez. - Anfang Jan. – **18 Zim** ⚏ 82/90 – 102/125.
 • In einem schönen neoklassizistischen Bau in der Altstadt ist dieses kleine Hotel untergebracht. Die Zimmer sind solide und funktionell ausgestattet, Gemälde zieren das Haus.

🏨 **Perkeo** garni, Hauptstr. 75, ✉ 69117, ℰ (06221) 1 41 30, *perkeo@hotels-in-heidelberg.de, Fax (06221) 141337* – 📺. 🅰🅴 ⓞ ⓜ 💳 ᴊᴄʙ   **Z d**
geschl. 24. Dez. - 4. Jan. – **24 Zim** ⚏ 87/113 – 110/154.
 • Die zentrale Lage mitten in der Altstadt ermöglicht es Ihnen, alle Sehenswürdigkeiten von hier aus zu Fuß zu erreichen. Die Zimmer sind gefällig in Buche eingerichtet.

🏨 **Nassauer Hof** garni, Plöck 1, ✉ 69117, ℰ (06221) 90 57 00, *nassauer-hof@t-online.de, Fax (06221) 9057044* – 📶 ✳ 📺 🚗. 🅰🅴 ⓜ 💳 ✳   **V c**
23 Zim ⚏ 78/88 – 118/138.
 • Ein mediterraner Stil zieht sich durch das ganze Haus - überall angenehme, warme Farben. Die Zimmer sind mit hellem Holz wohnlich eingerichtet - alle mit großem Ventilator.

🏨 **Am Rathaus** garni, Heiliggeiststr. 1 (am Marktplatz), ✉ 69117, ℰ (06221) 1 47 30, *rathaus@hotels-in-heidelberg.de, Fax (06221) 147337* – 📺. 🅰🅴 ⓞ ⓜ 💳 ᴊᴄʙ   **Y n**
20 Zim ⚏ 87/110 – 110/154.
 • Recht ruhig liegt das schmucke Eckhaus im Herzen der historischen Altstadt. Die Übernachtungszimmer sind unterschiedlich im Zuschnitt, aber immer funktionell und hell.

🏨 **Am Schloss** garni, Zwingerstr. 20 (Parkhaus Kornmarkt), ✉ 69117, ℰ (06221) 1 41 70, *schloss@hotels-in-heidelberg.de, Fax (06221) 141737* – 📶 📺 🚗. 🅰🅴 ⓞ ⓜ
💳 ᴊᴄʙ   **Z r**
geschl. 23. Dez. - 3. Jan. – **24 Zim** ⚏ 87/105 – 110/154.
 • Parkplatzprobleme gibt es hier nicht, denn das Hotel liegt in den oberen Stockwerken eines Parkhauses. Einige Zimmer gewähren einen sehenswerten Blick auf das Schloss.

🏨 **Schönberger Hof** garni, Untere Neckarstr. 54, ✉ 69117, ℰ (06221) 1 40 60, *schoenbergerhof@hotels-in-heidelberg.de, Fax (06221) 140639* – 📺 🚗. 🅰🅴 ⓞ ⓜ 💳 ᴊᴄʙ
geschl. 24. Dez. - 4. Jan. – **18 Zim** ⚏ 87/110 – 110/154.   **Y b**
 • Das Hotel aus dem Ende des 19. Jh. ist aus dem für die Gegend typischen Buntsandstein gebaut. Einige der Zimmer sind hell und freundlich im Landhausstil eingerichtet.

🏨 **Kohler** garni, Goethestr. 2, ✉ 69115, ℰ (06221) 97 00 97, *info@hotel-kohler.de, Fax (06221) 970096* – 📶 ✳ 📺 📞. ⓜ 💳 ᴊᴄʙ ✳   **X d**
geschl. Mitte Dez. - Mitte Jan. – **41 Zim** ⚏ 63/84 – 78/100.
 • Das Äußere des Hauses ist durch den weithin sichtbaren Eckturm geprägt. Auf vier Etagen vermietet man hier Zimmer, die nett und praktisch ausgestattet sind.

🍴🍴 **Simplicissimus,** Ingrimstr. 16, ✉ 69117, ℰ (06221) 18 33 36, *Fax (06221) 181980,* 🍴 – 🅰🅴 ⓜ 💳 ᴊᴄʙ ✳   **Z h**
geschl. Jan. - Feb. 2 Wochen, Aug. - Sept. 2 Wochen, Dienstag – **Menu** *(nur Abendessen)* (Tischbestellung ratsam) 29/55 à la carte 32,50/50.
 • Das Innenleben des Altstadthauses gefällt mit Jugendstilelementen, die ihm einen Hauch von Eleganz verleihen. Nett sitzt man auch auf der Innenhofterrasse.

🍴🍴 **Zur Herrenmühle,** Hauptstr. 239, ✉ 69117, ℰ (06221) 60 29 09, *info@zur-herrenmuehle.de, Fax (06221) 22033,* 🍴, (Haus a.d. 17. Jh.) – 🅿. 🅰🅴 ⓜ 💳   **Y e**
geschl. Ende April 1 Woche, Sonntag - Montag – **Menu** *(nur Abendessen)* (Tischbestellung ratsam) 24 à la carte 17,50/39,50.
 • In diesem netten Restaurant in der Altstadt hat man rustikales Mobiliar und dunkle Holzbalken gelungen mit Aprikot-Tönen kombiniert. Romantische glyzinienberankte Terrasse.

HEIDELBERG

XX **Schlossweinstube,** (im Heidelberger Schloss), ✉ 69117, ℰ (06221) 9 79 70, *schoe nmehl@t-online.de, Fax (06221) 167969,* 🌳 – ⚿ ⓘ ⓜⓞ 𝚅𝙸𝚂𝙰 Z
geschl. 23. Dez. - 15. Jan., Mittwoch – **Menu** *(nur Abendessen)* à la carte 43,50/57,50, ⚲.
• Fühlen Sie sich wie ein Schlossherr ! Die modernen schwarzen Stühle bilden einen reizvollen Kontrast zum herrschaftlichen Rahmen mit Parkett und wertvollen Gemälden.

X **Piccolo Mondo,** Klingenteich 6, ✉ 69117, ℰ (06221) 60 29 99, *Fax (06221) 655845* – ⚿ ⓜⓞ 𝚅𝙸𝚂𝙰. ⌀ Z a
geschl. Montag – **Menu** *(italienische Küche)* à la carte 27/40.
• Etwas versteckt liegt das nette Lokal unweit der Altstadt. Helle, freundliche Farben und Steinfußboden verleihen dem Gewölberestaurant ein leicht mediterranes Ambiente.

In Heidelberg-Grenzhof *Nord-West : 8 km über B 37* V :

🏨 **Landhaus Grenzhof** 🌿, Grenzhof 9, ✉ 69123, ℰ (06202) 94 30, *welcome@landhaus-grenzhof.com, Fax (06202) 943100,* Biergarten – |₰|, ⌀ Zim, 📺 📞 🅿 – 🎩 20. ⓜⓞ 𝚅𝙸𝚂𝙰 𝙹𝙲𝙱. ⌀
Menu *(geschl. Sonntag)(nur Abendessen)* à la carte 34/47, ⚲ – **28 Zim** ⊆ 80/95 – 120/130.
• Der alte Gutshof befindet sich seit Generationen in weiblicher Hand. Mit viel Liebe zum Detail hat man eine Symbiose aus moderner Wohnkultur und ländlichem Charme geschaffen. Das Restaurant überzeugt mit einer stilvoll-rustikalen Einrichtung.

In Heidelberg-Handschuhsheim *über ① : 3 km :*

🏛 **Gasthof Lamm,** Pfarrgasse 3, ✉ 69121, ℰ (06221) 4 79 30, *Fax (06221) 479333,* 🌳 – ⌀ Zim, 📺 📞 – 🎩 15. ⓜⓞ 𝚅𝙸𝚂𝙰. ⌀ Rest   *über Brückenstraße* V
Menu *(geschl. 15. Jan. - 1. Feb.)(nur Abendessen)* (Tischbestellung ratsam) à la carte 28,50/39 – ⊆ 7 – **11 Zim** 85/90 – 105/115.
• In einem schönen historischen Ortsteil lädt der alte Gasthof a. d. 17. Jh. zum Verweilen ein. Mit einem Ambiente, das von einer Mixtur aus Alt und Neu bestimmt wird. Echte Ölbilder und reizende Accessoires zieren das Restaurant - hübsche Innenhofterrasse !

XX **Ai Portici,** Rottmannstr. 2 (Eingang Steubenstraße), ✉ 69121, ℰ (06221) 47 28 17, *aiportici@hotmail.com, Fax (06221) 402288,* 🌳 – ⚿ ⓜⓞ
geschl. Anfang Jan. 1 Woche, Sonntag – **Menu** *(italienische Küche)* à la carte 25/41, ⚲ 🍷.
• Dunkles Holz und gelb gestrichene Wände unterstreichen das südländische Flair des Hauses. Zur typisch italienischen Karte teilt man Ihnen mündlich die Tagesempfehlung mit.

In Heidelberg-Kirchheim *über ④ : 3 km :*

🏨 **Holiday Inn,** Pleikartsförster Str. 101, ✉ 69124, ℰ (06221) 78 80, *info.hi-heidelberg@queensgruppe.de, Fax (06221) 788499,* 🛁, 🚫 – |₰|, ⌀ Zim, 🖥 Rest, 📺 📞 & 🅿 – 🎩 220. ⚿ ⓜⓞ 𝚅𝙸𝚂𝙰 𝙹𝙲𝙱
Menu à la carte 20/34,50 – ⊆ 14 – **169 Zim** 85/149 – 109/169.
• Die gute Autobahnanbindung in Kombination mit perfekter Tagungstechnik und zeitgemäßem Wohnkomfort macht das Haus für Privat- wie Geschäftsreisende interessant. Hell und freundlich gestalteter Restaurantbereich.

In Heidelberg-Pfaffengrund *West : 3,5 km über Eppelheimer Straße* X :

🏛 **Neu Heidelberg,** Kranichweg 15, ✉ 69123, ℰ (06221) 7 38 20, *Fax (06221) 738260,* 🚫 – ⌀ Zim, 📺 📞 🅿. ⌀ Zim
Menu *(geschl. Sonntag)(nur Abendessen)* à la carte 17/30 – **22 Zim** ⊆ 62/80 – 85/99.
• Außerhalb und doch verkehrsgünstig liegt das familiär geführte Hotel, in dem man alles tut, damit Sie sich wie zu Hause fühlen. Liebevoll bereitetes Frühstücksbuffet ! Das Restaurant Brunnenstube wurde kürzlich komplett umgebaut und wirkt nun sehr gemütlich.

In Heidelberg-Rohrbach *Süd : 6 km, über Rohrbacher Str.* X :

XX **Ristorante Italia,** Karlsruher Str. 82, ✉ 69126, ℰ (06221) 31 48 61, *italia.ristorante@t-online.de, Fax (06221) 335617* – ⓜⓞ 𝚅𝙸𝚂𝙰
geschl. Mai - Juni 3 Wochen, Mittwoch, Samstagmittag – **Menu** à la carte 25/42,50, ⚲.
• Mediterrane Farben und ungezwungene Atmosphäre laden ein, sich auf eine kulinarische Reise in den sonnigen Süden zu begeben. Freuen Sie sich auf italienische Klassiker !

HEIDENAU *Niedersachsen* 𝟧𝟦𝟷 G 12 – *1 600 Ew – Höhe 35 m.*
Berlin 326 – Hannover 126 – Hamburg 49 – Bremen 76.

🏛 **Heidenauer Hof** (mit Gästehaus, 🌿), Hauptstr. 23, ✉ 21258, ℰ (04182) 41 44, *heidenauer-hof@t-online.de, Fax (04182) 4744,* 🌳, 🚗 – ⌀ Zim, 📺 🚗 🅿 – 🎩 50. ⓜⓞ 𝚅𝙸𝚂𝙰
Menu *(geschl. 23. Dez. - 10. Jan., Dienstag)* (Okt. - April nur Abendessen) à la carte 16/24 – **26 Zim** ⊆ 40/55 – 65/80.
• Vor den Toren Hamburgs liegt dieses Hotel mit seinem Gästehaus, das mitten in einem Park gebaut wurde. Die Zimmer sind geräumig, technisch komplett und blicken in den Garten. Zum Essen nehmen Sie Platz im Rosengarten oder dem beheizten Wintergarten.

HEIDENHEIM AN DER BRENZ Baden-Württemberg 545 T 14 – 51 000 Ew – Höhe 491 m.

🏛 Tourist-Information, Hauptstr. 34 (Elmar-Doch-Haus), ✉ 89522, ℘ (07321) 32 73 40, tourist-information@heidenheim.de, Fax (07321) 327687.
Berlin 583 – *Stuttgart* 82 – *Augsburg* 90 – Nürnberg 132 – Ulm (Donau) 46 – Würzburg 177.

🏨 **NH Heidenheim**, Friedrich-Pfenning-Str. 30, ✉ 89518, ℘ (07321) 98 00, nhheidenheim@nh-hotels.com, Fax (07321) 980100, 😊, direkter Zugang zum Freizeitbad – 📶, 🛁 Zim, 📺 📞 ♿ 🅿 – 🔔 150. 🅰🅴 ⓞ 🅼🅾 VISA JCB
Menu à la carte 23/44 – ⊇ 13 – **83 Zim** 113/133 – 133/145.
♦ Das Haus ist ganz auf die Bedürfnisse des Business-Gastes zugeschnitten. Funktionell mit Schreibtisch und den nötigen Anschlüssen ausgestattete Zimmer. Rattanmöbel und eine große Fensterfront verleihen dem Restaurant Leichtigkeit.

🏨 **Linde**, St.-Pöltener-Str. 53, ✉ 89522, ℘ (07321) 9 59 20, linde@heidenheim.com, Fax (07321) 959258, 😊 – 📺 ♿ 🅿 ⓞ 🅼🅾 VISA JCB
geschl. 10. - 31. Aug., 20. Dez. - 6. Jan. - **Menu** *(geschl. Samstag)* à la carte 15,50/33 – **34 Zim** ⊇ 55/65 – 85/95.
♦ Die Marktstadt ist ein guter Ort für Ausflüge zur Schwäbischen Alb. Wohnen können Sie in diesem Traditionshotel, in dem die Hälfte der Zimmer über Fußbodenheizung verfügt. Rustikal-ländliche Gaststuben.

🍴🍴 **Weinstube zum Pfauen**, Schloßstr. 26, ✉ 89518, ℘ (07321) 4 52 95, info@pfauen.de – 🅼🅾 VISA
geschl. über Fastnacht 1 Woche, Ende Mai - Anfang Juni 2 Wochen, Samstagmittag, Sonntag – **Menu** (abends Tischbestellung ratsam) à la carte 20,50/38,50.
♦ Rustikal und gemütlich ist die Stimmung, wie es sich für eine Weinstube gehört. An eingedeckten Tischen wird internationale und regionale Kost geboten. Freundlicher Service.

In Heidenheim-Mergelstetten *Süd : 2 km über B 19 :*

🏨 **Hirsch**, Buchhofsteige 3, ✉ 89522, ℘ (07321) 95 40, hotel.hirsch@t-online.de, Fax (07321) 954330, 😊 – 📶, 🛁 Zim, 📺 ♿ ⚓ 🅿 🅰🅴 ⓞ 🅼🅾 VISA
geschl. 24. Dez. - 1. Jan. - **Menu** *(nur Abendessen)* (Restaurant nur für Hausgäste) – **40 Zim** ⊇ 74/76 – 95.
♦ Feriengäste wie auch Geschäftsreisende schätzen die solide und zeitgemäß ausgestatteten Zimmer sowie die gute Pflege und Sauberkeit dieses Hauses.

In Heidenheim-Oggenhausen *Ost : 8 km, jenseits der A 7 :*

🍴 **Landgasthof König**, Oggenhausener Hauptstr. 6, ✉ 89522, ℘ (07321) 7 14 14, Fax (07321) 71414, 😊 – 🅿 🅼🅾
geschl. Mitte - Ende Aug., Montag - Dienstag, März - Okt. Montag - Samstag – **Menu** *(wochentags nur Abendessen)* à la carte 29/39.
♦ Moderne Bilder schmücken die Wände des alten Landgasthofs. Gekocht wird eine Mischung aus traditionellen schwäbischen Gerichten und mediterranen Elementen.

In Steinheim am Albuch *West : 6 km, über B 466 :*

🏨 **Zum Kreuz**, Hauptstr. 26, ✉ 89555, ℘ (07329) 9 61 50, info@kreuz-steinheim.de, Fax (07329) 961555, 😊, ⚓ – 📶, 🛁 Zim, 📺 🅿 – 🔔 40. 🅰🅴 🅼🅾 VISA JCB
geschl. 1.- 6. Jan. - **Menu** *(geschl. Sonntagabend)* à la carte 16/38 – **29 Zim** ⊇ 53/79 – 74/94.
♦ Das Stammhaus dieses Gasthofs blickt auf eine 300-jährige Brau- und Schanktradition zurück. Die harmonisch angefügten Erweiterungen versprechen modernen Zimmerkomfort. Die verschiedenen Gasträume des Hauses sind mit liebevollen Details ausgeschmückt.

In Steinheim-Sontheim i. St. *West : 7 km, über B 466 :*

🏨 **Sontheimer Wirtshäusle**, an der B 466, ✉ 89555, ℘ (07329) 50 41, info@sontheimer-wirtshaeusle.de, Fax (07329) 1770 – 🛁 Zim, 📺 ⚓ 🅿 🅼🅾 VISA, 😊 Rest
geschl. Anfang Jan. 2 Wochen, Aug. 2 Wochen – **Menu** *(geschl. Samstag)* à la carte 21/39 – **11 Zim** ⊇ 49 – 80.
♦ Der nette Gasthof mit solide möblierten Zimmern liegt in einer geologisch hochinteressanten Landschaft mit entsprechenden Wanderwegen und Naturdenkmälern. Gemütlich sitzt man in der rustikalen Stube mit Kachelofen.

Schreiben Sie uns...
Ihre Meinung, sei es Lob oder Kritik, ist stets willkommen.
Jeder Ihrer Hinweise wird durch unsere Inspektoren sorgfältigst
in den betroffenen Hotels und Restaurants überprüft.
Dank Ihrer Mithilfe wird Der Rote Michelin-Führer
immer aktueller und vollständiger.
Vielen Dank im Voraus !

HEIGENBRÜCKEN *Bayern* 546 P 12 – 2 600 Ew – Höhe 300 m – Luftkurort.
🛈 *Kur- und Verkehrsamt, Hauptstr. 8,* ✉ *63869,* ✆ *(06020) 13 81, info@heigenbrue cken.de, Fax (06020) 9799225.*
Berlin 542 – München 350 – Würzburg 71 – Aschaffenburg 26.

Villa Marburg im Park, *Lindenallee 30,* ✉ *63869,* ✆ *(06020) 97 99 90, info@villa -marburg.de, Fax (06020) 97999999,* 🍴, 🈴, 🌳 – 🛗, ⇌ Zim, 📺 ✆ 🚗 🅿 – 🛐 30. 🄰🄴 ⓘ ⓜ⓪ 𝚅𝙸𝚂𝙰
Menu à la carte 12,50/30,50 – **24 Zim** 🖃 61/72 – 82/95.
• Die hübsche Villa a. d. 19. Jh. dient heute - um einen modernen Anbau erweitert - als Hotel. Große, wohnliche Zimmer mit sehr guter Ausstattung - alle zum Bach hin gelegen. Helles, neuzeitliches Restaurant und nette neo-rustikale Weinstube.

Hochspessart, *Lindenallee 40,* ✉ *63869,* ✆ *(06020) 9 72 00, hochspessart@t-onlin e.de, Fax (06020) 2630,* 🍴, 🈴, 🌳 – ⇌ 📺 🅿 – 🛐 60. ⓜ⓪ 𝚅𝙸𝚂𝙰
Menu à la carte 15,50/29 – **34 Zim** 🖃 37/49 – 62/82 – ½ P 15.
• Der Landgasthof hat einiges zu bieten : schöne, waldreiche Umgebung und umfangreiche Fitneseinrichtungen. Bei den Zimmern wählen Sie zwischen Eichen- und Buchenmöblie rung. Das Restaurant : teils bürgerlich, teils freundlich-ländlich.

HEILBRONN *Baden-Württemberg* 545 S 11 – 119 500 Ew – Höhe 158 m.
🛈 *Tourist-Information, Kaiserstr. 17,* ✉ *74072,* ✆ *(07131) 56 22 70, info@heilbronn- marketing.de, Fax (07131) 563349.*
ADAC, *Bahnhofstr. 19.*
Berlin 591 ① – Stuttgart 60 ③ – Heidelberg 68 ① – Karlsruhe 94 ① – Würzburg 105 ①

Stadtpläne siehe nächste Seiten

Insel-Hotel, *Friedrich-Ebert-Brücke (über Kranenstrasse),* ✉ *74072,* ✆ *(07131) 63 00, insel@insel-hotel.de, Fax (07131) 626060,* 🍴, 𝐋𝐒, 🈴, 🔲, 🌳 – 🛗, ⇌ Zim, 📺 🚗 🅿 – 🛐 100. 🄰🄴 ⓘ ⓜ⓪ 𝚅𝙸𝚂𝙰 𝙹𝙲𝙱
Menu à la carte 27/49 – **125 Zim** 🖃 82/116 – 126/146, 5 Suiten. AY r
• Sind Sie "reif für die Insel" ? In aparter Lage auf der Neckarinsel finden Sie diese gut geführte, zentrumsnahe Unterkunft. Die Form der Anlage ist einem Schiff nachemp funden. Das Schwäbische Restaurant lockt mit neuem Interieur und einladender Sonnen terrasse.

Götz, *Moltkestr. 52,* ✉ *74076,* ✆ *(07131) 98 90, hotel.goetz.heilbronn@t-online.de, Fax (07131) 989890,* 🍴 – 🛗, ⇌ Zim, 📺 ✆ 🚗 – 🛐 45. 🄰🄴 ⓘ ⓜ⓪ 𝚅𝙸𝚂𝙰 BY a
Menu à la carte 23/30 – **64 Zim** 🖃 70/100 – 90/130.
• In der Nähe des geschäftigen Stadtzentrums liegt dieses Business- und Tagungshotel. Die Zimmer in den oberen Etagen bieten einen schönen Blick über die Stadt. Die riesige Fensterfront lässt viel Licht in das weitläufige Restaurant.

Park-Villa 🌿 *garni (mit Gästehaus), Gutenbergstr. 30,* ✉ *74074,* ✆ *(07131) 9 57 00, Fax (07131) 957020,* 🌳 – ⇌ 📺 ✆ 🚗. 🄰🄴 ⓘ ⓜ⓪ 𝚅𝙸𝚂𝙰 BZ p
geschl. Weihnachten - Anfang Jan. – **25 Zim** 🖃 85/90 – 113/133.
• Die denkmalgeschützte Villa und ihre Dépendance erwarten Sie mit individuellem Inte rieur. Antiquitäten und einige Großwild-Jagdtrophäen bestimmen das Bild. Schöner Park.

Burkhardt, *Lohtorstr. 7,* ✉ *74072,* ✆ *(07131) 6 22 40, info@burkhardt-ringhotel.de, Fax (07131) 627828* – 🛗 📺 ✆ 🚗 🅿 – 🛐 100. 🄰🄴 ⓘ ⓜ⓪ 𝚅𝙸𝚂𝙰 AY b
Menu à la carte 20/34 – **82 Zim** 🖃 87/101 – 118/128.
• Direkt am Neckarufer, zentral und dennoch ruhig, warten funktionelle Zimmer auf die Besucher dieses Hotels, das auch auf die Bedürfnisse von Geschäftsreisenden eingerichtet ist. Im Restaurant serviert Ihnen aufmerksames Servicepersonal echt schwäbische Küche.

Stadthotel *garni, Neckarsulmer Str. 36,* ✉ *74076,* ✆ *(07131) 9 52 20, info@ stadthotel-heilbronn.de, Fax (07131) 952270* – 🛗 📺 ✆ 🚗 – 🛐 20. 🄰🄴 ⓘ ⓜ⓪ 𝚅𝙸𝚂𝙰
44 Zim 🖃 59/65 – 82/85. über ①
• Wenn Sie ein modernes Hotel mit praktisch ausgestatteten Räumen suchen, sind Sie hier an der richtigen Adresse ! Für genügend Parkplätze ist auf dem Parkdeck gesorgt.

City-Hotel *garni, Allee 40 (14. Etage),* ✉ *74072,* ✆ *(07131) 9 35 30, info@city-hotel.de, Fax (07131) 935353,* ← – 🛗 ⇌ 📺 ✆. 🄰🄴 ⓘ ⓜ⓪ 𝚅𝙸𝚂𝙰 𝙹𝙲𝙱 AY v
geschl. Weihnachten - Anfang Jan. – **17 Zim** 🖃 72 – 90.
• Das Hotel befindet sich im 12. und 14. Stock des Allee-Shoppinghauses. Die Zimmer sind zeitgemäß und bieten natürlich einen außergewöhnlichen Blick auf die Stadt.

Ibis *garni, Bahnhofstr. 5,* ✉ *74072,* ✆ *(07131) 5 94 40, h3697@accor-hotel.com, Fax (07131) 5944333* – 🛗 ⇌ ▤ 📺 ✆ 🚗. 🄰🄴 ⓘ ⓜ⓪ 𝚅𝙸𝚂𝙰 𝙹𝙲𝙱 AY a
🖃 9 – **95 Zim** 49.
• Sehr zentral liegt dieser neuzeitliche Hotelbau - nur wenige Schritte vom Neckar entfernt. Man verfügt über modern und funktionell ausgestattete Zimmer mit Compu teranschluss.

HEILBRONN

XX La Provence, Schellengasse 16, ⌧ 74072, ℘ (07131) 8 16 47, *laprovence@web.de, Fax (07131) 627328,* 🌿 – AE ⓪ ⓪ VISA　　　　　　　　　　　　　　AY d
geschl. Sonntagmittag – **Menu** 31/42 à la carte 26/46,50.
♦ Ein helles, freundliches Restaurant mit modernen Bildern und Wintergartenanbau. Nett sitzt man auch auf der efeuberankten Terrasse oder im Biergarten. Internationale Küche.

XX Les Trois Sardines, Mönchseestr. 57, ⌧ 74072, ℘ (07131) 99 37 99, *Fax (07131) 80230,* 🌿　　　　　　　　　　　　　　　　　　　　　　　　　BZ b
geschl. Jan. 2 Wochen, über Pfingsten 2 Wochen, Mittwoch, Samstagmittag – **Menu** à la carte 32/44.
♦ Ein Stück Süden in Heilbronn : Steinboden, terrakottafarbene Wände, provenzalische Tischwäsche und die südfranzösische Küche geben dem kleinen Restaurant mediterranes Flair.

XX Ratskeller, Marktplatz 7, ⌧ 74072, ℘ (07131) 8 46 28, *ratskeller-heilbronn@t-online.de, Fax (07131) 963015,* 🌿 – AE ⓪　　　　　　　　　　　　　　　　　　AY R
geschl. Sonn- und Feiertage – **Menu** à la carte 22/35.
♦ Im Kellergewölbe des historischen Rathauses wird stilvoll gespeist ! In nicht alltäglichem, rustikalem Ambiente schmeckt die regional inspirierte Küche gleich nochmal so gut.

XX Da Umberto, Theresienwiese 1a, ⌧ 74072, ℘ (07131) 8 28 77, *info@umberto.de, Fax (07131) 993509,* 🌿 – P AE ⓪ ⓪ VISA über ⑤
geschl. Ende Jan. 1 Woche, Ende Aug. 1 Woche, Montag – **Menu** *(nur Abendessen)* (italienische Küche) à la carte 34/54.
♦ Zum kulinarischen Stil des Hauses gehört ein kleines, aber wohldurchdachtes Angebot an frisch zubereiteten italienischen Gerichten. Am Herd steht La Mamma.

X Rauers Weinstube, Fischergasse 1, ⌧ 74072, ℘ (07131) 96 29 20, *rauersweinstube@t-online.de, Fax (07131) 627394,* 🌿　　　　　　　　　　　　　　　　　　AZ e
geschl. Samstagmittag, Sonntag – **Menu** à la carte 19/33, ⌨.
♦ Diese unweit des Neckars gelegene Weinstube mit derb-rustikalem Ambiente ist genau das Richtige, wenn Sie nach dem Stadtbummel ein Viertele genießen möchten.

In Heilbronn-Böckingen *über* ⑤ *: 2 km :*

🏨 Kastell, Kastellstr. 64, ⌧ 74080, ℘ (07131) 91 33 10, *info@kastell.bestwestern.de, Fax (07131) 91331299,* 🌿, ≈ – 📶, ⓦ Zim, 📺 ⌨ – 🔑 30. AE ⓪ ⓪ VISA
Menu *(geschl. Juli - Aug., Freitag - Sonntag) (nur Abendessen)* à la carte 18,50/32 –
⌧ 8 – **65 Zim** 61/69 – 69.
♦ Der moderne Zweckbau beherbergt ebensolche Zimmer, die funktionell gestaltet und auf die Bedürfnisse von Geschäftsreisenden zugeschnitten sind. Farbenfroh gestaltetes Restaurant, in dem Künstler immer gerne ihre Bilder ausstellen.

XX Rebstock, Eppinger Str. 43 (Ecke Ludwigsburger Str.), ⌧ 74080, ℘ (07131) 6 42 05 60, *Fax (07131) 6420561,* 🌿 –
geschl. Mai - Juni 2 Wochen, Sept. 2 Wochen, Dienstag – **Menu** *(wochentags nur Abendessen)* à la carte 24/38, ⌨.
♦ Schmackhafte regionale Küche und einige bayerische Gerichte finden sich auf der Karte dieses netten Restaurants mit Steinfußboden, Holzbalkendecke und schön gedeckten Tischen.

In Heilbronn-Sontheim *über* ④ *und Sontheimer Straße :*

X Piccolo Mondo, Hauptstr. 9, ⌧ 74081, ℘ (07131) 25 11 33, *Fax (07131) 257307,* 🌿 – AE ⓪ ⓪ VISA
geschl. über Fasching 1 Woche, Mitte - Ende Aug. – **Menu** *(geschl. Montag)* (italienische Küche) à la carte 24/36.
♦ Fans von Pizza und Pasta kommen hier auch auf ihre Kosten ! Für die Anhänger anderer italienischer Leckerbissen gibt es eine Wochenkarte mit schmackhaften Alternativen.

In Flein *über* ④ *und Charlottenstraße : 5,5 km :*

🏨 Wo der Hahn kräht ⚘, Altenbergweg 11, ⌧ 74223, ℘ (07131) 5 08 10, *info@wo-der-hahn-kraeht.de, Fax (07131) 508166,* ≤, 🌿 – ⥂ Zim, 📺 ⌨ P – 🔑 40. ⓪ VISA
Menu à la carte 28/38,50 – **50 Zim** ⌧ 55/75 – 80/96.
♦ Der Hahn kräht in einer malerischen Hotelanlage mit Weingut, die mitten zwischen den Weinbergen gelegen ist. In den Zimmern umgibt Sie ein ländlich-rustikales Ambiente. Das Restaurant und die weinberankte Terrasse bieten eine schöne Aussicht auf die Umgebung.

XX Reiners Rosine, Bildstr. 6, ⌧ 74223, ℘ (07131) 3 09 09, *info@reiners-rosine.de, Fax (07131) 2037164,* 🌿 – ⥂ P ⚙
geschl. über Fasching 1 Woche, über Pfingsten 2 Wochen, 24. Dez. - 6. Jan., Montag, jedes 1. Wochenende im Monat – **Menu** *(wochentags nur Abendessen)* à la carte 25/38, ⌨.
♦ Ein altes Dorfhaus mit Garten wurde liebevoll restauriert und zum Restaurant umgebaut. Schöne Holzböden und freigelegtes Fachwerk verbreiten eine sympathische Atmosphäre.

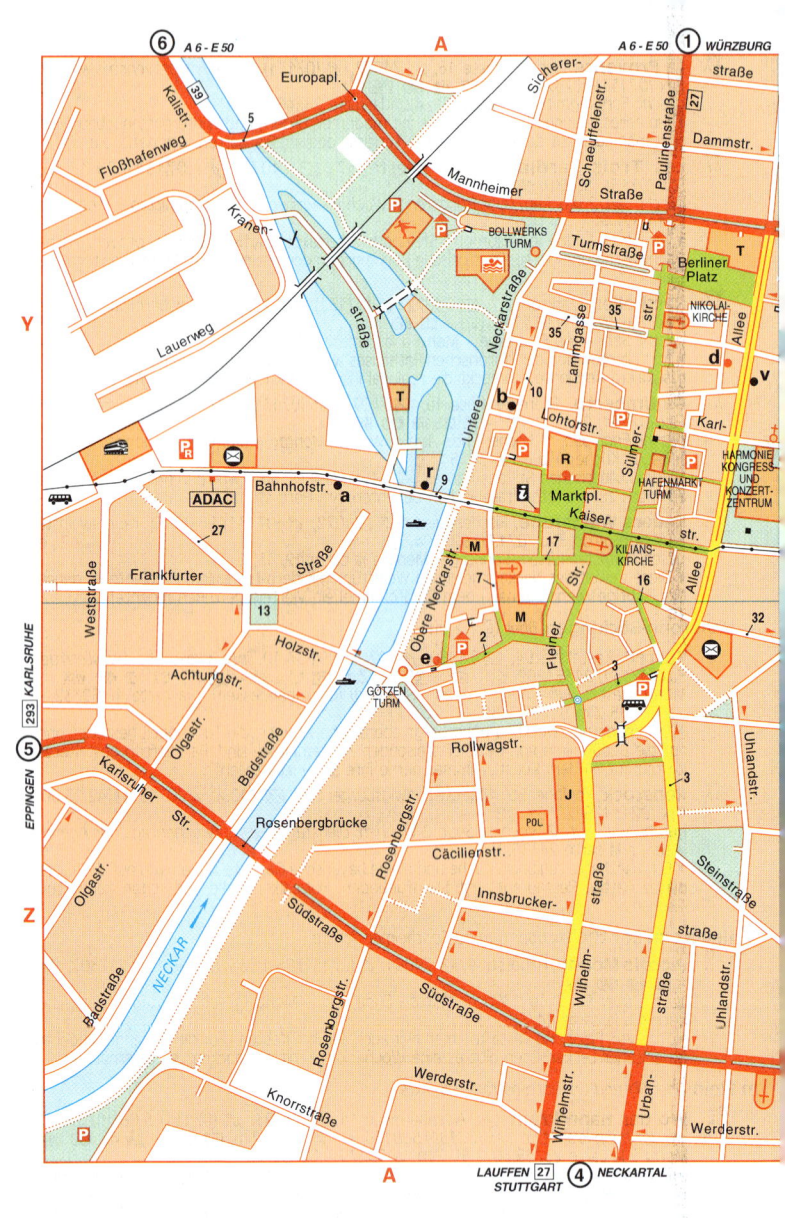

In Leingarten über ⑤ : 7 km :

XX **Löwen**, Heilbronner Str. 43, ⊠ 74211, ℰ (07131) 40 36 78, Fax (07131) 900060, 🍴 geschl. Montag – **Menu** (geschl. Sonntagabend) (wochentags nur Abendessen) (Tischbestellung ratsam) à la carte 32,50/49, ♀ – **Dorfkrug** (geschl. Samstagmittag, Montag) **Menu** à la carte 23/43, ♀.
  ♦ Frisch und modern gibt sich die Küche, die man hier in ländlicher Atmosphäre genießen kann. Lassen Sie sich von Familie Straub freundlich umsorgen. Eine preiswerte und etwas schlichtere Einkehr stellt der rustikale Dorfkrug dar.

HEILBRONN

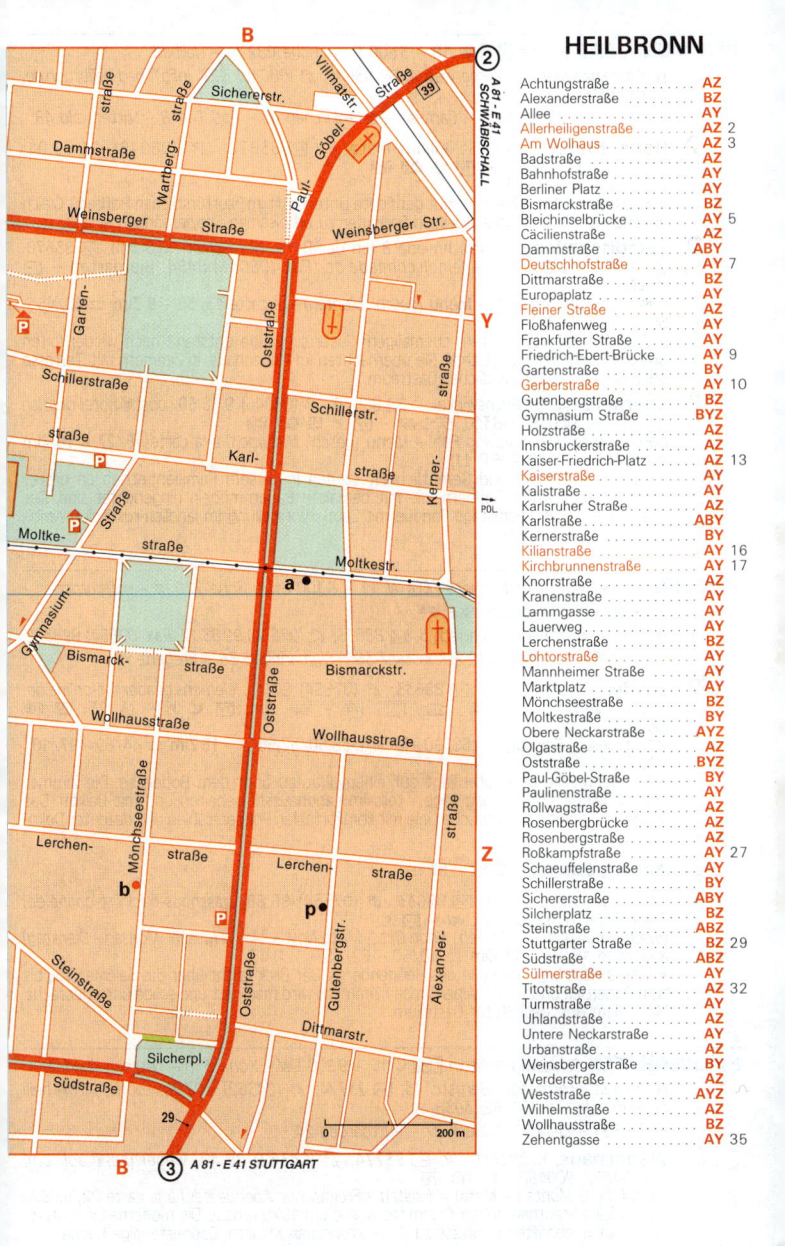

Street	Grid
Achtungstraße	AZ
Alexanderstraße	BZ
Allee	AY
Allerheiligenstraße	AZ 2
Am Wolhaus	AZ 3
Badstraße	AZ
Bahnhofstraße	AY
Berliner Platz	AY
Bismarckstraße	BZ
Bleichinselbrücke	AY 5
Cäcilienstraße	AZ
Dammstraße	ABY
Deutschhofstraße	AY 7
Dittmarstraße	BZ
Europaplatz	AY
Fleiner Straße	AZ
Floßhafenweg	AY
Frankfurter Straße	AY
Friedrich-Ebert-Brücke	AY 9
Gartenstraße	BY
Gerberstraße	AY 10
Gutenbergstraße	BZ
Gymnasium Straße	BYZ
Holzstraße	AZ
Innsbruckerstraße	AZ
Kaiser-Friedrich-Platz	AZ 13
Kaiserstraße	AY
Kalistraße	AY
Karlsruher Straße	AZ
Karlstraße	ABY
Kernerstraße	BY
Kilianstraße	AY 16
Kirchbrunnenstraße	AY 17
Knorrstraße	AZ
Kranenstraße	AY
Lammgasse	AY
Lauerweg	AY
Lerchenstraße	BZ
Lohtorstraße	AY
Mannheimer Straße	AY
Marktplatz	AY
Mönchseestraße	BZ
Moltkestraße	BY
Obere Neckarstraße	AYZ
Olgastraße	AZ
Oststraße	BYZ
Paul-Göbel-Straße	BY
Paulinenstraße	AY
Rollwagstraße	AZ
Rosenbergbrücke	AZ
Rosenbergstraße	AZ
Roßkampfstraße	AY 27
Schaeuffelenstraße	AY
Schillerstraße	BY
Sichererstraße	ABY
Silcherplatz	BZ
Steinstraße	ABZ
Stuttgarter Straße	BZ 29
Südstraße	ABZ
Sülmerstraße	AY
Titotstraße	AZ 32
Turmstraße	AY
Uhlandstraße	AZ
Untere Neckarstraße	AY
Urbanstraße	AZ
Weinsbergerstraße	BY
Werderstraße	AYZ
Weststraße	AYZ
Wilhelmstraße	AZ
Wollhausstraße	BZ
Zehentgasse	AY 35

Die in diesem Führer angegebenen Preise folgen der Entwicklung der allgemeinen Lebenshaltungskosten. Lassen Sie sich bei der Zimmerreservierung den endgültigen Preis vom Hotelier mitteilen.

HEILBRUNN, BAD Bayern ₆₄₆ W 18 – 3 600 Ew – Höhe 682 m – Heilbad.

🛈 Gästeinformation, Wörnerweg 4, ✉ 83670, ☎ (08046) 3 23, info@bad-heilbrunn.de, Fax (08046) 8239.

Berlin 650 – München 63 – Garmisch-Partenkirchen 46 – Bad Tölz 8 – Mittenwald 48.

Haus Kilian garni, St.-Kilians-Platz 5, ✉ 83670, ☎ (08046) 91 69 01, Fax (08046) 916905 – 📶 TV 📞 📧 VISA
6 Zim ⊆ 45/50 – 75.
• Eine kleine, aber feine, sehr gut gepflegte Unterkunft im "kurfürstlichen Hofbad". Gleich nebenan ist die idyllische Adelheid-Park, der zu erholsamen Spaziergängen einlädt.

Reindlschmiede, Reindlschmiede 8 (an der B 11, Nord-West : 3,5 km), ✉ 83670, ☎ (08046) 2 85, info@reindlschmiede.de, Fax (08046) 8484, Biergarten – TV 📇 📧
geschl. 15. Jan. - 8. Feb. - **Menu** (geschl. Montag) à la carte 13/35 – **9 Zim** ⊆ 40/45 – 66/72 – ½ P 14.
• Aus der 350 Jahre alten, ehemaligen Klosterschweige entstand nach wiederholten Umbauten der jetzige Gasthof. Sie übernachten im Nebenhaus, in Zimmern mit Terrasse oder Balkon. Großer, ländlicher Gastraum.

Oberland 🐕, Im Fuchswinkel 1, ✉ 83670, ☎ (08046) 9 18 30, post@hotel-oberland.com, Fax (08046) 918310, 🌳, 🌿 – TV 📇 AE 📧 VISA
geschl. Mitte Dez. - Anfang Feb. - **Menu** (geschl. Mittwoch) à la carte 16/27 – **18 Zim** ⊆ 26/43 – 52/70 – ½ P 11.
• Gastfreundschaft und Gemütlichkeit stehen in diesem Familienbetrieb an erster Stelle. Sie wohnen in Zimmern, die mit bemalten Bauernmöbeln eingerichtet sind. Der Chef kocht selbst ! Samstags Fondue mit Zaubervorstellung im ländlich-rustikalen Ambiente.

HEILIGENBERG Baden-Württemberg ₆₄₆ W 11 – 3 100 Ew – Höhe 726 m – Luftkurort.
Sehenswert : Schlossterrasse ≤ ★.

🛈 Tourist-Information, Schulstr. 5, ✉ 88633, ☎ (07554) 99 83 12, Fax (07554) 998329.

Berlin 718 – Stuttgart 139 – Konstanz 36 – Sigmaringen 38 – Bregenz 70.

Baader, Salemer Str. 5, ✉ 88633, ☎ (07554) 80 20, clemens.baader@t-online.de, Fax (07554) 802100, 🌳, 🍴, 🏊, 🌿 – 🔄 Zim, TV 📞 📇 – 🔸 25. AE ①
📧 VISA
Menu (geschl. Dienstag) 28,50/90 à la carte 38,50/52,50 🍷 – **16 Zim** ⊆ 44/69 – 97/107 – ½ P 21.
• Das schmucke Berghotel liegt auf einem Plateau über dem Bodensee. Die Zimmer unterscheiden sich je nach Lage - teils im Landhausstil gehalten und mit Balkon. Das Restaurant zeigt eine klassische Linie mit komfortablen Polsterstühlen und dezenter Dekoration.

In Heiligenberg-Steigen : West : 2 km :

Hack 🐕, Am Bühl 11, ✉ 88633, ☎ (07554) 86 86, gasthaus-hack@t-online.de, Fax (07554) 8369, ≤, 🌳, 🌿 – TV 📇
geschl. Ende Jan. - Mitte Feb., Ende Okt. - Mitte Nov. – **Menu** (geschl. Montag - Dienstag) à la carte 15/28 – **11 Zim** ⊆ 40/50 – 62/65 – ½ P 15.
• Dieses Haus liegt am Fuße des Heiligenbergs. Der Blick reicht über das Salemer Tal, bis zum Bodensee und zu den Alpen. In den Zimmern wird man nett und solide untergebracht. Mit hellem Holz gestalteter Gastraum.

HEILIGENHAFEN Schleswig-Holstein ₅₄₁ C 16 – 9 200 Ew – Höhe 3 m – Ostseeheilbad.

🛈 Tourist-Information, Bergstr. 43, ✉ 23774, ☎ (04362) 9 07 20, tourist-info@heiligenhafen.de, Fax (04362) 3938.

Berlin 331 – Kiel 67 – Lübeck 77 – Puttgarden 24.

Weberhaus, Kirchenstr. 4, ✉ 23774, ☎ (04362) 28 40, weberhaus@aol.com, Fax (04362) 900180 – AE 📧 VISA
geschl. Feb., Montag - **Menu** (Dienstag - Freitag nur Abendessen) à la carte 22,50/32.
• Das kleine Stadthaus in der Ortsmitte wurde um 1620 erbaut. Die moderne Einrichtung bildet einen lebhaften Kontrast zu den historischen Mauern. Bodenständige Küche.

Zum Alten Salzspeicher, Hafenstr. 2, ✉ 23774, ☎ (04362) 28 28, info@restaurantsalzspeicher.de, Fax (04362) 6326, 🌳
geschl. Nov. 2 Wochen, März - Mai und Sept. - Okt. Dienstag, Nov. - Feb. Dienstag - Mittwoch – **Menu** à la carte 21/35.
• Das alte Speichergebäude a. d. 16. Jh. wurde behutsam und mit viel handwerklichem Geschick vor dem Verfall gerettet. Man serviert eine bürgerliche Küche mit viel Fisch.

HEILIGENHAUS Nordrhein-Westfalen 543 M 4 – 28 900 Ew – Höhe 174 m.

🖼 🖼 Höseler Str. 147 (West : 3 km), ℘ (02056) 9 33 70.
Berlin 549 – Düsseldorf 30 – Essen 22 – Wuppertal 25.

🏨 **Waldhotel** ⌂, Parkstr. 38, ✉ 42579, ℘ (02056) 59 70, waldhotel-heiligenhaus@t-online.de, Fax (02056) 597260, 🌳, 🍴, – 📶, ⇚ Zim, 📺 📞 🅿 – 🔔 60. AE ① ⓜ VISA. ✦ Rest
Menu à la carte 24/42,50 – ☕ 12 – **91 Zim** 92/142 – 130/154, 3 Suiten.
 • Unter hochgewachsenen Bäumen liegt diese stilvolle Residenz. In allen Räumlichkeiten und Zimmern des Hotels herrscht gediegene und individuelle Wohnkultur. Eine hübsche Gartenterrasse mit Pavillon ergänzt das neuzeitlich gehaltene Restaurant.

🍽 **Kuhs-Deutscher Hof**, Velberter Str. 146 (Ost : 2 km), ✉ 42579, ℘ (02056) 65 28, Fax (02056) 68513, 🌳 – 🅿.
geschl. 3. - 26. Aug., Montag - Dienstag – **Menu** à la carte 16,50/32.
 • Bereits in der fünften Generation pflegt man in dem neo-rustikalen Restaurant die bergische Gastlichkeit. Das breit gefächerte Angebot bietet Bürgerliches und Internationales.

HEILIGENSTADT Bayern 546 Q 17 – 2 000 Ew – Höhe 367 m.
Berlin 394 – München 231 – Coburg 70 – Bayreuth 36 – Nürnberg 60 – Bamberg 24.

🏨 **Heiligenstadter Hof**, Marktplatz 9, ✉ 91332, ℘ (09198) 7 81, info@hotel-heiligenstadter-hof.de, Fax (09198) 8100, 🌳, 🍴, – 📶 📺 🅿 – 🔔 40
Menu (geschl. Anfang Feb. 2 Wochen, Okt. - April Donnerstag) à la carte 13/24 – **24 Zim** ☕ 31/37 – 50/60.
 • Am Marktplatz des Örtchens befindet sich dieses historische Haus mit modernem Anbau. Im alten Gebäudeteil finden sich freigelegte Stuckmalereien und Holzdecken. Im Restaurant sorgt ein Kachelofen für gemütliche Stimmung.

In Heiligenstadt-Veilbronn Süd-Ost : 3 km – Erholungsort :

🏨 **Sponsel-Regus** ⌂, (mit 🏠-Anbau), ✉ 91332, ℘ (09198) 9 29 70, sponsel-regus@t-online.de, Fax (09198) 1483, 🌳, 🍴, 🌲, – 📶, ⇚ Rest, 📺 ⇐ 🅿 – 🔔 50. geschl. 10. Jan. - 20. Feb. – **Menu** (geschl. Dienstagmittag) à la carte 12,50/22 – **56 Zim** ☕ 29/59 – 64 – ½ P 7.
 • Charmant wurde hier immer wieder Neues mit Traditionellem verbunden. Reservieren Sie Ihr Zimmer in einem der neuen Gebäudeteile, hier wohnen Sie komfortabler. Die Gaststube zeigt sich im neo-rustikalen Stil mit Kachelofen.

HEILIGKREUZSTEINACH Baden-Württemberg 545 R 10 – 2 900 Ew – Höhe 280 m – Erholungsort.
Berlin 632 – Stuttgart 119 – Mannheim 40 – Heidelberg 21.

In Heiligkreuzsteinach - Eiterbach Nord : 3 km :

🍽 **Goldener Pflug**, Ortsstr. 40, ✉ 69253, ℘ (06220) 85 09, info@goldener-pflug.de, Fax (06220) 74 80, 🌳 – 🅿. AE ① ⓜ VISA
geschl. 26. Jan. - 17. Feb., Montag - Dienstag – **Menu** (Mittwoch - Freitag nur Abendessen) (Tischbestellung ratsam) à la carte 44/59.
 • Engagiert führt Familie Heß dieses rustikal-elegante Restaurant. Geboten wird eine kreative Küche mit französischen Wurzeln. Sehr nett sitzt man auf der Gartenterrasse.

HEIMBACH Nordrhein-Westfalen 543 O 3 – 4 600 Ew – Höhe 241 m – Luftkurort.
🛈 Tourist-Information, Seerandweg 3, ✉ 52396, ℘ (02446) 80 80, info@heimbach-eifel.de, Fax (02446) 80888.
Berlin 634 – Düsseldorf 91 – Aachen 64 – Düren 26 – Euskirchen 26.

🏨 **Klostermühle**, Hengebachstr. 106a, ✉ 52396, ℘ (02446) 8 06 00, mail@hotel-klostermuehle.de, Fax (02446) 8060500, 🌳, 🍴, – 📶 📺 📞 🅿 – 🔔 100. ⓜ VISA. ✦ Zim
geschl. 4. - 31. Jan. – **Menu** à la carte 19/39 – **49 Zim** ☕ 46/62 – 64/79 – ½ P 14.
 • Früher wurde die Wassermühle von den Mönchen der Trappistenabtei genutzt - heute findet der Reisende hier geschmackvolle, dem historischen Bauwerk angepasste Zimmer. Blickfang im Restaurant sind die an den Wänden angebrachten Klostermotive.

In Heimbach-Hasenfeld West : 1,5 km :

🏨 **Haus Diefenbach** ⌂, Brementhaler Str. 44, ✉ 52396, ℘ (02446) 31 00, rursee@aol.com, Fax (02446) 3825, ≤, 🍴, 🌲, 🌳 – 🅿. ✦
geschl. 4. Jan. - 15. Feb., Mitte Nov. - 27. Dez. – **Menu** (nur Abendessen) (Restaurant nur für Hausgäste) – **14 Zim** ☕ 40/47 – 70/78 – ½ P 13.
 • Das Haus mit dem Pensionscharakter liegt am Waldsüdhang mit Aussicht auf das alte Jugendstilkraftwerk. Die Zimmer sind mit Eichenmöbeln bestückt und haben teilweise Balkone.

HEIMBACH

Landhaus Weber mit Zim, Schwammenaueler Str. 8, ✉ 52396, ☎ (02446) 2 22, Fax (02446) 3850, 🍴, 🛏, ❄ – 📺 📶 🅿
Menu (geschl. Dienstag - Mittwoch) (wochentags nur Abendessen) à la carte 30,50/42,50, ♀ – **11 Zim** ⚏ 36/46 – 60/78 – ½ P 17.
• Mit freundlichen Farben und netten Accessoires ist das Restaurant geschmackvoll gestaltet worden. Aus der Küche kommt frisch zubereitete, international ausgerichtete Kost.

HEIMBUCHENTHAL Bayern 🔢 Q 11 – 2 100 Ew – Höhe 171 m – Erholungsort.
Berlin 565 – München 346 – Würzburg 66 – Aschaffenburg 19.

Lamm (mit Gästehäusern), St.-Martinus-Str. 1, ✉ 63872, ☎ (06092) 94 40, info@hotel-lamm.de, Fax (06092) 944100, 🍴, 🛏, 🏊, ❄ – 🛗 ✳ Zim, 📺 📶 🅿 – 🚗 80. 🚭 Zim
Menu à la carte 15/36,50 – **66 Zim** ⚏ 46/55 – 83/95 – ½ P 8.
• Ein solider, gewachsener Gasthof, dessen Herzstück das ländliche Haupthaus ist. Es gibt verschieden ausgestattete Zimmer : von rustikal bis modern, ganz nach Geschmack. Zeitlos eingerichtet und dezent dekoriert, hinterlässt das Restaurant einen einladenden Eindruck.

Panoramahotel Heimbuchenthaler Hof 🌿 (mit Gästehaus), Am Eichenberg 1, ✉ 63872, ☎ (06092) 60 70, info@panoramahotel.de, Fax (06092) 6802, ≤, 🍴, 🛏, 🏊, ❄, ✕ – 🛗 📺 🅿 – 🚗 50. 🅰🅴 ⓜ 🆅🅸🆂🅰. 🚭 Zim
Menu à la carte 16/34 – **35 Zim** ⚏ 50/58 – 92 – ½ P 10.
• Einige der unterschiedlich geschnittenen, modernen Zimmer sind besonders kinderfreundlich. Von den meisten hat man einen wunderbaren Ausblick in das Elsavatal. Das rustikale Landhaus-Restaurant ist relativ groß, bietet aber auch nette Nischen.

Zum Wiesengrund 🌿, Elsavastr.9, ✉ 63872, ☎ (06092) 15 64, wiesengrund@advisor.de, Fax (06092) 6977, 🍴, 🛏, ❄ – 📺 🅿 – 🚗 30
geschl. 13. Jan. - 3. Feb. – **Menu** à la carte 16/30 – **25 Zim** ⚏ 39/42 – 70/75.
• In einer Seitenstraße finden Sie das Haus mit den hübschen Holzbalkonen. Rustikale Möbel aus hellem Naturholz geben den Räumen einen gemütlichen Charakter. Im ländlichen Stil, teilweise mit Zirbelholz verkleidet, zeigt sich der gastronomische Bereich.

In Heimbuchenthal-Heimathen Süd-West : 1,5 km :

Heimathenhof 🌿 (mit Gästehäusern), ✉ 63872, ☎ (06092) 9 71 50, info@heimathenhof-online.de, Fax (06092) 5683, ≤, 🍴, Wildgehege, ❄ – 📺 🅿 🅰🅴 🆅🅸🆂🅰
Menu à la carte 13/24 – **27 Zim** ⚏ 44/47 – 68/87.
• In der Nähe des romantischen Wasserschlosses Mespelbrunn liegt dieses Hotel, das nach einer Renovierung großzügige und komfortable Zimmer anzubieten hat. Zeitlos eingerichtetes Restaurant, in dem auch Räumlichkeiten für Festivitäten zur Verfügung stehen.

HEIMSHEIM Baden-Württemberg 🔢 T 10 – 4 700 Ew – Höhe 390 m.
Berlin 645 – Stuttgart 31 – Karlsruhe 50 – Pforzheim 21 – Sindelfingen 28.

Hirsch (mit Gästehäusern), Hirschgasse 1, ✉ 71296, ☎ (07033) 5 39 90, info@hirsch-heimsheim.de, Fax (07033) 539929, ✳ Zim, 📺 🅿 ⓜ 🆅🅸🆂🅰
geschl. Ende Dez. - Mitte Jan. – **Menu** (geschl. Mittwochmittag, Samstagmittag) à la carte 20/36 – **24 Zim** ⚏ 43/55 – 70/80.
• Unterhalb der Stadtkirche, eingebettet in gewachsene dörfliche Umgebung, liegt der Hirsch. Sie beziehen eines der hell möblierten, behaglich eingerichteten Zimmer. Schlicht und einfach, aber gepflegt gibt sich die Gaststube.

HEINSBERG Nordrhein-Westfalen 🔢 M 2 – 40 000 Ew – Höhe 45 m.
Berlin 617 – Düsseldorf 69 – Aachen 36 – Mönchengladbach 33 – Roermond 20.

In Heinsberg-Randerath Süd-Ost : 8 km, jenseits der A 46 :

Burgstuben - Residenz (Hensen), Feldstr. 50, ✉ 52525, ☎ (02453) 8 02, info@burgstuben-residenz.de, Fax (02453) 3526, 🍴 – 🅿 ⓜ 🆅🅸🆂🅰
geschl. Juni - Juli 3 Wochen, Montag - Dienstag – **Menu** (nur Abendessen) (Tischbestellung ratsam) 36/65.
• In vornehm wirkenden hellen Tönen ist das Interieur dieses Restaurants gehalten. Die angebotene klassische Küche findet in dem eleganten Ambiente ihre Entsprechung.
Spez. In Olivensud pochiertes Bisonfilet mit Oliven-Vinaigrette und Kräuterpesto. Rehrücken mit Cassis-Schalotten und Selleriepüree. Parfait von drei Schokoladen

In Heinsberg-Unterbruch Nord-Ost : 3 km, über B 221 :

Altes Brauhaus, Wurmstr. 4, ✉ 52525, ☎ (02452) 6 19 90, Fax (02452) 67486, 🍴.
🅰🅴 ① ⓜ 🆅🅸🆂🅰
geschl. Montag – **Menu** à la carte 27,50/44.
• Eine kostbar geschnitzte Täfelung a. d. 16. Jh. bestimmt den rustikal-eleganten Rahmen der historischen Restauranträume. Schön : die Innenhofterrasse.

HEITERSHEIM Baden-Württemberg 545 W 6 – 4 700 Ew – Höhe 254 m.

🛈 Tourist-Info, Hauptstr. 9 (Rathaus), ✉ 79423, (07634) 4 02 12, tourist-info@heitersheim.de, Fax (07634) 40234.
Berlin 821 – Stuttgart 223 – *Freiburg im Breisgau* 23 – Basel 48.

Landhotel Krone, Hauptstr. 12, ✉ 79423, ✆ (07634) 5 10 70, info@landhotel-krone.de, Fax (07634) 510766, 🍽, 🌳, – ⇌ Zim, 📺 📞 🚗 🅿 – 🔒 25
Menu (geschl. Dienstag - Mittwochmittag) à la carte 23/43 – **31 Zim** 🛏 53/74 – 79/113.
♦ "Schöne Träume in fremden Betten" werden Sie hier bestimmt erleben, denn die Zimmer sind ausnahmslos sehr wohnlich und mit schweren französischen Möbeln bestückt. Behagliche Restauranträume mit historischem Gewölbekeller.

Löwen, Hauptstr. 3, ✉ 79423, ✆ (07634) 55 04 90, loewen-heitersheim@t-online.de, Fax (07634) 5504949, 🍽, – ⇌ Rest, 📺 🚗 🅿 AE ⓞ ⓜ VISA
Menu (geschl. Sonntagabend - Montag) à la carte 16,50/37,50 – **23 Zim** 🛏 42 – 69.
♦ Die Geschichte des Löwen begann im Jahre 1606. Heute finden Sie in dem traditionellen Gasthof einfache, nette Zimmer und eine familiäre Atmosphäre. Schön : die Gartenterrasse ! Typisch badisch gibt sich die Gaststube.

HELGOLAND (Insel) Schleswig-Holstein 541 D 7 – 1 500 Ew – Höhe 5 m – Seebad – Zollfreies Gebiet, Autos nicht zugelassen.
Sehenswert : Felseninsel★★ *aus rotem Sandstein in der Nordsee*.
🚢 von Cuxhaven, Bremerhaven, Wilhelmshaven, Bensersiel, Büsum und Ausflugsfahrten von den Ost- und Nordfriesischen Inseln.
🛈 Helgoland-Touristic, Rathaus, Lung Wai 28, ✉ 27498, ✆ (04725) 81 37 11, info@helgoland.de, Fax (04725) 813725.
Auskünfte über Schiffs- und Flugverbindungen, ✆ (04725) 81 37 13, Fax (04725) 813725.
ab Fährenleger Cuxhaven : Berlin 419 – Hannover 223 – *Cuxhaven* 2.

Auf dem Unterland :

Atoll 🌳, Lung Wai 27, ✉ 27498, ✆ (04725) 80 00, info@atoll.de, Fax (04725) 800444, ≤, 🍽, 🏋, 🌊, – 🛗, ⇌ Zim, 📺 📞 – 🔒 60. AE ⓜ VISA
Menu (nur Abendessen) à la carte 31/44,50 – **51 Zim** 🛏 100/135 – 115/170 – ½ P 33.
♦ Äußerlich wie auch im Inneren präsentiert sich dieses Hotel in sehr modernem Stil - auffallend : der schräge Glasturm. Wählen Sie zwischen Classic- und Designer-Zimmern. Das Restaurant : hell und modern - zur Seeseite gelegen.

Insulaner 🌳, Am Südstrand 2, ✉ 27498, ✆ (04725) 14 10, info@insulaner.com, Fax (04725) 814181, ≤, 🍽, Massage, 🛁, – 📺 📞. AE ⓞ ⓜ. 🍽 Rest
Galerie (geschl. Mitte Sept. - Mitte Juni Dienstag) (Nov. - Feb. nur Abendessen) **Menu** à la carte 25/50 – **36 Zim** 🛏 54/79 – 106/144, 3 Suiten.
♦ Eine nette, persönlich geführte Adresse. Das Hotel der Familie Rickmers liegt an der Promenade und bietet zeitgemäße Zimmer. Sehr schön : der Garten hinter dem Haus. Mit Gemälden und Skulpturen aus Holz und Metall wirkt das Restaurant einladend.

Hanseat 🌳 garni, Am Südstrand 21, ✉ 27498, ✆ (04725) 6 63, hanseat.nickels@t-online.de, Fax (04725) 7404, ≤, – 📺. 🍽
April - Okt. - **20 Zim** 🛏 56/85 – 90/108.
♦ An der Landungsbrücke steht dieses gepflegte Hotel mit soliden, hell möblierten Zimmern. Im Sommer frühstücken Sie auf der zur Promenade gelegenen Terrasse.

HELLENTHAL Nordrhein-Westfalen 543 O 3 – 8 800 Ew – Höhe 420 m.
🛈 Tourist-Information, Rathausstr. 2, ✉ 53940, ✆ (02482) 8 51 15, tourismus@hellenthal.de, Fax (02482) 85114.
Berlin 645 – Düsseldorf 109 – *Aachen* 56 – Düren 44 – Euskirchen 36.

Pension Haus Berghof 🌳, Bauesfeld 16, ✉ 53940, ✆ (02482) 71 54, info@hotel-berghof-hellenthal.de, Fax (02482) 606209, ≤, 🌳, – 🅿. 🍽 Rest
Menu (nur Abendessen) (Restaurant nur für Hausgäste) – **12 Zim** 🛏 33 – 54 – ½ P 9.
♦ In sonniger Südhanglage finden Sie die perfekt gepflegte und familiär geführte Pension. Die modern und solide möblierten Zimmer verfügen alle über Terrasse oder Balkon.

In Hellenthal-Hollerath *Süd-West : 5,5 km, über B 265 : – Wintersport : 600/690 m ⛷1 ⛷ :*

Hollerather Hof, Luxemburger Str. 44 (B 265), ✉ 53940, ✆ (02482) 71 17, eklode@t-online.de, Fax (02482) 7834, ≤, 🍽, 🛁, 🌊, 🌳, – 🚗 🅿
geschl. Nov. 3 Wochen – **Menu** à la carte 13,50/30 – **10 Zim** 🛏 31 – 52/70 – ½ P 12.
♦ Im typischen Eifelstil, mit Bruchstein und Fachwerk, ist dieses Hotel gebaut worden. Die Zimmer sind unterschiedlich geschnitten und mit Eiche oder Kirschbaum möbliert. Rustikal-ländlich eingerichtete Gaststube.

HELLWEGE Niedersachsen siehe Rotenburg (Wümme).

HELMBRECHTS Bayern ❺❹❻ P 19 – 10 800 Ew – Höhe 615 m – Wintersport : 620/725 m.
Berlin 320 – München 277 – Hof 25 – Bayreuth 43.

Deutsches Haus, Friedrichstr. 6, ✉ 95233, ☎ (09252) 10 68, info@deutsches-hau
s-helmbrechts.de, Fax (09252) 6011, 🚗 – 📺 🅿 🟠 🆎 VISA
Menu (geschl. Ende Okt. - Anfang Nov., Samstag, Mai - Sept. Freitag - Sonntag) à la carte 13,50/23 – **13 Zim** ⊇ 39 – 59.
● Am östlichen Rand des Naturparks Frankenwald liegt dieses kleine Hotel, das Ihnen praktisch ausgestattete Zimmer und netten Service offeriert. Bürgerlich gestaltete Gaststube.

In Helmbrechts-Edlendorf Ost : 1,5 km :

Ostermaier's Waldeck 🌳, mit Zim, Edlendorf 12, ✉ 95233, ☎ (09252) 72 73, ostermaiers@t-online.de, Fax (09252) 992020, 🍺, Biergarten – 📺 🅿 🆎 🅐 🟠 VISA
Menu à la carte 19/39, ♀ – **6 Zim** ⊇ 32 – 52.
● Das am Rand des kleinen Dorfes gelegene, schön von Bäumen und Sträuchern eingefasste Gasthaus beherbergt ein gemütliches und hübsch dekoriertes Restaurant.

HELMSTADT Bayern ❺❹❻ Q 13 – 2 700 Ew – Höhe 300 m.
Berlin 519 – München 299 – *Würzburg* 23 – Bamberg 117 – Heilbronn 100.

Zur Krone, Würzburger Str. 23, ✉ 97264, ☎ (09369) 9 06 40, info@gasthof-krone.de, Fax (09369) 906440, Biergarten – 🛏 Zim, 📺 🅿 – 🔒 20. 🆎 🅐 🟠 VISA
Menu (geschl. Dienstagmittag) à la carte 13/25 – **26 Zim** ⊇ 50/60 – 70/80.
● Dies ist ein Landgasthof, wie man ihn sich vorstellt ! Wohnliche Zimmer, die mit Naturholzmöbeln und Sitzecken bestückt sind, laden zum Verweilen ein. Das Restaurant ist einer alpenländischen Stube nachempfunden.

HELMSTEDT Niedersachsen ❺❹❶ J 16 – 26 000 Ew – Höhe 110 m.
Sehenswert : Juleum★.
Ausflugsziel : Gedenkstätte Deutsche Teilung Marienborn★ (Ost : 4 km).
🏌 Schöningen, Klostergut St. Lorenz (Süd : 12 km), ☎ (05352) 16 97.
🅱 Helmstedt Information, Rathaus, Markt 1 (Eingang Holzberg), ✉ 38350, ☎ (05351) 1 73 33, tourismus@stadt-helmstedt.de, Fax (05351) 17370.
Berlin 190 – Hannover 96 – *Magdeburg* 52 – Braunschweig 41 – Wolfsburg 30.

Holiday Inn Garden Court, Chardstr. 2, ✉ 38350, ☎ (05351) 12 80, hlmge@t-online.de, Fax (05351) 128128, 🈴 – 📶, 🛏 Zim, 📺 📞 ♿ 🚗 🅿 – 🔒 60. 🆎 🅐 🟠 VISA JCB
Menu (nur Abendessen) à la carte 18/33 – ⊇ 12 – **61 Zim** 80 – 95.
● Die Zimmer dieser modernen Geschäftsadresse sind einheitlich mit hellen Möbeln und funktionellem Inventar ausgestattet. Gute Tagungstechnik.

HEMMINGEN Niedersachsen siehe Hannover.

HEMSBACH Baden-Württemberg ❺❹❺ R 9 – 13 000 Ew – Höhe 100 m.
Berlin 602 – Stuttgart 141 – *Mannheim* 28 – Darmstadt 40 – Heidelberg 25.

In Hemsbach-Balzenbach Ost : 3 km :

Der Watzenhof 🌳, ✉ 69502, ☎ (06201) 7 00 50, watzenhof@t-online.de, Fax (06201) 700520, 🍺, – 📺 🅿 – 🔒 30. 🆎 🅐 🟠 VISA JCB. 🛏 Zim geschl. Jan. – **Menu** (geschl. 20. - 28. Aug., Sonntagabend - Montagmittag) à la carte 22/44 – **13 Zim** ⊇ 65/85 – 85/110.
● Das teilweise mit Holz verkleidete Landhaus blickt auf eine lange Geschichte zurück. Nach vielen Umbauten bietet man heute behagliche, altdeutsch eingerichtete Zimmer. Gediegenes Hotelrestaurant.

HENGERSBERG Bayern ❺❹❻ T 23 – 7 500 Ew – Höhe 345 m – Erholungsort.
🅱 Touristinformation, Mimminger Str. 2, ✉ 94491, ☎ (09901) 9 30 70, markt@hengersberg.de, Fax (09901) 930740.
Berlin 573 – München 153 – *Passau* 40 – Landshut 79 – Regensburg 79.

Erika, Am Ohewehr 13, ✉ 94491, ☎ (09901) 60 01, Fax (09901) 6762, 🍺 – 🛏 Zim, 📺 🅿 – 🔒 40. 🆎 🅐 🟠 VISA
Menu à la carte 14,50/25 – **26 Zim** ⊇ 34/39 – 47/62 – ½ P 10.
● Die Zimmer sind entweder mit rustikalen Eichenmöbeln oder mit neuzeitlichem, hellblauem Mobiliar praktisch ausgerüstet. Gleich nebenan kann man ins Ozon-Hallenbad eintauchen. Helles und freundlich gestaltetes Restaurant.

HENNEF (SIEG) Nordrhein-Westfalen 543 N 5 – 44 000 Ew – Höhe 70 m.

Hennef, Haus Dürresbach, Sövenerstr., ℘ (02242) 65 01 ; Eitorf, Heckenhof 5 (Ost : 17 km), ℘ (02243) 9 17 60.

🛈 Tourist Information, Rathaus, Frankfurter Str. 97, ⌧ 53773, ℘ (02242) 1 94 33, info@hennef.de, Fax (02242) 888157.

Berlin 594 – Düsseldorf 75 – Bonn 18 – Limburg an der Lahn 89 – Siegen 75.

Stadt Hennef, Wehrstr. 46, ⌧ 53773, ℘ (02242) 9 21 30, Fax (02242) 921340, 😊 – ⇆ Zim, TV P AE ⓪ ⓜ VISA
Menu (nur Abendessen) à la carte 16/31 – **21 Zim** ⌧ 51/66 – 74/82.
♦ Etwas abseits vom Zentrum liegt dieses Fachwerkhaus, dessen Zimmer unterschiedlich eingerichtet sind, aber immer genügend Platz bieten um dort sehr gut unterhalten sind. In rustikal-gemütlichen Restauranträumen serviert man auch kroatische Spezialitäten.

Johnel, Frankfurter Str. 152, ⌧ 53773, ℘ (02242) 96 98 30, hoteljohnel@t-online.de, Fax (02242) 969322 – 🛗, ⇆ Zim, 📞 P AE ⓪ ⓜ VISA JCB.
Menu (geschl. 22. Dez. - 5. Jan., Freitag - Sonntag)(nur Abendessen) à la carte 13/28 – **35 Zim** ⌧ 50/55 – 55/71.
♦ Eine saubere und gepflegte Übernachtungsadresse mit funktionell und trotzdem wohnlich eingerichteten Zimmern. Auch ein Tagungsraum steht zur Verfügung. Restaurant Kommödchen mit rustikalem Ambiente.

XX Haus Steinen, Hanftalstr. 96, ⌧ 53773, ℘ (02242) 32 16, Fax (02242) 83209, 😊 – P AE ⓜ VISA
Menu (wochentags nur Abendessen) à la carte 26/41.
♦ Hell und elegant ist das solide geführte Restaurant gestaltet, gutbürgerlich gibt sich das Speisenangebot. Sehr nett sitzt man auch im Wintergarten.

Ihre Meinung über die von uns empfohlenen Restaurants,
deren Spezialitäten sowie die angebotenen regionalen Weine,
interessiert uns sehr.

HENNIGSDORF Brandenburg 542 I 23 – 25 000 Ew – Höhe 45 m.

Stolpe, Am Golfplatz 1 (Nord-Ost : 3 km), ℘ (03303) 54 92 14.
Berlin 20 – Potsdam 42.

Mercure, Fontanestr. 110, ⌧ 16761, ℘ (03302) 87 50, h1756@accor-hotels.com, Fax (03302) 875445, 😊, 🏋, 🏊 – 🛗, ⇆ Zim, 🍽 Rest, TV 📞 ⇄ P – 🚗 80. AE ⓪ ⓜ VISA JCB
Menu à la carte 17/33 – ⌧ 13 – **112 Zim** 88/98 – 98/108.
♦ Wohnkomfort und Business sind hier gelungen kombiniert. Mit seiner funktionellen Ausstattung ist das neuzeitliche Hotel auch für den Geschäftsreisenden ideal. Modern-elegantes Restaurant mit luftigem Wintergarten-Café.

HENNSTEDT (KREIS STEINBURG) Schleswig-Holstein 541 D 13 – 600 Ew – Höhe 30 m.

Berlin 349 – Kiel 53 – Hamburg 71 – Itzehoe 19.

Seelust 🦢, Seelust 6 (Süd : 1 km), ⌧ 25581, ℘ (04877) 6 77, seelust@t-online.de, Fax (04877) 766, ≤, 😊, 🏊, 🈳 – TV P
Menu (geschl. Mitte Feb. - Mitte März, Dienstag) (Montag - Freitag nur Abendessen) à la carte 19/29 – **13 Zim** ⌧ 50/60 – 70.
♦ Malerisch liegt dieses charmante kleine Hotel an einem schönen See. Die Zimmer sind eher einfach, aber dennoch behaglich in ihrer Einrichtung. Zwei unterteilte ländlich gestaltete Gaststuben sorgen für Gemütlichkeit beim Essen.

HENSTEDT-ULZBURG Schleswig-Holstein 541 E 14 – 26 000 Ew – Höhe 38 m.

Alvesloe, Kadenerstr. 9 (West : 6 km), ℘ (04193) 9 92 90 ; Kisdorferwohld, Am Waldhof 3 (Nord-Ost : 8 km), ℘ (04194) 9 97 40.
Berlin 314 – Kiel 68 – Hamburg 37 – Hannover 187 – Lübeck 56.

Im Stadtteil Henstedt :

Scheelke, Kisdorfer Str. 11, ⌧ 24558, ℘ (04193) 9 83 00, Fax (04193) 983040 – TV P AE ⓜ VISA
Menu (geschl. Juli, Mittwoch) à la carte 18,50/32,50 – **11 Zim** ⌧ 40/43 – 66/70.
♦ Praktisch ausgestattete Gästezimmer und persönlicher Service zählen zu den Annehmlichkeiten dieses familiengeführten kleinen Hotels. Teil des Restaurants ist eine rustikale Gaststube mit legerem Thekenbetrieb.

HEPPENHEIM AN DER BERGSTRASSE Hessen 543 R 9 – 26 000 Ew – Höhe 100 m.
Sehenswert : Marktplatz★.

🛈 Fremdenverkehrsbüro, Großer Markt 3, ✉ 64646, ℘ (06252) 1 31 71, Fax (06252) 13123.

Berlin 596 – Wiesbaden 69 – Mannheim 29 – Darmstadt 33 – Heidelberg 32 – Mainz 62.

Mercure garni, Siegfriedstr. 1, ✉ 64646, ℘ (06252) 12 90, h2839@accor-hotels.com, Fax (06252) 129100 – 📶 ✻ 📺 ✆ ♿ 🅿 – 🔒 45. 🅰🅴 ⓘ 🅾🅾 VISA
111 Zim ⊡ 96/109 – 119/132.

♦ Umgeben vom Kurmainzer Amtshof und der Peterskirche liegt das neuzeitliche Hotel mit den komfortablen und klimatisierten Räumen. Fragen Sie nach den Fachwerkzimmern.

Am Bruchsee ⚓, Am Bruchsee 1, ✉ 64646, ℘ (06252) 96 00, info@bruchsee.de, Fax (06252) 960250, ☀, ☎, ⚓ – 📶, ✻ Zim, 📺 ✆ ♿ 🅿 – 🔒 130. 🅰🅴 ⓘ 🅾🅾 VISA
Menu (geschl. 27. - 30. Dez.) à la carte 22/41,50 – **70 Zim** ⊡ 83/109 – 115/135.

♦ Gleich hinterm Haus beginnt das Naherholungsgebiet mit See. Man stellt seinen Gästen großzügige Übernachtungszimmer zur Verfügung, von denen die Hälfte Seeblick hat. Gepflegte Restauranträume und eine schöne Sonnenterrasse.

Goldener Engel ⚓, Großer Markt 2, ✉ 64646, ℘ (06252) 25 63, info@goldener-engel-heppenheim.de, Fax (06252) 4071, ☀, (Fachwerkhaus a.d.J. 1782) – 📺 ♿ 🅿 🅾🅾 VISA
Menu à la carte 18/25 – **29 Zim** ⊡ 46/56 – 67/77.

♦ Mitten im historischen Stadtteil gelegen, verführt das schöne Fachwerkhaus mit solide eingerichteten Zimmern, die durch helle Eichenmöbel freundlich und einladend wirken. Die Gaststube hat ländlichen Charakter und ist in gemütliche Nischen unterteilt.

HERBOLZHEIM Baden-Württemberg 545 V 7 – 8 800 Ew – Höhe 179 m.
Berlin 777 – Stuttgart 178 – Freiburg im Breisgau 32 – Offenburg 36.

Highway-Hotel garni, Breisgauallee 6 (nahe der BAB, im Autohof), ✉ 79336, ℘ (07643) 93 50, highway-hotel@europa-park.com, Fax (07643) 9351380, ☎ – 📶 ✻ 📺 ✆ ♿ 🅿 – 🔒 40. 🅰🅴 ⓘ 🅾🅾 VISA JCB
76 Zim ⊡ 55/93 – 102.

♦ Nahe der Autobahn, bei einem Autohof findet man hier eine Unterkunft zum Entspannen oder Arbeiten. Im Angebot sind auch Manager- und Ladyzimmer mit besonderen Extras.

HERBORN (LAHN-DILL-KREIS) Hessen 543 N 8 – 21 400 Ew – Höhe 210 m.
🛈 Fremdenverkehrsamt, Rathaus, Hauptstr. 39, ✉ 35745, ℘ (02772) 7 08 19 00, tourist@herborn.de, Fax (02772) 708400.

Berlin 531 – Wiesbaden 118 – Siegen 68 – Gießen 38 – Limburg an der Lahn 49.

Schloss-Hotel, Schloßstr. 4, ✉ 35745, ℘ (02772) 70 60, schloss-hotel-herborn@t-online.de, Fax (02772) 706630, ☀, 🛁, ☎ – 📶, ✻ Zim, 📺 ✆ ♿ 🅿 – 🔒 70. ⓘ 🅾🅾 VISA ✻ Rest
Menu (geschl. 27. - 6. Jan., Samstag, Sonntagabend) à la carte 23/36,50 – **70 Zim** ⊡ 75/100 – 118/135.

♦ Das idyllische Städtchen liegt am Fuß des Westerwaldes. Direkt im Zentrum logieren Sie in gut geschnittenen Zimmern, die mit unterschiedlichem Mobiliar eingerichtet sind. Der gastronomische Bereich ist unterteilt in das eigentliche Restaurant und das Bistro.

In Breitscheid-Gusternhain Süd-West : 10 km, B 255 Richtung Montabaur :

Ströhmann, Gusternhainer Str. 11, ✉ 35767, ℘ (02777) 3 04, Fax (02777) 7080 – ✻ Zim, 📺 🅿 🅾🅾 VISA ✻ Zim
Menu (geschl. Mittwoch) à la carte 9,50/29,50 – **12 Zim** ⊡ 40 – 70.

♦ Das Landgasthaus liegt eingebettet in eine urwüchsige Westerwaldlandschaft. Es erwarten Sie moderne Zimmer, die mit hellgrauen Einbaumöbeln funktionell eingerichtet sind. Das Speiseangebot wird durch die hauseigene Metzgerei geprägt.

HERBRECHTINGEN Baden-Württemberg 545 U 14 – 12 000 Ew – Höhe 470 m.
Berlin 587 – Stuttgart 91 – Augsburg 89 – Heidenheim an der Brenz 8 – Ulm (Donau) 28.

Grüner Baum, Lange Str. 46 (B 19), ✉ 89542, ℘ (07324) 95 40, info@gruener-baum-gigler.de, Fax (07324) 954400, Biergarten – 📺 ✆ 🅿 🅰🅴 ⓘ 🅾🅾 VISA
Menu (geschl. Aug. 3 Wochen, Sonntag - Montagmittag) à la carte 17/35 – **40 Zim** ⊡ 56 – 88.

♦ Dies ist ein Landgasthaus wie man ihn sich vorstellt ! Familientradition und Herzlichkeit sind Werte, denen man sich verpflichtet fühlt. Sie wohnen in nett gestalteten Zimmern. Das Restaurant gibt sich bodenständig.

HERBSTEIN Hessen 543 O 12 – 2 000 Ew – Höhe 434 m – Luftkurort.
Berlin 467 – Wiesbaden 141 – Fulda 35 – Alsfeld 27.

  Landhotel Weismüller, Blücherstr. 4, ⊠ 36358, ℘ (06643) 9 62 30, landhotel-we
  ismueller@t-online.de, Fax (06643) 7518, 佘, 龠, – ⊡ ⇔ ℗ – 益 80. ⓂⒸ 𝒱𝐼𝒮𝒜
  Menu à la carte 17/24,50 – **21 Zim** ⊇ 38/42 – 66/72.
  ♦ Das familiär geführte Haus ist nur fünf Minuten vom Thermalbad entfernt. Reservieren
  Sie ein Zimmer im neueren Anbau, diese sind komfortabler eingerichtet. Gemütliches
  Ambiente herrscht im Café-Restaurant mit Kuchen aus hauseigener Backstube.

HERDECKE Nordrhein-Westfalen 543 L 6 – 26 000 Ew – Höhe 98 m.
  ᴮ Verkehrsamt, Kirchplatz 3, ⊠ 58313, ℘ (02330) 61 13 25, verkehrsamt@herdecke.de,
  Fax (02330) 61115325.
  Berlin 504 – Düsseldorf 61 – Dortmund 16 – Hagen 6.

  Zweibrücker Hof, Zweibrücker Hof 4, ⊠ 58313, ℘ (02330) 60 50, hotel-zweibrue
  ckerhof@riepe.com, Fax (02330) 605555, ≼, 佘, 𝑭ₛ, 龠 – 𝓁, 𝓛⇔ Zim, ⊡ ℗ – 益 160.
  𝐀𝐄 ⓘ ⓂⒸ 𝒱𝐼𝒮𝒜
  Menu à la carte 22,50/44 – **71 Zim** ⊇ 93/96 – 117/122.
  ♦ Die zentrale Lage im südlichen Ruhrgebiet macht das Haus zu einem guten Ausgangs-
  punkt für Ausflüge in die Umgebung. Fragen Sie nach einem Zimmer mit Balkon und Gar-
  tenblick! Vom Wintergarten-Restaurant hat man eine schöne Sicht ins Grüne.

HERFORD Nordrhein-Westfalen 543 J 10 – 66 000 Ew – Höhe 71 m.
  Sehenswert : Johanniskirche (Geschnitzte Zunfttemporen★) Y B.
  ᴦ𝗌 Herford, Finnebachstr. 31 (östlich der A 2), ℘ (05228) 75 07 ; ᴦ𝗌 Enger-Pödinghausen,
  Südstr. 96 (West : 11 km), ℘ (05224) 7 97 51.
  ᴮ Info-Center, Hämeinger Str. 4, ⊠ 32052, ℘ (05221) 5 00 07, Fax (05221) 189694.
  Berlin 373 ② – Düsseldorf 192 ④ – Bielefeld 18 ⑤ – Hannover 91 ② – Osnabrück 59 ⑥

Stadtplan siehe nächste Seite

  Dohm-Hotel, Löhrstr. 4, ⊠ 32052, ℘ (05221) 1 02 50, dohm-hotel.herford@t-onlin
  e.de, Fax (05221) 102550, Biergarten – 𝓁, 𝓛⇔ Zim, ⊡ ✆ ⇔ ℗ – 益 90. 𝐀𝐄 ⓘ
  ⓂⒸ   Y e
  Menu (geschl. Montagmittag, Samstag) à la carte 18,50/33 – **35 Zim** ⊇ 82 – 105.
  ♦ Für einen Kurzurlaub oder geschäftlichen Aufenthalt gleichermaßen geeignet zeigen sich
  die zeitgemäß eingerichteten Zimmer dieses gelb-weiß gestrichenen Stadthauses. Elegant
  angehauchtes Restaurant mit schön eingedeckten Tischen - ergänzt durch einen Bier-
  garten.

  Zur Fürstabtei garni, Elisabethstr. 9, ⊠ 32052, ℘ (05221) 2 75 50, checkin@fuers
  tabtei.de, Fax (05221) 275515 – 𝓁 ⊡ ✆ ℗. 𝐀𝐄 ⓘ ⓂⒸ 𝒱𝐼𝒮𝒜   Z d
  geschl. 23. Dez. - 2. Jan. – **20 Zim** ⊇ 82/95 – 110.
  ♦ Das Fachwerkhaus stammt a. d. 17. Jh. Heute beherbergt das Gebäude ein nettes Hotel.
  Die stilvollen Zimmer sind mit Pinien- oder Kirschbaummöbeln elegant eingerichtet.

  Stadthotel Pohlmann, Mindener Str. 1, ⊠ 32049, ℘ (05221) 98 00, hotel-pohlm
  ann@t-online.de, Fax (05221) 980162, 龠 – 𝓁, 𝓛⇔ Zim, ⊡ ℗ – 益 50. 𝐀𝐄 ⓘ
  ⓂⒸ 𝒱𝐼𝒮𝒜   Y r
  Menu (geschl. Samstagmittag, Sonntagabend) à la carte 16/31 – **37 Zim** ⊇ 70/80 – 90.
  ♦ Sind Sie auf der Suche nach einer gepflegten Unterkunft im Stadtzentrum? Hier bietet
  man Ihnen funktionell und behaglich eingerichtete Gästezimmer. Neuzeitlich gestaltetes
  Restaurant.

  Hansa garni, Brüderstr. 40, ⊠ 32052, ℘ (05221) 5 97 20, info@hotel-hansa-herford.de,
  Fax (05221) 597259 – 𝓁 ⊡ ℗. 𝐀𝐄 ⓂⒸ 𝒱𝐼𝒮𝒜. ✖   Z a
  16 Zim ⊇ 31/51 – 70/75.
  ♦ Mitten in der Fußgängerzone liegt dieses kleine Etagenhotel, das neben soliden Zimmern
  auch ein gemütliches Café beherbergt, in dem morgens das Frühstück serviert wird.

  Die Alte Schule, Holland 39, ⊠ 32052, ℘ (05221) 5 15 58, Fax (05221) 692840, 佘
  – ⓘ ⓂⒸ 𝒱𝐼𝒮𝒜   Y s
  geschl. Montag – **Menu** (nur Abendessen) à la carte 30/39.
  ♦ Das historische Fachwerkhaus a. d. 17. Jh. beherbergt heute ein mit Holzbalken und
  warmen Farben nett gestaltetes Bistro - ungezwungen die Atmosphäre, freundlich der
  Service.

  Waldrestaurant Steinmeyer, Wüstener Weg 47, ⊠ 32049, ℘ (05221) 8 10 04,
  waldrestaurant@aol.com, Fax (05221) 81009, ≼ Herford, 佘 – ℗. ⓂⒸ 𝒱𝐼𝒮𝒜   X b
  geschl. Mitte - Ende Feb., Montag – **Menu** à la carte 18/33.
  ♦ Oberhalb der Stadt befindet sich dieses Ausflugslokal mit der schönen Aussicht. Die Küche
  dieses Fachwerkhauses offeriert schmackhafte gutbürgerliche Gerichte.

HERFORD

Abteistraße	Y	2
Ahmser Straße	Z	3
Alter Markt	Z	4
Auf der Freiheit	Y	6
Bäckerstraße	Z	
Bahnhofstraße	Y	8
Bergertorstraße	Z	9
Bielefelder Straße	X	10
Bismarckstraße	X	12
Deichtorwall	YZ	13
Diebrocker Straße	X	14
Gänsemarkt	Y	15
Gehrenberg	Z	16
Goebenstraße	X	17
Hämelinger Straße	Y	18
Herforder Straße	X	19
Höckerstraße	Y	20
Lübberstraße	Y	21
Mausefalle	Z	
Münsterkirchplatz	Y	28
Neuer Markt	Y	29
Radewiger Straße	Z	32
Schillerstraße	Y	33
Schleife	Y	34
Schützenstraße	Z	36
Steintorwall	Y	37
Stephansplatz	Y	38
Stiftbergstraße	Y	40
Werrestraße	X	42

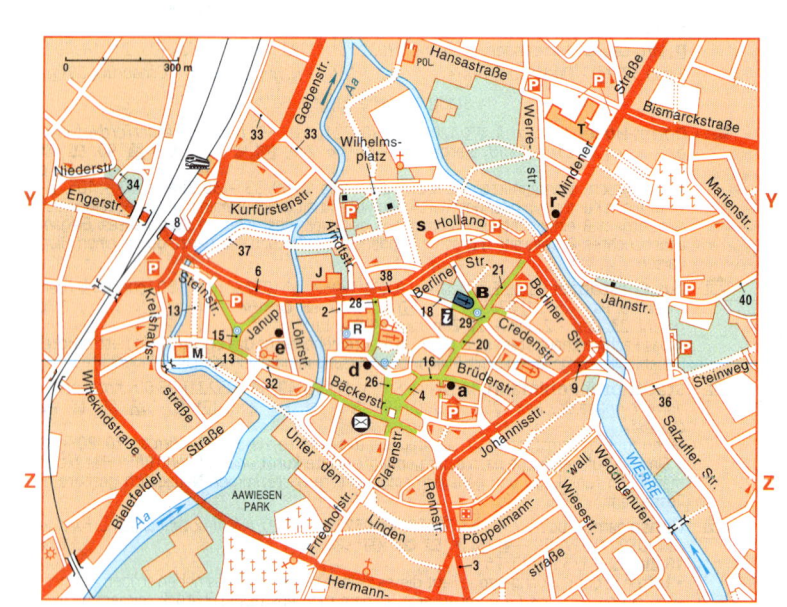

In Herford-Falkendiek Nord : 4 km, über Werrestraße X :

C. Stille - Falkendiek, Löhner Str. 157, ✉ 32049, ✆ (05221) 96 70 00, info@hotel-stille.de, Fax (05221) 67583, 🍴 – TV P – 🍽 30. MC VISA
Menu (wochentags nur Abendessen) à la carte 16,50/31,50 – **31 Zim** ⌥ 48/68 – 75/95.
 ♦ Gut gepflegt und zeitgemäß ausgestattet zeigen sich die Gästezimmer dieses Quartiers. Sie genießen westfälische Gastfreundschaft in landschaftlicher Idylle. Altrosafarbene Vorhangdekorationen geben dem Restaurant einen gediegenen Touch.

HERFORD

In Herford-Schwarzenmoor :

🏨 **Waldesrand**, Zum Forst 4, ✉ 32049, ✆ (05221) 9 23 20, Fax (05221) 9232429, 🍽, Massage, ≘s, 🐎, – 🛗, ↦ Zim, 📺 ✆ 🅿 – 🔥 50. 🅰🅴 ① 🅜🅾 🆅🅸🆂🅰   X n
Menu à la carte 16/30,50 – **52 Zim** 🖂 54/67 – 93.
* Über die Lage des Hauses sagt der Name schon genug ! Sie logieren besonders komfortabel in den Zimmern im Neubau, die mit Kirschholz und hübschen Dekostoffen bestückt sind. Das rustikal angehauchte Restaurant ist zum Teil im Wintergarten untergebracht.

🏨 **Schinkenkrug**, Paracelsusstr. 14, ✉ 32049, ✆ (05221) 92 00, info@hotel-schinkenkrug.de, Fax (05221) 920200, 🍽 – ↦ Zim, 📺 🐎 🅿 – 🔥 70. 🅜🅾 🆅🅸🆂🅰   X c
Menu (wochentags nur Abendessen) à la carte 16/30 – **23 Zim** 🖂 45/57 – 72/77.
* Im typisch westfälischen Fachwerkstil ist dieses Hotel erbaut worden. Die Zimmer haben ein gutes Platzangebot und sind praktisch eingerichtet. Der Stube hat man mit Holzbalken und bleiverglasten Fenstern eine heimelige Atmosphäre gegeben.

In Hiddenhausen - Schweicheln-Bermbeck über ⑥ : 6 km :

🏨 **Freihof**, Herforder Str. 118 (B 239), ✉ 32120, ✆ (05221) 6 12 75, kontakt@hotelfreihof.de, Fax (05221) 67643, 🍽, ≘s, 🐎 – 📺 🐎 🅿 – 🔥 40. ① 🅜🅾 🆅🅸🆂🅰. ⌘ Rest
Menu (geschl. Sonntagabend) à la carte 15/27,50 – **25 Zim** 🖂 53/59 – 85.
* Mit Sinn für Harmonie sind die Zimmer in diesem Landhotel gestaltet worden. Das Platzangebot ist großzügig, viele Zimmer verfügen über Terrasse oder Balkon. Solide Bestuhlung und stilvolle Dekorationen tragen zur gediegenen Atmosphäre im Restaurant bei.

HERGENSWEILER Bayern siehe Lindau im Bodensee.

HERINGSDORF Mecklenburg-Vorpommern siehe Usedom (Insel).

HERLESHAUSEN Hessen 🇸🇽🇸 M 14 – 3 400 Ew – Höhe 225 m.
🏌 Gut Willershausen, Bergring 4 (Nord : 10 km), ✆ (05654) 9 20 40.
Berlin 367 – Wiesbaden 212 – *Kassel* 73 – Bad Hersfeld 49 – Erfurt 78.

Schneider, Am Anger 7, ✉ 37293, ✆ (05654) 64 28, hotel-fleischerei-schneider@t-online.de, Fax (05654) 1447, 🍽 – 📺 ✆ 🅿. 🅰🅴 220. 🅜🅾 🆅🅸🆂🅰 ⌘ Rest
Menu (geschl. Sonntagabend) à la carte 11/21 – **15 Zim** 🖂 39 – 49.
* Der nette, typische Landgasthof mit Metzgerei - ein schlichtes Fachwerkhaus - fügt sich harmonisch in das Ortsbild. Man verfügt über schlichte, solide möblierte Zimmer. Restaurant mit ländlichem Charakter.

In Herleshausen-Holzhausen Nord-West : 8 km über Nesselröden :

🏨 **Hohenhaus** ⌘, ✉ 37293, ✆ (05654) 98 70, hohenhaus@t-online.de, Fax (05654) 1303, ≤, 🍽, (Hotelanlage in einem Gutshof), ≘s, 🅽, 🐎, ⌘ – 🛗, ↦ Zim, 🍽 Rest, 📺 ✆ 🅿 – 🔥 40. 🅰🅴 ① 🅜🅾 🆅🅸🆂🅰 🅹🅲🅱. ⌘ Rest
geschl. 5. - 31. Jan. – **Menu** (geschl. Sonntagmittag - Dienstagmittag) 68/95 à la carte 52/62 – 🖂 18 – **26 Zim** 110/130 – 190.
* Wohin Sie auch schauen, auf Schritt und Tritt begegnen Ihnen hier Eleganz und ländlicher Charme. Professionelle Gastlichkeit und der schöne Park sprechen für sich. Klassisch-elegantes Restaurant mit rustikalem Touch.
Spez. Suprême von der Taube mit gepfefferter Ananas und Teriyakisauce. Steinbuttfilet mit Brandade im Zucchinimantel. Rehrücken mit Pinienkernkruste und Gänselebertörtchen

---

HERMANNSBURG Niedersachsen 🇸🇽🇸 H 14 – 8 500 Ew – Höhe 50 m – Erholungsort.
🛈 Verkehrsverein, Harmsstr. 3a, ✉ 29320, ✆ (05052) 80 55, Fax (05052) 8423.
Berlin 303 – *Hannover* 78 – Celle 32 – Lüneburg 79.

🏨 **Heidehof**, Billingstr. 29, ✉ 29320, ✆ (05052) 97 00, hermannsburg@seminaris.de, Fax (05052) 3332, 🍽, 🏋, 🔲, 🐎, 📺 ✆ 🅿 – 🔥 220. 🅰🅴 ① 🅜🅾 🆅🅸🆂🅰. ⌘ Rest
Menu à la carte 21/38 – **104 Zim** 🖂 80/100 – 110/130 – ½ P 18.
* Hier im Naturpark Südheide hat man sich auf Tagungsgäste spezialisiert. Der Anbau gefällt mit einem großzügigen Hallenbereich und Zimmern in neuzeitlich-schlichtem Stil.

🏨 **Völkers Hotel**, Billingstr. 7, ✉ 29320, ✆ (05052) 9 87 40, info@voelkers-hotel.de, Fax (05052) 987474, 🍽 – ↦ Zim, 📺 🐎 🅿 – 🔥 25. 🅰🅴 ① 🅜🅾 🆅🅸🆂🅰
Menu à la carte 18/33 – **19 Zim** 🖂 56/80 – 78/108 – ½ P 18.
* Das mitten im Dorf gelegene Hotel bietet saubere und gepflegte Zimmer und organisiert für Sie Heide-Kutschfahrten, Erlebnis-Wochenenden und andere Aktivitäten. Restaurant mit ländlichem Ambiente.

HERMANNSBURG

In Hermannsburg-Oldendorf Süd : 4 km :

Gutshof Im Oertzetal, Eschedeer Str. 2, ⊠ 29320, ℘ (05052) 97 90, info@gutshof-im-oertzetal.de, Fax (05052) 979179, Biergarten – TV P – ♨ 15. AE ⓞ VISA
Menu à la carte 16/31 – **20 Zim** ⊇ 45 – 70/75 – ½ P 16.
• Mehrere Gebäudeteile eines ehemaligen Gutshofes gruppieren sich um eine begrünte Hofanlage. Sie beziehen Quartier in unterschiedlichen, immer wohnlichen Gästezimmern. Man speist im ländlich eingerichteten Restaurant oder in der Fischerstube.

Zur Alten Fuhrmanns-Schänke, Dehningshof 1 (Ost : 3,5 km), ⊠ 29320, ℘ (05054) 9 89 70, info@fuhrmanns-schaenke.de, Fax (05054) 989798, ✿, ✿ – TV P. ⓞ VISA
Menu (geschl. Nov. - April Montag) à la carte 16/28 – **19 Zim** ⊇ 41 – 82 – ½ P 14.
• Mitten in einem herrlichen Wald- und Heidegebiet garantiert Ihnen die historische Kutschenstation Ruhe und Entspannung. Die Zimmer sind nett im Bauernstil gestaltet. In der urgemütlichen Alten Fuhrmanns-Schänke hat bereits Napoleon gespeist!

HERMESKEIL Rheinland-Pfalz 543 R 4 – 6 400 Ew – Höhe 613 m.
🛈 Tourist-Information, Langer Markt 17, ⊠ 54411, ℘ (06503) 80 92 04, info@hermeskeil.de, Fax (06503) 981193.
Berlin 699 – Mainz 135 – Trier 39 – Bonn 160 – Saarbrücken 57.

Beyer, Saarstr. 95, ⊠ 54411, ℘ (06503) 72 27, Fax (06503) 800970, ✿ – ❙, ⁌ Zim, TV ⇔ P. ⓞ VISA
Menu (geschl. Samstagmittag) à la carte 15/21,50 – **12 Zim** ⊇ 39/41 – 66.
• Ein familiengeführtes kleines Hotel am Ortsrand. Die Zimmer sind alle unterschiedlich eingerichtet und verfügen zum größten Teil über Balkon oder Terrasse. Die Gaststube ist bürgerlich gestaltet.

In Neuhütten Süd-Ost : 8 km, über Züsch :

Le temple du gourmet (Schäfer) mit Zim, Saarstr. 2, ⊠ 54422, ℘ (06503) 76 69, le.temple.du.gourmet.@t-online.de, Fax (06503) 980553, ✿ – P. ⓞ VISA
geschl. Anfang - Mitte Okt., Mittwoch – **Menu** (wochentags nur Abendessen) 50/68 und à la carte, ⴷ – **6 Zim** ⊇ 40 – 68.
• Das Ehepaar Detemple-Schäfer steht gemeinsam am Herd und kreiert eine moderne, leichte Küche auf klassischer Basis. Ländlich-neuzeitlich ist das Ambiente im Restaurant. **Spez.** Komposition von gebratenen Jakobsmuscheln und Gänsestopfleber. Wildschweinrücken im Kräutermantel mit Sauce Périgourdine. Gratiniertes Kirsch-Schokoladentartelette mit Holunder-Kirscheis

HERMSDORF Sachsen 544 N 24 – 1 000 Ew – Höhe 750 m – Erholungsort – Wintersport : 600/800 m ⵙ1, ⵜ.
Berlin 238 – Dresden 47 – Marienberg 53.

In Hermsdorf-Neuhermsdorf Süd-Ost : 3,5 km Richtung Altenberg :

Altes Zollhaus, Altenberger Str. 7, ⊠ 01776, ℘ (035057) 5 40, info@landhotel-altes-zollhaus.de, Fax (035057) 54240, ✿, ⴼ, ⴵ, ✿ – ❙, ⁌ Zim, TV P – ♨ 100. ⓞ VISA
Menu à la carte 14,50/22 – **41 Zim** ⊇ 62/72 – 77/92.
• Recht geräumig und häufig durch Raumteiler in Wohn- und Schlafbereich getrennt zeigen sich die Zimmer des modernisierten und erweiterten ehemaligen Amtshauses. Im Restaurant sorgt ein Kreuzgewölbe a. d. 17. Jh. für ein stimmungsvolles Ambiente.

Wettin, Altenberger Str. 24, ⊠ 01776, ℘ (035057) 5 12 17, Fax (035057) 51218, ✿, ⴵ – TV P – ♨ 35. AE ⓞ VISA. ✤
Menu à la carte 12/17 – **29 Zim** ⊇ 35 – 52 – ½ P 11.
• Auf einer Anhöhe befindet sich der Berggasthof, dessen Fassade teils aus Naturstein, teils aus Holz gefertigt ist. Sie wohnen in Zimmern mit zeitgemäßem Naturholzmobiliar. Gemütliche Restauranträume im rustikalen Stil.

HERMSDORF Thüringen 544 N 19 – 10 400 Ew – Höhe 350 m.
Berlin 234 – Erfurt 76 – Gera 27 – Halle 84 – Leipzig 73.

Zum Schwarzen Bär, Alte Regensburger Str. 2, ⊠ 07629, ℘ (036601) 8 62 62, kontakt@zumschwarzenbaer.de, Fax (036601) 86262, ✿ – TV P – ♨ 40. AE ⓞ VISA ✤
geschl. Mitte Jan. - Ende Feb. – **Menu** à la carte 12/22 – **13 Zim** ⊇ 40 – 51.
• Mit sehr viel Liebe zum Detail hat man die um 1200 erbaute ehemalige Ausspanne in ein nettes Hotel mit eigener Bowlingbahn verwandelt. Das Personal im Restaurant trägt original thüringische Trachten aus dem 18. Jh.

HERMSDORF

Zur Linde, Alte Regensburger Str. 45, ⊠ 07629, ℰ (036601) 8 36 95, *gasthaus@lin de-hermsdorf.de, Fax (036601) 83695* – 📺 🅿 – 🍴 30. 🅰🅴 ⓘ 🅼🅾 🆅🅸🆂🅰 🅹🅲🅱
Menu à la carte 11,50/18,50 – **14 Zim** ⊇ 40/50 – 50/60.
* In dem altehrwürdigen, im 16. Jh. erbauten Gasthaus bietet man Ihnen schlichte, aber dennoch mit allem notwendigen Komfort ausgestattete Zimmer. In den rustikal-gemütlichen Gaststuben steht die Wirtin selbst am Herd.

HERNE Nordrhein-Westfalen ➎➍➌ L 5 – 180 000 Ew – Höhe 59 m.

🛈 Verkehrsverein, Berliner Platz 11 (Kulturzentrum, 1. Etage), ⊠ 44623, ℰ (02323) 16 28 12, *zukunft@herne.de*, Fax (02323) 162977.
Berlin 508 – *Düsseldorf* 56 – Bochum 6 – Dortmund 25 – Essen 21 – Recklinghausen 12.

Parkhotel ⸙, Schaeferstr. 111, ⊠ 44623, ℰ (02323) 95 50 (Hotel) 95 53 33 (Rest.), *rezeption@parkhotel-herne.de*, Fax (02323) 955222, ≤, 🌳, Biergarten, 🚲 – 📺 🅿 – 🍴 60. 🅰🅴 ⓘ 🅼🅾 🆅🅸🆂🅰. 🞨 Rest
Parkrestaurant : **Menu** à la carte 27/39 – **62 Zim** ⊇ 52/70 – 92/100.
* Inmitten des schönen und ruhigen Stadtgartens liegt das architektonisch interessante Parkhotel. Sie wohnen in modernen Zimmern, die alle einen Ausblick in die Natur gewähren. In einem Nebengebäude des Hotels : elegant angehauchtes Restaurant mit Wintergarten.

HEROLDSBERG Bayern ➎➍➏ R 17 – 7 400 Ew – Höhe 362 m.
Berlin 433 – München 177 – *Nürnberg* 12 – Bayreuth 82.

Rotes Roß, Hauptstr. 10, ⊠ 90562, ℰ (0911) 9 56 50, *info@rotesross-heroldsberg.de*, Fax (0911) 9565200, Biergarten, 🌳 – ⸙ Zim, 📺 🚲 🅿 – 🍴 50. 🅰🅴 ⓘ 🅼🅾 🆅🅸🆂🅰
geschl. 23. Dez. - 7. Jan. – **Menu** (geschl. 2. - 22. Aug., Montagmittag, Freitag) à la carte 16/28,50 – **44 Zim** ⊇ 45/57 – 60/75.
* Bereits im Jahre 1350 wurde das Anwesen urkundlich erwähnt. Seit fast 150 Jahren kümmert sich nun Familie Sörgel mit praktischen Übernachtungsmöglichkeiten um Ihr Wohl. In einem der Gasträume sitzen Sie unter einer 300 Jahre alten Holzdecke.

Schwarzer Adler, Hauptstr. 19, ⊠ 90562, ℰ (0911) 5 18 17 02, Fax (0911) 5181703, 🌳 – 🅿 ⓘ 🅼🅾 🆅🅸🆂🅰 🅹🅲🅱
geschl. Montag, Samstagmittag – **Menu** à la carte 14/28.
* Der typisch fränkische Landgasthof a. d. J. 1536 überrascht mit einer leicht gehobenen regional ausgerichteten Küche. Sie speisen in angenehm ungezwungener Atmosphäre.

Freihardt, Hauptstr. 81, ⊠ 90562, ℰ (0911) 5 18 08 05, *freihardt@aol.com*, Fax (0911) 5181590, 🌳 – 🅰🅴 ⓘ 🅼🅾 🆅🅸🆂🅰
geschl. über Pfingsten, Montag – **Menu** à la carte 24/34,50.
* Mit internationaler und regional beeinflusster Küche bittet man Sie hier zu Tisch. Im hinteren Teil hat man einen Wintergarten angebaut, angeschlossen eine Terrasse.

HERRENALB, BAD Baden-Württemberg ➎➍➎ T 9 – 7 100 Ew – Höhe 365 m – Heilbad – Heilklimatischer Kurort – Wintersport : 400/700 m ⛷1.

⛳ Bad Herrenalb, Bernbacher Straße 61, ℰ (07083) 88 98.
🛈 Tourismusbüro, Bahnhofsplatz 1, ⊠ 76332, ℰ (07083) 50 05 55, *info@badher renalb.de*, Fax (07083) 500544.
Berlin 698 – Stuttgart 80 – *Karlsruhe* 30 – Baden-Baden 22 – Pforzheim 30.

Ruland's Thermenhotel ⸙, Rehteichweg 22, ⊠ 76332, ℰ (07083) 92 70, *info@ rulands-thermenhotel.de*, Fax (07083) 927555, ≤ Bad Herrenalb, 🌳, 🏋, 🚲, ▣ – 🛗, ⸙ Zim, 📺 🚲 🛌 🅿 – 🍴 150. 🅰🅴 ⓘ 🅼🅾 🆅🅸🆂🅰. 🞨 Rest
Menu à la carte 28/41,50 – **86 Zim** ⊇ 96/112 – 140/168 – ½ P 18.
* In phantastischer Lage thront das Hotel über den Bergen des Schwarzwalds. In den Zimmern finden Sie eine komfortable Ausstattung und meist Panoramablick. Hotelrestaurant mit neuzeitlicher Einrichtung und schönem Freisitz.

Landhaus Marion ⸙, (mit Gästehäusern), Bleichweg 31, ⊠ 76332, ℰ (07083) 74 00, *lhmarion@t-online.de*, Fax (07083) 740602, 🌳, 🚲, ▣ – 🛗 ⸙ 📺 🚲 🚗 🅿 – 🍴 70. 🅰🅴 ⓘ 🅼🅾 🆅🅸🆂🅰 🅹🅲🅱
Menu à la carte 21/40 – **62 Zim** ⊇ 40/80 – 80/145, 6 Suiten – ½ P 17.
* Man tut alles, damit Sie sich wie zu Hause fühlen ! Im Landhaus mit angrenzendem Gästehaus erwarten Sie Zimmer, die unterschiedlich geschnitten, aber immer wohnlich sind. Hell bezogene Polsterstühle und Natursteinwände geben dem Restaurant eine rustikale Note.

Harzer garni, Kurpromenade 1, ⊠ 76332, ℰ (07083) 9 25 60, *info@hotel-harzer.de*, Fax (07083) 925699, Massage, ♨, 🚲, ▣ – 🛗 📺 🚗 🅰🅴 🅼🅾 🆅🅸🆂🅰
geschl. 25. Nov. - 18. Dez. – **24 Zim** ⊇ 49/75 – 80/96.
* Mitten im Zentrum des Örtchens beziehen Sie Quartier in ruhigen, schallisolierten Zimmern. Die Kureinrichtungen und das Thermalbad sind nur wenige Minuten entfernt.

HERRENALB, BAD

Thoma, Gaistalstr. 46, ✉ 76332, ✆ (07083) 5 00 20, hotel-pension.thoma@t-online.de, Fax (07083) 500230, 🍽, 🌳 – 🛗 TV ℗
Menu (geschl. Donnerstag) à la carte 13/26 – **19 Zim** ⊇ 30/46 – 60 – ½ P 12.
• Gleich hinterm Haus beginnt der Wald und von der Liegewiese aus hören Sie das Murmeln des Gaisbachs. Praktische Zimmer und familiärer Service sprechen für sich.

Pot au Feu, Weg zur Schanz 1, ✉ 76332, ✆ (07083) 52 57 14, Fax (07083) 526332, 🍽 – ⓂⓄ VISA
geschl. 10. - 20. Jan., Montag, Dienstagmittag – **Menu** (französische Küche) à la carte 28/32,50.
• Gemütlich mit rustikalem Touch gibt sich das Restaurant in dem hübschen Fachwerkhaus. Man sitzt in bequemen Korbsesseln und wählt aus einem Angebot mit französischen Speisen.

In Bad Herrenalb-Rotensol *Nord-Ost : 5 km* :

Lamm, Mönchstr. 31, ✉ 76332, ✆ (07083) 9 24 40, schwemmle@lamm-rotensol.de, Fax (07083) 924444, 🍽, 🌳 – ⇔ Zim, TV ✆ 🚗 ℗ – 🔔 20. AE ⓂⓄ VISA
Menu (geschl. 23. - 29. Feb., Montag) à la carte 26,50/43 – **23 Zim** ⊇ 46/62 – 82/98 – ½ P 17.
• Gelungene Zimmer, teilweise mit Stilmöbeln ausgestattet und immer mit Balkon, laden Sie ein, in diesem Haus mit 150-jähriger Familiengeschichte Station zu machen. Rustikales Restaurant und gemütliche Bauernstube.

In Marxzell *Nord : 8 km, Richtung Karlsruhe* :

Marxzeller Mühle, Albtalstr. 1, ✉ 76359, ✆ (07248) 9 19 60, marxzeller.muehle@exmail.de, Fax (07248) 919649, 🍽 – 🛗, ⇔ Zim, TV ✆ 🚗 ℗ – 🔔 40. AE ⓄⒹ ⓂⓄ VISA
Menu à la carte 31/45 – **Treff-Bistro :** Menu à la carte 21/35 – **16 Zim** ⊇ 72 – 117.
• Im idyllischen Albtal liegt die ehemalige Mühle - ein schmuckes Hotel im Landhausstil. Die Zimmer sind einheitlich mit hellem Holz und roten Stoffen bestückt. Ländlicher Stil mit elegantem Touch bestimmt das Ambiente im Restaurant.

Die wichtigsten Einkaufsstraßen sind im Straßenindex der Stadtpläne in rot gekennzeichnet

---

HERRENBERG Baden-Württemberg 🈞🈟🈠 U 10 – 30 500 Ew – Höhe 460 m.
🅱 Touristeninformation, Marktplatz 5, ✉71083, ✆ (07032) 92 43 20, info@herrenberg.de, Fax (07032) 924365.
Berlin 662 – Stuttgart 38 – Karlsruhe 90 – Freudenstadt 53 – Reutlingen 33.

Residence, Daimlerstr. 1, ✉ 71083, ✆ (07032) 27 10, info@residence.de, Fax (07032) 271100, 🍽, 🏋, 🍽 – 🛗, ⇔ Zim, TV ✆ ♿ ℗ – 🔔 100. AE ⓄⒹ ⓂⓄ VISA
Menu à la carte 24/41 – **159 Zim** ⊇ 111 – 123, 24 Suiten.
• Die topmodern ausgestatteten Zimmer und Maisonette-Suiten kontrastieren reizvoll die Beschaulichkeit des Städtchens. Die Konferenzräume sind sogar mit Computern bestückt. Zur Auswahl stehen das helle Restaurant Bellevue und die rustikale Schwarzwaldstube.

Hasen, Hasenplatz 6, ✉ 71083, ✆ (07032) 20 40, post@hasen.de, Fax (07032) 204100, 🍽, 🍽 – 🛗, ⇔ Zim, TV ✆ ♿ 🚗 ℗ – 🔔 75. AE ⓄⒹ ⓂⓄ VISA
Menu à la carte 14,50/31 – **68 Zim** ⊇ 80 – 100/110.
• Technisch auf der Höhe der Zeit ist man in den Zimmern, die alle einheitlich in Kirschholz eingerichtet sind. Für Frischverheiratete : die Honeymoon-Suite mit Wasserbett. Im Restaurant wie auch in der Tessiner Grotte ist Gemütlichkeit angesagt.

Alt Herrenberg, Schuhgasse 23, ✉ 71083, ✆ (07032) 2 33 44, info@alt-herrenberg.de, Fax (07032) 330705 – ⓂⓄ VISA
geschl. Anfang Jan. 1 Woche, August 2 Wochen, Sonn- und Feiertage – **Menu** (nur Abendessen) à la carte 24/37,50.
• Ein gemütliches Ambiente im rustikalen Stil empfängt Sie im Gewölbekeller des renovierten Altstadthauses. Wählen Sie aus einer Karte mit wechselnden internationalen Gerichten.

In Herrenberg-Affstätt :

Die Linde, Kuppinger Str. 14, ✉ 71083, ✆ (07032) 3 16 70, info@dielin.de, Fax (07032) 32345, 🍽 – ℗. ⓂⓄ VISA
geschl. 12. Jan. - 5. Feb. – **Menu** (wochentags nur Abendessen) à la carte 21/37, 🍷.
• Klare Linien und gute Beleuchtung, Parkettfußboden und wechselnde moderne Bilder prägen das Ambiente dieses Restaurants. Hinter dem Haus : ein schöner Garten mit Terrasse.

HERRENBERG

In Herrenberg-Mönchberg *Süd-Ost : 4 km über B 28 :*

🏨 **Kaiser** 🦮, Kirchstr. 10, ✉ 71083, ✆ (07032) 9 78 80, hotel.kaiser@t-online.de, Fax (07032) 978830, ≤, 🍴, 🛋 – ⇌ Zim, 📺 📞 🚗 🅿 – 🔔 20. 🅰🅴 ⓘ 🆗 🆅🅸🆂🅰 JCB
geschl. 27. Dez. - 6. Jan. – **Menu** (geschl. Freitagmittag, Samstagmittag) à la carte 17/36 – **28 Zim** ⇌ 50/75 – 75/95 – ½ P 15.

* Nahe der Kirche liegt der erweiterte Gasthof am Berg. Nachbarorte mit schwäbischer Fachwerkromantik und die herrliche Natur der Schwäbischen Alb laden zu Tagesausflügen ein. Das Restaurant ist rustikal in der Aufmachung.

In Gäufelden-Nebringen *Süd-West : 5 km, über Horber Straße :*

🏨 **Aramis** (mit Gästehaus), Siedlerstr. 40 (im Gewerbegebiet), ✉ 71126, ✆ (07032) 78 10, info@aramis.de, Fax (07032) 781555, Biergarten, 🅵🅰, 🛋, 🎾(Halle) – 🛗, ⇌ Zim, 📺 📞 ₺ 🅿 – 🔔 70. 🅰🅴 🆅🅸🆂🅰
geschl. 22. Dez. - 7. Jan. – **Menu** à la carte 21,50/35,50 – **86 Zim** ⇌ 64/80 – 89/101.

* Die weitläufige Anlage des Hotels ist ganz auf die Bedürfnisse der Tagungsgäste zugeschnitten. Sport, Freizeit und Fitness werden hier ebenfalls groß geschrieben. Das Restaurant des Hauses ist unterteilt und wirkt daher gemütlich.

HERRIEDEN *Bayern* 🏆🏆 *S 15 – 5 800 Ew – Höhe 420 m.*
Berlin 491 – München 212 – Nürnberg 67 – Ansbach 11 – Schwäbisch Hall 73 – Aalen 72.

🏨 **Zur Sonne**, Vordere Gasse 5, ✉ 91567, ✆ (09825) 92 95 00, info@sonne-herrieden.de, Fax (09825) 924621, 🍴 – ⇌ Zim, 📺 📞 ₺ 🚗 – 🔔 40. 🆗 🆅🅸🆂🅰
geschl. 24. Dez.- 6. Jan., Mitte Aug. 1 Woche – **Menu** (geschl. Freitag) à la carte 15/28 – **16 Zim** ⇌ 40/42 – 60/66.

* Seit 1430 existiert dieses familiengeführte kleine Hotel in der Ortsmitte. Im Gästehaus einige neuzeitlichere Zimmer mit hellem Mobiliar und guter Technik. Restaurant in ländlichem Stil.

🍴 **Gasthaus Limbacher**, Vordere Gasse 34, ✉ 91567, ✆ (09825) 53 73, Fax (09825) 926464. 🆗
geschl. März 2 Wochen, Sept. 2 Wochen, Montag - Dienstag – **Menu** à la carte 24,50/33,50.

* Das Gasthaus liegt in der Ortsmitte und wird auch gerne von Einheimischen besucht. Wenn Sie eine sorgfältig zubereitete Regionalküche schätzen, sind Sie hier gut aufgehoben.

In Herrieden-Schernberg *Nord : 1,5 km :*

🏨 **Zum Bergwirt**, ✉ 91567, ✆ (09825) 84 69, info@hotel-bergwirt.de, Fax (09825) 4925, 🍴, 🅵🅰, 🛋 – 🛗, ⇌ Zim, 📺 📞 ₺ 🅿 – 🔔 100. 🎾
geschl. 24. Dez. - 5. Jan. – **Menu** à la carte 13/28,50 – **64 Zim** ⇌ 41/50 – 66/80.

* Praktische Räumlichkeiten finden Sie in diesem Landgasthof vor. Wenn Sie Wert auf eine moderne Ausstattung legen, dann reservieren Sie eines der Neubauzimmer ! Der Restaurantbereich ist in mehrere nette Stuben unterteilt und bietet auch Reisegruppen Platz.

HERRSCHING AM AMMERSEE *Bayern* 🏆🏆 *W 17 – 10 000 Ew – Höhe 568 m – Erholungsort.*
Sehenswert : *Ammersee★.*
Ausflugsziel : *Klosterkirche Andechs★★ Süd : 6 km.*
🛈 Verkehrsbüro, Am Bahnhofsplatz 3, ✉ 82211, ✆ (08152) 52 27, rathaus@herrsching.de, Fax (08152) 40519.
Berlin 623 – München 39 – Augsburg 73 – Garmisch-Partenkirchen 65 – Landsberg am Lech 35.

🏨 **Promenade**, Summerstr. 6 (Seepromenade), ✉ 82211, ✆ (08152) 9 18 50, Fax (08152) 5981, ≤, 🍴 – 📺 🚗 🅿 ⓘ 🆗 🆅🅸🆂🅰. 🎾 Zim
geschl. 20. Dez. - 20. Jan. – **Menu** (geschl. Sept. - Juni Mittwochabend, Nov. - März Mittwoch) à la carte 18/36 – **11 Zim** ⇌ 72/78 – 96/110.

* Direkt am See liegt dieses Urlaubshotel, das Ihnen geräumige, mit eingefärbten Möbeln wohnlich eingerichtete Zimmer zur Verfügung stellt - meist mit Seeblick. Gepflegte Restauranträume im bürgerlichen Stil.

🏨 **Andechser Hof**, Zum Landungssteg 1, ✉ 82211, ✆ (08152) 9 68 10, info@andechser-hof.de, Fax (08152) 968144, Biergarten, 🛋, 🏊 – 🛗 📺 🚗 🅿 – 🔔 150. 🆗 🆅🅸🆂🅰
Menu à la carte 16/32 – **23 Zim** ⇌ 75 - 95 – ½ P 20.

* In unmittelbarer Seenähe erwartet Sie ein gepflegtes Hotel mit zeitgemäß und wohnlich eingerichteten Zimmern. Das Ammerseer Bauerntheater befindet sich direkt im Haus. Regionaltypische Gaststuben.

🏨 **Seehof**, Seestr. 58, ✉ 82211, ✆ (08152) 93 50, info@seehof-ammersee.de, Fax (08152) 935100, ≤, 🍴 – 🛗 📺 🅿 – 🔔 30. 🆗 🆅🅸🆂🅰
Menu à la carte 13/24 – **43 Zim** ⇌ 64/87 – 87/107 – ½ P 18.

* Im liebevoll restaurierten Seehof warten helle, behaglich ausgestattete Zimmer, teils mit Balkon zum See, auf Ihren Besuch. Der Dampfersteg liegt genau vor dem Haus. Sechs verschiedene Gaststuben bilden das Restaurant.

HERRSCHING AM AMMERSEE

Gasthof zur Post (mit Gästehaus), Andechsstr. 1, ⌧ 82211, ℘ (08152) 9 22 60, *zur postherrsching@gmx.de*, Fax (08152) 922648, 斧, Biergarten – 📺 ⚒ 🅿 – 🈁 25. 🆎 ⓂⓒⒸ 𝕍𝕀𝕊𝔸
Menu à la carte 13/29 – **17 Zim** ⊇ 68/85 – 90/100 – ½ P 12.
• Die ehemalige Posthalterei a. d. 14. Jh. dient heute der Beherbergung Reisender. Man vermietet Zimmer, die durch Parkett und Naturholz sehr nett wirken. Das Restaurant ist im Stil einer typisch oberbayerischen Stube gestaltet worden.

Landgasthaus Mühlfeld-Bräu, Mühlfeld 13, ⌧ 82211, ℘ (08152) 55 78, *Fax (08152) 8018*, 斧 – 🅿. ⓂⓒⒸ 𝕍𝕀𝕊𝔸
Menu à la carte 15/27.
• Weiß-blaue Gemütlichkeit erlebt man im renovierten Stadel des abseits gelegenen Landhauses. Das würzige Bier braut man selbst, die Hausbrauerei kann besichtigt werden.

HERSBRUCK *Bayern* 🅶🅸🅶 *R 18 – 12 500 Ew – Höhe 345 m – Erholungsort.*
🅱 *Touristinformation, Schloßplatz 4a,* ⌧ *91217,* ℘ *(09151) 73 51 50, touristinfo@hersbruck.de, Fax (09151) 735160.*
Berlin 424 – München 181 – Nürnberg 35 – Bayreuth 70 – Amberg 36.

Café Bauer (mit Gästehaus), Martin-Luther-Str. 16, ⌧ 91217, ℘ (09151) 8 18 80, *gasthof@restaurant-cafe-bauer.de*, Fax (09151) 818810, 斧, Biergarten – 📺 ⓞ ⓂⓒⒸ 𝕍𝕀𝕊𝔸
geschl. Anfang Jan. 1 Woche, Juni 2 Wochen – **Menu** *(geschl. Mittwoch)* à la carte 15/29 – **17 Zim** ⊇ 40 – 67.
• Hübsch liegt das ältere Stadthaus im Zentrum des Ortes. Die Übernachtungszimmer mit ihren rustikalen Weichholzmöbeln bieten Ihnen eine nette Unterkunft. Restaurant und Bauernstube sind ganz im altfränkischen Stil eingerichtet.

Schwarzer Adler (mit Gästehaus), Martin-Luther-Str. 26, ⌧ 91217, ℘ (09151) 22 31, *info@schwarzer-adler-hersbruck.de*, Fax (09151) 2236 – 📺 ⇔. ⓂⓒⒸ 𝕍𝕀𝕊𝔸
Menu *(geschl. Anfang Jan. 1 Woche, Ende Juni - Anfang Juli 2 Wochen, Donnerstag - Freitag)* à la carte 12/25 – **22 Zim** ⊇ 33/35 – 46/56.
• Der schmucke, engagiert geführte Gasthof mit den Holzfensterläden beherbergt sehr gut gepflegte Zimmer, teils neu eingerichtet. Familiäre Atmosphäre. Behagliche Gaststube.

In Hersbruck-Kühnhofen *Nord : 2 km Richtung Hormersdorf :*

Grüner Baum (mit Gästehaus), Kühnhofen 3, ⌧ 91217, ℘ (09151) 9 44 47, *info@gruener-baum-kuehnhofen.de*, Fax (09151) 96838, 斧 – ⇔ 📺 🅿. ⓂⓒⒸ 𝕍𝕀𝕊𝔸
geschl. Anfang Juli 2 Wochen – **Menu** *(geschl. Montag)* à la carte 13/26 – **11 Zim** ⊇ 35/45 – 54/62 – ½ P 13.
• Ein sauberer und gut unterhaltener Gasthof, der Ihnen ein funktionelles Quartier bietet. In einem Gästehaus hat man weitere Zimmer im Landhausstil eingerichtet. Restaurant in ländlicher Aufmachung.

In Engelthal *Süd-West : 6 km - B 14 Abfahrt Altdorf, nach Henfenfeld links ab :*

Grüner Baum mit Zim, Hauptstr. 9, ⌧ 91238, ℘ (09158) 2 62, *gruenerbaumengelthal@t-online.de*, Fax (09158) 1615, 斧 – 📺 🅿. 🆎 ⓂⓒⒸ
geschl. Feb. 1 Woche, Juni 1 Woche, Okt. - Nov. 2 Wochen – **Menu** *(geschl. Montag - Dienstag)* à la carte 14,50/34 – **5 Zim** ⊇ 31 – 54.
• Freuen Sie sich auf eine täglich frische fränkische Küche. Die Gasträume sind ländlich gestaltet - teils leicht elegant, teils etwas rustikaler, mit Kachelofen.

In Happurg-Kainsbach *Süd-Ost : 6,5 km - über B 14 Richtung Sulzbach-Rosenberg, Abfahrt Happurg, nach Happurg am Stausee rechts ab – Luftkurort :*

Kainsbacher Mühle ⓢ, Mühlgasse 1, ⌧ 91230, ℘ (09151) 72 80, *hotel-muehle@t-online.de*, Fax (09151) 728162, 斧, Massage, 🈁, ⒺⓈ, ⊠, ℱ – 🛗, ⇔ Zim, 📺 ⇔ 🅿 – 🈁 35. ⓞ ⓂⓒⒸ 𝕍𝕀𝕊𝔸
Menu à la carte 20/38 – **38 Zim** ⊇ 64/98 – 118/133.
• Mühlenromantik gepaart mit den Annehmlichkeiten moderner Hotellerie. Das Haus gefällt mit geräumigen Zimmern und einem lauschigen Garten. Ein Kreuzgewölbe ziert die Mühlenstube, Deckenmalereien die Herzogstube. Terrasse in einem kleinen Park.

In Kirchensittenbach-Kleedorf *Nord : 7 km in Richtung Hormersdorf :*

Zum alten Schloss ⓢ, ⌧ 91241, ℘ (09151) 86 00, *zum-alten-schloss@landidyll.de*, Fax (09151) 860146, 斧, ⒺⓈ, ℱ – 🛗, ⇔ Zim, 📺 ⇔ 🅿 – 🈁 50. 🆎 ⓞ ⓂⓒⒸ 𝕍𝕀𝕊𝔸
Menu à la carte 12,50/26,50 – **58 Zim** ⊇ 53/61 – 76/84 – ½ P 15.
• In ländlicher Idylle erwartet Sie das ganz im Landhausstil gestaltete Hotel. Helles Holz umgibt Sie in den Zimmern des Neubaus, im Stammhaus dunkler möbliert. Gastraum mit ländlich-dörflichem Charakter.

HERSBRUCK

In Pommelsbrunn-Hubmersberg Nord-Ost : 7,5 km - B 14 Richtung Sulzbach-Rosenberg, Abfahrt Neuhaus, vor Hohenstadt rechts ab :

Lindenhof, Hubmersberg 2, ⊠ 91224, ℰ (09154) 2 70, lindenhof.hubmersberg @t-online.de, Fax (09154) 27370, 😀, 🏊, 🔲 – 🛗, ⚡ Zim, 📺 📞 🚗 🅿 – 🛋 60. 🝙 ⓘ ⓜ ⓥ
Menu à la carte 18/42 – **44 Zim** 🝙 65/83 – 98/128 – ½ P 20.
♦ Aus verschiedenen Bauabschnitten setzt sich der Gasthof zusammen. Hervorzuheben ist die malerische Badelandschaft. Zimmer von leicht rustikal bis modern. Ein angeschlossener Bauernhof liefert die Produkte für die hauseigene Konditorei, Metzgerei und Küche.

HERSCHEID Nordrhein-Westfalen 543 M 7 – 7 250 Ew – Höhe 450 m.
Berlin 533 – Düsseldorf 105 – Arnsberg 49 – Lüdenscheid 11 – Plettenberg 12.

In Herscheid-Reblin Süd : 3 km über, Valberter Straße :

Jagdhaus Weber, Reblin 11, ⊠ 58849, ℰ (02357) 9 09 00, info@jagdhaus-weber.com, Fax (02357) 909090, 😀, – 📺 🅿 – 🛋 25. 🝙 ⓘ ⓜ ⓥ
Menu (geschl. Dienstag) à la carte 19,50/32 – **13 Zim** 🝙 47/52 – 77/85.
♦ Seit 1830 kommen Besucher in den Genuss der gastronomischen Tradition des Hauses. Inzwischen wurde das Anwesen in ein nettes Quartier mit modernen Zimmern verwandelt. Wählen Sie : Jagdzimmer mit Jagdtrophäen oder das Restaurant mit fast klassischem Rahmen.

An der Straße nach Werdohl Nord-West : 3 km über Lüdenscheider Straße :

Landhotel Herscheider Mühle, ⊠ 58849 Herscheid, ℰ (02357) 23 25, info @herscheider-muehle.de, Fax (02357) 2305, 😀, 🏇 – 📺 🅿 – 🛋 15.
Menu (geschl. nach Pfingsten 2 Wochen, Freitag) à la carte 19/36 – **11 Zim** 🝙 47 – 78.
♦ Unter hundertjährigen Bäumen liegt schattig die Mühle. Die Gästezimmer sind teils mit bemalten Bauernmöbeln bestückt, recht schlicht, aber tadellos gepflegt. Restaurant mit gediegen-rustikaler Atmosphäre.

In Herscheid-Wellin Nord : 5 km, über Räriner Straße :

Waldhotel Schröder, Wellin 4, ⊠ 58849, ℰ (02357) 41 88, becker@waldhotel-schroeder.de, Fax (02357) 1078, 😀, 🏇 – 📺 🅿 ⓜ ⓥ
Menu (geschl. Dienstag) à la carte 17,50/31 – **13 Zim** 🝙 43/50 – 71.
♦ Im Waldhotel bietet man seinen Gästen mit Naturholzmöbeln ausgestattete, saubere Übernachtungszimmer. Fragen Sie nach einem Zimmer mit Balkon ! Recht schlichtes, gepflegtes Restaurant.

HERSFELD, BAD Hessen 543 N 13 – 32 000 Ew – Höhe 209 m – Heilbad.
Sehenswert : Ruine der Abteikirche ★ - Rathaus ⩽★.
Oberaula-Hausen, Am Golfplatz (West : 24 km), ℰ (06628) 9 15 40.
🛈 Touristinformation, Am Markt 1, ⊠ 36251, ℰ (06621) 20 12 74, touristikinfo@bad-hersfeld.de, Fax (06621) 201244.
Berlin 408 – Wiesbaden 167 – Kassel 76 – Fulda 46 – Gießen 88 – Erfurt 126.

Romantik Hotel Zum Stern, (mit Gästehaus), Linggplatz 11, ⊠ 36251, ℰ (06621) 18 90, zum-stern@romantikhotels.com, Fax (06621) 189260, 😀, (historisches Gebäude a.d. 15. Jh.), 🏊, 🔲 – 🛗, ⚡ Zim, 📺 📞 🚗 🅿 – 🛋 80. 🝙 ⓘ ⓜ ⓥ
Menu à la carte 21/38 – **45 Zim** 🝙 52/87 – 97/144 – ½ P 20.
♦ In diesem sehr gut unterhaltenen Hotel im Altstadtbereich gleicht kein Zimmer dem anderen : geschmackvoll eingerichtet, teils im Landhausstil, teils mit Originalfachwerk. Dunkles Parkett und hübsch gemusterte Stühle bestimmen das Bild im Restaurant.

Am Kurpark, Am Kurpark 19, ⊠ 36251, ℰ (06621) 16 40, info@kurparkhotel-badhersfeld.de, Fax (06621) 164710, 😀, 🏊, 🔲 – 🛗, ⚡ Zim, 📺 📞 🚗 🅿 – 🛋 300. 🝙 ⓘ ⓜ ⓥ
Menu à la carte 19,50/33 – **93 Zim** 🝙 93 – 142/175 – ½ P 17.
♦ Lassen Sie den Charme eines städtischen Komforthotels bereits im Foyer auf sich wirken ! Besondere Beachtung verdient die Römer-Therme, das hauseigene Solebad. Ein stimmiges Landhaus-Ambiente umgibt Sie beim Speisen.

Vitalis garni, Lüderitzstr. 37, ⊠ 36251, ℰ (06621) 9 29 20, hotelpension-vitalis@t-online.de, Fax (06621) 929215, 🏇 – ⚡ 📺 📞 🚗 🅿 ⓜ ⓥ ⓢ
geschl. 23. Dez. - 8. Jan. – **9 Zim** 🝙 62 – 87.
♦ Wenn Sie ein Haus mit privatem Rahmen bevorzugen, werden Sie sich hier wohlfühlen. Die Einrichtung ist zeitlos-elegant, das Raumangebot überdurchschnittlich.

HERSFELD, BAD

Haus am Park garni, Am Hopfengarten 2, ✉ 36251, ✆ (06621) 9 26 20, info@hotel-hausampark.de, Fax (06621) 926230 – ⚜ 📺 ✆ ⇔ 🅿 – 🏛 25. 🅰🅴 ⓘ 🅼🅾 🆅🅸🆂🅰
26 Zim ⇌ 60/70 – 80/95.
 ♦ In einem Wohngebiet liegt das umgebaute Wohnhaus mit zeitgemäßen, hell möblierten Zimmern und familiärer Führung. Schöner Garten hinter dem Haus.

Am Klausturm garni, Friedloser Str. 1, ✉ 36251, ✆ (06621) 5 09 60, info@klausturm.de, Fax (06621) 509610 – 📶, ⚜ Zim, 📺 🅿 – 🏛 25. 🅰🅴 ⓘ 🅼🅾 🆅🅸🆂🅰
geschl. Jan. 1 Woche – **46 Zim** ⇌ 40/60 – 65/85.
 ♦ In zentraler Lage, direkt am Bahnhof, ist dieses Hotel eine praktische Adresse auch für Geschäftsreisende. Für die verschiedensten Anlässe hält man Businessräume bereit.

Allee-Hotel Schönewolf, Brückenmüllerstr. 5, ✉ 36251, ✆ (06621) 9 23 30, info@allee-hotel.com, Fax (06621) 9233111, 🍽 – ⚜ Zim, 📺 ✆ ⇔ 🅰🅴 ⓘ 🅼🅾 🆅🅸🆂🅰 🅹🅲🅱
Menu (geschl. Sonntag) à la carte 14,50/32 – **23 Zim** ⇌ 49/70 – 76/99.
 ♦ Sachkundig und mit Herz wird das Hotel von der Betreiberfamilie geführt. Auch in den soliden Zimmern spürt man das Bestreben, es den Gästen bequem zu machen. Im gepflegt-bürgerlichen Restaurant deckt man den Tisch mit deutscher Küche.

HERXHEIM Rheinland-Pfalz 𝟻𝟺𝟹 S 8 – 9 000 Ew – Höhe 120 m.
Berlin 676 – Mainz 125 – Karlsruhe 31 – Landau in der Pfalz 10 – Speyer 31.

In Herxheim-Hayna Süd-West : 2,5 km Richtung Kandel :

Krone (Kuntz), Hauptstr. 62, ✉ 76863, ✆ (07276) 50 80, info@hotelkrone.de, Fax (07276) 50814, 🍽, ⓢ, 🏊, 🚴, 🎾 – 📶, ⚜ Zim, 📺 ✆ ⇔ 🅿 – 🏛 50. 🅰🅴 ⓘ 🅼🅾 🆅🅸🆂🅰 geschl. Rest
geschl. über Weihnachten (Hotel) – **Menu** (geschl. Jan. 2 Wochen, Juli - Aug. 2 Wochen, Montag - Dienstag) (nur Abendessen) (Tischbestellung erforderlich) 77/88 à la carte 51/67 – **Pfälzer Stube** (geschl. Dienstag) **Menu** à la carte 26/47 – **52 Zim** ⇌ 79/115 – 109/130.
 ♦ Das Tabakdorf Hayna beherbergt ein Kleinod moderner Hotellerie. Mit vielen Ideen und individueller Gestaltung entstand ein exklusives Haus, das sich vom Standard abhebt. Elegantes Restaurant mit vorzüglicher Küche. Regionale Variante : die Pfälzer Stube.
Spez. Suprême von wildem Perlhuhn mit Wachtel und Gänseleber gefüllt. Steinbutt im Filoteig gebacken mit Curryschaumsauce und Mangochutney. Schokoladentörtchen mit Erdbeervariation

HERZBERG AM HARZ Niedersachsen 𝟻𝟺𝟷 L 15 – 16 600 Ew – Höhe 233 m.
🛈 Tourist-Information, Marktplatz 30, ✉ 37412, ✆ (05521) 85 21 11, touristinfo@herzberg.de, Fax (05521) 852120.
Berlin 327 – Hannover 105 – Erfurt 113 – Göttingen 38 – Braunschweig 92.

Landhaus Schulze, Osteroder Str. 7 (B 243), ✉ 37412, ✆ (05521) 8 99 40, info@landhaus-schulze.de, Fax (05521) 899438, 🍽 – 📺 ✆ ⇔ 🅿 🅼🅾 🆅🅸🆂🅰
geschl. Feb. 1 Woche, Juli - Aug. 2 Wochen, Nov. 1 Woche – **Menu** (geschl. Sonntagabend - Montagmittag) à la carte 21/42 – **20 Zim** ⇌ 45/65 – 80/95.
 ♦ Handbemalte Bauernmöbel aus grün gefärbtem Naturholz - verbunden mit modernen Annehmlichkeiten - bilden den Rahmen in diesem freundlich geführten Hotel. Gepflegtes und gemütliches Hotelrestaurant.

In Herzberg-Scharzfeld Süd-Ost : 4 km über B 243 – Erholungsort :

Harzer Hof, Harzstr. 79, ✉ 37412, ✆ (05521) 99 47 00, doering-menzel@t-online.de, Fax (05521) 994740, 🍽, 🚴 – ⚜ Zim, 📺 ✆ 🅿 – 🏛 25. 🅰🅴 ⓘ 🅼🅾 🆅🅸🆂🅰
Menu à la carte 16/27 – **21 Zim** ⇌ 45/51 – 62/78 – ½ P 13.
 ♦ Wenn Sie das Höhlendorf Scharzfeld besuchen möchten, ist dieses im Fachwerkstil erbaute Hotel eine solide Übernachtungsadresse. Fragen Sie nach einem der renovierten Zimmer ! Der gastronomische Bereich ist von Fachwerk durchzogen und rustikal gestaltet.

HERZLAKE Niedersachsen siehe Haselünne.

HERZOGENAURACH Bayern 𝟻𝟺𝟼 R 16 – 21 000 Ew – Höhe 295 m.
🏌 Herzogenaurach, Herzo Base (Nord-Ost : 2 km) ✆ (09132) 4 05 86 ; 🏌 Puschendorf, Forstweg 2 (Süd-West : 8 km), ✆ (09101) 80 64.
Berlin 451 – München 195 – Nürnberg 26 – Bamberg 52 – Würzburg 95.

HerzogsPark, Beethovenstr. 6, ✉ 91074, ✆ (09132) 77 80, reservierung@herzogspark.de, Fax (09132) 40430, 🍽, Massage, 🎾, ⓢ, 🏊, 🎾 – 📶, ⚜ Zim, 📺 ✆ ♿ ⇔ 🅿 – 🏛 130. 🅰🅴 ⓘ 🅼🅾 🆅🅸🆂🅰 🅹🅲🅱
Menu à la carte 27/44 – **88 Zim** ⇌ 105/130 – 129/155, 3 Suiten.
 ♦ Groß und mit begehbarem Kleiderschrank bestückt sind hier die Zimmer. Darüber hinaus wurden die Bäder mit edlen Materialien und solider Technik versehen. Restaurant im Landhausstil und gemütlicher Weinkeller.

HERZOGENAURACH

- **Akazienhaus** garni, Beethovenstr. 16, ✉ 91074, ℘ (09132) 7 84 50, Fax (09132) 40430 – 📺 🅿 🆎 ⓪ 🆎 VISA JCB
  geschl. 23. Dez. - 6. Jan. – **25 Zim** ⊇ 67 – 89.
  - Wenn Sie ruhig, praktisch und bequem übernachten wollen, ist das Akazienhaus eine gute Wahl. Sie finden geräumige Zimmer vor, die mit frischen Farben gestaltet sind.

- **Auracher Hof**, Welkenbacher Kirchweg 2, ✉ 91074, ℘ (09132) 7 47 50, info@auracher-hof.de, Fax (09132) 747525, 😀 – 🙃 Zim, 📺 🅿 – 🔔 30. 🆎 ⓪ 🆎 VISA
  😐 Rest
  geschl. 27. Dez. - 6. Jan., Aug. 3 Wochen – **Menu** (geschl. Freitag - Samstag, Sonntagabend) à la carte 15,50/24 – **13 Zim** ⊇ 54/59 – 79/85.
  - In einem Wohngebiet außerhalb des Zentrums beziehen Sie Quartier in soliden Zimmern, die ausreichend Platz und eine technisch vollständige Einrichtung bieten. Restaurant in neuzeitlichem Stil.

- **Gästehaus in der Engelgasse** garni, Engelgasse 2, ✉ 91074, ℘ (09132) 7 86 90, info@engelsschlaf.de, Fax (09132) 75787 – 🙃 📺 🆎 VISA
  9 Zim ⊇ 32/51 – 70/75.
  - Hinter der fast unscheinbaren Fassade des kleinen Fachwerkhauses verbirgt sich ein tadellos unterhaltenes Hotel mit netten Zimmern, die alle mit Naturholz bestückt sind.

- **Wein und Fein am Turm**, Hauptstr. 45, ✉ 91074, ℘ (09132) 22 12, info@weinamturm.de, Fax (09132) 734540, (Kleines Restaurant mit Vinothek) – 🅿 🆎 VISA
  geschl. Sonn- und Feiertage – **Menu** à la carte 23/30, ♀.
  - Mediterran und regional gibt sich die Küche des kleinen Restaurants. Besonders empfehlenswert sind die Vorspeisen, die appetitanregend am Buffet präsentiert werden.

- **Schloss-Restaurant und Ratskeller**, Marktplatz 11, ✉ 91074, ℘ (09132) 10 28, Fax (09132) 2152, 😀
  geschl. Montag, Sonn- und Feiertage abends – **Menu** à la carte 18/26,50.
  - Das antike Schlossgebäude befindet sich in der Mitte des Ortes. Im Inneren finden Sie gemütliche Nischen, wo man Sie mit internationalen und regionalen Gerichten bewirtet.

HERZOGENRATH Nordrhein-Westfalen 543 N 2 – 43 000 Ew – Höhe 112 m.
  Berlin 633 – Düsseldorf 77 – Aachen 12 – Düren 37 – Geilenkirchen 13.

- **Stadthotel**, Rathausplatz 5, ✉ 52134, ℘ (02406) 30 91, info@stadthotel-herzogenrath.com, Fax (02406) 4189 – 📺 🆎 VISA
  Menu (geschl. Freitag - Sonntag und Feiertage) (nur Abendessen) (Restaurant nur für Hausgäste) – **8 Zim** ⊇ 46 – 72.
  - Ein nettes kleines Stadthotel, das von dem jungen niederländischen Pächterehepaar engagiert und freundlich geführt wird. Sie bewohnen funktionell eingerichtete Zimmer.

In Herzogenrath-Kohlscheid Süd-West : 5 km :

- **Parkrestaurant Laurweg**, Kaiserstr. 101, ✉ 52134, ℘ (02407) 9 09 10, service@parkrestaurant-laurweg.de, Fax (02407) 909123, 😀, 🌳 – ♿ 🅿 – 🔔 75. 🆎 ⓪ 🆎 VISA
  geschl. Aug. 2 Wochen, Sonntagabend, Montagabend - Dienstag – **Menu** à la carte 38/43.
  - Klassisch-elegant geht es hier zu. Sie tafeln in einem kreisförmigen Raum, in dem sich vornehmes Dekor und internationale Küche gelungen verbinden. Schöner Park.

In Herzogenrath-Worm Nord-West : 3 km über Bicherouxstraße :

- **Zum Naturpark**, Worm 5a, ✉ 52134, ℘ (02406) 96 94 40, Fax (02406) 969442, 😀 – 🅿 🆎 🆎 VISA
  geschl. Aug. 2 Wochen, Montag, Samstagmittag – **Menu** 16 (mittags)/36 (abends) und à la carte.
  - Ein rustikales Ambiente umgibt Sie in diesem Lokal, das in einem schmucken Backsteingebäude untergebracht ist. Die Tische werden klassisch eingedeckt und sind nett dekoriert.

HESSISCH OLDENDORF Niedersachsen 541 J 11 – 17 900 Ew – Höhe 62 m.
  Berlin 337 – Hannover 55 – Hameln 12 – Osnabrück 98.

In Hessisch Oldendorf - Weibeck Ost : 3,5 km :

- **KiR**, Rittergutstr. 44, ✉ 31840, ℘ (05152) 96 28 76, Fax (05152) 962876, 😀
  geschl. Ende Jan. - Mitte Feb., Montag – **Menu** (nur Abendessen) à la carte 26,50/42.
  - Die ländlich-gemütliche Einrichtung und eine private Atmosphäre zeichnen das Fachwerkhaus a. d. J. 1786 aus. Der Chef steht am Herd, die Chefin leitet aufmerksam den Service.

HETZDORF Sachsen siehe Freiberg.

HEUBACH Baden-Württemberg 545 T 13 – 10 300 Ew – Höhe 465 m.
Berlin 577 – Stuttgart 68 – Ulm 61 – Aalen 16 – Schwäbisch Gmünd 13.

- **Deutscher Kaiser**, Hauptstr. 42, ✉ 73540, ℘ (07173) 87 08, info@deutscher-kaiser-heubach.de, Fax (07173) 8089 – ⇔ Zim, TV, AE ⓞ ⓜ VISA
geschl. über Fasching 1 Woche, Aug. 2 Wochen, Anfang Nov. 1 Woche – **Menu** (geschl. Samstagmittag, Sonntagabend) à la carte 15/31 – **13 Zim** ⊃ 43 – 70.
  - Ein gestandener Gasthof in der historisch geprägten Altstadt : Solide und zeitgemäß eingerichtete Zimmer erwarten bei Familie Vogel die Gäste. Holzgetäfelte Wände und Zierrat geben dem leicht rustikalen Restaurant eine freundliche Note.

HEUSENSTAMM Hessen 543 P 10 – 19 000 Ew – Höhe 119 m.
Berlin 553 – Wiesbaden 46 – Frankfurt am Main 14 – Aschaffenburg 31.

- **Rainbow-Hotel**, Seligenstädter Grund 15, ✉ 63150, ℘ (06104) 93 30, rainbow-hotel@t-online.de, Fax (06104) 933120 – ⌷, ⇔ Zim, ■ TV ⇔ ℗ – ⚐ 15. AE ⓞ ⓜ VISA
Menu (nur Abendessen) (thailändische Küche) à la carte 19/29,50 – **71 Zim** ⊃ 75/110 – 93/137.
  - Als "komfortables Zuhause für unterwegs" empfiehlt man sich hier. Die Gästezimmer sind neuzeitlich-funktionell eingerichtet und bieten eine gute Technik. Im elegant-fernöstlich angehauchten Restaurant serviert man thailändische Spezialitäten.

HEUWEILER Baden-Württemberg siehe Glottertal.

HIDDENHAUSEN Nordrhein-Westfalen siehe Herford.

HIDDENSEE (Insel) Mecklenburg-Vorpommern 542 C 23 – 1 100 Ew – Ostseeinsel, Autos nicht zugelassen.
⇔ von Stralsund (ca. 1 h 45 min), von Schaprode/Rügen (ca. 45 min) ℘ (0180)3 21 50.
🛈 Insel Information in Vitte, Norderende 162, ✉ 18565, ℘ (038300) 6 42 26, insel.information@t-online.de, Fax (038300) 64225.
ab Schaprode : Berlin 296 – Schwerin 196 – Rügen (Bergen) 29 – Stralsund 36.

In Hiddensee-Vitte :

- **Post Hiddensee** ⌘ garni, Wiesenweg 26, ✉ 18565, ℘ (038300) 64 30, hotel-post-hiddensee@t-online.de, Fax (038300) 64333, ☞ – TV
⊃ 9 – **12 Zim** 87 – 95/150, 4 Suiten.
  - Ein besonders hübscher Landhausstil prägt diesen der Region angepassten Neubau. Sehr schöne Möbel - die Suiten sind sogar mit einem modernen Kamin bestückt.

- **Heiderose** ⌘, In den Dünen 127 (Süd : 2,5 km), ✉ 18565, ℘ (038300) 6 30, mail@heiderose-hiddensee.de, Fax (038300) 63124, ☆, ☞ – TV – ⚐ 40. ⟨ Zim
geschl. Jan. - März, 10. Nov. - 24. Dez. – **Menu** à la carte 17/30 – **34 Zim** ⊃ 72/94 – 84/102 – ½ P 13.
  - Die Hotelanlage liegt malerisch inmitten der Dünenheide. Neben den Hotelzimmern, zum Teil mit Boddenblick, vermietet man auch einige hübsche, reetgedeckte Ferienhäuser. Ungezwungene Atmosphäre erwartet Sie im bistroartigen Restaurant.

- **Zum Hiddenseer** ⌘ mit Zim, Wiesenweg 22, ✉ 18565, ℘ (038300) 4 19, zumhiddenseer@t-online.de, Fax (038300) 608900, ☆, ☞ – TV. ⓜ
geschl. 10. Jan. - 10. Feb. – **Menu** (geschl. Mittwoch - Donnerstagmittag) à la carte 18/28 – **3 Zim** ⊃ 50 – 70.
  - Liebevoll hat man das Gasthaus mit viel Holz und blanken Tischen in gemütlich-rustikalem Stil eingerichtet. Auf der Karte stehen Gutbürgerliches und Fischgerichte.

HILCHENBACH Nordrhein-Westfalen 543 N 8 – 17 200 Ew – Höhe 400 m – Wintersport (in Hilchenbach-Lützel) : 500/680 m ⚐2, ⚐.
🛈 Verkehrsbüro, Markt 13, ✉ 57271, ℘ (02733) 28 81 33, info@hilchenbachtourist.de, Fax (02733) 288288.
Berlin 523 – Düsseldorf 130 – Siegen 21 – Olpe 28.

- **Haus am Sonnenhang** ⌘, Wilhelm-Münker-Str. 21, ✉ 57271, ℘ (02733) 70 04, hotelamsonnenhang@gmx.de, Fax (02733) 4260, ≤, ☆, ☞ – TV ⇔ ℗ – ⚐ 20. AE ⓞ ⓜ VISA. ⟨
Menu (geschl. Juli - Aug. 2 Wochen, Freitag) (nur Abendessen) à la carte 18/34 – **22 Zim** ⊃ 55/70 – 77/95.
  - Sie suchen ein ruhiges Quartier im Grünen ? Hier werden Sie fündig ! Das schmucke Haus liegt auf einer Anhöhe und überzeugt mit praktischen Zimmern unterschiedlicher Größe. Das Restaurant besticht durch Panoramablick auf die waldreiche Landschaft.

HILCHENBACH

In Hilchenbach-Müsen West : 7 km, über B 508 :

🏠 **Stahlberg**, Hauptstr. 85, ✉ 57271, ✆ (02733) 62 97, gasthof-stahlberg@t-online.de, Fax (02733) 60329, 🍽, 🌳 – 📺 ☎ 🚗 🅿 🆎 ⓞ ⓜ 🆅
Menu (geschl. 15.- 30. Jan., Montag) à la carte 18/36 – **12 Zim** ⇌ 46/59 – 72.
♦ Von außen repräsentiert der Hotelbau mit Fachwerk und Schiefer den typischen Stil des Siegerlandes. Innen findet man gut gestaltete, tadellos gepflegte Zimmer. Das Restaurant nennt sich Kärntnerstube und ist authentisch im Alpen-Stil eingerichtet.

In Hilchenbach-Vormwald Süd-Ost : 2 km, über B 508 :

🏛 **Steubers Siebelnhof** (mit Gästehaus), Vormwalder Str. 56, ✉ 57271, ✆ (02733) 8 94 30, info@siebelnhof.de, Fax (02733) 7006, 🍽, Biergarten, Massage, 🛁, 🏊, 💆 Zim, 📺 ☎ 🚗 🅿 – 🆎 30. 🆎 ⓞ ⓜ 🆅 ⓙⒸⒷ, ✄
geschl. Anfang Jan. 1 Woche – **Menu** à la carte 29,50/50, ♀ – **2 – 20 Zim** ⇌ 65/120 – 90/180.
♦ Einen Hauch von Extravaganz findet man in der einstigen Fuhrmannskneipe, die sich durch ihre geschmackvolle Einrichtung zum Landhotel mit Klasse gemausert hat. In den Restauranträumen : mediterranes Flair oder westfälische Gemütlichkeit.

HILDBURGHAUSEN Thüringen 544 O 16 – 12 000 Ew – Höhe 372 m.
Berlin 356 – Erfurt 80 – *Coburg* 29.

🏠 **Eschenbach** garni, Häselriether Str. 19, ✉ 98646, ✆ (03685) 7 94 30, info@hotel-eschenbach.de, Fax (03685) 7943434, 🛁 – 🛗 💆 📺 ☎ 🅿 – 🆎 15. 🆎 ⓞ ⓜ 🆅
27 Zim ⇌ 34/45 – 59/65.
♦ Am Stadtrand findet man hier hinter schön restaurierten Fachwerkmauern eine recht ruhige Unterkunft. Die Zimmer bieten eine solide Ausstattung und z. T. Allergikerbetten.

In Hildburghausen-Gerhardtsgereuth Nord : 6 km, über Schleusinger Straße :

🏠 **Am Schwanenteich** 🌳, Am Schwanenteich, ✉ 98646, ✆ (03685) 44 66 90, info@hotelamschwanenteich.de, Fax (03685) 44669910, 🍽, 🛁, 🌳 – 🛗 💆 Zim, 📺 🅿 – 🆎 20. 🆎 ⓞ ⓜ 🆅
Menu à la carte 14/24,50 – **25 Zim** ⇌ 59 – 77.
♦ Hier erwartet Sie eine ländliche Idylle ! Sie schlafen in netten Zimmern, die einheitlich mit Naturholzmöbeln ausgestattet sind und zum Teil einen Blick auf den Teich gewähren. In den hell-rustikalen Restauranträumen wird Gutbürgerliches serviert.

HILDEN Nordrhein-Westfalen 543 M 4 – 54 000 Ew – Höhe 46 m.
Berlin 547 – *Düsseldorf* 18 – Köln 40 – Solingen 12 – Wuppertal 26.

🏨 **Am Stadtpark**, Klotzstr. 22, ✉ 40721, ✆ (02103) 57 90, info@hotel-stadtpark.de, Fax (02103) 579102, 🍽, 🛁, 🏊 – 🛗 📺 ☎ & 🚗 – 🆎 80. 🆎 ⓞ ⓜ 🆅, ✄ Rest
Menu (geschl. Samstagmittag) à la carte 26/40 – **110 Zim** ⇌ 85/125 – 110/185.
♦ Durch eine großzügige Halle betritt man dieses Stadthotel, dessen sachlich gestaltete Zimmer allen notwendigen Komfort bieten. Gegenüber lädt der Park zum Spazieren ein. Internationales bietet das Restaurant und die freundliche Bar mit weiteren Tischen.

🏨 **Amber Hotel Bellevue**, Schwanenstr. 27 (Ecke Berliner Str.), ✉ 40721, ✆ (02103) 50 30, hilden@amber-hotels.de, Fax (02103) 503444, 🍽 – 🛗 💆 Zim, 📺 ☎ 🚗 🅿 – 🆎 80. 🆎 ⓞ ⓜ 🆅 ⓙⒸⒷ
Menu à la carte 18/27 – **93 Zim** ⇌ 95/115 – 110/130.
♦ Das Stadthotel hat verschiedenartige Räume anzubieten : in Creme gehaltene Standardzimmer, Businesszimmer mit Arbeitsbereich und das verträumte "1001 Nacht" Zimmer.

HILDERS Hessen 543 O 14 – 5 200 Ew – Höhe 460 m – Luftkurort – Wintersport : 500/700 m ⛷1 ⛸.

🛈 Tourist-Information, Schulstr. 2, ✉ 36115, ✆ (06681) 76 12, tourist-info@hilders.de, Fax (06681) 7613.
Berlin 427 – Wiesbaden 200 – *Fulda* 29 – Bad Hersfeld 54.

🏠 **Engel**, Marktstr. 12, ✉ 36115, ✆ (06681) 97 70, hotel-engel-hilders@t-online.de, Fax (06681) 977300, 🛁 – 📺 – 🆎 70. ⓜ 🆅
geschl. Mitte -Ende Jan. – **Menu** (geschl. Montag) à la carte 21/37 – **27 Zim** ⇌ 34 – 38/54.
♦ Der Luftkurort im Herzen der Hessischen Rhön erwartet seine Besucher mit einer soliden Unterkunft. Fragen Sie nach den neueren, mit hellem Holz eingerichteten Zimmern ! Rustikal-bürgerliche Restauranträume.

🍴 **Hohmann**, Obertor 2, ✉ 36115, ✆ (06681) 2 96, information@hotel-hohmann.de, Fax (06681) 7161, Biergarten – 📺 🅿
geschl. 14. Nov.- 1. Dez. – **Menu** (geschl. Mittwoch) à la carte 15,50/20 – **17 Zim** ⇌ 32 – 52.
♦ Bei der Kirche liegt dieser gewachsene Gasthof. Morgens begrüßt man Sie mit einem Buffet, zu dem auch selbstgekochte Marmeladen und Rhöner Bauernbrot gehören. Der Chef des Hauses kocht selbst ! Viele Produkte werden von umliegenden Bauernhöfen bezogen.

675

HILDESHEIM Niedersachsen **541** J 13 – 105 000 Ew – Höhe 89 m.

Sehenswert : *Dom*★ *(Kunstwerke*★*, Kreuzgang*★*)* Z – *St. Michaelis-Kirche*★ Y – *Roemer-Pelizaeus-Museum*★ Z **M1** – *St. Andreas-Kirche (Fassade*★*)* Z **B** – *Antoniuskapelle (Lettner*★*)* Z **A** – *St. Godehardikirche*★ Z – *Marktplatz*★ *(Knochenhaueramtshaus*★*, Renaissanceerker*★ *am Tempelhaus)* Y.

🚗 *Oldekopstraße*.

🛈 *Tourist Information, Rathausstr. 20,* ✉ *31134,* ✆ *(05121) 1 79 80, tourist-info@hildesheim.com, Fax (05121) 179888.*

ADAC, Zingel 39.

Berlin 276 ④ – *Hannover* 36 ② – Braunschweig 51 ④ – Göttingen 91 ④

Stadtplan siehe gegenüberliegende Seite

🏨 **Le Méridien**, Markt 4, ✉ 31134, ✆ (05121) 30 00, *info@meridien-hildesheim.com, Fax (05121) 134298,* 🍽, 📶, 🏋, 🏊 – 🛗, ⚤ Zim, 📺 ♿ 🏠 – 🏛 120. 💳 💳 💳 💳 💳 ※ Rest   Y e

Menu 13 (Lunchbuffet) à la carte 19,50/33 – **111 Zim** ☑ 130/150 – 150/170.

◆ Hinter wieder errichteter historischer Fassade erwartet Sie ein attraktives, traditionelles Hotel mit viel Charme und einem erfahrenen Team. Helle, moderne Halle mit Empore. Genießen Sie das gemütliche, rustikale Ambiente des Restaurants Gildehaus.

🏨 **Dorint Sülte Hotel**, Bahnhofsallee 38, ✉ 31134, ✆ (05121) 1 71 70, *info.hajhil@dorint.com, Fax (05121) 1717100,* 🍽 – 🛗, ⚤ Zim, 📺 ♿ ♿ 🅿 – 🏛 450. 💳 💳 💳 💳 💳 ※ Rest   Y b

Menu à la carte 23/36 – **120 Zim** ☑ 117/138 – 141/162.

◆ Modernes Hotel in historischer Bausubstanz. Freigelegtes Mauerwerk wurde geschickt in die neuzeitliche Gestaltung einbezogen und kündet von einer langen Geschichte. An der Stelle des geschmackvollen Restaurants La Capella stand einst wirklich eine Kapelle.

In Hildesheim-Moritzberg :

🏨 **Parkhotel Berghölzchen** 🌳, Am Berghölzchen 1, ✉ 31139, ✆ (05121) 97 90, *info@berghoelzchen.de, Fax (05121) 979400,* ≤, 🍽, Biergarten – 🛗, ⚤ Zim, 📺 🅿 – 🏛 300. 💳 💳 💳 💳   X a

Menu à la carte 18/35 – **80 Zim** ☑ 98/120 – 120/140.

◆ Auf einer Anhöhe befindet sich das Hotel, dessen Zimmer nach internationalem Standard wohnlich eingerichtet sind - fast alle gewähren einen Blick auf die Dächer der Stadt. Im historischen Gebäudeteil ist das klassisch gestaltete Restaurant untergebracht.

In Hildesheim-Ochtersum :

🏨 **Am Steinberg** garni, Adolf-Kolping-Str. 6, ✉ 31139, ✆ (05121) 80 90 30, *info@hotelamsteinberg.de, Fax (05121) 267755* – 🛗 📺 ♿ 🅿 – 🏛 20. 💳 💳 💳 💳 ※   X s

geschl. 19. Dez. - 1. Jan. – **28 Zim** ☑ 51/59 – 70/77.

◆ Von außen wirkt der Hotelbau wie ein Wohnhaus. Innen finden Sie solide in Kirsche eingerichtete Zimmer, die über geräumige, zeitgemäße Bäder verfügen.

Im Steinberg-Wald *Süd-West : 5 km, über Kurt-Schumacher-Str.* X *, 1 km hinter Ochtersum rechts ab* :

🍴🍴🍴 **Kupferschmiede**, Am Steinberg 6, ✉ 31139 Hl-Ochtersum, ✆ (05121) 26 30 25, *info@restaurant-kupferschmiede.de, Fax (05121) 263070,* 🍽 – 🅿. 💳 💳 💳

geschl. Montag – **Menu** (Tischbestellung ratsam) 38,50/54 und à la carte 🍷.

◆ Mitten im Wald liegt das um die Jahrhundertwende gebaute Ausflugslokal. Im eleganten Landhausstil wird Ihnen internationale Küche serviert. Schön : die Terrasse vor dem Haus.

In Nordstemmen-Groß-Escherde *West : 8 km über* ⑥ :

🏨 **Nobiskrug**, Stöckumer Str. 1, ✉ 31171, ✆ (05069) 26 79, *Fax (05069) 80172,* 🍽, 🌳 – 📺 ♿ 🅿. 💳 💳 💳 💳 ※ Zim

geschl. Juli - Aug. 2 Wochen – **Menu** *(geschl. Sonntagabend - Montagmittag, Freitag)* à la carte 16/26 – **15 Zim** ☑ 45/49 – 77.

◆ Schon seit vielen Jahren wird dieses kleine Hotel - eine ehemalige Umspannstation - von den Eigentümern persönlich geführt. Mit funktionell eingerichteten Zimmern. Helle, leicht rustikal wirkende Gaststuben und schöne Gartenterrasse.

In Diekholzen *Süd : 9 km über Kurt-Schumacher-Str.* X :

🏨 **Gasthof Jörns**, Marienburger Str.41, ✉ 31199, ✆ (05121) 2 07 00, *hotel-gasthof.joerns@t-online.de, Fax (05121) 207090,* ⚤ Zim, 📺 🅿

Menu *(geschl. 23. Dez. - 5. Jan., Dienstag) (wochentags nur Abendessen)* à la carte 12/24 – **21 Zim** ☑ 42/70 – 62/90.

◆ Seit 120 Jahren ist der Gasthof in Familienbesitz und historisch verwachsen mit der Landschaft, die ihn umgibt. In den neu gestalteten Innenräumen erwarten Sie nette Zimmer. Im ländlichen Restaurant umsorgt man Sie mit deutscher Küche.

HILDESHEIM

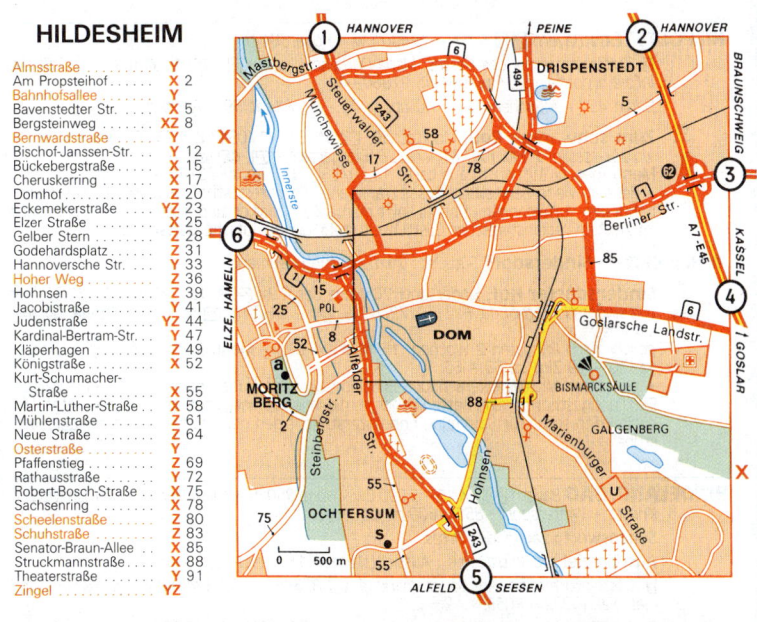

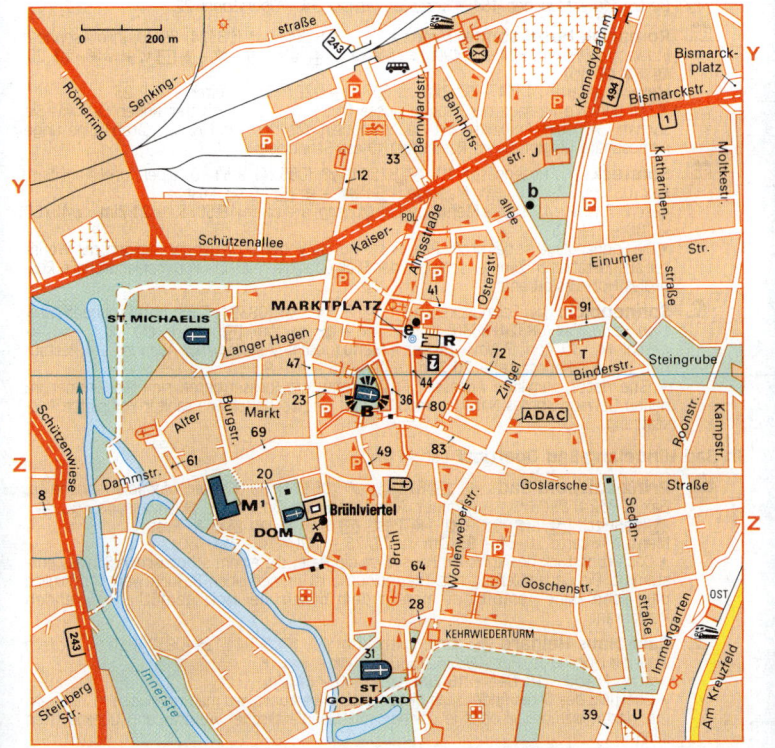

Straße	Ref
Almsstraße	Y
Am Propsteihof	X 2
Bahnhofsallee	Y
Bavenstedter Str.	X 5
Bergsteinweg	XZ 8
Bernwardstraße	
Bischof-Janssen-Str.	Y 12
Bückebergstraße	X 15
Cheruskerring	X 17
Domhof	Z 20
Eckemekerstraße	YZ 23
Elzer Straße	X 25
Gelber Stern	Z 28
Godehardsplatz	Z 31
Hannoversche Str.	Y 33
Hoher Weg	Y 36
Hohnsen	Z 39
Jacobistraße	Y 41
Judenstraße	Z 44
Kardinal-Bertram-Str.	Y 47
Kläperhagen	Z 49
Königstraße	X 52
Kurt-Schumacher-Straße	X 55
Martin-Luther-Straße	X 58
Mühlenstraße	Z 61
Neue Straße	Z 64
Osterstraße	Y
Pfaffenstieg	Z 69
Rathausstraße	Y 72
Robert-Bosch-Straße	X 75
Sachsenring	X 78
Scheelenstraße	Z 80
Schuhstraße	Z 83
Senator-Braun-Allee	X 85
Struckmannstraße	X 88
Theaterstraße	Y 91
Zingel	YZ

HILPOLTSTEIN Bayern 546 S 17 – 13 400 Ew – Höhe 384 m.

B Kulturamt, Haus des Gastes, Maria-Dorothea-Str. 8, ✉ 91161, ℘ (09174) 97 86 07, info@hilpoltstein.de, Fax (09174) 978609.

Berlin 457 – München 134 – Nürnberg 40 – Ingolstadt 59 – Ansbach 54.

Zum schwarzen Roß, Marktstr.10, ✉ 91161, ℘ (09174) 4 79 50, info@hotel-schwarzes-ross.info, Fax (09174) 49528, Biergarten – 📺 ● VISA
Menu (geschl. Mittwoch) à la carte 14,50/26 – **12 Zim** ⇌ 39/44 – 64.
• Bei der Wiederherstellung dieses fränkischen Brauereigasthofs a. d. 15. Jh. wurde sehr behutsam vorgegangen : Überall trifft man auf Holzbalken und alten Parkettboden. Ganz im Zeichen regionstypischer Gastlichkeit steht die gemütliche Gaststube.

In Hilpoltstein-Sindersdorf Süd-Ost : 7 km Richtung Neumarkt :

Sindersdorfer Hof, Sindersdorf 26 (Nahe der A 9), ✉ 91161, ℘ (09179) 62 56, hotel@sindersdorferhof.de, Fax (09179) 6549, 😊 – ⇆ Zim, 📺 ☎ 🚗 🅿 🅰🅴 ① ● VISA. ❄ Rest
geschl. nach Pfingsten 2 Wochen, 15. Nov. - 4. Dez. – **Menu** (geschl. Montag) à la carte 13/30 – **19 Zim** ⇌ 38 – 60.
• Im Herzen Mittelfrankens finden Erholungsuchende Ruhe und idyllische Landschaften. Der Landgasthof ist eine nette Herberge, die Ihnen ruhige, gepflegte Zimmer bietet. Der Kachelofen sorgt für Stimmung und unterstreicht den gemütlichen Charakter der Gaststube.

HINDELANG, BAD Bayern 546 X 15 – 5 000 Ew – Höhe 850 m – Kneippkurort – Heilklimatischer Kurort – Wintersport : 850/1600 m ⛷16 ⛷.

Sehenswert : Lage★ des Ortes.

Ausflugsziel : Jochstraße★★ : Aussichtskanzel ≤★, Nord-Ost : 8 km.

B Gästeinformation, Am Bauernmarkt 1, ✉ 87541, ℘ (08324) 89 20, info@hindelang.net, Fax (08324) 8055.

Berlin 730 – München 161 – Kempten (Allgäu) 34 – Oberstdorf 22.

Romantik Hotel Sonne, Marktstr. 15, ✉ 87541, ℘ (08324) 89 70, info@sonne-hindelang.de, Fax (08324) 897499, 😊, Massage, ♨, 🌊, 🏊 – 📺 ☎ 🚗 🅿 – 🚗 20. 🅰🅴 ① ● VISA
Menu à la carte 21/34 – **57 Zim** ⇌ 60/70 – 128/132, 8 Suiten – ½ P 23.
• Die bemalte Fassade des Stammhauses fällt sofort auf. Dahinter finden Sie, was Sie suchen : Allgäuer Ambiente mit Bauernmöbeln, Ölbildern und Antiquitäten ! Eine urige Atmosphäre umgibt Sie im Restaurant Chesa Schneider.

Sonneck ♨, Rosengasse 10, ✉ 87541, ℘ (08324) 9 31 10, alpenhotel@aol.com, Fax (08324) 8798, ≤, 😊, Massage, 🌊, 🏊 – 📺 🅿. ❄ Rest
geschl. 7. Nov. - 19. Dez. – **Menu** (geschl. Montag) à la carte 18,50/37 – **21 Zim** ⇌ 45/60 – 100 – ½ P 15.
• Die Südhanglage ist das große Plus dieses Hotels. Vom Balkon der geräumigen, mit Wohnteil ausgestatteten Zimmer schweift der Blick über die reizende Voralpenlandschaft. Rustikales Hotelrestaurant.

Sonnenbichl ♨, Schindackerweg 1, ✉ 87541, ℘ (08324) 3 65, hotel-sonnenbichl@t-online.de, Fax (08324) 8630, ≤, 🌊, 🏊 – ⇆ Zim, 📺 🚗 🅿. ● ❄
geschl. 14. - 30. April, 2. Nov.- 19. Dez. – **Menu** (geschl. Dienstag) (nur Abendessen) (Restaurant nur für Hausgäste) – **20 Zim** ⇌ 40 – 76 – ½ P 9.
• Eine nette, familiäre Adresse ! Frisch renoviert, präsentieren sich die Zimmer im neuen Gewand : helles Naturholzmobiliar und eine technisch wie sanitär komplette Ausstattung.

In Bad Hindelang-Bad Oberdorf Ost : 1 km :

Prinz-Luitpold-Bad ♨, ✉ 87541, ℘ (08324) 89 00, luitpoldbad@t-online.de, Fax (08324) 890379, ≤ Allgäuer Alpen und Bad Oberdorf, 😊, Massage, ♨, 🏊, 🌊 (geheizt), 🏊, 🚴, ❄ – ⇆ Rest, 📺 🚗 🅿 ● VISA. ❄ Rest
Menu à la carte 20/31 – **93 Zim** ⇌ 71/75 – 144/170 – ½ P 17.
• Das Prunkstück des stilvollen Hauses ist die Halle, die einem schottischen Schloss entstammt. Die Badeabteilung mit Thermalquelle ist immer einen Besuch wert ! "Königlich bayrische Ruhe" empfindet man in dem durch viel Holz gemütlich wirkenden Restaurant.

Café Haus Helgard ♨, garni, Luitpoldstr. 20, ✉ 87541, ℘ (08324) 20 64, hotel.helgard@t-online.de, Fax (08324) 1530, ≤, 🚴 – 🚗 🅿
geschl. 1. Nov. - 18. Dez. – **16 Zim** ⇌ 31/40 – 64/74.
• Oberhalb des Ortes findet man diese nette Unterkunft, wo man wahlweise in Zimmern mit Naturholzmobiliar oder in solchen mit alpenländischer Ausstattung übernachten kann.

HINDELANG, BAD

Alte Schmiede, Schmittenweg 14, ✉ 87541, ℘ (08324) 25 52, *alte-schmiede-hind elang@t-online.de, Fax (08324) 1555*, 🌳 – 📺 🅿
geschl. Ende Okt. - 19. Dez. – **Menu** à la carte 20/31 – **14 Zim** ⇌ 35/60 – 56/70 –
½ P 12.
 ♦ Sommers wie winters ein nettes Urlaubsadresse ist dieser freundliche, alpenländische Gasthof mit holzverkleidetem Giebel und ländlichen Zimmern mit einfachem Komfort. Rustikales Restaurant mit holzvertäfelten Decken und Wänden.

Obere Mühle, Ostrachstr. 40, ✉ 87541, ℘ (08324) 28 57, *Fax (08324) 8635*, 🌳 –
🅿
geschl. Dienstag – **Menu** *(nur Abendessen)* (Tischbestellung erforderlich) à la carte 19/37.
 ♦ Das urig-gemütliche Landgasthaus von 1433 ist ein nettes Restaurant. In stimmiger Atmosphäre gibt es regionale Küche und Gerichte vom Holzkohlengrill. Schaukäserei.

In Bad Hindelang-Oberjoch *Nord-Ost : 7 km, über B 308 : – Höhe 1 130 m*

Alpenhotel ♨, Am Prinzenwald 3, ✉ 87541, ℘ (08324) 70 90, *info@alpenhotel-o berjoch.de, Fax (08324) 709200*, ≤ Allgäuer Alpen, 🌳, Massage, 🏋, 🎏, ≘s, ⛱, 🏇 –
🛗, 🍽 Rest, 📺 🚗 🅿 ⓐ ⓘ 🆖 🆅🆂🅰
Menu à la carte 21/35 – **72 Zim** ⇌ 66/101 – 102/152 – ½ P 25.
 ♦ Großzügig und elegant ist der Rahmen dieses schön gelegenen Hauses. Sie logieren in geschmackvollen Zimmern, die auch anspruchsvolle Gästen überzeugen. Ländlich-elegantes Restaurant mit Blick auf die herrliche Bergwelt.

Lanig ♨, Ornachstr. 11, ✉ 87541, ℘ (08324) 70 80, *hotel@lanig.de, Fax (08324) 708200*, ≤ Allgäuer Alpen, 🌳, ⓥ, Massage, ≘s, ⛱ (geheizt), ⛱, 🏇, ⚓
– 🛗 📺 🅿 ❄ Rest
geschl. Nov. - Mitte Dez. – **Menu** (Restaurant nur für Hausgäste) – **40 Zim** (nur ½ P) 75/125
– 150/220.
 ♦ Die Zimmer und Suiten fangen mit ihrem Landhausstil und Charme des Allgäus ein. Naturmaterialien wie Stein und Holz sowie Bauernmöbel schmücken das ganze Haus.

Heckelmiller ♨, garni, Ornachstr. 8, ✉ 87541, ℘ (08324) 98 20 30, *info@heckelm iller.de, Fax (08324) 9802330*, ≤ Allgäuer Alpen, 🎏, ≘s, 🏇 – 🍽 📺 🅿 ❄
geschl. 15. April - 15. Mai, 30. Okt. - 15. Dez. – **23 Zim** ⇌ 43/48 – 76/92.
 ♦ Das relativ kleine, außerhalb des Ortes gelegene Hotel weiß mit bestens gepflegten, hell und freundlich eingerichteten Zimmern zu überzeugen. Nehmen Sie ein Zimmer nach Süden !

Alpengasthof Löwen, Paßstr. 17, ✉ 87541, ℘ (08324) 97 30, *loewen-oberjoch@ t-online.de, Fax (08324) 7515*, 🌳, ≘s, 🏇 – 🛗, 🍽 Zim, 📺 🚗 🅿 🆖
geschl. 19. April - 8. Mai, 2. Nov. - 19. Dez. – **Menu** *(geschl. April - Okt. Montag)* à la carte 13/27,50 – **37 Zim** ⇌ 46/60 – 70/108 – ½ P 24.
 ♦ In Deutschlands höchst gelegenem Dorf liegt der Alpengasthof, der seit über 100 Jahren von der Familie Brutscher geführt wird. Fragen Sie nach einem der neueren Zimmer ! Ob in netten Restaurant oder der urigen Stube - hier ist Gemütlichkeit Trumpf.

In Bad Hindelang-Unterjoch *Nord-Ost : 11 km, über B 308 :*

Edelsberg ♨, Am Edelsberg 10, ✉ 87541, ℘ (08324) 98 00 00, *hotel-edelsberg@ t-online.de, Fax (08324) 980050*, ≤, 🌳, Massage, 🏋, ≘s, ⛱, 🏇 – 🛗 🍽 📺 🅿
❄ Rest
geschl. Mitte Nov. - Mitte Dez. – **Menu** *(geschl. Ende April - Anfang Mai)* à la carte 16/26
– **26 Zim** ⇌ 45/51 – 89/102 – ½ P 14.
 ♦ Waldnah, in malerischer Landschaft liegt dieses Hotel, in dem man persönliche Betreuung groß schreibt. Zum Haus gehören auch eine kleine Landwirtschaft und ein Streichelzoo. Das Restaurant Gugelhupf wartet auch mit selbst gebackenen Kuchen und Torten auf.

HINTERZARTEN *Baden-Württemberg* 🅵🅰🅵 *W 8 – 2 500 Ew – Höhe 885 m – Heilklimatischer Kurort – Wintersport : 900/1 230 m ⚐3 ⚐.*
Ausflugsziel : *Titisee*★★ *Ost : 5 km.*
🛈 Tourist Information, Freiburger Straße 1, ✉ 79856, ℘ (07652) 1 20 60, *touris mus@hinterzarten.de, Fax (07652) 120649.*
Berlin 785 – Stuttgart 161 – *Freiburg im Breisgau* 24 – Donaueschingen 38.

Park-Hotel Adler ♨, Adlerplatz 3, ✉ 79856, ℘ (07652) 12 70, *info@parkhotelad ler.de, Fax (07652) 127717*, 🌳, ⓥ, Massage, 🎏, ≘s, ⛱, 🏇 – 🛗, 🍽 Zim, 📺 ☏ 🏇
🚗 🅿 – 🛎 80. ⓐ ⓘ 🆖 🆅🆂🅰
Menu à la carte 31,50/50, ♀ – **Wirtshaus :** **Menu** à la carte 22/37 – **78 Zim** ⇌ 100/160
– 190/240, 7 Suiten – ½ P 36.
 ♦ Genießen Sie Komfort und Service eines kleinen Grandhotels im Schwarzwaldstil. Eine moderne Bade- und Wellnesslandschaft sowie ein Park mit Wildgehege garantieren Erholung. Rustikale, stilvolle Eleganz prägt das Restaurant. Urig : das Wirtshaus.

679

HINTERZARTEN

Thomahof, Erlenbrucker Str. 16, ✉ 79856, ℰ (07652) 12 30, *info@hotel-thomahof.de*, *Fax (07652) 123239*, 斎, ᠕, Massage, ᒪᕼ, ≘s, ◻, 굵 – ⌸, ⫩⫥ Rest, ⏍ ⟺ ℙ. ⫫ Rest
geschl. Anfang - Mitte Dez. – **Menu** à la carte 27/36 – **49 Zim** ⫩ 93/99 – 156/170 – ½ P 16.
• In diesem alteingesessenen Hotel erwartet Sie Behaglichkeit. Gediegener Landhausstil mit einem Hauch von Luxus - einige Zimmer sind sogar mit Kachelofen bestückt! Restaurant mit kleinen, lauschigen Stuben.

Reppert ⫸, Adlerweg 21, ✉ 79856, ℰ (07652) 1 20 80, *hotel@reppert.de*, *Fax (07652) 120811*, ᠕, Massage, ᒪᕼ, ≘s, ◻ (geheizt), ◻, 굵 – ⌸, ⫩⫥ Rest, ⏍ ⫶ ⟺ ℙ. 🅰🅴 ① ⓂⓄ 🆅🅸🆂🅰 ⏨⏨. ⫫ Rest
geschl. 7. Nov. - 3. Dez. – **Menu** (Restaurant nur für Hausgäste) à la carte 24/34 – **43 Zim** ⫩ 84/116 – 170/232, 3 Suiten – ½ P 13/22.
• Harmonische Farben, edle Hölzer, schöne Stoffe und Polster zeichnen das angenehme Ambiente dieses Domizils aus. Zu den Vorzügen gehört auch die Badelandschaft.

Kesslermühle ⫸, Erlenbrucker Str. 45, ✉ 79856, ℰ (07652) 12 90, *kesslermuehle@t-online.de*, *Fax (07652) 129159*, ≼, ᠕, Massage, ≘s, ◻, 굵 – ⌸, ⫩⫥ Rest, ⏍ ℙ. ⫫
geschl. Mitte Nov. - Mitte Dez. – **Menu** (nur Abendessen) (Restaurant nur für Hausgäste) à la carte 28/47 – **35 Zim** ⫩ 83/120 – 154/170 – ½ P 10.
• Hier tauchen Sie ein in eine Oase der Ruhe und Erholung. Sie wohnen in schönen Naturholz-Zimmern mit Balkon und Blick in die Natur. Exklusive Bade- und Saunalandschaft!

Erfurth's Vital-Hotel Bergfried ⫸, Sickinger Str. 28, ✉ 79856, ℰ (07652) 12 80, *info@erfurths-vitalhotel.de*, *Fax (07652) 12888*, ᠕, ᒪᕼ, ≘s, ◻, 굵 – ⌸, ⫩⫥ ⏍ ⫶ ⟺ ℙ. ⫫ Rest
geschl. Mitte Nov. - Mitte Dez. – **Menu** (Restaurant nur für Hausgäste) – **35 Zim** ⫩ 68/84 – 134/166 – ½ P 14.
• Das im typischen Schwarzwaldstil erbaute Hotel mit den schönen Holzbalkonen bietet seinen Gästen gut ausgestattete und funktionelle Zimmer sowie beste Freizeitmöglichkeiten.

Sonnenberg ⫸, Am Kesslerberg 9, ✉ 79856, ℰ (07652) 1 20 70, *info@hotel-sonnenberg.com*, *Fax (07652) 120791*, ≼, Massage, ≘s, ◻ – ⌸ ⫩⫥ ⏍ ⟺ ℙ. 🅰🅴 ⓂⓄ 🆅🅸🆂🅰. ⫫ Rest
geschl. 24. Okt. - 7. Nov., 19. - 25. Dez. – **Menu** (Restaurant nur für Hausgäste) (geschl. Samstag - Sonntag) (nur Abendessen) – **20 Zim** ⫩ 70/105 – 105/150.
• Sehr hübsch liegt das persönlich geführte Haus im Grünen, von hohen Bäumen umsäumt. Die Zimmer sind im Laura Ashley-Stil gestaltet worden. Praxis für Physiotherapie.

Sassenhof ⫸ garni, Adlerweg 17, ✉ 79856, ℰ (07652) 91 81 90, *sassenhof@t-online.de*, *Fax (07652) 9181999*, ≘s, ◻, 굵 – ⌸ ⏍ ℙ. 🅰🅴 ① ⓂⓄ 🆅🅸🆂🅰
geschl. Nov. – **17 Zim** ⫩ 57/75 – 95/100.
• In einer ruhigen Nebenstraße in der Ortsmitte befindet sich das kleine Hotel mit Pensionscharakter. Bemerkenswert sind hier die private Atmosphäre und die gute Pflege.

Schwarzwaldhof - Gästehaus Sonne, Freiburger Str. 2, ✉ 79856, ℰ (07652) 1 20 30, *hotel-schwarzwaldhof@t-online.de*, *Fax (07652) 120322*, 斎, ≘s – ⌸, ⫩⫥ Zim, ⏍ ⟺ ℙ. ⓂⓄ 🆅🅸🆂🅰
geschl. 7. - 23. März, 10. Nov. - 16. Dez. – **Menu** (geschl. Dienstag) à la carte 18/35 – **44 Zim** ⫩ 38/60 – 70/102 – ½ P 14.
• Der Schwarzwaldhof trägt mit seiner Architektur zum charakteristischen Bild des Ortes bei. Schlafen Sie im Turmzimmer, wenn Sie Romantik mögen! Zeitgemäße Zimmer im Gästehaus. Das Restaurant ist im über 110 Jahre alten Stammhaus untergebracht.

Imbery (mit Gästehaus, ⫸), Rathausstr. 14, ✉ 79856, ℰ (07652) 9 10 30, *imbery@t-online.de*, *Fax (07652) 1095*, 斎, ≘s, 굵 – ⌸, ⫩⫥ Rest, ⏍ ℙ
geschl. 15. März - 2. April, 29. Nov. - 21. Dez. – **Menu** (geschl. Donnerstag) à la carte 19/32,50 – **24 Zim** ⫩ 36/56 – 70/98 – ½ P 14.
• Unter den typischen Schwarzwalddächern des Hotels gehen Gemütlichkeit und moderne Ausstattung eine gelungene Verbindung ein. Gepflegte helle Holzmöbel, auch im Gästehaus! Ländlich gestaltetes Restaurant.

In Hinterzarten-Alpersbach *West : 5 km :*

Esche ⫸, Alpersbach 9, ✉ 79856, ℰ (07652) 9 19 40, *gasthof-esche@t-online.de*, *Fax (07652) 919410*, ≼, 斎, 굵 – ⫩⫥ Zim, ⏍ ⟺ ℙ
geschl. 12. Nov. - 11. Dez. – **Menu** (geschl. Mittwoch) à la carte 27/46 – **13 Zim** ⫩ 59/80 – 99 – ½ P 21.
• Einsam, auf ca. 1000 m Höhe liegt der Gasthof, der in der fünften Generation von der Familie geführt wird. Sie beziehen bequeme, zeitgemäß ausgestattete Zimmer. Eine schöne Holztäfelung gibt der Gaststube eine gemütliche Atmosphäre.

HINTERZARTEN

In **Hinterzarten-Bruderhalde** Süd-Ost : 4 km :

🏠 **Alemannenhof** 🐾, Bruderhalde 21 (am Titisee), ✉ 79822 Titisee, ☎ (07652) 9 11 80, info@hotel-alemannenhof.de, Fax (07652) 705, ≤ Titisee, 😀, 🍽, 🆒, 🛶, 🚣
– 🛗, ↔ Zim, 📺 &, 🅿 –, 🚗 15. AE ① ⓜ VISA JCB
Menu à la carte 26/39,50 – **22 Zim** ⛳ 77/90 – 128/154 – ½ P 20.
   • Die schöne Lage am Titisee im Zusammenspiel mit nettem Service und wohnlichem Interieur schafft die Voraussetzung für einen erholsamen Aufenthalt. Das Restaurant ist komplett mit hellem Holz ausgekleidet und wirkt dadurch sehr gemütlich.

HIRSCHAID Bayern 545 Q 16 – 10 000 Ew – Höhe 250 m.
Berlin 415 – München 218 – *Coburg* 58 – Nürnberg 47 – Bamberg 13.

🏠 **Göller**, Nürnberger Str. 100, ✉ 96114, ☎ (09543) 82 40, hotel-goeller@t-online.de,
🚗 Fax (09543) 824428, 😀, 🍽, 🆒, 🚗, – 🛗 📺 🚗 🅿 – 🚗 80. AE ① ⓜ VISA
geschl. 2.- 7. Jan. – **Menu** (geschl. Sonntagabend) à la carte 13/34,50 – **63 Zim** ⛳ 40/62 – 58/80.
   • Nach und nach wurde hier angebaut und verbessert, so dass sich das Haus heute als neuzeitliches Hotel präsentiert, in dem Urlauber wie Geschäftsreisende gern Station machen. Zeitgemäßes Ambiente schafft im Restaurant einen sympathischen Rahmen.

In **Buttenheim** Süd-Ost : 3,5 km, jenseits der A 73 :

🏠 **Landhotel Schloss Buttenheim** 🐾, garni, Schloss-Str. 16, ✉ 96155, ☎ (09545) 9 44 70, info@landhotel-buttenheim.de, Fax (09545) 5314 – 📺 🅿 ⓜ VISA JCB
8 Zim ⛳ 52 – 79.
   • Das Hotel im ehemaligen Forsthaus des Schlosses gefällt durch die freundliche und individuelle Gestaltung seiner Zimmer, die mit Korbsesseln und hellen Stoffen heiter wirken.

HIRSCHAU Bayern 545 R 19 – 6 500 Ew – Höhe 412 m.
Berlin 429 – München 70 – Weiden in der Oberpfalz 32 – Amberg 18 – Regensburg 80.

🏠 **Schloß-Hotel**, Hauptstr. 1, ✉ 92242, ☎ (09622) 7 01 00, hotel@schloss-hirschau.de,
Fax (09622) 701040, Biergarten – 📺 🅿 AE ① ⓜ VISA JCB
Menu (geschl. Donnerstag - Freitagmittag) à la carte 15/28 – **14 Zim** ⛳ 42/47 – 62/85.
   • Das historische Bauwerk aus dem 15. Jh. begrüßt Sie mit seiner gelben Fassade. Die Zimmer sind meist mit Kirschholz bestückt. Für besondere Anlässe : das Fürstenzimmer. Im Restaurant und im gemütlichen Schlossstüberl hält man eine bürgerliche Karte bereit.

HIRSCHBACH Bayern siehe Königstein.

HIRSCHBACH Thüringen siehe Suhl.

HIRSCHBERG Baden-Württemberg 545 R 9 – 9 800 Ew – Höhe 110 m.
Berlin 613 – Stuttgart 131 – *Mannheim* 29 – Darmstadt 50 – Heidelberg 15.

In **Hirschberg-Großsachsen** :

🏠 **Krone**, Landstr. 9 (B 3), ✉ 69493, ☎ (06201) 50 50, info@krone-grosssachsen.de,
Fax (06201) 505400, 😀, 🍽, 🆒, – 🛗 📺 🅿 – 🚗 80. AE ① ⓜ VISA JCB
Menu à la carte 24/45 – **93 Zim** ⛳ 50/76 – 68/99.
   • Über viele Jahrzehnte war hier eine Haltestelle der Postkutschen - heute beziehen Reisende Quartier in funktionellen Zimmern von ländlich-gediegen bis bäuerlich-rustikal. Hübsch dekoriertes Restaurant mit elegant-rustikaler Note.

🏠 **Haas'sche Mühle**, Talstr. 10, ✉ 69493, ☎ (06201) 5 10 41, Fax (06201) 54961, 😀,
🚗 – 🛗 🅿 – 🚗 30. AE ⓜ VISA
Menu (geschl. Aug. 3 Wochen, Dienstag) à la carte 14,50/30 – **19 Zim** ⛳ 48 – 68.
   • Behaglichkeit und Ruhe erwarten den Gast in den rustikalen Zimmern des ganzjährig geöffneten Hotels in idyllischer Umgebung. Fernseher gibt es nur auf Wunsch. Die Restauranträume strahlen ländliche Gemütlichkeit aus.

In **Hirschberg-Leutershausen** :

🏠 **Hirschberg**, Goethestr. 2 (an der B 3), ✉ 69493, ☎ (06201) 5 96 70, hotel-hirschberg@t-online.de, Fax (06201) 58137 – 📺 🚗 🅿 ⓜ VISA
geschl. 15. Dez. - 10. Jan. – **Menu** (geschl. Sonntag) (nur Abendessen) (Restaurant nur für Hausgäste) à la carte 17/29 – **33 Zim** ⛳ 49/60 – 62/70.
   • In dem familiengeführten Haus stehen verschiedene Zimmerkategorien zur Verfügung : "Modern", "Romantik" und "Klassik" - alle solide und gepflegt.

HIRSCHEGG Österreich siehe Kleinwalsertal.

HIRSCHHORN AM NECKAR Hessen 543 R 10 – 3900 Ew – Höhe 131 m – Luftkurort.

Sehenswert : Burg (Hotelterrasse ≤★).

🛈 Tourist-Information, Alleeweg 2, ✉ 69434, ℘ (06272) 17 42, tourist-info@hirschhorn.de, Fax (06272) 912351.

Berlin 621 – Wiesbaden 120 – Mannheim 52 – Heidelberg 23 – Heilbronn 63.

- **Schloß-Hotel** ⑳, Auf Burg Hirschhorn, ✉ 69434, ℘ (06272) 9 20 90, info@castle-hotel.de, Fax (06272) 3267, ≤ Neckartal, 🍽 – 📺 P – 🅰 20. AE ⓘ ⓜ VISA JCB. ⌀ Rest geschl. Mitte Dez. - Ende Jan. – **Menu** (geschl. Feb. - 12. April Montag, Okt. - 15. Dez. Montag) à la carte 25/41 – **25 Zim** ⌑ 63/75 – 100/110.
  - Das Hotel ist Teil einer mittelalterlichen Burganlage aus dem 12. Jh. Die Gästezimmer überzeugen mit einer Verbindung aus dem Flair vergangener Zeiten und modernem Komfort. An sauber eingedeckten Tischen serviert man Internationales.

- **Haus Burgblick** ⑳, garni, Zur schönen Aussicht 3 (Hirschhorn-Ost), ✉ 69434, ℘ (06272) 14 20, ≤, – ⌀ P. ⌀
  geschl. Feb. - Jan. – **8 Zim** ⌑ 33/35 – 55/60.
  - Wie der Name schon sagt, liegt das Haus gegenüber der Burg, die man von einigen der Zimmer aus sehen kann. Der familiäre Charme der Pension fällt angenehm auf.

In Hirschhorn-Langenthal Nord-West : 5 km :

- **Zur Krone,** Waldmichelbacher Str. 29, ✉ 69434, ℘ (06272) 9 30 20, gasthaus-zur-krone@t-online.de, Fax (06272) 930293, 🍽, 🎿 – ⌀ Zim, 📺 📞 ⇐ P – ⌀ Zim **Menu** (geschl. Dienstag) à la carte 14/22 – **11 Zim** ⌑ 29/32 – 50/53 – ½ P 8.
  - Wenn Sie ein Faible für ländliche Schlichtheit haben, werden Sie sich hier wohlfühlen ! Saubere, einheitlich mit Eichenmobiliar bestückte Zimmer laden zum Verweilen ein. Gastraum mit dörflichem Charakter.

HITZACKER Niedersachsen 541 G 17 – 5100 Ew – Höhe 25 m – Luftkurort.

🛈 Gästeinformation, Weinbergsweg 2, ✉ 29456, ℘ (05862) 9 69 70, gaesteinfo@hitzacker.de, Fax (05862) 969724.

Berlin 232 – Hannover 142 – Schwerin 89 – Lüneburg 48 – Braunschweig 129.

- **Parkhotel** ⑳, Am Kurpark 3, ✉ 29456, ℘ (05862) 97 70, parkhotel@hitzacker.de, Fax (05862) 977350, 🍽, 🖨, 🏊, 🎿, 🧖 – ⌀, ⌀ Zim, 📺 ⌀ P – ⌀ 80. AE ⓘ ⓜ VISA
  Menu à la carte 20/34 – **90 Zim** ⌑ 60/95 – 85/115 – ½ P 14.
  - Von viel Grün umgeben ist das neuzeitliche Haus. Die Zimmer sind unterschiedlich, aber immer komfortabel gestaltet. Für Abwechslung sorgen Freizeiteinrichtungen. Zum Esssen nehmen Sie im hellen und freundlichen Wintergarten Platz.

- **Zur Linde,** Drawehnertorstr. 22, ✉ 29456, ℘ (05862) 3 47, Fax (05862) 345, 🍽 – 📺 ⌀ P
  geschl. Jan. – **Menu** (geschl. Okt. - März Donnerstag) à la carte 15/23 – **10 Zim** ⌑ 36/40 – 60/65 – ½ P 13.
  - Das kleine Hotel liegt an der Stadtinsel, wenige Schritte zu Elbe und See. Hier überzeugt die gute Sauberkeit. Man verfügt über nette Zimmer mit älteren, gepflegten Möbeln. Restaurant mit dem Charme einer "guten Stube".

HOCHHEIM AM MAIN Hessen 543 P 9 – 17000 Ew – Höhe 129 m.

Berlin 559 – Wiesbaden 12 – Frankfurt am Main 31 – Darmstadt 32 – Mainz 7.

- **Zielonka Privathotel** garni, Hajo-Rüter-Str. 15, ✉ 65239, ℘ (06146) 9 06 70, info@zielonka-privathotel.de, Fax (06146) 906713 – ⌀ 📺 📞 ⇐ P – ⌀ 40. ⓜ VISA
  geschl. 21. Dez. - 4. Jan. – ⌑ 7 – **20 Zim** 92/129 – 117/149.
  - Ein persönlich geführtes Hotel am Ortsrand, das mit seinen neuzeitlich-funktionell ausgestatteten Zimmern besonders auf Geschäfts- und Tagungsgäste zugeschnitten ist.

- **Rheingauer Tor** ⑳, garni, Taunusstr. 9, ✉ 65239, ℘ (06146) 8 26 20, rheingauertor@t-online.de, Fax (06146) 4000 – ⌀ ⇐ 📺 P. AE ⓘ ⓜ VISA JCB
  geschl. 23. Dez. - 8. Jan. – **25 Zim** ⌑ 56/66 – 79.
  - Eine sehr praktische Adresse im Rhein-Main-Gebiet ! Sämtliche Messezentren der Umgebung sind leicht und schnell zu erreichen, dennoch wohnen Sie in einem ruhigen Ort.

HOCHKIRCH Sachsen 544 M 27 – 3200 Ew – Höhe 300 m.

Berlin 213 – Dresden 78 – Görlitz 32 – Bautzen 12.

- **Zur Post,** Schulstr. 1, ✉ 02627, ℘ (035939) 82 40, hochkirch@gmx.de, Fax (035939) 82410, Biergarten – 📺 P. AE ⓜ VISA
  Menu (Montag - Freitag nur Abendessen) à la carte 10/21 – **19 Zim** ⌑ 39 – 62.
  - Wo sich früher ein Zollstation befand, steht heute das 1992 völlig rekonstruierte Hotel. In den drei unterschiedlich möblierten Etagen finden Sie eine gepflegte Unterkunft. Das gemütliche Restaurant schätzen Stammgäste wie auch neues Publikum.

HOCKENHEIM Baden-Württemberg 545 S 9 – 19 800 Ew – Höhe 101 m.
Berlin 630 – Stuttgart 113 – Mannheim 24 – Heidelberg 23 – Karlsruhe 50 – Speyer 12.

Am Hockenheim-Ring, Hockenheimring, ⊠ 68766, ℰ (06205) 29 80, info@hocke
nheim.bestwestern.de, Fax (06205) 298222, 🍴, ⇌, – 🛗, ⚹ Zim, 🖥 📺 ✆ 🅿 – 🚗 90.
🅰🅴 ⓘ ⓒ 🆅🅸🆂🅰 🅹🅲🅱
geschl. 27. Dez. – 13. Jan. – **Menu** à la carte 19/34 – **54 Zim** ⊋ 83/111 – 118/159.
• Hier kann man den Rennsport einmal live erleben! Das Hotel mit den praktischen Übernachtungszimmern ist in die Haupttribüne der weltbekannten Rennstrecke integriert. Modern und sachlich gestaltetes Restaurant Motodrom.

Ramada Treff Page Hotel garni, Heidelberger Str. 8, ⊠ 68766, ℰ (06205) 29 40, hockenheim@ramada-treff.de, Fax (06205) 294150 – 🛗 ⚹ 📺 ✆ & 🚗 – 🚗 400. 🅰🅴 ⓘ ⓒ 🆅🅸🆂🅰 🅹🅲🅱
80 Zim ⊋ 89/110 – 110/130.
• Das Kongresshotel ist ein komfortabel ausgestattetes Haus im Stadtzentrum der Rennmetropole. Die Zimmer sind zeitgemäß und wohnlich gestaltet.

In Hockenheim-Talhaus *Nord-West : 1,5 km, jenseits der A 61 :*

Achat, Gleisstr. 8/1 (nahe der B 36), ⊠ 68766, ℰ (06205) 29 70 (Hotel), 10 03 27 (Rest.), hockenheim@achat-hotel.de, Fax (06205) 297999, 🍴 – 🛗, ⚹ Zim, 📺 ✆ 🅿 – 🚗 20.
🅰🅴 ⓘ ⓒ 🆅🅸🆂🅰 🅹🅲🅱
La Piazza (italienische Küche) *(geschl. Sonntag)* **Menu** à la carte 15/33 – ⊋ 11 – **103 Zim** 64/94 – 74/104.
• Ganz gleich, ob Sie als Geschäftsreisender oder Motorsport-Fan kommen, dieses Hotel wird Sie mit seiner Funktionalität und modern gestalteten Räumen überzeugen.

In Reilingen *Süd-Ost : 3 km :*

Walkershof, Hockenheimer Str. 86, ⊠ 68799, ℰ (06205) 95 90, info@walkershof.com, Fax (06205) 959444, 🍴, Massage, 🛠, ⇌ – 🛗, ⚹ Zim, 🖥 Rest, 📺 ✆ & 🅿 – 🚗 25. 🅰🅴 ⓘ ⓒ 🆅🅸🆂🅰 ⚹ Rest
geschl. 26. Dez. – 6. Jan. – **Menu** (nur Abendessen) à la carte 30/40 – **118 Zim** ⊋ 156/187 – 199.
• Von der Halle bis zu den großzügigen Zimmern präsentiert sich das ganze Haus in geschmackvollen Pastelltönen. Eine funktionelle Einrichtung vervollständigt den Komfort. Weitläufiges, behaglich mit schönen Rattanstühlen ausgestattetes Restaurant.

HODENHAGEN Niedersachsen 541 H 12 – 2 000 Ew – Höhe 26 m.
Berlin 322 – Hannover 62 – Braunschweig 99 – Bremen 70 – Hamburg 106.

Domicil Hotel, Hudemühlenburg 18, ⊠ 29693, ℰ (05164) 80 90, info@domicil-hod enhagen.bestwestern.de, Fax (05164) 809199, 🍴, 🛠, ⇌, 🔲, 🍽 – 🛗, ⚹ Zim, 📺 🅿 – 🚗 120. 🅰🅴 ⓘ ⓒ 🆅🅸🆂🅰 🅹🅲🅱 ⚹ Rest
Menu à la carte 17/33 – **122 Zim** ⊋ 80/95 – 110/140.
• Beziehen Sie Quartier am Ufer der Aller! Modern und farbenfroh gestaltete Gästezimmer sowie gute Führung und Pflege sprechen für das Haus. Mühlenstube, Parkrestaurant und Parkterrasse bilden den gastronomischen Bereich.

HÖCHBERG Bayern siehe Würzburg.

HÖCHENSCHWAND Baden-Württemberg 545 W 8 – 2 400 Ew – Höhe 1 015 m – Heilklimatischer Kurort – Wintersport : 920/1 015 m ⚹ 1 ⚹.
🅱 Tourist-Information, Dr. Rudolf-Eberle-Str. 3, ⊠ 79862, ℰ (07672) 4 81 80, info@hoe chenschwand.de, Fax (07672) 481810.
Berlin 809 – Stuttgart 186 – Freiburg im Breisgau 56 – Donaueschingen 63 – Waldshut-Tiengen 19.

Alpenblick, St.-Georg-Str. 9, ⊠ 79862, ℰ (07672) 41 80, hotel_alpenblick@t-online.de, Fax (07672) 418444, 🍴, 🍽 – 🛗 📺 🅿 – 🚗 25. ⚹ Rest
Menu à la carte 20/37 – **27 Zim** ⊋ 67/94 – 134/198.
• In dem modernisierten Schwarzwaldgasthof bietet man Ihnen eine gute Pflege und solide ausgestattete Zimmer. Besonders stolz ist man auf die neuzeitliche Tagungstechnik. Drei verschiedene, gemütliche Restaurants.

Porten's Hotel Fernblick ⚹ garni, Im Grün 15, ⊠ 79862, ℰ (07672) 9 30 20, fer nblick@porten.de, Fax (07672) 411240, ⇌ – 🛗 ⚹ 📺 ✆ 🚗 🅿 – 🚗 80. 🅰🅴 ⓘ ⓒ 🆅🅸🆂🅰
40 Zim ⊋ 38/42 – 80.
• Einheitlich mit solidem Eichenmöbel eingerichtete Zimmer warten auf Ihren Besuch. Bei der Dekoration hat man helle Farben verwandt, technisch ist man auf dem neuesten Stand.

HÖCHENSCHWAND

Nägele, Bürgermeister-Huber-Str. 11, ✉ 79862, ✆ (07672) 9 30 30, info@hotel-naegele.de, Fax (07672) 9303154, 🌳, 🍴, 🏊 – 🛗, ⇌ Rest, 📺 📞 🅿 – 🚗 15. ⦿ ⓂⓈ VISA
geschl. Mitte Nov. - Mitte Dez. – **Menu** à la carte 16/36 – **20 Zim** 🛏 40/48 – 68/80 – ½ P 14.
• Die ruhige und sonnige Lage zählt zu den Vorzügen dieses Hauses. Helles Naturholz schafft eine behagliche Stimmung, Zimmer mit Balkon gewähren schöne Ausblicke. Gepflegtes, durch Holz gemütlich wirkendes Restaurant.

XXX **Hubertusstuben,** Kurhausplatz 1 (Eingang St.-Georg-Straße), ✉ 79862, ✆ (07672) 41 10, info@porten.de, Fax (07672) 411240, 🌳 – 🅿 AE ⦿ ⓂⓈ VISA
geschl. 7. - 28. Jan., Dienstag - Mittwochmittag – **Menu** à la carte 22/40.
• Ein Hauch von rustikaler Eleganz umgibt den Gast in dem engagiert geführten Familienbetrieb. Auf der Karte finden Sie ein gut sortiertes Angebot internationaler Speisen.

HÖCHST IM ODENWALD Hessen 543 Q 10 – 10 000 Ew – Höhe 175 m – Erholungsort.

🛈 Verkehrsamt, Montmelianer Platz 4, ✉ 64739, ✆ (06163) 7 08 23, verkehrsamt@hoechst-i-odw.de, Fax (06163) 70832 – Berlin 578 – Wiesbaden 78 – Frankfurt am Main 61 – Mannheim 78 – Darmstadt 33 – Heidelberg 72 – Aschaffenburg 37.

In Höchst-Hetschbach Nord-West : 2 km, über B 45 :

Zur Krone, Rondellstr. 20, ✉ 64739, ✆ (06163) 93 10 00, krone-krone@web.de, Fax (06163) 81572, 🌳, 🍴, – 🛗 📺 🅿 – 🚗 25. AE ⦿ ⓂⓈ VISA. ✂
geschl. Anfang Jan. 1 Woche, Ende Juli - Aug. 2 Wochen – **Menu** (geschl. Montag, Donnerstagmittag) à la carte 30/47 – **Gaststube** (geschl. Montag, Donnerstagmittag) **Menu** à la carte 19/28 – **20 Zim** 🛏 43 – 80/86 – ½ P 22.
• Gastlichkeit hat hier seit 1872 Tradition. Damals wie heute bemühen sich freundliche Wirtsleute mit soliden, gepflegten Zimmern und guter Führung um Ihr Wohl. Einen Besuch wert ist das in Terrassen angelegte Gartenrestaurant hinter dem Haus.

HÖCHSTADT AN DER AISCH Bayern 546 Q 16 – 13 600 Ew – Höhe 272 m.

Berlin 435 – München 210 – Nürnberg 43 – Bamberg 31 – Würzburg 71.

In Gremsdorf Ost : 3 km, über B 470 :

Landgasthof Scheubel, Hauptstr. 1 (B 470), ✉ 91350, ✆ (09193) 6 39 80, gasthofscheubel@aol.com, Fax (09193) 639855, 🌳 – 🛗 📺 🅿 – 🚗 50. AE ⦿ ⓂⓈ VISA
Menu (geschl. Sonntagmittag) à la carte 10/30 – **33 Zim** 🛏 25/45 – 44/64.
• Sauber und hübsch in Gelb gestrichen präsentiert sich der Landgasthof von außen. Sie beziehen Quartier in geräumigen, mit heller Eiche ausgestatteten Zimmern. Gaststube im Brauerei-Stil.

HÖFEN AN DER ENZ Baden-Württemberg 545 T 9 – 1 700 Ew – Höhe 366 m – Luftkurort.

🛈 Verkehrsamt, Rathaus, ✉ 75339, ✆ (07081) 7 84 23, verkehrsamt@hoefen-enz.de, Fax (07081) 78444.
Berlin 680 – Stuttgart 68 – Karlsruhe 44 – Freudenstadt 48 – Pforzheim 18.

Ochsen, Bahnhofstr. 2, ✉ 75339, ✆ (07081) 79 10, info@ochsen-hoefen.de, Fax (07081) 791100, 🌳, 🍴, 🏊 – 🛗 📺 📞 🅿 – 🚗 25. AE ⦿ ⓂⓈ VISA
Menu à la carte 18/35 – **56 Zim** 🛏 55 – 90, 3 Suiten – ½ P 15.
• Seit 200 Jahren werden an dieser Stelle Gäste bewirtet ! Der rustikale Charakter des Hauses begleitet Sie vom Empfang bis in die Zimmer. Ländlich gestaltetes Restaurant.

Bussard garni, Bahnhofstr. 24, ✉ 75339, ✆ (07081) 52 68, Fax (07081) 7493 – 🛗 📺 📞 🅿 ⓂⓈ
15 Zim 🛏 35/40 – 45/55.
• In Hanglage erwartet Sie ein gut gepflegtes Haus, dessen Übernachtungszimmer alle über ein ordentliches Platzangebot, zeitgemäßen Komfort und Balkon verfügen.

HÖGERSDORF Schleswig-Holstein siehe Segeberg, Bad.

HÖHR-GRENZHAUSEN Rheinland-Pfalz 543 O 7 – 9 100 Ew – Höhe 260 m.

🛈 Tourist Information, Rheinstraße 60a, ✉ 56203, ✆ (02624) 1 94 33, tourismus@hoehr-grenzhausen.de, Fax (02624) 9473129.
Berlin 584 – Mainz 94 – Koblenz 19 – Limburg an der Lahn 35.

Heinz 🌿, Bergstr. 77, ✉ 56203, ✆ (02624) 9 43 00, info@hotel-heinz.de, Fax (02624) 9430800, 🌳, 🎵, Massage, ⚓, ≦, 🏊, ✂ – 🛗, ⇌ Zim, 📺 📞 🅿 – 🚗 40. AE ⦿ ⓂⓈ VISA
geschl. 22. - 25. Dez. – **Menu** à la carte 23/46 – **90 Zim** 🛏 69/129 – 89/159.
• Außerhalb des Städtchens liegt die Villa auf einer Anhöhe. Auch Stammgäste schätzen die Atmosphäre eines Familienbetriebs und die größtenteils modern eingerichteten Räume. Im geschmackvoll gestalteten Restaurant legt man viel Wert auf hübsche Dekorationen.

HÖHR-GRENZHAUSEN

Im Stadtteil Grenzau Nord : 1,5 km :

- **Zugbrücke** ⚫, Brexbachstr. 11, ✉ 56203, ✆ (02624) 10 50, info@zugbruecke.de, Fax (02624) 105462, 🌿, 🍷, 🏋, 🏊, 🔲 – 🛗, ✱ Zim, 📺 ✆ 🅿 – 🔔 130. 🅰🅴 ⓘ ⓜ 🆅🅸🆂🅰 🅹🅲🅱, ✱ Rest
  Menu à la carte 19/35 – **138 Zim** ⊇ 55/99 – 75/139.
  ♦ Sehr hübsch : Das in einem Tal gelegene Hotelgelände wird vom Brexbach durchflossen. Moderne, komfortable Zimmer und das breite Sportangebot sprechen für sich.

HÖMBERG Rheinland-Pfalz siehe Nassau.

HÖNNINGEN, BAD Rheinland-Pfalz 543 O 5 – 6 000 Ew – Höhe 65 m – Heilbad.

🛈 Tourist-Information, Neustr. 2a, ✉ 53557, ✆ (02635) 22 73, verkehrsamt@bad-hoenningen-rhein.de, Fax (02635) 2736.
Berlin 617 – Mainz 125 – Koblenz 37 – Bonn 35.

- **St. Pierre** garni, Hauptstr. 138, ✉ 53557, ✆ (02635) 9 52 90, info@hotelpierre.de, Fax (02635) 2093 – 📺 ✆ 🅿 🅰🅴 ⓘ ⓜ 🆅🅸🆂🅰 🅹🅲🅱
  geschl. 23. Dez. - 2. Jan. – **19 Zim** ⊇ 41/62 – 77/90.
  ♦ Mitten in der Fußgängerzone des Weinörtchens schafft das kleine Etagenhotel mit seinen soliden Zimmern und dem persönlichen Service die Basis für einen schönen Aufenthalt.

Es ist immer sicherer, eine Zimmerreservierung schriftlich oder per Fax zu bestätigen.

HÖNOW Brandenburg 542 I 24 – 3 000 Ew – Höhe 45 m.
Berlin 19 – Potsdam 60 – Frankfurt (Oder) 82.

- **Andersen** garni (3. Etage), Mahlsdorfer Str. 61a, ✉ 15366, ✆ (030) 99 23 20, Fax (030) 99232300 – 🛗 ✱ 📺 ✆ 🅿 🅰🅴 ⓜ 🆅🅸🆂🅰
  50 Zim ⊇ 61/66 – 71/81.
  ♦ In ein neuzeitliches Einkaufszentrum hat man dieses Etagenhotel integriert. Modern und anspruchsvoll-funktional wurden die Gästezimmer gestaltet.

- **Landhaus Hönow**, Dorfstr. 23, ✉ 15366, ✆ (03342) 8 32 16 (Hotel) 36 92 27 (Rest.), mail@hotel-landhaus-hoenow.de, Fax (03342) 300938, 🌿 – ✱ Zim, 📺 ✆ 🅿.
  ⓜ 🆅🅸🆂🅰
  Menu (geschl. Donnerstag) à la carte 13/23,50 – **19 Zim** ⊇ 47/50 – 70/78.
  ♦ Hier wurde ein ehemaliges Wohnhaus mit Anbau versehen und zu einem sympathischen Hotel umfunktioniert. Antiquitäten und Korbmöbel geben dem Haus das gewisse Etwas.

HÖRSTEL Nordrhein-Westfalen 543 J 6 – 17 000 Ew – Höhe 45 m.
Berlin 464 – Düsseldorf 178 – Nordhorn 45 – Münster (Westfalen) 44 – Osnabrück 46 – Rheine 10.

In Hörstel-Bevergern Süd : 3 km, jenseits der A 30 :

- **Saltenhof** ⚫, Kreimersshoek 71, ✉ 48477, ✆ (05459) 40 51, info@saltenhof.de, Fax (05459) 1251, 🌿, 🍷 – 📺 🅿 🅰🅴 ⓘ ⓜ 🆅🅸🆂🅰 🅹🅲🅱
  geschl. 1. - 21. Jan. – **Menu** (geschl. Donnerstagmittag) à la carte 18/38 – **14 Zim** ⊇ 45/50 – 75/95.
  ♦ In dem schönen, typisch münsterländischen Fachwerkbau finden Sie individuelle, wohnliche und zum Teil aufwändig mit Messingbetten eingerichtete Gästezimmer. Helles, freundliches Restaurant mit Wintergarten.

In Hörstel-Riesenbeck Süd-Ost : 6 km, jenseits der A 30, über Bevergern :

- **Schloßhotel Surenburg** ⚫, Surenburg 13 (Süd-West : 1,5 km), ✉ 48477, ✆ (05454) 70 92, gaesteforum@schlosshotel-surenburg.de, Fax (05454) 7251, 🌿, 🏊,
  🔲, 🍷 – 📺 🅿 – 🔔 30. 🅰🅴 ⓘ ⓜ 🆅🅸🆂🅰 🅹🅲🅱
  Menu à la carte 18/34,50 – **24 Zim** ⊇ 49 – 78/82.
  ♦ In malerischer, ländlicher Umgebung, direkt neben dem Wasserschloss befindet sich das moderne Hotel. Die Zimmer sind renoviert und zumeist mit Balkon versehen. Dunkles Holz lässt das Restaurant rustikal wirken.

HÖSBACH Bayern siehe Aschaffenburg.

HÖVELHOF Nordrhein-Westfalen **543** K 9 – 12 000 Ew – Höhe 100 m.
Berlin 413 – Düsseldorf 189 – Bielefeld 33 – Detmold 30 – Hannover 129 – Paderborn 14.

- **Gasthof Förster - Hotel Victoria**, Bahnhofstr. 35, ✉ 33161, ℘ (05257) 30 18, info@hotel-victoria-gf.de, Fax (05257) 6578, 🍽 – 📺 ✆ 🅿 – 🔔 175. 🅰🅴
Menu (geschl. 22. Juli - 12. Aug., Sonntag - Montag) à la carte 15/33 – **24 Zim** 🛏 45/70 – 75/90.
  • Aus dem Gasthof hinter dem alten Bahnhof des Ortes ist ein modernes Hotel und ein mit allen technischen Erfordernissen ausgestatteter Tagungsort geworden. Nett und unaufdringlich gestaltetes Restaurant.

- **Gasthof Brink** mit Zim, Allee 38, ✉ 33161, ℘ (05257) 32 23, Fax (05257) 932937 – 📺 🚗 🅿. ※ Rest
geschl. Anfang - Mitte Jan., Aug. 3 Wochen – **Menu** (geschl. Montag) (nur Abendessen) (Tischbestellung ratsam) à la carte 25/44 – **9 Zim** 🛏 35/55 – 70/85.
  • Ein gutes Couvert, liebevolle Dekoration und ein aufmerksamer, freundlicher Service machen dieses Restaurant sehr angenehm. Man reicht eine klassische Karte.

In Hövelhof-Riege Nord-West : 5 km Richtung Kaunitz, dann rechts ab :

- **Gasthaus Spieker** ⚘, Detmolder Str. 86, ✉ 33161, ℘ (05257) 22 22, info@gast haus-spieker.de, Fax (05257) 4178, 🍽 – 📺 🚗 🅿 – 🔔 50. ⓄⓄ 🅅🅸🅂🅰
Menu (geschl. Montag - Dienstagmittag, Samstagmittag) à la carte 18/34 – **13 Zim** 🛏 38 – 66.
  • Frische Farben und hübsche Accessoires machen die Landhauseinrichtung des Hauses zu einer "runden Sache". Stimmiges Ambiente umgibt Sie auch in den Gästezimmern. Die Gaststuben sind geprägt von gemütlicher Landhausatmosphäre.

HÖXTER Nordrhein-Westfalen **543** K 12 – 35 000 Ew – Höhe 90 m.
Sehenswert : Kilianskirche (Kanzel★★) – Fachwerkhäuser★.
Ausflugsziele : Wesertal★ (von Höxter bis Hann. Münden) – Corvey : Westwerk★.
🛈 Tourist-Information (Historisches Rathaus), Weserstr.11, ✉ 37671, ℘ (05271) 1 94 33, info@hoexter.de, Fax (05271) 963435.
Berlin 362 – Düsseldorf 225 – Hannover 86 – Kassel 70 – Paderborn 55.

- **Niedersachsen**, Grubestr. 7, ✉ 37671, ℘ (05271) 68 80, info@hotelniedersachsen.de, Fax (05271) 688444, 🍽, ≘s, 🗆 – 🛗, ※ Zim, 📺 ✆ 🚗 – 🔔 60. 🅰🅴 ⓄⓄ 🅅🅸🅂🅰
Menu à la carte 24/35 – **80 Zim** 🛏 65/90 – 96/126.
  • Aus drei verschiedenen Gebäudeteilen, die durch unterirdische Gänge miteinander verbunden sind, besteht diese Hotelanlage. Fragen Sie nach einem Landhaus-Zimmer im Gästehaus ! Gepflegtes, im altdeutschen Stil eingerichtetes Restaurant.

- **Stadt Hoexter**, Uferstr. 4, ✉ 37671, ℘ (05271) 6 97 90, info@hotel-stadt-hoexter.de, Fax (05271) 697979 – 🛗, ※ Zim, 📺 ✆ 🚗 🅿 – 🔔 35. 🅰🅴 Ⓞ ⓄⓄ 🅅🅸🅂🅰
Menu à la carte 12/24 – 🛏 6 – **40 Zim** 44/48 – 62/68.
  • Das Stadthotel neben dem Bahnhof ist ganz auf die Bedürfnisse von heute abgestimmt : Es gibt Nichtraucher- und Allergikerzimmer, eine "Web-Corner" und ISDN-Anschlüsse. Im Knusperstübchen durchgehend warme Küche.

- **Weserberghof**, Godelheimer Str. 16, ✉ 37671, ℘ (05271) 9 70 80, weserberghof @t-online.de, Fax (05271) 970888, 🍽, 🎣 – ※ Zim, 📺 ✆ 🅿 – 🔔 25. 🅰🅴 Ⓞ ⓄⓄ 🅅🅸🅂🅰
※ Rest
Entenfang : **Menu** à la carte 21/40 – **25 Zim** 🛏 49/65 – 76/84.
  • Das am Stadtrand gelegene Hotel beherbergt seine Gäste in schlichten, aber praktischen Zimmern, von denen einige den Nichtrauchern vorbehalten sind. Ledersessel tragen zum eleganten Ambiente des Restaurants bei.

HOF Bayern **546** P 19 – 50 600 Ew – Höhe 495 m.
🏌 Gattendorf-Haidt, Gumpersreuth 25 (über die B 173 Y), ℘ (09281) 4 37 49.
✈ Hof, Süd-West : 5 Km, über ① und B 2, ℘ (09292) 97 70.
🛈 Tourist-Information, Ludwigstr. 24, ✉ 95028, ℘ (09281) 81 56 66, touristinfo@stadt-hof.de, Fax (09281) 815669.
Berlin 317 ③ – München 283 ② – Bayreuth 55 ② – Nürnberg 133 ②.

Stadtplan siehe gegenüberliegende Seite

- **Central**, Kulmbacher Str. 4, ✉ 95030, ℘ (09281) 60 50, info@hotel-central-hof.de, Fax (09281) 62440, ≘s – 🛗, ※ Zim, 📺 ✆ 🅿 – 🔔 200. 🅰🅴 Ⓞ ⓄⓄ 🅅🅸🅂🅰   Y h
Hofer Stuben (geschl. Ende Juli - Anfang Aug.) **Menu** à la carte 14/34 – **103 Zim** 🛏 83/99 – 110/129.
  • Geräumige Zimmer in elegantem Stil kennzeichnen dieses Haus, das jetzt schon seit Jahren sachkundig und charmant von Kay-Stephanie Eckert geleitet wird. Herzhaft fränkisch sind die Hofer Stuben.

HOF

Altstadt		Z
Bayreuther Straße	Z	2
Enoch-Widman-Straße	Y	3
Hallstraße	Y	5
Karolinenstraße	Y	6
Kurt-Schuhmacher-Platz	Z	7
Lorenzstraße	Z	
Ludwigstraße	Y	
Luitpoldstraße	Z	
Marienstraße	Z	
Michaelisbrücke	Y	8
Mittlerer Anger	Y	9
Oberer Anger	Z	10
Ossecker Straße	Z	13
Pestalozziplatz	Z	15
Schützenstraße	Y	16
Unteres Tor	Y	18

🏨 **Burghof** garni, Bahnhofstr. 53, ✉ 95028, ℘ (09281) 81 93 50, *hotel-burghof@hotmail.com, Fax (09281) 81935555*, 🛏 – 🛗 ⇔ TV 📞 🅿 – 🔒. AE ⓜ️ⓒ VISA   Z t
22 Zim ⇆ 60/80 – 80/90.
♦ Geschmackvoll wurden die Zimmer dieses Hotels nach einer Renovierung im Jahre 1998 mit Laminatböden und cremefarbenem Stilmobiliar gestaltet. Schöne, moderne Bäder !

🏨 **Quality,** Ernst-Reuter-Straße 137, ✉ 95030, ℘ (09281) 70 30, *quality-hof@web.de, Fax (09281) 703113*, 🍽 , 🛏 – 🛗 ⇔ Zim, ▭ Zim, TV 📞 ♿ 🅿 – 🔒 70. AE ⓜ️ⓒ VISA   Y s
Menu à la carte 18/27 – **111 Zim** ⇆ 65/70 – 83.
♦ Der neuzeitliche Zweckbau im Herzen der Stadt bietet Privat- wie Geschäftsreisenden technisch komplett bestückte und modern eingerichtete Übernachtungszimmer. Der gastronomische Bereich ist im Bistrostil gehalten und schließt sich an die Hotelhalle an.

🏨 **Am Maxplatz** ⓢ garni, Maxplatz 7, ✉ 95028, ℘ (09281) 17 39, *Fax (09281) 87913* – TV 🚗 ⓜ️ⓒ VISA   Y r
18 Zim ⇆ 54/64 – 77/90.
♦ Mitten im Zentrum, nahe dem Rathaus, beziehen Sie Quartier in einem kleinen, gepflegten Hotel, das in einem denkmalgeschützten Haus mit Gewölbedecken beheimatet ist.

HOF

In Hof-Haidt *Nord-Ost : 3,5 km, über B 173 Richtung Plauen :*

Gut Haidt, Plauener Str. 123 (B 173), ⌧ 95028, ℘ (09281) 73 10, *info@hotel-gut-h aidt.de*, Fax (09281) 731100, Biergarten, ⌧ – ⌧, ⌧ Zim, ⌧ ⌧ ⌧ ⌧ ⌧ P – ⌧ 40. ⌧ ⌧ ⌧
Menu *(Montag - Freitag nur Abendessen)* à la carte 19/37 – **46 Zim** ⌧ 70 – 90, 4 Suiten.
• Ein schmuckes ehemaliges Landwirtschaftsgut mit Türmchen, das heute als Hotel genutzt wird, mit schönen Zimmern, zum Teil mit begehbaren Schränken, überzeugt. Im ehemaligen Heuschober, das Restaurant mit Stube und Tenne untergebracht.

In Hof-Unterkotzau *über ③ : 3 km und Hofecker Straße Richtung Hirschberg :*

Brauereigasthof Falter, Hirschberger Str. 6, ⌧ 95030, ℘ (09281) 7 67 50, *info @hotelfalter.de*, Fax (09281) 7675190, Biergarten – ⌧ Zim, ⌧ P – ⌧ 80
Menu à la carte 12/34 – **26 Zim** ⌧ 46/60 – 80/92.
• Am Rand des kleinen Dorfes erwartet Sie der Gasthof mit unterschiedlichen, teilweise mit Stilmöbeln ausstaffierten Zimmern, die alle wohnlich und komfortabel wirken. Deftige bayerisch-fränkische Küche in gemütlicher Umgebung.

HOF *Österreich siehe Salzburg.*

HOFBIEBER *Hessen* ⌧ *O 13* – *5 900 Ew – Höhe 400 m – Luftkurort.*
⌧ Hofbieber, Am Golfplatz, ℘ (06657) 13 34.
🛈 Tourist-Information, im Haus des Gastes, Schulweg 5, ⌧ 36145, ℘ (06657) 9 87 20, *touristinformation@hafbieber.de*, Fax (06657) 919007.
Berlin 434 – Wiesbaden 209 – *Fulda* 14 – Bad Hersfeld 40.

Sondergeld, Lindenplatz 4, ⌧ 36145, ℘ (06657) 3 76, *info@hotel-sondergeld.de*, Fax (06657) 919746, ⌧ – ⌧ P ⌧ ⌧
Menu *(geschl. Mittwoch - Donnerstagmittag)* à la carte 14/24 – **17 Zim** ⌧ 31 – 50.
• Wenn Sie ländliche Schlichtheit mögen, wird Ihnen dieser solide geführte Gasthof gefallen. Sie wohnen in gepflegten, mit hellen Möbeln eingerichteten Zimmern. Rustikales Restaurant mit Thekenbereich.

In Hofbieber-Fohlenweide *Süd-Ost : 5 km über Langenbieber :*

Fohlenweide ⌧, ⌧ 36145, ℘ (06657) 98 80, *info@fohlenweide.de*, Fax (06657) 988100, ⌧, ⌧, ⌧ – ⌧ ⌧ P – ⌧ 25
Menu à la carte 20/34 – ⌧ 9 – **27 Zim** 52 – 94/116.
• In dem ehemaligen Gutshof ist ein besonders familienfreundliches Hotel entstanden. Verschiedene Zimmertypen in wohnlich-rustikalem Stil. Mit Reitmöglichkeiten. Das Restaurant gefällt mit einer netten Einrichtung und tadelloser Pflege.

In Hofbieber-Steens : *Süd-Ost : 8 km über Langenbieber und Elters :*

Lothar Mai Haus ⌧, Lothar-Mai-Str. 1, ⌧ 36145, ℘ (06657) 9 60 80, *info@lotha r-mai-haus.de*, Fax (06657) 9608300, ⌧ Rhön, ⌧, Biergarten, Massage, ⌧, ⌧, ⌧, ⌧ ⌧ P – ⌧ 30. ⌧ ⌧
Menu *(geschl. Dienstag)* à la carte 17/30 – **28 Zim** ⌧ 47/51 – 56/80.
• Die ehemalige Erholungsheim der Bundesbahn - später als Jugendherberge genutzt - liegt einsam auf einer Anhöhe. Heute bietet man seinen Gästen hübsche, neuzeitliche Zimmer. Mit viel Holz rustikal gestaltetes Restaurant. Terrasse mit schöner Fernsicht.

HOFGEISMAR *Hessen* ⌧ *L 12* – *17 000 Ew – Höhe 165 m.*
🛈 Touristinformation, Markt 5, ⌧ 34369, ℘ (05671) 5 07 04 00, *touristinfo@stadthofgeismar.de*, Fax (05671) 500839.
Berlin 407 – Wiesbaden 245 – *Kassel* 24 – Paderborn 63.

Zum Alten Brauhaus, Marktstr. 12, ⌧ 34369, ℘ (05671) 30 81, *humburg@zuma ltenbrauhaus.de*, Fax (05671) 3083, ⌧ – ⌧, ⌧ Zim, ⌧ ⌧ ⌧ – ⌧ 50. ⌧ ⌧ ⌧
geschl. 27. Dez. - 10. Jan. – **Menu** *(geschl. Sonntagabend - Montagmittag)* à la carte 14/24 – **21 Zim** ⌧ 33/41 – 64.
• Der traditionsbewusste gestandene Gasthof fügt sich harmonisch in das malerische Ortsbild ein. Seine Zimmer sind vornehmlich mit Kirschholzmöbeln bestückt und sehr gepflegt. Das Restaurant ist im bürgerlichen Stil gehalten.

Blauer Dragoner, Garnisonsgalerie 4, ⌧ 34369, ℘ (05671) 92 03 03, *blauer-dragoner@t-online.de*, Fax (05671) 920301, ⌧ – P. ⌧ ⌧
geschl. Anfang Jan. 2 Wochen, Anfang Juni 2 Wochen, Montag – **Menu** à la carte 17/28.
• In ein modernes Geschäftsgebäude hat man dieses Restaurant integriert - ein heller, in Gelbtönen gehaltener Raum mit leicht mediterranem Flair. Hübsche Terrasse im Innenhof.

HOFGEISMAR

In Hofgeismar-Sababurg Nord-Ost : 14 km :

Dornröschenschloss Sababurg, ⊠ 34369, ℘ (05671) 80 80, *dornroeschenschloss@sababurg.de, Fax (05671) 808200*, ≤, 🍽️, Tierpark mit Jagdmuseum, 🐎 – 📺 📞 – 🛁 20, AE ⓘ 🟢 VISA
Menu *(geschl. Jan. - 15. März, Montag - Mittwochmittag)* 26 (mittags) à la carte 25/46, ♀ – **17 Zim** ⊇ 105/175 – 105/205.
• In der Burganlage a. d. 14. Jh. schlafen Sie wie Dornröschen ! Dieses Hotel überzeugt mit schöner Lage und angenehmem Ambiente - besonders hübsch : die Turmzimmer. Sie speisen in gemütlichen Restauranträumen oder auf der Burgterrasse.

In Hofgeismar-Schöneberg Nord-Ost : 4 km :

Reitz, Bremer Str. 17 (B 83), ⊠ 34369, ℘ (05671) 55 91, *info@landgasthaus-reitz.de, Fax (05671) 40699*, Biergarten – 📺 📞 📞 – 🛁 50. ⓘ 🟢 VISA. *geschl. 15. - 31. Juli* – **Menu** *(geschl. Montag)* à la carte 17/31 – **9 Zim** ⊇ 33 – 50.
• Wenn Sie in der 1699 gegründeten Hugenottensiedlung Station machen möchten, bietet sich dieses Landgasthaus mit seiner zeitlos ländlichen Ausstattung zum Übernachten an. Restaurant mit rustikalem Ambiente.

HOFHEIM AM TAUNUS Hessen 543 P 9 – 39 000 Ew – Höhe 150 m.

🏌️ Hofheim am Taunus, Hof Hausen vor der Sonne, (Nord : 2 km), ℘ (06192) 20 99 00.
🛈 Magistrat der Stadt Hofheim, Kulturagentur, Chinonplatz 2 (Rathaus), ⊠ 65719, ℘ (06192) 20 23 94, *aseeharsch@hofheim.de, Fax (06192) 900331*.
Berlin 550 – Wiesbaden 20 – Frankfurt am Main 22 – Limburg an der Lahn 54 – Mainz 20.

Burkartsmühle , Kurhausstr. 71, ⊠ 65719, ℘ (06192) 96 80, *Fax (06192) 968261*, 🍽️, ≘s, ⊆, 🐎, ℅ – ⃒ 📺 📞 – 🛁 25. AE ⓘ 🟢 VISA
Menu *(geschl. Sonn- und Feiertage)* (Tischbestellung ratsam) à la carte 19/40 – **28 Zim** ⊇ 97/117 – 107/135.
• In den Gebäuden des Hotels sind viele Elemente der ehemaligen Mühle erhalten geblieben. So sind einige der größtenteils modernen Zimmer von Holzbalken durchzogen. Im Restaurant der alten Mühle spürt man über Jahre gewachsene, gemütliche Rustikalität.

Dreispitz, In der Dreispitz 6 (an der B 519), ⊠ 65719, ℘ (06192) 9 65 20, *frank.laur@hotel-dreispitz.de, Fax (06192) 26910*, 🍽️ – 📺 📞 VISA. *geschl. 20. Dez.- 5. Jan.* – **Menu** *(geschl. 15. Juli - 15. Aug., Donnerstag - Freitag)* (wochentags nur Abendessen) à la carte 16,50/31 – **24 Zim** ⊇ 65/70 – 95.
• Die Nähe zu den Rhein-Main-Metropolen macht die Stadt zu einem attraktiven Standort. Sie wohnen in geräumigen und rustikalen, zum Teil kürzlich renovierten Zimmern. Die schweren Holzdecken im Restaurant vermitteln eine rustikale Atmosphäre.

Die Scheuer, Burgstr. 12, ⊠ 65719, ℘ (06192) 2 77 74, *diescheuer@t-online.de, Fax (06192) 1892*, 🍽️ – AE ⓘ 🟢 VISA
geschl. Montag – **Menu** (abends Tischbestellung erforderlich) à la carte 36/46 *(auch vegetarisches Menu)*.
• Ein liebevoll dekoriertes Restaurant ! Auf zwei Ebenen besticht das Fachwerkhaus a. d. 17. Jh. mit seinem gemütlich-rustikalen Innenleben.

In Hofheim-Diedenbergen Süd-West : 3 km, über B 519 :

Ramada-Treff Hotel Rhein-Main, Casteller Str. 106, ⊠ 65719, ℘ (06192) 95 00, *rhein-main@ramada-treff.de, Fax (06192) 3000*, 🍽️, 🏋️, ≘s – ⃒, 🛌 Zim, 🍽️ Rest, 📺 📞 📞 – 🛁 200. AE ⓘ 🟢 VISA JCB. ℅ Rest
Menu 17 à la carte 20/37 – ⊇ 13 – **156 Zim** 103 – 116.
• Einheitlich mit hellgrauen Einbaumöbeln eingerichtete funktionelle Zimmer erwarten Sie in diesem neuzeitlichen Haus - besonders für Tagungsgäste geeignet.

Völker's mit Zim, Marxheimer Str. 4, ⊠ 65719, ℘ (06192) 30 65, *Fax (06192) 39060*, 🍽️, Biergarten – 📺 📞 AE ⓘ 🟢 VISA. ℅ Rest
geschl. 1. - 10. Jan. – **Menu** *(geschl. Mittwoch, Samstagmittag)* 25 (mittags) à la carte 35/47 – **Bistro Taunusstuben** *(geschl. Mittwoch, Samstagmittag)* **Menu** à la carte 17/33 – **14 Zim** ⊇ 50/70 – 70/90.
• Die Einrichtung des Restaurants ist klassisch gehalten, mit einem eleganten Touch. Bürgerlich bis klassisch präsentiert sich das Speiseangebot.

Romano, Casteller Str. 68, ⊠ 65719, ℘ (06192) 3 71 08, *Fax (06192) 31576*, 🍽️ – AE 🟢 VISA
geschl. 21. Dez.- 2. Jan., Montag, Samstagmittag – **Menu** à la carte 30/42.
• Wenn Sie die italienische Küche lieben, sind Sie hier richtig. Fischgerichte dominieren in dem rustikalen Lokal, das Tagesangebot entnehmen Sie der aufgestellten Tafel.

HOFHEIM AM TAUNUS

In Hofheim-Wildsachsen Nord-West : 9 km, über Vincenzstraße und Langenhain :

XX **Alte Rose,** Altwildsachsen 37, ✉ 65719, ✆ (06198) 83 82, weinculinarium@t-online.de, Fax (06198) 500447, 🌳 – 🆗 VISA
geschl. Feb. 1 Woche, Sonntag - Montag, jeden ersten Sonntagmittag im Monat geöffnet
– **Menu** (nur Abendessen) 36/75 (auch vegetarisches Menu), 🍷.
• In gepflegem Ambiente offeriert man ein gehobenes Angebot mit kreativen Tendenzen. Man sitzt an kleinen, nett eingedeckten Tischen - oder auf der Gartenterrasse.

HOFHEIM IN UNTERFRANKEN Bayern 546 P 15 – 6 500 Ew – Höhe 265 m.
Berlin 450 – München 284 – Coburg 42 – Bamberg 49 – Schweinfurt 30.

In Hofheim-Rügheim Süd : 3 km :

🏨 **Landhotel Hassberge** 🌿, Schloßweg 1, ✉ 97461, ✆ (09523) 92 40, info@hotel-hassberge.de, Fax (09523) 924100, 🌳, ☎ – 📶 📺 🅿 – 🔑 40. 🆎 ⓓ 🆗 VISA
geschl. 2. - 22. Aug. – **Menu** (geschl. Freitag - Sonntag) (nur Abendessen) à la carte 15/22 – **56 Zim** ⊇ 43/50 – 72.
• Das neu erbaute Hotel wurde so konzipiert, dass sich Urlauber und Tagungsteilnehmer gleichermaßen wohlfühlen. Die Zimmer bieten viel Platz und zeitgemäßen Komfort. Neuzeitlich gestaltetes Restaurant.

HOHEN DEMZIN Mecklenburg-Vorpommern 542 E 21 – 600 Ew – Höhe 30 m.
Berlin 178 – Schwerin 96 – Neubrandenburg 62 – Waren 26.

🏰 **Schlosshotel Burg Schlitz** 🌿, Nahe der B 108 (Süd : 2 km, Richtung Waren), ✉ 17166 Hohen Demzin, ✆ (03996) 1 27 00, info@burg-schlitz.de, Fax (03996) 127070, 🌳, 🌊, Massage, ☎, 🏊, 🎾 – 📶, 🦽 Zim, 📺 📞 ⬇ 🅿 – 🔑 40. 🆎 ⓓ 🆗 VISA. ✱ Rest
Rittersaal (nur Abendessen) **Menu** 39/79 und à la carte, 🍷 – **Brasserie Louise** : Menu à la carte 22/29, 🍷 – ⊇ 18 – **20 Zim** 160/180 – 210/250, 6 Suiten.
• Das klassizistische Schloss von 1823 - in einem schönen Park gelegen - wurde mit Stil und edlen Materialien aufwändig restauriert. Sehenswert : die Karolinenkapelle. Stuck, Kreuzgewölbe und Wappentafeln schmücken den stilvollen Rittersaal.

HOHEN NEUENDORF Brandenburg 542 H 23 – 9 000 Ew – Höhe 54 m.
Berlin 35 – Potsdam 47.

🏨 **Am Lunik Park,** Stolper Str. 8, ✉ 16540, ✆ (03303) 29 10, info@hotel-am-lunik-park.de, Fax (03303) 291444, 🌳, ☎ – 📶, 🦽 Zim, 📺 📞 🅿 – 🔑 40. 🆎 🆗 VISA JCB
Menu (Montag - Freitag nur Abendessen) à la carte 17/30 – **57 Zim** ⊇ 71 – 87.
• Am Rand der Gartenstadt Hohen Neudorf liegt das im Landhausstil erbaute Hotel mit seinem neuzeitlich-funktionell ausgestatteten Zimmerbereich. Ein vorgelagerter Wintergarten erweitert das zeitgemäße Restaurant um einige sonnige Sitzplätze.

🏨 **Zum grünen Turm,** Oranienburger Str. 58 (B 96), ✉ 16540, ✆ (03303) 50 16 69, Fax (03303) 501624, 🌳 – 📶, 🦽 Zim, 📺 📞 ♿ 🅿 – 🔑 40. 🆎 🆗 VISA
Menu (nur Abendessen) à la carte 16/26 – **29 Zim** ⊇ 49/55 – 67/75.
• Vor den Toren der neuen Hauptstadt beziehen Sie hier Quartier in farblich sehr nett gestalteten Räumen. Antiquitäten und originelle Fenster sorgen für ein wohnliches Ambiente. Die offene Showküche ist attraktiver Mittelpunkt im Restaurant.

In Hohen Neuendorf-Bergfelde :

🏨 **Am Hofjagdrevier,** Hohen Neuendorfer Str. 48, ✉ 16562, ✆ (03303) 5 31 20, hofjagdrevier@aol.com, Fax (03303) 5312260, 🌳, ☎ – 📶, 🦽 Zim, 📺 🅿 – 🔑 30. 🆎 🆗 VISA
Menu (geschl. Sonntag) (nur Abendessen) à la carte 14/24 – **36 Zim** ⊇ 46 – 66.
• Am historischen Standort des Jagdreviers Wilhelm II. wurde ein zeitgemäßes Hotel errichtet. Es verfügt über neuzeitlich eingerichtete, gepflegte Zimmer. Der gastronomische Bereich ist unterteilt in Bierschenke und Restaurant.

HOHENAU Bayern 546 T 24 – 3 500 Ew – Höhe 806 m.
🛈 Tourismusbüro, Dorfplatz 22, ✉ 94545, ✆ (08558) 96 04 44, info@hohenau.de, Fax (08558) 960440.
Berlin 514 – München 198 – Passau 41 – Regensburg 135.

🍽 **Gasthof Schreiner,** Dorfplatz 17, ✉ 94545, ✆ (08558) 10 62, info@gasthof-schreiner.de, Fax (08558) 2717, 🌳 – 📶 📺 🅿
geschl. Nov. – **Menu** à la carte 11/24 – **44 Zim** ⊇ 22/25 – 40/46 – ½ P 8.
• Ein schlichtes, aber sehr sauberes und preiswertes Haus. Die Zimmer im Haupthaus sind mit dunklem, rustikalem Mobiliar ausgestattet, die im neueren Anbau mit hellerem Holz. Gemütliche Gaststube und geräumiger Speisesaal.

HOHENKAMMER Bayern 546 U 18 – 2 100 Ew – Höhe 470 m.
Berlin 556 – München 40 – Regensburg 94 – Freising 20 – Ingolstadt 48.

Schloss Hohenkammer, Schlossstr. 25, ⊠ 85411, ℘ (08137) 9 96 50, info@schl osshohenkammer.com, Fax (08137) 996555, ╥, Biergarten – **P** – 🔒 200. ﬁ **MC VISA**
geschl. Anfang Jan. 2 Wochen, Ende Sept. - Anfang Okt. 2 Wochen, Montag – **Menu** (Dienstag - Freitag nur Abendessen) 29/59 und à la carte.
• Neben einem alten Wasserschloss hat man unter der schönen Gewölbedecke der ehemaligen Brauerei ein schickes Restaurant in schlicht-modernem Design eingerichtet.

HOHENRODA Hessen 543 N 13 – 4 000 Ew – Höhe 311 m.
Berlin 409 – Wiesbaden 182 – Kassel 91 – Fulda 44.

In Hohenroda-Oberbreitzbach :

Hessen Hotelpark Hohenroda ♨, Schwarzengrund 9, ⊠ 36284, ℘ (06676) 1 81, info@hotelpark-hohenroda.com, Fax (06676) 1487, ≤, ≘s, ⊠, 🐎, ※ – |≑|, ⥁ Zim, 📺 📞 **P** – 🔒 250. ﬁ ① **MC VISA** ※ Rest
Menu à la carte 22/32 – **207 Zim** 🖙 70 – 90.
• Eine große Hotel- und Ferienanlage mit einem gepflegten Hallenbereich, hellen, zeitgemäßen Zimmern, modernen Tagungsmöglichkeiten und zahlreichen Freizeitangeboten.

HOHENSTEIN Hessen 543 P 8 – 6 300 Ew – Höhe 360 m.
Berlin 572 – Wiesbaden 23 – Koblenz 64.

Hofgut Georgenthal ♨, (Süd-Ost : 5,5 km über Steckenroth, Richtung Strinz-Margarethä), ⊠ 65329, ℘ (06128) 94 30, info@hofgut-georgenthal.de, Fax (06128) 943333, ╥, ≘s, ⊠, 🐎 – |≑|, ⥁ Zim, 📺 📞 & **P** – 🔒 60. ﬁ ① **MC VISA**
Menu à la carte 27/36 – **Gutsschänke** (Montag - Freitag nur Abendessen) **Menu** à la carte 20/27 – **40 Zim** 🖙 115/165 – 165/215.
• Bei der Renovierung des ehemaligen Hofgutes wurden Tradition und Moderne harmonisch vereint. Sie beziehen stilvoll-elegante Zimmer mit allem Komfort. Offene und freundliche Atmosphäre versprüht das Restaurant. Rustikal : die Gutsschänke.

HOHENSTEIN-ERNSTTHAL Sachsen 544 N 22 – 16 800 Ew – Höhe 360 m.
🛈 Stadtinformation, Altmarkt 30, ⊠ 09337, ℘ (03723) 40 24 74, info@hohenstein-ernsthal.de, Fax (03723) 681440.
Berlin 269 – Dresden 81 – Chemnitz 15 – Plauen 82.

Drei Schwanen, Altmarkt 19, ⊠ 09337, ℘ (03723) 65 90, dreischwanen@t-online.de, Fax (03723) 659459, ╥ – |≑|, ⥁ Zim, 📺 📞 & **P** – 🔒 100. ﬁ ① **MC VISA**
Menu à la carte 23/38 – **32 Zim** 🖙 69 – 99.
• Mit seiner 300-jährigen Tradition zählt das klassizistische Eckhaus zu den ältesten gastronomischen Einrichtungen der Stadt. Heute wohnt man hier in solide möblierten Zimmern. Das Restaurant ist mit neuzeitlich-klassischen Elementen gestaltet worden.

HOHENTENGEN AM HOCHRHEIN Baden-Württemberg 545 X 9 – 3 600 Ew – Höhe 350 m.
🛈 Fremdenverkehrsamt, Kirchstr. 4, ⊠ 79801, ℘ (07742) 8 53 50, verkehrsamt@ho hentengen.de, Fax (07742) 85315.
Berlin 802 – Stuttgart 176 – Freiburg im Breisgau 79 – Baden 33 – Basel 74 – Zürich 37.

Wasserstelz, Guggenmühle 15 (Nord-West : 3 km, unterhalb der Burgruine Weißwasserstelz), ⊠ 79801, ℘ (07742) 9 23 00, mail@wasserstelz.de, Fax (07742) 923050, ╥ Bootssteg – 📺 📞 **P** – 🔒 35. **MC VISA**
Menu (Montag - Freitag nur Abendessen) à la carte 21/45 – **11 Zim** 🖙 42/80 – 80/115 – ½ P 19.
• Hinter der schönen Natursteinfassade der ehemaligen Zehntscheune beziehen Sie Zimmer, die mit wohnlichem Dekor versehen und neuzeitlich eingerichtet sind. In der ländlich-rustikalen Gaststube schafft allerlei Zierrat Atmosphäre.

In Hohentengen-Lienheim West : 5 km :

Landgasthof Hirschen mit Zim, Rheinalstr. 13, ⊠ 79801, ℘ (07742) 76 35, gast haushirschen@t-online.de, Fax (07742) 7325, ╥ – 📺 **P**. ﬁ **MC VISA**
Menu à la carte 23/40 – **5 Zim** 🖙 40/50 – 70/80.
• In diesem gepflegten Landgasthof mit freundlichem Service bietet man Ihnen eine gute Auswahl internationaler Speisen. Solide Zimmer laden zum Übernachten ein.

HOHNSTEIN Sachsen 544 N 26 – 900 Ew – Höhe 335 m.

🛈 Touristinformation, Rathausstr. 10, ✉ 01848, ℘ (035975) 8 68 13, gaesteamt.hohnstein@kin-sachsen.de, Fax (035975) 86810.

Berlin 223 – Dresden 32 – Pirna 16 – Bad Schandau 10.

Ambiente ⌂, Waldstr. 26, ✉ 01848, ℘ (035975) 86 20, hohnstein@hotelambiente.com, Fax (035975) 862113, 🍴, ≋, 🏊 – 🛗, ❄ Zim, 📺 ♿ 🅿 – 🔔 40. AE ⓘ ⓞ VISA
Menu à la carte 17/22 – **49 Zim** ⇌ 55/62 – 76/110.
• Durch ein modern und freundlich eingestaltetes Foyer betreten Sie Ihr Quartier. Es erwarten Sie wohnlich wie auch funktionell eingerichtete Zimmer - teils allergikerfreundlich. Eine schöne Terrasse mit Blick ins Grüne ergänzt das elegante Restaurant.

Zur Aussicht ⌂, Am Bergborn 7, ✉ 01848, ℘ (035975) 8 70 00, info@hotel-zur-aussicht.de, Fax (035975) 870044, ≤ Sächsische Schweiz, 🍴 – 📺 🅿 – 🔔 15. AE VISA
geschl. Jan. 3 Wochen – **Menu** (geschl. Montag) à la carte 11/19 – **15 Zim** ⇌ 44 – 66/72.
• Praktische Zimmer, ein freundlicher Service und Sauberkeit zählen zu den Annehmlichkeiten dieses familiengeführten kleinen Hotels. Einfache, gepflegte Gaststube.

In Hohnstein-Rathewalde West : 5,5 km Richtung Pirna :

LuK - Das Kleine Landhotel ⌂, Basteiweg 12, ✉ 01848, ℘ (035975) 8 00 13, luk-landhotel@t-online.de, Fax (035975) 80014, 🍴 – ❄ 📺 🅿 ✗ Rest
Menu (nur Abendessen) (Restaurant nur für Hausgäste) – **8 Zim** ⇌ 56/61 – 77/87.
• Ein wirklich nettes kleines Hotel, in dem die Gastgeberin Sie warmherzig begrüßt. Sie wohnen in individuell und geschmackvoll mit Naturmaterialien ausgestatteten Zimmern.

HOHWACHT Schleswig-Holstein 541 D 16 – 900 Ew – Höhe 15 m – Seeheilbad.

🏌 Hohwachter Bucht (Süd-West : 4 km), ℘ (04381) 96 90.

🛈 Hohwachter Bucht Touristik, Berliner Platz 1, ✉ 24321, ℘ (04381) 905500, Fax (04381) 905555.

Berlin 335 – Kiel 41 – Lübeck 81 – Oldenburg in Holstein 21 – Plön 27.

Hohe Wacht ⌂, Ostseering 5, ✉ 24321, ℘ (04381) 9 00 80, info@hohe-wacht.de, Fax (04381) 900888, 🍴, 🎿, ≋, 🏊, ✗ – 🛗, ❄ Zim, 📺 ♿ 🅿 – 🔔 70. AE ⓘ ⓞ VISA ✗ Rest
Menu à la carte 25/39 – **53 Zim** ⇌ 115/120 – 140/150, 3 Suiten.
• Großzügiges Wohnen mit einem Hauch von Luxus ! Nur durch ein kleines Wäldchen vom Strand getrennt, finden hier anspruchsvolle Gäste eine komfortable Unterkunft. Ein Wintergarten lässt das Restaurant hell und freundlich wirken.

Seeschlösschen ⌂, Dünenweg 4, ✉ 24321, ℘ (04381) 4 07 60, seeschloesschen@intus-hotels.de, Fax (04381) 407650, 🍴, ≋, 🏊 – 📺 ♿ 🅿 – 🔔 50. ⓘ ⓞ VISA
geschl. 9. Jan.- 21. Feb. – **Menu** (nur Abendessen) (Restaurant nur für Hausgäste) – **34 Zim** ⇌ 85/99 – 146/166 – ½ P 8.
• Hübsche Rattanmöbel und dezente Farbgestaltung bestimmen das Erscheinungsbild dieses Hauses. Von Balkon oder Terrasse hat man einen tollen Blick auf das bunte Strandleben.

Haus am Meer ⌂, Dünenweg 4, ✉ 24321, ℘ (04381) 4 07 40, hotel.hausammeer@t-online.de, Fax (04381) 407474, ≤, 🍴, ≋, 🏊 – 📺 ♿ 🅿 – 🔔 20.
geschl. 10. Jan. - 1. Feb., Nov. – **Menu** à la carte 19/27 – **18 Zim** ⇌ 62/76 – 80/134 – ½ P 15.
• Mitten in der Dünenlandschaft und unmittelbar am Stand ist dieses Hotel gelegen. Helle, in freundlichen Farben eingerichtete Gästezimmer. Hübsche Terrasse am Strand !

Genueser Schiff ⌂ mit Zim (mit 🏠 Gästehaus), Seestr. 18, ✉ 24321, ℘ (04381) 75 33, hotel@genueser-schiff.de, Fax (04381) 5802, ≤ Ostsee, 🍴 – 🅿. AE ⓘ ⓞ VISA
Menu (geschl. 15. Jan. - 15. März, 15. Nov. - 24. Dez., Dienstag - Mittwoch) (nur Abendessen) 37/56 – **Kleines Restaurant** (geschl. 15. Jan. - 15. März, 15. Nov. - 24. Dez., Dienstag) **Menu** à la carte 19/40 – **25 Zim** ⇌ 58/80 – 95/130.
• Einsam liegt das reetgedeckte weiße "Schiff" am Strand vor Anker - schön ist hier die Aussicht aufs Meer. In elegantem Ambiente serviert man Menüs einer internationalen Küche. Das Kleine Restaurant ist im Sommer schon von morgens an geöffnet.

HOLLENSTEDT Niedersachsen 541 F 13 – 1 900 Ew – Höhe 25 m.

Berlin 319 – Hannover 150 – Hamburg 43 – Bremen 78.

Hollenstedter Hof (mit Gästehaus), Am Markt 1, ✉ 21279, ℘ (04165) 2 13 70, hollenstedterhof@t-online.de, Fax (04165) 8382, 🍴 – ❄ Zim, 📺 ♿ 🅿 – 🔔 70. AE ⓘ ⓞ VISA JCB
Menu à la carte 21/35 – **32 Zim** ⇌ 56/65 – 84/95.
• Seit 1650 wird an dieser Stelle die Gastwirtstradition hoch gehalten. Heute empfängt man seine Gäste in zeitgemäßen Zimmern, die solide möbliert sind.

HOLLFELD Bayern 546 Q 17 – 5 500 Ew – Höhe 402 m – Erholungsort.
  Ausflugsziel : Felsengarten Sanspareil★ Nord : 7 km.
  Berlin 378 – München 254 – Coburg 60 – Bayreuth 23 – Bamberg 38.

  Wittelsbacher Hof, Langgasse 8 (B 22), ✉ 96142, ℰ (09274) 9 09 60, info@witt elsbacher-hof-hollfeld, Fax (09274) 909626, 🍴 – 🅿 ⓪ 🆅🅸🆂🅰
  geschl. Anfang Nov. 1 Woche – **Menu** (geschl. 26. Okt. - 4. Nov., Montag) à la carte 12,50/25 – **14 Zim** ⊑ 38/45 – 64 – ½ P 15.
  ♦ Geräumige und mit Landhausmöbeln wohnlich ausgestattete Zimmer finden Sie in diesem sehr gepflegten und solide geführten Gasthof. Holzvertäfelte Zirbelstube mit gemütlichem Ambiente.

  Bettina ⚜, Treppendorf 22 (Süd-Ost : 1 km), ✉ 96142, ℰ (09274) 7 47, hotel.bettina@t-online.de, Fax (09274) 1408, 🍴, Biergarten, ≦s, ⛲, ✗ – 🛌 Zim, 📺 ✆ 🅿 – 🔬 40. ⒶⒺ ⓪ ⓪ 🆅🅸🆂🅰 ✗
  Menu (geschl. Montag) à la carte 15/30 – **23 Zim** ⊑ 38/42 – 68/85 – ½ P 13.
  ♦ Das Ferien- und Tagungshotel im Grünen, ein familiengeführter Landgasthof mit Hotelanbau, heißt seine Gäste in netten, neuzeitlich-funktionalen Zimmern willkommen. Rustikaler Restaurantbereich.

HOLZGERLINGEN Baden-Württemberg 545 U 11 – 11 000 Ew – Höhe 464 m.
  🏌 🏌 Holzgerlingen, Schaichhof (Süd : 3 km), ℰ (07157) 6 79 66.
  Berlin 654 – Stuttgart 28 – Böblingen 6 – Herrenberg 12 – Nürtingen 31 – Tübingen 19.

  Gärtner, Römerstr. 29 (an der B 464), ✉ 71088, ℰ (07031) 74 56, hotel-gaertner@t-online.de, Fax (07031) 745700 – 📶 📺 ✆ ℒ, ⇔ 🅿 – 🔬 80. ⒶⒺ ⓪ ⓪ 🆅🅸🆂🅰
  Menu (geschl. 24. Dez. - 1. Jan., Sonntagabend) à la carte 15,50/34 – **80 Zim** ⊑ 57/75 – 82/85, 3 Suiten.
  ♦ In diesem modernen Hotelbau stellen Ihnen Ihre Gastgeber wohnliche Zimmer mit angenehmer Größe zur Verfügung. Sie profitieren von der guten Verkehrsanbindung des Hauses. Unaufdringlich, aber nicht ungemütlich ist die Gestaltung des Restaurants.

  Bühleneck ⚜ garni, Bühlenstr. 81, ✉ 71088, ℰ (07031) 7 47 50, info@buehleneck.de, Fax (07031) 747530, 🛌, ≦s – 🛌 📺 ✆ 🅿 ⓪ ⓪ 🆅🅸🆂🅰 🅹🅲🅱 ✗
  15 Zim ⊑ 52/58 – 78/86.
  ♦ In einem ruhigen Wohngebiet finden Sie die familiär geführte Pension, die von außen etwas unscheinbar wirkt, jedoch schöne und sehr gepflegte Zimmer bereithält.

HOLZHAUSEN Thüringen siehe Arnstadt.

HOLZKIRCHEN Bayern 546 W 19 – 11 500 Ew – Höhe 667 m.
  Berlin 623 – München 34 – Garmisch-Partenkirchen 73 – Bad Tölz 19 – Rosenheim 41.

  Alte Post, Marktplatz 10a, ✉ 83607, ℰ (08024) 3 00 50, altepost-holzkirchen@t-online.de, Fax (08024) 3005555 – 📶 📺 ⇔ 🅿 – 🔬 30. ✗
  geschl. 12. - 20. Jan. – **Menu** (geschl. Dienstag) à la carte 13,50/30 – **44 Zim** ⊑ 108 – 118.
  ♦ Einst war in dem stattlichen Bau eine Königlich-Bayerische Poststallhaltung untergebracht. Heute beherbergt man Reisende in Zimmern, die durch viel Holz sehr gemütlich wirken. Rustikale Gasträume mit anheimelnder Atmosphäre.

  H'Otello garni, Rosenheimer Str. 16, ✉ 83607, ℰ (08024) 90 50, Fax (08024) 905215 – 📶 🛌 📺 ⇔ 🅿 ⒶⒺ ⓪ ⓪ 🆅🅸🆂🅰
  36 Zim ⊑ 69/82 – 89/92.
  ♦ Vor den Toren Münchens, verkehrsgünstig gelegen, finden Sie dieses Etagenhotel in einem Einkaufszentrum. Mit modern eingerichteten, funktionellen Zimmern.

HOLZMINDEN Niedersachsen 541 K 12 – 22 000 Ew – Höhe 99 m.
  🛈 Stadtinformation, Obere Str. 30, ✉ 37603, ℰ (05531) 93 64 23, kulturamt@holzminden.de, Fax (05531) 936430.
  🛈 Kurverwaltung (Neuhaus im Solling), Lindenstr. 8 (Haus des Gastes), ✉ 37603, ℰ (05536) 10 11, hochsolling@holzminden.de, Fax (05536) 1350.
  Berlin 352 – Hannover 75 – Hameln 50 – Kassel 80 – Paderborn 65.

  Rosenhof garni, Sollingstr. 85, ✉ 37603, ℰ (05531) 99 59 00, hotel.rosenhof@t-online.de, Fax (05531) 995915, ⛲ – 🛌 📺 🅿 ⓪ ⓪ 🆅🅸🆂🅰 ✗
  11 Zim ⊑ 90/95 – 90/125.
  ♦ Ein kleines Schmuckstück ist diese Villa mit heller, eleganter Einrichtung : weiße Möbel, Antiquitäten, moderne Bilder und Marmorbäder schaffen ein stilvolles Ambiente. Garten !

HOLZMINDEN

Schleifmühle, Schleifmühle 3, ✉ 37603, ☏ (05531) 7 01 60, *hotel-schleifmuehl e@t-online.de, Fax (05531) 120660,* 🍴, 🌳, ⇒ – 📺 📞 🚗 🅿 ⚜
Menu *(geschl. Sonntag) (nur Abendessen)* à la carte 15/23 – **17 Zim** ⇌ 50 – 75.
◆ Am Fuße des Sollings, inmitten von Wiesen und Wäldern, erwartet Sie eine ruhige Herberge mit zeitlos eingerichteten Räumen, die zum größten Teil über einen Balkon verfügen. Rustikales Hotelrestaurant.

Buntrock, Karlstr. 23, ✉ 37603, ☏ (05531) 9 37 30, *Fax (05531) 120221* – 📶 📺 🅿 – 🛎 60. 🅰 🔵 💳
Menu *(geschl. Sonntag) (Montag - Freitag nur Abendessen)* à la carte 17/28 – **21 Zim** ⇌ 35/60 – 77.
◆ Der schlichte Zweckbau ist mit seinen praktischen Zimmern ein guter Ausgangspunkt für Ausflüge in den Naturpark Solling-Vogler mit seinen zahlreichen Freizeitmöglichkeiten. Im Erdgeschoss des Hauses liegt das bürgerliche, farblich nett gestaltete Restaurant.

Hellers Krug, Altendorfer Str. 19, ✉ 37603, ☏ (05531) 21 15, *mail@hotel-hellers-k rug.de, Fax (05531) 61266* – 🅿 🅰 🔵 💳
geschl. Sonntagabend – **Menu** à la carte 19,50/33.
◆ Das Restaurant mit den gemütlichen Nischen ist in einem alten Fachwerkhaus untergebracht. Serviert werden internationale Gerichte und gutbürgerliche Spezialitäten.

In Holzminden-Neuhaus im Solling *Süd-Ost : 12 km, über B 497 : – Höhe 365 m – Heilklimatischer Kurort :*

Schatte, Am Wildenkiel 15, ✉ 37603, ☏ (05536) 9 51 40, *hotelschatte@aol.com, Fax (05536) 1560,* 🍴, Massage, ⇌s, 🌳, ⇒ – 📶 📺 🅿 🔘 🔵 💳
geschl. Mitte Jan. - Anfang Feb., Mitte - Ende Nov. – **Menu** à la carte 15/34 – **38 Zim** ⇌ 40/60 – 79/90 – ½ P 13.
◆ Eine praktische Urlaubsadresse, die ruhig in einem Wohngebiet liegt. Man bietet Ihnen unterschiedlich geschnittene, solide möblierte Zimmer mit Balkon.

Zur Linde, Lindenstr. 4, ✉ 37603, ☏ (05536) 10 66, *ferienhotel-zur-linde@t-online.de, Fax (05536) 1089,* 🍴, ⇌s – 📺 🚗 🅿 🔵
geschl. März 2 Wochen – **Menu** *(geschl. Nov. - März Dienstag)* à la carte 16/25 – **23 Zim** ⇌ 34 – 64/72 – ½ P 12.
◆ Bei diesem Hotel handelt es sich um einen soliden Familienbetrieb. Die Gästezimmer sind unterschiedlich möbliert - teils mit grauem, teils mit naturfarbenem Mobiliar. Großzügiges Restaurant mit Gartenterrasse.

In Holzminden-Silberborn *Süd-Ost : 12 km, über B 497 – Luftkurort :*

Sollingshöhe, Dasseler Str. 15, ✉ 37603, ☏ (05536) 9 50 80, *Fax (05536) 1422,* 🍴, ⇌s, 🌳, ⇒ – 📶 📺 🅰 🔵 💳
geschl. Feb., Nov. – **Menu** *(geschl. Montagmittag)* à la carte 17/33 – **22 Zim** ⇌ 38 – 82 – ½ P 16.
◆ "So nett wie eine Familienpension! " lautet die Maxime des Hauses. Landhausmöbel aus hellem Naturholz sorgen in den Zimmern für ein behagliches Ambiente. Ländlicher Stil prägt den Restaurantbereich.

HOMBURG/SAAR Saarland 🄵🄵🄵 S 6 – 46 000 Ew – Höhe 233 m.

🏌 Homburg, Websweiler Hof (Nord : 10 km) ☏ (06841) 77 77 60.
🛈 Kultur- und Verkehrsamt, Am Forum 5, ✉ 66424, ☏ (06841) 10 11 66, *stadt@homburg.de, Fax (06841) 120899.*
Berlin 680 – Saarbrücken 33 – Kaiserslautern 42 – Neunkirchen/Saar 15 – Zweibrücken 11.

Schlossberg Hotel, Schlossberg-Höhenstraße, ✉ 66424, ☏ (06841) 66 60, *info@schlossberghotelhomburg.de, Fax (06841) 62018,* ← Homburg, 🍴, ⇌s, 🌳 – 📶 📺 🅿 – 🛎 220. 🅰 🔘 🔵 💳
Menu à la carte 26,50/44 – **74 Zim** ⇌ 80/90 – 118.
◆ Hoch über der Stadt thront das Hotel auf einer Anhöhe. Wählen Sie eines der modern und farbenfroh gestalteten Zimmer, viele mit Balkon und Aussicht auf die Stadt. Eindrucksvoll ist der Blick aus den Fenstern des Panorama-Restaurants im Wintergarten.

Schweizerstuben, Kaiserstr. 72 (B 423), ✉ 66424, ☏ (06841) 9 24 00, *info@schweizerstuben.de, Fax (06841) 9240220,* 🍴, ⇌s, 🌳 – 📶, ⇌ Zim, 📺 🚗 🅿 – 🛎 40. 🅰 🔵 💳
Menu *(geschl. 22. Dez. - 6. Jan., Aug. 3 Wochen, Samstag, Sonn- und Feiertage) (nur Abendessen)* à la carte 27/41 – **25 Zim** ⇌ 68/90 – 115/138.
◆ Dies ist eine gute Adresse für anspruchsvolles Logieren. Die Zimmer sind unterschiedlich, aber alle mit massiven Stilmöbeln bestückt. Neuzeitliche Tagungstechnik. Elegant eingerichtetes Restaurant Patriziersaal.

HOMBURG/SAAR

🏨 **Landhaus Rabenhorst** ⚜, Kraepelinstr. 60, ✉ 66424, ℘ (06841) 9 33 00, *info@hotel-rabenhorst.de*, Fax (06841) 933030, 😊, ⇌s, 🆅 🆅 🅿 – 🚗 40. 🆎 🆅🆂🅰 🅹🅲🅱
geschl. 1.- 4. Jan., 27.- 31. Dez. – **Menu** *(geschl. Okt. - Dez. Sonntagabend)* à la carte 27/44 – **22 Zim** ☑ 69/98 – 99/125.
  * Das Landhaus liegt eingebettet in einen dichten Waldgürtel auf dem Karlsberg. Hier finden Sie Ruhe und Erholung in komfortabel und gut ausgestatteten Zimmern. Der Restaurantbereich ist unterschiedlich gestaltet - hell, modern oder im Landhausstil.

🏨 **Stadt Homburg,** Ringstr. 80, ✉ 66424, ℘ (06841) 9 23 70, *hotel-stadt-homburg@t-online.de*, Fax (06841) 64994, 😊, ⇌s, 🆅 – 🛗, ⇌ Zim, 📺 ⇌ 🅿 – 🚗 70. 🆎 ⓄⒾ
🆒 🆅🆂🅰
Menu *(geschl. Samstagmittag)* à la carte 19,50/36 – **40 Zim** ☑ 63/73 – 93.
  * In zentraler und doch ruhiger Lage finden Sie hier ein gepflegtes Quartier. Sämtliche Zimmer des Hauses wurden erst kürzlich komplett renoviert. Ein großer Kachelofen verbreitet Atmosphäre im Restaurant Le Connaisseur.

🏨 **Euler** garni, Talstr. 40, ✉ 66424, ℘ (06841) 9 33 30, *mail@hoteleuler.de*, Fax (06841) 9333222 – ⇌ 📺 🆅 🅿. 🆎 🆒 🆅🆂🅰
geschl. 22. Dez. - 8. Jan. – **50 Zim** ☑ 59/62 – 85/92.
  * Seit mehr als 100 Jahren befindet sich das schmucke Stadthotel mit Tiefgarage in Familienbesitz. Ihre Gastgeber stellen Ihnen gepflegte, praktische Zimmer zur Verfügung.

In Homburg-Schwarzenbach *Süd : 3 km :*

🍴🍴 **Petit Château,** Alte Reichstr. 4, ✉ 66424, ℘ (06841) 1 52 11, *info@petit-chateau.de*, Fax (06741) 120153, 😊 – 🅿. 🆎 Ⓞ 🆒 🆅🆂🅰
geschl. 1.- 8. Jan., Samstagmittag, Sonntag – **Menu** 43/57 und à la carte.
  * Das Wirtsehepaar hat in diesem Haus seine Vorstellungen von einem elegant-gemütlichen Ambiente verwirklicht. Serviert wird klassische Küche in einem geschmackvollen Interieur.

🍴 **Nico's,** Einöder Str. 5a, ✉ 66424, ℘ (06841) 17 08 39, Fax (06841) 174289, 😊 – 🅿. 🆎 Ⓞ 🆒 🆅🆂🅰
geschl. Sept. 2 Wochen, Samstagmittag, Montag – **Menu** à la carte 21/34.
  * Außer Pizza und Pasta reicht man in dem hell und freundlich gestalteten Restaurant mit kleinem Wintergarten und schöner Gartenterrasse eine ansprechende Tageskarte.

MICHELIN-REIFENWERKE KGaA. ✉ 66424 Homburg, Berliner Straße 133, ℘ (06841) 7 70 Fax (06841) 772585.

HOMBURG VOR DER HÖHE, BAD Hessen 🏳🏳🏳 P 9 – *52 000 Ew – Höhe 197 m – Heilbad.*

Sehenswert : *Kurpark*★ Y.
Ausflugsziel : *Saalburg (Rekonstruktion eines Römerkastells)*★ 6 km über ④.
🏌 Bad Homburg, Saalburgchaussee 2a (Nord-West : 4 km über ④ Y), ℘ (06172) 30 68 08.
🛈 Verkehrsamt im Kurhaus, Louisenstr. 58, ✉ 61348, ℘ (06172) 17 81 10, Fax (06172) 178118.
ADAC, Haingasse 9.
Berlin 526 ③ – Wiesbaden 45 ② – *Frankfurt am Main* 18 ② – *Gießen* 48 ① – *Limburg an der Lahn* 54 ③

Stadtplan siehe nächste Seite

🏨 **Steigenberger Bad Homburg,** Kaiser-Friedrich-Promenade 69, ✉ 61348, ℘ (06172) 18 10, *bad-homburg@steigenberger.de*, Fax (06172) 181630, ⇌s – 🛗, ⇌ Zim, 🖥 📺 ⇌ – 🚗 160. 🆎 Ⓞ 🆒 🆅🆂🅰 🅹🅲🅱   Y r
Menu à la carte 26,50/45 – ☑ 15 – **169 Zim** 155/235 – 178/258, 14 Suiten.
  * Überall in diesem modern-eleganten Hotel trifft man auf edle Stoffe und Stilelemente des Art déco, die Bäder haben noble Waschtische aus schwarzem Marmor. Elegant präsentieren sich Restaurant und Bistro.

🏨 **Maritim Kurhaus-Hotel,** Ludwigstr. 3, ✉ 61348, ℘ (06172) 66 00, *info.hom@maritim.de*, Fax (06172) 660100, 😊, Massage, ⇌s, 🆅 – 🛗, ⇌ Zim, 🖥 Rest, 📺 ⇌ ⇌
– 🚗 400. 🆎 Ⓞ 🆒 🆅🆂🅰 🅹🅲🅱   Y m
Menu à la carte 24/33 – ☑ 14 – **148 Zim** 174/232 – 236/263 – ½ P 23.
  * Eingebunden ins Kurhaus, profitiert dieses Hotel von dessen schöner Lage am Park. Es erwarten Sie geräumige, einheitlich in Mahagoni gehaltene Zimmer. Elegant wirkt das Parkrestaurant mit Blick auf die Kuranlage.

🏨 **Parkhotel Bad Homburg** ⚜, Kaiser-Friedrich-Promenade 53, ✉ 61348, ℘ (06172) 80 10, *info@parkhotel-bad-homburg.de*, Fax (06172) 801400, 😊, ⇌s – 🛗, ⇌ Zim, 📺
⇌ ⇌ – 🚗 60. 🆎 Ⓞ 🆒 🆅🆂🅰 🅹🅲🅱 ⇌ Rest   Y s
La Tavola (italienische Küche) **Menu** à la carte 25/43 – **Jade** (chinesische Küche) **Menu** à la carte 18/35 – **122 Zim** ☑ 120/178 – 145/206, 12 Suiten.
  * Die Zimmer des privat geführten Hauses verteilen sich auf drei Gebäude, wobei die alte Villa den Blickfang darstellt. Die Räume sind großzügig und sehr solide möbliert. Mediterran gibt sich das La Tavola. Wer's fernöstlich mag, isst im Jade.

BAD HOMBURG
VOR DER HÖHE

Am Hohlebrunnen	Z 3	
Burggasse	Y 4	
Ferdinandstraße	Z 8	
Frankfurter Landstraße	Z 9	
Haingasse	Y	
Herrngasse	Y 10	
Heuchelheimer Straße	Y 12	
Louisenstraße	YZ	
Ludwigstraße	Y 16	
Meiereiberg	YZ 17	
Neue Mauerstraße	Y 20	
Obergasse	Y 22	
Orangeriegasse	Y 23	
Rathausstraße	Y 26	
Rind'sche Stiftstraße	Y 27	
Tannenwaldallee	Y 29	
Thomasstraße	Z	
Waisenhausstraße	Y 30	

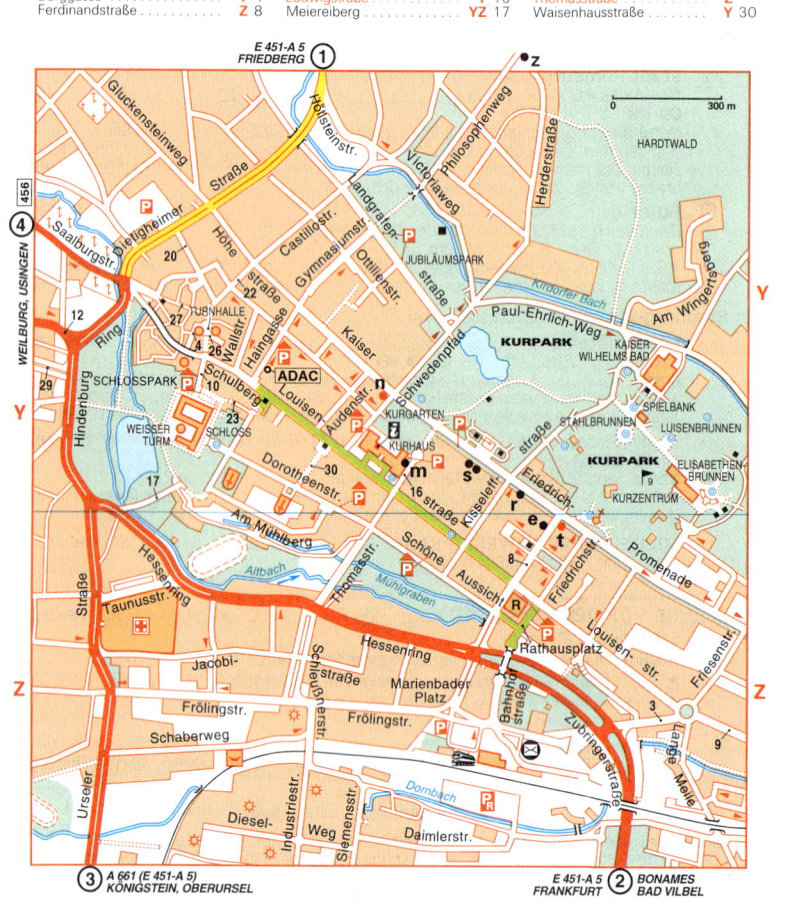

🏨 **Hardtwald** ⚜, Philosophenweg 31, ✉ 61350, ☏ (06172) 98 80, *hardtwald-hotel@t-online.de*, Fax (06172) 82512, 🍽 – TV P – 🛁 25. AE ① MO VISA JCB   Y z
geschl. 23. Dez. - 4. Jan. – **Menu** *(geschl. 27. Dez. - 11. Jan., Sonntagabend - Montag)* à la carte 31/42 – **42 Zim** ⌓ 80/95 – 130/150.
  ♦ Den Kern des Hotels bildet ein 100 Jahre altes Fachwerkhaus, das nach baubiologischen Aspekten umgebaut wurde. Sie wohnen in ansprechenden, behaglichen Zimmern. Mediterran gestaltetes Restaurant mit schöner Gartenterrasse.

🏨 **Villa am Kurpark** garni, Kaiser-Friedrich-Promenade 57, ✉ 61348, ☏ (06172) 1 80 00, *info@villa-am-kurpark.de*, Fax (06172) 180020 – 🛗 TV ☏ P. AE MO VISA   Y s
geschl. Ende Dez. - Anfang Jan. – **24 Zim** ⌓ 73/98 – 110/150.
  ♦ Alte und neue Elemente wurden bei der Renovierung dieser schönen Villa harmonisch aufeinander abgestimmt. Auch in den Zimmern : moderne Funktionalität und alte Baukunst.

🏨 **Comfort Hotel Am Kurpark** garni, Ferdinandstr. 2, ✉ 61348, ☏ (06172) 92 63 00, *info@comforthotel.de*, Fax (06172) 926399 – 🛗 ⛉ TV ☏ – 🛁 20. AE ① MO VISA JCB
41 Zim ⌓ 97/139 – 118/215.   Z e
  ♦ Hinter der weißen Gründerzeitfassade verbergen sich modern ausgestattete Zimmer, die mit soliden Kirschbaummöbeln und zeitgemäßer Technik bestückt worden sind.

HOMBURG VOR DER HÖHE, BAD

XXX **Sänger's Restaurant,** Kaiser-Friedrich-Promenade 85, ✉ 61348, ☏ (06172) 92 88 39, saengers@saengers-restaurant.de, Fax (06172) 928859, 🎡 – AE ⓜ VISA JCB Z t
geschl. Anfang Jan. 2 Wochen, Sonntag – **Menu** (nur Abendessen) à la carte 46/60, ⚜.
♦ Niveauvoll tafeln in zurückhaltend-eleganter Atmosphäre. Patron Klaus Sänger brilliert am Herd, seine Frau leitet versiert den Service. Klassisch-französische Küche.

XX **Casa Rosa,** Kaiser-Friedrich-Promenade 45, ✉ 61348, ☏ (06172) 91 73 99, 🎡 – AE VISA Y n
geschl. Montag (ausser Messen) – **Menu** (italienische Küche) à la carte 22/39,50.
♦ Die klassische italienische Küche pflegt man in dem Ristorante mit modernem mediterranem Flair. Schön gedeckte Tische und freundlicher Service sind hier selbstverständlich.

In Bad Homburg-Dornholzhausen über ④ und B 456 :

🏠 **Sonne,** Landwehrweg 3, ✉ 61350, ☏ (06172) 9 65 20, info@sonne-hg.de, Fax (06172) 965213 – TV 📞 🚗 P. AE ⓘ ⓜ VISA
geschl. Weihnachten - Anfang Jan. – **Menu** (geschl. Samstag - Sonntag) (nur Abendessen) (Restaurant nur für Hausgäste) – **30 Zim** ⊇ 62/75 – 80/95.
♦ Ein kleines, solide geführtes Haus am Stadtrand, wo Sie in netten, tadellos gepflegten Gästezimmern Quartier beziehen. Gutes Frühstücksbuffet.

In Bad Homburg-Ober-Erlenbach über Frankfurter Landstraße Z :

🏨 **Katharinenhof** ⚛ garni, Ober-Erlenbacher Str. 16, ✉ 61352, ☏ (06172) 40 00, hotel-katharinenhof@t-online.de, Fax (06172) 400300 – TV 📞 P. AE ⓘ ⓜ VISA ⚜
geschl. 24. - 2 Jan. – **31 Zim** ⊇ 70/115 – 110/145.
♦ Alte und neue Bausubstanz wurde hier behutsam zu einem stimmigen Ganzen zusammengefügt. Einige der hübsch eingerichteten Zimmer sind von außen über einen Gang erreichbar.

Die in diesem Führer angegebenen Preise folgen
der Entwicklung der allgemeinen Lebenshaltungskosten.
Lassen Sie sich bei der Zimmerreservierung den endgültigen
Preis vom Hotelier mitteilen.

HONNEF, BAD Nordrhein-Westfalen ⑤④③ O 5 – 26 000 Ew – Höhe 72 m – Luftkurort.
🏌 Windhagen-Rederscheid, Gestüt Waldbrunnen, (Süd-Ost : 10 km), ☏ (02645) 80 41.
🛈 Tourist Information, Hauptstr. 31, ✉ 53604, ☏ (02224) 30 77, rc-reisen@startpartner.net, Fax (02224) 3080.
Berlin 605 – Düsseldorf 86 – Bonn 17 – Koblenz 51.

🏨 **Avendi,** Hauptstr. 22, ✉ 53604, ☏ (02224) 18 90, avendi@seminaris.de, Fax (02224) 189189, 🎡, Massage, ≘s, 🔲 – 🛗, ✱ Zim, TV 📞 🚗 – 🛣 330. AE ⓘ ⓜ VISA ⚜ Rest
Menu à la carte 23,50/35,50 – **102 Zim** ⊇ 90/100 – 129.
♦ Die ehemalige Villa mit neuzeitlichem Hotelanbau ist eine nicht alltägliche Adresse. Holz und Stahl dominieren das auf gestylte Funktionalität ausgerichtete Design. Im Konrad A. erfreut man sich an modernem Edel-Interieur.

🏨 **Seminaris,** Alexander-von-Humboldt-Str. 20, ✉ 53604, ☏ (02224) 77 10, badhonnef@seminaris.de, Fax (02224) 771555, 🎡, 🛁, ≘s, 🔲 – 🛗, ✱ Zim, 🍽 Rest, TV 📞 🚗 P. – 🛣 250. AE ⓘ ⓜ VISA ⚜ Rest
Menu à la carte 22/35 – **213 Zim** ⊇ 86/91 – 105/122, 8 Suiten.
♦ Als "Tagungs-Insel am Rhein" sieht sich dieses Haus. In der Tat verbinden sich hier optimale Tagungs- und Seminareinrichtungen mit Komfort und guten Freizeitmöglichkeiten.

XX **Markt 3** mit Zim, Markt 3, ✉ 53604, ☏ (02224) 9 33 20, info@hotel-markt3.de, Fax (02224) 933232, 🎡, – TV 📞 🚗
Menu (geschl. Sonntag, ausser Feiertage) 26/30 à la carte 30/43 – **6 Zim** ⊇ 70/78 – 90/98.
♦ Direkt am Marktplatz befindet sich dieses Restaurant, das in einem schön restaurierten und stilvoll-modern gestalteten Fachwerkhaus eine passende Heimat gefunden hat.

In Bad Honnef-Rhöndorf Nord : 1,5 km :

XX **Caesareo,** Rhöndorfer Str. 39, ✉ 53604, ☏ (02224) 7 56 39, Fax (02224) 931406, 🎡 – AE ⓘ ⓜ VISA ⚜
geschl. Dienstag – **Menu** (Tischbestellung ratsam) à la carte 33,50/42.
♦ Viel Glas wurde beim Umbau des Fachwerkhauses verwendet und lässt den Innenraum lichtdurchflutet und edel wirken. Gekocht wird italienisch mit französischen Einflüssen.

697

HORB Baden-Württemberg 545 U 10 – 27 000 Ew – Höhe 423 m.
  ħ̄ħ Stazach-Sulzau, Schloss Weitenburg, (Ost : 11 km), ℘ (07472) 1 50 50.
  🛈 Stadtinformation, Marktplatz 12, ✉ 72160, ℘ (07451) 90 12 24, stadtinfo@horb.de, Fax (07451) 901143.
  Berlin 690 – Stuttgart 63 – Karlsruhe 119 – Tübingen 36 – Freudenstadt 24.

In Horb-Hohenberg Nord : 1 km :

Steiglehof, Steigle 35, ✉ 72160, ℘ (07451) 5 55 00, Fax (07451) 555015 – TV P ⓜ VISA
Menu (geschl. Ende Dez. - Mitte Jan., Samstag - Sonntag) (nur Abendessen) à la carte 12/19 – **13 Zim** ⊇ 42 – 65.
  ◆ In diesem Gasthof finden Sie eine schlichte, aber nette Unterkunft. Die Zimmer sind solide ausgestattet und verfügen über komplette Technik und große Schreibtische. Gaststube in ländlichem Stil.

In Horb-Isenburg Süd : 3 km :

Waldeck, Mühlsteige 33, ✉ 72160, ℘ (07451) 38 80, info@forellengasthof-waldeck.de, Fax (07451) 4950, ≘s – ⌘ TV ⇐ P – 🪑 40. ⓞ ⓜ VISA
geschl. 22. Dez. - 4. Jan. - **Menu** (geschl. Montag) à la carte 15/32 – **23 Zim** ⊇ 41/52 – 77.
  ◆ Idyllisch eingebettet in saftige Wiesen und gesunde Tannenwälder findet man diesen Gasthof, der Ihnen gut geschnittene und bestens unterhaltene Zimmer offeriert. Rustikale Gaststuben.

HORBEN Baden-Württemberg 545 W 7 – 850 Ew – Höhe 600 m.
Berlin 815 – Stuttgart 216 – Freiburg im Breisgau 10.

In Horben-Langackern :

Luisenhöhe ⚭, ✉ 79289, ℘ (0761) 2 96 90, info@hotel-luisenhoehe.de, Fax (0761) 290448, ≤ Schauinsland und Schwarzwald, 🍴, 🆖, ≘s, 🅂, 🐎, 🌴 – ⌘ TV ⇐ P – 🪑 20. AE ⓞ ⓜ VISA ✂ Rest
Menu à la carte 22/36 – **45 Zim** ⊇ 54/82 – 92/120 – ½ P 18.
  ◆ Wohnen im Schwarzwald ! Unweit des Elsass und der Schweiz ist die Luisenhöhe gelegen, die mit guter Führung und gepflegten, rustikal eingerichteten Zimmern gefällt. Restaurant mit netter Gartenterrasse und schöner Aussicht.

HORBRUCH Rheinland-Pfalz siehe Morbach.

HORGAU Bayern 546 U 16 – 2 500 Ew – Höhe 462 m.
Berlin 577 – München 82 – Augsburg 17 – Memmingen 101 – Ulm 62.

Zum Schwarzen Reiter, Hauptstr. 1 (B 10), ✉ 86497, ℘ (08294) 8 60 80, flairhotel.platzer@t-online.de, Fax (08294) 860877, Biergarten, ≘s – ⌘, ✂ Zim, TV P – 🪑 100. AE ⓜ VISA
geschl. 23. Dez. - 1. Jan. - **Menu** à la carte 13/32 – **38 Zim** ⊇ 56/80 – 80/105.
  ◆ Dieser tadellos geführte Familienbetrieb, ein Landgasthof mit Anbauten und Gästehaus, beherbergt praktisch und zeitgemäß ausgestattete Zimmer und zwei schöne Maisonetten. Der Restaurantbereich ist in mehrere reizende rustikale Stuben unterteilt.

HORHAUSEN Rheinland-Pfalz 543 O 7 – 1 400 Ew – Höhe 365 m.
Berlin 567 – Mainz 111 – Koblenz 37 – Köln 68 – Bonn 52 – Limburg an der Lahn 52.

Grenzbachmühle ⚭, Grenzbachstr. 17 (Ost : 1,5 km), ✉ 56593, ℘ (02687) 10 83, hotel-grenzbachmuehle@t-online.de, Fax (02687) 2676, 🍴, Damwildgehege, 🐎 – ✂ Rest, TV P ⓞ VISA
Menu (geschl. Mitte Jan. 2 Wochen, Anfang Nov. 2 Wochen, Dienstag) à la carte 20/36 – **14 Zim** ⊇ 40 – 60.
  ◆ Aus einer 400-jährigen Ölmühle entstand nach liebevoller Restauration ein gastlicher Ort im wildromantischen Grenzbachtal. Individuell eingerichtete Gästezimmer laden ein. Das Restaurant befindet sich teils in der alten Mühle, teils im Wintergarten.

HORN-BAD MEINBERG Nordrhein-Westfalen 543 K 10 – 19 000 Ew – Höhe 220 m.
Ausflugsziel : Externsteine★ (Flachrelief★★ a.d. 12. Jh.) Süd-West : 2 km.
  🛈 Tourist-Service, Marktplatz 2, ✉ 32805, ℘ (05234) 20 13 00, Fax (05234) 201244.
  🛈 Tourist-Info, Bad Meinberg, Parkstr. 2, ✉ 32805, ℘ (05234) 9 89 03, tourist-information@horn-bad-meinberg.de, Fax (05234) 9577.
Berlin 369 – Düsseldorf 197 – Bielefeld 37 – Detmold 10 – Hannover 85 – Paderborn 27.

HORN-BAD MEINBERG

Im Stadtteil Bad Meinberg – *Heilbad* :

Zum Stern, Brunnenstr. 84, ⌧ 32805, ℘ (05234) 90 50, *kontakt@zum-stern.de*, *Fax (05234) 905300*, direkter Zugang zum Kurmittelhaus, ⇐, 🔲 – 🛗 TV 👤 🚗 🅿 – 🛎 180. AE ⓜ VISA. ✄ Rest
Menu à la carte 22,50/39 – **127 Zim** ⇌ 86/110 – 120 – ½ P 18.
◆ Geborgenheit strahlt dieses mehr als 200 Jahre alte Fachwerkgebäude aus ! Von den Zimmern aus gelangt man zu den Anwendungen, ohne das Haus verlassen zu müssen. Gediegen eingerichtetes Restaurant.

Im Stadtteil Billerbeck :

Zur Linde (mit Gästehaus), Steinheimer Str. 219, ⌧ 32805, ℘ (05233) 94 40, *info@zur-linde-billerbeck.de*, *Fax (05233) 6404*, ⇐, 🔲, 🌿 – 🛗 TV 🚗 🅿 – 🛎 150. ⓜ VISA
Menu *(geschl. Dienstag)* à la carte 16,50/26,50 – **57 Zim** ⇌ 43/48 – 77/90 – ½ P 13.
◆ Holsten-Deele heißt das Gästehaus, in dem man seinen Besuchern zehn im Bauernstil eingerichtete Fremdenzimmer zur Verfügung stellt. Weitere Zimmer im Haupthaus. Im altdeutschen Stil gehaltenes Restaurant.

Im Stadtteil Holzhausen-Externsteine – *Luftkurort* :

Waldhotel Bärenstein, Am Bärenstein 44, ⌧ 32805, ℘ (05234) 20 90, *m@hotel-baerenstein.de*, *Fax (05234) 209269*, 🌲, Massage, 👤, 🏋, ⇐, 🔲, 🐎, 🌿, ✄ – 🛗, ✄ Rest, TV 🅿 – 🛎 20. ⓜ VISA
Menu *(geschl. Montag)* à la carte 18/30 – **76 Zim** ⇌ 40/53 – 79/104 – ½ P 16.
◆ Seit der Gründung 1904 als Familienpension hat sich das Haus konsequent zu einem modernen Urlaubs- und Kurhotel entwickelt. Fragen Sie nach den schönen Giebelzimmern ! Sonniger Wintergarten und gepflegter Speiseraum.

HORNBACH Rheinland-Pfalz 543 S 6 – *1 700 Ew – Höhe 240 m*.
Berlin 708 – Mainz 140 – Saarbrücken 44 – Zweibrücken 11.

Kloster Hornbach, Im Klosterbezirk, ⌧ 66500, ℘ (06338) 91 01 00, *hotel@kloster-hornbach.de*, *Fax (06338) 9101099*, 🌲, ⇐ – 🛗, ✄ Zim, TV ☎ 🅿 – 🛎 50. ✄ Rest
Provence : Menu 37/56 à la carte 32/43 – **34 Zim** ⇌ 95/125 – 145.
◆ Aus einer Klosteranlage a. d. 8. Jh. wurde ein modernes Hotel mit individueller Einrichtung. Sehenswert : die imposante Halle und die mit Naturmaterialien bestückten Zimmer. Naturwände, Korbsessel und Säulen bestimmen das Ambiente im Restaurant.

HORNBERG (SCHWARZWALDBAHN) Baden-Württemberg 545 V 8 – *4 600 Ew – Höhe 400 m – Erholungsort*.
🛈 *Tourist-Information, Bahnhofstr. 3, ⌧ 78132, ℘ (07833) 7 93 44, tourist-info@hornberg.de, Fax (07833) 79329.*
Berlin 745 – Stuttgart 132 – Freiburg im Breisgau 58 – Offenburg 45 – Villingen-Schwenningen 34.

Adler, Hauptstr. 66, ⌧ 78132, ℘ (07833) 93 59 90, *adler-hornberg@aol.com*, *Fax (07833) 93599506*, 🌲 – 🛗, ✄ Zim, TV. AE ⓜ VISA
geschl. Jan. 1 Woche, Feb. 3 Wochen – **Menu** *(geschl. Freitag)* à la carte 28/35 – **19 Zim** ⇌ 41 – 64/75 – ½ P 15.
◆ Gemütlichkeit ist Trumpf in diesem Hotel, das im historischen Fachwerkstil erbaut wurde. Sie beziehen Quartier in Eichen- oder Eschenzimmern. Gediegen speisen Sie im Restaurant, zünftig in der Schwarzwaldstube.

In Hornberg-Fohrenbühl Nord-Ost : 8 km in Richtung Schramberg :

Landhaus Lauble, Fohrenbühl 65, ⌧ 78132, ℘ (07833) 9 36 60, *landhaus-lauble@t-online.de*, *Fax (07833) 936666*, 🌲, 🌿 – 🛗 TV 🚗 🅿. ⓜ VISA
Menu *(geschl. Montag)* à la carte 16/28 – **23 Zim** ⇌ 35/38 – 60/70 – ½ P 12.
◆ Hübsch liegt das Schwarzwaldhaus zwischen Waldrand und Fischteich. Sehr gut unterhaltene und komplett eingerichtete Zimmer, zum Teil mit Balkon, warten auf Ihren Besuch. In schlichtem Ambiente serviert man internationale und regionale Speisen.

Schwanen, Fohrenbühl 66, ⌧ 78132, ℘ (07833) 93 57 90, *admin@hotel-lauble.de*, *Fax (07833) 9357918*, 🌲, ⇐, 🌿 – ✄ Zim, TV 🚗 🅿. ⓜ VISA
Menu *(geschl. Dienstag)* à la carte 15/32 – **16 Zim** ⇌ 35 – 70 – ½ P 13.
◆ Gastfreundschaft hat hier seit Generationen Tradition. Die Wirtsfamilie stellt ihren Gästen sympathische, größtenteils im Landhausstil möblierte Zimmer zur Verfügung. Im ländlich dekorierten Gastraum bewirtet man Sie mit Gerichten der Region.

HORNBERG (SCHWARZWALDBAHN)

Am Karlstein *Süd-West : 9 km, über Niederwasser – Höhe 969 m*

Schöne Aussicht ॐ, (mit Gästehaus), Niedergieß 49, ✉ 78132 Hornberg, ✆ (07833) 9 36 90, *info@schoeneaussicht.com*, Fax (07833) 1603, ≤ Schwarzwald, 🍴, 🛋, ≦s, 🔲, ☞, ※ – 🛗 📺 ✆ 🅿 – 🛂 80. 🅰🅴 💳
Menu à la carte 15/42 – **45 Zim** ⊇ 48/63 – 86/120 – ½ P 17.
• Einsam auf einer Anhöhe liegt dieses familiengeführte Hotel. Die Zimmer im Haupthaus : mit bemaltem Bauernmobiliar ; die im Gästehaus : neuzeitlicher, von wohnlich bis sachlich.

HOSENFELD *Hessen* **543** O 12 – 4 000 Ew – Höhe 374 m.
Berlin 465 – Wiesbaden 147 – *Fulda* 17.

AnderStraßenachFulda *Ost : 3 km ∴*

Sieberzmühle ॐ, ✉ 36154 Hosenfeld, ✆ (06650) 9 60 60, *sieberzmuehle@t-online.de*, Fax (06650) 8193, 🍴, (Damwildgehege), ☞ – 📺 🅿 – 🛂 30. 🅰🅴 🅞 💳
geschl. 14. - 29. Jan. – **Menu** *(geschl. Montag)* à la carte 12/34 – **31 Zim** ⊇ 40/45 – 72/80 – ½ P 10.
• Die ehemalige Getreidemühle a. d. 16. Jh. dient heute der Beherbergung Reisender. Gäste werden in netten und praktisch gestalteten Räumen untergebracht. Kachelofen und offener Kamin sorgen in den verschiedenen Gaststuben für Gemütlichkeit.

Ihre Meinung über die von uns empfohlenen Restaurants,
deren Spezialitäten sowie die angebotenen regionalen Weine,
interessiert uns sehr.

HOYERSWERDA *Sachsen* **544** L 26 – 46 200 Ew – Höhe 130 m.
🛈 Tourist- und Stadtinformation, Schlossplatz 1, ✉02977, ✆ (03571) 45 69 20, Fax (03571) 456925.
Berlin 165 – *Dresden* 65 – *Cottbus* 44 – Görlitz 80 – Leipzig 166.

Congresshotel, Dr.-Wilhelm-Külz-Str. 1, ✉ 02977, ✆ (03571) 46 30, *congresshotel@t-online.de*, Fax (03571) 463444, Biergarten – 🛗, ⇄ Zim, 📺 ✆ ⇔ 🅿 – 🛂 400. 🅰🅴 🅞 💳
Menu *(geschl. Samstag - Sonntag) (nur Abendessen)* à la carte 11/19 – **138 Zim** ⊇ 65/83 – 70/103.
• Hinter der modernen Fassade des imposanten Rundbaus in der Stadtmitte befinden sich großzügige, mit Möbeln aus Vogelaugenahorn bestückte Zimmer, teils mit Küchen ausgestattet. Das Ambiente im Restaurant Colosseum ist zeitlos.

Achat, Bautzener Allee 1a, ✉ 02977, ✆ (03571) 47 00, *hoyerswerda@achat-hotel.de*, Fax (03571) 470999, 🍴 – 🛗, ⇄ Zim, 📺 ✆ 🅿 – 🛂 25. 🅰🅴 🅞 💳
Allee Restaurant : Menu à la carte 15/23 – ⊇ 11 – **89 Zim** 64/74 – 74/84.
• Modern und funktionell gestaltete Gästezimmer für Geschäftsreisenden wie auch Langzeitgäste - etwas mehr Platz bieten die Komfortzimmer mit Dachschräge. Helles, zeitgemäß gestaltetes Allee Restaurant.

In Elsterheide-Neuwiese *Nord-West : 3,5 km Richtung Senftenberg :*

Landhotel Neuwiese, Elsterngrund 55, ✉ 02979, ✆ (03571) 4 29 80, *landhotel@t-online.de*, Fax (03571) 428221, 🍴 – ⇄ Zim, 📺 🅿 – 🛂 50. 🅞 💳
Menu *(geschl. Montagmittag)* à la carte 12/23 – **18 Zim** ⊇ 46/62 – 62/92.
• Die alten Dorfgaststuben in der Ortsmitte wurden um einen im Landhausstil angelegten Hotelanbau erweiter. Hier finden Sie wohnliche, zeitgemäße Zimmer. Mit viel Holz rustikal gestalteter Restaurantbereich.

HÜCKESWAGEN *Nordrhein-Westfalen* **543** M 6 – 15 000 Ew – Höhe 258 m.
Berlin 544 – *Düsseldorf* 66 – Köln 44 – Lüdenscheid 27 – Remscheid 14.

In Hückeswagen-Kleineichen *Süd-Ost : 1 km :*

Haus Kleineichen, Bevertalstr. 44, ✉ 42499, ✆ (02192) 43 75, Fax (02192) 6433, 🍴, 🅿
geschl. vor Karneval 2 Wochen, Montag - Dienstag – **Menu** à la carte 20/36.
• Mitten im Bergischen Land können Sie in eine gemütliche Stube im "Tegernseer Landhausstil" einkehren. Passend zum Ambiente gibt es unter anderem auch bayerische Schmankerln.

HÜFINGEN Baden-Württemberg 545 W 9 – 7 000 Ew – Höhe 686 m.

🛈 Informations- und Kulturamt, Hauptstr. 18, ✉ 78183, ℘ (0771) 60 09 24, Fax (0771) 600922.
Berlin 751 – Stuttgart 126 – Freiburg im Breisgau 59 – Donaueschingen 3 – Schaffhausen 38.

In Hüfingen-Fürstenberg Süd-Ost : 9,5 km, über B 27 Richtung Blumberg :

Gasthof Rössle (mit Gästehaus), Zähringer Str. 12, ✉ 78183, ℘ (0771) 6 00 10, hot el.roessle@web.de, Fax (0771) 600122, 🍴 – 📺 📞 🅿 AE ◉ VISA
Menu (geschl. Donnerstag) (Montag - Freitag nur Abendessen) à la carte 15/32 – **36 Zim** ⊑ 40/46 – 69/74.
• In der Mitte des kleinen Dorfes heißt Sie der gestandene Gasthof willkommen. Im Gästehaus, das nur ein paar Meter entfernt ist, stehen schöne Landhauszimmer für Sie bereit. In der ländlichen Stube sorgt ein Kachelofen für Behaglichkeit.

In Hüfingen-Mundelfingen Süd-West : 7,5 km, über Hausen :

Landgasthof Hirschen, Wutachstr. 19, ✉ 78183, ℘ (07707) 9 90 50, Fax (07707) 990510, 🍴 – 🅿
geschl. Jan., Mittwochabend - Donnerstag – **Menu** à la carte 26/35.
• "Badisch und gut", so könnte das Motto dieser Küche lauten. Was hier auf den Teller kommt, wurde sorgsam ausgesucht und nach heimischem Rezept mit Geschmack zubereitet.

HÜGELSHEIM Baden-Württemberg 545 T 8 – 1 800 Ew – Höhe 121 m.

Berlin 707 – Stuttgart 108 – Karlsruhe 36 – Rastatt 10 – Baden Baden 14 – Strasbourg 43.

Hirsch, Hauptstr. 28 (B 36), ✉ 76549, ℘ (07229) 22 55 (Hotel) 42 55 (Rest.), Fax (07229) 2229, 🍴, 🐴, ♨, 🔲, 🌳 – 🛗 📺 🅿 AE VISA
Menu (geschl. über Fastnacht 1 Woche, Anfang Aug. 2 Wochen, Mittwoch) à la carte 23/39 – **28 Zim** ⊑ 50/58 – 70/85.
• Im Herzen Badens begrüßt Sie Ihre Gastgeberfamilie im ehemaligen Jagdhaus des Markgrafen. Die Zimmer mit neuzeitlichem Komfort befinden sich im angebauten Gästehaus. Gemütliche Stimmung herrscht im rustikalen Restaurant.

Waldhaus 🌿 garni, Am Hecklehamm 20, ✉ 76549, ℘ (07229) 3 04 30, Fax (07229) 304343, 🌳, 🍴 📺 🅿 ◉ VISA
geschl. Weihnachten - Anfang Jan. – **14 Zim** ⊑ 55 – 80.
• Sie finden das gepflegte, mit Efeu bewachsene Haus etwas abseits, in der Nähe eines Gewerbegebietes. Die Zimmer sind hübsch, geräumig und mit allem nötigen Komfort versehen.

Zum Schwan, Hauptstr. 45a (B 36), ✉ 76549, ℘ (07229) 3 06 90, Fax (07229) 306969, 🍴, 🌳 📺 🅿 AE ◉ VISA
Menu (geschl. Ende Juli - Anfang Aug., Weihnachten - Anfang Jan., Sonntagabend - Montag) à la carte 25/43 – **21 Zim** ⊑ 42 – 67.
• Bei der Ankunft empfängt Sie eine schmucke Fachwerkfassade. Der gute Eindruck setzt sich in den Zimmern fort, die über praktisches Interieur und Balkon oder Terrasse verfügen. Restaurant mit ländlich-gemütlicher Einrichtung.

HÜNFELD Hessen 543 N 13 – 14 300 Ew – Höhe 279 m.

⛳ Hünfeld, Hofgut Praforst, (Süd-West : 4 km), ℘ (06652) 99 70.
Berlin 429 – Wiesbaden 179 – Fulda 20 – Bad Hersfeld 27 – Kassel 102.

In Hünfeld-Michelsrombach West : 7 km, jenseits der A 7 :

Zum Stern (mit Gästehaus), Biebergasse 2, ✉ 36088, ℘ (06652) 25 75, Fax (06652) 72851 – 📺 🍴 🅿 🦌 30. ◉ 🚫
Menu (geschl. Anfang Jan. 2 Wochen) à la carte 12/22 – **32 Zim** ⊑ 33 – 54.
• Wer eine ländlich-schlichte Atmosphäre dem großen Luxus vorzieht, der wird diesen gepflegten Familienbetrieb mit seinen einfachen, aber praktischen Zimmern schätzen. Bürgerlich-rustikal gestaltete Stube.

HÜNSTETTEN Hessen 543 P 8 – 8 300 Ew – Höhe 301 m.

Berlin 565 – Wiesbaden 29 – Frankfurt 54 – Limburg an der Lahn 20.

In Hünstetten-Bechtheim :

Rosi's Restaurant, Am Birnbusch 17, ✉ 65510, ℘ (06438) 21 26, Fax (06438) 72423, 🍴 – 🅿
geschl. Anfang - Mitte Jan., 19. Juli - 4. Aug., Dienstag - Mittwoch – **Menu** à la carte 19/39.
• Das Restaurant liegt am Ortsrand in einem kleinen Gemeinschaftshaus. Es erwarten Sie ein helles, freundliches Ambiente mit leicht elegantem Touch und ein engagierter Service.

HÜRTGENWALD Nordrhein-Westfalen 543 N 3 – 9 000 Ew – Höhe 325 m.

B Verkehrsamt, August-Scholl-Str. 5 (in Kleinau), ⊠ 52393, ℘ (02429) 3 09 40, Fax (02429) 30970.
Berlin 625 – Düsseldorf 88 – Aachen 46 – Bonn 70 – Düren 8,5 – Monschau 35.

In Hürtgenwald-Simonskall :

Landhotel Kallbach ⟨⟩, Simonskall 24, ⊠ 52393, ℘ (02429) 9 44 40, info@kallbach.de, Fax (02429) 2069, 🍴, ⇌, 🏊, 🐎 – 🛗, 🙌 Zim, 📺 📞 & 🅿 – 🔔 40. ⓞ ⓜⓞ VISA. ⚘ Rest
Menu (geschl. Okt. - April Sonntagabend) à la carte 19,50/37 – **46 Zim** ⊇ 65/70 – 90/100 – ½ P 19.
 • Urlauber wie auch Tagungsgäste schätzen dieses idyllisch im Tal gelegene Landhotel mit seinen wohnlich und funktionell ausgestatteten Zimmern. Das Restaurant ist im Anbau untergebracht und solide und modern eingerichtet.

Talschenke ⟨⟩, Simonskall 1, ⊠ 52393, ℘ (02429) 71 53, Fax (02429) 2063, 🍴 – 📺 🅿 – 🔔 15. ⓜⓞ VISA
geschl. Jan. – **Menu** (geschl. Montag) à la carte 17/32 – **11 Zim** ⊇ 42/45 – 68.
 • Malerisch schmiegt sich das holzverkleidete Waldhaus an die umstehenden hohen Bäume. Die Zimmer befinden sich im Nebenhaus, sind unterschiedlich geschnitten und praktisch. Ländlich-rustikales, nett dekoriertes Restaurant.

In Hürtgenwald-Vossenack :

Zum alten Forsthaus, Germeter Str. 49 (B 399), ⊠ 52393, ℘ (02429) 78 22, email@zum-alten-forsthaus.de, Fax (02429) 2104, 🍴, ⇌, 🏊, 🐎 – 🛗 📺 📞 & 🅿 – 🔔 75. AE ⓞ ⓜⓞ VISA. ⚘ Rest
Menu à la carte 20/39 – **50 Zim** ⊇ 61/69 – 98/104.
 • Der solide geführte, erweiterte Gasthof verfügt über gepflegte Zimmer sowie einen freundlichen Tagungs- und Freizeitbereich. Fragen Sie nach den neuen Zimmern ! Großräumiges, bürgerlich eingerichtetes Restaurant.

HÜRTH Nordrhein-Westfalen 543 N 4 – 51 000 Ew – Höhe 96 m.
Berlin 583 – Düsseldorf 51 – Bonn 27 – Aachen 70 – Köln 8.

In Hürth-Fischenich :

Breitenbacher Hof, Raiffeisenstr. 64/Eingang Bonnstraße, ⊠ 50354, ℘ (02233) 4 70 10, breitenbacherhof@t-online.de, Fax (02233) 470111, Biergarten – 📺 🅿 – 🔔 60. AE ⓞ ⓜⓞ VISA
Menu à la carte 20/26 – **36 Zim** ⊇ 58/90 – 88/150.
 • Das neuzeitliche Hotel überzeugt mit seiner guten Verkehrsanbindung und seinen praktischen Zimmern, wobei die im Nebenhaus besonders geräumig und hübsch eingerichtet sind. Elegant angehauchtes Restaurant mit Stuckdecke und Holzvertäfelung.

In Hürth-Kalscheuren :

EuroMedia, Ursulastr. 29, ⊠ 50354, ℘ (02233) 97 40 20, info@euromedia-hotel.de, Fax (02233) 9740299 – 🛗, 🙌 Zim, 📺 📞 🅿 – 🔔 65. AE ⓞ ⓜⓞ VISA. ⚘ Rest
Menu à la carte 18/27 – **57 Zim** ⊇ 84 – 104.
 • Nicht alltäglich präsentiert sich der achteckige Hotelbau, dessen Zimmer alle nach außen liegen und durch modernes Naturholzmobiliar hell und einladend wirken. Das Restaurant erinnert in seiner schlichten Art an ein französisches Bistro.

HUPPERATH Rheinland-Pfalz siehe Wittlich.

HUSUM Schleswig-Holstein 541 C 11 – 21 000 Ew – Höhe 5 m – Erholungsort.
Sehenswert : Ludwig-Nissen-Haus - Nordfriesisches Museum★.
Ausflugsziel : Die Halligen★ (per Schiff).
🏌 Schwesing, Hohlacker 5 (Ost : 4 km über die B 201), ℘ (04841) 7 22 38.
B Tourist-Information, Großstr. 27, ⊠ 25813, ℘ (04841) 8 98 70, tourist@husum.de, Fax (04841) 898790.
Berlin 424 – Kiel 84 – Sylt (Westerland) 42 – Flensburg 42 – Heide 40 – Schleswig 34.

Romantik Hotel Altes Gymnasium, Süderstr. 6, ⊠ 25813, ℘ (04841) 83 30, info@altes-gymnasium.de, Fax (04841) 83312, 🍴, ⓥ, 🛀, ⇌, 🏊, 🐎 – 🛗, 🙌 Zim, 📺 📞 & 🅿 – 🔔 100. AE ⓞ ⓜⓞ VISA. ⚘ Rest
Eucken (geschl. 5.-21. Jan. Montag - Dienstag) (wochentags nur Abendessen) **Menu** à la carte 39/56 – **Wintergarten** : Menu à la carte 19,50/42 – **72 Zim** ⊇ 110/155 – 135/220, 3 Suiten.
 • Das historische Schulgebäude hat man zum komfortablen Hotel umgebaut. Hier überzeugen schöne Zimmer mit italienischen Möbeln und Stoffen aus England sowie eine Badelandschaft. Stilvoll tafeln Sie im Restaurant Eucken. Luftig und freundlich : der Wintergarten.

HUSUM

Theodor-Storm-Hotel, Neustadt 60, ✉ 25813, ℰ (04841) 8 96 60, *info@theodor-storm-hotel.de*, Fax (04841) 81933, Biergarten – 🛗 ⌘ TV 📞 P – 🚗 40. AE ① ⓜ VISA JCB
Menu *(geschl. Jan. 2 Wochen, Nov. - März Sonntag)(nur Abendessen)* à la carte 16/26,50 – 🍽 10 – **51 Zim** 60/80 – 80/100.
• Mögen Sie es lieber modern oder ziehen Sie romantische Zimmer mit Gebälk und Sprossenfenstern vor ? Egal, hier finden Sie beides, stets wohnlich und technisch komplett. Um die kulinarischen Bedürfnisse des Gastes kümmert man sich nebenan in Husums Brauhaus.

Thomas Hotel garni, Zingel 9, ✉ 25813, ℰ (04841) 6 62 00, *info@thomas-hotel.de*, Fax (04841) 81510 – 🛗 TV 📞 P – 🚗 80. AE ① ⓜ VISA
41 Zim 🍽 52/96 – 100/110.
• Hinter einer freundlichen Fassade erwarten den Gast moderne Zimmer in angenehmen Farben. Zu den Annehmlichkeiten des Hauses zählt auch die zentrale Lage in Hafennähe.

Osterkrug, Osterende 54, ✉ 25813, ℰ (04841) 6 61 20, *info@osterkrug.de*, Fax (04841) 6612344 – ⌘ Zim, TV 📞 P – 🚗 200. ① ⓜ VISA
Menu à la carte 15/34 – **38 Zim** 🍽 58/75 – 82/99.
• In diesem Haus finden Sie einen zentralen Standort für Ihren Besuch in Husum. Sie werden untergebracht in modernen Zimmern, die teilweise über eine Südterrasse verfügen. Das Restaurant ist hell und freundlich gehalten.

Am Schlosspark 🌿 garni, Hinter der Neustadt 76, ✉ 25813, ℰ (04841) 6 61 10, *hotel-am-schlosspark@t-online.de*, Fax (04841) 62062, 🌳 – TV 🛏 P. AE ⓜ VISA
36 Zim 🍽 55/69 – 79/89.
• In zwei verschiedenen Gebäudetrakten sind die praktischen, mit hellen Möbeln eingerichteten Gästezimmer untergebracht. Gleich um die Ecke liegt der Park.

Zur grauen Stadt am Meer, Schiffbrücke 9, ✉ 25813, ℰ (04841) 8 93 20, *th.hansen@husum.net*, Fax (04841) 893299, 🌳 – TV. AE ⓜ VISA JCB
Menu *(geschl. 15. Okt. - 15. März Montag)* à la carte 18/31 – **15 Zim** 🍽 42/45 – 78.
• Direkt am Hafen liegt das kleine Stadthotel, das seinen Namen von dem bekannten Gedicht Theodor Storms ableitet. Man empfängt Sie mit netten, zeitgemäßen Zimmern. Friesische Gemütlichkeit umgibt Sie in der gepflegten Gastwirtschaft.

In Schobüll-Hockensbüll *Nord-West : 3 km :*

Zum Krug, Alte Landstr. 2a, ✉ 25875, ℰ (04841) 6 15 80, *info@zum-krug.de*, Fax (04841) 61540 – ⌘ P. AE ① ⓜ VISA
geschl. Anfang Jan. - Mitte Feb., 27. - 31. Okt., Montag - Dienstag – **Menu** *(nur Abendessen)* (Tischbestellung erforderlich) à la carte 34/42.
• So gemütlich wie das reetgedeckte Haus von 1707 von außen wirkt, geht es auch im Inneren zu : In den Gaststuben genießt man das ursprüngliche, geschmackvolle Ambiente.

In Simonsberger Koog *Süd-West : 7 km :*

Lundenbergsand 🌿, Lundenbergweg 3, ✉ 25813, ℰ (04841) 8 39 30, *info@hotel-lundenbergsand.de*, Fax (04841) 839350, 🌳, ⇋, 🌳 – ⌘ Zim, TV P. ⓜ VISA
Menu *(geschl. 15. - 31. Jan., Nov. - März Montag)* à la carte 18/30 – **18 Zim** 🍽 55/65 – 85/95 – ½ P 15.
• Direkt hinterm Deich liegt das weiße Haus mit Reetdach in unmittelbarer Nähe zum Wattenmeer. Die Gästezimmer sind individuell ausgestattet und bestechen durch gute Pflege. Gemütliches Restaurant mit der "Besten Stuv".

In Witzwort-Adolfskoog *Süd-West : 11 km, über B 5 :*

Roter Haubarg, Sand 5, ✉ 25889, ℰ (04864) 8 45, *k.reck@roterhaubarg.de*, Fax (04864) 271941, 🌳 – P
geschl. 19. Jan. - 13. Feb., Montag – **Menu** à la carte 19/38.
• Im Inneren dieses ehemaligen nordfriesischen Bauernhofs a. d. 18. Jh. hat man stilvolle Gaststuben mit historisch-rustikalem Ambiente eingerichtet. Sehenswert : das Hof-Museum.

In Hattstedtermarsch *Nord-West : 14 km, 9 km über B 5, dann links ab :*

Arlau-Schleuse 🌿, ✉ 25856, ℰ (04846) 6 99 00, *info@arlau-schleuse.de*, Fax (04846) 1095, 🌳, (Urlaubshotel am Vogelschutzgebiet), ⇋, 🌳 – ⌘ Zim, TV 📞 P – 🚗 30. ⓜ VISA
Menu à la carte 19/31 – **35 Zim** 🍽 45/54 – 75/93 – ½ P 15.
• Die schöne Alleinlage - angrenzend an den Nationalpark Wattenmeer - und gepflegte, teils ältere, teils neue Zimmer sprechen für dieses im friesischen Stil erbaute Haus. Gemütliche, regionstypische Gaststuben.

IBACH *Baden-Württemberg siehe St. Blasien.*

IBBENBÜREN Nordrhein-Westfalen 543 J 7 – 52 000 Ew – Höhe 79 m.

🛈 Tourist-Information, Rathaus, Alte Münsterstr. 16, ✉ 49477, ℘ (05451) 93 17 77, touristinformation@ibbenbueren.de, Fax (05451) 931198.
Berlin 452 – Düsseldorf 173 – Nordhorn 59 – Bielefeld 73 – Bremen 143 – Osnabrück 30 – Rheine 22.

Leugermann (mit 🏠 Stammhaus), Osnabrücker Str. 33 (B 219), ✉ 49477, ℘ (05451) 93 50, info@leugermann.de, Fax (05451) 935935, 🍽, 🛏, 🚭 – 🛗, ⚡ Zim, 📺 📞 ♿ 🅿 – 🔔 90. AE ⓜ VISA
Menu (geschl. Aug. 3 Wochen, Sonntagabend) à la carte 18,50/30 – **41 Zim** ⊇ 45/65 – 70/90.
  • Haus mit wohnlichen Themenzimmern, die unterschiedlich und individuell im mediterranen Stil eingerichtet sind. Schön gestalteter Freizeitbereich ! Rattanstühle und Vorhänge mit floralem Design erzeugen im Restaurant eine südländische Stimmung.

Hubertushof (mit 🏠 Stammhaus), Münsterstr. 222 (B 219, Süd : 1,5 km), ✉ 49479, ℘ (05451) 9 41 00, info@hotelhubertushof.de, Fax (05451) 941090, 🍽 – 📺 📞 🚭 🅿 – 🔔 20. AE ⓜ ⓜ VISA JCB
Menu (geschl. 27. Dez. - 31. Jan., Dienstag) à la carte 23/37,50 – **25 Zim** ⊇ 48/70 – 74/84.
  • Am Fuß des Teutoburger Waldes erwartet Sie ein gewachsener Gasthof mit wohnlichen und komfortablen Zimmern, teils im Maisonettestil, und stilvollen Marmor- und Granitbädern. Gediegen-rustikales Restaurant mit offenem Kamin und Gartenterrasse.

Brügge, Münsterstr. 201 (B 219), ✉ 49479, ℘ (05451) 9 40 50, info@hotel-bruegge.de, Fax (05451) 940532, 🍽 – ⚡ Zim, 📺 📞 🅿 ⓜ ⓜ
Menu (geschl. 5. - 17. April, Montag) à la carte 18/33 – **34 Zim** ⊇ 42/68 – 62/92.
  • Ein engagiert geführtes Haus in ruhiger, zentraler Stadtrandlage : Die Zimmer sind teils älter, aber gut gepflegt, teils neuer mit sehr schöner Einrichtung. Rustikales Restaurant mit Fliesenboden und holzgetäfelter Decke.

IBURG, BAD Niedersachsen 541 J 8 – 12 000 Ew – Höhe 140 m – Kneippheilbad.

🛈 Kurverwaltung, Schloßstr. 20, ✉ 49186, ℘ (05403) 40 16 12, toursit-info@badiburg.de, Fax (05403) 60 25.
Berlin 430 – Hannover 147 – Bielefeld 43 – Nordhorn 94 – Münster (Westfalen) 43 – Osnabrück 16.

Zum Freden 🔗, Zum Freden 41, ✉ 49186, ℘ (05403) 40 50, eichholz@hotel-freden.de, Fax (05403) 1706, 🍽, 🛏, 🚭 – 🛗 📺 📞 🚭 🅿 – 🔔 100. AE ⓜ VISA JCB
Menu (geschl. Donnerstag) à la carte 19/34,50 – **35 Zim** ⊇ 45/50 – 69/75.
  • Ruhig liegt der ehemalige Bauernhof in einem Wohngebiet. Seit 1879 ist das Hotel in Familienbesitz - man bietet teils kürzlich renovierte Zimmer und einen Tagungsbereich. Hell und freundlich wirkt das Restaurant mit klassisch-zeitloser Einrichtung.

ICHENHAUSEN Bayern 546 U 14 – 8 700 Ew – Höhe 470 m.
Berlin 584 – München 118 – Augsburg 56 – Ulm 36.

Zum Hirsch, Heinrich-Sinz-Str. 1 (B 16), ✉ 89335, ℘ (08223) 9 68 70, jboeck@t-online.de, Fax (08223) 9687235, Biergarten – 📺 📞 – 🔔 60. ⓜ VISA
geschl. Aug. 2 Wochen – **Menu** (geschl. Sonntagabend) à la carte 13,50/24 – **22 Zim** ⊇ 39 – 70.
  • In zentraler Lage am Marktplatz steht dieser traditionelle Gasthof a. d. J. 1372. Zimmer mit hellem Naturholz und Parkett unterstreichen den ländlichen Charakter des Hauses. Schlicht-rustikale Gaststuben mit blanken Tischen.

IDAR-OBERSTEIN Rheinland-Pfalz 543 Q 5 – 36 000 Ew – Höhe 260 m.

Sehenswert : Edelsteinmuseum★★.
Ausflugsziel : Felsenkirche★ 10 min zu Fuß (ab Marktplatz Oberstein).
📍₉ Kirschweiler, Am Golfplatz (Nord-West : 8 km über B 422), ℘ (06781) 3 66 15.
🛈 Tourist-Information, Georg-Maus-Str. 2, ✉ 55743, ℘ (06781) 6 44 21, info-idar-oberstein@t-online.de, Fax (06781) 64425.
ADAC, Bahnhofstr. 13 (im Nahe-Center).
Berlin 661 – Mainz 92 – Trier 81 – Bad Kreuznach 49 – Saarbrücken 79.

Im Stadtteil Idar :

Parkhotel, Hauptstr. 185, ✉ 55743, ℘ (06781) 5 09 00, info@parkhotel-idar-oberstein.de, Fax (06781) 5090500, 🍽, 🛏, ⚡ Zim, 📺 📞 ♿ 🚭 🅿 – 🔔 90. AE ⓜ VISA
Menu à la carte 20,50/39,50 – **Bistro Classico** : Menu à la carte 15/28,50 – **38 Zim** ⊇ 67/125 – 92/180.
  • Ein kleines Grandhotel : Elegantes Ambiente durchzieht den klassischen Hotelbau von 1906. Die Zimmer sind mit Kirschmobiliar sehr gediegen eingerichtet, teils mit Stilmöbeln. In einem Rundbau mit großer Fensterfront : das leicht vornehm wirkende Restaurant.

IDAR-OBERSTEIN

Berghotel Kristall, Wiesenstr. 50, ⌨ 55743, ☏ (06781) 9 69 60, *info@bergho tel-kristall.de*, Fax (06781) 969649, ≤, 斉 – ⇌ Zim, TV ✆ P – 🚗 50. AE ⓪ ⓜ VISA
Menu à la carte 19/43 – **27** Zim ⌇ 56/68 – 85/95.
• Passend zur Edelsteinstadt : An den Zimmerschlüsseln hängen keine Nummern, sondern Steine, die den individuell und komfortabel eingerichteten Zimmern auch ihre Namen geben. Das helle Restaurant wirkt durch einen Kachelofen gemütlich.

Im Stadtteil Oberstein :

City-Hotel garni, Otto-Decker-Str. 15, ⌨ 55743, ☏ (06781) 5 05 50, *cityhotel-io@t-online.de*, Fax (06781) 505550 – TV. AE ⓪ ⓜ VISA
geschl. Weihnachten - Anfang Jan. – **14** Zim ⌇ 50 – 75.
• Ein älterer, rot-gelber Klinkerbau mit einem Ecktürmchen. Mahagonifarbenes Holzmobiliar bestimmt die Einrichtung der gediegenen Gästezimmer.

Edelstein-Hotel garni, Hauptstr. 302, ⌨ 55743, ☏ (06781) 5 02 50, *edelstein-hotel@t-online.de*, Fax (06781) 502550 – TV, ⇌ P – 🚗 15. AE ⓪ VISA. ⇌
18 Zim ⌇ 52/75 – 70/110.
• Eine solide Übernachtungsadresse ist dieses freundliche, familiengeführte Hotel : Die gepflegten Zimmer sind praktisch und sachlich eingerichtet.

In Idar-Oberstein-Tiefenstein Nord-West : 3,5 km ab Idar, über B 422 :

Handelshof, Tiefensteiner Str. 235 (B 422), ⌨ 55743, ☏ (06781) 9 33 70, *hotel-han delshof-idar-oberstein@t-online.de*, Fax (06781) 933750, 斉, ⇌ – ⇌ Zim, TV P – 🚗 40. AE ⓪ ⓜ VISA. ⇌ Rest
Menu *(geschl. Feb. 2 Wochen)* à la carte 17/35 – **17** Zim ⌇ 45/65 – 75/85.
• In der Nähe der historischen Weiherschleife liegt dieses gut geführte Hotel. Die Zimmer sind mit dunklen Holzmöbeln eingerichtet und bieten ausreichenden Platz und Komfort. Das Restaurant ist gediegen gestaltet.

In Idar-Oberstein - Weierbach Ost : 8,5 km, über B 41 :

Hosser, Weierbacher Str. 70, ⌨ 55743, ☏ (06784) 22 21, *mail@hotelhosser.de*, Fax (06784) 9614, 斉, ⇌s – ⇌ P – 🚗 80. AE ⓪ ⓜ VISA
Menu à la carte 12/30 – **16** Zim ⌇ 35/45 – 70.
• Ein Zuhause auf Zeit finden Sie in diesem familiengeführten Hotel mit den gepflegten Zimmern. Kegelfreunde werden sich über das moderne Kegelsportzentrum freuen. Rustikale Gaststube mit gutbürgerlichem Angebot.

In Allenbach Nord-West : 13 km ab Idar, über B 422 :

Steuer (mit Gästehaus Rehwinkel), Hauptstr. 10, ⌨ 55758, ☏ (06786) 20 89, *info@h otel-steuer.de*, Fax (06786) 2551, 斉, ⇌s, ⇌ – TV P – 🚗 20. AE ⓜ VISA. ⇌ Rest
Menu à la carte 13,50/36 – **31** Zim ⌇ 29/38 – 42/58.
• Ganz im Zeichen der Edelsteine steht dieses Haus mit den soliden Zimmern und Appartements : Eine Hobby-Edelsteinschleiferei und ein Laden mit Verkaufsausstellung gehören dazu. Im Restaurant Edelsteinstube sind Achatscheiben in die Fenster eingearbeitet worden.

IDSTEIN Hessen 543 P 8 – 25 000 Ew – Höhe 266 m.
Idstein-Wörsdorf, Henriettenthal (Nord : 3 km), ☏ (06126) 9 32 20.
🛈 Fremdenverkehrsamt, König-Adolf-Platz 2 (Killingerhaus), ⌨ 65510, ☏ (06126) 7 82 15, *info@idstein.de*, Fax (06126) 78280.
Berlin 548 – Wiesbaden 21 – *Frankfurt am Main* 50 – Limburg an der Lahn 28.

Höerhof, Obergasse 26, ⌨ 65510, ☏ (06126) 5 00 26, *info@hoerhof.de*, Fax (06126) 500226, 斉 – ⇌ Zim, TV ✆ P – 🚗 20. AE ⓜ VISA JCB
Menu *(geschl. Dienstag)* à la carte 23/40 – **14** Zim ⌇ 103 – 125.
• Eine gelungene Verbindung von Alt und Neu : Modern eingerichtete Zimmer und historische Details schaffen in dem restaurierten Fachwerkensemble reizvolle Kontraste. Das Restaurant : Renaissance-Hofreite a. d. 18. Jh. mit Innenhofterrasse.

Felsenkeller, Schulgasse 1, ⌨ 65510, ☏ (06126) 9 31 10, Fax (06126) 9311193 – 📶 TV ⇌ ⓜ VISA
geschl. 24. Dez. - 1. Jan. – **Menu** *(geschl. 4. April - 3. Mai, Freitag, Sonntagmittag)* à la carte 14/22 – **29** Zim ⌇ 50/65 – 72/85.
• Ein freundlich und engagiert geführter Gasthof am Eingang der Fußgängerzone - und in der Nähe des Hexenturms - mit soliden, behaglichen Zimmern. In der ländlichen Gaststube kommen die Freunde einer bodenständigen Küche auf ihre Kosten.

Zur Ziegelhütte garni, Am Bahnhof 6a, ⌨ 65510, ☏ (06126) 7 02 77, *info@ziegel huette-idstein.de*, Fax (06126) 71145 – ⇌ TV ⇌ P. AE ⓪ ⓜ VISA
15 Zim ⌇ 60 – 90.
• Eine sehr gute Übernachtungsadresse : Tipptopp gepflegte, mit zeitlosen Naturholzmöbeln eingerichtete Zimmer findet man in dem Hotel gegenüber dem Bahnhof.

IDSTEIN

Goldenes Lamm garni (mit Gästehaus), Himmelsgasse 7, ⊠ 65510, ℘ (06126) 93120, goldeneslamm@aol.com, Fax (06126) 1366 – ⚞ 🆅 – 🏂 70. 🆎 ⓘ 🆆 🆅🆂🅰. ❀
31 Zim ⊇ 45/80 – 70/80.
* In der Altstadt liegt das familiengeführte Hotel mit neuzeitlich und praktisch möblierten Zimmern, die Räume im Gästehaus sind teils mit nostalgischen Möbeln ausgestattet.

Zur Peif, Himmelsgasse 2, ⊠ 65510, ℘ (06126) 5 73 57, ☀, (Fachwerkhaus a.d.J. 1615) – 🆆 🆅🆂🅰
geschl. Anfang Jan. 1 Woche, Okt. 3 Wochen, Mittwoch – **Menu** (nur Abendessen) à la carte 19/32.
* Das ländlich-rustikale Restaurant in dem schönen alten Fachwerkhaus bewirtet seine Gäste mit einer gutbürgerlichen Küche. Auf einer Tafel gibt es wechselnde Wochenangebote.

In Idstein-Oberauroff West : 2 km, jenseits der A 3 :

Gasthof Kern, Am Dorfbrunnen 6, ⊠ 65510, ℘ (06126) 84 74, service@hotelkern.de, Fax (06126) 71164 – 🆅 🅿. 🆎 🆆 🆅🆂🅰
Menu (geschl. Dienstag) (Montag - Freitag nur Abendessen) à la carte 15/31 – **21 Zim** ⊇ 45/50 – 72/75.
* Der traditionsreiche Fachwerkgasthof überzeugt seine Gäste mit sehr gut gepflegten und soliden Zimmern - einige neuere sind mit hellem Naturholz freundlich eingerichtet. Rustikale Gaststuben.

IFFELDORF Bayern 🅵🅶🅶 W 17 – 2 500 Ew – Höhe 603 m.
🏌 St.Eurach (Nord : 2 km), ℘ (08801) 13 32 ; 🏌 Iffeldorf, Gut Rettenberg 3, ℘ (08856) 92 55 55.
🛈 Verkehrsamt, Hofmark 9, ⊠ 82393, ℘ (08856) 37 46, Fax (08856) 82222.
Berlin 638 – München 52 – Garmisch-Partenkirchen 41 – Weilheim 22.

Landgasthof Osterseen, Hofmark 9, ⊠ 82393, ℘ (08856) 9 28 60, Fax (08856) 928645, ≼, ☀, ≾ – 🆅 ✆ ⟸ 🅿 – 🏂 20. 🆎 ⓘ 🆆 🆅🆂🅰 🅹🅲🅱
geschl. 1. - 17. Juni – **Menu** (geschl. Dienstag) à la carte 17/31,50 – **24 Zim** ⊇ 64/82 – 83/110.
* Im reizvollen Pfaffenwinkel liegt der Gasthof im alpenländischen Stil. Genießen Sie die schöne Umgebung und die komfortablen Zimmer. Ländlich-rustikale Gaststuben und schöne Terrasse mit Blick auf die Ostersee.

IGEL Rheinland-Pfalz siehe Trier.

IHRINGEN Baden-Württemberg 🅵🅶🅶 V 6 – 4 600 Ew – Höhe 225 m.
Berlin 802 – Stuttgart 204 – *Freiburg im Breisgau* 19 – Colmar 29.

Bräutigam (mit Hotel Luise), Bahnhofstr. 1, ⊠ 79241, ℘ (07668) 9 03 50, info@br aeutigam-hotel.de, Fax (07668) 903569, ☀ – ⚞ Zim, 🆅 ✆ 🅿. 🆎 🆆 🆅🆂🅰
Menu (geschl. Juli - Aug. und Nov. - März Mittwoch) à la carte 34/48 – **35 Zim** ⊇ 55/60 – 90/96 – ½ P 15.
* Ob im Haupthaus oder im neu gebauten Hotel Luise mit dem modernen Glasvorbau : Am Kaiserstuhl erwarten Sie geschmackvoll eingerichtete Zimmer und ein gepflegtes Ambiente. In den gemütlichen, rustikalen Gaststuben wird Regionalküche angeboten.

Winzerstube, Wasenweiler Str. 36, ⊠ 79241, ℘ (07668) 99 57 90, winzerstube_ihr ingen@t-online.de, Fax (07668) 9379, ☀ – 🆅 ⟸ 🅿. 🆎 🆆 🆅🆂🅰
Menu (geschl. Feb. 2 Wochen, Montag - Dienstag) à la carte 21/44,50 – **12 Zim** ⊇ 50/55 – 80/90 – ½ P 19.
* Genießen Sie den Ort mit den meisten Sonnenstunden Deutschlands in einem neu gebauten Hotel mit komfortablen Zimmern, die mit zeitlosen Kirschholzmöbeln ausgestattet sind. Im Restaurant wartet eine gehobene Küche mit badischen Spezialitäten.

ILLERTISSEN Bayern 🅵🅶🅶 V 14 – 13 100 Ew – Höhe 513 m.
🏌 Wain-Reischenhof, Industriestr. 12 (Süd-West : 13 km), ℘ (07353) 17 32 ; 🏌 Altenstadt (Süd : 5 km) ℘ (06047) 98 80 88.
Berlin 633 – München 151 – *Augsburg* 72 – Bregenz 106 – Kempten 66 – Ulm (Donau) 27.

Am Schloss ⚶, Schlossallee 17, ⊠ 89257, ℘ (07303) 9 64 00, hotel-am-schloss@t -online.de, Fax (07303) 42268, ≾, ☀ – ⚞ Zim, 🆅 ✆ ⟸ 🅿. 🆎 🆆 🆅🆂🅰 🅹🅲🅱. ❀ Rest
Menu (geschl. Samstag)(nur Abendessen) (Restaurant nur für Hausgäste) à la carte 22/34 – **17 Zim** ⊇ 55/65 – 77/89.
* Ruhig auf dem Schlossberg liegt das villenartige Hotel mit meist geräumigen, solide ausgestatteten Zimmern. Entspannung finden Sie im schönen Garten unter alten Bäumen.

ILLERTISSEN

Illertisser Hof, Carnac-Platz 9, ✉ 89257, ℰ (07303) 95 00, Fax (07303) 950500 –
✳︎ Zim, TV 🚗. ⓂⓄ VISA
Menu *(geschl. Sonntag) (nur Abendessen)* à la carte 16,50/25,50 – **26 Zim** ⚏ 62/70 –
82/98.
  • Der weiß gestrichene Gasthof liegt mitten im Ort. Behagliche Zimmer stehen für die Gäste bereit und ein reichhaltiges Frühstücksbuffet erleichtert den Start in den Tag. Das Restaurant besteht aus einem hellen, modernen Bereich und einer ländlichen Gaststube.

Vogt, Bahnhofstr. 11, ✉ 89257, ℰ (07303) 9 61 30, *hotel-vogt-illertissen@t-online.de*, Fax (07303) 42630, 🌳 – TV ✆ 🚗 P – 🛁 30. AE ⓂⓄ VISA. ✳︎ Rest
Menu *(geschl. 16. Aug. - 5. Sept., Samstag)* à la carte 16/29 – **28 Zim** ⚏ 41/66 – 67/95.
  • Gegenüber dem Bahnhof erwartet dieses sehr gepflegte und familiengeführte Haus seine Gäste mit zeitgemäß und solide eingerichteten Zimmern. Gemütlich wirkt das rustikale Restaurant.

XX **Gasthof Krone**, Auf der Spöck 2, ✉ 89257, ℰ (07303) 34 01, Fax (07303) 42594, 🌳 – 🛁 15. ⓂⓄ VISA
geschl. Mittwoch – **Menu** à la carte 23/39.
  • In den Stuben des ältesten Gasthofs im Ort - ein gut geführter Familienbetrieb - lassen Sie sich sorgfältig zubereitete Speisen einer vorwiegend regionalen Küche schmecken.

In Illertissen-Dornweiler : *Süd-West* : *1,5 km Richtung Dietenheim* :

Dornweiler Hof, Dietenheimer Str. 93, ✉ 89257, ℰ (07303) 95 91 40, *dornweilerhof@t-online.de*, Fax (07303) 7811, 🌳 – 🛗, ✳︎ Zim, TV ✆ P. AE ⓂⓄ VISA
geschl. Anfang Jan. 1 Woche – **Menu** *(geschl. Dienstag)* à la carte 19/35,50 – **18 Zim** ⚏ 65 – 98.
  • Ein schönes neues Hotel mit stilvollem Ambiente : Die Zimmer mit dem zeitgemäßen Komfort sind im Landhausstil eingerichtet und die modernen Bäder wirken luxuriös. Im rustikalen Restaurant serviert man eine schmackhafte regionale und internationale Küche.

ILLINGEN (KRS. NEUNKIRCHEN) Saarland ⁵⁴³ R 5 – *19 200 Ew – Höhe 359 m*.
Berlin 711 – Saarbrücken 22 – Neunkirchen/Saar 12.

Burg Kerpen 🏞, Burgweg, ✉ 66557, ℰ (06825) 94 29 00, *info@burg-kerpen.de*, Fax (06825) 9429010, 🌳 – TV P – 🛁 25. AE ⓂⓄ VISA
Menu à la carte 20/39 – **11 Zim** ⚏ 50 – 76.
  • Der Neubau, verbunden mit den Resten einer Burganlage, schlägt den Bogen vom 12. ins 21. Jh. Wohnliche, moderne Zimmer und romantische Suiten überzeugen auf ganzer Linie. Das Restaurant besticht mit klarem Design und charmantem Bistro-Ambiente.

ILLSCHWANG Bayern ⁵⁴⁶ R 19 – *1 500 Ew – Höhe 500 m*.
Berlin 429 – München 202 – Weiden in der Oberpfalz 60 – Amberg 16 – Nürnberg 49.

Weißes Roß, Am Kirchberg 1, ✉ 92278, ℰ (09666) 13 34, *weisses.ross@asamnet.de*, Fax (09666) 284, 🌳, Biergarten, ✿, Massage, ⛴s, 🏊 – 🛗 TV P – 🛁 60. AE ① ⓂⓄ VISA
Menu *(geschl. Jan. 1 Woche, Montag)* à la carte 16,50/43 – **32 Zim** ⚏ 44/49 – 84.
  • Eine entspannte Atmosphäre herrscht in dem Landgasthof im bayerischen Jura : Komfortable Zimmer sowie eine hübsche Saunalandschaft, Massage und Kosmetik. Deftiges und Feines von guter Qualität serviert man in Wirtsstube und Restaurant.

ILMENAU Thüringen ⁵⁴⁴ N 16 – *33 500 Ew – Höhe 540 m*.
🛈 *Fremdenverkehrsamt, Lindenstr. 12, ✉ 98693, ℰ (03677) 20 23 58, stadtinfo@ilmenau.de, Fax (03677) 202502*.
Berlin 325 – Erfurt 42 – Coburg 67 – Eisenach 65 – Gera 105.

Lindenhof, Lindenstr. 5, ✉ 98693, ℰ (03677) 6 80 00, *hotel-lindenhof@t-online.de*, Fax (03677) 680088, 🌳, ⛴s – 🛗, ✳︎ Zim, TV ✆ 🚗 P – 🛁 30. AE ①
ⓂⓄ VISA
Menu à la carte 18/34 – **45 Zim** ⚏ 62/77 – 77/92.
  • Nach umfangreichen Renovierungsarbeiten wurde das traditonsreiche, im 19. Jh. gegründete Haus als modernes, komfortables und technisch gut ausgerüstetes Hotel wieder eröffnet. Gemütliches Bistro und gediegenes Kamin-Restaurant.

Tanne, Lindenstr. 38, ✉ 98693, ℰ (03677) 65 90, *info@hotel-tanne-thueringen.de*, Fax (03677) 659503, 🌳, ⛴s – 🛗 TV ✆ 🚗 P – 🛁 100. AE ⓂⓄ VISA
Menu à la carte 17/25 – **115 Zim** ⚏ 55/65 – 75/85, 4 Suiten.
  • An der Fußgängerzone liegt das neu gebaute Hotel. Die Zimmer sind hell und modern eingerichtet und man bietet auch für Tagungen und Gruppen alle notwendigen Einrichtungen. Helle Rattanmöbel sorgen im Restaurant für eine freundliche Atmosphäre.

ILMENAU

In Ilmenau-Manebach *West : 4 km, über B 4 :*

Moosbach, Schmücker Str. 112, ✉ 98693, ℰ (03677) 84 98 80, *hotel-moosbach@t-online.de*, Fax (03677) 894272, 🍽, ≋, 🛌 – 🛗 TV 📺 🅿 🐕 VISA
Menu à la carte 15,50/31,50 – **24 Zim** ⇌ 46/65 – 70/85.
• Mitten im Grünen, im Ilmtal, liegt dieses gepflegte, zeitgemäße Ferienhotel. Wanderwege beginnen direkt am Hotel, die Liegewiese lädt zum Entspannen ein. Schöne rötliche Polsterstühle geben dem Restaurant ein stilvolles Ambiente.

Nahe der Straße nach Neustadt *Süd-West : 4 km :*

Romantik Berg- und Jagdhotel Gabelbach 🌿 (mit Gästehaus), Waldstr. 23a, ✉ 98693 Ilmenau, ℰ (03677) 86 00, *info@romantikhotel-gabelbach.de*, Fax (03677) 860222, ≤, 🍽, Massage, 🎾, ≋, 🏊, 🚲 – 🛗, ⁂ Zim, TV 📺 🅿 – 🚶 130. AE 🐕 VISA
La Cheminée (geschl. Sonntag - Montag) (nur Abendessen) **Menu** à la carte 35,50/42,50
– **Ilmenau** : **Menu** à la carte 23/33 – **91 Zim** ⇌ 80 – 105, 17 Suiten – ½ P 18.
• Das renovierte Kurhotel mit neuerem Anbau erwartet Sie mit schönen Zimmern und Suiten, teils im Landhausstil eingerichtet. Einige der Suiten sind mit älteren Möbeln versehen. Leicht elegant und intim wirkt das kleine Restaurant La Cheminée mit offenem Kamin.

ILSENBURG Sachsen-Anhalt **542** K 16 – 6 700 Ew – Höhe 253 m.
🛈 Touristinfo, Marktplatz 1, ✉ 38871, ℰ (039452) 1 94 33, *info@ilsenburg.de*, Fax (039452) 99067.
Berlin 237 – Magdeburg 86 – Braunschweig 59 – Göttingen 98 – Goslar 23 – Wernigerode 8.

Landhaus Zu den Rothen Forellen, Marktplatz 2, ✉ 38871, ℰ (039452) 93 93, *info@rotheforelle.de*, Fax (039452) 9399, 🍽, ≋, 🏊, 🚲 – 🛗, ⁂ Zim, TV 📺 🅿 – 🚶 50. AE ① 🐕 VISA JCB
Menu à la carte 36/58, ♀ – **52 Zim** ⇌ 130/150 – 175/205 – ½ P 40.
• Geschmackvolle, im Landhausstil eingerichtete Zimmer mit viel Komfort machen das renovierte Haus a. d. 16. Jh. mit modernem Anbau zu einer erstklassigen Übernachtungsadresse. Vom eleganten Restaurant mit Wintergarten hat man eine tolle Aussicht auf den See.

Panorama-Hotel 🌿, Suental 5, ✉ 38871, ℰ (039452) 9 00, *panoramahotel-ilsenburg@t-online.de*, Fax (039452) 90199, 🍽, ⚘, Massage, ≋, 🏊, 🚲 – ⁂ Zim, TV 📺 🅿 – 🚶 120. AE 🐕 VISA
Menu à la carte 23/36 – **34 Zim** ⇌ 63 – 96.
• Am Waldrand gelegenes Hotel mit einheitlich gestalteten, neuzeitlichen Zimmern. Wellnessbereich mit Sole-Bad und Kosmetik. Für Reiter : Pferdeboxen komplettieren das Angebot. Unterteiltes Restaurant mit Kamin.

Kurpark-Hotel 🌿, Ilsetal 16, ✉ 38871, ℰ (039452) 95 60, *reception@kurparkhotel-ilsenburg.de*, Fax (039452) 95666, 🍽, 🎾, ≋ – ⁂ Zim, TV 📺 🅿 – 🚶 20. AE 🐕 VISA
Menu à la carte 15/26 – **32 Zim** ⇌ 50/61 – 86/94 – ½ P 14.
• Das neu gebaute Hotel am Waldrand in der Nähe zum Nationalpark Hochharz bietet freundliche Zimmer, die mit hellem Naturholzmobiliar eingerichtet sind. Neuzeitlich gestaltetes Restaurant.

ILSFELD Baden-Württemberg **545** S 11 – 8 000 Ew – Höhe 252 m.
Berlin 596 – Stuttgart 40 – Heilbronn 12 – Schwäbisch Hall 45.

Ochsen, König-Wilhelm-Str. 31, ✉ 74360, ℰ (07062) 68 01, *gasthof-ochsen@gmx.de*, Fax (07062) 64996 – 🛗 📺 🅿 – 🚶 20. 🐕 VISA
geschl. Jan. 3 Wochen, Juli - Aug. 2 Wochen – **Menu** à la carte 13/22 – **28 Zim** ⇌ 42/50 – 61.
• Ein Gasthof mit Tradition : Seit 1895 befindet er sich in Familienbesitz. Der freundliche Service und die solide wirkenden Zimmer machen den Aufenthalt erholsam. In der rustikalen Gaststätte gibt es ländlich-einfache Speisen.

ILSHOFEN Baden-Württemberg **545** S 13 – 4 300 Ew – Höhe 441 m.
Berlin 536 – Stuttgart 99 – Crailsheim 13 – Schwäbisch Hall 19.

Park-Hotel, Parkstr. 2, ✉ 74532, ℰ (07904) 70 30, *info@parkhotel-ilshofen.de*, Fax (07904) 703222, 🍽, Biergarten, ≋, 🏊, ⚜ – 🛗, ⁂ Rest, TV 📺 📞 🅿 – 🚶 200. AE ① 🐕 VISA ♣
Menu à la carte 20/36 – **70 Zim** ⇌ 80/90 – 105, 6 Suiten.
• In dem neu gebauten Tagungshotel mit der behaglich-eleganten Atmosphäre finden Sie helle, komfortable Zimmer, gute Tagungsmöglichkeiten und einen gepflegten Freizeitbereich. Gediegenes Panorama-Restaurant und rustikale Kutscherstube.

IMMENSTAAD AM BODENSEE Baden-Württemberg 545 W 12 – 5 900 Ew – Höhe 407 m
– Erholungsort.
🛈 Tourist-Information, Rathaus, Dr.-Zimmermann-Str. 1, ✉ 88090, ✆ (07545) 20 11 10, tourismus@immenstaad.de, Fax (07545) 201208.
Berlin 728 – Stuttgart 199 – Konstanz 21 – Freiburg im Breisgau 152 – Ravensburg 29 – Bregenz 39.

Strandcafé Heinzler ⌕, Strandbadstr. 3, ✉ 88090, ✆ (07545) 9 31 90, hotel-heinzler@mbo.de, Fax (07545) 3261, ≤, 🍴, 🏋, ≋, ⚓, 🚤 Bootssteg – 📶 📺 🅿 🆎 ⓜ VISA
Menu (geschl. Jan. - 1. März, Okt. - Anfang März Montag) 14,50 (mittags) à la carte 27/45 – 23 Zim 🛏 46/90 – 106/111 – ½ P 23.
◆ Nur durch die Promenade vom See getrennt ist das Hotel mit der stilvollen und behaglichen Atmosphäre. Gemütliche Zimmer und freundlicher Service sprechen für das Haus. Elegant-rustikales Restaurant mit Gartenterrasse.

Seehof ⌕, Am Yachthafen, ✉ 88090, ✆ (07545) 93 60, seehof-immenstaad@t-online.de, Fax (07545) 936133, ≤, 🍴, ≋, 🚤 – 📺 🅿 🆎 ⓜ VISA
geschl. über Fasching 1 Woche – Menu 18/22 (mittags) à la carte 25,50/35,50 – 36 Zim 🛏 55/75 – 90/120.
◆ Direkt am Yachthafen liegt dieses traditionsreiche Haus, das sich von einem Gasthof zu einem Hotel mit persönlichem Ambiente und modernem Komfort weiterentwickelt hat. Historische Weinstube und modernes Restaurant.

Hirschen, Bachstr. 1, ✉ 88090, ✆ (07545) 62 38, Fax (07545) 6583 – 📺 🚗 🅿 ⓜ VISA
geschl. Anfang Nov. - Mitte Jan. – Menu (geschl. Montag) à la carte 15,50/29 – 13 Zim 🛏 37/45 – 63.
◆ Zentral in der Ortsmitte liegt der gepflegte, familiengeführte Gasthof mit den soliden Zimmern. Ein eigener Badestrand - nur wenige Minuten entfernt - gehört zum Haus. In der rustikalen Gaststube erwartet Sie eine umfangreiche bürgerliche Karte.

IMMENSTADT IM ALLGÄU Bayern 546 X 14 – 14 000 Ew – Höhe 732 m – Erholungsort – Wintersport : 750/1 450 m ⛷8 🎿.
🛈 Gäste-Information, Marienplatz 3, ✉ 87509, ✆ (08323) 91 41 76, Fax (08323) 914195.
Berlin 719 – München 148 – Kempten (Allgäu) 21 – Oberstdorf 20.

Lamm, Kirchplatz 2, ✉ 87509, ✆ (08323) 61 92, lamm-immenstadt@t-online.de, Fax (08323) 51217 – 📶 📺 🚗 🅿 ⌖ Rest
Menu (nur Abendessen) (Restaurant nur für Hausgäste) – 26 Zim 🛏 34 – 62.
◆ Ein gepflegtes Hotel im Zentrum mit behaglich eingerichteten Zimmern und familiärem Service. Die Nähe zum Alpsee und den Bergen ermöglicht vielfältige Freizeitaktivitäten.

Deutsches Haus, Färberstr. 10, ✉ 87509, ✆ (08323) 89 94, 🍴 – 🅿 ⓜ
geschl. Dienstagabend - Mittwoch – Menu à la carte 16/30.
◆ Das Färberhaus aus dem 16. Jh. ist im 19. Jh. abgebrannt, wurde neu aufgebaut und beherbergt heute rustikale Gaststuben mit einfachem bürgerlich-regionalem Speisenangebot.

In Immenstadt-Bühl am Alpsee Nord-West : 3 km, über B 308 – Luftkurort :

Terrassenhotel Rothenfels, Missener Str. 60, ✉ 87509, ✆ (08323) 91 90, info@hotel-rothenfels.de, Fax (08323) 919191, ≤, 🍴, ≋, 🏊, 🚤 – 📶 📺 🚗 🅿 – 🛋 20
geschl. Mitte Nov. - Mitte Dez. – Menu (geschl. Okt. - Mai Freitag) à la carte 15/29 – **32 Zim** 🛏 44/67 – 85/114 – ½ P 15.
◆ Oberhalb des Ortes liegt dieses Ferienhotel. Alle wohnlichen Zimmer haben Südbalkone oder Terrassen, von denen aus Sie den schönen Blick auf den Alpsee genießen können. Großes, rustikales Restaurant mit Freisitz.

In Immenstadt-Knottenried Nord-West : 7 km :

Bergstätter Hof ⌕, ✉ 87509, ✆ (08320) 92 30, info@bergstaetter-hof.de, Fax (08320) 92346, ≤, 🍴, Massage, ≋, 🏊, 🚤 – 📺 🅿
geschl. Nov. - Mitte Dez. – Menu (geschl. Montag - Dienstagmittag) à la carte 17/31 – **21 Zim** 🛏 50/61 – 90/96 – ½ P 18.
◆ Landhotel auf einer Anhöhe : Die Zimmer sind mit hellem Naturholz wohnlich eingerichtet, einige auch mit bemalten Bauernmöbeln. Viele Sport- und Freizeitangebote. Die Tische im rustikalen Restaurant werden schön gedeckt, das Angebot ist bürgerlich.

In Immenstadt-Stein Nord : 3 km, über B 19 :

Eß ⌕, garni, Daumenweg 1, ✉ 87509, ✆ (08323) 81 04, hotel-garni-ess@t-online.de, Fax (08323) 962120, ≤, ≋, 🚤 – 📺 ⌖ 🅿 ⓜ VISA
16 Zim 🛏 30/48 – 68/74.
◆ Das alpenländische Hotel hat gepflegte Zimmer, einen Garten mit Liegewiese und eine Umgebung, die sommers wie winters viele Möglichkeiten zur Freizeitgestaltung bietet.

INGELFINGEN Baden-Württemberg 545 S 12 – 5 900 Ew – Höhe 218 m – Erholungsort.
🛈 Fremdenverkehrsamt, Schloßstr. 12 (Rathaus), ✉ 74653, ✆ (07940) 13 09 22, info @ingelfingen.de, Fax (07940) 6716.
Berlin 564 – Stuttgart 98 – Würzburg 73 – Heilbronn 56 – Schwäbisch Hall 27.

🏨 **Schloß-Hotel**, Schloßstr. 14, ✉ 74653, ✆ (07940) 9 16 50, info@schloss-hotel-ingel fingen.de, Fax (07940) 916550, 🍴 – ⚭ Zim, 📺 ✆ – 🛁 20. AE ⓄⓄ VISA JCB
Menu (geschl. Juli - Aug. 2 Wochen, Sonntag - Montag) à la carte 20/34 – **20 Zim** ⚏ 52 – 72.
• Das Hotel ist ein Nebengebäude des barocken Hohenlohe-Schlosses aus dem 18. Jh. Hell und modern eingerichtete Zimmer und Tagungsräume stehen für die Gäste zur Verfügung. In drei geschmackvoll eingerichteten Stuben unterteiltes Restaurant.

🏨 **Haus Nicklass** (mit zwei Gästehäusern), Künzelsauer Str. 1, ✉ 74653, ✆ (07940) 9 10 10, info@haus-nicklass.de, Fax (07940) 910199, 🍴, ≘s, 🎣 – 📶, ⚭ Zim, 📺 ✆ ⟺ 🅿 – 🛁 150. AE ⓄⓄ VISA
Menu à la carte 17/30,50 – **60 Zim** ⚏ 45/51 – 70/73.
• Die Zimmer im neuen Haupthaus und in den Gästehäusern des Gasthofs sind unterschiedlich in der Ausstattung, teils sehr komfortabel, teils etwas einfacher, aber immer gepflegt. Rustikale Weinstube und neuzeitliches Restaurant.

INGELHEIM AM RHEIN Rheinland-Pfalz 543 Q 8 – 24 000 Ew – Höhe 120 m.
Berlin 587 – Mainz 18 – Bad Kreuznach 29 – Bingen 13 – Wiesbaden 23.

🏨 **Rheinkrone** 🌲 garni, Dammstr. 14, ✉ 55218, ✆ (06132) 98 21 10, Fax (06132) 9821133 – 📺 ✆ 🅿. AE ⓄⓄ VISA
geschl. Weihnachten - Anfang Jan. – **22 Zim** ⚏ 68/78 – 88/109.
• In einer ruhigen Seitenstraße in der Nähe der Fähre finden Sie das Hotel mit komplett ausgestatteten, gepflegten Zimmern - die Doppelzimmer bieten ein gutes Raumangebot.

🏨 **Erholung** garni, Binger Str. 92, ✉ 55218, ✆ (06132) 71 49 50, info@hotel-ingelheim .de, Fax (06132) 71495495 – ⚭ 📺 ✆. ⓄⓄ VISA JCB
15 Zim ⚏ 55/87 – 75/107.
• Kleine Pension mit tadellos gepflegten Zimmern, die mit hellen Einbaumöbeln einheitlich eingerichtet sind und auch über Schreibflächen verfügen. Zwei Zimmer mit Wasserbetten.

XX **Millennium**, Bleichstr. 1, ✉ 55218, ✆ (06132) 8 89 00, info@restaurant-millennium .de, Fax (06132) 995656, 🍴 – AE Ⓞ ⓄⓄ VISA
geschl. Aug. 2 Wochen, Montag - Dienstagmittag, Samstagmittag – **Menu** à la carte 28/38 – **Weinstube Weingeist** (geschl. Montag) (nur Abendessen) **Menu** à la carte 18/27.
• In einem Wohnhaus mit neuzeitlicher Fassade ist dieses gut geführte Restaurant mit recht modernem Ambiente untergebracht. Nett : die Terrasse im kleinen Innenhof. Am Abend nehmen Sie in der Weinstube an blanken Holztischen Platz.

In Schwabenheim Süd-Ost : 6 km, über Groß-Winternheim :

🏨 **Pfaffenhofen** 🌲, Bubenheimer Str. 10, ✉ 55270, ✆ (06130) 9 19 90, info@hote lpfaffenhofen.de, Fax (06130) 919910, 🍴 – ⚭ Zim, 📺 🅿 – 🛁 15. AE
Menu (geschl. Okt. 1 Woche, Mittwoch) (wochentags nur Abendessen) à la carte 16,50/24,50 – **27 Zim** ⚏ 49/58 – 72/82.
• Am Ortsrand liegt das gut geführte Hotel mit funktionell eingerichteten Zimmern. Im gemütlichen Frühstücksraum erwartet die Gäste ein reichhaltiges Buffett. Restaurant und Weinstube mit bürgerlich-ländlicher Ausstattung.

X **Zum alten Weinkeller** 🌲 mit Zim, Schulstr. 6, ✉ 55270, ✆ (06130) 94 18 00, imm erheiser-wein@t-online.de, Fax (06130) 9418080, 🍴 – ⚭ Zim, 📺 🅿. ⓄⓄ VISA
Menu (wochentags nur Abendessen) à la carte 29/39 – **11 Zim** ⚏ 50/62 – 70/82.
• Rustikal und stilvoll ist das Ambiente in diesem Fachwerkrestaurant mit Bruchsteinmauern und Gartenterrasse. Gepflegte Zimmer laden zum Übernachten ein.

X **Landgasthof Engel**, Markt 8, ✉ 55270, ✆ (06130) 94 18 00, immerheiser-wein@ t-online.de, Fax (06130) 9418080, 🍴 – ⓄⓄ VISA
Menu (abends Tischbestellung ratsam) à la carte 18/29, ⚑.
• Dielenböden, Steinwände, Fachwerk und blanke Tische verleihen dem restaurierten Landgasthof a. d. 17. Jh. derb-rustikalen Charme. Schöne Innenhofterrasse !

INGOLSTADT Bayern 545 T 18 – 117 000 Ew – Höhe 365 m.
Sehenswert : Maria-de-Victoria-Kirche★ A A – Liebfrauenmünster (Hochaltar★) A B – Bayerisches Armeemuseum★ B M1.
✈ Ingolstadt, Gerolfinger Str. (über ④), ✆ (0841) 8 57 78.
🛈 Tourist-Information, Im Alten Rathaus, Rathausplatz 2, ✉ 85049, ✆ (0841) 3 05 10 98, Fax (0841) 3051099.
ADAC, Milchstr. 23.
Berlin 512 ① – München 80 ① – Augsburg 75 ① – Nürnberg 91 ① – Regensburg 76 ①

INGOLSTADT

NH Ambassador Ingolstadt, Goethestr. 153, ✉ 85055, ℰ (0841) 50 30, *nhambassadoringolstadt@nh-hotels.com*, Fax (0841) 5037, 🍽, 🛌 – |₿|, ⚇ Zim, 📺 ✆ & 🅿 – 🛎 80. 🆎 ⓞ ⓜⓞ 💳   über ①
Menu à la carte 27/34,50 – ⊇ 13 – **119 Zim** 100/112 – 115/127.
♦ Ein gutes Platzangebot, neuzeitlicher Komfort und eine zeitlos-elegante Einrichtung kennzeichnen die "Standard"- und "Business"-Zimmer des modernisierten Hochhaushotels. Modernes Restaurant.

Kult Hotel, Theodor-Heuss-Str. 25, ✉ 85055, ℰ (0841) 9 51 00 (Hotel), 4 61 76 (Rest.), *info@kult-hotel.de*, Fax (0841) 9510100 – |₿|, ⚇ Zim, 📺 ✆ ⇔ 🅿 – 🛎 30. 🆎 ⓞ ⓜⓞ 💳 ⚇ Rest   über Schillerstraße   **B**
Shinshu (geschl. Montagmittag) **Menu** à la carte 21/40,50 – **90 Zim** ⊇ 120 – 135.
♦ Ein nicht alltägliches Haus, in Form eines Kubus gebaut. Die moderne Einrichtung im Designer-Stil zieht sich wie ein roter Faden durch die Räume. Im minimalistisch gestylten Shinshu hat man sich der japanischen Kochkunst verschrieben.

INGOLSTADT

Straße		
Adolf-Kolping Straße	B	2
Am Stein	B	4
Anatomiestraße	A	5
Bergbräustraße	A	6
Donaustraße	B	7
Ettinger Straße	A	8
Feldkirchner Straße	B	9
Friedrich-Ebert-Straße	B	10
Kanalstraße	A	11
Kelheimer Straße	B	12
K.-Adenauer-Brücke	B	13
Kreuzstraße	A	14
Kupferstraße	B	15
Ludwigstraße	B	
Manchinger Straße	B	18
Mauthstraße	B	19
Moritzstraße	B	23
Münzbergtor	B	24
Neubaustraße	B	25
Neuburger Straße	A	28
Proviantstraße	B	29
Rathausplatz	B	30
Roßmühlstraße	B	34
Schillerbrücke	B	36
Schrannenstraße	B	39
Schutterstraße	B	40
Theresienstraße	A	42
Tränktorstraße	B	43

Ara Hotel Comfort, Theodor-Heuss Str. 30, 85055, (0841) 9 55 50, *info@ara-hotel.de, Fax (0841) 9555100,* , – , Zim, – 120. AE VISA JCB über Schillerstraße B
Menu à la carte 19/39 – **96 Zim** 103/150 – 128/170.
• Hinter der dunkelrot gestrichenen Fassade dieses modernen Hotelbaus erwarten Sie eine mit zeitgenössischen Bildern geschmückte Halle und neuzeitlich-funktionelle Zimmer. Mit warmen Farben gestaltet ist das Restaurant Bellini.

Altstadthotel, Gymnasiumstr. 9, 85049, (0841) 8 86 90, *info@altstadthotel-ing.de, Fax (0841) 8869200* – , Zim, AE VISA JCB. A b
Menu *(geschl. 20. Dez. - 7. Jan.)* (Restaurant nur für Hausgäste) – **60 Zim** 69/135 – 79/155.
• Sehr zentral in der Altstadt gelegen und dennoch recht ruhig - das sind die Vorzüge dieses komplett renovierten, neuzeitlichen Hauses ; auch für Geschäftsleute interessant.

Domizil Hummel , Feldkirchner Str. 69, 85055, (0841) 95 45 30, *info@hoteldomizil.de, Fax (0841) 59211,* , – Zim, – 50. AE VISA
Menu *(geschl. Sonntag)* à la carte 19/32 – **47 Zim** 70/90 – 80/110.
• In einem Wohngebiet liegt dieses engagiert geführte Haus. Die Zimmer sind geräumig und unterschiedlich im Stil - teils zeitlos, teils ländlich eingerichtet. Gediegen-elegante Restauranträume mit liebevoll ausgewähltem Dekor. über Feldkirchner Straße B

Pius Hof, Gundekarstr. 4, 85057, (0841) 4 91 90, *info@hotel-pius-hof.de, Fax (0841) 4919200,* , – , Rest, – 20. AE VISA JCB. Rest *geschl. 20. Dez. - 7. Jan.* – **Menu** *(geschl. Sonntagmittag)* à la carte 15/32 – **50 Zim** 51/135 – 70/155. über Ettinger Straße A
• Hinter der modernen Fassade mit den kleinen Rundbalkonen bietet das engagiert geführte Hotel geschmackvoll eingerichtete und komfortable Zimmer. Rustikale Atmosphäre bestimmt das Ambiente der Christl Stub'n.

Ebner garni, Manchinger Str. 78, 85053, (0841) 96 65 00, *info@ebner-hotel.de, Fax (0841) 9665044,* – – 20. AE VISA. über ② B
geschl. 22 Dez. - 6. Jan. – **28 Zim** 63/73 – 77/83.
• In diesem neuzeitlichen Hotel bietet man Ihnen freundlich und modern eingerichtete Zimmer sowie einen luftig wirkenden Frühstücksraum mit reichhaltigem Buffet.

Donauhotel, Münchner Str. 10, 85051, (0841) 96 51 50, *donauhotel@t-online.de, Fax (0841) 68744* – – 60. VISA JCB. B a
Menu *(geschl. Aug., Samstag, Sonntagabend)* à la carte 15,50/28 – **52 Zim** 59 – 80.
• Am Innenstadtring der altbayerischen Universitäts- und Herzogsstadt ist das familiengeführte Hotel gelegen. Solide Zimmer, meist mit hellem Naturholzmobiliar ausgestattet. Freundlich wirkt das hell gestaltete Restaurant.

Bavaria garni, Feldkirchener Str. 67, 85055, (0841) 9 53 40, *info@bavariahotel-ingolstadt.de, Fax (0841) 58802,* , , – AE VISA
40 Zim 65/70 – 75/90. über Feldkirchner Straße B
• Ein familiengeführtes, gepflegtes Haus am Rand der Innenstadt mit zeitlos eingerichteten Zimmern - auch Familienzimmer mit Verbindungstür werden angeboten.

Bayerischer Hof garni, Münzbergstr. 12, 85049, (0841) 93 40 60, *info@bayrischer-hof-ingolstadt.de, Fax (0841) 93406100,* – AE VISA B n
34 Zim 53 – 77.
• In der verkehrsberuhigten Zone des Altstadtkerns liegt dieser Gasthof. Die Zimmer sind alle mit Naturholzmöbeln ausgestattet und sehr gut gepflegt.

Ammerland garni, Ziegeleistr. 64, 85055, (0841) 95 34 50, *info@hotel-ammerland.de, Fax (0841) 9534545,* – – 30. AE VISA über Friedrich-Ebert-Straße B
geschl. 23. Dez. - 10. Jan. – **35 Zim** 55/100 – 70/125.
• Ein freundlicher Farbtupfer ist dieses Hotel im Landhausstil, das in allen Punkten überzeugt : Zimmer verschiedener Kategorien bieten eine gute technische Ausstattung.

Schweigers Restaurant, Egerlandstr. 61, 85053, (0841) 94 04 03, *schweigers-restaurant@t.online.de, Fax (0841) 64167,* – AE VISA.
geschl. Jan. 1 Woche, über Pfingsten 1 Woche, Sept. 1 Woche, Montag, Samstagmittag – **Menu** *(Dienstag - Donnerstag nur Abendessen)* à la carte 25,50/36.
• In dem modernen Restaurant mit der Einrichtung im Landhausstil erwartet die Gäste eine internationale Küche mit leicht italienischen Einflüssen. über Peisserstraße B

In Ingolstadt-Spitalhof *über ③ : 6 km :*

Mercure-Restaurant Widmann, Hans-Denck-Str. 21, 85051, (08450) 92 20, *h1974@accor-hotels.com, Fax (08450) 922100,* , – , Zim, – 30. AE VISA. Rest
Menu (Tischbestellung ratsam) à la carte 22,50/32 – 12 – **71 Zim** 82/87 – 88.
• Der größte Teil der Zimmer befindet sich in einem neuen Hoteltrakt. Sie sind geräumig, wirken wohnlich-elegant und haben alle einen technisch gut ausgestatteten Arbeitsplatz. Das Restaurant ist teils rustikal mit Kachelofen, teils eleganter eingerichtet.

INGOLSTADT

An der B 13 *über ④ : 4 km :*

Parkhotel Heidehof, Ingolstädter Str. 121, ⊠ 85080 Gaimersheim, ℘ (08458) 6 40, info@heidehof-ingolstadt.de, Fax (08458) 64230, 🍴, 🌿, Massage, 🛌, ≘s, ⊒ (geheizt), 🗲, 🍴 – 🛗 🔟 ✆ 🅿 – 🔐 80. ঝ ⓘ ⓜ 𝗩𝗜𝗦𝗔
Menu à la carte 21/35,50 – **115 Zim** ⊇ 85/113 – 115/142.
• Das moderne Hotel mit großzügigem Tagungsbereich liegt westlich von Ingolstadt und bietet wohnliche Zimmer in 4 Kategorien. Gepflegte, ansprechende Badelandschaft. Gediegenes Hotelrestaurant.

INZELL *Bayern* 𝟱𝟰𝟲 *W 22 – 4 200 Ew – Höhe 693 m – Luftkurort – Wintersport : 700/1 670 m ≰2 ✦.*

🛈 *Inzeller-Touristik, Haus des Gastes, Rathausplatz 5, ⊠ 83334, ℘ (08665) 9 88 50, Fax (08665) 988530.*

Berlin 707 – München 118 – Bad Reichenhall 19 – Traunstein 18.

Zur Post, Reichenhaller Str. 2, ⊠ 83334, ℘ (08665) 98 50, kontakt@post-inzell.de, Fax (08665) 985100, 🍴, 🌿, Massage, 🛌, ≘s, ⊒ – 🛗, ⇌ Zim, 🔟 ✆ ⇌ 🅿 – 🔐 50. ⓜ 𝗩𝗜𝗦𝗔
geschl. 28. Nov. - 18. Dez. – **Menu** à la carte 17/40 – **Rosenstübchen** *(geschl. Sonntag) (Tischbestellung ratsam)* **Menu** à la carte 32,50/40 – **60 Zim** ⊇ 59/73 – 114/134 – ½ P 8.
• Hinter der denkmalgeschützten Fassade des über 500 Jahre alten Gasthofs finden Sie ein nettes Ferienhotel mit diversen Freizeitangeboten. Alpenländisch rustikales Restaurant mit gemütlichem Kachelofen. Gehobene Küche im Rosenstübchen.

Aparthotel Seidel *garni*, Lärchenstr. 17, ⊠ 83334, ℘ (08665) 9 84 40, Fax (08665) 984444, ≘s – 🛗 🅿 🔐 ✦
geschl. 8. - 25. Nov. – **17 Zim** ⊇ 47 – 74.
• Die wohnlichen Appartements dieses neuzeitlichen Hotels sind alle im rustikalen Landhausstil eingerichtet und mit Wohnbereichen und Küchenzeilen ausgestattet.

In Inzell-Schmelz *Süd-West : 2,5 km :*

Gasthof Schmelz, Schmelzer Str. 132, ⊠ 83334, ℘ (08665) 98 70, gasthof-schmelz@t-online.de, Fax (08665) 1718, 🍴, ≘s, ⊒, 🗲 – 🅿
geschl. 15. Nov. - 15. Dez. – **Menu** *(geschl. Montag)* à la carte 14/32 – **36 Zim** ⊇ 41/55 – 76/90 – ½ P 13.
• In dem Urlaubshotel mit der bemalten Fassade erwarten Sie gepflegte, z. T. renovierte Zimmer und Familienappartements. Für Kinder gibt es zahlreiche Beschäftigungsangebote. Das rustikal-gemütliche Restaurant mit dem runden, weißen Kachelofen wirkt einladend.

INZLINGEN *Baden-Württemberg siehe Lörrach.*

IPHOFEN *Bayern* 𝟱𝟰𝟲 *Q 14 – 4 800 Ew – Höhe 252 m.*

🛈 *Tourist Information, Kirchplatz 7, ⊠ 97346, ℘ (09323) 87 03 06, tourist@iphofen.de, Fax (09323) 870308.*

Berlin 479 – München 248 – Würzburg 34 – Ansbach 67 – Nürnberg 72.

Romantik Hotel Zehntkeller, Bahnhofstr. 12, ⊠ 97346, ℘ (09323) 84 40, zehntkeller@romantikhotels.com, Fax (09323) 844123, 🍴, 🍴 – ⇌ Zim, 🔟 ⇌ 🅿 – 🔐 30. ঝ ⓘ ⓜ 𝗩𝗜𝗦𝗔 𝗝𝗖𝗕
Menu *(Tischbestellung ratsam)* 20/60 à la carte 25,50/42 – **47 Zim** ⊇ 65/85 – 98/145, 4 Suiten.
• Das historische Weingut beherbergt ein behagliches Hotel : Die Zimmer sind mit Stilmöbeln eingerichtet, wobei die im Nebenhaus und im Gartenhaus mehr Komfort bieten. Im Restaurant schenkt man Weine aus eigenem Anbau aus. Freundlicher Service.

Huhn das kleine Hotel *garni*, Mainbernheimer Str. 10, ⊠ 97346, ℘ (09323) 12 46, helga.huhn@t-online.de, Fax (09323) 1076, 🍴 – ⇌ 🔟 ✆ 𝗩𝗜𝗦𝗔
8 Zim ⊇ 36/60 – 72.
• Ein kleines Hotel mit privatem Charakter und persönlicher Atmosphäre : Die Zimmer sind individuell und mit Liebe zum Detail eingerichtet, sehr wohnlich und sehr gepflegt.

Goldene Krone, Marktplatz 2, ⊠ 97346, ℘ (09323) 8 72 40, kontakt@gasthof-krone-iphofen.de, Fax (09323) 872424, 🍴 – 🔟 ✆ ⇌ 🅿 ⓜ 𝗩𝗜𝗦𝗔
geschl. 9. - 26. Feb. – **Menu** *(geschl. 24. Dez. - 1. Jan., Dienstag)* à la carte 14/28 – **22 Zim** ⊇ 45/50 – 55/80.
• Direkt am Marktplatz liegt der traditionsreiche, renovierte Gasthof mit der rosafarbenen Fassade und bietet seinen Gästen solide, funktionelle Zimmer. Typische ländliche Gaststuben mit regionalem Angebot.

IPHOFEN

Wirtshaus zum Kronsberg, Schwanbergweg 14, ✉ 97346, ℘ (09323) 8 02 03, eydel@t-online.de, Fax (09323) 80204, 😀 - ⇔ Zim, 📺 AE ⓜ VISA
geschl. nach Fasching 2 Wochen - **Menu** (geschl. Montag) à la carte 15,50/37,50 – **8 Zim** ☐ 39 – 58/62.
• Ein Landgasthof mit praktischen Zimmern, die mit warmen Farbtönen wohnlich gestaltet sind. Wanderwege in die schöne Umgebung beginnen direkt am Haus. Rustikale Gaststube im fränkischen Stil.

Zur Iphöfer Kammer, Marktplatz 24, ✉ 97346, ℘ (09323) 80 43 26, Fax (09323) 804326, 😀
geschl. 1. Jan. - 10. Feb., Montag, Nov. - März Sonntagabend - Montag – **Menu** à la carte 25/34.
• Das kleine, ländliche Restaurant liegt am Marktplatz des schönen Weinortes. Die Einrichtung ist gemütlich, bedient werden Sie von freundlichem Servicepersonal.

Deutscher Hof mit Zim, Ludwigstr. 10, ✉ 97346, ℘ (09323) 33 48, Fax (09323) 3348, 😀
geschl. 27. Dez. - 15. Jan., Ende Aug. - Anfang Sept. 2 Wochen, Mittwoch - Donnerstagmittag, Dez. - März Mittwoch - Donnerstag – **Menu** à la carte 17/33 – **6 Zim** ☐ 40 – 60.
• Das nett dekorierte Restaurant mit dem gemütlichen Kachelofen befindet sich in einem renovierten Fachwerkhaus. Den Service macht die sehr freundliche Chefin des Hauses.

In Mainbernheim West : 3 km, über B 8 :

Zum Falken, Herrnstr. 27, ✉ 97350, ℘ (09323) 8 72 80, info@zum-falken.de, Fax (09323) 872828, 😀 - 📺 P
geschl. Ende Feb. - Mitte März, Ende Aug. - Anfang Sept. – **Menu** (geschl. Dienstag) à la carte 19/28 – **14 Zim** ☐ 40/45 – 61/68.
• Bereits in der 5. Generation in Familienbesitz ist dieser typische, fränkische Landgasthof mit gepflegten, solide eingerichteten Zimmern und einer gastlichen Atmosphäre. Die Gaststube hat sich der traditionellen regionalen Küche verschrieben.

In Rödelsee Nord-West : 3,5 km :

Gasthof und Gästehaus Stegner, Mainbernheimer Str. 26, ✉ 97348, ℘ (09323) 8 72 10 (Hotel) 87 21 27 (Rest.), info@hotel-stegner.de, Fax (09323) 6335, 😀, 🚗 - 📺 P
Menu (geschl. Juli - Aug. 3 Wochen, Dienstag) à la carte 12/28 – **18 Zim** ☐ 31/35 – 52/55.
• Das Gästehaus des Gasthofs bietet seinen Besuchern praktische und gepflegte Zimmer. Die reizvolle Umgebung lädt zu Ausflügen ein.

In Willanzheim-Hüttenheim Süd : 8 km :

Landgasthof May mit Zim, Marktplatz 6, ✉ 97348, ℘ (09326) 2 55, info@landgasthofmay.de, Fax (09326) 205, 😀 - 📺 🚗 ⓜ VISA
geschl. 16. - 28. Feb. - **Menu** (geschl. Mittwoch, Nov. - Feb. Mittwoch - Donnerstag) à la carte 12/24 – **5 Zim** ☐ 25/30 – 36/40.
• Im ländlichen Restaurant, der fränkischen Weinstube oder im Kachelofenzimmer kann man sich an den fränkischen Schmankerln und überregionalen Gerichten erfreuen.

IRREL Rheinland-Pfalz 543 Q 3 – 1400 Ew – Höhe 178 m – Luftkurort.
🛈 Tourist Information, Hauptstr. 4, ✉ 54666, ℘ (06525) 5 00, info@tourist-information-irrel.de, Fax (06525) 500.
Berlin 722 – Mainz 179 – Trier 38 – Bitburg 15.

Koch-Schilt, Prümzurlayer Str. 1, ✉ 54666, ℘ (06525) 92 50, info@koch-schilt.de, Fax (06525) 925222, 🚗 - 🍴 ⇔ Zim, 📺 🚗 P AE ⓜ VISA
Menu à la carte 15/31 – **45 Zim** ☐ 38/49 – 60/70 – ½ P 13.
• In der Nähe Luxemburgs liegt dieses engagiert geführte Hotel mit gepflegten, unterschiedlich eingerichteten Zimmern. Auch Räume für Tagungen sind vorhanden. Gemütliche Gaststuben.

Irreler Mühle 😀 mit Zim, Talstr. 17, ✉ 54666, ℘ (06525) 8 26, Fax (06525) 866, 😀, 🚗 - 🚗 P AE ⓓ ⓜ VISA
geschl. Jan. - Feb. 2 Wochen, Juni - Juli 2 Wochen – **Menu** (geschl. Montag - Dienstag) (wochentags nur Abendessen) à la carte 27/31,50 – **8 Zim** ☐ 29 – 51 – ½ P 9.
• Eine gutbürgerliche Küche mit einigen regionalen Einflüssen bietet Ihnen das gepflegte Restaurant mit dem glänzenden Steinfußboden und der hellen Holzdecke.

In Ernzen West : 5 km, über B 257 Richtung Echternacherbrück :

Chez Claude im Haus Hubertus, (Süd : 2 km), ✉ 54668, ℘ (06525) 8 28, Fax (06525) 828, 😀 - P AE ⓜ VISA
geschl. Mitte Jan. - Anfang Feb., Montag, Nov.- März Montag - Dienstagmittag – **Menu** à la carte 23/44.
• In dem sehr ruhig gelegenen, rustikalen ehemaligen Jagdhaus - mit Jagdtrophäen geschmückt - bewirtet der Küchenchef Sie mit einer klassischen französischen Küche.

IRSEE *Bayern siehe Kaufbeuren.*

ISENBURG *Rheinland-Pfalz siehe Dierdorf.*

ISERLOHN Nordrhein-Westfalen 543 **L 7** – 100 000 Ew – Höhe 247 m.
 🛈 Stadtinformation, Theodor-Heuss-Ring 24, ✉ 58636, ℘ (02371) 2 17 18 21, stadtin fo@iserlohn.de, Fax (02371) 2171822.
 ADAC, Rudolfstr. 1.
 Berlin 499 ② – Düsseldorf 80 ④ – Dortmund 26 ⑤ – Hagen 18 ④ – Lüdenscheid 30 ③

VierJahreszeiten ⌂, Seilerwaldstr. 10, ✉ 58636, ℘ (02371) 97 20, info@ vierjahr eszeiten-iserlohn.de, Fax (02371) 972111, 🍴, ⌂, 🛏 – 🛗, 🍽 Zim, 📺 📞 ♿ 🚗 🅿 –
 🛁 180. AE ⓓ ⓜⓞ VISA   über Seilerseestrasse   X
Menu à la carte 27,50/39,50 – **72 Zim** ⌂ 109/119 – 171.
 ♦ Stilvoll wohnen am Seilersee in der Nähe des Stadtzentrums : Ein kürzlich vollständig renoviertes Hotel mit modernen, mit französischen Apfelholzmöbeln eingerichteten Zimmern.

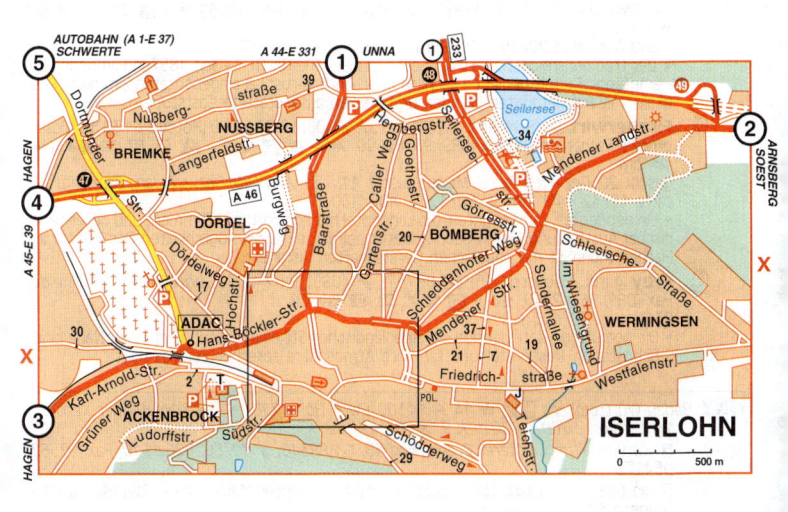

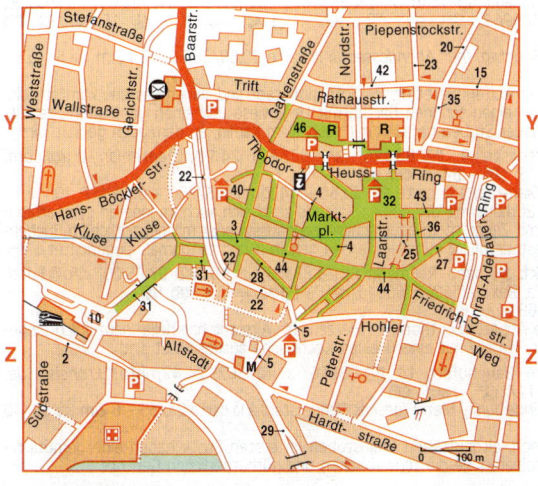

Alexanderstraße	**X, Z** 2
Alter Rathausplatz	**Y** 3
Am Dicken Turm	**YZ** 4
An der Schlacht	**Y** 5
Arnsberger Straße	**X** 7
Bahnhofsplatz	**Z** 10
Elisabethstraße	**Y** 15
Gerlinger Weg	**X** 17
Hansaallee	**X** 19
Hindenburgstr.	**X, Y** 20
Karnacksweg	**X** 21
Kurt-Schumacher-Ring	**YZ** 22
Laarstraße	**YZ**
Lange Straße	**Y** 23
Marktpassage	**Z** 25
Mendener Straße	**Z** 27
Mühlentor	**Z** 28
Obere Mühle	**X, Z** 29
Oestricher Straße	**X** 30
Poth	**Z** 31
Schillerplatz	**Y** 32
Seeuferstraße	**Y** 34
Sofienstraße	**Y** 35
Stahlschmiede	**Y** 36
Teutoburger Str.	**X** 37
Theodor-Fleitmann-Straße	**X** 39
Theodor-Heuss-Ring	
Unnaer Straße	**Y** 40
Viktoriastr.	**Y** 42
Vinckestraße	**Y** 43
Wermingser Straße	**Z** 45
Werner-Jacobi-Pl.	**Y** 46

ISERLOHN

In Iserlohn-Lössel über ③ : 6 km :

XX **Neuhaus** mit Zim (mit Gästehaus), Lösseler Str. 149, ✉ 58644, ℘ (02374) 9 78 00, info@hotel-neuhaus.de, Fax (02374) 7664, 😊, ⇌ – TV, 🚗 P – 🔨 40. AE ⓞ
Menu (geschl. Dienstag)(Montag - Freitag nur Abendessen) à la carte 22/40 – **20 Zim** ⌁ 72/95 – 96/118.
• Das Landhaus ist ein engagiert geführter Familienbetrieb mit geschultem Service sowie internationaler und regionaler Küche. Schöner Garten zum Gästehaus.

ISERNHAGEN Niedersachsen siehe Hannover.

ISMANING Bayern 🆖🆖 V 19 – 13 500 Ew – Höhe 490 m.
Berlin 577 – München 17 – Ingolstadt 69 – Landshut 58 – Nürnberg 157.

🏨 **Zur Mühle,** Kirchplatz 5, ✉ 85737, ℘ (089) 96 09 30, info@hotel-muehle.de, Fax (089) 96093110, 😊, Biergarten, ⇌, 🅲 – 📶, ⇌ Zim, TV P – 🔨 30. AE ⓞ ⓜ VISA JCB
Menu à la carte 20/35 – **110 Zim** ⌁ 89/140 – 115/173.
• Der traditionsreiche, direkt am Seebach gelegene Gasthof - seit 1857 in Familienbesitz - empfängt Sie mit gediegen-sachlich oder ländlich-rustikal eingerichteten Zimmern. Rustikale, mit holzgetäfelten Wänden und Decken ausgestattete Gaststube.

🏨 **Fischerwirt** 😊, Schloßstr. 17, ✉ 85737, ℘ (089) 9 62 62 60 (Hotel) 9 61 39 16 (Rest.), office@fischerwirt.de, Fax (089) 96262610, 🚗 – 📶 TV 📞 P – 🔨 35. AE ⓜ VISA JCB
😊 Zim
geschl. 20. Dez. - 12. Jan. - **Menu** (geschl. 11. - 31. Aug., 20. Dez. - 7. Jan., Samstag) à la carte 17/32 – **41 Zim** ⌁ 80/120 – 100/160.
• Ein gepflegtes, familiengeführtes Landhotel mit komfortablen Zimmern und guter technischer Ausstattung. Die Umgebung bietet vielfältige Freizeitmöglichkeiten. Das Restaurant Fischerstuben ist mit bäuerlichen Gerätschaften dekoriert.

🏨 **Frey** garni, Hauptstr. 15, ✉ 85737, ℘ (089) 9 62 42 30, hotel.frey@t-online.de, Fax (089) 96242340, ⇌ – TV 📞 P. AE ⓞ ⓜ VISA
23 Zim ⌁ 70/100 – 80/130.
• Die gemütliche Hotelpension, im alpenländischen Stil eingerichtet, liegt in der Nähe einer S-Bahnstation. Rustikalität und familiäre Atmosphäre sprechen für das Haus.

ISNY Baden-Württemberg 🆖🆖 W 14 – 14 500 Ew – Höhe 720 m – Heilklimatischer Kurort – Wintersport : 700/1 120 m ✂9 ⛷.
🅱 Kurverwaltung, Unterer Grabenweg 18, ✉ 88316, ℘ (07562) 98 41 10, Fax (07562) 984172.
Berlin 698 – Stuttgart 189 – Konstanz 104 – Kempten (Allgäu) 25 – Ravensburg 41 – Bregenz 42.

🏨 **Hohe Linde,** Lindauer Str. 75 (B 12), ✉ 88316, ℘ (07562) 9 75 97, info@hohe-linde.de, Fax (07562) 975969, 😊, ⇌, 🅲, 🚗 – TV 📞 🚗 P – 🔨 15. AE ⓞ ⓜ VISA JCB
Menu (geschl. Sonntag) (nur Abendessen) à la carte 20,50/36,50 – **34 Zim** ⌁ 54/62 – 92/102 – ½ P 18.
• Viele Annehmlichkeiten bietet dieses Hotel am Stadtrand seinen Gästen : komfortable, moderne Zimmer, einen schönen Garten mit Liegewiese und einen gepflegten Freizeitbereich. Die Allgäuer Stuben gefallen mit rustikalem Kamin, an dem auch gegrillt wird.

🏨 **Bären,** Obertorstr. 9, ✉ 88316, ℘ (07562) 24 20, baerenisny@aol.com, Fax (07562) 2415, 😊 – TV P. ⓜ VISA
Menu (geschl. Dienstag) à la carte 15/30,50 – **14 Zim** ⌁ 37/50 – 62 – ½ P 10.
• Das hübsche Eckhaus mit der gelben Fassade zeigt sich auch im Inneren sympathisch und gepflegt - mit Zimmern im bäuerlichen Landhausstil oder mit neuzeitlichen Buchenmobiliar. Das Restaurant ist in hellen Farben gehalten und zeitgemäß eingerichtet.

🏨 **Am Roßmarkt** 😊 garni, Roßmarkt 8, ✉ 88316, ℘ (07562) 97 65 00, info@hotel-am-rossmarkt.de, Fax (07562) 9765010, ⇌ – TV 📞 🚗 P. ⓜ VISA
14 Zim ⌁ 42/66 – 72/80.
• Das moderne Appartementhotel im Herzen der Altstadt hat helle, neuzeitlich eingerichtete Zimmer, die alle mit einer kleinen Kochnische ausgestattet sind.

X **Krone** mit Zim, Bahnhofstr. 13, ✉ 88316, ℘ (07562) 24 42, info@kroneisny.de, Fax (07562) 56117, 😊 – 🚗 😊
geschl. Mitte - Ende Juni - **Menu** (geschl. Donnerstag) à la carte 21/35 – **6 Zim** ⌁ 30/40 – 48/70.
• Die historischen, altdeutschen Weinstuben im ersten Stock haben eine gemütliche Atmosphäre. Probieren Sie die schwäbischen und gutbürgerlichen Gerichte.

ISNY

Außerhalb Nord-West : 6,5 km über Neutrauchburg, in Unterried Richtung Beuren :

🏨 **Berghotel Jägerhof** ⑤, Jägerhof 1, ✉ 88316 Isny, ℰ (07562) 7 70, berghotel-ja egerhof@t-online.de, Fax (07562) 77202, ≤ Allgäuer Alpen, 🌳, Wildgehege, ⓥ, Massage, 🏋, ≋, 🅿, 🌿, ✗ 🍴 – 🛗 ⟵ 📺 📞 🅿 – 🔑 90. 🆎 ① ⓜ 💳. ✗ Rest
Menu à la carte 25/36 – **88 Zim** ⊇ 117 – 164, 3 Suiten – ½ P 25.
  ♦ Richtig abschalten im Allgäu : Ruhe und Erholung verspricht das stilvolle Haus mit der großzügigen Halle, den einladenden Zimmern und dem luxuriösen Wellnessbereich. Im Restaurant : Jagdatmosphäre, Wintergarten oder bäuerliches Ambiente.

ISSELBURG Nordrhein-Westfalen **543** K 3 – 11 000 Ew – Höhe 23 m.
  Sehenswert : Wasserburg Anholt★.
  🐎 Isselburg-Anholt, Am Schloß 3 (Nord-West : 3 km), ℰ (02874) 91 51 20.
  🛈 Tourist-Info, Markt 9 (in Isselburg-Anholt), ✉ 46419, ℰ (02874) 94 23 44, info@is selburg-online.de, Fax (02874) 942346.
  Berlin 579 – Düsseldorf 86 – Arnhem 46 – Bocholt 13.

🏨 **Nienhaus**, Minervastr. 26, ✉ 46419, ℰ (02874) 7 70, hotel-nienhaus@t-online.de, Fax (02874) 45673, 🌳 – 📺 ⟵ 🆎 ① ⓜ 💳. ✗ Rest
Menu (geschl. Donnerstag, Samstagmittag) à la carte 23/35 – **12 Zim** ⊇ 40 – 72.
  ♦ Ein familiengeführter Gasthof mit persönlicher Atmosphäre : Hinter der efeuberankten Fassade erwarten die Gäste solide eingerichtete, teils recht geräumige Hotelzimmer. Unverputzte Ziegelmauern und Holzbalken verleihen dem Restaurant eine gewisse Rustikalität.

In Isselburg-Anholt Nord-West : 3,5 km :

🏨 **Parkhotel Wasserburg Anholt** ⑤, Klever Straße, ✉ 46419, ℰ (02874) 45 90, wasserburg-anholt@t-online.de, Fax (02874) 4035, ≤, 🌳, 🌿 – 🛗, 🍴 Rest, 📺 📞 🅿 – 🔑 50. 🆎 ① ⓜ 💳. ✗ Rest
Schlossrestaurant (geschl. Sonntag - Montag) (nur Abendessen) **Menu** 31/49 und à la carte, ₽ – **Wasserpavillion : Menu** à la carte 30,50/42,50 – **33 Zim** ⊇ 60/120 – 125/155, 3 Suiten.
  ♦ Inmitten eines Parks liegt diese Wasserburg a. d. 12. Jh. Genießen Sie den stilvollen öffentlichen Bereich und die eleganten Zimmer. Interessant : das Burg-Museum. Klein und fein ist das Gourmetrestaurant des Schlosses. Im Pavillon : helle, luftige Atmosphäre.

ITZEHOE Schleswig-Holstein **541** E 12 – 33 000 Ew – Höhe 7 m.
  🐎 🐎 Breitenburg (Süd-Ost : 5 km), ℰ (04828) 81 88.
  Berlin 343 – Kiel 69 – Hamburg 61 – Bremerhaven 97 – Lübeck 87 – Rendsburg 44.

🏨 **Mercure Klosterforst**, Hanseatenplatz 2, ✉ 25524, ℰ (04821) 1 52 00, h2087@accor-hotels.com, Fax (04821) 152099 – 🛗, ⟵ Zim, 📺 📞 ⟵ 🅿 – 🔑 80. 🆎 ① ⓜ 💳
Menu (nur Abendessen) à la carte 19/35,50 – ⊇ 13 – **78 Zim** 74/87 – 89/102.
  ♦ Ein modernes Stadthotel mit gehobener Ausstattung, das mit seinen zeitgemäßen technischen Einrichtungen besonders auf die Bedürfnisse von Geschäftsreisenden zugeschnitten ist.

JENA Thüringen **544** N 18 – 99 000 Ew – Höhe 144 m.
  Sehenswert : Planetarium★ AY – Optisches Museum★ AY M1.
  🐎 Jena-Münchenroda, Dorfstr. 29 (West : 7 km über ⑥), ℰ (03641) 42 46 51.
  🛈 Tourist-Information, Johannisstr. 23, ✉ 07743, ℰ (03641) 80 64 00, Fax (03641) 806409.
  ADAC, Teichgraben (Eulenhaus).
  Berlin 246 ③ – Erfurt 59 ⑤ – Gera 44 ③ – Chemnitz 112 ③ – Bayreuth 147 ③

Stadtpläne siehe nächste Seiten

🏨 **Steigenberger Esplanade**, Carl-Zeiss-Platz 4, ✉ 07743, ℰ (03641) 80 00, jena@steigenberger.de, Fax (03641) 800150, 🏋, ≋ – 🛗, ⟵ Zim, 🍴 📺 📞 ⟵ – 🔑 450. 🆎 ① ⓜ 💳
AY a
Rotonda (geschl. Samstag - Sonntag) **Menu** à la carte 23,50/35,50 – **179 Zim** ⊇ 115/175 – 155/195, 6 Suiten.
  ♦ Das moderne Hotel empfängt Sie mit einer großzügigen Halle im Atrium-Stil. Die neuzeitlich-sachlichen Zimmer überzeugen mit funktionaler Ausstattung. Das Rotonda gibt sich südamerikanisch - teils leicht elegant, teils als Bistro.

717

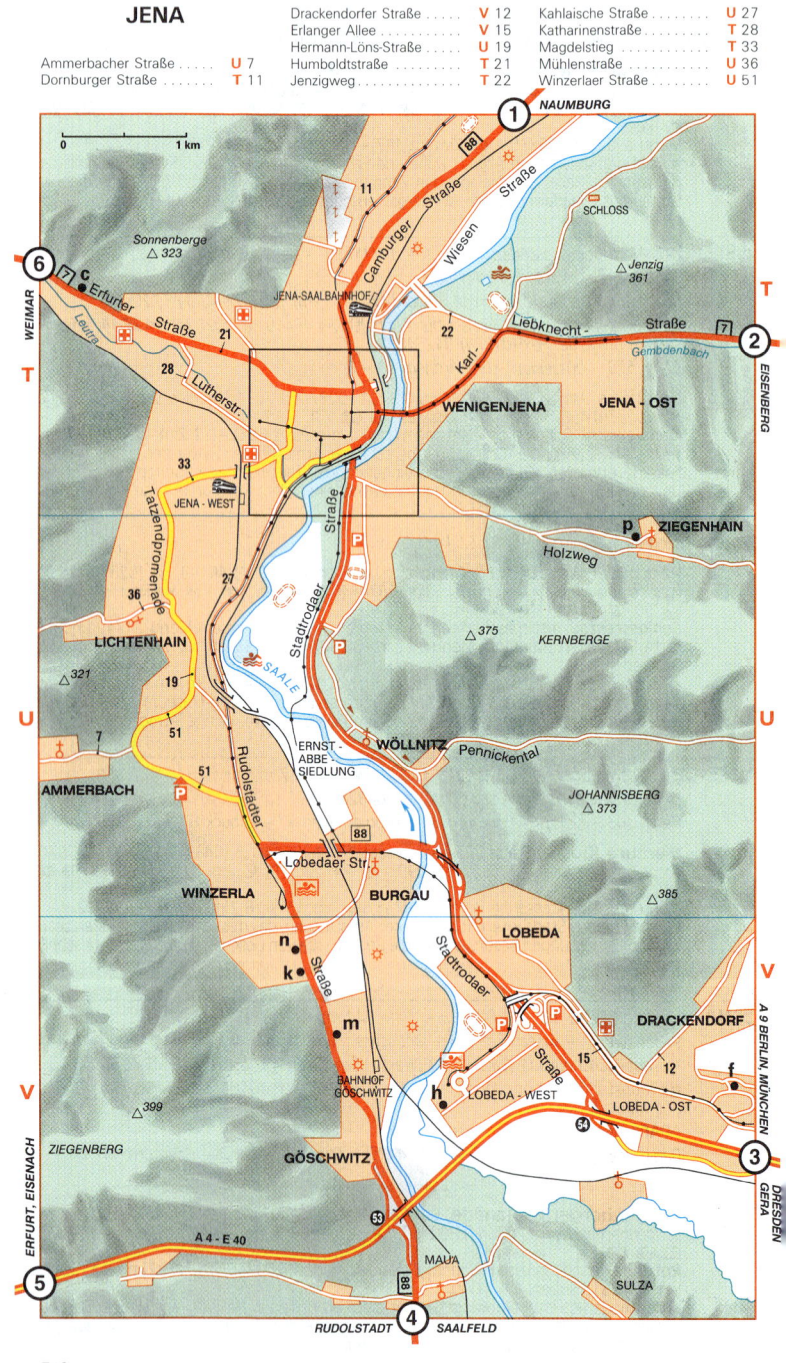

JENA

		Drackendorfer Straße	**V** 12	Kahlaische Straße	**U** 27
		Erlanger Allee	**V** 15	Katharinenstraße	**T** 28
Ammerbacher Straße	**U** 7	Hermann-Löns-Straße	**U** 19	Magdelstieg	**T** 33
Dornburger Straße	**T** 11	Humboldtstraße	**T** 21	Mühlenstraße	**T** 36
		Jenzigweg	**T** 22	Winzerlaer Straße	**U** 51

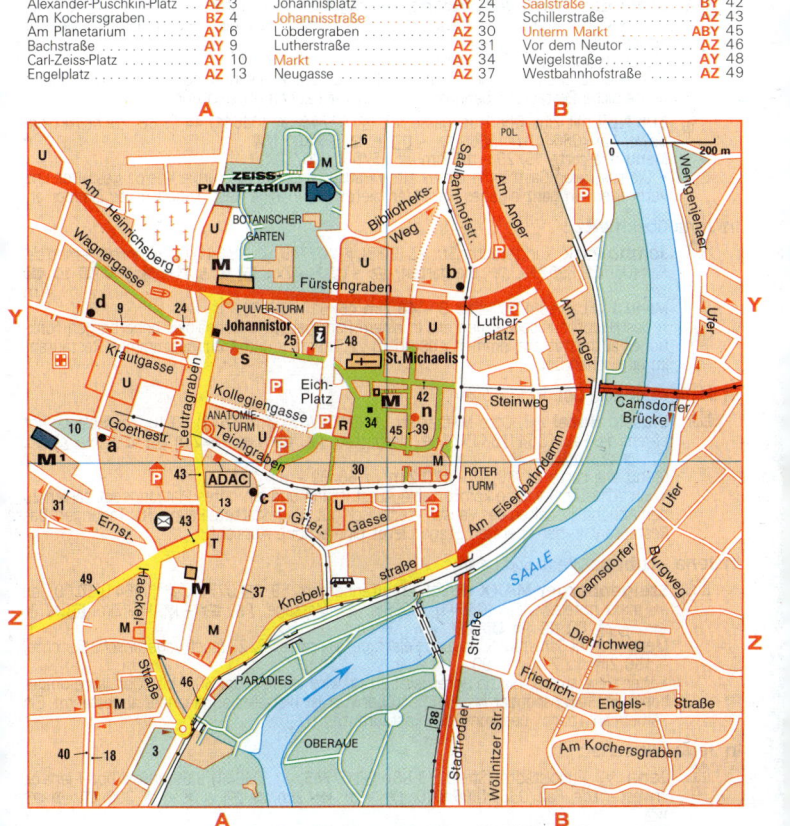

JENA

Alexander-Puschkin-Platz	**AZ** 3
Am Kochersgraben	**BZ** 4
Am Planetarium	**AY** 6
Bachstraße	**AY** 9
Carl-Zeiss-Platz	**AY** 10
Engelplatz	**AZ** 13
Goethestraße	**AY**
Hainstraße	**AZ** 18
Johannisplatz	**AZ** 24
Johannisstraße	**AY** 25
Löbdergraben	**AZ** 30
Lutherstraße	**AZ** 31
Markt	**AZ** 34
Neugasse	**AZ** 37
Oberlauengasse	**BY** 39
Rathenaustraße	**AZ** 40
Saalstraße	**BY** 42
Schillerstraße	**AZ** 43
Unterm Markt	**ABY** 45
Vor dem Neutor	**AZ** 46
Weigelstraße	**AY** 48
Westbahnhofstraße	**AZ** 49

🏨 **Schwarzer Bär,** Lutherplatz 2, ✉ 07743, ☏ (03641) 40 60, *hotel@schwarzer-baer-jena.de*, Fax (03641) 406113, 🍽 – 🛗 📺 📞 ♿ 🅿 – 🚗 80. AE ⓂⓄ VISA JCB   **BY b**
Menu à la carte 17/31 – **71 Zim** ⏶ 62/70 – 82/90.
* Traditionsreiche Gastlichkeit kennzeichnet dieses mit funktionellen Zimmern ausgestattete Hotel. Das Zentrum der Stadt erreichen Sie bequem zu Fuß. Rustikal-elegantes Restaurant.

🏨 **Ibis** garni, Teichgraben 1, ✉ 07743, ☏ (03641) 81 30, *h2207@accor-hotels.com*, Fax (03641) 813333 – 🛗 📺 📞 ♿ 🚗. AE ⓄⓂⓄ VISA   **AZ c**
⏶ 9 – **76 Zim** 49.
* Ein neuzeitliches Ambiente begleitet den Gast vom Empfang bis in die Zimmer. Hier finden Sie eine solide Möblierung und ein sachliches Design vor.

🏨 **Papiermühle,** Erfurter Str. 102, ✉ 07743, ☏ (03641) 4 59 80, *papiermuehle@jenaer-bier.de*, Fax (03641) 459845, Biergarten – 📺 🅿 ⓂⓄ VISA   **T c**
Menu à la carte 12/23,50 – **18 Zim** ⏶ 45/50 – 68/75.
* Zwei hübsche historische Ziegelsteinhäuser beherbergen dieses familiengeführte kleine Hotel. Die Zimmer sind mit dunklen Holzmöbeln zeitgemäß eingerichtet. Der Braugasthof von 1737 verfügt über eine eigene Hausbrauerei.

🏨 **Zur Schweiz,** Quergasse 15, ✉ 07743, ☏ (03641) 5 20 50, *info@zur-schweiz.de*, Fax (03641) 5205111, 🍽 – 📺. ⓂⓄ VISA   **AY d**
Menu à la carte 13/23 – **19 Zim** ⏶ 50 – 72.
* Im Zentrum von Jena ist dieses Hotel platziert. Eine Kombination von Wohnlichkeit und Funktionalität prägt die Zimmer dieser gepflegten kleinen Adresse. Gaststube mit ländlichem Charakter.

JENA

Scala das Turm-Restaurant, Leutragraben 1 (im Intershop Tower), ⊠ 07743, ℰ (03641) 35 66 66, *post@scala-jena.de*, Fax (03641) 356667, ≤ Jena und Saaletal – AE ⓘ MO VISA
AY s
Menu 20 (mittags)/48 à la carte 34/46.
♦ Beeindruckend ist die Sicht von der obersten Etage des Intershop-Towers, wo sich das neuzeitliche Restaurant befindet - die Fenster reichen bis zum Boden.

Zur Noll mit Zim, Oberlauengasse 19, ⊠ 07743, ℰ (03641) 44 15 66, *zur.noll@t-online.de*, Fax (03641) 441566, ⌂, – TV P AE ⓘ MO VISA
BY n
Menu à la carte 15/29 – **10 Zim** ⊊ 55/65 – 70/80.
♦ Die rustikalen Gasträume dieses alten Hauses sind wie eine urige Kneipe gestaltet und verbreiten ein ganz eigenes Flair. Man bietet auch einige nett eingerichtete Zimmer an.

In Jena-Göschwitz :

Jembo Park, Rudolstädter Str. 93 (B 88), ⊠ 07745, ℰ (03641) 68 50, *info@jembo.de*, Fax (03641) 685299, ⌂, Biergarten, ≘s – ⌘, ↔ Zim, TV ✆ 👤 P – 🚌 100. AE ⓘ MO VISA
V m
Menu à la carte 14/27 – ⊊ 8 – **48 Zim** 46/61 – 56/71.
♦ Das Haupthaus sowie mehrere in einem Park gelegene Bungalows beherbergen funktionell ausgestattete Zimmer. Außerdem : 2 Themen- und 4 Businesszimmer. Restaurant im englischen Stil.

In Jena - Lobeda-Ost Süd : 3,5 km :

Classic Hotel ⌘, Otto-Militzer-Str. 1, ⊠ 07747, ℰ (03641) 30 10, *res@classic-hotel-jena.de*, Fax (03641) 334575, ≤, Biergarten, 👥, ≘s – ⌘, ↔ Zim, TV ✆ 👤 P – 🚌 80. AE ⓘ MO VISA
V f
Menu à la carte 21/38,50 – **170 Zim** ⊊ 66/89 – 81/104.
♦ Ein zeitloser Stil, eine komfortable Ausstattung und ein gutes Platzangebot zählen zu den Annehmlichkeiten des Hauses - technisch gut ausgestattete Räume für Tagungen. Das Restaurant in der obersten Etage bietet eine schöne Aussicht.

In Jena - Lobeda-West Süd : 4 km :

Steigenberger MAXX Hotel, Stauffenbergstr. 59, ⊠ 07747, ℰ (03641) 30 00, *jena@maxx-hotels.de*, Fax (03641) 300888, ⌂, Massage, 👥, ≘s – ⌘, ↔ Zim, TV ✆ 👤 ⇐ – 🚌 80. AE ⓘ MO VISA JCB. ✕ Rest
V h
Menu *(geschl. Samstag, Sonn- und Feiertage)* à la carte 20/27 *(auch vegetarische Gerichte)* – **136 Zim** ⊊ 71/81 – 90.
♦ Wer diese amerikanische Hotelwelt betritt, wird vom Stil der 30er bis 50er Jahre umgeben. Vom Seifenspender bis zum Bettüberwurf ist hier alles aufeinander abgestimmt. Ein "American Touch" bestimmt das Restaurant.

In Jena-Winzerla :

Jena ⌘, Rudolstädter Str. 82 (B 88), ⊠ 07745, ℰ (03641) 6 60, *info@hotel-jenabestwestern.de*, Fax (03641) 661010, ⌂ – ⌘, ↔ Zim, ▤ 👤 P – 🚌 200. AE ⓘ MO VISA
V k
Menu à la carte 19/30,50 – **160 Zim** ⊊ 86/89 – 98.
♦ Mit zeitgemäßem hellem Mobiliar und genug Platz zum Arbeiten sind die Zimmer dieses Hotels funktionell ausgestattet. Auch für Tagungsgäste geeignet.

Zur Weintraube, Rudolstädter Str. 76 (B 88), ⊠ 07745, ℰ (03641) 60 57 70, *hotel@weintraube-jena.de*, Fax (03641) 606583, Biergarten, TV ✆ ⇐ P – 🚌 20. AE MO VISA
V n
Menu à la carte 12,50/32,50 – **19 Zim** ⊊ 58/68 – 75/80.
♦ Helles Mobiliar und eine neuzeitliche Technik kennzeichnen dieses funktionelle Hotel. Auch der dörfliche Charakter zählt zu den Annehmlichkeiten des Familienbetriebs. Schon seit über 200 Jahren existiert das leicht rustikale Restaurant.

In Jena-Ziegenhain :

Ziegenhainer Tal ⌘, Ziegenhainer Str. 107, ⊠ 07749, ℰ (03641) 39 58 40, *ziegenhain@jenaer-bier.de*, Fax (03641) 395842, ≘s, ⌂ – ↔ Zim, TV P AE MO VISA
U p
Menu *(geschl. Samstag - Sonntag) (nur Abendessen)* (Restaurant nur für Hausgäste) – **20 Zim** ⊊ 50 – 75.
♦ In schöner Lage oberhalb der Stadt befindet sich dieses familiengeführte kleine Hotel. Sie wohnen in dunkel möblierten, funktionellen Gästezimmern.

In Zöllnitz Süd-Ost : 6 km über Erlanger Allee V :

Fair Hotel, Ilmnitzer Landstr. 3, ⊠ 07751, ℰ (03641) 76 76, *service@fairhotel-jena.de*, Fax (03641) 767767, ⌂, – 🚌 150. AE ⓘ MO VISA
Menu à la carte 18/32 – **113 Zim** ⊊ 65/70 – 75/90.
♦ Neuzeitlich und funktionell ausgestattete Zimmer, die verkehrsgünstige Lage in Autobahnnähe und gute Pflege zählen zu den Annehmlichkeiten dieses Hotels. Zur Halle hin offenes Restaurant im Bistrostil.

JESTEBURG Niedersachsen 541 G 13 – 6 500 Ew – Höhe 25 m – Luftkurort.
Berlin 311 – Hannover 126 – Hamburg 42 – Lüneburg 39.

Jesteburger Hof, Kleckerwaldweg 1, ⌧ 21266, ℘ (04183) 20 08, jesteburgerhof@
t-online.de, Fax (04183) 3311, 佘 – 늘 Rest, TV ⇔ P – 益 30. AE ⓞ ⓜ VISA.
※ Rest
Menu à la carte 16,50/30 – **21 Zim** ☑ 47/50 – 64/77 – ½ P 12.
• Sind Sie auf der Suche nach einer praktischen und gepflegten Unterkunft ? Die Zimmer
sind zeitgemäß und wohnlich eingerichtet und verfügen über eine solide Technik. Hei-
meliges Restaurant und gemütliche Gaststube.

In Jesteburg-Itzenbüttel Nord-West 3 km :

Zum grünen Jäger ⤫, Itzenbütteler Waldweg 35, ⌧ 21266, ℘ (04181) 9 22 50,
hotel@gruener-jaeger.com, Fax (04181) 9225125, 佘, ⟵ – TV P. AE ⓜ VISA
Zim 15/26 – **15 Zim** ☑ 56 – 77/92.
• Direkt am Waldrand finden Sie in diesem 1912 erbauten Haus ein nettes Hotel, das mit
Pflege, Sauberkeit und wohnlichem Ambiente im Landhausstil gefällt. Im Hotelrestaurant
serviert man bürgerliche Küche.

In Asendorf Süd-Ost : 4,5 km :

Zur Heidschnucke ⤫, Zum Auetal 14, ⌧ 21271, ℘ (04183) 97 60, hotel.heidsch
nucke@t-online.de, Fax (04183) 4472, 佘, Biergarten, Massage, ⚜, ⇌, ▣, ⟵ – ⒮ 늘
TV P – 益 150. AE ⓞ ⓜ VISA
Menu à la carte 25/42 – **52 Zim** ☑ 68/73 – 109/127 – ½ P 20.
• Hinter einer optisch reizvollen Fassade verbergen sich behagliche, rustikal geprägte Zim-
mer mit einer praktischen Ausstattung – teils mit kleiner Sitzecke versehen. Verschiedene
ländliche Räume bilden das Restaurant.

JESTETTEN Baden-Württemberg 545 X 9 – 4 200 Ew – Höhe 438 m – Erholungsort.
Berlin 792 – Stuttgart 174 – Freiburg im Breisgau 102 – Waldshut-Tiengen 34 – Schaff-
hausen 8 – Zürich 42.

Zum Löwen, Hauptstr. 22, ⌧ 79798, ℘ (07745) 9 21 10, info@hotel-loewen-jestet
ten.de, Fax (07745) 921188 – ⒮ TV ⇔ P. AE ⓜ VISA
Menu à la carte 17/35 – **15 Zim** ☑ 45/50 – 78/114.
• Gut unterhaltene Zimmer mit solider Ausstattung bietet Ihnen dieser alteingesessene
Betrieb – ein familiengeführter Gasthof mit neuzeitlichem Anbau. Das Gasthaus beherbergt
ein gemütliches Restaurant.

JETTINGEN-SCHEPPACH Bayern 546 U 15 – 6 800 Ew – Höhe 468 m.
ᴦ₁₈ Schloß Klingenburg (Süd : 4km), ℘ (08225) 30 30.
Berlin 587 – München 100 – Augsburg 41 – Ulm (Donau) 33.

Best Hotel Mindeltal garni, Robert-Bosch-Str. 3 (Scheppach), ⌧ 89343, ℘ (08225)
99 70, besthotel@besthotel.de, Fax (08225) 997100 – ⒮ 늘 TV ✆ ⅚ P – 益 25. ⓜ
VISA
74 Zim ☑ 59/66 – 79/89.
• In Legoland-Nähe, in einem Gewerbegebiet nahe der A8, liegt dieses Haus mit einheitlich
geschnittenen Zimmern in modernem Design. Auch Zimmer für Allergiker.

JEVER Niedersachsen 541 F 7 – 14 000 Ew – Höhe 10 m – Erholungsort.
🅱 Tourist-Information, Alter Markt 18, ⌧ 26441, ℘ (04461) 7 10 10, tourist-
info@stadt-jever.de, Fax (04461) 8929927.
Berlin 488 – Hannover 229 – Emden 59 – Oldenburg 59 – Wilhelmshaven 18.

Schützenhof, Schützenhofstr. 47, ⌧ 26441, ℘ (04461) 93 70, info@schuetzenhof
-jever.de, Fax (04461) 937299, Biergarten – 늘 Zim, TV ✆ ⅚ P – 益 300. AE ⓞ ⓜ
VISA
Zitronengras (geschl. Donnerstag) (nur Abendessen) **Menu** à la carte 20/37 – **32 Zim**
☑ 48 – 78.
• Der neuzeitliche Klinkerbau kann nach umfangreichen Renovierungsarbeiten hübsche
Zimmer mit gutem Platzangebot und funktioneller Einrichtung anbieten. Im Restaurant
Zitronengras wird Bodenständiges mit Asiatischem kombiniert.

Friesen-Hotel ⤫ garni, Harlinger Weg 1, ⌧ 26441, ℘ (04461) 93 40, jache@jeve
r-hotel.de, Fax (04461) 934111 – 늘 TV ⇔ P. AE ⓞ ⓜ VISA. ※
36 Zim ☑ 41/54 – 75.
• Die Zimmer dieses Hotels sind teils mit hellem neuzeitlichem Mobiliar bestückt, teils mit
Eiche rustikal – oder bevorzugen Sie ein überbreites Bett ?

JÖHSTADT Sachsen 544 O 23 – 3 500 Ew – Höhe 800 m – Wintersport : 750/899 m ⟲1 ⚞.
🛈 *Fremdenverkehrsamt, Markt 185 (Rathaus)*, ✉ 09477, ✆ (037343) 8 05 10, fremdenverkehr@joehstadt.de, Fax (037343) 80522.
Berlin 308 – Dresden 107 – Chemnitz 44.

Schlössemühle, Schlösselstr. 60 (Ost : 1 km), ✉ 09477, ✆ (037343) 26 66, schloesselmuehle@web.de, Fax (037343) 2665, Biergarten – 📺 ☏ P. ⦿ VISA 🚫
Menu à la carte 9,50/20,50 – **12 Zim** ⊇ 30 – 44 – ½ P 8.
♦ Das familiengeführte kleine Hotel gegenüber des Bahnhofs bietet Gästen eine solide und funktionelle Innenausstattung. Guter Ausgangspunkt für Wanderungen und Ausfahrten.

JOHANNESBERG Bayern siehe Aschaffenburg.

JOHANNGEORGENSTADT Sachsen 544 O 22 – 6 300 Ew – Höhe 900 m – Erholungsort – Wintersport : 700/1000 m ⟲2 ⚞.
🛈 *Fremdenverkehrsamt, Eibenstocker Str. 67*, ✉ 08349, ✆ (03773) 88 82 22, info@johanngeorgenstadt.de, Fax (03773) 888280.
Berlin 317 – Dresden 144 – Chemnitz 57 – Chomutov 86 – Karlovy Vary 59 – Hof 97.

In **Johanngeorgenstadt-Steinbach** Nord-West : 2 km :

Steinbach, Steinbach 22, ✉ 08349, ✆ (03773) 88 22 28, gasthof-steinbach@t-online.de, Fax (03773) 8819769, 🌳, 🍴 – 📺 P. AE ⦿ VISA
geschl. Anfang Nov. 2 Wochen – **Menu** (geschl. Donnerstag) à la carte 10/20 – **15 Zim** ⊇ 35 – 50 – ½ P 8.
♦ Diese kleine ländliche Adresse bietet ihren Gästen freundliche und saubere Zimmer mit Naturholzmobiliar und zeitgemäßer Ausstattung. Bürgerlich-rustikale Gaststube mit Kachelofen.

JORK Niedersachsen 541 F 13 – 10 500 Ew – Höhe 1 m.
Sehenswert : Bauernhäuser ★.
Berlin 318 – Hannover 167 – Hamburg 63 – Bremen 108.

Zum Schützenhof, Schützenhofstr. 16, ✉ 21635, ✆ (04162) 9 14 60, info@schuetzenhof-jork.de, Fax (04162) 914691, 🌳, 🍴 – 📺 P – 🛎 30. AE ⦿ VISA
Ollanner Buurhuus (geschl. 31. Dez. - 8. Jan., Donnerstag) **Menu** à la carte 16,50/24,50 – **15 Zim** ⊇ 48 – 72/80.
♦ Eine Kombination von Klinker und Fachwerk prägt die Fassade des traditionsreichen Hauses. Sie bewohnen mit solidem hellem Holzmobiliar einheitlich ausgestattete Zimmer. Das Ollanner Buurhuus ist regionstypisch gestaltet.

JÜLICH Nordrhein-Westfalen 543 N 3 – 31 000 Ew – Höhe 78 m.
Berlin 607 – Düsseldorf 55 – Aachen 31 – Köln 53.

Kaiserhof, Bahnhofstr. 5, ✉ 52428, ✆ (02461) 6 80 70, info@kaiserhof-juelich.de, Fax (02461) 680777, 🌳 – 📶, ⥻ Zim, 📺 ☏ P – 🛎 30. AE ⦿ VISA
Menu (geschl. Sonntagabend) à la carte 24/35,50 – **41 Zim** ⊇ 67/75 – 92.
♦ Am Rand des Zentrums liegt dieses von Geschäftsleuten geschätzte Hotel. Die Zimmer sind mit unterschiedlichem Mobiliar bestückt und in wohnlichem Stil gehalten. Hotel-Restaurant mit klassischer Aufmachung.

JÜRGENSTORF Mecklenburg-Vorpommern siehe Stavenhagen.

JÜTERBOG Brandenburg 542 K 23 – 14 000 Ew – Höhe 75 m.
🛈 *Stadtinformation, Markt 21 (Rathaus)*, ✉ 14913, ✆ (03372) 46 31 13, Fax (03372) 463113.
Berlin 71 – Potsdam 58 – Cottbus 105 – Dessau 82 – Wittenberg 51.

In **Kloster Zinna** Nord-Ost : 4,5 km über B 101, Richtung Luckenwalde :

Romantik Hotel Alte Försterei, Markt 7, ✉ 14913, ✆ (03372) 46 50, alte-foersterei@romantikhotels.com, Fax (03372) 465222, 🌳 – ⥻ Zim, 📺 ☏ P – 🛎 55. AE ⦿ VISA
Friedrichs Stuben : **Menu** à la carte 18/26,50 – **12 Mönche** : **Menu** à la carte 14,50/19,50 – **20 Zim** ⊇ 55/75 – 95/105.
♦ Hinter den alten Mauern des Forsthauses von 1765 erwarten den Gast individuell mit Landhausmöbeln und Antiquitäten eingerichtete Zimmer. Stilvoll tafeln Sie in Friedrichs Stuben. Die Schankstube 12 Mönche befindet sich im ehemaligen Pferdestall.

JUIST (Insel) Niedersachsen 541 E 4 – 1 700 Ew – Seeheilbad – Insel der Ostfriesischen Inselgruppe, Autos nicht zugelassen.

🚢 von Norddeich (ca. 1 h 15 min), ℘ (04935) 9 10 10, Fax (04935) 910134.

🛈 Kurverwaltung, Friesenstr. 18 (Altes Warmbad), ✉ 26571, ℘ (04935) 80 91 05, info@juist.de, Fax (04935) 809223.

ab Fährhafen Norddeich : Berlin 537 – Hannover 272 – Emden 37 – Aurich/Ostfriesland 31.

Romantik Hotel Achterdiek ⑤, Wilhelmstr. 36, ✉ 26571, ℘ (04935) 80 40, info@hotel-achterdiek.de, Fax (04935) 1754, 🍽, ②, ≘, 🔲, 🐎 – 📶, ⤬ Rest, 📺 🚴 – 🏊 20.
geschl. 3. Nov. - 22. Dez. – **Wintergarten** (Tischbestellung ratsam) **Menu** à la carte 35/46 – **49 Zim** ⇌ 109/127 – 208/300 – ½ P 26.

• Insulanern auf Zeit bietet dieses komfortable Hotel hinter dem Deich unterschiedlich gestaltete Zimmer von modern bis friesisch-elegant sowie sehr schöne Familienzimmer. Klassisch-elegant zeigt sich das Restaurant Wintergarten.

Historisches Kurhaus Juist ⑤, Strandpromenade 1, ✉ 26571, ℘ (04935) 91 60, hiskur.juist@t-online.de, Fax (04935) 916222, ≤, Massage, 🎏, ≘ – 📶 📺 🚴 – 🏊 40. ⤬ Rest
geschl. 7. Jan. - 19. Feb. – **Menu** (nur Abendessen) à la carte 22/41 – **70 Zim** ⇌ 135/150 – ½ P 25.

• Das "weiße Schloss am Meer" wird Sie mit seinem Äußeren wie auch mit seiner Lage beeindrucken. Im Inneren erwarten den Gast stilvolle Moderne und ein gutes Platzangebot. Stuckverzierungen und Leuchter lassen das Restaurant elegant wirken.

Pabst ⑤, Strandstr. 15, ✉ 26571, ℘ (04935) 80 50, info@hotelpabst.de, Fax (04935) 805155, 🍽, ②, Massage, 🎏, ≘, 🔲, 🐎 – 📶 📺 🚴. ⤬
geschl. 1. - 22. Dez., 16. Jan. - 16. Feb. – **Menu** (geschl. Nov. - Mai Sonntagabend - Montag) 15,50 (mittags) à la carte 24/43 – **61 Zim** ⇌ 114/163 – 168/308, 5 Suiten – ½ P 15.

• Vom Empfang bis zum Freizeitbereich eine nette, tadellos gepflegte Adresse. In den Gästezimmern schafft eine helle, wohnliche Einrichtung ein behagliches Ambiente. Gemütliches Restaurant im friesischen Stil.

Juister Hof ⑤, Strandpromenade 2, ✉ 26571, ℘ (04935) 9 20 40, info@juister-hof.de, Fax (04935) 920433, ≘ – 📶 ⤬ 📺 💳 ⓜ VISA
geschl. 7. Jan. - 18. Feb. – **Menu** (geschl. Montag) à la carte 24/32 – ⇌ 13 – **38 Zim** 129/170 – 144/189.

• Das Haus überzeugt mit seiner strandnahen Lage und geräumigen Zimmern - teils mit Balkon und einem schönen Blick aufs Meer, alle mit Küchenzeile ausgestattet. Rattanstühle, Holzboden und dezente Dekoration mit Bildern im Restaurant.

Friesenhof ⑤, Strandstr. 21, ✉ 26571, ℘ (04935) 80 60, info@friesenhof-juist.de, Fax (04935) 1812, ≘, 🐎 – 📶 📺. ⤬
geschl. 6. Jan. - 25. März, 2. Nov. - 25. Dez. – **Menu** (geschl. 1. Jan. - 25. März, 2. Nov. - 31. Dez.) à la carte 21/46,50 – **79 Zim** ⇌ 82/89 – 120/148 – ½ P 15.

• Solide, meist türkisfarbene Möbel lassen die Zimmer dieses familiengeführten Hotels wohnlich wirken. Kleine Gäste finden im Spielzimmer eine Beschäftigung. In klassischen Restauranträumen offeriert man eine große Auswahl an Fischgerichten.

Westfalenhof ⑤, Friesenstr. 24, ✉ 26571, ℘ (04935) 9 12 20, info@hotel-westfalenhof.de, Fax (04935) 912250 – 📺 💳. ⤬ Rest
geschl. 5. Jan. - 18. März, 1. Nov. - 26. Dez. – **Menu** (nur Abendessen) (Restaurant nur für Hausgäste) – **24 Zim** ⇌ 70/79 – 128/142 – ½ P 13.

• Tadellose Pflege, ein netter Pensionscharakter und wohnliche, individuelle Zimmer machen diese Adresse aus - mehr Platz bieten die Eckzimmer.

JUNGHOLZ IN TIROL Österreich 730 D 6 – Österreichisches Hoheitsgebiet, wirtschaftlich der Bundesrepublik Deutschland angeschlossen, Telefonvorwahl Österreich (0043) – 300 Ew – Höhe 1 058 m – Luftkurort – Wintersport : 1 150/1 600 m ✰6 ✰.

🛈 Tourismusverband Jungholz, Im Gemeindehaus 55, ✉ 6691, ℘ (05676) 81 20, info@jungholz.com, Fax (05676) 8287.

Immenstadt im Allgäu 25 – Füssen 31 – *Kempten (Allgäu)* 31.

Vital-Hotel Tirol ⑤, Haus 48, ✉ 6691, ℘ (05676) 81 61, vitalhoteltirol@netway.at, Fax (05676) 8210, ≤ Sorgschrofen und Allgäuer Berge, 🍽, Massage, ≘, 🔲, 🐎 – 📶 ⤬ 📺 💳 ⓟ – 🏊 50. 🆎 ⓞ ⓜ VISA. ⤬ Rest
geschl. 12. April - 9. Mai, 31. Okt. - 23. Dez. – **Menu** (nur Abendessen) (Restaurant nur für Hausgäste) – **87 Zim** (nur ½ P) 57/84 – 134/164, 3 Suiten.

• Das alpenländische Ferienhotel liegt am Rande des Dorfes. Der Gegend entsprechend, präsentiert sich das Innere des Hauses in rustikaler Machart.

JUNGHOLZ IN TIROL

Alpenhof, Am Sonnenhang 23, ✉ 6691, ☎ (05676) 8 11 40, *info@alpenhof-jungholz.de*, Fax (05676) 820150, ≤, 🍴, ⌂, ≋, ≋ – ↔ Rest, TV ☎ ⇔ P – 🅿 20. AE ⓜ VISA
geschl. 13. April - 7. Mai, 1. Nov. - 17. Dez. – **Menu** à la carte 18/39 – **28 Zim** ⌂ 42/75 – 68/108 – ½ P 13.
• Der regionstypische Stil des Hauses, die umgebende Landschaft sowie Tiroler Gastfreundschaft sprechen für dieses gut unterhaltene Hotel. In rustikalen Stuben bewirtet man Sie mit einheimischen Speisen.

In Jungholz-Langenschwand :

Sporthotel Waldhorn ⑤, ✉ 6691, ☎ (05676) 81 35, *hotel.waldhorn.jungholz@t-online.de*, Fax (05676) 8265, ≤, 🍴, Massage, ≋, ▣, ≋ – TV ⇔ P ⓘ ⓜ
geschl. 5. Nov. - 15. Dez. – **Menu** (geschl. Montagmittag) 11 à la carte 17/34 – **24 Zim** ⌂ 52/60 – 95/110 – ½ P 15.
• Die ländliche Umgebung des Bergdorfs prägt das Interieur des Hotels. Solides Holzmobiliar und Funktionalität sorgen in den Zimmern für ein behagliches Ambiente. Restaurant und gemütliche Bauernstube.

KAARST Nordrhein-Westfalen siehe Neuss.

KAHL AM MAIN Bayern ⑤④⑥ P 11 – 7 200 Ew – Höhe 107 m.
Berlin 538 – München 369 – *Frankfurt am Main* 36 – Aschaffenburg 16.

Zeller, Aschaffenburger Str. 2 (B 8), ✉ 63796, ☎ (06188) 91 80, *rezeption@hotel-zeller.de*, Fax (06188) 918100, 🍴, Massage, ⌂, ≋, ▣, ≋ – ↔ Zim, TV ☎ P – 🅿 45. AE ⓜ VISA JCB
geschl. 22. Dez. - 6. Jan. – **Menu** (geschl. Samstagmittag, Sonntag) à la carte 18,50/36,50, ♀ – **85 Zim** ⌂ 75/92 – 118.
• Ein sympathisches, engagiert geführtes Hotel im Zentrum mit geschmackvoll eingerichteten Zimmern, guten Tagungsmöglichkeiten und gepflegten Fitnessräumen. Sie speisen in einem gemütlichen kleinen Restaurant.

Dörfler ⑤, Westring 10, ✉ 63796, ☎ (06188) 9 10 10, *info@hotel-doerfler.de*, Fax (06188) 910133, – ↔ Zim, TV ☎ P. AE ⓘ ⓜ VISA JCB. ⚒
geschl. 27. Dez. - 10. Jan. – **Menu** (geschl. Samstagmittag) à la carte 15/30 – **18 Zim** ⌂ 55 – 85.
• Am Fuße des Spessarts finden Sie diesen typischen Landgasthof mit einer familiären Atmosphäre und tadellosen, praktisch ausgestatteten Zimmern. Rustikale Gaststube.

Am Leinritt ⑤, garni, Leinrittstr. 2 (Gewerbegebiet Mainfeld), ✉ 63796, ☎ (06188) 91 18 80, *info@hotel-amleinritt.de*, Fax (06188) 9118888, ≋ – ↔ Zim TV ☎ P. AE ⓜ VISA
23 Zim ⌂ 57/67 – 85/97.
• Eine sehr gepflegte, zeitgemäße Adresse mit wohnlichen Zimmern, einem schönen Garten, Freizeitraum mit Bar, Billard und Dart und einer Küche für Selbstversorger.

Mainlust garni (mit Gästehaus), Aschaffenburger Str. 12 (B 8), ✉ 63796, ☎ (06188) 20 07, Fax (06188) 2008 – TV P. ⓜ
30 Zim ⌂ 46 – 66.
• Eine gut unterhaltene Pension. Die Zimmer sind praktisch und solide eingerichtet und bieten einen zeitgemäßen Standard, den auch Geschäftsreisende schätzen.

KAHLA Thüringen ⑤④④ N 18 – 8 000 Ew – Höhe 170 m.
Berlin 264 – *Erfurt* 55 – Gera 48.

Zum Stadttor, Jenaische Str. 24, ✉ 07768, ☎ (036424) 83 80, *hotel-stadttor@web.de*, Fax (036424) 83833, 🍴, ≋ – ↔ Zim, TV ☎ P – 🅿 20. AE ⓘ ⓜ VISA
Menu à la carte 13,50/27,50 – **13 Zim** ⌂ 49 – 72.
• Zeitgemäßes Wohnen in historischen Mauern bietet Ihnen dieses familiengeführte kleine Fachwerkhaus von 1468 in seinen nett eingerichteten Zimmern. Freigelegtes Mauerwerk und Holzbalken sorgen in dem Restaurant für gemütliche Rustikalität.

KAISERSBACH Baden-Württemberg ⑤④⑤ T 12 – 2 100 Ew – Höhe 565 m – Erholungsort.
Berlin 575 – *Stuttgart* 56 – Heilbronn 53 – Schwäbisch Gmünd 50.

In Kaisersbach-Ebni Süd-West : 3 km, Richtung Althütte :

Schassberger Ebnisee, ✉ 73667, ☎ (07184) 29 20, *info@schassbergers.de*, Fax (07184) 292204, 🍴, ⚘, Massage, ⌂, ≋, ▣, ≋, ❅(Halle) – 🛗, ↔ Zim, TV ☎ ⇔ P – 🅿 40. AE ⓜ VISA
Restaurant Ernst Karl (Tischbestellung ratsam) **Menu** à la carte 30/55 – ***Flößerstube* : Menu** à la carte 24/39, ♀ – **47 Zim** ⌂ 75/88 – 105/116 – ½ P 20.
• Ein stilvolles Ambiente empfängt Sie in dem am Ebnisee gelegenen Hotel bereits in der großzügigen Lobby. Zimmer von leicht rustikal bis wohnlich-elegant. Gehoben gibt sich das Restaurant Ernst Karl. Flößerstube : regionstypisch, mit nettem Dekor.

KAISERSBACH

※ **Schwobastüble,** Winnender Str. 81, ✉ 73667, ✆ (07184) 6 01, schwobastueble@ebni.de, Fax (07184) 678, 🌳 – 🅿.
geschl. Jan. 3 Wochen, Dienstag - Mittwoch – **Menu** à la carte 15/30,50.
♦ Regionale und internationale Speisen stehen auf der Karte des rustikal-gemütlichen Gasthofs mit hübscher Sommerterrasse zum Garten.

KAISERSESCH Rheinland-Pfalz 543 P 5 – 3 000 Ew – Höhe 455 m.

🛈 Tourist-Information, Bahnhofstr. 47, ✉ 56759, ✆ (02653) 99 96 15, Fax (02653) 9996918.
Berlin 633 – Mainz 134 – Koblenz 43 – Trier 89 – Cochem 14 – Mayen 18.

🏨 **Kurfürst** ⚘, Auf der Wacht 21, ✉ 56759, ✆ (02653) 9 89 10, waldhotel.kurfuerst@gmx.de, Fax (02653) 989119, 🌳, 🌲 – 🛗, ✳ Zim, 📺 ✆ 🅿. ⓂⓄ 𝕍𝕀𝕊𝔸. ✳ Zim
Menu (geschl. Jan. - März Freitag) à la carte 18,50/31 – **24 Zim** 🛏 40/56 – 67/77.
♦ In einem Wohngebiet direkt am Waldrand ist dieses solide geführte Hotel gelegen. Man verfügt über zeitgemäße, hell möblierte Zimmer mit Balkon oder Terrasse. Vom bürgerlichen Restaurant aus blicken Sie in den Garten.

KAISERSLAUTERN Rheinland-Pfalz 543 R 7 – 100 600 Ew – Höhe 235 m.

🏌 Mackenbach, Am Hebenhübel (West : 17 km über ③ und Weilerbach), ✆ (06374) 99 46 33 ; 🏌 Börrstadt, Röderhof 3 (Ost : 22 km über ①), ✆ (06357) 9 60 94.
🛈 Tourist Information, Rathaus, Willy-Brandt-Platz 1, ✉ 67653, ✆ (0631) 3 65 23 17, touristinformation@kaiserslautern.de, Fax (0631) 3652723.
🛈 Tourist Information am Hauptbahnhof, Richard-Wagner-Str. 107, ✉ 67653, ✆ (0631) 4 14 52 39, touristinfo-KL@gmx.de, Fax (0631) 4145241.
ADAC, Altstadt-Parkhaus, Salzstraße.
Berlin 642 ① – Mainz 90 ① – Saarbrücken 70 ③ – Karlsruhe 88 ② – Mannheim 61 ①
– Trier 115 ③

Stadtpläne siehe nächste Seiten

🏨 **Dorint,** St.-Quentin-Ring 1, ✉ 67663, ✆ (0631) 2 01 50, info.kltkai@dorint.com, Fax (0631) 27640, 🌳, Massage, ≘s, 🏊, 🌲 – 🛗, ✳ Zim, 📺 Rest, 📺 ✆ ⟺ 🅿 – 🔔 160. 𝔸𝔼 ⓄⒹ ⓂⓄ 𝕍𝕀𝕊𝔸 🄹🄲🄱 über Kantstr. **D**
Menu à la carte 26,50/41,50 – **149 Zim** 🛏 93/154 – 128/169.
♦ Ein komfortables Hotel mit einem gut ausgestatteten Tagungszentrum, einer Nichtraucheretage und der gepflegten Dorimare-Freizeitlandschaft.

🏨 **Schulte** garni (Appartementhaus), Malzstr. 7, ✉ 67663, ✆ (0631) 20 16 90, info@hotel-schulte.de, Fax (0631) 2016919, ≘s – 🛗 ✳ 📺 ♿ 🅿 – 🔔 20. 𝔸𝔼 ⓄⒹ ⓂⓄ 𝕍𝕀𝕊𝔸. ✳
geschl. 20. Dez. - 7. Jan. – **16 Suiten** 🛏 100/250. **C b**
♦ Elegant eingerichtetes All-Suite-Hotel - individuell und wohnlich teils im Landhausstil, teils mit Stilmöbeln bestückt. Nette kleine Vinothek mit Snack-Angebot.

🏨 **Zollamt** garni, Buchenlochstr. 1, ✉ 67663, ✆ (0631) 3 16 66 00, zollamt-hotel-garni@t-online.de, Fax (0631) 3166666, – 📺 – 🔔 20. 𝔸𝔼 ⓄⒹ ⓂⓄ 𝕍𝕀𝕊𝔸. ✳ Rest
33 Zim 🛏 72/100 – 90/145. **B e**
♦ Stilvolle, schlichte Modernität finden Sie in den behaglich und mit Liebe zum Detail ausgestatteten Zimmern des Stadthauses mit der farbig gestalteten Fassade.

🏨 **Stadthotel** garni, Friedrichstr. 39, ✉ 67655, ✆ (0631) 36 26 30, info@stadthotel-kl.de, Fax (0631) 3626350 – 📺. 𝔸𝔼 ⓄⒹ ⓂⓄ 𝕍𝕀𝕊𝔸. ✳
21 Zim 🛏 60/65 – 76. **D c**
♦ Ein gut geführtes Haus in Zentrumsnähe mit wohnlichen und praktisch eingerichteten Zimmern. Im Frühstücksraum mit Buffet können Sie sich für den Tag stärken.

🏨 **Lautertalerhof** garni, Mühlstr. 31, ✉ 67659, ✆ (0631) 3 72 60, info@lautertalerhof.de, Fax (0631) 73033 – 📺. 𝔸𝔼 ⓄⒹ ⓂⓄ 𝕍𝕀𝕊𝔸. ✳
21 Zim 🛏 57/67 – 77. **B a**
♦ Ein gepflegtes und gut geführtes Hotel im Zentrum mit einfach und schlicht eingerichteten Zimmern, die mit hellem Holz solide möbliert sind.

※※ **Uwe's Tomate,** Schillerplatz 4, ✉ 67655, ✆ (0631) 9 34 06, Fax (0631) 696187, 🌳 – ⓄⒹ 𝕍𝕀𝕊𝔸 **C a**
geschl. Sonntag - Montag – **Menu** à la carte 30/50, ⓨ.
♦ In modern-elegant wirkendem Ambiente mit reichlich Dekor serviert man Ihnen Speisen einer klassischen, mediterran und auch regional geprägten Küche.

KAISERSLAUTERN

Adolph-Kolping-Platz	**D** 2	Am Vogelgesang	**C** 4	Friedrich-Karl-
Am Altenhof	**C** 3	Barbarossaring	**D** 6	Straße **B** 9
		Eisenbahnstraße	**C**	Friedrichstraße **C** 10
		Fackelrondell	**C** 8	Fruchthallstraße **C** 12
		Fackelstraße	**C**	Haspelstraße **D** 13

☘ **Bistro 1A**, Pirmasenser Str. 1a, ✉ 67655, ☏ (0631) 6 30 59, Fax (0631) 92104, 🌿 geschl. Sonn- und Feiertage – **Menu** à la carte 14/29. **C** f
• Ein farbenfroh gestaltetes Bistro mit einem breit gefächerten Angebot an internationalen Gerichten mit italienischem Einschlag und einem ansprechenden Vorspeisenbuffet.

In Kaiserslautern-Eselsfürth Nord-Ost : 6 km über Mainzer Straße **D** :

🏠 **Barbarossahof** (mit Gästehaus), Eselsfürth 10, ✉ 67657, ☏ (0631) 4 14 40, *hotel @barbarossahof.com*, Fax (0631) 4144200, 🌿, 🈶 – 🐾 Zim, 📺 🅿 – 🅰 100. 🆎 ⓄⒹ ⓄⒸ 𝐕𝐈𝐒𝐀. ⛔ Rest
Menu à la carte 16/32 – **154 Zim** ⊇ 50/70 – 85/135.
• Ein traditionsreicher Gasthof am Stadtrand, der sich zu einem Hotel mit zeitgemäßen Zimmern und Tagungsmöglichkeiten entwickelt hat. Auch für größere Gruppen geeignet. Im Sommer ergänzt eine Terrasse das gediegen-bürgerliche Restaurant.

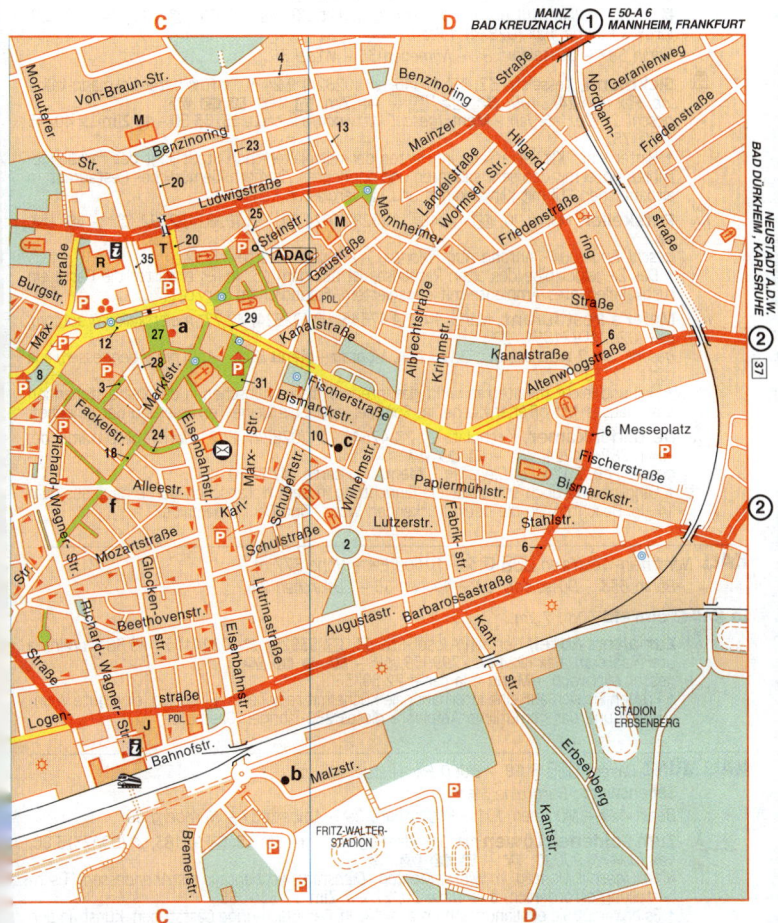

Hohenecker Straße	**A** 16	Ottostraße	**C** 23	Schneiderstraße	**C** 28
Kammgarnstraße	**B** 17	Riesenstraße	**C** 24	Spittelstraße	**C** 29
Kerststraße	**C** 18	Salzstraße	**C** 25	Stiftsplatz	**C** 31
Marktstraße	**C**	St.-Marien-Platz	**B** 26	Trippstadter Straße	**B** 32
Martin-Luther-Str.	**C** 20	Schillerplatz	**C** 27	Willy-Brandt-Platz	**C** 35

In Kaiserslautern-Hohenecken *Süd-West : 7 km über Hohenecker Straße* **A** :

Landgasthof Burgschänke, Schloßstr. 1, ⊠ 67661, ✆ (0631) 35 15 30, info@burgschaenke-kl.de, Fax (0631) 56301, Biergarten – TV ✆ P 🛆 50. AE ⓘ
ⓂⓈ VISA
Menu à la carte 15/35 – **42 Zim** ⌂ 50/70 – 70/90.
♦ Ein Gasthof vom Anfang des 19. Jh. Zusätzlich zum rustikalen Haupthaus mit wohnlichen Zimmern gibt es ein modernes Gästehaus mit neueren, hell möblierten Räumen. Ein offener Kamin erzeugt in dem rustikalen Restaurant eine gemütliche Atmosphäre.

Einzelheiten über die in diesem Reiseführer angegebenen
Preise finden Sie in der Einleitung.

KALBACH *Hessen siehe Neuhof.*

KALKAR Nordrhein-Westfalen 543 K 2 – 13 800 Ew – Höhe 18 m.
Sehenswert : Nikolaikirche (Ausstattung★★).
Kalkar-Niedermörmter, Mühlenhof (Ost : 5 km), ℰ (02824) 92 40 40 ; Bedburg-Hau, Schloß Moyland, (Nord-West : 4 km), ℰ (02824) 9 52 50.
Stadt Kalkar Kultur u. Tourismus, Markt 20, ✉ 47546, ℰ (02824) 1 31 20, info@kalkar.de, Fax (02824) 13234.
Berlin 587 – Düsseldorf 81 – Nijmegen 35 – Wesel 35.

- **Siekmann**, Kesselstr. 32, ✉ 47546, ℰ (02824) 9 24 50, info@hotel-siekmann-kalkar .de, Fax (02824) 3105, 🍴, 📶, ⌧ – ⚡ Zim, 📺 🅿. 🆎 ⓜⓔ 💳
  geschl. 22. Dez. - 5. Jan. – **Menu** (geschl. Mittwoch) à la carte 15/33,50 – **11 Zim** ⌸ 40/45 – 70/75.
  • Hinter einer Klinkerfassade im Herzen der mittelalterlichen Stadt liegt das familiengeführte Hotel mit den sehr sauberen und gepflegten Zimmern. Gemütliches Restaurant im altdeutschen Stil mit Klinkerkamin und bleiverglasten Fenstern.

- **Ratskeller**, Markt 20, ✉ 47546, ℰ (02824) 24 60, Fax (02824) 2092, 🍴 – ⓓ 💳.
  geschl. Ende Juli - Anfang Aug., Montag – **Menu** à la carte 21/32.
  • Das Ziegelgewölbe des alten Rathauses ist aus dem 15. Jh. Es erwartet die Gäste ein rustikal-elegantes Ambiente mit engagiertem, freundlichem Service.

- **Meier's Restaurant**, Markt 14, ✉ 47546, ℰ (02824) 32 77, meierskalkar@aol.com, Fax (02824) 971851, 🍴
  geschl. Jan. 2 Wochen, Okt. 2 Wochen, Montag – **Menu** (Okt. - April nur Abendessen) à la carte 32/38.
  • Hell und leicht mediterran wirkt das Interieur dieses hübschen in der Reihe stehenden Stadthauses. Mit offener Küche. Im Sommer nett : die kleine Terrasse und der Innenhof.

- **De Gildenkamer**, Kirchplatz 2, ✉ 47546, ℰ (02824) 42 21, info@gildenkamer.de, Fax (02824) 4221, 🍴 – 🆎 ⓜⓔ 💳
  geschl. Feb. 2 Woche, Dienstag – **Menu** à la carte 24/37,50.
  • Ländlich und doch stilvoll ist die Einrichtung in dem historischen Bürgerhaus aus dem 14. Jh. Beachten Sie die beeindruckenden Wand- und Deckengemälde.

KALL Nordrhein-Westfalen 543 O 3 – 10 600 Ew – Höhe 377 m.
Berlin 633 – Düsseldorf 94 – Aachen 56 – Euskirchen 24.

In Kall-Steinfeld Süd : 7 km :

- **Zur alten Abtei**, Hermann-Josef-Str. 33, ✉ 53925, ℰ (02441) 77 79 88, zuraltena btei@aol.com, Fax (02441) 7799958, 🍴 – 🆎 ⓓ ⓜⓔ 💳
  geschl. Mittwoch – **Menu** à la carte 22,50/36.
  • Freuen Sie sich auf eine internationale Küche mit regionalem Einschlag, eine gute Weinauswahl und das gemütliche Ambiente dieses 250-jährigen Gasthofs.

KALLMÜNZ Bayern 546 S 19 – 3 000 Ew – Höhe 344 m.
Sehenswert : Burgruine : ≤★.
Berlin 479 – München 151 – Regensburg 29 – Amberg 37 – Nürnberg 80.

- **Zum Goldenen Löwen** mit Zim, Alte Regensburger Str. 18, ✉ 93183, ℰ (09473) 3 80, Fax (09473) 90090, 🍴 – 🆎 ⓜⓔ 💳. ✻
  Menu (geschl. Montag, im Winter Montag - Dienstag) (wochentags nur Abendessen) (Tischbestellung erforderlich) à la carte 20/27 – **7 Zim** ⌸ 33 – 65.
  • Es erwartet Sie ein Landgasthaus a. d. 17. Jh. Gemütlich-urige Gaststuben, Kunst an den Wänden und eine lauschige Hofterrasse sorgen für Atmosphäre.

KALLSTADT Rheinland-Pfalz 543 R 8 – 1 200 Ew – Höhe 196 m.
Berlin 636 – Mainz 69 – Mannheim 26 – Kaiserslautern 37 – Neustadt an der Weinstraße 18.

- **Kallstadter Hof**, Weinstr. 102, ✉ 67169, ℰ (06322) 89 49, kallstadterhof@aol.com, Fax (06322) 66040, 🍴 – 📺 ✆ 🅿. ⓜⓔ 💳
  Menu à la carte 20/36 – **14 Zim** ⌸ 55/70 – 65/95.
  • In dem ehemaligen Pfälzer Weingut befindet sich heute ein Hotel mit geräumigen, komfortablen Zimmern und einer freundlichen Atmosphäre. Viele Ausflugsmöglichkeiten. Gemütliches Restaurant mit historischem Weinkeller aus dem 17. Jh.

- **Müller's Landhotel** garni, Freinsheimer Str. 24, ✉ 67169, ℰ (06322) 27 92, info@ muellers-landhotel.de, Fax (06322) 8298 – ⚡ 📺 🅿. ⓜⓔ 💳
  10 Zim ⌸ 50 – 75.
  • Zu dem gegenüberliegenden Weingut gehört dieses nette kleine Gästehaus. Freundliche Farben und ein mediterraner Touch machen die Zimmer wohnlich.

KALLSTADT

XX **Weinkastell Zum Weißen Roß** mit Zim, Weinstr. 80, ✉ 67169, ☏ (06322) 50 33, Fax (06322) 66091 – TV, AE MC VISA
geschl. Jan. - Mitte Feb., Ende Juli - Anfang Aug. 1 Woche - **Menu** (geschl. Montag - Dienstag) à la carte 36/50, ♀ – **13 Zim** ⊇ 57/77 – 93/103.
♦ Hübsche Nischen und eine von Säulen getragene Gewölbedecke geben dem Inneren dieses alten Fachwerkhauses seinen gemütlich-rustikalen Charakter. Innenhof. Wohnliche Zimmer.

KALTENBORN Rheinland-Pfalz siehe Adenau.

KALTENENGERS Rheinland-Pfalz 543 O 6 – 1 800 Ew – Höhe 60 m.
Berlin 589 – Mainz 111 – Koblenz 11 – Bonn 52 – Wiesbaden 113.

🏨 **Rheinhotel Larus** ≶, In der Obermark 7, ✉ 56220, ☏ (02630) 9 89 80, rheinhotel-larus@t-online.de, Fax (02630) 989898, 😀 – |≡|, ⇌ Zim, TV ☏ ♿ ⇌ P – 🅿 50. AE ① MC VISA
Menu à la carte 22,50/39 – **32 Zim** ⊇ 70/100 – 82/140.
♦ Direkt am Rhein liegt das moderne Hotel mit den soliden und neuzeitlichen Zimmern und Appartements. Aufgrund der technischen Ausstattung gut geeignet für Tagungen. Neuzeitlich-gediegen ist die Einrichtung des Hotelrestaurants mit Blick auf den Rhein.

KALTENKIRCHEN Schleswig-Holstein 541 E 13 – 18 000 Ew – Höhe 30 m.
🏌 Kisdorferwohld, Am Waldhof 3 (Ost : 13 km), ☏ (04194) 9 97 40.
Berlin 316 – Kiel 61 – Hamburg 42 – Itzehoe 40 – Lübeck 63.

🏨 **Landhotel Dreiklang,** Norderstr. 6, ✉ 24568, ☏ (04191) 92 10, info@landhotel-dreiklang.de, Fax (04191) 921100, 😀, direkter Zugang zur Holstentherme, ≘s, ⊇, ⊇, 🍽 – |≡|, ⇌ Zim, TV ☏ P – 🅿 45. AE MC VISA
Menu à la carte 24,50/34 – **60 Zim** ⊇ 99/119 – 129/149, 4 Suiten.
♦ Vor den Toren Hamburgs finden Sie das 1999 erbaute Tagungshotel, das komplett im eleganten Landhausstil eingerichtet ist. Warme Farben erzeugen ein behagliches Ambiente. Geschmackvoll - ganz im Stil des Hotels : die Restaurants Lorbeer und Speisekammer.

X **Kleiner Markt** mit Zim, Königstr. 7, ✉ 24568, ☏ (04191) 9 99 20, ue@hotelkleiner markt.de, Fax (04191) 89785 – TV P. ① MC VISA. ✁
Menu (geschl. Ende Feb. 1 Woche, Sept. 1 Woche, Okt. 2 Wochen, Samstag) (nur Abendessen) à la carte 18/29 – **9 Zim** ⊇ 48 – 74.
♦ Spezialitäten aus Schleswig-Holstein und bodenständige Gerichte serviert man den Gästen des bürgerlichen Restaurants mit Sitznischen und gepolsterten Bänken.

KALTENNORDHEIM Thüringen 544 O 14 – 2 100 Ew – Höhe 460 m.
Berlin 395 – Erfurt 115 – Fulda 44 – Bad Hersfeld 74.

Auf dem Ellenbogen Süd-West : 12 km – Höhe 814 m

🏨 **Eisenacher Haus** ≶, Frankenheimer Str. 84, ✉ 98634 Erbenhausen, ☏ (036946) 36 00, hotel-eisenacher-haus@t-online.de, Fax (036946) 36060, ≤, Biergarten, ≘s – TV ♿ P – 🅿 50. AE ① MC VISA
Menu à la carte 15/25 – **44 Zim** ⊇ 50 – 75 – ½ P 15.
♦ Der traditionsreiche Berggasthof liegt in der thüringischen Rhön. Die Zimmer sind teils einfach-rustikal, teils bieten Sie guten modernen Komfort. Viele Freizeitmöglichkeiten. Sie speisen in gepflegten Restauranträumen.

KAMEN Nordrhein-Westfalen 543 L 6 – 47 000 Ew – Höhe 62 m.
Berlin 476 – Düsseldorf 89 – Dortmund 25 – Hamm in Westfalen 15 – Münster (Westfalen) 48.

Nahe der A 1 - Ausfahrt Kamen-Zentrum Süd : 2 km :

🏨 **Holiday Inn,** Kamen Karree 2/3, ✉ 59174 Kamen, ☏ (02307) 96 90, kamen@event hotels.com, Fax (02307) 969666, ≘s – |≡|, ⇌ Zim, 🍽 Rest, TV ☏ ♿ P – 🅿 120. AE ① MC VISA JCB
Menu à la carte 23/37 – ⊇ 14 – **93 Zim** 107.
♦ Das neuere Tagungshotel liegt an der Grenze zwischen den Städten Kamen und Unna. Alle Zimmer sind mit hellen Buchenholzmöbeln praktisch und komfortabel eingerichtet.

KAMENZ Sachsen 544 M 26 – 18 800 Ew – Höhe 200 m.

🛈 Kamenz-Information, Pulsnitzer Str. 11, ✉ 01917, ℘ (03578) 7 00 01 11, Fax (03578) 7000119.

Berlin 171 – Dresden 47 – Bautzen 24.

Goldner Hirsch, Markt 10, ✉ 01917, ℘ (03578) 30 12 21, hotel-goldener-hirsch@t-online.de, Fax (03578) 304497, Biergarten, 😊 – 📱 📺 ☎ 🅿 – 🅰 40. 🆎 ⓪ 🆑 💳
Menu à la carte 14/22,50 – **30 Zim** 🛏 45/85 – 66/100.
• Das schöne historische Stadthaus ist behutsam renoviert worden und beherbergt nun elegante, mit Stilmöbeln in Kirschbaumholz eingerichtete Zimmer mit individueller Atmosphäre. Eine schöne Gewölbedecke ziert die Ratsstube.

Villa Weiße garni, Poststr. 17, ✉ 01917, ℘ (03578) 37 84 70, villa-weisse@kamenz.de, Fax (03578) 3784730, 🌿 – 📺 ☎ 🅿 🆑 💳
14 Zim 🛏 45/55 – 66/77.
• In der von einem Park umgebenen Villa des Kunst- und Handelsgärtners Wilhelm Weiße befindet sich heute ein gepflegtes Hotel. Wechselnde Bilderausstellungen!

KAMPEN Schleswig-Holstein siehe Sylt (Insel).

KANDEL Rheinland-Pfalz 543 S 8 – 8 400 Ew – Höhe 128 m.

Berlin 681 – Mainz 122 – Karlsruhe 20 – Landau in der Pfalz 16 – Speyer 40.

Zur Pfalz, Marktstr. 57, ✉ 76870, ℘ (07275) 9 85 50, info@hotelzurpfalz.de, Fax (07275) 9855496, 🌿, 😊 – 📱, ↹ Zim, 📺 🅿 – 🅰 30. 🆎 ⓪ 🆑 💳
Menu (geschl. Ende Juli - Anfang Aug., Montagmittag) à la carte 20/45 – **48 Zim** 🛏 58/65 – 78/85.
• Mit pfälzischer Freundlichkeit werden die Gäste dieses Hotels empfangen. Solide und praktisch ausgestattete Zimmer sowie ein Sauna bereich runden das Angebot ab. Gediegenrustikales Lokal - im Sommer mit Gartenrestaurant.

KANDERN Baden-Württemberg 545 W 7 – 7 800 Ew – Höhe 352 m.

Ausflugsziel: Vogelpark Steinen★ (Süd-Ost : 10 km).

🏌 Kandern, Feuerbacherstr. 35, ℘ (07626) 97 79 90.

🛈 Verkehrsamt, Hauptstr. 18, ✉ 79400, ℘ (07626) 97 23 56, verkehrsamt@kandern.de, Fax (07626)972357.

Berlin 845 – Stuttgart 252 – Freiburg im Breisgau 46 – Basel 21 – Müllheim 15.

Zur Weserei (mit Gästehaus), Hauptstr. 81, ✉ 79400, ℘ (07626) 70 00, info@weserei.de, Fax (07626) 6581, 🌿, 😊 – 📱 📺 🚗 🅿 🆑 💳
Menu (geschl. 15. - 24. Feb., Montag - Dienstagmittag) à la carte 23/42,50 – **24 Zim** 🛏 34/85 – 86/90 – ½ P 21.
• Erholung im Markgräfler Land : In dem Hotelgästehaus des historischen Gasthofs erwarten den Besucher komfortable, mit Wurzelholzmöbeln eingerichtete Zimmer. Urige Gaststuben mit rustikalem Flair.

In Kandern-Egerten Süd : 8 km über Wollbach :

Jägerhaus, Wollbacher Str. 28, ✉ 79400, ℘ (07626) 87 15, info@restaurant-jaegerhaus.de, Fax (07626) 970549 – ↹ 🅿 🆑 💳
geschl. Jan. 3 Wochen, Aug. 3 Wochen, Sonntagabend - Dienstag – **Menu** (wochentags nur Abendessen) (Tischbestellung ratsam) 36 à la carte 37/46.
• Neben einem freundlichen, mit vielen Bildern dekorierten Restaurant beherbergt dieses nette Haus auch ein kleines Museum mit einer Ausstellung des Lebenswerks von Max Böhlen.

KAPPEL-GRAFENHAUSEN Baden-Württemberg 545 V 7 – 4 200 Ew – Höhe 162 m.

Berlin 772 – Stuttgart 165 – Freiburg 39 – Offenburg 31 – Strasbourg 45.

Im Ortsteil Grafenhausen :

Engel, Hauptstr. 90, ✉ 77966, ℘ (07822) 6 10 51, hb@engel-grafenhausen.de, Fax (07822) 61056, 🌿 – 📺 🅿 🆑 💳
Menu (geschl. Ende Mai - Anfang Juni, Nov. 3 Wochen, Mittwoch) (wochentags nur Abendessen) à la carte 11,50/25,50 – **15 Zim** 🛏 45/67 – 70.
• In der Nähe des Europaparks Rust : Als besonders familienfreundlich empfiehlt sich dieser Gasthof, der sich durch modern eingerichtete, solide Zimmer auszeichnet. Ländliches Restaurant mit heller Holzbestuhlung.

KAPPELN Schleswig-Holstein 541 C 13 – 10 000 Ew – Höhe 15 m – Erholungsort.
Rabenkirchen-Fauluk, Morgensterner Str. 6 (Süd-Ost : 6 km über die B 201), ℘ (04642) 38 53.

🛈 Tourist-Information, Schlesiger Str. 1, ✉ 24376, ℘ (04642) 40 27, touristinfo@kappeln.de, Fax (04642) 5441 – Berlin 404 – Kiel 60 – Flensburg 48 – Schleswig 32.

Thomsen's Motel garni, Theodor-Storm-Str. 2, ✉ 24376, ℘ (04642) 10 52, Fax (04642) 7154 – 📺 P ⊛ ⋇
geschl. 20. Dez. - 20. Jan. – **26 Zim** ⚏ 44/52 – 75/85.
• Hier finden Sie eine solide und gut unterhaltene Übernachtungsadresse. Im Erdgeschoss haben die Zimmer Kochgelegenheiten und sind von außen zugänglich.

Stadt Kappeln mit Zim, Schmiedestr. 36, ✉ 24376, ℘ (04642) 40 21, hotel-stadt-kappeln@t-online.de, Fax (04642) 5555 – 📺 P – 🛋 200. AE ⓘ ⊛ VISA
Menu à la carte 20/32 – **8 Zim** ⚏ 44 – 72.
• Die Küche des gemütlichen Restaurants in dem hübschen Altstadthaus legt Wert auf frische Produkte und bewirtet ihre Gäste mit leicht gehobenen regionalen Gerichten.

Speicher No. 5, Am Hafen 19a, ✉ 24376, ℘ (04642) 54 51, Fax (04642) 5451
geschl. Jan., Montag – **Menu** (wochentags nur Abendessen) (Tischbestellung ratsam) à la carte 25/33.
• Ein kleines, unaufdringlich und schlicht dekoriertes Restaurant in einem ehemaligen Speicherhaus am Hafen. Am Herd steht der Chef, den Service leitet die charmante Chefin.

KAPPELRODECK Baden-Württemberg 545 U 8 – 5 800 Ew – Höhe 219 m – Erholungsort.
🛈 Tourist-Information, Hauptstr. 65 (Rathaus), ✉ 77876, ℘ (07842) 8 02 10, tourist-info@kappelrodeck.de, Fax (07842) 80275.
Berlin 731 – Stuttgart 132 – Karlsruhe 60 – Freudenstadt 40 – Offenburg 31 – Baden-Baden 38.

Zum Prinzen, Hauptstr. 86, ✉ 77876, ℘ (07842) 9 47 50, info@zumprinzen.de, Fax (07842) 947530, ⛲ – ⫴ 📺 P – 🛋 30. AE ⓘ ⊛ VISA
Menu à la carte 14,50/32 – **14 Zim** ⚏ 45/47 – 70/72.
• Urlaub im Nordschwarzwald : In dem malerischen Weinort erwartet Sie dieser typische badische Gasthof mit praktischen Zimmern - ein guter Ausgangspunkt für Wanderungen. Unterteiltes, gemütlich-rustikales Restaurant.

In Kappelrodeck-Waldulm Süd-West : 2,5 km :

Zum Rebstock mit Zim, Kutzendorf 1, ✉ 77876, ℘ (07842) 94 80, info@rebstock-waldulm.de, Fax (07842) 94820, ⛲ – 📺 P ⋇
geschl. Nov. 3 Wochen – **Menu** (geschl. Montag - Dienstagmittag) (Tischbestellung ratsam) à la carte 18/34, ⚇ – **11 Zim** ⚏ 32/45 – 62/78 – ½ P 17.
• Ein attraktiver badischer Landgasthof von 1750. Nehmen Sie Platz in den gemütlichen und liebevoll dekorierten Gaststuben und lassen Sie sich regionale Speisen servieren.

KARBEN Hessen 543 P 10 – 22 000 Ew – Höhe 160 m.
Berlin 29 – Wiesbaden 56 – Frankfurt am Main 18 – Gießen 60.

Neidharts Küche, Robert-Bosch-Str. 48 (Gewerbegebiet), ✉ 61184, ℘ (06039) 93 44 43, Fax (06039) 934443, ⛲ – P – AE ⓘ ⊛ VISA
geschl. Anfang Jan. 1 Woche, Juli - Aug. 2 Wochen, Montag, Samstagmittag – **Menu** à la carte 27/36.
• Das hell und modern eingerichtete Restaurant liegt etwas abseits in einem Industriegebiet und bietet den Gästen regionale Frankfurter Küche und internationale Gerichte.

In Karben-Groß-Karben :

Quellenhof, Brunnenstr. 7, ✉ 61184, ℘ (06039) 33 04, info@quellenhof-karben.de, Fax (06039) 43272, ⛲, ⋇ (Halle) – ⫴, ⇄ Zim, 📺 P – 🛋 30. AE ⊛ VISA JCB
Menu (geschl. Samstagmittag) à la carte 16/34 – **19 Zim** ⚏ 80 – 98.
• Solide Zimmer, in denen mit verschiedenen Farben freundliche Akzente gesetzt wurden, und eine kleine Beautyfarm erwarten die Gäste dieses Hotels mit Landhausatmosphäre. Korbsessel und ein gut abgestimmtes Dekor geben dem Restaurant einen eleganten Touch.

KARLSDORF-NEUTHARD Baden-Württemberg siehe Bruchsal.

KARLSFELD Bayern 546 V 18 – 16 000 Ew – Höhe 490 m.
Berlin 585 – München 19 – Augsburg 55.

Schwertfirm garni, Adalbert-Stifter-Str. 5, ✉ 85757, ℘ (08131) 9 00 50, Fax (08131) 900570 – ⫴ ⇄ 📺 ⇌ P – 🛋 15. AE ⊛ VISA ⋇
50 Zim ⚏ 65/80 – 80/105.
• Eine nette Übernachtungsadresse ist dieses gut geführte Hotel mit gepflegten Zimmern. Auch die günstige Lage und die familiäre Atmosphäre sprechen für dieses Haus.

KARLSHAFEN, BAD Hessen 543 L 12 – 4 300 Ew – Höhe 96 m – Soleheilbad.
Sehenswert : Hugenottenturm ≤ ★.
🖂 Kurverwaltung, Hafenplatz 8, Rathaus, ✉ 34385, ℘ (05672) 99 99 22, kurverw.bad-karlshafen@t-online.de, Fax (05672) 999925.
Berlin 376 – Wiesbaden 276 – Kassel 48 – Hameln 79 – Göttingen 65.

🏨 **Hessischer Hof,** Carlstr. 13, ✉ 34385, ℘ (05672) 10 59, info@hess-hof.de, Fax (05672) 2515, 🍴 – 📺 AE ⓘ VISA
geschl. 1. - 14. März – **Menu** (geschl. Nov. - Feb. Montag) à la carte 15/34 – **20 Zim** ⚌ 40/50 – 70.
• Nahe der Weser liegt der gestandene Gasthof mit solide eingerichteten Zimmern. Besonders Service für Fahrradtouristen : abschließbare Unterstellmöglichkeiten. Großes Restaurant mit Wintergarten.

🏨 **Zum Weserdampfschiff,** Weserstr. 25, ✉ 34385, ℘ (05672) 24 25, Fax (05672) 8119, ≤, 🍴 – 📺 🚗 🅿
Menu (geschl. Nov. - Feb., Montag) à la carte 14/32 – **14 Zim** ⚌ 35/50 – 70.
• Ein Gasthaus mit Tradition in schöner Lage direkt an der Weser : Seit 150 Jahren ist das Landhaus mit den geschmackvollen Zimmern in Familienbesitz. Sie speisen in dem neu renovierten Restaurant oder auf der Terrasse mit Blick auf den Fluss.

KARLSHAGEN Mecklenburg-Vorpommern siehe Usedom (Insel).

KARLSRUHE Baden-Württemberg 545 S 9 – 270 000 Ew – Höhe 116 m.
Sehenswert : Staatliche Kunsthalle★ (Gemälde altdeutscher Meister★★, Hans-Thoma-Museum★, Sammlung klassischer Moderne★) EX M1 – Schloss★ (Badisches Landesmuseum★) EX M3 – Botanischer Garten (Pflanzenschauhäuser★) EX – Staatliches Museum für Naturkunde★ EY – Museum beim Markt (Jugendstilsammlung★) M4 EX – ZKM (Zentrum für Kunst und Medientechnologie)★ EY.
🏌 Karlsruhe, Gut Scheibenhardt AV, ℘ (0721) 86 74 63 ; 🏌 Königsbach-Stein, Hofgut Johannesthal (Ost : 23 km über ③), ℘ (07232) 80 98 60.
Karlsruher Kongress- und Ausstellungszentrum EY, Festplatz 9 (Ettlinger Straße), ℘ (0721) 3 72 00.
🖂 Tourist-Information, Bahnhofplatz 6, ✉ 76137, ℘ (0721) 37 20 53 83, tourismus@karlsruhe-messe-kongress.de, Fax (0721) 37205385.
🖂 Stadtinformation, Karl-Friedrich-Str. 9, ✉ 76133, ℘ (0721) 37 20 53 76, Fax (0721) 37205389.
ADAC, Steinhäuserstr. 22.
Berlin 675 ② – Stuttgart 88 ④ – Mannheim 71 ② – Saarbrücken 143 ⑦ – Strasbourg 82 ⑤

Stadtpläne siehe nächste Seiten

🏨🏨🏨 **Dorint Kongress-Hotel,** Festplatz 2, ✉ 76137, ℘ (0721) 3 52 60, info.karkon@dorint.com, Fax (0721) 3526100, 🍴, 🏋, ≋ – 📶, ✻ Zim, 🖳 📺 ☎ & 🚗 – 🔒 170. AE ⓘ ⓞ VISA JCB. ✻ Rest   EY f
Majolika (geschl. Sonntag) **Menu** à la carte 30/51 – **La Brasserie :** **Menu** à la carte 29/44 – ⚌ 16 – **246 Zim** 115/145 – 130/160.
• Dieses Hotel glänzt mit modernem Stil, wohnlichen Zimmern und aufwändiger technischer Ausstattung. Auch die Lage am Kongresszentrum ist ein Pluspunkt des Hauses. Im Fine-Dining Restaurant Majolika dominieren Deko-Elemente der gleichnamigen Manufaktur.

🏨🏨🏨 **Renaissance Hotel,** Mendelssohnplatz, ✉ 76131, ℘ (0721) 3 71 70, rhi.reservierung.karlsruhe@renaissancehotels.com, Fax (0721) 377156 – 📶, ✻ Zim, 🖳 📺 ☎ & – 🔒 200. AE ⓘ ⓞ VISA JCB   EY a
Menu à la carte 24/37 – ⚌ 15 – **215 Zim** 109/155.
• Elegant und komfortabel ist das Ambiente dieses Stadthotels. Ein gepflegter Lobbybereich und die gut ausgestatteten Zimmer genügen auch anspruchsvollen Erwartungen. Elegantes, klassisches Restaurant und ein gemütlich-rustikaler Keller.

🏨🏨🏨 **Schlosshotel,** Bahnhofplatz 2, ✉ 76137, ℘ (0721) 3 83 20, mail@schlosshotel-karlsruhe.de, Fax (0721) 3832333, Massage, 🏋, ≋ – 📶, ✻ Zim, 🖳 Zim, 📺 ☎ 🅿 – 🔒 70. AE ⓘ ⓞ VISA   EZ a
Schwarzwaldstube : **Menu** 30 à la carte 31,50/40,50 – **96 Zim** ⚌ 105/125 – 165/185.
• Ein traditionsreiches Hotel : Mit dem historischen Fahrstuhl von 1914 erreichen Sie die stilvoll eingerichteten Zimmer mit von Etage zu Etage unterschiedlichen Farbakzenten. Kachelofen, Holz und Jagdtrophäen geben der Schwarzwaldstube ihr rustikales Flair.

KARLSRUHE

Street	Ref
Adenauerring	AT
Allmendstraße	AV 5
Am Sportpark	BT 6
Am Wald	AT 9
Belchenstraße	AV 19
Breslauer Straße	BT 20
Daxlander Straße	AU 22
Durlacher Allee	BU 23
Durmersheimer Straße	AU 25
Eckenerstraße	AU 26
Erzbergerstraße	AT
Ettlinger Allee	AV 31
Gerwigstraße	BU 35
Haid-und-Neu-Straße	BTU 38
Hardtstraße	AU 41
Herrenalber Straße	AV
Hertzstraße	AT
Hirtenweg	BT
Honsellstraße	AU 47
Kapellenstraße	BU 53
Karl-Wilhelm-Straße	BU 55
Killisfeldstraße	BU 56
Kriegsstraße	BU
Lameystraße	AU 58
Lange Straße	AV 59
Linkenheimer Landstraße	AT 61
Michelinstraße	AU 62
Mitteltorstraße	AT 73
Neureuter Hauptstraße	AT 77
Neureuter Querallee	AT 79
Neureuter Straße	AT
Nürnberger Straße	AV 82
Ostring	BU 83
Ottostraße	BU
Pulverhausstraße	AU
Rastatter Straße	AV 87
Rheinbrückenstraße	AT 90
Rheinhafenstraße	AU 92
Rheinstraße	AT 93
Rintheimer Querallee	BT 94
Siemensallee	AT 100
Starckstraße	AU 101
Steinkreuzstraße	BV 103
Stuttgarter Straße	BU 106
Sudetenstraße	AT
Theodor-Heuss-Allee	BT
Tullastraße	BU 107
Welschneureuter Straße	AT 115
Willy-Brandt-Allee	AT
Wolfartsweierer Straße	BU 124
Zeppelinstraße	AU 126

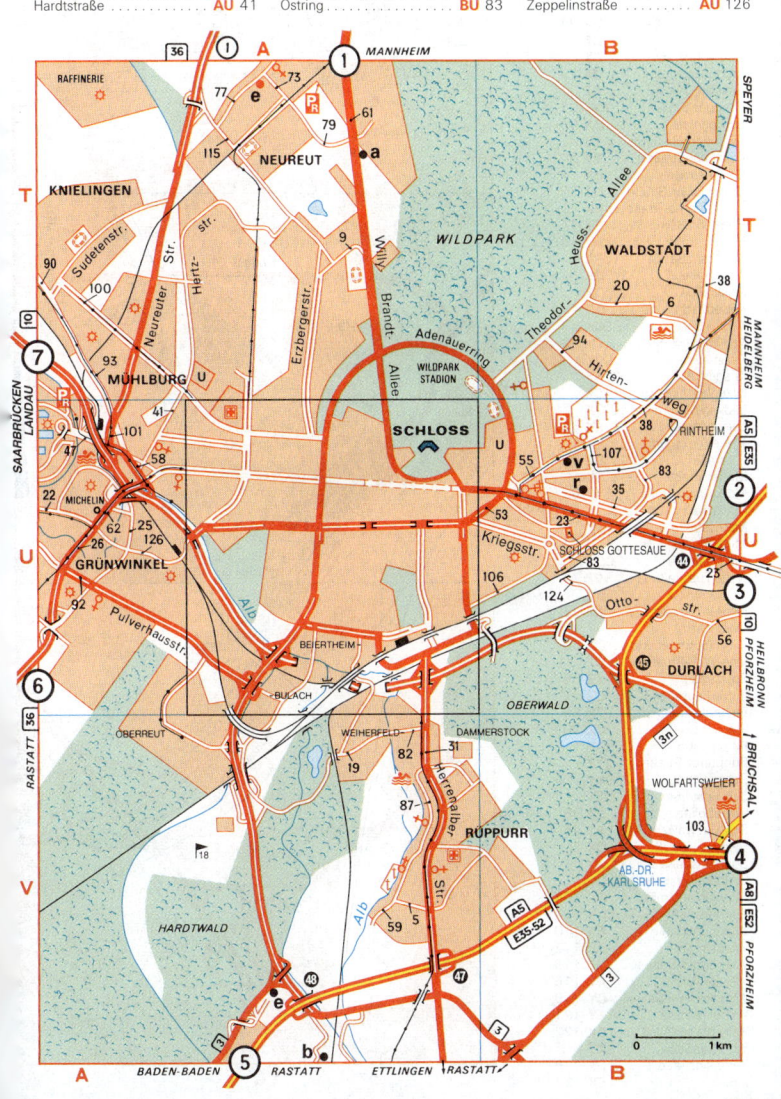

KARLSRUHE

Adenauerring	**DX**	2
Akademiestraße	**DX**	3
Am Stadtgarten	**EZ**	8
Amalienstraße	**DX**	12
Bahnhofplatz	**EZ**	13
Bahnhofstraße	**EZ**	14
Bannwaldallee	**CYZ**	
Baumeisterstraße	**EY**	16
Beiertheimer Allee	**DYZ**	17
Bismarckstraße	**DX**	
Blücherstraße	**CX**	
Brauerstraße	**DY**	
Breite Straße	**DZ**	
Bulacher Straße	**DZ**	21
Ebertstraße	**DZ**	
Eisenlohrstraße	**CY**	
Erbprinzenstraße	**DX**	29
Ettlinger Allee	**EZ**	31
Ettlinger Straße	**EYZ**	32
Europaplatz	**DX**	33
Fautenbruchstraße	**EZ**	
Fritz-Erler-Straße	**EY**	34
Gartenstraße	**CDY**	
Grünwinkler Straße	**CZ**	37
Hans-Thoma-Straße	**EX**	40
Hermann-Billing-Str.	**EY**	44
Herrenstraße	**DY**	46
Hirschstraße	**DYZ**	
Jollystraße	**DY**	
Kaiserallee	**CX**	
Kaiserplatz	**DX**	49
Kaiserstraße	**DEX**	50
Karl-Friedrich-Str.	**EY**	52
Karlstraße	**DYZ**	
Kriegsstraße	**CDEY**	
Litzenhardtstraße	**CZ**	
Ludwig-Marum-Str.	**CX**	
Luisenstraße	**EY**	64
Marie-Alexandra-Straße	**DZ**	65
Marienstraße	**EY**	
Markgrafenstraße	**EXY**	67
Marktplatz	**EX**	68
Mathystraße	**DY**	70
Mittelbruchstraße	**EZ**	71
Moltkestraße	**CDX**	
Nebeniusstraße	**EZ**	74
Neckarstraße	**DZ**	
Neue-Anlage-Str.	**CZ**	76
Nördliche Hildapromenade	**CX**	80
Otto-Wels-Straße	**CZ**	
Poststraße	**EZ**	86
Pulverhausstraße	**CZ**	
Reinhold-Frank-Str.	**DX**	89
Rheinstraße	**CX**	90
Ritterstraße	**DY**	
Rüppurrer Straße	**EYZ**	
Scheffelstraße	**CXY**	
Schillerstraße	**CXY**	
Schloßplatz	**EX**	95
Schwarzwaldstraße	**EZ**	98
Seldeneckstraße	**CX**	
Sophienstraße	**CDXY**	
Steinhäuserstraße	**CY**	
Stephanienstraße	**DX**	104
Südendstraße	**CDY**	
Waldhornstraße	**EX**	110
Waldstraße	**DX**	112
Weiherfeldstraße	**DZ**	113
Werderplatz	**EY**	116
Wilhelm-Baur-Str.	**CY**	119
Wilhelmstraße	**EY**	121
Willy-Brandt-Allee	**DX**	122
Yorckstraße	**CXY**	
Zeppelinstraße	**CY**	126
Zirkel	**EX**	127

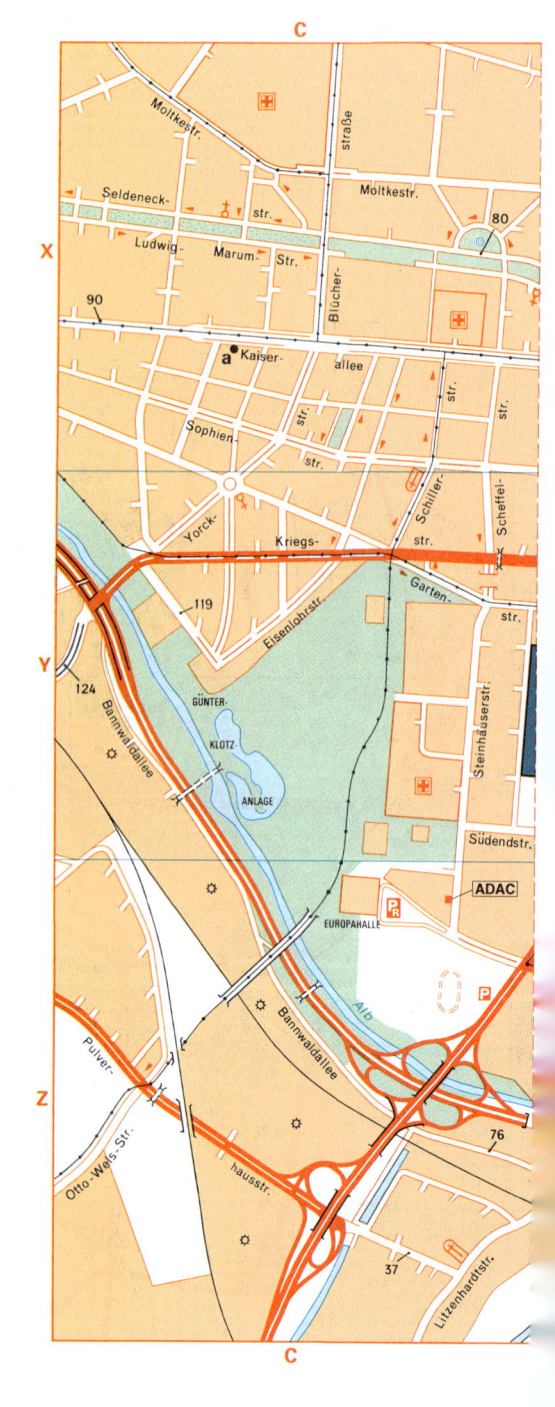

734

735

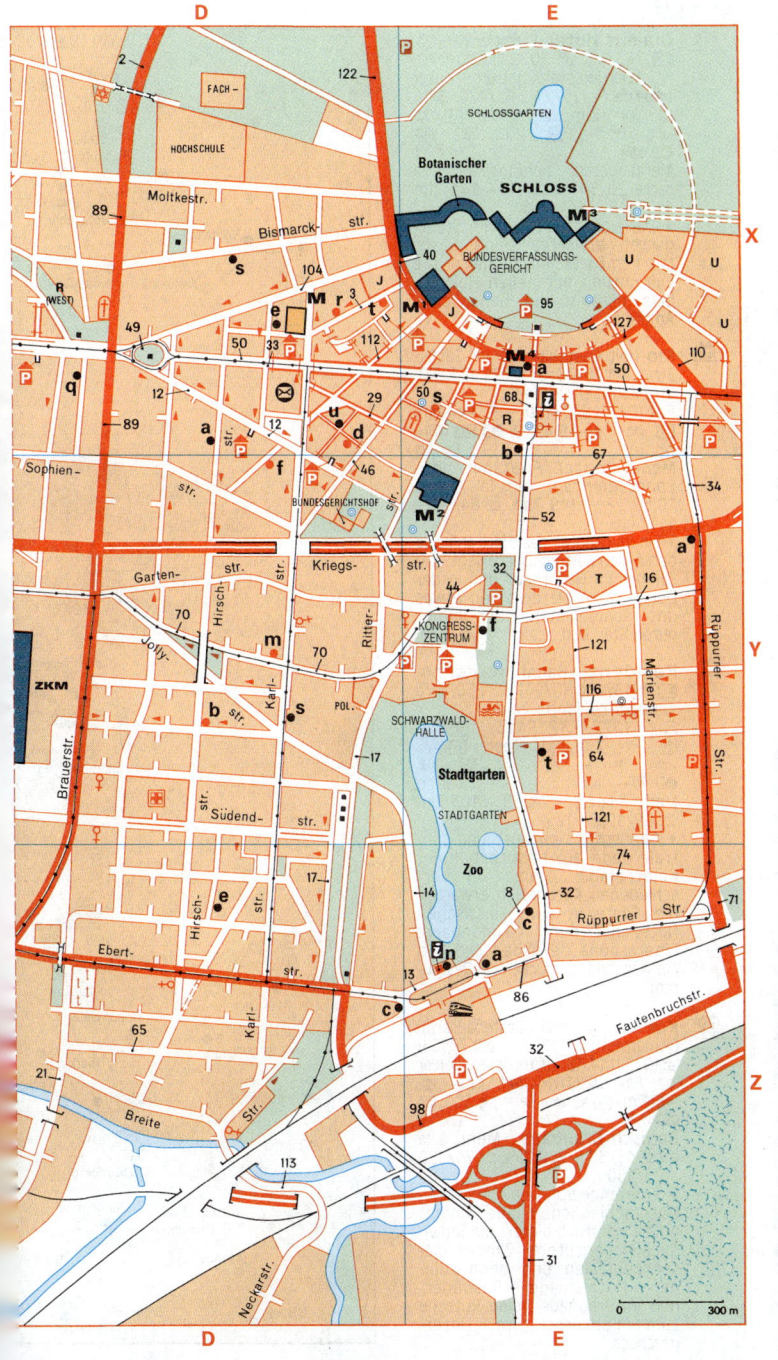

KARLSRUHE

Queens Hotel, Ettlinger Str. 23, ⊠ 76137, ℘ (0721) 3 72 70, *reservierung.qkarlsruhe@queensgruppe.de*, Fax (0721) 3727170, 😊 – 📶, ⚡ Zim, 🍴 Rest, 📺 📞 🚗 🅿 – 🏊 200. AE ⓘ ⓜⓒ VISA EY t
Menu *(geschl. Sonntagabend)* à la carte 20/34 – ☕ 14 – **141 Zim** 115/140 – 141/166.

• Das Hochhaus-Hotel am Stadtgarten erwartet seine Gäste mit komfortablen Zimmern. Die Einrichtung mit hellen Holzmöbeln erzeugt ein behagliches Ambiente.

Rio (mit Gästehaus), Hans-Sachs-Str. 2, ⊠ 76133, ℘ (0721) 8 40 80, *info@hotel-rio.de*, Fax (0721) 8408100 – 📶, ⚡ Zim, 📺 🚗 – 🏊 15. AE ⓘ ⓜⓒ VISA JCB. ⚡ Rest DX q
Menu *(geschl. Freitagabend - Sonntagmittag)* à la carte 20,50/28 – **119 Zim** ☕ 84/99 – 110/116.

• Ein Stadthotel, das Wert auf eine persönliche Atmosphäre legt. Die Zimmer im Haupthaus und in der Dependance bieten einen etwas unterschiedlichen, aber immer guten Standard.

Residenz, Bahnhofplatz 14, ⊠ 76137, ℘ (0721) 3 71 50, *info@hotel-residenz-ka.de*, Fax (0721) 3715113, 😊 – 📶, ⚡ Zim, 🍴 Rest, 📺 ♿ 🚗 🅿 – 🏊 80. AE ⓘ ⓜⓒ VISA DZ c
Menu à la carte 24/38 – **103 Zim** ☕ 99/109 – 125.

• Gepflegtes Ambiente und zentrale Lage am Hauptbahnhof : Komfortable Zimmer in verschiedenen Kategorien erwarten die Gäste in dem klassischen Hotel mit dem Arkadengang. Eine schöne Gewölbedecke und ein Wandbild schmücken das Restaurant.

Kübler ⚡ (mit Gästehäusern), Bismarckstr. 39, ⊠ 76133, ℘ (0721) 14 40, *info@hotel-kuebler.de*, Fax (0721) 144441, 💪, ⚡ Zim, 📺 📞 🚗 🅿 – 🏊 300. AE ⓜⓒ VISA DX s
Badisch Brauhaus : Menu à la carte 15/33 – **200 Zim** ☕ 71/120 – 78/150.

• Eine ungewöhnliche Adresse : Unterschiedlichen, aber immer guten Komfort bieten die individuell eingerichteten Zimmer dieser zentralen und doch ruhigen Hotelanlage. Besonderheit im Brauhaus : eine Rutsche zum Sudkessel im Untergeschoss.

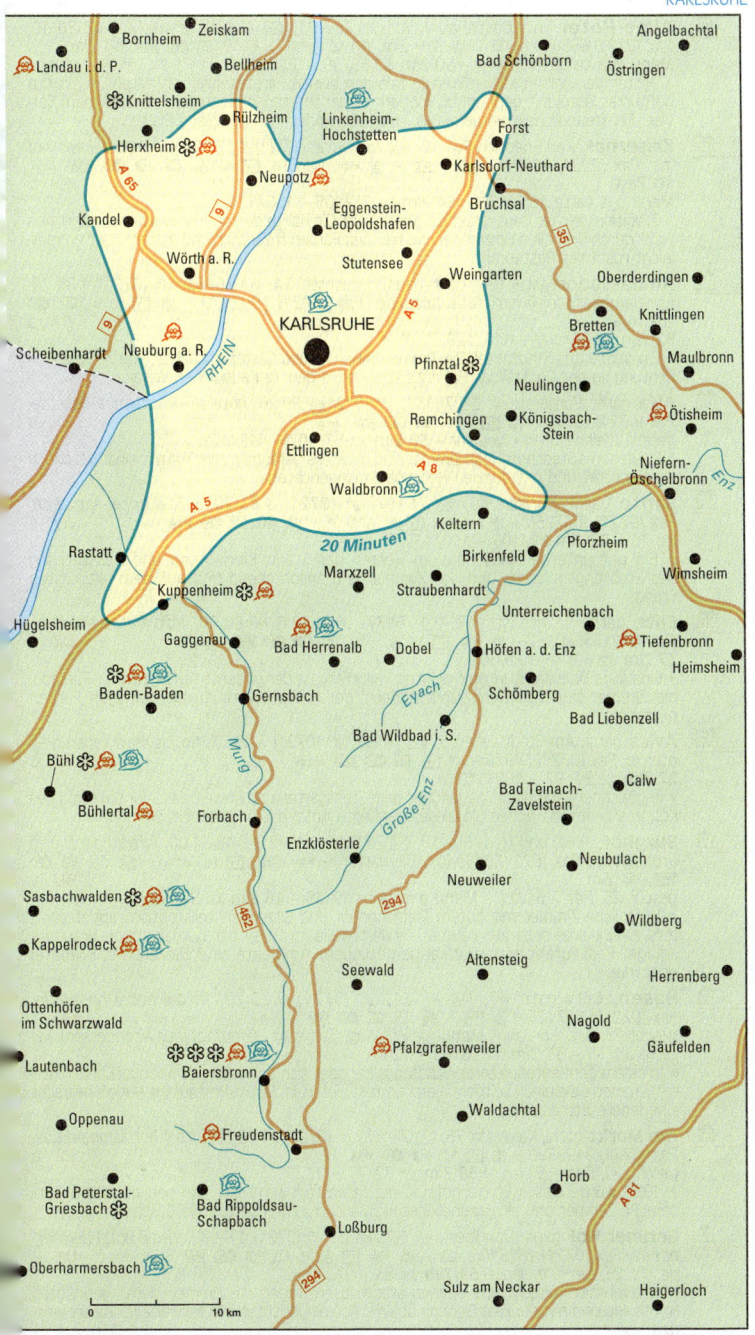

KARLSRUHE

KARLSRUHE

Allee Hotel (mit Gästehaus), Kaiserallee 91, ✉ 76185, ℘ (0721) 98 56 10, Fax (0721) 9856111, 🍴 – 📶, 🚭 Zim, 📺 📞 🚗 – 🅰 40. 🆎 ⓜ 💳 🚭 Zim
Menu à la carte 21,50/46 – **50 Zim** ⊇ 88/98 – 98/118. CX a
♦ Hinter der gelben Klinkerfassade mit den blauen Farbakzenten erwartet Sie ein gut geführtes Hotel mit gepflegten, modern eingerichteten Zimmern und persönlichem Service. Ein freundliches, zeitgemäßes Ambiente findet man in Maier's Bistro.

Kaiserhof, Karl-Friedrich-Str. 12, ✉ 76133, ℘ (0721) 9 17 00, info@hotel-kaiserhof.de, Fax (0721) 9170150, 🍴, 🛋 – 📶 🚭, 🍽 Zim, 📺 📞 ♿. 🆎 ⓞ ⓜ 💳 ⓙ 🚭 Rest
Menu à la carte 16,50/31 – **54 Zim** ⊇ 75/105 – 100/125. EX b
♦ Traditionsreiches Haus direkt am Marktplatz. Die Hälfte der Zimmer wurde renoviert und wirkt durch die hellen Holzmöbel und frischen Farben freundlich und modern. Gediegenes, leicht rustikales Restaurant.

Ambassador garni (mit Gästehaus), Hirschstr. 34, ✉ 76133, ℘ (0721) 1 80 20, hotelambassador@karlsruhe-hotel.de, Fax (0721) 1802170 – 📶 📺 🚗. 🆎 ⓜ 💳 ⓙ
52 Zim ⊇ 87/107 – 119/129. DX a
♦ Ein gepflegtes Stadthotel. Die Zimmer in Haupt- und Gästehaus haben eine zeitlose Einrichtung. In der Cocktailbar Harvey's können Sie den Tag ausklingen lassen.

Alfa garni, Bürgerstr. 4, ✉ 76133, ℘ (0721) 2 99 26, hotel.alfa@karlsruhe-hotel.de, Fax (0721) 29929 – 📶 📺 🚗. 🆎 ⓜ 💳 ⓙ DX u
geschl. Weihnachten - Neujahr – **38 Zim** ⊇ 87/107 – 119/129.
♦ Ein neueres Stadthotel : Die Zimmer sind meistens geräumig, zum Teil mit einer Sitzcouch ausgestattet und mit dunklen Holzmöbeln eingerichtet.

Santo garni, Karlstr. 69, ✉ 76137, ℘ (0721) 3 83 70, info@hotel-santo.de, Fax (0721) 3837250 – 📶 🚭 🍽 📺 📞 🚗 🅿 – 🅰 40. 🆎 ⓜ 💳 DY s
⊇ 10 – **52 Zim** 91/106 – 110/132.
♦ Ein gut unterhaltenes Haus mitten im Herzen der Stadt. Einrichtung und Ausstattung des Empfangsbereichs und der Zimmer sind ansprechend und auf dem aktuellsten Stand.

Elite garni, Sachsenstr. 17, ✉ 76137, ℘ (0721) 82 80 90, info@elite-hotel.de, Fax (0721) 8280962 – 📶 🚭 📺 📞 ♿ 🚗. 🆎 ⓞ ⓜ 💳 ⓙ DZ e
37 Zim ⊇ 69/74 – 89/92.
♦ Eine gute Übernachtungsmöglichkeit : Blickfang ist der gläserne Aufzug an der Fassade, die Zimmer sind funktional und modern, der Frühstücksraum mit kräftigen Farben gestaltet.

Avisa garni, Am Stadtgarten 5, ✉ 76137, ℘ (0721) 3 49 77, hotelavisa@karlsruhe-hotel.de, Fax (0721) 34979 – 📶 📺. 🆎 ⓜ 💳 ⓙ
27 Zim ⊇ 77/97 – 109/119. EZ c
♦ In günstiger Lage direkt gegenüber dem Stadtgarten und unweit des Bahnhofs und des Kongresszentrums finden Sie dieses gepflegte Hotel mit praktischen Zimmern.

Burghof, Haid- und Neu- Str. 18, ✉ 76131, ℘ (0721) 6 18 34 00, info@hoepfner-burghof.com, Fax (0721) 6183403, Biergarten – 🚭 Zim, 📺 📞 🚗 – 🅰 30. 🆎 ⓜ 💳 🚭 Zim BU v
geschl. 23. Dez. - 6. Jan. - **Menu** à la carte 19/30 – **16 Zim** ⊇ 82 – 98.
♦ Wohnliche Zimmer mit gutem Platzangebot und Sitzecke - teils optisch abgetrennt, teils zwei kleine, separate Räume - erwarten Sie im Hotel der burgähnlichen Brauereianlage. Restaurant mit rustikal-gemütlichem Ambiente und Bieren der Brauerei Hoepfner.

Hasen, Gerwigstr. 47, ✉ 76131, ℘ (0721) 9 63 70, info@hotel-hasen.de, Fax (0721) 9637123 – 📶 🚭 – 🅰 15. 🆎 💳 BU r
geschl. 23. Dez. - 6. Jan. - **Menu** (geschl. Aug., Samstag - Sonntag) (nur Abendessen) à la carte 23/35 – **33 Zim** ⊇ 58/85 – 121.
♦ In einem gepflegten, älteren Stadthaus befindet sich das solide, familiengeführte Hotel mit Zimmern, die einen zeitgemäßen Komfort bieten. Im Bistro-Restaurant Hugo's herrscht eine legere Atmosphäre.

Am Markt garni, Kaiserstr. 76, ✉ 76133, ℘ (0721) 91 99 80, info@hotelammarkt.de, Fax (0721) 9199899 – 📶 📺 📞. ⓞ ⓜ 💳 EX a
geschl. 24. Dez. - 5. Jan. – **38 Zim** ⊇ 72/77 – 97.
♦ 1997 wurde dieses Etagenhotel in der Innenstadt renoviert und neu gestaltet. Zeitgemäße Zimmer und ein freundliches Frühstücksraum erwarten die Gäste.

Berliner Hof garni, Douglasstr. 7, ✉ 76133, ℘ (0721) 1 82 80, info@hotel-berlinerhof.de, Fax (0721) 1828100, 🛋 – 📶 🚭 📺 ♿ 🅿. 🆎 ⓞ ⓜ 💳 ⓙ DX e
geschl. 21. Dez. - 1. Jan. – **53 Zim** ⊇ 83 – 97.
♦ In zwei miteinander verbundenen Stadthäusern liegen die Zimmer dieses gepflegten Hotels. Sie sind mit dunklen Eichenmöbeln solide eingerichtet und teilweise renoviert worden.

KARLSRUHE

🏨 **Am Tiergarten** garni, Bahnhofplatz 6, ✉ 76137, ✆ (0721) 93 22 20, *hotel-leucht@
am-tiergarten-karlsruhe.de*, *Fax (0721) 9322244* – 🛗 📺 – 🅰 20. 🆎 💳 EZ n
32 Zim ☐ 69/79 – 99/103.
  ♦ Ein engagiert geführtes Haus am Eingang zum Zoo. Im Haus finden Sie auch ein Café und eine Pilsstube. Solide Zimmer, es werden immer wieder kleinere Renovierungen vorgenommen.

🍴🍴🍴 **Buchmann's Restaurant**, Mathystr. 22, ✉ 76133, ✆ (0721) 8 20 37 30,
Fax (0721) 8203731 72 –. 🅰🅴 🆎 💳 DY m
geschl. Samstagmittag, Sonntag – **Menu** 20 (mittags)/75 à la carte 33/54.
  ♦ Ein anspruchsvolles Ambiente : die edle, moderne Einrichtung und Kunst schaffen einen Rahmen schlichter Eleganz für die marktorientierte Küche mit mediterranen Akzenten.

🍴🍴 **Oberländer Weinstube**, Akademiestr. 7, ✉ 76133, ✆ (0721) 2 50 66, *kontakt@o
berlaender-weinstube.de*, *Fax (0721) 21157*, 🌳 – 🅰🅴 🆁 🆎 💳 DX t
geschl. Sonntag - Montag – **Menu** (Tischbestellung ratsam) à la carte 47/59, ⚑ 🍷.
  ♦ In den Gaststuben mit Kachelofen und nostalgischer Einrichtung sitzen Sie in einem gemütlich-eleganten Ambiente. Im Sommer lockt die herrliche Innenhofterrasse.

🍴🍴 **Trattoria Toscana**, Blumenstr. 19, ✉ 76133, ✆ (0721) 2 06 28, 🌳 – 🅰🅴 🆎 💳
geschl. Sonntag – **Menu** (Tischbestellung ratsam) à la carte 28/45. DX d
  ♦ Ein kleines italienisches Restaurant mit nettem maritimen Ambiente. Die vielen Stammgäste sprechen für die Qualität der authentischen Küche aus Bella Italia.

🍴🍴 **La Medusa**, Hirschstr. 87, ✉ 76137, ✆ (0721) 1 83 91 23, *Fax (0721) 1839123*, 🌳
🆎 💳 DY b
geschl. über Pfingsten 2 Wochen, Sonntag - Montag – **Menu** à la carte 30/45,50.
  ♦ Neuzeitlich ist das Ambiente dieses Restaurants. Freuen Sie sich auf eine gute italienische Küche - mit wöchentlich wechselnden saisonalen Angeboten. Freundlicher Service !

🍴🍴 **La Gioconda**, Akademiestr. 26, ✉ 76133, ✆ (0721) 2 55 40 – 🅰🅴 🆁 🆎 💳 🆃🆅🅱
geschl. Aug. 3 Wochen, Sonn- und Feiertage – **Menu** 33 à la carte 30/56. DX r
  ♦ Klein, modern, sympathisch - so lässt sich dieses Ristorante beschreiben. Die Speisekarte wechselt regelmäßig - es sind immer auch saisonale Spezialitäten zu finden.

🍴 **Dudelsack**, Waldstr. 79, ✉ 76133, ✆ (0721) 20 50 00, *Fax (0721) 205056*, 🌳 – 🅰🅴
🆁 🆎 💳 DY f
Menu *(nur Abendessen)* (Tischbestellung ratsam) à la carte 27,50/38,50.
  ♦ Ein gemütliches, mit Küchenutensilien geschmücktes Restaurant mit rustikalem Flair. Man kocht gutbürgerlich, aber auch badische Gerichte stehen auf der Karte.

🍴 **Hansjakob Stube**, Ständehausstr. 4, ✉ 76133, ✆ (0721) 2 71 66, *hansjakob-stube
@web.de* – 🆎 💳 EX s
geschl. Anfang - Mitte Jan., Sept. 2 Wochen, Mittwoch, Sonn- und Feiertage abends – **Menu** à la carte 24,50/38.
  ♦ Das versteckt liegende Kellerrestaurant belohnt seine findigen Gäste mit einem wechselnden kleinen Angebot an saisonalen Speisen mit verschiedenen internationalen Einflüssen.

In Karlsruhe-Daxlanden *West : 5 km über Daxlander Straße* AU :

🏨 **Steuermann**, Hansastr. 13 (Rheinhafen), ✉ 76189, ✆ (0721) 95 09 00, *info@hotel-
steuermann.de*, *Fax (0721) 9509050*, 🌳 – 🚭 Zim, 🛋 📺 🅿. 🅰🅴 🆎 💳 🆃🆅🅱
Menu *(geschl. Samstagmittag - Sonntag, Okt. - Mai Samstagmittag, Sonntagabend)* à la carte 25/35 – **25 Zim** ☐ 75/80 – 95/100.
  ♦ Service wird groß geschrieben in diesem Hotel mit dem schallgeschützten, klimatisierten Zimmern, die mit hellen Eschenmöbeln eingerichtet und zeitgemäß ausgestattet sind. Fischerei-Dekorationen wie Modellschiffe zieren das Restaurant.

In Karlsruhe-Durlach *Ost : 7 km über Durlacher Allee* BU :

🏨 **Der Blaue Reiter**, Amalienbadstr. 16, ✉ 76227, ✆ (0721) 94 26 60, *info@hotelde
rblauereiter.de*, *Fax (0721) 9426642*, Biergarten – 🛗, 🚭 Zim, 📺 📞 🔧 🚗 🅿 – 🅰 45.
🅰🅴 🆁 🆎 💳. 🚭 Zim
Fränkle's Paulaner *(geschl. Samstagmittag, Sonntag)* **Menu** à la carte 19/36 – **39 Zim**
☐ 88 – 102.
  ♦ Das 2001 eröffnete Hotel begrüßt seine Gäste mit modernem Design und farbenfroher Gestaltung. Bilder der Künstler des "Blauen Reiters" finden sich überall im Haus. Klare Linien bestimmen den Charakter des Restaurants Fränkle's Paulaner.

🍴🍴🍴 **Zum Ochsen** mit Zim, Pfinzstr. 64, ✉ 76227, ✆ (0721) 94 38 60, *info@ochsen-durl
ach.de*, *Fax (0721) 9438643*, 🌳 – 📺. 🅰🅴 🆎 💳. 🚭
Menu *(geschl. Montag - Dienstagmittag)* 25 (mittags) à la carte 38/54, ⚑ 🍷 – **6 Zim**
☐ 115 – 170.
  ♦ Geschmackvoll elegant ist das Ambiente in dem aufwändig restaurierten Gasthaus und klassisch französisch die Küche der Patronin. Sehr hübsch gestaltete Übernachtungszimmer !

KARLSRUHE

※ **Schützenhaus**, Jean-Ritzert-Str. 8 (auf dem Turmberg), ⊠ 76227, ℘ (0721) 49 13 68, Fax (0721) 491368, 🍽 – 🅿. ⓜ ⓥⓘⓢⓐ
geschl. über Fastnacht 1 Woche, Ende Okt. - Mitte Nov., Montag - Dienstag – **Menu** à la carte 20/36.
• Ein hübsches, etwas abseits gelegenes Ausflugslokal mit schöner Waldterrasse. Die Gäste erwartet eine bürgerliche Küche, ergänzt durch eine Tageskarte.

※ **Klenerts**, Reichardtstr. 22 (Turmberg), ⊠ 76227, ℘ (0721) 4 14 59, klenerts.restaurant@t-online.de, Fax (0721) 495617, ≤ Karlsruhe und Rheinebene, 🍽 – 🅿. 🆎 ⓞ ⓜ ⓥⓘⓢⓐ
Menu à la carte 19,50/37, ⚑.
• Bistrotische und Wände in hellen Gelbtönen lassen das Restaurant auf dem Turmberg modern wirken. Von der Terrasse schöner Blick über Karlsruhe. Mit internationaler Küche.

In Karlsruhe-Knielingen :

🏨 **Burgau** (mit Gästehaus), Neufeldstr. 10, ⊠ 76187, ℘ (0721) 56 51 00, hotel-burgau@t-online.de, Fax (0721) 5651035, 🍽 – ⁂ Zim, 🅿. 🆎 ⓜ ⓥⓘⓢⓐ. ⁂ Zim
Menu (geschl. 27. Dez. - 7. Jan., Samstag - Sonntagmittag) à la carte 17/27 – **24 Zim** ⊆ 69/80 – 95/118. über Rheinbrückenstraße **AT**
• Wohnliche und solide eingerichtete Zimmer bietet dieser gepflegte Gasthof. Ein reichhaltiges Frühstücksbuffet erleichtert den Start in den Tag. Rustikales Hotelrestaurant.

In Karlsruhe-Neureut :

🏨 **Achat** garni, An der Vogelhardt 10, ⊠ 76149, ℘ (0721) 7 83 50, karlsruhe@achat-hotel.de, Fax (0721) 7835333 – 📧 ⁂ 📺 ✆ 🚗 🅿. 🆎 ⓞ ⓜ ⓥⓘⓢⓐ **AT** a
⊆ 11 – **83 Zim** 64/84 – 74/94.
• Ein gut geführtes Hotel mit neuzeitlich-funktionellen Zimmern - auch Nichtraucheretagen - und Boardinghouse, in dem die Appartements mit Miniküchen ausgestattet sind.

※※ **Nagel's Kranz**, Neureuter Hauptstr. 210, ⊠ 76149, ℘ (0721) 70 57 42, Fax (0721) 7836254, 🍽 – 🅿. **AT** e
geschl. Anfang Jan. 1 Woche, Samstagmittag, Sonn- und Feiertage – **Menu** (Tischbestellung ratsam) à la carte 25,50/41,50, ⚑.
• Ein kleines Restaurant, in dem der Kachelofen eine gemütliche Atmosphäre verbreitet. Man verwöhnt seine Gäste mit gehobener Küche und einer ansprechenden Weinauswahl.

MICHELIN-REIFENWERKE KGaA. SERVICE CENTER ⊠ 76185 Karlsruhe Michelinstr. 4 (AU) ℘ (01802) 11 11 40 Fax (01802) 111141.

MICHELIN-REIFENWERKE KGaA. Werk ⊠76185 Karlsruhe Michelinstr. 4 (AU) ℘ (0721) 53 00 Fax (0721) 5301290.

Die Erläuterungen in der Einleitung helfen Ihnen,
Ihren Michelin-Führer effektiver zu nutzen.

KARLSTADT Bayern 🅵🅸🆆 Q 13 – 15 700 Ew – Höhe 163 m.
Berlin 498 – München 304 – Würzburg 26 – Aschaffenburg 58 – Bad Kissingen 46.

🏨 **Alte Brauerei**, Hauptstr. 58, ⊠ 97753, ℘ (09353) 9 77 10, info@altebrauerei-karlstadt.de, Fax (09353) 977171, 🍽 – 📧 ⁂ Zim, 📺 🅿. – 🔒 40. ⓜ ⓥⓘⓢⓐ
Menu (geschl. Freitag) à la carte 14/29 – **20 Zim** ⊆ 47/65 – 60/99.
• Das Hotel hat man in einem Fachwerkhaus mit Anbau eingerichtet. Hier steht Reisenden eine solide und zeitgemäße Unterkunft zur Verfügung. Der grüne Kachelofen und Sitznischen mit gepolsterten Bänken geben dem Restaurant seinen rustikalen Charakter.

KASENDORF Bayern 🅵🅸🆆 P 18 – 2 400 Ew – Höhe 367 m – Wintersport : 400/500 m ⬚1 ⬚ (in Zultenberg).
Berlin 369 – München 260 – Coburg 56 – Bayreuth 25 – Kulmbach 11 – Bamberg 43.

🏨 **Goldener Anker**, Marktplatz 9, ⊠ 95359, ℘ (09228) 6 22, Fax (09228) 674, 🍽, ⚐s,
🔲 – ⁂ Zim, 📺 🚗 🅿.
Menu à la carte 17/30 – **50 Zim** ⊆ 29/45 – 56/73.
• Die Zimmer dieses typischen Landgasthofs im fränkischen Jura sind überwiegend mit bemalten Bauernmöbeln eingerichtet. Für Kegelfreunde gibt es vier Bundeskegelbahnen. Rustikal-ländlich mit Kachelofen präsentiert sich die Gaststube.

KASSEL Hessen 543 M 12 – 196 000 Ew – Höhe 163 m.

Sehenswert : Wilhelmshöhe★★ (Schlosspark★★ : Wasserkünste★, Herkules★, ≤★★) X – Schloss Wilhelmshöhe (Gemäldegalerie★★★, Antikensammlung★) X M – Neue Galerie★ Z M2 – Park Karlsaue★ Z – Hessisches Landesmuseum★ (Deutsches Tapetenmuseum★★, Astronomisch-Physikalisches Kabinett★★) Z M1 – Museum für Astronomie und Technikgeschichte (Sammlung astronomischer Instrumente★★) Z M5.

Ausflugziel : Schloss Wilhelmsthal★ Nord : 12 km.

🛬₁₈ Kassel-Wilhelmshöhe, Ehlener Str. 21, über im Druseltal X, ℘ (0561) 3 35 09 ; 🛬₁₈ Zierenberg, Gut Escheberg (Nord-West : 26 km über ⑥ und Zierenberg), ℘ (05606) 26 08.
Ausstellungsgelände, Damaschkestr. 55 X, ℘ (0561) 95 98 60.

🅱 Tourist- und Kurinformation, Willy-Brandt-Platz 1 (im IC-Bahnhof Wilhelmshöhe) ✉ 34131, ℘ (0561) 3 40 54, info@kassel-tourist.info, Fax (0561) 315216.

🅱 Tourist-Information, Obere Königstr. 8 (Rathaus), ✉ 34117, ℘ (0561) 70 77 07, tourist@kassel-tourist.info, Fax (0561) 7077169.

ADAC, Rudolf-Schwander-Str. 17.

Berlin 383 ② – Wiesbaden 215 ④ – Dortmund 167 ⑤ – Erfurt 150 ③ – Frankfurt am Main 187 ② – Hannover 164 ②

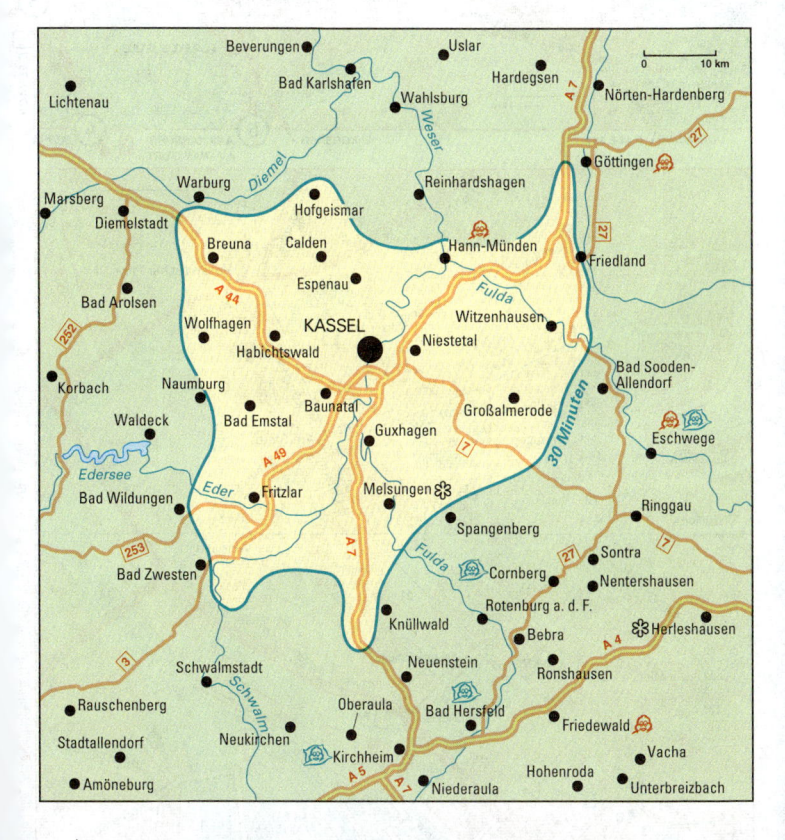

Ramada-Treff Plaza, Baumbachstr. 2 (an der Stadthalle), ✉ 34119, ℘ (0561) 7 81 00, plaza-kassel@ramada-treff.de, Fax (0561) 7810100, 佘, 𝑰₆, ≦, – 🛗, ⚒ Zim, ▭ 📺 📞 & 🚗 – 🔏 200. 🆎 ⓘ 🆎 **VISA** JCB. ※ Rest   X m
Menu à la carte 22/34 – ☷ 13 – **169 Zim** 95, 5 Suiten.
◆ Ein professionell geführtes, direkt an die Stadthalle angebautes Hochhaushotel mit wohnlichen, mit Kirschbaummöbeln eingerichteten und technisch gut ausgestatteten Zimmern. Helles, freundliches Restaurant mit Terrasse zum Stadthallengarten.

KASSEL

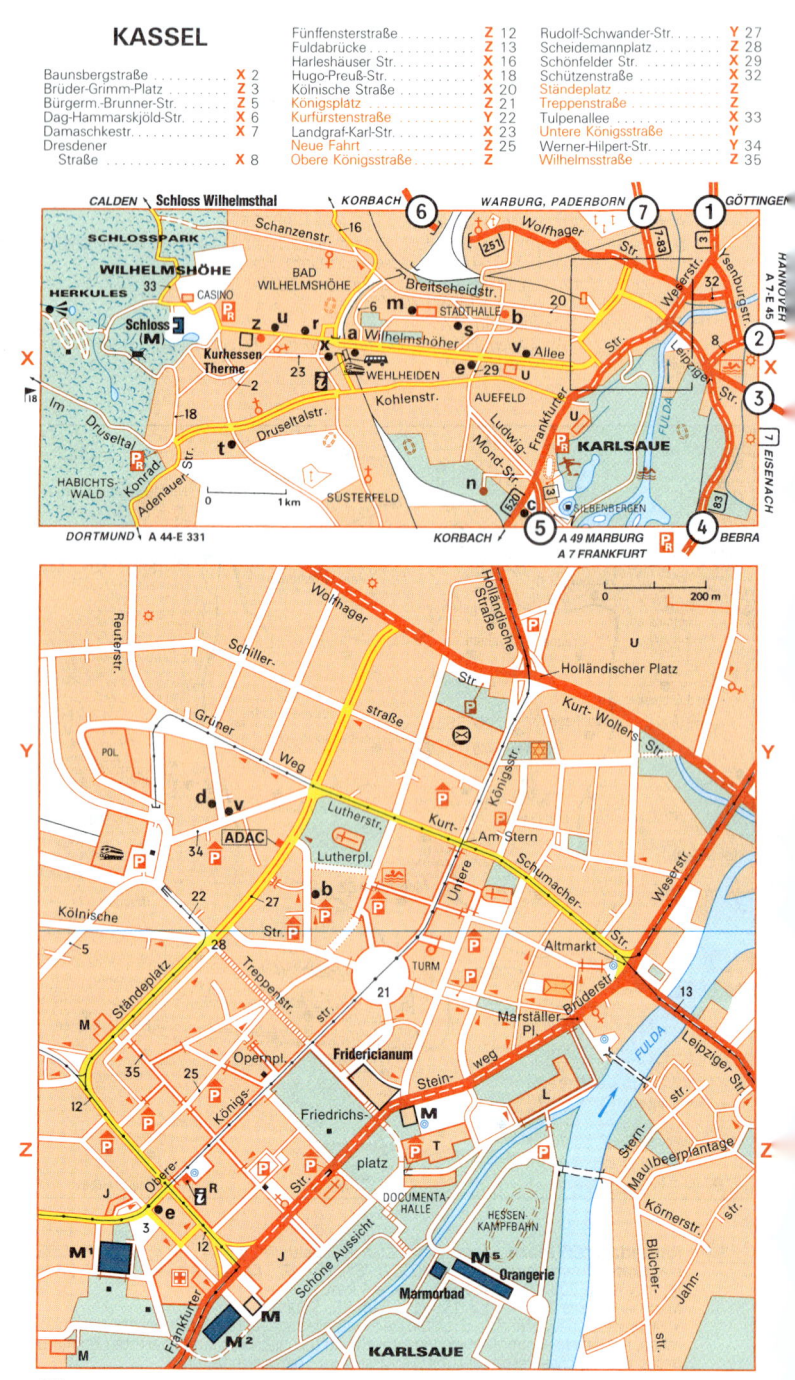

Baunsbergstraße		**X** 2
Brüder-Grimm-Platz		**Z** 3
Bürgerm.-Brunner-Str.		**Z** 5
Dag-Hammarskjöld-Str.		**X** 6
Damaschkestr.		**X** 7
Dresdener Straße		**X** 8
Fünffensterstraße		**Z** 12
Fuldabrücke		**Z** 13
Harleshäuser Str.		**X** 16
Hugo-Preuß-Str.		**X** 18
Kölnische Straße		**X** 20
Königsplatz		**Z** 21
Kurfürstenstraße		**Y** 22
Landgraf-Karl-Str.		**X** 23
Neue Fahrt		**Z** 25
Obere Königsstraße		**Z**
Rudolf-Schwander-Str.		**Y** 27
Scheidemannplatz		**Z** 28
Schönfelder Str.		**X** 29
Schützenstraße		**X** 32
Ständeplatz		**Z**
Treppenstraße		**Z**
Tulpenallee		**X** 33
Untere Königsstraße		**Y**
Werner-Hilpert-Str.		**Y** 34
Wilhelmsstraße		**Z** 35

742

KASSEL

Mövenpick, Spohrstr. 4, ⊠ 34117, ℘ (0561) 7 28 50, *hotel.kassel@moevenpick.com*, *Fax (0561) 7285118* – |⊉|, ⇔ Zim, 🔳 📞 ⇔ – 🏛 200. ⚿ ⓄⒹ ⓂⒸ 𝖵𝖨𝖲𝖠 𝖩𝖢𝖡   Y b
Menu *(geschl. Sonntagabend)* à la carte 20/40, ♀ – ⌕ 13 – **128 Zim** 97/107 – 122/132.
♦ Ein elegant und funktionell eingerichtetes Hotel mit großzügigem Hallen- und Empfangsbereich. Durch das lichtdurchflutete Atrium gelangen Sie zu den komfortablen Zimmern. Helles Restaurant, im klaren, modernen Stil eingerichtet.

City-Hotel, Wilhelmshöher Allee 38, ⊠ 34119, ℘ (0561) 7 28 10, *kontakt@city-hotel-kassel.de*, *Fax (0561) 7281199*, ☕, ⇐ – |⊉|, ⇔ Zim, 🔳 📞 ⇔ 🅿 – 🏛 50. ⚿ Ⓞ ⓂⒸ 𝖵𝖨𝖲𝖠   X v
Himmelstürmer *(geschl. Juli - Aug. 2 Wochen, Sonntagabend)* **Menu** à la carte 18/38,50 – **65 Zim** ⌕ 64/99 – 84/135, 4 Suiten.
♦ An der Allee zum Bergpark Wilhelmshöhe liegt das gut geführte Stadthotel mit neuem Anbau. Die älteren Zimmer sind mit Mahagoni-, die neueren mit Buchenmöbeln eingerichtet. Ein Wintergartenanbau ergänzt das gepflegte Restaurant.

Residenz Domus garni, Erzbergerstr. 1, ⊠ 34117, ℘ (0561) 70 33 30, *info@hotel-domus-kassel.de*, *Fax (0561) 70333498*, |⊉|, ⇔ Zim, 🔳 📞 🅿 – 🏛 50. ⚿ Ⓞ ⓂⒸ 𝖵𝖨𝖲𝖠 𝖩𝖢𝖡, ⋇   Y d
55 Zim ⌕ 66/81 – 86/107.
♦ Die ehemalige Textilfabrik aus dem Jahr 1896 wurde in den 80er Jahren zu einem Hotel umgebaut. Schöner Hallenbereich mit Jugendstilelementen und sehr freundlicher Service.

Mercure Hessenland garni, Obere Königsstr. 2, ⊠ 34117, ℘ (0561) 9 18 10, *h1186@accor-hotels.com*, *Fax (0561) 9181160* – |⊉| ⇔ 🔳 📞. ⚿ Ⓞ ⓂⒸ 𝖵𝖨𝖲𝖠 𝖩𝖢𝖡   Z e
⌕ 13 – **48 Zim** 98 – 105.
♦ Das alte, denkmalgeschütze Eckhaus lässt die 50er Jahre wieder aufleben : Die Halle mit Galerie sowie ein Zimmer sind authentisch gestaltet - der Rest : hell und recht modern.

Astoria garni, Friedrich-Ebert-Str. 135, ⊠ 34117, ℘ (0561) 7 28 30, *info@adesso-hotels.com*, *Fax (0561) 7283199*, ⇐ – |⊉| ⇔ 🔳 📞 🅿 – 🏛 25. Ⓞ ⓂⒸ 𝖵𝖨𝖲𝖠. ⋇ Rest
geschl. 22. Dez. - 5. Jan. – **50 Zim** ⌕ 56/110 – 76/140.   X s
♦ Im Zentrum steht dieses Stadthaus aus der Wende vom 19. ins 20. Jahrhundert mit solide ausgestatteten Zimmern, bei denen besonders die neuen, modern eingerichteten überzeugen.

Excelsior garni, Erzbergerstr. 2, ⊠ 34117, ℘ (0561) 7 66 46 40, *hotel@excelsior-kassel.de*, *Fax (0561) 15110* – |⊉| 🔳 📞 ⇔ 🅿 – 🏛 60. ⚿ Ⓞ ⓂⒸ 𝖵𝖨𝖲𝖠 𝖩𝖢𝖡   Y v
73 Zim ⌕ 51/65 – 65/87.
♦ In dem Hotel, das sich in einem neuzeitlichen Zweckbau befindet, stehen für die Gäste praktische Zimmer und Appartements mit Kleinküchen bereit.

Chassalla garni, Wilhelmshöher Allee 99, ⊠ 34121, ℘ (0561) 9 27 90, *info@hotel-chassalla.de*, *Fax (0561) 9279101* – |⊉| ⇔ 🔳 📞 ⇔ 🅿 – 🏛 40. ⚿ Ⓞ ⓂⒸ 𝖵𝖨𝖲𝖠   X e
44 Zim ⌕ 67/77 – 92/122.
♦ Neuzeitlich ausgestattete Zimmer, die einheitlich mit hellen Holzmöbeln eingerichtet sind, und gute Tagungsmöglichkeiten erwarten die Gäste in diesem familiengeführten Hotel.

Park Schönfeld, Bosestr. 13 (Wehlheiden), ⊠ 34121, ℘ (0561) 2 20 50, *krasenbrinkjun@t-online.de*, *Fax (0561) 27551*, ☕ – ⅙ 🅿 – 🏛 40. ⚿ Ⓞ ⓂⒸ 𝖵𝖨𝖲𝖠   X n
geschl. Sonntag – **Menu** (abends Tischbestellung ratsam) 20 à la carte 25,50/38.
♦ Umgeben von uralten Bäumen, liegt das kleine Schloss von 1777 in einem Park. Großzügige und lichtdurchflutete Räume strahlen eine moderne Atmosphäre aus.

El Erni, Parkstr. 42, ⊠ 34119, ℘ (0561) 71 00 18, – 🅿. ⚿ ⓂⒸ 𝖵𝖨𝖲𝖠   X b
Menu *(nur Abendessen)* (spanische Küche) à la carte 18/31,50.
♦ Hellgelb gestrichene Wände, eine angenehme Beleuchtung und ein nettes Dekor aus Weinregalen, Bildern und Kerzenleuchtern lassen das Restaurant gemütlich wirken.

In Kassel-Auefeld :

Grand Hotel La Strada, Raiffeisenstr. 10, ⊠ 34121, ℘ (0561) 2 09 00, *reservation@lastrada.de*, *Fax (0561) 2090500*, ☕, Massage, ⇐, ▣ – |⊉|, ⇔ Zim, 🔳 Rest, 🔳 📞 ⇔ – 🏛 200. ⚿ Ⓞ ⓂⒸ 𝖵𝖨𝖲𝖠. ⋇ Zim   X c
Menu à la carte 17,50/39,50 – ⌕ 10 – **265 Zim** 51/78 – 63/90, 5 Suiten.
♦ Das 1995 eröffnete Haus gefällt mit repräsentativer Eleganz. Geräumige, gut ausgestattete Zimmer, der gepflegte Freizeitbereich und die Lobby mit Bar zählen zum Angebot. Opulent ausgestattetes Restaurant mit Wintergarten.

In Kassel-Bettenhausen über ② : 4 km, nahe Autobahn-Anschluss Kassel-Nord :

Queens Hotel, Heiligenröder Str. 61, ⊠ 34123, ℘ (0561) 5 20 50, *reservation.qkassel@queensgruppe.de*, *Fax (0561) 527400*, ☕, ⇐, ▣ – |⊉|, ⇔ Zim, 🔳 ♿ 🅿 – 🏛 120. ⚿ Ⓞ ⓂⒸ 𝖵𝖨𝖲𝖠. ⋇ Rest
Menu à la carte 22/29,50 – **142 Zim** ⌕ 100 – 123.
♦ Solide ist die Zimmereinrichtung in dem Hotel mit der geschmackvoll-behaglichen Atmosphäre. Für Ihr Fitnessprogramm stehen Swimmingpool und Sauna zur Verfügung. Restaurant mit heller, freundlicher Aufmachung.

KASSEL

Am Eichwald, Bunte Berna 6, ✉ 34123, ✆ (0561) 95 20 60, *Fax (0561) 9520666* –
📺 🍴 🅿 ⓜ 💳
Menu *(geschl. Sonntag) (nur Abendessen)* (Restaurant nur für Hausgäste) – **12 Zim** 🛏 50 – 77.
• Eine Pension mit praktisch eingerichteten, sehr gepflegten Zimmern. Das Frühstücksbuffet und eine kleine Speisekarte für Hausgäste sorgen für das leibliche Wohl.

In Kassel-Niederzwehren über ⑤ : 3,5 km :

Gude (mit Gästehaus), Frankfurter Str. 299, ✉ 34134, ✆ (0561) 4 80 50, *reservation @hotel-gude.de, Fax (0561) 4805101*, Massage, 🏊, 🧖, ≘s, 🔲 – 🛗, ⇤ Zim, 📺 🍴 ♿ 🚗 🅿 – 🅿 200. 🆎 ⓞ ⓜ 💳 🅹
Pfeffermühle *(geschl. Sonntagabend)* **Menu** à la carte 19/41 – **85 Zim** 🛏 72/102 – 104/178.
• Ein Haus zum Wohlfühlen : Eine engagierte Führung, freundlicher Service und individuell gestaltete Zimmer sorgen für einen schönen Aufenthalt im Haupt- oder Gästehaus. Das Restaurant ist teils rustikal, teils schlicht-modern gestaltet.

In Kassel-Waldau :

Ibis, Heinrich-Hertz-Str. 3, ✉ 34123, ✆ (0561) 5 89 40, *Fax (0561) 5894400* – 🛗, ⇤ Zim, ≡ 📺 🍴 ♿ 🅿 🆎 ⓞ ⓜ 💳 🅹, ⇜ Rest   über ④ und Nürnberger Straße   X
Menu *(nur Abendessen)* à la carte 14/27 – 🛏 9 – **67 Zim** 52.
• Den gewohnten Ibis-Komfort zu einem guten Preis-Leistungs-Verhältnis bieten die zweckmäßig ausgestatteten Zimmer dieses neuzeitlichen Hotels.

In Kassel- Bad Wilhelmshöhe – *Heilbad* :

Kurparkhotel, Wilhelmshöher Allee 336, ✉ 34131, ✆ (0561) 3 18 90, *info@kurparkhotel-kassel.de, Fax (0561) 3189124*, 🌳, ≘s, 🔲 – 🛗, ⇤ Zim, 📺 🍴 ♿ 🚗 🅿 – 🅿 60. 🆎 ⓜ 💳   X u
Menu *(geschl. Sonn- und Feiertage abends)* à la carte 22/34 – **80 Zim** 🛏 83/95 – 115/145.
• Umgeben vom Grün des Kurparks und des Bergparks empfängt Sie die stilvolle Atmosphäre dieses engagiert geführten Hotels mit wohnlichen Zimmern und schönem Freizeitbereich. Das Restaurant ist im Stil eines eleganten Cafés gehalten.

Courtyard by Marriott, Bertha-von-Suttner-Str. 15, ✉ 34131, ✆ (0561) 9 33 90, *courtyard.kassel@courtyard.com, Fax (0561) 9339100*, Biergarten, 🧖, ≘s – 🛗, ⇤ Zim, 📺 🍴 ♿ 🚗 – 🅿 60. 🆎 ⓞ ⓜ 💳 🅹, ⇜ Rest   X x
Menu *(geschl. Sonntagabend)* à la carte 19/30,50 – 🛏 12 – **137 Zim** 79/116.
• Internationaler Standard : Schallisolierte und gut ausgestattete, zeitgemäße Zimmer und einen modernen Tagungsbereich hält dieses Hotel für seine Gäste bereit. Das Restaurant zeigt sich im Bistrostil.

InterCityHotel, Wilhelmshöher Allee 241, ✉ 34121, ✆ (0561) 9 38 80, *kassel@intercityhotel.de, Fax (0561) 9388999*, 🌳 – 🛗, ⇤ Zim, 📺 🍴 ♿ 🅿 – 🅿 80. 🆎 ⓞ ⓜ 💳 🅹   X a
Menu à la carte 17,50/29 – **147 Zim** 🛏 89/128 – 110/149.
• Ein zeitgemäßes Business-Hotel : Funktionelle Zimmer mit hellen Möbeln, gute Sauberkeit und das freundliche Personal machen dieses Haus aus.

Zum Steinernen Schweinchen (mit Gästehaus), Konrad-Adenauer-Str. 117, ✉ 34132, ✆ (0561) 94 04 80, *info@steinernes-schweinchen.de, Fax (0561) 94048555*, 🌳, Biergarten, 🧖, ≘s, 🔲, 🎾 – 🛗, ⇤ Zim, 📺 🍴 ♿ 🅿 – 🅿 100. 🆎 ⓜ 💳, ⇜ Rest   über Konrad-Adenauer-Straße   X
Menu *(wochentags nur Abendessen)* à la carte 36/43 – **55 Zim** 🛏 60/65 – 85/95.
• Auf eine wechselvolle Geschichte kann dieses Haus, im 19. Jh. als Poststation gebaut wurde, zurückblicken. Heute finden Sie hier ein Hotel mit neuzeitlichem Komfort. Im hellen Restaurant schmücken viele moderne Bilder die Wände.

Wilhelmshöher Tor garni, Heinrich-Schütz-Allee 24, ✉ 34131, ✆ (0561) 9 38 90, *hotel@sundg.com, Fax (0561) 9389111*, 🌳 – 🛗 ⇤ 📺 🍴 ♿ – 🅿 100. 🆎 ⓞ ⓜ   X t
30 Zim 🛏 60/65 – 80/90.
• Am Wilhelmshöher Tor lebten und arbeiteten früher die Brüder Grimm. In dem modernen Hotel, das sich jetzt hier befindet, tragen die Zimmer die Namen ihrer Märchen.

✂ **Gutshof,** Wilhelmshöher Allee 347a, ✉ 34131, ✆ (0561) 3 25 25, *gutshof@t-online.de, Fax (0561) 32120*, 🌳, Biergarten, – ♿ 🅿 🆎 ⓜ 💳   X z
Menu à la carte 19,50/33.
• Am Fuß des Bergparks liegt das Fachwerkhaus mit rustikalem, holzverteäfeltem Restaurant, das eine internationale und gutbürgerliche Auswahl bietet.

KASSEL

Im Habichtswald *über Im Druseltal X, ab unterer Parkplatz Herkules Nord : 2 km, Zufahrt für Hotelgäste frei :*

Elfbuchen ⚬, ✉ 34131 Kassel-Wilhelmshöhe, ☎ (0561) 96 97 60, *info@waldhotel-elfenbuchen.de*, Fax (0561) 62043, 🍴, 🌳 – 🛗, 🚿 Zim, ☎ 🅿 – 🛎 60
Menu *(geschl. Freitag)* à la carte 16/35 – **11 Zim** ⊆ 80/95 – 115/135.
* Das romantische, traditionsreiche Waldhotel - elf junge Buchen gaben der Stelle seinerzeit den Namen - überzeugt mit wohnlichen Landhauszimmern und schöner Umgebung. Ausflügler schätzen das ländlich gestaltete Restaurant.

In Niestetal-Heiligenrode *über ② : 6 km, nahe Autobahn-Anschluss Kassel-Nord :*

Zum Niestetal, Niestetalstr. 16, ✉ 34266, ☎ (0561) 95 22 60, *info@landhotel-niestetal.de*, Fax (0561) 9522634, 🍴 – 📺 ☎ 🅿 – 🛎 50. 🅰🅴 ⓘ ⓜⓞ 🆅🅸🆂🅰
Menu à la carte 15,50/26 – **19 Zim** ⊆ 49/51 – 72.
* Ein ordentlicher Gasthof mit gut eingerichteten, soliden Zimmern. Die engagierte Führung und der aufmerksame Service runden Ihren Aufenthalt ab. Im leicht rustikalen Restaurant speisen Sie in gepflegter Umgebung.

Althans ⚬, garni, Friedrich-Ebert-Str. 65, ✉ 34266, ☎ (0561) 52 27 09, *info@hotel-althans.de*, Fax (0561) 526981 – 🚿 📺 ☎ 🅿. ⓜⓞ 🆅🅸🆂🅰. ⚬
geschl. 21. Dez. - 6. Jan. – **21 Zim** ⊆ 39/44 – 67/72.
* Eine einfache, aber praktische Übernachtungsadresse mit gepflegten Zimmern zu günstigen Preisen. Dem Hotel angeschlossen ist ein Café mit Kuchen aus der eigenen Konditorei.

In Espenau-Schäferberg *über ⑦ : 10 km :*

Waldhotel Schäferberg, Wilhelmsthaler Str. 14 (an der B 7), ✉ 34314, ☎ (05673) 99 60, *waldhotel-schaeferberg@t-online.de*, Fax (05673) 996555, 🍴, 🛋 – 🛗, 🚿 Zim, 📺 ☎ ♿ 🅿 – 🛎 120. 🅰🅴 ⓘ ⓜⓞ 🆅🅸🆂🅰 🅹🅲🅱
Menu à la carte 20/34 – **98 Zim** ⊆ 85/100 – 100/130, 6 Suiten.
* Vor allem Tagungsgäste schätzen die gepflegten, dunkel möblierten Zimmer dieses Hotels. Im Winter lockt der knisternde Kamin in der Halle mit Sitzgruppen. Das Restaurant : teils leicht rustikal, teils hell und modern gestaltet, mit Buffetbereich.

In Habichtswald-Ehlen *West : 11 km über Im Druseltal X :*

Ehlener Poststuben mit Zim, Kasseler Str. 11, ✉ 34317, ☎ (05606) 59 95 80, *ehlenerpoststuben@web.de*, Fax (05606) 5995858, 🍴 – 📺 🅿
Menu *(geschl. Dienstag) (wochentags nur Abendessen)* à la carte 25/35,50 – **5 Zim** ⊆ 45 – 70.
* Die Freunde einer gutbürgerlichen Küche kommen in den gemütlichen Gaststuben dieses ländlichen Restaurants in einem hübschen Fachwerkhaus auf ihre Kosten.

In Calden *über ⑦ : 14 km :*

Schloßhotel Wilhelmsthal, Beim Schloss Wilhelmsthal (Süd-West : 2 km), ✉ 34379, ☎ (05674) 8 48, *wilhelmsthal@aol.com*, Fax (05674) 5420, 🍴 – 📺 ♿ 🅿 – 🛎 30. ⓜⓞ 🆅🅸🆂🅰
Menu à la carte 18,50/36 – **20 Zim** ⊆ 44/62 – 72/90.
* Direkt neben dem schönen Rokoko-Schloss hat man in einem ehemaligen Gutshaus ein nettes Hotel mit meist rustikalen Zimmern eingerichtet. Das Restaurant mit gemütlichen Sitznischen wird ergänzt durch einen großen Wintergarten.

KASTL Bayern ₅₄₆ R 19 – 3 000 Ew – Höhe 430 m – Erholungsort.
Berlin 449 – München 159 – Weiden in der Oberpfalz 69 – *Regensburg* 92 – Amberg 22.

Forsthof, Amberger Str. 2 (B 299), ✉ 92280, ☎ (09625) 9 20 30, *info@hotel-forsthof.de*, Fax (09625) 920344, Biergarten, 🛋 – 📺 ☎ 🅿. 🅰🅴 ⓘ ⓜⓞ 🆅🅸🆂🅰
Menu *(geschl. nach Fasching 2 Wochen, Dienstag)* à la carte 10,50/21 – **19 Zim** ⊆ 40 – 64/72.
* Ein engagiert geführter Familienbetrieb : Eine gelungene Mischung aus Tradition und Moderne bietet der historische fränkische Gasthof mit geräumigen Zimmern. Gepflegter, ländlicher Gastraum.

KATZENELNBOGEN Rheinland-Pfalz ₅₄₃ P 7 – 1 700 Ew – Höhe 300 m.
Berlin 571 – Mainz 51 – *Koblenz* 50 – Limburg an der Lahn 21 – Wiesbaden 46.

In Berghausen *Süd-Ost : 2,5 km :*

Berghof, Bergstr. 3, ✉ 56368, ☎ (06486) 9 12 10, Fax (06486) 1837, 🍴, 🌳 – 🛗 🅿 – 🛎 20. ⓜⓞ 🆅🅸🆂🅰
Menu *(geschl. Dienstag)* à la carte 12,50/23,50 – **45 Zim** ⊆ 33 – 55.
* Ein gut geführter Gasthof, der seit über 60 Jahren in Familienbesitz ist. Die soliden Zimmer sind teils mit Eichenmöbeln, teils mit hellen Holzmöbeln ausgestattet. Jagdtrophäen zieren das rustikale Restaurant.

KAUB Rheinland-Pfalz 543 P 7 – 1 200 Ew – Höhe 79 m.
  🗗 Verkehrsamt, Metzgergasse 26, ✉ 56349, ℘ (06774) 2 22, Fax (06774) 8230.
  Berlin 616 – Mainz 59 – *Bad Kreuznach* 36 – Koblenz 45 – Trier 116.

Zum Turm mit Zim, Zollstr. 50, ✉ 56349, ℘ (06774) 9 22 00, *info@rhein-hotel-tur m.com*, Fax (06774) 922011, 🍴 – 📺 AE ① ⓜ VISA
geschl. Anfang Jan. 1 Woche, Anfang Aug. 1 Woche, Mitte - Ende Nov. – **Menu** (geschl. Dienstag) (Nov. - März Montag - Freitag nur Abendessen) (Tischbestellung ratsam) à la carte 26/44 – **6 Zim** ⇌ 60/65 – 70/80.
  • Das 300 Jahre alte Haus neben dem alten Stadtturm wird seit 100 Jahren gastronomisch genutzt. Das familiengeführte kleine Restaurant ist rustikal in der Aufmachung.

KAUFBEUREN Bayern 546 W 15 – 44 000 Ew – Höhe 680 m – Wintersport : 707/849 m ⛷.
  ₉ Pforzen-Hammerschmiede, Lettensteige B 16 (Nord : 7 km), ℘ (08346) 98 27 80.
  🗗 Verkehrsverein, Kaiser-Max-Str. 1 (Rathaus), ✉ 87600, ℘ (08341) 4 04 05, *tourist-info@kaufbeuren.de*, Fax (08341) 73962.
  ADAC, Kaiser-Max-Str. 3b.
  Berlin 627 – München 87 – *Kempten (Allgäu)* 38 – Landsberg am Lech 30 – Schongau 26.

Goldener Hirsch, Kaiser-Max-Str. 39, ✉ 87600, ℘ (08341) 4 30 30, *info@goldener-hirsch-kaufbeuren.de*, Fax (08341) 430375, 🍴, 🏋, ⇌ – 📶, 📺 Zim, 📺 📞 🚗 ⟲ – 🅿 80. ⓜ VISA
Menu à la carte 15/33 – **42 Zim** ⇌ 48/75 – 75/100.
  • Teils moderne, wohnliche Zimmer mit geschmackvoller Ausstattung, teils einfache, ältere Räume bietet das traditionsreiche Hotel, dessen Geschichte bis ins 16. Jh. zurückreicht. Elegant-rustikal ist die Atmosphäre im Restaurant.

Am Kamin, Füssener Str. 62 (B 16), ✉ 87600, ℘ (08341) 93 50, *flairhotel-am-kamin@t-online.de*, Fax (08341) 935222, 🍴 – 📶 📺 📞 🅿 – 🅿 25. AE ⓜ VISA
Menu à la carte 17/32 – **32 Zim** ⇌ 58/63 – 76.
  • Familiäre Gastlichkeit im Voralpenland finden Sie in diesem typischen Gasthof. Die Zimmer sind mit Naturholzmöbeln eingerichtet, die Doppelzimmer mit kleinem Wohnbereich. Sie speisen im Restaurant oder im gemütlichen Kaminzimmer.

Am Turm garni, Josef-Landes-Str. 1 (B 16), ✉ 87600, ℘ (08341) 9 37 40, *hotel-am-turm@bizline.de*, Fax (08341) 937460 – ⇌ 📺 📞 🅿 AE ⓜ VISA
33 Zim ⇌ 46/55 – 74.
  • Ein nettes Hotel mit modernem Komfort an der historischen Stadtmauer : geschmackvoll und individuell eingerichtete Zimmer, z.T. mit Natursteinwänden und Parkett.

Leitner, Neugablonzer Str. 68, ✉ 87600, ℘ (08341) 33 44, Fax (08341) 874670, 🍴 – 📺 🅿
Menu (geschl. Juli - Aug. 2 Wochen, Freitag - Samstag, Sonntagabend) à la carte 16/21 – **10 Zim** ⇌ 34 – 51.
  • Einfache, aber ordentliche Zimmer stehen für die Gäste des gepflegten Gasthofs im Zentrum zur Verfügung. Besonders zu empfehlen sind die neuzeitlicheren Zimmer im Anbau. Gediegen-rustikales Restaurant.

In Kaufbeuren-Oberbeuren West : 2 km :

Grüner Baum 🌿 garni, Obere Gasse 4, ✉ 87600, ℘ (08341) 96 61 10, *info@gruener-baum-hotel.com*, Fax (08341) 9661179, ⇌ – 📶 📺 📞 🚗 ⟲ 🅿 – 🅿 30. ⓜ VISA
31 Zim ⇌ 52/57 – 82.
  • An der Stelle des früheren Traditionsgasthauses wurde dieses Hotel in traditioneller Bauweise neu erstellt. Auf diese Weise entstand ein behagliches Haus mit modernem Komfort.

In Mauerstetten-Frankenried Ost : 3,5 km :

Zum goldenen Schwanen, Paul-Gaupp-Str. 1, ✉ 87665, ℘ (08341) 9 39 60 (Hotel), 93 96 32 (Rest.), *goldener-schwanen@t-online.de*, Fax (08341) 939630, 🍴 – ⇌ Zim, 📺 📞 🅿 – 🅿 30. AE ⓜ
Menu (geschl. Montagmittag) à la carte 14,50/27,50 – **11 Zim** ⇌ 36 – 62 – ½ P 15.
  • Sie wohnen in einem ehemaligen Bauernhof, der 1994 völlig umgebaut wurde und nun hinter einer netten Fassade mit Fensterläden einen gemütlichen Gasthof beherbergt. In der rustikalen Gaststube nehmen Sie an blanken Holztischen Platz.

In Irsee Nord-West : 7 km, über B 16 :

Irseer Klosterbräu 🌿, Klosterring 1, ✉ 87660, ℘ (08341) 43 22 00, Fax (08341) 432269, 🍴, Brauereimuseum, Biergarten – 📺 🅿 – 🅿 15
geschl. Anfang Jan. - Mitte Feb. – **Menu** à la carte 17/29 – **53 Zim** ⇌ 48/59 – 76/89.
  • Direkt im Klostersviertel liegt dieser historische Gasthof. In den traditionsreichen Mauern übernachten Sie in wohnlichen, mit hellen Naturholzmöbeln eingerichteten Zimmern. Kamin und Kupfersudkessel zieren das Restaurant.

KAYHUDE Schleswig-Holstein ▓▓▓ E 14 – 1 000 Ew – Höhe 25 m.
  Berlin 307 – Kiel 82 – Hamburg 36 – Lübeck 50 – Bad Segeberg 26.

- **Alter Heidkrug**, Segeberger Str. 10 (B 432), ✉ 23863, ℘ (040) 6 07 02 52, Fax (040) 60751153, 😊, Biergarten – **P**
  geschl. Donnerstag, Sonntagabend – **Menu** à la carte 19/28.
  • Ein norddeutscher reetgedeckter Gasthof : In gediegenen Restauranträumen serviert man eine gutbürgerliche Küche. Hinter dem Haus : ein hübscher Biergarten.

KEHL Baden-Württemberg ▓▓▓ U 7 – 34 000 Ew – Höhe 139 m.
  🛈 Tourist-Information, Am Marktplatz, ✉ 77694, ℘ (07851) 8 82 26, verkehrsamt-kehl@t-online.de, Fax (07851) 2140.
  Berlin 748 – Stuttgart 149 – Karlsruhe 78 – Freiburg im Breisgau 81 – Baden-Baden 55 – Strasbourg 6.

- **Grieshaber's Rebstock** (mit Gästehaus), Hauptstr. 183, ✉ 77694, ℘ (07851) 9 10 40, info@rebstock-kehl.de, Fax (07851) 78568, 😊 – ⚹ Zim, 📺 ✆ 🞀 **P** – 🛠 20. 🟠 🆚
  Menu (geschl. über Fasching 2 Wochen, Juli - Aug. 2 Wochen, Sonntag - Montag)(nur Abendessen) à la carte 21/38 – **48 Zim** ⌑ 50/58 – 70/88.
  • Dieser engagiert geführte Familienbetrieb ist eine sympathische, wohnliche Adresse. Ein neuerer Anbau, der Kastanienhof, ergänzt das Haus mit Künstler- und Themenzimmern. Nette, liebevoll dekorierte Gaststuben.

- **Milchkutsch**, Hauptstr. 147a, ✉ 77694, ℘ (07851) 7 61 61, Fax (07851) 621, 😊 – **P** 🏧 🟠 🆚
  geschl. Aug. - Sept. 3 Wochen, Samstag - Sonntag – **Menu** (Tischbestellung ratsam) 21 (mittags) à la carte 26/32.
  • Das kleine, rustikal-gemütliche Restaurant ist in einem Fachwerkhaus untergebracht. Man überzeugt mit geschultem Service und sorgfältig zubereiteten regionalen Speisen.

In Kehl-Kork Süd-Ost : 4 km, über B 28 :

- **Hirsch** (mit Gästehaus), Gerbereistr. 20, ✉ 77694, ℘ (07851) 9 91 60, gastlichkeit@hirsch-kork.de, Fax (07851) 73059, 😊 – ⏊ 📺 ✆ 🞀 **P** 🏧 🟠 🆚
  geschl. 22. Dez. - 12. Jan. – **Menu** (geschl. 22. Dez. - 26. Jan., Aug. 2 Wochen, Sonntag) (nur Abendessen) à la carte 15/43 – **65 Zim** ⌑ 42/74 – 62/105.
  • Ein ländlicher Gasthof zum Wohlfühlen : unterschiedlich eingerichtete Zimmer - teils Landhausstil, teils kanadische Holzmöbel oder helle Eiche - bieten zeitgemäßen Komfort. Holzgetäfelte Wände tragen zum gemütlichen Ambiente im Restaurant bei.

- **Schwanen**, Landstr. 3, ✉ 77694, ℘ (07851) 79 60, schwanen-kork@t-online.de, Fax (07851) 796222 – ⏊, ⚹ Zim, 📺 ✆ 🞀 **P** 🟠 🆚 ⚹ Zim
  Menu (geschl. 23. Feb. - 1. März, 30. Juli - 21. Aug., Sonntagabend - Montag) à la carte 14/34 – **39 Zim** ⌑ 38/55 – 52/70.
  • Der Landgasthof befindet sich seit 120 Jahren in Familienbesitz. Gepflegte und solide Zimmer und ein reichhaltiges Frühstücksbuffet versprechen einen erholsamen Aufenthalt. Rustikales Lokal mit Deckenbalken, bleiverglasten Fenstern und gepolsterten Bänken.

KEITUM Schleswig-Holstein siehe Sylt (Insel).

KELBRA Sachsen-Anhalt ▓▓▓ L 17 – 3 100 Ew – Höhe 98 m.
  🛈 Stadtinformation, Lange Str. 8, ✉ 06537, ℘ (034651) 3 83 16, info@kelbra.de, Fax (034651) 38322.
  Berlin 244 – Magdeburg 126 – Erfurt 72 – Nordhausen 20 – Weimar 61 – Halle 72.

Oberhalb des Stausees West : 2,5 km Richtung Sondershausen :

- **Barbarossa** 🌿, Am Stausee, ✉ 06537 Kelbra, ℘ (034651) 4 20, Fax (034651) 4233, ≤ Stausee und Harz, 😊, 🐎 – ⚹ Zim, 📺 🛠 20. 🏧 🟠 🆚
  Menu à la carte 14/26 – **30 Zim** ⌑ 46 – 62 – ½ P 13.
  • Oberhalb des Stausees liegt dieses gepflegte Hotel - ein ehemaliges Ferienheim - mit seinen solide möblierten Zimmern. Die Umgebung bietet zahlreiche Freizeitmöglichkeiten. Vom Restaurant oder der Terrasse aus genießen Sie die schöne Aussicht.

KELHEIM Bayern ▓▓▓ T 19 – 15 700 Ew – Höhe 354 m.
  Ausflugsziele: Befreiungshalle★ West : 3 km – Weltenburg : Klosterkirche★ Süd-West : 7 km – Schloss Prunn - Lage★, West : 11 km.
  🛈 Tourist-Information, Ludwigsplatz 14, ✉ 93309, ℘ (09441) 70 12 34, tourismus.kelheim@t-online.de, Fax (09441) 701207.
  Berlin 512 – München 106 – Regensburg 31 – Ingolstadt 56 – Nürnberg 108.

KELHEIM

Stockhammer, Am oberen Zweck 2, ⊠ 93309, ℘ (09441) 7 00 40, Fax (09441) 700431, 🌳 - ↔ Zim, 📺 📞 🅿️ AE 🔘 ⋇ Zim
geschl. Aug. 2 Wochen – **Menu** (geschl. Montag) à la carte 13/31,50 – **14 Zim** ⊃ 38 – 68 – ½ P 13.
• Am Ufer der Altmühl liegt dieser für die Region typische, schöne Gasthof, der sich seit mehr als 50 Jahren in Familienbesitz befindet. Mit wohnlichen Zimmern und Appartements. Ländlich-gemütliche Gaststube und Ratskeller mit Gewölbedecke.

Weißes Lamm, Ludwigstr. 12, ⊠ 93309, ℘ (09441) 2 00 90, info@weisses-lamm-k ehlheim.de, Fax (09441) 21442, 🌳 – 📶 📺 🅿️ 🔘 VISA ⋇ Zim
geschl. Anfang - Mitte Nov. – **Menu** (geschl. Sonntagabend) à la carte 11/27 – **30 Zim** ⊃ 38/40 – 64 – ½ P 13.
• Bayerische Gastlichkeit : In dem hübschen Gasthof mit der gelben Fassade finden Sie solide und funktionell eingerichtete Zimmer und am Morgen ein ordentliches Frühstücksbuffet. Ein Kachelofen unterstreicht den ländlichen Charakter der Gaststube.

In Essing West : 8 km :

Brauereigasthof Schneider (mit Gästehaus), Altmühlgasse 10, ⊠ 93343, ℘ (09447) 9 18 00, brauereigasthof.schneider@vr-web.de, Fax (09447) 918020, 🌳 – 🚗 🅿️ ⋇ Zim
geschl. Mitte Jan. - Anfang Feb. – **Menu** (geschl. Nov. - Ostern Montag - Dienstag) à la carte 13/32 – **15 Zim** ⊃ 72 – 105.
• Rustikale Gaststuben und solide, praktische Zimmer bietet dieser Gasthof am Ufer der Altmühl. Genießen Sie die Brotzeiten, das selbstgebraute Bier und bayerische Schmankerln.

KELKHEIM Hessen 543 P 9 – 27 000 Ew – Höhe 202 m.

Berlin 552 – Wiesbaden 27 – Frankfurt am Main 25 – Limburg an der Lahn 47.

Arkadenhotel, Frankenallee 12, ⊠ 65779, ℘ (06195) 9 78 10, info@arkaden-hotel .de, Fax (06195) 978150, 🌳, 🛋 – 📶 📺 🚗 – 🔏 25. AE 🔘 🔘 VISA
Menu à la carte 18/33 – **39 Zim** ⊃ 72 – 105.
• Das in einen neuzeitlichen Geschäftskomplex integrierte Hotel beherbergt funktionell ausgestattete Zimmer mit Sitzecke. Kleiner, moderner Tagungsbereich. Die Frankenstube ist ein rustikales Restaurant mit Zirbelholz-Ambiente.

Kelkheimer Hof garni, Großer Haingraben 7, ⊠ 65779, ℘ (06195) 9 93 20, info@ hotel-kelkheimer-hof.de, Fax (06195) 4031 – 📺 🅿️ 🔘 🔘 VISA
24 Zim ⊃ 66/95 – 87/120.
• Vor den Toren Frankfurts, im grünen Taunus, liegt dieses 1986 eröffnete, neuzeitliche Hotel mit solide gestalteten Zimmern und Appartements.

Waldhotel ⋙, Unter den Birken 19, ⊠ 65779, ℘ (06195) 9 90 40, info@waldhote l-kelkheim.de, Fax (06195) 990444, 🛋 – ↔ 📺 🅿️ 🔘 🔘 VISA
Menu (nur Abendessen) (Restaurant nur für Hausgäste) – **20 Zim** ⊃ 53/70 – 87.
• Ein am Ortsrand gelegenes gut geführtes Hotel mit individuell eingerichteten Zimmern. Das Frühstück gibt es in dem gepflegten Frühstücksraum mit kleinem Wintergartenanbau.

In Kelkheim-Münster :

Zum goldenen Löwen, Alte Königsteiner Str. 1, ⊠ 65779, ℘ (06195) 9 90 70, gld loewe@aol.com, Fax (06195) 73917, Biergarten – 📺 🅿️ – 🔏 50. AE 🔘 🔘 VISA ⋇ Zim
geschl. 25. Juli - 5. Aug., Weihnachten - Anfang Jan. – **Menu** (geschl. Donnerstag) à la carte 14/29 – **29 Zim** ⊃ 51/72 – 72/100.
• Ein netter, gepflegter Gasthof. Die Zimmer sind mit teils hellen, teils dunklen Naturholzmöbeln ausgestattet und bieten ausreichenden Komfort. Rustikale Gaststätte.

Außerhalb Nord-West : 6 km über Fischbach und B 455 Richtung Königstein :

Schloßhotel Rettershof ⋙, ⊠ 65779 Kelkheim, ℘ (06174) 2 90 90, info@schlossh otel-rettershof.de, Fax (06174) 25352, 🌳, 🛋, 🎾, ⋇ – 📺 🚗 🅿️ – 🔏 30. AE 🔘 🔘 VISA
Le Duc (geschl. Sonntag) **Menu** 21 (mittags) à la carte 31,50/45,50 – **35 Zim** ⊃ 115 – 167.
• Fernab vom Verkehrslärm finden Sie diesen ehemaligen Herrensitz und das Schlösschen von 1885. Sehr hübsch sind die Zimmer im Haupthaus. Schöner Park ! Das Restaurant Le Duc beeindruckt durch klassische Eleganz.

KELL AM SEE Rheinland-Pfalz 543 R 4 – 10 000 Ew – Höhe 441 m – Luftkurort.

🛈 Tourist-Information, Alte Mühle, ⊠ 54427, ℘ (06589) 10 44, hochwald-ferienland-kell@t-online.de, Fax (06589) 1002. – Berlin 720 – Mainz 148 – Trier 44 – Saarburg 27.

St. Michael, Kirchstr. 3, ⊠ 54427, ℘ (06589) 9 15 50, info@hotel-stmichael.de, Fax (06589) 915550, 🌳, 🛋, 🎾, – 📶 📺 🚗 🅿️ – 🔏 80
geschl. 20. Dez. - 5. Jan. – **Menu** à la carte 14,50/27,50 – **34 Zim** ⊃ 39/42 – 68 – ½ P 10.
• Ein Gasthof mit Familientradition. Die Zimmer sind individuell mit rustikalen Möbeln im altdeutschen Stil oder Bauernmöbeln eingerichtet und haben alle einen Balkon. Das Restaurant : teils stilvoll, teils rustikal mit offenem Kamin.

KELL AM SEE

- **Haus Doris** ⌂, Nagelstr. 8, ✉ 54427, ☏ (06589) 71 10, *hausdoris-kell@t-online.de*, Fax (06589) 1416, Biergarten, 🍽 – 📺 P – 🏊 15. ⚌ VISA. ⚌ Rest
  geschl. 1. - 21. Nov. – **Menu** *(geschl. Mittwoch)* à la carte 12/27 – **16 Zim** ⌂ 32/35 – 55/60.
  ◆ Zentral und doch ruhig gelegen ist das gemütliche Landhotel. Wohnliche Zimmer - mit bemalten, rustikalen Bauernmöbeln eingerichtet und mit Balkon - erwarten die Gäste. Sitznischen, gepolsterte Bänke und ländliche Dekorationen in der Gaststube.

- **Fronhof** ⌂, am Stausee (Nord : 2 km), ✉ 54427, ☏ (06589) 16 41, *info@hotel-fronhof.de*, Fax (06589) 2162, ≤, 🍽, 🍽 – 📺 ♿ P. ⚌ Zim
  geschl. 10. Nov. - 1. Dez. – **Menu** *(geschl. Montag)* à la carte 14/24 – **8 Zim** ⌂ 34/40 – 63/77.
  ◆ Oberhalb des Ortes am Stausee liegt dieses gut geführte Haus mit wohnlichen Zimmern, das sich dank des dazugehörigen Gestüts besonders für Reiterferien eignet. Im Restaurant oder auf der Sommerterrasse speisen Sie mit Blick auf den See.

KELLENHUSEN Schleswig-Holstein 541 D 17 – *1 000 Ew* – Höhe 10 m – Ostseeheilbad.
🛈 Kurverwaltung, Strandpromenade, ✉ 23746, ☏ (01805) 65 06 51, *kellenhusen@t-online.de*, Fax (01805) 650652.
Berlin 320 – Kiel 83 – Lübeck 65 – Grömitz 11 – Heiligenhafen 25.

- **Erholung**, Am Ring 31, ✉ 23746, ☏ (04364) 47 09 60, *info@hotel-erholung.de*, Fax (04364) 4709670 – 📶, ⚌ Zim, 📺 P. ⚌ Rest
  geschl. 6. Jan. - März, Nov. - 26. Dez. – **Menu** *(geschl. Dienstag)* à la carte 19/31,50 – **32 Zim** ⌂ 54/69 – 70/80.
  ◆ Ein familiengeführtes Ferienhotel mit gepflegter Atmosphäre, das nur 5 Gehminuten vom Ostseestrand entfernt ist. Die Zimmer sind solide und zeitgemäß eingerichtet. Das Restaurant : neuzeitlich und hell - mit Fensterfront zum Meer.

KELSTERBACH Hessen 543 P 9 – *15 000 Ew* – Höhe 107 m.
Berlin 551 – Wiesbaden 26 – Frankfurt am Main 19 – Darmstadt 33 – Mainz 26.

- **Novotel Frankfurt Airport** ⌂, Am Weiher 20, ✉ 65451, ☏ (06107) 76 80, *h0719@accor-hotels.com*, Fax (06107) 8060, 🍽, 🍽, 🏊 – 📶, ⚌ Zim, 🖥 📺 ♿ P – 🏊 200. AE ⓘ ⚌ VISA JCB
  Menu à la carte 22/36 – ⌂ 13 – **150 Zim** 130 – 145.
  ◆ Der großzügige Rahmen des Hauses mit gut besetzter Rezeption und großem Hallenbereich wird Sie überzeugen. Die Zimmer sind funktionell und technisch gut ausgestattet.

- **Airport Hotel Tanne**, Tannenstr. 2, ✉ 65451, ☏ (06107) 93 40, *info@airporthoteltanne.de*, Fax (06107) 5484 – ⚌ Zim, 📺 P. AE ⓘ ⚌ VISA JCB
  geschl. 24. Dez. - 2. Jan. – **Menu** *(geschl. Sonn- und Feiertage)(nur Abendessen)* à la carte 17/24 – ⌂ 9 – **36 Zim** 69 – 92.
  ◆ Eine gut geführte Übernachtungsadresse in Flughafennähe. Die Zimmer sind mit Vogelaugenahornmöbeln funktionell eingerichtet und bieten zeitgemäßen Standard.

- **Alte Oberförsterei**, Staufenstr. 16 (beim Bürgerhaus), ✉ 65451, ☏ (06107) 6 16 73, Fax (06107) 64627, 🍽 – P. AE ⚌ VISA JCB
  geschl. 1. - 6. Jan., 27. Juli - 15. Aug., Montag, Samstagmittag – **Menu** (Tischbestellung ratsam) à la carte 23/35.
  ◆ Das gepflegte Restaurant mit der zeitlosen Einrichtung finden Sie in einem Haus mit Fachwerkgiebel. An hübsch gedeckten Tischen serviert freundliches Personal Internationales.

KELTERN Baden-Württemberg 545 T 9 – *7 850 Ew* – Höhe 190 m.
Berlin 675 – Stuttgart 61 – Karlsruhe 26 – Pforzheim 11.

In Keltern-Dietlingen :

- **Zum Kaiser**, Bachstr. 41, ✉ 75210, ☏ (07236) 62 89, Fax (07236) 2459, 🍽 P
  geschl. 1. - 7. Jan., 20. Mai - 6. Juni, Mittwoch, Sonn- und Feiertage – **Menu** *(nur Abendessen)* 39/59 und à la carte, ⚌.
  ◆ Ein gemütliches Restaurant mit erhaltener alter Holztäfelung und ländlich-gepflegter Atmosphäre. Serviert werden schmackhafte teils regionale, teils klassische Gerichte.

In Keltern-Ellmendingen :

- **Goldener Ochsen**, Durlacher Str. 8, ✉ 75210, ☏ (07236) 81 42, Fax (07236) 7108, 🍽 – 📺 ♿ P – 🏊 15. ⚌. ⚌
  geschl. 20. Feb. - 15. März, 13. - 27. Juni – **Menu** *(geschl. Donnerstag)* à la carte 20/39 – **12 Zim** ⌂ 38/45 – 65/75.
  ◆ Ein hübscher, familiengeführter Landgasthof mit ordentlichen Zimmern, die überwiegend mit gekalkten Holzmöbeln im Landhausstil eingerichtet sind. Das ländliche Restaurant ist in zwei rustikale Stuben unterteilt.

749

KEMBERG Sachsen-Anhalt 🔢 K 21 – 3 000 Ew – Höhe 75 m.
Berlin 121 – Magdeburg 102 – Leipzig 53.

In Ateritz-Lubast Süd : 2 km (an der B 2) Richtung Bad Düben :

🏨 **Heidehotel Lubast,** Leipziger Str. 1, ✉ 06901, ✆ (034921) 7 20, flairhotellubast@ t-online.de, Fax (034921) 72120, 🍴, 🐟 – 🛗, ✳ Zim, 📺 ♿ 🚗 🅿 – 🔔 150
Menu à la carte 16/30 – **50 Zim** ☐ 46/68 – 72/105.
• Vor den Toren der Lutherstadt Wittenberg : Tagungsgäste schätzen das Hotel mit funktionellen Zimmern, die teils mit Mahagoni-, teils mit Kirschholzmöbeln eingerichtet sind.

Im Naturpark Dübener Heide Süd : 8 km ; 6 km über die B 2 Richtung Bad Düben, dann links ab :

🏨 **Sackwitzer Mühle** ⚡, Sackwitzer Mühle 52, ✉ 06905 Meuro-Sackwitz, ✆ (034925) 7 05 11, info@hotel-sackwitzer-muehle.de, Fax (034925) 71156, 🍴, Biergarten, 🐟, 🚗 – 🛗, ✳ Zim, 📺 🅿 – 🔔 30
Menu à la carte 15/25,50 – **35 Zim** ☐ 51/61 – 77/92 – ½ P 13.
• Erholung pur verspricht dieses Haus mitten im Naturpark Dübener Heide, in dem geräumige Zimmer im Appartementstil - getrennte Wohn- und Schlafzimmer - auf die Gäste warten. Sie speisen in der Weinlaube oder im Kaminzimmer - beide sind rustikal gestaltet.

KEMMENAU Rheinland-Pfalz siehe Ems, Bad.

KEMMERN Bayern siehe Bamberg.

KEMPEN Nordrhein-Westfalen 🔢 L 3 – 36 200 Ew – Höhe 35 m.
🛈 Tourist-Information, Buttermarkt 1 (Rathaus), ✉ 47906, ✆ (02152) 91 72 37, Fax (02152) 917242.
Berlin 576 – Düsseldorf 61 – Geldern 21 – Krefeld 13 – Venlo 22.

🍽🍽 **Et kemp'sche huus,** Neustr. 31, ✉ 47906, ✆ (02152) 5 44 65, Fax (02152) 558923, 🍴, (restauriertes Fachwerkhaus a.d.J. 1725) – 🅰🅴 ⓘ 🆄 🆅🅸🆂🅰
geschl. Juli - Aug. 2 Wochen, Montag - **Menu** (Tischbestellung ratsam) à la carte 20,50/34,50.
• Speisen in einem historischen Ambiente : Das rustikale Restaurant ist liebevoll dekoriert und bewirtet seine Besucher mit einer gutbürgerlichen Küche.

KEMPFELD Rheinland-Pfalz 🔢 Q 5 – 950 Ew – Höhe 530 m – Erholungsort.
Berlin 669 – Mainz 111 – Trier 58 – Bernkastel-Kues 23 – Idar-Oberstein 15.

🏨 **Gartenhotel Schwenk,** Hauptstr. 70, ✉ 55758, ✆ (06786) 97 00, info@gartenhotel-schwenk.de, Fax (06786) 970100, 🍴, 🐟, 🚗 – ✳ 📺 ♿ 🅿 – 🔔 25. 🅰🅴 ⓘ 🆅🅸🆂🅰
Menu (Montag - Freitag nur Abendessen) à la carte 16/43 – **20 Zim** ☐ 57/85 – 84/130 – ½ P 22.
• Die Zimmer dieses engagiert geführten Landhotels mit der schönen Außenanlage sind im Landhausstil eingerichtet, haben alle eine kleine Sitzecke und bieten modernen Komfort. Rustikale Stuben mit nettem Dekor.

In Asbacherhütte Nord-Ost : 3 km :

🍽🍽 **Harfenmühle** ⚡ mit Zim, beim Feriendorf Harfenmühle, ✉ 55758, ✆ (06786) 13 04, harfenmuehle@t-online.de, Fax (06786) 1323, 🍴, Biergarten – 📺 🅿 ✳
geschl. 10. - 27. März - **Menu** (geschl. Montag - Dienstag) (Mittwoch - Freitag nur Abendessen) à la carte 37/43,50 – **Die Mühlenstube** (geschl. Sept. - Ostern Montag) **Menu** à la carte 15/26,50 – ☐ – **4 Zim** 49 – 51
• Terrakottafarbene Wände und helle Korbsessel verleihen dem Restaurant ein südländisches Flair, in dem man Sie mit einer internationalen Küche mit französischem Touch verwöhnt. In der Mühlenstube : ländliches Ambiente mit rustikalen Tischen und Bruchsteintheke.

KEMPTEN (ALLGÄU) Bayern 🔢 W 14 – 68 000 Ew – Höhe 677 m.
🏌 Wiggensbach, Hof Waldegg (West : 15 km), ✆ (08370) 9 30 73 ; 🏌 Hellengerst, Helinger Str. 5 (Süd-West : 14 km), ✆ (08378) 9 20 00.
🛈 Tourist Information, Rathausplatz 24, ✉ 87435, ✆ (0831) 2 52 52 37, touristinfo@kempten.de, Fax (0831) 2525427. – **ADAC,** Bahnhofstr. 55.
Berlin 695 ② – München 127 ② – Augsburg 102 ② – Bregenz 73 ④ – Konstanz 135 ④ – Ulm (Donau) 89 ①

🏨 **Bayerischer Hof** garni, Füssener Str. 96, ✉ 87437, ✆ (0831) 5 71 80, hotel@bayerischerhof-kempten.de, Fax (0831) 5718100, 🐟 – 🛗 📺 🚗 🅿 – 🔔 30. 🅰🅴 ⓘ 🆄 🆅🅸🆂🅰
50 Zim ☐ 62/66 – 94.   DZ s
• Eine behagliche Atmosphäre findet der Gast in dem traditionsreichen, modernisierten Hotel mit dem geschulten Service und den gepflegten, stilvoll eingerichteten Zimmern.

KEMPTEN (ALLGÄU)

🏨 **Parkhotel**, Bahnhofstr. 1, ✉ 87435, ✆ (0831) 2 52 75, *parkhotel.kempten@t-online .de, Fax (0831) 2527777*, ≤ Kempten – |≡|, ⁂ Zim, TV ✆ ⇔ – 🛎 70. AE ⓞ ⓦ
 VISA JCB DZ c
 Menu *(geschl. Sonntagabend)* à la carte 19,50/34,50 – **42 Zim** ⊊ 62/77 – 92/112.
 ♦ Zimmer mit Durchblick : Hinter der modernen Glasfassade eines Einkaufszentrums finden Sie komfortable Zimmer mit neuzeitlicher Einrichtung und großzügigem Platzangebot. Mit dem verglasten Außenaufzug erreichen Sie das Restaurant in der 13. Etage.

🏠 **Am Forum** garni, Kotterner Str. 72, ✉ 87435, ✆ (0831) 52 18 70, *hotel-am-forum @allgaeu.org, Fax (0831) 5218755* – ⁂ TV. AE ⓦ VISA JCB DZ a
 geschl. 20 Dez. - 6. Jan. – **23 Zim** ⊊ 57/75 – 86/116.
 ♦ Solide und behaglich möbliert präsentiert sich das weiße Stadthaus als sympathische Unterkunft im Ortskern. Besonders geräumig : die Erkerzimmer an den Ecken des Hauses.

🏠 **Waldhorn**, Steufzger Str. 80, ✉ 87435, ✆ (0831) 58 05 80, *waldhorn@vr-web.de, Fax (0831) 5805899*, 🍽, ≘s – |≡|, ⁂ Zim, TV P. – 🛎 30. ⓞ ⓦ VISA AX m
 geschl. Ende Aug. - Mitte Sept. – **Menu** *(geschl. Sonntagabend - Montag)* à la carte 12,50/24 – **53 Zim** ⊊ 35/46 – 57/64.
 ♦ Das seit 1911 in Familienbesitz befindliche Hotel mit modernem Anbau bietet seinen Gästen neuzeitlich in Kirschholz eingerichtete Zimmer. Das Restaurant liegt im neueren Teil des Hotels.

KEMPTEN
(ALLGÄU)

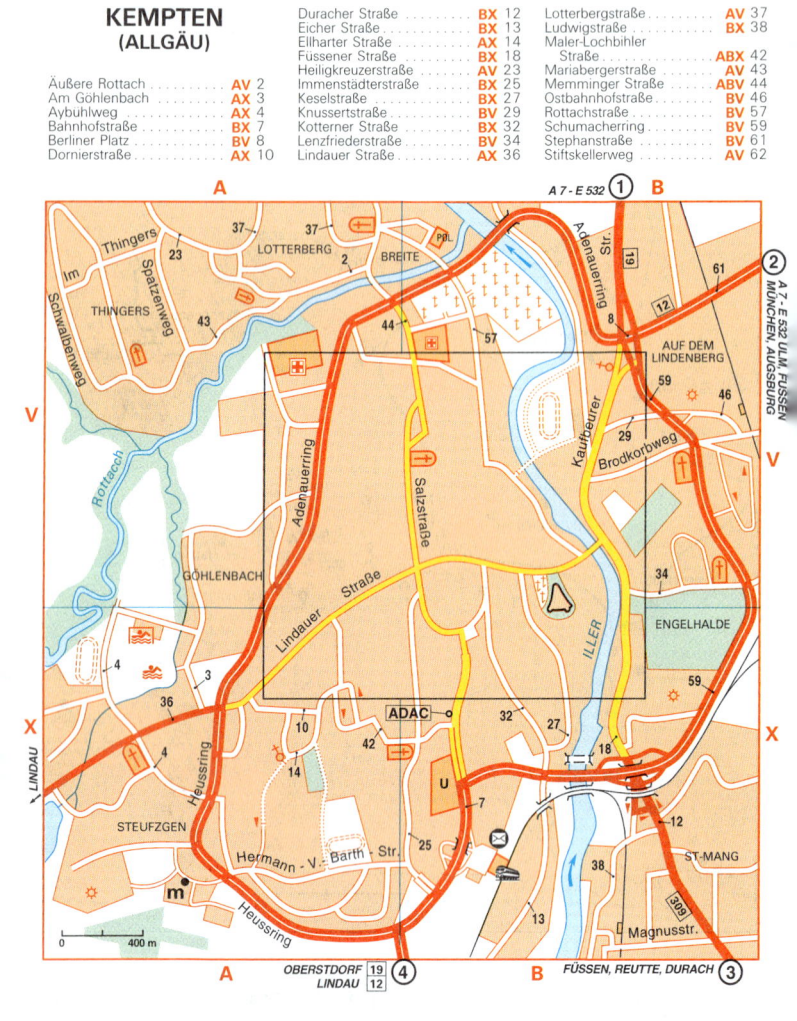

Äußere Rottach	**AV**	2
Am Göhlenbach	**AX**	3
Aybühlweg	**AX**	4
Bahnhofstraße	**BX**	7
Berliner Platz	**BV**	8
Dornierstraße	**AX**	10
Duracher Straße	**BX**	12
Eicher Straße	**BX**	13
Ellharter Straße	**AX**	14
Füssener Straße	**BX**	18
Heiligkreuzerstraße	**AV**	23
Immenstädterstraße	**BX**	25
Keselstraße	**BX**	27
Knusserstraße	**BV**	29
Kotterner Straße	**BX**	32
Lenzfriederstraße	**BV**	34
Lindauer Straße	**AX**	36
Lotterbergstraße	**AV**	37
Ludwigstraße	**BX**	38
Maler-Lochbihler Straße	**ABX**	42
Mariabergerstraße	**AV**	43
Memminger Straße	**ABV**	44
Ostbahnhofstraße	**BV**	46
Rottachstraße	**BV**	57
Schumacherring	**BV**	59
Stephanstraße	**BV**	61
Stiftskellerweg	**AV**	62

※※ **M & M**, Mozartstr. 8, ✉ 87435, ℘ (0831) 2 63 69, Fax (0831) 5121181, 🌱 – 🅫 **VISA**
geschl. nach Pfingsten 3 Wochen, Sonntag - Montag – **Menu** (nur Abendessen) (Tischbestellung ratsam) à la carte 31,50/44,50, ♀.   CZ z
  • In dem mit schlichter Eleganz gestalteten Restaurant verwöhnt der Chef Sie mit einer frischen, schmackhaften vorwiegend internationalen Küche. Freundlicher Service !

※※ **Tableau**, Fischersteige 6, ✉ 87435, ℘ (0831) 2 86 59, info@restaurant-tableau.de, Fax (0831) 29303, 🌱 – 🅰🅴 🅫 **VISA**   DY a
geschl. Jan. 2 Wochen, Sonntag - Montagmittag – **Menu** à la carte 25/41.
  • Das gemütliche Kellerlokal - zur Fußgängerzone hin ebenerdig, mit Fenstern - bietet Ihnen eine internationale Küche und netten Service. Schöne Innenhofterrasse !

※ **Goldenes Ross**, Bäckerstr. 25, ✉ 87435, ℘ (0831) 5 12 74 61, Fax (0831) 5127463
geschl. Aug. 3 Wochen, Montag – **Menu** (nur Abendessen) à la carte 16/30.   DZ e
  • Über eine Treppe erreichen Sie die im ersten Stock des Hauses gelegenen Gasträume. Die Einrichtung ist ländlich, man sitzt unter einer Lindauer Schiffsbodendecke von 1488.

KEMPTEN
(ALLGÄU)

Backerstraße	DZ	6
Bahnhofstraße	DZ	7
Brodkorpweg	DY	9
Fischerstraße	DYZ	
Freundenberg	DZ	17
Gerberstraße	DY	
Hildegardplatz	CY	24
Klostersteige	DY	28
Knussertstraße	DY	29
Kronenstraße	DYZ	33
Lenzfriederstraße	DZ	34
Lessingstraße	CZ	35
Pfeilergraben	DY	47
Prälat-Götz-Straße	CY	49
Rathausplatz	CY	51
Rathausstraße	DY	52
Residenzplatz	CY	53
Robert-Weixler-Straße	CY	56
Rottachstraße	DY	57
Sankt-Mang-Platz	DZ	58
Stiftskellerweg	CY	62
Weiherstraße	CY	66

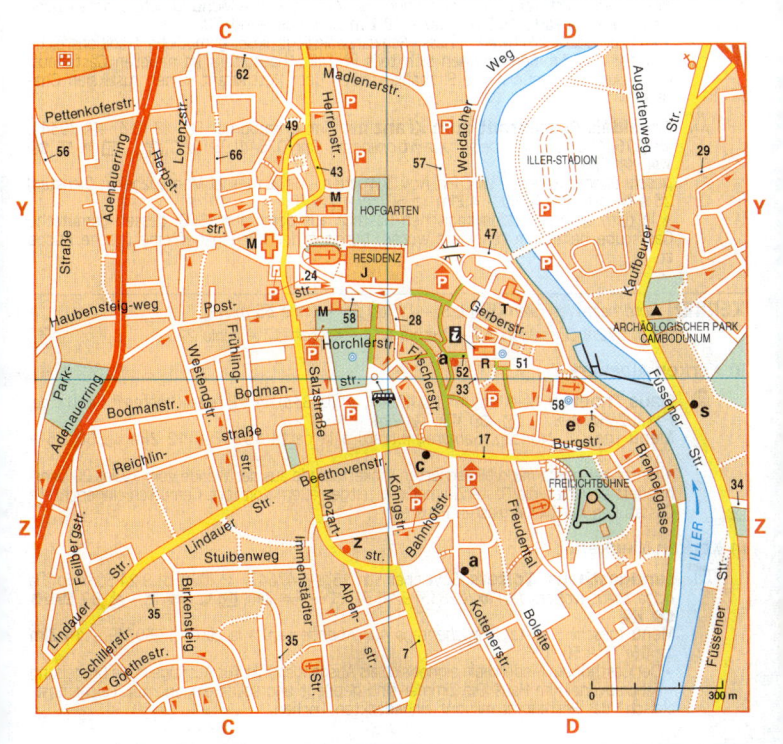

In Lauben-Moos Nord : 6 km über Memminger Straße **AV** :

Andreashof, Sportplatzstr. 15, ⊠ 87493, ℘ (08374) 9 30 20, info@hotel-andreashof.de, Fax (08374) 9302300, 😊, 🍴, 🛏 – 🛗, 💺 Zim, 📺 ☎ 🅿 – 🛎 75. ⓜ ⓥⓘⓢⓐ. 🍴 Rest
Menu *(geschl. Samstag, Sonn- und Feiertagen) (nur Abendessen)* à la carte 18/25 – **41 Zim** ☐ 50/66 – 84/94 – ½ P 18.
• Ein gutes Platzangebot und modernen Komfort bieten die Zimmer dieses Landgasthofs im alpenländischen Stil. Lassen Sie sich im gepflegten römischen Vitalbad verwöhnen.

In Sulzberg Süd : 7 km über Ludwigstraße **BX** :

Sulzberger Hof, Sonthofener Str. 17, ⊠ 87477, ℘ (08376) 92 13 30, hotel-sulzberger-hof@t-online.de, Fax (08376) 8660, ≤, 😊, 🍴, 🛏, 🛁, 💤 – 💺 Zim, 📺 ⇌ 🅿. ⓥⓘⓢⓐ. 🍴 Zim
geschl. 15. Nov. - 5. Dez. – **Menu** *(nur Abendessen)* à la carte 17/30 – **22 Zim** ☐ 51/65 – 92/114 – ½ P 15.
• Das gepflegte Landhotel im schönen Allgäuer Voralpenland überzeugt mit soliden, im Anbau auch komfortableren Zimmern und einer herzlichen Atmosphäre. Das Restaurant ist ländlich-rustikal eingerichtet.

Jährlich eine neue Ausgabe, benutzen Sie den Hotelführer des laufenden Jahres.

KENZINGEN Baden-Württemberg **545** V 7 – 7 200 Ew – Höhe 179 m.
　Sehenswert : Rathaus★.
　Berlin 781 – Stuttgart 182 – Freiburg im Breisgau 29 – Offenburg 40.

- **Schieble** (mit Gästehaus), Offenburger Str. 6 (B 3), ✉ 79341, ℰ (07644) 84 13, Fax (07644) 4330, 佘, ≦s – ⊁ Zim, 📺 📞 ÆE ⓄⒺ 🆅🅸🆂🅰 🅹🅲🅱
geschl. über Fastnacht 2 Wochen, Ende Juli - Anfang Aug. – **Menu** (geschl. Sonntagabend - Montag) à la carte 15,50/31,50 – **29 Zim** ⊇ 40/50 – 60/70.
　• Im Dreiländereck Schweiz - Elsass - Schwarzwald liegt dieser gemütliche, traditionsreiche Gasthof. Die Zimmer befinden sich teils im Haupthaus, teils im neueren Gästehaus. Holzbalken und gepolsterte Sitzbänke geben dem Restaurant seinen rustikalen Charakter.

- **Scheidels Restaurant zum Kranz** mit Zim, Offenburger Str. 18 (B 3), ✉ 79341, ℰ (07644) 68 55, scheidels-kranz@t-online.de, Fax (07644) 931077, 佘 – 📺 📞 ÆE ⓄⒺ 🆅🅸🆂🅰 . ⊁ Zim
geschl. über Fastnacht 2 Wochen, Nov. 3 Wochen – **Menu** (geschl. Montagabend - Dienstag) 23 à la carte 27/40,50 – **4 Zim** ⊇ 50/56 – 72/76.
　• In dem ansprechenden badischen Gasthof aus dem Jahr 1800, dessen gemütliche Gaststube behutsam renoviert wurde, bereitet der Küchenchef eine frische Küche zu.

KERKEN Nordrhein-Westfalen **543** L 3 – 11 700 Ew – Höhe 35 m.
　Berlin 572 – Düsseldorf 50 – Duisburg 31 – Krefeld 17 – Venlo 22.

In Kerken-Aldekerk :

- **Haus Thoeren,** Marktstr. 14, ✉ 47647, ℰ (02833) 44 31, hotel.thoeren@t-online.de, Fax (02833) 4987 – 📺 ⓄⒺ 🆅🅸🆂🅰 . ⊁ Zim
Menu (geschl. Montag, Samstagmittag) à la carte 19/37 – **12 Zim** ⊇ 50/65 – 75/95.
　• Hinter der geschmackvoll verzierten Klinkerfassade aus der Wende vom 19. ins 20. Jahrhundert erwarten die Gäste Zimmer mit zeitgemäßem Komfort. Gemütlich eingerichtete Gaststuben mit bleiverglasten Fenstern.

In Kerken-Nieukerk :

- **Landgasthaus Wolters,** Sevelener Str. 15, ✉ 47647, ℰ (02833) 9 24 50, info@landgasthaus-wolters.de, Fax (02833) 924531, 佘 – ⊁ Zim, 📺 📞 ⇔ 📞 – 🕭 80. ÆE ⓄⒺ ⓄⒺ 🆅🅸🆂🅰
Menu (geschl. Samstag) (wochentags nur Abendessen) à la carte 16,50/39 – **14 Zim** ⊇ 36/77 – 50/100.
　• Der Gasthof am Niederrhein eignet sich als Ausgangspunkt für Ausflüge in die Umgebung - Fahrradverleih im Haus. Die Zimmer sind gepflegt und solide eingerichtet. Leicht nostalgisch : das Restaurant mit gut eingedeckten Tischen.

KERNEN IM REMSTAL Baden-Württemberg **545** T 12 – 14 000 Ew – Höhe 265 m.
　Berlin 615 – Stuttgart 21 – Esslingen am Neckar 9 – Schwäbisch Gmünd 43.

In Kernen-Stetten :

- **Gästehaus Schlegel** garni, Tannäckerstr. 13, ✉ 71394, ℰ (07151) 94 36 20, gaestehaus-schlegel@t-online.de, Fax (07151) 9436380 – 📺 ⇔ 📞 Ⓞ ⓄⒺ 🆅🅸🆂🅰
29 Zim ⊇ 42/60 – 78/95.
　• Im Remstal finden Sie das familiengeführte Hotel mit sauberen, mit dunklem Holz möblierten Zimmern. Bei der Organisation von Ausflügen ist man gerne behilflich.

- **Zum Ochsen,** Kirchstr. 15, ✉ 71394, ℰ (07151) 9 43 60, gasthof-ochsen-kernen@t-online.de, Fax (07151) 943619, (ehemalige Herberge a.d.J. 1763) – 📞 ÆE Ⓞ ⓄⒺ 🆅🅸🆂🅰
geschl. Mittwoch – **Menu** à la carte 29/49, ᛨ.
　• In dem denkmalgeschützten Barockgebäude erwartet Sie ein Ambiente rustikaler Eleganz und eine klassisch-internationale und schwäbische Küche. Mit großer Metzgerei !

- **Malathounis,** Gartenstr. 5, ✉ 71394, ℰ (07151) 4 52 52, info@malathounis.de, Fax (07151) 43380 – 📞
geschl. Sonntag - Montag, Feiertage – **Menu** (Tischbestellung ratsam) 25/49 à la carte 35/46.
　• In einem umgebauten Wohnhaus hat man das rustikale Restaurant mit typischem Weinstuben-Charakter eingerichtet. Serviert wird eine internationale, saisonale Küche.

KERPEN Nordrhein-Westfalen 543 N 4 – 56 000 Ew – Höhe 75 m.
Berlin 592 – Düsseldorf 60 – Bonn 48 – Aachen 54 – Köln 26 – Düren 17.

St. Vinzenz, Stiftsstr. 65, ✉ 50171, ℰ (02237) 92 31 40, info@hotel-vinzenz.de, Fax (02237) 9231414, 🍴 – 📺 ⇔ 🅿 – 🕴 20. 🅰🅴 ⓘ 🅼🅾 VISA
Menu (geschl. 18.- 30. Okt., Sonntag) (wochentags nur Abendessen) à la carte 18/43 – **21 Zim** ⇔ 70 – 97.
♦ In dem renovierten ehemaligen Schmiede warten wohnlich eingerichtete, freundliche Zimmer mit einem guten Platzangebot und modernem Komfort auf die Gäste. Eine freie Balkenkonstruktion und Backstein machen das Restaurant gemütlich. Innenhofterrasse!

In Kerpen-Horrem Nord : 6 km, über Sindorf, jenseits der A 61 :

Rosenhof garni, Hauptstr. 119, ✉ 50169, ℰ (02273) 9 34 40, kontakt@hotel-rosenhof.info, Fax (02273) 934449 – 📺 ⇔ 🅿
geschl. Aug. 3 Wochen – **25 Zim** ⇔ 44/58 – 66/82.
♦ 150 Jahre Tradition stehen hinter der Gastlichkeit dieses Hauses, das seine Gäste mit einer familiären Atmosphäre begrüßt. Die Zimmer sind praktisch und ausreichend geräumig.

In Kerpen-Niederbolheim Süd-West : 7 km :

Villa Sophienhöhe (mit Gästehaus), Sophienhöhe 1 (nahe der B 477), ✉ 50171, ℰ (02275) 9 22 80 (Hotel) 92 28 10 (Rest.), info@villa-sophienhoehe.de, Fax (02275) 922816, 🍴 – ↯ Zim, 📺 🅿 – 🕴 20. 🅰🅴 ⓘ 🅼🅾 VISA
Menu (nur Abendessen) à la carte 28,50/38 – **17 Zim** ⇔ 67/95 – 84/135.
♦ Die Gründerzeitvilla, erbaut um das Jahr 1900, erfreut ihre Besucher mit eleganten, individuell ausgestatteten Zimmern - im Nebenhaus : einheitlich in hellem Naturholz. Unterteiltes Restaurant : mal klassisch, mal im Landhausstil.

In Kerpen-Sindorf Nord : 4 km, jenseits der A 4 :

Zum alten Brauhaus garni, Herrenstr. 76, ✉ 50170, ℰ (02273) 9 86 50, Fax (02273) 54570 – 📳 ↯ 📺 🅲 ⇔ 🅿 – 🕴 20. 🅰🅴 🅼🅾 VISA
54 Zim ⇔ 51 – 77.
♦ Ein neuzeitlicher Hotelkomplex mit praktischen und funktionellen Zimmern, die mit modernen Kirschbaummöbeln bestückt sind. In der Nähe : die berühmte Kerpener Cart-Bahn!

Nahe der Straße von Kerpen nach Sindorf : Nord : 2 km :

XXX **Schloß Loersfeld** (Bellefontaine), ✉ 50171 Kerpen, ℰ (02273) 5 77 55, info@schlossloersfeld.de, Fax (02273) 57466, 🍴, 🅿
geschl. 23. Dez. - Mitte Jan., Mitte Juli - Anfang Aug., Sonntag - Montag – **Menu** (Tischbestellung ratsam) 46/79 à la carte 53/66, 🖢 🍷.
♦ In dem gediegen eingerichteten Schloss aus dem 16. Jh. verwöhnt Sie der Küchenchef mit einer französischen Küche, die moderne Elemente aufnimmt. Herrliche Parkanlage!
Spez. Hummersalat mit Spargeltempura und jungen Spinatblättern. Roulade von Hummer und Scholle mit Maccheroni-Flusskrebssoufflé. Rinderfiletscheiben mit Madeiraglace und Pinienkern-Kartoffelpüree

KESSELSDORF Sachsen siehe Freital.

KESTERT Rheinland-Pfalz 543 P 6 – 900 Ew – Höhe 74 m.
Berlin 604 – Mainz 68 – Koblenz 31 – Lorch 21.

Krone, Rheinstr. 37 (B 42), ✉ 56348, ℰ (06773) 71 42, hotel-krone-kestert@t-online.de, Fax (06773) 7124, ≤, 🍴, 🚗 – 📺 🅿 🅰🅴 ⓘ 🅼🅾 VISA. ❄ Rest
geschl. nach Karneval 3 Wochen – **Menu** (geschl. Montag) à la carte 12/28,50 – **30 Zim** ⇔ 30/40 – 46/60.
♦ Nur durch die Bundesstraße vom Fluss getrennt liegt dieses familiengeführte Hotel am Rheinufer. Man verfügt über solide Zimmer, teils mit Balkon. Eine Terrasse mit Rheinblick ergänzt das bürgerlich-rustikale Restaurant.

Goldener Stern, Rheinstr. 38 (B 42), ✉ 56348, ℰ (06773) 71 02, goldener-stern-kestert@t-online.de, Fax (06773) 7104, ≤, 🍴 – 📺 🅿 🅼🅾 VISA
geschl. Jan. - Feb. 3 Wochen, Anfang Nov. 1 Woche – **Menu** (geschl. Montagmittag) à la carte 14,50/26,50 – **11 Zim** ⇔ 33/40 – 49/70.
♦ Seit vielen Generationen in Familienbesitz befindet sich dieser traditionsreiche Gasthof an der Rheinuferstraße. Die Zimmer sind sehr gepflegt und individuell eingerichtet. Gemütliche Gasträume.

KETSCH Baden-Württemberg siehe Schwetzingen.

KEVELAER Nordrhein-Westfalen 543 L 2 – 28 000 Ew – Höhe 21 m – Wallfahrtsort.

🛈 Verkehrsverein, Peter-Plümpe-Platz 12, ✉ 47623, 𝒞 (02832) 12 21 51, wfg@kevelaer.de, Fax (02832) 4387.

Berlin 581 – Düsseldorf 73 – Krefeld 41 – Nijmegen 42.

Am Bühnenhaus garni, Bury-St.-Edmunds-Str. 13, ✉ 47623, 𝒞 (02832) 9 32 40, hotelambuehnenhaus@t-online.de, Fax (02832) 404239 – 🛌 📺 ♿ 🅿 ⓔ 🆅🅸🆂🅰 JCB. ✹
geschl. 15. Dez. - 7. Jan. – **27 Zim** ⊆ 50/60 – 70/90.
• Eine familiengeführte Übernachtungsadresse : Der Klinkerbau im Landhausstil liegt im Zentrum der Stadt und bietet solide Zimmer zu einem guten Preis-Leistungs-Verhältnis.

Zur Brücke mit Zim, Bahnstr. 44, ✉ 47623, 𝒞 (02832) 23 89, info@hotel-restaurant-zur-bruecke.de, Fax (02832) 2388, 🍽, 🈁 – 📺 🅿 🅰🅴 ⓓ ⓜⓒ 🆅🅸🆂🅰. ✹
Menu (geschl. Feb. 2 Wochen, Dienstag) (nur Abendessen) à la carte 24/42 – **6 Zim** ⊆ 65 – 88.
• In dem Bau aus dem 18. Jh. - einer ehemaligen Ölmühle - finden Sie gepflegte Zimmer und ein Restaurant im altdeutschen Stil. Im Sommer sitzt man nett auf der Gartenterrasse.

KIEDRICH Hessen 543 P 8 – 3 800 Ew – Höhe 165 m.

Sehenswert : Pfarrkirche (Kirchengestühl★★, Madonna★).

Ausflugsziel : Kloster Eberbach : Sammlung alter Keltern★★, West : 4 km.

Berlin 583 – Wiesbaden 16 – Bad Kreuznach 57.

Weinschänke Schloss Groenesteyn, Oberstr. 36, ✉ 65399, 𝒞 (06123) 15 33, Fax (06123) 630824, 🍽 – 🅿 ⓜⓒ
geschl. Juli - Aug. 2 Wochen, Anfang Jan. 2 Wochen, Montag - Dienstag – **Menu** (wochentags nur Abendessen) à la carte 18,50/29.
• Gemütlich-rustikale Weinstube, in der Sie an blanken Tischen Platz nehmen. Bei schönem Wetter ist die Hofterrasse ein beliebter Treffpunkt.

KIEFERSFELDEN Bayern 546 X 20 – 7 700 Ew – Höhe 495 m – Luftkurort – Wintersport : 500/800 m ⚡2 ⚡.

🛈 Kur- und Verkehrsamt, Dorfstr. 23, ✉ 83088, 𝒞 (08033) 97 65 27, info@kiefersfelden.de, Fax (08033) 976544.

Berlin 675 – München 86 – Bad Reichenhall 84 – Rosenheim 31 – Innsbruck 78.

Schaupenwirt 🍃, Kaiser-Franz-Josef-Allee 26, ✉ 83088, 𝒞 (08033) 82 15, Biergarten, 🍽 – 🅿
geschl. Mitte Okt. - Mitte Nov. – **Menu** (geschl. Montagmittag, Dienstag - Mittwochmittag) à la carte 13/19,50 – **10 Zim** ⊆ 24 – 48.
• Einfache, aber tipptopp gepflegte Zimmer erwarten Sie in diesem liebenswerten, von alten Apfel- und Kastanienbäumen umgebenen typischen bayerischen Landgasthof. Zirbelholz und Kachelöfen zieren die gemütlichen Governmenträume.

KIEL L Schleswig-Holstein 541 D 14 – 233 000 Ew – Höhe 5 m.

Sehenswert : Hindenburgufer★★, ≤★ R – Rathaus (Turm ≤★) Y R.

Ausflugsziele : Freilichtmuseum★★ über ④ : 6 km – Kieler Förde★★ R.

🛫 Heikendorf-Kitzeberg, Dethlefskamp 56 (Nord-Ost : 10 km über ①), 𝒞 (0431) 23 23 24 ;
🛫 Dänischenhagen, Gut Uhlenhorst (Nord : 13 km über ⑦), 𝒞 (04349) 18 60 ; 🛫 Honigsee, Havighorster Weg 20 (Süd : 9 km über ③), 𝒞 (04302) 96 59 80.

Ausstellungsgelände Ostseehalle Y, 𝒞 (0431) 9 01 23 05.

🛈 Tourist Information, Andreas-Gayk-Str. 31, ✉ 24103, 𝒞 (0431) 67 91 00, info@kiel-tourist.de, Fax (0431) 6791099.

ADAC, Saarbrückenstr. 54.

Berlin 346 ⑤ – Flensburg 88 ⑤ – Hamburg 96 ⑤ – Lübeck 92 ③

Stadtpläne siehe nächste Seiten

Steigenberger Conti Hansa, Schlossgarten 7, ✉ 24103, 𝒞 (0431) 5 11 50, kiel@steigenberger.de, Fax (0431) 5115444, 🍽, 🈁 – 📶, 🛌 Zim, 📺 ⚘ ♿ 🚗 – 🅰 140.
🅰🅴 ⓓ ⓜⓒ 🆅🅸🆂🅰 JCB. ✹ Rest X e
Jakob : Menu à la carte 23,50/39 – **166 Zim** ⊆ 131/205 – 160/240.
• Hinter dem Schloss gegenüber der Kieler Förde liegt das elegante Domizil mit maritimer Atmosphäre. Funktionelle Zimmer mit Blick auf Schlossgarten, Park oder das Wasser. In dem modernen Restaurant Jakob setzen Blautöne farbige Akzente.

Parkhotel Kieler Kaufmann ॐ, Niemannsweg 102, ⊠ 24105, ☎ (0431) 8 81 10, info@kieler-kaufmann.de, Fax (0431) 8811135, 🍴, ⇌, 🔲 – ▯, ⚙ Zim, 📺 📞 🅿 –
🅰 50. AE ⓘ MC VISA. ⚙ Rest   R k
Menu à la carte 29/49 – **43 Zim** ☑ 110/177 – 150/204.
♦ Eine gemütliche Hotelhalle mit Kamin empfängt Sie in der früheren Bankiersvilla - oberhalb des Yachthafens in einem Park gelegen. Hübsche, moderne Zimmer mit Internet-Zugang. Im Altbau befindet sich das klassische Restaurant.

KIEL
UND UMGEBUNG

Adalbertstraße	R	2
Alte Lübecker Chaussee	Z	3
Alter Markt	Y	4
Andreas-Gayk-Straße	Y	6
Arkonastraße	R	7
Arndtstraße	X	8
Asmusstraße	Z	9
Auguste-Viktoria-Straße	Y	10
Bartelsallee	R	12
Brunswiker Straße	X	
Chemnitzstraße	Y	16
Dänische Straße	XY	17
Dreiecksplatz	X	19
Dresdener Straße	R	20
Düppelstraße	R	21
Düsternbrooker Weg	RS	23
Eckernförder Straße	XY	25
Europaplatz	Y	29
Exerzierplatz	Y	30
Finkelberg	T	31
Friedrich-Voß-Ufer	R	32
Gartenstraße	X	35
Gutenbergstraße	S	37
Hafenstraße	Y	39
Hasseldieksdammer Weg	S, Y	41
Hebbelstraße	X	42
Heckenrosenweg	T	43
Hegewischstraße	X	44
Helmholtzstraße	Z	45
Hermann-Weigmann-Straße	S, Y	47
Herthastraße	R	48
Holstenbrücke	Y	49
Holstenstraße	X	51
Holtenauer Straße	X	
Hornheimer Weg	T	52
Hummelwiese	Z	53
Karolinenweg	X	56
Kehdenstraße	Y	57
Kleiner Kuhberg	Y	59
Knooper Weg	R	60
Königsweg	YZ	61
Koesterallee	R	62
Konrad-Adenauer-Damm	T	63
Kronshagener Weg	S	64
Krusenrotter Weg	T	65
Küterstraße	Y	67
Lehmberg	S, Y	68
Lessingplatz	X	69
Lindenallee	Y	70
Martensdamm	Y	74
Mecklenburger Straße	R, S	75
Moltkestraße	Y	76
Niebuhrstraße	Y	77
Olshausenstraße	X	80
Paul-Fuß-Straße	R	81
Petersburger Weg	T	83
Poppenbrügger Weg	T	84
Prinzengarten	X	85
Prinz-Heinrich-Straße	R	86
Raiffeisenstraße	YZ	87
Rendsburger Landstraße	S	88
Richthofenstraße	R	89
Saarbrückenstraße	S, Z	91
Sachaustraße	Z	92
Saldernstraße	Y	93
Schevenbrücke	Y	95
Schliefeallee	Y	96
Schlossgarten	X	97
Schülperbaum	Y	100
Schützenwall	S	101
Schuhmacherstraße	Y	102
Sophienblatt	Z	
Stephan-Heinzel-Str.	S, XY	104
Stresemannplatz	Y	105
Theodor-Heuss-Ring	S	106
Tiessenkai	R	107
Walkerdamm	Y	108
Wall	Y	109
Warnemünder Straße	R	110
Weimarer Straße	R	111
Westring	RS	112
Wilhelminenstraße	X	113
Winterbeker Weg	S, Z	116
Wulfsbrook	S	117
Ziegelteich	Y	118

758

KIEL
INNENSTADT
0 300 m
X
Y
Z
Beselerallee
Waitzstraße
Reventlouallee
Niemannsweg
Schauenburger-
straße
Knooper
Weg
Straße
Westring
Hansa-
Gutenberg-
straße
Holtenauer
Feldstraße
Schittenhelm-
str.
ALTER
BOTANISCHER
GARTEN
Kiellinie
SCHREVEN
PARK
Schreventeich
Schillerstraße
Goethestraße
Mittelstraße
Brunswiker
Straße
Hospital-
str.
Legien-
straße
Bergstraße
Lorentzendamm
Kleiner Kiel
Düsternbrooker
Jensendamm
SCHLOSS
Wall
OSTSEEKAI
DÄNEMARK
SCHWEDEN
NORWEGEN
SEEGARTEN-
BRÜCKEN
Wilhelm-
platz
Kronshagener
Weg
Mölling-
Dammstr.
Fleethörn
OSTSEEHALLE
Harms-
Schützen-
straße
Herzog-
Friedrich-
str.
Kirchhofallee
Ringstr.
Kaistr.
SCHWEDENKAI
BOLLHÖRNKAI
NORWEGEN-
KAI
Werftstr.
Elisabethstr.
HAUPT-
BAHNHOF
Kaistraße
DIE HÖRN
Willy - Brandt - Ufer
Papenkamp
Harms-
str.
Michelsenstr.
Sophienblatt
Karlstal
GAARDEN
MOORTEICHWIESE
Gablenzstraße
Bahnhofstr.
Werftstraße
Preetzer
Straße
Chaussee
Hamburger
Schwedendamm
Sörensenstraße
Bielenbergstraße
Theodor-
Heuss-
Ring
Krusenrotter
Weg
Ostring
76
502

KIEL

Berliner Hof garni, Ringstr. 6, ✉ 24103, ℘ (0431) 6 63 40, info@berlinerhof-kiel.de, Fax (0431) 6634345 – 📺 ♿ 🅿 ⋯ 🆎 ⓞ ⓜ VISA JCB Z d
103 Zim 🍽 75 – 95.
• Ob Sie per Auto, per Schiff oder mit der Bahn kommen - der Berliner Hof ist leicht und bequem zu erreichen. Hinter der Klinkerfassade warten praktisch-komfortable Zimmer.

InterCityHotel, Kaistr. 54, ✉ 24114, ℘ (0431) 6 64 30, kiel@intercityhotel.de, Fax (0431) 6643499 – 📺 ♿ 70. 🆎 ⓞ ⓜ VISA JCB. ✻ Rest Z n
Menu (geschl. Sonntag) (nur Abendessen) à la carte 18/24 – 🍽 11 – **124 Zim** 94/110 – 104/120.
• Einheitlich in hellem Holz ausstaffiert und mit guter Technik versehen, sind die Zimmer dieses Hauses eine praktische Unterkunft - besonders auch für Geschäftsreisende.

Consul, Walkerdamm 11, ✉ 24103, ℘ (0431) 53 53 70, info@hotel-consul-kiel.de, Fax (0431) 5353770 – 📺 ⋯. 🆎 ⓜ VISA. ✻ Rest Y k
Menu (geschl. Juli - Aug., Samstag – Sonntag) à la carte 19/33 – **40 Zim** 🍽 65/100 – 85/120.
• Es stehen unterschiedlich, aber stets solide eingerichtete und saubere Zimmer zur Verfügung. Verkehrsgünstig ist die Lage nahe des Kieler Hafens. Mit vielen Details und Accessoires liebevoll bestückte, behagliche Gasträume.

XXX **Im Schloß**, Wall 80, ✉ 24103, ℘ (0431) 9 11 55, restaurant-im-schloss@t-online.de, Fax (0431) 91157, ≤, 🍽 – 🛁 120. 🆎 ⓞ ⓜ VISA XY
geschl. Samstagmittag, Sonntagabend - Montag – **Menu** à la carte 27/45.
• Nach der Zerstörung im Zweiten Weltkrieg erstrahlt das Gebäude heute in nostalgischem Glanz. Nicht nur im Gewölbekeller aus dem 16. Jh. schmeckt die internationale Küche.

XX **September**, Alte Lübecker Chaussee 27, ✉ 24113, ℘ (0431) 68 06 10, info@september-kiel.de, Fax (0431) 688830, 🍽 – ✻ Z t
geschl. 24. - 30. Dez., Sonn- und Feiertage – **Menu** (nur Abendessen) 39/48 à la carte 34/42
– **Bistro** : Menu à la carte 24/32.
• Über den reich bepflanzten Innenhof - auch hier können Sie speisen - gelangt man in das modern gestaltete Restaurante, das Ihnen Gerichte nach internationaler Art offeriert. Im Untergeschoss der ehemaligen Schmiede : das Bistro mit Wintergarten und Kaminzimmer.

XX **Lüneburg-Haus - Zum Hirschen**, Dänische Str. 22, ✉ 24103, ℘ (0431) 9 82 60 00, 1881@lueneburghaus.com, Fax (0431) 9826026, 🍽 – 🆎 ⓜ VISA Y c
geschl. Juli - Aug. 4 Wochen, Sonntag – **Menu** à la carte 30/47, ⅋ – **Die Wirtschaft** (geschl. Sonntag) **Menu** 14/29 und à la carte 24/37, ⅋.
• In der 1. Etage des Hauses nehmen Sie in angenehm legerer Atmosphäre an aufwändig eingedeckten Tischen Platz. Der geschulte Service reicht u. a. eine umfangreiche Weinkarte. Etwas peppiger, in modernem Bistrostil : die Wirtschaft.

In Kiel-Hasseldieksdamm über Hasseldiekdammer Weg S :

Birke ⊗, Martensshofweg 8, ✉ 24109, ℘ (0431) 5 33 10, info@hotel-birke.de, Fax (0431) 5331333, ⇌ – 📺, ♿ Zim, 📺 ⋯ 🅿 – 🛁 90. 🆎 ⓜ VISA. ✻ Rest
Menu à la carte 18/58 – **82 Zim** 🍽 88/136 – 112/146.
• Privat geführtes Klinkerhaus mit persönlicher Atmosphäre und in Mahagoni eingerichteten Zimmern. Der schöne Wald direkt hinter dem Hotel lädt zu Spaziergängen ein. In der offenen Küche des Fischers Fritz bereitet man überwiegend Fischgerichte.

In Kiel-Holtenau :

Waffenschmiede, Friedrich-Voss-Ufer 4, ✉ 24159, ℘ (0431) 36 96 90, info@hotel-waffenschmiede.de, Fax (0431) 363994, ≤, 🍽 – ♿ Zim, 📺 ⋯ 🅿. ⓜ VISA R r
geschl. 20. Dez. - 10. Jan. – **Menu** à la carte 19/33 – **13 Zim** 🍽 52/69 – 75/110.
• Direkt am Nord-Ostsee-Kanal, teils mit herrlichem Blick auf die vorbeifahrenden Schiffe, liegen die hellen, neuzeitlichen, teilweise mit Stilmöbeln bestückten Zimmer. Das Restaurant mit Gartenterrasse hat man zur Wasserseite hin angelegt.

In Kiel-Wellsee über ③ : 5 km :

Sporthotel Avantage, Braunstr. 40 (Gewerbegebiet), ✉ 24145, ℘ (0431) 71 79 80, info@sporthotel-avantage.de, Fax (0431) 7179820, 🍽, Biergarten, 🎿, ⇌, ✻(Halle) ♿ Zim, 📺 ⋯ 🅿 – 🛁 60. 🆎 ⓞ ⓜ VISA
Menu (geschl. Freitag - Sonntag) (nur Abendessen) à la carte 16,50/23,50 – **34 Zim** 🍽 69/99 – 98/125.
• Paradies für Sportler : Das Tenniscenter-Hotel beherbergt helle, freundliche Zimmer mit guter Technik und Blick auf die Tennisplätze. Golfplätze und Joggingpfade in der Nähe. Beim Essen blickt man direkt auf die Sportanlagen.

KIEL

In Achterwehr West : 10 km über ⑤ und A 210 :

XX **Beckmanns Gasthof** mit Zim, Dorfstr. 16, ✉ 24239, ✆ (04340) 43 51, Fax (04340) 4383, 😊 – TV P. M⓪ VISA
Menu (geschl. Montag - Dienstag)(wochentags nur Abendessen) à la carte 22,50/41 – **8 Zim** ⇌ 50 – 80.
  ◆ Gemütliches Restaurant in begrüntem Klinker-Landhaus. Wer's kuschelig mag, verzehrt die kreativen Saisongerichte am Kamin, auf Schläfrige warten Wurzelholz-möblierte Zimmer.

In Altenholz-Klausdorf über ⑦ : 8 km :

🏨 **Wormeck Hotel Kronsberg**, Kronsberg 31, ✉ 24161, ✆ (0431) 3 29 00, info@wormeck.de, Fax (0431) 3290100, 😊, Massage, ♨, ≈, 🏊, 🛥, – 📶, 🛏 Zim, 🍽 Zim, TV ✆ & ⇔ P. 🔺 50. AE ⓘ M⓪ VISA
Menu (geschl. Sonntag - Montag) (nur Abendessen) à la carte 29/37,50 – **40 Zim** ⇌ 115/145 – 165/195.
  ◆ Moderner Klinker-Bau mit blauen Ziegeln und verglastem Aufzug. Internet, Pay-TV und große Schreibplätze mit guter Technik auf allen Zimmern. Zwei Suiten mit Stilmobiliar. Das helle Restaurant mit elegantem Touch bietet einen schönen Blick in den Garten.

In Molfsee Süd-West : 8 km über ④ in Richtung Neumünster :

🏨 **Bärenkrug** (mit Gästehaus), Hamburger Chausee 10 (B 4), ✉ 24113, ✆ (04347) 7 12 00, info@baerenkrug.de, Fax (04347) 712013, 😊, ≈ – 🛏 Zim, TV ✆ & P. AE ⓘ M⓪ VISA
geschl. 23. Dez. - 2. Jan. – **Menu** (Montag - Freitag nur Abendessen) à la carte 22,50/32,50 – **32 Zim** ⇌ 62/78 – 95/125.
  ◆ Beim Einrichten der wohnlichen Zimmer hat man besonderen Wert auf Behaglichkeit gelegt : Geschmackvoll karierte oder geblümte Stoffe unterstreichen den Landhausstil. Nettes, ländlich-rustikales Restaurant mit offenem, gekacheltem Kamin.

In Molfsee-Rammsee Süd-West : 5 km über ④ :

X **Drathenhof**, Hamburger Landstr. 99 (beim Freilichtmuseum), ✉ 24113, ✆ (0431) 65 08 89, drathenhof@t-online.de, Fax (0431) 650723, 😊 – P. M⓪ VISA
geschl. 1. - 22. Jan., Sonn- und Feiertage abends, Montag – **Menu** à la carte 21,50/36.
  ◆ In einem ehemaligen Bauernhaus von 1740 befindet sich dieses Restaurant. Die rustikalen Räume sind mit holsteinischen Kacheln oder Holz verziert.

In Raisdorf-Vogelsang über ② : 10 km :

🏨 **Rosenheim**, Preetzer Str. 1, ✉ 24223, ✆ (04307) 83 80, info@hotel-rosenheim.de, Fax (04307) 838111, 😊, ≈, 🛥, – 🛏 Zim, TV ✆ & ⇔ P. – 🔺 30. AE ⓘ M⓪ VISA
Menu à la carte 20/34 – **44 Zim** ⇌ 54/59 – 90/100.
  ◆ Jedes der geräumigen Zimmer im Anbau ist mit hellen, soliden Möbeln eingerichtet, mit Modemanschluss ; die Zimmer im Haupthaus sind rustikal in Eiche möbliert und funktionell. Rustikal-gediegenes Restaurant.

KINDING Bayern 🗺 S 18 – 2 900 Ew – Höhe 374 m.
Berlin 482 – München 107 – Augsburg 110 – Ingolstadt 34 – Nürnberg 62 – Regensburg 61.

⚓ **Krone**, Marktplatz 14, ✉ 85125, ✆ (08467) 2 68, krone-kinding@t-online.de, Fax (08467) 729, Biergarten – TV P. M⓪ VISA. 🛏 Zim
geschl. Mitte Okt. - Mitte Nov. – **Menu** à la carte 12/24 – **25 Zim** ⇌ 34/38 – 56/58.
  ◆ In der Nähe des Rhein-Main-Donau-Kanals und des Altmühltals : Direkt am Marktplatz befindet sich dieser typische bayerische Dorfgasthof mit gepflegten und behaglichen Zimmern. Zum Restaurant gehören ländliche Gaststuben und ein Wintergarten.

In Enkering Süd-West : 1,5 km, jenseits der A 9 :

🏨 **Zum Bräu**, Rumburgstr. 1a, ✉ 85125, ✆ (08467) 85 00, info@hotel-zum-braeu.de, Fax (08467) 85057, 😊, ≈, 🛥, – 📶 TV & P. 🔺 50. M⓪ VISA
geschl. 19. - 25. Dez. – **Menu** à la carte 13/28 – **17 Zim** ⇌ 41/45 – 65/70.
  ◆ Die Zimmer dieses renovierten Landgasthofs verfügen über ein ausreichendes Platzangebot, sind gut eingerichtet und haben komfortable Bäder. Der Kachelofen verbreitet in dem rustikalen Restaurant eine gemütliche Atmosphäre.

KINHEIM Rheinland-Pfalz 🗺 Q 5 – 1 000 Ew – Höhe 105 m – Erholungsort.
Berlin 694 – Mainz 127 – Trier 54 – Bernkastel-Kues 14 – Wittlich 15.

🏨 **Pohl-Zum Rosenberg**, Moselweinstr. 3 (B 53), ✉ 54538, ✆ (06532) 21 96, info@hotel-pohl.de, Fax (06532) 1054, ≤, 😊, ≈, 🛥, – 📶, 🛏 Rest, P.
geschl. 10. Jan. - 10. Feb. – **Menu** (geschl. Nov. - Mai Donnerstag) à la carte 14/27,50 – **31 Zim** ⇌ 35/40 – 64/75 – ½ P 13.
  ◆ Hier erwartet Sie ein älteres, direkt an der Mosel gelegenes Hotel. Die Zimmer sind teils mit weißen, teils mit dunklen Möbeln eingerichtet und bieten zeitgemäßen Komfort. Eine Terrasse mit Moselblick ergänzt das gepflegte Restaurant.

KIPFENBERG Bayern 546 T 18 – 5 600 Ew – Höhe 400 m – Erholungsort.
🛈 Tourist-Information, Marktplatz 2, ✉ 85110, ℰ (08465) 94 10 41, tourist-info@kipfenberg.de, Fax (08465) 941043.
Berlin 490 – München 102 – Augsburg 105 – Ingolstadt 28 – Nürnberg 69.

In Kipfenberg-Pfahldorf West : 6 km, über Försterstraße :

🏠 **Landhotel Geyer** 🌿, (mit Gästehäusern), Alte Hauptstr. 10, ✉ 85110, ℰ (08465) 90 50 11, info@landhotel-geyer.de, Fax (08465) 3396, 🍽, 🏰, 🚲 – 📶 📺 🚗 🅿 AE
① ⓜⓞ VISA
geschl. 15. Nov. - 15. Dez. – **Menu** (geschl. Donnerstagmittag) à la carte 12/23 – **50 Zim** ⌑ 35/38 – 53 – ½ P 11.
• Seit Generationen befindet sich der Landgasthof im Altmühltal in Familienbesitz. Die Zimmer sind funktionell, größtenteils mit Eichenmöbeln eingerichtet, teils mit Kochnische. Galeräume mit hellen, rustikalen Holzmöbeln, gepolsterten Bänken und Kachelofen.

In Kipfenberg-Schambach Süd-West : 7 km, über Eichstätter Straße Richtung Arnsberg :

🏠 **Zur Linde** 🌿, (mit Gästehaus), Bachweg 2, ✉ 85110, ℰ (08465) 9 41 50, info@zur -linde-schambachtal.de, Fax (08465) 941540, 🍽, 🚲 – 📶, 💺 Zim, 📺 🚗 🅿 AE ⓜⓞ VISA
🚭 Zim
geschl. Feb. – **Menu** (geschl. Mittwoch) à la carte 14/26 – **24 Zim** ⌑ 29/48 – 56/66.
• Mitten im Grünen, im Schambachtal, liegt dieses Landhotel – ehemals ein landwirtschaftlicher Betrieb. Sie beziehen renovierte, wohnliche Zimmer. Rustikales, in mehrere Räume unterteiltes Restaurant.

KIRCHBERG AN DER JAGST Baden-Württemberg 545 S 13 – 4 500 Ew – Höhe 390 m.
Berlin 535 – Suttgart 106 – Ansbach 53 – Crailsheim 16 – Rothenburg ob der Tauber 27.

🏠 **Landhotel Kirchberg**, Eichenweg 2, ✉ 74592, ℰ (07954) 9 88 80, landhotelkirchb erg@t-online.de, Fax (07954) 988888, 🍽, 💺 Zim, 📺 🅿 – 🏊 30. ⓜⓞ VISA
Menu à la carte 17/29 – **17 Zim** ⌑ 56/60 – 80.
• Solide Zimmer mit Hotelmobiliar in heller Eiche und technisch komplett ausgestattete Tagungseinrichtungen zählen zu den Annehmlichkeiten dieses familiengeführten Hauses. Große Fenster machen die Restauranträume angenehm licht.

KIRCHDORF (KREIS MÜHLDORF AM INN) Bayern 546 V 20 – 1 200 Ew – Höhe 428 m.
Berlin 624 – München 50 – Bad Reichenhall 91 – Mühldorf am Inn 31.

🍴 **Christian's Restaurant-Gasthof Grainer**, Dorfstr. 1, ✉ 83527, ℰ (08072) 85 10, 🅿
✿ Fax (08072) 3304 – 🅿
geschl. Montag - Dienstag – **Menu** (wochentags nur Abendessen) (Tischbestellung erforderlich) 44/69, ⓚ.
• Romantisch und nobel speisen bei Kerzenschein und umgeben von König-Ludwig-Devotionalien : Freuen Sie sich auf ein Überraschungsmenü mit Genüssen einer kreativen Küche.
Spez. Kalbskopfkrokette mit Birnenkompott. Wachtel mit eigener Blutwurst und Rahmwirsing. Törtchen von Rhabarber und Schokolade mit Erdbeer-Rahmeis

KIRCHEN (SIEG) Rheinland-Pfalz siehe Betzdorf.

KIRCHENLAMITZ Bayern 546 P 19 – 4 700 Ew – Höhe 590 m.
Berlin 337 – München 270 – Hof 20 – Bayreuth 45 – Weiden in der Oberpfalz 69.

In Kirchenlamitz-Fahrenbühl Nord-Ost : 5 km :

🏠 **Jagdschloß Fahrenbühl** 🌿, ✉ 95158, ℰ (09284) 3 64, Fax (09284) 358, 🏰, ⛱,
🚲 – 📺 🅿 AE ⓜⓞ
geschl. Nov. – **Menu** (Restaurant nur für Hausgäste) – **14 Zim** ⌑ 36/38 – 43/62 – ½ P 9.
• Das ehemalige Jagdschloss mit der holzvertäfelten Fassade ist heute eine Hotelpension, in der sich dank des dazugehörigen Reiterhofs auch Pferdefreunde wohlfühlen werden.

KIRCHENSITTENBACH Bayern siehe Hersbruck.

KIRCHHEIM Hessen 543 N 12 – 4 200 Ew – Höhe 245 m.
🛈 Touristik-Service, Hauptstr. 2a, ✉ 36275, ℰ (06625) 1 94 33, info@kirchheim.de, Fax (06625) 919596. – Berlin 417 – Wiesbaden 156 – Kassel 65 – Gießen 76 – Fulda 42.

🏨 **Hattenberg** garni, Am Hattenberg 1, ✉ 36275, ℰ (06625) 9 22 60, info@eydt-kirc hheim.de, Fax (06625) 922684, 🍽 – 📶 💺 📺 ♿ 🅿 – 🏊 110. AE ⓜⓞ VISA
45 Zim ⌑ 60 – 86.
• Das in neuzeitlichem Stil erbaute Hotel am Ortsrand überzeugt mit komfortablen, modern mit Naturholzmöbeln eingerichteten Zimmern und tadelloser Pflege.

Eydt, Hauptstr. 19, ⌧ 36275, ☏ (06625) 9 22 50, info@eydt-kirchheim.de, Fax (06625) 922570, 🍴 – 🛗, Zim, 📺 📞 ♿ 🅿 – 🏊 80. 💳 VISA
Menu à la carte 17,50/29 – **60 Zim** ⌧ 42/54 – 78.
• Behagliche, zeitgemäße Zimmer und ein freundlicher Service kennzeichnen dieses Hotel, in dem man auf Tagungsgäste und Urlauber gleichermaßen eingestellt ist.

An der Autobahnausfahrt Süd : 1 km :

Roadhouse Kirchheim, Motelstr. 5, ⌧ 36275 Kirchheim, ☏ (06625) 10 80, info@roadhouse.bestwestern.de, Fax (06625) 8656, ≤, 🍴, 🏋, ≋, 🎾, 🚴 – Zim, 🍴 Rest, 📺 📞 ♿ 🅿 – 🏊 70. 🅰 ⓘ 💳 VISA
Menu à la carte 17/32 – ⌧ 10 – **140 Zim** 58/65 – 74/81.
• Ganz auf Durchreisende zugeschnitten ist das größte Motel Deutschlands : Ihr Auto parkt direkt vor der Tür Ihres gepflegten und funktionell eingerichteten Zimmers. Das Restaurant teilt sich in einen à la carte- und einen Selbstbedienungsbereich.

KIRCHHEIM UNTER TECK Baden-Württemberg 545 U 12 – 39 000 Ew – Höhe 311 m.

🏌 Kirchheim-Wendlingen, Schulerberg 1(Nord-West : 3 km), ☏ (07024) 92 08 20 ; 🏌 Ohmden, Am Golfplatz (Ost : 5 km), ☏ (07023) 74 26 63.
🛈 Kirchheim-Info, Max-Eyth-Str. 15, ⌧ 73230, ☏ (07021) 30 27, tourist@kirchheim-teck.de, Fax (07021) 480538.
Berlin 622 – Stuttgart 38 – Göppingen 19 – Reutlingen 30 – Ulm (Donau) 59.

Zum Fuchsen, Schlierbacher Str. 28, ⌧ 73230, ☏ (07021) 57 80, hotel-fuchsen-kirchheim@t-online.de, Fax (07021) 578444, 🍴, ≋ – 🛗, Zim, 📺 📞 🅿 – 🏊 60. 🅰 ⓘ 💳 VISA
Menu (geschl. Sonntagabend) à la carte 19,50/37 – **80 Zim** ⌧ 82/98 – 96/142.
• Das moderne, sehr gut geführte Hotel mit wohnlichen Zimmern, die in Größe und Einrichtung variieren, begrüßt seine Gäste mit einer großzügigen, lichtdurchfluteten Lobby. Der große, unterteilte Restaurantbereich ist teils rustikal, teils klassisch eingerichtet.

Ateckhotel, Eichendorffstr. 99, ⌧ 73230, ☏ (07021) 8 00 80, ateckhotel@t-online.de, Fax (07021) 800888, 🍴, Massage, ≋ – 🛗, Zim, 📺 📞 ♿ 🚗 🅿 – 🏊 50. 🅰 ⓘ 💳 VISA
Menu (geschl. Sonntag)(nur Abendessen) à la carte 19,50/31 – **52 Zim** ⌧ 82/100 – 86/115.
• Eine freundliche Atmosphäre erwartet Sie in diesem Tagungshotel mit wohnlichen, geschmackvoll ausgestatteten Zimmern, nur 10 Gehminuten vom Zentrum entfernt. Neuzeitliches Restaurant im Bistro-Stil - mit frischen Farben gestaltet.

Stadthotel Waldhorn, Am Marktplatz 8, ⌧ 73230, ☏ (07021) 9 22 40, info@stadthotel-waldhorn.de, Fax (07021) 922450, 🍴 – 🛗, Zim, 📺 📞 🅰 ⓘ 💳 VISA
Menu (geschl. Weihnachten - Neujahr, Freitag - Samstagmittag) à la carte 15/33,50 – **17 Zim** ⌧ 75/80 – 87/95.
• In dem restaurierten Fachwerkhaus a. d. 16. Jh. entstand - nach neuem Innenausbau - ein Hotel mit komfortablen Zimmern in solidem Naturholz. Gemütliche Gaststuben bilden das Restaurant.

Schwarzer Adler, Alleenstr. 108, ⌧ 73230, ☏ (07021) 48 62 10, fax@schwarzer-adler-kirchheim.de, Fax (07021) 71985, 🍴 – 🛗, Zim, 📺 📞 🚗 🅿 💳 VISA
geschl. Jan. – **Menu** (geschl. Samstag - Sonntag, Okt. - Mai Samstag, Sonntagabend) à la carte 21/45 – **30 Zim** ⌧ 50/70 – 85/90.
• Übernachten Sie in der ältesten Herberge Kirchheims : Ein tadellos geführter und gepflegter Gasthof, der mit hellem Naturholz möbilierte Zimmer für seine Gäste bereithält. Im Restaurant sitzen Sie in rustikalen Nischen auf fellgepolsterten Bänken.

Tafelhaus, Alleenstr. 79, ⌧ 73230, ☏ (07021) 73 53 00, Fax (07021) 735303, 🍴
geschl. über Pfingsten 2 Wochen, Dienstag - Mittwoch, Samstagmittag – **Menu** à la carte 28,50/46.
• Das Interieur des Hauses ist geprägt von schlichter, moderner Eleganz in hellen Farben. Aufgetischt wird eine regionale und internationale, marktorientierte Küche.

In Kirchheim-Nabern Süd-Ost : 6 km, jenseits der A 8, über B 465, in Dettingen links ab :

Arthotel Billie Strauss, Weilheimer Str. 20, ⌧ 73230, ☏ (07021) 95 05 90, info@arthotelbilliestrauss.de, Fax (07021) 53242, 🍴 – 📺 🅿 – 🏊 20. 🅰 💳 VISA
geschl. 23. Dez. - 6. Jan. – **Menu** (geschl. Sonntag - Montag) (nur Abendessen) à la carte 24,50/34,50 – ⌧ 8 – **14 Zim** 90/110 – 130.
• Der ehemalige Bauernhof hat ein architektonisch interessantes Innenleben bekommen : individuell mit modernen Designermöbeln und kräftigen Farbakzenten gestaltete Zimmer. Ein mit Liebe zum Detail restauriertes Fachwerkhaus beherbergt die Weinstube. Kunstgalerie !

KIRCHHEIM UNTER TECK

In Ohmden Ost : 6 km, über Jesingen :

Landgasthof am Königsweg mit Zim, Hauptstr. 58, ✉ 73275, ℘ (07023) 20 41, Fax (07023) 8266, 🏦 – 📺 📞 🚗, AE 🌐 VISA
Menu (geschl. über Fasching 1 Woche, Montag - Dienstagmittag, Samstagmittag) à la carte 28/57, ♀ – **7 Zim** ⊇ 70/80 – 100/125.
 • Eine gelungene Verbindung von Alt und Neu finden Sie in diesem renovierten Fachwerkhaus von 1672 : Moderne Einrichtungselemente setzen interessante Akzente.
Spez. Lauwarm geräuchertes Herzstück vom Lachs mit warmem Kartoffelsalat. Lasagne vom Rehrücken mit Himbeerglace und Petersilienwurzelpüree. Warmer Ofenschlupfer mit Himbeersorbet

---

KIRCHHEIMBOLANDEN Rheinland-Pfalz 543 QR 8 – 8 200 Ew – Höhe 285 m – Erholungsort.

🄱 Donnersberg-Touristik-Verband, Uhlandstr. 2, ✉ 67292, ℘ (06352) 17 12, donnersberg-touristik@t-online.de, Fax (06352) 710262.
Berlin 610 – Mainz 50 – Bad Kreuznach 43 – Mannheim 58 – Kaiserslautern 36.

Parkhotel Schillerhain 🌿, Schillerhain 1, ✉ 67292, ℘ (06352) 71 20, info@schillerhain.de, Fax (06352) 712100, 🏦, 🍽 – 📞, 🛏 Zim, 📺 📞 P – 🔒 30. AE 🌐 🌐 VISA
geschl. Jan. 2 Wochen – **Menu** (geschl. Nov. - April Sonntagabend, Freitag) à la carte 20/40 – **38 Zim** ⊇ 57/69 – 85 – ½ P 17.
 • Das in einem sehr schönen Park gelegene Hotel mit hübschem Türmchen verfügt über gepflegte, hell möblierte Zimmer. Moderner präsentiert sich die ca. 200 m entfernte Villa. Sie speisen im Parkrestaurant oder im gemütlich-rustikalen Weinstübchen.

Braun garni, Uhlandstr. 1, ✉ 67292, ℘ (06352) 4 00 60, info@hotelbraun.de, Fax (06352) 400699 – 📞 🛏 📺 P – 🔒 20. AE 🌐 🌐 VISA
40 Zim ⊇ 48/55 – 75.
 • Eine praktische Übernachtungsadresse : Das Hotel ist zentral gelegen, gut geführt und bietet seinen Gästen frisch renovierte Zimmer zu einem angemessenen Preis.

In Dannenfels-Bastenhaus Süd-West : 9 km – Erholungsort :

Bastenhaus, ✉ 67814, ℘ (06357) 97 59 00, hotel-bastenhaus@t-online.de, Fax (06357) 97590300, ≤, 🏦, ≤s, 🍽 – 📞, 🛏 Zim, 📺 📞 P – 🔒 40. AE 🌐 VISA
geschl. Jan. 3 Wochen – **Menu** (geschl. Sonntagabend) à la carte 16/34 – **37 Zim** ⊇ 42/50 – 70/84 – ½ P 15.
 • Ein ländlicher, gewachsener Gasthof mit wohnlichen Zimmern in einer schönen Umgebung mit zahlreichen Freizeitangeboten. Auch für Tagungen geeignet. Eine große Terrasse ergänzt das ländlich-rustikale Restaurant.

KIRCHHUNDEM Nordrhein-Westfalen 543 M 8 – 13 000 Ew – Höhe 308 m.
Berlin 532 – Düsseldorf 136 – Siegen 34 – Meschede 51 – Olpe 22.

In Kirchhundem-Heinsberg Süd-Ost : 8 km, über Hundemstraße, Würdinghausen und Albaum :

Schwermer 🌿, (mit Gästehaus), Talstr. 60, ✉ 57399, ℘ (02723) 76 38, info@hotel-schwermer.de, Fax (02723) 73300, 🏦, 🍽 – 🛏 Zim, 📺 P – 🔒 30. 🌐 VISA
Menu à la carte 18/32 – **25 Zim** ⊇ 44/52 – 74/90.
 • Im Herzen des Naturparks Rothaargebirge erwartet Sie ein gut geführter Familienbetrieb mit solide eingerichteten Zimmern, zahlreichen Freizeitangeboten und einem "Heuhotel". Nettes, ländlich eingerichtetes Restaurant.

KIRCHZARTEN Baden-Württemberg 545 W 7 – 9 400 Ew – Höhe 392 m – Luftkurort.
Ausflugsziel : Hirschsprung★ Süd-Ost : 10 km (im Höllental).
🚆 Kirchzarten, Krüttweg 1, ℘ (07661) 9 84 70.
🄱 Tourist-Information, Hauptstr. 24, ✉ 79199, ℘ (07661) 39 39, Fax (07661) 39345.
Berlin 800 – Stuttgart 177 – Freiburg im Breisgau 9 – Donaueschingen 54.

Sonne, Hauptstr. 28, ✉ 79199, ℘ (07661) 90 19 90, info@sonne-kirchzarten.de, Fax (07661) 7535, 🏦 – 🛏 📺 P AE 🌐 🌐 VISA
geschl. 1. - 10. Feb., 10. - 24. Nov. – **Menu** (geschl. Freitag - Samstagmittag) à la carte 17,50/36 – **27 Zim** ⊇ 52/65 – 70/118 – ½ P 16.
 • Der traditionsreiche Gasthof von 1725 ist ein von der Inhaber-Familie selbst geführtes sympathisches Ferienhotel. Sehr schön : die neueren Zimmer mit Landhausmöbeln. Holzgetäfelte Wände und rustikale Holztische und -stühle erwarten Sie im Restaurant.

KIRCHZARTEN

Zur Krone, Hauptstr. 44, ✉ 79199, ☏ (07661) 9 79 80, info@Krone-kirchzarten.de, Fax (07661) 979829, 🍴, ≘s – 📺 🚗 🅿 🆎 VISA, 🚭 Zim
geschl. 10. Jan. - 5. Feb. – **Menu** (geschl. Mittwoch - Donnerstagmittag) à la carte 15,50/32 – **11 Zim** ⊃ 35/44 – 63 – ½ P 14.
• Ein gepflegter, familiengeführter Landgasthof mit soliden, mit rustikalen Eichenholzmöbeln eingerichteten Zimmern, der auf eine 250-jährige Tradition zurückblicken kann. Ländliche, rustikal ausgestattete Gaststube.

Zum Rössle 🍴 mit Zim, Dietenbach 1 (Süd : 1 km), ✉ 79199, ☏ (07661) 22 40, Fax (07661) 980022, 🍴, (Gasthof a.d. 18. Jh.) – 📺 🅿 🚭
Menu (geschl. Montag - Dienstag, Mai - Sept. Montag) à la carte 28,50/39 – **6 Zim** ⊃ 38 – 69.
• Der idyllische Landgasthof verfügt über eine historische Bauernstube mit niedriger Decke und einen eleganteren Nebenraum. Ansprechende Karte mit französischem Einschlag.

In Kirchzarten-Burg-Höfen Ost : 1 km :

Schlegelhof 🍴, Höfener Str. 92, ✉ 79199, ☏ (07661) 50 51, info@schlegelhof.de, Fax (07661) 62312, 🍴, 🍴 – 📺 🅿 🆎 VISA, 🚭 Zim
geschl. Mitte März 1 Woche, **Menu** (geschl. März 2 Wochen, Nov. 1 Woche, Mittwoch) (wochentags nur Abendessen) (Tischbestellung ratsam) à la carte 26,50/44 – **10 Zim** ⊃ 60/68 – 78/117.
• Freuen Sie sich auf ein ruhiges, gemütliches Gasthaus mit sehr gepflegten, wohnlichen Zimmern und einem reichhaltigen Frühstücksbuffet mit "Bio-Ecke". In hellem, freundlichem Ambiente verwöhnt man Sie mit schmackhaften regionalen Speisen.

In Stegen-Eschbach Nord : 4 km :

Landhotel Reckenberg 🍴 mit Zim, Reckenbergstr. 2, ✉ 79252, ☏ (07661) 6 11 12, reckenberg@t-online.de, Fax (07661) 61221, 🍴, 🍴 – 🚭 Zim, 📺 🅿 🆎 VISA
geschl. Feb. 3. Wochen, Anfang Nov. 1 Woche – **Menu** (geschl. Dienstag - Mittwochmittag) 20 (mittags)/50 à la carte 24/46, 🍷 – **9 Zim** ⊃ 50/75 – 75/90 – ½ P 20.
• Das familiengeführte Haus beherbergt neben gepflegten Zimmern dieses gediegenrustikale Restaurant. Aromatische Kräuter prägen die regionale und französische Küche.

KIRKEL Saarland 𝟓𝟒𝟑 S 5 – 9 100 Ew – Höhe 240 m.
Berlin 690 – Saarbrücken 24 – Homburg/Saar 10 – Kaiserslautern 48.

In Kirkel-Neuhäusel :

Ressmann's Residence, Kaiserstr. 87, ✉ 66459, ☏ (06849) 9 00 00, ressmann-kirkel@t-online.de, Fax (06849) 900012 – 🚭 Zim, 📺 📞 🅿 🆎 VISA
Menu (geschl. über Fasching 1 Woche, Samstagmittag, Dienstag) à la carte 31,50/47 – **20 Zim** ⊃ 57/67 – 77.
• Der Hotelbau aus den 90er Jahren bietet freundliche und modern eingerichtete Gästezimmer, die Ihren Ansprüchen an eine funktionale Unterkunft gerecht werden. Gediegenelegant präsentiert sich das Restaurant.

Rützelerie Geiß, Brunnenstraße, ✉ 66459, ☏ (06849) 13 81, info@ruetzeleriegeiss.de, Fax (06849) 91371 – 🅿 🆎 VISA
geschl. März 2 Wochen, Aug., Sonntag - Montag – **Menu** (nur Abendessen) à la carte 32/49.
• In einer ehemaligen Scheune hat man auf zwei Ebenen ein Restaurant in rustikalkomfortablem Stil eingerichtet. Man erfreut Sie mit einer gehobenen französischen Küche.

KIRN Rheinland-Pfalz 𝟓𝟒𝟑 Q 6 – 9 400 Ew – Höhe 200 m.
Ausflugsziel : Schloss Dhaun (Lage★) Nord-Ost : 5 km.
🛈 Stadtverwaltung, Kirchstraße 3, ✉ 55606, ☏ (06752) 9 34 00, stadtmarketing@kirn.de, Fax (06752) 934030.
Berlin 649 – Mainz 76 – Bad Kreuznach 37 – Trier 77 – Idar-Oberstein 16.

Parkhotel, Kallenfelser Str. 40, ✉ 55606, ☏ (06752) 9 50 90, info@parkhotel-kirn.de, Fax (06752) 950911, 🍴, 🍴 –
Menu (geschl. Montagmittag) (Jan. nur Abendessen) à la carte 19/32 – **17 Zim** ⊃ 45/50 – 70/80.
• Im südlichen Hunsrück liegt dieses gepflegte Haus. In den meisten Zimmern unterstreichen geschmackvolle Stoffe den Landhausstil des Hotels. Holz, ein nettes Dekor und eine harmonische Farbgestaltung machen das Restaurant gemütlich.

In Bruschied-Rudolfshaus Nord-West : 9 km :

Forellenhof 🍴, ✉ 55606, ☏ (06544) 3 73, info@hotel-forellenhof.de, Fax (06544) 1080, 🍴 – 🚭 Zim, 📺 🚗 🅿 🆎 ① 🆎 VISA, 🚭 Rest
geschl. 4. Jan. - 26. Feb. – **Menu** (geschl. April - Okt. Montagmittag, Nov. - März Montag) à la carte 19/38,50 – **30 Zim** ⊃ 49/54 – 79/89 – ½ P 16.
• Abseits gelegener Landgasthof mit angebautem Hoteltrakt und Forellenteich in einem Waldstück - ein ländlich-rustikaler Stil zieht sich durch das ganze Haus. Restaurant mit Wintergarten und schöner Terrasse zum Teich.

KIRRWEILER Rheinland-Pfalz siehe Maikammer.

KIRSCHAU Sachsen 404 M 27 – 2 300 Ew – Höhe 310 m.
Berlin 228 – Dresden 54 – Görlitz 47 – Bautzen 11.

Romantik Hotel Zum Weber, Bautzener Str. 20, ✉ 02681, ℘ (03592) 52 00, *hot el@zum-weber.de*, Fax (03592) 520599, 😊, Biergarten, ≦s – 🗐, 🚾 Zim, 📺 📞 🅿 – 🔺 50. 🆎 ① ⓜ 🆅🅸🆂🅰
Schlemmerzimmer (geschl. 5. - 12. Jan., 16. - 30. Aug., Sonntag - Montag) (nur Abendessen) Menu à la carte 25,50/36 – **Weberstube** : Menu à la carte 17/32, ♀ – **Al Forno** (italienische Küche) (geschl. Montag) (wochentags nur Abendessen) Menu à la carte 20/27 – **37 Zim** ⊑ 77/144 – 99/156, 4 Suiten.
• In den 20er Jahren baute der Architekt M. H. Kühne in Anlehnung an den sächsischen Barock ein Hotel, aus dem ein anspruchsvolles Domizil mit persönlicher Atmosphäre wurde. Stilvoll : das kleine Schlemmerzimmer. Die gemütliche Weberstube ist das Hauptrestaurant.

KISSINGEN, BAD Bayern 405 406 P 14 – 24 300 Ew – Höhe 201 m – Mineral- und Moorheilbad.
🚂 Bad Kissingen, Euerdorfer Str. 11 (über ④), ℘ (0971) 36 08.
🅱 Kur- und Tourist-Info, Am Kurgarten 1, ✉ 97688, ℘ (0971) 8 04 82 11, *tourismus@badkissingen.de*, Fax (0971) 8048239.
Berlin 480 ③ – München 329 ④ – Fulda 62 ⑤ – Bamberg 81 ③ – Würzburg 61 ④

BAD KISSINGEN

Bahnhofstraße	4
Berliner Platz	6
Brunnengasse	7
Dapperstraße	8
Hemmerichstraße	12
Kirchgasse	14
Kurhausstraße	
Ludwigbrücke	15
Ludwigstraße	16
Marktplatz	17
Martin-Luther-Straße	21
Münchner Straße	22
Obere Marktstraße	23
Prinzregentenstraße	25
Rathausplatz	26
Schönbornstraße	28
Spitalgasse	29
Theaterplatz	30
Theresienstraße	31
Untere Marktstraße	32
Von-der-Tann-Straße	33
Von-Hessing-Straße	34

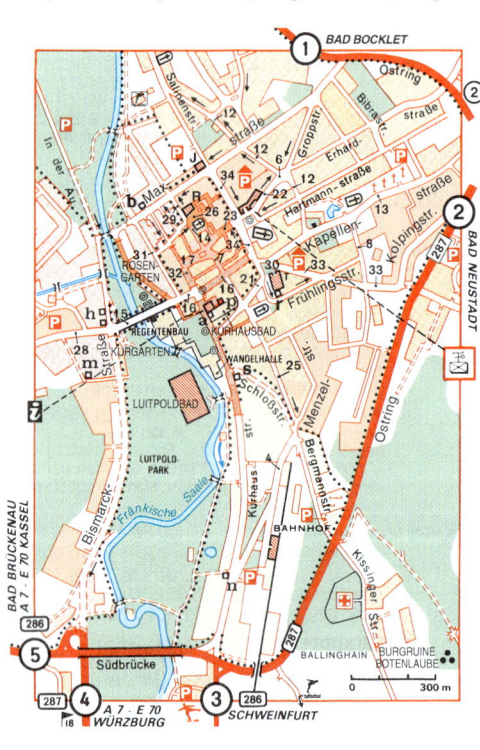

Steigenberger Kurhaushotel ⑤, Am Kurgarten 3, ✉ 97688, ℘ (0971) 8 04 10, *bad-kissingen@steigenberger.de*, Fax (0971) 8041597, 😊, Massage, 🔞, direkter Zugang zum Kurhausbad, ≦s, 🔲, 🍽 – 🗐, 🚾 Zim, 🍴 Rest, 📺 📞 ⇔ – 🔺 60. 🆎 ① ⓜ 🆅🅸🆂🅰 🅹🅲🅱. 🛇 Rest   a
Menu à la carte 29/44 – **113 Zim** ⊑ 127/157 – 194/254 – ½ P 32.
• Hinter einer modernen Fassade pflegt man in zeitgemäßer Weise die Tradition eines klassischen Grandhotels : großzügige Lobby, elegante Zimmer und professioneller Service. Restaurant mit klassischem Rahmen.

KISSINGEN, BAD

Bristol, Bismarckstr. 8, ✉ 97688, ℰ (0971) 82 40, *bristol.hotel@t-online.de*, Fax (0971) 8245824, 🍴, Massage, ♨, ≘s, ⊠, 🐴 – 🛗 ⥂ TV ⇌ 🅿 – 🔒 50. AE ⓂⓄ VISA. ⬚
Menu *(geschl. Montag)* à la carte 23,50/36,50 – **47 Zim** ⥀ 72/130 – 100/150, 10 Suiten – ½ P 21. h
• Ruhig liegt das Kurhotel nahe dem Zentrum. Man bietet geräumige, hell und wohnlichkomfortabel ausgestattete Zimmer und einen modernen Tagungsbereich mit schönem Blick. Schöne Stuckdecken zieren das klassisch-elegante Restaurant.

Frankenland, Frühlingstr. 11, ✉ 97688, ℰ (0971) 8 10, *info@hotel-frankenland.de*, Fax (0971) 812810, ⓥ, Massage, ♨, Ⅰδ, ≘s, ⊠, 🐴 – 🛗 Zim, TV 📞 ♿ ⇌ – 🔒 350. AE ⓂⓄ VISA. ⬚ Rest r
Rôtisserie : Menu à la carte 22/30 – *Frankenland-Stuben* : Menu à la carte 16/26 – **400 Zim** ⥀ 62/94 – 98/130 – ½ P 18.
• Ein neuzeitliches Hotel mit großem Hallenbereich und komfortablen, funktional ausgestatteten Zimmern. Genießen Sie die Angebote der modernen Badelandschaft Aqua-Well. Zeitlos : die Rôtisserie. Urig geht's in den Frankenland-Stuben zu.

Laudensacks Parkhotel, Kurhausstr. 28, ✉ 97688, ℰ (0971) 7 22 40, *laudensacks-parkhotel@t-online.de*, Fax (0971) 722444, 🍴, ⓥ, Massage, Ⅰδ, ≘s, 🐴 – 🛗 TV ⇌ 🅿. AE ⓂⓄ VISA JCB n
geschl. 15. Dez. - 24. Jan. – Menu *(geschl. Montag - Dienstag)(nur Abendessen)* 35/72 à la carte 36,50/50, ♀ – **21 Zim** ⥀ 70/83 – 124/152 – ½ P 26.
• Die von einem Park mit Teich umgebene Villa überzeugt mit stilvoll eingerichteten Zimmern, einem aufmerksamen Service und tadelloser Führung. Elegantes Restaurant mit sehr gutem Couvert. Schöne Terrasse.
Spez. Ravioli und Gratin von Flusskrebsen. Loup de mer mit Rotweinbutter und gebratenem Fenchel. Rehrücken mit Pilz-Crêpetorte und Spitzkohl

Weisses Haus, Kurhausstr. 11a, ✉ 97688, ℰ (0971) 7 27 30, *weisseshaushotel@gmx.de*, Fax (0971) 727374 – 🛗 TV 📞 🅿. ⓂⓄ VISA s
geschl. Mitte Jan. - Feb. – Menu à la carte 15/32 – **25 Zim** ⥀ 42/71 – 90/130 – ½ P 14.
• Hier gefallen der stilvoll-elegante Rahmen und die Ausstattung : In dem gepflegten Patrizierhaus erwarten Sie mit Antiquitäten und individuellen Details gestaltete Zimmer. Der Stil des Restaurants ist abgestimmt auf den villenartigen Charakter des Hotels.

Kissinger Hof, Bismarckstr. 14, ✉ 97688, ℰ (0971) 92 70, *ehgeka@t-online.de*, Fax (0971) 927555, 🍴, Massage, ♨, ≘s, 🐴 – 🛗 ⥂ Rest, TV ⇌ 🅿 – 🔒 30. AE ⓂⓄ VISA. ⬚ h
Menu à la carte 16/29 – **91 Zim** ⥀ 55/82 – 90/110 – ½ P 15.
• Das große, zeitgemäße Stadthotel mit langer Tradition - hier kurte schon der "Eiserne Kanzler" Otto von Bismarck - bietet einen großzügigen Hallenbereich und solide Zimmer. Vom Restaurant aus blicken Sie in den gepflegten Garten und den Innenhof.

Kurhaus Tanneck, Altenbergweg 6, ✉ 97688, ℰ (0971) 7 16 00, *kurhaus_tanneck@t-online.de*, Fax (0971) 68614, Massage, ♨, ≘s, ⊠, 🐴 – 🛗 TV 🅿. AE ⓄⒹ VISA. ⬚ Rest m
geschl. Nov. - Mitte Dez. – Menu *(Restaurant nur für Hausgäste)* – **47 Zim** ⥀ 49/78 – 98/114 – ½ P 10.
• Ruhig liegt das Hotel am Stadtrand. Die gepflegten Zimmer haben meist einen eigenen Balkon ; Diätküche wird für Hausgäste angeboten.

Bayerischer Hof, Maxstr. 9, ✉ 97688, ℰ (0971) 8 04 50, *info@doesch-kg.de*, Fax (0971) 8045133, Massage, ♨, – 🛗 TV 📞 🅿. AE ⓂⓄ b
Menu *(geschl. Mitte Jan.- Feb., Donnerstag)* à la carte 18,50/31 – **60 Zim** ⥀ 47/53 – 74/86 – ½ P 16.
• Ein familiengeführtes Haus mit soliden Zimmern, alle mit eigenem Balkon. Für Gesundheitsbewusste gibt es die hauseigene Badeabteilung mit einem med. Bademeister und Masseur. Restaurant mit holzgetäfelten Wänden und dunklen Möbeln.

Kissinger Stüble, Am Kurgarten 1, ✉ 97688, ℰ (0971) 8 04 15 40, *bad-kissingen@steigenberger.de*, Fax (0971) 8041597, 🍴 – 🗏. AE ⓄⒹ ⓂⓄ VISA JCB p
geschl. Nov.- April Mittwoch - Donnerstag – Menu à la carte 17/33.
• Im gemütlichen, rustikalen Restaurant des Steigenberger Kurhaushotels werden fränkische Spezialitäten und gutbürgerliche Speisen serviert.

KISSLEGG Baden-Württemberg ⒌⒋⒌ W 13 – 8 700 Ew – Höhe 650 m – Luftkurort.
🅗 Gäste- und Kulturamt, Neues Schloss, ✉ 88353, ℰ (07563) 93 61 42, *tourist@kisslegg.de*, Fax (07563) 936199. – Berlin 697 – Stuttgart 185 – Konstanz 100 – Kempten (Allgäu) 46 – Ulm (Donau) 93 – Bregenz 42.

Gasthof Ochsen (mit Gästehaus), Herrenstr. 21, ✉ 88353, ℰ (07563) 9 10 90, *info@ochsen-kisslegg.de*, Fax (07563) 910950, ≘s – 🛗 ⥂ Zim, TV ⇌ 🅿. ⓄⒹ ⓂⓄ VISA
Menu *(geschl. 20. - 24. Dez.)* à la carte 11/24 – **34 Zim** ⥀ 36/40 – 57/61 – ½ P 13.
• Hier hat Gastlichkeit Tradition : ein Landgasthof im Allgäu mit solide eingerichteten Zimmern sowie kinderfreundlicher und familiärer Atmosphäre.

KITTENDORF Mecklenburg-Vorpommern siehe Stavenhagen.

KITZINGEN Bayern 546 Q 14 – 21 000 Ew – Höhe 187 m.
 Kitzingen, Larson Barracks, ℘ (09321) 49 56.
🛈 Tourist-Information, Schrannenstr. 1, ✉ 97318, ℘ (09321) 92 00 19, tourist@stadt-kitzingen.de, Fax (09321) 21146.
Berlin 482 – München 263 – *Würzburg* 22 – Bamberg 80 – Nürnberg 92.

Esbach-Hof, Repperndorfer Str. 3 (B 8), ✉ 97318, ℘ (09321) 22 09 00, hotel@esbachhof.de, Fax (09321) 2209091, 🍽, Biergarten – 📶 📺 ☏ 🅿 – 🛎 30. AE ⓘ ⓒⓑ VISA. ✗ Zim
geschl. 20. - 29. Feb., 23. - 25. Dez. - **Menu** à la carte 16/27 – **32 Zim** ⇌ 67 – 88.
• Teils kürzlich renovierte Zimmer mit zeitgemäßem Standard bietet dieser gut geführte Familienbetrieb. In wenigen Gehminuten erreichen Sie die Innenstadt. Gemütliche Gasträume im fränkischen Stil.

In Sulzfeld Süd-West : 4 km :

Zum Stern (mit Gästehaus), Pointstr. 5, ✉ 97320, ℘ (09321) 1 33 50, gasthof_zum_stern@t-online.de, Fax (09321) 133510, 🍽 – 🅿 – 🛎 20.
Menu (geschl. Anfang Jan. 2 Wochen, Aug. 2 Wochen, Montagmittag, Dienstag - Mittwochmittag) à la carte 12/32 – **25 Zim** ⇌ 25/40 – 46/55 – ½ P 13.
• Mitten im fränkischen Weinland liegt dieser historische Gasthof : das Haupthaus ist ein Fachwerkbau aus dem 15. Jh. Die Zimmer hier und im Gästehaus sind solide ausgestattet. Rustikale Gasträume.

KLEIN WITTENSEE Schleswig-Holstein siehe Eckernförde.

KLEINBLITTERSDORF Saarland siehe Saarbrücken.

KLEINICH Rheinland-Pfalz 543 Q 5 – 200 Ew – Höhe 420 m.
Berlin 662 – Mainz 98 – *Trier* 60 – Bernkastel-Kues 18 – Birkenfeld 35.

Landhaus Arnoth (mit Gästehäusern), Auf dem Pütz, ✉ 54483, ℘ (06536) 9 39 90, info@landhaus-arnoth.de, Fax (06536) 1217, 🍽, 🛏, 🏊 – 🅿 – 🛎 40. ⓒⓑ VISA. ✗
Menu (geschl. Montag - Dienstag) (wochentags nur Abendessen) à la carte 22/35 – **24 Zim** ⇌ 55/75 – 75/95.
• Das zu Beginn des 19. Jh. erbaute Landhaus im Hunsrück wurde liebevoll restauriert und bietet seinen Gästen jetzt ein Hotel mit individuell eingerichteten Zimmern. Antiquitäten schmücken das Restaurant. Bilderausstellung !

KLEINMACHNOW Brandenburg 542 I 23 – 11 800 Ew – Höhe 60 m.
Siehe Stadtplan Berlin (Umgebungsplan).
Berlin 34 – Potsdam 15 – Brandenburg 66.

NH Potsdam, Zehlendorfer Damm 190, ✉ 14532, ℘ (033203) 4 90, nhberlinpotsdam@nh-hotels.com, Fax (033203) 49900, 🍽, 🛏 – 📶, ✗ Zim, ▣ 📺 ☏ ♿ 🚗 🅿 – 🛎 150. AE ⓘ ⓒⓑ VISA JCB
Menu à la carte 28/38 – ⇌ 13 – **243 Zim** 83.   AV c
• Ein modernes, technisch gut ausgestattetes Hotel vor den Toren Berlins, das besonders auf die Bedürfnisse von Geschäftsreisenden zugeschnitten ist. Mit großem Tagungsbereich.

KLEINWALSERTAL Österreich 730 C 6 – Österreichisches Hoheitsgebiet, wirtschaftlich der Bundesrepublik Deutschland angeschlossen, Telefonvorwahl Österreich (0043) – 6 000 Ew – Wintersport : 1 100/2 000 m ⛷ 2 ⛷ 34 ⛷.
Sehenswert : Tal★.
Hotels und Restaurants : Außerhalb der Saison variable Schließungszeiten.
🛈 Kleinwalsertal Tourismus, Hirschegg, im Walserhaus, ✉ 6992, ℘ (05517) 5 11 40, info@kleinwalsertal.com, Fax (05517) 511421.
🛈 Kleinwalsertal Tourismus, Mittelberg, Walserstr. 89, ✉ 6993, ℘ (05517) 51 14 19, Fax (05517) 6602.
🛈 Kleinwalsertal Tourismus, Riezlern, Walserstr. 54, ✉ 6991, ℘ (05517) 51 14 18, Fax (05517) 6603.
Kempten (Allgäu) 48 – Oberstdorf 12.

KLEINWALSERTAL

In Riezlern – Höhe 1 100 m

Jagdhof, Walserstr. 27, ⌂ 6991, ✆ (05517) 5 60 30, jagdhof@online-service.de, Fax (05517) 3348, 🍴, ⓥ, Massage, 🅕, ≋, 🏊, 🏊, 🚗 – 🛗 ⇥ TV 🚗 P 🅜 ⊘ Rest
Menu à la carte 22/41 – **45 Zim** (nur ½ P) 79/89 – 110/214.
◆ Außer der reizvollen Umgebung erwartet Sie hier ein gut geführtes Hotel mit freundlichem Service, komfortablen Zimmern in 3 Kategorien und einer herrlichen Badelandschaft. Restaurant in ländlichem Stil.

Almhof Rupp ≋, Walserstr. 83, ⌂ 6991, ✆ (05517) 50 04, info@almhof-rupp.de, Fax (05517) 3273, ≤, 🍴, ⓥ, Massage, ♨, ≋, 🏊 – 🛗 ⇥ TV P ⊘ Rest
geschl. 19. April - 25. Mai, 3. Nov. - 20. Dez. – **Menu** (geschl. 14. April - 20. Mai, 3. Nov. - 22. Dez., Montag) (nur Abendessen) (Tischbestellung erforderlich) à la carte 24,50/40, ⌨ – **30 Zim** ⌑ 48/66 – 96/132 – ½ P 18.
◆ Der alpenländische Gasthof bietet seinen Gästen Ruhe und Entspannung in ländlich-gediegener Atmosphäre : behagliche Zimmer, großer Wellnessbereich und die frische Bergluft. In der netten Walserstube serviert man sorgfältig zubereitete regionale Küche.

Riezler Hof, Walserstr. 57, ⌂ 6991, ✆ (05517) 53 77, info@riezlerhof.de, Fax (05517) 537750, ≋ – 🛗 TV P ⓞ ⊘ VISA ⊘ Rest
geschl. 1. Nov. - 15. Dez. – **Menu** (geschl. Mitte Mai - Okt. Mittwoch) à la carte 18/39 – **28 Zim** ⌑ 50/84 – 100/140 – ½ P 19.
◆ Ein guter Ausgangspunkt für vielfältige Aktivitäten ist dieses Hotel im Herzen des Ortes. Sie übernachten in geräumigen, technisch und sanitär gut ausgestatteten Zimmern. Heller Holzboden und holzgetäfelte Wände machen das Restaurant gemütlich.

Alpenhof Jäger, Unterwestegg 17, ⌂ 6991, ✆ (05517) 52 34, alpenhof.jaeger@aon.at, Fax (05517) 3812, ≤, 🍴, ≋, 🚗 – ⇥ Zim, TV P ⊘
geschl. 13. Juni - 15. Juli, 21. Nov. - 15. Dez. – **Menu** (geschl. Dienstag, außer Saison Montag - Dienstag)(nur Abendessen) à la carte 20,50/39, ⌨ – **12 Zim** ⌑ 59/67 – 82/126 – ½ P 16.
◆ Ein behagliches Hotel mit Tradition : Das ehemalige Bauernhaus von 1690 wurde liebevoll restauriert, ein neuer Anbau fügt sich harmonisch in das Ensemble ein. Das nett dekorierte Restaurant ist im historischen Gebäudeteil untergebracht.

Wagner, Walserstr. 1, ⌂ 6991, ✆ (05517) 52 48, info@hotel-wagner.de, Fax (05517) 3266, ≤, ≋, 🏊, 🚗, ⊘ – TV 🚗 P ⊘ Rest
geschl. Mitte April - Mitte Mai, Nov. - 20. Dez. – **Menu** (nur Abendessen) (Restaurant nur für Hausgäste) – **22 Zim** (nur ½ P) 59/68 – 126/132.
◆ Direkt am Waldrand, wenige Minuten vom Ortskern entfernt, liegt das gemütlich-rustikale Landgasthaus, das sich gut als Ausgangspunkt für vielfältige Urlaubsaktivitäten eignet.

Scharnagl's Alpenhof ≋ mit Zim, Zwerwaldstr. 28, ⌂ 6991, ✆ (05517) 52 76, alpenhof@scharnagls.de, Fax (05517) 52763, 🍴, 🚗 – TV P
geschl. Mitte Nov. - Anfang Nov. – **Menu** (geschl. Mittwoch - Donnerstagmittag) à la carte 22,50/31, ⌨ – **5 Zim** ⌑ 48/53 – 89/104 – ½ P 10.
◆ Ganz in hellem Holz ist dieses engagiert geführte Restaurant gehalten. Der Patron bereitet eine schmackhafte gehobene Regionalküche mit klassischen Akzenten.

In Riezlern-Egg West : 1 km :

Erlebach ≋, Eggstr. 21, ⌂ 6991, ✆ (05517) 5 16 90, post@erlebach.de, Fax (05517) 3444, 🍴, ⓥ, Massage, ≋, 🏊 – 🛗 TV 🚗 P ⊘ Rest
geschl. Mitte April - Mitte Mai, Mitte Nov. - Mitte Dez. – **Menu** (im Sommer Garni) (Restaurant nur für Hausgäste) – **47 Zim** ⌑ 75/87 – 110/180.
◆ Der große Alpengasthof überzeugt mit einem attraktiven Wellnessbereich : Bäder, Massagen, Sauna, Tepidarium. Sie wohnen in rustikal möblierten Zimmern.

In Hirschegg – Höhe 1 125 m

Ifen-Hotel ≋, Oberseitestr. 6, ⌂ 6992, ✆ (05517) 5 07 10, office@ifen-hotel.com, Fax (05517) 3475, ≤, 🍴, ⓥ, Massage, 🅕, ≋, 🏊, 🚗 – 🛗 TV ✆ 🚗 P – 🏌 80.
⊘ Rest
geschl. Mitte Nov. 2 Wochen – **Menu** (geschl. Sonntag - Montag) (nur Abendessen) à la carte 32,50/43 – **61 Zim** ⌑ 69/94 – 132/184, 6 Suiten.
◆ Die "Perle des Kleinwalsertals" - das individuell geführte Alpenhotel in schöner Lage empfängt Sie mit einem stilvollen Ambiente und elegant-gemütlichen Zimmern. Gediegen-elegantes Restaurant mit altem Kachelofen.

Walserhof, Walserstr. 11, ⌂ 6992, ✆ (05517) 56 84, walserhof@aon.at, Fax (05517) 5938, 🍴, ⓥ, Massage, 🅕, ≋, 🏊, 🚗 – 🛗 TV P – 🏌 20. ⊘
geschl. 8. Nov. - 15. Dez. – **Menu** à la carte 19/35 – **45 Zim** ⌑ 76/96 – 134/212, 5 Suiten – ½ P 13.
◆ Für Liebhaber rustikal-gemütlicher Einrichtung ! Wohnliche Zimmer, ein Wellnessbereich und die hübsche Gartenanlage sorgen für einen erholsamen Aufenthalt. Helles Holz und ein gepflegtes Dekor verleihen dem Restaurant alpenländischen Charme.

KLEINWALSERTAL

Gemma, Schwarzwasserstalstr. 21, ✉ 6992, ✆ (05517) 53 60, *info@gemma.at*, Fax (05517) 5360300, ≤, Massage, 🛋, 🔲, 🚗 – 📶 📺 📞 🚙 🅿 🆔 VISA. ✂ Rest geschl. Anfang Nov. - Mitte Dez. – **Menu** *(nur Abendessen)* (Restaurant nur für Hausgäste) – **26 Zim** (nur ½ P) 62/82 – 108/164.
 • Ein alpenländischer Gasthof in ruhiger Lage oberhalb des Ortes : Hinter der typischen, holzverkleideten Fassade erwarten die Gäste gepflegte, rustikal eingerichtete Zimmer.

Sonnenberg, Am Berg 26, ✉ 6992, ✆ (05517) 54 33, *info@kleinwalsertal-sonnenberg.de*, Fax (05517) 543333, ≤ Kleinwalsertal, (Bauernhaus a.d. 16. Jh.), 🛋, 🔲, 🚗 – 📺 🅿. ✂ Rest
geschl. Mitte April - Mitte Mai, Mitte Okt. - Weihnachten – **Menu** *(nur Abendessen)* (Restaurant nur für Hausgäste) – **17 Zim** ⇌ 70/86 – 110/142.
 • Ursprüngliches Kleinwalsertal-Ambiente hat sich in dem alten Bauernhaus erhalten : knarrende Dielen, Bauernmöbel und Antiquitäten. Dazu eine hübsche Gartenanlage.

In Mittelberg *– Höhe 1 220 m*

IFA-Hotel Alpenrose, Walserstr. 46, ✉ 6993, ✆ (05517) 3 36 40, *ifa-alpenrose@ifa-mail.de*, Fax (05517) 3364888, 🅵, 🛋, 🔲 – 📶 ✂ 📺 ⚐ 🚶 🚗 🅿 🆔 VISA. ✂
geschl. 16. Nov. - 3. Dez. – **Menu** *(geschl. Sonntag) (nur Abendessen)* à la carte 16/22 – **99 Zim** (nur ½ P) 93/108 – 126/156.
 • Moderne und behagliche Zimmer erwarten Sie in dem Alpengasthof mit den roten, im Sommer blumengeschmückten Balkonen. Fragen Sie auch nach den Familienzimmern für 4 Personen.

Lärchenhof, Schützabühl 2, ✉ 6993, ✆ (05517) 65 56, *naturhotel.laerchenhof@aon.at*, Fax (05517) 6500, 🅵, 🛋, 🚗 – ✂ 📺 🚙 🅿. ✂
geschl. 13. April - 14. Mai, 25. Okt. - 19. Dez. – **Menu** *(geschl. Dienstag) (nur Abendessen)* (Restaurant nur für Hausgäste) – **24 Zim** ⇌ 71/78 – 90/136.
 • Auf 1250 m Höhe, inmitten der schönen Bergwelt, finden Sie ein Hotel, das nach baubiologischen Grundsätzen gestaltet wurde. Zimmer teils im Landhausstil.

In Mittelberg-Höfle *Süd : 2 km, Zufahrt über die Straße nach Baad :*

IFA-Hotel Alpenhof Wildental, Höfle 8, ✉ 6993, ✆ (05517) 6 54 40, *manag.ar@ifa-hotels-kleinwalsertal.com*, Fax (05517) 65448, ≤, 🚗, 🏊, Massage, 🛋, 🔲, 🚗 – 📶, ✂ Zim, 📺 🅿 🆔 VISA. ✂
geschl. 6. Nov. - 11. Dez. – **Menu** 20/24 und à la carte – **56 Zim** (nur ½ P) 70/118 – 118/188.
 • Gepflegte Zimmer mit ländlichen Naturholzmöbeln und der große, ansprechende Wellnessbereich mit vielfältigen Angeboten werden auch anspruchsvolle Gäste zufriedenstellen. Helles Holz unterstreicht den regionalen Charakter des Restaurants.

KLETTGAU Baden-Württemberg 🔲🔲🔲 X 9 – 7 500 Ew – Höhe 420 m.
Berlin 793 – Stuttgart 163 – *Freiburg im Breisgau* 79 – Donaueschingen 43 – Schaffhausen 37.

In Klettgau-Griessen :

Landgasthof Mange, Kirchstr. 2, ✉ 79771, ✆ (07742) 54 17, Fax (07742) 3169, 🚗 🅿 AE 🆔 VISA
geschl. Montag – **Menu** *(Dienstag - Freitag nur Abendessen)* à la carte 19/39.
 • Modern und leicht elegant zeigt sich die ganz in hellem Holz gehaltene Inneneinrichtung dieses Landgasthofs. Das Küchenrepertoire reicht von regional bis mediterran.

KLEVE Nordrhein-Westfalen 🔲🔲🔲 K 2 – 50 000 Ew – Höhe 46 m.
🏌 Bedburg-Hau, Schloss Moyland (Süd-Ost : 8 km), ✆ (02824) 9 52 50.
🅱 Kleve Marketing, Werftstr. 1, ✉ 47533, ✆ (02821) 89 50 90, *stadtmarketing@kleve.de*, Fax (02821) 8950919.
ADAC, Tiergartenstr. 2.
Berlin 599 – *Düsseldorf* 99 – Emmerich 11 – Nijmegen 23 – Wesel 43.

Cleve, Tichelstr. 11, ✉ 47533, ✆ (02821) 71 70, *info@hotel-cleve.de*, Fax (02821) 717100, 🚗, 🛋, 🔲 – 📶, ✂ Zim, 🔲 📞 🅿 – 🔔 100. AE ⓞ 🆔 VISA. ✂ Rest
Menu à la carte 24/39 – **Augenblick** *(geschl. 26. Juli - 19. Aug., Montag - Dienstag) (nur Abendessen)* **Menu** à la carte 26/41, ♀ – ⇌ 11 – **117 Zim** 82 – 103, 7 Suiten.
 • Ein Haus mit Komfort : Suiten mit Designermöbeln, funktionelle Zimmer, schwarz-weiß gekachelte Bäder und ein freundlicher Service versprechen Erholung. Angrenzend an die große Hotelbar : das Restaurant im Bistrostil. Im 6. Stock : ein besonderer "Augenblick".

Heek garni, Lindenallee 37, ✉ 47533, ✆ (02821) 7 26 30, *hotel-heek@12move.de*, Fax (02821) 12198 – 📶 ✂ 📺 📞 🅿 AE 🆔 VISA JCB
geschl. 19. Dez. - 3. Jan. – **33 Zim** ⇌ 53 – 82.
 • Solide und gepflegte Zimmer, die mit Kirschbaumholzmobiliar ausgestattet sind, bietet dieses Stadthotel mit der roten Klinkerfassade.

KLINGENBERG AM MAIN Bayern 546 Q 11 – 6 500 Ew – Höhe 141 m – Erholungsort.
 🛈 Kultur- und Verkehrsbüro, Hauptstr. 26a, ✉ 63911, ℘ (09372) 92 12 59, Fax (09372) 12354.
Berlin 576 – München 354 – Würzburg 81 – Amorbach 18 – Aschaffenburg 29.

Schöne Aussicht (mit Gästehaus), Bahnhofstr. 18 (am linken Mainufer), ✉ 63911, ℘ (09372) 93 03 00, info@hotel-schoene-aussicht.com, Fax (09372) 9303090, ≤ – 🛗,
⋐ Zim, 📺 ⇔ 🅿 – 🔬 20. ⓂⒸ 𝗩𝗜𝗦𝗔. ⨯ Zim
geschl. 15. Dez. - 15. Jan. – **Menu** (geschl. Donnerstagmittag, Freitagmittag) à la carte 17/34 – **26 Zim** ⌷ 47/55 – 78 – ½ P 15.
♦ Ein tadellos geführter Familienbetrieb im Ortszentrum an der Mainbrücke mit praktischen Zimmern - im Gästehaus verfügen alle Zimmer zur Flussseite über einen Balkon. Eine mit Pflanzen geschmückte Mainterrasse ergänzt das bürgerliche Restaurant.

Zum Alten Rentamt (Holland), Hauptstr. 25a, ✉ 63911, ℘ (09372) 26 50, ingo.ho lland@altes-rentamt.de, Fax (09372) 2977, 🌞, – 𝗔𝗘 ⓄⓂⒸ 𝗩𝗜𝗦𝗔. ⨯
geschl. über Fasching 1 Woche, Mitte Aug. - Anfang Sept., Montag - Dienstag – **Menu** (Mittwoch - Freitag nur Abendessen) 53/89 und à la carte.
♦ In dem geschmackvollen, rustikal-eleganten Restaurant verwöhnt man Sie mit neuer kreativer Küche auf klassischer Basis - im Kolonialwarenladen gegenüber bietet man Gewürze an.
Spez. Presskopf vom Pulpo mit Zitronen-Anchovis-Vinaigrette. Gebratenes Färsenfilet mit Rindermark und glasierten Kartoffelperlen. Ofenwarmes Soufflé von Oliven mit geschmorter Melone.

In Klingenberg-Röllfeld Süd : 2 km :

Paradeismühle ⚘, Paradeismühle 1 (Ost : 2 km), ✉ 63911, ℘ (09372) 40 80, rec eption@hotel-paradeismuehle.de, Fax (09372) 1587, 🌞, Wildgehege, ≘s, 🏊, 🐴,
⋐ Zim, 📺 ⇔ 🅿 – 🔬 35. 𝗔𝗘 ⓄⓂⒸ 𝗩𝗜𝗦𝗔
Menu à la carte 22/34 – **38 Zim** ⌷ 42/49 – 70/85 – ½ P 15.
♦ Ein Hotelensemble aus einem alten Fachwerkhaus und einigen Neubauten, in denen komfortable Zimmer - teils mit Stilmöbeln - auf Sie warten. Weinarrangements. Rustikale Stuben - von einfach bis gediegen - bieten gemütliche Atmosphäre. Eigener Weinanbau.

Die in diesem Führer angegebenen Preise folgen
der Entwicklung der allgemeinen Lebenshaltungskosten.
Lassen Sie sich bei der Zimmerreservierung den endgültigen
Preis vom Hotelier mitteilen.

KLINGENTHAL Sachsen 544 O 21 – 10 000 Ew – Höhe 540 m.
 🛈 Tourist-Information, Schloßstr. 3, ✉ 08248, ℘ (037467) 6 48 32, touristinfo@klin genthal.de, Fax (037467) 64825.
Berlin 337 – Dresden 169 – Chemnitz 86 – Plauen 43.

Berggasthaus Schöne Aussicht ⚘, Aschbergstr. 19, ✉ 08248, ℘ (037467) 2 02 81, Fax (037467) 20298, ≤, 🌞 – ≘s – 📺 🅿
Menu à la carte 14/21 – **5 Zim** ⌷ 32/39 – 43/59.
♦ Hoch oben am Ort liegt dieses im Sil eines Berggasthofs erbaute Haus - eine kleine charmante Pension. Sie wohnen in netten, individuell eingerichteten Gästezimmern. Urige Gaststuben mit Dielenboden, Kachelofen und alten Fotos.

In Klingenthal-Mühlleithen Nord : 5 km, über B 283 :

Waldhotel Vogtland ⚘, Floßgrabenweg 1, ✉ 08248, ℘ (037465) 45 60, info@ waldhotel-vogtland.de, Fax (037465) 45610, 🌞, ≘s – 📺 🅿 – 🔬 40. ⓂⒸ 𝗩𝗜𝗦𝗔
Menu à la carte 16/24 – **42 Zim** ⌷ 39/66 – 66/84 – ½ P 14.
♦ Zu den Annehmlichkeiten dieses Domizils zählt neben freundlichen, modern eingerichteten Zimmern auch die angenehm ruhige Lage im Wald. In der Nähe : ein Sportzentrum. Bistrokähnliches Restaurant mit Wintergarten.

In Zwota Süd-West : 2,5 km über B 283 :

Gasthof Zwota, Klingenthaler Str. 56, ✉ 08267, ℘ (037467) 56 70, gasthof.zwota @t-online.de, Fax (037467) 56767, 🌞, ≘s, 🏊 (Gebühr) – 📺 🅿
Menu à la carte 13/23 – **35 Zim** ⌷ 40/45 – 54/80 – ½ P 9.
♦ Ein Landgasthof im Vogtland. Mit skandinavischen Kiefernholzmöbeln eingerichtete Zimmer verbreiten eine wohnliche Atmosphäre. Verkehrsgünstige Lage zu vielen Ausflugszielen. Rustikaler Gastraum.

KLINK Mecklenburg-Vorpommern siehe Waren (Müritz).

KLIPPHAUSEN Sachsen siehe Wilsdruff.

KLOETZE Sachsen-Anhalt 542 I 17 – 6 500 Ew – Höhe 60 m.
Berlin 222 – Magdeburg 82 – Salzwedel 30.

Braunschweiger Hof, Neustädter Str. 49, ⌧ 38486, ℘ (03909) 4 11 13, *braunsch weiger-hof@gmx.de*, Fax (03909) 41114, Biergarten – TV 📞 P AE ① ⓂⓄ VISA
Menu *(geschl. Sonntagabend - Montagmittag)* à la carte 18/32,50 – **14 Zim** ⌑ 35/55 – 65/85.
◆ Hinter der für die Region typischen roten Backsteinfassade dieses Landgasthofs finden Sie gepflegte und funktionell eingerichtete Zimmer. Ein liebevolles Dekor macht das gediegen-rustikale Restaurant gemütlich.

Alte Schmiede garni, Neustädter Str. 37, ⌧ 38486, ℘ (03909) 4 24 77, *hotelschm iede@aol.com*, Fax (03909) 42488 – TV AE ① ⓂⓄ VISA
15 Zim ⌑ 34/45 – 50/55.
◆ Einheitlich mit neuzeitlichen Naturholzmöbeln ausgestattete Zimmer hält dieses kleine Hotel in einem Fachwerkhaus für seine Besucher bereit.

KLOSTERLAUSNITZ, BAD Thüringen 544 N 19 – 3 600 Ew – Höhe 325 m – Heilbad.
🛈 Kurverwaltung, Hermann-Sachse-Str. 44, ⌧ 07639, ℘ (036601) 8 00 50, *kurverwaltung@bad-klosterlausnitz.com*, Fax (036601) 80051.
Berlin 235 – Erfurt 68 – Gera 27.

Zu den drei Schwänen, Köstritzer Str. 13, ⌧ 07639, ℘ (036601) 4 11 22, *info@dreischwaene.de*, Fax (036601) 80158, 😊, Biergarten – ⚞ Zim, TV P AE ⓂⓄ VISA
Menu *(geschl. Montagmittag)* à la carte 15/27 – **13 Zim** ⌑ 53 – 75/77 – ½ P 8.
◆ Ein Anwesen mit Familientradition am Klosterteich. In dem freundlichen, an seinem ursprünglichen Platz wieder erbauten Landhotel finden Sie solide Gästezimmer. Neuzeitliches Restaurant mit Blick auf den Teich.

In Tautenhain Ost : 4 km :

Zur Kanone (mit Gästehaus), Dorfstr. 3, ⌧ 07639, ℘ (036601) 4 05 11, *info@zur-kanone.de*, Fax (036601) 40515, 😊 – TV 🛆 P ⓂⓄ VISA
Menu *(geschl. Donnerstagmittag)* à la carte 11,50/22,50 – **29 Zim** ⌑ 41 – 60.
◆ Ein modernes Gästehaus ergänzt heute das traditionelle Fachwerkhaus. Sie wohnen in einheitlich mit hellbraunen Holzmöbeln gut eingerichteten Zimmern mit zeitgemäßem Komfort. Das gepflegte Restaurant mit zwei netten Nebenzimmern befindet sich im Haupthaus.

KLOSTER ZINNA Brandenburg siehe Jüterbog.

KLÜTZ Mecklenburg-Vorpommern 542 E 17 – 3 500 Ew – Höhe 9 m.
🛈 Fremdenverkehrs- und Informationszentrum, Schloßstr. 34, ⌧ 23948, ℘ (038825) 2 22 95, Fax (038825) 22288.
Berlin 246 – Schwerin 43 – Lübeck 40 – Rostock 77.

In Klütz-Stellshagen Süd-West : 7 km, über Damshagen :

Gutshaus Stellshagen 🛇, Lindenstr. 1, ⌧ 23948, ℘ (038825) 4 40, *info@gutshaus-stellshagen.de*, Fax (038825) 44333, 😊, 🌳 – ⚞ 📞 P – 🛆 80. ⓂⓄ VISA
Menu 12 *(nur vegetarisches Buffet)* – **42 Zim** ⌑ 65/75 – 80/90.
◆ Ein Herrensitz mit Parkanlage beherbergt das Bio- und Gesundheitshotel. Im Haupthaus und in den Gästehäusern gibt es schöne Zimmer im Landhausstil. Mit Naturheilpraxis. In dem klassisch eingerichteten Nichtraucherrestaurant bietet man ein vegetarisches Buffet.

KNITTELSHEIM Rheinland-Pfalz siehe Bellheim.

KNITTLINGEN Baden-Württemberg 545 S 10 – 7 300 Ew – Höhe 195 m.
Berlin 637 – Stuttgart 49 – Karlsruhe 32 – Heilbronn 50 – Pforzheim 23.

Postillion garni, Stuttgarter Str. 27, ⌧ 75438, ℘ (07043) 3 18 58, *info@hotel-postillion.de*, Fax (07043) 33288 – TV ⬚ AE ⓂⓄ VISA
12 Zim ⌑ 45 – 65.
◆ Das nette kleine Hotel mit Fachwerkfassade gefällt mit wohnlich wie auch funktionell eingerichteten Zimmern und einem gemütlich-ländlichen Frühstücksraum mit gutem Buffet.

KNÜLLWALD Hessen 543 N 12 – 3 500 Ew – Höhe 265 m.
Berlin 426 – Wiesbaden 180 – Kassel 49 – Fulda 59 – Bad Hersfeld 27 – Marburg 75.

In Knüllwald-Rengshausen – Luftkurort:

Sonneck, Zu den einzelnen Bäumen 13, ⊠ 34593, ℘ (05685) 9 99 57, hotelsonneck-knuell@t-online.de, Fax (05685) 9995601, ≤, 斎, Massage, ≦s, ⬜, 犀 – 嶂, ⇔ Zim, TV ☏ ♿ ⇔ P – 盐 70. AE ⑩ VISA
geschl. Jan. 2 Wochen – **Menu** à la carte 16,50/28 – **60 Zim** ⇌ 47/65 – 65/86 – ½ P 10.
♦ Gut geeignet für Tagungen oder - durch die Nähe zur Autobahn A7 - für einen Zwischenstopp ist dieses ruhig gelegene Haus mit gepflegten, wohnlichen Zimmern. Die Panoramafenster des Restaurants erlauben einen Blick in die reizvolle Umgebung.

KOBERN-GONDORF Rheinland-Pfalz 543 P 6 – 3 300 Ew – Höhe 70 m
Tourist und Kultur, Kirchstr. 1 (Kobern), ⊠ 56330, ℘ (02607) 1 94 33, Fax (02607) 4045.
Berlin 612 – Mainz 100 – Koblenz 23 – Trier 117 – Cochem 33.

Simonis, Marktplatz 4 (Kobern), ⊠ 56330, ℘ (02607) 2 03, Fax (02607) 204, 斎 – TV. ❀ Rest
geschl. 2. - 28. Jan. – **Menu** (geschl. Montag) à la carte 15/30 – **17 Zim** ⇌ 56/66 – 87/99.
♦ Ein bürgerlich-gediegenes Haus am Marktplatz des Moselstädtchens. Im Sommer lädt der romantische Innenhof mit Weinlaube zum Verweilen ein. Viele Ausflugsmöglichkeiten.

✕ **Alte Mühle Thomas Höreth** (mit Gästehaus), Mühlental 17 (Kobern), ⊠ 56330, ℘ (02607) 64 74, hoereth@kobern.de, Fax (02607) 6848, 斎 – P ⑩ VISA ❀ Zim
Menu (Montag - Freitag nur Abendessen) (Tischbestellung ratsam) à la carte 26/47 – **10 Zim** ⇌ 145/160.
♦ Elf nette, gemütliche Weinstuben mit blanken Tischen machen die historische Mühle von 1026 zu einer originellen Adresse - ein rustikales Ensemble von Natursteinhäusern.

KOBLENZ Rheinland-Pfalz 543 O 6 – 109 000 Ew – Höhe 60 m.
Sehenswert : Deutsches Eck★ ≤★ **DY**.
Ausflugsziele : Festung Ehrenbreitstein★ (Terrasse ≤★) **X** – Rheintal★★★ (von Koblenz bis Bingen) – Moseltal★★★ (von Koblenz bis Trier) über ⑥ – Schloss Stolzenfels (Einrichtung★) Süd : 6 km über ④.
✈ Bad Ems, Denzerheide (Ost : 9 km über ②), ℘ (02603) 65 41.
🛈 Tourist-Information, Bahnhof, ⊠ 56068, ℘ (0261) 3 13 04, info-hbf@touristik-koblenz.de, Fax (0261) 1004388.
🛈 Koblenz-Touristik, Bahnhofplatz 7, ⊠ 56068, ℘ (0261) 30 38 80, Fax (0261) 3038811.
ADAC, Hohenzollernstr. 34.
Berlin 600 ⑧ – Mainz 100 ⑤ – Bonn 63 ⑧ – Wiesbaden 102 ⑤

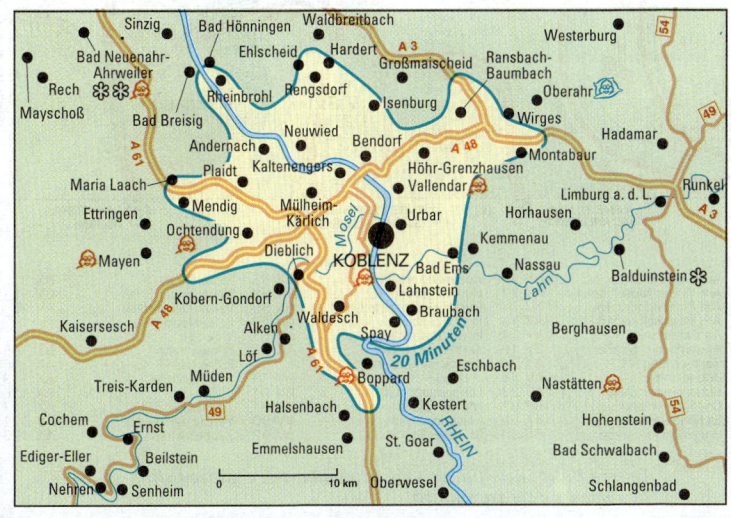

KOBLENZ

Street	Ref
Am Flugfeld	AX 6
Am Gülser Moselbogen	AX 27
Am Pfaffendorfer Tor	BV 7
Am Vogelschutzpark	AX 10
An der Fähre	AV 14
Andernacher Straße	BV 19
Berliner Ring	AX 23
Bogenstraße	AV 26
Bubenheimer Weg	AV 29
Charlottenstraße	BV 32
Eichendorffstraße	BX 39
Hans-Böckler-Straße	BV 54
Hohenzollernstraße	BX 56
Hüberlingsweg	ABX 58
Hunsrückhöhenstraße	AX 59
In der Laach	AV 62
In der Rothenlänge	AV 63
Karthäuserhofweg	AX 73
Kurt-Schumacher-Brücke	AV 79
Langemarckplatz	BV 81
Mainzer Straße	BX 84
Mayener Straße	BV 90
Moselweißer Straße	BV 92
Mozartstraße	BX 93
Neuendorfer Straße	BV 95
Pastor-Klein-Straße	AV 98
Peter-Klöckner-Straße	AV 99
Römerstraße	BX 105
Rüsternallee	AX 106
Stauseestraße	AX 113
Südbrücke	BX 115
Teichstraße	AX 117
Wellingsweg	AV 121
Zeppelinstraße	AX 123

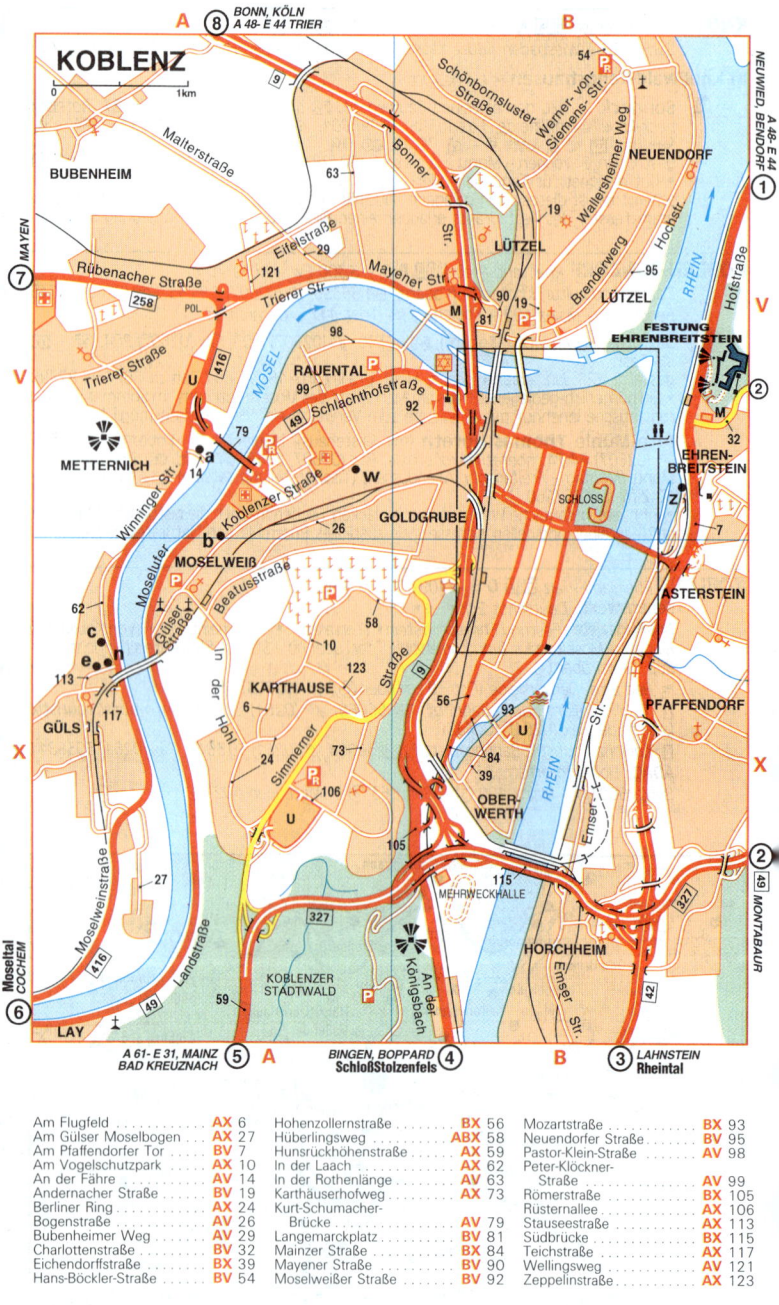

Unsere Hotel-, Reiseführer und Straßenkarten ergänzen sich.
Benutzen Sie sie zusammen.

Altengraben	**CY** 3	Elzterhofstraße ... **DY** 41
Altlöhrtor	**CY** 4	Emil-Schüller-Straße ... **CZ** 43
Am Plan	**CY** 9	Entenpfuhl ... **CDY** 44
Am Wöllershof	**CY** 12	Firmungstraße ... **DY** 46
An der Liebfrauenkirche	**CY** 15	Florinsmarkt ... **CDY** 47
An der Moselbrücke	**CY** 17	Florinspfaffengasse ... **DY** 48
Auf der Danne	**CY** 20	Gerichtsstraße ... **DY** 50
Baedekerstraße	**CY** 22	Görgenstraße ... **CY** 51
Braugasse	**DY** 27	Gymnasialstraße ... **DY** 52
Burgstraße	**CY** 31	Januarius-Zick-Straße ... **DZ** 65
Clemensplatz	**DY** 35	Johannes-Müller-Straße ... **CZ** 66
Cusanusstraße	**CZ** 36	Josef-Görres-Platz ... **DY** 68
Danziger Freiheit	**DY** 38	Julius-Wegeler-Straße ... **DZ** 69
Kardinal-Krementz-Straße	**CZ** 72
Kastorpfaffenstraße	**DY** 76
Kornpfortstraße	**DY** 78
Löhrstraße	**CY**
Markenbildchenweg	**CZ** 86
Marktstraße	**CY** 87
Neverstraße	**CZ** 96
Pfuhlgasse	**CY** 101
Poststraße	**DY** 102
Schlossstraße	**CDY**
Simmerner Straße	**CZ** 112
Viktoriastraße	**CY**
Weißer Gasse	**CY** 120

KOBLENZ

Mercure, Julius-Wegeler-Str. 6, ⊠ 56068, ℘ (0261) 13 60, h2004@accor-hotels.com, Fax (0261) 1361199, ≤, 🍴, 🏋, ≦s – 🛗, ½ Zim, 🖥 📺 📞 &, – 🏋 90. 🖭 ① 🚇 🚗 🛂
Menu à la carte 20/40 – **168 Zim** ⊇ 119/134 – 145/160.   DZ c
• Hier erwartet die Gäste ein modernes Stadt- und Tagungshotel mit vollklimatisierten, zeitlos-eleganten Zimmern, in denen die Farben Blau und Gelb frische Akzente setzen.

Brenner garni, Rizzastr. 20, ⊠ 56068, ℘ (0261) 91 57 80, go@hotel-brenner.de, Fax (0261) 36278 – 🍴 – 🛗 ½ 📺 🚗 – 🏋 15. 🖭 ① 🚇 🛂   CZ d
24 Zim ⊇ 74/86 – 95/130.
• Mit hellen Stilmöbeln gestaltet ist dieses zentral gelegene Haus, handgemalte Blumenornamente zieren Decken und Wände. Im Sommer können die Gäste den schönen Garten genießen.

Kleiner Riesen ⊗ garni, Kaiserin-Augusta-Anlagen 18, ⊠ 56068, ℘ (0261) 30 34 60, Fax (0261) 160725, ≤, – 🛗 ½ 📺 🚗. 🖭 ① 🚇 🛂 🚕   DZ a
28 Zim ⊇ 63/77 – 93/103.
• Ein gediegen eingerichtetes Haus mit soliden Zimmern direkt am Rhein. Genießen Sie am Morgen von Frühstückszimmer aus den Blick auf den Fluss.

Continental-Pfälzer Hof, Bahnhofsplatz 1, ⊠ 56068, ℘ (0261) 3 01 60, info@continhotel.de, Fax (0261) 301610, ≦s – 🛗 📺 📞 🚗. – 🏋 30. 🖭 ① 🚇 🛂 🚕
(geschl. 20. Dez. - 20. Jan. – **Menu** (geschl. 20. Dez. - 1. Feb., Montag, Feb. Sonntagabend - Montag), à la carte 17,50/26 – **35 Zim** ⊇ 60/70 – 80/90.   CZ n
• Am Bahnhof liegt das neuzeitliche Hotel mit praktisch ausgestatteten Zimmern. Lärmstoppfenster sorgen trotz der zentralen Lage für einen ungestörten Schlaf. Im Restaurant Bossa Nova serviert man deutsche und brasilianische Spezialitäten.

Trierer Hof garni, Clemensstr. 1, ⊠ 56068, ℘ (0261) 1 00 60, rezeption@hotel-triererhof-koblenz.de, Fax (0261) 1006100 – 🛗 ½ 📺 📞. 🖭 ① 🚇 🛂 🚕   DY h
36 Zim ⊇ 60/70 – 75/90.
• Das traditionsreiche Haus aus dem Jahr 1786 wurde 1992 renoviert und bietet zeitgemäß ausgestattete Zimmer und den persönlichen Service eines privat geführten Stadthotels.

Hohenstaufen garni, Emil-Schüller-Str. 41, ⊠ 56068, ℘ (0261) 3 01 40, hotel.hohenstaufen.koblenz@t-online.de, Fax (0261) 3014444 – 🛗 ½ 📺 – 🏋 20. ①
🚇 🛂   CZ s
53 Zim ⊇ 54/69 – 105.
• Ein zentral gelegenes Stadthotel mit unterschiedlich eingerichteten Zimmern - teils in rustikaler Eiche, teils mit moderner Ausstattung - und freundlicher Atmosphäre.

Hamm garni, St.-Josef-Str. 32, ⊠ 56068, ℘ (0261) 30 32 10, hammkoblenz@aol.com, Fax (0261) 3032160 – 🛗 ½ 📺 📞 🚗 – 🏋 15. 🖭 ① 🚇 🛂 🚕   CZ u
32 Zim ⊇ 52/64 – 75/93.
• Das familiengeführte Stadthotel hält für seine Gäste praktisch eingerichtete Zimmer bereit. Am Morgen wählen Sie von einem reichhaltigen Frühstücksbuffet.

Kornpforte garni, Kornpfortstr. 11, ⊠ 56068, ℘ (0261) 3 11 74, Fax (0261) 31176 📺 🚗   DY s
geschl. 23. Dez. - 10. Jan. – **19 Zim** ⊇ 38/55 – 80.
• Eine gepflegte und preiswerte Übernachtungsadresse in der Altstadt mit Zimmern, die in Größe und Einrichtung variieren. Das Frühstück serviert man in der rustikalen Weinstube.

Loup de Mer, Neustadt 12 (Schlossrondell), ⊠ 56068, ℘ (0261) 1 61 38, loupdm@ yahoo.de, Fax (0261) 9114546, 🍴 – 🖭 ① 🚇 🛂   DY t
geschl. Sonntag – **Menu** (nur Abendessen) (überwiegend Fischgerichte) à la carte 35/50,50.
• Die offene Küche und eine Bildergalerie sind für die Gäste eine interessante Abwechslung. Im Sommer sitzt es sich besonders nett auf der lauschigen Hofterrasse.

In Koblenz-Ehrenbreitstein :

Diehls Hotel, Am Pfaffendorfer Tor 10 (B 42) (Zufahrt über Emser Straße), ⊠ 56077, ℘ (0261) 9 70 70, info@diehls-hotel.de, Fax (0261) 9707213, ≤ Rhein, 🍴, ≦s, – 🛗, ½ Zim, 📺 🚗 📞 🖫 – 🏋 120. 🖭 ① 🚇 🛂 🚕   BV z
Menu à la carte 26/43 – **60 Zim** ⊇ 86/97 – 113/139.
• Wohnen mit Blick aufs Deutsche Eck : Alle Zimmer dieses Hotels mit klassischem Rahmen liegen zur Rheinseite, sind unterschiedlich möbliert und komfortabel ausgestattet. Gediegen-elegantes Restaurant mit schöner Aussicht auf den Fluss.

In Koblenz-Güls :

Avantgarde, Stauseestr. 27, ⊠ 56072, ℘ (0261) 46 09 00, info@hotelavantgarde.de, Fax (0261) 4609040, 🍴 – 📺 📞 🅿 – 🏋 50. 🖭 🚇 🛂   AX e
Menu (geschl. Sonntag) à la carte 15,50/24,50 – **20 Zim** ⊇ 65/95 – 95/105.
• Modernes Ambiente und zeitgemäßer Komfort zeichnen die gut ausgestatteten Zimmer dieses familiengeführten Hotels aus. Mit funktionellen Tagungsmöglichkeiten. Neuzeitlich gestaltetes Hotelrestaurant.

KOBLENZ

🏠 **Gülser Weinstube,** Moselweinstr. 3 (B 416), ✉ 56072, ℘ (0261) 98 86 40, info@h
otelguelserweinstube.de, Fax (0261) 9886428, 🍴 – 📺 ✆ 🅿 – 🛎 30. AE ◎ VISA JCB
Menu (Montag - Donnerstag nur Abendessen) à la carte 15/28 – **14 Zim** ⊇ 40/50 – 85.
  ♦ Das idyllische Hotel liegt direkt an der Mosel. Gepflegte und solide Zimmer, die mit zeit-
gemäßen Holzmöbeln eingerichtet sind, erwarten die Gäste. Die entspannte Atmosphäre
einer typischen Weinstube umgibt Sie beim Speisen.   **AX c**

🏠 **Weinhaus Kreuter,** Stauseestr. 31 (an der B 416), ✉ 56072, ℘ (0261) 94 14 70,
hotel-kreuter@t-online.de, Fax (0261) 9414760, 🍴 – 📺 ✆ 🅿 – 🛎 50. AE ◎ VISA
Menu (geschl. 19. Dez. - 25. Jan., Freitag, Sept. - Okt. Donnerstag) à la carte 17/28 – **32 Zim**
⊇ 45/67 – 72/100.   **AX n**
  ♦ Das Hotel ist nur durch die Uferstraße von der Mosel getrennt. Solide ausgestattete
Zimmer - teils mit rustikaler Eiche, teils mit neueren Holzmöbeln - stehen für Sie bereit.
Rustikales Restaurant mit Kachelofen.

In Koblenz-Metternich :

🏨 **Fährhaus am Stausee** ⚓, An der Fähre 3, ✉ 56072, ℘ (0261) 92 72 90, faehrh
aus.stausee@t-online.de, Fax (0261) 9272990, ≤, 🍴 – 📺 ✆ 🅿 – 🛎 50. AE ① ◎
VISA JCB   **AV a**
geschl. 22. - 30. Dez. - **Menu** (geschl. Montag) à la carte 23/34 – **20 Zim** ⊇ 44/52 – 77/82.
  ♦ Funktionell und wohnlich zugleich ist die Einrichtung der gepflegten Zimmer dieses Hotels
an der Mosel. Die familiäre Führung gibt dem Haus seine besondere Atmosphäre. Eine
blumengeschmückte Terrasse mit Blick auf den Fluss ergänzt das Restaurant.

In Koblenz-Moselweiß :

🏠 **Zum Schwarzen Bären,** Koblenzer Str. 35, ✉ 56073, ℘ (0261) 4 60 27 00, zums
🚗 chwarzenbaeren@gmx.de, Fax (0261) 4602713, 🍴 – ⇌ Zim, 📺 🅿. AE ◎ VISA JCB
geschl. über Karneval 1 Woche, Juli 3 Wochen - **Menu** (geschl. Sonntagabend - Montag)
à la carte 17,50/38 – **23 Zim** ⊇ 54/65 – 84/103.   **AV b**
  ♦ Das traditionsreiche Haus wurde im Jahr 1810 gegründet und seither als Familienbetrieb
geführt. Nach Modernisierungen entstanden zeitlos eingerichtete Zimmer. Bürgerlich ist
das Ambiente in der Gaststube.

In Koblenz-Rauental :

🏠 **Scholz,** Moselweißer Str. 121, ✉ 56073, ℘ (0261) 9 42 60, mail@hotelscholz.de,
Fax (0261) 942626 – 🛗, ⇌ Zim, 📺 ✆ 🅿 – 🛎 40. AE ① ◎ VISA JCB   **BV w**
geschl. 24. Dez. - 5. Jan. - **Menu** (geschl. Samstag - Sonntag) à la carte 14/26 – **65 Zim**
⊇ 49 – 74.
  ♦ Mit schlichten, hellen Holzmöbeln eingerichtete Zimmer finden Sie in dem gepflegten
Hotel. Morgens gibt es ein reichhaltiges Frühstücksbuffet. Viel helles Holz gibt dem Restau-
rant eine ländliche Note.

KOCHEL AM SEE Bayern 546 X 18 – 4 500 Ew – Höhe 605 m – Luftkurort – Wintersport : 610/1 760 m ⛷3 ⛷.

Ausflugsziele : Walchensee★ (Süd : 9 km) – Herzogstand Gipfel ✵★★ (Süd-West : 13,5 km, mit Sessellift ab Walchensee).
🛈 Tourist Info, Kalmbachstr. 11, ✉ 82431, ℘ (08851) 3 38, info@kochel.de, Fax (08851) 5588. – Berlin 658 – München 70 – Garmisch-Partenkirchen 35 – Bad Tölz 23.

🏠 **Zur Post,** Schmied-von-Kochel-Platz 6, ✉ 82431, ℘ (08851) 9 24 10, info@posthotel-ko
chel.de, Fax (08851) 924150, 🍴, Biergarten – 🛗, ⇌ Zim, 📺 ✆ ⇌ 🅿 – 🛎 40. AE ◎ VISA
Menu à la carte 17/32 – **25 Zim** ⊇ 56 – 86/94 – ½ P 16.
  ♦ Ein hübscher alpenländischer Landgasthof mit bemalter und - im Sommer - blumen-
geschmückter Fassade. Die Gästezimmer sind wohnlich im Landhausstil eingerichtet. Rus-
tikale Gaststuben.

🏠 **Seehotel Grauer Bär,** Mittenwalder Str. 82 (B 11, Süd-West : 2 km), ✉ 82431,
℘ (08851) 9 25 00, grauer-baer@t-online.de, Fax (08851) 925015, ≤ Kochelsee, 🍴,
🚗, ⇌ – 📺 🅿. AE ◎ VISA
geschl. 7. Jan. - Feb. - **Menu** (geschl. Mittwoch) à la carte 17,50/32 – **30 Zim** ⊇ 49/54
– 88/98 – ½ P 17.
  ♦ Hier werden Sie morgens vom Plätschern des Kochelsees geweckt : Direkt am Ufer - mit
eigenem Strandbad - liegt dieses Hotel mit wohnlich-rustikalen Zimmern und Apparte-
ments. Restaurant und Terrasse bieten einen schönen Blick auf den See.

🎣 **Waltraud,** Bahnhofstr. 20, ✉ 82431, ℘ (08851) 3 33, gasthof-waltraud@t-online.de,
Fax (08851) 5219, 🍴 – 📺 🅿 – 🛎 25. ◎ VISA
geschl. 2. - 31. Jan. - **Menu** (geschl. Dienstag) à la carte 14/24 – **26 Zim** ⊇ 34/39 – 57/69
– ½ P 13.
  ♦ Einfache, aber praktisch eingerichtete und gepflegte Zimmer findet man in diesem Land-
gasthof im oberbayerischen Voralpengebiet zu einem guten Preis-Leistungs-Verhältnis. Sie
speisen in der ländlichen Gaststube oder im bürgerlichen Restaurant.

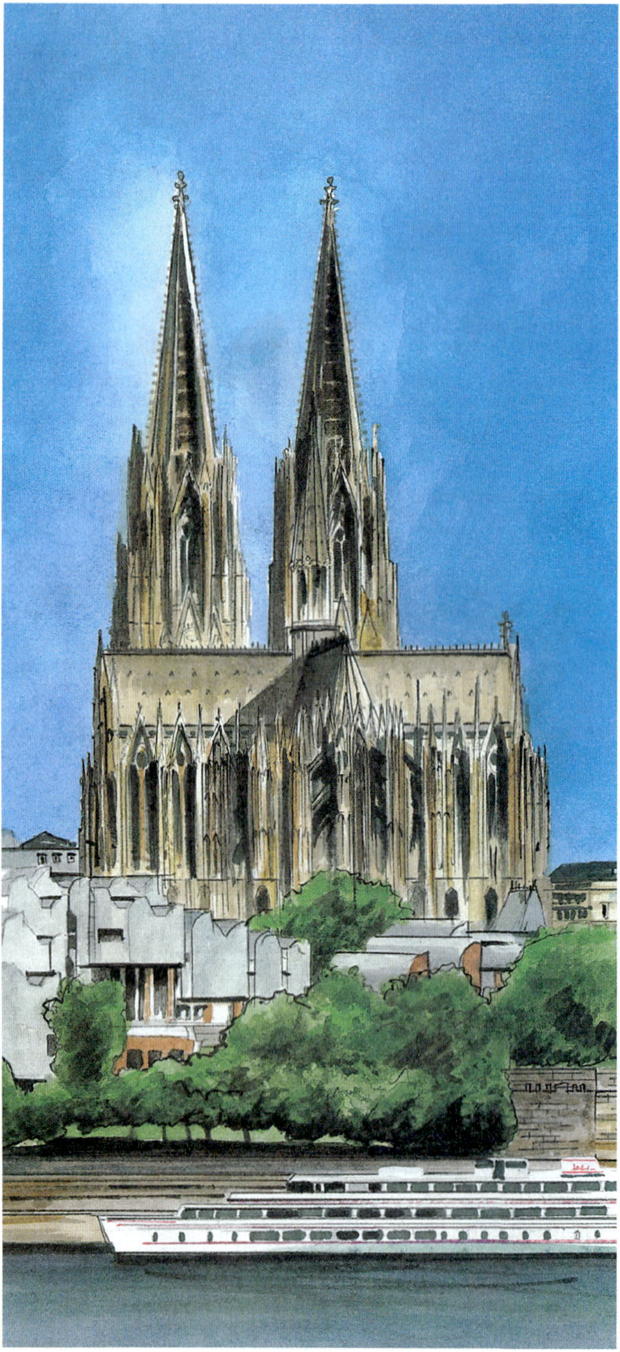

KÖLN

Nordrhein-Westfalen 543 N 4 – 1 017 700 Ew – Höhe 65 m

Berlin 566 – Düsseldorf 39 – Bonn 32 ⑥ – Aachen 69 ⑨ – Essen 68

PRAKTISCHE HINWEISE

🛈 Köln Tourismus, Unter Fettenhennen 19 ✉ 50667, ℘ (0221) 22 13 04 00, koelntourismus@stadt-koeln.de, Fax (0221) 22120410

ADAC, Luxemburger Str. 169

✈ Köln-Bonn in Wahn (über ⑤ : 17 km), ℘ (02203) 4 00

🚗 Köln-Deutz, Leichlinger Straße S vis-à-vis Messe

Messe- und Ausstellungsgelände S, ℘ (0221) 82 10, Fax (0221) 8212574

🏌 🏌 Köln-Marienburg, Schillingsrotter-Weg T, ℘ (0221) 38 40 53

🏌 Köln-Roggendorf, Parallelweg 1 (über ① : 16 km), ℘ (0221) 78 40 18

🏌 Köln-Porz-Wahn, Urbanusstraße (über ⑤ : 19 km, Richtung Niederkassel), ℘ (02203) 96 14 57

🏌 Köln-Wahn, Frankfurter Str. 320 T, ℘ (02203) 6 23 34

🏌 Leverkusen, Am Hirschfuß 2 R, ℘ (0214) 4 75 51

🏌 Bergisch Gladbach-Refrath, Golfplatz 2 (über ③ : 17 km), ℘ (02204) 9 27 60

🏌 Pulheim Gut Lärchenhof, Hahnenstraße (über ⑩ : 19 km und Stommeln), ℘ (02238) 92 39 00

🏌 Pulheim Velderhof (über ⑩ : 20 km und Stommeln), ℘ (02238) 92 39 40

🏌 Bergheim-Fliesteden, Am Alten Fliess 66 (über ⑨ : 17 km über Brauweiler und Glessen), ℘ (02238) 9 44 10

HAUPTSEHENSWÜRDIGKEITEN

Sehenswert : Dom★★★ (Dreikönigsschrein★★★, Gotische Fenster★ im linken Seitenschiff, Gerokreuz★, Marienkapelle : Altar der Stadtpatrone★★★, Chorgestühl★, Domschatzkammer★) GY – Römisch-Germanisches Museum★★ (Dionysosmosaik★, Römische Glassammlung★★) GY M¹ – Wallraf-Richartz-Museum-Fondation Corboud★★ GZ M¹² – Museum Ludwig★★ (Agfa-Foto-Historama) GY M² – Diözesan-Museum★ GY M³ – Schnütgen-Museum★★ GZ M⁴ – Museum für Ostasiatische Kunst★★ S M⁵ – Museum für Angewandte Kunst★ GYZ M⁶ – St. Maria Lyskirchen (Fresken★★) FX – St. Severin (Innenraum★) FX – St. Pantaleon (Lettner★) EX – St. Aposteln (Chorabschluss★) EV K – St. Ursula (Goldene Kammer★) FU – St. Kunibert (Chorfenster★) FU – St. Maria-Königin (Glasfenster★) T D – St. Maria im Kapitol★ (Romanische Holztür★, Dreikonchenchor★) GZ – St. Gereon★ (Dekagon★) EV – Imhoff-Stollwerk-Museum★ FX – Altes Rathaus★ GZ – Botanischer Garten Flora★ S B

Alphabetische Liste der Hotels und Restaurants
Liste alphabétique des hôtels et restaurants

A

- S. 12 Alfredo
- S. 10 Altera Pars
- S. 13 Alt Köln Am Dom
- S. 15 Amando
- S. 11 Ambiance
- S. 18 Ambiente
- S. 18 Antica Osteria
- S. 10 Antik Hotel Bristol
- S. 8 Ascot
- S. 10 Astor
- S. 18 Atrium-Rheinhotel

B

- S. 15 Bitzerhof
- S. 12 Bizim
- S. 11 Börsen-Restaurant Maître
- S. 18 Bon ami
- S. 12 Bosporus
- S. 13 Brasserie Marienbild
- S. 13 Brauhaus Sion
- S. 16 Bremer
- S. 15 Brenner'scher Hof

C

- S. 12 Capricorn i Aries Brasserie
- S. 11 Capricorn i Aries Restaurant
- S. 10 CityClass Hotel Caprice
- S. 9 Classic Hotel Harmonie
- S. 9 Coellner Hof
- S. 9 Cristall
- S. 8 Crowne Plaza

D

- S. 18 Da Bruno
- S. 12 Daitokai
- S. 14 Der Messeturm
- S. 4 Dom Hotel
- S. 11 Domerie
- S. 15 Dorint (Junkersdorf)
- S. 8 Dorint (Zentrum)
- S. 14 Dorint an der Messe
- S. 7 Dorint Kongress-Hotel

E

- S. 12 Em Krützche
- S. 10 Esplanade
- S. 9 Euro Garden Cologne
- S. 4 Excelsior Hotel Ernst
- S. 16 Express by Holiday Inn

F

- S. 14 fair & more
- S. 18 Falderhof
- S. 11 Fischers
- S. 9 Four Points Hotel Central
- S. 13 Früh am Dom

G

- S. 18 Garten-Hotel
- S. 17 Geisler
- S. 11 Grande Milano
- S. 13 Gut Wistorfs

H

- S. 11 Hanse Stube
- S. 12 Heising und Adelmann
- S. 8 Hilton
- S. 12 Hofbräustuben
- S. 8 Holiday Inn
- S. 17 Holiday Inn Airport
- S. 15 Holiday Inn Am Stadtwald
- S. 14 Holiday Inn City West
- S. 10 Hopper
- S. 10 Hopper St. Antonius
- S. 14 Hyatt Regency

I – J

- S. 17 Ibis Airport
- S. 10 Ibis Barbarossaplatz
- S. 14 Ihr Hotel
- S. 14 Ilbertz
- S. 15 Imperial
- S. 4 Im Wasserturm
- S. 14 Inselhotel
- S. 4 InterContinental

S. 18 Ischia
S. 15 Isenburg
S. 7 Jolly Hotel Media Park

K

S. 17 Karsten
S. 12 Klehn's
S. 15 Köln
S. 9 Königshof
S. 11 Kolpinghaus International
S. 13 Kosmos

L

S. 16 Landhaus Kuckuck
S. 11 La Vision
S. 12 Le Moissonnier
S. 17 Lemp
S. 10 Leonet
S. 12 L'escalier
S. 8 Lindner Dom Residence
S. 13 Loup de Mer
S. 11 Ludwig
S. 8 Lyskirchen

M

S. 16 Marienburger Bonotel
S. 7 Maritim
S. 19 Matheisen
S. 9 Mauritius
S. 17 Mercure
S. 8 Mercure Severinshof
S. 10 Metropol

N – O

S. 9 NH Köln
S. 9 Novotel City
S. 16 Novotel Köln-West
S. 16 Osteria Toscana

P

S. 16 Park Plaza
S. 16 Paul's Restaurant
S. 13 Peters Brauhaus

R

S. 14 Radisson SAS
S. 13 Regent
S. 5 Renaissance
S. 18 Rheinblick
S. 18 Rheinkasseler Hof

S

S. 10 Santo
S. 8 Savoy
S. 9 Senats Hotel
S. 16 Servatius
S. 13 Silencium
S. 8 Sofitel am Dom
S. 17 Spiegel
S. 15 Steinmetz

T – U

S. 12 Taku
S. 16 The New Yorker
S. 14 Uhu

V – Z

S. 9 Viktoria
S. 13 Zur alten Schule
S. 17 Zur Quelle
S. 17 Zur Tant

KÖLN S. 4 — STRASSENVERZEICHNIS STADTPLAN KÖLN

Straße	Seite	Feld	Nr.
Aachener Straße	S. 5	S	
Agrippina-Ufer	S. 5	S	2
Albertusstraße	S. 6	EV	
Alter Markt	S. 7	GZ	
Am Bayenturm	S. 6	FX	3
Am Hof	S. 7	GY	
Am Leystapel	S. 7	GZ	4
Am Malzbüchel	S. 7	GZ	5
Amsterdamer Straße	S. 5	RS	
An den Dominikanern	S. 7	GY	8
An der Malzmühle	S. 7	FX	9
An der Rechtschule	S. 7	GY	
An der Schanz	S. 5	S	12
Annostraße	S. 6	FX	
An St. Agatha	S. 7	GZ	
An St. Katharinen	S. 6	FX	14
Apostelnstraße	S. 6	EV	15
Auf dem Berlich	S. 6	EV	16
Augustinerstraße	S. 7	GZ	
Barbarossaplatz	S. 6	EX	
Bayenstraße	S. 6	FX	
Bechergasse	S. 7	GZ	22
Bergischer Ring	S. 5	S	23
Bergisch-Gladbacher-Straße	S. 5	R	
Berliner Straße	S. 5	R	25
Bischofsgarten-Str.	S. 7	GY	26
Blaubach	S. 7	FX	28
Boltensternstraße	S. 5	S	29
Bonner Str.		FX	
Breite Straße	S. 7	GZ	
Bremerhavener Str.	S. 5	R	30
Brückenstraße	S. 7	GZ	32
Brühler Straße	S. 5	T	
Buchheimer Ring	S. 5	R	33
Burgmauer	S. 7	GY	
Butzweiler Straße	S. 5	S	34
Cäcilienstraße	S. 7	GZ	
Christophstraße	S. 6	EV	
Clevischer Ring	S. 5	S	35
Deutzer Brücke	S. 7	GZ	
Domstraße	S. 6	FU	
Dompropst-Ketzer-Str.	S. 7	GY	38
Drususgasse	S. 7	GY	39
Dürener Straße	S. 5	S	
Ebertplatz	S. 6	FU	
Ehrenfeldgürtel	S. 5	S	40
Ehrenstraße	S. 6	EV	
Eifelstraße	S. 6	EX	
Eigelstein	S. 6	FU	
Eintrachtstraße	S. 6	FU	
Erftstraße	S. 6	EU	
Follerstraße	S. 6	FX	
Frankfurter Straße	S. 5	S	
Gereonstraße	S. 6	EV	
Gladbacher Straße	S. 6	EU	48
Glockengasse	S. 7	GZ	50
Goldgasse	S. 7	GY	
Große Budengasse	S. 7	GZ	52
Große Neugasse	S. 7	GY	54
Gürzenichstraße	S. 7	GZ	55
Gustav-Heinemann-Ufer	S. 5	T	56
Habsburgerring	S. 7	EV	
Hahnenstraße	S. 6	EV	
Hansaring	S. 6	EFU	
Hauptstraße	S. 5	T	
Heinrich-Böll-Platz	S. 7	GY	58
Heumarkt	S. 7	GZ	
Hohenstaufenring	S. 6	EX	
Hohenzollernbrücke	S. 7	GY	
Hohenzollernring	S. 6	EV	
Hohe Pforte	S. 7	FX	
Hohe Straße	S. 7	GYZ	
Holzmarkt	S. 7	FX	
Im Sionstal	S. 6	FX	
Industriestraße	S. 5	R	59
Innere Kanalstraße	S. 5	S	60
Jahnstraße	S. 6	EX	
Kaiser-Wilhelm-Ring	S. 6	EV	62
Kalker Hauptstraße	S. 5	S	63
Kapellenstraße	S. 5	S	64
Kardinal-Frings-Str.	S. 6	EV	65
Karolingerring	S. 6	EX	66
Kattenbug	S. 6	EV	67
Kleine Budengasse	S. 7	GZ	68
Kleine Witschgasse	S. 6	FX	69
Klettenberggürtel	S. 5	T	70
Kölner Straße	S. 5	T	
Komödienstraße	S. 7	GY	71
Konrad-Adenauer-Ufer	S. 7	GY	
Krefelder Straße	S. 6	FU	
Kurt-Hackenberg-Platz	S. 7	GY	72
Kyotostraße	S. 6	EU	
Luxemburger Straße	S. 6	EX	
Machabäerstraße	S. 6	FU	
Martinstraße	S. 7	GZ	
Marzellenstraße	S. 7	GY	
Mathiasstraße	S. 6	FX	74
Mauenheimer Gürtel	S. 5	R	75
Mauritiussteinweg	S. 6	EVX	
Maybachstraße	S. 6	EU	
Mechtildisstraße	S. 6	FX	76
Mercatorstraße	S. 5	R	77
Militärringstraße	S. 5	RST	
Minoritenstraße	S. 7	GZ	79
Mittelstraße	S. 6	EV	
Mühlenbach	S. 7	GZ	
Mülheimer Brücke	S. 5	S	85
Mülheimer Straße	S. 6	R	
Neue Weyerstraße	S. 6	EX	
Neumarkt	S. 6	EV	
Neusser Landstraße	S. 5	R	
Neusser Straße	S. 6	FU	86
Niederländer Ufer	S. 5	S	87
Niehler Damm	S. 5	R	88
Nord-Süd-Fahrt	S. 7	GZ	
Obenmarspforten	S. 7	GZ	
Offenbachplatz	S. 7	GZ	90
Olpener Straße	S. 5	S	
Opladener Straße	S. 5	S	91
Ostheimer Straße	S. 5	S	92
Parkgürtel	S. 5	S	93
Perlengraben	S. 6	EX	
Pfälzer Straße	S. 6	EX	96
Pfälzischer Ring	S. 5	S	97
Pipinstraße	S. 7	GZ	
Poststraße	S. 6	EX	
Quatermarkt	S. 7	GZ	99
Richmodstraße	S. 6	EV	100
Riehler Straße	S. 6	FU	102
Rösrather Straße	S. 5	S	103
Roonstraße	S. 6	EX	104
Rothgerberbach	S. 6	EFX	
Sachsenring	S. 6	EFX	
Salierring	S. 6	EX	
Sankt-Apern-Straße	S. 6	EV	108
Schildergasse	S. 7	GZ	
Severinstraße	S. 6	FX	
Severinswall	S. 6	FX	
Stadtautobahn	S. 5	S	109
Stadtwaldgürtel	S. 5	S	110
Stolkgasse	S. 7	GY	
Tel-Aviv-Straße	S. 7	FX	111
Theodor-Heuss-Ring	S. 6	EX	
Trierer Straße	S. 6	EX	
Tunisstraße	S. 7	FU	
Turiner Straße	S. 6	FU	
Ubierring	S. 6	FX	
Ulrichgasse	S. 6	FX	
Universitätsstraße	S. 7	GZ	113
Unter Goldschmied	S. 7	GZ	114
Unter Sachsenhausen	S. 7	GY	115
Ursulastraße	S. 6	FU	116
Venloer Straße	S. 5	S	
Victoriastraße	S. 6	FU	117
Volksgartenstraße	S. 6	EX	
Vorgebirgstraße	S. 6	EX	
Waisenhausgasse	S. 6	EX	
Weidengasse	S. 6	FU	
Zeppelinstraße	S. 6	EV	118
Zeughausstraße	S. 6	EV	122
Zoobrücke	S. 5	S	123
Zülpicher Straße	S. 5	S	124

Messe-Preise : siehe S. 10   Foires et salons : voir p. 26
Fairs : see p. 40   Fiere : vedere p. 54

🏨🏨🏨 **Excelsior Hotel Ernst,** Domplatz, ✉ 50667, ✆ (0221) 27 01, ehe@excelsiorhotelrnst.de, Fax (0221) 135150, ₤₆, ⇔ – ₪, ₪ Zim, ■ & – 🚗 – 🛏 80. AE ⓄⓂ VISA JCB
Menu siehe Rest. *Hanse-Stube und Taku* separat erwähnt – **152 Zim** ⌂ 210/285 – 280/380, 9 Suiten.   GY a
• Erste Adresse in Köln, direkt gegenüber dem Dom. Traditionsreiches Haus mit stilvoll eingerichteten Zimmern. Sehr schöne Eingangshalle in Marmor. Piano Bar.

🏨🏨 **InterContinental,** Pipinstr. 1, ✉ 50667, ✆ (0221) 2 80 60, cologne@interconti.com, Fax (0221) 28061111 – ₪, ⇔ Zim, ■ TV ✆ ₤, ⇔ – 🚗 – 🛏 240. AE ⓄⓂ VISA JCB
Menu à la carte 32/46, ₰ – ⌂ 20 – **262 Zim** 230/280, 9 Suiten.   GZ d
• Modernes Design und eine harmonische Farbgebung begleiten Sie von der großzügigen Halle bis in die komfortablen Zimmer und Suiten. Exklusiver Freizeitbereich gegen Gebühr. Restaurant Maulbeers in der 1. Etage mit großen Panoramafenstern.

🏨🏨 **Im Wasserturm** ⑤, Kaygasse 2, ✉ 50676, ✆ (0221) 2 00 80, info@hotel-im-wasserturm.de, Fax (0221) 2008888, ☕, ⇔ – ₪, ⇔ Zim, ■ Rest, TV ✆, ⇔ – 🛏 120.
AE ⓄⓂ VISA JCB ⇔ Rest – **Menu** siehe Rest. *La Vision* separat erwähnt – *d\bIju,*
W' : Menu à la carte 27/36,50 – ⌂ 18 – **88 Zim** 180/265 – 230/335, 7 Suiten.   FX c
• Der imposante Ziegelbau a. d. 19. Jh. - zu seiner Zeit größter Wasserturm Europas - beherbergt dieses modern-elegante Hotel. Beeindruckend : die 11 m hohe Halle. Designer-Stil. Im Stil eines Edelbistros präsentiert sich das d\bIju, W'.

🏨🏨 **Dom Hotel** ⑤, Domkloster 2a, ✉ 50667, ✆ (0221) 2 02 40, sales@dom-hotel.com, Fax (0221) 2024444, ☕, ⇔ Zim, ■ ⇔ ₤, 🛏 90. AE ⓄⓂ VISA JCB
Menu à la carte 37/46 – ⌂ 20 – **124 Zim** 330/390 – 360/410, 6 Suiten.   GY d
• Tradition und vielleicht auch ein Stück Nostalgie erwarten hier den Besucher. Das stilvolle Grandhotel der Belle Epoque hat seinen Preis, dafür den Dom zum Greifen nah. Rattanmöbel und Palmen lassen das Restaurant mediterran wirken. Terrasse mit Aussicht !

782

KÖLN S. 5

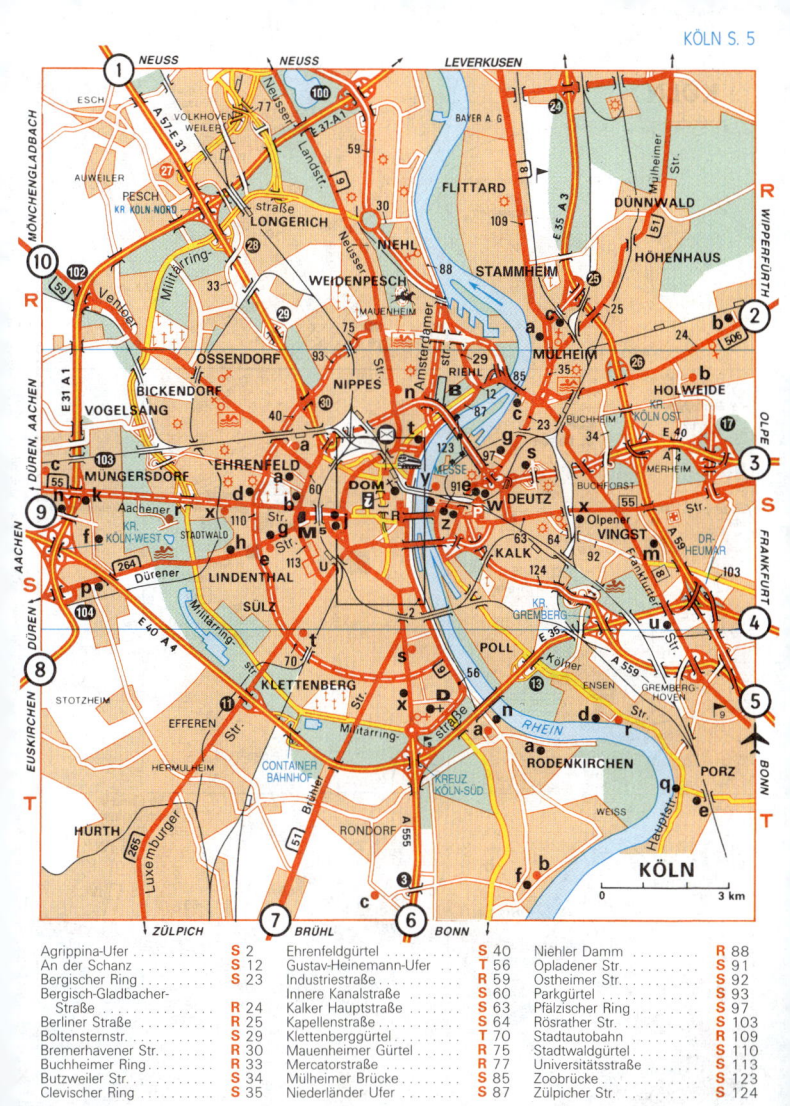

Straße	Seite
Agrippina-Ufer	S 2
An der Schanz	S 12
Bergischer Ring	S 23
Bergisch-Gladbacher-Straße	R 24
Berliner Straße	S 25
Boltensternstr.	S 29
Bremerhavener Str.	R 30
Buchheimer Ring	S 33
Butzweiler Str.	S 34
Clevischer Ring	S 35
Ehrenfeldgürtel	S 40
Gustav-Heinemann-Ufer	T 56
Industriestraße	R 59
Innere Kanalstraße	S 60
Kalker Hauptstraße	S 63
Kapellenstraße	S 64
Klettenberggürtel	T 70
Mauenheimer Gürtel	S 75
Mercatorstraße	R 77
Mülheimer Brücke	S 85
Niederländer Ufer	S 87
Niehler Damm	R 88
Opladener Str.	S 91
Ostheimer Str.	S 92
Parkgürtel	S 93
Pfälzischer Ring	S 97
Rösrather Str.	S 103
Stadtautobahn	R 109
Stadtwaldgürtel	S 110
Universitätsstraße	S 113
Zoobrücke	S 123
Zülpicher Str.	S 124

Straßenverzeichnis siehe Köln S. 4

Renaissance, Magnusstr. 20, ✉ 50672, ✆ (0221) 2 03 40, *sales.cologne@renaissancehotels.com*, Fax (0221) 2034777, 🍴, Massage, 😊, 🏊, – 📶, 🍽️, ⚿ Zim, 🔲 TV 📞 ♿ 🚗 – ⚘ 220. AE ⓓ ⓜ VISA JCB
EV b
Raffael (geschl. Aug.) **Menu** à la carte 25/36 – **Valentino : Menu** à la carte 21,50/29,50 – ⚘ 17 – **236 Zim** 175/355 – 205/395.
♦ Mit einer intim wirkenden Hotelhalle in warmen Farben empfängt Sie Ihre Residenz. Die schönen Zimmer überzeugen mit Komfort, Wohnlichkeit und Eleganz. Ein gehobenes Ambiente und ein ansprechendes Couvert kennzeichnen das Raffael. Bistroähnlich : das Valentino.

KÖLN
0
200 m
MEDIA-PARK
HANSAHOCHHAUS
Hansaring
Maybach-str.
Erftstr.
ALTE STADTMAUER
Kyotostr.
Christophstr./ Mediapark
Christophstr.
Gereonstr.
St. Gereon
Appellhofpl.
Friesenpl.
RÖMER TURM
Albertusstr.
Breite Str.
Ehrenstr.
Hohenzollern-ring
Mittelstr.
Rudolfpl.
HAHNENTOR
Hahnen-straße
Neumarkt
Cäcilien-straße
Hohenstaufen-ring
Mauritius-steinweg
Jahnstraße
Poststr.
Neue Weyerstr.
Rothgerberbach
St. Pantaleon
Barbarossaplatz
Luxemburger Str.
Trierer Str.
Salierring
Waisenhaus-gasse
Eifelstraße
Sachsenring
ALTE STADTMAUER
Ulrepforte
Volksgartenstraße
VOLKSGARTEN
Vorgebirgstraße
Krefelder Str.
Weidengasse
EIGELSTEINTOR
Eigelstein
Eintrachtstr.
Turiner Str.
Dom-straße
St. Ursula
Machabäerstr.
Goldgasse
Konrad-Adenauer-Ufer
St. Kunibert
Theodor-Heuss-Ring
Ebertpl.
BASTEI
WECKSCHNAPP
RHEIN
Tunis-str.
DOM
Hohenzollernbr.
Groß St. Martin
HISTOR. RATHAUS
KÖLN-DÜSSELDORFER
Hohe Str.
Deutzer Br.
Nord-Süd-Fahrt
Pipinstr.
St. Maria in Lyskirchen
MALAKOFFTURM
Hohe Pforte
Mühlenbach
St. Georg
Holz-markt
Follerstr.
Severinsbr.
Severinstr.
Perlengraben
Im Sionstal
RHEINAUHAFEN
Bayenstraße
Ulrichgasse
Severinstr.
Annostr.
BAYENTURM
Severinswall
St. Severin
Severinstor
Chlodwigplatz
Ubierring
Bonner Str.
E
F
U
V
X

KÖLN

Am Bayenturm	**FX** 3
Am Leystapel	**GZ** 4
Am Malzbüchel	**GZ** 5
An den Dominikanern	**GY** 8
An der Malzmühle	**FX** 9
An St-Katharinen	**FX** 14
Apostelnstraße	**EV** 15
Auf dem Berlich	**EV** 16
Augustinerstraße	**GZ** 19
Bechergasse	**GZ** 22
Bischofsgarten-Straße	**GY** 26
Blaubach	**FX** 28
Breite Straße	**GZ**
Brückenstraße	**GZ** 32
Dompropst-Ketzer-Straße	**GY** 38
Drususgasse	**GY** 39
Ehrenstraße	**EV**
Eigelstein	**FU**
Gladbacher Straße	**EU** 48
Glockengasse	**GZ** 50
Große Budengasse	**GZ** 52
Große Neugasse	**GY** 54
Gürzenichstraße	**GZ** 55
Habsburgerring	**EV** 57
Hahnenstraße	**EV**
Heinrich-Böll-Platz	**GY** 58
Hohenstaufenring	**EX**
Hohenzollernring	**EV**
Hohe Straße	**GYZ**
Kaiser-Wilhelm Ring	**EV** 62
Kardinal-Frings-Straße	**EV** 65
Karolingerring	**FX** 66
Kattenbug	**EV** 67
Kleine Budengasse	**GZ** 68
Kleine Witschgasse	**FX** 69
Komödienstraße	**GY** 71
Kurt-Hackenberg-Platz	**GY** 72
Mathiasstraße	**FX** 74
Mechtildisstraße	**FX** 76
Minoritenstraße	**GZ** 79
Mittelstraße	**EV**
Neumarkt	**EV**
Neusser Straße	**FU** 86
Offenbachplatz	**GZ** 90
Pfälzer Straße	**EX** 96
Quatermarkt	**GZ** 99
Richmodstraße	**EV** 100
Riehler Straße	**FU** 102
Roonstraße	**EX** 104
Sankt-Apern-Straße	**EV** 108
Schildergasse	**GZ**
Severinstraße	**FX**
Tel-Aviv-Straße	**FX** 111
Unter Goldschmied	**GZ** 114
Unter Sachsenhausen	**GY** 115
Ursulastraße	**FU** 116
Victoriastraße	**FU** 117
Zeppelinstraße	**EV** 118
Zeughausstraße	**EV** 122

Straßenverzeichnis siehe Köln S.4

Maritim, Heumarkt 20, ✉ 50667, ℘ (0221) 2 02 70, info.kol@maritim.de, Fax (0221) 2027826, 🍴, Massage, 😊, 🏊, 🔲 – 🛗, ✳ Zim, 🔲 📺 📞 ♿ 🚗 – 🔔 1600. AE ① ⓂⓄ VISA JCB
GZ m
Bellevue : Menu à la carte 40/52 – **La Galerie** (geschl. Juli - Aug. 4 Wochen, Sonntag - Montag)(nur Abendessen) **Menu** à la carte 23/34,50 – ☐ 15 – **454 Zim** 169/199 – 189/219, 28 Suiten.
♦ Das Dach aus Glas, der Boden aus Granit : Die Eingangshalle gilt als architektonisches Glanzstück. In diesem Hotel mit Boulevard-Charakter darf flaniert werden. Einen Blick auf Rhein und Altstadt bietet das Bellevue. In der glasüberdachten Halle : La Galerie.

Jolly Hotel Media Park, Im Mediapark 8b, ✉ 50670, ℘ (0221) 2 71 50, reservation.jhk@jollyhotels.de, Fax (0221) 2715999, 🍴, 😊, 🏊 – 🛗, ✳ Zim, 🔲 📺 📞 ♿ 🚗 – 🔔 200. AE ① ⓂⓄ VISA
EU a
Menu (italienische Küche) à la carte 27/41 – **214 Zim** ☐ 135/170 – 160/195.
♦ Ein zentral gelegenes, neues Hotel mit eleganten Zimmern. Die technische Ausstattung ist modern und bietet von Klimaanlage über Fax bis zum Hosenbügler viele Annehmlichkeiten. Zur Halle hin offenes Restaurant mit Showküche und italienischer Atmosphäre.

Dorint Kongress-Hotel, Helenenstr. 14, ✉ 50667, ℘ (0221) 27 50, info.cgnchc@dorint.com, Fax (0221) 2751301, Massage, 😊, 🔲 – 🛗, ✳ Zim, 🔲 📺 📞 ♿ 🚗 – 🔔 500. AE ① ⓂⓄ VISA JCB
EV p
Menu 26 (mittags) à la carte 31/40 – ☐ 16 – **284 Zim** 165 – 171, 12 Suiten.
♦ Einen eindrucksvollen Blick auf den Dom hat man vom 12. Stock des Hotels. Hoch über den Dächern von Köln kann getagt oder im hauseigenen Club getanzt werden. Restaurant in klassischer Art.

KÖLN S. 8

Hilton, Marzellenstr. 13, ✉ 50668, ✆ (0221) 13 07 10, *info_cologne@hilton.com*, *Fax (0221) 1307120*, 🍽, Massage, Fa, ≘s – |‡|, ⇔ Zim, 🛏 TV 📞 &, 🚗 P – 🎗 310. AE ① ⓜ VISA JCB — **GY h**
Menu à la carte 23/35,50 – ⊇ 19 – **296 Zim** 175/430 – 200/455.
• Glas, Stahl und edle Hölzer kombiniert mit warmen Erdtönen bestimmen den Stil dieses Gebäudes aus den 50er Jahren, dem ehemaligen Postscheckamt der Stadt. Erlebnisgastronomie im Konrad und in der trendigen Ice Bar.

Savoy, Turiner Str. 9, ✉ 50668, ✆ (0221) 1 62 30, *office@hotelsavoy.de*, *Fax (0221) 1623200*, 🍽, 🏊, Massage, ≘s – |‡|, ⇔ Zim, 🛏 Zim, TV 📞 🚗 P – 🎗 70. AE ① ⓜ VISA. ⛔ Zim — **FU s**
Menu à la carte 26,50/39 – **97 Zim** ⊇ 135/155 – 165/187, 3 Suiten.
• Eine gelungene Kombination von Wohnlichkeit und Funktionalität macht die Zimmer dieser komfortablen Unterkunft aus - auch der aufwändig gestaltete Wellnessbereich überzeugt. Diva's Bar Restaurant ist schlicht, aber modern und freundlich eingerichtet.

Crowne Plaza, Habsburgerring 9, ✉ 50674, ✆ (0221) 22 80, *info@crowneplaza-koeln.de*, *Fax (0221) 251206*, Massage, Fa, ≘s, 🏊 – |‡|, ⇔ Zim, 🛏 TV 📞 &, 🚗 – 🎗 240. AE ① ⓜ VISA JCB. ⛔ Rest — **S j**
Menu à la carte 22/35 – ⊇ 18 – **301 Zim** 170/330 – 205/380.
• Mit seinen neuzeitlich gestalteten Zimmern und der guten Verkehrsanbindung stellt dieses große Hotel auch für Tagungen und Geschäftsreisende eine ideale Adresse dar. Im I. Stock : gepflegtes Restaurant mit raumhohen Fenstern. Ein nettes Dekor ziert das Entrecôte.

Lindner Dom Residence, An den Dominikanern 4a/Eingang Stolkgasse, ✉ 50668, ✆ (0221) 1 64 40, *info.domresidence@lindner.de*, *Fax (0221) 1644440*, Fa, ≘s, 🏊 – |‡|, ⇔ Zim, 🛏 TV 📞 🚗 – 🎗 120. AE ① ⓜ VISA — **GY b**
geschl. 22. Dez. - 4. Jan. – *La Gazetta* : Menu à la carte 24/36,50 – ⊇ 16 – **129 Zim** 122/252 – 142/252.
• Ein moderner Atriumbau mit Balkonen und großzügiger Verglasung. Zimmer der 7. Etage mit Terrasse ! Funktionelles Mobiliar zeichnet es vor allem als Businesshotel aus. Eine große Glasfront hin La Gazzetta gibt den Blick auf den Innenhof frei.

Sofitel am Dom, Kurt-Hackenberg-Platz 1, ✉ 50667, ✆ (0221) 2 06 30, *h1306@accor-hotels.com*, *Fax (0221) 2063527*, 🍽, Fa, ≘s – |‡|, ⇔ Zim, 🛏 TV 📞 &, 🚗 – 🎗 120. AE ① ⓜ VISA — **GY g**
Menu à la carte 29,50/35 – ⊇ 17 – **207 Zim** 170/189 – 190/209.
• Das in bester Zentrumslage am Dom gelegene Hotel überzeugt mit modernen, funktionellen und technisch gut ausgestatteten Zimmern. Großzügig : die Suiten und die Deluxe-Zimmer. Neuzeitlich gestaltetes Restaurant mit Tapas-Bar.

Holiday Inn (mit Gästehaus), Belfortstr. 9, ✉ 50668, ✆ (0221) 7 72 10, *hibelfortstrasse@eventhotels.com*, *Fax (0221) 7721259*, 🍽, Fa, ≘s – |‡|, ⇔ Zim, 🛏 TV 📞 & P – 🎗 70. AE ① ⓜ VISA — **FU b**
Menu à la carte 23/36 – **120 Zim** ⊇ 147/172 – 173/198.
• Besonders attraktiv ist dieses Haus durch seine Nähe zur Innenstadt und zur Messe. Alle Zimmer wurden kürzlich renoviert und wissen nun mit moderner Möblierung zu gefallen. Eine klassische Einrichtung und ein gutes Couvert erwarten Sie im Restaurant Quirinal.

Dorint, Friesenstr. 44, ✉ 50670, ✆ (0221) 1 61 40, *info.cgncol@dorint.com*, *Fax (0221) 1614100*, 🍽 – |‡|, ⇔ Zim, TV 📞 &, 🚗 – 🎗 160. AE ① ⓜ VISA JCB. ⛔ Rest — **EV n**
Menu à la carte 21,50/30 – ⊇ 14 – **103 Zim** 120/136 – 135/148.
• Geräumiger Eingangs- und Hallenbereich mit gut besetzter Rezeption. Renovierte Zimmer, zeitgemäß eingerichtet. Moderne Tagungstechnik in variablen Räumlichkeiten.

Mercure Severinshof, Severinstr. 199, ✉ 50676, ✆ (0221) 2 01 30, *h1206@accor-hotels.com*, *Fax (0221) 2013666*, 🍽, Fa, ≘s – |‡|, ⇔ Zim, 🛏 TV 📞 🚗 – 🎗 250. AE ① ⓜ VISA — **FX a**
Menu à la carte 17/35 – **251 Zim** ⊇ 141/186 – 179/204, 8 Suiten.
• Gepflegtes Geschäfts- und Tagungshotel, zentrumsnah gelegen. Einheitliche, funktionelle Zimmer - komfortabler : die Club-Zimmer der 4. und 5. Etage. Großer Barbereich.

Lyskirchen garni, Filzengraben 26, ✉ 50676, ✆ (0221) 2 09 70, *lyskirchen@eventhotel s.com*, *Fax (0221) 2097718*, ≘s, 🏊 – |‡| ⇔ TV 📞 🚗. AE ① ⓜ VISA — **FX u**
geschl. 21. - 30. Dez. – **103 Zim** ⊇ 118/175 – 150/225.
• Das umsichtig renovierte Hotel liegt mitten im historischen Rheinviertel. Die Zimmer hat man mit zeitgemäßem Mobiliar - meist in hellem Holz - funktionell eingerichtet.

Ascot garni, Hohenzollernring 95, ✉ 50672, ✆ (0221) 9 52 96 50, *info@ascot.bestwestern.de*, *Fax (0221) 952965100*, Fa, ≘s – |‡| ⇔ TV 📞. AE ① ⓜ VISA — **EV a**
geschl. 22. Dez. - 1. Jan. – **46 Zim** ⊇ 112/152 – 128/228.
• Ein Stadthaus mit Altbaufassade beherbergt das Hotel. Die Inneneinrichtung ist in englischem Landhausstil gehalten. Kinos, Theater und Geschäfte in unmittelbarer Nähe.

KÖLN S. 9

Classic Hotel Harmonie garni, Ursulaplatz 13, ✉ 50668, ℘ (0221) 1 65 70, *harmonie@classic-hotels.com*, Fax (0221) 1657200 – 🛗 ✾ ≡ 📺 ✆ 🚗 🅿 🆊 ⓐ ⓜ ⓥⓘⓢⓐ ⒿⒸⒷ
72 Zim ⊇ 95/110 – 120. FU g
* In dem schön restaurierten ehemaligen Kloster umgibt den Gast eine ungezwungene Atmosphäre mit italienischem Flair. Moderne Möbel und warme Mittelmeertöne bestimmen das Bild.

Mauritius garni, Mauritiuskirchplatz 3, ✉ 50676, ℘ (0221) 92 41 30, *info@mauritius-ht.de*, Fax (0221) 92413333, Massage, ⒻⒶ, ≋, ⛱ (geheizt), ⛱ – 🛗 ✾ 📺 ✆ 🚗.
🆊 ⓐ ⓜ ⓥⓘⓢⓐ EX c
59 Zim ⊇ 120/150 – 140/170.
* Helle, modern und wohnlich gestaltete Gästezimmer bietet das ruhig in der Innenstadt gelegene Haus. Eine Besonderheit ist der 3500 qm große Thermenbereich.

Viktoria garni, Worringer Str. 23, ✉ 50668, ℘ (0221) 9 73 17 20, *hotel@hotelviktoria.com*, Fax (0221) 727067 – 🛗 ✾ 📺 ✆ 🅿 🆊 ⓐ ⓜ ⓥⓘⓢⓐ. ✂ S t
geschl. 24. Dez. - 1. Jan., über Ostern – **47 Zim** ⊇ 90 – 113.
* Individuelle Zimmer verbergen sich hinter der prächtigen Fassade des Jugendstilhauses. Es wurde 1905 als Musikhistorisches Museum errichtet. Eleganter Atrium-Frühstücksraum.

NH Köln, Holzmarkt 47, ✉ 50676, ℘ (0221) 2 72 28 80, *nhkoeln@nh-hotels.com*, Fax (0221) 272288100, ≋ – 🛗 ✾ Zim, 📺 ✆ 🚗 – 🏛 130. 🆊 ⓐ ⓜ ⓥⓘⓢⓐ FX d
Menu à la carte 21/30 – ⊇ 14 – **205 Zim** 125.
* In der Nähe der Severinsbrücke ist im Jahre 2002 dieses moderne Hotel eröffnet worden. Die Zimmer überzeugen mit klaren Linien, funktionellen Möbeln und Marmorschreibtischen. Das neuzeitliche Restaurant hat zum Innenhof hin einen kleinen Wintergarten.

Novotel City, Bayenstr. 51, ✉ 50678, ℘ (0221) 80 14 70, *h3127@accor-hotels.com*, Fax (0221) 80147148, ❁, ⒻⒶ, ≋ – 🛗 ✾ Zim, 📺 ✆ 🚗 – 🏛 150. 🆊 ⓐ ⓜ
ⓥⓘⓢⓐ ⒿⒸⒷ FX n
Menu à la carte 21/29,50 – ⊇ 13 – **222 Zim** 130 – 150.
* Ein neu gebautes Hotel mit dem gewohnten Novotel-Standard : Funktionelle Zimmer, die mit hellen Naturholzmöbeln modern eingerichtet sind, erwarten die Gäste.

Four Points Hotel Central, Breslauer Platz 2, ✉ 50668, ℘ (0221) 1 65 10, *fourpoints.koeln@arabellasheraton.de*, Fax (0221) 1651333 – 🛗, ✾ Zim, ≡ 📺 ✆ 🅿 – 🏛 30. 🆊 ⓐ ⓜ ⓥⓘⓢⓐ GY c
Menu à la carte 16/26,50 – **116 Zim** ⊇ 150 – 170, 5 Suiten.
* Der Dom wie auch die lebhafte Altstadt sind von hier aus in nur wenigen Gehminuten zu erreichen. Die dezente Eleganz und den guten Komfort schätzen auch Geschäftsreisende.

Senats Hotel, Unter Goldschmied 9, ✉ 50667, ℘ (0221) 2 06 20, *info@senats-hotel.de*, Fax (0221) 2062200 – 🛗, ✾ Zim, 📺 ✆ – 🏛 230. 🆊 ⓜ ⓥⓘⓢⓐ ⒿⒸⒷ GZ b
geschl. 23. Dez. - 1. Jan. - **Falstaff** (geschl. Samstagmittag, Sonn- und Feiertage) **Menu** à la carte 22/42 – **59 Zim** ⊇ 92 – 124.
* Durch einen modern anmutenden Hallenbereich mit weit geschwungener, denkmalgeschützter Treppe gelangen Sie in zeitgemäße Zimmer. Aperitif- und Bierbar. Hell und freundlich eingerichtetes Restaurant mit leicht rustikalem Touch.

Cristall garni, Ursulaplatz 9, ✉ 50668, ℘ (0221) 1 63 00, *info@hotelcristall.de*, Fax (0221) 1630333 – 🛗 ✾ 📺 🆊 ⓐ ⓜ ⓥⓘⓢⓐ ⒿⒸⒷ. ✂ FU r
geschl. 23. - 29. Dez. – **84 Zim** ⊇ 72/102 – 95/133.
* Formenreiches Interieur verwöhnt hier das Auge : Das moderne Hotel gefällt mit seiner Designer-Ausstattung - sitzen Sie Probe in einem der ausgefallenen Sessel !

Coellner Hof, Hansaring 100, ✉ 50670, ℘ (0221) 1 66 60, *info@coellnerhof.de*, Fax (0221) 1666166, ≋ – 🛗, ✾ Zim, ≡ Rest, 📺 🚗 – 🏛 30. 🆊 ⓐ
ⓜ ⓥⓘⓢⓐ FU k
Menu (geschl. Samstag - Sonntag) (nur Abendessen) à la carte 17/38 – **70 Zim** ⊇ 70/95 – 90/105.
* Rustikale oder lieber modern ? Dieses zentrumsnahe Hotel verfügt über individuell eingerichtete Zimmer. Gepflegtes Haus unter guter Führung mit persönlicher Note. Ein geschmackvolles Holzdekor ziert das Restaurant.

Euro Garden Cologne garni, Domstr. 10, ✉ 50668, ℘ (0221) 1 64 90, *info@eurotels.de*, Fax (0221) 1649333, ≋ – 🛗 ✾ 📺 ✆ 🚗 – 🏛 40. 🆊 ⓐ ⓜ ⓥⓘⓢⓐ FU a
85 Zim ⊇ 75/115 – 105/145.
* Ein ordentliches Hotel unweit des Zentrums der Domstadt. Solide möblierte, funktionelle Zimmer und ein ansprechendes Frühstücksbuffet in stilvollem Gastraum.

Königshof garni, Richartzstr. 14, ✉ 50667, ℘ (0221) 2 57 87 71, *hotel@hotelkoenigshof.com*, Fax (0221) 2578762 – 🛗 ✾ 📺 ✆. 🆊 ⓐ ⓜ ⓥⓘⓢⓐ ⒿⒸⒷ GY n
82 Zim ⊇ 80/115 – 110/166.
* Nur wenige Schritte vom Kölner Dom und der Einkaufsmeile entfernt liegt das tadellos geführte Hotel mit sehr sauberen und funktionell ausgestatteten Zimmern.

KÖLN S. 10

Esplanade garni, Hohenstaufenring 56, ✉ 50674, ℘ (0221) 9 21 55 70, info@hotel esplanade.de, Fax (0221) 216822 – |≡| ⥬ TV AE ⓓ ⓜ VISA JCB
geschl. 22. Dez. - 5. Jan. – **32 Zim** ⊇ 90 – 116.
EX a
♦ Extravagante Ausstattung in modern-nüchternem Design. Einige Zimmer mit Balkon und Blick auf den Dom oder den Boulevard. Interessante Glasfassade mit noblem Eingang.

Antik Hotel Bristol garni, Kaiser-Wilhelm-Ring 48, ✉ 50672, ℘ (0221) 13 98 50, hotel@antik-hotel-bristol.de, Fax (0221) 131495 – |≡| ⥬ TV ✆ ♿. AE ⓜ VISA
EU m
geschl. 21. Dez. - 2. Jan. – **44 Zim** ⊇ 85 – 110.
♦ Träumen Sie von einer Nacht im Himmelbett ? In diesem netten, gepflegten Hotel hat man antikes Mobiliar verschiedener Stilarten, u. a. Empire-Stil, zusammengetragen.

Santo garni, Dagobertstr. 22, ✉ 50668, ℘ (0221) 9 13 97 70, info@hotelsanto.de, Fax (0221) 913977777 – |≡| ⥬ TV ✆ ♿. 🚗 P. AE ⓓ ⓜ VISA JCB
FU c
69 Zim ⊇ 128 – 149.
♦ Ein ungewöhnliches Hotel : Edle Hölzer, Natursteinböden und ein für dieses Haus entworfenes Lichtsystem verschmelzen zu einem avantgardistischen Wohnkonzept mit Komfort.

Hopper St. Antonius, Dagobertstr. 32, ✉ 50668, ℘ (0221) 1 66 00 (Hotel) 1 30 00 69 (Rest.), st.antonius@hopper.de, Fax (0221) 1660166, 🍴, ≘s – |≡|, ⥬ Zim, TV ♿ 🚗 – ≦ 15. AE ⓓ ⓜ VISA
FU n
L. Fritz im Hopper (geschl. Samstagmittag, Sonntagmittag) **Menu** à la carte 24/31,50 – **54 Zim** ⊇ 110/130 – 140/210, 5 Suiten.
♦ Hier werden historische Bausubstanz und klassische Moderne verbunden. Das denkmalgeschützte Gebäude verfügt über Zimmer mit Teakholzmöbeln in puristischem Design. Sie speisen in schlichtem, bistroartigem Ambiente.

Hopper, Brüsseler Str. 26, ✉ 50674, ℘ (0221) 92 44 00, hotel@hopper.de, Fax (0221) 924406, 🍴, ≘s – |≡|, ⥬ Zim, TV ✆ ♿ 🚗 – ≦
S j
geschl. 20. Dez. - 5. Jan, über Ostern, über Pfingsten – **Menu** (geschl. Samstagmittag, Sonntagabend) à la carte 25/30 – **49 Zim** ⊇ 90/100 – 120/130.
♦ Außen : klösterlicher Charme, innen : pure Ästhetik und moderne Eleganz. Unkonventionelle Unterkunft mit Marmorbad und Parkettboden. Sauna im Gewölbekeller. Blickfang in dem im Bistrostil gehaltenen Restaurant ist ein eindrucksvolles Altar-Gemälde.

Astor garni, Friesenwall 68, ✉ 50672, ℘ (0221) 20 71 20, astorhotel@t-online.de, Fax (0221) 253106, ≘s – |≡| ⥬ TV P. AE ⓓ ⓜ VISA. ✄
EV y
geschl. 22. Dez. - 6. Jan. – **51 Zim** ⊇ 95/105 – 125/155.
♦ Hier wohnen Sie mitten im Kölner Geschehen ! Rund um das Hotel viele Shops, reiches gastronomisches Angebot. Freundlicher Frühstücksraum, geschmackvoll eingerichtete Zimmer.

Altera Pars, Thieboldsgasse 133, ✉ 50676, ℘ (0221) 27 23 30, info@alterapars-koeln.de, Fax (0221) 2723366 – ⥬ Zim, TV ✆. AE ⓜ VISA
EV t
Menu à la carte 18/25 – **13 Zim** ⊇ 77/112 – 113/201.
♦ Freundlich und individuell mit modernen Korbmöbeln und hübschen Stoffen eingerichtete Zimmer erwarten die Gäste dieses funktionellen Hotels.

CityClass Hotel Caprice garni, Auf dem Rothenberg 7, ✉ 50667, ℘ (0221) 92 05 40, caprice@cityclass.de, Fax (0221) 92054100, ≘s – |≡| ⥬ TV ✆ – ≦ 20. AE ⓓ ⓜ VISA
GZ c
53 Zim ⊇ 105/115 – 135.
♦ Die Lage direkt in der Kölner Altstadt macht das Hotel zu einem idealen Ausgangspunkt für Erkundungstouren. Guter Standard, neuzeitliche Zimmer.

Leonet garni, Rubensstr. 33, ✉ 50676, ℘ (0221) 27 23 00, leonetkoeln@netcologne.de, Fax (0221) 210893, ≘s – |≡| ⥬ TV P. AE ⓜ VISA JCB
EX s
78 Zim ⊇ 90/180 – 115/195.
♦ In einer Seitenstraße im Zentrum ist dieses Hotel gelegen. Kleiner Freizeitbereich, unterschiedlich gestaltete praktische Gästezimmer, großes Frühstücksbuffet.

Ibis Barbarossaplatz garni, Neue Weyerstr. 4, ✉ 50676, ℘ (0221) 2 09 60, h1449 @accor-hotels.com, Fax (0221) 2096199 – |≡| ⥬ ▭ TV ✆ ♿ 🚗 – ≦ 25. AE ⓓ ⓜ VISA
EX d
⊇ 9 – **208 Zim** 59/71.
♦ Standardisiertes Gruppenhotel mit zweckmäßiger und zeitgemäßer Ausstattung. Man empfängt die Gäste mit einem einladenden Kleinbereich und einer Hotelbar.

Metropol garni, Hansaring 14, ✉ 50670, ℘ (0221) 13 33 77, hotel-metropol@t-online.de, Fax (0221) 138307 – |≡| TV. AE ⓓ ⓜ VISA
EU m
geschl. 22. Dez. - 2. Jan. – **26 Zim** ⊇ 64/85 – 95.
♦ Das kleine Stadthotel ist mit dem PKW schnell vom Autobahnring aus zu erreichen. Eine Tiefgarage gibt es gleich nebenan. Die einheitlich möblierten Zimmer sind gepflegt.

KÖLN S. 11

Kolpinghaus International, St.-Apern-Str. 32, ✉ 50667, ℘ (0221) 2 09 30, *web master@kolpinghaus-international.de*, Fax (0221) 2093254 – 🛗, 🔄 Zim, 🍽 Zim, 📺 📞 🅿 – 🚗 110. 🅰🅴 ① ⓂⓄ 🆅🅸🆂🅰
Menu à la carte 18/39 – **77 Zim** ⚌ 70/77 – 102. EV q
◆ An dieser Stelle im Zentrum der Stadt hat Adolf Kolping Mitte des letzten Jahrhunderts gelebt und gewirkt. Heute eine gut zu empfehlende und wohnliche Übernachtungsadresse. Restaurant in neuzeitlicher Aufmachung.

Ludwig garni, Brandenburger Str. 24, ✉ 50668, ℘ (0221) 16 05 40, *hotel@hotellud wig.com*, Fax (0221) 16054444 – 🛗 🔄 📺 📞 🚗. 🅰🅴 ① ⓂⓄ 🆅🅸🆂🅰 🅹🅲🅱 FU x
geschl. 23. Dez. - 3. Jan. – **55 Zim** ⚌ 75/85 – 100.
◆ Das Hotel befindet sich in nächster Nähe zum Stadtzentrum. Die Messe erreicht man bequem mit der Rheinfähre. Zimmer mit neuzeitlicher und funktioneller Einrichtung.

XXXX **Hanse Stube** - Excelsior Hotel Ernst, Dompropst-Ketzer-Str. 2, ✉ 50667, ℘ (0221) 2 70 34 02, *ehe@excelsiorhotelernst.de*, Fax (0221) 135150, 🌿 – 🍽. 🅰🅴 ① ⓂⓄ 🆅🅸🆂🅰 🅹🅲🅱. GY e
Menu 31 (mittags) à la carte 39,50/63, ♀.
◆ Für einen Aufenthalt in stilvoller Atmosphäre empfiehlt sich das elegante Restaurant, in dem Ihnen eine versierte Servicebrigade klassische französische Gerichte offeriert.

XXX **La Vision** - Hotel Im Wasserturm, Kaygasse 2, ✉ 50676, ℘ (0221) 2 00 80, *info@hotel-im-wasserturm.de*, Fax (0221) 2008888 – 🛗 🍽 🚗. 🅰🅴 ① ⓂⓄ 🆅🅸🆂🅰 🅹🅲🅱. 🌿 FX c
geschl. 2. - 27. Jan., Ende Juli - Mitte Aug., Sonntag - Montag – **Menu** 48 à la carte 52/60, ♀ 🍷.
◆ Im Designerstil präsentiert sich das Restaurant in der 11. Etage des Wasserturms. Von der Dachgartenterrasse aus genießen Sie einen phantastischen Blick über die Stadt.
Spez. Terrine von Gänsestopflebermousse und Rehbockfilet mit Madeiragelée. Geschmortes und Rücken von Salzwiesenlamm mit confierten Gemüsen. Schokoladenparfait und Mousse mit Joghurt-Limonensorbet

XXX **Börsen-Restaurant Maître** (Schäfer), Unter Sachsenhausen 10, ✉ 50667, ℘ (0221) 13 30 21, Fax (0221) 133040 – 🍽. 🅰🅴 ① ⓂⓄ 🆅🅸🆂🅰. 🌿 EV r
geschl. 5. - 17. April, Aug., Samstagmittag, Sonn- und Feiertage – **Menu** à la carte 49/67, ♀ – **Börsen-Stube** (geschl. Samstagabend, Sonn- und Feiertage) **Menu** 25 à la carte 28/38, ♀.
◆ Im Haus der IHK findet man das stilvoll und elegant eingerichtete Restaurant, in dem man die Gäste mit einer feinen Küche auf klassischer Basis verwöhnt. Eine schlichtere Alternative zum Börsen-Restaurant : die Börsenstube mit Terrasse.
Spez. Bretonische Felsen-Rotbarbe mit Aal und dicken Bohnen. Tournedos "Rossini" mit Périgord-Madeirajus und karamellisiertem Chicorée. Orangengratin mit Sauerrahmschaum und Roseneis

XXX **Ambiance**, Komödienstr. 50, ✉ 50667, ℘ (0221) 9 22 76 52 – 🅰🅴 ① ⓂⓄ 🆅🅸🆂🅰 GY f
geschl. Mitte Aug. - Anfang Sept., Samstag, Sonn- und Feiertage – **Menu** 37 (mittags)/69 à la carte 47/58.
◆ In dem Stadthaus mit dem klassisch-eleganten Restaurant erwarten die Gäste liebevoll gedeckte Tische, ein freundlicher und aufmerksamer Service sowie eine kreative Küche.

XXX **Grande Milano**, Hohenstaufenring 29, ✉ 50674, ℘ (0221) 24 21 21, *grande-milano @ggd-net.de*, Fax (0221) 244846, 🌿 – 🍽. 🅰🅴 ① ⓂⓄ 🆅🅸🆂🅰 EX v
geschl. Mitte - Ende Juli, Samstagmittag, Sonntag – **Menu** (italienische Küche) à la carte 32/53, ♀ – **Pinot di Pinot :** **Menu** 12,50 (mittags) à la carte 15,50/32.
◆ In dem eleganten italienischen Restaurant nehmen Sie an ansprechend eingedeckten Tischen Platz - Besonderheit des gehobenen Speiseangebots sind Trüffel. Legere, bistrotypische Atmosphäre im Pinot di Pinot.

XX **Domerie**, Buttermarkt 42, ✉ 50667, ℘ (0221) 2 57 40 44, *stefanruessel@t-online.de*, Fax (0221) 2574269, 🌿 – ⓂⓄ 🆅🅸🆂🅰 🅹🅲🅱. 🌿 GZ e
geschl. 1. - 15. Jan., über Karneval, Montag (außer Messen) – **Menu** à la carte 32/44,50.
◆ Die Innenausstattung mit schönen Deckenverzierungen und alten Stilmöbeln lässt das Essen in dem Stadthaus a. d. 15. Jh. zum Erlebnis werden. Sommerterrasse mit Rheinblick.

XX **Fischers**, Hohenstaufenring 53, ✉ 50674, ℘ (0221) 3 10 84 70, *info@fischers-wein.com*, Fax (0221) 31084789, 🌿 – 🚗 40. ① ⓂⓄ 🆅🅸🆂🅰 EX n
geschl. 27. Dez. - 6. Jan., Samstagmittag, Sonn- und Feiertage – **Menu** à la carte 29,50/42, ♀ 🍷.
◆ Mit 500 Weinsorten auf der Karte hat man sich hier vor allem dem Genuss des Rebensaftes verschrieben. Aber auch die Tafelfreuden kommen nicht zu kurz : Crossover-Küche.

XX **Capricorn i Aries Restaurant**, Alteburger Str. 34, ✉ 50678, ℘ (0221) 32 31 82, Fax (0221) 323182 FX m
geschl. über Karneval, Ostern, Juli 2 Wochen, Montag - Dienstag – **Menu** (nur Abendessen) (Tischbestellung erforderlich) 85 à la carte 64/89, ♀.
◆ Schlicht, edel und elegant ist das winzige Restaurant, in dem Weiß die vorherrschende Farbe ist. Speisen einer kreativen Küche werden auf kostbarem Geschirr präsentiert.
Spez. Variation von der Gänsestopfleber. Steinbutt mit Jakobsmuscheln und Gewürzträminersauce. Taube mit Trüffel-Kartoffelrosette

789

KÖLN S. 12

XX **Alfredo,** Tunisstr. 3, ✉ 50667, ℘ (0221) 2 57 73 80, *info@ristorante-alfredo.com*, *Fax (0221) 2577380* – AE
GZ k
geschl. Juli - Aug. 3 Wochen, Dez. 1 Woche, Samstagmittag, Sonn- und Feiertag – **Menu** (Tischbestellung ratsam) à la carte 38/53, ₤.
• Italienische Tradition in Köln : Schon in 2. Generation erfreut man in dem kleinen, eleganten Restaurant die Gäste mit wechselnden Gerichten der gehobenen italienischen Küche.

XX **Bizim,** Weidengasse 47, ✉ 50668, ℘ (0221) 13 15 81, *Fax (0221) 131581* – MC VISA, ※
FU d
geschl. Feb. 2 Wochen, Aug. - Sept. 3 Wochen, Samstagmittag, Sonntag - Montag – **Menu** (abends Tischbestellung ratsam) (türkische Küche) 29 (mittags) à la carte 40/51,50.
• Das türkische Restaurant liegt mitten im multikulturellen Zentrum der Domstadt. In neuzeitlichem Ambiente serviert man Ihnen freundlich landestypische Gerichte.

XX **Em Krützche,** Am Frankenturm 1, ✉ 50667, ℘ (0221) 2 58 08 39, *info@em-kruet zche.de, Fax (0221) 253417*, 斎 – AE ⓘ MC VISA
GY x
geschl. Karwoche, Montag – **Menu** (abends Tischbestellung ratsam) à la carte 28,50/40.
• Schon seit über 400 Jahren werden hier Gäste bewirtet. Das Altstadthaus unterteilt sich in verschiedene Stuben und Nischen. Traditionell geführter Familienbetrieb.

XX **Taku** - Excelsior Hotel Ernst, Domplatz, ✉ 50667, ℘ (0221) 2 70 39 10, *Fax (0221) 135150* – 🖃. AE ⓘ MC VISA, ※ Rest
GY a
geschl. Mitte Juli - Mitte Aug., Sonntag - Montag – **Menu** à la carte 37/61, ₤.
• Schlicht-modern und edel wirkt das Ambiente in diesem asiatischen Kellerrestaurant. Ein gläserner Laufsteg und ein in den Boden eingelassenes Aquarium sind tolle Eye-catcher.

XX **L'escalier,** Brüsseler Str. 11, ✉ 50674, ℘ (0221) 2 05 39 98, *lescalier11@aol.com, Fax (02232) 419742* – MC VISA
S j
geschl. Samstagmittag, Sonn- und Feiertage – **Menu** 29 (mittags) à la carte 31/61, ₤.
• Ein sehr modernes, recht puristisches Edelbistro-Ambiente sowie eine auf guten Produkten basierende, schnörkellose klassische Küche machen dieses Restaurant aus.

XX **Bosporus,** Weidengasse 36, ✉ 50668, ℘ (0221) 12 52 65, *restaurant.bosporus@t-o nline.de, Fax (0221) 9123829*, 斎 – AE ⓘ MC VISA
FU v
geschl. Sonntagmittag – **Menu** (türkische Küche) à la carte 24/37.
• Ein Hauch von 1001 Nacht weht über das klassische Interieur, ein Duft von türkischen Delikatessen liegt in der Luft. Das Bosporus verbindet Köln mit dem Orient.

XX **Hofbräustuben,** Am Hof 12 (1. Etage), ✉ 50667, ℘ (0221) 2 61 32 63, *gastronom ie@frueh.de, Fax (0221) 2613299* – MC VISA JCB
GZ w
Menu à la carte 18/28,50.
• Ein stilvoller Rahmen, typisch regionale Küche und dazu ein Kölsch. All das hält das Restaurant in den ehemaligen Wohnräumen der Familie Früh bereit. Gemütlich-altdeutsch !

X **Le Moissonnier,** Krefelder Str. 25, ✉ 50670, ℘ (0221) 72 94 79, *Fax (0221) 7325461*, ६३ (typisches franz. Bistro) – MC VISA
FU e
geschl. 24. Dez. - 3. Jan., über Ostern 1 Woche, Juli - Aug. 3 Wochen, Sonntag - Montag, Feiertage mittags – **Menu** (Tischbestellung ratsam) à la carte 38,50/56,50, ₤.
• Fast wie Gott in Frankreich fühlt man sich in diesem originellen Jugendstil-Bistro. Die kreativen Schöpfungen raffinierter französischer Kochkunst tun ihr Übriges.
Spez. Foie gras Maison. Pigeonneau rôti. Crème brûlée glacée

X **Capricorn i Aries Brasserie,** Alteburgerstr. 31, ✉ 50678, ℘ (0221) 3 97 57 10, *Fax (0221) 323182*
FX b
geschl. über Karneval – **Menu** à la carte 23,50/34.
• Eine etwas legerere Variante zum gleichnamigen Restaurant gegenüber ist diese nette Adresse mit modernem Edelbistro-Ambiente und geschultem Service.

X **Heising und Adelmann,** Friesenstr. 58, ✉ 50670, ℘ (0221) 1 30 94 24, *info@he ising-und-adelmann.de, Fax (0221) 1309425*, 斎 – 🎸 25. MC VISA
EV n
geschl. Sonn- und Feiertage – **Menu** (nur Abendessen) à la carte 33/42,50, ₤.
• Das lebendige, trendige Restaurant im angesagten Bistrostil mit schöner Terrasse serviert seinen Besuchern in entspannter Atmosphäre eine moderne internationale Küche.

X **Klehn's,** Kleiner Griechenmarkt 23, ✉ 50676, ℘ (0221) 2 57 60 25, *wlklhn@aol.com, Fax (0221) 2576170* – AE ⓘ MC VISA
EX b
geschl. Anfang Juni 2 Wochen, Sonntag - Montag – **Menu** 18 (mittags) à la carte 29/41, ₤.
• Ein kleines Bistro-Restaurant, in dem helle, freundliche Farben dominieren. Die Tische werden nett eingedeckt, den Service macht die Chefin mit Natürlichkeit und Kompetenz.

X **Daitokai,** Kattenbug 2, ✉ 50667, ℘ (0221) 12 00 48, *kol@daitokai.de, Fax (0221) 137503* – 🖃. AE ⓘ MC VISA JCB, ※
EV e
geschl. Montag - Dienstagmittag – **Menu** (japanische Küche) à la carte 36/48,50.
• Esskultur mit Stäbchen und Atmosphäre im Nippon-Stil. Im Daitokai zelebrieren die Köche am Teppan-Yaki ihre Fingerfertigkeit. Das japanische Restaurant liegt im Zentrum.

Kölsche Wirtschaften :

- **Peters Brauhaus,** Mühlengasse 1, ✉ 50667, ℘ (0221) 2 57 39 50, *info@peters-br auhaus.de, Fax (0221) 2573962*, ♣ – ✗ GZ n
  Menu à la carte 16/30.
  ♦ Rustikale Gaststätte mit Tradition. Hier lohnt sich das Umschauen : Jeder Raum hat seinen eigenen Charakter ; u. a. farbenprächtige Glasdecke. Deftiges Essen zum Kölsch.

- **Brauhaus Sion,** Unter Taschenmacher 5, ✉ 50667, ℘ (0221) 2 57 85 40, *Fax (0221) 2582081*, ♣ – 🆎 VISA GZ r
  Menu à la carte 16/34.
  ♦ Große Räumlichkeiten, u. a. mit Fassdauben und Hopfensäcken an den Wänden. Nach geschwungener Kugel auf der hauseigenen Kegelbahn schmeckt das Kölsch nochmal so gut.

- **Früh am Dom,** Am Hof 12, ✉ 50667, ℘ (0221) 2 61 32 11, *gastronomie@frueh.de, Fax (0221) 2613299*, Biergarten GY
  Menu à la carte 16,50/31,50.
  ♦ Traditionelles Brauhaus aus dem Jahre 1904. Für kölsche Gastlichkeit sorgen damals wie heute die Köbesse. Seit kurzem ist der einstige Braukeller für Durstige zugänglich.

- **Alt Köln Am Dom,** Trankgasse 7, ✉ 50667, ℘ (0221) 13 74 71, *info@altkoeln-am -dom.de, Fax (0221) 136885* – 🆎 ⓪ ⓜ VISA JCB GY a
  Menu à la carte 13,50/31.
  ♦ "Himmel un Äd met jebrodener Blootwoosch" - auf gut kölsch gesagt - ist nur eine der rheinischen Originalitäten, die dieser auf drei Etagen angelegte Großbetrieb bietet.

In Köln-Bayenthal :

- **Loup de Mer,** Bonner Str. 289, ✉ 50968, ℘ (0221) 3 40 03 30, *loup_de_mer@t-on line.de, Fax (0221) 3400332* – 🆎 ⓜ VISA T s
  geschl. Samstagmittag, Sonn-und Feiertage – **Menu** (überwiegend Fischgerichte) à la carte 26/56.
  ♦ Für Fischfreunde ist dieses klassisch gehaltene Restaurant genau die richtige Adresse ! Blickfang sind die wechselnden Bilderausstellungen.

In Köln-Braunsfeld :

- **Regent** garni, Melatengürtel 15, ✉ 50933, ℘ (0221) 5 49 90, *info@hotelregent.de, Fax (0221) 5499998*, ♣ – 🛗 ✗ 📺 ☎ 🅿 – 🚗 80. 🆎 ⓪ ⓜ VISA S d
  geschl. 24. Dez. - 2. Jan. – ☕ 14 – **120 Zim** ⊐ 93 – 113, 5 Suiten.
  ♦ An einem der äußeren Stadtringe von Köln gelegen. Funktionelle Zimmer mit neuzeitlich-gehobenem Standard. Zum Frühstück u. a. 18 Sorten Konfiture !

- **Brasserie Marienbild,** Aachener Str. 561, ✉ 50933, ℘ (0221) 9 45 86 30, *info@ marienbild.com, Fax (0221) 9458631*, ♣, Biergarten – 🆎 ⓜ VISA S x
  Menu à la carte 22,50/37,50, ♀.
  ♦ Das historische Gasthaus beherbergt eine vollständig renovierte Brauereigaststätte mit französischem Touch und internationaler Küche.

In Köln-Brück über Olpener Str. S :

- **Silencium** garni, Olpener Str. 1031, ✉ 51109, ℘ (0221) 89 90 40, *info@silencium.de, Fax (0221) 8990489* – 🛗 ✗ 📺 ☎ 🅿 – 🚗 25. 🆎 ⓪ ⓜ VISA
  geschl. 23. Dez. - 3. Jan., 8. - 12. April – **70 Zim** ⊐ 95/120 – 125/150.
  ♦ Das Hotel liegt leicht zur Straße versetzt, ein alter Baumbestand auf großem Grundstück schließt sich an. Neuzeitlich gestaltete Zimmer verteilen sich auf Haupthaus und Anbau.

- **Zur alten Schule,** Olpener Str. 928, ✉ 51109, ℘ (0221) 84 48 88, *Fax (0721) 844808*, ♣ – 🆎 ⓪ ⓜ VISA
  geschl. Ende Juli - Mitte Aug., Sonntag - Montag – **Menu** *(nur Abendessen)* à la carte 28,50/43,50.
  ♦ Ein hübsches 1821 im Fachwerkstil erbautes Nebengebäude des alten Schulhauses. Das nette Restaurant besticht durch geschmackvolle Dekorationen. Gemütlicher Gewölbekeller.

- **Gut Wistorfs** mit Zim, Olpenerstr. 845, ✉ 51109, ℘ (0221) 8 80 47 90, *gutwistorfs @netcologne.de, Fax (0221) 88047910*, ♣ – 📺 ☎ 🅿 – 🚗 20. 🆎 ⓜ VISA
  Menu *(geschl. 26. Feb. - 15. März, Montag)* à la carte 21,50/39,50 – **13 Zim** ⊐ 72/80 – 90/125.
  ♦ Das Restaurant mit bürgerlicher Ausstattung liegt zum Innenhof des ehemaligen Guts-hofes von 1668, wo sich auch die Terrasse befindet.

In Köln-Buchforst :

- **Kosmos,** Waldecker Str. 11, ✉ 51065, ℘ (0221) 6 70 90, *email@kosmos-hotel-koeln.de, Fax (0221) 6709321*, ♣, 🔲 – 🛗 ✗ Zim, 📺 ☎ ♿ 🅿 – 🚗 120. 🆎 ⓪ ⓜ VISA
  geschl. 20. Dez. - 7. Jan. – **Menu** *(nur Abendessen)* à la carte 21/34 – **161 Zim** ⊐ 124 – 159. S s
  ♦ Modernes Konferenzhotel - komfortabel wohnen, multimedial tagen. Messe- und Tagungsgäste können nach den Strapazen des Tages an der Bar oder in der Sauna relaxen.

KÖLN S. 14

In Köln-Dellbrück über ② :

Uhu garni, Dellbrücker Hauptstr. 201, ✉ 51069, ✆ (0221) 9 68 19 60, *post@hotel-uh u.de, Fax (0221) 96819655* – 🛗 ⚡ 📺 🚗 – 🏊 15. 🆎 ⓞ ⓜⓞ 💳 R b
geschl. 22. Dez. - 5. Jan. – **35 Zim** ⛳ 65/75 – 85.
  • Nach einer kompletten Renovierung erstrahlt diese praktische Übernachtungsadresse in neuen Glanz. Helle, frische Farben dominieren in den Zimmern und im Frühstücksraum.

Ihr Hotel garni, Bergisch Gladbacher Str. 1109, ✉ 51069, ✆ (0221) 9 68 19 30, *welc ome@ihr-hotel-koeln.de, Fax (0221) 96819330* – 🛗 ⚡ 📺 📞 ♿ 🚗 🅿 🆎 ⓞ ⓜⓞ 💳
17 Zim ⛳ 55/65 – 75.
  • Ein neueres Hotel mit modern eingerichteten, wohnlichen Zimmern und einem reichhaltigen Frühstücksbuffet, das den Start in den Tag erleichtert.

In Köln-Deutz :

Hyatt Regency, Kennedy-Ufer 2a, ✉ 50679, ✆ (0221) 8 28 12 34, *cologne@hyatt .de, Fax (0221) 8281370,* ≤, Biergarten, Massage, 🛁, 🏊, 🔲 – 🛗, ⚡ Zim, 🖥 📺 📞 ♿ 🚗 – 🅿 🏊 260. 🆎 ⓞ ⓜⓞ 💳 🎯 S y
Graugans (euro-asiatische Küche) *(geschl. Juli - Aug. 2 Wochen, Samstagmittag, Sonntag)* **Menu** 35 (mittags) à la carte 45/64, 🍷 – **Glashaus** (italienische Küche) **Menu** 28 (mittags) à la carte 38/56 – ⛳ 19 – **305 Zim** 160 – 185, 17 Suiten.
  • Das Ende der 80er Jahre erbaute Hotel liegt direkt am Rhein. Durch einen großzügigen Hallenbereich gelangen Sie in komfortabel ausgestattete Zimmer. Leicht elegant wirkt das Graugans, das Glashaus hat man galerieartig angelegt.

Radisson SAS, Messe Kreisel 3, ✉ 50679, ✆ (0221) 27 72 00, *info.cologne@radisso nsas.com, Fax (0221) 2777010,* 🌳, Massage, 🛁, 🏊 – 🛗, ⚡ Zim, 🖥 📺 📞 ♿ 🚗 – 🏊 250. 🆎 ⓞ ⓜⓞ 💳 ⓙⒸⒷ S w
Menu à la carte 21,50/41 – ⛳ 15 – **393 Zim** 150.
  • Durch und durch imposant und edel wirkt dieses in V-Form erbaute Hotel an der Messe : eine 15 m hohe Glaskonstruktion und hochwertig ausgestattete, moderne Zimmer beeindrucken. Buffet-Restaurant und das Paparazzi mit einsehbarem Pizza-Ofen.

Dorint an der Messe, Deutz-Mülheimer-Str. 22, ✉ 50679, ✆ (0221) 80 19 00, *inf o.cgnmes@dorint.com, Fax (0221) 80190800,* 🌳, Massage, 🛁, 🏊, 🔲 – 🛗, ⚡ Zim, 🖥 📺 📞 ♿ – 🏊 350. 🆎 ⓞ ⓜⓞ 💳 🎯 Rest S e
L'Adresse *(geschl. Mitte Juli - Mitte Aug., Sonntag - Montag) (nur Abendessen)* **Menu** 32/78 und à la carte – **Bell Arte** *(nur Mittagessen)* **Menu** à la carte 19,50/29,50 – ⛳ 17 – **313 Zim** 161/301 – 181/321, 31 Suiten.
  • Moderne Eleganz und eine gute technische Ausstattung bieten Ihnen die Zimmer des neuen Hotels direkt gegenüber dem Messeeingang. Mit großzügigem Fitnessbereich. Schlicht-elegantes Ambiente im L'Adresse. Das Bell Arte : hell und freundlich.

fair & more garni, Adam-Stegerwald-Str. 9, ✉ 51063, ✆ (0221) 6 71 16 90, *info@ fairandmore.com, Fax (0221) 67116910,* 🌳 – 🛗 ⚡ 📺 📞 ♿ 🅿 🆎 ⓞ ⓜⓞ 💳 S q
geschl. 22. Dez. - 1. Jan – **58 Zim** ⛳ 70/95 – 82/107.
  • Die einstige Jugendherberge - später als Bürogebäude genutzt - ist heute ein modernes, engagiert geführtes Geschäftshotel mit funktionellen Zimmern - ideal für Messebesucher.

Inselhotel garni, Constantinstr. 96, ✉ 50679, ✆ (0221) 8 80 34 50, *hotel@insel-koe ln.de, Fax (0221) 8803490* – 🛗 ⚡ 📺 📞 🆎 ⓞ ⓜⓞ 💳 ⓙⒸⒷ 🎯 S z
42 Zim ⛳ 75/95 – 110/120.
  • Das Hotel liegt gegenüber dem Deutzer Bahnhof, unweit des Messegeländes und des Veranstaltungszentrums Köln-Arena. Solide und funktionell ausgestattete Zimmer.

Ilbertz garni, Mindener Str. 6, ✉ 50679, ✆ (0221) 8 29 59 20, *hotel@hotel-ilbertz.de, Fax (0221) 829592155* – 🛗 ⚡ 📺 📞 🆎 ⓞ ⓜⓞ 💳 S z
26 Zim ⛳ 70/102 – 92/178.
  • Eine nette, tadellos unterhaltene Übernachtungsadresse. Gäste beziehen hier gepflegte, neuzeitlich gestaltete Zimmer mit hellem Kirschbaummobiliar und guter Technik.

Der Messeturm, Kennedy-Ufer (18. Etage), ✉ 50679, ✆ (0221) 88 10 08, *Fax (0221) 818575,* ≤ Köln – 🛗 🖥 – 🏊 30. 🆎 ⓞ ⓜⓞ 💳 🎯 S y
geschl. 4. - 24. Aug., Mittwoch, Samstagmittag – **Menu** 25 (mittags) à la carte 31/44,50.
  • Ein Lift bringt Sie direkt ins 16. Stock, zwei Etagen gehen Sie zu Fuß. Das Aussichtsrestaurant in dem 1926 - 1928 erbauten Messeturm belohnt mit einem schönen Blick.

In Köln-Ehrenfeld :

Holiday Inn City West, Innere Kanalstr. 15, ✉ 50823, ✆ (0221) 5 70 10, *city-wes t@eventhotels.com, Fax (0221) 5701999,* 🛁, 🏊 – 🛗, ⚡ Zim, 🖥 📺 📞 ♿ 🚗 🅿 – 🏊 180. 🆎 ⓞ ⓜⓞ 💳 ⓙⒸⒷ S b
Menu à la carte 26/39 – **205 Zim** ⛳ 158/183 – 193/218.
  • Ein Hotel in einem verkehrsgünstig gelegenen, modernen Glaskomplex, das mit funktionellen Möbeln und klaren Linien für Geschäftsreisende wie geschaffen ist. Großzügig geschnittenes Restaurant mit raumhohen Fenstern.

KÖLN S. 15

Imperial, Barthelstr. 93, ⊠ 50823, ℘ (0221) 51 70 57, *hotel@hotel-imperial.de*, *Fax (0221) 520993*, ⇌ – |₿|, ⇌ Zim, 🖃 📺 ✆ ♿ 🚗 – 🏛 25. AE ① ⓪ VISA JCB. ※ Rest
S a
Menu *(geschl. 23. Dez. - 3. Jan., Freitag - Sonntag)* à la carte 19,50/36 – **35 Zim** ⇌ 102/144 – 153/230.
• Das Haus liegt verkehrsgünstig in einem Wohngebiet am äußeren Innenstadtring. Solide eingerichtete Zimmer, überwiegend in Mahagoni gehalten. Gepflegter Rahmen. Gediegenes Restaurant.

✕ **Amando**, Klarastr. 2, ⊠ 50823, ℘ (0221) 5 62 60 65, *Fax (0221) 5949642* – ⓪ VISA
S a
geschl. Sonntag – **Menu** *(nur Abendessen)* 33/44 à la carte 34/47,50, ♀.
• Gelbe Wände, ein edler Holzboden und Spiegel bestimmen das Ambiente in diesem modernen Restaurant. Ein aufmerksames Team, geleitet von der Patronne, kümmert sich um Sie.

In Köln-Höhenberg :

Köln, Bennoplatz 2, ⊠ 51103, ℘ (0221) 80 24 00, *info@bestwestern-koeln.de*, *Fax (0221) 8024100*, 🌳 – |₿|, ⇌ Zim, 🖃 📺 ✆ ♿ 🚗 P – 🏛 80. AE ① ⓪ VISA. ※ Rest
S x
Menu à la carte 22,50/39 – **92 Zim** ⇌ 108 – 121.
• Der neuzeitliche Hotelbau aus dem Jahre 2001 überzeugt seine Besucher mit sauberen, gepflegten Zimmern, zeitgemäß und funktionell in der Ausstattung.

In Köln-Holweide :

✕✕✕ **Isenburg**, Johann-Bensberg-Str. 49, ⊠ 51067, ℘ (0221) 69 59 09, *info@isenburg.info*, *Fax (0221) 698703*, 🌳, 🎾 – P. AE ⓪ VISA JCB
S b
geschl. Karneval, Mitte Juli - Mitte Aug., 20. - 31. Okt., Weihnachten, Samstagmittag, Sonntag - Montag – **Menu** *(Tischbestellung ratsam)* à la carte 29,50/48,50.
• Besuchen Sie das efeuumrankte Gemäuer der einstigen Wasserburg. In dem festlich-feudalen Restaurant offeriert man eine gehobene Küche. Im Sommer : nette Terrasse.

In Köln-Immendorf :

✕✕ **Bitzerhof** mit Zim, Immendorfer Hauptstr. 21, ⊠ 50997, ℘ (02236) 6 19 21, *welcome@bitzerhof.de, Fax (02236) 62987*, 🌳 – 📺 P. AE ⓪ VISA JCB. ※ Zim
T c
Menu *(Tischbestellung ratsam)* à la carte 23,50/38,50 – **3 Zim** ⇌ 77 – 100.
• Der Gutshof von 1821 liegt in der Ortsmitte. Rustikales Mobiliar und Landhausromantik machen Appetit auf das vielseitige Angebot des Restaurants. Nette Gartenterrasse !

In Köln-Junkersdorf :

Brenner'scher Hof ⊗, Wilhelm-von-Capitaine-Str. 15, ⊠ 50858, ℘ (0221) 9 48 60 00, *hotel@brennerscher-hof.de, Fax (0221) 94860010* – |₿| 📺 ✆ 🚗 – 🏛 25. AE ⓪ VISA
S f
Pino's Osteria : *(italienische Küche)* **Menu** à la carte 17/40,50 – **Anno Pomm :** *(nur Kartoffelgerichte)* **Menu** à la carte 18/26 – **42 Zim** ⇌ 135 – 160, 7 Suiten.
• Sehr wohnlich und individuell ! Das Anwesen aus dem Jahre 1754 überzeugt mit südländischem Flair : italienische Stilmöbel, Terrakottaboden und Kaminzimmer. Zum schönen Innenhof hin liegt Pino's Osteria. Leicht mediterran-rustikal wirkt das Anno Pomm.

Dorint, Aachener Str. 1059, ⊠ 50858, ℘ (0221) 4 89 80, *info.cgnbud@dorint.com*, *Fax (0221) 48981000* – |₿|, ⇌ Zim, 🖃 📺 ✆ ♿ 🚗 – 🏛 80. AE ① ⓪ VISA JCB. ※ Rest
S k
Menu à la carte 20/30 – **145 Zim** ⇌ 97 – 118.
• Ein modernes Hotel in verkehrsgünstiger Lage mit funktionell ausgestatteten Zimmern ; schallisolierte Fenster sorgen für eine ungestörte Nachtruhe.

In Köln-Klettenberg :

✕ **Steinmetz**, Gottesweg 165, ⊠ 50939, ℘ (0221) 44 79 34, *steinmetzcgn@aol.com*, *Fax (0221) 2406883*, 🌳
T t
geschl. über Karneval, Aug. 2 Wochen, Montag – **Menu** *(nur Abendessen)* à la carte 30,50/37.
• Die ehemalige Jugendstil-Weinstube wurde behutsam in ein modernes Bistro verwandelt, in dem eine kleine Speisekarte und eine große Weinauswahl auf Sie warten.

In Köln-Lindenthal :

Holiday Inn Am Stadtwald, Dürener Str. 287, ⊠ 50935, ℘ (0221) 4 67 60, *reservation-hi-cologne-amstadtwald@queensgruppe.de, Fax (0221) 433765*, Biergarten – ⇌ Zim, 🖃 📺 ✆ ♿ 🚗 P – 🏛 250. AE ① ⓪ VISA
S h
Menu à la carte 19,50/34,50 – **150 Zim** ⇌ 165 – 200.
• Das Haus liegt direkt am Kölner Stadtwaldweiher - Komfort prägt das Interieur. Auch Geschäftsreisende schätzen die funktionelle Ausstattung der Gästezimmer.

793

KÖLN S. 16

Bremer, Dürener Str. 225, ✉ 50931, ✆ (0221) 4 06 80, info@hotelbremer.de, Fax (0221) 406810, 🕮, 🔲 – ⌷ 📺 🚗
S g
geschl. 23. Dez. - 4. Jan. – **Menu** à la carte 21/32,50 – **68 Zim** ⊑ 75/80 – 90/110.
• In der Nähe des Kölner Stadtwaldes und unweit der Universitätskliniken. Unterschiedlich eingerichtete, solide Zimmer stehen zum Einzug bereit. In freundlichen Farben gestaltetes Bistro mit einsehbarer Küche.

Osteria Toscana, Dürener Str. 218, ✉ 50931, ✆ (0221) 40 80 22, Fax (0221) 4009897 – ▤, AE ⓞ ⓜ VISA, ⌘
S e
geschl. Aug. 2 Wochen, Montag (außer Messen) – **Menu** à la carte 24,50/34,50.
• Der Name des Restaurants lässt bereits das italienische Speiseangebot vermuten. Hell, freundlich und leicht elegant präsentiert sich das Interieur.

In Köln-Marienburg :

Marienburger Bonotel, Bonner Str. 478, ✉ 50968, ✆ (0221) 3 70 20, info@bonotel.de, Fax (0221) 3702132, 🕮 – ⌷, ⌘ Zim, 📺 🚗 🅿 – 🛎 40. AE ⓞ ⓜ VISA JCB
Menu à la carte 21,50/44,50 – **93 Zim** ⊑ 100 – 125.
T x
• Gut geführte Tagungs- und Geschäftsadresse mit neuzeitlich gehobenem Standard. Die Zimmer sind mit hellen Naturholzmöbeln einheitlich eingerichtet. Verkehrsgünstige Lage. Essen wird in der Piano Lounge serviert.

In Köln-Marsdorf :

Novotel Köln-West, Horbeller Str. 1, ✉ 50858, ✆ (02234) 51 40, h0705@accor-hotels.com, Fax (02234) 514106, 🌳, Biergarten, 🏊, 🕮, 🏊, 🔲 – ⌷, ⌘ Zim, 📺 ☏ 🔧 🅿 – 🛎 120. AE ⓞ ⓜ VISA JCB
S p
Menu à la carte 20,50/32 – ⊑ 13 – **199 Zim** 97 – 112.
• Das Hotel liegt kurz hinter der Autobahnausfahrt Frechen. Neu renovierte Zimmer, praktisch-sachlich. Hinter dem Haus : ein Swimmingpool mit Sonnenterrasse.

In Köln-Merheim :

Servatius garni, Servatiusstr. 73, ✉ 51109, ✆ (0221) 89 00 30, info@hotel-servatius.com, Fax (0221) 8900399 – ⌷, ⌘ Zim, 📺 ☏ 🅿 – 🛎 15. AE ⓞ ⓜ VISA
S m
geschl. 21. Dez. - 5. Jan. – **38 Zim** ⊑ 69/77 – 89.
• 1999 neu eröffnetes Hotel in ehemaligem Bürogebäude mit hellen, freundlichen Zimmern des gehobenen Standards. Schnelle direkte Verbindungen mit der Bahn ins Zentrum.

In Köln-Mülheim :

Park Plaza, Clevischer Ring 121, ✉ 51063, ✆ (0221) 9 64 70, ppcinfo@parkplazahotels.de, Fax (0221) 9647100, 🏊, 🕮 – ⌷, ⌘ Zim, ▤ Rest, 📺 ☏ 🔧 🚗 – 🛎 140. AE ⓞ ⓜ VISA JCB
R a
Menu à la carte 16/39 – **188 Zim** ⊑ 115 – 155.
• Die moderne Architektur des relativ neuen Hotels verbindet gelungen Backstein und Glasflächen. Die sehr funktionellen Zimmer sind nicht nur für Geschäftsleute interessant. Das neuzeitliche Restaurant ist zur Halle hin offen.

The New Yorker garni, Deutz-Mülheimer Str. 204, ✉ 51063, ✆ (0221) 4 73 30, reservation@thenewyorker.de, Fax (0221) 4733100, 🏊, 🕮 – ⌷ ⌘ 📺 ☏. AE ⓞ ⓜ VISA JCB
S c
geschl. 24. - 30. Dez. – ⊑ 12 – **40 Zim** 105/125.
• Ein modern gestyltes, im Industriegebiet gelegenes Hotel, das relativ ruhiges Wohnen ermöglicht. Die "De Luxe"-Zimmer sind großzügig und mit zweifarbigem Parkett ausgelegt.

Express by Holiday Inn garni, Tiefentalstr. 72, ✉ 51063, ✆ (0221) 29 77 00, expresscologne@ichotelsgroup.com, Fax (0221) 29770100 – ⌷ ⌘ ▤ 📺 ☏ 🔧 🅿 – 🛎 30. AE ⓞ ⓜ VISA JCB
R c
107 Zim ⊑ 85.
• Vor allem auf Geschäftsreisende sind die solide, modern und funktionell ausgestatteten Zimmer dieses an der Durchgangsstraße gelegenen neuzeitlichen Hotelbaus ausgelegt.

In Köln-Müngersdorf :

Landhaus Kuckuck, Olympiaweg 2, ✉ 50933, ✆ (0221) 48 53 60, info@landhaus-kuckuck.de, Fax (0221) 4853636, 🌳 – 🅿 – 🛎 50. AE ⓞ ⓜ VISA
S r
geschl. 16. - 26. Feb., Sonntagabend - Montag – **Menu** 24 (mittags) à la carte 36/42,50.
• Hinter den raumhohen Fenstern des im Landhausstil erbauten Hauses erwarten Sie ein leicht elegantes, lichtes Ambiente und ein geschulter Service. Ideal für Gesellschaften.

In Köln-Nippes :

Paul's Restaurant, Bülowstr. 2, ✉ 50733, ✆ (0221) 76 68 39, pauls-restaurant@t-online.de, Fax (0221) 766839 – ⓜ
S n
geschl. über Karneval 1 Woche, Aug. 2 Wochen, Montag – **Menu** (nur Abendessen) (Tischbestellung ratsam) à la carte 38,50/47.
• Gediegen-rustikal präsentiert sich das Innere dieses älteren Stadthauses. Besucher freuen sich auf eine Auswahl kreativ zubereiteter Speisen.

In Köln-Porz :

Lemp garni, Bahnhofstr. 44, ⊠ 51143, ℘ (02203) 9 54 40, info@hotel-lemp.com, Fax (02203) 9544400 – 📶 ⇆ 📺 ☎ ⇨ 🅿 AE Ⓞ ⓂⓄ VISA JCB. ✗ T e
41 Zim ⊇ 85 – 95.
• An der Stadtbahnlinie liegt das neuzeitlich-moderne Hotel. Die Zimmer sind mit hellen zeitgemäßen Ahornmöbeln funktionell eingerichtet. Mit kleinem Bistro.

Mercure garni, Hauptstr. 369, ⊠ 51143, ℘ (02203) 5 50 36, h2018@accor-hotels.com, Fax (02203) 55931 – 📶, ⇆ Zim, 📺 ⇨ – 🔒 60. AE ⓄⓂⓄ VISA T q
59 Zim ⊇ 95/118 – 119/138.
• Die Lage direkt am Rhein lädt ein zu einem Spaziergang mit Blick auf den Dom. Die funktionell ausgestatteten Zimmer verfügen teilweise über eine Terrasse.

In Köln - Porz-Grembergshoven :

Ibis Airport, Alter Deutzer Postweg 95, ⊠ 51149, ℘ (02203) 3 59 00, h5008@accor-hotels.com, Fax (02203) 3590555, 🍽 – 📶, ⇆ Zim, 🔲 📺 ☎ ♿ 🅿 AE Ⓞ ⓂⓄ VISA S u
Menu (nur Abendessen) à la carte 14,50/23 – ⊇ 9 – **93 Zim** 49.
• Die gute Anbindung an die Autobahn und Zimmer mit funktioneller, neuzeitlicher Ausstattung machen das Hotel vor allem für Geschäftsreisende interessant.

In Köln - Porz-Grengel über ⑤ : 16 km und A 59 :

Holiday Inn Airport, Waldstr. 255 (am Flughafen Köln/Bonn), ⊠ 51147, ℘ (02203) 56 10, reservation.hi-cologne-bonn-airport@queensgruppe.de, Fax (02203) 5619, Biergarten – 📶, ⇆ Zim, 🔲 📺 ☎ ♿ 🅿 – 🔒 80. AE Ⓞ ⓂⓄ VISA JCB
Menu à la carte 24/41 – ⊇ 15 – **177 Zim** 129/149 – 164/184.
• Nur 500 m vom Flughafen entfernt. Hier können Flug-Reisende zwischenlanden und wieder auftanken. Dazu dienen die wohnlichen Zimmer sowie die Atmosphäre der Münchhausen Bar.

Spiegel, Hermann-Löns-Str. 122, ⊠ 51147, ℘ (02203) 96 64 40, info@hotel-spiegel.de, Fax (02203) 695653, 🍽, 🌳 – ⇆ Zim, 📺 ☎ ⇨ 🅿 – 🔒 30. AE ⓂⓄ VISA JCB
geschl. Ende Dez. - Anfang Jan. 2 Wochen, Juli 3 Wochen – **Menu** (geschl. Freitag - Samstagmittag, Sonntagabend) à la carte 25/41,50 – **27 Zim** ⊇ 60/95 – 92/120.
• Gepflegter und gut geführter Betrieb der Familie Spiegel, ausgestattetet mit funktionellen Gästezimmern. Ansprechend gestalteter öffentlicher Bereich. Kleines Restaurant mit mediterranem Flair. Reizvolle Terrasse im Grünen.

In Köln - Porz-Langel Süd : 17 km über Hauptstr. T :

Zur Tant (Hütter), Rheinbergstr. 49, ⊠ 51143, ℘ (02203) 8 18 83, Fax (02203) 87327, ≤, 🍽 – 🅿 AE Ⓞ ⓂⓄ VISA
geschl. 16. - 24. Feb., Donnerstag – **Menu** à la carte 40/56, ⚑ – **Hütter's Piccolo** (geschl. Donnerstag) **Menu** à la carte 25,50/33,50, ⚑.
• Das Restaurant ist in einem hübschen Fachwerkhaus untergebracht. Eine große Fensterfront ermöglicht dem Gast einen schönen Blick auf den Rhein. Hütter's Piccolo ist ein neuzeitliches Bistro - ein paar Stufen über dem Zur Tant.
Spez. Das Beste vom Kalbskopf mit Wurzelgemüse. Taubenbrust mit Gänseleber und Balsamjus. Crépinette vom Lamm mit ligurischem Gemüse und Pesto

In Köln - Porz-Wahn über ⑤ : 17 km und A 59 :

Geisler garni, Frankfurter Str. 172, ⊠ 51147, ℘ (02203) 99 00 80, info@hotel-geisler.de, Fax (02203) 99008300, 🌳 – 📶 📺 🅿 – 🔒 30. ⓂⓄ VISA
51 Zim ⊇ 60/75 – 95.
• Familienbetrieb mit einheitlich in Mahagoni eingerichteten Zimmern. Einladendes Frühstücksbuffet und hauseigenes Café mit Konditoreispezialitäten.

In Köln - Porz-Wahnheide über ⑤ : 17 km und A 59 :

Zur Quelle (mit Gästehaus), Heidestr. 246, ⊠ 51147, ℘ (02203) 9 64 70, info@hotel-zur-quelle.de, Fax (02203) 9647317, 🍽 – 📶 📺 ☎ ⇨ 🅿 AE ⓂⓄ VISA
Menu (geschl. Aug. 2 Wochen, Freitag - Samstagmittag) à la carte 14/34 – **120 Zim** ⊇ 65/85 – 95/115.
• Gut gepflegt, solide eingerichtet und von ausreichendem Platzangebot sind die Zimmer dieses Hotels. Verkehrsgünstige Lage nahe der Autobahn und des Flughafens. In mehrere Stuben unterteilt ist das bürgerliche Hotelrestaurant.

Karsten garni, Linder Weg 4, ⊠ 51147, ℘ (02203) 96 61 90, horst.frieben@t-online.de, Fax (02203) 9661950, 🌳 – ⇆ 📺 ⇨ 🅿 AE Ⓞ ⓂⓄ VISA
24 Zim ⊇ 60/75 – 80/95.
• Ob nach Köln oder ins Bergische Land - das funktionelle Hotel ist ein guter Ausgangspunkt für vielfältige Ziele. Freundliche, helle Zimmer zu vernünftigen Preisen.

KÖLN S. 18

In Köln - Porz-Westhoven :

Ambiente garni, Oberstr. 53, ✉ 51149, ℘ (02203) 91 18 60, info@hotel-ambiente-koeln.de, Fax (02203) 9118636 – 🛗 📺 🅿 – 🅰 25. AE ⓘ ⓜ VISA JCB. ✕ **T d**
geschl. Weihnachten - Anfang Jan. – **27 Zim** ⛱ 72/97 – 92/127.
• In einem Wohngebiet liegt dieses Hotel mit praktischer Zimmerausstattung. Nicht weit vom Haus verläuft die Anbindung mit öffentlichen Verkehrsmitteln an das Stadtzentrum.

Bon ami, Aggerweg 17 (Ensen), ✉ 51149, ℘ (02203) 1 34 88, Fax (02203) 12740 – AE ⓘ ⓜ VISA **T r**
geschl. über Karneval, Aug. - Sept. 2 Wochen, Montag – **Menu** (wochentags nur Abendessen) (Tischbestellung ratsam) à la carte 30/50, ⚜.
• Ein kleines, elegantes Restaurant, in dem die charmante Chefin kompetent und freundlich den Service leitet. Die kleine Karte bietet internationale Speisen.

In Köln-Rheinkassel Nord : 15 km über Neusser Landstr. R :

Rheinkasseler Hof, Amandusstr. 6, ✉ 50769, ℘ (0221) 70 92 70, rheinkasseler-hof@t-online.de, Fax (0221) 701073, 🌳, 🍽 – 🛗 📺 📞 🅿 – 🅰 25. AE ⓜ VISA
geschl. 16. Dez. - 3. Jan. – **Menu** (geschl. Montag, Freitag, Sonntagabend) (wochentags nur Abendessen) à la carte 32/44 – **L'Angelo** (geschl. Freitag)(nur Abendessen) **Menu** à la carte 24,50/34 – **47 Zim** ⛱ 87/102 – 117/145, 6 Suiten.
• Das dunkelrote Klinkergebäude beherbergt ein Hotel mit geschmackvollen Zimmern, die mit solidem Mobiliar ausgestattet sind und zeitgemäßen Komfort bieten. Das luftig wirkende Restaurant ist als Wintergarten angelegt. Italienisch kocht man im L'Angelo.

In Köln-Rodenkirchen :

Atrium-Rheinhotel ⚓ garni (mit Gästehaus), Karlstr. 2, ✉ 50996, ℘ (0221) 93 57 20, info@atrium-rheinhotel.de, Fax (0221) 9357222, 🍽 – 🛗 ✻ 📺 📞 🚗 – 🅰 15. AE ⓜ VISA **T n**
geschl. 24. Dez. - 1. Jan. – **68 Zim** ⛱ 85 – 120.
• In einem der stillen Gässchen des ehemaligen Fischerdorfes Rodenkirchen liegt das Hotel nahe dem Rheinufer. Sie wählen zwischen komfortableren und einfacheren Zimmern.

Rheinblick ⚓ garni, Uferstr. 20, ✉ 50996, ℘ (0221) 3 40 91 40, Fax (0221) 392139, ≤, 🍽, 🏊 – 📺 🚗. AE ⓘ ⓜ VISA **T a**
16 Zim ⛱ 65/75 – 85/90.
• Nomen est Omen : Im Wintergarten können Sie beim Frühstück den Blick auf den Rhein genießen ! Die restaurierte Villa mit familiärer Atmosphäre bietet gepflegte Gästezimmer.

Antica Osteria, Wilhelmstr. 35a, ✉ 50996, ℘ (0221) 9 35 23 23, Fax (0221) 9352324 AE ⓜ VISA **T a**
geschl. Montag – **Menu** (italienische Küche) à la carte 29/41,50.
• Freigelegtes Mauerwerk und schöner Steinfußboden kombiniert mit gelben Farbtönen geben den Räumlichkeiten ihren ganz eigenen, nostalgisch-romantischen gefärbten Charme.

In Köln-Sürth :

Falderhof ⚓, Falderstr. 29, ✉ 50999, ℘ (02236) 96 69 90 (Hotel), 6 87 16 (Rest.), info@falderhof.de, Fax (02236) 966998, 🌳 – 📺 📞 🅿 – 🅰 40. AE ⓘ ⓜ VISA **T f**
Menu à la carte 26,50/34 – **33 Zim** ⛱ 85/95 – 115.
• Eine der ältesten Gutshofanlagen im Kölner Bezirk. Die restaurierten Gebäude empfangen die Gäste mit geschmackvoller Einrichtung. Ruhige Zimmer zum Innenhof oder Garten. Im Alten Fachwerkhaus umgibt Sie ein rustikales Ambiente. Gartenterrasse !

Da Bruno, Sürther Hauptstr. 157, ✉ 50999, ℘ (02236) 6 93 85, Fax (02236) 961253 – AE ⓜ VISA. ✕ **T b**
geschl. Mitte Juli - Anfang Aug., Montag – **Menu** (nur Abendessen) (italienische Küche) à la carte 39,50/66, ⚜.
• Schwarz-weiß gefliester Boden und moderne Bilder sorgen für eine stimmungsvolle Atmosphäre. Der Patron trägt seine italienischen Empfehlungen mit Vorliebe mündlich vor.
Spez. Mediterraner Kartoffelsalat mit Tagliata vom Thunfisch. Seeteufel mit Artischockenherzen. Spanferkelkotelett mit dicken Bohnen

In Köln-Weiden :

Garten-Hotel ⚓ garni, Königsberger Str. 5, ✉ 50858, ℘ (02234) 4 08 70, info@garten.hotel.de, Fax (02234) 408787, 🌳 – 🛗 ✻ 📺 📞 🚗 – 🅰 30. AE ⓘ ⓜ VISA
geschl. 22. Dez. - 1. Jan. – **33 Zim** ⛱ 75 – 105/150. **S n**
• Das angenehm ruhig gelegene Haus verfügt über funktionell ausgestattete Zimmer, moderne Appartements und einen netten Frühstücksraum. Sehr hübsch : der Garten.

Ischia mit Zim, Bahnstr. 12, ✉ 50858, ℘ (02234) 7 86 54, Fax (02234) 75490 – 📺 AE ⓜ VISA **S c**
Menu (italienische Küche) à la carte 30/47 – **5 Zim** ⛱ 75/90 – 90/110.
• Einen schönen Blick in den Garten bietet dieses italienische Restaurant mit Terrakottaböden und leicht mediterranem Ambiente. Mit Zimmern im Landhausstil.

In Köln-Worringen Nord : 18 km über B 9 R :

- **Matheisen,** In der Lohn 45, ⊠ 50769, ℰ (0221) 9 78 00 20, info@hotel-matheisen.de, Fax (0221) 9780026 – TV P AE ① ◎◎ VISA JCB
  Menu (geschl. Aug. - Sept. 2 Wochen, Mittwoch, Samstagmittag) à la carte 16,50/31,50 – **12 Zim** ⊇ 46 – 77.
  • Der kleine Ort liegt zwischen Köln und Düsseldorf. Familiäres Hotel mit rosa Fassade in einer Einbahnstraße des Dorfzentrums. Einige der Zimmer im Landhausstil. Das Restaurant : teils rustikal mit Holzbalken, teils heller und neuzeitlicher.

KÖNGEN Baden-Württemberg 545 T 12 – 9 000 Ew – Höhe 280 m.

Berlin 626 – Stuttgart 26 – Reutlingen 28 – Ulm (Donau) 67.

- **Schwanen** (mit Gästehaus), Schwanenstr. 1, ⊠ 73257, ℰ (07024) 9 72 50, schwanen-koengen@t-online.de, Fax (07024) 97256, 😊 – 🛗 TV ✆ P – 🔔 40. AE ① ◎◎ VISA
  geschl. 1. - 6. Jan. – **Menu** (geschl. Sonntagabend - Montag) à la carte 23/39 – **45 Zim** ⊇ 55/68 – 85/90.
  • Ein freundlicher, zuvorkommender Service und solide eingerichtete Gästezimmer mit zeitgemäßem Komfort zeichnen dieses familiengeführte Hotel im Neckartal aus. In klassisch-gediegenem Ambiente serviert man regionale und internationale Gerichte.

KÖNIG, BAD Hessen 543 Q 11 – 9 800 Ew – Höhe 183 m – Heilbad.

- ⛳ Brombachtal, Am Golfplatz 1 (West : 4 km), ℰ (06063) 5 74 47.
- 🗓 Kurgesellschaft, Elisabethenstr. 13, ⊠ 64732, ℰ (06063) 5 78 50, kurgesellschaft@badkoenig.de, Fax (06063) 578560.

Berlin 584 – Wiesbaden 85 – Mannheim 71 – Aschaffenburg 44 – Darmstadt 40 – Heidelberg 65.

- **Büchner,** Frankfurter Str. 6 (Eingang Schwimmbadstraße), ⊠ 64732, ℰ (06063) 5 00 50, info@hotel-buechner.de, Fax (06063) 57101, 😊, 🏊, 🐎 – TV ✆ P – 🔔 25. AE ◎◎ VISA
  Menu (geschl. Okt., Mittwochabend - Donnerstag) à la carte 17,50/41 – **31 Zim** ⊇ 39/80 – 64/100 – ½ P 15.
  • In einer kleinen, hauseigenen Parkanlage liegt dieser Gasthof mit Hotelanbau. Die Zimmer sind geräumig und geschmackvoll mit soliden, hellen Naturholzmöbeln eingerichtet. Gediegenes Hotelrestaurant.

In Bad König-Momart Süd-Ost : 2 km über Weyprechtstraße :

- **Zur Post** 🍃, Hauswiesenweg 16, ⊠ 64732, ℰ (06063) 15 10, zurpost-momart@t-online.de, Fax (06063) 3785, ≤, 😊, 🐎 – P – 🔔 9.
  Menu (geschl. Feb., Dienstag) à la carte 12/26 – **11 Zim** ⊇ 33 – 58 – ½ P 9.
  • Seit sechs Generationen in Familienbesitz ist dieser historische Gasthof, der zeitweise auch als Poststation diente. Heute erwarten die Gäste wohnliche, gepflegte Zimmer. Bäuerliche Geräte schaffen in den rustikalen Gaststuben ein ländliches Ambiente.

KÖNIGSBACH-STEIN Baden-Württemberg 545 T 9 – 10 000 Ew – Höhe 192 m.

- ⛳ Königsbach-Stein, Hofgut Johannesthal (Nord : 3 km), ℰ (07232) 80 98 60.

Berlin 647 – Stuttgart 65 – Karlsruhe 25 – Pforzheim 16.

Im Ortsteil Königsbach :

- **Europäischer Hof,** Steiner Str. 100, ⊠ 75203, ℰ (07232) 8 09 80, europ.hof@t-online.de, Fax (07232) 809850 – TV – 🔔 40. AE ① ◎◎ VISA
  geschl. über Fasching 2 Wochen, Juli - Aug. 3 Wochen – **Menu** (geschl. Samstagmittag, Sonntagabend - Montag) (abends Tischbestellung ratsam) à la carte 27/46 – **20 Zim** ⊇ 50 – 85.
  • Solide, sauber und gepflegt ist die Ausstattung dieses Gasthofs im Landhausstil, der am Ortsrand in einem Wohngebiet liegt. Auch für Tagungen geeignet. Restaurant in gediegen-ländlicher Aufmachung.

Im Ortsteil Stein :

- **Landgasthof Krone,** Königsbacher Str. 2, ⊠ 75203, ℰ (07232) 3 04 20, hotel-krone-stein@s-direktnet.de, Fax (07232) 304242 – ✶ Zim, TV ✆ P – 🔔 30. ◎◎ VISA
  Menu à la carte 28/38,50 – **20 Zim** ⊇ 54 – 89.
  • Gastlichkeit wird groß geschrieben in diesem Fachwerkgasthof aus dem Jahr 1831. Anfang der 90er Jahre wurde das Haus renoviert und verfügt jetzt über wohnliche Zimmer. Gemütlich-rustikales Restaurant.

KÖNIGSBRONN Baden-Württemberg 545 T 14 – 7 800 Ew – Höhe 500 m – Erholungsort – Wintersport : ⛷.
Berlin 572 – Stuttgart 90 – Augsburg 106 – Aalen 14 – Heidenheim an der Brenz 9.

In Königsbronn-Zang Süd-West : 6 km :

※ **Landgasthof Löwen** mit Zim, Struthstr. 17, ✉ 89551, ℘ (07328) 9 62 70, loewen-zang@t-online.de, Fax (07328) 962710, 🍽, 🌳, ❀ – TV P. 🆎 VISA
geschl. Ende Aug.- Anfang Sept. – **Menu** (geschl. Dienstag - Mittwochmittag) à la carte 20/38 – **8 Zim** ⊇ 40 – 65 – ½ P 10.
• In dem soliden Landgasthof verwöhnt man die Gäste mit einer schmackhaft zubereiteten regionalen Küche. Verschiedene rustikale Stuben schaffen ein nettes Umfeld.

KÖNIGSBRUNN Bayern 546 V 16 – 20 500 Ew – Höhe 520 m.
🏌 Lechfeld, Föllstr. 32a, ℘ (08231) 3 26 37 ; 🏌 Königsbrunn, Benzstr. 23, ℘ (08231) 3 42 04.
Berlin 572 – München 66 – Augsburg 14 – Ulm (Donau) 94.

🏨 **Arkadenhof** garni, Rathausstr. 2, ✉ 86343, ℘ (08231) 9 68 30, hotelarkadenhof@t-online.de, Fax (08231) 86020, ≘s – 🛗 ✳ TV ☏ ⇔ P. – 🚴 35. 🆎 ⓞ ⓂⓄ VISA
geschl. 23. Dez. - 6. Jan. – **56 Zim** ⊇ 64/85 – 79/100, 3 Suiten.
• Südlich von Augsburg finden Sie dieses 1998 neu erbaute Haus mit modern und funktionell ausgestatteten Zimmern, die guten Komfort bieten. Auch Familienzimmer vorhanden.

KÖNIGSDORF Bayern 546 W 18 – 2 100 Ew – Höhe 625 m.
🏌 Beuerberg, Gut Sterz (West : 5 km), ℘ (08179) 6 17.
Berlin 633 – München 45 – Garmisch-Partenkirchen 54 – Weilheim 29 – Bad Tölz 11.

🏨 **Posthotel Hoferr** (mit 🌿 Gasthof), Hauptstr. 31 (B 11), ✉ 82549, ℘ (08179) 50 90, mail@posthotel-hofherr.de, Fax (08179) 659, Biergarten, ≘s – 🛗 ✳ TV ☏ ⇔ – 🚴 80. ⓞ ⓂⓄ VISA
Menu à la carte 14,50/35 – **60 Zim** ⊇ 77/82 – 87/103.
• Die soliden, gepflegten Zimmer des alpenländischen Gasthofs verteilen sich auf 3 Bauabschnitte - alle mit Balkon/Terrasse. Moderne Tagungsräume sind vorhanden. Gaststuben mit gemütlich-rustikalem Charakter.

KÖNIGSFELD IM SCHWARZWALD Baden-Württemberg 545 V 9 – 6 000 Ew – Höhe 761 m – Heilklimatischer Kurort – Kneippkurort – Wintersport : ⛷.
🏌 Königsfeld-Martinsweiler, Angelmoos 20, ℘ (07725) 9 39 60.
🅱 Tourist-Info, Friedrichstr. 5, ✉ 78126, ℘ (07725) 80 09 45, tourist-info@koenigsfeld.de, Fax (07725) 800944.
Berlin 752 – Stuttgart 126 – Freiburg im Breisgau 79 – Triberg 19 – Villingen-Schwenningen 13 – Schramberg 12.

🏨 **Fewotel Schwarzwald Treff** ⊗ (mit Gästehäusern), Klimschpark, ✉ 78126, ℘ (07725) 80 80, info@schwarzwaldtreff.de, Fax (07725) 808808, 🍽, Massage, ≘s, 🏊, 🌳, ❀(Halle) – 🛗, ✳ Zim, TV 🧺 P. – 🚴 100. 🆎 ⓞ ⓂⓄ VISA. ❀ Rest
Menu à la carte 21/35,50 – **124 Zim** ⊇ 79/90 – 132/154.
• Die Hotelanlage in einem Park besteht aus dem Haupthaus und 8 restaurierten Villen mit funktionellen Zimmern und Ferienwohnungen. Sommers wie winters diverse Freizeitangebote. Das Restaurant unterteilt sich in verschiedene Stuben.

KÖNIGSLUTTER AM ELM Niedersachsen 541 J 16 – 16 700 Ew – Höhe 125 m.
Sehenswert : Ehemalige Abteikirche★ (Plastik der Hauptapsis★★, Nördlicher Kreuzgangflügel★).
🅱 Fremdenverkehrsamt, Am Markt 1, Rathaus, ✉ 38154, ℘ (05353) 91 21 29, fremdenverkehrsamt@koenigslutter.de, Fax (05353) 912155.
Berlin 204 – Hannover 85 – Magdeburg 74 – Braunschweig 22 – Wolfsburg 23.

🏠 **Kärntner Stub'n**, Fallersleber Str. 23, ✉ 38154, ℘ (05353) 9 54 60, info@kaerntner-stubn.de, Fax (05353) 954695 – TV P. 🆎 ⓂⓄ VISA
geschl. 26. Dez. - 6. Jan. – **Menu** à la carte 15,50/28 – **23 Zim** ⊇ 43/57 – 72/82.
• Der Chef des Hauses ist gebürtiger Kärntner und so bekam die älteste Gaststätte Königslutters ihren Namen. Es erwarten Sie gepflegte und zeitgemäße, teils einfache Zimmer. Holzdecke und Jagdtrophäen gestalten das Restaurant ländlich-rustikal.

KÖNIGSLUTTER AM ELM

In Königslutter-Bornum *West : 5 km über B 1 :*

🏠 **Lindenhof,** Im Winkel 23, ✉ 38154, ☎ (05353) 92 00, *lindenhof.alfred@t-online.de,
Fax (05353) 92020* – 🍴 Zim, 📺 🅿 **① ⓂⓄ** 🆅🅸🆂🅰
Menu *(geschl. 19. Juli - 15. Aug.)* à la carte 18/34 – **17 Zim** 🛏 53 – 69/74.
♦ Tradition verpflichtet : gepflegte und solide eingerichtete Zimmer finden die Gäste in dem schönen Fachwerkgasthof, der sich seit 1894 in Familienbesitz befindet. Wie in der "guten Stube" sitzt man in dem Restaurant - allerlei Nostalgisches dient als Dekor.

KÖNIGSTEIN *Bayern* 🇩🇪🇩🇪🇩🇪 *R 18 – 1 800 Ew – Höhe 500 m – Erholungsort.*

⛳ *Königstein, Namsreuth 7 (Süd-Ost : 2 km), ☎ (09665) 9 14 40.*
🅱 *Tourismusverein, Oberer Markt 20 (Rathaus), ✉ 92281, ☎ (09665) 17 64, Fax (09665) 913130.*
Berlin 407 – München 202 – Nürnberg 54 – Bayreuth 52 – Amberg 29.

🏠 **Wilder Mann,** Oberer Markt 1, ✉ 92281, ☎ (09665) 9 15 90, *info@wilder-mann.de,
Fax (09665) 9159100*, 🍴, ⛱, 🚗 – 🛗 📺 📞 🅿 **ⓂⓄ** 🆅🅸🆂🅰
Menu *(geschl. 7. Jan. - 15. Feb.)* à la carte 12,50/33 – **30 Zim** 🛏 31/48 – 48/83 – ½ P 9.
♦ Ein engagiert geführter, traditionsreicher Gasthof in Familienbesitz. Fragen Sie nach einem der neuen Zimmer im wohnlichen Landhausstil. Gepflegter Saunabereich. Im neo-rustikalen Restaurant schafft der Kachelofen eine behagliche Atmosphäre.

In Edelsfeld *Süd-Ost : 7,5 km über B 85 in Richtung Amberg :*

🏠 **Goldener Greif,** Sulzbacher Str. 5, ✉ 92265, ☎ (09665) 9 14 90, *heldrichggg@t-on line.de, Fax (09665) 9149100*, 🍴, ⛱, 🍽 – 🛗 📺 🅿 🅰🅴 **① ⓂⓄ** 🆅🅸🆂🅰
Menu *(geschl. Dienstag - Mittwochmittag)* à la carte 10,50/27,50 – **25 Zim** 🛏 39/45 – 45/59 – ½ P 10.
♦ Der Landgasthof in der Oberpfalz befindet sich seit acht Generationen in Familienbesitz. Wohnliche Zimmer, sauber und gepflegt, erwarten die Gäste. Ländliches Restaurant mit Sitznischen.

In Hirschbach *Süd-West : 10 km in Richtung Hersbruck :*

🏛 **Goldener Hirsch,** Hirschbacher Dorfplatz 1, ✉ 92275, ☎ (09152) 98 63 00, *gastho f@goldenerhirsch.de, Fax (09152) 986301*, 🍴, (Gasthof a.d.J. 1630), 🚗 – 📺 🅿
geschl. 12. Jan. - 6. März – **Menu** *(geschl. Montag)* à la carte 8,50/17 – **16 Zim** 🛏 20 – 40 – ½ P 7.
♦ Ein schöner historischer Fachwerkgasthof mit solide eingerichteten Zimmern. Genießen Sie die reizvolle Natur der Frankenalb und die diversen Freizeitmöglichkeiten. Bürgerlich-rustikal zeigt sich die Gaststube.

KÖNIGSTEIN IM TAUNUS *Hessen* 🇩🇪🇩🇪🇩🇪 *P 9 – 17 500 Ew – Höhe 362 m – Heilklimatischer Kurort.*
Sehenswert : *Burgruine★.*
🅱 *Kur- und Stadtinformation, Kurparkpassage, Hauptstr. 21, ✉ 61462, ☎ (06174) 20 22 51, info@koenigstein.de, Fax (06174) 202284.*
Berlin 542 – Wiesbaden 27 – Frankfurt am Main 24 – Bad Homburg vor der Höhe 14 – Limburg an der Lahn 40.

🏰 **Sonnenhof** 🌿, Falkensteiner Str. 9, ✉ 61462, ☎ (06174) 2 90 80, *reception@son nenhof-koenigstein.de, Fax (06174) 290875*, ≼, 🍴, 🚗, 🎿 – 📺 🅿 – 🛗 40. 🅰🅴 **① ⓂⓄ** 🆅🅸🆂🅰
Menu 19 (mittags) à la carte 32/54 🍷 – **43 Zim** 🛏 98/120 – 140/190 – ½ P 25.
♦ Das ehemalige Palais des Baron Rothschild liegt inmitten eines neun Hektar großen Naturparks und bietet den Gästen teils stilvoll, teils praktisch eingerichteten Zimmer. Sie speisen in der Sonnenstube oder im freundlichen, lichten Pavillon-Restaurant.

🏠 **Königshof** garni, Wiesbadener Str. 30, ✉ 61462, ☎ (06174) 2 90 70, *hotel-koenigsh of@gmx.de, Fax (06174) 290752*, ⛱, – 📺 📞 🅿 – 🛗 30. 🅰🅴 **① ⓂⓄ** 🆅🅸🆂🅰 🅹🅲🅱
geschl. Ende Juli - Anfang Aug., 21. Dez. - 6. Jan. – **26 Zim** 🛏 100/103 – 110/130.
♦ Eine nette Übernachtungsadresse, ruhig und zentral gelegen, in der mahagonifarbenes Mobiliar das Interieur dominiert. Mit geräumigen und technisch gut ausgestatteten Zimmern.

🏠 **Zum Hirsch** 🌿 garni, Burgweg 2, ✉ 61462, ☎ (06174) 50 34, *Fax (06174) 5019* – 📺.
ⓂⓄ
geschl. Weihnachten - Anfang Jan. – **25 Zim** 🛏 47/75 – 85/120.
♦ Funktionell eingerichtete Zimmer mit einfachem Komfort bietet dieses saubere und gepflegte Hotel im Zentrum des Ortes schon Besuchern.

🍴 **Limoncello da Luigi,** Falkensteiner Str. 28 (im Sportpark), ✉ 61462, ☎ (06174) 36 09, *info@restaurant-limoncello.de, Fax (06174) 932997*, 🍴 – 🅰🅴 **ⓂⓄ** 🆅🅸🆂🅰
Menu à la carte 23/45,50.
♦ Ein ungewöhnliches Ambiente : Im 1. Stock eines Sportparks - mit Blick in die Halle - lädt dieses rustikal-mediterrane Restaurant zum Genuß italienischer Spezialitäten ein.

KÖNIGSTEIN IM TAUNUS

In Königstein-Falkenstein *Nord-Ost : 2 km :*

Kempinski Hotel Falkenstein, Debusweg 6, ⌧ 61462, ℘ (06174) 9 00, info@kempinski-falkenstein.com, Fax (06174) 909090, ≤, 😊, Massage, 🛌, ≘s, ⛱, 🏊, 🎾 – 🛗, ⁂ Zim, ▤ 📺 ☏ 🅿 – 🎓 30. AE ⓘ ⓜ VISA JCB
Menu à la carte 41/55, ♀ – ⌘ 20 – **62 Zim** 175/305 – 235/335, 18 Suiten.
• Dieses Hotel hält, was der Name Kempinski verspricht : ein beeindruckendes Anwesen mit Park, Zimmer und Suiten mit klassischem Interieur, kurzum ein Ambiente zum Wohlfühlen. Elegant-komfortabel gestaltetes Restaurant.

In Königstein-Schneidhain *Süd-West : 1,5 km, über B 455 :*

Tristan, Wiesbadener Str. 216 a, ⌧ 61462, ℘ (06174) 92 85 25, info@restaurant-tristan.de, Fax (06174) 968880 – AE ⓜ VISA
geschl. Jan. 2 Wochen, Juli 2 Wochen, Montag – **Menu** *(wochentags nur Abendessen)* à la carte 28/41.
• Mediterrane Leichtigkeit kombiniert mit afrikanischen Elementen macht hier den Charme des Interieurs aus. Den Service leitet leger und gekonnt die Chefin des Hauses.

KÖNIGSWINTER *Nordrhein-Westfalen* **543** *N 5 – 39 000 Ew – Höhe 60 m.*

Ausflugsziel : *Siebengebirge*★ *: Burgruine Drachenfels*★ *(nur zu Fuß, mit Zahnradbahn oder Kutsche erreichbar)* ⁂ ★★.

🛈 *Tourismus-Siebengebirge, Drachenfelsstr. 11,* ⌧ *53639,* ℘ *(02223) 91 77 11, info@siebengebirge.com, Fax (02223) 917720.*
Berlin 597 – Düsseldorf 83 – Bonn 10 – Koblenz 57 – Siegburg 20.

Maritim, Rheinallee 3, ⌧ 53639, ℘ (02223) 70 70, info.kwi@maritim.de, Fax (02223) 707811, ≤, 😊, 🛌, ≘s, 🏊 – 🛗, ⁂ Zim, ▤ 📺 ☏ ⇌ 🅿 – 🎓 330. AE ⓘ ⓜ VISA JCB. ⁂ Rest
Menu à la carte 35/46 – ⌘ 13 – **248 Zim** 120/178 – 158/178, 32 Suiten.
• Direkt am Rheinufer liegt das mondäne Hotel aus dem Jahr 1988. Einheitlich eingerichtete Zimmer mit zeitgemäßem Komfort und ein moderner Tagungsbereich stehen zur Verfügung. Gediegen-elegantes Hotelrestaurant.

Auf dem Petersberg *Nord-Ost : 3 km :*

Gästehaus Petersberg, ⌧ 53639 Königswinter, ℘ (02223) 7 40, info@petersberg.steigenberger.de, Fax (02223) 74443, ≤ Rheintal, 😊, Massage, ≘s, 🏊 – 🛗, ⁂ Zim, ▤ Rest, 📺 ☏ ⇌ 🅿 – 🎓 350. AE ⓘ ⓜ VISA JCB. ⁂ Rest
Rheinterrassen *(Tischbestellung ratsam) (nur Abendessen)* **Menu** à la carte 41/51 – **Bistro Menu** à la carte 27/32,50 – **99 Zim** ⌘ 175/215 – 255, 12 Suiten.
• Eine repräsentative Residenz in herrlicher Lage mit Blick ins Rheintal : Wohnen Sie wie ein Staatsgast in dem geschichtsträchtigen Gästehaus mit dem Flair eines Grandhotels. Im Restaurant Rheinterrassen umgibt Sie eine Atmosphäre gediegener Eleganz.

In Königswinter-Margarethenhöhe *Ost : 5 km, über Ferdinand-Mülhens-Straße :*

Im Hagen, Oelbergringweg 45, ⌧ 53639, ℘ (02223) 9 21 30, Fax (02223) 921399, ≤, 😊 – 📺 ☏ 🅿 – 🎓 40. AE ⓘ ⓜ VISA
Menu à la carte 22/35 – **17 Zim** ⌘ 42/65 – 65/95.
• Erholung am Waldrand : Praktisch eingerichtete und gut gepflegte Zimmer hält dieses kleine, mit Holzbalkonen geschmückte Hotel für seine Gäste bereit. Gediegen zeigt sich das Restaurant.

In Königswinter-Oberdollendorf *Nord : 2,5 km, über B 42 :*

Tour de France, Malteser Str. 19, ⌧ 53639, ℘ (02223) 2 40 58, webmaster@restauranttourdefrance.de, Fax (02223) 4121, 😊 – ⓘ ⓜ VISA
geschl. über Karneval 2 Wochen, Okt. 2 Wochen, Montag – **Menu** *(wochentags nur Abendessen) (Tischbestellung ratsam)* à la carte 28,50/38.
• Der Name sagt es bereits : Das nett dekorierte, rustikale Restaurant mit Fachwerk und offenem Kamin lädt Sie ein auf eine Reise durch Frankreich. Wechselnde Bilderausstellung !

In Königswinter-Stieldorf *Nord : 8 km :*

Gasthaus Sutorius, Oelinghovener Str. 7, ⌧ 53639, ℘ (02244) 91 22 40, gasthaus@sutorius.de, Fax (02244) 912241, 😊 – 🅿 ⓘ ⓜ VISA
geschl. Sonntagabend – Montag – **Menu** *(wochentags nur Abendessen)* (Tischbestellung ratsam) à la carte 29/44.
• Seit über 200 Jahren in Familienbesitz : Das Fachwerkgasthaus verwöhnt seine Gäste in rustikaler Atmosphäre mit frisch zubereiteten regionalen und internationalen Speisen.

KÖNIGS WUSTERHAUSEN Brandenburg 542 J 24 – 17 500 Ew – Höhe 51 m.

🛈 Tourist-Information, Am Bahnhof, ✉ 15711, ✆ (03375) 25 20 19, info@dahme seen.de, Fax (03375) 252028.

Berlin 38 – Potsdam 57 – Cottbus 107 – Frankfurt (Oder) 70.

Brandenburg garni, Karl-Liebknecht-Str. 10, ✉ 15711, ✆ (03375) 67 60, post@hotel-brandenburg-kw.de, Fax (03375) 676166 – 📶 📺 ✆ 🚗 🅿 – 🔨 15. AE ⓘ ◐ VISA
geschl. Weihnachten - Neujahr – **34 Zim** ⚏ 54/62 – 64/78.
• Ein neuzeitliches Hotel mit ausreichend großen, funktionell eingerichteten Zimmern. Freuen Sie sich auf ein reichhaltiges Frühstücksbuffet.

KÖSEN, BAD Sachsen-Anhalt 542 M 19 – 6 500 Ew – Höhe 115 m – Heilbad.

Sehenswert : Soleförderanlage★.

🛈 Touristinformation, Naumburger Str. 13b, ✉ 06628, ✆ (034463) 2 82 89, touristinfo-bad-koesen@t-online.de, Fax (034463) 28280.

Berlin 229 – Magdeburg 144 – Leipzig 68 – Gera 62 – Weimar 42.

Villa Ilske ⚐, Ilskeweg 2, ✉ 06628, ✆ (034463) 36 60, villa-ilske@t-online.de, Fax (034463) 36620, ≤ Bad Kösen und Saale, 🍴 – 📺 🅿 ◐ VISA
Menu (geschl. 11. - 24. Jan.) à la carte 14/21 – **16 Zim** ⚏ 41/63 – 68/78 – ½ P 11.
• Die denkmalgeschützte, renovierte Jugendstilvilla liegt oberhalb der Stadt in einem weitläufigen Waldgarten. Die Zimmer sind gepflegt und praktisch ausgestattet. Das Restaurant hat man als Wintergarten angelegt.

Berghotel Wilhelmsburg ⚐, Eckartsbergaer Str. 20 (Nord-West : 2,5 km), ✉ 06628, ✆ (034463) 36 70, wilhelmsburg@t-online.de, Fax (034463) 36720, ≤ Bad Kösen und Saale, 🍴, 🐟, 🏊, 🐎 – 📺 ✆ 🅿 – 🔨 30. AE ⓘ ◐ VISA
Menu à la carte 14,50/22 – **39 Zim** ⚏ 46/52 – 56/95 – ½ P 12.
• Umgeben von Wäldern und Weinbergen finden Sie dieses Hotel mit der burgähnlichen Architektur und sauberen, gepflegten Zimmern mit unterschiedlicher, solider Einrichtung. Im Restaurant genießen Sie den Blick ins Saaletal. Einladende Innenhofterrasse !

Zum Wehrdamm, Loreleypromenade 3, ✉ 06628, ✆ (034463) 2 84 05, hotel@wehrdamm.de, Fax (034463) 28396, 🍴 – 📺 🅿
geschl. Jan. – **Menu** (geschl. Nov. - Feb. Montag) à la carte 10/19 – **8 Zim** ⚏ 40/45 – 60/75 – ½ P 11.
• Im Herzen des Ortes, direkt am Saalewehr, liegt dieses Haus mit den ordentlichen, mit Eichenholzmöbeln eingerichteten Zimmern, die ein gutes Preis-Leistungs-Verhältnis bieten. Die Terrasse an der Saale ergänzt das rustikale Restaurant.

In Kreipitzsch Süd : 5 km :

Rittergut ⚐, Dorfstr. 65, ✉ 06628, ✆ (034466) 60 00, hotelrittergut@t-online.de, Fax (034466) 60050, ≤ Saaletal mit Burg Saaleck und Rudelsburg, 🍴, 🐟, 🐎 – 📺 🅿 – 🔨 30. ◐ VISA JCB
Menu (geschl. Nov. - April Montag) (Nov. - April wochentags nur Abendessen) à la carte 16/23 – **20 Zim** ⚏ 40/45 – 70 – ½ P 13.
• Der ehemalige Gutshof über dem Saaletal wurde komplett umgebaut und renoviert. Die Zimmer sind geräumig und mit dunklen, rustikalen Holzmöbeln ausgestattet. Eine Gewölbedecke ziert das rustikal gestaltete Restaurant.

KÖSSEN Österreich 730 J 5 – 3 600 Ew – Höhe 591 m – Wintersport : 600/1 700 m ≴7 🎿.

🚡 Kössen, Mühlau 1 (Süd-West : 4 km), ✆ (05375) 2 12 20.

🛈 Tourismusverband Kössen-Schwendt, Dorf 15, ✉ A-6345, ✆ (05375) 62 87, Fax (05375) 6989.

Wien 358 – Kitzbühel 29 – Bad Reichenhall 55 – München 111.

Auf dem Moserberg Ost : 6 km, Richtung Reit im Winkl, dann links ab :

Peternhof ⚐, Moserbergweg 20, ✉ 6345 Kössen, ✆ (05375) 62 85, info@peternhof.com, Fax (05375) 6944, ≤ Reit im Winkl, Kaisergebirge und Unterberg, 🍴, 🅿, Massage, 🏊, Fitness, 🐟, 🏊, 🎾, 🐎, 🎳(Halle) – 📶 📺 🚗 🅿
geschl. 3. Nov. - 18. Dez. – **Menu** à la carte 19/34 – **160 Zim** (nur ½ P) 79/102 – 130/202, 28 Suiten.
• Außerhalb auf einer Anhöhe gelegene, elegant-komfortable Hotelanlage mit großem Freizeit- und Wellnessangebot. Die Zimmer sind im Landhausstil gehalten. Sie speisen in rustikal-eleganten alpenländischen Stuben oder im gediegenen Speisesaal.

KÖSSEN

In Kössen-Kranzach *West : 6 km :*

Seehof-Panorama-Seeresidenz, Kranzach 20, ✉ 6344 Walchsee, ℘ (05374) 56 61, *panorama@seehof.com, Fax (05374) 5665*, ≤, 🌳, 🈁, Massage, 🏋, 🛎, ⛲ (geheizt), 🏊, ☀, ✻(Halle) – 📶, ⚡ Rest, 📺 🚗 🅿 – 🅰 35. 🅰🅱 🆁 🆅🆂🅰
geschl. 4. Nov. - 18. Dez. – **Menu** à la carte 14,50/33 – **154 Zim** 🍴 75/98 – 142/154, 30 Suiten – ½ P 9.
• Komfortable Ferienhotels mit ansprechender Saunalandschaft und leicht variierenden Zimmern. Seit 2001 gehört ein drittes Hotel zu diesem Komplex : die neue Seeresidenz.

In Walchsee *West : 7 km :*

Schick, Johannesstr. 1, ✉ 6344, ℘ (05374) 53 31, *info@hotelschick.com, Fax (05374) 5331550*, 🌳, 🈁, Massage, ⚓, 🛎, 🏊, ☀, ✻(Halle) – 📶, ⚡ Zim, 📺 🚗 🅿 – 🅰 50. 🅰🅱 🆁 🆅🆂🅰
geschl. 15. März - 8. April, 31. Okt. - 30. Nov. – **Menu** à la carte 22/30 – **100 Zim** 🍴 76/116 – 114/182 – ½ P 9.
• Ein schöner alpenländischer Gasthof, liebevoll dekoriert und mit Wellnesbereich ausgestattet. Besonders behaglich : die stilvollen Zimmer im Anbau. Holzgetäfelte Wände und ein nettes Dekor machen das Restaurant gemütlich.

KÖSTRITZ, BAD Thüringen **544** N 20 – *3 500 Ew – Höhe 299 m.*
Berlin 238 – Erfurt 89 – Gera 8 – Jena 44 – Plauen 61 – Zwickau 51.

Goldner Loewe, Heinrich-Schütz-Str. 5, ✉ 07586, ℘ (036605) 3 80, *goldner-loewe @t-online.de, Fax (036605) 38100*, 🛎, ✻ – 📶, ⚡ Zim, 📺 ☎ 🕒 🅿 – 🅰 130. 🅰🅴 🅾 🅱 🆅🆂🅰
Menu à la carte 16/28 – **35 Zim** 🍴 65/80 – 80/95.
• Ein altes Jugendstilhaus mit hübsch gestalteter Fassade wurde umfassend renoviert und mit modernem Komfort versehen. Handgearbeitete Stilmöbel geben den Zimmern ihren Reiz. Herzstück des Restaurants ist das Kaminzimmer mit der schön gearbeiteten Feuerstelle.

KÖTSCHLITZ *Sachsen-Anhalt siehe Günthersdorf*

KÖTZTING Bayern **546** S 22 – *7 500 Ew – Höhe 408 m – Kneippkurort.*

🅱 *Kurverwaltung und Tourist-Information, Herrenstr. 10,* ✉ 93444, ℘ (09941) 60 21 50, *tourist@koetzting.de, Fax (09941) 602155.*
Berlin 496 – München 189 – Regensburg 78 – Passau 104 – Cham 23 – Deggendorf 46.

Amberger Hof, Torstr. 2, ✉ 93444, ℘ (09941) 95 00, *amberger-hof@t-online.de, Fax (09941) 950110*, Massage – 📶, ⚡ Zim, 📺 ☎ 🅿
geschl. 11. - 25. Jan. – **Menu** à la carte 11,50/23 – **34 Zim** 🍴 26/43 – 46/66 – ½ P 9.
• Ein gepflegtes Hotel im Bayerischen Wald mit solide eingerichteten Zimmern. In der hauseigenen Kneippbadeabteilung können Sie etwas für Ihre Gesundheit tun. Restaurant in rustikal-gediegenem Stil.

In Kötzting-Liebenstein *Nord : 7 km in Richtung Ramsried : – Höhe 650 m*

Bayerwaldhof 🌿, Liebenstein 25, ✉ 93444, ℘ (09941) 94 79 50, *info@bayerwaldhof.de, Fax (09941) 9479530*, ≤, 🌳, 🈁, Massage, 🛎, 🏊, ☀ – 📶 📺 🅿 ✻ Rest
Menu à la carte 19,50/30 – **60 Zim** 🍴 51/100 – 104/170 – ½ P 7.
• Der Gasthof im Landhausstil liegt am Waldrand / er bietet seinen Gästen wohnliche Zimmer in verschiedenen Kategorien und einen ansprechenden Wellnessbereich. Mit Reitstall. Eine helle Holztäfelung gibt den Restaurant-Stuben ihren alpenländischen Charme.

KOHLGRUB, BAD Bayern **546** W 17 – *2 300 Ew – Höhe 815 m – Moorheilbad – Wintersport : 820/1 406 m ⛷4 🎿.*

🅱 *Kur- und Tourist-Information, Hauptstr. 27,* ✉ 82433, ℘ (08845) 7 42 20, *bad.kohlgrub@gaponline.de, Fax (08845) 742244.*
Berlin 668 – München 83 – Garmisch-Partenkirchen 32 – Kempten (Allgäu) 78 – Landsberg am Lech 51.

Vitalhotel Maximilian 🌿, Badstr. 13, ✉ 82433, ℘ (08845) 7 47 80, *mail@vitalhotel-maximilian.de, Fax (08845) 747811*, 🈁, Massage, ⚓, 🛎, 🏊, ☀ – 📶 ⚡ 📺 ☎ 🅿 ✻
geschl. Anfang Dez. 2 Wochen – **Menu** *(geschl. Sonntag - Montag) (Restaurant nur für Hausgäste)* 20 *(abends)* – **40 Zim** 🍴 60/62 – 86/112 – ½ P 20.
• Hinter der Balkonfassade dieses im ländlichen Stil gebauten Hotels lädt ein freundliches, wohnliches Ambiente zum Verweilen ein. Angenehm ist auch die ruhige Lage.

KOHLGRUB, BAD

🏠 **Sebaldus,** Mühlstr. 1, ✉ 82433, ✆ (08845) 70 00, *mail@vitalhotel-sebaldus.de*, Fax (08845) 8270, 🌐, Massage, ♨, ☎, 🔲, 🚗 – 🛀 📺 🅿 🚭
geschl. Dez. - Mitte Jan. – **Menu** *(nur Abendessen) (Restaurant nur für Hausgäste)* – **20 Zim** ☑ 55/62 – 74/98 – ½ P 20.
 ♦ Ein familiengeführtes kleines Haus mit netten, soliden Zimmern. Ca. 10 Gehminuten ist das Schwesterhotel Maximilian entfernt - hier wie dort bietet man Freizeiteinrichtungen.

🏠 **Pfeffermühle** 🍃, Trillerweg 10, ✉ 82433, ✆ (08845) 7 40 60, *info@hotel-restaurant-pfeffermuehle.de*, Fax (08845) 1047, 🍴 – 📺 🅿
geschl. Anfang Nov. - Weihnachten – **Menu** *(geschl. Donnerstag)* à la carte 18,50/34 *(auch vegetarische Gerichte)* – **8 Zim** ☑ 34/41 – 67 – ½ P 14.
 ♦ Zu jeder Jahreszeit einen erholsamen Aufenthalt verspricht das kleine alpenländisch-rustikale Hotel mit den gepflegten, mit dunklen Holzmöbeln gestalteten Zimmern. Rustikales, nett dekoriertes Restaurant.

KOHREN-SAHLIS Sachsen 🟦🟦🟦 M 21 – 2 200 Ew – Höhe 255 m.
Berlin 231 – Dresden 117 – Chemnitz 39 – Altenburg 21 – Leipzig 43 – Zwickau 54.

In Kohren-Sahlis-Terpitz Ost : 2 km :

🏠 **Elisenhof** 🍃, ✉ 04655, ✆ (034344) 6 14 39, *info@hotel-elisenhof.de*, Fax (034344) 62815, 🍴 – 📺 🅿 🌐 🆅🅸🆂🅰
Menu *(geschl. Jan.)* à la carte 14,50/22,50 – **8 Zim** ☑ 45 – 65.
 ♦ Der Neubau aus dem Jahr 1992 passt sich harmonisch in das bestehende Vierseitbauernhof-Ensemble ein und beherbergt ein kleines Hotel mit wohnlichen Zimmern. Holzgetäfelte Wände und Decken und ein offener Kamin geben dem Restaurant seinen rustikalen Charme.

KOLLNBURG Bayern 🟦🟦🟦 S 22 – 2 900 Ew – Höhe 670 m – Erholungsort – Wintersport : 600/1 000 m ⛷2 🎿.
🛈 *Tourist-Information, Schulstr. 1, ✉ 94262, ✆ (09942) 94 12 14, tourist-info@kollnburg.de, Fax (09942) 94 12 99.*
Berlin 510 – München 177 – Regensburg 75 – Passau 85 – Cham 30 – Deggendorf 34.

🏠 **Burggasthof** (mit Gästehaus), Burgstr. 11, ✉ 94262, ✆ (09942) 86 86, *info@burggasthof-hauptmann.de*, Fax (09942) 7146, ≤, 🍴, ☎, 🚗 – 📺 🅿
geschl. Mitte Nov. - Mitte Dez. – **Menu** *(geschl. Nov. - Mai Dienstag)* à la carte 10/22 – **21 Zim** ☑ 25/30 – 48/51 – ½ P 10.
 ♦ Im Naturpark Bayerischer Wald finden Sie diese ländliche Pension. Im Haupthaus sind die Zimmer sauber und einfach eingerichtet, im Gästehaus bieten sie mehr Komfort. Schlichte, ländliche Gaststube.

KONSTANZ Baden-Württemberg 🟦🟦🟦 X 11 – 78 000 Ew – Höhe 407 m.
Sehenswert : Lage★ – Seeufer★ – Münster★ (Türflügel★, Heiliges Grab★) Y.
Ausflugsziel : Insel Mainau★★ über ② : 7 km.
🛫 Allensbach-Langenrain, Hofgut Kargegg 1 (Nord-West : 15 km), ✆ (07533) 9 30 30.
🛈 *Tourist-Information, Bahnhofplatz 13, ✉ 78462, ✆ (07531) 13 30 30, info@ti.konstanz.de, Fax (07531) 133060.*
ADAC, Wollmatinger Str. 6.
Berlin 763 ② – Stuttgart 180 ① – Bregenz 62 ③ – Ulm (Donau) 146 ① – Zürich 76 ④

Stadtplan siehe nächste Seite

🏨 **Steigenberger Inselhotel,** Auf der Insel 1, ✉ 78462, ✆ (07531) 12 50, *konstanz@steigenberger.de*, Fax (07531) 26402, ≤ Bodensee, 🍴, ☎, 🏊, 🚗 – 🛗, 🛀 Zim, 📺 🅿 – 🔧 150. 🆎 🌐 🆅🅸🆂🅰 🅹🅲🅱
Y h
Seerestaurant *(geschl. Nov. - März)* **Menu** à la carte 30/49, ♀ – **Dominikanerstube** : **Menu** à la carte 27/38 – **102 Zim** ☑ 132/184 – 200/255 – ½ P 35.
 ♦ Sind Sie reif für die Insel ? Lassen Sie sich von der reizvollen Lage dieses stilvollen Hotels verzaubern. Besonders imposant : der Kreuzgang des ehemaligen Klosters. Elegantes Restaurant und herrliche Seeterrasse.

🏨 **Parkhotel am See** 🍃, Seestr. 25a, ✉ 78464, ✆ (07531) 89 90, *parkhotel-am-see@t-online.de*, Fax (07531) 899400, ≤, 🍴, ☎ – 🛗 📺 🚗 – 🔧 30. 🆎 🌐 🆄 🆅🅸🆂🅰
über ②
Menu *(geschl. Nov. - März Sonntagabend - Mittwoch)* à la carte 26/36,50 – **39 Zim** ☑ 105/125 – 151/195, 6 Suiten – ½ P 20.
 ♦ Direkt an der autofreien Uferpromenade zwischen Casino und Yachthafen liegt dieses Hotel im Landhausstil. Alle gepflegten Zimmer haben einen eigenen Balkon oder eine Terrasse. Helles, freundliches Restaurant mit vorgelagerter Seeterrasse.

KONSTANZ

KONSTANZ

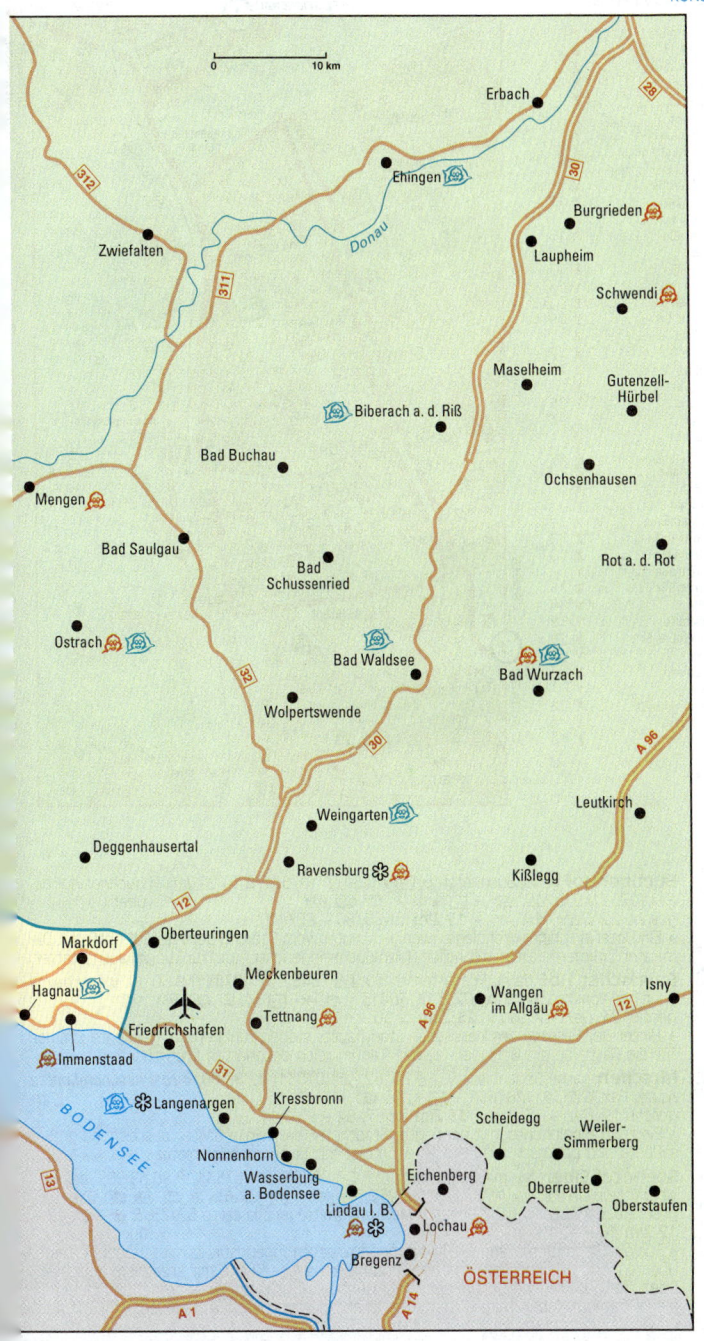

KONSTANZ

Augustinerplatz	Z
Bahnhofplatz	Z 2
Bahnhofstraße	Z 3
Benediktinerplatz	Y 4
Bodanplatz	Z
Bodanstraße	Z
Brauneggerstraße	Y
Emmishoferstraße	Z 5
Gartenstraße	Y 8
Glärnischstraße	Y 9
Gottlieber Str.	Z 12
Hafenstraße	Z
Hussenstraße	Z 13
Inselgasse	Y
Kanzleistraße	Z 17
Katzgasse	Y 18
Konzilstraße	YZ
Kreuzlinger Str.	Z 20
Lutherplatz	Z
Mainaustraße	Y 22
Marktstätte	Z 23
Münsterplatz	Y
Munzgasse	Z 25
Neugasse	Z 26
Obere Laube	Z
Obermarkt	Z 28
Paradiesstraße	Z 29
Rheinsteig	Y
Rheinbrücke	Y
Rheingutstraße	Y
Rosgartenstraße	Z 32
St-Stephans-Platz	Z 33
Schottenstraße	Y
Schützenstraße	Z 35
Seestraße	Y 36
Spanierstraße	Z 38
Theodor-Heuss-Str.	Y 39
Torgasse	Y 42
Untere Laube	Y
Webersteig	Y
Wessenbergstraße	Z 43
Wissenstraße	Z
Zollernstraße	Z 45

🏨 **Buchner Hof** garni, Buchnerstr.6, ✉ 78464, ☏ (07531) 8 10 20, info@buchner-hof.de, Fax (07531) 810240, 🚗 🛏 P AE MC VISA über ②
geschl. 20. Dez. - 10. Jan. – **13 Zim** ☐ 65/80 – 85/120.
• Ein Hotel in ruhiger Wohnlage - wenige Minuten vom See und der Altstadt entfernt. Die meisten Zimmer hat man mit hellen Holzmöbeln eingerichtet und funktionell ausgestattet.

🏨 **Bayrischer Hof** garni, Rosgartenstr. 30, ✉ 78462, ☏ (07531) 1 30 40, info@bayrischer-hof-konstanz.de, Fax (07531) 130413 – 📶 🛏 TV 📞 AE MC VISA 🚫 Z x
geschl. 23. Dez. - 7. Jan. – **23 Zim** ☐ 90 – 145.
• Hinter der Fassade des klassischen Stadthauses stehen funktionelle, gepflegte Zimmer für die Gäste bereit. Beginnen Sie den Tag im reich dekorierten Frühstücksraum.

🏨 **Hirschen** garni, Bodanplatz 9, ✉ 78462, ☏ (07531) 12 82 60, info@hirschen-konstanz.de, Fax (07531) 1282650 – TV 📞 P AE MC VISA 🚫 Z m
geschl. 19. Dez. - 13. Jan. – **33 Zim** ☐ 67/82 – 95/114.
• Ein zentral gelegenes, gut gepflegtes Stadthotel, das seinen Gästen ausreichend große, saubere und praktisch ausgestattete Zimmer mit Eichenmobiliar bietet.

🍴🍴🍴 **Seehotel Siber** 🌿 mit Zim, Seestr. 25, ✉ 78464, ☏ (07531) 9 96 69 90, seehotel.siber@t-online.de, Fax (07531) 99669933, <, 🚗 – TV 📞 P AE ⓘ MC VISA
geschl. über Fastnacht 2 Wochen – **Menu** 42 (mittags) à la carte 57/85, 🍽 – ☐ 17 – **12 Zim** 160 – 240. über ②
• Stilvolle Eleganz empfängt Sie in der modernisierten Jugendstilvilla mit schöner Terrasse. Überzeugend : der geschulte Service und die klassische Küche mit kreativem Einschlag. **Spez.** Aufgeschlagene Curry-Papayarahmsuppe mit grünem Thai-Spargel und Hummer. Medaillon vom Kabeljau im Olivensud pochiert mit toskanischem Gemüse. Rehrücken im Gewürzteigmantel mit karamellisiertem Pfefferjus

KONSTANZ

Konzil-Gaststätten, Hafenstr. 2, ⊠ 78462, ℘ (07531) 2 12 21, konzil@t-online.de, Fax (07531) 17467, Terrasse mit ≤ Bodensee und Hafen – 🅰 350. 🆎 🆅🅸🆂🅰   Z s
geschl. 20. Dez. - Jan., Okt. - März Montag - Dienstag – **Menu** à la carte 22/35.
• Essen und Tagen in historischem Ambiente : Gutbürgerliche und Fischgerichte serviert man in dieser Gaststätte mit dem saalartigen Restaurant und der schönen Terrasse am Hafen.

In Konstanz-Dettingen Nord-West : 10 km über ① – Erholungsort :

Landhotel Traube garni, Kapitän-Romer-Str. 9b, ⊠ 78465, ℘ (07533) 9 32 20, info@landhoteltraube.de, Fax (07533) 932244 – 🛗 📺 🍽 🅿 – 🅰 30. ⓪ 🆎 🆅🅸🆂🅰
20 Zim ⊇ 37/50 – 74.
• Einfache, aber gepflegte Zimmer zu einem guten Preis-Leistungs-Verhältnis bietet dieser freundliche, familiengeführte Landgasthof.

In Konstanz-Staad über ② : 4 km :

Staader Fährhaus, Fischerstr. 30, ⊠ 78464, ℘ (07531) 3 31 18, mail@staader-faehrhaus.de, Fax (07531) 33118, 🍴 – 🅰🅴 ⓪ 🆎 🆅🅸🆂🅰 🅹🅲🅱
geschl. über Fastnacht 1 Woche, Ende Sept. - Anfang Okt., Dienstag - Mittwochmittag – **Menu** 19,50 (mittags)/46 à la carte 26/48.
• Das kleine, hell und rustikal eingerichtete Restaurant mit Blick auf Meersburg hat sein Domizil im renovierten historischen Fährhaus am Segelhafen gefunden.

In Konstanz-Wollmatingen Nord-West : 5 km über ① :

Tweer-Goldener Adler (mit Gästehaus), Fürstenbergstr. 70, ⊠ 78467, ℘ (07531) 9 75 00, tweerhotel@goldmail.de, Fax (07531) 975090, 🍴, 🌳 – 🛗, 🛌 Zim, 📺 📞 🍽 – 🅰 20. 🅰🅴 ⓪ 🆎 🆅🅸🆂🅰. 🍽
Menu (geschl. Sonntagmittag) à la carte 20/35 – **50 Zim** ⊇ 75/98 – 105/128 – ½ P 20.
• Guten Komfort bieten die teils elegant ausgestatteten Zimmer im Haupthaus dieses renovierten und erweiterten Hotels. Die Zimmer im Gästehaus sind einfacher. Sie speisen im dezent eingerichteten Restaurant oder auf der Gartenterrasse.

*Bei verspäteter Anreise, nach 18 Uhr, ist es sicherer,
Ihre Zimmerreservierung zu bestätigen.*

KONZ Rheinland-Pfalz 🆅🅸🅸 Q 3 – 18 000 Ew – Höhe 137 m.
🛈 Saar-Obermosel-Touristik, Granastr. 22 ⊠ 54329, ℘ (06501) 1 94 33, touristinfo@konz.de, Fax (06501) 4718.
Berlin 729 – Mainz 171 – *Trier 12* – Luxembourg 42 – Merzig 40.

Alt Conz 🌿, Gartenstr. 8, ⊠ 54329, ℘ (06501) 9 36 70, info@hotel-alt-conz.de, Fax (06501) 7775, 🍴 – 📺 🅿 🆎 🆅🅸🆂🅰. 🍽
Menu (geschl. Montag) à la carte 16/35 – **19 Zim** ⊇ 48 – 66.
• Gepflegte Zimmer erwarten die Gäste in diesem Hotel in der reizvollen Umgebung von Saar und Mosel. Fragen Sie nach den Zimmern im neuen Gästehaus.

KORB Baden-Württemberg siehe Waiblingen.

KORBACH Hessen 🆅🅸🅸 M 10 – 24 500 Ew – Höhe 379 m.
🛈 Tourist-Information, Rathaus, Stechbahn 1, ⊠ 34497, ℘ (05631) 5 32 32, info@korbach.de, Fax (05631) 53320.
Berlin 447 – Wiesbaden 187 – *Kassel 64* – Marburg 67 – Paderborn 73.

Touric, Medebacher Landstr. 10, ⊠ 34497, ℘ (05631) 95 85, rezeption@touric.de, Fax (05631) 958450, direkter Zugang zum Städt. 🏊 – 🛗, 🛌 Zim, 📺 📞 🅿 – 🅰 350. 🅰🅴 ⓪ 🆎 🆅🅸🆂🅰
Menu (geschl. Juli - Aug. 2 Wochen, Sonntagabend) à la carte 16/32 – **36 Zim** ⊇ 49/62 – 76/85.
• Solide, teilweise renovierte Zimmer mit ausreichendem Platzangebot finden Sie in diesem neuzeitlichen Hotel. Für Tagungen steht die angrenzende Stadthalle zur Verfügung. Aufgemacht wie ein Marktplatz ist das Restaurant mit dekorativen Wandmalereien.

Am Rathaus, Stechbahn 8, ⊠ 34497, ℘ (05631) 5 00 90, gast@hotel-am-rathaus.de, Fax (05631) 500959, 🍴 – 🛗, 🛌 Zim, 📺 🅿 – 🅰 60. 🅰🅴 🆎 🆅🅸🆂🅰
Menu (geschl. Sonntagabend) à la carte 20,50/36 – **37 Zim** ⊇ 49/68 – 79/95.
• Im Zeichen des Goldes, das im Mittelalter hier gefunden wurde, präsentiert sich das Fachwerkhaus mit Anbauten : Einige Zimmer tragen Namen wie "Goldfisch" oder "Afrika-Gold". Verwinkelt, rustikal und gemütlich : das Restaurant.

KORDEL Rheinland-Pfalz 543 Q 3 – 2 500 Ew – Höhe 145 m.
Berlin 719 – Mainz 167 – Trier 18 – Bitburg 21 – Wittlich 39.

- **Neyses am Park,** Am Kreuzfeld 1, ✉ 54306, ℘ (06505) 9 14 00, hotelneysesamaprk@t-online.de, Fax (06505) 914040, 🍽 – 📶 📺 🅿 ⓜ VISA
Menu (geschl. Nov. 3 Wochen, Montagmittag, Donnerstag) à la carte 16/36 – **15 Zim** ⌇ 36/38 – 65/71.
  • Im romantischen Kylltal liegt das Hotel mit der freundlichen Atmosphäre und den sehr gepflegten und sauberen Zimmern, die einheitlich mit weißen Holzmöbeln eingerichtet sind. Helles, freundliches Restaurant.

In Zemmer-Daufenbach Nord : 5 km :

- 💥 **Landhaus Mühlenberg** (Stoebe), Mühlenberg 2, ✉ 54313, ℘ (06505) 10 10, Fax (06505) 952111, ≤, 🍽 – ✶ 🅿 ⓜ VISA
geschl. Jan. 2 Wochen, Juli 2 Wochen, Montag - Mittwoch – **Menu** (wochentags nur Abendessen) (Tischbestellung erforderlich) 59/75, 𝔶.
  • Eine klassische Küche mit mediterranem Touch pflegt man in diesem gemütlichen Restaurant am Waldrand mit stilvoller Einrichtung, geschultem Service und angenehmer Atmosphäre.
Spez. Lauch-Cannelloni mit Gänsestopfleber gefüllt. Wolfsbarsch mit Kartoffel-Kräuterpüree und rotem Schalottenconfit. Scheiben von der Kalbshaxe mit Nebbiolojus und Pfifferling-Risotto

---

KORNTAL-MÜNCHINGEN Baden-Württemberg siehe Stuttgart.

KORNWESTHEIM Baden-Württemberg 545 T 11 – 28 000 Ew – Höhe 297 m.
🏌 Neckartal, Aldinger Straße 975 (Ost : 1 km), ℘ (07141) 87 13 19.
🚗 Eastleighstraße.
Berlin 622 – Stuttgart 13 – Heilbronn 41 – Ludwigsburg 5 – Pforzheim 47.

- **Zum Hasen,** Christofstr. 22, ✉ 70806, ℘ (07154) 81 35 00, Fax (07154) 813870 – 📺 🅿 ⓜ VISA
Menu (geschl. Aug. 3 Wochen, 24. Dez. - 4. Jan., Montag) à la carte 15/31 – **24 Zim** ⌇ 45/48 – 58/62.
  • Ein gestandener, familiengeführter schwäbischer Gasthof mit betont rustikalem Ambiente : Die gepflegten Zimmer sind mit solidem Eichenholzmobiliar eingerichtet. Das Restaurant ist in gemütliche kleine Galerie mit ländlichem Charakter unterteilt.

*Die in diesem Führer angegebenen Preise folgen
der Entwicklung der allgemeinen Lebenshaltungskosten.
Lassen Sie sich bei der Zimmerreservierung den endgültigen
Preis vom Hotelier mitteilen.*

KORSCHENBROICH Nordrhein-Westfalen siehe Mönchengladbach.

KORSWANDT Mecklenburg-Vorpommern siehe Usedom (Insel).

KOSEROW Mecklenburg-Vorpommern siehe Usedom (Insel).

KRÄHBERG Hessen siehe Beerfelden.

KRAIBURG AM INN Bayern 546 V 21 – 3 300 Ew – Höhe 450 m.
🏌 Schloß Guttenburg (Nord-Ost : 3 km), ℘ (08638) 88 74 88.
Berlin 650 – München 78 – Bad Reichenhall 77 – Landshut 67 – Rosenheim 53 – Salzburg 92 – Altötting 30.

- 💥 **Hardthaus,** Marktplatz 31, ✉ 84559, ℘ (08638) 7 30 67, info@hardthaus.de, Fax (08638) 73068, 🍽 – ⓜ VISA
geschl. Montag - Dienstag, Sonntagabend – **Menu** (wochentags nur Abendessen) à la carte 31/46,50.
  • Schmackhafte Küche und originelles Ambiente : Die alten Regale und die antike Registrierkasse erinnern daran, daß das Restaurant früher mal ein Kolonialwarengeschäft war.

KRAKOW AM SEE Mecklenburg-Vorpommern 542 F 20 – 3 500 Ew – Höhe 60 m – Luftkurort.
🖪 Serrahn, Dobbiner Weg 24 (Nord-Ost : 8 km), ℰ (038456) 6 52 80.
Berlin 170 – Schwerin 74 – Rostock 63 – Neubrandenburg 84.

In Krakow-Seegrube Nord-Ost : 4,5 km :

Ich weiß ein Haus am See (Laumen) 🛏 mit Zim, Altes Forsthaus 2, ✉ 18292, ℰ (038457) 2 32 73, einhausamsee@t-online.de, Fax (038457) 23274, ≤, 🐾, 🐕 – ⚞ Zim, 📺 🅿.
Menu (geschl. Montag, Nov. - Feb. Sonntag - Montag) (nur Abendessen) (Tischbestellung ratsam) 57,50/75 und à la carte, ♀ ♣ – **11 Zim** ⚌ 95/115 – 110/130.
• Malerisch am Ufer eines Sees liegt das Restaurant im eleganten Landhausstil, das die Gäste mit kompetentem Service und Gerichten der klassischen französischen Küche überzeugt.
Spez. Bouillabaisse von Mecklenburger Fischen. Wels à la Nantua mit Broncefenchel-Gnocchi. Geschmorte Rinderschulter mit getrüffeltem Bohnenpüree und Essigkräutern

KRANZBERG Bayern 546 U 18 – 3 200 Ew – Höhe 486 m.
Berlin 557 – München 41 – Regensburg 94 – Ingolstadt 49 – Landshut 53.

In Kranzberg-Hohenbercha Süd-West : 5 km jenseits der A 9 :

Gast- und Tafernwirtschaft Andreas Hörger 🛏 mit Zim, Hohenbercha 38, ✉ 85402, ℰ (08166) 97 78, Fax (08166) 9797, 🌳 – 📺 🅿. 🆎 🆅🆂🅰
Menu à la carte 14,50/31 – **4 Zim** ⚌ 29 – 45.
• Mitten in dem kleinen Dorf liegt dieses familiengeführte ländliche Gasthaus mit rustikaler Einrichtung. Die Küche ist betont regional, einfach und schmackhaft.

KRAUSCHWITZ Sachsen 544 L 28 – 3 000 Ew – Höhe 110 m.
Berlin 163 – Dresden 121 – Cottbus 41 – Bautzen 58 – Görlitz 54 – Lubsko 85.

Fürst Pückler Hotel Krauschwitz, Görlitzer Str. 26, ✉ 02957, ℰ (035771) 5 70, info@fuerst-pueckler-hotel.de, Fax (035771) 57199, 🌳 – 📶, ⚞ Zim, 📺 📞 🅿, 🚗 40. 🆎 ⓞ 🆐 🆅🆂🅰
Menu à la carte 17/28 – **45 Zim** ⚌ 57 – 77/87.
• Ein neuzeitliches Hotel zwischen Elbsandsteingebirge und Spreewald mit komfortablen, mit hellen Möbeln eingerichteten Zimmern. Viele Ausflugsmöglichkeiten in der Umgebung. Warme Orange- und Rottöne setzen Akzente in dem Restaurant.

KRAUSNICK Brandenburg 542 J 25 – 500 Ew – Höhe 64 m.
Berlin 77 – Potsdam 111 – Cottbus 71 – Frankfurt (Oder) 66.

Landhotel Krausnick 🛏, Alte Wasserburgerstr. 12, ✉ 15910, ℰ (035472) 6 10, info@landhotel-krausnick.de, Fax (035472) 61122, 🌳, Biergarten, 🎧 – 📺 ♿ 🅿, 🚗 50. 🆎 ⓞ 🆐 🆅🆂🅰
Menu à la carte 14/21,50 – **38 Zim** ⚌ 46 – 72.
• Ein solide geführtes Hotel im Unterspreewald. Gepflegte, mit kirschbaumfarbenen Möbeln eingerichtete Zimmer mit ausreichendem Platzangebot warten auf die Gäste. Bei schönem Wetter ergänzen Terrasse und Biergarten das helle Restaurant.

KREFELD Nordrhein-Westfalen 543 M 3 – 238 000 Ew – Höhe 40 m.
🖪 Krefeld-Linn, Eltweg 2 Y, ℰ (02151) 57 00 71 ; 🖪 Krefeld-Bockum, Stadtwald, Hüttenallee 188 Y, ℰ (02151) 59 02 43 ; 🖪 Krefeld-Traar, An der Elfrather Mühle 145 (Nord : 5 km Richtung Traar-Elfrath), ℰ (02151) 4 96 90.
🅱 Stadtmarketing, Rathaus, Von-der-Leyen-Platz 1, ✉ 47798, ℰ (02151) 86 15 01, fb17@krefeld.de, Fax (02151) 861510.
ADAC, Dießemer Bruch 76.
Berlin 571 ① – Düsseldorf 28 ④ – Eindhoven 86 ⑦ – Essen 38 ②

Stadtplan siehe nächste Seite

Kaffeehaus Schmitz, Martinstr. 169, ✉ 47805, ℰ (02151) 31 18 40, roeschimschmitz@web.de, Fax (02151) 311840, Biergarten   Y b
geschl. Dienstag – **Menu** (wochentags nur Abendessen) à la carte 28/37, ♀.
• Freundlich und gemütlich umsorgt man Sie in diesem schlicht gestalteten ehemaligen Kaffeehaus - das Speisenangebot präsentiert man Ihnen auf großen Tafeln an der Wand.

Et Bröckske, Marktstr. 41, ✉ 47798, ℰ (02151) 2 97 40, Fax (02151) 20279, 🌳 – 🆐 🆅🆂🅰   Z s
Menu à la carte 18/31.
• Eine umfangreiche Auswahl an Gerichten der bürgerlichen Küche und Krefelder Altbier erwarten die Gäste dieser typischen rustikalen Brauereigaststätte.

KREFELD

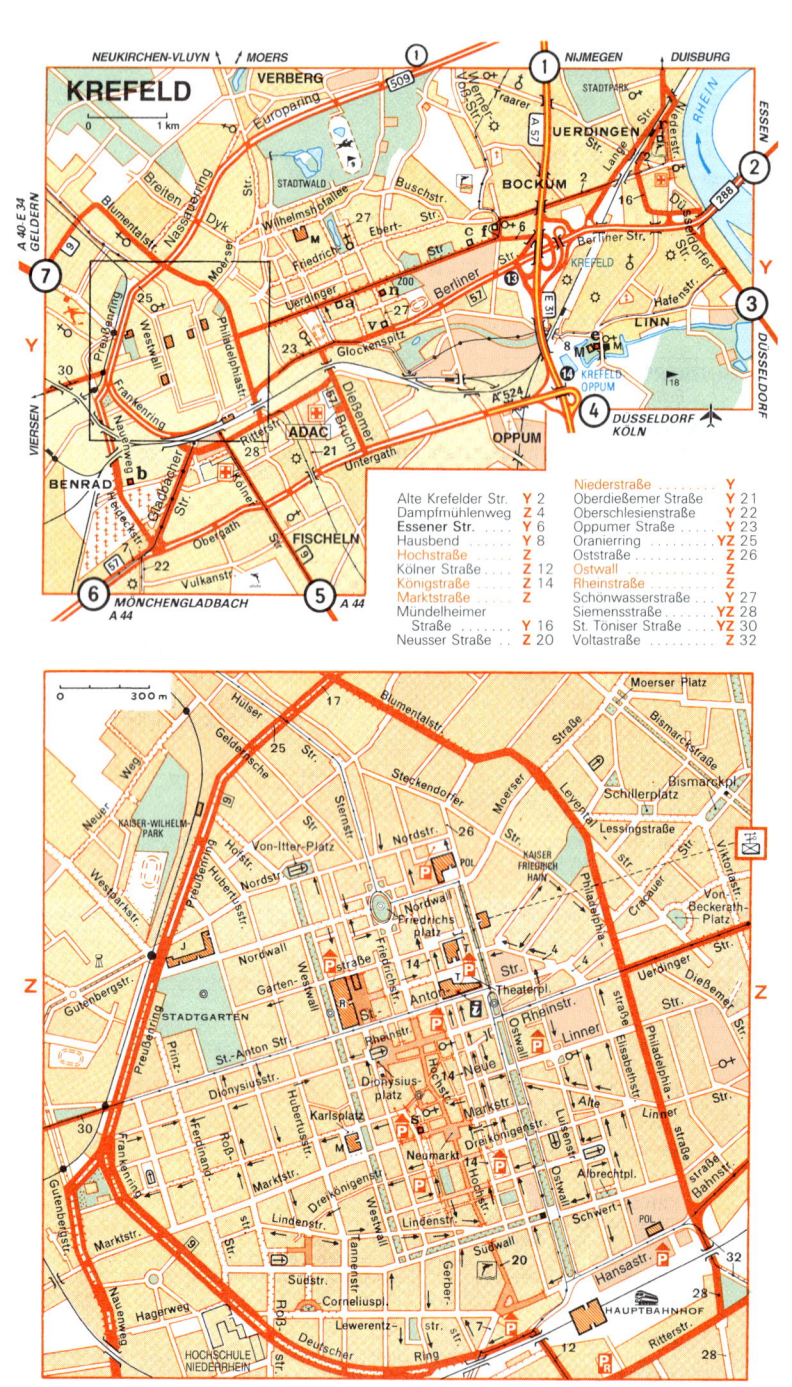

Alte Krefelder Str.	**Y** 2
Dampfmühlenweg	**Z** 4
Essener Str.	**Y** 6
Hausbend	**Y** 8
Hochstraße	**Z**
Kölner Straße	**Z** 12
Königstraße	**Z** 14
Marktstraße	**Z**
Mündelheimer Straße	**Y** 16
Neusser Straße	**Z** 20
Niederstraße	**Y**
Oberdießemer Straße	**Y** 21
Oberschlesienstraße	**Y** 22
Oppumer Straße	**Y** 23
Oranierring	**YZ** 25
Oststraße	**Z** 26
Ostwall	**Z**
Rheinstraße	**Z**
Schönwasserstraße	**Y** 27
Siemensstraße	**YZ** 28
St. Töniser Straße	**Y** 30
Voltastraße	**Z** 32

KREFELD

In Krefeld-Bockum :

🏨 **Dorint Parkhotel Krefelder Hof**, Uerdinger Str. 245, ✉ 47800, ☏ (02151) 58 40, *info.krepar@dorint.com*, Fax (02151) 584900, 🍽, 🛏, 🏊, 🌳 – 🛗, 🚭 Zim, 📺 🅿 – 🏋 110. AE ⓘ ⓜ VISA JCB   Y a
Brasserie La Provence : Menu à la carte 22/44 – 🍽 14 – **153 Zim** 124/238 – 158/248, 4 Suiten.
 * Die geschmackvoll-gediegene Einrichtung zieht sich durch alle Bereiche des Hotels : Von der Lobby bis in die komfortablen Zimmer umgibt Sie eine behagliche Atmosphäre. Hell und freundlich wirkt die Brasserie La Provence.

🏩 **Alte Post** garni, Uerdinger Str. 550a, ✉ 47800, ☏ (02151) 5 88 40, *info@alte-post-krefeld.de*, Fax (02151) 500888 – 🛗 🚭 📺 🚗 🅿 AE ⓜ VISA   Y c
 geschl. 23. Dez. - 5. Jan. – **33 Zim** 🍽 59/67 – 89/99.
 * Eine praktische Übernachtungsadresse, die mit gepflegten, wohnlichen Zimmern, einem reichhaltigen Frühstücksbuffet und einem freundlichen Service zu überzeugen weiß.

🏩 **Benger,** Uerdinger Str. 620, ✉ 47800, ☏ (02151) 9 55 40, *info@hotel-benger.de*, Fax (02151) 955444 – 📺 🚗 🅿 ⓘ ⓜ VISA   Y f
Menu à la carte 22/35 – **20 Zim** 🍽 58/77 – 84/99.
 * Tradition und familiäre Gastlichkeit erwarten die Gäste in diesem fast 300 Jahre alten Haus, dessen gepflegte Zimmer einfachen, aber zeitgemäßen Komfort bieten. Bleiverglaste Fenster und holzgetäfelte Wände zieren die ländlich-rustikale Gaststätte.

🏩 **Garden Hotel** garni, Schönwasserstr. 12a, ✉ 47800, ☏ (02151) 53 52 30, *info@gardenhotel.de*, Fax (02151) 53523999 – 🛗 🚭 📺 ☎ 🚗 🅿 AE ⓘ ⓜ VISA   Y v
 geschl. 24. Dez. - 5. Jan. – **51 Zim** 🍽 80/96 – 111.
 * Ein Wohn- und Geschäftshochhaus : Die gut gepflegten, wohnlichen Zimmer befinden sich in den oberen drei Etagen. Vom Frühstücksraum hat man einen schönen Blick über die Stadt.

XX **Villa Medici** mit Zim, Schönwasserstr. 73, ✉ 47800, ☏ (02151) 5 06 60, *villa-medici@t-online.de*, Fax (02151) 506650, 🍽 – 📺 🅿 AE ⓘ ⓜ VISA   Y n
 geschl. Aug. 3 Wochen – **Menu** *(geschl. Samstag)* (italienische Küche) à la carte 30/51, ♀ – **9 Zim** 🍽 65 – 90.
 * Sie werden von dieser restaurierten Villa angetan sein : Prächtiges Parkett, schön gedeckte Tische und eine Gartenterrasse schaffen ein kultiviertes Ambiente.

In Krefeld-Linn :

XX **Winkmannshof**, Albert-Steeger-Str. 19, ✉ 47809, ☏ (02151) 57 14 66, *winkmannshof@aol.com*, Fax (02151) 572394, 🍽, Biergarten – ⓜ VISA   Y e
 geschl. Montag – **Menu** à la carte 32/45, ♀.
 * Das geschmackvoll renovierte ehemalige Bauernhaus a. d. 18. Jh. mit Restaurant, Bistro und Terrasse überzeugt seine Gäste mit einer marktorientierten Küche.

In Krefeld-Traar *Nord-Ost : 5 km, über B 509 Y* :

🏨 **Dorint Country-Hotel**, Elfrather Weg 5, ✉ 47802, ☏ (02151) 95 60, *info.krecou@dorint.com*, Fax (02151) 956100, 🍽, Massage, 🏋, 🛏, 🏊, 🌳 – 🛗 🚭 📺 ☎ & 🚗 🅿 – 🏋 130. AE ⓘ ⓜ VISA JCB. 🚭 Rest
Menu à la carte 27/44, ♀ – **155 Zim** 🍽 138/162 – 178/192, 4 Suiten.
 * Sachliche Glas- und Stahlkonstruktionen beherrschen die öffentlichen Bereiche des Hotels. In angenehmem Kontrast dazu stehen die komfortablen, wohnlich eingerichteten Zimmer.

In Krefeld-Uerdingen :

🏩 **Imperial** garni, Bahnhofstr. 60a, ✉ 47829, ☏ (02151) 4 92 80, *info@imperialhotel.de*, Fax (02151) 492849 – 🛗 📺 ⓜ VISA   Y r
 geschl. 25. Dez. - 2. Jan. – **26 Zim** 🍽 55 – 75.
 * Gegenüber dem Uerdinger Bahnhof findet man dieses bürgerliche Hotel mit sauberen, solide eingerichteten Zimmern, die einen einfachen Komfort bieten.

KREIPITZSCH *Sachsen-Anhalt siehe Kösen, Bad.*

KREMPE *Schleswig-Holstein siehe Glückstadt.*

Ihre Meinung über die von uns empfohlenen Restaurants,
deren Spezialitäten sowie die angebotenen regionalen Weine,
interessiert uns sehr.

KRESSBRONN AM BODENSEE Baden-Württemberg 546 X 12 – 7 700 Ew – Höhe 410 m
– Erholungsort.

🛈 Tourist-Information, Im Bahnhof, ✉ 88079, ℘ (07543) 9 66 50, tourist-ibfo@kressbronn.de, Fax (07543) 966515.

Berlin 731 – Stuttgart 170 – Konstanz 41 – Ravensburg 23 – Bregenz 19.

🏨 **Strandhotel** 🐟, Uferweg 5, ✉ 88079, ℘ (07543) 9 61 00, strandhotel.kressbronn@t-online.de, Fax (07543) 7002, ≤, 🌳, 🛥, – 🛗, 👔 Rest, 📺 🚗 🅿 AE ⓜ VISA
geschl. Jan. - Mitte Feb. – **Menu** (geschl. Okt. - Ostern Montag) à la carte 25/37 – **29 Zim** 🛏 66/80 – 95/100.
• Ein Hotel direkt am See : Die Zimmer sind mit mahagonifarbenen Möbeln solide ausgestattet, ein hoteleigener Badestrand und ein schöner Alpenblick warten auf die Gäste. Eine hübsche Seeterrasse ergänzt das unterteilte Restaurant mit Fensterfront.

🏨 **Teddybärenhotel Peterhof,** Nonnenbacher Weg 33, ✉ 88079, ℘ (07543) 9 62 70, info@teddybaerenhotel.de, Fax (07543) 962733, Biergarten – 📺 📞 🅿 AE ⓜ VISA
👔 Zim
geschl. Jan. - Feb. – **Menu** (geschl. Donnerstag) à la carte 18,50/37 – **17 Zim** 🛏 62/95 – 95/110 – ½ P 18.
• Wie der Name schon sagt, ist man hier in bäriger Gesellschaft : Im gesamten Haus und auch in den wohnlichen Zimmern begrüßt Sie eine Vielzahl dieser kuscheligen Zeitgenossen. Teddybären als Dekoration finden sich natürlich im rusikalen Hotelrestaurant.

🏨 **Krone,** Hauptstr. 41, ✉ 88079, ℘ (07543) 9 60 80, krone-kressbronn@t-online.de, Fax (07543) 960815, Biergarten, 🍴, – 📺 🚗 🅿
geschl. 27. Okt. - 24. Nov., 23. Dez. - 5. Jan. – **Menu** (geschl. Mittwoch) à la carte 14,50/29 – **21 Zim** 🛏 52/60 – 75/90 – ½ P 13.
• Dieser Gasthof mit Anbau und Gästehaus kann auf eine über dreihundertjährige Tradition zurückblicken. Die unterschiedlich gestalteten Zimmer bieten zeitgemäßen Komfort. Ländlich-rustikale Gaststube mit Kaminofen, Holztäfelungen und bleiverglasten Fenstern.

🏨 **Seehof,** Seestr. 25, ✉ 88079, ℘ (07543) 9 63 60, Fax (07543) 963640, ≤, 🌳 –
👔 Rest, 📺 🅿
März - Okt. – **Menu** (nur Abendessen) (Restaurant nur für Hausgäste) – **15 Zim** 🛏 46/65 – 78/86 – ½ P 15.
• Eine nette, kleine Urlaubsadresse, ca. 500 m oberhalb des Sees gelegen. Gut gepflegte und solide eingerichtete Gästezimmer und ein schönes Grundstück erwarten Sie.

KREUTH Bayern 546 X 19 – 3 700 Ew – Höhe 786 m – Heilklimatischer Kurort – Wintersport : 800/1 600 m ⚡5 ⚡.

🛈 Kurverwaltung, Nördl. Hauptstr. 3, ✉ 83708, ℘ (08029) 18 19, info@kreuth.de, Fax (08029) 1828.

Berlin 652 – München 63 – Garmisch-Partenkirchen 64 – Bad Tölz 29 – Miesbach 28.

🏨 **Zur Post,** Nördl. Hauptstr. 5, ✉ 83708, ℘ (08029) 9 95 50, reservierung@hotel-zur-post-kreuth.de, Fax (08029) 322, Biergarten, ≋, 🌳 – 🛗 📺 🅿 – 🛎 70. AE
ⓜ VISA
Menu à la carte 16/33 – **78 Zim** 🛏 50/70 – 84/96 – ½ P 15.
• Der gepflegte Alpengasthof beherbergt hinter seiner dezent bemalten Fassade hell und freundlich eingerichtete Zimmer, die neueren sind im Landhausstil gestaltet. Mehrere Räume bilden das stilvoll-rustikale Restaurant - das Herzstück ist die Zirbelstube.

In Kreuth-Scharling Nord : 2 km, über B 307 :

🍴 **Gasthaus Zum Hirschberg,** Nördliche Hauptstr. 89, ✉ 83708, ℘ (08029) 3 15, gasthaus.hirschberg@t-online.de, Fax (08029) 997802, 🌳 – 🅿 ⓜ VISA
geschl. 1. - 13. Juni, 1. - 14. Nov., Montag - Dienstag – **Menu** à la carte 24/41.
• In dem alpenländischen Gasthaus mit den rustikalen Stuben bewirtet man Sie mit einer vorwiegend regionalen Küche, die aber auch einige internationale Gerichte bereithält.

In Kreuth-Weißach Nord : 6 km, über B 307 :

🏨 **Parkresidenz Bachmair Weissach,** Wiesseer Str. 1, ✉ 83700 Rottach-Weißach, ℘ (08022) 27 80, info@parkresidenz.com, Fax (08022) 278550, 🌳 – Biergarten, ⓟ, Massage, ≋, 🍴 – 🛗, 👔 Zim, 📺 📞 ♿ 🚗 🅿 – 🛎 80. AE ⓞ ⓜ VISA
Menu à la carte 17/36 – **83 Zim** 🛏 119 – 145 – ½ P 18.
• An eine Seniorenresidenz angeschlossenes Hotel im gehobenen alpenländischen Stil mit wohnlich-eleganten Zimmern und luxuriösem, orientalisch inspiriertem Wellnessbereich. Nette, rustikale Stuben bilden das Restaurant.

KREUZAU Nordrhein-Westfalen siehe Düren.

KREUZNACH, BAD Rheinland-Pfalz 543 Q 7 – 45 000 Ew – Höhe 105 m – Heilbad.
  Sehenswert : Römerhalle★ (Fußboden-Mosaiken★★) Y M.
  🚉 St. Johann, Hofgut Wißberg (Ost : 14 km), ℘ (06701) 81 11.
  🛈 Touristinformation, Kurhausstr. 28, ✉ 55543, ℘ (0671) 8 36 00 50, kreuznach-info@t-online.de, Fax (0671) 8360085.
  🛈 Stadtinformation, Am Europaplatz, ✉ 55543, ℘ (0671) 8 45 91 47.
  ADAC, Kreuzstr. 15.
  Berlin 612 ② – Mainz 45 ① – Idar-Oberstein 50 ⑤ – Kaiserslautern 56 ④ – Koblenz 81 ① – Worms 55 ①

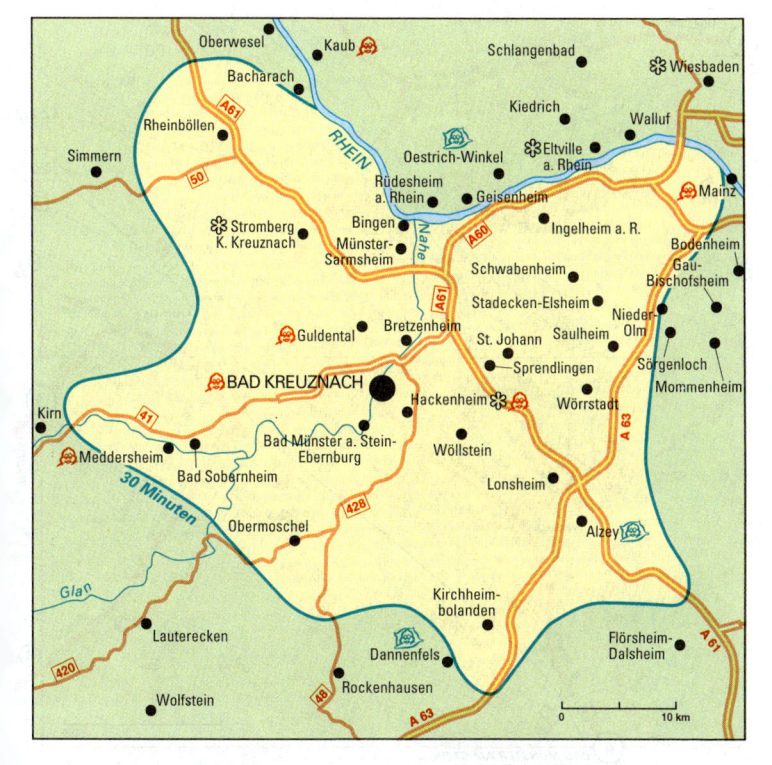

🏨 **Parkhotel-Kurhaus** 🌿, Kurhausstr. 28, ✉ 55543, ℘ (0671) 80 20, parkhotelkurhaus@domina.it, Fax (0671) 35477, 🌡, Massage, 🛁, 🚪 direkter Zugang zum Thermal-Sole-Bad – |❄|, 🍴 Zim, 📺 ✆ 🅿 – 🔑 250. 🆎 ⓓ ⓜⓞ 𝒱𝐼𝒮𝒜   **Z**
  Menu à la carte 24/34 – **118 Zim** 🛏 110/130 – 130/165 – ½ P 25.
  • In dem klassischen Kurhotel haben sich schon Adenauer und de Gaulle getroffen : Komfortable und geschmackvoll eingerichtete Zimmer erwarten Sie. Kureinrichtungen im Haus. Eine große Fensterfront macht das Restaurant schön hell.

🏨 **Landhotel Kauzenberg** 🌿, Auf dem Kauzenberg, ✉ 55545, ℘ (0671) 3 80 00, info@kauzenburg.de, Fax (0671) 3800124, 🛁, 🍽 – 🍴 Zim, 📺 ✆ 🅿 – 🔑 30. 🆎 ⓓ ⓜⓞ 𝒱𝐼𝒮𝒜
  Menu siehe Rest. **Die Kauzenburg** separat erwähnt – **45 Zim** 🛏 80 – 95/115 – ½ P 20.
  • Gediegene Eleganz findet man in diesem Hotel im Landhausstil auf einer Anhöhe. Die Zimmer sind mit kirschbaumfarbenen Möbeln funktionell eingerichtet.   **Y t**

🏨 **Insel-Stuben** 🌿, Kurhausstr. 10, ✉ 55543, ℘ (0671) 83 79 90, insel.flairhotel@t-online.de, Fax (0671) 8379955, 🌡 – |❄|, 🍴 Zim, 📺 🅿 – 🔑 20. ⓜⓞ 𝒱𝐼𝒮𝒜 𝒥𝒞𝐵, ❄ Rest geschl. 18. Dez. - 12. Jan. – **Menu** (geschl. Sonn- und Feiertage)(nur Abendessen) à la carte 16,50/23 – **22 Zim** 🛏 62/70 – 94/99.   **Y c**
  • Seit drei Generationen in Familienbesitz : Das Hotel liegt ruhig in der Nähe des Kurparks und erwartet seine Gäste mit wohnlich gestalteten Zimmern. Gepflegtes Restaurant mit vorgebautem Wintergarten.

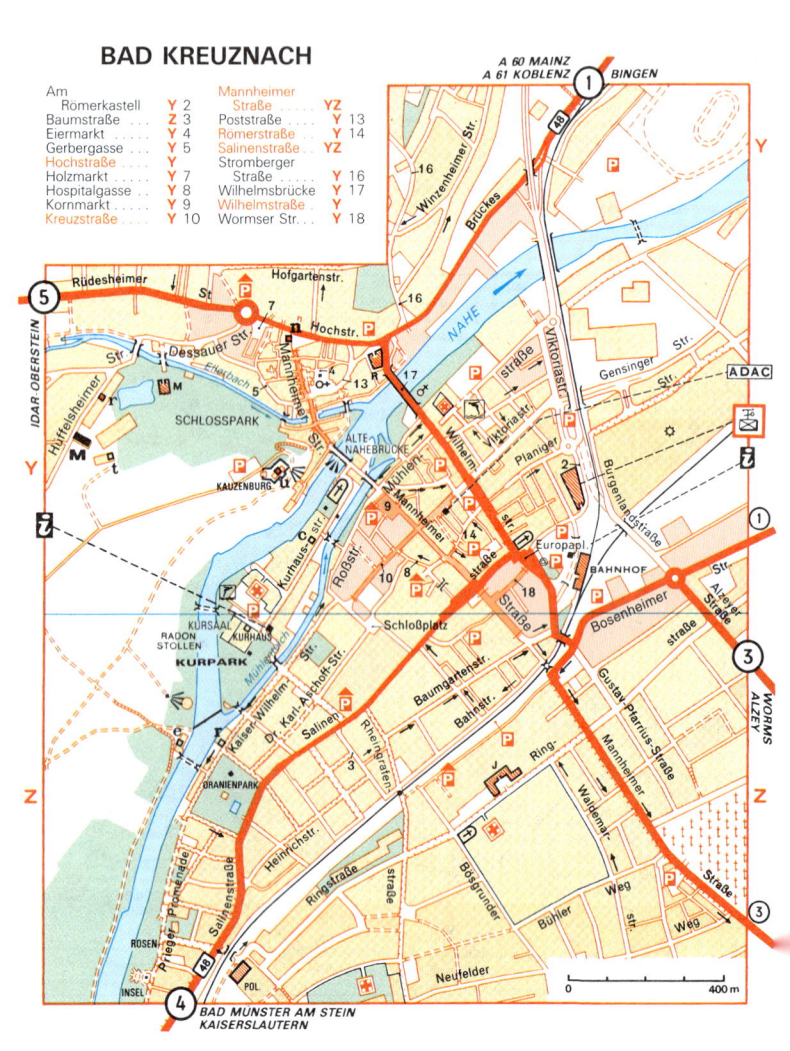

BAD KREUZNACH

Am		Mannheimer	
Römerkastell	Y 2	Straße	YZ
Baumstraße	Z 3	Poststraße	Y 13
Eiermarkt	Y 4	Römerstraße	Y 14
Gerbergasse	Y 5	Salinenstraße	YZ
Hochstraße	Y	Stromberger	
Holzmarkt	Y 7	Straße	Y 16
Hospitalgasse	Y 8	Wilhelmsbrücke	Y 17
Kornmarkt	Y 9	Wilhelmstraße	Y
Kreuzstraße	Y 10	Wormser Str.	Y 18

🏨 **Der Quellenhof** ⚜, Nachtigallenweg 2, ✉ 55543, ☎ (0671) 83 83 30, derquellenhof@t-online.de, Fax (0671) 35218, ≤, 🍴, ≋, 🏊, 🚗 – 🚙 🅿. ⓘ 🅶 🆅🅸🆂🅰. ※ Zim
Menu à la carte 21/30 – **45 Zim** ⚏ 57/67 – 108/123 – ½ P 13.   Z e
♦ Am verkehrsfreien Ufer der Nahe, umgeben von Bäumen, liegt dieses Kurhotel. Das Ambiente ist stilvoll, die Zimmer sind gut gepflegt und wohnlich. Gediegenes Restaurant mit Blick auf die Nahe.

🏨 **Engel im Salinental** garni, Heinrich-Held-Str. 10, ✉ 55543, ☎ (0671) 38 10, info@badkreuznach-hotelengel.de, Fax (0671) 43805, ≋ – 🛗 ⚕ 📺 🅿 – 🔔 25. 🅰🅴 🅼🅾
🆅🅸🆂🅰 🅹🅲🅱. ※   über ④
28 Zim ⚏ 55/60 – 80/95.
♦ Ein gepflegter, neuzeitlicher Hotelbau mit solide eingerichteten Zimmern. Hotelbar, Kaminecke und - bei schönem Wetter - die Terrasse laden zum gemütlichen Verweilen ein.

🏨 **Victoria** ⚜ garni, Kaiser-Wilhelm-Str. 16, ✉ 55543, ☎ (0671) 84 45 00, info@hotel-victoria-bad-kreuznach.de, Fax (0671) 8445010 – 🛗 📺 🚗 – 🔔 20. 🅰🅴 🅼🅾 🆅🅸🆂🅰   Z r
21 Zim ⚏ 55/77 – 95/110.
♦ Ein neues Stadthotel im Kurviertel mit schöner Terrasse direkt an der Nahe. Die Zimmer sind mit modernen naturfarbenen Holzmöbeln funktionell eingerichtet.

KREUZNACH, BAD

XX **Im Gütchen,** Hüffelsheimer Str. 1, ✉ 55545, ℰ (0671) 4 26 26, *restaurant-imguetchen@t-online.de*, Fax (0671) 480435, 🍽 – 🅿.   Y r
geschl. Dienstag, über Karneval – **Menu** (nur Abendessen) 25/45 und à la carte 33,50/45,50, ℅.
• Alt und Neu, geschulter Service und eine klassische Küche mit modernen Anklängen gehen in diesem ehemaligen Hofgut a. d. 18. Jh. eine gelungene Verbindung miteinander ein.

XX **Die Kauzenburg,** Auf dem Kauzenberg, ✉ 55545, ℰ (0671) 3 80 00, *info@kauzenburg.de*, Fax (0671) 3800124, ≤ Bad Kreuznach, 🍽 – 🅿. 🆎 ⓘ ⓜ 💳   Y u
Menu (geschl. Sonntagabend) à la carte 24/35.
• Das moderne Restaurant mit Aussichtsterrasse befindet sich in einem Neubau an der alten Burgruine. Im 800 Jahre alten Gewölbe veranstaltet man Rittermahle.

X **Weinwelt im Dienheimer Hof,** Mannheimer Str. 6, ✉ 55545, ℰ (0671) 9 20 08 11, Fax (0671) 9200811, 🍽   Y n
geschl. über Fastnacht 1 Woche, Mitte Aug. 1 Woche, Sonntag – **Menu** (nur Abendessen) à la carte 23/45, ℅.
• Gemütliches Ambiente in einem Renaissancebau a. d. 15. Jh. : Man bewirtet die einkehrenden Gäste in dieser Weinstube an blanken, dunklen Holztischen.

In Hackenheim Süd-Ost : 2 km über Mannheimer Straße Z :

XX **Metzlers Gasthof,** Hauptstr. 69, ✉ 55546, ℰ (0671) 6 53 12, *metzlers-gasthof@t-online.de*, Fax (0671) 65310, 🍽 – 🅿.
geschl. Juli - Aug. 4 Wochen, Sonntagabend - Dienstag – **Menu** (wochentags nur Abendessen) à la carte 28/46, ℅ – **Weinstube** (geschl. Montag)(Dienstag - Freitag nur Abendessen) **Menu** à la carte 23/41, ℅.
• Eine Atmosphäre gediegener Eleganz erwartet Sie in diesem Restaurant, in dem man Sie mit einer internationalen Küche, die sich ihrer klassischen Wurzeln bewusst ist, verwöhnt. Einfacheren Genüssen kann man in der gemütlichen, rustikalen Weinstube frönen. **Spez.** Feines aus dem Wasser mariniert mit Olivenöl und Limetten. St. Petersfisch mit Garnelenkruste und Champagnersauce. Täubchen und Gänseleber im Strudelteig mit Portweinschalotten

MICHELIN-REIFENWERKE KGaA. ✉55543 Bad Kreuznach Michelinstraße 1 (über Gensinger Straße), ℰ (0671) 85 50 Fax (0671) 8551523.

KREUZTAL Nordrhein-Westfalen 🄵🄵🄵 N 7 – 30 100 Ew – Höhe 310 m.
⛳ Kreuztal, Berghäuser Weg (Ost : 3 km), ℰ (02732) 5 94 70.
Berlin 574 – Düsseldorf 120 – Siegen 12 – Hagen 78 – Köln 83.

🏨 **Keller,** Siegener Str. 33, ✉ 57223, ℰ (02732) 5 95 70, *info@keller-kreuztal.de*, Fax (02732) 595757 – 📺 ✆ 🅿. 🆎 ⓜ 💳
Menu à la carte 19,50/38 – **15 Zim** ⬜ 50/75 – 75/100.
• Ein hübscher Siegerländer Landgasthof, der kürzlich renoviert wurde und seine Gäste nun mit wohnlichen Zimmern mit zeitgemäßem Komfort begrüßt. Gediegen-rustikales, geschmackvoll dekoriertes Restaurant.

In Kreuztal-Krombach Nord-West : 5 km, über B 54 :

🏨 **Zum Anker,** Hagener Str. 290, ✉ 57223, ℰ (02732) 8 95 50, *hotel.zum.anker@t-online.de*, Fax (02732) 895533 – 📺 ✆ 🚗 🅿. – 🔑 25. ⓜ 💳
Menu à la carte 16,50/40 – **18 Zim** ⬜ 50/60 – 90/108.
• Hinter der mit Schieferschindeln verkleideten Fassade dieses gepflegten Landgasthofs erwarten die Gäste solide eingerichtete, freundliche Zimmer mit zeitgemäßer Ausstattung. Das leicht elegante Restaurant hat einen rustikalen Touch.

KREUZWERTHEIM Bayern siehe Wertheim.

KRÖV Rheinland-Pfalz 🄵🄵🄵 Q 5 – 2 500 Ew – Höhe 105 m – Erholungsort.
🛈 Verkehrsbüro, Robert-Schuman-Str. 63, ✉ 54536, ℰ (06541) 94 86, *touristinfo.kroev@t-online.de*, Fax (06541) 6799.
Berlin 678 – Mainz 131 – Trier 58 – Bernkastel-Kues 18 – Wittlich 19.

🏨 **Ratskeller** (mit Gästehaus), Robert-Schuman-Str. 49, ✉ 54536, ℰ (06541) 99 97, Fax (06541) 3202 – 🛗 📺 🅿. 💳
geschl. 10. Jan. - 10. Feb. – **Menu** (geschl. Dienstag) à la carte 14,50/29 – **30 Zim** ⬜ 37/42 – 75/80 – ½ P 15.
• Typisch für die Mosel ist die Schieferbruchfassade dieses traditionsreichen Gasthofs. Das Haus ist gut geführt und gepflegt, die Zimmer sind solide eingerichtet. Gediegen-rustikales Restaurant mit gepolsterten Sitzbänken und Nischen.

815

KRONACH Bayern 𝟱𝟰𝟲 P 17 – 18 500 Ew – Höhe 325 m.
   Sehenswert : Festung Rosenberg (Fränkische Galerie).
   ✈ Küps-Oberlangenstadt, Gut Nagel (Süd-West : 6 km), ✆ (09264) 88 12.
   ℹ Tourismus- und Veranstaltungsbetrieb, Marktplatz 5, ✉ 96317, ✆ (09261) 9 72 36, info@kronach.de, Fax (09261) 97310.
   Berlin 352 – München 279 – *Coburg* 33 – Bayreuth 44 – Bamberg 58.

   Bauer (mit Gästehaus), Kulmbacher Str. 7, ✉ 96317, ✆ (09261) 9 40 58, bauers-hotel@t-online.de, Fax (09261) 52298, 😊 – 📺 ✆ 🅿 🆎 ⓘ 🆎 𝗩𝗜𝗦𝗔. ✗ Rest
   Menu (geschl. 1. - 7. Jan., 13. - 22. Aug., Samstagmittag, Sonntagabend) à la carte 19,50/36 – **18 Zim** ⇄ 49/54 – 76.
   • Der gut geführte Gasthof am Rande der Altstadt bietet solide, einheitlich mit Kirschbaummöbeln eingerichtete Zimmer mit einem ordentlichen Platzangebot. In bürgerlich-rustikalen Stuben serviert man eine regionale Küche.

In Kronach-Gehülz West : 5 km :

   Pension Elke ⊛, garni, Zollbrunn 68a (Gehülz-Süd), ✉ 96317, ✆ (09261) 6 01 20, Fax (09261) 601223, ⇋s, ⇌ – 📺 🅿. ✗
   11 Zim ⇄ 30/35 – 50.
   • Einfachen, aber zeitgemäßen Komfort findet man in den Zimmern dieser gepflegten Pension im Frankenwald. Man bietet ein gutes Preis-Leistungs-Verhältnis.

In Marktrodach-Unterrodach Ost : 7 km, über B 173/B 303 :

   Flößerhof ⊛ (mit Gästehäusern), Kreuzbergstr. 35, ✉ 96364, ✆ (09261) 6 06 10, info@floesserhof.de, Fax (09261) 606162, 😊, Massage, 🎗, ⇋s, 🏊, ⇌ – 📺 ✆ 🅿 – 🅐 40. 🆎 🆎 𝗩𝗜𝗦𝗔 𝗝𝗖𝗕
   Menu (geschl. Montagmittag) à la carte 18/33 – **56 Zim** ⇄ 45/70 – 65/95.
   • Die geschmackvollen, wohnlichen Zimmer dieser gepflegten Hotelanlage sind unterschiedlich in der Größe, man bietet auch Familienzimmer und Ferienwohnungen an. Holztäfelungen, gepolsterte Sitzbänke und ein Kamin verleihen dem Restaurant rustikalen Charme.

In Stockheim-Haig Nord-West : 7 km über B 89, in Haßlach links ab :

   Landgasthof Detsch mit Zim, Coburger Str. 9, ✉ 96342, ✆ (09261) 6 24 90, landgasthof-detsch.haig@t-online.de, Fax (09261) 624919, 😊, ⇋s, ⇌ – ✗ Zim, 📺 ✆ 🅿 🆎 𝗩𝗜𝗦𝗔
   Menu (geschl. über Fasching, Aug. 1 Woche, Sonntagabend - Montag) (wochentags nur Abendessen) à la carte 18,50/27 – **9 Zim** ⇄ 38/40 – 55.
   • Freuen Sie sich auf eine aus Produkten vom eigenen Bauernhof sorgfältig zubereitete gutbürgerliche Küche mit regionalen Einflüssen. Im Gästehaus : moderne Zimmer mit Parkett.

KRONBERG IM TAUNUS Hessen 𝟱𝟰𝟯 P 9 – 18 000 Ew – Höhe 257 m – Luftkurort.
   ✈ Kronberg/Taunus, Schloss Friedrichshof, ✆ (06173) 14 26.
   ℹ Verkehrs- und Kulturamt, Rathaus, Katharinenstr. 7, ✉ 61476, ✆ (06173) 7 03 14 00, kulturamt@kronberg.de, Fax (06173) 703200.
   Berlin 540 – Wiesbaden 28 – *Frankfurt am Main* 17 – Bad Homburg vor der Höhe 13 – Limburg an der Lahn 43.

   Schlosshotel ⊛, Hainstr. 25, ✉ 61476, ✆ (06173) 7 01 01, info@schlosshotel-kronberg.de, Fax (06173) 701267, ≤ Schloßpark, 😊 – 🛗, ✗ Zim, 📺 ✆ 🅿 – 🅐 60. 🆎 ⓘ 🆎 𝗩𝗜𝗦𝗔 𝗝𝗖𝗕
   Menu à la carte 43,50/61, ♀ – ⇄ 19 – **58 Zim** 205/260 – 285/420, 7 Suiten.
   • Luxus im Schloß der Kaiserin Friedrich : Wertvolle Antiquitäten, die erlesene Ausstattung und ein Service, der keine Wünsche offen läßt, machen den Aufenthalt zum Erlebnis. Klassisch gestaltetes Restaurant mit herrschaftlichem Rahmen.

   Concorde Hotel Viktoria ⊛, garni, Viktoriastr. 7, ✉ 61476, ✆ (06173) 9 21 00, viktoria@concorde-hotels.de, Fax (06173) 921050, ⇋s, ⇌ – 🛗, ✗ ⇌ 📺 ✆ 🚗 🅿 – 🅐 15. 🆎 ⓘ 🆎 𝗩𝗜𝗦𝗔
   42 Zim ⇄ 108/207 – 136/215, 3 Suiten.
   • Ein gut geführtes Hotel mit hell und modern eingerichteten Zimmern, die auch technisch gut ausgestattet sind. Im Sommer kann man das Frühstück auf der Terrasse genießen.

   Kronberger Hof, Bleichstr. 12, ✉ 61476, ✆ (06173) 70 90 60, info@kronberger-hof.de, Fax (06173) 5905, 😊 – 📺 ✆ 🅿 🆎 𝗩𝗜𝗦𝗔 𝗝𝗖𝗕. ✗ Zim
   Menu (geschl. Juli - Aug. 2 Wochen, Samstag) à la carte 18,50/33 – **10 Zim** ⇄ 65/80 – 115.
   • In der Nähe des Stadtparks finden Sie dieses gepflegte Hotel mit den hell und wohnlich gestalteten Zimmern und dem freundlichen Service. Schlichtes Hotelrestaurant im rustikalen Stil.

KRONBERG IM TAUNUS

Zum Grünen Wald, Friedrich-Ebert-Str. 19, ✉ 61476, ✆ (06173) 20 11, *gruenerw
ald@aol.com, Fax (06173) 2012,* 🍴 – AE MC VISA JCB
geschl. Feb. 2 Wochen – **Menu** à la carte 33/48.
• Eine gute Weinauswahl und Spezialitäten einer überwiegend internationalen Küche erwarten Sie in dem ländlich eingerichteten, gepflegten Gasthof in der Innenstadt.

KROZINGEN, BAD Baden-Württemberg 545 W 7 – 15 000 Ew – Höhe 233 m – Heilbad.

🛈 Tourist-Information, Herbert-Hellmann-Allee 12 (Kurgebiet), ✉ 79189, ✆ (07633) 40 08 63, tourist.info@bad-krozingen.de, Fax (07633) 400822.
Berlin 816 – Stuttgart 217 – *Freiburg im Breisgau* 18 – Basel 63.

Hofmann zur Mühle ⚘ garni (mit Gästehaus), Litschgistr. 6, ✉ 79189, ✆ (07633) 9 08 85 90, *info@hotel-hofmann.de, Fax (07633) 9088599,* 📶, 🍴 – 🛌 TV 🚗 P AE
① MC VISA JCB
26 Zim ⊇ 48/82 – 91/108, 3 Suiten.
• Eine gepflegte Adresse mit solide und wohnlich eingerichteten Zimmern. Genießen Sie den Garten mit idyllischem Bächlein und Liegewiese sowie die Angebote der Beautyfarm.

Im Kurgebiet :

Barthel's Hotellerie an den Thermen ⚘, Thürachstr. 1, ✉ 79189, ✆ (07633) 1 00 50, *hotel-barthel@t-online.de, Fax (07633) 100550,* 🍴, 🌳 – 🛗, 🛌 Zim, TV P –
🔸 20. AE MC VISA
Menu *(geschl. Dienstag)* à la carte 21/42 – **36 Zim** ⊇ 70/97 – 114/144 – ½ P 20.
• In direkter Nähe zum Kurpark und den Thermen liegt das familiengeführte Haus, dessen komfortable Zimmer mit hellen Holzmöbeln wohnlich gestaltet sind. Gepflegtes, freundliches Restaurant.

Sonnengarten ⚘ garni, Herbert-Hellmann-Allee 20, ✉ 79189, ✆ (07633) 95 80 90, *info@hotel-sonnengarten.de, Fax (07633) 9580922,* Massage, 📶, 🌳 – 🛌 TV ♿ P MC
VISA. 🚭
18 Zim ⊇ 55/75 – 100/136.
• Einen erholsamen Aufenthalt verspricht dieses Hotel inmitten eines romantischen Gartens. Die Zimmer sind mit hellen Holzmöbeln eingerichtet und haben meist auch Sitzecken.

Ott ⚘, Thürachstr. 3, ✉ 79189, ✆ (07633) 4 00 60, *info@hotel-ott.de, Fax (07633) 400610,* 🍴, 🌳 – 🛗 TV ♨ P MC VISA
geschl. 15. Dez. - 1. Feb. – **Menu** *(geschl. Sonntagabend - Montag)* à la carte 17,50/29 –
59 Zim ⊇ 53/70 – 92/112 – ½ P 15.
• Gegenüber der Therme liegt ruhig das von der Besitzerfamilie geführte Hotel. Man verfügt über solide und wohnlich eingerichtete Zimmer und eine Liegewiese. Warme Gelb- und Grüntöne tragen zum Landhaus-Charakter des Restaurants bei.

In Bad Krozingen-Biengen Nord-West : 3 km :

Krone, Hauptstr. 18, ✉ 79189, ✆ (07633) 39 66, *krone-biengen@t-online.de, Fax (07633) 806083,* 🍴 – P
geschl. Feb. 1 Woche, Nov. 1 Woche, Montag – **Menu** à la carte 23/44, ♀.
• In diesem gemütlichen, ländlich-rustikalen Gasthaus mit der hübschen Hofterrasse erwarten Sie sorgfältig zubereitete Gerichte einer überwiegend regionalen Küche.

In Bad Krozingen-Schmidhofen Süd : 3,5 km :

Zum Storchen (Helfesrieder) mit Zim, Felix- und Nabor-Str. 2, ✉ 79189, ✆ (07633) 53 29, *Fax (07633) 7019,* 🍴 – TV P
geschl. Ende Feb. - Anfang März, Mitte - Ende Sept. – **Menu** *(geschl. Montag - Dienstag)* (abends Tischbestellung ratsam) à la carte 34/55, ♀ – **3 Zim** ⊇ 55 – 70.
• Ein historischer, einfacher ländlicher Gasthof mit liebevoll restaurierter Gaststube, in der der Chef seine Gäste mit einer geradlinigen klassischen Küche verwöhnt.
Spez. Terrine von Gänsestopfleber mit Quitte und Brioche. Poellierter Wolfsbarsch mit Ofentomaten und Polenta Bramata. In Spätburgunder geschmortes Kalbsbäckle mit Kartoffelpüree.

KRÜN Bayern 546 X 17 – 2 000 Ew – Höhe 875 m – Erholungsort – Wintersport : 900/1 200 m ⛷ 1 ⛸.

🛈 Verkehrsamt und Tourist-Info, Schöttlkarspitzstr. 15 (im Rathaus), ✉ 82494, ✆ (08825) 10 94, *tourist-info@kruen.de, Fax (08825) 2244.*
Berlin 683 – München 96 – Garmisch-Partenkirchen 17 – Mittenwald 8.

Alpenhof ⚘, Edelweißstr. 11, ✉ 82494, ✆ (08825) 92 02 40, *hotel@alpenhof-krue n.de, Fax (08825) 1016,* ≼ Karwendel- und Wettersteinmassiv, 📶, 🏊, 🌳 – TV ♿ &
🚗 P AE VISA. 🚭 Rest
geschl. 20. März - 3. April, 5. Nov. - 15. Dez. – **Menu** *(geschl. Sonntag)* (Restaurant nur für Hausgäste) 11/15 – **40 Zim** ⊇ 49/53 – 75/92 – ½ P 7.
• Sommers wie winters eine gute Urlaubsadresse ist dieser von einem hübschen Garten umgebene gepflegte alpenländische Gasthof mit den wohnlich-rustikalen Zimmern.

817

KRÜN

In Krün-Barmsee West : 2 km, über B 2 :

🏨 **Barmsee** ⚘, Am Barmsee 9, ✉ 82494, ✆ (08825) 20 34, ferienhotel@barmsee.de, Fax (08825) 879, ≤ Karwendel- und Wettersteinmassiv, 🛁, 🛌, 🚗 ⚬ 📺 ⚬ 🅿
geschl. 20. Okt. - 18. Dez., 14. - 30. April – **Menu** à la carte 14/25 – **23 Zim** ⚬ 33/43 – 66 – ½ P 11.
• Die Nähe zu zwei natürlichen Bergseen, von denen einer zum Baden genutzt wird, macht das alpenländische Ferienhotel mit den rustikalen, teils geräumigen Zimmern interessant. Ländlich-rustikales Restaurant mit regionaler Küche.

In Krün-Klais Süd-West : 4 km, über B 2 :

🏨 **Post**, Bahnhofstr. 7, ✉ 82493, ✆ (08823) 22 19, postklais@aol.com, Fax (08823) 94055, 🌳, Biergarten, 🚗 – ⚬ 🅿 ⚬ VISA. ⚘ Zim
geschl. 15. März - 30. April, 22. Nov. - 17. Dez. – **Menu** (geschl. Montag, außer Feiertage) à la carte 16/27,50 – **11 Zim** ⚬ 25/42 – 60/80 – ½ P 9.
• Übernachten Sie in einer der ältesten Poststationen im Werdenfelser Land. Der gepflegte Gasthof bietet geräumige Zimmer, die wohnlich eingerichtet sind. Gemütliche Gaststuben mit Polsterbänken und schmiedeeisernen Einrichtungselementen.

An der Straße nach Schloß Elmau Süd-West : 5 km, über Klais (Gebührenpflichtige Zufahrt) :

🏨 **Schlosshotel Kranzbach** ⚘, Kranzbach 1, ✉ 82493 Krün-Klais, ✆ (08823) 9 25 20, info@schlosshotel-kranzbach.de, Fax (08823) 925292, ≤ Wetterstein und Zugspitze, 🌳, Biergarten, Massage, 🛁, 🛁, 🚗 – 📺 ⚬ 🅿 ⚬ 🛏 50. AE ⓘ ⚬ VISA
Menu à la carte 18/35 – **51 Zim** ⚬ (nur ½ P) 60/85 – 126/138.
• In dem restaurierten Schloss von 1913 im schottischen Landhausstil finden Sie komfortable Zimmer, teils mit Stilmöbeln bestückt, und einen gepflegten Freizeitbereich. Hotelrestaurant mit rustikaler Möblierung.

KRUMBACH Bayern 546 V 15 – 11 000 Ew – Höhe 512 m.
Berlin 596 – München 124 – Augsburg 49 – Memmingen 38 – Ulm (Donau) 41.

🏨 **Traubenbräu**, Marktplatz 14, ✉ 86381, ✆ (08282) 89 48 30, info@traubenbraeu.de, Fax (08282) 894833 – 📺 ⚬ 🅿 – 🛏 40. ⚬ VISA
Menu (geschl. Jan. - April Samstag) à la carte 14/27 – **12 Zim** ⚬ 40/55 – 69/75.
• In diesem familiengeführten ländlichen Brauereigasthof mit Zimmern im zeitlosen Stil pflegt man eine bayerisch-schwäbische Wirtshaus-Tradition. Rustikale Gaststube mit bleiverglasten Fenstern.

🏨 **Diem** (mit Gästehaus), Kirchenstr. 5, ✉ 86381, ✆ (08282) 8 88 20, info@gasthof-diem.de, Fax (08282) 888250, 🌳, 🛁 – ⚘ Zim, 📺 ⚬ 🅿 – 🛏 20. ⚬ VISA
Menu à la carte 12,50/30 – **37 Zim** ⚬ 37/50 – 62/100.
• Hier erwartet die Besucher ein engagiert geführter Gasthof mit solide eingerichteten Räumen. Für Langzeitgäste gibt es auch Zimmer mit einer Küchenzeile. Produkte aus der hauseigenen Metzgerei bestimmen das Speiseangebot.

🍴 **Gasthof Stern**, Babenhauser Str. 20, ✉ 86381, ✆ (08282) 8 15 34, Fax (08282) 829173, 🌳 – 🅿 ⚬ VISA
geschl. Ende Aug. - Mitte Sept., Montag – **Menu** à la carte 13/28.
• Ein familiengeführter alter Fachwerkgasthof mit geschmackvoll restaurierter Gaststube und einem schönen Biergarten. Blanke Tische sorgen für rustikalen Charme.

KRUMMHÖRN Niedersachsen 541 F 5 – 13 400 Ew – Höhe 5 m.
🛈 Touristik-GmbH, Zur Hauener Hooge 15 (Greetsiel), ✉ 26736, ✆ (04926) 9 18 80, Fax (04926) 2029.
Berlin 528 – Hannover 265 – Emden 14 – Groningen 112.

In Krummhörn-Greetsiel – Erholungsort :

🏨 **Landhaus Steinfeld** ⚘, Kleinbahnstr. 16, ✉ 26736, ✆ (04926) 9 18 10, hotel@landhaus-steinfeld.de, Fax (04926) 918146, 🛁, 🏊, 🚗 – 📺 ⚬ 🅿
geschl. 5. Jan. - 15. Feb., 3. Nov. - 19. Dez. – **Menu** (geschl. Sonntag - Montag) (nur Abendessen) (Restaurant nur für Hausgäste) à la carte 28/49 – **25 Zim** ⚬ 100/160 – 135/195.
• Hier hat man einen typischen friesischen Gutshof mit weitläufiger Gartenanlage zu einem komfortablen Hotel mit gediegener Atmosphäre umgestaltet.

🏨 **Witthus** ⚘ (mit Gästehaus), Kattrepel 7, ✉ 26736, ✆ (04926) 9 20 00, info@witthus.de, Fax (04926) 920092, 🌳 – 📺 ⚬ 🅿 ⚬ VISA. ⚘
geschl. 5. - 15. Jan., Mitte Nov. - Mitte Dez. – **Menu** (geschl. Nov. - April Montag, Dienstag - Donnerstag nur Abendessen) à la carte 20,50/38 – **16 Zim** ⚬ 65/93 – 88/137.
• In dem malerischen Fischerdorf begrüßt Sie dieses kleine Landhotel im friesischen Stil mit wohnlichen Zimmern, die mit Farben in Pastelltönen individuell gestaltet sind. Im gemütlichen Restaurant sitzt man am Kaminofen oder auf der Gartenterrasse.

KRUMMHÖRN

- **Der Romantik-Hof**, Ankerstr. 4, ✉ 26736, ℘ (04926) 91 21 51, *romantik-hof-greetsiel@t-online.de*, Fax (04926) 912153, 🐴, 🐎 – ✳ Zim, 📺 🅿 ⌘ Rest
  Menu *(nur Abendessen)* (Restaurant nur für Hausgäste) – **13 Zim** ⊇ 77/82 – 110/130 – ½ P 12.
  ◆ Ein familienge führtes kleines Hotel mit Klinkerfassade. Die geräumigen Zimmer sind im Landhausstil mit einem Hauch Romantik wohnlich eingerichtet.

- **Landhaus Zum Deichgraf** garni, Ankerstr. 6, ✉ 26736, ℘ (04926) 9 21 20, *kaiser-greetsiel@t-online.de*, Fax (04926) 921229, 🐴, ✳ 📺 🅿
  geschl. Nov., Jan. - Feb. – **10 Zim** ⊇ 48/80 – 79/104.
  ◆ Ein in regionstypischem Stil erbautes Haus mit behaglicher Einrichtung : Landhausmöbel und hübsche Stoffe in kräftigen Farben machen die netten, geräumigen Zimmer aus.

KUCHELMISS Mecklenburg-Vorpommern 542 E 21 – 880 Ew – Höhe 60 m.
Berlin 160 – Schwerin 78 – Rostock 50 – Neubrandenburg 84.

In Kuchelmiss-Serrahn *Süd : 3 km :*

- **Landhaus Serrahn** ♨, Dobbiner Weg 24, ✉ 18292, ℘ (038456) 6 50, *landhaus.serrahn@t-online.de*, Fax (038456) 65255, 🐴, Biergarten, Massage, ≘s, 🏊, 🐎, 🍴, 🎿 – 📺 🅿 – 🔔 80. 🅰🅴 🆅🅸🆂🅰
  Menu à la carte 16/28 – **31 Zim** ⊇ 50/70 – 85/99.
  ◆ Landschaftlich reizvoll an den Krakower Seen liegt das rustikal-gemütliche, renovierte alte Landhaus mit neuem Gästehaus. Die wohnlichen Zimmer bieten zeitgemäßen Komfort. Die Restaurants : mal gediegen mit hübsch gedeckten Tischen, mal rustikaler.

KÜHLUNGSBORN Mecklenburg-Vorpommern 542 D 19 – 8 500 Ew – Höhe 2 m – Seebad.
🎿 Wittenbeck, Am Grün 14 (Süd-Ost : 3 km), ℘ (038293) 75 75.
🛈 Touristik-Service, Ostseeallee 19, ✉ 18225, ℘ (038293) 84 90, *info@kuehlungsborn.de*, Fax (038293) 84930.
Berlin 251 – Schwerin 70 – Rostock 31 – Wismar 39.

- **Ostseehotel**, Zur Seebrücke 1, ✉ 18225, ℘ (038293) 41 50, *ostseehotel@tc-hotels.de*, Fax (038293) 415555, 🐴, 🏊, Massage, ≘s, 🏊, 🏊, 🐎, – 🛗, ✳ Zim, 📺 📞 🛗 🚗 🅿 – 🔔 60. 🅰🅴 🅞 🆅🅸🆂🅰 ⌘ Rest
  Menu à la carte 27,50/46 – **110 Zim** ⊇ 110/160 – 135/190, 6 Suiten – ½ P 24.
  ◆ Das Hotel liegt an der Seebrücke und hat ein elegantes Interieur mit lichtdurchflutetem Eingangsbereich und Zimmereinrichtungen mit edlen Hölzern und Farben in Naturtönen. Restaurant mit Showküche - mit Korbmöbeln und freundlichen Farben wohnlich eingerichtet.

- **Aquamarin**, Hermannstr. 33, ✉ 18225, ℘ (038293) 40 20, *hotel-aquamarin@t-online.de*, Fax (038293) 40277, 🐴, ≘s, 🏊, – 🛗, ✳ Zim, 📺 🚗 🅿 – 🔔 25. 🆅🅸🆂🅰 ⌘ Rest
  Menu *(Montag - Freitag nur Abendessen)* à la carte 19/30 – **77 Zim** ⊇ 80/95 – 120/125 – ½ P 17.
  ◆ Das neue Hotel erinnert mit dem Türmchen und der Fassade an die klassische Bäderarchitektur. Die wohnlich und gediegen gestalteten Zimmer bieten ein großzügiges Platzangebot. Das große, helle Restaurant mit elegantem Mobiliar ist zur Halle hin offen.

- **Neptun Hotel** (mit Gästehaus), Strandstr. 37, ✉ 18225, ℘ (038293) 6 30, *neptunhotel@t-online.de*, Fax (038293) 63299, 🐴, ≘s – 📺 🅿 – 🔔 40. 🅰🅴 🆅🅸🆂🅰
  Menu *(geschl. Jan.) (nur Abendessen)* à la carte 23/35 – **40 Zim** ⊇ 90/100 – 105/135 – ½ P 20.
  ◆ Das Jugendstilgebäude an der Haupteinkaufsstraße wurde in ein zeitgemäßes Hotel mit maritimen Details und stilvoll mit dunklem Kirschholz eingerichteten Zimmern verwandelt. Ein imposanter Buffetschrank trennt das eigentliche Restaurant vom einfacheren Bistro.

- **Schweriner Hof**, Ostseeallee 46, ✉ 18225, ℘ (038293) 7 90, *info@schwerinerhof.de*, Fax (038293) 79410, ≘s – 🛗, ✳ Zim, 📺 📞 🅿 – 🔔 15. 🅰🅴 🆅🅸🆂🅰 ⌘
  Menu *(nur Abendessen)* à la carte 19/32 – **38 Zim** ⊇ 59/99 – 79/149, 3 Suiten.
  ◆ Direkt am Wasser liegt das Hotel, das 1993 nach der Restaurierung wieder eröffnet wurde. Besonders die Zimmer im Anbau wirken durch die kräftigen Farben sehr wohnlich. Rustikal-gemütlich ist das Restaurant Skagen gehalten.

- **Strandhotel Sonnenburg**, Ostseeallee 15, ✉ 18225, ℘ (038293) 83 90, *feine.adresse@strandhotelsonnenburg.de*, Fax (038293) 83913, 🐴, ≘s – 🛗, ✳ Zim, 📺 🚗 🅿 🅰🅴 🆅🅸🆂🅰 ⌘ Rest
  Menu à la carte 17/34 – **29 Zim** ⊇ 71/85 – 93/100 – ½ P 13.
  ◆ Das Hotel liegt an der Strandpromenade und erwartet seine Gäste mit liebevoll und individuell eingerichteten Zimmern, in denen Pinienholzmöbel und zarte Farben dominieren. Das Restaurant mit dunklen Bistrostühlen befindet sich in einem Wintergarten.

KÜHLUNGSBORN

- **Strandblick,** Ostseeallee 6, ✉ 18225, ℰ (038293) 6 33, *strandblick@ringhotels.de*, *Fax (038293) 63500*, 🍽, 🐕 – 🛗 📺 🐕 ♿ 🅿 – 🚗 35. 🆎 ⓪ ⓜ️ 🆅🆂🅰. ✂
  geschl. 5. - 22. Jan., 21. Nov. - 9. Dez. – **Menu** *(nur Abendessen)* à la carte 22/33 – **40 Zim** ☐ 85/125 – 110/140, 4 Suiten – ½ P 14.
  • Die schöne, erweiterte Jugendstilvilla ist nur durch eine Straße von der Ostsee getrennt. Sie wohnen in sehr gepflegten, mit solidem Mobiliar bequem ausgestatteten Zimmern. Hell und modern gestaltetes Restaurant Strandauster.

- **Westfalia** garni, Ostseeallee 17, ✉ 18225, ℰ (038293) 4 34 90, *info@westfalia-kuehlungsborn.de*, *Fax (038293) 434949*, 🍽 – 🛗 ⇆ 📺 🅿. ✂
  geschl. Dez. - Jan. – **14 Zim** ☐ 78 – 102/130.
  • Hier wohnt man in der "1. Reihe" an der Ostsee : Alle Zimmer dieser Jugendstilvilla mit Garten haben einen Balkon oder eine Loggia zur Seeseite und sind gediegen eingerichtet.

- **Rosenhof,** Poststr. 18, ✉ 18225, ℰ (038293) 7 86, *rosenhof@kuehlungsborn.de*, *Fax (038293) 78787*, 🍽, 🐕, 🍴 – 🛗, 🍽 Rest, 📺 🐕 ↔ 🅿. 🆎 ⓪ ⓜ️ 🆅🆂🅰
  Menu *(geschl. 4. Jan. - 1. April)(wochentags nur Abendessen)* à la carte 16/36 – **25 Zim** ☐ 60/85 – 110 – ½ P 12.
  • Die alte Villa mit der verspielten, rosafarbenen Fassade bildet mit zwei Anbauten ein ansprechendes Ensemble, in dem sehr individuell gestaltete Zimmer auf die Gäste warten.

- **Edison** 🌿, Dünenstr. 15, ✉ 18225, ℰ (038293) 4 20, *info@hotel-edison.de*, *Fax (038293) 42111*, 🍽, 🐕 – 🛗, ⇆ Zim,, 🍽 Rest, 📺 🐕 ♿ 🅿 – 🚗 50. 🆎 ⓜ️ 🆅🆂🅰
  Menu *(wochentags nur Abendessen)* à la carte 16/25 – **37 Zim** ☐ 64/74 – 74/94 – ½ P 16.
  • Hier kann man anheuern, wenn man neues Design mag : Der Hotelbau ist einem Schiff nachempfunden, klare Linien, kräftige Farben und modernes Mobiliar bestimmen die Einrichtung. Grün und Blau dominieren in dem hellen Restaurant mit Pavillonanbau.

- **Poseidon,** Hermannstr. 6, ✉ 18225, ℰ (038293) 8 92 80, *hotel-poseidon@gmx.de*, *Fax (038293) 8928130*, 🍽 – 📺 🅿. 🆎 ⓜ️ 🆅🆂🅰
  geschl. Nov. – **Menu** à la carte 13/21 – **34 Zim** ☐ 54 – 80/104 – ½ P 11.
  • Das alte, hübsch renovierte Hotel, das an die klassische Bäderarchitektur erinnert, liegt im Zentrum des Ortes und hält zeitgemäß und solide ausgestattete Zimmer bereit. Mit dunklem Holz und geblümten Polstern gestaltetes Restaurant.

- **Brunshöver Möhl,** An der Mühle 3, ✉ 18225, ℰ (038293) 9 37, *Fax (038293) 13153*, 🍽 – 🅿. 🆎 ⓜ️ 🆅🆂🅰
  geschl. Okt. - April Montag – **Menu** *(Okt. - April wochentags nur Abendessen)* à la carte 20/28.
  • In der renovierten alten Windmühle am Ortsrand hat man auf zwei Ebenen ein rustikales Restaurant eingerichtet - ein engagierter Service kümmert sich um das Wohl der Gäste.

In Wittenbeck *Süd-Ost : 3 km, über Doberaner Straße :*

- **Landhotel Wittenbeck** 🌿, Straße zur Kühlung 21a, ✉ 18209, ℰ (038293) 8 92 30, *landhotel-wittenbeck@m-vp.de*, *Fax (038293) 892333*, 🍽, 🐕, 🍴, 🍽 – 📺 🅿 – 🚗 40. 🆎 ⓜ️ 🆅🆂🅰. ✂
  Menu à la carte 14/28 – **45 Zim** ☐ 60/80 – 85 – ½ P 15.
  • Die Zimmer des Ferien- und Tagungshotels im Landhausstil sind alle mit Kiefernmöbeln eingerichtet und sehr gepflegt. Man bietet auch Pauschalangebote für Vereinsreisen. Das Hotelrestaurant ist mit dunklen Polsterstühlen rustikal gestaltet.

KÜPS Bayern 🅵🅰🅶 **P 17** – 7 500 Ew – Höhe 299 m.
Berlin 355 – München 278 – *Coburg* 33 – Bayreuth 50 – Hof 59 – Bamberg 52.

- **Werners Restaurant,** Griesring 16, ✉ 96328, ℰ (09264) 64 46, *werners_restaurant@t-online.de*, *Fax (09264) 7850*, 🍽
  geschl. Juni 2 Wochen, Juli 1 Woche, Sonntag – **Menu** *(nur Abendessen)* à la carte 21/34, 🍷.
  • Hier kocht der Chef selbst sorgfältig zubereitete Gerichte der internationalen Küche, die den Gästen in dem hübschen, mit Kochbüchern dekorierten Restaurant serviert werden.

In Küps-Oberlangenstadt : *West : 1 km :*

- **Hubertus,** Hubertusstr. 6, ✉ 96328, ℰ (09264) 96 00, *info@hubertus-online.de*, *Fax (09264) 96055*, ≤, 🍽, 🐕, 🍴, 🍽 – ⇆ Zim, 📺 🅿 – 🚗 40. ⓪ ⓜ️ 🆅🆂🅰
  geschl. 3. - 11. Jan. – **Menu** *(geschl. Sonntagabend)(wochentags nur Abendessen)* à la carte 21/34,50 – **24 Zim** ☐ 40 – 67.
  • In diesem freundlichen, gepflegten Hotel in der Fränkischen Schweiz stehen teils neuzeitlich ausgestattete Gästezimmer mit hellem Holzmobiliar zum Einzug bereit. Zeitlos gestaltetes Restaurant.

KÜRTEN
Nordrhein-Westfalen 543 M 5 – 17 000 Ew – Höhe 250 m – Luftkurort.
🛈 Kürten, Johannesberg 13, ℘ (02268) 89 89.
Berlin 565 – *Düsseldorf* 62 – Köln 35 – Lüdenscheid 47.

In Kürten-Hungenbach Süd-West : 2 km :

Gut Hungenbach ⚞, ✉ 51515, ℘ (02268) 60 71, guthungenbach@t-online.de, Fax (02268) 6073, 🍴, ※ – ⇌ Zim, 📺 ⇐ 🅿 – 🛎 35
geschl. 24. Dez. - Anfang Feb. – **Menu** (geschl. Montag) à la carte 21/38,50 – **36 Zim** 🛏 80/120 – 135/185.
• Die restaurierte Gutsanlage ist ein Ensemble aus historischen Fachwerkhäusern a. d. 17. und 18. Jh., die gepflegte Gästezimmer mit alten Bauernmöbeln beherbergen. Fachwerk, unverputztes Mauerwerk und eine rustikale Einrichtung prägen das Restaurant.

KUFSTEIN
Österreich 730 I 6 – 15 500 Ew – Höhe 500 m – Wintersport : 515/1 600 m ⚡2 ⛷.
Sehenswert : Festung : Lage★, ≤★, Kaiserturm★.
Ausflugsziel : Ursprungspaß-Straße★ (von Kufstein nach Bayrischzell).
🛈 Tourismusverband, Unterer Stadtplatz 8, ✉A-6330, ℘ (05372) 6 22 07, kufstein@netway.at, Fax (05372) 61455.
Wien 401 – Innsbruck 72 – *Bad Reichenhall* 77 – München 90 – Salzburg 106.

Alpenrose ⚞, Weißachstr. 47, ✉ 6330, ℘ (05372) 6 21 22, alpenrose.telser@kufnet.at, Fax (05372) 621227, 🍴, ⇌ – 🛗, ⇌ Zim, 📺 ⇐ 🅿 – 🛎 50. 🆎 💿 🆎 𝗩𝗜𝗦𝗔
geschl. über Ostern 2 Wochen – **Menu** (geschl. Ende Okt. 1 Woche) 19 à la carte 21/39 – **22 Zim** 🛏 63/87 – 110/137 – ½ P 22.
• Ein angenehm und freundlich geführter Alpengasthof, der von ländlicher Eleganz geprägt ist. Die komfortablen Zimmer sind im Landhausstil eingerichtet. Gediegenes Restaurant mit schöner Holzdecke.

Andreas Hofer, Georg-Pirmoser-Str. 8, ✉ 6330, ℘ (05372) 69 80, sappl@andreas-hofer.com, Fax (05372) 698090, 🍴 – 🛗, ⇌ Zim, 📺 ⇐ 🅿 – 🛎 50. 🆎 💿 🆎 𝗩𝗜𝗦𝗔 ※ Rest
Menu (geschl. Sonntag) à la carte 18,50/32 – **95 Zim** 🛏 59/77 – 96/130 – ½ P 18.
• In der Stadtmitte findet man dieses familiengeführte Hotel. Die gepflegten Zimmer sind teils großzügig im Zuschnitt und mit dunklem Holzmobiliar solide eingerichtet. Das Restaurant zeigt sich rustikal.

Zum Bären, Salurner Str. 36, ✉ 6330, ℘ (05372) 6 22 29, kufstein@hotelbaeren.at, Fax (05372) 636894, 🍴, ≤s, 🐴 – 🛗, ⇌ Zim, 📺 ⇐ 🅿 – 🛎 30.
Menu (geschl. Sonn- und Feiertage) à la carte 13,50/27,50 – **33 Zim** 🛏 49/56 – 78/95 – ½ P 14.
• Der alpenländische Gasthof am Ortsrand erwartet seine Gäste mit soliden, teils geräumigen Zimmern - die meisten sind mit älteren, dunklen Eichenholzmöbeln eingerichtet. Rustikales Restaurant mit Kachelöfen und netter kleiner Stube.

Goldener Löwe, Oberer Stadtplatz 14, ✉ 6330, ℘ (05372) 6 21 81, goldener.loewe@kufnet.at, Fax (05372) 621818 – 🛗 📺 ⇐. 🆎 💿 🆎 𝗩𝗜𝗦𝗔 𝗝𝗖𝗕
geschl. April 2 Wochen – **Menu** à la carte 14,50/32 – **40 Zim** 🛏 45/60 – 78/88 – ½ P 12.
• Hinter der hellgelben Fassade des Gasthofs im Zentrum hält man für die Gäste saubere und gepflegte Zimmer bereit, die alle mit soliden, dunklen Möbeln ausgestattet sind. Gaststube mit gepolsterten Sitzbänken und holzgetäfelten Wänden.

Gasthof Felsenkeller ⚞, Kienbergstr. 35, ✉ 6330, ℘ (05372) 6 27 84, hotel@felsenkeller.at, Fax (05372) 62544, 🍴, ≤s, 🐴 – 🛗 📺 🅿.
geschl. Anfang - Mitte April, Nov. - Mitte Dez. – **Menu** (geschl. Montag - Dienstag) à la carte 13/25,50 – **23 Zim** 🛏 35/48 – 70/76 – ½ P 12.
• Am Fuß des majestätischen Kaisergebirges liegt dieser nette Gasthof im Tiroler Stil. Sie wohnen in rustikalen Zimmern mit Balkon und Sitzecke. Landestypisch gestalteter, gemütlicher Restaurantbereich.

KULMBACH
Bayern 545 P 18 – 30 000 Ew – Höhe 306 m.
Sehenswert : Plassenburg★ (Schöner Hof★★, Zinnfigurenmuseum★) BX.
🛈 Thurnau, Petershof 1 (Süd-West : 14 km), ℘ (09228) 3 19.
🛈 Tourist-Service, Sutte 2 (Stadthalle) ✉ 95326, ℘ (09221) 9 58 80, touristinfo@stadt-kulmbach.de, Fax (09221) 958844.
Berlin 355 ① – München 257 ① – *Coburg* 46 ③ – Bayreuth 22 ② – Bamberg 60 ② – Hof 49 ①

Stadtplan siehe nächste Seite

Hansa-Hotel, Weltrichstr. 2a, ✉ 95326, ℘ (09221) 6 00 90, service@hansa-hotel-kulmbach.de, Fax (09221) 66887 – 🛗, ⇌ Zim, 📺 ✆ ⇐ – 🛎 20. 🆎 🆎 𝗩𝗜𝗦𝗔 **AY**
Menu (geschl. Sonntag) à la carte 21,50/36,50 – **32 Zim** 🛏 65/75 – 120/145.
• Modernes Design im Zeichen der Hanse : Das Motiv des hanseatischen Treppengiebels zieht sich durch alle Bereiche dieses innovativ und individuell gestalteten Hotels. Die neuzeitliche Aufmachung des Hotels setzt sich im Restaurant fort.

821

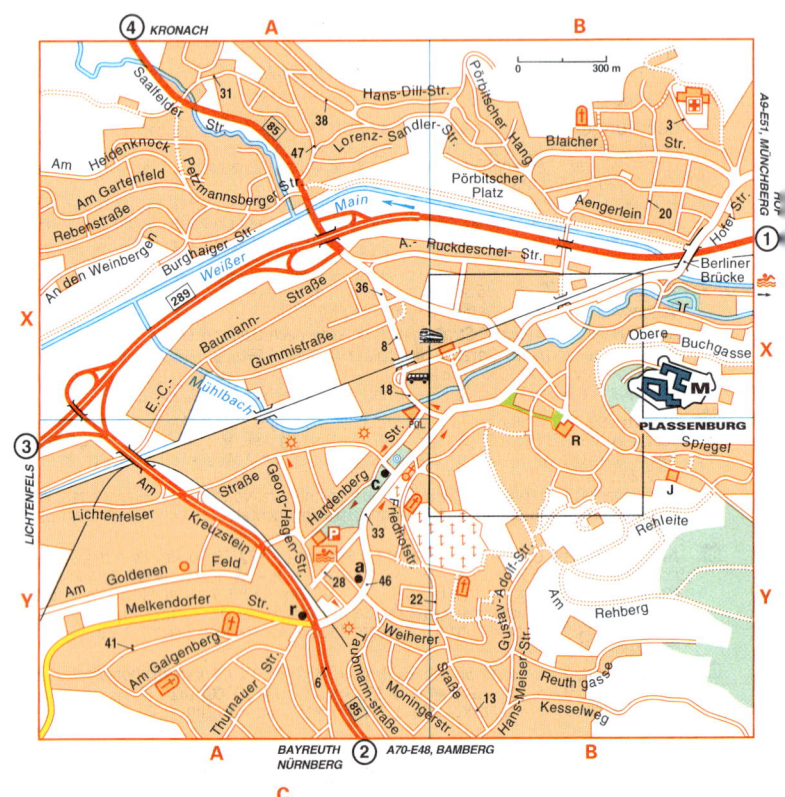

KULMBACH

Street	Grid	No.
Albert-Schweitzer-Straße	BX	3
Am Weiherdamm	CZ	5
Bayreuther Straße	AY	6
EKU-Straße	AX	8
Fischergasse	CZ	12
Friedrich Schönauer-Straße	BY	13
Fritz-Hornschuch-Straße	CZ	14
Gasfabrikgäßchen	CZ	15
Grabenstraße	CZ	17
Hans-Hacker-Straße	AX	18
Heinrich-von-Stephan-Straße	CZ	19
Herm.-Limmer-Straße	BX	20
Holzmarkt	CZ	
Jean-Paul-Straße	BY	22
Kirchwehr	CZ	24
Kressenstein	CZ	
Langgasse	CZ	
Luitpoldstraße	AY	28
Marktplatz	CZ	
Metzdorfer Straße	AX	31
Pestalozzistraße	AY	33
Pörbitscher Weg	CZ	34
Reichelstraße	AX	36
Rentsamtsgäßchen	CZ	37
Rosenkrantzstr	CZ	38
Rothleinsberg	CZ	39
Spitalgasse	CZ	40
Stettiner-Straße	AY	41
Unteres Stadtgäßchen	CZ	43
Wilhelm-Meußdoerffer Straße	AY	46
Ziegelhüttener Straße	AX	47

KULMBACH

Kronprinz (mit Gästehaus), Fischergasse 4, ⊠ 95326, ℘ (09221) 9 21 80, info@kronprinz-kulmbach.de, Fax (09221) 921836 – TV ✆ – 🛏 20. AE ⓘ ⓜ VISA JCB. ※
geschl. 24. - 28. Dez. – **Menu** (geschl. Montag) (Restaurant nur für Hausgäste) – **22 Zim** ☐ 56/75 – 80/125.
CZ n
- Ein renoviertes Altstadthaus nahe der Stadthalle beherbergt das gut geführte Hotel mit den solide mit Kirschbaummobiliar eingerichteten Zimmern.

Purucker, Melkendorfer Str. 4, ⊠ 95326, ℘ (09221) 9 02 00, info@hotel-purucker.de, Fax (09221) 902090, ⇌, 🔲 – 📶 TV ⇌ P. AE ⓘ ⓜ VISA. ※ Zim
geschl. Mitte - Ende Aug. – **Menu** (geschl. Samstag - Sonntag) à la carte 15,50/30 – **23 Zim** ☐ 45/64 – 69/95.
AY r
- Praktischen Komfort bieten die unterschiedlich, meist mit hellen Naturholzmöbeln ausgestatteten Zimmer dieses gepflegten, sauberen Hotels. Deckentäfelung und Stühle aus dunklem Holz prägen den Charakter des Restaurants.

Ertl, Hardenbergstr. 3, ⊠ 95326, ℘ (09221) 97 40 00, info@hotel-ertl.com, Fax (09221) 974050, Biergarten – TV ✆ ⇌ P. 🛏 30. AE ⓘ ⓜ VISA
geschl. 20. Dez. - 6. Jan. – **Menu** (geschl. Freitag - Sonntag) à la carte 17,50/28 – **23 Zim** ☐ 58/62 – 80.
AY c
- Ein gastliches Haus mit Tradition : Das Hotel befindet sich seit 120 Jahren in Familienbesitz. Die Zimmer sind einheitlich mit honigfarbenen Naturholzmöbeln ausgestattet. Restaurant im altdeutschen Stil - Teile von Ritterrüstungen zieren die Wände.

In Kulmbach-Höferänger über ④ : 4 km :

Dobrachtal, Höferänger 10, ⊠ 95326, ℘ (09221) 94 20, info@dobrachtal.de, Fax (09221) 942355, 🍽, ⇌, 🔲, ⚞ – 📶 TV ⇌ P. 🛏 60. AE ⓘ ⓜ VISA
geschl. 20. Dez. - 5. Jan. – **Menu** (geschl. Freitag) à la carte 18/34 – **57 Zim** ☐ 44/72 – 74/118 – ½ P 16.
- Dieser erweiterte Gasthof ist ein gepflegtes familiengeführtes Hotel. Fragen Sie nach den neueren Zimmern, die mit hellen, soliden Naturholzmöbeln ausgestattet sind. Gemütliche Gaststuben mit Kachelofen und gepolsterten Sitzbänken.

KUNREUTH-REGENSBERG Bayern siehe Forchheim.

KUPFERZELL Baden-Württemberg ⑤④⑥ S 13 – 5 000 Ew – Höhe 345 m.
Berlin 555 – Stuttgart 85 – Heilbronn 46 – Schwäbisch Hall 17 – Würzburg 91.

In Kupferzell-Eschental Süd-Ost : 6 km, über Schlossstraße :

Landgasthof Krone, Hauptstr. 40, ⊠ 74635, ℘ (07944) 6 70, info@krone-eschental.de, Fax (07944) 6767, 🍽, ⇌, 🔲, – 📶 TV ✆ & P. 🛏 40. ⓘ ⓜ VISA JCB
geschl. über Fasching 1 Woche, Aug. 2 Wochen – **Menu** à la carte 15/30 – **54 Zim** ☐ 38/51 – 52/79.
- Dieser freundliche Landgasthof im Hohenlohischen begrüßt seine Gäste mit komfortablen Zimmern, die teils im Landhausstil, teils mit modernen Naturholzmöbeln eingerichtet sind. Zum Speisen stehen ein rustikales Restaurant und zwei nette Stübchen zur Wahl.

KUPPENHEIM Baden-Württemberg ⑤④⑥ T 8 – 6 200 Ew – Höhe 126 m.
Berlin 698 – Stuttgart 98 – Karlsruhe 27 – Baden-Baden 12 – Rastatt 5,5.

Ochsen, Friedrichstr. 53, ⊠ 76456, ℘ (07222) 4 15 30, info@ox-club.de, Fax (07222) 48750, 🍽 – P. ⓜ VISA. ※
geschl. 25. Feb. - 9. März, 3. - 28. Aug., Sonntag - Montag – **Menu** à la carte 17,50/31,50.
- Recht gemütlich und gediegen wirkt das rustikal-bürgerliche Restaurant, das sich in dem hübschen Gasthof mit der rosafarbenen Fassade befindet.

In Kuppenheim-Oberndorf Süd-Ost : 2 km Richtung Freudenstadt :

Raub's Restaurant mit Zim, Hauptstr. 41, ⊠ 76456, ℘ (07225) 7 56 23, info@raubs-restaurant.de, Fax (07225) 79378, 🍽 – TV P. VISA
geschl. über Fastnacht 1 Woche, Aug. - Sept. 2 Wochen, Sonntag - Montag – **Menu** 90 à la carte 51,50/68, ♀ ⚞ – **Kreuz-Stübl** : **Menu** 23,50/52 à la carte 28/46, ♀ – **5 Zim** ☐ 57/92 – 97/120.
- Passend zum Stil des kleinen Restaurants - hier dominieren Schwarz-Weiß-Töne, Gemälde setzen farbige Akzente - kreiert man eine modern interpretierte klassische Küche. Im Kreuz-Stübl serviert man sorgfältig zubereitete badische Gerichte. Gepflegte Zimmer.
Spez. Geschmorte Lammbäckchen und mariniertes Züngle mit jungen Zwiebeln. Königsbrasse mit karamellisiertem Blumenkohl und rosa Grapefruit. Champagner-Granité mit Honig-Pfirsich

KUSEL Rheinland-Pfalz 543 R 6 – 6 000 Ew – Höhe 240 m.
Berlin 682 – Mainz 107 – Saarbrücken 72 – Trier 84 – Kaiserslautern 40.

In Blaubach Nord-Ost : 2 km :

- **Reweschnier**, Kuseler Str. 1, ✉ 66869, ℘ (06381) 92 38 00, info@reweschnier.de, Fax (06381) 923880, 🍽, 🛏, 🌳, 🦌 Zim, 📺 ⇔ ⚡ – 🛁 70. ① 🆔 VISA. 🍴
  Menu 18 à la carte 19/35 – **29 Zim** 🛏 44/58 – 74/88.
  • Ein persönlich geführter Familienbetrieb : Der gepflegte Landgasthof empfängt die Gäste mit soliden, mit hellen Holzmöbeln und kleinem Sitzbereich eingerichteten Zimmern. Im Restaurant erwartet Sie ein bürgerlich-rustikales Ambiente.

KYRITZ Brandenburg 542 H 21 – 9 200 Ew – Höhe 34 m.
B Fremdenverkehrsverein, Maxim-Gorki Str. 32, ✉ 16866, ℘ (033971) 5 23 31, fvv@kyritz.de, Fax (033971) 73729.
Berlin 96 – Potsdam 85 – Schwerin 113.

- **Waldschlösschen**, Seestr. 110 (Ost : 3 km), ✉ 16866, ℘ (033971) 3 07 80, waldschloesschen-kyritz@t-online.de, Fax (033971) 30789, Biergarten – 📺 ⚡ ⚡.
  🆔 VISA
  geschl. Mitte - Ende Jan. - **Menu** (geschl. Nov. - April Montagmittag, Dienstagmittag) à la carte 16/29 – **12 Zim** 🛏 41/46 – 67/72 – ½ P 15.
  • Das 1906 erbaute kleine Hotel wurde komplett saniert und begrüßt Sie mit teils modern, teils rustikal gestalteten Zimmern mit guter technischer Ausstattung.

- **Landhaus Muth** (mit Gästehäusern), Pritzwalker Str. 40, ✉ 16866, ℘ (033971) 7 15 12, danielmuth@t-online.de, Fax (033971) 71513, 🍽, 🦌 – 📺 ⚡ – 🛁 20. AE ①
  🆔 VISA
  Menu (geschl. Sonntag) (nur Abendessen) à la carte 15/21 – **19 Zim** 🛏 45 – 65.
  • Ein kleines Hotel nahe der Kyritzer Seenkette : Die wohnlichen, mit dunklen Holzmöbeln eingerichteten Zimmer verteilen sich auf drei Häuser eines ehemaligen Bauernhofs. Freigelegte Holzbalken, Bilder und Grünpflanzen schmücken das Restaurant.

LAASPHE, BAD Nordrhein-Westfalen 543 N 9 – 16 000 Ew – Höhe 335 m – Kneippheilbad.
B Tourismus, Kur und Stadtentwicklung, Wilhelmsplatz 3, ✉ 57334, ℘ (02752) 8 98, badlaasphe@t-online.de, Fax (02752) 7789.
Berlin 489 – Düsseldorf 174 – Siegen 34 – Kassel 108 – Marburg 43.

In Bad Laasphe-Feudingen West : 9 km, über B 62, in Saßmannshausen links ab :

- **Landhotel Doerr,** Sieg-Lahn-Str. 8, ✉ 57334, ℘ (02754) 37 00, info@landhotel-doerr.de, Fax (02754) 370100, 🍽, 🅿, Massage, 🛏, 🏊, 🦌 – 🛗, 🌳 Zim, 📺 ⚡ – 🛁 60.
  AE ① 🆔 VISA JCB. 🍴 Rest
  Menu à la carte 28/38,50 – **42 Zim** 🛏 65/80 – 130/160.
  • Ansprechende Zimmer in warmem Holz sorgen mit einem guten Platzangebot für Komfort. Sehr schön : der neue, aufwändig gestaltete Wellness- und Beauty-Bereich ! Gemütliche Atmosphäre im holzverkleideten Restaurant.

- **Lahntal-Hotel,** Sieg-Lahn-Str. 23, ✉ 57334, ℘ (02754) 12 85, info@lahntalhotel.de, Fax (02754) 1286, 🍽 – 🛗, 🌳 Zim, 📺 ⚡ – 🛁 80. 🆔 🍴
  Menu (geschl. Dienstag) à la carte 22/42,50 – **23 Zim** 🛏 49/64 – 98 – ½ P 15.
  • Hinter der attraktiven Fassade dieses gewachsenen Landhauses findet der Gast geräumige, wohnlich-rustikal gestaltete Zimmer mit guter Technik. Ansprechend dekoriertes Restaurant.

- **Im Auerbachtal**, Wiesenweg 5, ✉ 57334, ℘ (02754) 37 58 80, auerbachtal@t-online.de, Fax (02754) 3758888, 🛏, 🏊, 🦌, 🌳 Zim 📺 ⚡ – 🛁 20. 🍴
  geschl. 23. Dez. - 31. Jan. - **Menu** (geschl. Sonntag) (nur Abendessen) (Restaurant nur für Hausgäste) – **16 Zim** 🛏 38 – 72.
  • Neben der recht ruhigen Lage am Waldrand zählen auch ein gepflegtes Ambiente und eine persönliche Atmosphäre zu den Annehmlichkeiten dieses familiengeführten kleinen Hotels.

In Bad Laasphe-Glashütte West : 14 km über Bad Laasphe-Volkholz :

- **Jagdhof Glashütte**, Glashütter Str. 20, ✉ 57334, ℘ (02754) 39 90, info@jagdhof-glashuette.de, Fax (02754) 399222, 🍽, Massage, 🛏, 🏊, 🦌 – 🛗, 🌳 ⚡
  – 🛁 70. AE ① 🆔 VISA JCB
  Menu siehe Rest. **Ars Vivendi** separat erwähnt **Jagdhof Stuben** Menu à la carte 23/41,50 – **29 Zim** 🛏 127/158 – 196/226, 3 Suiten – ½ P 25.
  • Eine Einrichtung im alpenländischen Stil, Wohnlichkeit und ein unvergleichlicher Service ermöglichen komfortables Logieren. Ländliche Eleganz bietet man in den Maisonetten. Mehrere rustikale Gaststuben.

LAASPHE, BAD

XXX **Ars Vivendi** - Hotel Jagdhof Glashütte, Glashütter Str. 20, ⊠ 57334, ℰ (02754) 39 90,
✿ info@jagdhof-glashuette.de, Fax (02754) 399222 – 🅿 AE ⓞ ⓜ VISA JCB
geschl. 20. - 31. Jan., 10. - 31. Aug., Sonntag - Montag – **Menu** (nur Abendessen) (Tischbestellung ratsam) 74/89 à la carte 46/60, ♀.
• Aufwändig und edel ist alles in diesem Restaurant : die kreative Zubereitung der feinen Speisen, der geschulte Service sowie das durch neo-barocke Opulenz geprägte Ambiente.
Spez. St. Pierre und Jakobsmuscheln mit Curry gebraten. Gebratener Rehrücken mit Kartoffel-Baumkuchen und Selleriemousse. Grieß-Soufflé mit karamellisierten Aprikosen und Holunderblüten-Sabayon

LAATZEN Niedersachsen siehe Hannover.

LABOE Schleswig-Holstein ⁵⁴¹ C 14 – 5 200 Ew – Höhe 5 m – Seebad.
Sehenswert : Marine-Ehrenmal★ (Turm ≤★★).
🛈 Kurbetrieb, Strandstr. 25, ⊠ 24235, ℰ (04343) 42 75 53, kurbetrieb@laboe.de, Fax (04343) 1781.
Berlin 366 – Kiel 18 – Schönberg 13.

🏨 **Seeterrassen**, Strandstr. 86, ⊠ 24235, ℰ (04343) 60 70, info@seeterrassen-laboe.de, Fax (04343) 60770, ≤, 🍴, ≋ – 🛗 TV 🅿 AE ⓞ ⓜ VISA. ※ Zim
geschl. Dez. - Jan. – **Menu** à la carte 15/26 – **40 Zim** ⊃ 41/60 – 68/88.
• Mit einer Einrichtung im zeitlosen Stil wird dieses Hotel den Ansprüchen an ein praktisches Domizil gerecht. Die Strandnähe gehört zu den Vorzügen des Hauses. Restaurant mit Blick auf die Kieler Förde.

In Stein Nord-Ost : 4 km :

🏨 **Bruhn's Deichhotel** ⚘, Dorfring 36, ⊠ 24235, ℰ (04343) 49 50, info@bruhns-deichhotel.de, Fax (04343) 495299, ≤ Kieler Förde, 🍴, ≋ – ↦ Zim, TV 🕿 ⇔ 🅿
geschl. 19. Jan. - 26. Feb. – **Menu** (Sept. - April wochentags nur Abendessen) à la carte 19/52 – **35 Zim** ⊃ 75/100 – 90/125, 6 Suiten – ½ P 20.
• Großzügige Zimmer mit Küchenzeile und Balkon sowie eine sinnvolle Ausstattung machen einfaches Übernachten zu bequemem Wohnen. Die Nähe zum Meer spricht für sich. Wer Fisch mag, kommt im Restaurant mit Aussicht auf seine Kosten.

LADBERGEN Nordrhein-Westfalen ⁵⁴³ J 7 – 6 450 Ew – Höhe 50 m.
Berlin 456 – Düsseldorf 149 – Nordhorn 79 – Bielefeld 83 – Enschede 66 – Münster (Westfalen) 28 – Osnabrück 33.

🏨 **Zur Post** (mit Gästehaus), Dorfstr. 11, ⊠ 49549, ℰ (05485) 9 39 30, haug@gastwirt.de, Fax (05485) 939392, 🍴, 🌿 – TV 🕿 ⇔ 🅿 – 🛎 20. AE ⓞ ⓜ VISA
Menu (geschl. Montagmittag) 22/35 à la carte 28/35,50, ♀ – **25 Zim** ⊃ 65 – 75/103.
• Das westfälische Gasthaus aus dem 17. Jh. ist mit unterschiedlichen, teils antiken Holzmöbeln bestückt. Eine gute Technik gehört zur zeitgemäßen und praktischen Ausstattung. Geschmack und gute Produkte kennzeichnen die regionale Küche des Hauses.

XX **Waldhaus an de Miälkwellen** mit Zim, Grevener Str. 43, ⊠ 49549, ℰ (05485) 9 39 90, info@waldhaus-ladbergen.de, Fax (05485) 939993, 🍴, 🌿 – TV 🕿 🅿 – 🛎 100. AE ⓞ ⓜ VISA
Menu à la carte 17/35 – **7 Zim** ⊃ 40/55 – 70.
• In dem Waldgasthof bewirtet man Sie in unterschiedlich gestalteten Räumen - rustikal, klassisch oder hell und freundlich als Wintergarten - mit regionalen Gerichten.

LADENBURG Baden-Württemberg ⁵⁴⁵ R 9 – 12 000 Ew – Höhe 98 m.
🛈 Stadtinformation, Dr.-Carl-Benz-Platz 1, ⊠ 68526, ℰ (06203) 92 26 03, info@ladenburg.de, Fax (06203) 924709.
Berlin 618 – Stuttgart 130 – Mannheim 15 – Heidelberg 13 – Mainz 82.

🏨 **Nestor**, Benzstr. 21, ⊠ 68526, ℰ (06203) 93 90, nestor-hotel-ladenburg@t-online.de, Fax (06203) 939113, 🍴, ≋ – 🛗, ↦ Zim, ■ TV 🕿 & ⇔ 🅿 – 🛎 120. AE ⓞ ⓜ VISA. ※ Rest
Menu à la carte 24/37 – **128 Zim** ⊃ 109/154 – 135/180.
• Hinter der neuzeitlichen Fassade dieses etwas außerhalb im Industriegebiet gelegenen Hotels beziehen Sie eines der geräumigen Zimmer mit funktioneller Ausstattung.

LADENBURG

- **Cronberger Hof** garni, Cronbergergasse 10, ⌧ 68526, ✆ (06203) 9 26 10, Fax (06203) 926150 – TV ⇌. AE ① ⓪ VISA
  20 Zim ⇌ 70/75 – 95.
  • Funktionell mit hellem Mobiliar eingerichtet und mit technischen Annehmlichkeiten versehen, bietet Ihnen diese Unterkunft alles, was Sie unterwegs brauchen.

- **Im Lustgarten**, Kirchenstr. 6, ⌧ 68526, ✆ (06203) 9 51 60, Fax (06203) 951636, ☼ – TV P. AE ① ⓪ VISA . ⊗
  geschl. Dez. – Jan. 3 Wochen, Juli – Aug. 4 Wochen – **Menu** (geschl. Freitag, Sonn- und Feiertage) (nur Abendessen) à la carte 16,50/32,50 – **19 Zim** ⇌ 36/58 – 54/78.
  • Die Zimmer dieses an die Stadtmauer gebauten Hauses sind unterschiedlich in der Einrichtung - von Standard bis bäuerlich. Die historische Altstadt erreichen Sie bequem zu Fuß. Natursteinwände geben dem Restaurant ein rustikales Flair.

- ✕ **Zur Sackpfeife**, Kirchenstr. 45, ⌧ 68526, ✆ (06203) 31 45, Fax (06203) 3145, ☼. ⓪ VISA
  geschl. 20. Dez. - 10. Jan., Samstagmittag, Sonntag – **Menu** (abends Tischbestellung ratsam) à la carte 26/38.
  • Die urige Weinstube dieses historischen Fachwerkhauses aus dem Jahre 1598 bietet sich für eine gemütliche Rast an. Auch der lauschige Innenhof ist sehenswert.

Die in diesem Führer angegebenen Preise folgen
der Entwicklung der allgemeinen Lebenshaltungskosten.
Lassen Sie sich bei der Zimmerreservierung den endgültigen
Preis vom Hotelier mitteilen.

LAER, BAD Niedersachsen **541** J 8 – 9 200 Ew – Höhe 79 m – Sole-Heilbad.
  B Tourist-Information im Kurmittelhaus, Remseder Str. 5, ⌧ 49196, ✆ (05424) 80 88 63, touristinfo@bad-laer.de, Fax (05424) 808799.
  Berlin 419 – Hannover 141 – *Bielefeld* 37 – Münster (Westfalen) 39 – Bad Rothenfelde 5,5.

- **Haus Große Kettler**, Remseder Str. 1 (am Kurpark), ⌧ 49196, ✆ (05424) 80 70, hotel@haus-grosse-kettler.de, Fax (05424) 80777, ☼, ⇌, ⬚, ⚘ – ⌷, ⇐ Zim, TV P.
  ⚒ 50. AE ⓪ VISA . ⊗ Rest
  Menu à la carte 15/30 – **31 Zim** ⇌ 44/54 – 84 – ½ P 8.
  • In der Ortsmitte, nahe dem Kurpark, liegt der gewachsene Gasthof. Praktische Zimmer in neuzeitlichem Stil, meist mit Balkon, eignen sich als vorübergehendes Zuhause. Holzbalken und rustikales Inventar unterstreichen den ländlichen Charakter des Restaurants.

- **Landhaus Meyer zum Alten Borgloh**, Iburger Str. 23, ⌧ 49196, ✆ (05424) 2 92 10, info@mzab.de, Fax (05424) 292155, ⇌, ⚘ – ⇐ Zim, TV ✆ P. AE ⓪ VISA . ⊗ Rest
  Menu (Restaurant nur für Hausgäste) – **21 Zim** ⇌ 36/41 – 62/72 – ½ P 8.
  • Dieses gepflegte Haus beherbergt Sie entweder hinter einer netten Klinkerfassade - die Zimmer erreichen Sie über eine alte Holztreppe - oder alternativ im neueren Anbau.

- **Storck**, Paulbrink 4, ⌧ 49196, ✆ (05424) 90 08, rezeption@hotel-storck.de, Fax (05424) 7944, ☼, ⇌, ⬚, – ⌷ TV P.
  Menu (geschl. Montag) à la carte 14/31 – **20 Zim** ⇌ 35/40 – 60/70.
  • Neben funktionell ausgestatteten Gästezimmern zählt auch die Lage in der verkehrsberuhigten Zone im Zentrum des Ortes zu den Annehmlichkeiten des Hauses. Charmant wirkt das Restaurant des 200-jährigen Fachwerkhauses.

LAGE (LIPPE) Nordrhein-Westfalen **543** K 10 – 33 500 Ew – Höhe 103 m.
  ☒ Lage, Ottenhauser Str. 100 (Süd : 2 km), ✆ (05232) 6 80 49.
  Berlin 388 – Düsseldorf 189 – *Bielefeld* 21 – Detmold 9 – Hannover 106.

In Lage-Stapelage Süd-West : 7 km, über B 66, in Kachtenhausen links ab, dann über Billinghausen und Heßkamp : – Luftkurort :

- **Haus Berkenkamp** ⚘, Im Heßkamp 50 (über Billinghauser Straße), ⌧ 32791, ✆ (05232) 7 11 78, haus-berkenkamp@t-online.de, Fax (05232) 961033, ⇌, ⚘ – TV P. ⊗
  geschl. 16. Okt. - 2. Nov. – **Menu** (Restaurant nur für Hausgäste) – **20 Zim** ⇌ 37 – 62.
  • Der ehemalige Bauernhof aus dem 19. Jh. wurde zu einem modernen Pensionsbetrieb mit familiärem Flair umfunktioniert - umgeben von Feld, Wald und Garten.

LAHNAU Hessen siehe Wetzlar.

LAHNSTEIN Rheinland-Pfalz 543 P 6 – 18 900 Ew – Höhe 70 m.

🛈 *Touristinformation, Stadthallenpassage,* ✉ *56112,* 𝒞 *(02621) 91 41 71, touristinformation@lahnstein.de, Fax (02621) 914172.*
Berlin 596 – Mainz 102 – Koblenz 9 – Bad Ems 13.

🏨 **Dorint Hotel Rhein Lahn** ⚜, im Kurzentrum (Süd-Ost : 3,5 km), ✉ 56112, 𝒞 (02621) 91 20, info.znvrhe@dorint.com, Fax (02621) 912101, Restaurant mit ≤ Rhein und Lahntal, Massage, ♣, ⛱, ⛲ (geheizt), 🌳, 🎾 – 📶, ⊁ Zim, TV 📞 🚗 P – 🅰 300. AE ① ⓜ VISA JCB, ⊁ Rest
Menu (geschl. Montag - Dienstag) à la carte 19,50/34,50 – **227 Zim** ⊇ 116/162 – 126/190, 7 Suiten – ½ P 23.
♦ Auf einem bewaldeten Bergrücken liegt dieses gut unterhaltene Hochhaus-Hotel. Ein neuzeitliches Interieur sowie wohltuende Ruhe gehören zu den Vorzügen dieser Adresse. Eine schöne Sicht bietet Ihnen das Restaurant in der 15. Etage.

🏨 **Bock,** Westallee 11, ✉ 56112, 𝒞 (02621) 26 61, *hotel-restaurant-bock@t-online.de,* Fax (02621) 2721, 🌳 – TV AE ① ⓜ VISA
Menu (geschl. Montag) à la carte 20,50/35 – **14 Zim** ⊇ 40/45 – 70.
♦ Ein familiengeführtes kleines Hotel im Zentrum, das über zeitgemäß ausgestattete Zimmer verfügt. Gerne ist man bei Ihrer Ausflugsplanung behilflich.

LAHR (SCHWARZWALD) Baden-Württemberg 545 U 7 – 42 000 Ew – Höhe 168 m.
Ausflugsziel : Ettenheimmünster★, Süd-Ost : 18 km.
🏌 Lahr-Reichenbach, Gereut 9 (Ost : 4 km), 𝒞 (07821) 7 72 27.
🛈 KulTourBüro, Altes Rathaus, Kaiserstr. 1, ✉ 77933, 𝒞 (07821) 95 02 10, lahrinfo@lahr.de Fax (07821) 950212.
Berlin 767 – Stuttgart 168 – Karlsruhe 96 – Offenburg 26 – Freiburg im Breisgau 54.

🏨 **Schulz,** Alte Bahnhofstr. 6, ✉ 77933, 𝒞 (07821) 91 50, *hotel-schulz@t-online.de,* Fax (07821) 22674, 🌳 – 📶 TV 📞 🚗 P, AE ① ⓜ VISA JCB
Menu (geschl. Samstagmittag) 14,50 à la carte 28,50/39,50 – **36 Zim** ⊇ 58/65 – 75/89.
♦ Über praktisch ausgestattete Gästezimmer verfügt diese von der Inhaber-Familie geführte Übernachtungsadresse an der Durchgangsstraße. Bürgerlich gestaltetes Restaurant.

🏨 **Schwanen,** Gärtnerstr. 1, ✉ 77933, 𝒞 (07821) 91 20, *hotel@schwanen-lahr.de,* Fax (07821) 912320, 🌳 – 📶, ⊁ Zim, TV P. AE ① ⓜ VISA JCB
Menu (geschl. Sonntag) à la carte 20,50/37 – **57 Zim** ⊇ 60 – 85.
♦ Mit einer soliden und praktischen Einrichtung präsentieren sich die Zimmer dieses ländlichen Hotels - relativ ruhig in einer Nebenstraße des Ortes gelegen. Restaurant in unaufdringlichem neuzeitlichem Stil.

🏨 **Am Westend,** Schwarzwaldstr. 97, ✉ 77933, 𝒞 (07821) 9 50 40, *hotelamwestend@t-online.de,* Fax (07821) 950495, 🌳, ⛲ – 📶, ⊁ Zim, TV 📞 🚗 P. ⓜ VISA
gesch. 24. Dez. - 6. Jan. – **Menu** (geschl. Sonntag) (nur Abendessen) à la carte 15,50/21,50 – **34 Zim** ⊇ 60 – 80.
♦ Eine gut gepflegte und saubere Adresse am Stadtrand. Die Gästezimmer sind mit unterschiedlichem Mobiliar bestückt - teils neuzeitlich in der Aufmachung.

🏨 **Zum Löwen,** Obertorstr. 5, ✉ 77933, 𝒞 (07821) 2 30 22, Fax (07821) 1514, (Fachwerkhaus a.d. 18. Jh.) 89 TV 🚗 – 🅰 60. AE ① ⓜ VISA
geschl. 25. Dez. - 7. Jan. – **Menu** (geschl. Aug. 2 Wochen, Sonntag) à la carte 16/34 – **30 Zim** ⊇ 56/61 – 76.
♦ Sie wohnen im Herzen der Stadt - direkt am Anfang der Fußgängerzone. Der Fachwerkbau aus dem 18. Jahrhundert stellt Ihnen gut gepflegte Gästezimmer zur Verfügung. Dunkles Holz prägt das Restaurant.

In Lahr-Reichenbach Ost : 3,5 km über B 415 – Erholungsort :

🏨 **Adler** (Fehrenbacher), Reichenbacher Hauptstr. 18 (B 415), ✉ 77933, 𝒞 (07821) 90 63 90, *adler@adler-lahr.de,* Fax (07821) 9063933, 🌳 – ⊁ Zim, TV 📞 🚗 P. 🅰 20. AE ⓜ VISA, ⊁ Zim
geschl. 16. Feb. - 4. März – **Menu** (geschl. Montag - Dienstag) à la carte 37/55, ♀ – **24 Zim** ⊇ 65/75 – 105/118.
♦ Sie beziehen Quartier in gepflegten Zimmern mit gutem Platzangebot, meist mit Balkon versehen - ein Teil der Zimmer ist neu und mit Parkettboden ausgestattet. In typisch badisch-gemütlichem Ambiente serviert man eine kreative Küche. Hübsche Terrasse.
Spez. Enten-Gänseleberterrine mit Rhabarberconfit. St. Pierre mit Zitronenkruste und Zucchinigemüse. Gebratenes Rehnüßchen mit Wirsingtörtchen und Schupfnudeln

LAHR (SCHWARZWALD)

An der Straße nach Sulz Süd : 2 km, über Alte Bahnhofstraße und Werderstraße :

🏠 **Dammenmühle** 🍴 (mit 3 Gästehäusern), ✉ 77933 Lahr-Sulz, ℰ (07821) 9 39 30, dammenmuehle@t-online.de, Fax (07821) 939393, 🌳, ♨ (geheizt), 🚗 – 📺 🅿.
🅼🅲 VISA
Menu (geschl. Jan. - Feb. 2 Wochen, Montag) à la carte 16/33 – **18 Zim** ⊑ 42/62 – 80/110.
• Auf drei Gästehäuser verteilen sich die Zimmer : mal neuzeitlich mit hellem Holzmobiliar und bequemer Sitzgelegenheit, mal als "Schwarzwaldzimmer" mit rustikaler Note. Bürgerliches Restaurant mit Nebenräumen und Gartenwirtschaft.

LAICHINGEN Baden-Württemberg ⁵⁴⁶ U 13 – 9 100 Ew – Höhe 756 m – Wintersport : 750/810m, ⛷2 ⛸.
Berlin 635 – Stuttgart 79 – Reutlingen 46 – Ulm (Donau) 33.

🏠 **Krehl**, Radstr. 7, ✉ 89150, ℰ (07333) 9 66 50, fam.hettinger@hotel-krehl.de, Fax (07333) 966511, 🌳, ☕ – 📺 🅿 – 🎯 40. 🅰🅴 ⓘ 🅼🅲 VISA
Menu (geschl. Samstag – Sonntag) à la carte 19/31 – **30 Zim** ⊑ 38/53 – 65/68 – ½ P 14.
• In der Ortsmitte liegt der Gasthof mit Anbau. Die Zimmer sind zeitgemäß möbliert und funktionell ausgestattet. Für längere Aufenthalte bietet sich eine Ferienwohnung an. Gemütlich gestaltetes Restaurant, teils mit Zirbelholz.

LALENDORF Mecklenburg-Vorpommern siehe Güstrow.

LAM Bayern ⁵⁴⁶ S 23 – 3 000 Ew – Höhe 576 m – Luftkurort – Wintersport : 520/620 m ⛷.
🛈 Tourist-Info, Marktplatz 1, ✉ 93462, ℰ (09943) 7 77, Fax (09943) 8177.
Berlin 513 – München 196 – Passau 94 – Cham 39 – Deggendorf 53.

🏛 **Steigenberger** 🍴, Himmelreich 13, ✉ 93462, ℰ (09943) 3 70, lam@steigenberger.de, Fax (09943) 8191, ≤, 🌳, 🌀, Massage, 🌡, 🎾, ☕, ♨ (geheizt), 🔲, 🚗 – ✴ (Halle) Squash – 📶, ✎ Zim, 📺 🅿 – 🎯 80. 🅰🅴 ⓘ 🅼🅲 VISA JCB. ✿ Rest
Menu à la carte 23,50/34,50 – **173 Zim** ⊑ 75/79 – 118/126 – ½ P 22.
• Geschmackvolles Landhausmobiliar bestimmt den Stil der Gästezimmer dieses kultivierten Hauses. Schöner Blick vom Hang auf die umliegende Region. Ein neuzeitliches Flair - teils mit eleganter Note - prägt das Hotelrestaurant.

🏠 **Das Bayerwald** (mit Gästehäusern), Arberstr. 73, ✉ 93462, ℰ (09943) 95 30, das.bayerwald@lam.de, Fax (09943) 8366, 🌳, Massage, ☕, 🔲, 🚗 – ✴ Rest, 📺 ✎ 🅿 – 🎯 50
geschl. 1. - 15. Dez. – **Menu** (geschl. Sonntagabend) à la carte 16,50/29 – **52 Zim** ⊑ 36/44 – 92/100 – ½ P 13.
• In zeitlosem Stil gehalten, bieten Ihnen die verschiedenen Gästehäuser dieses familiär geführten Hotels eine sympathische Alternative zu Ihren eigenen vier Wänden. Bürgerlich gestaltetes Restaurant.

🏠 **Sonnbichl** 🍴, Lambacher Str. 31, ✉ 93462, ℰ (09943) 7 33, sonnbichl@lam.de, Fax (09943) 8249, ≤, 🌳, ☕, 🚗 – 📶, ✎ Zim, 📺 🅿 🅼🅲
geschl. 4. Nov. - 9 Dez. – **Menu** (geschl. Montag) à la carte 14/24 – **45 Zim** ⊑ 34 – 60 – ½ P 6.
• Der ländliche Charakter der Gegend spiegelt sich in der Einrichtung der Zimmer wider - in einheitlichem Stil möbliert und meist mit Balkon zur Sonnenseite hin versehen. Im Restaurant wählen Sie am besten einen Tisch mit Blick ins Tal.

LAMPERTHEIM Hessen ⁵⁴³ R 9 – 31 500 Ew – Höhe 96 m.
Berlin 605 – Wiesbaden 78 – Mannheim 27 – Darmstadt 42 – Worms 11.

🏠 **Deutsches Haus**, Kaiserstr. 47, ✉ 68623, ℰ (06206) 93 60, hotel-deutsches-haus@t-online.de, Fax (06206) 936100, 🌳 – 📶, ✴ Zim, 📺 🅿 🅼🅲 VISA
geschl. Anfang Jan. 1 Woche – **Menu** (geschl. Freitag - Samstagmittag) à la carte 17/23 – **30 Zim** ⊑ 46/49 – 67.
• Das familiengeführte Hotel im Innenstadtbereich verfügt über mit hellen, zeitgemäßen Holzmöbeln praktisch eingerichtete Gästezimmer. Mit dunklem Holz behaglich gestaltetes Restaurant.

🍽 **Adelfingers Waldschlöss'l**, Neuschloßstr. 12a, ✉ 68623, ℰ (06206) 5 12 21, waldschloessl@t-online.de, Fax (06206) 12630, 🌳 – ♿ 🅿.
geschl. Feb. 2 Wochen, Samstagmittag, Sonntag - Montag – **Menu** (nur Abendessen) à la carte 31/54, 🍷.
• Ein neuzeitlicher Stil und helle Farben verleihen dem Restaurant eine gewisse Leichtigkeit - Dekor und Einrichtung erzeugen einen mediterranen Touch. Schöne Gartenterrasse.

LAMPERTHEIM

In Lampertheim-Hüttenfeld *Ost : 9 km, jenseits der A 67, über Neuschlossstraße :*

🏨 **Kurpfalz**, Lampertheimer Str. 26, ✉ 68623, ℘ (06256) 3 42, hotel-kurpfalz@gmx.de, *Fax (06256) 524, Biergarten –* 📺 🚗 **P.** 🆎 **VISA**
Menu (geschl. Dienstag) à la carte 16/34 – **8 Zim** ⊇ 44 – 70.
♦ Das kleine, von der Inhaber-Familie geführte Hotel bietet renovierte Zimmer in freundlichem Design mit neuzeitlichem Inventar und einer bequemen Sitzgruppe. Restaurant mit modernem Ambiente.

LANDAU AN DER ISAR *Bayern* 546 T 22 – 11 500 Ew – Höhe 390 m.

✈ Landau, Rappach 2 (Süd-Ost : 4 km), ℘ (09951) 59 91 11.
Berlin 566 – München 115 – *Regensburg* 77 – Deggendorf 31 – Landshut 46 – Straubing 28.

🏨 **Aparthotel Isar Park** garni, Straubinger Str. 36, ✉ 94405, ℘ (09951) 9 81 90, *Fax (09951) 981931 –* 📺 🚗 **P.** 🆎 **VISA**
15 Zim ⊇ 41 – 71.
♦ Hier erwarten Sie zeitgemäß eingerichtete Appartements mit getrenntem Wohn- und Schlafbereich sowie komplett ausgestatteter kleiner Küche.

🏨 **Gästehaus Numberger** garni, Dr.-Aicher-Str. 2, ✉ 94405, ℘ (09951) 9 80 20, *Fax (09951) 9802200,* 🍽 📺 🚗 **P.** 🆎 **VISA**
19 Zim ⊇ 40/43 – 60/70.
♦ Sie wohnen in einer kleinen Villa oberhalb der Altstadt. Hübsch gestaltete Zimmer und ein herrlicher Garten tragen viel zum Charme des Hauses bei.

LANDAU IN DER PFALZ *Rheinland-Pfalz* 543 S 8 – 41 500 Ew – Höhe 188 m.

Sehenswert : *Stiftskirche★ – Ringstraßen★.*
Ausflugsziele : *Annweiler am Trifels : Trifels★★ (Lage★★, ≤★★), West : 16 km – Eußerthal : Klosterkirche★, Nord-West : 15 km.*
🏌 Essingen-Dreihof, Dreihof 9 (Ost : 7 km über Offenbach), ℘ (06348) 6 15 02 37.
🛈 Büro für Tourismus, Rathaus, Marktstr. 50, ✉ 76829, ℘ (06341) 1 31 81, Fax (06341) 13195.
ADAC, Waffenstr. 14.
Berlin 668 – Mainz 109 – *Karlsruhe* 38 – Mannheim 50 – Pirmasens 45 – Wissembourg 25.

🏨 **Parkhotel**, Mahlastr. 1 (an der Festhalle), ✉ 76829, ℘ (06341) 14 50, info@parkhotel-landau.de, *Fax (06341) 145444,* 🍽 **L₆,** ≘s, ⊠ – 📶 🍽 Zim, 📺 🚗 – 🔑 50. 🆎 ⓞ 🆎 **VISA**
Menu à la carte 22/35 – **78 Zim** ⊇ 79/88 – 107/130.
♦ Ein moderner Eingangsbereich empfängt Sie in diesem an der Festhalle gelegenen Hotel. Die funktionelle Ausstattung der Zimmer ermöglicht auch erfolgreiches Arbeiten. Im ersten Stock befindet sich das einladend gestaltete Restaurant.

🍴 **Raddegaggl Stubb**, Industriestr. 9, ✉ 76829, ℘ (06341) 8 71 57, *Fax (06341) 898534,* 🍽, (Weinstube)
geschl. Montag – **Menu** à la carte 19,50/33.
♦ Die Pfälzer Weinstube lädt zu einer Rast in gemütlichem Ambiente ein. Serviert wird Gutbürgerliches, abgerundet durch den Hauswein.

In Landau-Arzheim *West : 4 km :*

🍴 **Weinstube Hahn**, Arzheimer Hauptstr. 50, ✉ 76829, ℘ (06341) 3 31 44, 🍽 – **P.**
geschl. Anfang Aug. 3 Wochen, Weihnachten - Neujahr, Dienstag - Mittwoch – **Menu** *(nur Abendessen)* à la carte 17/31.
♦ Die nette Adresse mit rustikalem Flair weiß Besucher mit Deftigem nach Pfälzer Art zu verköstigen - auch viele Stammgäste schätzen dieses Lokal.

In Landau-Godramstein *Nord-West : 4 km :*

🍴🍴 **Beat Lutz**, Bahnhofstr. 28, ✉ 76829, ℘ (06341) 6 03 33, info@beatlutz.de, *Fax (06341) 960590,* 🍽 – **P.**
geschl. 1. - 10. Jan., 15. Juli - 1. Aug., Montag - Dienstagmittag – **Menu** *(Tischbestellung ratsam)* 14,50/39 à la carte 25/41, ♀.
♦ Freundliches, hell-rustikales Ambiente kennzeichnet dieses gastliche Haus. Sie genießen eine gehobene Küche mit mediterranen und regionalen Einflüssen.

In Landau-Nußdorf *Nord : 3 km :*

🏨 **Landhaus Herrenberg**, Lindenbergstr. 72, ✉ 76829, ℘ (06341) 6 02 05, info@landhaus-herrenberg.de, *Fax (06341) 60709,* 🍽 – 📺 **P.** – 🔑 15. 🆎 ⓞ 🆎 **VISA**
Menu *(geschl. Jan. 2 Wochen, Donnerstag)* à la carte 18/35 – **9 Zim** ⊇ 60 – 90/110.
♦ Ein attraktives Inventar in hellem Naturholz, eine sinnvolle Technik und ein gutes Platzangebot zählen zu den Annehmlichkeiten, die dieses Haus für Sie bereithält. Sie essen in freundlich gestalteten Räumlichkeiten mit mediterraner Note.

LANDAU IN DER PFALZ

In Landau-Queichheim *Ost : 2 km :*

※※ **Provencal,** Queichheimer Hauptstr. 136, ✉ 76829, ✆ (06341) 95 25 52, *provencal-l andau@t-online.de, Fax (06341) 50711 –* 🅿 ※
geschl. Montag – **Menu** (Tischbestellung ratsam) à la carte 24,50/40,50.
• Ein kleines, gepflegtes Restaurant mit bürgerlicher Einrichtung und nett eingedeckten Tischen. Man bewirtet den Gast mit Speisen aus der internationalen Küche.

In Bornheim *Nord-Ost : 5,5 km, jenseits der A 65 :*

🏠 **Zur Weinlaube** ⌖ garni (mit Gästehaus), Wiesenstr. 31, ✉ 76879, ✆ (06348) 15 84, *info@pension-zur-weinlaube.de, Fax (06348) 5153,* 🛋, 🐢 – 📺 ⬚ 🅿 ⓦ ※
18 Zim ☑ 42/52 – 65/80.
• Eine individuelle Einrichtung und die funktionelle Machart machen die Zimmer dieses sympathischen, in einem kleinen Winzerdorf gelegenen Hauses aus.

LANDSBERG AM LECH *Bayern* 🅕🅖 *V 16 – 27 000 Ew – Höhe 580 m.*
Sehenswert : *Lage*★ *– Marktplatz*★.
🏌 Schloss Igling (Nord-West : 7 km), ✆ (08248) 18 93.
🅱 *Kultur- und Fremdenverkehrsamt, Hauptplatz 152,* ✉ *86899,* ✆ *(08191) 12 82 46, fremdenverkehrsamt@landsberg.de, Fax (08191) 128160.*
Berlin 597 – München 57 – Augsburg 41 – Kempten (Allgäu) 68 – Garmisch-Partenkirchen 78.

🏨 **Mercure** garni, Graf-Zeppelin-Str. 6 (nahe der BAB-Ausfahrt Landsberg Nord), ✉ 86899, ✆ (08191) 9 29 00, *h2842@accor-hotels.com, Fax (08191) 9290444* – 🛗, ⇌ Zim, 📺 ☎ 👥 🅿 – 🛎 120. 🅰🅴 ⑩ ⓦ 🆅🅸🆂🅰
☑ 13 – **107 Zim** 86 – 96.
• Die verkehrsgünstige Lage, eine neuzeitliche Ausstattung und das gute Platzangebot in den Zimmern sind Annehmlichkeiten, die nicht nur Tagungsgäste ansprechen.

🏨 **Goggl** garni, Hubert-von-Herkomerstr. 19, ✉ 86899, ✆ (08191) 32 40, *hotelgoggl@t -online.de, Fax (08191) 324100,* 🛋 – 🛗 ⇌ 📺 ☎ – 🛎 30. 🅰🅴 ⑩ ⓦ 🆅🅸🆂🅰
65 Zim ☑ 52/68 – 72/98.
• Das Hotel fügt sich harmonisch in die Häuserreihe am großen Rathausplatz im Zentrum der Stadt. Die Zimmer sind mit hellem Naturholz bestückt - teils mit französischen Betten.

🏠 **Landhotel Endhart** garni, Erpftinger Str. 19, ✉ 86899, ✆ (08191) 9 29 30, *landh otel-endhart@t-online.de, Fax (08191) 32346* – 📺 ☎ 🅿 ⓦ 🆅🅸🆂🅰
16 Zim ☑ 36/50 – 60/65.
• Hinter einer netten Fassade mit ländlichem Touch finden Reisende ein wohnliches Quartier. Das kleine Hotel am Stadtrand überzeugt mit einem gepflegten Rahmen.

🏠 **Landsberger Hof** garni, Weilheimer Str. 5, ✉ 86899, ✆ (08191) 3 20 20, *Fax (08191) 3202100,* 🐢 – 📺 ☎ 🅿 🅰🅴 ⑩ ⓦ 🆅🅸🆂🅰
33 Zim ☑ 31/70 – 64/90.
• Das am Ortsrand gelegene Haus empfängt Sie mit familiärer Atmosphäre. Sie wohnen in gut unterhaltenen Gästezimmern mit praktischer Ausstattung.

✕ **Zederbräu,** Hauptplatz 155, ✉ 86899, ✆ (08191) 4 22 41, *zedergmbh@t-online.de, Fax (08191) 944122,* 🍽 🅰🅴 ⑩ ⓦ 🆅🅸🆂🅰
Menu à la carte 15/29.
• Die Gasträume sind gemütlich gestaltet - teils urig, ganz in Holz gehalten, teils mit großen bayerntypischen Tischen, die zu einer geselligen Runde einladen. Regionale Küche.

In Landsberg-Pitzling *Süd : 5 km, über Weilheimer Straße und Ummendorfer Straße :*

🏠 **Pension Aufeld** ⌖ garni, Aufeldstr. 3, ✉ 86899, ✆ (08191) 9 47 50, *pension.aufe ld@t-online.de, Fax (08191) 947550,* 🏋, 🛋, 🐢 – 📺 🅿 ⓦ 🆅🅸🆂🅰
geschl. 20. Dez. - 7. Jan. – **20 Zim** ☑ 37/42 – 50/60.
• Eine familiengeführte kleine Adresse mit freundlichen Gästezimmern und einem Frühstücksraum mit Blick in den schönen Garten. Nett : der ländliche Charakter des ganzen Hauses.

Schreiben Sie uns...
Ihre Meinung, sei es Lob oder Kritik, ist stets willkommen.
Jeder Ihrer Hinweise wird durch unsere Inspektoren sorgfältigst
in den betroffenen Hotels und Restaurants überprüft.
Dank Ihrer Mithilfe wird Der Rote Michelin-Führer
immer aktueller und vollständiger.
Vielen Dank im Voraus !

LANDSHUT Bayern 546 U 20 – 59 000 Ew – Höhe 393 m.

Sehenswert : *St. Martinskirche*★ (Turm★★) Z – "*Altstadt*"★ Z.

🗺 Furth-Arth, Oberlippach 2 (Nord-Ost : 9 km über B 299), ✆ (08704) 83 78.
🛈 Verkehrsverein, Altstadt 315, ✉ 84028, ✆ (0871) 92 20 50, Fax (0871) 89275.
ADAC, Kirchgasse 250.
Berlin 556 ② – *München* 75 ⑤ – *Regensburg* 75 ② – Ingolstadt 83 ① – Salzburg 128 ③

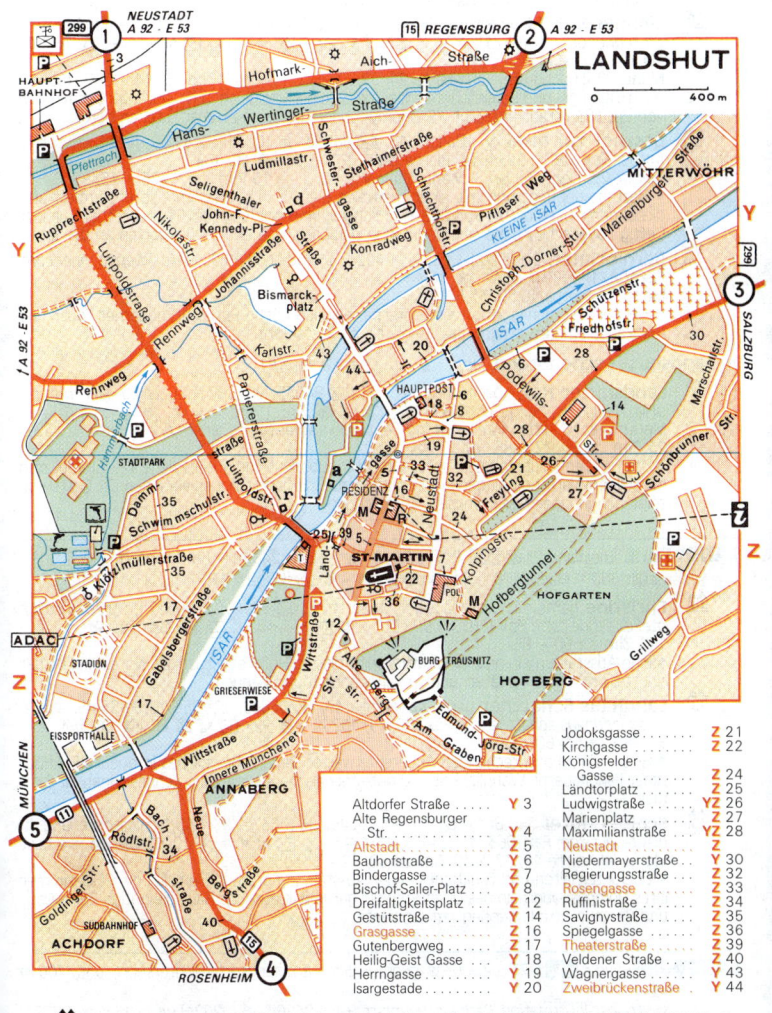

Altdorfer Straße	Y 3
Alte Regensburger Str.	Y 4
Altstadt	Z 5
Bauhofstraße	Y 6
Bindergasse	Y 7
Bischof-Sailer-Platz	Y 8
Dreifaltigkeitsplatz	Z 12
Gestütstraße	Y 14
Grasgasse	Z 16
Gutenbergweg	Z 17
Heilig-Geist Gasse	Y 18
Herrngasse	Y 19
Isargestade	Y 20
Jodoksgasse	Z 21
Kirchgasse	Z 22
Königsfelder Gasse	Z 24
Ländtorplatz	Z 25
Ludwigstraße	YZ 26
Marienplatz	Z 27
Maximilianstraße	YZ 28
Neustadt	Z
Niedermayerstraße	Z 30
Regierungsstraße	Z 32
Rosengasse	Z 33
Ruffinistraße	Z 34
Savignystraße	Z 35
Spiegelgasse	Z 36
Theaterstraße	Z 39
Veldener Straße	Z 40
Wagnergasse	Z 43
Zweibrückenstraße	Y 44

🏨 **Romantik Hotel Fürstenhof,** Stethaimer Str. 3, ✉ 84034, ✆ (0871) 9 25 50, fue
rstenhof@romantikhotels.com, Fax (0871) 925544, 🌳, 😊 – 🔆 Zim, 📺 📞 🚗 🅿. 🅰🅴
 ⓓ ⓜⓒ 🆅🅸🆂🅰   Y d
Menu (geschl. Sonntag) à la carte 37/51, ♀ – **24 Zim** ⊇ 85/90 – 110/140.
 ◆ Ein stilvolles Stadthotel verbirgt sich hinter dieser hübschen gelben Fassade mit Trep-
pengiebel. Die Zimmer sind wohnlich gestaltet, teils mit schönen Metallbetten bestückt.
Stilvolles Ambiente und feine Kreationen in Herzogstüberl und Fürstenzimmer.
Spez. Steinbutt mit Grieß und Parmesan gebraten. Rinderfilet mit geschmorten Ochsen-
backen und Rotwein-Schalottensauce. Gratinierte Limonencreme mit Erdbeeren und rosa
Pfeffermarinade

LANDSHUT

Life Style, Flurstr. 2 (B 299), ✉ 84032, ℘ (0871) 9 72 70, lifestylehotel@t-online.de, Fax (0871) 972727, 🍴 – 🛗, ⚡ Zim, 📺 📞 ♿ 🚗 🅿 – 🅰 80. AE ① ⓂO VISA JCB. ⚡ Rest
Menu (geschl. Sonntagabend) (nur Abendessen) à la carte 17,50/31 – **54 Zim** ⊇ 75/115 – 98/140, 4 Suiten. über ①
• Frisches, neuzeitliches Design und kräftige Farbtöne bestimmen das Innenleben dieses moderenen Neubaus am Stadtrand. Vielreisenden stehen auch "Wohnbüros" zur Verfügung. Restaurant mit Frontcooking/Buffet.

Lindner Hotel Kaiserhof, Papiererstr. 2, ✉ 84034, ℘ (0871) 68 70, info.kaiserho f@lindner.de, Fax (0871) 687403, 🍴, 🧖, 🍴 – 🛗, ⚡ Zim, 📺 📞 🚗 – 🅰 140. AE ① ⓂO VISA JCB Z r
Menu 22 (Lunchbuffet) à la carte 24/39,50 – ⊇ 14 – **147 Zim** 75/148 – 90/163.
• Ein Tagungs- und Seminarhotel, das direkt an der Isar gelegen ist, nur zwei Gehminuten von der Innenstadt entfernt. "Economy" oder "Business-Zimmer" stehen bereit.

Gasthof zur Insel 🍴, Badstr. 16, ✉ 84028, ℘ (0871) 92 31 60, hotel.zurinsel@g mx.de, Fax (0871) 9231636, Biergarten – 📺 🅿. AE ① ⓂO VISA Z a
geschl. 23. Dez. - 6. Jan. – **Menu** à la carte 13/27 – **15 Zim** ⊇ 70/75 – 75/95.
• Bestens gepflegt und mit einer rustikalen Einrichtung erweist sich so präsentiert sich dieser nette Gasthof. Die Vorzüge einer ruhigen Innenstadtlage am Fluss sprechen für sich. Deftig bayerische Küche serviert man in der Gaststube und im Biergarten an der Isar.

Bernlochner, Ländtorplatz 3, ✉ 84028, ℘ (0871) 8 99 90, info@bernlochner.com, Fax (0871) 89994, 🍴 – 🅰 160 Z T
Menu à la carte 18,50/37,50.
• Hier serviert man eine bewusst einfache regionale Küche. Ein leicht moderner Touch und rustikale Elemente prägen das Ambiente im Restaurant.

In Landshut-Löschenbrand *West : 2,5 km über Rennweg* Y :

Landshuter Hof, Löschenbrandstr. 23, ✉ 84032, ℘ (0871) 96 27 20, landshuter-h of@t-online.de, Fax (0871) 9627237, 🍴 – ⚡ Zim, 📺 📞 🚗 🅿. ⚡
Menu (geschl. Mitte Aug. - Anfang Sept., Montagmittag - Dienstag) à la carte 16/32 – **25 Zim** ⊇ 57/72 – 85/100.
• Das familiengeführte Hotel überzeugt mit Sauberkeit und guter Pflege. Die Zimmer sind mit solidem Naturholz eingerichtet und teilweise mit Parkettboden versehen. Die Gaststube zeigt sich in einer neo-rustikalen Aufmachung.

LANDSTUHL *Rheinland-Pfalz* 543 R 6 – 9 900 Ew – Höhe 248 m – Erholungsort.
Berlin 660 – Mainz 100 – Saarbrücken 54 – Kaiserslautern 17.

Christine garni (mit Gästehäusern), Kaiserstr. 3, ✉ 66849, ℘ (06371) 90 20, info@h otel-christine.com, Fax (06371) 902222 – 🛗 📺 📞 🚗 🅿. AE ① ⓂO VISA. ⚡
111 Zim ⊇ 60 – 85.
• Eine Ausstattung in hellem Naturholz gibt diesem Hotel eine rustikale Note. Die Zimmer sind teils mit Holz vertäfelt und wirken wohnlich und bequem.

Landhaus Schattner garni, Kaiserstr. 143, ✉ 66849, ℘ (06371) 91 23 45, info@ hotel-landhaus-schattner.de, Fax (06371) 16249 – 🛗 ⚡ 📺 📞 🅿. AE ① ⓂO VISA
35 Zim ⊇ 51/60 – 80.
• Hinter einem angenehmen Äußeren erwartet Sie ein ebensolches Interieur : Ein hübscher Landhausstil, Wohnlichkeit und gute technische Ausstattung kennzeichnen die Zimmer.

Schloss Hotel 🍴, Burgweg 10, ✉ 66849, ℘ (06371) 9 21 40, schlosshotel.landstu hl@t-online.de, Fax (06371) 921429, 🍴, 🍴 – 🛗 📺 📞 🅿 – 🅰 40. AE ⓂO VISA. ⚡ Rest
Menu à la carte 17/37 – **39 Zim** ⊇ 50/62 – 85/95.
• Gut unterhalten und funktionell in der Ausstattung präsentieren sich die Gästezimmer Ihres Domizils. Oberhalb des Ortes im Wald gelegen, bietet das Haus die nötige Ruhe. Café und Restaurant mit gepflegtem Ambiente.

LANGDORF *Bayern* 546 S 23 – 2 000 Ew – Höhe 675 m – Erholungsort – Wintersport : 650/700 m ⚡.

🅱 *Tourist-Information, Rathaus, Hauptstr. 8, ✉ 94264, ℘ (09921) 94 11 13, Fax (09921) 941120.*

Berlin 527 – München 175 – Passau 64 – Cham 55 – Deggendorf 32.

Zur Post, Regener Str. 2, ✉ 94264, ℘ (09921) 8 82 80, info@langdorf-zurpost.de, Fax (09921) 882828, Biergarten, Wildgehege, 🍴, 🔲, 🍴 – 🛗 – ⚡ Rest, 📺 🚗 ⚡
geschl. 15. Nov. - 25. Dez. – **Menu** (geschl. Dienstag) à la carte 13/27,50 – **45 Zim** ⊇ 31/47 – 66/98 – ½ P 4.
• Der Gasthof a. d. J. 1808 beherbergt in seinem neueren Anbau komfortable, funktionell und wohnlich eingerichtete Zimmer. Im Haupthaus : einfachere Zimmer. Schlichte, ländlichgemütliche Gaststube.

LANGELSHEIM Niedersachsen 541 K 14 – 14 400 Ew – Höhe 212 m.

🛈 Tourist Information, in Wolfshagen, Im Tölletal 21, ⌧ 38685, ℰ (05326) 40 88, Fax (05326) 70 14 – Berlin 255 – *Hannover* 81 – Braunschweig 41 – Göttingen 71 – Goslar 9.

In Langelsheim-Wolfshagen Süd : 3 km – Höhe 300 m – Luftkurort :

Wolfshof ⌂ (mit Gästehäusern), Kreuzallee 22, ⌧ 38685, ℰ (05326) 79 90, info@sonnenhotel-wolfshof.de, Fax (05326) 799119, ≤, ☆, Massage, ≦s, ▭, ≈ – ⌘, ⟵ Zim, TV P. – ⚿ 20. AE ⓞ MC VISA. ※ Rest
Menu à la carte 22/32 – **50 Zim** ⌑ 59 – 95 – ½ P 18.
• Dieses neuzeitliche und gepflegte Urlaubshotel beherbergt seine Gäste in mehreren Gästehäusern und verschiedenen Zimmertypen, teils als Appartement für Familien. Restaurant mit internationaler Küche.

Berghotel ⌂ (mit Gästehaus), Heimbergstr. 1, ⌧ 38685, ℰ (05326) 40 62, berghotel-wolfshagen@t-online.de, Fax (05326) 4432, ☆, ≦s – ⌘ ⟵ Zim, TV P. – ⚿ 50. MC
Menu à la carte 16,50/30,50 – **51 Zim** ⌑ 50/66 – 79/93 – ½ P 15.
• Die Zimmer des Hotels sind mit zeitlosem Kirschholzmobiliar bestückt. Die familiäre Führung sowie die schöne Lage am Fuß des Heimbergs gehören zu den Vorzügen des Hauses. Der Kamin und eine rustikale Note prägen die Räume des Restaurants.

LANGEN Hessen 543 Q 10 – 36 000 Ew – Höhe 142 m.

Berlin 557 – Wiesbaden 42 – *Frankfurt am Main* 22 – Darmstadt 14 – Mainz 36.

Steigenberger MAXX Hotel, Robert-Bosch-Str. 26 (Industriegebiet), ⌧ 63225, ℰ (06103) 97 20, frankfurt-langen@maxx-hotels.de, Fax (06103) 972555, ≦s – ⌘, ⟵ Zim, TV ℰ ⇌ – ⚿ 60. AE ⓞ MC VISA JCB. ※ Rest
Menu (geschl. 24. Dez. - 2. Jan., Samstagmittag, Sonntagmittag) à la carte 23/34 – ⌑ 13 – **205 Zim** 122/155 – 142/175.
• Der typische, amerikanische Stil des Hauses empfängt Sie bereits in der Lobby. Entsprechende Accessoires wie Fotografien und Plakate begleiten Sie bis in Ihr Zimmer. Im Bistro-Ambiente nehmen Sie Gerichte aus der Tex-Mex-Küche zu sich.

Victoria, Rheinstr. 25, ⌧ 63225, ℰ (06103) 50 50, info@victoria-park.de, Fax (06103) 505100, ≦s – ⌘, ⟵ Zim, TV ℰ ⇌ – ⚿ 40. AE MC VISA JCB
Menu (geschl. Samstagmittag, Sonntag) à la carte 28/45 – ⌑ 15 – **100 Zim** 99/179 – 119/219.
• "Gold", "Silber" oder "Bronze" ? Die Zimmer dieses Hotels gibt es in drei Kategorien. Allen gleich ist die gute technische Ausstattung mit Internetzugang, Video und Fax. Restaurant mit gehobener Bistro-Küche.

Achat, Robert-Bosch-Str. 58 (Industriegebiet), ⌧ 63225, ℰ (06103) 75 60, langen@achat-hotel.de, Fax (06103) 756999 – ⌘, ⟵ Zim, TV ℰ ⇌ P. AE ⓞ MC VISA
Menu (geschl. Sonntag) à la carte 15/28 – ⌑ 11 – **179 Zim** 89/139 – 99/149, 8 Suiten.
• Mit neuzeitlichem Inventar, Funktionalität und einer kleinen Kochecke sind die Gästezimmer sowohl für Durchreisende als auch für Langzeitgäste geeignet. Das Restaurant präsentiert sich mit einem frischen Bistro-Stil.

Zum Haferkasten, Wilhelm-Leuschner-Platz 13, ⌧ 63225, ℰ (06103) 2 22 59, Fax (06103) 29540, ☆ – AE ⓞ MC VISA
geschl. Donnerstag – **Menu** à la carte 17/38,50, ⌇.
• Das Innere des Fachwerkhauses aus dem 16. Jh. ist geprägt durch eine ländlich-rustikale Einrichtung. Eine internationale Tageskarte ergänzt das bürgerliche Angebot.

Nahe der Straße nach Dieburg Ost : 2 km :

Merzenmühle, Außerhalb 12, ⌧ 63225, ℰ (06103) 5 35 33, merzenmuehle@compuserve.com, Fax (06103) 53655, ☆ – P. ⓞ MC VISA
geschl. Samstagmittag, Sonntagabend - Montag – **Menu** à la carte 28,50/42,50.
• Etwas außerhalb am Waldrand liegt das hübsche Fachwerkhaus, das mit rustikal-gemütlichem Ambiente gefällt. Freundlich und geschult serviert man internationale Speisen.

LANGEN BRÜTZ Mecklenburg-Vorpommern siehe Schwerin.

LANGENARGEN Baden-Württemberg 545 X 12 – 7100 Ew – Höhe 398 m – Erholungsort.

🛈 Tourist-Information, Obere Seestr. 2/1, ⌧ 88085, ℰ (07543) 93 30 92, touristinfo@langenargen.de, Fax (07543) 4696.
Berlin 726 – Stuttgart 175 – *Konstanz* 40 – Ravensburg 27 – Bregenz 24.

Engel, Marktplatz 3, ⌧ 88085, ℰ (07543) 9 34 40, hotel-engel-la@t-online.de, Fax (07543) 9344100, ☆, ≦s, ⅍ – ⌘, ⟵ Zim, TV ⇌. AE ⓞ MC VISA ※ Zim
geschl. 22. Dez. - 15. März – **Menu** (geschl. Donnerstagmittag) à la carte 16/35 – **35 Zim** ⌑ 58/75 – 94/128, 4 Suiten – ½ P 17.
• Sie logieren im Zentrum des Ortes, in unmittelbarer Nähe zum See direkt an der Promenade. Gepflegte, wohnliche Zimmer mit gutem Platzangebot und geschmackvoller Ausstattung. Das Restaurant hat einen zum Ufer gelegenen Wintergarten mit Terrasse.

LANGENARGEN

Löwen, Obere Seestr. 4, ✉ 88085, ℘ (07543) 30 10, *info@loewen-langenargen.de*, Fax (07543) 30151, ≤, 斎 – ⚑, ⥤ Rest, 📺 ⇌ 🅿 – 🎓 20. 🆎 ⓔ ⓜ VISA JCB
geschl. Jan. - 4. März – **Menu** *(geschl. März - Juni und Okt. Dienstag, Nov. - Dez. Montag - Dienstag)* à la carte 18/35,50 – **27 Zim** ⌑ 73/110 – 94/134 – ½ P 17.
• Verschiedene Zimmerkategorien bieten Ihnen teilweise Seesicht und/oder Balkon. Alle Räume verfügen über einen Wohnbereich mit Küchenzeile. Speisen Sie in gepflegten Räumlichkeiten mit Blick auf den Hafen.

Seeterrasse ⚛, Obere Seestr. 52, ✉ 88085, ℘ (07543) 9 32 90, *g.klink@t-online.de*, Fax (07543) 932960, ≤, 斎, ⧈ (geheizt), ⇌ – ⚑ ⥤ 📺 ⇌ 🅿 – 🎓 25. ⚜ Rest
April - Okt. – **Menu** *(abends Tischbestellung erforderlich)* à la carte 19/45 – **42 Zim** ⌑ 80/100 – 120/170 – ½ P 18.
• Die Zimmer dieses direkt am Wasser gelegenen Hauses überzeugen mit behaglichem Ambiente und zeitgemäßer Einrichtung. See und Berge bilden die umgebende Landschaft. Hell und freundlich wirkt das Restaurant.

Schiff, Marktplatz 1, ✉ 88085, ℘ (07543) 9 33 80, *hotel-schiff@arcor.de*, Fax (07543) 9338111, 斎, ⇌s – ⚑ 📺 ⓜ VISA
geschl. 20. Okt. - 15. März – **Menu** *(geschl. Donnerstagmittag)* à la carte 20/34 – **49 Zim** ⌑ 60/80 – 95/130 – ½ P 12.
• Die Zimmer Ihres Hotels unterscheiden sich in Größe und Möblierung. Einzel-, Doppel- und Dreibettzimmer sind stets mit einem funktionellen Inventar versehen. Restaurant in der 1. Etage, teils Blick auf den See.

Klett, Obere Seestr. 15, ✉ 88085, ℘ (07543) 22 10, *klett@hotel-klett.de*, Fax (07543) 912377, 斎 – ⚑ 📺 ⓜ VISA ⚜ Zim
geschl. 6. Jan. - Feb., Ende Okt. - Mitte Nov. – **Menu** *(geschl. Montag) (nur Abendessen)* à la carte 16/30 – **17 Zim** ⌑ 62 – 75/110.
• Das familiengeführte kleine Hotel liegt im Zentrum, in Seenähe. Wohnlich, sauber und praktisch ist die Einrichtung der Gästezimmer. Gepflegtes Restaurant mit Terrasse und Seeblick.

Im Winkel ⚛ garni, Im Winkel 9, ✉ 88085, ℘ (07543) 93 40 10, *information@hotel-imwinkel.de*, Fax (07543) 49587, ⇌s, 🐎 – 📺 🅿 ⚜
März - Okt. – **10 Zim** ⌑ 64/82 – 82/110.
• Das nette kleine Haus mit Pensionscharakter bietet dem Besucher modern eingerichtete Zimmer zum Schlafen und Verweilen. Nehmen Sie Ihr Frühstück im schönen Garten ein.

Strand-Café ⚛ garni (mit Gästehaus Charlotte), Obere Seestr. 32, ✉ 88085, ℘ (07543) 9 32 00, Fax (07543) 932040, ≤, 🐎 – 📺 ⇌ 🅿 ⓔ ⓜ VISA ⚜
geschl. Jan. – **16 Zim** ⌑ 45/80 – 84/100.
• Das Café mit schöner Terrasse zum See bietet individuell gestaltete Zimmer, teils mit Balkon. Das neuere Gästehaus ist ca. 80 m entfernt, auch hier gut ausgestattete Zimmer.

XX **Adler** (Karr) mit Zim, Oberdorfer Str. 11, ✉ 88085, ℘ (07543) 30 90, *karr.hotel.adler@t-online.de*, Fax (07543) 30950, 斎 – ⥤ Zim, 📺 ⓔ ⓜ VISA JCB ⚜ Zim
Menu *(geschl. Sonntag - Montagmittag, Nov. - Mai Sonntag - Montag)* 36,50/75 à la carte 34,50/57, ♀ – **15 Zim** ⌑ 65/70 – 85/100 – ½ P 28.
• Lassen Sie sich an einem der ansprechend eingedeckten Tische ein leckeres Mahl im französischen Stil servieren - ein mit Liebe zum Detail gestaltetes Ambiente umgibt Sie. **Spez.** Bouillabaisse von Bodenseefischen. Variation von Bodenseefischen. Lammrücken mit zweierlei Bohnen und Basilikum-Gnocchi.

XX **Schloss Montfort**, Untere Seestr. 3, ✉ 88085, ℘ (07543) 91 27 12, *vemax@t-online.de*, Fax (07543) 912714, 斎 – 🎓 80. ⓜ VISA
geschl. 15. Nov. - 15. März – **Menu** *(geschl. Montag) (nur Abendessen)* à la carte 19,50/34.
• Das Fürstenschlösschen wurde 1866 im maurischen Stil erbaut. In stilvollen Räumen und auf der Seeterrasse bittet man Sie mit Internationalem und Regionalem zu Tisch.

In Langenargen-Oberdorf *Nord-Ost : 3 km, über Oberdorfer Straße :*

Hirsch ⚛, Ortsstr. 1, ✉ 88085, ℘ (07543) 9 30 30, *gasthof_hirsch@t-online.de*, Fax (07543) 1620, 斎 – 🅿 ⓜ VISA ⚜
geschl. Feb. – **Menu** *(geschl. Montag) (wochentags nur Abendessen)* à la carte 17,50/32 – **24 Zim** ⌑ 44/60 – 68/78 – ½ P 15.
• Der dörfliche Gasthof spiegelt mit seinem rustikalen Stil den Charakter der Landschaft wider. Die Zimmer des Hauses bieten Ihnen eine solide Ausstattung, meist mit Balkon. Restaurant mit ländlichem Flair.

In Langenargen-Schwedi *Nord : 2 km :*

Schwedi ⚛, Schwedi 1, ✉ 88085, ℘ (07543) 93 49 50, *hotel-schwedi@t-online.de*, Fax (07543) 93495100, ≤, 斎, ⇌s, ⧈, 🐎 – ⚑ 📺 🅿 ⓜ VISA
Feb. - Okt. – **Menu** *(geschl. Dienstag)* à la carte 16/35,50 – **30 Zim** ⌑ 70/90 – 90/130 – ½ P 18.
• Die Gästezimmer dieses hübsch gelegenen Hotels unterscheiden sich in Größe und Einrichtung. Die meisten sind mit Rattanmöbeln solide und wohnlich gestaltet. Das unterteilte Restaurant mit Gartenterrasse liegt zur Seeseite hin.

LANGENAU
Baden-Württemberg 545 U 14 – 11 600 Ew – Höhe 467 m.
Berlin 603 – Stuttgart 86 – Augsburg 71 – Ulm (Donau) 18.

Lobinger Hotel Weisses Ross, Hindenburgstr. 29, ⊠ 89129, ℘ (07345) 80 10, mai l@lobinger-hotels.de, Fax (07345) 801551, 🍴 – 📶, ⨯ Zim, 📺 ⇔ 🅿 – 🔔 80. AE ⓄⓌ VISA
Menu (Restaurant nur für Hausgäste) – **75 Zim** ⊇ 69/79 – 89.
• Vor allem Tagungsgäste und Geschäftsreisende nutzen dieses Haus in der Ortsmitte mit den praktisch eingerichteten Räumen. Reservieren Sie ein Zimmer im neueren Anbau.

Zum Bad, Burghof 11, ⊠ 89129, ℘ (07345) 9 60 00, haege.bad@t-online.de, Fax (07345) 960050, 🍴 – 📶 📺 ⇔ 🅿 – 🔔 50. ⓄⓌ VISA
geschl. Ende Juli - Anfang Aug. – **Menu** (geschl. Montag) à la carte 13/25 – **21 Zim** ⊇ 38/44 – 59/67.
• Die gepflegten Räume dieses zeitgemäßen Hotels sind mit hellem Mobiliar eingerichtet und mit guten Schreibtischen und Kofferablagen bestückt. Gediegenes Restaurant mit leicht rustikaler Einrichtung.

Pflug garni, Hindenburgstr.56, ⊠ 89129, ℘ (07345) 95 00, Fax (07345) 950150 – 📶 📺 🅿. AE Ⓞ ⓌⒸ VISA ⨯
geschl. 24. Dez. - 6. Jan. – **26 Zim** ⊇ 32/37 – 57/60.
• Die Zimmer Ihrer Unterkunft präsentieren sich in einheitlicher Gestaltung : eine nette Einrichtung in ländlichem Stil schafft ein angenehmes Umfeld.

LANGENBURG
Baden-Württemberg 545 S 13 – 1 900 Ew – Höhe 439 m.
Berlin 576 – Stuttgart 91 – Würzburg 81 – Ansbach 96 – Heilbronn 78.

Zur Post, Hauptstr. 55, ⊠ 74595, ℘ (07905) 54 32, info@gasthofpostlangenburg.de, Fax (07905) 5547 – 📺
geschl. Jan. - Mitte Feb. – **Menu** (geschl. Sonntagabend - Montag) à la carte 16/35 – **13 Zim** ⊇ 38/45 – 57.
• Die Zimmer des kleinen hohenlohischen Gasthofs mit langer Tradition sind teils mit rustikalen Bauernmöbeln bestückt, teils mit schlichterem Inventar ausgestattet. In der Alten Poststube kommt Regionales auf den Tisch.

LANGENFELD
Nordrhein-Westfalen 543 M 4 – 56 000 Ew – Höhe 45 m.
🏌 Langenfeld, Katzbergstr. 21 (West : 2 km Richtung Monheim), ℘ (02173) 91 97 41.
Berlin 556 – Düsseldorf 22 – Aachen 92 – Köln 26 – Solingen 13.

Romantik Hotel Gravenberg, Elberfelder Str. 45 (B 229, Nord-Ost : 4 km), ⊠ 40764, ℘ (02173) 9 22 00, gravenberg@romantik.de, Fax (02173) 22777, 🍴, Damwildgehege, 🎨, Massage, ⊆s, 🏊, 🎾 – ⨯ 📺 📞 ⇔ 🅿 – 🔔 30. AE Ⓞ ⓌⒸ VISA
geschl. 21. Dez. - 5. Jan. – **Menu** (geschl. 22. Juli. - 12. Aug., Sonntagabend - Montag) à la carte 33/42, 🍷 – **48 Zim** ⊇ 85/125 – 130/175.
• Hinter schmucker Fassade präsentieren sich individuelle Landhaus-Zimmer : von gediegener Eiche bis hin zu komfortablerem Inventar. Schön : die große Badelandschaft. Verschiedene gemütliche Gaststuben bilden das Herzstück des Hauses.

In Langenfeld-Reusrath Süd : 3 km über B 8, Richtung Opladen :

Landhotel Lohmann, Opladener Str. 19 (B 8), ⊠ 40764, ℘ (02173) 9 16 10, Fax (02173) 14543, 🍴 – ⨯ Zim, 📺 🅿 – 🔔 50. AE Ⓞ ⓌⒸ VISA
Menu (geschl. Aug. 3 Wochen, Mittwoch) à la carte 18/34,50 – **28 Zim** ⊇ 69/79 – 99/109.
• Vom Bett bis zum Badezimmer zeigt sich Ihr Zimmer in einer soliden Machart. Die Großstadtnähe sowie die Vorzüge eines kleinen Ortes sprechen für diese Adresse. Man bietet dem Gast eine regionale wie auch internationale Küche.

LANGENHAGEN
Niedersachsen siehe Hannover.

LANGENWEISSBACH
Sachsen 544 O 21 – 3 100 Ew – Höhe 350 m.
Berlin 288 – Dresden 117 – Chemnitz 31 – Plauen 48 – Zwickau 14.

In Langenweißbach-Weißbach Süd-West : 3 km, über Weißbacher Straße :

Landhotel Schnorrbusch 🌲, Schulstr. 9, ⊠ 08134, ℘ (037603) 32 20, landhote l-schnorrbusch@t-online.de, Fax (037603) 3046, 📺 🅿. AE ⓌⒸ VISA. ⨯
Menu à la carte 13,50/20 – **20 Zim** ⊇ 46 – 72.
• In dörflicher Umgebung steht der traditionsreiche, gutbürgerliche Gasthof. Hinter einer Backsteinfassade erwarten Sie gut ausgestattete, wohnliche Zimmer. Restaurant mit gepflegtem Ambiente.

LANGEOOG (Insel) Niedersachsen **541** E 6 – 2 100 Ew – Seeheilbad – Insel der Ostfriesischen Inselgruppe, Autos nicht zugelassen.

≥ von Esens-Bensersiel (ca. 45 min), ☏ (04971) 9 28 90.

🛈 Kurverwaltung, Hauptstr. 28, ✉ 26465, ☏ (04972) 69 30, kurverwaltung@langeoog.de, Fax (04972) 693116.

ab Fährhafen Bensersiel : Berlin 525 – Hannover 266 – Emden 57 – Aurich/Ostfriesland 28 – Wilhelmshaven 54.

🏨 **La Villa** ⌂, Vormann-Otten-Weg 12, ✉ 26465, ☏ (04972) 7 77, hotel.lavilla@t-onlin e.de, Fax (04972) 1390, ≦, ☞ – 📺, 🍴 Rest
geschl. Nov. – **Menu** (nur Abendessen) (Restaurant nur für Hausgäste) – **10 Zim** ⊇ 85/95 – 124/180 – ½ P 27.
• Wohnlichkeit und Funktionalität bestimmen das Innenleben dieser Villa aus der Jahrhundertwende. Teilweise verfügen die Zimmer über einen kleinen Wohnraum.

🏨 **Feuerschiff** ⌂ garni (mit Gästehaus), Hauptstr. 9, ✉ 26465, ☏ (04972) 69 70, feuerschiff-langeoog@t-online.de, Fax (04972) 69797, 🛁, ≦, ☞ – 🛗, 🚭 Zim, 📺 📞 🟦 **VISA**
56 Zim ⊇ 50/95 – 90/130.
• Die "Feuerschiff-Flotte" setzt sich aus mehreren Häusern zusammen - im "Unterdeck" mit einem Galerie-Gang verbunden. Eine ständige Bilderausstellung schmückt das Hotel.

🏨 **Flörke** ⌂, Hauptstr. 17, ✉ 26465, ☏ (04972) 9 22 00, gerda-spies@hotel-floerke.de, Fax (04972) 1690, ≦, ☞ – 🛗 📺, 🍴 Rest
Mitte März - Anfang Nov. – **Menu** (nur Abendessen) (Restaurant nur für Hausgäste) – **50 Zim** ⊇ 66/72 – 98/120 – ½ P 16.
• Sind Sie reif für die Insel ? Das Ferienhotel in ruhiger Lage bietet Ihnen in Größe und Grundriss unterschiedliche, funktionelle Gästezimmer.

🏨 **Inselhotel** ⌂, Barkhausenstr. 2, ✉ 26453, ☏ (04972) 9 69 70, urlaub@inselhotel-langeoog.de, Fax (04972) 969788, ≦ – 🛗 📺
Menu (geschl. Mittwoch) (nur Abendessen) à la carte 17,50/28,50 – **47 Zim** ⊇ 65 – 116 – ½ P 15.
• Eine praktische Ferienunterkunft in einem rot geklinkerten Haus im friesischen Stil - mit gepflegten Zimmern und Appartements, die Platz für die ganze Familie bieten. Gediegenes Restaurant.

🏨 **Lamberti** ⌂, Hauptstr. 31, ✉ 26465, ☏ (04972) 9 10 70, lamberti@hotel-lamberti.de, Fax (04972) 910770, 🍴, ≦ – 📺. 🆎 🟦 **VISA**
Menu à la carte 16/39 – **18 Zim** ⊇ 85/90 – 90/124 – ½ P 19.
• Nicht weit vom Leuchtturm der Insel finden Sie dieses ruhige kleine Hotel in einem Rotklinkerhaus. Kleine Sitzecken ergänzen die praktische Ausstattung der Gästezimmer. Ein gediegenes Ambiente mit leichtem Bistro-Charakter erwartet Sie im Restaurant.

LANGERRINGEN Bayern siehe Schwabmünchen.

LANKE Brandenburg siehe Bernau.

LAUBACH Hessen **543** O 10 – 10 500 Ew – Höhe 250 m – Luftkurort.
🛈 Kultur- und Tourismusbüro, Friedrichstr. 11 (Rathaus), ✉ 35321, ☏ (06405) 92 13 21, tourist-info@laubach.de, Fax (06405) 921313.
Berlin 478 – Wiesbaden 101 – *Frankfurt am Main* 71 – Gießen 28.

🏨 **Waldhaus**, An der Ringelshöhe 7 (B 276, Richtung Mücke, Ost : 2 km), ✉ 35321, ☏ (06405) 9 14 00, landhotel-waldhaus@t-online.de, Fax (06405) 914044, 🍴, ≦, 🏊, ☞ – 🛗 📺 📞 🅿. 🚲 40. 🆎 🟠 🟦 **VISA**
Menu (geschl. Sonntagabend) à la carte 20/33 – **31 Zim** ⊇ 49/62 – 79/87 – ½ P 15.
• Ein gut geführtes Landhotel mit soliden und gepflegten Zimmern - teils mit Südbalkon und Wohnecke. Ein parkähnlicher Garten erlaubt Ausblicke ins Grüne. Restaurant mit urigrustikaler Ofenstube.

🏨 **Café Göbel** garni, Friedrichstrs. 2, ✉ 35321, ☏ (06405) 9 13 80, cafegoebel@aol.com, Fax (06405) 913838, ☞ – 📺 🅿. 🟦
10 Zim ⊇ 36/48 – 72/85.
• Entstanden ist dieses Hotel aus einem Wohnhaus und Bäckerei mit über 300-jähriger Geschichte. Die Zimmer sind liebevoll im Laura-Ashley-Stil eingerichtet worden.

🍴 **Laubacher Wald** ⌂ mit Zim, (Nahe der B 276, Richtung Schotten, Ost : 3 km), ✉ 35321, ☏ (06405) 9 10 00, laubacherwald@t-online.de, Fax (06405) 910050, 🍴, ☞ – 📺 🅿. 🟦 **VISA**
Menu (geschl. Dienstag) à la carte 18/36 – **9 Zim** ⊇ 38/40 – 55/65 – ½ P 10.
• Viel helles Holz schafft eine ländliche Atmosphäre in den Räumen dieses Landgasthofs, der idyllisch im Wald liegt. Auch einige nett eingerichtete Zimmer stehen zur Verfügung.

LAUBACH

In Laubach-Freienseen Nord-Ost : 5 km, über B 276 Richtung Mücke :

XX **Landgasthaus Waldschenke,** Tunnelstr. 42 (ausserhalb 0,5 km, an der B 276), ✉ 35321, ℘ (06405) 61 10, *landgasthaus-waldschenke@t-online.de*, Fax (06405) 500155, 🍽 – 🅿 AE ⓞ ⓜ VISA JCB
geschl. über Fasching 2 Wochen, 18. - 30. Okt., Montag, Sept. - April Montag - Dienstagmittag – **Menu** à la carte 21/32,50.
• Nette Stuben laden zum Verweilen in rustikalem Rahmen ein. Hübsch eingedeckte Tische erwarten den Gast, im Sommer auch eine schöne Gartenterrasse.

In Laubach-Gonterskirchen Süd-Ost : 4 km, Richtung Hungen, nach 500 Meter links ab :

🏨 **Tannenhof** ⌂, Am Giebel 1, ✉ 35321, ℘ (06405) 9 15 00, Fax (06405) 915020, ≤, 🍽, 🍴 – ⤴ Zim, 📺 🅿 ⓞ ⓜ VISA
Menu à la carte 15/34 – **9 Zim** ⌂ 33/36 – 65/76 – ½ P 12.
• Am Rande des Dorfes empfängt Sie eine hübsche Fassade mit Natursteintürmchen. In den Zimmern tragen Holzbalken und helle Landhausmöbel zum Flair des Hauses bei. Rustikale Atmosphäre herrscht im Restaurant.

LAUBEN Bayern siehe Kempten.

Fragen Sie Ihren Buchhändler nach dem aktuellen
Katalog des Michelin Reise-Verlags

LAUCHRINGEN Baden-Württemberg siehe Waldshut-Tiengen.

LAUCHSTÄDT, BAD Sachsen-Anhalt **542** L 19 – 5 100 Ew – Höhe 117 m.
🛈 Fremdenverkehrsbüro, Querfurter Str. 5a, ✉ 06246, ℘ (034635) 2 16 34, *fremdenverkehr@stadt-bad-lauchstaedt.de*, Fax (034635) 21655.
Berlin 185 – Magdeburg 100 – *Leipzig* 11 – Halle (Saale) 15 – Merseburg 13.

🏨 **Kurpark-Hotel** ⌂ garni, Parkstr. 15, ✉ 06246, ℘ (034635) 90 90, Fax (034635) 90022 – ⤴ 📺 🅿 – 🎪 50. AE ⓞ ⓜ VISA
32 Zim ⌂ 49/55 – 70.
• Die geschmackvollen Zimmer des Hauses tragen die Namen großer Persönlichkeiten, die in der ehemaligen Kurstadt zu Gast waren, und sind mit italienischen Stilmöbeln bestückt.

LAUDA-KÖNIGSHOFEN Baden-Württemberg **545** R 13 – 14 700 Ew – Höhe 192 m.
Berlin 535 – Stuttgart 120 – *Würzburg* 40 – Bad Mergentheim 12.

🏨 **Ratskeller,** Josef-Schmitt-Str. 17 (Lauda), ✉ 97922, ℘ (09343) 6 20 70, *ratskeller-lauda@t-online.de*, Fax (09343) 620716, Biergarten – ⤴ 📺 🍴 ⇔ – 🎪 25. AE ⓜ VISA.
🍽 Zim
geschl. Aug. 2 Wochen, 21. - 25. Dez. – **Menu** (geschl. Montagmittag) 23/41,50 à la carte 18/33,50 – **11 Zim** ⌂ 46/53 – 69/83.
• Zeitgemäß ausgestattete Gästezimmer mit hellem Naturholzmobiliar und gutem Platzangebot bietet Ihnen dieses gepflegte familiengeführte Haus. Zweigeteiltes Restaurant mit sorgfältig zubereiteter regionaler und internationaler Küche.

XX **Landhaus Gemmrig** mit Zim, Hauptstr. 68 (Königshofen), ✉ 97922, ℘ (09343) 70 51, *landhaus.gemmrig@t-online.de*, Fax (09343) 7053, 🍽, ⇔ – 📺 🅿
geschl. 1. - 10. Jan., Aug. 1 Woche – **Menu** (geschl. Sonntagabend - Montag) à la carte 13,50/25,50 *(auch vegetarische Gerichte)* – **5 Zim** ⌂ 32/34 – 57.
• Ein netter Familienbetrieb : Der Chef kocht für die Gäste Regionales und Internationales, die Chefin kümmert sich engagiert um den Service.

In Lauda-Königshofen - Beckstein Süd-West : 2 km ab Königshofen über B 292 – Erholungsort :

🏨 **Adler,** Weinstr. 24, ✉ 97922, ℘ (09343) 20 71, *info@hotel-adler-beckstein.de*, Fax (09343) 8907, 🍽, ⇔ – 📺 🅿 – 🎪 30. ⓜ VISA
Menu à la carte 10/25 – **26 Zim** ⌂ 34/36 – 52/62.
• Der gut geführte Gasthof beherbergt seine Besucher in solide eingerichteten, sauberen Zimmern. Mit neuem, schön gestaltetem kleinem Freizeitbereich im UG. Gediegenes Restaurant und urige Weinstube mit Gewölbe und Kachelofen.

🏨 **Gästehaus Birgit** ⌂ garni, Am Nonnenberg 12, ✉ 97922, ℘ (09343) 9 98, *info@hotelbirgit.de*, Fax (09343) 990, ≤, – ⤴ 📺 ⇔ 🅿 ⓜ VISA
geschl. Jan. – **16 Zim** ⌂ 41 – 57/62.
• Das Interieur des kleinen Hotels in schöner, ruhiger Lage unterhalb der Weinberge ist im rustikalen Stil gehalten. Bekannte Becksteiner Weinlagen geben den Zimmern ihre Namen.

LAUDENBACH Bayern 546 Q 11 – 1 200 Ew – Höhe 129 m.
Berlin 580 – München 358 – Würzburg 51 – Amorbach 14 – Aschaffenburg 32.

Romantik Hotel Zur Krone, Obernburger Str. 4, ✉ 63925, ☏ (09372) 24 82, krone@romantikhotels.com, Fax (09372) 10112, 🍽, (Gasthof a.d.J. 1726) – 🛗, 🚭 Zim, 📺 🅿 🆎 ⓜ 💳 JCB
Menu (geschl. Feb. - März 3 Wochen, Aug. 2 Wochen, Montagmittag, Dienstagmittag, Donnerstagmittag, Freitagmittag) à la carte 21,50/41 – **16 Zim** 🛏 55/69 – 108/130, 8 Suiten.
• Der Gasthof aus dem 18. Jh. bietet Ihnen eine angenehme Unterkunft. Fragen Sie nach den Suiten - dort wartet ein besonders wohnliches Ambiente auf Sie. Urtümliche Gemütlichkeit umgibt den Gast in den bäuerlichen Stuben. Gartenterrasse.

Goldner Engel mit Zim, Miltenberger Str. 5, ✉ 63925, ☏ (09372) 9 99 30, goldnerengel@t-online.de, Fax (09372) 999340 – 📺 🅿 🆎 ⓜ 💳
geschl. 1. - 16. Jan. – Menu (geschl. Mittwoch) à la carte 19/41 ♨ – **9 Zim** 🛏 36 – 61.
• Ein familiengeführter Gasthof mit Metzgerei. Kachelöfen und Parkettfußboden unterstreichen das ländliche Ambiente des Restaurants. Gepflegte, schlichte Zimmer.

LAUENAU Niedersachsen 541 J 12 – 3 700 Ew – Höhe 140 m.
Berlin 322 – Hannover 39 – Bielefeld 77 – Hameln 30.

An der B 442, nahe der A 2, Abfahrt Lauenau Nord-West : 2 km :

Montana garni, Hanomagstr. 1 (Autohof), ✉ 31867, ☏ (05043) 9 11 90, lauenau@hotel-montana.de, Fax (05043) 9119100 – 🚭 📺 📞 & 🚗 🅿 – 🔒 20. 🆎 ⓜ 💳
🛏 6 – **53 Zim** 44 – 58.
• Die gute Verkehrsanbindung sorgt für eine bequeme Rast auf Ihrer Reise, eine funktionelle Ausstattung macht das Haus zu einer geeigneten Adresse für Geschäftsreisende.

LAUF AN DER PEGNITZ Bayern 546 R 17 – 26 000 Ew – Höhe 310 m.
🛈 Verkehrsamt, Urlasstr. 22 (Rathaus), ✉ 91207, ☏ (09123) 18 41 13, info@stadt.lauf.de, Fax (09123) 184184.
Berlin 417 – München 173 – Nürnberg 20 – Bayreuth 62.

Zur Post, Friedensplatz 8, ✉ 91207, ☏ (09123) 95 90, reservierung@hotelzurpost-lauf.de, Fax (09123) 959400, Biergarten – 🛗 📺 📞 🅿 – 🔒 30. 🆎 ① ⓜ 💳
geschl. 1. - 10. Jan. – Menu (geschl. Montag) à la carte 16/32 – **40 Zim** 🛏 64 – 87.
• In unmittelbarer Nähe zum Zentrum des Städtchens findet sich eine Unterkunft, die mit ihren gepflegten und neuzeitlich ausgestatteten Gästezimmern überzeugt. Ein holzgetäfelter Raum beherbergt das Restaurant.

Altes Rathaus, Marktplatz 1, ✉ 91207, ☏ (09123) 27 00, Fax (09123) 984406, 🍽 – 🆎 ① ⓜ 💳
geschl. Montag – Menu à la carte 17,50/30,50.
• Ein hübsches historisches Haus - direkt am Marktplatz gelegen - lädt zu einem Besuch ein. Hier bittet man den Gast mit regionalen Gerichten zu Tisch.

An der Straße nach Altdorf Süd : 2,5 km :

Waldgasthof Am Letten, Letten 13, ✉ 91207 Lauf an der Pegnitz, ☏ (09123) 95 30, Fax (09123) 2064, 🍽, Biergarten, ⛲, 🚭 – 🛗 📺 🅿 – 🔒 70
geschl. 23. Dez. - 6. Jan. – Menu (geschl. Sonn- und Feiertage) à la carte 19/35 – **52 Zim** 🛏 66/70 – 99.
• Hübsch am Waldrand und doch verkehrsgünstig liegt dieses Hotel mit gut unterhaltenen Gästezimmern mit hellen Naturholzmöbeln. Ländlicher Charme umgibt Sie in gemütlichen Gasträumen.

LAUFENBURG (BADEN) Baden-Württemberg 545 X 8 – 8 300 Ew – Höhe 337 m.
🛈 Kultur- und Verkehrsamt, Hauptstr. 30, ✉ 79725, ☏ (07763) 8 06 51, kulturamt.verkehrsamt@laufenburg-baden.de, Fax (07763) 80625.
Berlin 812 – Stuttgart 195 – Freiburg im Breisgau 83 – Waldshut-Tiengen 15 – Basel 39.

Rebstock, Hauptstr. 28, ✉ 79725, ☏ (07763) 9 21 70, hotel.rebstock@t-online.de, Fax (07763) 921792, ≤Rhein, 🍽 – 🚭 Zim, 📺 📞 🚗 ⓜ 💳
geschl. 24. Dez. - Anfang Jan. – Menu (geschl. Aug. - Sept. 2 Wochen, Samstag, Sonntagabend) à la carte 14,50/33,50 – **22 Zim** 🛏 48/65 – 62/82.
• Das Stadthaus aus dem 16. Jh. stellt eine praktische Übernachtungsadresse dar. Die Zimmer unterscheiden sich nach Lage und Größe - teils mit Blick zum Rhein. Ländlichgediegenes, typisch badisches Restaurant.

Alte Post mit Zim, Andelsbachstr. 6, ✉ 79725, ☏ (07763) 9 24 00, info@alte-post-laufenburg.de, Fax (07763) 924040, 🍽 – 📺 🅿 ⓜ 💳
Menu (geschl. Montag) à la carte 19/39 – **12 Zim** 🛏 47/56 – 75/90.
• In dem bürgerlichen Restaurant mit neuzeitlichem, leicht elegantem Wintergarten umsorgt Sie ein freundlicher Service. Auch wohnliche, funktionelle Gästezimmer stehen bereit.

LAUFENBURG (BADEN)

In Laufenburg-Luttingen Ost : 2,5 km, über B 34 :

Kranz, Luttinger Str. 22 (B 34), ✉ 79725, ℘ (07763) 9 39 90, tspehl@t-online.de, Fax (07763) 939929, 🍴 – ↭ Zim, TV ✆ 🚗 P. 🌐 VISA
geschl. Jan. 2 Wochen - **Menu** (geschl. Dienstag - Mittwoch) à la carte 18/32 – **15 Zim** ⚏ 38/48 – 60/80.
♦ Schon seit mehreren Generationen werden in diesem Gasthof Besucher freundlich aufgenommen. Die Zimmer sind mit Eichenmöbeln solide und praktisch eingerichtet.

LAUFFEN AM NECKAR Baden-Württemberg 545 S 11 – 9 000 Ew – Höhe 172 m.
Berlin 613 – Stuttgart 49 – Heilbronn 10 – Ludwigsburg 33.

Elefanten, Bahnhofstr. 12, ✉ 74348, ℘ (07133) 9 50 80, info@hotel.elefanten.de, Fax (07133) 950829, 🍴 – 🛗 TV ✆ AE ⓞ 🌐 VISA JCB
geschl. 1. - 20. Jan. - **Menu** (geschl. Freitag) à la carte 28,50/42, ♀ – **12 Zim** ⚏ 60/65 – 90/100.
♦ Bereits seit Generationen ist das Hotel im Fachwerkhaus in Familienbesitz. Schallschutzfenster gewähren Ihnen auch im Zentrum des Ortes eine erholsame Nachtruhe. Im Restaurant mit leicht elegantem Touch erwartet Sie ein freundlicher Service.

LAUINGEN AN DER DONAU Bayern 546 U 15 – 10 000 Ew – Höhe 439 m.
Berlin 550 – München 113 – Augsburg 59 – Donauwörth 31 – Ulm (Donau) 48.

Kannenkeller, Dillinger Str. 26 (B 16), ✉ 89415, ℘ (09072) 70 70, info@hotel-kannenkeller.de, Fax (09072) 707707, Biergarten – TV ✆ 🚗 P. 🅿 25. AE 🌐 VISA
Menu (geschl. Freitag) à la carte 19/32 – **26 Zim** ⚏ 65 – 90.
♦ Ein Gasthaus a. d. J. 1825 mit ehemaliger Brauerei und ein 1995 erstellter Hotelanbau bilden diesen engagiert geführten Familienbetrieb. Funktionelle, zeitgemäße Zimmer. Das Wintergarten-Restaurant gefällt mit großer Fensterfront und luftiger Atmosphäre.

LAUMERSHEIM Rheinland-Pfalz 543 R 8 – 900 Ew – Höhe 110 m.
Berlin 626 – Mainz 68 – Mannheim 25 – Kaiserslautern 41.

Zum Weißen Lamm, Hauptstr. 38, ✉ 67229, ℘ (06238) 92 91 43, Fax (06238) 926716, 🍴
geschl. Feb. - März 2 Wochen, Okt. - Nov. 2 Wochen, Dienstag - Mittwoch - **Menu** (Montag - Freitag nur Abendessen) à la carte 25/40.
♦ Die gepflegte bürgerliche Stube spiegelt den ländlichen Charakter des kleinen Weindorfes wider. Für Ihre Verköstigung sorgt eine internationale und regionale Küche.

LAUPHEIM Baden-Württemberg 545 V 13 – 18 000 Ew – Höhe 515 m.
Berlin 637 – Stuttgart 118 – Konstanz 136 – Ulm (Donau) 26 – Ravensburg 62.

Laupheimer Hof, Rabenstr. 13, ✉ 88471, ℘ (07392) 97 50, info@laupheimer-hof.de, Fax (07392) 975222, Biergarten – TV ✆ P. 🅿 15. AE ⓞ 🌐 VISA JCB
Menu (nur Abendessen) à la carte 22/36 – **32 Zim** ⚏ 63/74 – 82/97.
♦ Das Stadthaus mit Fachwerkfassade befindet sich im Zentrum des Ortes. Einheitlich mit solidem Naturholz ausgestattete Zimmer warten auf die Gäste. Helles, freundliches Restaurant.

LAUSICK, BAD Sachsen 544 M 21 – 9 100 Ew – Höhe 176 m – Heilbad.
🛈 Kurverwaltung, Straße der Einheit 17, ✉ 04651, ℘ (034345) 1 94 33, info@bad-lausick.de, Fax (034345) 22466.
Berlin 228 – Dresden 92 – Leipzig 39 – Chemnitz 50 – Zwickau 63.

Michels Kurhotel ♨, Badstr. 35, ✉ 04651, ℘ (034345) 3 21 00, kurhotelbadlausick@michelshotels.de, Fax (034345) 32200, Massage, ♣, 🎿, ≦s, 🏊, ℛ – 🛗, ↭ Zim, TV ✆ ♿ 🚗 P. 🅿 120. AE ⓞ 🌐 VISA, ℛ Rest
Menu (Restaurant nur für Hausgäste) – **120 Zim** ⚏ 80/95 – 102, 5 Suiten – ½ P 13.
♦ Das Haus mit der großzügig gestalteten Halle liegt recht ruhig am Kurpark und bietet modern und funktionell mit hellen Holzmöbeln eingerichtete Zimmer. Große Bäderabteilung.

Ränker Am Kurpark ♨, Badstr. 36, ✉ 04651, ℘ (034345) 70 70, info@hotel-bad-lausick.de, Fax (034345) 70788, 🍴, (ehemalige Villa) – ↭ Zim, TV ✆ P. 🅿 15. 🌐 VISA, ℛ Zim
Menu à la carte 17/25 – **21 Zim** ⚏ 45/50 – 65 – ½ P 15.
♦ Die einstige Villa Maria fungiert nach ihrem Wiederaufbau nun als Hotel mit modern-wohnlichen Zimmern, die für privat wie auch geschäftlich Reisende geeignet sind. Angenehm hell eingerichtet zeigt sich das Restaurant.

LAUTENBACH (ORTENAUKREIS) Baden-Württemberg 545 U 8 – 1 900 Ew – Höhe 210 m – Luftkurort.
  Sehenswert : *Wallfahrtskirche Mariä Himmelfahrt (Hochaltar★).*
  🛈 Verkehrsamt, Hauptstr. 48, ✉ 77794, ✆ (07802) 92 59 50, info@lautenbach-renchtal.de, Fax (07802) 925959.
  Berlin 742 – Stuttgart 143 – Karlsruhe 72 – Offenburg 19 – Strasbourg 33.

  Sonne (mit Gästehaus Sonnenhof und Sternen), Hauptstr. 51 (B 28), ✉ 77794, ✆ (07802) 9 27 60, info@sonne-lautenbach.de, Fax (07802) 927662, 🍽, 🐎 – 📺 🅿 🚗
  🅿 – 🏊 25. AE ⓘ ⓜ VISA
  Menu *(geschl. Mittwoch)* à la carte 14/31,50 – **50 Zim** ⇆ 49/60 – 62/78 – ½ P 13.
  • Sie haben die Wahl : Haupthaus und zwei Gästehäuser stehen mit soliden Zimmern zur Verfügung. Wenn Sie's besonders wohnlich mögen, fragen Sie nach den Zimmern im Sonnenhof. Hübsche Stube im Schwarzwälder Stil.

  Auf dem Sohlberg Nord-Ost : 6 km – Höhe 780 m

  Berggasthaus Wandersruh 🐾, Sohlbergstr. 34, ✉ 77794 Lautenbach, ✆ (07802) 24 73, wandersruh@t-online.de, Fax (07802) 50915, ≤ Schwarzwald und Rheinebene, 🍽, 🔲, 🐎 – 📺 🅿 – 🏊 20. 🚭 Zim
  geschl. Jan. - Feb. – **Menu** *(geschl. Dienstag)* à la carte 15,50/23,50 – **21 Zim** ⇆ 24/29 – 48 – ½ P 13.
  • Der Gasthof macht seinem Namen alle Ehre. Ehemals landwirtschaftlich genutzt, dient das Anwesen nun Ihrer Beherbergung : Zweckmäßige, gepflegte Zimmer erwarten Sie. Eine ländlich-schlichte Einkehrmöglichkeit finden Sie in der Gaststube.

LAUTERBACH Baden-Württemberg 545 V 9 – 3 300 Ew – Höhe 575 m – Luftkurort – Wintersport : 800/900 m ⛷.
  🛈 Kurverwaltung, Schramberger Str. 5 (Rathaus), ✉ 78730, ✆ (07422) 94 97 30, kurverwaltung@lauterbach-schwarzwald.de, Fax (07422) 949740
  Berlin 734 – Stuttgart 122 – Freiburg im Breisgau 61 – Freudenstadt 41 – Offenburg 55 – Schramberg 4.

  Tannenhof, Schramberger Str. 61, ✉ 78730, ✆ (07422) 94 90 20, info@tannenhof-lauterbach.de, Fax (07422) 3775, 🍽 – 🛗 📺 🅿 – 🏊 30. ⓜ VISA 🚭 Zim
  geschl. 26. Dez. - 6. Jan. – **Menu** *(geschl. Samstag, Sonntagabend) (wochentags nur Abendessen)* à la carte 17/33 – **28 Zim** ⇆ 40/52 – 70/74.
  • Eine praktische Übernachtungsadresse : Saubere, schlicht ausgestattete Zimmer hält dieser neuzeitliche, familiengeführte Gasthof für Sie bereit.

LAUTERBACH Hessen 543 O 12 – 15 000 Ew – Höhe 296 m – Luftkurort.
  🞅 Lauterbach, Schloss Sickendorf (West : 4 km), ✆ (06641) 9 61 30.
  🛈 Verkehrsbüro, Rathaus, Marktplatz 14, ✉ 36341, ✆ (06641) 18 41 12, info@lauterbach-hessen.de, Fax (06641) 184167.
  Berlin 457 – Wiesbaden 151 – Fulda 24 – Gießen 68 – Kassel 110.

  Schubert, Kanalstr. 12, ✉ 36341, ✆ (06641) 9 60 70, hotel-schubert@t-online.de, Fax (06641) 5171, 🍽 – 🛗, ≒ Zim, 🍴 Rest, 📺 📞 🅿 – 🏊 25. AE ⓘ ⓜ VISA 🚭 Rest
  Menu *(geschl. Juli - Aug. 3 Wochen, Sonntagabend)* à la carte 23/48 – **33 Zim** ⇆ 58/75 – 90/115 – ½ P 23.
  • Mitten im Ort, direkt an der Lauter, steht das Fachwerkhaus mit seinen individuellen und wohnlichen Gästezimmern - teils in kräftigen Farben dekoriert. Gepflegtes Restaurant und Stube.

LAUTERBERG, BAD Niedersachsen 541 L 15 – 12 500 Ew – Höhe 300 m – Kneippheilbad – Schrothkurort.
  🛈 Tourist-Information, Ritscherstr. 4 (Haus des Gastes), ✉ 37431, ✆ (05524) 9 20 40, info@badlauterberg.de, Fax (05524) 5506.
  Berlin 272 – Hannover 116 – Erfurt 104 – Göttingen 49 – Braunschweig 87.

  Revita, Sebastian-Kneipp-Promenade, ✉ 37431, ✆ (05524) 8 31, urlaub@revita-hotel.de, Fax (05524) 80412, 🍽, 🌡, Massage, ♨, 🎾, ≘s, 🔲, 🎭(Halle) – 🛗, ≒ Zim, 📺, 🚿 ∱∱ 🚗 🅿 – 🏊 450. 🚭 Rest
  à la carte 23/29,50 – **260 Zim** ⇆ 97/112 – 144/164, 13 Suiten – ½ P 13.
  • Eine stilvolle Halle, luxuriöse, geräumige Zimmer im geschmackvollen Landhausstil - oder auch einfachere Zimmer - sowie ein großes Freizeitangebot bietet dieses Hotel. Hotelrestaurant mit klassischem Ambiente.

  Vital Resort Mühl, Ritscherstr. 1, ✉ 37431, ✆ (05524) 8 50 80, vital-resort-muehl@t-online.de, Fax (05524) 850834, 🍽, 🌡, Massage, 🎾, ≘s, 🔲, 🐎 – 🛗 ≒, 🍴 Rest, 📺 🚗 🅿 – 🏊 300. AE ⓜ VISA
  Menu *(Restaurant nur für Hausgäste)* – **91 Zim** *(nur ½ P)* 121/161 – 220/250, 22 Suiten.
  • Wohnliche Zimmer und ländlich-elegante Suiten sowie ein beeindruckender, geschmackvoll gestalteter Freizeitbereich zeichnen dieses Ferien- und Wellnesshotel aus.

LAUTERECKEN Rheinland-Pfalz 543 R 6 – 2 300 Ew – Höhe 165 m.
Berlin 649 – Mainz 83 – Bad Kreuznach 40 – Kaiserslautern 32 – Saarbrücken 85.

- **Pfälzer Hof,** Hauptstr. 12, ✉ 67742, ℘ (06382) 73 38, info@pfaelzer-hof.de, Fax (06382) 993704, 😊 – 🚗 **P**.
 Menu (geschl. Nov., Donnerstag, Sonntagabend) (Dez. - März wochentags nur Abendessen) à la carte 14,50/30,50 – **19 Zim** 🛏 45 – 66 – ½ P 10.
 ♦ Mit dunklem Mobiliar eingerichtete Zimmer stehen in diesem einfachen, aber sehr gepflegten und freundlichen Gasthof zur Verfügung. Beim Essen umgibt Sie ursprünglicher Gaststubencharakter.

LAUTERSTEIN Baden-Württemberg 545 T 13 – 3 000 Ew – Höhe 542 m.
Berlin 589 – Stuttgart 60 – Göppingen 20 – Heidenheim an der Brenz 20.

In Lauterstein-Weissenstein :

- **Silberdistel** garni, Kreuzbergstr. 32, ✉ 73111, ℘ (07332) 37 32, Fax (07332) 3736 – TV **P**.
 11 Zim 🛏 37/45 – 54.
 ♦ "Klein, aber fein" - so lautet das Motto dieser Pension. Ein solides Inventar aus hellem Naturholz unterstreicht das zeitgemäße Innenleben dieses familiengeführten Hotels.

LEBACH Saarland 543 R 4 – 23 400 Ew – Höhe 275 m.
Berlin 722 – Saarbrücken 26 – Saarlouis 19 – St. Wendel 28 – Trier 72.

- **Locanda Grappolo d'Oro,** Mottener Str. 94 (B 268) (Gewerbegebiet, West : 2 km), ✉ 66822, ℘ (06881) 33 39, Fax (06881) 53523, 😊 – **P**. ⓂⓄ 𝚅𝙸𝚂𝙰. ✻
 geschl. über Fasching 2 Wochen, Aug. 3 Wochen, Montag, Samstagmittag – **Menu** (italienische Küche) à la carte 30/47.
 ♦ Ein elegantes Restaurant mit kleiner Bar. Bilder und dunkle, geschwungene Metallstühle schaffen ein modernes Ambiente. Klassische Küche mit einigen italienischen Elementen.

LECK Schleswig-Holstein 541 B 10 – 7 700 Ew – Höhe 6 m.
⛳ Stadum, Hof Berg 3 (Süd-Ost : 7 km), ℘ (04662) 7 05 77.
Berlin 453 – Kiel 110 – Sylt (Westerland) 36 – Flensburg 33 – Husum 36 – Niebüll 11.

In Enge-Sande Süd : 4 km, über Lecker Chaussee, in Sande links ab :

- **Dörpskrog - De ole Stuuv** mit Zim, Dorfstr. 28 (Enge), ✉ 25917, ℘ (04662) 31 90, doerpskrog@foni.net, Fax (04662) 3195 – TV **P** – 🔔 150. ⓂⓄ 𝚅𝙸𝚂𝙰
 geschl. März - April 2 Wochen, Okt. 2 Wochen – **Menu** (geschl. Montag) (wochentags nur Abendessen) à la carte 21/40 – **7 Zim** 🛏 42/70 – 70/90.
 ♦ Das kleine Restaurant in dem ehemaligen Dorfgasthaus mit roter Klinkerfassade ist stilvoll-rustikal eingerichtet und geschmackvoll dekoriert. Tipptopp gepflegte Zimmer.

LEER Niedersachsen 541 G 6 – 34 100 Ew – Höhe 7 m.
🛈 Verkehrsbüro, Rathausstr. 1, ✉ 26789, ℘ (0491) 9 78 25 00, info@leer.de, Fax (0491) 9782511.
Berlin 495 – Hannover 234 – Emden 31 – Groningen 69 – Oldenburg 63.

- **Frisia** garni, Bahnhofsring 16, ✉ 26789, ℘ (0491) 9 28 40, frisia@frisia.bestwestern.de, Fax (0491) 9284400, 😊 – 📶 ✻ TV 📞 ♿ **P** – 🔔 30. 𝙰𝙴 ⓄⓃ ⓂⓄ 𝚅𝙸𝚂𝙰 ✻
 78 Zim 🛏 75/95 – 99/125.
 ♦ Die komfortablen Zimmer dieses direkt am Bahnhof gelegenen Hotels bieten eine funktionelle, neuzeitliche Ausstattung und ein gutes Platzangebot - teils mit verglasten Erkern.

- **Ostfriesen Hof,** Groninger Str. 109, ✉ 26789, ℘ (0491) 6 09 10, hotel.ostfriesen.hof@t-online.de, Fax (0491) 6091199, 😊, 🏊 – 📶 ✻ TV 📞 ♿ **P** – 🔔 130. 𝙰𝙴 ⓄⓃ ⓂⓄ 𝚅𝙸𝚂𝙰 𝙹𝙲𝙱 ✻
 Menu à la carte 21/35 – **60 Zim** 🛏 56/79 – 87/105 – ½ P 19.
 ♦ Direkt am Deich steht das mit funktionellen und zeitgemäßen Zimmern ausgestattete Hotel, das auch für Gruppen und Tagungen geeignet ist.

- **Zur Waage und Börse,** Neue Str. 1, ✉ 26789, ℘ (0491) 6 22 44, Fax (0491) 4665, 😊
 geschl. 1. - 24. Jan., 14. - 28. Okt., Montag - Dienstag – **Menu** (Tischbestellung ratsam) à la carte 27,50/35.
 ♦ Am Hafen finden Sie ein nettes kleines Restaurant mit friesischem Flair. Serviert werden gut zubereitete regionale und überregionale Speisen.

LEER

Nahe der B 70 in Richtung Papenburg *Süd-Ost : 4,5 km :*

Lange, Zum Schöpfwerk 3, ✉ 26789, ℘ (0491) 91 92 80, *info@hotel-lange-leer.de,* Fax (0491) 9192816, ≤, 佘, ≦s, 🔲, 🔲 TV ⇔ 🅿 – 🍴 50. AE ⓘ ⓜ VISA. ⁒ Rest
Menu à la carte 16/32 – **48 Zim** ⇌ 55/72 – 87.
* Das behagliche Haus - am Flusslauf von Ems und Leda gelegen - beherbergt seine Gäste wahlweise in schlichter oder komfortabler gestalteten Zimmern. Eine schöne Terrasse am Wasser ergänzt das weiß eingerichtete Restaurant.

LEESE *Niedersachsen* 541 I 11 – *1900 Ew – Höhe 30 m.*
Berlin 336 – Hannover *54 – Bremen 80 – Minden 30.*

Asche, Loccumer Str. 35, ✉ 31633, ℘ (05761) 9 02 60, *hotel-asche-leese@t-online.de,* Fax (05761) 7770, 佘, ≦s, 🔲 TV 🅿 – 🍴 40.
geschl. 23. Dez. - 15. Jan. – **Menu** *(geschl. Freitag)* à la carte 18,50/32 – **14 Zim** ⇌ 49/60 – 73/90.
* Ein gepflegter, solider Gasthof, dessen Gästezimmer einheitlich mit hellen Möbeln ausgestattet wurden und die zeitgemäßen Standard bieten. Helles Holz gibt dem Restaurant einen gemütlichen Charakter.

LEGDEN *Nordrhein-Westfalen* 543 J 5 – *5 800 Ew – Höhe 71 m.*
Berlin 525 – Düsseldorf 113 – Nordhorn 55 – Münster (Westfalen) 49.

Hermannshöhe, Haulingort 30 (B 474, Süd-Ost : 1 km Richtung Coesfeld), ✉ 48739, ℘ (02566) 9 30 00, *info@landhotel-hermannshoehe.de,* Fax (02566) 930060, 佘, ≦s, 🔲, 🛋 – 🛗 TV 🅿 – 🍴 160. AE ⓜ VISA
Menu *(geschl. April - Okt Mittwochabend)* à la carte 15/33,50 – **39 Zim** ⇌ 45/55 – 85/95.
* Mit einem Gasthaus an einer Zollstation fing es 1884 an. Heute steht hier ein Hotel mit soliden Zimmern, die neueren sind einheitlich mit hellen Holzmöbeln eingerichtet. Restaurant mit großem altem Müsterländer Kamin.

LEHMKUHLEN *Schleswig-Holstein siehe Preetz.*

LEHNIN *Brandenburg* 542 J 22 – *3 500 Ew – Höhe 52 m.*
Berlin 65 – Potsdam 26 – Brandenburg 23.

Markgraf, Friedensstr. 13, ✉ 14797, ℘ (03382) 76 50, *info@hotel-markgraf.de,* Fax (03382) 765430, ≦s – 🛗, ⁒ Zim, TV 🅿 – 🍴 55. AE ⓜ VISA
Menu à la carte 14,50/23,50 – **40 Zim** ⇌ 48/55 – 72.
* Hinter einer ansprechenden Fassade erwartet Sie ein solide wie auch wohnlich eingerichtetes Hotel. Die meist neuzeitliche Ausstattung trägt zu Ihrem Wohlbefinden bei. Eine Reihe österreichischer Gerichte ergänzt das bürgerliche Speiseangebot.

In Nahmitz *Nord-West : 2 km, am Klostersee :*

Am Klostersee ⚓, Heidehof 4, ✉ 14797, ℘ (03382) 7 32 20, Fax (03382) 7322301, ≤, 佘, ≦s – ⁒ Zim, TV 🅿 – 🍴 50. AE ⓜ VISA
Menu à la carte 16/25 – **30 Zim** ⇌ 45/50 – 75/58.
* Die Lage des Hauses am Wasser, der gepflegte Garten und wohnliche Zimmer kennzeichnen dieses Haus. Erkunden Sie die umliegende Seenlandschaft. Sehr gepflegt wirkt das großzügige Restaurant.

LEHRTE *Niedersachsen* 541 I 13 – *41 500 Ew – Höhe 66 m.*
Berlin 268 – Hannover *22 – Braunschweig 47 – Celle 33.*

Median, Zum Blauen See 3 (an der B 443), ✉ 31275, ℘ (05132) 8 29 00, *info@median-hotel.de,* Fax (05132) 8290555, 佘, ≦s – 🛗, ⁒ Zim, TV 📞 🅿 – 🍴 150. AE ⓘ ⓜ VISA JCB
Menu *(nur Abendessen)* à la carte 26/35 – **Maximilian's** *(geschl. Sonntag)* **Menu** 19 (nur Buffet) – ⇌ 10 – **142 Zim** 64/89 – 87/146, 5 Suiten.
* Funktionelle Zimmer in den Kategorien "Standard", "Business" und "Superior" sowie Suiten ermöglichen komfortables Wohnen und erfolgreiches Arbeiten. Vivaldi mit mediterranem Touch. Buffet-Restaurant Maximilian's.

In Lehrte-Ahlten *Süd-West : 4 km :*

Landhotel Behre garni, Zum Großen Freien 3, ✉ 31275, ℘ (05132) 8 67 80, *info@landhotel-behre.de,* Fax (05132) 867814, 🛋 – ⁒ TV 📞 🅿 – 🍴 40. AE ⓜ VISA. ⁒
30 Zim ⇌ 65/72 – 95.
* Einige Bereiche dieses ehemaligen Bauernhofs hat man zu einem netten Landhotel umgebaut. Hinter der regionstypischen Klinkerfassade verbergen sich solide, wohnliche Zimmer.

LEHRTE

- **Trend Hotel** garni, Raiffeisenstr. 18, ✉ 31275, ☏ (05132) 8 69 10, *trend-hotel@t-online.de*, Fax (05132) 869170, ⇌ – 🛗 📺 📞 🅿 – 🔥 20. ⓒ 💳. ✂
  56 Zim ⌧ 55/67 – 82/88.
  ◆ Die verkehrsgünstige Lage macht das Haus zu einer geeigneten Adresse für Geschäftsreisende. Die Zimmer überzeugen mit einer neuzeitlichen wie auch funktionellen Gestaltung.

LEICHLINGEN Nordrhein-Westfalen 543 M 5 – 27 000 Ew – Höhe 60 m.
Berlin 556 – *Düsseldorf* 31 – Köln 23 – Solingen 11.

In Leichlingen-Witzhelden Ost : 8,5 km :

- **Landhaus Lorenzet**, Neuenhof 1, ✉ 42799, ☏ (02174) 3 86 86, *landhauslorenzet@aol.com*, Fax (02174) 39518, 🍽 – 🅿 🄰🄴 ⓞ ⓒ 💳
  Menu à la carte 24/43.
  ◆ Hinter einer hübschen Schindelfassade nimmt der Gast an einem der gut eingedeckten Tische Platz. Umgeben von einem gepflegten Ambiente genießt man eine internationale Küche.

*Fragen Sie Ihren Buchhändler nach dem aktuellen
Katalog des Michelin Reise-Verlags*

LEIMEN Baden-Württemberg 545 R 10 – 25 000 Ew – Höhe 120 m.
Berlin 634 – Stuttgart 109 – *Mannheim* 25 – Heidelberg 7 – Bruchsal 28.

- **Engelhorn** garni, Ernst-Naujoks-Str. 2, ✉ 69181, ☏ (06224) 70 70, *info@hotel-engelhorn.de*, Fax (06224) 707200 – 🛗 📺 📞 ⇌ 🅿 – 🔥 40. 🄰🄴 ⓞ ⓒ 💳. ✂
  geschl. 22. Dez. - 7. Jan. – **40 Zim** ⌧ 70/75 – 90.
  ◆ Die neuzeitlich ausgestatteten Zimmer dieses Hotels überzeugen mit einer gelungenen Kombination von Funktionalität und Wohnlichkeit.

- **Kurpfalz-Residenz und Markgrafen**, Markgrafenstr. 2, ✉ 69181, ☏ (06224) 70 80, *kurpfalz-residenz@t-online.de*, Fax (06224) 708114, 🍽, ⇌ – 🛗, ✂ Zim, 📺 📞 ♿ 🅿 – 🔥 50. 🄰🄴 ⓒ 💳
  Menu (geschl. Samstag - Sonntagmittag) à la carte 17/31,50 – **154 Zim** ⌧ 75/120 – 95/132, 10 Suiten.
  ◆ Recht ruhig liegt das Hotel nahe dem Sportpark. Man verfügt über funktionell eingerichtete Zimmer mit gutem Platzangebot - auch für Langzeitgäste. Im Restaurant serviert man in gediegenem Umfeld internationale Speisen.

- **Zum Bären**, Rathausstr. 20, ✉ 69181, ☏ (06224) 98 10, *hotel.baeren@t-online.de*, Fax (06224) 981222, 🍽 – 🛗, ✂ Zim, 📺 📞 🅿 – 🔥 20. ⓒ 💳. ✂
  geschl. 23. Dez. - 7. Jan. – **Menu** (geschl. 1. - 7. Jan., Montag) à la carte 21,50/39 – **26 Zim** ⌧ 67/70 – 85/100.
  ◆ Einer langen Familientradition verpflichtet, bietet man dem Gast eine behagliche Atmosphäre und gut unterhaltene Zimmer in zeitgemäßem Stil. In hell gestalteten Räumlichkeiten serviert man Ihnen ein Essen nach bürgerlicher Art.

- **Seipel** garni, Bürgermeister-Weidemaier-Str. 26 (Am Sportpark), ✉ 69181, ☏ (06224) 98 20, *info@hotelseipel.de*, Fax (06224) 982222 – 🛗 📺 📞 ⇌ 🅿 🄰🄴 ⓞ ⓒ 💳
  geschl. 22. Dez. - 7. Jan. – **23 Zim** ⌧ 73 – 75/90.
  ◆ Über gepflegte Gästezimmer in wohnlicher Aufmachung verfügt das familiengeführte, in einem Wohngebiet nahe dem Sportpark gelegene Haus.

- **Herrenberg** garni, Bremer Str. 7, ✉ 69181, ☏ (06224) 9 70 60, *mk-formula-trikes@t-online.de*, Fax (06224) 74289 – ✂ 📺 🅿 🄰🄴 ⓞ ⓒ 💳
  16 Zim ⌧ 50 – 75.
  ◆ Eine familiäre Note kennzeichnet die Atmosphäre dieser Pension. Besucher werden in praktisch und gemütlich ausgestatteten Gästezimmern gut untergebracht.

- 🍴 **Seeger's Weinstube**, Joh.-Reidel-Str. 2, ✉ 69181, ☏ (06224) 7 14 96, *seeger.leimen@freenet.de*, Fax (06224) 72400, 🍽 – ⓒ 💳
  geschl. Mitte Juli - Mitte Aug., Dienstag – **Menu** (wochentags nur Abendessen) à la carte 19/36.
  ◆ Dunkles Holz trägt zum ländlichen Charakter der netten, rustikal-bürgerlichen Stube bei. Freundlich serviert man Ihnen eine regionale Küche.

- 🍴 **Weinstube Jägerlust**, Rohrbacher Str. 101, ✉ 69181, ☏ (06224) 7 72 07, Fax (06224) 78363, 🍽 – ✂
  geschl. Weihnachten - Mitte Jan., Mitte Aug. - Mitte Sept., Samstag - Montag – **Menu** (nur Abendessen) (Tischbestellung erforderlich) à la carte 23/37.
  ◆ Der richtige Ort für geselliges Beisammensein. Das überschaubare Angebot an regionalen Speisen wird ergänzt durch Empfehlungen des Tages - dazu ein guter Wein.

LEIMEN

In Leimen-Lingental Ost : 3 km, über Heltenstraße :

Lingentaler Hof, Kastanienweg 2, ⊠ 69181, ℘ (06224) 9 70 10, hotellingental erhof@t-online.de, Fax (06224) 970119, 佘 – 榮 – 如 屈 & 距 颂 颂 – 弛 Zim geschl. Jan. 2 Wochen, Aug. 3 Wochen – **Menu** (geschl. Sonntagabend - Montag) à la carte 21/32,50 – **15 Zim** 立 55/60 – 78.
• Das kleine Hotel liegt oberhalb des Ortes auf einer Anhöhe zwischen Feldern und Wiesen gelegen und überzeugt mit seinen gepflegten Zimmern. Restaurant mit regionaler und internationaler Küche.

LEINEFELDE Thüringen **544** L 14 – 15 000 Ew – Höhe 347 m.

🛈 Bürgerbüro, Bahnhofstr. 18 (Rathaus), ⊠ 37327, ℘ (03605) 50 54 01, stadt-leinefelde@t-online.de, Fax (03605) 505499.
Berlin 300 – Erfurt 82 – Göttingen 43 – Nordhausen 40.

In Reifenstein Süd-Ost : 5 km, über Birkungen :

Reifenstein, Am Sonder, ⊠ 37355, ℘ (036076) 4 70, info@hotel-reifenstein.de, Fax (036076) 47202, ≼, 佘, Biergarten, 全s – 樟, 弛 Zim, 如 鬐 & 距 – 益 120. 延 ⦿ ◉ 哑
Menu (Montag - Freitag nur Abendessen) à la carte 15/24,50 – **43 Zim** 立 47/56 – 82.
• Die neuzeitliche Ausstattung und eine gute Technik zählen zu den Annehmlichkeiten dieses sauberen und gut geführten, an einem kleinen See gelegenen Hotels. Modern gibt sich das Ambiente im Restaurant.

LEINFELDEN-ECHTERDINGEN Baden-Württemberg siehe Stuttgart.

LEINGARTEN Baden-Württemberg siehe Heilbronn.

LEINSWEILER Rheinland-Pfalz **543** S 8 – 450 Ew – Höhe 260 m – Erholungsort.

🛈 Büro für Tourismus, Rathaus, ⊠ 76829, ℘ (06345) 35 31, Fax (06345) 2457.
Berlin 673 – Mainz 122 – Karlsruhe 52 – Wissembourg 20 – Landau in der Pfalz 9.

Leinsweiler Hof, An der Straße nach Eschbach (Süd : 1 km), ⊠ 76829, ℘ (06345) 40 90, info@leinsweilerhof.de, Fax (06345) 3614, ≼ Weinberge und Rheinebene, 佘, 全s, 国, 佘, 弛 Zim, 如 距 哑 – 益 50. 延 ◉ 哑 Rest
geschl. 2. - 28. Jan. – **Menu** (geschl. Sonntagabend) à la carte 20/40 – **67 Zim** 立 73/107 – 107/127 – ½ P 23.
• Solides Interieur und gutes Platzangebot machen einfaches Übernachten zu behaglichem Wohnen. Im Gästehaus stehen kleinere Zimmer zur Wahl. Restaurant im rustikalen Stil und Gartenterrasse.

Castell, Hauptstr. 32, ⊠ 76829, ℘ (06345) 70 03, castell@hotel-castell-leinsweiler.de, Fax (06345) 7004, 佘 – 如 鬐 距
Menu (geschl. Dienstag) 17 (mittags) à la carte 27/40,50 – **16 Zim** 立 54/56 – 87/90 – ½ P 18.
• Hinter einer modernen Fassade bietet man erholungsuchenden Gästen eine funktionell ausgestattete Unterkunft - angesiedelt in einem kleinen idyllischen Weinort. Ein neuzeitliches Ambiente empfängt Sie im hell gehaltenen Restaurant.

Rebmann, Weinstr. 8, ⊠ 76829, ℘ (06345) 9 54 00, hotel-rebmann@t-online.de, Fax (06345) 954029, 佘 – 如 ⦿ ◉ 哑
Menu (geschl. Nov. - Feb. Mittwoch) à la carte 20/38 – **11 Zim** 立 55/65 – 85 – ½ P 17.
• Ein typischer Pfälzer Landgasthof. Sie beziehen gepflegte, funktionelle Zimmer, die mit neuzeitlichem Holzmobiliar wohnlich gestaltet sind. Eine kleine Gourmetstube ergänzt das bürgerliche Restaurant.

LEIPE Brandenburg siehe Burg/Spreewald.

LEIPHEIM Bayern **546** U 14 – 6 500 Ew – Höhe 470 m.

Berlin 574 – München 117 – Stuttgart 105 – Augsburg 58 – Günzburg 5 – Ulm (Donau) 24.

Zur Post, Bahnhofstr. 6, ⊠ 89340, ℘ (08221) 27 70, gasthof-post@t-online.de, Fax (08221) 277200, 佘 – 樟, 弛 Zim, 如 鬐 ⇔ 距 – 益 60. 延 ⦿ ◉ 哑
Menu à la carte 13,50/26 – **47 Zim** 立 50 – 75/80.
• Die Zimmer dieses kinderfreundlichen Hotels sind unterschiedlich gestaltet, stets funktionell in ihrer Ausstattung. Man bietet Familienzimmer und einen eigenen Spielplatz. Derb-rustikal zeigt sich die Gaststube, freundlich-hell das Restaurant.

LEIPHEIM

Landgasthof Waldvogel, Grüner Weg 1 (Süd-Ost : 2 km Richtung Bubesheim), ✉ 89340, ℘ (08221) 2 79 70, *landgasthof@wald-vogel.de*, *Fax (08221) 279734*, Biergarten – ⚞ 📺 🅿 – 🅰 200. 🆎 ⓘ 🆑 💳
Menu à la carte 14/28 – **34 Zim** ⚏ 46 – 69.
• Etwas außerhalb liegt dieser nette, familiengeführte Landgasthof, der dank Streichelzoo und Spielplatz auch bei Kindern beliebt ist. Die Zimmer sind zeitgemäß und gepflegt. Gemütlich, schwäbisch und freundlich gibt sich das Restaurant.

An der Autobahn A 8 *Richtung Augsburg :*

7-Schwaben Rasthaus und Motel garni, ✉ 89340 Leipheim, ℘ (08221) 2 78 00, *leipheim@tank.rast.de*, *Fax (08221) 2780502* – 🛗, ⚞ Zim, 📺 📞 ♿ 🅿 – 🅰 30. 🆎 ⓘ 🆑 💳
61 Zim ⚏ 66/76 – 87/102.
• Verkehrsgünstig direkt an der Autobahn gelegen, ermöglicht das moderne Hotel müden Reisenden einen bequemen Zwischenstopp in praktisch ausgestatteten Zimmern.

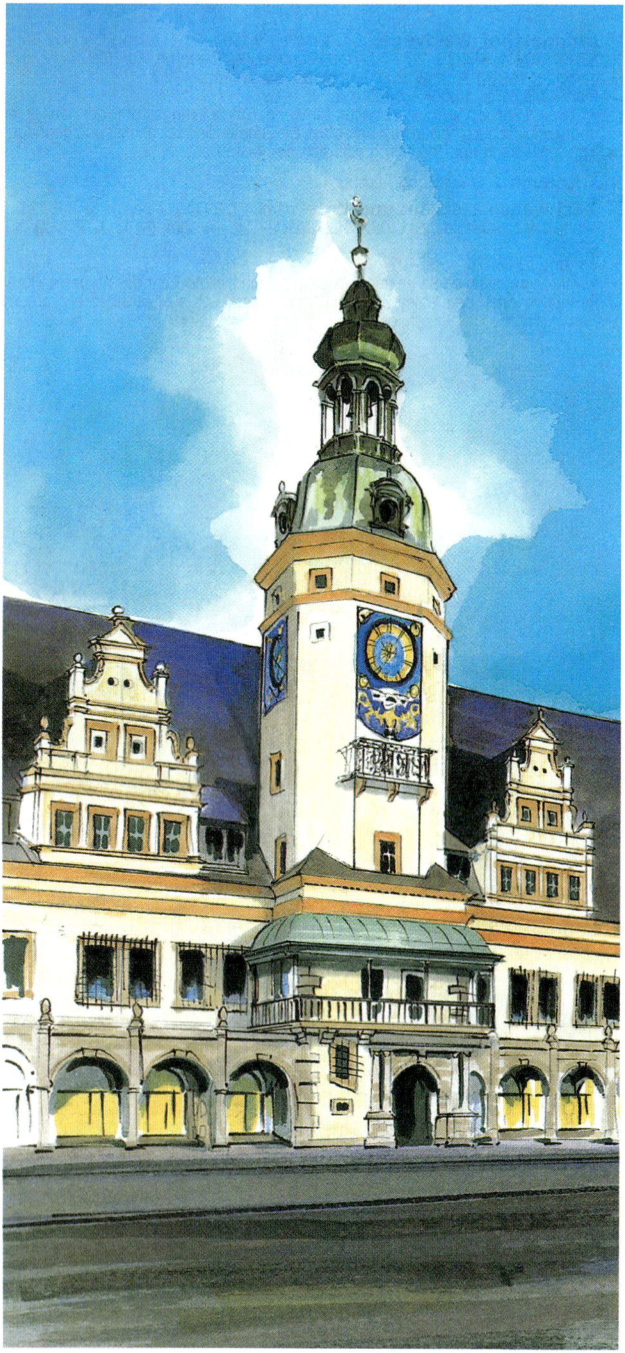

LEIPZIG

Sachsen 544 L 21 – 500 000 Ew – Höhe 118 m

Berlin 180 ⑨ – Dresden 109 ④ – Erfurt 126 ⑨

PRAKTISCHE HINWEISE

🛈 Tourist Service, Richard-Wagner-Str. 1 ✉ 04109, ℘ (0341) 7 10 42 60, info@lts-leipzig.de, Fax (0341) 7104271
ADAC, Augustusplatz 5/6
✈ Leipzig-Halle (über ⑨ : 15 km), ℘ (0341) 22 40
Neue Messe, Messe Allee 1, ✉ 04356, ℘ (0341) 67 80, Fax (0341) 6788762
🚉 Leipzig-Seehausen, Bergweg 10 U (An der neuen Messe), ℘ (0341) 5 21 74 42
🚉 Markkleeberg, Mühlweg (Süd : 9 km über ⑤), ℘ (0341) 3 58 26 86
🚉 Machern, Plagwitzer Weg 6 d (Ost : 15 km über ④), ℘ (034292) 6 80 32
🚉 Noitzsch (Nord : 29 km über ② und Hohenprießnitz), ℘ (034242) 5 03 02

Sehenswert : Altes Rathaus★ BY – Alte Börse★ (Naschmarkt) BY – Museum der bildenden Künste★★ BY M³ – Thomaskirche★ BZ – Grassi-Museum (Museum für Kunsthandwerk★, Museum für Völkerkunde★, Musikinstrumenten-Museum★) CZ – Ägyptisches Museum BZ M¹.

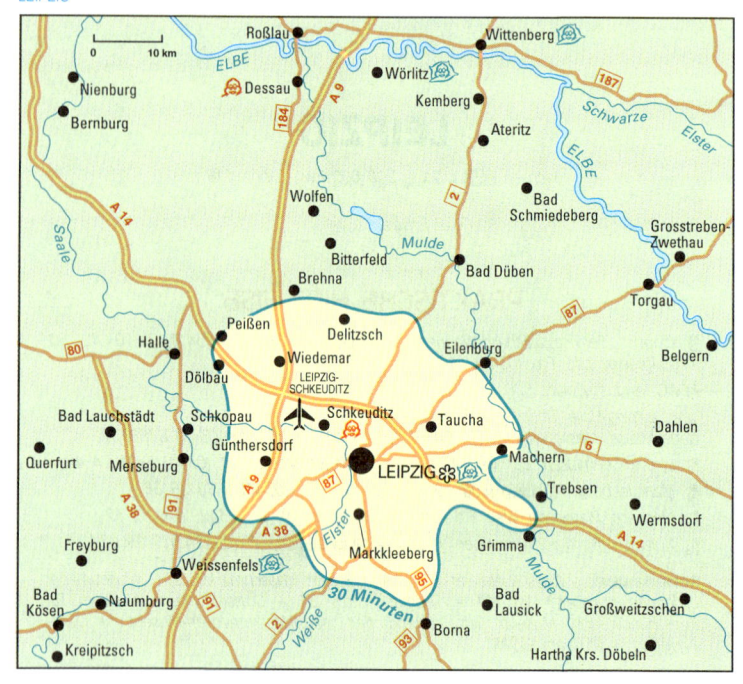

LEIPZIG

Fürstenhof, Tröndlinring 8, ✉ 04105, ℘ (0341) 14 00, *fuerstenhof.leipzig@arabell asheraton.com*, Fax (0341) 1403700, 🍴, ❷, Massage, ʟ₅, ⇌, 🔲 – 🛗, 🦽 Zim, 🔳 📺 🅿 & 🚗 – 🏛 65. 🆎 ⓞ 🆘 🆚 🆓 🆖 Rest
Menu *(geschl. Sonntag)(nur Abendessen)* à la carte 47/58, ☕ – 🚇 19 – **92 Zim** 210/280 – 235/305, 4 Suiten.   BY c
  ♦ Hinter der Fassade des klassizistischen Patrizierpalais von 1770 erwartet Sie ein Interieur von luxuriöser Eleganz und ein exquisiter Service. Badelandschaft. Mit edlem Dekor und wertvollem Meublement gefällt das Restaurant.

Marriott, Am Hallischen Tor 1, ✉ 04109, ℘ (0341) 9 65 30, *leipzig.marriott@marrio tthotels.com*, Fax (0341) 9653999, ʟ₅, ⇌, 🔲 – 🛗, 🦽 Zim, 🔳 📺 🅿 & 🚗 – 🏛 200. 🆎 ⓞ 🆘 🆚 🆓
Menu *(geschl. Sonntagmittag)* à la carte 24/32 – **231 Zim** ☕ 119 – 135, 11 Suiten.   BY n
  ♦ Im Herzen der Stadt bewohnen Sie Zimmer, die an Komfort, Behaglichkeit und Technik nichts vermissen lassen : Alle mit Internet, Modemanschluss und Anrufbeantworter. Allie's American Grille bietet Kulinarisches für jeden Geschmack.

The Westin, Gerberstr. 15, ✉ 04105, ℘ (0341) 99 80, *info@westin-leipzig.com*, Fax (0341) 9881229, Biergarten, Massage, ʟ₅, ⇌, 🔲 – 🛗, 🦽 Zim, 🔳 📺 🅿 & 🅿 – 🏛 360. 🆎 ⓞ 🆘 🆚 🆓 🆖 Rest   BY a
Menu *(geschl. Sonntagmittag)* à la carte 30,50/42 – **Yamato** *(japanische Küche)* **Menu** 20/70 und à la carte – **447 Zim** ☕ 162/192 – 177/207, 21 Suiten.
  ♦ Hier können Sie mit dem Hubschrauber landen, um in den luxuriösen Zimmern zu nächtigen. Die Clubzimmer sind in ihrer Technik speziell auf Geschäftsleute zugeschnitten. Das Restaurant wartet in schlichter Eleganz auf Sie. Japanische Köstlichkeiten im Yamato.

Renaissance, Großer Brockhaus 3, ✉ 04103, ℘ (0341) 1 29 20, *renaissance.leipzig @renaissancehotels.com*, Fax (0341) 1292800, ʟ₅, ⇌, 🔲 – 🛗, 🦽 Zim, 🔳 📺 🅿 & 🚗 – 🏛 350. 🆎 ⓞ 🆘 🆚 🆓   DY a
Menu *(Lunchbuffet)* à la carte 27/37 – **356 Zim** ☕ 98/110 – 112/124.
  ♦ Durch eine vornehm wirkende, lichtdurchflutete Halle betreten Sie dieses tadellos unterhaltene Hotel. Die hell und freundlich gestalteten Zimmer überzeugen mit gutem Komfort. In elegantem Ambiente offeriert man Ihnen Internationales mit asiatischem Einfluss.

LEIPZIG

Baalsdorfer Straße	V 44	Chemnitzer Straße	V 48
Berliner Straße	V 45	Eisenbahnstraße	V 50
Breite Straße	V 47	Engelsdorfer Straße	V 51
		Erich-Zeigner-Allee	V 52
		Hauptstraße	V 53
		Kieler Straße	U 55
Liebertwolkwitzer Straße	V 56		
Lindenthaler Straße	U 58		
Merseburger Straße	V 59		
Philipp-Rosenthal-Str.	V 60		
Zweinaundorfer Straße	V 64		

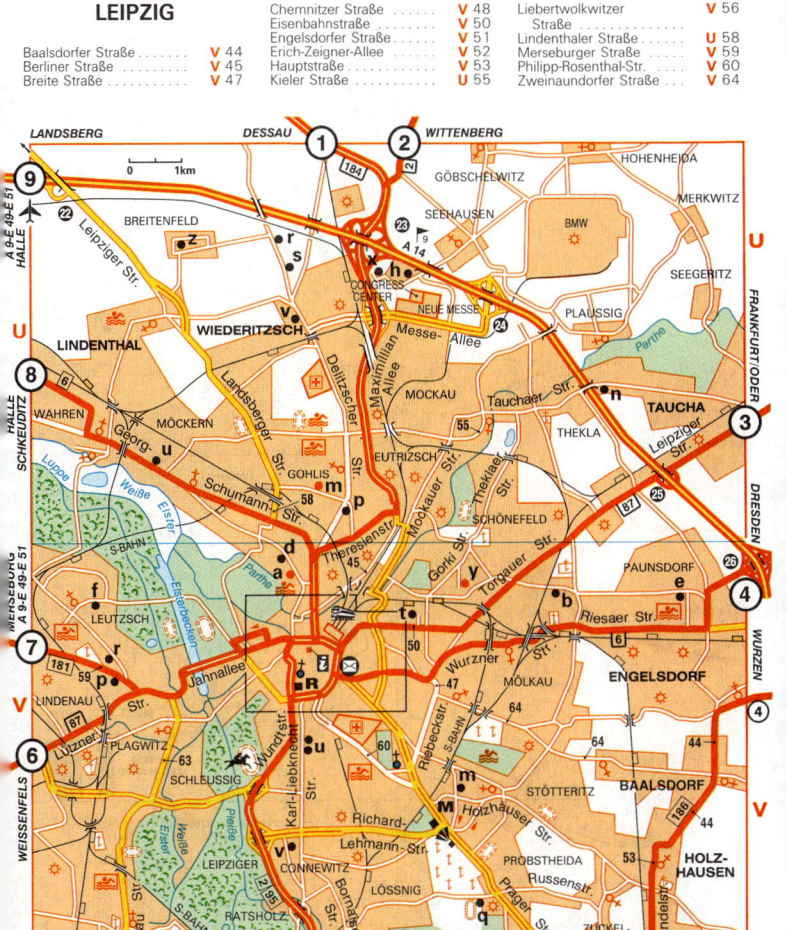

Victor's Residenz, Georgiring 13, ✉ 04103, ✆ (0341) 6 86 60, info@victors-leipzig.bestwestern.de, Fax (0341) 6866899, Biergarten – 🛗, ⚲ Zim, 📺 📞 ♿ 🚗 🅿 – 🍽 80. AE ① ⓂⓈ VISA JCB   CY e
Menu à la carte 21/39 – **101 Zim** ⊂⊃ 90/120 – 105/135.
• Komfort und Moderne machen das historische Haus - ergänzt durch einen neuen Anbau - zu einem attraktiven Hotel, das den Ansprüchen von heute gerecht wird. Das Restaurant zeigt sich ganz chic im Pariser Brasserie-Stil.

Dorint, Stephanstr. 6, ✉ 04103, ✆ (0341) 9 77 90, info.lejlei@dorint.com, Fax (0341) 9779100, Biergarten, ≘s – 🛗, ⚲ Zim, 📺 📞 ♿ 🚗 – 🍽 150. AE ① ⓂⓈ VISA JCB   DZ n
Menu à la carte 25/36 – ⊂⊃ 14 – **174 Zim** 90/108 – 93/113.
• Auffällig : die modernen Glassäule des Hotels. Hinter der modernen Fassade verbergen sich in Kirschbaum und warmen Farben gehaltene Zimmer mit funktionellen Schreibtischen. Durch eine Glasfront von der Halle getrenntes Restaurant mit internationaler Küche.

850

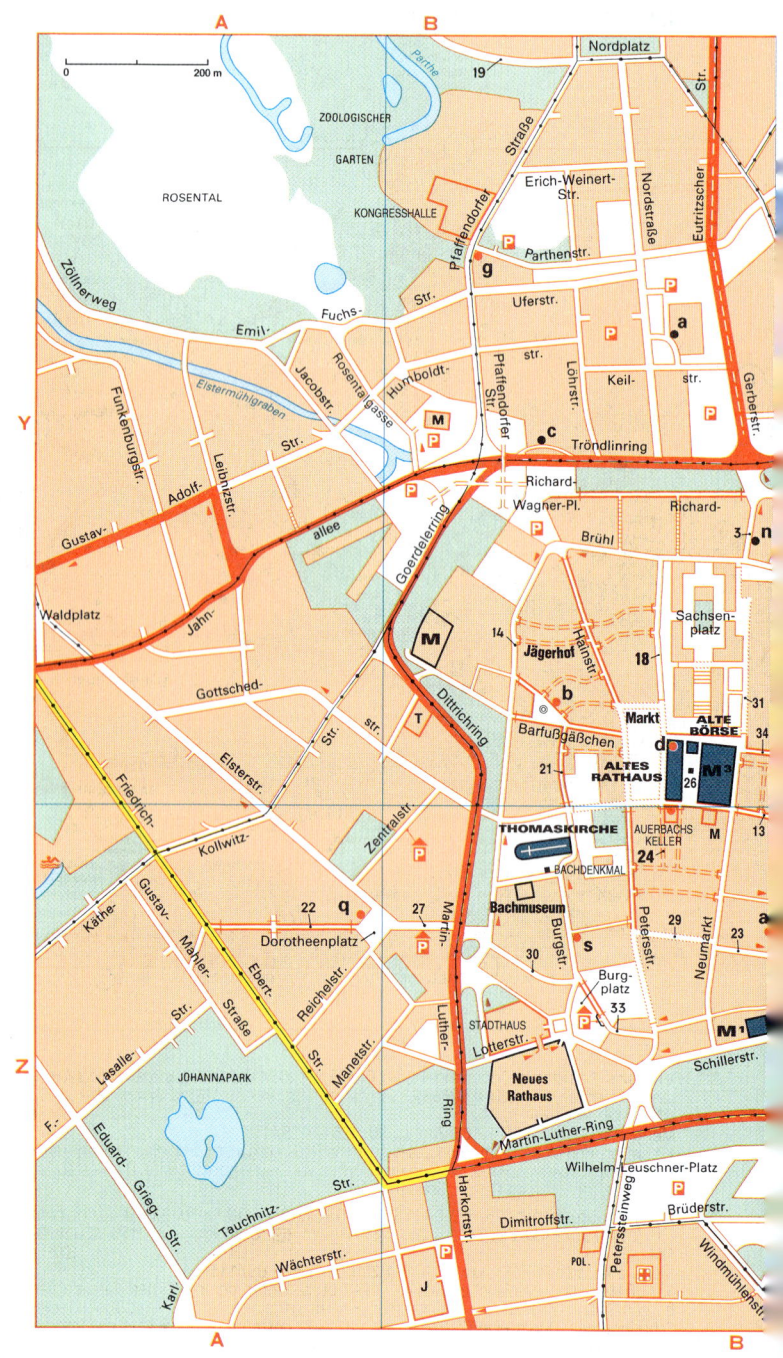

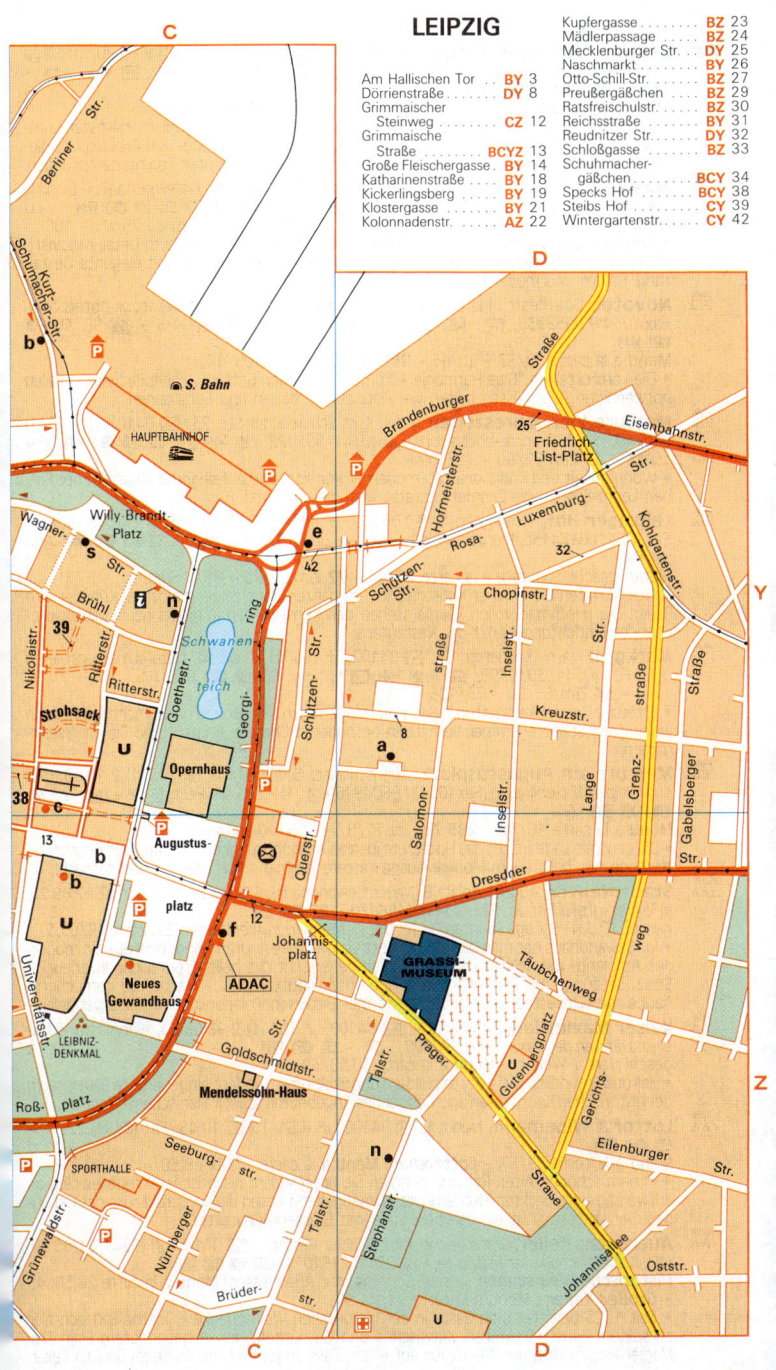

LEIPZIG

Am Hallischen Tor	**BY**	3
Dörrienstraße	**DY**	8
Grimmaischer Steinweg	**CZ**	12
Grimmaische Straße	**BCYZ**	13
Große Fleischergasse	**BY**	14
Katharinenstraße	**BY**	18
Kickerlingsberg	**BY**	19
Klostergasse	**BY**	21
Kolonnadenstr.	**AZ**	22
Kupfergasse	**BZ**	23
Mädlerpassage	**BZ**	24
Mecklenburger Str.	**DY**	25
Naschmarkt	**BY**	26
Otto-Schill-Str.	**BZ**	27
Preußergäßchen	**BZ**	29
Ratsfreischulstr.	**BZ**	30
Reichsstraße	**BY**	31
Reudnitzer Str.	**DY**	32
Schloßgasse	**BZ**	33
Schuhmachergäßchen	**BCY**	34
Specks Hof	**BCY**	38
Steibs Hof	**CY**	39
Wintergartenstr.	**CY**	42

LEIPZIG

Seaside Park Hotel, Richard-Wagner-Str. 7, ✉ 04109, ✆ (0341) 9 85 20, info@parkhotelleipzig.de, Fax (0341) 9852750, Massage, ≘s – 🛗, ⁂ Zim, 🍴 Rest, 📺 📞 ⚙ 🚗 – 🔒 80. ㏂ ⓞ 🔘 VISA JCB
Menu à la carte 18/36 – **288 Zim** ☐ 105/125 – 126/140, 5 Suiten. CY s
◆ Die einzelnen, im Art déco-Stil ausgestatteten großen Zimmer mit modernster Kommunikationstechnik sind so konzipiert, dass sie gleichzeitig als Wohn- und Arbeitsplatz dienen. Das elegante Restaurant Orient Express wurde dem berühmten Zug nachempfunden.

Michaelis, Paul-Gruner-Str. 44, ✉ 04107, ✆ (0341) 2 67 80, hotel.michaelis@t-online.de, Fax (0341) 2678100, ⛲ – 🛗, ⁂ Zim, 📺 📞 ⚙ 🚗 – 🔒 50. ㏂ ⓞ 🔘 VISA V u
Menu (geschl. Samstagmittag, Sonntag) à la carte 31/53 – **59 Zim** ☐ 75/85 – 100.
◆ Denkmalgeschütztes Gebäude aus dem Jahr 1907, mit viel Liebe zum Detail renoviert. Die individuell gestalteten Zimmer überzeugen durch harmonische und elegante Gestaltung. Stilvoll und modern zeigt sich die Einrichtung im Restaurant.

Novotel, Goethestr. 11, ✉ 04109, ✆ (0341) 9 95 80, h1784@accor-hotels.com, Fax (0341) 9958935, ⛲, 🏊, ≘s – 🛗, ⁂ Zim, 📧 📺 📞 ⚙ 🚗 – 🔒 90. ㏂ ⓞ 🔘 VISA CY n
Menu à la carte 19/37 – ☐ 13 – **200 Zim** 90/127 – 105/142.
◆ Die komfortablen "Blue Harmonie"-Zimmer mit großen Betten, Arbeitsflächen und allen notwendigen Anschlüssen bieten viel Platz zum Arbeiten und Entspannen.

Mercure Vier Jahreszeiten garni, Kurt-Schumacher-Str. 23, ✉ 04105, ✆ (0341) 9 85 10, h4997@accor-hotels.com, Fax (0341) 985122 – 🛗 ⁂ 📺. ㏂ ⓞ 🔘 VISA JCB
☐ 13 – **67 Zim** 62/90 – 72/109. CY b
◆ Wohnlichkeit und Funktionalität, moderner Komfort und aufeinander abgestimmte Farben kennzeichnen die Zimmerausstattung in diesem Hotel.

Leipziger Hof, Hedwigstr. 1, ✉ 04315, ✆ (0341) 6 97 40, info@leipziger-hof.de, Fax (0341) 6974150, Biergarten, ≘s – 🛗, ⁂ Zim, 📺 📞 🅿 – 🔒 60. ㏂ ⓞ 🔘 VISA JCB ⁂ Rest V t
Menu (geschl. Sonntag) à la carte 21/44 – **72 Zim** ☐ 73 – 85, 4 Suiten.
◆ Hier schlafen Sie in einer Kunstgalerie : Im ganzen Haus zeigen Leipziger Künstler ihre Bilder. Die geschmackvollen Räume stehen den Kunstwerken in nichts nach. Mit ansprechender Einrichtung glänzt des Restaurant.

Markgraf garni, Körnerstr. 36, ✉ 04107, ✆ (0341) 30 30 30, hotel@markgraf-leipzig.de, Fax (0341) 3030399, ≘s – 🛗 ⁂ 📺 📞 🚗. ㏂ ⓞ 🔘 VISA JCB V u
☐ 9 – **54 Zim** 65/90 – 75/125.
◆ Badische Gastlichkeit mitten in Sachsen : Moderne, mit Blautönen und Kirschbaummöbeln wohnlich gestaltete Zimmer vermitteln besonderen Charme. Frühstücken Sie im Wintergarten.

Mercure am Augustusplatz, Augustusplatz 5, ✉ 04109, ✆ (0341) 2 14 60, mercure_leipzig@t-online.de, Fax (0341) 9604916 – 🛗, ⁂ Zim, 🍴 Rest, 📺 🅿 – 🔒 120. ㏂ ⓞ 🔘 VISA JCB CZ f
Menu à la carte 16/32 – **283 Zim** ☐ 72/87 – 105, 10 Suiten.
◆ Die zentrale Lage macht das Hotel zum idealen Ausgangspunkt für Privat- und Geschäftsreisende. Mit hellgrauem Mobiliar ausgestattete Zimmer – kühl-elegant und sachlich.

Stadtpfeiffer, Augustusplatz 8 (Neues Gewandhaus), ✉ 04109, ✆ (0341) 2 17 89 20, info@stadtpfeiffer.de, Fax (0341) 1494470 – ㏂ 🔘 VISA CZ
geschl. 10. Juli - 8. Aug., Sonntag (außer Dez.) – **Menu** (nur Abendessen) à la carte 49/63, ⌛.
◆ Im Gewandhaus hat man dieses komplett verglaste Restaurant eingerichtet - ein modernes Ambiente mit soliden Designerstühlen beherrscht das helle, freundliche Interieur.
Spez. Seezunge mit Périgord-Trüffel und Rotweinbutter (Nov. - März). Mild geräucherte Taube mit Gänsestopflebersauce. Lauwarmer Bitterschokoladenkuchen mit Lavendeleis

Kaiser Maximilian, Neumarkt 9, ✉ 04109, ✆ (0341) 9 98 69 00, webmaster@kaiser-maximilian.de, Fax (0341) 9986901, ⛲ – ㏂ 🔘 VISA BZ a
geschl. Jan. 1 Woche – **Menu** à la carte 30,50/39.
◆ Hell und freundlich wirkt der mit Bildern und Skulpturen modern eingerichtete Säulenraum der historischen Kaufhausanlage. Gehobenes Angebot mit stark italienischem Einschlag.

Lotter & Widemann, Markt 1, ✉ 04109, ✆ (0341) 2 25 10 45, Fax (0341) 22510 – ㏂ 🔘 VISA BY d
Menu à la carte 39/57 – **Lottersaal** : Menu à la carte 17,50/28,50.
◆ In dem schönen Alten Rathaus nehmen Sie unter einem historischen Kreuzgewölbe an aufwändig eingedeckten Tischen Platz. Namengebend waren die Konstrukteure des Gebäudes. Der Lottersaal ist ein beliebtes Lokal mit Brasserie-Charakter.

Auerbachs Keller, Grimmaische Str. 2 (Mädler-Passage), ✉ 04109, ✆ (0341) 21 61 00, info@auerbachs-keller-leipzig.de, Fax (0341) 2161011 – ㏂ ⓞ 🔘 VISA BYZ
Historische Weinstuben (geschl. Sonntag) (nur Abendessen) **Menu** à la carte 28,50/45 – **Großer Keller** : **Menu** à la carte 21/41,50.
◆ Seit 1525 bewirtet man Gäste in der historischen Weinschenke - Goethe ließ sich hier zu seinem Faust inspirieren. Klassisches und Gutbürgerliches in besonderer Flair. Der Magier Faust ritt in der Weinstube auf einem Fass. Jugendstil-Ambiente im Großen Keller.

LEIPZIG

XX La Cachette
Pfaffendorfer Str. 26, ⌂ 04105, ℰ (0341) 5 62 98 67, Fax (0341) 5629869, 🍴 – AE ⓘ ⓜⓞ VISA, ⚙
geschl. Sonntagabend - Montag – **Menu** à la carte 25/39,50, ♀.
BY g
◆ Holzinventar, warme Farben und Werke des Künstlers Alfons Mucha machen dieses gastliche Kleinod gemütlich. Geschult serviert man eine mediterrane Küche.

XX Panorama Restaurant
Augustusplatz 9 (29. Stock des MDR-Hochhauses), ⌂ 04109, ℰ (0341) 7 10 05 90, *info@panorama-leipzig.de*, Fax (0341) 7100589, ≤ Leipzig – 🛗 🍴. AE ⓘ ⓜⓞ VISA
CZ b
Menu à la carte 17/36,50.
◆ In der 29. Etage des MDR-Hochhauses hat man ein modern-elegantes Restaurant eingerichtet, das seinem Namen alle Ehre macht. Durch raumhohe Fenster blicken Sie auf die Stadt.

XX Medici
Nikolaikirchhof 5, ⌂ 04109, ℰ (0341) 2 11 38 78, Fax (0341) 9839399 – AE ⓘ ⓜⓞ VISA JCB
CY c
geschl. Sonntag – **Menu** à la carte 34/46.
◆ Im Schatten der ehrwürdigen Nikolaikirche finden Sie gehobene mediterrane Kreativ-Küche in modernem Bistroambiente. Eine Stahlkonstruktion trägt die Empore und tafelnde Gäste.

XX Coffe Baum
Kleine Fleischergasse 4, ⌂ 04109, ℰ (0341) 9 61 00 61, *coffebaum@t-online.de*, Fax (0341) 9610030, 🍴 – AE ⓘ ⓜⓞ VISA
BY b
Lusatia (1. Etage) *(geschl. Aug., Sonntag)* **Menu** à la carte 31/38,50 – **Lehmannsche Stube und Schuhmannzimmer** : **Menu** à la carte 22/33.
◆ Das original erhaltene Gasthaus aus dem Jahre 1546 erhielt als eines der ersten Häuser die Lizenz, Kaffee und Schokolade zu verkaufen. Bürgerliche Küche und Kaffeemuseum ! Im blaugetäfelten Lusatia erleben Sie historische Atmosphäre.

XX Apels Garten
Kolonnadenstr. 2, ⌂ 04109, ℰ (0341) 9 60 77 77, *mueller@apels-garten.de*, Fax (0341) 9607779, 🍴 – 🕭 30. AE VISA
AZ q
geschl. Sonn- und Feiertage abends – **Menu** à la carte 15/26.
◆ Gemütliches, traditionsreiches Restaurant mit sächsischer Küche nach historischen Rezepten. Zahlreiche Puppen dienen als Dekor. Nett : die überdachte Terrasse vor dem Haus.

X Thüringer Hof
Burgstr. 19, ⌂ 04109, ℰ (0341) 9 94 49 99, *reservierung@thueringer-hof.de*, Fax (0341) 9944933, 🍴 – AE ⓜⓞ VISA
BZ s
Menu à la carte 17,50/26.
◆ Der 1454 erbaute Betrieb zählt zu den ältesten Biergaststätten der Stadt und bietet Deftiges wie Thüringer Rostbratwurst. Sein modernes Gesicht zeigt das Haus im Innenhof.

In Leipzig-Breitenfeld *Nord-West : 8 km :*

🏨 Breitenfelder Hof
⚘, Lindenallee 8, ⌂ 04158, ℰ (0341) 4 65 10, *info@breitenfelderhof.de*, Fax (0341) 4651133, 🍴, 🐎 – ⚘ Zim, 📺 📞 🅿 – 🕭 80. AE ⓘ ⓜⓞ VISA
U z
Gustav's : **Menu** à la carte 19/31 – ⛱ 13 – **75 Zim** 56/90.
◆ Stilvoll eingerichtetes Landhotel mit Villa im weitläufigen Park. Ganzheitliches Wohlfühl-Konzept mit Heißluftballonstarts ab Haus, Bogenschießen, Badminton und Wettangeln. In der angrenzenden renovierten Villa befindet sich das Restaurant Gustav's.

In Leipzig-Connewitz :

🏨 Leonardo Hotel und Residenz
Windscheidstr. 21, ⌂ 04277, ℰ (0341) 3 03 30 (Hotel) 3 03 35 14 (Rest.), *info@hotel-leonardo.de*, Fax (0341) 3033555, 🍴, 🛋 – 🛗, ⚘ Zim, 🍴 Rest, 📺 📞 ♿ 🚗 – 🕭 30. AE ⓘ ⓜⓞ VISA JCB
V v
Mona Lisa *(geschl. Samstagmittag, Sonntag)* **Menu** à la carte 25/39,50 – **53 Zim** ⛱ 85/95 – 100, 3 Suiten.
◆ Kingsize-Betten, große Schreibtische mit Granitarbeitsplatten und Granit-Bäder versprühen einen Hauch von Luxus. Zimmer mit italienischen Stilmöbeln elegant eingerichtet. Mona Lisa besticht durch feines italienisches Ambiente.

In Leipzig-Eutritzsch :

🏨 Vivaldi
garni, Wittenberger Str. 87, ⌂ 04129, ℰ (0341) 9 03 60, *info@hotel-vivaldi.de*, Fax (0341) 9036234 – 🛗 ⚘ 📺 🚗 – 🕭 20. AE ⓘ ⓜⓞ VISA JCB
U p
107 Zim ⛱ 65/85 – 75/95.
◆ Vom Empfang bis in die Zimmer präsentiert sich Ihre Unterkunft in neuzeitlicher Machart mit leicht italienischem Flair. Innenstadt und Neue Messe sind bequem zu erreichen.

In Leipzig-Gohlis :

🏨 De Saxe
Gohliser Str. 25, ⌂ 04155, ℰ (0341) 5 93 80, *hoteldesaxe@aol.com*, Fax (0341) 5938299 – 🛗 📺 📞 🅿. AE ⓘ ⓜⓞ VISA JCB
V d
Menu à la carte 12/21 – **33 Zim** ⛱ 50/56 – 60/67.
◆ Hinter der Sandsteinfassade dieses Stadthauses stehen gepflegte, überwiegend mit honigfarbenen Kirschholzmöbeln eingerichtete Zimmer bereit.

LEIPZIG

Schaarschmidt's, Coppistr. 32, ✉ 04157, ✆ (0341) 9 12 05 17, *schaarschmidts@t-online.de*, *Fax (0341) 9120517*, 🈯 – **MC** **VISA** U m
Menu *(wochentags nur Abendessen)* (Tischbestellung ratsam) à la carte 17/40.
• Bücherwände und Bilder zieren dieses urige Restaurant und geben ihm eine gemütliche Atmosphäre. Man serviert Speisen einer sächsischen und internationalen Küche.

La Mirabelle, Gohliser Str. 11, ✉ 04105, ✆ (0341) 5 90 29 81, *Fax (0341) 5902981*, 🈯 – **MC** **VISA** V a
geschl. Samstagmittag, Sonntagmittag – **Menu** à la carte 18,50/32,50.
• Im Untergeschoss dieses älteren Stadthauses bilden dunkles Holz und Bistrostil ein nettes Ambiente. Freundlich serviert man Ihnen eine französische Küche.

In Leipzig-Grosszschocher :

Windorf, Ernst-Meier-Str. 1, ✉ 04249, ✆ (0341) 4 27 70, *info@windorf.bestwestern.de*, *Fax (0341) 4277222*, 🈯 – 🛗, Zim, 📺 ✆ 🅿 – 🎗 55. **AE** ⓪ **MC** **VISA** **JCB** V n
Menu à la carte 16/27,50 – **91 Zim** ⊇ 51 – 59/75.
• Die hellen, sympathischen Zimmer mit einheitlicher Naturholzmöblierung sind großzügig geschnitten. Die großen Schreibtische besitzen alle notwendigen Anschlüsse. Im Restaurant mit Wintergarten bietet man regionale und internationale Gerichte.

In Leipzig-Leutzsch :

Lindner Hotel, Hans-Driesch-Str. 27, ✉ 04179, ✆ (0341) 4 47 80, *info.leipzig@lindner.de*, *Fax (0341) 4478478*, 🈯, ≘s, 🏊 – 🛗, Zim, 📺 ✆ ⇌ – 🎗 120. **AE** ⓪ **MC** **VISA** V f
Menu à la carte 29/36 – **200 Zim** ⊇ 97/110 – 117/130, 7 Suiten.
• Moderne, gut zu empfehlende Tagungsadresse, mit Wurzelholzmobiliar hochwertig und solide ausgestattet, sehr gute Technik. Markante Glaskonstruktion im Hallenbereich. Helles Restaurant, elegant und freundlich im Bistrostil eingerichtet.

In Leipzig-Lindenau :

Lindenau, Georg-Schwarz-Str. 33, ✉ 04177, ✆ (0341) 4 48 03 10, *info@hotel-lindenau.de*, *Fax (0341) 4480300*, ≘s – 🛗, Zim, 📺 ✆ 🅿 – 🎗 20. **MC** **VISA** V r
Menu *(geschl. Samstag - Sonntag)(nur Abendessen)* à la carte 14/23 – **52 Zim** ⊇ 56 – 70/76.
• Hinter seiner hübschen Fassade überzeugt das familiäre Hotel mitten in der pulsierenden Messestadt mit freundlichen, funktionell ausgestatteten Zimmern. Das Restaurant ist in zarten Pastelltönen gehalten.

Merseburger Hof, Merseburger Str. 107, ✉ 04177, ✆ (0341) 4 77 44 62, *rhertwig@aol.com*, *Fax (0341) 4774413*, Biergarten – 🛗, Zim, 📺 ⚒ 🅿. **AE** ⓪ **MC** **VISA** **JCB** V p
Menu *(geschl. Sonntagabend)* à la carte 15/23 – **52 Zim** ⊇ 59/75 – 77/85.
• Das im neoklassizistischen Stil errichtete Gebäude beherbergt gepflegte, solide und zeitgemäß möblierte Zimmer unterschiedlicher Größe. Das Restaurant ist in bürgerlichem Stil eingerichtet.

In Leipzig-Paunsdorf :

Ramada Treff Hotel, Schongauer Str. 39, ✉ 04329, ✆ (0341) 25 40, *leipzig@ramada-treff.de*, *Fax (0341) 2541550*, 🈯, Massage, ≘s – 🛗, Zim, 🝠 📺 ⚒ 🅿 – 🎗 630. **AE** ⓪ **MC** **VISA** V e
Menu à la carte 18,50/32,50 – ⊇ 13 – **291 Zim** 67/77.
• Solide, neuzeitliche helle Möbel und kleine Sitzecken mit rot und blau gestreiften Polstermöbeln. Die geschmackvollen Zimmer werden durch neuzeitliche Technik komplettiert.

Artis Suite Hotel, Permoserstr. 50, ✉ 04328, ✆ (0341) 2 58 90, *leipzig@artis-hotels.de*, *Fax (0341) 2589444*, ≘s – 🛗, Zim, 📺 ✆ ⇌. **AE** **MC** **VISA**, ⚒ Rest V b
Menu *(geschl. Sonntagabend)* à la carte 15,50/28 – ⊇ 8 – **82 Zim** 65/75 – 75/85, 70 Suiten.
• Vom Empfangsbereich bis in die wohnlichen Appartements vermitteln Materialien wie Holz und Rattan sowie harmonische, freundliche Farben ein leicht toskanisches Ambiente. Das Restaurant zeigt sich in mediterranem Stil.

In Leipzig-Portitz :

Accento, Tauchaer Str. 260, ✉ 04349, ✆ (0341) 9 26 20, *welcome@accento-hotel.de*, *Fax 0341) 9262100*, 🈯, 🎱, ≘s – 🛗, Zim, 🝠 Rest, 📺 ✆ ⇌ 🅿 – 🎗 80. **AE** ⓪ **MC** **VISA** **JCB** U n
geschl. 21. Dez. - 4. Jan. – **Menu** à la carte 16,50/25,50 – ⊇ 13 – **113 Zim** 55/112.
• Farbe und Form geben hier den Ton an : Moderne Akzente setzen nicht nur die farbenfroh gestreiften Polstermöbel der Designer-Einrichtung. Alle Zimmer mit Modem/Faxanschluss. Klares Design mit geometrischen Formen prägt das helle Restaurant.

LEIPZIG

In Leipzig-Probstheida :

Parkhotel Diani, Connewitzer Str. 19, ✉ 04289, ℰ (0341) 8 67 40, *parkhotel-diani @t-online.de, Fax (0341) 8674250,* 🌺, ⇌, 🍴 – 📶, 🛌 Zim, 📺 📞 ⇌ 🅿 – 🏛 50. 🅰🅴 ① ⓂⓈ 💳 JCB
V q
Menu à la carte 18/35,50 – **71 Zim** ⌸ 77/89 – 99/117.
◆ Gemütliche, fast familiäre Villa inmitten alter Bäume in zentraler Lage nahe des Völkerschlachtdenkmals. Helle, freundliche Naturholzmöblierung mit moderner Technik und Safe. Rustikal-elegantes Restaurant mit Bierklause und Wintergarten.

In Leipzig-Rückmarsdorf *West : 12 km über* ⑦ *:*

3 Linden, Kastanienweg 11, ✉ 04178, ℰ (0341) 9 41 01 24, *hotel3linden@aol.com, Fax (0341) 9410129,* Biergarten, – 📶, 🛌 Zim, 📺 📞 🅿 – 🏛 40. ① ⓂⓈ 💳 JCB
Menu *(Montag - Freitag nur Abendessen)* à la carte 14,50/28,50 – **40 Zim** ⌸ 59/75 – 70/85.
◆ Wohlfühlen und kreativ arbeiten im gemütlichen Hotel am Rand der Messe- und Kulturstadt. Zimmer mit roséfarbenen und hellgrauen Möbeln eingerichtet. Mehrere Bowlingbahnen ! In der Gaststätte Zum Pferdestall serviert man sächsische Gerichte.

In Leipzig-Schönefeld :

Stottmeister, Kohlweg 45/Ecke Schulzeweg, ✉ 04347, ℰ (0341) 2 31 10 67, *service@restaurant-stottmeister.de, Fax (0341) 2323456,* 🌺 – 🅿 – 🏛 40
V y
Menu à la carte 12,50/22,50.
◆ Hier speisen Sie beim zweifachen Europameister im Ringen, Horst Stottmeister, gutbürgerliche, preiswerte Gerichte. Das villenartige Gebäude wurde 1927 als Vereinshaus erbaut.

In Leipzig-Seehausen :

Im Sachsenpark, Walter-Köhn-Str. 3, ✉ 04356, ℰ (0341) 5 25 20, *info@sachsenparkhotel.de, Fax (0341) 5252528,* 🌺, ⇌ – 📶, 🛌 Zim, 🍴 📺 📞 & 🅿 – 🏛 60. 🅰🅴 ① ⓂⓈ 💳 ✂
U h
Menu *(geschl. 24. Dez. - 7. Jan., Sonntag)* à la carte 19/28,50 – **112 Zim** ⌸ 76/82 – 86/96.
◆ Interessant für Messebesucher : Das Haus mit den hell möblierten Zimmern ist nur 100 m vom Sachsenpark und 500 m vom Golfplatz entfernt. Greenfee-Ermäßigung für Hotelgäste ! Helles, neuzeitliches Restaurant.

In Leipzig-Stötteritz :

Balance Hotel Alte Messe, Breslauer Str. 33, ✉ 04299, ℰ (0341) 8 67 90, *info@balancehotel-leipzig.de, Fax (0341) 8679444,* 🌺, ⇌ – 📶, 🛌 Zim, 🍴 Rest, 📺 📞 & ⇌ – 🏛 30. 🅰🅴 ① ⓂⓈ 💳 ✂
V m
Menu à la carte 17/29 – ⌸ 12 – **126 Zim** 59/69, 9 Suiten.
◆ Zentrumsnah, im ruhigen Gründerzeitviertel unweit des Völkerschlachtdenkmals finden Sie komfortabel und großzügig geschnittene Zimmer und Suiten mit hellen Naturholzmöbeln.

In Leipzig-Wahren :

Amadeo garni, Georg-Schumann-Str. 268 (B 6), ✉ 04159, ℰ (0341) 91 02 00, *amadeo-leipzig@t-online.de, Fax (0341) 9102091,* 🌺 – 📶 🛌 📺 – 🏛 15. 🅰🅴 ⓂⓈ 💳 ✂
U u
34 Zim ⌸ 45/55 – 65/69.
◆ Unterschiedlich eingefärbtes neuzeitliches Rattan- und Holzmobiliar verleiht den Hotelzimmern ihr wohnliches Ambiente. Freundlicher Frühstücksraum mit Buffet.

Leipzig-Wiederitzsch *Nord : 7 km :*

NH Leipzig Messe, Fuggerstr. 2, ✉ 04158, ℰ (0341) 5 25 10, *nhleipzigmesse@nh-hotels.com, Fax (0341) 5251300,* ⓕ, ⇌ – 📶, 🛌 Zim, 🍴 📺 📞 & ⇌ – 🏛 220. 🅰🅴 ① ⓂⓈ 💳
U x
Menu à la carte 19/33 – **308 Zim** ⌸ 89 – 100.
◆ Vor allem auf die Bedürfnisse der Geschäftsreisenden ist dieses Hotel abgestimmt. Helles Holz und warme Orangetöne prägen die modern-funktionellen Zimmer.

Hiemann, Delitzscher Landstr. 75, ✉ 04158, ℰ (0341) 5 25 30, *info@hotel-hiemann.de, Fax (0341) 5253154,* 🌺, ⇌ – 📶, 🛌 Zim, 📺 📞 & ⇌ 🅿 – 🏛 25. 🅰🅴 ① ⓂⓈ 💳
U v
Menu à la carte 16/30 – **37 Zim** ⌸ 59/69 – 77/88.
◆ Familiäres Hotel mit schönen, arbeitsfreundlichen Maisonetten und modernen Zimmern - teils mit eingefärbten Rattanmöbeln und interessanten Skulpturen, teils in hellem Holz. Neuzeitlich gestaltetes Restaurant mit viel Grün und luftig-warmer Atmosphäre.

Achat garni, Salzhandelsstr. 2, ✉ 04158, ℰ (0341) 5 24 60, *leipzig@achat-hotel.de, Fax (0341) 5246999* – 📶 🛌 📺 📞 & 🅿 – 🏛 40. 🅰🅴 ① ⓂⓈ 💳 JCB
U r
⌸ 11 – **99 Zim** 49/84 – 59/94.
◆ Sympathische, farbenfrohe Zimmer mit hellem Kirschholz. Für Langzeitgäste stehen Boardingzimmer mit Kochgelegenheit und Kühlschrank zur Verfügung.

LEIPZIG

🏨 **Papilio**, Delitzscher Landstr. 100, ✉ 04158, ✆ (0341) 52 61 10, info@hotel-papilio.de, Fax (0341) 5261110, 🛋 – ✽ Zim, 📺 ✆ 🅿 – 🔒 20. AE ⓘ ⓜ VISA U s
geschl. 23. Dez. - 1. Jan. – **Menu** (nur Abendessen) (Restaurant nur für Hausgäste) à la carte 15,50/27 – **30 Zim** ⊇ 57/64 – 72/97.
♦ Das Hotel mit dem schönen Garten verfügt über mit Kirsch- und Fichtenholz sowie Pastellfarben gemütlich gestaltete Zimmer, teils mit Bauernmöbeln.

In Markkleeberg Süd : 8 km über ⑤ :

🏨 **Markkleeberger Hof**, Städtelner Str. 122, ✉ 04416, ✆ (034299) 1 20, markkleeberger-hof@cc-hotels.de, Fax (034299) 12222, 🛋 – ♿, ✽ Zim, 📺 ✆ 🅿 – 🔒 AE ⓘ ⓜ VISA JCB
Menu (geschl. Sonnatg - Montag) à la carte 17/29,50 – **62 Zim** ⊇ 52 – 64.
♦ Das südlich von Leipzig gelegene Hotel bietet helle, neuzeitlich-funktionelle Zimmer mit Kirschholzmöblierung und guter Technik. Große Schreibflächen mit modernen Anschlüssen. Restaurant im südamerikanischen Stil mit ebensolcher Küche.

In Markkleeberg-Wachau Süd-Ost : 8 km, über Prager Straße V :

🏨 **Atlanta Hotel**, Südring 21, ✉ 04416, ✆ (034297) 8 40, info@atlanta-hotel.de, Fax (034297) 84999, 🛋 – ♿, ✽ Zim, 📺 ✆ 🅿 – 🔒 250. AE ⓘ ⓜ VISA
Menu à la carte 18/27 – **196 Zim** ⊇ 55/65 – 70/85, 6 Suiten.
♦ Wunderschöne Parklandschaften wie die der agra Park liegen hier ganz in der Nähe. Alle Zimmer und Suiten sind modern eingerichtet und verfügen über Carrara-Marmorbäder. Modern gestylt zeigt sich der Restaurantbereich.

LEIWEN Rheinland-Pfalz ⒌⒋⒊ Q 4 – 1 700 Ew – Höhe 114 m.
Berlin 705 – Mainz 142 – Trier 40 – Bernkastel-Kues 29.

🏨 **Wappen von Leiwen**, Klostergartenstr. 52, ✉ 54340, ✆ (06507) 35 79, Fax (06507) 3579, 🍽 – 📺 🅿 ⓜ
Menu (geschl. Anfang Feb. 1 Woche, Nov. - April Dienstag) (nur Abendessen) à la carte 16,50/29 – **14 Zim** ⊇ 31 – 51.
♦ Das am Ortsrand gelegene kleine Haus bietet Gästezimmer mit neuzeitlichem Mobiliar und gutem Platzangebot sowie eine freundliche Atmosphäre. Modern und farbenfroh gibt sich der Frühstücksraum.

Außerhalb Ost : 2,5 km :

🏨 **Zummethof** 🛌, Panoramaweg 1, ✉ 54340 Leiwen, ✆ (06507) 9 35 50, info@hotel-zummethof.de, Fax (06507) 935544, ≤ Trittenheim und Moselschleife, 🍽, 🛋, 🐷 – 📺 🅿 – 🔒 60. AE ⓜ VISA
geschl. 26. Dez. - 7. März – **Menu** à la carte 19/33,50 – **25 Zim** ⊇ 38/46 – 60/76.
♦ Außerhalb auf einer Anhöhe liegt das familiengeführte Hotel mit funktionell ausgestatteten Zimmern - einige bieten eine schöne Aussicht. Gepflegtes Restaurant mit rustikaler Note. Terrasse.

LEMBERG Rheinland-Pfalz ⒌⒋⒊ S 6 – 4 000 Ew – Höhe 320 m – Erholungsort.
Berlin 689 – Mainz 129 – Saarbrücken 68 – Pirmasens 5,5 – Landau in der Pfalz 42.

✕ **Gasthaus Neupert** mit Zim, Hauptstr. 2, ✉ 66969, ✆ (06331) 6 98 60, gasthaus-neupert@aol.com, Fax (06331) 40936, 🍽 – 📺 🅿 AE ⓘ ⓜ VISA. ⚹ Rest
geschl. Jan. 2 Wochen, Juli 2 Wochen – **Menu** (geschl. Montag) à la carte 15/24,50 – **7 Zim** ⊇ 34 – 49 – ½ P 11.
♦ Mit gutbürgerlicher Küche bewirtet man hier seine Gäste. Die ländlich-schlichte Aufmachung des Raumes spiegelt den Charakter der Region wider.

LEMBRUCH Niedersachsen ⒌⒋⒈ I 9 – 900 Ew – Höhe 40 m – Erholungsort.
Berlin 407 – Hannover 119 – Bielefeld 88 – Bremen 77 – Osnabrück 42.

🏨 **Seeblick** 🛌, Birkenallee 41, ✉ 49459, ✆ (05447) 9 95 80, info@hotel-seeblick-duemmersee.de, Fax (05447) 1441, ≤, 🍽, 🛋, 🏊, 🐷 – ♿, ✽ Zim, 📺 ✆ 🚗 🅿 – 🔒 30. ⓜ VISA. ⚹ Zim
geschl. 1. - 12. Jan. – **Menu** à la carte 24/34,50 – **28 Zim** ⊇ 55/70 – 82/123 – ½ P 16.
♦ Recht ruhig liegt das Hotel in Seenähe. Die Zimmer - teils geschmackvoll im Landhausstil gehalten - haben meist einen Balkon, teils Blick auf den See. Herzstück des Hauses ist das leicht rustikale Restaurant.

🏨 **Seeschlößchen**, Große Str. 73, ✉ 49459, ✆ (05447) 9 94 40, seeschloesschen@ringhotels.de, Fax (05447) 1796, 🍽, 🛋 – 📺 🚗 🅿 – 🔒 100. AE ⓘ ⓜ VISA
Menu à la carte 18/33,50 – **20 Zim** ⊇ 56/62 – 80/88 – ½ P 15.
♦ In dörflicher Umgebung befindet sich das familiengeführte Haus mit Fachwerkfassade, dessen Gästezimmer solide mit rustikalen Möbeln eingerichtet sind. Dunkles Holz trägt zur gediegenen Atmosphäre im Restaurant bei.

LEMBRUCH

Landhaus Götker (Eickhoff), Tiemanns Hof 1, ✉ 49459, ℘ (05447) 12 57, info@landhaus.goetker.de, Fax (05447) 1057, 😊 – 🅿. 🆎 ⓞ ⓜⓞ 𝗩𝗜𝗦𝗔
geschl. 2. - 20. Jan., Okt. 2 Wochen, Montag - Dienstag - **Menu** 25 (mittags)/80 à la carte 41/56, ♀ 🍷.
• Rustikale Eleganz prägt das Interieur des ehemaligen Bauernhauses. Hier genießen Sie sorgfältig zubereitete Gerichte einer französischen Küche mit regionalen Akzenten.
Spez. Norddeutsche "Anti-Pasti". Seeteufel an der Gräte gebraten mit Bouillabaisse-Vinaigrette. Sauerbraten von der Moorschnucke mit Dinkelgrieß-Klößchen

LEMFÖRDE Niedersachsen 541 I 9 – 2 100 Ew – Höhe 44 m.
Berlin 389 – Hannover 126 – Bielefeld 83 – Bremen 84 – Osnabrück 36.

In Lemförde-Stemshorn Süd-West : 2,5 km Richtung Osnabrück :

Tiemann's Hotel, An der Brücke 26, ✉ 49448, ℘ (05443) 99 90, tiemanns.hotel@t-online.de, Fax (05443) 99950, 😊, 🍽, 🚗 – ⤺ Zim, 📺 🅿. – 🛁 40. 🆎 ⓞ ⓜⓞ 𝗩𝗜𝗦𝗔
geschl. Anfang Jan. 1 Woche, Ende Juli 1 Woche - **Menu** (geschl. Samstagmittag, Sonntagabend) à la carte 23/39 - **27 Zim** ⥃ 52/62 – 82/92.
• Eine individuelle, wohnliche Einrichtung kennzeichnet die Zimmer Ihrer Unterkunft : teils modern, teils etwas älter möbliert. Draußen : ein kleiner Garten und die Terrasse. Im Restaurant dürfen Sie sich von der Qualität der regionalen Küche überzeugen lassen.

LEMGO Nordrhein-Westfalen 543 J 10 – 43 000 Ew – Höhe 98 m.
Sehenswert : Altstadt★ (Rathaus★★, Junkerhaus★).
🛈 Lemgo-Information, Am historischen Marktplatz, ✉ 32657, ℘ (05261) 9 88 70, info@lemgo-marketing.de, Fax (05261) 988729.
Berlin 372 – Düsseldorf 198 – Bielefeld 33 – Detmold 12 – Hannover 88.

Lemgoer Hof, Detmolder Weg 14 (B 238), ✉ 32657, ℘ (05261) 9 76 70, reception@lemgoer-hof.de, Fax (05261) 976720 – ⤺ 📺 🅿. 🆎 ⓞ ⓜⓞ 𝗩𝗜𝗦𝗔 ᴊᴄʙ. ⌀ Rest
geschl. 20. Dez. - 5. Jan. - **Menu** (geschl. Sonntag) (nur Abendessen) (Restaurant nur für Hausgäste) - **16 Zim** ⥃ 58 – 79.
• Praktische, hell eingerichtete Gästezimmer bietet Ihnen dieses vom Eigentümer selbst geführte kleine Haus. Für den längeren Besuch steht eine Ferienwohnung bereit.

In Lemgo-Kirchheide Nord : 8 km, über Entruper Weg, Entrup und Matorf :

Im Borke (mit Gästehaus), Salzufler Str. 132, ✉ 32657, ℘ (05266) 16 91, info@hotel-im-borke.de, Fax (05266) 1231, 😊, 🍽 – 🛗 📺 🅿. – 🛁 60. ⓜⓞ 𝗩𝗜𝗦𝗔 ᴊᴄʙ
Menu (geschl. Mittwochmittag, Donnerstagmittag) à la carte 20/30 - **37 Zim** ⥃ 45/49 – 72/82.
• Sie logieren in einem der beiden Gästehäuser, die um einen schönen parkähnlichen Garten angelegt sind. Mit solidem Mobiliar funktionell ausgestattete Zimmer. Restaurant mit gemütlichem Ambiente.

In Lemgo-Matorf Nord : 5,5 km, über Entruper Weg und Entrup :

Gasthof Hartmann - Hotel An der Ilse, Vlothoer Str. 77, ✉ 32657, ℘ (05266) 80 90, info@hotel-an-der-ilse.de, Fax (05266) 1071, Biergarten, 😊, 🔲, 🍽 – 🛗, ⤺ Zim, 📺 ♿ 🅿. – 🛁 100. 🆎 ⓞ ⓜⓞ 𝗩𝗜𝗦𝗔 ⌀
Menu (geschl. Aug. 3 Wochen, Montagmittag, Dienstag) à la carte 12,50/40 - **37 Zim** ⥃ 43/48 – 75.
• Gepflegte und praktisch ausgestattete Zimmer - größtenteils mit Balkon versehen - stehen Ihnen auf der Durchreise wie auch für einen längeren Aufenthalt zur Verfügung. In gediegener Atmosphäre kommen Freunde bürgerlicher Speisen auf ihre Kosten.

LENGEFELD (KREIS MARIENBERG) Sachsen 544 N 23 – 4 000 Ew – Höhe 514 m.
Berlin 274 – Dresden 68 – Chemnitz 31 – Chomutov 47.

In Lengefeld-Obervorwerk Süd-West : 1,5 km, über Wolkensteiner Straße :

Waldesruh, Obervorwerk 1, ✉ 09514, ℘ (037367) 30 90, hotel.waldesruh.lengefeld@t-online.de, Fax (037367) 309252, 😊 – 📺 🅿. – 🛁 70. 🆎 ⓜⓞ 𝗩𝗜𝗦𝗔
Menu à la carte 13,50/31 - **23 Zim** ⥃ 45/51 – 68/78.
• Die zeitgemäßen Zimmer des Hauses sind im Stil einheitlich mit hellen Holzmöbeln eingerichtet - eine Besonderheit ist die Benennung nach Orten des Erzgebirges. Rustikale Gasträume, dem Charakter der Region angepasst.

857

LENGERICH Nordrhein-Westfalen 543 J 7 – 23 000 Ew – Höhe 80 m.

▯ Verkehrsamt, Rathausplatz 1, ✉ 49525, ℰ (05481) 8 24 22, Fax (05481) 7880.
Berlin 438 – Düsseldorf 173 – Bielefeld 57 – Nordhorn 74 – Münster (Westfalen) 39 – Osnabrück 10.

Zur Mühle, Tecklenburger Str. 29, ✉ 49525, ℰ (05481) 9 44 70, info@lengerich-hotel.de, Fax (05481) 944717, ☼, TV ☎ P, ⬚ 50. AE ⓘ ⓜ VISA
Menu (nur Abendessen) à la carte 18/27 – **27 Zim** ⌐ 60 – 86.
• Der Gasthof beherbergt gepflegte, funktionell ausgestattete Fremdenzimmer, die teils über einen Balkon verfügen. Fragen Sie nach den neuen, geräumigeren Zimmern.

Hinterding mit Zim, Bahnhofstr. 72, ✉ 49525, ℰ (05481) 9 42 40, hotel-hinterding@t-online.de, Fax (05481) 942421, ☼, ⇌ Zim, TV ☎ P. AE ⓘ ⓜ VISA ⋇
geschl. Aug. 3 Wochen, 23. - 31. Dez. – **Menu** (geschl. Donnerstag) (Montag - Freitag nur Abendessen) (Tischbestellung ratsam) 32/78 à la carte 32/55, ⚑ – **6 Zim** ⌐ 67 – 98.
• In der modernisierten Villa verwöhnt Sie der aufmerksame Service mit sorgfältigen Kreationen einer klassischen Küche - ein Hauch von Eleganz umgibt Sie.
Spez. Taubenbrust und Gänsestopfleber im Apfelcrêpe. Pot au feu von Edelfischen mit Safran. Seeteufel und Meeresfrüchte mit Krustentiersauce

LENGGRIES Bayern 546 W 18 – 9 300 Ew – Höhe 679 m – Luftkurort – Wintersport : 680/1 700 m
≰ 1 ≱ 19 ⚐.

▯ Gästeinformation, Rathausplatz 2, ✉ 83661, ℰ (08042) 5 01 80, info@lenggries.de, Fax (08042) 501810.
Berlin 649 – München 60 – Garmisch-Partenkirchen 62 – Bad Tölz 9 – Innsbruck 88.

Four Points Hotel Brauneck, Münchner Str. 25, ✉ 83661, ℰ (08042) 50 20, fourpoints.brauneck@arabellasheraton.com, Fax (08042) 4224, ≤, Biergarten, ☎ – 🗘, ⇌ Zim, TV ☒ P – ⬚ 160. AE ⓘ ⓜ VISA JCB
Menu à la carte 24/30 – **109 Zim** ⌐ 100/135 – 133/155, 5 Suiten – ½ P 23.
• Die soliden Zimmer mit alpenländischem Naturholzmobiliar und einem guten Platzangebot bieten zeitgemäßen Wohnkomfort. Großer Tagungsbereich. Restaurant mit bürgerlicher und internationaler Küche.

Altwirt, Marktstr. 13, ✉ 83661, ℰ (08042) 80 85, info@altwirt-lenggries.de, Fax (08042) 5357, ☼, ☎ – ⇌ Zim, TV ☒ P
geschl. Mitte Nov. - 20. Dez. – **Menu** (geschl. Montag) à la carte 17,50/31 – **20 Zim** ⌐ 42/50 – 64/69 – ½ P 15.
• Im Herzen des Ortes weckt die hübsch bemalte Fassade des aus dem 15. Jh. stammenden Gasthofs die Vorfreude auf ein liebevoll restauriertes und modernisiertes Inneres. Im Restaurant herrschen Herzlichkeit und Gemütlichkeit.

In Lenggries-Schlegldorf Nord-West : 5 km, jenseits der Isar, über Wackersberger Straße :

Schweizer Wirt, ✉ 83661, ℰ (08042) 89 02, schweizerwirt@t-online.de, Fax (08042) 3483, ☼ – P. AE ⓘ ⓜ VISA
geschl. Montag - Dienstag – **Menu** à la carte 16/38,50, ⚑.
• Der ehemalige Bauernhof von 1632 beherbergt eine nette, gemütliche Gaststube. Serviert wird eine mit Geschmack zubereitete regionale Küche.

LENNESTADT Nordrhein-Westfalen 543 M 8 – 28 500 Ew – Höhe 285 m.

▯ Touristikbüro, Rathaus, Helmut-Kumpf-Str. 25 (Altenhundem), ✉ 57368, ℰ (02723) 60 88 01, touristikinfo@lennestadt.de, Fax (02723).
Berlin 526 – Düsseldorf 130 – Siegen 42 – Meschede 48 – Olpe 19.

In Lennestadt-Altenhundem :

Cordial, Hundemstr. 93 (B 517), ✉ 57368, ℰ (02723) 67 71 00, service@hotel-cordial.de, Fax (02723) 677101, ☼, ☎ – 🗘, ⇌ Zim, TV ☎ P – ⬚ 60. ⓜ VISA JCB
Menu (geschl. Juli 2 Wochen, Sonntagabend - Montagmittag) à la carte 16/33,50 – **28 Zim** ⌐ 45/54 – 90/110.
• In der ehemaligen Villa bilden Altes und Neues einem gelungenen Rahmen. Man verfügt über behaglich wie auch neuzeitlich gestaltete Hotelzimmer. Recht gemütliches Restaurant mit offenem Kamin.

In Lennestadt-Bilstein Süd-West : 6 km ab Altenhundem, über Olper Straße :

Faerber-Luig, Freiheit 40 (B 55), ✉ 57368, ℰ (02721) 98 30, faerber-luig@t-online.de, Fax (02721) 983299, 🛋, ☎, ⚒ – 🗘, ⇌ Zim, TV ☒ P – ⬚ 80. AE ⓜ VISA
Menu à la carte 23/45,50 – **85 Zim** ⌐ 65/75 – 100/125.
• Seit dem Jahre 1828 passt man sich mit ständigen Erweiterungen den wachsenden Ansprüchen der heutigen Zeit an. Gäste wählen zwischen einfacheren und modernen Zimmern. Rustikale Räumlichkeiten im Restaurant.

LENNESTADT

In Lennestadt-Bonzel West : 9 km ab Altenhundem, über Olper Straße, in Bilstein rechts ab auf B 55 :

Haus Kramer, Bonzeler Str. 7, ⊠ 57368, ℘ (02721) 9 84 20, Fax (02721) 984220, 🐕, ≘s, 🔲, 🛋, – 🛗, ⁂ Zim, 📺 🅿 – 🍴 20. 🅰🅴 🆐 𝗩𝗜𝗦𝗔. ⁂ Rest
Menu (geschl. Montag) à la carte 16,50/28,50 – **22 Zim** ⚏ 41 – 74/76.
♦ In einem kleinen Dorf liegt der familiengeführte Gasthof mit Anbau. Die Zimmer sind gepflegt und solide mit funktionellem Mobiliar eingerichtet. Bürgerlich gestaltetes Restaurant.

In Lennestadt-Halberbracht Nord-Ost : 7 km ab Altenhundem, über B 236, in Meggen rechts ab auf Grubenstraße :

Eickhoff's Landgasthof mit Zim, Am Kickenberg 10, ⊠ 57368, ℘ (02721) 8 13 58, info@eickhoffs-halberbracht.de, Fax (02721) 81438, ≤, 🐕 – 📺 🅿. 🆐 𝗩𝗜𝗦𝗔. ⁂
Menu (geschl. Mittwoch) à la carte 18/30 **5 Zim** ⚏ 33 – 60.
♦ Diese familiengeführte Adresse teilt sich in eine einfache Gaststube, ein rustikal-bürgerliches Nebenzimmer und ein neuzeitlicheres Restaurant mit Sicht ins Tal. Terrasse !

In Lennestadt-Kirchveischede Süd-West : 7 km ab Altenhundem, über Olper Straße, in Bilstein links ab auf B 55 :

Landhotel Laarmann, Westfälische Str. 52 (B 55), ⊠ 57368, ℘ (02721) 98 50 30, landhotel.laarmann@t-online.de, Fax (02721) 9850355, 🐕, ≘s – 📺 🅿 – 🍴 30. 🅰🅴 🆐 𝗩𝗜𝗦𝗔
Menu à la carte 25/43 – **20 Zim** ⚏ 59 – 72/98.
♦ Eine gepflegte Möblierung und die praktische Ausstattung der Gästezimmer machen dieses ländliche, familiengeführte kleine Hotel aus. Leicht rustikales Restaurant mit gutem Couvert.

In Lennestadt-Oedingen Nord-Ost : 11 km ab Altenhundem, über B 236 und B 55 :

Haus Buckmann ⚘, Rosenweg 10, ⊠ 57368, ℘ (02725) 9 55 00, info@hotel-buckmann.de, Fax (02725) 955020, 🐕, ≘s – 📺 ✆ ⇌ 🅿 – 🍴 40. 🅰🅴 🆐 𝗩𝗜𝗦𝗔. ⁂
geschl. 1. - 5. Jan., Aug. 2 Wochen – **Menu** (geschl. Montag - Dienstag) (Mittwoch - Freitag nur Abendessen) à la carte 23,50/40,50, ♀ – **16 Zim** ⚏ 39/55 – 72/92.
♦ Das schöne Landhaus im regionstypischen Stil bietet Ihnen teils neuere Zimmer mit hellem Naturholzmobiliar, teils ältere, etwas schlichtere sowie Sauberkeit und Pflege. Rustikale Gaststuben.

In Lennestadt-Saalhausen Ost : 8 km ab Altenhundem, über B 236 – Luftkurort :

Haus Hilmeke ⚘, Störmecke (Ost : 2 km, Richtung Schmallenberg), ⊠ 57368, ℘ (02723) 9 14 10, info@haus-hilmeke.de, Fax (02723) 80016, ≤, 🐕, ≘s, 🔲, 🛋 – 🛗 📺 ⇌ 🅿 ⁂
geschl. 26. Juli - 4. Aug., 8. Nov. - 26. Dez. – **Menu** (Abendessen nur für Hausgäste) à la carte 20,50/33 – **30 Zim** ⚏ 59/79 – 86/112 – ½ P 10.
♦ Die Zimmer des Hauses unterscheiden sich in Größe und Einrichtung : mal wohnlich und funktionell, mal einfacher - oder modern und geräumig in der Appartement-Ausführung. Vom Restaurant aus hat man einen schönen Blick ins Grüne.

LENNINGEN Baden-Württemberg ⁵⁴⁵ U 12 – 9 400 Ew – Höhe 530 m – Wintersport : 700/870 m ⛷3.
Berlin 631 – *Stuttgart* 49 – Reutlingen 27 – Ulm (Donau) 66.

In Lenningen-Unterlenningen :

Lindenhof, Kirchheimer Str. 29, ⊠ 73252, ℘ (07026) 29 30, Fax (07026) 7473 – 🅿. 🆐
geschl. Feb. 1 Woche, Aug. 2 Wochen, Montag - Dienstag – **Menu** à la carte 21,50/35.
♦ Ein sauberes, familiengeführtes Lokal mit gepflegtem bürgerlichem Ambiente. Regionale Gerichte ergänzen das internationale Angebot.

LENZKIRCH Baden-Württemberg ⁵⁴⁵ W 8 – 5 000 Ew – Höhe 810 m – Heilklimatischer Kurort – Wintersport : 800/1 192 m ⛷3 ⛷.
🛈 Kur und Touristik, Am Kurpark 2, ⊠79853, ℘ (07653) 6 84 39, info@lenzkirch.de, Fax (07653) 68420..
Berlin 788 – Stuttgart 158 – *Freiburg im Breisgau* 40 – Donaueschingen 35.

Schwarzwaldhotel Ruhbühl ⚘, Am Schönenberg 6 (Ost : 3 km ; Richtung Bonndorf), ⊠ 79853, ℘ (07653) 68 60, info@hotel-ruhbuehl.de, Fax (07653) 686555, ≤, 🐕, ≘s, 🔲, 🛋, ⁂, – 🛗 ✆ 🅿. 🆐 𝗩𝗜𝗦𝗔. ⁂ Rest
Menu à la carte 15/30 – **38 Zim** ⚏ 50/61 – 77/118 – ½ P 13.
♦ Außerhalb des Ortes am Waldrand gelegen, bietet Ihnen das im Schwarzwaldstil erbaute Hotel Ruhe sowie wohnlich und funktionell eingerichtete Zimmer. Das gemütliche Restaurant ist in seiner ländlichen Machart der Region angepasst.

LENZKIRCH

In Lenzkirch-Kappel *Nord-Ost : 3 km, über Schwarzwaldstraße – Luftkurort :*

Straub (mit Gästehaus), Neustädter Str. 3, ✉ 79853, ℘ (07653) 64 08, *info@hotel-straub.de, Fax (07653) 9429*, ≤, 🍴, ☎s, 🚗 – 🛗, ≿ Rest, 📺 ♿ 🅿 ⓜ 𝚅𝙸𝚂𝙰
geschl. Mitte Nov. - 20. Dez. – **Menu** *(geschl. Samstag)* à la carte 13/32 – **33 Zim** ⊇ 24/41 – 56/82 – ½ P 12.
• Die meisten Zimmer des Gasthofs sind im bäuerlichen Stil eingerichtet - oft mit Südbalkon. Für einen längeren Aufenthalt bieten sich die Appartements mit kleiner Küche an. Gemütlich wirken die Bauern-Gaststuben.

In Lenzkirch-Raitenbuch *West : 4 km, über Grabenstraße :*

Grüner Baum 🌲, Raitenbucher Str. 17, ✉ 79853, ℘ (07653) 2 63, *gruener-baum @t-online.de, Fax (07653) 466*, ≤, ☎, 📺 🚗 🅿 𝚅𝙸𝚂𝙰
geschl. Mitte März - Anfang April, Mitte Nov. - 15. Dez. – **Menu** *(geschl. Montag)* à la carte 16/29 – **15 Zim** ⊇ 32/37 – 56/63 – ½ P 13.
• Durchreisende wie auch Langzeitgäste schätzen die sauberen und gut unterhaltenen Zimmer dieses in einem recht idyllischen Tal gelegenen kleinen Hauses. Gaststuben mit ländlich-gemütlicher Atmosphäre.

In Lenzkirch-Saig *Nord-West : 7 km, über B 315 – Heilklimatischer Kurort :.*

🛈 Kur- und Touristikbüro, Dorfplatz 9, ✉ 79853, ℘ (07653) 96 20 40, Fax (07653) 962042.

Saigerhöh 🌲, Saiger Höhe 8, ✉ 79853, ℘ (07653) 68 50, *info@saigerhoeh.de, Fax (07653) 741*, ≤, 🍴, ♨, Massage, ♠, ☎s, ⊠, 🚗, ※ (Halle) – 🛗 ≿ 📺 🏃 🚗 🅿 – 🔔 90. 𝙰𝙴 ⓞ ⓜ 𝚅𝙸𝚂𝙰. ※ Rest
Menu à la carte 22/43,50 – **104 Zim** (nur ½P) 75/102 – 136/187, 16 Suiten – ½ P 8.
• Einsam und ruhig liegt das Hotel oberhalb des Ortes. Die Zimmer sind wohnlich und teils sehr individuell eingerichtet - einige mit begehbarem Schrank. Verschiedene Restaurantbereiche, teils mit schönem Ausblick.

Ochsen, Dorfplatz 1, ✉ 79853, ℘ (07653) 9 00 10, *hotel.ochsen@t-online.de, Fax (07653) 900170*, 🍴, ☎s, ⊠, 🚗, ※ – 🛗 📺 🚗 🅿 𝙰𝙴 ⓜ 𝚅𝙸𝚂𝙰
geschl. 8. Nov. - 19. Dez. – **Menu** à la carte 15/33,50 – **35 Zim** ⊇ 51/63 – 78/118 – ½ P 15.
• Ein gestandener Schwarzwaldgasthof aus dem 17. Jh. und ein neuerer Anbau bilden dieses familiengeführte Hotel in der Dorfmitte. Praktische Zimmer, teils mit Balkon. Im Originalstil erhaltene gemütlich-rustikale Stube mit Kachelofen.

Hochfirst, Dorfplatz 5, ✉ 79853, ℘ (07653) 7 51, *hotel-hochfirst@t-online.de, Fax (07653) 505*, 🍴, ☎s, ⊠, 🚗 – ≿ Rest, 📺 🚗 🅿 ⓜ 𝚅𝙸𝚂𝙰
geschl. 2. Nov. - 20. Dez. – **Menu** *(geschl. Mittwoch - Donnerstag) (nur Abendessen)* (Restaurant nur für Hausgäste) – **20 Zim** ⊇ 42/59 – 72/116 – ½ P 12.
• Gute Pflege und eine behutsame Modernisierung machen diesen solide geführten erweiterten Gasthof aus. Hübsch. Der kleine Garten mit Terrasse.

Sporthotel Sonnhalde 🌲, Hochfirstweg 24, ✉ 79853, ℘ (07653) 6 80 80, *info @sporthotel-sonnhalde.de, Fax (07653) 6808100*, ≤, ☎s, ⊠, 🚗 – ≿ 📺 🅿 – 🔔 50. ⓜ 𝚅𝙸𝚂𝙰
Menu *(geschl. 7. - 18. Jan., Sonntagabend - Montag)* à la carte 17/27 – **38 Zim** ⊇ 50/61 – 84/125 – ½ P 16.
• Die Zimmer dieser gut unterhaltenen Ferienadresse sind im ländlichen Stil eingerichtet - nach Süden oder zum Wald hin gelegen. Schöne Lage oberhalb des Ortes. Restaurant und rustikale Stube mit Panoramablick.

LEONBERG *Baden-Württemberg* 🅄🅄🅄 **T 11** – 45 000 Ew – Höhe 385 m.

🛈 Stadtmarketing, Bahnhofstr. 57, ✉ 71229, ℘ (07152) 9 90 22 10, *stadtmarketing@leonberg.de, Fax (07152) 9902290.*
Berlin 631 – *Stuttgart* 15 – Heilbronn 55 – Pforzheim 33 – Tübingen 43.

Amber, Römerstr. 102, ✉ 71229, ℘ (07152) 30 33, *leonberg@amber-hotels.de, Fax (07152) 303499*, 🍴, ☎s, 📺 🚗 🅿 – 🔔 90. 𝙰𝙴 ⓞ ⓜ 𝚅𝙸𝚂𝙰
Menu à la carte 15,50/26,50 – **139 Zim** ⊇ 77/99 – 92/114.
• Mit seiner zentralen und doch verkehrsgünstigen Lage sowie der praktischen Ausstattung ist dieses Hotel für private und geschäftliche Reisen gleichermaßen geeignet. Das saalartige Restaurant liegt im Erdgeschoss des Hochhauses.

XX **Knöpfles Restaurant,** Marktplatz 5, ✉ 71229, ℘ (07152) 39 55 90, *krone-zu-leonberg@t-online.de, Fax (07152) 395591*, 🍴 – 🅿 ⓞ ⓜ 𝚅𝙸𝚂𝙰
geschl. Aug., Montag – **Menu** *(wochentags nur Abendessen)* à la carte 27/40,50, ♀ –
Valentin's Bistro *:* **Menu** à la carte 18/24.
• In der 1. Etage des Fachwerkhauses hat man ein Restaurant mit gemütlichem Landhaus-Ambiente eingerichtet - nett das Dekor aus Weinflaschen. Fensterplätze zum Marktplatz. Leger : Valentin's Bistro im Untergeschoss.

LEONBERG

In Leonberg-Eltingen West : 1,5 km :

🏠 **Hirsch** (mit Gästehäusern), Hindenburgstr. 1, ✉ 71229, ℘ (07152) 9 76 60, *hotel-hirsch-leonberg@t-online.de, Fax (07152) 976688*, 🐕 – 📶, ↔ Zim, 📺 ☎ 🅿 – 🔒 50. 🅰🅴 ⓘ 🆗 🆅🅸🆂🅰
Menu à la carte 22/35 *(auch vegetarische Gerichte)* – **60 Zim** ⊆ 65/85 – 90/115.
  ♦ In den Gästehäusern dieser familiengeführten Adresse in der Ortsmitte sind die Zimmer untergebracht - wohnlich und praktisch in der Einrichtung. Rustikales Ambiente kennzeichnet Restaurant und Weinstube mit Innenhof.

🏠 **Kirchner**, Leonberger Str. 14, ✉ 71229, ℘ (07152) 6 06 30, *info@hotel-kirchner.de, Fax (07152) 606360*, 🐕 – 📶 📺 ☎ 🅿 – 🔒 50. 🅰🅴 ⓘ 🆗 🆅🅸🆂🅰. ⌘ Rest
Menu *(geschl. 4. - 24. Aug., Samstagmittag)* à la carte 18/26,50 – **37 Zim** ⊆ 55/73 – 75/100.
  ♦ 1877 als Brauerei ausgebaut, dient das um einen Anbau erweiterte Haus heute als Hotel mit zeitgemäß und solide eingerichteten Gästezimmern. Helles, bürgerliches Restaurant.

In Renningen Süd-West : 6,5 km, über B 295, jenseits der A 8 :

🏠🏠 **Walker**, Rutesheimer Str. 62, ✉ 71272, ℘ (07159) 92 58 50, *hotelwalker91@aol.com, Fax (07159) 7455* – 📶, ↔ Zim, 📺 ☎ 🚗 🅿 – 🔒 45. 🅰🅴 ⓘ 🆗 🆅🅸🆂🅰
Menu *(geschl. Samstag, Sonntagabend)* à la carte 27,50/38,50 – **23 Zim** ⊆ 70 – 90.
  ♦ Die Gästezimmer dieses in neuzeitlichem Stil erbauten Hotels, einem gut geführten Familienliebetrieb, überzeugen mit einer soliden, funktionellen Ausstattung und Sauberkeit. Restaurant mit Wintergarten.

LEUN Hessen ⁵⁴⁸ O 9 – 5 200 Ew – Höhe 140 m.
Berlin 524 – Wiesbaden 82 – Frankfurt am Main 77 – Gießen 27.

In Leun-Biskirchen Süd-West : 5 km, über B 49 :

🏠🏠 **Landhotel Adler** garni, Am Hain 13, ✉ 35638, ℘ (06473) 9 29 20, *info@landhotel-adler.com, Fax (06473) 929292* – 📶 ↔ 📺 ☎ & 🅿 – 🔒 20. 🆗 🆅🅸🆂🅰
21 Zim ⊆ 42/52 – 72/88.
  ♦ In netter ländlicher Lage oberhalb des Ortes finden Sie diese gepflegte Unterkunft. Ein wohnlicher Landhausstil und Funktionalität prägen das Interieur.

LEUTERSHAUSEN Bayern ⁵⁴⁶ S 15 – 5 200 Ew – Höhe 420 m.
Berlin 500 – München 199 – Nürnberg 76 – Rothenburg ob der Tauber 20 – Würzburg 85 – Ansbach 12.

🏠 **Neue Post** (mit Gästehaus), Mühlweg 1, ✉ 91578, ℘ (09823) 89 11, *gasthof.neue-post@t-online.de, Fax (09823) 8268*, Biergarten – 📺 🅿. ⌘ Zim
Menu *(geschl. 1. - 6. Jan., Dienstag)* à la carte 11,50/25 – **14 Zim** ⊆ 29/34 – 41/57.
  ♦ Im Gästehaus des traditionsreichen, familiengeführten kleinen Gasthofs beherbergt man seine Besucher in sauberen, hell möblierten Zimmern.

LEUTKIRCH Baden-Württemberg ⁵⁴⁵ W 14 – 23 000 Ew – Höhe 655 m.
🛈 Gästeamt, Gänsbühl 6, ✉ 88299, ℘ (07561) 8 71 54, *tourist-info@leutkirch.de, Fax (07561) 87186*.
Berlin 681 – Stuttgart 171 – Konstanz 108 – Kempten (Allgäu) 31 – Ulm (Donau) 79 – Bregenz 50.

🏠 **Linde,** Lindenstr. 1, ✉ 88299, ℘ (07561) 91 39 70, *hotel-linde-leutkirch@t-online.de, Fax (07561) 9139722* – 📺. 🆗 🆅🅸🆂🅰
Menu *(geschl. Samstag, Sonn- und Feiertage) (nur Abendessen)* (Restaurant nur für Hausgäste) – **8 Zim** ⊆ 45/57 – 67.
  ♦ Ein netter kleiner Familienbetrieb, der mit wohnlich und individuell eingerichteten Gästezimmern und engagierter, freundlicher Führung gefällt.

🏠 **Zum Rad,** Obere Vorstadtstr. 5, ✉ 88299, ℘ (07561) 9 85 60, *hotel_rad@t-online.de, Fax (07561) 2067* – 📺 ☎ 🚗
Menu *(geschl. Freitag)* à la carte 15/31 – **24 Zim** ⊆ 44 – 71/76.
  ♦ Annehmlichkeiten wie eine solide, zeitgemäße Ausstattung und ein gutes Platzangebot machen die Zimmer dieses am Rande der Innenstadt gelegenen Hauses aus. Restaurant in rustikalem Stil.

🏠 **Brauerei-Gasthof Mohren,** Wangener Str. 1, ✉ 88299, ℘ (07561) 9 85 70, *gasthofmohren@t-online.de, Fax (07561) 985727*, 🐕 – 📺 🅿. 🆗 🆅🅸🆂🅰
Menu *(geschl. Dienstag)* à la carte 15,50/26 – **10 Zim** ⊆ 40 – 65.
  ♦ Teils neuzeitlich, teils mit bäuerlichem Mobiliar sind die gepflegten Gästezimmer dieses typischen kleinen Brauerei-Gasthofs eingerichtet. Viel Holz und ein Kachelofen sorgen für ein behagliches Ambiente im Restaurant.

LEVERKUSEN Nordrhein-Westfalen 543 M 4 – 165 000 Ew – Höhe 45 m.
🛫 Köln, Am Hirschfuß 2 (Süd : 3 km über die B 8), ℰ (0214) 4 75 51.
ADAC, Dönhoffstr. 40. – Berlin 567 ③ – *Düsseldorf* 30 ① – Köln 16 ⑥ – Wuppertal 41 ①

🏨 **Ramada,** Am Büchelter Hof 11, ⊠ 51373, ℰ (0214) 38 30, ram.zoalk.reservations@ramadahotels.com, Fax (0214) 383700, 🍴, ≘s, 🔲 – 🛗, ⇄ Zim, 🔲 📺 📞 🅿 – 🛁 110.
AE ① MC VISA JCB. ⚞ Rest   V h
Menu à la carte 20,50/38 – **200 Zim** ⊇ 98/103 – 109/114.
• Ein Tagungshotel am Rande des Zentrums, das mit einem komfortablen Rahmen und Zimmern mit funktioneller und zeitgemäßer Ausstattung überzeugt. Restaurant auf zwei Ebenen mit internationaler Küche.

In Leverkusen-Fettehenne über ④ : 8 km :

🏠 **Fettehenne** garni, Berliner Str. 40 (B 51), ⊠ 51377, ℰ (0214) 9 10 43, Fax (0214) 91045, 🔲, 🛋 – 📺 ⇌ 🅿. MC VISA
37 Zim ⊇ 54/72 – 77/98.
• In dörflicher Umgebung steht dieses familiengeführte und gut unterhaltene Gasthaus mit Anbauten. Die Zimmer sind funktionell ausgestattet.

In Leverkusen-Küppersteg :

🏨 **Lindner Hotel BayArena,** Bismarckstr. 118 (am Stadion), ⊠ 51373, ℰ (0214) 8 66 30, info.bayarena@lindner.de, Fax (0214) 8663866, 🏋, ≘s – 🛗, ⇄ Zim, 🔲 📺 📞 & 🅿 – 🛁 110. AE ① MC VISA. ⚞ Rest   U r
geschl. 19. Dez. - 5. Jan. – **Menu** à la carte 23/34 – ⊇ 15 – **121 Zim** 116 – 141, 12 Suiten.
• Das erste Stadion-Hotel Deutschlands zeigt sich seinen Besuchern als "Logenplatz für Business und Sport". Die neuzeitliche Technik der Zimmer lässt keine Wünsche offen. Die Karte mit Angeboten der amerikanischen Snack-Küche macht Appetit.

LEVERKUSEN

Breidenbachstraße	**V** 6
Carl-Leverkus-Straße	**V** 8
Friedlieb-Ferdinand-Runge-Straße	**V** 12
Friedrich-Ebert-Straße	**V** 14
Hardenbergstraße	**U** 17
Hermann-von-Helmholtz-Straße	**V** 19
Johannisburger Straße	**U** 20
Kaiserstraße	**V** 21
Kuppersteger Straße	**U** 22
Robert-Blum-Straße	**U** 33
Wiesdorfer-Straße	**V** 38

LEVERKUSEN

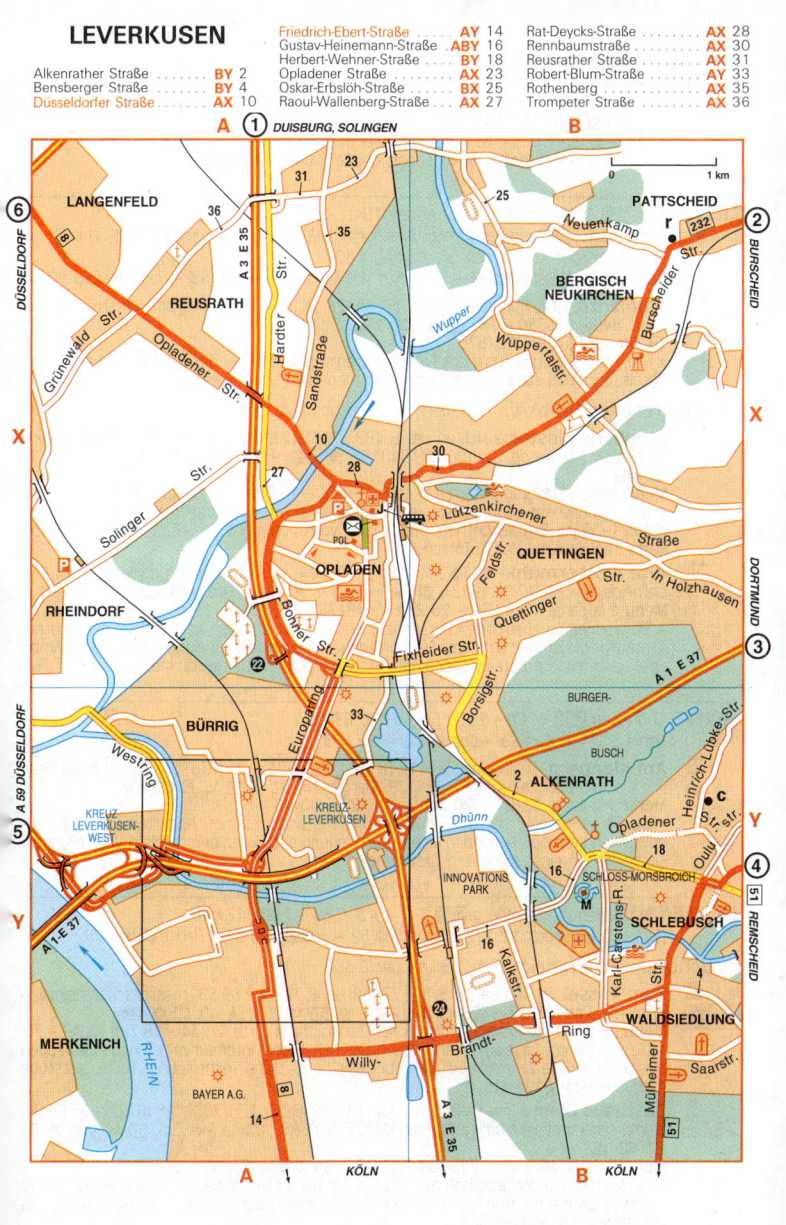

Alkenrather Straße	**BY** 2	Friedrich-Ebert-Straße	**AY** 14
Bensberger Straße	**BY** 4	Gustav-Heinemann-Straße	**ABY** 16
Düsseldorfer Straße	**AX** 10	Herbert-Wehner-Straße	**BY** 18
		Opladener Straße	**AX** 23
		Oskar-Erblöh-Straße	**BX** 25
		Raoul-Wallenberg-Straße	**AX** 27

Rat-Deycks-Straße	**AX** 28
Rennbaumstraße	**AX** 30
Reusrather Straße	**AX** 31
Robert-Blum-Straße	**AY** 33
Rothenberg	**AX** 35
Trompeter Straße	**AX** 36

In Leverkusen-Pattscheid :

Landhotel May-Hof, Burscheider Str. 285 (B 232), ✉ 51381, ✆ (02171) 3 09 39, *landhotel-mayhof@t-online.de*, Fax (02171) 33872, Biergarten – TV P. ① ⦿ VISA **BX** r
Menu *(geschl. Montag) (Dienstag - Freitag nur Abendessen)* à la carte 12/33 – **16 Zim** ☐ 45/50 – 80.
♦ Von der Einzel- bis zur Dreibett-Ausführung sind die Gästezimmer des Hauses in einheitlichem Stil mit gepflegtem Mobiliar eingerichtet. Bürgerliches Restaurant.

LEVERKUSEN

In Leverkusen-Schlebusch :

Atrium garni (mit Gästehaus), Heinrich-Lübke-Str. 36, ✉ 51375, ℘ (0214) 5 60 10, *inf o@hotel-atrium.com*, Fax (0214) 56011, ✄, ⇌ – 📺 ℘ 🅿 – 🚗 25. ⓘ 🆗 VISA BY c
🛏 10 – **55 Zim** 62/109 – 88/129.
• In einem Wohngebiet liegt das aus zwei Häusern bestehende Hotel. Die Zimmer unterscheiden sich im Mobiliar, sind sauber, gepflegt und zeitgemäß.

LICH *Hessen* 🟦**543**🟦 O 10 – *12 500 Ew – Höhe 170 m – Erholungsort*.
Ausflugsziel : *Ehemaliges Kloster Arnsburg*★ *: Ruine der Kirche*★ *Süd-West : 4 km*.
🏌 *Lich, Hofgut Kolnhausen,* ℘ *(06404) 9 10 71*.
Berlin 492 – Wiesbaden 87 – Frankfurt am Main 57 – Gießen 13 – Bad Hersfeld 90.

Ambiente garni, Hungener Str. 46, ✉ 35423, ℘ (06404) 9 15 00, *ambienteh@aol.com*, Fax (06404) 915050 – ✄ 📺 ℘. 🆗 VISA
19 Zim 🛏 64/69 – 83/87.
• Hell, freundlich und funktionell präsentieren sich die Zimmer dieses neuzeitlichen kleinen Hotels. Zur Wahl stehen auch Zimmer im modernen Motel-Bereich.

In Lich-Arnsburg *Süd-West : 4 km, über 488 Richtung Butzbach :*

Landhaus Klosterwald, an der B 488, ✉ 35423, ℘ (06404) 9 10 10, *landhaus-klosterwald@t-online.de*, Fax (06404) 910134, ⛲, ⇌ – ✄ Rest, 📺 ℘ ♿ 🅿 – 🚗 60. 🅰🅴 🆗 VISA
Menu *(geschl. Montagmittag)* à la carte 16/38 – **18 Zim** 🛏 62/67 – 90/98.
• Mit wohnlichem Landhausstil und neuzeitlicher Ausstattung überzeugt dieser gut geführte kleine Familienbetrieb. Die Zimmer verfügen meist über Balkon oder Terrasse. Restaurant in rustikaler Aufmachung.

Alte Klostermühle ⚓, ✉ 35423, ℘ (06404) 9 19 00, *klostermuehle-arnsburg@t-online.de*, Fax (06404) 919091, ⛲, – ✄ 📺 ℘ 🅿 – 🚗 20. 🅰🅴 ⓘ 🆗 VISA. ✄ Rest
Menu à la carte 19/42,50 – **26 Zim** 🛏 48/70 – 90/123.
• Sie wohnen im ehemaligen Bursenbau, inmitten der schönen alten Anlage des Klosters Arnsburg - die Zimmer hat man in verschiedenen Stilen individuell eingerichtet. Uriges Ambiente, teils mit Natursteinwänden, charakterisiert die Restauranträume.

LICHTE *Thüringen* 🟦**544**🟦 O 17 – *2 300 Ew – Höhe 630 m*.
Berlin 316 – Erfurt 88 – Coburg 49 – Suhl 43.

Am Kleeberg, Saalfelder Str. 115 (B 281), ✉ 98739, ℘ (036701) 26 10, *hotel.kleeberg@t-online.de*, Fax (036701) 26128, Biergarten, ⇌ – 📺 ♿ 🅿. 🆗 VISA
Menu à la carte 12/21 – **20 Zim** 🛏 25/28 – 40/45.
• Ob Sie alleine oder mit der Familie unterwegs sind - Zimmer, Appartement oder Ferienwohnung ermöglichen Ihnen eine Unterbringung nach Ihren persönlichen Vorstellungen. Sie speisen in einer schlichten Gaststube.

LICHTENAU *Baden-Württemberg* 🟦**545**🟦 T 7 – *4 300 Ew – Höhe 129 m*.
Berlin 723 – Stuttgart 122 – Karlsruhe 52 – Strasbourg 31 – Baden-Baden 28.

In Lichtenau-Scherzheim *Süd : 2,5 km über B 36 :*

Zum Rössel ⚓, Rösselstr. 6, ✉ 77839, ℘ (07227) 9 59 50, *roessel-scherzheim@t-online.de*, Fax (07227) 959550, ⛲, – 🍽 📺 ♿ 🅿 – 🚗 40. 🆗 VISA
Menu *(geschl. über Fastnacht 1 Woche, Dienstag)* à la carte 17/34 – **18 Zim** 🛏 47 – 70.
• Die angenehme Lage am Ortsrand sowie ein behagliches Interieur zählen zu den Vorzügen dieses Hotels. Die Zimmer verfügen über eine neuzeitliche Technik. Unterteilte Gaststube mit ländlichem Ambiente.

Gasthaus Blume (mit Gästehaus), Landstr. 18 (B 36), ✉ 77839, ℘ (07227) 97 96 80, *blume-scherzheim@t-online.de*, Fax (07227) 9796868, ⛲, – ✄ Zim, 📺 ♿ 🚗 🅿. 🅰🅴 ⓘ 🆗 VISA JCB
Menu *(geschl. Mittwoch)* à la carte 13/28 – **36 Zim** 🛏 35/42 – 60/90.
• Die Möblierung der praktisch gestalteten Zimmer ist teils in hellem, teils in dunklem Holz gehalten. Lärmschutzfenster gewähren dem Gast eine wohltuende Nachtruhe. Schlichtes Restaurant mit großem Saal.

Die in diesem Führer angegebenen Preise folgen
der Entwicklung der allgemeinen Lebenshaltungskosten.
Lassen Sie sich bei der Zimmerreservierung den endgültigen
Preis vom Hotelier mitteilen.

LICHTENAU Nordrhein-Westfalen 543 L 10 – 9 200 Ew – Höhe 308 m.
Berlin 447 – Düsseldorf 186 – Kassel 70 – Marburg 118 – Paderborn 17.

In Lichtenau-Herbram-Wald Nord-Ost : 9 km, über Driburger Straße :

Hubertushof, Hubertusweg 5, ⌧ 33165, ℘ (05259) 8 00 90, info@kastelhotel-hubertushof.de, Fax (05259) 800999, 斧, 合, ⌧, 糸 – ⇔ Zim, TV P – 益 30. AE ⓘ ⓜⓞ VISA JCB
Menu à la carte 19,50/33 – **50 Zim** ⌴ 59/65 – 82/90.
♦ Der am Waldrand auf einer Anhöhe gelegene familiengeführte neuzeitliche Gasthof mit Hotelanbau stellt Ihnen nette Zimmer im Landhaus-Look zur Verfügung. Kräftige Farben zieren Restaurant und Jägerstube.

In Lichtenau-Kleinenberg Süd-Ost : 7 km, über B 68 Richtung Warburg :

Landgasthof zur Niedermühle, mit Zim, Niedermühlenweg 7, ⌧ 33165, ℘ (05647) 2 52, 斧 – P. ⓜⓞ
Menu (geschl. Donnerstag, Samstagmittag) à la carte 19/27 – **7 Zim** ⌴ 38/40 – 60/75.
♦ In rustikalen Gaststuben bewirtet man Sie mit regionaler Küche. Alternativ treffen Sie sich in der gemütlichen Mühlenstube am Kachelofen oder am Stammtisch.

LICHTENBERG Bayern siehe Steben, Bad.

LICHTENFELS Bayern 546 P 17 – 20 500 Ew – Höhe 272 m.
Ausflugsziele : Wallfahrtskirche Vierzehnheiligen★★ (Nothelfer-Altar★★) Süd : 5 km – Kloster Banz (ehem. Klosterkirche★, Terrasse ≼★) Süd-West : 6 km.
🅘 Städt. Verkehrsamt, Marktplatz 1, ⌧ 96215, ℘ (09571) 79 50, verkehrsamt@lichtenfels-city.de, Fax (09571) 795194.
Berlin 372 – München 268 – Coburg 18 – Bayreuth 53 – Bamberg 33.

Preußischer Hof, Bamberger Str. 30, ⌧ 96215, ℘ (09571) 50 15, preussischer.hof@t-online.de, Fax (09571) 2802, 合 – ⌸, ⇔ Zim, TV P 益 20. ⓜⓞ VISA JCB
geschl. 24. - 28. Dez. – **Menu** (geschl. Ende Juli - Mitte Aug., Freitag) à la carte 13/30 – **38 Zim** ⌴ 38/55 – 58/71.
♦ Hier wählen Sie zwischen neuzeitlichen Zimmern im Anbau und einer schlichteren Variante im Haupthaus - beide gut gepflegt und von ausreichender Größe. Ein ländlicher Rahmen bestimmt den Charakter des Restaurants.

City-Hotel garni, Bahnhofsplatz 5, ⌧ 96215, ℘ (09571) 9 24 30, info@city-hotel-lichtenfels.de, Fax (09571) 924340 – ⌸ ⇔ TV P. ⓘ ⓜⓞ VISA JCB
26 Zim ⌴ 42 – 60/65.
♦ Hinter den Sandstein-Mauern eines ehemaligen Amtsgebäudes der Bahn erwarten Sie wohnliche Gästezimmer mit zeitgemäßem Mobiliar und einer praktischen Ausstattung.

In Lichtenfels-Reundorf Süd-West : 5 km, über B 173 :

Müller, Kloster-Banz-Str. 4, ⌧ 96215, ℘ (09571) 60 21, mueller.chg@web.de, Fax (09571) 70947, 斧, 合, 糸 – TV ⇔ P. ⓜⓞ
geschl. Ende Okt. - Mitte Nov. – **Menu** (geschl. Mittwoch - Donnerstag) à la carte 11,50/21 – **39 Zim** ⌴ 30/42 – 52/56.
♦ Die ruhige Lage am Ortsrand und eine familiäre Atmosphäre machen diesen Gasthof aus - ein netter Hausgarten lädt zum Entspannen im Freien ein. Rustikal gehaltene Restauranträume.

In Michelau Nord-Ost : 5 km, über B 173/B 289 :

Spitzenpfeil, Alte Poststr. 4 (beim Hallenbad), ⌧ 96247, ℘ (09571) 8 80 81, hspitzenpfeil@t-online.de, Fax (09571) 83630, 斧 – TV ⇔ P. ⓜⓞ ≉ Zim
geschl. Mitte Jan. 1 Woche – **Menu** (geschl. Montag) à la carte 11/22 – **18 Zim** ⌴ 30/37 – 46/58.
♦ Dieser gewachsene, modernisierte Gasthof - recht ruhig im Ortskern gelegen - bietet seinen Besuchern neuzeitlich eingerichtete Zimmer mit praktischer Ausstattung. Gaststube mit ländlichem Flair.

In Marktzeuln Nord-Ost : 9 km, über B 173/B 289, in Zettlitz links ab :

Mainblick, Schwürbitzer Str. 25, ⌧ 96275, ℘ (09574) 30 33, Fax (09574) 4005, ≼, 斧, 合, 糸 – TV ⇔ P. ⓘ ⓜⓞ VISA
Menu (geschl. Nov. - April Sonntagabend) à la carte 15,50/30,50 – **18 Zim** ⌴ 35/39 – 54/56.
♦ Das von der Inhaberin geführte kleine Hotel liegt auf einer Anhöhe am Ortsrand. Hier stellt man Ihnen gepflegte, meist hell möblierte Gästezimmer zur Verfügung. Ein gediegenes Ambiente umgibt den Gast beim Speisen.

LICHTENSTEIN Baden-Württemberg ⏵⏵⏵ U 11 – 8 200 Ew – Höhe 565 m – Wintersport : 700/820 m ⛷4 ⛷.
Berlin 687 – Stuttgart 51 – Reutlingen 16 – Sigmaringen 48.

In Lichtenstein-Honau

Forellenhof Rössle, Heerstr. 20 (B 312), ✉ 72805, ℘ (07129) 9 29 70, info@fore llenhofroessle.de, Fax (07129) 929750, 余, ♨, ≘s, ⇌ Zim, TV P – ⚿ 60
geschl. 12. - 15. Jan. – **Menu** à la carte 16/35 – **30 Zim** ⮂ 50 – 76 – ½ P 15.
  ♦ In rustikaler Eiche oder in hellem Naturholz sind die Zimmer dieses gut geführten Gasthofs mit Anbau gehalten ; sie überzeugen mit Wohnlichkeit und funktioneller Ausstattung. Nett dekoriertes Restaurant mit vielen Forellenspezialitäten.

Adler (mit Gästehaus Herzog Ulrich), Heerstr. 26 (B 312), ✉ 72805, ℘ (07129) 40 41, Fax (07129) 60220, 余, ♨, ≘s, – ♨, ⇌ TV P – ⚿ 100
Menu à la carte 16/39 – **65 Zim** ⮂ 38/62 – 54/95 – ½ P 18.
  ♦ Der familiengeführte erweiterte Gasthof verfügt über unterschiedlich möblierte Zimmer mit praktischem Inventar. Eine kleine Villa beherbergt neuzeitlichere Gästezimmer. Verschiedene gemütliche Räume bilden den gastronomischen Bereich.

LIEBENSTEIN, BAD Thüringen ⏵⏵⏵ N 15 – 4 200 Ew – Höhe 310 m.
🛈 Kurverwaltung, Herzog-Georg-Str. 64, ✉ 36448, ℘ (036961) 5 61 12, Fax (036961) 56124.
Berlin 377 – Erfurt 71 – Eisenach 25 – Bad Hersfeld 50 – Fulda 70.

Fröbelhof ⚬, garni, Heinrich-Mann-Str. 34, ✉ 36448, ℘ (036961) 5 10, info@froe belhof.de, Fax (036961) 51277, direkter Zugang zum Hallenbad der Heinrich-Mann-Klinik, 🚗 – ⇌ TV ☎ P – ⚿ 60. ◎
geschl. Anfang Jan. 2 Wochen, Anfang Nov. 2 Wochen – **34 Zim** ⮂ 47/52 – 84/94.
  ♦ "Entspannen in historischen Gemäuern" - nach diesem Motto werden Gäste in dem ehemaligen Gutshof mit Innenhofgarten untergebracht. Die Zimmer überzeugen mit Funktionalität.

LIEBENZELL, BAD Baden-Württemberg ⏵⏵⏵ T 10 – 9 500 Ew – Höhe 321 m – Heilbad und Luftkurort.
🛈₁₈ Bad Liebenzell-Monakam, ℘ (07052) 9 32 50.
🛈 Tourist-Information, Kurhausdamm 4, ✉ 75378, ℘ (07052) 40 80, info@bad-liebenzell.de, Fax (07052) 408108.
Berlin 666 – Stuttgart 46 – Karlsruhe 47 – Pforzheim 19 – Calw 7,5.

Kronen-Hotel ⚬, Badweg 7, ✉ 75378, ℘ (07052) 40 90, kronenhotel@t-online.de, Fax (07052) 409420, 余, ≘s, ⌧, 🚗 – ♨, ⇌ Zim, TV ☎ P – ⚿ 35. AE VISA
Menu à la carte 21/48 – **42 Zim** ⮂ 59/84 – 104/164 – ½ P 18.
  ♦ Wohnlich ausgestattete Gästezimmer und gute Pflege bietet Ihnen das familiengeführte Hotel im Ortszentrum. Mit Hallenbad, Sauna und Beauty-Farm. Rustikales Interieur mit einem Hauch Eleganz prägt das Restaurant.

Waldhotel-Post ⚬, Hildenstr. 1, ✉ 75378, ℘ (07052) 9 32 00, empfang@wald hotelpost.de, Fax (07052) 932099, ≤, 余, ≘s, ⌧, – ♨, ⇌ Zim, TV ⇌ P – ⚿ 25. AE ◎ VISA. ⚿ Rest
Menu à la carte 18,50/34,50 – **44 Zim** ⮂ 51/72 – 87/118 – ½ P 14.
  ♦ In einem Wohngebiet liegt dieses gepflegte Tagungshotel. Zimmer in "Komfort"- und "Standard"-Ausführung bieten dem Gast eine solide und funktionelle Ausstattung. In hellem Holz eingerichtetes Restaurant.

Am Bad-Wald ⚬, garni, Reuchlinweg 19, ✉ 75378, ℘ (07052) 92 70, hotelambad-wald@t-online.de, Fax (07052) 3014, ≤, ≘s, ⌧, – ♨ TV ⇌. ◎ VISA. ⚿ Rest
geschl. 25. Nov. - 25. Dez. – **38 Zim** ⮂ 34 – 67.
  ♦ Die Zimmer des Hotels gegenüber den Kuranlagen sind mit solidem Holzmobiliar ausgestattet - z.T. verfügen sie über einen kleinen Wohnbereich und Balkon.

Koch garni, Sonnenweg 3, ✉ 75378, ℘ (07052) 13 06, gaestehauskoch@t-online.de, Fax (07052) 3345, ≘s, 🚗 – TV P. ◎ VISA. ⚿
geschl. Dez. - Jan. – **16 Zim** ⮂ 32/38 – 60.
  ♦ Sehr gepflegt, sauber und gut geführt präsentiert sich das im Ortszentrum gelegene familiengeführte kleine Hotel. Nette, in warmen Farben gehaltene Zimmer stehen hier bereit.

LIEDERBACH AM TAUNUS Hessen ⏵⏵⏵ P 9 – 7 300 Ew – Höhe 120 m.
Berlin 551 – Wiesbaden 23 – Frankfurt am Main 24 – Limburg an der Lahn 51.

Liederbacher Hof garni, Höchster Str. 9 (Eingang Taunusstraße), ✉ 65835, ℘ (069) 3 39 96 60, Fax (069) 33996623 – ⇌ TV P. ◎ VISA
geschl. 17. Dez. - 6. Jan. – **20 Zim** ⮂ 60/98 – 92/133.
  ♦ Hinter einem schlichten Äußeren verbergen sich helle, wohnliche Zimmer - in Naturholz eingerichtet. Die nette, familiäre Führung macht das Haus sympathisch.

LIESER Rheinland-Pfalz **543** O 5 – 1 300 Ew – Höhe 107 m.
Berlin 680 – Mainz 117 – *Trier* 44 – Bernkastel-Kues 4 – Wittlich 14.

Weinhaus Stettler garni, Moselstr. 41, ⊠ 54470, ℘ (06531) 23 96, *info@hotel-stettler.de*, Fax (06531) 7325, Massage, ≦s – TV P. ⒸⓂ VISA
15 Zim ⊆ 45 – 70/80.
♦ Das kleine Hotel liegt direkt am Moselufer und bietet großzügige, mit soliden Eichenmöbeln gestaltete Zimmer. Mehr Platz finden Sie in einem der Appartements.

LILIENTHAL Niedersachsen siehe Bremen.

LIMBACH Rheinland-Pfalz siehe Hachenburg.

LIMBACH-OBERFROHNA Sachsen **544** N 22 – 27 500 Ew – Höhe 365 m.
fi Stadtinformation, Rathausplatz 1, ⊠ 09212, ℘ (03722) 7 81 78, *post@limbach-oberfrohna.de*, Fax (03722) 78303.
Berlin 269 – Dresden 83 – *Chemnitz* 13 – Plauen 82 – Gera 64 – Leipzig 74.

Lay-Haus ≫, Markt 3, ⊠ 09212, ℘ (03722) 7 37 60, *info@lay-hotel.de*, Fax (03722) 737699, 斎 – ₪ TV ✆ – ₳ 60. ⒶⒺ ⓞ ⒸⓂ VISA
Menu à la carte 15/27 – **48 Zim** ⊆ 50/58 – 70.
♦ Nach der vollständigen Rekonstruktion des alten Gebäudes finden sich auch heute noch Relikte der damaligen Zeit. Man verfügt über gemütliche Gästezimmer. Restaurant mit antiker Holzdecke und in Schiefer gehauener Felsenkeller.

Es ist immer sicherer, eine Zimmerreservierung schrifftlich oder per Fax zu bestätigen.

LIMBURG AN DER LAHN Hessen **543** O 8 – 36 000 Ew – Höhe 118 m.
Sehenswert : Dom★ (Lage★★) A – Friedhofterrasse ≤★ – Diözesanmuseum★ A M1 – Altstadt★.
Ausflugsziel : Burg Runkel★ (Lage★★) Ost : 7 km.
fi Verkehrsverein, Hospitalstr. 2, ⊠ 65549, ℘ (06431) 61 66, *vvv-limburg@t-online.de*, Fax (06431) 3293. – Berlin 551 ① – Wiesbaden 52 ② – *Koblenz* 57 ④ – Gießen 56 ① – Frankfurt am Main 74 ② – Siegen 70 ①

Stadtplan siehe nächste Seite

DOM Hotel, Grabenstr. 57, ⊠ 65549, ℘ (06431) 90 10, *info@domhotel.net*, Fax (06431) 6856 – ₪, ⇌ Zim, ▬ Rest, TV ✆ P – ₳ 70. ⒶⒺ ⓞ ⒸⓂ VISA
※ Rest   A v
geschl. Weihnachten - Anfang Jan. – **Menu** (geschl. Juli - Aug. 3 Wochen, Sonntagabend - Montagmittag) à la carte 20/43,50 – **45 Zim** ⊆ 78/102 – 105/130.
♦ Eine elegante Ausstattung kennzeichnet die Zimmer dieses Hotels. Die Kombination klassizistischer und moderner Elemente schafft ein Ambiente zeitloser Ästhetik. Leicht vornehm wirkt das Restaurant de Prusse.

Romantik Hotel Zimmermann, Blumenröder Str. 1, ⊠ 65549, ℘ (06431) 46 11, *zimmermann@romantikhotels.com*, Fax (06431) 41314 – ⇌ TV ✆. ⒶⒺ ⒸⓂ VISA
※ Rest   A h
geschl. 20. Dez. - 5. Jan. – **Menu** (geschl. Samstag - Sonntag) (nur Abendessen) (Restaurant nur für Hausgäste) 35/40 – **24 Zim** ⊆ 80/115 – 85/165.
♦ Mit englischen Stilmöbeln unterschiedlich eingerichtete Zimmer vermitteln einen Hauch von Luxus. Ein außergewöhnliches Frühstück - am Tisch serviert - begeistert am Morgen.

Mercure garni, Schiede 10, ⊠ 65549, ℘ (06431) 20 70, *h2836@accor-hotels.com*, Fax (06431) 207444 – ₪ ⇌ TV ✆ ⇔ P – ₳ 60. ⒶⒺ ⓞ ⒸⓂ VISA
⊆ 13 – **100 Zim** ⊆ 76 – 91.   A e
♦ Sachlich gestaltete, in einem einheitlichen Stil gehaltene Gästezimmer bieten Ihnen die Annehmlichkeiten, die Sie von einem neuzeitlichen Hotel erwarten.

Nassauer Hof, Brückengasse 1, ⊠ 65549, ℘ (06431) 99 60, *nassauerhof-limburg@t-online.de*, Fax (06431) 996555, 斎 – ₪ TV ✆ P – ₳ 50. ⒶⒺ ⓞ ⒸⓂ VISA A a
Menu (geschl. 1. - 16. Jan., Montag) (nur Abendessen) à la carte 20/29,50 – **31 Zim** ⊆ 79/98 – 112.
♦ Im Herzen der idyllischen Altstadt - an der alten Lahnbrücke - finden Reisende ein gut gepflegtes Hotel, das ihren Ansprüchen an eine funktionelle Unterkunft gerecht wird. Restaurant mit kleiner Terrasse direkt am Fluss.

LIMBURG AN DER LAHN

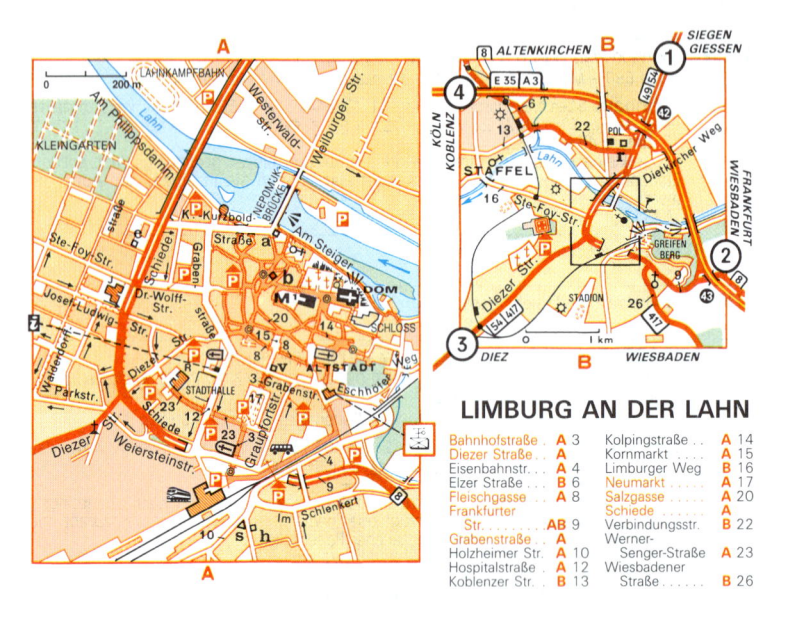

Bahnhofstraße	**A** 3	Kolpingstraße	**A** 14
Diezer Straße	**A**	Kornmarkt	**A** 15
Eisenbahnstr.	**A** 4	Limburger Weg	**B** 16
Elzer Straße	**B** 6	Neumarkt	**A** 17
Fleischgasse	**A** 8	Salzgasse	**A** 20
Frankfurter Str.	**AB** 9	Schiede	**A**
Grabenstraße	**A**	Verbindungsstr.	**B** 22
Holzheimer Str.	**A** 10	Werner-Senger-Straße	**A** 23
Hospitalstraße	**A** 12	Wiesbadener Straße	**B** 26
Koblenzer Str.	**B** 13		

🏨 **Montana** garni, Am Schlag 19, ✉ 65549, ☎ (06431) 2 19 20, limburg@hotel-montana.de, Fax (06431) 219255 – ✼ TV ✆ & **P** – 🔨 15. AE ◉ VISA. ✼   **B r**
52 **Zim** ⊇ 50 – 70.
♦ Im Jahre 2001 eröffnetes neuzeitliches Hotel in einem kleinen Industriegebiet außerhalb des Zentrums. Mit hellen Möbeln zeitgemäß eingerichtete Zimmer mit moderner Technik.

🏨 **Martin,** Holzheimer Str. 2, ✉ 65549, ☎ (06431) 9 48 40, info@hotel-martin.de, Fax (06431) 43185, 🌣 – 🛗 TV 🚗 **P**. ◉ VISA JCB   **A s**
Menu (geschl. 28. Dez. - 26. Jan., Sonntag) (nur Abendessen) à la carte 18/35,50, ⊇ – **30 Zim** ⊇ 50/64 – 74/78.
♦ In der Stadtmitte gegenüber dem Bahnhof liegt das familiengeführte Hotel mit sauberen, gepflegten und funktional ausgestatteten Zimmern.

🍴🍴 **Werner Senger Haus,** Rütsche 5, ✉ 65549, ☎ (06431) 69 42, Fax (06431) 284685, 🌣 – ◉ VISA   **A b**
Menu (Montag - Freitag nur Abendessen) à la carte 35,50/53,50.
♦ Ein schönes historisches Fachwerkhaus a. d. 13. Jh. beherbergt das gediegen-rustikale Restaurant - geprägt durch dunkles Holz, einen Kamin und eine schwere Holztreppe.

LIMBURGERHOF Rheinland-Pfalz 543 R 9 – 10 600 Ew – Höhe 95 m.
🛆 🎣 Limburgerhof, Kohlhof 9 (Süd : 2 km), ☎ (06236) 47 94 94.
Berlin 635 – Mainz 84 – Mannheim 13 – Kaiserslautern 63 – Speyer 16.

🏨 **Residenz Limburgerhof,** Rheingönheimer Weg 1, ✉ 67117, ☎ (06236) 47 10, info@residenz-limburgerhof.de, Fax (06236) 471100, Biergarten – 🛗, ✼ Zim, TV ✆ 🚗 **P** – 🔨 50. AE ◉ ◉ VISA. ✼ Rest
Menu (geschl. Sonntag) (nur Abendessen) à la carte 16/30 – **133 Zim** ⊇ 85/90 – 110.
♦ Neuzeitlich möbliert und auch technisch der heutigen Zeit angepasst, sind die funktionellen Zimmer des Hauses für private und geschäftliche Besuche gleichermaßen geeignet. Ein freundliches Ambiente in modernem Design erwartet den Gast im Restaurant.

🍴 **Gasthaus Limburgerhof,** Berliner Platz 13, ✉ 67117, ☎ (06236) 83 48, gasthaus-limburgerhof@gmx.de, Fax (06236) 88361, Biergarten – **P**
geschl. Jan. 1 Woche, Sept. 1 Woche, Montag – **Menu** à la carte 17/31,50.
♦ In einem Wohngebiet am Rande der Innenstadt liegt dieses massive, 2-flügelige Gebäude - hier hat man ein helles, freundliches Restaurant eingerichtet. Netter Biergarten.

LINDAU IM BODENSEE – Bayern 546 X 13 – 24 000 Ew – Höhe 400 m – Luftkurort.

Sehenswert: Hafen mit Römerschanze ≤* Z.
Ausflugsziel: Deutsche Alpenstraße*** (von Lindau bis Berchtesgaden).

🏌 Lindau, Am Schönbühl 5 (über ①), ℘ (08382) 9 61 70 ; 🏌 Weißensberg (Nord : 7 km über ①), ℘ (08389) 8 91 90.

🚂 Lindau-Reutin, Ladestraße.

🛈 Verkehrsverein, Ludwigstr. 68, ✉ 88131, ℘ (08382) 26 00 30, info@lindau-tourismus.de, Fax (08382) 260055.

Berlin 722 ① – München 180 ① – Konstanz 59 ③ – Ravensburg 33 ③ – Ulm (Donau) 123 ① – Bregenz 10 ②

Stadtplan siehe nächste Seite

Auf der Insel :

Bayerischer Hof, Seepromenade, ✉ 88131, ℘ (08382) 91 50, hotel@bayerischerhof-lindau.de, Fax (08382) 915591, Massage, ⌘, ⌘ (geheizt), ⌘ – 🏢 ⌘ ⌘ 🄿 – 🄰 180. 🄰🄴 ① ⌘ VISA. ⌘.
Z b
Menu (nur Abendessen) à la carte 27/44 – **100 Zim** ⌘ 114/188 – 140/279 – ½ P 24.
♦ Reif für die Insel ? Mit dem See und einer schönen Bergkulisse direkt vor der Tür ermöglicht Ihnen diese Residenz komfortables Wohnen von luxuriös bis gediegen-elegant. Klassisch und stilvoll das Restaurant mit herrlichem Ausblick.

Reutemann-Seegarten ⌘, Seepromenade, ✉ 88131, ℘ (08382) 91 50, hotel@bayerischerhof-lindau.de, Fax (08382) 915591, ≤, ⌘, Massage, ⌘, ⌘ (geheizt), ⌘ – 🏢 🄾 ⌘ 🄿 🄰🄴 ① ⌘ VISA
Z k
Menu à la carte 23/41,50 – **64 Zim** ⌘ 71/119 – 111/201 – ½ P 24.
♦ Gepflegte Räumlichkeiten im klassischen Stil bestimmen das Ambiente des Hotels. Genießen Sie das besondere Flair der angrenzenden Hafenpromenade. Gepflegtes Restaurant und Terrasse mit Aussicht. Bürgerliche und internationale Küche.

Lindauer Hof ⌘, Seepromenade, ✉ 88131, ℘ (08382) 40 64, info@lindauer-hof.de, Fax (08382) 24203, ≤, ⌘ – 🏢 🄾 ⌘ ⌘. 🄰🄴 ① ⌘ VISA JCB
Z y
Menu à la carte 18,50/38 – **30 Zim** ⌘ 72/99 – 135/189 – ½ P 25.
♦ Ein neuzeitlicher Rahmen, wohnliche Zimmer - meist mit italienischen Stilmöbeln eingerichtet, teils als Maisonetten angelegt - und die Nähe zum See machen dieses Hotel aus. Restaurant mit Wintergarten und Balkon-Terrasse mit schöner Aussicht in der 1. Etage.

Helvetia ⌘, Seepromenade 3, ✉ 88131, ℘ (08382) 91 30, info@hotel-helvetia.com, Fax (08382) 4004, ≤, ⌘, ⌘, ⌘ – 🏢, ✦ Zim, 🄾 ⌘ 🄰🄴 ① ⌘ VISA
Z x
Menu (geschl. Okt. – März) à la carte 18/36 – **47 Zim** ⌘ 75/130 – 100/200 – ½ P 20.
♦ Professionell geführtes Hotel in der Fußgängerzone. Zur Ausstattung der funktionellen Zimmer gehören Kiefernmobiliar, Rattan oder auch ein Himmelbett. Teil des Restaurants ist eine Terrasse mit toller Aussicht.

Brugger garni, Bei der Heidenmauer 11, ✉ 88131, ℘ (08382) 9 34 10, hotel.garni.brugger@t-online.de, Fax (08382) 4133 – 🄾 ⌘. 🄰🄴 ① ⌘ VISA
Y r
geschl. 5. - 28. Dez. – **23 Zim** ⌘ 45/56 – 82/88.
♦ Eine Einrichtung mit rustikaler Note verleiht den Zimmern des Hotels ein behagliches Ambiente. Auch die zentrale Lage zählt zu den Annehmlichkeiten.

Insel-Hotel ⌘ garni, Maximilianstr. 42, ✉ 88131, ℘ (08382) 50 17, welcome@insel-hotel-lindau.de, Fax (08382) 6756 – 🏢 🄾 ⌘ ⌘. 🄰🄴 ① ⌘ VISA
Z a
geschl. 22. - 26. Dez. – **28 Zim** ⌘ 56/80 – 99/139.
♦ Ruhig und dennoch mitten im Geschehen des Stadtzentrums liegt dieses gut unterhaltene, familiengeführte Hotel mit praktisch ausgestatteten Zimmern.

✕ **Alte Post** mit Zim, Fischergasse 3, ✉ 88131, ℘ (08382) 9 34 60, info@alte-post-lindau.de, Fax (08382) 934646. 🄾. ⌘ VISA
Y s
geschl. 12. - 27. Nov., 22. Dez. - 28. März – **Menu** à la carte 16/29 – **12 Zim** ⌘ 44/67 – 88/108.
♦ Freundliche, farbige Stoffe und eine dunkle Täfelung zieren das Interieur der Gaststuben. In rustikalem Umfeld wählen Sie von einer bürgerlich ausgelegten Speisekarte.

✕ **Zum Sünfzen**, Maximilianstr. 1, ✉ 88131, ℘ (08382) 58 65, Fax (08382) 4951, ⌘ – 🄰🄴 ① ⌘ VISA
Z v
Menu à la carte 16/30.
♦ Sie speisen hinter den historischen Mauern eines im 14. Jh. erbauten Hauses. Sowohl die Aufmachung des Restaurants als auch das Speiseangebot sind bürgerlich.

LINDAU IM BODENSEE

Aeschacher Ufer	X 2
Anheggerstraße	X 5
Bäckergäßele	Y 8

Bahnhofplatz	Z
B.d. Heidenmauer	Y 15
Bindergasse	Z 18
Bregenzer Straße	X 21
Brettermarkt	Z 24
Cramergasse	Y 27
Dammgasse	Z 30
Europaplatz	X 31
Fischergasse	Z 33
Giebelbachstraße	X 36
Hafenplatz	Z 38
In der Grub	Y
Inselgraben	Z 41
Kirchplatz	Y 47
Köchlinstraße	X 50
Kolpingstraße	Y 51
Langenweg	X 53
Lotzbeckpark	X 56
Maximilianstraße	YZ
Paradiesplatz	Y 62
Reichsplatz	Z 65
Reutiner Straße	X 69
Rickenbacher Straße	X 72
Schafgasse	YZ 77
Schmiedgasse	Y 80
Schönauer Straße	X 82
Schrannenplatz	Y 83
Seepromenade	Z 85
Stiftsplatz	YZ 87
Thierschbrücke	Y 90
Vordere Metzgerg.	Z 92

In Lindau-Aeschach :

🏨 **Am Rehberg** ⓢ garni, Am Rehberg 29, ✉ 88131, ✆ (08382) 33 29, hotel.am.rehberg@t-online.de, Fax (08382) 3576, ≘s, 🔲, 🚗 – TV P. ⓜ🕘 VISA   X u
geschl. 7. Jan. - Mitte März – **18 Zim** ⊇ 65/82 – 86/128.
 • Die Zimmer und Zweiraum-Appartements dieses familiengeführten, in einem Wohngebiet gelegenen Hotels sind solide und teils recht stilvoll möbliert.

🏨 **Café Ebner** garni, Friedrichshafener Str. 19, ✉ 88131, ✆ (08382) 9 30 70, hotel-cafe-ebner@t-online.de, Fax (08382) 930740, 🚗 – 🛏 TV ☎ 📞 AE ⓓ ⓜ🕘 VISA JCB. ※ Zim X z
18 Zim ⊇ 52/68 – 89/98.
 • Das komplett modernisierte ältere Stadthaus mit Café ist eine familiengeführte Übernachtungsadresse mit neuzeitlichen Zimmern in einheitlichem Stil.

🏨 **Am Holdereggenpark**, Giebelbachstr. 1, ✉ 88131, ✆ (08382) 60 66, Fax (08382) 5679 – TV ☎ P. ⓜ🕘 VISA. ※   X a
April - Okt. – **Menu** (geschl. Sonntag) (nur Abendessen) (Restaurant nur für Hausgäste) – **29 Zim** ⊇ 47/62 – 76/89 – ½ P 14.
 • Familiengeführtes Hotel mit großzügigem Aufenthaltsbereich und gepflegten, teils recht geräumigen Zimmern mit zeitgemäßem Inventar.

LINDAU IM BODENSEE

In Lindau-Hoyren :

Villino (Fischer), Hoyerberg 34, ⌧ 88131, ℘ (08382) 9 34 50, hotel.villino@t-onli ne.de, Fax (08382) 934512, 😊, Massage, ⟵ – 📺 🅿. 🅐🅔 🆅🅘🆂🅰 X r
geschl. Jan. 3 Wochen – **Menu** (geschl. Montag)(nur Abendessen) (Tischbestellung ratsam) à la carte 50/65, ♀ – **16 Zim** ⌖ 100/160 – 140/240.
• In einer schönen Gartenanlage mit Terrasse steht das engagiert geführte Hotel, dessen Zimmer mit geschmackvollem Landhaus-Mobiliar wohnlich eingerichtet sind. Stilvolles Restaurant mit kreativer Küche.
Spez. Asiatische Vorspeisen-Variation. Gebratene Riesengarnelen mit hausgemachten Trüffel-Spaghettini. Lammrücken mit Kräuter-Senf-Kruste

Hoyerberg Schlössle, Hoyerbergstr. 64 (auf dem Hoyerberg), ⌧ 88131, ℘ (08382) 2 52 95, info@hoyerbergschloessle.de, Fax (08382) 1837, ≤ Bodensee und Alpen, 😊 – 🅿. 🅐🅔 ⓘ 🅾🅞 🆅🅘🆂🅰 X e
geschl. Feb., Montag – Dienstagmittag – **Menu** (Tischbestellung ratsam) à la carte 44/55.
• Ein nettes Dekor und ein Hauch Eleganz prägen das Innenleben dieses einzigartig gelegenen Restaurants. Von der Terrasse schweift der Blick über Alpen und See.

In Lindau-Reutin :

Reulein garni, Steigstr. 28, ⌧ 88131, ℘ (08382) 9 64 50, hotel-reulein@t-online.de, Fax (08382) 75262, ≤, 🎿, 😊 – 📱 😊 📺 🅿. 🅐🅔 🅾🅞 🆅🅘🆂🅰 X s
geschl. 20. Dez. – 1. Feb. – **26 Zim** ⌖ 74/95 – 111/148.
• Eine solide Ausstattung sowie ein gutes Platzangebot kennzeichnen die Zimmer dieses recht ruhig gelegenen Landhauses – die meisten gewähren Ihnen einen schönen Blick zum See.

Freihof, Freihofstr. 2, ⌧ 88131, ℘ (08382) 96 98 70, info@freihof-lindau.de, Fax (08382) 9698778, 😊 – 📺 😊 🅿 X x
Menu à la carte 15/34 – **15 Zim** ⌖ 58/62 – 87/95 – ½ P 18.
• Der modernisierte Gasthof aus dem Jahre 1912 empfängt Sie heute mit einer freundlichen gelben Fassade. Die neuzeitlichen, hellen Gästezimmer schätzen auch Geschäftsreisende. Das Restaurant : mal hell und freundlich mit Parkett, mal rustikal oder leicht gehoben.

In Lindau-Bad Schachen :

Bad Schachen, Bad Schachen 1, ⌧ 88131, ℘ (08382) 29 80, info@badschachen.de, Fax (08382) 25390, ≤ Bodensee, Lindau und Alpen, 😊, Massage, ♀, 🅢 (geheizt), 🅢, 🎣, 😊, ※ – 📱 📺 😊 🅿 – 🅰 120. 🅐🅔 🅾🅞 🆅🅘🆂🅰 🅹🅲🅱. ※ Rest X d
7. April – 10. Okt. – **Menu** à la carte 28/46,50 – **124 Zim** ⌖ 115/161 – 176/238, 4 Suiten – ½ P 34.
• Dieses Haus gehört zur aussterbenden Spezies der alten, klassischen Grandhotels. Badeanstalt und Park mit dem Charme vergangener Tage. Zimmer mit unterschiedlichem Komfort. Im Speisesaal serviert man Ihnen internationale Gerichte. Terrasse unter Kastanien !

Lindenhof, Dennenmoosstr. 3, ⌧ 88131, ℘ (08382) 9 31 90, info@lindenhofhotel.de, Fax (08382) 931931, 😊, ⟵, 🅢, – 📺 ✆ 🅿. 🅐🅔 🅾🅞 🆅🅘🆂🅰 ※ X c
geschl. 5. Nov. – 1. März – **Bellini Garten** (geschl. Montag – Dienstagmittag) **Menu** à la carte 30/38 – **19 Zim** ⌖ 58/80 – 100/130 – ½ P 18.
• Ruhig liegt das familiengeführte kleine Hotel in einer Villengegend. Zu den Annehmlichkeiten zählen ein gepflegter Garten, eine schöne Terrasse und neuzeitliche Zimmer. Hell und freundlich gestaltetes Restaurant.

Schachener Hof mit Zim, Schachener Str. 76, ⌧ 88131, ℘ (08382) 31 16, info@schachenerhof-lindau.de, Fax (08382) 5495, 😊 – 📺 🅿. 🅐🅔 🅾🅞 🆅🅘🆂🅰 X v
geschl. 2. Jan. – 7. Feb. – **Menu** (geschl. Dienstag – Mittwoch) (wochentags nur Abendessen) 25/49 und à la carte – **9 Zim** ⌖ 55/64 – 80/88.
• Mit schmackhaft zubereiteten regionalen und internationalen Speisen überzeugt die Küche dieses klassischen, in dunklem Holz gehaltenen Restaurants. Freundlicher Service.

Auf dem Golfplatz Weißensberg Nord-Ost : 8 km über ① :

Golfhotel Bodensee, Lampertsweiler 51, ⌧ 88138 Weißensberg, ℘ (08389) 8 91 00, info@golfhotel-bodensee.de, Fax (08389) 89142, ≤, 😊, Massage, ⟵, 🎿 – 📱 📺 ✆ 🅿. – 🅰 20. 🅾🅞 🆅🅘🆂🅰
geschl. Jan. – Feb. – **Menu** à la carte 30,50/41,50 – **35 Zim** ⌖ 80/97 – 112, 4 Suiten – ½ P 25.
• Auch Nicht-Golfern bietet die gepflegte, attraktive Anlage inmitten eines Golfplatzes neuzeitlich und funktionell ausgestattete Zimmer. Internationale Küche im Restaurant mit Wintergarten.

In Hergensweiler-Stockenweiler Nord-Ost : 12 km über B 12 in Richtung Isny :

Lanz, Stockenweiler 32 (B 12), ⌧ 88138, ℘ (08388) 2 43, Fax (08388) 982581 – 🅿. 🅐🅔 🅾🅞 🆅🅘🆂🅰
geschl. Mittwoch – Donnerstag – **Menu** (nur Abendessen) à la carte 43/53.
• Moderne Eleganz prägt die drei ineinander übergehenden Stuben – kräftige Farben setzen Akzente. Aus der Küche kommt Klassisches mit asiatischen Einflüssen.

LINDBERG Bayern siehe Zwiesel.

LINDENFELS Hessen 543 Q 10 – 5 500 Ew – Höhe 364 m – Heilklimatischer Kurort.
🏢 Kur- und Touristikservice, Burgstr. 39, ✉ 64678, ℘ (06255) 24 25, touristik@lindenfels.de, Fax (06255) 30645.
Berlin 592 – Wiesbaden 86 – Mannheim 52 – Darmstadt 46.

🏨 **Waldschlösschen**, Nibelungenstr. 102, ✉ 64678, ℘ (06255) 24 60, waldschloesschenlindenfels@t-online.de, Fax (06255) 2016, 🍴 – 📺 🅿
geschl. 2. - 28. Nov. – **Menu** (geschl. Montag, Dez. - März Montag - Dienstagmittag) à la carte 22,50/34,50 – **13 Zim** 🛏 43 – 84 – ½ P 12.
• Ein sauberes und familiengeführtes kleines Hotel mit behaglich und zeitgemäß eingerichteten Gästezimmern. Der Naturpark Bergstraße-Odenwald lädt zu reizvollen Ausflügen ein. Restaurant mit sympathischem, rustikalem Ambiente.

In Lindenfels-Winkel Nord-West : 3 km, über B 47 :

🏨 **Wiesengrund** 🌿, Talstr. 3, ✉ 64678, ℘ (06255) 9 60 10, info@hotel-wiesengrund.de, Fax (06255) 960160, 🍴, 🅴🆂, 🏊, 🎾 – 📺 🖧 🅿 – 🍽 30. ⚫ 🅾 🆅🅸🆂🅰
geschl. Mitte Jan. - Anfang Feb. – **Menu** (geschl. Mittwoch) à la carte 11,50/27 – **35 Zim** 🛏 42/47 – 66/74 – ½ P 11.
• Mit dunklen Holzmöbeln in rustikaler Eiche sind die Zimmer des familiengeführten Gasthofs ausgestattet. Hallenbad und Sauna sorgen für Abwechslung. Bürgerliches Restaurant.

In Lindenfels-Winterkasten Nord : 6 km, über B 47 :

🏨 **Landhaus Sonne** 🌿 garni, Bismarckturmstr. 24, ✉ 64678, ℘ (06255) 25 23, holaso@holaso.de, Fax (06255) 2586, ≤, 🅴🆂, 🏊, 🎾 – 📺 📞 🅿 🚭
9 Zim 🛏 63/77 – 77/89.
• Neben einer zeitgemäßen und wohnlichen Ausstattung der Zimmer zählt ein unverbaubarer Fernblick über die Landschaft zu den Annehmlichkeiten dieses kleinen Hotels.

LINDLAR Nordrhein-Westfalen 543 M 6 – 22 500 Ew – Höhe 246 m.
🏌 Lindlar-Hommerich, Schloss Georgshausen (Süd-West : 8 km), ℘ (02207) 49 38.
🏢 LindlarTouristik, Am Marktplatz 1, ✉ 51789, ℘ (02266) 9 64 07, info@gemeindelindlar.de, Fax (02266) 470543.
Berlin 583 – Düsseldorf 73 – Gummersbach 25 – Köln 32 – Wipperfürth 13.

🏨 **Zum Holländer**, Kölner Str. 6, ✉ 51789, ℘ (02266) 66 05, Fax (02266) 44388 – 📺 🅿 – 🍽 30. 🅾 🆅🅸🆂🅰 🅹🅲🅱
Menu à la carte 19/37 – **12 Zim** 🛏 55/60 – 70/75.
• Das gepflegte kleine Haus unter familiärer Leitung liegt im Ortskern und verfügt über praktische, meist mit Eichenmobiliar ausgestattete Gästezimmer. Restaurant mit rustikalem Charakter.

🍴 **Altes Amtshaus**, Am Marktplatz 1, ✉ 51789, ℘ (02266) 46 46 46, info@amthauslindlar.de, Fax (02266) 464647, 🍴, Biergarten – ♿ 🅿 – 🍽 80. ⚫ 🅾 🆅🅸🆂🅰
geschl. Mittwoch – **Menu** à la carte 27/45,50.
• Das namengebende historisches Gebäude wurde restauriert und um einen Anbau mit Wintergarten erweitert. Im alten Amtshaus : das leicht elegant wirkende Restaurant. Innenhof.

In Lindlar-Schmitzhöhe Süd-West : 9 km, über Rheinstraße und Kemmerich :

🏨 **Landhaus Bleeker**, Hochstr. 19, ✉ 51789, ℘ (02207) 91 91 90, info@hotel-bleeker.de, Fax (02207) 81252, 🍴 – 🚭 Zim, 📺 📞 🖧 🅿 – 🍽 25. 🅰🅴 ⚫ 🅾 🆅🅸🆂🅰
Menu à la carte 19/39 – **23 Zim** 🛏 49/57 – 85/114.
• Relativ ruhig liegt der Gasthof mit Hotelanbau in einem kleinen Ort. Die Zimmer unterscheiden sich im Zuschnitt und nach Art des Mobiliars – teils Eiche, teils Kiefer. Restaurant in ländlichem Stil.

LINGEN Niedersachsen 541 I 5 – 56 000 Ew – Höhe 33 m.
🏌 Altenlingen, Gut Beversundern, ℘ (0591) 6 38 37.
🏢 Verkehrsbüro, Rathaus, Elisabethstr. 14, ✉ 49808, ℘ (0591) 9 14 41 45, touristik@lingen.de, Fax (0591) 9144149.
Berlin 498 – Hannover 204 – Nordhorn 21 – Bremen 135 – Enschede 47 – Osnabrück 65.

🏨 **Parkhotel**, Marienstr. 29, ✉ 49808, ℘ (0591) 91 21 60, Fax (0591) 54455, 🍴, 🅴🆂 – 🛗 📺 🅿 – 🍽 60. 🅰🅴 ⚫ 🅾 🆅🅸🆂🅰
Menu à la carte 18,50/37 – **31 Zim** 🛏 65/73 – 84/98.
• Solides Mobiliar und eine gute technische Ausstattung kennzeichnen die Zimmer dieses im Stadtzentrum gegenüber dem Bahnhof gelegenen Hotels. Gepflegtes Restaurant mit gut eingedeckten Tischen.

LINGEN

✗ **Hutmachers Deele,** Grosse Str. 12, ✉ 49808, ✆ (0591) 9 66 38 88, info@hutmac
hers-deele.de, Fax (0591) 9663887 – AE ◎ VISA
geschl. Dienstag – **Menu** 23 à la carte 30/43.
  • Das gemütliche, in Nischen unterteilte Restaurant ist in einem der ältesten Gebäude der Stadt untergebracht : einem Fachwerkhaus von 1790. Gekocht wird schmackhaft und solide.

In Lingen-Darme Süd : 4,5 km, Richtung Emsbüren :

🏨 **Am Wasserfall** ≫, Am Wasserfall 2 (Hanekenfähr), ✉ 49808, ✆ (0591) 80 90, inf
o@hotel-am-wasserfall.de, Fax (0591) 2278, ≤, 佘, ≘s – 劇 TV ☏ P – 🈂 200. AE ①
◎ VISA
Fährrestaurant : Menu à la carte 22/47 – **Zur Lachstreppe** (Montag - Freitag nur Abendessen) **Menu** à la carte 14/25 – **67 Zim** ⇔ 45/69 – 74/79.
  • Hinter einem architektonisch ansprechenden Äußeren erwarten Sie zeitgemäß und funktionell ausgestattete Zimmer - mit Blick auf die Ems. Im eleganten Fährrestaurant serviert man eine internationale Küche.

In Lingen-Schepsdorf Süd-West : 3 km über Lindenstraße Richtung Nordhorn :

🏨 **Hubertushof,** Nordhorner Str. 18, ✉ 49808, ✆ (0591) 91 29 20, info@hubertusho
f-lingen.de, Fax (0591) 9129290, 佘, 🐎 – TV ⇔ P – 🈂 50. ① ◎ VISA. ✕
geschl. Juli - Aug. 3 Wochen – **Menu** à la carte 19,50/27,50 – **40 Zim** ⇔ 42/59 – 70/80.
  • Gepflegte Zimmer mit solider Einrichtung sowie Sauberkeit und gute Führung sprechen für dieses Hotel. Erkunden Sie die umliegende Emslandschaft auf hoteleigenen Fahrrädern. Restaurant mit bürgerlicher Karte und Terrasse zum Garten.

LINKENHEIM-HOCHSTETTEN Baden-Württemberg 545 S 9 – 10 000 Ew – Höhe 109 m.
Berlin 656 – Stuttgart 89 – Karlsruhe 15 – Mannheim 50 – Mainz 122 – Landau in der Pfalz 49.

Auf der Insel Rott Nord-West : 4,5 km, über Hochstetten :

🏨 **Waldfrieden** ≫, Insel Rott 2, ✉ 76351 Linkenheim-Hochstetten, ✆ (07247) 17 79,
佘 – TV P
Menu (geschl. Feb. 3 Wochen, Sept. 2 Wochen, Montag - Dienstag) (überwiegend Fischgerichte) à la carte 10/17 – **10 Zim** ⇔ 40/46 – 65.
  • Ruhig liegt der kleine Familienbetrieb mit hübschem Türmchen auf einer Rheininsel. Hier beherbergt man solide Gästezimmer, meist mit Balkon. Restaurant im ländlichen Stil.

LINNICH Nordrhein-Westfalen 543 N 2 – 13 000 Ew – Höhe 67 m.
Berlin 610 – Düsseldorf 59 – Aachen 37 – Köln 76.

✗ **Rheinischer Hof,** Rurstr. 21, ✉ 52441, ✆ (02462) 10 32, rheinischer-hof@t-online.de,
Fax (02462) 7137, 佘 – ① ◎ VISA
geschl. Mitte Juli - Mitte Aug., Montag - Dienstag – **Menu** à la carte 17/34.
  • Ein bürgerlich gestaltetes, familiengeführtes Restaurant mit einer klassischen Note. Die Karte bietet eine Auswahl internationaler Speisen.

✗ **Waldrestaurant Ivenhain,** Ivenhain (Ost : 1,5 km), ✉ 52441, ✆ (02462) 90 51 26,
info@invenhain.de, Fax (02462) 905128 – P. ① ◎ VISA. ✕
geschl. über Karneval, Juli - Aug. 3 Wochen, Donnerstag – **Menu** à la carte 24/43.
  • Das in einem Privathaus untergebrachte Restaurant liegt außerhalb des Ortes an einem Teich im Wald. In rustikalem Ambiente serviert man eine bürgerliche Küche.

LINSENGERICHT Hessen siehe Gelnhausen.

LINSTOW Mecklenburg-Vorpommern 542 F 21 – 180 Ew – Höhe 69 m.
Berlin 163 – Schwerin 92 – Rostock 60 – Neubrandenburg 70.

🏨 **Van der Valk Resort,** Krakower Chaussee 1, ✉ 18292, ✆ (038457) 70, linstow@
vandervalk.de, Fax (038457) 24565, 佘, ≘s, 🏊, 🐎, ✕(Halle) – 劇 TV P – 🈂 700. AE
① ◎ VISA
Menu à la carte 17/32 – **88 Zim** ⇔ 60/65 – 80/90.
  • Eine beeindruckende Anlage mit schöner, großzügiger Badelandschaft. Sie wohnen in geräumigen Zimmern mit komfortabler, neuzeitlicher Einrichtung oder in einer Ferienwohnung. Modernes à la carte-Restaurant und verschiedene Themenrestaurants.

Der MICHELIN-Hotelführer : EUROPE
für Geschäftsreisende und Touristen.

LIPPETAL Nordrhein-Westfalen 543 K 8 – 11 000 Ew – Höhe 64 m.

Lippetal-Lippborg, Ebbeckeweg 3 (West : 9 km), ℘ (02527) 81 91.
Berlin 453 – Düsseldorf 131 – Arnsberg 42 – Bielefeld 78 – Dortmund 62 – Paderborn 47 – Soest 16.

In Lippetal-Lippborg :

Gasthof Willenbrink mit Zim, Hauptstr. 10, ✉ 59510, ℘ (02527) 2 08, gasthof@willenbrink.de, Fax (02527) 1402, 😊 – 👁 Zim, 📺 📞 ℗ 🚫 Zim
geschl. 23. Dez - 5. Jan., 25. Juli - 22. Aug. - **Menu** (geschl. Montag, Feiertage) (nur Abendessen) à la carte 21/37,50 – **6 Zim** ⊇ 40 – 70.
♦ Hinter einer urtümlichen Fachwerkfassade befindet sich dieses ländlich gestaltete Restaurant. Gute Produkte werden hier zu schmackhaften regionalen Speisen verarbeitet.

LIPPSPRINGE, BAD Nordrhein-Westfalen 543 K 10 – 15 500 Ew – Höhe 123 m – Heilbad – Heilklimatischer Kurort.

Bad Lippspringe, Ahornallee 20 (West : 2 km), ℘ (05251) 1 37 11 45.
🛈 Tourist-Information, Marktplatz, ✉ 33175, ℘ (05252) 2 62 62, info@bad-lippspringe.de, Fax (05252) 26266.
Berlin 385 – Düsseldorf 179 – Bielefeld 54 – Detmold 18 – Hannover 103 – Paderborn 9.

Park Hotel 🌿, Peter-Hartmann-Allee 4, ✉ 33175, ℘ (05252) 96 30, info@parkhotel-lippspringe.bestwestern.de, Fax (05252) 963111, 😊, 🌀, Massage, 🛋, 🏊, – 🛗, 👁 Zim, 📺 📞 ℗ – 🔒 160. 🆎 ⓞ 🆎 VISA 🚫 Rest
Menu à la carte 21/33,50 – ⊇ 13 – **100 Zim** 74/105 – 110/126 – ½ P 20.
♦ Mit solider Möblierung und guter Technik versehen, bieten Ihnen die großzügig geschnittenen Zimmer die Annehmlichkeiten eines neuzeitlichen Hotels. Wellnessbereich. Zum Kurpark hin gelegenes Restaurant mit Blick ins Grüne.

Vital Hotel, Schwimmbadstr. 14, ✉ 33175, ℘ (05252) 96 41 00, reception@vital-hotel.de, Fax (05252) 964170, Massage, 🏋, 🛋, 🏊, 🏊 (Therme), 🍸 – 🛗, 👁 Zim, 📺 📞 🖐 ℗ – 🔒 110. 🆎 🆎 VISA 🚫 Rest
Menu à la carte 20,50/29 – **111 Zim** ⊇ 94/99 – 120 – ½ P 17.
♦ Eine moderne Ausstattung, Wohnlichkeit und ein gutes Platzangebot bieten die Zimmer dieses am Stadtrand, an der Therme, gelegenen Tagungshotels. Restaurant mit Blick ins Thermalbad.

Gästehaus Scherf 🌿 garni (mit Gästehaus), Arminiusstr. 23, ✉ 33175, ℘ (05252) 20 40, kscherf@aol.com, Fax (05252) 204188, 🛋, 🏊, 🍸 – 🛗 📺 📞 🖼 ℗ 🆎 🆎 VISA
58 Zim ⊇ 50/70 – 75/100.
♦ Stammhaus, Gästehaus sowie die neue "Residenz" stellen dem Gast Zimmer in verschiedenen Ausführungen zur Wahl : elegant, wohnlich oder etwas schlichter.

LIPPSTADT Nordrhein-Westfalen 542 K 9 – 70 000 Ew – Höhe 77 m.

Lippstadt-Bad Waldliesborn, Gut Mentzelsfelde (Nord : 3 km), ℘ (02941) 81 01 10.
✈ bei Büren-Ahden, (Süd-Ost : 17 km über Geseke), ℘ (02955) 7 70.
🛈 Städt. Verkehrsverein, Rathaus, Lange Str. 14, ✉ 59555, ℘ (02941) 5 85 15, Fax (02941) 79717.
🛈 Kurverwaltung (Haus der Kurgäste), Bad Waldliesborn, Quellenstr. 72, ✉ 59559, ℘ (02941) 94 88 00.
Berlin 436 – Düsseldorf 142 – Bielefeld 55 – Meschede 43 – Paderborn 31.

Welcome Hotel Lippe Residenz, Lipper Tor 1, ✉ 59555, ℘ (02941) 98 90, info@lippe-residenz.de, Fax (02941) 989529, 😊, Biergarten – 🛗, 👁 Zim, 🖼 Rest, 📺 📞 ℗ – 🔒 80. 🆎 ⓞ 🆎 VISA
Menu à la carte 23,50/37 – **80 Zim** ⊇ 95/125 – 133/160.
♦ Mit einem vollen Hallenbereich empfängt Sie der moderne, teils verglaste Hotelbau. Die Zimmer hat man solide und funktionell eingerichtet sowie farblich hübsch gestaltet. Ein Bistro ergänzt das neuzeitliche Restaurant mit offener Küche.

Lippischer Hof, Cappelstr. 3, ✉ 59555, ℘ (02941) 9 72 20, checkin@lippischer-hof-nrw.de, Fax (02941) 9722499 – 🛗, 👁 Zim, 📺 📞 🖼 ℗ – 🔒 80. 🆎 ⓞ 🆎 VISA JCB
Menu (geschl. Freitag - Samstag, Sonn- und Feiertage) (nur Abendessen) (Restaurant nur für Hausgäste) – **49 Zim** ⊇ 80/90 – 99.
♦ Die Zimmer dieses Hotels sind in einheitlichem Stil eingerichtet, praktisch und neuzeitlich in der Ausstattung. Zu den Vorzügen des Hauses zählt zudem die zentrale Lage.

Fellini, Cappelstr. 44a, ✉ 59555, ℘ (02941) 92 41 50, Fax (02941) 910542, 😊 – 🆎 VISA
geschl. Sonntag – **Menu** (nur Abendessen) (italienische Küche) à la carte 27/39,50.
♦ Das Restaurant ist in einem Fachwerkhaus aus dem 18. Jh. untergebracht und gefällt mit neuzeitlich-eleganter Aufmachung. Blickfang ist die offene Küche.

LIPPSTADT

In Lippstadt-Bad Waldliesborn Nord : 5 km, über B 55 – Heilbad :

Jonathan, Parkstr. 13, ⊠ 59556, ℰ (02941) 88 80, info@hotel-jonathan.de, Fax (02941) 82310, 🍴, Biergarten – TV P – 🔥 25. AE ⓘ MC VISA
Menu (geschl. Montagmittag) à la carte 17/39,50 – **64 Zim** ⊇ 59/62 – 79.
♦ Die Gästezimmer dieses Familienbetriebs verteilen sich auf das ursprüngliche Hotel und zwei neuere Anbauten ; sie sind gut gepflegt und funktionell eingerichtet. Nettes rustikales Restaurant.

Parkhotel Ortkemper ⬚, Im Kreuzkamp 10, ⊠ 59556, ℰ (02941) 88 20, parkhotel.ortkemper@t-online.de, Fax (02941) 88240, 🍴, ≦s, 🐎 – 🛗 TV ♿ P – 🔥 40. MC VISA. ℅ Rest
Menu à la carte 16/26 – **45 Zim** ⊇ 42 – 78.
♦ Das Haus liegt direkt am Kurpark, in einem Wohngebiet am Waldrand. Die Zimmer unterscheiden sich in der Größe, sind hell möbliert und zeitgemäß ausgestattet. Dunkle Holzbalken geben dem Restaurant einen gemütlichen Charakter.

Hubertushof, Holzstr. 8, ⊠ 59556, ℰ (02941) 85 40, Fax (02941) 82585, 🐎 – TV ⇔ P. MC ℅ Zim
geschl. 20. Dez. - 10. Jan. - **Menu** (geschl. Montag, im Winter Sonntagabend - Montag) à la carte 15/29 – **14 Zim** ⊇ 45 – 80 – ½ P 8.
♦ Die verkehrsgünstige Lage und sehr gepflegte Zimmer mit gutem Platzangebot sprechen für den familiengeführten kleinen Gasthof mit Klinkerfassade. Eichengebälk aus dem 17. Jh. schmückt das rustikale Restaurant.

LIST Schleswig-Holstein siehe Sylt (Insel).

LOBENSTEIN Thüringen 544 O 18 – 7 500 Ew – Höhe 560 m – Moorheilbad.
🛈 Fremdenverkehrsamt, Graben 18, ⊠ 07356, ℰ (036651) 25 43, Fax (036651) 2543.
Berlin 296 – Erfurt 143 – Coburg 74 – Plauen 55 – Hof 33.

Markt-Stuben, Markt 24, ⊠ 07356, ℰ (036651) 82 70, markt-stuben-lobenstein@t-online.de, Fax (036651) 82727, 🍴 – TV. AE ⓘ MC VISA. ℅ Zim
geschl. über Fasching 2 Wochen – **Menu** (geschl. Sonntagabend) à la carte 12,50/31,50 – **13 Zim** ⊇ 40/45 – 70 – ½ P 10.
♦ Die Zimmer dieses von der Inhaber-Familie geführten kleinen Hauses sind praktisch ausgestattet, teils im ländlich-rustikalen Stil, teils in modernem Design. Schlicht gestaltete Gaststube.

Schwarzer Adler, Wurzbacher Str. 1 (B 90), ⊠ 07356, ℰ (036651) 8 89 29, roesicke@hotel-schwarzeradler.de, Fax (036651) 88931, ≦s – TV P – 🔥 15. AE ⓘ MC VISA
Menu à la carte 15/27 – **16 Zim** ⊇ 37/45 – 62/65 – ½ P 10.
♦ Das von Grund auf neu gestaltete historische Haus beherbergt saubere, mit hellen Holzmöbeln zeitgemäß eingerichtete Zimmer. Ein Bustransfer steht für Ausflüge zur Verfügung. Restaurant mit bürgerlicher Küche.

LOCHAU Österreich siehe Bregenz.

LODDIN Mecklenburg-Vorpommern siehe Usedom (Insel).

LÖCHGAU Baden-Württemberg 545 S 11 – 5 000 Ew – Höhe 260 m.
Berlin 615 – Stuttgart 32 – Ludwigsburg 25 – Pforzheim 37.

✕ **Zur Krone**, Hauptstr. 63, ⊠ 74369, ℰ (07143) 1 82 17, Fax (07143) 961558, 🍴
geschl. Mittwoch, Samstagmittag – **Menu** à la carte 20,50/30,50.
♦ Hinter historischen Mauern verbirgt sich ein gemütliches Ambiente - Holzbalken und ein nettes Dekor zieren den Raum. Man bewirtet Sie nach regionaler oder internationaler Art.

LÖF Rheinland-Pfalz 543 P 6 – 2 100 Ew – Höhe 85 m.
Berlin 619 – Mainz 94 – Koblenz 30 – Trier 112 – Cochem 26.

In Löf-Kattenes :

Langen (mit Gästehaus), Oberdorfstr. 6, ⊠ 56332, ℰ (02605) 45 75, hotel.langen@t-online.de, Fax (02605) 4348, 🍴, 🐎 – TV P. AE ⓘ MC VISA JCB. ℅
geschl. 20. Dez. - 8. Jan., 25. Feb. - 1. April - **Menu** (geschl. Dienstagmittag) à la carte 13/26,50 – **27 Zim** ⊇ 29/35 – 46/54.
♦ Solide möblierte Gästezimmer mit Balkon stehen in diesem Gasthof zum Einzug bereit - ein sauberer und preiswerter Familienbetrieb. Unterteiltes Restaurant mit regionaler Küche.

LÖHNBERG Hessen siehe Weilburg.

LÖHNE Nordrhein-Westfalen 543 J 10 – 39 000 Ew – Höhe 60 m.

🛆 Löhne, Auf dem Stickdorn 63 (Süd-Ost : 10 km Richtung Exter), ℘ (05228) 70 50.
Berlin 370 – Düsseldorf 208 – Bielefeld 39 – Hannover 85 – Herford 12 – Osnabrück 53.

🏨 **Schewe** ⚜, Dickendorner Weg 48 (Ort), ✉ 32584, ℘ (05732) 9 80 30, hotel-sch
ewe@t-online.de, Fax (05732) 980399, Biergarten – ⥄ Zim, 📺 📞 🅿, 🆎
⓪ VISA
geschl. Jan. 1 Woche, Ende Juli - Anfang Aug. – **Menu** (geschl. Freitagmittag, Samstag-
mittag, Sonntagmittag) à la carte 22,50/38,50 – **24 Zim** ☐ 45/49 – 75.
♦ Gepflegte Gästezimmer mit einer sinnvollen, zeitgemäßen Ausstattung bietet Ihnen der
vom Inhaber selbst geführte Gasthof mit Anbau. Elegant-rustikal präsentiert sich die Ein-
richtung des Restaurants.

LÖNINGEN Niedersachsen 541 H 7 – 14 000 Ew – Höhe 35 m.

🛈 Touristinformation, Langenstr. 38, ✉ 49624, ℘ (05432) 8 03 70, touristinfo@loe
ningen.de, Fax (05432) 803727.
Berlin 290 – Bremen 88 – Nordhorn 65 – Enschede 101 – Osnabrück 60 – Hannover 170.

🏨 **Rüwe** ⚜, Parkstr. 15, ✉ 49624, ℘ (05432) 9 42 00, Fax (05432) 942011, ⛲ – ⥄ Zim,
📺 📞 🅿 – 🆎 20. VISA ⚜
geschl. Anfang Jan. 1 Woche – **Menu** (geschl. Montag) à la carte 16/30,50 – **10 Zim**
☐ 45/55 – 70/85.
♦ Parkettboden und eine freundliche Einrichtung geben den Zimmern dieses netten Hauses
einen wohnlichen Charakter. Familiäre Führung und tadellose Pflege. Helle Farbtöne domi-
nieren im Restaurant.

LÖRRACH Baden-Württemberg 545 X 7 – 46 000 Ew – Höhe 294 m.

Ausflugsziel : Burg Rötteln★, Nord : 3 km.

🚗 Bahnhofstraße.

🛈 Touristinformation im Burghof, Herrenstr. 5, ✉ 79539, ℘ (07621) 9 40 89 13,
ticket@burghof.com, Fax (07621) 9408914.
ADAC, Bahnhofsplatz 2.
Berlin 862 – Stuttgart 265 – Freiburg im Breisgau 70 – Basel 9 – Donaueschingen 96 –
Zürich 83.

🏨 **Villa Elben** ⚜ garni, Hünerbergweg 26, ✉ 79539, ℘ (07621) 20 66, info@villa-elb
en.de, Fax (07621) 43280, ≤, 🚗 – 📶 ⥄ 📺 🅿, 🆎 ⓪ VISA JCB
34 Zim ☐ 62/82 – 77/95.
♦ Ob Sie in der schönen Villa mit Park Quartier beziehen oder im neueren Hotelanbau
wohnen, man beherbergt Sie in funktionellen Räumen - teils mit stilvollem Mobiliar.

🏨 **Parkhotel David** garni, Turmstr. 24, ✉ 79539, ℘ (07621) 3 04 10, info@parkhote
l-david.de, Fax (07621) 88827 – 📶 ⥄ 📺 – 🆎 40. 🆎 ⓪ ⓪ VISA JCB
37 Zim ☐ 70/80 – 90/110.
♦ Im Zentrum der Stadt finden Sie dieses Etagenhotel, das mit einer neuzeitlichen Gestal-
tung den Ansprüchen von Tagenden wie auch privat Reisenden gerecht wird.

🏨 **Stadt-Hotel** garni, Weinbrennerstr. 2, ✉ 79539, ℘ (07621) 4 00 90, info@stadthot
el-loerrach.de, Fax (07621) 400966 – 📶 ⥄ 📺 📞 🚗. ⓪ VISA
30 Zim ☐ 60/75 – 80/105.
♦ Sie logieren in behaglichen Doppelzimmern - einheitlich in Mahagoni gehalten und
praktisch ausgestattet. Für mehr Komfort wählen Sie eines der beiden Apparte-
ments.

🏨 **Meyerhof** garni, Basler Str. 162, ✉ 79539, ℘ (07621) 9 34 30, Fax (07621) 934343
– 📶 ⥄ 📺 📞 🚗. 🆎 ⓪ ⓪ VISA ⚜
31 Zim ☐ 65/70 – 90/100.
♦ Das Hotel befindet sich in verkehrsberuhigter Innenstadtlage. Die Zimmer unterschei-
den sich in Zuschnitt und Art des Mobiliars - alle mit solidem und gepflegtem
Inventar.

🍴 **Zum Kranz** mit Zim, Basler Str. 90 (B 317), ✉ 79540, ℘ (07621) 8 90 83, info@kra
nz-loerrach.de, Fax (07621) 14843, ⛲ – 📺 🅿. 🆎 ⓪ VISA
Menu (geschl. Sonntag - Montagmittag) (Tischbestellung ratsam) à la carte 27/43,50 –
9 Zim ☐ 60 – 80.
♦ Die Karte lockt mit Klassischem sowie mit Gerichten der Saison - hier schmeckt
man die sorgfältige Verarbeitung guter Produkte. Ein engagierter Service berät Sie
gerne.

LÖRRACH

Am Burghof mit Zim, Herrenstr. 3, ⊠ 79539, ℰ (07621) 94 03 80, burghof.restaur
ant@t-online.de, Fax (07621) 9403838, 🌳 – 🏨 TV 📞 👜 AE ⓄⒹ VISA. ❊ Zim
Menu (geschl. Sonntag) à la carte 22/41,50 – **8 Zim** ⊇ 75/85 – 110.
  ♦ Im ersten Stock des Hauses nehmen Sie in modernem Ambiente zum Speisen Platz. Auf
  den Tisch kommen internationale Speisen. Zimmer in modern-sachlichem Stil.

In Lörrach-Brombach Nord-Ost : 4 km, über Brombacher Straße, jenseits der A 98 :

Sporthotel Impulsiv, Beim Haagensteg 5 (im Freizeitcenter), ⊠ 79541, ℰ (07621)
95 41 10, impulsiv.loerrach@t-online.de, Fax (07621) 9541139, 🎾, ⛱, ❊(Halle) Squash
– ❊ TV 📞 🅿. AE ⓄⒹ VISA
Menu (geschl. Montag) (nur Abendessen) à la carte 16/27 **21 Zim** ⊇ 60/67 – 80.
  ♦ Eine neuzeitliche Einrichtung und Funktionalität kennzeichnen die Zimmer dieses
  Hauses, teils allergikerfreundlich mit Parkettboden, teils auch mit kleiner
  Terrasse.

In Lörrach-Haagen Nord-Ost : 3,5 km, über B 317, jenseits der A 98 :

Burgschenke Rötteln, in der Burg Rötteln, ⊠ 79541, ℰ (07621) 5 21 41,
Fax (07621) 52108, ≤, 🌳, Biergarten - 🅿. ⓄⒹ VISA
geschl. über Fastnacht 2 Wochen, Sonntag - Montag – **Menu** à la carte 25,50/46.
  ♦ Das Restaurant teilt sich in verschiedene, teils ländlich gestaltete, nett dekorierte Räume.
  Man kocht international. Biergarten mit Selbstbedienung.

An der B 316 Süd-Ost : 4 km :

Landgasthaus Waidhof, ⊠ 79594 Inzlingen, ℰ (07621) 26 29, Fax (07621) 166265,
🌳 – 🅿.
geschl. Feb. 2 Wochen, Juli 2 Wochen, Samstagmittag, Sonntagabend - Montag – **Menu**
à la carte 28/48.
  ♦ In einem sehr gepflegten, gemütlichen Ambiente mit reichlich Zierrat serviert man Ihnen
  an gut eingedeckten Tischen internationale Gerichte.

In Inzlingen Süd-Ost : 6 km, über B 316 Richtung Rheinfelden :

Krone (mit Gästehaus), Riehenstr. 92, ⊠ 79594, ℰ (07621) 22 26, info@krone-inzlin
gen.de, Fax (07621) 2245, 🌳 – ❊ Zim, TV 📞 🅿. - 🛎 25. AE ⓄⒹ VISA
Menu (geschl. Montag) à la carte 19/37 – **23 Zim** ⊇ 55/65 – 79/90.
  ♦ Ein neuzeitlicher Stil, eine gute technische Ausstattung sowie überwiegend eingefärbte
  Landhausmöbel machen die Zimmer dieses familiengeführten Gasthofs aus. Sie speisen in
  bürgerlichem Ambiente oder unter freiem Himmel.

Inzlinger Wasserschloß (mit Gästehaus), Riehenstr. 5, ⊠ 79594, ℰ (07621) 4 70 57,
info@inzlinger-wasserschloss.de, Fax (07621) 13555, 🌳 – TV 🅿. AE ⓄⒹ VISA
Menu (geschl. Anfang - Mitte Jan., Dienstag - Mittwoch) (Tischbestellung ratsam) 55/83
und à la carte – **Schloss Beitzle** (geschl. Anfang - Mitte Jan., Dienstag - Mittwoch) **Menu**
à la carte 31/51,50 – **12 Zim** ⊇ 57 – 93.
  ♦ Hinter historischen Mauern a. d. 15. Jh. - umgeben von einem Wassergraben - serviert
  man Ihnen internationale Speisen. Eine elegante Note unterstreicht den gepflegten Rah-
  men. Das Schloss Beitzle ist ein rustikales Kellerrestaurant.

LÖWENSTEIN Baden-Württemberg ❺❹❺ S 12 – 3 000 Ew – Höhe 384 m – Erholungsort.
Berlin 595 – Stuttgart 58 – Heilbronn 18 – Schwäbisch Hall 30.

Lamm mit Zim, Maybachstr. 43, ⊠ 74245, ℰ (07130) 40 19 50, assenheimer-lamm-lo
ewenstein@t-online.de, Fax (07130) 401959 – TV. ❊ Zim
geschl. Jan. 1 Woche, Aug. 3 Wochen – **Menu** (geschl. Montag) 14 à la carte 15/33 – **8 Zim**
⊇ 40 – 60.
  ♦ Ein familiär geführter Landgasthof im Zentrum des Weinorts. Im ländlichen Ambiente
  der mit Polsterbänken und -stühlen ausgestatteten Gaststube pflegt man eine regionale
  Küche.

LOHBERG Bayern ❺❹❻ S 23 – 2 100 Ew – Höhe 650 m – Erholungsort – Wintersport : 550/1456
🎿.
🛈 Tourist-Information, Rathausweg 1a, ⊠ 93470, ℰ (09943) 94 13 13, tourist@loh
berg.de, Fax (09943) 941314.
Berlin 519 – München 205 – Passau 88 – Cham 44 – Deggendorf 62.

In Lohberg-Altlohberghütte Ost : 3 km in Richtung Bayerisch-Eisenstein – Höhe 900 m

Berghotel Kapitän Goltz ❊, ⊠ 93470, ℰ (09943) 13 87, kapitaen-goltz@t-onli
ne.de, Fax (09943) 2236, ≤, 🌳, 🎾, ⛱, 🐎 – TV 🅿. AE ⓄⒹ VISA
Menu à la carte 16/31 – **13 Zim** ⊇ 27 – 42 – ½ P 9.
  ♦ Das kleine Hotel befindet sich außerhalb in Hanglage. Sie wohnen in soliden, sauberen
  mit einfachen Naturholzmöbeln eingerichteten Zimmern. Helle Holztäfelung und Kachel-
  ofen machen das Restaurant behaglich.

LOHMAR Nordrhein-Westfalen 543 N 5 – 26 800 Ew – Höhe 75 m.
 ⏏18 Lohmar-Wahlscheid, Schloss Auel (Nord-Ost : 9 km), ☎ (02206) 86 62 59.
Berlin 587 – Düsseldorf 63 – Bonn 16 – Siegburg 5 – Köln 23.

In Lohmar-Wahlscheid Nord-Ost : 4 km, über B 484 :

🏨 **Landhotel Naafs-Häuschen,** an der B 484 (Nord-Ost : 2 km Richtung Overath), ✉ 53797, ☎ (02206) 60 80, reception@naaf.de, Fax (02206) 608100, 🌳, Biergarten, 🔲, ♨ – 📺 ✆ P – 🅿 50. AE ⓘ ⓜ VISA. 🍴 Zim
Menu à la carte 22,50/37,50 – **44 Zim** ⍁ 95/105 – 125.
• Ob Sie geschäftlich oder privat unterwegs sind - sinnvoll und gediegen-wohnlich ausgestattete Gästezimmer in zeitgemäßer Machart bieten den passenden Rahmen. Ein Teil des Restaurants befindet sich im ehemaligen Kuhstall.

🏨 **Aggertal-Hotel Zur alten Linde** 🍃, Bartholomäusstr. 8, ✉ 53797, ☎ (02206) 9 59 30, info@aggertalhotel.de, Fax (02206) 959345, 🌳, 🔲, ♨ – 📺 ✆ P – 🅿 50. AE ⓘ ⓜ VISA. 🍴 Rest
geschl. Juli - Aug. 3 Wochen – **Menu** (geschl. Sonn- und Feiertage, Montagmittag) à la carte 26/42,50 – **27 Zim** ⍁ 115/125 – 110/150.
• Recht ruhig liegt der familiengeführte erweiterte Gasthof in einem Wohngebiet. Man verfügt über gepflegte Zimmer mit einer soliden Technik. In rustikalem Ambiente serviert man regionale und internationale Küche.

🏨 **Haus Säemann** 🍃, Am alten Rathaus 17, ✉ 53797, ☎ (02206) 8 30 11, Fax (02206) 83017, Biergarten – 📺 ⇌ P. AE ⓘ ⓜ VISA
Menu (geschl. Montagabend) à la carte 19,50/38 – **15 Zim** ⍁ 56/70 – 75/85.
• Mit ihrem praktischen Inventar bieten die Zimmer dieses familiengeführten kleinen Hotels eine solide und gepflegte Übernachtungsmöglichkeit. Gediegenes Restaurant im ersten Stock.

LOHME Mecklenburg-Vorpommern siehe Rügen (Insel).

LOHMEN (KREIS SÄCHSISCHE SCHWEIZ) Sachsen 544 N 26 – 3 200 Ew – Höhe 237 m.
Berlin 220 – Dresden 27 – Pirna 7.

🏨 **Landhaus Nicolai,** Basteistr. 122, ✉ 01847, ☎ (03501) 5 81 20, info@sachsenhotels.de, Fax (03501) 581288, 🌳 – ⇌ Zim, 📺 ✆ & P – 🅿 30. AE ⓜ VISA
Menu à la carte 14/26 – **39 Zim** ⍁ 54 – 76/80.
• Das Hotel gefällt mit einem hellen Empfangsbereich mit Galerie und neuzeitlich-funktionellen Zimmern. Die Gästezimmer im Erdgeschoss verfügen über eine Sonnenterrasse. Nicolaistube mit freundlichem Design.

LOHNE Niedersachsen 541 I 8 – 20 200 Ew – Höhe 34 m.
Berlin 409 – Hannover 123 – Bremen 80 – Oldenburg 61 – Osnabrück 50.

🏨 **Business** garni, Am Bahnhof 12, ✉ 49393, ☎ (04442) 9 34 30, info@lohne-business-hotel.de, Fax (04442) 934310 – ⇌ 📺 ✆ P – 🅿 25. ⓜ VISA
⍁ 7 – **36 Zim** 44 – 51.
• Im Industriegebiet in Bahnhofsnähe ist dieses auf den Geschäftsreisenden ausgerichtete Hotel gelegen. Sachlich und funktionell sind die Zimmer ausgestattet.

🍴🍴 **Finkemeyer im Haus Uptmoor,** Marktstr. 30, ✉ 49393, ☎ (04442) 91 05 93, info@finkemeyer-restaurant.de, Fax (04442) 72698, 🌳 – ⓜ VISA
geschl. Anfang Jan. 1 Woche, Juli 2 Wochen, Samstagmittag, Montag – **Menu** à la carte 23/32,50.
• Eine hübsche Villa aus der Gründerzeit beherbergt dieses elegant wirkende Restaurant. Hohe Räume, alte Kachelöfen und gut eingedeckte Tische bestimmen das Ambiente.

🍴 **Wilke** mit Zim, Brinkstr. 43, ✉ 49393, ☎ (04442) 7 33 70, info@hotel-wilke.de, Fax (04442) 73372 – 📺 ✆ P. AE ⓜ VISA. 🍴 Rest
Menu (geschl. Donnerstag) (wochentags nur Abendessen) à la carte 17,50/31 – **5 Zim** ⍁ 41 – 57.
• Freunde der bürgerlichen Küche werden in schlicht gestalteten Räumlichkeiten ganz nach ihren Vorstellungen verköstigt. Sie finden das Lokal an einer Passage mit Geschäften.

Ihre Meinung über die von uns empfohlenen Restaurants,
deren Spezialitäten sowie die angebotenen regionalen Weine,
interessiert uns sehr.

LOHR AM MAIN Bayern 546 Q 12 – 17 000 Ew – Höhe 162 m.
  ℹ Tourist-Information, Schloßplatz 5, ⊠ 97816, ℘ (09352) 84 84 60, touris mus@lohr.de, Fax (09352) 70295.
  Berlin 521 – München 321 – Würzburg 56 – Aschaffenburg 35 – Bad Kissingen 51.

  Bundschuh (mit Gästehaus), Am Kaibach 7, ⊠ 97816, ℘ (09352) 8 76 10, email@h otelbundschuh.de, Fax (09352) 876139, 🐎 – 📶 ⚡ TV 📞 ⬜ P. AE ⓿ ⓜ VISA. 🐎 geschl. 22. Dez. - 15. Jan. - **Menu** (geschl. Sonntag) (nur Abendessen) (Restaurant nur für Hausgäste) – **37 Zim** ⊇ 60/74 – 86/102.
  • Unterschiedlich in Größe und Einrichtung, mal in Naturholz, mal mehr rustikal oder auch neuzeitlich hell - so präsentieren sich die Zimmer dieses familiär geführten Betriebs.

In Lohr-Sendelbach Süd-Ost : 1 km, jenseits des Mains :

  Zur alten Post, Steinfelder Str. 1, ⊠ 97816, ℘ (09352) 8 75 20, landhotelpost@a ol.com, Fax (09352) 875224, Biergarten – TV P. AE ⓜ geschl. Jan. 3 Wochen - **Menu** (geschl. Montagmittag, Mittwoch) à la carte 21/32,50 – **12 Zim** ⊇ 45/56 – 70/82.
  • Die Zimmer dieses sauberen und gepflegten kleinen Gasthofs sind einheitlich mit Kirschholzmobiliar eingerichtet und verfügen über moderne Bäder. Gaststuben mit rustikalem Ambiente.

In Lohr-Wombach Süd : 2 km, über Westtangente :

  Spessarttor (mit Gästehaus), Wombacher Str. 140, ⊠ 97816, ℘ (09352) 8 73 30, inf o@hotel-spessarttor.de, Fax (09352) 873344, 🐎 – 🚿 Zim, TV 📞 P. AE ⓿ ⓜ VISA JCB. 🐎 Rest
  Menu (geschl. Feb. 2 Wochen, Aug. 3 Wochen, Montag - Dienstag) à la carte 19/39 – **35 Zim** ⊇ 52/68 – 68/85.
  • Die helle, neuzeitliche Landhaus-Möblierung gibt den Zimmern im Hotel und im 500 m entfernten Gästehaus ihr wohnliches Ambiente - ideal auch für den Geschäftsgast. Restaurant mit ländlich-rustikalem Flair.

LOICHING Bayern siehe Dingolfing.

LONGUICH Rheinland-Pfalz 543 Q 4 – 1 200 Ew – Höhe 150 m.
  Berlin 709 – Mainz 140 – Trier 15.

  Zur Linde (mit Gästehaus), Cerisierstr. 10, ⊠ 54340, ℘ (06502) 55 82, Fax (06502) 7817, 🐎 – TV P.
  geschl. Feb. 2 Wochen - **Menu** (geschl. Montag) à la carte 17/30 – **13 Zim** ⊇ 35 – 55 – ½ P 13.
  • Am Rande des Ortes steht für Reisende eine saubere und praktische Unterkunft bereit. Dörfliche Atmosphäre und die Nähe zu Trier sind Vorzüge dieses kleinen Weinortes. Farbige Wände und Stühle im Landhausstil prägen das Restaurant.

LONSHEIM Rheinland-Pfalz siehe Alzey.

LORCH Baden-Württemberg 545 T 13 – 9 200 Ew – Höhe 288 m.
  ℹ Lorch, Hetzenhof 7, ℘ (07172) 9 18 00.
  Berlin 592 – Stuttgart 45 – Göppingen 18 – Schwäbisch Gmünd 8.

  Sonne, Stuttgarter Str. 5, ⊠ 73547, ℘ (07172) 73 73, Fax (07172) 8377, Biergarten – TV P.
  Menu (geschl. Nov., Freitag) (Montag - Donnerstag nur Abendessen) à la carte 19/36 – **27 Zim** ⊇ 35/50 – 55/75.
  • Die zentrale Lage macht dieses Haus für Feriengäste ebenso interessant wie für Geschäftsreisende. Der Fachwerk-Gasthof von 1724 beherbergt Sie in praktischen Zimmern. Zum Essen nehmen Sie Platz in einem der ländlich gestalteten Räume.

LORSCH Hessen 543 R 9 – 12 500 Ew – Höhe 100 m.
  Sehenswert : Königshalle★.
  ℹ Kultur- und Verkehrsamt, Marktplatz 1, ⊠ 64653, ℘ (06251) 5 96 74 00, a.degen@lor sch.de, Fax (06251) 5967400.
  Berlin 595 – Wiesbaden 65 – Mannheim 35 – Darmstadt 29 – Heidelberg 34 – Worms 15.

  Zum Schwanen, Nibelungenstr. 52, ⊠ 64653, ℘ (06251) 5 22 53, Fax (06251) 588842, 🐎 – AE
  geschl. Jan. 1 Woche, Juni 1 Woche, Okt. 1 Woche, Montag - **Menu** (wochentags nur Abendessen) (Tischbestellung ratsam) à la carte 30/46.
  • Dunkles Holz und ein nettes Dekor tragen zur elegant-rustikalen Atmosphäre dieses Restaurants bei. Serviert wird eine gehobene internationale Küche.

LOSHEIM Saarland 5̅4̅3̅ R 4 – 16 500 Ew – Höhe 300 m – Erholungsort.
Berlin 745 – Saarbrücken 58 – Trier 40 – Luxembourg 55.

Am Stausee Nord : 1 km :

- **Seehotel** ≫, Zum Stausee 202, ⊠ 66679 Losheim, ℘ (06872) 6 00 80, info@seeho
tel-losheim.de, Fax (06872) 600811, ≤, ⌂, ≦ – ⌇, ⇌ Zim, TV P – 🔒 50. AE ⓜ VISA
Menu à la carte 16/33 – **42 Zim** ⊇ 51/61 – 82/87 – ½ P 14.
  • Mobiliar und technische Ausstattung werden ihren Ansprüchen an ein funktionelles Hotel gerecht. Die leicht erhöhte Lage ermöglicht Ihnen einen schönen Ausblick. Gediegenes Restaurant und gemütliche Bauernstube.

LOSSBURG Baden-Württemberg 5̅4̅5̅ U 9 – 6 400 Ew – Höhe 666 m – Luftkurort – Wintersport : 650/800 m ⚡1 ⚡.
🅱 Lossburg-Information, Hauptstr. 46 (Kinzig-Haus), ⊠ 72290, ℘ (07446) 9 50 60, loss
burg-information@lossburg.de, Fax (07446) 950614.
Berlin 718 – Stuttgart 100 – Karlsruhe 86 – Freudenstadt 8,5 – Villingen-Schwenningen 60.

- **Hirsch,** Hauptstr. 5, ⊠ 72290, ℘ (07446) 9 50 50, hirsch.lossburg@t-online.de, Fax (07446) 950555, Biergarten – ⌇ TV ☏ ⇌ P. ⓜ VISA
geschl. 2. - 23. Jan. – **Menu** à la carte 14/32 – **43 Zim** ⊇ 48/65 – 76/96 – ½ P 14.
  • Der familiengeführte erweiterte Gasthof an der Ortsdurchfahrt verfügt über solide und funktionell eingerichtete Gästezimmer, die teils im hübschen Landhausstil gehalten sind. Gepflegtes, nett dekoriertes Restaurant in bürgerlichem Stil.

In Lossburg-Oedenwald West : 3 km, über Schömberger Straße :

- **Adrionshof** ≫, ⊠ 72290, ℘ (07446) 95 60 60, mail@adrionshof.de, Fax (07446) 9560629, Massage, ≦, ⊠, 🏊 – TV ⇌ P
geschl. Mitte Okt. - Nov. – **Menu** à la carte 15/26 – **19 Zim** ⊇ 37/40 – 68/72 – ½ P 11.
  • Am Waldrand liegt der regionstypische Gasthof mit der schmucken Fassade, der Ihnen saubere Zimmer in ländlichem Stil und einen kleinen Freizeitbereich bietet. Bürgerliche Gaststuben.

In Lossburg-Rodt Nord-West : 0,5 km :

- **Landhaus Hohenrodt** ≫, Obere Schulstr. 20, ⊠ 72290, ℘ (07446) 9 55 00, info
@hohenrodt.de, Fax (07446) 955060, 🌳 – TV P. ⓜ VISA. 🍽 Rest
geschl. 15. - 31. Jan. – **Menu** (Restaurant nur für Hausgäste) – **34 Zim** ⊇ 40 – 72/74 – ½ P 13.
  • In einem netten Pavillionanbau ist der Empfangsbereich dieses Ferienhotels untergebracht. Die gut unterhaltenen Zimmer sind mit Naturholzmöbeln rustikal eingerichtet.

LUCKENWALDE Brandenburg 5̅4̅2̅ J 23 – 21 800 Ew – Höhe 51 m.
🅱 Tourist-Information, Markt 12, ⊠ 14943, ℘ (03371) 63 21 12, Fax (03371) 632112.
Berlin 58 – Potsdam 45 – Brandenburg 74 – Cottbus 108 – Dessau 96.

- **Vierseithof,** Haag 20 (Eingang Am Herrenhaus), ⊠ 14943, ℘ (03371) 6 26 80, info
@vierseithof.com, Fax (03371) 626868, 🌳, ≦, 🏊 – ⇌ Zim, TV ☏ & P – 🔒 50
Menu 28 (mittags) à la carte 32/37 – *Weberstube* : Menu à la carte 22/27 – **43 Zim** ⊇ 55/75 – 85/105.
  • Die frühere Tuchfabrik im preußischen Barock verbindet gelungen Tradition und neuzeitlichen Wohnkomfort. Eine Sammlung zeitgenössischer Kunst ziert das Haus. Schönes Restaurant mit historischer Kappendecke und moderner Kunst.

- **Luckenwalder Hof,** Dahmer Str. 34, ⊠ 14943, ℘ (03371) 61 01 45, Fax (03371) 610146, 🌳 – ⇌ Zim, TV ☏ P. AE ⓞ ⓜ VISA JCB. 🍽
Menu (geschl. 23. Dez. - 3. Jan., Samstag - Sonntag)(nur Abendessen) (Restaurant nur für Hausgäste) – **19 Zim** ⊇ 64 – 76.
  • Das ehemalige Wohnhaus aus dem ausgehenden 19. Jh. steht heute - nach Rekonstruktion und Umbau - mit wohnlich-ländlichem Charme für Reisende bereit.

- **Märkischer Hof,** Poststr. 8, ⊠ 14943, ℘ (03371) 60 84 85, mail@maerkischerhof.de, Fax (03371) 604444 – ⌇, ⇌ Zim, TV & P – 🔒 40. AE ⓜ VISA. 🍽 Rest
Menu (nur Abendessen) (Restaurant nur für Hausgäste) – **49 Zim** ⊇ 50/55 – 66/77.
  • Im Zentrum des Ortes liegt das gepflegte Etagenhotel, das seinen Gästen mit hellem, funktionellem Mobiliar eingerichtete Zimmer bietet.

- **Pelikan,** Puschkinstr. 27 (Eingang Goethestraße), ⊠ 14943, ℘ (03371) 61 29 96, hot
el.pelikan@t-online.de, Fax (03371) 612996 – TV P. ⓞ ⓜ VISA
geschl. 24. Dez. - 1. Jan. – **Menu** (geschl. Freitag - Sonntag) (nur Abendessen) (Restaurant nur für Hausgäste) – **19 Zim** ⊇ 47 – 67.
  • Ein gut geführter kleiner Familienbetrieb in einem Wohngebiet. Zum soliden, neuzeitlichen Inventar der Zimmer gehören gepflegte Möbel ebenso wie eine gute Technik.

LUCKENWALDE

In Luckenwalde-Kolzenburg Süd : 3,5 km über B 101, Richtung Jüterbog :

Zum Eichenkranz, Unter den Eichen 1, ✉ 14943, ℰ (03371) 61 07 29, info@hoteleichenkranz.de, Fax (03371) 610730, 🍽 – ⇔ Zim, 🅿 – 🛆 20. 🆎 VISA
Menu (geschl. Montag) à la carte 13,50/23,50 – **21 Zim** ⊑ 49 – 69.
  ♦ Recht ruhig liegt das familiengeführte Haus im Ortskern. Die Zimmer sind in einheitlichem Stil gehalten, zeitgemäß ausgestattet und gut gepflegt. Helles Restaurant mit ländlichem Charakter.

LUDORF Mecklenburg-Vorpommern 542 F 22 – 500 Ew – Höhe 70 m.
Berlin 144 – Schwerin 104 – Neubrandenburg 69 – Waren (Müritz) 26.

Gutshaus Ludorf ≫, (mit Gästehaus), Rondell 7, ✉ 17207, ℰ (039931) 84 00, info@gutshaus-ludorf.de, Fax (039931) 84620, 🍽, ≘s – ⇔ Zim, 🅿 – 🛆 30. 🆎 VISA. ※ Rest
geschl. 5. Jan. - 27. Feb. – **Menu** (Okt. - April nur Abendessen) à la carte 21/37,50 – **23 Zim** ⊑ 67/98 – 98/125 – ½ P 23.
  ♦ Der hübsche Backsteinbau aus dem 17. Jh. - in seinem äußeren Erscheinungsbild nahezu unverändert - bietet geschmackvolle Zimmer, teils mit Parkettboden, teils mit Dachschräge. Klassische und rustikale Elemente bilden im Restaurant einen stilvollen Rahmen.

In Ludorf-Zielow Süd : 3,5 km :

Seehof Zielow ≫, Seeufer 11, ✉ 17207, ℰ (039923) 70 20, info@seehof-zielow.de, Fax (039923) 70244, 🍽, Massage, 🎏, ≘s, 🏊, 🚵, 🛥 – ⇔ Zim, 📺 📞 & 🅿 🅰 ❶ 🆎 VISA
Menu à la carte 15,50/26,50 – **26 Zim** ⊑ 50/70 – 85/110, 6 Suiten.
  ♦ Ein schönes Anwesen : Die Lage an der Müritz, die dörfliche Umgebung sowie wohnliche Zimmer in zeitgemäßem Stil sprechen für dieses Haus. Reitmöglichkeit und Gastpferdeboxen. Gediegenes Hotelrestaurant.

LUDWIGSBURG Baden-Württemberg 545 T 11 – 86 000 Ew – Höhe 292 m.
Sehenswert : Blühendes Barock : Schloss★, Park★ (Märchengarten★★) Y.
🏌 Ludwigsburg, Schloss Monrepos, ℰ (07141) 22 00 30.
🛈 Tourist Information, Marktplatz 6, ✉ 71634, ℰ (07141) 9 10 22 52, info@lust.ludwigsburg.de, Fax (07141) 9102774.
ADAC, Heinkelstr. 1.
Berlin 617 ⑥ – Stuttgart 15 ③ – Heilbronn 36 ⑥ – Karlsruhe 86 ④

Stadtpläne siehe nächste Seiten

Favorit garni, Gartenstr. 18, ✉ 71638, ℰ (07141) 97 67 70, info@hotel-favorit.de, Fax (07141) 97677555, ≘s – 📶 ⇔ 📺 & 🚗 – 🛆 15. 🅰 ❶ 🆎 VISA   Y r
geschl. 22. Dez. - 6. Jan. – **88 Zim** ⊑ 70/130 – 95/145.
  ♦ Das gepflegte Stadthotel im Zentrum verfügt über recht geräumige Zimmer der "Favorit"-Kategorie, funktionelle "Business"- sowie "Klassik"-Zimmer.

Westend, Friedrich-List-Str. 26, ✉ 71636, ℰ (07141) 45 17 10, Fax (07141) 4517129 – 📺 📞 🅰 ❶ 🆎 VISA JCB   Z d
Menu (geschl. Juli - Aug. 3 Wochen, Freitagabend - Samstag, Sonntagabend) à la carte 27,50/35 – **15 Zim** ⊑ 56 – 76.
  ♦ Das kleine Hotel liegt recht ruhig in einem Wohngebiet am Stadtrand - schon seit 1975 unter gleicher familiärer Führung. Gästen bietet man einfache, gut gepflegte Zimmer.

Alte Sonne, Bei der kath. Kirche 3, ✉ 71634, ℰ (07141) 92 52 31, office@alte-sonne.de, Fax (07141) 902635 – ⇔ & 🚗 – 🛆 40. 🅰 ❶ 🆎 VISA. ※   Y n
geschl. Aug. 3 Wochen, Sonntag - Montag, Feiertage – **Menu** 34 (mittags) à la carte 40,50/52,50.
  ♦ Zwischen Marktplatz und Residenzschloss liegt in einem alten Stadthaus das helle, elegante Restaurant mit kreativer Küche und aufmerksamem Service.
Spez. Mille feuille von Hummer und Kalbsbries mit Avocado-Vinaigrette. Loup de mer mit Tomatenrisotto und Seppioline in Oliven-Limonenemulsion. Tiramisu von der Himbeere mit Kokoseis.

Post-Cantz, Eberhardstr. 6, ✉ 71634, ℰ (07141) 92 35 63, info@post-cantz.de, Fax (07141) 905607 – 🅰 ❶ 🆎 VISA   Y e
geschl. über Fasching 1 Woche, Ende Aug. 1 Woche, Mittwoch - Donnerstag – **Menu** à la carte 18/35,50.
  ♦ Ein gutes Couvert sowie die gepflegte Einrichtung in bürgerlich-rustikalem Stil prägen das Interieur dieser Adresse. Regionale und internationale Küche.

LUDWIGSBURG

Beihinger Straße	V	9
Bottwartalstraße	V	17
Eglosheimer Straße	X	19
Friesenstraße	X	28
Gänsfußallee	X	29
Hauptstraße	V	32
Hohenzollernstraße	X	35
Ludwigsburger Straße	X	53
Möglinger Straße	X	59
Monreposstraße	V	64
Neckarstraße	X	68
Schlieffenstraße	X	84
Südliche-Alleen-Straße	X	89
Talallee	V	90
Uferstraße	V	94

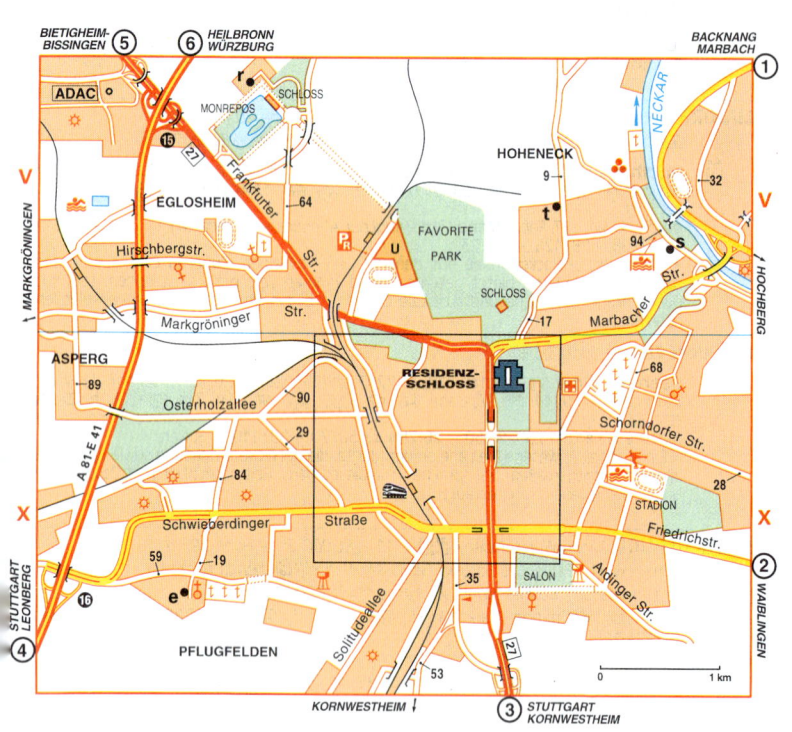

In Ludwigsburg-Hoheneck :

Hoheneck, Uferstraße (beim Heilbad), ✉ 71642, ℰ (07141) 5 11 33, Fax (07141) 52077, 🍴 – 📺 🅿 AE ⓘ ⓜⓞ VISA. ※ V s
geschl. 20. Dez. - 7. Jan. – **Menu** (geschl. Samstag - Sonntag) (nur Abendessen) (Restaurant nur für Hausgäste) – **15 Zim** ⌇ 62 – 90.

• Das familiengeführte erweiterte Wohnhaus - am Ortsrand nahe dem Neckar gelegen - verfügt über wohnliche, gut unterhaltene Zimmer. Hinter dem Haus : ein schöner Garten.

In Ludwigsburg-Pflugfelden :

Stahl, Dorfstr. 4, ✉ 71636, ℰ (07141) 4 41 10, info@hotelstahl.de, Fax (07141) 441142 – 📱 📺 ✆ 🚗 – 🔬 15. ⓘ ⓜⓞ VISA X e
Zum goldenen Pflug (geschl. Samstagmittag, Sonntagabend) **Menu** à la carte 23/30,50 – **24 Zim** ⌇ 75 – 99.

• Unweit der Autobahn und nur wenige Autominuten von der Innenstadt entfernt, finden Sie hier eine zeitgemäße und funktionelle Unterkunft. Zum goldenen Pflug : rustikal-klassisch.

Beim Schloss Monrepos :

Schlosshotel Monrepos ⑂, Domäne Monrepos 22, ✉ 71634, ℰ (07141) 30 20, info@schlosshotel-monrepos.de, Fax (07141) 302200, 🍴, 🚤, 🎣, 🐎 – 📱, ⇔ Zim, 📺 ✆ 🅿 – 🔬 120. AE ⓘ ⓜⓞ VISA JCB V r
Gutsschenke : Menu à la carte 36/43 – ⌇ 13 – **80 Zim** 98/124 – 134/149.

• Nur wenige Schritte vom Seeschloss entfernt liegt das Hotel ruhig und zurückgezogen. Die Zimmer sind entweder im Landhausstil oder mit italienischen Möbeln ausgestattet. Als Restaurant dient die historische Gutsschänke mit rustikalem Interieur.

LUDWIGSBURG

Alleenstraße	**Z** 4
Arsenalstraße	**Y** 7
Bahnhofstraße	**Z** 8
Belschnerstraße	**Z** 12
Bietigheimer Straße	**Y** 13
Bogenstraße	**Y** 14
Eberhardstraße	**Z** 18
Friedenstraße	**Z** 24
Friedrich-Ebert- Straße	**Z** 27
Gänsfußallee	**Z** 29
Gartenstraße	**Y** 31
Heinrich-Schweitzer-Straße	**Y** 33
Hindenburgstraße	**Z** 34
Hohenzollernstraße	**Z** 35
Holzmarkt	**Y** 37
Hospitalstraße	**Y** 38
Imbröderstraße	**Y** 39
Kaffeeberg	**Y** 42
Kaiserstraße	**Y** 43
Kirchstraße	**Y** 44
Königsallee	**Z** 48
Körnerstraße	**Y** 49
Leonberger Straße	**Z** 50
Marienstraße	**Y** 55
Marktplatz	**Y** 58
Mömpelgardstraße	**Y** 60
Mörikestraße	**YZ** 63
Myliusstraße	**Z** 65
Pflugfelder Straße	**Z** 69
Richard-Wagner-Straße	**Z** 74
Schillerplatz	**Z** 79
Schillerstraße	**Z** 80
Schlachthofstraße	**Z** 83
Schützenstraße	**Z** 85
Seestraße	**YZ**
Solitudeallee	**Z** 88
Untere-Reithaus-Straße	**Y** 96
Wilhelm-Keil-Straße	**Y** 99

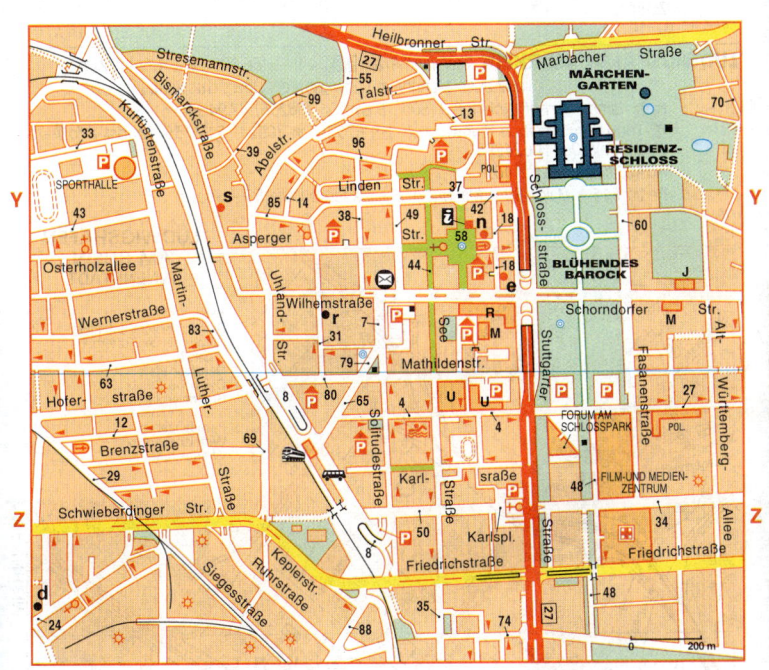

In Freiberg am Neckar *Nord : 4 km über Beihinger Str.* **V** :

Am Wasen garni, Wasenstr. 7, ⌧ 71691, ℘ (07141) 2 74 70, Fax (07141) 274767 –
⚒ TV ☎ 🚗, AE ⓜ VISA
25 Zim ⊒ 58/64 – 82/92.
♦ Das Innere des 1993 eröffneten Hauses bietet den Gästen zeitgemäße Zimmer, die mit guter technischer Ausstattung auch erfolgreiches Arbeiten ermöglichen.

Rössle, Benninger Str. 11, ⌧ 71691, ℘ (07141) 2 74 90, info@roessle-freiberg.de, Fax (07141) 270739 – TV ☎ P. ⓜ VISA
Menu *(geschl. Aug., Freitag - Samstagmittag)* à la carte 15/30 – **25 Zim** ⊒ 41/55 – 61/75.
♦ In dem familiengeführten Gasthaus mit neuerem Anbau wohnen Sie in teils mit Eichenmöbeln rustikal eingerichteten, teils etwas neuzeitlicher wirkenden Zimmern. In der Küche des ländlichen Restaurants waltet der "Maultaschenweltmeister"!

Schwabenstuben, Marktplatz 5, ⌧ 71691, ℘ (07141) 7 50 37, Fax (07141) 75038, – AE ⓘ ⓜ VISA JCB
geschl. Jan. 2 Wochen, Aug. 3 Wochen, Montag, Samstagmittag – **Menu** à la carte 18,50/47.
♦ In freundlichem Ambiente mit klassisch-zeitlosem Touch nehmen Sie an gepflegt eingedeckten Tischen Platz. Die Karte ist bürgerlich wie auch saisonal ausgelegt.

LUDWIGSFELDE Brandenburg 542 J 23 – 22 900 Ew – Höhe 45 m.
Berlin 29 – Potsdam 17 – Brandenburg 60 – Luckenwalde 33.

In Ludwigsfelde-Löwenbruch Ost : 4,5 km, jenseits der B 101 :

  Landhotel Löwenbruch, Dorfstr. 3, ✉ 14974, ℘ (03378) 8 62 70, info@landhotel-loewenbruch.de, Fax (03378) 862777, 🍴, ≋s – ⚇ Zim, 📺 ☎ & 🅿 – 🛎 30. MC VISA
  Menu à la carte 12,50/20,50 – **30 Zim** ⊑ 55/75 – 67/90.
  ♦ Die Lage auf dem Lande und doch ganz in der Nähe von Berlin macht das Haus sowohl für Geschäftsleute als auch für Urlauber interessant. Neuzeitlich eingerichtete Zimmer.

LUDWIGSHAFEN AM RHEIN Rheinland-Pfalz 543 R 9 – 166 000 Ew – Höhe 92 m.
Siehe auch Mannheim-Ludwigshafen (Übersichtsplan).

  ⛳18 ⛳9 Limburgerhof, Kohlhof 9 (Süd : 8 km), ℘ (06236) 47 94 94.
  🛈 Tourist-Information, Ludwigstr.6, ✉ 67059, ℘ (0621) 51 20 35, tourist-info@lubege.de, Fax (0621) 624295.
  ADAC, Theaterplatz 10.
  Berlin 615 – Mainz 82 – Mannheim 6 – Kaiserslautern 55 – Speyer 22.

LUDWIGSHAFEN AM RHEIN INNENSTADT

Bismarckstraße	Y
Bürgermeister-Krafft-Platz	Z 2
Bürgermeister-Kutterer-Straße	Z 3
Danziger Platz	Y 4
Deutsche Straße	Y 5
Goerderlplatz	Y 6
Ludwigstraße	Y
Pasadenaallee	YZ 10
Wittelsbachplatz	Z 12
Wredestraße	Z 13

LUDWIGSHAFEN AM RHEIN

Ramada, Pasadena Allee 4, ⊠ 67059, ℘ (0621) 5 95 10, ram.zoelw.reservation@ramadainternational.com, Fax (0621) 5951342, 🌲, ⇔, 🖼 – 🛗, ↭ Zim, 🖃 📺 📞 ♿ 🚗 P – 🛄 110. ☒ ⓘ ⓜ 🆅🆂🅰   Z v
Menu à la carte 22/41 – ⋍ 14 – **192 Zim** 95 – 118, 3 Suiten.
• Die Zimmer dieses Stadthotels in Bahnhofsnähe überzeugen mit einer soliden, wohnlichen wie auch funktionellen Einrichtung und einem guten Platzangebot. Großes, helles Restaurant mit gemütlicher kleiner Bibliothek.

Europa Hotel, Am Ludwigsplatz 5, ⊠ 67059, ℘ (0621) 5 98 70, info@europa-hotel.com, Fax (0621) 5987122, ⇔, 🖼 – 🛗, ↭ Zim, 🖃 📺 📞 🚗 – 🛄 250. ☒ ⓘ ⓜ 🆅🆂🅰 🅹🅲🅱   Y a
Menu (geschl. Samstag - Sonntag) à la carte 27/45 – **113 Zim** ⋍ 106/123 – 155.
• Das Hotel liegt an einem kleinen Platz in der Stadtmitte und überzeugt mit einer guten Führung. Die Zimmer sind sauber, hell und funktionell eingerichtet.

Excelsior garni, Lorientallee 16, ⊠ 67059, ℘ (0621) 5 98 50, info@excelsior-hotel-ludwigshafen.de, Fax (0621) 5985500 – 🛗 ↭ 📺 🚗 P – 🛄 35. ☒ ⓘ ⓜ 🆅🆂🅰   Z s
160 Zim ⋍ 45/65 – 60/80.
• Zimmer der Kategorie "Standard" oder "Club" bieten eine zeitgemäße, funktionelle Ausstattung. Einfacher und preisgünstiger : die "Economy"-Zimmer.

Marly, Welserstr. 25, ⊠ 67063, ℘ (0621) 5 20 78 00, Fax (0621) 5207801, 🌲 – ↭ geschl. Aug. 2 Wochen, Samstagmittag, Sonntag, Montagmittag – **Menu** à la carte 30/41,50.   Y d
• Ein schlichtes, modernes Ambiente mit südländischem Touch prägt dieses Restaurant. Eine mediterran beeinflusste französische Küche bestimmt die Karte.

Folgende Häuser finden Sie auf dem Stadtplan Mannheim-Ludwigshafen :

In Ludwigshafen-Friesenheim :

René Bohn, René-Bohn-Str. 4, ⊠ 67063, ℘ (0621) 6 02 35 10, business-hotel.rene-bohn@basf-ag.de, Fax (0621) 6023513, 🌲 – 🛗 📺 🚗 P – 🛄 25. ☒ ⓘ ⓜ 🆅🆂🅰   BV b
Menu (geschl. Samstag, Sonn- und Feiertage) à la carte 24,50/47 – **57 Zim** ⋍ 90/90 – 100/120, 6 Suiten.
• Auf dem Gelände der BASF befindet sich dieses äußerlich recht nüchtern wirkende Hotel. Im Inneren ermöglichen modern und funktionell ausgestattete Zimmer komfortables Wohnen.

Ebert Park Hotel garni, Kopernikusstr. 67, ⊠ 67063, ℘ (0621) 6 90 60, ebert-park-hotel.ludwigshafen@t-online.de, Fax (0621) 6906601 – 🛗 📺 P. ☒ ⓘ ⓜ 🆅🆂🅰 🅹🅲🅱
geschl. 24. Dez. - 4. Jan. – **92 Zim** ⋍ 67/69 – 85.   BV a
• Am Stadtrand liegt dieses gut unterhaltene Hotel, das über saubere und funktionell ausgestattete Gästezimmer in sachlichem Stil verfügt.

In Ludwigshafen-Gartenstadt :

Gartenstadt, Maudacher Str. 188, ⊠ 67065, ℘ (0621) 55 10 51, Fax (0621) 551054, ⇔ – 🛗, ↭ Zim, 📺 🚗 P. ☒ ⓘ ⓜ 🆅🆂🅰. ↭ Rest   BV h
Menu (nur Abendessen) (Restaurant nur für Hausgäste) – **50 Zim** ⋍ 66/70 – 85/90.
• Meist hell und neuzeitlich möbliert und immer mit funktionellem Inventar versehen zeigen sich die Zimmer dieses nahe beim Ebert Park gelegenen Hotels.

In Altrip Süd-Ost : 10 km über Rheingönheim und Hoher Weg BCV :

Darstein 🦢, Zum Strandhotel 10 (im Naherholungsgebiet Blaue Adria), ⊠ 67122, ℘ (06236) 44 40, hotel@hotel-darstein.de, Fax (06236) 444140, ≤, 🌲, 🐎 – ↭, 🖃 Rest, 📺 🚗 P. – 🛄 180. ☒ ⓘ ⓜ 🆅🆂🅰
geschl. 1. - 12. Jan. – **Menu** (geschl. April - Sept. Montagmittag, Dienstagmittag, Okt. - März Sonntagabend - Dienstagmittag) à la carte 19,50/37,50 – **17 Zim** ⋍ 42/53 – 83/100.
• Im Naherholungsgebiet liegt das Haus direkt am See. Die meisten Zimmer sind mit rustikalen Eichenmöbeln bestückt, einige verfügen über einen Balkon. Restaurant mit neuem Wintergarten, der sich zur Seeterrasse umfunktionieren lässt.

LUDWIGSLUST Mecklenburg-Vorpommern 🏙🏙🏙 G 18 – 12 800 Ew – Höhe 36 m.
Sehenswert : Schloss★ (Goldener Saal★) – Stadtkirche★ – Schlosspark★.
🛈 Ludwigslust-Information, Schloßstr.36, ⊠ 19288, ℘ (03874) 52 62 51, Fax (03874) 526109. – Berlin 180 – Schwerin 38 – Güstrow 98 – Hamburg 118.

Landhotel de Weimar, Schloßstr. 15 (Zufahrt über Gartenstraße), ⊠ 19288, ℘ (03874) 41 80, info@landhotel-de-weimar.de, Fax (03874) 418190, 🌲 – 🛗, ↭ Zim, 📺 🚗 P – 🛄 20. ☒ ⓘ ⓜ 🆅🆂🅰. ↭ Rest
Ambiente (geschl. im Winter Sonntagabend) **Menu** à la carte 26/43 – **51 Zim** ⋍ 59/70 – 76/93.
• Das ehemalige Palais der Fürstin von Weimar lädt zum Wohnen in gediegenen Räumlichkeiten ein - die Zimmer im historischen Altbau sind mit Stilmöbeln geschmückt. Schön und originell : das Restaurant Ambiente ist der glasüberdachte Innenhof des Hauses.

LUDWIGSLUST

Erbprinz, Schweriner Str. 38, ✉ 19288, ✆ (03874) 25040, hotel.erbprinz@freenet.de, Fax (03874) 29160, 😊, 🎵, – 🛏, 📺 🅿 – 🍴 60. AE ⓞ ⓜ VISA
Menu à la carte 18/28 – **40 Zim** ⌂ 46/62 – 75/92.
• Die ehemalige Wurstfabrik ist heute ein komfortables Hotel. Hinter der Klinkerfassade bietet man recht geräumige, neuzeitliche und wohnliche Zimmer. Elegant wirkendes Restaurant mit Salon.

LUDWIGSSTADT Bayern 546 O 18 – 4 100 Ew – Höhe 444 m – Erholungsort – Wintersport : 500/700 m ⚡3 ⚡.
Berlin 317 – München 310 – Coburg 55 – Bayreuth 75 – Bamberg 89.

In Ludwigsstadt-Lauenstein Nord : 3 km, über B 85 :

Posthotel Lauenstein, Orlamünder Str. 2, ✉ 96337, ✆ (09263) 9 91 30, Fax (09263) 991399, ≤, 😊, Massage, 😊 – 🛏 📺 🅿 – 🍴 20. ⓞ ⓜ VISA
Menu à la carte 17/33 – **26 Zim** ⌂ 40/52 – 80 – ½ P 14.
• Mit solidem Holzmobiliar sind die Gästezimmer dieses familiengeführten Hotels am Ortseingang ausgestattet, mit Balkon und teilweise mit Wohnecke. Rustikales Ambiente bietet das großzügige Restaurant.

Burghotel Lauenstein 😊, Burgstr. 4, ✉ 96337, ✆ (09263) 94 30, anfrage@burghotel-lauenstein.de, Fax (09263) 94336, ≤, 😊 – 🍴
geschl. Feb. – **Menu** (geschl. Montag) à la carte 14,50/28 – **19 Zim** ⌂ 31/41 – 62 – ½ P 13.
• In schöner Lage oberhalb des Ortes befindet sich in einem Nebengebäude der Burg dieses gut unterhaltene Hotel mit praktischen Zimmern. Restaurant mit ländlichem Ambiente.

LÜBBECKE Nordrhein-Westfalen 543 J 9 – 26 000 Ew – Höhe 110 m.
Berlin 373 – Düsseldorf 215 – Bielefeld 42 – Bremen 105 – Hannover 95 – Osnabrück 45.

Quellenhof 😊, Obernfelder Allee 1, ✉ 32312, ✆ (05741) 3 40 60, quellenhof_klefmann@t-online.de, Fax (05741) 340659, 😊, 🎵 – 🛏, 🛌 Zim, 📺 📞 🅿 – 🍴 40. ⓜ VISA, 🛌 Zim
geschl. 6. - 23. Aug. – **Menu** (geschl. Freitag, Sonntagabend) à la carte 20/33,50 – **24 Zim** ⌂ 58/76 – 86/125.
• Meist rustikal eingerichtete, funktionelle Gästezimmer und eine gepflegte Außenanlage mit Forellenteich zählen zu den Annehmlichkeiten dieses Hauses. Viel Holz gibt dem Restaurant einen warmen, gemütlichen Charakter. Terrasse.

LÜBBEN Brandenburg 542 K 25 – 15 000 Ew – Höhe 53 m – Erholungsort.
🅱 Spreewaldinformation, Ernst-von-Houwald-Damm 15, ✉ 15907, ✆ (03546) 30 90, spreewaldinfo@t-online.de, Fax (03546) 2543.
Berlin 84 – Potsdam 99 – Cottbus 53.

Spreeufer, Hinter der Mauer 4, ✉ 15907, ✆ (03546) 2 72 60, info@hotel-spreeufer.de, Fax (03546) 272634 – 📺 🅿 ⓜ VISA
Menu à la carte 13,50/21 – **23 Zim** ⌂ 48/65 – 62/95 – ½ P 12.
• Im Haupthaus wie auch im Nebenhaus dieses familiengeführten Hotels an der Spree stehen solide möblierte Zimmer bereit - im Gästehaus etwas neuzeitlicher.

XX Schlossrestaurant Lübben, Ernst-von-Houwald-Damm 14, ✉ 15907, ✆ (03546) 40 78, Fax (03546) 182521, 😊 – 🍴 25. AE ⓜ VISA
geschl. Nov. - April Montag – **Menu** à la carte 17/35.
• Die alten Mauern des Schlossgebäudes beherbergen ein auf mehrere Räume verteiltes Restaurant in modernem Design. Serviert wird eine internationale Küche.

In Niewitz-Rickshausen West : 8 km über B 115, Richtung A 13 :

Spreewald-Park-Hotel 😊, ✉ 15910, ✆ (035474) 2 70, spreewaldparkhotel@vandervalk.de, Fax (035474) 27444, 😊, 😊 – 🛏, 🛌 Zim, 📺 📞 🅿 – 🍴 220. AE ⓜ VISA
Menu à la carte 17/25 – **98 Zim** ⌂ 50 – 65, 4 Suiten.
• Nahe der Autobahnausfahrt liegt dieses Hotel im Grünen. Helle, neuzeitliche Zimmer mit funktioneller Ausstattung sowie leicht elegant wirkende Suiten. Zur Halle hin offenes Restaurant mit internationaler Karte.

Wenn Sie ein ruhiges Hotel suchen, benutzen Sie die Übersichtskarte in der Einleitung oder wählen Sie ein Hotel mit dem entsprechenden Zeichen 😊

LÜBBENAU Brandenburg 542 K 25 – 16 500 Ew – Höhe 54 m – Erholungsort.
  Sehenswert : St. Nicolai★.
  Ausflugsziel : Spreewald★★ (Freilandmuseum Lehde★, per Kahn).
  🛈 Touristinformation, Ehm-Welk-Str. 15, ✉ 03222, ✆ (03542) 36 68, info-luebbenau@spreewald-online.de, Fax (03542) 46770.
  Berlin 95 – Potsdam 113 – Cottbus 35.

- **Schloß Lübbenau** ⊛, Schloßbezirk 6, ✉ 03222, ✆ (03542) 87 30, hotel@schloss-luebbenau.de, Fax (03542) 873666, 🌳 – 🛗 📺 P – 🔧 60. AE ◑ ◐ VISA
  geschl. Jan. - Feb. – **Menu** à la carte 25/36,50 – **46 Zim** ⊇ 52/72 – 94/114 – ½ P 22.
  ◆ Historische Elemente begleiten Sie durch das in einem Park gelegene Schloss a. d. J. 1839. Die Zimmer sind in gediegen klassischem Stil gehalten. Elegantes Restaurant und leicht rustikal wirkende Jagdstube.

- **Spreewaldeck**, Dammstr. 31, ✉ 03222, ✆ (03542) 8 90 10, spreewaldeck@t-onlin e.de, Fax (03542) 890110 – 🛗 📺 P – 🔧 40. AE ◑ ◐ VISA
  Menu à la carte 12/30 – **27 Zim** ⊇ 60/65 – 90/100 – ½ P 12.
  ◆ Solide, in einheitlichem Stil ausgestattete Zimmer bietet dieses gut unterhaltene Hotel. Auch Familienzimmer mit Aufbettung stehen zur Verfügung. Ein ländlich-rustikales Ambiente bestimmt das Restaurant.

In Lübbenau-Groß Beuchow Süd-West : 3 km, jenseits der A 13 :

- **Treff Landhaushotel**, LPG-Straße (Nahe der A 13), ✉ 03222, ✆ (03542) 87 50, lan dhaushotel@t-online.de, Fax (03542) 875125, Biergarten – 🛗, 🛏 Zim, 📺 & P – 🔧 120. ◑ ◐ VISA
  Menu (nur Abendessen) à la carte 15,50/23 – **90 Zim** ⊇ 59/63 – 79/86.
  ◆ Die verkehrsgünstige Lage an der Autobahnausfahrt sowie zeitgemäße, funktionell eingerichtete Zimmer machen das Hotel auch für Geschäftsreisende interessant.

LÜBBOW Niedersachsen siehe Lüchow.

LÜBECK Schleswig-Holstein 541 E 16 – 215 300 Ew – Höhe 15 m.
  Sehenswert : Altstadt★★★ – Holstentor★★ Y – Marienkirche★★ Y – Haus der Schiffergesellschaft★ (Innenausstattung★★) X E – Rathaus★ Y R – Heiligen-Geist-Hospital★ X – St.-Annen-Museum★ M1 – Burgtor★ X – Füchtingshof★ Y S – Jakobikirche★ (Orgel★★) X K – Katharinenkirche★ (Figurenreihe★ von Barlach) Y – Petrikirche (Turm ≤★) Y A – Dom (Triumphkreuzanlage★) Z.
  🛫 Lübeck-Travemünde, Kowitzberg 41 (über Kaiserallee C), ✆ (04502) 7 40 18 ; 🏌 Stockelsdorf-Curau, Malkendorfer Weg 18 (Nord-West : 10 km), ✆ (04505) 59 40 81 ; 🏌 Warnsdorf, Schloßstr. 14 (West : 3 km ab Travemünde), (04502) 7 77 70.
  🛈 Tourist-Service, Breite Str. 62, ✉ 23552, ✆ (01805) 88 22 33, marketing@luebecktourismus.de, Fax (0451) 1225419.
  🛈 Tourist-Information im Hauptbahnhof ✉ 23558, ✆ (0451) 86 46 75, Fax (0451) 704890. – ADAC, Katharinenstr. 11.
  Berlin 263 ③ – Kiel 92 ⑥ – Schwerin 66 ④ – Neumünster 58 ⑥ – Hamburg 66 ⑤

Stadtpläne siehe nächste Seiten

- **Radisson SAS Senator Hotel**, Willy-Brandt-Allee 6, ✉ 23554, ✆ (0451) 14 20, inf o.luebeck@radissonsas.com, Fax (0451) 1422222, 🌳, Massage, ≘s, 🔲 – 🛗, 🛏 Zim, 🔲 📺 ✆ & ⇔ – 🔧 240. AE ◑ ◐ VISA JCB Y s
  Nautilo (geschl. Sonntagabend) **Menu** à la carte 23,50/34 – **Kogge : Menu** à la carte 19/31 – ⊇ 15 – **224 Zim** 125 – 150.
  ◆ Unweit des Holstentors liegt der moderne Klinkerbau an der Trave. In der Business Class sind Geschäftsleute bestens aufgehoben. Alle Zimmer mit Internetzugang. Nautilo mit elegantem Touch. Leicht maritim gibt sich das Kogge.

- **Scandic**, Travemünder Allee 3, ✉ 23568, ✆ (0451) 3 70 60, info.luebeck@scandic-h otels.com, Fax (0451) 3706666, 🌳, 🎰, ≘s, 🔲 – 🛗, 🛏 Zim, 🔲 📺 ✆ & ⇔ – 🔧 220. AE ◑ ◐ VISA JCB. 🎀 Rest X a
  Menu à la carte 25,50/42,50 – ⊇ 15 – **158 Zim** 110/136 – 136/162, 3 Suiten.
  ◆ Einige Zimmer mit Blick auf die Altstadt oder den Park. Funktionell für Business eingerichtet. Für mehr Platz fragen Sie nach den Komfortzimmern. Allergikerzimmer vorhanden. Großes Restaurant mit Blick ins Grüne.

- **Kaiserhof** (mit Gästehaus), Kronsforder Allee 11, ✉ 23560, ✆ (0451) 70 33 01, ser vice@kaiserhof-luebeck.de, Fax (0451) 795083, 🌳, 🎰, ≘s, 🔲 – 🛗, 🛏 Zim, 📺 ✆ P – 🔧 60. AE ◑ ◐ VISA. 🎀 Rest V f
  Menu (geschl. Sonntag) (nur Abendessen) à la carte 29,50/41 – **60 Zim** ⊇ 82/100 – 98/128, 6 Suiten.
  ◆ Wenige Minuten von der City entfernt beeindrucken die behutsam restaurierten Patrizierhäuser mit einer geschmackvollen Einrichtung. Schöner, gepflegter Freizeitbereich. Nobel wirkt das Ambiente im Restaurant.

LÜBECK

🏨 **Excelsior** garni, Hansestr. 3, ✉ 23558, ✆ (0451) 8 80 90, info@hotel-excelsior-lueb
eck.de, Fax (0451) 880999 – 📶 ⚡ TV 📞 🚗 P – 🅿 40. AE ① M◉ VISA   V a
60 Zim ⌑ 58/80 – 78/108.
  • Verkehrsgünstig gegenüber dem Bahnhof liegen die drei miteinander verbundenen
  Stadthäuser. Unterschiedlich möblierte Zimmer. Moderner, freundlicher Frühstücksraum.

🏨 **Lindenhof** garni (mit Gästehaus), Lindenstr. 1a, ✉ 23558, ✆ (0451) 87 21 00, info@
lindenhof-luebeck.de, Fax (0451) 8721066 – 📶 ⚡ TV 📞 🚗. AE ① M◉ VISA   V a
62 Zim ⌑ 65/85 – 85/115.
  • Praktische Adresse mit gutem Preis-Leistungs-Verhältnis unmittelbar am Bahnhof. Auf-
  enthaltsraum und Kinderecke vermitteln eine persönliche Atmosphäre.

LÜBECK UND UMGEBUNG

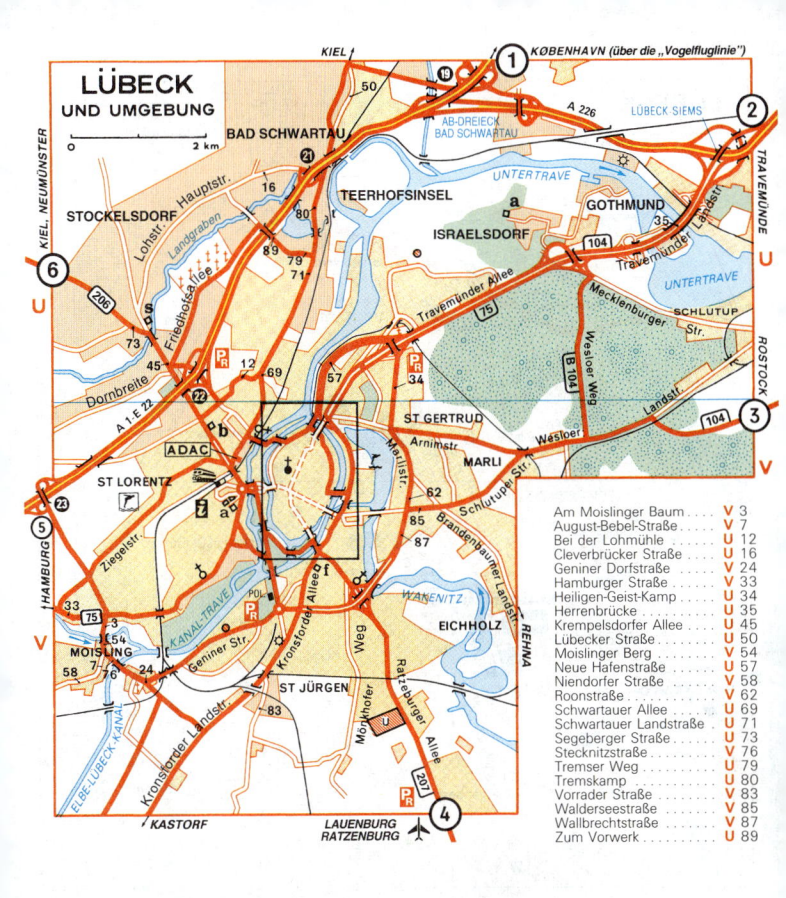

Straße		Nr.
Am Moislinger Baum	V	3
August-Bebel-Straße	V	7
Bei der Lohmühle	U	12
Cleverbrücker Straße	U	16
Geniner Dorfstraße	V	24
Hamburger Straße	V	33
Heiligen-Geist-Kamp	U	34
Herrenbrücke	U	35
Krempelsdorfer Allee	U	45
Lübecker Straße	U	50
Moislinger Berg	V	54
Neue Hafenstraße	V	57
Niendorfer Straße	V	58
Roonstraße	V	62
Schwartauer Allee	U	69
Schwartauer Landstraße	U	71
Segeberger Straße	U	73
Stecknitzstraße	V	76
Tremser Weg	U	79
Tremskamp	U	80
Vorrader Straße	V	83
Walderseestraße	V	85
Wallbrechtstraße	V	87
Zum Vorwerk	U	89

🏨 **Jensen,** An der Obertrave 4, ✉ 23552, ☎ (0451) 70 24 90, *info@ringhotel-jensen.de*, Fax (0451) 73386, 🏛 – 📶 📺 📞 🚗 🅰🅴 ⓞ 🆐 VISA JCB   Y k
Menu à la carte 22/40 – **42 Zim** ☑ 65/70 – 85/98.
 • Im "historischen Dreieck" zwischen Trave, Holstentor und Salzspeicher ist das Patrizierhaus seit 1307 in den Händen von Kaufleuten und Gastwirten. Zeitgemäße Zimmer. Das kajütenähnliche Restaurant erinnert an die bewegte Geschichte der Seefahrer.

🏨 **Klassik Altstadt Hotel** garni, Fischergrube 52, ✉ 23552, ☎ (0451) 70 29 80, *info@klassik-altstadt-hotel.de*, Fax (0451) 73778 – 🍽 📺 📞 🅿 🅰🅴 ⓞ 🆐 VISA JCB   X n
28 Zim ☑ 70/96 – 105/123.
 • "Berühmte Künstler unter einem Dach": In den Doppelzimmern werden Lübecker Künstler dargestellt, in den Einzelzimmern finden sich verschiedene Reiseberichte.

🏨 **Park Hotel** garni, Lindenplatz 2, ✉ 23554, ☎ (0451) 87 19 70, *info@parkhotel-luebeck.de*, Fax (0451) 8719729 – 🍽 📺 📞 🚗 🅰🅴 ⓞ 🆐 VISA JCB   V a
18 Zim ☑ 59/80 – 79/110.
 • Die Jugendstil-Villa befindet sich in der Stadtmitte zwischen Holstentor und Bahnhof und verfügt über wohnlich wirkende, gepflegte Zimmer.

🏨 **Ibis** garni, Fackenburger Allee 54, ✉ 23554, ☎ (0451) 4 00 40, *h2205@accor-hotels.com*, Fax (0451) 4004444 – 📶 🍽 🍴 📺 📞 ♿ 🚗 🅿 🅰🅴 ⓞ 🆐 VISA   V b
☑ 9 – **85 Zim** 49/57 – 61/69.
 • Verkehrsgünstig nahe der Autobahn liegt dieser neuzeitliche Hotelbau, dessen modern und sachlich ausgestattete Zimmer vor allem auf den Geschäftsreisenden abgestimmt sind.

889

Verkehrsberuhigte Altstadt

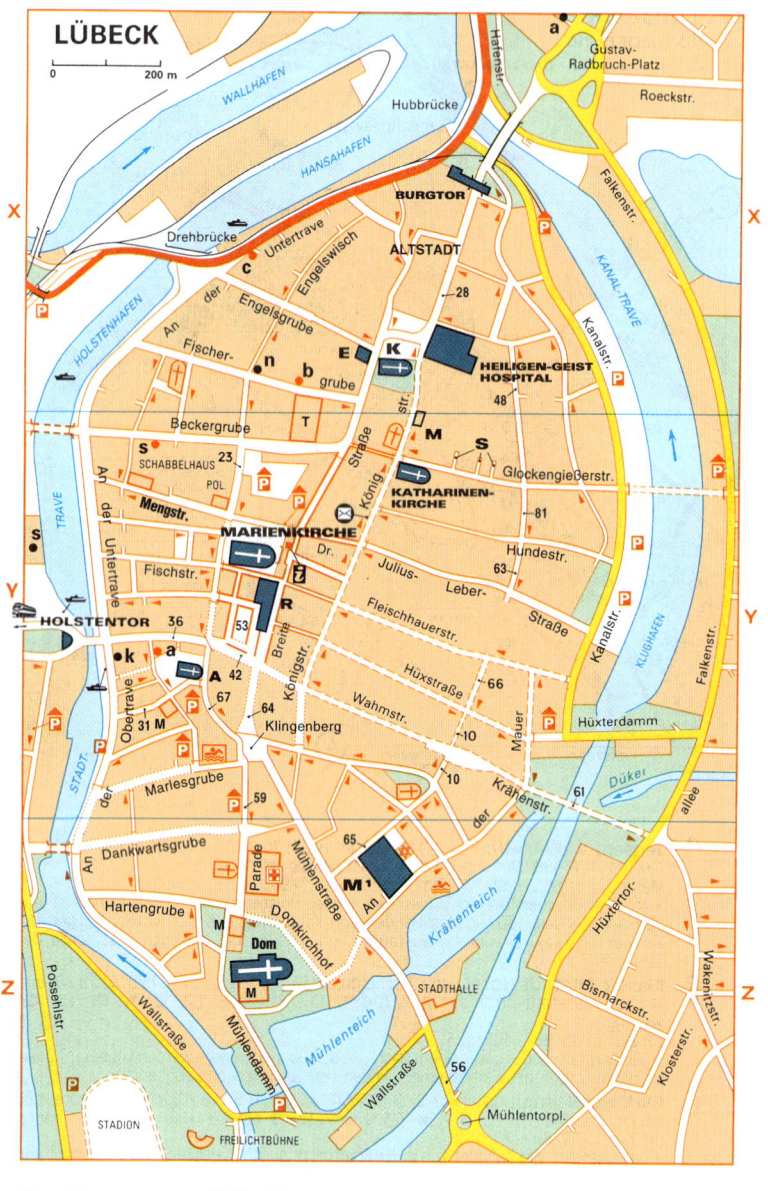

LÜBECK

Balauerfohr . . . . Y 10	Klingenberg . . . . Y	Rehderbrücke . . . . Y 61
Beckergrube . . . . Y	Königstraße . . . . XY	Rosengarten . . . . Y 63
Breite Straße . . . . Y	Kohlmarkt . . . . Y 42	Sandstraße . . . . Y 64
Fleischhauerstraße . . . . Y	Langer	St.-Annen-
Fünfhausen . . . . Y 23	Lohberg . . . . X 48	Straße . . . . Z 65
Große Burgstraße . . . . X 28	Marktplatz . . . . Y 53	Schlumacherstraße . . . . Y 66
Große Petersgrube . . . . Y 31	Mühlenstraße . . . . Z	Schmiedestraße . . . . Y 67
Holstenstraße . . . . Y 36	Mühlentorbrücke . . . . ZZ 56	Tünkenhagen . . . . Y 81
Hüxstraße . . . . Y	Pferdemarkt . . . . Y 59	Wahmstraße . . . . Y

890

LÜBECK-TRAVEMÜNDE

Am Fahrenberg	3
Am Lotsenberg	4
Auf dem Baggersand	5
Bertlingstraße	6
Brodtener Kirchsteig	7
Fallreep	8
Godewind	9
Kirchenstraße	12
Kurgartenstraße	
Mecklenburger Landstraße	13
Mittschiffs	15
Parkallee	16
Steuerbord	17
Vorderreihe	18

Die Hotelbesitzer sind gegenüber den Lesern dieses Führers Verpflichtungen eingegangen. Zeigen Sie deshalb dem Hotelier Ihren Michelin-Führer des laufenden Jahres.

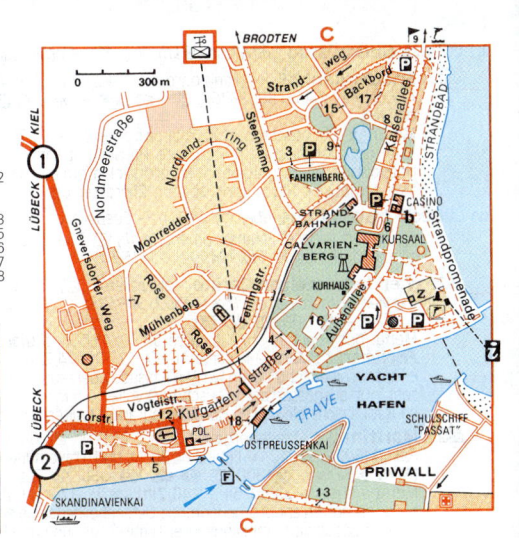

XXX ⊗ **Wullenwever** (Petermann), Beckergrube 71, ⊠ 23552, ℘ (0451) 70 43 33, *restaurant@wullenwever.de, Fax (0451) 7063607*, 🍴 – 🚫, 🆎 ⓞ 𝗩𝗜𝗦𝗔, ✂ Y s
geschl. 15. - 27. März, 4. - 16. Okt., Sonntag - Montag – **Menu** *(Tischbestellung ratsam)* 55/95 à la carte 34/67, 💧.
  ◆ Roy Petermann heißt der lübsche Koch-König, der im Patrizierhaus aus dem 16. Jh. kreative Gaumenfreuden zubereitet. Klassischer Rahmen und lauschige Innenhof-Terrasse.
  Spez. Thunfischtatar mit Basilikumrösti und Artischocke. Geschmorter Ochsenschwanz mit Spitzkohl. Dessertvariation "Wullenwever"

XX **Schiffergesellschaft**, Breite Str. 2, ⊠ 23552, ℘ (0451) 7 67 76, *schiffergesellschaft@t-online.de, Fax (0451) 73279* – ⓞ 𝗩𝗜𝗦𝗔 X E
Menu *(Tischbestellung ratsam)* à la carte 25/40.
  ◆ Die sehenswerte Gaststätte von 1535 ist eine Lübecker Institution und Treffpunkt der Schiffergesellschaft. Viele Andenken erinnern an die Geschichte der Lübecker Seefahrt.

XX **Das kleine Restaurant,** An der Untertrave 39, ⊠ 23552, ℘ (0451) 70 59 59, *dklrest@aol.com, Fax (0451) 705959* – 🆎 ⓞ 𝗩𝗜𝗦𝗔 X c
geschl. Sonntag – **Menu** *(nur Abendessen)* à la carte 29/39,50.
  ◆ Direkt an der Drehbrücke am Hansahafen steht das Backsteinhaus aus der Zeit um 1600. In nettem Ambiente begeistert der Patron mit zehngängigen Menüs zu günstigem Preis.

XX **Markgraf**, Fischergrube 18, ⊠ 23552, ℘ (0451) 7 06 03 43, *brand.martini@t-online.de, Fax (0451) 7060343*, 🍴 – X b
geschl. Jan. 2 Wochen, Juli 2 Wochen, Montag - Dienstag – **Menu** *(nur Abendessen)* à la carte 27/33.
  ◆ Eine Holzbalkendecke und lehmverputzte Wände kombiniert mit Kronleuchtern, modernen Bildern und einem guten Couvert lassen das Restaurant elegant wirken. Kleine Galerie.

XX **Zimmermann's Lübecker Hanse,** Kolk 7, ⊠ 23552, ℘ (0451) 7 80 54, *luebecker-hanse@t-online.de, Fax (0451) 71326* – 🆎 ⓞ 𝗩𝗜𝗦𝗔 Y a
geschl. Jan. 1 Woche, Samstag - Sonntag, Nov. - Dez. Sonntag – **Menu** *(Tischbestellung ratsam)* à la carte 22/37.
  ◆ Zwischen alten Holzbalken und knarrenden Dielen unterhalten sich Lachs und Steinbeisser : Man reicht hier eine fischreiche Karte, die aber auch anderes bietet.

In Lübeck-Israelsdorf :

🏠 **Waldhotel Twiehaus** 🌿, Waldstr. 41, ⊠ 23568, ℘ (0451) 39 87 40, *info@waldhotel-twiehaus.de, Fax (0451) 3987430*, 🍴 – ⚡ Zim, 📺 📞 ⇔ 🅿 ✂ Zim U a
Menu *(geschl. Dienstag)* à la carte 17/33 – **10 Zim** ⊇ 60 - 83.
  ◆ Unweit vom Lübecker Tierpark - ruhig im Grünen gelegen - findet der Besucher im familiär geführten Gästehaus wohnliche Zimmer im Landhausstil. Das Restaurant mit Garten und Grillabenden ist ein nettes Ausflugsziel.

LÜBECK

In Lübeck-Oberbüssau *Süd-West : 8 km über Kronsforder Landstraße* V :

Friederikenhof , Langjohrd 15, ✉ 23560, ☏ (0451) 80 08 80, *mail@friederikenhof.de*, Fax (0451) 80088100, 余, ≘s, 🐎 – ⇆ Zim, TV 📞 ♿ ⇔ P – 🔬 40. AE ⓘ
Menu *(geschl. Montagmittag)* à la carte 18/35 – **30 Zim** ⇌ 65/85 – 90/105, 3 Suiten.
• Im regionstypischen Stil erbaute Häuser mit Klinkerfassade bilden diese neuzeitliche Hotelanlage - ausgestattet mit komfortablen Zimmern im modernen Landhausstil. Das rustikal-gemütliche Restaurant ist dem Charakter des Hauses angepaßt.

In Lübeck-Travemünde *über* ② : *19 km* – *Seeheilbad* :

🛈 Tourist-Service, Strandpromenade 1b, ✉ 23570, ☏ (01805) 88 22 33, *marketing@luebeck-tourismus.de*, Fax (04502) 804159

Vier Jahreszeiten Casino, Kaiserallee 2, ✉ 23570, ☏ (04502) 30 80, *travemuende@vier-jahreszeiten.de*, Fax (04502) 308333, ≼, 余, 🏋, ≘s, ⊠, – 🛗, ⇆ Zim, ☰ TV 📞 ♿ P – 🔬 200. AE ⓘ ⓜⓞ VISA
Menu *(nur Abendessen)* à la carte 32,50/45,50 – **Il Giardino** : Menu à la carte 20/28 – **Fischmarkt** : Menu à la carte 16,50/32,50 – **74 Zim** ⇌ 130/150 – 160/220, 4 Suiten.
• Hinter seiner schmucken Fassade überzeugt das komfortable Hotel mit technisch sehr gut ausgestatteten, geschmackvollen Zimmern - modern, klassisch oder im Landhausstil. Leicht elegantes Hotelrestaurant. Mediterran gibt sich das Il Giardino.

Maritim , Trelleborgallee 2, ✉ 23570, ☏ (04502) 8 90, *info.trv@maritim.de*, Fax (04502) 892020, ≼ Lübecker Bucht und Travemündung, 余, ≘s, ⊠ – 🛗, ⇆ Zim, TV 📞 ♿ ⇔ – 🔬 800. AE ⓘ ⓜⓞ VISA JCB. ✺ Rest
Menu à la carte 23,50/51 – **240 Zim** ⇌ 93/179 – 124/208, 10 Suiten – ½ P 23.
• Das an der Strandpromenade des Ostseeheilbades gelegene Hotel mit 35 Etagen bietet einen großzügigen Empfangsbereich mit Boutiquen und Friseur sowie wohnliche Zimmer. Elegantes Restaurant mit Panoramafenstern. Im obersten Stock : Café mit herrlicher Fernsicht.

In Stockelsdorf :

Lübecker Hof, Ahrensböker Str. 4, ✉ 23617, ☏ (0451) 49 07 07, *info@luebeckerhof.bestwestern.de*, Fax (0451) 4946112, 余, Massage, ≘s – 🛗, ⇆ Zim, TV 📞 ♿ ⇔ – 🔬 150. AE ⓘ ⓜⓞ VISA
Menu à la carte 20/30 – **113 Zim** ⇌ 77 – 90.
• Vielleicht stand das Holstentor bei diesem runden Hotel-Turm aus Ziegelstein Modell. Die Zimmer sind in klassischen Landhausstil gehalten. Gartenanlage mit Teich. Das Hotelrestaurant wirkt leicht mediterran.

LÜCHOW *Niedersachsen* 541 H 17 – *9 800 Ew* – *Höhe 18 m*.

🛈 Tourist-Information im Amtshaus, Theodor-Körner-Str. 4, ✉ 29439, ☏ (05841) 12 62 49, *tourist-information@luechow.de*, Fax (05841) 126281.
Berlin 190 – Hannover 138 – Schwerin 98 – Lüneburg 66 – Braunschweig 125.

Katerberg, Bergstr. 6, ✉ 29439, ☏ (05841) 9 77 60, Fax (05841) 977660, ⊠ – ⇆ Zim, TV 📞 P – 🔬 40. AE ⓘ ⓜⓞ VISA
Menu *(nur Abendessen)* à la carte 16/32 – **27 Zim** ⇌ 38/45 – 76.
• Eine freundliche Einrichtung in modernem Design prägt das Innenleben dieses Hotels - vom Empfang bis in die Zimmer. Technisch wird man den Ansprüchen von heute gerecht. Freundliche Farben geben dem Restaurant eine südländische Note.

Alte Post, Kirchstr. 15, ✉ 29439, ☏ (05841) 9 75 40, *Fax (05841) 5048*, 余 – ⇆ Zim, TV 📞 AE ⓘ ⓜⓞ VISA
Menu *(geschl. Montag) (nur Abendessen)* à la carte 24/36 – **14 Zim** ⇌ 46/60 – 76.
• In einer Seitenstraße der Innenstadt finden Reisende hinter einer Fachwerkfassade tadellos gepflegte, liebevoll eingerichtete Gästezimmer, teils mit integriertem Fachwerk. Behagliches Restaurant mit hübschem Dekor.

Ratskeller, Lange Str. 56, ✉ 29439, ☏ (05841) 55 10, Fax (05841) 5518 – TV P
Menu *(geschl. Samstagmittag, Sonntagabend)* à la carte 16,50/31 – **12 Zim** ⇌ 27/42 – 47/62.
• Das Hotel ist im Rathaus der Stadt, einem hübschen Fachwerkbau, untergebracht. Die Gästezimmer sind solide und praktisch eingerichtet. Der rustikale Stil des Restaurants schafft ein gemütliches Ambiente.

In Lübbow-Dangenstorf *Süd : 9 km, über B 248, am Ortseingang Lübbow links ab* :

Landgasthof Rieger, Dörpstroat 33, ✉ 29488, ☏ (05883) 6 38, *landgasthof-rieger@t-online.de*, Fax (05883) 1330, 余, 🏋, ≘s, 🐎 – ⇆ Zim, TV ♿ ⇔ P. AE ⓜⓞ
Menu *(im Winter Montag - Freitag nur Abendessen)* à la carte 14/24,50 – **12 Zim** ⇌ 38/42 – 70/74.
• Das ehemalige Bauernhaus überzeugt seine Besucher mit gepflegter Gastlichkeit und einer heimeligen Atmosphäre, die den ursprünglichen Charme des Hauses vermittelt. Freigelegtes Fachwerk unterstreicht den ländlichen Charakter des Restaurants.

LÜDENSCHEID Nordrhein-Westfalen 543 M 6 – 80 000 Ew – Höhe 420 m.

🏌 Schalksmühle-Gelstern, Gelstern 2 (Nord : 5 km Richtung Heedfeld), ℘ (02351) 5 18 19.
ADAC, Knapper Str. 26.
Berlin 523 – Düsseldorf 76 – Hagen 30 – Dortmund 47 – Siegen 59.

Mercure, Parkstr. 66 (am Stadtpark), ⌧ 58509, ℘ (02351) 15 60, h2927@accor-hotels.com, Fax (02351) 39157, 😊, 😐, 🞏, – 🛏, ✲ Zim, 📺 📞 🚗 🅿 – 🛆 180. 🖭 ⓪ ⓜⓞ 𝖵𝖨𝖲𝖠. ⚜ Rest
Menu à la carte 22,50/35 – **169 Zim** ⇄ 115 – 143/153, 6 Suiten.
• Das funktionelle Inventar der Zimmer schätzen Tagungsgäste und Privatreisende gleichermaßen. Zwei Zimmerkategorien - teils mit Balkon - stehen zur Wahl.

LÜDINGHAUSEN Nordrhein-Westfalen 543 K 6 – 22 000 Ew – Höhe 50 m.

Ausflugsziel : Wasserburg Vischering ★ (Nord : 1 km).
🅱 Lüdinghausen Marketing, Borg 11, ⌧ 59348, ℘ (02591) 7 80 08, marketing@luedinghausen.de, Fax (02591) 78010.
Berlin 482 – Düsseldorf 95 – Dortmund 37 – Münster (Westfalen) 28.

Borgmann, Münsterstr. 17, ⌧ 59348, ℘ (02591) 9 18 10, Fax (02591) 918130, Biergarten – 📺. 🖭 ⓪ ⓜⓞ 𝖵𝖨𝖲𝖠
Menu (geschl. Sonntag) (nur Abendessen) à la carte 19/27 – **14 Zim** ⇄ 45/50 – 75/80.
• Einst als Scheune genutzt, dient das Haus heute als familiengeführtes kleines Hotel - ergänzt durch ein Gästehaus mit wohnlichen, teils im Landhausstil gehaltenen Zimmern. Fachwerkbalken, Kacheln und Klinker bestimmen den altdeutschen Charakter der Gaststuben.

LÜGDE Nordrhein-Westfalen 543 K 11 – 12 000 Ew – Höhe 106 m.

🅱 Tourist-Information, Am Markt 1, ⌧ 32676, ℘ (05281) 77 08 70, touristinfoluegde@t-online.de.
Berlin 352 – Düsseldorf 219 – Hannover 70 – Detmold 32 – Paderborn 49.

Berggasthaus Kempenhof 🍃, Am Golfplatz 1 (West : 1,5 km), ⌧ 32676, ℘ (05281) 86 47, info@kempenhof.de, Fax (05281) 5637, ≤, 😊, 😐, ➳ – ✲ Zim, 📺 🚗 🅿. ⓜⓞ 𝖵𝖨𝖲𝖠
Menu à la carte 14/32 – **12 Zim** ⇄ 33/36 – 57/62.
• Solide möblierte, zeitgemäße Zimmer sowie die attraktive Lage oberhalb des Ortes zählen zu den Vorzügen dieses familiengeführten Hotels. Ein Kamin und eine nette Dekoration zieren das Restaurant.

In Lügde-Elbrinxen Süd : 6,5 km, über Mittlere Straße und Höxterstraße :

Landhotel Lippischer Hof, Untere Dorfstr. 3, ⌧ 32676, ℘ (05283) 98 70, info@lippischerhof.de, Fax (05283) 987189, 😐 – 🛏 📺 🅿 – 🛆 80. ⓜⓞ 𝖵𝖨𝖲𝖠
Menu à la carte 15/24,50 – **34 Zim** ⇄ 45/51 – 74/77.
• Ein solide geführter Familienbetrieb an der Durchgangsstraße mit gepflegten Gästezimmern, die teils neuzeitlich mit hellem Holz und Rattanmobiliar eingerichtet sind. Restaurant, Bierstube und Bauernstube.

LÜNEBURG Niedersachsen 541 G 15 – 70 000 Ew – Höhe 17 m – Sole- und Moorkurbetrieb.

Sehenswert : Rathaus★★ (Große Ratsstube★★) Y R – Am Sande★ (Stadtplatz) Z – Wasserviertel : ehemaliges Brauhaus★ Y F – St. Johanniskirche★ Z E.
Ausflugsziel : Kloster Lüne (Teppichmuseum★) über ① : 2 km.
🏌 🏌 Lüdersburg, Lüdersburger Str. 21 (Nord-Ost : 16 km über ①), ℘ (04139) 6 97 00 ;
🏌 St. Dionys, Widukindweg (Nord : 11 km über ①), ℘ (04133) 21 33 11 ; 🏌 🏌 Adendorf, Scharnebecker Weg 25 (Nord : 5 km über ①), (04131) 70 78 77.
🅱 Verkehrsverein (Rathaus), Am Markt, ⌧ 21335, ℘ (04131) 2 07 66 20, touristik@lueneburg.de, Fax (04131) 2076644.
ADAC, Bei der St. Lambertikirche 9.
Berlin 270 ① – Hannover 124 ③ – Hamburg 58 ① – Braunschweig 116 ③ – Bremen 132 ①

Stadtplan siehe nächste Seite

Bergström (mit Gästehaus), Bei der Lüner Mühle, ⌧ 21335, ℘ (04131) 30 80, info@bergstroem.de, Fax (04131) 308499, ≤, 😊, 🏋, 😐, 🞏, – 🛏, ✲ Zim, 📺 📞 🕭 🚗 🅿 – 🛆 220. 🖭 ⓪ ⓜⓞ 𝖵𝖨𝖲𝖠 𝖩𝖢𝖡
Y t
Menu à la carte 22/42 – ⇄ 14 – **123 Zim** 99/127 – 119/132.
• Die Zimmer dieses im Stil eines Speicherhauses gebauten Hotels überzeugen mit einer geschmackvollen Einrichtung und guter Technik. Reizvoll : die Lage direkt an der Ilmenau. Die Brasserie kombiniert Restaurant, Bistro und Bäckerei.

LÜNEBURG

Altenbrücker Damm	Y 2	Auf dem Meere	Y 14	Kuhstraße	Z 35
Altenbrückertor-Straße	Z 3	Bahnhofstraße	Y 16	Lüner Str	Y 36
Am Markt	Y 5	Bardowicker Str.	Y 17	Neue Torstraße	Y 38
Am Ochsenmarkt	Y 6	Bei der Abtspferdetränke	Y 18	Reitende-Diener-Str.	Y 40
Am Sande	Z	B. d. St. Johanniskirche	Z 19	Rosenstraße	Y 42
Am Schifferwall	Y 7	Beim Benedikt	YZ 21	Rotehahnstraße	Y 43
Am Werder	Y 8	Bockelmannstraße	Y 24	Rote Str.	Z
An den Brodbänken	Y 9	Egersdorffstraße	Y 27	Schießgrabenstraße	YZ 44
An den Reeperbahnen	Z 10	Görgesstraße	Y 28	Schröderstraße	YZ 45
An der Münze	Y 12	Grapengießerstraße	Z	Sülfmeisterstraße	Z 46
		Große Bäckerstraße	Y 30	Uelzener Str.	Y 47
		Kaufhausstraße	Y 32	Vor dem Bardowicker Tore	Y 48
		Kleine Bäckerstraße	Z 34	Waagestraße	Z 49

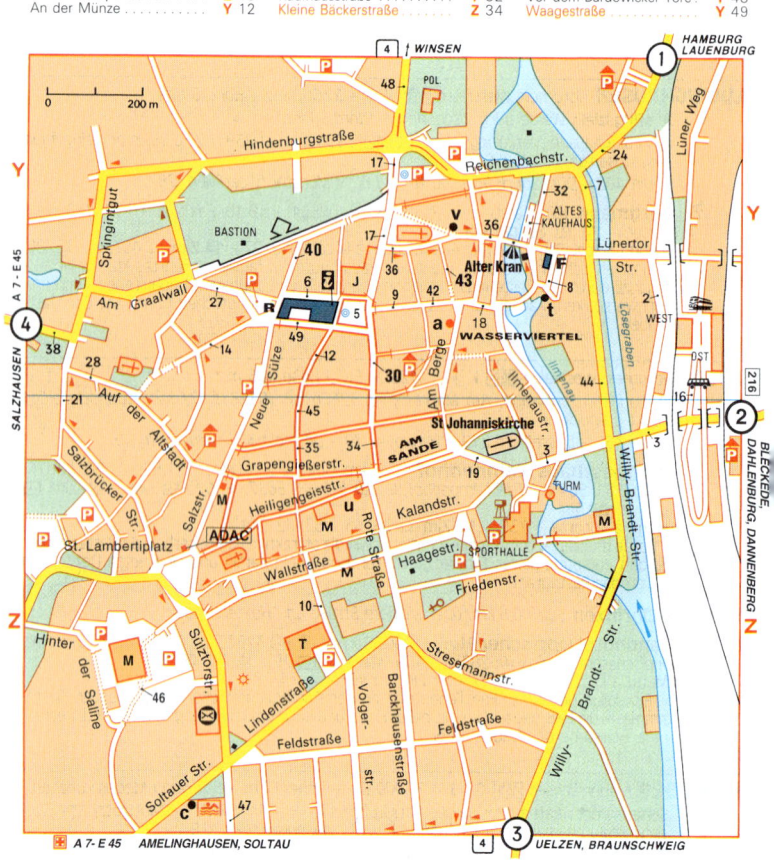

🏨 **Seminaris,** Soltauer Str. 3, ✉ 21335, ☎ (04131) 71 30, lueneburg@seminaris.de, Fax (04131) 713727, 🌺, direkter Zugang zum Kurzentrum – 📶, 🚭 Zim, ■ Rest, 📺 ⇔ – 🅿 200. AE ⓘ ⓜⓞ VISA. 🚭 Rest Z c
Menu à la carte 21/32 – **185 Zim** ⇌ 83/97 – 120, 6 Suiten.
♦ Besucher schätzen die Zimmer dieses Hauses ihrer funktionellen Ausstattung und guter Pflege wegen. Die Business-Suiten werden den Ansprüchen von Geschäftsreisenden gerecht.

🏨 **Residenz,** Munstermannskamp 10, ✉ 21335, ☎ (04131) 75 99 10, info@residenzhotel.de, Fax (04131) 7599175, 🌺 – 📶, 🚭 Zim, 📺 ✆ ⇔ 🅿 – 🅿 20. AE ⓘ ⓜⓞ VISA JCB
Menu (geschl. Sonntag, Montagmittag, Dienstagmittag, Feiertage mittags) à la carte 18/37 – **30 Zim** ⇌ 82/95 – 125/135 – ½ P 18.   über Uelzener Straße Z
♦ Die Zimmer dieses neuzeitlichen Hotels sind im Stil einheitlich gestaltet, in freundlichen Farben gehalten und sehr funktionell, aber dennoch wohnlich ausgestattet. Helles, auf zwei Ebenen angelegtes Restaurant.

LÜNEBURG

Bremer Hof, Lüner Str. 12, ✉ 21335, ℰ (04131) 22 40, *hotel-bremerhof@luenecom.de*, *Fax (04131) 224224* – 🛜, 🍽 Zim, 📺 📞 🅿 🅰🅴 ⓞ ⓜ️ 𝒱𝐼𝒮𝒜 JCB Y v
Menu à la carte 21/31 – **54 Zim** ⇌ 56/98 – 80/122.
• Im Haupthaus wie auch im Gästehaus Tilly stehen zeitgemäße Zimmer bereit - wohnlich, mit Sitzecke versehen, teils auch mit freigelegten Holzbalken. Eine historische Balkendecke unterstreicht den gemütlichen Rahmen der Alten Gaststube.

Zum Heidkrug (Röhm) mit Zim, Am Berge 5, ✉ 21335, ℰ (04131) 2 41 60, *heidkrug@zumheidkrug.de*, *Fax (04131) 241620*, 🌿 – 📺 ⓜ️ 𝒱𝐼𝒮𝒜 Y a
geschl. 1. - 15. Jan., Juli - Aug. 3 Wochen – **Menu** *(geschl. Sonntag - Montag)* à la carte 34,50/43, ♀ – **7 Zim** ⇌ 58/72 – 82/94.
• Der gotische Backsteinbau aus dem 15. Jh. beherbergt ein Restaurant mit geschmackvollem Interieur und einer feinen klassischen Küche.
Spez. Gratinierte Langostinos mit Ratatouille-Salat. Rehbockrücken mit Balsamicokirschen und Selleriecreme. Quarksoufflé mit Macadamia-Nusseis

Ratskeller, Am Markt 1, ✉ 21335, ℰ (04131) 3 17 57, *Fax (04131) 34526* – 🅰🅴 ⓜ️ 𝒱𝐼𝒮𝒜 Y R
geschl. 8. - 21. Jan., Mittwochabend – **Menu** à la carte 14/29,50.
• Der Ratsweinkeller mit dem beeindruckenden Kreuzgewölbe aus dem 14. Jh. ist heute ein elegant-rustikales Restaurant mit regionaler und internationaler Küche.

Kronen-Brauhaus, Heiligengeiststr. 39, ✉ 21335, ℰ (04131) 71 32 00, *kronenbrauhaus@seminaris.de*, *Fax (04131) 41861*, (Brauerei-Gaststätte mit Museum), Biergarten – ⓜ️ 𝒱𝐼𝒮𝒜 Z u
Menu à la carte 19/31.
• Hinter den mittelalterlichen Fassaden des Gebäudeensembles verbergen sich urig-rustikale Räume, in denen man seit über 500 Jahren Gastlichkeit pflegt. Mit Museum.

In Brietlingen *über ① : 10 km* :

Landhotel Franck, An der alten Salzstraße 31b (B 209), ✉ 21382, ℰ (04133) 4 00 90, *info@landhotel-franck.de*, *Fax (04133) 400933*, 🌿, 🛋, 🅿 – 🏊, ☆, 🍽 – 📺 📞 🚗 🅿 – 🅰 150. 🅰🅴 ⓞ ⓜ️ 𝒱𝐼𝒮𝒜
Menu à la carte 16,50/37 – **32 Zim** ⇌ 55/80 – 75/105 – ½ P 15.
• Seit 1922 hat sich dieses Haus vom einfachen Landgasthof zu einem zeitgemäßen Hotel entwickelt - ein Teil der Zimmer mit optisch abgetrennter Wohnecke. Restaurant in ländlichem Stil.

In Deutsch-Evern *über ③ : 7 km* :

Niedersachsen, Bahnhofstr. 1, ✉ 21407, ℰ (04131) 7 93 74, *hausniedersachsen@gmx.de*, *Fax (04131) 79726*, 🌿 – 🅿 ⓜ️ 𝒱𝐼𝒮𝒜
geschl. Donnerstag – **Menu** à la carte 14,50/31,50.
• Die Verbundenheit zur heimischen Landwirtschaft spiegelt sich im regionalen Speisenangebot des Hauses wider. Nett sitzt man draußen auf der hübschen Gartenterrasse.

In Embsen *Süd-West : 10 km über Soltauer Straße* Z :

Stumpf (mit Gästehaus), Ringstr. 6, ✉ 21409, ℰ (04134) 2 15, *Fax (04134) 8343*, 🌿, ☆, 🚗 – 📺 🚗 🅿 – 🅰 15. 🍽 Zim
Menu *(geschl. Montagmittag)* à la carte 13,50/22 – **11 Zim** ⇌ 37 – 68.
• Ein Teil der Zimmer dieses regionstypischen Stil erbauten Gasthofs sind im ca. 100 m entfernten Gästehaus untergebracht und freundlich eingerichtet. Rustikale Gaststube mit einer Sammlung historischer Waffen und Gebrauchsgegenstände.

In Reinstorf *Ost : 13 km über Altenbrückertor-Straße* Z :

Hof Reinstorf, Alte Schulstr. 6, ✉ 21400, ℰ (04137) 80 90, *info@hotel-reinstorf.de*, *Fax (04137) 809100*, 🌿, Massage, ☆, 🛋, 🅿 – 🏊, 🍽 Zim, 📺 🅿 – 🅰 200. 🅰🅴 ⓞ ⓜ️ 𝒱𝐼𝒮𝒜
Vitus *(geschl. Jan., Sonntagabend - Dienstag) (Mittwoch - Freitag nur Abendessen)* **Menu** à la carte 39/53, ♀ – ⇌ 13 – **90 Zim** 68 – 99 – ½ P 25.
• Im alten Gutshaus dieser restaurierten Hofanlage a. d. 19. Jh. wie auch im modernen Hotelanbau verfügt man über funktionell ausgestattete Zimmer. Liebevoll restauriert : das Vitus - mit Balken- und Stahlkonstruktion sowie Parkettboden.

LÜNEN Nordrhein-Westfalen **543** L 6 – 90 000 Ew – Höhe 45 m.
Berlin 481 – *Düsseldorf* 84 – Dortmund 15 – Münster (Westfalen) 50.

Am Stadtpark, Kurt-Schumacher-Str. 43, ✉ 44532, ℰ (02306) 2 01 00, *hotel-am-stadtpark@riepe.com*, *Fax (02306) 201055*, 🌿, 🏋, ☆, 🛋 – 🏊, 🍽 Zim, 📺 📞 🅖 🚗 🅿 – 🅰 300. 🅰🅴 ⓞ ⓜ️ 𝒱𝐼𝒮𝒜
Menu à la carte 22/40 – **90 Zim** ⇌ 91/109 – 114/122, 4 Suiten.
• Solide und funktionell eingerichtete, einheitlich in Kirschholz möblierte Zimmer bietet dieses neuzeitliche, mit der Stadthalle verbundene Hotel in Zentrumsnähe. Gepflegtes Restaurant mit Wintergarten-Anbau.

LÜNEN

Beim Schloß Schwansbell *Süd-Ost : 2 km über Kurt-Schumacher-Straße :*

Schwansbell, Schwansbeller Weg 32, ✉ 44532 Lünen, ℰ (02306) 20 68 10, *kunstg alerie.lauter@t-online.de*, Fax (02306) 23454, 🍴 – 🅿 ⓘ ⓜ VISA
geschl. Montag - Dienstag – **Menu** *(wochentags nur Abendessen)* 25/29 und à la carte 33/41,50.
• "Der Maler, der kocht" frischt mit Eigenkreationen das marktorientierte Speisenangebot auf. Gemälde des Chefs schmücken die modern gestalteten Räumlichkeiten.

LÜSSE *Brandenburg siehe Belzig.*

LÜTJENBURG *Schleswig-Holstein* 541 *D 15 – 5 800 Ew – Höhe 25 m – Luftkurort.*
🏖 Hohwachter Bucht (Nord-Ost : 3 km), ℰ (04381) 96 90.
🛈 Touristinformation, Markt 4, ✉ 24321, ℰ (04381) 41 99 41, Fax (04381) 419 93.
Berlin 326 – Kiel 34 – *Lübeck* 85 – Neumünster 56 – Oldenburg in Holstein 21.

Ostseeblick 🏖, Am Bismarckturm 3, ✉ 24321, ℰ (04381) 9 06 50, *info@hotel-os tseeblick.de*, Fax (04381) 7240, ≤, 🍴, 🔲 – ⇤ Zim, 📺 🅿
geschl. 1. - 20. Feb. – **Menu** *(geschl. Montag)* à la carte 21,50/32,50 – **30 Zim** ⊇ 47/64 – 76/92, 6 Suiten – ½ P 13.
• Die Lage etwas oberhalb des Ortes neben dem Bismarckturm sowie praktische, mit Küchenzeile ausgestattete Zimmer sprechen für das familiengeführte Hotel. Im Bismarckturm lassen Sie sich in unaufdringlichem Ambiente zum Speisen nieder.

In Panker *Nord : 4,5 km in Richtung Schönberg :*

Ole Liese 🏖 (mit Gästehaus), ✉ 24321, ℰ (04381) 9 06 90, *info@ole-liese.de*, Fax (04381) 9069200, 🍴, ☎ – 📺 ☏ 🅿
geschl. 5. - 15. Jan., 1. - 25. Nov. – **Menu** *(geschl. Montag - Dienstagmittag, Nov. - April Montag - Dienstag)* (Nov. - Mai Mittwoch - Freitag nur Abendessen) 25 (mittags) à la carte 35/45 – **20 Zim** ⊇ 105 – 130.
• Der Gasthof aus dem Jahre 1797 wurde um ein Gästehaus mit wohnlichen, großzügig geschnittenen Zimmern erweitert - verschiedene Stoffe und Farben lassen sie individuell wirken. Restaurant im Landhausstil mit schöner Terrasse.

Forsthaus Hessenstein, beim Hessenstein (West : 3 km), ✉ 24321, ℰ (04381) 94 16, Fax (04381) 418943, 🍴 – 🅿
geschl. Montag, April - Mai Montag - Dienstag, Nov. - März Montag - Freitag – **Menu** *(wochentags nur Abendessen)* à la carte 22/38.
• Im idyllisch einsam am Waldrand gelegenen Jagdhaus serviert man eine schmackhafte regionale, teils auch deftige Küche. Eine ständige Bilderausstellung ziert das Restaurant.

LÜTJENSEE *Schleswig-Holstein* 541 *F 15 – 2 500 Ew – Höhe 50 m.*
🏖 Großensee, Hamburger Str. 29 (Süd : 5 km), ℰ (04154) 64 73 ; 🏖 Lütjensee, Hof Bornbek (Süd : 2 km), ℰ (04154) 78 31. – Berlin 268 – Kiel 85 – *Hamburg* 39 – Lübeck 43.

Fischerklause 🏖, Am See 1, ✉ 22952, ℰ (04154) 79 22 00, *info@fischerklause-l uetjensee.de*, Fax (04154) 792234, ≤ Lütjensee, 🍴 – 📺 🅿 ⓜ VISA
Menu *(geschl. Donnerstag)* à la carte 20,50/41 – **15 Zim** ⊇ 52/62 – 72/87.
• Die schöne, ruhige Lage direkt am See, saubere und sehr gepflegte Zimmer in ländlichem Stil und eine familiäre Führung machen dieses kleine Hotel aus. Klassisch gestaltetes Restaurant mit Seeterrasse.

Forsthaus Seebergen 🏖 (mit Gästehaus), Seebergen 9, ✉ 22952, ℰ (04154) 7 92 90, *info@forsthaus-seebergen.de*, Fax (04154) 70645, ≤, 🍴, Massage – 📺 🅿 – 🎪 50. ⓘ ⓜ VISA
Menu à la carte 20,50/51,50 – **11 Zim** ⊇ 35/63 – 60/90.
• Teils rustikal-gemütlich, teils hell und elegant präsentiert sich das Ambiente im Restaurant. Sehr angenehm : die Terrasse am Seeufer. Individuelle, wohnliche Zimmer.

Seehof 🏖 (mit Gästehaus), Seeredder 19, ✉ 22952, ℰ (04154) 7 00 70, *info@see hof-luetjensee.de*, Fax (04154) 700730, ≤, 🍴, Damwildgehege, 🐎 – 📺 🅿 ⓜ VISA
Menu à la carte 22/45 – **6 Zim** ⊇ 54 – 100.
• Das engagiert geführte Restaurant gefällt mit einer klassischen Einrichtung, gutem Couvert und freundlichem Service. Gartenterrasse am See mit schönem Blick.

LUHDEN *Niedersachsen* 541 *J 11 – 1 060 Ew – Höhe 80 m.*
Berlin 341 – *Hannover* 58 – Hameln 26 – Minden 19.

Alte Schule garni, Lindenbrink 9, ✉ 31711, ℰ (05722) 9 05 48 10, *hotel.alte.schule @web.de*, Fax (05722) 9054811 – 📺 ☏ 🅿 ⒶⒺ ⓜ VISA. ✦
⊇ 6 – **10 Zim** 46 – 58.
• Das kleine Fachwerkhaus - früher tatsächlich eine Schule - beherbergt heute ein nettes, gepflegtes Hotel mit wohnlichen, neuzeitlichen Zimmern.

In Luhden-Schermbeck West : 2 km, über Dorfstraße :

Landhaus Schinken-Kruse, Steinbrink 10, ✉ 31711, ℘ (05722) 44 04, *info@sch inkenkruse.de*, Fax (05722) 906505, 🌺, – 🅿, 🆎 ⓞ ⓜ ⓥⓘⓢⓐ
geschl. Montag – **Menu** à la carte 17/27,50.

* Oberhalb des Ortes steht dieses alte Bauernhaus, in dem sich schon vor langer Zeit Glasbläser mit Schinken stärkten. Hohe, rustikal-gediegene Räume bilden den Rahmen.

LUISENTHAL Thüringen 544 N 16 – 1 600 Ew – Höhe 420 m.
Berlin 338 – Erfurt 47 – Bad Hersfeld 115 – Coburg 78.

Waldhotel Berghof ⓢ, Langenbergstr. 18, ✉ 99885, ℘ (03624) 37 70, *info@w aldhotel-berghof.de*, Fax (03624) 377444, 🌺, ≘s, 🌿, ✘ – 🛗, 🆓 Zim, 📺 ♿ 🅿 – 🚲 120. 🆎 ⓜ ⓥⓘⓢⓐ
Menu à la carte 19/24,50 – **105 Zim** ⚏ 65/80 – 92/112 – ½ P 13.

* Ein solide geführtes Hotel in Waldrandlage. Die Zimmer sind funktionell ausgestattet - mehr Komfort bieten die großen Doppelzimmer. Tagungsbereich mit guter Technik. Restaurant mit thüringischer und internationaler Küche.

LUPENDORF Mecklenburg-Vorpommern 542 F 21 – 290 Ew – Höhe 60 m.
Berlin 184 – Schwerin 109 – Neubrandenburg 57 – Waren (Müritz) 19.

In Lupendorf-Ulrichshusen Süd-West : 3 km :

Schloß Ulrichshusen ⓢ, Seestr. 14, ✉ 17194, ℘ (039953) 79 00, *info@gut-ulric hshusen.de*, Fax (039953) 79099, 🌺, 🌿 – 🛗 📺 ♿ 🅿 ⓜ ⓥⓘⓢⓐ
geschl. Jan. - März – **Am Burggraben** : **Menu** à la carte 15/23,50 – **30 Zim** ⚏ 85/105 – 90/110.

* Zu Gast auf einem Anwesen aus dem 15. Jh. in malerischer Seelage. Hinter alten Schlossmauern vermitteln hochwertig eingerichtete Zimmer Wohnlichkeit und ländliche Eleganz. Backsteinwände und Steinboden betonen den rustikalen Charakter des Restaurants.

LYCHEN Brandenburg 542 G 23 – 4 000 Ew – Höhe 85 m.
🛈 Fremdenverkehrsverein, Fürstenberger Str. 11a, ✉ 17279, ℘ (039888) 22 55, *fremdenverkehrsverein@lychen.de*, Fax (039888) 4178.
Berlin 97 – Potsdam 125 – Neubrandenburg 59 – Rostock 167 – Sczecin 103.

Seehotel Lindenhof ⓢ, Lindenweg 1, ✉ 17279, ℘ (039888) 6 43 10, *seehotellyc hen@t-online.de*, Fax (039888) 64311, ≤, 🌺, 🐟, 🌿 – 📺 🅿 ⓜ
Menu (geschl. Nov. - März Montag) à la carte 16/30,50 – **13 Zim** ⚏ 65/85 – 95/120.

* Sehr idyllisch liegt das kleine Hotel auf einer Halbinsel im Wurlsee. Die überwiegend als Appartements angelegten Zimmer sind neuzeitlich und funktionell eingerichtet. Eine Fensterfront lässt viel Licht in das Restaurant und gewährt einen Blick zum See.

MAASHOLM Schleswig-Holstein 541 B 13 – 650 Ew – Höhe 5 m – Erholungsort.
Berlin 418 – Kiel 70 – Flensburg 36 – Schleswig 68.

Schunta ⓢ (mit Gästehaus Maasholm), Hauptstr. 38, ✉ 24404, ℘ (04642) 9 65 60 (Rest.) 60 42 (Hotel), *info@restaurant-schunta.de*, Fax (04642) 965618 – 📺 🅿
Menu (geschl. Nov. - Ostern Montag) à la carte 19,50/37 – **12 Zim** ⚏ 51 – 82 – ½ P 15.

* In dem kleinen Klinkerhaus am Hafen verwöhnt man Sie in einem ländlichen Ambiente mit regionaler Küche. Auf der Karte finden sich überwiegend Fischgerichte und Saisonales.

MACHERN Sachsen 544 L 21 – 8 000 Ew – Höhe 170 m.
Berlin 199 – Dresden 100 – Leipzig 21 – Chemnitz 95 – Dessau 81 – Halle 51.

Kavalierhaus, Schloßplatz 2, ✉ 04827, ℘ (034292) 80 90, *info@kavalierhaus.de*, Fax (034292) 80933, 🌺, 🏋, ≘s – 🛗 📺 ♿ 🅿 – 🚲 70. 🆎 ⓜ ⓥⓘⓢⓐ
Menu à la carte 17/26 – **47 Zim** ⚏ 50/65 – 80/85.

* Das Herrenhaus von Schloss Machern wurde wieder aufgebaut und erstrahlt jetzt in neuem Glanz. Man beherbergt seine Gäste in individuellen, modernen Zimmern. Restaurant mit Blick auf den Schlosspark.

Es ist immer sicherer, eine Zimmerreservierung schrifftlich
oder per Fax zu bestätigen.

MAGDEBURG L *Sachsen-Anhalt* 542 J 18 – 230 000 Ew – Höhe 55 m.
Sehenswert : Dom★★★ *(Paradiesportal : Standbilder★★, Bronzetumba★, Thronendes Herrscherpaar★, Alabasterkanzel★, Statue★ des Hl. Mauritius) – Kloster Unser Lieben Frauen★★ (Klosterkirche★, Kreuzgang★) – Johanniskirche (Rundblick vom Turm★★) – Elbauenpark ★ (Jahrtausendturm★★).*

Magdeburg, Pfauenweg 16 (Nord-Ost : 5 km über ②, an der Pferderennbahn) ℘ (0391) 8 19 55 95.

Tourist-Information, Ernst-Reuter-Allee 12, ✉ *39104,* ℘ *(0391) 5 40 49 00, info@magdeburg-tourist.de, Fax (0391) 5404930.*

ADAC, *Breiter Weg 114a. – Berlin 151* ① *– Braunschweig 89* ⑤ *– Dessau 63* ②

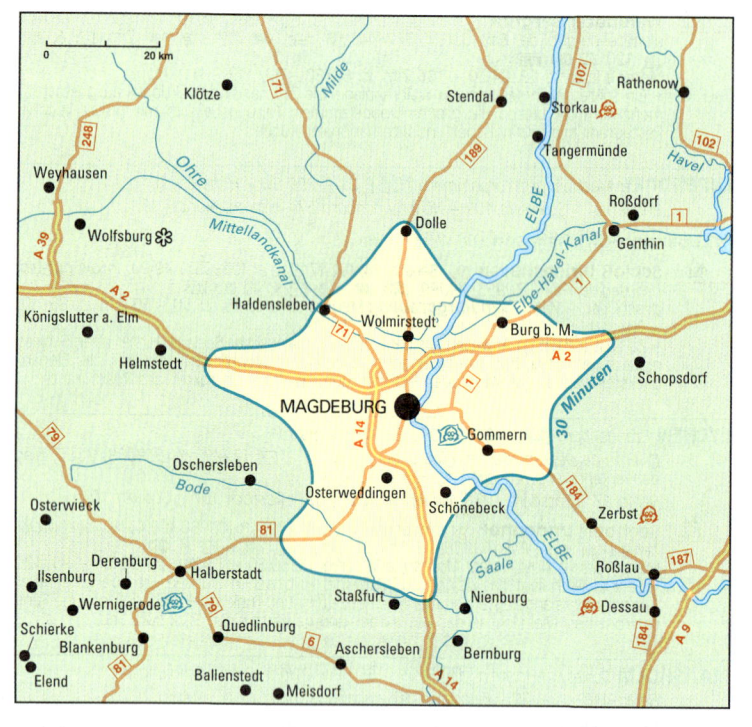

Maritim, Otto-von-Guericke-Str. 87, ✉ 39104, ℘ (0391) 5 94 90, info.mag@maritim.de, Fax (0391) 5949990, 👤, ≦s, 🏊, – 🏢, ⟵ Zim, 📺 📞 &, 🚗 – 🅿 1000. 🆎 ⓄⒶ ⓂⒸ 🆅🆂🅰. 🎯 Rest
Menu à la carte 30/44 – ☕ 13 – **514 Zim** 107/157 – 136/186, 13 Suiten. Y e
♦ Die Geschäftswelt findet hier eine ideale Kombination von Tagen und Wohnen. Das Haus mit der imposanten Atrium-Halle strahlt modernen und eleganten Komfort aus. Klassisch gehaltenes Restaurant mit teils einsehbarer Küche.

Herrenkrug Parkhotel ≫, Herrenkrug 3, ✉ 39114, ℘ (0391) 8 50 80, herrenkrug_hotel@t-online.de, Fax (0391) 8508501, 🌳, ②, Massage, 👤, ≦s, 🏊, 🐎 – 🏢, ⟵ Zim, 📺 📞 &, 🚗 – 🅿 270. 🆎 ⓄⒶ ⓂⒸ 🆅🆂🅰 über Herrenkrugstraße R
Die Saison : Menu à la carte 32/59 – **147 Zim** ☕ 118/158 – 152/192.
♦ Im schönen Herrenkrug-Park liegt dieses geschmackvoll gestaltete Hotel. Die Zimmer bestechen durch ihre Großzügigkeit sowie eine elegante, individuelle Einrichtung. Jugendstil-Architektur im Restaurant Die Saison.

Ratswaage, Ratswaageplatz 1, ✉ 39104, ℘ (0391) 5 92 60, hotel@ratswaage.de, Fax (0391) 5619615, 🌳, ≦s, 🏊, – 🏢, ⟵ Zim, 📺 Rest, 📺 📞 &, 🚗 – 🅿 270. 🆎 ⓄⒶ ⓂⒸ 🆅🆂🅰
Menu à la carte 21,50/31,50 – ☕ 11 – **174 Zim** 100 – 117, 7 Suiten. Y a
♦ Der 1994 erweiterte Hotelkomplex ist eine Mischung aus Neubau und saniertem, zum Teil unter Denkmalschutz stehendem Altbau. Die Zimmer bieten den Gästen modernen Komfort.

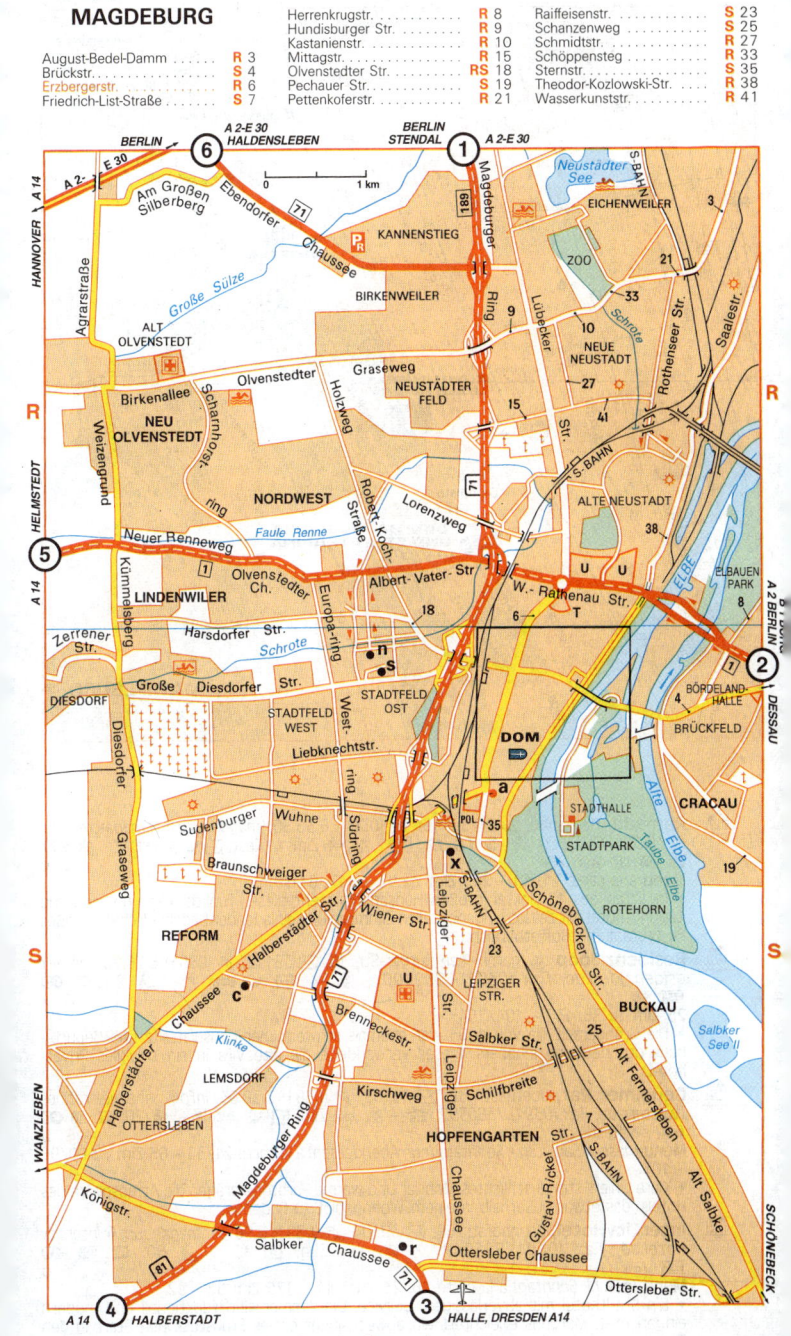

MAGDEBURG

August-Bedel-Damm	R	3
Brückstr.	RS	4
Erzbergerstr.	R	6
Friedrich-List-Straße	S	7
Herrenkrugstr.	R	8
Hundisburger Str.	R	9
Kastanienstr.	R	10
Mittagstr.	R	15
Olvenstedter Str.	RS	18
Pechauer Str.	S	19
Pettenkoferstr.	R	21
Raiffeisenstr.	S	23
Schanzenweg	S	25
Schmidtstr.	R	27
Schöppensteg	R	33
Sternstr.	R	35
Theodor-Kozlowski-Str.	R	38
Wasserkunststr.	R	41

Die Stadtpläne sind eingenordet (Norden = oben).

Ramada, Hansapark 2, ✉ 39116, ✆ (0391) 6 36 30, *magdeburg@ramada-treff.de*, *Fax (0391) 6363550*, 🍴, ⊘, F♂, ≋, ⬚ – 📶, ⊱ Zim, 🍽 Rest, 📺 📞 ♿ 🚗 🅿 – 🛎 300. AE ① ⓜ VISA JCB
Menu à la carte 21/30 – **243 Zim** ⌚ 92 – 117, 6 Suiten. S c
♦ Inmitten des 12 Hektar großen Hansaparks steht dieses funktionelle und moderne Tagungshotel mit zeitlos eingerichteten Zimmern und einladender Badelandschaft. Großes Restaurant mit Buffetbereich.

Residenz Joop 🐾 garni, Jean-Burger-Str. 16, ✉ 39112, ✆ (0391) 6 26 20, *info@residenzjoop.de*, *Fax (0391) 6262100* – 📶, ⊱ Zim, 📺 📞 🚗 🅿 – 🛎 20. AE ⓜ VISA 🍴
25 Zim ⌚ 86/130 – 104/154. S x
♦ Die Gründerzeitvilla von 1903 war ehemals schwedischer Konsulatssitz und Geburtshaus des heutigen Inhabers. Dieser verwandelte die alte Villa in ein stilvolles Privathotel.

Geheimer Rat, Goethestr. 38, ✉ 39108, ✆ (0391) 7 38 03, *info@geheimer-rat.bestwestern.de*, *Fax (0391) 7380599*, ≋ – 📶, ⊱ Zim, 📺 📞 🚗 🅿 – 🛎 20. AE ① ⓜ VISA 🍴 Rest S n
Menu *(geschl. Samstag - Sonntag) (nur Abendessen)* à la carte 21/32 – **65 Zim** ⌚ 90/95 – 107.
♦ Klare Linien, stilvoll-schlichtes Mobiliar und warme Farbtöne prägen die Atmosphäre des Hotels, das etwas außerhalb in einem Wohngebiet zu finden ist.

InterCityHotel, Bahnhofstr. 69, ✉ 39104, ✆ (0391) 5 96 20, *magdeburg@intercityhotel.de*, *Fax (0391) 5962499* – 📶, ⊱ Zim, 📺 📞 – 🛎 50. AE ① ⓜ VISA JCB
Menu *(geschl. Sonntag)* à la carte 16/23 – ⌚ 11 – **175 Zim** 82 – 92. Y d
♦ Ein Stadthotel mit zuverlässigem Service. Die Zimmer sind funktionell und modern eingerichtet. Morgens erleichtert ein abwechslungsreiches Frühstück den Start in den Tag.

MAGDEBURG

- **Stadtfeld** garni, Maxim-Gorki-Str. 31, ⌧ 39108, ℰ (0391) 50 66 60, hotelstadtfeld@web.de, Fax (0391) 5066699 – 🛗 📺 ✉ ♿ 🚗 – 🛎 50. ⬛ 🔵 VISA   S   s
  46 Zim ⊇ 55 – 69.
  ◆ Direkt im Stadtzentrum bietet man hier eine moderne Unterkunft zu günstigen Konditionen. Im Dachgeschoß befindet sich ein großer Konferenzsaal mit entsprechender Technik.

- **Merkur,** Kometenweg 69, ⌧ 39118, ℰ (0391) 62 86 80, Fax (0391) 6286826, 🍴 – 🛗
  📺 ✉ 🅿 – 🛎 20. ⬛ 🔵 VISA   S   r
  Menu (geschl. Sonntag) (nur Abendessen) à la carte 19/28 – **14 Zim** ⊇ 57 – 72.
  ◆ Die Architektur des Hauses wirkt durch den extravaganten Atriumstil attraktiv. Die Hotelzimmer befinden sich in der vierten Etage und bestechen durch tadellose Pflege.

- 🍴 **RR Auberge,** Sternstr. 33 (Hasselbach Passage), ⌧ 39104, ℰ (0391) 7 33 30 31, Fax (0391) 7333020 – 🔵 🔵 VISA ✻   S   a
  geschl. Sonntag – **Menu** (nur Abendessen) à la carte 18,50/32.
  ◆ Mediterranes Ambiente und legerer Service prägen die Atmosphäre dieses in einer exklusiven kleinen Einkaufspassage eingerichteten Restaurants. Wein- und Delikatessenverkauf.

In Magdeburg-Ebendorf Nord-West : 7 km über Ebendorfer Chaussee R :

- **NH Magdeburg,** Olvenstedter Str. 2a, ⌧ 39179, ℰ (039203) 7 00, nhmagdeburg@nh-hotels.com, Fax (039203) 70100, 🍴, ⊇ – 🛗, 🛏 Zim, 📺 ✉ ♿ 🅿 – 🛎 120. ⬛ 🔵
  🔵 VISA
  Menu à la carte 19/32,50 – ⊇ 12 – **143 Zim** 75.
  ◆ Die verkehrsgünstige Lage nahe der Autobahn sowie neuzeitlich-funktionelle Zimmer mit gutem Platzangebot machen das Hotel besonders für Geschäftsreisende interessant.

In Magdeburg-Prester Süd-Ost : 3 km über Pechauer Straße S :

- **Alt Prester,** Alt Prester 102, ⌧ 39114, ℰ (0391) 8 19 30, info@hotel-alt-prester.de, Fax (0391) 8193118, Biergarten – 🛗, 🛏 Zim, 📺 ✉ 🅿 – 🛎 25. ⬛ 🔵 VISA
  Menu à la carte 13/26 – **30 Zim** ⊇ 52/66 – 71/92.
  ◆ Ruhig gelegenes, 1995 im Fachwerkstil erbautes Hotel. Die Gästezimmer präsentieren sich mit rustikaler Möblierung und guter Pflege.

In Barleben über ① : 8 km :

- **Mercure,** Ebendorfer Straße, ⌧ 39179, ℰ (039203) 9 90, h2134@accor-hotels.com, Fax (039203) 61373, ⊇ – 🛗, 🛏 Zim, 📺 ✉ ♿ 🅿 – 🛎 80. ⬛ 🔵 🔵 VISA ✻ Rest
  Menu à la carte 13/25,50 – ⊇ 10 – **117 Zim** 65 – 69.
  ◆ Beziehen Sie Quartier in einem der modern und funktionell mit Kirschholzmöbeln ausgestatteten Zimmer dieses gut geführten Kettenhotels.

MAHLBERG Baden-Württemberg 🄵🄵🄵 V 7 – 3 300 Ew – Höhe 170 m.
Berlin 771 – Stuttgart 173 – Freiburg im Breisgau 40 – Karlsruhe 98 – Strasbourg 51.

- **Löwen,** Karl-Kromer-Str. 8, ⌧ 77972, ℰ (07825) 10 06, Fax (07825) 2830, 🍴 –
  🛏 Zim, 📺 🚗 🅿 – 🛎 30. 🔵 🔵 VISA
  Menu (geschl. 1. - 7. Jan., Samstagmittag, Sonntag) à la carte 32/49 – **26 Zim** ⊇ 60/90 – 90/130.
  ◆ Das schmucke Landhaus, seit Mitte der 90er Jahre im Besitz der Wirtsfamilie Regelmann, präsentiert sich seinen Gästen mit ländlich eingerichteten Zimmern. Gaststätte mit neorustikaler Einrichtung.

MAHLOW Brandenburg 🄵🄵🄵 I 24 – 4 900 Ew – Höhe 60 m.
🛦 Mahlow, Kiefernweg, ℰ (03379) 37 05 95.
Berlin 19 – Potsdam 30 – Frankfurt/Oder 86 – Dresden 178.

- **Airporthotel Fontane,** Jonas-Lie-Str. 5 (B 96), ⌧ 15831, ℰ (03379) 20 40, hotelinfo@airporthotel-fontane.de, Fax (03379) 204200, 🛁, ⊇ – 🛗, 🛏 Zim, ⬛ Rest, 📺 ✉
  🚗 – 🛎 300. ⬛ 🔵 🔵 VISA JCB
  Menu à la carte 15/32 – ⊇ 11 – **174 Zim** 75/120 – 90/145, 6 Suiten.
  ◆ Vor allem Tagungs- und Geschäftsgäste schätzen das in einem neuen Wohngebiet gelegene Hotel. Annehmlichkeiten sind hier : ein modernes Interieur und gute Schallisolierung. Freundliche Farben und modernes Design geben dem Restaurant seinen Bistro-Charakter.

Unsere Hotel-, Reiseführer und Straßenkarten ergänzen sich.
Benutzen Sie sie zusammen.

MAIKAMMER Rheinland-Pfalz 543 S 8 – 4 250 Ew – Höhe 180 m – Erholungsort.
  Sehenswert : Alsterweilerer Kapelle (Flügelaltar★).
  Ausflugsziel : Kalmit★ (※★★) Nord-West : 6 km.
  🛈 Büro für Tourismus, Johannes-Damm-Str. 11, ✉ 67487, ☎ (06321) 58 99 17, vamt-maikammer@t-online.de, Fax (06321) 589916.
  Berlin 657 – Mainz 101 – Mannheim 42 – Landau in der Pfalz 15 – Neustadt an der Weinstraße 6.

Immenhof (mit Gästehaus), Immengartenstr. 26, ✉ 67487, ☎ (06321) 95 50, info@hotel-immenhof.de, Fax (06321) 955200, 🍽, ⇌, 🏊, 🐎 – 📶, ⇌ Zim, 📺 🏛 P – 🚗 30.
AE ① ⓜ VISA
Menu à la carte 17/30 – **54 Zim** ⇌ 57/70 – 76/96 – ½ P 15.
  • Am Rande des idyllischen Weinortes vermutet Sie ein traditionsreiches Haus, in dem Gäste gepflegte Zimmer mit ausreichend Platz finden. Reservieren Sie in der Residenz ! Rustikales Restaurant mit Wintergartenanbau.

Goldener Ochsen, Marktstr. 4, ✉ 67487, ☎ (06321) 5 81 01, ochsenmaikammer@aol.com, Fax (06321) 58673, 🍽 – 📶 📺 P – 🚗 20. VISA
  geschl. Mitte Dez. - Ende Jan. - **Menu** (geschl. Donnerstag - Freitagmittag) à la carte 17/36 – **24 Zim** ⇌ 40/47 – 70 – ½ P 15.
  • Seit über 70 Jahren ist dieses Gasthof mit einfachen, aber nett gestalteten Zimmern in Familienbesitz. Durch die Lage in der Ortsmitte ist er ein idealer Ausgangspunkt. Gemütliche Gaststube mit Kachelofen und Holzdecke.

Außerhalb West : 2,5 km :

Waldhaus Wilhelm 🌳, Kalmithöhenstr. 6, ✉ 67487, ☎ (06321) 5 80 44, info@waldhaus-wilhelm.de, Fax (06321) 58564, 🍽, 🐎 – 📺 P AE ① ⓜ VISA
  Menu (geschl. Montag, Dez. - Feb. Sonntagabend - Montag) à la carte 17/41 – **22 Zim** ⇌ 43/50 – 84/88 – ½ P 17.
  • Am Waldrand, wo die Weinberge nahtlos in den Pfälzerwald übergehen, steht dieses gut geführte Hotel mit den gepflegten Zimmern.

In Kirrweiler Ost : 2,5 km, jenseits der A 65 :

Zum Schwanen, Hauptstr. 3, ✉ 67489, ☎ (06321) 5 80 68, Fax (06321) 58521 – 📺 P. ⇌ Zim
  geschl. Mitte Jan. - Mitte Feb. - **Menu** (geschl. Montagmittag, Mittwoch - Donnerstagmittag) à la carte 13/28 – **17 Zim** ⇌ 31/35 – 56/60 – ½ P 12.
  • Mitten in dem von Weinbergen umgebenen Dorf liegt das liebenswerte und gepflegte Haus, das mit seiner familiären Atmosphäre gefällt. Gemütliches Restaurant.

Sebastian garni, Hauptstr. 77, ✉ 67489, ☎ (06321) 5 99 76, Fax (06321) 57200, 🐎 – 📺 ⇌ P.
13 Zim ⇌ 42/56 – 66/85.
  • Ob nur für eine Nacht oder einen längeren Ferienaufenthalt : Diese ruhig gelegene Familienpension gewinnt aufgrund einer tadellosen Führung eine persönliche Note.

MAINAU (Insel) Baden-Württemberg 545 W 11 – Insel im Bodensee (tagsüber für PKW gesperrt, Eintrittspreis bis 18 Uhr Euro 11,00, Nov.- Feb. Euro 5,50 ; ab 18 Uhr Zufahrt mit Reservierung für Restaurantgäste kostenlos möglich) – Höhe 426 m.
  Sehenswert : "Blumeninsel"★★.
  Berlin 764 – Stuttgart 191 – Konstanz 9 – Singen (Hohentwiel) 34.

✗ **Schwedenschenke,** ✉ 78465, ☎ (07531) 30 31 56, bankett@mainau.de, Fax (07531) 303167, 🍽 – P. AE ① ⓜ VISA
  geschl. 7. Jan. - 20. März – **Menu** (10. Nov. - 6. Jan. Freitagabend, Samstagabend und Sonntagmittag geöffnet) à la carte 24/35,50.
  • Auf der Blumeninsel Mainau liegt unterhalb des Schlosses dieses ländlich gestaltete Restaurant. Vielfältig ist das internationale Speiseangebot. Große Terrasse.

MAINBERNHEIM Bayern siehe Iphofen.

MAINHARDT Baden-Württemberg 545 S 12 – 5 400 Ew – Höhe 500 m – Luftkurort.
  Berlin 566 – Stuttgart 59 – Heilbronn 35 – Schwäbisch Hall 16.

In Mainhardt-Bubenorbis Ost : 4 km, über B 14 :

✗ **Land-Gasthof Sonne** mit Zim, Haller Str. 3, ✉ 74535, ☎ (07903) 23 92, Fax (07903) 7783, Biergarten – 📺 P. AE
Menu (geschl. Montag) à la carte 13/26 – **6 Zim** ⇌ 35 – 65.
  • Der ländlichen Umgebung angepaßt zeigt sich das Innenleben dieses Lokals : Das gemütlich-rustikale Ambiente und eine regionale Speisenauswahl passen gut zusammen.

MAINHARDT

In Mainhardt-Stock Ost : 2,5 km, über B 14 :

Löwen (mit Gästehaus), Stock 15 (an der B 14), ✉ 74535, ☎ (07903) 93 10, Fax (07903) 1498, 🍽, ≘s – 📶 📺 📞 ⇔ 🅿 – 🔑 80. ⒶⒺ ⓄⒹ ⓂⓄ 𝗩𝗜𝗦𝗔
Menu 15/27 – **43 Zim** ⊇ 44 – 71.

♦ In verkehrsgünstiger Lage zur Bundesstraße 14 erwartet dieses Hotel - umgeben von einer seenreichen Hügellandschaft - Sie mit gut ausgestatteten, wohnlich wirkenden Zimmern. Bilder und Holztäfelungen sorgen in den Gaststuben für eine nette Atmosphäre.

MAINTAL Hessen 543 P 10 – 40 000 Ew – Höhe 95 m.

Berlin 537 – Wiesbaden 53 – *Frankfurt am Main* 12.

In Maintal-Dörnigheim :

Zum Schiffchen ⓈⒸ, Untergasse 21, ✉ 63477, ☎ (06181) 9 40 60, zumschiffchen @t-online.de, Fax (06181) 940616, ≤, 🍽 – 📺 📞 ⇔ 🅿 ⒶⒺ ⓄⒹ 𝗩𝗜𝗦𝗔
geschl. 23. Dez. - 2. Jan. – **Menu** (geschl. Ende Juli - Anfang Aug., Samstag - Sonntag) (nur Abendessen) à la carte 19/35 – **29 Zim** ⊇ 55/69 – 79/89.

♦ Von außen wirkt das direkt am Main gelegene Hotel eher unscheinbar. Im Inneren überrascht es dagegen mit einer geschmackvollen und individuellen Ausstattung. Restaurant mit schöner Terrasse zum Main.

Irmchen garni, Berliner Str. 4, ✉ 63477, ☎ (06181) 4 30 00, hotel-irmchen@t-onlin e.de, Fax (06181) 430043 – 📶 📺 ⇔ 🅿 ⒶⒺ ⓄⒹ ⓂⓄ 𝗩𝗜𝗦𝗔
22 Zim ⊇ 68/70 – 87.

♦ In diesem hübschen kleinen Hotel können sich Gäste wie zu Hause fühlen. Stilvolles Interieur sorgt in dem ehemaligen Wohnhaus für eine stimmige Ambiente.

Hessler mit Zim, Am Bootshafen 4, ✉ 63477, ☎ (06181) 4 30 30, info@hesslers.de, Fax (06181) 430333, 🍽 – ↯ Rest, 🍴 Rest, 📺 🅿 ⒶⒺ ⓄⒹ ⓂⓄ 𝗩𝗜𝗦𝗔 JCB
geschl. 1. - 14. Jan., Juli 2 Wochen – **Menu** (geschl. Montag - Dienstag) (Tischbestellung ratsam) 52,50/95 und à la carte, ♀ 🍽 – 🍽 – **6 Zim** 98/125 – 125/146.

♦ In ihrem geschmackvoll-eleganten Restaurant frönt Doris-Katharina Hessler ihrer Leidenschaft für die gute Küche und verwöhnt die Gäste mit französischen Edel-Kompositionen.
Spez. Hummer und Kabeljau mit Knoblauchschaum. Filet vom Main-Zander im Kartoffelmantel mit milder Meerrettichsauce. Rehrücken mit Pistazienkruste und Cassis-Ingwerjus

---

MAINZ ⓁⓁ Rheinland-Pfalz 543 Q 8 – 202 000 Ew – Höhe 82 m.

Sehenswert : Gutenberg-Museum★★ (Gutenberg-Bibel★★★) Z M1 – Leichhof ≤★★ auf den Dom Z – Dom★ (Grabdenkmäler der Erzbischöfe, Kreuzgang★) – Mittelrheinisches Landesmuseum★ Z M3 – Römisch-Germanisches Zentralmuseum★ BV M2 – Ignazkirche (Kreuzigungsgruppe★) BY – Stefanskirche (Chagall-Fenster★★ Kreuzgang★) ABY.

🛈 Touristik Centrale, Brückenturm am Rathaus, ✉ 55116, ☎ (06131) 28 62 10, Fax (06131) 2862155.

ADAC, Große Langgasse 3a.

Berlin 568 ② – *Frankfurt am Main* 42 ② – *Bad Kreuznach* 44 ⑦ – Mannheim 82 ⑤ – Wiesbaden 13 ⑧.

Stadtplan siehe nächste Seite

Hyatt Regency, Malakoff-Terrasse 1, ✉ 55116, ☎ (06131) 73 12 34, mainz@hyatt .de, Fax (06131) 731235, ≤, 🍽, 🌀, Massage, 𝑓ₐ, ≘s, 🌊 – 📶 ↯ Zim, 🍴 📺 📞 ♿ ⇔ – 🔑 250. ⒶⒺ ⓄⒹ ⓂⓄ 𝗩𝗜𝗦𝗔 JCB 🍽 BX s
Bellpepper : Menu à la carte 24/48, ♀ – ⊇ 19 – **268 Zim** 150/260 – 175/285, 3 Suiten.

♦ Oberhalb des Rheins thront dieses exklusive Hotel, das mit moderner Eleganz und gutem Komfort eine niveauvolle Wohlfühlatmosphäre schafft. Großzügiges Restaurant mit Showküche, edlen, hellen Hölzern und großen Fenstern zum Rhein.

Hilton (mit Rheingoldhalle), Rheinstr. 68, ✉ 55116, ☎ (06131) 24 50, info.mainz@hilt on.com, Fax (06131) 245589, ≤, 🍽, Massage, 𝑓ₐ, ≘s – 📶 ↯ Zim, 🍴 📺 📞 ♿ ⇔ – 🔑 350. ⒶⒺ ⓄⒹ ⓂⓄ 𝗩𝗜𝗦𝗔 ⌖ Rest Z k
Brasserie (geschl. Ende Juli - Aug. 6 Wochen, Sonntagabend - Dienstag, Samstagmittag) **Menu** à la carte 27,50/39,50 – **Römische Weinstube :** Menu à la carte 16,50/37 – ⊇ 19 – **433 Zim** 149/279.

♦ Eine Hotelhalle mit Galerie empfängt Sie in diesem bekannten Kettenhotel, einem großen Gebäudekomplex direkt am Rhein mit komfortablen, technisch gut ausgestatteten Zimmern. In der 1. Etage : Brasserie mit schönem Rheinblick. Römische Weinstube mit Buffet.

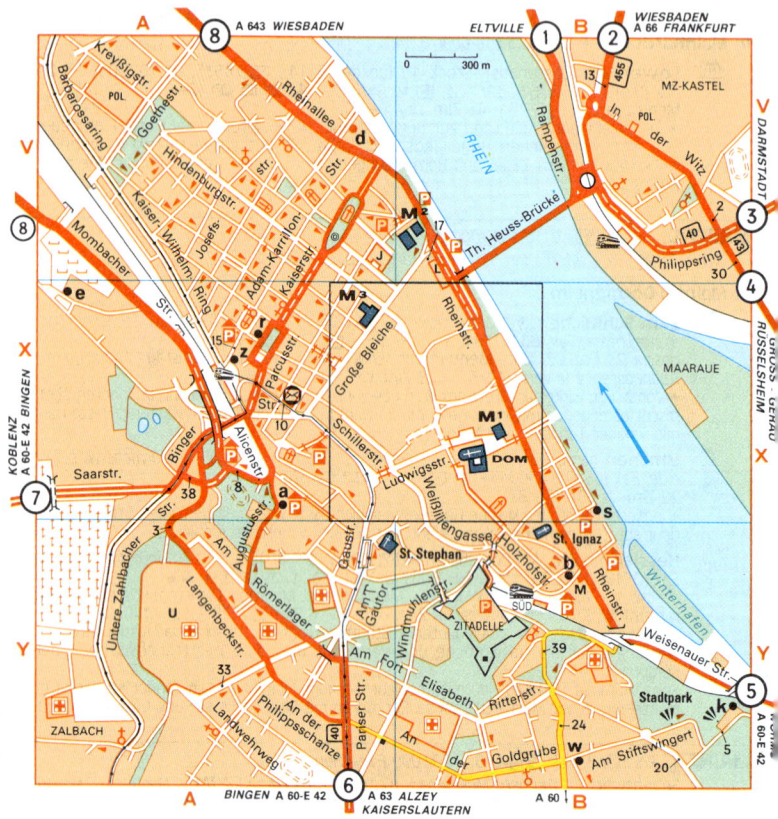

MAINZ

Admiral-Scheer-Str.	BV	2
Am Linsenberg	AY	3
An der Favorite	BY	5
Augustinerstr.	Z	6
Augustusstr.	AX	8
Bahnhofstr.	AX	10
Bischofsplatz	Z	12
Boelckestr.	BV	13
Bonifaziusstr.	AX	15
Christofsstr.	Z	16
Deutschhaus-Platz	BV	17
Fischtorstr.	Z	21
Flachsmarktstr.	Z	
Göttelmannstr.	BY	20
Große Bleiche	Z	
Gutenbergplatz	Z	23
Hechtsheimer-Str.	BY	24
Höfchen	Z	26
Karmeliterstr.	Z	27
Kirschgarten	Z	29
Kostheimer Landstr.	BV	30
Liebfrauenplatz	Z	32
Ludwigsstr.	Z	
Markt	Z	
Obere Zahlbacher Straße	AY	33
Peter-Altmeier-Allee	Z	35
Quintinsstr.	Z	36
Römerwall	AX	38
Salvatorstr.	BY	39
Schillerstr.	Z	
Schöfferstr.	Z	40
Schusterstr.	Z	
Zeughausgasse	Z	43

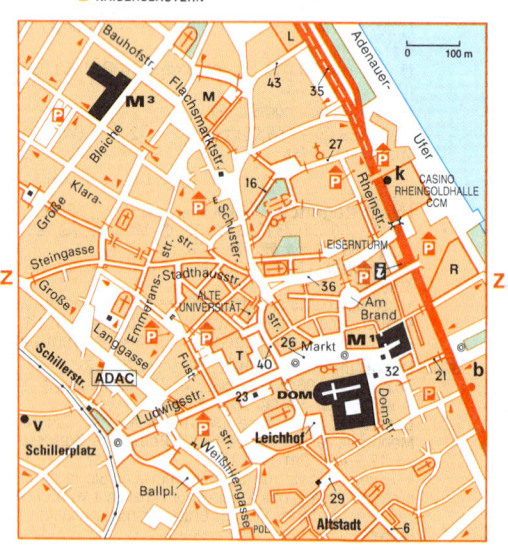

MAINZ

City Hilton, Münsterstr. 11, ✉ 55116, ℘ (06131) 27 80, *info.mainz-city@hilton.com*, Fax (06131) 2782099, 余 – 劇, ⇔ Zim, 🕮 📺 📞 &, 🚗 – 🏛 65. AE ① ⓜ VISA JCB. ※ Rest
   Z v
Menu à la carte 22,50/31,50 – ☐ 19 – **127 Zim** 149/279.
• Neben der direkten Citylage in unmittelbarer Nähe zur Fußgängerzone gehören großer Komfort sowie eine behagliche Atmosphäre zu den Pluspunkten dieses modernen Grandhotels. Gediegenes, zur Halle hin offenes Restaurant.

Favorite Parkhotel, Karl-Weiser-Str. 1, ✉ 55131, ℘ (06131) 8 01 50, *empfang@favorite-mainz.de*, Fax (06131) 8015420, ≤, 余, Biergarten, ≘s, 🏊 – 劇, ⇔ Zim, 📺 📞 🚗 – 🏛 110. AE ⓜ VISA
   BY k
Menu (geschl. Sonntagabend - Montag) à la carte 32/44 – **Woitraub** (nur Abendessen) **Menu** à la carte 21/33,50 – **43 Zim** ☐ 125/139 – 169/185.
• Neben der schönen Parklage und dem stilvollen Ambiente zieht es die Stammgäste vor allem wegen der familiären Atmosphäre hierher. Mit ansprechender Badelandschaft. Gediegenes Restaurant im 1. OG mit Blick auf Rhein und Stadt. Rustikales Ambiente im Woitraub.

Dorint, Augustusstr. 6, ✉ 55131, ℘ (06131) 95 40, *info.qmzmai@dorint.com*, Fax (06131) 954100, 余, 🌀, 🏛, ≘s, 🏊 – 劇, ⇔ Zim, 🕮 📺 📞 &, 🚗 – 🏛 120. AE ① ⓜ VISA ※ Rest
   AX a
Menu (geschl. Juli - Aug. 3 Wochen) à la carte 22/34 – ☐ 17 – **217 Zim** 144/190 – 164/200.
• Moderne Architektur und Einrichtung bilden zu dem denkmalgeschützten Gewölbe aus dem 17. Jh. im Inneren des Hauses einen reizvollen Kontrast.

Hammer garni, Bahnhofplatz 6, ✉ 55116, ℘ (06131) 96 52 80, *info@hotel-hammer.com*, Fax (06131) 9652888, ≘s – 劇, ⇔ Zim, 📺 📞 – 🏛 30. AE ⓜ VISA JCB
   AX z
geschl. 23. Dez. - 1. Jan. – **40 Zim** ☐ 90/98 – 103/128.
• Zugreisende empfängt man direkt am Hauptbahnhof, denn das Haus mit seinen gepflegten und modernen Zimmern ist nur zwei Gehminuten von der Intercity-Station entfernt.

Mercure, Kaiserstr. 7, ✉ 55116, ℘ (06131) 97 10 70, *h5249@accor-hotels.com*, Fax (06131) 97107555 – 劇, ⇔ Zim, 📺 📞 – 🏛 60. AE ① ⓜ VISA
   AX r
Menu (geschl. Samstag - Sonntag) à la carte 20/42 – ☐ 13 – **98 Zim** 80 – 100.
• In Bahnhofsnähe finden Sie hinter einer etwas schmucklos wirkenden Fassade mit solidem Mobiliar funktionell eingerichtete und technisch gut ausgestattete Gästezimmer.

Contel garni, Wallstr. 56, ✉ 55122, ℘ (06131) 3 04 00, *reservierung@contel-mainz.de*, Fax (06131) 3040500, ≤ – 劇 ⇔ Zim, &, 🚗 P – 🏛 60. AE ① ⓜ VISA
   AX e
220 Zim ☐ 97/101 – 122/137, 3 Suiten.
• Oberhalb der Stadt liegt dieses neuzeitliche Hotel mit wohnlich und funktionell gestalteten Zimmern unterschiedlicher Kategorien. Netter Frühstücksraum mit schöner Aussicht.

Stiftswingert garni, Am Stiftswingert 4, ✉ 55131, ℘ (06131) 98 26 40, *hotel-stiftswingert@t-online.de*, Fax (06131) 832478 – 📺 📞 P. AE ① ⓜ VISA JCB
   BY w
30 Zim ☐ 74/92 – 100/123.
• Das Hotel wird von der Besitzerin persönlich und liebevoll geführt. Die Zimmer sind mit Kirschbaummöbeln, gepflegten Bädern und guter Technik ausgestattet.

Ibis garni, Holzhofstr. 2 /Ecke Rheinstraße (B 9), ✉ 55116, ℘ (06131) 24 70, *h1084@accor-hotels.com*, Fax (06131) 234126 – 劇 ⇔ 🕮 📺 📞 &, 🚗 – 🏛 60. AE ① ⓜ VISA
   BY b
☐ 9 – **144 Zim** 89.
• Das nahe der Altstadt gelegene Hotel verfügt über gepflegte Gästezimmer mit funktioneller Ausstattung und hellem, freundlichem Ambiente.

Alte Patrone, Am Judensand 63, ✉ 55122, ℘ (06131) 38 46 38, *restaurant@alte-patrone.de*, Fax (06131) 384653, 余 – P – 🏛 100. ⓜ VISA   über Saarstr. X
geschl. Anfang - Mitte Jan., Juli, Sonntagabend - Montag – **Menu** à la carte 35/47.
• In einer früheren Patronen-Fabrik serviert man in moderner Wintergartenatmosphäre eine mediterran beeinflusste klassische Küche. Schlageters Weinbar mit kleinem Angebot.

Geberts Weinstuben, Frauenlobstr. 94, ✉ 55118, ℘ (06131) 61 16 19, *info@geberts-weinstuben.de*, Fax (06131) 611662, 余 – AE ① ⓜ VISA JCB
   AV d
geschl. Juli - Aug. 3 Wochen, Samstag - Sonntagmittag – **Menu** à la carte 24/39,50.
• In dem behaglich-gemütlichen Restaurant mit Weinstubencharakter fühlen sich Gäste geborgen. Neben einer umfangreichen Weinkarte serviert man regionale Spezialitäten.

Weinhaus Schreiner, Rheinstr. 38, ✉ 55116, ℘ (06131) 22 57 20, Fax (06131) 698036, 余 – AE ① ⓜ VISA
   Z b
geschl. Juli - Aug. 2 Wochen, Feiertage, Mai - Aug. Samstagabend - Sonntag, Sept. - April Sonntag - Montag – **Menu** (Montag - Freitag nur Abendessen) à la carte 16,50/29,50.
• Ein typisches Pfälzer Weinhaus mit schlicht-rustikalem Charakter und lebendiger Atmosphäre. Der Hausherr offeriert Ihnen regionale, der Saison angepasste Gerichte.

MAINZ

In Mainz-Bretzenheim über ⑥ : 3 km

Römerstein, Draiser Str. 136f, ✉ 55128, ✆ (06131) 93 66 60, info@hotel-roemerstein.de, Fax (06131) 9355335, 🌳, ☎ – ⇌ Zim, 📺 ✆ 🅿 🆎 ⓞ ⓜⓒ VISA
Menu (geschl. Juli, Samstag, Sonntagabend) (wochentags nur Abendessen) à la carte 14/26 – **25 Zim** ⫘ 72/75 – 93/104.
• Ruhig liegt diese gut geführte Adresse in einem Wohngebiet. Die einheitlich möblierten Zimmer sind gepflegt, zeitgemäß und funktionell ausgestattet.

In Mainz-Finthen über ⑦ : 7 km :

Atrium, Flugplatzstr. 44, ✉ 55126, ✆ (06131) 49 10, info@atrium-mainz.de, Fax (06131) 491128, 🌳, ☎, 🔲, 🌳 – 🛗, ⇌ Zim, 📺 ✆ ⇔ 🅿 – 🔒 100. 🆎 ⓞ VISA. 🍴 Rest
geschl. 19. Dez. - 5. Jan. – **Menu** (geschl. Sonntag) à la carte 30/40 – **71 Zim** ⫘ 138/158 – 168/188.
• Mitten im Grünen und doch verkehrsgünstig gelegen, ist das komfortable, geschmackvoll eingerichtete Hotel ideal für Individual-, Geschäfts- und Tagungsreisende. Küche mit mediterranen Akzenten im Restaurant und auf der Gartenterrasse.

Stein's Traube, Poststr. 4, ✉ 55126, ✆ (06131) 4 02 49, peter.stein@steins-traube.de, Fax (06131) 219652, 🌳 – ⓜⓒ VISA
geschl. über Fastnacht 2 Wochen, Juli - Aug. 3 Wochen, Montag - Dienstagmittag – **Menu** à la carte 16/33.
• Hinter einer Backsteinfassade erwarten den Gast ein helles, frisch wirkendes Interieur in Weiß-Rot und ein sympathischer Service.

Gänsthaler's Kuchlmasterei, Kurmainzstr. 35, ✉ 55126, ✆ (06131) 47 42 75, Fax (06131) 474278, 🌳 – ⓜⓒ VISA JCB
geschl. Samstagmittag, Montag – **Menu** à la carte 25/38.
• Das hübsche Steinhaus beherbergt ein sehr modernes Sommer-Restaurant mit leichter Küche und - im 1. Stock - ein nettes, rustikales Winterrestaurant mit bürgerlichem Angebot.

In Mainz-Kastel :

Alina garni, Wiesbadener Str. 124 (B 42), ✉ 55252, ✆ (06134) 29 50, Fax (06134) 69312 – 🛗 📺 ♿ 🅿 🆎 VISA
über ①
geschl. Weihnachten - Anfang Jan. – **46 Zim** ⫘ 62 – 82.
• Hinter der modernen Fassade mit auffallend roten Fensterrahmen übernachten Sie in soliden Zimmern. Morgens erleichtert ein gutes Frühstück den Start in den Tag.

In Mainz-Weisenau Süd-Ost : 3 km über ⑤ und Wormser Straße :

Bristol Hotel Mainz, Friedrich-Ebert-Str. 20, ✉ 55130, ✆ (06131) 80 60, bristol.mainz@guennewig.de, Fax (06131) 806100, ☎ – 🛗, ⇌ Zim, 📺 ✆ 🅿 – 🔒 80. 🆎 ⓞ ⓜⓒ VISA JCB. 🍴 Rest
Menu (nur Abendessen) (Restaurant nur für Hausgäste) – **75 Zim** ⫘ 116 – 132.
• Besonders Tagungsgäste schätzen die Annehmlichkeiten dieses Hauses : optimale Verkehrsanbindung, zeitgemäßer Komfort sowie ein kleiner Freizeitbereich zum Entspannen.

Quartier 65 garni, Wormser Str. 65, ✉ 55130, ✆ (06131) 27 76 00, mainz@quartier65.de, Fax (06131) 2776020 – ⇌ 📺 ✆ 🅿 🆎 ⓞ ⓜⓒ VISA
6 Zim ⫘ 84 – 99.
• Klare Linien und ein auf das Wesentliche reduziertes Design machen das von Max Dudler entworfene Hotel mit sechs Zimmern und Bar zu einer Lieblingsadresse für Individualisten.

In Ginsheim-Gustavsburg über ④ : 9 km :

Alte Post garni, Dr.-Hermann-Str. 28 (Gustavsburg), ✉ 65462, ✆ (06134) 7 55 50, info@alte-post-garni.de, Fax (06134) 52645, ☎, 🔲 – 🛗 📺 ✆ 🅿 🆎 ⓞ ⓜⓒ VISA. 🍴
geschl. 22. Dez. - 8. Jan. – **38 Zim** ⫘ 50/85 – 70/95.
• Familiär-behagliches Ambiente, ein individueller Service und wohnliche Zimmer sprechen für das solide geführte und gepflegte Haus.

In Bodenheim über ⑤ : 9 km :

Landhotel Battenheimer Hof, Rheinstr. 2, ✉ 55294, ✆ (06135) 70 90, Fax (06135) 70950, 🌳 – 📺 🅿 – 🔒 35. 🆎 ⓞ ⓜⓒ VISA
geschl. 20. Dez. - 10. Jan. – **Menu** (geschl. 20. Dez. - 15. Jan., 1. - 15. Aug., Montag) (nur Abendessen) à la carte 16/20 – **27 Zim** ⫘ 54/55 – 69/75.
• Mit viel Engagement führen die Gastgeber ihren schmucken Gutshof. Ländliche Zimmer mit Kiefernholzmöbeln und heller, freundlicher Frühstückspavillon. In den rustikalen Kellerräumen der Gutsschänke befindet sich das Restaurant.

MAINZ

In Gau-Bischofsheim über ⑥ : 10 km :

XXX **Weingut Nack,** Pfarrstr. 13, ✉ 55296, ℰ (06135) 30 43, info@restaurant-weingut
-nack.de, Fax (06135) 8382, 😤 – 🅿 🆎 ⓞ ⓜⓞ 🆅🅸🆂🅰 🅹🅲🅱
geschl. Dienstag – Menu (wochentags nur Abendessen) à la carte 29/41.
• Schon von außen ist das prächtige Fachwerk-Weingut eine Augenweide. Das geschmackvolle Restaurant im Kellergewölbe bewirtet Sie mit klassischen Saisongerichten.

In Nieder-Olm über ⑥ : 10 km :

🏨 **CB Hotel Becker** ⌕, Backhausstr. 12, ✉ 55268, ℰ (06136) 7 58 80, info@hotelb
ecker.de, Fax (06136) 758820, 😤 – 🅿 📺 🅿 ⓜⓞ 🆅🅸🆂🅰
Menu (wochentags nur Abendessen) à la carte 15/29 – **12 Zim** ⊇ 59/66 – 68/82.
• Diese nette Adresse finden Sie im alten Ortskern. Bei der ländlichen Einrichtung wurde viel Wert auf Individualität und guten Geschmack gelegt. Ländlich gestaltetes Restaurant.

In Stadecken-Elsheim über ⑦ : 13 km :

🏨 **Christian** ⌕, (mit Gästehaus), Christian-Reichert-Str. 3 (Stadecken), ✉ 55271, ℰ (06136) 9 16 50, hotel-christian@web.de, Fax (06136) 916555, Biergarten, 🛋, 🌀, 🏊, 🎾 – ⌀ Zim, 📺 📞 🌐 🅿 – 🛋 30. ⓜⓞ 🆅🅸🆂🅰 🅹🅲🅱. ⌕ Rest
Menu (nur Abendessen) (Restaurant nur für Hotelgäste) – **24 Zim** ⊇ 92/120 – 98/145.
• Das Interieur dieses Hauses ist geprägt durch exquisiten Stil : Schöne Stoffe und italienische Möbel gefallen ebenso wie moderne Bäder. Mit hübschem Garten.

MAISACH Bayern 🆂🆄🆉 V 17 – 10 000 Ew – Höhe 516 m.

⛳ Rottbach, Weiherhaus 5 (Nord : 6 km), ℰ (08135) 9 32 90.
Berlin 606 – München 41 – Augsburg 43 – Landsberg am Lech 44.

In Maisach-Überacker Nord : 3 km, über Überackerstraße :

XX **Gasthof Widmann,** Bergstr. 4, ✉ 82216, ℰ (08135) 4 85, Fax (08135) 939528 – ⛔
🅿 ⓜⓞ ⌕
geschl. 23. Dez. - 10. Jan., 12. Aug. - 10. Sept., Sonntag - Montag – **Menu** (nur Abendessen) (Tischbestellung erforderlich) 28/50 à la carte 31/36.
• Die engagierte Wirtin steht hier selbst am Herd und verwöhnt ihre zahlreichen Gäste in einem ländlich-eleganten Ambiente mit klassischen, mediterran angehauchten Speisen.

MALCHOW Mecklenburg-Vorpommern 🆂🅰🆂 F 21 – 8 000 Ew – Höhe 88 m.

⛳ ⛳ ⛳ Göhren-Lebbin, Fleessensee (West : 8 km), ℰ (039932) 8 04 00.
🅱 Fleessensee-Touristik, An der Drehbrücke, ✉17213, ℰ (039932) 8 31 86, infofleessen
see@aol.com, Fax (039932) 83125.
Berlin 148 – Schwerin 77 – Neubrandenburg 74 – Rostock 79.

🏨 **Sporthotel,** Schulstr. 6, ✉ 17213, ℰ (039932) 8 90, sporthotel.malchow@t-online.de, Fax (039932) 89222, Biergarten, 🛋, 🌀, ⌧(Halle) – 🛗 📺 🅿 – 🛋 15. 🆎
ⓜⓞ 🆅🅸🆂🅰
Menu (nur Abendessen, Mai - Sept. Freitag - Sonntag auch Mittagessen) à la carte 15/26 – **40 Zim** ⊇ 48/56 – 80 – ½ P 16.
• Erst im Dezember 1995 entstand am Ortsrand dieser moderne Hotelkomplex mit angeschlossener Tennishalle. Übernachtungsgästen bietet man neuzeitliche Zimmer. Freundlich gestaltetes Restaurant und nette Terrasse.

🏨 **Insel-Hotel,** An der Drehbrücke, ✉ 17213, ℰ (039932) 86 00, inselhotel-malchow@
t-online.de, Fax (039932) 86030, 😤 – 📺 📞 🅿
Menu à la carte 12/24 – **16 Zim** ⊇ 46/59 – 62/76.
• Im denkmalgeschützten Bereich der Insel, der Altstadt Malchows, steht direkt an der Drehbrücke dies gut geführte Hotel. Manche der solide ausgestatteten Zimmer haben Seeblick. Blanke Holztische und bequeme Polsterstühle erwarten Sie im Restaurant.

🏨 **Am Fleessensee** ⌕, Strandstr. 4a, ✉ 17213, ℰ (039932) 16 30, haf.pagel@t-onlin
e.de, Fax (039932) 16310, 😤, 🌀 – 📺 📞 🅿 ⓜⓞ 🆅🅸🆂🅰. ⌕ Rest
geschl. 2. - 31. Jan. – **Menu** à la carte 13/30 – **11 Zim** ⊇ 41/65 – 62/77.
• In unmittelbarer Nähe zum See liegt dieses hübsche Landhaus mit tadelloser Pflege und solide ausgestatteten Zimmern überzeugt. Kleines Restaurant mit herrlichem Blick auf den Fleessensee.

907

MALENTE-GREMSMÜHLEN, BAD Schleswig-Holstein 541 D 15 – 11 000 Ew – Höhe 35 m
– Kneippheilbad – heilklimatischer Kurort.

🛈 Tourismus-Service, Bahnhofstr. 3, ✉ 23714, ℘ (04523) 9 89 90, Fax (04523) 989999.
Berlin 306 – Kiel 41 – Lübeck 55 – Oldenburg in Holstein 36.

Dieksee 🏨, Diekseepromenade 13, ✉ 23714, ℘ (04523) 99 50, info@hoteldieksee.de, Fax (04523) 995200, ≤, 🌀, Massage, ≦s, 🔲, 🏊, – 🛗, ½♦ Zim, 📺 📞 ⇔ 🅿 🄐 VISA
geschl. Anfang Jan. - Anfang März – **Menu** à la carte 24/33 – **70 Zim** ⇌ 69/81 – 99/124
– ½ P 15.
• Langjährige Familientradition prägt dieses komfortable Hotel, das durch seine exponierte Lage an der Seepromenade und einen gepflegten Wellnessbereich besticht. Gepflegtes Ambiente im Restaurant mit schöner Gartenterrasse.

Weißer Hof, Voßstr. 45, ✉ 23714, ℘ (04523) 9 92 50, info@weisserhof.de, Fax (04523) 6899, 🏡, ≦s, 🔲, 🏊, – 🛗, ½♦ Zim, 📺 🅿 🄐 VISA
geschl. Nov. – **Menu** à la carte 28/45 – **18 Zim** ⇌ 75/90 – 120/150 – ½ P 20.
• Aus drei Gebäuden besteht das hübsche Fachwerklandhaus mit schönem Garten und Terrasse. Sie wohnen in gepflegten, teils mit Kirschbaummöbeln und Balkon ausgestatteten Zimmern. Im Haupttrakt des Hotels befindet sich das nette kleine Restaurant.

See-Villa garni, Frahmsallee 11, ✉ 23714, ℘ (04523) 18 71, hotel-see-villa-malente@web.de, Fax (04523) 997814, ≦s – 📺 🅿
Mitte März - Mitte Nov. – **9 Zim** ⇌ 46/60 – 78/88, 3 Suiten.
• In der Villa aus der Jahrhundertwende erwarten Sie eine private Atmosphäre, neuzeitliche, wohnliche Zimmer und eine engagierte Führung. Schöner Garten.

MALLERSDORF-PFAFFENBERG Bayern 546 T 20 – 6 000 Ew – Höhe 411 m.
Berlin 529 – München 100 – Regensburg 41 – Landshut 31 – Straubing 28.

Im Ortsteil Steinrain :

Steinrain, ✉ 84066, ℘ (08772) 3 66, Fax (08772) 91056, 🏡 – 📺 ⇔ 🅿 🄐
geschl. 27. Dez. - 6. Jan., Aug. 2 Wochen – **Menu** (geschl. Freitag - Samstag)(nur Abendessen) à la carte 12/22 – **17 Zim** ⇌ 26/35 – 60.
• Hinter der etwas schmucklos wirkenden Fassade überrascht das kleine Hotel mit Zimmern, die zwar einfach sind, aber mit geschmackvollen Bauernmöbeln eingerichtet wurden. Hübsche rustikale Gaststube mit regionaler Küche.

MALTERDINGEN Baden-Württemberg siehe Riegel.

MANDELBACHTAL Saarland 543 S 5 – 11 800 Ew – Höhe 240 m.
Berlin 698 – Saarbrücken 24 – Sarreguemines 23 – Zweibrücken 24.

In Mandelbachtal-Gräfinthal : Süd-West : 4 km ab Mandelbachtal-Ormesheim :

Gräfinthaler Hof, Gräfinthal 6, ✉ 66399, ℘ (06804) 9 11 00, Fax (06804) 91101, 🏡
– 🅿 🄐 VISA
geschl. Montag, Okt. - April Montag - Dienstag – **Menu** à la carte 17/33,50.
• Schon in der vierten Generation ist der engagiert geführte Gasthof mit ländlich-gemütlichem Ambiente in Familienbesitz. Nett sitzt man auch im hübschen Wintergartenanbau.

MANDERSCHEID Rheinland-Pfalz 543 P 4 – 1 300 Ew – Höhe 388 m – Heilklimatischer Kurort und Kneippkurort.
Sehenswert : ≤** (vom Pavillon Kaisertempel) – Niederburg★, ≤★.
🛈 Kurverwaltung Tourist-Information, Grafenstr.23, ✉ 54531, ℘ (06572) 92 15 49, manderscheid@eifel-portal.de, Fax (06572) 921551.
Berlin 679 – Mainz 168 – Trier 62 – Bonn 98 – Koblenz 78.

Haus Burgblick 🏨 garni, Klosterstr. 18, ✉ 54531, ℘ (06572) 7 84, Fax (06572) 784, ≤, 🏊 – 🅿 🄐 🏊
Ende Feb. - Anfang Nov. – **22 Zim** ⇌ 29/32 – 55.
• Umgeben von Tannen- und Buchenwäldern, ist dieser saubere und mit viel Engagement geführte Familienbetrieb mit schöner Aussicht eine praktische Übernachtungsadresse.

*Ihre Meinung über die von uns empfohlenen Restaurants,
deren Spezialitäten sowie die angebotenen regionalen Weine,
interessiert uns sehr.*

MANNHEIM Baden-Württemberg **545** R 9 – 324 000 Ew – Höhe 95 m.

Sehenswert : Städtische Kunsthalle★★ DZ M1 – Landesmuseum für Technik und Arbeit★ CV – Städtisches Reiß-Museum★ (im Zeughaus) CY M2 – Museum für Archäologie und Völkerkunde★ (Völkerkundliche Abteilung★, Benin-Sammlung★) CY M3 – Jesuitenkirche★ CZ – Jesuitenkirche★ CZ.

Viernheim, Alte Mannheimer Str. 3 DU, ℘ (06204) 6 07 00 ; Heddesheim, Gut Neuzenhof (Ost : 7 km über ③), ℘ (06204) 9 76 90.

Ausstellungsgelände CV, ℘ (0621) 42 50 90, Fax (0621) 4250934.

Tourist-Information, Willy-Brandt-Platz 3, ✉ 68161, ℘ (0621) 10 10 12, info@tourist-mannheim.de, Fax (0621) 24141.

ADAC, Am Friedensplatz 6.

Berlin 614 ② – Stuttgart 133 ④ – Frankfurt am Main 79 ② – Strasbourg 145 ④

Stadtpläne siehe nächste Seiten

Dorint Kongress Hotel, Friedrichsring 6, ✉ 68161, ℘ (0621) 1 25 10, info.mhgman@dorint.com, Fax (0621) 1251100, Biergarten, ⇌ – 🏢, ⟊ Zim, 🖬 📺 ✆ & ⟸ – 🔔 450. 🅰🅴 ① 🆆🅾 🆅🅸🆂🅰 🅹🅲🅱
DZ x
Menu à la carte 30/43 – ⇌ 16 – **287 Zim** 145/225 – 165/245.
• Die Hotelhalle empfängt den Gast mit Großzügigkeit und modernem Stil. Diese Annehmlichkeiten setzen sich in den komfortabel ausgestatteten Zimmern des Hauses fort. Lichtdurchflutetes, neuzeitlich gestyltes Restaurant.

Maritim Parkhotel, Friedrichsplatz 2, ✉ 68165, ℘ (0621) 1 58 80, info.man@maritim.de, Fax (0621) 1588800, Massage, ⇌, ⛲ – 🏢, ⟊ Zim, 🖬 📺 ✆ – 🔔 120. 🅰🅴 ① 🆆🅾 🆅🅸🆂🅰 🅹🅲🅱
DZ y
Menu à la carte 25/33 – **Papageno** : Menu à la carte 21/33 – ⇌ 14 – **173 Zim** 119/181 – 137/181.
• Durch einen großzügigen, eleganten Hallenbereich betreten Sie das um die Jahrhundertwende im Jugendstil erbaute Hotel. Das Interieur entspricht zeitgemäßem Komfort. Klassisches Restaurant mit schönem Kreuzgewölbe. Das Papageno ist ein gemütliches Kellerlokal.

Steigenberger Mannheimer Hof, Augustaanlage 4, ✉ 68165, ℘ (0621) 4 00 50, mannheim@steigenberger.de, Fax (0621) 4005190, ⛲ – 🏢, ⟊ Zim, 📺 ✆ – 🔔 120. 🅰🅴 ① 🆆🅾 🅹🅲🅱 Rest
DZ n
Menu à la carte 26/48 – ⇌ 15 – **168 Zim** 140/150.
• Direkt an der Augustaanlage liegt das traditionsreiche Hotel mit schönem Atriumgarten. Das Interieur gibt sich komfortabel mit eleganten Details. Restaurant im Stil eines klassischen Speisesaals.

Delta Park Hotel, Keplerstr. 24, ✉ 68165, ℘ (0621) 4 45 10, info@delta-park.bestwestern.de, Fax (0621) 4451888, ⛲ – 🏢, ⟊ Zim, 📺 ✆ ⟸ – 🔔 130. 🅰🅴 ① 🆆🅾 🆅🅸🆂🅰 🅹🅲🅱
DZ c
Menu (geschl. Samstagabend, Sonntagabend) à la carte 20/26 – ⇌ 15 – **129 Zim** 120/210 – 140/210, 4 Suiten.
• Im Herzen der Quadratestadt machen die zentrale Lage und die moderne Ausstattung sowie der Komfort das Haus als Business- und Tagungshotel gleichermaßen interessant. Helles Restaurant mit schönem Wintergarten.

Dorint am Rathaus, F 7, 5-13, ✉ 68159, ℘ (0621) 33 69 90, info.manrat@dorint.com, Fax (0621) 336992100, ⛲ – 🏢, ⟊ Zim, 🖬 📺 ✆ & ⟸ – 🔔 130. 🅰🅴 ① 🆆🅾 🆅🅸🆂🅰
CY k
geschl. 22. Dez. - 4. Jan. – **Menu** (geschl. Samstag - Sonntag) à la carte 22/41 – ⇌ 13 – **150 Zim** 105/150 – 115/160.
• Zentral und doch relativ ruhig liegt dieses in neuzeitlichem Stil erbaute Geschäfts- und Tagungshotel. Die Zimmer : modern, recht sachlich und sehr funktionell.

Novotel, Am Friedensplatz 1, ✉ 68165, ℘ (0621) 4 23 40, h0496@accor-hotels.com, Fax (0621) 417343, ⛲, ⛱, 🌳 – 🏢, ⟊ Zim, 🖬 Rest, 📺 ✆ 🅿 – 🔔 200. 🅰🅴 ① 🆆🅾 🆅🅸🆂🅰 🅹🅲🅱
CV t
Menu à la carte 20/28 – ⇌ 13 – **180 Zim** 95/99 – 107/111.
• Geschäftsleute finden in dem funktionellen Hotel die ideale Kombination von Tagen und Wohnen. Auch viele Gruppenreisende schätzen diese praktisch-moderne Adresse.

Kurpfalzstuben, L 14, ✉ 68161, ℘ (0621) 1 50 39 20, makurpfalzstuben@aol.com, Fax (0621) 15039290 – 📺 ⟸. 🅰🅴 ① 🆆🅾 🆅🅸🆂🅰
DZ e
Menu (geschl. Sonn- und Feiertage) à la carte 16/27 – **17 Zim** ⇌ 60 – 85.
• Das hübsche Stadthaus aus der Jahrhundertwende beherbergt heute ein kleines Hotel mit zeitgemäßen, funktionellen Zimmern - in den oberen Etagen etwas moderner und heller. Recht geschmackvoll gestaltetes Restaurant mit Kachelofen.

MANNHEIM

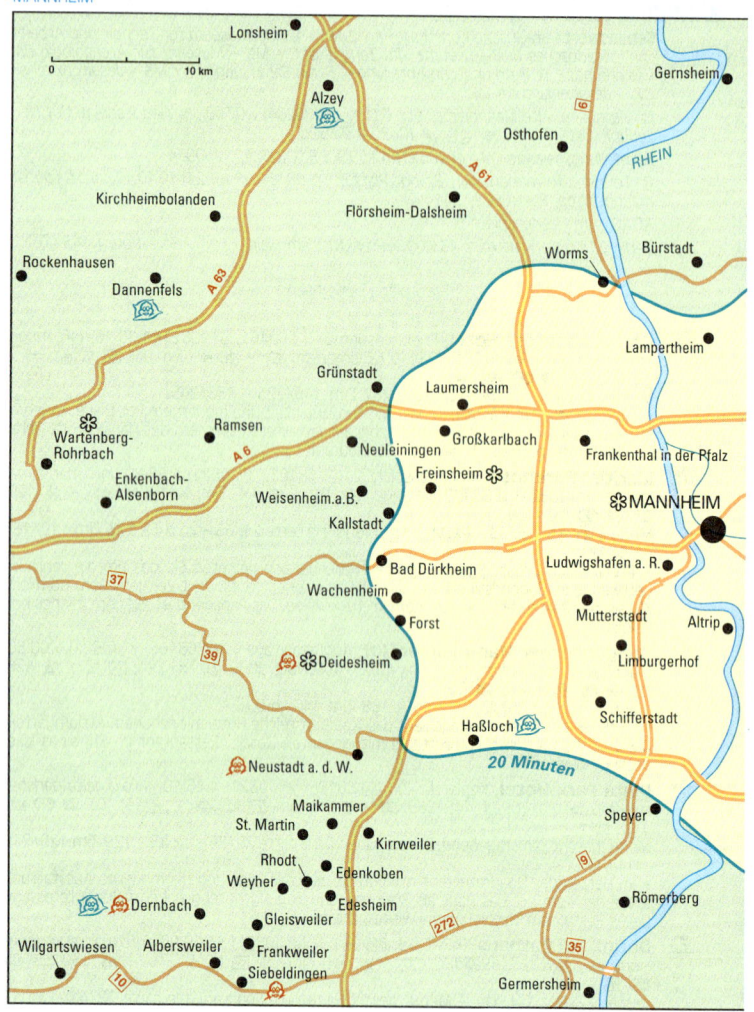

🏨 **Tulip Inn,** C 7,9 – 11, ✉ 68159, ✆ (0621) 1 59 20, info@hotel-mannheim.com, Fax (0621) 22248, 🌳 – 🛗, ✳ Zim, 📺 🚗, AE ⓓ ⓜ VISA   CY a
Menu (geschl. Samstagabend, Sonntagabend) à la carte 19/30 – **162 Zim** ⊇ 79/116 – 99/136.
• Das Anfang der 90er Jahre erbaute Hotel verfügt über funktionelle und gepflegte Zimmer, die besonders auf die Bedürfnisse Geschäftsreisender zugeschnitten sind.

🏨 **Mack** garni, Mozartstr. 14, ✉ 68161, ✆ (0621) 1 24 20, hotelmack@t-online.de, Fax (0621) 1242399 – 🛗 ✳ 📺 ✆ 🚗. AE ⓓ ⓜ VISA   DY a
50 Zim ⊇ 50/74 – 72/100.
• Ein gepflegtes Ambiente erwartet Sie in diesem schon von außen ansprechenden alten Stadthaus mit Türmchen. Individuelle Einrichtung und leckeres Frühstücksbuffet.

MANNHEIM

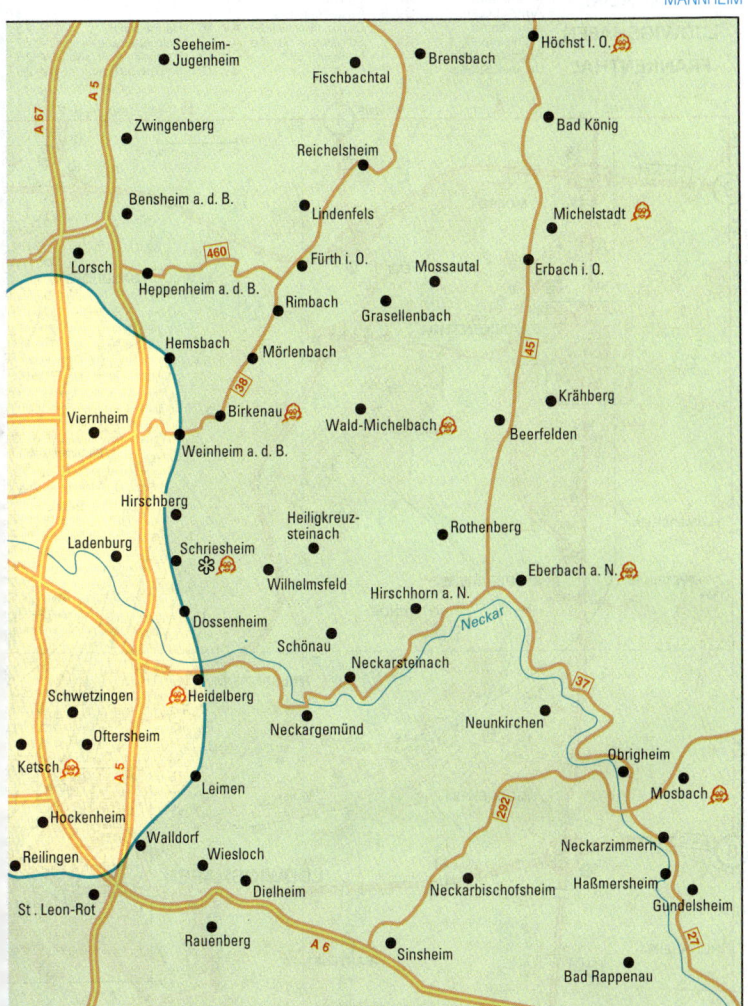

🏨 **Am Bismarck** garni, Bismarckplatz 9, ✉ 68165, ☎ (0621) 40 30 96, *info@hotel-am-bismarck.de*, Fax (0621) 444605 – 🛗 ⚜ 📺 📞 🚗. AE ⓘ ⓜ VISA ※   **DZ m**
48 Zim ⏴ 78/83 – 90.
♦ Ein engagiert geführter Familienbetrieb mit persönlicher Atmosphäre. Die tadellos gepflegten Zimmer gefallen mit ihrer wohnlichen Einrichtung.

🏨 **Central** garni, Kaiserring 26, ✉ 68161, ☎ (0621) 1 23 00, *info@centralhotelmannheim.de*, Fax (0621) 1230100 – 🛗 ⚜ 📺 🚗. AE ⓘ ⓜ VISA JCB   **DZ b**
34 Zim ⏴ 76 – 96.
♦ Das nahe dem Bahnhof gelegene Hotel bietet Ihnen zeitgemäße, praktisch ausgestattete Zimmer. Vom Frühstücksraum in der 1. Etage aus beobachten Sie das Treiben auf der Straße.

🏨 **Wegener** garni, Tattersallstr. 16, ✉ 68165, ☎ (0621) 4 40 90, *info@hotel-wegener.de*, Fax (0621) 406948 – 🛗 ⚜ 📺. VISA   **DZ a**
49 Zim ⏴ 42/72 – 78/92.
♦ In guter Lage zwischen Bahnhof, Rosengarten und Fußgängerzone betreibt Familie Wegener mit Engagement ein gepflegtes Hotel mit solide eingerichteten Zimmern.

MANNHEIM
LUDWIGSHAFEN
FRANKENTHAL

Adlerdamm	**BV** 2	Carl-Bosch-Straße	**BV** 13	Friesenheimer Straße	**BU** 24
Am Aubuckel	**CV** 3	Casterfeldstraße	**CV** 14	Hauptstraße	**DV** 26
Am Oberen Luisenpark	**CV** 5	Dürkheimer Straße	**AV** 16	Helmertstraße	**CV** 27
Augusta-Anlage	**CV** 6	Edigheimer Straße	**AU** 18	Ilvesheimer Straße	**DV** 28
Berliner Straße	**AU** 8	Frankenthaler Str.	**BCU** 19	Kaiserwörthdamm	**BV** 29
		Friedrich-Ebert-Str.	**CV** 22		

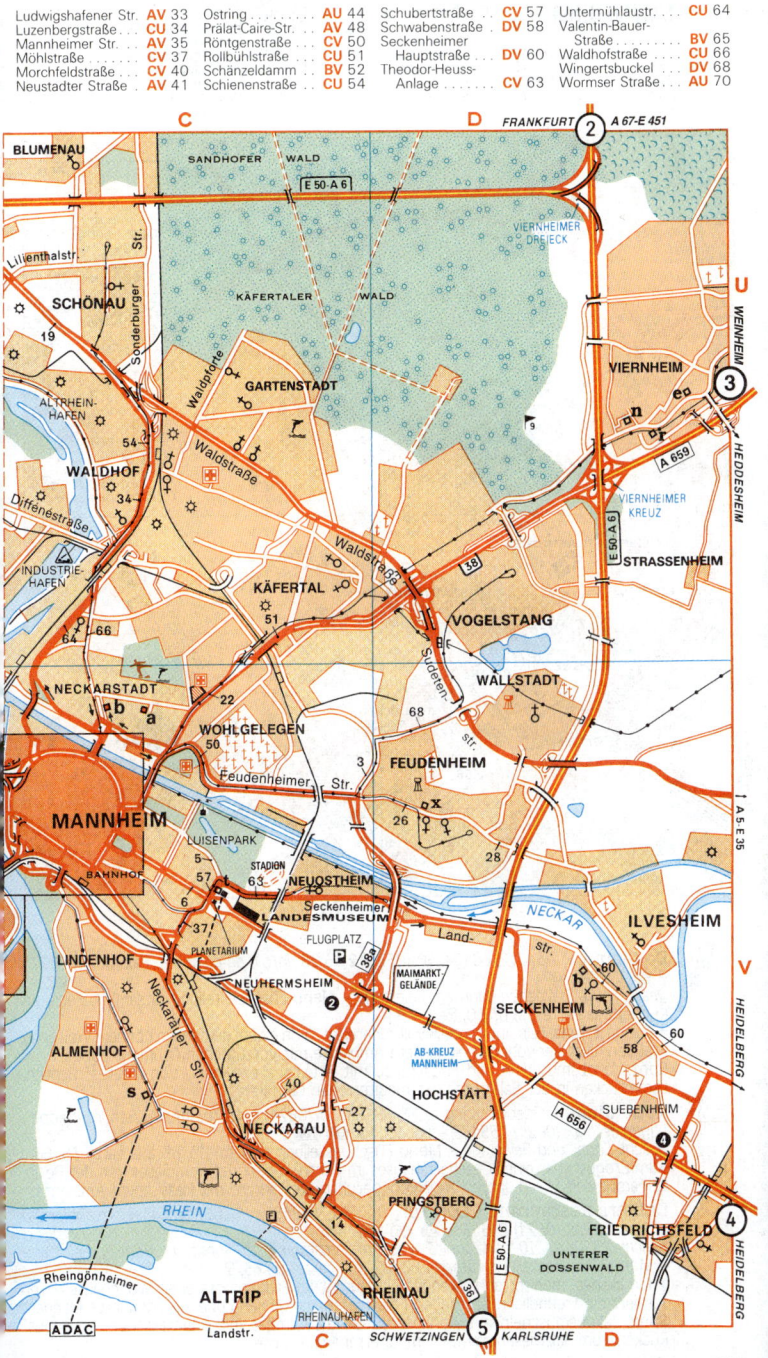

Street	Grid	No.
Ludwigshafener Str.	AV	33
Luzenbergstraße	CU	34
Mannheimer Str.	AV	35
Möhlstraße	CV	37
Morchfeldstraße	CV	40
Neustadter Straße	AV	41
Ostring	AU	44
Prälat-Caire-Str.	AV	48
Röntgenstraße	CV	50
Rollbühlstraße	CU	51
Schänzeldamm	BV	52
Schienenstraße	CU	54
Schubertstraße	CV	57
Schwabenstraße	DV	58
Seckenheimer Hauptstraße	DV	60
Theodor-Heuss-Anlage	CV	63
Untermühlaustr.	CU	64
Valentin-Bauer-Straße	BV	65
Waldhofstraße	CU	66
Wingertsbuckel	DV	68
Wormser Straße	AU	70

913

MANNHEIM

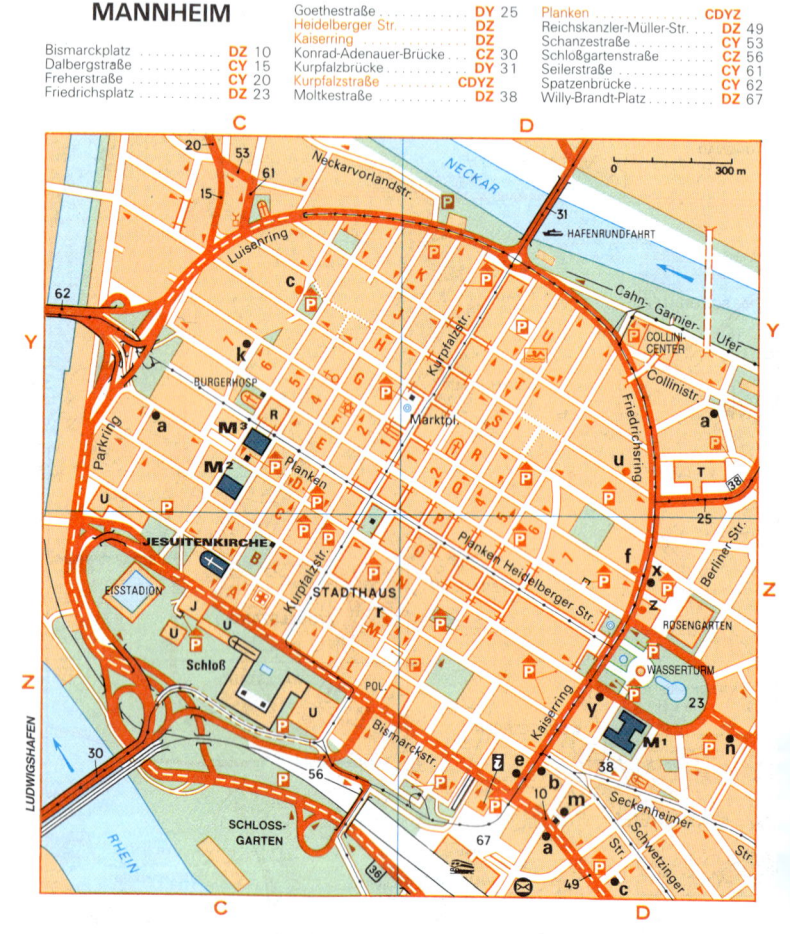

Bismarckplatz	**DZ** 10	Goethestraße	**DY** 25
Dalbergstraße	**CY** 15	Heidelberger Str.	**DZ**
Freherstraße	**CY** 20	Kaiserring	**DZ**
Friedrichsplatz	**DZ** 23	Konrad-Adenauer-Brücke	**CZ** 30
		Kurpfalzbrücke	**DY** 31
		Kurpfalzstraße	**CDYZ**
		Moltkestraße	**DZ** 38
Planken	**CDYZ**		
Reichskanzler-Müller-Str.	**DZ** 49		
Schanzestraße	**CY** 53		
Schloßgartenstraße	**CZ** 56		
Seilerstraße	**CY** 61		
Spatzenbrücke	**CY** 62		
Willy-Brandt-Platz	**DZ** 67		

Da Gianni, R 7,34, ✉ 68161, ✆ (0621) 2 03 26, info@da-gianni.de, Fax (0621) 25771 – 🍽, AE ⓂⓈ, ✄
DZ f
geschl. Aug. 3 Wochen, Montag, Feiertage – **Menu** (Tischbestellung ratsam) (italienische Küche) à la carte 50/63,50, ♀.
♦ Cucina italiana, fein und fantasievoll zubereitet - von einem deutschen Könner: Wolfgang Staudenmaier verwöhnt in elegantem Ambiente mit vorzüglichen Gaumenfreuden.
Spez. Jakobsmuscheln und Flusskrebse mit Artischocken. Ravioli von Meeresfrüchten. Lammrücken in der Salzkruste mit mediterranen Gemüsen.

Kopenhagen, Friedrichsring 4, ✉ 68161, ✆ (0621) 1 48 70, info@restaurant-kopenhagen.de, Fax (0621) 155169 – 🍽, AE ⓄⓂⓈ VISA
DZ z
geschl. Sonn- und Feiertage – **Menu** (Tischbestellung ratsam) 30/68 à la carte 35/68.
♦ Im Erdgeschoss eines Geschäftshauses im Zentrum befindet sich dieses von der Besitzerfamilie seit vielen Jahren engagiert geführte Restaurant mit klassischem Ambiente.

Doblers Restaurant L'Epi d'or, H 7,3, ✉ 68159, ✆ (0621) 1 43 97, n.dobler@doblers.de, Fax (0621) 20513 – ⓄⓂⓈ VISA ✄
CY c
geschl. 27. Dez. - 10. Jan., Juni 3 Wochen, Samstagmittag, Sonntag - Montag, Feiertage – **Menu** (Tischbestellung ratsam) 68/82 à la carte 43/63, ♀.
♦ Ein kleines, mediterran wirkendes Restaurant im Erdgeschoss eines Wohnhauses. Hier serviert die freundliche Gastgeberin die feinen klassischen Zubereitungen ihres Mannes.
Spez. Jakobsmuscheln mit Aprikosen-Chutney. Gambas mit orientalischem Couscous. Rücken vom Salzwiesenlamm mit mediterranem Gemüse

MANNHEIM

XX **Grissini,** M 3,6, ✉ 68161, ℘ (0621) 1 56 57 24, *ristorante.grissini@gmx.de, Fax (0621) 4296109* – 🍽. AE MC VISA CZ r
geschl. Jan. 1 Woche, Pfingsten 1 Woche, Aug. 2 Wochen, Samstagmittag, Sonntag (Tischbestellung ratsam) (italienische Küche) 26 (mittags) à la carte 40/51, ♀.
• Ein kleines modernes Restaurant mit hellem Holzfußboden und einsehbarer Küche, in dem man ein französisch beeinflusstes italienisches Angebot offeriert.

XX **Martin,** Lange Rötterstr. 53, ✉ 68167, ℘ (0621) 33 38 14, *Fax (0621) 335242,* 😊 – AE MC VISA. % CV a
geschl. 25. Aug. - 17. Sept., Montag, Samstagmittag – **Menu** (überwiegend Fischgerichte) 13 (mittags)/49 à la carte 25/52.
• Ein tadellos geführter Familienbetrieb : Das gediegene, im altdeutschen Stil gehaltene Restaurant bietet als Spezialität Fischgerichte.

X **Osteria Limoni,** Schimperstr. 16, ✉ 68167, ℘ (0621) 3 45 03, *Fax (0621) 379633,* 😊 – AE MC VISA CV b
geschl. Mitte Aug. - Anfang Sept. 3 Wochen, Montag, Samstagmittag – **Menu** (italienische Küche) à la carte 22/29.
• Ein nettes Restaurant mit ungezwungener Atmosphäre und italienischer Küche. Holzfußboden und die Farben Grün und Gelb lassen den Raum leicht toskanisch wirken.

X **Henninger's Gutsschänke,** T 6,28, ✉ 68161, ℘ (0621) 1 49 12, *Fax (06322) 66405,* (Pfälzer Weinstube) – AE ① MC VISA DY u
Menu *(nur Abendessen)* à la carte 16/29.
• In dem mit viel Holz urig-rustikal gestalteten Weinlokal bietet die Speisekarte eine bodenständige Hausmannskost und deftige Vesper.

In Mannheim-Feudenheim :

XX **Zum Ochsen** mit Zim, Hauptstr. 70, ✉ 68259, ℘ (0621) 79 95 50, *mail@ochsen-mannheim.de, Fax (0621) 7995533,* 😊 – TV P. AE ① MC VISA JCB DV x
Menu à la carte 21/34 – **12 Zim** ⊂ 69/74 – 86/96.
• 1632 begann die Geschichte dieses Gasthofs - dem ältesten der Stadt. Sie speisen in ländlich-gemütlichen Stuben oder - im Sommer - im Freien unter zwei alten Kastanien.

In Mannheim-Neckarau :

🏨 **Steubenhof,** Steubenstr. 66, ✉ 68199, ℘ (0621) 81 91 00, *kontakt@steubenhof.de, Fax (0621) 81910181,* 😊, ≘s – ⊜, ⇔ Zim, TV ℘ & ⇔ – 🔨 40. AE ① MC VISA
Menu à la carte 12 – **82 Zim** 115/125 – 135/145. CV s
• Ein vor allem für Geschäftsreisende geeignetes Hotel : Die Zimmer sind modern und solide ausgestattet und verfügen über die nötigen technischen Anschlüsse und Schreibflächen.

In Mannheim-Sandhofen :

🏨 **Weber-Hotel** garni, Frankenthaler Str. 85 (B 44), ✉ 68307, ℘ (0621) 7 70 10, *reception@weber-hotel.de, Fax (0621) 7701113,* ℠, ≘s – ⊜ ⇔ TV ℘ & ⇔ P. – 🔨 50. AE ① MC VISA BU r
140 Zim ⊂ 59/108 – 112/138.
• In verschiedenen Bauabschnitten – Stammhaus, Landhaus und Landhaus de Luxe – entstand dieses verkehrsgünstig gelegene Haus. Ein Teil der Zimmer ist sehr wohnlich und elegant.

In Mannheim-Seckenheim :

🏨 **Löwen,** Seckenheimer Hauptstr. 159 (B 37), ✉ 68239, ℘ (0621) 4 80 80, *info@loewen-seckenheim.de, Fax (0621) 4814154,* 😊 – ⊜, ⇔ Zim, TV ℘ & P. – 🔨 30. MC VISA DV b
geschl. 19. Dez. - 3. Jan. – **Menu** (geschl. 19. Dez. - 3. Jan., Aug. 3 Wochen, Montagmittag, Samstagmittag, Sonn- und Feiertage) à la carte 17/38 – **63 Zim** ⊂ 64/94 – 90/135.
• Ein tadellos geführter Familienbetrieb. Der größte Teil der Zimmer ist mit unterschiedlichem Mobiliar zeitgemäß eingerichtet und bietet eine gute Technik. Restaurant mit ländlichem Charakter.

MARBACH AM NECKAR Baden-Württemberg ⁵⁴⁵ T 11 – 15 000 Ew – Höhe 229 m.
🛈 Tourist-Info, Marktstr. 23, ✉ 71672, ℘ (07144) 10 20, *touristik@schillerstadt-marbach.de, Fax (07144) 102311.*
Berlin 610 – *Stuttgart* 33 – Heilbronn 32 – Ludwigsburg 8,5.

🏨 **Art Hotel** garni, Güntterstr. 2, ✉ 71672, ℘ (07144) 8 44 40, *info@arthotel-marbach.de, Fax (07144) 844413* – ⊜ ⇔ TV ℘ ⇔ – 🔨 15. AE MC VISA
23 Zim ⊂ 68/82 – 97.
• Zu dem historischen Städtchen ist das modern gestylte Hotel ein interessanter Kontrast. Die Zimmer verfügen über helles Holzmobiliar und als Schränke fungieren Metallgitter.

MARBACH AM NECKAR

Parkhotel Schillerhöhe garni, Schillerhöhe 14, ⊠ 71672, ℰ (07144) 90 50, info@parkhotel-schillerhoehe.de, Fax (07144) 90588 – 🎮 🛎️ TV 📞 ♿ 🚗 P. AE ⊕ VISA JCB geschl. 23. Dez. - 6. Jan. – **56 Zim** 🛏️ 64 – 89.
 • Das Hotel liegt ruhig in einem Wohngebiet. Es bietet gepflegten Komfort mit praktischen, zeitlos eingerichteten Räumen. Besonders schön sind die neuen Zimmer in der 3. Etage.

Schillerhöhe, Schillerhöhe 12, ⊠ 71672, ℰ (07144) 8 55 90, info@schillerhoehe.net, Fax (07144) 855920, 🌳 – P. 🅿️ 30. AE ⊕ VISA geschl. Montag – **Menu** à la carte 18,50/32,50.
 • Das helle, freundlich eingerichtete Restaurant schließt sich an die Stadthalle an. Der nette Service serviert Internationales und auch einige regionale Gerichte.

In Benningen Nord-West : 2 km, jenseits des Neckar :

Mühle garni, Ostlandstr. 2 (Zufahrt über Neckargasse), ⊠ 71726, ℰ (07144) 50 21, hotelmuehle@aol.com, Fax (07144) 4166 – TV 📞 P. AE ⊕ VISA
20 Zim 🛏️ 50/55 – 80/85.
 • Das Fachwerk-Steinhaus aus dem 17. Jh. liegt ruhig in einer Seitenstraße unweit des Neckars. Die Zimmer des gut geführten Hotels sind solide und wohnlich eingerichtet.

MARBURG Hessen 543 N 10 – 80 000 Ew – Höhe 180 m.
   Sehenswert : Elisabethkirche** (Kunstwerke*** : Elisabethschrein**) BY – Marktplatz* AY – Schloss* AY – Museum für Kulturgeschichte* (im Schloss) AY.
   Ausflugsziel : Spiegelslustturm ≤*, Ost : 9 km.
   ✈ Cölbe-Bernsdorf, Maximilianshof 35 (Nord : 8 km über ①), ℰ (06427) 9 20 40.
   B Tourist-Information, Pilgrimstein 26, ⊠ 35037, ℰ (06421) 9 91 20, mtm@marburg.de, Fax (06421) 991212.
   Berlin 473 ② – Wiesbaden 121 ② – Gießen 30 ② – Kassel 93 ① – Paderborn 140 ① – Siegen 81 ②.

MARBURG

Bahnhofstraße	BY 4
Barfüßerstraße	AY
Bunsenstraße	BY 9
Deutschhausstraße	BY 10
Elisabethstraße	BY 12
Erlenring	BZ 13
Firmaneistraße	BY 14
Hirschberg	AY 24
Jägerstraße	BZ 25
Ketzerbach	BY 28
Kurt-Schumacher-Brücke	BZ 34
Lutherischer Kirchhof	AY 36
Marktgasse	AY 39
Neustadt	BZ 40
Nicolaistraße	AY 41
Robert-Koch-Straße	BY 49
Schulstraße	BZ
Steinweg	BY 56
Universitätsstraße	AY
Wettergasse	AY 62
Wilhelm-Röpke-Straße	BZ 63

MARBURG

Vila Vita Hotel Rosenpark, Rosenstr. 18, ⌧ 35037, ℘ (06421) 6 00 50, *info@rosenpark.com*, Fax (06421) 6005100, 佘, ⊘, Massage, ℔, ≘s, ◻ – ⌽, ⅍ Zim, ▤ ℡ ♌ & – 🜨 120. 🝢 ⓞ ⓜ ⓥⓘⓢⓐ BY b
Menu siehe Rest. *Belle Etage* separat erwähnt – *Rosenkavalier* : Menu 20 (Lunchbuffet) à la carte 31/42 – *Zirbelstube* (geschl. Sonntag, Juni - Aug. Sonntag - Montag) (nur Abendessen) **Menu** à la carte 24/35 – **138 Zim** ⌑ 155/175 – 196/278, 13 Suiten.
 • Ein neuzeitlicher Gebäudekomplex beherbergt dieses tadellos unterhaltene Hotel, das mit luxuriös-moderner Ausstattung und ansprechendem Wellnessbereich überzeugt. Eine schöne runde Atrium-Halle beherbergt das Rosenkavalier - hier dominieren vornehme Gelbtöne.

Sorat, Pilgrimstein 29, ⌧ 35037, ℘ (06421) 91 80, *marburg@sorat-hotels.com*, Fax (06421) 918444, 佘, ≘s, ⅍ Zim, ▤ ℡ ♌ & – 🜨 190. 🝢 ⓞ ⓜ ⓥⓘⓢⓐ ⓙⓒⓑ
Menu à la carte 24/38 – **146 Zim** ⌑ 97/107 – 117/127. AY s
 • Hell, modern und funktionell wirken die Zimmer wie auch die Bäder des direkt im Lahn-Center mitten im Stadtzentrum befindlichen Hotels. Klare Linien und ein Hauch 50er Jahre bestimmen das Ambiente des Restaurants.

Landhaus La Villa garni, Sylvester-Jordan-Str. 22, ⌧ 35039, ℘ (06421) 17 50 70, Fax (06421) 1750720 – ⌽ ℡ ♌ ℗. 🝢 ⓞ ⓜ ⓥⓘⓢⓐ. ⅍
– **15 Zim** ⌑ 67/72 – 92/97.
 • Liebevoll gestaltetes kleines Hotel : wohnliche Zimmer im Landhausstil mit schönen Bädern und ein freundlicher Frühstücksraum mit beeindruckender Buffetauswahl erwarten Sie. über Kurt-Schumacher Brücke BZ *und Weintrautstraße*

Village Stadthotel garni, Bahnhofstr. 14, ⌧ 35037, ℘ (06421) 68 58 80, *villages@t-online.de*, Fax (06421) 6858810 – ⌽ ℡ – 🜨 25. ⓜ ⓥⓘⓢⓐ BY c
20 Zim ⌑ 72/88 – 105.
 • Ein tadellos geführtes und schick eingerichtetes Etagenhotel. Die Zimmer wirken frisch mit ihren massiven Birkenholzmöbeln und angenehmen Farben. Mediterraner Frühstücksraum.

Belle Etage - Vila Vita Hotel Rosenpark, Rosenstr. 18 (1. Etage), ⌧ 35037, ℘ (06421) 6 00 50, *info@rosenpark.com*, Fax (06421) 6005100 – ⌽ ℡ ⌫. 🝢 ⓞ ⓜ ⓥⓘⓢⓐ. ⅍
geschl. 7. - 27. Jan., 28. Juli - 25. Aug., Sonntagabend - Dienstag – **Menu** *(wochentags nur Abendessen)* 59/79 und à la carte, ⚑. BY b
 • Über eine schmiedeeiserne Treppe gelangen Sie in die im Halbrund angelegte, mit Malereien verzierte Empore. In edlem Ambiente genießen Sie eine ausgezeichnete kreative Küche.
Spez. Salat mit Melone und bretonischem Hummer. Gebratener Kalbstafelspitz mit Morchel-Hollandaise und Rahmspargel. Ziegenquark-Soufflé mit Agrumenkompott und Eis von grünem Kardamom

Das kleine Restaurant, Barfüßertor 25 (am Wilhelmsplatz), ⌧ 35037, ℘ (06421) 2 22 93, *das-kleine-restaurant@t-online.de*, Fax (06421) 51495 – ▤. ⓞ ⓜ ⓥⓘⓢⓐ
geschl. Juli 2 Wochen, Montag – **Menu** à la carte 24/38. über Universitätsstraße BZ
 • In diesem modernen Restaurant, das hell, mit elegantem Touch eingerichtet ist, bietet man ein ansprechendes Angebot an internationalen Gerichten. Hübscher Wintergarten.

Alter Ritter, Steinweg 44, ⌧ 35037, ℘ (06421) 6 28 38, *alterritter@t-online.de*, Fax (06421) 66720, 佘 – 🝢 ⓞ ⓜ ⓥⓘⓢⓐ BY c
Menu à la carte 24/37.
 • Seit 1835 existiert das alte Stadthaus mit der klassizistischen Fassade als Gasthaus - heute ein neuzeitliches Restaurant mit regionaler und internationaler Küche.

Zur Sonne mit Zim, Markt 14, ⌧ 35037, ℘ (06421) 1 71 90, Fax (06421) 171940, 佘 – ⌫. 🝢 ⓜ ⓥⓘⓢⓐ AY n
Menu *(geschl. Montag - Dienstagmittag)* à la carte 15/32 – **9 Zim** ⌑ 41/63 – 77/87.
 • Das Gasthaus aus dem 16. Jh. beherbergt urig-originelle Stuben mit blanken Tischen, niedrigen Decken und Fachwerk. Serviert wird eine regionale und internationale Küche.

In Marburg-Gisselberg über ② : 5 km :

Fasanerie ⅍, Zur Fasanerie 15, ⌧ 35043, ℘ (06421) 9 74 10, *info@hotel-fasanerie.de*, Fax (06421) 974177, ≤, 佘, ≘s, ⌫, ⅍ Zim, ℡ ♌ ⌫ ℗ – 🜨 45. 🝢 ⓜ ⓥⓘⓢⓐ ⓙⓒⓑ
geschl. 22. Dez. - 5. Jan. – **Menu** *(geschl. Freitag, Sonntagabend) (Montag - Donnerstag nur Abendessen)* à la carte 17/30 – **40 Zim** ⌑ 56/88 – 84/115.
 • Ein nettes Landhaushotel mit über 40-jähriger Tradition und engagierter, familiärer Führung. Besonders geschmackvoll : die Zimmer im Obergeschoss des Neubaus.

In Marburg - Wehrshausen-Dammühle West : 6 km über Barfüßertor BZ :

Dammühle ⅍ (mit Gästehaus), Dammühlenstr. 1, ⌧ 35041, ℘ (06421) 9 35 60, *dammuehle@t-online.de*, Fax (06421) 36118, 佘, ⌫, ⅍ Zim, ℡ ℗ – 🜨 40. ⓜ ⓥⓘⓢⓐ
Menu *(geschl. Freitagmittag)* à la carte 19/31,50 – **22 Zim** ⌑ 50/60 – 85/95.
 • Idyllisch gelegener Fachwerkgasthof, der aus einer Mühle a. d. 14. Jh. entstanden ist. Die Zimmer sind solide und wohnlich gestaltet. Mit Biergarten, Minigolf und Spielplatz. Ländlich-rustikale Gaststube.

MARBURG

In Cölbe über ① : 6 km :

Company, Lahnstr. 6, ✉ 35091, ☏ (06421) 9 86 60, companymr@aol.com, Fax (06421) 986666, ⇌ – ⥅ Zim, TV P AE ① ⓜ VISA JCB
Menu (geschl. 24. Dez. - 2. Jan., Sonntag) à la carte 15/27 – **23 Zim** ⊇ 56/85 – 84/105.
• Der Neubau im alpenländischen Stil bietet seinen Gästen mit hellem Naturholz und Rattansesseln wohnlich und einladend ausgestattete Zimmer. Rustikales Restaurant mit bürgerlicher Küche.

In Weimar-Wolfshausen über ② : 10 km :

Bellevue (mit Gästehaus), Hauptstr. 30 (nahe der B 3), ✉ 35096, ☏ (06421) 7 90 90, info@bellevue-marburg.de, Fax (06421) 790915, ≤, 佘, Biergarten, ⇌s, 🚲 – ⥅ Zim, TV ☏ P – 🛄 30. AE ① ⓜ VISA
Menu à la carte 18,50/32 – **51 Zim** ⊇ 68/93 – 100/140.
• Das von Familie Horn geführte Haus beherbergt tadellos gepflegte, funktionell eingerichtete Zimmer sowie drei freundliche, wohnliche Maisonetten. Restaurant mit Blick über das Lahntal.

MARGETSHÖCHHEIM Bayern siehe Würzburg.

MARIA LAACH Rheinland-Pfalz 543 O 5 – Höhe 285 m – Benediktiner-Abtei.

Sehenswert : Abteikirche★ (Paradies★).
Berlin 617 – Mainz 121 – Koblenz 31 – Bonn 51 – Mayen 13.

Seehotel Maria Laach ⚘, Am Laacher See, ✉ 56653, ☏ (02652) 58 40, seehotel@maria-laach.de, Fax (02652) 584522, ≤, 佘, ⇌s, 🏊, 🚲 – ⥅, ⥅ Zim, TV ☏ ⇐ P – 🛄 90. AE ① ⓜ VISA JCB
Menu à la carte 27/43, 🍷 – **69 Zim** ⊇ 85/105 – 135/184.
• Die herrliche Lage, moderner, funktioneller Komfort sowie der direkte Blick auf die Benediktinerabtei und den Laacher See gehören zu den Vorzügen dieses Hotels. Hell, modern und freundlich sind die Räumlichkeiten des Restaurants gestaltet.

MARIENBERG Sachsen 544 O 23 – 14 900 Ew – Höhe 600 m.

🛈 Gäste-Info, Am Frischen Brunnen 1, ✉ 09496, ☏ (03735) 9 05 14, info@marienberg.de, Fax (03735) 90565.
Berlin 280 – Dresden 94 – Chemnitz 30 – Chomutov 31 – Leipzig 111 – Zwickau 62.

Weißes Roß, Annaberger Str. 12, ✉ 09496, ☏ (03735) 6 80 00, weisses-ross@erzgebirgshotels.de, Fax (03735) 680077, Biergarten, ⇌s – ⥅, ⥅ Zim, TV ☏ P – 🛄 30. AE ① ⓜ VISA JCB
Menu à la carte 15/33 – **50 Zim** ⊇ 60/65 – 90/95.
• Im Ortskern liegt der komplett sanierte Gasthof, dessen Zimmer mit hellem Mobiliar wohnlich eingerichtet und gut unterhalten sind. Neuzeitliches Restaurant und rustikaler Gewölbekeller.

In Pobershau Süd-Ost : 6 km, über B 171, bei Rittersberg nach der Brücke rechts ab :

Schwarzbeerschänke, Hinterer Grund 2, ✉ 09496, ☏ (03735) 9 19 10, schwarzbeerschaenke@pobershau.de, Fax (03735) 919199, 佘, ⇌s, 🏊, 🚲 – ⥅ Zim, TV ☏ 🖒 P – 🛄 30. AE ① ⓜ VISA
Menu à la carte 13,50/25,50 – **34 Zim** ⊇ 39/44 – 75/80.
• Bei einem Waldstück liegt das erweiterte Landhaus mit holzverkleideter Fassade. Besonders wohnlich und recht geräumig sind die hellen, solide möblierten Zimmer im Anbau. Ländliche Gaststuben.

MARIENBERG, BAD Rheinland-Pfalz 543 O 7 – 6 400 Ew – Höhe 500 m – Kneippheilbad – Luftkurort – Wintersport : 500/572 m ≰1 ≹.

🛈 Tourist-Information, Wilhelmstr. 10, ✉ 56470, ☏ (02661) 70 31, touristinfo@badmarienberg.de, Fax (02661) 931747.
Berlin 557 – Mainz 102 – Siegen 38 – Limburg an der Lahn 43.

Kur- und Tagungshotel Wildpark ⚘, Kurallee (am Wildpark, West : 1 km), ✉ 56470, ☏ (02661) 62 20, info@wildpark-hotel.de, Fax (02661) 622404, ≤, 佘, Massage, ♨, 🎾, ⇌s, 🏊, 🚲 – ⥅ TV ☏ ⇐ P – 🛄 30. AE ① ⓜ VISA
Menu 19/32 – **51 Zim** ⊇ 72/80 – 90/115.
• Das sehr ruhig am Waldrand gelegene, vom Inhaber geführte Hotel zählt eine familiäre Atmosphäre und Zimmer mit einem wohnlichen Ambiente zu seinen Vorzügen. Restaurant mit Balkonterrasse.

MARIENBERG, BAD

Kristall, Goethestr. 21, ✉ 56470, ☏ (02661) 9 57 60, kristall.hotel@t-online.de, Fax (02661) 957650, ≤, 🍴, 🛌, – 📶 TV P. 🆗 VISA
Menu à la carte 19/33 – **20 Zim** ☐ 45/50 – 82 – ½ P 11.
• Das Haus wirkt durch den alpenländischen Baustil und die hübsche Balkonbepflanzung einladend. Die Zimmer sind meist mit Eichenmobiliar rustikal gehalten. Gediegenes Restaurant im altdeutschen Stil.

MARIENHEIDE Nordrhein-Westfalen 543 M 6 – 14 000 Ew – Höhe 317 m.
Berlin 561 – Düsseldorf 74 – Gummersbach 10 – Lüdenscheid 31 – Wipperfürth 12.

In Marienheide-Rodt Süd-Ost : 3 km über B 256 :

Landhaus Wirth, Friesenstr. 8, ✉ 51709, ☏ (02264) 2 70, info@landhaus-wirth.de, Fax (02264) 2788, 🍴, ≤s, 🏊, 🛌 – ⇌ TV P – 🛎 50. 🆎 ⓘ 🆗 VISA
Im Krug (geschl. 27. - 30. Dez., Samstagmittag, Sonntagabend) **Menu** à la carte 23/43,50 – **53 Zim** ☐ 62/92 – 98/125.
• Mit viel Engagement führt die Besitzerfamilie ihren Betrieb. Einige der sehr gepflegten Zimmer hat man wohnlich im Landhausstil eingerichtet. Geschmackvolles ländliches Ambiente und hübsche Dekorationen im Restaurant.

MARIENTHAL, KLOSTER Hessen siehe Geisenheim.

MARKDORF Baden-Württemberg 545 W 12 – 12 500 Ew – Höhe 453 m.
🛈 Tourist-Information, Marktstr. 1, ✉ 88677, ☏ (07544) 50 02 90, info@gehrenberg-bodensee.de, Fax (07544) 500289.
Berlin 719 – Stuttgart 197 – Konstanz 23 – Friedrichshafen 16 – Ravensburg 20.

Wirthshof garni, Steibensteig 10 (B 33, Ost : 1 km Richtung Ravensburg, beim Campingplatz), ✉ 88677, ☏ (07544) 5 09 90, info@hotel-wirtshof.de, Fax (07544) 5099222, 🍴, ≤s, 🏊 (geheizt), 🛌 – 📶 ⇌ TV ☏ P. – 🛎 30. 🆗 VISA. ✂
geschl. 24. Dez. - 6. Jan. – **22 Zim** ☐ 76/93 – 98/118.
• Die unterschiedlichen Themenzimmer des Hauses wurden nach Regionen oder berühmten Personen gestaltet - mit wohnlichem, mediterran wirkendem Ambiente. Schöne Saunalandschaft.

MARKERSDORF KREIS GOERLITZ Sachsen siehe Görlitz.

MARKGRÖNINGEN Baden-Württemberg 545 T 11 – 13 800 Ew – Höhe 286 m.
Sehenswert : Rathaus★.
Berlin 621 – Stuttgart 20 – Heilbronn 39 – Pforzheim 33.

XX **Striffler's Herrenküferei** mit Zim, Marktplatz 2, ✉ 71706, ☏ (07145) 9 30 50, info@herrenkueferei.de, Fax (07145) 930525, 🍴 – TV ☏ ⓘ 🆗 VISA JCB
Menu à la carte 29/44 – **9 Zim** ☐ 80 – 110.
• Ein aufwändig renoviertes, schönes Haus aus dem Jahr 1414, das ein freundlich gestaltetes Restaurant und sehr geschmackvolle Gästezimmer beherbergt.

MARKKLEEBERG Sachsen siehe Leipzig.

MARKLOHE Niedersachsen siehe Nienburg (Weser).

MARKNEUKIRCHEN Sachsen 544 P 20 – 7 500 Ew – Höhe 468 m.
Berlin 328 – Dresden 177 – Hof 35 – Plauen 28.

Berggasthof Heiterer Blick, Oberer Berg 54, ✉ 08258, ☏ (037422) 26 95, message@heiterer-blick.de, Fax (037422) 45818, ≤, 🍴 – TV P. ✂ Zim
Menu à la carte 13/20,50 – **7 Zim** ☐ 45 – 64.
• Außerhalb auf einer Anhöhe liegt das von der Besitzer-Familie geführte, gepflegte kleine Hotel, das Ihnen mit hellem Holz im Landhausstil eingerichtete Zimmer bietet. Musikinstrumente zieren die ländlich gestaltete Gaststube.

Die Erläuterungen in der Einleitung helfen Ihnen,
*Ihren **Michelin-Führer** effektiver zu nutzen.*

MARKTBREIT Bayern 546 Q 14 – 3 800 Ew – Höhe 191 m.
Sehenswert : Maintor und Rathaus★.
Berlin 491 – München 272 – Würzburg 28 – Ansbach 58 – Bamberg 89.

Löwen (mit Gästehaus), Marktstr. 8, ✉ 97340, ℘ (09332) 5 05 40, info@loewen-ma
rktbreit.de, Fax (09332) 9438, 🍽 – ✸ Zim, 📺 📞 🚗 – 🔒 30. 🅰🅴 ⓞ 🆎 💳
🚫 Rest
Menu (geschl. Nov. - März Montag, 15. Jan. - 15. Feb. Montag - Dienstag) à la carte 16/30
– **31 Zim** ⊑ 46/54 – 70/84.
• In den historischen Mauern des 1450 erbauten Fachwerkhauses bietet man teils rustikal möblierte Zimmer, teils auch Romantikzimmer mit Himmelbett. Gemütliche historische Gaststuben.

Alter Esel, Marktstr. 10, ✉ 97340, ℘ (09332) 59 07 91, alter-esel@t-online.de, Fax (09332) 590792 – ✸
geschl. Feb. 2 Wochen, Aug. 2 Wochen, Montag - Dienstag – **Menu** (nur Abendessen) (Tischbestellung ratsam) à la carte 19/27.
• Auf zwei Etagen bewirtet man den Gast in einem gewollt schlichten Ambiente. Das kleine regionale Angebot überzeugt mit guten Produkten und viel Geschmack.

MARKT ERLBACH Bayern 546 R 15 – 4 000 Ew – Höhe 382 m.
Berlin 476 – München 208 – Nürnberg 40 – Bamberg 70 – Würzburg 80.

In Markt Erlbach-Linden West : 6 km, über Windsheimer Straße :

Zum Stern, Hauptstr. 60, ✉ 91459, ℘ (09106) 8 91, info@gasthof-zumstern.de, Fax (09106) 6666, 🍽, 🌳 – ✸ 📞
geschl. Feb. – **Menu** (geschl. Mittwoch, Nov. - März Dienstag - Mittwoch) à la carte 10/26
– **17 Zim** ⊑ 28/35 – 46/52.
• Tipptopp gepflegte Gästezimmer bietet dieser Fachwerk-Gasthof am Ende des Ortes. Sie sind praktisch eingerichtet und verfügen über ausreichenden Komfort. Reitmöglichkeiten. Rustikale Gaststuben mit Kachelofen und Holzdecke.

MARKTHEIDENFELD Bayern 546 Q 12 – 11 700 Ew – Höhe 153 m.
🏌 Marktheidenfeld, Eichenfürst (West : 2 km), ℘ (09391) 84 35.
🛈 Touristinformation, Luitpoldstr. 19, Rathaus, ✉97828, ℘ (09391) 50 04 41, min fo@marktheidenfeld.de, Fax (09391) 79 40.
Berlin 533 – München 322 – Würzburg 32 – Aschaffenburg 46.

Anker garni, Obertorstr. 6, ✉ 97828, ℘ (09391) 6 00 40, info@hotel-anker.de, Fax (09391) 600477 – 📶 ✸ 📺 📞 ♿ 🚗 🅿 – 🔒 35. 🅰🅴 🆎 💳 🇯🇨🇧
39 Zim ⊑ 65/85 – 99/120.
• Seit über 100 Jahren befindet sich das gut geführte Haus mit ruhigem Innenhof in Familienbesitz. Die Zimmer sind alle unterschiedlich, teils mit Antiquitäten eingerichtet.

Zum Löwen, Marktplatz 3, ✉ 97828, ℘ (09391) 15 71, info@loewen-marktheidenf eld.de, Fax (09391) 1721, 🍽 – ✸ 📺 📞 🚗. 🆎 💳
Menu (geschl. Nov. 2 Wochen, Mittwoch) à la carte 16/27 – **30 Zim** ⊑ 38/48 – 66/72.
• Das direkt am Marktplatz gelegene familiengeführte Hotel, ein sauberer, sympathischer Gasthof, verfügt über rustikal-behagliche Zimmer mit Eichenmöbeln. Gemütliches Ambiente in der hübsch dekorierten Gaststube.

Gasthof Mainblick, Mainkai 11, ✉ 97828, ℘ (09391) 9 86 50, mainblick@t-online.de, Fax (09391) 986544, 🍽 – 📺 📞 🅰🅴 🆎 💳
Menu (geschl. 6. Jan. - 1. Feb., Montag) à la carte 18/28 – **18 Zim** ⊑ 48/55 – 70.
• Ein Mix aus modernem und rustikalem Stil finden Übernachtungsgäste hinter den dicken Mauern des direkt am Mainufer stehenden Gasthofs der Familie Eberlein. Neo-rustikales Ambiente im Restaurant.

Zur schönen Aussicht, Brückenstr. 8, ✉ 97828, ℘ (09391) 9 85 50, info@hotela ussicht.de, Fax (09391) 3722, 🍽 – 📶 ✸ Zim, 📺 📞 🚗 🅿. 🆎 💳 🇯🇨🇧
Menu à la carte 17/37 – **52 Zim** ⊑ 56/85 – 77/105.
• Am Rande der Altstadt liegt dieses gut geführte Hotel mit Mainblick. Fragen Sie nach den neueren Zimmern in der 3. Etage ; diese sind modern und wohnlich gestaltet. Herzstück des Hauses sind die rustikalen Gaststuben im fränkischen Stil.

Weinhaus Anker, Obertorstr. 13, ✉ 97828, ℘ (09391) 91 25 80, info@weinhaus-anker.de, Fax (09391) 912581 – 🅰🅴 🆎 💳 🇯🇨🇧
Menu à la carte 20/41.
• Ein ländlicher Rahmen mit Parkett und schöner, bemalter Holzdecke prägt dieses Restaurant, das sich in einem alten Stadthaus befindet - man kocht international.

MARKTLEUGAST Bayern ⁵⁴⁶ P 18 – 4 100 Ew – Höhe 555 m.
Berlin 336 – München 261 – Coburg 63 – Hof 32 – Kulmbach 19 – Bayreuth 33.

In **Marktleugast-Hermes** Süd-West : 4 km, über B 289, nach Mannsflur links ab :

Landgasthof Haueis (mit Gästehäusern), Hermes 1, ⊠ 95352, ℘ (09255) 2 45, Fax (09255) 7263, 🍴, 🛏, 📺, 🅿, 🍽 20. ÆE ⓘ ⓜⓞ VISA
geschl. 15. Jan. - 28. Feb. – **Menu** à la carte 11/31 – **35 Zim** ⊇ 28/32 – 50/54.
♦ Abseits der Hauptstraße liegt dieser einfache bayerische Gasthof in dörflicher Umgebung. Gemütlich : Manche Zimmer sind mit bemalten Bauernmöbeln eingerichtet. Gaststube mit gemütlicher, ungezwungener Atmosphäre.

MARKT NORDHEIM Bayern ⁵⁴⁶ R 15 – 1 100 Ew – Höhe 325 m.
Berlin 475 – München 231 – Würzburg 51 – Nürnberg 68 – Stuttgart 178.

In **Markt Nordheim-Ulsenheim** Süd-West : 7 km, Richtung Uffenheim :

Schwarzen Adler, Ulsenheim 97, ⊠ 91478, ℘ (09842) 82 06, info@frankenurlaub.de, Fax (09842) 7800, 🍴, 📺, 🍽, 🅿, ⓜⓞ
Menu (geschl. Jan. 1 Woche, Aug. 2 Wochen, Montag, Okt. - Feb. Montag, Mittwoch) à la carte 13/27 – **12 Zim** ⊇ 27/30 – 48/50.
♦ Das alte Gasthaus aus dem 17. Jh. beherbergt funktionelle Zimmer verschiedener Stilrichtungen. Auch die überschaubare Größe des Hauses zählt zu den Annehmlichkeiten. Gaststube im ländlichen Stil.

MARKTOBERDORF Bayern ⁵⁴⁶ W 15 – 18 000 Ew – Höhe 758 m – Erholungsort.
Berlin 638 – München 99 – Kempten (Allgäu) 28 – Füssen 29 – Kaufbeuren 13.

Sepp, Bahnhofstr. 13, ⊠ 87616, ℘ (08342) 70 90, kontakt@allgaeu-hotel-sepp.de, Fax (08342) 709100, 🍴, 🛏, 🍽, 📺, 🅿, 🍽 40. ⓜⓞ VISA JCB. ✱
Menu (geschl. Aug., Samstag, Sonntagabend) à la carte 16/33 – **60 Zim** ⊇ 52/66 – 73/86 – ½ P 10.
♦ Das Haus ist ein Familienunternehmen mit 100-jähriger Tradition. Zimmer mit unterschiedlicher Einrichtung, immer funktionell sowie technisch gut ausgestattet. Unterteiltes Restaurant mit Wintergarten und netter Terrasse.

St. Martin garni, Wiesenstr. 21, ⊠ 87616, ℘ (08342) 9 62 60, Fax (08342) 962696, 🛏 – 📺 🍽 📺 🅿, ⓜⓞ VISA
27 Zim ⊇ 46/49 – 71/82.
♦ Sympathisches kleines Hotel. Die gepflegten Zimmer sind mit Naturholzmöbeln solide eingerichtet und bieten wohnlichen Komfort. Im Dachgeschoß größere Appartements.

MARKTREDWITZ Bayern ⁵⁴⁶ P 20 – 18 600 Ew – Höhe 539 m.
🛈 Tourist Information, Markt 29, ⊠ 95615, ℘ (09231) 50 11 28, touristinfo@marktredwitz.de, Fax (09231) 501129.
Berlin 365 – München 288 – Weiden in der Oberpfalz 47 – Bayreuth 54 – Hof 48.

Meister Bär, Am Bahnhof, ⊠ 95615, ℘ (09231) 95 60, mak@mb-hotel.de, Fax (09231) 956888, 🍴, 🛏 – 📺, ✱ Zim, 📺 🍽 🅿, 🍽 40. ÆE ⓘ ⓜⓞ VISA JCB
Menu à la carte 15/25 – **50 Zim** ⊇ 54/69 – 79/89.
♦ Die Zimmer dieses direkt am Bahnhof gelegenen Hotels sind teils älter möbliert, teils auch modern, in hellen Farben eingerichtet. Orientalischer Saunakeller ! Restaurant mit internationaler Küche.

Bairischer Hof, Markt 40, ⊠ 95615, ℘ (09231) 6 20 11, info@bairischer-hof.de, Fax (09231) 63550, 🍴 – 📺, ✱ Zim, 📺 🅿, 🍽 60. ÆE ⓘ ⓜⓞ VISA
Menu à la carte 12/21 – **55 Zim** ⊇ 47/50 – 72/76.
♦ Inmitten der belebten Fußgängerzone der Altstadt verbergen sich hinter der hellblauen Fassade schlichte Zimmer, die auffällig gepflegt und sauber sind. Ländliche Restauranträume, teils mit Kreuzgewölbe.

MARKTRODACH Bayern siehe Kronach.

Die im Michelin-Führer
verwendeten Zeichen und Symbole haben-
*dünn oder **fett** gedruckt, rot oder schwarz -*
jeweils eine andere Bedeutung.
Lesen Sie daher die Erklärungen aufmerksam durch.

MARKTSCHELLENBERG Bayern ❘❷❻ W 23 – 1 800 Ew – Höhe 480 m – Heilklimatischer Kurort – Wintersport : 800/1 000 m ⛷.
  🛈 Verkehrsamt, Salzburger Str. 2, ✉ 83487, ✆ (08650) 98 88 30, info-schellenberg@berchtesgaden.de, Fax (08650) 988831.
  Berlin 734 – München 144 – Bad Reichenhall 22 – Salzburg 13 – Berchtesgaden 10.

Am Eingang der Almbachklamm Süd : 3 km über die B 305 :

Zur Kugelmühle ⩘ mit Zim, Kugelmühlweg 18, ✉ 83487 Marktschellenberg, ✆ (08650) 4 61, info@gasthaus-kugelmuehle.de, Fax (08650) 416, ≤, 🍽, Zim, 📺 🅿. AE ⓜ VISA. 🐾 Zim
geschl. Nov. - 25. Dez., 10. Jan. - 1. März – **Menu** (geschl. April - Okt. Montagabend, Dienstagabend) à la carte 12/27 – **7 Zim** ⳨ 40 – 60/80.
  • Am Eingang zur wildromantischen Almbachklamm finden Sie dieses idyllische, einsam gelegene Gasthaus mit urbayerischer Gemütlichkeit und regionaler Küche.

MARKT SCHWABEN Bayern ❘❷❻ V 19 – 9 700 Ew – Höhe 509 m.
  Berlin 599 – München 24 – Erding 13.

Georgenhof, Bahnhofstr. 39, ✉ 85570, ✆ (08121) 92 00, mail@hotelgeorgenhof.com, Fax (08121) 92060, Biergarten – 🛗, 🍽 Zim, 📺 📞 🅿 – 🔷 30. AE ⓜ VISA
Menu à la carte 16/33 – **35 Zim** ⳨ 85 – 115/155.
  • Direkt am Bahnhof liegt das 1992 erbaute Hotel. In den geschmackvollen Zimmern sorgt ein harmonisches Zusammenspiel von Farben und Materialien für ein stilvolles Ambiente. Restaurant im Stil einer Taverne mit italienischer Küche.

MARKTZEULN Bayern siehe Lichtenfels.

MARL Nordrhein-Westfalen ❘❺❹❸ L 5 – 92 000 Ew – Höhe 62 m.
  Berlin 521 – Düsseldorf 72 – Gelsenkirchen 17 – Gladbeck 12 – Münster (Westfalen) 62 – Recklinghausen 10.

Parkhotel, Eduard-Weitsch-Weg 2, ✉ 45768, ✆ (02365) 10 20, info@parkhotel-marl.de, Fax (02365) 102488, 🍽, 🐃 – 🛗, 🍽 Zim, 📺 📞 🅿 – 🔷 200. AE ⓞ ⓜ VISA JCB. 🐾 Rest
Menu à la carte 20/38 – **91 Zim** ⳨ 80/95 – 100/115.
  • Relativ zentral ist dieses Hotel in der Innenstadt gelegen. Vor allem Geschäftsleute schätzen die mit hellem, modernem Mobiliar funktionell ausgestatteten Zimmer. Neuzeitlich gestaltetes Restaurant mit Fensterfront zum Citysee.

MARLOFFSTEIN Bayern siehe Erlangen.

MARNE Schleswig-Holstein ❘❺❹❶ E 11 – 6 000 Ew – Höhe 3 m.
  Berlin 378 – Kiel 110 – Cuxhaven 97 – Flensburg 111 – Hamburg 95 – Neumünster 77.

Gerson, Königstr. 45 (B 5), ✉ 25709, ✆ (04851) 5 34, Fax (04851) 2011 – 📺 🅿. AE ⓜ VISA 🐾
geschl. 24. Dez. - 10. Jan. – **Menu** (geschl. Sonntag) (nur Abendessen) à la carte 13/27 – **10 Zim** ⳨ 41/43 – 66.
  • Mit schlichten und tadellos gepflegten Zimmern empfängt die engagierte Gastgeberin ihre Besucher in dem Gasthof mit roter Klinkerfassade. Kleines, einfaches Angebot im Restaurant mit Kachelofen.

MARQUARTSTEIN Bayern ❘❷❻ W 21 – 3 400 Ew – Höhe 545 m – Luftkurort – Wintersport : 600/1 200 m ⛷2 ⛷.
  🛈 Verkehrsamt, Bahnhofstr. 3, ✉ 83250, ✆ (08641) 82 36, Fax (08641) 61701.
  Berlin 686 – München 96 – Bad Reichenhall 50 – Salzburg 55 – Traunstein 23 – Rosenheim 37.

Gästehaus am Schnappen ⩘ garni, Freiweidacher Str. 32, ✉ 83250, ✆ (08641) 82 29, Fax (08641) 8421, ≤, 🌊 (geheizt), – 🅿. 🐾
geschl. Nov. - 26. Dez. – **13 Zim** ⳨ 26/36 – 46/51.
  • Eine unkomplizierte und freundlich geführte Familienpension im alpenländischen Stil, die über schlichte, gepflegte und saubere Gästezimmer verfügt.

Prinzregent, Loitshauser Str. 5, ✉ 83250, ✆ (08641) 9 74 70, gasthof.prinzregent@t-online.de, Fax (08641) 974727, 🍽, 🐃 – 🍽 Zim, 📺 🅿. ⓜ VISA
Menu (geschl. Montagabend, Dienstagabend) à la carte 14/24 – **15 Zim** ⳨ 37/40 – 58/68 – ½ P 13.
  • Der von einer herrlichen Bergkulisse umgebene bayerische Gasthof bietet einfache, solide möblierte und gut unterhaltene Gästezimmer. In den hübsch dekorierten Stuben serviert man Regionales.

MARQUARTSTEIN

In Marquartstein-Pettendorf *Nord : 2 km Richtung Grassau :*

Weßnerhof, Pettendorf 11, ✉ 83250, ℘ (08641) 9 78 40, Fax (08641) 61962, Biergarten, 🍴 – 🛗 ⚞ 📺 🛌 🅿 ⓄⓈ 𝚅𝙸𝚂𝙰
Menu *(geschl. Mittwoch)* à la carte 13/28 – **40 Zim** ⊆ 42/45 – 74/78 – ½ P 12.
♦ Im landschaftlich schönen Chiemgau steht dieser stattliche Gasthof, ein gut geführter Familienbetrieb mit unterschiedlich eingerichteten Zimmern. Hübsche alpenländische Gaststube mit Produkten der hauseigenen Metzgerei.

MARSBERG *Nordrhein-Westfalen* ⑤④③ L 10 – 22 500 Ew – Höhe 255 m.
Berlin 450 – Düsseldorf 185 – *Kassel* 66 – Brilon 22 – Paderborn 44.

In Marsberg-Helminghausen *Süd-West : 14 km, an der Diemeltalsperre :*

Seehotel Sonnengruss garni, Am See 3, ✉ 34431, ℘ (02991) 9 63 60, *sonnengruss@t-online.de*, Fax (02991) 963696, ≤, 🍴, 🛆 – ⚞ 📺 🅿 – 🔺 40
geschl. 1. - 25. Jan. – **18 Zim** ⊆ 41/49 – 72/78.
♦ Das unweit der Staumauer gelegene Haus mit schönem Blick auf den Diemelsee verfügt über geräumige, in dunkler oder heller Eiche eingerichtete Zimmer.

MARXZELL *Baden-Württemberg siehe Herrenalb, Bad.*

MASELHEIM *Baden-Württemberg siehe Biberach an der Riss..*

MASSERBERG *Thüringen* ⑤④④ O 16 – 3 000 Ew – Höhe 803 m – Heilklimatischer Kurort – Wintersport : 650/841 m ⟨1 ⟩.
🛈 *Masserberg-Information, Hauptstr. 37,* ✉ 98666, ℘ (036870) 5 70 15, *info@masserberg.de, Fax (036870) 57028.*
Berlin 343 – Erfurt 63 – *Coburg* 37 – Saalfeld 51 – Suhl 36.

Rennsteig 🍴, Am Badehaus 1, ✉ 98666, ℘ (036870) 80, *info@hotel-rennsteig.com*, Fax (036870) 8888, 🍴, freier Zugang zum Badehaus – 🛗, ⚞ Zim, 📺 🛌 🅿 – 🔺 120.
🅰🅴 ⓄⓂⓄ 𝚅𝙸𝚂𝙰 ⚞ Rest
Menu à la carte 21/32 – **92 Zim** ⊆ 65 – 95, 3 Suiten – ½ P 10.
♦ Die großzügige, moderne Hotelarchitektur im Zusammenspiel mit einer schnörkellosen, geradlinigen Ausstattung kennzeichnet dieses beim Badehaus gelegene Hotel. Gepflegt und neuzeitlich gestylt zeigt sich das Restaurant des Hauses.

MASSWEILER *Rheinland-Pfalz* ⑤④③ S 6 – 1 100 Ew – Höhe 340 m.
Berlin 682 – Mainz 138 – *Saarbrücken* 59 – Pirmasens 15 – Zweibrücken 23 – Kaiserslautern 48.

Borst (mit Gästehaus), Luitpoldstr. 4, ✉ 66506, ℘ (06334) 14 31, *harryborst@restaurant-borst.de*, Fax (06334) 984502, 🍴 – 📺 ⚞
geschl. Ende Dez. - Anfang Jan., Juli 3 Wochen – **Menu** (geschl. Montag - Dienstag) 15/60 à la carte 40/50, ⚞ – **5 Zim** ⊆ 36/44 – 62/100.
♦ Seit vielen Jahren führt Familie Borst diesen Gasthof mit kleinem Gästehaus. In ländlichem, gepflegtem Ambiente serviert man eine klassische Küche.

MAUERSTETTEN *Bayern siehe Kaufbeuren.*

MAULBRONN *Baden-Württemberg* ⑤④⑤ S 10 – 6 200 Ew – Höhe 250 m.
Sehenswert : *Ehemaliges Zisterzienserkloster*★★ *(Kreuzgang*★★, *Brunnenkapelle*★★, *Klosterräume*★★, *Klosterkirche*★, *Herrenrefektorium*★).
Berlin 642 – Stuttgart 45 – *Karlsruhe* 37 – Heilbronn 55 – Pforzheim 20.

Klosterpost (mit Gästehaus), Frankfurter Str. 2, ✉ 75433, ℘ (07043) 10 80, *hotelklosterpost@t-online.de*, Fax (07043) 108299, 🍴 – 🛗 📺 🛌 🅿 ⚞ – 🔺 30. 🅰🅴 Ⓞ ⓄⓂⓄ 𝚅𝙸𝚂𝙰
Menu *(geschl. Nov. - März Sonntagabend - Montag)* à la carte 18/43 – **39 Zim** ⊆ 59/79 – 89/99.
♦ Im einstigen Gästehaus des benachbarten Zisterzienserklosters stehen Besuchern heute Zimmer mit neuzeitlichem Standard und solider Naturholzmöblierung zur Verfügung. Unterteilte Gaststuben mit ländlicher Ausstattung.

MAUTH Bayern ▨▨ T 24 – 2 800 Ew – Höhe 820 m – Erholungsort – Wintersport : 820/1 341 m ⚐1 ⚐.
🛈 Gäste-Information, Mühlweg 2, ✉ 94151, ✆ (08557) 96 00 85, Fax (08557) 960015.
Berlin 536 – München 211 – *Passau* 43 – Grafenau 21.

In Mauth-Finsterau Nord : 5 km, über Am Goldenen Steig, Zwölfhäuser und Heinrichsbrunn – Höhe 998 m

- **Bärnriegel** ⚐, (mit Gästehaus), Halbwaldstr. 32, ✉ 94151, ✆ (08557) 9 60 20, *baernriegel@t-online.de*, Fax (08557) 960249, ≤, ⚐, ⚐, ⚐, TV P ⚐ Zim
geschl. 10. Nov. – 15. Dez. – **Menu** *(geschl. Dienstagmittag)* à la carte 16/40 – **26 Zim** ⚐ 38/50 – 48/69 – ½ P 10.
  • Ein schmucker Gasthof, der sich dank guter Führung seit vielen Jahren zahlreicher Stammgäste erfreut. Besonders zu empfehlen sind die rustikal gestalteten Zimmer im Gästehaus. Ländliche Gaststuben mit Holzdecken und Kachelofen.

MAYEN Rheinland-Pfalz ▨▨ O 5 – 20 000 Ew – Höhe 240 m.
Ausflugsziel : *Schloss Bürresheim*★ Nord-West : 5 km.
🛈 Tourist-Information, Altes Rathaus am Markt, ✉ 56727, ✆ (02651) 90 30 04, *touristinfo@mayen.de*, Fax (02651) 903009.
Berlin 625 – Mainz 126 – *Koblenz* 35 – Bonn 63 – Trier 99.

- **Maifelder Hof**, Polcher Str. 74, ✉ 56727, ✆ (02651) 9 60 40, *info@maifelder-hof.de*, Fax (02651) 76558, Biergarten – ⚐, ⚐, P ⚐ ⚐ VISA
Menu *(geschl. 23. Dez. - 3. Jan., Samstag)* (wochentags nur Abendessen) à la carte 18/31 – **13 Zim** ⚐ 42/55 – 75/90.
  • Herzlich leitet Familie Rathscheck diesen ländlichen Gasthof in der vulkanischen Osteifel. Man verfügt über rustikale oder neuzeitlichere Zimmer.

- **Katzenberg** garni, Koblenzer Str. 174, ✉ 56727, ✆ (02651) 4 35 85, *hotelkatzenberg@t-online.de*, Fax (02651) 48855, ⚐, ⚐, TV P AE ⚐ ⚐ VISA
24 Zim ⚐ 46/55 – 70.
  • Hinter der Fassade mit dem großen Katzengemälde verbergen sich schlichte, tipptopp gepflegte Gästezimmer, von denen besonders die in der oberen Etage zu empfehlen sind.

- **Zur Traube** garni, Bäckerstr. 6, ✉ 56727, ✆ (02651) 9 60 10, *hotel@hotel-traube-mayen.de*, Fax (02651) 72187 – TV ⚐, ⚐ ⚐ VISA ⚐
12 Zim ⚐ 39/46 – 67/72.
  • Dieses zentral, direkt am Marktplatz gelegene kleine Hotel verfügt über praktische Zimmer, die mit hellem, gepflegtem Eichenmobiliar ausgestattet sind.

- **Zum Alten Fritz**, Koblenzer Str. 56, ✉ 56727, ✆ (02651) 49 77 90, *hotel.alter.fritz@t-online.de*, Fax (02651) 41629 – TV ⚐ P ⚐ ⚐ VISA
geschl. 23. Feb. - 5. März, 18. Juli - 11. Aug. – **Menu** *(geschl. Dienstag)* (wochentags nur Abendessen) à la carte 16/30 – **11 Zim** ⚐ 38 – 68.
  • Landhausmöbel und neuzeitliche Bäder sorgen in einigen der Zimmer dieses familiengeführten kleinen Gasthofs für zeitgemäßen Komfort. Rustikale Gaststube und leicht nostalgisches Restaurant.

In Mayen-Kürrenberg West : 7 km Richtung Nürburgring – Höhe 525 m – Erholungsort :

- **Wasserspiel**, Im Weiherhölzchen 7, ✉ 56727, ✆ (02651) 30 81, *wasserspiel@onlinehome.de*, Fax (02651) 5233, ≤, ⚐, TV P ⚐ ⚐ VISA
Menu *(geschl. Dienstagmittag)* à la carte 22/36 – **18 Zim** ⚐ 40/45 – 65/72.
  • Neben den gepflegten Gästezimmern zählt auch der Einfamilienhaus-Charakter zu den Annehmlichkeiten dieses in einem Wohngebiet gelegenen Hotels. Restaurant mit Blick auf die Eifelberge.

MAYSCHOSS Rheinland-Pfalz ▨▨ O 5 – 1 100 Ew – Höhe 141 m.
Berlin 628 – Mainz 158 – *Bonn* 35 – *Koblenz* 56 – Adenau 22.

- **Zur Saffenburg**, Ahr-Rotwein-Str. 43 (B 267), ✉ 53508, ✆ (02643) 83 92, *zursaffenburg@mayschoss.de*, Fax (02643) 8100, ⚐ – P ⚐ ⚐ Rest
geschl. 15. Dez. - 1. Feb. – **Menu** *(geschl. Mittwoch)* à la carte 20/38 – **16 Zim** ⚐ 38/45 – 70.
  • Dieser nett anzusehende gewachsene Landgasthof ist ein gepflegter kleiner Familienbetrieb mit solide möblierten Zimmern. Hinter dem Haus fließt die Ahr. Eine gemütliche Gaststube mit Kachelofen und ein lauschiger Garten erwarten Sie.

In Mayschoß-Laach :

- **Die Lochmühle**, Ahr-Rotwein-Str. 62 (B 267), ✉ 53508, ✆ (02643) 80 80, *hotel-lochmuehle@t-online.de*, Fax (02643) 808445, ≤, ⚐, ⚐, ⚐, ⚐ TV ⚐ P ⚐ 80. AE ⚐ VISA
Menu à la carte 29/39 – **104 Zim** ⚐ 66/78 – 105/126.
  • Ein Mühlrad an der Fassade erinnert an die Geschichte des Hauses. Die Zimmer sind teils im rustikalen, teils im neuzeitlichen Stil eingerichtet. Gemütliche Kaminrunde. Gediegenes Restaurant mit dunklem Zirbelholz. Schön : die Café-Terrasse zur Ahr.

MECKENBEUREN Baden-Württemberg 545 W 12 – 9 900 Ew – Höhe 417 m.
Berlin 712 – Stuttgart 158 – Konstanz 40 – Ravensburg 11 – Bregenz 32.

In Meckenbeuren-Madenreute Nord-Ost : 5 km über Liebenau :

Jägerhaus, Madenreute 13, ⊠ 88074, ℘ (07542) 9 45 50 (Hotel) 46 32 (Rest.), info@jaegerhaus-hotel.de, Fax (07542) 945556, 斉, ⊜ – ⌘, ⅍ Zim, TV P. ⓜⓞ VISA, ⅍ Rest geschl. 24. Dez. - 6. Jan. – **Menu** (geschl. Mittwoch) (Montag - Freitag nur Abendessen) à la carte 14/31 – **38 Zim** ☑ 55 – 82.
♦ Eingebettet in das ländliche Umland des Bodensees beherbergt Sie das gepflegte Haus mit Balkonfassade in einheitlich gestalteten Zimmern mit funktioneller Ausstattung. Bürgerliches Restaurant im Fachwerkgasthof.

MECKENHEIM Nordrhein-Westfalen 543 O 5 – 24 200 Ew – Höhe 160 m.
Berlin 612 – Düsseldorf 94 – Bonn 19 – Koblenz 65.

ZweiLinden garni, Merler Str. 1, ⊠ 53340, ℘ (02225) 9 42 00, info@zweilinden.de, Fax (02225) 942040 – ⅍ TV ⌕ ♿ P. – 🛎 30. ⒶⒺ ⓞ ⓜⓞ VISA
19 Zim ☑ 57/69 – 80/90.
♦ Das gepflegte, familiengeführte Haus ist ein funktionelles Hotel, das mit seinen zeitgemäß und praktisch ausgestatteten Zimmern vor allem für Geschäftsleute geeignet ist.

MECKLENBURGISCHE SEENPLATTE Mecklenburg-Vorpommern 542 F 20 bis F 22.
Sehenswert : Seenplatte★★★ zwischen Elbe-Lübeck-Kanal und der Uckermark mit über 1000 Seen – Müritz-Nationalpark★.

MEDDERSHEIM Rheinland-Pfalz siehe Sobernheim, Bad.

MEDEBACH Nordrhein-Westfalen 543 M 10 – 8 000 Ew – Höhe 411 m.
Berlin 463 – Düsseldorf 195 – Arnsberg 66 – Kassel 76 – Marburg 61 – Paderborn 89 – Siegen 101.

Brombach mit Zim, Oberstr. 6, ⊠ 59964, ℘ (02982) 85 70, hotel-brombach@t-online.de, Fax (02982) 3452, 斉 – ⌘ TV ⌕ P. – 🛎 20. ⒶⒺ ⓞ ⓜⓞ VISA
Menu (geschl. Mittwoch) à la carte 17,50/36 – **9 Zim** ☑ 28 – 56.
♦ In den üppig dekorierten Räumlichkeiten mit Wohnzimmercharakter schätzen Besucher vor allem den aufmerksamen Service der Gastgeber und ihres Teams.

In Medebach-Küstelberg Nord-West : 8,5 km, über Oberstraße :

Schloßberghotel ⅍, Im Siepen 1, ⊠ 59964, ℘ (02981) 9 29 10, schlossberg-hotel@t-online.de, Fax (02981) 929120, ≼, 斉, ⊜, ◫, ⅍ – ⌘ ⓔ ♿ P. ⅍
geschl. Mitte Nov. - Mitte Dez. – **Menu** (geschl. Montag) à la carte 16/28 – **16 Zim** ☑ 40/45 – 80.
♦ In einem verschwiegenen Winkel des Hochsauerlandes fügt sich das blumengeschmückte Haus mit seinen zum Teil neuzeitlichen Zimmern in die bergige Landschaft ein. Bürgerlich-rustikales Restaurant.

MEERANE Sachsen 544 N 21 – 19 000 Ew – Höhe 320 m.
Berlin 246 – Dresden 114 – Chemnitz 41 – Gera 38 – Zwickau 18 – Leipzig 67.

Meerane, An der Hohen Str. 3 (Gewerbegebiet), ⊠ 08393, ℘ (03764) 59 10, info@hotel-meerane.de, Fax (03764) 591591, 斉, Massage, ₤₅, ⊜ – ⌘, ⅍ Zim, TV ⌕ ♿ ⇔ P. – 🛎 140. ⒶⒺ ⓞ ⓜⓞ VISA
Menu 14,50 (Buffet) à la carte 20/29 – **137 Zim** ☑ 100 – 125.
♦ Der mehrgeschossige moderne Hotelbau mit seinem imposanten Granit-Entrée stellt dem Cast Zimmer in neuzeitlich-wohnlichem Stil mit einem Hauch von Exklusivität zur Verfügung. Zeitgemäßes Restaurant in Blau und hellem Braun.

Schwanefeld, Schwanefelder Str. 22, ⊠ 08393, ℘ (03764) 40 50, info@schwanefeld.de, Fax (03764) 405606, 斉, ₤₅, ⊜ – ⌘, ⅍ Zim, TV ⌕ ♿ P. – 🛎 120. ⒶⒺ ⓞ ⓜⓞ VISA
Menu à la carte 20/36 – **50 Zim** ☑ 60 – 90/110.
♦ An ein kleines Dorf erinnert die an einem lauschigen Innenhof gelegene Anlage aus einem Fachwerkhaus a. d. 17. Jh. und einem Neubau. Gepflegte, teils neu renovierte Zimmer. Die Gaststuben befinden sich im historischen Fachwerkgasthof.

Zur Eiche, Karl-Schiefer-Str. 32, ⊠ 08393, ℘ (03764) 41 80, webmaster@eiche-meerane.de, Fax (03764) 4669, Biergarten – TV. ⓜⓞ VISA
Menu à la carte 12/17 – **16 Zim** ☑ 35/45 – 52/62.
♦ Hinter der hübschen Backsteinfassade mit spitzem Turmaufbau verbergen sich gut unterhaltene Gästezimmer mit neuzeitlichem Komfort. Helles, schlicht gestaltetes Restaurant.

MEERBUSCH Nordrhein-Westfalen siehe Düsseldorf.

MEERSBURG Baden-Württemberg 545 W 11 – 5 500 Ew – Höhe 444 m – Erholungsort.
Sehenswert: Oberstadt (Marktplatz★ B, Steigstraße★ A) – Neues Schloss (Terrasse ≤★) AB.

🛈 Meersburg Tourismus, Kirchstr. 4, ✉ 88709, ℘ (07532) 43 11 10, info@meersburg.de, Fax (07532) 431120. – Berlin 730 ① – Stuttgart 191 ① – Konstanz 12 ② – Freiburg im Breisgau 143 ① – Ravensburg 31 ① – Bregenz 48 ①.

MEERSBURG

Bismarckplatz	**A** 2
Bleicheplatz	**B** 3
Burgweganlage	**A** 5
Daisendorfer Straße	**A** 6
Kirchplatz	**A** 7
Kirchstraße	**B** 8
Marktplatz	**B** 9
Schloßplatz	**B** 12
Seepromenade	**A** 13
Seminarstraße	**B** 14
Spitalgasse	**A** 15
Steigstraße	**A**
Uhldinger Straße	**A** 16
Unterstadtstraße	**A**
Vorburggasse	**B** 18

Pour les grands voyages d'affaires ou de tourisme Guide MICHELIN rouge : EUROPE.

Romantik Hotel Residenz am See, Uferpromenade 11, ✉ 88709, ℘ (07532) 8 00 40, residenz@romantikhotels.com, Fax (07532) 800470, ≤, 😊, 🐴 – 🛗 ⇌ Zim, 📺 📞 & ⇐ 🅿. 🖭 ⓜ 🚾. ✕ Zim **B r**
Menu (geschl. Dienstag) à la carte 42/58, ♀ – **24 Zim** ⌴ 80/150 – 152/190 – ½ P 32.
♦ Warme, kräftige Farben und stimmige Details kombiniert mit hübschen Stoffen prägen die Atmosphäre in den Zimmern dieses schönen, unweit des Sees gelegenen Hauses. Im Restaurant genießen Sie ein modern-elegantes Ambiente in warmem Orangegelb und kreative Küche.
Spez. Salat von Oktopus und dicken Bohnen mit Langustino. Sauerbraten vom Rinderfilet mit Rosmarin-Schalottenpolenta. Mille-feuille von Schokolade und Himbeer mit Zitronengrassorbet

3 Stuben (mit Gästehaus), Kirchstr. 7, ✉ 88709, ℘ (07532) 8 00 90 (Hotel) 44 65 25 (Rest.), hotel3stuben@t-online.de, Fax (07532) 1367, 🚘 – 🛗 📺 📞 ⇐ 🅿 – 🔺 20. 🖭 ⓜ 🚾. ✕ Zim **B**
geschl. 15. Dez. - 1. März. – **Menu** (geschl. 7. Jan. - 7. Feb., Sonntag) (Montag - Donnerstag nur Abendessen) à la carte 32/41 – **31 Zim** ⌴ 75/100 – 110/145 – ½ P 28.
♦ In dem schön restaurierten Fachwerkhaus hat man die historische Bausubstanz gelungen mit modernem, wohnlichem Landhausstil kombiniert. Neuzeitliche Eleganz prägt das Restaurant.

Villa Seeschau ⑨ garni, Von-Laßberg-Str. 12, ✉ 88709, ℘ (07532) 43 44 90, rezeption@hotel-seeschau.de, Fax (07532) 434499, ≤ Bodensee, Massage, 🚘, 🐴 – 🛗 ✕ 📺 📞 ⇐ 🅿. 🖭 ⓜ 🚾. ✕ **B z**
geschl. 28. Dez. - 31. Jan. – **18 Zim** ⌴ 87/107 – 111/151.
♦ In einem Wohngebiet liegt dieses familiengeführte Haus, das mit 18 individuellen, im mediterranen Stil gestalteten Zimmern, teils mit Blick auf den See, zu überzeugen weiß.

Villa Bellevue ⑨ garni, Am Rosenhag 5, ✉ 88709, ℘ (07532) 97 70, Fax (07532) 1367, ≤, 🐴, 🍴 ⇐ 🅿. über Stefan-Lochner-Straße **B**
16. März - 15. Okt. – **12 Zim** ⌴ 75/95 – 115/125.
♦ Wenige Gehminuten von der Altstadt steht dieses persönlich geführte kleine Hotel. Schöne, teils elegante, teils rustikalere Zimmer gehören zu den Annehmlichkeiten des Hauses.

Seehotel Off ⑨, Uferpromenade 51, ✉ 88709, ℘ (07532) 4 47 40, info@hotel.off.mbo.de, Fax (07532) 447444, ≤, 😊, Massage – 🛗 📺 ⇐ 🅿. ⓞ ⓜ 🚾
geschl. 7. Jan. - 1. Feb. – **Menu** à la carte 24/37 – **21 Zim** ⌴ 59/90 – 102/146 – ½ P 20.
♦ Direkt an der Uferpromenade gelegen. Gäste freuen sich hier über gemütliche Zimmer, deren komfortable Bäder teils mit Erlebnisduschen ausgestattet sind. Restaurant mit Panoramafenstern zum See. über Uferpromenade **B**

MEERSBURG

🏨 **Terrassenhotel Weißhaar** ⌂, Stefan-Lochner-Str. 24, ✉ 88709, ℘ (07532) 4 50 40, Fax (07532) 450445, ≤ Bodensee, 🌳 – 📺 🚗 🅿 ⓜ VISA
geschl. Nov. - Mitte März – **Menu** à la carte 28/41 – **26 Zim** ⌚ 31/86 – 105/115 – ½ P 18.
über Stefan-Lochner-Straße   B
* Von sämtlichen, mit gepflegten Kirschbaummöbeln eingerichteten Zimmern des hoch über dem Bodensee thronenden Hotels hat man eine herrliche Sicht auf das "Schwäbische Meer". Gediegenes Restaurant mit schöner Gartenterrasse.

🏨 **Bären**, Marktplatz 11, ✉ 88709, ℘ (07532) 4 32 20, gasthofzumbaeren@t-online.de, Fax (07532) 432244, 🌳 – 📺 ℡ 🚗
B u
Mitte März - Mitte Nov. – **Menu** (geschl. Montag, März - Juni Montag - Dienstag) à la carte 18/27 – **20 Zim** ⌚ 46/65 – 76/104 – ½ P 17.
* Mit dem Meersburger Obertor bildet das Haus a. d. 17. Jh. ein bekanntes Ensemble : Es war auf jedem 20 DM-Schein zu sehen. Man bietet ein Zimmer-Potpourri von modern bis antik. Ein weißer Kachelofen ziert die mit alten Wirtshausmöbeln eingerichtete Gaststube.

🏨 **Zum Schiff**, Bismarckplatz 5, ✉ 88709, ℘ (07532) 4 50 00, info@hotelzumschiff.de, Fax (07532) 1537, ≤, 🌳 – 📺 🅿 AE ⓞ ⓜ VISA JCB
A n
April - Ende Okt. – **Menu** à la carte 14/28 – **50 Zim** ⌚ 70/80 – 70/103 – ½ P 15.
* In diesem gepflegten und solide eingerichteten Hotel wohnen die Gäste in der ersten Reihe. Denn : Nur die schmale Uferpromenade trennt Sie von den glitzernden Wellen des Sees. Saalartiges Restaurant und schöne Terrasse an der Promenade.

🏨 **Löwen**, Marktplatz 2, ✉ 88709, ℘ (07532) 4 30 40, info@hotel-loewen-meersburg.de, Fax (07532) 430410, 🌳 – ⇔ Zim, 📺 AE ⓞ ⓜ VISA
B e
Menu (geschl. Nov. - April Mittwoch) à la carte 25/40 – **21 Zim** ⌚ 52/75 – 80/118 – ½ P 20.
* Geht man durch die Altstadt und erreicht den Marktplatz, fällt die schmucke, bewachsene Fassade des Gasthofs a. d. 15. Jh. auf. Fragen Sie nach den renovierten Zimmern ! Gemütliche, mit Zirbelholz vertäfelte Gaststube.

🍴🍴 **Winzerstube zum Becher**, Höllgasse 4, ✉ 88709, ℘ (07532) 90 09, Fax (07532) 1699 – AE ⓞ ⓜ VISA
B t
geschl. Jan. 3 Wochen, Montag – **Menu** (Tischbestellung ratsam) à la carte 23/42.
* Anno 1610 wurden hier schon durstige Gäste bewirtet ! Seit 1887 ist die rustikal-gemütliche Stube, in der vieles an die Geschichte des Hauses erinnert, in Familienbesitz.

Lesen Sie die Einleitung, sie ist der Schlüssel zu diesem Führer.

MEESIGER Mecklenburg-Vorpommern **542** E 22 – 280 Ew – Höhe 38 m.
Berlin 181 – Schwerin 130 – Neubrandenburg 47 – Güstrow 68 – Stralsund 71.

🏨 **Gravelotte** ⌂, Am Kummerower See (Nord-West : 2 km), ✉ 17111, ℘ (039994) 72 10, info@hotel-gravelotte.de, Fax (039994) 721127, 🌳, Massage, ≦, 🏊, – 📶, ⇔ Zim, 📺 ♿ 🅿 – ⚑ 40. AE ⓞ ⓜ VISA
Menu à la carte 15/24 – **39 Zim** ⌚ 57/77 – 62/118.
* Das schön am Kummerower See gelegene, 1997 umfassend renovierte Hotel bietet seinen Gästen neben gepflegten, modern gestalteten Zimmern auch einen hübschen Freizeitbereich. Großes, freundlich gestaltetes Restaurant.

MEHRING Rheinland-Pfalz **543** Q 4 – 2 400 Ew – Höhe 122 m.
🛈 Touristikverein, Bachstr. 47, ✉ 54346, ℘ (06502) 14 13, touristinfo-mehring@t-online.de, Fax (06502) 1253.
Berlin 714 – Mainz 153 – *Trier* 20 – Bernkastel-Kues 40.

🏨 **Weinhaus Molitor** ⌂ garni (mit Wein- und Bierstube), Maximinstr. 9, ✉ 54346, ℘ (06502) 27 88, m.molitor@schoene-tage.de, Fax (06502) 988822, 🌳 – ⇔ 📺 🚗 🅿 ⓜ
geschl. Jan. - Feb. – **11 Zim** ⌚ 32/34 – 52/62.
* Wie zu Hause fühlen sich Gäste in dem privat geführten Hotel in den Weinbergen. Mit mosélländischer Gastlichkeit beherbergt man Sie in gepflegten, preislich attraktiven Räumen.

In Pölich Ost : 3 km, über B 53 :

🏨 **Pölicher Held**, Hauptstr. 5 (B 53), ✉ 54340, ℘ (06507) 9 36 00, Fax (06507) 936011, ≤, 🌳 – 🚗 🅿
geschl. 24. Dez.- 15. Feb. – **Menu** (geschl. Montag) à la carte 13,50/25 – **9 Zim** ⌚ 30 – 47.
* Mit viel Engagement führt die Besitzerfamilie ihr kleines Hotel, zu dem tadellos gepflegte und solide eingerichtete Zimmer, teils mit Blick auf Mosel und Weinberge, gehören. Restaurant mit großer Fensterfront zum Fluss.

MEHRING (KREIS ALTÖTTING) Bayern 546 V 22 – 2 100 Ew – Höhe 126 m.
Berlin 632 – München 103 – Bad Reichenhall 70 – Passau 84.

In Mehring-Hohenwart Nord : 1,5 km :

Schwarz, Hohenwart 10, ⊠ 84561, ℘ (08677) 9 84 00, gasthof.schwarz@vr-web.de, Fax (08677) 1440, 🍴 – ⇔ Zim, 📺 ❦ 🅿 – 🏛 200. ⓜⓔ VISA
Menu (geschl. Karwoche, Aug. 3 Wochen, Dienstag) à la carte 12/31 – **28 Zim** ⇌ 39/46 – 57/67.
♦ Schön fügt sich der schmucke Gasthof in die bayerische Dorfkulisse ein. Die Zimmer sind gepflegt und im Stil von rustikal bis modern gehalten. Hübsch dekorierte Gaststuben.

MEINERZHAGEN Nordrhein-Westfalen 543 M 6 – 23 200 Ew – Höhe 385 m – Wintersport : 400/500 m ≰3 ≰.

🏌 Kierspe-Varmert, Woeste 2 (West : 9 km an der B 237), ℘ (02359) 29 02 15.
🛈 Verkehrsamt, Bahnhofstr. 11, ⊠ 58540, ℘ (02354) 7 71 32, ordnungsamt@meinerzhagen.de, Fax (02354) 77220.
Berlin 543 – Düsseldorf 78 – Lüdenscheid 19 – Olpe 21 – Siegen 47.

La Provence, Kirchstr. 11, ⊠ 58540, ℘ (02354) 1 21 06, info@la-provence-meinerzhagen.de, Fax (02354) 779568, 🍴 – AE ⓞ ⓜⓔ VISA
geschl. Montag – **Menu** à la carte 50/31.
♦ Die Gastgeberin zelebriert, wie der Name schon sagt, ihre Küche mit ihrer Leidenschaft für die Provence. So vermitteln auch die Räume teilweise südländisches Flair.

MEININGEN Thüringen 544 O 15 – 23 400 Ew – Höhe 286 m.

🛈 Tourist-Information, Bernhardstr. 6, ⊠ 98617, ℘ (03693) 4 46 50, Fax (03693) 446544.
Berlin 371 – Erfurt 80 – Coburg 69 – Fulda 63.

Romantik Hotel Sächsischer Hof, Georgstr. 1, ⊠ 98617, ℘ (03693) 45 70, saechsischer-hof@romantikhotels.com, Fax (03693) 457401, 🍴 – 🛗, ⇔ Zim, 📺 ❦ 🅿 – 🏛 60. AE ⓞ ⓜⓔ VISA. ⊛
Posthalterei (geschl. 12. Juli - 1. Aug.) (wochentags nur Abendessen) **Menu** à la carte 25/35, ♀ 🎼 – **Post-Schenke** : **Menu** à la carte 14/22 – **40 Zim** ⇌ 78/98 – 105/135.
♦ Ein geschichtsträchtiges Haus : 1802 als Logierhaus erbaut, auch als Poststation der Fürsten von Thurn und Taxis genutzt, ist es heute ein elegantes, stilvolles Domizil. Ländliche Posthalterei mit Gewölbedecke. Blanke Tische in der rustikalen Post-Schenke.

Schloss Landsberg ⊛, Landsberger Str. 150 (Nord-West : 3 km), ⊠ 98617, ℘ (03693) 4 40 90, castle-landsberg@t-online.de, Fax (03693) 440944, ≤, 🍴 – 🛗 📺 ❦ – 🏛 20. ⓞ ⓜⓔ VISA
Menu à la carte 22/31 – **20 Zim** ⇌ 95 – 120, 7 Suiten.
♦ Ein Schloß im gotischen Stil a. d. J. 1840. In den Zimmern mit antikem Mobiliar - teilweise auch Himmelbetten - ist die feudale Vergangenheit allgegenwärtig. Stilvolles Restaurant im historischen Rittersaal.

Ernestiner Hof garni, Ernestinerstr. 9, ⊠ 98617, ℘ (03693) 47 80 53, hotel-ernestiner-hof@t-online.de, Fax (03693) 478055 – 🛗 ⇔ 📺 AE ⓞ ⓜⓔ VISA JCB
16 Zim ⇌ 58/64 – 84/94.
♦ Rosafarbene Zuckerbäcker-Villa in barocker Architektur im Schatten der Bäume eines idyllischen Gärtchens. Individuelle Zimmer mit ansprechenden Marmorbädern.

Im Kaiserpark, Günther-Raphael-Str. 9, ⊠ 98617, ℘ (03693) 81 57 00, hotel-im-kaiserpark@t-online.de, Fax (03693) 815740 – 🛗, ⇔ Zim, 📺 ⇌ 🅿 – 🏛 65. ⓜⓔ VISA
Menu (wochentags nur Abendessen) à la carte 12,50/20 – **37 Zim** ⇌ 45/55 – 70/75.
♦ Integriert in ein 1993 erbautes Wohn-und Geschäftshaus, verfügt das persönlich geführte Etagenhotel über einheitlich neuzeitlich eingerichtete Zimmer. Marmortische und ein Schachbrett-Boden tragen zum modernen Ambiente des Restaurants bei.

Schlundhaus (mit Gästehaus), Schlundgasse 4, ⊠ 98617, ℘ (03693) 81 38 38, castel-landsberg@t-online.de, Fax (03693) 813839, 🍴 – 🛗 📺 ❦ ⇌ – 🏛 80. ⓞ ⓜⓔ VISA
Menu à la carte 18/25 – **20 Zim** ⇌ 55/65 – 75/95.
♦ Hinter einer alten Natursteinfassade mit prächtigem Holzerker verbergen sich wohnlich eingerichtete und hübsch dekorierte Gästezimmer. Historische Gaststube mit geschnitzter Holzbar und blanken Tischen.

MEISDORF Sachsen-Anhalt 542 K 17 – 1 200 Ew – Höhe 150 m.
 Schloß Meisdorf, Petersberger Trift 33, ℘ (034743) 9 84 50.
 Fremdenverkehrsverein, Hauptstr. 31, ✉ 06463, ℘ (034743) 82 00.
Berlin 213 – Magdeburg 62 – Quedlinburg 19.

Parkhotel Schloß Meisdorf ⚘ (mit Gästehaus), Allee 5, ✉ 06463, ℘ (034743) 9 80, meisdorf@vandervalk.de, Fax (034743) 98222, 🍽, 📶, 🏊, 🐎, ⚒ – ⇔ Zim, TV P – 🛁 80. AE ⓘ ⓜ VISA
Menu à la carte 20/30 – **Château Neuf** (geschl. Sonntagabend - Dienstag)(wochentags nur Abendessen) **Menu** à la carte 31/41 – **72 Zim** ☐ 59/99 – 99/139.
♦ Schön gelegen in einem Park mit Wiese und Terrasse, vereinen sich im Schloss und in den Gästehäusern heute Historie und Tradition mit zeitgemäßem Komfort im gediegenen Stil. Im Château Neuf : gepflegte Räumlichkeiten und klassischer Einrichtungsstil.

MEISSEN Sachsen 544 M 24 – 30 000 Ew – Höhe 110 m.
Sehenswert : Staatliche Porzellanmanufaktur★ AZ – Albrechtsburg★ AX – Dom★ (Grabplatten★ in der Fürstenkapelle, Laienaltar★, Stifterfiguren★★) AX.
 Tourist-Information, Markt 3, ✉ 01662, ℘ (03521) 4 19 40, service@touristinfo-meissen.de, Fax (03521) 419419.
Berlin 194 ① – Dresden 23 ② – Chemnitz 61 ④ – Leipzig 85 ⑤

Stadtplan siehe nächste Seite

Mercure Grand Hotel, Hafenstr. 27, ✉ 01662, ℘ (03521) 7 22 50, h1699@accor -hotels.com, Fax (03521) 722904, 🍽, Massage, 📶, 🐎 – 📶, ⇔ Zim, TV ☎ P – 🛁 50. AE ⓘ ⓜ VISA JCB   BX a
Menu à la carte 22/35 – ☐ 13 – **97 Zim** 94 – 104, 4 Suiten.
♦ Schon durch die herrliche Lage an der Elbe gehört diese Türmchen-Villa zu einer der bevorzugten Logis-Adressen der Stadt. Das elegante Interieur trägt seinen Teil dazu bei. Helles, ländlich-elegantes Restaurant mit hohen Jugendstil-Fenstern.

Goldener Löwe, Heinrichplatz 6, ✉ 01662, ℘ (03521) 4 11 10, goldener-loewe@m eissen-hotel.com, Fax (03521) 4111444, 🍽 – 📶, ⇔ Zim, TV ☎ – 🛁 30. AE ⓘ ⓜ VISA
Menu à la carte 18/33,50 – **36 Zim** ☐ 60/90 – 100/150.   ABY t
♦ Im Herzen der Altstadt wurde dieses ehemals einfache Haus aus seinem Dornröschen-schlaf geweckt : Aufeinander abgestimmtes Interieur strahlt heute Eleganz und Stil aus. Restaurant mit schönem englischem Kamin, ansprechenden Wandmalereien und Kron-leuchtern.

Burgkeller, Domplatz 11, ✉ 01662, ℘ (03521) 4 14 00, burgkeller@meissen-hotel. com, Fax (03521) 41404, ≤ Meissen, 🍽, Biergarten – 📶 TV ☎ P – 🛁 90. AE ⓘ ⓜ VISA   AX u
Menu à la carte 14,50/27 – **10 Zim** ☐ 60/75 – 100/150.
♦ Schon das Entrée dieses historischen und gastlichen Hauses betont den Komfort, den das Haus zu bieten hat - fortgesetzt wird dieser in den eleganten Zimmern. Klassisches Restaurant mit schönem Blick über die Stadt und großer Terrasse.

Am Markt-Residenz garni (mit Gästehaus), An der Frauenkirche 1, ✉ 01662, ℘ (03521) 4 15 10, residenz@meissen-hotel.com, Fax (03521) 415151, 🍽 – 📶 TV ☎. AE VISA   AY e
37 Zim ☐ 55/70 – 85/115.
♦ Die zwei Stadthäuser sind Teil der historischen Altstadt. Die Residenz bietet den neu-zeitlicheren Rahmen, das Stammhaus überzeugt mit ebenfalls gut eingerichteten Zimmern.

Andree, Ferdinandstr. 2, ✉ 01662, ℘ (03521) 75 50, info@hotel-andree.de, Fax (03521) 755130, 🍽 – 📶, ⇔ Zim, TV ☎ & P – 🛁 30. AE ⓘ ⓜ VISA   CX m
Menu (geschl. Sonntag) (nur Abendessen) à la carte 14/29 – **86 Zim** ☐ 56/85 – 80/115.
♦ Dieses verkehrsgünstig und trotzdem ruhig in einem Gewerbegebiet gelegene Hotel stellt eine bequeme und gut geführte Übernachtungsadresse dar. Schlicht gestaltetes Restau-rant mit Buffet.

Goldgrund (mit Tagungshaus Waldschlösschen), Goldgrund 14, ✉ 01662, ℘ (03521) 4 79 30, hotelgoldgrund.meissen@t-online.de, Fax (03521) 479344, 🍽 – ⇔ Zim, TV P – 🛁 70. AE ⓘ ⓜ VISA   AZ d
Waldschlösschen : **Menu** à la carte 12/18 – **22 Zim** ☐ 39/40 – 49/78.
♦ Ein steiler Fußweg führt die Gäste zu dem etwas hinter Bäumen versteckten Hotel. Dort warten zeitlose, mit Kirschbaummöbeln eingerichtete Zimmer auf ihre Besucher. Ungefähr 300 m entfernt liegt das schlicht-rustikale Restaurant in einem Waldstück.

Ross, Grossenhainer Str. 9, ✉ 01662, ℘ (03521) 75 10, minotel.ross@s-direktnet.de, Fax (03521) 751999, 🍽, 📶 – 📶, ⇔ Zim, TV ☎ P – 🛁 40. AE ⓘ ⓜ VISA JCB   BY b
Menu à la carte 16/24 – **39 Zim** ☐ 60/80 – 80/120.
♦ Anno 1898 noch Ausspanne mit Hufschmiede für Handelskaufleute : Heute finden Sie hin-ter den historischen Mauern gegenüber des Bahnhofs moderne, gepflegte Zimmer. Gerä-miges, zeitlos gestaltetes Restaurant.

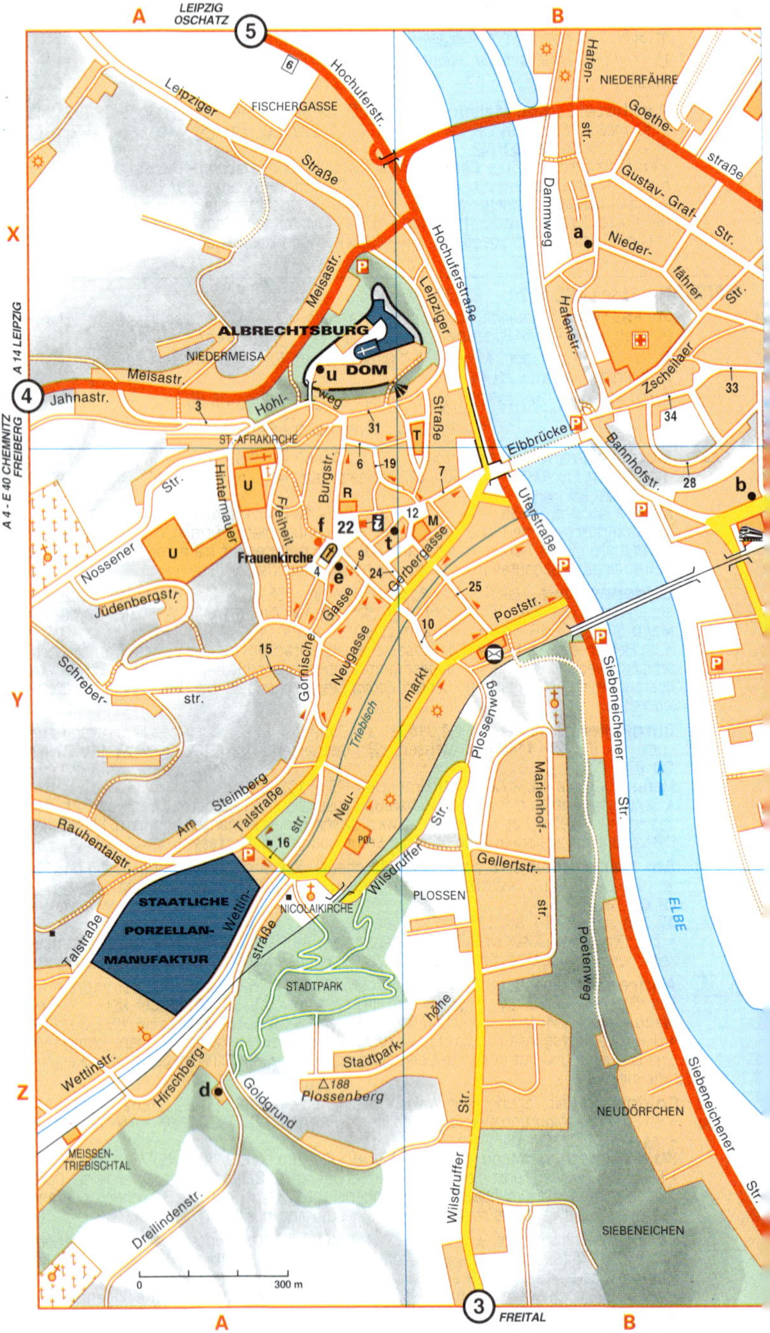
LEIPZIG
OSCHATZ
A
B
X
Y
Z
Hochuferstr.
Leipziger
FISCHERGASSE
Straße
Hafen-
str.
NIEDERFÄHRE
Goethe-
straße
Gustav- Graf-
Str.
Dammweg
Nieder-
fährer
Str.
Hochuferstraße
Meisastr.
ALBRECHTSBURG
DOM
NIEDERMEISA
Meisastr.
Jahnastr.
Hohl-
weg
Hafenstr.
Zscheilaer
Bahnhofstr.
Elbbrücke
ST.-AFRAKIRCHE
Hintermauer
Str.
Burgstr.
Freiheit
Frauenkirche
Gerbergasse
Uferstraße
Nossener
Jüdenbergstr.
Schreber-
str.
Görnische
Gasse
Neugasse
Poststr.
markt
Triebisch
Plossenweg
Siebeneichener
Str.
Marienhof-
str.
Am Steinberg
Talstraße
Rauhentalstr.
Neu-
markt
Wilsdruffer
Str.
Gellertstr.
PLOSSEN
STAATLICHE
PORZELLAN-
MANUFAKTUR
Wettin-
straße
NICOLAIKIRCHE
Talstraße
STADTPARK
Poetenweg
ELBE
Stadtpark-
höhe
Wettinstr.
Hirschberg
Goldgrund
△188
Plossenberg
NEUDÖRFCHEN
Siebeneichener
Str.
MEISSEN-
TRIEBISCHTAL
Dreilindenstr.
Wilsdruffer
Str.
SIEBENEICHEN
0
300 m
FREITAL
A 14 LEIPZIG
A 4 - E 40 CHEMNITZ
FREIBERG

MEISSEN

Am Lommatzscher Tor	**AX**	3
Am Steinberg	**AY**	
An der Frauenkirche	**AY**	4
Baderberg	**AXY**	6
Bahnhofstraße	**BY**	
Bergstraße	**CZ**	
Brauhausstraße	**CY**	
Burgstraße	**AY**	
Dammweg	**BX**	
Dreilindenstr.	**AZ**	
Dresdener Str.	**CYZ**	
Elbbrücke	**BXY**	
Elbstraße	**BY**	7
Fabrikstraße	**CX**	
Fleischergasse	**AY**	9
Freiheit	**AY**	
Gabelstraße	**CZ**	
Gartenstraße	**CX**	
Gellertstraße	**BY**	
Gerbergasse	**BY**	
Görnische Gasse	**AY**	
Goethestraße	**BX**	
Goldgrund	**AZ**	
Großenhainer Str.	**CXY**	
Gustav-Graf-Str.	**BX**	
Hafenstraße	**BX**	
Hahnemannspl.	**BY**	10
Heinrich-Freitäger-Straße	**CX**	
Heinrichsplatz	**BY**	12
Herbert-Böhme-Str.	**CY**	13
Hintermauer	**AY**	
Hirschbergstraße	**AZ**	
Hochuferstraße	**ABX**	
Hohlweg	**AX**	
Jahnastraße	**AX**	
Joachimstal	**CX**	
Jüdenbergstr.	**AY**	
Justusstufen	**AY**	15
Karlberg	**CYZ**	
Kerstingstraße	**AY**	16
Kirchgasse	**CY**	18
Kurt-Hein-Straße	**CY**	
Leipziger Straße	**ABX**	
Loosestraße	**CY**	
Lorenzgasse	**AY**	19
Lutherplatz	**CY**	21
Marienhofstraße	**BY**	
Markt	**AY**	22
Marktgasse	**ABY**	24
Martinstraße	**BY**	25
Meisastraße	**AX**	
Melzerstraße	**CX**	
Moritzburger Platz	**CY**	27
Neugasse	**AY**	
Neumarkt	**AY**	
Niederauer Straße	**CX**	
Niederfährer Str.	**BCX**	
Niederspaarer Str.	**CZ**	
Nossener Str.	**AY**	
Plossenweg	**BY**	
Poetenweg	**BZ**	
Poststraße	**BY**	
Ratsweinberg	**BY**	28
Robert-Koch-Platz	**CY**	30
Rosa-Luxemburg-Str.	**CX**	
Rote Gasse	**CZ**	
Schloßberg	**AX**	31
Schreberstraße	**AY**	
Siebeneichener Str.	**BYZ**	
Stadtparkhöhe	**ABZ**	
Talstraße	**AYZ**	
Teichstraße	**CZ**	
Uferstraße	**BY**	
Vorbrücker Straße	**BCX**	33
Weinberggasse	**BX**	34
Werdermannstr.	**CX**	
Wettinstraße	**AYZ**	
Wildsdruffer Str.	**BYZ**	
Zaschendorfer Str.	**CY**	
Zscheilaer Str.	**BCX**	

MEISSEN

※ **Romantik Restaurant Vincenz Richter,** An der Frauenkirche 12, ✉ 01662,
𝒫 (03521) 45 32 85, *restaurant@vincenz-richter.de*, Fax (03521) 453763, 🍴, (Weinstube in einem historischen Gebäude a.d.J. 1523) – ✁ 🖭 ⓘ ⓜ *VISA*　　　　　　　AY f
geschl. 5. - 28. Jan., Montag – **Menu** *(Tischbestellung ratsam)* à la carte 19/32.
• Der Reiz des Tuchmacherzunfthauses von 1523 überträgt sich unmittelbar. Zahlreiche historische Gerätschaften und Bilder schmücken die urige Gaststube. Mit Innenhofterrasse.

In Weinböhla *Nord-Ost : 11 km über Niederauer Straße* CX :

🏨 **Waldhotel** ⁂, Forststr. 66, ✉ 01689, 𝒫 (035243) 4 10, *waldhotel-weinboehla@t-online.de*, Fax (035243) 41418, 🍴, 🍽, 🌳, ※(Halle) – 🛗 📺 📞 🅿 – 🔔 120. ⓐ ⓘ ⓜ *VISA*
Menu à la carte 17/32,50 – **114 Zim** 🛏 75/95 – 115.
• Schon der Name deutet darauf hin : In ruhiger Lage, umgeben von Wiesen und Bäumen liegt dieses neu gebaute Hotel mit modernen Zimmern. Neuzeitlich gestaltetes Restaurant.

※※ **Laubenhöhe,** Köhlerstr. 77, ✉ 01689, 𝒫 (035243) 3 61 83, *restaurant@laubenhoehe.de*, Fax (035243) 36151, ≤, 🍴 – ⓐ
geschl. Montag – **Menu** à la carte 16/31.
• Die Laubenhöhe hat dank der Besitzerfamilie Krause ihren rustikalen Charakter bewahrt. Nett sitzt man auch auf der Terrasse mit hübschem Kakteengarten und schöner Aussicht.

MELDORF *Schleswig-Holstein* 541 D 11 – *7 200 Ew – Höhe 6 m.*
🛈 *Tourist- und Service-Center, Nordermarkt 10, ✉ 25704, 𝒫 (04832) 9 78 00, meldorf-tourismus@t-online.de, Fax (04832) 978000.*
Berlin 385 – Kiel 93 – Cuxhaven 108 – Flensburg 94 – Hamburg 95 – Neumünster 72.

🏨 **Zur Linde** (mit Gästehaus), Südermarkt 1, ✉ 25704, 𝒫 (04832) 9 59 50, *linde-meldorf@t-online.de*, Fax (04832) 43 12, 🍴 – 📺 – 🔔 100. ⓐ ⓘ ⓜ *VISA*
Menu à la carte 21/37 – **17 Zim** 🛏 50/55 – 70/80.
• Die Vorzüge des kleinen Hotels mit der gepflegten Fassade liegen in der zentralen Lage direkt am Meldorfer Dom, einfachen, aber gepflegten Zimmern und der familiären Führung. Ländliche Gaststube und gediegenes Restaurant.

MELLE *Niedersachsen* 541 J 9 – *48 000 Ew – Höhe 80 m.*
🛈 *Tourist-Information, Rathaus, Markt 22, ✉ 49324, 𝒫 (05422) 96 53 12, tourist@stadt-melle.de, Fax (05422) 965320.*
Berlin 399 – Hannover 115 – Bielefeld 39 – Münster (Westfalen) 80 – Osnabrück 26.

🏨 **Melle,** Wellingholzhausener Str. 7 (an der BAB-Ausfahrt Melle-West), ✉ 49324,
𝒫 (05422) 9 62 40, *info@hotel-melle.de*, Fax (05422) 9624444, 🍴, 🍽 – 🛗, ⁂ Zim,
📺 📞 ♿ 🅿 – 🔔 240. ⓐ ⓘ ⓜ *VISA*
Menu à la carte 19/35,50 – **118 Zim** 🛏 73 – 83.
• Großzügiger Landhausstil erbaute Hotel verbindet Behaglichkeit mit modernem Komfort. Technisch auf dem neuesten Stand und verkehrsgünstig gelegen. Großzügiges Restaurant mit modernem Ambiente.

※※ **Heimathof,** Friedr.-Ludwig-Jahn-Str. 10 (im Erholungszentrum am Grönenberg),
✉ 49324, 𝒫 (05422) 55 61, Fax (05422) 959068, 🍴 – 🅿
geschl. Feb., Montag – **Menu** à la carte 23/37.
• Das in einem Museumsdorf gelegene Restaurant finden Sie in einem urigen Fachwerkhaus aus dem Jahr 1620. Im Inneren erwartet Sie eine gemütlich-rustikale Atmosphäre.

In Melle-Riemsloh *Süd-Ost : 7 km Richtung Herford :*

🏨 **Alt Riemsloh,** Alt-Riemsloh 51, ✉ 49328, 𝒫 (05226) 55 44, *hotelaltriemsloh@aol.com*,
Fax (05226) 1556, 🍴, 🌳 – 📺 📞 ⇌ 🅿 – 🔔 50. ⓜ ⁂
Menu *(geschl. Freitag - Samstag) (nur Abendessen)* à la carte 18/26 – **11 Zim** 🛏 37 –
62.
• Dieser einfache Gasthof in der Ortsmitte ist ein netter kleiner Familienbetrieb. Die Zimmer sind solide eingerichtet, sehr sauber und gepflegt. Bürgerliches Restaurant mit Terrasse.

In Melle - Westerhausen *Nord-West : 6 km Richtung Osnabrück :*

🏨 **Gasthaus Hubertus,** Westerhausener Str. 50, ✉ 49324, 𝒫 (05422) 9 82 90, *gasthaus-hubertus@t-online.de*, Fax (05422) 982929 – ✁ Zim, 📺 📞 ♿ ⇌ 🅿 – 🔔 100. ⓐ
ⓜ *VISA*
Menu *(geschl. Jan. 1 Woche, Juli - Aug. 2 Wochen)* à la carte 14/28 – **27 Zim** 🛏 38/50
– 65/78.
• Ein neuer Klinkeranbau ergänzt das ursprüngliche, ländliche Gasthaus - hier finden Sie moderne Zimmer mit gutem Platzangebot und neuzeitlicher Technik. Eine schlichte Aufmachung in ländlichem Stil kennzeichnet die Räume des Restaurants.

MELLINGHAUSEN Niedersachsen siehe Sulingen.

MELLRICHSTADT Bayern 546 O 14 – 6 500 Ew – Höhe 270 m.
🛈 Stadt- und Touristinformation, Marktplatz 2, ✉ 97638, ✆ (09776) 92 41, aktives .mellrichstadt@t-online.de, Fax (09776) 7342.
Berlin 392 – München 359 – Fulda 57 – Bamberg 89 – Würzburg 91.

Sturm (mit Gästehäusern), Ignaz-Reder-Str. 3, ✉ 97638, ✆ (09776) 8 18 00, info@h otel-sturm.com, Fax (09776) 818040, 🍴, ⇌, 🛋 – |🛗|, ⊁ Zim, 📺 ✆ & 🅿 – 🚗 30. AE ① ⓜ VISA ⊁ Rest
geschl. 3. - 12. Jan. – **Menu** (geschl. Sonntag) à la carte 20,50/34 – **48 Zim** ⇌ 66 – 85.
♦ Teils geschmackvoll und wohnlich im Landhausstil eingerichtet, teils etwas rustikaler sind die Zimmer in diesem am Stadtrand gelegenen Hotel. Modern-ländliches Restaurant mit großen Panoramafenstern.

MELSUNGEN Hessen 543 M 12 – 15 000 Ew – Höhe 182 m – Luftkurort.
Sehenswert : Rathaus★ – Fachwerkhäuser★.
🛈 Tourist-Info, Kasseler Str. 44, ✉ 34212, ✆ (05661) 92 11 00, tourist-info@melsun gen.de, Fax (05661) 921112.
Berlin 407 – Wiesbaden 198 – Kassel 30 – Bad Hersfeld 45.

Sonnenhof garni, Franz-Gleim-Str. 11, ✉ 34212, ✆ (05661) 73 89 99, sonnenhof-m eg@t-online.de, Fax (05661) 925673, |🛗| ⊁ 📺 ✆ 🅿 – 🚗 60. ⓜ VISA
geschl. 22. Dez. - 6. Jan. – **24 Zim** ⇌ 46/85 – 74/100.
♦ Einst war die Villa Wohnsitz des Bürgermeisters, seit 1963 fungiert sie als familienge-führtes Hotel mit behaglichem und gepflegten Zimmern.

Comfort Hotel garni, Am Bürstoß 2a (an der B 253), ✉ 34212, ✆ (05661) 73 91 00, comfortmelsungen@yahoo.de, Fax (05661) 739299 – ⊁ 📺 ✆ & 🅿 – 🚗 40. AE ①
ⓜ VISA
99 Zim ⇌ 66 – 76.
♦ 1995 wurde das Hotel vor den Toren der historischen Altstadt errichtet. Mit moderner und praktischer Einrichtung ist das Haus eine bequeme Übernachtungsadresse.

Frank Schicker-Alte Apotheke, Brückenstr. 5, ✉ 34212, ✆ (05661) 73 81 18, inf o@alte-apotheke-melsungen.de, Fax (05661) 738112, 🍴 – ⊁
geschl. Sonntag – **Menu** (nur Abendessen) 36,50/75 und à la carte, ♀ – **das Bistro** (geschl. Sonntag - Montag)(nur Mittagessen) **Menu** 24/30 und à la carte.
♦ Umgeben vom Charme einer Apothekeneinrichtung mit ihrem Sammelsurium alter Medi-kamentenflaschen serviert man internationale Speisen. Schöne Innenhofterrasse. Im modernen Pavillon : das Bistro mit Designerinterieur in Edelstahl, Chrom und Holz.
Spez. Geräucherte Taubenbrust mit Linsensalat und geröstetem Rosmarin. Kabeljau mit Pommerysenf-Zabaglione und jungem Lauch. Schokoladenravioli mit Pistazienpesto und Tonkabohneneis

MEMMELSDORF Bayern 546 Q 16 – 8 000 Ew – Höhe 285 m.
Berlin 398 – München 240 – Coburg 47 – Bamberg 7.

Brauerei-Gasthof Drei Kronen (mit Gästehaus), Hauptstr. 19, ✉ 96117, ✆ (0951) 94 43 30, reception@drei-kronen.de, Fax (0951) 9443366, 🍴 – ⊁ Zim, 📺 ✆ 🅿 – 🚗 30. AE ⓜ VISA JCB
Menu (geschl. Sonntagabend - Montagmittag) à la carte 13/27 – **27 Zim** ⇌ 52/65 – 79/95.
♦ Mitten im Dorf steht dieser gestandene Gasthof. Mit Liebe zum Detail und Sinn für Farben und Möbel hat die Wirtsfamilie ein gemütliches Hotel geschaffen. Hübsch dekorierte, länd-liche Gaststuben.

MEMMINGEN Bayern 546 W 14 – 41 200 Ew – Höhe 595 m.
Sehenswert : Pfarrkirche St. Martin (Chorgestühl★) Y.
⛳ ⛳ Gut Westerhart (Süd-West : 3 km über Bodenseestr.), ✆ (08331) 7 10 16.
🛈 Stadtinformation, Marktplatz 3, ✉ 87700, ✆ (08331) 85 01 72, info@memmingen.de, Fax (08331) 850178.
Berlin 661 ⑤ – München 114 ② – Kempten (Allgäu) 35 ③ – Augsburg 95 ② – Bregenz 74 ④ – Ulm (Donau) 55 ⑤.

Stadtplan siehe nächste Seite

Falken garni, Roßmarkt 3, ✉ 87700, ✆ (08331) 9 45 10, info@hotel-falken-memmin gen.com, Fax (08331) 9451500 – |🛗| ⊁ 📺 ✆ &, ⇌. AE ① ⓜ VISA   Z v
geschl. Ende Dez. - Anfang Jan., Aug. – **39 Zim** ⇌ 65/85 – 100/110.
♦ Behagliches, rustikales Ambiente verspricht dieses gepflegte Etagenhotel am Roßmarkt und hat viele Reisende zu immer wiederkehrenden Stammgästen gemacht.

933

MEMMINGEN

Am Kuhberg	Y 2
Am Luginsland	Y 3
An der Hohen Wacht	Y 5
An der Kaserne	Z 6
An der Mauer	Z 7
Augsburger Straße	Y 8
Baumstraße	Z 10
Buxheimer Straße	Y 14
Donaustraße	Y 15
Frauenkirchplatz	Z 16
Hallhof	YZ 17
Herrenstraße	YZ 18
Hirschgasse	Z 19
Kalchstraße	Z 20
Königsgraben	YZ 21
Kohlschanzstraße	Y 22
Kramerstraße	Z 23
Kreuzstraße	Z 24
Kuttelgasse	Z 25
Lindauer Straße	Z 26
Lindentorstraße	Z 27
Marktplatz	Y 28
Martin-Luther-Platz	YZ 29
Maximilianstraße	YZ 30
Ratzengraben	Y 34
Roßmarkt	Z 35
Salzstraße	YZ 36
St-Joseph-Kirchplatz	Z 37
Schleiferplatz	Z 39
Schrannenplatz	Z 41
Steinbogenstraße	Z 43
Weberstraße	Z 49
Weinmarkt	Z 50
Westertorplatz	YZ 51
Zangmeisterstraße	Y 52
Zellerbachstraße	Z 53

Parkhotel, Ulmer Str. 7, ✉ 87700, ✆ (08331) 93 20, *parkhotel-memmingen@gmx.de*, Fax (08331) 48439, Biergarten, ≘s – 🛗, ✴ Zim, 📺 📞 – 🏛 25. AE ◎ VISA JCB Y r
Menu à la carte 15/27 – **89 Zim** ⇌ 73/80 – 99/109.
♦ Das Haus liegt im Herzen der Altstadt, mit der angrenzenden Stadthalle verbunden. Man verfügt über praktisch ausgestattete Zimmer. Hotelrestaurant im Brasserie-Stil.

MEMMINGEN

🏨 **Weisses Ross,** Salzstr. 12, ✉ 87700, ✆ (08331) 93 60, info@hotelweissesross.de, Fax (08331) 936150, 🍽 – 📶, ⇌ Zim, TV 📞 ♿ ⬚ 🏛 40. AE ⓪ ⓜⓞ VISA   Y e
Menu à la carte 17/34 – 52 **Zim** ☐ 53/68 – 87/102.
♦ Das gepflegte Gebäude in der Altstadt ist 1590 erstmals urkundlich erwähnt, heute ist es ein zeitgemäßes Hotel. Besonders schön und sehr groß sind die neu gestalteten Zimmer. Der historische Bacchus-Keller bietet einen passenden Rahmen für Feiern.

✕✕ **Weinstube Weber am Bach,** Untere Bachgasse 2, ✉ 87700, ✆ (08331) 24 14, breckel-mm@t-online.de, Fax (08331) 495658, 🍽 – ⓜⓞ VISA   Z c
Menu (Tischbestellung ratsam) 39/52 à la carte 26/45.
♦ Im Herzen der Stadt erwartet Sie dieses geschichtsträchtige Haus, das schon 1320 gastliche Einkehr war und somit als das älteste Weinhaus Memmingens gilt.

In Buxheim über Buxheimer Str. Y : 4,5 km :

🏨 **Weiherhaus** ⌂, Am Weiherhaus 13, ✉ 87740, ✆ (08331) 7 21 23, Fax (08331) 73935, 🍽, TV 🅿 ♿ – ⬚, 🏛
Menu (geschl. 2. - 15. Jan., Montag) à la carte 14/26 – **8 Zim** ☐ 47 – 70.
♦ Schwäbische Gastlichkeit wird in diesem Hotel groß geschrieben. Sie wohnen in netten, mit Möbeln aus warmem Naturholz eingerichteten Zimmern. Hausgemachte Maultaschen nach altem Rezept sind der Klassiker in den gemütlichen Gaststuben.

MENDEN Nordrhein-Westfalen 543 L 7 – 56 900 Ew – Höhe 145 m.
Berlin 488 – Düsseldorf 92 – Arnsberg 33 – Dortmund 34 – Iserlohn 12.

🏨 **Central** garni, Unnaer Str. 33, ✉ 58706, ✆ (02373) 92 84 50, centralmenden@aol.com, Fax (02373) 9284522 – 📶 TV 📞 AE ⓪ ⓜⓞ VISA
geschl. Weihnachten - Neujahr – **16 Zim** ☐ 52/60 – 77.
♦ Zentral in der Mitte des Ortes gelegen, ist das persönlich geführte Hotel garni ideal für den Geschäftsreisenden. Freundliche Zimmer mit hellem Eichenmobiliar.

MENDIG Rheinland-Pfalz 543 O 5 – 8 500 Ew – Höhe 200 m.
Berlin 621 – Mainz 118 – Koblenz 33 – Bonn 58.

🏨 **Hansa,** Laacher-See-Str. 11, ✉ 56743, ✆ (02652) 9 70 80, info@mendighansahotel.de, Fax (02652) 970813, 🍽, ⇌, 🍴 – TV 📞 ♿ ⬚ 🅿 AE ⓪ ⓜⓞ VISA
geschl. 15. Dez. - 1. März – **Menu** (geschl. Donnerstag) à la carte 15/25 – **21 Zim** ☐ 43/55 – 72/80.
♦ Alle Gästezimmer des familiär geführten Hotels sind mit soliden, dunklen Möbeln eingerichtet. Im Untergeschoss lädt eine kleine, gepflegte Sauna zum Entspannen ein. Restaurant mit Blick in den hübschen Garten.

MENGEN Baden-Württemberg 545 V 12 – 9 500 Ew – Höhe 560 m.
Berlin 690 – Stuttgart 116 – Konstanz 73 – Freiburg im Breisgau 138 – Ulm (Donau) 72 – Bregenz 89.

🏨 **Rebstock,** Hauptstr. 93 (B 311), ✉ 88512, ✆ (07572) 7 66 80, rebmengen@t-online .de, Fax (07572) 766837, 🍽 – TV 📞 ♿ AE ⓪ ⓜⓞ VISA
geschl. 24. Dez. - 5. Jan., Mai 2 Wochen – **Menu** (geschl. Montag, Samstagmittag) à la carte 19/37 – **10 Zim** ☐ 43/45 – 70.
♦ Das familiengeführte alte Haus in der Ortsmitte beherbergt hinter seiner schmucken weißgrauen Barock-Fachwerkfassade zeitgemäß gestaltete Gästezimmer. Restaurant in rustikaler Aufmachung mit saisonal geprägter regionaler Küche.

MENGERSKIRCHEN Hessen siehe Weilburg.

MENGKOFEN (KREIS DINGOLFING) Bayern 546 T 21 – 4 700 Ew – Höhe 393 m.
Berlin 556 – München 106 – Regensburg 65 – Dingolfing 10 – Passau 80.

🏨 **Zur Post,** Hauptstr. 20, ✉ 84152, ✆ (08733) 9 22 70, info@hotel-zur-post-mengkof en.de, Fax (08733) 9227170, 🍽, ⇌ – 📶, ⇌ Zim, TV 📞 🅿 – 🏛 80. AE ⓜⓞ VISA
Menu (geschl. Jan. 1 Woche) (Montag - Freitag nur Abendessen) à la carte 26/39 – **30 Zim** ☐ 65/75 – 98.
♦ Das historische Gasthaus, einst Posthalterei, in dem schon Napoleon und Sissi einkehrten, wurde 1995 neu eröffnet. Man nächtigt in modernen Zimmern mit ansprechendem Stil. Designer-Stühle und moderne Kunst zieren das Restaurant.

---

*Bei verspäteter Anreise, nach 18 Uhr, ist es sicherer,
Ihre Zimmerreservierung zu bestätigen.*

935

MEPPEN Niedersachsen 543 H 5 – 35 000 Ew – Höhe 20 m.

 Gut Düneburg, (Nord-West : 14 km), ℘ (05932) 7 27 40.
 Tourist Information, Markt 4, ⌧ 49716, ℘ (05931) 15 32 79, tim@stadt.meppen.de, Fax (05931) 153330.
Berlin 504 – Hannover 240 – Nordhorn 43 – Bremen 129 – Groningen 96 – Osnabrück 85.

Poeker (mit Gästehäusern), Herzog-Arenbergstr. 15, ⌧ 49716, ℘ (05931) 49 10, info@hotel-poeker.de, Fax (05931) 491100, 佘, ଲ – 賞, ✯ Zim, TV ✆ P – 🅰 60. AE ① ⓶ VISA JCB
Menu à la carte 17/29 – **56 Zim** ≌ 45/60 – 75/85.
 • Fragen Sie bei Ihrer Reservierung nach einem der neueren Zimmer im Landhausstil. Diese hat man wohnlich mit Kirsch- oder Naturholzmöbeln eingerichtet.

Altstadt Hotel garni, Nicolaus-Augustin-Str. 3, ⌧ 49716, ℘ (05931) 9 32 00, Fax (05931) 932041 – 賞, TV P. ⓶ VISA
15 Zim ≌ 43/53 – 70/75.
 • Am Rande der Altstadt steht das 1993 erbaute Hotel mit moderner Klinkerfassade. Es wird von der Inhaberin charmant geführt und verfügt über ansprechende Zimmer.

Parkhotel ⑤, Lilienstr. 21 (nahe der Freilichtbühne), ⌧ 49716, ℘ (05931) 9 79 00, info@parkhotel-meppen.de, Fax (05931) 979050, 佘 – 賞 TV P – 🅰 90. AE ① ⓶ VISA JCB
Menu (geschl. 1. - 14. Jan., Sonntag) (nur Abendessen) à la carte 16/27 – **25 Zim** ≌ 45/48 – 75.
 • Ganz in der Nähe der Freilichtbühne liegt am Wald dieses familiengeführte Hotel. Es verfügt über teils modernisierte, individuell eingerichtete Zimmer. Unterteiltes, rustikales Restaurant mit kleinem Kaminzimmer.

Schmidt ⑤, Markt 17, ⌧ 49716, ℘ (05931) 9 81 00, info@hotel-schmidt-meppen.de, Fax (05931) 981010, 佘 – 賞, ✯ Zim, TV AE ① ⓶ VISA
Menu à la carte 16/30 – **18 Zim** ≌ 40/48 – 75/85.
 • Eingegliedert in eine Häuserzeile, fügt sich das schmale Klinkerhaus gut in die Fußgängerzone ein. Man bietet gut gepflegte Zimmer - besonders hübsch : die Fürstensuite. Restaurant mit gemütlichen Nischen.

MERCHING Bayern siehe Mering.

MERGENTHEIM, BAD Baden-Württemberg 545 R 13 – 22 000 Ew – Höhe 210 m – Heilbad.
Ausflugsziel : Stuppach : Pfarrkirche (Stuppacher Madonna★★ von Grünewald) Süd : 6 km.
 Igersheim, Erlenbachtal 36, ℘ (07931) 56 11 09.
 Kultur- und Verkehrsamt, Marktplatz 3, ⌧ 97980, ℘ (07931) 5 71 31, tourismus@bad-mergentheim.de, Fax (07931) 57300.
Berlin 539 – Stuttgart 117 – Würzburg 46 – Ansbach 78 – Heilbronn 75.

Victoria, Poststr. 2, ⌧ 97980, ℘ (07931) 59 30, hotel-victoria@t-online.de, Fax (07931) 593500, 佘, Massage, ≘s – 賞, ✯ Zim, TV ✆ ⇔ P – 🅰 75. AE ① ⓶ VISA JCB, ※ Rest
geschl. Mitte Dez. - Mitte Jan. – **Menu** siehe Rest. **Zirbelstube** separat erwähnt – **Vinothek** : Menu à la carte 23/38, ♀ – **78 Zim** ≌ 78/93 – 99, 3 Suiten – ½ P 24.
 • Geschmackvolle Möbel, edle Stoffe und luxuriöse Marmorbäder geben den Zimmern und Suiten des komfortablen Hotels eine persönliche Note. Die Vinothek ist im Stil eines kleinen Marktplatzes gestaltet - mit offener Showküche. Nette Terrasse !

Bundschu, Cronbergstr. 15, ⌧ 97980, ℘ (07931) 93 30, info@hotel-bundschu.de, Fax (07931) 933633, 佘, ଲ – TV ✆ P – 🅰 20. AE ① ⓶ VISA
Menu (geschl. Montag) à la carte 22,50/44 – **50 Zim** ≌ 56/76 – 78/100 – ½ P 19.
 • Das von Familie Bundschu geführte Hotel liegt ruhig inmitten eines Wohngebiets. Man bietet mit zeitgemäßem Komfort ausgestattete Gästezimmer. Restaurant mit mediterranem Flair und Gartenterrasse.

Alte Münze garni, Münzgasse 12, ⌧ 97980, ℘ (07931) 95 80, Fax (07931) 958222 – 賞 TV ⇔ VISA
32 Zim ≌ 45 – 80.
 • Direkt am Deutschordensschloss befindet sich das 1993 neu erbaute Hotel. Hinter seiner rosafarbenen Fassade wohnen Sie in freundlich eingerichteten Zimmern.

Zirbelstube - Hotel Victoria, Poststr. 2, ⌧ 97980, ℘ (07931) 59 36 07, Fax (07931) 593500 – ⇔, AE ① ⓶ VISA JCB, ※
geschl. Jan. - Mitte Feb., Mitte Juli - Ende Aug., Sonn- und Feiertage – **Menu** (nur Abendessen) 70 à la carte 46/65, ♀.
 • Mit dunklem Zirbelholz raumhoch vertäfelte Wände, ein alter Kachelofen, schöne Gemälde und aufwändig eingedeckte Tische bestimmen das elegante Ambiente des Restaurants.
Spez. Kalbskopf-Cannelloni mit Perlgraupen und Koriander. Gratinierte fränkische Flusskrebse. In Barolo pochiertes Filet und geschmortes Bäckchen vom Weideochsen

MERGENTHEIM, BAD

In Bad Mergentheim-Edelfingen *Nord-West : 4 km über B 290 Richtung Tauberbischofsheim :*

Edelfinger Hof, Landstr. 12 (B 290), ⌧ 97980, ℘ (07931) 95 80, *mail@edelfinger-hof.de*, Fax (07931) 958222, 斎 – 劇 TV ℡ P – 益 80. ⓄⒾ 𝒱𝐼𝒮𝒜
Menu à la carte 16/27 – **47 Zim** ⊇ 51/65 – 80/95.

• Der neu errichtete Landgasthof liegt am Ortsrand. Im Inneren überzeugen moderne und geräumige Gästezimmer mit den Annehmlichkeiten der heutigen Zeit. Rustikales Restaurant mit großem Kachelofen.

In Bad Mergentheim-Markelsheim *Süd-Ost : 6 km über B 19 Richtung Rothenburg – Erholungsort :*

Weinstube Lochner, Hauptstr. 39, ⌧ 97980, ℘ (07931) 93 90, *weinstube-lochner@t-online.de*, Fax (07931) 939193, 斎, 畲, – 劇 TV ℡ P – 益 35. ⓄⒾ 𝒱𝐼𝒮𝒜
Menu (geschl. Montag) à la carte 15/29,50 – **55 Zim** ⊇ 46/56 – 72/95 – ½ P 15.

• An einem netten Dorfplatz gelegen, bietet diese solide, ländliche Unterkunft unterschiedliche eingerichtete und sehr gepflegte Zimmer. Zinnaccessoires und geschnitzte Bilder sorgen in der Gaststube für rustikale Gemütlichkeit.

Gästehaus Birgit ♨ garni, Scheuerntorstr. 25, ⌧ 97980, ℘ (07931) 9 09 00, *gaestehaus.birgit@t-online.de*, Fax (07931) 909040, 畲, 輌 – 灬 TV ℡ P – 益 20. 𝒱𝐼𝒮𝒜. 桜
15 Zim ⊇ 37 – 60.

• Umgeben von einem gepflegten Garten, strahlt das Hotel etwas Privates aus. Helle, mit frischen bunten Farben ausgestattete Zimmer.

Schurk, Hauptstr. 57, ⌧ 97980, ℘ (07931) 21 32, *weinstubeschurk@aol.com*, Fax (07931) 46600, 斎 – 灬 P. ⓄⒾ 𝒱𝐼𝒮𝒜
geschl. Feb. 2 Wochen, Mittwoch – **Menu** *(wochentags nur Abendessen)* à la carte 15/25.

• Erfreuen Sie sich an der gemütlich-rustikalen Atmosphäre dieser Gaststube. Im Sommer sitzt man schön in der mit Teakholzmöbeln bestückten Weinlaube.

In Bad Mergentheim-Neunkirchen *Süd : 2 km über B 290 Richtung Crailsheim :*

Landgasthof Rummler ♨ (mit Gästehaus), Althäuser Str. 18, ⌧ 97980, ℘ (07931) 48 29 10, *info@landgasthof-rummler.de*, Fax (07931) 4829140, Biergarten, 輌 – TV ⇌ P. ⒶⒺ ⓄⒾ 𝒱𝐼𝒮𝒜. 桜 Zim
geschl. 23. Dez. - 5. Jan., Ende Aug. - Anfang Sept. – **Menu** *(geschl. Montag - Dienstagmittag)* à la carte 17/30 – **9 Zim** ⊇ 38 – 69 – ½ P 12.

• Seit über 90 Jahren schätzen Besucher diesen Landgasthof. Die Zimmer im Gästehaus sind gepflegt, mit hellen Naturholzmöbeln eingerichtet und bieten einfachen Komfort. Ländliche Gaststuben und lauschiger Biergarten.

MERING Bayern 𝟧𝟦𝟨 V 16 – 9 100 Ew – Höhe 526 m.

🝜 Tegernbach, Kapellenweg 1 (Ost : 7 km), ℘ (08202) 90 32 65.
Berlin 576 – München 53 – Augsburg 17 – Landsberg am Lech 29.

In Merching-Steinach *Süd-Ost : 6 km, über B 2 Richtung München :*

Landgasthof Huber, Münchnerstr. 9 (B 2), ⌧ 86504, ℘ (08202) 82 51, *reservierung@landhotel-gasthof-huber.de*, Fax (08202) 903533, Biergarten, 畲 – TV P. 桜 Zim
Menu *(geschl. Jan. 3 Wochen, Donnerstag)* à la carte 9,50/19 – **16 Zim** ⊇ 36/40 – 57/67.

• Der familiengeführte Gasthof mit eigenem landwirtschaftlichen Betrieb beherbergt in seinem Hotelanbau wohnliche, solide möblierte Zimmer. Einfachere Zimmer im Haupthaus. Nette Gaststube mit ländlich-rustikalem Charakter.

Dominikus Hof garni, Kapellenweg 1, ⌧ 86504, ℘ (08202) 9 60 90, Fax (08202) 960940, 輌 – 灬 TV P
19 Zim ⊇ 35/45 – 60/65.

• Hier können Sie Landfluft schnuppern. Denn : Neben der netten Pension bewirtschaftet die Familie auch noch einen Bauernhof mit Pferden und Schweinen.

MERKLINGEN Baden-Württemberg 𝟧𝟦𝟨 U 13 – 1 600 Ew – Höhe 699 m.
Berlin 629 – Stuttgart 73 – Reutlingen 53 – Ulm (Donau) 26.

Ochsen, Hauptstr. 12, ⌧ 89188, ℘ (07337) 9 61 80, *ochsen-merklingen@t-online.de*, Fax (07337) 9618200, 斎, 輌 – 灬 Zim, TV ⇌ P. ⒶⒺ ⓄⒾ 𝒱𝐼𝒮𝒜
geschl. Mitte - Ende Juni, Mitte - Ende Nov. – **Menu** *(geschl. Sonntag - Montagmittag)* à la carte 14/26 – **18 Zim** ⊇ 55/65 – 83/110.

• Die Wurzeln des Gasthofs und seiner Besitzerfamilie gehen bis zum Jahre 1823 zurück. Besonders schön und geschmackvoll sind die Zimmer in der zweiten Etage. Bürgerliche Gaststube mit gemütlichem Kachelofen.

MERKLINGEN

In Berghülen Süd : 8 km, über Machtholsheim :

Ochsen, Blaubeurer Str. 14, ⊠ 89180, ℰ (07344) 9 60 90, info@ochsen-berghuelen.de, Fax (07344) 960960, ⇔, 🔲, 🐎 – 🍽, ⥅ Zim, TV 🛏 P – ⚐ 25. AE ⓂⓄ VISA ⨯
Menu (geschl. Montag) à la carte 12,50/24 – **41 Zim** ⊃ 31/40 – 55.
◆ Unweit der A 8 ist der Gasthof für Urlauber auf dem Weg in den Süden oder auch für Geschäftsreisende eine ideale Adresse. Besonders empfehlenswert sind die Zimmer im Anbau. Rustikale Gaststuben mit freundlichem Service.

MERSEBURG Sachsen-Anhalt 542 L 19 – 37 500 Ew – Höhe 86 m.

Sehenswert : Dom★★ (Kanzel★, Bronzegrabplatte★ König Rudolfs).

🛈 Merseburg-Information, Burgstr. 5, ⊠ 06217, ℰ (03461) 21 41 70, Fax (03461) 214177.

Berlin 189 – Magdeburg 104 – *Leipzig* 27 – Halle (Saale) 16 – Weimar 79.

Radisson SAS, Oberaltenburg 4, ⊠ 06217, ℰ (03461) 4 52 00, reservations.merseburg@radissonsas.com, Fax (03461) 452100, ⥂, ⇔ – 🍽, ⥅ Zim, 🖥 TV 📞 🛏 P – ⚐ 120. AE ⓄⓂⓄ VISA JCB
Menu à la carte 20/35 – ⊃ 12 – **134 Zim** 75 – 99, 4 Suiten.
◆ Das Zech'sche Palais, ein ehrwürdiges Barockgebäude, wurde in den 90er Jahren komplett renoviert, erweitert und zu einem komfortablen Hotel umgebaut. Modernes, zur Halle hin offenes Restaurant.

Stadt Merseburg, Christianenstr. 25, ⊠ 06217, ℰ (03461) 35 00, info@qualityhotel-merseburg.de, Fax (03461) 350100, ⥂, ⇔ – 🔲 – 🍽, ⥅ Zim, TV 📞 ♿ 🛏 P – ⚐ 50.
AE Ⓞ ⓂⓄ VISA
Menu à la carte 14/23 – ⊃ 11 – **74 Zim** 90 – 105, 3 Suiten.
◆ Am Rande der Innenstadt steht dieses neu erbaute Hotel, dessen komfortable, mit moderner Technik ausgestatteten Zimmer auch Geschäftsreisende schätzen. Modernes Restaurant mit Wintergarten.

C'est la vie garni, König-Heinrich-Str. 47, ⊠ 06217, ℰ (03461) 20 44 20, Fax (03461) 204444 – TV P
geschl. 23. - 31. Dez – **8 Zim** ⊃ 45/50 – 65/70.
◆ Gepflegt gibt sich die persönlich geführte Pension, die wegen ihrer fairen Preise für Touristen interessant ist. Morgens erwartet Sie ein appetitliches Frühstücksbuffet.

MERTESDORF Rheinland-Pfalz siehe Trier.

MERZENICH Nordrhein-Westfalen 543 N 3 – 9 400 Ew – Höhe 54 m.

Berlin 608 – Düsseldorf 69 – *Aachen* 37 – Düren 6 – Köln 37.

Fuhs-Schöne Aussicht, Schöne Aussicht 18 (B 264), ⊠ 52399, ℰ (02421) 7 36 35, Fax (02421) 75689, ⥂ – P
geschl. Ende Okt. 2 Wochen, Dienstag – **Menu** (wochentags nur Abendessen) (Tischbestellung ratsam) 23/45 à la carte 29/41.
◆ Ein familiengeführtes rustikales Restaurant mit hübscher Blumendeko und gutem Couvert. Gekocht wird international mit mediterranem Akzent. Schöne Terrasse hinter dem Haus.

MERZIG Saarland 543 R 3 – 31 000 Ew – Höhe 174 m.

🛈 Tourist-Info, Poststr. 12, ⊠ 66663, ℰ (06861) 7 21 20, tourist@merzig.de, Fax (06861) 839679.

Berlin 746 – *Saarbrücken* 47 – Luxembourg 56 – Saarlouis 21 – Trier 49.

Roemer, Schankstr. 2, ⊠ 66663, ℰ (06861) 9 33 90, info@roemer-merzig.de, Fax (06861) 933930, Biergarten – 🍽, ⥅ Zim, TV 📞 🛏 P – ⚐ 80.
ⓂⓄ VISA
Menu (geschl. Samstagmittag) à la carte 21/36 – **42 Zim** ⊃ 53/58 – 78/88.
◆ Hier verbinden sich Historie und Moderne auf harmonische Art und Weise. Schon 1871 als Stadthotel erbaut, verfügt das Haus heute über zeitgemäßen Komfort. Stilvolles Restaurant mit gemütlichem Ambiente.

Merll-Rieff, Schankstr. 27, ⊠ 66663, ℰ (06861) 93 95 20, Fax (06861) 9395226 – TV
P, AE Ⓞ ⓂⓄ VISA
Menu (geschl. Mittwoch, Sonntagabend) à la carte 15/34 – **14 Zim** ⊃ 40/50 – 55/75.
◆ Im Herzen der Stadt an der unteren Saar finden Sie eine schlichte und praktisch gestaltete Übernachtungsadresse unter familiärer Leitung. Rustikales Restaurant.

MESCHEDE Nordrhein-Westfalen 543 L 8 – 34 500 Ew – Höhe 262 m.

🛈 Touristikinformation, Franz-Stahlmecke-Platz 2, ✉ 59872, ℘ (0291) 20 52 77, touristik@meschede.de, Fax (0291) 205135.

Berlin 481 – Düsseldorf 150 – Arnsberg 19 – Brilon 22 – Lippstadt 43 – Siegen 97.

🏨 **Hennedamm**, Am Stadtpark 6, ✉ 59872, ℘ (0291) 9 96 00, info@hennedamm-hotel.de, Fax (0291) 996060, 🍽, 😐, 🔲, 🏊, – 🛗, 🖂 Zim, 📺 📞 🅿 – 🔔 30. 🆎 ⓘ ⓜ 💳. 🍽
geschl. 20. Dez. - 6. Jan. - **Menu** à la carte 17/39 – **34 Zim** 🛏 48/75 – 77/100.
♦ Schön gelegenes Haus, umgeben von Bäumen und unweit vom Ufer des Hennesees. Ende der 90er Jahre renoviert und durch einen Neubau ergänzt, bietet es zeitgemäßen Komfort. Rustikales Restaurant und heller Wintergarten.

🍴🍴 **Von Korff** mit Zim, Le-Puy-Str. 19, ✉ 59872, ℘ (0291) 9 91 40, info@hotelvonkorff.de, Fax (0291) 991424, 🍽 – 🖂 Zim, 📺 📞 🅿 – 🔔 30. 🆎 ⓘ ⓜ 💳
Menu à la carte 18/33 – **6 Zim** 🛏 55/80 – 115.
♦ Hans-Georg von Korff empfängt seine Gäste in seinem hell und elegant gestalteten Restaurant. Wein-Genießer können bei ihm erlesene Bordeaux-Kostbarkeiten entdecken.

In Meschede-Freienohl Nord-West : 10 km, über A 46, Abfahrt Meschede-Wennemen :

🏨 **Luckai**, Christine-Koch-Str. 11, ✉ 59872, ℘ (02903) 9 75 20, info@hotel-luckai.de, Fax (02903) 975252, 🍽 – 🖂 Zim, 📺 📞 ⇌ 🅿 – 🔔 40. 🆎 ⓜ 💳. 🍽 Rest
Menu (geschl. Mittwoch) à la carte 17/34 – **13 Zim** 🛏 44/50 – 74/79.
♦ Unweit der Autobahnausfahrt steht in einer Wohngegend dieses Hotel. Die Zimmer sind größtenteils mit schönen Landhausmöbeln eingerichtet. Teils modern, teils rustikal gestaltetes Restaurant mit Terrasse.

In Meschede-Grevenstein Süd-West : 13,5 km, über Arnsberger Straße, Calle, in Berge Richtung Visbeck, dann links ab : – Wintersport : 450/600 m ≰1 :

🏨 **Gasthof Becker** 🐕, Burgstr. 9, ✉ 59872, ℘ (02934) 9 60 10, klaus.vogtland@t-online.de, Fax (02934) 1606, 🍽 – 📺 📞 🅿 – 🔔 20. 🆎 ⓘ ⓜ 💳
à la carte 18,50/36 – **8 Zim** 🛏 51 – 71.
♦ Dieser Gasthof wirkt durch das gut erhaltene Fachwerk und die Schieferbedachung gemütlich einladend. Auch die hübsch hergerichteten Zimmer stehen dem in nichts nach. Schwere, alte Eichenbalken zieren das rustikale Restaurant.

In Meschede-Olpe West : 9 km, über A 46, Abfahrt Meschede-Wennemen :

🏨 **Landgasthof Hütter**, Freienohler Str. 31, ✉ 59872, ℘ (02903) 96 00, hotellandgasthofhuetter@t-online.de, Fax (02903) 960111, 🍽, 🏊 – 🖂 Zim, 📺 📞 ⇌ 🅿 ⓜ 💳
Menu à la carte 17,50/35 – **12 Zim** 🛏 44 – 79.
♦ Seit fast 200 Jahren wird dieses Haus von der Besitzerfamilie geführt. Sie wohnen in hübschen, mit dunklen Eichenholzmöbeln ausgestatteten Zimmern. Schöne Gartenterrasse mit Teichlandschaft.

Die in diesem Führer angegebenen Preise folgen
der Entwicklung der allgemeinen Lebenshaltungskosten.
Lassen Sie sich bei der Zimmerreservierung den endgültigen
Preis vom Hotelier mitteilen.

MESEKENHAGEN Mecklenburg-Vorpommern siehe Greifswald.

MESPELBRUNN Bayern 546 Q 11 – 2 500 Ew – Höhe 269 m – Erholungsort.

🛈 Fremdenverkehrsverein, Hauptstr. 164, ✉ 63875, ℘ (06092) 3 19, info.mespelbrunn@t-online.de, Fax (06092) 5537.

Berlin 561 – München 342 – Würzburg 62 – Aschaffenburg 16.

🏨 **Schloss-Hotel** 🐕, Schlossallee 25, ✉ 63875, ℘ (06092) 60 80, info@schlosshotel-mespelbrunn.de, Fax (06092) 608100, 🍽, 😐 – 🛗 📺 🅿 – 🔔 50. 🆎 ⓜ 💳
Menu à la carte 13/29 – **40 Zim** 🛏 60/65 – 85/145.
♦ In einer ruhigen Nebenstraße erwartet Sie das liebevoll restaurierte Fachwerkhaus aus dem Jahre 1910 mit individuell, meist rustikal eingerichteten Zimmern. Das Restaurant wurde berühmt als das "Wirtshaus im Spessart".

🏨 **Zum Engel**, Hauptstr. 268, ✉ 63875, ℘ (06092) 9 73 80, hotelzumengel@aol.com, Fax (06092) 973839, 🍽, 😐, 🏊 – 🛗 📺 🅿 – 🔔 20. ⓜ 💳. 🍽 Zim
Menu (geschl. Nov. - April Montag) à la carte 13/32 – **23 Zim** 🛏 50/53 – 84/94 – ½ P 11.
♦ Neuzeitliche, wohnliche Zimmer begrüßen Sie in diesem modernisierten, familiengeführten Gasthof - einige davon sind recht ruhig zu einem schönen großen Garten hin gelegen. Ländliche Gaststube mit grünem Kachelofen.

MESSKIRCH Baden-Württemberg **545** W 11 – 8 700 Ew – Höhe 605 m.

🛈 Tourist-Information, Schloßstr. 1, ✉ 88605, ℰ (07575) 2 06 46, info@messkirch.de, Fax (07575) 4732.

Berlin 708 – Stuttgart 118 – Konstanz 55 – Freiburg im Breisgau 119 – Ulm (Donau) 91.

In Messkirch-Menningen Nord-Ost : 5 km, über B 311 :

Zum Adler Leitishofen, Leitishofen 35 (B 311), ✉ 88605, ℰ (07575) 31 57, gast hof-adler-leitishofen@t-online.de, Fax (07575) 4756, 🍽, 🌳, – 📺 ⇔ 🅿 ⊕ 🚗 geschl. Anfang - Mitte Jan. – **Menu** (geschl. Dienstag) à la carte 16/30 – **15 Zim** ⚏ 39/45 – 60/70.

• Verkehrsgünstig gelegen, bietet dieser Gasthof seinen Besuchern eine gepflegte Unterkunft. Die praktischen Zimmer wirken dank bunter Stoffaccessoires freundlich und hell. Zeitgemäße, rustikale Gaststuben.

MESSSTETTEN Baden-Württemberg **545** V 10 – 10 500 Ew – Höhe 907 m.

Berlin 736 – Stuttgart 91 – Konstanz 88 – Albstadt 8 – Sigmaringen 35 – Villingen-Schwenningen 65.

Schwane, Hauptstr. 11, ✉ 72469, ℰ (07431) 9 49 40, hotel-schwane@t-online.de, Fax (07431) 949494, 🍽, – 🛗 📺 🅿 – 🚗 40. 🅰🅴 ⓘ ⊕ 🆅🅸🆂🅰
Menu (geschl. Samstagmittag) 20 (mittags) à la carte 25/34 – **23 Zim** ⚏ 51/64 – 82.

• Besonders Geschäftsreisende schätzen diesen renovierten Gasthof, in dem man eine gelungene Symbiose aus Tradition und schlichter Moderne geschaffen hat. Sachlich mit hellem Holz zeitgemäß eingerichtetes Restaurant.

In Messstetten-Hartheim Süd-West : 3 km, über Hauptstraße :

Lammstuben, Römerstr. 2, ✉ 72469, ℰ (07579) 6 21, Fax (07579) 2460 – 🅿 ⊕ 🆅🅸🆂🅰
geschl. 10. - 24. Feb., 3. - 24. Aug., Dienstag - Mittwochmittag – **Menu** à la carte 18/32.

• Ein Ort voller Charme und Charakter : Die drei Gaststuben sind liebe- und stilvoll gestaltet mit Kachelofen, teils bemalten Holzdecken und aufwändig verkleideten Wänden.

METELEN Nordrhein-Westfalen **543** J 5 – 6 100 Ew – Höhe 58 m.

🛈 Touristinformation, Sendplatz 18, Rathaus, ✉ 48629, ℰ (02556) 89 22, Fax (02556) 8944.

Berlin 497 – Düsseldorf 136 – Nordhorn 46 – Enschede 30 – Münster (Westfalen) 42 – Osnabrück 69.

Pfefferkörnchen, Viehtor 2, ✉ 48629, ℰ (02556) 13 99, 🌳, – 🅿 🅰🅴 ⓘ ⊕ 🆅🅸🆂🅰
geschl. Anfang Jan. 1 Woche, Dienstag – **Menu** (wochentags nur Abendessen) (Tischbestellung ratsam) à la carte 27/38.

• Hinter der ehrwürdigen Fassade des Gasthofs bereitet der Patron eine internationale Küche. Der Stil des Lokals kombiniert den eines englischen Pubs mit Jugendstilelementen.

METTINGEN Nordrhein-Westfalen **543** J 7 – 10 000 Ew – Höhe 90 m.

Berlin 450 – Düsseldorf 185 – Nordhorn 63 – Bielefeld 71 – Bremen 132 – Enschede 75 – Osnabrück 21.

Romantik Hotel Telsemeyer 🍸, Markt 6, ✉ 49497, ℰ (05452) 91 10, telseme yer@romantikhotels.com, Fax (05452) 911121, 🍽, 🎱 – 🛗, ⇔ Zim, 📺 📞 ⇔ 🚗 – 🚗 80. 🅰🅴 ⓘ ⊕ 🆅🅸🆂🅰, 🍽 Rest
Menu à la carte 21/43 – **50 Zim** ⚏ 63/95 – 90/145.

• Man empfängt Sie mit einer eleganten Entrée - ein Stil, der sich auch in den individuellen Zimmern fortsetzt. Auch noch einige einfachere, ältere Räume sind vorhanden. Freundliches Restaurant mit Innenhofterrasse.

METTLACH Saarland **543** R 3 – 12 700 Ew – Höhe 165 m.

Ausflugsziel : Cloef ≤★★, West : 7 km.

🛈 Saarschleife Touristik, Freiherr-vom-Stein-Str. 64, ✉ 66693, ℰ (06864) 83 34, tou rist@mettlach.de, Fax (06864) 8329.

Berlin 754 – Saarbrücken 55 – Trier 43 – Saarlouis 29.

Saarpark, Bahnhofstr. 31 (B 51), ✉ 66693, ℰ (06864) 92 00, info@hotel-saarpark.de, Fax (06864) 920299, 🍽, 🎱, ⛲ – 🛗, ⇔ Zim, 📺 📞 ⇔ 🚗 🅿 – 🚗 140. 🅰🅴 ⊕ 🆅🅸🆂🅰
Menu à la carte 18/36, 50 – **50 Zim** ⚏ 70/110 – 113/118, 5 Suiten.

• Tagungsgäste, Durchreisende wie auch Urlauber schätzen die wohnlich und neuzeitlich eingerichteten Zimmer sowie den Allergikerzimmer. Pastellfarben und Rattanmöbel geben dem Restaurant einen mediterranen Touch.

METTLACH

- **Zum Schwan** (mit Gästehaus), Freiherr-vom-Stein-Str. 34, ✉ 66693, ✆ (06864) 9 11 60, info@hotel-schwan-mettlach.de, Fax (06864) 911618, 🍽 – 📶 TV 📞 🅿 ⬛ VISA *geschl. 15. Jan. - 15. Feb.* - **Menu** *(geschl. Nov. - März Sonntagabend)* à la carte 15/27 – **21 Zim** ⚏ 55/65 – 80/90.
  ♦ Am Anfang der Fußgängerzone steht dieses persönlich geführte kleine Hotel. Ein gepflegtes Haus mit solide eingerichteten Zimmern, die auch über moderne Bäder verfügen. Ein Restaurant im bürgerlich-rustikalen Stil mit legerer Atmosphäre.

- **Haus Schons** garni, von-Boch-Liebig-Str. 1, ✉ 66693, ✆ (06864) 12 14, info@hotel-haus-schons.de, Fax (06864) 7557 – TV 🅿 **9 Zim** ⚏ 40/50 – 65.
  ♦ Direkt an der Saarbrücke liegt dieses Haus, das mit einer privaten und persönlichen Umgebung gefällt - eine saubere, gepflegte Unterkunft zu fairen Preisen.

In Mettlach-Orscholz *Nord-West : 6 km, über Keuchingen, im Wald links ab* – *Luftkurort*

- **Zur Saarschleife** (mit Gästehaus), Cloefstr. 44, ✉ 66693, ✆ (06865) 17 90, info@hotel-saarschleife.de, Fax (06865) 17930, 🍽, Biergarten, ≘s, 🏊, 🐎, 🎾 – 📶, ⇌ Zim, TV 🔧 ⬛ 🅿 – 🔔 60. ⬛ ⬛ ⬛ VISA *geschl. Feb. 3 Wochen* - **Menu** *(geschl. Feb. 2 Wochen, Nov. - März Montag)* à la carte 28/42 – **49 Zim** ⚏ 50/64 – 108.
  ♦ In der Mitte des Dorfes an der Straße nach Nennig finden Reisende hier ein tadellos geführtes Hotel. Besonders nett : Die Landhauszimmer im Gästehaus. Rustikales, gemütliches Ambiente im Restaurant.

METTMANN Nordrhein-Westfalen 5️⃣4️⃣3️⃣ M 4 – *40 000 Ew* – *Höhe 131 m*.
Mettmann, Obschwarzbach 4a (Nord-Ost : 6 km), ✆ (02058) 9 22 40.
Berlin 540 – Düsseldorf 12 – Essen 33 – Wuppertal 16.

- **Comfort Hotel** garni, Schwarzbachstr. 22, ✉ 40822, ✆ (02104) 9 27 20, rezeption @comfort-hotel-mettmann.de, Fax (02104) 927252 – 📶 ⇌ TV 🔧 ⬛ ⬛ ⬛ VISA **47 Zim** ⚏ 72 – 92.
  ♦ Nur fünf Minuten Fußweg von der Altstadt entfernt, ist in einem modernen Stadthaus dieses Etagenhotel mit praktischen Zimmern untergebracht.

An der B 7 *West : 3 km :*

- **Gut Höhne** ⚜, Düsseldorfer Str. 253, ✉ 40822 Mettmann, ✆ (02104) 77 80, info @guthoehne.de, Fax (02104) 778778, 🍽, ⚘, Massage, 🛁, ≘s, 🏊, 🏊, 🐎, 🎾 – 📶 ⇌ TV 🔧 ⬛ 🅿 – 🔔 120. ⬛ ⬛ ⬛ VISA **Gutshofrestaurant : Menu** à la carte 26/41 – **Tenne** *(wochentags nur Abendessen)* **Menu** à la carte 28/48 – **137 Zim** ⚏ 90/105 – 150/185.
  ♦ 1760 als Feldbrandziegeln und Eichenfachwerk erbautes Gut. Mit viel Aufwand wird es unterhalten und gepflegt und besticht durch üppige Dekorationen. Große Badelandschaft. Rustikales Gutshofrestaurant mit Sitznischen. Zentrum der Tenne ist eine große Theke.

METTNAU (Halbinsel) *Baden-Württemberg siehe Radolfzell.*

METZINGEN Baden-Württemberg 5️⃣4️⃣5️⃣ U 11 – *20 000 Ew* – *Höhe 350 m*.
Berlin 673 – Stuttgart 34 – Reutlingen 8 – Ulm (Donau) 79.

- **Schwanen**, Bei der Martinskirche 10, ✉ 72555, ✆ (07123) 94 60, info@schwanen-metzingen.de, Fax (07123) 946100, Biergarten – 📶 ⇌ Zim, TV 🔧 ⬛ – 🔔 70. ⬛ ⬛ ⬛ VISA **Menu** à la carte 23/38 – **64 Zim** ⚏ 80/100 – 102/130.
  ♦ Ein gut geführtes, bodenständiges Haus in der Ortsmitte, gleich neben der Kirche. Manche Zimmer überraschen mit supermodernem und edlem Designer-Mobiliar. Hübsch dekoriertes, gemütlich-rustikales Restaurant.

In Metzingen-Glems *Süd : 4 km, über B 28 Richtung Bad Urach, in Neuhausen rechts ab :*

- **Stausee-Hotel** ⚜, Unterer Hof 3 (am Stausee, West : 1,5 km), ✉ 72555, ✆ (07123) 9 23 60, info@stausee-hotel.de, Fax (07123) 923663, ≤ Stausee und Schwäbische Alb, 🍽 – 📶 TV 🔧 ⬛ 🅿 – 🔔 40. ⬛ ⬛ ⬛ VISA **Menu** *(geschl. Sonntagabend - Montag)* à la carte 19/34 – **21 Zim** ⚏ 55/70 – 95/110.
  ♦ Am Fuße der Schwäbischen Alb und direkt an das Ufer des Glemser Stausees gebaut, besticht das Haus durch eine gepflegte und frisch wirkende Innenausstattung. Neu gestaltetes Restaurant mit schöner Sicht zum See und auf die Alb.

- **Waldhorn**, Neuhauser Str. 32, ✉ 72555, ✆ (07123) 9 63 50, info@gasthof-waldhorn-metzingen.de, Fax (07123) 963511 – ⬛ 🅿 ⬛ VISA ⇌ Zim *geschl. Feb. 1 Woche, Aug. 3 Wochen* – **Menu** *(geschl. Dienstag)* à la carte 15/32,50 – **8 Zim** ⚏ 47 – 78.
  ♦ Die Zimmer dieses traditionsreichen Familiengasthofs auf der Schwäbischen Alb sind wohnlich, teils neuzeitlich gestaltet, sehr gepflegt und sauber. Ländliche Wirtshausstuben.

METZINGEN

In Grafenberg *Nord-Ost : 5 km, über B 313 Richtung Nürtingen :*

※ **Gasthaus Krone**, Bergstr. 48, ✉ 72661, ℰ (07123) 3 13 03, *Fax (07123) 32491*, 森 – ℗.
geschl. Feb. 1 Woche, Juli - Aug. 3 Wochen, Montag – **Menu** *à la carte 14/28.*
♦ Der Gasthof ist ein Familienbetrieb, in dem der Rahmen bewusst einfach gehalten wurde. Auf der Karte findet sich Bodenständiges aus der bürgerlich-regionalen Küche.

MEUSELBACH-SCHWARZMÜHLE *Thüringen* 544 O 17 – *1 800 Ew – Höhe 550 m.*
Berlin 320 – Erfurt *57 – Coburg 55 – Suhl 61.*

Im Ortsteil Schwarzmühle :

🏨 **Waldfrieden,** Mellenbacher Str. 2, ✉ 98746, ℰ (036705) 6 10 00, *post@thueringenhotels.de, Fax (036705) 61013*, 森, 🛏, 🏊 – ⇔ Zim, 📺 ℗ – 🔒 30. AE ⓜ VISA JCB. 🌿 Rest
Menu *(Montag - Freitag nur Abendessen)* à la carte 15/30 – **20 Zim** ⊇ 45/55 – 65/85.
♦ Etwas erhöht am Hang gelegen, steht dieses 1903 im Thüringer Landhausstil erbaute Hotel mit wohnlich und funktionell ausgestatteten Zimmern. Mehrfach unterteilte, holzvertäfelte Gaststuben mit ansprechender Dekoration.

MEUSELWITZ *Thüringen* 544 M 20 – *10 500 Ew – Höhe 197 m.*
Berlin 218 - Erfurt 96 - Gera 31 - Zwickau 46.

🏨 **Zur Börse,** Friedrich-Naumann-Str. 1, ✉ 04610, ℰ (03448) 80 31, *Fax (03448) 8032*, 森 – 📺 ℗. AE ⓜ VISA
geschl. 14. Juli - 3. Aug. – **Menu** *(geschl. Sonntagabend - Montagmittag)* à la carte 11/17 – **10 Zim** ⊇ 36/41 – 51/62.
♦ In der Ortsmitte, gleich beim Marktplatz, finden Reisende hier eine solide und gepflegte Übernachtungsmöglichkeit. Das Haus wird von der Wirtsfamilie persönlich geführt. Ländliche Gaststuben mit preiswertem Angebot.

MICHELAU *Bayern siehe Lichtenfels.*

MICHELSTADT *Hessen* 543 Q 11 – *19 500 Ew – Höhe 208 m.*
Sehenswert *: Rathaus★.*
Ausflugsziel *: Jagdschloss Eulbach : Park★ Ost : 9 km.*
🏌 Vielbrunn, Ohrnbachtalstr. 7 (Nord-Ost : 14 km), ℰ (06066) 2 58.
🛈 Tourist-Information, Marktplatz 1, ✉ 64720, ℰ (06061) 7 41 46, *Fax (06061) 706147*.
Berlin 592 – Wiesbaden 92 – Mannheim *66 – Aschaffenburg 51 – Darmstadt 47 – Würzburg 99.*

🏨 **Drei Hasen,** Braunstr. 5, ✉ 64720, ℰ (06061) 7 10 17, *Fax (06061) 72596*, Biergarten – 📺 ℗ – 🔒 15. AE ⓜ VISA JCB. 🌿 Zim
geschl. 1. - 20. Jan., 20. - 27. Juli – **Menu** *(geschl. Montag)* à la carte 14/29 – **21 Zim** ⊇ 49 – 82.
♦ Das gut geführte Haus liegt ganz in der Nähe des historischen Marktplatzes und blickt auf eine jahrhundertelange Tradition zurück. Wohnliche und gepflegte Zimmer. Rustikale Gaststuben mit reicher Dekoration.

🏨 **Mark Michelstadt** garni, Friedrich-Ebert-Str. 83, ✉ 64720, ℰ (06061) 7 00 40, *Fax (06061) 12269* – 📶 ⇔ 📺 ℗. AE ⓞ ⓜ VISA
51 Zim ⊇ 55/65 – 85.
♦ Verkehrsgünstig an der Kreuzung der B45 und B47 gelegen, verfügt das Haus über praktische Gästezimmer, die zeitgemäßen Komfort bieten.

In Michelstadt-Vielbrunn *Nord-Ost : 13,5 km, über B 47 Richtung Walldürn –* Luftkurort *:*

🏨 **Talblick** garni, Ohrnbachtalstr. 61, ✉ 64720, ℰ (06066) 2 15, *info@hotel-talblick.de, Fax (06066) 1673*, 🛎 – 📺 ℗. ⓜ VISA. 🌿
geschl. Nov. – **14 Zim** ⊇ 30/45 – 52/75.
♦ Eine bekannte Adresse am Ort : das Haus beherbergt neben einem Hotel mit gepflegten, wohnlichen Zimmern auch noch ein Café mit leckeren Kuchen und Torten.

※※ **Geiersmühle** 🐾 mit Zim, Im Ohrnbachtal (Ost : 2 km), ✉ 64720, ℰ (06066) 7 21, *geiersmuehle@t-online.de, Fax (06066) 920126*, 森, 🛏, 🏊 – 📺 ℗.
geschl. Feb. 2 Wochen, Nov. 3 Wochen – **Menu** *(geschl. Montag - Dienstag) (Mittwoch - Freitag nur Abendessen)* à la carte 27/38,50 – **8 Zim** ⊇ 50 – 80 – ½ P 20.
♦ In der Geiersmühle wird Gästen ein heimeliger Rahmen mit Kachelofen und Hirnholzparkett geboten. Die Wirtin leitet charmant den Service, der Junior waltet am Küchenherd.

In Michelstadt - Weiten-Gesäß *Nord-Ost : 6 km, über Stadtring und Im Fürstenauer Forst – Luftkurort :*

🏨 **Berghof** 🍴, Dorfstr. 106, ✉ 64720, 𝒫 (06061) 37 01, *Fax (06061) 73508*, ≤, 🌳, 🚗
– 📺 🍴 🅿 – 🛋 20. AE ⓘ ⓜ VISA
geschl. Mitte Feb. - Mitte März – **Menu** *(geschl. Dienstag)* à la carte 18,50/39,50 – **16 Zim** ☑ 40/55 – 70.
♦ Abseits der Hauptstraße liegt ruhig das Hotel Berghof mit großzügig geschnittenen, tadellos gepflegten Zimmern und persönlicher Führung. Ländliche Gaststuben mit Aussichtsterrasse.

MIDDELHAGEN *Mecklenburg-Vorpommern siehe Rügen (Insel).*

MIESBACH *Bayern* 𝟓𝟒𝟔 **W 19** – *10 300 Ew – Höhe 686 m.*
Berlin 644 – München 56 – Garmisch-Partenkirchen 77 – Salzburg 101 – Bad Tölz 23 – Rosenheim 29.

🏨 **Bayerischer Hof**, Oskar-von-Miller-Str. 2, ✉ 83714, 𝒫 (08025) 28 80, *info@bayerischerhof-online.de, Fax (08025) 288288*, 🌳, Biergarten – 📶, 🔒 Zim, 📺 🍴 🅿 – 🛋 260. AE ⓘ ⓜ VISA JCB
Menu à la carte 25/37 – **134 Zim** ☑ 130 – 170.
♦ Tagungsgäste und Urlauber schätzen das 1992 im bayerischen Landhausstil erbaute Hotel gleichermaßen. Wohnliche, komfortable Zimmer, teils mit stilvollem Mobiliar. Das Ambiente im Restaurant : teils hell und mediterran, teils rustikal.

MIESITZ *Thüringen siehe Triptis.*

MILTENBERG *Bayern* 𝟓𝟒𝟔 **Q 11** – *9 700 Ew – Höhe 127 m.*
Sehenswert *: Marktplatz★.*
🍴 *Eichenbühl-Guggenberg, Ortstraße (Süd-Ost : 15 km)*, 𝒫 (09378) 7 89.
🛈 *Tourist Information, Rathaus, Engelplatz 69, ✉ 63897, 𝒫 (09371) 40 41 19, tourismus@miltenberg.de, Fax (09371) 404105.*
Berlin 566 – München 347 – Würzburg 69 – Aschaffenburg 44 – Heidelberg 78 – Heilbronn 84.

🏨 **Brauerei Keller**, Hauptstr. 66, ✉ 63897, 𝒫 (09371) 50 80, *brauerei-keller@t-online.de, Fax (09371) 508100* – 📶 📺 🍴 🚗 – 🛋 60. ⓜ VISA
Menu *(geschl. Jan. 1 Woche, Montag)* à la carte 18/33,50 – **32 Zim** ☑ 56/58 – 87.
♦ Im Herzen der mittelalterlichen Stadt steht der gepflegte Gasthof a. d. J. 1590 mit Zimmern, die teils mit Kirsch-, teils mit Eichenholzmöbeln gut eingerichtet sind. Großer gastronomischer Bereich, teils rustikal, teils bürgerlich gestaltet.

🏨 **Hopfengarten**, Ankergasse 16, ✉ 63897, 𝒫 (09371) 9 73 70, *info@flairhotel-hopfengarten.de, Fax (09371) 69758*, 🌳 – 🔒 Zim, 📺. ⓜ VISA
Menu *(geschl. Jan. 2 Wochen, Nov. 2 Wochen, Dienstag - Mittwochmittag)* à la carte 19,50/31 – **14 Zim** ☑ 37/52 – 74/84.
♦ Reisende, die im Zentrum von Miltenberg eine praktische Übernachtungsadresse suchen, werden diesen persönlich geführten Gasthof schätzen.

MINDELHEIM *Bayern* 𝟓𝟒𝟔 **V 15** – *14 200 Ew – Höhe 600 m.*
🛈 *Verkehrsbüro, Maximilianstr. 27, ✉ 87719, 𝒫 (08261) 73 73 00, verkehrsbuero@mindelheim.de, Fax (08261) 737929.*
Berlin 614 – München 86 – Augsburg 69 – Kempten (Allgäu) 69 – Memmingen 28 – Ulm (Donau) 66.

🏨 **Alte Post**, Maximilianstr. 39, ✉ 87719, 𝒫 (08261) 76 07 60, *info@hotel-alte-post.de, Fax (08261) 7607676*, 🌳, 🍴 – 📶, 🔒 Zim, 📺 🚗 🅿 – 🛋 30. AE ⓜ VISA
Menu à la carte 17/35 – **42 Zim** ☑ 56/58 – 62/72.
♦ Nach umfangreicher Sanierung und Renovierung wurde das Gasthaus mit seiner 380-jährigen Geschichte 1998 neu eröffnet. Es überrascht mit modernen und komfortablen Zimmern. Schönes, klassisches Restaurant mit Parkett, Biedermeiersofas und dunklen Polsterstühlen.

🏨 **Stern**, Frundsbergstr. 17, ✉ 87719, 𝒫 (08261) 50 55, *order@hotel-stern.org, Fax (08261) 1803*, 🌳 – 📺 🚗 🅿 – 🛋 60. ⓜ VISA
Menu *(geschl. Aug., Samstag, Sonntagabend)* à la carte 14/24 – **55 Zim** ☑ 40/50 – 68.
♦ Durch Anbauten immer wieder erweiterter Gasthof. Man beherbergt seine Gäste in ländlich eingerichteten Zimmern, die mit gepflegten Bädern ausgestattet sind. Unterteilte, rustikale Gaststuben.

MINDELHEIM

Weberhaus, Mühlgasse 1 (1. Etage), ✉ 87719, ℘ (08261) 36 35, Fax (08261) 21534, 🍴 – AE ◎ VISA
geschl. Dienstag – **Menu** à la carte 25/33 – **Weberstube** (geschl. Dienstag) **Menu** à la carte 16/30.
♦ Romantisch schmiegt sich das historische und mit Blumen geschmückte Gasthaus an das Ufer der Mindel. Helles Holz und nette Dekorationen im Restaurant in der ersten Etage. Die holzvertäfelte Weberstube empfängt Sie mit ländlich-rustikalem Ambiente.

MINDEN Nordrhein-Westfalen 543 J 10 – 85 700 Ew – Höhe 46 m.
Sehenswert : *Dom*★ (*Westwerk*★★, *Domschatzkammer*★ *mit Bronze-Kruzifix*★★) T – *Schachtschleuse*★★ R – *Wasserstraßenkreuz*★ R.
🛈 Tourist-Information, Domstr. 2, ✉ 32423, ℘ (0571) 8 29 06 59, info@mindenmarketing.de, Fax (0571) 8290663.
ADAC, Königstr. 105.
Berlin 353 ② – Düsseldorf 220 ② – *Bielefeld* 54 ② – Bremen 100 ① – Hannover 72 ② – Osnabrück 81 ③

MINDEN

Bierpohlweg	R	
Bleichstraße	R	3
Brühlstraße	R	5
Flußstraße	R	
Friedrich-Wilhelm-Straße	RS	6
Fuldastraße	R	7
Goebenstraße	R	12
Gustav-Heinemann-Brücke	R	
Hafenstraße	R	
Hardenbergstraße	S	
Hausberger Straße	S	
Hermannstraße	S	13
Johansenstraße	R	
Kaiserstraße	S	
Karolingerring	R	17
Kutenhauser Straße	R	
Marienstraße	R	
Portastraße	S	
Ringstraße	RS	
Rodenbecker Straße	S	18
Ruhrstraße	R	19
Saarring	R	
Simeonsglacis	S	21
Steinstraße	R	
Stiftsallee	R	
Stiftstraße	R	
Sympherstraße	R	23
Viktoriastraße	S	25
Wittekindallee	S	

Holiday Inn, Lindenstr. 52, ✉ 32423, ℘ (0571) 8 70 60, reservation@himinden.com, Fax (0571) 8706160, 🍴, 🖃, – 🛗, 🐾 Zim, 🍽 Rest, 📺 ✆ ♿ 🅿 – 🔔 75. AE ◎ ◎ VISA
U e
Menu à la carte 19/31 – 🍽 14 – **101 Zim** 103/115 – 115/130.
♦ Im Herzen der Stadt liegt das bekannte Kettenhotel. Besonders Geschäftsreisende bevorzugen diese komfortable und elegant angehauchte Adresse.

944

MINDEN

Bäckerstraße	**T**
Domstraße	**U** 2
Fischerallee	**T** 4
Goebenstraße	**T** 12
Greisenbruchstraße	**T** 13
Hahler Straße	**T**
Hohestr.	**U** 14
Hufschmiede	**T** 15
Kaiserstraße	**T** 17
Kampstraße	**T**
Kleiner Domhof	**T** 18
Markt	**TU**
Obermarktstraße	**U**
Opferstraße	**U** 23
Papenmarkt	**U** 24
Poststraße	**U** 25
Scharn	**T**
Simeonstraße	**U** 27
Tonhallenstraße	**U** 28
Umradstraße	**U** 29
Vinckestraße	**U** 30

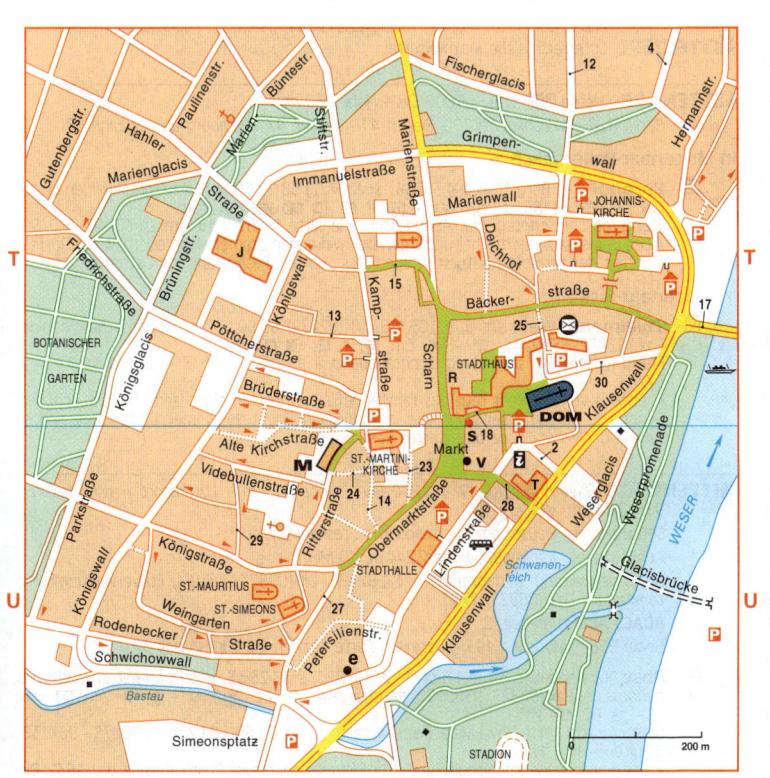

Victoria, Markt 11, ✉ 32423, ☏ (0571) 97 31 00, info@victoriahotel-minden.de, Fax (0571) 9731090 – 📶, ⟷ Zim, 📺 ☎ 🚗 – 🔔 100. AE ⓘ ⓜⓞ VISA. ⊗ Rest
Menu *(geschl. Sonntagabend)* à la carte 23,50/33,50 – **32 Zim** ⊇ 90/115 – 115/155.   **U v**
♦ Ein moderner, kultivierter Einrichtungsstil und guter Komfort begleiten den Gast vom Empfangsbereich bis in die Zimmer dieses in der Innenstadt gelegenen Hauses. Gepflegte Tischkultur und klassisches Ambiente im Restaurant.

Bad Minden, Portastr. 36, ✉ 32429, ☏ (0571) 9 56 33 00, hotel@badminden.de, Fax (0571) 9563369, Biergarten, Massage, 🛁, 🏊, 🏋 – ⟷ Zim, 📺 ☎ 🅿 – 🔔 100. AE ⓘ ⓜⓞ VISA. ⊗ Zim   **S m**
Menu *(geschl. Samstagmittag)* à la carte 16/41 – **30 Zim** ⊇ 59/74 – 69/116.
♦ Am Rande der Innenstadt gelegen, ist dieses persönlich geführte Hotel mit den solide und funktionell ausgestatteten Zimmern besonders bei Tagungsgästen beliebt. Hell und freundlich - mit mediterraner Note - zeigt sich das bistroähnliche Restaurant.

Altes Gasthaus Grotehof, Wettinerallee 14, ✉ 32429, ☏ (0571) 5 04 50, info@grotehof.de, Fax (0571) 5045150, 🌳, 🛁, 🏋 – 📶, ⟷ Zim, 📺 ☎ 🅿 – 🔔 40. AE ⓘ ⓜⓞ VISA
über ③, Südring rechts ab
Menu *(nur Abendessen)* à la carte 21/45 – **34 Zim** ⊇ 62/86 – 86/110.
♦ Aus dem ehemaligen Bauernhof - an einem Zufluss der Weser gelegen - wurde ein stilvolles, rustikal-elegantes Haus. Reservieren Sie eines der Zimmer im Neubau! Holzbalken und Backsteinwände geben dem Restaurant ein rustikales Gepräge.

MINDEN

Ristorante La Scala, Markt 6, ✉ 32423, ℘ (0571) 8 29 20 00, 🍴 – ⓂⓄ 𝕍𝕀𝕊𝔸   TU s
geschl. Dienstag - **Menu** *(italienische Küche)* à la carte 21/32.
• Eine Passage führt zu diesem im Hinterhof eines älteren Stadthauses gelegenen Restaurant. Charmant serviert die Signora Spezialitäten ihrer italienischen Heimat.

MITTELBERG *Österreich siehe Kleinwalsertal.*

MITTENAAR *Hessen* 543 *N 9 – 5 000 Ew – Höhe 230 m.*
Berlin 526 – Wiesbaden 126 – Siegen 41 – Gießen 47 – Limburg an der Lahn 58.

In Mittenaar-Ballersbach :

Berghof, Bergstr. 4, ✉ 35756, ℘ (02772) 58 22 50, info@berghof-mittenaar.de, Fax (02772) 64186, ≤, 🍴, ≘s – 📺 🅿 🄰🄴 ⓄⒹ ⓂⓄ 𝕍𝕀𝕊𝔸. ✻ Rest
Menu *(geschl. Sonntag) (nur Abendessen)* à la carte 16/32 – **15 Zim** ⊂⊃ 38/40 – 70/80.
• Das kleine Haus mit den hell und freundlich wirkenden Zimmern liegt oberhalb des Dorfes, inmitten des reizvollen Naturschutzgebietes "Hörre". Restaurant mit Gartenterrasse.

In Mittenaar-Bicken :

Thielmann, Wiesenstr. 5, ✉ 35756, ℘ (02772) 65 90 20, info@hotel-thielmann.de, Fax (02772) 6590244, 🍴 – ✄ Zim, 📺 🅿 🄰🄴 ⓄⒹ ⓂⓄ 𝕍𝕀𝕊𝔸
Menu *(geschl. Samstagmittag, Sonntagabend)* à la carte 17/30, ⓎⓎ – **18 Zim** ⊂⊃ 40/54 – 57/87.
• Abseits vom Verkehr liegt das familiengeführte Hotel in einer landschaftlich schönen Gegend. Es verfügt über wohnliche, individuell eingerichtete Zimmer. Gediegenes, in Hessen- und Walliser-Stube unterteiltes Restaurant.

MITTENWALD *Bayern* 546 *X 17 – 8 200 Ew – Höhe 913 m – Luftkurort – Wintersport : 913/2 244 m ≰ 1 ≰ 7 ≰.*
Sehenswert : *Häuser am Obermarkt mit Freskenmalerei*★★.
Ausflugsziel : *Karwendel, Höhe 2 244 m, 10 Min. mit ≰, ≤* ★★.
🄱 Kurverwaltung, Dammkarstr. 3, ✉ 82481, ℘ (08823) 3 39 81, kurverwaltung@mittenwald.de, Fax (08823) 2701.
ADAC, Am Brunnstein 2.
Berlin 698 – München 103 – Garmisch-Partenkirchen 23 – Innsbruck 37.

Post, Karwendelstr. 14, ✉ 82481, ℘ (08823) 9 38 23 33, posthotel-mittenwald@onlinehome.de, Fax (08823) 9382999, 🍴, Massage, ⓕ, ≘s, 🏊, ✄ – 🛗, ✄ Zim, 📺 🚗 🅿 – 🖍 60. ⓂⓄ
Menu *(geschl. Mitte Nov. - Mitte Dez.)* à la carte 12,50/31,50 – **81 Zim** ⊂⊃ 50/75 – 96/136, 6 Suiten – ½ P 17.
• Der gewachsene alpenländische Gasthof ist eine ehemalige Posthalterei a. d. J. 1632. Die Zimmer sind mit soliden Naturholzmöbeln wohnlich eingerichtet. Unterteilter Restaurantbereich im ländlich-rustikalen Stil.

Rieger, Dekan-Karl-Platz 28, ✉ 82481, ℘ (08823) 9 25 00, info@hotel-rieger.de, Fax (08823) 9250250, ≤, 🍴, ≘s, 🏊, ✄ – ✄ Rest, 📺 🚗 🅿 🄰🄴 ⓂⓄ 𝕍𝕀𝕊𝔸
geschl. Ende Okt. - Mitte Dez. – **Menu** à la carte 19/33,50 – **45 Zim** ⊂⊃ 49/64 – 77/95 – ½ P 12.
• Eine zentral im Ortskern gelegenes Haus, im regionstypischen Stil erbaut. Hübsche, ländlich eingerichtete Zimmer, die teils über Balkone verfügen. Elegante Rustikalität prägt das Ambiente der beiden Restauranträume.

Alpengasthof Gröbl-Alm, Gröblalm (Nord : 2 km), ✉ 82481, ℘ (08823) 91 10, groeblalm@t-online.de, Fax (08823) 2921, ≤ Mittenwald und Karwendel, 🍴, ≘s, ✄ – 🛗 📺 🚗 🅿
geschl. Nov. - 20. Dez., 18. - 29. April – **Menu** *(geschl. Montag)* à la carte 14,50/28,50 – **31 Zim** ⊂⊃ 41/52 – 62/87.
• In schöner Hanglage oberhalb von Mittenwald steht dieser typisch bayerische Berggasthof. Ruhige Lage und wohnliche Zimmer zählen zu den Annehmlichkeiten. Ländliche Gasträume und große Sonnenterrasse.

Alpenrose, Obermarkt 1, ✉ 82481, ℘ (08823) 9 27 00, Fax (08823) 3720, ≘s – 📺 🚗 🅿 🄰🄴 ⓄⒹ ⓂⓄ 𝕍𝕀𝕊𝔸 🄹🄲🄱
Menu à la carte 13/30 – **17 Zim** ⊂⊃ 44/60 – 85 – ½ P 9.
• Die für Mittenwald typische Barockfassade mit Lüftlmalerei wirkt schon von außen sehr einladend. In manchen der gepflegten Zimmer stehen bemalte Bauernmöbel. Urig-rustikales Restaurant im Stil einer bayerischen Gaststube.

MITTENWALD

- **Pension Hofmann** garni (mit Gästehaus), Partenkirchner Str. 25, ⊠ 82481, ℘ (08823) 9 23 40, hofmann-pension@t-online.de, Fax (08823) 923440, 🚗 – 📺 🛏 🅿.
  🍴. ⊗
  geschl. Nov. - 20. Dez. – **12 Zim** ⊇ 36/39 – 66/74.
  ◆ Urlauber schätzen die ungezwungene Atmosphäre und die gepflegten Zimmer dieser einfachen Pension. In wenigen Minuten erreicht man von hier aus den Ortskern.

- **Arnspitze**, Innsbrucker Str. 68, ⊠ 82481, ℘ (08823) 24 25, Fax (08823) 2450, 🌳 – 🅿 🅰
  geschl. 15. April - 5. Mai, 27. Okt. - 18. Dez., Dienstag - Mittwochmittag – **Menu** 21,50/36 à la carte 25/36.
  ◆ Dunkles Holzmobiliar und hübsch gedeckte Tische erwarten Sie in dem Restaurant am südlichen Ortsende. Auf der Karte findet sich ein internationales Angebot.

Am Lautersee Süd-West über Leutascher Straße : 3 km (Zufahrt nur für Hotelgäste) :

- **Lautersee** 🛏, ⊠ 82481 Mittenwald, ℘ (08823) 10 17, info@hotel-lautersee.de, Fax (08823) 5246, ≤ See und Karwendel, 🌳, 🐎, 🚗 – ⇔ Zim, 📺 🅿
  geschl. nach Ostern 3 Wochen, 3. Nov. - 20. Dez. – **Menu** à la carte 16/32 – **9 Zim** ⊇ 40/75 – 92/108 – ½ P 18.
  ◆ Ruhe, idyllische Lage und wohnliche Zimmer im Landhausstil erwarten Sie in dem Hotel direkt am See, das nur mit einer Sondergenehmigung für PKWs erreichbar ist. Solides Restaurant im ländlich-rustikalen Stil und schöne Terrasse.

MITTERTEICH Bayern 🗺 Q 20 – 7 500 Ew – Höhe 518 m.
Berlin 371 – München 238 – Weiden in der Oberpfalz 35 – Bayreuth 67 – Hof 61.

- **Miratel**, Gottlieb-Daimler-Str. 6 (Süd-West : 1 km, nahe der BAB-Ausfahrt Mitterteich-Süd), ⊠ 95666, ℘ (09633) 9 23 20, info@hotel-miratel.de, Fax (09633) 923111, 🌳 – 📶, ⇔ Zim, 🍴 Rest, 📺 🎧 🅿 – 🔔 60. 🅰 🍴 🅥
  Menu à la carte 13/24 – **38 Zim** ⊇ 41 – 68.
  ◆ Direkt an der BAB 93 an einem Autohof gelegen, garantiert das moderne Hotel den Gästen einen gepflegten Standard zu einem guten Preis-Leistungs-Verhältnis. Restaurant mit 24-Stunden-Service.

MITTWEIDA Sachsen 🗺 N 22 – 17 500 Ew – Höhe 250 m.
🛈 Mittweida-Information, Rochlitzer Str. 3, ⊠ 09648, ℘ (03727) 96 73 50, fremdenverkehrsamt@mittweida.de, Fax (03727) 967185.
Berlin 244 – Dresden 58 – Chemnitz 21 – Gera 87 – Leipzig 76.

In Mittweida-Lauenhain Nord-West : 3 km Richtung Talsperre :

- **Waldhaus Lauenhain** 🛏, An der Talsperre 10 (Ost : 3 km), ⊠ 09648, ℘ (03727) 62 61 90, info@waldhaus-lauenhain.de, Fax (03727) 6261941, 🌳, 🍴 – ⇔ Zim, 📺 🅿 – 🔔 40. 🍴 🅥
  Menu (geschl. Nov. - April Mittwochmittag) à la carte 12/20,50 – **24 Zim** ⊇ 45/50 – 60/70. ·
  ◆ Das in einem Waldstück an der Zschopautalsperre gelegene Hotel ist seit über 70 Jahren in Familienhand! Im Anbau stehen helle, gepflegte Zimmer bereit. Rustikal gestaltetes Restaurant.

MITWITZ Bayern 🗺 P 17 – 3 000 Ew – Höhe 313 m.
Berlin 360 – München 285 – Coburg 23 – Bayreuth 47 – Bamberg 57 – Hof 65.

- **Wasserschloss**, Ludwig-Freiherr-von-Würtzburg-Str. 14, ⊠ 96268, ℘ (09266) 96 70, hotel-wasserschloss@t-online.de, Fax (09266) 8751, 🌳, 🍴 – 📶, ⇔ Zim, 📺 🅿 – 🔔 100. 🍴 🅥
  geschl. Jan. 2 Wochen – **Menu** (geschl. Montag) à la carte 12/25 – **39 Zim** ⊇ 37/41 – 64.
  ◆ Den Namen hat der rustikale Gasthof von dem gegenüberliegenden historischen Wasserschloss aus dem 13. Jh. Es erwarten Sie solide Zimmer und ein schöner Saunabereich. Das Restaurant : verschiedene rustikale Gaststuben und ein Wintergarten.

In Mitwitz-Bächlein Nord-Ost : 4 km, über Neundorf, in Neundorf rechts ab auf Waldstraße :

- **Waldhotel Bächlein** 🛏, ⊠ 96268, ℘ (09266) 96 00, info@waldhotel-baechlein.de, Fax (09266) 96060, 🌳, 🍴, 🏊, 🚗 – ⇔ 📺 🅿 – 🔔 100. 🍴 🅥
  Menu à la carte 18/31 – **70 Zim** ⊇ 48/64 – 77/87.
  ◆ Mitten im Dorf, in einem Naturschutzgebiet gelegenes Hotel. Besonders zu empfehlen sind die Zimmer im kleinen Gästehaus und im Haupthaus. Regionales serviert man in der gemütlichen Gaststube.

MÖCKMÜHL Baden-Württemberg ⁴⁰⁶ S 12 – 7 000 Ew – Höhe 179 m.
Berlin 582 – Stuttgart 77 – *Würzburg* 85 – Heilbronn 35.

In Möckmühl-Korb Nord-Ost : 6 km, über Roigheimer Straße und Korberstraße :

Krone, Widderner Str. 2, ✉ 74219, ℘ (06298) 9 24 90, Fax (06298) 924949, 😀 – 📺 🅿 ⓜⓔ 💳
Menu *(geschl. Mittwoch)* à la carte 13/30,50 – **12 Zim** ⇆ 37 – 54.
● Mit seiner schmucken, mit Ochsenblut gefärbten Fassade fällt der Gasthof sofort ins Auge. Hier beherbergt man hübsche, teils mit Fachwerk versehene Zimmer. Einfach und rustikal ist die Einrichtung in den zwei behaglichen Gaststuben.

In Roigheim *Nord : 6 km :*

Hägele, Gartenstr. 6, ✉ 74255, ℘ (06298) 52 05, *restaurant-haegele@t-online.de,* Fax (06298) 5535, 😀 – 🅿 ⓜⓔ 💳 ✁
geschl. über Fasching, Montag, Samstagmittag – **Menu** à la carte 15/34.
● Seit vielen Jahren schon empfängt Hausherr Edgar Hägele Gäste in seinem Lokal gleich hinter dem Bahnhof - der Service liegt in den bewährten Händen seiner Frau.

MÖGLINGEN Baden-Württemberg ⁴⁰⁶ T 11 – 10 500 Ew – Höhe 270 m.
Berlin 618 – *Stuttgart* 19 – Heilbronn 38 – Karlsruhe 70 – Pforzheim 38.

Zur Traube, Rathausplatz 5, ✉ 71696, ℘ (07141) 2 44 70, Fax (07141) 244740, 😀 – 📞 📺 🅿 ⓐⓔ ⓜⓔ 💳
Menu *(geschl. Freitag - Samstagmittag)* à la carte 16,50/35 – **18 Zim** ⇆ 59 – 76.
● Gäste schätzen vor allem die zentrale Lage in der Ortsmitte beim Rathaus. In dem familiengeführten Gasthof erwartet Sie ein freundlicher Service. Kleines Restaurant mit hübscher Terrasse zum Rathausplatz.

MÖHNESEE Nordrhein-Westfalen ⁴⁰⁷ L 8 – 11 000 Ew – Höhe 244 m.
Sehenswert : 10 km langer Stausee★ zwischen Haarstrang und Arnsberger Wald.
Möhnesee-Völlinghausen, Frankenufer 13, ℘ (02925) 49 35.
▤ Tourist-Information *(in Möhnesee-Körbecke),* Küerbiker Str. 1, ✉ 59519, ℘ (02924) 4 97, info@moehnesee.de, Fax (02924) 1771.
Berlin 471 – Düsseldorf 122 – Arnsberg 12 – Soest 10.

In Möhnesee-Delecke :

Haus Delecke (mit 🏠 Gästehaus), Linkstr. 10, ✉ 59519, ℘ (02924) 80 90, *info@haus-delecke.de,* Fax (02924) 80967, ≤, 😀, ⚒, 😀, ※(Halle) – 📞 Zim, 📺 ⇆ 🅿 – 🎿 100. ⓐⓔ ⓜⓔ 💳
Menu à la carte 32,50/45 – **39 Zim** ⇆ 57/99 – 103/139 – ½ P 20.
● Die beeindruckende, direkt an den See gebaute Villa ist umgeben von einem schönen Park mit altem Baumbestand. Die Zimmer sind teils mit gediegenem Stilmobiliar ausgestattet. Klassische Restauranträume mit stilvollem Dekor.

In Möhnesee-Körbecke :

Haus Griese, Seestr. 5 (am Freizeitpark), ✉ 59519, ℘ (02924) 98 20, *haus-griese@soest-online.de,* Fax (02924) 982170, ≤, 😀 – 📺 ⇆ 🅿 – 🎿 130. ⓐⓔ ① ⓜⓔ 💳 ⓙⓒⓑ
Menu *(geschl. Feb. 2 Wochen, Aug. 2 Wochen, Donnerstag, Sonntagabend)* à la carte 25/37,50 – **36 Zim** ⇆ 51/70 – 93/128 – ½ P 18.
● Unweit des Möhnesees liegt dieses gut geführte und tadellos unterhaltene Haus, das über solide möblierte, im Neubau besonders wohnliche Zimmer verfügt. Helles, zeitgemäß gestaltetes Restaurant.

MÖLLN Schleswig-Holstein ⁴⁰⁵ F 16 – 18 000 Ew – Höhe 19 m – Kneippkurort.
Sehenswert : Seenlandschaft (Schmalsee★).
Grambek, Schloßstr. 21 (Süd : 7 km), ℘ (04542) 84 14 74.
▤ Kurverwaltung, Hindenburgstraße, ✉ 23879, ℘ (04542) 70 90, *ferien@moelln.de,* Fax (04542) 88656 – Berlin 248 – Kiel 112 – Schwerin 59 – Lübeck 29 – Hamburg 55.

Quellenhof, Hindenburgstr. 16, ✉ 23879, ℘ (04542) 30 28, *quellenhof-moelln@quellenhof-moelln.de,* Fax (04542) 7226, 😀 – 🍴 Rest, 📺 🅿 – 🎿 130. ⓐⓔ ① ⓜⓔ 💳
Menu à la carte 15/30 – **18 Zim** ⇆ 48/55 – 78/88 – ½ P 11.
● Oberhalb der Stadt auf dem Klüschenberg und unmittelbar am Kurzentrum gelegen, bietet man seinen Gästen Zimmer, die zeitgemäß und einladend ausgestattet wurden.

Beim Wasserkrüger garni, Wasserkrüger Weg 115, ✉ 23879, ℘ (04542) 70 91, *hotellenz@aol.com,* Fax (04542) 1811, 😀, 😀 – ⇆ 📺 ⇆ 🅿 ⓜⓔ 💳
⇆ 7 – **30 Zim** 35/42 – 51/60.
● 1992 erbautes Hotel mit unterschiedlich eingerichteten, sauberen Zimmern, die alle über schallisolierte Fenster und ein gutes Platzangebot verfügen.

MÖMBRIS Bayern 546 P 11 – 11 500 Ew – Höhe 175 m.
Berlin 534 – München 358 – Frankfurt am Main 45 – Aschaffenburg 15 – Fulda 83.

Ölmühle, Markthof 2, ✉ 63776, ℰ (06029) 95 00, oelmuehle@hotel-oel muehle.de, Fax (06029) 950509, ☆ – 📶, ✳ Zim, 📺 ⇔ – 🔑 30. ⓘ ⓜ VISA. ✳ Zim
Menu (geschl. Anfang Jan. 2 Wochen, Sonntag) à la carte 20,50/38 – **26 Zim** ⊃ 50/65 – 75/95.
  ◆ Direkt am Marktplatz mit Blick auf das sich drehende Mühlrad der Mömbriser Ölmühle begrüßt man hier mit individuell eingerichteten Zimmern seine Gäste. Restaurant im Landhausstil.

MÖNCHBERG Bayern 546 Q 11 – 2 200 Ew – Höhe 252 m – Luftkurort.
Berlin 574 – München 351 – Würzburg 75 – Aschaffenburg 32 – Miltenberg 13.

Schmitt ✎, Urbanusstr. 12, ✉ 63933, ℰ (09374) 20 90, info@hotel-schmitt.de, Fax (09374) 209250, ≤, ☆, 🎵, Massage, ≘s, 🔲, ✳, ✾ – 📶, ✳ Zim 📺 🅿 – 🔑 30. ⒶⒺ ⓜ VISA. ✳ Zim
geschl. 7. Jan. - Anfang Feb. - **Menu** à la carte 20/34 – **40 Zim** ⊃ 46/56 – 76/90 – ½ P 12.
  ◆ Besonders hübsch ist die ruhige Lage dieses Hotels in einem 25000 qm großen Park mit Teich. Wohnliche Zimmer mit neuzeitlicher, solider Einrichtung. Helles, freundliches Restaurant mit netter Terrasse.

Zur Krone, Mühlweg 7, ✉ 63933, ℰ (09374) 5 39, info@krone-moenchberg.de, Fax (09374) 539, ☆ – 🅿. ✳ Zim
Menu (geschl. Feb.- März, Donnerstag, Sonntagabend) à la carte 13/21 – **28 Zim** ⊃ 32/36 – 60 – ½ P 9.
  ◆ Ein einfacher, gepflegter Landgasthof in der Ortsmitte mit tadellosen Zimmern, die mit zeitgemäßen, geschmackvollen Möbeln eingerichtet sind.

MÖNCHENGLADBACH Nordrhein-Westfalen 543 M 3 – 270 000 Ew – Höhe 50 m.
Sehenswert : Städt. Museum Abteiberg★ Y M.
🏌18 Korschenbroich, Schloß Myllendonk (über ② : 5 km), ℰ (02161) 64 10 49 ; 🏌18 Mönchengladbach-Wanlo, Kuckumer Str. 61 (über ⑤ : 13 km), ℰ (02166) 14 57 22 ; 🏌18 🏌9 Korschenbroich, Rittergut Birkhof (über ② : 16 km), ℰ (02131) 51 06 60.
✈ Düsseldorf Express Airport (Nord-Ost : 6 km, über Krefelder Straße), ℰ (02161) 68 98 31, Fax (02161) 689822.
ADAC, Bismarckstr. 17.
Berlin 585 ① – Düsseldorf 38 ① – Aachen 64 ⑤ – Duisburg 50 ① – Eindhoven 88 ⑧ – Köln 63 ⑤ – Maastricht 81 ⑦

Stadtpläne siehe nächste Seiten

Dorint Parkhotel, Hohenzollernstr. 5, ✉ 41061, ℰ (02161) 89 30, info.mglmoe@d orint.com, Fax (02161) 87231, ☆, 🎵, ≘s, 🔲 – 📶, ✳ Zim, 📺 ♿ ⇔ 🅿 – 🔑 100. ⒶⒺ ⓘ ⓜ VISA
Y a
Menu (geschl. 27. Dez. - 10. Jan.) à la carte 23/45 – ⊃ 17 – **162 Zim** 113/244 – 123/254, 5 Suiten.
  ◆ In dem etwas nüchtern wirkenden Flachdachbau aus den 60er Jahren verbergen sich zeitgemäße Zimmer mit guter Technik sowie ein großer Fitnessbereich im 5. Stock. Helles Wintergarten-Restaurant mit schönen Korbstühlen.

Holiday Inn, Speicker Str. 49, ✉ 41061, ℰ (02161) 93 80, reservation.hdmoenchen gladbach@queensgruppe.de, Fax (02161) 938807, ≘s, 🔲 – 📶, ✳ Zim, 📺 ✆ ♿ 🅿 – 🔑 120. ⒶⒺ ⓘ ⓜ VISA
Y b
Menu à la carte 24/31 – ⊃ 15 – **126 Zim** 115/157 – 145/187.
  ◆ Von dem bekannten Kettenhotel am Rande der Altstadt blickt man direkt auf die Benediktinerabtei. Man verfügt über funktionale Zimmer mit neuzeitlichem Komfort.

Amadeo garni, Waldhausener Str. 122, ✉ 41061, ℰ (02161) 92 66 30, hotelamadeo @t-online.de, Fax (02161) 9266340, ≘s – 📶 ✳ 📺 ⇔ – 🔑 30. ⒶⒺ ⓘ ⓜ VISA, ✳
Y n
67 Zim ⊃ 68/76 – 84/92.
  ◆ Den Gast erwarten in dem zentral gelegenen, gut geführten Hotel modern ausgestattete Zimmer und ein heller, freundlicher Frühstücksraum.

Michelangelo, Lüpertzender Str. 133, ✉ 41061, ℰ (02161) 20 85 83, info@michel angelo-mg.de, Fax (02161) 208583, ☆ – ⒶⒺ ⓘ ⓜ VISA
Y c
geschl. Dienstag – **Menu** (italienische Küche) à la carte 24,50/34.
  ◆ Das im Zentrum gelegene Ristorante ist ein würdiger Vertreter der klassischen italienischen Küche. Genießen Sie, gut betreut durch das Personal, die entspannte Atmosphäre.

949

MÖNCHEN-GLADBACH

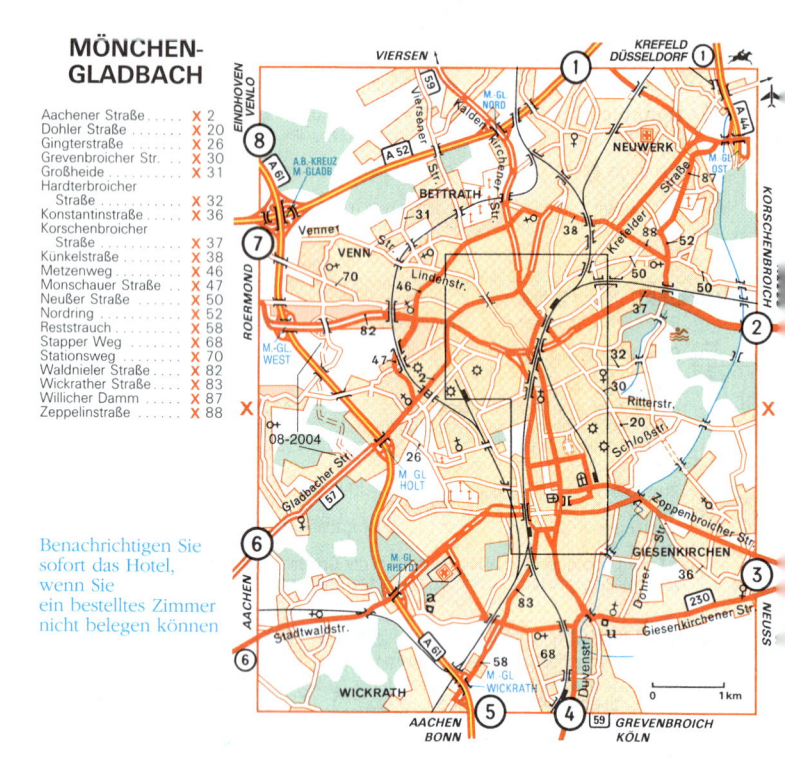

Aachener Straße	X 2
Dohler Straße	X 20
Gingterstraße	X 26
Grevenbroicher Str.	X 30
Großheide	X 31
Hardterbroicher Straße	X 32
Konstantinstraße	X 36
Korschenbroicher Straße	X 37
Künkelstraße	X 38
Metzenweg	X 46
Monschauer Straße	X 47
Neußer Straße	X 50
Nordring	X 52
Reststrauch	X 58
Stapper Weg	X 68
Stationsweg	X 70
Waldnieler Straße	X 82
Wickrather Straße	X 83
Willicher Damm	X 87
Zeppelinstraße	X 88

Benachrichtigen Sie sofort das Hotel, wenn Sie ein bestelltes Zimmer nicht belegen können

In Mönchengladbach-Hardt über ⑦ : 6 km :

Lindenhof, Vorster Str. 535, ⌧ 41169, ℘ (02161) 55 93 40, Fax (02161) 56259966 – TV P.
Menu *(geschl. Sonntag - Montag) (nur Abendessen)* à la carte 28,50/52 – **16 Zim** ⇌ 54/87 – 73/122.
 • Seit fast 100 Jahren befindet sich der historische Lindenhof in der Hand der Familie Kasteel, die ihren Gästen eine stilvolle Übernachtungsmöglichkeit bietet. Nettes, gediegen-rustikales Restaurant mit wohlschmeckender klassischer Küche.

In Mönchengladbach-Rheydt :

Coenen, Giesenkirchener Str. 41 (B 230), ⌧ 41238, ℘ (02166) 1 60 06, *hotelcoenen @t-online.de, Fax (02166) 186795,* 😊, 🍽 – 🛗, 🍴 Zim, TV 📞 ⇌ P – 🛁 50. ⓞ ⓜ **VISA**
X u
geschl. 22. Dez. - 5. Jan., Juli - Aug. 2 Wochen – **Menu** *(geschl. Sonntag, Mittwoch) (nur Abendessen)* à la carte 36/44,50 – **50 Zim** ⇌ 77/105 – 82/129.
 • Komfortabel sind alle Zimmer des persönlich geführten Hotels eingerichtet. Kleine Unterschiede gibt es lediglich in der Größe. Genießen Sie den schönen Garten. Das Restaurant gefällt mit Eleganz und stilvoll eingedeckten Tischen.

Elisenhof 🛌, Klusenstr. 97 (in Hockstein), ⌧ 41239, ℘ (02166) 93 30, *info@ elisen hof.de, Fax (02166) 933400,* 😊, 🍽 – 🛗, 🍴 Zim, TV 📞 ⇌ P – 🛁 60. ⓜ **VISA**   X a
Menu à la carte 19,50/34 – ⇌ 10 – **66 Zim** 77/92 – 82/102.
 • Ruhig im Grünen und trotzdem nahe der Autobahn liegt dieses seit 1871 in Familienbesitz befindliche Hotel, in dem man Tradition und Moderne gelungen miteinander verbunden hat. Gediegenes Restaurant mit Wintergarten.

Spickhofen, Dahlener Str. 88, ⌧ 41239, ℘ (02166) 25 50, *Fax (02166) 255155* – 🛗 TV P – 🛁 30. AE ⓞ ⓜ **VISA**
Z m
Menu à la carte 14/33 – **42 Zim** ⇌ 51/70 – 65/85.
 • Das schon von außen rustikal wirkende Hotel blickt auf eine über 100-jährige Familientradition zurück. Die Zimmer sind einheitlich mit dunklen Mahagoni-Möbeln eingerichtet. Der Hausherr persönlich steht am Herd und kocht für seine Gäste bürgerliche Gerichte.

MÖNCHENGLADBACH RHEYDT

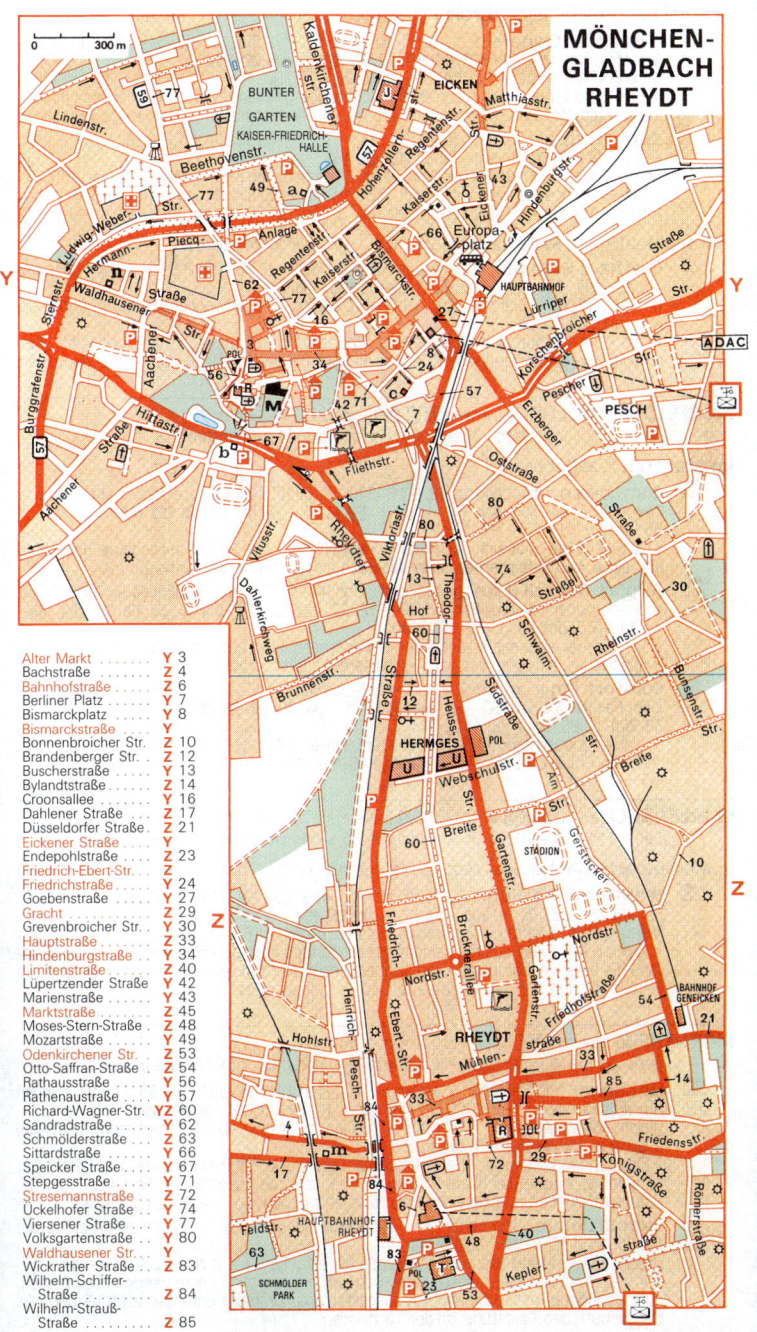

Alter Markt	Y	3
Bachstraße	Z	4
Bahnhofstraße	Z	6
Berliner Platz	Z	7
Bismarckplatz	Y	8
Bismarckstraße	Y	
Bonnenbroicher Str.	Z	10
Brandenberger Str.	Z	12
Buscherstraße	Y	13
Bylandtstraße	Y	14
Croonsallee	Y	16
Dahlener Straße	Y	17
Düsseldorfer Straße	Z	21
Eickener Straße	Y	
Endepohlstraße	Z	23
Friedrich-Ebert-Str.	Z	
Friedrichstraße	Y	24
Goebenstraße	Y	27
Gracht	Z	29
Grevenbroicher Str.	Y	30
Hauptstraße	Z	33
Hindenburgstraße	Y	34
Limitenstraße	Z	40
Lüpertzender Straße	Y	42
Marienstraße	Y	43
Markstraße	Z	45
Moses-Stern-Straße	Z	48
Mozartstraße	Y	49
Odenkirchener Str.	Z	53
Otto-Saffran-Straße	Z	54
Rathausstraße	Y	56
Rathenaustraße	Y	57
Richard-Wagner-Str.	YZ	60
Sandradstraße	Y	62
Schmölderstraße	Z	63
Sittardstraße	Y	66
Speicker Straße	Y	67
Stepgesstraße	Y	71
Stresemannstraße	Z	72
Ückelhofer Straße	Y	74
Viersener Straße	Y	77
Volksgartenstraße	Y	80
Waldhausener Str.	Y	
Wickrather Straße	Z	83
Wilhelm-Schiffer-Straße	Z	84
Wilhelm-Strauß-Straße	Z	85

MÖNCHENGLADBACH

In Korschenbroich-Kleinenbroich über ② : 7 km :

🏠 **Gästehaus Bienefeld** 🛏, garni, Im Kamp 5, ✉ 41352, ☏ (02161) 99 83 00, info@bienefeld-hotel.de, Fax (02161) 9983099 – 📺 🅿 🕿 VISA. 🛠
geschl. Mitte - Ende Juli – **14 Zim** ⊆ 45/55 – 75/92.
• Familie Bienefeld führt ihre in einem Wohngebiet gelegene Pension mit viel Engagement. Man lebt den Gästen Zimmer, die mit den soliden Kirschbaummöbeln eingerichtet sind.

🍴 **Zur Traube**, Haus-Randerath-Str. 15, ✉ 41352, ☏ (02161) 67 04 04, Fax (02161) 670010, 🌿 – 🅿 AE ① 🕿 VISA
geschl. Anfang Jan. 2 Wochen, Juli - Aug. 2 Wochen, Mittwoch – **Menu** à la carte 23/37.
• Dieses historische Haus war schon 1386 eine beliebte Einkehr. Im Sinne dieser Tradition wird das Lokal schon seit 250 Jahren von der selben Familie geführt.

In Korschenbroich-Steinhausen über ② : 7 km in Richtung Liedberg :

🍴🍴 **Gasthaus Stappen**, Steinhausen 39, ✉ 41352, ☏ (02166) 8 82 26, mail@gasthaus-stappen.de, Fax (02166) 859242, Biergarten – 🅿
geschl. 16. Feb. - 4. März, 22. Aug. - 8. Sept., Dienstag – **Menu** (wochentags nur Abendessen) à la carte 22,50/32.
• Das helle Restaurant ist mit Parkettfußboden und Jagdutensilien nett gestaltet - hier umsorgt Sie ein aufmerksamer Service mit Internationalem. Biergarten hinter dem Haus.

MÖRFELDEN-WALLDORF Hessen 543 Q 9 – 30 000 Ew – Höhe 95 m.
Berlin 556 – Wiesbaden 35 – *Frankfurt am Main* 24 – Darmstadt 19.

Im Stadtteil Walldorf :

🏠 **Zum Löwen** garni, Langstr. 68, ✉ 64546, ☏ (06105) 94 90, hotel-loewen@t-online.de, Fax (06105) 949144, 🛋, 🔲 – 📱 🛠 📺 🕿 🅿 – 🛎 45. AE ① 🕿 VISA
55 Zim ⊆ 70/105 – 92/128.
• Seit 1843 befindet sich das Hotel in Familienbesitz. Das wieder aufgebaute Haupthaus und ein Anbau beherbergen unterschiedlich eingerichtete, wohnliche Zimmer.

🏠 **Airport Domizil-Hotel** garni, Nordendstr. 4a, ✉ 64546, ☏ (06105) 95 70, info@airport-domizil-hotel.com, Fax (06105) 957222 – 📱 🛠 📺 🕿 🚗. AE ① 🕿 VISA JCB
⊆ 11 – **65 Zim** 90/150 – 120/190.
• Die Zimmer sind mit schlichtem Mobiliar eingerichtet und bieten in ihrer neuzeitlich-funktionellen Art alles, was der Geschäftsreisende braucht.

🏠 **Comfort Inn** garni, Am Zollstock 10, ✉ 64546, ☏ (06105) 70 50, ciffmairport@gmx.de, Fax (06105) 70580 – 📱 🛠 📺 🕿 🅿 – 🛎 40. AE ① 🕿 VISA JCB
39 Zim ⊆ 65/93 – 78/112.
• In einem Industriegebiet liegt dieses funktionelle Hotel - zehn Minuten beträgt die Fahrtzeit zum Frankfurter Flughafen, auch BAB-Anschlüsse sind in direkter Nähe.

MÖRLENBACH Hessen 543 R 10 – 9 200 Ew – Höhe 160 m.
Berlin 611 – Wiesbaden 81 – *Mannheim* 35 – Darmstadt 45 – Heidelberg 28.

In Mörlenbach-Juhöhe Nord-West : 5 km – Erholungsort :

🏠 **Waldschenke Fuhr** 🛏, Auf der Juhöhe 25, ✉ 69509, ☏ (06252) 49 67, Fax (06252) 68376, ≤, 🌿 – 📱 📺 🛠 🅿 🕿 VISA
Menu (geschl. Montag - Dienstag) à la carte 14/28 – **18 Zim** ⊆ 42 – 73.
• Idyllisch liegt das Haus mit seinem architektonisch gelungenen Anbau erhöht am Waldrand. Es bietet neben netten, ländlich eingerichteten Zimmern einen herrlichen Blick. Im Restaurant und auf der Terrasse serviert man Regionales.

MÖRNSHEIM Bayern 546 T 17 – 2 000 Ew – Höhe 420 m.
Berlin 511 – München 127 – *Augsburg* 72 – Ingolstadt 47 – Nürnberg 86.

🏠 **Lindenhof** (mit Gästehaus), Marktstr. 25, ✉ 91804, ☏ (09145) 8 38 00, info@lindenhof-altmuehltal.de, Fax (09145) 7159, 🌿 – 📺 🚗 🅿 AE ① 🕿 VISA
geschl. Mitte - Ende Jan. – **Menu** (geschl. Dienstag, Nov. - April Montagabend - Dienstag) à la carte 15,50/36 – **15 Zim** ⊆ 35/45 – 55/65.
• Einladend wirkt der unter Denkmalschutz stehende Gasthof mit neuzeitlichem Gästehaus. Die Zimmer sind im Landhausstil eingerichtet, teils mit freigelegtem Fachwerk. Kamine, Holzvertäfelungen und ländliche Dekorationen machen die Gaststuben gemütlich.

🍴 **Zum Brunnen**, Brunnenplatz 1, ✉ 91804, ☏ (09145) 71 27, info@gailachtal.de, Fax (09145) 1079, 🌿 – 📺 🅿
geschl. Nov. – **Menu** (geschl. Mittwoch) à la carte 12/22 – **8 Zim** ⊆ 30/35 – 47.
• In der Ortsmitte steht dieser persönlich geführte Gasthof. Gäste werden in einfachen, aber gepflegten mit Eichenmöbeln ausgestatteten Zimmern untergebracht. Mittelpunkt der gemütlichen Gaststube ist der Kachelofen.

MOERS Nordrhein-Westfalen 543 L 3 – 108 000 Ew – Höhe 29 m.

🏌 🏌 Neukirchen-Vluyn, Bergschenweg 71 (Süd-West : 6 km Richtung Niep), ℘ (02845) 2 80 51 ; 🏌 Kamp-Lintfort, Kirchstr. 164 (Nord-West : 10 km), ℘ (02842) 48 33.
🛈 Stadtinformation, Unterwallstr. 9, ✉ 47441, ℘ (02841) 20 17 77, info@moers.de, Fax (02841) 201721.
Berlin 556 – Düsseldorf 41 – Duisburg 12 – Krefeld 17.

XX **Kurlbaum,** Burgstr. 7 (1. Etage), ✉ 47441, ℘ (02841) 2 72 00, Fax (02841) 22355 – AE
geschl. Karneval, Juli - Aug. 2 Wochen, Dienstag – **Menu** (Samstag - Montag nur Abendessen) (Tischbestellung ratsam) à la carte 34/48 *(auch vegetarische Gerichte).*
♦ Klare Linien und modernes Design bestimmen das elegant wirkende Ambiente dieses in der Fußgängerzone gelegenen Restaurants. Internationale Küche.

In Moers-Asberg :

🏠 **Moerser Hof** garni, Römerstr. 464, ✉ 47441, ℘ (02841) 9 52 10, info@hotel-moerser-hof.de, Fax (02841) 952144 – 🛗 📺 ✆ ⇔ 🅿. AE ⦿ VISA JCB
33 Zim ⊃ 59/61 – 75.
♦ Der Besitzer des Hotels ist Architekt von Beruf. Nach seinen Plänen wurde das 100 Jahre alte Haus in den 90er Jahren umgebaut. Schlichte, praktische Gestaltung prägt den Stil.

In Moers-Repelen *Nord : 3,5 km, Richtung Kamp-Lintfort :*

🏨 **Zur Linde,** An der Linde 2, ✉ 47445, ℘ (02841) 97 60, info@hotel-zur-linde.de, Fax (02841) 97666, ඤ, ☎ – 🛗 ⋈ 📺 ✆ ⇔ 🅿 – 🔥 50. AE ⦿ ⦿ VISA JCB. 🍴 Zim
Menu à la carte 20,50/37, ♀ – ⊃ 9 – **60 Zim** 70/105 – 90/130, 5 Suiten.
♦ Mit Engagement führen die Gastgeber ihr Hotel. Ein neuer Anbau mit neuzeitlichschlichter Halle und teils modern designten Zimmern ergänzt ein denkmalgeschütztes Haus. Rustikal-gemütliche Gaststuben im historischen Teil. Schöne Innenhofterrasse.

In Moers-Schwafheim *Süd : 4 km, jenseits der A 40 :*

🏠 **Schwarzer Adler,** Düsseldorfer Str. 309 (B 57), ✉ 47447, ℘ (02841) 38 21, hotel-schwarzer-adler@t-online.de, Fax (02841) 34630, ඤ – 🛗, ⋈ Zim, 📺 ✆ 🅿 – 🔥 30. AE ⦿ VISA
Menu *(geschl. Montagmittag)* (22. Juli - 4. Aug. nur Abendessen) à la carte 18,50/42 – **39 Zim** ⊃ 55/60 – 80/88.
♦ Am Ortsausgang steht dieser Klinkerbau - ein Teil davon war früher eine Poststation. Besonders nett wohnt man in den neueren Zimmern im Anbau mit elegant wirkendem Mobiliar.

MOHLSDORF *Thüringen siehe Greiz.*

MOLBERGEN Niedersachsen 541 H 7 – 5 000 Ew – Höhe 32 m.
Berlin 453 – Hannover 189 – Nordhorn 85 – Bremen 76.

🏠 **Thole-Vorwerk,** Cloppenburger Str. 4, ✉ 49696, ℘ (04475) 9 49 50, info@thole-vorwerk.de, Fax (04475) 949535 – 📺 🅿. AE ⦿ ⦿ VISA
Menu *(geschl. Juli 2 Wochen, Montagmittag, Samstagmittag)* à la carte 17/31 ✿ – **10 Zim** ⊃ 28/33 – 54/56.
♦ Roter Klinkergasthof in der Dorfmitte : Der Familienbetrieb bietet Zimmer, die mit Kirschbaummöbeln praktisch eingerichtet wurden und sehr gepflegt wirken. Ländlich-rustikales Restaurant mit gutbürgerlicher Küche.

In Molbergen-Dwergte *Nord : 3 km, über Dwergter Straße :*

X **Zum Dorfkrug** 🍴, mit Zim, Molberger Str. 1, ✉ 49696, ℘ (04475) 18 07, hotel-hochartz@t-online.de, Fax (04475) 5394, ඤ, ⌘, ☎ – 📺 ✆. AE ⦿ ⦿ VISA. 🍴 Rest
geschl. Juli - Aug. 2 Wochen – **Menu** *(geschl. Montag)* à la carte 16/28 – **6 Zim** ⊃ 35 – 50.
♦ In Anlehnung an niedersächsische Traditionen sind die Räume des Gasthauses mit offenem Kamin, Hirschgeweihen und Klinkern gestaltet.

MOLFSEE *Schleswig-Holstein siehe Kiel.*

MOMMENHEIM *Rheinland-Pfalz siehe Nierstein.*

MONHEIM Nordrhein-Westfalen 543 M 4 – 44 000 Ew – Höhe 40 m.
Berlin 567 – Düsseldorf 23 – Aachen 88 – Köln 28 – Solingen 19.

🏨 **Gethmann,** An d'r Kapell 4, ✉ 40789, ℘ (02173) 59 80, info@gethmann.de, Fax (02173) 52368, ඤ – ⋈ Zim, 📺 ✆ 🅿. ⦿ VISA
Zum Vater Rhein Menu à la carte 15,50/32,50 – **20 Zim** ⊃ 75/90 – 100/120.
♦ Schon in der siebten Generation ist das ansprechende Haus im Besitz der Familie Gethmann. 1994 wurde komplett umgebaut und modernisiert ; die Zimmer sind stilvoll eingerichtet. Teils gediegen, teils rustikaler gibt sich das Restaurant Zum Vater Rhein.

MONREPOS (Schloss) Baden-Württemberg siehe Ludwigsburg.

MONSCHAU Nordrhein-Westfalen 543 O 2 – 12 600 Ew – Höhe 405 m.
Sehenswert : Fachwerkhäuser★★ – Rotes Haus★ – Friedhofkapelle ≤★.
Ausflugsziel : ≤★★ vom oberen Aussichtsplatz an der B 258, Nord-West : 2 km.
🛈 Monschau Touristik, Stadtstr. 1, ✉ 52156, ℘ (02472) 33 00, touristik@monschau.de, Fax (02472) 4534.
Berlin 649 – Düsseldorf 110 – Aachen 49 – Düren 43 – Euskirchen 53.

Lindenhof garni, Laufenstr. 77, ✉ 52156, ℘ (02472) 41 86, info@lindenhof.de, Fax (02472) 3134 – ⚒ 📺 🅿 ⓜ VISA. ⚘
13 Zim ⚏ 45/53 – 65/85.
• In diesem gut geführten kleinen Haus oberhalb der Innenstadt schätzen die Gäste die private Atmosphäre, die sich durch alle Räume zieht.

Remise (Corona), Stadtstr. 14, ✉ 52156, ℘ (02472) 80 08 00, Fax (02472) 8008020 – ⓜ VISA. ⚘
geschl. Ende Feb. - Mitte März, Ende Okt. - Mitte Nov., Dienstag – **Menu** (nur Abendessen) 60/90 und à la carte, ♀ – **Altes Getreidehaus** (auch Mittagessen) **Menu** à la carte 19,50/34,50, ♀.
• Hinter der hübschen Fachwerkfassade des ehemaligen Getreidespeichers prägt klassische Eleganz das Ambiente. Geschult serviert man im Remise feine Kreationen der Saison. Das Alte Getreidehaus bietet eine eher regionale Küche in entspannter Atmosphäre.
Spez. Gratinierte Jakobsmuscheln mit Auberginencreme und Gewürztomaten. Gegrilltes Kalbsbriesmedaillon mit flüssiger Linsenpolenta. Soufflierter Pfirsich im Blätterteig mit Johannisbrot-Rahmeis.

Alte Herrlichkeit, Stadtstr. 7, ✉ 52156, ℘ (02472) 22 84, Fax (02472) 4962 – AE ⓜ VISA
geschl. März 2 Wochen, Juli 2 Wochen, Nov. 2 Wochen, Montag - Dienstag – **Menu** à la carte 14/35.
• Das alte Stadthaus mit der Schindelfassade, seit 1919 in Familienbesitz, liegt in einer verkehrsberuhigten Zone der Innenstadt - gediegen präsentiert sich das Interieur.

Schnabuleum, Laufenstr. 118, ✉ 52156, ℘ (02472) 90 98 40, info@senfmuehle.de, Fax (02472) 5999, 🌳 VISA
geschl. Montag – **Menu** à la carte 20/30,50.
• In einem Bruchsteinhaus neben der Senfmühle und dem Senfmuseum finden Sie dieses nostalgische Restaurant. Der köstliche Senf verfeinert einige der Speisen auf der Karte.

MONTABAUR Rheinland-Pfalz 543 O 7 – 13 000 Ew – Höhe 230 m.
🛈 Westerwald Touristik-Service, Kirchstr. 48a, ✉ 56410, ℘ (02602) 3 00 10, info@westerwald.info, Fax (02602) 300115.
Berlin 571 – Mainz 71 – Koblenz 34 – Bonn 80 – Limburg an der Lahn 22.

Am Peterstor garni, Peterstorstr. 1, ✉ 56410, ℘ (02602) 16 07 20, info@hotel-peterstor.de, Fax (02602) 160730 – 🛗 📺 ❄ 🅿 ⓜ VISA
19 Zim ⚏ 59/64 – 90.
• In der Ortsmitte am Anfang der Fußgängerzone liegt das in ein Geschäftshaus intergrierte Etagenhotel, das mit seinem wohnlichen Charakter gefällt.

An der Autobahn A 3 Nord-Ost : 4,5 km, Richtung Frankfurt :

Heiligenroth, ✉ 56412 Heiligenroth, ℘ (02602) 10 30, hotel@bab-heiligenroth.de, Fax (02602) 103460, 🌳, 🏊 – 🛗, ⚒ Zim, 📺 ❄ 🅿 – 🅰 45. AE ⓞ ⓜ VISA JCB
Menu à la carte 18/32,50 – **30 Zim** ⚏ 70 – 100/115.
• Für einen Zwischenstopp auf der Reise bietet sich dieses modern und funktionell ausgestattete und verkehrsgünstig an der BAB 3 gelegene Hotel an. Das im Bistro-Stil eingerichtete Restaurant ist 365 Tage im Jahr rund um die Uhr für Sie da !

In Wirges Nord-West : 5 km, jenseits der A 3 :

Paffhausen, Bahnhofstr. 100, ✉ 56422, ℘ (02602) 9 42 10, info@hotel-paffhausen.de, Fax (02602) 9421110, 🌳, 🏊 – ⚒ Zim, 📺 🅿 – 🅰 120. AE ⓜ VISA
Menu (geschl. Sonntagabend) à la carte 21,50/36,50 – **32 Zim** ⚏ 55/65 – 85/95.
• Übernachtungsgäste beziehen hier gepflegte und saubere Zimmer - die im Anbau verfügen meist über Balkone und wirken durch große Fenster hell und freundlich. Kunstgegenstände und Bilder zieren das gediegene Restaurant.

MOOS Baden-Württemberg siehe Radolfzell.

MORAAS Mecklenburg-Vorpommern siehe Hagenow.

MORBACH/HUNSRÜCK Rheinland-Pfalz 543 Q 5 – 11 000 Ew – Höhe 450 m – *Luftkurort*.
Ausflugsziel : Hunsrück-Höhenstraße★.
🛈 Tourist-Information, Unterer Markt 1, ✉ 54497, ✆ (06533) 7 11 17, touristinfo.mor bach@t-online.de, Fax (06533) 3003.
Berlin 669 – Mainz 107 – Trier 48 – Bernkastel-Kues 17 – Birkenfeld 21.

- **St. Michael**, Bernkasteler Str. 3, ✉ 54497, ✆ (06533) 9 59 60, info@hotel-st-micha el.de, Fax (06533) 9596500, 🍴, 🍽 – 📶 TV 🛎 P – 🍴 80. AE ① ⓾ VISA
Menu à la carte 15/32,50 – **56 Zim** ⚏ 45/65 – 100 – ½ P 10.
  • Immer wieder haben die Besitzer ihr Haus in den letzten Jahren renoviert - ein ansprechendes Hotel mit zeitgemäßen, mit hellen Möbeln ausgestatteten Zimmern. Leicht rustikales Restaurant mit gediegenem Ambiente.

- **Landhaus am Kirschbaum** ⚘, Am Kirschbaum 55a, ✉ 54497, ✆ (06533) 9 39 50, armbruster@landhausamkirschbaumvia.t-online.de, Fax (06533) 939522, 🍴, 🍽, 🌴 – ⚞ Zim, TV 🛎 P ⓾ VISA. 🌿 Rest
Menu (geschl. 19. - 26. Dez.) (nur Abendessen) (Restaurant nur für Hausgäste) – **20 Zim** ⚏ 40/50 – 70/80 – ½ P 15.
  • In sehr ruhiger Lage finden Sie dieses tadellos gepflegte Haus, das erst vor wenigen Jahren gebaut und eröffnet wurde. Die Zimmer sind teils wohnlich, teils sachlich modern.

In Horbruch Nord-Ost : 12 km über B 327 :

- **Historische Schloßmühle** ⚘ (mit Gästehaus), ✉ 55483, ✆ (06543) 40 41, info @historische-schlossmuehle.de, Fax (06543) 3178, 🍴, 🌴 – P – 🍴 15. 🌿 geschl. 5. - 17. Jan. – **Menu** (geschl. Montag) (wochentags nur Abendessen) 35/65 à la carte 38/52 (auch vegetarisches Menu) – **18 Zim** ⚏ 78/115 – 115/160 – ½ P 20.
  • Die in einem romantischen kleinen Tal gelegene Schlossmühle a. d. 17. Jh. ist durch und durch geschmackvoll gestaltet. Die Zimmer : sehr individuell und wohnlich-elegant. Schön dekoriertes Restaurant auf zwei Ebenen im alten Mühlenraum.

MORITZBURG Sachsen 544 M 25 – 8 000 Ew – Höhe 200 m.
Siehe Stadtplan Dresden (Umgebungsplan).
Sehenswert : Schloss Moritzburg★.
🛈 Tourist-Information, Schlossallee 3b, ✉ 01468, ✆ (035207) 85 40, moritzburg-touristinfo@t-online.de, Fax (035207) 85420.
Berlin 181 – Dresden 16 – Cottbus 85 – Meißen 16.

In Moritzburg-Boxdorf Süd : 4 km, über Schlossallee :

- **Baumwiese**, Dresdner Str. 2, ✉ 01468, ✆ (0351) 8 32 50, info@baumwiese.de, Fax (0351) 8325252, Biergarten, 🍽 – ⚞ Zim, TV 🛎 P – 🍴 50. AE ① ⓾ VISA
Zollernstube (geschl. Juli - Aug.)(nur Abendessen) **Menu** à la carte 27/38,50 – **Gast-stube** : **Menu** à la carte 15,50/24,50 – **36 Zim** ⚏ 85/95 – 110/130. U t
  • Große Schreibtische mit ISDN-Anlage und Faxanschluss ermöglichen bequemes Arbeiten in dem mit dunklem Holz möblierten modernen Hotelanbau des alten historischen Gasthauses. Zollernstube mit schwarzer Täfelung und klassischem, rustikal-elegantem Ambiente.

MORSBACH Nordrhein-Westfalen 543 N 7 – 10 500 Ew – Höhe 250 m.
Ausflugsziel : Wasserschloss Crottorf★ Nord-Ost : 10 km.
Berlin 587 – Düsseldorf 107 – Bonn 63 – Siegen 33 – Köln 70.

- **Goldener Acker** ⚘, Zum goldenen Acker 44, ✉ 51597, ✆ (02294) 80 24, hotel-g oldener-adler@t-online.de, Fax (02294) 7375, 🍴, 🌴 – TV P – 🍴 40. ① ⓾ VISA JCB
Menu (geschl. Sonntag) à la carte 25/34 – **33 Zim** ⚏ 60/75 – 80/95.
  • Das nette, familiengeführte Hotel an einem kleinen Park liegt in einem Wohngebiet. Die gepflegten Zimmer sind im Landhausstil eingerichtet. Helles, neuzeitliches Restaurant und gemütlich-rustikale Stube.

MORSUM Schleswig-Holstein siehe Sylt (Insel).

MOSBACH Baden-Württemberg 545 R 11 – 25 000 Ew – Höhe 151 m.
🛈 Tourist-Information, Am Marktplatz 4, ✉ 74821, ✆ (06261) 9 18 80, tourist. info@mosbach.de, Fax (06261) 918815.
Berlin 587 – Stuttgart 87 – Mannheim 79 – Heidelberg 45 – Heilbronn 33.

- **Zum Amtsstüble**, Lohrtalweg 1, ✉ 74821, ✆ (06261) 9 34 60, info@amtsstueble.de, Fax (06261) 934610, 🍴, 🍽 – 📶, ⚞ Zim, TV 🛎 ♿ P – 🍴 50. AE ⓾ VISA
Menu (geschl. über Fastnacht 2 Wochen, Aug. 2 Wochen, Montag) à la carte 14/36,50 – **50 Zim** ⚏ 60/65 – 86/93.
  • Im Zentrum des kleinen Ortes liegt das behagliche Hotel. Die Zimmer sind in heller Buche möbliert und verfügen über zeitgemäßen Komfort und gute technische Ausstattung.

MOSBACH

In Mosbach-Neckarelz *Süd-West : 4 km, über B 27 :*

Lindenhof, Martin-Luther-Str. 3, ✉ 74821, ℰ (06261) 6 00 66, *Fax (06261) 975252,*
☆ – TV ℰ ⇔ P. ◯ VISA ⚜
geschl. Aug. 2 Wochen – **Menu** *(geschl. Mittwoch)* à la carte 19/37 – **22 Zim** ⌇ 45 – 60
– ½ P 14.
• Mitten im Ort liegt der kleine Gasthof mit Giebel-Anbau - ein gepflegter, solider Betrieb, der von der Besitzer-Familie persönlich geführt wird.

In Mosbach-Nüstenbach *Nord-West : 4 km :*

Landgasthof zum Ochsen, Im Weiler 6, ✉ 74821, ℰ (06261) 1 54 28, *Fax (06261) 893645,* ☆ – ◯
geschl. über Fasching, Aug. - Sept. 2 Wochen, Dienstag – **Menu** *(wochentags nur Abendessen)* (Tischbestellung ratsam) 14 à la carte 21/37,50.
• In dem netten Dorfgasthof geben erlesenes Landhausinterieur und stilvolle Accessoires den Ton an. Gemütliche, in hellem Holz gehaltene Weinstube.

MOSELTAL Rheinland-Pfalz **543** R 3 bis O 6.
Sehenswert : Tal★★★ von Trier bis Koblenz *(Details siehe unter den erwähnten Mosel-Orten).*

Die im Michelin-Führer
verwendeten Zeichen und Symbole haben -
*dünn oder **fett** gedruckt, rot oder schwarz -*
jeweils eine andere Bedeutung.
Lesen Sie daher die Erklärungen aufmerksam durch.

MOSSAUTAL Hessen **543** R 10 – *2 600 Ew – Höhe 390 m – Erholungsort.*
Berlin 592 – Wiesbaden 99 – Mannheim 55 – Beerfelden 12 – Darmstadt 59.

In Mossautal-Güttersbach :

Zentlinde ⚘, Hüttenthaler Str. 37, ✉ 64756, ℰ (06062) 20 80, *hotel.zentlinde@t-online.de, Fax (06062) 5900,* ☆, Massage, ≦s, ▨ – ⫤, ↔ Rest, TV ⇔ P – ⚐ 35.
◯ VISA ⚜ Zim
Menu *(geschl. Montag)* à la carte 17/26 – **35 Zim** ⌇ 54 – 98 – ½ P 11.
• In dem Familienbetrieb steht man seit 1830 im Dienste des Gastes. Eine Tradition, auf die man nicht ohne Stolz zurückblickt. Sie logieren in einfachen, adretten Zimmern. Das mehrfach unterteilte und großzügige Restaurant gibt sich rustikal und zwanglos.

Haus Schönblick ⚘, Hüttenthaler Str. 30, ✉ 64756, ℰ (06062) 53 80, *hotel.haus-schoenblick@t-online.de, Fax (06062) 61242,* ☆, Biergarten, Massage, ≦s, ⛲, ↔ TV ⇔ P – ⚐ 35. ◯ VISA ⚜
geschl. Jan. – **Menu** *(geschl. Dienstag)* à la carte 15/26 – **37 Zim** ⌇ 33/45 – 62/74 – ½ P 11.
• Eine schlichte Übernachtungsadresse im Herzen des Odenwalds. Haupt- und Nebenhaus - durch einen Übergang miteinander verbunden - verfügen über praktisch eingerichtete Zimmer. Rustikaler Gastraum mit großen Fenstern und Blick ins Grüne.

In Mossautal-Obermossau :

Brauerei-Gasthof Schmucker, Hauptstr. 91, ✉ 64756, ℰ (06061) 9 41 10, *Fax (06061) 2861,* Biergarten, ▨ (geheizt), ⛲, ⫻ – P – ⚐ 25. ◑ ◯ VISA
Menu *(geschl. Montag)* à la carte 15/22 – **25 Zim** ⌇ 40/47 – 70/73.
• Rustikale Gasthof-Atmosphäre umgibt Sie in diesem auf dem Gelände der Privat-Brauerei Schmucker gelegenen Haus. Gepflegte Zimmer mit bemaltem Bauernmobiliar. Ländliche Gaststube.

MOTTEN Bayern **546** O 13 – *1 800 Ew – Höhe 450 m.*
Berlin 469 – München 358 – Fulda 19 – Würzburg 93.

In Motten-Speicherz *Süd : 7 km über B 27 :*

Zum Biber (mit Gästehaus), Hauptstr. 15 (B 27), ✉ 97786, ℰ (09748) 9 12 20, *info@gasthof-zum-biber.de, Fax (09748) 912266,* ⛲ – TV ⇔ P – ⚐ 35. ⓐ ◑ ◯ VISA
geschl. 12. - 31. Jan. – **Menu** à la carte 13/23 – **49 Zim** ⌇ 30/35 – 55.
• 1771 wurde dieser solide Gasthof durch die Stadt Brückenau errichtet und seit 1878 ist er Eigentum der Familie Ziegler. Mit gut gepflegten, schlichten Zimmern. Rustikaler, mehrfach unterteilter Restaurantbereich.

MOTZEN Brandenburg 542 J 24 – 1 000 Ew – Höhe 41 m.
  Ausflugsziel : Spreewald★★ (Kahnfahrt ab Lübbenau, Freilandmuseum Lehde★).
  ᵣ₈ ᵣ₈ Motzen, Am Golfplatz 5, ℘ (033769) 5 01 30.
  🛈 Haus des Gastes, Karl-Marx-Str. 1, ⊠ 15741, ℘ (033769) 2 06 21, Fax (033769) 20607.
  Berlin 50 – Potsdam 51 – Cottbus 89 – Dresden 153 – Frankfurt (Oder) 79.

  Residenz am Motzener See, Töpchiner Str. 4, ⊠ 15741, ℘ (033769) 8 50, info
  @hotel-residenz-motzen.de, Fax (033769) 85100, ≤, 😊, ≘s, 🅂, ⚓, – 🛉 TV 📞 🚗
  🅿 – 🔏 60. ΑΕ ⓄⒹ VISA
  Menu à la carte 23/33 – **60 Zim** ⊇ 80/110 – 115/145.
  ◆ Eine neuzeitliche Hotelanlage direkt am See mit zeitgemäßen, komfortablen Zimmern in
  Kirschholz, teils mit Balkon. Auch für Tagungen geeignet. Gediegen-elegantes Restaurant
  mit Wintergarten und Terrasse oberhalb des Sees.

MUCH Nordrhein-Westfalen 543 N 6 – 13 900 Ew – Höhe 195 m.
  ᵣ₈ Much, Burg Overbach, ℘ (02245) 55 50.
  Berlin 580 – Düsseldorf 77 – Bonn 33 – Köln 40.

In Much-Bövingen Nord-West : 3 km :

  activotel, Bövingen 129 (Gewerbegebiet), ⊠ 53804, ℘ (02245) 60 80, info@activo
  tel.de, Fax (02245) 608100, ≤, 😊, ☯, Massage, ɭδ, ≘s, 🅂, ⚓, ※(Halle) – 🛉, ⇐ Zim,
  TV 📞 🅿 – 🔏 130. ΑΕ ⓄⒹ VISA
  Menu à la carte 22/35 – **115 Zim** ⊇ 89/124 – 128/162.
  ◆ Anfang der 90er Jahre wurde inmitten der sanften Hügel des Bergischen Landes das
  moderne Hotel mit seinem außergewöhnlichen und imposanten Freizeitbereich errichtet.

MÜCKE Hessen 543 O 11 – 9 500 Ew – Höhe 300 m.
  Berlin 461 – Wiesbaden 107 – Marburg 63 – Alsfeld 31 – Gießen 28.

In Mücke-Atzenhain :

  Zur Linde, Lehnheimer Str. 2, ⊠ 35325, ℘ (06401) 64 65, Fax (06401) 6495, ⚓ – TV
  🚗 🅿.
  Menu (geschl. Sonntagabend) à la carte 13/22 – **21 Zim** ⊇ 34/40 – 62.
  ◆ Am Rand der beschaulichen Dörfchens steht seit vielen Jahren die Linde. Ein typischer
  Familienbetrieb : Sauber und gepflegt, mit einfachen, aber heimelig wirkenden Gastzim-
  mern. Um einen hellgrünen Kachelofen herum bittet man die Gäste zu Tisch.

In Mücke-Flensungen :

  Landhotel Gärtner, Bahnhofstr. 116, ⊠ 35325, ℘ (06400) 9 59 90, info@landhot
  el-gaertner.de, Fax (06400) 9599142, Biergarten, ⚓ – TV 📞 🚗 🅿 – 🔏 80. ⓄⒹ VISA
  Menu (geschl. Montagabend) à la carte 14,50/30,50 – **18 Zim** ⊇ 46/65 – 69/95.
  ◆ Der solide Familienbetrieb hält gepflegte, praktisch eingerichtete Zimmer für Sie bereit.
  Ein neuzeitlicher Anbau ergänzt den ursprünglichen Gasthof. In schlicht-rustikaler Auf-
  machung präsentieren sich die Gaststuben.

MÜDEN Rheinland-Pfalz siehe Treis-Karden.

MÜHLDORF AM INN Bayern 546 V 21 – 16 000 Ew – Höhe 383 m.
  ᵣ₈ Pleiskirchen (Ost : 10 km), ℘ (08635) 70 89 03.
  Berlin 611 – München 80 – Regensburg 114 – Landshut 57 – Passau 95 – Salzburg 77.

  Bastei (mit Gästehaus), Münchener Str. 69 (Altmühldorf), ⊠ 84453, ℘ (08631) 3 67 80,
  Fax (08631) 367810 – 🛉, ⇐ Zim, TV & 🅿 – 🔏 25. ΑΕ ⓄⒹ VISA
  Menu à la carte 13/26 – **34 Zim** ⊇ 40/45 – 62/65.
  ◆ Haupthaus, Gästehaus und ein neuerer Anbau berherbergen funktionelle Zimmer. Der
  größte Teil der Zimmer ist mit honigfarbenem Mobiliar wohnlich ausgestattet.

MÜHLENBACH Baden-Württemberg 545 V 8 – 1 600 Ew – Höhe 260 m – Erholungsort.
  Berlin 778 – Stuttgart 139 – Freiburg im Breisgau 43 – Offenburg 32 – Freudenstadt 53.

  Zum Ochsen, Hauptstr. 27, ⊠ 77796, ℘ (07832) 22 43, gasthaus.ochsen@arcor.de,
  Fax (07832) 6238, 😊 – TV 🅿. ⓄⒹ VISA. ※
  geschl. Feb. 3 Wochen – **Menu** (geschl. Dienstag - Mittwochmittag) à la carte 16/37 –
  11 Zim ⊇ 35/40 – 58 – ½ P 11.
  ◆ Die Zimmer dieses familiär geführten Hauses sind mit hellen Holzmöbeln solide einge-
  richtet. Die Lage ist recht ruhig, abseits der Durchgangsstraße. Ländliche Gaststube.

MÜHLHAUSEN Thüringen **544** M 15 – 38 000 Ew – Höhe 253 m.
Sehenswert : Altstadt★ (Stadtmauer★, Kirche St. Marien★).
🛈 Tourist-Information, Ratsstr. 20, ✉ 99974, ℘ (03601) 45 23 21, Fax (03601) 452316.
Berlin 301 – Erfurt 54 – Eisenach 32 – Kassel 103.

- **Mirage** garni, Karl-Marx-Str. 9, ✉ 99974, ℘ (03601) 43 90, info@mirage-hotel.de, Fax (03601) 439100 – 🛗 ⇌ TV 🕻 ♿ 🚗 – 🔒 60. AE ① ⓜ VISA
76 Zim ⊐ 56/61 – 70/82.
  • Hinter einer neuzeitlichen Fassade beziehen Sie funktionelle Gästezimmer mit einer soliden Technik. Bahnhof und Altstadtkern liegen ganz in der Nähe.

- **Brauhaus Zum Löwen**, Kornmarkt 3, ✉ 99974, ℘ (03601) 47 10, info@brauhaus-zum-loewen.de, Fax (03601) 471222, 🍽, – 🛗 TV 🅿 – 🔒 40. AE ① ⓜ VISA
Menu à la carte 14,50/28 – **33 Zim** ⊐ 55 – 80.
  • Mit hellen, zeitlosen Hotelmöbeln sind die Zimmer dieses im Ortskern gelegenen Hauses behaglich eingerichtet. In ein paar Minuten sind Sie von hier aus im Grünen. Blickfang im Restaurant sind die kupfernen Braukessel, die heute noch in Gebrauch sind.

In Rodeberg-Struth West : 12 km über B 249 :

- **Zur grünen Linde**, Lange Str. 93, ✉ 99976, ℘ (036026) 9 02 04, gruene-linde-struth@web.de, Fax (036026) 90050, 🍽, – TV 🅿. AE ① ⓜ VISA
Menu (geschl. Montagmittag, Dienstagmittag, Freitag) à la carte 11/18 – **10 Zim** ⊐ 26/31 – 42/48.
  • Auf dem hinteren Teil des Grundstücks liegt das pensionsartige Gästehaus mit solide gestalteten Zimmern. Auch die persönliche Atmosphäre spricht für das kleine Hotel. Der Kachelofen gibt dem schlichten Restaurant den Charakter einer ländlichen Gaststube.

MÜHLHEIM AM MAIN Hessen **543** P 10 – 24 500 Ew – Höhe 105 m.
Berlin 537 – Wiesbaden 51 – Frankfurt am Main 15 – Hanau 8.

In Mühlheim-Lämmerspiel Süd-Ost : 5 km, über Lämmerspieler Straße :

- **Landhaus Waitz**, Bischof-Ketteler-Str. 26, ✉ 63165, ℘ (06108) 60 60, willkommen@hotel-waitz.de, Fax (06108) 606488, 🍽, ⇌ – 🛗 ⇌ Zim, TV 🕻 🚗 🅿 – 🔒 140. AE ① ⓜ VISA
geschl. 27. Dez. - 8. Jan. - **Menu** (geschl. Sonntagabend) (wochentags nur Abendessen) à la carte 26/48,50 – **75 Zim** ⊐ 95/135 – 130/180.
  • Dieses aus mehreren Gebäuden bestehende, großzügig angelegte Hotel besticht durch ländliche Eleganz. Sie wohnen in sehr individuell eingerichteten Zimmern. Verschiedene Restauranträume, teils im eleganten Landhausstil, mit Gartenterrasse.

MÜHLTAL Hessen siehe Darmstadt.

MÜLHEIM AN DER RUHR Nordrhein-Westfalen **543** L 4 – 173 000 Ew – Höhe 40 m.
🏌 Mülheim-Selbeck (Süd : 7 km über ①), ℘ (0208) 48 36 07 ; 🏌 Mülheim, Gut Raffelberg, Akazienallee 84, ℘ (0208) 5 80 56 90.
🛈 Tourist-Info, Schloßstr. 11, ✉ 45468, ℘ (0208) 96 09 60, mst@stadt-mh.de, Fax (0208) 9609616.
ADAC, Löhstr. 6.
Berlin 539 – Düsseldorf 36 ① – Duisburg 9 ② – Essen 10 – Oberhausen 5,5.

Stadtplan siehe gegenüberliegende Seite

- **Thiesmann**, Dimbeck 56, ✉ 45470, ℘ (0208) 30 68 90, hotel_thiesmann@t-online.de, Fax (0208) 3068990, ⇌, 🍽 – 🛗 TV 🕻 🚗 🅿. Z n
Menu (geschl. Sonn- und Feiertage) (nur Abendessen) à la carte 18/30 – **34 Zim** ⊐ 81/100 – 99/150.
  • Das komfortable und moderne Hotel ist ein engagiert geführter Familienbetrieb. Die Zimmer sind mit warmen Farben wohnlich gestaltet ; schöne Bäder mit Glaswandduschen. Großes, rustikal-gemütliches Restaurant.

- **Clipper Hotel** garni, Hans-Böckler-Platz 19 (Forum-City-Center), ✉ 45468, ℘ (0208) 30 86 30, info@hotelclipper.de, Fax (0208) 30863113, ⇌ – 🛗 ⇌ TV 🕻. 🔒 15. AE ⓜ VISA
51 Zim ⊐ 50/109 – 65/124. Y c
  • Hoch über den Dächern der Stadt im 5. Stock des Forum City Mülheim, einem Büro- und Einkaufszentrum, bietet man seinen Gästen komfortable, moderne Zimmer.

- **Gartenhotel Luisental** garni, Troostsr. 2, ✉ 45468, ℘ (0208) 99 21 40, info@gartenhotel-luisental.de, Fax (0208) 9921440 – 🛗 TV 🕻 🚗. AE ⓜ VISA JCB Z a
20 Zim ⊐ 80/125 – 90/150.
  • Architektonisch gelungen fügt sich das moderne Hotel in die aus Patrizierhäusern bestehende Nachbarschaft ein. Wohnliche Zimmer mit neuzeitlichem Mobiliar.

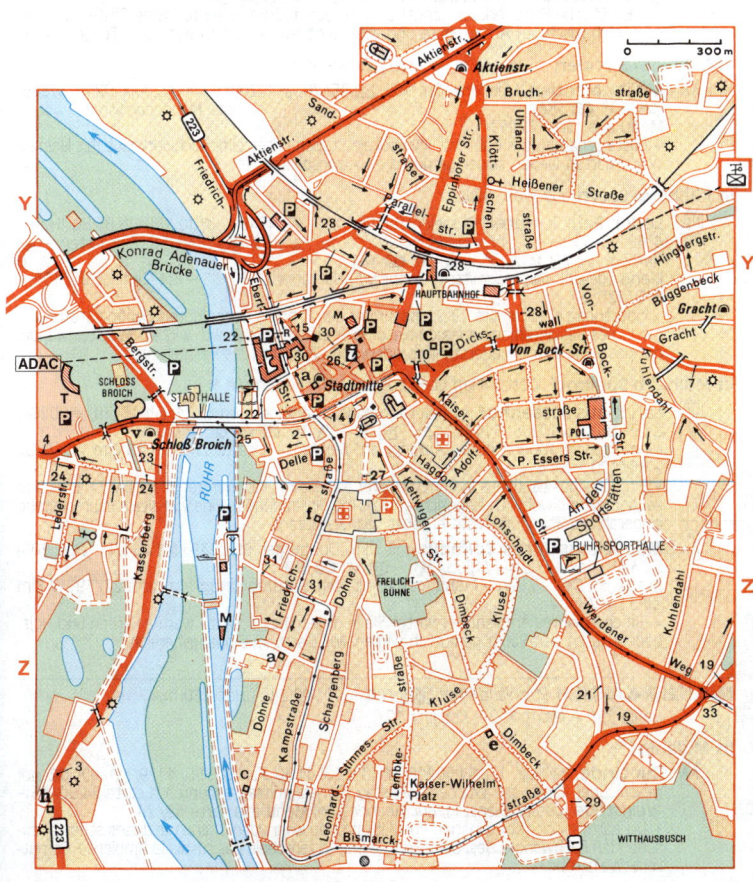

MÜLHEIM
AN DER RUHR

Berliner Platz	Y	2
Düsseldorfer Straße	X, Z	3
Duisburger Straße	X, Y	4
Dümptener Straße	X	6
Essener Straße	X	7
Friedrichstraße	Z	
Fritz-Thyssen-Str.	X	8
Heinrich-Lemberg-Str.	X	9
Kaiserplatz	Y	10
Leineweberstraße	Y	14
Löhberg	Y	15
Mendener Brücke	X	17
Obere Saarlandstr.	X, Z	19
Oberhausener Str.	X	20
Reichspräsidentenstr.	Z	21
Ruhrstraße	Y	22
Ruhrufer	Y	23
Schlossberg	YZ	24
Schlossbrücke	X, Y	25
Schloßstraße	Z	26
Teinerstraße	YZ	27
Tourainer Ring	Y	28
Untere Saarlandstr.	X, Z	29
Wallstraße	Y	30
Wilhelmstraße	Z	31
Zeppelinstraße	X, Z	33

MÜLHEIM AN DER RUHR

- **Friederike** garni, Friedrichstr. 32, ✉ 45468, ℘ (0208) 99 21 50, *info@hotel-friederi ke.de, Fax (0208) 9921545,* ⛳ – 📺. AE ⓜ 𝗩𝗜𝗦𝗔 JCB.   Z   f
  25 Zim ⊇ 60/110 – 80/125.
  ◆ Klein, aber fein und gepflegt gibt sich der Rahmen dieses Hauses, einer stilvollen Stadtvilla mit schönem parkähnlichem Garten und behaglichen Zimmern.

- **Noy** garni, Schloßstr. 28, ✉ 45468, ℘ (0208) 4 50 50, *info@hotelnoy.de, Fax (0208) 4505300* – 📶 📺 🕻 – 🅿 40. AE ⓞ ⓜ 𝗩𝗜𝗦𝗔 JCB. ✁   Y   a
  ⊇ 10 – **50 Zim** 67/102 – 102/138.
  ◆ Im Herzen der Stadt, unmittelbar in der Fußgängerzone, liegt dieses neuzeitliche Hotel. Gäste schätzen die solide gestalteten Zimmern und den freundlichen Service.

- **Am Ruhrufer** garni, Dohne 74, ✉ 45468, ℘ (0208) 99 18 50, *info@hotel-am-ruhrufer.de, Fax (0208) 9918599*, ≤ – 📶 ⇆ 📺 🕻 🅿 – 🅰 25. AE ⓜ 𝗩𝗜𝗦𝗔   Z   c
  48 Zim ⊇ 75 – 95.
  ◆ In einem Wohngebiet direkt an der Ruhr steht der rustikale Gasthof mit neuzeitlichem Hotelanbau. Die Zimmer sind solide möbliert und funktionell ausgestattet.

- **Am Schloß Broich** garni, Am Schloß Broich 27, ✉ 45473, ℘ (0208) 99 30 80, *rezeption@hotel-broich.de, Fax (0208) 9930850* – 📶 📺 ⇆. AE ⓞ ⓜ 𝗩𝗜𝗦𝗔   Y   v
  26 Zim ⊇ 50/65 – 70/90.
  ◆ Vorzüge dieses Hauses sind sicherlich die zentrale Lage und das gepflegte Ambiente. Frühaufsteher aufgepasst! Bereits ab 6 Uhr serviert man Ihnen das Frühstück!

- **Am Kamin**, Striepensweg 62, ✉ 45473, ℘ (0208) 76 00 36, *info@restaurant-amkamin.de, Fax (0208) 760769*, 🌳 – 🅿. AE ⓜ 𝗩𝗜𝗦𝗔   X   s
  geschl. Samstagmittag – **Menu** à la carte 30,50/42,50, ♀.
  ◆ Das hübsche Fachwerkhaus, umgeben von sattem Grün, erwartet seine Gäste mit einer gemütlich-rustikalen Atmosphäre und einer schönen Gartenterrasse mit offenem Kamin.

In Mülheim-Menden : *Süd : 3 km, Richtung Essen-Kettwig :*

- **Müller-Menden**, Mendener Str. 109, ✉ 45470, ℘ (0208) 37 40 15, *Fax (0208) 37933,* ⛳ – 🅿. ⓜ 𝗩𝗜𝗦𝗔   über Mendener Straße   X
  Menu à la carte 22/39.
  ◆ Gäste schätzen das hübsche, in rustikale Stuben unterteilte Fachwerkhaus mit kleinem Wintergarten wegen seiner gemütlichen Atmosphäre.

In Mülheim-Saarn *Süd-West : 2 km :*

- **Leder Fabrik Hotel**, Düsseldorfer Str. 269, ✉ 45481, ℘ (0208) 48 83 80 (Hotel) 4 68 95 55 (Rest.), *info@lederfabrikhotel.de, Fax (0208) 48838188*, Biergarten – 📶, ⇆ Zim, 🖻 📺 🕻 ♿ 🅿 – 🅰 30. ⓜ 𝗩𝗜𝗦𝗔   Z   h
  Menu *(geschl. Samstagmittag, Sonntag)* à la carte 22,50/35 – **24 Zim** ⊇ 95/105 – 110/120.
  ◆ Industriearchitektur des 19. Jh. bestimmt den Rahmen dieses Hotels. Schöne Stoffe und modernes Designermobiliar lassen die Zimmer einladend wohnlich wirken. Backsteinwände, dunkles Parkett und Lederstühle prägen den Charakter des Restaurants.

In Mülheim-Speldorf *West : 4 km über Konrad-Adenauer-Brücke* Y :

- **Landhaus Sassenhof** ⚶, (mit Gästehaus), Schellhockerbruch 21, ✉ 45478, ℘ (0208) 99 91 80, *Fax (0208) 51465,* 🌳 – 📺 🅿 – 🅰 30. AE ⓞ ⓜ 𝗩𝗜𝗦𝗔 JCB
  Menu *(geschl. Weihnachten - Anfang Jan., Montag)* à la carte 17/35 – **18 Zim** ⊇ 64/82 – 86/120.
  ◆ Ein hübsches Landhaus in unmittelbarer Nähe zum Uhlenhorster Wald. Die Zimmer sind zeitgemäß und wohnlich eingerichtet, teils mit Pinienmobiliar. Eine von altem Baumbestand eingerahmte Sonnenterrasse ergänzt das Restaurant.

- **Mölleckens Altes Zollhaus** mit Zim, Duisburger Str. 239, ✉ 45478, ℘ (0208) 5 03 49, *Fax (0208) 4441603,* 🌳 – 📺 🕻. ⓜ 𝗩𝗜𝗦𝗔
  geschl. 31. Dez. - 5. Jan. – **Menu** *(geschl. Montag, Samstagmittag)* à la carte 27/39 – **7 Zim** ⊇ 51 – 78/84.
  ◆ Ein charmantes Ambiente erwartet Sie in diesem Restaurant - warme Farben und Holzboden lassen den Raum gemütlich wirken. Mit Bistro im Eingangsbereich.

MÜLHEIM-KÄRLICH Rheinland-Pfalz 𝟱𝟰𝟯 O 6 – *10 000 Ew* – *Höhe 80 m.*
Berlin 599 – Mainz 109 – *Koblenz 10.*

In Mülheim :

- **Zur Linde**, Bachstr. 12, ✉ 56218, ℘ (02630) 41 30, *Fax (02630) 4129,* 🌳 – 🅿. ⓜ 𝗩𝗜𝗦𝗔
  geschl. über Karneval 2 Wochen, Dienstag, Samstagmittag – **Menu** à la carte 24,50/45 – **Weinstube** *(geschl. Dienstag)(nur Abendessen)* **Menu** à la carte 18/23.
  ◆ Die harmonische Kombination von Alt und Neu wahrt den Charakter dieses schön anzusehenden Fachwerkhauses. Genießen Sie bei Kerzenschein das rustikale Ambiente. Gemütliche Weinstube.

MÜLHEIM (MOSEL) Rheinland-Pfalz 543 Q 5 – 900 Ew – Höhe 110 m.
Berlin 681 – Mainz 119 – *Trier* 44 – Bernkastel-Kues 6 – Wittlich 14.

Weinromantikhotel Richtershof, Hauptstr. 81, ⌧ 54486, ℘ (06534) 94 80, *info@weinromantikhotel.de*, Fax (06534) 948100, 🍽, 🏋, 🛋, 🌳 – 📶, ⌘ Zim, 📺 📱 ♿ 🅿 – 🎓 20. ⓄⒹ ⓂⓒⒼ VISA
Culinarium R *(wochentags nur Abendessen)* Menu à la carte 34/45 – **43 Zim** ⌑ 85/130 – 120/150.
• Dieses ehemalige Herrenhaus begeistert mit der schönen Bruchsteinfassade, den individuell eingerichteten Zimmern und der ansprechenden Gartenanlage. Elegantes Ambiente mit edlem Porzellan, internationaler Küche und einem großen Weinangebot im Culinarium.

Landhaus Schiffmann (mit Gästehaus), Veldenzer Str. 49a, ⌧ 54486, ℘ (06534) 9 39 40, *info@landhaus-schiffmann.de*, Fax (06534) 18201, ≤, Massage, 🛋, 🌳 – ⌘ 📺 🅿 🥗
geschl. Dez. – Menu *(Restaurant nur für Hausgäste)* – **26 Zim** ⌑ 61 – 92.
• Auf einem 7000 Quadratmeter großen Gartengrundstück liegt das gediegene, im Landhausstil gebaute Hotel mit seinen wohnlichen Zimmern.

MÜLLHEIM Baden-Württemberg 545 W 6 – 18 000 Ew – Höhe 230 m.
🛈 Touristik-Information, Werderstr. 48, ⌧ 79379, ℘ (07631) 40 70, Fax (07631) 16654.
Berlin 831 – Stuttgart 238 – *Freiburg im Breisgau* 33 – Basel 41 – Mulhouse 26.

Alte Post, an der B 3, ⌧ 79379, ℘ (07631) 1 78 70, *info@alte-post.net*, Fax (07631) 178787, 🍽 – ⌘ Zim, 📺 📱 🚗 🅿 – 🎓 50. ⓄⒹ ⓂⓒⒼ VISA JCB
Menu à la carte 28/40 *(auch vegetarisches Menu)* – **50 Zim** ⌑ 70 – 105.
• Der renovierte historische Gasthof beherbergt neben zeitgemäß mit hübschen Weichholzmöbeln ausgestatteten Zimmern auch einige im japanischen Stil sowie ein Frauenzimmer. Gemütlich-gediegene Gaststuben mit Holztäfelung und Kachelofen. Schöne Gartenterrasse.

Appartement-Hotel im Weingarten ⌖, garni, Kochmatt 8, ⌧ 79379, ℘ (07631) 3 69 40, *info@app-hotel-im-weingarten.de*, Fax (07631) 369425, ≤, 🛋, 🏊, 🌳 – 📺 ♿ 🚗 🅿
14 Zim ⌑ 50/60 – 80.
• Großzügige, komfortable Zimmer mit kleiner Küche und Terrasse oder Balkon ermöglichen in den Bungalows oberhalb der Stadt Wohnen in privater Atmosphäre.

In Müllheim-Britzingen *Nord-Ost : 5 km über Zunzingen – Erholungsort :*

Landgasthof Hirschen mit Zim, Markgräfler Str. 22, ⌧ 79379, ℘ (07631) 54 57 – 🚗 🅿
geschl. 24. Dez. - 8. Jan., Aug. 1 Woche, Dienstag - Mittwochmittag – **Menu** 12 à la carte 17/32 – **4 Zim** ⌑ 30 – 50.
• Gäste schätzen dieses rustikale, mit Jagdtrophäen geschmückte Restaurant wegen seiner soliden bürgerlichen Küche zu günstigen Preisen.

In Müllheim-Feldberg *Süd-Ost : 6 km, über Wilhelmstraße, Hebelstraße und Vögisheim :*

Ochsen mit Zim, Bürgelnstr. 32, ⌧ 79379, ℘ (07631) 35 03, Fax (07631) 10935, 🍽, (Landgasthof a.d.J. 1763), 🌳 – 🅿 ⓄⒹ VISA
geschl. Jan. 2 Wochen – **Menu** *(geschl. Donnerstag)* à la carte 21/38,50, ⚑ – **7 Zim** ⌑ 43/45 – 82.
• Blickfang in der rustikalen Stube des typischen Markgräfler Gasthofs ist ein grüner Kachelofen - um ihn gruppieren sich die Tische. Mit hübschem Garten und ländlichen Zimmern.

MÜNCHBERG Bayern 546 P 19 – 11 700 Ew – Höhe 553 m.
🛈 Fremdenverkehrsamt, Ludwigstr. 15 (Rathaus), ⌧ 95213, ℘ (09251) 8 74 28, *fremdenverkehrsamt@muenchberg.de*, Fax (09251) 874628.
Berlin 323 – München 266 – Hof 21 – Bayreuth 37.

Seehotel Hintere Höhe ⌖, Hintere Höhe 7, ⌧ 95213, ℘ (09251) 9 46 10, *seehotel@muenchberg.de*, Fax (09251) 3976, ≤, 🍽, 🛋, 🌳 – ⌘ Zim, 📺 🚗 🅿 – 🎓 80. ⒶⒺ ⓄⒹ ⓂⓒⒼ VISA 🥗
Menu *(geschl. Freitag)* à la carte 15,50/31,50 – **33 Zim** ⌑ 55/65 – 95.
• Umgeben von Wiesen und Wäldern und mit einem kleinen See vor der Tür, bietet dieses Haus die nötige Ruhe zum Relaxen. Solide Zimmer, meist mit Balkon. Gediegenes Restaurant mit Gaststube mit Seeblick.

Braunschweiger Hof, Bahnhofstr. 13, ⌧ 95213, ℘ (09251) 9 94 00, *braunschweiger-hof@t-online.de*, Fax (09251) 6404 – 📺 🚗 🅿 ⓄⒹ ⓂⓒⒼ VISA
geschl. Mitte - Ende Jan. – **Menu** à la carte 14/30 – **21 Zim** ⌑ 41/44 – 62/72.
• Seit über einem Jahrhundert ein Ort der gepflegten Gastlichkeit. Saubere und gut eingerichtete Zimmer erwarten Sie in diesem engagiert geführten Stadthotel. Heimelig und gemütlich ist die Atmosphäre des Lokals.

MÜNCHBERG

Roßner, Kulmbacher Str. 16, ✉ 95213, ✆ (09251) 15 10, *Fax (09251) 80662* – 🛗, ⬚ Zim, TV 📞 🚗
Menu *(geschl. Anfang Aug. 2 Wochen, Sonntagabend - Montagmittag)* à la carte 17/31 – **25 Zim** ⊆ 41/57 – 67/72.
• Tadellos gepflegte Zimmer, teils etwas einfacher, teils komfortabler bietet dieses familiengeführte Haus in der Ortsmitte seinen Gästen. Rustikale Gediegenheit in der Gaststätte, gekocht wird regional.

In Sparneck *Süd-Ost : 7 km, über B 289, in Weißdorf rechts ab :*

Waldhotel Heimatliebe ⬚, ✉ 95234, ✆ (09251) 9 95 90, *heimatliebe@heimatliebe.de, Fax (09251) 7598*, 🍴, 🪑s, 🌳 – ⬚ TV 🚗 P – 🛁 40. AE ① ⓑ VISA
Menu *(geschl. Montagmittag)* à la carte 17/33 – **25 Zim** ⊆ 46/51 – 82 – ½ P 16.
• Auf einem kleinen Hügel am nördlichen Teil des Waldsteines liegt herrlich ruhig dieses hübsche Hotel mit der romantischen Fassade und dem markanten Türmchen. Das unterteilte Restaurant ist teils bürgerlich, teils gediegen eingerichtet. Schöne Gartenterrasse.

MÜNCHEBERG *Brandenburg* 542 I 26 – *6 000 Ew – Höhe 120 m.*
🛈 *Stadtinformation, Ernst-Thälmann-Str. 101,* ✉ *15374,* ✆ *(033432) 7 09 31, Fax (033432) 81143.*
Berlin 55 – Potsdam 79 – Frankfurt (Oder) 37 – Eberswalde 60.

Landhotel Sternthaler, Poststr. 6, ✉ 15374, ✆ (033432) 8 94 40, *info@landhotel-sternthaler.de, Fax (033432) 89443*, 🍴 – ⬚ TV – 🛁 20. ⓑ VISA
Menu *(geschl. Montag)* à la carte 21,50/28 – **13 Zim** ⊆ 45 – 75.
• Hinter der gepflegten Backsteinfassade des alten Stadthauses verbergen sich modern und funktionell eingerichtete, freundlich wirkende Gästezimmer. Leicht nostalgisch angehauchtes Restaurant mit internationaler Küche.

Mönchsberg ⬚, Florastr. 25c, ✉ 15374, ✆ (033432) 3 67, *mail@hotel-moenchsberg.de, Fax (033432) 367*, 🍴, 🌳 – TV & P. ⓑ VISA. ✲
geschl. 20. Dez. - 2. Jan. – **Menu** *(nur Abendessen)* à la carte 14/21 – **10 Zim** ⊆ 49 – 67.
• In einem Wohngebiet am Ortsrand steht dieses Gasthaus mit neuerem Hotelanbau - ein kleiner Familienbetrieb mit praktischen, unterschiedlich eingerichteten Zimmern.

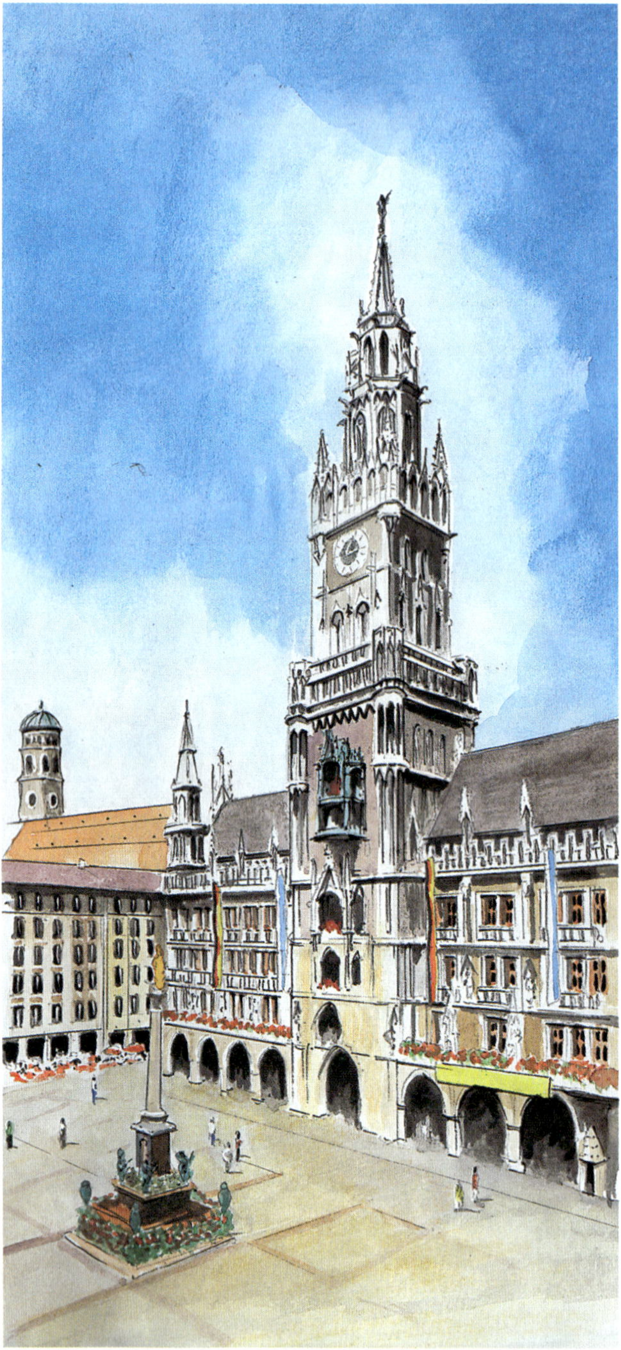

MÜNCHEN

L *Bayern* 546 V 18 – 1 300 000 Ew – Höhe 520 m

Berlin 586 ② – Innsbruck 162 ⑤ – Nürnberg 165 ② – Salzburg 140 ② – Stuttgart 222 ⑨

Umgebungskarte	S. 2
Alphabetische Liste der Hotels und Restaurants	S. 3 bis 5
Stadtplan München :	
München und Umgebung	S. 6 und 7
Innenstadt und Stadtteile	S. 8 und 9
Zentrum	S. 10 und 11
Straßenverzeichnis	S. 12
Hotels und Restaurants	S. 13 bis 27

PRAKTISCHE HINWEISE

🛈 *Tourist Information am Hauptbahnhof, Bahnhofsplatz* JY, ✉ *80335,* ℘ *(089) 2 33 03 00, tourismus@ems.muenchen.de, Fax (089) 23330233*

🛈 *Tourist Information am Marienplatz, Neues Rathaus,* KZ, ✉ *80331,* ℘ *(089) 2 33 03 00, Fax (089) 23330233*

ADAC, *Sendlinger-Tor-Platz 9*

⛳₉ *München-Thalkirchen, Zentralländstr. 40* CT, ℘ *(089) 7 23 13 04*

⛳₉ *München-Riem, Graf-Lehndorff Str. 36 (Ost : 10 km über* ③*),* ℘ *(089) 94 50 08 00*

⛳₁₈ *Aschheim, Fasanenweg 10 (Nord-Ost : 14 km, über B471),* ℘ *(089) 9 90 24 20*

⛳₂₇ *Straßlach, Tölzerstr. 95 (Süd : 17 km, über Geiselgasteigstraße.),* ℘ *(08170) 9 29 18 11*

⛳₁₈ *Eschenried, Kurfürstenweg 10 (Nord-West : 16 km),* ℘ *(08131) 5 67 40*

⛳₁₈ *Eschenhof, Kurfürstenweg 13 (Nord-West : 16 km),* ℘ *(08131) 56 74 56*

⛳₁₈ *Olching, Feuersstr. 89 (Nord-West : 22 km, über* ⑨*),* ℘ *(08142) 4 82 90*

⛳₉ *Dachau, An der Floßlände 1 (Nord-West : 20 km, über B304),* ℘ *(08131) 1 08 79*

⛳₁₈ *Eichenried, Münchener Str. 57 (Nord-Ost : 24 km, über B388),* ℘ *(08123) 9 30 80*

✈ *Flughafen Franz-Josef Strauß (Nord-Ost : 29 km, über* ②*),* ℘ *(089) 9 75 00. City Air Terminal, Arnulfstraße, (Hauptbahnhof Nordseite)*

🚆 *Ostbahnhof, Friedenstraße* HX

Messe München GmbH, Messegelände (über ③*),* ✉ *81823,* ℘ *(089) 9 49 01, Fax (089) 94920729*

HAUPTSEHENSWÜRDIGKEITEN

Museen, Galerien, Sammlungen : *Alte Pinakothek*★★★ KY – *Deutsches Museum*★★★ LZ – *Bayerisches Nationalmuseum*★★ LY M⁵ – *Nymphenburg*★★ BS (*Schloss*★, Schönheitsgalerie König Ludwig I.★, Park★, Amalienburg★★, Botanischer Garten★★) – *Neue Pinakothek*★★ KY – *Münchner Stadtmuseum*★ (*Moriskentänzer*★★) KZ M⁷ – *Galerie im Lenbachhaus*★ JY M⁴ – *Antikensammlungen*★ JY M³ – *Glyptothek*★ JY M² – *Deutsches Jagd- und Fischereimuseum*★ KZ M¹ – *Residenz*★★ (*Schatzkammer*★★, *Altes Residenztheater*★, *Residenzmuseum*★★) KY

Parks, Gärten, Seen : *Englischer Garten*★ (*Monopteros* ⩽★) LY – *Tierpark Hellabrunn*★ CT – *Olympiapark* (*Olympiaturm* ✱★★★) CR.

Gebäude, Straßen, Plätze : *Die Altstadt*★★ KYZ – *Frauenkirche*★ (*Turm* ⩽★, *Prunkkenotaph Kaiser Ludwigs des Bayern*★) KZ – *Marienplatz*★ KZ – *Asamkirche*★ KZ – *Michaelskirche*★ KYZ B – *Theatinerkirche*★ KY V.

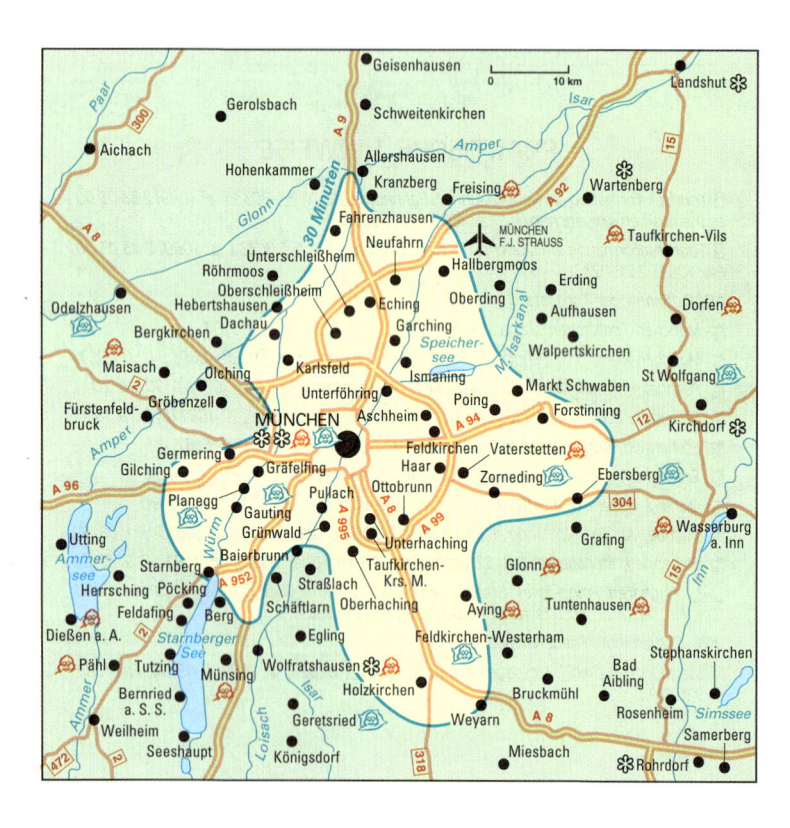

Alphabetische Liste der Hotels und Restaurants
Liste alphabétique des hôtels et restaurants

A

- S. 16 Acanthus
- S. 22 Acetaia
- S. 20 Acquarello
- S. 15 Admiral
- S. 26 Aigner
- S. 18 Albarone
- S. 25 Al Pino
- S. 27 Alter Wirt
- S. 18 Altes Hackerhaus
- S. 25 Am Moosfeld
- S. 19 Am Ostpark
- S. 16 Andi
- S. 14 Anna
- S. 16 Apollo
- S. 19 ArabellaSheraton Grand Hotel
- S. 14 ArabellaSheraton Westpark
- S. 15 Atrium
- S. 18 Augustiner Gaststätten
- S. 17 Austernkeller

B

- S. 26 Bauer
- S. 13 Bayerischer Hof
- S. 24 Bei Grazia
- S. 24 Bistro Terrine
- S. 22 Blutenburg
- S. 17 Boettner's
- S. 20 Bogenhauser Hof
- S. 16 Brack
- S. 19 Bratwurstherzl

C

- S. 15 Carat-Hotel
- S. 25 Carmen
- S. 20 Casale
- S. 15 Concorde
- S. 21 Conviva
- S. 14 Cortiina
- S. 23 Cosmopolitan
- S. 15 Cristal

D

- S. 17 Dallmayr
- S. 16 Daniel
- S. 23 Der Katzlmacher
- S. 21 Dolce Sosta
- S. 15 Domus
- S. 14 Drei Löwen
- S. 15 Drei Löwen Residenz
- S. 18 Dukatz

E

- S. 22 Econtel
- S. 22 Edelweiss Parkhotel
- S. 14 Eden-Hotel-Wolff
- S. 17 Ederer
- S. 13 Excelsior
- S. 14 Exquisit

F – G

- S. 25 Feringapark
- S. 27 Foresta Verde
- S. 20 Forum Hotel
- S. 23 Four Points Hotel München Olympiapark
- S. 22 Freisinger Hof
- S. 27 Gästehaus Gross
- S. 17 Galleria
- S. 23 Garden Plaza
- S. 27 Gasthof zur Post
- S. 26 Golden Leaf Hotel

H

- S. 27 Hachinger Hof
- S. 17 Halali
- S. 24 Heigl
- S. 20 Hilton City
- S. 26 Holiday Inn
- S. 23 Holiday Inn City Nord
- S. 24 Holiday Inn München-Süd
- S. 26 Huber
- S. 17 Hunsinger's Pacific

I – J

- S. 26 Ibis
- S. 24 Il Borgo

MÜNCHEN S. 4

- S. 21 Il Sorriso
- S. 27 Inn Side Residence-Hotel
- S. 22 Jagdschloss

K

- S. 24 K+K Hotel am Harras
- S. 20 Käfer Schänke
- S. 13 Kempinski Hotel Vier Jahreszeiten
- S. 14 King's Hotel
- S. 15 King's Hotel Center
- S. 13 Königshof
- S. 21 Königstein
- S. 15 Kraft
- S. 22 Kriemhild

L

- S. 18 La Cantinella
- S. 20 La Vigna
- S. 25 Lechnerhof
- S. 17 Lenbach
- S. 13 Le Méridien
- S. 23 Leopold
- S. 19 Löwenbräukeller
- S. 16 Luitpold
- S. 19 Lutter

M

- S. 13 Mandarin Oriental
- S. 13 Maritim
- S. 23 Marriott
- S. 21 Mayerhof
- S. 16 Meier
- S. 23 Mercure
- S. 15 Mercure Altstadt
- S. 14 Mercure City
- S. 21 Mercure Orbis
- S. 18 Mövenpick-Restaurant Grappa's
- S. 16 Müller

N

- S. 15 NH Deutscher Kaiser
- S. 27 NH Dornach am MCC
- S. 25 NH München Neue Messe
- S. 26 NH Unterhaching
- S. 17 Nymphenburger Hof

O

- S. 25 Obermaier
- S. 24 Olympiaturm-Drehrestaurant
- S. 16 Olympic

P

- S. 19 Palace
- S. 13 Park Hilton
- S. 21 Park Hotel
- S. 24 Pegasus
- S. 14 Platzl
- S. 16 Präsident
- S. 20 Preysing
- S. 19 Prinz
- S. 19 Prinzregent am Friedensengel
- S. 22 Prinzregent an der Messe

R

- S. 18 Ratskeller
- S. 23 Renaissance Hotel
- S. 20 Ritzi
- S. 25 Romantik Hotel Insel Mühle
- S. 19 Rothof
- S. 21 Rotkreuzplatz
- S. 21 Rue Des Halles

S

- S. 16 Schlicker
- S. 22 Schlosswirtschaft zur Schwaige
- S. 26 Schreiberhof
- S. 26 Schrenkhof
- S. 17 Schuhbeck's in den Südtiroler Stuben
- S. 24 Seehaus
- S. 24 Sollner Hof
- S. 24 Spago
- S. 18 Spatenhaus an der Oper
- S. 14 Stadthotel Asam

T

- S. 27 Tannenhof
- S. 23 Tantris

S. 15 Tryp
S. 14 Torbräu

U – V

S. 16 Uhland
S. 25 Villa Solln
S. 21 Villa Waldperlach
S. 20 Vinaiolo

W

S. 16 Wallis
S. 22 Weichandhof

S. 17 Weinhaus Neuner
S. 18 Weisses Bräuhaus
S. 26 Wiesbacher
S. 18 Wirtshaus zum Straubinger

Z

S. 27 Zu den Linden
S. 18 Zum Alten Markt
S. 19 Zum Franziskaner
S. 18 Zum Klösterl
S. 22 Zur Goldenen Gans

MÜNCHEN S. 6

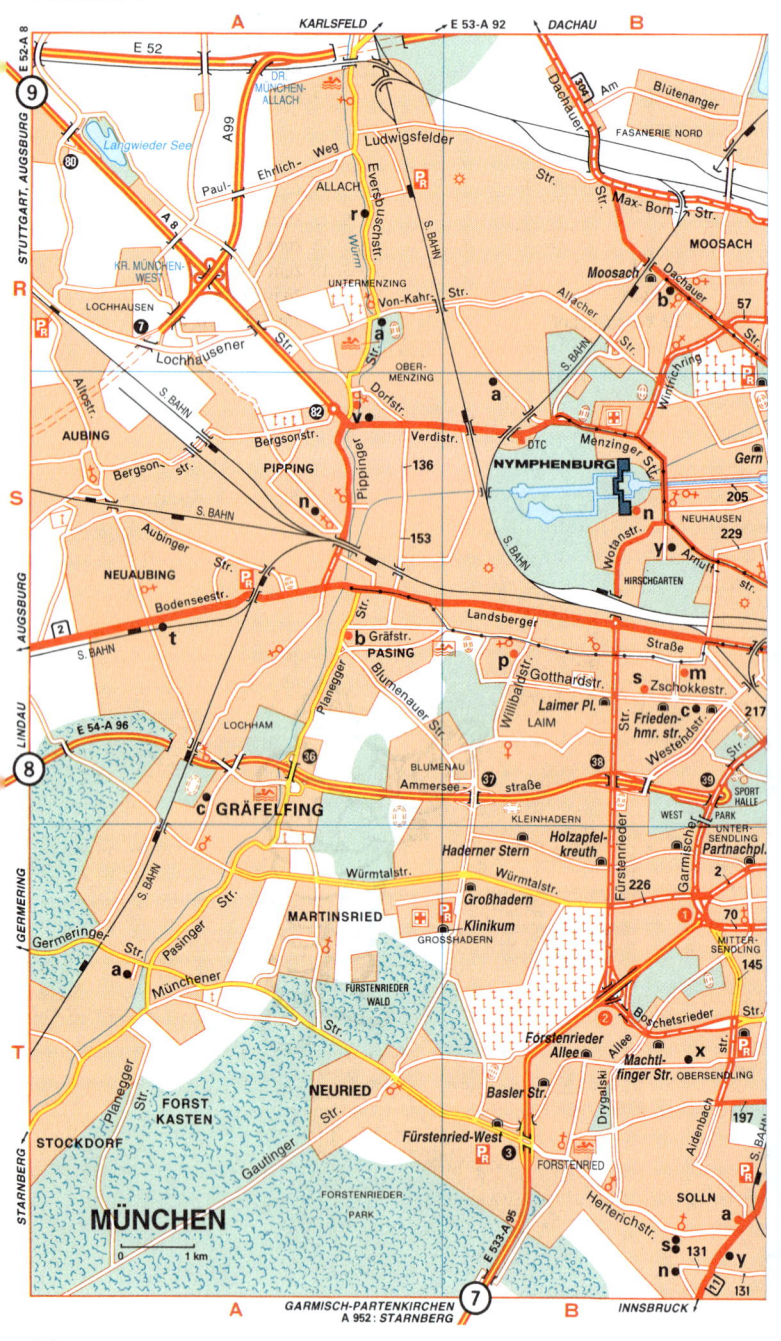

INGOLSTADT
REGENSBURG
NÜRNBERG E 45-A 9
LANDSHUT
ERDING
Kieferngarten
Harthof
Heidemann-
Am Hart
Lerchenauer See
Lerchenauer
Schleißheimer Str.
Knorrstr.
ADAC
Ingolstädter Str.
Freimann
UNTERFÖHRING
FREIMANN
Frankfurter Ring
Moosacher Str.
MILBERTSHOFEN
Domagkstr.
Milbertshfn.
Studenten-Stadt
Föhringer Ring
S.BAHN
Olympia-park
Museum BMW
Petuelring
Halte Heide
HIRSCHAU
Ungererstraße
STADION
Olympia-turm
Belgrad-str.
Leopoldstr.
ISAR
Dachauer Str.
SCHWABING
Isarring
OBERFÖHRING
ENGLSCHALKING
Landshuter Allee
Rotkreuzpl.
Englischer Garten
Oberföhringer
Effnerstr.
Arabellapark
DENNING
Nymphenburger Str.
ALTE PINAKOTHEK
Ismaninger Str.
Marsstr.
Brienner Str.
Ludwigstr.
BAYERISCHES NATIONALMUSEUM
R.-Strauss-Str.
BOGENHAUSEN
Böhmerw. pl.
Daglfinger Str.
PASSAU
RESIDENZ
FRAUENKIRCHE
Toginger Str.
A 94
E 552
Heimeranpl.
ASAMKIRCHE
Einsteinstr.
S. BAHN
Truderinger Str.
THERESIEN WIESE
ADAC
Lindwurmstr.
Rosenheimer Str.
Orleansstr.
Kreillerstr.
DEUTSCHES MUSEUM
Innsbrucker Ring
Josephs-burg
BERG AM LAIM
Heinrich-Wieland-Str.
Kolumbus-pl.
TRUDERING
Implerstr.
Harras
Silberhornstr.
Balanstr.
Karl-Preis-Pl.
Michaelibad
RAMERSDORF
OSTPARK
GIESING
Giesing
THALKIRCHEN
Wetterst. Pl.
Untersberg-Str.
Quiddestr.
Ständlerstr.
Schönstr.
Chiemgau-str.
Thalkirchen
St-Quirin-Pl.
Passauer Str.
NEU PERLACH
TIERPARK HELLABRUNN
Naupliastr.
S. BAHN
Putzbrunner Str.
Ober-sendling
Mangfallpl.
Th.-Giehse-Allee
Grünwalder Str.
Seybothstr.
HARLACHING
Tegernseer Landstr.
Wolfratshauser Str.
ISAR
Fasangarten-
FASAN-GARTEN
Neuperlach-Süd
Unterhachinger Str.
Harthauser Str.
Geiselgasteigstr.
PERLACHER FORST
UNTERBIBERG
A 995
A 8
EBERSBERG, WASSERBURG
BAD-TÖLZ
GRÜNWALD
Bavaria-Filmstadt
E 45-52-A 8
SALZBURG, INNSBRUCK
BAD-TÖLZ
E 45-52 A 8
SALZBURG

MÜNCHEN S. 8

STRASSENVERZEICHNIS

Straße	Seite	Feld	Nr.
Ackermannstraße	S. 8	FU	
Adalbertstraße	S. 9	GU	
Aidenbachstraße	S. 6	BT	
Albert-Roßhaupter-Straße	S. 6	BT	2
Albrechtstraße	S. 8	EU	
Allacher Straße	S. 6	BR	
Alter Messeplatz	S. 8	EX	3
Altostraße	S. 6	AS	
Amalienstraße	S. 11	KY	
Am Blütenanger	S. 6	BR	
Am Gasteig	S. 11	LZ	4
Amiraplatz	S. 11	KY	6
Ammerseestraße	S. 6	ABS	
An der Hauptfeuerwache	S. 10	JZ	7
Arcisstraße	S. 10	JY	
Arnulfstraße	S. 8	EV	
Asamstraße	S. 9	GX	
Aschheimer Straße	S. 7	DS	9
Aubinger Straße	S. 6	AS	
Auenstraße	S. 9	GX	
Auerfeldstraße	S. 9	GX	
Augustenstraße	S. 10	JY	
Aventinstraße	S. 11	KZ	
Baaderstraße	S. 11	KLZ	
Bahnhofplatz	S. 10	JY	
Balanstraße	S. 7	CT	
Baldeplatz	S. 9	GX	14
Barer Straße	S. 10-11	JKY	
Baumgartnerstraße	S. 8	EX	17
Bavariaring	S. 8	EFX	
Bayerstraße	S. 10	JY	
Beethovenplatz	S. 10	JZ	
Beethovenstraße	S. 10	JZ	20
Belgradstraße	S. 9	GU	
Berg-am-Laim-Str.	S. 7	DS	23
Bergsonstraße	S. 6	AS	
Biedersteiner Straße	S. 9	HU	25
Blumenauer Straße	S. 6	AS	
Blumenstraße	S. 11	KZ	
Blutenburgstraße	S. 8	EV	
Bodenseestraße	S. 6	AS	
Bonner Platz	S. 9	GU	
Bonner Straße	S. 9	GU	26
Boschetsrieder Str.	S. 6	BT	
Brienner Straße	S. 10-11	JKY	
Brudermühlstraße	S. 7	CT	29
Burgstraße	S. 11	KZ	30
Candidstraße	S. 7	CT	31
Chiemgaustraße	S. 7	CT	
Clemensstraße	S. 9	GU	
Corneliusbrücke	S. 11	KZ	
Corneliusstraße	S. 11	KZ	
Dachauer Straße	S. 10	JY	
Daglfinger Straße	S. 7	DS	
Damenstiftstraße	S. 10	JZ	32
Denninger Straße	S. 9	HV	34
Dienerstraße	S. 11	KZ	36
Dietlindenstraße	S. 9	GHU	
Domagkstraße	S. 7	CR	
Dom-Pedro-Straße	S. 8	EU	
Dorfstraße	S. 6	AS	
Drygalski-Allee	S. 6	BT	
Eduard-Schmid-Str.	S. 11	KLZ	
Effnerstraße	S. 7	DS	
Ehrengutstraße	S. 8	FX	
Einsteinstraße	S. 9	HX	
Eisenmannstraße	S. 11	KZ	39
Elisabethstraße	S. 8	FGU	
Elisenstraße	S. 10	JY	
Elsässer Straße	S. 9	HX	42
Emil-Riedel-Straße	S. 9	HV	45
Englschalkinger Str.	S. 7	DS	47

Fortsetzung
siehe München S. 10-11 und 12

972

MÜNCHEN S. 9

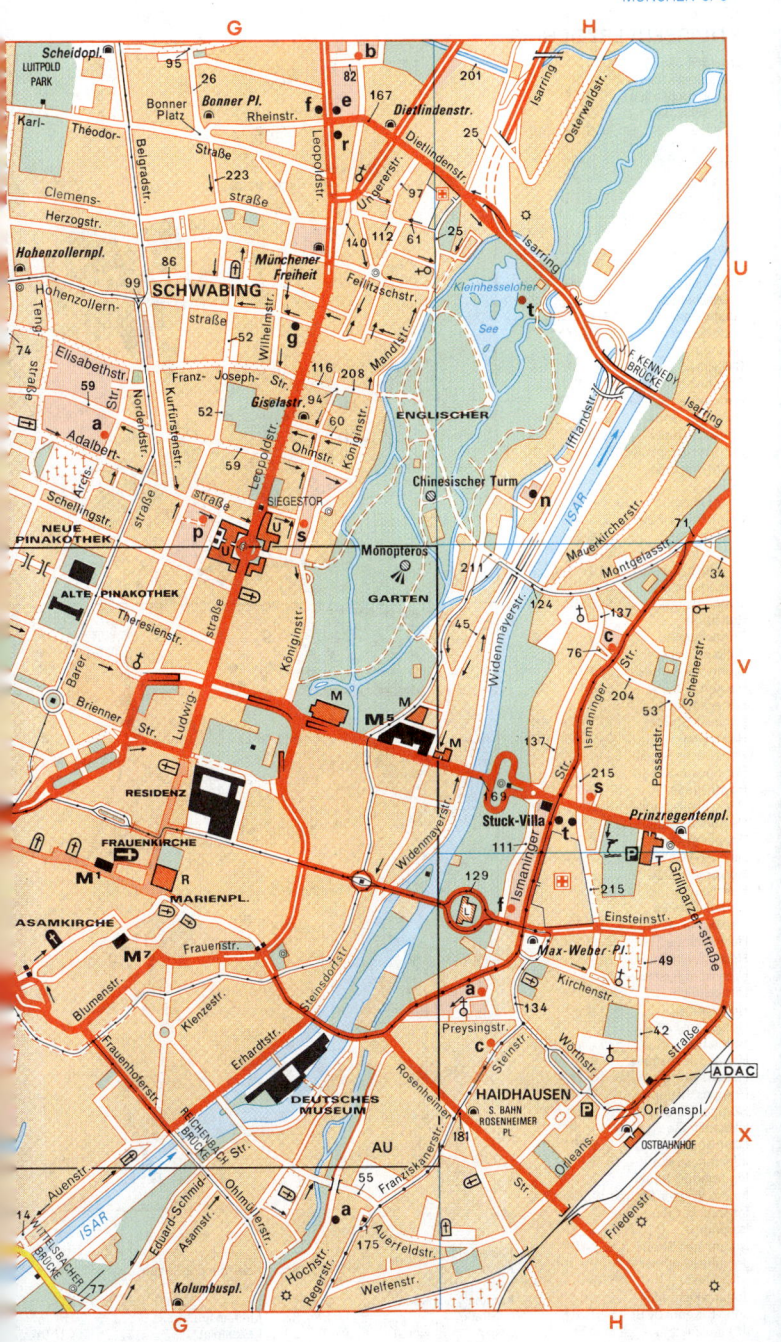

Map labels

- Scheidpl.
- LUITPOLD PARK
- Karl-Théodor-Straße
- Belgradstr.
- Clemens-Herzogstr.
- Hohenzollernpl.
- Hohenzollernstraße
- Bonner Pl.
- Bonner Platz
- Rheinstr.
- Leopoldstr.
- Ungererstr.
- Dietlindenstr.
- Osterwaldstr.
- Isarring
- SCHWABING
- Münchener Freiheit
- Feilitzschstr.
- Kleinhesseloher See
- F. KENNEDY BRÜCKE
- Elisabethstr.
- Tengstr.
- Nordendstr.
- Kurfürstenstr.
- Wilhelmstr.
- Franz-Joseph-Str.
- Giselastr.
- Mandlstr.
- ENGLISCHER
- Adalbertstr.
- Königinstr.
- Ohmstr.
- Schellingstr.
- NEUE PINAKOTHEK
- SIEGESTOR
- Chinesischer Turm
- ISAR
- Mauerkircherstr.
- Montgelasstr.
- ALTE PINAKOTHEK
- Theresienstr.
- Monopteros
- GARTEN
- Barer Str.
- Brienner Str.
- Ludwigstr.
- Widenmayerstr.
- Ismaninger Str.
- Scheinerstr.
- Possartstr.
- Stuck-Villa
- Prinzregentenpl.
- RESIDENZ
- FRAUENKIRCHE
- MARIENPL.
- Einsteinstr.
- ASAMKIRCHE
- Frauenstr.
- Max-Weber-Pl.
- Kirchenstr.
- Blumenstr.
- Klenzestr.
- Preysingstr.
- Steinstr.
- Worthstr.
- ADAC
- Frauenhoferstr.
- Erhardtstr.
- Rosenheimer Str.
- HAIDHAUSEN
- S. Bahn ROSENHEIMER PL.
- Orleanspl.
- DEUTSCHES MUSEUM
- AU
- OSTBAHNHOF
- REICHENBACH BRÜCKE
- Auenstr.
- Eduard-Schmid-Str.
- Ohlmüllerstr.
- Frantzkanerstr.
- Orleansstr.
- Friedrichstr.
- ISAR
- WITTELSBACHER BRÜCKE
- Asamstr.
- Hochstr.
- Regerstr.
- Auerfeldstr.
- Welfenstr.
- Kolumbuspl.

MÜNCHEN S. 10

STRASSENVERZEICHNIS

Erhardtstraße	S. 11	**KLZ**
Eversbuschstraße	S. 6	**AR**
Fasangartenstraße	S. 7	**CDT**
Feilitzschstraße	S. 9	**GU**
Flurstraße	S. 9	**HX** 49
Föhringer Ring	S. 7	**DR**
Frankfurter Ring	S. 7	**CR**
Franziskanerstraße	S. 9	**GX**
Franz-Joseph-Straße	S. 9	**GU**
Franz-Joseph-Strauß-Ring	S. 11	**LY** 50
Frauenstraße	S. 11	**KZ**
Fraunhoferstraße	S. 11	**KZ**
Friedenstraße	S. 9	**HX**
Friedrichstraße	S. 9	**GU** 52
Fürstenrieder Straße	S. 6	**BST**
Gabelsbergerstr.	S. 10-11	**JKY**
Gärtnerplatz	S. 11	**KZ**
Galileiplatz	S. 9	**HV** 53
Ganghoferstraße	S. 8	**EX**
Garmischer Straße	S. 6	**BST**
Gautinger Straße	S. 6	**AT**
Gebsattelstraße	S. 9	**GX** 55
Geiselgasteigstraße	S. 7	**CT**
Georg-Brauchle-Ring	S. 7	**BCR** 57
Georgenstraße	S. 8-9	**FGU** 59
Germeringer Straße	S. 6	**AT**
Giselastraße	S. 9	**GU** 60
Görresstraße	S. 8	**FU**
Goethestraße	S. 10	**JZ**
Gohrenstraße	S. 9	**GU** 61
Gotthardstraße	S. 6	**BS**
Gräfstraße	S. 6	**AS**
Grasserstraße	S. 8	**EV** 63
Grillparzerstraße	S. 9	**HX**
Grünwalder Straße	S. 7	**CT**
Hackerbrücke	S. 8	**EV** 65
Häberlstraße	S. 10	**JZ**
Hanauer Straße	S. 7	**CR** 66
Hansastraße	S. 7	**CS** 68
Hans-Sachs-Straße	S. 11	**KZ**
Harthauser Straße	S. 7	**CT**
Haydnstraße	S. 10	**JZ**
Heckenstallerstraße	S. 6	**BT** 70
Heidemannstraße	S. 7	**CR**
Heimeranstraße	S. 8	**EX**
Heinrich-Wieland-Str.	S. 7	**DT**
Herkomerplatz	S. 9	**HU** 71
Herrnstraße	S. 11	**LZ**
Herterichstraße	S. 6	**BT**
Herzog-Heinrich-Str.	S. 10	**JZ**
Herzogstraße	S. 9	**GU**
Herzog-Wilhelm-Str.	S. 10	**JZ**
Hiltenspergerstraße	S. 8-9	**FGU** 74
Hirtenstraße	S. 10	**JY**
Hochstraße	S. 11	**LZ**
Hofgartenstraße	S. 11	**KY**
Hofgraben	S. 11	**KZ** 75
Hohenzollernstraße	S. 9	**GU**
Holzstraße	S. 10	**JZ**
Hompeschstraße	S. 9	**HV** 76
Humboldtstraße	S. 9	**GX** 77
Ickstattstraße	S. 11	**KZ**
Ifflandstraße	S. 9	**HU**
Infanteriestraße	S. 8	**FU**
Ingolstädter Straße	S. 7	**CR**
Innere Wiener Str.	S. 11	**LZ** 79
Innsbrucker Ring	S. 7	**DST**
Isarring	S. 9	**HU**
Ismaninger Straße	S. 9	**HVX**
Johanneskirchner Straße	S. 7	**DS** 80
Johann-Fichte-Str.	S. 9	**GU** 82
John-F.-Kennedy-Br.	S. 9	**HU**
Josephsplatz	S. 8	**FU** 83

Kaiser-Ludwigs-Pl.	S. 10	**JZ**
Kaiserstraße	S. 9	**GU** 86
Kapuzinerstraße	S. 10	**JZ**
Kardinal-Faulhaber-Straße	S. 11	**KY** 88
Karlsplatz (Stachus)	S. 10	**JY** 91
Karlstraße	S. 10	**JY**
Karl-Theodor-Straße	S. 9	**GU**
Karolinenplatz	S. 11	**KY**
Kaufingerstraße	S. 11	**KZ**
Kirchenstraße	S. 9	**HX**
Kißkaltplatz	S. 9	**GU** 94

974

MÜNCHEN S. 11

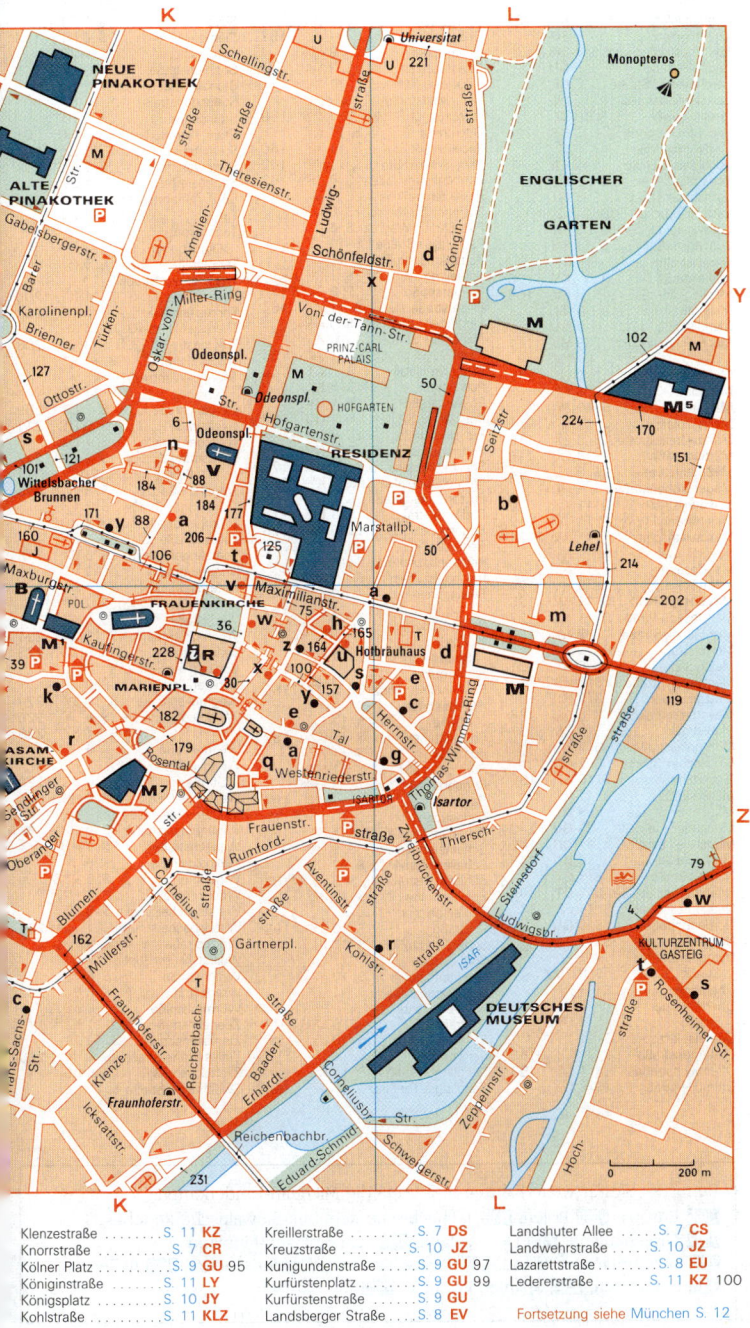

Klenzestraße	S. 11 **KZ**	Kreillerstraße	S. 7 **DS**	Landshuter Allee	S. 7 **CS**
Knorrstraße	S. 7 **CR**	Kreuzstraße	S. 10 **JZ**	Landwehrstraße	S. 10 **JZ**
Kölner Platz	S. 9 **GU** 95	Kunigundenstraße	S. 9 **GU** 97	Lazarettstraße	S. 8 **EU**
Königinstraße	S. 11 **LY**	Kurfürstenplatz	S. 9 **GU** 99	Ledererstraße	S. 11 **KZ** 100
Königsplatz	S. 10 **JY**	Kurfürstenstraße	S. 9 **GU**		
Kohlstraße	S. 11 **KLZ**	Landsberger Straße	S. 8 **EV**	Fortsetzung siehe München S. 12	

975

STRASSENVERZEICHNIS (Anfang siehe München S. 8-10-11)

Lenbachplatz .... S. 11 **KY** 101
Leonrodplatz .... S. 8 **EU**
Leonrodstraße ...... S. 8 **EU**
Leopoldstraße ...... S. 9 **GU**
Lerchenauer Straße .. S. 7 **CR**
Lerchenfeldstraße .. S. 11 **LY** 102
Lessingstraße ...... S. 10 **JZ**
Leuchtenbergring ... S. 7 **DS** 104
Lindwurmstraße ..... S. 10 **JZ**
Lochhausener Str. ... S. 6 **AR**
Loristraße .... S. 8 **EUV**
Lothstraße .... S. 8 **FU**
Ludwigsbrücke ..... S. 11 **LZ**
Ludwigsfelder Straße S. 6 **ABR**
Ludwigstraße ...... S. 11 **KY**
Luisenstraße ...... S. 10 **JY**
Maffeistraße ...... S. 11 **KY** 106
Maillingerstraße ... S. 8 **EV** 109
Maistraße .... S. 10 **JZ**
Mandlstraße .... S. 9 **GU**
Maria-Theresia-Str. .. S. 9 **HV** 111
Marienplatz .... S. 11 **KZ**
Marschallstraße ... S. 9 **GU** 112
Marsplatz .... S. 8 **EV**
Marsstraße .... S. 10 **JY**
Marstallplatz ..... S. 11 **KLY**
Martin-Greif-Straße .. S. 8 **EX** 115
Martiusstraße ..... S. 9 **GU** 116
Maßmannstraße .... S. 8 **FU** 118
Mauerkircherstraße .. S. 9 **HUV**
Maxburgstraße .... S. 11 **KY**
Maximiliansbrücke .. S. 11 **LZ** 119
Maximiliansplatz ... S. 11 **KY** 121
Maximilianstraße ... S. 11 **KYZ**
Max-Josephs-
  Brücke .... S. 9 **HV** 124
Max-Joseph-Platz .. S. 11 **KY** 125
Max-Joseph-Straße S. 11 **KY** 127
Max-Planck-Straße .. S. 9 **HX** 129
Meiserstraße ...... S. 10 **JY**
Melchiorstraße .... S. 6 **BT** 131
Menzinger Straße .. S. 6 **BS**
Metzgerstraße ..... S. 9 **HX** 134
Meyerbeerstraße ... S. 6 **AS** 136
Möhlstraße .... S. 9 **HV** 137
Montgelasstraße ... S. 9 **HUV**
Moosacher Straße .. S. 7 **CR**
Mozartstraße ...... S. 10 **JZ** 138
Müllerstraße ...... S. 11 **KZ**
Münchner Straße .. S. 6 **AT**
Münchner Freiheit .. S. 9 **GU** 140
Münchner Straße .. S. 7 **DR** 142
Murnauer Straße .. S. 6 **BT** 145
Naupliastraße ..... S. 7 **CT**
Neubiberger Straße . S. 7 **DT** 146
Neuhauser Straße .. S. 11 **JZ** 147
Nordendstraße .... S. 9 **GU**
Nußbaumstraße .... S. 10 **JZ**
Nymphenburger
  Straße .... S. 8 **EUV**
Oberanger .... S. 11 **KZ**
Oberföhringer
  Straße .... S. 7 **DRS**
Odeonsplatz ...... S. 11 **KY**
Oettingenstraße ... S. 11 **LY** 151
Offenbachstraße ... S. 6 **AS** 153
Ohlmüllerstraße ... S. 9 **GX**

Ohmstraße .... S. 9 **GU**
Orlandostraße ..... S. 11 **KZ** 157
Orleansplatz ...... S. 9 **HX**
Orleansstraße ..... S. 9 **HX**
Oskar-von-Miller-Ring S. 11 **KY**
Osterwaldstraße ... S. 9 **HU**
Ottobrunner Straße . S. 7 **DT** 158
Ottostraße .... S. 11 **KY**
Pacellistraße ..... S. 11 **KY** 160
Papa-Schmid-Str. .. S. 11 **KZ** 162
Pappenheimstraße .. S. 8 **EV** 163
Passauerstraße .... S. 7 **CT**
Pasinger Straße ... S. 6 **AT**
Paul-Ehrlich-Weg .. S. 6 **AR**
Paul-Heyse-Straße . S. 10 **JZ**
Pettenkoferstraße . S. 10 **JZ**
Petuelring .... S. 7 **CR**
Pfeuferstraße ..... S. 8 **EX**
Pfisterstraße ..... S. 11 **KY** 164
Pippinger Straße .. S. 6 **ARS**
Planegger Straße .. S. 6 **AS**
Platzl .... S. 11 **KZ** 165
Plinganserstraße .. S. 7 **CT** 166
Poccistraße .... S. 8 **EX**
Possartstraße ..... S. 9 **HV**
Potsdamer Straße .. S. 9 **GU** 167
Preysingstraße .... S. 9 **HX**
Prinzregentenbrücke S. 9 **HV** 169
Prinzregentenstr. .. S. 11 **LY** 170
Promenadeplatz ... S. 11 **KY** 171
Putzbrunner Straße . S. 7 **DT**
Radlkoferstraße ... S. 8 **EX** 174
Regerplatz .... S. 9 **GX** 175
Regerstraße .... S. 9 **GX**
Reichenbachbrücke S. 11 **KZ**
Reichenbachstr. ... S. 11 **KZ**
Reisingerstraße ... S. 10 **JZ**
Residenzstraße ... S. 11 **KY** 177
Rheinstraße .... S. 9 **GU**
Richard-
  Strauss-Straße .. S. 7 **DS**
Rindermarkt .... S. 11 **KZ** 179
Rosenheimer Platz . S. 9 **HX** 181
Rosenheimer
  Straße .... S. 11 **LZ**
Rosenstraße ...... S. 11 **KZ** 182
Rosental .... S. 11 **KZ**
Rumfordstraße .... S. 11 **KZ**
Ruppertstraße .... S. 8 **EFX**
Salvatorstraße .... S. 11 **KY** 184
Sandstraße .... S. 10 **JY**
Schäftlarnstraße .. S. 7 **CT** 187
Scheinerstraße .... S. 9 **HV**
Schellingstraße ... S. 11 **KY**
Schießstättstraße . S. 8 **EX** 189
Schillerstraße .... S. 10 **JY**
Schleißheimer
  Straße .... S. 10 **JY** 192
Schönfeldstraße .. S. 11 **KLY**
Schönstraße ...... S. 7 **CT**
Schwanthalerstr. .. S. 10 **JZ**
Schweigerstraße .. S. 11 **LZ**
Schwere-Reiter-
  Straße .... S. 8 **EFU**
Seidlstraße .... S. 10 **JY**
Seitzstraße .... S. 11 **LY**
Sendlinger Straße . S. 11 **KZ**
Sendlinger-Tor-Platz S. 10 **JZ** 194

Seybothstraße .... S. 7 **CT**
Siemensallee ..... S. 6 **BT** 197
Sonnenstraße .... S. 10 **JZ**
Sophienstraße .... S. 10 **JY**
Ständlerstraße ... S. 7 **DT**
Steinsdorfstraße .. S. 11 **LZ**
Steinstraße ...... S. 9 **HX**
Stengelstraße .... S. 9 **HU** 201
Sternstraße ..... S. 11 **LZ** 202
Sternwartstraße .. S. 9 **HV** 204
Stiglmaierplatz ... S. 10 **JY**
Südl. Auffahrtsallee S. 6 **BS** 205
Tal .... S. 11 **KZ**
Tegernseer
  Landstraße .... S. 7 **CT**
Tengstraße ...... S. 9 **GU**
Thalkirchner Straße S. 10 **JZ**
Theatinerstraße .. S. 11 **KY** 206
Theresienhöhe ... S. 8 **EX** 207
Theresienstraße S. 10-11 **JK**
Thiemestraße .... S. 9 **GU** 208
Thierschstraße ... S. 11 **LZ**
Thomas-Wimmer-
  Ring .... S. 11 **LZ**
Tierparkstraße ... S. 7 **CT** 209
Tivolistraße ..... S. 9 **HV** 211
Töginger Straße .. S. 7 **DS**
Triebstraße ...... S. 7 **CR** 212
Triftstraße ...... S. 11 **LY** 214
Trogerstraße ..... S. 9 **HVX** 215
Truderinger Straße S. 7 **DS**
Tübinger Straße . S. 6-7 **BCS** 217
Türkenstraße .... S. 11 **KY**
Tumblingerstraße . S. 8 **FX** 218
Ungererstraße ... S. 9 **GU**
Unterhachinger
  Straße .... S. 7 **DT**
Verdistraße ...... S. 6 **ABS**
Veterinärstraße .. S. 11 **LY** 221
Viktoriastraße .... S. 9 **GU** 223
Von-der-Tann-Str. .. S. 11 **KLY**
Von-Karl-Straße .. S. 6 **ABR**
Wagmüllerstraße . S. 11 **LY** 224
Waldfriedhofstraße S. 6 **BT** 226
Weinstraße ...... S. 11 **KZ** 228
Welfenstraße .... S. 9 **GX**
Wendl-Dietrich-
  Straße .... S. 6 **BS** 229
Westendstraße ... S. 6 **BS**
Westenriederstraße S. 11 **KZ**
Widenmayerstraße S. 9 **GHV**
Wilhelmstraße ... S. 9 **GU**
Willibaldstraße .. S. 6 **BS**
Wintrichring ..... S. 6 **BRS**
Winzererstraße .. S. 8 **FU**
Wittelsbacherbrücke S. 9 **GX**
Wittelsbacherstraße S. 11 **KZ** 231
Wörthstraße ..... S. 9 **HX**
Wolfratshauser Straße S. 7 **CT**
Wotanstraße .... S. 6 **BS**
Wredestraße .... S. 8 **EV** 232
Würmtalstraße ... S. 6 **ABT**
Zeppelinstraße ... S. 11 **LZ**
Ziemssenstraße .. S. 10 **JZ**
Zirkus-Krone-Straße S. 8 **EV** 236
Zschokkestraße .. S. 6 **BS**
Zweibrückenstraße S. 11 **LZ**

Benutzen Sie für weite Fahrten in Europa die **Michelin-Länderkarten**:
705 Europa, **720** Polen, **731** Tschechische Republik-Slowakische Republik,
737 Griechenland, **718** Deutschland, **711** Skandinavien-Finnland,
713 Großbritannien-Irland, **719** Deutschland-Österreich-Benelux, **735** Italien,
721 Frankreich, **734** Spanien-Portugal, **736** Jugoslawien.

MÜNCHEN S. 13

Bayerischer Hof, Promenadeplatz 2, ✉ 80333, ✆ (089) 2 12 00, info@bayerische rhof.de, Fax (089) 2120906, 😊, Massage, ≦s, ☒ – 🛗, ✻ Zim, 🍴 Rest, 📺 📞 ♿ 🅿 – 🚘 850. 🆎 ⓞ ⓜ 💳 JCB
KY y
Garden-Restaurant (Tischbestellung ratsam) **Menu** à la carte 40/57 – ***Trader Vic's*** (polynesische Küche) *(nur Abendessen)* **Menu** à la carte 27,50/54 – ***Palais Keller*** (bayerisches Bierlokal) **Menu** à la carte 17/32 – 🍽 21 – **395 Zim** 188/243 – 279/385, 17 Suiten.

♦ Privat geführtes, traditionsreiches Grandhotel, das hohen Komfort mit persönlichem Charme verbindet : rustikal, nostalgisch oder modern - je nach Zimmertyp. Elegantes Garden-Restaurant mit klassischer Küche. Südsee-Flair im Trader Vic's.

Mandarin Oriental, Neuturmstr. 1, ✉ 80331, ✆ (089) 29 09 80, momuc-reservati on@mohg.com, Fax (089) 222539, ⊠ (geheizt) – 🛗 🍴 📺 📞 ♿ – 🚘 50. 🆎 ⓞ ⓜ 💳 JCB
KZ s
Mark's (1. Etage) *(geschl. Sonntag - Montag)* *(nur Abendessen)* **Menu** à la carte 45/70, 🍷 – ***Mark's Corner*** *(Dienstag - Samstag nur Mittagessen)* **Menu** 28 (mittags) à la carte 34,50/46 – 🍽 24 – **73 Zim** 280/380 – 330/430, 8 Suiten.

♦ Auch wenn sich das ehemalige Ballhaus zum Luxushotel wandelte - die glanzvolle Ausstrahlung blieb erhalten. Von der Dachterrasse mit Pool sieht man bis zu den Alpen ! Eine Marmortreppe führt zum stilvoll-eleganten Mark's. Mark's Corner als Lunch-Treffpunkt.

Königshof, Karlsplatz 25, ✉ 80335, ✆ (089) 55 13 60, koenigshof@geisel-hotels.de, Fax (089) 55136113, 🏋, ≦s – 🛗, ✻ Zim, 🍴 📺 📞 ♿ – 🚘 80. 🆎 ⓞ ⓜ 💳 JCB
JY s
Menu *(geschl. 1. - 12. Jan., 25. Juli - 25. Aug., Sonntag - Montag)* (Tischbestellung ratsam) 35 (mittags)/118 à la carte 48/69, 🍷 ⌘ – 🍽 20 – **87 Zim** 215/260 – 260/350, 10 Suiten.

♦ Ganz im Stil der traditionsreichen Grandhotels legt man hier, in direkter Nähe zum Stachus, besonderen Wert auf klassische Eleganz und einen persönlichen Service. Die klassische Küche des edlen Restaurants genießt man an runden Tischen mit schönem Couvert.

Spez. Variation von der Gänseleber. Gebratene Froschschenkel mit Schalottensauce und Petersilienpüree. Gratinierter Lammrücken mit Cremolatajus und Gewürztomaten

Kempinski Hotel Vier Jahreszeiten, Maximilianstr. 17, ✉ 80539, ✆ (089) 2 12 50, reservations.vierjahreszeiten@kempinski.com, Fax (089) 21252000, Massage, ≦s, ☒ – 🛗, ✻ Zim, 🍴 📺 📞 ♿ – 🚘 220. 🆎 ⓞ ⓜ 💳 JCB 🍽 Rest
LZ a
Menu à la carte 40/57 – 🍽 25 – **316 Zim** 300/450 – 345/495, 51 Suiten.

♦ Seit 1858 genießen Gäste aus aller Welt das Flair des Grand Hotels, dessen elegante Zimmer den Charme der Vergangenheit harmonisch mit dem Komfort der Gegenwart verbinden. Mit Blick auf die Maximilianstraße speist man im Bistrorestaurant.

Le Méridien, Bayerstr. 41, ✉ 80335, ✆ (089) 2 42 20, info.muenchen@lemeridien. com, Fax (089) 24221111, 😊, 🏊, Massage, 🏋, ≦s – 🛗, ✻ Zim, 🍴 📺 📞 ♿ – 🚘 160. 🆎 ⓞ ⓜ 💳 JCB
JZ w
Menu à la carte 34/56, 🍷 – 🍽 20 – **381 Zim** 245/375, 9 Suiten.

♦ Schlichte Eleganz begleitet Sie von der Lobby bis in die Zimmer dieses modernen Hotels - klare Linien und edle Materialien finden sich überall im Haus. Vom Restaurant aus blicken Sie durch eine große Fensterfront auf den schönen, bewachsenen Innenhof.

Park Hilton, Am Tucherpark 7, ✉ 80538, ✆ (089) 3 84 50, sales_munich-park@hilt on.com, Fax (089) 38452588, Biergarten, Massage, ≦s, ⊠ – 🛗, ✻ Zim, 🍴 📺 📞 ♿ – 🚘 690. 🆎 ⓞ ⓜ 💳 JCB
HU n
Menu à la carte 31,50/40 – ***Tse Yang*** (chinesische Küche) *(geschl. Montag)* **Menu** à la carte 24/43 – 🍽 22 – **479 Zim** 210/230 – 230/250, 3 Suiten.

♦ Vor allem wegen seiner Lage am Englischen Garten, der grünen Lunge Münchens, ist dieses Haus, das im Jahr 2000 aufwändig renoviert wurde, sehr beliebt. Hauptrestaurant im Bistrostil mit internationaler Küche und Buffet.

Excelsior, Schützenstr. 11, ✉ 80335, ✆ (089) 55 13 70, excelsior@geisel-hotels.de, Fax (089) 55137121, 😊 – 🛗, ✻ Zim, 📺 📞 ♿ – 🚘 25. 🆎 ⓞ ⓜ 💳 JCB
JY z
Geisel's Vinothek : **Menu** à la carte 29/34,50, 🍷 – 🍽 16 – **113 Zim** 150/190 – 190/210.

♦ Vielleicht liegt es am elegant-rustikalen Ambiente des Foyers und der Zimmer, dass man sich mitten in der pulsierend-lebendigen City wie auf einem stillen Landsitz fühlt. Ländlich-rustikale Vinothek mit bemaltem Kreuzgewölbe.

Maritim, Goethestr. 7, ✉ 80336, ✆ (089) 55 23 50, info.mun@maritim.de, Fax (089) 55235900, 😊, ≦s, ⊠ – 🛗, ✻ Zim, 🍴 📺 📞 ♿ – 🚘 250. 🆎 ⓞ ⓜ 💳 JCB
JZ z
Menu à la carte 27,50/37 – 🍽 17 – **339 Zim** 154/159 – 176, 5 Suiten.

♦ Nahe dem Deutschen Theater, dem Stachus und der Theresienwiese genießt man angenehmen Komfort in geschmackvoll-elegant gestalteten Zimmern. Die Restaurants Rôtisserie und Bistro bieten eine internationale Küche.

MÜNCHEN S. 14

ArabellaSheraton Westpark, Garmischer Str. 2, ✉ 80339, ℘ (089) 5 19 60, westpark@arabellasheraton.com, Fax (089) 51963000, 😊, Massage, ⇌, 🏊, – 📶, ⇆ Zim, 🍴 📺 ✆ ♿ 🚗 – 🔒 70. AE ① ⓜ VISA JCB CS t
geschl. 19. Dez. - 6. Jan. – **Menu** (geschl. 19. Dez. - 12. Jan.) à la carte 28/39 – ⊇ 16 – **258 Zim** 175 – 200, 6 Suiten.
• Zu den Vorzügen dieses neuzeitlichen Hotelbaus zählen ein hell gestalteter Freizeitbereich und funktionelle, mit modernster Kommunikationstechnik versehene Zimmer. Im Restaurant umgibt Sie ein elegantes Ambiente.

Eden-Hotel-Wolff, Arnulfstr. 4, ✉ 80335, ℘ (089) 55 11 50, sales@ehw.de, Fax (089) 55115555 – 📶, ⇆ Zim, 📺 ✆ 🚗 – 🔒 140. AE ① ⓜ VISA JCB JY p
Menu à la carte 17,50/39,50 – **205 Zim** ⊇ 133/148 – 177/188.
• Sie wohnen in traditionsreichem, elegantem Ambiente - mitten in der "Weltstadt mit Herz". Sieben Zimmer sind für Allergiker geeignet, mit Parkettboden ausgestattet. In der rustikalen Zirbelstube ergänzen bayerische Gerichte die internationale Karte.

King's Hotel garni, Dachauer Str. 13, ✉ 80335, ℘ (089) 55 18 70, 1stclass@kingshotels.de, Fax (089) 55187300, ⇌ – 📶 ⇆ 📺 ✆ 🚗 🅿 – 🔒 30. AE ① ⓜ VISA JCB
⊇ 15 – **86 Zim** 125/140.   JY f
• Holz, wohin das Auge blickt : Ein eleganter alpenländischer Stil schafft in diesem Hotel ein einladendes Ambiente. In jedem Zimmer steht ein Himmelbett mit Baldachin !

Exquisit garni, Pettenkoferstr. 3, ✉ 80336, ℘ (089) 5 51 99 00, info@hotel-exquisit.com, Fax (089) 55199499, ⇌ – 📶 ⇆ 📺 ✆ 🚗 – 🔒 25. AE ① ⓜ VISA   JZ s
50 Zim ⊇ 119/170 – 170/205, 5 Suiten.
• Im Herzen der Innenstadt liegt das mit dunklen Mahagoni-Möbeln wohnlich und doch funktionell eingerichtete Haus. Marienplatz, Stachus und Festwiese sind zu Fuß erreichbar.

Anna, Schützenstr. 1, ✉ 80335, ℘ (089) 59 99 40, info@annahotel.de, Fax (089) 59994333 – 📶, ⇆ Zim, 📺 ✆ 🚗. AE ① ⓜ VISA JCB JYZ n
Menu à la carte 18,50/32, ♀ – **56 Zim** ⊇ 145 – 165.
• In der Altstadt von München, direkt am Stachus, ist dieses ansprechende Hotel gelegen. Modernes Design, freundliche Farben und neueste Technik zeichnen das Haus aus. Neuzeitliches, bistroartiges Lokal mit Sushi-Bar.

Platzl, Sparkassenstr. 10, ✉ 80331, ℘ (089) 23 70 30, info@platzl.de, Fax (089) 23703800, 😊, 🎳, ⇌ – 📶, ⇆ Zim, 📺 ✆ ♿ 🚗 – 🔒 70. AE ① ⓜ VISA
Pfistermühle (geschl. Sonntag) **Menu** à la carte 22,50/40,50 – **Ayingers :Menu** à la carte 17/33 – **167 Zim** ⊇ 95/141 – 155/240.   KZ z
• Behagliche Gästezimmer im traditionellen bayerischen Stil, mitten in der historischen Altstadt. Recht ruhig sind die zur Hofseite hin gelegenen Zimmer. Altmünchner Flair im Gewölbe der Pfistermühle. Ayingers mit gediegener Wirtshauskultur.

Drei Löwen garni, Schillerstr. 8, ✉ 80336, ℘ (089) 55 10 40, info@hotel3loewen.de, Fax (089) 55104905 – 📶 ⇆ 📺 ✆ – 🔒 15. AE ① ⓜ VISA JCB   JZ g
96 Zim ⊇ 105/140 – 140/150, 3 Suiten.
• Das in der Stadtmitte, nahe dem Hauptbahnhof gelegene Hotel verfügt über moderne Zimmer, die wohnlich mit gepflegtem Holzmobiliar ausgestattet sind.

Stadthotel Asam garni, Josephspitalstr. 3, ✉ 80331, ℘ (089) 2 30 97 00, info@hotel-asam.de, Fax (089) 23097097 – 📶 ⇆ 📺 ♿ 🚗. AE ① ⓜ VISA   JZ a
⊇ 13 – **25 Zim** 129/145 – 158/174, 8 Suiten.
• Ein kleines, luxuriös angehauchtes Haus in der Innenstadt. Es verfügt über Zimmer, die mit vielen Details sehr stil- und geschmackvoll ausgestattet sind. Eine Art Wintergarten beherbergt das freundlich gestaltete Restaurant.

Cortiina garni, Ledererstr. 8, ✉ 80331, ℘ (089) 2 42 24 90, info@cortiina.com, Fax (089) 242249100 – 📶 ⇆ 📺 ✆ 🚗. AE ① ⓜ VISA   KZ y
33 Zim ⊇ 126/146 – 186.
• Die Zimmer sind in modernem Stil gestaltet und technisch auf dem neuesten Stand - klare Linien und Parkettböden bestimmen das Ambiente. Nette Bar mit kleiner Speisekarte.

Torbräu, Tal 43, ✉ 80331, ℘ (089) 24 23 40 (Hotel) 22 80 75 23 (Rest.), info@torbraeu.de, Fax (089) 24234235, 😊 – 📶, ⇆ Zim, 🍴 📺 ✆ 🚗 🅿 – 🔒 30. AE ①
VISA JCB   LZ g
La Famiglia (italienische Küche) **Menu** à la carte 32,50/40 – **92 Zim** ⊇ 130/155 – 165/220, 3 Suiten.
• Der historische Bau aus dem 15. Jh. soll das älteste Hotel der Stadt sein. Gepflegte Zimmer mit gutem Platzangebot, die alle mit Klimaanlage ausgestattet sind. Toskanisches Flair und italienische Küche im terrakottagefliesten La Famiglia.

Mercure City, Senefelder Str. 9, ✉ 80336, ℘ (089) 55 13 20, h0878@accor-hotels.com, Fax (089) 596444, Biergarten – 📶, ⇆ Zim, 🍴 📺 ✆ 🚗 – 🔒 50. AE ① ⓜ VISA
JCB   JZ v
Menu à la carte 19,50/32 – **167 Zim** ⊇ 133 – 166.
• Großzügige, neuzeitlich und funktionell ausgestattete Zimmer bietet das in der Innenstadt, in der Nähe des Hauptbahnhofs gelegene Hotel.

978

MÜNCHEN S. 15

🏨 **Admiral** garni, Kohlstr. 9, ✉ 80469, ℰ (089) 21 63 50, *info@hotel-admiral.de*, *Fax (089) 293674* – 🛗 ⚙ 📺 📞 🚗 ᴀᴇ ⓘ ⓜⓒ 𝗩𝗜𝗦𝗔 ᴊᴄʙ LZ r
33 Zim ⌲ 160 – 190.
♦ Nur wenige Gehminuten von der Innenstadt entferntes Hotel mit funktionellen, teils recht ruhig gelegenen Zimmern. Bei schönem Wetter frühstücken Sie im kleinen Garten.

🏨 **King's Hotel Center** garni, Marsstr. 15, ✉ 80335, ℰ (089) 51 55 30, *center@kingshotels.de, Fax (089) 51553300* – 🛗 ⚙ 📺 📞 ♿ ᴀᴇ ⓘ ⓜⓒ 𝗩𝗜𝗦𝗔 JY b
⌲ 12 – **90 Zim** 98/120.
♦ Ein holzvertäfelter Hallenbereich empfängt Sie in dem in Zentrumsnähe gelegenen Hotel. Aufwändig gearbeitete Himmelbetten lassen die Zimmer wohnlich wirken.

🏨 **NH Deutscher Kaiser** garni, Arnulfstr. 2, ✉ 80335, ℰ (089) 5 45 30, *nhdeutscherkaiser@nh-hotels.com, Fax (089) 54532255* – 🛗 ⚙ 📺 📞 – 🚐 80. ᴀᴇ ⓘ ⓜⓒ 𝗩𝗜𝗦𝗔 JY r
⌲ 15 – **174 Zim** 124/135.
♦ Das auf die Bedürfnisse von Geschäftsreisenden abgestimmte Hotel liegt an der Nordseite des Hauptbahnhofs. Helle Zimmer mit großem Schreibtisch und bequemem Sessel.

🏨 **Drei Löwen Residenz** garni, Adolf-Kolping-Str. 11, ✉ 80336, ℰ (089) 55 10 40, *info@hotel3loewen.de, Fax (089) 55104905* – 🛗 ⚙ 📺 📞 ᴀᴇ ⓘ ⓜⓒ 𝗩𝗜𝗦𝗔 ᴊᴄʙ JZ d
63 Zim ⌲ 90/115 – 125.
♦ Wenige Schritte von dem Hotel Drei Löwen befindet sich die Schwester-Residenz gleichen Namens. Freundliche, wohnliche Einrichtung ; recht ruhig liegen die Zimmer zur Rückseite.

🏨 **Atrium** garni, Landwehrstr. 59, ✉ 80336, ℰ (089) 51 41 90, *info@atrium-hotel.de, Fax (089) 535066*, 🛎 – 🛗 ⚙ 📺 📞 🚗 – 🚐 20. ᴀᴇ ⓘ ⓜⓒ 𝗩𝗜𝗦𝗔 ᴊᴄʙ JZ k
162 Zim ⌲ 139 – 169.
♦ Mit Marmor und Spiegeln empfängt Sie die moderne Hotelhalle. Die Zimmer sind mit Naturholzmöbeln und solider Technik ausgestattet. Hübsch : der kleine, begrünte Innenhof.

🏨 **Tryp**, Paul-Heyse-Str. 24, ✉ 80336, ℰ (089) 51 49 00, *reservation.trypmuenchen@solmelia.com, Fax (089) 51490701*, 🌳, 🏋, 🛎 – 🛗, ⚙ Zim, 📺 📞 ♿ 🚗 – 🚐 35. ᴀᴇ ⓘ ⓜⓒ 𝗩𝗜𝗦𝗔 JZ c
Menu *(geschl. Samstag, Sonn- und Feiertage)* à la carte 21/31 – **200 Zim** ⌲ 103/129 – 118/134.
♦ Ein neuzeitlicher Hotelbau in Zentrumsnähe. Die Zimmer sind mit ihrer funktionellen Ausstattung ganz auf den Business-Gast zugeschnitten. Kleines Restaurantangebot mit spanischen Akzenten.

🏨 **Domus** garni, St.-Anna-Str. 31, ✉ 80538, ℰ (089) 22 17 04, *Fax (089) 2285359* – 🛗 ⚙ 📺 📞 🚗 ᴀᴇ ⓘ ⓜⓒ 𝗩𝗜𝗦𝗔 LY b
geschl. 23. - 27. Dez. – **45 Zim** ⌲ 105 – 128.
♦ Zwischen Maximilian- und Prinzregentenstraße gelegen, startet man von diesem geschmackvoll eingerichteten Haus, um Kunst, Kultur und Einkaufsmöglichkeiten zu entdecken.

🏨 **Carat-Hotel** garni, Lindwurmstr. 13, ✉ 80337, ℰ (089) 23 03 80, *info-m@carat-hotel.de, Fax (089) 23038199* – 🛗 ⚙ ≡ 📺 📞 🚗 – 🚐 15. ᴀᴇ ⓘ ⓜⓒ 𝗩𝗜𝗦𝗔 JZ f
70 Zim ⌲ 107/117 – 137/152.
♦ Die neuzeitlich und funktionell ausgestatteten Zimmer, teils mit Modemanschluss, teils mit Klimaanlage, sind vor allem auf Geschäftsreisende zugeschnitten.

🏨 **Kraft** garni, Schillerstr. 49, ✉ 80336, ℰ (089) 59 48 23, *info@hotel-kraft.com, Fax (089) 5503856* – 🛗 ⚙ 📺 📞 ᴀᴇ ⓘ ⓜⓒ 𝗩𝗜𝗦𝗔 ᴊᴄʙ JZ y
33 Zim ⌲ 80 – 95.
♦ Wohnliches Haus, teils mit Stilmobiliar, in zentraler Lage im Universitäts-Klinik-Viertel. Bahnhof, Festwiese, öffentliche Verkehrsmittel und Zentrum erreicht man bequem.

🏨 **Concorde** garni, Herrnstr. 38, ✉ 80539, ℰ (089) 22 45 15, *info@concorde-muenchen.de, Fax (089) 2283282* – 🛗 ⚙ 📺 📞 🚗 ᴀᴇ ⓘ ⓜⓒ 𝗩𝗜𝗦𝗔 LZ c
geschl. Weihnachten - Anfang Jan. – **71 Zim** ⌲ 98 – 128.
♦ Das engagiert geführte Hotel in der Altstadt verfügt über gepflegte und praktische, mit unterschiedlichem Mobiliar eingerichtete Zimmer, teils ruhig zum Hof hin gelegen.

🏨 **Cristal** garni, Schwanthalerstr. 36, ✉ 80336, ℰ (089) 55 11 10, *info@cristal.bestwestern.de, Fax (089) 55111992* – 🛗 ⚙ 📺 📞 – 🚐 90. ᴀᴇ ⓘ ⓜⓒ 𝗩𝗜𝗦𝗔 JZ h
100 Zim ⌲ 130/145 – 155.
♦ Zwischen Oktoberfestwiese und Hauptbahnhof liegt das Hotel mit neuzeitlichen, funktionellen Zimmern, teils angenehm ruhig und mit gutem Platzangebot.

🏨 **Mercure Altstadt** garni, Hotterstr. 4, ✉ 80331, ℰ (089) 23 25 90, *h3709@accorhotels.com, Fax (089) 23259127* – 🛗 ⚙ 📺 📞 🚗 ᴀᴇ ⓘ ⓜⓒ 𝗩𝗜𝗦𝗔 ᴊᴄʙ ✂ KZ k
⌲ 13 – **74 Zim** 89/109 – 119.
♦ Die sehr zentrale und doch relativ ruhige Lage macht dieses moderne Hotel aus. Sie wohnen in praktisch und sachlich ausgestatteten Gästezimmern.

MÜNCHEN S. 16

🏨 **Apollo** garni, Mittererstr. 7, ✉ 80336, ☎ (089) 53 95 31, *info@apollohotel.de*, *Fax (089) 534033* – 🛗 🍳 📺 📞 🚗 🅿 AE ⓪ ⓜⓞ VISA JCB   JZ r
74 Zim ⊇ 82 – 99.
♦ Großzügig geschnittene, mit Mahagonimöbeln wohnlich eingerichtete Räume bietet Ihnen dieses im Zentrum der Stadt gelegene Hotel - einige der Zimmer liegen ruhig zum Hinterhof.

🏨 **Präsident** garni, Schwanthalerstr. 20, ✉ 80336, ☎ (089) 5 49 00 60, *hotel.praesident@t-online.de*, *Fax (089) 54900628* – 🛗 🍳 📺 📞 🚲 15. AE ⓪ ⓜⓞ VISA JCB   JZ q
42 Zim ⊇ 79/84 – 89.
♦ Für Theaterfreunde ist dieses komplett umgebaute Hotel ideal : Schräg gegenüber liegt das Deutsche Theater. Neuzeitliche Zimmer mit hellen Naturholzmöbeln.

🏨 **Schlicker** garni, Tal 8, ✉ 80331, ☎ (089) 2 42 88 70, *schlicker-munich@t-online.de*, *Fax (089) 296059* – 🛗 🍳 📺 📞   KZ a
geschl. 23. Dez. - 7. Jan. – **69 Zim** ⊇ 85/115 – 115/170.
♦ Der Altstadtbau aus dem 16. Jh. - in Sichtweite das Rathaus mit dem weltberühmten Glockenspiel - ist ein zeitgemäßes Hotel mit individuell eingerichteten Zimmern.

🏨 **Olympic** garni, Hans-Sachs-Str. 4, ✉ 80469, ☎ (089) 23 18 90, *Fax (089) 23189199* –
📺 📞 🚗 AE ⓪ ⓜⓞ VISA   KZ c
38 Zim ⊇ 90/120 – 130.
♦ Die meisten Zimmer, teils im Biedermeierstil, liegen an ruhigen, grünen Innenhöfen. Viktualienmarkt, Marienplatz, Theater, Deutsches Museum und U-Bahn ganz in der Nähe.

🏨 **Meier** garni, Schützenstr. 12, ✉ 80335, ☎ (089) 5 49 03 40, *info@hotel-meier.de*, *Fax (089) 549034340* – 🛗 🍳 📺 📞 AE ⓪ VISA   JY x
geschl. 23. - 28. Dez. – **50 Zim** ⊇ 90 – 110/130.
♦ Ende der 90er Jahre wurde das Etagenhotel neu gestaltet und bietet seinen Besuchern nun einheitlich eingerichtete, funktionelle Zimmer.

🏨 **Daniel** garni, Sonnenstr. 5, ✉ 80331, ☎ (089) 54 82 40, *info@hotel-daniel.de*, *Fax (089) 553420* – 🛗 🍳 📺 📞 🚲 20. AE ⓜⓞ VISA   JZ m
81 Zim ⊇ 79/105 – 109/137.
♦ Wohnlich-moderne Zimmer direkt am Stachus : Von hier ist die Innenstadt bequem zu erreichen. Zugänge zum Münchner Verkehrsverbund neben dem Hotel.

🏨 **Acanthus** garni, An der Hauptfeuerwache 14, ✉ 80331, ☎ (089) 23 18 80, *acanthus@t-online.de*, *Fax (089) 2607364* – 🛗 📺 📞 🚗 AE ⓜⓞ VISA JCB   JZ n
geschl. 23. - 26. Dez. – **36 Zim** ⊇ 90/95 – 95/105.
♦ Verschiedene Stilarten kennzeichnen die Zimmer dieses Hotels : teils im englischen Stil gehalten, mit Antiquitäten und gemusterten Tapeten, teils modern, in Cremetönen.

🏨 **Brack** garni, Lindwurmstr. 153, ✉ 80337, ☎ (089) 7 47 25 50, *hotel_brack@t-online.de*, *Fax (089) 74725599* – 🛗 🍳 📺 📞 🅿 AE ⓪ ⓜⓞ VISA JCB   EX b
50 Zim ⊇ 81/118 – 107/174.
♦ An einer der schönsten Alleen der Innenstadt liegt dieses familiengeführte Hotel mit soliden, funktionell ausgestatteten Zimmern - fragen Sie nach den frisch renovierten.

🏨 **Andi** garni, Landwehrstr. 33, ✉ 80336, ☎ (089) 5 52 55 60, *comfort-hotel-andi@t-online.de*, *Fax (089) 55255666* – 🛗 🍳 📺 🅿 AE ⓪ ⓜⓞ VISA JCB   JZ u
geschl. 23. Dez. - 3. Jan. – **30 Zim** ⊇ 87/105 – 95/151.
♦ München auf kurzen Wegen kennen lernen : Hauptbahnhof, Fußgängerzone und Einkaufszentren sind nicht weit. Die Zimmer sind gepflegt und funktionell ausgestattet.

🏨 **Müller** garni, Fliegenstr. 4, ✉ 80337, ☎ (089) 2 32 38 60, *Fax (089) 268624* – 🛗 🍳 📺 📞 🅿 AE ⓪ ⓜⓞ VISA   JZ p
geschl. 23. Dez. - 6. Jan. – **40 Zim** ⊇ 79/89 – 99/109.
♦ Beim Sendlinger Tor, schräg gegenüber der Matthäuskirche, befindet sich das Hotel mit den neu gestalteten Zimmern, dem persönlichen Service und der behaglichen Atmosphäre.

🏨 **Luitpold** garni, Schützenstr. 14 (Eingang Luitpoldstraße), ✉ 80335, ☎ (089) 59 44 61, *hotel-luitpold@t-online.de*, *Fax (089) 554520* – 🛗 📺 📞 AE ⓜⓞ VISA JCB   JY x
41 Zim ⊇ 67/105 – 87/160.
♦ Ein gemütliches Ambiente bieten die im Landhausstil eingerichteten Räume. Das familiengeführte, individuell gestaltete Haus steht direkt an der Fußgängerzone.

🏨 **Uhland** garni, Uhlandstr. 1, ✉ 80336, ☎ (089) 54 33 50, *info@hotel-uhland.de*, *Fax (089) 54335250*, (ehemalige Villa) – 🛗 📺 📞 🅿 AE ⓪ ⓜⓞ VISA JCB   JZ x
25 Zim ⊇ 75/85 – 82/95.
♦ Hinter der 100-jährigen Neu-Renaissance-Fassade an der Theresienwiese erwarten Sie sowohl moderne Wasserbetten und Gäste-PCs als auch rustikale Bauernmöbel.

🏨 **Wallis** garni, Schwanthalerstr. 8, ✉ 80336, ☎ (089) 5 49 02 90, *hotel.wallis@t-online.de*, *Fax (089) 54902928* – 🛗 🍳 📺 📞 AE ⓪ ⓜⓞ VISA JCB   JZ t
54 Zim ⊇ 77/87 – 87/118.
♦ Liebhaber der Schauspielkunst wohnen gleich gegenüber vom Deutschen Theater und wählen zwischen modernem Business-Stil und bayerisch bemalten Möbeln.

MÜNCHEN S. 17

XXX **Schuhbeck's in den Südtiroler Stuben,** Platzl 6, ✉ 80331, ℘ (089) 2 16 69 00,
✿ *info@schuhbeck.de, Fax (089) 21669025* – AE ⓜ VISA   KZ u
geschl. 24. Dez. - 15. Jan., Montagmittag, Sonn- und Feiertage – **Menu** 42 (mittags)/92
(abends) und à la carte.
• Hier hat man elegante und ländliche Elemente gelungen kombiniert : holzgetäfelte
Wände, eine stuckverzierte Decke und ein gutes Couvert bestimmen den Rahmen. Koch-
schule.
Spez. Gesulztes vom Saibling mit Meerrettichmousse und gebratener Jakobsmuschel.
Wolfsbarsch mit Senfsauce und Kartoffel-Kräuterpüree. Rohrnudel mit Pralinensauce und
Vanilleeis

XX **Boettner's,** Pfisterstr. 9, ✉ 80331, ℘ (089) 22 12 10, *Fax (089) 29162024,* 🌿 – ▪.
AE ⓞ ⓜ VISA   KZ n
geschl. Samstag - Sonntag, 15. Sept. - 15. April nur Sonntag – **Menu** (Tischbestellung rat-
sam) 31 (mittags) à la carte 39/67, 🍷 – ***Boettner's Atrium*** : **Menu** à la carte 20,50/27,
🍷.
• Die Institution Boettner findet man im Orlando-Block. Sie speisen in Räumen mit elegant-
klassischer Ausstattung, teils mit alter, dunkler Holztäfelung. Klassische Küche.

XX **Halali,** Schönfeldstr. 22, ✉ 80539, ℘ (089) 28 59 09, *halali-muenchen@t-online.de,
Fax (089) 282786* – AE ⓜ VISA JCB   LY x
geschl. Juni 3 Wochen, Samstagmittag, Sonn - und Feiertage – **Menu** (Tischbestellung
ratsam) 21,50 (mittags) à la carte 31/48.
• Das historische Gasthaus aus dem 19. Jh. beherbergt ein vertäfeltes, blumengeschmück-
tes Lokal mit rustikal-gediegener Einrichtung.

XX **Ederer,** Kardinal-Faulhaber-Str. 10, ✉ 80333, ℘ (089) 24 23 13 10,
Fax (089) 24231312, 🌿 – ▪. AE ⓜ VISA   KY a
geschl. Sonn- und Feiertage – **Menu** (Tischbestellung ratsam) à la carte 35,50/58,50.
• Umgeben von noblen Geschäften der Fünf Höfe, erwartet Sie in den hohen Räumen
dieses Restaurants ein schickes, modern-schlichtes Ambiente.

XX **Hunsinger's Pacific,** Maximiliansplatz 5 (Eingang Max-Joseph-Straße), ✉ 80333,
℘ (089) 55 02 97 41, *Fax (089) 55029742* – ▪. AE ⓞ ⓜ VISA JCB   KY s
geschl. Samstagmittag, Sonntag – **Menu** à la carte 23,50/44,50.
• Im früheren Aubergine holt Werner Hunsinger den Pazifik in die mit Illusionsmalerei luftig-
leicht bemalten, lüsterbeleuchteten vier Wände. International mit Asia-Touch !

XX **Austernkeller,** Stollbergstr. 11, ✉ 80539, ℘ (089) 29 87 87, *Fax (089) 223166* – AE
ⓞ ⓜ VISA JCB   LZ e
geschl. 23. - 26. Dez. – **Menu** *(nur Abendessen)* (Tischbestellung ratsam) à la carte
26,50/47,50.
• Wer sich für Krustentiere und frisch gefischte Meeresbewohner begeistert, begibt sich
am besten in dieses denkmalgeschützte, mit Porzellantellern geschmückte Kellergewölbe.

XX **Dallmayr,** Dienerstr. 14 (1. Etage), ✉ 80331, ℘ (089) 2 13 51 00, *gastro@dallmayr.de,
Fax (089) 2135443* – 🛗 ⁂ – ▪. AE ⓞ ⓜ VISA JCB   KZ w
*geschl. Montag - Mittwoch ab 19 Uhr, Donnerstag - Freitag ab 20 Uhr, Samstag ab 16 Uhr,
Sonn- und Feiertage* – **Menu** à la carte 33,50/54.
• Das Restaurant des bekannten Delikatessen-Hauses, das schon Kaiser und Königshäuser
beliefert, hat sich Frische und Natürlichkeit der Produkte zur Philosophie gemacht.

XX **Nymphenburger Hof,** Nymphenburger Str. 24, ✉ 80335, ℘ (089) 1 23 38 30,
Fax (089) 1233852, 🌿 – AE ⓜ VISA. ⁂   EV a
geschl. 23. Dez. - 10. Jan., Samstagmittag, Sonntag - Montag, Feiertage – **Menu** (Tisch-
bestellung ratsam) 18 (mittags) à la carte 28/46,50, 🍷.
• Helles, freundliches Restaurant mit Terrasse, pastellfarbener Einrichtung mit viel Blu-
menschmuck und klassisch-gehobener, regional und österreichisch beeinflusster Karte.

XX **Lenbach,** Ottostr. 6, ✉ 80333, ℘ (089) 5 49 13 00, *info@lenbach.de,
Fax (089) 54913075,* 🌿 – AE ⓞ ⓜ VISA   JY c
geschl. Sonn- und Feiertage – **Menu** à la carte 31,50/47.
• Star-Architekt Sir Terence Conran gestaltete die Räume im Lenbach Palais. Das Konzept :
trendige Gastronomie im XXL-Format auf 2200 qm mit Sushi-Bar und modernem Restau-
rant.

XX **Galleria,** Sparkassenstr. 11/Ecke Ledererstraße, ✉ 80331, ℘ (089) 29 79 95, *info@r
istorante-galleria.de, Fax (089) 2913653* – ▪. AE ⓞ ⓜ VISA   KZ x
geschl. 1. - 7. Jan., Aug. 2 Wochen, Sonntag (außer Messen und Dez.) – **Menu** (Tischbe-
stellung ratsam) (italienische Küche) 27 (mittags) à la carte 39/47.
• Fast schon in intimem Rahmen speist man hier zwischen farbenfrohem, warmem Dekor
und wechselnden Bildern. Das Repertoire basiert auf klassischer italienischer Küche.

XX **Weinhaus Neuner,** Herzogspitalstr. 8, ✉ 80331, ℘ (089) 2 60 39 54, *weinhaus-ne
uner@t-online.de, Fax (089) 266933* – AE ⓜ VISA   JZ e
geschl. Sonn- und Feiertage – **Menu** à la carte 24,50/36.
• Als Münchens "Ältestes Weinhaus" bezeichnet sich dieser Bau von 1852 mit Kreuzge-
wölbe und sehenswerten Wandgemälden. Teils regionale, teils bürgerliche Küche.

MÜNCHEN S. 18

XX **Albarone**, Stollbergstr. 22, ✉ 80539, ℘ (089) 29 16 86 87, *g.mayrhofer@t-online.de*, *Fax (089) 29168687*, 🍴 ⓘ VISA   LZ d
geschl. 23. Dez. - 7. Jan., Aug. 2 Wochen, Samstagmittag, Sonn- und Feiertage – **Menu** (italienische Küche) à la carte 32,50/42.
  • Hinter der hellen Fassade dieses nahe dem Hofbräuhaus gelegenen Stadthauses hat man ein schlicht-elegantes italienisches Restaurant eingerichtet. Mit Innenhofterrasse.

XX **Mövenpick-Restaurant Grappa's**, Lenbachplatz 8 (1. Etage), ✉ 80333, ℘ (089) 5 45 94 90, *restaurant.muenchen@moevenpick.com, Fax (089) 54594930*, 🍴 – ⌫ 🅴. AE ⓘ VISA JCB
Menu à la carte 22/39.   JY e
  • Im Künstlerhaus befindet sich diese Filiale mit internationalen Gaumenfreuden im Crossover-Stil. Tabakfans fühlen sich in der Zigarrenlounge mit begehbarem Humidor wohl.

XX **La Cantinella**, Schönfeldstr. 15a, ✉ 80539, ℘ (089) 28 53 57, *Fax (089) 2855577*, – AE ⓘ VISA   LY d
geschl. 15. Aug. - 1. Sept., Sonntag – **Menu** (italienische Küche) 18 (mittags) à la carte 28/36,50.
  • Nicht weit vom Englischen Garten servieren die drei Brüder Somma in gemütlichem Ambiente mit südländischer Gastfreundschaft leichte klassisch-italienische Spezialitäten.

X **Dukatz**, Salvatorplatz 1, ✉ 80333, ℘ (089) 2 91 96 00, *info@dukatz.de*, *Fax (089) 29196028* – ⌫   KY n
geschl. Sonntag – **Menu** (Tischbestellung ratsam) à la carte 25,50/38,50, 🍷.
  • Im Literaturhaus, einer ehemaligen Markthalle a. d. J. 1870, serviert man auf zwei Ebenen unter schönem Kreuzgewölbe eine internationale Küche.

X **Zum Alten Markt**, Dreifaltigkeitsplatz 3, ✉ 80331, ℘ (089) 29 99 95, *lehner.gastro@zumaltenmarkt.de, Fax (089) 2285076*, 🍴   KZ q
geschl. Sonn- und Feiertage – **Menu** (abends Tischbestellung ratsam) à la carte 23,50/34,50.
  • Die üppige Holzvertäfelung im Stil einer Südtiroler Ratsherrenstube, die teilweise authentisch und mehr als 400 Jahre alt ist, macht das Lokal am Viktualienmarkt gemütlich.

X **Ratskeller**, Marienplatz 8, ✉ 80331, ℘ (089) 2 19 98 90, *info@ratskeller.com*, *Fax (089) 21998930*, 🍴 – AE ⓘ VISA JCB   KZ R
Menu à la carte 18/37.
  • Im historischen Rathaus bestellt man hier deftige bayerische und fränkische Schmankerln. Verschiedene Räume, Nischen und Kachelöfen sorgen für rustikale Behaglichkeit.

X **Zum Klösterl**, St.-Anna-Str. 2, ✉ 80538, ℘ (089) 22 50 86, *zum-kloesterl@t-online.de*, *Fax (089) 29161864*, 🍴 – ⓘ VISA   LZ m
geschl. Sonn- und Feiertage – **Menu** (nur Abendessen) (Tischbestellung ratsam) à la carte 18,50/32,50.
  • Theaterbesucher treffen sich nach der Vorstellung gerne in der gemütlichen, im altdeutschen Stil mit viel Holz dekorierten Stube oder auf der kleinen Terrasse in der 1. Etage.

X **Wirtshaus Zum Straubinger**, Blumenstr. 5, ✉ 80331, ℘ (089) 2 32 38 30, *info@zumstraubinger.de, Fax (089) 23238320*, Biergarten – AE ⓘ VISA   KZ v
Menu à la carte 17,50/32,50.
  • Uriger Treffpunkt in der Nähe des Viktualienmarktes. Blanke Holztische und freigelegtes Mauerwerk geben dem Lokal seinen besonderen Reiz. Mit Biergarten.

Brauerei-Gaststätten :

X **Spatenhaus an der Oper**, Residenzstr. 12, ✉ 80333, ℘ (089) 2 90 70 60, *spatenhaus@kuffler.de, Fax (089) 2913054*, 🍴 – AE ⓘ VISA   KY t
Menu à la carte 23,50/41.
  • Das mehr als 100 Jahre alte Stadthaus beherbergt in der ersten Etage verschiedene gemütliche Stuben. Das Erdgeschoss ist ebenfalls im alpenländischen Stil gehalten.

X **Weisses Bräuhaus**, Tal 7, ✉ 80331, ℘ (089) 2 90 13 80, *info@weisses-brauhaus.de*, *Fax (089) 29013815*, 🍴 – 🛏 30. ⓘ VISA   KZ e
Menu à la carte 15/31,50.
  • Um 1900 erbautes Altstadthaus, das von außen mit seiner schönen Fassade erfreut, im Innern mit authentischen regionalen Spezialitäten und gemütlicher Einrichtung.

X **Augustiner Gaststätten**, Neuhauser Str. 27, ✉ 80331, ℘ (089) 23 18 32 57, *augustinerstammhaus@yahoo.de, Fax (089) 2605379*, 🍴 – AE ⓘ ⓘ VISA JCB   JZ w
Menu à la carte 15,50/32.
  • Bis 1885 wurde im Stammhaus der Augustiner noch Bier gebraut. Arkadengarten und Muschelsaal zählen zu den Baudenkmälern des Münchner Jugendstils. Mit schönem Biergarten.

X **Altes Hackerhaus**, Sendlinger Str. 14, ✉ 80331, ℘ (089) 2 60 50 26, *hackerhaus@aol.com, Fax (089) 2605027*, 🍴 – AE ⓘ ⓘ VISA JCB   KZ r
Menu à la carte 13,50/35.
  • Das Hackerhaus hat viele Gesichter: Den lebhaften Biergarten zur Straße, den überdachten Innenhof für Romantiker, die Rats- und zünftige Gaststube und das Schäfflergewölbe.

MÜNCHEN S. 19

Zum Franziskaner, Residenzstr. 9/Perusastr. 5, ✉ 80333, ℘ (089) 2 31 81 20, *zum.franziskaner@t-online.de, Fax (089) 23181244,* 🌳 – 🔳. AE ① ⓜ VISA
Menu à la carte 18/31,50. KYZ v
• Traditionelle Gastlichkeit in weiträumigen Stuben, nahe der Hauptpost : weiß-blaue Schmankerln von der hausgemachten Weißwurst bis zum Fisch aus bayerischen Gewässern.

Bratwurstherzl, Dreifaltigkeitsplatz 1 (am Viktualienmarkt), ✉ 80331, ℘ (089) 29 51 13, *mail@bratwurstherzl.de, Fax (089) 29163751,* Biergarten – AE ① ⓜ VISA
geschl. Sonn- und Feiertage – **Menu** à la carte 12/23,50. KZ q
• Selbst gemachte Rostbratwürste vom Buchenholzgrill sind hier der Hit : "Einsteiger" bekommen sechs Stück, "Fortgeschrittene" acht, "Profis" wird gleich ein Dutzend serviert.

Löwenbräukeller, Nymphenburger Str. 2, ✉ 80335, ℘ (089) 52 60 21, *Fax (089) 528933,* Biergarten – AE ⓜ VISA JY y
Menu à la carte 15/28.
• Ein derb-rustikales Ambiente, ein typisch bayerisches Speiseangebot und ein riesiger Biergarten machen das Lokal neben der gleichnamigen Brauerei aus.

In München-Allach :

Lutter garni, Eversbuschstr. 109, ✉ 80999, ℘ (089) 8 12 70 04, *hotel-lutter@t-online.de, Fax (089) 8129584* – 🛗 TV 🖂 🚗. 🐾 AR r
geschl. 20. Dez. - 7. Jan. – **27 Zim** ☑ 70 – 77.
• Ein tipptopp gepflegtes und engagiertes Haus mit funktionellen Zimmern zu einem guten Preis-Leistungs-Verhältnis im Nord-Westen Münchens.

In München-Au :

Prinz, Hochstr. 45, ✉ 81541, ℘ (089) 4 41 40 80 (Hotel) 44 14 19 10 (Rest.), *contact@hotel-prinz.de, Fax (089) 41408333* – 🛗 ✕ TV 🚗. AE ① ⓜ VISA
✕ Rest GX a
Louis *(geschl. Mitte Aug. 2 Wochen, Samstag - Sonntag)* **Menu** 33/42 und à la carte – ☑ 13 – **40 Zim** 115/165 – 135/195.
• Die Zimmer dieses gepflegten Hotels überzeugen mit ihrer modern-schlichten, funktionellen Einrichtung. In regelmäßigem Wechsel stellen Künstler zeitgenössische Werke aus. Ein neuzeitlicher Stil und klare Linien geben dem Louis seinen Bistro-Charakter.

In München-Berg am Laim :

Am Ostpark garni, Michaeliburgstr. 21, ✉ 81671, ℘ (089) 49 10 13, *hotel-ostpark@t-online.de, Fax (089) 491016,* 🌳 – 🛗 ✕ TV 📞 🚗 🅿. AE ① ⓜ VISA DT a
21 Zim ☑ 77 – 98.
• Die grüne Oase, nach der das Haus mit den soliden hellen Naturholzmöbeln benannt wurde, liegt direkt vor der Tür. Hier gibt es noch klassischen Service mit Frühstückskarte !

In München-Bogenhausen :

ArabellaSheraton Grand Hotel, Arabellastr. 6, ✉ 81925, ℘ (089) 9 26 40, *grandhotel.muenchen@arabellasheraton.com, Fax (089) 92648009,* ≤, Biergarten, 🅿, Massage, 🎰, 🛋, 🅿, ☎, 🛗, 🔳 TV 📞 🚗 – 🎿 650. AE ① ⓜ VISA. ✕ Rest
Die Ente vom Lehel *(geschl. Aug., Sonntag - Montag) (nur Abendessen)* **Menu** 39 à la carte 46/61 – **Paulaner's** *(geschl. Samstagmittag, Sonn- und Feiertage mittags)* **Menu** à la carte 18,50/34,50 – ☑ 21 – **643 Zim** 280/350 – 305/375, 14 Suiten. DS q
• Renoviertes Grandhotel mit imposantem Hallenbereich und sehr gut eingerichteten Zimmern. Vis-à-vis : der Arabellapark mit Boutiquen, Bistros, Kinos und Nightclub. Eine lebendige Atmosphäre empfängt Sie in der eleganten, zur Halle hin offenen Ente vom Lehel.

Palace, Trogerstr. 21, ✉ 81675, ℘ (089) 41 97 10, *palace@kuffler.de, Fax (089) 41971819,* 🎰, ☎, 🌳 – 🛗 ✕ Zim, TV 📞 🚗 – 🎿 25. AE ① ⓜ VISA
Menu à la carte 31,50/43 – ☑ 15 – **72 Zim** 155/200 – 220/230, 3 Suiten. HV t
• Elegantes, hochwertig ausgestattetes Haus : Alle Zimmer mit Louis XVI-Stilmöbeln, teils mit Parkett. Bei Sonne lohnt sich ein Besuch der Dachterrasse oder des Gartens. Stilvoll-elegantes Palace-Restaurant.

Prinzregent am Friedensengel garni, Ismaninger Str. 42, ✉ 81675, ℘ (089) 41 60 50, *friedensengel@prinzregent.de, Fax (089) 41605466,* ☎ – 🛗 ✕ TV 📞 🚗 – 🎿 35. AE ① ⓜ VISA HV t
geschl. 23. Dez. - 6. Jan. – **66 Zim** ☑ 169/215 – 200/245.
• Das Hotel liegt nur fünf Minuten vom Englischen Garten entfernt. Die wohnlichen Zimmer gefallen mit alpenländischem Stil. Frühstücksraum mit schöner Täfelung und Wintergarten.

Rothof garni, Denninger Str. 114, ✉ 81925, ℘ (089) 9 10 09 50, *rothof@t-online.de, Fax (089) 915066,* 🌳 – 🛗 ✕ TV AE ① ⓜ VISA DS k
geschl. 23. Dez. - 6. Jan. – **37 Zim** ☑ 121/131 – 152/172.
• Das gut geführte Hotel bietet geräumige, helle und freundliche Zimmer mit moderner Technik sowie Tennisschule und -plätze unter einem Dach.

MÜNCHEN S. 20

XXX **Bogenhauser Hof,** Ismaninger Str. 85, ✉ 81675, ℘ (089) 98 55 86, *bogenhauserhof@t-online.de, Fax (089) 9810221*, 😊, (ehemaliges Jagdhaus a.d.J. 1825) – AE ⓘ ⓜ VISA
HV c
geschl. 24. Dez. - 8. Jan., über Ostern 2 Wochen, Sonn- und Feiertage – **Menu** (Tischbestellung ratsam) à la carte 40/60.
* Ein Klassiker der Münchner Gastronomie ist dieses Jagdhaus aus dem Jahr 1825 mit seiner gehobenen klassischen Küche, die man auch im idyllischen Sommergarten serviert.

XX **Acquarello,** Mühlbaurstr. 36, ✉ 81677, ℘ (089) 4 70 48 48, *info@acquarello.com, Fax (089) 476464*, 😊 – ⓜ ⓘ
DS f
geschl. 1. - 4. Jan., Samstagmittag, Sonntagmittag, Feiertage mittags – **Menu** (italienische Küche) 27 (mittags)/77 à la carte 37/57.
* Küchenchef Waldemar Gollans kreative, feinfühlige italienische Küche setzt auf interessante Kontraste. Zart bemalte Wände verleihen dem Ristorante ein mediterranes Ambiente.
Spez. Ravioli mit Ricotta-Walnussfüllung auf zerlassener Butter und Radicchio. Taubenbrust mit schwarzer Nuss-Sauce und Petersilienmousse. Rinderschmorbraten mit Barolosauce und Selleriepüree

XX **Käfer Schänke,** Prinzregentenstr. 73, ✉ 81675, ℘ (089) 4 16 82 47, *kaeferschaenke@feinkost-kaefer.de, Fax (089) 4168623*, 😊 – AE ⓘ ⓜ VISA JCB
HV s
geschl. Sonn- und Feiertage – **Menu** (Tischbestellung erforderlich) à la carte 34,50/55.
* Neben dem gemütlichen Restaurant sind vor allem die verschieden dekorierten Stüberln sehenswert : So speist man z. B. in der Meissner-Stube inmitten von 300 Porzellanteilen !

In München-Denning :

XX **Casale,** Ostpreußenstr. 42, ✉ 81927, ℘ (089) 93 62 68, *Fax (089) 9306722*, 😊 – ℗. AE ⓜ VISA
DS n
Menu (italienische Küche) 41 à la carte 35/40.
* Klassische italienische Küche erwartet Sie in diesem hellen, freundlichen Restaurant mit Wintergartenterrasse. Farbenfrohe Bilder unterstreichen das südländische Flair.

In München-Englschalking :

XX **La Vigna,** Wilhelm-Dieß-Weg 2, ✉ 81927, ℘ (089) 93 14 16, *Fax (089) 93933132*, 😊 – AE ⓘ ⓜ VISA
DS t
geschl. Samstagmittag – **Menu** (italienische Küche) 24 (mittags) à la carte 37/40,50.
* Im Osten der Landeshauptstadt kocht Cosimo Ruggiero eine italienische Küche, die in einem modernen Bistro-Ambiente mit Parkettboden serviert wird.

In München-Haidhausen :

🏨 **Hilton City,** Rosenheimer Str. 15, ✉ 81667, ℘ (089) 4 80 40, *fom_munich-city@hilton.com, Fax (089) 48044804*, 😊 – 📶, ❄ Zim, 🖃 📺 📞 ♿ 🚗 – 🚪 180. AE ⓘ ⓜ VISA JCB
LZ s
Menu à la carte 21/36,50 – ⌧ 22 – **481 Zim** 280/339 – 300/359, 4 Suiten.
* Neben Philharmonie und Gasteig Kulturzentrum liegt dieses Haus, das durch die funktionellen Zimmer vor allem auf die Bedürfnisse von Geschäftsreisenden zugeschnitten ist. Restaurant im alpenländischen Stil mit teils regionaler, teils internationaler Küche.

🏨 **Preysing** garni, Preysingstr. 1, ✉ 81667, ℘ (089) 45 84 50, *Fax (089) 45845444*, ≋, 🏊 – 📶 🖃 📺 📞 🚗 – 🚪 15. AE ⓘ ⓜ VISA JCB
LZ w
geschl. 22. Dez. - 6. Jan. – **76 Zim** ⌧ 130/135 – 180, 5 Suiten.
* Wohnlich wirken die mit viel Liebe zum Detail eingerichteten Zimmer mit moderner Naturholzmöblierung. Zur Entspannung : Schwimmbad, Whirlpool und Sauna.

🏨 **Forum Hotel,** Hochstr. 3, ✉ 81669, ℘ (089) 4 80 30, *muchb@ichotelsgroup.com, Fax (089) 4488277*, ≋, 🏊 – 📶, ❄ Zim, 🖃 📺 📞 🚗 – 🚪 350. AE ⓘ ⓜ VISA, ❄ Rest
Menu à la carte 22,50/37 – ⌧ 18 – **580 Zim** 170/190, 12 Suiten.
LZ t
* Modernes Tagungshotel mit geräumigen Zimmern, soliden Möbeln und einem großzügigen Freizeitbereich. Das neue, 2000 qm große Konferenzzentrum fasst 2000 Gäste. Modernes Restaurant mit europäisch-asiatischer Karte.

🏠 **Ritzi,** Maria-Theresia-Str. 2a, ✉ 81675, ℘ (089) 4 19 50 30, *office@hotel-ritzi.de, Fax (089) 41950350* – 📺 📞 ⓜ VISA
HX f
Menu à la carte 26/34 – **25 Zim** ⌧ 98/135 – 150.
* Cosmopolitischer Wind direkt am Isarufer. Kein Zimmer gleicht dem anderen : Wohnen Sie im karibischen, afrikanischen, skandinavischen, chinesischen oder Art déco-Interieur. Im legeren Bistro ist Crossover das kulinarische Motto.

X **Vinaiolo,** Steinstr. 42, ✉ 81667, ℘ (089) 48 95 03 56, *Fax (089) 48068011* – ⓜ VISA
HX c
geschl. Montagmittag – **Menu** (abends Tischbestellung erforderlich)(italienische Küche) à la carte 33,50/41,50, 🍷.
* Das wechselnde Speisenrepertoire orientiert sich ganz am Markt. Die Weine werden in den original vorhandenen, restaurierten Schränken der ehemaligen Apotheke präsentiert.

Rue Des Halles, Steinstr. 18, ✉ 81667, ℘ (089) 48 56 75, *bernhard.le.port@t-onlin e.de*, Fax (089) 43987378, *(Restaurant im Bistrostil)* – 🅼🅲 🆅🅸🆂🅰 🅹🅲🅱 HX a
Menu *(nur Abendessen)* (Tischbestellung ratsam) à la carte 32/45.
◆ Das klassizistische Stadthaus in einer Seitenstraße beherbergt ein in typischem Stil gehaltenes Bistro. Das französische Angebot wird den Gästen auf Tafeln präsentiert.

In München-Laim :

Park Hotel, Zschokkestr. 55, ✉ 80686, ℘ (089) 57 93 60, *park-hotel-laim@t-online.de*, Fax (089) 57936100, ⚞ – 🛗, 🚿 Zim, 🖥 Zim, 📺 ✆ 🚗 – 🔑 30. 🅰🅴 ① 🅼🅲 🆅🅸🆂🅰 🅹🅲🅱
🚫 Rest BS c
Menu *(geschl. Samstag, Sonn- und Feiertage)(nur Abendessen)* (Restaurant nur für Hausgäste) – **74 Zim** ⊇ 99/110 – 125.
◆ Das neuzeitliche Eckhaus beherbergt funktionelle, meist mit hellem Holz und hübschen Stoffen wohnlich gestaltete Zimmer. Direkter U-Bahn-Anschluss in die Innenstadt.

Dolce Sosta, Willibaldstr. 24, ✉ 80689, ℘ (089) 54 64 37 37, Fax (089) 54643736, ⚞
– 🅿. 🅰🅴 🆅🅸🆂🅰 BS p
geschl. Sonntag – **Menu** (italienische Küche) à la carte 28,50/36,50.
◆ Bayerisch-getäfelte Wände harmonieren mit südlich-mediterranem Terrakottaboden. Die italienische Küche genießt man im Sommer auf der schönen Terrasse.

Conviva, Friedenheimer Str. 59a, ✉ 80686, ℘ (089) 54 77 99 00, Fax (089) 54779993, ⚞, 🚲 BS m
geschl. Samstagmittag, Sonn- und Feiertage – **Menu** (abends Tischbestellung erforderlich) 11 (mittags)/48 (abends).
◆ Modernes Bistro-Restaurant mit ungewöhnlichem Background : Behinderte arbeiten dem Küchenchef zu und werden so fit für's Berufsleben. Günstige Mittagskarte !

Il Sorriso, Gotthartstr. 8, ✉ 80686, ℘ (089) 5 80 31 70, *restaurant.ilsorriso@epost.de*, Fax (089) 51261812, ⚞ – 🅿. 🅰🅴 ① 🅼🅲 🆅🅸🆂🅰 🅹🅲🅱 BS s
geschl. Sonntag – **Menu** à la carte 23,50/36.
◆ Netter Italiener im Erdgeschoss eines kleinen Hochhauses nicht weit von Hirschgarten und Nymphenburger Schloss. Man speist in südländischer Atmosphäre.

In München-Milbertshofen :

Königstein garni, Frankfurter Ring 28, ✉ 80807, ℘ (089) 35 03 60, *info@hotel-koenigstein-muenchen.de*, Fax (089) 35036100 – 🛗 🚿 📺 🚗 🅿. ① 🅼🅲 🆅🅸🆂🅰 🅹🅲🅱 CR v
geschl. 20. Dez. - 6. Jan. – **42 Zim** ⊇ 88/103 – 113.
◆ Eine gut geführte Übernachtungsadresse mit funktionellen, einheitlich mit hellen Einbaumöbeln ausgestatteten Zimmern. In der Nähe liegen Olympiapark und Englischer Garten.

In München-Moosach :

Mayerhof garni, Dachauer Str. 421, ✉ 80992, ℘ (089) 14 36 60, *info@hotel-mayerhof.de*, Fax (089) 1402417 – 🛗 🚿 📺 🚗 – 🔑 20. 🅰🅴 ① 🅼🅲 🆅🅸🆂🅰 🅹🅲🅱 BR b
70 Zim ⊇ 110/125 – 135/150.
◆ In diesem gepflegten Hotel zwischen Olympiapark und Nymphenburger Schloss legt man Wert auf persönlichen Service. Gut ausgestattete, neuzeitliche Zimmer.

In München-Neuhausen :

Rotkreuzplatz garni, Rotkreuzplatz 2, ✉ 80634, ℘ (089) 1 39 90 80, *info@hotel-rotkreuzplatz.de*, Fax (089) 166469 – 🛗 🚿 📺 ✆ 🚗. 🅰🅴 ① 🅼🅲 🆅🅸🆂🅰 🅹🅲🅱 CS r
geschl. 23. Dez. - 7. Jan. – **56 Zim** ⊇ 70/88 – 100/110.
◆ Am Rande der Innenstadt liegt diese engagiert geführte Adresse mit wohnlich wie auch funktionell eingerichteten Zimmern. Jeder Gast findet morgens eine Zeitung vor seiner Tür.

In München-Neu Perlach :

Mercure Orbis, Karl-Marx-Ring 87, ✉ 81735, ℘ (089) 6 32 70, *h1374@accor-hotels.com*, Fax (089) 6327407, ⚞, 🏋, ⚞, 🅂 – 🛗, 🚿 Zim, 🖥 📺 ✆ 🚗 🅿 – 🔑 120. 🅰🅴 ① 🅼🅲 🆅🅸🆂🅰 über Ständlerstraße DT
Menu à la carte 18/30 – **185 Zim** ⊇ 127 – 144, 4 Suiten.
◆ Von der leicht elegant wirkenden Halle bis in die solide möblierten, technisch gut ausgestatteten Zimmer überzeugt dieses Hotel mit guter Pflege.

Villa Waldperlach garni, Putzbrunner Str. 250 (Waldperlach), ✉ 81739, ℘ (089) 6 60 03 00, *hotel@villa-waldperlach.de*, Fax (089) 66003066 – 🛗 🚿 📺 ✆ 🚗. 🅰🅴 ①
🅼🅲 🆅🅸🆂🅰 🅹🅲🅱 über Putzbrunner Straße DT
21 Zim ⊇ 80 – 95/100.
◆ Alle Zimmer sind in modernen Eiche-Natur-Möbeln gehalten, mit großen Schreibtischen und sehr guter Technik versehen - im oberen Stock meist mit wohnlicher Holzbalkendecke.

MÜNCHEN S. 22

In München-Nymphenburg :

Kriemhild garni, Guntherstr. 16, ⊠ 80639, ℘ (089) 1 71 11 70, *hotel@kriemhild.de*, *Fax (089) 17111755* – TV P. AE MC VISA JCB
17 Zim ⊇ 58/72 – 84/94. BS y
• Bei Münchens größtem Biergarten liegt die kleine, familiäre Hotelpension. Die meisten Zimmer sind mit hellen Erlenholzmöbeln eingerichtet und technisch gut ausgestattet.

Acetaia, Nymphenburger Str. 215, ⊠ 80639, ℘ (089) 13 92 90 77, *Fax (089) 13929078,* 🌳 – MC VISA
geschl. Samstagmittag – **Menu** (italienische Küche) 22 (mittags) à la carte 34/43. CS a
• Im rustikalen italienischen Ambiente setzen Kronleuchter, Mosaikfußboden, stilvoll eingedeckte Tische und ein gut funktionierender Service noble Akzente. Mit schöner Terrasse.

Schlosswirtschaft zur Schwaige, Schloss Nymphenburg Eingang 30, ⊠ 80638, ℘ (089) 17 44 21, *info@zur-schwaige.de, Fax (089) 1784101,* Biergarten – P. AE MC VISA JCB
Menu à la carte 17,50/39,50. BS n
• Im Seitenflügel des Nymphenburger Schlosses hat man ein rustikal geprägtes Restaurant eingerichtet. Internationale Gerichte bereichern die regionale Küche.

In München-Oberföhring :

Freisinger Hof mit Zim, Oberföhringer Str. 189, ⊠ 81925, ℘ (089) 95 23 02, *freisinger.hof@t-online.de, Fax (089) 9578516,* Biergarten – TV ✆ P. AE ⓪ MC VISA DR f
Menu à la carte 27/46,50 – **13 Zim** ⊇ 98/115 – 130/150.
• Das Wirtshaus von 1875 hat trotz Modernisierung Charme und Charakter bewahrt. In rustikalem Ambiente serviert man Regionales. Gemütliche Zimmer im Landhausstil.

In München-Obermenzing :

Edelweiss Parkhotel, Menzinger Str. 103, ⊠ 80997, ℘ (089) 8 11 10 01 (Hotel), 81 08 90 00 (Rest.), *info@edelweiss-parkhotel.de, Fax (089) 81039982,* 🌳 – TV ✆ P. AE ⓪ MC VISA JCB ℠ Zim BS a
La Rotonda (italienische Küche) **Menu** à la carte 24/37 – **30 Zim** ⊇ 68/70 – 90.
• In einem ruhigen, begrünten Wohngebiet liegt dieses gepflegte Haus, dessen Zimmer teils mit Parkett, angenehmer Farbgestaltung und Landhaus-Möbeln gefallen. Im lichtdurchfluteten Anbau befindet sich das Restaurant La Rotonda.

Jagdschloss, Alte Allee 21, ⊠ 81245, ℘ (089) 82 08 20, *jagdschloss@t-online.de, Fax (089) 82082100,* Biergarten – TV ✆ 🚗 MC VISA AS n
Menu à la carte 15/28 – ⊇ 8 – **26 Zim** 65 – 90.
• Das 100 Jahre alte denkmalgeschützte, urbayerische Haus beherbergt hinter seiner schmucken Fassade helle, neuzeitlich eingerichtete Zimmer. Schlichte, urige Gaststuben.

Blutenburg garni, Verdistr. 130, ⊠ 81247, ℘ (089) 8 91 24 20, *info@hotel-blutenburg.de, Fax (089) 89124242* – ℠ TV 🚗 P. AE MC VISA
19 Zim ⊇ 70/78 – 88/98. AS v
• Dieses Etagenhotel liegt nahe der Blutenburg und des Nymphenburger Schlosses, unweit der Autobahn. Einige der gut gepflegten, funktionellen Zimmer verfügen über Terrassen.

Weichandhof, Betzenweg 81, ⊠ 81247, ℘ (089) 8 91 16 00, *info@weichandhof.de, Fax (089) 89116012,* 🌳 – P. AE MC VISA JCB AS v
geschl. Samstagmittag – **Menu** (Tischbestellung ratsam) à la carte 12/39,50.
• Ein hübscher Landgasthof im typisch bayerischen Stil mit mehreren rustikal-gemütlichen Gaststuben. Im Sommer ist die Gartenterrasse ein beliebtes Ausflugsziel der Münchner.

In München-Pasing :

Econtel garni, Bodenseestr. 227, ⊠ 81243, ℘ (089) 87 18 90, *info@econtel.de, Fax (089) 87189400* – 🛗 ℠ TV ✆ 🚗 – 🚘 70. MC VISA JCB
⊇ 10 – **69 Zim** 73/80 – 76/86. AS t
• Ein modernes, funktionelles Hotel. Die gepflegten Zimmer sind recht groß, hell und auf die Bedürfnisse von Geschäftsreisenden zugeschnitten.

Zur Goldenen Gans, Planegger Str. 31, ⊠ 81241, ℘ (089) 83 70 33, *Fax (089) 8204680,* 🌳 – P. MC VISA JCB
geschl. Montag – **Menu** à la carte 26/38. AS b
• Viele Stammgäste schätzen diesen bayerischen Landgasthof mit regionalem Speiseangebot. Das Restaurant ist mit Holz und warmen Farben gemütlich-rustikal eingerichtet.

In München-Riem *über ③ und die A 94* DS :

Prinzregent an der Messe, Riemer Str. 350, ⊠ 81829, ℘ (089) 94 53 90, *messe@prinzregent.de, Fax (089) 94539566,* 🌳, Biergarten, 🎱, ≘s – 🛗, ℠ Zim, TV ✆ 🚗 P. – 🚘 40. AE MC ⓪
geschl. 24. Dez. - 6. Jan. – **Menu** à la carte 27/35 – **92 Zim** ⊇ 185 – 215, 4 Suiten.
• Ein a. d. 18. Jh. stammendes Gebäude und ein neuzeitlicher Anbau bilden dieses in Messenähe gelegene Haus. Ansprechend : die gediegen-wohnlichen Zimmer und der Freizeitbereich. Im historischen Teil des Hauses befindet sich das gemütliche Restaurant.

In München-Schwabing :

Marriott, Berliner Str. 93, ✉ 80805, ℰ (089) 36 00 20, *muenchen.marriott@marriotthotels.com, Fax (089) 36002200,* 🅿, Massage, 𝄞, ≋, 🔲 – 🛗, ⇜ Zim, 📺 📞 &
– 🔒 300. AE ⓓ ⓜⓞ VISA. ⅞ Rest   CR e
Menu à la carte 26/38 – 🍴 18 – **348 Zim** 159/199, 13 Suiten.
♦ Im Stil eines Grandhotels präsentiert sich dieses Haus mit modern ausgestatteter Konferenz-Etage. Die Zimmer sind wohnlich mit blumigen Stoffen dekoriert. American Style Restaurant mit schönem, großem Buffet und Showküche.

Holiday Inn City Nord, Leopoldstr. 194, ✉ 80804, ℰ (089) 38 17 90, *reservation.himuenchen@queensgruppe.de, Fax (089) 38179888,* 🍴, ≋, 🔲 – 🛗, ⇜ Zim, 📺 📞
– 🔒 320. AE ⓓ ⓜⓞ VISA JCB   CR t
Menu à la carte 24,50/37,50 – 🍴 18 – **365 Zim** 140/220.
♦ Im Künstler- und Unterhaltungsviertel liegt das moderne Businesshotel mit vielen Annehmlichkeiten wie Römischem Bad, Sauna, Solarium, Poolbar und Sonnenterrasse.

Renaissance Hotel, Theodor-Dombart-Str. 4 (Ecke Berliner Straße), ✉ 80805,
ℰ (089) 36 09 90, *rhi.mucbr.reservations@renaissancehotels.com, Fax (089) 360996900,*
🍴 – 🛗, ⇜ Zim, 📺 📞 🚗 – 🔒 30. AE ⓓ ⓜⓞ VISA JCB. ⅞ Rest   CR e
Menu à la carte 23/34,50 – 🍴 16 – **260 Zim** 141, 87 Suiten.
♦ In der Nähe des Englischen Gartens und des Olympiastadions. Wohnliche Zimmer und elegante Suiten bieten ein hohes Maß an Komfort. Zum Entspannen lädt die "Erholungsoase" ein. Mediterran : das Bistro 46-47 - benannt nach den Breitengraden des Mittelmeerraumes.

Four Points Hotel München Olympiapark, Helene-Mayer-Ring 12, ✉ 80809,
ℰ (089) 35 75 10, *fourpoints.olympiapark@arabellasheraton.com, Fax (089) 35751800,*
🍴 – 🛗, ⇜ Zim, 📺 📞 🅿 – 🔒 30. AE ⓓ ⓜⓞ VISA JCB   CR p
geschl. 22. Dez. - 12. Jan. - **Menu** (geschl. Sonn- und Feiertage) à la carte 20/33 – 🍴 13
– **105 Zim** 140/160.
♦ Hier wohnt man mitten im Olympiapark ! Zu aktuellen Sportereignissen, aber auch zu kulturellen Highlights sind es nur wenige Schritte. Elegant-funktionelle Zimmer erwarten Sie.

Cosmopolitan garni, Hohenzollernstr. 5, ✉ 80801, ℰ (089) 38 38 10, *cosmo@cosmopolitan-hotel.de, Fax (089) 38381111* – 🛗 ⇜ 📺 📞 🚗. AE ⓓ ⓜⓞ VISA JCB   GU g
71 Zim 🍴 100 – 110.
♦ Zwei miteinander verbundene Häuser im Herzen von Schwabing beherbergen moderne Gästezimmer mit Designermöbeln und zeitgemäßer technischer Ausstattung.

Garden Plaza garni, Leopoldstr. 132, ✉ 80804, ℰ (089) 3 61 95 70, *info@hotelgardenplaza.de, Fax (089) 361957604* – 🛗 ⇜ 📺 🚗. AE ⓓ ⓜⓞ VISA JCB   GU e
161 Zim 🍴 95/161 – 120/196, 5 Suiten.
♦ Haupthaus, Gartentrakt und ein Neubau bilden das direkt an der berühmten Schwabinger Leopoldstraße gelegene Hotel mit neuzeitlichen Zimmern.

Mercure garni, Leopoldstr. 120, ✉ 80802, ℰ (089) 3 89 99 30, *h1104@accor-hotels.com, Fax (089) 349344* – 🛗 ⇜ 📺 🚗. AE ⓓ ⓜⓞ VISA JCB   GU r
65 Zim 🍴 94/129 – 130/150.
♦ Unweit des Englischen Gartens und nahe Alt-Schwabing mit seinen Kabaretts und Bier-Pubs findet man funktionelle Zimmer, die typischen Mercure-Standard bieten.

Leopold, Leopoldstr. 119, ✉ 80804, ℰ (089) 36 04 30, *hotel-leopold@t-online.de, Fax (089) 36043150,* 🍴, ≋ – 🛗, ⇜ Zim, 📺 📞 & 🚗 🅿 – 🔒 20. AE ⓓ ⓜⓞ
VISA JCB   GU f
geschl. 23. - 30. Dez. - **Menu** à la carte 18,50/35,50 – **72 Zim** 🍴 95/115 – 115/128.
♦ Traditionsreiches, seit Generationen familiär geführtes Hotel mit Charme, mitten im Künstlerviertel Schwabing. Fragen Sie nach Zimmern mit Blick auf den idyllischen Garten.

Tantris, Johann-Fichte-Str. 7, ✉ 80805, ℰ (089) 3 61 95 90, *info@tantris.de,
Fax (089) 3618469,* 🍴 – 🅿. AE ⓓ ⓜⓞ VISA. ⅞   GU b
geschl. Jan. 1 Woche, Sonntag - Montag, Feiertage – **Menu** (Tischbestellung ratsam)
60 (mittags)/128 (abends) à la carte 56/88, ♀ &.
♦ Adresse Nr. 1 für Münchens Gourmets ist der von Fabeltieren bewachte, avantgardistische schwarz-orangene Genusstempel, in dem Hans Haas innovativ-klassische Küche zaubert.
Spez. Lauwarmer Lachs mit Tomaten und Buttermilchmarinade. Carré vom Lammrücken mit Auberginensauce und Artischockenragout. Gefülltes Sauerrahmsoufflé mit Wachauer Marillenkompott und Sauerrahmeis

Der Katzlmacher, Kaulbachstr. 48, ✉ 80539, ℰ (089) 34 81 29, *Fax (089) 331104,*
🍴 – ⓜⓞ VISA. ⅞   GU s
geschl. Samstagmittag, Sonntag – **Menu** (italienische Küche) à la carte 27/48,50.
♦ Typisch italienisch ist die Karte dieses gemütlich-rustikalen Restaurants. Eine hübsche Holztäfelung und gut eingedeckte Tische prägen das Ambiente.

XX **Olympiaturm-Drehrestaurant**, Spiridon-Louis-Ring 7, ✉ 80809, ℘ (089) 30 66 85 85, *drehrestaurant@haberl.de, Fax (089) 30668588*, ※ München und Voralpenlandschaft (📶, Gebühr) – 🅿 AE ① ⓜ VISA ※
CR s
Menu (abends Tischbestellung erforderlich) 32 (mittags) à la carte 37,50/46.
• Tolle Aussicht in 182 m Höhe ! Zum Essen sollte man sich mindestens 50 Min. Zeit nehmen : So lange braucht das bildergeschmückte Restaurant, bis es einmal die Runde gemacht hat !

XX **Il Borgo**, Georgenstr. 144, ✉ 80797, ℘ (089) 1 29 21 19, *Fax (089) 12391575* – AE ⓜ JCB ※
FU e
geschl. Aug. 2 Wochen, Samstagmittag, Sonntag – **Menu** (italienische Küche) à la carte 29/35.
• Unweit vom Josephsplatz serviert man in lockerer Atmosphäre im gehobenen Bistrostil italienische Küche. Große Spiegel und bunte Kacheln schmücken die Wände.

XX **Seehaus**, Kleinhesselohe 3, ✉ 80802, ℘ (089) 3 81 61 30, *seehaus@kuffler.de, Fax (089) 341803*, ≤, ☀, Biergarten – 🅿 AE ⓜ VISA
HU t
Menu à la carte 23,50/42,50.
• In diesem Idyll am Kleinhesseloher See tischt man Internationales und Bürgerliches auf. Besonders beliebt ist die hübsche Seeterrasse.

XX **Spago**, Neureutherstr. 15, ✉ 80799, ℘ (089) 2 71 24 06, *spago@spago.de, Fax (089) 2780448*, ☀ – AE ① ⓜ VISA
GU a
geschl. Sonntag – **Menu** (italienische Küche) à la carte 24/33.
• Prominente Künstler und Schauspieler geben sich hier zuweilen die Klinke in die Hand, aber auch "Normalbürger" schätzen die italienisch-mediterran geprägte Küche.

X **Bistro Terrine**, Amalienstr. 89 (Amalien-Passage), ✉ 80799, ℘ (089) 28 17 80, *terrine.bistro@t-online.de, Fax (089) 2809316*, ☀ – AE ⓜ VISA
GU p
geschl. 1. - 6. Jan., Montagmittag, Samstagmittag, Sonn- und Feiertage – **Menu** (abends Tischbestellung erforderlich) 22,50 (mittags) à la carte 30,50/42,50.
• Original französisches Bistro-Flair macht dieses mit Jugendstil-Lampen geschmückte Restaurant aus. Klassisch-französische marktorientierte Karte.

X **Bei Grazia**, Ungererstr. 161, ✉ 80805, ℘ (089) 36 69 31, *Fax (089) 30000811* – AE ⓜ VISA
CR r
geschl. Samstag - Sonntag – **Menu** (Tischbestellung ratsam) (italienische Küche) à la carte 23/31,50.
• Fliesenboden, rosa Tischwäsche und verschnörkelte Spiegel bestimmen das Ambiente in dem italienischen Restaurant. Der Service liegt in den Händen der netten Wirtin.

In München-Sendling :

🏨 **Holiday Inn München-Süd**, Kistlerhofstr. 142, ✉ 81379, ℘ (089) 78 00 20, *sales@holiday-inn-muenchen-sued.de, Fax (089) 78002672*, ☀, ﬀ, ≘s, ◨, ✈ – 🏢, ⇆ Zim, 📺 TV ✆ & ⇔ – 🔒 90. AE ① ⓜ VISA JCB
BT x
Menu à la carte 24/35 – ⊡ 16 – **320 Zim** 149/180 – 181/231.
• Modernes Business-Hotel mit funktionellen Konferenzräumen. Business-Center mit Internet-Zugang, Kopierer, PC und Drucker. Alle Zimmer mit Balkon und Klimaanlage.

🏨 **K+K Hotel am Harras** garni, Albert-Rosshaupter-Str. 4, ✉ 81369, ℘ (089) 74 64 00, *info@kkhotels.de, Fax (089) 7212820* – 🏢 ⇆ TV ✆ ⇔ AE ① ⓜ VISA JCB
CT n
106 Zim ⊡ 145 – 170.
• Zu den Vorzügen des Hauses zählt neben modernem Hotelkomfort und behaglichem Ambiente auch die verkehrsgünstige Lage, die eine bequeme Anreise mit Auto und Bahn ermöglicht.

In München-Solln :

🏠 **Heigl** garni, Bleibtreustr. 15, ✉ 81479, ℘ (089) 7 49 83 70, *hotelheigl@t-online.de, Fax (089) 7900971* – TV ✆ 🅿 AE ① ⓜ VISA JCB
BT s
38 Zim ⊡ 65/70 – 95.
• Die Zimmer dieses vom Eigentümer selbst geführten Hauses präsentieren sich im alpenländischen Landhausstil. Besonders empfehlenswert : die ruhig zum Garten gelegenen Räume.

🏠 **Sollner Hof** garni, Herterichstr. 63, ✉ 81479, ℘ (089) 7 49 82 90, *sollnerhof@t-online.de, Fax (089) 7900394* – TV ⇔ 🅿 AE ① ⓜ VISA JCB
BT s
29 Zim ⊡ 69/75 – 84/92.
• Teils nostalgisch, teils im alpenländischen Stil eingerichtet sind die Zimmer dieses Gasthofs, der schon seit mehreren Generationen in Familienbesitz ist.

🏠 **Pegasus** garni, Wolfratshauser Str. 211, ✉ 81479, ℘ (089) 7 49 15 30, *info@hotelpegasus.de, Fax (089) 7912970*, ≘s – TV ⇔ 🅿 ⓜ VISA JCB
BT y
22 Zim ⊡ 76/105 – 85/160.
• Mit der S-Bahn ist man von dem praktisch ausgestatteten Hotel schnell und bequem mitten im Stadtzentrum. Auf die Bedürfnisse von Geschäftsreisenden zugeschnitten.

MÜNCHEN S. 25

Villa Solln garni, Wilhelm-Leibl-Str. 16, ⊠ 81479, ℘ (089) 7 49 82 80, *villasolln@t-online.de*, Fax *(089) 7900428* – TV 🚗 P. AE MO VISA. ⚡
20 Zim ⊇ 75/95 – 92/128.   BT n

♦ Das Schwesterhaus des Sollner Hofs liegt recht ruhig nahe beim Forstenrieder Park. Die Zimmer sind alle mit Erlenmobiliar bestückt - in Schreinerarbeit hergestellt.

Al Pino, Frans-Hals-Str. 3, ⊠ 81479, ℘ (089) 79 98 85, Fax *(089) 799872*, 🌿 – P.
MO VISA   BT a
geschl. Samstagmittag – **Menu** (italienische Küche) à la carte 27,50/45.

♦ Am südlichen Stadtrand findet man das in hellen, freundlichen Farben gehaltene Ristorante, die Wände zieren große Porträts. Mündliche Empfehlungen ergänzen die Karte.

In München-Trudering :

Am Moosfeld (mit Gästehäusern), Am Moosfeld 33, ⊠ 81829, ℘ (089) 42 91 90, *ammoosfeld@aol.com*, Fax *(089) 424662*, Ⅰ₆, ≋, ⊡, – |φ| ⚡, ≡ Rest, TV 📞 🚗 P. 🔒 30.
AE ⓘ MO VISA. ⚡ Rest   über ④
Menu *(geschl. Samstagmittag)* à la carte 17,50/34,50 – **170 Zim** ⊇ 98/107 – 113/133.

♦ Die auf drei Häuser verteilten Zimmer dieses von Tagungsgästen geschätzten Hotels sind funktionell und sehr gepflegt. Auch Appartements sind vorhanden. Gemütliche Kaminstube.

Obermaier garni, Truderinger Str. 304b, ⊠ 81825, ℘ (089) 42 00 14 99, *hotelobermaier@t-online.de*, Fax *(089) 426400* – |φ| TV 📞 🚗 P. AE MO VISA JCB.   über Truderinger Str. DS
53 Zim ⊇ 80/90 – 110/125.

♦ Über 300 Jahre altes honigfarbenes Fichtenholz und Ziegelböden verleihen dem einstigen Bauernhof, in dem schon Wilhelm Busch übernachtete, eine heimelige Atmosphäre.

In München-Untermenzing :

Romantik Hotel Insel Mühle, Von-Kahr-Str. 87, ⊠ 80999, ℘ (089) 8 10 10, *insel-muehle@t-online.de*, Fax *(089) 8120571*, 🌿, Biergarten, 🍴 – TV ♿ 🚗 P. 🔒 30.
ⓘ MO VISA JCB   AR a
Menu 18 (mittags) à la carte 31/44 – **38 Zim** ⊇ 98/126 – 126/174.

♦ Die restaurierte Mühle a. d. 16. Jh. beherbergt heute hübsche, komfortable, mit warmen Farben und Naturholzmöbeln im Landhausstil gehaltene Zimmer. Gemütliches Restaurant mit schöner Terrasse an der Würm.

In München-Untersendling :

Carmen, Hansastr. 146, ⊠ 81373, ℘ (089) 7 43 14 10, *hotel-carmen@t-online.de*, Fax *(089) 743141428* – |φ|, ⚡ Zim, TV P. – 🔒 25. AE ⓘ MO VISA   CT d
Menu *(geschl. Samstagmittag, Sonntagmittag)* (asiatische Küche) à la carte 16/21 – **63 Zim** ⊇ 109/120 – 129/149.

♦ Sechs U-Bahnminuten vom Zentrum entfernt, direkt am Westpark liegt das mit hellen, freundlichen Zimmern ausgestattete Hotel. Frühstücksbuffet mit Bio-Ecke.

In München-Zamdorf :

NH München Neue Messe, Eggenfeldener Str. 100, ⊠ 81929, ℘ (089) 99 34 50, *nhmuenchenneuemesse@nh-hotels.com*, Fax *(089) 99345400*, 🌿, Ⅰ₆, ≋ – |φ|, ⚡ Zim,
TV 📞 ♿ 🚗 – 🔒 150. AE ⓘ MO VISA   DS s
Menu à la carte 19/34 – ⊇ 14 – **253 Zim** 118/133.

♦ Modernes Tagungshotel, fünf Minuten von der Neuen Messe entfernt - mit großen Schreibtischen und guter technischer Ausstattung speziell auf Geschäftsreisende zugeschnitten.

In Unterföhring :

Lechnerhof garni (mit Gästehaus), Eichenweg 4, ⊠ 85774, ℘ (089) 95 82 80, *info@hotel-lechnerhof.de*, Fax *(089) 95828140*, Ⅰ₆, ≋, 🍴 – |φ| ⚡ TV 📞 P. – 🔒 50. AE
ⓘ MO VISA JCB   DR e
54 Zim ⊇ 105/130 – 145/155.

♦ Ein aus einem alten Hof entstandenes, familiengeführtes Hotel mit wohnlichen, sehr gepflegten Zimmern mit gutem Platzangebot. Hübscher Frühstücksraum in hellem Naturholz.

Feringapark, Feringastr. 2, ⊠ 85774, ℘ (089) 95 71 60, *frontoffice@feringapark-hotels.com*, Fax *(089) 95716111*, 🌿 – |φ|, ⚡ Zim, TV 📞 🚗 P. – 🔒 70. AE ⓘ MO
VISA JCB   DR t
Menu *(geschl. 24. Dez. - 6. Jan., Juli - Aug. Freitagabend - Sonntagmittag)* à la carte 22/36 – **125 Zim** ⊇ 113 – 149.

♦ Das auf Tagungen und Seminare ausgerichtete Hotel mit dem angeschlossenen Büro-Suite-Hotel für Langzeitgäste bietet funktionell ausgestattete Zimmer.

MÜNCHEN S. 26

In Unterhaching Süd : 10 km über Tegernseer Landstraße und B 13 CT :

Holiday Inn, Inselkammer Str. 7, ⌧ 82008, ℰ (089) 66 69 10, info@holiday-inn-muenchen.de, Fax (089) 66691602, Biergarten, ₣ᴃ, ≘s – 🛏, ⥇ Zim, 🍴 Rest, 📺 ✆ ⚲ 🚗 🅿 – 🛎 220. 🆎 ⓓ ⓜⓞ 𝕍𝕀𝕊𝔸
Menu à la carte 25/43 – ⌵ 15 – **270 Zim** 130/156 – 156/182, 3 Suiten.
• In einem Industriegebiet steht dieser große, moderne Hotelbau mit neuzeitlich-funktionellen Zimmern und komfortablen Suiten und Maisonetten.

Schrenkhof garni, Leonhardsweg 6, ⌧ 82008, ℰ (089) 6 10 09 10, hotel-schrenkhof@t-online.de, Fax (089) 61009150, ≘s – 🛏 📺 ✆ – 🛎 30. 🆎 ⓜⓞ 𝕍𝕀𝕊𝔸
geschl. Weihnachten - Anfang Jan., über Ostern – **25 Zim** ⌵ 119 – 154.
• Sehr individuelle, geschmackvolle Zimmer, teils mit kunstvoller Holztäfelung, teils mit schönen Himmelbetten, zeichnen dieses holzverkleidete alpenländische Hotel aus.

NH Unterhaching garni, Leipziger Str.1, ⌧ 82008, ℰ (089) 66 55 20, nhmuenchenunterhaching@nh-hotels.com, Fax (089) 66552200, ≘s – 🛏 ⥇ Zim, 📺 ✆ ⚲ 🚗 🅿 🆎 ⓓ ⓜⓞ 𝕍𝕀𝕊𝔸
⌵ 14 – **80 Zim** 114 – 129.
• Sie betreten dieses Hotel durch eine lichte Atriumhalle. Alle Zimmer sind funktionell konzipiert und bestehen aus Wohn- und Schlafraum, durch eine Schiebetür getrennt.

Huber garni, Kirchfeldstr. 8, ⌧ 82008, ℰ (089) 61 04 00, hotelhuber@gmx.de, Fax (089) 6113842, ≘s, 🏊, 🌳, ⥇ – 🛏 – 🛎 20. 🆎 ⓜⓞ 𝕍𝕀𝕊𝔸. ⥇
geschl. 21. Dez. - 6. Jan. – **70 Zim** ⌵ 80/115 – 95/150.
• In einem weitläufigen Wohn-/Gewerbegebiet gelegenes Hotel mit meist rustikal eingerichteten Zimmern. Zur Liegewiese hin liegt der Frühstücksraum mit kleiner Terrasse.

In Haar Süd-Ost : 12 km über ④ :

Wiesbacher, Waldluststr. 25, ⌧ 85540, ℰ (089) 4 56 04 40, hotel@wiesbacher.de, Fax (089) 45604460, ⥇, Zugang zum öffentlichen 🏊, ≘s – 🛏, ⥇ Zim, 📺 ✆ 🅿 – 🛎 20. 🆎 ⓜⓞ 𝕍𝕀𝕊𝔸
geschl. 22. Dez. - 6. Jan. – **Menu** (geschl. Sonn- und Feiertage) (nur Abendessen) à la carte 17/31 – **32 Zim** ⌵ 79/88 – 99/110.
• Persönlich geführtes Hotel mit praktischen Zimmern. Nettes Extra im Sommer : Gäste haben über die Terrasse kostenlosen Zugang zum Haarer Freibad ! Finnische Sauna. Hotelgäste bedienen sich abends kostenlos am rustikalen Buffet.

In Ottobrunn Süd-Ost : 12 km über Neubiberger Straße DT :

Golden Leaf Hotel, Rosenheimer Landstr. 91, ⌧ 85521, ℰ (089) 6 11 01 00 (Hotel), 66 56 03 29 (Rest.), glo@golden-leaf-hotel.de, Fax (089) 611010800 – 🛏 ⥇ 📺 ✆ 🚗 🅿 – 🛎 35. 🆎 ⓜⓞ 𝕍𝕀𝕊𝔸
Asia Palace : Menu à la carte 23/35 – ⌵ 11 – **54 Zim** 78/88 – 83/93.
• Verkehrsgünstig gelegenes Hotel mit solide möblierten, sauberen Gästezimmern. Mehr Komfort für längere Aufenthalte bieten die gut ausgestatteten Appartements. Im Asia Palace : ein großes Angebot an asiatischen Gerichten.

Aigner garni, Rosenheimer Landstr. 118, ⌧ 85521, ℰ (089) 60 81 70, info@hotelaigner.de, Fax (089) 6083213 – 🛏 ⥇ 📺 ✆ 🚗 🅿 🆎 ⓓ ⓜⓞ 𝕍𝕀𝕊𝔸
geschl. 24. Dez. - 1. Jan. – **73 Zim** ⌵ 80/110 – 100/114.
• Dieses gut unterhaltene Haus verfügt über funktionell eingerichtete, gepflegte Zimmer. Frühstücksraum mit schöner Holzdecke. Eine Bushaltestelle befindet sich vor dem Hotel.

In Feldkirchen über ③ : 10 km :

Bauer, Münchner Str. 6, ⌧ 85622, ℰ (089) 9 09 80, info@bauerhotel.de, Fax (098) 9098414, ⥇, ≘s, 🏊 – 🛏, ⥇ Zim, 📺 ✆ 🚗 🅿 – 🛎 180. 🆎 ⓓ ⓜⓞ 𝕍𝕀𝕊𝔸
Menu (geschl. 27. Dez. - 6. Jan.) à la carte 19/40 – **101 Zim** ⌵ 98/108 – 125.
• Ein familiengeführtes Haus mit großzügigen und komfortablen Zimmern - hübsche Farben und Stoffe tragen zum wohnlichen Ambiente der Zimmer bei. Gediegener Restaurantbereich mit gemütlichen Stuben.

Ibis, Otto-Lilienthal-Ring 2 (Gewerbegebiet Süd, Nahe der A 94 Ausfahrt Feldkirchen-Ost), ⌧ 85622, ℰ (089) 93 92 90, h3292@accor-hotels.com, Fax (089) 93929502 – 🛏, ⥇ Zim, 🍴 Zim, 📺 ✆ ⚲ 🚗 🅿 🆎 ⓓ ⓜⓞ 𝕍𝕀𝕊𝔸 𝕁ℂ𝔹
Menu (nur Abendessen) (Restaurant nur für Hausgäste) – ⌵ 9 – **100 Zim** 69.
• Das Ketten-Hotel liegt verkehrsgünstig in einem kleinen Gewerbegebiet. Die Zimmer sind funktionell, sehr sauber und verfügen über eine gute Schallisolierung.

In Aschheim über ③ : 13 km und Riem :

Schreiberhof, Erdinger Str. 2, ⌧ 85609, ℰ (089) 90 00 60, info@schreiberhof.de, Fax (089) 90006459, ⥇, ₣ᴃ, ≘s – 🛏, ⥇ Zim, 📺 ✆ ⚲ 🚗 🅿 – 🛎 90. 🆎 ⓓ ⓜⓞ 𝕍𝕀𝕊𝔸
geschl. 23. Dez. - 6. Jan. – **Alte Gaststube : Menu** à la carte 29/38 – **87 Zim** ⌵ 116 – 156.
• Die elegant-großzügigen, funktionellen Zimmer verfügen über geschmackvolle Natursteinbäder. Im lichtdurchfluteten Wintergarten lässt es sich in außergewöhnlichem Rahmen tagen. Gemütliche Alte Gaststube mit internationaler und regionaler Küche.

MÜNCHEN S. 27

🏨 **Gasthof zur Post,** Ismaninger Str. 11 (B 471), ✉ 85609, ℰ (089) 9 00 48 00, info
@gasthofpost-aschheim.de, Fax (089) 900480480, 🌳 – 📶, ⟵ Zim, 📺 ✆ ⟵ 🅿 –
🛎 30. 🆎 VISA
Menu à la carte 15,50/29,50 – **66 Zim** ⚏ 65/85 – 80/100.
   ♦ Nur ein Teil des ehemaligen Gasthofs steht noch - ergänzt durch einen neuzeitlichen
   Hotelanbau. In beiden Bereichen bietet man wohnliche Zimmer mit zeitgemäßer Ausstattung. Recht modern gestaltetes Restaurant.

🏨 **Zu den Linden** garni, Ismaninger Str. 15 (B 471), ✉ 85609, ℰ (089) 9 40 09 70, zu.
den.linden@freenet.de, Fax (089) 9043548 – ⟵ 📺 ✆ ⟵ 🅿 🆎 VISA
23 Zim ⚏ 60/80 – 80/110.
   ♦ Aus einem ehemaligen landwirtschaftlichen Anwesen wurde dieses familiengeführte Hotel. Die Zimmer hat man mit hellem Ahornmobiliar neuzeitlich und wohnlich eingerichtet.

🏨 **Gästehaus Gross** garni, Ismaninger Str. 9a, ✉ 85609, ℰ (089) 9 04 40 84,
Fax (089) 9045214 – 📺 🅿 🆎 🆎 VISA. 🌿
15 Zim ⚏ 65/90 – 90/115.
   ♦ Nette, familiengeführte Adresse im Nordosten der Stadt. Behagliche, geräumige
   Zimmer im Landhausstil mit soliden, schweren Naturholzmöbeln und teils schräger Holzdecke.

In Aschheim-Dornach über ③ : 11 km und Riem :

🏨 **Inn Side Residence-Hotel,** Humboldtstr. 12 (Gewerbegebiet-West), ✉ 85609,
ℰ (089) 94 00 50, muenchen@innside.de, Fax (089) 94005299, 🌳, 🏋, 🌀 – 📶,
⟵ Zim,, ▯ Rest, 📺 ✆ ⟵ 🅿 – 🛎 80. 🆎 ⓞ 🆎 VISA
geschl. 21. Dez. - 1. Jan. - **Menu** (geschl. Samstagmittag, Sonntagmittag) à la carte 23/42
– ⚏ 14 – **134 Zim** 149 – 183.
   ♦ Interessant designte Räume mit außergewöhnlichen Gestaltungsideen : unter
   anderem freistehende Glasduschen. Lassen Sie sich von originellen Kunstobjekten inspirieren ! Das Bistrorant Pappagallo bietet eine Cross-Over-Küche mit asiatischem Schwerpunkt.

🏨 **NH Dornach am MCC,** Einsteinring 20, ✉ 85609, ℰ (089) 9 40 09 60, nhmuenche
ndornachammcc@nh-hotels.com, Fax (089) 940096100, 🌳, 🏋, 🌀 – 📶, ⟵ Zim, ▯ 📺
✆ ᇂ ⟵ 🅿 – 🛎 350. 🆎 ⓞ 🆎 VISA JCB
Menu à la carte 20,50/36 – ⚏ 15 – **222 Zim** 124.
   ♦ Mit neuzeitlich und funktionell ausgestatteten Zimmern und der Nähe zur Messe ist dieses
   Hotel speziell auf den Businessgast ausgerichtet. Freizeitbereich im obersten Stock. Zur
   Halle hin offenes, modernes Restaurant mit großer Fensterfront.

In Grünwald Süd : 13 km über Geiselgasteigstraße **CT** :

🏨 **Tannenhof** garni, Marktplatz 3, ✉ 82031, ℰ (089) 6 41 89 60, info@tannenhof-gru
enwald.de, Fax (089) 6415608 – ⟵ 📺 🅿 🆎 ⓞ 🆎 VISA. 🌿
geschl. 20. Dez. - 6. Jan. – **21 Zim** ⚏ 82/100 – 105/120.
   ♦ Die individuelle Einrichtung der schönen, modernisierten weißen Jugendstilvilla wurde von
   der Besitzerin mit viel Liebe passend zum Stil des Hauses ausgewählt.

🏨 **Alter Wirt,** Marktplatz 1, ✉ 82031, ℰ (089) 6 41 93 40, info@alterwirt.de,
Fax (089) 64193499, 🌳 – 📶, ⟵ Zim, 📺 ✆ ⟵ 🅿 – 🛎 60. 🆎 VISA
Menu à la carte 17/33,50 – **52 Zim** ⚏ 70/110 – 100/140.
   ♦ Gestandener bayerischer Landgasthof, der nach ökologischen Gesichtspunkten
   geführt wird. Die Zimmer sind solide mit Naturholzmöbeln eingerichtet, teils mit Parkettfußboden. Rustikales, mehrfach unterteiltes Restaurant mit viel Holz und gemütlichem
   Kachelofen.

✕✕ **Foresta Verde,** Marktplatz 9, ✉ 82031, ℰ (089) 6 41 18 57, Fax (089) 6414258, 🌳
– 🆎 VISA
geschl. Sonntag, Feiertage mittags - **Menu** 23 (mittags) à la carte 35,50/47,50.
   ♦ Besucher schätzen das französische Bistro-Ambiente, den charmanten Service der Gastgeberin sowie die mediterran beeinflusste klassische Küche.

In Oberhaching Süd : 14 km über ⑥ :

🏨 **Hachinger Hof** 🌿, Pfarrer-Socher-Str. 39, ✉ 82041, ℰ (089) 61 37 80, info@hac
hinger-hof.de, Fax (089) 61378200, 🌳, 🏋, 🌀 – 📶, ⟵ Zim, 📺 ✆ ⟵ 🅿 🆎 ⓞ 🆎
VISA. 🌿 Rest
geschl. 24. Dez. - 6. Jan. - **Menu** (nur Abendessen) à la carte 16/30,50 – **75 Zim** ⚏ 77/94
– 94/110.
   ♦ Zwei miteinander verbundene Häuser bilden dieses familiengeführte Hotel in voralpenländischer Umgebung. Solide Zimmer in rustikaler Eiche oder gekalktem Naturholz. Restaurant mit ländlicher Einrichtung, in mehrere gemütliche Stuben unterteilt.

München-Flughafen siehe Freising

MÜNDER AM DEISTER, BAD Niedersachsen 541 J 12 – 20 700 Ew – Höhe 120 m – Heilbad.

🏊 *Bad Münder, Hannoversche Straße,* 𝒫 (05042) 38 69.

🛈 *Tourist-Information, Hannoversche Str. 14a,* ✉ 31848, 𝒫 (05042) 92 98 04, info@bad-muender.de, Fax (05042) 929805.

Berlin 317 – Hannover 35 – Hameln 16 – Hildesheim 38.

Kastanienhof ⚜, Am Stadtbahnhof 11 (am Süntel), ✉ 31848, 𝒫 (05042) 9 32 70, hotkastanienhof@aol.com, Fax (05042) 3885, 🍽, ≋, 🔲, 🌳, – 📶, ⚲ Zim, 📺 ⚘
🅿 – 🏋 30. ⊙ VISA
Menu à la carte 23/44 – ⚏ 11 – **40 Zim** 78/98 – 87/158 – ½ P 15.
• Mit viel Liebe zum Detail wurde das nette Landhotel von seinen Besitzern gestaltet. Geschmackvolles Mobiliar kombiniert mit passenden Farbtönen prägt das Ambiente. Restaurant mit Wintergarten.

In Bad Münder-Klein Süntel *Süd-West : 9 km Richtung Hameln :*

Landhaus zur schönen Aussicht ⚜, Klein-Sünteler-Str. 6, ✉ 31848, 𝒫 (05042) 9 55 90, kmeder6404@aol.com, Fax (05042) 955966, ≼, 🍽, 🌳 – ⚲ Zim, 📺 ⚘ ⚘
🅿 ⊙ VISA
geschl. Nov. 2 Wochen – **Menu** *(geschl. Dienstag)* à la carte 18/38,50 – **17 Zim** ⚏ 51/54 – 65/75 – ½ P 13.
• Über Generationen schon, nämlich seit 1860, betreibt Familie Meder diesen sympathischen Gasthof. Mit dunklem Holz gestaltete Zimmer. Schöne, mit Weinreben bewachsene Gartenterrasse.

Die im Michelin-Führer
verwendeten Zeichen und Symbole haben-
*dünn oder **fett** gedruckt, rot oder schwarz -*
jeweils eine andere Bedeutung.
Lesen Sie daher die Erklärungen aufmerksam durch.

MÜNNERSTADT Bayern 546 P 14 – 8 500 Ew – Höhe 234 m.

Sehenswert : *Stadtpfarrkirche (Werke★ von Veit Stoss und Riemenschneider).*

🏊 *Rindhof (Nord-Ost : 11 km),* 𝒫 (09766) 16 01.

🛈 *Tourismusbüro, Marktplatz 1,* ✉ 97702, 𝒫 (09733) 81 05 28, tourist-info@muennerstadt.de, Fax (09733) 810545.

Berlin 417 – München 331 – Fulda 71 – Bamberg 86 – Schweinfurt 29.

Tilman, Riemenschneiderstr. 42, ✉ 97702, 𝒫 (09733) 8 13 30, Fax (09733) 813366, 🍽 – 📺 ⚘ 🅿 – 🏋 50. ⊙ VISA
Menu *(geschl. Sonntagabend)* à la carte 13/25 – **21 Zim** ⚏ 32/33 – 52.
• Sämtliche Zimmer des kleinen Hotels sind einheitlich mit soliden, zeitlosen Holzmöbeln ausgestattet. Sportlich Ambitionierte finden in unmittelbarer Nähe ein Fitness-Center.

Gasthof Hellmig, Meiningerstr. 1, ✉ 97702, 𝒫 (09733) 8 18 50, Fax (09733) 818523, Biergarten – 📺, ⊙
geschl. Aug. 3 Wochen – **Menu** *(geschl. Dienstag)* à la carte 12/21 – **9 Zim** ⚏ 27 – 48.
• Der am Ortsende gelegene, familiengeführte kleine Gasthof ist eine schlichte, aber sehr gepflegte und saubere Übernachtungsadresse.

MÜNSING Bayern 546 W 18 – 3 600 Ew – .Höhe 666 m.

Berlin 623 – München 36 – Garmisch-Partenkirchen 57 – Bad Tölz 23 – Weilheim 40.

Gasthaus Limm, Hauptstr. 29, ✉ 82541, 𝒫 (08177) 4 11, gasthaus.limm@t-online.de, Fax (08177) 9337818, 🍽 – 🅿 ⊙ 🌳
geschl. Aug. - Sept. 3 Wochen, Weihnachten - Neujahr, Mittwoch, Sonntagabend – **Menu** à la carte 18,50/36,50.
• Ländliche, regionale Küche in einem gemütlich-rustikalen bayerischen Ambiente bietet dieser traditionsreiche Gasthof mit Metzgerei seinen Gästen.

In Münsing-Ambach *Süd-West : 5 km, über Holzhauser Straße, Keibichlstraße und Holzhausen :*

Landhotel Huber am See ⚜, Holzbergstr. 7, ✉ 82541, 𝒫 (08177) 93 20, info@landhotel-huber.de, Fax (08177) 932222, 🍽, 🏋, ≋, 🐕, 🌳 – 📶 📺 ⚘ ⚘ 🅿 – 🏋 30. ⊞ ⊙ VISA
à la carte 17/28 – **42 Zim** ⚏ 46/62 – 75/112 – ½ P 18.
• Ein gemütliches, alpenländisches Landhaus am See mit einem eigenen Strandbad. Besonders zu empfehlen sind die neueren, netten Zimmer im Anbau. Neo-rustikales Restaurant und traditionelle Gaststube.

MÜNSING

In Münsing-St. Heinrich *Süd-West : 10 km, über A 95, Abfahrt Seeshaupten :*

Schöntag, Beuerberger Str. 7, ✉ 82541, ✆ (08801) 9 06 10, hotel.schoentag@t-on line.de, Fax (08801) 906133, 😊, 🍴 – 📺 P. AE ⊙ VISA
Menu à la carte 12/26 – **14 Zim** 🛏 51/65 – 85.
♦ Ein gut geführter Familienbetrieb im landestypischen Stil mit wohnlich-rustikalen Zimmern, einige davon mit Balkon. Guter Ausgangspunkt für zahlreiche Freizeitaktivitäten. Ländliches Restaurant und Saloon im Western-Stil !

MÜNSINGEN Baden-Württemberg 545 U 12 – 14 100 Ew – Höhe 707 m – Wintersport : 700/850 m ✶8 ✷.

🛈 Tourist-Information, Rathaus, Bachwiesenstr. 7, ✉ 72525, ✆ (07381) 18 21 45, touristinfo@muensingen.de, Fax (07381) 182101.

Berlin 657 – *Stuttgart* 58 – Reutlingen 32 – Ulm (Donau) 51.

Herrmann (mit Gästehaus), Am Marktplatz 1, ✉ 72525, ✆ (07381) 1 82 60, info@h otelherrmann.de, Fax (07381) 6282, 😊, 🍴 – 📺 🐾 📺 ✆ ⇔ P. – 🛁 15. ⊙ ⊙ VISA
Menu à la carte 20,50/32,50 – **33 Zim** 🛏 40/46 – 76 – ½ P 14.
♦ Seit vier Generationen befindet sich dieser schwäbische Gasthof mit seiner schönen Fachwerkfassade in Familienbesitz. Größtenteils neuzeitlich gestaltete Zimmer. Unterteilte Gaststuben, teils mit elegantem Touch, und schmackhafte regionale Küche.

In Münsingen-Gundelfingen *Süd : 13 km, über B 465 Richtung Ehingen, in Bremelau rechts ab :*

Wittstaig, Wittstaig 10, ✉ 72525, ✆ (07383) 9 49 60, mail@hotel-wittstaig.de, Fax (07383) 949699, 😊, 🍴, 🐾, ⇔ – 📺 📺 P.
geschl. Mitte Jan. - Mitte Feb. – **Menu** (geschl. Dienstag) à la carte 13/28 – **27 Zim** 🛏 31/45 – 56/68 – ½ P 13.
♦ Das sympathische Landgasthaus kann auf eine fast 500-jährige Geschichte zurückblicken. Die Zimmer sind wohnlich und tadellos gepflegt. Bürgerlich-rustikale Gaststube.

MÜNSTER AM STEIN - EBERNBURG, BAD Rheinland-Pfalz 543 Q 7 – 4 200 Ew – Höhe 120 m – Heilbad – Heilklimatischer Kurort.

Sehenswert : Rheingrafenstein★★, ≤★ – Kurpark★.

🏌 Ebernburg, Drei Buchen (Süd-West : 2 km), ✆ (06708) 21 45.

🛈 Verkehrsverein, Berliner Str. 60, ✉ 55583, ✆ (06708) 64 17 80, verkehrsverein@bad-muenster-am-stein.de, Fax (06708) 417899.

Berlin 617 – Mainz 51 – *Bad Kreuznach* 6 – Kaiserslautern 52.

Am Kurpark 🌳, Kurhausstr.10, ✉ 55583, ✆ (06708) 62 90 00, info@kirchners-ho tel.de, Fax (06708) 6290029, Massage, 🍴, 🐾 – 📺 P. ✶
Mitte März - Okt. – **Menu** (nur Abendessen) (Restaurant nur für Hausgäste) – **30 Zim** 🛏 37/52 – 78/104 – ½ P 15.
♦ Ein familiengeführtes, gut unterhaltenes Hotel in ruhiger Lage mitten im Kurviertel. Gemütliche kleine Bar und solide Zimmer, teils mit großen Balkons oder Terrassen.

Naheschlößchen, Berliner Str. 69, ✉ 55583, ✆ (06708) 66 10 31, kontakt@nahes chloesschen.de, Fax (06708) 661032, 😊 – 📺 P. – 🛁 20. ⊙ VISA
geschl. Jan. – **Menu** (geschl. Montag) à la carte 18,50/33 – **16 Zim** 🛏 35/43 – 60/72 – ½ P 11.
♦ Das Haus verfügt über gepflegte, mit einfacheren Landhausmöbeln gestaltete Gästezimmer. Das Frühstücksbuffet wird auf einer alten Kutsche angerichtet. Rustikale Weinstube und neuzeitlicheres Restaurant.

Gästehaus Weingut Rapp 🌳, garni, Schloßgartenstr. 74 (Ebernburg), ✉ 55583, ✆ (06708) 23 12, info@weingut-rapp.de, Fax (06708) 3074, 🐾 – P. ✶
12 Zim 🛏 40 – 60.
♦ Umgeben von Wiesen und Feldern, liegt das Weingut mit Gästehaus an der Straße nach Nordheim. Familie Rapp beherbergt ihre Gäste in ländlich eingerichteten Zimmern.

Haus Lorenz 🌳, Kapitän-Lorenz-Ufer 18, ✉ 55583, ✆ (06708) 18 41, Fax (06708) 1281, ≤, 😊, 🐾 – ⇔. ⊙ ✶
geschl. 29. Dez. - 20. Jan. – **Menu** (geschl. Dienstag) à la carte 16,50/30 – **16 Zim** 🛏 35 – 65 – ½ P 11.
♦ Das einfache und schlicht eingerichtete Haus von Familie Lorenz besticht durch seine schöne Lage direkt am waldreichen Rheingrafenstein. Besonders einladend ist im Sommer die idyllisch gelegeneTerrasse.

MÜNSTER (WESTFALEN) Nordrhein-Westfalen 543 K 6 – 280 000 Ew – Höhe 62 m.
Sehenswert : Prinzipalmarkt★ YZ – Dom★ (Domkammer★★, astronomische Uhr★, Sakramentskapelle★) Y **M2** – Rathaus (Friedenssaal★) YZ – Residenz-Schloss★ Y – Landesmuseum für Kunst und Kulturgeschichte★ (Altarbilder★★) YZ **M1** – Lambertikirche (Turm★) Y – Westfälisches Museum für Naturkunde★ (Planetarium★) X **M3**.
Ausflugsziel : Wasserschloss Hülshoff★ (West : 9 km, über Albert-Schweitzer-Str. E).
 Münster-Wilkinghege, Steinfurter Str. 448 X, (0251) 21 40 90 ; Münster-Tinnen, Am Kattwinkel 244 (Süd-West : 10 km über Kappenberger Damm X), (02536) 3 30 10 11.
 bei Greven, Nord : 31 km über ⑤ und die A 1, (02571) 94 33 60.
Ausstellungsgelände Halle Münsterland X, (0251) 6 60 00, Fax (0251) 6600121.
 Münster Marketing, Klemensstr. 10, 48143, (0251) 4 92 27 10, tourismus@stadt-muenster.de, Fax (0251) 4927743.
ADAC, Weseler Str. 539 X.
Berlin 480 ② – Düsseldorf 124 ④ – Nordhorn 75 ⑤ – Bielefeld 87 ② – Dortmund 70 ④ – Enschede 64 ⑤ – Essen 86 ④

Stadtplan siehe nächste Seite

Schloß Wilkinghege (mit Gästehaus), Steinfurter Str. 374 (B 54), 48159, (0251) 21 30 45, schloss_wilkinghege@t-online.de, Fax (0251) 212898, , , , , – 30.   Rest
X r
Menu (geschl. Montag) 54 à la carte 42/59 – **35 Zim** 100/165 – 140/305, 9 Suiten.
• Vor den Toren Münsters liegt das exklusive Wasserschloss a. d. 16. Jh. in einer schönen Parkanlage. Stilmöbel, großzügige Bäder und zuvorkommender Service überzeugen. Klassisch-stilvolles Restaurant mit Stuckdecke, Kronleuchter und hohen Sprossenfenstern.

Mövenpick Hotel, Kardinal-von-Galen-Ring 65, 48149, (0251) 8 90 20, hotel.muenster@moevenpick.com, Fax (0251) 8902616, , , , –, Zim, , , – 260.   Rest
X s
Menu à la carte 17/30, – **Chesa Rössli** (geschl. Aug., Samstagmittag) **Menu** à la carte 24,50/42, – 14 – **224 Zim** 128/143 – 153/168.
• Eine interessante gläserne Eingangshalle verbindet die beiden Klinkerbauten, in denen sich komfortable Zimmer mit neuzeitlicher Einrichtung befinden. Großes Restaurant mit Buffet. Klein und gemütlich ist das elegante Chesa Rössli.

Dorint, Engelstr. 39, 48143, (0251) 4 17 10, info.fmomue@dorint.com, Fax (0251) 4171100, , –, Zim, , , – 180.   Rest
Z v
Menu à la carte 24/38,50 – 15 – **156 Zim** 115/145 – 135/165.
• In unmittelbarer Nähe zum Bahnhof finden Sie das zeitgemäße Ketten-Hotel. Die Zimmer sind neuzeitlich eingerichtet und verfügen über gute Technik und Komfort. Kleines Bistro mit Show-Küche und private à la carte-Bereich.

Mauritzhof garni, Eisenbahnstr. 17, 48143, (0251) 4 17 20, info@mauritzhof.de, Fax (0251) 46686 – , Zim, , – 25.   ,
Z s
 13 – **39 Zim** 98/121.
• Die moderne Einrichtung des Hotels im Designerstil setzt auf extravagante, durchgestylte Optik, die Sie vom Empfangsbereich bis in die Zimmer begleitet.

Tryp Kongresshotel, Albersloher Weg 28, 48155, (0251) 1 42 00, tryp.muenster@solmelia.com, Fax (0251) 1420444, , –, Zim, , , , – 75.   Rest
X f
Menu à la carte 15,50/36 – **131 Zim** 105 – 116.
• Direkt an der Halle Münsterland gelegen, präsentiert sich das im Frühjahr 2000 eröffnete Hotel mit funktionell-modernen Zimmern. Mit Allergikerzimmern.

Central garni, Aegidiistr. 1, 48143, (0251) 51 01 50, reception@central-hotel-muenster.de, Fax (0251) 5101550 – , Zim, , , ,   ,
Z n
geschl. 20. Dez. - 2. Jan., 1. - 15. Aug. – **20 Zim** 85/115 – 95/130, 4 Suiten.
• Das Faible des Hotelbesitzers für moderne Kunst ist unübersehbar. Interessante Werke von Beuys, Warhol & Co. begleiten den Gast durch dieses individuell gestaltete Hotel.

Überwasserhof garni, Überwasserstr. 3, 48143, (0251) 4 17 70, ueberwasserhof.muenster@t-online.de, Fax (0251) 4177100 – , Zim, , , – 40.
Y k
geschl. 24. Dez. - 6. Jan. – **61 Zim** 77/95 – 103/128.
• Ein durch die Besitzerin persönlich geführtes Hotel in einem gewachsenen Stadthaus. Die Zimmer sind gepflegt und mit hellen Naturholzmöbeln neuzeitlich und wohnlich gestaltet.

Kaiserhof, Bahnhofstr. 14, 48143, (0251) 4 17 80, hotel@kaiserhof-muenster.de, Fax (0251) 4178666, , –, Zim, , , , – 60.
 Rest
Z b
Menu (geschl. Sonn- und Feiertage) à la carte 17,50/29,50 – 10 – **108 Zim** 75/100 – 98/123.
• Der teils mit Antiquitäten bestückte öffentliche Bereich sowie die funktionellen Zimmer - von stilvoll bis neuzeitlich gestaltet - verbinden behutsam Tradition und Moderne. Klassisch zeigt sich das Restaurant.

MÜNSTER

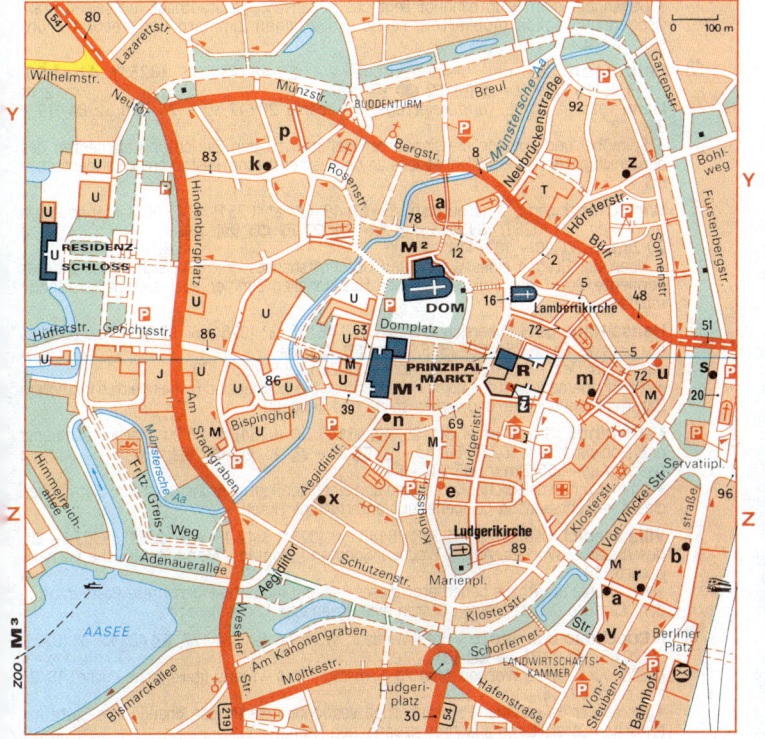

Alter Fischmarkt	Y 2
Alter Steinweg	Y 5
An der Apostelkirche	Y 8
Bahnhofstraße	Z
Bogenstraße	Y 12
Cheruskerring	X 15
Drubbel	Y 16
Einsteinstraße	X 18
Eisenbahnstraße	Y 20
Friesenring	X 24
Hammer Straße	Z 30
Hansaring	X 33
Hohenzollernring	X
Johannisstraße	Z 39
Kaiser-Wilhelm-Ring	X 42
Kardinal-von-Galen-Ring	X 43
Kolde-Ring	X 45
Lublinring	X 46
Ludgeristraße	Z
Mauritzstraße	Y 48
Mauritztor	Y 51
Niedersachsenring	X 54
Orléans-Ring	X 60
Pferdegasse	Y 63
Prinzipalmarkt	YZ
Rothenburg	Z 69
Salzstraße	YZ 72
Sentruper Straße	X 75
Spiekerhof	Y 78
Steinfurter Straße	Y 80
Überwasserstraße	Y 83
Universitätsstraße	YZ 86
Verspoel	Z 89
Warendorfer Straße	X
Wasserstraße	Y 92
Wilhelmstraße	X 93
Wolbecker Straße	Z 96
York-Ring	X 99

MÜNSTER (WESTFALEN)

🏨 **Am Schlosspark** garni, Schmale Str. 2, ✉ 48149, ☎ (0251) 8 99 82 00, *hotel-am-s chlosspark@muenster.de, Fax (0251) 8998244* – 📶 📺 📞 🅿 AE ① ⓂⓄ VISA   X e
28 Zim ⇌ 79/95 – 103/125, 3 Suiten.
  • Besonders Geschäftsreisende schätzen das gepflegte und ruhig in einer Anliegerstraße gelegene Hotel. Persönliche Betreuung und leckeres Frühstück tragen das Ihre dazu bei.

🏨 **Europa** garni, Kaiser-Wilhelm-Ring 26, ✉ 48145, ☎ (0251) 3 70 62, *info@hotel-europa-muenster.de, Fax (0251) 394339* – 📶 ⥂ 📺 📞 ♿ 🅿 – 🔧 40. AE ①
ⓂⓄ VISA   X c
geschl. 24. Dez. - 4. Jan. - **61 Zim** ⇌ 85/90 – 99/119.
  • Hinter einer roten Klinkerfassade beziehen Sie solide, mit funktionellen Kirschbaummöbeln eingerichtete, tadellos gepflegte Zimmer.

🏨 **Windsor,** Warendorfer Str. 177, ✉ 48145, ☎ (0251) 13 13 30, *info@hotelwindsor.de, Fax (0251) 391610* – 📶 📺 AE ① ⓂⓄ   X v
Menu siehe Rest. *Il Cuchiaio D'argento* separat erwähnt - **25 Zim** ⇌ 66/76 – 86/96.
  • Ein älteres Eckhaus außerhalb des Zentrums beherbergt dieses Hotel. Stilvolle Einrichtungselemente und eine gute Technik machen die geräumigen Zimmer aus.

🏨 **Kolping,** Aegidiistr. 21, ✉ 48143, ☎ (0251) 4 81 20, *service@kolping-tagungshotel.de, Fax (0251) 4812123* – 📶 ⥂ Zim, 📺 📞 ♿ 🚗 – 🔧 120. AE ① ⓂⓄ VISA   Z x
Menu *(geschl. Sonn- und Feiertage abends)* à la carte 17,50/30 - **107 Zim** ⇌ 82/87 – 106.
  • Rund fünf Gehminuten vom Prinzipalmarkt entfernt finden Reisende eine gepflegte Übernachtungsadresse mit schlichten, praktischen Zimmern. Helles, modern gestaltetes Restaurant.

🏨 **Conti** garni, Berliner Platz 2a, ✉ 48143, ☎ (0251) 8 46 92 80, *info@hotel-conti-muenster.de, Fax (0251) 51711* – 📶 📺 📞 ♿ 🅿 – 🔧 20. AE ① ⓂⓄ VISA   Z r
80 Zim ⇌ 70/95 – 90/120.
  • Gegenüber dem Hauptbahnhof liegt das siebenstöckige Stadthaus mit seinen praktischen und solide möblierten, recht großzügigen Zimmern und nettem Frühstücksraum.

🏩 **Feldmann,** An der Clemenskirche 14, ✉ 48143, ☎ (0251) 41 44 90, *Fax (0251) 4144910* – 📶 📺 AE VISA JCB   Z m
Menu *(geschl. Sonn - und Feiertage)* à la carte 20/42,50 - **25 Zim** ⇌ 64/99 – 84/149.
  • Stilmöbel und goldene Messingbetten gehören zu den Einrichtungselementen des bürgerlich geführten Familienbetriebs an der Clemenskirche. Restaurant im altdeutschen Stil.

🏩 **Windthorst** garni, Windthorststr. 19, ✉ 48143, ☎ (0251) 48 45 90, *info@hotel-win dthorst.de, Fax (0251) 4845913* – 📶 ⥂ 📺 AE ① ⓂⓄ VISA JCB   Z a
20 Zim ⇌ 80/90 – 107/114.
  • Über vier Etagen eines Wohn- und Geschäftshauses erstreckt sich dieses tadellos gepflegte Hotel, das aufgrund seiner funktionellen Zimmer auch Geschäftsreisende schätzen.

🏩 **Hansa-Haus** garni, Alberssloher Weg 1, ✉ 48155, ☎ (0251) 60 92 50, *info@hotel-ha nsa-haus.de, Fax (0251) 6092535*, ⇌ – 📺 ⓂⓄ VISA   X n
geschl. 20. Dez. - 6. Jan., 5. - 19. April - **19 Zim** ⇌ 56/66 – 79.
  • Mit Engagement wird das kleine Hotel geführt. Die Zimmer sind fast einheitlich mit hellem Naturholz eingerichtet und wirken solide und gepflegt.

🏩 **Martinihof** garni, Hörster Str. 25, ✉ 48143, ☎ (0251) 41 86 20, *martinihof.muenst er@t-online.de, Fax (0251) 54743* – 📶 📺 🅿 – 🔧 15. ① ⓂⓄ VISA JCB   Y z
geschl. Aug. - **56 Zim** ⇌ 35/60 – 91.
  • Zimmer unterschiedlicher Kategorien und einen gepflegten Frühstücksraum bietet Ihnen dieses verkehrsgünstig gelegene, gut unterhaltene Hotel.

XX **Villa Medici,** Ostmarkstr. 15, ✉ 48145, ☎ (0251) 3 42 18, *Fax (0251) 393094* – AE
geschl. Jan. 2 Wochen, Aug. 2 Wochen, Sonntag - Montag - **Menu** (italienische Küche) à la carte 38/45.   X a
  • Ein älteres Stadthaus beherbergt dieses hell und modern eingerichtete Restaurant, in dem Carmelo Caputo, seinen Gästen eine italienische Küche bereitet.

XX **Il Cucchiaio d'argento** - Hotel Windsor, Warendorfer Str. 177, ✉ 48145, ☎ (0251) 39 20 45, 🌿 – AE ① ⓂⓄ VISA   X v
geschl. Juli - Aug. 3 Wochen, Montag, Samstagmittag - **Menu** (italienische Küche) 18/25 à la carte 22/33.
  • Als echter italienischer Familienbetrieb verwöhnen die Brüder Rinaudo ihre Gäste mit typischen Spezialitäten aus ihrer sizilianischen Heimat.

MÜNSTER (WESTFALEN)

- ❌ **Giverny**, Hötteweg 9 (Königspassage), ✉ 48143, ✆ (0251) 51 14 35, *info@restaurant-giverny.de*, Fax (0251) 511752, 🍴 – 🆎 🆅🆂🅰
  geschl. Sonntag – **Menu** à la carte 32,50/43,50. Z e
  - Ein bisschen "Savoir vivre" breitet sich in dem kleinen, frankophilen Restaurant in der Fußgängerzone aus. Das Angebot : klassische französische Spezialitäten.

- ❌ **Wienburg** 🍃 mit Zim, Kanalstr. 237, ✉ 48147, ✆ (0251) 2 01 28 00, Fax (0251) 2012815, 🍴, Biergarten – 📺 🅿 – 🛎 15. 🆎 ⓞ 🆎 🆅🆂🅰 X z
  Menu *(geschl. Montag)* à la carte 21/40 – **14 Zim** ⇌ 52 – 85.
  - Etwas außerhalb steht der westfälische Klinkergasthof. Er besticht durch eine gemütliche Atmosphäre, zu der auch ein großer offener Kamin beiträgt. Mit schöner Gartenterrasse.

- ❌ **Tokyo Acacia**, Friedrich-Ebert-Platz 2, ✉ 48153, ✆ (0251) 52 79 95, *acatokyo@t-online.de*, Fax (0251) 533525 – 🅿, 🆎 ⓞ 🆎 🆅🆂🅰 🆁🅲🅱. 🍴 X d
  geschl. 23. Dez. - 7. Jan., Ostern 2 Wochen, Aug. 3 Wochen, Sonn- und Feiertage, Montag
  – **Menu** *(nur Abendessen)* (japanische Küche) 28/42.
  - Hinter der unscheinbaren Fassade eines Bürohauses im Zentrum erwartet Sie ein schlichtes, in typisch japanischem Stil eingerichtetes Restaurant.

Brauerei-Gaststätten :

- ❌ **Altes Gasthaus Leve**, Alter Steinweg 37, ✉ 48143, ✆ (0251) 4 55 95, *leve@gasthaus-leve.de*, Fax (0251) 57837 Z u
  geschl. Montag – **Menu** à la carte 15/30.
  - Ein westfälisches Original : Gegründet 1607 und somit das älteste Lokal der Stadt. Mit viel Gespür wurden die gemütlichen Bierstuben nach dem Krieg neu aufgebaut.

- ❌ **Wielers-Kleiner Kiepenkerl**, Spiekerhof 47, ✉ 48143, ✆ (0251) 4 34 16, *info@kleiner-kiepenkerl.de*, Fax (0251) 43417, 🍴 – 🆎 ⓞ 🆎 🆅🆂🅰 Y a
  geschl. Montag – **Menu** à la carte 23/42.
  - Gemütlich sitzt es sich in dem urigen westfälischen Gasthaus in der Altstadt - die vielen Stammgäste beweisen es ! Weitere Plätze bietet die interessante Boulevard-Terrasse.

- ❌ **Pinkus Müller**, Kreuzstr. 4, ✉ 48143, ✆ (0251) 4 51 51, *info@pinkus-mueller.de*, Fax (0251) 57136, (Historisches Studentenlokal) Y p
  geschl. Sonn- und Feiertage – **Menu** (westfälische und münstersche Spezialitäten) à la carte 16,50/34.
  - Legere Atmosphäre herrscht in dieser traditionsreichen Brauereigaststätte. An langen, eingekerbten Holztischen serviert man eine regionale Küche.

In Münster-Amelsbüren über ③ : 11 km :

- ❌❌❌ **Davert Jagdhaus**, Wiemannstr. 4, ✉ 48163, ✆ (02501) 5 80 58, *freiberger@davert-jagdhaus.de*, Fax (02501) 58059, 🍴 – 🅿 🆎 ⓞ 🆎 🆅🆂🅰
  geschl. Anfang Jan. 1 Woche, Juli - Aug. 3 Wochen, Montag - Dienstag – **Menu** à la carte 25/47.
  - Jagdtrophäen und Zierrat schmücken die stilvollen, altdeutsch-rustikalen Räume des Restaurants in dem ehemaligen Jagdhaus. Mit sehr schöner Gartenterrasse.

In Münster-Gremmendorf :

- 🏨 **Münnich** 🍃 (mit Gästehaus), Heeremansweg 11, ✉ 48167, ✆ (0251) 6 18 70, Fax (0251) 6187199, 🍴, Biergarten – ❙❙, ❧ Zim, 📺 ✆ 🅿 – 🛎 50. 🆎 🆎 🆅🆂🅰
  Menu à la carte 14,50/32 – **86 Zim** ⇌ 55 – 75. X b
  - Das familiengeführte Haus liegt im Grünen in einem verkehrsberuhigten Wohngebiet. Fragen Sie nach einem der neuzeitlichen Zimmer im Gästehaus. Der Restaurantbereich ist unterteilt, mal rustikal, mal neuzeitlich.

In Münster-Handorf über ② : 7 km :

- 🏨 **Romantik Hotel Hof zur Linde** 🍃 (mit Gästehaus), Handorfer Werseufer 1, ✉ 48157, ✆ (0251) 3 27 50, *hof-zur-linde@t-online.de*, Fax (0251) 328209, 🍴, ⓢ, 🌳 – ❙❙, ❧ Zim, 📺 ✆ 🅿 – 🛎 30. 🆎 ⓞ 🆎 🆅🆂🅰. 🍴 Zim
  Menu à la carte 31/48 – **47 Zim** ⇌ 84/89 – 122, 7 Suiten.
  - Das schmucke Anwesen in einer Gartenanlage am Werseufer besticht durch geschmackvolle, individuell eingerichtete Zimmer, tadellose Führung und gute Pflege. Liebevoll gestaltete, gemütliche Restaurantstuben.

- 🏨 **Landhaus Eggert** 🍃, Zur Haskenau 81 (Nord : 5 km über Dorbaumstraße), ✉ 48157, ✆ (0251) 32 82 40, *landhauseggert@ringhotels.de*, Fax (0251) 3280459, 🍴, ⓢ, 🌳 – ❧ Zim, 📺 🅿 – 🛎 40. 🆎 ⓞ 🆎 🆅🆂🅰
  Menu 52/52 und à la carte – **38 Zim** ⇌ 79/110 – 112/134, 3 Suiten.
  - Zwischen Wiesen und Wäldern in einem Naturschutzgebiet gelegen, gefällt der engagiert geführte erweiterte Gutshof a. d. J. 1030 mit wohnlichen Zimmern. Restauranträume von klassisch-stilvoll bis urig-rustikal.

MÜNSTER (WESTFALEN)

In Münster-Hiltrup über ③ : 6 km

- **Krautkrämer**, Zum Hiltruper See 173 (Süd : 2,5 km), ✉ 48165, ✆ (02501) 80 50, info@krautkraemer.de, Fax (02501) 805104, ≤, 😊, Massage, ≦s, 🔲, 🚲 – ⫷ TV 📞 🅿 – 🏊 100. 🆎 ⓘ ⓜⓞ 🆅🅸🆂🅰. 🎟 Rest
geschl. 22. - 27. Dez. – **Menu** 25/49 à la carte 34/46,50 – **72 Zim** ⊂ 90/115 – 125/150, 4 Suiten.
   ◆ Direkt am kleinen Hiltruper See logieren Sie in einem persönlich geführten Hotel mit komfortablen Landhauszimmern, die durch beste Pflege auffallen. Elegant-rustikale Einrichtungen bestimmen das Ambiente des Restaurants.

- **Zur Prinzenbrücke**, Osttor 16, ✉ 48165, ✆ (02501) 4 49 70, prinzenbruecke@hotel-zur-prinzenbruecke.de, Fax (02501) 449797, 😊 – ⫷, ⇻ Zim, TV 📞 🅿 – 🏊 40. 🆎 ⓜⓞ 🆅🅸🆂🅰
geschl. 23. Dez. - 2. Jan. (Hotel) – **Bella Italia** : Menu à la carte 20,50/36 – **36 Zim** ⊂ 56/72 – 82/92.
   ◆ Das Haus überzeugt durch seine verkehrsgünstige und doch ruhige Lage unmittelbar am Dortmund-Emskanal. Sämtliche Zimmer sind mit modernen, funktionellen Möbeln eingerichtet.

- **Ambiente** garni, Marktallee 44, ✉ 48165, ✆ (02501) 2 77 60, info@hotel-ambiente-muenster.de, Fax (02501) 277610 – ⫷ ⇻ TV 📞 🅿. 🆎 ⓘ ⓜⓞ 🆅🅸🆂🅰
21 Zim ⊂ 64/69 – 84/95.
   ◆ In der ersten Etage eines Geschäftshauses erwartet Sie ein gepflegtes, 1997 grundlegend renoviertes kleines Hotel. Helle, freundliche Farben bestimmen das Ambiente.

- **Landgraf**, Thierstr. 26, ✉ 48165, ✆ (02501) 12 36, hotellandgraf@t-online.de, Fax (02501) 3473, 😊 – TV 🅿. ⓜⓞ 🆅🅸🆂🅰
Menu (geschl. Aug. - Sept. 2 Wochen, Montag) à la carte 27/39,50 – **10 Zim** ⊂ 55 – 80.
   ◆ Ein Klinkerbau im Landhausstil, von der Besitzerin persönlich geführt. Sie finden hier tipptopp gepflegte und solide ausgestattete Räume vor. Ländlich-rustikales Restaurant mit schöner Terrasse.

In Münster-Roxel West : 6,5 km über Einsteinstraße X, vor der Autobahn links ab :

- **Parkhotel Schloss Hohenfeld**, (mit Gästehaus), Dingbängerweg 400, ✉ 48161, ✆ (02534) 80 80, info@parkhotel-hohenfeld.de, Fax (02534) 7114, 😊, ≦s, 🔲, 🚲 – ⫷, ⇻ Zim, TV 📞 🅿 – 🏊 140. 🆎 ⓘ ⓜⓞ 🆅🅸🆂🅰. 🎟 Rest
Menu (geschl. 24. - 29. Dez.) à la carte 26/40 – ⊂ 11 – **97 Zim** 69/88 – 104.
   ◆ Dieses Haus macht seinem Namen alle Ehre : Ein herrlicher Park mit altem Baumbestand umgibt das Anwesen. Fragen Sie nach den Zimmern im neuen Anbau oder im Landhaus. Restaurant mit schöner Gartenterrasse.

- **Bakenhof** (mit Gästehaus), Roxeler Str. 376 (Ost : 2,5 km), ✉ 48163, ✆ (0251) 87 12 10, hotel@bakenhof.de, Fax (0251) 8712170, 😊 – ⇻ Zim, TV 📞 🅿 – 🏊 30. 🆎 ⓜⓞ 🆅🅸🆂🅰. 🎟
Menu (geschl. Montag) à la carte 19/37 – **19 Zim** ⊂ 67 – 90.
   ◆ Ein neues Gästehaus erweitert diesen gewachsenen Familienbetrieb um komfortabel ausgestattete Zimmer mit modernen Naturholzmöbeln. Rustikal-gemütliches Restaurant.

MÜNSTEREIFEL, BAD Nordrhein-Westfalen ⁵⁴³ O 4 – 20 000 Ew – Höhe 290 m – Kneippheilbad.

Sehenswert : Ehemalige Stadtbefestigung*.

🏌 Bad Münstereifel-Stockert, Moselweg 4 (Nord-West : 3 km), ✆ (02253) 27 14.

🅱 Kurverwaltung - Tourist Information, Kölner Str. 13, ✉ 53902, ✆ (02253) 54 22 44, touristinfo@bad-muenstereifel.de, Fax (02253) 542245.

Berlin 621 – Düsseldorf 91 – *Bonn* 42 – *Aachen* 74 – Düren 43 – Köln 50.

- **Golf Hotel Breuer**, Roderter Kirchweg 1 (B 51), ✉ 53902, ✆ (02253) 54 59 80, golf-hotel-breuer@t-online.de, Fax (02253) 5459884, ≤ Bad Münstereifel, 😊, ≦s, 🔲, 🚲 – ⇻ Zim, TV 🅿
Menu à la carte 26/42 – **26 Zim** ⊂ 83/97 – 106/122 – ½ P 18.
   ◆ Moderner Landhausstil mit gelaugtem, hellem Naturholz prägt den Stil dieses zeitgemäßkomfortablen Hauses. Die meisten der Zimmer bieten einen schönen Blick auf die Altstadt. Rustikales Restaurant mit schöner Terrasse.

- **Landgasthaus Steinsmühle** mit Zim, Kölner Str. 122, ✉ 53902, ✆ (02253) 95 06 11, steinsmuehle@t-online.de, Fax (02253) 950620, 😊 – TV 📞 🅿. ⓜⓞ 🆅🅸🆂🅰
Menu (wochentags nur Abendessen) à la carte 24/37 – **12 Zim** ⊂ 41/52 – 88/98 – ½ P 18.
   ◆ Freigelegte Ziegel- und Bruchsteinwände erzeugen ein romantisches Ambiente in dieser Wassermühle aus dem 15. Jh. Die Hans-Sachs-Stube wird nur durch Kerzenlicht erhellt.

MÜNSTEREIFEL, BAD

In Bad Münstereifel - Eicherscheid Süd : 3 km, über B 51 :

Café Oberfollmühle, Ahrweiler Str. 41, ⊠ 53902, ℰ (02253) 79 04, 🍴, 🌳 – 📺 🅿
Menu (geschl. Nov. - März Mittwoch) à la carte 16,50/24 – **8 Zim** ⊇ 50 – 77 – ½ P 13.
♦ Mit viel Engagement führt Familie Krey ihr Hotel. Immer wieder wird umgebaut, renoviert und investiert. Es erwarten Sie gepflegte, zeitlose und großzügig geschnittene Zimmer. Gediegenes Restaurant.

MÜNSTER-SARMSHEIM Rheinland-Pfalz siehe Bingen.

MÜNSTERTAL Baden-Württemberg 545 W 7 – 5 000 Ew – Höhe 400 m – Luftkurort – Wintersport : 800/1 300 m ⟨⟨5 ⟩⟩.
Sehenswert : St. Trudpert (Kirchenschiff★, Kanzel★).
Ausflugsziel : Belchen ※★★★ Süd : 18 km.
🛈 Touristinformation, Wasen 47, ⊠ 79244, ℰ (07636) 7 07 30, touristinfo@muenstertal.de, Fax (07636) 70748.
Berlin 826 – Stuttgart 229 – Freiburg im Breisgau 30 – Basel 65.

In Untermünstertal :

Adler-Stube, Münster 59, ⊠ 79244, ℰ (07636) 2 34, adler-stube.ringhotel@t-online.de, Fax (07636) 7390, 🍴, ≘s, 🌳 – ≒ Zim, 📺 🅿 🕭 ⓞ 𝗩𝗜𝗦𝗔
Menu (geschl. Dienstag) à la carte 24/41,50 – **19 Zim** ⊇ 57/80 – 88/110 – ½ P 22.
♦ Die Chronik des Gasthofs kann man durch Klosteraufzeichnungen bis 1655 zurückverfolgen. Heute beherbergt dieses Haus moderne Landhauszimmer. Gemütlich-ländliche Gaststuben.

Schmidt's Gasthof zum Löwen, Wasen 54, ⊠ 79244, ℰ (07636) 5 42, Fax (07636) 77919, 🍴 – 🅿 ⓞ 𝗩𝗜𝗦𝗔
geschl. Mitte Jan. - Ende Feb., Mitte Okt. - April Dienstag - Mittwoch – **Menu** à la carte 27,50/46.
♦ In dem hübschen Schwarzwaldgasthof bereitet man badische Spezialitäten zu, die in rustikal-elegantem Ambiente oder auf der schönen Gartenterrasse serviert werden.

In Obermünstertal :

Romantik Hotel Spielweg ⑤, (mit Gästehäusern), Spielweg 61, ⊠ 79244, ℰ (07636) 70 90, fuchs@spielweg.com, Fax (07636) 70966, 🍴, (Schwarzwaldgasthof), Massage, ≘s, ⊼ (geheizt), 🟦, 🌳, ❀ – ⸸ ≒ 📺 ℓ 🚶 ⇔ 🅿 – 🔥 15. 🕭 ⓞ ⓜ 𝗩𝗜𝗦𝗔
Menu (Tischbestellung ratsam) 39/51 à la carte 31/47, 𝒴 – **43 Zim** ⊇ 87/120 – 135/155, 5 Suiten – ½ P 36.
♦ In fantastischer Lage führt Familie Fuchs seit Generationen ihren schönen Landgasthof. Drei verschiedene Häuser bieten sehr wohnliche und individuelle Zimmer. Die zwei Gaststuben sind gemütlich, hier hängen Originale von Tomi Ungerer.

Landgasthaus zur Linde, Krumlinden 13, ⊠ 79244, ℰ (07636) 4 47, kontakt@landgasthaus.de, Fax (07636) 1632, 🍴, (Historischer Gasthof a.d. 17.Jh.) – 📺 🅿 ⓜ 𝗩𝗜𝗦𝗔
❀ Rest
Menu (geschl. 10. - 30. Nov., Dez. - Juni Montag) à la carte 21,50/30 – **12 Zim** ⊇ 71/80 – 92/124 – ½ P 22.
♦ Eine nette Atmosphäre herrscht in diesem historischen Gasthof aus dem 17. Jh. Freuen Sie sich auf gemütliche, individuell gestaltete Landhauszimmer. Anheimelnde Stuben und eine hübsche Terrasse am Wildbach.

MULFINGEN Baden-Württemberg 545 R 13 – 3 400 Ew – Höhe 250 m.
Berlin 564 – Stuttgart 100 – Würzburg 67 – Heilbronn 68 – Schwäbisch Hall 39.

In Mulfingen-Ailringen Nord-West : 7,5 km, über Ailringer Straße :

Altes Amtshaus ⑤, Kirchbergweg 3, ⊠ 74673, ℰ (07937) 97 00, info@altesamtshaus.de, Fax (07937) 97030 – ☰ Rest, 📺 ℓ 🅿 – 🔥 40. 🕭 ⓞ ⓜ 𝗩𝗜𝗦𝗔 𝗝𝗖𝗕
Menu (geschl. Anfang Jan. 2 Wochen, Montag - Dienstag)(wochentags nur Abendessen) 45/68 à la carte 37/52,50, 𝒴 – **15 Zim** ⊇ 65/80 – 110/120.
♦ Moderne Zimmer erwarten Sie in dem Renaissancebau mit Fachwerkfassade, einem ehemaligen Sitz des Deutschordenritter aus dem 16. Jh. Klassisches Restaurant mit kreativer Küche im alten Gewölbekeller.
Spez. Gänsestopfleber im Moscatogelée mit Artischocken und kandierten Orangen. Jakobsmuscheln und Langostinos im Fenchel-Koriandersud mit Spinat. Lasagne vom Rehbockrücken mit Balsamicokirschen und Pfifferlingen (Saison)

MULFINGEN

In Mulfingen-Heimhausen *Süd : 4 km, über Hauptstraße Richtung Buchenbach :*

🏠 **Jagstmühle** ⌂, Jagstmühlenweg 10, ✉ 74673, ℘ (07938) 9 03 00, Fax (07938) 7569, 🍴, ℱ – 📺 🗄 🅿 🝐 🆎 🆅🅸🆂🅰 🆁🅲🅱
geschl. Jan. – **Menu** *(Montag - Freitag nur Abendessen)* à la carte 17/27,50 – **21 Zim** ⌂ 68 – 78.
• Die idyllische Lage im Jagsttal sowie die geschichtsträchtige Vergangenheit der alten Wassermühle kennzeichnen das gelungen restaurierte und geschmackvoll eingerichtete Haus. Ländliche Gaststuben und schöne Terrasse zum Fluß.

MUNKMARSCH *Schleswig-Holstein siehe Sylt (Insel).*

MUNSTER *Niedersachsen* 🔢 **H 14** – *18 000 Ew – Höhe 73 m.*
🏌 *Munster, Kohlenbissen (Ost : 6 km), ℘ (05192) 22 43.*
🅱 *Munster Touristik, Veestherrnweg 5, ✉ 29633, ℘ (05192) 89 98 10, info@munster-touristik.de, Fax (05192) 899825.*
Berlin 267 – Hannover 92 – Hamburg 78 – Bremen 106 – Lüneburg 48.

🏨 **Residenzia Hotel Grenadier** garni, Rehrhoferweg 121, ✉ 29633, ℘ (05192) 9 83 80, residenzia@t-online.de, Fax (05192) 983838 – 🛏 📺 🛁 🅿 – 🛎 20. 🆎 🛇 🆁🅲 🆅🅸🆂🅰
28 Zim ⌂ 41/46 – 66/77.
• Das ehemalige Offizierskasino präsentiert sich seit Ende der 90er Jahre in neuem Gewand. Man bietet großzügige, modern gestaltete Gästezimmer.

MURNAU *Bayern* 🔢 **W 17** – *11 800 Ew – Höhe 700 m – Luftkurort.*
🅱 *Verkehrsamt, Kohlgruber Str. 1, ✉ 82418, ℘ (08841) 6 14 10, verkehrsamt@murnau.de, Fax (08841) 614121.*
Berlin 656 – München 70 – Garmisch-Partenkirchen 25 – Weilheim 20.

🏨 **Alpenhof Murnau** ⌂, Ramsachstr. 8, ✉ 82418, ℘ (08841) 49 10, info@alpenhof-murnau.com, Fax (08841) 491100, < Ammergauer Alpen und Estergebirge, 🍴, 🌿, ♨, 🔄, ⊆ (geheizt), 🕳, ℱ – 🛗, 🛏 Zim, 📺 🝐 🛁 ⇔ – 🛎 120. 🆎 🛇 🆁🅲 🆅🅸🆂🅰 🆁🅲🅱
Menu siehe Rest. **Reiterzimmer** separat erwähnt – **Hofmann's :** Menu à la carte 34/44 – **77 Zim** ⌂ 113/253 – 156/273 – ½ P 39.
• Das attraktive Urlaubsdomizil überzeugt mit wohnlichem Komfort im Landhausstil, einem großzügigen Freizeitbereich und Aussicht auf die Voralpenlandschaft. Ländlich ist das Hofmann's gehalten.

🏨 **Angerbräu,** Untermarkt 44, ✉ 82418, ℘ (08841) 62 58 76, info@angerbraeu.de, Fax (08841) 625877 – 🛗 📺 🝐 🅿 🆁🅲 🆅🅸🆂🅰
Menu à la carte 13/24 – **26 Zim** ⌂ 60/85 – 90/100.
• Das kürzlich eröffnete Hotel bietet seinen Besuchern hübsche Zimmer, zu deren Annehmlichkeiten ein gutes Platzangebot und eine gute technische Ausstattung gehören. Im bayerischen Stil präsentiert sich das Restaurant.

🏠 **Gästehaus Steigenberger** ⌂ garni, Ramsachstr. 10, ✉ 82418, ℘ (08841) 22 69, steigenberger@foni.net, Fax (08841) 90218, <, ⊆, ℱ – 📺 ⇔ 🅿 🆁🅲 🆅🅸🆂🅰
14 Zim ⌂ 41/56 – 77.
• Gemütliche Zimmer im alpenländischen Stil, teils mit kleiner Küchenzeile, sowie ruhige Lage und Ausblick machen das familiengeführte Ferienhotel aus. Mit Pferdehaltung.

🏠 **Klausenhof am Kurpark,** Burggraben 10, ✉ 82418, ℘ (08841) 6 11 60, info@klausenhof-murnau.de, Fax (08841) 5043, 🍴, ⊆ – 🛗 🛏 📺 🝐 ⇔ 🅿 – 🛎 20. 🆎 🆁🅲 🆅🅸🆂🅰. 🛇 Zim
Menu à la carte 13/27 – **25 Zim** ⌂ 50/65 – 79/110 – ½ P 13.
• Ein gut geführter Familienbetrieb in der Ortsmitte beim Kurhaus gelegen. Hinter der im Sommer mit Blumen geschmückten Fassade sind zeitlose, gepflegte Zimmer zu finden. Bürgerlich-rustikaler Restaurantbereich.

🏠 **Griesbräu,** Obermarkt 37, ✉ 82418, ℘ (08841) 14 22, info@griesbraeu.de, Fax (08841) 3913, (Hausbrauerei) – 🛗, 🛏 Zim, 📺 🅿 🆁🅲 🆅🅸🆂🅰. 🛇 Zim
Menu *(geschl. 7. - 31. Jan., Montag, Donnerstag)* à la carte 13/24,50 – **13 Zim** ⌂ 40 – 70.
• Ein traditioneller Gasthof, der über einfache, aber tadellos gepflegte und zum Teil neu eingerichtete Zimmer und einen netten Innenhof verfügt. Hausbrauerei.

XXX **Reiterzimmer** - Hotel Alpenhof Murnau, Ramsachstr. 8, ✉ 82418, ℘ (08841) 49 10, ✿ info@alpenhof-murnau.com, Fax (08841) 491100, < Ammergauer Alpen und Estergebirge, ℱ – 🆎 🛇 🆁🅲 🆅🅸🆂🅰 🆁🅲🅱
geschl. Mitte Jan. - Ende Feb., Sonntag - Montag – **Menu** *(nur Abendessen)* 75/85 à la carte 50/64, ⚜.
• Eine dunkle Holztäfelung und aufwändig eingedeckte Tische unterstreichen das rustikalelegante Ambiente des Restaurants. Fensterfront mit Blick in den hübschen Garten.
Spez. Hummer im Nudelblatt gedämpft mit Erbsen-Minzsauce. Salzwiesenlamm mit Bohnenkrautschaum und Gewürzkartoffelpüree. Lauwarmer Schokoladenbiskuit mit Waldbeeren

MURR AN DER MURR Baden-Württemberg 545 T 11 – 5 800 Ew – Höhe 202 m.
  Berlin 607 – Stuttgart 30 – Heilbronn 32 – Ludwigsburg 11.

XX **Trollinger,** Dorfplatz 2, ⌧ 71711, ℘ (07144) 20 84 76, trollinger@tesionmail.de,
  Fax (07144) 281836, 🍴 – AE ⓘ ⓜⓞ VISA
  geschl. 2.- 20. Aug., Montag, Samstagmittag – **Menu** 38 à la carte 19,50/39.
  ♦ Das in ein Wohn- und Geschäftshaus am neuen Marktplatz integrierte Restaurant mit freundlichem Ambiente bietet eine zeitgemäße regionale und auch internationale Küche.

MURRHARDT Baden-Württemberg 545 T 12 – 14 300 Ew – Höhe 291 m – Erholungsort.
  Sehenswert : Stadtkirche (Walterichskapelle★).
  ☞ Oberot, Höhenswtr. 54 (Nord : 6 km), ℘ (07977) 86 01.
  🅱 Stadtverwaltung, Marktplatz 10, ⌧ 71540, ℘ (07192) 21 30, info@murrhardt.de, Fax (07192) 5283.
  Berlin 576 – Stuttgart 55 – Heilbronn 41 – Schwäbisch Gmünd 34 – Schwäbisch Hall 34.

In Murrhardt-Fornsbach Ost : 6 km, über Fornsbacher Straße :

🏠 **Landgasthof Krone,** Rathausplatz 3, ⌧ 71540, ℘ (07192) 54 01, Fax (07192) 20761,
  🍴 – TV P. AE ⓜⓞ VISA
  geschl. über Fasching 1 Woche, 24. Mai - 5. Juni – **Menu** (geschl. Montag - Dienstag) à la carte 15/28 – **8 Zim** ⌫ 33/35 – 60/70.
  ♦ Der gepflegte Dorfgasthof der Familie Pfitzer erwartet Sie mit praktischen Zimmern, die mit hellen Holzmöbeln solide eingerichtet sind. Ländliche Gaststube.

MUSKAU, BAD Sachsen 544 L 28 – 3 800 Ew – Höhe 110 m – Moorbad.
  Sehenswert : Muskauer Park★★.
  Berlin 161 – Dresden 111 – Cottbus 40 – Görlitz 63.

🏠 **Am Schloßbrunnen,** Köbelner Str. 68, ⌧ 02953, ℘ (035771) 52 30, hotel@schlossbrunnen.de, Fax (035771) 52350, 🍴 – TV P. AE ⓜⓞ VISA
  Menu (Jan. - März nur Abendessen) à la carte 14/24 – **13 Zim** ⌫ 35/45 – 55/65 – ½ P 12.
  ♦ Der gut geführte Familienbetrieb liegt verkehrsgünstig außerhalb des Zentrums. Gute Pflege und neuzeitliche Zimmer in Naturholz sprechen für das kleine Hotel.

MUTTERSTADT Rheinland-Pfalz 543 R 9 – 12 800 Ew – Höhe 95 m.
  Berlin 629 – Mainz 77 – Mannheim 14 – Kaiserslautern 58 – Speyer 22.

🏠 **Ebnet,** Neustadter Str. 53, ⌧ 67112, ℘ (06234) 9 46 00, info@hotel-ebnet.de, Fax (06234) 946060, 🍴 – ⇔ Zim, TV ✆ VISA ⓜⓞ
  geschl. 1.- 11. Jan. – **Menu** (geschl. Samstagmittag) à la carte 20/32 – **22 Zim** ⌫ 44/54 – 74/80.
  ♦ Die Zimmer dieses gut geführten Gasthofs sind mit hellen Holzmöbeln neuzeitlich und funktionell eingerichtet, sauber und gepflegt. Bürgerliches Restaurant.

NACHRODT-WIBLINGWERDE Nordrhein-Westfalen 543 L 6 – 7 000 Ew – Höhe 380 m.
  Berlin 505 – Düsseldorf 72 – Dortmund 28 – Hagen 16 – Lüdenscheid 22.

In Nachrodt-Wiblingwerde - Veserde Nord-Ost : 3 km ab Wiblingwerde in Richtung Hohenlimburg :

🏨 **Schloss Hotel Holzrichter** ⌘, Hohenlimburger Str. 15, ⌧ 58769, ℘ (02334) 92 99 60, info@hotel-holzrichter.de, Fax (02334) 1515, 🍴, ☎ – 📶, ⇔ Zim, TV ✆ &
  P – 🅿 100. AE ⓘ ⓜⓞ VISA
  Menu (geschl. 21. Dez.- 4. Jan., Donnerstag)(Montag - Freitag nur Abendessen) à la carte 21/42 – **30 Zim** ⌫ 88/110 – 128/148.
  ♦ Durch einen schönen Eingangsbereich betreten Sie dieses Hotel, dessen Zimmer mit edlen Hölzern und Stoffen harmonisch im alpenländischen Stil eingerichtet wurden. Das Restaurant ist mit Holz verkleidet und hat zum Teil Stubencharakter.

NAGOLD Baden-Württemberg 545 U 10 – 22 300 Ew – Höhe 411 m.
  ☞ ☞ Bondorf, Domäne Niederreutin (Süd-Ost : 8 km), ℘ (07457) 9 44 90.
  Berlin 675 – Stuttgart 52 – Karlsruhe 81 – Tübingen 34 – Freudenstadt 39.

🏨 **Adler,** Badgasse 1, ⌧ 72202, ℘ (07452) 86 90 00, Fax (07452) 86900200 – ⇔ Zim, TV ⇔ P – 🅿 75. AE ⓜⓞ
  Menu (geschl. Montag) à la carte 21/37 – **44 Zim** ⌫ 53/60 – 85/100.
  ♦ Das unter Denkmalschutz stehende Fachwerkhaus wurde 1675 erbaut und wird seit 1702 als Gasthof genutzt. Heute bietet es gut eingerichtete Zimmer mit zeitgemäßem Komfort. Restaurant mit nettem Ambiente.

NAGOLD

XX Alte Post, Bahnhofstr. 2 (1. Etage), ✉ 72202, ℘ (07452) 8 45 00, info@altepost-na
gold.de, Fax (07452) 845050 – 🅿. AE ⓘ ⓜ VISA
geschl. Mai 2 Wochen, Aug. 2 Wochen, Montag – **Menu** à la carte 36/48 – **Kutscherstube**:
Menu à la carte 27,50/39.
♦ Hinter der Fachwerkfassade dieses historischen Hauses von 1697 nehmen Sie an einem der
gut eingedeckten Tische Platz. Freuen Sie sich auf eine klassisch zubereitete Mahlzeit. "Rustikal, schwäbisch, ungezwungen" - die Kutscherstube.

X Burg, Burgstr. 2, ✉ 72202, ℘ (07452) 37 35, info@restaurant-burg.de,
Fax (07452) 66291, Biergarten – ⓜ VISA
geschl. nach Pfingsten 2 Wochen, Montagabend - Dienstag – **Menu** 26 à la carte 20/31.
♦ Das Interieur des Restaurants zeigt sich in schlichter, bürgerlicher Gestaltung. Freunde
regionaler Speisen kommen auf ihre Kosten.

X Ostaria da Gino, Querstr. 3, ✉ 72202, ℘ (07452) 6 66 10, dagino.nagold@t-online.de,
Fax (07452) 818170 – AE ⓜ
geschl. Anfang Jan. 1 Woche, Sonntag – **Menu** (Tischbestellung ratsam) (italienische Küche)
à la carte 28/44.
♦ Frische und gute Produkte bilden die Grundlage der klassischen italienischen Küche des
Hauses. Eine kleine Tafel und mündliche Empfehlungen ersetzen die Karte.

In Nagold-Pfrondorf *Nord : 4,5 km, über B 463 :*

🏨 Pfrondorfer Mühle, an der B 463, ✉ 72202, ℘ (07452) 8 40 00,
Fax (07452) 840048, 🍽, 🌿, ※ – ⚲ Zim, 📺 ✆ 🅿 – 🏛 30. AE ⓘ ⓜ VISA JCB
geschl. 1. - 15. Jan. – **Menu** à la carte 19,50/41 – **21 Zim** ⚏ 60/70 – 90/100.
♦ Eine ehemalige Mühle mit modernem Anbau dient jetzt als Hotel. Wohnliche Zimmer sowie
elegante Suiten mit fast schon luxuriösen Bädern überzeugen den Gast. Helles Holz macht
die Gaststube gemütlich.

NAHETAL-WALDAU *Thüringen* 544 O 16 – *900 Ew – Höhe 420 m – Erholungsort.*
Berlin 344 - Erfurt 72 - Coburg *40 - Suhl 23.*

🏨 Weidmannsruh, Hauptstr. 74 (im OT Waldau), ✉ 98667, ℘ (036878) 6 03 92,
Fax (036878) 20844, Biergarten – 📺 🅿. ⓜ
Menu *(geschl. Montagmittag)* à la carte 11/17 – **8 Zim** ⚏ 31 – 46.
♦ Hinter einer hübschen Fachwerkfassade beherbergt die kleine Pension praktische, mit
soliden Naturholzmöbeln wohnlich eingerichtete Gästezimmer. Ländliche Gaststube mit
Parkettfußboden und Holzmobiliar.

NAHMITZ *Brandenburg siehe Lehnin.*

NAILA *Bayern* 546 P 19 – *8 500 Ew – Höhe 511 m – Wintersport : 500/600 m* ≰1 ⛷.
🛈 *Tourismus Service, Marktplatz 12,* ✉ 95119, ℘ (09282) 68 29, ferienregion@sel
bitztal.de, Fax (09282) 6868.
Berlin 314 - München 288 - Hof 22 - Bayreuth 59.

🏨 Grüner Baum, Marktplatz 5, ✉ 95119, ℘ (09282) 96 39 50, info@gruener-baum-n
aila.de, Fax (09282) 7356, 🍽, 🚗 – ⚲ Zim, 📺 🚗 🅿. ⓜ VISA
Menu *(geschl. 1. - 10. Sep., Donnerstag)* à la carte 13/21 – **29 Zim** ⚏ 37/42 – 57.
♦ Funktionalität und ein solides Inventar prägen die neuzeitlich eingerichteten Zimmer
dieses familiengeführten Gasthofs am Marktplatz. Ländlichkeit bestimmt den Charakter des
Restaurants.

In Naila-Culmitzhammer *Süd-West : 4 km, über B 173 :*

🏨 Culmitzhammer, Culmitzhammer 3, ✉ 95119, ℘ (09282) 9 81 10, info@culmitzha
mmer.de, Fax (09282) 9811200, 🍽 – 📺 🅿 – 🏛 15. AE ⓘ ⓜ VISA
Menu *(geschl. 2. - 30. Jan.)* à la carte 15/26 – **24 Zim** ⚏ 41/67 – 77/87.
♦ Die modernisierte ehemalige Hammerschmiede beherbergt wohnliche und funktionelle
Zimmer, die mit hochwertigem Mobiliar im Landhausstil eingerichtet sind. Gemütlichrustikales Restaurant.

In Naila-Culmitz *Süd-West : 5 km, über B 173 :*

🍴 Zur Mühle 🌿, Zur Mühle 6, ✉ 95119, ℘ (09282) 63 61, Fax (09282) 6384, 🍽, 🚗
– 📺 🚗 🅿. ⓜ
Menu *(geschl. Mitte Okt. - Anfang Nov., Montag)* à la carte 10/16 – **14 Zim** ⚏ 26 – 51
– ½ P 8.
♦ In der hübschen ehemaligen Mühle finden Sie gepflegte, meist mit hellen Eichenholzmöbeln ausgestattete Gästezimmer mit einfachem Komfort. Schlichte, rustikale Gaststube
mit Kachelofen.

NAKENSTORF Mecklenburg-Vorpommern siehe Neukloster.

NASSAU Rheinland-Pfalz 543 P 7 – 5 300 Ew – Höhe 80 m – Luftkurort.
🛈 Touristik Nassauer Land, Schloßstr. 6, ⊠ 56377, ℰ (02604) 97 02 30, Fax (02604) 970224.
Berlin 581 – Mainz 57 – Koblenz 27 – Limburg an der Lahn 49 – Wiesbaden 52.

🏨 **Am Rosengarten** garni, Dr.-Haupt-Weg 4, ⊠ 56377, ℰ (02604) 9 53 70, Fax (02604) 953730 – ⚑ 📺 🅿
15 Zim ⊇ 35 – 66.
◆ Bei dieser Adresse handelt es sich um eine kleine, von der Eigentümerin selbst geführte Hotel-Pension im Bungalow-Stil, die über gepflegte, solide Zimmer verfügt.

🌿 **Landhotel Mühlbach**, Bezirksstr. 20, ⊠ 56377, ℰ (02604) 9 53 10, info@landhotel-muehlbach.com, Fax (02604) 953127, 🍴 – 📺 🅿
geschl. 15. Feb. - 2. März – **Menu** (geschl. Dienstag)(geschl. Nov. - Ostern Montag - Dienstag) à la carte 22,50/35 – **14 Zim** ⊇ 42/57 – 72/78 – ½ P 16.
◆ Hinter der schönen Fachwerkfassade dieses a. d. J. 1651 stammenden Hauses verbergen sich individuelle Zimmer – jedes nach einem anderen Motto gestaltet. Rustikal-gemütliche Restauranträume.

In Hömberg Nord-West : 4 km Richtung Montabaur :

🏨 **Taunusblick**, Nassauer Str. 5, ⊠ 56379, ℰ (02604) 9 43 80, taunusblick-lotz@t-online.de, Fax (02604) 9438125, ≤, 🍴, 🍻, 🔲, 🍻 – 📺 🆗 ⚐ 💳 𝗩𝗜𝗦𝗔
geschl. vor Ostern 1 Woche, Juli 2 Wochen, Mitte - Ende Nov. – **Menu** (geschl. Montag) à la carte 21/33,50 – **21 Zim** ⊇ 37/40 – 68.
◆ Die Aussicht hält, was der Name des Hauses verspricht : gewachsener Gasthof mit soliden Zimmern und schönem Blick auf die Umgebung. Ländliche Gaststube.

NASTÄTTEN Rheinland-Pfalz 543 P 7 – 3 300 Ew – Höhe 250 m.
Berlin 585 – Mainz 46 – Koblenz 35 – Limburg an der Lahn 34 – Wiesbaden 41.

🏨 **Oranien** ⚘, Oranienstr. 10, ⊠ 56355, ℰ (06772) 10 35, hotel.oranien@t-online.de, Fax (06772) 2962, 🍴, 🍻, ≊ – 📺 🅿 – 🔸 80, 🆗 ⚐ 💳 𝗩𝗜𝗦𝗔
geschl. Jan. 2 Wochen, Juli 1 Woche – **Menu** (geschl. Montag) à la carte 18/32 – **16 Zim** ⊇ 35/50 – 65/90.
◆ In sonniger Südhanglage, umgeben von Laub- und Nadelwäldern findet man eine praktisch ausgestattete Unterkunft. Die Umgebung lädt zum Wandern ein. Qualität und eine sorgfältige Zubereitung machen die regionale Küche des Hauses aus.

NAUHEIM, BAD Hessen 543 O 10 – 30 700 Ew – Höhe 145 m – Heilbad.
Ausflugsziel : Burg Münzenberg★, Nord : 13 km.
🅕 Bad Nauheim, Nördlicher Park 21, ℰ (06032) 21 53 ; 🅕 🅕 Friedberg, Am Löwenhof (Süd : 5 km Richtung Ockstadt), ℰ (06031) 99 27.
🛈 Bad Nauheim Information, In den Kurkolonnaden 1, ⊠ 61231, ℰ (06032) 92 99 20, info@bad-nauheim.de, Fax (06032) 929927.
Berlin 507 – Wiesbaden 64 – Frankfurt am Main 38 – Gießen 31.

🏛 **Dolce am Kurpark** ⚘, Nördlicher Park 16, ⊠ 61231, ℰ (06032) 30 30, info_am kurpark@dolce.com, Fax (06032) 303419, ≤, 🍴, ≊, 🔲 – 🛗, ⚑ Zim, 📺 📞 🔸 ⇔ 🅿 – 🔸 250, 🆗 ⚐ 💳 𝗩𝗜𝗦𝗔 JCB
Menu à la carte 28/41 – **159 Zim** ⊇ 128/168 – 178/218, 12 Suiten – ½ P 21.
◆ Eine sehr gediegene Einrichtung - wohnlich wie auch funktionell - sowie die Lage an einem schönen Park zeichnen dieses komfortable Tagungshotel aus. Klassischer Restaurantbereich mit Säulen und Gewölbedecke. Blick in den Kurpark.

🏨 **Spöttel**, Luisenstr. 5, ⊠ 61231, ℰ (06032) 9 30 40, spoettel@t-online.de, Fax (06032) 930459 – 🛗 ⚑ 📺 📞 🆗 ⚐ 💳 𝗩𝗜𝗦𝗔, 🍽 Rest
Menu (Restaurant nur für Hausgäste) – **34 Zim** ⊇ 68/80 – 89/122 – ½ P 14.
◆ Hinter einer schmucken, mit Erkern verzierten Fassade findet der Gast individuell gestaltete Zimmer, teils mit Stilmobiliar, teils neuzeitlicher.

In Bad Nauheim-Steinfurth Nord : 3 km, über Frankfurter Straße und Steinfurther Straße :

🏛 **Herrenhaus von Löw** (mit Gästehaus), Steinfurther Hauptstr. 36, ⊠ 61231, ℰ (06032) 9 69 50, kontakt@herrenhaus-von-loew.de, Fax (06032) 969550, 🍴, ≊ – ⚑ Zim, 📺 🅿 – 🔸 15, 🆗 ⚐ 💳 𝗩𝗜𝗦𝗔
geschl. Anfang Jan. 1 Woche – **Menu** (geschl. Sonntag) (nur Abendessen) à la carte 35,50/57 – **20 Zim** ⊇ 75 – 129.
◆ In dem Herrenhaus aus dem 19. Jh. verbindet sich der Charme vergangener Tage mit dem Komfort von heute. Schöne Stoffe und Farben schaffen ein wohnliches Ambiente. Das alte Gewölbe des Hauses bildet im Restaurant einen attraktiven Rahmen.

NAUHEIM, BAD

In Bad Nauheim-Schwalheim *Süd-Ost : 3 km :*

Brunnenwärterhaus, Am Sauerbrunnen, ✉ 61231, ℘ (06032) 70 08 70, *info@br unnenwaerterhaus.de, Fax (06032) 700871,* 🍽, Biergarten – 🅿️ 🆎 💳
geschl. Anfang Jan. 1 Woche, Sept. - Okt. 2 Wochen, Montag - Dienstag – **Menu** *(wochentags nur Abendessen)* (Tischbestellung ratsam) à la carte 29/38.
• Das Haus war einst Produktionsstätte des Schwalheimer Mineralwassers - heute umsorgt Sie ein geschulter Service mit sorgfältig zubereiteter internationaler Küche.

NAUMBURG Hessen 543 M 11 – 6 000 Ew – Höhe 280 m – Kneippkurort.

🛈 Kurverwaltung im Haus des Gastes, Hattenhäuser Weg 10, ✉ 34311, ℘ (05625) 79 09 13, *kurverwaltung@naumburg.kgrz-kassel.de, Fax (05625) 925904.*
Berlin 420 – Wiesbaden 218 – Kassel 36 – Korbach 27 – Fritzlar 17.

Weinrich, Bahnhofstr. 7, ✉ 34311, ℘ (05625) 2 23, *info@hotel-weinrich.de, Fax (05625) 7321,* Massage, 🍽 – 🛏 📺 🍴 🅿️ – 🅰️ 15. 🆎 ⓞ 🆎 💳. ⚜ Zim *geschl. 15. Okt. - 10. Nov. –* **Menu** *(geschl. Mittwoch)* à la carte 15/26,50 – **17 Zim** ⚏ 40/60 – 70 – ½ P 18.
• Das ältere Stadthaus mit modernem Wintergartenanbau beherbergt seine Gäste in soliden Zimmern mit zeitgemäßem Komfort. Mit Massagepraxis.

In Naumburg-Heimarshausen *Süd-Ost : 9 km, über Fritzlaer Straße :*

Ferienhof Schneider ⚜, Kirschhäuserstr. 7, ✉ 34311, ℘ (05622) 91 51 12, *info @landhotel-schneider.de, Fax (05622) 915113,* 🍽, 🛏, 🍽, ⚜ – 📺 🅿️ – 🅰️ 30
geschl. Anfang Jan. - Anfang Feb. – **Menu** *(geschl. Nov. - Feb. Montag)* à la carte 16,50/29,50 – **30 Zim** ⚏ 26/35 – 52/64 – ½ P 10.
• Das familiengeführte Ferienhotel mit angegliedertem Bauernhof und Reitstall bietet recht schlicht eingerichtete, aber sehr gepflegte und saubere Zimmer. Rustikaler Restaurantbereich mit regionaler Karte.

NAUMBURG Sachsen-Anhalt 542 M 19 – 31 400 Ew – Höhe 108 m.

Sehenswert : *Dom St. Peter und Paul*★★ *(Naumburger Stifterfiguren*★★★*, Westlettner*★★*)* – *St. Wenzel*★.
Ausflugsziele : *Freyburg : Schloß Neuenburg*★ *(Doppelkapelle*★*, Kapitelle*★*) Nord : 6 km* – *Schulpforta : Pansterrmühle*★ *Süd-West : 3 km – Bad Kösen : Soleförderanlage*★*, Lage von Rudelsburg und Burg Saaleck*★ *Süd-West : 7 km.*
🛈 Tourist- und Tagungsservice, Markt 6, ✉ 06618, ℘ (03445) 20 16 14, *Fax (03445) 266047.*
Berlin 223 – Magdeburg 135 – Leipzig 62 – Weimar 49.

Stadt Aachen, Markt 11, ✉ 06618, ℘ (03445) 24 70, *post@hotel-stadt-aachen.de, Fax (03445) 247130 –* 📶 📺 🍴
Menu à la carte 17/27 – **40 Zim** ⚏ 55/70 – 75/90.
• Das renovierte Stadthaus fügt sich harmonisch in die Reihe ansprechender Bürgerhäuser ein. Die funktionellen Zimmer sind mit dunklem Stilmobiliar eingerichtet. In den Stuben des Carolus Magnus herrscht historisches Ambiente.

Kaiserhof, Bahnhofstr. 35, ✉ 06618, ℘ (03445) 24 40, *kaiserhof@center-hotels.de, Fax (03445) 244100,* 🛏 – 📶, ⚜ Zim, 📺 🍴 🍴 🅿️ – 🅰️ 60. 🆎 ⓞ 🆎 💳
Menu à la carte 14/31,50 – **80 Zim** ⚏ 56 – 80.
• Verkehrsgünstig liegt das Hotel in der Nähe des Bahnhofs. Die solide möblierten Zimmer bieten eine zeitgemäße Ausstattung und ein gutes Platzangebot.

Zur Alten Schmiede, Lindenring 36, ✉ 06618, ℘ (03445) 2 43 60, *hotel_zur_alte n_schmiede@t-online.de, Fax (03445) 243666,* 🍽, 🛏 – 📶 📺 🍴 – 🅰️ 25. 🆎 🆎 💳
Menu *(geschl. Sonntag)(Nov. - April nur Abendessen)* à la carte 11,50/19 – **36 Zim** ⚏ 59/96 – 82.
• Wo vor langer Zeit eine Huf- und Wagenschmiede betrieben wurde, hat man auf historischem Fundament ein Hotel mit neuzeitlichen Zimmern gebaut. Das Restaurant ist mit alten Werkzeugen dekoriert.

Ratskeller, Markt 1, ✉ 06618, ℘ (03445) 20 20 63, *Fax (03445) 230285,* 🍽 – 🆎 🆎
💳 JCB
Menu à la carte 14/22,50.
• Hinter historischen Mauern schaffen Gewölbe, Nischen und Stammtisch ein gemütliches Ambiente. Die Karte bietet regionale und internationale Speisen.

NAURATH / WALD *Rheinland-Pfalz siehe Trittenheim.*

NEBEL *Schleswig-Holstein siehe Amrum (Insel).*

NECKARBISCHOFSHEIM Baden-Württemberg 545 S 10 – 4 000 Ew – Höhe 180 m.
Berlin 614 – Stuttgart 82 – Mannheim 60 – Heilbronn 30.

Schloss Neckarbischofsheim, Schlossstr. 1, ⊠ 74924, ℘ (07263) 4 08 00, info
@schloss-neckarbischofsheim.de, Fax (07263) 408022, 余, ≘s, 굿, – 劇, ⇔ Zim, TV ℡
P – 🛦 30. ⚫ VISA
Menu (geschl. Montag) à la carte 30,50/46,50 – **30 Zim** ⊇ 83/95 – 105/128.
  • In einem Flügel des historischen Schlosses und einem neueren Anbau hat man ein schmuckes Hotel eingerichtet. Elegante Zimmer im Biedermeierstil mit schönen Bädern. Restaurant mit klassischem Ambiente und Blick in den hoteleigenen Park.

NECKARGEMÜND Baden-Württemberg 545 R 10 – 14 500 Ew – Höhe 124 m.
Ausflugsziel : Dilsberg : Burg (Turm ※★) Nord-Ost : 5 km.
ˈ₁₈ Lobbach-Lobenfeld, Am Biddersbacher Hof (Süd-Ost : 10 km), ℘ (06226) 95 21 10.
ᴁ Tourist-Information, Hauptstr. 25, ⊠ 69151, ℘ (06223) 35 53, touristikinformation@neckargemuend.de, Fax (06223) 804280.
Berlin 635 – Stuttgart 107 – Mannheim 41 – Heidelberg 10 – Heilbronn 53.

In Neckargemünd-Dilsberg Nord-Ost : 4,5 km, über Hauptstraße, Julius-Menzer-Straße und Dilsberger Straße :

Zur Sonne, Obere Str. 14, ⊠ 69151, ℘ (06223) 22 10, zursonne.dilsberg@t-online.de, Fax (06223) 6452, 余. ᴀᴇ ⚫ VISA
geschl. 2. - 21. Feb. – **Menu** à la carte 22/35.
  • Zwei rustikale Stuben mit kleinen Tischen bilden dieses Restaurant. Einige saisonale, regionale Gerichte ergänzen die internationale Karte.

In Neckargemünd-Rainbach Ost : 2 km, über Hauptstraße, Julius-Menzer-Straße und Dilsberger Straße :

Landgasthof Die Rainbach, Ortsstr. 9, ⊠ 69151, ℘ (06223) 24 55, info@rainbach.de, Fax (06223) 71491, 余, Biergarten – P. ⚫ VISA
Menu à la carte 21,50/47,50, ₺.
  • Ein älteres Fachwerkhaus mit Holzgiebel beherbergt dieses gemütlich-rustikale, urige Restaurant mit schöner Terrasse zum Neckarufer.

In Neckargemünd-Waldhilsbach Süd-West : 5 km, über B 45 :

Zum Rössl mit Zim, Heidelberger Str. 15, ⊠ 69151, ℘ (06223) 26 65, hauck_roessle@t-online.de, Fax (06223) 6859, 余. ⚫ P
Menu (geschl. Montag - Dienstag) à la carte 15,50/35 – **15 Zim** ⊇ 44/46 – 62/66.
  • Hier erwartet Sie ein gemütlicher Landgasthof mit getäfelten Wänden und einer teils regionalen, teils klassischen Küche. Mit zweckmäßigen Zimmern.

NECKARSTEINACH Hessen 543 R 10 – 4 000 Ew – Höhe 127 m.
Berlin 639 – Wiesbaden 111 – Mannheim 45 – Heidelberg 14 – Heilbronn 57.

Vierburgeneck, Heitersweg 11 (Süd-West : 1 km, B 37), ⊠ 69239, ℘ (06229) 5 42, Fax (06229) 396, ≤, 余, 굿 – ⇔ Zim, TV ⇔ P
geschl. 20. Dez. - 5. Feb. – **Menu** (geschl. Dienstag) (nur Abendessen) à la carte 15/30 – **17 Zim** ⊇ 59 – 84.
  • Das nach dem nahe gelegenen Burgen benannte Haus liegt direkt an der Bundesstraße am Neckar. Man verfügt über praktische, gepflegte Gästezimmer. Schlichtes Restaurant mit Terrasse über dem Fluss.

NECKARSULM Baden-Württemberg 545 S 11 – 23 000 Ew – Höhe 150 m.
Berlin 590 – Stuttgart 59 – Heilbronn 5,5 – Mannheim 78 – Würzburg 106.

Mercure, Heiner-Fleischmann-Str. 8, ⊠ 74172, ℘ (07132) 91 00, h2840@accor-hotels.com, Fax (07132) 910444 – 劇, ⇔ Zim, TV ℡ & P – 🛦 60. ᴀᴇ ⓞ ⚫
VISA JCB
Menu (geschl. Samstag - Sonntag) à la carte 20/38,50 – ⊇ 13 – **96 Zim** 85 – 100.
  • Businesshotel in einem Industriegebiet. Die Zimmer sind gepflegt, mit Kirschbaummöbeln einheitlich eingerichtet, bieten ausreichend Platz und sind technisch gut ausgestattet. Im Restaurant mit dunkler Rattanbestuhlung erwartet Sie eine offene Showküche.

Nestor, Sulmstr. 2, ⊠ 74172, ℘ (07132) 38 80, nestor-hotel-neckarsulm@t-online.de, Fax (07132) 388113, 余, ≘s – 劇, ⇔ Zim, TV & ⇔ P – 🛦 150. ᴀᴇ ⓞ ⚫ VISA
Menu à la carte 22/33 – **84 Zim** ⊇ 115 – 141.
  • Die einheitlich ausgestatteten Zimmer in neuzeitlicher Machart sind vor allem für Geschäftsreisende interessant. Die zentrale Lage zählt ebenfalls zu den Vorzügen des Hotels. Restaurant Le Velo mit ansprechendem, freundlichem Ambiente.

NECKARSULM

An der Linde, Stuttgarter Str. 11, ✉ 74172, ✆ (07132) 9 86 60, info@an-der-linde.de, Fax (07132) 9866222, 🍴 – 📺 🅿 – 🛁 20. AE ⓘ ⓜⓞ VISA
geschl. 1. - 6. Jan. - **Menu** (geschl. Samstag - Sonntag) à la carte 21,50/40, ♀ – **28 Zim** ⌂ 55/82 – 94/103.
• Das von der Inhaberin geführte Hotel in einem Wohngebiet ist gut unterhalten und bietet seinen Gästen funktionell eingerichtete Zimmer. Im hübsch dekorierten Restaurant leitet die Chefin engagiert den Service.

Villa Sulmana 🌿 garni (mit Gästehaus), Ganzhornstr. 21, ✉ 74172, ✆ (07132) 9 36 00, Fax (07132) 936066 – 🛗 📺 🅿 ⓜⓞ VISA. ✂
40 Zim ⌂ 69/72 – 82.
• Die ruhige Lage in einer Nebenstraße und praktisch ausgestattete Zimmer sprechen für dieses Hotel. Im Gästehaus gegenüber : Appartements mit Kochgelegenheit.

✕✕ **Ballei,** Deutschordensplatz, ✉ 74172, ✆ (07132) 60 11, renglerth@aol.com, Fax (07132) 37713, 🍴 – 🅿 – 🛁 70. ⓘ ⓜⓞ VISA
geschl. Anfang Jan. 1 Woche, Montag - **Menu** 18 à la carte 21/36.
• Das moderne Stadthallenrestaurant ist mit kräftigen Farben ansprechend gestaltet. Im Mittelpunkt liegt die Glas- und Stahlkonstruktion des bepflanzten Lichthofs.

NECKARWESTHEIM Baden-Württemberg **5 4 5** S 11 – 3 500 Ew – Höhe 266 m.

🏌 Neckarwestheim, Schloss Liebenstein (Süd : 2 km), ✆ (07133) 98 78 11.
Berlin 602 – Stuttgart 38 – Heilbronn 13 – Ludwigsburg 25.

Schloßhotel Liebenstein 🌿, Süd : 2 km, ✉ 74382, ✆ (07133) 9 89 90, info@liebenstein.com, Fax (07133) 6045, ≼, 🍴, (Renaissancekapelle a.d.J. 1600) – 🛗 ↔ Zim, 📺 🅿 – 🛁 70
geschl. 26. Dez. - 6. Jan. - **Menu** (nur Abendessen) à la carte 21,50/32 – **24 Zim** ⌂ 80/130 – 115/165.
• Als Teil einer beeindruckenden Schlossanlage wartet dieses Hotel mit einem unverwechselbaren Ambiente auf. Gepflegte, wohnliche Gästezimmer. Das Restaurant Kurfürst im 1. Stock gefällt mit einer schönen Holzdecke und gutem Couvert.

Am Markt garni, Marktplatz 2, ✉ 74382, ✆ (07133) 9 81 00, Fax (07133) 14423 – 🛗 ↔ 📺 ⇌, AE VISA
14 Zim ⌂ 50/55 – 70.
• Das Haus befindet sich am neu gestalteten Marktplatz. Das gut geführte Hotel mit den gepflegten und solide möblierten Zimmern wird gerne von Geschäftsreisenden genutzt.

NECKARZIMMERN Baden-Württemberg **5 4 5** S 11 – 1 650 Ew – Höhe 151 m.

Sehenswert : Burg Hornberg (Turm ≼ ★).
Berlin 593 – Stuttgart 80 – Mannheim 79 – Heilbronn 25 – Mosbach 8.

Burg Hornberg 🌿, ✉ 74865, ✆ (06261) 9 24 60, info@burg-hotel-hornberg.de, Fax (06261) 924644, ≼ Neckartal, 🍴, (Burg Götz von Berlichingen) – 📺 🅿 – 🛁 40. ⓜⓞ VISA
geschl. 27. Dez. - 20. Jan. - **Menu** à la carte 25/41 – **24 Zim** ⌂ 85/95 – 118/128.
• Der Charme alter Burgmauern gepaart mit dem Komfort von heute machen die historische Anlage zu einer ansprechenden Unterkunft. Rustikal in dunkler Eiche eingerichtete Zimmer. Restaurant im ehemaligen Pferdestall der Burg.

NEHREN Rheinland-Pfalz **5 4 3** P 5 – 100 Ew – Höhe 90 m.

Berlin 662 – Mainz 120 – Trier 79 – Koblenz 63.

Quartier Andre, Moselstr. 2, ✉ 56820, ✆ (02673) 40 15, andre-nehren@t-online.de, Fax (02673) 4168, 🍴, 🚤 – 📺 🅿 AE ⓘ ⓜⓞ VISA. ✂ Rest
geschl. 3. Jan. - 15. März, 10. Nov. - 20. Dez. - **Menu** (geschl. Dienstag) 13/20 à la carte 16/30 – **13 Zim** ⌂ 50 – 70.
• Das nette kleine Hotel verfügt neben zeitgemäßen Zimmern mit einem guten Platzangebot über Ferienappartements, in denen auch kleine Familien bequem wohnen. Freundlich wirkt das Restaurant mit großer Fensterfront.

NELLINGEN Baden-Württemberg **5 4 5** U 13 – 1 600 Ew – Höhe 680 m.

Berlin 631 – Stuttgart 75 – Göppingen 41 – Ulm 28.

Landgasthof Krone (mit Gästehaus), Aicher Str. 7, ✉ 89191, ✆ (07337) 9 69 60, landgasthof-krone-alb@t-online.de, Fax (07337) 969696, 🚤 – 🛗 ↔ Zim, 📺 🅿 – 🛁 50 ⓜⓞ VISA
geschl. 24. Dez. - 1. Jan. - **Menu** (geschl. 24. Dez. - 10. Jan., Sonn- und Feiertage) à la carte 15/29,50 – **40 Zim** ⌂ 30/49 – 52/70.
• Auf das Haupthaus und zwei Gästehäuser verteilt, stehen in diesem Landgasthof wohnliche wie auch funktionelle Zimmer für Sie bereit. Rustikal-ländliche Restaurantstuben.

NENNDORF, BAD Niedersachsen 541 I 12 – 10 700 Ew – Höhe 70 m – Heilbad.

🛈 Tourist-Information, Am Thermalbad 1, ✉ 31542, ℰ (05723) 34 49, Fax (05723) 1435.
Berlin 315 – Hannover 33 – Bielefeld 85 – Osnabrück 115.

Die Villa, Kramerstr. 4, ✉ 31542, ℰ (05723) 94 61 70, info@die-villa.de, Fax (05723) 946188, 余 – ⌘, ⇆ Zim, ⊡ ℰ ℙ – ⚑ 15. ⊙ ⊙ ⊙
Menu à la carte 25,50/39 – **15 Zim** ⇌ 55/70 – 88/130 – ½ P 18.
♦ Eine hübsche Fassade kennzeichnet das Äußere der restaurierten Villa aus dem 19. Jh., eine stilvolle Einrichtung prägt das Interieur. Restaurant in klassischer Aufmachung.

Tallymann, Hauptstr. 59, ✉ 31542, ℰ (05723) 61 67, tallymann@t-online.de, Fax (05723) 707869, Massage, ≘s, ⛱ – ⌘, ⇆ Zim, ≋ Rest, ⊡ ℰ ℙ – ⚑ 55. ⊙ ⊙ ⊙
Menu à la carte 27,50/40,50 – **52 Zim** ⇌ 51/75 – 82/99.
♦ Das Hotel verfügt über zum Park hin gelegene, einheitlich mit hellem Holzmobiliar eingerichtete Zimmer mit funktioneller Ausstattung, teils mit Modemanschluss. Schiffsdekor prägt das Ambiente des Restaurants.

Harms ⅍, Gartenstr. 5, ✉ 31542, ℰ (05723) 95 00, info@hotel-harms.de, Fax (05723) 950280, ⌂, ⚕, ≘s, ⛱, ⚒ – ⌘, ⇆ Zim, ⊡ ℙ. ⊙ ⊙ ⊙. ⅍ Rest
Menu (Restaurant nur für Hausgäste) – **53 Zim** ⇌ 55/66 – 98/108 – ½ P 15.
♦ Das Haus überzeugt mit engagierter Führung und guter Pflege. Die Einzel- und Doppelzimmer, Appartements und Ferienwohnungen sind hell und freundlich eingerichtet.

Schaumburg-Diana (mit Gästehäusern), Rodenberger Allee 28, ✉ 31542, ℰ (05723) 50 94, schaumburg-diana@t-online.de, Fax (05723) 3585, ⚒ – ⇆ Zim, ⊡ ℙ. ⊙ ⊙ ⊙ ⊙ ⅍ Rest
geschl. 23. Dez. - 2. Jan. – **Menu** (Restaurant nur für Hausgäste) – **40 Zim** ⇌ 59/62 – 89/98.
♦ Stamm-, Garten- und Gästehaus bilden diese gut unterhaltene Hotelanlage mit funktionellen Zimmern. Ein Garten umschließt die Häuser.

In Bad Nenndorf-Riepen Nord-West : 4,5 km über die B 65 :

Schmiedegasthaus Gehrke ⅍ (mit Gästehaus), Riepener Str. 21, ✉ 31542, ℰ (05725) 9 44 10, info@schmiedegasthaus.de, Fax (05725) 944141, 余 – ⊡ ℰ ⇌ ℙ – ⚑ 100. ⊙ ⊙ ⊙
Menu siehe Rest. **La Forge** separat erwähnt – **Schmiederestaurant** (geschl. Montag) **Menu** à la carte 17,50/37, ♀ – **19 Zim** ⇌ 66/88 – 72/140 – ½ P 23.
♦ Die Zimmer im Haupthaus sind mit hellen Naturholzmöbeln recht schlicht eingerichtet, aber sehr gepflegt - die Zimmer im Gästehaus bieten mehr Komfort. Gediegenes Ambiente und gutbürgerliche Küche im Schmiederestaurant.

La Forge (Gehrke) - Schmiedegasthaus Gehrke, Riepener Str. 21, ✉ 31542, ℰ (05725) 9 44 10, info@schmiedegasthaus.de, Fax (05725) 944141 – ℙ. ⊡ ⊙ ⊙ ⊙. ⅍
geschl. Jan. 2 Wochen, Juli - Aug. 3 Wochen, Montag - Dienstag – **Menu** (nur Abendessen) (Tischbestellung ratsam) 42/90, ♀ ⅍.
♦ Ein helles, freundliche, elegant wirkendes Restaurant mit schön eingedeckten Tischen, das mit aufmerksamem Service und klassisch französischer Küche überzeugt.
Spez. Jakobsmuscheln mit Sesam gebraten und Schnittlauchpüree. Soufflierte Taubenbrust mit Essig-Honigsauce und Gänseleber-Crêpes. Pfirsich und Orangen in Caipirinhagelée mit gratiniertem Limonenparfait

NENTERSHAUSEN Hessen siehe Sontra.

NEPPERMIN Mecklenburg-Vorpommern siehe Usedom (Insel).

NERESHEIM Baden-Württemberg 545 T 14 – 8 000 Ew – Höhe 500 m – Erholungsort.
Sehenswert : Klosterkirche★.
⛳ Neresheim, Hofgut Hochstatt (Süd : 3 km), ℰ (07326) 56 49.
Berlin 533 – Stuttgart 100 – Augsburg 78 – Aalen 26 – Heidenheim an der Brenz 21 – Nürnberg 111.

In Neresheim-Ohmenheim Nord : 3 km, über B 466 :

Landhotel Zur Kanne, Brühlstr. 2, ✉ 73450, ℰ (07326) 80 80, zur-kanne@landidyll.de, Fax (07326) 80880, 余, ≘s, ⅍ – ⌘ ⇆ ⊡ ⇌ ℙ – ⚑ 35. ⊡ ⊙ ⊙ ⊙
Menu à la carte 17/28 – **56 Zim** ⇌ 44/57 – 63/82 – ½ P 15.
♦ Der familiengeführte gewachsene Gasthof an der Ortsdurchfahrt verfügt über saubere, funktionell ausgestattete Zimmer, einige im Anbau auch mit Modemanschluss. Restaurant mit fünf Gasträumen im rustikalen Stil.

NESSELWANG Bayern 546 X 15 – 3 600 Ew – Höhe 865 m – Luftkurort – Wintersport : 900/1 600 m ⟙5 ⟓.

🛈 Tourist-Information, Lindenstr. 16, ✉ 87484, ℘ (08361) 92 30 40, info@nesselwang.de, Fax (08361) 923044.

Berlin 658 – München 120 – *Kempten (Allgäu)* 25 – Füssen 17.

Alpenrose ⟓, Jupiterstr. 9, ✉ 87484, ℘ (08361) 9 20 40, info@alpenrose.de, Fax (08361) 920440, ⇔, ⟙ – ⟟, ⟙ Zim, 📺 ⟺ 🅿 AE ⓞ ⓜⓞ VISA JCB
Menu *(geschl. 1. Nov. - 25. Dez., Sonntag)* (Restaurant nur für Hausgäste) – **25 Zim** ⟓ 49/82 – 77/107 – ½ P 15.
♦ Hinter der alpenländischen Fassade des Ferienhotels stehen unterschiedlich eingerichtete, gut unterhaltene Zimmer bereit. Mit kleinem Saunabereich.

Brauerei-Gasthof Post, Hauptstr. 25, ✉ 87484, ℘ (08361) 3 09 10, info@hotel-post-nesselwang.de, Fax (08361) 30973, Biergarten, Brauereimuseum – 📺 ⟺ 🅿. ⓜⓞ VISA
Menu à la carte 15/26 – **22 Zim** ⟓ 49/62 – 78/84 – ½ P 15.
♦ Das historische Haus präsentiert sich dem Gast als Familienhotel mit langer Tradition. Sie wohnen in gepflegten, solide möblierten Zimmern. In der gemütlichen Stube serviert man u. a. selbst gebrautes Bier.

NETTETAL Nordrhein-Westfalen 543 M 2 – 41 000 Ew – Höhe 46 m.

🏌 Nettetal-Hinsbeck, An Haus Bey 16 (Nord : 3 km), ℘ (02153) 9 19 70.

Berlin 591 – *Düsseldorf* 53 – Krefeld 24 – Mönchengladbach 24 – Venlo 15.

In Nettetal-Hinsbeck – *Erholungsort* :

Haus Josten, Wankumer Str. 3, ✉ 41334, ℘ (02153) 9 16 70, info@hotel-josten.de, Fax (02153) 13188, ⟙ – ⟙ Zim, 📺 🅿 – ⟓ 50. AE ⓞ ⓜⓞ VISA
Menu *(geschl. Mittwoch) (wochentags nur Abendessen)* à la carte 20,50/39 – **18 Zim** ⟓ 62/70 – 82/85.
♦ Die einheitlich in rustikaler Eiche eingerichteten Gästezimmer bieten neben einem wohnlichen Ambiente auch funktionelles Inventar mit guter Technik. Restaurant im bürgerlich-rustikalen Stil.

La Mairie im Haus Bey (Eickes), An Haus Bey 16 (Golfplatz, West : 1 km, Richtung Leuth B 509), ✉ 41334, ℘ (02153) 91 97 20, weickes@t-online.de, Fax (02153) 919766, ⟙ – 🅿 – ⟓ 15. AE ⓜⓞ VISA. ⟓
geschl. Jan. 2 Wochen, Montag – **Menu** *(wochentags nur Abendessen)* 62,50 à la carte 45/61,50, ⟓ – **Bistro L' Annexe** *(geschl. Okt. - März Montag)* **Menu** à la carte 20,50/34.
♦ In dem schön renovierten Rittersitz von 1605 offeriert man dem Gast in elegantem Ambiente eine klassische Küche mit regionalen Akzenten. Neuzeitliches Bistro mit internationaler Karte.
Spez. Wildkräuter-Salat mit Steinbutt-Emincé und Hummer. Mango-Spaghettini in Chili-Oliven-Sud mit Trüffel-Tortelloni. Geschmortes Ochsenbäckchen mit Rahmwirsing und Gänsestopfleber

Sonneck, Schloßstr. 61, ✉ 41334, ℘ (02153) 41 57, Fax (02153) 409188, ⟙ – ♿ 🅿. ⓜⓞ VISA. ⟓
geschl. Feb. 2 Wochen, Okt. 2 Wochen, Dienstag – **Menu** à la carte 27/40.
♦ Ein Gasthaus mit elegant-rustikaler Note, einer bürgerlich-regionalen Küche und ordentlicher Weinauswahl. Schöne, teils überdachte Terrasse.

In Nettetal-Leuth – *Erholungsort* :

Leuther Mühle, Hinsbecker Str. 34 (B 509), ✉ 41334, ℘ (02157) 13 20 61, lenssen@leuther-muehle.de, Fax (02157) 132527, ⟙, ⟙ – ⟙ Zim, 📺 ⟓ 🅿 – ⟓ 25. AE ⓜⓞ VISA JCB. ⟓
Menu 19 *(mittags)* à la carte 29/56,50, ⟓ – **26 Zim** ⟓ 72/77 – 98.
♦ Auf dem Anwesen der restaurierten Mühle bietet man in einem sich harmonisch in die Anlage einfügenden Anbau behaglich wie auch neuzeitlich gestaltete Zimmer. Restaurant mit Blick auf das gut erhaltene Mahlwerk.

In Nettetal-Lobberich :

Zum Schänzchen, Am Schänzchen 5 (südlich der BAB-Ausfahrt), ✉ 41334, ℘ (02153) 91 57 10, hotelzumschaenzchen@t-online.de, Fax (02153) 915742 – 📺 ⟓ 🅿 – ⟓ 40. AE ⓜⓞ VISA
Menu *(geschl. Juli - Aug. 3 Wochen, Montag)* à la carte 19/33,50 – **21 Zim** ⟓ 46/50 – 80.
♦ Die Gästezimmer des Hauses verfügen über eine solide Möblierung und ein gutes Platzangebot. Eine zeitgemäße Technik ermöglicht Geschäftsreisenden erfolgreiches Arbeiten. Restaurant in bürgerlichem Stil.

NETTETAL

🏠 **Haus am Rieth,** Reinersstr. 5, ✉ 41334, ☏ (02153) 8 01 00, *hotelhausamrieth@ao l.com, Fax (02153) 801020,* 🈂, 🔲, ⇄ Zim, 📺 🗨 🅿 🐴 VISA 🐾
Menu *(geschl. Freitag - Sonntag) (nur Abendessen)* (Restaurant nur für Hausgäste) – **21 Zim** 🛏 48 – 75.
 ♦ Recht ruhig in einem Wohngebiet liegt dieses von der Besitzerfamilie geführte Haus mit privatem Charakter und unterschiedlich eingerichteten Zimmern.

XXX **Burg Ingenhoven,** Burgstr. 10, ✉ 41334, ☏ (02153) 91 25 25, *Fax (02153) 912526,* 🍽 – 🅿.
geschl. über Karneval 2 Wochen, Montag – **Menu** à la carte 24,50/32,50.
 ♦ Hinter den historischen Mauern der a. d. 15. Jh. stammenden Burganlage verbirgt sich ein elegant-rustikales, hübsch dekoriertes Restaurant mit internationaler Küche.

NETZEN Brandenburg siehe Brandenburg.

NEU-ANSPACH Hessen **543** P 9 – *13 000 Ew – Höhe 390 m.*
Berlin 531 – Wiesbaden 61 – Frankfurt am Main 31.

In Neu-Anspach - Westerfeld :

🏠 **Landhotel Velte,** Usinger Str. 38, ✉ 61267, ☏ (06081) 91 79 00, *info@landhotel-velte.de, Fax (06081) 9179079,* 🍽 – ⇄ Zim, 📺 🗨 🅿 🐾 Zim
geschl. 30. Dez. - 5. Jan. – **Menu** *(geschl. 29. Juli - 15. Aug., Sonntagabend - Montag) (wochentags nur Abendessen)* à la carte 13/23 – **15 Zim** 🛏 50/62 – 85/103.
 ♦ Der gepflegte Hotelbau im Landhausstil bietet einheitlich mit soliden Naturholzmöbeln eingerichtete Zimmer mit zeitgemäßem Komfort. Schlicht-rustikales Restaurant.

Im Hessenpark : *Süd-Ost : 4 km über Saalburgstrasse :*

🏩 **Landhotel Zum Hessenpark** 🐾, Laubweg 1, ✉ 61267 Neu-Anspach, ☏ (06081) 4 46 70, *info@landhotel-hessenpark.de, Fax (06081) 446710,* 🍽 – 🛗 📺 🗨 ♿ 🅿 – 🛎 80. 🐴 VISA
Menu à la carte 20/32 – **34 Zim** 🛏 75/90 – 130/165.
 ♦ In einem Museumsdorf aus rekonstruierten Fachwerkäusern, hat man dieses ehemaligen Stadthäusern nachempfundene moderne Hotel mit wohnlichen Zimmern integriert. Mit viel Holz im bürgerlichen Stil gehaltenes Restaurant mit Terrasse zum Marktplatz.

NEUBERG Hessen siehe Erlensee.

NEUBRANDENBURG Mecklenburg-Vorpommern **542** F 23 – *70 000 Ew – Höhe 19 m.*
Sehenswert : *Stadtbefestigung*★★.
Ausflugsziele : *Feldberger Seenlandschaft*★ *– Neustrelitz (Schlosspark*★, *Orangerie-Malereien*★*).*
🏌 Gross Nemerow, Baumwallsweg 6b, (Süd : 13 km über ③), (0395) 4 22 74 14.
🛈 Tourist-Information, Marktplatz 1, ✉ 17033, ☏ (0395) 1 94 33, *nd-info@vznb.de, Fax (0395) 5667661.*
ADAC, Demminer Str. 10.
Berlin 142 ③ – Schwerin 149 ④ – Rostock 103 ④ – Stralsund 99 ① – Szczecin 99 ②

Stadtplan siehe nächste Seite

🏩 **Radisson SAS,** Treptower Str. 1, ✉ 17033, ☏ (0395) 5 58 60, *info.neubrandenburg @radissonsas.com, Fax (0395) 5586625,* – 🛗 ⇄ Zim, 🍽 Zim, 📺 🗨 ♿ 🅿 – 🛎 70. 🐴 ⓘ VISA JCB   AY a
Menu à la carte 29/35 – **190 Zim** 🛏 73/105 – 88/120.
 ♦ Dieses Stadthotel stellt ihnen funktionell wie auch modern eingerichtete Gästezimmer zur Verfügung. Auch die zentrale Lage zählt zu den Vorzügen des Hauses. Modernes Restaurant mit Show-Küche.

🏩 **Am Ring,** Große Krauthöferstr. 1, ✉ 17033, ☏ (0395) 55 60, *business@hotel-am-rin g.de, Fax (0395) 5562682,* 🈂 – 🛗 ⇄ Zim, 📺 🅿 – 🛎 80. 🐴 🐴 VISA   BY b
Menu *(geschl. Sonntagabend)* à la carte 15,50/27 – **145 Zim** 🛏 70 – 85.
 ♦ In den Zimmern dieses nahe dem Stadtring gelegenen Hauses bietet man mit einer funktionellen Ausstattung die Annehmlichkeiten eines Businesshotels. Shuttleservice zum Bahnhof. Neuzeitliches Ambiente prägt das Restaurant.

🏠 **Weinert** garni, Ziegelbergstr. 23, ✉ 17033, ☏ (0395) 58 12 30, *h_weinert@infokom .de, Fax (0395) 5812311* – 📺 ♿ 🅿 – 🛎 20. 🐴 ⓘ 🐴 VISA   BY d
18 Zim 🛏 50 – 64.
 ♦ Ein gepflegtes, gut geführtes Stadthaus mit soliden Gästezimmern, die mit hellem Naturholz eingerichtet sind. Kleiner, neuzeitlich gestalteter Frühstücksraum.

1009

NEUBRANDENBURG

An der Marienkirche	**AY** 3	Darrenstraße	**AY** 9	Sonnenkamp	**BZ** 21
Beguinenstraße	**AY** 4	Friedländer Straße	**BY** 12	Torgelower Straße	**BY** 22
Behmenstraße	**BY** 5	Herbordstraße	**BY** 13	Treptower Straße	**AY** 23
Bernhardstraße	**AY** 7	Lerchenstraße	**AY** 14	Turmstraße	**BY**
Bussardstraße	**BY** 8	Marktplatz	**AY** 17	Voßstraße	**AY** 24
		Mühlenholzstraße	**BYZ** 18	Waagestraße	**AY** 26
		Poststraße	**BY** 20		

Jährlich eine neue Ausgabe,
Aktuellste Informationen, jährlich für Sie!

NEUBRANDENBURG

In Trollenhagen-Hellfeld *Nord : 4,5 km über* ① :

🏨 **Hellfeld**, Hellfelder Str. 15, ✉ 17039, ℰ (0395) 42 98 10, info@hotel-hellfeld.de, Fax (0395) 42981139, 🍴 – ⬚ Zim, 📺 & 🅿 – 🛎 60. AE ① MC VISA JCB
Menu à la carte 13,50/25 – **30 Zim** ⌂ 49 – 65.
   ◆ Zeitgemäß ausgestattete Zimmer mit solidem Holzmobiliar und ordentlichem Platzangebot bietet dieses Haus am Rande eines Industriegebiets.

In Burg Stargard *Süd-Ost : 10 km über* ③ :

🏨 **Zur Burg**, Markt 10, ✉ 17094, ℰ (039603) 26 50, hotel.zbg@infokom.de, Fax (039603) 26555, 🍴 – ⬚ Zim, 📺 🅿 – 🛎 20. AE ① MC VISA
Menu à la carte 15/42 – **24 Zim** ⌂ 55 – 75.
   ◆ Eine wohnliche Einrichtung, ein gutes Platzangebot und eine moderne technische Ausstattung machen die Gästezimmer aus - auf Wunsch auch mit Kinderbett. Einladend wirkt die rustikale Aufmachung des Restaurants.

🏨 **Marienhof**, Marie-Hager-Str. 1, ✉ 17094, ℰ (039603) 25 50, hotel-marienhof@web.de, Fax (039603) 25531, 🍴 – ⬚ Zim, 📺 🅿 – 🛎 30. AE ① MC VISA
Menu à la carte 17/24 – **25 Zim** ⌂ 49/54 – 65/72.
   ◆ In einem Wohngebiet etwas oberhalb des Ortes liegt dieses gut geführte Haus mit solide eingerichteten Gästezimmern in neuzeitlicher Machart. Unterteiltes Restaurant mit bürgerlicher Küche.

In Gross Nemerow *Süd : 13 km über* ③ :

🏨 **Bornmühle** 🌿, Bornmühle 35 (westlich der B 96), ✉ 17094, ℰ (039605) 6 00, info@bornmuehle.com, Fax (039605) 60399, 🍴, Massage, ≘s, 🏊, 🎾 – 🛗, ⬚ Zim, 📺 📞 & 🅿 – 🛎 55. AE ① MC VISA. 🛇 Rest
Menu à la carte 22/34 – **Lisette** (geschl. Jan. - Feb.) (Montag - Freitag nur Abendessen) **Menu** à la carte 30/37,50 – **63 Zim** ⌂ 75/80 – 95/105.
   ◆ Das Haus befindet sich inmitten einer mecklenburgischen Parklandschaft am schönen Tollensee. Der wohnliche Charakter zieht sich von der Halle bis in Ihr Zimmer. Hotelrestaurant mit Blick auf den See. Im Lisette : ein anspruchsvolles internationales Angebot.

NEUBRUNN
Bayern 546 Q 13 – 2 200 Ew – Höhe 290 m.
Berlin 524 – München 300 – Würzburg 25 – Wertheim 14.

In Neubrunn-Böttigheim *Süd-West : 5 km* :

🏨 **Berghof** 🌿, Neubrunner Weg 17, ✉ 97277, ℰ (09349) 12 48, berghof-boettigheim@t-online.de, Fax (09349) 1469, ≤, 🍴, 🎾 – 📺 🅿. VISA
geschl. 12. Jan. - 6. Feb., 29. Juni - 16. Juli – **Menu** (geschl. Montag) à la carte 13,50/22 – **7 Zim** ⌂ 33 – 58.
   ◆ In netter, ruhiger Lage auf einer Anhöhe liegt dieses familiengeführte kleine Hotel, das über gut gepflegte, funktionell ausgestattete Zimmer verfügt. Bürgerliches Restaurant.

NEUBULACH
Baden-Württemberg 545 U 10 – 5 300 Ew – Höhe 584 m – Luftkurort.
🛈 Teinachtal-Touristik, Rathaus, Marktplatz 13, ✉ 75387, ℰ (07053) 96 95 10, info@neubulach.de, Fax (07053) 6416.
Berlin 670 – Stuttgart 57 – Karlsruhe 64 – Freudenstadt 41 – Calw 10.

In Neubulach-Bad Teinach Station *Nord-Ost : 3 km Richtung Calw, über Altbulach* :

🏨 **Teinachtal** (mit Gästehaus), Neubulacher Str. 1, ✉ 75385 Bad Teinach-Station, ℰ (07053) 9 26 57 03, info@hotelteinachtal.de, Fax (07053) 9265727, Biergarten – 🛗, ⬚ Zim, 📺 📞 🅿 – 🛎 25. MC VISA
Menu (geschl. Freitag)(Montag - Donnerstag nur Abendessen) à la carte 17,50/31,50 – **26 Zim** ⌂ 35/40 – 65.
   ◆ Ehemals ein Bürogebäude, beherbergt dieses Haus heute gut unterhaltene, funktionelle, mit Naturholzmöbeln modern eingerichtete Gästezimmer. Restaurant in neuzeitlichem Stil.

In Neubulach-Martinsmoos *Süd-West : 5 km, über Julius-Heuss-Straße und Oberhaugstett* :

🏨 **Schwarzwaldhof**, Wildbader Str. 28, ✉ 75387, ℰ (07055) 73 55, schwarzwaldhof@gmx.de, Fax (07055) 2233, 🍴, 🎾 – 📺 🅿. 🛇 Zim
geschl. Feb. 3 Wochen, Okt. 3 Wochen – **Menu** (geschl. Dienstag) à la carte 14/23 – **14 Zim** ⌂ 31 – 56 – ½ P 9.
   ◆ Das kleine Gästehaus dieses familiengeführten Schwarzwaldgasthofs verfügt über gepflegte, preiswerte Zimmer, die alle mit rustikalen Eichenmöbeln eingerichtet sind. Rustikal-bürgerliche Gaststube.

NEUBULACH

In Neubulach-Oberhaugstett *Süd-West : 1 km, über Julius-Heuss-Straße :*

Löwen, Hauptstr. 21, ✉ 75387, ℘ (07053) 9 69 30, *loewengasthof@t-online.de*, Fax (07053) 969349, 🍽, 🚗 – ✸ 📺 ➠ **P**, ⓜ ⓥⓘⓢⓐ
geschl. Feb. 3 Wochen – **Menu** *(geschl. Dienstagabend)* à la carte 14,50/25 – **18 Zim** ⌧ 31 – 57 – ½ P 10.
• Ein tadellos gepflegtes, familiär geführtes Haus mit einfachen, aber sauberen Zimmern erwartet Sie. Mit einigen Ferienwohnungen im Gästehaus. Gaststube mit gemütlichem Ambiente.

NEUBURG AM INN Bayern 546 U 24 – 4 000 Ew – Höhe 339 m.
Berlin 617 – München 165 – Passau 11 – Landshut 122 – Salzburg 106 – Straubing 85.

Schloss Neuburg ⓢ, Am Burgberg 5, ✉ 94127, ℘ (08507) 91 10 00, *info@schlossneuburg.de*, Fax (08507) 911911, 🍽 – 🛏, ✸ Zim, 📺 ☎ ♿ ➠ **P** – 🎫 120. ⒶⒺ ⓞ ⓜ ⓥⓘⓢⓐ
geschl. 1. - 7. Jan. – **Menu** à la carte 23/35,50 – **34 Zim** ⌧ 85 – 145.
• Sorgfältige Renovierungsarbeiten haben die Burg aus dem 11. Jh. wieder zu einem Schmuckstück der Region gemacht. Ihre Zimmer überzeugen mit Behaglichkeit und guter Technik. Stilvolles Ambiente im Restaurant aus dem 15. Jh.

NEUBURG AM RHEIN Rheinland Pfalz 543 T 8 – 2 500 Ew – Höhe 110 m.
Berlin 686 – Mainz 140 – Karlsruhe 20 – Mannheim 70 – Stuttgart 94.

Gasthaus zum Sternen mit Zim, Rheinstr. 7, ✉ 76776, ℘ (07273) 12 53, *info@hotel-zum-sternen.de*, Fax (07273) 1000, 🍽 – 📺 ☎ **P** – 🎫 50. ⒶⒺ ⓞ ⓜ ⓥⓘⓢⓐ ✸
Menu *(geschl. Donnerstag)* à la carte 24/36 – **7 Zim** ⌧ 75 – 90/125.
• Eingerahmt von Altrheinarmen liegt dieses schmucke Gasthaus in einem Schiffer- und Fischerort. Rustikale, nett dekorierte Restauranträume und wohnliche Zimmer erwarten Sie.

NEUBURG AN DER DONAU Bayern 546 T 17 – 28 400 Ew – Höhe 403 m.
Sehenswert : Hofkirche (Stuckdecke★, Barockaltar★).

🏌 Rohrenfeld (Ost : 7 km), ℘ (08431) 4 41 18.

🛈 Gästeinformation, Ottheinrichplatz A 118, ✉ 86633, ℘ (08431) 5 52 40, *tourismus@neuburg-donau.de*, Fax (08431) 55242.
Berlin 532 – München 95 – Augsburg 52 – Ingolstadt 22 – Ulm (Donau) 124.

Am Fluss garni, Ingolstädter Str. 2, ✉ 86633, ℘ (08431) 6 76 80, *hotel-am-fluss@t-online.de*, Fax (08431) 676830, ☎s, 🚗 – 📺 ☎ ➠ – 🎫 30. ⒶⒺ ⓜ ⓥⓘⓢⓐ
23 Zim ⌧ 62 – 92.
• Die schöne Lage an der Donau, moderne Architektur und Zimmer mit neuzeitlich-sachlichem Ambiente machen dieses Hotel aus. In 5 Minuten erreichen Sie die Altstadt.

Bergbauer, Fünfzehnerstr. 11, ✉ 86633, ℘ (08431) 61 68 90, *info@hotel-gasthof-bergbauer.de*, Fax (08431) 47090, 🍽, ☎s, 🚗 – 🛏, ✸ Zim, 📺 ⓜ ⓥⓘⓢⓐ
Menu *(geschl. Aug. 1 Woche, Freitag) (nur Abendessen)* à la carte 19/34,50 – **22 Zim** ⌧ 44/58 – 75/85.
• Mit klaren Linien und modernem Stil gefallen die Zimmer dieses familiengeführten Hotels, einem älteren Gasthof, der mit einem neuzeitlicheren Stadthaus verbunden wurde. Restaurant mit freundlichem Landhaus-Ambiente.

In Neuburg-Bergen *Nord-West : 8 km, über Ried, im Igstetter Wald links ab :*

Zum Klosterbräu, Kirchplatz 1, ✉ 86633, ℘ (08431) 6 77 50, *boehm@zum-klosterbraeu.de*, Fax (08431) 41120, 🍽, ☎s, 🚗 – 🛏, ✸ Zim, 📺 ☎ ➠ **P** – 🎫 40. ⓜ ⓥⓘⓢⓐ
geschl. 22. Dez. - 2. Jan., Aug. 1 Woche – **Menu** *(geschl. Sonntagabend - Montag)* à la carte 15/35 – **24 Zim** ⌧ 51/60 – 71/87.
• Gediegene Ländlichkeit herrscht in dem mächtigen alten Gasthof im Stil eines Landguts. Engagierter Service, Zimmer mit solider Naturholzeinrichtung, größtenteils Marmorbäder. Altbayerische Gaststuben mit schöner Innenhofterrasse.

In Neuburg-Bittenbrunn *Nord-West : 2 km, jenseits der Donau :*

Kirchbaur Hof, Monheimer Str. 119, ✉ 86633, ℘ (08431) 61 99 80, *info@hotel-kirchbaur.de*, Fax (08431) 41122, 🍽, 🚗 – 📺 ➠ **P** – 🎫 40. ⓜ ⓥⓘⓢⓐ
geschl. 27. Dez. - 4. Jan. – **Menu** *(geschl. Samstag, Sonntagabend) (Montag - Freitag nur Abendessen)* à la carte 16/29 – **30 Zim** ⌧ 45/58 – 80/95.
• Der ehemalige Bauernhof ist heute ein traditionellen, gemütlicher Landgasthof unter familiärer Leitung mit schlichten, solide ausgestatteten Zimmern. Urig-gemütliche Gaststuben und Gartenterrasse.

NEUDROSSENFELD
Bayern 546 P 18 – 3 000 Ew – Höhe 340 m.

Berlin 359 – München 241 – Coburg 58 – Bayreuth 10 – Bamberg 55.

XX **Schmitt's Restaurant,** Schloßplatz 2, ✉ 95512, ℘ (09203) 6 83 68, Fax (09203) 68367, ≤, 佘 – 刍 50. AE ⓂⓄ VISA
geschl. Montag – **Menu** (Dienstag - Freitag nur Abendessen) à la carte 27/35,50 – **Bistro** (geschl. Montag) (Dienstag - Freitag nur Abendessen) **Menu** à la carte 16,50/28.
 ♦ Unter einem hübschen Kreuzgewölbe nehmen Sie an einem der ansprechend eingedeckten Tische Platz. Im Sommer sitzt man schön auf der Gartenterrasse. Gekocht wird regional. Das Bistro bewirtet den Gast mit einer einfacheren Auswahl heimischer Speisen.

Im Ortsteil Altdrossenfeld Süd : 1 km :

🏠 **Brauerei-Gasthof Schnupp** (mit Gästehaus), ✉ 95512, ℘ (09203) 99 20, info@brauereigasthof-schnupp.t-online.de, Fax (09203) 99250, 佘 – 🛏 TV 🚗 P – 刍 40
Menu (geschl. Freitag) à la carte 13/31 – **27 Zim** ⇌ 44/65 – 62/95.
 ♦ Der alte, renovierte Brauhof dient als Gästehaus und beherbergt solide möblierte, wohnliche Zimmer - etwas schlichter sind die Zimmer im Haupthaus gestaltet. Restaurant mit ländlichem Charakter und eigener Brauerei.

NEUENAHR-AHRWEILER, BAD
Rheinland-Pfalz 543 O 5 – 28 100 Ew – Höhe 92 m – Heilbad.

Sehenswert : Ahrweiler : Altstadt★.

🎿 🎿 Bad Neuenahr-Ahrweiler, Remagener Weg (Nord-Ost : 5 km über Landskroner Str. BY, ab Bad Neuenahr), ℘ (02641) 95 09 50.

🛈 Touristinformation, Bad Neuenahr, Felix-Rütten-Str. 2, ✉ 53474 ℘ (02641) 9 77 30, info@wohlsein365.de, Fax (02641) 977373.

🛈 Touristinformation, Ahrweiler, Marktplatz 21, ✉ 53474, ℘ (02641) 97 73 68, Fax (02641) 900261.

Berlin 624 ② – Mainz 147 ③ – Bonn 31 ② – Koblenz 56 ③

Stadtplan siehe nächste Seite

Im Stadtteil Bad Neuenahr :

🏨 **Steigenberger Hotel,** Kurgartenstr. 1, ✉ 53474, ℘ (02641) 94 10, bad-neuenahr@steigenberger.de, Fax (02641) 7001, 佘, direkter Zugang zum Bäderhaus, ≦s, 🏊 – 🛏, 쏙 Zim, TV 🕿 🚗 P – 刍 300. AE ⓄⒷ Ⓜ VISA JCB
Menu à la carte 29/46 – **224 Zim** ⇌ 105/135 – 175/210, 5 Suiten – ½ P 30.   CZ v
 ♦ Der große klassische Hotelbau befindet sich im Herzen der Stadt. Die komfortablen Zimmer verteilen sich auf Haupthaus, Mittelbau und Westflügel. Imposante Bäderabteilung. Saalartiges Restaurant mit gepflegtem Ambiente.

🏨 **Dorint Parkhotel** ⓢ, Hardtstr. 2a/Am Dahliengarten, ✉ 53474, ℘ (02641) 89 50, info.cgnneu@dorint.com, Fax (02641) 895817, ≤, 佘, Massage, ♨, ≦s, 🏊 – 🛏, 쏙 Zim, TV 🕿 & 🚗 P – 刍 420. AE ⓄⒷ Ⓜ VISA JCB. ※ Rest   BY u
Menu à la carte 26/37 – ⇌ 15 – **239 Zim** 94/139 – 119/139, 4 Suiten – ½ P 23.
 ♦ Das an der Ahr gelegene Hotel a. d. J. 1976 ist mit seinen neuzeitlich-funktionellen Zimmern und Zugang zum Kongresszentrum besonders auf Geschäftsleute zugeschnitten. Helles Restaurant und Terrasse mit schöner Aussicht.

🏨 **Seta Hotel,** Landgrafenstr. 41, ✉ 53474, ℘ (02641) 80 30, info@setahotel.de, Fax (02641) 803399, 佘, ≦s, 🐎 – 🛏, 쏙 Zim, TV 🕿 – 刍 120. AE ⓄⒷ Ⓜ VISA. ※ Rest   CZ r
Menu à la carte 28/37 – **105 Zim** ⇌ 85/105 – 105/165 – ½ P 18.
 ♦ Ein engagiert geführtes Hotel, das mit gepflegtem Rahmen und neuzeitlich möblierten, komfortabel ausgestatteten Gästezimmern überzeugt. Modernes Hotelrestaurant mit großem Buffet.

🏨 **Giffels Goldener Anker,** Mittelstr. 14, ✉ 53474, ℘ (02641) 80 40, info@giffelsgoldeneranker.de, Fax (02641) 804400, 佘, 🎵, Massage, ≦s, 🏊, 🐎 – 🛏, 쏙 Zim, 🍽 Rest, TV 🕿 & P – 刍 120. AE Ⓞ Ⓜ VISA. ※ Rest   CZ w
Menu à la carte 19/43 – **82 Zim** ⇌ 82/115 – 115/125, 5 Suiten – ½ P 20.
 ♦ Funktionell wie auch zeitgemäß ausgestattete Zimmer und ein gepflegter Freizeitbereich zählen zu den Annehmlichkeiten dieses gewachsenen familiengeführten Stadthotels. Restaurant mit Wintergarten.

🏨 **Villa Aurora** ⓢ, Georg-Kreuzberg-Str. 8, ✉ 53474, ℘ (02641) 94 30, hotelaurora@t-online.de, Fax (02641) 943200, ≦s, 🏊, 🐎 – 🛏 TV 🚗 P – 刍 20. AE Ⓞ Ⓜ VISA. ※ Rest   CZ z
geschl. 15. Nov. - 14. Dez. – **Menu** (Restaurant nur für Hausgäste) – **53 Zim** ⇌ 65/95 – 122/150 – ½ P 20.
 ♦ Ein Ensemble dreier klassischer Villen bildet dieses gediegene Domizil mit individuell gestalteten Zimmern und Suiten - Jugendstilelemente ziehen sich durch die ganze Anlage.

BAD NEUENAHR – AHRWEILER

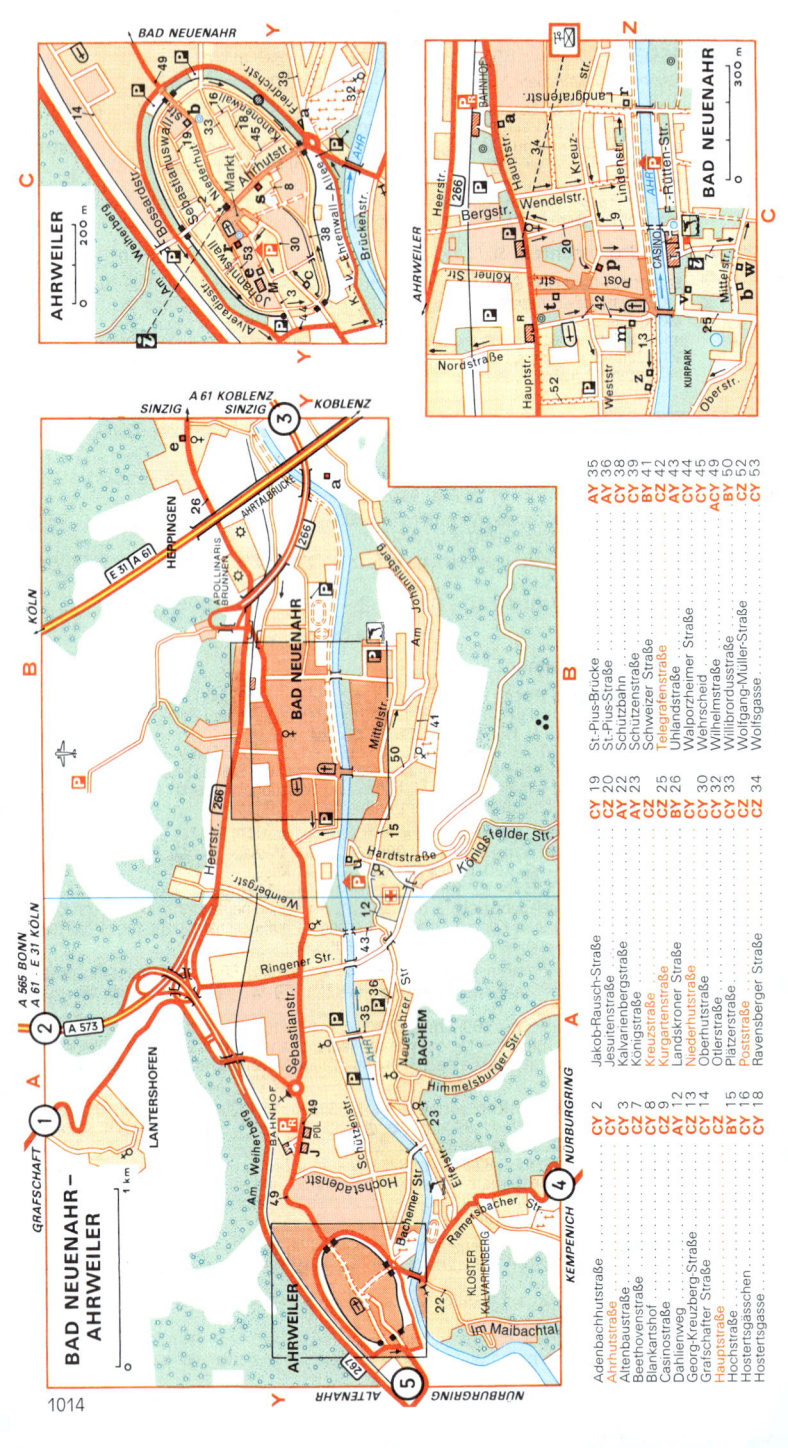

AHRWEILER

BAD NEUENAHR

Street	Ref	No
Adenbachhutstraße	CY	
Ahrhutstraße	**CY**	
Altenbaustraße	CZ	3
Beethovenstraße	CZ	7
Blankartshof	CZ	9
Casinostraße	AY	12
Dahlienweg	CZ	13
Georg-Kreuzberg-Straße	CZ	14
Grafschafter Straße	CZ	
Hauptstraße	**BY**	15
Hochstraße	CY	16
Hostersgasschen	CY	18
Hostersgasse		
Jakob-Rausch-Straße	CY	19
Jesuitenstraße	CZ	20
Kalvarienbergstraße	AY	22
Königstraße	CZ	23
Schweizer Straße	BY	41
Kreuzstraße	**CZ**	25
Landskroner Straße	BY	26
Kurgartenstraße	**CY**	
Niederhutstraße	**CY**	
Oberhutstraße	CY	30
Otterstraße	CZ	32
Platzerstraße	CY	33
Poststraße	**CZ**	34
Ravensberger Straße		
St-Pius-Brücke	AY	35
St-Pius-Straße	AY	36
Schützbahn	CY	38
Schützenstraße	CY	39
Telegrafenstraße		
Uhlandstraße	CZ	42
Walporzheimer Straße	AY	43
Wehrscheid	CY	44
Wilhelmstraße	CY	45
Willibrordusstraße	ACY	
Wolfgang-Müller-Straße	BY	50
Wolfsgasse	BZ	52
	CY	53

1014

NEUENAHR-AHRWEILER, BAD

Elisabeth, Georg-Kreuzberg-Str. 11, ⊠ 53474, ℘ (02641) 9 40 60, *hotel-elisabeth@t-online.de, Fax (02641) 940699*, 🐾, ⇔, 🔲 – 🛗, ↦ Zim, 📺 ⇔ 🅿 – 🛣 30. ℀ Rest
CZ z
geschl. Dez. - Feb. – **Menu** à la carte 22/30 – **64 Zim** 🗇 75/100 – 110/130 – ½ P 15.
◆ Ein gepflegtes Kurhotel in ruhiger Innenstadtlage - nur wenige Schritte von der Ahr entfernt. Jedes der soliden Zimmer verfügt über eine Terrasse bzw. einen Balkon. Das rustikale Häckselstübchen im Untergeschoss ergänzt das Restaurant.

Fürstenberg (mit Beethovenhaus), Mittelstr. 4, ⊠ 53474, ℘ (02641) 9 40 70, *info@hotel-fuerstenberg.de, Fax (02641) 940711*, 🐾 – 🛗, ▦ Rest, 📺 🅿 CZ b
Menu à la carte 19,50/33, ⚑ – **25 Zim** 🗇 49/55 – 72/100.
◆ Dies ist ein gut geführtes Stadthotel mit benachbartem historischen Gästehaus, in dem einst Beethoven lebte. Die Zimmer sind solide und wohnlich eingerichtet. Holzvertäfelung, Parkett und allerlei Zierrat machen das Restaurant behaglich.

Krupp, Poststr. 4, ⊠ 53474, ℘ (02641) 94 40, *information@hotel-krupp.de, Fax (02641) 79316*, 🐾 – 🛗 📺 ✆ 🕭 🅿 – 🛣 120. 🌑 🆅🅸🆂🅰 CZ t
Menu im 19/31,50 – **46 Zim** 🗇 59/77 – 108/134 – ½ P 16.
◆ Die Lage im Zentrum, am Ende der Fußgängerzone und funktionell eingerichtete Zimmer machen das typische Stadthotel mit der gepflegten Fassade aus. Restaurant mit Wintergarten und vorgelagerter Terrasse.

Zum Ännchen und Ahrbella garni, Hauptstr. 45, ⊠ 53474, ℘ (02641) 7 50 00, *info@hotel-ahrbella.de, Fax (02641) 750030* – ↦ Zim, 📺 ✆ ⇔. 🌑 🆅🅸🆂🅰 CZ a
24 Zim 🗇 42/55 – 76/82.
◆ Solide und gepflegt präsentiert sich die Einrichtung der zwei miteinander verbundenen Stadthäuser. Eine freundliche Atmosphäre begleitet Sie vom Empfang bis in Ihr Zimmer.

Kurpension Haus Ernsing, Telegrafenstr. 30 (1. Etage), ⊠ 53474, ℘ (02641) 9 48 70, *Fax (02641) 948721* – 🛗 📺. 🌑 ℀ Rest CZ m
geschl. Anfang Nov. - 19. Dez. – **Menu** à la carte 13,50/27 – **21 Zim** 🗇 42/44 – 68/74 – ½ P 8.
◆ Viele Stammgäste sprechen für diese sehr gepflegte, alteingesessene Pension in einem Stadthaus mit solide und funktionell eingerichteten Zimmern.

Restauration Idille, Am Johannisberg 101, ⊠ 53474, ℘ (02641) 2 84 29, *mail@idille.de, Fax (02641) 25009*, ≤, 🐾 – 🅿 BY a
Menu *(nur Abendessen)* 29/37 und à la carte.
◆ In einer ehemaligen Villa in einem Wohngebiet oberhalb des Ortes hat man dieses Restaurant eingerichtet. Moderne Kunst, Blumenschmuck und Bilder zieren den Raum.

Milano da Gianni, Kreuzstr. 8c, ⊠ 53474, ℘ (02641) 2 43 75 – 🅰🅴 ⓞ 🌑 🆅🅸🆂🅰 CZ p
geschl. Juli - Aug. 4 Wochen – **Menu** (italienische Küche) à la carte 22/37.
◆ Hier bereitet man eine bodenständige italienische Küche, orientiert an den Produkten der Saison. Auch Pizza und Pasta finden sich auf der Karte.

Im Stadtteil Ahrweiler :

Hohenzollern an der Ahr, Am Silberberg 50, ⊠ 53474, ℘ (02641) 97 30, *info@hotelhohenzollern.com, Fax (02641) 5997*, ≤ Ahrtal, 🐾 – 🛗, ↦ Zim, 📺 ✆ 🅿 – 🛣 20. 🅰🅴 🌑 🆅🅸🆂🅰 über ⑤
Menu à la carte 31,50/51,50 – **25 Zim** 🗇 60/75 – 100/135 – ½ P 24.
◆ In den Weinbergen oberhalb der Stadt steht dieser gewachsene Gasthof, der über zeitgemäß ausgestattete, mit Kischholz möblierte Zimmer verfügt. Im Restaurant genießen Sie an einigen Tischen einen reizvollen Blick ins Tal.

Rodderhof, Oberhutstr. 48, ⊠ 53474, ℘ (02641) 39 90, *hotel@rodderhof.de, Fax (02641) 399333*, ⇔ – 🛗 📺 ⇔ – 🛣 25. 🅰🅴 ⓞ 🌑 🆅🅸🆂🅰. ℀ Rest CY c
Menu *(geschl. Sonntag) (nur Abendessen)* (Restaurant nur für Hausgäste) – **50 Zim** 🗇 67/72 – 113 – ½ P 18.
◆ Siewohnen in einem Teil des ehemaligen, an der Stadtmauer gelegen Klostergutes. Eine funktionelle Ausstattung und ein gutes Platzangebot kennzeichnen die Zimmer.

Am weißen Turm garni, Altenbaustr.3, ⊠ 53474, ℘ (02641) 9 08 00, *info@hotelamweissenturm.de, Fax (02641) 908050* – 🛗, ↦ Zim, 📺 ✆ – 🛣 25. 🌑 🆅🅸🆂🅰 CY e
27 Zim 🗇 75 – 105.
◆ Das Hotel ist Teil eines im Zentrum gelegenen neuzeitlichen Gebäudekomplexes. Es erwarten Sie freundliche, modern und funktionell eingerichtete Zimmer - mit Internetzugang.

Schützenhof garni, Schützenstr. 1, ⊠ 53474, ℘ (02641) 9 02 83, *hotel.schuetzenhof@ngi.de, Fax (02641) 902840* – 🅿 🌑 🆅🅸🆂🅰. ℀ CY a
14 Zim 🗇 46/55 – 75/85.
◆ Das familiengeführte, gepflegte Haus liegt verkehrsgünstig an einem der vier Stadttore. Von den Balkonzimmern hat man einen traumhaften Blick auf das Ahrtal.

1015

NEUENAHR-AHRWEILER, BAD

Zum Ännchen garni, Niederhutstr. 11, ✉ 53474, ℘ (02641) 9 77 70, Fax (02641) 977799 – 📶 📺 🅿 ⓜ 𝕍𝕀𝕊𝔸 CY b
23 Zim ⊇ 47 – 70.
• Ihr Hotel liegt innerhalb der alten Stadtmauer, direkt an einem der Tore in der Fußgängerzone. Die Zimmer überzeugen mit Pflege und Sauberkeit.

Prümer Hof, Markt 12, ✉ 53474, ℘ (02641) 47 57, pruemerhof@gourmetguide.com, Fax (02641) 901218, 🍴 – ⓜ 𝕍𝕀𝕊𝔸 CY r
geschl. Feb. 2 Wochen, Juli - Aug. 2 Wochen, Montag - Dienstagmittag – **Menu** 26/36 à la carte 24,50/39, ♀.
• Das renovierte Fachwerkhaus beherbergt ein gemütliches, rustikal wirkendes Restaurant mit Empore, in dem eine internationale Küche serviert wird.

Eifelstube, Ahrhutstr. 26, ✉ 53474, ℘ (02641) 3 48 50, Fax (02641) 36022 – ⓜ 𝕍𝕀𝕊𝔸 CY s
geschl. nach Karneval 2 Wochen, Dienstag - Mittwoch – **Menu** à la carte 20/39.
• Das historische Gasthaus - bereits 1430 urkundlich erwähnt - ist seit 1905 in Familienbesitz. In rustikalen Stuben serviert man eine überwiegend regional geprägte Küche.

Im Stadtteil Heimersheim über ③:

Freudenreich im Weinhaus Nelles mit Zim, Göppinger Str. 13, ✉ 53474, ℘ (02641) 68 68, Fax (02641) 1463, 🍴 – 📺 🅿 ✸
geschl. Aug. 2 Wochen – **Menu** (geschl. Montag - Dienstag) (wochentags nur Abendessen) 23 à la carte 26/35,50 – **6 Zim** ⊇ 42 – 67.
• In modernem Ambiente nehmen Sie an einem der gut eingedeckten Tische Platz. Die angegliederte Weinausstellung gewährt Ihnen Einblicke in die Kunst der Kellerei.

Im Stadtteil Heppingen :

Steinheuers Restaurant Zur Alten Post mit Zim, Landskroner Str. 110 (Eingang Konsumgasse), ✉ 53474, ℘ (02641) 9 48 60, steinheuers.restaurant@t-online.de, Fax (02641) 948610, 🍴, 🛋 – 🛏 Rest, 📺 📞 🅿 🅰🅴 ⓞ ⓜ 𝕍𝕀𝕊𝔸. ✸ Zim BY e
Menu (geschl. 19. Juli - 12. Aug., Dienstag - Mittwochmittag) 75/110 à la carte 57/79, ♀ – **Landgasthof Poststuben** (geschl. Dienstag - Mittwochmittag) **Menu** à la carte 26,50/40,50, ♀ – **11 Zim** ⊇ 82/130 – 125/140.
• Viel Geschmack, Sorgfalt und ein eigener Stil kennzeichnen das saisonale Repertoire der Köche, gediegene Eleganz das Interieur. Zum Übernachten stehen schöne Zimmer bereit. Im Landgasthof Poststuben bietet man eine verfeinerte Regionalküche an.
Spez. Variation von der Gänsestopfleber. Steinbutt mit Trüffelkruste und Petersilienwurzel. Eifeler Reh

Im Stadtteil Lohrsdorf Nord-Ost : 5 km über Landskroner Straße BY, ab Bad Neuenahr

Köhlerhof, Remagener Weg (am Golfplatz), ✉ 53474, ℘ (02641) 66 93, golfkoehlerhof@aol.com, Fax (02641) 6693, 🍴 – 🅿 ✸
geschl. 21. Dez. - 1. Feb., Nov. - März Montag - Dienstag, April - Okt. Montag – **Menu** à la carte 29/37.
• Auf dem Gelände des Golfplatzes befindet sich dieses mit hellen, freundichen Farben im Landhausstil gehaltene Restaurant. Mit wintergartenähnlichem Vorbau.

Im Stadtteil Walporzheim über ⑤ : 1 km ab Ahrweiler :

Romantik Restaurant Brogsitter's Sanct Peter, Walporzheimer Str. 134 (B 267), ✉ 53474, ℘ (02641) 9 77 50, sanct-peter@brogsitter.net, Fax (02641) 977525, 🍴 – 🅿 – 🎩 35. 🅰🅴 ⓞ ⓜ 𝕍𝕀𝕊𝔸. ✸
geschl. Jan. 2 Wochen, Donnerstag, Sonntagmittag – **Menu** à la carte 51/70, ♀ – **Weinkirche** (geschl. Donnerstag) **Menu** 29/67 à la carte 41/62, ♀.
• Die traditionsreichen Mauern des Brogsitter – seit 1246 als Gasthaus geführt – beherbergen ein zeitlos-elegantes, durch eine Zirbelholztäfelung gemütlich wirkendes Restaurant. Rustikal : Weinkirche mit Holzbalken und Empore. Schöne Innenhofterrasse !
Spez. Gebratene Jakobsmuscheln mit Couscous und Limonenblättersauce. Gebratenes Kalbsfilet mit gebackenem Kalbskopf und Trüffelsauce. Geliertes Holunderblütensüppchen mit Sorbet und Beignets von Kirschen

---

NEUENBURG Baden-Württemberg **545** W 6 – 11 100 Ew – Höhe 231 m.
🛈 Tourist-Information, Rathausplatz 5, ✉ 79395, ℘ (07631) 79 11 11, touristik@neuenburg.de, Fax (07631) 7913111.
Berlin 831 – Stuttgart 232 – *Freiburg im Breisgau* 39 – Basel 35 – Mulhouse 20.

Krone, Breisacher Str. 1, ✉ 79395, ℘ (07631) 7 03 90, info@krone-neuenburg.de, Fax (07631) 703979, 🍴 – 📶, ⚜ Zim, 📺 📞 🚗 🅿 – 🎩 25. ⓞ ⓜ 𝕍𝕀𝕊𝔸
Menu (geschl. Mittwoch) à la carte 14/32 – **38 Zim** ⊇ 60/65 – 78/90.
• Ein durch die Besitzerfamilie engagiert geführter Gasthof mit Metzgerei und modernem Anbau. Die Zimmer sind gepflegt, teils neuzeitlich, teils als Familienzimmer angelegt. Badisch-ländliche Gaststuben.

NEUENBURG

Anika, Freiburger Str. 2a, ✉ 79395, ℘ (07631) 7 90 90, info@hotel-anika.de, Fax (07631) 73956, 🌿 – ⚛ Zim, 📺 📞 🚗 🅿 🆎 🆚 JCB, ❌ Rest
Menu (wochentags nur Abendessen) à la carte 16/31,50 – **30 Zim** ⊇ 49/58 – 75/82.
◆ Aus einer kleinen Familienpension ist dieses tadellos unterhaltene Hotel in einem Wohngebiet am Ortsrand entstanden. Mit zeitgemäßen, soliden Zimmern. Hell eingerichtetes Restaurant mit mediterranem Touch.

Gasthof Adler (mit Gästehaus), Breisacher Str. 20, ✉ 79395, ℘ (07631) 7 21 20, gasthof-adler@t-online.de, Fax (07631) 749830, 🌿 – ⚛ Zim, 📺 🚗 🅿 🆎 🆚
geschl. Mitte Nov. - Mitte Dez. – **Menu** (geschl. Montag) à la carte 17,50/33,50 – **13 Zim** ⊇ 51 – 77.
◆ Ein landwirtschaftlicher Betrieb wurde umgebaut und zu einem Gasthof umfunktioniert. Die Gäste wohnen in teils modernen, teils etwas älteren, aber sehr sauberen Zimmern.

Blauel's Restaurant mit Zim, Zähringer Str. 13, ✉ 79395, ℘ (07631) 7 96 66, blauels-restaurant@t-online.de, Fax (07631) 79667, 🌿 – ⚛ Zim, 📺 🅿 🆎
geschl. über Fastnacht 1 Woche, Aug. 3 Wochen – **Menu** (geschl. Sonntag - Montag, Feiertage) (Tischbestellung ratsam) 25,50 (mittags)/76 à la carte 40/55, ♀ – **4 Zim** ⊇ 55 – 85.
◆ Verschiedene Antiquitäten sowie moderne Kunst und Skulpturen zieren dieses in neuzeitlichem Stil gehaltene Restaurant. Man offeriert eine kreative Saisonküche.
Spez. Terrine von Ofentomaten und Sardinen mit Calmar. Bauerntaube mit Spätburgundersauce und Steinpilzrisotto (Saison). Delice von Zitrusfrüchten

---

NEUENDETTELSAU Bayern 5️⃣4️⃣6️⃣ S 16 – 7 000 Ew – Höhe 440 m.
Berlin 467 – München 187 – Nürnberg 44 – Ansbach 19.

Sonne (mit Gästehaus), Hauptstr. 43, ✉ 91564, ℘ (09874) 50 80, hotel-gasthof-sonne@t-online.de, Fax (09874) 50818, 🌿 – 📶 📺 📞 🚗 🅿 – 🛋 100. 🆎 🆎 🆚
geschl. Aug. – **Menu** à la carte 15/34 – **37 Zim** ⊇ 35/58 – 68/80.
◆ Hell und freundlich wirken die Zimmer im Gästehaus des gepflegten familiengeführten Landgasthofs, schlichter im Stammhaus. Auch für Tagungen geeignet. Das rustikale Restaurant ist das Herzstück des Hauses.

In Petersaurach-Gleizendorf Nord-West: 7 km, jenseits der A 6, über Altendettelsau, in Petersaurach links ab über Gleizendorfer Straße:

Scherzer 🌿, Am Anger 2, ✉ 91580, ℘ (09872) 9 71 30, info@landhotel-scherzer.de, Fax (09872) 971318, 🌿, 😀 – ⚛ Zim, 📺 🚗 🅿 – 🛋 20. 🆎 ⓞ 🆎 🆚, ❌
Menu (geschl. Jan., Freitag) à la carte 12/22,50 – **20 Zim** ⊇ 55 – 80.
◆ Seit 1905 in Familienbesitz, wurde das Haus fortlaufend modernisiert. Man bietet dem Gast funktionell ausgestattete Zimmer, teils mit Balkon. Schlichtes Restaurant mit ländlichem Ambiente.

NEUENKIRCHEN Mecklenburg-Vorpommern siehe Greifswald oder Rügen.

NEUENKIRCHEN (KREIS SOLTAU-FALLINGBOSTEL) Niedersachsen 5️⃣4️⃣1️⃣ G 13 – 5 800 Ew – Höhe 68 m – Luftkurort.
🛈 Heide-Touristik, Kirchstr. 9, ✉ 29643, ℘ (05195) 51 39, tourist-info-neuenkirchen@t-online.de, Fax (05195) 5128.
Berlin 331 – Hannover 90 – Hamburg 77 – Bremen 71 – Lüneburg 62.

In Neuenkirchen-Tewel Nord-West: 6 km, über B 71:

Landhaus Tewel mit Zim, Dorfstr. 17 (B 71), ✉ 29643, ℘ (05195) 18 57, landhaus-tewel@t-online.de, Fax (05195) 2746, 🌿 – 📺 🅿 🆎 ⓞ 🆎 🆚
geschl. Jan. – **Menu** (geschl. Montag, Nov. - Juni Montag - Dienstag) (Nov. - Juni nur Abendessen) à la carte 16/32,50 – **7 Zim** ⊇ 40 – 60.
◆ Heidschnuckengerichte und frischer Fisch stehen ganz oben auf dem Speiseplan dieses gepflegten, im bürgerlichen Stil gehaltenen Restaurants.

NEUENKIRCHEN (KREIS STEINFURT) Nordrhein-Westfalen 5️⃣4️⃣3️⃣ J 6 – 12 000 Ew – Höhe 64 m.
Berlin 482 – Düsseldorf 180 – Nordhorn 45 – Enschede 37 – Münster (Westfalen) 43 – Osnabrück 51.

Kleines Restaurant Thies, Sutrum-Harum 9 (Nord-Ost: 1,5 km), ✉ 48485, ℘ (05973) 27 09, info@kleines-restaurant-thies.de, Fax (05973) 780, 🌿 – 🅿
geschl. 5. - 17. April, Anfang - Mitte Aug. 2 Wochen, Montag - Dienstag – **Menu** (nur Abendessen) (Tischbestellung ratsam) 25/48 à la carte 28/44.
◆ Schmackhafte, sorgfältig zubereitete regionale Speisen bietet dieser solide geführte Familienbetrieb - warme Farbtöne prägen die rustikal-elegante Einrichtung.

NEUENRADE Nordrhein-Westfalen 543 M 7 – 12 000 Ew – Höhe 324 m.
  Berlin 521 – Düsseldorf 103 – Arnsberg 31 – Iserlohn 22 – Werdohl 6.

- **Kaisergarten**, Hinterm Wall 15, ⊠ 58809, ℘ (02392) 6 10 15, info@hotel-kaise rgarten.de, Fax (02392) 61052, 🍴, 🍺, TV P – 🧖 300. AE ① ⦾ VISA JCB
  Menu (geschl. Dienstagmittag) à la carte 16/42 – **9 Zim** ⊇ 48 – 77, -(Erweiterung um 15 Z bis Frühjahr 2004).
  • Das familiengeführte Haus liegt im Zentrum an einer kleinen Parkanlage. Man verfügt über solide möblierte und praktisch ausgestattete Zimmer.

NEUENSTEIN Hessen 543 N 12 – 3 200 Ew – Höhe 400 m.
  Berlin 418 – Wiesbaden 166 – Kassel 57 – Bad Hersfeld 11 – Fulda 53.

In Neuenstein-Aua :

- **Landgasthof Hess**, Geistalstr. 8, ⊠ 36286, ℘ (06677) 9 20 80, hotel-hess@t-onlin e.de, Fax (06677) 1322, 🍴, 🍺, 🍷 – 📶, ⥼ Zim, TV 🕿 & ⟺ P – 🧖 50. AE ①
  ⦾ VISA
  Menu à la carte 15/35 – **47 Zim** ⊇ 43/68 – 58/100.
  • Der gewachsene Gasthof mit schöner Fachwerkfassade beherbergt teils rustikale, teils modernere Zimmer. Gut sind die familiäre Führung sowie Sauberkeit und Pflege. Verschiedene Gaststuben mit behaglicher Einrichtung.

NEUENWEG Baden-Württemberg 545 W 7 – 380 Ew – Höhe 750 m – Erholungsort – Wintersport : 800/1 414 m ≤2 ⚘.
  Berlin 818 – Stuttgart 259 – Freiburg im Breisgau 49 – Basel 49 – Müllheim 21.

- **Gretherhof**, Dorfplatz 4, ⊠ 79691, ℘ (07673) 74 50, info@gretherhof.de, Fax (07673) 283, 🍴 – 📶, ⥼ Zim, TV P. ⦾ VISA
  Menu (geschl. Mitte Feb. 2 Wochen, Nov. – März Montag) 11/33 und à la carte – **17 Zim** ⊇ 52/70 – 50/80.
  • Eine Möblierung im Landhaus-Look kennzeichnet die Zimmer dieses familiengeführten Betriebs. Auch wohnliche Appartements mit Küchenzeile stehen zur Wahl. Regionstypisch dekoriert zeigt sich das Restaurant.

In Bürchau Süd : 3 km, über Wiesentalstraße : – Wintersport : ≤1 – Erholungsort :

- **Berggasthof Sonnhalde**, (mit Gästehaus), Untere Sonnhalde 37, ⊠ 79683, ℘ (07629) 2 60, sonnhalde-buerchau@t-online.de, Fax (07629) 1737, ≤, 🍴, 🏊, 🍺, 🍷 – ⥼, P. ⦾
  geschl. 8. - 25. März, 22. Nov. - 19. Dez. – **Menu** (geschl. Montag - Dienstag) à la carte 17/43,50 – **20 Zim** ⊇ 38/48 – 72 – ½ P 8.
  • Abseits vom Verkehrslärm oberhalb des Ortes liegt dieses kleine Hotel, das solide, in Einrichtung und Größe unterschiedliche Zimmer bietet. Ländlich gestalteter Restaurantbereich.

NEUFAHRN BEI FREISING Bayern 546 V 18 – 14 500 Ew – Höhe 463 m.
  Berlin 569 – München 23 – Regensburg 106 – Landshut 55.

In Neufahrn-Hetzenhausen Nord-West : 6 km über Massenhausen :

- **Landgasthof Hofmeier**, Hauptstr. 6a, ⊠ 85376, ℘ (08165) 80 06 90, hotel-gasth of-hofmeier@t-online.de, Fax (08165) 8006969, 🍴 – 📶, ⥼ Zim, TV 🕿 P. AE ⦾ VISA. ⥽ Zim
  Menu (geschl. Aug. - Sept. 3 Wochen, Donnerstag) à la carte 13/26 – **58 Zim** ⊇ 40/57 – 75.
  • Dieser familiengeführte Gasthof in der Ortsmitte ist eine nette, preiswerte Übernachtungsadresse mit geräumigen, neuzeitlich eingerichteten Zimmern. Der Restaurantbereich ist ländlich-schlicht und sauber - regionale Küche.

NEUFAHRN IN NIEDERBAYERN Bayern 546 T 20 – 3 300 Ew – Höhe 404 m.
  Berlin 526 – München 94 – Regensburg 38 – Ingolstadt 74 – Landshut 22.

- **Schloßhotel Neufahrn** (mit Gästehaus), Schloßweg 2, ⊠ 84088, ℘ (08773) 70 90, message@schlosshotel-neufahrn.de, Fax (08773) 1559, 🍴, 🍺, 🍷 – TV 🕿 P. – 🧖 80. AE ① ⦾ VISA JCB. ⥽
  geschl. Anfang Jan. 1 Woche – **Menu** (geschl. Sonntagabend) à la carte 25,50/41 – **60 Zim** ⊇ 75/95 – 95/115.
  • Zimmer stehen dem Gast sowohl im ehemaligen Herrensitz aus dem 14. Jh. als auch im Gästehaus zur Verfügung - teils hell und neutzeitlich möbliert, teils auch mit Himmelbetten. Schönes Restaurant mit Gewölbe und Innenhofterrasse.

NEUFFEN Baden-Württemberg **545** U 12 – 5 000 Ew – Höhe 405 m.
  Ausflugsziel : Hohenneuffen : Burgruine★ (❊★), Ost : 12 km.
  Berlin 636 – *Stuttgart* 42 – Reutlingen 17 – Ulm (Donau) 70.

※ **Traube** (mit Zim. und Gästehaus), Hauptstr. 24, ✉ 72639, ✆ (07025) 9 20 90,
  Fax (07025) 920929, 😊, ☎s, 📺 ✆ 🚗 P. ① ◐ VISA
  geschl. 22. Dez. - 6. Jan. – **Menu** (geschl. Freitagabend - Samstag, Sonntagabend) à la carte
  20/37 – **12 Zim** ⊇ 50/65 – 80.
  ◆ Das Fachwerkhaus berherbergt ein Restaurant im Stil einer bürgerlich-ländlichen Gast-
  stube. Hier sowie im Gästehaus bietet man gepflegte, teils neuzeitliche Zimmer.

Ihre Meinung über die von uns empfohlenen Restaurants,
deren Spezialitäten sowie die angebotenen regionalen Weine,
interessiert uns sehr.

NEUHARDENBERG Brandenburg **542** I 26 – 3 100 Ew – Höhe 30 m.
  Berlin 71 – Potsdam 114 – Frankfurt (Oder) 43 – Eberswalde 45.

🏛 **Schloss Neuhardenberg**, Schinkelplatz, ✉ 15320, ✆ (033476) 60 00, hotel@schl
  ossneuhardenberg.de, Fax (033476) 600800, 😊, ☎s, 🍽 – 📶, 🛌 Zim, 📺 ✆ ♿ P –
  🎿 200. 𝔸𝔼 ① ◐ VISA
  geschl. 15. Dez. - 11. Jan. – **Brennerei** (geschl. Montag - Dienstag) **Menu** à la carte 18,50/29
  – **56 Zim** ⊇ 140/150 – 155/165.
  ◆ In einer weitläufigen Parkanlage aus dem 18. Jh. dienen verschiedene Nebengebäude des
  klassizistischen Schlosses als komfortables und schlicht-elegantes Hotel. Betont ländlich
  und rustikal präsentiert sich die Brennerei.

In Neuhardenberg-Wulkow Süd : 3 km :

🏛 **Parkhotel Schloß Wulkow** 🌳 (mit 🏛 Remise), Hauptstr. 24, ✉ 15320,
  ✆ (033476) 5 80, schloss-wulkow@t-online.de, Fax (033476) 58444, 😊, ☎s, 🍽, ※ –
  📶, 🛌 Zim, 📺 ✆ P – 🎿 80. 𝔸𝔼 ① ◐ VISA
  Menu à la carte 25/46 – **48 Zim** ⊇ 50/71 – 96/116.
  ◆ Hinter der ansprechenden Fassade des ehemaligen Gutes und Herrensitzes hat man ein
  neuzeitlich-komfortables Hotel eingerichtet - schlichter sind die Zimmer im Gästehaus.
  Gediegen wirkendes Restaurant.

NEUHARLINGERSIEL Niedersachsen **541** E 7 – 1 200 Ew – Höhe 2 m – Nordseeheilbad.
  🛈 Kurverwaltung, Edo-Edzards-Str. 1, ✉ 26427, ✆ (04974) 18 80, Fax (04974) 788.
  Berlin 517 – Hannover 257 – Emden 58 – Oldenburg 87 – Wilhelmshaven 46.

🏨 **Mingers** (mit Gästehaus), Am Hafen - West 1, ✉ 26427, ✆ (04974) 91 30, info@mi
  ngers-hotel.de, Fax (04974) 91321, ≤, 😊 – 📶 📺 🚗 P. ◐ VISA
  Menu à la carte 19/38 – **31 Zim** ⊇ 72 – 104.
  ◆ Direkt am Hafen liegt dieses familiengeführte Ferienhotel im Klinkerstil mit zeitgemäßen,
  wohnlichen Zimmern und freundlicher Atmosphäre. Restaurant mit Hafenblick und großem
  Fischangebot.

🏨 **Janssen's Hotel** (mit Gästehaus), Am Hafen - West 7, ✉ 26427, ✆ (04974) 9 19 50,
  hafenhotel@aol.com, Fax (04974) 702, ≤, 😊 – 📶 📺 P. 𝔸𝔼 ◐ VISA. ※
  geschl. 1. - 25. Dez., 8. Jan. - 10. Feb. – **Menu** (geschl. Donnerstag) à la carte 18,50/28
  – **27 Zim** ⊇ 56/75 – 90/98 – ½ P 16.
  ◆ Ein durch die Besitzerfamilie geführtes Hotel mit zeitgemäßen, behaglich eingerichteten
  Zimmern. Der kleine Fischereihafen liegt direkt vor der Tür. Das Restaurant ist im friesischen
  Stil gestaltet.

🏨 **Rodenbäck**, Am Hafen - Ost 2, ✉ 26427, ✆ (04974) 2 25, info@rodenbaeck.de,
  Fax (04974) 833, ≤ – P. ※ Zim
  geschl. 21. Nov. - 26. Dez. – **Menu** (geschl. Montag) à la carte 16/28,50 – **13 Zim** ⊇ 40/70
  – 75.
  ◆ Die Lage im Ortskern, direkt am Hafen sowie praktisch ausgestattete Gästezimmer
  machen dieses gut geführte kleine Ferienhotel aus. Restaurant mit ostfriesischer Atmos-
  phäre.

※※ **Poggenstool** mit Zim, Addenhausen 1, ✉ 26427, ✆ (04974) 9 19 10, amke-kuehne
  r@t-online.de, Fax (04974) 919120, 😊 – 🛌 📺 P. ※ Zim
  gesch. Anfang Jan. - Anfang Feb. – **Menu** (geschl. Montagabend - Dienstag) à la carte
  16/40,50 – **7 Zim** ⊇ 50/52 – 86/105 – ½ P 18.
  ◆ Das gemütlich gestaltete Restaurant mit rustikalem Touch liegt am Ortsrand gegenüber
  dem Deich, serviert wird eine internationale Küche. Zeitgemäße Zimmer.

NEUHAUS AM RENNWEG Thüringen 544 O 17 – 6 500 Ew – Höhe 835 m – Erholungsort
– Wintersport : ≤2 ≤.
🛈 Touristinformation, Marktstr. 3, ✉ 98724, ℘ (03679) 1 94 33, touristinformati
on@neuhaus-am-rennweg.de, Fax (03679) 700228.
Berlin 321 – Erfurt 109 – Coburg 44 – Fulda 168.

🏨 **Schieferhof,** Eisfelder Str. 26, ✉ 98724, ℘ (03679) 77 40, schieferhof@t-online.de,
Fax (03679) 774100, ☀, ≘ – 🛗, ⚹ Zim, 📺 ☏ 🅿 – 🔔 60. AE ⓜ VISA
Menu à la carte 18/36 – **38 Zim** ⇌ 60/76 – 76/100 – ½ P 15.
• Zu den Annehmlichkeiten dieses Hotels gehören neben einer schönen, wohnlichen Einrichtung im gehobenen Landhausstil auch eine tadellose Pflege. Fachwerkbalken und ein hübsches Dekor zieren das Restaurant.

🏨 **Rennsteighotel Herrnberger Hof,** Eisfelder Str. 44, ✉ 98724, ℘ (03679) 7 92 00,
rennsteighotel@t-online.de, Fax (03679) 792099, ☀, ≘ – 🛗, ⚹ Zim, 📺 ☏ 🅿 – 🔔 30.
AE ⓜ VISA
Menu à la carte 15,50/25 – **23 Zim** ⇌ 49/64 – 75/90.
• Das neuzeitliche Hotel liegt unmittelbar am Höhenwanderweg des Thüringer Waldes. Die Zimmer sind unterschiedlich im Zuschnitt und funktionell in der Ausstattung. Rustikales Restaurant mit zwei Ebenen.

🏨 **An der alten Porzelline,** Eisfelder Str. 16, ✉ 98724, ℘ (03679) 72 40 41, alte.po
rzelline@aol.com, Fax (03679) 724044, ≘, 🌊 – 🅿 ⓜ VISA. ⚹ Rest
Menu (nur Abendessen) à la carte 13,50/26,50 – **22 Zim** ⇌ 38/45 – 68/72.
• Wo einst eine Porzellanmanufaktur betrieben wurde, beherbergt heute ein Geschäftshaus unter anderem dieses Hotel mit zeitgemäß ausgestatteten Zimmern. Das Restaurant ist teils bürgerlich gestaltet, teils im Stil eines Pubs.

NEUHAUSEN AUF DEN FILDERN Baden-Württemberg 545 T 11 – 10 300 Ew – Höhe 280 m.
Berlin 648 – Stuttgart 21 – Esslingen 10 – Göppingen 36 – Reutlingen 27 – Tübingen 36.

🍴 **Ochsen,** Kirchstr. 12, ✉ 73765, ℘ (07158) 6 70 16, Fax (07158) 986806, ☀ – ⓜ VISA
geschl. 19. Mai - 6. Juni, Montag - Dienstag – **Menu** à la carte 16,50/32.
• In diesem restaurierten Haus hat man eine gelungene Symbiose aus Alt und Neu geschaffen : Außen Fachwerk aus dem 17. Jh., innen modernes Ambiente.

NEUHOF Hessen 543 O 12 – 10 500 Ew – Höhe 275 m.
Berlin 464 – Wiesbaden 133 – Fulda 14 – Frankfurt am Main 89.

🏨 **Schmitt,** Michaelstr. 2, ✉ 36119, ℘ (06655) 9 69 70, info@gasthof-schmitt.de,
Fax (06655) 969798, ☀, – ⚹ Zim, 📺 ☏ 🅿 – 🔔 45. ⓜ VISA
geschl. Ende Juli 1 Woche – **Menu** (geschl. Dienstag) à la carte 9/22 – **26 Zim** ⇌ 27/34 – 45/58.
• Ein sehr gepflegter, seit Generationen in Familienbesitz befindlicher Gasthof. Man verfügt über solide und technisch gut ausgestattete Zimmer - im Anbau etwas komfortabler. Der Restaurantbereich : schlicht und leicht rustikal.

In **Kalbach-Grashof** Süd : 8 km über Kalbach - Mittelkalbach :

🏨 **Landhotel Grashof** 🌿 (mit 🏨 Gästehaus), Grashof 4, ✉ 36148, ℘ (06655) 97 70,
hotel@grashof.de, Fax (06655) 97755, Biergarten, ≘, 🌊 – 📺 ☏ 🅿 – 🔔 60. AE
ⓜ VISA
Menu à la carte 15/45 – **37 Zim** ⇌ 53 – 80 – ½ P 15.
• Eine Besonderheit dieses einsam am Wald gelegenen Hotels ist das Gästehaus mit modernen, wohnlichen Zimmern, verbunden durch eine schön bepflanzte Orangerie. Ländlich-rustikales Restaurant.

NEUHUETTEN Rheinland-Pfalz siehe Hermeskeil.

NEU-ISENBURG Hessen siehe Frankfurt am Main.

NEU KALISS Mecklenburg-Vorpommern 542 G 17 – 2 000 Ew – Höhe 10 m.
Berlin 216 – Schwerin 63 – Dannenberg 18 – Stendal 82.

In **Neu Kaliß-Heiddorf** :

🏨 **Eichenhof,** Ludwigsluster Str. 2, ✉ 19294, ℘ (038758) 31 50, info@hoteleichenhof
.de, Fax (038758) 31592, ☀, ≘, 🌊 – ⚹ Zim, 📺 ☏ 🅿 – 🔔 120
Menu à la carte 17,50/32 – **38 Zim** ⇌ 46/71 – 87/100.
• Ein neuerer Anbau ergänzt den ursprünglichen Gasthof. Naturholz und warme, freundliche Farben schaffen ein wohnliches Ambiente in den teils großzügigen Gästezimmern. Ein Wintergarten mit Glasfront zur Straße hin erweitert das Restaurant.

NEUKIRCHEN (ERZGEBIRGE) Sachsen siehe Chemnitz.

NEUKIRCHEN BEIM HL. BLUT Bayern 546 S 22 – 4 200 Ew – Höhe 490 m – Wintersport : 670/1 050 m ⟨3 ⟨.

🛈 Tourist-Information, Marktplatz 10, ⊠ 93453, ℘ (09947) 94 08 21, info@neukirchen-online.de, Fax (09947) 940844.
Berlin 505 – München 208 – *Passau* 108 – Cham 30 – Zwiesel 46.

In Neukirchen b.Hl.Blut-Mais Süd : 3 km in Richtung Lam :

Burghotel Am Hohen Bogen ⟨, Kühberg 31, ⊠ 93453, ℘ (09947) 20 10, burghotel-neukirchen@t-online.de, Fax (09947) 201293, ≤, 佘, 🄫, Massage, 𝐿𝑎, ≦s, ⊼, ⊠, ⚘, ℀ – 🕮, ⨯ Zim, TV 📞 ⚜ ⇔ 🅿 – 🛆 80. AE ⓞ VISA JCB. ℀ Rest
Menu à la carte 24/31 – **125 Zim** ⊇ 63 – 96 – ½ P 13.
* Die ruhige Lage am Dorfrand, wohnlich gestaltete Zimmer und eine ansprechender Freizeitbereich machen diese neuzeitliche Hotelanlage aus. Klassisch wirkendes, unterteiltes Restaurant mit internationaler Küche.

NEUKIRCHEN (KNÜLLGEBIRGE) Hessen 543 N 12 – 8 000 Ew – Höhe 260 m – Kneippheilbad.

🛈 Kurverwaltung, Am Rathaus 10, ⊠ 34626, ℘ (06694) 80 80, kurverwaltung@neukirchen.com, Fax (06694) 80888.
Berlin 436 – Wiesbaden 148 – *Kassel* 74 – Bad Hersfeld 33 – Marburg 52.

Landhotel Combecher, Kurhessenstr. 32 (B 454), ⊠ 34626, ℘ (06694) 97 80, hotelcombecher@vr-web.de, Fax (06694) 978200, 佘, Massage, ≦s, ⚘ – ⨯ Zim, TV ⚒ ⇔ 🅿 – 🛆 50. AE ⓞ ⓜ VISA – **Menu** (geschl. Nov. - März Sonntagabend) à la carte 14/32 – **38 Zim** ⊇ 35/45 – 56/72 – ½ P 11.
geschl. 4. - 11. Jan.
* Seit 1750 befindet sich dieses Haus in Familienbesitz - inzwischen ergänzt durch einen neueren Anbau. Die Zimmer sind gepflegt und mit soliden Eichenmobilar eingerichtet. Rustikales Restaurant.

NEUKLOSTER Mecklenburg-Vorpommern 542 E 19 – 5 000 Ew – Höhe 30 m.

Berlin 223 – Schwerin 46 – *Rostock* 44 – Lübeck 77 – Sternberg 27 – Hamburg 148.

In Nakenstorf Süd : 2,5 km, über Bahnhofstraße, nach Ortsende links ab :

Seehotel ⟨, Seestr. 1, ⊠ 23992, ℘ (038422) 2 54 45, seehotelamneuklostersee@t-online.de, Fax (038422) 25630, 佘, ≦s, ⚘s, ⚘, ℀ – Bootssteg – TV 🅿 ⓜ
Menu à la carte 20/34 – **14 Zim** ⊇ 80/100 – 130/140 – ½ P 18.
* Urlaubsgäste schätzen vor allem die ruhige Lage direkt am See. Das kleine Hotel bietet schlichte, mit modernem Mobiliar eingerichtete Zimmer. Hauseigene Pferde.

NEULEININGEN Rheinland-Pfalz siehe Grünstadt.

NEULINGEN Baden-Württemberg siehe Pforzheim.

NEUMAGEN-DHRON Rheinland-Pfalz 543 Q 4 – 2 700 Ew – Höhe 120 m.

🛈 Tourist-Information, Hinterburg 8a, ⊠ 54347, ℘ (06507) 65 55, Fax (06507) 6550.
Berlin 695 – Mainz 133 – *Trier* 40 – Bernkastel-Kues 20.

Zum Anker, Moselstr. 14, ⊠ 54347, ℘ (06507) 63 97, hotelzumanker@t-online.de, Fax (06507) 6399, 佘 – TV 🅿 AE ⓞ ⓜ VISA
geschl. 5. Jan.- 20. Feb. – **Menu** (geschl. Nov. - März Mittwoch) à la carte 17/42 – **15 Zim** ⊇ 31/47 – 61 – ½ P 17.
* Hinter seiner hübschen Fassade beherbergt das kleine Hotel wohnlich und funktionell eingerichtete Zimmer mit Parkettfußboden - teils mit Balkon und Blick auf die Mosel. Sie speisen auf der lauschigen Terrasse oder in der gemütlichen Stube.

Zur Post (mit Gästehaus), Römerstr. 79, ⊠ 54347, ℘ (06507) 21 14, info@moselhotel-post.de, Fax (06507) 6535, 佘 – TV ⇔ 🅿 ⓜ VISA. ℀ Rest
geschl. Feb. – **Menu** (geschl. Montag) (wochentags nur Abendessen) à la carte 16/29 – **16 Zim** ⊇ 30/38 – 44/60 – ½ P 12.
* Das kleine, gut unterhaltene Hotel mit Gästehaus an der Mosel verfügt über meist mit soliden, gepflegten Eichenmöbeln eingerichtete Zimmer. Gediegen-bürgerliches Restaurant.

NEUMARKT IN DER OBERPFALZ Bayern 546 S 18 – 40 000 Ew – Höhe 429 m.

🛈 Neumarkt, Herrnhof 1 (Nord-West : 3 km), ℘ (09188) 39 79 ; 🛈 Velburg-Unterwiesenacker (Ost : 12 km), ℘ (09182) 93 95 55 ; 🛈 🛈 Pilsach, Hilzhofen 23 (Ost : 12 km), ℘ (09186) 13 52.

🛈 Tourist-Information, Rathauspassage, ✉ 92318, ℘ (09181) 25 51 27, tourismus@neumarkt.de, Fax (09181) 255198.

Berlin 454 – München 138 – *Nürnberg* 47 – Amberg 40 – Regensburg 72.

Lehmeier, Obere Marktstr. 12, ✉ 92318, ℘ (09181) 2 57 30, info@hotel-lehmeier.de, Fax (09181) 257337, 🛈 – 🛈 Zim, TV 🛈 🛈, AE ⓘ MC VISA
Menu *(geschl. Anfang Jan. 2 Wochen, Dienstag)* à la carte 15,50/33 – **19 Zim** ⊑ 57/67 – 80/85.
• Das familiengeführte kleine Hotel in einer Häuserzeile in der Innenstadt bietet Ihnen Zimmer in neuzeitlichem Stil mit funktioneller Ausstattung. Gemütliches Restaurant, im hinteren Teil mit Gewölbedecke.

Dietmayr, Bahnhofstr. 4, ✉ 92318, ℘ (09181) 2 58 70, kontakt@hotelgasthof-dietmayr.de, Fax (09181) 258875, 🛈 – 🛈, 🛈 Zim, TV 🛈 🛈, AE ⓘ MC VISA 🛈
geschl. 23. Dez. - 7. Jan. – **Menu** *(geschl. 15. Aug. - 4. Sept., Dienstag)* à la carte 14/27 – **25 Zim** ⊑ 50/69 – 70/89.
• Die renovierten Gästezimmer dieses in einem Geschäftshaus gelegenen Hotels überzeugen mit funktionellem Inventar - vom Hosenbügler bis zum PC-Anschluss. Restaurant mit rustikalem Ambiente.

Mehl 🛈, Viehmarkt 20, ✉ 92318, ℘ (09181) 29 20, info@hotel-mehl.de, Fax (09181) 292110, 🛈 – 🛈, 🛈 Zim, TV 🛈 🛈, AE MC VISA, 🛈 Rest
Menu *(geschl. 1. - 18. Jan., 30. Mai - 17. Juni, Sonntagabend - Dienstagmittag)* à la carte 23/40 – **24 Zim** ⊑ 58/63 – 82.
• In einer Nebenstraße in der Innenstadt befindet sich das familiengeführte Hotel, das über teils neuzeitlich mit Kirschmobiliar eingerichtete Zimmer verfügt. In hellen Farben gehaltenes Restaurant mit regionaler und leicht mediterraner Küche.

Nürnberger Hof, Nürnberger Str. 28a, ✉ 92318, ℘ (09181) 4 84 00, Fax (09181) 44467 – 🛈, 🛈 Zim, TV 🛈 🛈, VISA, 🛈 Rest
Menu *(geschl. 24. Dez. - 10. Jan., Sonntag) (nur Abendessen)* à la carte 15/24,50 – **58 Zim** ⊑ 62/72 – 72/85.
• Die Zimmer dieses Hotels verteilen sich auf das Stammhaus und einen neuzeitlicheren Anbau ; sie sind solide und zeitlos gestaltet und verfügen teilweise über einen Balkon.

NEUMÜNSTER Schleswig-Holstein 541 D 13 – 82 000 Ew – Höhe 22 m.

🛈 Aukrug-Bargfeld, Zum Glasberg 9 (West : 15 km über ⑤), ℘ (04873) 5 95 ; 🛈 Krogaspe, Aalbeksweg, (Nord-West : 8 km über ⑥) ℘ (04321) 85 29 93.

🛈 Tourist-Information, Großflecken 34a (Pavillon), ✉ 24534, ℘ (04321) 4 32 80, Fax (04321) 202399.

ADAC, Wasbeker Str. 306.

Berlin 330 ③ – *Kiel* 39 ⑥ – Flensburg 100 ⑥ – Hamburg 66 ⑤ – Lübeck 58 ③.

Stadtplan siehe gegenüberliegende Seite

Hotelchen am Teich garni, Am Teich 5, ✉ 24534, ℘ (04321) 4 90 40, Fax (04321) 490444 – 🛈 🛈 TV 🛈 🛈 🛈 P AE ⓘ MC VISA   Z a
16 Zim ⊑ 76/86 – 99/115.
• Stilvoll-modern gestaltete, großzügige Zimmer mit rustikalem Touch machen dieses familiengeführte kleine Hotel im Innenstadtbereich aus.

Prisma, Max-Johannsen-Brücke 1, ✉ 24537, ℘ (04321) 90 40, info@hotel-prisma.bestwestern.de, Fax (04321) 904444, 🛈, 🛈, 🛈 – 🛈, 🛈 Zim, TV 🛈 🛈 P – 🛈 150. AE ⓘ MC VISA JCB, 🛈 Rest   Y b
Menu à la carte 19,50/28 – **93 Zim** ⊑ 94/114 – 119/130.
• Ein modernes, gut geführtes Hotel, das in frischen, satten Farben eingerichtet ist. Mit funktionellen Zimmern gut geeignet für Geschäftsreisende und Tagungsgäste. Restaurant in neuzeitlichem Stil.

Neues Parkhotel garni, Parkstr. 29, ✉ 24534, ℘ (04321) 94 06, neues_parkhotel@t-online.de, Fax (04321) 43020 – 🛈 🛈 TV 🛈 🛈 P – 🛈 25. AE ⓘ MC VISA   Y f
55 Zim ⊑ 66/82 – 82/102.
• Mitten im Zentrum der Stadt an einem kleinen Park gelegen, bietet dieses City-Hotel seinen Gästen funktionelle Zimmer mit zeitgemäßem Komfort.

Firzlaff's Hotel garni, Rendsburger Str. 183 (B 205), ✉ 24537, ℘ (04321) 9 07 80, hotel-firzlaff@web.de, Fax (04321) 54248 – TV P MC VISA   Y x
18 Zim ⊑ 46/52 – 66/80.
• Ein gepflegtes kleines Hotel, das mit sachlich und solide eingerichteten Gästezimmern und einer familiären, persönlichen Führung überzeugt.

1022

NEUMÜNSTER

Am Kamin, Probstenstr. 13, ⊠ 24534, ℰ (04321) 4 28 53, Fax (04321) 42919 – AE
⓪ ⓒ VISA   Z d
geschl. Sonn- und Feiertage – **Menu** 32/62 und à la carte.
♦ Klein, gemütlich-rustikal und hübsch dekoriert - so präsentiert sich das Interieur dieses Restaurants mit internationalem Angebot.

NEUMÜNSTER

Am Teich	Z 2
Anscharstraße	Y 3
Bismarckstraße	Y 4
Brachenfelder Straße	YZ 5
Friesenstraße	Z 6
Gänsemarkt	Z 7
Goethestraße	Y 8
Großflecken	Z 9
Holstenstraße	Z
Kaiserstraße	YZ 12
Klaus-Groth-Straße	Y 13
Kleinflecken	Z 14
Kuhberg	Y 16
Lütjenstraße	Z 18
Marienstraße	YZ 19
Max-Johannsen-Brücke	Y 20
Parkstraße	Y 24
Sauerbruchstraße	Y 25
Schleusberg	Z 26
Schützenstraße	Z 28
Warmsdorfstraße	Z 30

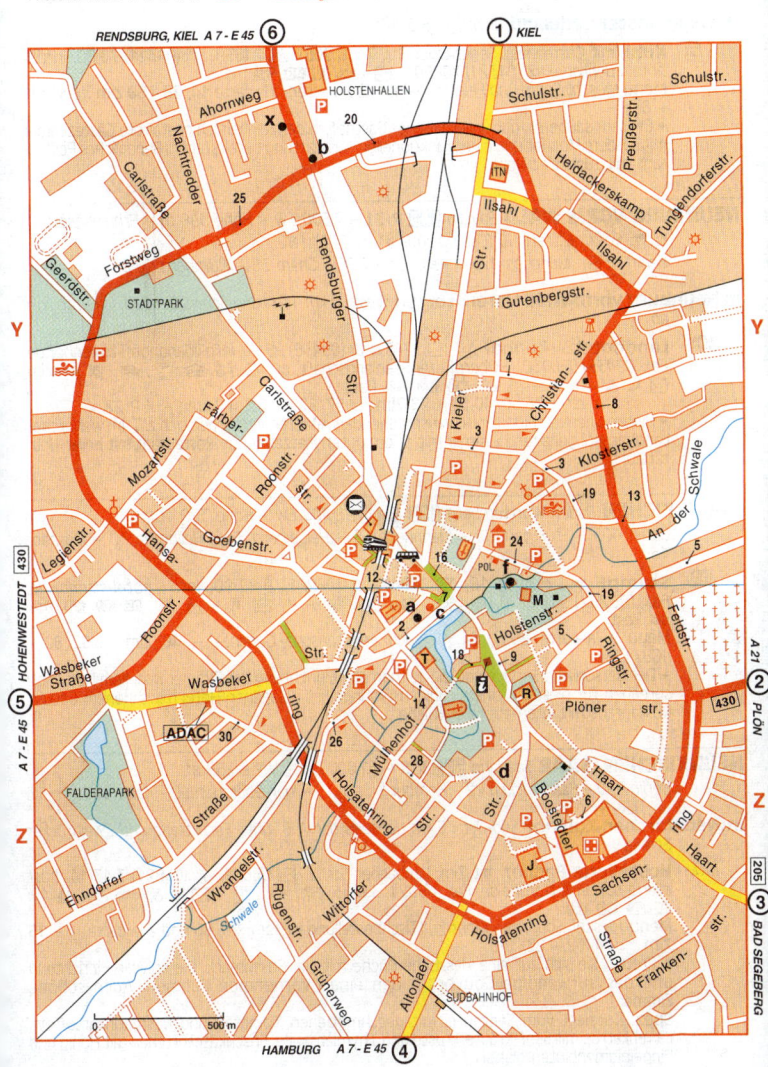

1023

NEUMÜNSTER

※※ **Pressekeller,** Gänsemarkt 1, ✉ 24534, ℰ (04321) 4 23 93, *service@pressekeller.de, Fax (04321) 48141*, 🌳 – 🕭 100. ㏂ ⓞ ⓜ 🆅🅸🆂🅰
geschl. Sonntagabend – **Menu** *à la carte 18/37.*   YZ c
• In einem Geschäftshaus im Innenstadtbereich befindet sich dieses sehr gepflegt wirkende und gut eingerichtete Restaurant mit internationaler Küche.

In Neumünster-Einfeld über ① : 3 km :

※※ **Zur Alten Schanze,** Einfelder Schanze 96 (am See, Nord : 2,5 km), ✉ 24536, ℰ (04321) 95 95 80, *mader-zur-alten-schanze@t-online.de, Fax (04321) 959582*, 🌳 – 🅿 ㏂ ⓜ 🆅🅸🆂🅰
Menu à la carte 14/31.
• Unter historischem Reetdach nehmen Sie in einer rustikalen Stube Platz. Regionale und internationale Küche. Schöne Terrasse mit Blick auf den See.

In Neumünster-Gadeland über ③ : 3,5 km :

🏠 **Kühl** (mit Gästehaus), Segeberger Str. 74 (B 205), ✉ 24539, ℰ (04321) 70 80, *info@hotel-kuehl.de, Fax (04321) 70880* – 📺 ⇌ 🅿 ⓜ 🆅🅸🆂🅰
Menu *(geschl. Sonn- und Feiertage) (nur Abendessen)* à la carte 14/28 – **30 Zim** ⊇ 41/49 – 65.
• Ein sehr sauberer, gut unterhaltener Gasthof, in dem einheitlich gestaltete Gästezimmer mit solidem Mobiliar und einer funktionellen Ausstattung bereitstehen. Behagliches Restaurant mit rustikaler Note.

NEUNBURG VORM WALD Bayern 546 R 21 – *7 300 Ew – Höhe 398 m – Erholungsort.*
🏌 🏌 Rötz, Hillstett 40 (Ost : 9 km), ℰ (09976) 1 80.
Berlin 456 – München 175 – Regensburg 56 – Cham 35 – Nürnberg 105.

In Neunburg vorm Wald-Hofenstetten West : 9 km, Richtung Schwarzenfeld, in Fuhrn links ab :

🏛 **Landhotel Birkenhof** 🐾, ✉ 92431, ℰ (09439) 95 00, *info@landhotel-birkenhof.de, Fax (09439) 950150*, ≤ Oberpfälzer Seenlandschaft, 🌳, 🏊, 🧖, 🈂, 🏊, 🔭 – 🛗, ↔ Zim, 📺 ✆ 🕿 ⇌ 🅿 – 🕭 80. ㏂ ⓜ 🆅🅸🆂🅰 🦌 Rest
Menu à la carte 23,50/40,50 – **78 Zim** ⊇ 57/62 – 103, 4 Suiten – ½ P 22.
• Hinter einem architektonisch ansprechenden Äußeren verbergen sich z. T. im wohnlichen Landhausstil gehaltene Zimmer mit einem guten Platzangebot. Restaurant mit heller Holztäfelung.

NEUNKIRCHEN Baden-Württemberg 546 R 11 – *1 500 Ew – Höhe 350 m.*
Berlin 605 – Stuttgart 92 – Mannheim 55 – Heidelberg 34 – Heilbronn 40 – Mosbach 15.

🏠 **Stumpf** 🐾, Zeilweg 16, ✉ 74867, ℰ (06262) 9 22 90, *info@hotel-stumpf.de, Fax (06262) 9229100*, ≤, 🌳, 🈂, 🔭, 🍴 – 🛗 📺 🅿 – 🕭 30. ㏂ ⓞ ⓜ 🆅🅸🆂🅰 🦌 Rest
Menu à la carte 25,50/34,50 *(auch vegetarische Gerichte)* – **46 Zim** ⊇ 62/80 – 108/136.
• Der persönliche Service und die zeitgemäße Einrichtung der Zimmer in hellem Naturholz sprechen für dieses in einem ruhigen Wohngebiet gelegenen Hotel mit schönem Garten. Restaurant mit internationaler Küche.

NEUNKIRCHEN/SAAR Saarland 543 R 5 – *52 000 Ew – Höhe 255 m.*
Berlin 690 – Saarbrücken 22 – Homburg/Saar 15 – Idar-Oberstein 60 – Kaiserslautern 51.

In Neunkirchen-Kohlhof Süd-Ost : 5 km, jenseits der A 8, über Fernstraße und Zweibrücker Straße :

※※※ **Hostellerie Bacher** mit Zim, Limbacher Str. 2, ✉ 66539, ℰ (06821) 3 13 14, *hostellerie-bacher@t-online.de, Fax (06821) 33465*, 🌳, 🈂, 🔭 – 📺 ✆ 🕿 ⇌ 🅿 – 🕭 40. ㏂ ⓞ ⓜ 🆅🅸🆂🅰
Menu *(geschl. Sonntag - Montag) (Tischbestellung ratsam)* 28/86 und à la carte 🍷 – **15 Zim** ⊇ 44/62 – 82/113.
• Freuen Sie sich auf eine klassische Küche mit viel Geschmack. Die stilvolle Einrichtung und das aufwändige Couvert bilden einen vornehmen Rahmen. Auch schöne Zimmer !
Spez. Kotelett vom Seeteufel mit geschmolzenen Tomaten und Rosmarinkartoffeln. Lammkarree mit Senf-Kräuterkruste und Thymiansauce. Frischkäsetörtchen mit Honig und Ringelblumenblüten glasiert

NEUNKIRCHEN-SEELSCHEID Nordrhein-Westfalen 543 N 6 – 17 000 Ew – Höhe 180 m.
Berlin 598 – Düsseldorf 81 – Bonn 24 – Köln 40.

Im Ortsteil Neunkirchen :

Kurfürst, Hauptstr. 13, ⊠ 53819, ℘ (02247) 30 80, hotel-kurfuerst@debitel.net, Fax (02247) 30888, 🍴, 🍺 – 📺 🅿 – 🔧 80. 🆎 ⓘ ⓜ 🆅🅸🆂🅰
Menu à la carte 18,50/37 – **22 Zim** ⊇ 46/52 – 78.
• Im Anbau dieses hübschen Bruchsteinhauses erwarten Sie gepflegte Gästezimmer, praktisch gestaltet und mit ausreichendem Platzangebot. Rustikale Restauranträume.

NEUPETERSHAIN Brandenburg 542 L 26 – 2 200 Ew – Höhe 95 m.
Berlin 152 – Potsdam 160 – Cottbus 22 – Dresden 79.

In Neupetershain-Nord Nord : 2 km, über Spremberger Straße und Ernst-Thälmann-Straße :

Zum Gutshof, Karl-Marx-Str. 6, ⊠ 03103, ℘ (035751) 25 60, zumgusthof@t-online.de, Fax (035751) 25680, Biergarten – ⥁ Zim, 📺 🅿 – 🔧 20. 🆎 ⓘ ⓜ 🆅🅸🆂🅰
Menu à la carte 15/25,50 – **33 Zim** ⊇ 52 – 73/94.
• Ein geschmackvoller Landhausstil und ein praktisches Inventar prägen die Räume dieses ehemaligen Herrenhauses. Etwas kleiner sind die Zimmer im Gästehaus. Teils regionale, teils internationale Küche bietet das Restauarnt mit Biergarten im Hof.

NEUPOTZ Rheinland-Pfalz 543 S 8 – 1 600 Ew – Höhe 110 m.
Berlin 665 – Mainz 123 – Karlsruhe 23 – Landau 23 – Mannheim 52.

Zum Lamm mit Zim, Hauptstr. 7, ⊠ 76777, ℘ (07272) 28 09, Fax (07272) 77230 – 📺 🅿
geschl. Weihnachten - Anfang Jan., Juli - Aug. 3 Wochen – **Menu** (geschl. Dienstag, Sonn- und Feiertage abends) (Tischbestellung ratsam) à la carte 20/35,50 – **7 Zim** ⊇ 25/28 – 54.
• Die Küche dieses sympathischen kleinen Lokals bietet aus frischen Produkten sorgfältig und schmackhaft zubereitete Speisen von bürgerlich bis gehoben.

Zum Hardtwald, Sandhohl 14, ⊠ 76777, ℘ (07272) 24 40 – 🅿
geschl. Jan. 1 Woche, Juni - Juli 2 Wochen, Montag, Mittwochmittag, Donnerstagmittag – **Menu** à la carte 18/31.
• Ein nettes familiengeführtes Restaurant im Untergeschoss eines Privathauses. Recht gemütlich wirkt der mit Wurzelholz getäfelte Raum. Großes bürgerliches Speiseangebot.

NEURIED Baden-Württemberg 545 U 7 – 7 700 Ew – Höhe 148 m.
Berlin 755 – Stuttgart 156 – Karlsruhe 85 – Lahr 21 – Offenburg 11 – Strasbourg 19 – Freiburg im Breisgau 59.

In Neuried-Altenheim : Nord : 2 km :

Ratsstüble, Kirchstr. 38, ⊠ 77743, ℘ (07807) 9 28 60, strosack@ratsstueble.de, Fax (07807) 928655, 🍴, 🍺 – ⥁ Zim, 📺 🅿 🍽 Rest
Menu (geschl. März 2 Wochen, Aug. 2 Wochen, Sonntag) (nur Abendessen) à la carte 16/29 – **31 Zim** ⊇ 36 – 55.
• Die Zimmer dieses Gasthofs mit Fachwerkfassade befinden sich alle im Anbau, sind solide ausgestattet und bieten zeitgemäßen Komfort. Restaurant und rustikale Weinstube.

NEURUPPIN Brandenburg 542 H 22 – 33 000 Ew – Höhe 47 m.
🛈 Tourismus-Service, "Bürger Bahnhof", Karl-Marx-Str. 1, ⊠ 16816, ℘ (03391) 4 54 60, tourismus-service@neuruppin.de, Fax (03391) 454666.
Berlin 76 – Potsdam 75 – Brandenburg 90.

Zum alten Siechenhospital, Siechenstr. 4, ⊠ 16816, ℘ (03391) 65 08 00, letto w@up-hus.de, Fax (03391) 652050, 🍴 – 📺 🅿
Menu (geschl. 27. Dez. - 7. Jan., Montagmittag) à la carte 17/24,50 – **17 Zim** ⊇ 50/60 – 70.
• Wohnlichkeit und Funktionalität kennzeichnen die Zimmer dieses Hotels. Im ehemaligen Armenhaus verleihen alte Fachwerkbalken dreien der Zimmer historischen Charme. Gemütliches Restaurant mit Weinstubencharakter.

In Neuruppin-Alt Ruppin Nord-Ost : 4,5 km, über B 167 :

Am Alten Rhin, Friedrich-Engels-Str. 12, ⊠ 16827, ℘ (03391) 76 50, hotel.amalten rhin@t-online.de, Fax (03391) 76515, 🍴, ⥁, 🍺 – ⥁ Zim, 📺 📞 ♿ 🅿 – 🔧 80. 🆎 ⓘ ⓜ 🆅🅸🆂🅰
Menu à la carte 16,50/31,50 – **38 Zim** ⊇ 51/63 – 69/78.
• Ein moderner Anbau ergänzt den familiengeführten Gasthof um neuzeitliche Zimmer in hellem Naturholz - die Zimmer im Stammhaus sind älter und individuell eingerichtet. Leicht rustikales Restaurant.

NEUSÄSS Bayern 546 U 16 – 20 000 Ew – Höhe 525 m.
Berlin 561 – München 75 – Augsburg 7 – Ulm (Donau) 89.

In Neusäß-Steppach Süd : 2 km :

Brauereigasthof Fuchs, Alte Reichsstr. 10, ✉ 86356, ℘ (0821) 48 09 20, brauereigasthoffuchs@t-online.de, Fax (0821) 48699194, 😊, Biergarten – TV P.
AE MC VISA
Menu à la carte 14/24 – **32 Zim** ⊇ 49/70 – 65/90.
• Seit Mitte des 17. Jh. existiert der Familienbetrieb im Herzen des Ortes. Durch ein altes Holztreppenhaus gelangen Sie in rustikal gestaltete Zimmer mit Parkettfußboden. Im Stil eines typischen bayerischen Brauereigasthauses gestaltetes Lokal.

NEUSS Nordrhein-Westfalen 543 M 4 – 150 000 Ew – Höhe 40 m.
Sehenswert : St. Quirinus-Münster★ CY.
Ausflugsziel : Schloss Dyck★ Süd-West : 9 km über ③.
📍 ₁₈ ₅ Korschenbroich, Rittergut Birkhof (West : 9 km über Rheydter Str. und Büttgen), ℘ (02131) 51 06 60 ; ₁₈ ₅ Hummelbachaue (Süd-Ost : 4 km über ①), ℘ (02137) 40 16.
🛈 Tourist-Information, Büchel 6 (Rathausarkaden), ✉ 41460, ℘ (02131) 4 03 77 95, tourist-information@neusserttgmbh.de, Fax (02131) 4037797.
ADAC, Glockhammer 27.
Berlin 563 ④ – Düsseldorf 12 – Köln 38 ① – Krefeld 20 ④ – Mönchengladbach 21 ④

Stadtpläne siehe nächste Seiten

Swissôtel ⌂, Rheinallee 1, ✉ 41460, ℘ (02131) 77 00, emailus.duesseldorf@swissotel.com, Fax (02131) 771367, ≤, ≋, 🖼 – 🔄, ≒ Zim, ⊟ TV 📞 ⇔ P – 🏛 1000.
AE ① MC VISA JCB. ⚘ Rest
Menu à la carte 28/40 – ⊇ 17 – **246 Zim** 199/299, 6 Suiten. BX b
• Verkehrsgünstig liegt das Hotel etwas außerhalb am Rhein. Die Zimmer : wohnlich und komfortabel ausgestattet, teils gediegen, teils modern im Stil - alle mit Blick zum Fluss. Restaurant mit gepflegtem klassischen Ambiente.

Dorint Am Rosengarten, Selikumer Str. 25, ✉ 41460, ℘ (02131) 26 20, info.dusneu@dorint.com, Fax (02131) 262100, 😊, ≋ – 🔄, ≒ Zim, ⊟ TV 📞 ⇔ P – 🏛 140.
AE ① MC VISA JCB
CZ s
geschl. 22. Dez. - 4. Jan. – **Menu** (geschl. Montag, Freitag) à la carte 22/42,50 – **Nobber's Eck** (geschl. Aug., Sonntag) (nur Abendessen) **Menu** à la carte 22/32 – **209 Zim** ⊇ 135/150 – 165/195.
• Ein neuzeitliches Tagungshotel am Rand der Innenstadt. Die modernen und wohnlichen, in hellem Naturholz gehaltenen Zimmer überzeugen mit einer guten technischen Ausstattung. Restaurant mit großer Fensterfront und mediterran beeinflusster Küche.

Holiday Inn, Anton-Kux-Str. 1, ✉ 41460, ℘ (02131) 18 40, neuss@holiday-inn-hotel.de, Fax (02131) 184184, 😊, ≋ – 🔄, ≒ Zim, TV 📞 ⇔ – 🏛 120. AE ① MC VISA JCB. ⚘ Rest BX s
Menu à la carte 23/36 – ⊇ 15 – **220 Zim** 120/195, 47 Suiten.
• Gepflegte Zimmer mit neuzeitlichem Mobiliar - teils sehr großzügig geschnitten - bietet man Ihnen in diesem in einem Büroviertel gelegenen Hotel.

Parkhotel Viktoria garni, Kaiser-Friedrich-Str. 2, ✉ 41460, ℘ (02131) 2 39 90, hotel-viktoria-neuss@t-online.de, Fax (02131) 2399100 – 🔄 ≒ TV ⇔. AE ① MC VISA JCB
CZ e
75 Zim ⊇ 92/105 – 118.
• Das gut geführte Hotel am Zentrumsrand gefällt mit einem gepflegtem Rahmen, wohnlich und funktionell eingerichteten Zimmern und einem mediterran wirkenden Frühstücksraum.

Tulip Inn City Hotel garni, Adolf-Flecken-Str. 18, ✉ 41460, ℘ (02131) 22 70, reservation@city-hotel-neuss.de, Fax (02131) 227111 – 🔄 ≒ TV ⇔. AE ①
MC VISA
CY r
50 Zim ⊇ 86/91 – 107/148.
• Gute Pflege und zeitgemäße Zimmer machen dieses Hotel aus. Hauptbahnhof, Einkaufsmeile und die Sehenswürdigkeiten der Stadt sind zu Fuß erreichbar.

Haus Hahn garni, Bergheimer Str. 125, ✉ 41464, ℘ (02131) 9 41 80, Fax (02131) 43908 – TV P. ① MC VISA
AX u
geschl. Juli 3 Wochen, Ende Dez. - Anfang Jan. – **15 Zim** ⊇ 57/70 – 87.
• Saubere und praktisch in rustikaler Eiche eingerichtete Zimmer und eine persönliche Atmosphäre sprechen für diese solide Übernachtungsadresse.

NEUSS

Berghäuschens Weg	**BX** 3
Bergheimer Straße	**AX** 4
Bonner Straße	**BX** 5
Burgunder Straße	**BX** 6
Dreikönigenstraße	**AX** 8
Düsseldorfer Straße	**ABX** 9
Engelbertstraße	**AX** 10
Fesserstraße	**AX** 12
Jülicher Landstraße	**AX** 16
Schillerstraße	**BX** 26
Stresemannallee	**BX** 31
Venloer Straße	**AX** 33
Viersener Straße	**AX** 34

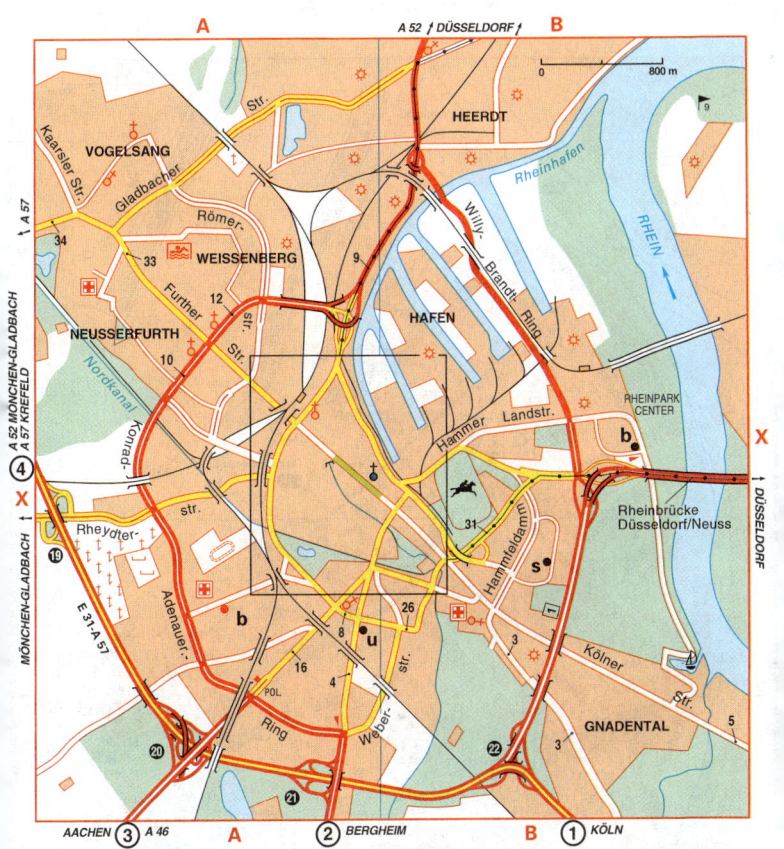

XXX **Tiefenbachers Herzog von Burgund,** Erftstr. 88, ✉ 41460, ✆ (02131) 2 35 52, *tiefenbacher@lieven.de*, Fax (02131) 271301, 🍴 – AE ⓜ ⓞ 🚭   **CZ c**
geschl. Aug. 1 Woche, Samstagmittag, Sonntagmittag – **Menu** (abends Tischbestellung ratsam) 19,50 (mittags) à la carte 48/54.
♦ Hinter der historischen Fassade der Jugendstil-Villa erwarten Sie ein gepflegtes, klassisch eingerichtetes Restaurant, in dem man eine internationale Küche serviert.

XX **An de Poz,** Oberstr. 7, ✉ 41460, ✆ (02131) 27 27 77, *mail@andepoz.de*, Fax (02131) 272777, 🍴 – AE ⓜ ⓞ VISA   **CZ r**
geschl. Samstagmittag, Sonntag – **Menu** (Tischbestellung ratsam) à la carte 31/38,50.
♦ Ein Kellerrestaurant in der Neusser Innenstadt. Rustikal und gemütlich ist das Ambiente in dem historischen Bruchstein-Gewölbe. Die Karte bietet Internationales.

XX **Zum Stübchen,** Preussenstr. 73, ✉ 41464, ✆ (02131) 8 22 16, *axelbuss@restaurant-zum-stuebchen.de*, Fax (02131) 82325, 🍴 – AE ⓜ ⓞ VISA   **AX b**
geschl. Juni 2 Wochen, Montag, Samstagmittag – **Menu** à la carte 33,50/44.
♦ Eine leicht gehobene Küche mit regionalem Touch erwartet Sie hier. Eine rustikale Einrichtung sowie ein nettes Dekor prägen das Ambiente des Restaurants.

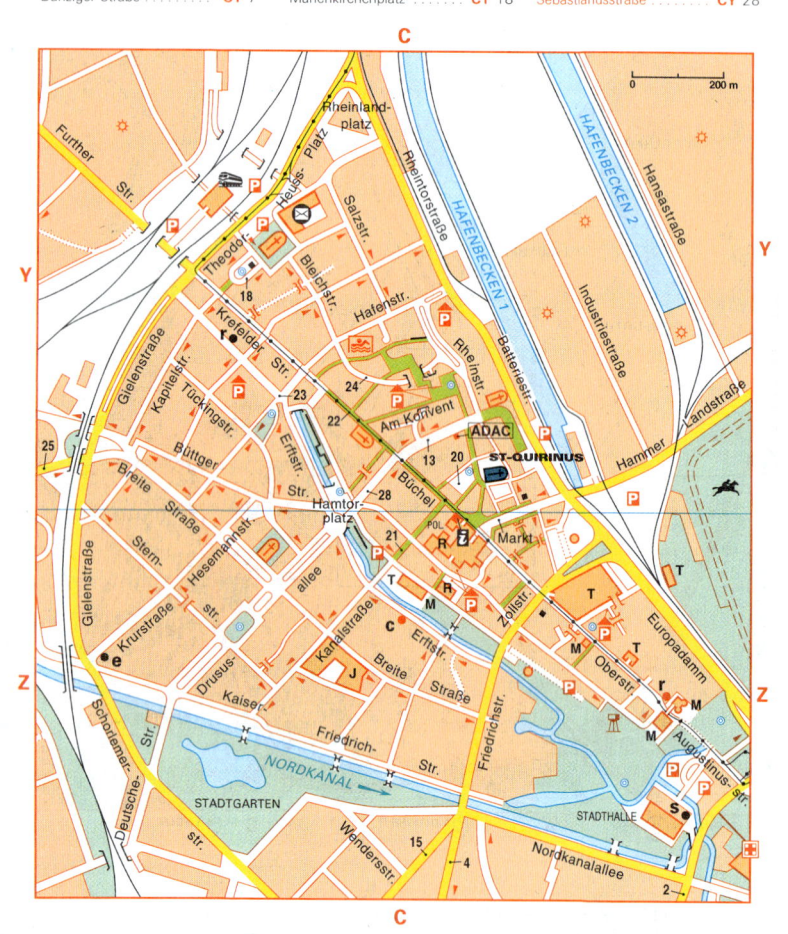

NEUSS

An der Obererft . . . . CZ 2	Friedrichstraße . . . . CZ	Münsterplatz . . . . CY 20
Buchel . . . . CY	Further Straße . . . . CY	Neustraße . . . . CZ 21
Bergheimerstraße . . . . CZ 4	Glockhammer . . . . CY 13	Niederstraße . . . . CY 22
Danziger Straße . . . . CY 7	Jülicherstraße . . . . CZ 15	Platz am Niedertor . . . . CY 23
	Krefelder Straße . . . . CY	Rheinwallgraben . . . . CV 24
	Am Konvent . . . . CY	Rheydterstraße . . . . CY 25
	Marienkirchplatz . . . . CY 18	Sebastianusstraße . . . . CY 28

In Neuss-Erfttal Süd-Ost : 5 km über ①

🏨 **Novotel**, Am Derikumer Hof 1 (Norf), ✉ 41469, ℘ (02131) 13 80, h0497@accor-hotels.com, Fax (02131) 120687, 🌳, 🏋, ≋, 🏊 (geheizt), 🚲 – 🛗, ✲ Zim, 🍽 Rest, 📺 🚗 🅿 – 🛋 80. 🆎 ⓘ ⓜ ᴠɪꜱᴀ
Menu à la carte 20/30 – **110 Zim** ⊇ 102 – 125.
♦ Hell, freundlich und zeitgemäß präsentieren sich die Zimmer dieses neuzeitlichen Kettenhotels. Die funktionelle, technisch gute Ausstattung schätzen auch Geschäftsreisende.

In Neuss-Grimlinghausen Süd-Ost : 6 km über Kölner Straße BX :

🏨 **Landhaus Hotel**, Hüsenstr. 17, ✉ 41468, ℘ (02131) 3 10 10, info@landhaus-hotel-schulte.com, Fax (02131) 310151, Biergarten – 🛗, ✲ Zim, 📺 📞 & 🅿 – 🛋 30. 🆎 ⓜ ᴠɪꜱᴀ
Menu à la carte 18/40 – **28 Zim** ⊇ 88/139 – 120/159.
♦ Eine persönliche Führung und solide möblierte, individuell dekorierte Gästezimmer machen den in einem Vorort gelegenen Familienbetrieb aus. Bürgerliches, leicht elegant wirkendes Restaurant.

NEUSS

In Kaarst Nord-West : 6 km über Viersener Straße AX :

Holiday Inn, Königsberger Str. 20, ⊠ 41564, ℰ (02131) 96 90, *duesseldorf@event hotels.com*, Fax (02131) 969445, 佘, ≦s, 🏊, – 團, ☒ Zim, 🔲 📺 ɰ ⎈ ⇔ ℙ – 🔺 280. ℄ ⓞ ⓜⓞ 𝖵𝖨𝖲𝖠
Menu à la carte 24,50/32 – ⌕ 14 – **192 Zim** 165 – 195, 12 Suiten.
♦ Mit seiner verkehrsgünstigen Lage und der neuzeitlichen und funktionellen Ausstattung ist dieses Hotel besonders auf den Business-Gast zugeschnitten.

Classic Hotel garni, Friedensstr. 12, ⊠ 41564, ℰ (02131) 12 88 80, *skgastroperson al@t-online.de*, Fax (02131) 601833 – 團 ☒ 📺 ɰ ⎈ ⇔ ℙ – 🔺 30. ℄ ⓞ ⓜⓞ 𝖵𝖨𝖲𝖠
geschl. 22. Dez. - 7. Jan. – **22 Zim** ⌕ 86 – 116.
♦ Zeitgemäß möbliert, großzügig geschnitten und technisch gut ausgestattet zeigen sich die Zimmer dieses sauberen und gepflegten Hotels im Zentrum.

Landhaus Michels garni, Kaiser-Karl-Str. 10, ⊠ 41564, ℰ (02131) 7 67 80, *info@l andhaus-michels.de*, Fax (02131) 767819 – ☒ 📺 ɰ ⇔ ℙ ℄ ⓞ ⓜⓞ 𝖵𝖨𝖲𝖠. ⁘
geschl. 23. Dez. - 3. Jan. – **20 Zim** ⌕ 58/85 – 85/95.
♦ Der ehemalige Landgasthof - seit dem 18. Jh. in Familienbesitz - wurde zu einem sympathischen Hotel mit gut ausgestatteten Zimmern umgebaut.

In Kaarst-Büttgen West : 5 km über Rheydtstr. AX :

Jan van Werth, Rathausplatz 20, ⊠ 41564, ℰ (02131) 7 58 80, *info@hotel-kaarst.de*, Fax (02131) 511433, 佘 – 團, ☒ Zim, 📺 ɰ ℙ – 🔺 20. ⓞ ⓜⓞ 𝖵𝖨𝖲𝖠
geschl. 22. Dez. - 5. Jan. – **Menu** (geschl. Samstagmittag) à la carte 14/23 – **28 Zim** ⌕ 51/59 – 79.
♦ Der größte Teil der Zimmer dieses persönlich geführten Hauses ist mit Kirschbaummöbeln solide eingerichtet und verfügt über ein ausreichendes Platzangebot. Brauhaus mit bürgerlicher Küche.

NEUSTADT AM RÜBENBERGE Niedersachsen 541 I 12 – 44 000 Ew – Höhe 35 m.

🏌 🏌 Neustadt-Mardorf, Vor der Mühle 10 (West : 12 km), ℰ (05036) 27 78.
Berlin 307 – *Hannover* 25 – Bremen 90 – Celle 58 – Hamburg 149.

Neustädter Hof garni, Königsberger Str. 43, ⊠ 31535, ℰ (05032) 8 91 40, *hotel@ neustaedter-hof.de*, Fax (05032) 63000 – 團 ☒ 📺 ɰ ℙ – 🔺 25. ℄ ⓞ ⓜⓞ 𝖵𝖨𝖲𝖠
geschl. 20. Dez. - 5. Jan. – **27 Zim** ⌕ 50/79 – 80/109.
♦ In ein Geschäftshaus integriertes Etagenhotel in einem Wohngebiet. Eine moderne Einrichtung und gute Pflege machen dieses gut geführte Haus aus.

NEUSTADT AN DER AISCH Bayern 546 R 15 – 12 500 Ew – Höhe 292 m.

🛈 Tourist-Information, Marktplatz 5, ⊠ 91413, ℰ (09161) 6 66 14, *stadt@neustadt-aisch.de*, Fax (09161) 66615.
Berlin 458 – München 217 – *Nürnberg* 49 – Bamberg 53 – Würzburg 67.

Allee-Hotel garni, Alleestr. 14 (B 8/470), ⊠ 91413, ℰ (09161) 8 95 50, *info@allee-hotel.de*, Fax (09161) 895589 – 團 ☒ 📺 ɰ ℙ – 🔺 20. ⓜⓞ 𝖵𝖨𝖲𝖠
24 Zim ⌕ 60 – 88.
♦ Hell und freundlich möblierte Zimmer in klassischem Stil finden Sie in dem ehemaligen Schulhaus aus dem 19. Jh. Das Frühstück nehmen Sie in der schönen Orangerie ein.

In Dietersheim-Oberroßbach Süd : 6 km, über B 470, in Birkenfeld am Ortsende links ab :

Fiedler ♨ (mit Gästehaus), Oberroßbach 3, ⊠ 91463, ℰ (09161) 24 25, *fiedler@wi rtshausnet.de*, Fax (09161) 61259, 佘, ≦s, ♨ – ☒ Rest, 📺 ɰ ⇔ ℙ ⓜⓞ 𝖵𝖨𝖲𝖠 𝖩𝖢𝖡
Menu (geschl. Sonntagabend, Mittwoch) à la carte 14/23,50 – **23 Zim** ⌕ 42 – 64.
♦ Gäste schätzen die praktische Ausstattung und die familiäre Führung dieses recht ruhig in einem Ortsteil gelegenen Hauses. Gästehaus mit Appartements.

NEUSTADT AN DER DONAU Bayern 546 T 19 – 13 000 Ew – Höhe 355 m.

🏌 Bad Gögging, Heiligenstätter Straße (Nord-Ost : 5 km), ℰ (0160) 4 40 83 68.
🛈 Kurverwaltung, Heiligestädter Str. 5 (Bad Gögging), ⊠ 93333, ℰ (09445) 9 57 50, *info.bad.goegging@t-online.de*, Fax (09445) 957533.
Berlin 525 – München 90 – *Regensburg* 52 – Ingolstadt 33 – Landshut 48.

Gigl, Herzog-Ludwig-Str. 6 (B 299), ⊠ 93333, ℰ (09445) 96 70, *gasthof@gigl.de*, Fax (09445) 96740 – 📺 ⇔ ℙ
geschl. 27. Dez. - 5. Jan. – **Menu** (geschl. 27. Dez. - 12. Jan., 1. - 14. Aug., Freitag - Samstag) à la carte 10,50/22 – **22 Zim** ⌕ 24/30 – 48.
♦ Ein echt bayerischer Familienbetrieb, der über mit meist hellem Mobiliar recht schlicht eingerichtete, aber sehr saubere und gut unterhaltene Zimmer verfügt. Bürgerliches Restaurant und rustikale Stube.

NEUSTADT AN DER DONAU

In Neustadt-Bad Gögging *Nord-Ost : 4 km – Heilbad :*

Marc Aurel, Heiligenstädter Str. 36, ⊠ 93333, ℰ (09445) 95 80, info@marcaurel.de, Fax (09445) 958444, 😊, 🐾, ≋, 🏊, 🏊 (Thermal), 🍽 – 🛗, ⇔ Zim, 📺 📞 ♿ 🚗 🅿 – 🛎 70. 🅰🅴 ⓘ 🆎 VISA. ❄ Rest
Menu à la carte 27/38 – **165 Zim** ⊇ 100/110 – 150/190, 16 Suiten – ½ P 26.
• Das Hotel gefällt mit wohnlich-eleganten Zimmern und Suiten, einem geschmackvollen öffentlichen Bereich und einer großzügig angelegten Wellnesslandschaft. Der römische Stil als architektonisches Leitthema findet sich auch im Restaurant.

Sporthotel Vier Jahreszeiten 🌿, Kaiser-Augustus-Str. 36, ⊠ 93333, ℰ (09445) 9 80, info@vierjahreszeiten.net, Fax (09445) 98888, 😊, (mit Gesundheitszentrum), 🐾, ♨, ≋, 🏊 (Thermal), 🏊, 🍽 – 🛗, ⇔ Zim, 📺 📞 ♿ 🅿 – 🛎 55. 🅰🅴 ⓘ 🆎 VISA. ❄ Rest
Menu à la carte 14,50/32 – **200 Zim** ⊇ 100/137 – 150/170 – ½ P 20.
• Die Zimmer dieses im Kurgebiet gelegenen Hotels überzeugen mit einer klassischen, zeitlosen Einrichtung und einer guten technischen Ausstattung. Im Restaurant wählen Sie zwischen elegantem und gemütlich-rustikalem Ambiente.

Eisvogel 🌿, An der Abens 20, ⊠ 93333, ℰ (09445) 96 90, info@hotel-eisvogel.de, Fax (09445) 8475, 😊, Massage, ♨, ≋, 🍽 – 🛗 📺 🅿 – 🛎 25. 🅰🅴 ⓘ 🆎 VISA
Menu (geschl. Montagmittag) à la carte 14,50/41 – **34 Zim** ⊇ 50/86 – 118/134 – ½ P 22.
• Ein gut geführter gewachsener Gasthof mit Hotelanbau. Zimmer verschiedener Kategorien - von funktionell bis komfortabel - bieten dem Gast Komfort nach Maß. Der gastronomische Bereich des Hauses ist in nette, holzvertäfelte Stuben unterteilt.

NEUSTADT AN DER ORLA *Thüringen* 544 N 19 *– 9 400 Ew – Höhe 300 m.*

🛈 Kultur- und Fremdenverkehrsamt, Markt 1, Rathaus, ⊠ 07806, ℰ (036481) 8 51 21, info@neustadtanderorla.de, Fax (036481) 85104.
Berlin 262 – Erfurt 97 – Gera 47 – Triptis 8 – Jena 30.

Schloßberg, Ernst-Thälmann-Str. 62, ⊠ 07806, ℰ (036481) 6 60, info@ringhotel-schlossberg.de, Fax (036481) 66100 – 🛗, ⇔ Zim, 📺 📞 🅿 – 🛎 40. 🅰🅴 ⓘ 🆎 VISA
Menu à la carte 15/34 – **31 Zim** ⊇ 65/70 – 95/105.
• Moderner Kern in historischem Mantel : das in der denkmalgeschützten Altstadt des Ortes gelegene renovierten alte Haus verfügt über zeitgemäß eingerichtete Gästezimmer. Eine freundliche Aufmachung in neuzeitlichem Design bestimmt das Restaurant.

Stadt Neustadt, Ernst-Thälmann-Str. 1, ⊠ 07806, ℰ (036481) 2 27 49, info@hotel-stadt-neustadt.de, Fax (036481) 23929, 😊, Biergarten, ≋ – 📺 🅿 – 🛎 30. 🅰🅴 🆎 VISA JCB
Menu à la carte 13/18 – **24 Zim** ⊇ 36/47 – 52/57.
• Nahe der historischen Altstadt steht dieses familiengeführte Hotel mit Innenhof. Die Zimmer sind unterschiedlich groß und mit hellbraunen Holzmöbeln ausgestattet. Restaurant in hellem Holz.

NEUSTADT AN DER SAALE, BAD *Bayern* 545 P 14 *– 16 000 Ew – Höhe 234 m – Heilbad.*

🛆 Münnerstadt, Rindhof 1 (Süd-Ost : 8 km), ℰ (09766) 16 01.
🛈 Kurverwaltung, Löriether Str. 2 (Kurviertel), ⊠ 97616, ℰ (09771) 13 84, info@tourismus-nes.de, Fax (09771) 991158.
Berlin 406 – München 344 – Fulda 58 – Bamberg 86 – Würzburg 76.

Kur- und Schlosshotel 🌿, Kurhausstr. 37 (Kurviertel), ⊠ 97616, ℰ (09771) 6 16 10, hotel-schloss-neuhaus@t-online.de, Fax (09771) 2533, 😊 – 🛗, ⇔ Zim, 📺 ♿ 🚗 🅿 – 🛎 60. 🅰🅴 ⓘ 🆎 VISA JCB
Menu à la carte 21/38 – **13 Zim** ⊇ 65 – 99, 3 Suiten – ½ P 19.
• Klassischer Stil begleitet Sie durch die Räume des Barockschlosses am Kurpark. Die meist sehr geräumigen Zimmer bieten eine zeitgemäße Ausstattung und gute Bäder in Marmor. Gemütliches Restaurant im Landhausstil - mit schöner Terrasse am Park.

Da Rosario, Schweinfurter Str. 4, ⊠ 97616, ℰ (09771) 6 24 10, Fax (09771) 624140, Biergarten – ⇔ Zim, 📺 🚗 🅿 – 🛎 60. 🅰🅴 🆎 VISA
Menu à la carte 13/30 – **22 Zim** ⊇ 41/46 – 76.
• Die solide und funktionelle Ausstattung der Zimmer macht diese saubere und gepflegte Adresse zu einer idealen Unterkunft für Geschäftsleute. Im Restaurant wählen Sie aus mündlichen Empfehlungen des Patrons.

Fränkischer Hof, Spörleinstr. 3, ⊠ 97616, ℰ (09771) 6 10 70, info@hotelfraenkischerhof.de, Fax (09771) 994452, 😊 – 📺 📞 🅿. 🅰🅴 🆎 VISA
Menu (geschl. Ende Jan. 2 Wochen, Mittwoch) à la carte 14/27 – **11 Zim** ⊇ 44/49 – 70/80.
• Sie finden das traditionsreiche Fachwerkhaus aus dem 16. Jh. in verkehrsberuhigter Zone im Herzen der historischen Altstadt. Die Zimmer präsentieren sich in wohnlichem Stil. Leicht rustikales Restaurant mit Innenhofterrasse.

NEUSTADT AN DER WALDNAAB — Bayern 546 Q 20 – 6 000 Ew – Höhe 408 m.

Berlin 402 – München 210 – Weiden in der Oberpfalz 7 – Bayreuth 60 – Nürnberg 105 – Regensburg 87.

Am Hofgarten, Knorrstr. 18, ⊠ 92660, ℘ (09602) 92 10, Fax (09602) 8548, ≘ – 🛗, ⥽ Zim, 📺 ✆ & 🅿 – 🔒 15. AE ⓪ VISA JCB. ⥾ Rest
Menu (geschl. Freitag - Sonntag) (nur Abendessen) à la carte 14,50/26 – **27 Zim** ⊇ 48 – 62.
♦ Einheitlich gestaltete Zimmer, sinnvoll ausgestattet und mit neuzeitlicher Technik versehen, bietet dieses gepflegte, im Zentrum gelegene Hotel.

Grader, Freyung 39, ⊠ 92660, ℘ (09602) 9 41 80, rezeption@hotel-grader.de, Fax (09602) 2842 – 🛗, ⥽ Zim, 📺 ✆ ⟺ 🅿 – 🔒 20. AE ⓪ VISA
Menu (geschl. 2. - 19. Aug., Sonntagabend) (wochentags nur Abendessen) à la carte 12/23 – **39 Zim** ⊇ 36/54 – 56/64.
♦ Diese hübsche Jugendstilvilla ist eine charmante Übernachtungsmöglichkeit mit persönlicher Atmosphäre und freundlichen, praktisch gestalteten Zimmern. Bürgerliche Küche in der Gutsschänke.

NEUSTADT AN DER WEINSTRASSE — Rheinland-Pfalz 543 R 8 – 56 000 Ew – Höhe 140 m.

Sehenswert : Altstadt★ – Marktplatz★ – Stiftskirche★.

ᴛ₁₈ Neustadt-Geinsheim, Im Lochbusch (Süd-Ost : 10 km), ℘ (06327) 9 74 20.

🖪 Tourist-Information, Hetzelplatz 1, ⊠ 67433, ℘ (06321) 92 68 92, touristinfo@neustadt.pfalz.com, Fax (06321) 926891.

ADAC, Europastr. 1.

Berlin 650 – Mainz 94 – Mannheim 35 – Kaiserslautern 36 – Karlsruhe 56 – Wissembourg 46.

Ramada Treff Page Hotel, Exterstr. 2, ⊠ 67433, ℘ (06321) 89 80, neustadt@ramada-treff.de, Fax (06321) 898150, ☕, ≘ – 🛗, ⥽ Zim, 📺 & ⟺ – 🔒 110. AE ⓪ ⓦ VISA. ⥾ Rest
Menu à la carte 15,50/32 – **123 Zim** ⊇ 89 – 114, 7 Suiten.
♦ Dieses gut geführte Stadthotel im Zentrum verfügt über "Komfort"- oder "Deluxe"-Zimmer sowie Suiten - gepflegt und funktionell ausgestattet.

Brezel, Rathausstr. 32, ⊠ 67433, ℘ (06321) 48 19 71, brezel.braun@t-online.de, Fax (06321) 481972, ☕ – ⓦ VISA
geschl. Jan. 1 Woche, Juli 2 Wochen, Dienstag - Mittwochmittag – **Menu** 25,50 à la carte 19,50/37,50.
♦ Nach behutsamer Restaurierung nehmen nun Gäste hinter der Fachwerkfassade dieses Baudenkmals aus dem Jahre 1700 Platz. Im Sommer lockt eine schöne Innenhofterrasse.

Zwockelsbrück, Bergstr. 1, ⊠ 67434, ℘ (06321) 35 41 40, Fax (06321) 84193, ☕, (Weinstube) 🅿. ⓦ VISA
geschl. Mitte Juli - Anfang Aug., Sonntag - Montag – **Menu** (nur Abendessen) à la carte 23/32,50.
♦ Eine schlicht mit dunklem Holzmobiliar eingerichtete Weinstube mit netter Atmosphäre. Ein Tagesangebot ergänzt die kleine regionale Speisekarte.

In Neustadt-Diedesfeld Süd-West : 4 km, über Hambach :

Becker's Gut, Weinstr. 507, ⊠ 67434, ℘ (06321) 21 95, beckersgut@t-online.de, Fax (06321) 2101, ☕ – ⥽ 🅿. AE ⓪ ⓦ VISA JCB. ⥾
geschl. Okt. 2 Wochen, Montag - Dienstag, Samstagmittag, Sonntagmittag – **Menu** (Tischbestellung ratsam) à la carte 32,50/46.
♦ Dieses schöne Restaurant ist Teil eines ehemaligen Weinguts. Das Kreuzgewölbe, das freundliche Ambiente und ein mediterran-eleganter Touch bilden den Rahmen.

In Neustadt-Gimmeldingen Nord : 3 km – Erholungsort :

Mugler's Kutscherhaus, Peter-Koch-Str. 47, ⊠ 67435, ℘ (06321) 6 63 62, muglers.kutscherhaus.atzler@t-online.de, Fax (06321) 600588
geschl. über Fasching 1 Woche, Juni 1 Woche, Montag – **Menu** (nur Abendessen) à la carte 14,50/28, ⚲.
♦ Typisch für das Weindorf ist dieses hübsche Winzerhaus von 1773. Hinter einer gepflegten Natursteinfassade serviert man in urige Räumen regionale Gerichte.

Kommerzienrat, Loblocher Str. 34, ⊠ 67435, ℘ (06321) 6 82 00, kommerzienrat@gmx.de, Fax (06321) 6790331, ☕, Weinstube
geschl. Donnerstag – **Menu** (nur Abendessen) à la carte 22,50/28, ⚲.
♦ Gewölbe, Weinregale und blanke, schwere Holztische geben der Weinstube ihren derb-rustikalen Charakter. Im Sommer nett : die kleine Hofterrasse vor dem Haus.

NEUSTADT AN DER WEINSTRASSE

In Neustadt-Haardt Nord : 2 km – Erholungsort :

Tenner 🌿 garni (mit Gästehaus), Mandelring 216, ✉ 67433, ℰ (06321) 96 60, hotel tenner@t-online.de, Fax (06321) 966100, 🛋, 🔲, 🚗 – 🛌 📺 ☏ 🅿 ㉫ ㏇ 𝗩𝗜𝗦𝗔, ❄
32 Zim ⎕ 64/70 – 92.
• Gepflegte, solide eingerichtete Zimmer und die ruhige Lage auf einem großem, an die Weinberge angrenzenden Grundstück mit kleinem Park machen dieses Hotel aus.

In Neustadt-Hambach Süd-West : 3 km :

Burgschänke-Rittersberg 🌿 mit Zim, beim Hambacher Schloß, ✉ 67434, ℰ (06321) 3 99 00, info@hotel-rittersberg.de, Fax (06321) 32799, ≤ Rheinebene, 🍽 – 🅿 ㏇ 𝗩𝗜𝗦𝗔, ❄
geschl. Jan. 2 Wochen, Juli - Aug. 2 Wochen – **Menu** (geschl. Donnerstag) à la carte 19,50/35 – **5 Zim** ⎕ 45/50 – 58/63.
• Am Rande des Pfälzer Waldes gelegenes Restaurant mit einer herrlichen Aussicht. Sie speisen in bürgerlichem Ambiente oder im neuzeitlichen Wintergartenanbau.

In Neustadt-Mussbach Nord-Ost : 2 km :

Weinstube Eselsburg, Kurpfalzstr. 62, ✉ 67435, ℰ (06321) 6 69 84, wiedemann @eselsburg.de, Fax (06321) 60919, 🍽 – ㏇ 𝗩𝗜𝗦𝗔
geschl. 24. Dez. - Mitte Jan., Sonntag - Dienstag – **Menu** (nur Abendessen) (Tischbestellung ratsam) à la carte 20,50/31.
• Das hübsche ältere Natursteinhaus gefällt mit seiner urigen, gemütlich-rustikalen Einrichtung und der typischen netten Weinstuben-Atmosphäre.

NEUSTADT BEI COBURG Bayern 𝟱𝟰𝟲 P 17 – 17 000 Ew – Höhe 344 m.
Berlin 358 – München 296 – *Coburg* 17 – Bayreuth 68 – Bamberg 61.

Am Markt garni, Markt 3, ✉ 96465, ℰ (09568) 92 02 20, info@hotelgarni-am-markt.de, Fax (09568) 920229 – ⌇ 🛌 📺 ☏ 🅿 – ㉫ 25. ㉫ ⓞ ㏇ 𝗩𝗜𝗦𝗔
20 Zim ⎕ 40/50 – 82/87.
• In der Fußgängerzone der Stadt finden sie dieses vom Inhaber geführte, gepflegte Stadthaus, das über in klarem, neuzeitlichem Stil gehaltenen Zimmer verfügt.

Beim Thomas, Wilhelmstr. 2, ✉ 96465, ℰ (09568) 66 68, Fax (09568) 891132 – ㏇ 𝗩𝗜𝗦𝗔
geschl. Sept., Sonntag – **Menu** (nur Abendessen) à la carte 21/31.
• Rustikal angehaucht ist das Ambiente in diesem recht kleinen Restaurant in der Innenstadt. Serviert wird eine leicht gehobene bürgerliche Küche.

In Neustadt-Fürth am Berg Süd : 7 km, über Heubischer Straße :

Grenzgasthof (mit Gästehaus), Allee 37, ✉ 96465, ℰ (09568) 9 42 80, info@grenzgasthof.de, Fax (09568) 942899, 🍽, 🚗 – ⌇ 📺 🅿 – ㉫ 100. ㉫ ㏇ 𝗩𝗜𝗦𝗔
Menu à la carte 13/26,50 – **57 Zim** ⎕ 34/44 – 45/70.
• Das Hotel an der ehemaligen Grenze - markiert durch einen Grenzstein vor dem Haus - bietet in den zwei Gästehäusern teils rustikalere, teils neuzeitlichere Zimmer. Ländliches Restaurant.

In Neustadt-Wellmersdorf Süd : 5 km, über Austraße, in Bodendorf links ab :

Heidehof 🌿, Wellmersdorfer Str. 50, ✉ 96465, ℰ (09568) 8 90 70, info@gaestehaus-heidehof.de, Fax (09568) 890740, 🍽, 🚗 – 🛌 Zim, 📺 🚗 🅿. ❄ Zim
Menu (geschl. Anfang - Mitte Jan., Freitag, Sonntagabend) à la carte 12/24 – **38 Zim** ⎕ 34/38 – 52/62.
• Individuell eingerichtete Zimmer - teils wohnlich, teils sachlich - bietet Ihnen dieses am Ortsrand gelegene familiengeführte Hotel. Recht gemütliches, nett dekoriertes Restaurant.

NEUSTADT (DOSSE) Brandenburg 𝟱𝟰𝟮 H 21 – 3 400 Ew – Höhe 34 m.
Berlin 91 – Potsdam 78 – Schwerin 128 – Stendal 71.

Parkhotel St. Georg, Prinz-von-Homburg-Str. 35, ✉ 16845, ℰ (033970) 9 70, Fax (033970) 9740, 🍽, Massage, 🎾, 🛋 – 📺 ☏ 🅿 ㉫ ⓞ ㏇ 𝗩𝗜𝗦𝗔
Menu à la carte 13/22 – **16 Zim** ⎕ 50/55 – 70/77.
• Gästezimmer mit einer soliden wie auch funktionellen Einrichtung beherbergen Sie in diesem gepflegten Landhaus mit familiärer Atmosphäre. Ein gediegenes Ambiente kennzeichnet das Restaurant.

NEUSTADT-GLEWE Mecklenburg-Vorpommern 542 F 18 – 7 600 Ew – Höhe 35 m.
Berlin 170 – Schwerin 33 – Ludwigslust 10 – Uelzen 94.

Grand Hotel Mercure (mit Gästehaus), Schloßfreiheit 1, ✉ 19306, ℰ (038757) 53 20, info@schloss-mv.de, Fax (038757) 53299, 🍴, 🛏, 🚗 – 🛗, ⚒ Zim, 📺 🅿 – 🔑 50. AE ⓘ ⓜ ⓥⓘⓢⓐ
Menu à la carte 15/25 – **42 Zim** ⊠ 68/83 – 83/107, 3 Suiten.
• Das Barockschloss aus dem 17. Jh. glänzt mit prächtigen Stukkaturen. Hinter der attraktiven Fassade beziehen Sie Zimmer mit elegantem Touch - teils mit Antiquitäten bestückt. Das Restaurant befindet sich im Gewölbekeller des Hauses.

NEUSTADT (HARZ) Thüringen 544 L 16 – 1 400 Ew – Höhe 350 m – Erholungsort.
Berlin 259 – *Erfurt 74* – Blankenburg 37 – Göttingen 77 – Nordhausen 10.

Neustädter Hof (mit Residenz Kronberg), Burgstr. 17, ✉ 99762, ℰ (036331) 90 90, reservierung@landhotel-neustaedter-hof.de, Fax (036331) 909100, 🍴, Massage, 🛏, 🚗 – 🛗 📺 ✆ 🅿 – 🔑 50. AE ⓘ ⓜ ⓥⓘⓢⓐ 🚫 Rest
Menu à la carte 20/35 – **47 Zim** ⊠ 58/75 – 90 – ½ P 13.
• Im Stammhaus wie auch im Gästehaus verfügt man über solide und zeitgemäß gestaltete Zimmer, mit freigelegten Holzbalken, teils als Appartement angelegt. Der gastronomische Bereich teilt sich in die Harzer Stuben und die Thüringer Stuben.

NEUSTADT IN HOLSTEIN Schleswig-Holstein 541 D 16 – 14 300 Ew – Höhe 4 m – Seebad.
🏌 🏌 Gut Beusloe, Baumallee 14 (Nord-Ost : 3 km), ℰ (04561) 81 40.
🛈 Tourismus-Service, Dünenweg 7, (in Pelzerhaken), ✉ 23730, ℰ (04561) 70 11, Fax (04561) 7013.
Berlin 296 – Kiel 60 – *Lübeck 42* – Oldenburg in Holstein 21.

In Neustadt-Pelzerhaken Ost : 5 km :

Seehotel Eichenhain 🐾, Eichenhain 2, ✉ 23730, ℰ (04561) 5 37 30, eichenhain@t-online.de, Fax (04561) 537373, ≤, 🍴, 🏊, 🎾, 🚗 – 📺 🅿. AE ⓜ ⓥⓘⓢⓐ
geschl. Dez. - 15. März – **Menu** 30 à la carte 27/41 – **20 Zim** ⊠ 74/100 – 95/130 – ½ P 22.
• Das Urlaubshotel verfügt über praktische Zimmer, alle mit Balkon versehen, teils mit Blick aufs Meer. Eine schöne Gartenanlage zur Ostsee hin bildet den Übergang zum Strand. Klassisch-maritim eingerichtetes Restaurant.

Eos, Pelzerhakener Str. 43, ✉ 23730, ℰ (04561) 5 13 33, hotel_eos@t-online.de, Fax (04561) 7971, 🍴, 🛏, 🚗 – 📺 ✆ 🅿
geschl. Mitte - Ende Jan., Mitte Nov. 1 Woche – **Menu** (geschl. Nov. - März, Dienstag) (Montag - Freitag nur Abendessen) à la carte 15/26 – **22 Zim** ⊠ 43/50 – 68/90 – ½ P 13.
• Ein am Ortseingang, ca. 150 m von der Ostsee entfernt liegendes Hotel mit zeitgemäß ausgestatteten Zimmern und Ferienwohnungen. Eine nette Terrasse zum Garten hin ergänzt das gepflegte Restaurant.

NEUSTADT IN SACHSEN Sachsen 544 M 26 – 11 300 Ew – Höhe 333 m.
🛈 Tourismus- Servicezentrum (Neustadthalle), Johann-Sebastian-Bach-Str. 15, ✉ 01844, ℰ (03596) 50 15 16, neustadthalle@t-online.de, Fax (03596) 501516.
Berlin 217 – *Dresden 39* – Bautzen 28.

Parkhotel Neustadt, Johann-Sebastian-Bach-Str. 20, ✉ 01844, ℰ (03596) 56 20, info@parkhotel-neustadt.de, Fax (03596) 562500 – 🛗 📺 ✆ 🅿 – 🔑 20. AE ⓜ ⓥⓘⓢⓐ
Menu (nur Abendessen) à la carte 16/29 – **51 Zim** ⊠ 53/64 – 69/92.
• Zeitgemäßes Holzmobiliar und funktionelles Inventar machen die Gästezimmer dieses gepflegten und sauberen, vom Inhaber geführten Hauses aus.

NEUSTRELITZ Mecklenburg-Vorpommern 542 F 23 – 23 000 Ew – Höhe 76 m.
🛈 Stadtinformation, Markt 1, ✉ 17235, ℰ (03981) 25 31 19, stadtinformation@neustrelitz.de, Fax (03981) 205443.
Berlin 114 – Schwerin 177 – Neubrandenburg 27.

Schlossgarten, Tiergartenstr. 15, ✉ 17235, ℰ (03981) 2 45 00, info@hotel-schlossgarten.de, Fax (03981) 245050, 🍴, 🚗 – ⚒ Zim, 📺 ✆ 🅿 – 🔑 15. AE ⓜ ⓥⓘⓢⓐ
Menu (geschl. 4. - 25. Jan., Sept. - Juni Sonntag) (nur Abendessen) à la carte 23,50/30 – **24 Zim** ⊠ 50/64 – 69/89.
• Das engagiert geführte historische Haus im Zentrum der Stadt verfügt über neuzeitlich eingerichtete Zimmer, die teilweise zum Garten hin gelegen sind. Stilvoll gestaltetes Restaurant.

NEUSTRELITZ

Park Hotel Fasanerie, Karbe-Wagner-Str. 59, ✉ 17235, ℘ (03981) 4 89 00, *hotel @parkhotel-neustrelitz.de, Fax (03981) 443553,* 🍴, ⇔ – 🛗, ⚿ Zim, 📺 ✆ 🅿 – 🔒 80. AE ① ⓜ VISA
Menu à la carte 16/26 – **67 Zim** ⌑ 65/79 – 90.
• Ein gepflegter, recht angenehmer Hallenbereich empfängt Sie in dem auf einem Parkgrundstück der ehemaligen Fasanerie gelegenen Hotel. Technisch solide Zimmer in hellem Holz. Warme Farben machen das Restaurant gemütlich.

Pinus garni, Ernst-Moritz-Arndt-Str. 55, ✉ 17235, ℘ (03981) 44 53 50, *e-mail@hotel-pinus.de, Fax (03981) 445352* – 🛗 ⚿ 📺 ⇔ 🅿 AE ① ⓜ VISA
23 Zim ⌑ 50/55 – 70.
• Die Lage in einem Wohngebiet und praktische, zeitlos eingerichtete Zimmer zählen zu den Vorzügen dieses gepflegten, kleinen Hauses.

Haegert, Zierker Str. 44, ✉ 17235, ℘ (03981) 20 03 05, *v.haegert@freenet.de, Fax (03981) 203157,* Biergarten – 📺 ⇔ 🅿 AE ⓜ VISA
Menu *(geschl. 20. Dez. - 20. Jan., Sonntag) (nur Abendessen)* à la carte 15/22 – **26 Zim** ⌑ 45/55 – 65/75.
• Ein freundlich geführtes und gut unterhaltenes Haus an Rande der Innenstadt .mit in sachlichem, neuzeitlichem Stil eingerichteten, sehr sauberen Zimmern.

Die wichtigsten Einkaufsstraßen sind im Straßenindex der Stadtpläne in Rot gekennzeichnet

NEUTRAUBLING Bayern siehe Regensburg.

NEU-ULM Bayern 546 U 14 – 50 000 Ew – Höhe 468 m.
Stadtplan siehe Ulm (Donau).
🏌 Neu-Ulm, Steinhäuslesweg 9, ℘ (0731) 72 49 37.
🛈 *Tourist-Information, (Ulm), Münsterplatz 50, Stadthaus,* ✉ 89073, ℘ (0731) 1 61 28 30, *info@tourismus.ulm.de, Fax (0731) 1611641.*
ADAC, *(Ulm), Neue Str. 40.*
Berlin 616 – München 138 ① – *Stuttgart* 96 ⑥ – Augsburg 80 ①

Mövenpick Hotel 🐾, Silcherstr. 40 (Edwin-Scharff-Haus), ✉ 89231, ℘ (0731) 8 01 10, *hotel.neu-ulm@moevenpick.com, Fax (0731) 85967,* ≤, 🍴 – 🛗, ⚿ Zim, 📺 ✆ 🅱 ⇔ 🅿 – 🔒 450. AE ① ⓜ VISA JCB X e
Menu à la carte 18/40, ♀ – ⌑ 13 – **135 Zim** 111 – 133.
• Neben funktionellen Zimmern zählt auch die Lage direkt an der Donau zu den Vorzügen dieses Hauses. In der Executive-Etage ermöglicht man Geschäftsleuten effizientes Arbeiten. Vom Restaurant in der 1. Etage hat man eine schöne Aussicht auf Ulm und das Münster.

Römer Villa, Parkstr. 1, ✉ 89231, ℘ (0731) 80 00 40, *roemer-villa@t-online.de, Fax (0731) 8000450,* 🍴, ⇔ – 📺 ✆ ⇔ 🅿 – 🔒 35. AE ⓜ VISA JCB X b
Menu *(geschl. Sonntagabend)* à la carte 16/33,50 – **23 Zim** ⌑ 88 – 118.
• Eine gepflegte Halle empfängt Sie in dieser an einem Park gelegenen ehemaligen Stadtvilla. Zeitgemäß augestattete Zimmer, teilweise mit hohen Decken und Kreuzgewölbe. Sie speisen im gediegenen Restaurant oder im Wintergarten.

City-Hotel garni, Ludwigstr. 27, ✉ 89231, ℘ (0731) 97 45 20, *rezeption@cityhotel-neu-ulm.de, Fax (0731) 9745299* – 🛗 📺 ✆ ⇔ 🅿 AE ① ⓜ VISA JCB X r
20 Zim ⌑ 60 – 80.
• Sie beziehen funktionelle Gästezimmer, die mit ihrer guten Technik überzeugen. Auch die zentrale Lage des Hauses zählt zu den Annehmlichkeiten.

Stephans-Stuben, Bahnhofstr. 65, ✉ 89231, ℘ (0731) 72 38 72, *Fax (0731) 723872* AE ⓜ VISA X t
geschl. über Pfingsten 1 Woche, Aug. 3 Wochen, Montag, Samstagmittag – **Menu** à la carte 21,50/41,50.
• Helle, freundliche Farben und nettes Dekor lassen das Interieur dieses Stadthauses mediterran wirken. Man serviert eine regionale und internationale Küche.

Glacis, Schützenstr. 72, ✉ 89231, ℘ (0731) 8 68 43, *Fax (0731) 86844,* 🍴 – 🅿 AE ① ⓜ VISA X u
geschl. Sonntagabend - Dienstag - **Menu** à la carte 17/35.
• Sie haben die Wahl zwischen dem klassischen Rahmen der ehemaligen Villa und dem neuzeitlichen Ambiente des Pavillonanbaus. Breites Angebot von regional bis international.

NEU-ULM

In Neu-Ulm-Reutti *Süd-Ost : 6,5 km über Reuttier Straße* X :

Landhof Meinl, Marbacher Str. 4, ⌧ 89233, ℘ (0731) 7 05 20, *info@landhof-meinl.de*, Fax (0731) 7052222, 🍽, Massage, ≘s, 🐎 – 🛗, ⥤ Zim, 📺 🅿 – 🔒 15. 🅰🅴 ⓞ ⓜⓞ 🆅🅸🆂🅰
❀ Rest
geschl. 23. Dez. - 10. Jan. – **Menu** *(geschl. Sonntag) (nur Abendessen)* à la carte 22/32 – **30 Zim** ⊇ 98/108.
• Die verkehrsgünstige Lage etwas außerhalb sowie gepflegte, in hellen Farben gehaltene Zimmer mit einer guten Technik sprechen für dieses Hotel. Viel Holz sorgt in dem kleinen Restaurant für gemütliche Atmosphäre.

In Neu-Ulm-Schwaighofen *Süd - Ost : über Reuttier Straße* X :

Zur Post, Reuttier Str. 172, ⌧ 89233, ℘ (0731) 9 76 70, *info@post-schwaighofen.de*, Fax (0731) 9767100, 🍽 – 🛗 📺 ✆ ⇔ 🅿 – 🔒 25. 🅰🅴 ⓜⓞ 🆅🅸🆂🅰
geschl. 1. - 4. Jan., 6. - 15. Aug. – **Menu** *(geschl. Freitag - Samstagmittag)* à la carte 15,50/36 – **28 Zim** ⊇ 72 – 92.
• 1994 wurde der traditionsreiche Gasthof durch einen Hotelanbau ergänzt. Schreibplatz, Faxanschluss und Minibar zählen zu den Annehmlichkeiten dieser neuzeitlichen Adresse. Ländlich-rustikal wirkt die Einrichtung des Restaurants.

NEUWEILER *Baden-Württemberg* 545 U 9 – *3 000 Ew – Höhe 640 m – Wintersport :* ⛷.
Berlin 679 – Stuttgart 66 – Karlsruhe 68 – Pforzheim 41 – Freudenstadt 36.

In Neuweiler-Oberkollwangen *Nord-Ost : 3 km, über Calwer Straße* :

Landhotel Talblick ⚘, Breitenberger Str. 15, ⌧ 75389, ℘ (07055) 9 28 80, *info @landhotel-talblick.de*, Fax (07055) 928840, Massage, ≘s, 🅇, 🐎 – ⥤ Zim, 📺 🅿.
❀ Rest
geschl. Mitte Nov. - Mitte Dez. – **Menu** *(geschl. Montag)* à la carte 17/28 – **17 Zim** ⊇ 37 – 70/80.
• Das in einer ruhigen Seitenstraße in Waldnähe gelegene Hotel bietet seinen Gästen saubere und wohnlich eingerichtete Zimmer in rustikalem Stil. Ein offener Kamin ziert das ländliche Restaurant.

NEUWIED *Rheinland-Pfalz* 543 O 6 – *70 000 Ew – Höhe 62 m.*
🏌 *Neuwied, Gut Burghof,* ℘ (02622) 8 35 23.
🛈 *Tourismusbüro, Engerser Landstr. 17,* ⌧ 56564, ℘ (02631) 80 22 60, *stadtverwaltung@neuwied.de, Fax (02631) 802801.*
Berlin 600 – Mainz 114 – Koblenz 18 – Bonn 54.

Stadtpark-Hotel garni, Heddesdorfer Str. 84, ⌧ 56564, ℘ (02631) 3 23 33, Fax (02631) 32332 – 📺. 🅰🅴 ⓜⓞ 🆅🅸🆂🅰
10 Zim ⊇ 54 – 72/74.
• Persönlich geführtes kleines Hotel mit sehr gepflegten Zimmern - einheitlich mit hellen Naturholzmöbeln eingerichtet. Vorzüge bietet auch die citynahe Lage.

Parkrestaurant Nodhausen, Wiedpfad, ⌧ 56567, ℘ (02631) 81 34 23, Fax (02631) 813440, 🍽 – 🅿 – 🔒 25. ⓜⓞ 🆅🅸🆂🅰
geschl. Samstag - Sonntag, Feiertage, vor Karneval 1 Woche, Juli - Aug. 2 Wochen – **Menu** à la carte 35/46.
• In einem Park liegt das ehemalige Gutshaus mit roter Ziegelsteinfassade, kleinem Spitztürmchen und Holzvorbau in Weiß. Hohe Decken und modernes Ambiente prägen das Restaurant.

In Neuwied-Engers *Ost : 7 km, über B 42 Richtung Koblenz* :

Euro-Hotel Fink, Werner-Egk-Str. 2, ⌧ 56566, ℘ (02622) 92 80, *info@euro-hotel-fink.de*, Fax (02622) 5857 – 🛗 📺 🅿.
geschl. 22. Dez. - 11. Jan. – **Menu** *(geschl. Juli 3 Wochen, Freitag) (nur Abendessen)* à la carte 14/31,50 – **60 Zim** ⊇ 30/43 – 55/70.
• Dieses verkehrsgünstig am Ortsrand gelegene Hotel hält saubere, mit hellem Kirschholz möblierte Zimmer für Sie bereit. Familiäres Flair herrscht im Dachgeschoss.

In Neuwied-Segendorf *Nord : 5,5 km, Richtung Waldbreitbach* :

Fischer - Hellmeier mit Zim, Austr. 2, ⌧ 56567, ℘ (02631) 5 35 24, Fax (02631) 958367, 🍽, 🐎 – 📺 🅿. 🅰🅴 ⓜⓞ 🆅🅸🆂🅰. ❀ Rest
Menu *(geschl. Donnerstag, Okt. - April Sonntagabend)* 15,50/19,50 à la carte 19/33,50 – **9 Zim** ⊇ 40 – 70.
• Eine zeitlose, helle Einrichtung und gut eingedeckte Tische bestimmen das Ambiente dieses Restaurants. Schön sitzt man auch auf der lauschigen Terrasse.

NEUZELLE *Brandenburg siehe Eisenhüttenstadt.*

NIDDERAU Hessen 543 P 10 – 15 000 Ew – Höhe 182 m.
Berlin 526 – Wiesbaden 60 – Frankfurt am Main 30 – Gießen 52.

In Nidderau-Heldenbergen

Zum Adler (mit Gästehaus), Windecker Str. 2, ⊠ 61130, ℘ (06187) 92 70, info@hoteladler-goy.de, Fax (06187) 927223 – ⌷, ⋇ Zim, TV, ⇐, P, ⓜ VISA. ⋇ Zim
Menu (geschl. Ende Juli - Anfang Aug., Freitag) à la carte 13,50/34 – **39 Zim** ⊂ 47/67 – 72/82.
• Mit hell und neuzeitlich eingerichteten Zimmern, teils in Wurzelholz, bieten Ihnen Haupt- und Gästehaus eine solide und gut unterhaltene Unterkunft. Restaurant mit ländlichem Ambiente.

NIDEGGEN Nordrhein-Westfalen 543 N 3 – 10 000 Ew – Höhe 325 m.
Sehenswert : Burg ⇐ ★.
Berlin 621 – Düsseldorf 91 – Aachen 51 – Düren 14 – Euskirchen 25 – Monschau 30.

Burg Nideggen, Kirchgasse 10, ⊠ 52385, ℘ (02427) 12 52, info@burgnideggen.com, Fax (02427) 6979, ⇐, ⌂, – P, AE ⓜ VISA. ⋇
geschl. Montag – **Menu** à la carte 25,50/42,50.
• In den gediegenen Räumen dieses in der mittelalterlichen Burg, dem Wahrzeichen der Stadt, eingerichteten Restaurants genießen Sie einen schönen Blick. Terrasse im Burghof.

Einzelheiten über die in diesem Reiseführer angegebenen
Preise finden Sie in der Einleitung.

NIEBLUM Schleswig-Holstein siehe Föhr (Insel).

NIEDERAULA Hessen 543 N 12 – 6 100 Ew – Höhe 210 m.
Berlin 419 – Wiesbaden 158 – Kassel 70 – Fulda 35 – Bad Hersfeld 11.

Schlitzer Hof mit Zim, Hauptstr. 1 (B 62), ⊠ 36272, ℘ (06625) 33 41, Fax (06625) 3355 – TV ⇐ P, ⓜ VISA
Menu (geschl. Jan., Montag - Dienstagmittag) à la carte 20/34 – **9 Zim** ⊂ 39/45 – 70.
• Verschiedene rustikale Stuben prägen den Charakter des Restaurants - freigelegtes Fachwerk, Kamin und offener Herd tragen zu einem gemütlichen Ambiente bei. Nette Zimmer.

NIEDERDORFELDEN Hessen siehe Vilbel, Bad.

NIEDERFINOW Brandenburg siehe Eberswalde.

NIEDERFISCHBACH Rheinland-Pfalz 543 N 7 – 4 700 Ew – Höhe 270 m.
Berlin 578 – Mainz 169 – Siegen 14 – Olpe 29.

Fuchshof, Siegener Str. 22, ⊠ 57572, ℘ (02734) 54 77, Fax (02734) 60948, ⌂, ⓢ, ▨ – TV P, ⓜ VISA
geschl. 23. - 29. Dez. – **Menu** (geschl. Samstagmittag, Sonntagabend) à la carte 16/32 – **18 Zim** ⊂ 40/45 – 80.
• Sehr gepflegt und solide präsentiert sich das kleine Hotel. Zu den Annehmlichkeiten zählen teils rustikal eingerichtete Zimmer sowie die familiäre Führung. In der Pilsstube und im Restaurant bewirtet man Sie nach bürgerlicher Art.

In Niederfischbach-Fischbacherhütte Süd-West : 2 km :

Haus Bähner ⋇, Konrad-Adenauer-Str. 26, ⊠ 57572, ℘ (02734) 57 90, info@hotel-baehner.de, Fax (02734) 579399, ⇐, ⌂, Biergarten, ⓢ, ▨, ⋇ – ⋇ Zim, TV ℘ ⇐ P – ⚿ 50. AE ⓞ ⓜ VISA
Menu à la carte 22/38 – **37 Zim** ⊂ 70 – 95.
• Neben der ruhigen Lage am Waldrand sprechen auch die mit hellem Naturholz solide und zeitgemäß eingerichteten Gästezimmer für dieses Haus. Freundlich und einladend wirkt das Restaurant mit Panoramafenstern.

NIEDERGURIG Sachsen siehe Bautzen.

NIEDERKASSEL Nordrhein-Westfalen **543** N 5 – 28 000 Ew – Höhe 50 m.

Niederkassel-Uckendorf, Heerstraße, ℘ (02208) 50 03 00.
Berlin 585 – Düsseldorf 67 – Bonn 15 – Köln 23.

In Niederkassel-Mondorf Süd-Ost : 6 km, über Hauptstraße :

Zur Börsch, Oberdorfstr. 30, ✉ 53859, ℘ (0228) 97 17 20, fritz@zurboersch.de, Fax (0228) 452010, 🍴 – TV 📞 P 🐾 VISA. ✂ Zim
geschl. Aug. 3 Wochen – **Menu** (geschl. Donnerstag, Samstagmittag) à la carte 18/31 – **14 Zim** ⊇ 47/60 – 77/80.
♦ In der Nähe des Sport-Yacht-Hafens liegt dieser gut geführte kleine Familienbetrieb, der über sehr gepflegte, neuzeitlich ausgestattete Zimmer verfügt. Rustikales, in Nischen unterteiltes Restaurant.

In Niederkassel-Rheidt Süd : 2 km, über Hauptstraße :

Wagner's Restaurant, Marktstr. 11, ✉ 53859, ℘ (02208) 7 27 00, wagners.resta urant@t-online.de, Fax (02208) 73127, 🍴 – P
geschl. über Karneval 2 Wochen, Anfang - Mitte Sept., Montag - Dienstag – **Menu** 49/82 à la carte 55/66, ₰
♦ Hinter einer alten Fachwerkfassade bittet man Sie in rustikal-gemütlichem Umfeld zu Tisch. Ein geschultes Team serviert Ihnen eine klassische Küche mit modernen Elementen. **Spez.** Gebratene Gänsestopfleber auf Rahmspinat mit pochiertem Ei und Trüffeln. Schollenfilet im Olivenbrot gebacken mit lauwarmem Tomatensalat (Saison). Gebrannte Passionsfrucht-Tarte mit Vanillecrème und Himbeersorbet.

In Niederkassel-Uckendorf : Nord-Ost : 2 km, über Spicher Straße :

Clostermanns Hof ⚡, Heerstraße, ✉ 53859, ℘ (02208) 9 48 00, info@closterm annshof.de, Fax (02208) 9480100, 🍴, Massage, 🎱, ≋, 🏸 – 🛗, ✂ Zim, TV 📞 P – 🔔 90. AE ① 🐾 VISA
geschl. 1.- 4. Jan. – **Alte Präsenz** (Montag - Freitag nur Abendessen) **Menu** à la carte 29/42 – **66 Zim** ⊇ 90/128 – 110/148.
♦ Mit geräumigen und gepflegten, geschmackvoll mit Stilmobiliar eingerichteten und technisch gut ausgestatteten Zimmern gefällt dieser modernisierte Gutshof. Restaurant Alte Präsenz mit gediegenem Ambiente und Wintergarten.

NIEDERMÜLSEN Sachsen siehe Zwickau.

NIEDERNBERG Bayern **546** Q 11 – 4 600 Ew – Höhe 130 m.
Berlin 563 – München 375 – Frankfurt am Main 50 – Aschaffenburg 12 – Würzburg 97.

Seehotel ⚡, Leerweg, ✉ 63843, ℘ (06028) 99 90, mail@seehotel-niedernberg.de, Fax (06028) 999222, ≤, 🍴, Biergarten, ≋, 🏊, 🏸 – 🛗, ✂ Zim, 🍽 Rest, TV 📞 ♿ ⇔ P – 🔔 80. AE ① 🐾 VISA
Menu 28 à la carte 23,50/34 – **Osteria Don Giovanni** (italienische Küche) (geschl. Montag - Dienstag) (nur Abendessen) **Menu** à la carte 33/52 – ⊇ 10 – **45 Zim** 85/120 – 120, 3 Suiten.
♦ Das komfortable Tagungshotel überzeugt mit seiner schönen Lage am Ufer eines Sees sowie mit modern und hochwertig ausgestatteten Zimmern, teils mit Parkett. Helles Restaurant mit großen Fenstern zum See. Im Stil einer italienischen Weinstube : die Osteria.

NIEDERNHALL Baden-Württemberg **545** S 12 – 3 600 Ew – Höhe 202 m.
Berlin 568 – Stuttgart 89 – Würzburg 77 – Heilbronn 58 – Schwäbisch Hall 30.

Rössle, Hauptstr. 12, ✉ 74676, ℘ (07940) 98 36 60, roland.preussler@t-online.de, Fax (07940) 9836640, 🍴 – ✂ TV 🐾 VISA. ✂ Zim
Menu (geschl. Jan. 2 Wochen, Sonntagabend) à la carte 24/33,50 – **21 Zim** ⊇ 51 – 72/75.
♦ Das Fachwerkhaus aus dem 18. Jh. beherbergt ein solide wie auch funktionell gestaltetes Hotel. Die Zimmer sind geräumig und technisch gut ausgestattet. Ländlich-gemütliches Restaurant mit schönem Fachwerk.

NIEDERNHAUSEN Hessen **543** P 8 – 13 500 Ew – Höhe 259 m.
Berlin 556 – Wiesbaden 14 – Frankfurt am Main 47 – Limburg an der Lahn 41.

Garni garni, Am Schäfersborn 2, ✉ 65527, ℘ (06127) 10 82, Fax (06127) 1770 – TV P. 🐾 VISA
10 Zim ⊇ 56 – 77.
♦ Eine helle, neuzeitliche Möblierung und ein funktionelles Inventar kennzeichnen die Zimmer dieses tadellos gepflegten und freundlich geführten kleinen Hauses.

NIEDERNHAUSEN

In Niedernhausen-Engenhahn *Nord-West : 6 km, jenseits der A 3, über Niederseelbach :*

Wildpark-Hotel, Trompeterstr. 21, ✉ 65527, ✆ (06128) 97 40, *wildparkhotel-niedernhausen@t-online.de*, Fax (06128) 73874, 🍴, ⇌ – 📺 🚗 🅿 – 🔔 50. ⓐ ⓞ ⓜ ⓥ
geschl. 28. Dez. - Anfang Jan. – **Menu** *(geschl. Samstag, Sonntagabend)* à la carte 19/35 – **39 Zim** 🛏 50/88 – 75/95.
• Die Lage in einem ruhigen Wohngebiet, die umgebende Waldlandschaft sowie praktisch gestaltete Zimmer machen das vom Eigentümer selbst geführte Hotel aus. Das Restaurant wirkt mit dunklem Holz und hellen, apricotfarbenen Wänden leicht mediterran.

Nahe der Autobahn *Süd : 2 km :*

Ramada Hotel Micador, Zum Grauen Stein 1, ✉ 65527 Niedernhausen, ✆ (06127) 90 10, *niedernhausen@ramada-treff.de*, Fax (06127) 901641, 🍴, direkter Zugang zum Rhein-Main-Theater, ⇌ – 🛗, ⚭ Zim,, 🍽 Rest, 📺 ☎ ♿ 🚗 🅿 – 🔔 300. ⓐ ⓞ ⓜ ⓥ
Menu à la carte 19,50/30 – 🛏 13 – **187 Zim** 117 – 130.
• Funktionalität und gute Technik, ein modernes Ambiente und eine günstige Verkehrsanbindung zählen zu den Annehmlichkeiten, mit denen man die Gäste des Hauses überzeugt.

NIEDER-OLM *Rheinland-Pfalz siehe Mainz.*

NIEDERSTETTEN *Baden-Württemberg* 545 R 13 – *3 000 Ew – Höhe 307 m.*
Berlin 553 – Stuttgart 127 – Würzburg 50 – Crailsheim 37 – Bad Mergentheim 21.

Krone, Marktplatz 3, ✉ 97996, ✆ (07932) 89 90, *info@hotelgasthofkrone.de*, Fax (07932) 89960, 🍴, ⇌ – 🛗, ⚭ Zim, 📺 🅿 – 🔔 40. ⓐ ⓞ ⓜ ⓥ
Menu à la carte 18/39,50 – **32 Zim** 🛏 51/59 – 82/87.
• Im Zentrum des kleinen Ortes steht dieser engagiert geführte Gasthof mit Anbau, der über mit neuzeitlichen hellen Möbeln wohnlich eingerichtete Zimmer verfügt. Das Restaurant : teils mit mediterranem Ambiente, teils bürgerlich-rustikal.

NIEDERSTOTZINGEN *Baden-Württemberg* 545 U 14 – *4 200 Ew – Höhe 450 m.*
Berlin 566 – Stuttgart 96 – Augsburg 64 – Heidenheim an der Brenz 30 – Ulm (Donau) 38.

Krone, Im Städtle 9, ✉ 89168, ✆ (07325) 92 39 80, *mail@krone-niederstotzingen.de*, Fax (07325) 9239850, 🍴 – 📺 🅿 – 🔔 80. ⓜ ⓥ
Menu *(geschl. Donnerstag)* à la carte 13/22 – **29 Zim** 🛏 41 – 65.
• Mit zeitlosem Mobiliar eingerichtet, bieten Ihnen die Gästezimmer dieses Hauses eine solide Unterkunft. Drei neue Zimmer befinden sich unter dem Dach. Bürgerlich-schlicht ist die Gaststube gestaltet.

In Niederstotzingen-Oberstotzingen :

Vila Vita Schlosshotel Oberstotzingen, Stettener Str. 37, ✉ 89168, ✆ (07325) 10 30, *info@vilavitaschlosshotel.de*, Fax (07325) 10370, 🍴, Biergarten, ⇌, 🐎, ⚭ – 📺 🅿 – 🔔 50. ⓐ ⓞ ⓜ ⓥ
geschl. 22. Dez. - Jan. – **Menu** à la carte 25/35 – **17 Zim** 🛏 128/135 – 188.
• In den alten Mauern des ehemaligen Herrenhauses von 1609 prägt gediegene Eleganz den Rahmen. Die beiden Torhäuschen an der Schlosseinfahrt beherbergen rustikale Appartements. Das Restaurant befindet sich im Winter im Schloss, im Sommer im Schenkengebäude.

NIEDERWINKLING *Bayern siehe Bogen.*

NIEDERWÜRSCHNITZ *Sachsen siehe Stollberg.*

NIEFERN-ÖSCHELBRONN *Baden-Württemberg* 545 T 10 – *11 300 Ew – Höhe 228 m.*
Berlin 659 – Stuttgart 47 – Karlsruhe 37 – Pforzheim 7.

Im Ortsteil Niefern :

Krone, Schloßstr. 1, ✉ 75223, ✆ (07233) 70 70, *info@krone-pforzheim.de*, Fax (07233) 70799, 🍴 – 🛗, ⚭ Zim, 📺 🚗 🅿 – 🔔 40. ⓐ ⓞ ⓜ ⓥ, ⚞ Rest
geschl. 26. Dez.- 6. Jan. – **Menu** *(geschl. Samstag, Sonntagabend)* à la carte 18,50/33 – **60 Zim** 🛏 66/86 – 86/98.
• Gepflegte, praktische Gästezimmer mit zeitgemäßem Mobiliar und gutem Platzangebot bietet dieses von der Inhaber-Familie geführte Haus. Restaurant mit internationaler Küche.

NIEHEIM Nordrhein-Westfalen 543 K 11 – 7 500 Ew – Höhe 183 m.
Berlin 376 – Düsseldorf 203 – Hannover 94 – Hameln 48 – Kassel 90 – Detmold 29.

- **Berghof**, Piepenborn 17, ⌂ 33039, ℰ (05274) 3 42, hotel-berghof.nieheim@t-online.de, Fax (05274) 1242, ≤, 🍴, 🚗, ⤫ Zim, 📺 📞 ⇔ P. AE ⓂⓄ VISA. ⤫ Zim geschl. Okt. 3 Wochen - **Menu** (geschl. Montag) à la carte 14/26 – **19 Zim** ⌂ 33/38 – 66.
  * In einem Wohngebiet oberhalb des Ortes liegt dieses familiengeführte kleine Haus mit solide möblierten Gästezimmern und eigenem Kinderspielplatz. Bürgerliches Restaurant mit schönem Blick auf den Ort.

NIENBURG Sachsen-Anhalt 542 K 19 – 4 900 Ew – Höhe 79 m.
Berlin 160 – Magdeburg 40 – Leipzig 82 – Bernburg 6 – Dessau 37.

- **Zum Löwen**, Schloßstr. 27, ⌂ 06429, ℰ (034721) 2 22 34, loewe-ms@t-online.de, Fax (034721) 22851, 🍴, ⤫ Zim, 📺 📞 P. 🔧 35. AE ⓂⓄ VISA
  Menu à la carte 13/26 – **25 Zim** ⌂ 48 – 69.
  * Das traditionsreiche Haus aus dem 18. Jh. ist ein solide geführter Familienbetrieb, der über gepflegte und zeitgemäß ausgestattete Zimmer verfügt. Gut eingerichtetes Restaurant mit bürgerlicher Küche.

NIENBURG (WESER) Niedersachsen 541 I 11 – 33 500 Ew – Höhe 25 m.
🛈 Mittelweser-Touristik, Lange Str. 18, ⌂ 31582, ℰ (05021) 91 76 30, info@mittelweser-tourismus.de, Fax (05021) 9176340.
Berlin 334 – Hannover 57 – Bremen 63 – Bielefeld 103.

- **Weserschlößchen**, Mühlenstr. 20, ⌂ 31582, ℰ (05021) 6 20 81, weserschloesschen@t-online.de, Fax (05021) 63257, ≤, 🍴, ⇔, 🛗, ⤫ Zim, 📺 📞 & P – 🔧 280. AE ⓄⓂ VISA
  Menu à la carte 21/36 – **46 Zim** ⌂ 70 – 90.
  * Dem "Theater auf dem Hornwerk" angegliedert, besticht dieses Hotel durch seine schöne Lage am Weserufer und die funktionale Ausstattung der Zimmer. Das Restaurant - über zwei Ebenen angelegt - stellt eine Brücke zwischen Hotel und Theater dar.

- **Zum Kanzler** (mit Gästehaus), Lange Str. 63, ⌂ 31582, ℰ (05021) 9 79 20, info@kanzler-nienburg.de, Fax (05021) 979230, 🍴 – 📺 📞 ⇔ – 🔧 25. AE ⓂⓄ VISA
  Menu à la carte 17,50/31 – **23 Zim** ⌂ 45 – 65/75.
  * Im Zentrum der Stadt, in der Fußgängerzone, liegt dieses ältere Stadthaus, das mit modernen Gästezimmern ausgestattet ist - einige neuere befinden sich im Gästehaus. Gepflegtes, leicht rustikal gestaltetes Restaurant mit Terrasse.

In Marklohe-Neulohe Nord-West : 11 km Richtung Bremen :

- ✕✕ **Neuloher Hof** mit Zim, Bremer Str. 26 (B 6), ⌂ 31608, ℰ (05022) 94 49 90, info@neuloher-hof.de, Fax (05022) 9449944, 🍴 – 📺 P. – 🔧 60. AE ⓄⓂ VISA. ⤫ Zim
  Menu (geschl. Donnerstag) (Montag - Mittwoch nur Abendessen) à la carte 16,50/37,50 – **4 Zim** ⌂ 38 – 55.
  * Das familiengeführte Haus mit Rotklinkerfassade beherbergt ein helles, bürgerliches Restaurant sowie einige schlichte, saubere Gästezimmer.

NIENSTÄDT Niedersachsen siehe Stadthagen.

NIERSTEIN Rheinland-Pfalz 543 Q 9 – 7 000 Ew – Höhe 85 m.
🛦 Mommenheim, Am Golfplatz 1 (Nord-West : 8 km), ℰ (06138) 9 20 20.
Berlin 578 – Mainz 20 – Frankfurt am Main 53 – Darmstadt 23 – Worms 28.

- **Wein- und Parkhotel**, An der Kaiserlinde 1, ⌂ 55283, ℰ (06133) 50 80, info@inhotel.bestwestern.de, Fax (06133) 508333, 🍴, Massage, 🏋, ⇔, 🏊, 🛗, ⤫ Zim, 📧 📺 📞 ⇔ P. – 🔧 160. AE ⓂⓄ VISA
  Menu à la carte 23/42 – **55 Zim** ⌂ 115/140 – 150/180.
  * Funktionalität und ein gutes Platzangebot kombiniert mit dem wohnlich-eleganten Stil eines toskanischen Landhauses machen die Zimmer dieses Hotels am Heyl'schen Garten aus. Hell wirkendes Restaurant mit Korbstühlen.

- **Villa Spiegelberg** ⌂ garni, Hinter Saal 21, ⌂ 55283, ℰ (06133) 51 45, villa@karriereplus.com, Fax (06133) 57432, 🍴, 📺 📞 P. – 🔧 20. ⤫ geschl. Ostern, Weihnachten – **11 Zim** ⌂ 77 – 100.
  * Diese schöne Villa ist von einem parkähnlichen Garten umgeben und liegt fast schon in den Weinbergen. Private Atmosphäre und gediegenes Ambiente überzeugen.

NIERSTEIN

In Mommenheim Nord-West : 8 km, über B 420, in Dexheim recht ab Richtung Schwabsburg :

Zum Storchennest, Wiesgartenstr. 3, ✉ 55278, ℘ (06138) 12 33, Fax (06138) 1240, 🏡, 🚗 – 📺 🔄 🅿 AE ⦿ VISA
geschl. Jan. 2 Wochen, Ende Juli - Anfang Aug. – **Menu** (geschl. Montag) (Dienstag - Freitag nur Abendessen) à la carte 12/24,50 – **22 Zim** ⊐ 40 – 60.
• Ein traditionsreicher, familiärer Landgasthof mit sympathischem, rustikalem Ambiente. Die Zimmer im Anbau sind einheitlich mit dunklen Eichenmöbeln eingerichtet. Ländlich-gemütliches Restaurant mit großem Steinofen.

NIESTETAL Hessen siehe Kassel.

NIEWITZ Brandenburg siehe Lübben.

NITTEL Rheinland-Pfalz **543** R 3 – 1 700 Ew – Höhe 160 m.
Berlin 744 – Mainz 187 – Trier 26 – Luxembourg 32 – Saarburg 20.

Zum Mühlengarten, Uferstr. 5 (B 419), ✉ 54453, ℘ (06584) 9 14 20, Fax (06584) 914242, 🏡, Biergarten, 🛏, 🚗 – 📺 🅿 AE ⦿ VISA
geschl. Mitte Jan. - Mitte Feb. – **Menu** (geschl. Montag) à la carte 17/36 – **24 Zim** ⊐ 34/48 – 52/60.
• Über zeitgemäß ausgestattete und solide in Eiche möblierte Zimmer, teils mit Balkon, verfügt dieses an der Mosel gelegene gut unterhaltene Haus. Großzügig und hell ist das Restaurant mit Wintergarten.

NITTENAU Bayern **546** S 20 – 8 900 Ew – Höhe 350 m.
🛈 Touristikbüro, Hauptstr. 14, ✉ 93149, ℘ (09436) 90 27 33, Fax (09436) 902732.
Berlin 474 – München 158 – Regensburg 38 – Amberg 49 – Cham 36.

Aumüller, Brucker Str. 7, ✉ 93149, ℘ (09436) 5 34, hotel@aumueller.net, Fax (09436) 2433, 🏡, 🚗 – 🛌 Zim, 📺 📞 🔄 🅿 – 🔧 80. AE ⦿ ⦾
Menu (geschl. Sonntagabend) (wochentags nur Abendessen) à la carte 28/34 – **Stüberl** : **Menu** à la carte 17/29 – **37 Zim** ⊐ 46/51 – 82.
• Die Zimmer in diesem neuzeitlichen Hotel überzeugen mit ihrer funktionellen wie auch wohnlichen Einrichtung und ihrer farblich individuellen Gestaltung. Restaurant mit stilvollem Ambiente und gut eingedeckten Tischen.

NÖRDLINGEN Bayern **546** T 15 – 21 000 Ew – Höhe 430 m.
Sehenswert : St.-Georg-Kirche★ (Magdalenen-Statue★) – Stadtmauer★ – Stadtmuseum★ M1 – Rieskrater-Museum★ M2.
🛈 Verkehrsamt, Marktplatz 2, ✉ 86720, ℘ (09081) 8 41 16, verkehrsamt@noerdlingen.de, Fax (09081) 84113.
Berlin 514 ① – München 128 ② – Augsburg 72 ② – Nürnberg 92 ① – Ulm (Donau) 82 ③

Stadtplan siehe gegenüberliegende Seite

Am Ring, Bürgermeister-Reiger-Str. 14, ✉ 86720, ℘ (09081) 29 00 30, hotelamring@t-online.de, Fax (09081) 23170, 🏡 – 📶, 🛌 Zim, 📺 📞 🔄 🅿 – 🔧 40. AE ⦿ ⦾ VISA JCB
e
Menu (geschl. Sonntagabend) à la carte 17/31 – **39 Zim** ⊐ 57/70 – 82/90.
• Gute Pflege, ein solides Inventar sowie die zentrale Lage in Bahnhofs- und Innenstadtnähe zählen zu den Annehmlichkeiten dieses Hotels. Gepflegtes, helles Restaurant mit ländlichem Touch.

Kaiserhof Hotel Sonne, Marktplatz 3, ✉ 86720, ℘ (09081) 50 67, kaiserhof-hotel-sonne@t-online.de, Fax (09081) 23999, 🏡 – 📺 🅿 – 🔧 25. AE ⦿ VISA. 🛏 Rest
n
geschl. Nov. 2 Wochen – **Menu** (geschl. Jan. - Feb., Mittwoch, Sonntagabend) à la carte 13/26 – **29 Zim** ⊐ 55/65 – 75/95.
• Sehr zentral liegt das historische Gasthaus aus dem Jahre 1477. Über schiefe Treppen und Gänge gelangt man in hell möblierte Zimmer - 2 mit Bauernmobiliar und Himmelbett. Ein gemütlicher Gewölbekeller ergänzt das in ländlichem Stil gehaltene Restaurant.

Goldene Rose garni, Baldinger Str. 42, ✉ 86720, ℘ (09081) 8 60 19, b.gress@goldene-rose-noerdlingen.de, Fax (09081) 24591 – 📺 🅿 ⦿ VISA
a
17 Zim ⊐ 35/55 – 60/70.
• Diese kleine Pension liegt nur wenige Schritte von der alten Stadtmauer entfernt - in der Nähe des Baldinger Tors. Die Zimmer sind gepflegt und zeitgemäß eingerichtet.

NÖRDLINGEN

Baldinger Straße	2
Bauhofgasse	3
Bei den Kornschrannen	4
Beim Klösterle	6
Brettermarkt	8
Bürgermeister-Reiger-Straße	9
Deininger Straße	12
Drehergasse	13
Eisengasse	14
Frauengasse	15
Hafenmarkt	16
Hallgasse	17
Herrengasse	19
Kreuzgasse	21
Löpsinger Straße	23
Luckengasse	24
Marktplatz	25
Nürnberger Straße	28
Obstmarkt	29
Oskar-Mayer-Straße	30
Polizeigasse	32
Reimlinger Straße	34
Salvatorgasse	35
Schäfflesmarkt	36
Schrannenstraße	39
Ulmer Straße	40
Vordere Gerbergasse	41
Weinmarkt	43
Wemdinger Straße	45
Würzburger Straße	46

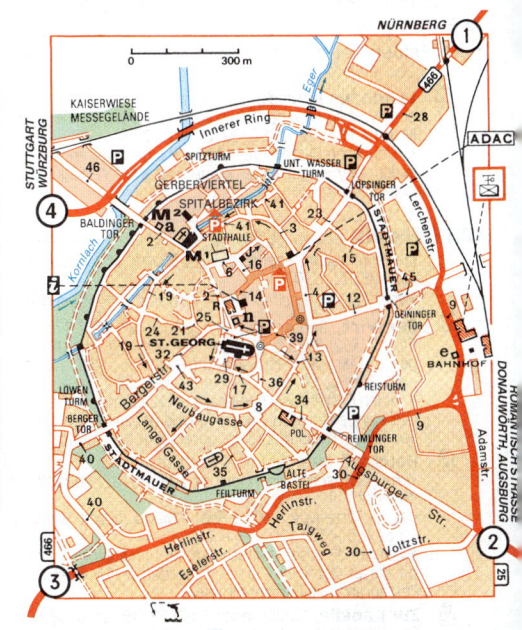

XX **Meyer's Keller,** Marienhöhe 8, ✉ 86720, ℘ (09081) 44 93, meyers.keller@t-online.de, Fax (09081) 24931, 🌳 – 🅿 AE ◎ VISA über Oskar-Mayer-Straße
geschl. Montag - Dienstagmittag – **Menu** 37/78 und à la carte, ♀ – **Bierstüble** (geschl. Montag - Dienstagmittag) Menu à la carte 21/35.
♦ Parkettboden, moderne Kunst und der Jahreszeit gemäßes Dekor bestimmen den Charakter des Restaurants - auf der Terrasse sitzen Sie unter 100-jährigen Linden und Kastanien. Im Bierstüble serviert man Ihnen Regionales.

NÖRTEN-HARDENBERG Niedersachsen 541 L 13 – 8 800 Ew – Höhe 140 m.
Berlin 328 – Hannover 109 – Kassel 57 – Göttingen 11 – Braunschweig 96.

🏨 **Burghotel Hardenberg** ⌂, Im Hinterhaus 11a, ✉ 37176, ℘ (05503) 98 10, info @burghotel-hardenberg.de, Fax (05503) 981666, 🌳, 🛋 – 🛗, 🛌 Zim, 📺 📞 ⟵ 🅿 – 🔔 60. AE ◎ VISA. 🛠 Rest
Novalis (geschl. Sonntag - Montag) **Menu** à la carte 33,50/52,50 – **Keilerschänke** (geschl. Dienstag - Mittwoch) (Donnerstag - Samstag nur Abendessen) Menu à la carte 17,50/26 – **44 Zim** ⚌ 105/140 – 155/180.
♦ Am Fuße der Burgruine - um einen schönen Hof angelegt - bilden ein langgestreckter Fachwerkbau und die ehemalige Mühle dieses stilvoll-neuzeitliche Domizil. Mit Reitstall. Eleganz und Komfort im Novalis. Die Keilerschänke : ein geschmackvoll-uriges Lokal.

NOHFELDEN Saarland 543 R 5 – 11 000 Ew – Höhe 350 m.
🏌 Nohfelden-Eisen, Heidehof (Nord-West : 5 km), ℘ (06852) 99 14 70.
🛈 Kultur- und Fremdenverkehrsamt, An der Burg, ✉ 66625, ℘ (06852) 88 52 52, kulturtouristik@nohfelden.de, Fax (06852) 802239.
Berlin 702 – Saarbrücken 54 – Trier 58 – Kaiserslautern 59 – Wiesbaden 117.

In Nohfelden-Bosen West : 8,5 km :

🏨 **Seehotel Weingärtner** ⌂, Bostalstr. 12, ✉ 66625, ℘ (06852) 88 90, info@seehotel-weingaertner.de, Fax (06852) 81651, 🌳, 🛋, 🛆, 🛠, ✗ – 🛗 📺 🅿 – 🔔 80. AE ◎ ◎ VISA
Menu à la carte 19/37,50 – **99 Zim** ⚌ 52/97 – 102/140 – ½ P 18.
♦ Das Urlaubs- und Tagungshotel am Ortseingang überzeugt mit guter Pflege und unterschiedlich gestalteten Zimmern von rustikal über neuzeitlich-funktionell bis Landhausstil.

NOHFELDEN

In Nohfelden-Neunkirchen/Nahe Süd-West : 7,5 km, über Bahnhofstraße, Türkismühle und Gonnesweiler :

Landhaus Mörsdorf, Nahestr. 41, ✉ 66625, ✆ (06852) 9 01 20, hotellandhausmoersdorf@t-online.de, Fax (06852) 901290, ☆ – TV P – 🅼 30. AE ① ⓂⓄ VISA
Menu à la carte 15,50/32,50 – **17 Zim** ⊇ 47 – 67.
• Wohnliche Gästezimmer sowie Räumlichkeiten für Tagungen im kleineren Kreise stehen in dem familiengeführten kleinen Hotel zur Verfügung. Mit hauseigenem Biotop. Restaurant in ländlichem Stil.

NONNENHORN Bayern 546 X 12 – 1 500 Ew – Höhe 406 m – Luftkurort.

🛈 Verkehrsamt, Seehalde 2, ✉ 88149, ✆ (08382) 82 50, tourist-info@nonnenhorn.de, Fax (08382) 89076.
Berlin 730 – München 187 – *Kostanz* 77 – Ravensburg 25 – Bregenz 17.

Seewirt, Seestr. 15, ✉ 88149, ✆ (08382) 98 85 00, info@hotel-seewirt.de, Fax (08382) 89333, ☆, ☎, ☆ – 🛗 TV ⇔ P.
geschl. Dez. - 15. Feb. – **Menu** (geschl. Okt. - März Montag - Dienstag) à la carte 22/44,50 – **31 Zim** ⊇ 50/80 – 79/140 – ½ P 20.
• In den Gästehäusern Seehaus und Landhaus beherbergt man Sie in solide wie auch praktisch eingerichteten Zimmern, teils neuzeitlich in ganz hellem Holz. Eine Caféterrasse am See das mehrfach unterteilte Restaurant.

Haus am See 🌿 (mit Gästehaus), Uferstr. 23, ✉ 88149, ✆ (08382) 98 85 10, mail@haus-am-see-nonnenhorn.de, Fax (08382) 9885175, ≤, ☆, ⛴, ☆ – TV P. ⓂⓄ VISA
🍽 Rest
geschl. Mitte Nov. - Mitte Feb. – **Menu** (geschl. Mittwoch) à la carte 24,50/37 – **26 Zim** ⊇ 59/65 – 73/120 – ½ P 20.
• Zeitgemäß ausgestattete Zimmer von stilvoll bis ländlich sowie die ruhige Lage sprechen für dieses Hotel. Ein Garten verbindet das Grundstück mit dem See. Klassisch gestaltetes Restaurant mit Gartenterrasse.

Zur Kapelle, Kapellenplatz 3, ✉ 88149, ✆ (08382) 82 74, info@witzigmann-kapelle.de, Fax (08382) 89181, ☆ – TV P. ⓂⓄ VISA
geschl. Feb. – **Menu** à la carte 16/28 – **17 Zim** ⊇ 39/55 – 80 – ½ P 18.
• Das seit Jahrzehnten in Familienbesitz befindliche Haus überzeugt seine Besucher mit wohnlichen Zimmern, guter Pflege und einer privaten Atmosphäre. Gemütliche Gasträume.

Zum Torkel, Seehalde 14, ✉ 88149, ✆ (08382) 9 86 20, hotel-zum-torkel@gmx.de, Fax (08382) 986262, ☆, ☆ – TV P.
geschl. 7. Jan. - 15. Feb. – **Menu** (geschl. Mittwochmittag, Okt. - April Mittwoch) à la carte 22/33 – **23 Zim** ⊇ 40/70 – 80/96 – ½ P 15.
• Mitten im hübschen Weindorf liegt das ländliche, seit 30 Jahren in Familienbesitz befindliche Haus, dessen Zimmer mit teils hellem, teils dunklem Holz solide möbliert sind. Sympathische, rustikal gestaltete Gaststuben.

NONNWEILER Saarland 543 R 4 – 9 200 Ew – Höhe 375 m – Heilklimatischer Kurort.
Berlin 712 – Saarbrücken 50 – *Trier* 45 – Kaiserslautern 75.

In Nonnweiler-Sitzerath West : 4 km, jenseits der A 1 :

Landgasthof Paulus, Prälat-Faber-Str. 2, ✉ 66620, ✆ (06873) 9 10 11, info@landgasthof-paulus.de, Fax (06873) 91191, ☆ – P. ① ⓂⓄ VISA
geschl. Montag - Dienstag – **Menu** à la carte 28/42, ♀.
• Von einem echten Weinkenner umsorgt, kommen Sie in den Genuss edler Qualitätsprodukte. Ein modern-eleganter Landhausstil prägt das ehemalige Bauernhaus mit Vinothek.

NORDDORF Schleswig-Holstein siehe Amrum (Insel).

NORDEN Niedersachsen 541 F 5 – 27 900 Ew – Höhe 3 m.
⛴ von Norden-Norddeich nach Norderney (Autofähre) und ⛴ nach Juist, ✆ (04931) 987124, Fax (04931) 987131.
🛈 Kurverwaltung, Dörper Weg 22, (Norddeich) ✉ 26506, ✆ (04931) 9 86 02, info@norddeich.de, Fax (04931) 986290.
Berlin 531 – Hannover 268 – Emden 44 – Oldenburg 97 – Wilhelmshaven 78.

Reichshof (mit Gästehäusern), Neuer Weg 53, ✉ 26506, ✆ (04931) 17 50, reichshof@t-online.de, Fax (04931) 17575, ☆, ☎, 🌐 – 🛗, ≼ Zim, TV ✆ ⇔ P – 🅼 200. AE ① ⓂⓄ VISA
Menu à la carte 17/37,50 – **40 Zim** ⊇ 48/69 – 91/127, 3 Suiten – ½ P 14.
• In der Fußgängerzone liegt der gewachsene, tadellos gepflegte Gasthof mit 2 kleinen Gästehäusern und einem ehemaligen Kornkammer als Nebenhaus. Wohnliche Zimmer. Getäfelte Gaststuben mit rustikaler Balkendecke.

NORDEN

Apart-Hotel garni, Norddeicher Str. 86, ⊠ 26506, ℘ (04931) 95 78 00, *service@apart-hotel-norden.de*, Fax (04931) 957801, ⇌ – |≡| ⇔ TV & ⇒ P – ⚿ 60. ⓄⓃ ⓂⓄ VISA
31 Zim ⇌ 49/70 – 75/105.
 • Das Hotel ist ein Klinkerbau der modernen Art. Hier finden Sie funktionelle Zimmer, einheitlich in neuzeitlichem Stil gestaltet und teils mit Balkon versehen.

In Norden-Norddeich *Nord-West : 4,5 km über B 72 – Seebad :*

Regina Maris ⑤, Badestr. 7c, ⊠ 26506, ℘ (04931) 1 89 30, *rezeption@hotelreginamaris.de*, Fax (04931) 189375, 㐱, Massage, ⇌, ⊠ – |≡| ⇔ TV & ⇒ AE ⓂⓄ VISA ⸻.
geschl. 7. Jan. - 6. Feb. – **Menu** à la carte 21/36 – **Qulinaris** *(geschl. Montag - Mittwoch)(nur Abendessen)* **Menu** à la carte 32/52 – **62 Zim** ⇌ 75/80 – 93/128, 6 Suiten – ½ P 18.
 • In einem Wohngebiet, direkt am Deich liegt das Ferienhotel mit den soliden, wohnlich eingerichteten Zimmern - teils mit Blick auf Wasser und Watt. Elegantes Ambiente und anspruchsvolle Tischkultur im Qulinaris.

Fährhaus, Hafenstr. 1, ⊠ 26506, ℘ (04931) 9 88 77, *info@hotel-faerhaus-norddeich.de*, Fax (04931) 988788, ≤, ⇌, ⌂, ⊠ – |≡| ⇔ Zim, TV ⇒ P
Menu à la carte 22/36 – **86 Zim** ⇌ 59/95 – 95/155, 4 Suiten.
 • Der im Halbrund angelegte neue Anbau dieses direkt am Fähranleger situierten Hotels überzeugt mit modernen, wohnlichen Zimmern. Freizeitbereich auf dem Dach des Hauses. Gediegenes Restaurant mit Wintergartenvorbau und schöner Aussicht.

NORDENHAM *Niedersachsen* **541** F 9 – *29 500 Ew – Höhe 2 m.*

ℹ *Marketing und Touristik, Marktplatz 7, ⊠ 26954, ℘ (04731) 9 36 40, info@nordenham.net, Fax (04731) 936446.*
Berlin 464 – Hannover 200 – Cuxhaven 51 – Bremen 71 – Bremerhaven 7 – Oldenburg 54.

Am Markt, Marktstr. 12, ⊠ 26954, ℘ (04731) 9 37 20, *hotel-am-markt@t-online.de*, Fax (04731) 937255, ⇌ – |≡|, ⇔ Zim, TV & ⇒ – ⚿ 50. AE ⓄⓃ ⓂⓄ VISA
Menu à la carte 23/45 – **44 Zim** ⇌ 70/95 – 110/120, 3 Suiten.
 • Die neuzeitliche und funktionelle Einrichtung machen dieses in der Innenstadt gelegene Hotel auch für Geschäftsreisende interessant. Gediegenes Restaurant in der 1. Etage und Bistro.

Aits garni, Bahnhofstr. 120, ⊠ 26954, ℘ (04731) 9 98 20, *info@hotel-aits.de*, Fax (04731) 9982400 – TV ⇒ P AE ⓂⓄ VISA
20 Zim ⇌ 42 – 65.
 • Schlicht und praktisch ausgestattete Zimmer bietet Ihnen das gepflegte, in einem älteren Stadthaus untergebrachte kleine Hotel im Zentrum.

In Nordenham-Abbehausen *Süd-West : 4,5 km, über Bahnhofstraße und Stadländer Straße :*

Landhotel Butjadinger Tor (mit Gästehaus), Butjadinger Str. 62, ⊠ 26954, ℘ (04731) 9 38 80, *butjadinger-tor@t-online.de*, Fax (04731) 938888, 㐱 – ⇔ Zim, TV & ⇒ – ⚿ 60. AE ⓂⓄ VISA – **Menu** à la carte 24/32,50 – **28 Zim** ⇌ 45/56 – 65/80.
 • Solide, teils neuzeitlich eingerichtete Gästezimmer bietet das Haus in der Ortsmitte. Mit dem Oldtimer-Kleinbus oder der Butjenter Bahn lernen Sie die Gegend kennen. Gediegenes kleines Restaurant und Gaststätte mit großer Biertheke.

In Nordenham-Tettens *Nord : 10 km, Richtung Butjadingen, in Schneewarden rechts ab :*

Neues Landhaus Tettens, Am Dorfbrunnen 17, ⊠ 26954, ℘ (04731) 3 94 24, Fax (04731) 31740, 㐱 – P
geschl. 1. - 14. Jan., Montag – **Menu** à la carte 19/34.
 • 1737 erbaut, dient das ehemalige Bauernhaus heute als Restaurant - rustikal-elegant, dem friesischen Charakter des Hauses entsprechend.

NORDERNEY (Insel) *Niedersachsen* **541** E 5 – *6 100 Ew – Seeheilbad – Insel der Ostfriesischen Inselgruppe, eingeschränkter Kfz-Verkehr.*

㋡ *Norderney, Am Golfplatz 2 (Ost : 5 km), ℘ (04932) 92 71 56.*
✈ *am Leuchtturm, ℘ (04932) 24 55, Fax (04932) 2454.*
⛴ *von Norddeich (ca. 1h), ℘ (04932) 91 30, Fax (04932) 9131310.*
ℹ *Verkehrsbüro, Bülowallee 5, ⊠ 26548, ℘ (04932) 9 18 50, info@norderney-urlaub.de, Fax (04932) 82494.*
Ab Fährhafen Norddeich : Berlin 537 – Hannover 272 – Emden 44 – Aurich 31.

Strandhotel an der Georgshöhe ⑤, Kaiserstr. 24, ⊠ 26548, ℘ (04932) 89 80, *info@georgshoehe.de*, Fax (04932) 898200, ≤, 㐱, ⓘ, Massage, ⓕ₆, ⇌, ⌂, ⊠, ⏛, ⸙(Halle) – |≡|, ■ Rest, TV & P ⸻ Zim
geschl. 1. - 25. Dez., 5. Jan. - 15. Feb. – **Menu** à la carte 23/41,50 – **95 Zim** ⇌ 64/87 – 133/174, 13 Suiten – ½ P 20.
 • Eine moderne Einrichtung sowie eine harmonische Farbgestaltung kennzeichnen die Zimmer dieses Ferienhotels - mit gut ausgestattetem Sport- und Wellnessbereich. Ein neuzeitlich-gediegenes Ambiente erwartet den Gast im Restaurant.

1043

NORDERNEY (Insel)

Villa Ney ⌦, Gartenstr. 59, ✉ 26548, ☏ (04932) 91 70, info@villa-ney.de, Fax (04932) 91731, ⇐ – ⌷ 🖵 📺 AE ⓞ ⓜ VISA
geschl. Jan. 2 Wochen, Dez. 2 Wochen – **Menu** (nur Abendessen) (Restaurant nur für Hausgäste) – **14 Zim** ⌂ 92/110 – 165/195, 10 Suiten.
• Hinter einer modernen Fassade - architektonisch einer Villa nachempfunden - verbergen sich individuell und sehr wohnlich gestaltete Gästezimmer.

Haus am Meer ⌦ garni (mit Gästehäusern), Kaiserstr. 3, ✉ 26548, ☏ (04932) 89 30, info@hotel-haus-am-meer.de, Fax (04932) 3673, ≤, ⇐, 🖵 – ⌷ 📺 ☏ ⇔ 🅿 ⓜ VISA
⌂ 10 – **43 Zim** 62/110 – 108/204, 4 Suiten.
• "Rodehuus" und "Wittehuus" bilden zusammen diese ansprechende Urlaubsadresse direkt an der Strandpromenade. Ein geschmackvoller Landhausstil prägt das Interieur des Hauses.

Inselhotel Vier Jahreszeiten, Herrenpfad 25, ✉ 26548, ☏ (04932) 89 40, Fax (04932) 1460, ⌂, Massage, ⇐, 🖵 – ⌷ 📺 AE ⓞ ⓜ VISA
Menu à la carte 22/36 – **91 Zim** ⌂ 80/98 – 140, 3 Suiten – ½ P 21.
• Hinter einer gepflegten weißen Fassade stehen funktionell und wohnlich eingerichtete, gut unterhaltene und saubere Gästezimmer bereit. Freundlich gestaltetes Restaurant, teils als Wintergarten angelegt.

Inselhotel König (mit Gästehaus), Bülowallee 8, ✉ 26548, ☏ (04932) 80 10, info@inselhotel-koenig.de, Fax (04932) 801125, ⌂, ⇐ – ⌷ 📺 ⓞ ⓜ VISA
geschl. 11. Jan. - 19. Feb. – **Menu** à la carte 18/31 – **92 Zim** ⌂ 80/95 – 120/150 – ½ P 17.
• Das hübsche, traditionsreiche Haus aus dem Jahre 1868 verbindet den Charme des alten Seebades mit einer zeitgemäßen und funktionellen Ausstattung. Hell und modern wirkendes Restaurant.

Strandhotel Pique ⌦, Am Weststrand 4, ✉ 26548, ☏ (04932) 9 39 30, hotel-pique@t-online.de, Fax (04932) 939393, ⇐, 🖵 – ⌷ 📺
Menu (geschl. 7. Jan. - 15. Feb., Nov. - 26. Dez., Dienstag) à la carte 19/40,50 – **21 Zim** ⌂ 64/111 – 132/157, 3 Suiten.
• Behagliche Gästezimmer, eine persönliche Atmosphäre und die schöne Lage am Strand machen das engagiert geführte Hotel mit der freundlichen gelben Fassade aus. Das Restaurant ist in gemütliche Nischen unterteilt, die Terrasse blickt auf die See.

Belvedere am Meer ⌦ garni (mit Appartementhaus), Viktoriastr. 13, ✉ 26548, ☏ (04932) 9 23 90, Fax (04932) 83590, ≤, ⇐, 🖵, 🐎 – 📺 ⇔ 🅿 ⌦
April - Mitte Okt. – **21 Zim** ⌂ 90/135 – 140/170.
• In den alten Mauern der a. d. J. 1870 stammenden Villa erwarten Sie neuzeitliche, individuelle Zimmer, in den Appartements des Gästehauses ein Hauch Eleganz.

Friese (mit Gästehaus), Friedrichstr. 34, ✉ 26548, ☏ (04932) 80 20, Fax (04932) 80234, ⇐ – ⌷ ⌦ 📺 🐎 Zim
geschl. 30. Jan. - 1. März., 15. - 25. Dez. – **Menu** (geschl. 30. Jan. - 1. März, 1. - 25. Dez., Mittwoch) à la carte 15/35 – **75 Zim** ⌂ 60/90 – 84/148 – ½ P 14.
• Das Gästehaus "up Anner Siet" ergänzt mit großzügig gestalteten sowie hell und freundlich möblierten Fremdenzimmern das ursprüngliche Hotel - beide zentral gelegen. In verschiedene Räume unterteiltes, rustikales Restaurant.

✕✕ **Lenz,** Benekestr. 3, ✉ 26548, ☏ (04932) 22 03, volker.lenz@gmx.de, Fax (04932) 990745 – ⓞ ⓜ VISA
geschl. Mitte Jan. - Mitte Feb., Montag – **Menu** (nur Abendessen) (Tischbestellung ratsam) à la carte 28/40,50.
• Im freundlichen Ambiente dieses im friesischen Stil gehaltenen Restaurants in einem Eckhaus mit weißer Fassade serviert man vorwiegend Fischgerichte.

NORDERSTEDT Schleswig-Holstein ▧▧ E 14 – 71 000 Ew – Höhe 26 m.

ADAC, Berliner Allee 38 (Herold-Center).
Berlin 309 – Kiel 79 – Hamburg 26 – Itzehoe 58 – Lübeck 69.

Park-Hotel garni, Buckhörner Moor 100, ✉ 22846, ☏ (040) 52 65 60, parkhotel-hamburg@t-online.de, Fax (040) 52656400, ⇐ – ⌷ ⌦ 📺 ☏ ⇔ 🅿 – ⌂ 100. AE ⓞ ⓜ VISA
geschl. 22. Dez - 31. Dez. – **78 Zim** ⌂ 75/95 – 95/110.
• Mit einer großzügig wirkenden, ansprechend dekorierten Halle empfängt Sie dieses komfortable Haus. Die Zimmer sind teils modern-sachlich, teils wohnlicher gestaltet.

Wilhelm Busch, Segeberger Chaussee 45 (B 432), ✉ 22850, ☏ (040) 5 29 90 00, norderstedt@privathotel.net, Fax (040) 52990019, ⌂ – ⌷, ⌦ Zim, 📺 ☏ ⇔ 🅿 – ⌂ 30. AE ⓞ ⓜ VISA
Menu à la carte 27/35 – **68 Zim** ⌂ 76 – 94.
• Eine funktionelle Ausstattung kennzeichnet die Zimmer dieses Hotel, die teils mit Fax- und Modemanschluss versehen sind. Gepflegter Garten. Im Restaurant serviert man internationale Küche. Mit schöner Terrasse.

NORDERSTEDT

- **Friesenhof** garni, Segeberger Chaussee 84 a/b, ✉ 22850, ℘ (040) 52 99 20, *reservierung@friesen-hof.de, Fax (040) 52992100* – 🕮 ⊱ 📺 📞 🚭 🅿 – 🏛 25. AE ① ⓜ VISA JCB
  47 Zim ⊇ 99/102 – 122.
  ♦ Hinter einer modernen Fassade erwarten Sie zeitgemäß und funktionell eingerichtete Zimmer. Ein unterirdischer Gang verbindet das Haupthaus mit dem Gästehaus.

- **Nordic** garni, Ulzburger Str. 387, ✉ 22846, ℘ (040) 5 26 85 80, *Fax (040) 5266708*, 🚗 – 📺 📞 🅿 – 🏛 15. AE ① ⓜ VISA
  30 Zim ⊇ 78/83 – 93/103.
  ♦ Hell und neuzeitlich eingerichtete Zimmer und ein freundlicher Frühstücksraum mit Wintergartenanbau zum gepflegten Garten hin zählen zu den Vorzügen dieses Hauses.

In Norderstedt-Garstedt :

- **Heuberg** garni (mit Gästehaus), Kahlenkamp 2/Ecke Niendorfer Straße, ✉ 22848, ℘ (040) 52 80 70, *info@hotel-heuberg.de, Fax (040) 5238067* – 🕮 ⊱ 📺 📞 🚭 🅿 – 🏛 15. AE ① ⓜ VISA JCB
  48 Zim ⊇ 70/80 – 85/90.
  ♦ Dieses familiengeführte Haus verfügt über teils ältere, aber tadellos gepflegte Zimmer in dunkler Eiche, teils recht großzügige Zimmer mit hellen Kirschholzmöbeln im Neubau.

In Norderstedt-Glashütte :

- **Norderstedt** garni, Tangstedter Landstr. 508, ✉ 22851, ℘ (040) 52 99 90, *norderstedt@ringhotels.de, Fax (040) 52999299* – 🕮 ⊱ 📺 📞 🚭 🅿 – 🏛 20. AE ① ⓜ VISA
  27 Zim ⊇ 59/97 – 77/117.
  ♦ Die Kombination von Wohnlichkeit und Funktionalität sowie eine familiäre Atmosphäre sprechen für dieses gut unterhaltene Hotel mit neuzeitlicher Fassade.

- **Zur Glashütte**, Segeberger Chaussee 309 (B 432), ✉ 22851, ℘ (040) 5 29 86 60, *zur-glashuette@tandem-partner.de, Fax (040) 52986635*, 🔲 – 📺 🚭 🅿. ⓜ VISA
  Menu *(geschl. Juli, Mittwoch) (wochentags nur Abendessen)* à la carte 16/28,50 – **16 Zim** ⊇ 45 – 72.
  ♦ Verkehrsgünstig vor den Toren Hamburgs und nahe dem Naturschutzgebiet des Wittmoors gelegen, überzeugt diese Adresse mit praktischen, soliden Zimmern. Ländliches Restaurant und nette Schänke.

In Norderstedt-Harksheide :

- **Schmöker Hof,** Oststr. 18, ✉ 22844, ℘ (040) 52 60 70, *info@schmoekerhof.bestwestern.de, Fax (040) 5262231*, Biergarten, 🜲 – 🕮 ⊱ Zim, 📺 📞 ⚲ 🚭 🅿 – 🏛 100. AE ① ⓜ VISA
  Menu à la carte 24/32 – ⊇ 10 – **122 Zim** 82/98 – 95/106, 4 Suiten.
  ♦ Zu den individuell gestalteten Gästezimmern verschiedener Kategorien zählen auch Allergikerzimmer sowie Zimmer mit moderner Kommunikationstechnik. Restaurant im Landhausstil.

NORDHAUSEN Thüringen ❙❙❙❙❙ L 16 – 43 800 Ew – Höhe 247 m.

  🖂 *Tourist-Informationszentrum, Bahnhofsplatz 6, ✉ 99734, ℘ (03631) 90 21 54, info@tourismus-ndh.de, Fax (03631) 902153.*
  Berlin 261 – Erfurt 74 – Göttingen 86 – Halle 91.

- **Handelshof** garni, Bahnhofstr. 12, ✉ 99734, ℘ (03631) 62 50, *handelshof-ndh@t-online.de, Fax (03631) 625100* – 🕮 ⊱ 📺 📞 🅿 – 🏛 25. AE ⓜ VISA JCB
  43 Zim ⊇ 52/60 – 73.
  ♦ Zentral gelegenes Hotel - Bahnhof und Fußgängerzone befinden sich in unmittelbarer Nähe - mit zeitgemäß und praktisch eingerichteten Zimmern.

In Werther Süd-West : 3,5 km, über B 80 :

- **Zur Hoffnung,** an der B 80, ✉ 99735, ℘ (03631) 60 12 16, *hotel-zur-hoffnung@t-online.de, Fax (03631) 600826*, 🜲, 🜲 – 🕮 ⊱ Rest, 📺 ⚲ 🚭 🅿 – 🏛 120. ✾
  Menu à la carte 13/22,50 – **50 Zim** ⊇ 40/53 – 63.
  ♦ Die Gästezimmer dieses soliden Familienbetriebes sind schlicht, unterschiedlich eingerichtet und gut gepflegt. Netter Saunabereich. Nehmen Sie Platz im rustikalen Ambiente des Restaurants.

NORDHEIM *Bayern siehe Volkach.*

NORDHORN Niedersachsen 541 I 5 – 52 000 Ew – Höhe 22 m.
  ☐ VVV-Stadtmarketing, Firnhaberstr. 17, ✉ 48529, ℘ (05921) 8 03 90, info@vvv-nordhorn.de, Fax (05921) 803939.
ADAC, Firnhaber Str. 17.
Berlin 502 – Hannover 224 – Bremen 155 – Groningen 113 – Münster (Westfalen) 73.

Am Stadtring, Stadtring 31, ✉ 48527, ℘ (05921) 8 83 30, info@hotel-am-stadtring.de, Fax (05921) 75391, ≘s – 📶, ∗ Zim, 📺 📞 ⇔ 🅿 – 🔔 60. 🆎 ⓘ ⓜ 🆅🆂🅰
Menu à la carte 23/35 – **56 Zim** ⇌ 46/76 – 71/92.
  • Das am Rande der Innenstadt gelegene Hotel mit freundlicher, familiärer Führung verfügt über wohnliche Zimmer in neuzeitlichem Stil. Teil des Restaurants : die Orangerie und das Kaminstübchen.

Eichentor, Bernhard-Niehues-Str. 12, ✉ 48529, ℘ (05921) 8 98 60, hotel-eichentor@t-online.de, Fax (05921) 77948, ≘s, 🔲, – 📶 📺 📞 ⇔ – 🔔 50. 🆎 ⓘ ⓜ 🆅🆂🅰 🅹🅲🅱
Menu (geschl. Samstag, Sonn- und Feiertage) (nur Abendessen) à la carte 17/31 – **47 Zim** ⇌ 45/65 – 68/90.
  • Gäste des Hauses schätzen sowohl die Lage in einem Wohngebiet in der Innenstadt als auch die gepflegte, zeitlose Einrichtung der Zimmer. Restaurant in altdeutschem Stil und rustikale Stube.

NORDSTEMMEN Niedersachsen siehe Hildesheim.

NORDSTRAND Schleswig-Holstein 541 C 10 – 2 400 Ew – Höhe 1 m – Seeheilbad.
Ausflugsziele : Die Halligen★ (per Schiff).
  ☐ Kurverwaltung, Schulweg 4 (Herrendeich), ✉ 25845, ℘ (04842) 4 54, Fax (04842) 900990.
Berlin 447 – Kiel 103 – *Sylt (Westerland)* 53 – Flensburg 61 – Husum 19 – Schleswig 53.

In Nordstrand-Süden :

Arcobaleno, Am Ehrenmal 10, ✉ 25845, ℘ (04842) 82 12, hotel-arcobaleno@gmx.de, Fax (04842) 1349, 😊, ⋘ – ∗ Zim, 📺 🅿, ✿
geschl. Jan., Nov. – Menu (geschl. Montag) à la carte 16/25 – **13 Zim** ⇌ 45/60 – 60/66 – ½ P 12.
  • Das am Ortsrand gelegene Hotel beherbergt neuzeitlich gestaltete Zimmer und Appartements - alle ebenerdig gelegen, teils mit kleiner Küchenzeile versehen.

In Nordstrand-Süderhafen :

Am Heverstrom, Heverweg 14, ✉ 25845, ℘ (04842) 80 00, heverstrom@t-online.de, Fax (04842) 7273, 😊 – 📺 🅿 ✿ Zim
Menu (geschl. Dienstag) à la carte 16/29 – **11 Zim** ⇌ 44/55 – 62/85.
  • Der nahe dem Wattenmeer gelegene modernisierte Gasthof gefällt mit wohnlich eingerichteten Doppelzimmern im rustikal-gemütlichen Landhausstil. Eine schöne antike Einrichtung prägt die Atmosphäre im Restaurant.

NORTHEIM Niedersachsen 541 K 13 – 34 000 Ew – Höhe 121 m.
  🏌 Northeim, Gut Levershausen (Süd : 6 km), ℘ (05551) 90 83 80.
  ☐ Tourist-Information, Am Münster 6, ✉ 37154, ℘ (05551) 91 30 66, info@northeim-touristik.de, Fax (05551) 913067.
Berlin 317 – *Hannover* 99 – Braunschweig 85 – Göttingen 27 – Kassel 69.

Schere, Breite Str. 24, ✉ 37154, ℘ (05551) 96 90, mail@hotel-schere.de, Fax (05551) 969196, 😊 – 📶, ∗ Zim, 📺 📞 ⇔ – 🔔 20. 🆎 ⓘ ⓜ 🆅🆂🅰
Menu (geschl. Montagmittag) à la carte 15/31 – **38 Zim** ⇌ 65/77 – 93/128.
  • Eingegliedert in ein Ensemble aus 7 historischen Fachwerkhäusern, präsentiert Ihnen diese Adresse eine gelungene Kombination aus Tradition und Moderne. Restaurant in neuzeitlichem Design und rustikale Gaststube.

NORTORF Schleswig-Holstein 541 D 13 – 7 000 Ew – Höhe 30 m.
Berlin 348 – *Kiel* 29 – Flensburg 81 – Hamburg 78 – Neumünster 16.

Alter Landkrug (mit Gästehaus), Große Mühlenstr. 13, ✉ 24589, ℘ (04392) 44 14, alter-landkrug@t-online.de, Fax (04392) 8302 – 📺 🅿 – 🔔 150. 🆎 ⓘ ⓜ 🆅🆂🅰
Menu à la carte 16,50/27,50 – **32 Zim** ⇌ 37 – 70/74.
  • Die verkehrsgünstige Lage sowie auf Stammhaus und Gästehaus verteilte praktische, gut gepflegte Zimmer zählen zu den Vorzügen des Hauses. Ein Wintergarten ergänzt das Restaurant.

NORTORF

- **Kirchspiels Gasthaus**, Große Mühlenstr. 9, ✉ 24589, ✆ (04392) 2 02 80, karsten.heeschen@t-online.de, Fax (04392) 202810, 🌳 – 📺 📞 🚗 🅿 – ♨ 40. AE ⓘ MC VISA. ✀
  Menu à la carte 23/40 – **15 Zim** ⇌ 40/60 – 80/90.
  ◆ Solide und funktionell ausgestattete Gästezimmer sowie gute Pflege und Unterhaltung sprechen für dieses familiengeführte kleine Hotel in Marktnähe. Zeitlos-bürgerlich gehaltenes Restaurant.

NOSSENTINER HÜTTE Mecklenburg-Vorpommern 5️⃣4️⃣2️⃣ F 21 – 650 Ew – Höhe 80 m.
Berlin 154 – Schwerin 78 – Güstrow 41 – Wittstock 51.

In Nossentiner Hütte-Sparow Süd-West : 5 km, Richtung Malchow, nach 1,5 km rechts ab :

- **Gutshof Sparow** ⚜ (mit Gästehäusern), ✉ 17214, ✆ (039927) 76 20, gutshof.sparow@t-online.de, Fax (039927) 76299, 🌳, 🏊, Massage, ≘s, 🏊, 🎾, ✀(Halle) Squash ; Badminton – |📶|, ✀ Zim,, 🛋 Rest, AE ⓘ MC VISA
  Menu à la carte 15/33 – **41 Zim** ⇌ 60/70 – 85/95, 24 Suiten.
  ◆ Ein komfortables Hotel mitten im Park. Das Zentrum dieser attraktiven Anlage bildet das alte Gutshaus - umgeben von mehreren hübschen Fachwerkhäusern mit Appartements. Das Restaurant : teils gemütlich mit viel Holz, teils Wintergarten mit Rattanstühlen.

Die in diesem Führer angegebenen Preise folgen
der Entwicklung der allgemeinen Lebenshaltungskosten.
Lassen Sie sich bei der Zimmerreservierung den endgültigen
Preis vom Hotelier mitteilen.

NOTHWEILER Rheinland-Pfalz siehe Rumbach.

NOTTULN Nordrhein-Westfalen 5️⃣4️⃣3️⃣ K 6 – 18 000 Ew – Höhe 95 m.
Berlin 499 – Düsseldorf 106 – Nordhorn 85 – Enschede 65 – Münster (Westfalen) 19.

- **Steverburg**, Baumberge 6 (Nord-Ost : 3 km, Richtung Havixbeck), ✉ 48301, ✆ (02502) 94 30, Fax (02502) 9876, ≤, 🌳 – ✀ Zim, 📺 🅿 – ♨ 20. AE ⓘ MC VISA. ✀
  Menu (geschl. Donnerstag) à la carte 23/42 – **21 Zim** ⇌ 57/67 – 88/93.
  ◆ Das Haus mit hübscher Natursteinfassade und Turmanbau wirkt wie ein kleines Schlösschen - mit geschmackvollem Interieur. Auf einer Anhöhe am Waldrand gelegen. Das Interieur des Restaurants : gediegene Aufmachung mit elegantem Touch.

In Nottuln-Schapdetten Ost : 5 km, über Schapdettener Straße :

- **Zur alten Post** ⚜, Roxeler Str. 5, ✉ 48301, ✆ (02509) 9 91 90, altepost-schapdetten@t-online.de, Fax (02509) 991919, Biergarten – 📺 🚗 🅿 – ♨ 40. AE MC VISA
  Menu (geschl. Dienstag) à la carte 15/28 – **26 Zim** ⇌ 39 – 64/70.
  ◆ Am Südhang der Baumberge liegt diese solide ländliche Adresse mit gepflegten und funktionellen Gästezimmern. Gute Wander- und Radwandermöglichkeiten. Bürgerliches Ambiente im Restaurant.

In Nottuln-Stevern Nord-Ost : 2 km Richtung Schapdetten :

- **Gasthaus Stevertal** mit Zim, Stevern 36, ✉ 48301, ✆ (02502) 9 40 10, gasthaus.stevertal@proximedia.de, Fax (02502) 940449, 🌳 – 🅿 – ♨ 60
  geschl. 5. - 23. Jan. – **Menu** à la carte 13/30 ♨ – **16 Zim** ⇌ 42 – 75.
  ◆ Hinter der hübschen Fassade aus dem hier typischen Sandstein beherbergt man ein rustikal-gemütliches Restaurant und neuzeitliche Gästezimmer.

NÜMBRECHT Nordrhein-Westfalen 5️⃣4️⃣3️⃣ N 6 – 17 000 Ew – Höhe 280 m – Heilklimatischer Kurort.
🛈 Kur- und Gästeinformation, Lindchenweg 1, ✉ 51588, ✆ (02293) 5 18, Fax (02293) 510.
Berlin 576 – Düsseldorf 91 – Bonn 49 – Waldbröl 8 – Köln 53.

- **Park-Hotel** ⚜, Parkstr. 3, ✉ 51588, ✆ (02293) 30 30, info@nuembrecht.com, Fax (02293) 303365, 🌳, Massage, ≘s, 🏊, ✀(Halle) – |📶|, ✀ Zim, 📺 📞 🅿 – ♨ 160. AE ⓘ MC VISA
  Menu à la carte 23,50/37,50 – **89 Zim** ⇌ 88/121 – 122/144 – ½ P 16.
  ◆ In der Ortsmitte, nahe dem Kurpark, liegt dieses von Tagungsgästen geschätzte Hotel mit seinen funktionellen, teils in Ahorn, teils in Kirsche gehaltenen Zimmern. Restaurant mit internationaler Küche.

NÜRBURG Rheinland-Pfalz 543 O 4 – 200 Ew – Höhe 610 m – Luftkurort.
 Sehenswert : Burg ✳*.
 Ausflugsziel : Nürburgring* (Sammlung Mythos Nürburgring*).
 Berlin 644 – Mainz 152 – Aachen 133 – Bonn 56 – Mayen 26 – Wittlich 57.

Am Tiergarten (mit Gästehaus), Kirchweg 4, ✉ 53520, ℘ (02691) 9 22 00, info@am-tiergarten.de, Fax (02691) 7911, 😀, 🍽 Zim, 📺 ✆ 🅿 – 🛌 20. AE ⓜ VISA
 Menu *(nur Mittagessen)* à la carte 17/32 – **Pistenklause** *(italienische Küche) (nur Abendessen)* Menu à la carte 19/34 – **36 Zim** ⇌ 60/80 – 85/105.
 • Die Nähe zum Ring macht dieses engagiert geführte, neuzeitlich gestaltete Haus auch für Rennsportbegeisterte zur einer geeigneten Unterkunft. Hotelrestaurant mit freundlichem Wintergartenvorbau. Bilder und Autogramme von Rennfahrern zieren die Pistenklause.

Zur Burg (mit Gästehaus), Burgstr. 4, ✉ 53520, ℘ (02691) 75 75, hotelzurburgdaniels@t-online.de, Fax (02691) 7911, 😀, 🍽, 🚭 – 📺 🅿 AE ⓜ ⓜ VISA
 geschl. 20. Nov. - 1. Jan. – Menu *(geschl. 20. Nov. – 15. Feb., Montag)* à la carte 15/28 – **42 Zim** ⇌ 45/62 – 65/95.
 • Ein gut geführter Familienbetrieb mit solide und zeitgemäß ausgestatteten Zimmern. Die Nähe zum Nürgburgring und zur Burg zählt zu den Vorzügen des Hauses.

NÜRNBERG Bayern 546 R 17 – 490 000 Ew – Höhe 300 m.
 Sehenswert : Germanisches Nationalmuseum✳✳✳ JZ – St.-Sebalduskirche* (Kunstwerke✳✳) JY – Stadtbefestigung* – Dürerhaus* JY – Schöner Brunnen* JY C – St.-Lorenz-Kirche* (Engelsgruß✳✳, Gotischer Kelch✳✳) JZ – Kaiserburg (Sinnwellturm ⇐*) JY – Frauenkirche* JY E – Verkehrsmuseum (DB-Museum*) JZ M4 – Dokumentationszentrum Reichsparteitagsgelände* GX.
 🐦 Am Reichswald (über Kraftshofer Hauptstr. BS), ℘ (0911) 30 57 30 ; 🐦 Fürth, Vacher Str. 261, ℘ (0911) 75 75 22.
 ✈ Nürnberg BS, ℘ (0911) 9 37 00.
 Messezentrum BT, ℘ (0911) 8 60 60, Fax (0911) 8606228.
 🛈 Tourist-Information, Königstr. 93, ✉ 90402, ℘ (0911) 2 33 61 32, Fax (0911) 2336166.
 🛈 Tourist-Information, Hauptmarkt 18, ✉ 90403, ℘ (0911) 2 33 61 35, Fax (0911) 2336166.
 ADAC, Äußere Sulzbacher Str. 98.
 ADAC, Frauentorgraben 43.
 Berlin 432 ⑤ – München 165 ⑦ – Frankfurt am Main 226 ① – Leipzig 276 ⑤ – Stuttgart 205 ⑧ – Würzburg 110 ①

Stadtpläne siehe nächste Seiten

ArabellaSheraton Hotel Carlton, Eilgutstr. 15, ✉ 90443, ℘ (0911) 2 00 30, info@carlton-nuernberg.de, Fax (0911) 2003111, 😀, Massage, 🎐, 🍽 – 🛗, 🍽 Zim, 🖥 📺 ✆ & ⇐ 🅿 – 🛌 🕜 ⓜ ⓜ VISA JCB
 Menu à la carte 32/43 – ⇌ 15 – **166 Zim** 142/209 – 167/234. JZ f
 • Ein Name, der verpflichtet ! Hinter der neuzeitlichen Fassade des kürzlich erbauten Hotels garantieren Zimmer verschiedener Kategorien Komfort und eine gute Technik. In modernem Stil gehaltenes Restaurant.

Le Méridien Grand-Hotel, Bahnhofstr. 1, ✉ 90402, ℘ (0911) 2 32 20, lemeridien@grand-hotel.de, Fax (0911) 2322444, 🍽 – 🛗, 🍽 Zim, 🖥 📺 ✆ ⇐ – 🛌 120. AE ⓜ ⓜ VISA JCB
 Menu à la carte 26/44 – ⇌ 15 – **186 Zim** 120 – 160, 5 Suiten. KZ d
 • Vor 100 Jahren wurde das prachtvolle Herrschaftshaus mit Hopfenspeicher zur Luxusherberge umgebaut : Elegante Zimmer mit Jugendstilelementen und Marmorbädern. Imposante Halle. Spiegelnder Marmor, Säulen und geschliffenes Spiegelglas im Hotelrestaurant.

Maritim, Frauentorgraben 11, ✉ 90443, ℘ (0911) 2 36 30, info.nur@maritim.de, Fax (0911) 2363823, 🍽, 🏊 – 🛗, 🍽 Zim, 🖥 📺 ✆ ⇐ – 🛌 500. AE ⓜ ⓜ VISA JCB JZ e
 Menu à la carte 26/42 – ⇌ 14 – **316 Zim** 143/240 – 161/274, 3 Suiten.
 • Engagiert geführtes Hotel mit großzügigem Rahmen und wohnlich-komfortablen Zimmern, nur einen Steinwurf von der schönen Altstadt entfernt. Das holzgetäfelte Restaurant ist edel-rustikal.

Congress Hotel Mercure, Münchener Str. 283, ✉ 90471, ℘ (0911) 9 46 50, h2924@accor-hotels.com, Fax (0911) 9465777, 😀, Biergarten, 🎐, 🍽 – 🛗, 🍽 Zim, 🖥 📺 ✆ 🅿 – 🛌 120. AE ⓜ ⓜ VISA, ※ Rest BT y
 Menu à la carte 25/37 – **144 Zim** ⇌ 113/128 – 136/151.
 • Nahe der A8 liegt dieses zeitgemäße Tagungshotel. Die Zimmer sind hell und freundlich gestaltet, mit guten Schreibtischen und den nötigen Anschlüssen ausgestattet. Modernes Restaurant mit Blick ins Grüne.

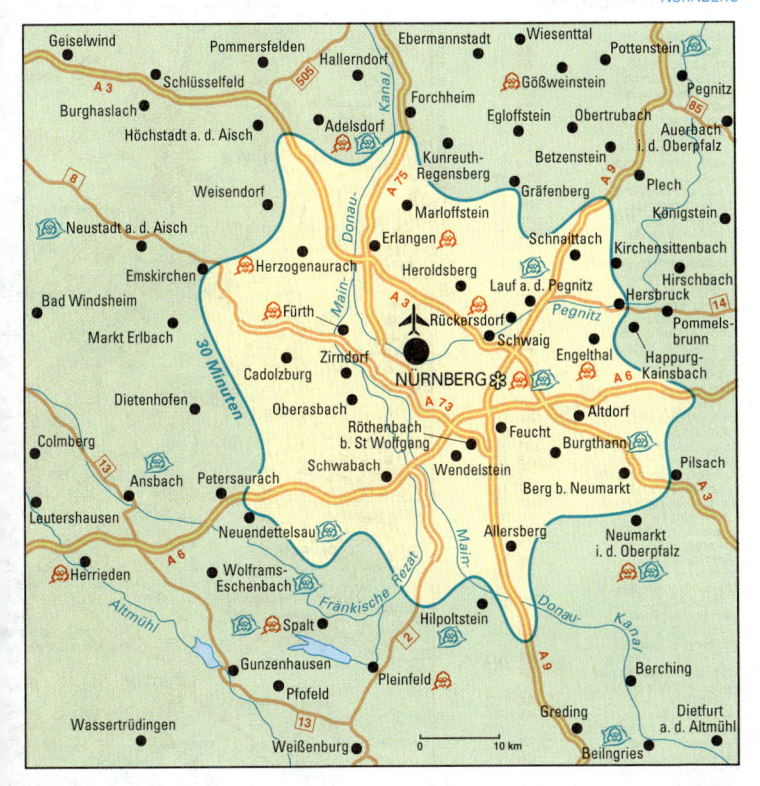

NÜRNBERG

Atrium Hotel, Münchener Str. 25, ✉ 90478, ℰ (0911) 4 74 80, *info@atrium-nuern berg.de, Fax (0911) 4748420,* 🌳, ≘s, 🏊 – 🛗, ↔ Zim, 🍴 Rest, 📺 📞 ♿ 🚗 🅿 – 🏛 180. AE ⓘ ⓜ 💳 JCB. ✵ Rest
GX g
Menu à la carte 26/43 – **187 Zim** ⊇ 125/139 – 168.
♦ In der weitläufigen Gartenanlage des Luitpoldhains gelegen. Reservieren Sie hier eines der geräumigen, funktionellen Zimmer mit Balkon und Park-Blick. Mit Spielplatz. Das Angebot des klassischen Hotel-Restaurants Rotisserie Médoc ist international.

Loew's Merkur, Pillenreuther Str. 1, ✉ 90459, ℰ (0911) 99 43 30, *hotelmerkur@t-online.de, Fax (0911) 99433666,* ≘s, 🏊 – 🛗 ↔ 📺 📞 ♿ 🅿 – 🏛 60. AE ⓘ ⓜ 💳 JCB
FX a
Menu à la carte 21/41 – **220 Zim** ⊇ 100/170 – 115/210.
♦ Das aus vier Häusern bestehende Hotel befindet sich in verkehrsgünstiger Lage am Bahnhof. Einige der funktionellen Zimmer sind angenehm hell und modern eingerichtet. Restaurant mit gediegenem Ambiente.

Wöhrdersee Hotel Mercure, Dürrenhofstr. 8, ✉ 90402, ℰ (0911) 9 94 90, *h1141 @accor-hotels.com, Fax (0911) 9949444,* 🌳, ⨝, ≘s – 🛗, ↔ Zim, 🍴 📺 📞 ♿ 🚗 – 🏛 100. AE ⓘ ⓜ 💳
GV a
Menu à la carte 22/33 – **145 Zim** ⊇ 115/130 – 138/153.
♦ Unweit des Sees liegt dieses gut geführte Kettenhotel, das auf den Geschäftsreisenden zugeschnittene Zimmer mit moderner Technik bietet. Lady Rooms.

Agneshof garni, Agnesgasse 10, ✉ 90403, ℰ (0911) 21 44 40, *info@agneshof-nuernberg.de, Fax (0911) 21444144,* ≘s – 🛗 ↔ 📺 📞 ♿ 🚗 – 🏛 20. AE ⓘ ⓜ 💳
JY c
74 Zim ⊇ 80/100 – 95/125.
♦ Mitten in der historischen Altstadt wohnt man hier in neuzeitlichen Zimmern : Die meisten gehen zu den Gartenhöfen, einige haben Balkon oder Terrasse mit Blick zur Kaiserburg.

1049

NÜRNBERG

Äußere Sulzbacher Straße	**BS**	4
Am Europakanal	**AS**	7
Ansbacher Straße	**AT**	14
Beuthener Straße	**CT**	20
Bierweg	**BS**	21
Bingstraße	**CS**	23
Breslauer Straße	**CT**	26
Cadolzburger Straße	**AS**	27
Deutenbacher Straße	**AT**	31
Dianastraße	**BT**	32
Eibacher Hauptstraße	**AT**	33
Eichendorffstraße	**BS**	34
Erlanger Straße (FÜRTH)	**AS**	36
Erlenstegenstraße	**CS**	37
Finkenbrunn	**BT**	40
Fischbacher Hauptstraße	**CT**	41
Fronmüllerstraße (FÜRTH)	**AS**	44
Fürther Straße (ZIRNDORF)	**AS**	45
Gebersdorfer Straße	**AS**	47
Gründlacher Straße	**AS**	52
Hauptstraße (FEUCHT)	**CT**	54
Hauptstraße (STEIN)	**AT**	55
Heilstättenstraße	**AS**	56
Hügelstraße	**AS**	61
Julius-Loßmann-Straße	**BT**	65
Karl-Martell-Straße	**AS**	70
Karl-Schönleben-Straße	**AT**	71
Katzwanger Straße	**BT**	74
Kraftshofer Hauptstraße	**BS**	79
Leyher Straße	**AS**	83
Löwenberger Straße	**CT**	85
Minervastraße	**BT**	94
Moritzbergstraße	**CS**	96
Mühlhofer Hauptstraße	**AT**	98
Nürnberger Straße (FEUCHT)	**CT**	100
Nürnberger Straße (FÜRTH)	**AS**	102
Nürnberger Straße (STEIN)	**AT**	103
Otto-Bärnreuther-Straße	**BT**	108
Poppenreuther Straße (FÜRTH)	**AS**	115
Rednitzstraße	**AT**	119
Reichelsdorfer Hauptstr.	**AT**	120
Saarbrückener Straße	**BT**	122
Schmausenbuckstraße	**CS**	126
Schwabacher Straße (FÜRTH)	**AS**	128
Schwabacher Straße (FEUCHT)	**CT**	130
Schwabacher Straße (ZIRNDORF)	**AS**	131
Seeackerstraße	**AS**	133
Siedlerstraße	**CS**	134
Sigmundstraße	**CS**	135
Stadenstraße	**CS**	136
Valznerweiherstraße	**CS**	145
Wallensteinstraße	**AS**	150
Weißenburger Straße	**AT**	153
Wetzendorfer Straße	**CS**	155
Würzburger Straße	**AS**	159

Die Stadtpläne sind eingenordet (Norden = oben)

🏨 **Victoria** garni, Königstr. 80, ✉ 90402, ℰ (0911) 2 40 50, *mail@hotelvictoria.de*, Fax (0911) 227432 – 🕮 ✻ TV 📞 P – 🛏 20. AE ① ⓂⓄ VISA JCB. ✻ **KZ** x
66 Zim ⇌ 74/104 – 99/129.
◆ Das Stadthaus mit der schönen Natursteinfassade liegt gleich neben dem Museum für Kunst und Design. Die Zimmer sind gepflegt und mit hellen Naturholzmöbel eingerichtet.

🏨 **Am Heideloffplatz** garni, Heideloffplatz 9, ✉ 90478, ℰ (0911) 94 45 30, *hotel.heideloffplatz@t-online.de*, Fax (0911) 4469661 – 🕮 ✻ TV 📞 P – 🛏 15. AE ① ⓂⓄ VISA JCB **FX** t
geschl. 24. Dez. - Anfang Jan. – **32 Zim** ⇌ 85/95 – 105/150.
◆ An einem kleinen Platz am Rande des Zentrums befindet sich das gut geführte Hotel mit wohnlichen Zimmern in Kirschholz und einem guten Frühstücksbuffet.

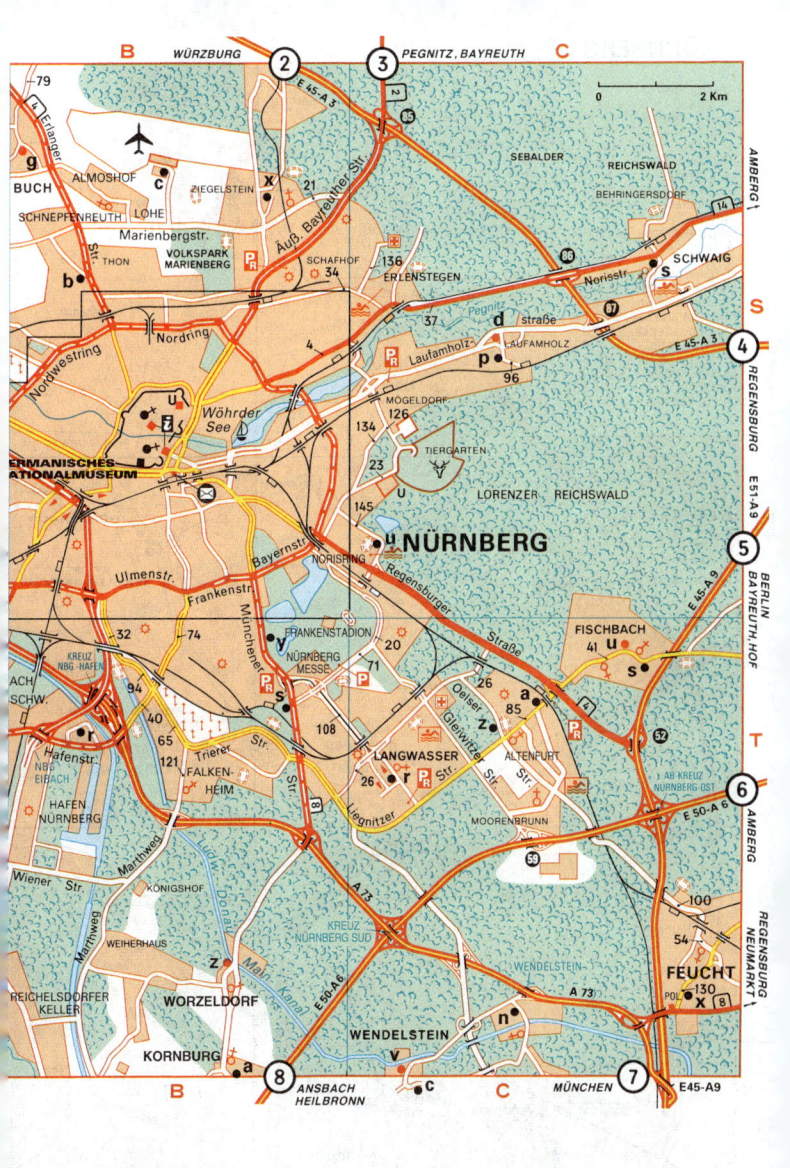

Dürer-Hotel garni, Neutormauer 32, ✉ 90403, ℘ (0911) 2 14 66 50, *duerer-hotel@altstadthotels.com*, Fax (0911) 214665555, 🕿 – 🛗 ⚹✕ TV 📞 P 🚐 – 🛎 30. AE ⓘ ⓜ VISA JCB
105 Zim ⊇ 105 - 125.
  ♦ Der Hotelname verweist auf die Lage am Albrecht-Dürer-Haus. Das gepflegte Hotel hält für seine Gäste neuzeitliche, mit hellem Naturholz eingerichtete Zimmer bereit.

JY r

Avenue garni, Josephsplatz 10, ✉ 90403, ℘ (0911) 24 40 00, *avenue-hotel@t-onlin e.de*, Fax (0911) 243600, 🛗 ⚹✕ TV 📞 P – 🛎 20. AE ⓘ ⓜ VISA JCB
geschl. Ende Dez. - Anfang Jan. – **41 Zim** ⊇ 77/115 - 110/155.
  ♦ Ein in der Reihe stehendes Haus im Herzen der Nürnberger Altstadt. Einheitlich ausgestattete, funktionelle Zimmer mit zeitgemäßem Komfort.

JZ c

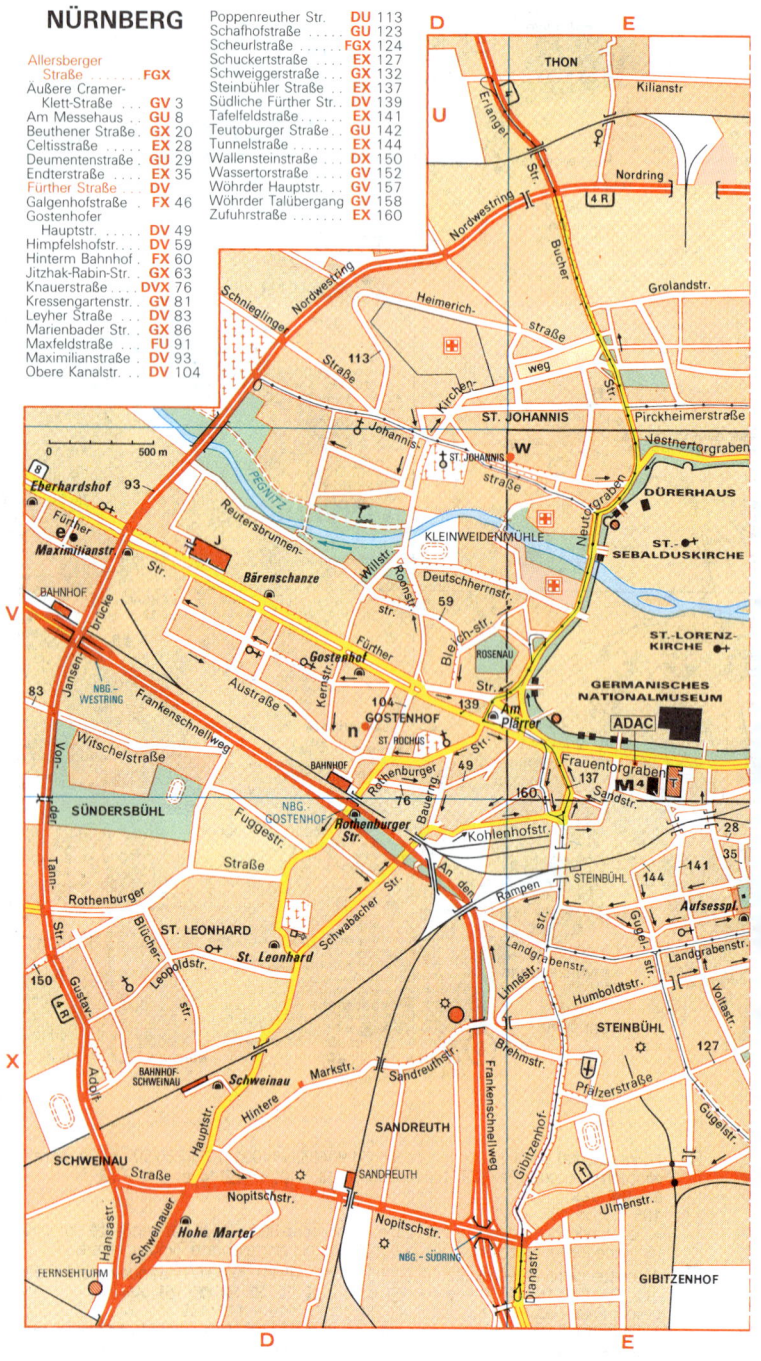

NÜRNBERG

Allersberger Straße		**FGX**
Äußere Cramer-Klett-Straße		**GV** 3
Am Messehaus		**GU** 8
Beuthener Straße		**GX** 20
Celtisstraße		**EX** 28
Deumentenstraße		**GU** 29
Endterstraße		**EX** 35
Fürther Straße		**DV**
Galgenhofstraße		**FX** 46
Gostenhofer Hauptstr.		**DV** 49
Himpfelshofstr.		**DV** 59
Hinterm Bahnhof		**FX** 60
Jitzhak-Rabin-Str.		**GX** 63
Knauerstraße		**DVX** 76
Kressengartenstr.		**GV** 81
Leyher Straße		**DV** 83
Marienbader Str.		**GX** 86
Maxfeldstraße		**FU** 91
Maximilianstraße		**DV** 93
Obere Kanalstr.		**DV** 104
Poppenreuther Str.		**DU** 113
Schafhofstraße		**GU** 123
Scheurlstraße		**FGX** 124
Schuckertstraße		**EX** 127
Schweiggerstraße		**GX** 132
Steinbühler Straße		**EX** 137
Südliche Fürther Str.		**DV** 139
Tafelfeldstraße		**EX** 141
Teutoburger Straße		**GU** 142
Tunnelstraße		**EX** 144
Wallensteinstraße		**DX** 150
Wassertorstraße		**EX** 152
Wöhrder Hauptstr.		**GV** 157
Wöhrder Talübergang		**GV** 158
Zufuhrstraße		**EX** 160

1052

1053

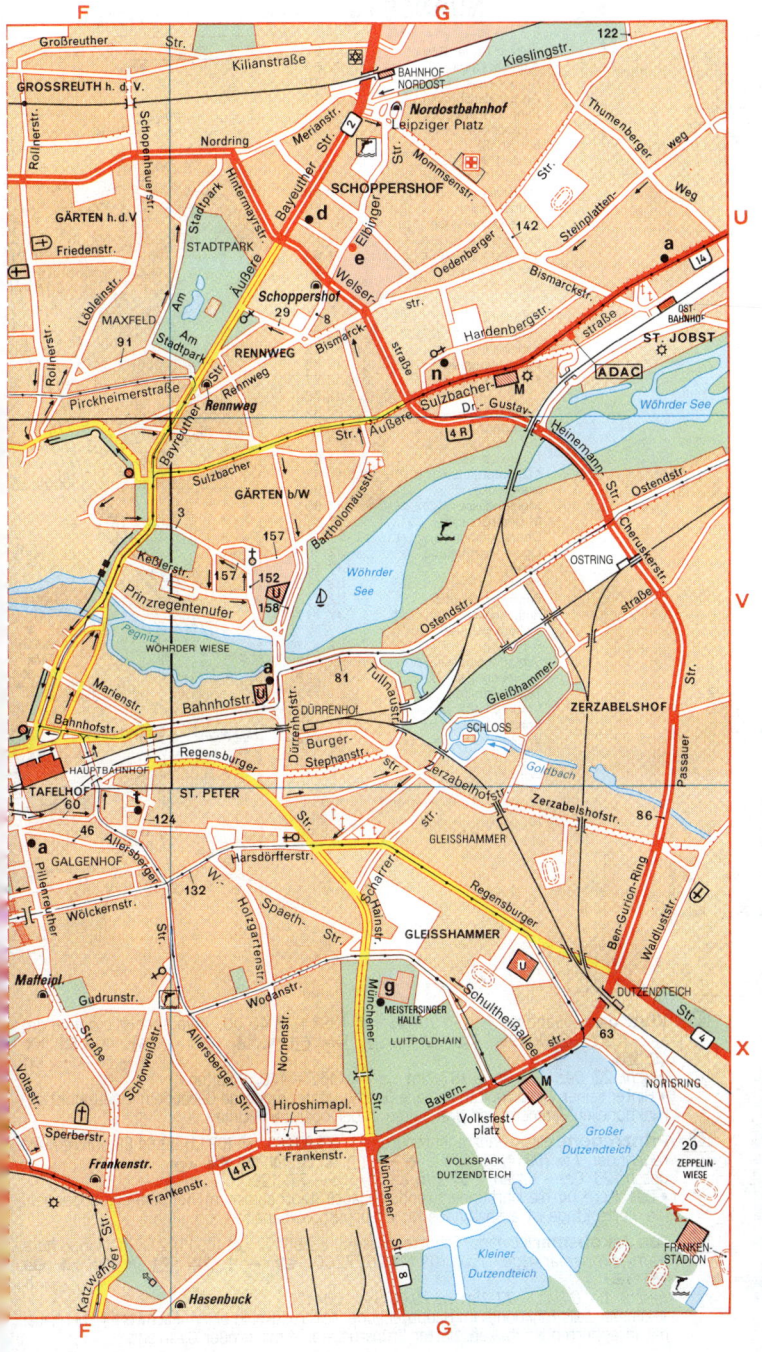

NÜRNBERG

Äußere Laufer Gasse	**KY** 5
Albrecht-Dürer-Str.	**JY** 6
An der Fleischbrücke	**JY** 10
An der Karlsbrücke	**JY** 13
Bahnhofplatz	**KZ** 16
Beckschlagergasse	**KY** 17
Bergstraße	**JY** 18
Bischof-Meiser-Str.	**JY** 24
Breite Gasse	**JZ**
Findelgasse	**JZ** 38
Grübelstraße	**KY** 50
Hans-Sachs-Gasse	**JY** 53
Henkersteg	**JY** 58
Inn.-Cramer-Klett-Str.	**KY** 62
Johannesgasse	**KZ** 64
Kaiserstraße	**JZ** 67
Karolinenstraße	**JZ**
K.-Grillenberger-Straße	**HZ** 69
Karlstraße	**JY** 72
Katharinengasse	**KZ** 73
Königstorgraben	**KZ** 77
Königstraße	**JZ** 78
Lessingstraße	**JZ** 82
Lorenzer Str.	**KZ** 84
Ludwigstraße	**HZ**
Luitpoldstraße	**JZ** 86
Marientorgraben	**KZ** 87
Maxbrücke	**JY** 90
Mohrengasse	**HYZ** 95
Museumsbrücke	**JY** 99
Obere Krämersgasse	**JY** 105
Obere Wörthstraße	**JZ** 106
Obstmarkt	**JY** 107
Pfannenschmiedsgasse	**JZ** 110
Prinzregentenufer	**KZ** 116
Rathausplatz	**JY** 117
Richard-Wagner-Platz	**JZ** 121
Schlotfegergasse	**HZ** 125
Steubenbrücke	**KY** 138
Tafelhofstraße	**JZ** 142
Vordere Ledergasse	**HZ** 148
Vordere Sterngasse	**JZ** 149
Weißgerbergasse	**JY** 154

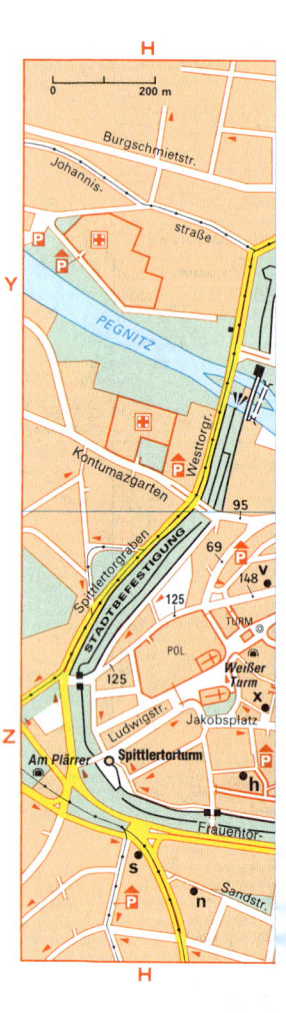

🏨 **Viva** garni, Sandstr. 4, ✉ 90443, ℘ (0911) 2 40 00, viva.hotel@t-online.de, Fax (0911) 2400499, 🛏, 🚭 – 🛗 ⚡ 📺 📞 ♿ 🚗 – 🔒 40. AE ⓘ ⓜⓒ VISA
geschl. 22. Dez. - 7. Jan. – **157 Zim** ☑ 110/132 – 140, 3 Suiten.
HZ **n**
♦ Hinter seiner verspiegelten Fassade überzeugt das moderne Gebäude mit neuzeitlichen, funktionellen Zimmern und drei Suiten in der obersten Etage.

🏨 **Prinzregent** garni, Prinzregentenufer 11, ✉ 90489, ℘ (0911) 58 81 88, info@prinz regent.net, Fax (0911) 556236 – 🛗 ⚡ 📺 📞 AE ⓘ ⓜⓒ VISA JCB
KZ **a**
geschl. 23. Dez. - 6. Jan. – **37 Zim** ☑ 51/105 – 77/128.
♦ Das ältere, um die Jahrhundertwende gebaute Stadthaus ist am Ufer der Pegnitz gelegen. Die vierte Etage ist ausnahmslos Nichtrauchern vorbehalten.

🏨 **Am Jakobsmarkt** garni, Schottengasse 5, ✉ 90402, ℘ (0911) 2 00 70, info@hote l-am-jakobsmarkt.de, Fax (0911) 2007200, 🚭 – 🛗 ⚡ 📺 🅿. AE ⓘ ⓜⓒ VISA JCB
HZ **h**
geschl. 1. - 6. Jan. – **77 Zim** ☑ 79/105 – 100/128.
♦ Zimmer teils funktionell im Hauptgebäude, teils rustikal in einem Fachwerk-Nebenhaus, mit integrierten Holzbalken. Netter Frühstücksraum mit großer Glasfront.

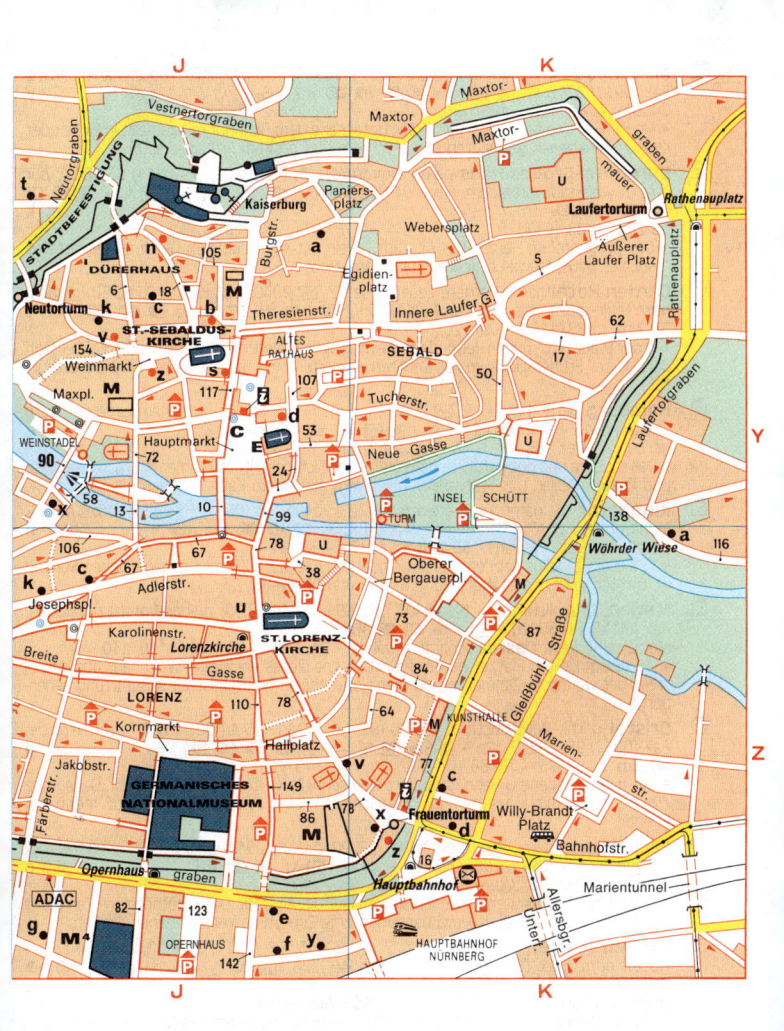

🏨 **Romantik Hotel Am Josephsplatz** garni, Josephsplatz 30, ✉ 90403, ☎ (0911) 21 44 70, *josephsplatz@romantikhotels.com*, Fax (0911) 21447200, 🍳 – 📶 ⥃ 📺 AE
 MC VISA JCB
 JZ k
 geschl. 24. Dez. - 6. Jan. – **36 Zim** ⌧ 82/110 – 108/129, 4 Suiten.
 ♦ Renoviertes Haus a. d. J. 1675. Die Zimmer sind im Stil rustikal, elegant oder italienisch eingerichtet, darunter auch ein romantisches Hochzeitszimmer. Sonnendachterrasse.

🏨 **Drei Raben** garni, Königstr. 63, ✉ 90402, ☎ (0911) 27 43 80, *hotel-drei-raben@t-online.de*, Fax (0911) 232611 – 📶 ⥃ 📺 🅿 AE ⓘ MC VISA JCB
 JKZ v
 25 Zim ⌧ 80 – 120.
 ♦ Die individuellen Themenzimmer in diesem Sandsteingebäude sind der Geschichte der Stadt gewidmet. Eines der Zimmer gefällt mit frei stehender Badewanne.

🏨 **Weinhaus Steichele**, Knorrstr. 2, ✉ 90402, ☎ (0911) 20 22 80, *hotelsteichele@steichele.de*, Fax (0911) 221914, 🍳 – 📶 📺 🅿 AE ⓘ MC VISA JCB
 HZ x
 Menu *(geschl. Sonn- und Feiertage abends)* à la carte 16/36 – **49 Zim** ⌧ 62/72 – 90/95.
 ♦ Altes Stadthaus mit fränkischem Charme. Der Familienbetrieb führt individuell eingerichtete Zimmer. Hellgrün getäfelter, eleganter Frühstücksraum. Restaurant im Stil einer bürgerlichen Gaststube.

NÜRNBERG

Marienbad garni, Eilgutstr. 5, ✉ 90443, ✆ (0911) 20 31 47, *info@hotel-marienbad.de*, Fax (0911) *204260* – 🛗 📺 🚗 🅿 AE ⓘ ⓜ VISA JCB
54 Zim ⊇ 88/128 – 108/158.   **JZ y**
* Ein familiär und persönlich geführtes Hotel nahe dem Bahnhof mit zumeist in Eiche oder Kirsche gehaltenen gepflegten Gästezimmern und großem Frühstücksbuffet.

Burghotel-Großes Haus garni, Lammsgasse 3, ✉ 90403, ✆ (0911) 23 88 90, *burg-hotel@altstadthotels.com*, Fax (0911) 23889100, ⇔, 🏊 – 🛗 ✱ 📺 ✆ – 🔒 10. AE ⓘ ⓜ VISA JCB
58 Zim ⊇ 85 – 100.   **JY k**
* Das Burghotel im Herzen der Altstadt ist ein mit viel Liebe zum Detail ausgestattetes rustikales Haus, fränkisch geprägt und gemütlich.

Garden-Hotel garni, Vordere Ledergasse 12, ✉ 90403, ✆ (0911) 20 50 60, *garden-hotel@altstadthotels.com*, Fax (0911) 2050660 – 🛗 ✱ 📺 ✆ AE ⓘ ⓜ VISA HZ v
33 Zim ⊇ 88/116 – 100/120.
* In der Stadtmitte finden Reisende hier eine praktisch-neuzeitliche Unterkunft. Farbenfroh dekorierter Frühstücksraum mit Dachterrasse und abwechslungsreichem Frühstücksbuffet.

Hamburg garni, Hasstr. 3, ✉ 90431, ✆ (0911) 31 89 90, *hotel-hamburg-nuernberg@t-online.de*, Fax (0911) 312589 – 🛗 📺 ✆ AE ⓘ ⓜ VISA
geschl. 22. Dez. - 6. Jan. – **26 Zim** ⊇ 62/110 – 78/135.   **DV e**
* Das saubere und gut geführte Haus bietet sachlich gestaltete Zimmer mit rustikaler Note und Rüstermobilar. Das Frühstücksbuffet wird auf einem Kahn angerichtet.

Klughardt ⚯ garni, Taurogenstr. 40, ✉ 90491, ✆ (0911) 91 98 80, *info@hotel-klughardt.de*, Fax (0911) 595989 – ✱ 📺 ✆ 🅿 AE ⓘ ⓜ VISA JCB   **GU n**
geschl. 24. Dez. - 6. Jan. – **33 Zim** ⊇ 66/72 – 88/94.
* In diesem tadellos gepflegten Familienbetrieb mit jedem Zimmer seinen eigenen Stil und ist farblich anders gestaltet. Die gute Führung überzeugt.

Merian, Unschlittplatz 7, ✉ 90403, ✆ (0911) 2 14 66 90, *merian-hotel@t-online.de*, Fax (0911) 21466920 – 📺 🚗 AE ⓜ VISA   **JY x**
Menu siehe Rest. **Opatija** separat erwähnt – **21 Zim** ⊇ 85/110 – 110/130.
* An einem kleinen Platz nahe der Pegnitz steht dieses ehemalige Wohnhaus aus Naturstein, das wohnliche Zimmer mit dunklen Holzmöbeln und praktischer Ausstattung beherbergt.

Cristal garni, Willibaldstr. 7, ✉ 90491, ✆ (0911) 95 11 90, *info@hotelcristal.de*, Fax (0911) 95119270, ⇔ – 🛗 ✱ 📺 ✆ 🚗 🅿 AE ⓘ ⓜ VISA JCB   **GU d**
48 Zim ⊇ 58/75 – 70/88.
* Die nahe gelegene U-Bahn garantiert eine schnelle Verbindung zur Altstadt. Behagliche Zimmer, teils mit Modem- und Faxanschluss. Heller Frühstücksraum auf mehreren Ebenen.

Fackelmann garni, Essenweinstr. 10, ✉ 90443, ✆ (0911) 20 68 40, *info@hotel-fackelmann.de*, Fax (0911) 2068460, ⇔ – 🛗 ✱ 📺 ✆ AE ⓜ VISA   **JZ g**
geschl. 24. Dez. - 6. Jan. – **34 Zim** ⊇ 65/85 – 85/120.
* In wenigen Gehminuten erreichen Sie von hier die Altstadt. Das Stadthotel mit familiärer Atmosphäre verfügt über kirschbaummöblierte Zimmer in verschiedenen Größen.

Ibis-Am Plärrer, Steinbühler Str. 2, ✉ 90443, ✆ (0911) 2 37 10, *h0888@accor-hotels.com*, Fax (0911) 223319 – 🛗, ✱ Zim, 📺 ✆ ♿ 🚗 – 🔒 60. AE ⓘ ⓜ VISA   **HZ s**
Menu à la carte 14,50/23,50 – ⊇ 9 – **155 Zim** 49/87.
* Das Hochhaus nahe der Altstadt bietet Nürnberg-Besuchern Ibis-Standard : Zimmer in sachlichem Stil bieten eine funktionelle Ausstattung mit zeitgemäßer Technik.

Ibis-Marientor garni, Königstorgraben 9, ✉ 90402, ✆ (0911) 2 40 90, *h1608@accor-hotels.com*, Fax (0911) 2409403 – 🛗 ✱ 📺 ✆ ♿ 🚗 – 🔒 25. AE ⓘ ⓜ VISA JCB
⊇ 9 – **152 Zim** 52.   **KZ c**
* Hinter der blauen, modernen Fassade des Kettenhotels erwarten Sie funktionelle, lichte Räume, mit einer auf Geschäftsreisende zugeschnittenen Ausstattung. In Bahnhofsnähe.

Burghotel-Stammhaus garni, Schildgasse 14, ✉ 90403, ✆ (0911) 20 30 40, *nuernberg@burghotel-stamm.de*, Fax (0911) 226503, 🏊 – 🛗 📺 ✆ AE ⓘ ⓜ VISA JCB   **JY a**
22 Zim ⊇ 62/82 – 89/99.
* Gediegenes Hotel am Fuße der Kaiserburg. Fragen Sie nach einem der Zimmer mit Balkon. Behaglicher Raum zum Frühstücken, im Sommer auch auf der Terrasse.

Burgschmiet garni, Burgschmietstr. 8, ✉ 90419, ✆ (0911) 93 33 60, *burgschmiet@odn.de*, Fax (0911) 9333620 – 🛗 ✱ 📺 🚗 AE ⓜ VISA   **JY t**
geschl. 23. Dez. - 7. Jan. – **38 Zim** ⊇ 59/89 – 79/109.
* Jakob D. Burgschmiet war um die Mitte des 19. Jh. Erzgießer und Bildhauer. Heute wird unter seinem Namen ein familiär-gemütliches Hotel betrieben.

NÜRNBERG

Westend garni, Karl-Martell-Str. 42, ✉ 90431, ☎ (0911) 93 98 60, info@hotelwestend.de, Fax (0911) 9398655 – 📺 🅿 AE VISA
AS e
geschl. 23. Dez. - 7. Jan. – **30 Zim** ⌂ 55/85 – 85/115.
◆ Gute Verkehrsanbindung zu Autobahn, Flughafen und Messe. In diesem Familienbetrieb beziehen der Reisende neuzeitliche Zimmer. Heller Frühstücksbereich mit Wintergartenanbau.

Essigbrätlein (Köthe), Weinmarkt 3, ✉ 90403, ☎ (0911) 22 51 31, Fax (0911) 2369885 – AE ⓞ ⓜ VISA
JY z
geschl. 24. Dez. - 1. Jan., über Ostern, Aug. 1 Woche, Sonntag - Montag – **Menu** (Tischbestellung ratsam) 37 (mittags)/79 (abends) und à la carte, ♀.
◆ Original erhaltenes Gasthaus aus dem Jahre 1550 mit nostalgischem Innenleben. Andree Köthe zaubert hier seinen eigenen Stil auf die Teller : ambitionierte kreative Küche.
Spez. Makrele mit Zitronenchutney. Entrecôte mit Stockfischcrème. Olivenbisquit mit Erdbeeren (Mai - Aug.)

Da Claudio, Hauptmarkt 16, ✉ 90403, ☎ (0911) 20 47 52, tiziano@daclaudio.de, Fax (0911) 2059553, 🍴 – AE ⓞ ⓜ VISA
JY d
geschl. Sonntag - Montagmittag – **Menu** (italienische Küche) à la carte 23/42.
◆ Aus dem italienischen Speiseangebot wählt der Gast von einer großen Schiefertafel, die ihm an den Tisch getragen wird. Postmodern angehauchtes Ristorante.

Quo vadis, Elbinger Str. 28, ✉ 90491, ☎ (0911) 51 55 53, Fax (0911) 5109033, 🍴 – AE ⓞ ⓜ VISA
GU e
geschl. Aug., Montag – **Menu** (Tischbestellung ratsam) (italienische Küche) à la carte 27/37.
◆ Pasta, Pesce und auch Pizza serviert man in dem in einem alten Natursteinhaus untergebrachten Restaurant mit rustikal-mediterraner Atmosphäre.

Opatija -im Hotel Merian, Unschlittplatz 7, ✉ 90403, ☎ (0911) 22 71 96, opatija-restaurant@web.de, Fax (0911) 21466920, 🍴 – AE ⓜ VISA
JY x
Menu à la carte 23,50/45.
◆ Ein hübscher Ziehbrunnen und Lindenbäume zieren den Platz vor dem Haus. Hinter der Sandsteinfassade begrüßt Sie ein helles, modernes Restaurant mit internationaler Küche.

Sebald, Weinmarkt 14, ✉ 90403, ☎ (0911) 38 13 03, info@restaurant-sebald.de, Fax (0911) 346313, 🍴 AE ⓞ ⓜ VISA
JY v
Menu à la carte 30/37,50, ♀.
◆ In diesem Altstadthaus tragen die gelb marmorierten Wände und die neuzeitliche Ausstattung zu einer ungezwungenen Atmosphäre bei - mit Bistrobereich.

Goldenes Posthorn, Glöckleinsgasse 2, ✉ 90403, ☎ (0911) 22 51 53, goldenes-posthorn@t-online.de, Fax (0911) 2418283, 🍴 – AE ⓞ ⓜ VISA JCB
JY b
geschl. Sonntag – **Menu** à la carte 18/39.
◆ Deutschlands älteste Weinstube - von 1498 - ist mit einigen wertvollen Antiquitäten und Gemälden bestückt. In den kleinen engen Stuben bietet man eine fränkische Küche.

Zum Sudhaus, Bergstr. 20, ✉ 90403, ☎ (0911) 20 43 14, sudhaus.hexenhaus@t-online.de, Fax (0911) 2418373, 🍴 – AE ⓞ ⓜ VISA
JY n
geschl. Aug. 2 Wochen, Sonntag – **Menu** à la carte 25/43.
◆ Mittelpunkt dieses durch rustikal-gemütliches Fachwerk-Flair geprägten Restaurants ist die große Brauglocke. Serviert werden fränkische sowie internationale Speisen.

Ishihara, Schottengasse 3, ✉ 90402, ☎ (0911) 22 63 95, Fax (0911) 2059957 – AE ⓞ ⓜ VISA JCB ✄
HZ h
geschl. Sonntag – **Menu** (japanische Küche) à la carte 29/53.
◆ Das familiengeführte Restaurant in der Innenstadt ist im typischen japanischen Teehausstil gehalten. An Teppanyaki-Tischen bereitet man vor Ihren Augen Fernöstliches.

Wonka, Johannisstr. 38, ✉ 90419, ☎ (0911) 39 62 15, Fax (0911) 396256, 🍴 – AE ⓜ VISA JCB ✄
DEV w
geschl. über Ostern, Aug. 2 Wochen, Samstagmittag, Sonntag - Montagmittag – **Menu** 32/52 à la carte 32/38, ♀.
◆ Das Restaurant ist modern im Bistro-Stil eingerichtet. Man serviert Ihnen Gerichte einer internationalen Küche. Im Innenhof finden Sie auch eine kleine Terrasse.

Koch und Kellner, Obere Seitenstr. 4, ✉ 90429, ☎ (0911) 26 61 66, Fax (0911) 266766
DV n
geschl. 24. Dez. - 12. Jan., Mitte Juni - Mitte Juli, Sonntag - Montag – **Menu** à la carte 25/37, ♀.
◆ In diesem Wein-Bistro rührt Koch Stefan Wagner auf moderne Art und Weise in den Töpfen. Kellner Frank Mackert serviert zu den Gerichten die passenden Weine.

Nassauer Keller, Karolinenstr. 2, ✉ 90402, ☎ (0911) 22 59 67, Fax (0911) 225962 – AE ⓞ ⓜ VISA
JZ u
geschl. 24. - 27. Dez., Sonntag (ausser Messen) – **Menu** à la carte 18/32.
◆ Das in einem Turm gelegene Restaurant ist eine Nürnberger Institution ! Hier gilt es, die niedrige Tür und die steile Kellertreppe zu bezwingen. Das Gewölbe ist aus dem 13. Jh.

NÜRNBERG

Nürnberger Bratwurst-Lokale :

Historische Bratwurstküche Zum Gulden Stern, Zirkelschmiedsgasse 26, ⊠ 90402, ℘ (0911) 2 05 92 88, info@bratwurstkueche.de, Fax (0911) 2059298, 🍽 –
AE ① MC VISA   HZ h
Menu à la carte 12/16.
• In dem historischen Gasthaus aus dem Jahre 1419 umgibt Sie ein rustikal-gemütliches Ambiente. Die Nürnberger Bratwurst gibt's vom Buchenholzrost.

Bratwursthäusle, Rathausplatz 1, ⊠ 90403, ℘ (0911) 22 76 95, info@bratwurst-haeusle.de, Fax (0911) 227645, 🍽   JY s
geschl. Sonn- und Feiertage – **Menu** à la carte 11/19.
• Hinter der Backsteinfassade machen Sie es sich in diesem gut besuchten ländlich-rustikalen Lokal bei Bratwurst und Sauerkraut gemütlich.

Das Bratwurstglöcklein, im Handwerkerhof, ⊠ 90402, ℘ (0911) 22 76 25, info@bratwurstgloecklein.de, Fax (0911) 227645, 🍽 –   KZ z
geschl. 1. Jan. - 20. März, Sonntag – **Menu** à la carte 11/17.
• Kleines Fachwerkhaus im sehenswerten Nürnberger Handwerkerhof. Zum Bier oder Frankenwein verzehren die Damen im Dirndl deftige fränkische Gerichte und natürlich Bratwurst.

In Nürnberg-Altenfurt :

Ramada-Treff, Oelser Str. 2, ⊠ 90475, ℘ (0911) 9 84 64 90, nuernberg@ramada-treff.de, Fax (0911) 984649500, 🍽, ≘s – 🛉, ✻ Zim, TV 📞 & 🅿 – 🛠 100. AE ① MC VISA JCB   CT z
Menu à la carte 20/28,50 – **70 Zim** 🛏 103 – 115.
• Am Rande des Nürnberger Reichswaldes liegt dieses Hotel in Messenähe, mit guter Autobahnanbindung. Die Gästezimmer sind gediegen und wohnlich eingerichtet.

Nürnberger Trichter garni, Löwenberger Str. 147, ⊠ 90475, ℘ (0911) 8 33 50, nuernberger-trichter@freenet.de, Fax (0911) 835880, ≘s – ✻ TV 📞 🅿 ① MC VISA   CT a
geschl. 20. Dez. - 6. Jan. – **37 Zim** 🛏 92/103 – 123.
• Ein gepflegtes Hotel mit unterschiedlich möblierte Zimmer, teils mit Bauernmöbeln. Gleich im Eingangsbereich wird hier die Bedeutung des Nürnberger Trichters illustriert.

In Nürnberg-Boxdorf über Erlanger Straße BS : 9 km :

Schindlerhof (mit Gästehaus), Steinacher Str. 6, ⊠ 90427, ℘ (0911) 9 30 20, hotel@schindlerhof.de, Fax (0911) 9302620, 🍽, ≘s – ✻ Zim, TV 📞 ⇔ 🅿 – 🛠 80. AE ① MC VISA JCB
Menu à la carte 25/42 – **95 Zim** 🛏 120/130 – 150/160.
• Ein ehemaliges bäuerliches Anwesen aus mehreren Häusern. Die Zimmer sind wohnlich, teils in hübschem rustikalem Stil, teils schlicht-modern gestaltet. Tagungegebäude. Restaurant im Landhausstil, Innenhof mit Grill.

In Nürnberg-Buch :

Gasthof Bammes, Bucher Hauptstr. 63, ⊠ 90427, ℘ (0911) 9 38 95 20, bammes@t-online.de, Fax (0911) 9389530, 🍽 – 🅿 MC VISA   BS g
geschl. 2. - 27. Jan., Montag – **Menu** à la carte 22/37.
• Dieser fränkische Gasthof unterteilt sich in verschiedene Stuben mit ländlichem Ambiente. Teils unterstreicht eine rustikale Holzbalkendecke den Charakter des Restaurants.

In Nürnberg-Eibach :

Arotel, Eibacher Hauptstr. 135, ⊠ 90451, ℘ (0911) 9 62 90, arotel-hotel@t-online.de, Fax (0911) 6493052, Biergarten, ≘s – 🛉, ✻ Zim, 🍽 Rest, TV 📞 ⇔ 🅿 – 🛠 65. AE ① MC VISA JCB   AT a
Menu à la carte 22/34 – **72 Zim** 🛏 95/105 – 120/130.
• Architektonisch ist das Haus als Flachbau im amerikanischen Stil angelegt. Die Zimmer sind zeitgemäß und gediegen eingerichtet. Komfortabler : die Appartements in der Villa. Restaurant in ländlicher Aufmachung und fränkische Stube.

Am Hafen garni, Isarstr. 37 (Gewerbegebiet Eibach), ⊠ 90451, ℘ (0911) 6 49 30 78, hotel.am.hafen.nbg@freenet.de, Fax (0911) 644778, ≘s – ✻ TV 🅿 MC VISA   BT r
geschl. 20. Dez. - 18. Jan. – **27 Zim** 🛏 57 – 80.
• In 15 Minuten erreichen Sie von hier das Messezentrum wie auch die Innenstadt. In dem familiär geführten Hotel übernachten Sie in wohnlichen Zimmern mit Mahagoni-Möbeln.

In Nürnberg-Erlenstegen :

Erlenstegen garni, Äußere Sulzbacher Str. 157, ⊠ 90491, ℘ (0911) 5 80 51 90, info@hotel-erlenstegen.de, Fax (0911) 580519519 – 🛉 ✻ TV 📞 🅿 AE ① MC VISA JCB
35 Zim 🛏 69/98 – 89/128.   GU a
• Ein durch die Inhaber-Familie gut geführtes, funktionelles Hotel mit einheitlich eingerichteten Zimmern in dunklem Holz, einige mit Modem-Anschluss.

In Nürnberg-Fischbach :

Fischbacher Stuben garni, Hutbergstr. 2b, ⊠ 90475, ✆ (0911) 83 10 11, hotel-fischbacher-stuben@t-online.de, Fax (0911) 832473 – TV 🚗 P. AE ⓘ ⓜ VISA, ※
CT s
12 Zim ⊇ 69 – 89.
• Das kleine Landhaus im neuzeitlichen Stil ist ein Familienbetrieb mit wohnlichen, in hellem Holz ausgestatteten Zimmern - in einigen befinden sich Betten in Übergröße.

Schelhorn, Am Schloßpark 2, ⊠ 90475, ✆ (0911) 83 24 24, h.schelhorn@t-online.de, Fax (0911) 9837398, 🌿 – P. AE ⓘ ⓜ VISA
CT u
geschl. Jan. 1 Woche, Sept. 1 Woche, Montag - Dienstagmittag – **Menu** à la carte 28,50/40.
• Hell und elegant wirkt das Ambiente in diesem Restaurant mit wechselnder Bilderausstellung. Man reicht eine klassisch ausgelegte Karte.

In Nürnberg-Flughafen :

Mövenpick Hotel garni, Flughafenstr. 100, ⊠ 90411, ✆ (0911) 3 50 10, hotel.nuernberg-airport@moevenpick.com, Fax (0911) 3501350, ≘s – 🛗 ⚜ ☰ TV 📞 ♿ 🚗 P. – 🏛 120. AE ⓘ ⓜ VISA JCB ※ Rest
BS c
⊇ 14 – **150 Zim** 122/132 – 142/152.
• Die U-Bahn bringt Sie bis vor die Hoteltür. Der moderne Hotelbau mit neuzeitlich-funktionell ausgestatteten Zimmern liegt direkt am Flughafen.

In Nürnberg-Großreuth bei Schweinau :

Romantik Hotel Rottner, Winterstr. 17, ⊠ 90431, ✆ (0911) 65 84 80, info@rottner-hotel.de, Fax (0911) 65848203 – 🛗, ⚜ Zim, TV 📞 ♿ 🚗 P. – 🏛 30. AE ⓘ ⓜ VISA
AS r
geschl. 24. Dez. - 6. Jan. – **Menu** siehe Rest. **Gasthaus Rottner** separat erwähnt – **37 Zim** ⊇ 102 – 140.
• Der Hotelneubau gefällt mit einem niveauvollen, modernen Interieur, im Design harmonisch abgestimmt. Sehenswert auch die runden Badezimmer.

Gasthaus Rottner - Romantik Hotel Rottner, Winterstr. 15, ⊠ 90431, ✆ (0911) 61 20 32, info@rottner-hotel.de, Fax (0911) 613759, 🌿 – P. AE ⓘ ⓜ VISA
AS r
geschl. 27. Dez. - 8. Jan., Samstagmittag, Sonn- und Feiertage – **Menu** (Tischbestellung ratsam) à la carte 41/51.
• In urigen Stuben vereinen sich das historische Flair des Fachwerkhauses und eine französische, regional beeinflusste Küche. Schöne Gartenterrasse mit Grill.

In Nürnberg-Kornburg :

Weißes Lamm (mit Gästehaus), Flockenstr. 2, ⊠ 90455, ✆ (09129) 2 81 60, hotelweisseslamm@aol.com, Fax (09129) 281635, 🌿 – TV 📞 P. ⓜ VISA
BT a
geschl. Anfang Jan. 1 Woche, Aug. - Sept. 3 Wochen – **Menu** (geschl. Freitag) à la carte 11/25 – **32 Zim** ⊇ 52 – 62.
• Der fränkische Gasthof mit steilem Giebeldach ist seit 1732 in Familienbesitz und verfügt über neuzeitliche Zimmer - im Gästehaus etwas schlichter. Hauseigene Metzgerei. Die Wirtsstube ist rustikal-gediegen eingerichtet und mit viel Liebe zum Detail dekoriert.

In Nürnberg-Kraftshof Nord : 7 km über Erlanger Straße und Kraftshofer Hauptstraße BS :

Schwarzer Adler, Kraftshofer Hauptstr. 166, ⊠ 90427, ✆ (0911) 30 58 58, schwarzer-adler@t-online.de, Fax (0911) 305867, 🌿 – AE ⓘ ⓜ VISA
Menu (Tischbestellung ratsam) 28 (mittags)/62 (abends) und à la carte.
• Das Restaurant verbirgt sich in einem neuzeitlichen fränkischen Gasthof aus dem 18. Jh. und ist elegant-rustikal eingerichtet. Auf den Tisch kommt leichte, klassische Küche.

Alte Post, Kraftshofer Hauptstr. 164, ⊠ 90427, ✆ (0911) 30 58 63, info@altepost.net, Fax (0911) 305654, 🌿 – AE ⓘ ⓜ VISA JCB
Menu à la carte 19,50/38.
• Urgemütlich ist dieser familiengeführte altfränkische Gasthof mit seinen behaglichen Stuben. Die Speisekarte bietet eine regionale Auswahl.

In Nürnberg-Langwasser :

Arvena Park, Görlitzer Str. 51, ⊠ 90473, ✆ (0911) 8 92 20, info@arvenapark.de, Fax (0911) 8922115, ≘s – 🛗, ⚜ Zim, ☰ Rest, TV 📞 P. – 🏛 300. AE ⓘ ⓜ VISA JCB
CT r
geschl. 20. Dez. - 6. Jan. – **Arve** (geschl. 20. Dez - 6. Jan., Aug., Samstagmittag, Sonntag) **Menu** à la carte 23/38 – **242 Zim** ⊇ 105/120 – 135/150, 5 Suiten.
• Unweit der Messe erwartet dieses Hotel Geschäftsreisende mit neuzeitlich-funktionellen Zimmern. Anlagen für Tennis, Golf, Kegeln und Jogging befinden sich ganz in der Nähe. Zirbelholzgetäfelte Wände bestimmen das Ambiente im Restaurant Arve.

NÜRNBERG

Novotel Nürnberg am Messezentrum, Münchener Str. 340, ⌧ 90471, ℰ (0911) 8 12 60, h0498@accor-hotels.com, Fax (0911) 8126137, 😀, ≘s, ⌧ (geheizt), 🚗 – 🛗, ⊁ Zim, 📺 ☏ 👤 🅿 – 🛎 170. 🆎 ⓞ ⓜ 𝚅𝙸𝚂𝙰 BT s
Menu à la carte 19,50/30 – **117 Zim** ⌧ 102 – 128.
• Die Nähe zur Messe macht dieses gut geführte Hotel aus. Die Zimmer überzeugen mit ihrer funktionellen, sachlichen Ausstattung. Hoteleigener Spielplatz.

In Nürnberg-Laufamholz

Park-Hotel garni, Brandstr. 64, ⌧ 90482, ℰ (0911) 95 07 00, info@park-hotel-laufamholz.de, Fax (0911) 9507070, 🚗 – 📺 ☏ 🅿 🆎 ⓞ ⓜ 𝚅𝙸𝚂𝙰 𝙹𝙲𝙱 CS p
geschl. Ende Dez. - Anfang Jan. – **21 Zim** ⌧ 65/95 – 85/135.
• Der Familienbetrieb liegt hübsch in einem parkähnlichen Garten und bietet gut gepflegte Zimmer mit solidem Mobiliar und eine engagierte Führung.

Landgasthof zur Krone, Moritzbergstr. 29, ⌧ 90482, ℰ (0911) 50 25 28, Fax (0911) 502528, 😀 – 🅿 🆎 ⓞ ⓜ 𝚅𝙸𝚂𝙰 CS d
geschl. Freitagmittag – **Menu** (böhmische Küche) à la carte 18/27.
• Fränkischer Sandsteinbau mit gemütlichem Interieur. Viele Sammlerstücke aus dem Böhmischen zieren das Restaurant. Serviert wird eine regionale Küche.

In Nürnberg-Reutles über Erlanger Straße BS : 11 km :

Höfler (mit Gästehaus), Reutleser Str. 61, ⌧ 90427, ℰ (0911) 9 30 39 60, info@hotel-hoefler.de, Fax (0911) 93039699, 😀, ≘s, ⌧, 🚗 – 📺 ☏ 🚗 🅿 – 🛎 25. 🆎 ⓞ ⓜ 𝚅𝙸𝚂𝙰
geschl. 24. Dez. - 6. Jan. – **Menu** (geschl. Samstag - Sonntag) à la carte 15/33 – **35 Zim** ⌧ 75/85 – 90/125.
• Der gut unterhaltene, familiengeführte regionstypische Gasthof mit Gästehaus verfügt über mit Fichtenholz in rustikalem Stil eingerichtete Zimmer. Holzgetäfeltes Restaurant mit Kachelofen.

Käferstein garni, Reutleser Str. 67, ⌧ 90427, ℰ (0911) 93 69 30, info@hotel-kaeferstein.de, Fax (0911) 9369399, ≘s, ⌧ – ⊁ 📺 ☏ 🚗 🅿 🆎 ⓞ ⓜ 𝚅𝙸𝚂𝙰
geschl. 24. Dez. - 1. Jan. – **42 Zim** ⌧ 70/110 – 90/125.
• In ländlicher Umgebung liegt dieses etwas ältere Hotel. Man bietet Ihnen praktisch ausgestattete Gäsezimmer mit solidem Mobiliar, meist in Eiche.

In Nürnberg-Thon :

Kreuzeck (mit 🏨 Anbau), Schnepfenreuther Weg 1/Ecke Erlanger Straße (B 4), ⌧ 90425, ℰ (0911) 3 49 61, info@hotel-kreuzeck.de, Fax (0911) 383304, 😀 – 📺 🚗 🅿 🆎 ⓞ ⓜ 𝚅𝙸𝚂𝙰 𝙹𝙲𝙱. ⊁ BS b
Menu (geschl. 24. Dez. - 6. Jan., Sonntag) à la carte 15/25 – **30 Zim** ⌧ 50/90 – 65/120.
• Verkehrsgünstige Lage, nicht weit vom Flughafen. Das Hotel verfügt über tadellos gepflegte, schlichte Zimmer im Haupthaus sowie komfortablere Zimmer im Anbau. Gediegenes Ambiente im Restaurant.

In Nürnberg-Worzeldorf :

Zirbelstube mit Zim, Friedr.-Overbeck-Str. 1, ⌧ 90455, ℰ (0911) 99 88 20, kunkel.zirbelstube@t-online.de, Fax (0911) 9988220, 😀 – 📺 🅿 ⓜ 𝚅𝙸𝚂𝙰. ⊁ Rest BT z
geschl. Jan. 2 Wochen, Juli - Aug. 2 Wochen – **Menu** (geschl. Sonntag - Montagmittag) 23/49 à la carte 27/40 – **8 Zim** ⌧ 75/85 – 90/115.
• Rustikal ist das Ambiente in diesem modernisierten fränkischen Gasthaus. Neben einer regionalen und internationalen Küche bietet man auch einige Zimmer im Landhausstil.

In Nürnberg-Zerzabelshof :

Hilton, Valznerweiherstr. 200, ⌧ 90480, ℰ (0911) 4 02 90, info-nuremberg@hilton.com, Fax (0911) 4029666, 😀, 🛁, ≘s, ⌧, ⚽(Halle) Sportpark – 🛗, ⊁ Zim, 🖥 📺 ☏ 👤 🅿 – 🛎 180. 🆎 ⓞ ⓜ 𝚅𝙸𝚂𝙰. ⊁ Rest CS u
Menu à la carte 22/40 – **152 Zim** ⌧ 125/235 – 150/260.
• Ein auf Tagungsgäste zugeschnittenes Hotel mit großzügigem Rahmen und komfortablen Zimmern, zu deren funktioneller Ausstattung auch Internetanschlüsse zählen.

In Nürnberg-Ziegelstein :

Alpha garni, Ziegelsteinstr. 197, ⌧ 90411, ℰ (0911) 95 24 50, info@hotel-alpha.de, Fax (0911) 9524545 – 🛗 📺 🚗 🅿 🆎 ⓞ ⓜ 𝚅𝙸𝚂𝙰 𝙹𝙲𝙱 BS x
24 Zim ⌧ 54/82 – 62/88.
• Von dem relativ ruhig gelegenen Hotel erreichen Sie in wenigen Minuten den Flughafen. Die Zimmer sind alle praktisch mit hellem Holzmobiliar eingerichtet.

NÜRTINGEN Baden-Württemberg 545 U 12 – 36 700 Ew – Höhe 291 m.
Berlin 633 – Stuttgart 37 – Reutlingen 21 – Ulm (Donau) 66.

Am Schlossberg, Europastr. 13, ⊠ 72622, ℘ (07022) 70 40, info@schlossberg.be
stwestern.de, Fax (07022) 704343, 馆, 16, ≦s, ⧈ – |ϕ|, ⥄ Zim, ▭ ⦙ ⇔ – 🝔 240.
🅐🅔 ⓞ ⓜⓞ 𝐕𝐈𝐒𝐀
Menu (geschl. 1. Aug. - 11. Sep., Sonntag - Montag) à la carte 17/32 – ⊑ 12 – **163 Zim**
98/112 – 119/135.
 • Hinter der neuzeitlichen Fassade dieses Tagungshotels erwarten Sie ein großzügiger
Empfangsbereich und funktionell ausgestattete Zimmer. Restaurant mit internationaler
Küche.

Pflum (mit Gästehaus), Steingrabenstr. 6, ⊠ 72622, ℘ (07022) 92 80, hotel.pflum@
t-online.de, Fax (07022) 928150, 馆, ≦s – ▭ ⦙ ⓟ. 🅐🅔 ⓞ ⓜⓞ 𝐕𝐈𝐒𝐀
Menu (geschl. Anfang Jan. 1 Woche, Aug. 3 Wochen, Samstag) à la carte 22/34 – **44 Zim**
⊑ 52/63 – 75/85.
 • In solider Gestaltung präsentieren sich die Zimmer des Hotels wie auch des gegenü-
berliegenden neuen Gästehauses - im alten Stadtkern gelegen. Bürgerliches Restaurant mit
schöner Terrasse.

Vetter ⚘, Marienstr. 59, ⊠ 72622, ℘ (07022) 9 21 60, info@hotel-vetter.de,
Fax (07022) 32617 – |ϕ|, ⥄ Zim, ▭ ⇔ ⓟ. 🅐🅔 ⓞ ⓜⓞ 𝐕𝐈𝐒𝐀. ⚘ Rest
geschl. Ende Dez. - Anfang Jan. – **Menu** (geschl. Freitag - Sonntag) (nur Abendessen)
(Restaurant nur für Hausgäste) – **37 Zim** ⊑ 53/62 – 78/83.
 • Dieses neuzeitliche Hotel befindet sich in einem Wohngebiet außerhalb des Zentrums.
Praktisch eingerichtet und gepflegt zeigen sich die Gästezimmer des Hauses.

XX Valentino, Heiligkreuzstr. 18, ⊠ 72622, ℘ (07022) 3 11 14, info@ristorante-valenti
no.com, Fax (07022) 36715, 馆 – ⓟ. 🅐🅔 ⓞ ⓜⓞ 𝐕𝐈𝐒𝐀
geschl. Samstagmittag, Sonntag – **Menu** (italienische Küche) à la carte 24,50/42.
 • Das unter Denkmalschutz stehende Haus - ursprünglich als Brauereigasthof erbaut -
präsentiert sich heute modern und bistroähnlich. Sie wählen aus einem italienischen
Angebot.

In Nürtingen-Hardt Nord-West : 3 km, über B 313 :

XXX Ulrichshöhe, Herzog-Ulrich-Str. 14, ⊠ 72622, ℘ (07022) 5 23 36, Fax (07022) 54940,
⚜ ≦, 馆 – ⓟ. ⚘
geschl. 27. Dez. - Mitte Jan., Ende Aug. - Anfang Sept., Sonntag - Montag – **Menu** (abends
Tischbestellung ratsam) 63/83 à la carte 49/66,50, ⚖.
 • Ein umgebautes Privathaus beherbergt dieses elegant wirkende Restaurant, in dem man
mit einer marktorientierten klassischen Küche überzeugt. Schöne Terrasse mit Aussicht.
Spez. Gänsestopfleber mit Brioche. Hummer mit Krustentiersauce. Lammcarré mit wildem
Thymian gebraten

In Nürtingen-Neckarhausen West : 3 km, über B 297 :

Kiefer garni, Neckartailfinger Str. 26/1, ⊠ 72622, ℘ (07022) 95 35 30, mmkiefer01
@aol.com, Fax (07022) 9535332 – ▭ ⓟ.
20 Zim ⊑ 44 – 67.
 • Das durch die Besitzerin geführte kleine Hotel am Ortsende ist eine saubere, gut unter-
haltene Übernachtungsadresse mit zeitgemäßen Zimmern.

In Wolfschlugen Nord-West : 4,5 km, über B 313 und Hardt :

Reinhardtshof ⚘ garni, Reinhardtstr. 13, ⊠ 72649, ℘ (07022) 5 67 31, reinhardt
shof@t-online.de, Fax (07022) 54153 – ⥄ ▭ ⇔ ⓟ. 🅐🅔 ⓜⓞ 𝐕𝐈𝐒𝐀. ⚘
geschl. Aug. 3 Wochen – **14 Zim** ⊑ 64/66 – 90.
 • Die ruhige Lage in einem Wohngebiet, gute Pflege und praktisch eingerichtete Gäste-
zimmer zählen zu den Annehmlichkeiten dieses Hauses.

In Großbettlingen Süd-West : 5 km, über B 313 Richtung Metzingen :

Bauer, Nürtinger Straße 41, ⊠ 72663, ℘ (07022) 9 44 10, hotel-bauer@t-online.de,
Fax (07022) 45729 – ▭ ⓟ. ⓜⓞ 𝐕𝐈𝐒𝐀
geschl. 1. - 10. Jan. – **Menu** (geschl. Samstagmittag, Sonn- und Feiertage abends) à la carte
15/30 – **18 Zim** ⊑ 45 – 70.
 • Das modernisierte Gasthaus im Zentrum des Ortes bietet Ihnen eine zeitgemäße Über-
nachtungsmöglichkeit und ein gepflegtes Ambiente. Restaurant in bürgerlichem Stil.

OBERAHR Rheinland-Pfalz 543 O 7 – 750 Ew – Höhe 356 m.
Berlin 578 – Mainz 89 – Koblenz 41.

Villa Moritz garni, Hauptstr. 3, ⊠ 56414, ℘ (02602) 95 18 22, info@landhotel@villam
oritz.de, Fax (02602) 80092 – ▭ ⓟ. 🅐🅔 ⓞ ⓜⓞ 𝐕𝐈𝐒𝐀 𝐉𝐂𝐁
10 Zim ⊑ 49 – 80.
 • Aus einer ehemaligen Pension entstand hier ein hübsches kleines Hotel, dessen Zimmer
sämtlich im Landhausstil eingerichtet und in warmen Erdtönen gehalten sind.

OBERAMMERGAU Bayern 546 X 17 – 5 000 Ew – Höhe 834 m – Luftkurort – Wintersport : 850/1 700 m ≤1 ≤9 ≤.

Ausflugsziel : *Schloss Linderhof**, (Schlosspark**), Süd-West : 10 km.*

🛈 Verkehrs- und Reisebüro, Eugen-Papst-Str. 9a, ✉ 82487, ℘ (08822) 9 23 10, Fax (08822) 923190.

Berlin 678 – München 92 – Garmisch-Partenkirchen 19 – Landsberg am Lech 59.

Wittelsbach, Dorfstr. 21, ✉ 82487, ℘ (08822) 9 28 00, *info@hotelwittelsbach.de*, *Fax (08822) 9280100* – 🏨 TV 🕿 VISA JCB
geschl. Nov. – **Menu** *(nur Abendessen)* à la carte 16/24 – **46 Zim** ⚏ 46/51 – 72/77 – ½ P 13.
• Bereits seit Jahrzehnten beherbergt die Wirtsfamilie in dem hübschen, am Dorfplatz gelegenen Hotel Urlauber. Sie beziehen solide möblierte, wohnliche Zimmer. Im ersten Stock des im Alpenstil erbauten Hauses befindet sich das Restaurant.

Parkhotel Sonnenhof, König-Ludwig-Str. 12, ✉ 82487, ℘ (08822) 91 30, *info@p arkhotel-sonnenhof.de, Fax (08822) 3047*, 🌐, 🍽, 🖼 – 🏨 ⚹ TV 🕿 – 🔒 15. AE ⓘ ⓜ VISA JCB. ⚹ Rest
Menu *(nur Abendessen)* à la carte 19/37,50 – **61 Zim** ⚏ 57/82 – 94/128 – ½ P 10.
• Das Hotel liegt schön vor imposanter Bergkulisse und an einem kleinen Fluss. Sie werden in praktischen, mit hellen Naturholzmöbeln eingerichteten Zimmern untergebracht. Bayerische Gemütlichkeit im Restaurant.

Alte Post, Dorfstr. 19, ✉ 82487, ℘ (08822) 91 00, *preisinger-hotelaltepost@t-onlin e.de, Fax (08822) 910100*, 🌐 – 🏨, ⚹ Zim, TV 🕿 🅿 AE ⓘ ⓜ VISA JCB
geschl. Nov. - 17. Dez. – **Menu** à la carte 14/27,50 – **32 Zim** ⚏ 43/48 – 52/81 – ½ P 11.
• Mit Lüftlmalerei und grünen Fensterläden passt das Traditionshaus wunderbar in das Bild des Ortskerns. Die Gäste wohnen in hübschen Zimmern mit Stuck- oder Holzdecken. Sie speisen in behaglichen Stuben mit Kachelofen.

Landhaus Feldmeier, Ettaler Str. 29, ✉ 82487, ℘ (08822) 30 11, *hotel.feldmeier@gaponline.de, Fax (08822) 6631*, 🌐, 🍽, 🔆 – 🏨 TV 🕿 🅿 ⓜ VISA JCB. ⚹ Rest
geschl. Nov. - 20. Dez. – **Menu** *(geschl. Dienstag) (nur Abendessen)* à la carte 19/28,50 – **21 Zim** ⚏ 55/60 – 85/95 – ½ P 15.
• Oberbayerische Holzbalkengiebel und Geranienschmuck kennzeichnen den Neubau, dessen Zimmer entweder über Balkon oder Terrasse verfügen und wohnlich eingerichtet sind. Hell und rustikal zeigt sich die Gaststube.

Turmwirt, Ettaler Str. 2, ✉ 82487, ℘ (08822) 9 26 00, *turmwirt@t-online.de, Fax (08822) 1437* – ⚹ Zim, TV 🅿 – 🔒 20. AE ⓘ ⓜ VISA JCB
geschl. 7. - 23. Jan., März – **Menu** *(geschl. Montagmittag, Mittwoch - Donnerstagmittag)* à la carte 16/32 – **22 Zim** ⚏ 67 – 103 – ½ P 15.
• Das traditionsreiche Haus hat seinen Ursprung im 18. Jh. - ein tadellos geführter Familienbetrieb mit teils rustikal, teils zeitlos eingerichteten Zimmern. Eine anheimelnde Atmosphäre herrscht im Restaurant.

Antonia ⚹ garni, Freikorpsstr. 5, ✉ 82487, ℘ (08822) 9 20 10, *hotelantonia@t-on line.de, Fax (08822) 920144*, 🍽, 🔆 – ⚹ TV 🅿 AE ⓜ VISA. ⚹
15 Zim ⚏ 38/52 – 76/78.
• Ein gut unterhaltenes kleines Haus in einer Seitenstraße in Zentrumsnähe, dessen hell möblierte Zimmer zeitgemäßen Komfort bieten.

Pension Enzianhof garni, Ettaler Str. 33, ✉ 82487, ℘ (08822) 2 15, *info@enzian hof.de, Fax (08822) 4169*, 🔆 – TV 🅿
geschl. nach Ostern 2 Wochen, Nov. 2 Wochen – **16 Zim** ⚏ 25/34 – 44/50.
• Dieses Haus ist eine sympathische kleine Pension mit rustikalen, wohnlichen Zimmern. Fragen Sie nach einem Zimmer mit Balkon oder Terrasse.

OBERASBACH Bayern 546 R 16 – 15 300 Ew – Höhe 295 m.
Siehe Nürnberg (Umgebungsplan).
Berlin 451 – München 174 – Nürnberg 15 – Würzburg 108.

Jesch garni, Am Rathaus 5, ✉ 90522, ℘ (0911) 96 98 60, *hotel.jesch@web.de, Fax (0911) 9698699*, 🏋 – 🏨 ⚹ TV 🕿 🅿 – 🔒 20. AE ⓘ ⓜ VISA   **AS** a
35 Zim ⚏ 52/80 – 65/85.
• Unweit der Messestadt Nürnberg finden Sie hier eine solide Unterkunft. Zu den Annehmlichkeiten zählen Allergikermatratzen, überlange Betten und Faxanschlüsse.

Wenn Sie ein ruhiges Hotel suchen, benutzen Sie die Übersichtskarte in der Einleitung oder wählen Sie ein Hotel mit dem entsprechenden Zeichen ⚹

OBERAUDORF Bayern 546 X 20 – 5 000 Ew – Höhe 482 m – Luftkurort – Wintersport : 500/1 300 m ⟨20 ⟨.

🛈 Kur- und Verkehrsamt, Kufsteiner Str. 6, ✉ 83080, ℘ (08033) 3 01 20, Fax (08033) 30129.

Berlin 672 – München 81 – *Bad Reichenhall 95* – Rosenheim 28 – Innsbruck 82.

🏨 **Sporthotel Wilder Kaiser**, Naunspitzstr. 1, ✉ 83080, ℘ (08033) 92 50, *info@wilder-kaiser.de*, Fax (08033) 3106, 🍴, 🏋, ≋, □, 🚲, – 📶, ⥃ Zim, 📺 📞 🅿 – 🔑 45. AE ⓜ VISA. ❀ Rest
Menu à la carte 15/30 – **97 Zim** ⥂ 41/56 – 60/74 – ½ P 10.
◆ Am Ortsrand liegt dieser großzügig angelegte Hotelbau. Vor allem Gruppen und Familien schätzen die gut unterhaltenen Zimmer und den Freizeitbereich. Vom Panoramarestaurant aus überblickt man das Kaisergebirge.

🏨 **Ochsenwirt** 𝒮, Carl-Hagen-Str. 14, ✉ 83080, ℘ (08033) 3 07 90, *info@ochsenwirt.com*, Fax (08033) 3079140, Biergarten, ≋, 🚲 – 📺 📞 🅿. AE ⓜ VISA JCB
Menu *(geschl. 1. - 16. März, 1. - 16. Nov., Mitte Sept. - Mitte Juli Dienstag)(Montag - Freitag nur Abendessen)* à la carte 16,50/29 – **24 Zim** ⥂ 35/42 – 58/76 – ½ P 12.
◆ Der liebenswerte Gasthof ist ein gutes Beispiel für bayerische Gastronomietradition. Die Gäste sind in behaglichen Zimmern untergebracht, zumeist mit Balkon. Stüberl und Restaurant wirken mit Holzverkleidung und Kachelofen gemütlich.

🏨 **Bayerischer Hof** 𝒮, Sudelfeldstr. 12, ✉ 83080, ℘ (08033) 9 23 50, *info@bayerischer-hof-oberaudorf.de*, Fax (08033) 4391, 🍴, 🚲 – 📺 🅿. ⓜ VISA
geschl. Nov. - **Menu** *(geschl. Dienstag)* à la carte 12/28 – **14 Zim** ⥂ 33/38 – 54/76 – ½ P 11.
◆ Der alpine Gasthof mit Balkonfassade liegt ruhig am Ortsrand - ein gut geführter kleiner Familienbetrieb, der mit seinem ländlich bayrischen Stil gefällt. Zimmer mit Bauernmobiliar. Alpenländische Gaststuben und helles, freundliches Restaurant.

🏨 **Am Rathaus-Ratskeller**, Kufsteiner Str. 4, ✉ 83080, ℘ (08033) 14 70, Fax (08033) 4456, 🍴 – 📺 🚗
geschl. 15. Nov. - 15. Dez. - **Menu** *(geschl. Mittwoch, Donnerstagmittag)* à la carte 16/30 – **11 Zim** ⥂ 40 – 60 – ½ P 10.
◆ Hinter der hölzernen Balkonfassade des typischen Alpenhauses erwarten Sie geräumige Hotelzimmer, die mit dunklen Eichenmöbeln bestückt sind. Ruhige Südlage. Im Sommer ergänzt ein sonniger Biergarten das Restaurant.

✕✕ **Alpenhotel Bernhard's** mit Zim, Marienplatz 2, ✉ 83080, ℘ (08033) 3 05 70, *alpenhotel-bernhards@t-online.de*, Fax (08033) 305715, 🍴 – 📺 🚗 🅿. ⓜ VISA JCB
Menu *(geschl. Donnerstag)* à la carte 22/41, ♀ – **12 Zim** ⥂ 35/49 – 60/68 – ½ P 13.
◆ Die Küche führt seit 1999 Peter Bernhard, seine Frau leitet freundlich und kompetent den Service. In ländlichem Ambiente bietet man internationale und Schweizer Küche.

Im Ortsteil Niederaudorf *Nord : 2 km in Richtung Flintsbach :*

🏨 **Alpenhof**, Rosenheimer Str. 97, ✉ 83080, ℘ (08033) 30 81 80, *alpenhof-oberaudorf@t-online.de*, Fax (08033) 4424, 🍴, ≋, 🚗 🅿. ⓜ VISA
geschl. 24. Nov. - 11. Dez. - **Menu** *(geschl. Donnerstag)* à la carte 14,50/28 – **16 Zim** ⥂ 45/48 – 72/78 – ½ P 11.
◆ Ein gut geführter Familienbetrieb mit tadellos gepflegten und wohnlichen, individuell dekorierten Zimmern und einem Obstgarten vorm Haus. Restaurant im regionstypischen Stil.

An der Straße nach Bayrischzell *Nord-West : 10 km :*

🏨 **Alpengasthof Feuriger Tatzlwurm** 𝒮 (mit Gästehäusern), ✉ 83080 Oberaudorf, ℘ (08034) 3 00 80, *info@tatzlwurm.de*, Fax (08034) 300838, ≤ Kaisergebirge, 🏋, ≋, 🚲 – ⥃ 📺 🅿 – 🔑 30. ⓪ ⓜ VISA
Menu à la carte 17/43,50 – **60 Zim** ⥂ 39/77 – 78/130 – ½ P 16.
◆ Ein gemütlich wirkender Hallenbereich empfängt Sie in dem schönen Gasthof in Panoramalage. Das neuere Gästehaus gefällt mit komfortablen Landhaus-Zimmern. Teils denkmalgeschützte Stuben bilden den Restaurantbereich.

OBERAULA Hessen 543 N 12 – 3 700 Ew – Höhe 320 m – Luftkurort.

🛈 Oberaula-Hausen, Am Golfplatz, ℘ (06628) 9 15 40.
Berlin 425 – Wiesbaden 165 – *Kassel 73* – Bad Hersfeld 22 – Fulda 50.

🏨 **Zum Stern**, Hersfelder Str. 1 (B 454), ✉ 36280, ℘ (06628) 9 20 20, *info@hotelzumstern.de*, Fax (06628) 920235, 🍴, 🌿, Massage, 🏋, ≋, □, 🚲, ❀(Halle) – 📶 ⥃ 📺 📞 ♿ 🚗 🅿 – 🔑 80. AE ⓜ VISA JCB. ❀
Menu à la carte 16/31 – **68 Zim** ⥂ 42/58 – 74/94 – ½ P 13.
◆ Gepflegt wirkt das schmucke Fachwerkhaus mit hübschem Garten schon von außen. Im Inneren erwarten Sie behagliche Zimmer im Landhausstil. Ein Grill-Pavillon ergänzt das bürgerlich ausgestattete Restaurant.

1063

OBERAURACH Bayern siehe Eltmann.

OBERBOIHINGEN Baden-Württemberg 545 U 12 – 4 500 Ew – Höhe 285 m.
Berlin 630 – Stuttgart 34 – Göppingen 26 – Reutlingen 25 – Ulm (Donau) 70.

Zur Linde, Nürtinger Str. 24, ⊠ 72644, ℘ (07022) 6 11 68, info@linde-oberboihinge
n.de, Fax (07022) 61768, 余 – P.
geschl. Montag - Dienstag – **Menu** à la carte 16/39.
• Ein geschulter Service, bürgerlich, leicht rustikales Ambiente sowie schmackhaft und sorgfältig zubereitete regionale und internationale Speisen machen das Restaurant aus.

OBERDERDINGEN Baden-Württemberg 545 S 10 – 9 000 Ew – Höhe 161 m.
Berlin 633 – Stuttgart 56 – Karlsruhe 33 – Heilbronn 40 – Pforzheim 27.

Müllers Restaurant, Brettener Str. 37, ⊠ 75038, ℘ (07045) 24 71, info@mueller
s-restaurant.de, Fax (07045) 200192, 余 – ⇔. ① ◎ VISA
geschl. Montag, Samstagmittag – **Menu** à la carte 20,50/36.
• Freigelegtes Fachwerk bestimmt den Stil des Hauses mit Scheunenanbau aus dem Jahre 1777. Ein nettes Dekor trägt zum rustikalen Flair des Restaurants bei.

OBERDING Bayern siehe Freising.

OBERELSBACH Bayern 546 O 14 – 3 000 Ew – Höhe 420 m – Wintersport: ∗.
🛈 Informationszentrum, Unterelsbacher Straße 4, ⊠ 97656, ℘ (09774) 91 02 60, tou
ristinfo@oberelsbach.de, Fax (09774) 910270.
Berlin 410 – München 325 – Fulda 52 – Bamberg 99 – Würzburg 90.

In **Oberelsbach-Ginolfs** Süd-West: 4 km Richtung Bischofsheim, nach 1 km rechts ab:

Fischerhütte Edwin, Herbertsweg 1, ⊠ 97656, ℘ (09774) 85 83 38, herbert.fisch
erhuette@t-online.de, Fax (09774) 858339, ≤, 余 – P. ⋘
geschl. Nov. 2 Wochen, Feb. 2 Wochen, Montag - Dienstag – **Menu** à la carte 14,50/28,50.
• In einem Biosphärenreservat, inmitten von Forellenteichen, steht dieses Holzhaus auf Pfählen. Innen: schlicht-moderner Stil - mit Parkett, blanken Tischen und großen Fenstern.

In **Oberelsbach-Unterelsbach** Süd-Ost: 2,5 km, über Unterelsbacher Straße und Schlagmühle:

Hubertus-Diana ⑤, Röderweg 9, ⊠ 97656, ℘ (09774) 85 80 80, sport-ferien-hot
el@web.de, Fax (09774) 1793, 余, Massage, ♣, ≦s, ⬜, ♠, ⋘(Halle) – TV P.
Menu (geschl. 10. - 30. Jan., Mittwoch) (nur Abendessen) à la carte 17/27,50 – **18 Zim**
⊇ 52/57 – 74/84, 5 Suiten – ½ P 15.
• Das Sport- und Ferienhotel besteht aus zwei Gebäuden und einer weitläufigen Garten- und Freizeitanlage. In den Zimmern umgibt Sie wohnlich-rustikales Ambiente. Restaurant mit ländlichem Charakter.

OBERGÜNZBURG Bayern 546 W 15 – 6 100 Ew – Höhe 737 m.
Berlin 652 – München 111 – Kempten (Allgäu) 19 – Memmingen 36.

Goldener Hirsch mit Zim, Marktplatz 4, ⊠ 87634, ℘ (08372) 74 80, Fax (08372) 8480,
余, – |♦|, ⇔ Zim, TV, &, ⚿ 50. ◎ VISA ⋘
Menu (geschl. Montag) à la carte 19/34 – **5 Zim** ⊇ 43 – 68.
• Gemütlich sitzt man in der netten Gaststube mit Holztäfelung und grünem Kachelofen - im Museumsstüble bestaunen Sie Sammlerstücke eines aus dem Ort stammenden Kapitäns.

OBERHACHING Bayern siehe München.

OBERHARMERSBACH Baden-Württemberg 545 U 8 – 2 500 Ew – Höhe 300 m – Luftkurort.
🛈 Tourist-Information in der Reichstalhalle, Talstr. 60, ⊠ 77784, ℘ (07837) 2 77, tourist
info.oberharmersbach@t-online.de, Fax (07837) 678.
Berlin 750 – Stuttgart 126 – Karlsruhe 105 – Freudenstadt 35 – Offenburg 30 – Freiburg im Breisgau 63.

Zur Stube, Dorf 32, ⊠ 77784, ℘ (07837) 2 07, info@zur-stube.de, Fax (07837) 494,
余, ♠ – |♦|, ⇔ Zim, TV, &, P. ◎ VISA ⋘ Zim
geschl. 7. Jan. - 12. Feb. – **Menu** (geschl. Nov. - April Montag - Dienstag) à la carte 22,50/39,50 – **43 Zim** ⊇ 38 – 70 – ½ P 10.
• In der Ortsmitte liegt der familiengeführte Schwarzwälder Gasthof mit Anbau. Alle Bereiche des Hotels sind zeitgemäß eingerichtet - einige der Zimmer sind recht geräumig. Viel helles Holz und liebevolles Dekor schaffen in der Gaststube Atmosphäre.

OBERHARMERSBACH

- **Grünwinkel**, Grünwinkel 5, ✉ 77784, ✆ (07837) 16 11, hotel.gruenwinkel@t-online.de, Fax (07837) 1613, 🌳, ⇌ – 📶, 📺 🐕 ♿ 🅿 ⚡.
  geschl. 7. - 31. Jan. - **Menu** à la carte 19/33,50 – **52 Zim** (nur ½ P) 58/66 – 90/110.
  ◆ Unterschiedlich geschnitten und in heller Eiche eingerichtet zeigen sich die Zimmer dieses Hotels. Kleine Sitzecken und Schreibmöglichkeiten zählen zum praktischen Inventar. Mit heller Holztäfelung gemütlich gestaltetes Restaurant.

- **Schwarzwald-Idyll** 🍃, Obertal 50 (Nord : 4 km), ✉ 77784, ✆ (07837) 9 29 90, schwarzwald-idyll@t-online.de, Fax (07837) 929915, 🌳 – 📶, ✦ Zim, 📺 🅿 – 🚗 25. AE ⓘ ⓂⓄ VISA. ✦ Zim
  geschl. 20. Nov. - 5. Dez., 11. - 20. Jan - **Menu** (geschl. Dienstag, Okt. - April Montagabend - Dienstag) à la carte 16/36,50 – **25 Zim** ⊇ 23/41 – 67/70 – ½ P 11.
  ◆ Der Name des Hauses spricht für sich. Am Ende eines Tales gelegen, finden Sie hier eine schlichte, aber gut gepflegte Unterkunft in schöner Umgebung. Hübsch gestaltete Gaststuben.

OBERHAUSEN Nordrhein-Westfalen 543 L 4 – 228 000 Ew – Höhe 45 m.

Sehenswert : Gasometer★ X – Rheinisches Industriemuseum★ Y.

🏌 Golfcenter, Jacobistr. 35 V, ✆ (0208) 6 09 04 05.

🛈 Tourismus & Marketing, Willy-Brandt-Platz 2, ✉ 46045, ✆ (0208) 82 45 70, tourist info@oberhausen.de, Fax (0208) 8245711.

ADAC, Lessingstr. 2 (Buschhausen).

Berlin 536 ① – Düsseldorf 35 – Duisburg 10 – Essen 12 – Mülheim an der Ruhr 6.

Stadtplan siehe nächste Seite

- **Residenz Oberhausen**, Hermann-Albertz-Str. 69, ✉ 46045, ✆ (0208) 8 20 80(Hotel) 8 20 83 50(Rest.), info@residenz-oberhausen.de, Fax (0208) 8208150 – 📶, ✦ Zim, 📺 🐕 🚗 🅿 – 🚗 60. Z a
  Menu (geschl. Sonntagabend) à la carte 20/35,50 – **97 Zim** ⊇ 70/95 – 90/110, 8 Suiten.
  ◆ Funktionalität gepaart mit Wohnlichkeit kennzeichnet dieses Stadthotel. Die Zimmer, Studios und Suiten sind alle mit Kitchenette und Arbeitsbereich sinnvoll ausgerüstet.

- **Mercure Hotel Centro** garni, Max-Planck-Ring 6, ✉ 46049, ✆ (0208) 4 44 10, h4985@accor-hotels.com, Fax (0208) 4441110, ✦ ▬ 📺 🐕 ♿ 🅿 – 🚗 20. AE ⓘ ⓂⓄ VISA. X e
  ⊇ 13 – **63 Zim** 80/110 – 100/150.
  ◆ Äußerlich wie auch im Inneren präsentiert sich das in einem Industriegebiet gelegene Hotel in modernem Stil. Funktionelle Zimmer, teils mit separatem Zugang zum Parkplatz.

- **NH Oberhausen**, Düppelstr. 2, ✉ 46045, ✆ (0208) 8 24 40, nhoberhausen@nh-hotels.com, Fax (0208) 8244200, ⇌ – 📶, ✦ Zim, ▬ 📺 🐕 ♿ 🚗 – 🚗 150. AE ⓘ ⓂⓄ VISA JCB. Z n
  Menu à la carte 25/32 – ⊇ 13 – **172 Zim** 95/110.
  ◆ Ein mit neuzeitlich und funktionell gestalteten Zimmern auf den Business-Gast zugeschnittenes Hotel. Zum Relaxen stehen Sauna und Dampfbad bereit.

- **Tryp**, Centroallee 280, ✉ 46047, ✆ (0208) 8 20 20, tryp.oberhausen@solmelia.com, Fax (0208) 8202444, 🌳 – 📶, ✦ Zim, 📺 🐕 ♿ 🅿 – 🚗 40. AE ⓘ ⓂⓄ VISA. ✦ Rest X b
  Menu (geschl. Sonntag) à la carte 24/35 – **210 Zim** ⊇ 86/98 – 97/109.
  ◆ In direkter Nachbarschaft zum Centro mit über 200 Geschäften liegt dieses gut unterhaltene Hotel mit funktionell ausgestatteten Zimmern.

- **Hackbarth's Restaurant**, Im Lipperfeld 44, ✉ 46047, ✆ (0208) 2 21 88, info@hackbarths.de, Fax (0208) 8598419, 🌳 – 🅿. ⓘ ⓂⓄ VISA. X d
  geschl. 24. Dez. - 7. Jan., Samstagmittag, Sonntag – **Menu** à la carte 26/36.
  ◆ Blanke, sauber eingedeckte Tische und Bilder unterstreichen das moderne Bistro-Ambiente dieses in einem Indurstriegebiet gelegenen Hauses. Freundlicher, geschulter Service.

In Oberhausen-Osterfeld :

- **Parkhotel**, Teutoburger Str. 156, ✉ 46119, ✆ (0208) 6 90 20, info@parkhotel-oberhausen.bestwestern.de, Fax (0208) 6902158, ⇌ – 📶, ✦ Zim, ▬ 📺 🐕 🚗 🅿 – 🚗 40. AE ⓘ ⓂⓄ VISA JCB. V s
  Menu (geschl. 24. Dez. - 6. Jan., Mitte Juli - Mitte Aug., Sonn- und Feiertage) à la carte 25/36 – ⊇ 11 – **82 Zim** 70/85 – 85/95, 4 Suiten.
  ◆ Dieses privat geführte Hotel legt viel Wert auf persönliche Betreuung der Gäste. Die Zimmer sind in freundlichen Gelbtönen gehalten und haben hübsche Bäder. Elegante Einrichtung und internationale Küche im Restaurant.

OBERHAUSEN

Alleestraße	X 2
Bahnhofstraße	V 3
Biefangstraße	V 6
Bottroper Straße	V 7
Buschhausener Straße	X, Y 8
Christian-Steger-Straße	Z 9
Concordiastraße	X, Z 10
Dorstener Straße	V 13
Duisburger Straße	X 14
Elsässer Straße	X 15
Erzbergerstraße	V 16
Falkensteinstraße	X 17
Friedensplatz	Y 19
Frintroper Straße	X 20
Gerichtstraße	Z 21
Holtener Straße	V 24
Kapellenstraße	V 28
Kirchhellener Straße	V 29
Königstraße	V 32
Langemarkstraße	Z 33
Marktstraße	Z
Mellinghofer Straße	X 36
Mülheimer Straße	X 37
Neumühler Straße	V 40
Oberhauser Straße	X 41
Obermeidericher Straße	X 43
Osterfelder Straße	V 44
Poststraße	Z 46
Postweg	V 47
Prälat-Wirtz-Straße	Z 49
Ruhrorter Straße	V 50
Sterkrader Straße	V 51
Sterkrader Straße (BOTTROP)	V 52
Willy-Brandt-Platz	Y 55
Wilmsstraße	X 57

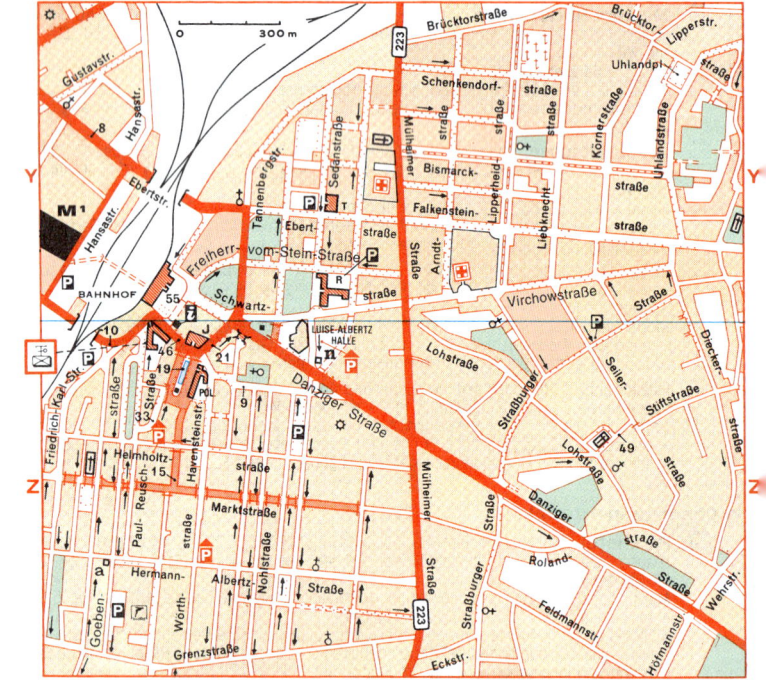

1066

OBERHAUSEN

In Oberhausen-Schmachtendorf *Nord-West : 11 km über Weseler Straße* V :

Gerlach-Thiemann, Buchenweg 14, ✉ 46147, ✆ (0208) 62 09 00, hotel@gerlach-thiemann.de, Fax (0208) 62090200, 斎, ≦s – 闈, ⇔ Zim, TV ✆ P – 🅰 40. AE ⓘ ⓜ VISA
Menu *(geschl. Montagmittag)* à la carte 18/36,50 – **21 Zim** ⊇ 80 – 100.
♦ Modern und funktional, aber doch nicht ungemütlich sind die Zimmer in diesem Hotel. Auch das qualifizierte, freundliche Personal zählt zu den Annehmlichkeiten. Schön gestaltetes Restaurant auf verschiedenen Ebenen.

OBERHOF *Thüringen* 544 N 16 – 1 800 Ew – Höhe 830 m – Wintersport : 700/880 ⛷ 2, ⛸.
🛈 Kurverwaltung, Crawinkler Str. 2, ✉ 98559, ✆ (036842) 26 90, information@oberhof.de, Fax (036842) 26920.
Berlin 337 – *Erfurt* 58 – Bamberg 106 – Eisenach 53.

Sporthotel ⟨, Am Harzwald 1, ✉ 98559, ✆ (036842) 28 60, info@sporthotel-oberhof.de, Fax (036842) 22595, 斎, ⌐ɢ, ≦s, ⌐, ✗ – TV P – 🅰 70. AE ⓘ ⓜ VISA. ✗ Rest
Menu à la carte 14,50/25 – **63 Zim** ⊇ 54 – 72/86 – ½ P 13.
♦ Unmittelbar am berühmten Rennsteig gelegen, verbindet das gut geführte Haus zeitgemäßen Komfort mit umfassendem Wander-, Sport- und Freizeitangebot. Hotelrestaurant mit internationaler und regionaler Karte.

OBERKIRCH *Baden-Württemberg* 545 U 8 – 20 000 Ew – Höhe 194 m – Erholungsort.
🛈 *Tourist-Information, Eisenbahnstr. 1, ✉ 77704, ✆ (07802) 8 22 41, touristinfo@oberkirch.de, Fax (07802) 82179.*
Berlin 739 – Stuttgart 140 – *Karlsruhe* 76 – Offenburg 16 – Strasbourg 30.

Romantik Hotel Zur Oberen Linde, Hauptstr. 25, ✉ 77704, ✆ (07802) 80 20, obere-linde@romantikhotels.com, Fax (07802) 3030, 斎, ⌐ – 闈, ⇔ Zim, TV ✆ P – 🅰 150. AE ⓘ ⓜ VISA
Menu à la carte 25/40 – **37 Zim** ⊇ 65/85 – 95/120 – ½ P 23.
♦ Zwei prächtige, durch einen Gang verbundene Fachwerkhäuser beherbergen mit Stilmöbeln, teils mit Himmelbetten und allerlei netten Details eingerichtete Zimmer. Restaurant mit gehobener Küche und behaglichem Ambiente.

Pfauen, Josef-Geldreich-Str. 18, ✉ 77704, ✆ (07802) 9 39 40, Fax (07802) 4529, 斎 – ⇔ Zim, TV ⇔ P – 🅰 30. AE ⓘ ⓜ VISA
geschl. Jan. 3 Wochen – **Menu** *(geschl. Mittwoch)* à la carte 16,50/30,50 – **11 Zim** ⊇ 36/38 – 59/62.
♦ Der kleine Familienbetrieb liegt am südlichen Rand der Stadt und verfügt über rustikale, saubere Zimmer. Das Zentrum des Ortes erreichen Sie in wenigen Minuten. Gaststube mit Holzdecke und Kachelofen.

XX **Haus am Berg** ⟨ mit Zim, Am Rehbof 5 (Zufahrt über Privatweg), ✉ 77704, ✆ (07802) 47 01, hotel-haus-am-berg@t-online.de, Fax (07802) 2953, ≤ Oberkirch und Renchtal, 斎, ⌐ – TV P. ⓜ VISA
geschl. Feb. 2 Wochen, Nov. 2 Wochen – **Menu** *(geschl. Dienstag, Nov. - März Montag - Dienstag)* 16/49 à la carte 21/43 – **Badische Stube** *(geschl. Dienstag, Nov. - März Montag - Dienstag)* **Menu** à la carte 14/31 – **9 Zim** ⊇ 34/49 – 58/84 – ½ P 17.
♦ Das von Weinbergen umgebene Haus bietet vorwiegend Regionalküche. Von der großen Freiterrasse aus sieht man bei gutem Wetter bis nach Straßburg. Rustikal : die Badische Stube mit regionaler Küche.

In Oberkirch-Nußbach *West : 6 km, über B 28 :*

Rose ⟨, Herztal 88 (im Ortsteil Herztal), ✉ 77704, ✆ (07805) 9 55 50, Fax (07805) 955559, 斎, ⌐ – TV P. VISA
geschl. Feb. - März 4 Wochen, Mitte - Ende Aug. – **Menu** *(geschl. Montagmittag, Dienstag - Mittwochmittag)* à la carte 16/33 – **16 Zim** ⊇ 39/45 – 66/74 – ½ P 14.
♦ Gäste dieses recht ruhig am Ortsrand gelegenen Hauses schätzen die familiäre Führung und die mit hellem Holz wohnlich gestalteten Zimmer. Restaurant mit ländlichem Charakter.

In Oberkirch-Ödsbach *Süd : 3 km, über Josef-Geldreich-Straße, Oberdorfstraße und Ödsbacher Straße :*

Waldhotel Grüner Baum ⟨, Alm 33, ✉ 77704, ✆ (07802) 80 90, info@waldhotel-gruener-baum.de, Fax (07802) 80988, 斎, Massage, ⌐ɢ, ≦s, ⊠, ⌐, ✗ – 闈 TV ✆ ⇔ P – 🅰 40. AE ⓘ ⓜ VISA JCB
Menu à la carte 21,50/45,50 – **52 Zim** ⊇ 59/90 – 152 – ½ P 25.
♦ Eingebettet in die Wald- und Wiesenlandschaft des mittleren Schwarzwalds liegt diese Hotelanlage. Auf den Zimmern finden Sie helle Kiefernmöbel, meist mit Balkon. Sehr schön sitzt man im elegant angehauchten Restaurant.

OBERKIRCH

In Oberkirch-Ringelbach Nord : 4 km, über Renchener Straße und Ringelbacher Straße :

🏨 **Landhotel Salmen,** Weinstr. 10, ✉ 77704, ℰ (07802) 44 29, landhotel-salmen@t-online.de, Fax (07802) 5449, 斧, 숓, 🔲 – 🛗 TV P. ⊕ VISA. ⅍ Rest
geschl. über Fastnacht 2 Wochen, 23. - 27. Dez. – **Menu** (geschl. Donnerstag) (wochentags nur Abendessen) à la carte 15,50/30 – **34 Zim** ⇌ 37/50 – 64/74 – ½ P 14.
• Der Gasthof mit Stammhaus und Neubau fällt durch seinen hübschen hellgelben Anstrich und die braunen Fensterläden auf. Die Zimmer im Neubau sind etwas größer und komfortabler. Kernstück des Restaurants ist die ländliche Gaststube.

OBERKOCHEN Baden-Württemberg 545 T 14 – 8 000 Ew – Höhe 495 m.
Berlin 566 – Stuttgart 85 – Augsburg 112 – Aalen 9 – Ulm (Donau) 66.

🏨 **Am Rathaus** 🐾, Eugen-Bolz-Platz 2, ✉ 73447, ℰ (07364) 9 63 30, info@hotel-oberkochen.de, Fax (07364) 963377, 斧 – 🛗 TV ☏ ⇔ P. – 🔏 100. AE ⊕ VISA
geschl. 27. Dez. - 5. Jan. – **Menu** à la carte 17/30, ₽ – **40 Zim** ⇌ 56/78 – 80/90.
• Die zentrale Lage im Ort ist einer der Vorzüge dieses Hotels. Der Großteil der Zimmer ist geschmackvoll mit hellem Holz oder Korbmöbeln eingerichtet. Nett dekoriertes, auf zwei Ebenen angelegtes Restaurant.

OBER-MÖRLEN Hessen 543 O 10 – 6 000 Ew – Höhe 190 m.
Berlin 507 – Wiesbaden 69 – Frankfurt am Main 37 – Gießen 22.

In Ober-Mörlen-Ziegenberg Süd-West : 6 km, über B 275 :

🏨 **Landhaus Lindenhof Möckel** (mit Gästehaus), Usinger Str. 146 (B 275), ✉ 61239, ℰ (06002) 99 00, landhaus-lindenhof-moeckel@t-online.de, Fax (06002) 990152, 斧, 斧
– 🛗 TV P. – 🔏 80. AE ⊕ VISA. ⅍
Menu à la carte 27/44 – ⇌ 10 – **21 Zim** 36/59 – 64/78.
• Sie haben die Wahl zwischen im Landhausstil gehaltenen Zimmern im Haupthaus und mit zeitlosem Eichenmobiliar eingerichteten Zimmern im Gästehaus. Restaurant mit Landhaus-Ambiente.

OBERMOSCHEL Rheinland-Pfalz 543 Q 7 – 1 150 Ew – Höhe 187 m.
Berlin 620 – Mainz 63 – Bad Kreuznach 21 – Kaiserslautern 46.

🏨 **Burg-Hotel** 🐾, ✉ 67823, ℰ (06362) 9 21 00, Fax (06362) 921013, ≤ Obermoschel, 숓, 🔲 – ⅍ Zim, TV ☏ ⇔ P. – 🔏 40. ⊕ VISA
geschl. 23. Dez. - 24. Jan. – **Menu** (geschl. Montagmittag) à la carte 16/29,50 – **20 Zim** ⇌ 36/45 – 58/68.
• Etwas erhöht über der kleinsten Stadt der Pfalz liegt dieses schlichte, familiär geführte Haus. Reservieren Sie eines der talwärts gelegenen Zimmer mit Balkon.

OBERNBURG Bayern 546 Q 11 – 8 000 Ew – Höhe 127 m.
Berlin 569 – München 356 – Frankfurt am Main 58 – Darmstadt 47 – Würzburg 80 – Aschaffenburg 20.

🏨 **Zum Anker** (mit Gästehäusern), Mainstr. 3, ✉ 63785, ℰ (06022) 6 16 70, deckelmann-obernburg@t-online.de, Fax (06022) 616760, 斧 – ⅍ Zim, TV P. – 🔏 20. AE ⊕ ⊕ VISA
Menu à la carte 20/32 – **31 Zim** ⇌ 55/63 – 79/87.
• Der familiengeführte Gasthof ist im Zentrum des Ortes gelegen. Das hübsche Fachwerkhaus sowie zwei Gästehäuser bieten dem Besucher solide Zimmer, teils mit Laminat. Rustikal wirkendes Restaurant.

OBERNDORF Baden-Württemberg 545 V 9 – 13 800 Ew – Höhe 506 m.
Berlin 709 – Stuttgart 80 – Konstanz 103 – Rottweil 18 – Freudenstadt 36.

🏨 **Wasserfall** (mit Gästehaus), Lindenstr. 60, ✉ 78727, ℰ (07423) 92 80, Fax (07423) 928113, 斧, 숓, ⅍ Zim, TV P. ⊕ ⊕ VISA
geschl. Anfang Aug. 3 Wochen – **Menu** (geschl. Freitag - Samstag) à la carte 14/34,50 – **40 Zim** ⇌ 50/60 – 80.
• Der solide Gasthof mit Gästehaus ist ein gepflegter Familienbetrieb am Waldrand - Sie schlafen in hellen, freundlichen Zimmern mit Naturholzmobiliar. Bürgerliches Restaurant mit großer Fensterfront.

OBERNKIRCHEN Niedersachsen siehe Bückeburg.

OBERNZELL Bayern 546 ⓐ67ⓖ 24 – 3 800 Ew – Höhe 294 m – Erholungsort.

🛈 Tourist-Information, Rathaus, Marktplatz 42, ⌧ 94130, ℘ (08591) 9 11 61 19, tourismus@obernzell.de, Fax (08591) 9116150.

Berlin 624 – München 193 – *Passau 17*.

In Obernzell-Erlau Nord-West : 6 km über B 388 :

Zum Edlhof, Edlhofstr. 10 (B 388), ⌧ 94130, ℘ (08591) 4 66, hotel@edlhof.de, Fax (08591) 522, Biergarten, 🚗 – 📺 🅿
geschl. Jan. – **Menu** (geschl. Dienstag) à la carte 11/23,50 – **15 Zim** ⇆ 29/35 – 47/52 – ½ P 8.
• Der regionale familiengeführte Gasthof ist ländlich-schlicht in seiner Art, aber tadellos unterhalten und liegt genau am Radweg Passau - Wien. Rustikales Restaurant mit schattigem Biergarten.

Die Erläuterungen in der Einleitung helfen Ihnen,
Ihren Michelin-Führer effektiver zu nutzen.

OBER-RAMSTADT Hessen 543 Q 10 – 15 000 Ew – Höhe 200 m.

Berlin 571 – Wiesbaden 58 – *Frankfurt am Main 53* – Mannheim 56 – Darmstadt 8,5.

Hessischer Hof, Schulstr. 14, ⌧ 64372, ℘ (06154) 6 34 70, hessischerhof.ober-ramstadt@t-online.de, Fax (06154) 634750, 🌳, (ehemalige Zehntscheune a.d. 17. Jh.) – 📶, ⇌ Zim, 📺 📞 🛏 🅿 – 🛎 50. ⓐ ⓜ ⓥⓘⓢⓐ
geschl. 27. Dez. - 8. Jan., 17. Juli - 9. Aug. – **Menu** (geschl. Freitag - Samstagmittag) à la carte 15/35 – **22 Zim** ⇆ 48/58 – 86/98.
• Die angenehme farbliche Gestaltung und die aparten Möbel lassen die Gästezimmer der modernisierten ehemaligen Zehntscheune wohnlich wirken. Im Restaurant serviert man internationale Küche.

In Ober-Ramstadt-Modau Süd : 4 km :

Zur Krone, Kirchstr. 39, ⌧ 64372, ℘ (06154) 6 33 20, landhotel.schaller@t-online.de, Fax (06154) 52859, 🌳, 🛏 – 📶, ⇌ Zim, 📺 📞 🅿 – 🛎 35. ⓐⓔ ⓐ ⓜ ⓥⓘⓢⓐ ⓙⓒⓑ
Menu (geschl. Samstag, Sonn- und Feiertage) à la carte 28/41 – **35 Zim** ⇆ 45/50 – 72/80.
• Sie finden das familiär geführte Haus, in einem gewachsenen Ortsteil, in einem ruhigen Ortsteil. Man bietet Ihnen helle, mit neuzeitlichen Holzmöbeln eingerichtete Zimmer. Rustikal wirkendes Restaurant mit bleiverglasten Fenstern.

OBERREUTE Bayern 546 X 13 – 1 400 Ew – Höhe 860 m.

🛈 Gästeamt, Hauptstr. 34, ⌧ 88179, ℘ (08357) 12 33, Fax (08357) 8707.
Berlin 718 – München 179 – *Konstanz 95* – Lindau 31 – Bregenz 29.

Martinshöhe ⓢ, Freibadweg 4, ⌧ 88179, ℘ (08387) 13 13, martinshoehe@aol.com, Fax (08387) 2883, ≤, 🌳, 🚗 – 📺 🛏 🅿 ⓜ ⓥⓘⓢⓐ
geschl. 1. Nov. - 20. Dez. – **Menu** (geschl. Dienstag) (wochentags nur Abendessen) à la carte 15/25 – **12 Zim** ⇆ 30/35 – 55 – ½ P 15.
• Das Haus ist eine einfache, ländliche Übernachtungsadresse, die über gepflegte, mit Naturholzmobiliar einheitlich eingerichtete Zimmer verfügt, zum Teil mit Balkon. Bürgerliches Restaurant.

OBERRIED Baden-Württemberg 545 W 7 – 2 700 Ew – Höhe 455 m – Erholungsort – Wintersport : 650/1 300 m ⛷8 🎿.

Ausflugsziel : Schauinsland ≤★.

🛈 Tourist-Info, Klosterplatz 4, ⌧ 79254, ℘ (07661) 93 05 66, tourist-info@oberried.de, Fax (07661) 930568.
Berlin 804 – Stuttgart 182 – *Freiburg im Breisgau 13* – Donaueschingen 59 – Basel 67.

Zum Hirschen (mit Gästehaus), Hauptstr. 5, ⌧ 79254, ℘ (07661) 90 29 30, hirschen-oberried@t-online.de, Fax (07661) 902950, 🚗 – 📺 🅿 ⓜ ⓥⓘⓢⓐ
geschl. Nov. 3 Wochen – **Menu** (geschl. Donnerstag - Freitagmittag) à la carte 13,50/33 – **14 Zim** ⇆ 42 – 74 – ½ P 15.
• Ein kleiner Gasthof in dörflicher Umgebung mit praktischen, sauberen Zimmern – mehr Platz bieten die Eckzimmer. Ganz in der Nähe befinden sich markierte Wanderwege. Das in Stuben unterteilte Restaurant befindet sich im über 300 Jahre alten Stammhaus.

1069

OBERRIED

SternenPost mit Zim, Hauptstr. 30, ✉ 79254, ☎ (07661) 40 12, Fax (07661) 989020, Biergarten – 📺 🅿
Menu *(geschl. Montag - Dienstag)* 24 à la carte 25/41,50 – **3 Z** 🍴 50 – 65
♦ Ein ausgesprochen netter Gasthof mit altem Holzboden, Kachelofen und warmen Farben. Es wird gut und regional gekocht, zum Übernachten stehen Landhaus-Zimmer bereit.

In Oberried-Hofsgrund *Süd-West : 11 km, Richtung Schauinsland :*

Die Halde 🔸, Halde 2 (Süd-West : 1,5 km) – Höhe 1120 m, ✉ 79254, ☎ (07602) 9 44 70, info@halde.com, Fax (07602) 944741, ≤ Feldberg und Schauinsland, 🍽, 👙,
🛋, 🔲, 🚿 – 🛗 🔄 📺 ♨ 🔥 ⇔ 🅿 – 🎿 25. 🍽 Rest
Menu à la carte 18/37,50 – **38 Zim** 🍴 82/92 – 124/144 – ½ P 20.
♦ Ein neuerer Anbau mit in heimischem Holz ausgestatteten Zimmern ergänzen das originalgetreu sanierte, denkmalgeschützte Haus im Schwarzwaldstil. Im alten Teil des Hauses befinden sich die drei gemütlichen, rustikalen Stuben.

In Oberried-Weilersbach *Nord-Ost : 1 km :*

Zum Schützen 🔸, Weilersbacher Str. 7, ✉ 79254, ☎ (07661) 9 84 30, hotelschuetzen@aol.com, Fax (07661) 984318, 🍽, 🚿 – 📺 ♨ 🅿
geschl. 12. Jan. - 6. Feb. – **Menu** *(geschl. Dienstag - Mittwochmittag)* à la carte 18/32 – **16 Zim** 🍴 40/45 – 66/70.
♦ An der Stelle des Gasthauses stand jahrhundertelang eine Getreidemühle. Heute bietet man Ihnen hier mit Kiefernhölzern gut eingerichtete Fremdenzimmer. In verschiedene Stuben unterteiltes Restaurant.

Am Notschrei *Süd : 11,5 km, Richtung Todtnau :*

Waldhotel am Notschrei, Freiburger Str. 56, ✉ 79254 Oberried, ☎ (07602) 9 42 00, waldhotelamnotschrei@t-online.de, Fax (07602) 9420111, 🍽, 🛋, 🔲, 🚿 – 🛗
📺 ⇔ 🅿 – 🎿 30. 🅰 ⓘ 🔵 🆅🅸🆂🅰
Menu à la carte 16/34 – **29 Zim** 🍴 55/75 – 94/120 – ½ P 18.
♦ Moderne, mit hellem Naturholz wohnlich gestaltete Zimmer und die schöne Landschaft sprechen für dieses Haus. Übrigens : Die Notschrei-Loipe (60 km) beginnt direkt am Haus.

OBERRÖBLINGEN *Sachsen-Anhalt siehe Sangerhausen.*

OBERSCHLEISSHEIM *Bayern* 5️⃣4️⃣6️⃣ *V 18* – *11 000 Ew* – *Höhe 477 m.*
Sehenswert : *Schloss Schleißheim*★.
Berlin 575 – München 17 – Regensburg 112 – Augsburg 64 – Ingolstadt 67.

Blauer Karpfen garni, Dachauer Str. 1 (B 471), ✉ 85764, ☎ (089) 3 15 71 50, Fax (089) 31571550 – 🛗 📺 ⇔ 🅿 🅰 🔵 🆅🅸🆂🅰
37 Zim 🍴 64/82 – 82/100.
♦ Geschäftsreisende wie auch Touristen schätzen die gepflegten und zeitgemäßen Zimmer dieses familiengeführten Hauses nördlich von München.

In Oberschleißheim-Lustheim *Ost : 1 km, über B 471 :*

Zum Kurfürst (mit Gästehäusern), Kapellenweg 5, ✉ 85764, ☎ (089) 31 57 90, rezeption@kurfuerst-hotel.de, Fax (089) 31579400, 🍽, 🛋, 🔲 – 🛗 📺 ♨ ⇔ 🅿 – 🎿 35.
🅰 ⓘ 🔵 🆅🅸🆂🅰 🅹🅲🅱 🍽 Rest
Menu *(geschl. 1. - 15. Jan., Aug. 2 Wochen)* à la carte 16/39 – **95 Zim** 🍴 75/88 – 100/135.
♦ Im Haupthaus und im Nebengebäude wohnen Sie in ruhigen, großzügig möblierten Gästezimmern mit allem notwendigen Komfort. Die Schlossanlagen sind nur einen Steinwurf entfernt. Die beiden Gaststuben des Hauses sind ansprechend mit Holz dekoriert.

OBERSCHÖNAU *Thüringen* 5️⃣4️⃣4️⃣ *N 15* – *1 000 Ew* – *Höhe 600 m.*
Berlin 359 – Erfurt 67 – Gotha 42 – Suhl 17.

Berghotel Simon 🔸, Am Hermannsberg 13, ✉ 98587, ☎ (036847) 3 03 28, info @berghotel-simon.de, Fax (036847) 33625, 🍽, 🛋, 🚿 – 📺 ⇔ 🅿 – 🎿 30. 🅰
🔵 🆅🅸🆂🅰
geschl. Nov. – **Menu** à la carte 11/20 – **34 Zim** 🍴 35/40 – 50/62 – ½ P 8.
♦ In einer Seitenstraße in ruhiger Ortsrandlage erwartet Sie dieses familiengeführte Ferienhotel. Die Zimmer sind wohnlich in ländlichem Stil eingerichtet. Hell und freundliches wirkendes Restaurant.

OBERSTAUFEN Bayern 546 X 14 – 7 200 Ew – Höhe 791 m – Schrothheilbad – Heilklimatischer Kurort – Wintersport : 740/1 800 m ⟿1 ⟿36 ⟿.

🐾 Oberstaufen-Steibis, In der Au 5, ℘ (08386) 85 29 ; 🐾 Oberstaufen, Buflings 1, ℘ (08386) 93 92 50.

🛈 Kurverwaltung, Hugo-von-Königsegg-Str. 8, ⊠ 87534, ℘ (08386) 9 30 00, info@oberstaufen.de, Fax (08386) 930020.

Berlin 735 – München 161 – Konstanz 107 – Kempten (Allgäu) 37 – Bregenz 43.

🏨 **Lindner Parkhotel**, Argenstr. 1, ⊠ 87534, ℘ (08386) 70 30, info.parkhotel@lindner.de, Fax (08386) 703704, ⓥ, Massage, ≠, 🛁, ≋, ⬜, ≈, – 🛗, ⇌ Zim, 📺 ⇌ 🅿.
🆎 ① ⓜⓞ 𝙑𝙄𝙎𝘼. ⚒
Menu (Restaurant nur für Hausgäste) à la carte 26,50/38,50 – **91 Zim** ⊇ 90/125 – 166/200, 5 Suiten – ½ P 15.
• Ein komfortables Hotel, das mit einem Empfangsbereich im regionstypischen Stil, individuell zugeschnittenen wohnlichen Zimmern und einem guten Freizeitbereich gefällt.

🏨 **Allgäu Sonne** ⚿, (mit Gästehäusern), Stießberg 1, ⊠ 87534, ℘ (08386) 70 20, info@allgaeu-sonne.de, Fax (08386) 7826, ≤ Weißachtal, Steibis und Hochgrat, 🍽, ⓥ, Massage, ≠, 🛁, ≋, ⬜, ≈, 📺 ⇌ 🅿 – 🏋 25. 🆎 ① ⓜⓞ 𝙑𝙄𝙎𝘼, ⚒ Rest
Menu à la carte 28/40 – **162 Zim** ⊇ 81/151 – 200/246, 3 Suiten – ½ P 20.
• Durch eine große und elegante Halle betreten Sie dieses ruhig am Ortsrand gelegene Hotel. Die Zimmer sind teils sehr komfortabel, teils einfacher. Tadelloser Wellnessbereich. Restaurant im regionalen Stil.

🏨 **Kurhotel Rosen Alp** ⚿, Am Lohacker 5, ⊠ 87534, ℘ (08386) 70 60, hotel.rosenalp@t-online.de, Fax (08386) 706435, ⓥ, Massage, ≠, 🛁, ≋, ⬜ (geheizt), ⬜, ≈ – 🛗, ⇌ Zim, 📺 ⚒ ⇌ 🅿 – 🏋 20. 🆎 ① ⓜⓞ 𝙑𝙄𝙎𝘼. ⚒
geschl. 20. Nov. – 24. Dez. – **Menu** (Restaurant nur für Hausgäste) à la carte 22,50/36 – **80 Zim** ⊇ 80/116 – 152/188, 7 Suiten – ½ P 16.
• Hübsch gemusterte Stoffe und Polstermöbel in kräftigen Farben lassen die Zimmer wohnlich wirken. Auch der großzügige Rahmen und die Lage des Hauses überzeugen.

🏨 **Concordia**, In Pfalzen 8, ⊠ 87534, ℘ (08386) 48 40, info@concordia-hotel.de, Fax (08386) 484130, ⓥ, Massage, ≠, 🛁, ≋, ⬜, ≈ – 🛗, ⇌ Zim, 📺 ⇌ ⚒ Rest
Menu (Restaurant nur für Hausgäste) à la carte 26/35,50 – **67 Zim** ⊇ 82/97 – 141/157 – ½ P 10.
• Das aus drei miteinander verbundenen Häusern bestehende Hotel beherbergt elegante Landhaus-Zimmer mit Balkon oder Terrasse und einen gepflegten Freizeitbereich.

🏨 **Alpenkönig**, Kalzhofer Str. 25, ⊠ 87534, ℘ (08386) 9 34 50, info@hotel-alpenkoenig.de, Fax (08386) 4344, Massage, ≋, ⬜, ≈ 📺 ⇌ – 🛗 ⚒ Rest
geschl. 17. Nov. – 25. Dez. – **Menu** (geschl. Dienstag - Mittwoch)(nur Abendessen)(Restaurant nur für Hausgäste) à la carte 21/30,50 – **21 Zim** ⊇ 72/95 – 132/158 – ½ P 13.
• Nach regionstypischem Vorbild hat man dieses familiengeführte Haus im alpenländischen Stil erbaut. Mit wohnlichem Komfort und guter Technik überzeugen die Zimmer.

🏨 **evviva**, Kalzhofer Str. 50, ⊠ 87534, ℘ (08386) 9 32 90, info@evviva.de, Fax (08386) 932929, 🍽, Massage, 🛁, ≋, ≈ – 🛗, ⇌ Zim, 📺 ⚒ 🅿 – 🏋 50. ⓜⓞ 𝙑𝙄𝙎𝘼
geschl. 1. - 25. Dez., März 2 Wochen – **Menu** (geschl. im Winter Sonntag - Montag)(nur Abendessen) à la carte 20/32 – **31 Zim** ⊇ 54 – 118/138.
• Das von Ex-Fußballprofi Karl-Heinz Riedle geführte Hotel kombiniert ein frisches, modernes Design mit wohnlichem Ambiente. Eine Besonderheit : Jugend-Fußballcamps im Sommer. Restaurant in neuzeitlich-schlichtem Stil mit mediterran beeinflusster Karte.

🏨 **Sonneck** ⚿, Am Kühlen Grund 1, ⊠ 87534, ℘ (08386) 49 00, kurlaub@t-online.de, Fax (08386) 490850, Massage, ⬜, ≈ – 🛗, ⇌ Zim, 📺 ⚒ ⇌ 🅿 ⓜⓞ 𝙑𝙄𝙎𝘼 𝙅𝘾𝘽, ⚒ Rest
Menu à la carte 23/32 – **63 Zim** ⊇ 77/92 – 116/134, 3 Suiten – ½ P 19.
• Neuzeitliche, funktionell ausgestattete Gästezimmer und einen Freizeitbereich bietet dieses familiengeführte Hotel in ruhiger Lage am Ortsrand.

🏨 **Bayerischer Hof**, Hochgratstr. 2, ⊠ 87534, ℘ (08386) 49 50, info@bayer-hof.de, Fax (08386) 495414, 🍽, Massage, ≠, 🛁, ≋, ⬜, 📺 ⇌ 🅿 🆎 ① ⓜⓞ 𝙑𝙄𝙎𝘼
Menu (geschl. Aug. 2 Wochen, Dienstag - Mittwochmittag) à la carte 24,50/38,50 – **78 Zim** ⊇ 51/82 – 118/164, 6 Suiten.
• Durch die geschmackvoll gestaltete kleine Empfangshalle betreten Sie dieses gut unterhaltene Hotel. Die Zimmer sind wohnlich und gut eingerichtet. Schön : das Felsenhallenbad. Die Allgäuer Stube lockt mit ländlichem Flair.

🏨 **Adler** (mit Gästehaus), Kirchplatz 6, ⊠ 87534, ℘ (08386) 9 32 10, info@adler-oberstaufen.de, Fax (08386) 4763, 🍽, Massage, ≋, ≈ – 📺 🅿 – 🏋 15. 🆎 ⓜⓞ 𝙑𝙄𝙎𝘼
geschl. 20. Nov. - 15. Dez. – **Menu** à la carte 22,50/34,50 – **28 Zim** ⊇ 46/85 – 92/125 – ½ P 16.
• Seit 1574 existiert dieses Traditionshaus in ruhiger, zentraler Lage mitten im Ort. Die Zimmer sind wohnlich eingerichtet und bieten zeitgemäßen Komfort. In drei geschmackvoll eingerichteten Stuben serviert man regionaltypische Gerichte.

OBERSTAUFEN

Kurhotel Hochbühl garni, Auf der Höh 12, ✉ 87534, ✆ (08386) 9 35 40, *info@hochbuehl.de, Fax (08386) 935499*, Massage, ≦s, 🏊, 🌳 – TV P
21 Zim ⇌ 57/75 – 98/110.
• Das Hotel verfügt über einheitlich in rustikaler Eiche möblierte Zimmer mit kleinem Wohnbereich und ein gepflegtes Hallenbad mit direktem Zugang zur Liegewiese.

Kur- und Ferienhotel Alpenhof garni, Gottfried-Resl-Weg 8, ✉ 87534, ✆ (08386) 48 50, *alpenhof@t-online.de, Fax (08386) 2251*, Massage, ≦s, 🌳 – TV P AE ⓜ VISA JCB. ⊗
geschl. 1. - 25. Dez. – **31 Zim** ⇌ 42/59 – 78/116.
• Die Zimmer in dem mit dem Haupthaus unterirdisch verbundenen Gästehaus sind wohnlich und recht geräumig, mit integrierten Dachbalken. Saunabereich in einem Pavillon.

Posttürmle, Bahnhofplatz 4, ✉ 87534, ✆ (08386) 74 12, Fax (08386) 1882 – ⓜ VISA
geschl. Juni 2 Wochen, Dez. 2 Wochen, Dienstag – **Menu** (nur Abendessen) (Tischbestellung ratsam) à la carte 24/48.
• Klein, aber sehr nett ist das Miniaturrestaurant mit Vinothek. In rustikalem, privatem Ambiente werden Sie hier mit Speisen einer klassisch-internationalen Küche bewirtet.

Ambiente, Kalzhofer Str. 22, ✉ 87534, ✆ (08386) 74 78, *ambiente-zwick@t-online.de, Fax (08386) 939239* – P. ⓜ
geschl. Juni 3 Wochen, Nov. 2 Wochen, Montag – **Menu** (wochentags nur Abendessen) à la carte 20/35.
• Das Restaurant ist in ein Geschäftshaus am Rande des Ortes integriert - ein heller, reichlich dekorierter Raum. Die offene Küche ermöglicht dem Gast interessante Einblicke.

In Oberstaufen-Buflings Nord : 1,5 km, über Isnyer Straße und Pfalzen :

Kur- und Sporthotel Engel, Buflings 3, ✉ 87534, ✆ (08386) 70 90, *kur-sporthotel-engel@t-online.de, Fax (08386) 709482*, ≤, 🌳, 🌀, Massage, 🏊, 🎾, ≦s, 🏊, 🌳, ⚜, ⚘ – 🛗, ⇌ Rest, TV 🚗 P
geschl. Mitte Nov. - Mitte Dez. – **Menu** (geschl. Montag - Dienstag) à la carte 15/33 – **55 Zim** ⇌ 58/80 – 120/142 – ½ P 15.
• Seit 150 Jahren befindet sich der Gasthof in Familienbesitz und wurde seither beständig vergrößert und verschönert. Besonders hübsch : die neuen Zimmer mit Kachelofen. Holzdecken und weiß gekalkte Wände schaffen ein stimmungsvolles Ambiente im Restaurant.

In Oberstaufen-Bad Rain Ost : 1,5 km, über Rainwaldstraße :

WellVital-Hotel Bad Rain (mit Gästehaus), Hinterstaufen 9, ✉ 87534, ✆ (08386) 9 32 40, *bad-rain@t-online.de, Fax (08386) 932499*, 🌳, Massage, 🏊, ≦s, 🏊, 🌳 – ⇌ Rest, TV 🚗 P
geschl. Mitte Nov. - Mitte Dez. – **Menu** à la carte 14/33 (auch Diät) – **25 Zim** ⇌ 47/72 – 104/134 – ½ P 15.
• Ein Gästehaus mit hübscher Balkonfassade aus Holz ergänzt den für die Region typischen Gasthof. Die Zimmer sind mit Holzmobiliar in rustikalem Stil eingerichtet. Kleine gemütliche Stuben bilden den gastronomischen Bereich des Hauses.

In Oberstaufen-Thalkirchdorf Ost : 6 km über B 308 – Erholungsort :

Traube, Kirchdorfer Str. 12, ✉ 87534, ✆ (08325) 92 00, *hotel.traube@t-online.de, Fax (08325) 92039*, 🌳, Massage, ≦s, 🏊, 🌳 – TV ✆ 🚗 P AE ⓓ ⓜ VISA
geschl. Mitte Nov. - Mitte Dez. – **Menu** (geschl. Dienstag) à la carte 22/33, ♀ – **28 Zim** ⇌ 57/68 – 80/110 – ½ P 17.
• Das Hotel mit der auffällig schönen Schindel-Fachwerkfassade aus dem 18. Jh. diente zeitweise als Krämerladen. Heute bietet aus hübsch gestaltete Gästezimmer. Der gastronomische Teil besteht aus Stube und Speisesaal.

In Oberstaufen-Weißach Süd : 2 km :

Königshof (mit Gästehaus), Mühlenstr. 16, ✉ 87534, ✆ (08386) 49 30, *info@koenigshof.de, Fax (08386) 493125*, 🌀, Massage, 🏊, ≦s, 🏊, 🌳 – 🛗, ⇌ TV 🚗 P AE ⓜ VISA ⊗ Rest
Menu à la carte 22,50/37 – **95 Zim** ⇌ 74/94 – 158/182 – ½ P 18.
• Die Zimmer in diesem gut unterhaltenen Hotel sind unterschiedlich möbliert und verfügen über Balkon oder Terrasse. Gepflegter Wellnessbereich im Gästehaus. Rustikales Restaurant.

In Oberstaufen-Willis : West : 1,5 km, über B 308 :

Bergkristall, Willis 1, ✉ 87534, ✆ (08386) 91 10, *wellness@bergkristall.de, Fax (08386) 911150*, ≤ Weissachtal und Allgäuer Berge, 🌳, Massage, ≦s, 🏊, 🌳 – 🛗, ⇌ Zim, TV ✆ 🚗 P ⓜ VISA ⊗ Rest
Menu (nur Abendessen) à la carte 19/40 – **34 Zim** ⇌ 74/92 – 154/188 – ½ P 16.
• In privilegierter Hanglage steht dieses vom Eigentümer selbst geführte Hotel, das über wohnlich im regionalen Stil eingerichtete Zimmer mit gutem Platzangebot verfügt. Freundliches Restaurant im Landhausstil.

OBERSTDORF Bayern 546 X 14 – 11 000 Ew – Höhe 815 m – Heilklimatischer Kurort – Kneippkurort – Wintersport : 843/2 200 m ⛷3 ⛷26 ⛷.

Ausflugsziele : Nebelhorn ※★★ 30 min mit 🚠 und Sessellift – Breitachklamm★★ Süd-West : 7 km – Fellhorn★★ ※★.

📞 Oberstdorf-Gruben, Gebrgoide 2 (Süd : 2 km), ℘ (08322) 28 95.

🛈 Tourist-Information, Marktplatz 7, ✉ 87561, ℘ (08322) 70 00, info@oberstdorf.de, Fax (08322) 700236.

Berlin 737 – München 165 – *Kempten (Allgäu)* 39 – Immenstadt im Allgäu 20.

Parkhotel Frank ⏾, Sachsenweg 15, ✉ 87561, ℘ (08322) 70 60, info@parkhotel-frank.de, Fax (08322) 706286, ≤, 🍴, 🌀, Massage, ♨, Lð, ≘s, 🔲, 🐎, – 🛗 ✂ Zim, 📺 ✆ ⇔ 🅿 – 🔬 50. ※
Menu à la carte 36,50/56 – **72 Zim** ⇌ 113/177 – 250/262, 5 Suiten – ½ P 15.
◆ Ländliche Eleganz prägt das Erscheinungsbild dieses stattlichen Hauses vor grandioser Bergkulisse. Sie wohnen in komfortablen Zimmern mit einem Hauch von Luxus. Der Restaurantbereich ist zweigeteilt, teils leicht vornehm, teils rustikaler.

Exquisit ⏾, Prinzenstr. 17, ✉ 87561, ℘ (08322) 9 63 30, hotel.exquisit@t-online.de, Fax (08322) 963360, ≤, Massage, ♨, ≘s, 🔲, 🐎, – 🛗 📺 🅿 – 🔬 30. 🅰🅴 ⓞ 𝗩𝗜𝗦𝗔. ※ Rest
geschl. 3. Nov. - 14. Dez. – **Menu** *(geschl. Dienstag) (nur Abendessen)* 30 und à la carte – **35 Zim** ⇌ 80/115 – 114/138 – ½ P 18.
◆ Alle Zimmer und Suiten dieses Hotels sind anspruchsvoll und mit viel Liebe zum Detail eingerichtet. Auch die gute Pflege und der freundliche Service sprechen für das Haus. Elegant wirkendes, hübsch dekoriertes Restaurant.

Kur- und Ferienhotel Filser ⏾, Freibergstr. 15, ✉ 87561, ℘ (08322) 70 80, info@filserhotel.de, Fax (08322) 708530, 🍴, 🌀, Massage, ♨, Lð, ≘s, 🔲, 🐎, – 🛗 📺 ⇔ 🅿. ※ Rest
Menu à la carte 18/31,50 – **102 Zim** ⇌ 65/84 – 125/194, 3 Suiten – ½ P 15.
◆ Das familiengeführte Urlaubshotel am Zentrumsrand bietet recht unterschiedlich eingerichtete, wohnliche Zimmer und einen tadellos gepflegten Wellnessbereich. Restaurant mit gediegenem Ambiente.

Alpenhof, Fellhornstr. 36, ✉ 87561, ℘ (08322) 9 60 20, info@alpenhof-oberstdorf.de, Fax (08322) 960218, 🍴, 🌀, Massage, ≘s, 🔲, 🐎, – 🛗, ✂ Zim, 📺 ✆ ⇔ 🅿. ※
geschl. 10. Nov. - 10. Dez. – **Menu** *(wochentags nur Abendessen)* à la carte 21/33 – **36 Zim** ⇌ 74/140 – 156/210, 5 Suiten – ½ P 15.
◆ Seine bevorzugte Lage und komfortable Zimmer in hellem Naturholz, gute Führung und ein Freizeitbereich machen dieses neuzeitliche Hotel in regionstypischem Stil aus. Helles und freundliches Restaurant.

Wittelsbacher Hof, Prinzenstr. 24, ✉ 87561, ℘ (08322) 60 50, info@wittelsbacherhof.de, Fax (08322) 605300, ≤, 🍴, Massage, 🏊 (geheizt), 🔲, 🐎, – 🛗 📺 ⇔ 🅿 – 🔬 70. 🅰🅴 𝗩𝗜𝗦𝗔. ※ Rest
geschl. 13. April - 7. Mai, 24. Okt. - 17. Dez. – **Menu** à la carte 23,50/32 – **84 Zim** (nur ½ P) 74/90 – 140/170, 10 Suiten.
◆ Schon seit Jahrzehnten schätzen Urlaubsgäste die schöne Lage und die wohnliche Ausstattung dieses traditionsreichen Familienbetriebs. Gediegen wirkendes Restaurant und klassischer Speisesaal für Hausgäste.

Adler, Fuggerstr. 1, ✉ 87561, ℘ (08322) 9 61 00, info@adler-oberstdorf.de, Fax (08322) 8187, 🍴, – 📺 ⇔ 🅿. 🅰🅴 🅼🅾 𝗩𝗜𝗦𝗔
geschl. 14. Nov. - 17. Dez. – **Menu** *(geschl. 1. Nov. - 17. Dez., Montag - Dienstag)* à la carte 17,50/33,50 – **32 Zim** ⇌ 60/80 – 120/144 – ½ P 9.
◆ Die Zimmer dieses traditionsbewussten Hotels sind solide mit dunklem oder hellem Eichenmobiliar eingerichtet. Zwei exklusive Hochzeitszimmer mit Kachelofen. Hübsch dekoriertes Restaurant mit regionaler Küche.

Geldernhaus garni, Lorettostr. 16, ✉ 87561, ℘ (08322) 97 75 70, info@geldernhaus.de, Fax (08322) 9775730, ≘s, 🐎 – ✂ 📺 ✆ ⇔ 🅿. ※
11 Zim ⇌ 66/84 – 102/142.
◆ Das Haus ist der ehemalige Feriensitz einer gräflichen Familie ! Alle Zimmer sind farblich aufeinander abgestimmt und edel im Laura-Ashley-Stil eingerichtet.

Waldesruhe ⏾, Alte Walserstr. 20, ✉ 87561, ℘ (08322) 60 10, info@waldesruhe.com, Fax (08322) 601100, ≤ Allgäuer Alpen, 🍴, Lð, ≘s, 🔲, 🐎, – 🛗 📺 🅿 – 🔬 20. 🅰🅴 🅼🅾 𝗩𝗜𝗦𝗔 – **Menu** à la carte 16/30 – **38 Zim** ⇌ 68/95 – 136/166 – ½ P 17.
◆ Das Ferienhotel liegt sehr ruhig außerhalb des Ortes, wird gut geführt und verfügt über Zimmer unterschiedlicher Kategorien, von einfach bis komfortabel. Zum Tal hin liegt das Restaurant mit schönem Blick.

Mohren, Marktplatz 6, ✉ 87561, ℘ (08322) 91 20, info@hotel-mohren.de, Fax (08322) 912444, 🍴, ≘s – 🛗, ✂ Zim, 📺 ✆ & ⇔ – 🔬 30. 🅰🅴 🅼🅾 𝗩𝗜𝗦𝗔
Menu à la carte 22/39 – **51 Zim** ⇌ 75/90 – 140/180 – ½ P 23.
◆ Der modernisierte Gasthof liegt direkt am Marktplatz. Die Inneneinrichtung des Hauses ist neuzeitlich - einige Zimmer auch mit CD-Stereoanlage. Recht großzügiges Restaurant mit integriertem Thekenbereich.

OBERSTDORF

Haus Wiese garni (mit Gästehaus), Stillachstr. 4a, ⊠ 87561, ℘ (08322) 30 30, info@hauswiese.de, Fax (08322) 3135, ≤, ⊆s, 🏊, 🐎 – TV 🚗 P. ❀
23 Zim ⊇ 54/70 – 80/95.
• Am Ortsrand liegt das Landhaus mit der gemütlich-rustikalen Einrichtung an einem Flüsschen. Ein familiärer Rahmen zählt zu den Vorzügen des Hauses.

Scheibenhaus ⟩, Scheibenstr. 1, ⊠ 87561, ℘ (08322) 95 93 02, Fax (08322) 959360, 🐎 – ⟨⟩ TV 📞 P. ❀ Rest
Menu (nur Abendessen) (Restaurant nur für Hausgäste) – **8 Zim** ⊇ 66 – 88/104.
• Viele liebenswerte Details wie freie Getränke und selbst gebackener Kuchen zum Frühstück sowie individuelle Zimmer zeichnen dieses mit viel Engagement geführte Haus aus.

Sporthotel Menning ⟩ garni, Oeschlesweg 18, ⊠ 87561, ℘ (08322) 9 60 90, hotel-menning@t-online.de, Fax (08322) 8532, ⊆s, 🏊, 🐎 – 🛗 TV 🚗 P. AE
22 Zim ⊇ 40/60 – 80/90.
• Am Haus endet die Straße und Wanderwege und Loipen beginnen. Sie wohnen in behaglichen Landhauszimmern oder im hübschen Alpenchalet.

Kappeler-Haus ⟩ garni, Am Seeler 2, ⊠ 87561, ℘ (08322) 9 68 60, info@kappeler-haus.de, Fax (08322) 968613, ≤, 🏊 (geheizt), 🐎 – 🛗 🚗 P. AE ⓂⒸ VISA, ❀
48 Zim ⊇ 40/65 – 74/115.
• Nach umfangreichen Renovierungsarbeiten stehen hier geräumige und komfortable Zimmer zum Einzug bereit. Von Ihrem Balkon aus schweift der Blick über das herrliche Panorama.

Königliches Jagdhaus, Ludwigstr. 13, ⊠ 87561, ℘ (08322) 98 73 80, info@koenigliches-jagdhaus.de, Fax (08322) 987381, 🍽, Biergarten – P. ⓂⒸ VISA
geschl. Ende April - Anfang Mai, Mitte Nov. - Anfang Dez., Montag – **Menu** (wochentags nur Abendessen) 28,50/49 à la carte 26,50/41.
• Mit wertvollen Möbeln sind die rustikal-eleganten, ganz in Holz gehaltenen Stuben ausgestattet worden. Hier serviert man eine gute Regionalküche.

Maximilians, Freibergstr. 21, ⊠ 87561, ℘ (08322) 9 67 80, info@maximilians-restaurant.de, Fax (08322) 967843, 🍽 – P.
geschl. Mai - Juni 3 Wochen, Nov. 3 Wochen, Sonntag – **Menu** (nur Abendessen) 27/66 à la carte 36/58.
• Eine elegante Note umgibt Sie in diesem Restaurant. Feine Tischkultur und stimmiges Ambiente begleiten eine saisonal beeinflusste, gehobene Küche.

In Oberstdorf-Birgsau Süd : 9,5 km, in Richtung Fellhornbahn – Höhe 960 m

Birgsauer Hof ⟩, Birgsau 9, ⊠ 87561, ℘ (08322) 9 69 00, info@birgsauer-hof.de, Fax (08322) 969060, ≤ Allgäuer Alpen, 🍽, ⊆s, 🏊, 🐎 – 🛗 TV 📞 P. ❀ Zim
geschl. Mitte Nov. - Mitte Dez. – **Menu** (geschl. Freitag) à la carte 20,50/29,50 – **28 Zim** ⊇ 53 – 129 – ½ P 16.
• In diesem idyllisch im Stillachtal gelegenen Hotel bietet man seinen Gästen nach umfangreicher Renovierung wohnlich-funktionelle, tadellos gepflegte Landhaus-Zimmer. Liebevoll im alpenländischen Stil eingerichtete Gaststuben.

In Oberstdorf-Kornau West : 4 km – Höhe 940 m

Nebelhornblick ⟩, Kornau 49, ⊠ 87561, ℘ (08322) 9 64 20, silence@hotel-nebelhornblick.de, Fax (08322) 964250, ≤ Allgäuer Alpen, Massage, 🐾, ⊆s, 🏊, 🐎 – 🛗, ❀ Rest, TV 🚗 P. ⓂⒸ VISA, ❀ Rest
geschl. 7. Nov. - 10. Dez. – **Menu** (nur Abendessen) (Restaurant nur für Hausgäste) – **36 Zim** ⊇ 70/79 – 110/120 – ½ P 18.
• Ein lichter Eingangsbereich empfängt Sie in diesem schön gelegenen Urlaubshotel, einem erweiterten Gasthof mit neuzeitlichen, wohnlichen Zimmern und Appartements.

In Oberstdorf-Tiefenbach Nord-West : 6 km – Höhe 900 m

Alpenhotel Tiefenbach ⟩, Falkenstr. 15, ⊠ 87561, ℘ (08322) 70 20, info@alpenhotel-tiefenbach.de, Fax (08322) 702222, ≤, 🍽, Massage, ♨, 🐾, ⊆s, 🏊, 🐎 – 🛗 TV 🚗 P. – 🔔 25. AE ⓂⒸ VISA, ❀ Rest
Menu (Restaurant nur für Hausgäste) – **86 Zim** ⊇ 66/94 – 113/176, 24 Suiten – ½ P 15.
• Ruhig am Waldrand liegt das neuzeitliche Urlaubshotel mit ansprechend im Landhausstil eingerichteten Zimmern und Suiten sowie einer gepflegten Badelandschaft.

Bergruh ⟩, Im Ebnat 2, ⊠ 87561, ℘ (08322) 91 90, info@hotel-bergruh.de, Fax (08322) 919200, ≤, 🍽, ⊆s, 🐎 – TV 🚗 P. – 🔔 20. ❀ Rest
Menu à la carte 24/31,50 – **40 Zim** ⊇ 41/61 – 78/102, 8 Suiten – ½ P 16.
• Das familiengeführte Urlaubshotel ist ein gewachsener Gasthof im alpenländischen Stil, der über zeitgemäße, mit hellen Naturholzmöbeln wohnlich eingerichtete Zimmer verfügt. Rustikal-gemütliches Restaurant.

OBERSTENFELD Baden-Württemberg 545 S 11 – 7 400 Ew – Höhe 227 m.
Berlin 600 – Stuttgart 44 – Heilbronn 18 – Schwäbisch Hall 49.

Zum Ochsen, Großbottwarer Str. 31, ⊠ 71720, ℘ (07062) 93 90, info@hotel-gast
hof-zum-ochsen.de, Fax (07062) 939444, 佘, ⇌s – |≡| ✲ TV 🚗 P – 🛆 30. 🖭 ①
🕮 VISA
geschl. 1. - 8. Jan. - **Menu** (geschl. Dienstag) à la carte 19/41, ♀ – **30 Zim** ⊇ 41/61 –
73/102.
♦ In der Mitte des liebevoll restaurierten Ortskerns liegt der Traditionsgasthof mit unge-
zwungener, familiärer Atmosphäre. Besonders gemütlich : die Dachzimmer. In verschie-
denen Stuben serviert man regionale Speisen.

OBERTEURINGEN Baden-Württemberg 545 W 12 – 4 100 Ew – Höhe 449 m – Erholungsort.
🛈 Tourist-Information, St.-Martin-Platz 9 (Rathaus), ⊠ 88094, ℘ (07546) 2 99 25, tou
rist-information@oberteuringen.de, Fax (07546) 29988.
Berlin 712 – Stuttgart 174 – Konstanz 35 – Friedrichshafen 11.

In Oberteuringen-Bitzenhofen Nord-West : 2 km, über Eugen-Bolz-Straße und Richard-
Wagner-Straße :

Am Obstgarten ⊗, Gehrenbergstr. 16/1, ⊠ 88094, ℘ (07546) 92 20, info@am-
obstgarten.de, Fax (07546) 92288, ≤, 佘, ⇌s, 🛌 – |≡| ✲ Zim, TV ✆ & P – 🛆 60.
🖭 🕮 VISA ※
Menu (geschl. Jan., Donnerstag, Nov. - April Mittwoch - Donnerstag) (wochentags nur
Abendessen) à la carte 15/31 – **33 Zim** ⊇ 41/68 – 69/95 – ½ P 13.
♦ Inmitten der Obstwiesen, die dem Haus seinen Namen gaben, liegt relativ ruhig dieses
privat geführte Haus. Gepflegte Zimmer mit Parkettboden. In neo-rustikaler Aufmachung
zeigt sich das Restaurant.

OBERTHAL Saarland 543 R 5 – 6 300 Ew – Höhe 300 m.
Berlin 710 – Saarbrücken 48 – Trier 68 – Idar-Oberstein 39 – St. Wendel 9.

In Oberthal - Steinberg-Deckenhardt Nord-Ost : 5 km, über Schlossstraße und Güdesweiler :

Zum Blauen Fuchs, Walhausener Str. 1, ⊠ 66649, ℘ (06852) 67 40, info@zumbla
uenfuchs.de, Fax (06852) 81303, 佘 – P. 🕮 VISA
geschl. Jan. 1 Woche, Juli 1 Woche, Montag - Dienstag - **Menu** (wochentags nur Abend-
essen) (Tischbestellung ratsam) à la carte 35/49.
♦ Helle Farben, Bilder und gediegenes Landhausmobiliar bestimmen das Ambiente in diesem
kleinen Restaurant. Man offeriert eine schmackhafte internationale Küche.

OBERTHULBA Bayern 546 P 13 – 4 400 Ew – Höhe 270 m.
Berlin 491 – München 327 – Fulda 52 – Bad Kissingen 9,5 – Würzburg 59.

Rhöner Land, Zum Weißen Kreuz 20, ⊠ 97723, ℘ (09736) 70 70, hotelrhoenerland
@t-online.de, Fax (09736) 707444, 佘, 🛌 – P. 🛆 50. 🖭 🕮 VISA ※ Rest
Menu à la carte 19/29 – **27 Zim** ⊇ 48/53 – 64/70.
♦ Ein neuzeitliches Haus am Ortsrand, das gern von Tagungsgästen genutzt wird. Die Zim-
mer sind zeitgemäß und praktisch ausgestattet.

OBERTRUBACH Bayern 546 Q 18 – 2 200 Ew – Höhe 420 m – Erholungsort.
🛈 Touristinformation, Teichstr. 5, ⊠ 91286, ℘ (09245) 9 88 13, obertrubach@trubac
htal.com, Fax (09245) 98820.
Berlin 400 – München 206 – Nürnberg 41 – Forchheim 28 – Bayreuth 44.

Alte Post, Trubachtalstr. 1, ⊠ 91286, ℘ (09245) 3 22, familie@postritter.de,
Fax (09245) 690, 佘, 🛌 – |≡| ✲ Zim, P.
Menu (geschl. Jan., Okt. - April Mittwoch) à la carte 11/22,50 – **33 Zim** ⊇ 25/33 – 45/50
– ½ P 9.
♦ Der gestandene Gasthof ist alter Familienbesitz und wird auch heute noch von der Familie
Ritter geführt. Die sehr sauberen Zimmer verfügen zum Teil über Balkone. Ländlich-
schlichter Restaurantbereich.

In Obertrubach-Bärnfels Nord : 2,5 km, über Teichstraße und Herzogwind :

Drei Linden (mit Gästehaus), ⊠ 91286, ℘ (09245) 91 88, info@drei-linden.com,
Fax (09245) 409, 佘, 🛌 – 🚗 P.
geschl. Feb. 1 Woche - **Menu** (geschl. Nov. - März Donnerstag) à la carte 10,50/22 – **36 Zim**
⊇ 29 – 50 – ½ P 9.
♦ Ein solide geführter Gasthof, der im Haupthaus wie auch im gegenüberliegenden Gäs-
tehaus meist rustikal möblierte Zimmer bereithält. Das Restaurant ist in hellem Holz gehal-
ten.

OBERTSHAUSEN Hessen 543 P 10 – 24 000 Ew – Höhe 100 m.
Berlin 543 – Wiesbaden 59 – Frankfurt am Main 20 – Aschaffenburg 30.

Park-Hotel, Münchener Str. 12, ✉ 63179, ℰ (06104) 9 50 20, Fax (06104) 950299, 🍽
– 📺 ✆ 🅿 – 🛁 40. ⒶⒺ ⓄⒹ ⓂⓄ 𝚅𝙸𝚂𝙰. ⌘ Zim
Menu (geschl. Samstagmittag, Sonntagabend) à la carte 22/35 – **40 Zim** ⌴ 53/81 – 76/113.
◆ Das Haus bietet neuzeitliche, einheitlich mit hellblau eingefärbten Möbeln und guter Technik ausgestattete Zimmer, die tadellos gepflegt sind. Die Lederstubb ist ein liebevoll dekoriertes Restaurant.

Haus Dornheim garni, Bieberer Str. 141, ✉ 63179, ℰ (06104) 9 50 50, Fax (06104) 45022 – 📺 🅿. ⒶⒺ ⓄⒹ ⓂⓄ 𝚅𝙸𝚂𝙰
17 Zim ⌴ 54/62 – 77.
◆ Unweit der großen Messezentren des Rhein-Main-Gebietes steht dieses gut unterhaltene kleine Hotel mit solide möblierten, praktischen Zimmern.

OBERURSEL (Taunus) Hessen 543 P 9 – 44 000 Ew – Höhe 225 m.
Berlin 533 – Wiesbaden 47 – Frankfurt am Main 14 – Bad Homburg vor der Höhe 4.

Mövenpick, Zimmersmühlenweg 35 (Gewerbegebiet), ✉ 61440, ℰ (06171) 50 00, hot el.oberursel@moevenpick.com, Fax (06171) 500600, 🍽, Massage, 🏋, 🚿 – 🛗, ⌘ Zim, 🍴 📺 ✆ ♿ ♻ – 🛁 220. ⒶⒺ ⓄⒹ ⓂⓄ 𝚅𝙸𝚂𝙰 𝙹𝙲𝙱
Menu à la carte 16/35, ♀ – ⌴ 15 – **219 Zim** 135/285 – 160/285.
◆ Alle Gästezimmer dieses modernen Hotels überzeugen mit ihrer funktionellen, technisch sehr guten Ausstattung. Man bietet auch zwei Zimmer mit Wasserbetten für Allergiker. Neuzeitlich gestaltetes Restaurant.

Parkhotel Waldlust, Hohemarkstr. 168, ✉ 61440, ℰ (06171) 92 00, info@waldlu st.de, Fax (06171) 26627, 🍽, 🌳 – 🛗, ⌘ Zim, 📺 ✆ ♻ 🅿 – 🛁 90. ⒶⒺ ⓂⓄ 𝚅𝙸𝚂𝙰
geschl. 23. Dez. - 1. Jan. – **Menu** (geschl. Sonn- und Feiertage) à la carte 19/41 – **105 Zim** ⌴ 87/98 – 127/159.
◆ Das Hotel ist in einen schönen Park eingebettet. Es stehen Zimmer in verschiedenen Kategorien zur Verfügung, von rustikal bis neuzeitlich in hellem Naturholz. Gut eingerichtetes, klassisch wirkendes Restaurant.

1969 - Deiana, Am Marktplatz 6, ✉ 61440, ℰ (06171) 5 27 55, 🍽 –
geschl. Sonntag - **Menu** (italienische Küche) à la carte 42/59.
◆ In einem alten Stadthaus befindet sich dieses zeitlos gestaltete Restaurant mit gepflegtem Dekor und einer gehobenen klassisch italienischen Küche.

In Oberursel-Oberstedten :

Sonnenhof garni, Weinbergstr. 94, ✉ 61440, ℰ (06172) 96 29 30, info@hotel-son nenhof-oberursel.de, Fax (06172) 301272, 🌳 – 📺 🅿. ⓂⓄ 𝚅𝙸𝚂𝙰. ⌘
18 Zim ⌴ 62/75 – 85/92.
◆ Die Zimmer dieses kleinen Hotels sind unterschiedlich geschnitten und mit solidem Naturholzmobiliar ausgestattet. Sie frühstücken in einem lichtdurchfluteten Rundbau.

OBERWESEL Rheinland-Pfalz 543 P 7 – 3 400 Ew – Höhe 70 m.
Sehenswert : Liebfrauenkirche★.
Ausflugsziel : Burg Schönburg★ Süd : 2 km.
🛈 Tourist-Information, Rathausstr. 3, ✉ 55430, ℰ (06744) 71 06 24, info@oberwesel .de, Fax (06744) 1540.
Berlin 621 – Mainz 56 – Bad Kreuznach 42 – Koblenz 49 – Bingen 21.

Burghotel Auf Schönburg, Schönburg (Süd : 2 km) – Höhe 300 m, ✉ 55430, ℰ (06744) 9 39 30, huettl@hotel-schoenburg.com, Fax (06744) 1613, ≤, 🍽 – 🛗 📺 🅿 – 🛁 20. ⓂⓄ 𝚅𝙸𝚂𝙰
geschl. 1. Jan. - 27. März – **Menu** (geschl. Montag) à la carte 39/52 – **22 Zim** ⌴ 95/135 – 150/190.
◆ Ein Hotel in einer Burganlage mit eigenem, ganz unverwechselbarem Charme. In Turmzimmern und Kemenaten wird hier die Romantik des 11. Jahrhunderts wieder lebendig. Unterteiltes Restaurant mit stilvollem Rahmen.

Weinhaus Weiler, Marktplatz 4, ✉ 55430, ℰ (06744) 70 03, weinhausweiler@t-on line.de, Fax (06744) 930520, 🍽 – ⌘ Zim, 📺 🅿. ⒶⒺ ⓂⓄ 𝚅𝙸𝚂𝙰
geschl. 22. - 31. Dez., 2. Feb. - 5. März – **Menu** (geschl. Donnerstag) à la carte 20,50/35 – **10 Zim** ⌴ 60/65 – 65/95.
◆ Ein schmuckes Fachwerkhaus beherbergt diesen kleinen Familienbetrieb, der mit liebevoll dekorierten und individuell ausgestatteten Landhaus-Zimmern gefällt. Im früheren Weinhaus befindet sich das altdeutsch gehaltene Restaurant.

OBERWESEL

XX Römerkrug mit Zim, Marktplatz 1, ⊠ 55430, ℘ (06744) 70 91, *roemerkrug@web.de*, Fax *(06744) 1677*, 😀 – 🄰 🄴 🄼🄾 🆅🅸🆂🅰
geschl. Jan. – **Menu** *(geschl. Mittwoch)* à la carte 23/38 – **7 Zim** ⊇ 45/55 – 75/90.
♦ Eines der malerischen alten Häuser am Marktplatz beherbergt das Restaurant, das im Stil einer Weinstube gestaltet ist. Serviert wird eine regionale Küche.

In Oberwesel-Dellhofen *Süd-West : 2,5 km :*

🏠 Gasthaus Stahl ⓢ, Am Talblick 6, ⊠ 55430, ℘ (06744) 4 16, *info@gasthaus-stahl.de*, Fax *(06744) 8861*, 😀, 🌿 – Zim, 🄰 🄴 🄼🄾 🆅🅸🆂🅰
geschl. Mitte Dez. – Feb. – **Menu** *(geschl. Mittwoch)* (nur Eigenbau-Weine) à la carte 15/27,50 – **18 Zim** ⊇ 43/50 – 65/80.
♦ In der Ortsmitte steht der familiengeführte ländliche Gasthof – nach hinten schließt sich ein hübscher, baumbestandener Garten an. Zeitgemäße, wohnliche Zimmer. Gemütliche Gaststube.

🏠 Zum Kronprinzen (mit Gästehaus), Rheinhöhenstr. 43, ⊠ 55430, ℘ (06744) 9 43 19, *info@zumkronprinzen.de*, Fax *(06744) 94317*, Biergarten – 🄰 🄿 🄼🄾 🆅🅸🆂🅰
Menu *(geschl. Montag)* à la carte 20/34 – **16 Zim** ⊇ 40/46 – 68/80.
♦ Die ehemalige kleine Familienpension hat sich durch bauliche Erweiterungen zu einem sehr sauberen, gut unterhaltenen Hotel mit behaglichen Zimmern entwickelt. Helles Restaurant in einem pavillonartigen Anbau.

OBERWIESENTHAL *Sachsen* 🅂🄸🅂 *O 22 – 3 000 Ew – Höhe 914 m – Kurort – Wintersport : 914/1214 m ❄ 1 ❄ 5 ⤨.*

Ausflugsziele : *Fichtelberg★ (1214m)* ✱ ★ *(auch mit Schwebebahn erreichbar) Nord: 3 km.*
🛈 *Tourist-Information, Bahnhofstr. 10,* ⊠ *09484,* ℘ *(037348) 12 80, tourist-info@oberwiesenthal.de, Fax (037348) 12857.*
Berlin 317 – Dresden 125 – *Chemnitz* 53 – Plauen 110.

🏛 Sachsenbaude ⓢ, Fichtelbergstr. 4 (auf dem Fichtelberg, West : 3 km), ⊠ 09484, ℘ (037348) 13 90, *info@sachsenbaude.de*, Fax *(037348) 139140*, ≤, 😀, 🅒, 🖼, 🌿, XX – 🅿, ⇄ Zim, 🄰 🄲 🚶 🚗 🄿 – 🅰 25. 🄰🄴 🄾 🄼🄾 🆅🅸🆂🅰
Loipenklause : Menu à la carte 16/25 – **31 Zim** ⊇ 116/164 – 130/198, 16 Suiten – ½ P 19.
♦ In diesem aus Naturstein erbauten Hotel bewohnen Sie Zimmer und Suiten, die mit modernem Stilmobiliar bestückt und recht geräumig sind. Ungezwungen und gemütlich geht's in der Loipenklause zu.

🏛 Vier Jahreszeiten ⓢ, Annaberger Str. 83, ⊠ 09484, ℘ (037348) 1 80, *hotelvierjahreszeiten@t-online.de*, Fax *(037348) 7326*, 🅒 – 🅿, ⇄ Zim, 🄰 🄲 🄼 🄿 – 🅰 150. 🄰🄴 🄾 🄼🄾 🆅🅸🆂🅰
Menu à la carte 15/29 – **100 Zim** ⊇ 67/90 – 98/121 – ½ P 14.
♦ Ruhig liegt das gepflegte, neuzeitliche Hotel mit Balkonfassade. Die Zimmer sind einheitlich mit kirschfarbenem Mobiliar eingerichtet und bieten teils sehr viel Platz. Zweigeteiltes Restaurant mit internationaler und regionaler Karte.

🏛 Birkenhof ⓢ, Viererstr. 18, ⊠ 09484, ℘ (037348) 1 40, *info@birkenhof.bestwestern.de*, Fax *(037348) 14444*, ≤, 😀, Biergarten, 🇫🇸, 🅒 – 🅿, ⇄ Zim, 🄰 🄲 🄾 🄿 – 🅰 180. 🄰🄴 🄾 🄼🄾 🆅🅸🆂🅰 🄹🄲🄱 ✱ Rest
Menu à la carte 19,50/27 – **172 Zim** ⊇ 69 – 87/103, 5 Suiten – ½ P 14.
♦ Am nördlichen Ortsrand liegt der mehrgeschossige Hotelbau. Aus einigen der gediegen und zeitgemäß ausgestatteten Zimmer haben Sie einen schönen Blick auf den Keilberg. Restaurant im erzgebirgischen Stil.

🏠 Rotgießerhaus, Böhmische Str. 8, ⊠ 09484, ℘ (037348) 13 10, *rotgiesserhaus@t-online.de*, Fax *(037348) 13130*, 🅒, 🌿 – 🅿, ⇄ Zim, 🄰 🄲 ♿
geschl. April 2 Wochen, Nov. 2 Wochen – **Menu** *(geschl. Mittwochmittag)* à la carte 12,50/25 – **22 Zim** ⊇ 45/59 – 72/90 – ½ P 12.
♦ Das älteste Steinhaus von Oberwiesenthal ist ein historisches Schmuckstück und wird von Familie Schnitzlein familiär geführt. Sehr gepflegte und nette Gästezimmer. Alte Werkzeuge zieren die Wände des gemütlichen Restaurants.

🏠 Fichtelberghaus ⓢ, Fichtelbergstr. 8 (auf dem Fichtelberg, West : 3,5 km), ⊠ 09484, ℘ (037348) 12 30, *info@hotel-fichtelberghaus.de*, Fax *(037348) 12345*, ≤Erzgebirge, 😀, 🅒 – 🅿, ⇄ Zim, 🄰 🄲 🄾 🄿 🄰🄴 🄾 🄼🄾 🆅🅸🆂🅰
Menu à la carte 14/29 – **28 Zim** ⊇ 50/60 – 80.
♦ Das Haus steht auf dem 1214 m hohen Gipfel des Fichtelbergs neben der Bergstation. Die Zimmer sind hell und neuzeitlich mit Kiefernmöbeln eingerichtet, teils recht geräumig. Restaurant im rustikalen regionstypischen Stil.

🏠 Am Kirchberg, Annaberger Str. 9, ⊠ 09484, ℘ (037348) 12 90, Fax *(037348) 8486* – ⇄ Zim, 🄰 – 🅰 25. 🄰🄴 🄾 🄼🄾 🆅🅸🆂🅰
Menu *(nur Abendessen)* à la carte 15/25 – **25 Zim** ⊇ 44 – 77 – ½ P 8.
♦ Die Gästezimmer dieses im Ortskern bei der Kirche gelegenen Hauses sind mit hellen Naturholzmöbeln eingerichtet, teils nicht allzu groß, aber sehr gepflegt. Rustikales Restaurant.

OBERWOLFACH Baden-Württemberg ▊▊▊ V 8 – 2 700 Ew – Höhe 280 m – Luftkurort.

🄱 Tourist-Information, Sportplatzstr. 9, ✉ 77709 Oberwolfach-Kirche, ℰ (07834) 95 13, Fax (07834) 47744.

Berlin 753 – Stuttgart 139 – Freiburg im Breisgau 60 – Freudenstadt 40 – Offenburg 42.

In Oberwolfach-Kirche :

🏠 **Drei Könige**, Wolftalstr. 28, ✉ 77709, ℰ (07834) 8 38 00, info@3koenige.de, Fax (07834) 8380285, 🍽, 🍴 – 📶, ✱ Zim, 📺 📞 🚗 🅿 – 🚪 40. 🆎 ⓞ ⓜ
VISA. ✱
Menu à la carte 16/29,50 – **55 Zim** ⌂ 50/64 – 74/80, 3 Suiten – ½ P 13.
• Schwarzwaldstil prägt den Charakter dieses Hauses, das im schönen Wolftal liegt. Fragen Sie nach den neueren und größeren Zimmern im seitlichen Anbau. Ländliches Ambiente herrscht in der Gaststube.

🏠 **Schacher** ✱, Alte Str. 2a, ✉ 77709, ℰ (07834) 60 13, hotel-cafe@hotel-schacher.de, Fax (07834) 867466, 🍽, 🍴 – 📶 📺 🅿 ⓜ VISA. ✱ Zim
Menu (nur Abendessen) (Restaurant nur für Hausgäste) – **14 Zim** ⌂ 41/46 – 70/78 – ½ P 14.
• Hübsche Holzbalkone schmücken die Fassade des kleinen Hotels. Die Zimmer sind mit solidem Holzmobiliar wohnlich gestaltet. Café mit selbst gebackenem Kuchen.

In Oberwolfach-Walke :

🏠 **Hirschen**, Schwarzwaldstr. 2, ✉ 77709, ℰ (07834) 83 70, hirschen@landidyll.de, Fax (07834) 6775, 🍽, ✱, 🍴 – 📶 ✱ 📺 📞 🅿 – 🚪 25. 🆎 ⓞ ⓜ VISA
geschl. 7. - 23. Jan. – **Menu** (geschl. Montag) à la carte 19/34 – **36 Zim** ⌂ 44/54 – 66/90 – ½ P 14.
• Überwiegend neuzeitliche, hell möblierte Zimmer, teils mit Sitzecke, und eine gute Pflege bietet dieses hübsche familiengeführte Landhotel. Restaurant in ländlichem Stil.

🏠 **Zum Walkenstein**, Burgfelsen 1, ✉ 77709, ℰ (07834) 3 95, info@walkenstein.de, Fax (07834) 4670, 🍽, ✱, 🍴 – 📶 ✱ Zim, 📺 🚗 🅿
Menu (geschl. Dienstag) à la carte 15/26 – **30 Zim** ⌂ 35 – 60 – ½ P 10.
• In wald- und wiesenreicher Umgebung liegt das familiengeführte ländliche Gasthaus mit Anbau. Im Haus hat man neben praktischen Zimmern auch eine Mineraliensammlung. Bürgerliches Restaurant mit regionaler Küche.

OBING Bayern ▊▊▊ V 21 – 3 500 Ew – Höhe 564 m.

🄱 Obing, Kirchreitbergerstr. 2, ℰ (08624) 87 56 23.

Berlin 647 – München 72 – Bad Reichenhall 62 – Rosenheim 31 – Salzburg 70 – Passau 123.

🏠 **Oberwirt**, Kienberger Str. 14, ✉ 83119, ℰ (08624) 8 91 10, info@oberwirt.de, Fax (08624) 891144, 🍽, Biergarten, ✱, 🛁, 🍴 – 📶 📺 🚗 🅿 – 🚪 30. ⓜ VISA JCB. ✱ Zim
Menu (geschl. 10. - 31. Okt., Mittwoch) à la carte 22/34 – **50 Zim** ⌂ 45/50 – 67/80 – ½ P 17.
• Die schöne Lage am See zeichnet diesen Gasthof aus. Die Zimmer sind größtenteils modern, hell, teils in Wischtechnik gestrichen und mit Metallbetten ausstaffiert. Urgemütlich und für den Landstrich typisch ist das Restaurant mit Tiroler Stube.

In Obing-Großbergham Süd-Ost : 2,5 km, über Seeoner Straße :

🏠 **Landgasthof Griessee** ✱, ✉ 83119, ℰ (08624) 22 80, info@griessee.de, Fax (08624) 2900, 🛁, 🍴 – 🚗 🅿 ⓜ
geschl. 12. Jan. - 24. Feb. – **Menu** (Nov. - März Montag) à la carte 12,50/22,50 – **26 Zim** ⌂ 25/45 – 46/52 – ½ P 10.
• Auf dem Land und ca. 15 Gehminuten von dem namengebenden Badesee entfernt liegt dieser Gasthof mit unterschiedlich möblierten Zimmern, teils mit Blick in den schönen Garten. Gaststuben in ländlich-rustikaler Aufmachung.

OBRIGHEIM Baden-Württemberg ▊▊▊ R 11 – 5 500 Ew – Höhe 134 m.

Berlin 594 – Stuttgart 85 – Mannheim 72 – Eberbach am Neckar 24 – Heilbronn 31 – Mosbach 6.

🏠 **Wilder Mann**, Hauptstr. 22, ✉ 74847, ℰ (06261) 9 75 10, brigittewaibel@t-online.de, Fax (06261) 7803, ✱, 🔲 – 📶 📺 🚗 🅿 🆎 ⓞ ⓜ VISA
geschl. 25. Dez. - 15. Jan. – **Menu** (geschl. Freitag - Samstag) à la carte 13,50/25 – **35 Zim** ⌂ 42/62 – 70/90.
• Ein familiengeführter, gestandener Gasthof mit Metzgerei. Die Zimmer sind unterschiedlich gestaltet : Komfort-, Landhaus- oder Bauernzimmer. Ländliche Gaststuben mit preisgünstigem regionalem Speisenangebot.

OCHSENFURT Bayern 546 Q 14 – 12 000 Ew – Höhe 187 m.

Sehenswert : *Ehemalige Stadtbefestigung*★ *mit Toren und Anlagen.*

🛈 *Tourist-Information, Hauptstr. 39,* ✉ *97199,* ✆ *(09331) 58 55, info@ochsenfurt.com, Fax (09331) 7493.*

Berlin 497 – München 278 – Würzburg 22 – Ansbach 59 – Bamberg 95.

Zum Schmied, Hauptstr. 26, ✉ 97199, ✆ (09331) 24 38, *info@hotel-schmied.de*, Fax (09331) 20203 – 📺 ⇌ AE ⓓ ⓜ VISA
Menu à la carte 13,50/33 – **19 Zim** ⇌ 40 – 50/60.
◆ Ein Fachwerkhaus in der Altstadt beherbergt dieses kleine Hotel mit neuzeitlichen, einheitlich mit hellen Kiefernmöbeln eingerichteten Zimmern. Rustikaler Restaurantbereich.

Nahe der Straße nach Marktbreit *Ost : 2,5 km :*

Wald- und Sporthotel Polisina, Marktbreiter Str. 265, ✉ 97199 Ochsenfurt, ✆ (09331) 84 40, *hotel-polisina@t-online.de*, Fax (09331) 7603, 🌿, Massage, ≘s, 🄽, ≲, ≶ – 🛗 📺 ✆ ⇌ 🅿 – 🄰 120. AE ⓓ ⓜ VISA 🌿 Rest
Menu à la carte 25/48 – **93 Zim** ⇌ 80/95 – 118/135.
◆ Außerhalb des Ortes liegt dieses gut gepflegte Hotel mit Landhauscharakter. Die Zimmer im Stammhaus sind wohnlich-rustikal möbliert, die im Anbau neuzeitlicher. Der gastronomische Bereich des Hauses wird von Holzgebälk gemütlich unterteilt.

In Sommerhausen *Nord-West : 6 km über B 13 :*

Zum Weinkrug garni, Steingraben 5, ✉ 97286, ✆ (09333) 9 04 70, *info@zum-weinkrug.de*, Fax (09333) 904710 – 📺 ⇌ 🅿 ⓜ VISA
15 Zim ⇌ 45/50 – 62/80.
◆ Ein schmuckes, kleines Neubauhotel vor dem Tor der alten Stadtmauer. Die Zimmer sind praktisch mit rustikalen Eichenmöbeln ausgestattet, einige auch mit Balkon.

Philipp mit Zim, Hauptstr. 12, ✉ 97286, ✆ (09333) 14 06, *info@restaurant-philipp.de*, Fax (09333) 902250 – 📺 ⓜ
Menu *(geschl. Montag - Dienstag)(Mittwoch - Freitag nur Abendessen)* (Tischbestellung erforderlich) 55/70 und à la carte – **3 Zim** ⇌ 62/87 – 92/130.
◆ Ein engagiert geführtes kleines Restaurant. Zurückhaltende Eleganz bestimmt den Stil des aufwändig restaurierten Fachwerk-Bürgerhauses aus der Renaissance. Stilvolle Zimmer.
Spez. Ravioli gefüllt mit Ochsenbäckchen und Petersilienwurzelnage. Rochenflügel mit Balsamicosauce und Le-Puy-Linsen. Schokoladencrêpes mit Blutorangenragout und Grand-Marnier-Eis

---

OCHSENHAUSEN Baden-Württemberg 545 V 13 – 8 700 Ew – Höhe 609 m – Erholungsort.

🛈 *Verkehrsamt, Marktplatz 1,* ✉ *88416,* ✆ *(07352) 92 20 26, stadt@ochsenhausen.de, Fax (07352) 922019.*

Berlin 658 – Stuttgart 139 – Konstanz 150 – Ulm (Donau) 47 – Memmingen 22.

Mohren, Grenzenstr. 4, ✉ 88416, ✆ (07352) 92 60, *zwerger@hotel-mohren.com*, Fax (07352) 926100, Massage, ≘s – 🛗 ⇌ Zim, 📺 ✆ ⇌ 🅿 – 🄰 80. AE ⓓ ⓜ VISA
Menu à la carte 22/48 – **28 Zim** ⇌ 66/86 – 98/128 – ½ P 15.
◆ In einer verkehrsberuhigten Zone in der Innenstadt liegt dieses mit neuzeitlichen Zimmern ausgestattete Hotel. In der obersten Etage : zwei Suiten mit integrierter Sauna. Neorustikales Restaurant mit Nischen.

In Gutenzell-Hürbel *Nord-Ost : 6 km, über Ulmer Straße, am Ortsende rechts ab :*

Klosterhof 🌿 (mit Gästehaus), Schlossbezirk 2 (Gutenzell), ✉ 88484, ✆ (07352) 9 23 30, *klosterhofgutenzell@t-online.de*, Fax (07352) 7779, 🌿 – 📺 ⇌ 🅿 – 🄰 20
Menu *(geschl. über Fasching 1 Woche, Montag)* à la carte 15,50/35 – **16 Zim** ⇌ 38/45 – 67/75.
◆ Dieses Haus hat als Torgaststätte eine lange zurückreichende Tradition - heute ein kleines Hotel mit ländlichen Zimmern. Gegenüber : das Kloster mit Barockkirche. Bürgerliches Restaurant mit Kachelofen.

OCHTENDUNG Rheinland-Pfalz 543 O 6 – 4 200 Ew – Höhe 190 m.

Berlin 609 – Mainz 110 – Koblenz 20 – Mayen 13.

Gutshof Arosa mit Zim, Koblenzer Str. 2 (B 258), ✉ 56299, ✆ (02625) 44 71, *hotelarosa@t-online.de*, Fax (02625) 5261, 🌿 – 📺 🅿 AE ⓜ VISA 🌿
geschl. Juli - Aug. 2 Wochen – **Menu** *(geschl. Montag)* à la carte 25/36 – **11 Zim** ⇌ 39 – 78.
◆ Herzstück des familiengeführten Restaurants, einem ehemaligen Gutshof, ist das Kaminzimmer. An gut eingedeckten Tischen serviert man eine internationale Küche.

1079

OCKFEN Rheinland-Pfalz 543 R 3 – 600 Ew – Höhe 160 m.
Berlin 742 – Mainz 173 – Trier 29 – Saarburg 5.

- **Klostermühle**, Hauptstr. 1, ✉ 54441, ℘ (06581) 9 29 30, hotel@bockstein.de, Fax (06581) 929320, 🍽, 🍸, 🍷 – ≡ Rest, 📺 ♿ ⇔ 🅿
geschl. 5. - 29. Jan. – **Menu** (geschl. Dienstag) à la carte 14/28,50 – **22 Zim** ⊇ 40/50 – 62/70.
  • Von der Inhaberin selbst geführtes, in einer ehemaligen Mühle untergebrachtes Hotel im Landhausstil. Die Zimmer sind recht schlicht, aber funktionell und gut gepflegt. Einfach-rustikaler Restaurantbereich.

ODELZHAUSEN Bayern 546 V 17 – 3 000 Ew – Höhe 507 m.
🏌 Gut Todtenried, (Süd : 2 km) ℘ (08134) 9 98 80.
Berlin 590 – München 46 – Augsburg 30 – Donauwörth 65 – Ingolstadt 77.

- **Schlosshotel-Schlossbräustüberl** (mit Gästehaus), Am Schlossberg 3, ✉ 85235, ℘ (08134) 65 98 (Hotel) 9 98 71 00 (Rest.), info@schlosshotel-odelzhausen.de, Fax (08134) 5193, 🍽, 🍸, 🔲, 🍷 – ⇌ Zim, 📺 🅿
Menu à la carte 16/28,50 – **15 Zim** ⊇ 70/83 – 95/115.
  • Das Schlossgebäude verbindet modernen Designer-Stil mit klassischem Rahmen. Die Zimmer im Gutshaus wirken mit Landhaus- und Korbmöbeln wohnlich. In Stuben unterteiltes Restaurant im ehemaligen Sudhaus.

- **Staffler** garni, Hauptstr. 3, ✉ 85235, ℘ (08134) 60 06, Fax (08134) 7737 – 📺 ✆ 🅿 🔵 ⓂⓄ 𝚅𝙸𝚂𝙰
geschl. 20. Dez. - 10. Jan., über Pfingsten – **28 Zim** ⊇ 49/52 – 67/72.
  • Ein sehr gepflegtes und gut geführtes Hotel mit neuzeitlichen, in heller Eiche möblierten Gästezimmern. Praktisch : Einkaufscenter im Haus.

Die Erläuterungen in der Einleitung helfen Ihnen,
Ihren Michelin-Führer effektiver zu nutzen.

ODENTHAL Nordrhein-Westfalen 543 M 5 – 13 500 Ew – Höhe 80 m.
Ausflugsziel : Odenthal-Altenberg : Altenberger Dom (Buntglasfenster★) Nord : 3 km.
Berlin 553 – Düsseldorf 49 – Köln 18.

- **Zur Post** (Wilbrand), Altenberger-Dom-Str. 23, ✉ 51519, ℘ (02202) 97 77 80, info@hotel-restaurant-zur-post.de, Fax (02202) 9777849, 🍽 – ⇌ Zim, 📺 ✆ 🅿 🅰 80. 🔵 ⓂⓄ 𝚅𝙸𝚂𝙰 𝙹𝙲𝙱
Menu (geschl. Donnerstag) à la carte 25/50 – **Postschänke** (geschl. Donnerstag) **Menu** à la carte 19/34 – **17 Zim** ⊇ 82/143 – 123/159.
  • Das historische Gasthaus mit regionstypischer Schieferschindel-Fassade hat man um einen Hotelbau mit neuzeitlich-wohnlichen Zimmern erweitert. Die im bergischen Stil gestalteten Gaststuben bieten eine schmackhafte klassische Küche.
Spez. Carpaccio vom Eisbein mit Graupenvinaigrette und gebackener Blutwurst. Filet vom Weiderind mit Kräuterkruste und breiten Bohnen. Trilogie von der Schokolade.

In Odenthal-Altenberg Nord : 2,5 km, über Altenberger-Dom-Straße :

- **Altenberger Hof** 🍃, (mit Gästehaus Torschänke), Eugen-Heinen-Platz 7, ✉ 51519, ℘ (02174) 49 70, altenberger-hof@t-online.de, Fax (02174) 497123, 🍽 – 🛗, ⇌ Zim, 📺 ✆ 🅿 – 🅰 50. 🔵 ⓂⓄ 𝚅𝙸𝚂𝙰
Menu à la carte 26,50/51,50 – **38 Zim** ⊇ 74/95 – 118/156.
  • Mit gekalktem Mobiliar in unterschiedlichen Farben wohnlich eingerichtete Zimmer machen das Haupthaus aus, die Zimmer im Gästehaus sind etwas schlichter gestaltet. Viel Holz, Kachelöfen und ein offener Kamin prägen das Restaurant.

ÖHNINGEN Baden-Württemberg 545 X 10 – 3 600 Ew – Höhe 440 m – Erholungsort.
🛈 Tourist-Information, Klosterplatz 1, ✉ 78337, ℘ (07735) 8 19 20, Fax (07735) 81930.
Berlin 800 – Stuttgart 168 – Konstanz 34 – Singen (Hohentwiel) 16 – Schaffhausen 22.

In Öhningen-Schienen Nord : 2,5 km in Richtung Radolfzell, über Schienerstraße :

- **Falconera** (Wuhrer), Zum Mühlental 1, ✉ 78337, ℘ (07735) 23 40, info@restaurant-falconera.de, Fax (07735) 2350, 🍽 – 🅿 ⓂⓄ 𝚅𝙸𝚂𝙰
geschl. Dienstag - Mittwochmittag – **Menu** à la carte 30,50/39.
  • Am Ortsrand liegt die ehemalige Mühle an einem Bachlauf. Im Inneren fügen sich der offene Kamin, Holzbalken und Steinfußboden zu einem attraktiven Landhaus-Ambiente zusammen.
Spez. Gegrillte Scampi mit Limonenrisotto. Kross gebratener Loup de mer mit Aceto Balsamico-Jus und Gartenbohnen. Quarkknödel mit weißer Schokolade und Beerengrütze.

1080

ÖHNINGEN

In Öhningen-Wangen *Ost : 3 km in Richtung Radolfzell, über Hörisstraße und Im Ziehler :*

Adler, Kirchplatz 6, ⊠ 78337, ℰ (07735) 7 24, Fax (07735) 8759, 🍽, 🐕, 🌳 – TV
P. AE ⓪ ⓜ VISA
geschl. über Fasching 2 Wochen, Anfang Nov. 2 Wochen – **Menu** *(geschl. Aug. - Sept. Donnerstagmittag, Okt. - Juli Donnerstag)* à la carte 16,50/29 – **16 Zim** ⊇ 40/50 – 74 – ½ P 13.
◆ Wenn Sie die Ferienhalbinsel Höri kennenlernen möchten, ist dieses schlichte Quartier ein netter Ausgangspunkt. Sie wohnen in praktischen Zimmern, teils mit Balkon. Bürgerliches Restaurant.

Residenz am See 🍴 mit Zim, Seeweg 2, ⊠ 78337, ℰ (07735) 9 30 00, *residenza msee@t-online.de*, Fax (07735) 930020, ≤, 🍽, Biergarten, 🐕, 🌳 Bootssteg – TV P.
AE ⓪ ⓜ VISA
Menu *(geschl. über Fasching 2 Wochen, Nov. - Feb. Montag)* 28/56 und à la carte 29,50/ 58, ⓩ – **12 Zim** ⊇ 77/98 – 120/140 – ½ P 25.
◆ Restaurant in schöner Lage direkt am Seeufer. Ein eleganter Touch und freundliche, warme Farben prägen das Ambiente. Hübsche Seeterrasse. Neuzeitliche Gästezimmer.

ÖHRINGEN Baden-Württemberg **545** S 12 – *21 700 Ew – Höhe 230 m.*
Sehenswert : *Ehemalige Stiftskirche*★ *(Margarethen-Altar*★*)*.
🏌 Friedrichsruhe (Nord : 6 km), ℰ (07941) 92 08 10.
🅱 Hauptamt, Rathaus, Marktplatz 15, ⊠ 74613, ℰ (07941) 6 81 18, Fax (07941) 68222.
Berlin 568 – Stuttgart 66 – Heilbronn 28 – Schwäbisch Hall 29.

Württemberger Hof 🍴, Karlsvorstadt 4, ⊠ 74613, ℰ (07941) 9 20 00, *info@w uerttemberger-hof.de*, Fax (07941) 920080, ≦s – 📶 TV 🔧 ⚙ ⊂⊃ P – 🎄 100. AE ⓪ ⓜ VISA
Menu *(geschl. 1. - 11. Jan., Samstag)* à la carte 20,50/35,50 – **52 Zim** ⊇ 78/93 – 93/119.
◆ Die ruhige Lage an der Fußgängerzone des mittelalterlichen Stadtkerns ist einer der Vorzüge des Hauses. Wählen Sie eine der schön gestalteten Zimmer im Haupthaus. Restaurant mit elegantem Gourmetstüberl und Kutscherstube.

In Friedrichsruhe *Nord : 6 km, jenseits der A 6, über Friedrichsruher Straße :*

Wald- und Schloßhotel Friedrichsruhe 🍴, ⊠ 74639 Zweiflingen, ℰ (07941) 6 08 70, *hotel@friedrichsruhe.de*, Fax (07941) 61468, 🍽, 🏂, Massage, ≦s, 🏊, 🏊, 🌳, %, 🏌, – 📶 TV 🔧 ⚙ ⊂⊃ P – 🎄 60. AE ⓪ ⓜ VISA JCB
Menu *(geschl. Montag - Dienstag)* 80/110 à la carte 51/80, ⓩ 🎄 – **43 Zim** ⊇ 105/205 – 165/247, 12 Suiten.
◆ Die Schlossanlage verwöhnt Besucher mit Luxus und Noblesse. Stuckdecken und Antiquitäten, aber auch gehobener Landhausstil machen den Aufenthalt zum Erlebnis. Schöner Park. Herrschaftliches Ambiente und gekonnt zubereitete klassische Küche im Restaurant.
Spez. Ganzer Hummer in drei Gängen serviert. Tranche vom Steinbutt unter geschmolzener Gänseleber. Medaillon vom Hohenloher Damwild im Champignonkopf braisiert

Jägerstube - Wald- und Schloßhotel Friedrichsruhe, ⊠ 74639 Zweiflingen, ℰ (07941) 6 08 70, *hotel@friedrichsruhe.de*, Fax (07941) 61468, 🍽 – P. AE ⓪ ⓜ VISA JCB
Menu à la carte 27/37, ⓩ.
◆ Eine ländlich-rustikale Alternative zum Sternerestaurant des Wald- und Schlosshotels ist die Jägerstube. Hier serviert man eine regionale Küche.

OELDE Nordrhein-Westfalen **543** K 8 – *27 500 Ew – Höhe 98 m.*
Berlin 430 – Düsseldorf 137 – Bielefeld 51 – Beckum 13 – Gütersloh 23 – Lippstadt 29.

Mühlenkamp, Geiststr. 36, ⊠ 59302, ℰ (02522) 9 35 60, *hotel.muehlenkamp@t-on line.de*, Fax (02522) 935645 – 📶 🔧 ⊂⊃ P. AE ⓪ ⓜ VISA
geschl. 22. Dez. - 4. Jan. – **Menu** *(geschl. Samstag)* à la carte 21/35 – **30 Zim** ⊇ 57/69 – 75/95.
◆ Unweit des Zentrums liegt dieses familiengeführte Hotel, das über gut gepflegte, saubere und solide ausgestattete Zimmer unterschiedlicher Größe verfügt. Klassisches Restaurant mit gutem Couvert.

Engbert garni, Lange Str. 24, ⊠ 59302, ℰ (02522) 9 33 90, *info@hotelengbert.de*, Fax (02522) 933939 – 📶 🐾 TV ⊂⊃ P. AE ⓪ ⓜ VISA
geschl. Dez. - Jan. 2 Wochen – **35 Zim** ⊇ 55/67 – 77/87.
◆ Dieses moderne Stadthotel hält solide und wohnlich ausgestattete Zimmer für Sie bereit. Vor der Tür finden Sie zahlreiche Geschäfte und Boutiquen.

1081

OELDE

In Oelde-Lette Nord : 6,5 km, über K.-Adenauer-Allee und Warendorfer Straße :

🏠 **Westermann,** Clarholzer Str. 26, ⌧ 59302, ℘ (05245) 8 70 20, info@hotel-wester
mann.de, Fax (05245) 870215, 🌳, ✂ – 📶 📺 🅿 – 🔑 30. 🆎 ⓜ 💳
Menu (wochentags nur Abendessen) à la carte 15/25 – **45 Zim** ⌂ 42/45 – 72/74.
♦ Eine sehr saubere und gut geführte Unterkunft, die über solide, teils ältere Zimmer mit
Kachelfußboden, teils neuere mit Korkboden verfügt. Ländlich-einfaches Restaurant mit
bürgerlicher Küche.

In Oelde-Stromberg Süd-Ost : 5 km, jenseits der A 2, über Stromberger Straße – Erholungsort :

☂ **Zur Post,** Münsterstr. 16, ⌧ 59302, ℘ (02529) 2 46, Fax (02529) 7162 – 📺 🚗 🅿
🆎 ① ⓜ 💳
geschl. Mitte Juli - Anfang Aug. - **Menu** (geschl. Montag) (nur Abendessen) à la carte 13/23
– **16 Zim** ⌂ 33 – 66.
♦ Der ländliche Gasthof ist ein solider, gut geführter Familienbetrieb, der teils recht
schlichte, aber saubere und gut unterhaltene Gästezimmer bietet.

OER-ERKENSCHWICK Nordrhein-Westfalen 543 L 5 – 28 000 Ew – Höhe 85 m.

Berlin 502 – Düsseldorf 74 – Dortmund 29 – Münster (Westfalen) 64 – Recklinghausen 5.

🏠 **Giebelhof,** Friedrichstr. 5, ⌧ 45739, ℘ (02368) 91 00, giebelhof@t-online.de,
Fax (02368) 910222, Biergarten, ⛲ – 📶, ✂ Zim, 📺 🅿 – 🔑 40. 🆎 ⓜ 💳 🏧
Menu à la carte 18/37 – **33 Zim** ⌂ 58 – 83.
♦ Hinter der Giebelfassade dieses Klinkerhauses überzeugen zeitgemäß und praktisch
mit hellem Naturholz eingerichtete Gästezimmer - teils mit Balkon. Im Gebäude direkt
gegenüber dem Hotel befindet sich das bürgerlich-rustikale Restaurant.

OESTRICH-WINKEL Hessen 543 P 8 – 12 000 Ew – Höhe 90 m.

🛈 Tourist-Information, An der Basilika 11a, ⌧ 65375 Oestrich-Winkel-Mittelheim,
℘ (06723) 1 94 33, info@oestrich-winkel.de, Fax (06723) 995555.
Berlin 588 – Wiesbaden 21 – Bad Kreuznach 65 – Koblenz 74 – Mainz 24.

Im Stadtteil Oestrich :

🍴 **Grüner Baum,** Rheingaustr. 45, ⌧ 65375, ℘ (06723) 16 20, gruenerbaumoestrich@
gmx.de, Fax (06723) 88343, 🌳, – 🆎 ⓜ 💳
geschl. 1. - 20. Jan., Donnerstag - **Menu** à la carte 18/34.
♦ Ein Fachwerkhaus von 1632 mit schöner, teils bewachsener Fassade. Der Chef steht hier
selbst in der Küche, die Chefin leitet freundlich und versiert den Service.

Im Stadtteil Winkel :

🏨 **Nägler am Rhein,** Hauptstr. 1, ⌧ 65375, ℘ (06723) 9 90 20, hotel-naegler@t-onli
ne.de, Fax (06723) 990280, ≤ Rhein und Ingelheim, 🌳, ⛲ – 📶, ✂ Zim, 📺 ♿ 🅿 – 🔑 80.
🆎 ① ⓜ 💳 🏧
Menu (geschl. Anfang Jan. 1 Woche) à la carte 25/36 – ⌂ 10 – **42 Zim** 67/79 –
87/107.
♦ Die Lage in den Weinbergen, direkt am Rhein, sowie gepflegte Zimmer mit unterschied-
licher Einrichtung zählen zu den Annehmlichkeiten dieses familiengeführten Hauses. Das
Restaurant in der obersten Etage bietet eine schöne Aussicht.

🏠 **F. B. Schönleber,** Hauptstr. 1b, ⌧ 65375, ℘ (06723) 9 17 60, info@fb-schoenlebe
r.de, Fax (06723) 4759, 🌳 – 📺 🅿 🆎 ⓜ 💳 ✂
geschl. Dez. - Mitte Jan. - **Menu** (geschl. Montag - Dienstag) (Weinstube ab 16 Uhr
geöffnet ; kleines Speiseangebot) – **17 Zim** ⌂ 52 – 72/82.
♦ Sie wohnen in einem traditionsreichen Wein- und Sektgut. Mit hellem Holzmobiliar ein-
gerichtete Zimmer, bestens unterhalten und teilweise mit Balkon und Rheinblick. Bei der
Gestaltung der Weinstube wurde 200 Jahre altes Fichtenholz verwendet.

🍴 **Gutsausschank Brentanohaus,** Am Lindenplatz 2, ⌧ 65375, ℘ (06723) 74 26,
brentanohaus@aol.com, Fax (06723) 998328, 🌳 – 🅿.
geschl. 27. Dez. - 31. Jan., Donnerstag, Okt. - März Mittwoch - Donnerstag - **Menu** (Okt.
- März Montag - Freitag nur Abendessen) à la carte 22/31,50.
♦ Das Gutshaus aus dem Jahre 1751 ist heute noch der Sitz der Familie Brentano. Der als
Restaurant genutzte Teil des Hauses ist freundlich gestaltet mit schöner Gartenterrasse.

🍴 **Gutsrestaurant Schloß Vollrads,** (Nord : 2 km), ⌧ 65375, ℘ (06723) 52 70, bel
gastronomie@debitel.net, Fax (06723) 998227, 🌳 – 🅿. ⓜ 💳
geschl. Anfang Jan. 2 Wochen, Nov. 2 Wochen, Mittwoch, Nov. - März Dienstag - Donnerstag
– **Menu** à la carte 27,50/38.
♦ Das Restaurant des repräsentativen Schlosses ist in einem Wintergarten-Anbau unter-
gebracht. Im Sommer sitzt man auch schön auf der Gartenterrasse.

OESTRICH-WINKEL

Im Stadtteil Hallgarten :

🏠 **Zum Rebhang** ⟨⟩, Rebhangstr. 53 (Siedlung Rebhang), ✉ 65375, ℘ (06723) 21 66, info@hotel-zum-rebhang.de, Fax (06723) 1813, ≤ Rheintal, 🍴, 🐖 – 📺 🅿
Menu (geschl. Mitte Jan. - Mitte Feb., Donnerstag) à la carte 17/35 – **14 Zim** ⇌ 45/55 – 80/90.
 • Das Haus liegt im Stadtteil Hallgarten auf den Höhen des Rheingaus und bietet eine schöne Aussicht. Sie wohnen in zeitgemäß eingerichteten Zimmern. Restaurant mit gediegenem Ambiente.

ÖSTRINGEN Baden-Württemberg 5̲4̲5̲ S 10 – 10 500 Ew – Höhe 165 m.
🏌 Östringen-Tiefenbach, Birkenhof (Süd-Ost : 12 km), ℘ (07259) 8683.
Berlin 630 – Stuttgart 97 – Karlsruhe 45 – Heilbronn 45 – Mannheim 44.

In Östringen-Tiefenbach Süd-Ost : 12 km, über Kuhngasse und Odenheim :

🏠 **Kreuzberghof** ⟨⟩, Am Kreuzbergsee, ✉ 76684, ℘ (07259) 9 11 00, kontakt@kreuzberghof.de, Fax (07259) 911013, 🍴, ≦s – 📶 📺 ☏ 🅿 – 🔑 120. 🅰🅴 🅼🅞 🆅🅸🆂🅰. 🐕 Zim
Menu à la carte 16/34 – **40 Zim** ⇌ 60/105 – 80/125.
 • Das Hotel besticht durch seine reizende Lage an einem kleinen See. Ihre Unterbringung erfolgt in gemütlich und wohnlich ausgestatteten, teilweise renovierten Zimmern. Weitläufig und einladend zeigt sich das neo-rustikale Restaurant.

✕ **Weinforum Heitlinger,** Am Mühlberg, ✉ 76684, ℘ (07259) 9 11 20, info@heitlinger-wein.de, Fax (07259) 911299, 🍴, (Weingut) – 🅿 – 🔑 30. 🅞🅓 🅼🅞 🆅🅸🆂🅰
geschl. 24. Dez. - 16. Jan. – **Menu** (nur Eigenbauweine) à la carte 21/33, ♀.
 • Man verspricht Ihnen hier "Landgastronomie im Zeitgeist" ! Die Ausstattung kombiniert Modernes mit Antiquitäten, verschiedene Künstler zeigen ihr Können im Kulturforum.

Die Erläuterungen in der Einleitung helfen Ihnen,
Ihren Michelin-Führer effektiver zu nutzen.

ÖTISHEIM Baden-Württemberg 5̲4̲5̲ T 10 – 4 600 Ew – Höhe 247 m.
Berlin 637 – Stuttgart 43 – Karlsruhe 46 – Heilbronn 69.

🏠 **Krone,** Maulbronner Str. 11, ✉ 75443, ℘ (07041) 28 07, Fax (07041) 861521, 🍴 – 🍽 Zim, 📺 ☏ 🅿 🅼🅞 🆅🅸🆂🅰. 🐕 Zim
geschl. Jan. 2 Wochen, Aug. 3 Wochen – **Menu** (geschl. Sonntagabend - Montag) à la carte 19/26 – **17 Zim** ⇌ 36/37 – 58/60.
 • Die Krone befindet sich seit 1869 in Familienbesitz und wird von Familie Münchinger - Fachleuten von Kindesbeinen an - engagiert und liebenswürdig bewirtschaftet. Als ländliche Gastwirtschaft mit Stammtisch zeigt sich das Restaurant.

✕ **Sternenschanz,** Gottlob-Linck-Str. 1, ✉ 75443, ℘ (07041) 66 67,
🐌 Fax (07041) 862155, 🍴 – 🅿 🅼🅞 🆅🅸🆂🅰
geschl. über Fasching 1 Woche, Aug. 3 Wochen, Dienstag – **Menu** à la carte 19,50/35.
 • Fein, bodenständig und marktfrisch ist die Küche, mit der man Sie hier bewirtet. Beim Essen umgibt Sie die behagliche Stimmung einer Gaststube mit Kachelofen.

OEVENUM Schleswig-Holstein siehe Föhr (Insel).

OEVERSEE Schleswig-Holstein siehe Flensburg.

OEYNHAUSEN, BAD Nordrhein-Westfalen 5̲4̲3̲ J 10 – 53 500 Ew – Höhe 71 m – Heilbad.
🏌 Löhne, Auf dem Stickdorn 63 (Süd : 6 km Richtung Exter), ℘ (05228) 70 50.
🛈 Tourist-Information, Verkehrsstraße, Am Kurpark 32545, ℘ (05731) 13 17 00, touristinfo-badoeynhausen@teleos-web.de, Fax (05731) 131717.
Berlin 362 – Düsseldorf 211 – Bielefeld 37 – Bremen 116 – Hannover 79 – Osnabrück 62.

🏠 **Königshof** ⟨⟩, Am Kurpark 5, ✉ 32545, ℘ (05731) 24 60, info@koenigshof-badoeynhausen.de, Fax (05731) 246154, 🍴 – 📶 🅿 – 🔑 60. 🅼🅞 🆅🅸🆂🅰. 🐕 Rest
Menu (geschl. Jan., Sonntag - Montag) (nur Abendessen) à la carte 33/46 – ⇌ 11 – **70 Zim** 46/66 – 62/77, 3 Suiten.
 • Sie betreten das Haus durch eine ausgesprochen repräsentative Empfangshalle. An den Zimmern erwartet den Gast eine wohnliche, teils elegant angehauchte Atmosphäre. Das Restaurant ist in neuzeitlichem Stil gehalten.

1083

OEYNHAUSEN, BAD

Mercure garni, Königstr. 3, ⊠ 32545, ☎ (05731) 2 58 90, h2091@accor-hotels.com, Fax (05731) 258999, 🛎 – 🛗 ⚡ TV 📞 ♿ 🚗 – 🅿 30. AE ① ⓜ VISA
57 Zim ⊇ 80 – 107.
• Hier wohnt man sehr zentral und nur wenige Schritte von der belebten Fußgängerzone entfernt. Geschäftsleute schätzen das Haus wegen seiner funktionellen Zimmer.

Stickdorn, Kaiser-Wilhelm-Platz 17, ⊠ 32545, ☎ (05731) 1 75 70, info@hotelstickdorn.de, Fax (05731) 175740, 🍴, 🛎 – ⚡ Zim, TV 📞 🚗 🅿. AE ⓜ VISA
Menu (nur Abendessen) à la carte 24/34 – **25 Zim** ⊇ 70/90 – 84/100.
• Im Haupthaus sowie in der Dependance wurden die meisten Zimmer mit gekalkten Naturholzmöbeln ausgestattet und in hellen Erdtönen gestrichen. Hübsch : das Toskana-Zimmer !

Brunnenhof garni, Brunnenstr. 8, ⊠ 32545, ☎ (05731) 2 11 11, hotelbrunnenhof@hotelbrunnenhof.de, Fax (05731) 21148 – TV 🅿. AE ⓜ VISA JCB
28 Zim ⊇ 52/62 – 75/94.
• Ein praktisch und zeitgemäß ausgestattetes und verkehrsgünstig gelegenes Hotel. Kurpark und Bahnhof sind bequem zu Fuß zu erreichen.

Nahe der B 61 Nord-Ost : 2,5 km :

Hahnenkamp, Alte Reichsstr. 4, ⊠ 32549 Bad Oeynhausen, ☎ (05731) 7 57 40, hahnenkamp@t-online.de, Fax (05731) 757475, Biergarten, 🍴 – ⚡ Zim, TV 📞 🅿 – 🅿 60. AE ① ⓜ VISA
Menu à la carte 15,50/36,50 – **35 Zim** ⊇ 67/97 – 79/122 – ½ P 13.
• Etwas außerhalb liegt das Hotel, schön von einem alten Baumbestand umgeben. Alle Gästezimmer sind mit zeitgemäßem, funktionellem Mobiliar eingerichtet. Im Kaminzimmer serviert man Bürgerliches, im Sansibar afrikanische Küche.

In Bad Oeynhausen-Bergkirchen Nord : 9,5 km, über Eidinghausener Straße :

Wittekindsquelle, Bergkirchener Str. 476, ⊠ 32549, ☎ (05734) 9 10 00, info@wittekindsquelle.de, Fax (05734) 910091, 🍴, Biergarten – ⚡ Zim, TV 📞 🅿 – 🅿 30. AE ① ⓜ VISA
Menu (geschl. Montagmittag, Samstagmittag) à la carte 21,50/47 – **24 Zim** ⊇ 69/79 – 109 – ½ P 19.
• Ein gut unterhaltenes Hotel, das über neuzeitlich ausgestattete, teils recht geräumige Zimmer verfügt - einige mit hübschen Korbsesseln. Elegantes Restaurant und rustikale Stube.

In Bad Oeynhausen-Lohe Süd : 2 km, über Steinstraße, Weserstraße und Detmolder Straße :

Trollinger Hof, Detmolder Str. 89, ⊠ 32545, ☎ (05731) 7 95 70, hotel@trollingerhof.de, Fax (05731) 795710, 🍴 – TV 📞 🅿 – 🅿 15. ⓜ VISA JCB
Menu (geschl. Donnerstag) (Montag - Freitag nur Abendessen) à la carte 19/26 – **20 Zim** ⊇ 55/92 – 70/108 – ½ P 16.
• Das am südlichen Rand des Ortes gelegene familiengeführte kleine Haus bietet praktisch und zeitgemäß eingerichtete Zimmer mit solider Technik. Rustikales, gemütlich wirkendes Restaurant.

Schreiben Sie uns...
Ihre Meinung, sei es Lob oder Kritik, ist stets willkommen.
Jeder Ihrer Hinweise wird durch unsere Inspektoren sorgfältig
in den betroffenen Hotels und Restaurants überprüft.
Dank Ihrer Mithilfe wird Der Rote Michelin-Führer
immer aktueller und vollständiger.
Vielen Dank im Voraus !

OFFENBACH Hessen 543 P 10 – 117 800 Ew – Höhe 100 m.

Sehenswert : Deutsches Ledermuseum★★ Z M1.
Messehalle Z, ☎ (069) 8 29 75 50.
🛈 Offenbacher-Information, Salzgäßchen 1, ⊠ 63065, ☎ (069) 80 65 20 52, info@offenbach.de, Fax (069) 80653199.
ADAC, Frankfurter Str. 74.
Berlin 543 – Wiesbaden 44 – Frankfurt am Main 8 – Darmstadt 28 – Würzburg 116.

Stadtpläne siehe nächste Seiten

OFFENBACH

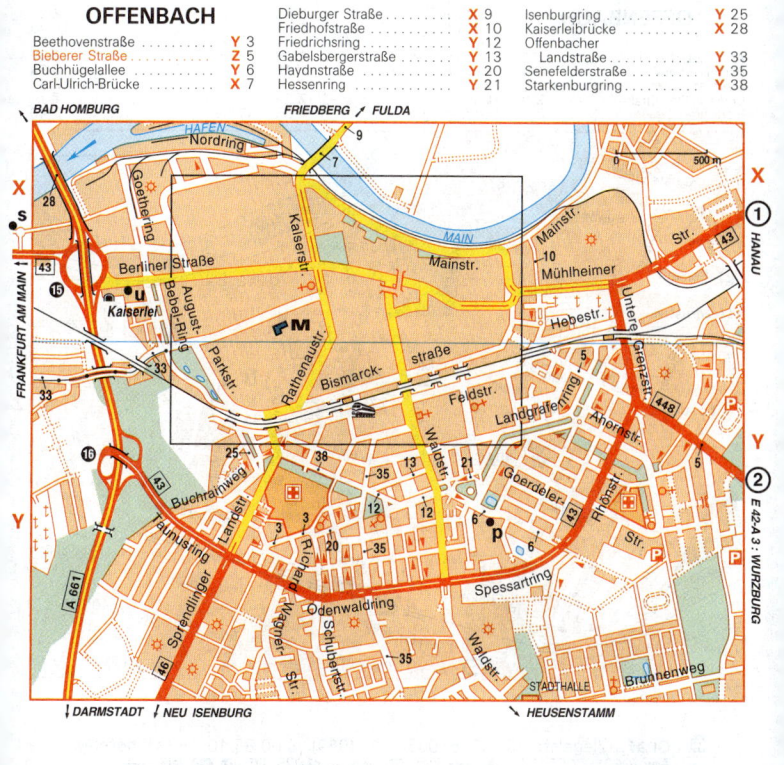

Beethovenstraße		**Y** 3	Dieburger Straße	**X** 9	Isenburgring	**Y** 25
Bieberer Straße		**Z** 5	Friedhofstraße	**X** 10	Kaiserleibrücke	**X** 28
Buchhügelallee		**Y** 6	Friedrichsring	**Y** 12	Offenbacher	
Carl-Ulrich-Brücke		**X** 7	Gabelsbergerstraße	**Y** 13	Landstraße	**Y** 33
			Haydnstraße	**Y** 20	Senefelderstraße	**Y** 35
			Hessenring	**Y** 21	Starkenburgring	**Y** 38

🏨 **ArabellaSheraton am Büsing Palais**, Berliner Str. 111, ✉ 63065, ✆ (069) 82 99 90, *buesingpalais@arabellasheraton.com*, Fax (069) 82999800, 🌳, Massage, 🏋, ≘s – 🛗, 🍽 Zim, 🖥 📺 📞 ♿ 🚗 – 🔑 240. 🆎 ⓓ 🆎 🆅🅸🅂🅰. ❀
Z c
Menu à la carte 29/42 – **221 Zim** ⌾ 175/285 – 211/321.
• Modernes Cityhotel, das in das Gebäude einer alten Schwimmhalle integriert wurde und dessen Zimmer freundlich gestaltet und mit modernster Technik versehen sind. In modernem Stil gehaltenes Restaurant

🏨 **Scandic Hotel**, Kaiserleistr. 45, ✉ 63067, ✆ (069) 8 06 10, *info.offenbach@scandic-hotels.de*, Fax (069) 8061666, ≘s, 🏊 – 🛗, 🍽 Zim, 📺 📞 ♿ 🚗 – 🔑 130. 🆎 ⓓ 🆎 🅅🅸🅂🅰 🅹🅲🅱
X s
Menu à la carte 23/37 – **251 Zim** 145 – 185.
• Der imposante runde Hochhausbau beherbergt funktionelle Zimmer, teils allergikergerecht. Ideale Voraussetzungen bietet das Haus für Konferenzen und Tagungen. Zwei Restaurants in hellen, frischen Farben.

🏨 **Park Plaza**, Ernst-Griesheimer-Platz 7, ✉ 63071, ✆ (069) 80 90 50, *ppoinfo@parkplazahotels.de*, Fax (069) 80905555, 🏋, ≘s – 🛗, 🍽 Zim, 📺 📞 ♿ 🚗 – 🔑 80. 🆎 ⓓ 🆎 🅅🅸🅂🅰 🅹🅲🅱, ❀ Rest
Y p
Menu à la carte 19/34 – **150 Zim** ⌾ 135/170 – 160/210.
• Gelungen wurde die Architektur des früheren Schlachthofs von 1904 mit einer Einrichtung in modernem Design verbunden. Klare Linien und warme Erdtöne dominieren. Das Hotelrestaurant ist im historischen Teil des Gebäudes untergebracht.

🏨 **Novotel**, Strahlenberger Str. 12, ✉ 63067, ✆ (069) 82 00 40, *h0499@accor-hotels.com*, Fax (069) 82004126, 🌳, 🏊 (geheizt), 🌿 – 🛗, 🍽 Zim, 🖥 Rest, 📺 📞 🅿 – 🔑 200. 🆎 ⓓ 🆎 🅅🅸🅂🅰 🅹🅲🅱
X u
⌾ 13 – **119 Zim** 91/120 – 126/211.
Menu à la carte 20/32
• Am Rande eines Geschäftsviertels liegt dieses gut unterhaltene Kettenhotel, das mit seinen hellen und modernen, sehr funktionell ausgestatteten Zimmern überzeugt.

1085

OFFENBACH

Street	Ref
Arthur-Zitscher-Straße	Z 2
Berliner Straße	Z 4
Biebererer Straße	Z 5
Christian-Pleß-Straße	Z 8
Frankfurter Straße	Z
Goethering	Z 15
Geleitsstraße	Z
Große Marktstraße	Z 17
Großer Biergrund	Z 18
Herrnstraße	Z
Hospitalstraße	Z 24
Isenburgring	Z 25
Kaiserstraße	Z
Kleiner Biergrund	Z 29
Marktplatz	Z 31
Mathildenstraße	Z 32
Schlossstraße	Z 34
Speyerstraße	Z 37
Waldstraße	Z
Wilhelmsplatz	Z 40

🏨 **Graf,** Ziegelstr. 6, ✉ 63065, ☏ (069) 8 00 85 10, *info@hotel-graf.de,*
Fax (069) 80085151 – 📶, ✳ Zim, 📺 🚗 – 🛁 25. AE ⓘ ⓜ VISA JCB   **Z g**
geschl. Weihnachten - Anfang Jan. – **Menu** *(nur Abendessen)* (Restaurant nur für Hausgäste) – **32 Zim** ☕ 51/79 – 62/97.
  • In zentraler Lage befindet sich dieses gepflegte Hotel, dessen Zimmer mit hellem Naturholzmobiliar und unterschiedlich gefärbten Stoffen wohnlich eingerichtet sind.

🏨 **Hansa** garni, Bernardstr. 101, ✉ 63067, ☏ (069) 82 98 50, *info@hotelhansa.de,*
Fax (069) 823218 – 📶 📺 🕭. AE ⓘ ⓜ VISA   **Z r**
22 Zim ☕ 45/65 – 65/80.
  • Zentrumsnah liegt das Etagenhotel in einer Wohngegend. Man verfügt über praktische Zimmer, die mit hellen Eichen- oder Kiefernmöbeln eingerichtet sind.

✕ **Dino,** Luisenstr. 63, ✉ 63067, ☏ (069) 88 46 45, *info@ristorante-dino.de,*
Fax (069) 883395, ☕ – ⓘ ⓜ VISA   **Z a**
geschl. Samstagmittag, Sonntag, außer Messen – **Menu** (italienische Küche) à la carte 22/43,50.
  • Hier bietet man eine "cucina classica italiana", die mit Geschmack und Sorgfalt zubereitet wird. Die meisten Rezepte stammen aus der norditalienischen Heimat des Patrons.

In Offenbach-Bürgel *Nord-Ost : 2 km über Mainstraße* **X** :

✕✕ **Zur Post** mit Zim, Offenbacher Str. 33, ✉ 63075, ☏ (069) 86 13 37, *info@die-post-in-buergel.de,* Fax (069) 864198, ☕ – 🚗 P. AE ⓘ ⓜ VISA. ✳
Menu *(geschl. Juli - Aug. 3 Wochen, Sonntagabend - Montag, Samstagmittag)* à la carte 19/37 – **8 Zim** ☕ 52/62 – 84/94.
  • In dem in Stuben und Nischen unterteilten, seit über 130 Jahren in Familienbesitz befindlichen Restaurant mit rustikalem Charakter reicht man eine bürgerlich-regionale Karte.

*Die in diesem Führer angegebenen Preise folgen
der Entwicklung der allgemeinen Lebenshaltungskosten.
Lassen Sie sich bei der Zimmerreservierung den endgültigen
Preis vom Hotelier mitteilen.*

OFFENBURG Baden-Württemberg **545** U 7 – 60 000 Ew – Höhe 165 m.

Sehenswert : Hl.-Kreuz-Kirche★ **BY**.

🛫 Appenweier, Am Römerweg 12 (Nord : 10 km über ①) ℘ (07843) 99 32 40.

Messegelände Oberrheinhalle, Messeplatz, ℘ (0781) 9 22 60, Fax (0781) 922677.

🛈 Stadtinformation, Fischmarkt 2, ✉ 77652, ℘ (0781) 82 20 00, buergerbuero@offenburg.de, Fax (0781) 827251.

ADAC, Marlener Str. 4.

Berlin 744 ③ – Stuttgart 148 ③ – Karlsruhe 77 ③ – Freiburg im Breisgau 64 ③ – Strasbourg 26 ③

Stadtpläne siehe nächste Seiten

🏨 **Mercure am Messeplatz**, Schutterwälder Str. 1a (bei der Oberrheinhalle), ✉ 77656, ℘ (0781) 50 50, h2906@accor-hotels.com, Fax (0781) 505513, 🍽, ⇌s, 🏊 – 📶, 🍴 Zim, 📺 ⚒ 🅿 – 🎐 200. 🅰🅴 ⓘ 🆘 🆅🅸🆂🅰   **AZ** a
Menu à la carte 18/33 – ½ 13 – **132 Zim** 89 – 99, 5 Suiten.
 • Gleich bei der Oberrheinhalle liegt dieses mit seinen funktionell ausgestatteten Zimmern ganz auf den Geschäftsreisenden zugeschnittene Hotel.

🏨 **Golden Tulip Hotel Palmengarten** (mit Gästehaus), Okenstr. 15, ✉ 77652, ℘ (0781) 20 80, info@hotel-palmengarten.com, Fax (0781) 208100, 🍽, ⇌s – 📶, 🍴 Zim, 📺 ⚒ 🅿 – 🎐 120. 🅰🅴 ⓘ 🆘 🆅🅸🆂🅰, 🍴 Rest   **BY** g
Menu à la carte 20/27,50 – **79 Zim** ⍌ 89/132 – 119/148.
 • Ein neuzeitliches Hotel mit wohnlich und praktisch gestalteten Zimmern, zu deren Ausstattung auch gute Schreibflächen und Sitzgelegenheiten gehören. Gepflegtes Restaurant mit internationaler Küche.

🏨 **Central** garni, Poststr. 5, ✉ 77652, ℘ (0781) 7 20 04, info@centralhotel-offenburg.de, Fax (0781) 25598 – 🍴 📺 ⚒ 🅿. 🅰🅴 🆘 🆅🅸🆂🅰   **BY** b
geschl. 20. Dez. - 6. Jan. – **20 Zim** ⍌ 55/75 – 70/90.
 • Gute Parkmöglichkeiten und die cityfnahe Lage machen das Stadthaus mit der hübschen Fassade auch für Geschäftsreisende zu einer interessanten Übernachtungsadresse.

🏨 **Sonne**, Hauptstr. 94, ✉ 77652, ℘ (0781) 93 21 60, info@hotel-sonne-offenburg.de, Fax (0781) 9321640 – 🍴 Zim, 📺 🚗. 🆘 🆅🅸🆂🅰   **BZ** e
Menu siehe **Beck's Restaurant** separat erwähnt – **31 Zim** ⍌ 38/75 – 53/118.
 • Hier wählen Sie zwischen gepflegten Gästezimmern im Haupthaus mit knarrenden Dielen und sehenswerten Biedermeiermöbeln und komfortableren Zimmern im Anbau.

🍴🍴 **Beck's Restaurant** - Hotel Sonne, Hauptstr. 94, ✉ 77652, ℘ (0781) 7 37 88, becksrestaurant@t-online.de, Fax (0781) 73798, 🍽 – 🅰🅴 🆘 🆅🅸🆂🅰   **BZ** e
geschl. Sonntag - Montag - **Menu** à la carte 23/33,50, ♀.
 • Das Restaurant teilt sich einen mit dunkler Holztäfelung im altdeutschen Stil gehaltenen Bereich und einen Raum mit bürgerlichem Charakter.

🍴🍴 **Vesuvio**, Hildastr. 4, ✉ 77654, ℘ (0781) 3 74 74, ilnuovovesuvio@web.de, Fax (0781) 9482659, 🍽 – 🅿. 🆘 🆅🅸🆂🅰   **CY** v
geschl. Aug. 3 Wochen, Dienstag, Samstagmittag – **Menu** (italienische Küche) à la carte 24/36,50.
 • Hier serviert man italienische Küche - umgeben von einem klassischen, mediterran angehauchten Ambiente. Eine große Tafel mit Tagesangeboten ergänzt die Karte.

In Offenburg - Albersbösch

🏨 **Hubertus**, Kolpingstr. 4, ✉ 77656, ℘ (0781) 6 13 50, Fax (0781) 613535, 🍽 – 📶, 🍴 Zim, 📺 ⚒ 🅿 – 🎐 40. 🅰🅴 ⓘ 🆘 🆅🅸🆂🅰   **AZ** r
Menu (geschl. Sonntagabend) à la carte 17,50/29,50 – **31 Zim** ⍌ 70 – 90/95.
 • Die Zimmer dieses am Ortsrand gelegenen soliden Hotels sind teils in Eiche rustikal eingerichtet, teils freundlich mit hellem Holzmobiliar. Ländlich dekorierte Gaststuben.

In Offenburg-Rammersweier Nord-Ost : 3 km über Moltkestraße CY – Erholungsort :

🍴🍴 **Blume** mit Zim, Weinstr. 160, ✉ 77654, ℘ (0781) 3 36 66, info@gasthof-blume.de, Fax (0781) 440603, 🍽, (Fachwerkhaus a.d. 18.Jh.) – 📺 🅿. 🆘 🆅🅸🆂🅰
geschl. Feb. 1 Woche, Aug. 2 Wochen, Nov. 1 Woche – **Menu** (geschl. Sonntagabend - Montag) 24/39 à la carte 23/38 – **6 Zim** ⍌ 60 – 82.
 • Ein badischer Gasthof wie er im Buche steht. Das gemütlich ausstaffierte historische Fachwerkhaus bietet eine sorgfältig zubereitete internationale und regionale Küche.

In Offenburg - Zell-Weierbach Ost : 3,5 km über Weingartenstraße CZ :

🏨 **Rebenhof** ⍲, Talweg 42, ✉ 77654, ℘ (0781) 46 80, info@rebenhof-offenburg.de, Fax (0781) 468135, 🍽, ⇌s, 🏊 – 📶 📺 🅿 – 🎐 35
Menu (geschl. Aug. 2 Wochen, Montag) (Restaurant im Gasthaus Riedle) à la carte 16/28 – **40 Zim** ⍌ 44/54 – 64/80.
 • Inmitten der Weinberge liegt das aus Alt- und Neubau bestehende familiengeführte Hotel mit meist dunkel möblierten, teils recht geräumigen Zimmern. Ländlich gestaltete Gaststube.

OFFENBURG

Am Kestendamm	**BZ**
Am Unteren Mühlbach	**BY**
An der Wiede	**BZ** 3
Augustastraße	**CZ** 4
Badstraße	**BZ**
Burdastraße	**AZ**
Carl-Blos-Straße	**CY** 6
Fischmarkt	**BZ** 8
Freiburger Straße	**ABYZ**
Friedenstraße	**CYZ**
Friedrichstraße	**CYZ**
Gärtnerstraße	**BYZ** 10
Gaswerkstraße	**BY**
Gerberstraße	**BCZ**
Glaserstraße	**CY** 11
Grabenallee	**BCZ**
Gustav-Rée-Anlage	**BCY** 12
Gymnasiumstraße	**BCZ** 13
Hauptstraße	**BCYZ**
Heinrich-Hertz-Straße	**AYZ**
Hermannstraße	**CY**
Hildastraße	**CYZ**
Hindenburgstraße	**CZ** 15
Im Unteren Angel	**AY**
Jahnweg	**AY**
Josef-Kohler-Straße	**CY**
Kinzigstraße	**AY**
Kittelgasse	**BZ** 17
Klosterstraße	**BYZ**
Kniebisstraße	**BCZ**
Kolpingstraße	**AZ** 18
Kornstraße	**BZ** 19
Kronenstraße	**BZ**
Lange Straße	**CYZ**
Lindenplatz	**CZ** 21
Luisenstraße	**CY** 22
Marlener Straße	**AZ**
Max-Planck-Straße	**AZ**
Metzgerstraße	**BCZ** 24
Moltkestraße	**CYZ**
Okenstraße	**BY**
Ortenberger Straße	**CZ**
Pfarrstraße	**BY** 27
Philipp-Reis-Straße	**BY** 28
Philosophenweg	**CZ** 29
Poststraße	**BY**
Prädikaturstraße	**BY** 31
Rammersweierstraße	**CY**
Ritterstraße	**BCZ** 34
Schaiblestraße	**CY** 36
Scheffelstraße	**CY** 37
Schuttergasse	**CZ** 38
Schutterwälder Straße	**AZ**
Sofienstraße	**CY**
Spitalstraße	**BZ** 40
Stegermattstraße	**BCZ**
Steinstraße	**BCZ**
Straßburger Straße	**BCY** 41
Tannstraße	**CZ**
Teichstraße	**CZ**
Turnhallestraße	**CY**
Unionrampe	**CY** 43
Vitus-Burg-Straße	**BY** 45
Vogesenstraße	**BY** 46
Walter-Clauss-Straße	**BZ** 47
Wasserstraße	**ABY**
Weingartenstraße	**CZ**
Wilhelm-Bauer-Straße	**BZ** 49
Wilhelmstraße	**CYZ**
Zähringerstraße	**CZ**
Zeller Straße	**CY**

Gasthaus Sonne mit Zim, Obertal 1, ✉ 77654, ✆ (0781) 9 38 80, info@ gasthaus -zur-sonne.de, Fax (0781) 938899, 🍴 – ✂ Zim, TV P – 🛁 60. 🅐🅞 VISA
geschl. über Fastnacht 1 Woche, Mitte - Ende Aug. – **Menu** (geschl. Mittwoch) à la carte 18/36,50 – **6 Zim** ☑ 47/54 – 78.
• In dem typischen Dorfgasthaus serviert man Ihnen in bürgerlichem Ambiente eine überwiegend regionale Küche. Mit gepflegten, soliden Zimmern.

In Ortenberg Süd : 4 km über Ortenberger Straße **CZ** – Erholungsort :

Edy's Restaurant im Glattfelder mit Zim, Kinzigtalstr. 20, ✉ 77799, ✆ (0781) 9 34 90, info@edys-restaurant-hotel.de, Fax (0781) 934929, 🍴, ✂ – TV P. 🅐🅞 VISA
geschl. Ende Okt. - Anfang Nov. – **Menu** (geschl. Montag) à la carte 30,50/43 – **14 Zim** ☑ 32/45 – 62.
• In Edy's Restaurant dominieren warme Holztöne. In seine vorwiegend regionale Küche lässt der Küchenchef gern auch Akzente aus seiner französischen Heimat einfließen.

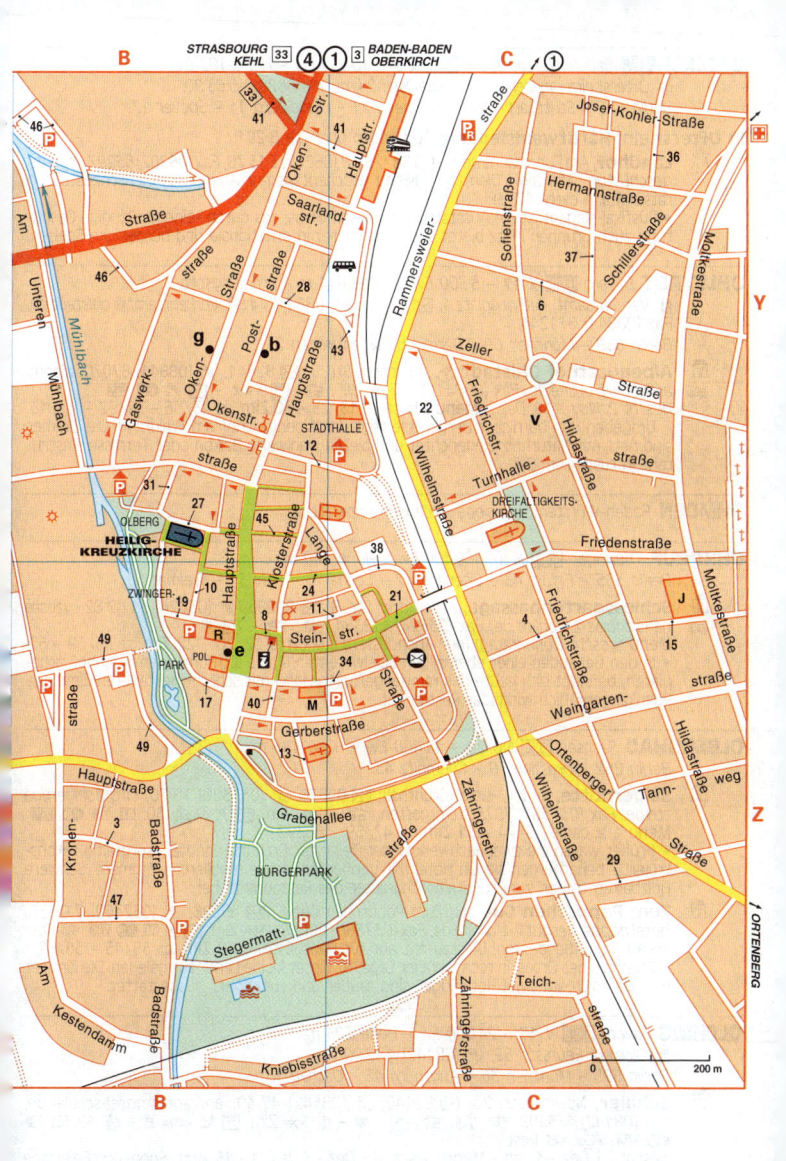

Die im **Michelin-Führer**
verwendeten Zeichen und Symbole haben -
dünn oder **fett** *gedruckt,* **rot** *oder* **schwarz -*
jeweils eine andere Bedeutung.
Lesen Sie daher die Erklärungen aufmerksam durch.

OFTERSCHWANG Bayern siehe Sonthofen.

OFTERSHEIM Baden-Württemberg 545 R 9 – 10 600 Ew – Höhe 102 m.
 ☒ Oftersheim, an der B 291 (Süd-Ost : 2 km), ℘ (06202) 5 63 90.
Berlin 625 – Stuttgart 119 – Mannheim 21 – Heidelberg 11 – Speyer 17.

In Oftersheim-Hardtwaldsiedlung Süd : 1 km über die B 291 :

XX **Landhof,** Am Fuhrmannsweg 1, ☒ 68723, ℘ (06202) 5 13 76, Fax (06202) 5 32 97, ㍲ – ℗
 geschl. Aug., Montag - Dienstag – **Menu** (wochentags nur Abendessen) (Tischbestellung ratsam) à la carte 17/38.
 • Rustikal-elegant ist die Ausstattung in diesem Haus, das durch seine großzügige Gestaltung auch Gruppen Platz bietet. Die Karte bietet internationale und bürgerliche Speisen.

OHLSTADT Bayern 546 X 17 – 3 300 Ew – Höhe 644 m – Erholungsort.
 ☒ Verkehrsamt, Rathausplatz 1, ☒ 82441, ℘ (08841) 74 80, verkehrsamt@ohlstadt.de, Fax (08841) 671244.
Berlin 658 – München 69 – Garmisch-Partenkirchen 21.

🏠 **Alpengasthof Ohlstadt** 🌲, Weichser Str. 5, ☒ 82441, ℘ (08841) 67070, alpeng
 asthof@t-online.de, Fax (08841) 670766, ㍲, ☎, 🏊, 🐎 – 📺 ℗ 🆘 VISA
 geschl. 2. Nov. - 19. Dez. – **Menu** à la carte 13/25 – **30 Zim** ⇔ 43/56 – 72/92 – ½ P 13.
 • Umgeben von herrlicher Bergkulisse liegt der Alpengasthof am Waldrand. Die Zimmer sind nett mit Naturholz eingerichtet und bieten wahlweise Balkon oder Terrasse. Restaurant in rustikalem Stil.

OHMDEN Baden-Württemberg siehe Kirchheim unter Teck.

OHRDRUF Thüringen 544 N 16 – 6 400 Ew – Höhe 360 m.
Berlin 335 – Erfurt 43 – Eisenach 42 – Gotha 18 – Suhl 31 – Weimar 60.

🏠 **Schlossgartenpassage,** Arnstädter Str. 8, ☒ 99885, ℘ (03624) 31 47 82, gaestehaus-tobias@t-online.de, Fax (03624) 312354, ㍲, ☎ – 📺 ℗
 Menu (geschl. Donnerstag) (nur Abendessen) à la carte 12/20 – **22 Zim** ⇔ 35/39 – 52.
 • In den Gebäuden einer ehemaligen Spielwarenfabrik, die sich um einen Innenhof gruppieren, befindet sich heute das familiengeführte Hotel mit schlicht gestalteten Zimmern. Rustikal-gemütlich wirkt das Restaurant.

OLBERNHAU Sachsen 544 NO 24 – 11 400 Ew – Höhe 445 m.
Berlin 262 – Dresden 70 – Chemnitz 45.

🏠 **Saigerhütte,** In der Hütte (Grünthal), ☒ 09526, ℘ (037360) 78 70, info@saigerhuette.de, Fax (037360) 78750, Biergarten, ☎ – ⇔ Zim, 📺 ℗ – 🔒 30. ℡ ⓘ 🆘 VISA
 Menu à la carte 15/24 – **31 Zim** ⇔ 47/59 – 68/92.
 • Früher waren die zwei Fachwerkhäuser Teil einer Erzhütte, heute - sorgfältig rekonstruiert - beherbergen sie ein Hotel mit gepflegten, solide möblierten Zimmern. Schwere Holzbalken tragen zum rustikalen Charakter des Restaurants bei.

🏠 **Zum Poppschen Gut** 🌲, Zum Poppschen Gut 5, ☒ 09526, ℘ (037360) 2 00 56, hotel.poppschesgut@t-online.de, Fax (037360) 20058 – ⇔ Zim, 📺 ℗ – 🔒, 🍴 Rest
 Menu (nur Abendessen) (Restaurant nur für Hausgäste) – **18 Zim** ⇔ 36/45 – 56/62.
 • Oberhalb des Ortes, in recht ruhiger Lage, ist dieses kleine Landhaus gelegen. Die Zimmer verteilen sich auf zwei Hotelflügel, sind sauber und funktionell ausgestattet.

OLCHING Bayern 546 V 17 – 24 000 Ew – Höhe 503 m.
 ☒ Olching, Feurstr. 89, ℘ (08142) 4 82 90.
Berlin 595 – München 36 – Augsburg 48 – Dachau 13.

🏨 **Schiller,** Nöscherstr. 20, ☒ 82140, ℘ (08142) 47 30, anfrage@hotel-schiller.de, Fax (08142) 473399, ㍲, 🍴, ☎, 🏊, 🐎 – 📳, ⇔ Zim, 📺 📞 🚗 ℗ – 🔒 30. ℡ ⓘ 🆘 VISA JCB. 🍴 Rest
 geschl. 23. Dez. - 3. Jan. – **Menu** (geschl. 23. Dez. - 3. Jan., 1. - 15. Aug., Sonn- und Feiertage abends) (Montag - Freitag nur Abendessen) à la carte 18/39 – **57 Zim** ⇔ 50/100 – 80/145.
 • Das aus 3 Häusern bestehende familiengeführte Hotel am Ortsrand verfügt über unterschiedlich große, neuzeitlich eingerichtete Zimmer. Schön sitzt man am Kachelofen des rustikalen Restaurants.

OLDENBURG Niedersachsen 541 G 8 – 155 000 Ew – Höhe 7 m.
 Sehenswert : Schlossgarten★ Y – Stadtmuseum★ / Horst-Janssen-Museum X M1.
 ☒ Tweelbäke-Ost, Hatter Landstr. 34 (Süd-Ost : 7 km), ℘ (04481) 88 55.
 ☒ Oldenburg Tourismus and Marketing, Wallstr. 14, ☒ 26122, ℘ (0441) 3 61 61 30, info@oldenburg-tourist.de, Fax (0441) 36161350 – **ADAC,** Donnerschweer Str. 237.
Berlin 432 ② – Hannover 171 ② – Bremen 46 ② – Bremerhaven 58 ① – Osnabrück 105 ③

1090

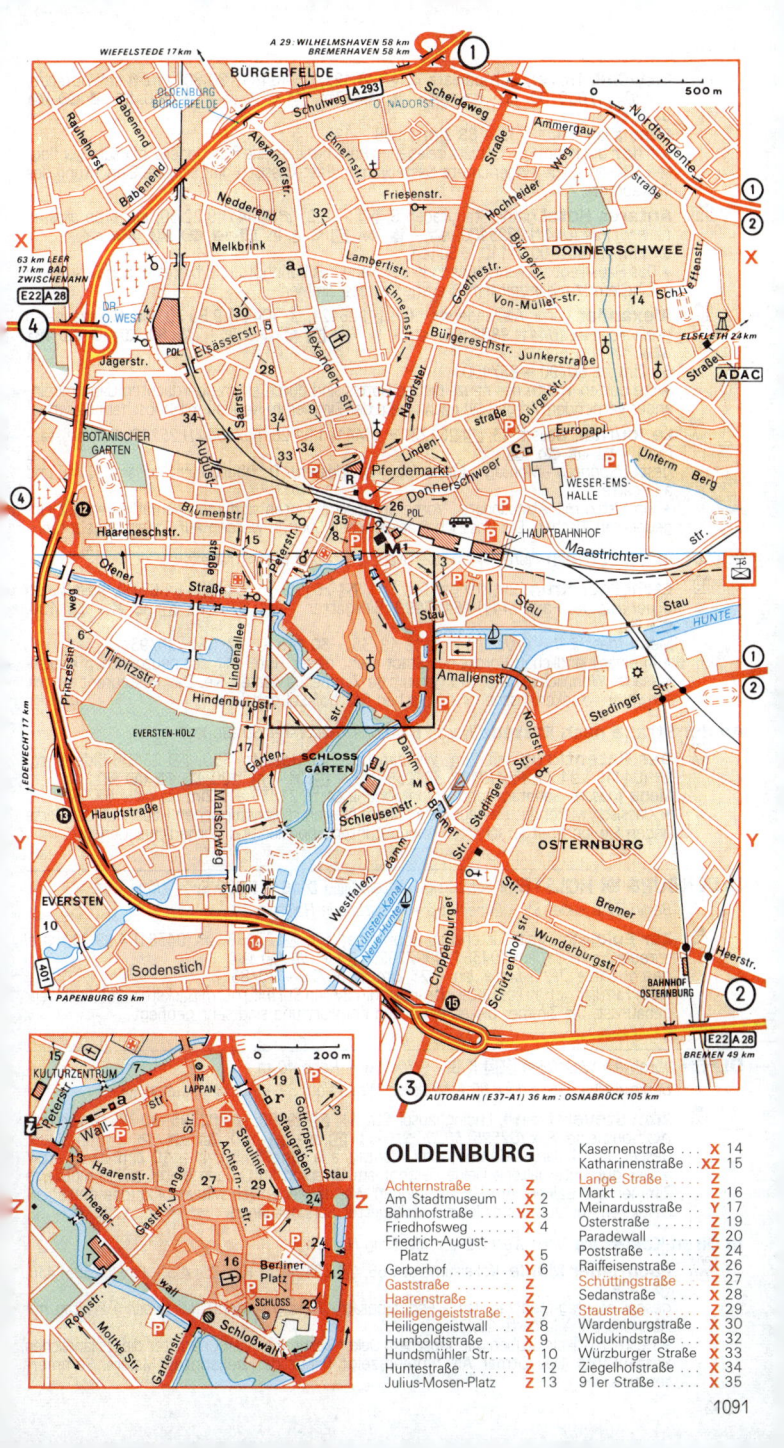

OLDENBURG

Achternstraße	**Z**
Am Stadtmuseum	**X** 2
Bahnhofstraße	**YZ** 3
Friedhofsweg	**X** 4
Friedrich-August-Platz	**X** 5
Gerberhof	**Y** 6
Gaststraße	**Z**
Haarenstraße	**Z**
Heiligengeiststraße	**Z** 7
Heiligengeistwall	**Z** 8
Humboldtstraße	**Z** 9
Hundsmühler Str.	**Y** 10
Huntestraße	**Z** 12
Julius-Mosen-Platz	**Z** 13
Kasernenstraße	**X** 14
Katharinenstraße	**XZ** 15
Lange Straße	**Z**
Markt	**Z** 16
Meinardusstraße	**Y** 17
Osterstraße	**Z** 19
Paradewall	**Z** 20
Poststraße	**Z** 24
Raiffeisenstraße	**Z** 26
Schüttingstraße	**Z** 27
Sedanstraße	**Z** 28
Staustraße	**Z** 29
Wardenburgstraße	**X** 30
Widukindstraße	**X** 32
Würzburger Straße	**X** 33
Ziegelhofstraße	**X**
91er Straße	**X** 35

1091

OLDENBURG

City-Club-Hotel, Europaplatz 4, ✉ 26123, ℘ (0441) 80 80, info@cch-hotel.de, Fax (0441) 808100, 🍴, ⓢ, 🔲 – 🛗, 😊 Zim, 📺 📞 & 🅿 – 🔼 160. AE ⓞ ⓜⓞ VISA JCB. ⚜
X c
Menu à la carte 18/32 – **88 Zim** ⊇ 98 – 125.
• In dem direkt am Europaplatz gelegenen Haus beziehen Sie funktionelle, mit sehr gepflegten Möbeln solide eingerichtete Gästezimmer. Fast klassisch gibt sich die Einrichtung des Restaurants.

Antares Hotel garni, Staugraben 8, ✉ 26122, ℘ (0441) 9 22 50, info@antares-hotel.info, Fax (0441) 9225100, ⓢ – 🛗 😊 📺 📞 & 🅿. AE ⓞ ⓜⓞ VISA JCB. ⚜   Z r
51 Zim ⊇ 80/100 – 110, 6 Suiten.
• Das Haus liegt verkehrsgünstig in der Nähe des Bahnhofs und bietet seinen Besuchern mit hellem Mobiliar zeitgemäß ausgestattete Zimmer.

Alexander garni, Alexanderstr. 107, ✉ 26121, ℘ (0441) 9 80 20, info@alexander-hotel.info, Fax (0441) 9802100, ⓢ – 🛗 😊 📺 📞 🚗 🅿 – 🔼 60. AE ⓞ ⓜⓞ VISA JCB. ⚜
X a
61 Zim ⊇ 60/90 – 85/100.
• Die beiden Trakte des neuzeitlichen Hotels sind durch einen überdachten Gang miteinander verbunden. Fragen Sie nach einem der Zimmer im Neubau mit hübschem Glaserker.

Le Journal, Wallstr. 13, ✉ 26122, ℘ (0441) 1 31 28, Fax (0441) 25292, (Bistrorestaurant) – AE ⓞ ⓜⓞ VISA. ⚜   Z a
geschl. Sonntag - Montag – **Menu** (nur Abendessen) (Tischbestellung ratsam) 32/48 und à la carte.
• Ein Bistro mit Atmosphäre ! Vorne Stehtische, hinten sitzt man gemütlich an gut eingedeckten Tischen. Die klassisch französischen Speisen werden auf Tafeln angeboten.

In Oldenburg-Etzhorn Nord : 4 km über Nadorster- und Ekernstraße X :

Etzhorner Krug, Butjadinger Str. 341, ✉ 26125, ℘ (0441) 3 61 67 00, post@etzhornerkrug.de, Fax (0441) 36167099, Biergarten – 🛗, 😊 Zim, 📺 📞 🅿 – 🔼 100. ⓜⓞ VISA
Menu (geschl. 1. - 6. Jan.) à la carte 19/35 – **30 Zim** ⊇ 50/65 – 90/93.
• In einem ländlichen Vorort der Stadt steht dieses Hotel mit der neuzeitlichen Klinkerfassade. Wohnliche, helle und geräumige Zimmer erwarten Sie. Das Restaurant ist mit schweren, blanken Tischen im typischen Gasthof-Stil gehalten.

An der Straße nach Rastede Nord : 6 km über Nadorster Straße X :

Der Patentkrug mit Zim, Wilhelmshavener Heerstr. 359, ✉ 26125 Oldenburg, ℘ (0441) 3 94 71, Fax (0441) 391038, 🍴 – 📺 🅿 – 🔼 100. AE ⓞ ⓜⓞ VISA. ⚜
Menu (geschl. Sonntagabend - Montag) à la carte 21/36 – **5 Zim** ⊇ 44 – 67/77.
• Klassisch wirkendes Restaurant in einem älteren regionstypischen Haus. Auf der Karte finden Sie ein breitgefächertes Angebot internationaler und bürgerlicher Gerichte.

OLDENBURG IN HOLSTEIN Schleswig-Holstein 541 D 16 – 9800 Ew – Höhe 4 m.
Berlin 321 – Kiel 55 – Lübeck 66 – Neustadt in Holstein 21.

Zur Eule garni (mit Gästehaus), Hopfenmarkt 1, ✉ 23758, ℘ (04361) 4 99 70, hotel zureule@gmx.de, Fax (04361) 4997202 – 📺 🅿. AE ⓞ ⓜⓞ. ⚜
geschl. Mitte Dez. - Mitte Jan. – **23 Zim** ⊇ 50/70 – 70/85.
• Ein familiär geführtes Hotel, das im traditionellen Stil mit rotem Backstein und Fachwerk gebaut ist. Die Zimmer bieten einfachen Komfort und sind sehr gepflegt.

OLFEN Nordrhein-Westfalen 543 K 6 – 9700 Ew – Höhe 40 m.
Berlin 490 – Düsseldorf 80 – Münster (Westfalen) 37 – Recklinghausen 19.

Zum Steverstrand, Lüdinghauser Str. 31, ✉ 59399, ℘ (02595) 30 77, steverstrand@t-online.de, Fax (02595) 3070, 🍴 – 🛗 📺 🅿 – 🔼 100. ⓜⓞ VISA. ⚜
geschl. 1.- 14. Jan. – **Menu** (geschl. Montag) à la carte 21,50/41 – **10 Zim** ⊇ 47 – 84.
• Der gut unterhaltene kleine Gasthof am Ortsrand im Grünen bietet solide möblierte Zimmer mit Balkon. Am Haus beginnen Wanderwege. Den Mittelpunkt des gediegenrustikalen Restaurants bildet ein gemauerter Springbrunnen.

In Olfen-Kökelsum Nord-West : 2 km Richtung Haltern :

Füchtelner Mühle, Kökelsumerstr. 66, ✉ 59399, ℘ (02595) 4 30, Fax (02595) 430, 🍴 – 🅿
geschl. Montag-Dienstag Jan. - Feb. Montag - Freitag – **Menu** (Mittwoch - Freitag nur Abendessen) à la carte 27/37.
• Nette, rustikale Stuben mit hübschem Dekor bestimmen den Charakter dieses ländlichen Restaurants. Das Otmar Alt-Zimmer zeigt Bilder des bekannten Malers. Sommerterrasse.

OLPE / BIGGESEE Nordrhein-Westfalen 543 M 7 – 25 000 Ew – Höhe 350 m.

🛈 Touristikbüro, Rathaus, Franziskanerstr. 6, ✉ 57462, ℰ (02761) 83 12 29, verkehrs amt@olpe.de, Fax (02761) 832229.

Berlin 559 – Düsseldorf 114 – Siegen 30 – Hagen 62 – Köln 75 – Meschede 63.

🏨 **Koch's Hotel,** Bruchstr. 16, ✉ 57462, ℰ (02761) 8 25 20, info@kochs-hotel.de, Fax (02761) 825299 – 📺 ✆ 🅿 – 🛁 80. 🅰🅴 ⓘ ⓜⓞ 🆅🅸🆂🅰 🇯🇨🇧
Menu (geschl. Aug. 3 Wochen, Samstagmittag) à la carte 31,50/41 – **25 Zim** ⇌ 58/83 – 98/118.
• Über Zimmer mit zeitgemäßem Komfort verfügt das im Zentrum gelegene Hotel. Die neueren Zimmer sind moderner möbliert und bieten mehr Platz. Das Restaurant im Parterre ist neo-rustikal gestaltet.

🏨 **Zum Schwanen,** Westfälische Str. 26, ✉ 57462, ℰ (02761) 9 38 90, info@ schwanen-olpe.de, Fax (02761) 938948 – 📶, 🈁 Zim, 📺 📞 🅿. 🅰🅴 ⓘ ⓜⓞ 🆅🅸🆂🅰. ⚡
Menu (geschl. Sonntag) (nur Abendessen) à la carte 19/32 – **24 Zim** ⇌ 70/74 – 90/95.
• Das schmucke Stadthaus mit dem Schieferdach ist nur etwa 5 Gehminuten vom Biggesee entfernt. Sie beziehen behagliche, mit Eichenmöbeln eingerichtete Zimmer. Rustikales Restaurant.

In Olpe-Oberveischede Nord-Ost : 10 km über B 55 :

🏨 **Landhotel Sangermann,** Oberveischeder Str. 13 (nahe der B 55), ✉ 57462, ℰ (02722) 81 65, info@sangermann.de, Fax (02722) 89100 – 📺 🅿 – 🛁 40. ⓜⓞ 🆅🅸🆂🅰
Menu (geschl. 22. - 25. Dez., Montagmittag) à la carte 21,50/28,50 – **16 Zim** ⇌ 47/60 – 78/85.
• Ein kleines Landhotel in reizvoller dörflicher Lage. Gäste werden in großzügigen Hotelzimmern mit moderner, wohnlicher Einrichtung untergebracht.

OLSBERG Nordrhein-Westfalen 543 L 9 – 16 000 Ew – Höhe 333 m – Kneippkurort – Wintersport : 480/780 m ≴3 ⚘.

🛈 Olsberg-Touristik, Haus des Gastes, Ruhrstr. 32, ✉ 59939, ℰ (02962) 9 73 70, Fax (02962) 973737.

Berlin 479 – Düsseldorf 167 – Arnsberg 36 – Kassel 99 – Marburg 81 – Paderborn 58.

🏨 **Kurpark Villa** 🈁, Mühlenufer 4a, ✉ 59939, ℰ (02962) 9 79 70, mail@kurparkvilla. info, Fax (02962) 979797, 🍽, 🚃 – 📶 📺 📞 🅿. ⓜⓞ 🆅🅸🆂🅰
Menu (geschl. Dienstag) à la carte 19/26,50 – **31 Zim** ⇌ 45/60 – 80/180 – ½ P 16.
• Ein elegantes Ambiente begleitet Sie vom Hubertus-Salon mit prasselndem Kamin bis in die modern ausgestatteten Zimmer dieses schmucken weißen Hauses. Lichtdurchflutetes Wintergarten-Restaurant.

🏨 **Am See,** Carls-Aue-Str. 36, ✉ 59939, ℰ (02962) 27 76, Fax (02962) 6836, ≤, 🍽, 🚃, 🏊 (Gebühr), 🍴, 🚄, 🈁 Zim, 📺 🅿. ⚡
geschl. 15. Nov. - 15. Dez. – **Menu** (geschl. Donnerstag) à la carte 19/25 – **34 Zim** ⇌ 45/55 – 115/130.
• Schon bei der Anfahrt fällt das schöne Fachwerkhaus mit dem dunklen Schindeldach ins Auge. Die Zimmer sind wohnlich gestaltet und haben zum Teil Sprossenfenster und Seeblick. Recht gediegenes Restaurant im Stil Louis XV.

In Olsberg-Bigge West : 2 km :

🍴 **Schettel** mit Zim, Hauptstr. 52, ✉ 59939, ℰ (02962) 18 32, info@hotel-schettel.de, Fax (02962) 6721, 🍽 – 📺 🅿. 🅰🅴 ⓘ ⓜⓞ 🆅🅸🆂🅰
geschl. Aug. 2 Wochen – **Menu** (geschl. Dienstag) à la carte 17,50/33 – **10 Zim** ⇌ 35/44 – 70/74.
• Neben der rustikal eingerichteten Bauernstube und dem gut eingedeckten klassischen Restaurant beherbergt das Haus wohnliche Zimmer mit hellen Naturholzmöbeln.

OLZHEIM Rheinland-Pfalz 543 P 3 – 380 Ew – Höhe 550 m.

Berlin 664 – Mainz 204 – Trier 65 – Bonn 89.

🏨 **Haus Feldmaus** 🈁, Knaufspescher Str. 14, ✉ 54597, ℰ (06552) 9 92 20, info@f eldmaus.de, Fax (06552) 992222, 🍽, 🚃 – 🈁 Rest, 📺 🅿. ⓜⓞ 🆅🅸🆂🅰
Menu (geschl. Sonntag - Montag) (nur Abendessen) (überwiegend vegetarische Gerichte) à la carte 18/25,50 – **10 Zim** ⇌ 44/65 – 78/98.
• Kein Zimmer gleicht hier dem anderen ! Die sehr individuelle Gestaltung macht das ehemalige Bauernhaus zu einer nicht alltäglichen Adresse. Mit Galerie. Neuzeitliches Restaurant mit Vollwertküche.

OPPENAU Baden-Württemberg **545** U 8 – 5 400 Ew – Höhe 270 m – Luftkurort.

🛈 Tourist-Information, Allmendplatz 3, ✉ 77728, ℘ (07804) 91 08 30, info@oppenau.de, Fax (07804) 910832.

Berlin 750 – Stuttgart 150 – Karlsruhe 79 – Offenburg 26 – Strasbourg 40.

🏠 **Rebstock**, Straßburger Str. 13 (B 28), ✉ 77728, ℘ (07804) 97 80, rezeption@rebstock-oppenau.de, Fax (07804) 978200, 🍴, 🛌 – 📺 📁 🅿 ℳ 🆅🆂🅰
geschl. Ende Okt. - Mitte Nov. – **Menu** (geschl. Dienstag) à la carte 16/34 – **16 Zim** �️ 35 – 65 – ½ P 15.
• Seit 1856 wird das hübsche Fachwerkhaus von der Wirtsfamilie geführt. Wählen Sie eines der rückwärtig zum Garten gelegenen praktischen Zimmer. Bürgerlich : das Restaurant.

In Oppenau-Kalikutt West : 5 km über Ramsbach – Höhe 600 m

🏨 **Höhenhotel Kalikutt** ♨, ✉ 77728, ℘ (07804) 4 50, info@kalikutt.de, Fax (07804) 45222, ≤ Schwarzwald, 🍴, 🛌, 🏊, – 🛗 📺 🚗 🅿 – 🎾 25. ℳ 🆅🆂🅰
Menu à la carte 16/36,50 – **30 Zim** �️ 47/57 – 66/96 – ½ P 16.
• Ruhig liegt das familiengeführte Landhotel auf einer Anhöhe. Die Zimmer sind überwiegend mit dunklen Holzmöbeln rustikal eingerichtet, teils recht geräumig, mit Balkon. Ländlich, teils leicht elegant gestaltetes Restaurant.

In Oppenau-Lierbach Nord-Ost : 3,5 km, über Hauptstraße und Allerheiligenstraße :

🏠 **Blume** ♨, Rotenbachstr. 1, ✉ 77728, ℘ (07804) 30 04, blume-lierbach@t-online.de, Fax (07804) 3017, 🍴, 🛌, 🏊, – 📺 📁 🅿 🅰🅴 ℳ 🆅🆂🅰
geschl. 18. Jan. - 18. Feb. – **Menu** (geschl. Donnerstag) à la carte 15/30,50 – **10 Zim** �️ 40 – 70/80 – ½ P 14.
• Der kleine Gasthof ist einer der ältesten im romantischen Lierbachtal und bietet zeitgemäß ausgestattete Zimmer. In der Nähe : der Allerheiligen-Wasserfall. Restaurant im Stil einer rustikalen Gaststube.

In Oppenau-Löcherberg Süd : 5 km über B 28 Richtung Bad Peterstal-Griesbach :

🏨 **Erdrichshof**, Schwarzwaldstr. 57 (B 28), ✉ 77728, ℘ (07804) 9 79 80, info@erdrichshof.de, Fax (07804) 979898, 🍴, 🛌, 🏊, 🏊, – 🛏 Zim, 📺 🚗 🅿 – 🎾 10. 🅰🅴 🅾
ℳ 🆅🆂🅰 🚭
Menu à la carte 18,50/38,50 – **15 Zim** �️ 48/50 – 86/130 – ½ P 18.
• Ein typischer Schwarzwaldgasthof unter familiärer Leitung. Die mit unterschiedlichen Holzmöbeln wohnlich eingerichteten Zimmer verfügen teils über Balkone. Traditioneller, nett dekorierter Gastraum.

ORANIENBURG Brandenburg **542** H 23 – 29 000 Ew – Höhe 36 m.

⛳ Stolpe, Am Golfplatz 1 (Süd : 11 km), ℘ (03303) 54 92 14.

🛈 Touristen-Information, Bernauer Str. 52, ✉ 16515, ℘ (03301) 70 48 33, Fax (03301) 704834.

Berlin 38 – Potsdam 57 – Frankfurt (Oder) 112.

🏨 **Stadthotel**, André-Pican-Str. 23, ✉ 16515, ℘ (03301) 69 00, info@stadthotel-oranienburg.de, Fax (03301) 690999, 🍴, 🛌 – 🛗, 🛏 Zim, 💻 📺 📞 ♿ 🅿 – 🎾 70. 🅰🅴
ℳ 🆅🆂🅰
Menu (geschl. Samstag - Sonntag) (nur Abendessen) à la carte 21/30 – **59 Zim** �️ 72 – 80.
• Dieses zentrumsnah gelegene, gepflegte Hotel verfügt über mit hellen Holzmöbeln modern gestaltete Gästezimmer mit funktioneller Ausstattung. Neuzeitliches Restaurant mit ständigen Ausstellungen.

ORB, BAD Hessen **543** P 12 – 10 000 Ew – Höhe 170 m – Heilbad.

⛳ Jossgrund, Hindenburgstr. 7 (Süd-Ost : 10 km Richtung Lettgenbrunn), ℘ (06059) 9 05 50.

🛈 Kurdirektion, Kurparkstr. 1, ✉ 63619, ℘ (06052) 83 83, kurgesellschaft@bad-orb.de, Fax (06052) 4780.

Berlin 504 – Wiesbaden 99 – Fulda 54 – Frankfurt am Main 55 – Würzburg 80.

🏨 **Steigenberger** ♨, Horststr. 1, ✉ 63619, ℘ (06052) 8 80, badorb@steigenberger.de, Fax (06052) 88135, 🍴, direkter Zugang zum Leopold-Koch-Bad – 🛗, 🛏 Zim, 📺 📞 🚗
🅿 – 🎾 180. 🅰🅴 🅾 ℳ 🆅🆂🅰 🚭 Rest
Menu à la carte 20,50/37 – **104 Zim** �️ 100/105 – 160/176, 6 Suiten.
• Ein großzügiger Empfangsbereich macht den komfortablen Rahmen dieses Hauses aus. Die Zimmer sind teils neu möbliert, hell und freundlich. Gediegenes Restaurant mit einem Hauch Eleganz.

ORB, BAD

🏨 **Lorösch**, Sauerbornstr. 14, ✉ 63619, ☏ (06052) 9 15 50, hotel-loroesch@t-online.de, Fax (06052) 6549, 🌳, Massage, ⚕, ≤s – |≹|, ⋙ Zim, TV ☎ 🚭 P, 🞺 geschl. Anfang Dez. 1 Woche – **Menu** à la carte 19/34 – **29 Zim** ⌂ 62/81 – 105/141 – ½ P 16.
• Nur wenige Meter vom Kurpark entfernt beziehen Sie unterschiedlich gestaltete, individuell möblierte Zimmer, zum größten Teil mit Balkon. Gepflegtes Restaurant im Café-Stil.

🏨 **Rheinland**, Lindenallee 36, ✉ 63619, ☏ (06052) 9 14 90, hotel_rheinland@t-online.de, Fax (06052) 914988, Massage, ≤s – |≹| TV 🚭 P, 🞺 25. AE ⓞ VISA. 🞺 Rest geschl. Mitte Jan. – Ende Feb., Mitte Nov. – Mitte Dez. – **Menu** (Restaurant nur für Hausgäste) – **35 Zim** ⌂ 48/55 – 90/104 – ½ P 13.
• Gute Führung, tadellose Pflege und mit neuzeitlichen Holzmöbeln wohnlich und funktionell ausgestattete Gästezimmer sprechen für dieses Hotel nahe dem Kurpark.

ORSINGEN-NENZINGEN Baden-Württemberg 545 W 10 – 2 400 Ew – Höhe 450 m.

🏇 🏇 Schloss Langenstein, ☏ (07774) 5 06 51.
Berlin 734 – Stuttgart 155 – Konstanz 34 – Freiburg im Breisgau 107 – Ulm (Donau) 117.

🏠 **Landgasthof Ritter**, Stockacher Str. 69 (B 31, Nenzingen), ✉ 78359, ☏ (07771) 21 14, ritter.nenzingen@t-online.de, Fax (07771) 5769, 🌳, ≤s – |≹| TV P, AE ⓞ VISA geschl. über Fastnacht 2 Wochen, Nov. 2 Wochen – **Menu** (geschl. Dienstag – Mittwochmittag) à la carte 18/31,50 – **21 Zim** ⌂ 37/38 – 74/76.
• Bereits in der fünften Generation wird der Landgasthof von Familie Kerber geführt. Man bietet praktische, teils hell möblierte Übernachtungszimmer, z. T. mit Balkon. Gepflegtes, ländliches Restaurant.

ORTENBERG Baden-Württemberg siehe Offenburg.

OSCHERSLEBEN Sachsen-Anhalt 542 J 17 – 17 200 Ew – Höhe 85 m.

Berlin 194 – Magdeburg 36 – Bernburg 48 – Halberstadt 22 – Wolfenbüttel 57.

🏨 **Motopark**, Motopark Allee 20 (Ost : 2 km, an der Rennstrecke), ✉ 39387, ☏ (03949) 92 09 20, hotel@motopark.de, Fax (03949) 920900, 🌳, ≤s – |≹|, ⋙ Zim, TV ☎ P – 🞺 250. AE ⓞ ⓜ VISA
Menu à la carte 17/24,50 – **95 Zim** ⌂ 78/90 – 110/130.
• In der "Pole Position", direkt am Motopark liegt dieses engagiert geführte Hotel. Die Zimmer sind modern und technisch gut ausgestattet. Hübsch : die "Sky Lounge". Neuzeitliches Restaurant in der 1. Etage mit Blick auf die Rennstrecke.

OSNABRÜCK Niedersachsen 541 J 8 – 166 000 Ew – Höhe 65 m.

Sehenswert : Rathaus (Friedenssaal★) Y **R** – Marienkirche (Passionsaltar★) Y **B**.
🏇 Lotte (West : 11 km über ⑤), ☏ (05404) 56 14 ; 🏇 Ostercappeln-Venne (Nord-Ost : 19 km über ⑥ und B218), ☏ (05476) 2 07 ; 🏇 Gut Arenshorst (Nord-Ost : 21 km über ① und Ostercappeln), ☏ (05471) 95 25 20.
✈ bei Greven, Süd-West : 34 km über ⑤, die A 30 und A 1, ☏ (02571) 94 33 60.
🛈 Tourist-Information, Krahnstr. 58, ✉ 49074, ☏ (0541) 3 23 22 02, tourist-informati on@osnabrueck.de, Fax (0541) 3232709.
ADAC, Kurt-Schumacher-Damm 16.
Berlin 424 ② – Hannover 141 ② – Bielefeld 50 ③ – Bremen 121 ⑥ – Münster (Westfalen) 57 ⑤

Stadtplan siehe nächste Seite

🏰 **Steigenberger Hotel Remarque**, Natruper-Tor-Wall 1, ✉ 49076, ☏ (0541) 6 09 60, info@hotelremarque.de, Fax (0541) 6096600, 🌳, ≤s – |≹|, ⋙ Zim, ▭ Rest, TV ☎ 🚭 – 🞺 250. AE ⓞ ⓜ VISA JCB. 🞺 Rest **Y b**
Vila Real (geschl. Feb. 2 Wochen, Juli - Aug. 4 Wochen, Sonntag - Montag) (nur Abendessen) **Menu** à la carte 38/55,50, 𝄞 – **Remarque's Küche & Wein : Menu** à la carte 21,50/33, 𝄞 – ⌂ 14 – **156 Zim** 106/131 – 119/144, 4 Suiten.
• Kunst empfängt Sie in der Halle dieses neuzeitlichen Hotels - gerahmte Briefe des namengebenden Dichters zieren die modernen, technisch sehr gut ausgestatteten Zimmer. Elegant-mediterran : das Vila Real im Wintergarten.

🏨 **Walhalla** 🛏 (mit Gästehaus), Bierstr. 24, ✉ 49074, ☏ (0541) 3 49 10, walhalla@hotel-walhalla.de, Fax (0541) 3491144, (Renoviertes Fachwerkhaus a.d. 17. Jh.), Biergarten, ≤s – |≹|, ⋙ Zim, TV ☎ 🚭 – 🞺 30. AE ⓞ ⓜ VISA JCB **Y n**
Menu à la carte 21/34 – **66 Zim** ⌂ 77/89 – 100/107.
• Das historische Stadthaus hat in seinen teils recht individuell gestalteten Zimmern schon zahlreiche Politiker und berühmte Persönlichkeiten beherbergt. Sehr einladend und gemütlich wirkt das Restaurant mit Holzfußboden und Gemälden.

OSNABRÜCK

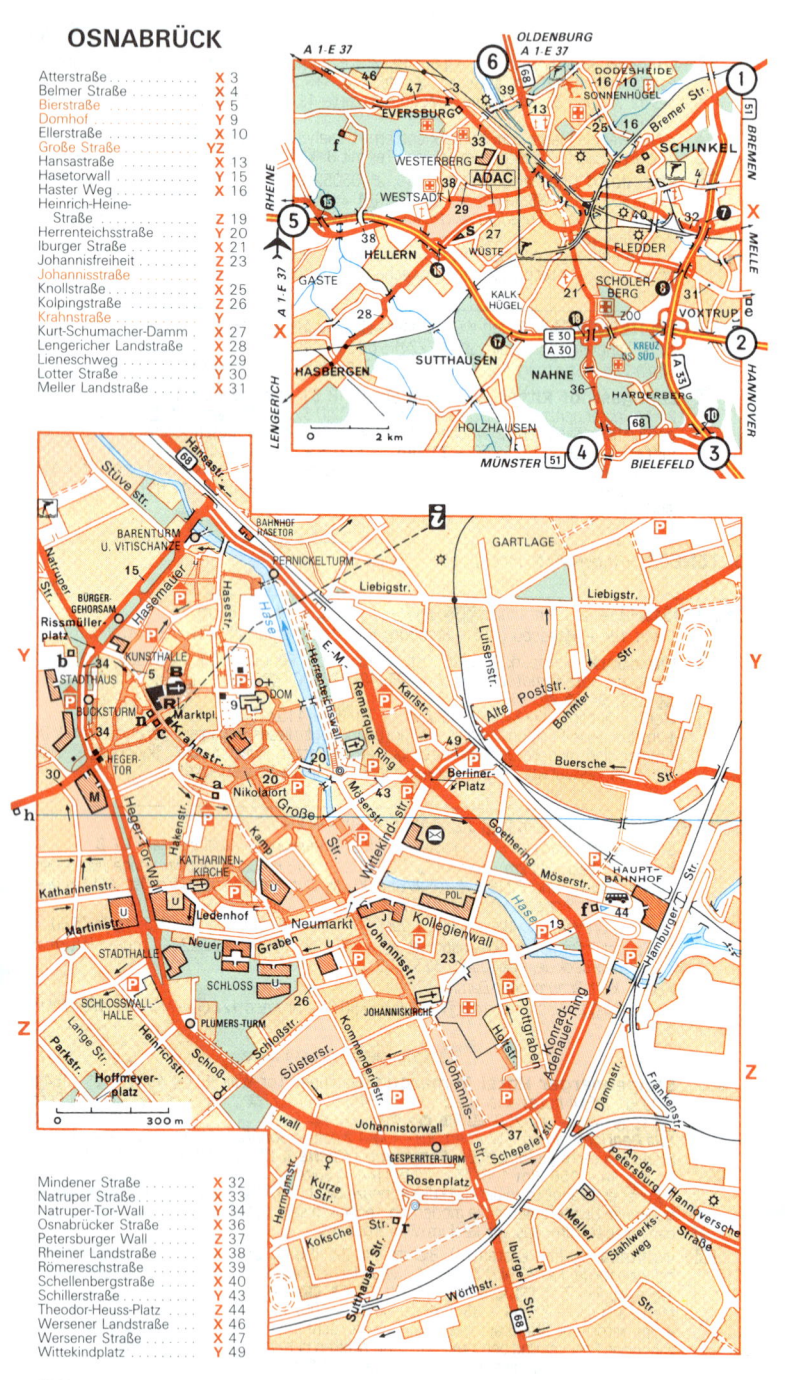

Atterstraße	X	3
Belmer Straße	X	4
Bierstraße	Y	5
Domhof	Y	9
Ellerstraße	X	10
Große Straße	YZ	
Hansastraße	X	13
Hasetorwall	Y	15
Haster Weg	X	16
Heinrich-Heine-Straße	Z	19
Herrenteichsstraße	Z	20
Iburger Straße	X	21
Johannisfreiheit	Z	23
Johannisstraße	Z	
Knollstraße	X	25
Kolpingstraße	Y	26
Krahnstraße	Y	
Kurt-Schumacher-Damm	X	27
Lengericher Landstraße	X	28
Lieneschweg	X	29
Lotter Straße	Y	30
Meller Landstraße	X	31

Mindener Straße	X	32
Natruper Straße	X	33
Natruper-Tor-Wall	Y	34
Osnabrücker Straße	X	36
Petersburger Wall	Z	37
Rheiner Landstraße	X	38
Römereschstraße	X	39
Schellenbergstraße	X	40
Schillerstraße	Y	43
Theodor-Heuss-Platz	Z	44
Werssener Landstraße	X	46
Wersener Straße	X	47
Wittekindplatz	Y	49

1096

OSNABRÜCK

Advena Hotel Hohenzollern, Theodor-Heuss-Platz 5, ✉ 49074, ☎ (0541) 3 31 70, *hohenzollern.osnabrueck@advenahotels.com, Fax (0541) 3317351,* 🍽, 🛋, ⊜, 🞏 – 📶, ⇌ Zim, 📺 📞 ♿ 🅿 – 🔔 80. 🅰🅴 ⓐ ⓜⓞ 𝐕𝐈𝐒𝐀 Z f
Menu à la carte 21,50/33,50 – **113 Zim** ⊇ 78/93 – 102/112.
◆ Nach einer Komplettrenovierung zeigt sich der Großteil der Gästezimmer im Haus mit hellen, modernen Möbeln. Kräftige Farben setzen Akzente. Neuzeitlich eingerichtetes Restaurant.

Westerkamp, Bremer Str. 120, ✉ 49084, ☎ (0541) 9 77 70, *westerkamp@westerkamp.de, Fax (0541) 707621,* 🍽, 🛋, ⊜ – 📶, ⇌ Zim, 📺 📞 🚗 🅿 – 🔔 80. 🅰🅴 ⓐ ⓜⓞ 𝐕𝐈𝐒𝐀 X x
Menu à la carte 20/34 – **47 Zim** ⊇ 50/99 – 100/110.
◆ Ein modernes Hotel, das durch praktische und doch wohnliche Zimmer zu überzeugen weiß. In den Tagungsräumen ist man technisch auf dem neuesten Stand. Das Restaurant wirkt stilvoll-gemütlich.

Landhaus Osterhaus garni, Bramstr. 109a, ✉ 49090, ☎ (0541) 9 62 12 31, *info@hotel-osterhaus.de, Fax (0541) 65820,* 🛋 – ⇌ 📺 📞 🅿. 🅰🅴 ✻
14 Zim ⊇ 72 – 96. über ⑥, rechts ab Richtung Haste
◆ Großzügig geschnittene, wohnliche Appartements mit eleganter Einrichtung, funktionellem Arbeitsplatz und Kitchenette machen das Haus komfortabel.

Klute, Lotter Str. 30, ✉ 49078, ☎ (0541) 40 91 20, *info@hotel-klute.de, Fax (0541) 4091248* – 📺 📞 🅿 – 🔔 15. 🅰🅴 ⓐ ⓜⓞ 𝐕𝐈𝐒𝐀 🅹🅲🅱 ✻ Rest Y h
Menu *(geschl. Sonn- und Feiertage) (nur Abendessen)* à la carte 22/34 – **20 Zim** ⊇ 56/70 – 85/90.
◆ Unweit des Heger Tors finden Sie in diesem familiär geführten Haus eine zeitgemäße Unterkunft. Ausflüge in die historische Altstadt kann man von hier aus zu Fuß unternehmen. Schön eingerichtetes Restaurant mit Kachelofen.

Nikolai garni, Kamp 1, ✉ 49074, ☎ (0541) 33 13 00, *hotelnikolai@aol.com, Fax (0541) 3313088* – 📶 ⇌ 📺 📞 ♿ – 🔔 15. 🅰🅴 ⓐ ⓜⓞ 𝐕𝐈𝐒𝐀 🅹🅲🅱 Y a
27 Zim ⊇ 70/84 – 86/98.
◆ Um einen mit einem Glasdach überbauten Innenhof sind die solide ausgestatteten Zimmer des in das Nikolai-Center integrierten Etagenhotels angelegt.

Welp, Natruper Str. 227, ✉ 49090, ☎ (0541) 91 30 70, *rezeption@hotel-welp.de, Fax (0541) 9130734,* 📶 – 📶 📺 📞 🅿. 🅰🅴 ⓐ ⓜⓞ 𝐕𝐈𝐒𝐀 X r
Menu *(geschl. 24. Dez.- 5. Jan., Samstag - Sonntag) (nur Abendessen)* à la carte 20/33 – **23 Zim** ⊇ 53/61 – 72/79.
◆ Das Haus liegt am Grüngürtel der Stadt - ein gut geführter Familienbetrieb mit meist hell möblierten, funktionellen Zimmern, nach hinten recht ruhig gelegen. Im Keller des Hauses befindet sich ein rustikales Restaurant.

Westermann, Koksche Str. 1, ✉ 49080, ☎ (0541) 98 11 40 (Hotel), 2 42 31 (Rest.), *Fax (0541) 9811466* – 📶, ⇌ Zim, 📺 🚗 🅿. 🅰🅴 ⓐ ⓜⓞ 𝐕𝐈𝐒𝐀 🅹🅲🅱 ✻ Rest Z r
Hermann's *(nur Abendessen)* **Menu** à la carte 17,50/32,50 – **52 Zim** ⊇ 55/60 – 80/85.
◆ Die Zimmer dieses gepflegten Hauses sind recht geräumig und mit hellen Buchenmöbeln freundlich eingerichtet. Schön angerichtetes Frühstücksbuffet. Das Hermann's ist ein Kellerlokal mit Thekenbereich und neuzeitlicher Aufmachung.

Ibis, Blumenhaller Weg 152, ✉ 49078, ☎ (0541) 4 04 90, *h0787@accor-hotels.com, Fax (0541) 41945,* 🍽 – 📶, ⇌ Zim, 📺 📞 ♿ 🅿 – 🔔 120. 🅰🅴 ⓐ ⓜⓞ 𝐕𝐈𝐒𝐀 🅹🅲🅱 X s
Menu *(geschl. 24. Dez. - 3. Jan.)* à la carte 16/32,50 – ⊇ 9 – **96 Zim** 56.
◆ Die gute Anbindung an die Autobahn und die zahlreichen Parkplätze machen das Haus zu einer beliebten Übernachtungsadresse für Geschäftsreisende und Tagungsgäste.

La Vie, Krahnstr. 1, ✉ 49074, ☎ (0541) 33 11 50, *info@restaurant-lavie.de, Fax (0541) 432615,* 🍽 – 🍽 ♿. 🅰🅴 ⓐ ⓜⓞ 𝐕𝐈𝐒𝐀 ✻ Y c
geschl. Anfang Jan. 2 Wochen, Juli - Aug. 3 Wochen, Sonntag - Montag – **Menu** *(nur Abendessen) (Tischbestellung ratsam)* 61/70 à la carte 42,50/51, 𝒫 – **Bistro Steinwerk** *(auch Mittagessen)* **Menu** à la carte 23/36,50, 𝒫.
◆ Hinter der klassizistischen Fassade gefällt das Bürgerhaus a. d. 18. Jh. mit warmen Farben und eleganten Akzenten - kreative Elemente bereichern die klassische Küche. Im Bistro : rustikale Mauern und modernes Ambiente.
Spez. Mild geräucherte Rotbarbe mit Tomatensalat und Ziegenkäsebrot. Artischockensuppe mit souffliertem Kaninchenrücken. Pochiertes Kalbsfilet in Blattpetersilie gerollt mit Sauerampfersauce

In Osnabrück-Atter :

Gensch, Zum Flugplatz 85, ✉ 49076, ☎ (0541) 12 68 81, *Fax (0541) 126881,* ≤, 🍽 – 🅿. 🅰🅴 ⓐ ⓜⓞ 𝐕𝐈𝐒𝐀 ✻ X f
geschl. Juli - Aug. 2 Wochen, Montag, Donnerstagabend, Samstagmittag – **Menu** à la carte 22,50/32.
◆ Ein freundlicher Service erwartet Sie in diesem am Sportflugplatz gelegenen Restaurant. Durch die großen Fenster blicken Sie auf die Start- und Landebahn.

OSNABRÜCK

In Osnabrück-Voxtrup :

Haus Rahenkamp, Meller Landstr. 106, ⊠ 49086, ℘ (0541) 38 69 71, Fax (0541) 388116 – TV 🚗 P – 🛁 250 X e
Menu (geschl. Freitag, Sonntag) (nur Abendessen) à la carte 13/21 – **16 Zim** ⊑ 36/41 – 57/60.
• Ein solider, familiengeführter kleiner Gasthof mit großem Saalanbau für Veranstaltungen. Die Zimmer sind mit Mahagonimobiliar praktisch eingerichtet und sehr gepflegt. Restaurant im bürgerlichen Stil.

In Belm-Vehrte über ① : 12 km :

Kortlüke, Venner Str. 5, ⊠ 49191, ℘ (05406) 8 35 00, info@hotel-kortlueke.de, Fax (05406) 835029, 🌳, ✕ – 🔶 TV P – 🛁 150. AE ⓜ◉
Menu (geschl. Dienstag) à la carte 13,50/30 – **20 Zim** ⊑ 43 – 66.
• Das familiär geführte Haus liegt am Ortsrand, den die Gästezimmer sind mit soliden Eichenmöbeln bestückt.

Fragen Sie Ihren Buchhändler nach dem aktuellen Katalog des Michelin Reise-Verlags

---

OSTBEVERN Nordrhein-Westfalen siehe Telgte.

OSTEN Niedersachsen ⑤④① E 11 – 1 900 Ew – Höhe 2 m – Erholungsort.
Berlin 377 – Hannover 206 – Cuxhaven 47 – Bremerhaven 56 – Hamburg 85 – Stade 28.

Fährkrug ⟨⟩, Deichstr. 1, ⊠ 21756, ℘ (04771) 39 22, rezeption@faehrkrug.de, Fax (04771) 2338, ≤, 🌳 Bootssteg – TV 🚗 P – 🛁 25. AE ⓜ◉ VISA
geschl. Anfang - Mitte Jan. – **Menu** à la carte 16/36 – **12 Zim** ⊑ 25/44 – 45/85 – ½ P 8.
• Malerisch liegt der Fährkrug direkt an der Oste. Einige der schlicht ausgestatteten Zimmer haben Balkone mit Blick auf den Fluss und die historische Schwebefähre. Gaststube mit altem Holzboden und Restaurant mit schöner Aussicht.

OSTERBURG Sachsen-Anhalt ⑤④② H 19 – 9 500 Ew – Höhe 36 m.
Berlin 148 – Schwerin 114 – Magdeburg 84 – Salzwedel 55.

Zum Reichskanzler, Stendaler Str. 10, ⊠ 39606, ℘ (03937) 8 20 82, Fax (03937) 85489, Biergarten – TV P – 🛁 60. AE ⓜ◉ VISA
Menu à la carte 12/20 – **14 Zim** ⊑ 35/40 – 45.
• Das nach dem Reichskanzler Otto von Bismarck benannte familiengeführte kleine Gasthaus mit Anbau beherbergt komplett ausgestattete, ländliche Zimmer. Das Restaurant ist nett im bürgerlichen Stil gestaltet.

OSTERBURKEN Baden-Württemberg ⑤④⑤ R 12 – 5 000 Ew – Höhe 247 m.
🏌18 🏌 Ravenstein-Merchingen, Kaiserhöhe (Süd-Ost : 6 km) ℘ (06297) 3 99.
Berlin 561 – Stuttgart 91 – Würzburg 66 – Heilbronn 49.

Märchenwald ⟨⟩, Boschstr. 14 (Nord-Ost : 2 km, nahe der B 292), ⊠ 74706, ℘ (06291) 6 42 00, info@hotelmaerchenwald.de, Fax (06291) 642040, 🌳, ≘s, 🌳, ≠ Zim, TV ✆ P – 🛁 30. ⓜ◉ VISA
Menu (geschl. über Fasching 2 Wochen, Sonntagabend - Montagmittag, Samstagmittag) à la carte 15/30,50 – **20 Zim** ⊑ 45/52 – 78/85.
• Landhausstil begleitet Sie durch alle Räume dieses kleinen Hotels - von der Rezeption mit Sitzgruppen und Kachelofen bis in die wohnlichen Zimmer in hellem Naturholz. Freundlich wirkendes Restaurant mit ländlichem Charakter.

OSTERHOFEN Bayern ⑤④⑥ T 23 – 11 000 Ew – Höhe 320 m.
Ausflugsziel : Klosterkirche★ in Osterhofen - Altenmarkt (Süd-West : 1 km).
Berlin 579 – München 152 – Passau 38 – Deggendorf 27 – Straubing 41.

Pirkl, Altstadt 1, ⊠ 94486, ℘ (09932) 12 76, Fax (09932) 4900 – TV 🚗. ⓜ◉ VISA
geschl. 24. Dez. - 7. Jan., 5. - 20. Aug. – **Menu** (geschl. Montag) à la carte 17/28 – **17 Zim** ⊑ 28/40 – 56/66.
• Unweit des Marktplatzes finden Sie diesen typisch niederbayerischen Gasthof. Man hält einfache, solide möblierte und sehr gut gepflegte Zimmer bereit. Gaststube mit schönem, weiß getünchtem Gewölbe.

1098

OSTERHOLZ-SCHARMBECK Niedersachsen 541 G 10 – 33 000 Ew – Höhe 20 m.

Carlstedt, Am Golfplatz 10 (Nord-West : 9 km), ℘ (04795) 4 17 ; Bremen, Wölpscher Str. 4 (West : 16 km über Schwanewede), ℘ (0421) 6 09 53 31.
Berlin 409 – Hannover 144 – Bremen 25 – Bremerhaven 45.

Tivoli (mit Gästehaus), Beckstr. 2, ⊠ 27711, ℘ (04791) 80 50, info@hotel-tivoli.de, Fax (04791) 80560, 余 – ⌘, ⇌ Zim, TV ✆ P – 益 120. ⓐ ⓜⓞ VISA
Menu (geschl. Sonntag) (nur Abendessen) à la carte 13/28 – **50 Zim** ⇌ 45/50 – 75.
♦ Der neuzeitliche rote Klinkerbau liegt in einer Seitenstraße im Ortskern. Zum Übernachten bietet man saubere, praktisch eingerichtete Zimmer. Bürgerlich gestaltetes Restaurant.

An der Straße nach Worpswede Süd-Ost : 3 km :

Tietjen's Hütte ≫ mit Zim, An der Hamme 1, ⊠ 27711 Osterholz-Scharmbeck, ℘ (04791) 9 22 00, Fax (04791) 922036, 余 Bootssteg – TV P – 益 30. ⓐ ⓞ ⓜⓞ VISA
Menu (geschl. Montag) à la carte 20/36 – **9 Zim** ⇌ 67 – 99/103.
♦ Harmonisch fügt sich das reetgedeckte Friesenhaus in die Landschaft ein. Das Interieur gliedert sich in zwei Bereiche : die rustikale Moordiele und das elegantere Restaurant.

OSTERODE AM HARZ Niedersachsen 541 K 14 – 28 200 Ew – Höhe 230 m.

🛈 Tourist-Information, Dörgestr. 40 (bei der Stadthalle), ⊠ 37520, ℘ (05522) 31 83 60, touristinfo@osterode.de, Fax (05522) 318336.
Berlin 316 – Hannover 98 – Braunschweig 81 – Göttingen 48 – Goslar 30.

Börgener garni, Hoelemannpromenade 10a, ⊠ 37520, ℘ (05522) 9 09 90, hotel-boergener@t-online.de, Fax (05522) 909913 – ⇌ TV ✆ P. ⓜⓞ VISA. ⋘
20 Zim ⇌ 45/48 – 62/75.
♦ Zeitgemäß mit solidem Mobiliar ausgestattet zeigen sich die Gästezimmer dieses familiengeführten Hauses - eine wohnliche wie auch praktische Übernachtungsadresse.

Tiroler Stuben, Scheerenberger Str. 45 (B 498), ⊠ 37520, ℘ (05522) 20 22, Fax (05522) 71170, 余 – TV P – 益 50. ⓐ ⓞ ⓜⓞ VISA
Menu (geschl. Juli 1. Woche, Okt. 1. Woche, Mittwoch, Sonntagabend) (wochentags nur Abendessen) à la carte 12/16,50 – **12 Zim** ⇌ 28 – 46.
♦ Gute Pflege und Sauberkeit und mit Zirbelholzmöbeln hübsch eingerichtete Gästezimmer sprechen für das kleine Haus unter familiärer Leitung. In rustikal-gemütliche Stuben unterteiltes, alpenländisches Restaurant.

In Osterode-Lerbach Nord-Ost : 5 km über B 241 – Erholungsort :

Sauerbrey, Friedrich-Ebert-Str. 129, ⊠ 37520, ℘ (05522) 5 09 30, info@hotel-sauerbrey.de, Fax (05522) 509350, 余, ≘s, ⬜, 牢 – ⌘, ⇌ Zim, TV ✆ ⇌ P – 益 25. ⓐ ⓞ ⓜⓞ VISA
Menu à la carte 20,50/33,50 – **31 Zim** ⇌ 64/92 – 92/123.
♦ Das Hotel mit zum Teil holzverkleideten Anbauten liegt am Fuß eines Hügels. Die Gästezimmer sind überwiegend mit hellen Naturholzmöbeln eingerichtet. Wandbilder und ein offener Kamin zieren das gediegene kleine Restaurant.

In Osterode-Riefensbeek Nord-Ost : 12 km über B 498 – Erholungsort :

Landhaus Meyer, Sösetalstr. 23 (B 498), ⊠ 37520, ℘ (05522) 38 37, landhaus-meyer@t-online.de, Fax (05522) 76060, 余 – TV P. ⓐ ⓞ ⓜⓞ VISA JCB
geschl. 10. - 30. Nov. – **Menu** à la carte 15/23 – **9 Zim** ⇌ 40 – 62.
♦ Hinter dem hübschen Holzhaus erstrecken sich ausgedehnte Laub- und Nadelwälder. Man bietet nur wenige, aber recht geräumige und gut ausgestattete Zimmer. Das Restaurant besteht aus zwei netten, rustikalen Stuben.

OSTERWEDDINGEN Sachsen-Anhalt 542 J 18 – 2 000 Ew – Höhe 72 m.
Berlin 165 – Magdeburg 12 – Halberstadt 59.

Schwarzer Adler, Dorfstr. 2, ⊠ 39171, ℘ (039205) 65 20, info@hotel-osterweddingen.de, Fax (039205) 6528, 余, ≘s – ⇌ Zim, TV ✆ P – 益 40. ⓐ ⓜⓞ VISA ⋘
geschl. 23. Dez. - 3. Jan. – **Menu** (geschl. Samstag - Sonntag) (nur Abendessen) à la carte 14/23 – **15 Zim** ⇌ 51/65 – 69/85.
♦ Das Gästehaus, in dem sich die Zimmer befinden, gehört zu einer liebevoll renovierten ehemaligen Molkerei. Angenehm : die recht ruhige Lage in einer Nebenstraße. Teil des Restaurants ist ein neuerer Wintergarten.

OSTERWIECK Sachsen-Anhalt 542 K 16 – 5 000 Ew – Höhe 230 m.
Berlin 235 – Magdeburg 83 – Goslar 32.

 Brauner Hirsch, Stephanikirchgasse 1, ⌂ 38835, ℘ (039421) 79 50, hotel-brauner
hirsch@t-online.de, Fax (039421) 79599, 🍴, ⇌ – ✻ Zim, TV ✆ 🅿. ⓜ VISA
Menu à la carte 17/22 – **24 Zim** ⌂ 45 – 80.
• Mit Sinn fürs Detail wurde hier ein altes, verwinkeltes Fachwerkgebäude in ein
nettes Hotel mit zeitgemäßen Zimmern und gemütlichem Ambiente verwandelt. Im
ersten Stock des Hauses befindet sich das neo-rustikale Restaurant mit niedriger
Decke.

OSTFILDERN Baden-Württemberg 545 T 11 – 28 000 Ew – Höhe 420 m.
Berlin 644 – Stuttgart 19 – Göppingen 39 – Reutlingen 35 – Ulm (Donau) 76.

In Ostfildern-Kemnat :

 Am Brunnen garni, Heumadener Str. 19, ⌂ 73760, ℘ (0711) 16 77 70, info@hotel
ambrunnen.de, Fax (0711) 1677799, – 📶 ✻ TV ✆ ⇌ 🅿. AE ⓞ ⓜ VISA ⚡
22 Zim ⌂ 79 – 99.
• Das moderne Hotel bietet Reisenden komfortable, mit honigfarbenen Möbeln, Schreibtisch und teilweise mit Sitzgruppen gut ausgestattete Gästezimmer.

 Kemnater Hof, Sillenbucher Str. 1, ⌂ 73760, ℘ (0711) 4 51 04 50, hotel@kemnat
erhof.de, Fax (0711) 45104577, Biergarten – 📶, ✻ Zim, TV ✆ 🅿. – 🎂 20. AE ⓞ ⓜ
VISA JCB
Menu à la carte 16/36 – **28 Zim** ⌂ 66/88 – 77/111.
• Das gepflegte Haus liegt in einer Kleinstadt unmittelbar am Stadtrand von Stuttgart. Sie
wohnen in praktischen, technisch kompletten Zimmern. Restaurant mit schwäbischer
Küche.

In Ostfildern-Nellingen :

 Filderhotel ⚡, In den Anlagen 1, ⌂ 73760, ℘ (0711) 3 40 19 50, info@filder
hotel.de, Fax (0711) 34019555, 🍴 – 📶, ✻ Zim, 🍽 Rest, TV ✆ & ⇌ 🅿. AE
ⓜ VISA
Menu (geschl. 27. Dez. - 7. Jan., 30. Juli - 4. Sept., Freitag - Samstag) (wochentags nur
Abendessen) à la carte 20,50/36 – **45 Zim** ⌂ 75/96 – 96/118.
• In einer Nebenstraße gelegenes Hotel mit gut unterhaltenen Zimmern unterschiedlicher
Größe - sie sind alle mit hellen Möbeln solide und funktionell eingerichtet. Zur Hotelhalle hin
offenes Restaurant mit breiter Fensterfront zur Terrasse.

 Adler garni (mit Gästehaus), Rinnenbachstr. 4, ⌂ 73760, ℘ (0711) 3 41 14 24, info@
hoteladler-ostfildern.de, Fax (0711) 3412767 – TV 🅿. AE ⓜ VISA ⚡
geschl. 1. - 15. Aug – **25 Zim** ⌂ 55/60 – 60/75.
• Ein familiengeführtes Haus mit Anbau. Vom Rahmen her ist dieses Hotel schlicht, die
Übernachtungszimmer sind praktisch möbliert und sehr gut gepflegt.

In Ostfildern-Ruit :

 Hirsch Hotel Gehrung, Stuttgarter Str. 7, ⌂ 73760, ℘ (0711) 44 13 00, info@hi
rsch-hotel-gehrung.de, Fax (0711) 44130444 – 📶 TV ✆ ⇌ 🅿. – 🎂 30. AE ⓞ
ⓜ VISA
Menu (geschl. Sonntag) à la carte 21/33 – **60 Zim** ⌂ 66/92 – 105/120.
• Solide, mit hellen Holzmöbeln bestückte und teils recht geräumige Zimmer. Sauberkeit
und eine gute Führung machen dieses an der Durchgangsstraße gelegene Hotel aus. Gediegenes Restaurant und echt schwäbische Stube.

In Ostfildern-Scharnhausen :

 Parkhotel Ostfildern, Kreuzbrunnenstr. 103 (Scharnhauser Park), ⌂ 73760,
℘ (0711) 3 41 68 80, kickbusch@parkhotel-ostfildern.de, Fax (0711) 341688430, 🍴, ⇌
– 📶, ✻ Zim, TV ✆ 🅿. – 🎂 80. AE ⓞ ⓜ VISA
Menu (geschl. 1. - 17. Aug.) à la carte 21,50/30 – **51 Zim** ⌂ 75 – 100.
• Gegenüber dem ehemaligen Gelände der Landesgartenschau liegt dieses moderne
Hotel. Im Inneren überzeugen freundliche, funktionelle Zimmer besonders Geschäftsreisende.

 Lamm, Plieninger Str. 3a, ⌂ 73760, ℘ (07158) 1 70 60, hotel.lamm@t-online.de,
Fax (07158) 170644, 🍴, ⇌ – 📶, ✻ Zim, TV ✆ ⇌ 🅿. – 🎂 40. AE ⓜ
VISA JCB
Menu à la carte 19/39 – **32 Zim** ⌂ 59/95 – 79/115.
• Ein Hotelneubau, der von einer seit acht Generationen in der Gastronomie tätigen Familie
geleitet wird. Praktische Zimmer mit unterschiedlichem Platzangebot erwarten Sie. Teil des
Restaurants ist ein heller Wintergartenanbau.

OSTHEIM VOR DER RHÖN Bayern 546 O 14 – 3 900 Ew – Höhe 306 m – Luftkurort.
🛈 Tourismusbüro, Im Schlößchen 5, ✉ 97645, ℘ (09777) 18 50, Fax (09777) 3245.
Berlin 399 – München 367 – Fulda 52.

Landhotel Thüringer Hof ⛳, Kleiner Burgweg 10, ✉ 97645, ℘ (09777) 9 12 10, lhthhof@aol.com, Fax (09777) 1700, ☕, 🈂, 🍴 – ½ Zim, 📺 ♿ 🅿 – 🛌 50. ⓄⓅ. ⬚ Rest
Menu à la carte 13/27 – **58 Zim** ☐ 40/45 – 68 – ½ P 11.
◆ Ruhig liegt das Haus mit den neuzeitlichen Zimmern am Ortsrand. Besonders empfehlenswert sind die etwas größeren Eckzimmer. Hoteleigene Fahrräder. Zeitlos gestaltetes Restaurant mit großem Kachelofen.

OSTHOFEN Rheinland-Pfalz 543 Q 8 – 8 400 Ew – Höhe 95 m.
Berlin 607 – Mainz 40 – Mannheim 41 – Worms 10.

Zum Schwanen, Friedrich-Ebert-Str. 40, ✉ 67574, ℘ (06242) 91 40, info@zum-schwanen-osthofen.de, Fax (06242) 914299, ☕ – 📺 ♿ 🅿 – 🛌 50. 🅰🅴 ⓄⓅ 💳 JCB
Menu (geschl. Montag, Samstagmittag) à la carte 23/36 – **30 Zim** ☐ 65 – 90/110.
◆ Hinter einer gepflegten Fassade mit hellblauen Fensterläden bietet der a. d. J. 1819 stammende, komplett umgebaute Gutshof solide und modern ausgestattete Zimmer. Helles, frisch wirkendes Restaurant mit Sommerterrasse im Innenhof.

OSTRACH Baden-Württemberg 545 W 12 – 5 200 Ew – Höhe 620 m.
Berlin 700 – Stuttgart 128 – Konstanz 69 – Ravensburg 33 – Ulm (Donau) 83 – Freiburg im Breisgau 144.

Landhotel zum Hirsch, Hauptstr. 27, ✉ 88356, ℘ (07585) 6 01, ermler@landhotel-hirsch.de, Fax (07585) 3159, ☕, 🍴 – 🛗 📺 🚗 🅿. 💳
geschl. Anfang Nov. 1 Woche – **Menu** (geschl. Freitag) à la carte 19,50/33,50 – **16 Zim** ☐ 42 – 70.
◆ Ein Landgasthof wie er im Buche steht ! Familiär und engagiert ist die Führung, der Gast wohnt in ländlichen Zimmern, teils mit freigelegten Holzbalken. Gemütliches Restaurant mit sorgfältig zubereiteter Regionalküche.

OTTENHÖFEN IM SCHWARZWALD Baden-Württemberg 545 U 8 – 3 500 Ew – Höhe 311 m – Luftkurort.
Ausflugsziel : Allerheiligen : Lage★ - Wasserfälle★ Süd-Ost : 7 km.
🛈 Kultur- und Verkehrsamt, Großmatt 15, ✉ 77883, ℘ (07842) 8 04 44, tourist-info@ottenhoeven.de, Fax (07842) 80445.
Berlin 736 – Stuttgart 137 – Karlsruhe 64 – Freudenstadt 35 – Baden-Baden 43.

Pension Breig ⛳ garni, Zieselmatt 10, ✉ 77883, ℘ (07842) 25 65, info@pension-breig.de, Fax (07842) 3974, 🈂 – 📺 🅿. ⓄⓅ 💳. ⬚
9 Zim ☐ 34/38 – 70.
◆ Eine kleine, nette Pension im Herzen des mittleren Schwarzwaldes. Das schmucke Haus beherbergt nur wenige Zimmer, doch die sind geräumig, gepflegt und meist mit Balkon.

OTTERNDORF Niedersachsen 541 E 10 – 6 900 Ew – Höhe 5 m – Erholungsort.
🛈 Tourist-Information, Rathaus, Rathausplatz, ✉ 21762, ℘ (04751) 91 91 31, touristik@otterndorf.de, Fax (04751) 919114.
Berlin 402 – Hannover 217 – Cuxhaven 18 – Bremerhaven 40 – Hamburg 113.

Am Medemufer, Goethestr. 15, ✉ 21762, ℘ (04751) 9 99 90, info@hotel-am-medemufer.de, Fax (04751) 999944, ☕ – 🛗, ½ Zim, 📺 ♿ ♿ 🅿 – 🛌 20. 🅰🅴 ⓄⓅ 💳. ⬚
Menu à la carte 19,50/30 – **26 Zim** ☐ 55/65 – 78/89.
◆ Das Hotel überzeugt mit Zimmern in neuzeitlichem Landhausstil, in hellem Holz und warmen Farben gehalten, und einem guten Frühstücksbuffet. Familienzimmer. Helles, freundliches Restaurant mit Blick auf den Fluss.

Eibsen's Hotel garni, Marktstr. 33 (B 73), ✉ 21762, ℘ (04751) 27 73, Fax (04751) 4179 – 📺 🅿
19 Zim ☐ 46/60 – 70/80.
◆ In dem im Fachwerkstil erbauten Haus mit Anbau erwarten Sie sehr gepflegte, wohnliche Zimmer mit hell gekalktem Mobiliar, teils als Maisonetten und Ferienwohnungen angelegt.

Ratskeller, Rathausplatz 1 (B 73), ✉ 21762, ℘ (04751) 38 11, irma-harms@gmx.de, Fax (04751) 999715, ☕ – ⓄⓅ 💳. ⬚
geschl. Feb., Dienstag – **Menu** à la carte 22/39.
◆ Das schön verputzte Kreuzgewölbe gibt diesem Lokal im alten Rathaus des Ortes sein besonderes Flair. Die Einrichtung ist elegant-rustikal, die Karte bietet Internationales.

OTTOBEUREN Bayern 🗺️ W 14 – 8 100 Ew – Höhe 660 m – Kneippkurort.
Sehenswert : Klosterkirche★★★ (Vierung★★★, Chor★★, Chorgestühl★★, Chororgel★★).
🏌 Hofgut Boschach (Süd : 3 km), ℘ (08332) 13 10.
🛈 Touristikamt, Marktplatz 14, ✉ 87724, ℘ (08332) 92 19 50, touristikamt@ottobeuren.de, Fax (08332) 921992.
Berlin 672 – München 110 – *Kempten (Allgäu)* 40 – Bregenz 85 – Ulm (Donau) 66.

🏨 **Am Mühlbach** garni, Luitpoldstr. 57, ✉ 87724, ℘ (08332) 9 20 50, info@hotel-am-muehlbach.de, Fax (08332) 8595 – 📶 ✦ 📺 🚗 🅰🅴 🆗 🆅🅸🆂🅰
20 Zim ⚏ 49/57 – 66/84.
• Der neuzeitliche Hotelbau ist halbkreisförmig angelegt, die zeitgemäß eingerichteten Zimmer sind fast alle zur Innenseite, einem hübschen Garten mit Teich, gelegen.

🏨 **Kurhotel St. Ulrich** 🌿, Bannwaldweg 10, ✉ 87724, ℘ (08332) 92 35 20, info@kneipp-und-kur.de, Fax (08332) 9235270, ≼, Massage, ♨, 🈳, 🏊, 🚗 – 📶 ✦ Zim, 📺 🅿 🆗 🆅🅸🆂🅰
geschl. Dez. - Feb. - **Menu** (Restaurant nur für Hausgäste) – **30 Zim** ⚏ 45/60 – 75/80.
• Das Haus liegt etwas oberhalb des kleinen Ortes, ruhig am Waldrand und verfügt über solide ausgestattete, teils rustikal möblierte Gästezimmer.

🏨 **Mohren**, Marktplatz 1, ✉ 87724, ℘ (08332) 9 21 30, richardkaulitz.jun.mohren@t-online.de, Fax (08332) 921349, 🈴 – 📺 🅲 🅿 🅰🅴 🆎 🆗 🆅🅸🆂🅰 🅹🅲🅱
Menu à la carte 13,50/24 – **11 Zim** ⚏ 37/40 – 67/70.
• Seit über 400 Jahren steht das nette kleine Giebelhaus am historischen Marktplatz des Ortes. Hinter der bläulichen Fassade hat man solide, wohnliche Zimmer eingerichtet. Ein ländliches Ambiente mit hellem Holz und Kachelofen macht das Restaurant gemütlich.

OTTOBRUNN Bayern siehe München.

OVERATH Nordrhein-Westfalen 🗺️ N 5 – 24 300 Ew – Höhe 92 m.
🏌 Overath-Steinenbrück, Bücheler Str. 2 (Nord-West : 5 km), ℘ (02204) 9 76 00.
Berlin 583 – *Düsseldorf* 60 – *Bonn* 31 – Köln 25.

In Overath-Immekeppel Nord-West : 7 km, über A 4 Richtung Köln, Abfahrt Untereschbach :

🍴 **Sülztaler Hof** mit Zim, Lindlarer Str. 83, ✉ 51491, ℘ (02204) 9 75 00, suelztaler-hof@t-online.de, Fax (02204) 975050, 🈴 – 📺 🅲 🅿 🅰🅴 🆗 🆅🅸🆂🅰 ✦ Zim
Menu (geschl. Dienstag - Mittwochmittag) à la carte 35/55,50 – **15 Zim** ⚏ 80/135 – 130/185.
• In dem gediegenen, durch reichlich Dekor behaglich wirkenden Restaurant serviert man eine klassische Küche. Empfehlenswert : die neuen stilvollen Zimmer mit exklusiven Bädern.

In Overath-Klef Nord-Ost : 2 km, jenseits der A 4 :

🏨 **Lüdenbach**, Klef 99 (B 55), ✉ 51491, ℘ (02206) 9 53 80, luedenbach@t-online.de, Fax (02206) 81602, 🈴, 🈳, 🚗 – 📺 🅲 🚗 🅿 🆗 🆅🅸🆂🅰 ✦ Zim
geschl. Juli - Aug. 3 Wochen - **Menu** (geschl. Montag) (Dienstag - Freitag nur Abendessen) à la carte 15/30,50 – **28 Zim** ⚏ 54/65 – 80/87.
• Ein Pluspunkt dieses Hauses ist die Nähe zur Autobahn in Richtung Messezentrum Köln. Die Zimmer sind einfach und praktisch gestaltet, sehr sauber und ausreichend geräumig.

In Overath-Marialinden Ost : 3 km, über Mucher Straße und Marialinder Straße :

🍴 **Sonne** mit Zim, An der Sonne 10, ✉ 51491, ℘ (02206) 91 10 27, speisen@sonne-das-restaurant.de, Fax (02206) 911029, 🈴 – 📺 🅿 🆗 🆅🅸🆂🅰
geschl. Jan. 2 Wochen, Aug. 3 Wochen – **Menu** (geschl. Montag - Dienstag) (wochentags nur Abendessen) à la carte 37/57 – **4 Zim** ⚏ 65 – 75.
• Das hübsche Fachwerkhaus beherbergt zwei gemütliche, helle Gasträume im Landhausstil - die Sonnenstube mit Parkett wirkt eleganter. Klassische Küche.

OY-MITTELBERG Bayern 🗺️ X 15 – 4 350 Ew – Höhe 960 m – Luft- und Kneippkurort – Wintersport : 950/1 200 m ⛷2 ⛷.
🛈 Tourismusbüro, Wertacher Str. 11, ✉ 87466, ℘ (08366) 2 07, Fax (08366) 1427.
Berlin 710 – München 124 – *Kempten (Allgäu)* 23 – Füssen 22.

Im Ortsteil Oy :

🏨 **Löwen**, Hauptstr. 12, ✉ 87466, ℘ (08366) 2 12, loewenoy@aol.com, Fax (08366) 9116, Biergarten – 📺 🚗 🅿 – 🚲 30. 🆗 🆅🅸🆂🅰
geschl. Anfang - Mitte Nov. – **Menu** (geschl. Mittwoch) à la carte 13/34 – **17 Zim** ⚏ 31 – 56 – ½ P 8.
• Der typische Allgäuer Gasthof befindet sich im Ortszentrum. Seine Fremdenzimmer sind schlicht und praktisch ausgestattet und verfügen meistens über Balkone.

OY-MITTELBERG

Im Ortsteil Mittelberg :

Die Mittelburg ⌀, Mittelburgweg 1, ✉ 87466, ✆ (08366) 1 80, info@mittelburg.
info, Fax (08366) 1835, ≤, 🌳, 🛋, Massage, 🏊, ≋s, 🔲, 🛋 – TV, 🚗, P, AE, ①, ⓜ, VISA.
🍴 Rest
geschl. 1. Nov. - 15. Dez. – **Menu** à la carte 16,50/28,50 – **28 Zim** ⇄ 68/73 – 100/154
– ½ P 10.
• Aufmerksamer Service und aufwändige Innenausstattung fügen sich zu einem harmonischen Bild. Empfehlenswert : die beiden Wintergarten-Zimmer mit Blick auf die Zugspitze. Die Räumlichkeiten des Restaurants sind gediegen-elegant gestaltet.

Gasthof Rose ⌀, Dorfbrunnenstr. 10, ✉ 87466, ✆ (08366) 9 82 00, rose-allgaeu
@t-online.de, Fax (08366) 982010, Biergarten – TV, P, ⓜ
geschl. Anfang Nov. - Mitte Dez. – **Menu** (geschl. Montag - Dienstagmittag) à la carte
13,50/32,50 – **17 Zim** ⇄ 39/50 – 72/80 – ½ P 12.
• Dieser Familienbetrieb blickt auf eine lange Tradition zurück. Nach vielen Renovierungen bietet man heute schöne, in hellem Holz gehaltene Zimmer. In der Gaststube sitzt man unter rustikalen Deckenbalken.

OYBIN Sachsen ▊▊▊ N 28 – 1 900 Ew – Höhe 450 m – Luftkurort.
Berlin 276 – Dresden 100 – Görlitz 42 – Bautzen 55 – Praha 145.

Zum Berg Oybin, Friedrich-Engels-Str. 34, ✉ 02797, ✆ (035844) 73 20,
Fax (035844) 73299, 🌳 – TV, P, 🛋 20
Menu à la carte 12/18 – **21 Zim** ⇄ 32/42 – 50/60 – ½ P 7.
• Das 1996 von Grund auf renovierte Haus liegt direkt am Fuß des Sandsteinbergs Oybin. Sie finden hier gut gepflegte Zimmer mit ausreichend Platz.

OYTEN Niedersachsen siehe Bremen.

PADERBORN Nordrhein-Westfalen ▊▊▊ K 10 – 139 000 Ew – Höhe 119 m.
Sehenswert : Dom★ Z – Diözesanmuseum (Imadmadonna★) Z M1 – Rathaus★ Z.
🏌 🏌 Bad Lippspringe, Senne 1 (Nord : 8 km), ✆ (05252) 5 37 94 ; 🏌 Salzkotten-Thüle, Im Nordfeld 25 (West : 10 km), ✆ (05258) 64 98.
✈ bei Büren-Ahden, Süd-West : 20 km über ④, ✆ (02955) 7 70.
🛈 Tourist-Information, Marienplatz 2a, ✉ 33098, ✆ (05251) 88 29 80, tourist-info@p aderborn.de, Fax (05251) 882990.
ADAC, Kamp 9.
Berlin 429 ⑤ – Düsseldorf 167 ④ – Bielefeld 47 ⑤ – Dortmund 101 ④ – Hannover 143 ⑥
– Kassel 92 ④

Stadtplan siehe nächste Seite

Arosa, Westernmauer 38, ✉ 33098, ✆ (05251) 12 80, info@arosa.bestwestern.de,
Fax (05251) 128806, ≋s, 🔲 – 🛗, 🌙 Zim, 🍴 TV 📞 🚗 P, 🛋 120. AE ① ⓜ VISA.
🍴 Rest   Z s
Menu à la carte 24/36 – ⇄ 13 – **112 Zim** 75/122 – 124/147, 3 Suiten.
• Zeitgemäßen Komfort finden Sie in dem tadellos geführten Hotel mit stilvollem Empfangsbereich und modern gestalteten Zimmern. Mit technisch gut ausgestattetem Tagungsbereich. Das gepflegte Restaurant mit der großen Fensterfront befindet sich im 1. Stock.

StadtHaus, Hathumarstr. 22, ✉ 33098, ✆ (05251) 1 88 99 10, info@hotel-stadthau
s.de, Fax (05251) 188991555, ≋s – 🛗, 🌙 Zim, TV 📞 – 🛋 15. AE ⓜ VISA   Y n
Menu (geschl. Samstagmittag, Sonntag) à la carte 16/28 – **20 Zim** ⇄ 78/95 – 93/105.
• Das renovierte Stadthaus beherbergt ein geschmackvolles kleines Businesshotel, in dem schöne Hölzer und warme Farbtöne eine solide-elegante Atmosphäre schaffen. Restaurant im Bistrostil.

Gerold, Dr.-Rörig-Damm 170, ✉ 33100, ✆ (05251) 1 44 50, rezeption@hotel-gerold.de,
Fax (05251) 144544, 🌳, ≋s – 🛗 TV 📞 P – 🛋 60. AE ⓜ VISA. 🍴
geschl. 22. Dez. - 4. Jan. – **Menu** (wochentags nur Abendessen) à la carte 16/31 – **40 Zim**
⇄ 75 – 95.   über Nordstraße
• Das komfortable Hotel wurde Ende der neunziger Jahre modernisiert und erweitert. Zahlreiche Wandmalereien schmücken die Räume und verleihen dem Haus eine individuelle Note. Rustikal gestaltetes Abendrestaurant.

Galerie-Hotel Abdinghof garni, Bachstr. 1, ✉ 33098, ✆ (05251) 1 22 40, recepti
on@galerie-hotel.de, Fax (05251) 122419, TV 🚗. AE ⓜ VISA   Z b
– **13 Zim** ⇄ 73 – 82/87.
• Das alte Haus mit der spätgotischen Giebelfront hat eine über 400-jährige Geschichte. Neben gepflegten, wohnlichen Zimmern erwartet den Gast eine ständige Bilderausstellung.

PADERBORN

Am Abdinghof . . . . **Z** 2	Borchener Straße . . . . **Z** 6	Marienstraße . . . . **Z** 13
Am Bogen . . . . **Z** 3	Domplatz . . . . **Z** 7	Michaelstraße . . . . **Y** 15
Am Rothoborn . . . . **Y** 4	Driburger Straße . . . . **Z** 9	Mühlenstraße . . . . **Y** 16
Am Westerntor . . . . **Z** 5	Kamp . . . . **Z**	Nordstraße . . . . **Y** 17
	Königstraße . . . . **YZ**	Rosenstraße . . . . **Z** 19
	Le-Mans-Wall . . . . **Z** 12	Schildern . . . . **Z** 21
		Westernstraße . . . . **Z**

🍽🍽🍽 **Balthasar** (Simon) mit Zim, Warburger Str. 28, ✉ 33098, ✆ (05251) 2 44 48, Fax (05251) 24458, 🌿 – 🛗 📺 📞 🅿 🚗 AE ⓄⓄ VISA   **Z** a
 geschl. 1. - 10. Jan., Montag, Samstagmittag – **Menu** 30 (mittags)/108 (abends) und à la carte, ♀ – **2 Zim** ⊂ 99 – 128.
 • Aufmerksam serviert man Ihnen in elegantem Ambiente feine, schmackhafte Zubereitungen einer französischen Küche - aufgefrischt durch einen eigenen Stil.
 Spez. Terrine von Bouillongemüsen mit Jakobsmuscheln. Gebratene Gänseleber in Sauternes-Karamell mit Apfelscheiben. Geschmorte Kalbsbäcken mit Zitronenpüree

🍽 **Zu den Fischteichen,** Dubelohstr. 92, ✉ 33102, ✆ (05251) 3 32 36, Fax (05251) 37366, 🌿 – 🅿 – 🚗 80. AE ⓄⓄ VISA   über Fürstenweg **Y**
 geschl. Donnerstag – **Menu** à la carte 21/43.
 • Eine gediegene Atmosphäre erwartet die Gäste des am Waldrand gelegenen Ausflugslokals. Die schöne Lage am Teich macht den Reiz dieser Adresse aus.

In Paderborn-Elsen über ⑤ : 4,5 km :

🏨 **Kaiserpfalz,** von-Ketteler-Str. 20, ✉ 33106, ✆ (05254) 9 79 00, hotel.kaiserpfalz@t-online.de, Fax (05254) 979070, 🍴 – 📺 📞 🚗 🅿 AE ⓄⓄ VISA
 geschl. Weihnachen - Neujahr – **Menu** (geschl. Juli - Aug. 3 Wochen, Samstag) (nur Abendessen) à la carte 20,50/34 – **26 Zim** ⊂ 55/65 – 70/80.
 • Dieses Hotel bietet Reisenden eine zeitgemäße Unterkunft : hell und freundlich eingerichtete Zimmer, in denen blaue Polster und Teppiche farbige Akzente setzen. Gemütliche altdeutsche Gaststube mit holzgetäfelter Decke und bleiverglasten Fenstern.

🏨 **Zur Heide** garni (mit Gästehaus), Sander Str. 37, ✉ 33106, ✆ (05254) 9 56 50, webmaster@hotel-zur-heide.de, Fax (05254) 9565950 – 📺 📞 🚗 🅿 – 🚗 40. AE ⓄⓄ VISA
 28 Zim ⊂ 51/59 – 72/75.
 • Gepflegte Zimmer mit neuzeitlicher Ausstattung erwarten die Gäste dieses Hotels. Schallisolierte Fenster sorgen trotz verkehrsgünstiger Lage für eine ungestörte Nachtruhe.

1104

PADERBORN

In Paderborn-Schloss Neuhaus *Nord-West : 2,5 km über* ⑤ *:*

Altes Zollhaus, Schlossstr. 33, ✉ 33104, ☎ (05254) 8 52 88, Fax (05254) 942315, 🌳 – 🅿, AE ⓂⓈ
geschl. Mitte Juli - Anfang Aug., Samstagmittag, Sonntag - Montagmittag – **Menu** à la carte 30,50/39.
• In dem kleinen Fachwerkhaus mit modern-rustikalem Ambiente und offener Küche können Sie den Köchen bei der Zubereitung der internationalen Gerichte über die Schulter sehen.

In Borchen-Nordborchen *Süd-West : 6 km über Borchener Straße* Z

Pfeffermühle, Paderborner Str. 66, ✉ 33178, ☎ (05251) 54 00 60, Fax (05251) 5400699, 🌳 – 📺, ✄ Zim, 🔁 – 🔥 – 🅿, AE ⓞ ⓂⓈ
Menu (geschl. 22. Dez.- 8. Jan., Montagmittag, Sonn- und Feiertage) à la carte 14,50/27 – **42 Zim** ⎕ 50/70 – 65/82.
• Der erweiterte Gasthof mit der roten Klinkerfassade hält für seine Gäste unterschiedlich, aber immer solide eingerichtete Zimmer bereit. Bürgerliches Restaurant - ergänzt durch eine Bierstube im Untergeschoss des Hauses.

PAEHL *Bayern siehe Weilheim.*

PÄWESIN *Brandenburg* 542 I 22 – *680 Ew – Höhe 31 m.*
Berlin 61 – Potsdam 38 – Brandenburg 19.

In Päwesin-Bollmannsruh *West : 3 km, über Bagow :*

Bollmannsruh am Beetzsee 🌲, Bollmannsruh Nr. 10, ✉ 14778, ☎ (033838) 47 90, hotel.bollmannsruh@avendahotels.com, Fax (033838) 479100, 🌳, Biergarten, ☎, ⌁, 🔥, 🎾 Segelschule – 📺, ✄ Zim, 🔁 ⓥ ⓒ 🅿 – 🔥 120. AE ⓞ ⓂⓈ ⓋⒾⓈⒶ
Menu à la carte 17,50/31 – **79 Zim** ⎕ 64/77 – 94.
• Das moderne Hotel besticht nicht nur durch die Lage am See, sondern auch durch geräumige und zeitgemäß ausgestattete Zimmer, in denen maritime Elemente Akzente setzen. In dem neuzeitlichen Restaurant blicken Sie durch eine große Glasfront auf den See.

PALLING *Bayern* 546 V 21 – *3 100 Ew – Höhe 531 m.*
Berlin 666 – München 92 – Bad Reichenhall 49 – Rosenheim 64.

Michlwirt, Steiner Str. 1, ✉ 83349, ☎ (08629) 9 88 10, michlwirt@t-online.de, Fax (08629) 988181, 🌳, ☎, – 📺 ⓥ 🅿 – 🔥 20. ⓂⓈ ⓋⒾⓈⒶ
geschl. 11.- 25. Jan., 12. Sept.- 3. Okt. - **Menu** (geschl. Sonntag) à la carte 12/23 – **42 Zim** ⎕ 33/41 – 55/67.
• Ein angestandener Gasthof mit gepflegten, wohnlich im rustikalen Landhausstil eingerichteten Zimmern, die zeitgemäßen Komfort zu einem guten Preis-Leistungs-Verhältnis bieten. Sie speisen in gemütlichen Gaststuben mit Holztäfelung und Kachelöfen.

PANKER *Schleswig-Holstein siehe Lütjenburg.*

PAPENBURG *Niedersachsen* 541 G 6 – *35 000 Ew – Höhe 5 m.*
🛫 Papenburg-Aschendorf, Gutshofstr. 141 (Süd : 4 km), ☎ (04961) 9 98 00.
🛈 Fremdenverkehrsverein, Rathausstr. 2, ✉ 26871, ☎ (04961) 83 96 11, Fax (04961) 839612.
Berlin 513 – Hannover 240 – Emden 47 – Groningen 67 – Lingen 68 – Oldenburg 69.

Alte Werft, Ölmühlenweg 1, ✉ 26871, ☎ (04961) 92 00, reception@hotel-alte-werft.de, Fax (04961) 920100, Biergarten, ⓕₛ, ☎, – 📺, ✄ Zim, 🔁 ⓥ ⓒ 🅿 – 🔥 340. AE ⓞ ⓂⓈ ⓋⒾⓈⒶ
Graf Goetzen (nur Abendessen) **Menu** à la carte 35/39 – **Schnürboden : Menu** à la carte 18,50/34 – **121 Zim** ⎕ 92/109 – 136/152, 4 Suiten.
• Durch die Verbindung von alter Industrie- mit neuer Hotel-Architektur entstand ein Haus mit individuellem Charme und sehr komfortablen, geschmackvoll gestalteten Zimmern. Die alte Werfthalle bildet den Rahmen für das elegante Restaurant Graf Goetzen.

Stadt Papenburg, Am Stadtpark 25, ✉ 26871, ☎ (04961) 9 18 20, info@comfort-hotel.de, Fax (04961) 3471, 🌳, ☎, – 📺, ✄ Zim, 🔁 ⓥ 🅿 – 🔥 30. AE ⓞ ⓂⓈ ⓋⒾⓈⒶ
Menu (geschl. Sonntag) à la carte 25/38 – **50 Zim** ⎕ 70 – 90/95.
• Vom Grün des Stadtparks umgeben ist dieser neuere Hotelbau mit gepflegten Zimmern, die einheitlich mit mahagonifarbenen Möbeln eingerichtet sind.

PAPPENHEIM Bayern 546 T 16 – 4500 Ew – Höhe 410 m – Luftkurort.

🛈 Fremdenverkehrsbüro, Stadtvogteigasse 1 (Haus des Gastes), ✉ 91788, ℘ (09143) 6 06 66, fremdenverkehr@pappenheim.de, Fax (09143) 60667.
Berlin 499 – München 134 – Augsburg 77 – Nürnberg 72 – Ulm (Donau) 113.

Sonne, Deisinger Str. 20, ✉ 91788, ℘ (09143) 8 31 40, Fax (09143) 831450, 🍽 – ⚞ Zim, 📺
geschl. Ende Okt. 2 Wochen – **Menu** (geschl. Sonntagabend - Montag) à la carte 13,50/22 – **12 Zim** ☐ 33/35 – 54/58.
• Ein traditionsreicher Gasthof im Altmühltal, der 1983 nach einem Brand neu aufgebaut wurde und die Gäste mit einfachen, aber geräumigen und gepflegten Zimmern erwartet. Ländlich-bayerische Gaststuben mit holzgetäfelten Wänden und gemütlichem Kachelofen.

PARCHIM Mecklenburg-Vorpommern 542 F 19 – 20 000 Ew – Höhe 46 m.

🛈 Stadtinformation, Lindenstr. 38, ✉ 19370, ℘ (03871) 21 28 43, stadt.parchim@parchim.de, Fax (03871) 212843. – Berlin 163 – Schwerin 43 – Güstrow 75.

Stadtkrug, Apothekenstr. 12, ✉ 19370, ℘ (03871) 6 23 00 (Hotel) 22 63 21 (Rest.), hotel-stadtkrug-parchim@t-online.de, Fax (03871) 264446, 🍽 – ⚞ Zim, 📺 AE ⦿ VISA.
🛇 Rest
Menu à la carte 12/20,50 – **24 Zim** ☐ 45/49 – 58/64.
• Auf eine über 250-jährige Geschichte kann dieses rote Klinkergebäude zurückblicken. Die sehr gepflegten, wohnlichen Zimmer sind mit soliden, zeitlosen Holzmöbeln eingerichtet. Rustikales, mit dunklem Inventar ausgestattetes Restaurant.

Stadt Hamburg, Lange Str. 87, ✉ 19370, ℘ (03871) 6 20 40, Fax (03871) 620413 – 📺 ℡ ℗ ⦿ VISA
Menu à la carte 14/26 – **16 Zim** ☐ 45 – 62.
• Solide ausgestattete und gepflegte Gästezimmer bietet dieses in der Innenstadt gelegene klassische Stadthaus mit Anbau seinen Gästen. Bilder von Hamburg zieren das kleine, im Bistrostil eingerichtete Restaurant.

Gambrinus mit Zim, Bauhofstr. 13, ✉ 19370, ℘ (03871) 21 25 80, info@gambrinus-parchim.de, Fax (03871) 212856, Biergarten – 📺 ℗ ⦿. 🛇
Menu à la carte 14/25 – **8 Zim** ☐ 40/45 – 55/65.
• Hinter der roten Fachwerkfassade des Hauses aus dem Jahr 1799 erwartet Sie ein in drei Stuben unterteiltes Restaurant mit freundlichem Service und internationalem Angebot.

In Spornitz Süd-West : 9 km über B 191 :

Landhotel Spornitz, An der B 191, ✉ 19372, ℘ (038726) 8 80, landhotel-spornitz@m-vp.de, Fax (038726) 88490, 🍽, ℔, ≘s – 📶, ⚞ Zim, 🍴 Rest, 📺 ℡ ♿ ℗ – 🅰 120.
AE ⓓ ⦿ VISA
Menu à la carte 13,50/27 – **70 Zim** ☐ 72 – 86.
• Ein engagiert geführtes neueres Hotel mit soliden, wohnlichen Zimmern, die z. T. über einen separaten Wohnbereich verfügen. Die kleinen Gäste freuen sich über ein Spielzimmer. Das Restaurant zeigt sich teils gemütlich-rustikal, teils etwas gediegener.

PARSBERG Bayern 546 S 19 – 6000 Ew – Höhe 550 m.

Berlin 477 – München 137 – Regensburg 47 – Ingolstadt 63 – Nürnberg 64.

Zum Hirschen, Dr.-Schrettenbrunner-Str. 1, ✉ 92331, ℘ (09492) 60 60, info@hirschenhotels.de, Fax (09492) 606222, 🍽, ≘s – 📶, ⚞ Zim, 📺 ℡ – 🅰 50. ⦿ VISA
geschl. 23. - 26. Dez. – **Menu** (geschl. Sonntagabend) à la carte 15,50/31 – **40 Zim** ☐ 50/75 – 84/95.
• In dem traditionellen Oberpfälzer Gasthof erwarten Sie wohnlich mit hellem Eichen- oder Kirschmobiliar ausgestattete Zimmer mit zeitgemäßem Komfort. Das unterteilte Restaurant ist teils gediegen, teils eleganter gestaltet.

Hirschenhof, Brauhausstr. 6, ✉ 92331, ℘ (09492) 9 42 70, info@hirschenhotels.de, Fax (09492) 606444, Biergarten, ℔, 🎿 📺 ℡ ⇔ ℗ – 🅰 100. ⦿ VISA
geschl. 23. Dez. - 6. Jan., über Ostern, über Pfingsten – **Menu** (nur Abendessen) à la carte 13/22,50 – **37 Zim** ☐ 60/70 – 80/95.
• In dem komplett renovierten Altbau mit modernem Erweiterungsbau findet man praktische Zimmer, Ferienwohnungen, moderne Tagungsräume und einen Spiel- und Freizeitgarten.

PASEWALK Mecklenburg-Vorpommern 542 F 25 – 12 600 Ew – Höhe 12 m.

🛈 Stadtinformation, Am Markt 2, ✉ 17309, ℘ (03973) 21 39 95, stadtinfo@pasewalk.de, Fax (03973) 213972. – Berlin 134 – Schwerin 208 – Neubrandenburg 59 – Szczecin 40.

Pasewalk 🛇, Dargitzer Str. 26, ✉ 17309, ℘ (03973) 22 20, info.hotel@hotel-pasewalk.de, Fax (03973) 222200, ≘s, 🏊, 🍽, 🛇 – 📶 📺 ℡ ⇔ ℗ – 🅰 60. AE ⦿ VISA
Menu à la carte 19/38 – **72 Zim** ☐ 62/70 – 93.
• Etwas außerhalb liegt dieses komfortable Hotel mit modern und funktionell eingerichteten Zimmern und diversen Extras wie Bowling, Tennis, Kosmetikstudio und Streichelzoo. Teils gemütlich und rustikal, teils urig ist das Restaurant eingerichtet.

PASEWALK

Villa Knobelsdorff ⚘, Ringstr. 121, ✉ 17309, ℘ (03973) 2 09 10, villa.knobelsdo
rff@t-online.de, Fax (03973) 209110, Biergarten – 📺 ⓜ ⇔ ℙ – 🅿 20. 🆎 ⓜ ⓥⓘⓢⓐ
Menu (Montag - Freitag nur Abendessen) à la carte 13/28 – **18 Zim** ⥂ 45/55 – 70/75.
◆ Eine Villa a. d. J. 1896 : Zunächst als Wohnhaus genutzt, wurde sie 1996 nach kompletter Renovierung als Hotel wieder eröffnet und bietet Ihnen zeitgemäße Zimmer. Restaurant im Untergeschoss mit rustikaler Atmosphäre - teils Gewölbedecke.

PASSAU Bayern 546 U 24 – 50 000 Ew – Höhe 290 m.

Sehenswert : Lage** am Zusammenfluss von Inn, Donau und Ilz (Dreiflusseck*) B – Dom (Apsis**) B – Glasmuseum** B M2.
Ausflugsziele : Veste Oberhaus B ⩽** auf die Stadt – Bayerische Ostmarkstraße * (bis Weiden in der Oberpfalz).
▸ Thyrnau-Raßbach (Nord-Ost : 9 km über ②), ℘ (08501) 9 13 13.
🛈 Passau Tourismus, Rathausplatz 3, ✉ 94032, ℘ (0851) 95 59 80, tourist-info@passau.de, Fax (0851) 57298.
ADAC, Brunngasse 5.
Berlin 607 ⑦ – München 192 ⑦ – Landshut 119 ⑤ – Linz 110 ④ – Regensburg 118 ⑦ – Salzburg 142 ⑤

Stadtplan siehe nächste Seite

Holiday Inn, Bahnhofstr. 24, ✉ 94032, ℘ (0851) 5 90 00, hotel@holiday-inn-passau.com, Fax (0851) 5900529, ⩽, 🍽, Massage, ⇔, 🏊 – 🛗, ⇔ Zim, 📺 ✆ ⅌ ⇔ – 🅿 250. 🆎 ⓞ ⓜ ⓥⓘⓢⓐ. ⅏ Rest   A d
Menu à la carte 14,50/25 – **129 Zim** ⥂ 107/138 – 146/178.
◆ Ein modernes Stadthotel mit großzügigen Empfangs- und Lobbybereich und einheitlich gestalteten Zimmern mit zeitgemäßem Komfort, die sich nur in der Größe leicht unterscheiden.

König garni (mit Gästehaus), Untere Donaulände 1, ✉ 94032, ℘ (0851) 38 50, info@hotel-koenig.de, Fax (0851) 385460, ⩽, ⇔ – 🛗 ⇔ 📺 ✆ ⅌ ⇔ – 🅿 25. 🆎 ⓞ ⓜ ⓥⓘⓢⓐ ⓙⓒⓑ   A t
61 Zim ⥂ 65/75 – 80/130.
◆ Am Ufer der Donau liegt dieses gut geführte Hotel mit stilvoll-gediegener Atmosphäre. Die Zimmer im Haupthaus sind leicht elegant, die im Gästehaus moderner eingerichtet.

Residenz garni, Fritz-Schäffer-Promenade, ✉ 94032, ℘ (0851) 98 90 20, Fax (0851) 98902200, ⩽, – 🛗 ⇔ 📺 ⓜ ⓥⓘⓢⓐ ⓙⓒⓑ   B c
geschl. 7. Jan. - 20. Feb. – **50 Zim** ⥂ 66/74 – 93/113.
◆ Das traditionsreiche Hotel, dessen Wurzeln ins 15. Jh. zurückreichen, am Rand der Altstadt und am Donau-Ufer gelegen, erwartet Sie mit gut ausgestatteten, wohnlichen Zimmern.

Weisser Hase, Ludwigstr. 23, ✉ 94032, ℘ (0851) 9 21 10, info@weisser-hase.de, Fax (0851) 9211100, ⇔ – 🛗, ⇔ Zim, 📺 ⅌ ⇔ – 🅿 100. 🆎 ⓞ ⓜ ⓥⓘⓢⓐ ⓙⓒⓑ   A e
geschl. 5. - 31. Jan. – **Menu** (nur Abendessen) à la carte 19/31 – **108 Zim** ⥂ 89 – 138.
◆ Zeitgemäßes Wohnen in alten Mauern : Solide eingerichtete und gepflegte Zimmer in verschiedenen Kategorien hält das gut geführte Hotel in der Altstadt für seine Gäste bereit. Klassisch-gepflegtes Restaurant in der 1. Etage des Hauses.

Am Fernsehturm, Neuburgerstr. 79 (B 388/12), ✉ 94036, ℘ (0851) 9 51 80, fernsehturm@t-online.de, Fax (0851) 9518100, 🍽, Biergarten, ⇔ – 🛗, ⇔ Zim, 📺 ⇔ ℙ – 🅿 60. 🆎 ⓞ ⓜ ⓥⓘⓢⓐ ⓙⓒⓑ   über ⑤
Menu (nur Abendessen) à la carte 16,50/25 – **62 Zim** ⥂ 60/85 – 85/115.
◆ Am Stadtrand findet man diesen modernen Hotelbau, in dem funktionell und zeitgemäß mit hellen Holzmöbeln ausgestattete Zimmer auf Sie warten. Mit neuzeitlichem Tagungsbereich. Restaurant in bistroartiger Aufmachung.

Passauer Wolf, Rindermarkt 6, ✉ 94032, ℘ (0851) 9 31 51 10, Fax (0851) 9315150, ⩽ – 🛗 📺 ⅌ ⇔ – 🅿 30. 🆎 ⓞ ⓜ ⓥⓘⓢⓐ ⓙⓒⓑ   A r
Menu (geschl. Sonntag) (nur Abendessen) 19,50/45 à la carte 25/40 – **40 Zim** ⥂ 64/82 – 95/144.
◆ Zwischen Donau-Ufer und Fußgängerzone findet man dieses traditionsreiche Haus. Solide eingerichtete Zimmer mit unterschiedlichem Zuschnitt erwarten die Gäste. Das Restaurant mit Landhausambiente bietet in einem schönen Blick auf den Fluss.

Wilder Mann, Rathausplatz, ✉ 94032, ℘ (0851) 3 50 71 (Hotel), 3 50 75 (Rest.), info@wilder-mann.com, Fax (0851) 31712, 🍽 – 🛗 📺. 🆎 ⓜ ⓥⓘⓢⓐ. ⅏ Zim   B M²
Menu (geschl. Jan. 2 Wochen, Dienstag) (wochentags nur Abendessen) 20 à la carte 30,50/43,50 – **48 Zim** ⥂ 49/79 – 78/98.
◆ Teils mit bemalten Bauernmöbeln, teils mit Antiquitäten eingerichtet sind die Zimmer des restaurierten Patrizierhauses, das auch prominente Gäste beherbergte. Glasmuseum. In der 5. Etage findet man das Restaurant im bäuerlichen Barockstil.

Don't get lost, use **Michelin Maps** which are kept up to date.

PASSAU

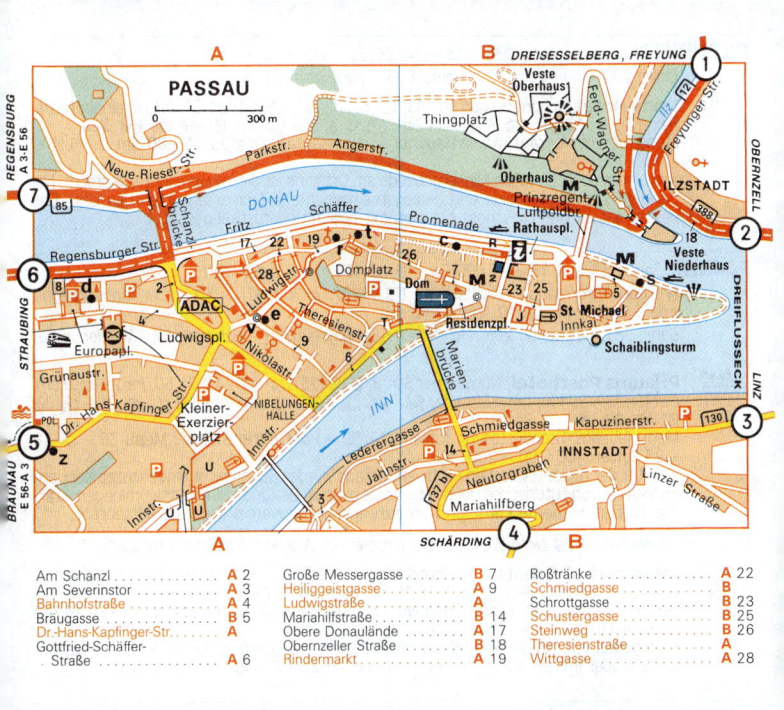

Am Schanzl	**A** 2	Große Messergasse	**B** 7	Roßtränke	**A** 22
Am Severinstor	**A** 3	Heiliggeistgasse	**A** 9	Schmiedgasse	**B**
Bahnhofstraße	**A** 4	Ludwigstraße	**A**	Schrottgasse	**B** 23
Bräugasse	**B** 5	Mariahilfstraße	**B** 14	Schustergasse	**B** 25
Dr.-Hans-Kapfinger-Str.	**A**	Obere Donaulände	**A** 17	Steinweg	**A** 26
Gottfried-Schäffer-		Obernzeller Straße	**B** 18	Theresienstraße	**A**
Straße	**A** 6	Rindermarkt	**A** 19	Wittgasse	**A** 28

Altstadt-Hotel ♦ (mit Gästehaus), Bräugasse 23 (am Dreiflüsseeck), ⊠ 94032, ℘ (0851) 33 70, info@altstadt-hotel.de, Fax (0851) 337100, ≼, 斎 – 劇, ⇔ Zim, TV ⇔ – 益 65. AE ⓄⓄ MO VISA. ※ **B s**
Menu (geschl. Nov. 2 Wochen) à la carte 18,50/29,50 – **54 Zim** ⊇ 61/66 – 105/115.
♦ Engagiert geführtes Hotel mit aufgrund der historischen Bausubstanz unterschiedlich geschnittenen Zimmern, z. T. mit Holzbalkendecke. Solide und geschmackvoll eingerichtet. Angenehme Farben und hübsche Stoffe prägen das neo-rustikal gestaltete Restaurant.

Spitzberg garni, Neuburger Str. 29 (B 12/388), ⊠ 94032, ℘ (0851) 95 54 80, info@hotel-spitzberg.de, Fax (0851) 9554848, ⇌ – TV ⇔. AE ⓄⓄ MO VISA **A z**
29 Zim ⊇ 45/60 – 60/80.
♦ Mit rustikalem Eichenholzmobiliar sind die gepflegten Zimmer dieser gut geführten Pension oberhalb der Altstadt eingerichtet. Mit Familienzimmern.

Heilig-Geist-Stift-Schenke, Heiliggeistgasse 4, ⊠ 94032, ℘ (0851) 26 07, Fax (0851) 35387, 斎 – MO VISA **A v**
geschl. 6. Jan. - 1. Feb., Mittwoch – **Menu** à la carte 13,50/28,50.
♦ Gaststuben mit urig-gemütlicher Atmosphäre : eine rustikale Schenke von 1358 mit Gewölbedecke und Holztäfelung, einem Keller mit offenem Kamin und einem weinberankten Garten.

In Passau-Haidenhof über ⑤ : 3 km :

Dreiflüssehof, Danziger Str. 42, ⊠ 94036, ℘ (0851) 7 20 40, info@dreifluessehof.de, Fax (0851) 72478, ⇔ Zim, TV ⇔ ⇔ P – 益 15. AE ⓄⓄ MO VISA JCB
Menu (geschl. Sonntag - Montagmittag) à la carte 13,50/29,50 – **67 Zim** ⊇ 45/55 – 72/79.
♦ Ein gut unterhaltener Familienbetrieb : Der Gasthof liegt in einem Vorort und überzeugt mit geräumigen, gepflegten Zimmern, die praktisch und gediegen eingerichtet sind. Gemütlich-rustikal wirkt das Restaurant mit Nischen, holzgetäfelten Wänden und Kachelofen.

In Passau-Kohlbruck über ⑤ : 3 km :

Albrecht garni, Kohlbruck 18 (B 388/12), ⊠ 94036, ℘ (0851) 95 99 60, info@hotel-albrecht.de, Fax (0851) 9599640, ⇔ TV ⇔ ⇔ P. AE ⓄⓄ MO VISA. ※
32 Zim ⊇ 48 – 75.
♦ Gepflegtes und gut geführtes Hotel am Stadtrand mit teils neuzeitlich-modern, teils rustikal ausgestatteten Zimmern und gutem Frühstücksbuffet.

PATTENSEN Niedersachsen **541** J 13 – 14 000 Ew – Höhe 75 m.
Berlin 290 – Hannover 12 – Hameln 36 – Hildesheim 23.

Leine-Hotel, Schöneberger Str. 43, ⊠ 30982, ℘ (05101) 91 80, info@leinehotel.de, Fax (05101) 13367, 🍴 – 🛗, ⇔ Zim, 📺 📞 ♿ 🅿 – 🛎 60. 🆎 ⓘ ⓂⓄ 🆅🅸🆂🅰 🆓🆒🆑
Menu (geschl. Montag) (wochentags nur Abendessen) à la carte 25/35 – **80 Zim** ⋍ 74/100 – 118/139.
• In einem neueren roten Klinkergebäude am Ortsrand ist dieses Hotel untergebracht. Mit dunklen Holzmöbeln solide und gediegen eingerichtete Zimmer erwarten den Gast. Das Restaurant im Untergeschoss hat man mit hellem Holz rustikal gestaltet.

PEGNITZ Bayern **546** Q 18 – 15 000 Ew – Höhe 424 m – Erholungsort.
🅱 Touristinformation, Hauptstr. 37, ⊠ 91257, ℘ (09241) 7 23 11, touristinfo@pegnitz.de, Fax (09241) 72310.
Berlin 381 – München 206 – Nürnberg 56 – Bayreuth 27 – Bamberg 67 – Weiden in der Oberpfalz 55.

Pflaums Posthotel, Nürnberger Str. 8, ⊠ 91257, ℘ (09241) 72 50, info@ppp.com, Fax (09241) 80404, 🍴, Massage, 🛁, ⇔, 🏊, 🏓 – 🛗, ⇔ Zim, 📺 📞 🚗 🅿 – 🛎 80. 🆎 ⓘ ⓂⓄ 🆅🅸🆂🅰 🍽 Rest
Menu (abends Tischbestellung ratsam) 70/90 – **Posthalter-Stube : Menu** 36 – ⋍ 18 – **25 Suiten** 100/200 – 200/300.
• Hinter der regionstypischen Fachwerkfassade werden Suiten nicht eingerichtet, sondern inszeniert : von futuristisch über opulent bis hin zum Designerstil. Kunstsammlungen. Kräftige Farben, moderne Kunst und ein aufwändiges Couvert prägen das Restaurant.

In Pegnitz-Hollenberg Nord-West : 6 km, jenseits der A 9, in Körbeldorf links ab :

Landgasthof Schatz 🌿, Hollenberg 1, ⊠ 91257, ℘ (09241) 21 49, landgasthofschatz@t-online.de, Fax (09241) 5074, 🍴, ⇔, – 📺 🚗 🅿
geschl. 2. Nov. - 5. Dez., Mitte - Ende Jan. – **Menu** (geschl. Montag) à la carte 10/19 – **16 Zim** ⋍ 36 – 66.
• Umgeben von Wiesen liegt dieser gut geführte Landgasthof, dessen Besucher die einfachen, aber immer gepflegten Gästezimmer schätzen. Ländliche Gaststuben.

PEINE Niedersachsen **541** J 14 – 50 100 Ew – Höhe 67 m.
🏌 Edemissen, Dahlkampsweg (Nord : 8 km), ℘ (05176) 9 01 12.
🅱 Verkehrsverein, Bahnhofsplatz 1 (im Bahnhof), ⊠ 31224, ℘ (05171) 4 82 00, vvp@peine.de, Fax (05171) 48201.
Berlin 249 – Hannover 45 – Braunschweig 28 – Hildesheim 32.

Quality Hotel, Ammerweg 1 (nahe BAB-Abfahrt Peine), ⊠ 31228, ℘ (05171) 99 59, info@quality-hotel.peine.de, Fax (05171) 995288, 🍴 – 🛗, ⇔ Zim, 🍽 Rest, 📺 📞 ♿ 🅿 – 🛎 50. 🆎 ⓘ ⓂⓄ 🆅🅸🆂🅰
Menu à la carte 16,50/27,50 – **98 Zim** ⋍ 89 – 107/117.
• Eine praktische Übernachtungsadresse mit frisch renovierten und ausreichend großen Zimmern, die besonders attraktiv für Geschäftsreisende sind.

Am Herzberg, Am Herzberg 18, ⊠ 31224, ℘ (05171) 69 90, Fax (05171) 48448, 🏓 – ⇔ Zim, 📺 🚗 🅿 ⓂⓄ 🆅🅸🆂🅰 🍽
Menu (geschl. Aug. 2 Wochen, Freitag) (nur Abendessen) (Restaurant nur für Hausgäste) – **22 Zim** ⋍ 45/60 – 70/85.
• Das gepflegte Haus liegt an einer Parkanlage, nahe der Autobahn. Gäste beziehen saubere Zimmer, die einen einfachen Komfort bieten.

In Peine-Essinghausen Nord-Ost : 2 km :

Am Steinkamp, August-Bebel-Str. 7, ⊠ 31224, ℘ (05171) 7 66 80, Fax (05171) 766810, 🍴 – ⇔ Zim, 📺 🅿 – 🛎 15. ⓂⓄ 🆅🅸🆂🅰 🍽
Menu (geschl. 25. Juli - 8. Aug., Sonntag) (nur Abendessen) à la carte 17/23 – **12 Zim** ⋍ 46/50 – 75.
• Ein neuzeitliches, ländliches Hotel mit geräumigen und gepflegten Zimmern - einheitlich mit soliden dunklen Holzmöbeln ausgestattet und zeitgemäß im Komfort.

In Peine-Stederdorf Nord : 3 km, jenseits der A 2, über B 444 :

Schönau, Peiner Str. 17 (B 444), ⊠ 31228, ℘ (05171) 99 80, info@hotel-schoenau.de, Fax (05171) 998166 – 🛗 📺 📞 🅿 – 🛎 200. 🆎 ⓘ ⓂⓄ 🆅🅸🆂🅰
geschl. 27. Dez. - 4. Jan. – **Menu** (geschl. Samstagmittag, Sonntag) à la carte 24/38 – **48 Zim** ⋍ 62/82 – 90.
• Hier erwartet ein engagiert geführtes Hotel mit Landhausflair und geschmackvoll eingerichteten und technisch gut ausgestatteten Zimmern die Gäste. Mit großem Tagungsbereich. Restaurant in hellen, freundlichen Farben, mit leicht elegantem Touch.

PEINE

In Wendeburg-Rüper *Nord-Ost : 9 km, jenseits der A 2, über Essinghausen und Meerdorf :*

🏠 **Zum Jägerheim** (mit Gästehaus), Meerdorfer Str. 40, ✉ 38176, ℘ (05303) 9 22 80, info@jaegerheim-rueper.de, Fax (05303) 9228100, 🍴, 🏊 – 🛏, ⇆ Zim, 📺 📞 ♿ 🚗 🅿 – 🛁 60. 🏧 ⓘ ⓜ 💳 ⚡ Zim
Menu *(geschl. 1. - 15. Jan., Montag)* à la carte 16/25,50 – **51 Zim** ⇆ 41/46 – 62/75.
• Der gewachsene, familiengeführte Landgasthof hält für seine Besucher saubere und gepflegte Zimmer bereit, die mit soliden Möbeln eingerichtet sind.

PEISSEN *Sachsen-Anhalt siehe Halle (Saale).*

PEITING *Bayern* **546** W 16 – *12 000 Ew – Höhe 718 m – Erholungsort.*
🛈 Verkehrsamt, Ammergauer Str. 2, ✉ 86971, ℘ (08861) 65 35, touristinfo.peiting@t-online.de, Fax (08861) 59140.
Berlin 626 – München 87 – Garmisch-Partenkirchen 50 – Kempten (Allgäu) 58 – Landsberg am Lech 39 – Füssen 33.

🏛 **Alpenhotel Pfaffenwinkel**, Hauptplatz 10, ✉ 86971, ℘ (08861) 2 52 60, info@hotelpfaffenwinkel.de, Fax (08861) 252627 – ⇆ Zim, 📺 📞 🚗 🅿 ⓜ 💳 JCB
Menu *(nur Abendessen)* (Restaurant nur für Hausgäste) – **15 Zim** ⇆ 42/46 – 67/77 – ½ P 10.
• In der Ortsmitte liegt dieser nette alpenländische Gasthof. Durch einen aufwändig getäfelten Eingangsbereich gelangen Sie in wohnliche Zimmer mit massiven Naturholzmöbeln.

🏠 **zum Dragoner** (mit Gästehaus), Ammergauer Str. 11 (B 23), ✉ 86971, ℘ (08861) 2 50 70, hotel-dragoner@t-online.de, Fax (08861) 2507280, 🍴, 🍸 – 🛏 📺 🚗 🅿 – 🛁 30. 🏧 ⓜ 💳 – **Menu** à la carte 13,50/24,50 – **51 Zim** ⇆ 41 – 68 – ½ P 9.
• Ein familiengeführter bayerischer Landgasthof mit unterschiedlich eingerichteten Zimmern - teils rustikal, teils neuzeitlich -, gut gepflegt und mit einfachem Komfort. Geweihe zieren die Wände der ländlichen Gaststuben.

PELLWORM (Insel) *Schleswig Holstein* **541** C 9 – *1 200 Ew – Höhe 1 m – Seebad – Insel der Nordfriesischen Inselgruppe.*
🚢 von Nordstrand-Strucklahnungshoern (ca. 40 min). Für PKW Voranmeldung bei Neuer Pellwormer Dampfschiffahrtsgesellschaft, ℘ (04844) 7 53, Fax (04844) 354.
🛈 Kurverwaltung, Uthlandestr. 2, ✉ 25849, ℘ (04844) 1 89 40, info@pellworm.de, Fax (04844) 18944..
ab Nordstrand : Berlin 449 – Kiel 111 – Sylt 55 – Husum 23 – Schleswig 61.

🏠 **Kiek ut na't Schlut** 🌿, Hooger Fähre 6, ✉ 25849, ℘ (04844) 90 90, kiekutnf@aol.com, Fax (04844) 90940, 🍴, 🍸, 🍽 – 🛏, ⇆ Zim, 📺 🅿
Menu *(geschl. Nov. - März, Montag)* à la carte 16/26,50 – **19 Zim** ⇆ 38/45 – 64/70.
• Gut gepflegte und wohnliche Zimmer bietet dieses ruhig gelegene Haus. Vom Frühstücksraum in der obersten Etage genießen Sie den Blick aufs Meer. Viel Holz gibt dem Restaurant seinen bürgerlich-rustikalen Charakter.

PENTLING *Bayern siehe Regensburg.*

PENZBERG *Bayern* **546** W 18 – *14 000 Ew – Höhe 596 m.*
⛳ Iffeldorf, Gut Rettenberg (Nord-West : 3 km), ℘ (08856) 92 55 55.
Berlin 640 – München 53 – Garmisch-Partenkirchen 43 – Bad Tölz 19 – Weilheim 25.

🏛 **Stadthotel Berggeist**, Bahnhofstr. 47, ✉ 82377, ℘ (08856) 80 10 (Hotel), 78 99 (Rest.), info@hotel-berggeist.de, Fax (08856) 81913, 🍴, 🍸 – 🛏 📺 📞 🚗 🅿 – 🛁 40. 🏧 ⓘ ⓜ
Menu à la carte 12,50/25 – **45 Zim** ⇆ 66/71 – 90.
• Aus einer kleinen Gaststätte wurde ein modernes Stadthotel, das über neuzeitlich möblierte Zimmer mit wohnlichem Ambiente verfügt. Schlicht gestaltetes Restaurant.

PERL *Saarland* **543** R 3 – *6 500 Ew – Höhe 254 m.*
Ausflugsziel : Nennig : Römische Villa (Mosaikfußboden ★★) Nord : 9 km.
Berlin 767 – Saarbrücken 68 – Trier 25 – Luxembourg 32 – Saarlouis 47.

🏠 **Hammes**, Hubertus-von-Nell-Str. 15, ✉ 66706, ℘ (06867) 9 10 30, info@hotelhammes.de, Fax (06867) 910333 – ⇆ Zim, 📺 🅿 🏧 ⓘ ⓜ 💳
geschl. Anfang Aug. 1 Woche, Mitte Nov. 2 Wochen – **Menu** *(geschl. Mittwoch)* à la carte 16/34 – **12 Zim** ⇆ 48 – 66.
• Der engagiert geführte, modernisierte Gasthof liegt in der Ortsmitte und empfängt seine Besucher mit wohnlichen, zeitlos mit hellen Naturholzmöbeln eingerichteten Zimmern. Helles, modernes Restaurant.

PERL

In Perl-Nennig *Nord : 10 km über B 419 :*

Victor's Residenz - Hotel Schloss Berg - Die Villa, Schlosshof 9, ✉ 66706, ℘ (06866) 7 90, info.nennig@victors.de, Fax (06866) 79100, ≤, 🌿, Massage, ⚤, ≘s, 🔲, ⚓ – 📶, ⚐ Zim, 📺 📞 P – 🚗 180. AE ⓘ ⓞ VISA
Die Scheune : Menu à la carte 15,50/40 – **103 Zim** ⚏ 99/160 – 130/190.
• Die elegante Hotelanlage glänzt mit schönen Zimmern in italienisch-mediterranem Design. Freuen Sie sich auf einen edlen Rahmen und einen großzügigen Wellnessbereich. Die rustikale Scheune ist in einem separaten Gebäude unterhalb des Schlosses untergebracht.

Zur Traube, Bübingerstr. 16, ✉ 66706, ℘ (06866) 3 49, traube-nennig@t-online.de, Fax (06866) 150018, 🌿 – 📺 📞 ⚏ P. AE ⓞ VISA. ℜ Rest
geschl. Ende Dez. - Mitte Jan. – **Menu** *(geschl. Mittwochmittag, Samstag)* à la carte 16,50/27 – **12 Zim** ⚏ 42/55 – 58/74.
• Ein engagiert geführter Gasthof, der seine Gäste in gut gepflegten und solide ausgestatteten Zimmern mit zeitgemäßem Komfort beherbergt. Ländliches Restaurant mit gut eingedeckten Tischen.

Schloss Berg 🌿 mit Zim, Schloßhof 7, ✉ 66706, ℘ (06866) 7 91 18, info@schlossberg-nennig.de, Fax (06866) 79458, ≤, 🌿 – 📶, ⚐ Zim, 📺 P. AE ⓞ VISA
geschl. Jan. 3 Wochen, Juni - Juli 3 Wochen – **Menu** *(geschl. Montag - Dienstag)(wochentags nur Abendessen)* 118 à la carte 64/81, ⚤ – **17 Zim** ⚏ 130 – 160.
• Hier zelebriert man Haute Cuisine in herrschaftlichem Ambiente : Lassen Sie sich von den Kreationen Christian Baus verwöhnen und übernachten Sie in einem der stilvollen Zimmer.
Spez. Landaiser Gänseleber im Ganzen confiert mit Torcolatosauce. Sauté von Froschschenkeln und Sot-L'y-Laisse à la meunière. Steinbutt mit milden Lorbeeraromen gegart und zweierlei Sellerie

In Perl-Sinz *Nord-Ost : 9 km, über Tettingen-Butzdorf :*

Birkenhof, Saarbrücker Str. 9, ✉ 66706, ℘ (06866) 2 02, birkenhof-sinz@t-online.de, Fax (06866) 1212, 🌿 – 📺 P. ⓞ VISA
geschl. über Fastnacht 1 Woche – **Menu** *(geschl. 9. - 24. Feb., Dienstag)* à la carte 14,50/27,50 – **8 Zim** ⚏ 38 – 56.
• Die Zimmer des gepflegten Landgasthofs sind mit soliden Naturholzmöbeln, hübschen Stoffen und freundlichen Farben ansprechend gestaltet und schaffen ein nettes Ambiente. Restaurant im Landhausstil.

PERLEBERG *Brandenburg* 542 G 19 – *14 000 Ew – Höhe 31 m.*
Berlin 146 - Potsdam 125 - Schwerin 75 - Stendal 61.

Deutscher Kaiser, Bäckerstr. 18, ✉ 19348, ℘ (03876) 7 91 40, info@hoteldeutscherkaiser.de, Fax (03876) 791479 – ⚐ Zim, 📺 ⚏ P – 🚗 30. AE ⓘ ⓞ VISA
Menu à la carte 21/33 – **25 Zim** ⚏ 52/77 – 61/98.
• Die Gäste des historischen Stadthauses erwarten geschmackvoll mit Stilmöbeln eingerichtete Zimmer. Die Räume im neueren Anbau sind einfacher und praktisch ausgestattet. Kleines Restaurant mit Parkettfußboden und Stilmöbeln.

PETERSAURACH *Bayern siehe Neuendettelsau.*

PETERSHAGEN *Nordrhein-Westfalen* 543 I 10 – *26 000 Ew – Höhe 45 m.*
Berlin 355 - Düsseldorf 230 - Bielefeld 67 - Bremen 90 - Hannover 82 - Osnabrück 78.

Romantik Hotel Schloß Petershagen 🌿, ✉ 32469, ℘ (05707) 9 31 30, info@schloss-petershagen.com, Fax (05707) 93145, ≤, 🌿, 🔲 (geheizt), ⚓, ℜ – 📺 P – 🚗 80. AE ⓘ ⓞ VISA JCB
geschl. Ende Jan. - Mitte Feb. – **Menu** à la carte 29/40,50 – **14 Zim** ⚏ 72/87 – 128/145.
• Stilvoll und wohnlich präsentiert sich das Hotel an der Weser mit klassischer Einrichtung. Stuckdecken, Antiquitäten und alte Gemälde schaffen ein fürstliches Ambiente. Kristalllüster und Stilmöbel schmücken die klassisch-eleganten Restauranträume.

In Petershagen-Heisterholz *Süd : 2 km über Mindener Straße :*

Waldhotel Morhoff, Forststr. 1, ✉ 32469, ℘ (05707) 9 30 30, info@waldhotel-morhoff.de, Fax (05707) 2207, 🌿 – 📺 📞 P – 🚗 100. ⓞ
Menu *(geschl. Montagmittag)* à la carte 12/26 – **22 Zim** ⚏ 44 – 72.
• Ein sehr gepflegter und gut geführter Gasthof. Die Zimmer sind einheitlich mit hellen, soliden Naturholzmöbeln ausgestattet und bieten einen zeitgemäßen Komfort. Rustikal gibt sich die gemütliche Gaststube.

PETERSHAGEN-EGGERSDORF Brandenburg 542 I 25 – 5 500 Ew – Höhe 50 m.
Berlin 28 – Potsdam 59 – Eberswalde 44 – Frankfurt (Oder) 81.

Im Ortsteil Eggersdorf Nord-Ost : 2 km :

Landhaus Villago, Altlandsberger Chaussee 88, ⊠ 15345, ℘ (03341) 46 90, info@villago.de, Fax (03341) 469469, 佘, ᶘ₆, ≘s, ⑤, 瓅, ♣ – ⫴ TV ℡ & P – 盘 50. ⁅Æ
⓪ VISA. ⋘
Menu à la carte 19/32 – **61 Zim** ⇄ 82/102 – 102/118.
♦ Ein Tagungshotel am Bötzsee mit unkonventioneller Innengestaltung : In den individuell eingerichteten Zimmern dominieren warme Naturtöne und südländische Stilelemente. Blanke Holztische, warme Farben und Dekorationen im Ethnostil prägen das Restaurant.

Landgasthof zum Mühlenteich, Karl-Marx-Str. 32, ⊠ 15345, ℘ (03341) 4 26 60, landgasthof@landgasthof.de, Fax (03341) 426666, 佘 – ⫴ TV ℡ P – 盘 130. ⁅Æ
⓪ VISA
Menu à la carte 20,50/31 – **20 Zim** ⇄ 58/80 – 73/100.
♦ Ein gut geführtes Haus mit einer Einrichtung im zeitlos-modernen Landhausstil. Die Zimmer sind teils mit bemalten Bauernmöbeln, teils mit hellen Naturholzmöbeln ausgestattet. Ein gemütlicher, runder Kachelofen ziert das rustikale Restaurant.

PETERSTAL-GRIESBACH, BAD Baden-Württemberg 545 U 8 – 3 000 Ew – Höhe 400 m – Heilbad – Kneippkurort – Wintersport : 700/800 m ≰1 ⛷.

🛈 Kurverwaltung, Schwarzwaldstr. 11, ⊠ 77740, ℘ (07806) 79 33, kurverwaltung@bad-peterstal-griesbach.de, Fax (07806) 7950.
Berlin 737 – Stuttgart 115 – Karlsruhe 88 – Offenburg 34 – Strasbourg 48 – Freudenstadt 24.

Im Ortsteil Bad Peterstal :

Hirsch, Insel 1, ⊠ 77740, ℘ (07806) 9 84 05 00, info@hot-hirsch.de, Fax (07806) 9840555, ⑤ – ⫴ TV P. ⓪ ⓜⓢ VISA
gesch. 7. - 30. Jan. – **Menu** (geschl. Montag) à la carte 16/31 – **41 Zim** ⇄ 37/57 – 74/78, 8 Suiten – ½ P 14.
♦ Das typische Schwarzwaldhotel begrüßt Sie im Sommer mit seiner blumengeschmückten Fassade. Die Zimmer sind unterschiedlich eingerichtet und bieten zeitgemäßen Komfort. Rustikale Eleganz umgibt die Gäste in dem gemütlichen, gediegenen Restaurant.

Hubertus garni, Insel 3, ⊠ 77740, ℘ (07806) 5 95, info@hotel-hubertus-peterstal.de, Fax (07806) 409, ≘s, ⑤, 瓅 – TV ⇌ P
gesch. Nov. - Anfang Dez. – **14 Zim** ⇄ 28 – 50/62.
♦ Ein gut gepflegtes und sehr sauberes Haus mit unterschiedlich und gediegen eingerichteten Gästezimmern und einem Garten mit Liegewiese.

Im Ortsteil Bad Griesbach :

Dollenberg ⋙, Dollenberg 3, ⊠ 77740, ℘ (07806) 7 80, info@dollenberg.de, Fax (07806) 1272, ≤, 佘, ⓩ, Massage, ♣, ≘s, ⑤, 瓅, ⋘ – ⫴ TV ℡ ⋈ ⇌ P – 盘 100. ⋘ Rest
Menu siehe Rest. Le Pavillon separat erwähnt – **Kaminstube** : Menu 17/42 à la carte 22/47 – **Bauernstube** : Menu à la carte 21,50/38 – **88 Zim** ⇄ 86/123 – 143/238, 8 Suiten – ½ P 16.
♦ Von ländlicher Eleganz geprägt ist das stilvoll ausgestattete, luxuriöse Hotel mit Parkanlage. Malerisch : die Lage auf einer Schwarzwaldhöhe. Viel Holz, ein offener Kamin und ansprechend eingedeckte Tische verbreiten elegante Gemütlichkeit in der Kaminstube.

Adlerbad (mit Gästehaus), Kniebisstr. 55, ⊠ 77740, ℘ (07806) 9 89 30, hotel@adlerbad.de, Fax (07806) 8421, 佘, Massage, ♣, ≘s – ⫴, ⋈ Rest, TV ℡ ⇌ P.
⓪ VISA
geschl. 21. Nov. - 12. Dez. – **Menu** (geschl. Mittwoch) à la carte 19/41,50 – **30 Zim** ⇄ 37/55 – 66/96 – ½ P 16.
♦ Ein hübsches Fachwerkhotel im Schwarzwaldstil mit freundlichem Service und gepflegten Zimmern, die teils zeitlos, teils im Landhausstil gehalten sind. Gemütliches Restaurant, teils rustikal, teils leicht elegant.

Döttelbacher Mühle, Kniebisstr. 8, ⊠ 77740, ℘ (07806) 10 37, info@doettelbacher-muehle.de, Fax (07806) 1319, 佘 – TV ⇌ P ⓪ VISA
geschl. Mitte Nov. - Mitte Dez. – **Menu** (geschl. Dienstag) à la carte 17/31 – **12 Zim** ⇄ 36 – 60/72 – ½ P 11.
♦ Solide und wohnliche Zimmer, die meist mit hellen Eichenholzmöbeln eingerichtet sind, erwarten Sie in dem Gasthof mit Balkonfassade. Unterteilte Gaststuben mit gemütlich-rustikaler Atmosphäre.

PETERSTAL-GRIESBACH, BAD

Kimmig, Kniebisstr. 57, ✉ 77740, ☏ (07806) 99 29 90, info@hotel-kimmig.de, Fax (07806) 1059 – 🛗 📺 ⇔ 🅿 AE ⓘ ⓜⓞ VISA
geschl. Mitte - Ende Jan. – **Menu** (geschl. Donnerstag) à la carte 17/32 – **12 Zim** ⊇ 37/42 – 64/74 – ½ P 13.
• Praktisch mit hellen Holzmöbeln ausgestattete, geräumige Zimmer finden Sie in diesem gestandenen familiengeführten Gasthof mit Balkonfassade. Restaurant mit Café-Charakter.

XXX **Le Pavillon** - Hotel Dollenberg, Dollenberg 3, ✉ 77740, ☏ (07806) 7 80, info@dollenberg.de, Fax (07806) 12 72 – AE ⓘ ⓜⓞ VISA JCB. ⨯
geschl. 10. - 25. Aug., Dienstag - Mittwoch – **Menu** 49 (mittags)/74 à la carte 46,50/62, ⓨ.
• Ein halbrunder Anbau mit großen Fenstern beherbergt dieses Restaurant - ein edles Couvert, geschmackvolles Mobiliar und ein aufmerksamer Service bestimmen die Atmosphäre.
Spez. Marinierte Hummermedaillons mit Stampfkartoffeln und Rosé-Champagnerschaum. Steinbutt im Kartoffelmantel gebraten mit Wurzelgemüse und Pfifferlingen. Gebratene Rinderlende mit Croustillant von Brunnenkressepüree (2 Pers.)

Außerhalb Süd-Ost : 5 km über die Straße nach Wolfach :

Waldhotel Palmspring 🌿, Palmspring 1, ✉ 77740 Bad Peterstal-Griesbach, ☏ (07806) 3 01, info@palmspring.de, Fax (07806) 910788, ≤, 🍴, ≘s, ⚲, ⨯ – 📺 🅿. AE ⓜⓞ VISA
geschl. 7. Jan. - 6. Feb. – **Menu** (geschl. Dienstag) à la carte 20/34 – **19 Zim** ⊇ 40/53 – 61/82 – ½ P 14.
• Das hübsche Schwarzwaldhaus liegt direkt am Waldrand. Die Zimmer sind mit solidem Mobiliar ausgestattet und verfügen meist über Balkone. Ländliches Restaurant mit Terrasse.

PETTENDORF Bayern siehe Regensburg.

PFAFFENWEILER Baden-Württemberg ⓢⓘⓙ W 7 – 2 650 Ew – Höhe 252 m.
Berlin 811 – Stuttgart 213 – *Freiburg im Breisgau* 14 – Basel 66.

XXX **Zehner's Stube**, Weinstr. 39, ✉ 79292, ☏ (07664) 62 25, info@zehnersstube.de, Fax (07664) 61624, (ehemaliges Rathaus a.d.J. 1575) – 🅿. VISA
geschl. Montag – **Menu** à la carte 44,50/59, ⓨ – **Weinstube** (geschl. Montag)(nur Abendessen) **Menu** à la carte 26/43,50, ⓨ.
• Stilvolles Ambiente in historischen Mauern : in dem hellen, klassisch eingerichteten Restaurant mit schönem Kreuzgewölbe verwöhnt man die Gäste mit einer französischen Küche. Im Untergeschoss liegt die ländlich-einfache Weinstube.
Spez. Tiramisù von Gänseleber und Wachtel. Atlantik-Steinbutt mit Vongole. Soufflé von Vanille und Mandeln mit Fruchtcoulis

PFALZGRAFENWEILER Baden-Württemberg ⓢⓘⓙ U 9 – 6 900 Ew – Höhe 635 m – Luftkurort.
🛈 Gästeinformation, Am Marktplatz, ✉ 72285, ☏ (07445) 85 90 01, info@pfalzgrafenweiler.de, Fax (07445) 859002.
Berlin 697 – Stuttgart 76 – *Karlsruhe* 87 – Tübingen 57 – Freudenstadt 16.

Thome's Schwanen, Marktplatz 1, ✉ 72285, ☏ (07445) 85 80 70, mail@thomes-schwanen.de, Fax (07445) 85807400, 🍴 – 🛗 ≦ 📺 ⓒ 🅿 – ⚫ 30. AE ⓜⓞ VISA
Menu (geschl. Aug. 3 Wochen, Donnerstagmittag, Freitag, Samstagmittag) à la carte 13/31,50 – **37 Zim** ⊇ 40/49 – 73/78 – ½ P 13.
• Der bodenständige, modernisierte Gasthof im Ortskern mit der weiß-gelben Fassade erwartet seine Gäste mit gepflegten Zimmern. Auch Businesszimmer. Restaurant mit gepolsterten Sitzbänken und holzgetäfelten Decken.

In Pfalzgrafenweiler-Herzogsweiler Süd-West : 4 km, über B 28 :

Sonnenschein (mit Gästehaus), Birkenbuschweg 11, ✉ 72285, ☏ (07445) 85 80 40, hotel-sonnenschein@online.de, Fax (07445) 8580420, ⨯ – 📺 ⇔ 🅿
geschl. Anfang Nov. - Mitte Dez. – **Menu** (geschl. Mittwoch) à la carte 13,50/22 – **31 Zim** ⊇ 31 – 59 – ½ P 8.
• Der familiengeführte, ländliche Schwarzwälder Gasthof am Ortseingang verfügt über solide eingerichtete und gepflegte, saubere Zimmer. Bürgerliches gestaltetes Restaurant.

In Pfalzgrafenweiler-Kälberbronn West : 7 km, über Burgstraße, in Durrweiler rechts ab :

Schwanen 🌿, Große Tannenstr. 10, ✉ 72285, ☏ (07445) 18 80, info@hotel-schwanen.de, Fax (07445) 18899, 🍴, ⓥ, Massage, ≘s, 🌊, ⨯ – 🛗 ≦ 📺 ⚫ 🅿 – ⚫ 60
Menu (geschl. Anfang Nov. - Anfang Dez.) à la carte 20,50/37,50 – **60 Zim** ⊇ 69/83 – 130/146 – ½ P 18.
• Wohnliche Zimmer - teils mit Wurzelholz, teils mit rustikaler Eiche -, ein moderner Wellnessbereich und eine freundliche Atmosphäre finden sich in dem Schwarzwaldgasthof. Die rustikalen Gaststuben strahlen Gemütlichkeit aus.

PFALZGRAFENWEILER

Waldsägmühle ⚐, an der Straße nach Durrweiler (Süd-Ost : 2 km), ✉ 72285, ℰ (07445) 8 51 50, waldsaegmuehle@t-online.de, Fax (07445) 6750, 🍴, 🚭, 🔲, 🐎 – ⚙ 📺 🅿 – 🛌 40. 🄰🄾 🆅🅸🆂🅰
geschl. Anfang Jan. - Anfang Feb. - **Menu** (geschl. Sonntagabend - Montagmittag) 20/22 (mittags) à la carte 22/44 – **38 Zim** ⚏ 58/73 – 96/122 – ½ P 20.
• Der gepflegte, hübsche, von Wald umgebene Gasthof beherbergt Besucher in solide eingerichteten, wohnlichen Zimmern mit gutem Platzangebot. In rustikal-elegantem Ambiente serviert man schmackhafte, sorgfältig zubereitete Speisen.

PFARRWEISACH Bayern siehe Ebern.

PFATTER Bayern 545 T 21 – 2 700 Ew – Höhe 325 m.
Berlin 518 – München 142 – Regensburg 23 – Cham 59 – Straubing 20.

Landgasthof Fischer, Haidauer Str. 22, ✉ 93102, ℰ (09481) 3 26, stehr.k@vr-web.de, Fax (09481) 1779, 🍴 – 📺 🅿. 🞽 Rest
geschl. 25. Dez. - 10. Jan. - **Menu** (geschl. Mittwoch, Sonntagabend) à la carte 11,50/25 – **35 Zim** ⚏ 27/36 – 50/56.
• Am Bayerischen Wald liegt der Gasthof, dessen solide Zimmer teils mit bemaltem Bauernmobiliar, teils mit hellen Möbeln wohnlich ausgestattet sind. In den rustikalen Stuben dominieren helles Holz und blaue Stoffe.

PFINZTAL Baden-Württemberg 545 T 9 – 16 200 Ew – Höhe 160 m.
Berlin 651 – Stuttgart 65 – Karlsruhe 15 – Pforzheim 21.

In Pfinztal-Berghausen :

Zur Linde, An der Jöhlinger Str. 1 (B 293), ✉ 76327, ℰ (0721) 4 61 18, hotel-linde-berghausen@t-online.de, Fax (0721) 463630 – 📺 🄰🄾 🆅🅸🆂🅰. 🞽
Menu (geschl. Sonntagabend, Dienstagabend) à la carte 21/33 – **17 Zim** ⚏ 55/65 – 70/75.
• Schlicht und praktisch sind die Zimmer in diesem gut geführten Hotel in der Ortsmitte eingerichtet. Sie verfügen über ein ausreichendes Platzangebot und zeitgemäßen Komfort. Das gepflegte Restaurant ist im bürgerlichen Stil gestaltet.

In Pfinztal-Söllingen :

Villa Hammerschmiede, Hauptstr. 162 (B 10), ✉ 76327, ℰ (07240) 60 10, hammerschmiede@relaischateaux.com, Fax (07240) 60160, 🍴, 🚭, 🔲, 🐎 – ⚙ 📺 📞 🚗 🅿 – 🛌 40. 🄰🄴 🄾 🄰🄾 🆅🅸🆂🅰
Menu 41,50/89 à la carte 44/72, ♀ – ⚏ 15 – **30 Zim** 110/140 – 190, 3 Suiten.
• Mit Liebe zum Detail sind alle Bereiche der sorgfältig restaurierten Villa mit neuerem Anbau gestaltet. Neben stilvollen Zimmern und Suiten lockt die luxuriöse Badelandschaft. In eleganten Landhausstuben oder im lichten Pavillon genießen Sie klassische Küche.
Spez. Warmgeräucherter und in der Carcasse gebratener Hummer. Angel-Kabeljau mit Stockfisch überbacken und Kalbsschwanzjus. Überbackener Lammrücken mit mediterranem Kräuter-Olivenjus

PFOFELD Bayern siehe Gunzenhausen.

PFORZHEIM Baden-Württemberg 545 T 10 – 118 000 Ew – Höhe 280 m.
Sehenswert : Schmuckmuseum★ AY M1.
🏌 Ölbronn-Dürrn, Karlshäuser Hof (Nord : 9 km über ①), ℰ (07237) 91 00.
🛈 Tourist-Information, Marktplatz 1, ✉ 75175, ℰ (07231) 1 45 45 60, pforzheim-marketing@pkm.de, Fax (07231) 1454570.
ADAC, Julius-Moser-Str. 1, (Gewerbegebiet, über ⑤).
Berlin 662 ⑤ – Stuttgart 53 ② – Karlsruhe 31 ⑤ – Heilbronn 82 ②

Stadtplan siehe nächste Seite

Parkhotel, Deimlingstr. 36, ✉ 75175, ℰ (07231) 16 10, info@parkhotel-pforzheim.de, Fax (07231) 161690, 🍴, Massage, 🏋, 🚭 – ⚙, 🞽 Zim, 🔲 📺 📞 ♿ 🚗 – 🛌 150. 🄰🄴 🄾 🄰🄾 🆅🅸🆂🅰 🄹🄲🄱
BY
Menu à la carte 23/45 – **La Strada** (geschl. Samstag - Sonntag) **Menu** à la carte 16/26,50 – **208 Zim** ⚏ 69/118 – 84/148.
• Hinter der architektonisch interessanten Fassade des modernen Hotels finden Sie helle, wohnliche Räume. Durch die Nähe zur Stadthalle geeignet für Veranstaltungen aller Art. Das Restaurant : neuzeitlich mit elegantem Touch.

1115

PFORZHEIM

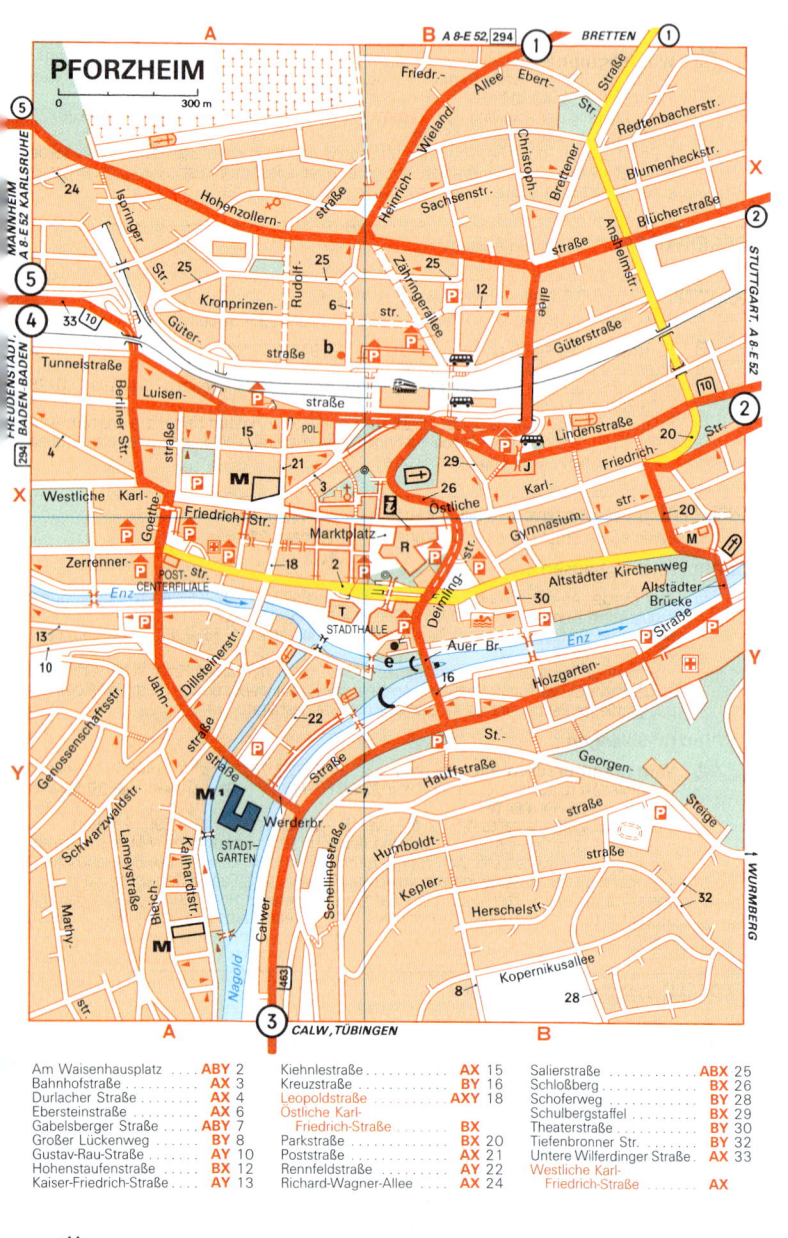

Am Waisenhausplatz	**ABY** 2	Kiehnlestraße	**AX** 15
Bahnhofstraße	**AX** 3	Kreuzstraße	**BY** 16
Durlacher Straße	**AX** 4	Leopoldstraße	**AXY** 18
Ebersteinstraße	**AX** 6	Östliche Karl-	
Gabelsberger Straße	**ABY** 7	Friedrich-Straße	**BX**
Großer Lückenweg	**BY** 8	Parkstraße	**BX** 20
Gustav-Rau-Straße	**AY** 10	Poststraße	**AX** 21
Hohenstaufenstraße	**BX** 12	Rennfeldstraße	**AY** 22
Kaiser-Friedrich-Straße	**AY** 13	Richard-Wagner-Allee	**AX** 24

Salierstraße	**ABX** 25
Schloßberg	**BX** 26
Schoferweg	**BY** 28
Schulbergstaffel	**BY** 29
Theaterstraße	**BY** 30
Tiefenbronner Str.	**BY** 32
Untere Wilferdinger Straße	**AX** 33
Westliche Karl-	
Friedrich-Straße	**AX**

Royal, Wilferdinger Str. 64, ⌧ 75179, ℰ (07231) 1 42 50 (Hotel), 42 49 49 (Restaurant), info@hotel-royal-pforzheim.de, Fax (07231) 142599, — ⌘, ⚡ Zim, 📺 🚗 P – 🛎 30. über ⑤
AE ⓘ ⓜ VISA
Menu (italienische Küche) à la carte 18/26 – **43 Zim** ⌕ 75/80 – 95/100.
♦ Zeitgemäßen Komfort bieten die praktisch und mit eingefärbtem Holzmobiliar einheitlich und solide ausgestatteten Zimmer dieses gut geführten Hauses am Rande der Stadt. Klassisch gehaltenes Restaurant.

PFORZHEIM

🏨 **Residenz** garni, Stuttgarter Str. 55, ✉ 75179, ℰ (07231) 5 69 00, info@residenz-pforzheim.de, Fax (07231) 5690569 – 🛗 ✱ 📺 🚗 – 🔼 50. AE ⓘ ⓜ ⓜ
VISA. ✱
über ⑤
☕ 10 **123 Zim** ☕ 62/69 – 72/82.
  • Verkehrsgünstig liegt der neuzeitliche Hotelbau in einem Industriegebiet nahe der Autobahn. Modern-funktionelle Zimmer mit Balkon sowie Appartements für Langzeitgäste.

🏨 **Hasenmayer,** Heinrich-Wieland-Allee 105 (B 294), ✉ 75177, ℰ (07231) 31 10, info@hotel-hasenmayer.de, Fax (07231) 311345 – 🛗, ✱ Zim, 📺 ✆ 🅿 über ①
geschl. 23. Dez. - 4. Jan. – **Menu** (geschl. Sonn- und Feiertage abends) à la carte 16,50/29 – **50 Zim** ☕ 45/58 – 72/80.
  • Ein gut geführter Familienbetrieb : In dem gepflegten Hotel am Stadtrand hält man zeitgemäß mit solidem Mobiliar eingerichtete Zimmer für die Gäste bereit. Restaurant in schlichter, ländlicher Aufmachung.

🍴 **Goldener Bock,** Eberstrinstr. 1, ✉ 75177, ℰ (07231) 10 51 23, Fax (07231) 1559118
– AE ⓜ ⓜ VISA
AX b
geschl. 27. Dez. - 10. Jan., Ende Juli - Mitte Aug., Donnerstag - Freitagmittag – **Menu** (abends Tischbestellung ratsam) à la carte 20,50/35.
  • In dem gepflegten, ländlichen Lokal mit der bürgerlich-rustikalen Ausstattung nehmen die Besucher an gut eingedeckten Tischen Platz.

🍴 **Landgasthof Seehaus,** Tiefenbronner Str. 201 (Süd-Ost : 3 km), ✉ 75175,
ℰ (07231) 65 11 85, info@seehaus-pforzheim.de, Fax (07231) 651570, 🌳, Biergarten
– 🅿 – 🔼 15. ⓜ VISA
über Tiefenbronner Straße BY
geschl. 26. Jan. - 25. Feb., Montag – **Menu** à la carte 20,50/42,50.
  • Seine Lage an Wald und See macht das Restaurant in dem ehemaligen markgräflichen Jagdhaus zu einem netten Ausflugslokal - mit Wintergartenanbau.

In Pforzheim-Brötzingen über ④ :

🍴🍴 **Silberburg,** Dietlinger Str. 27, ✉ 75179, ℰ (07231) 44 11 59, Fax (07231) 465404 –
AE ⓘ ⓜ ⓜ VISA
geschl. Aug. 3 Wochen, Montag - Dienstagmittag – **Menu** à la carte 33/47.
  • Das Restaurant mit den hübsch gedeckten Tischen und dem freundlichen Service hält eine Speiseauswahl einer klassischen Küche für Sie bereit.

🍴🍴 **Pyramide,** Dietlinger Str. 25, ✉ 75179, ℰ (07231) 44 17 54, andreas@restaurant-pyramide.de, Fax (07231) 467261 – ⓘ ⓜ ⓜ VISA
geschl. Jan. 2 Wochen, Aug. 3 Wochen, Montag – **Menu** (wochentags nur Abendessen) à la carte 33/48.
  • In dem gemütlichen Ambiente dieses kleinen Restaurants erwarten Sie eine private Atmosphäre und ein kleines, aber ansprechendes Angebot an marktorientierten Speisen.

An der Straße nach Huchenfeld über ③ : 4 km :

🍴🍴 **Hoheneck,** Huchenfelder Str. 70, ✉ 75181 Pforzheim, ℰ (07231) 7 16 33,
Fax (07231) 767941, 🌳 – 🅿 – 🔼 80. AE ⓘ ⓜ ⓜ VISA
geschl. Montag – **Menu** à la carte 28/44.
  • Ein gepflegter Gasthof oberhalb der Stadt. In den teils klassisch, teils leicht rustikal gestalteten Räumen wählen Sie aus einem breiten Angebot gutbürgerlicher Gerichte.

In Birkenfeld über ④ : 6,5 km :

🍴🍴 **Zur Sonne** mit Zim, Dietlinger Str. 134, ✉ 75217, ℰ (07231) 48 98 60,
Fax (07231) 489867 – 📺 🅿. ✱ Rest
geschl. Aug. – **Menu** (geschl. Mittwochabend - Donnerstag) à la carte 23,50/38 – **4 Zim**
☕ 45 – 70.
  • Eine internationale und regionale Küche bietet man den Gästen dieses gemütlichen, hübsch dekorierten Restaurants. Gepflegte Zimmer laden zum Übernachten ein.

In Neulingen-Bauschlott über ① : 10 km :

🍴 **Goldener Ochsen,** Brettener Str. 1, ✉ 75245, ℰ (07237) 2 25, Fax (07237) 1898, 🌳
– 📺 🚗 – 🔼 50. ⓜ VISA
Menu (geschl. Montagmittag, Donnerstag) à la carte 18,50/30,50 – **24 Zim** ☕ 31/44 – 62/72.
  • Ein gestandener Landgasthof mit soliden, praktischen Zimmern erwartet Sie in landschaftlich reizvoller Lage zwischen Pforzheim und Bretten. Komfortabler : die neuen Zimmer. Sie speisen in ländlichen Gaststuben mit rustikalem Mobiliar oder im Biergarten.

PFORZHEIM

In Wimsheim *Süd-Ost : 12 km über St.-Georgen-Steige* BY :

Widmann, Austr. 48, ✉ 71299, ℘ (07044) 4 13 23, *Fax (07044) 950040*, 🌳 – 🅿. ⓾
geschl. Juli - Aug. 3 Wochen, Montag – **Menu** *à la carte 18/35 –* **Le Gourmet** *(nur Abendessen)* **Menu** à la carte 35/43.
• Wenn Sie eine bürgerliche Küche bevorzugen, sind Sie in dieser rustikalen Gaststube mit Thekenbereich und einfach gedeckten Tischen richtig aufgehoben. Das Le Gourmet ist eine modern gestaltete kleine Stube.

PFRONTEN *Bayern* 5 4 6 X 15 – *7 500 Ew – Höhe 850 m – Luftkurort – Wintersport : 840/1 840 m* ✶1 ✶10 ✶.

Hotels und Restaurants : Außerhalb der Saison variable Schließungszeiten.
🛈 Pfronten Tourismus, Haus des Gastes, Pfronten-Ried, Vilstalstr. 2, ✉ 87459, ℘ (08363) 6 98 88, *info@pfronten.de*, Fax (08363) 69866.
Berlin 664 – München 131 – Kempten (Allgäu) 33 – Füssen 12.

In Pfronten-Dorf :

Alpenhotel Krone, Tiroler Str. 29, ✉ 87459, ℘ (08363) 6 90 50, *alpenhotel.krone @t-online.de*, Fax (08363) 6905555, Biergarten – 🛗, ⚶ Zim, 📺 ⚒ 🚗 🅿 – 🕍 25. 🄰🄴 ⓘ ⓾ 🆅🅸🆂🅰. ⚯ Rest
Menu à la carte 15,50/28,50 – **32 Zim** ☐ 69/79 – 110/128 – ½ P 16.
• Hinter der bemalten Fassade dieses Alpengasthofs mit himmelblauen Fensterläden finden Sie modern eingerichtete Zimmer mit Parkettfußboden und zeitgemäßem Komfort. Das Restaurant ist rustikal und ländlich gestaltet.

Christina ⚘ garni, Kienbergstr. 56, ✉ 87459, ℘ (08363) 60 01, *hotel-christina@t-online.de*, Fax (08363) 6003, ≘s, 🏊, 🌳 – ⚶ 📺 🚗 🅿
geschl. Anfang - Ende Nov. – **19 Zim** ☐ 49/51 – 80/94.
• Viele Sammlerstücke und Antiquitäten prägen das Ambiente dieses engagiert geführten und mit Liebe zum Detail eingerichteten Hauses mit individuellen, wohnlichen Zimmern.

Haus Achtal ⚘ garni, Brentenjochstr. 4, ✉ 87459, ℘ (08363) 83 29, *info@hotel-achtal.de*, Fax (08363) 928811, ≼, ≘s, 🏊, 🌳 – 🅿. ⚯
geschl. 12. Nov. - 3. Dez. – **15 Zim** ☐ 26/36 – 56/66.
• In ruhiger Lage am Eingang des idyllischen Achtals finden Sie das familiengeführte, alpenländische Haus mit solide gestalteten Zimmern, z.T. mit Sitzecken.

In Pfronten-Halden :

Zugspitzblick ⚘, Edelsbergweg 71, ✉ 87459, ℘ (08363) 9 10 10, Fax (08363) 910199, ≼ Zugspitze und Pfronten, ≘s, 🏊 (geheizt), 🏊, 🌳 – 📺 🚗 🅿
geschl. 21. März - 3. April, 18. April - 9. Mai, 17. Okt. - 19. Dez. – **Menu** *(geschl. Samstag - Sonntag) (nur Abendessen)* (Restaurant nur für Hausgäste) – **50 Zim** ☐ 25/43 – 59/61.
• Genießen Sie die ruhige Hanglage und den Blick übers Pfrontener Tal : In dem Alpenhotel wählen Sie zwischen komfortablen Appartements mit Kochnische und einfacheren Zimmern.

In Pfronten-Heitlern :

Am Kurpark ⚘, Schlickestr. 11, ✉ 87459, ℘ (08363) 81 12, *hotelkurpark@t-onlin e.de*, Fax (08363) 73298, 🌳, ≘s, 🌳 – ⚶ Zim, 📺 🚗 🅿. 🄰🄴
geschl. 15. Nov. - 15. Dez. – **Menu** *(geschl. Donnerstag)* à la carte 19/37 – **11 Zim** ☐ 55/60 – 120.
• Der gemütliche Gasthof wurde im Jahr 2000 komplett renoviert und bietet Ihnen gepflegte, zeitgemäß und gemütlich eingerichtete Doppelzimmer. Das hübsche Restaurant hat man mit viel Holz im alpenländischen Stil gestaltet.

In Pfronten-Meilingen :

Berghof ⚘, Falkensteinweg 13, ✉ 87459, ℘ (08363) 9 11 30, *info@berghof-pfron ten.de*, Fax (08363) 911325, ≼ Pfronten mit Kienberg, Breitenberg und Edelsberg, 🌳, Massage, ≠, ≘s, 🏊, 📺 ⚒ 🚗 🅿 – 🕍 15. ⓾
Menu à la carte 57/109 – **44 Zim** ☐ 114/161 – ½ P 10.
• Komfort und alpenländische Gemütlichkeit : Hell und freundlich wirkt die Halle mit dem Kamin, die Zimmer sind wohnlich gestaltet. Mit neuzeitlichem Freizeitbereich. Ländlich-rustikal gibt sich das mehrfach unterteilte Restaurant.

In der Sonne ⚘, Neuer Weg 14, ✉ 87459, ℘ (08363) 50 10, *Fax (08363) 6839*, 🌳, Massage, ≠, ≘s, 🌳 – 📺 🚗 🅿
geschl. 5. Nov. - 15. Dez. – **Menu** *(geschl. Dienstag)* à la carte 15/26 – **20 Zim** ☐ 38 – 66/72 – ½ P 11.
• Die Zimmer dieses Familienhotels sind einfach eingerichtet, die Appartements im Nebenhaus sind moderner ausgestattet und haben zum Teil separate Wohnräume. Sie speisen im rustikalen Restaurant oder auf der Terrasse mit schönem Ausblick.

PFRONTEN

In Pfronten-Obermeilingen :

Berghotel Schloßanger-Alp, Am Schloßanger 1 – Höhe 1 130 m, ⊠ 87459, ℘ (08363) 91 45 50, ebert@schlossanger.de, Fax (08363) 91455555, ≤ Tiroler Berge, 斧, ⏸, Massage, ≦s, 🔲, 斧 – ⊁ Zim, 📺 🚗 🅿 – 🔏 15. 🆎 VISA
Menu à la carte 19/37 – **30 Zim** ⊇ 75 – 118/144, 6 Suiten – ½ P 18.
♦ Ein alpenländischer Gasthof in idyllischer Lage in 1130 m Höhe. Geschmackvoll eingerichtete Zimmer im Landhausstil erwarten Sie hier. Rustikal-gemütliche Gasträume.

Burghotel auf dem Falkenstein, Falkenstein 1 – Höhe 1 277 m, ⊠ 87459, ℘ (08363) 91 45 40, schlachter@online-service.de, Fax (08363) 9145444, ≤ Alpen, 斧, ≦s, 斧 – 📺 🅿 – 🔏 20. 🆎 ⓞ VISA JCB
Menu à la carte 19,50/38 – **9 Zim** ⊇ 69/75 – 138/170 – ½ P 18.
♦ In malerischer Berglage unterhalb der Burg finden Sie ein wohnliches Domizil im Landhausstil. Die Zimmer haben nette Wohnbereiche und teils auch Kochnischen. Rustikales Restaurant mit gepolsterten Sitzbänken und Kachelofen. Pavillon mit schöner Aussicht.

In Pfronten-Steinach :

Chesa Bader garni, Enzianstr. 12, ⊠ 87459, ℘ (08363) 83 96, chesabader@freenet.de, Fax (08363) 8696, ≦s, 🔲, 斧 – 📺 🚗 🅿
10 Zim ⊇ 46/56 – 74/94, 3 Suiten.
♦ Diese familiengeführte Pension ist ein Chalet mit rustikal-behaglichem Innenleben - Zimmer teils mit Kamin. Wanderwege und Loipen befinden sich in der Nähe.

Pfrontener Hof, Tiroler Str. 174, ⊠ 87459, ℘ (08363) 9 14 00, Fax (08363) 914039, 斧, 斧 – 🚗 🅿
geschl. Nov. - Mitte Dez. – **Menu** (geschl. Mittwoch) à la carte 12,50/30 – **19 Zim** ⊇ 36 – 54/58 – ½ P 11.
♦ Das hübsche, traditionsreiche alpenländische Haus mit den zeitgemäß ausgestatteten Zimmern liegt direkt an der Talstation der Breitenbergbahn. Gediegene Restauranträume.

PFULLENDORF Baden-Württemberg **545** W 11 – 14 000 Ew – Höhe 650 m.
🄱 Tourist-Information, Am Marktplatz, ⊠ 88630, ℘ (07552) 25 11 31, tourist-information@stadt-pfullendorf.de, Fax (07552) 931130.
Berlin 707 – Stuttgart 123 – Konstanz 60 – Freiburg im Breisgau 137 – Ulm (Donau) 92.

Adler (mit Gästehaus), Heiligenberger Str. 20, ⊠ 88630, ℘ (07552) 9 20 90, info@adler-hotel.de, Fax (07552) 9209800, 斧 – 🛗, ⊁ Zim, 📺 📞 🅿 – 🔏 70. 🆎 ⓞ 🆎 VISA JCB
Menu (wochentags nur Abendessen) à la carte 12/24,50 – **48 Zim** ⊇ 60/72 – 88/110.
♦ Ob im Haupthaus oder im Gästehaus : Die Zimmer des engagiert geführten Hotels sind einheitlich mit modernen, hellen Holzmöbeln gestaltet und auch technisch gut ausgestattet. Neuzeitlich-leger wirkt das Bistro Zauberlehring.

Krone, Hauptstr. 18, ⊠ 88630, ℘ (07552) 9 21 70, info@hotel-krone.de, Fax (07552) 921734 – 📺 🅿. 🆎 ⓞ VISA
geschl. 22. Dez. - 10. Jan. – **Menu** (geschl. Samstagmittag, Sonntagmittag) à la carte 17/27 – **23 Zim** ⊇ 45/53 – 75/85.
♦ Hinter der schönen Fachwerkfassade dieses zentral gelegenen Gasthofs a. d. 16. Jh. erwarten Sie unterschiedlich eingerichtete, wohnliche und solide Zimmer mit Parkettfußboden. Ländliches Restaurant mit schöner Holztäfelung und Parkett.

Stadtblick garni, Am Pfarrösche 2/1, ⊠ 88630, ℘ (07552) 60 03, Fax (07552) 4555 – 📺 🅿. 🆎 VISA. ⚒
geschl. 23. Dez. - 6. Jan., 15. - 30. Aug. – **14 Zim** ⊇ 45 – 74.
♦ Oberhalb der Stadt liegt die kleine, schon etwas ältere Pension mit gut gepflegten, sauberen und solide möblierten Übernachtungszimmern.

PFULLINGEN Baden-Württemberg **545** U 11 – 16 000 Ew – Höhe 426 m.
Berlin 680 – Stuttgart 43 – Reutlingen 4 – Ulm (Donau) 78.

Engelhardt garni, Hauffstr. 111, ⊠ 72793, ℘ (07121) 9 92 00, info@hotel-engelhardt.de, Fax (07121) 9920222, ≦s – 🛗 ⊁ 📺 📞 🅿 – 🔏 30. 🆎 ⓞ 🆎 VISA
55 Zim ⊇ 60/78 – 80/90.
♦ Ein gut geführtes Tagungs- und Businesshotel mit funktionellen Zimmern, zu deren Annehmlichkeiten eine gute Technik und ordentliche Schreibtische gehören.

1119

PFUNGSTADT Hessen 543 Q 9 – 25 000 Ew – Höhe 103 m.
Berlin 579 – Wiesbaden 52 – Frankfurt am Main 46 – Darmstadt 10 – Mannheim 45.

Restaurant VM, Borngasse 16 (Zentrum am Rathaus), ⊠ 64319, ℘ (06157) 8 54 40, Fax (06157) 86268, 🍽
geschl. Anfang Jan. 3 Wochen, Samstagmittag, Sonntag - Montag – **Menu** (Tischbestellung ratsam) 21 (mittags) à la carte 27,50/39,50.
• In dem modernen, kleinen Restaurant oder auf der winzigen Terrasse bewirtet man die Gäste mit sorgfältig und schmackhaft zubereiteten Gerichten der internationalen Küche.

PIDING Bayern 546 W 22 – 5 200 Ew – Höhe 457 m – Luftkurort.
🛈 Tourismusbüro, Petersplatz 2, ⊠ 83451, ℘ (08651) 38 60, verkehrsamt@piding.de, Fax (08651) 767936.
Berlin 718 – München 128 – Bad Reichenhall 9 – Salzburg 13.

Lohmayr Stub'n, Salzburger Str. 13, ⊠ 83451, ℘ (08651) 71 44 78, Fax (08651) 768852, 🍽 – **P.** ⓓ ⓜⓞ VISA
geschl. März - April 3 Wochen, Dienstag - Mittwoch, Juli - Aug. Mittwoch – **Menu** à la carte 24,50/35,50.
• Das ländliche Restaurant besteht aus drei rustikal ausgestatteten Stuben und bietet in netter Atmosphäre eine Auswahl an regionalen Gerichten und einige mediterrane Speisen.

PIESPORT Rheinland-Pfalz 543 Q 4 – 2 100 Ew – Höhe 130 m.
Berlin 693 – Mainz 135 – Trier 43 – Bernkastel-Kues 18 – Wittlich 26.

Winzerhof garni, Bahnhofstr. 8a, ⊠ 54498, ℘ (06507) 9 25 20, hotel-winzerhof-piesport@t-online.de, Fax (06507) 925252 – 📺 📞 🏠 **P.** ⒶⒺ ⓓ ⓜⓞ VISA
geschl. 22. Feb. - 28. März – **12 Zim** ⊇ 53 – 82/88.
• In dem kleinen Weinort erwartet Sie ein gut geführtes, neuzeitliches Hotel, dessen Zimmer geschmackvoll mit solidem, zeitgemäßem Kirschbaummobiliar eingerichtet sind.

PILSACH Bayern 546 S 18 – 2 600 Ew – Höhe 440 m.
Berlin 454 – München 144 – Nürnberg 40 – Amberg 36 – Ingolstadt 70 – Regensburg 72.

Gasthof Am Schloss, Litzloher Str. 8, ⊠ 92367, ℘ (09181) 3 00 21, info@am-schloss.de, Fax (09181) 3403, 🍽 – 📺 **P.** – 🏛 20. ⒶⒺ
geschl. 9. - 25. Aug. – **Menu** (geschl. Dienstag) à la carte 13/28 – **16 Zim** ⊇ 37/44 – 52/58.
• Mitten im Ort, in der Nähe des Schlosses, liegt der ländliche Gasthof mit funktionellen Zimmern, die mit hellen Eichenmöbeln ausgestattet sind. Pflanzen und moderne Bilder zieren das ländliche Restaurant.

PINNEBERG Schleswig-Holstein 541 F 13 – 39 000 Ew – Höhe 11 m.
🛇 Pinneberg, Weidenhof, Mühlenstr. 140, ℘ (04101) 51 18 30 ; 🛇 Tangstedt, Gut Wulfsmühle (Nord-Ost : 6 km), ℘ (04101) 58 67 77 ; 🛇 Prisdorf, Peiner Hag (Nord-West : 4 km), ℘ (04101) 7 37 90.
ADAC, Elmshorner Str. 73.
Berlin 305 – Kiel 89 – Hamburg 23 – Bremen 128 – Hannover 173.

Thesdorfer Hof garni, Rellinger Str. 35, ⊠ 25421, ℘ (04101) 5 45 40, empfang@thesdorferhof.de, Fax (04101) 545454, ⇔ – 📺 📞 **P.** – 🏛 30. ⒶⒺ ⓓ ⓜⓞ VISA
22 Zim ⊇ 66/81 – 77/102.
• In dem 1993 erbauten Hotel im Landhausstil finden Sie mit solidem, zeitlosem Kirschholzmobiliar eingerichtete Zimmer. Der Frühstücksraum dient gleichzeitig als Tagescafé.

Cap Polonio 🌿, Fahltskamp 48, ⊠ 25421, ℘ (04101) 53 30, info@cap-polonio.de, Fax (04101) 533190, 🍽 – 🛗 ⚕ Zim, 📺 📞 & **P.** – 🏛 120. ⒶⒺ ⓜⓞ VISA
Menu à la carte 25/34 – **64 Zim** ⊇ 71/84 – 93/109.
• Die Zimmer des familiengeführten Hotels, dem ein alter Schnelldampfer seinen Namen gab, sind meist neuzeitlich im Stil - auch einige Allergikerzimmer sind vorhanden. Restaurant mit dem Originalinventar des Speisesaals des namengebenden Schiffes.

Zur Landdrostei, Dingstätte 23, ⊠ 25421, ℘ (04101) 20 77 72, Fax (04101) 592200, 🍽 – ⒶⒺ ⓜⓞ VISA
geschl. Montag – **Menu** à la carte 18/36.
• Das Restaurant liegt im Keller eines ehemaligen Palais am Rathausplatz. Eine ständig wechselnde Bilderausstellung verschiedener Künstler bietet optische Reize.

PIRMASENS Rheinland-Pfalz 543 S 6 – 49 200 Ew – Höhe 368 m.
Messegelände Wasgauhalle, ℰ (06331) 55 33 00, Fax (06331) 65758.
ADAC, Hauptstr. 35a.
Berlin 683 ① – Mainz 122 ① – Saarbrücken 62 ① – Landau in der Pfalz 46 ② – Kaiserslautern 36 ①

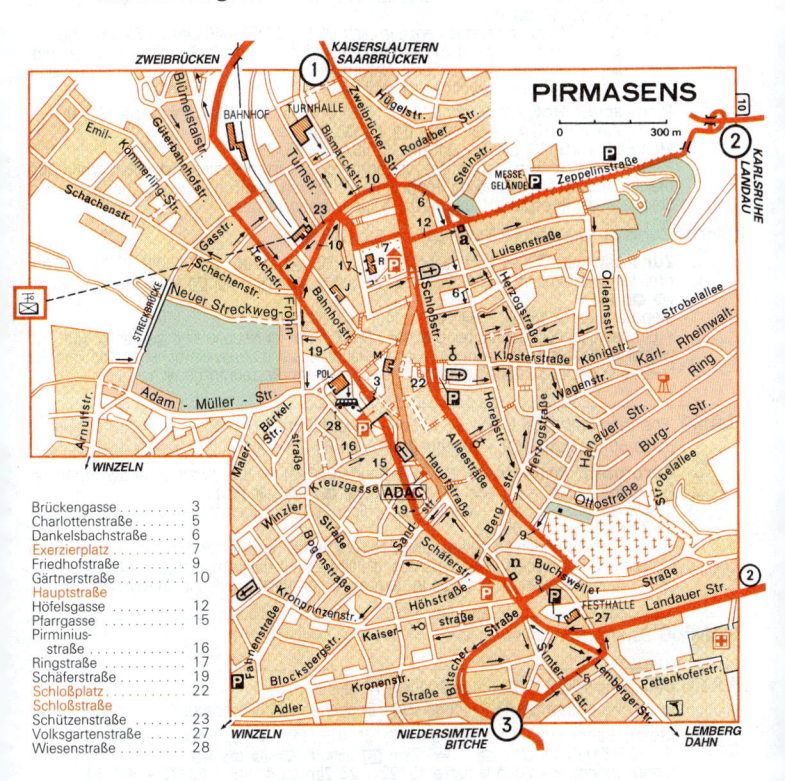

Brückengasse	3
Charlottenstraße	5
Dankelsbachstraße	6
Exerzierplatz	7
Friedhofstraße	9
Gärtnerstraße	10
Hauptstraße	
Höfelgasse	12
Pfarrgasse	15
Pirminius-	
straße	16
Ringstraße	17
Schäferstraße	19
Schloßplatz	22
Schloßstraße	
Schützenstraße	23
Volksgartenstraße	27
Wiesenstraße	28

※※ **Ciccio,** Zeppelinstr. 2, ✉ 66953, ℰ (06331) 7 54 00, Fax (06331) 77876 – AE ⓞ ⓜⓒ VISA
a
geschl. Montag – **Menu** (italienische Küche) à la carte 29/41.
• Helles und freundliches Restaurant im klassischen Stil : Die Angebote der gehobenen italienischen Küche präsentiert man auf einer Tafel, dazu noch mündliche Empfehlungen.

※ **Casa dell' Arte,** Landauerstr. 105, ✉ 66953, ℰ (06331) 28 66 29, casa-dell-arte@gmx.de, Fax (06331) 286629, 🍽 – 🅿 ⓜⓒ VISA
über ②
geschl. Montag – **Menu** (italienische Küche) 38/48 und à la carte.
• Gekachelter Boden sowie Vitrinen und Schränke mit Wein- und Spirituosenflaschen prägen den Trattoria-Stil dieses kleinen Landhauses. Frische mediterrane Küche ohne Schnörkel.

In Pirmasens-Winzeln West : 4 km über Winzler Straße oder Arnulfstraße :

🏛 **Kunz,** Bottenbacher Str. 74, ✉ 66954, ℰ (06331) 87 50, info@hotel-kunz.de, Fax (06331) 875125, 🍽, ⇌, 🔲 – ⇌ Zim, TV 📞 📺 🅿 – 🔔 100. AE ⓞ ⓜⓒ VISA
🎉 Rest
geschl. 22. Dez. - 6. Jan. – **Menu** (geschl. 22. Dez. - 6. Jan., 15. - 31. Juli, Freitagmittag, Samstagmittag) à la carte 19,50/36 – **46 Zim** ⇌ 42/63 – 70/85.
• Gepflegte und individuell eingerichtete Zimmer mit guter technischer Ausstattung und ausreichend Platz hält das komfortable Hotel mit persönlicher Atmosphäre für Sie bereit. Sehr behaglich ist das klassisch gestaltete Restaurant.

PIRNA Sachsen 544 N 25 – 41 000 Ew – Höhe 120 m.
🛈 Touristservice, Am Markt 7, ✉ 01796, ✆ (03501) 4 65 70, Fax (03501) 465715.
Berlin 213 – *Dresden* 20 – Chemnitz 91 – Görlitz 97.

Romantik Hotel Deutsches Haus ⚘, Niedere Burgstr. 1, ✉ 01796, ✆ (03501) 4 68 80, deutsches-haus@romantikhotels.com, Fax (03501) 468820, 🌿 – 🛗, ⇔ Zim, 📺 📞 🅿 – 🔑 35. AE ⓜ VISA
Menu *(Nov. - März nur Abendessen)* à la carte 20,50/32,50 – **40 Zim** ⇌ 62/80 – 86/98.
• Der schöne Renaissancebau im historischen Stadtkern begrüßt Sie mit wohnlichen Zimmern, die mit bemalten Bauernmöbeln, Naturholzmobiliar oder Stilmöbeln eingerichtet sind. Gediegene Gaststuben, Gewölbekeller und Gartenrestaurant im Innenhof.

Pirna'scher Hof, Am Markt 4, ✉ 01796, ✆ (03501) 4 43 80, pirnascher-hof@t-onl ine.de, Fax (03501) 443815, 🌿 – 📺 🅿 AE ⓜ VISA
Menu à la carte 18/28,50 – **21 Zim** ⇌ 48/58 – 68/75.
• Hinter der barocken Fassade des Altstadthotels erwarten Sie unterschiedlich große Zimmer mit moderner Einrichtung. Freigelegte Holzbalken schaffen ein wohnliches Ambiente. Stilvolles Galerierestaurant und nette kleine Innenhofterrasse.

In Pirna-Zehista Süd-West : 2,5 km Richtung Bad Gottleuba :

Zur Post (mit 🍴 Gasthof), Liebstädter Str. 30, ✉ 01796, ✆ (03501) 55 00, info@h otel-zur-post-pirna.de, Fax (03501) 527712, 🌿, ⇔, 🏊 – 🛗 📺 📞 & 🅿 – 🔑 80. AE ⓓ ⓜ VISA
Menu à la carte 11/24 – **64 Zim** ⇌ 40/67 – 51/90.
• Ein gestandener, gepflegter Gasthof : Die Zimmer im Neubau sind geräumig, gut und wohnlich ausgestattet, die im renovierten Haupthaus sind etwas einfacher im Komfort. Sie speisen in der rustikalen Gaststube oder im neueren Restaurantbereich.

PLAIDT Rheinland-Pfalz 543 O 6 – 5 500 Ew – Höhe 110 m.
Berlin 607 – Mainz 109 – *Koblenz* 20 – Bonn 63.

Geromont, Römerstr. 3a, ✉ 56637, ✆ (02632) 60 55, info@hotel-geromont.de, Fax (02632) 6066 – 📺 ⇔ 🅿 – 🔑 50. ⓓ ⓜ VISA. ⚘ Rest
geschl. 23. Dez. - 5. Jan. – **Menu** *(geschl. Sonntag) (nur Abendessen)* à la carte 13/25 – **28 Zim** ⇌ 45/48 – 69/72.
• Am Ortsrand finden Sie dieses ruhige Hotel. Die neu renovierten Zimmer sind mit hellen Möbeln und Polsterbetten eingerichtet, die älteren mit dunklem, einfachem Mobiliar. Bürgerlich und preiswert speisen Sie in dem einfachen Restaurant mit Thekenbereich.

PLANEGG Bayern siehe Gräfelfing.

PLATTLING Bayern 546 T 22 – 12 000 Ew – Höhe 320 m.
Berlin 566 – München 134 – *Passau* 54 – Deggendorf 12 – Landshut 65 – Regensburg 71.

Liebl, Bahnhofsplatz 3, ✉ 94447, ✆ (09931) 24 12, hotel-liebl@t-online.de, Fax (09931) 6709, 🌿, ⇔ – ⇔ Zim, 📺 🅿 – 🔑 50. ⓓ ⓜ VISA
Menu *(geschl. Freitag)* à la carte 15/29 – **23 Zim** ⇌ 41/45 – 62/72 – ½ P 10.
• In dem Hotel gegenüber dem Bahnhof hält man für die Gäste unterschiedlich eingerichtete, gepflegte Zimmer mit zeitgemäßem Komfort bereit. Die ländlichen Gaststuben hat man mit viel hellem Holz nett eingerichtet.

In Plattling-Altholz Nord-Ost : 7 km Richtung Pankofen, nach der Autobahnunterführung rechts ab :

Landhotel Hutter ⚘, (mit 🏠 Gästehaus), Altholz 6, ✉ 94447, ✆ (0991) 73 20, info@landhotel-hutter.de, Fax (0991) 382887, 🌿, ⇔, 🏊, 🎠 – 📺 📞 🅿 – 🔑 50. AE ⓜ VISA
geschl. Aug. 1 Woche – **Menu** *(geschl. Samstagmittag, Sonn- und Feiertage abends)* à la carte 19/32,50 – **11 Zim** ⇌ 62 – 120.
• Gemütlich und ländlich ist das Ambiente in dem mehrfach unterteilten, gepflegten Restaurant mit ansprechend gedeckten Tischen. Geschmackvolle Zimmer im Landhausstil.

PLAU AM SEE Mecklenburg-Vorpommern 542 F 20 – 6 200 Ew – Höhe 75 m – Luftkurort.
🛈 Touristinformation, Burgplatz 4, ✉ 19395, ✆ (038735) 4 56 78, Fax (038735) 41421.
Berlin 151 – Schwerin 73 – Rostock 84 – Stendal 123.

Parkhotel Klüschenberg ⚘, Klüschenberg 14, ✉ 19395, ✆ (038735) 4 43 79, inf o@klueschenberg.de, Fax (038735) 44371, 🌿 – 🛗 📺 🅿 – 🔑 100. ⓜ VISA
Menu à la carte 20/27,50 – **68 Zim** ⇌ 59/64 – 69/93 – ½ P 15.
• Ein hübsches Hotel in einem kleinen Park am Rand der Innenstadt : Frisch wirken die in verschiedenen hellen Farben gestalteten Zimmer, die alle wohnlich und komfortabel sind. Dezente Farben und eine fast klassische Einrichtung prägen das Restaurant.

PLAU AM SEE

In Plau-Plötzenhöhe *Süd-Ost : 1,5 km, über B 103 :*

Strandhotel, Seestr. 6, ✉ 19395, ✆ (038735) 81 10, strandhotel.plan@web.de, Fax (038735) 81170, 🍽 – 📺 🅿 – 🔏 70. 💳 💳
geschl. Jan. – **Menu** *(geschl. Okt. - April Mittwoch)(Mitte Okt. - April nur Abendessen)* à la carte 13/25 – **20 Zim** 🛏 45/53 – 70/85 – ½ P 16.
♦ Das Haus liegt direkt am See, die weiß-gelbe Fassade erinnert an die klassische Bäderarchitektur. Die Zimmer sind wohnlich eingerichtet und bieten zeitgemäßen Komfort. Helles, saalartiges Hotelrestaurant mit geblümten Vorhängen und verspielter Dekoration.

In Plau-Seelust *Süd : 4 km :*

Seehotel 🌿, (mit Gästehaus), Hermann-Niemann-Str. 6, ✉ 19395, ✆ (038735) 8 40, seehotel-plau@t-online.de, Fax (038735) 84166, ≤, 🍽, ≦s, 🦮, 🐎 – ✳ Zim, 📺 🅿 – 🔏 50. 💳 💳 💳
Menu à la carte 17/29 – **83 Zim** 🛏 63/69 – 95/110 – ½ P 16.
♦ Eine Ferienanlage mit Gästehaus und kleinen Appartementhäusern, die sich für Gruppen und Tagungen gleichermaßen eignet. Solide möbliert, funktionelle Zimmer stehen bereit. Ein Wintergarten mit Korbstühlen und Klinkerwänden ergänzt das neuzeitliche Restaurant.

Seeresidenz Gesundbrunn 🌿, Hermann-Niemann-Str. 11, ✉ 19395, ✆ (038735) 81 40, seeresidenzgesundbrunn@t-online.de, Fax (038735) 81427, 🍽, ≦s, 🏊, 🐎 – ✳ Zim, 📺 🅿 💳 💳 💳
geschl. 1. - 30. Nov. – **Menu** à la carte 17,50/34,50 – **20 Zim** 🛏 69/75 – 72/94 – ½ P 18.
♦ Eine gediegene, gut geführte Hotel-Pension in einer schönen renovierten Villa am See mit wohnlichen Zimmern, die größtenteils mit Stilmöbeln eingerichtet sind. Gediegenes Restaurant mit Terrasse zum See.

In Plau-Quetzin *Nord : 4 km, über B 103 :*

Landhotel Rosenhof 🌿, August-Bebel-Str. 10, ✉ 19395, ✆ (038735) 8 90, land hotel_rosenhof@t-online.de, Fax (038735) 89189, 🍽, Biergarten, ≦s, 🦮, 🐎 Bootssteg – 📺 🅿 – 🔏 20
Menu à la carte 15/25 – **31 Zim** 🛏 52/86 – 81/88 – ½ P 15.
♦ Auf den Fundamenten eines ehemaligen Bauernhofs entstand dieses Hotel. Die geräumigen Zimmer verteilen sich auf zwei Häuser mit Fachwerkfassade und sind solide gestaltet. Eine nette Terrasse im Innenhof ergänzt das neurustikal ausgestattete Restaurant.

In Bad Stuer *Süd-Ost : 11 km über B 198 :*

Stuersche Hintermühle 🌿, (mit Gästehäusern), Seeufer 6, ✉ 17209, ✆ (039924) 7 20, seehotel-badstuer@t-online.de, Fax (039924) 7247, 🍽, ≦s, 🐎 – 📺 🚗 🅿 – 🔏 50. 💳 💳
Menu à la carte 15,50/27 – **58 Zim** 🛏 50/60 – 60/80 – ½ P 15.
♦ Die idyllische Lage im Wald sowie die soliden, wohnlichen Zimmer machen die reetgedeckte Mühle und die zwei Landhäuser zu einem empfehlenswerten Feriendomizil. Schlicht und neuzeitlich eingerichtetes Hotelrestaurant.

PLAUEN Sachsen **544** O 20 – 71 000 Ew – Höhe 350 m.

🛈 Tourist-Information, Unterer Graben 1 (Rathaus), ✉ 08523, ✆ (03741) 1 94 33, touristinfo@plauen.de, Fax (03741) 2911059.
ADAC, Schulstr. 1.
Berlin 291 – Dresden 151 – Gera 54 – Chemnitz 80 – Erfurt 144 – Bayreuth 105.

Alexandra, Bahnhofstr. 17, ✉ 08523, ✆ (03741) 22 14 14, hotel_alexandra@t-onlin e.de, Fax (03741) 226747, 🍽, ≦s – 📶, ✳ Zim, 📺 & 🚗 🅿 – 🔏 60. 💳 💳 💳 💳 💳
Menu à la carte 14/26 – **72 Zim** 🛏 69/76 – 78/104.
♦ Stadthotel mit 140-jähriger Tradition : Hier bietet man seinen Gästen ausreichend geräumige, mit Stilmöbeln in verschiedenen Farbtönen gestaltete Zimmer. Rosatöne und Kristalllüster prägen das klassische Restaurant.

Am Theater, Theaterstr. 7, ✉ 08523, ✆ (03741) 12 10, hotelamtheaterplauen@t-online.de, Fax (03741) 121444, 🍽 – 📶, ✳ Zim, 📺 📞 🚗 – 🔏 80. 💳 💳 💳 💳
Menu à la carte 16/26,50 – **118 Zim** 🛏 71 – 89.
♦ Im Stadtzentrum findet man dieses komfortable Hotel im Landhausstil gut eingerichteten, farblich harmonisch gestalteten Gästezimmern. Das Wirtshaus ist mit hellem Holz vertäfelt, ein Kachelofen strahlt Gemütlichkeit aus.

Country Inn and Suites, Straßberger Str. 37, ✉ 08527, ✆ (03741) 25 20, info-p lauen@countryinns.de, Fax (03741) 252100, 🍽, ≦s – 📶, ✳ Zim, 📺 📞 & 🚗 – 🔏 65. 💳 💳 💳 💳 💳
Menu *(nur Abendessen)* à la carte 16/31 – **62 Zim** 🛏 66/90 – 71/91.
♦ Solide-elegant ist die Ausstattung dieses Hotels in Zentrumsnähe. Die Zimmer sind geschmackvoll und modern eingerichtet und haben einen Arbeitsplatz mit Fax und Modem. Das Restaurant empfängt Sie mit einer hellen und freundlichen Atmosphäre.

PLAUEN

Parkhotel, Rädelstr. 18, ✉ 08523, ✆ (03741) 2 00 60, info@parkhotel-plauen.de, Fax (03741) 200660, Biergarten – ⚞ Zim, TV ✆ P – 🏛 20. AE ⓜ VISA JCB
Menu à la carte 14,50/26,50 – **17 Zim** ⎕ 59/64 – 85.
• Ein stilvolles Ambiente erwartet Sie in der 1994 komplett renovierten Villa a. d. J. 1868. Die Zimmer sind mit gediegenen Möbeln wohnlich ausgestattet. Sie speisen in einer rustikalen Stube mit Holzkohlegrill, im Restaurant oder im Biergarten.

In Plauen-Jößnitz *Nord : 6 km :*

Landhotel zur Warth, Steinsdorfer Str. 8, ✉ 08547, ✆ (03741) 5 71 10, zurwarth@aol.com, Fax (03741) 57115, ⚞, Biergarten, 🛀, ⚞, 🛏 – 🏛, ⚞ Zim, TV ✆ ⚞ P – 🏛 30. AE ⓜ VISA
Menu à la carte 14/24,50 – **26 Zim** ⎕ 56/58 – 74/76.
• Ein neuzeitliches, in U-Form angelegtes Hotel. Die geschmackvollen Gästezimmer sind mit hellen, leicht rustikalen Holzmöbeln im Landhausstil eingerichtet. Helles Restaurant mit Blick in den Garten und gemütlicher Kutscherstube.

In Plauen-Neundorf *West : 4,5 km :*

Ambiente ⚞, Schulstr. 23, ✉ 08527, ✆ (03741) 4 23 30, info@hotel-ambiete.org, Fax (03741) 4233205, Biergarten – TV P – 🏛 25. AE ⓜ VISA
Menu à la carte 13/24 – **21 Zim** ⎕ 44/50 – 66/70.
• Eine solide Übernachtungsadresse : In einem Vorort-Wohngebiet finden Sie gepflegte, funktionell mit hell eingefärbten Möbeln eingerichtete Zimmer. Restaurant mit Wintergartenanbau.

In Plauen-Zwoschwitz *Nord-West : 5 km, über Neundorfer Straße, Raabstraße und Kopernikusstraße :*

Gasthof Zwoschwitz, Talstr. 1, ✉ 08525, ✆ (03741) 30 06 80, landhotel@iz-plauen.de, Fax (03741) 30068218, Biergarten – ⚞ Zim, TV ✆ P. AE ⓘ ⓜ VISA
Menu (geschl. Juli 2 Wochen, Sonntagabend - Montagmittag) à la carte 11/28 – **20 Zim** ⎕ 44/47 – 65/70.
• Solide Zimmer und ein freundlicher Service erwarten die Gäste des gewachsenen Gasthofs in der Dorfmitte. Zum Angebot zählen auch Kegelbahn und Spielplatz. Parkett, gepolsterte Bänke und Stühle sowie frische Farbakzente machen das Restaurant aus.

PLECH *Bayern* 🟦🟦🟦 *R 18* – *1 200 Ew* – *Höhe 461 m* – *Erholungsort.*
🛈₁₈ Velden, Gerhelm 1 *(Süd : 8 km)*, ✆ (09152) 3 98.
Berlin 394 – München 192 – Nürnberg 50 – Bayreuth 40.

In Plech-Bernheck *Nord-Ost : 2,5 km, über Hauptstraße, vor der Autobahn rechts ab :*

Veldensteiner Forst ⚞, ✉ 91287, ✆ (09244) 98 11 11, info@veldensteinerforst.de, Fax (09244) 981189, ⚞, ⚞, 🏊, 🛏 – 🏛, ⚞ Zim, TV ⚞ P – 🏛 40. ⓜ VISA, ⚞
geschl. Mitte Feb. - Mitte März - **Menu** (geschl. Montag) à la carte 14/28 – **32 Zim** ⎕ 41/51 – 75 – ½ P 15.
• Ruhig und idyllisch von Wiesen umgeben ist das gepflegte, familiengeführte Ferienhotel. Die meisten Zimmer sind mit Möbeln im Landhausstil ausgestattet. Mit Kinderspielplatz. Ländliche Gaststuben - teils gediegen und leicht elegant, teils rustikal.

PLEINFELD *Bayern* 🟦🟦🟦 *S 16* – *7 500 Ew* – *Höhe 371 m* – *Erholungsort.*
🛈₉ Ellingen, Zollmühle 1 *(Süd : 3 km)*, ✆ (09141) 39 76.
🛈 Verkehrsbüro, Marktplatz 11, ✉ 91785, ✆ (09144) 92 00 70, tourismuspleinfeld@gmx.de, Fax (09144) 92 00 60.
Berlin 473 – München 140 – Nürnberg 49 – Ingolstadt 60 – Donauwörth 49.

Zum Blauen Bock, Brückenstr. 5, ✉ 91785, ✆ (09144) 18 51, blauer-bock@web.de, Fax (09144) 8277 – TV P. ⚞ Zim
Menu (geschl. Mittwoch) à la carte 11/18 – **15 Zim** ⎕ 28/30 – 46/48.
• Der gestandene Gasthof ist seit 1875 in Familienbesitz. Hier finden Sie eine herzliche Atmosphäre und praktische Zimmer. Die kleinen Gäste freuen sich über die Spielwiese. Ländlich-rustikale Gaststube mit einer Einrichtung aus heimischem Naturholz.

Landgasthof Siebenkäs, Kirchenstr. 1, ✉ 91785, ✆ (09144) 82 82, info@landgasthof-siebenkaes.de, Fax (09144) 8307, ⚞ – ⓜ VISA
geschl. Feb. 2 Wochen, Okt. 2 Wochen, Montag, Okt. - April Sonntagabend - Montag – **Menu** à la carte 25/40, ⚞.
• Landhaus-Flair und ein freundlicher Service empfangen Sie in dem hübschen Restaurant mit frischer regionaler Küche, die sich an den Angeboten der Saison orientiert.

PLEISWEILER-OBERHOFEN *Rheinland-Pfalz siehe Bergzabern, Bad.*

PLETTENBERG
Nordrhein-Westfalen **543** M 7 – 30 000 Ew – Höhe 210 m.
Berlin 526 – Düsseldorf 117 – Arnsberg 35 – Hagen 50 – Lüdenscheid 23 – Olpe 29.

Haus Battenfeld, Landemerter Weg 1, ⊠ 58840, ℰ (02391) 9 28 70, info@haus-battenfeld.de, Fax (02391) 928746, 🍴, 🚗 – 📺 ℰ & 🅿 – 🔒 25. ❷ *VISA*
※ Rest
Menu (geschl. Montagmittag) à la carte 12/29,50 – **27 Zim** ⊇ 45 – 80.
• An Ortsrand liegt dieser Gasthof mit einfachen, aber funktionell eingerichteten Zimmern, einem kleinen Tagungsbereich und Kegelbahn. Helles Naturholzmobiliar und kupfernes Dekor geben dem Restaurant seinen rustikalen Charakter.

PLIEZHAUSEN
Baden-Württemberg **545** U 11 – 6 700 Ew – Höhe 350 m.
Berlin 672 – *Stuttgart* 37 – Reutlingen 8,5 – Ulm (Donau) 80.

Schönbuch ⊛, Lichtensteinstr. 45, ⊠ 72124, ℰ (07127) 97 50, hoerz@hotel-schoenbuch.de, Fax (07127) 975100, ≤ Schwäbische Alb, 🍴, 🚗 – 🛗 📺 ℰ 🖙 🅿 – 🔒 90. **AE** ① ❷ *VISA* JCB
geschl. Jan. 1 Woche, Aug. 2 Wochen – **Menu** (geschl. Sonn- und Feiertage) à la carte 20/49 – **31 Zim** ⊇ 80/87 – 118.
• Eine solide Unterkunft am Naturpark Schönbuch mit großzügiger Halle und gepflegten Zimmern, mit hellen oder dunklen Eichenmöbeln ausgestattet, oft mit kleinem Wohnbereich. Farblich frisch wirkendes Restaurant mit hellem Holz.

In Pliezhausen-Dörnach Nord : 3,5 km, in Giebel rechts ab :

Landgasthaus zur Linde, Schönbuchstr. 8, ⊠ 72124, ℰ (07127) 89 00 66, andreassternkoch@aol.com, Fax (07127) 887954, 🍴
geschl. Mittwoch, Samstagmittag – **Menu** à la carte 28/34.
• Hellgelb gestrichene Wände und Parkettfußboden lassen das ländliche Restaurant behaglich wirken. Im Sommer sitzt man nett auf der Hofterrasse.
Spez. Warmes Schweinebäckchen und Felsenrotbarbe mit Linsen. Filet vom Hohenloher Jungschwein mit Basilikumnudeln. Gebrannte Vanillecrème mit Joghurtsorbet und Himbeeren

PLOCHINGEN
Baden-Württemberg **545** T 12 – 13 800 Ew – Höhe 276 m.
Berlin 623 – *Stuttgart* 25 – Göppingen 20 – Reutlingen 36 – Ulm (Donau) 70.

Princess, Widdumstr. 3, ⊠ 73207, ℰ (07153) 60 50, reception@hotel-princess.de, Fax (07153) 605499 – 🛗 📺 ℰ 🖙 – 🔒 20. **AE** ① ❷ *VISA* JCB
geschl. 23. Dez. - 10. Jan. – **Menu** (geschl. Freitag - Samstag) (nur Abendessen) à la carte 17/25 – **42 Zim** ⊇ 64/94 – 94/109.
• Das Hotel überzeugt mit zeitgemäß und solide eingerichteten Zimmern, einem modernen Tagungsbereich und einer guten Verkehrsanbindung. Kleines Hotelrestaurant im neuzeitlichen Bistrostil.

Brauhaus zum Waldhorn, Neckarstr. 25, ⊠ 73207, ℰ (07153) 7 27 00, Fax (07153) 898815, 🍴, Biergarten – 🅿
Menu à la carte 14/30,50.
• In einem Teil der ehemaligen Brauerei wurde diese rustikale Gaststätte mit einer großen Theke eingerichtet. Für Festlichkeiten steht ein Saal für 350 Personen zur Verfügung.

In Plochingen-Stumpenhof Nord-Ost : 3 km Richtung Schorndorf :

Stumpenhof, Am Stumpenhof 1, ⊠ 73207, ℰ (07153) 2 24 25, restaurant@stumpenhof.de, Fax (07153) 76375 – 🅿
geschl. 23. Feb. - 2. März, Montag - Dienstag – **Menu** (Tischbestellung ratsam) à la carte 22/39,50.
• Das hübsch dekorierte, bürgerlich-rustikale Restaurant ist in mehrere Gaststuben unterteilt. Man bewirtet die Gäste mit einer schmackhaften und vielfältigen regionalen Küche.

In Altbach Nord-West : 3 km, über Esslinger Straße :

Altbacher Hof (mit Gästehaus), Kirchstr. 11, ⊠ 73776, ℰ (07153) 70 70 (Hotel) 70 71 00 (Rest.), webmaster@altbacherhof.de, Fax (07153) 25072, 🍴 – 🛗, ⚒ Zim, 📺 ℰ 🖙 🅿 ❷ *VISA*
geschl. 24. Dez. - 6. Jan., über Pfingsten – **Ulrichstuben** (geschl. Freitag - Samstag) (nur Abendessen) **Menu** à la carte 20/37 – **86 Zim** ⊇ 45/60 – 80.
• Das gepflegte und gut geführte Hotel verfügt über mit soliden Holzmöbeln eingerichtete Zimmer. Die Räume im Gästehaus sind etwas einfacher ausgestattet. Fliesenboden, Holztäfelung und rustikale Stühle prägen die Ulrichstuben.

PLOCHINGEN

In Deizisau West : 3 km, jenseits des Neckars, über B 10 :

※ **Ochsen,** Sirnauer Str. 1, ✉ 73779, ✆ (07153) 2 79 45, Fax (07153) 896035, Biergarten – **P**.
geschl. 22. Dez. - 4. Jan., 2. - 22. Aug., Sonntagabend - Montag – **Menu** à la carte 15/31.
• Im Zentrum befindet sich diese ländliche Wirtschaft mit einem rustikalen Thekenraum, in dem das Essen an blanken Holztischen serviert wird. Mit Nebenzimmer für Extras.

PLÜDERHAUSEN Baden-Württemberg siehe Schorndorf.

POBERSHAU Sachsen siehe Marienberg.

POCKING Bayern 546 U 23 – 12 000 Ew – Höhe 323 m.
Berlin 625 – München 149 – *Passau* 25 – Landshut 102 – Salzburg 112.

🏠 **Pockinger Hof,** Klosterstr. 13, ✉ 94060, ✆ (08531) 90 70, info@hotel-pockinger-h of.de, Fax (08531) 8881, 🍽 – 📺 **P**.
Menu à la carte 11/24 – **45 Zim** ⊇ 36/40 – 57 – ½ P 6.
• Eine bayerisch-ländliche Übernachtungsadresse mit gut gepflegten und solide eingerichteten Zimmern, die alle über einen Balkon verfügen. Sie speisen im lichten Wintergarten oder in der rustikalen Gaststube mit historischem Gewölbe.

PÖCKING Bayern 546 W 17 – 5 200 Ew – Höhe 672 m.
Berlin 618 – *München* 32 – Augsburg 71 – Garmisch-Partenkirchen 65.

🏠 **Kefer** garni, Hindenburgstr. 12, ✉ 82343, ✆ (08157) 9 31 70, info@hotel-kefer.de, Fax (08157) 931737, ≦s, 🍽 – 📺 **P**. ⓐⓔ 𝗩𝗜𝗦𝗔
22 Zim ⊇ 39/65 – 58/76.
• Oberhalb des Ortes liegt diese Villa mit Anbau, in der man in ländlich eingerichteten Zimmern das erweiterte Frühstück mit Blick in den schönen Garten genießen kann.

In Pöcking-Possenhofen Süd-Ost : 1,5 km, über Hindenburgstraße :

🏠 **Forsthaus am See** 🍃, Am See 1, ✉ 82343, ✆ (08157) 9 30 10, kontakt@forsth aus-am-see.de, Fax (08157) 4292, ≤, 🍽 Bootssteg – 📺 🚗 **P** – 🛎 20. ⓐⓔ 𝗩𝗜𝗦𝗔
Menu à la carte 26,50/42,50 – **21 Zim** ⊇ 100/140 – 120/175.
• Die herrliche Lage direkt am Ufer des Starnberger Sees, gepflegte Zimmer im alpenländischen Stil und ein kleiner Segelhafen machen den Reiz dieser Adresse aus. Nettes, gemütlich-ländliches Restaurant mit schöner Gartenterrasse.

In Pöcking-Niederpöcking Nord-Ost : 2 km, über Hindenburgstraße, in Possenhofen links ab :

🏠 **La Villa** 🍃, Ferdinand-von-Miller-Str. 39, ✉ 82343, ✆ (08151) 7 70 60, info@lavilla.de, Fax (08151) 770699, ≤, ≦s, 🍽 📺 ✆ 🚗 **P** – 🛎 60. ⓐⓔ 𝗩𝗜𝗦𝗔
geschl. 23. Dez. - 6. Jan. – **Menu** (Restaurant nur für Hausgäste) – **24 Zim** ⊇ 126 – 177.
• Das geschmackvolle Hotel, das sich auf Tagungen spezialisiert hat, überzeugt durch seine idyllische Lage am See und elegant im italienischen Landhausstil eingerichtete Zimmer.

PÖLICH Rheinland-Pfalz siehe Mehring.

PÖSSNECK Thüringen 544 N 18 – 14 500 Ew – Höhe 220 m.
Berlin 283 – *Erfurt* 75 – Gera 45 – Hof 73 – Jena 36 – Saalfeld 20.

🏠 **Villa Altenburg,** Straße des Friedens 49, ✉ 07381, ✆ (03647) 42 20 01, info@villa-alte nburg.de, Fax (03647) 422002, 🍽, ≦s, 🖥, – ✆ Zim, 📺 **P**. – 🛎 20. ⓐⓔ 𝗩𝗜𝗦𝗔
Menu (wochentags nur Abendessen) à la carte 15/24 – **14 Zim** ⊇ 40/60 – 65/85.
• In der imposanten Villa a. d. J. 1928 - in einem kleinen Park gelegen - finden Sie teils gediegen-elegant mit antiken Möbeln ausgestattete, teils einfacher gestaltete Zimmer. Stilvolles Restaurant mit gepflegtem Parkettfußboden und teils holzgetäfelten Wänden.

POHLHEIM Hessen siehe Gießen.

POING Bayern 546 V 19 – 9 500 Ew – Höhe 517 m.
Berlin 599 – *München* 21 – Landshut 58 – Salzburg 150.

🏠 **Poinger Hof,** Gruber Str. 40, ✉ 85586, ✆ (08121) 98 80, info@poinger-hof.de, Fax (08121) 988188, 🍽, ≦s – 📺 ✆ 🚗 **P** – 🛎 90. ⓐⓔ 𝗩𝗜𝗦𝗔
Menu à la carte 18,50/36 – **58 Zim** ⊇ 87 – 110.
• Ein neuzeitliches Hotel im Industrie- und Geschäftsviertel : Ein moderner Glaslift bringt die Gäste von der Halle in die funktionellen, gepflegten Zimmer. Gemütliches Restaurant mit gediegener Ausstattung.

POLLE Niedersachsen 541 K 12 – 1 300 Ew – Höhe 100 m – Erholungsort.
- 🛌 🛌 Polle, Weißenfelder Mühle 2, ℘ (05535) 88 42.
- 🛈 Verkehrsverein, Haus des Gastes, Amtsstr. 4a, ✉ 37647, ℘ (05535) 4 11, info@polle-weser.de, Fax (05535) 411.
Berlin 349 – Hannover 80 – Detmold 44 – Hameln 38 – Kassel 88.

※ **Graf Everstein**, Amtsstr. 6, ✉ 37647, ℘ (05535) 99 97 80, Fax (05535) 999781,
← Weserbergland, 🍴 – 🅿. AE 🅾 VISA
geschl. Montagabend – **Menu** à la carte 24,50/33.
• Das Restaurant ist teils in der historischen Unterburg mit schönem Kreuzgewölbe untergebracht, teils im Anbau mit Sicht auf die Weser. Gutbürgerliche und internationale Küche.

POMMELSBRUNN Bayern siehe Hersbruck.

POMMERSFELDEN Bayern 546 Q 16 – 2 400 Ew – Höhe 269 m.
Sehenswert : Schloss Weißenstein★ : Treppenhaus★.
Berlin 430 – München 216 – Nürnberg 47 – Bamberg 21 – Würzburg 74.

🏛 **Schlosshotel** 🐾 (mit Gästehaus), Schloss 1, ✉ 96178, ℘ (09548) 6 80, hotelsdorn@aol.com, Fax (09548) 68100, 🍴, 🚭, 🏊, 🌳, ⚒, – 📶, ⇔ Zim, 📺 📞 🅿 – 🛎 100.
AE 🅾 VISA JCB
Menu à la carte 15/42 – **88 Zim** ⇆ 50/65 – 55/82, 4 Suiten.
• In den Nebengebäuden des imposanten Schlosses Weißenstein von 1718 hat man ein Hotel mit zeitgemäßem Komfort geschaffen - umgeben von einem schönen Schlosspark. In mehrere Stuben unterteiltes Restaurant.

In Pommersfelden-Limbach Süd : 1,5 km :

🍸 **Volland,** Limbach 63, ✉ 96178, ℘ (09548) 2 81, Fax (09548) 921181 – 🅿.
geschl. 17. Mai - 17. Juni, Montag - Dienstag – **Menu** à la carte 10/17,50 – **12 Zim** ⇆ 23/26 – 32/39.
• Dieser solide geführte fränkische Gasthof bietet Ihnen gut unterhaltene und saubere, mit hellen Holzmöbeln eingerichtete Zimmer zu fairen Preisen. Holztäfelung, Fliesenboden und rustikale Stühle sorgen für ein ländliches Umfeld beim Speisen.

POPPENHAUSEN/WASSERKUPPE Hessen 543 O 13 – 2 700 Ew – Höhe 446 m – Luftkurort.
- 🛈 Tourist-Information, Von-Steinrück-Platz 1, ✉ 36163, ℘ (06658) 96 00 13, info@poppenhausen-wasserkuppe.de, Fax (06658) 960022.
Berlin 462 – Wiesbaden 201 – Fulda 17 – Gersfeld 7,5.

🏛 **Hof Wasserkuppe** garni, Pferdskopfstr. 3, ✉ 36163, ℘ (06658) 98 10, hotelhofwasserkuppe@t-online.de, Fax (06658) 1635, 🚭, 🏊 – 🅿.
18 Zim ⇆ 39/48 – 70/81.
• Landhaushotel mit Tradition : Das liebevoll dekorierte Haus hält Zimmer unterschiedlichen Zuschnitts bereit, die mit Naturholzmöbeln wohnlich eingerichtet sind.

An der B 458 Nord-Ost : 8 km Richtung Tann :

🏛 **Grabenhöfchen,** an der B 458, ✉ 36163 Poppenhausen, ℘ (06658) 3 16, Fax (06658) 1698, 🍴, 🌳 – 📺 🅿 – 🛎 20. AE 🅾
Menu à la carte 14/25 – **18 Zim** ⇆ 41 – 66 – ½ P 11.
• Gepflegte und solide ausgestattete Zimmer mit einfachem, aber zeitgemäßem Komfort finden Sie in dem etwas außerhalb des Ortes gelegenen Gasthof. Zeitlos wirkt die Einrichtung des Hotelrestaurants - mit verputztem Kaminofen.

PORTA WESTFALICA Nordrhein-Westfalen 543 J 10 – 38 800 Ew – Höhe 50 m – Kneipp- und Luftkurort.
- 🛈 Tourist-Information, Haus des Gastes, Kempstr. 6, ✉ 32457, ℘ (0571) 79 12 80, tourismus@portawestfalica.de, Fax (0571) 791279.
Berlin 356 – Düsseldorf 214 – Bielefeld 44 – Bremen 106 – Hannover 71 – Osnabrück 75.

In Porta Westfalica-Lohfeld :

🏛 **Landhaus Edler,** Lohfelder Str. 281, ✉ 32457, ℘ (05706) 9 40 20, landhaus-edler@t-online.de, Fax (05706) 940250, 🍴 – ⇔ Zim, 📺 📞 🅿 – 🛎 50. 🅾 VISA
Menu (geschl. Donnerstag) à la carte 18,50/34 – **15 Zim** ⇆ 49/57 – 69/92 – ½ P 11.
• Das traditionsreiche Klinker-Fachwerkhaus mit hölzernen Pferdeköpfen am Giebel überzeugt mit individuell und wohnlich eingerichteten Zimmern. Gediegen-ländlich und leicht rustikal zeigt sich das Restaurant.

POTSDAM ⌐L⌐ Brandenburg **5**4**2** I 23 – 129 000 Ew – Höhe 40 m.

Sehenswert: *Schloss und Park Sanssouci*★★★ AX *(Neues Palais*★★, *Chinesisches Haus*★★, *Neue Kammern*★, *Schloss Charlottenhof*★, *Römische Bäder : Innengestaltung*★, *Friedenskirche : Mosaik*★, *Neue Orangerie : Raffaelsaal*★*) – Schloss Cecilienhof*★ BX *(Neuer Garten*★★, *Marmorpalais*★*) – Nikolaikirche*★ – *Marstall (Filmmuseum*★*)*BY – *Dampfmaschinenhaus (Moschee)*★AY – *Holländisches Viertel*★BX – *Brandenburger Tor*★AXY – *Charlottenstraße*★ ABXY – *Jägervorstadt*★ *(Jägertor*★*)*AX – *Russische Kolonie Alexandrowka*★BX – *Glienicker Brücke*★ *(1 km über* ①*) – Park und Schloss Babelsberg*★★CX.

ធ៎ ធ៎ *Kemnitz, Schmiedeweg 1 (West : 20 km über Phöben),* ℘ *(03327) 6 63 70 ;* ធ៎ *Tremmen, Tremmener Landstraße (Nord-West : 27 km),* ℘ *(033233) 8 02 44 ;* ធ៎ ធ៎ *Wildenbruch, Großer Seddiner See (Süd : 16 km),* ℘ *(03205) 73 20.*

🛈 *Potsdam-Information, Friedrich-Ebert-Str. 5,* ✉ *14467,* ℘ *(0331) 27 55 80, information@potsdam.de, Fax (0331) 2755899. –* **ADAC***, Jägerallee 16.*

Berlin 31 ② – Brandenburg 38 ④ – Frankfurt (Oder) 121 ③ – Leipzig 141 ③

Stadtpläne siehe nächste Seiten

Bayrisches Haus ⚐, Im Wildpark 1 (Süd-West : 6 km), ✉ 14471, ℘ (0331) 5 50 50, info@bayrisches-haus.de, Fax (0331) 5505560, 🍽, Massage, ≘s, – ✲ Zim, 📺 🐾 P – 🏛 70. 🅰🅴 ⓓ ⓜⓞ 𝙑𝙄𝙎𝘼 JCB, 🗷 Rest über ④
geschl. 1. - 15. Jan. – **Menu** à la carte 25,50/56, 🍷 – **33 Zim** 🛏 120/160 - 155/220.
♦ Das Bayrische Haus im romantischen Wildpark baute der Preußenkönig 1847 für seine Gattin. Heute ist es fein eines luxuriösen Hotels mit elegantem Ambiente. Leicht vornehm wirkt das in zwei Räume aufgeteilte Restaurant im historischen Gebäude.

Dorint Sanssouci, Jägerallee 20, ✉ 14469, ℘ (0331) 27 40, info.xxppot@dorint.com, Fax (0331) 2741000, 🍽, 🍸, Massage, 𝗙₆, ≘s, 🟦, – 🛗, ✲ Zim, 📺 📺 🐾 🅿, 🚗 – 🏛 450. 🅰🅴 ⓓ ⓜⓞ 𝙑𝙄𝙎𝘼 JCB
Menu à la carte 28/36,50 – 🛏 16 – **292 Zim** 115/165 – 135/185, 4 Suiten. AX r
♦ Zwischen Schloss Sanssouci und dem historischen Stadtkern liegt dieses großzügig konzipierte Komforthotel mit klaren Formen, betont modernem Ambiente und kühler Eleganz.

Am Jägertor, Hegelallee 11, ✉ 14467, ℘ (0331) 2 01 11 00, jaegertor@tc-hotels.de, Fax (0331) 2011333, 🍽 – 🛗 ✲ 📺 📺 🐾 🚗 – 🏛 30. 🅰🅴 ⓓ ⓜⓞ 𝙑𝙄𝙎𝘼, 🗷 Rest
Menu à la carte 30/41,50 – **62 Zim** 🛏 97/117 – 158. AX f
♦ Das schöne Stadthaus aus dem 18. Jh. beherbergt ein Hotel mit stilvollem Ambiente und elegantem Rahmen. Die Zimmer sind mit Stilmöbeln geschmackvoll und wohnlich gestaltet.

Seminaris Seehotel ⚐, An der Pirschheide 40 (Süd-West : 5 km), ✉ 14471, ℘ (0331) 9 09 00, potsdam@seminaris.de, Fax (0331) 9090900, ≤, 🍽, 𝗙₆, ≘s, 🟦, 🚣, ✺ Bootssteg – 🛗, ✲ Zim, 📺 Rest, 📺 🐾 🚗 – 🏛 250. 🅰🅴 ⓓ ⓜⓞ 𝙑𝙄𝙎𝘼 JCB, 🗷 Rest
Menu à la carte 22/32 – **225 Zim** 🛏 95/115 – 130/ 40, 10 Suiten. über ④
♦ Die Lage am Templiner See, umgeben von Bäumen, der moderne Tagungsbereich und wohnliche, funktionelle Zimmer machen dieses Hotel aus. Eine nette Terrasse am See ergänzt das kleine, neuzeitliche Restaurant.

relexa Schlosshotel Cecilienhof ⚐, Neuer Garten, ✉ 14469, ℘ (0331) 3 70 50, potsdam.cecilienhof@relexa-hotel.de, Fax (0331) 292498, 🍽, ≘s – 📺 🐾 – 🏛 60. 🅰🅴 ⓓ ⓜⓞ 𝙑𝙄𝙎𝘼 JCB BX
Menu 22 (mittags) à la carte 25/39 – **41 Zim** 🛏 110/135 – 150/215.
♦ Architektur und Einrichtung des ehemaligen Hohenzollernschlosses erinnern an einen englischen Landsitz. Schloss und Garten gehören zum Weltkulturerbe der UNESCO. Gediegenes Restaurant mit dunkler Holztäfelung und bequemen roten Polsterstühlen.

Am Luisenplatz garni, Luisenplatz 5, ✉ 14471, ℘ (0331) 97 19 00, info@hotel-luisenplatz.de, Fax (0331) 9719019 – 🛗 ✲ 📺 🐾 🚗. 🅰🅴 ⓓ ⓜⓞ 𝙑𝙄𝙎𝘼 AY c
25 Zim 🛏 89/19 – 129/149, 3 Suiten.
♦ Aufwändig renoviertes Stadthaus mit teils moderner, teils klassischer Einrichtung. Geschmackvolle Farben, Kristalllüster und Kirschholz schaffen ein harmonisches Ambiente.

Parkhotel, Forststr. 80, ✉ 14471, ℘ (0331) 9 81 20, info@parkhotel-potsdam.bestwestern.de, Fax (0331) 9812100, 🍽, ≘s – 🛗, ✲ Zim, 📺 📺 🐾 🚗 – 🏛 40. 🅰🅴 ⓓ ⓜⓞ 𝙑𝙄𝙎𝘼 über ④
Menu à la carte 17,50/27 – **91 Zim** 🛏 90/115 – 100/125.
♦ Am Schlosspark Sanssouci liegt dieses Hotel mit seinen geschmackvoll und modern mit hellen Naturholzmöbeln eingerichteten Zimmern. Auch für Tagungen geeignet. Das Hotelrestaurant ist neuzeitlich-gediegen im Stil.

Mercure, Lange Brücke, ✉ 14467, ℘ (0331) 27 22, h1582@accor-hotels.com, Fax (0331) 293496, 🍽 – 🛗, ✲ Zim, 📺 📺 🐾 🚗 – 🏛 150. 🅰🅴 ⓓ ⓜⓞ 𝙑𝙄𝙎𝘼 JCB
Menu à la carte 20,50/27 – 🛏 13 – **210 Zim** 98 – 103, 8 Suiten. BY a
♦ Gepflegt und großzügig ist der Rahmen dieses Hochhaushotels an der Havel. Sie wohnen in frischen, zeitgemäß eingerichteten Zimmern mit gutem Komfort.

POTSDAM

🏨 **Steigenberger MAXX Hotel Sanssouci,** Allee nach Sanssouci 1, ✉ 14471, ℰ (0331) 9 09 10, potsdam@maxx-hotels.de, Fax (0331) 9091909, 🍴, ⇌s – 🛗, ✳ Zim, 📺 ✆ & ⇌ – 🔒 80. 🅰🅴 ⓓ ⓜⓞ 𝐕𝐈𝐒𝐀 JCB
AXY n
Menu à la carte 16,50/24,50 – **137 Zim** ⇌ 107/127 – 130/150.
♦ In diesem Hotel fühlt man sich in das Amerika der 30er bis 50er Jahre versetzt : Deckenventilatoren, dunkles Holz und warme Farben schaffen ein gemütliches Ambiente. Bistroähnliches Restaurant mit nostalgischem Flair und entspannter Atmosphäre.

🏨 **Altstadt,** Dortustr. 10, ✉ 14467, ℰ (0331) 28 49 90, rezeption@hotel-altstadt-potsdam.de, Fax (0331) 2849930, 🍴 – 🛗 📺 ✆ – 🔒 25. 🅰🅴 ⓜⓞ 𝐕𝐈𝐒𝐀
AX b
Menu à la carte 14,50/21,50 – **29 Zim** ⇌ 60/72 – 80/98.
♦ Im Herzen der Altstadt befindet sich dieses renovierte Stadthaus mit hellen, freundlichen, neuzeitlich eingerichteten Gästezimmern. Restaurant mit Café-Charakter.

🏨 **Schlossgarten Hotel** garni, Geschwister-Scholl-Str. 41a, ✉ 14471, ℰ (0331) 97 17 00, webmaster@schlossgartenhotel-garni.de, Fax (0331) 97170404, 🛋 – ✳ 📺 🅿 🅰🅴 ⓜⓞ 𝐕𝐈𝐒𝐀 über Geschwister-Scholl-Straße AY
17 Zim ⇌ 70/77 – 86/96.
♦ Ein privat geführtes, neuzeitliches Hotel mit einer individuellen, teils recht verspielten Einrichtung - funktionell und technisch gut ausgestattet.

🏨 **Mark Brandenburg,** Heinrich-Mann-Allee 71, ✉ 14478, ℰ (0331) 88 82 30, ⇌ Fax (0331) 8882344 – 📺 ✆ 🅿 ⓜⓞ 𝐕𝐈𝐒𝐀 über Heinrich-Mann-Allee BY
Menu (geschl. Sonntag) (nur Abendessen) à la carte 13/23 – **17 Zim** ⇌ 45/68 – 75/90.
♦ Gepflegte und solide eingerichtete Zimmer und ein gutes Frühstücksbuffet erwarten die Gäste in diesem Hotel mit zeitgemäßem Standard. Kellerlokal in schlichter, rustikaler Aufmachung.

🍴🍴 **Speckers Gaststätte Zur Ratswaage,** Am Neuen Markt 10, ✉ 14467, ℰ (0331) 2 80 43 11, Fax (0331) 2804319, 🍴 – 🅰🅴 ⓜⓞ
BY t
geschl. Sonntag - Montag - **Menu** 30 (mittags) à la carte 43/68, 𝄞.
♦ Eine innovativ-klassische Küche pflegt man in dem komplett sanierten, 200 Jahre alten Stadthaus mit den hohen Räumen und der schlichten, modernen Einrichtung.

🍴 **Juliette,** Jägerstr. 39, ✉ 14467, ℰ (0331) 2 70 17 91, Fax (0331) 2705389 – 🅰🅴 ⓓ ⓜⓞ 𝐕𝐈𝐒𝐀
BX e
Menu (französische Küche) 36/60 und à la carte, 𝄞.
♦ In dem kleinen Fachwerkhaus am Rande des Holländischen Viertels serviert man in gemütlichem, rustikalem Ambiente Gerichte der klassischen französischen Küche.

🍴 **Pino,** Weinbergstr. 7, ✉ 14469, ℰ (0331) 2 70 30 30, 🍴
AX d
geschl. Sonntag – **Menu** (nur Abendessen) (italienische Küche) à la carte 29,50/37.
♦ Unverputzte Backsteinwände und eine schlichte Einrichtung im Trattoria-Stil geben dem Restaurant mit der klassischen italienischen Küche eine authentische Atmosphäre.

In Potsdam-Babelsberg über ② und R.-Breitscheid-Straße : 3 km :

🏨 **Am Griebnitzsee,** Rudolf-Breitscheid-Str. 190, ✉ 14482, ℰ (0331) 7 09 10, griebnitzsee@seminaris.de, Fax (0331) 709111, 🍴, ⇌s – 🛗, ✳ Zim, 📺 ✆ & ⇌ – 🔒 80. 🅰🅴 ⓜⓞ 𝐕𝐈𝐒𝐀 **Rest** – **Menu** à la carte 24/35 – **88 Zim** ⇌ 95/109 – 116/130.
♦ Dieses Hotel in schöner Lage am See beherbergt helle, moderne und technisch gut ausgestattete Zimmer - besonders hübsch : die zum Wasser gelegenen mit Ausblick und Balkon. Von dem neuzeitlichen, leicht eleganten Restaurant aus blicken Sie auf den See.

🏨 **An der Rennbahn,** Lessingstr. 35, ✉ 14482, ℰ (0331) 74 79 80, hotelrennbahn@potsdam.de, Fax (0331) 7479818, 🍴, ⇌s – 🛗 📺 ✆ – 🔒 25. ⓜⓞ 𝐕𝐈𝐒𝐀
Menu 14/29 – **14 Zim** ⇌ 67/75 – 70/113.
♦ Das Hotel liegt in einem Villenviertel mit viel Grün und verbreitet eine gediegene Atmosphäre. Die Gäste wohnen in hellen, gut ausgestatteten Zimmern. Das Hotelrestaurant ist klein, gepflegt und solide ausgestattet.

In Potsdam-Bornstedt über Pappelallee AX :

🏨 **Kranich** 🐦 garni, Kirschallee 57, ✉ 14469, ℰ (0331) 5 05 36 92, hotel-kranich@t-online.de, Fax (0331) 5053694 – ✳ 📺 ✆ & 🅿 ⓜⓞ 𝐕𝐈𝐒𝐀
17 Zim ⇌ 55 – 71.
♦ Eine zeitgemäße Hotelpension mit wohnlichen Zimmern, die mit dunklen Stilmöbeln und farblich aufeinander abgestimmten Stoffen geschmackvoll eingerichtet sind.

In Potsdam-Drewitz über ② und Nuthestraße : 4 km :

🏨 **Ascot-Bristol,** Asta-Nielsen-Str. 2, ✉ 14480, ℰ (0331) 6 69 10, info@ascot-bristol.de, Fax (0331) 6691200, 🍴, ⇌s – 🛗, ✳ Zim, 🍽 Rest, 📺 ✆ & ⇌ 🅿 – 🔒 45. 🅰🅴 ⓓ ⓜⓞ 𝐕𝐈𝐒𝐀 JCB
Journal : Menu à la carte 15,50/31,50 – ⇌ 12 – **94 Zim** 83/123 – 93/133, 5 Suiten.
♦ Ein komfortables Hotel mit guter Ausstattung : warme Farben, moderne Naturholzmöbel und nette Details schaffen ein behagliches Ambiente. Behindertengerechte Einrichtungen. Restaurant im modernen Bistrostil mit offener Küche - Kaminzimmer mit Bibliothek.

POTSDAM

Alleestraße	BX
Am Alten Markt	BY 6
Am Kanal	BY
Am Neuen Garten	BY
Am Schragen	BX 7
Auf dem Kiewitt	AY
Babelsberger Straße	BCY
Bassinplatz	BX
Behlertstraße	BCX
Benkertstraße	BX 15
Berliner Straße	BCX
Bornstedter Straße	AX 18
Brandenburger Straße	ABX
Brauhausberg	BY 19
Breite Straße	ABY
Charlottenstraße	ABY
Dortustraße	AXY
Ebräerstraße	BY 21
Feuerbachstraße	AY
Französische Straße	BY 25
Friedrich-Ebert-Straße	BXY
Friedrich-Engels-Straße	BCY
Geschwister-Scholl-Straße	AY 26
Gregor-Mendel-Straße	AX
Gutenbergstraße	ABX
Hans-Thoma-Straße	BX
Hebbelstraße	BX
Hegelallee	ABX
Helene-Lange-Straße	BX
Heinrich-Mann-Allee	BY
Hermann-Elflein-Straße	AX 31
Humboldtbrücke	CX
Humboldtring	CY
Jägerallee	AX
Jägerstraße	BX
Kurfürstenstraße	BX
Lange Brücke	BY
Leiblstraße	BX
Leipziger Straße	BY
Lennéstraße	BX
Lindenstraße	AXY
Luisenplatz	AY 42
Mangerstraße	CX
Mittelstraße	BX
Mühlenbergweg	AX 48
Nuthestraße	CY 51
Pappelallee	AX
Platz der Einheit	BY 54
Reiterweg	BX
Ruinenbergstraße	AX
Schillerplatz	AY
Schloßstraße	BY 60
Schopenhauerstraße	AXY
Siefertstraße	BY 64
Voltaireweg	AX
Weinbergstraße	AX
Wilhelm-Staab-Straße	BY 67
Yorckstraße	BY
Zeppelinstraße	AY

In Potsdam-Hermannswerder Süd : 3,5 km über Leipziger Straße BY und Templiner Straße :

🏨 **Inselhotel** ⌘, Hermannswerder, ✉ 14473, ✆ (0331) 2 32 00, reservierung@inselhotel-potsdam.de, Fax (0331) 2320100, 🍴, ⛱, 🏊, 🌳 – 🛗, ⚿ Zim, 📺 ☏ 🅿 – 🛠 120.
AE ① ⓜ VISA JCB
Menu à la carte 21/31,50 – **86 Zim** ⊇ 93/110 – 105/129.
 ♦ Auf der idyllischen Insel Hermannswerder liegt dieses moderne Tagungs- und Businesshotel mit einem gepflegten Eingangsbereich sowie funktionellen und wohnlichen Zimmern. Zeitlos modern und leicht elegant gestaltet ist das Restaurant Fontane.

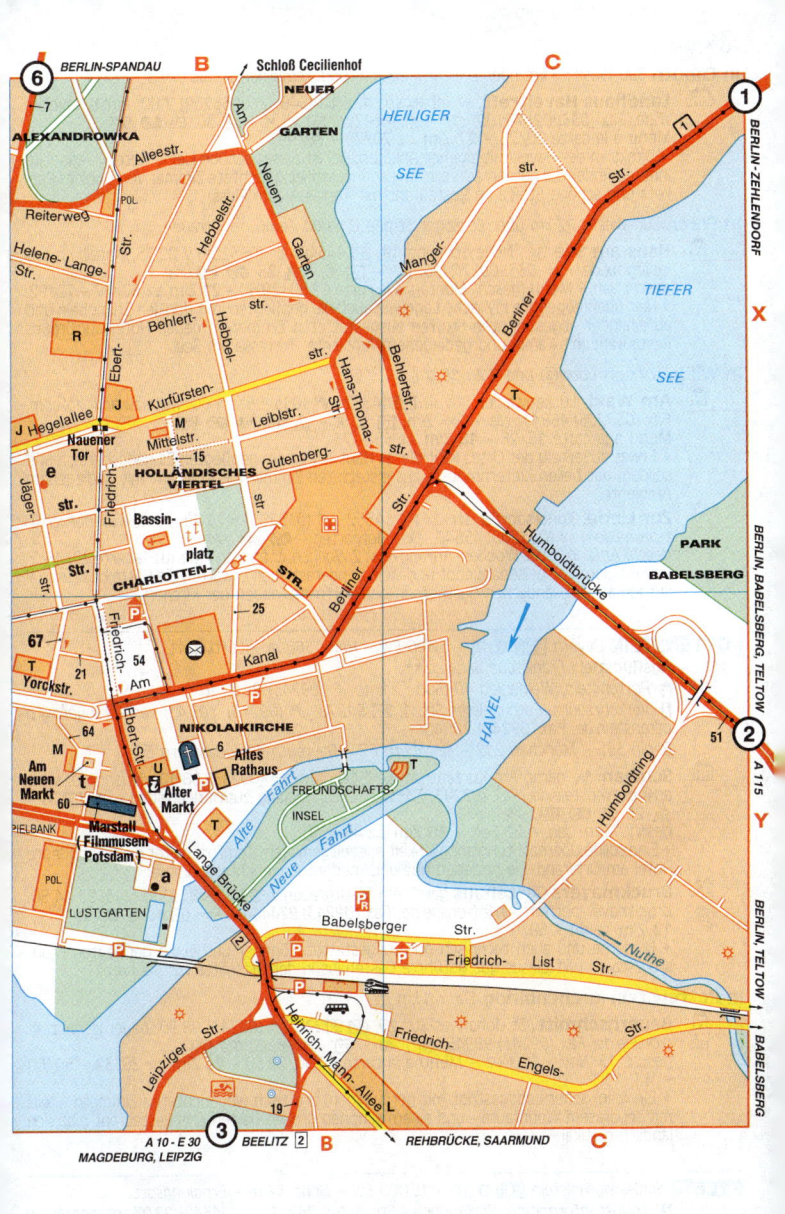

In Golm über ⑤ : 7 km :

🏠 **Landhotel Potsdam,** Reiherbergstr. 33, ✉ 14476, ✆ (0331) 60 11 90, info@landh
otel-potsdam.de, Fax (0331) 60119500, 🌳 ☎ – 🛗, 🐾 Zim, 📺 📞 ♿ 🅿 – 🛏 40. AE
MC VISA
Menu à la carte 22,50/31 – **58 Zim** ⊇ 72/89 – 98/112.
♦ Das moderne Haus im gepflegten Landhausstil überzeugt durch den wohnlichen Rahmen und die geschmackvoll eingerichteten, technisch gut ausgestatteten Zimmer. An schön gedeckten Tischen speist man im freundlichen Restaurant mit kleinem Wintergartenvorbau.

1131

POTSDAM

In Caputh *Süd-West : 7 km über Leipziger Str.* BY *und Templiner Straße :*

🏨 **Landhaus Haveltreff,** Weinbergstr. 4, ✉ 14548, ℘ (033209) 7 80, info@havelatreff.de, Fax (033209) 78100, 😊 – 📶, ✲ Zim, 📺 ✆ 🅿 – 🔑 30. 🅰🅴 ⓜ 🆅🅸🆂🅰
Menu à la carte 20/26 – **27 Zim** ⊇ 70/78 – 88/98.
 • Direkt an der Havel (mit eigener Anlegestelle) ist dieses schöne kleine Hotel gelegen. Im Inneren finden Sie geschmackvolle, im Landhausstil eingerichtete Zimmer vor. Dunkles Parkett und schöne Stoffe im Restaurant mit Terrasse zum Fluss.

In Ferch *Süd-West : 12 km über Leipziger Straße* BY *und Templiner Straße :*

🏨 **Haus am See** 🌳, Neue Scheune 19, ✉ 14548, ℘ (033209) 7 09 55, hotelhausamsee@gmx.de, Fax (033209) 70496, 😊 – 📺 🅿 – 🔑 25. ⓜ 🆅🅸🆂🅰. 🦘
geschl. Jan. – **Menu** (geschl. Montag) à la carte 17,50/29,50 – **21 Zim** ⊇ 62/67 – 72/92.
 • Hier überzeugen die idyllische Lage wie auch die gepflegten, mit dunklen Stilmöbeln und aufeinander abgestimmten Stoffen ausgestatteten Zimmer im neuen Hotelbau. Großes Restaurant mit Kamin und gediegenem Ambiente. Terrasse am See.

In Wildenbruch *über ③ und B 2 : 15 km :*

🏨 **Am Wald,** Luckenwalder Str. 4, ✉ 14552, ℘ (033205) 71 60, hotelawald@aol.com, Fax (033205) 46841, 😊 – ✲ Zim, 📺 ✆ 🅿 – 🔑 40. ⓞ ⓜ 🆅🅸🆂🅰
Menu à la carte 15/28 – **18 Zim** ⊇ 55 – 75.
 • Etwas außerhalb des Ortes liegt dieses Haus mit einem gepflegten Eingangsbereich und soliden, mit hellen Kiefernmöbeln ausgestatteten Zimmern. Restaurant mit gediegenem Ambiente.

✂ **Zur Linde,** Kunersdorfer Str. 1, ✉ 14552, ℘ (033205) 6 23 79, linde_wildenbruch@t-online.de, Fax (033205) 45640, 😊, Biergarten – ⓜ 🆅🅸🆂🅰. 🦘
geschl. Anfang Feb. 2 Wochen, Anfang Nov. 2 Wochen, Mittwoch – **Menu** à la carte 20/46, 🍷.
 • Ein regionales Speiseangebot und viele Sonderaktionen erwarten die Gäste des rustikal aufgemachten, ländlichen Gasthofs in der Dorfmitte neben der Kirche.

POTTENSTEIN *Bayern* 🅵🅰🅶 Q 18 – *5 600 Ew – Höhe 368 m – Luftkurort.*
Ausflugsziel : Fränkische Schweiz★★.
📍₁₈ Pottenstein, Weidenloh 40 (Süd : 2 km), ℘ (09243) 92 92 10.
🛈 Verkehrsbüro, Forchheimer Str. 1, ✉ 91278, ℘ (09243) 7 08 41, verkehrsbuero@pottenstein.de, Fax (09243) 70840.
Berlin 395 – München 212 – Nürnberg *67 – Bayreuth 40 – Bamberg 51.*

🏨 **Schwan** 🌳 garni, Am Kurzentrum 6, ✉ 91278, ℘ (09243) 98 10, ferienhotel-schwan@pottenstein.de, Fax (09243) 7351, direkter Zugang zum Erlebnisbad – 📶 📺 🅿 – 🔑 25. 🅰🅴 ⓜ 🆅🅸🆂🅰. 🦘
geschl. Mitte Jan. – 10. Feb. – **26 Zim** ⊇ 45 – 80.
 • Eine solide Übernachtungsmöglichkeit mit zeitgemäßem Komfort bietet dieses gepflegte Hotel am Ortsrand. Sie beziehen gut und modern eingerichtete Zimmer.

🏨 **Bruckmayers Gästehaus** garni, Am Stadtgraben 1, ✉ 91278, ℘ (09243) 92 44 50, bruckmayer-pottenstein@t-online.de, Fax (09243) 924414 – ✲ 📺 ✆ 🅿 ⓜ 🆅🅸🆂🅰
12 Zim ⊇ 44 – 68.
 • Moderne und auch technisch gut ausgestattete Zimmer und einen gepflegten Frühstücksraum hält dieses gut geführte Gästehaus in der Ortsmitte für Sie bereit.

In Pottenstein-Kirchenbirkig *Süd : 4 km :*

🏨 **Bauernschmitt,** St.-Johannes-Str. 25, ✉ 91278, ℘ (09243) 98 90, bauernschmitt@t-online.de, Fax (09243) 98945, 😊, ✲ – 📺 🅿 ⓜ 🆅🅸🆂🅰
geschl. 15. Nov. – 15. Dez. – **Menu** à la carte 10,50/26,50 – **26 Zim** ⊇ 28/32 – 50/60 – ½ P 10.
 • Ein fränkischer Landgasthof mit geräumigen, praktisch eingerichteten Zimmern - teils mit separatem Wohnraum – und einem schönen großen Garten. Das Restaurant gibt sich ländlich-rustikal.

PREETZ *Schleswig-Holstein* 🅵🅰🅵 D 14 – *15 000 Ew – Höhe 34 m – Erholungsort.*
🛈 *Tourist Information, Wakendorfer Str. 3,* ✉ 24211, ℘ (04342) 22 07, tipreetz@t-online.de, Fax (04342) 5698. – Berlin 327 – Kiel *16 – Lübeck 68 – Puttgarden 82.*

In Lehmkuhlen-Dammdorf *Nord-Ost : 2 km, über Wakendorfer Straße und Rethwischer Weg :*

🏨 **Neeth,** Preetzer Str. 1, ✉ 24211, ℘ (04342) 8 23 74, info@neeth.de, Fax (04342) 84749, 😊 – ✲ Zim, 📺 ✆ 🅿
Menu à la carte 19,50/30,50 – **15 Zim** ⊇ 54/75 – 74/110 – ½ P 17.
 • Hinter seiner roten Klinkerfassade beherbergt das Hotel mit dem grünen Ziegeldach wohnliche, mit Landhausmöbeln ausgestattete Zimmer. Ein offener Kamin und eine Kaffeekannensammlung zieren das Restaurant.

PREETZ

In Schellhorn Süd-West : in Richtung Plön : 1 km :

- **Landhaus Hahn** (mit Gästehaus), Am Berg 12, ⌧ 24211, ℰ (04342) 8 60 01, hecht@landhaus-hahn.de, Fax (04342) 82791, 😊, 🍴 – TV 📞 P – 🔔 80. AE ⓘ ⓜ VISA
  Menu à la carte 20/31 – **30 Zim** 🛏 50/57 – 75.
  ♦ In dem im Landhausstil erbauten, von der Inhaber-Familie geführten Hotel finden Sie gepflegte, teils rustikal in Eiche, teils neuzeitlicher möblierte Zimmer. Eine zur Halle hin offene Brasserie ergänzt das gediegene Restaurant.

PRENZLAU Brandenburg 542 G 25 – 20 000 Ew – Höhe 20 m.
  🛈 Stadtinformation, Friedrichstr. 2, ⌧ 17291, ℰ (03984) 83 39 52, stadtinfo@prenzlau.de, Fax (03984) 833954.
  Berlin 110 – Potsdam 147 – Neubrandenburg 54 – Szczecin 83.

- **Overdiek**, Baustr. 33, ⌧ 17291, ℰ (03984) 8 56 60, hotel.overdiek@t-online.de, Fax (03984) 856666 – 📶 TV P – 🔔 15. AE ⓘ ⓜ VISA
  Menu à la carte 13,50/23 – **27 Zim** 🛏 45/50 – 70.
  ♦ Unterschiedlich große Zimmer, die mit hellen, neuen Stilmöbeln freundlich eingerichtet sind, findet man in dem Stadthotel in der Ortsmitte. Rustikale Gaststätte mit Pub-Atmosphäre.

- **Wendenkönig**, Neubrandenburger Str. 66, ⌧ 17291, ℰ (03984) 86 00, mail@hotel-wendenkoenig.de, Fax (03984) 860151, 😊, 🍴 – 🚫 Zim, TV 📞 P – 🔔 20. AE ⓜ VISA
  Menu (Montag - Freitag nur Abendessen) à la carte 15/25 – **42 Zim** 🛏 45/48 – 66.
  ♦ Das Hotel am Ortsausgang bietet Ihnen zeitgemäß mit teils hell eingefärbtem Naturholz eingerichtete Zimmer und einen schönen Garten mit Feuchtbiotop. Bei gutem Wetter ergänzt die Terrasse das rustikale, nett dekorierte Restaurant.

In Röpersdorf Süd-West : 3 km, über B 109 und Röpersdorfer Straße :

- **Schilfland**, Straße am Uckersee 27, ⌧ 17291 Nordwestuckermark, ℰ (03984) 67 48, schilfland@t-online.de, Fax (03984) 800837, 😊, 🍴 – 🚫 Zim, TV P. ⓜ VISA
  Menu (geschl. Feb., Nov.- März Sonntagabend) (außer Saison Montag - Freitag nur Abendessen) à la carte 13/23 – **20 Zim** 🛏 45/55 – 72/78.
  ♦ Unweit vom Ufer des Unteruckersees befindet sich dieses Hotel im Landhausstil. Die Zimmer sind mit hellen Kiefernmöbeln freundlich eingerichtet. Familienzimmer. Viele Fischgerichte zu fairen Preisen findet man auf der Speisekarte des Restaurants.

In Seehausen Süd : 17 km, über Röpersdorf und Strehlow, in Potzlow links ab :

- **Seehotel Huberhof**, Dorfstr. 49, ⌧ 17291, ℰ (039863) 60 20, info@seehotel-huberhof.de, Fax (039863) 60210, 😊, 🈺, 🛶, 🍴 – TV P – 🔔 30. AE ⓜ VISA
  geschl. 5. - 29. Jan. – **Menu** à la carte 17,50/34,50 – **25 Zim** 🛏 39/49 – 62/82.
  ♦ Ein altes, renoviertes Bauernhaus mit neuem Hotelanbau, das mit seiner Lage direkt am Oberuckersee und wohnlich gestalteten Zimmern gefällt. In den gemütlichen Gaststuben sorgen alte Bauernmöbel für ein rustikales Ambiente.

PREROW Mecklenburg-Vorpommern 542 C 21 – 1 800 Ew – Höhe 3 m – Seebad.
  🛈 Kur- und Tourismusbetrieb, Gemeindeplatz 1, ⌧ 18375, ℰ (038233) 61 00, zimmerinfo-prerow@t-online.de, Fax (038233) 61020.
  Berlin 276 – Schwerin 150 – *Rostock 63*.

- **Bernstein**, Buchenstr. 42, ⌧ 18375, ℰ (038233) 6 40, bernstein@tc-hotels.de, Fax (038233) 64466, 😊, Massage, 🎾, 🈺, 🛶 (beheizt), 🎾 – 📶, 🚫 Zim, TV 🔔 P – 🔔 15. AE ⓘ ⓜ VISA. 🚫 Rest
  geschl. Nov. - 18. März – **Menu** à la carte 20/41 – **127 Zim** 🛏 80/149 – 105/162 – ½ P 17.
  ♦ Am Ortsrand in einer schönen Anlage mit italienischem Garten liegt das renovierte Hotel im Landhausstil. Die wohnlichen Zimmer verbreiten mediterranes Flair. Ein Gartenrestaurant in einem Pavillon am Pool ergänzt das Restaurant Turmstube.

- **Waldschlösschen** (mit Gästehäusern), Bernsteinweg 4, ⌧ 18375, ℰ (038233) 61 70, info@waldschloesschen-prerow.de, Fax (038233) 403, 😊, Massage, 🈺, 🛶, 🍴 – 🚫 Zim, TV P. AE ⓘ ⓜ VISA
  geschl. Jan. - Feb. – **Menu** (Montag - Freitag nur Abendessen) à la carte 30/40 – **33 Zim** (nur ½ P) 122/127 – 160/170.
  ♦ Die unterschiedlich eingerichteten, komfortablen Zimmern verteilen sich auf eine renovierte Fachwerkvilla sowie ein altes und ein neues Gartenhaus in einem kleinen Park. Hell und freundlich gestaltetes Restaurant.

- **Störtebeker**, Mühlenstr. 2, ⌧ 18375, ℰ (038233) 70 20, Fax (038233) 70215, 😊 – TV 🔔 P.
  geschl. Jan. – **Menu** à la carte 15/23 – **10 Zim** 🛏 45/60 – 80 – ½ P 13.
  ♦ Eine nette, kleine Pension mit wohnlichen Zimmern, die mit hellen, zeitlosen Holzmöbeln gut eingerichtet und teilweise über Balkon, Loggia oder Terrasse verfügen. Bürgerliches Restaurant mit Wintergartenanbau.

PREROW

In Wieck a. d. Darss *Süd : 4 km : – Erholungsort*

Haferland ⌂, Bauernreihe 5a, ✉ 18375, ℘ (038233) 6 80, *info@hotelhaferland.de*, Fax (038233) 68220, 佘, 霯, Massage, ≘s, ⊿, ⇔ ‒ 劆 ≼ ҵ 匣, ➊ ⊙ 遐
Menu *(Nov. - April wochentags nur Abendessen)* à la carte 25/38 – **49 Zim** ⊃ 83/123 – 103/143.
- Drei miteinander verbundene Reetdachhäuser im regionstypischen Stil beherbergen sehr wohnliche Landhauszimmer. Schön : die Lage am Bodden. Viel Holz und ein Kachelofen geben dem Restaurant seinen ländlichen Charakter. Fass 36 : rustikales Kellerlokal.

PREUSSISCH OLDENDORF *Nordrhein-Westfalen* 543 *J 9 – 13 500 Ew – Höhe 72 m – Luftkurort.*

🛈 Touristik, Rathausstr. 3, ✉ 32361, ℘ (05742) 93 11 57, *pr.oldendorf@t-online.de*, Fax (05742) 5680.
Berlin 383 – Düsseldorf 225 – Bielefeld 40 – Bremen 110 – Osnabrück 35.

In Büscherheide *Süd-West : 4 km, über Rathausstraße und Bergstraße :*

Lindenhof, Im Gnetalweg 66, ✉ 32361, ℘ (05742) 42 86, *info@lindenhof-buescherheide.de*, Fax (05742) 920223, 佘, 霯, ‒ 匣 ‒ 劆 ‒ ⇔ 匣. 匝 Zim
Menu *(geschl. Mittwoch)* à la carte 15/25,50 – **11 Zim** ⊃ 36 – 62.
- Ein Haus mit Tradition : seit 1894 gibt es den ländlichen Gasthof. Man wohnt in sauberen und ordentlich gepflegten Zimmern, die mit rustikalen Eichenmöbeln eingerichtet sind. Zur Wahl stehen eine Bierstube mit blanken Holztischen und ein ländliches Restaurant.

PRICHSENSTADT *Bayern* 546 *Q 15 – 3 000 Ew – Höhe 278 m.*

Sehenswert : Hauptstraße ★ mit Fachwerkhäusern.
Berlin 466 – München 254 – Würzburg 42 – Schweinfurt 32 – Nürnberg 82.

Zum goldenen Adler, Karlsplatz 10, ✉ 97357, ℘ (09383) 60 31, *goldeneradler@t-online.de*, Fax (09383) 6032, Biergarten – 匣 ≼ – ⇔ 60. 匝 ⊙ 遐 遐
geschl. Feb., 14. - 25. Aug. – **Menu** *(geschl. Mittwoch, Nov. - März Mittwoch - Donnerstag)* à la carte 16/34 – **5 Zim** ⊃ 31 – 44.
- An einem kleinen Dorfplatz liegt der hübsche, gut geführte Gasthof mit der gelben Fassade. Die hell eingerichteten Zimmer bieten zeitgemäßen Standard. Gemütlich ist das rustikale Restaurant mit den gepolsterten Sitzbänken und Nischen.

Zum Storch, Luitpoldstr. 7, ✉ 97357, ℘ (09383) 65 87, *info@gasthof-storch.de*, Fax (09383) 6717, 佘, (Gasthof a.d.J. 1658) – 匣 匣
geschl. Jan. – **Menu** *(geschl. Dienstag, Nov. - März Montag - Dienstag)* à la carte 13,50/26,50 – **9 Zim** ⊃ 35/40 – 50/55.
- Seit über 300 Jahren gibt es diesen fränkischen Gasthof mit eigenem Weingut. Sie wohnen in mit rustikalen Naturholzmöbeln eingerichteten Zimmern. Gemütliche Gaststuben und ein malerischer Winzerhof bilden den gastronomischen Bereich.

In Prichsenstadt-Neuses am Sand *Nord : 5 km, über B 286 :*

Landhotel Neuses, ✉ 97357, ℘ (09383) 71 55, *info@landhotel-neuses-sand.de*, Fax (09383) 6556, 佘 – 匣 ≼ 匣 – ⇔ 15. 匝 ⊙ 遐 遐 遐
Menu *(geschl. Aug. - Sept. 2 Wochen, Dienstag)* à la carte 14/27 – **9 Zim** ⊃ 39/52 – 57.
- Hinter der Natursteinfassade dieses Gasthofs erwarten Sie freundlich ausgestattete Zimmer mit einfachem, zeitgemäßem Komfort. Mit Appartements. Nett dekoriert zeigen sich die ländlich-rustikalen Gaststuben.

PRIEN AM CHIEMSEE *Bayern* 546 *W 21 – 10 100 Ew – Höhe 531 m – Luftkurort – Kneippkurort.*

Sehenswert : Chiemsee★ (Überfahrt zu Herren- und Fraueninsel) – Schloss Herrenchiemsee★★.
🛈 Prien, Bauernberg 5, ℘ (08051) 6 22 15.
🛈 Kur- und Tourismusbüro, Alte Rathausstr. 11, ✉ 83209, ℘ (08051) 6 90 50, *info@tourismus.prien.de*, Fax (08051) 690540.
Berlin 656 – München 85 – Bad Reichenhall 58 – Salzburg 64 – Wasserburg am Inn 27 – Rosenheim 23.

Golf-Hotel ⌂ garni, Erlenweg 16, ✉ 83209, ℘ (08051) 69 40, *info@reinhart-hotel s.de*, Fax (08051) 694100, Massage, ≘s, ⊠, ⊿, ‒ 劆 ≼ 匣 ≼ 匣 ‒ ⇔ 30. 匝 ⊙ 遐 遐 遐
geschl. Jan. - Ostern, 20. Okt. - Mitte Dez. – **39 Zim** ⊃ 85/100 – 90/125.
- In Seenähe finden Sie das gepflegte Hotel, das wohnliche Zimmer im gehobenen Landhausstil mit soliden Naturholzmöbeln und geschmackvollen Stoffen bietet.

PRIEN AM CHIEMSEE

🏠 **Reinhart** ⚘, Seestr. 117, ✉ 83209, ✆ (08051) 69 40 (Hotel) 40 25 (Rest.), info@reinhart-hotels.de, Fax (08051) 694100, ≤, 🌳, 🐢 – ✶ Zim, TV P. AE ① ⓜ VISA JCB
geschl. 10. Jan. - 30. März, 1. Nov. - 10. Dez. – **Menu** à la carte 19/39 – **23 Zim** ⇆ 85/100 – 90/125 – ½ P 18.
♦ Das am See gelegene Hotel verfügt über unterschiedlich eingerichtete Zimmer von praktisch, mit älterem Mobiliar bis hin zu rustikal-wohnlich im Landhausstil. Gemütliches Restaurant mit Wintergarten und original Tiroler Stube.

🏠 **Neuer am See**, Seestr. 104, ✉ 83209, ✆ (08051) 60 99 60, info@neuer-am-see.de, Fax (08051) 6099644, 🌳 – 📶, ✶ Zim, TV ✆ 🚗 P. ⓜ VISA
geschl. Feb. – **Menu** (geschl. Dienstag) à la carte 15/34 – **31 Zim** ⇆ 46/75 – 79/86 – ½ P 14.
♦ Die ehemalige Pension wurde zu einem modernen, gut ausgestatteten familiengeführten Hotel mit wohnlichen Zimmern im ländlichen Stil erweitert. Restaurant teils als rustikale Gaststube, teils als zeitgemäß gestaltetes Café.

🏠 **Bayerischer Hof**, Bernauer Str. 3, ✉ 83209, ✆ (08051) 60 30, hotel_bayerischer_hof@t-online.de, Fax (08051) 62917, 🌳 – 📶, ✶ Zim, TV ✆ 🚗 P. AE ⓜ VISA JCB 🍴 Rest
geschl. 20. Jan. - 2. Feb. – **Menu** (geschl. Nov., Montag) à la carte 18/33 – **46 Zim** ⇆ 53/80 – 88/94 – ½ P 16.
♦ Der gepflegte Gasthof mit der weiß-gelben Fassade liegt in der Ortsmitte. Solide und gediegen wirken die mit Eichenholzmöbeln bestückten Zimmer und Appartements. Kachelöfen und Holzbalken machen die ländlich-rustikalen Gasträume gemütlich.

✕✕ **Mühlberger**, Bernauer Str. 40, ✉ 83209, ✆ (08051) 96 68 88, info@muehlberger-restaurant.de, Fax (08051) 309274, – P. ⓜ 🍴
geschl. über Fasching 2 Wochen, Okt. 2 Wochen, Dienstag - Mittwochmittag – **Menu** 25 (mittags)/62 à la carte 34,50/50,50, ♀
♦ An edel gedeckten Tischen genießen Sie in dem in geschmackvollem alpenländischem Stil gehaltenen Restaurant eine feine Auswahl der klassischen Küche.
Spez. Lachs mit in Balsamico mariniertem Spinat. Jungbullenfilet mit Zwiebelsauce und breiten Bohnen. Semmelschmarrn mit Portweinkirschen und Rotweineis.

In Prien-Harras Süd-Ost : 4 km in Richtung Yachthafen :

🏨 **Yachthotel Chiemsee** ⚘, Harrasser Str. 49, ✉ 83209, ✆ (08051) 69 60, info@yachthotel.de, Fax (08051) 5171, ≤ Chiemsee und Herrenchiemsee, 🌳, Massage, ≡s, 🕿, ⛴, Yachthafen – 📶, ✶ Zim, TV ✆ 🚗 P. – 🔒 135. AE ① ⓜ VISA JCB
Menu à la carte 27,50/42,50 – **102 Zim** ⇆ 122/142 – 152/172, 5 Suiten – ½ P 25.
♦ Idyllisch liegt das Hotel direkt am See und dem kleinen Yachthafen. Die Zimmer sind solide, gediegen und funktionell eingerichtet. Turm-Suite über 3 Etagen. Sie wählen zwischen dem stilvollen Seerestaurant, der Seeterrasse und dem Zirbelstüberl.

PRITZWALK Brandenburg 542 G 20 – 12 000 Ew – Höhe 85 m.
Berlin 123 – Potsdam 115 – Schwerin 84 – Rostock 120.

🏠 **Waldhotel Forsthaus Hainholz** ⚘, Hainholz 2 (Nord-Ost : 1,5 km über B 103 Richtung Meyenburg), ✉ 16928, ✆ (03395) 30 47 47, info@prignitz-hotels.com, Fax (03395) 302795, 🌳 – TV P. – 🔒 15. ⓜ VISA
geschl. Feb. – **Menu** à la carte 13/21 – **9 Zim** ⇆ 44/49 – 62/67.
♦ Ein schönes Fachwerkhaus in schöner Waldlage mitten im Naturpark Hainholz, das über gut gepflegte und geräumige Gästezimmer verfügt. Besonders im Sommer ist das ländliche Restaurant ein beliebtes Ausflugslokal.

✕ **Alte Mälzerei**, Meyenburger Tor 3, ✉ 16928, ✆ (03395) 31 02 84, Fax (03395) 306093, Biergarten – P. ⓜ
geschl. Montag – **Menu** à la carte 17/28.
♦ Die Brauereigaststätte liegt im alten Malzlager, dem das Kreuzgewölbe a. d. 18. Jh. - teils mit Ziegelstein, teils verputzt - eine urig-rustikale Atmosphäre gibt.

In Falkenhagen Nord : 8,5 km, über B 103 :

🏨 **Falkenhagen**, Rapshagener Str. 2 (Gewerbegebiet), ✉ 16928, ✆ (033986) 8 21 23, info@prignitz-hotels.com, Fax (033986) 82125, 🌳 – ✶ Zim, TV ✆ P. – 🔒 40. AE ① ⓜ VISA
Menu à la carte 14/22 – **45 Zim** ⇆ 44/50 – 62/67.
♦ Eine solide Übernachtungsadresse : Fragen Sie nach den neueren Zimmern, die mit hell eingefärbten Holzmöbeln funktionell und mit zeitgemäßem Komfort eingerichtet sind. Bürgerliches Restaurant.

PRONSTORF Schleswig-Holstein siehe Segeberg, Bad.

PRÜM Rheinland-Pfalz 543 P 3 – 6 000 Ew – Höhe 442 m – Luftkurort.

Burbach, Lietzenhof (Süd : 18 km Richtung Neustraßburg), ℰ (06553) 20 07.

฿ Tourist-Information Prümer Land, Hahnplatz 1, ✉ 54595, ℰ (06551) 5 05, ti-pruem @t-online.de, Fax (06551) 7640.

Berlin 674 – Mainz 196 – Trier 57 – Köln 104 – Liège 104.

Landhotel am Wenzelbach, Kreuzweg 30, ✉ 54595, ℰ (06551) 9 53 80, landhotel@wenzelbach.de, Fax (06551) 953839, 😊 – ✳ Zim, 📺 🐾 🅿 ᴀᴇ ⓞ ⓜ VISA. ✳ Rest
geschl. Ende Okt. - Mitte Nov. – **Menu** (geschl. Donnerstag - Freitagmittag) à la carte 18/31 – **17 Zim** ⊆ 53 – 80 – ½ P 14.
• Am Ortsrand findet man diesen schiefergedeckten Eifeler Gasthof mit unterschiedlich eingerichteten Zimmern (teils rustikal, teils im Bauernstil, teils modern). Restaurant im Landhausstil - ergänzt durch eine nostalgische Gaststube.

Tannenhof, Am Kurpark 2, ✉ 54595, ℰ (06551) 1 47 70, tannenhof.pruem@t-onli ne.de, Fax (06551) 854, 😊, 🈷, ⬛, 🐾 – 📺 🅿 ⓞ ⓜ VISA
Menu (geschl. Sonntagabend - Montagmittag) à la carte 14/32 – **24 Zim** ⊆ 39/45 – 57/62 – ½ P 13.
• Die Zimmer dieses Gasthofs, der etwas oberhalb des Ortes am Waldrand liegt, sind gut unterhalten und überzeugen mit einer zeitgemäßen Einrichtung. Das Restaurant teilt sich in einen ländlichen Raum mit Theke und einen soliden Speisesaal.

Haus am Kurpark garni, Teichstr. 27, ✉ 54595, ℰ (06551) 9 50 20, info@haus-a m-kurpark-pruem.de, Fax (06551) 6097, 🈷, ⬛, 🐾 – 📺 🚗, ᴀᴇ ⓜ VISA, ✳
12 Zim ⊆ 38/45 – 58/63.
• In der Nähe des Kurzentrums befindet sich dieses einfache, familiengeführte Haus, das mit Sauberkeit und Pflege überzeugt - praktische Zimmer.

In Prüm-Held Süd : 1,5 km, an der B 51 :

Zur Held, Rommersheimer Held 3, ✉ 54595, ℰ (06551) 9 81 00, hotel-zur-held@t-o nline.de, Fax (06551) 7427, 😊, 🈷, 🐾 – 📺 🅿 ⓜ VISA
geschl. Anfang Aug. 2 Wochen, Ende Okt. 1 Woche – **Menu** (geschl. Sonntagabend - Montag) à la carte 21/31,50 – **9 Zim** ⊆ 47 – 75.
• Ein gepflegtes, gut geführtes Haus, das etwas außerhalb des Ortes liegt. Man wohnt in geräumigen Zimmern, die mit soliden, hellen Holzmöbeln und Sitzecken ausgestattet sind. Ländliche Gaststuben - Obstler aus hauseigener Brennerei.

An der B 410 Ost : 5 km :

Schoos, Baselt 7, ✉ 54597 Fleringen, ℰ (06558) 9 25 40, hotel-schoos@die-eifel.de, Fax (06558) 925455, 😊, Damwildgehege, 🈷, ⬛, 🐾 – 🛗 📺 🅿 – 🚗 40. ᴀᴇ ⓞ ⓜ VISA. ✳ Zim
Menu (geschl. Montagmittag) à la carte 14/32 – **32 Zim** ⊆ 54/67 – 94.
• Die meisten Zimmer des gut geführten Hotels sind mit hellem Kiefernholzmobiliar eingerichtet. Die kleinen Gäste freuen sich über den Garten mit Spielplatz und das Tiergehege. Hübsch dekorierte und solide bestuhlte Gaststätte.

PÜTTLINGEN Saarland 543 S 4 – 20 800 Ew – Höhe 310 m.
Berlin 727 – Saarbrücken 19 – Saarlouis 17.

Stadt Püttlingen (mit Gästehaus), Am Burgplatz 18, ✉ 66346, ℰ (06898) 69 06 00, reservierung@hotelstadtpuettlingen.de, Fax (06898) 6906050, 😊 – ✳ Zim, 📺 🅿 – 🚗 250. ᴀᴇ ⓜ VISA
Menu à la carte 16/26 – **38 Zim** ⊆ 62 – 89.
• Zentral - direkt an die Stadthalle grenzend - liegt dieses neuzeitliche Haus. Die Zimmer hat man recht modern und funktionell gestaltet - im Gästehaus etwas einfacher. Derb-rustikal zeigt sich das Brauhaus - mit einem Kupferkessel als Blickfang.

Zum Schwan, Derler Str. 34, ✉ 66346, ℰ (06898) 6 19 74, koschine@gasthaus-zu mschwan.de, Fax (06898) 61974 – ᴀᴇ ⓞ ⓜ VISA
geschl. Dienstag – **Menu** (wochentags nur Abendessen) à la carte 40/58 – **Bistro** (auch Mittagessen) **Menu** à la carte 23/30.
• Großzügige Eleganz prägt das mit Bildern dekorierte Restaurant, in dem Sie an aufwändig gedeckten Tischen Platz nehmen. Der Chef bereitet Gerichte der klassischen Küche. Die ehemalige Gaststube hat man im Bistrostil eingerichtet.

Ihre Meinung über die von uns empfohlenen Restaurants,
deren Spezialitäten sowie die angebotenen regionalen Weine,
interessiert uns sehr.

PULHEIM Nordrhein-Westfalen 543 M 4 – 49 000 Ew – Höhe 45 m.
🏌 Pulheim, Velderhof (Nord : 9 km über Stommeln), ✆ (02238) 92 39 40 ; 🏌 Pulheim, Gut Lärchenhof (Nord : 7 km über Stommeln), ✆ (02238) 92 39 00.
Berlin 573 – *Düsseldorf* 37 – *Aachen* 72 – Köln 13 – Mönchengladbach 43.

🏨 **Ascari**, Jakobstraße, ✉ 50259, ✆ (02238) 80 40, *cologne@hotel-ascari.de*, Fax (02238) 804140, 🍴 – |📶| 🍽 Zim, 📺 📞 ♿ ⬛ – 🔒 60. 🅰 ⓞ ⓜⓞ 𝗩𝗜𝗦𝗔 JCB
Menu (geschl. Samstagmittag) à la carte 21,50/37 – **73 Zim** ⚏ 104/112 – 129/149.
• Das vor den Toren Kölns gelegene Hotel mit seinen modern, komfortabel und technisch gut ausgestatteten Zimmern vor allem auf den Business-Gast zugeschnitten. Zeitloselegantes Restaurant und Bierstube mit Theke und blanken Holztischen.

In Pulheim-Brauweiler Süd : 5 km, über Geyen und Sinthern :

🏨 **Abtei-Park-Hotel** garni, Bernhardstr. 50, ✉ 50259, ✆ (02234) 8 10 58, *parkhotel@brauweiler.net*, Fax (02234) 89232 – |📶| 🍽 📺. 🅰 ⓞ ⓜⓞ 𝗩𝗜𝗦𝗔. 🍴
43 Zim ⚏ 67/79 – 86/113.
• Das Etagenhotel ist in ein Einkaufszentrum integriert und verfügt über solide ausgestattete Zimmer mit dunklem, etwas älterem Holzmobiliar.

In Pulheim-Dansweiler Süd-West : 6 km über Brauweiler :

🍽🍽 **Landhaus Ville**, Friedenstr. 10, ✉ 50259, ✆ (02234) 8 33 45, Fax (02234) 208853,
geschl. Montag - Dienstag, Samstagmittag – **Menu** (Tischbestellung ratsam) 30 (mittags)/65 à la carte 52/62, ♀.
• In dem Restaurant mit der klassisch-eleganten Einrichtung schmücken Bilder die unverputzten Backsteinwände. Man präsentiert Ihnen Speisen der klassisch französischen Küche.

🍽🍽 **Il Paradiso**, Zehnthofstr. 26, ✉ 50259, ✆ (02234) 8 46 13, Fax (02234) 802848, 🍴
geschl. über Karneval, Aug. 2 Wochen, Montag, Samstagmittag – **Menu** à la carte 30/41.
• Ein sympathisches Restaurant mit sauber eingedeckten Tischen und einer kleinen Bilderausstellung - das italienische Speisenangebot ist auf einer großen Tafel angeschrieben.

Am Golfplatz Nord : 7 km, Richtung Stommeler Busch :

🍽🍽 **Gut Lärchenhof**, Hahnenstraße (im Golf-Club), ✉ 50259 Pulheim, ✆ (02238) 92 31 00,
🍴 Fax (02238) 9231030, 🍴 – 🍴 – 🔒 45. 🅰 ⓞ ⓜⓞ 𝗩𝗜𝗦𝗔. 🍴
geschl. über Karneval – **Menu** 60/89 à la carte 52/64, ♀ 🍴.
• Hohe Räume, bequeme Polsterstühle und der Blick auf den Golfkurs prägen das stilvolle Ambiente des Restaurants, in dem man eine klassische Küche mit modernen Akzenten bietet.
Spez. Lauwarmes Carpaccio vom Kalbskopf mit Tomatenvinaigrette. Bisonfilet unter der Kräuterkruste mit Parmesan-Gnocchi. Marmoriertes Schokoladensoufflé mit Tonkabohneneis.

PULLACH Bayern 546 V 18 – 8 200 Ew – Höhe 582 m.
Berlin 598 – *München* 12 – Augsburg 72 – Garmisch-Partenkirchen 77.

🏨 **Seitner Hof** garni, Habenschadenstr. 4, ✉ 82049, ✆ (089) 74 43 20, *info@seitnerhof.de*, Fax (089) 74432100, 🍴 – |📶| 🍽 📺 📞 ♿ ⬛ 📶. – 🔒 20. 🅰 ⓞ ⓜⓞ 𝗩𝗜𝗦𝗔
geschl. 24. Dez. - 7. Jan. – **38 Zim** ⚏ 95/120 – 125/150.
• Sehr wohnlich und geschmackvoll mit hellen Landhausmöbeln und farblich harmonierenden alten Stoffen sind die Zimmer in dem ehemaligen Bauernhof gestaltet.

🍽🍽 **Hofer's Restaurant**, Habenschadenstr. 4a, ✉ 82049, ✆ (089) 79 36 06 44, *hubert.hofer@web.de*, Fax (089) 79360645 📶. 🅰 ⓜⓞ 𝗩𝗜𝗦𝗔
geschl. 24. Dez. - 7. Jan., 18. - 28. April, Sonn- und Feiertage – **Menu** (nur Abendessen) (Tischbestellung ratsam) à la carte 27/41.
• Das Restaurant befindet sich in einem kleinen, alpenländischen Chalet und ist sehr gemütlich mit hellem Holz vertäfelt und hübsch dekoriert. Man kocht im französischen Stil.

PULSNITZ Sachsen 544 M 26 – 6 800 Ew – Höhe 230 m.
🛈 Pulsnitz-Information, Haus des Gastes, Am Markt 3, ✉ 01896, ✆ (035955) 4 42 46, Fax (035955) 44246.
Berlin 186 – *Dresden* 35 – Bautzen 33 – Cottbus 82.

In Pulsnitz-Friedersdorf Nord-West : 2 km Richtung Königsbrück :

🏨 **Waldblick**, Königsbrücker Str. 119, ✉ 01896, ✆ (035955) 74 50, *mail@waldblick-pulsnitz.de*, Fax (035955) 44770, 🍴, 🍴 – 📺 📞 📶. – 🔒 30. ⓜⓞ 𝗩𝗜𝗦𝗔
geschl. 2. - 11. Jan. – **Menu** (Montag - Freitag nur Abendessen) à la carte 12/20 – **26 Zim** ⚏ 41/45 – 67.
• Praktische und gepflegte Zimmer, die mit dunklen Eichenholzmöbeln solide eingerichtet sind, bietet man den Gästen in dem familiengeführten Gasthof. Ein Wintergartenanbau ergänzt das mit bequemen Sitzbänken ausgestattete Restaurant.

PUTBUS Mecklenburg-Vorpommern siehe Rügen (Insel).

PYRMONT, BAD Niedersachsen 541 K 11 – 23 000 Ew – Höhe 114 m – Heilbad.
Sehenswert : Kurpark★.
🏌 Lügde, Auf dem Winzenberg (Süd : 4 km) ℘ (05281) 93 20 90 ; 🏌 🏌 Aerzen, Schloss Schwöbber (Nord : 16 km), ℘ (05154) 98 70.
🛈 Touristinformation, Europa-Platz 1, ✉ 31812, ℘ (05281) 94 05 11, info@badpyrmont.de, Fax (05281) 940555.
Berlin 351 – *Hannover 69* – Bielefeld 58 – Hildesheim 70 – Paderborn 54.

Steigenberger ⑊, Heiligenangerstr. 2, ✉ 31812, ℘ (05281) 15 02, bad-pyrmont@steigenberger.de, Fax (05281) 152020, 🍴, ⓥ, Massage, ♣, 🛌, ≋s, 🔲, 🚗 – 🛗 ⌇
TV 📞 ♿ 🚗 – 🚖 90. AE ⓘ ⓜ VISA JCB. ⌇ Rest
Menu à la carte 28,50/36 – **151 Zim** ⌑ 131/166 – 214/234, 3 Suiten – ½ P 15.
• Der Jugendstilbau überzeugt mit einem komfortablen Innenleben, einem guten Freizeitbereich und seiner zentralen, ruhigen Lage am Kurpark. Sehenswert : der Fürstensaal. Halbrund angelegtes Restaurant mit lichtdurchflutetem Atrium und Wintergartenatmosphäre.

Landhaus Stukenbrock ⑊, Erdfällenstraße (Nord : 1 km über Bahnhofstr.), ✉ 31812, ℘ (05281) 9 34 40, info@landhaus-stukenbrock.de, Fax (05281) 934434, ≤, 🍴, ≋s – ⌇ Zim, TV 📞 ♿ AE ⓜ VISA
geschl. Mitte Nov. - Mitte Dez. – **Menu** (geschl. Montagmittag, Dienstag - Mittwochmittag) à la carte 22/37 – **11 Zim** ⌑ 64/96 – 102/165 – ½ P 28.
• Ein ruhig oberhalb der Stadt gelegenes, gepflegtes Fachwerkhotel im Landhausstil mit gemütlichen und wohnlichen Zimmern mit zeitgemäßem Komfort. Die Panoramaterrasse mit Blick auf Bad Pyrmont ergänzt das hübsch gestaltete Restaurant.

Bergkurpark ⑊, Ockelstr. 11, ✉ 31812, ℘ (05281) 40 01, info@bergkurpark.de, Fax (05281) 4004, 🍴, Massage, ♣, ≋s, 🔲, 🚗 – 🛗 TV 📭. AE ⓜ VISA
Menu à la carte 23/37 – **49 Zim** ⌑ 65/99 – 96/170 – ½ P 15.
• Ein Hotel mit leicht nostalgischem Charme : Ein gediegenes Haus im Grünen mit solide eingerichteten Zimmern in verschiedenen Kategorien. Das Restaurant ist zum Wald hin gelegen und klassisch in der Aufmachung. Schöne Terrasse.

Kaiserhof garni, Kirchstr. 1, ✉ 31812, ℘ (05281) 9 56 20, info@kaiserhofpyrmont.de, Fax (05281) 956262 – 🛗 ⌇ – 🚖 20. ⓜ VISA ⌇
April - Okt. – **47 Zim** ⌑ 55/95 – 85/120.
• Das schöne Art déco-Hotelgebäude wurde liebevoll und stilgerecht renoviert : Geschmackvoll gestaltete Zimmer und ein freundlicher Frühstücksraum mit Korbsesseln erwarten Sie.

Zur Krone garni, Brunnenstr. 41, ✉ 31812, ℘ (05281) 60 62 00, krone-pyrmont@t-online.de, Fax (05281) 3747 – ⌇ TV 📭. ⓜ VISA
16 Zim ⌑ 36/56 – 66/82.
• Schon Goethe soll hier logiert haben : ein kleines Hotel mit privater und wohnlicher Atmosphäre in der Fußgängerzone. Solide, mit hellen Kiefernmöbeln eingerichtete Zimmer.

Alte Villa Schlossblick mit Zim, Kirchstr. 23, ✉ 31812, ℘ (05281) 9 56 60, alte-villa-schlossblick@t-online.de, Fax (05281) 9566113, 🍴, 🚗 – TV 📭. AE ⓜ VISA
geschl. 5. Jan. - 9. Feb. – **Menu** (geschl. Montag) à la carte 17/37 – **15 Zim** ⌑ 38/50 – 76/82 – ½ P 12.
• Eine 1894 erbaute Villa beherbergt dieses hell und modern wirkende Restaurant mit schönem Parkettboden und hübsch gedeckten Tischen. Meist mit Stilmobiliar bestückte Zimmer.

QUAKENBRÜCK Niedersachsen 541 H 7 – 12 000 Ew – Höhe 40 m.
🛈 Tourismus-Information, Lange Str. 44, ✉ 49610, ℘ (05431) 18 25 05, tourismus-information@artland.de, Fax (05431) 182506.
Berlin 430 – Hannover 144 – Nordhorn 84 – Bremen 90 – Osnabrück 50.

Niedersachsen, St. Antoniort 2, ✉ 49610, ℘ (05431) 9 47 70, hotelniedersachsen@hasetal.de, Fax (05431) 947720 – TV 🚗 📭. AE ⓘ ⓜ VISA
Menu (geschl. Samstag - Sonntag) (nur Abendessen) (Restaurant nur für Hausgäste) – **15 Zim** ⌑ 52/58 – 79/87.
• Ihre Gastgeber halten teils mit älteren Möbeln, teils in hellem Naturholz eingerichtete Zimmer für Sie bereit, deren Platzangebot unterschiedlich, aber immer ausreichend ist.

QUEDLINBURG Sachsen-Anhalt 542 K 17 – 23 900 Ew – Höhe 122 m.
  Sehenswert : Markt★ – Altstadt★ (Fachwerkhäuser) – Schlossberg★ – Stiftskirche St.Servatius★★ (Kapitelle★, Krypta★★ mit Fresken★, Domschatz★★) – Schlossmuseum★.
  Ausflugsziele : Gernrode : Stiftskirche St. Cyriak★ (Skulptur "Heiliges Grab"★) Süd : 7 km – Bodetal★★ (Roßtrappe★★, ≤★★★) Süd-West : 9 km.
  🛈 Information, Markt 2, ✉ 06484, ✆ (03946) 90 56 24, q.t.m@t-online.de, Fax (03946) 905629.
  Berlin 208 – Magdeburg 56 – Erfurt 133 – Halle 76.

  Romantik Hotel Am Brühl, Billungstr. 11, ✉ 06484, ✆ (03946) 9 61 80, hotelambruehl@t-online.de, Fax (03946) 9618246, 🌳, ≦s – 🛗, ⚘ Zim, TV 🅿 – 🔔 50. AE ⓞ ◉◉ VISA ✀
  Menu (nur Abendessen) à la carte 25/32 – **47 Zim** ⇌ 80/85 – 100/135.
  ♦ Nach liebevoller Restauration blieben die Fassaden des Gutshofs erhalten. Die Zimmer sind individuell in einem schönen toskanischen Landhausstil, meist in Pastell, gestaltet. Terrakottaboden und Landhaus-Accessoires verbreiten südliche Stimmung im Restaurant.

  Romantik Hotel Theophano, Markt 14, ✉ 06484, ✆ (03946) 9 63 00, theophano@t-online.de, Fax (03946) 963036 – ⚘ Zim, TV 🅿 AE ⓞ ◉◉ VISA JCB ✀ Rest
  Weinkeller (geschl. 7. - 31. Jan., Sonntag, Nov.- März Sonntag - Montag) (nur Abendessen)
  Menu à la carte 23/32, ⚘ – **22 Zim** ⇌ 62/93 – 98/120.
  ♦ Besonders hübsch ist in diesem Haus der Zimmerbereich : Alle sind liebevoll in Pastell und mit schönen Dekostoffen eingerichtet, viele mit Baldachin-Betten und netten Details. In den Gewölben des Fachwerkhauses ist das Weinkeller-Restaurant untergebracht.

  Schlossmühle, Kaiser-Otto-Str. 28, ✉ 06484, ✆ (03946) 78 70, qlbsm@t-online.de, Fax (03946) 787419, 🌳, ≦s – 🛗, ⚘ Zim, TV ✆ ⚘ 🅿 – 🔔 70. AE ⓞ ◉◉ VISA
  Menu (nur Abendessen) à la carte 18,50/25,50 – **70 Zim** ⇌ 65/80 – 88/98.
  ♦ Die einstige Propsteimühle am Fuß des Schlossbergs besteht aus einem historischen Teil und einem neuen Anbau. Einige der Zimmer haben Fachwerk- und Bruchsteinwände. Das Restaurant ist im Halbrund gebaut und mit einer versenkbaren Fensterfront versehen.

  Zum Bär, Markt 8, ✉ 06484, ✆ (03946) 77 70, info@hotelzumbaer.de, Fax (03946) 700268, 🌳 – ⚘ Zim, TV 🅿 – 🔔 40
  Menu (geschl. Jan.) à la carte 16/28,50 – **50 Zim** ⇌ 65/75 – 90/115.
  ♦ Im Zentrum des historischen Altstadt liegt dieses 250 Jahre alte Haus, dem mit modernem Wohnkomfort, schönen Möbeln und hübschen Stoffen neues Leben eingehaucht wurde. Im Restaurant speiste bereits Johann Wolfgang von Goethe !

QUERFURT Sachsen-Anhalt 542 L 18 – 10 100 Ew – Höhe 177 m.
  🛈 Stadtinformation, Markt 14, ✉ 06268, ✆ (034771) 2 37 99, Fax (034771) 23798.
  Berlin 205 – Magdeburg 103 – Leipzig 60 – Merseburg 33 – Halle (Saale) 35 – Naumburg 33.

  Querfurter Hof, Merseburger Str. 5, ✉ 06268, ✆ (034771) 52 40, info@querfurterhof.de, Fax (034771) 524199, ≦s – 🛗, ⚘ Zim, TV ✆ 🅿 – 🔔 35. AE ⓞ ◉◉ VISA JCB
  Menu à la carte 23/29 – **25 Zim** ⇌ 55 – 75/85.
  ♦ Ein 1998 neu erbautes Hotel im Herzen der Altstadt. Angenehme Farbkompositionen und Materialien wie Ahorn, Rosenholz und Edelstahl finden sich im ganzen Haus. Blaue Polsterstühle und helle Wandfarben beherrschen den Stil im Hotelrestaurant.

  Zur Sonne, Freimarkt 4, ✉ 06268, ✆ (034771) 2 31 56, hotelzursonne@aol.com, Fax (034771) 44332, Biergarten – TV ⇌. AE ◉◉
  Menu (geschl. Sonntagabend - Montagmittag) à la carte 13/26 – **18 Zim** ⇌ 40/50 – 60/65.
  ♦ Das schmucke, gelb gestrichene Haus stammt aus dem 17. Jh. und wurde 1998 behutsam restauriert. Ihr besonderes Flair erhalten die Zimmer durch freigelegte Natursteinwände. Das Restaurant überrascht mit Deckengewölbe und offenem Mauerwerk.

QUERN Schleswig-Holstein 541 B 13 – 1 350 Ew – Höhe 47 m.
  Berlin 442 – Kiel 80 – Flensburg 25 – Schleswig 48.

In Quern-Nübelfeld Nord : 3,5 km über Scheersberg :

  Landhaus Schütt mit Zim, Nübelfeld 34 (nahe der B 199), ✉ 24972, ✆ (04632) 8 43 18, info@landhaus-schuett.de, Fax (04632) 843131, 🌳 – TV 🅿. AE ⓞ ◉◉ VISA
  geschl. Jan. – **Menu** (geschl. Montag - Dienstagmittag) à la carte 26,50/42 – **8 Zim** ⇌ 30/33 – 66.
  ♦ Hinter der unauffälligen Fassade verbirgt sich ein elegant ausgestattetes Restaurant. An schön gedeckten Tischen serviert man Ihnen eine moderne internationale Küche.

QUICKBORN Schleswig-Holstein 541 E 13 – 18 500 Ew – Höhe 25 m.
  Quickborn-Renzel, Pinneberger Str. 81 (Süd-West : 3 km), ℘ (04106) 8 18 00 ; Tangstedt, Gut Wulfsmühle (Süd-West : 8 km), ℘ (04101) 58 67 77.
  Berlin 309 – Kiel 76 – Hamburg 33 – Itzehoe 45.

Romantik Hotel Jagdhaus Waldfrieden, Kieler Straße (B 4, Nord : 3 km), 25451, ℘ (04106) 6 10 20, waldfrieden@romantikhotels.com, Fax (04106) 69196,
  Menu (geschl. Montagmittag) 20 (mittags) à la carte 33,50/44 – **26 Zim** 77/95 – 137/155.
  • Die ehemalige Privatvilla eines angesehenen Reeders hat sich ihren ursprünglichen Charme bewahrt. Vom Empfang bis in die Zimmer erwartet Sie stilvolle Wohnkultur. Edelrustikales Kaminrestaurant und verglaste Veranda mit herrlichem Blick in den Park.

Sport-Hotel Quickborn, Harksheider Weg 258, 25451, ℘ (04106) 6 36 70, Fax (04106) 67195, 30. geschl. 27. - 30. Dez. – **Menu** à la carte 26,50/39 – **27 Zim** 69/82 – 92/97.
  • Praktisch, tadellos gepflegt und mit zeitlosen Kirschholzmöbeln ausgestattet zeigen sich die Zimmer dieses Hauses. Schöne, zur Seeseite gelegene Tagungsräume. Modern eingerichtetes Restaurant.

RABEN STEINFELD Mecklenburg-Vorpommern siehe Schwerin.

RABENAU Sachsen siehe Freital.

RADEBEUL Sachsen 544 M 24 – 33 000 Ew – Höhe 106 m.
  Siehe auch Umgebungsplan Dresden.
   Tourist-Information, Pestalozzistr. 6a, 01445, ℘ (0351) 8 31 19 05, Fax (0351) 8311902.
  Berlin 190 – Dresden 7 – Chemnitz 70 – Leipzig 110.

Steigenberger Parkhotel , Nizzastr. 55, 01445, ℘ (0351) 8 32 10, dresden@steigenberger.de, Fax (0351) 8321445, , Massage, 220.
  Menu à la carte 27,50/40 – 15 – **200 Zim** 125/145 – 145/165, 11 Suiten.   U v
  • Wohnlich, elegant und praktisch funktionell in ihrer Gestaltung sind die Zimmer dieser großzügigen Hotelanlage. Für Langzeitgäste gibt es den Villenpark. Schöne Badelandschaft. Moderne Kunst und eine klassisch-zeitgemäße Einrichtung prägen das Restaurant.

Landhotel Lindenau, Moritzburger Str. 91, 01445, ℘ (0351) 83 92 30, info@landhotel-lindenau.de, Fax (0351) 8392391, Biergarten – 35. über ⑧ Meißner Straße
  Menu (nur Abendessen) à la carte 22/31 – **27 Zim** 55/80 – 80/90.
  • Das Traditionshaus aus dem 19. Jahrhundert wurde nach aufwändiger Sanierung zum Landhotel mit stilvoll-klassisch möblierten Zimmern, in denen warme Farbtöne dominieren. Im historischen Teil des Landhotels liegt das mit dunklem Eichenholz getäfelte Restaurant.

Goldener Anker, Altkötzschenbroda 61, 01445, ℘ (0351) 8 39 90 10, Fax (0351) 8399067, , Biergarten – Zim, 90.
  Menu à la carte 17/28 – **60 Zim** 60/75 – 80/95. über ⑧ und Bahnhofstr.
  • Dem komplett sanierten Gasthaus schließt sich ein Hotelneubau in Atriumbauweise an. Eine Kombination von antiken und modernen Elementen gibt den Zimmern eine besondere Note. Restaurant im Bistrostil mit Innenhofterrasse und sehenswertem historischem Ballsaal.

Sorgenfrei , Augustusweg 48, 01445, ℘ (0351) 8 93 33 30, mail@hotel-sorgenfrei.de, Fax (0351) 8304522 –
  Menu (Montag - Freitag nur Abendessen) à la carte 35/44 – **14 Zim** 80/95 – 130/145.   U h
  • Mitten in einem der schönsten Weingüter der Lössnitz : Herrenhaus von 1789 mit eleganten Zimmern. Kostbare Wandmalereien, Sandsteinböden und Holzdielen schmücken das Anwesen. Im Festsaal mit Stuckdecke und Kristalllüstern speist man in festlichem Ambiente.

RADEBURG Sachsen 544 M 25 – 5 000 Ew – Höhe 121 m.
  Berlin 173 – Dresden 22 – Meißen 18.

In Radeburg-Berbisdorf Süd : 3 km Richtung Moritzburg :

Landgasthof Berbisdorf, Hauptstr. 38, 01471, ℘ (035208) 20 27, wetzig.landgasthof.berbisdorf@t-online.de, Fax (035208) 2866, 60.
  à la carte 13,50/26 – **12 Zim** 49/57 – 72/92.
  • Von außen wirkt dieser Gasthof etwas unscheinbar, er überrascht jedoch mit geräumigen, mit hellem Naturholz eingerichteten und technisch komplett ausgestatteten Zimmern. Ländlich-schlichtes Restaurant und hübsche Weinstube.

RADEVORMWALD
Nordrhein-Westfalen 543 M 6 – 23 800 Ew – Höhe 367 m.
Berlin 540 – Düsseldorf 64 – Hagen 27 – Lüdenscheid 22 – Remscheid 13.

Park-Hotel garni, Telegrafenstr. 18, ⊠ 42477, ℘ (02195) 4 00 52, Fax (02195) 40054 – TV P ⊙ ⓂⓄ VISA. ※
geschl. Ende Dez. 2 Wochen – **14 Zim** ⊑ 62/67 – 90.
♦ Eine nette und sehr gut geführte Adresse. Die Gästezimmer sind einheitlich mit solidem, hellgrauem Mobiliar ausgerüstet und bieten zeitgemäßen Standardkomfort.

Außerhalb Nord-Ost : 3 km an B 483, Richtung Schwelm :

Zur Hufschmiede (mit Gästehaus), Neuenhof 1, ⊠ 42477 Radevormwald, ℘ (02195) 82 38, zurhufschmiede@t-online.de, Fax (02195) 8742, 佘, 彡s, 枡 – ⇆ Zim, TV ℡ ⇔ P. ※ Zim
geschl. Aug. 3 Wochen, 20. - 30. Dez. – **Menu** (geschl. Donnerstag - Samstagmittag) à la carte 20/36,50 – **20 Zim** ⊑ 67/75 – 85/113.
♦ Alle Zimmer befinden sich im Gästehaus, das an einer Seitenstraße zum Wald liegt. Sie sind nett und praktisch eingerichtet und bieten einen Blick ins Grüne. Rustikal gestaltete Gaststuben.

RADOLFZELL
Baden-Württemberg 545 W 10 – 28 500 Ew – Höhe 400 m – Kneippkurort.
ᚦ Steißlingen-Wiechs, Brunnenstr. 4 (Nord-West : 8 km), ℘ (07738) 71 96.
ᴮ Tourist-Information, Bahnhofplatz 2, ⊠ 78315, ℘ (07732) 8 15 00, touristinfo@radolfzell.de, Fax (07732) 81510.
Berlin 747 – Stuttgart 163 – Konstanz 23 – Singen (Hohentwiel) 11 – Zürich 91.

Am Stadtgarten garni, Höllturmpassage 2, ⊠ 78315, ℘ (07732) 9 24 60, Fax (07732) 924646 – ▯ ⇆ TV AE ⊙ ⓂⓄ VISA
geschl. 2. - 7. Jan. – **31 Zim** ⊑ 72/80 – 110/125.
♦ Nur fünf Minuten vom See entfernt, finden Sie hier einen idealen Ausgangsort für Ihre Aktivitäten. Sie schlafen in modernen, mit kräftigen Farben hübsch gestalteten Räumen.

Zur Schmiede garni, Friedrich-Werber-Str. 22, ⊠ 78315, ℘ (07732) 9 91 40, info@zur-schmiede@.com, Fax (07732) 991450 – ▯, ⇆ Zim, TV ⇔ P. AE ⊙ ⓂⓄ VISA JCB. ※
geschl. 23. Dez. - 5. Jan. – **28 Zim** ⊑ 64/72 – 79/89.
♦ Helle, freundliche Zimmer mit Balkon stehen zum Einzug bereit. Fragen Sie nach den Eckzimmern, die besonders geräumig ausgefallen sind. Frühstück im schönen Wintergarten !

Auf der Halbinsel Mettnau :

Art Villa am See ⑤ garni, Rebsteig 2/2, ⊠ 78315, ℘ (07732) 9 44 40, koegel@artvilla.de, Fax (07732) 944410, ≤, 彡s, 枡 – ▯ ⇆ TV ℡ ⇔. ⓂⓄ VISA
geschl. Jan. – **10 Zim** ⊑ 105/170 – 130/195.
♦ Gehen Sie auf die Reise ! Die Zimmer sind nach Städten benannt und entsprechend dem dortigen Stil eingerichtet. Also auf nach Tokio, Siena, Avignon ! Ständige Bilderausstellung.

Iris am See ⑤ garni, Rebsteig 2, ⊠ 78315, ℘ (07732) 9 47 00, info@iris-am-see.de, Fax (07732) 947030 – TV P. ⓂⓄ VISA
geschl. 15. Dez. - Jan. – **17 Zim** ⊑ 52/70 – 90.
♦ Das hübsche Haus liegt direkt am Mettnau-Park. In den Zimmern findet man teils helles Naturholz, teils Eiche rustikal. Fragen Sie nach einem Balkonzimmer mit Seeblick !

Mettnau-Stube, Strandbadstr. 23, ⊠ 78315, ℘ (07732) 1 36 44, info@mettnaustube.de, Fax (07732) 14205, 佘 – P. ⓂⓄ VISA
geschl. 15. Okt. - 7. Nov., Montag - Dienstagmittag – **Menu** à la carte 23,50/32.
♦ Neo-rustikale Einrichtung und nette Dekoration charakterisieren dieses Restaurant. Die Küchenchefin hat sich auf die Zubereitung von Fisch aus dem nahen See spezialisiert.

In Radolfzell-Böhringen Nord-West : 3,5 km, über Haselbrunnstr. und Böhringer Str. :

Gut Rickelshausen garni, Nahe der Straße nach Singen, ⊠ 78315, ℘ (07732) 98 17 30, info@gut-rickelshausen.de, Fax (07732) 9817327, ※ – TV P. ⓂⓄ VISA
geschl. Feb. – **11 Zim** ⊑ 59 – 99.
♦ Der ehemalige Gutshof im schönen Park wurde umgebaut und modernisiert. Die Zimmer sind funktionell und mit Parkett, hellen Hölzern und kräftigen Farben wohnlich gestaltet.

In Radolfzell-Möggingen Nord-Ost : 3 Km :

Gasthaus zu Möggingen mit Zim, Liggeringer Str. 7, ⊠ 78315, ℘ (07732) 1 38 37, galerie.vayhinger@t-online.de, Fax (07732) 12570, 佘 – P. ⓂⓄ.
Menu (geschl. Dienstag) (wochentags nur Abendessen) à la carte 22/32 – **5 Zim** ⊑ 65/75.
♦ Eine originale Adresse, denn wo sonst kann man sich in einem Gasthof a. d. 18. Jh. beim Essen dem Genuss von wechselnden Ausstellungen zeitgenössischer Kunst hingeben ?

RADOLFZELL

In Radolfzell-Güttingen Nord : 4,5 km, über Schützenstr. und B 34 :

Adler-Gästehaus Sonnhalde ⑤, Schloßbergstr. 1, ⊠ 78315, ℘ (07732) 1 50 20, Fax (07732) 150250, ≤, 佘, 畲, 屄, ℀ − 劇 ⊡ ⊡ ℀ Zim geschl. Jan. − **Menu** (geschl. Dienstag) à la carte 13,50/33 − **29 Zim** ⊇ 35/50 − 75/85 − ½ P 12.
 • Wenn Sie ein rustikales Ambiente bevorzugen, sind Sie hier richtig. Sie wählen zwischen einer Zimmereinrichtung in hellem Naturholz oder mit bemalten Bauernmöbeln. Dunkles Holz dominiert in der schlichten, ländlichen Gaststube.

In Moos Süd-West : 4 km, über Haselbrunnstraße und Zeppelinstraße :

Gottfried, Böhringer Str. 1, ⊠ 78345, ℘ (07732) 9 24 20, hotel.gottfried@t-online.de, Fax (07732) 52502, 佘, 畲, ℠, 屄 − ⇆ Zim, ⊡ ℘ ⇔ ℗ ⒶⒺ ⓄⓄ ⓋⒾⓈⒶ
Menu (geschl. Okt. 2.- 26. Jan., Donnerstag - Freitagmittag) 23/55 à la carte 27,50/42,50, ♀ − **18 Zim** ⊇ 64/75 − 98/130 − ½ P 20.
 • Individuell gestaltete Zimmer, wie das Gartenzimmer mit bepflanzter Dachterrasse oder das Golfer-Zimmer, stehen für Besucher zum Einzug bereit. Hell und klassisch gibt sich das Restaurant mit der schmackhaften regionalen Küche.

Gasthaus Schiff (mit 🏠 Gästehaus), Hafenstr. 1, ⊠ 78345, ℘ (07732) 9 90 80, gas thaus@schiff-moos.de, Fax (07732) 990899, 佘 − ⊡ ℘ ℗ ⒶⒺ ⓄⓄ ⓋⒾⓈⒶ
Menu (geschl. Okt. - Nov. 3 Wochen, Montag - Dienstagmittag, Nov. - März Montag - Dienstag) à la carte 15/27,50 − **21 Zim** ⊇ 35/51 − 58/78.
 • Aus Haupthaus und Gästehaus besteht dieses Hotel, das im reizvollen Fischerdorf Moos beheimatet ist. Die Nähe zum See ermöglicht diverse Wassersportaktivitäten. Bürgerliches Restaurant und Terrasse mit Seeblick.

RAESFELD Nordrhein-Westfalen ⓈⒶⒺ K 4 − 10 000 Ew − Höhe 50 m.
Berlin 528 − Düsseldorf 75 − Borken 9 − Dorsten 16 − Wesel 23.

Landhaus Keller, Weseler Str. 71, ⊠ 46348, ℘ (02865) 6 08 50, hotel-keller@t-on line.de, Fax (02865) 608550, 佘 − 劇, ⇆ Zim, ⊡ ⇔ ℗ − 🅰 50. ⒶⒺ ⓄⒹ ⓄⓄ ⓋⒾⓈⒶ
Menu à la carte 24/40 − **31 Zim** ⊇ 70/125 − 100/155.
 • Im Inneren des schönen Klinkerbaus hat man mit der Kombination von Landhausmobiliar und Antiquitäten sowie wertvollen Stoffen eine besondere Atmosphäre geschaffen. Heiterer toskanischer Landhausstil umgibt Sie beim Speisen im Restaurant.

Haus Epping, Weseler Str. 5, ⊠ 46348, ℘ (02865) 70 21, info@hotel-epping.de, Fax (02865) 1723, 佘 − ⊡ ℗ − 🅰 90. ⒶⒺ ⓄⒹ ⓄⓄ ⓋⒾⓈⒶ ⒿⒸⒷ
Menu (geschl. Dienstag) à la carte 18/32 − **11 Zim** ⊇ 40/45 − 70.
 • Im Zentrum des Städtchens liegt dieses kleine Hotel mit den gepflegten, solide möblierten und praktisch ausgestatteten Fremdenzimmern.

※※ **Freiheiter Hof** ⑤, mit Zim, Freiheit 6, ⊠ 46348, ℘ (02865) 67 81, info@freiheite r-hof.de, Fax (02865) 958910, 佘 − ℗. ⒶⒺ ⓄⒹ ⓄⓄ ⓋⒾⓈⒶ
Menu (geschl. Okt. 2 Wochen, Dienstag) à la carte 20/38 − **4 Zim** ⊇ 42 − 70.
 • Ein alter Bauernhof wurde komplett umgebaut und beherbergt nun ein im altdeutschen Stil eingerichtetes Restaurant. Den Mittelpunkt des Raumes bildet der offene Kamin.

RAHDEN Nordrhein-Westfalen ⓈⒶⒺ I 9 − 14 000 Ew − Höhe 43 m.
⛳ Wagenfeld, Oppenweher Str. 83 (Nord : 12 km), ℘ (05444) 9 89 90.
Berlin 370 − Düsseldorf 231 − Bielefeld 60 − Bremen 91 − Hannover 101 − Osnabrück 88.

Westfalen Hof, Rudolf-Diesel-Str. 13, ⊠ 32369, ℘ (05771) 9 70 00, westfalen-hof @t-online.de, Fax (05771) 5539, 佘, Massage, 畲, 🅂, ℀(Halle) − ⇆ Zim, ⊡ ℗ − 🅰 100. ⒶⒺ ⓄⒹ ⓄⓄ ⓋⒾⓈⒶ
Menu à la carte 19/34 − **29 Zim** ⊇ 59 − 89.
 • Sie durchziehen das Haus durch eine mit kanadischer Kiefer schön vertäfelte Halle. Die Übernachtungszimmer überzeugen durch Funktionalität und solide Möblierung. Schweizer Stuben und Mühlen-Restaurant mit elegant-rustikaler Ausstattung.

RAIN AM LECH Bayern ⓈⒶⒺ T 16 − 7 500 Ew − Höhe 406 m.
Berlin 532 − München 109 − Augsburg 52 − Ingolstadt 46 − Nürnberg 104 − Ulm (Donau) 90.

Dehner Blumen Hotel, Bahnhofstr. 19, ⊠ 86641, ℘ (09090) 7 60, info@dehner-hotel.com, Fax (09090) 76400, 佘, 🎾, 畲 − 劇, ⇆ Zim, ⊡ ⇔ ℗ − 🅰 250. ⒶⒺ ⓄⒹ ⓄⓄ ⓋⒾⓈⒶ
Menu à la carte 23/30 − **35 Zim** ⊇ 81 − 106, 3 Suiten.
 • Nicht nur Gartencenter sind Dehners Metier − dieses geschmackvolle Domizil mit seinen Landhaus-Zimmern und Marmorbädern beweist, dass er auch etwas von Hotels versteht. Ein Kachelofen und Vorhänge mit Rosenmuster prägen den Stil des Restaurants.

RAISDORF Schleswig-Holstein siehe Kiel.

RAMSAU Bayern 546 X 22 – 1 800 Ew – Höhe 669 m – Heilklimatischer Kurort – Wintersport : 670/1 400 m ⟨6 ⟨.

Ausflugsziele : Schwarzbachwachtstraße , ⟨★★ , Nord : 7 km – Hintersee★ West : 5 km.

🛈 Kurverwaltung, Im Tal 2, ✉ 83486, ℘ (08657) 98 89 20, info@ramsau.de, Fax (08657) 772. – Berlin 732 – München 138 – Bad Reichenhall 21 – Berchtesgaden 11.

Berghotel Rehlegg ⟨, Holzengasse 16, ✉ 83486, ℘ (08657) 9 88 40, info@rehlegg.de, Fax (08657) 9884444, ⟨, 🏊, ⟨s, 🏊 (geheizt), ⟨, ⟨, ⟨ – |≡| ⟨ Zim, 📺 ⟨ 🖫 – 🛆 35. AE ⓘ ⓜ VISA
Menu à la carte 24/36,50 – **61 Zim** ⟨ 91/148 – 135/181 – ½ P 20.
• Nach einer kompletten Renovierung zeigt sich der Zimmerbereich des Hauses im neuen Gewand. Alle Räume sind mit Landhausmobiliar eingerichtet und mit Balkonen versehen. Stilvolles Restaurant mit Empore und schöner Holzdecke.

Oberwirt (mit Gästehaus), Im Tal 86, ✉ 83486, ℘ (08657) 2 25, info@oberwirt-ramsau.de, Fax (08657) 1381, Biergarten, 🏊 – |≡| 📺 🖫
geschl. Nov. - 20. Dez. – **Menu** (geschl. Montag) à la carte 12/23 – **26 Zim** ⟨ 45 – 69/75.
• Im Jahre 1500 wurde der Gasthof vom Stift Berchtesgaden erbaut. Seither beherbergt man in den ehrwürdigen Mauern inmitten der schönen Bergwelt schlichte, gepflegte Zimmer. Restaurant mit sehenswerter Lärchenholzdecke und gemütlichem Kachelofen.

An der Alpenstraße Nord : 5 km :

Hindenburglinde, Alpenstr. 66 – Höhe 850 m, ✉ 83486 Ramsau, ℘ (08657) 5 50, hindenburglinde@t-online.de, Fax (08657) 1347, ⟨ Hochkalter, Watzmann, Reiter-Alpe, 🏊 – 📺 🖫 AE ⓜ VISA
geschl. Nov. - 20. Dez. – **Menu** (geschl. April, Mittwoch - Donnerstagmittag) à la carte 14/28 – **18 Zim** ⟨ 32/35 – 52/84 – ½ P 13.
• Das hübsche, im alpenländischen Stil erbaute Haus liegt direkt an der Deutschen Alpenstraße. Ihre Gastgeber erwarten Sie mit sympathischen, wohnlich ausgestatteten Zimmern. Rustikales Lokal mit Wintergarten.

An der Straße nach Loipl Nord : 6 km :

Nutzkaser ⟨, Am Gseng 10 – Höhe 1 100 m, ✉ 83486 Ramsau, ℘ (08657) 3 88, hotel-nutzkaser@t-online.de, Fax (08657) 659, ⟨ Watzmann und Hochkalter, 🏊, ⟨s, 🏊 – |≡| 📺 ⟨ 🖫
geschl. Mitte Nov. - Mitte Dez. – **Menu** à la carte 13,50/31 – **23 Zim** ⟨ 56/60 – 72/118 – ½ P 15.
• Ein neuzeitlicher, im traditionellen Stil erbauter Berggasthof, dessen Interieur durch alpenländische Gemütlichkeit und wohnliches Ambiente zu überzeugen weiß. Eine behagliche Atmosphäre strahlen das Panoramarestaurant und das Kaminstüberl aus.

RAMSEN Rheinland-Pfalz 543 R 8 – 2 800 Ew – Höhe 330 m.
Berlin 630 – Mainz 57 – Mannheim 47 – Kaiserslautern 23.

Landgasthof Forelle, Am Eiswoog (Süd-West : 4 km), ✉ 67305, ℘ (06356) 3 42, info@landgasthof-forelle.de, Fax (06356) 5245, ⟨, 🏊, Biergarten – 🖫 – 🛆 15. ⓜ VISA
geschl. Montag – **Menu** à la carte 23/32 -(12 Zim. ab Mai 2004).
• Seit einer Renovierung im Jahre 1997 kann man hier Räumlichkeiten für jeden Anlass anbieten : die wunderschöne Seeterrasse, das Kaminzimmer oder den eleganten Grünen Salon.

RAMSTEIN-MIESENBACH Rheinland-Pfalz 543 R 6 – 8 700 Ew – Höhe 262 m.
Berlin 662 – Mainz 100 – Saarbrücken 56 – Kaiserslautern 19.

Ramsteiner Hof, Miesenbacher Str. 26 (Ramstein), ✉ 66877, ℘ (06371) 97 20, info@ramsteiner-hof.de, Fax (06371) 57600 – ⟨ Zim, 📺 ⟨ 🖫 AE ⓘ ⓜ VISA, ⟨
Menu (geschl. Aug. 3 Wochen, Samstag, Sonntagabend) à la carte 16/32 – **22 Zim** ⟨ 65/85 – 80/95.
• Seit 1879 befindet sich der im 18. Jh. erbaute Gasthof in Familienbesitz. Kürzlich wurde er um sieben Zimmer erweitert, die gute Bäder mit Glasduschen und Granitboden bieten. Einladend und gemütlich wirkt das rustikale Restaurant.

RANDERSACKER Bayern 546 Q 13 – 3 600 Ew – Höhe 178 m.
Berlin 498 – München 278 – Würzburg 8 – Ansbach 71.

Bären (mit Gästehaus), Würzburger Str. 6, ✉ 97236, ✆ (0931) 7 05 10, *gasthof-baeren@fraenkisches-weinland.de*, Fax (0931) 706415, 🍴 – TV 📞 P – 🔒 20. ➍ VISA
geschl. 9. Feb. - 4. März, 16. - 31. Aug. – **Menu** *(geschl. Sonntagabend)* à la carte 19/28,50 – **33 Zim** ⇌ 50/58 – 77/96.
♦ Die Zimmer des traditionsreichen, mit Efeu und Wein bewachsenen Gasthofs verteilen sich auf das Haupt- und Gästehaus. Sie sind alle zeitgemäß und nett ausgestattet. Ursprünglich und romantisch präsentieren sich Gasträume und Gartenwirtschaft.

Zum Löwen, Ochsenfurter Str. 4, ✉ 97236, ✆ (0931) 7 05 10, Fax (0931) 7055222, 🍴 – 📱 TV 📞 ⇌ P. AE ➍ VISA
geschl. 22. Dez. - 6. Jan. – **Menu** *(geschl. 13. Aug. - 1. Sept., Dienstag, jeden letzten Sonntag im Monat) (Montag - Freitag nur Abendessen)* à la carte 12,50/29 – **31 Zim** ⇌ 40/55 – 65/80.
♦ Eingebettet in die Weinbaugemeinde liegt der historisch gewachsene Gasthof, der auf Grund seiner Lage gerne von Urlaubern und Weinliebhabern angesteuert wird. Holzdecken, Kachelofen und Schnitzereien bilden den Rahmen für eine zünftige Einkehr.

Krönlein, Krönlein 5, ✉ 97236, ✆ (0931) 70 28 20, *info@hotel-kroenlein.com*, Fax (0931) 708259 – TV 📞 ⇌ P. – 🔒 15
geschl. 21. Dez. - 12. Jan. – **Menu** *(geschl. Sonntag, Okt. - März Samstag - Sonntag) (nur Abendessen)* à la carte 16,50/25,50 – **14 Zim** ⇌ 40/59 – 60/76.
♦ Hinter einer Stahl- und Glasfassade verbergen sich nette, im Dachgeschoss holzvertäfelte Gästezimmer. Besonders empfehlenswert : die drei von außen zugänglichen Zimmer.

RANSBACH-BAUMBACH Rheinland-Pfalz 543 O 7 – 7 000 Ew – Höhe 300 m.
Berlin 580 – Mainz 92 – Koblenz 31 – Bonn 72 – Limburg an der Lahn 31.

Eisbach, Schulstr. 2, ✉ 56235, ✆ (02623) 88 13 30, *info@hotel-eisbach.de*, Fax (02623) 8813398, 🍴 – ⇌ Zim, TV P – 🔒 35. AE ➊ ➍ VISA
Menu à la carte 19/32 – **29 Zim** ⇌ 38/55 – 69/85.
♦ Seit Jahren schon ist dieses Haus eine Institution in dem beschaulichen Städtchen. Die Zimmer des Klinkerbaus zeigen sich gepflegt, farbenfroh und gemütlich. Die Wände der traditionsreichen Gaststube sind mit über hundert Jahre alten Wandmalereien verziert.

Sporthotel Kannenbäckerland 🐕, Zur Fuchshohl (beim Tennisplatz), ✉ 56235, ✆ (02623) 8 82 00, *info@pro-sporthotel.de*, Fax (02623) 882060, 🍴, 🏋, ≦s, 🏊, ※(Halle) – ⇌ TV P – 🔒 25. AE ➊ ➍ VISA
Menu à la carte 18/33 – **25 Zim** ⇌ 51/85 – 75/118.
♦ Driving Range, Tennishallen und -plätze sowie Fitnessgeräte garantieren hier die sportliche Abwechslung. Für Ruhe sorgen solide, teils zum Wald hin gelegene Zimmer.

Gala, Rheinstr. 103 (Stadthalle), ✉ 56235, ✆ (02623) 45 41, *rgala@onlinehome.de*, Fax (02623) 4481, 🍴 – 🔒 300. AE ➊ ➍ VISA
geschl. Juli - Aug. 3 Wochen, Montag, Samstagmittag – **Menu** à la carte 19,50/40.
♦ Im Gebäude der Stadthalle finden Sie dieses Restaurant. Helle, moderne Einrichtungsgegenstände prägen das Ambiente, Säulen und Blumendekoration runden das Bild ab.

RANTUM Schleswig-Holstein siehe Sylt (Insel)

RAPPENAU, BAD Baden-Württemberg 545 S 11 – 21 000 Ew – Höhe 265 m – Soleheilbad.
🏌 Bad Rappenau-Zimmerhof, Ehrenbergstr. 25 (Nord-Ost : 2km), ✆ (07264) 36 66.
🛈 Verkehrsamt, Salinenstr. 22, ✉ 74906, ✆ (07264) 8 61 26, *verkehrsamt@badrappenau.de*, Fax (07264) 86182.
Berlin 605 – Stuttgart 74 – Mannheim 70 – Heilbronn 22 – Würzburg 122.

Häffner Bräu 🐕, Salinenstr. 24, ✉ 74906, ✆ (07264) 80 50, Fax (07264) 805119, 🍴, ≦s – 📱 TV ⇌ P. – 🔒 40. AE ➊ ➍ VISA
geschl. 20. Dez. - 20. Jan. – **Menu** *(geschl. Freitag)* à la carte 17/33 – **62 Zim** ⇌ 56/74 – 114 – ½ P 15.
♦ In hundert Jahren hat sich das Haus an der ruhigen Kurpromenade von einer einfachen Wirtschaft zu einem praktischen Hotel mit rustikal eingerichteten Zimmern gemausert. Restaurant und Bierstube.

Dominikaner, Babstadter Str. 23, ✉ 74906, ✆ (07264) 21 00, *dominikanerteam@gmx.de*, Fax (07264) 2103, 🍴 – TV. ➍ VISA
Menu à la carte 23,50/37 – **11 Zim** ⇌ 48/60 – 80/85 – ½ P 15.
♦ Hinter den hübschen Fachwerkmauern des zentral gelegenen Hotels verbergen sich zeitgemäße, mit hellem Mobiliar praktisch eingerichtete Gästezimmer. Restaurant mit bürgerlich-gemütlicher Einrichtung.

1144

RAPPENAU, BAD

In Bad Rappenau-Heinsheim *Nord-Ost : 6 km, über Heinsheimer Str. Richtung Gundelsheim :*

Schloß Heinsheim, Gundelsheimerstr. 36, ⊠ 74906, ℘ (07264) 9 50 30 (Hotel) 9 50 60 (Rest.), hotelschlossheinsheim@t-online.de, Fax (07264) 4208, 😊, (Herrensitz a.d.J. 1721), ⌂, 🍴, – ⓘ 📺 🅿 – 🚗 60. ⓐⓔ ⓞ ⓜⓞ 🆅🅸🆂🅰
geschl. Jan. – **Menu** *(geschl. Jan. - 15. Feb., Montag - Dienstag)* à la carte 33/41 – **42 Zim** ⊇ 75/90 – 95/150 – ½ P 30.
♦ Im Schlossteil des Herrenhauses sind die Gästezimmer großzügig und stilvoll gehalten, im ehemaligen Stallbereich etwas einfacher. Mit sehenswerter Kapelle im schönen Park. Im Restaurant dominiert rustikale Eleganz.

Die im Michelin-Führer
verwendeten Zeichen und Symbole haben-
*dünn oder **fett** gedruckt, **rot** oder schwarz -*
jeweils eine andere Bedeutung.
Lesen Sie daher die Erklärungen aufmerksam durch.

RASTATT *Baden-Württemberg* ⑤④⑤ T 8 – 45 900 Ew – Höhe 123 m.

Sehenswert : Schloss★ *(Erinnerungsstätte für die Freiheitsbewegungen in der deutschen Geschichte*★) **AYZ**

Ausflugsziel : Schloss Favorite★★ *(Innenausstattung*★★*), über ② : 5 km.*

🛬 Rastatt-Plittersdorf, Im Teilergrund 1 (West : 7 km), ℘ (07222) 15 42 09.

🄱 Stadtinformation, Herrenstr. 18 (im Schloss), ⊠ 76437, ℘ (07222) 97 24 62, Fax (07222) 972118.

Berlin 696 ① – Stuttgart 97 ① – *Karlsruhe 24* ① – *Baden-Baden 13* ③ – *Strasbourg 61* ④

Stadtplan siehe nächste Seite

Schwert, Herrenstr. 3a, ⊠ 76437, ℘ (07222) 76 80, ringhotel.schwert@t-online.de, Fax (07222) 768120, (im Barockstil erbautes Haus mit modernem Interieur) – ⓘ, 🚭 Zim, 📺 📞 & 🅿 – 🚗 30. ⓐⓔ ⓞ ⓜⓞ 🆅🅸🆂🅰 🅹🅲🅱   **AZ a**
Sigi's Restaurant (geschl. Jan. 2 Wochen, über Fasching, Aug. 2 Wochen, Samstagmittag, Sonntag) **Menu** à la carte 29/48,50 – **50 Zim** ⊇ 104/118 – 134.
♦ Harmonisch fügt sich das stattliche Hotelgebäude in das Erscheinungsbild der Barockstadt ein. Das modern gehaltene Interieur bildet dazu einen reizvollen Kontrast. Sigi's Restaurant mit neuzeitlichem Ambiente.

Zum Engel (mit Gästehaus), Kaiserstr. 65, ⊠ 76437, ℘ (07222) 7 79 80, hotel-engel-rastatt@t-online.de, Fax (07222) 779877, 😊 – ⓘ, 🚭 Zim, 📺 🚗 🅿 ⓐⓔ ⓞ ⓜⓞ 🆅🅸🆂🅰 🅹🅲🅱   **AY c**
Menu *(geschl. Samstag - Sonntag)* à la carte 16/22,50 – **20 Zim** ⊇ 62 – 78.
♦ Die Zimmer dieser Adresse verteilen sich auf das hübsche, gelb gestrichene Gasthaus mit grünen Fensterläden und den angrenzenden Neubau. Fragen Sie nach Zimmern zum Innenhof! Pferdebilder zieren das Restaurant mit dem kleinen, regionalen Angebot.

Zum Schiff garni, Poststr. 2, ⊠ 76437, ℘ (07222) 77 20, zumschiff.rastatt@t-online.de, Fax (07222) 772127, 😊 – 📺 ⓜⓞ 🆅🅸🆂🅰 🅹🅲🅱 🚭   **AZ e**
geschl. 19. Dez. - 10. Jan. – **22 Zim** ⊇ 52/58 – 72/78.
♦ Praktische und zum Teil renovierte Zimmer sowie ein sehr hübscher, mit Kachelofen und hellen Polstern ausgestatteter Frühstücksraum erwarten hier die Gäste.

Am Schloß, Schloßstr. 15, ⊠ 76437, ℘ (07222) 9 71 70, kduerrschnabel@t-online.de, Fax (07222) 971771 – 📺 ⓜⓞ 🆅🅸🆂🅰 🚭 Zim   **AYZ v**
Menu *(geschl. Ende Dez. 1 Woche, Samstag)* à la carte 21/31,50 – **18 Zim** ⊇ 51/61 – 68/77.
♦ Vis-à-vis des Schlossportals befindet sich dieses gepflegte, zartgelb gestrichene Gebäude, das seinen Besuchern neuzeitliche Zimmer mit gutem Raumangebot offeriert. Ländlich-rustikales Restaurant.

Phönix garni, Dr.-Schleyer-Str. 12, ⊠ 76437, ℘ (07222) 6 99 80, info@hotelphoenix.de, Fax (07222) 924932, 😊 – 📺 📞 🅿 ⓜⓞ 🆅🅸🆂🅰   über Wilhelm-Busch-Straße **AY**
15 Zim ⊇ 52 – 72.
♦ In einer ruhigen Stadtrandlage finden Sie diese Hotelpension mit schlichten, weiß eingerichteten Zimmern. Zum Zentrum sind es nur fünf Autominuten.

Zum Storchennest, Karlstr. 24, ⊠ 76437, ℘ (07222) 3 22 60, Fax (07222) 32267, 😊 – 🅿 ⓜⓞ 🆅🅸🆂🅰   **BZ c**
geschl. Donnerstag – **Menu** à la carte 22/32.
♦ Eine seriöse, traditionelle Gaststätte, bürgerlich-rustikal von der Aufmachung und in eine gepflegte Stube und einen Veranstaltungsbereich unterteilt.

1145

RASTATT

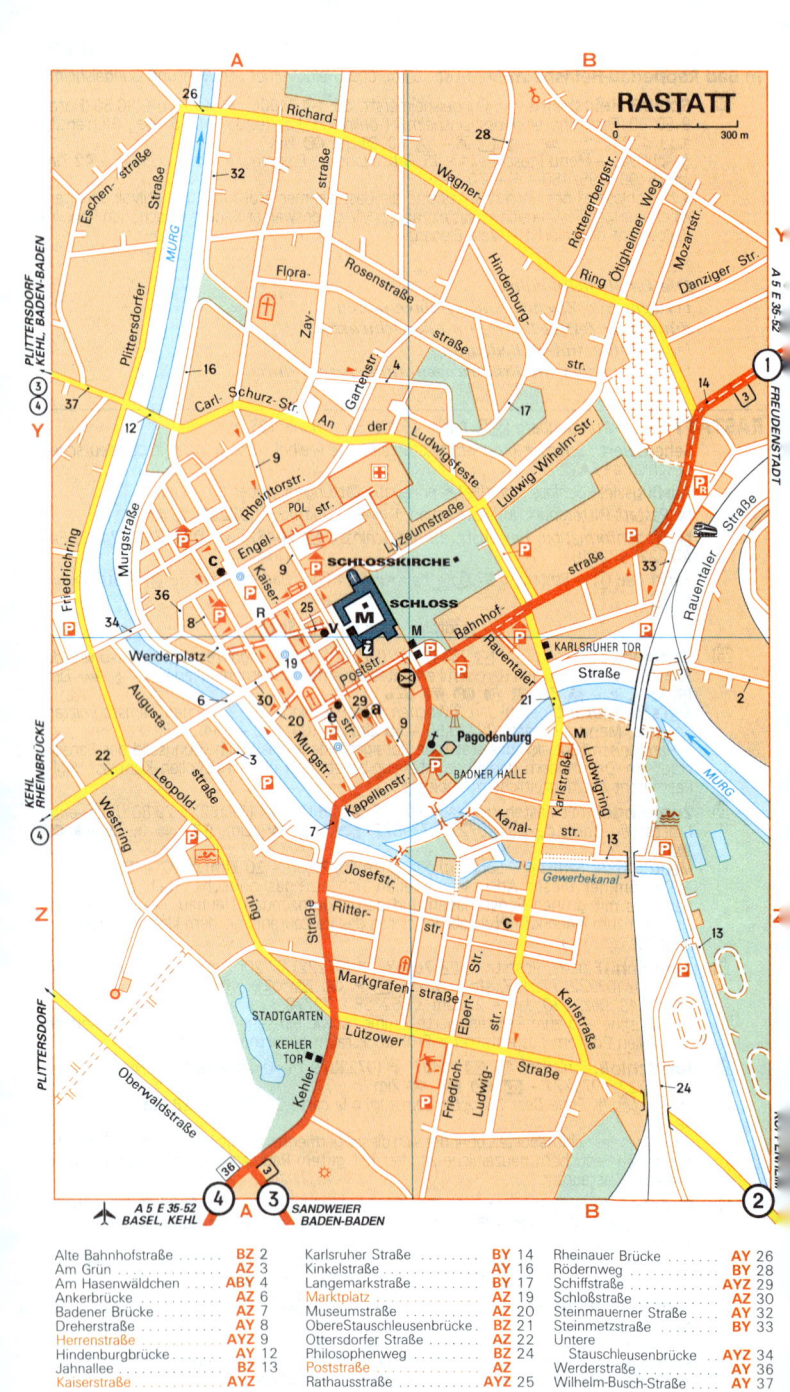

Alte Bahnhofstraße ..... BZ 2	Karlsruher Straße ..... BY 14	Rheinauer Brücke ..... AY 26
Am Grün ..... AZ 3	Kinkelstraße ..... AY 16	Rödernweg ..... BY 28
Am Hasenwäldchen ..... ABY 4	Langemarkstraße ..... BY 17	Schiffstraße ..... AYZ 29
Ankerbrücke ..... AZ 6	**Marktplatz** ..... AZ 19	Schloßstraße ..... AZ 30
Badener Brücke ..... AZ 7	Museumstraße ..... AZ 20	Steinmaurerner Straße ..... AY 32
Dreherstraße ..... AY 8	ObereStauschleusenbrücke. BZ 21	Steinmetzstraße ..... BY 33
Herrenstraße ..... AYZ 9	Ottersdorfer Straße ..... AZ 22	Untere
Hindenburgbrücke ..... AY 12	Philosophenweg ..... BZ 24	Stauschleusenbrücke . AYZ 34
Jahnallee ..... BZ 13	**Poststraße** ..... AZ	Werderstraße ..... AY 36
Kaiserstraße ..... AYZ	Rathausstraße ..... AYZ 25	Wilhelm-Busch-Straße ..... AY 37

1146

RASTEDE Niedersachsen **541** G 8 – 20 000 Ew – Höhe 20 m – Luftkurort.
 ⓘ Rastede-Wemkendorf (Nord-West : 3 km), ℘ (04402) 72 40.
 ∄ Tourist-Information, Oldenburger Str. 271, ✉ 26180, ℘ (04402) 93 98 23, tourist-in
 formation-rastede@bruns-reisen.com, Fax (04402) 1004.
 Berlin 445 – Hannover 181 – Bremen 58 – Wilhelmshaven 44 – Oldenburg 11.

 Schlosspark-Hotel Hof von Oldenburg (mit Gästehäusern), Oldenburger Str. 199,
 ✉ 26180, ℘ (04402) 9 27 90, info@schlosspark-hotel.de, Fax (04402) 927912, ☞
 ⇌ Zim, TV P – 🕭 35. ⓜⓞ VISA
 Menu à la carte 15/25 – **46 Zim** ⌺ 37/40 – 64/70.
 • Direkt am Schlosspark des Luftkurortes und doch verkehrsgünstig liegt dieser Neubau mit Gästehäusern. Sehr ansprechend sind die neu geschaffenen Zimmer im modernen Stil. Unterteiltes Restaurant, teils moderner Wintergarten, teils gediegen-bürgerlich.

 Am Ellernteich ⚘, garni, Mühlenstr. 43, ✉ 26180, ℘ (04402) 9 24 10, info@hote
 l-am-ellernteich.de, Fax (04402) 924192, ☏, 🐎, – ⇌ TV ✆ P – 🕭 20. ⓐⓔ ⓞ
 ⓜⓞ VISA
 geschl. 1. - 11. Jan. – **10 Zim** ⌺ 52/60 – 78/92.
 • Angenehm und individuell wurden die Zimmer in dem ehemaligen Schulhaus gestaltet. Zwei Klassenzimmer dienen als Frühstücks- und Tagungsräume. Besonders freundliche Betreuung !

 Das weiße Haus mit Zim, Südender Str. 1, ✉ 26180, ℘ (04402) 32 43,
 Fax (04402) 84726, ☞, – P
 geschl. 1. - 8. Jan. – **Menu** (geschl. Donnerstag) (Montag - Mittwoch nur Abendessen) (Tischbestellung ratsam) 27 (mittags) à la carte 29/46, ♀ – **3 Zim** ⌺ 49/74 – 76/105.
 • Das schöne, reetgedeckte Ammerländer Bauernhaus von 1892 empfiehlt sich mit gediegenem Interieur und schmackhafter Küche mit regionalen Akzenten. Hübsche Übernachtungszimmer !

In Rastede-Kleibrok Nord-West : 2 km :

 Zum Zollhaus, Kleibroker Str. 139, ✉ 26180, ℘ (04402) 9 38 10, info@zumzollhau
 s.de, Fax (04402) 938119, ☞ – TV ✆ ⇌ P – 🕭 50. ⓐⓔ ⓞ ⓜⓞ VISA
 Menu 13,50/23,50 à la carte 18/31 – **40 Zim** ⌺ 40/52 – 80.
 • Etwas außerhalb am Waldrand finden Sie dieses Landhotel. Die Zimmer sind zeitlos mit Kirschmobiliar gestaltet und technisch gut ausgestattet. Das Restaurant ist teils gediegen, teils eher rustikal eingerichtet.

Benutzen Sie die **Grünen** *Michelin-Reiseführer,*
wenn Sie eine Stadt oder Region kennenlernen wollen.

RATHEN (KURORT) Sachsen **544** N 26 – 500 Ew – Höhe 120 m.
 Berlin 226 – Dresden 37 – Pirna 18.

 Elbschlösschen ⚘, Kottesteig 5, ✉ 01824, ℘ (035024) 7 50, info@hotelelbschlo
 esschen.de, Fax (035024) 75199, ☞, 🄢, Massage, 🎿, ☏, 🏊, 🐎 – 🛗, ⇌ Zim, TV ♿
 – 🕭 50. ⓐⓔ ⓜⓞ VISA
 Menu à la carte 19/32 – **68 Zim** ⌺ 75/95 – 90/110.
 • Das in neuzeitlichem Stil gebaute Hotel bietet Ihnen neben seiner ruhigen Lage an der Elbe zeitgemäße, funktionell ausgestattete Zimmer - teils durch das Flusstal hin gelegen. Restaurant mit großer Fensterfront und Terrasse mit schöner Aussicht.

 Erbgericht ⚘, ✉ 01824, ℘ (035024) 77 30, hotel@erbgericht-rathen.de,
 Fax (035024) 773377, ≤, ☞, ☏, 🏊, – 🛗, ⇌ Zim, TV P – 🕭 60
 geschl. Jan. - März – **Menu** (geschl. Montagmittag) à la carte 15,50/27 – **32 Zim** ⌺ 43/77 – 87/112 – ½ P 13.
 • Dieses familiengeführte Haus im Herzen des Elbsandsteingebirges bietet ihren Gästen zeitgemäß und solide eingerichtete Zimmer und einen netten Freizeitbereich. Mediterran wirkendes Restaurant mit kleinem Wintergarten. Schöne Terrasse über der Elbe.

 Amselgrundschlösschen ⚘, Amselgrund 3, ✉ 01824, ℘ (035024) 7 43 33,
 info@amselgrund.de, Fax (035024) 74444, ☞, ☏ – 🛗 TV ♿ P – 🕭 40. ⓐⓔ
 ⓜⓞ VISA
 Menu à la carte 14/24,50 – **39 Zim** ⌺ 61 – 82 – ½ P 13.
 • Im Amselgrund, am Fuße der Bastei, wird dieses Hotel nun schon über drei Generationen als Familienbetrieb geführt. Sie werden in netten, wohnlichen Zimmern untergebracht. Die rustikale Torwächterstube mit viel dunklem Holz und Terrasse ergänzt das Restaurant.

RATHENOW Brandenburg 542 I 21 – 28 000 Ew – Höhe 26 m.

Semlin, Ferchesarer Str. 8 (Nord-Ost : 9 km), ℘ (03385) 55 40.

ℬ Tourist-Information, Goethestr. 4a, ✉ 14712, ℘ (03385) 51 23 36, havelland@ibs-brandenburg.de, Fax (03385) 512336.

Berlin 91 – Potsdam 78 – Magdeburg 85 – Brandenburg 32 – Stendal 39.

Fürstenhof, Bahnhofstr. 13, ✉ 14712, ℘ (03385) 55 80 00, Fax (03385) 558080 – |≢|, ⇌ Zim, TV ⇌ P – ⛌ 30. AE ⓞ ⓜ VISA
Menu (geschl. 21. Dez. - 4. Jan., Sonntag) (nur Abendessen) à la carte 13/24 – **43 Zim** ⇌ 50/60 – 80/110.
♦ Ein geschmackvoll restauriertes Stadthaus mit schönem Eckturm. Die Zimmer wurden mit Kirschmöbeln bestückt, ergänzt durch antike Stücke verschiedener Stilrichtungen. Hohe Stuckdecken, Kronleuchter und Gemälde prägen das gediegene Ambiente des Restaurants.

In Rathenow-Semlin Nord-Ost : 6 km über B 188, in Stechow links ab :

Golf- und Landhotel Semlin ⇨, Ferchesarer Str. 8 b, ✉ 14712, ℘ (03385) 55 40, info@golfhotelsemlin.de, Fax (03385) 554400, ⇌, Massage, ⚕, ⇌, ⇌, ⚙, ⇌ – |≢|, ⇌ Zim, ≡ Rest, TV ⚙ ⚗ P – ⛌ 60. AE ⓞ ⓜ VISA ⚗ Rest
geschl. Jan. 1 Woche – **Menu** à la carte 22/35 – **74 Zim** ⇌ 85/95 – 135.
♦ Der Hallenbereich dieses Hauses ist repräsentativ im Pavillonstil gestaltet. Bei der Zimmereinrichtung dominieren sehr solide Landhausmöbel und farblich abgestimmte Stoffe. Im Restaurant geben große Fenster den Blick auf die Golfanlage und den Wald frei.

Antik-Hotel The Cottage, Dorfstr. 15, ✉ 14712, ℘ (03385) 53 00 53, rauxloh@antik-cottage.de, Fax (03385) 530030, ⇌, ⇌ – ⇌ Zim, TV P. AE ⓞ ⓜ VISA, ⚗ Rest
Menu (Montag - Freitag nur Abendessen) à la carte 13/25 – **14 Zim** ⇌ 50/60 – 80.
♦ Liebhaber des englischen Landhausstils fühlen sich hier "very British". Die individuellen Zimmer sind mit Antiquitäten eingerichtet und vermitteln die Atmosphäre der Insel. Im kleinen Restaurant fühlt man sich wie im Wohnzimmer eines englischen Herrenhauses.

In Bützer Süd : 8 km, über B 102, in Premnitz rechts ab :

Bading ⇨ garni, Havelstr. 17b, ✉ 14715, ℘ (03386) 2 70 40, bading.hotel@t-online.de, Fax (03386) 270451 – ⇌ TV ⚙ P. ⓜ VISA
geschl. 23. Dez. - 3. Jan. – **12 Zim** ⇌ 52 – 77, 3 Suiten.
♦ In einem ruhigen Innenhof gelegen, stellt dieses Haus im Klinkerbaustil eine ansprechende Unterkunft dar. Gut und funktionell eingerichtete Zimmer mit modernen Bädern warten.

RATINGEN Nordrhein-Westfalen 543 M 4 – 91 800 Ew – Höhe 70 m.

Ratingen-Homberg, Grevenmühle (Ost : 7 km), ℘ (02102) 9 59 50; Heiligenhaus, Hösler Str. 147, (Nord-Ost : 7 km), ℘ (02056) 9 33 70; Ratingen, Rommeljansweg 12 (Ost : 2 km), ℘ (02102) 8 10 92.

ℬ Kultur- und Verkehrsamt, Minoritenstr. 2, ✉ 40878, ℘ (02102) 98 25 35, stadt@ratingen.de, Fax (02102) 98398.

Berlin 552 – Düsseldorf 13 – Duisburg 19 – Essen 22.

Haus Kronenthal, Brachter Str. 85, ✉ 40882, ℘ (02102) 8 50 80 (Hotel), 8 11 20 (Rest.), hotel.kronenthal@t-online.de, Fax (02102) 850850, ⇌ – |≢|, ⇌ Zim, TV ⚙ ⇌
P – ⛌ 40. AE ⓞ ⓜ VISA
Menu (geschl. Montagmittag) à la carte 18/33 – **30 Zim** ⇌ 80/107 – 99/170.
♦ Eine einheitliche Ausstattung mit kirschbaumfarbenem, neuzeitlichem Mobiliar kennzeichnet die Zimmer dieses Familienbetriebs. Frühstücksraum mit Blick in den Garten.

Astoria garni, Mülheimer Str. 72, ✉ 40878, ℘ (02102) 8 56 70, info@astoria-online.de, Fax (02102) 856777 – |≢| ⇌ TV P. AE ⓞ ⓜ VISA, ⚗
geschl. 20. Dez. - 4. Jan. – **25 Zim** ⇌ 79 – 99.
♦ Das schmucke Stadthaus bietet seinen Gästen in verkehrsgünstiger Lage praktisch und mahagonifarben möbeln bestückte Zimmer.

Allgäuer Hof, Beethovenstr. 24, ✉ 40878, ℘ (02102) 9 54 10, allgaeuerhof-ratingen@t-online.de, Fax (02102) 954123 – |≢| TV P – ⛌ 15. ⓜ VISA
geschl. 23. Dez. - 5. Jan. – **Menu** (geschl. Aug. 2 Wochen, Samstag) à la carte 23/36 – **14 Zim** ⇌ 69 – 95.
♦ Geschäftsleute, Durchreisende und Messebesucher finden in dieser Unterkunft praktisch eingerichtete Zimmer, die wie das ganze Haus tadellos gepflegt sind. Rustikales Restaurant mit Kachelofen.

Haus zum Haus, Mühlenkämpchen, ✉ 40878, ℘ (02102) 2 25 86, hauszhaus@aol.com, Fax (02102) 702508, ⇌ – P. AE ⓞ ⓜ VISA
geschl. Jan. 1 Woche, Samstag – **Menu** (Juni - Aug. wochentags nur Abendessen) à la carte 28/42.
♦ Im 1. Stock der aus dem 13. Jh. stammenden Wasserburg befindet sich dieses mit Fachwerk, Bruchsteinwänden und blanken dunklen Holztischen rustikal gestaltete Restaurant.

RATINGEN

In Ratingen-Lintorf *Nord : 4 km, über Stadionring und Blyth-Valley-Ring, jenseits der A 52 :*

※ **Gut Porz,** Hülsenbergweg 10, ⊠ 40885, ℘ (02102) 93 40 80, gut-porz@t-online.de, Fax (02102) 934084, 🐦 – 🅿.
geschl. 29. Dez. - 13. Jan., Dienstag – **Menu** *(wochentags nur Abendessen)* (Tischbestellung ratsam) à la carte 18,50/33,50, ⚑.
♦ Aufmerksame Damen unter Leitung der Chefin bedienen Sie in dem auf zwei Ebenen verteilten Lokal. Ein neuer Wintergarten bildet einen reizvollen Kontrast zu dem älteren Haus.

In Ratingen-Tiefenbroich *Nord-West : 2 km über Kaiserswerther Str. :*

🏛 **Inn Side,** Am Schimmersfeld 9, ⊠ 40880, ℘ (02102) 42 70, ratingen@innside.de, Fax (02102) 427427, 🐦, ⚏ – 🛗, ⚐ Zim, 📺 📞 & 🅿 – 🛋 90. 🆎 ⓞ ⓜ 𝗩𝗜𝗦𝗔
Menu *(geschl. Samstagmittag, Sonntagmittag)* à la carte 24/40 – **137 Zim** 🚻 146 – 180.
♦ Modern gestylt zeigen sich Zimmer und Suiten in diesem großzügig angelegten Neubau. Die Bäder mit Glasdusche und Edelstahlbecken sind teils offen in die Zimmer integriert. Modern-elegantes, bistroähnlich gestaltetes Restaurant mit euro-asiatischen Gerichten.

🏛 **Villa Ratingen,** Sohlstättenstr. 66, ⊠ 40880, ℘ (02102) 5 40 80, hotel@villa-ratingen.de, Fax (02102) 540810, 🐦 – ⚐ Zim, 📺 📞 🅿. 🆎 ⓞ ⓜ 𝗩𝗜𝗦𝗔
Menu *(geschl. Samstag - Sonntagmittag)* (italienische Küche) à la carte 29,50/41,50 – **31 Zim** 🚻 85 – 110.
♦ Individuell regulierbare Klimaanlage und französische Betten sind einige der Annehmlichkeiten dieser neuzeitlichen Adresse. Gute Bäder. Das schlicht eingerichtete Restaurant erwartet Sie mit Gerichten aus Bella Italia.

In Ratingen-West *West : 3 km über Kaiserswerther Str. :*

🏛 **relexa Hotel,** Berliner Str. 95, ⊠ 40880, ℘ (02102) 45 80, duesseldorf-ratingen@relexa-hotel.de, Fax (02102) 458599, 🐦, ⚏ – 🛗, ⚐ Zim, 🍽 Rest, 📺 📞 & 🚗 🅿 – 🛋 120. 🆎 ⓞ ⓜ 𝗩𝗜𝗦𝗔 𝗝𝗖𝗕. ⚐ Rest
Menu à la carte 24,50/40 – **168 Zim** 🚻 95/155 – 125/185.
♦ In diesem Tagungs- und Geschäftshotel können Sie sich nach getaner Arbeit in Zimmer zurückziehen, die durch eine Mischung aus Behaglichkeit und Funktionalität überzeugen. Die Brasserie mit karierten Polstern und orangenen Fensterdekorationen wirkt gemütlich.

🏛 **Holiday Inn,** Broichhofstr. 3, ⊠ 40880, ℘ (02102) 45 60, reservation.hiratingen@queensgruppe.de, Fax (02102) 456444, 🐦, ⚏, ⚓ (geheizt), 🎾, 🚴 – ⚐ Zim, 🍽 📺 📞 & 🅿 – 🛋 150. 🆎 ⓞ ⓜ 𝗩𝗜𝗦𝗔
Menu à la carte 24/55 – 🚻 16 – **199 Zim** 105/120 – 121/136.
♦ Die Pluspunkte dieses Hauses sind unter anderem die Nähe zum Rhein-Ruhr-Flughafen und zum Messegelände. Sie wohnen in netten, modern eingerichteten Räumen. Zeitgemäßes Ambiente im Restaurant Le Cygne.

Beim Autobahnkreuz Breitscheid *Nord : 5 km, Ausfahrt Mülheim :*

🏛 **Dorint,** An der Pönt 50, ⊠ 40885 Ratingen-Breitscheid, ℘ (02102) 91 85, info.dusrat@dorint.com, Fax (02102) 918900 – 🛗, ⚐ Zim, 🍽 Rest, 📺 📞 & 🅿 – 🛋 80. 🆎 ⓞ ⓜ 𝗩𝗜𝗦𝗔
geschl. 24. Dez. - 2. Jan. – **Menu** à la carte 19/28, ⚑ – 🚻 13 – **118 Zim** 🚻 79/145 – 89/157.
♦ Durch ihre Funktionalität und die guten, meist am Fenster positionierten Schreibtische sind die Zimmer dieses Hauses besonders für einen Geschäftsaufenthalt geeignet. Helles Restaurant mit offener Küche.

🏛 **Novotel,** Lintorfer Weg 75, ⊠ 40885 Ratingen-Breitscheid, ℘ (02102) 18 70, h0487@accor-hotels.com, Fax (02102) 18418, 🐦, ⚏, ⚓ (geheizt), 🎾 – 🛗, ⚐ Zim, 📺 📞 & 🅿 – 🛋 120. 🆎 ⓞ ⓜ 𝗩𝗜𝗦𝗔
Menu à la carte 23/33 – **119 Zim** 🚻 114/128 – 138.
♦ Das nahe dem Flughafen gelegene Hotel bietet vor allem Geschäftsleuten einheitlich ausgestattete, funktionelle Zimmer mit Modemanschluss und großer Arbeitsfläche.

RATSHAUSEN *Baden-Württemberg* 545 V 10 – 650 Ew – Höhe 665 m.

Berlin 725 – Stuttgart 91 – *Konstanz* 101 – Villingen-Schwenningen 33 – Sigmaringen 48.

※ **Adler,** Hohnerstr. 3, ⊠ 72365, ℘ (07427) 22 60, adler-ratshausen@t-online.de, Fax (07427) 914959, 🐦 – 🅿.
geschl. Aug. 2 Wochen, Montag - Dienstag – **Menu** à la carte 22/42, ⚑.
♦ Seit 1811 hat man den zünftigen Charakter der Dorfwirtschaft erhalten können. Freuen Sie sich auf ein sorgfältig und schmackhaft zubereitetes Essen aus regionalen Produkten.

RATTENBERG Bayern ⓘⓘⓘ S 22 – 2 000 Ew – Höhe 570 m – Erholungsort.

🅘 Tourist-Information, Dorfplatz 15, ✉ 94371, ℘ (09963) 94 10 30, tourist-information@rattenberg.de, Fax (09963) 941033.
Berlin 506 – München 153 – Regensburg 71 – Cham 25 – Deggendorf 43 – Straubing 33.

🏨 **Posthotel**, Dorfplatz 2, ✉ 94371, ℘ (09963) 95 00, info@posthotel-rattenberg.de, Fax (09963) 950222, 🍴, ≘s, 🏊, 🎾 – 🛗, ↭ Zim, 📺 ✆ 🅟 – 🅐 40. 🅐🅔 ⓞ 🅜🅞 𝕍𝕀𝕊𝔸. ⚡ Rest
Menu à la carte 15/31 – **54 Zim** ⫸ 45 – 80 – ½ P 11.
♦ Historisch gesehen ist dies das älteste Wirtshaus des Ortes. Heute präsentiert sich Ihnen ein Haus mit modernem Standard. Fragen Sie nach den neueren Zimmern! Eine gewölbte Holzdecke und bleiverglaste Scheiben schmücken die rustikalen Gaststuben.

RATZEBURG Schleswig-Holstein ⓘⓘⓘ E 16 – 13 000 Ew – Höhe 16 m – Luftkurort.
Sehenswert : Ratzeburger See★ (Aussichtsturm am Ostufer ≤★) – Dom★ (Hochaltarbild★).
🅘 Ratzeburg-Information, Schloßwiese 7, ✉ 23909, ℘ (04541) 85 85 65, info@ratzeburg.de, Fax (04541) 5327.
Berlin 240 – Kiel 107 – Lübeck 23 – Schwerin 46 – Hamburg 68.

🏨 **Der Seehof**, Lüneburger Damm 1, ✉ 23909, ℘ (04541) 86 01 01, info@der-seehof.de, Fax (04541) 860102, ≤, 🍴, ≘s, 🅰s, 🎾 Bootssteg – 🛗, ↭ Zim, 📺 ♿ 🅟 – 🅐 100. 🅐🅔 ⓞ 🅜🅞 𝕍𝕀𝕊𝔸
Menu à la carte 22,50/42,50 – **45 Zim** ⫸ 65/118 – 90/143 – ½ P 19.
♦ Die Zimmer im Haupthaus sind eher schlicht eingerichtet, die im seitlichen Anbau sind modern und wohnlich und verfügen über einen Balkon oder eine kleine Terrasse. Restaurant mit Wintergarten und schöner Terrasse am See.

🏨 **Wittlers Hotel-Gästehaus Cäcilie** ⚐, Große Kreuzstr. 11, ✉ 23909, ℘ (04541) 32 04, info@wittlers-hotel.de, Fax (04541) 3815 – 🛗, ↭ Zim, 📺 ⇌ 🅟 – 🅐 60. 🅜🅞 𝕍𝕀𝕊𝔸
Menu à la carte 18/33 – **30 Zim** ⫸ 57/67 – 82/113 – ½ P 12.
♦ Dieses Hotel liegt mitten auf der Insel, am historischen Domviertel. Freundliche, teils recht großzügige Zimmer stehen im Haupthaus wie im Gästehaus zum Einzug bereit. Kristalllüster und eine liebevolle Dekoration machen den Charme des kleinen Restaurants aus.

In Schmilau-Farchau Süd : 4 km, über B 208 und Schmilauer Str. :

🏨 **Farchauer Mühle** ⚐, Farchauer Mühle 6, ✉ 23909, ℘ (04541) 8 60 00, s.prange@farchauer-muehle.de, Fax (04541) 860086, 🍴, ≘s, 🎾 – ↭ Zim, 📺 🅟 – 🅐 20. 🅐🅔 ⓞ 🅜🅞 𝕍𝕀𝕊𝔸
Menu (geschl. Feb.) à la carte 20/31 – **19 Zim** ⫸ 50/75 – 75/110 – ½ P 17.
♦ Besonders hübsch an diesem Haus, einer alten Wassermühle mit Anbau, ist die Lage an See und Teich. In solide eingerichteten Zimmern genießt man die Ruhe der Natur. Die rustikale Einrichtung des Restaurants harmoniert mit der ländlichen Gegend.

In Fredeburg Süd-West : 5,5 km, über Möllner Str. :

🏨 **Fredenkrug**, Am Wildpark 5 (B 207), ✉ 23909, ℘ (04541) 35 55, fredenkrug@t-online.de, Fax (04541) 4555, 🍴, 🎾 – ⇌ 🅟 – 🅐 50
Menu à la carte 14/22 – **15 Zim** ⫸ 44 – 72 – ½ P 10.
♦ Leicht zurückversetzt liegt dieser solide geführte Familienbetrieb an einer Bundesstraße. Seit 1358 ist man Schankwirtschaft und Herberge. Die Zimmer sind hell und praktisch. Ländliche Gemütlichkeit erwartet Gast im Restaurant.

RAUENBERG Baden-Württemberg ⓘⓘⓘ S 10 – 6 100 Ew – Höhe 130 m.
Berlin 631 – Stuttgart 99 – Mannheim 37 – Heidelberg 22 – Heilbronn 47 – Karlsruhe 45.

🏨 **Winzerhof** ⚐, Bahnhofstr. 4, ✉ 69231, ℘ (06222) 95 20, winzerhof@ringhotels.de, Fax (06222) 952350, 🍴, Massage, 🗜, ≘s, 🏊 – 🛗, ↭ Zim, 📺 ✆ ⇌ 🅟 – 🅐 200. 🅐🅔 ⓞ 🅜🅞 𝕍𝕀𝕊𝔸
Menu à la carte 23,50/43,50, ♀ – **Martins Gute Stube** (Tischbestellung erforderlich) (geschl. 22. Dez. - Jan., 13. - 16. April, 24. Mai - 5. Juni, 29. Juli - 11. Sept., Anfang Nov. 1 Woche, Sonntag-Montag, Feiertage) (nur Abendessen) **Menu** 35/65 à la carte 36/48,50, ♀ – **86 Zim** ⫸ 90/110 – 110/150 – ½ P 20.
♦ In einer Nebenstraße liegt der über Jahrzehnte gewachsene Gasthof, der sich heute als gestandenes Hotel präsentiert. Fragen Sie nach einem Zimmer im italienischen Stil! Rustikales Restaurant mit breitem Repertoire. Elegantes Ambiente in Martins Guter Stube.

🏨 **Gutshof**, Suttenweg 1, ✉ 69231, ℘ (06222) 95 10, info@gutshof-menges.de, Fax (06222) 951100, 🍴 – 🛗, ↭ Zim, 📺 ✆ ♿ 🅟. 🅜🅞 𝕍𝕀𝕊𝔸. ⚡
geschl. Jan. 2 Wochen, Aug. 3 Wochen – **Menu** (geschl. Samstag, Sonn- und Feiertage) (nur Abendessen) à la carte 20/32 – **30 Zim** ⫸ 75/95 – 105/110.
♦ Umgeben von romantischen Weinbergen finden Sie hier Hotel, Weinstube und Weingut unter einem Dach. Die Zimmer sind elegant und funktionell mit soliden Möbeln bestückt. Helles, rustikales Restaurant.

RAUENBERG

🏠 **Kraski,** Hohenaspen 58 (Gewerbegebiet), ✉ 69231, ℰ (06222) 6 15 70, info@hotel-kraski.de, Fax (06222) 615755, 🍴, 🈲, – 🛌 Zim, 📺 🅿️ – 🚪 20. 🅰️🅼🅾️ VISA.
geschl. 22. Dez. - 7. Jan. - **Menu** (geschl. 29. Juli - 15. Aug., Samstag - Sonntag (nur Abendessen) à la carte 21,50/35 – **27 Zim** 🛏 70/76 – 92.
♦ Bei der Planung dieses Hauses hat man sich an den Bedürfnissen von Geschäftsreisenden orientiert. So bietet man ruhige Zimmer mit allen nötigen Anschlüssen in günstiger Lage. Das Restaurant ist zeitlos und gediegen eingerichtet.

RAUHENEBRACH Bayern 546 Q 15 – 3 200 Ew – Höhe 310 m.
Berlin 431 – München 251 – Coburg 70 – Nürnberg 82 – Würzburg 59 – Bamberg 28.

In Rauhenebrach-Schindelsee :

🍴 **Gasthaus Hofmann** mit Zim, Schindelsee 1, ✉ 96181, ℰ (09549) 9 87 60, info@schindelsee.de, Fax (09549) 987627, 🍴 – 📺 🅿️.
geschl. 7. - 30. Jan. - **Menu** (geschl. Dienstag - Mittwochmittag, Nov.- Ostern Dienstag - Mittwoch) à la carte 15/34,50, ♀ – **9 Zim** 🛏 23/30 – 48.
♦ Ein Landgasthof wie aus dem Bilderbuch ! Freuen Sie sich auf eine ländliche Küche, die zum Teil auf selbst erzeugte Produkte zurückgreift und stets gekonnt zubereitet wird.

RAUNHEIM Hessen siehe Rüsselsheim.

RAUSCHENBERG Hessen 543 N 10 – 4 500 Ew – Höhe 282 m – Luftkurort.
Berlin 456 – Wiesbaden 140 – Marburg 20 – Kassel 72.

🏠 **Schöne Aussicht,** an der B 3 (Nord-West : 3,5 km), ✉ 35282, ℰ (06425) 9 24 20, gerhardboucsein@aol.com, Fax (06425) 924212, 🍴, 🈲, 🔲, 🏊, – 🛌 Rest, 📺 🚗 🚙 – 🚪 80. 🅰️🅼🅾️ VISA. 🙅 Rest
geschl. Ende Jan. - Mitte Feb., Juli - Aug. 3 Wochen - **Menu** (geschl. Montag) à la carte 14/29 – **12 Zim** 🛏 40/60 – 74.
♦ Das Haupthaus, in Fachwerkbauweise und mit Türmchen, liegt direkt an der Straße. Die solide und praktisch möblierten Zimmer befinden sich im zurückversetzten Anbau. Dunkles, mahagonifarbenes Holz gibt dem Restaurant sein gediegenes Gepräge.

RAVENSBURG Baden-Württemberg 545 W 12 – 47 000 Ew – Höhe 430 m.
Sehenswert : Liebfrauenkirche (Kopie der "Ravensburger Schutzmantelmadonna"★★).
🏌 Ravensburg, Hofgut Okatreute (Nord-West : 7 km), ℰ (0751) 99 88.
🅱 Tourist Information, Kirchstr. 16, ✉ 88212, ℰ (0751) 8 23 24, tourist-info@ravensburg.de, Fax (0751) 82466. – **ADAC,** Jahnstr. 26.
Berlin 696 – Stuttgart 147 – Konstanz 43 – München 183 – Ulm (Donau) 86 – Bregenz 41.

🏨 **Romantik Hotel Waldhorn** (Bouley) (mit Gästehaus), Marienplatz 15, ✉ 88212,
ℰ (0751) 3 61 20, bouley@waldhorn.de, Fax (0751) 3612100, 🍴 – 🛗, 🛌 Zim, 📺 📞 🚗 – 🚪 80. 🅰️🅼🅾️ VISA JCB
Menu (geschl. Sonntag - Montag)(Dienstag - Freitag nur Abendessen) (Tischbestellung ratsam) 52/88 à la carte 49,50/68,50, ♀ 🌟 – **30 Zim** 🛏 100 – 150, 3 Suiten.
♦ In der Fußgängerzone der historischen Altstadt steht das denkmalgeschützte Hotel mit neuerem Anbau. Zeitgemäß gestaltete Zimmer und moderne Appartements erwarten Sie. Gediegen-gemütliches Ambiente im Restaurant mit asiatisch inspirierter klassischer Küche. **Spez.** Seezungenfilets mit Jakobsmuscheln. Charolais-Rinderfilet "Saulieu". Bio-Hofente "Miéral" (2 Pers.)

🏠 **Rebgarten** garni, Zwergerstr. 7, ✉ 88214, ℰ (0751) 36 23 30, hotel-rebgarten@t-online.de, Fax (0751) 36233110, 🛁, 🈲, 🚗 – 🚪 30. 🅰️🅼🅾️ VISA JCB
geschl. Weihnachten - Anfang Jan. – **30 Zim** 🛏 72/75 – 93/95.
♦ Wenn Sie ein neuzeitliches Quartier in der Innenstadt suchen, sind Sie hier an der richtigen Adresse. Es stehen gut eingerichtete Zimmer in drei verschiedenen Größen bereit.

🏠 **Obertor,** Marktstr. 67, ✉ 88212, ℰ (0751) 3 66 70, mail@hotelobertor.de,
Fax (0751) 3667200, 🍴, 🈲 – 🛌 Zim, 📺 🅿️. 🅰️ ⓞ 🅼🅾️ VISA
Menu (geschl. 1. - 7. Jan., 1. - 22. Juli, Dienstag, Sonntag (nur Abendessen) à la carte 20,50/38 – **30 Zim** 🛏 79/92 – 95/115.
♦ Nach einer Renovierung bietet man den Gästen in dem historischen Haus jetzt sympathische, teilweise mit Antiquitäten und hübschen gestreiften Tapeten ausstaffierte Zimmer an. Gemütliches Restaurant mit Holzvertäfelung und nettem Dekor.

🍴 **Weinstube Rebleutehaus** - Romantik Hotel Waldhorn, Schulgasse 15, ✉ 88212,
ℰ (0751) 3 61 20, bouley@waldhorn.de, Fax (0751) 3612100 – 🅰️ 🅼🅾️ VISA JCB
geschl. über Weihnachten, Donnerstagmittag, Juli - Aug. Sonntag – **Menu** à la carte 22,50/42,50, ♀.
♦ Unter einer beeindruckenden alten Holzdecke sitzt man in der ehemaligen Zunftstube der Rebleute von 1469. Hier werden regionale Produkte schmackhaft zubereitet.

RECH Rheinland-Pfalz 543 O 5 – 600 Ew – Höhe 130 m.
Berlin 627 – Mainz 155 – Koblenz 57 – Bad Neuenahr-Ahrweiler 9.

Jagdhaus Rech, Bärenbachstr. 35, ⌧ 53506, ℘ (02643) 84 84, jagdhaus.rech@t-online.de, Fax (02642) 3116, 🍽, 🚗 – 📺 🅿
geschl. Jan. – **Menu** (geschl. Nov. - Aug. Montag) à la carte 20/33 – **14 Zim** ⌂ 37 – 74.
♦ Vor allem Wanderer schätzen diese am Waldrand gelegene kleine Unterkunft - eine nette, ländliche Adresse mit wohnlich gestalteten Gästezimmern. In rustikalem Stil : Restaurant und kleine Zirbelstube.

RECHBERGHAUSEN Baden-Württemberg 545 T 12 – 5 300 Ew – Höhe 323 m.
Berlin 605 – Stuttgart 41 – Göppingen 2 – Aalen 44.

Zum Roten Ochsen, Hauptstr. 49, ⌧ 73098, ℘ (07161) 5 13 93, andreasvillbrandt@tiscalinet.de, Fax (07161) 51078
geschl. Montag – **Menu** (nur Abendessen) à la carte 23,50/32,50.
♦ Ein gestandener schwäbischer Gasthof mit solide in Mahagoni eingerichtetem Restaurant und großem Saal mit bemalter Gewölbedecke für Extras.

RECHENBERG-BIENENMÜHLE Sachsen 544 N 24 – 1 200 Ew – Höhe 620 m – Erholungsort – Wintersport : 600/805 m ≰1 ⸳.
Berlin 242 – Dresden 51 – Altenberg 20 – Chomutov 62 – Teplice 37.

In Rechenberg-Bienenmühle-Holzhau Ost : 3 km, über Muldentalstraße :

🛈 Fremdenverkehrsamt, Bergstr. 9, ⌧ 09623, ℘ (037327) 15 04, holzhau@rechenberg-bienenmuehle.de, Fax (037327) 1619

Lindenhof, Bergstr. 4, ⌧ 09623, ℘ (037327) 8 20, info@lindenhof-holzhau.de, Fax (037327) 7395, 🍽, 🧖 , 🚗 – 🛗, ⥋ Zim, 📺 🅿 – 🛎 90. 🅰🅴 🅼🅾 🆅🅸🆂🅰
Menu à la carte 20/32,50 – **28 Zim** ⌂ 47/56 – 78/92, 4 Suiten – ½ P 15.
♦ Eingebettet in die reizvolle Landschaft des Erzgebirges liegt die im Fachwerkstil erbaute Hotelanlage mit zeitgemäßen Zimmern und Saunabereich. Das Hotelrestaurant ist mit hellem Holz gemütlich eingerichtet.

Berghotel Talblick, Alte Str. 144, ⌧ 09623, ℘ (037327) 74 16, hotel.talblick@t-online.de, Fax (037327) 7429, ≤, 🍽, 🧖, 🚗 – ⥋ Zim, 📺 🅿 🅰🅴 🅼🅾 🆅🅸🆂🅰
geschl. März, Nov. – **Menu** (Montag - Freitag nur Abendessen) à la carte 13,50/29 – **28 Zim** ⌂ 56 – 92 – ½ P 12.
♦ Die schöne Hanglage ist einer der Pluspunkte dieses Hauses. Im Inneren finden Sie praktisch ausgestattete Zimmer, einige davon in der angrenzenden Dependance. Mit rustikalem, erzgebirgisch dekoriertem Restaurantbereich.

RECKE Nordrhein-Westfalen 543 I 7 – 11 000 Ew – Höhe 60 m.
Berlin 458 – Düsseldorf 183 – Nordhorn 59 – Bielefeld 73 – Bremen 140 – Enschede 70 – Osnabrück 40.

Altes Gasthaus Greve, Markt 1, ⌧ 49509, ℘ (05453) 30 99, altesgasthausgreve@t-online.de, Fax (05453) 3689, 🍽 – 📺 🗝 🅿 🅰🅴 🅼🅾 🆅🅸🆂🅰
Menu (geschl. Montagmittag) à la carte 17/26,50 – **17 Zim** ⌂ 36/39 – 64/69.
♦ Am Marktplatz gelegen, ist das Fachwerk-Hotel eine zentrale und doch ruhige Unterkunft. Die Zimmer sind teils neuzeitlich-funtionell, teils mit älteren Möbeln eingerichtet. Rustikal-bürgerliches Restaurant mit Kaminzimmer und Bauernstube.

RECKLINGHAUSEN Nordrhein-Westfalen 543 L 5 – 127 000 Ew – Höhe 76 m.
Sehenswert : Ikonenmuseum★★ X M1.

🛫 Recklinghausen, Bockholter Str. 475 (über ⑥), ℘ (02361) 9 34 20.
ADAC, Martinistr. 11.
Berlin 508 ④ – Düsseldorf 63 ④ – Bochum 17 ④ – Dortmund 28 ③ – Gelsenkirchen 20 ④ – Münster (Westfalen) 63 ⑦

Stadtplan siehe gegenüberliegende Seite

Parkhotel Engelsburg, Augustinessenstr. 10, ⌧ 45657, ℘ (02361) 20 10, rez@engelsburg.bestwestern.de, Fax (02361) 201120, 🍽, 🧖 – 🛗, ⥋ Zim, 📺 📞 ♿ 🚗 – 🛎 40   X c
Menu à la carte 23/42 – **69 Zim** ⌂ 109/120 – 129/135, 5 Suiten.
♦ Wohnen im kurfürstlichen Palais von 1701 ! Nostalgischer Charme und moderne Funktionalität verbinden sich in den elegant im englischen Stil eingerichteten Zimmern harmonisch.

RECKLINGHAUSEN

Am Lohtor	X 2	Kemnastraße	Z 23
Augustinessenstr.	X 4	Kirchplatz	X 24
Börster Weg	Y 6	Klosterstraße	X 26
Bockholter Straße	Z 7	Kunibertistraße	X 27
Breite Straße	X	Kurfürstenwall	X 28
Buddestraße	Y 9	Löhrhof	X
Grafenwall	X 12	Markt	X
Große Geldstraße	X 13	Martinistraße	X 30
Heilig-Geist-Straße	X 15	Münsterstraße	X 33
Hillen	Z 16	Ossenbergweg	X 34
Hinsbergstraße	Y 18	Reitzensteinstr.	Z 36
Holzmarkt	X 19	Schaumburgstraße	X 37
Im Romberg	Y 20	Springstraße	X 39
Josef-Wulff-Straße	Y 22	Steinstraße	X 40
		Steintor	X 42
		Viehtor	X 43
		Wickingstraße	Y 44

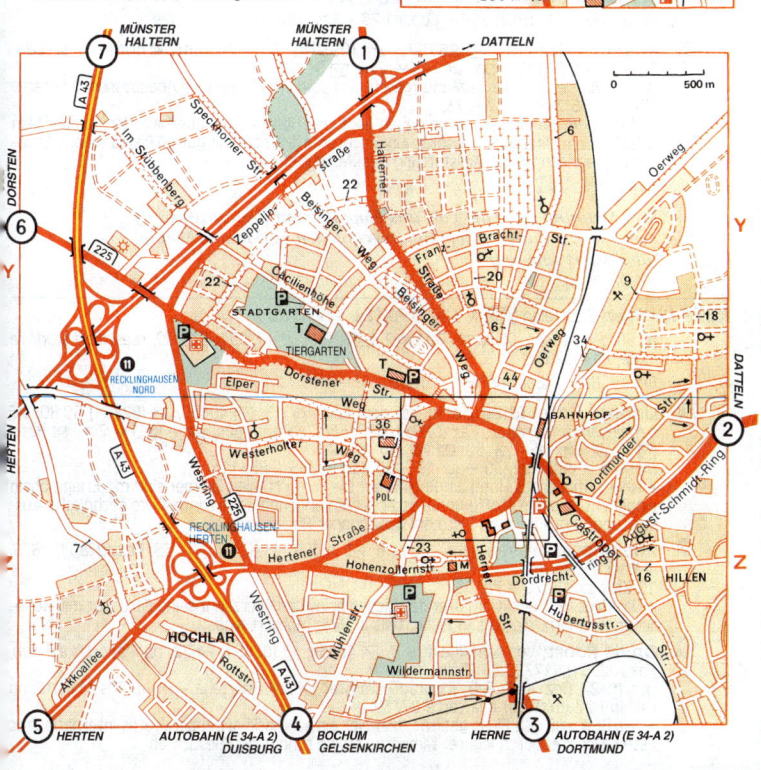

🏨 **Landhaus Scherrer,** Bockholter Str. 385 (Nord-West : 3 km), ✉ 45659, ℘ (02361) 1 03 30, *landhaus_scherrer_gmbh@t-online.de*, Fax (02361) 103317, 🍴 – ✕ Zim, 📞 🅿 AE ⓘ ⓜ VISA 🗶 Rest   über Bockholter Str. **YZ**
Menu *(geschl. Sonntag) (nur Abendessen)* à la carte 24/46 – **12 Zim** ⇌ 70/80 – 90/100.
 ♦ Früher wurde in dem schönen Backsteinbau die Schulbank gedrückt - heute wohnt man im Hotelanbau in hübschen Zimmern mit gepflegtem, hellem Landhaus-Mobiliar. Klassisch und stilvoll eingerichtetes Restaurant.

🏨 **Mercure Barbarossa,** Löhrhof 8, ✉ 45657, ℘ (02361) 93 12 30, *info@barbarossa-recklinghausen.de*, Fax (02361) 57051, 🍴 – 📞, ✕ Zim, 📺 – 🍽 30. AE ⓘ ⓜ VISA
Menu à la carte 24/38 – ⇌ 11 – **66 Zim** 72/90 – 82/100.   **X a**
 ♦ In Bahnhofsnähe bietet man Ihnen hier eine zeitgemäß ausgestattete Unterkunft, die in ihrer funktionellen Art vor allem auf den Geschäftsreisenden abgestimmt ist.

1153

RECKLINGHAUSEN

Albers, Markt 3, ✉ 45657, ℘ (02361) 9 51 60, service@gasthof-albers.de, Fax (02361) 951611, 😊 – |✦|, ⚡ Rest, 📺 ✆ ⇔, AE ⓜ VISA   X e
Menu à la carte 17,50/28 – **16 Zim** ⇌ 55 – 85.
• Im modernen Hotelanbau dieses historischen Gasthofs mit Stufengiebel stehen nette Übernachtungszimmer mit wohnlicher Einrichtung zum Einzug bereit. Das Restaurant: teils mit dunklem Holz, teils mit hellem Naturholz und Kachelofen.

Altes Brauhaus, Dortmunder Str. 16, ✉ 45665, ℘ (02361) 4 63 23, Fax (02361) 46579 – AE ⓜ VISA   Z b
geschl. über Karneval 2 Wochen, Juli - Aug. 3 Wochen, Samstagmittag, Montag - Dienstagmittag – **Menu** 18 (mittags) à la carte 21,50/38,50.
• Dunkles Holz und ein nettes Dekor prägen die rustikale Einrichtung dieses Restaurants. Das engagierte Pächterehepaar bewirtet Sie mit einer internationalen Speiseauswahl.

REDWITZ AN DER RODACH Bayern 546 P 17 – 3 500 Ew – Höhe 293 m.
Berlin 362 – München 258 – Coburg 29 – Bamberg 47.

Rösch, Gries 19, ✉ 96257, ℘ (09574) 6 33 20, info@hotel-roesch.de, Fax (09574) 633233, 😊, 🌳 – ⚡ Zim, 📺 🅿 ⚡ Rest
geschl. 20. Dez. - 6. Jan. – **Menu** (geschl. Samstag - Sonntag) (nur Abendessen) à la carte 15/24 – **15 Zim** ⇌ 47 – 73.
• Von altem Baumbestand umgeben sieht das Hotel etwas oberhalb der Straße. Man schläft hier in blitzsauberen, solide eingerichteten Zimmern mit gutem Platzangebot. Ländlich und einfach ist die Ausstattung des Restaurants.

Ihre Meinung über die von uns empfohlenen Restaurants,
deren Spezialitäten sowie die angebotenen regionalen Weine,
interessiert uns sehr.

REES Nordrhein-Westfalen 543 K 3 – 21 700 Ew – Höhe 20 m.
🛈 Bürger Service, Markt 1 (Rathaus), ✉46459, ℘ (02851) 5 12 00, reesinfo@stadt-rees.de, Fax (02851) 51205.
Berlin 580 – Düsseldorf 87 – Arnhem 49 – Wesel 24.

Lindner Hotel Rheinpark, Vor dem Rheintor 15, ✉ 46459, ℘ (02851) 58 80, info.rheinpark@lindner.de, Fax (02851) 5881588, ≤ Rhein, 😊, 🛉 – |✦|, ⚡ Zim, 🍴 Rest, 📺 ✆ ⚐ ⇔ 🅿 – 🔔 50. AE ⓞ ⓜ VISA JCB
Menu à la carte 22/30 – ⇌ 13 – **60 Zim** 65/95 – 85/115.
• Neues, modernes Hotel am Rheinufer: Die komfortablen Zimmer sind mit Erlenmöbeln eingerichtet, blaue Stoffe und Polster setzen angenehme Akzente. Gute technische Ausstattung. Restaurant im Bistrostil mit schöner Rheinterrasse.

Rheinhotel Dresen garni, Markt 6, ✉ 46459, ℘ (02851) 12 55, Fax (02851) 2838, ≤ Rhein – ⚡ 📺
12 Zim ⇌ 45/70 – 70/80.
• Das Haus liegt direkt am Ufer des Niederrheins und überzeugt seine Besucher mit wohnlichen Zimmern, die teils in Eiche, teils in Pinie möbliert sind.

Op de Poort, Vor dem Rheintor 5, ✉ 46459, ℘ (02851) 74 22, opdepoort@aol.com, Fax (02851) 917720, ≤ Rhein, 😊 – 🅿
geschl. 27. Dez. - 16. Feb., Montag - Dienstag, außer Feiertage – **Menu** (Tischbestellung ratsam) 22 (mittags) à la carte 27/39.
• Mit Blick auf den Fluss genießt man hier ein schmackhaft zubereitetes internationales Essen. Der freundlich-legere, familiäre Service rundet den Besuch ab.

In Rees-Grietherort Nord-West: 8 km, über Westring und Wardstraße:

Inselgasthof Nass 🐾 mit Zim, Grietherort 1, ✉ 46459, ℘ (02851) 63 24, inselgasthof_nass@t-online.de, Fax (02851) 6015, ≤, 😊 – 📺 ⚡ Zim
Menu (geschl. Montag) (überwiegend Fischgerichte) à la carte 20,50/39,50 – **8 Zim** ⇌ 38 – 75.
• Umschlungen von Altrheinarmen liegt das Restaurant in typisch niederrheinischer Landschaft. Reservieren Sie einen der schön eingedeckten Fenstertische!

In Rees-Reeserward Nord-West: 4 km, über Westring und Wardstraße:

Landhaus Drei Raben, Reeserward 5, ✉ 46459, ℘ (02851) 18 52, 😊 – 🅿
geschl. Montag - Dienstag – **Menu** à la carte 24,50/45, ⚐.
• Hier wurde ein hübsches ehemaliges Bauernhaus erweitert und umgebaut. Ein helles ländliches Interieur mit Parkettböden lädt heute zum Verweilen ein.

REGEN Bayern **546** T 23 – 12 000 Ew – Höhe 536 m – Erholungsort – Wintersport : ⛷.
🛈 Touristinformation, Schulgasse 2, ✉ 94209, ℘ (09921) 29 29, Fax (09921) 60433.
Berlin 529 – München 169 – Passau 59 – Cham 49 – Landshut 100.

🏨 **Wieshof**, Poschetsrieder Str. 2, ✉ 94209, ℘ (09921) 97 01 60, hotelwieshof@t-onli ne.de, Fax (09921) 9701697, 🍽 – TV P. ⓘ ⓜ VISA
Menu (geschl. Sonntagabend) à la carte 14/28,50 – **14 Zim** ⇌ 35 – 70 – ½ P 10.
 • Verkehrsgünstig oberhalb des Bahnhofs gelegen, stellt dieser Gasthof eine nette Übernachtungsadresse dar, deren Zimmer praktisch und sauber eingerichtet sind. Ländliche Gaststube.

In Regen-Schweinhütt Nord-Ost : 5 km Richtung Bayrisch Eisenstein :

🏨 **Landhotel Mühl**, Köpplgasse 1 (B 11), ✉ 94209, ℘ (09921) 95 60, info@landhotelmuehl.de, Fax (09921) 970232, 🍽, ⛲, ⌾ – 📶 TV P. ⓘ ⓜ VISA
geschl. Nov. - 6. Dez. – **Menu** (geschl. Jan. - Feb. Dienstag) à la carte 14,50/27,50 – **33 Zim** ⇌ 42/51 – 69/82 – ½ P 12.
 • Der vom Inhaber selbst geführte Landgasthof verfügt über sehr gepflegte, mit soliden Naturholzmöbeln eingerichtete Zimmer und wohnliche Appartements. Musikabende. Ländlich und gemütlich ist die Aufmachung des Restaurants.

REGENSBURG Bayern **546** S 20 – 146 000 Ew – Höhe 339 m.
Sehenswert : Dom★ (Glasgemälde★★) E – Alter Kornmarkt★ E – Alte Kapelle★ E – Städt. Museum★ E M1 – St. Emmeram★ (Grabmal★ der Königin Hemma) D – Diözesanmuseum★ E – St. Jakobskirche (romanisches Portal★) A – Steinerne Brücke (≤★) E – Haidplatz★ D – Altes Rathaus★ D.
Ausflugsziel : Walhalla★ Ost : 11 km über Walhalla-Allee B.
🏌 Jagdschloß Thiergarten (über ②) : 13 km), ℘ (09403) 5 05 ; 🏌 Sinzing (Süd-West : 6 km über ⑤ A), ℘ (0941) 3 78 61 00.
🛈 Tourist-Information, Altes Rathaus, ✉ 93047, ℘ (0941) 5 07 44 10, Fax (0941) 5074419.
ADAC, Luitpoldstr. 2.
Berlin 489 ⑤ – München 122 ④ – Nürnberg 100 ④ – Passau 115 ③

Stadtpläne siehe nächste Seiten

🏨 **Sorat Insel-Hotel**, Müllerstr. 7, ✉ 93059, ℘ (0941) 8 10 40, regensburg@sorat-ho tels.com, Fax (0941) 8104444, ≤, 🍽, ⌾ – 📶 Zim, TV ✆ ⇔ – 🔒 70. ⓘ ⓜ VISA JCB   A r
Brandner (geschl. Aug., Sonntag) **Menu** à la carte 21/31 – **75 Zim** ⇌ 117/159 – 154/196.
 • Genießen Sie den Blick auf Regensburg im denkmalgeschützten Hotel, einer alten Manufaktur, die über einem Donauarm liegt. Komfortable Zimmer in klassisch-moderner Gestaltung. Brandner mit elegant-gediegenem Ambiente und Panoramablick auf den Dom.

🏨 **Courtyard by Marriott**, Bamberger Str. 28, ✉ 93053, ℘ (0941) 8 10 10, reserva tion.regensburg@courtyard.com, Fax (0941) 84047, 🍽, ⌾ – 📶, ⚅ Zim, ▣ TV ✆ P – 🔒 120. ⓘ ⓜ VISA JCB. ⚘ Rest   über ⑥
Menu à la carte 22/36 – ⇌ 14 – **125 Zim** 98/106.
 • Nahe dem historischen Stadtkern gelegen, bietet das moderne Hotel seinen Gästen funktionell-elegante Zimmer, zum Teil mit Blick auf den Dom. Terrasse am Donauufer !

🏨 **Avia-Hotel**, Frankenstr. 1, ✉ 93059, ℘ (0941) 4 09 80, info@avia-hotel.de, Fax (0941) 4098100, 🍽, ⚅ Zim, P – 🔒 60. ⓘ ⓜ VISA JCB
Menu (geschl. 27. Dez. - 6. Jan.) à la carte 23/37 – **60 Zim** ⇌ 88 – 98.   B c
 • Geschmackvoll eingerichtete Zimmer, teils auch mit einfacherem Standard, und ein guter Service versprechen einen erholsamen Aufenthalt. Auch für Tagungen geeignet. Bürgerlich-gediegenes Restaurant.

🏨 **Park-Hotel Maximilian**, Maximilianstr. 28, ✉ 93047, ℘ (0941) 5 68 50, reception @maximilian-hotel.de, Fax (0941) 52942, 🍽 – 📶, ⚅ Zim, TV ✆ ⇔ – 🔒 70
Locanda Botticelli (italienische Küche) (geschl. Ende Aug. - Anfang Sept., Sonn- und Feiertage) **Menu** à la carte 21,50/33,50 – **High Fish** (geschl. Aug. 2 Wochen, Sonn- und Feiertage) **Menu** à la carte 19,50/33 – **52 Zim** ⇌ 124 – 149/170.   E f
 • Prunkvolles Domizil von 1891 mit Neo-Rokoko-Fassade, das unterschiedliche, teils geräumige Zimmer bietet. Nur wenige Schritte zum historischen Teil der Stadt. Rustikale Locanda Botticelli in einem Pavillon. Kellerlokal High Fish mit mediterraner Wandmalerei.

🏨 **Bischofshof am Dom**, Krautererstr. 3, ✉ 93047, ℘ (0941) 5 84 60 (Hotel) 5 94 10 10 (Rest.), info@hotel-bischofshof.de, Fax (0941) 5846146, Biergarten – 📶, ⚅ Zim, TV ✆ ⇔. ⓘ ⓜ VISA   E r
Menu à la carte 14/32 – **55 Zim** ⇌ 72/97 – 125/132.
 • Die Lage zwischen Porta Praetoria und dem Dom betont den geschichtlichen Charakter der einstigen Bischofsresidenz. Den Gast erwarten romantische Zimmer im Landhausstil. Unterteilte Gaststuben, teils elegant-gemütlich, teils bürgerlich.

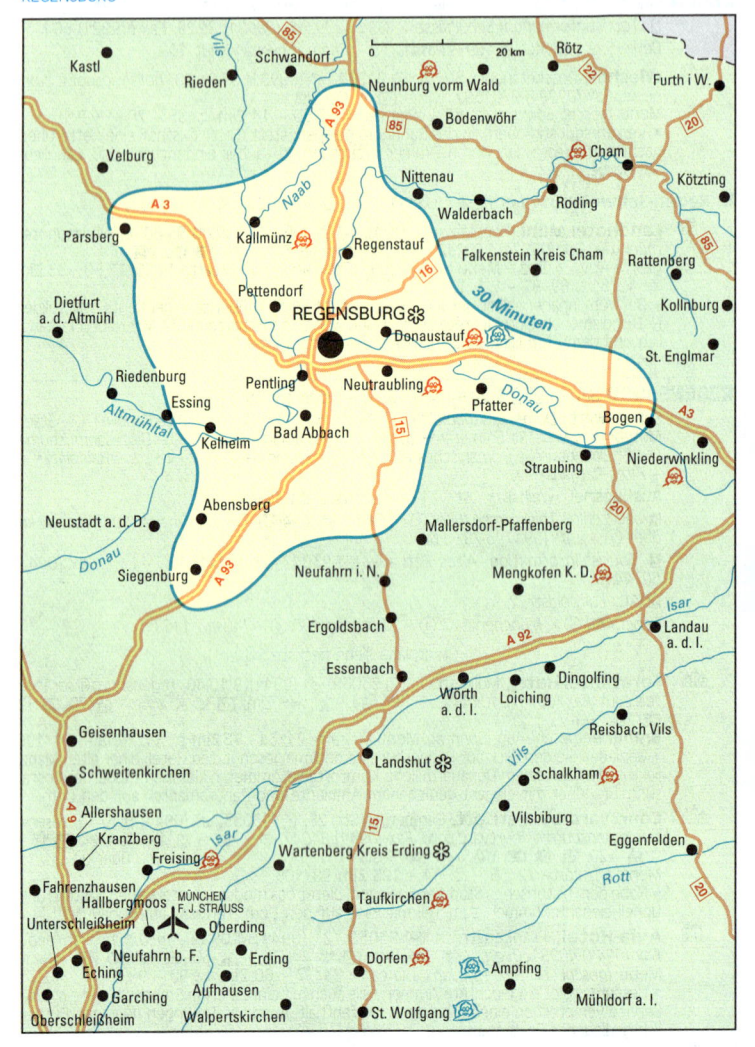

REGENSBURG

🏨 **Altstadthotel Arch** garni, Haidplatz 4, ✉ 93047, ☎ (0941) 5 86 60, *arch@onlineh ome.de, Fax (0941) 5866168* – 🛗 ⋈ TV ☎ – 🅿 25. AE ① ⊙ VISA JCB   D n
65 Zim ⊃ 75/110 – 100/130.
 ♦ Ein Haus mit Vergangenheit : Das schöne, modernisierte Patrizierhaus a. d. 12. Jh. liegt in der Fußgängerzone. Fragen Sie nach den komfortablen Dachbalkenzimmern.

🏨 **Atrium** garni, Gewerbepark D 90, ✉ 93059, ☎ (0941) 4 02 80, *info@atrium-regensburg.bestwestern.de, Fax (0941) 49172* – 🛗 ⋈ TV 📞 🅿 – 🅿 100. AE ① ⊙ VISA   über ①
⊃ 10 – **96 Zim** 92 – 102.
 ♦ Das moderne Hotel für Geschäftsreisende liegt in einem Gewerbegebiet. Funktionelle Zimmer mit zeitgemäßer Ausstattung und ein moderner Tagungsbereich zählen zum Angebot.

REGENSBURG

0 — 500 m

Adolf-Schmetzer-Str.	**B** 2	Gumpelzhaimerstraße	**A** 18	Platz der Einheit	**A** 31
Albertstraße	**A** 3	Hermann-Geib-		Protzenweiherbrücke	**AB** 32
Altdorfer Straße	**A** 4	Straße	**B** 19	Schottenstraße	**A** 37
Arnulfsplatz	**A** 5	Landshuter Straße	**B** 22	*Stadtamhof*	**A** 38
Bismarckplatz	**A** 6	Liskircherstraße	**A** 23	Stobäusplatz	**B** 39
Dr.-Johann-		Luitpoldstraße	**B** 26	Walhalla Allee	**B** 45
Maier-Straße	**A** 10	Margaretenstraße	**A** 27	Weißgergergraben	**A** 49

🏨 **Kaiserhof** garni, Kramgasse 10, ✉ 93047, ✆ (0941) 58 53 50, *info@kaiserhof-am-d om.de*, Fax *(0941) 5853595* – 📶 📺 🅰🅴 ⓘ 🆎 *VISA*
30 Zim ⊇ 55/70 – 89/120. **E** t
• Hier wohnen Sie mit Blick auf die Zwillingstürme des Doms in freundlichen Räumen. Der Frühstücksraum befindet sich in der Hauskapelle aus dem 14. Jh. mit hoher Gewölbedecke.

🏨 **Münchner Hof** 🗱, Tändlergasse 9, ✉ 93047, ✆ (0941) 5 84 40 (Hotel) 5 99 73 63 (Rest.), *info@muenchner-hof.de*, Fax *(0941) 561709* – 📶, 🍽 Zim, 📺 🕭 – 🏛 25. 🅰🅴 ⓘ 🆎 *VISA* **D** d
Menu *(geschl. Sonntagabend)* à la carte 15,50/24,50 – **53 Zim** ⊇ 62/77 – 85/100.
• Die Kombination von gotischen Bögen und stilvollem Komfort hinter mittelalterlichen Mauern verleiht einigen Zimmern einen historischen Touch und persönlichen Stil. Rustikale Gaststätte mit gemütlicher Gründerzeit-Atmosphäre.

🍴🍴🍴 **Rosenpalais** (von Walderdorff), Minoritenweg 20 (1. Etage), ✉ 93047, ✆ (0941)
❀ 5 99 75 79, *restaurant@rosenpalais.de*, Fax *(0941) 5997580*, 🌳 – 🆎 *VISA* **B** a
geschl. Anfang - Mitte Jan., Sonn- und Feiertage, Montag – **Menu** 38/75 à la carte 49/58, 🍷 – *Bistro (geschl. Anfang - Mitte Jan., Sonn- und Feiertage, Montag)* **Menu** à la carte 23,50/35,50, 🍷.
• Im geschmackvollen Barock-Ambiente des Stadtpalais aus dem 18. Jh. bietet man eine kreative französische Küche sowie ein umfangreiches Angebot an Weinen. Das Bistro mit integrierter Bar befindet sich im Erdgeschoss des Rosenpalais.
Spez. Thunfisch-Carpaccio mit Curry-Gemüse und Thaipesto. Pochierter Rehrücken mit Oliven-Kirschragout und altem Balsamico. Mohnsoufflé mit Cassisfeigen und Basilikumeis

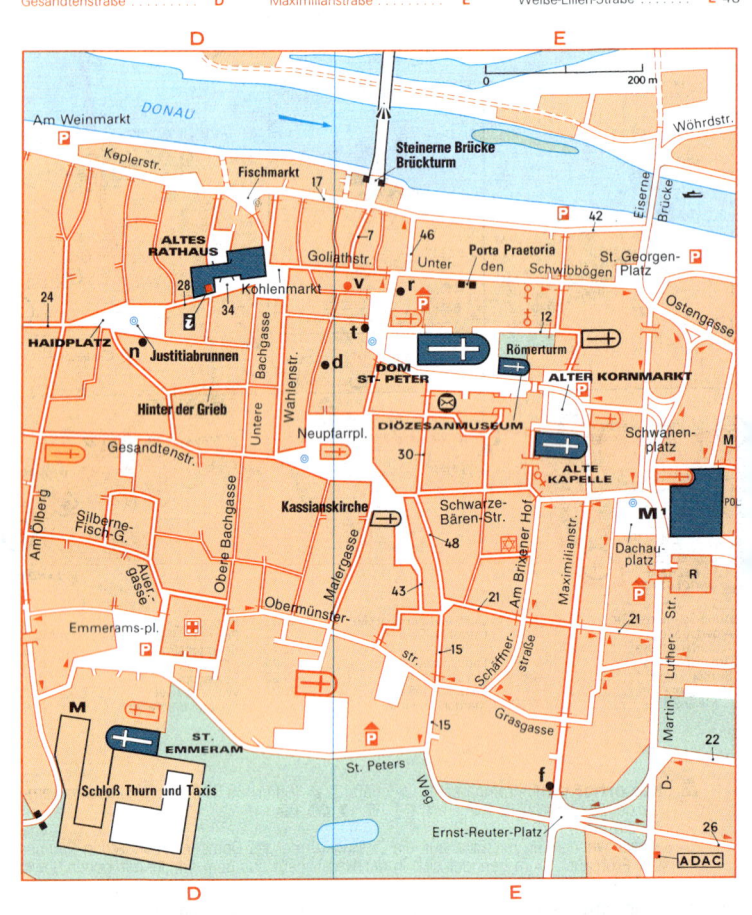

REGENSBURG

Brückstraße	E	7
Domgarten	E	12
Fröhliche-Türken-Str.	E	15
Gesandtenstraße	D	
Goldene-Bären-Straße	D	17
Goliathstraße	DE	
Haidplatz	D	
Königsstraße	E	21
Landshuter Straße	E	22
Ludwigstraße	E	24
Luitpoldstraße	E	26
Maximilianstraße	E	
Neue-Waag-Gasse	D	28
Neupfarrplatz	DE	
Pfauengasse	E	30
Rathausplatz	E	34
Thundorfer Straße	E	42
Viereimergasse	E	43
Weiße-Hahnen-Gasse	E	46
Weiße-Lilien-Straße	E	48

※※ **David,** Watmarkt 5 (5. Etage), ✉ 93047, ✆ (0941) 56 18 58, *Fax (0941) 51618,* 🌿 –
🈁 AE ① ⓜ VISA
E v
geschl. Sonntag - Montag – **Menu** *(nur Abendessen)* à la carte 39/50.
♦ Im fünften Stock des historischen Goliathhauses speist man in romantischem Ambiente. Internationale Küche mit französischen und italienischen Einflüssen. Schöne Dachterrasse.

※※ **Hagens Auberge,** Badstr. 54, ✉ 93059, ✆ (0941) 8 44 13, *Fax (0941) 84414,* 🌿 –
AE ① ⓜ VISA
A c
geschl. Sonntag – **Menu** *(nur Abendessen)* à la carte 25/40.
♦ In einer Seitenstraße auf der Donauinsel gelegenes, rustikal gehaltenes Restaurant mit gemütlichem Ambiente. Die Küche bietet Internationales, französisch inspiriert.

※ **Brauerei Kneitinger,** Arnulfsplatz 3, ✉ 93047, ✆ (0941) 5 24 55, *info@knei.de,*
🍴 *Fax (0941) 5999982,* (Brauereigaststätte)
A h
Menu à la carte 10,50/25,50.
♦ Passend zum Ambiente der mit dunklem Holz ausgestatteten rustikalen Gaststätte werden hier Brotzeiten und regionale Speisen gereicht.

In Regensburg-Irl über ② : 7 km in Richtung Straubing :

Held (mit Gästehaus), Irl 11, ⌧ 93055, ℘ (09401) 94 20, *richardheld@t-online.de*, Fax (09401) 7682, Biergarten, ⇌, 🔲 – 🛗 ✼ TV 🚗 P – 🛆 80. AE ⓄⓄ VISA
geschl. 24. - 29. Dez. – **Menu** à la carte 13,50/28,50 – **81 Zim** ⥮ 50/60 – 95.
♦ In zwei Generationen vom Gasthof zum Hotel gereift, bietet das Haus familiäre Gastlichkeit. Die Zimmer sind gepflegt und neuzeitlich mit rustikalen Eichenmöbeln eingerichtet. Ländlich-rustikale Gaststuben.

In Regensburg-Wutzlhofen über ① und Chamer Straße : 5 km :

Götzfried, Wutzlhofen 1, ⌧ 93057, ℘ (0941) 6 96 10, *service@hotel-goetzfried.de*, Fax (0941) 6961232, ⛲ – 🛗, ✼ Zim, TV ☎ P – 🛆 80. AE ⓄⓄ VISA JCB
Menu *(geschl. Montagmittag)* à la carte 16,50/32 – **52 Zim** ⥮ 55/65 – 75/90.
♦ In dem gewachsenen Gasthof in einem Wohngebiet im Norden der Stadt erwarten Sie ein herzlicher Empfang und praktisch ausgestattete Zimmer.

In Pentling über ④ : 5 km bei der BAB-Ausfahrt Regensburg-Süd :

NH Regensburg, An der Steinernen Bank 10, ⌧ 93080, ℘ (09405) 3 30, *nhregensburg@nh-hotels.com*, Fax (09405) 33410, Biergarten, ⇌ – 🛗, ✼ Zim, TV ♿ 🚗 P – 🛆 300. AE ⓄⓄ VISA
Menu à la carte 21/30,50 – ⥮ 10 – **223 Zim** 60/65 – 75/80.
♦ Am Rand von Regensburg gelegen, stellt das Haus besonders für geschäftliche Aufenthalte eine ideale Unterkunft dar. Zeitgemäße Zimmer erleichtern das Leben unterwegs.

In Pettendorf-Mariaort über ⑥ : 7 km :

Krieger, Heerbergstr. 3 (an der B 8), ⌧ 93186, ℘ (0941) 8 10 80 (Hotel) 8 42 78 (Rest.), *gasthof@gasthof-krieger.de*, Fax (0941) 8108180, ≤, Biergarten – 🛗 ✼ 🚗 P – 🛆 100
geschl. 24. Dez. - 7. Jan. – **Menu** *(geschl. Aug. - Sept. 2 Wochen, Mittwoch)* à la carte 13/26,50 – **27 Zim** ⥮ 31/47 – 52/70.
♦ Lauschig an der Mündung der Naab in die Donau gelegener Gasthof. Man wohnt in Zimmern, die mit rustikalen Eichenmöbeln eingerichtet sind. Rustikal-gemütliche Gaststube mit historischem Säulengewölbe.

In Pettendorf-Adlersberg über ⑥ : 8 km auf der B 8, in Richtung Pettendorf :

Prösslbräu 🌳, Dominikanerinnenstr. 2, ⌧ 93186, ℘ (09404) 18 22, *Fax (09404) 5233*, (Brauereigasthof in einer ehemaligen Klosteranlage a.d. 13.Jh.) Biergarten – P
geschl. 22. Dez. - 13. Jan. – **Menu** *(geschl. Montag)* à la carte 12,50/20,50 – **13 Zim** ⥮ 32 – 47.
♦ Der familiengeführte Brauereigasthof befindet sich in einer schönen ehemaligen Klosteranlage a. d. 13. Jh. Hier finden Sie schlichte, praktisch eingerichtete Zimmer. Das urige Lokal ist in verschiedene gemütlich-rustikale Stuben unterteilt.

In Donaustauf Ost : 9 km, Richtung Walhalla B :

Forsters Gasthof Zur Post, Maxstr. 43, ⌧ 93093, ℘ (09403) 91 00, *info@hotel-forsters.de*, Fax (09403) 910910, ⛲ – 🛗, ✼ Zim, TV ☎ P – 🛆 140. AE ⓄⓄ VISA JCB
Menu *(geschl. 16. Feb. - 1. März, 23. Aug. - 6. Sept., Montag)* à la carte 16,50/33 – **47 Zim** ⥮ 63/65 – 85/95.
♦ Freuen Sie sich auf einen gastlichen Empfang in idyllischer Umgebung. Die Räume des Gasthofs sind ansprechend und wohnlich mit Naturholz im Landhausstil eingerichtet. Unterteiltes Restaurant, teils leicht elegant, teils rustikal.

Walhalla 🌳 garni, Ludwigstr. 37, ⌧ 93093, ℘ (09403) 9 50 60, *hotelpensionwalhalla@hotmail.com*, Fax (09403) 950613 – 🛗 TV 🚗 P ⓄⓄ VISA
21 Zim ⥮ 35/40 – 55/58.
♦ Die von 1830 bis 1842 erbaute Ruhmeshalle gab dem in einem Wohngebiet gelegenen Hotel seinen Namen. Praktische Gästezimmer stehen hier zum Einzug bereit.

In Neutraubling Süd-Ost : 10 km über ② in Richtung Straubing :

Am See (mit Gästehaus), Teichstr. 6, ⌧ 93073, ℘ (09401) 94 60, *hotel-am-see@t-online.de*, Fax (09401) 946222, ⛲ – 🛗, ✼ Zim, ⚋ Rest, TV ☎ ♿ P – 🛆 80. AE ⓄⓄ VISA
Menu *(geschl. 2. - 23. Aug., Montag)* à la carte 17/34,50 – ♀ – **40 Zim** ⥮ 62/86 – 94/112.
♦ Ein freundlicher Service und mit hellem Naturholz wohnlich im Landhausstil eingerichtete, sehr gepflegte Zimmer machen dieses Hotel aus. Restaurant mit Kamin oder Seestüberl mit Kachelofen, alles ländlich-modern gestaltet.

REGENSTAUF Bayern 546 S 20 – 15 000 Ew – Höhe 346 m.

🛈 Fremdenverkehrsamt, Bahnhofstr. 15, ✉ 93128, ✆ (09402) 50 90, fremdenverkehr samt@regenstauf.de, Fax (09402) 50917.

Berlin 474 – München 136 – Regensburg 19 – Nürnberg 110.

In Regenstauf-Heilinghausen Nord-Ost : 8 km im Regental :

XX **Landgasthof Heilinghausen**, Alte Regenstr. 5, ✉ 93128, ✆ (09402) 42 38, Fax (09402) 780857, Biergarten – **P**. **AE** **MC**
geschl. Nov. 2 Wochen, Dienstag – **Menu** à la carte 18/32.
• Direkt an der Straße liegt dieser traditionelle bayerische Landgasthof. In der rustikal-gemütlichen Gaststube bewirtet man Sie mit internationalen und regionalen Gerichten.

REHBURG-LOCCUM Niedersachsen 541 I 11 – 9 800 Ew – Höhe 60 m.

🛇 🛇 Mardorf, Vor der Mühle 10 (Ost : 5 km), ✆ (05036) 27 78 ; 🛇 Rehburg-Loccum, Hormannshausen, ✆ (05766) 9 30 17.

Berlin 328 – Hannover 47 – Bremen 89 – Minden 28.

🏠 **Rodes Hotel**, Marktstr. 22 (Ortsteil Loccum), ✉ 31547, ✆ (05766) 2 38, rodes-hote l@t-online.de, Fax (05766) 7132, 🍽 – **TV** 🛌 **P**.
geschl. 20. Dez. - 10. Jan. - **Menu** (geschl. Freitag) à la carte 13,50/34 – **23 Zim** ⇌ 43/49 – 68/74.
• Gastliche Tradition wird in dem Klinkergasthof bereits seit 400 Jahren hochgehalten. In Zimmern mit neuzeitlichem oder nostalgischem Charme wohnt man individuell und ruhig. Restaurant im altdeutschen Stil.

REHLINGEN-SIERSBURG Saarland 543 R 4 – 10 000 Ew – Höhe 180 m.

Berlin 736 – Saarbrücken 37 – Luxembourg 66 – Trier 63.

In Rehlingen-Siersburg - Eimersdorf Nord-West : 2 km ab Siersburg, über Niedmühle :

XX **Niedmühle**, Niedtalstr. 13, ✉ 66780, ✆ (06835) 6 74 50, info@restaurant-niedmue hle.de, Fax (06835) 6070450, 🍽 – **P**. ✸
geschl. 1. - 7. Jan., Juli - Aug. 3 Wochen, Okt. 1 Woche, Montag, Samstagmittag – **Menu** à la carte 32/45.
• In diesem ländlich geprägten Restaurant nehmen die Gäste auf Korbstühlen an gut eingedeckten Tischen Platz. Nett sitzt man auch in dem lichtdurchfluteten Wintergarten.

In Rehlingen-Siersburg - Niedaltdorf Süd-West : 8 km ab Siersburg, über Hauptstraße :

XX **Olive - Zur Naturtropfsteinhöhle**, Neunkircher Str. 10, ✉ 66780, ✆ (06833) 3 77, restaurantolive@aol.com, Fax (06833) 1730071, 🍽 – **P**. **AE** **MC** **VISA**. ✸
geschl. Montag, Mittwochabend – **Menu** à la carte 24/41.
• In diesem über und über mit Grün bewachsenen Gasthof paart sich das Moderne mit dem Rustikalen. Mediterrane Farben harmonieren mit dem Angebot der Küche.

REHNA Mecklenburg-Vorpommern 542 E 17 – 2 800 Ew – Höhe 15 m.

Berlin 237 – Schwerin 35 – Lübeck 32 – Ratzeburg 25 – Wismar 46.

🏠 **Stadt Hamburg**, Markt 5 (B 104), ✉ 19217, ✆ (038872) 5 33 11, Fax (038872) 51632, 🍽 – **TV** 🛌 **P**. **MC** **VISA**
Menu à la carte 13/24 – **15 Zim** ⇌ 36/42 – 52/62.
• Schon von weitem fällt die rote Fachwerkfassade des Hotels ins Auge. Früher war das Haus eine Ausspanne mit Übernachtungsmöglichkeit, heute bietet man praktische Zimmer. In der Gaststube geht es ländlich zu.

REICHELSHEIM Hessen 543 Q 10 – 9 500 Ew – Höhe 216 m – Luftkurort.

🛈 Tourist-Information, Bismarkstr. 43, ✉ 64385, ✆ (06164) 5 08 26, touristinfo@reic helsheim.de, Fax (06164) 50833.

Berlin 585 – Wiesbaden 84 – Mannheim 53 – Darmstadt 36.

XX **Treusch im Schwanen**, Rathausplatz 2, ✉ 64385, ✆ (06164) 22 26, info@treusc hs-schwanen.com, Fax (06164) 809, 🍽 – **P**. – 🍷 **AE** **①** **MC** **VISA**
geschl. Mitte Jan. - Ende Feb., Donnerstag – **Menu** (Montag - Freitag nur Abendessen) à la carte 25/47 (auch vegetarisches Menu), ♀ 🍷 – **Johanns-Stube** (geschl. über Fastnacht 2 Wochen, Donnerstag) **Menu** à la carte 15,50/31, ♀.
• Elegant und rustikal ist die Ausstattung des Restaurants in diesem Gasthaus. Aus der Küche kommt ein ansprechendes Angebot an regionalen und gehobenen Gerichten. In der rustikalen Johanns-Stube hat man sich ganz auf die regionale Kost spezialisiert.

REICHELSHEIM

In Reichelsheim-Eberbach *Nord-West : 1,5 km, über Konrad-Adenauer-Allee, am Ortsende links ab :*

Landhaus Lortz, Ortstr. 3a, ✉ 64385, ✆ (06164) 49 69, *info@landhaus-lortz.de*, Fax (06164) 55528, ≤, ⊆s, 🔲, 🐕, – 📺 🅿. 🚗 🚙, ✗ Zim
geschl. Anfang Feb. 1 Woche – **Menu** *(geschl. Montag) (Dienstag - Freitag nur Abendessen)* à la carte 17/23 – **17 Zim** ⊆ 33/39 – 71/85 – ½ P 12.
• Eine Urlaubsadresse im Grünen, in der die Gäste recht geräumige, mit hübschen Weichholzmöbeln und kleiner Küchenzeile sinnvoll ausgerüstete Zimmer vorfinden.

In Reichelsheim-Erzbach *Süd-Ost : 6,5 km, über B 38 und Unter-Ostern :*

Berghof, Forststr. 44, ✉ 64385, ✆ (06164) 20 95, *berghof.erzbach@t-online.de*, Fax (06164) 55298, 🌿, ⊆s, 🔲, 🐕 – 🛏 📺 🅿 – 🔑 20. 🚙 🚗
Menu *(geschl. Montag)* à la carte 15/33,50 – **30 Zim** ⊆ 31/42 – 70 – ½ P 9.
• Dieser gestandene Familienbetrieb liegt landschaftlich schön, eingerahmt von Obstwiesen. Sie werden in Zimmern untergebracht, die teilweise in massiver Eiche gehalten sind. Holzvertäfelte Gaststuben.

REICHENAU (Insel) *Baden-Württemberg* 545 W 11 – 5 000 Ew – Höhe 398 m – Erholungsort.

Sehenswert : *In Oberzell : Stiftskirche St. Georg (Wandgemälde★★) – In Mittelzell : Münster★ (Münsterschatz★).*

🛈 *Tourist-Information, Pirminstr. 145, ✉ 78479, ✆ (07534) 9 20 70, touristinfo-reichenau@t-online.de, Fax (07534) 920777.*
Berlin 763 – Stuttgart 181 – Konstanz 12 – Singen (Hohentwiel) 29.

Im Ortsteil Mittelzell :

Seehotel Seeschau, An der Schiffslände 8, ✉ 78479, ✆ (07534) 2 57, *seeschau@mdo.de*, Fax (07534) 7264, ≤, 🌿 – 🛏 👷 🅿. 🚗 🚙 🚙 🚗
Menu à la carte 22/42, ♀ – **23 Zim** ⊆ 98/110 – 128/180 – ½ P 24.
• Zarte Pastelltöne und weiße Stilmöbel geben den Zimmern ihr unverwechselbares Gepräge. Ein Großteil der ansprechenden Marmorbäder ist mit Whirlwanne ausgestattet. Essen kann man im eleganten Le Gourmet, in der Kaminstube oder auf der schönen Seeterrasse.

Mohren, Pirminstr. 141, ✉ 78479, ✆ (07534) 9 94 40, *hotel@mohren-bodensee.de*, Fax (07534) 9944610, 🌿 – 👷, ✗ Zim, 📺 🅿 – 🔑 40. 🚗 🚙 🚙 🚗
geschl. Jan. - Mitte Feb. – **Menu** *(geschl. Sonntag)* à la carte 22/34,50 – **37 Zim** ⊆ 85 – 120/133 – ½ P 20.
• Das gemütliche Stammhaus, ein Gasthof aus dem 17. Jh., und der neuzeitliche Anbau sind einladend hellgelb gestrichen und überzeugen mit soliden und komfortablen Zimmern. Restaurant teils im Landhausstil, teils ländlich-rustikal.

Strandhotel Löchnerhaus, An der Schiffslände 12, ✉ 78479, ✆ (07534) 80 30, *strandhotel-reichenau@mdo.de*, Fax (07534) 582, ≤, 🌿, 🏖, 🚤 Bootssteg – 🛏, ✗ Zim, 📺 🚗 🅿 – 🔑 60. 🚗 🚙 🚙 🚗 ✗
geschl. Nov. - Feb. – **Menu** *(geschl. Montag)* à la carte 21,50/38 – **41 Zim** ⊆ 70/95 – 125/145.
• Auf der sonnigen Südseite der Insel liegt der klassische Hotelbau direkt am Wasser. Im Inneren erwarten Sie mit Ahornmöbeln hell eingerichtete Zimmer in verschiedenen Größen. Restaurant mit großer Fensterfront zum See und schöner Seeterrasse.

Im Ortsteil Oberzell :

Kreuz, Zelleleweg 4, ✉ 78479, ✆ (07534) 3 32, *kreuz-reichenau@t-online.de*, Fax (07534) 1460, 🌿 – 📺 🅿. 🚙 🚗
geschl. 23. Dez. - 10. Jan., über Fastnacht 1 Woche, Ende Okt. - Mitte Nov. – **Menu** *(geschl. Montag, Donnerstag)* à la carte 14,50/29 – **11 Zim** ⊆ 44/62 – 78/82.
• Freundliche, teilweise mit Balkon ausgestattete Gästezimmer stehen in dieser gut gepflegten und familiär geführten Unterkunft für Sie bereit. Ländlich gestaltete Gaststube.

REICHENBACH *Sachsen* 544 M 28 – 3 500 Ew – Höhe 258 m.
Berlin 217 – Dresden 96 – Görlitz 14 – Zittau 32.

Reichenbacher Hof, Oberreichenbach 8a (B 6), ✉ 02894, ✆ (035828) 7 50, *ringhotel-reichenbach@t-online.de*, Fax (035828) 75235, 🌿, Massage, 🏋, ⊆s, 🔲, 🐕 – 👷, ✗ Zim, 📺 🅿 – 🔑 150. 🚗 🚙 🚙 🚗
Menu à la carte 14/22 – **47 Zim** ⊆ 64/75 – 85/90.
• Das funktionelle Hotel mit gut eingerichteten Zimmern in Naturholz ist in der niederschlesischen Region der Oberlausitz beheimatet. Rustikal gestaltete Gaststuben.

REICHENHALL, BAD *Bayern* 546 W 22 – 18 100 Ew – Höhe 470 m – Heilbad – Wintersport : 470/1 600 m ⟪1 ⟫2 ⟫.

🛈 Kur- und Verkehrsverein, Wittelsbacherstr. 15, ⌧ 83435, ✆ (08651) 60 63 03, info @ bad-reichenhall.de, Fax (08651) 606311.
Berlin 723 ① – München 136 ① – Berchtesgaden 20 ② – Salzburg 19 ①

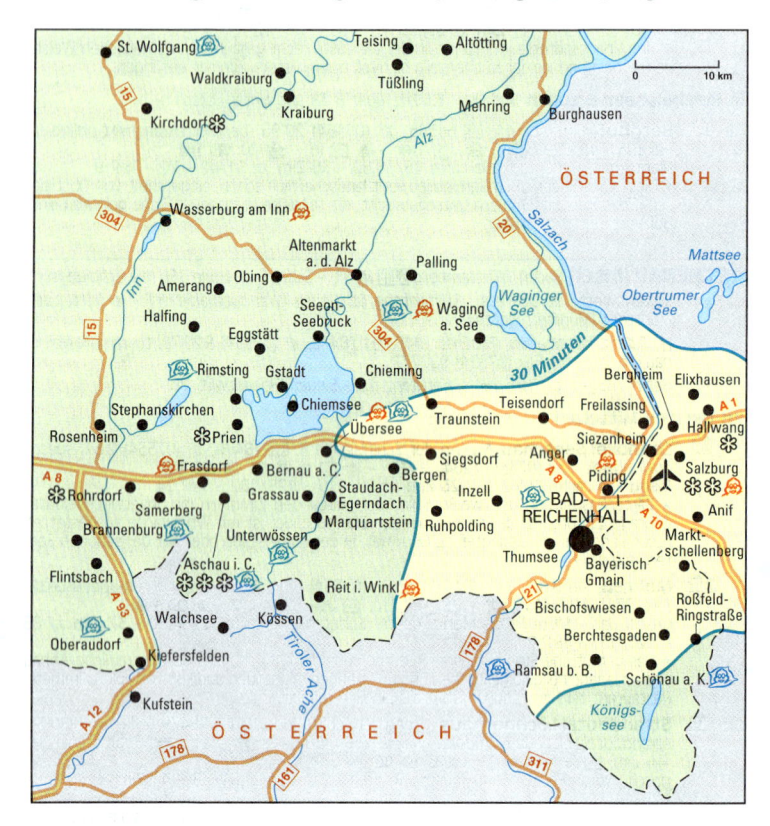

Steigenberger Axelmannstein ⟪, Salzburger Str. 2, ⌧ 83435, ✆ (08651) 77 70, bad-reichenhall@steigenberger.de, Fax (08651) 5932, ⟪, Massage, ⟪, ⟪, ⟪, ⟪, ⟪ – ⟪, ⟪ Zim, TV ⟪ P – ⟪ 100. AE ① ⓜⓞ VISA JCB. ⟪ Rest   AY a
Parkrestaurant *(nur Abendessen)* Menu à la carte 28/40, ⟪ – **Axel-Stüberl** : Menu à la carte 16/25 – **151 Zim** ⟪ 145/170 – 220/260, 5 Suiten – ½ P 15.
• Neuzeitlich-elegante Zimmer und ein kultiviertes Grandhotel-Ambiente machen hier einfaches Wohnen zum anspruchsvollen Logieren. Herrlicher Park mit kleinem Badesee ! Elegantes Parkrestaurant mit aufwändig gedeckten Tischen. Rustikales Axel-Stüberl.

Parkhotel Luisenbad ⟪, Ludwigstr. 33, ⌧ 83435, ✆ (08651) 60 40, luisenbad@ parkhotel.de, Fax (08651) 62928, ⟪, Massage, ⟪, ⟪, ⟪, ⟪ – ⟪, ⟪ Rest, TV ⟪ P – ⟪ 80. ① ⓜⓞ VISA   AY e
geschl. 10. Jan. - 7. Feb. – Menu à la carte 22/34 – **77 Zim** ⟪ 71/121 – 113/173 – ½ P 23.
• Seit über achtzig Jahren ist das exklusive Haus in den Händen der Familie Herkommer. Gediegene Zimmer, netter Service und der schöne Garten machen es zu einem zweiten Zuhause. Vielfältiger gastronomischer Bereich.

Sonnenbichl ⟪ garni, Adolf-Schmid-Str. 2, ⌧ 83435, ✆ (08651) 7 80 80, hotel@s onnenbichlhotel.de, Fax (08651) 780859, ⟪, ⟪ – ⟪ TV ⟪ P. AE ① ⓜⓞ VISA ⟪ Rest
38 Zim ⟪ 44/60 – 78/100 – ½ P 13.   AY h
• Durch seine ideale Lage im Bayerischen Staatsbad empfiehlt sich dieses Hotel für Ihren Erholungs- oder Kuraufenthalt. Die behaglichen Zimmer sind meist mit Balkon bestückt.

1162

BAD REICHENHALL

Adolf-Schmid-Straße	**AY** 2
Alte Luitpoldbrücke	**AZ** 3
Anton Winkler-Str.	**AZ** 4
Bahnhofstraße	**AY**
Friedrich-Ebert-Allee	**AY** 9
Grabenbachstraße	**BZ** 12
Großgmainer Straße	**BZ** 13
Heilingbrunnerstraße	**AZ** 14
Johann-Häusl-Straße	**BZ** 15
Kaiserplatz	**AY** 16
Kammerbotenstraße	**AZ** 17
Kanalstraße	**AZ** 18
Kreta-Brücke	**BZ** 19
Kurstraße	**AY** 22
Lange Gasse	**AZ** 23
Ludwigstraße	**AYZ**
Maximilianstraße	**AY** 27
Münchner Allee	**AY** 29
Poststraße	**AZ** 32
Rathausplatz	**AZ** 33

Reichenbachstraße	**BZ** 34
Salinenstraße	**AZ** 38
Salzburger Straße	**AY**
Schillerallee	**BZ** 39
Staatsstraße	**BZ** 40
Strailachweg	**BZ** 42
Tiroler Straße	**AZ** 43
Traunfeldstraße	**AY, BZ** 44
Turnergasse	**AZ** 47
Voglthennstraße	**BZ** 48
Wisbacherstraße	**AY** 49

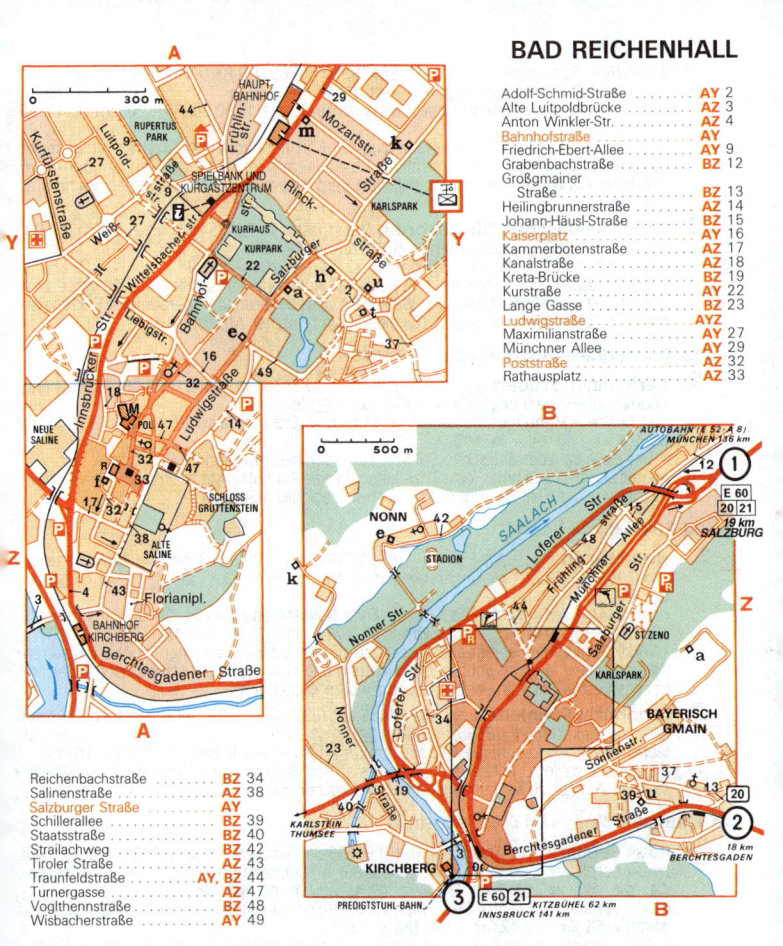

🏨 **Kurhotel Alpina** ⚘ (mit Gästehaus), Adolf-Schmid-Str. 5, ✉ 83435, ℰ (08651) 97 50, *kurhotel-alpina@t-online.de*, Fax (08651) 65393, ≤, Massage, ♨, 🐕 – 🛗 TV P 🚗 ⓜ🅞 *VISA*. ✂   **AY t**
Feb. - Okt. – **Menu** (Restaurant nur für Hausgäste) – **65 Zim** ⌁ 49/85 – 93/118 – ½ P 10.
• Die stattliche Villa am Rand des Kurgebietes lädt ihre Besucher in sympathische, mit Eiche oder Kirsche eingerichtete Zimmer ein. Schöner Blick auf die Bergkulisse.

🏨 **Erika** ⚘, Adolf-Schmid-Str. 3, ✉ 83435, ℰ (08651) 9 53 60, *hotel-pension-erika@g mx.de*, Fax (08651) 9536200, ≤ – 🛗 TV 🐕 🚗 P AE ⓜ🅞 *VISA*. ✂ Rest   **AY u**
März - Okt. – **Menu** (geschl. Sonntag) (nur Abendessen) (Restaurant nur für Hausgäste) – **33 Zim** ⌁ 52/72 – 84/96 – ½ P 12.
• Die schöne Villa im Palazzo-Stil mit hübschem Garten blickt auf eine 100-jährige Geschichte zurück. Durch kontinuierliche Renovierungen bietet man zeitgemäßen Wohnkomfort.

🏨 **Bayerischer Hof**, Bahnhofplatz 14, ✉ 83435, ℰ (08651) 60 90, *info@bay-hof.de*, Fax (08651) 609111, 🍴, Massage, ≘s, 🏊 – 🛗 ⚭ Rest, TV ♿ 🚗 AE ⓞ ⓜ🅞 *VISA*
Menu à la carte 15,50/32,50 – **60 Zim** ⌁ 60/80 – 119/139 – ½ P 15.   **AY m**
• Zumeist mit hellem Holz eingerichtete Zimmer bietet Ihnen das am Bahnhof gelegene Hotel. In der obersten Etage, im Panorama-Hallenbad, schwimmt man mit Blick auf die Berge.

1163

REICHENHALL, BAD

Hofwirt, Salzburger Str. 21, ✉ 83435, ℘ (08651) 9 83 80, *hofwirt@t-online.de*, *Fax (08651) 983836*, 🍽 – 🛏, Rest, 📺 🅿 💳   AY k
geschl. 10. - 28. Jan. – **Menu** *(geschl. Mittwoch)* à la carte 13,50/29,50 – **20 Zim** 🛏 42/55 – 79 – ½ P 12.
 • Im Jahre 1983 wurde der Stadtgasthof in liebevoller Kleinarbeit stilgerecht renoviert. Seither ist die hübsche Fassade mit Reliefs und Fensterläden ein Blickfang. Gepflegtes Restaurant mit weiß verputztem Gewölbe oder schön vertäfelter Holzdecke.

Brauerei-Gasthof Bürgerbräu, Waaggasse 2, ✉ 83435, ℘ (08651) 60 89, *Fax (08651) 608504*, Biergarten – 🛏 📺 🅰 ⓞ ⓜ 💳   AZ f
Menu à la carte 13,50/21 – **32 Zim** 🛏 50/54 – 90/96 – ½ P 13.
 • Dieser stattliche Gasthof mit den bemalten Außenwänden wurde über die Jahre zum festen Bestandteil des Stadtbildes. Wählen Sie eines der besonders geräumigen Eckzimmer. Mehrere Gaststuben mit uriger, für die Region typischer Atmosphäre.

In Bad Reichenhall-Karlstein *über Staatsstraße* BZ :

Karlsteiner Stuben 🌿, Staufenstr. 18, ✉ 83435, ℘ (08651) 98 00, *karlsteinerstuben@t-online.de*, *Fax (08651) 61250*, 🍽 – 📺 🅿
geschl. Nov. – **Menu** *(geschl. 12. Jan. - 6. März, Nov., Dienstag)* à la carte 18,50/33 – **35 Zim** 🛏 36/50 – 60/64 – ½ P 13.
 • Das Haus im alpenländischen Stil liegt ruhig vor beeindruckender Bergkulisse. Man vermietet praktische Zimmer, eine Thai-Suite und eine Almhütte. Mit exotischem Thai-Garten. Restaurant mit Thai-Deko und -Küche sowie regionalen Speisen.

In Bad Reichenhall-Nonn :

Neu-Meran 🌿, ✉ 83435, ℘ (08651) 40 78, *hotelneumeran@aol.com*, *Fax (08651) 78520*, ← Untersberg und Predigtstuhl, 🍽, 🛋, 🎾 – 📺 🅿 ⓜ 💳   BZ k
geschl. Mitte Jan. - Mitte Feb., Mitte - Ende Nov. – **Menu** *(geschl. Dienstag - Mittwoch)* à la carte 16,50/40,50 🍷 – **19 Zim** 🛏 57/77 – 114/164 – ½ P 18.
 • Wirklich traumhaft ist die Lage dieses Gasthofs am Waldrand auf einer Anhöhe. Im Inneren finden Sie eine elegant-wohnliche Einrichtung und eine gepflegte Atmosphäre. Alpenländisches Restaurant mit Holzdecke und rundem Kachelofen.

Landhotel Sonnleiten 🌿, ✉ 83435, ℘ (08651) 6 10 09, *service@landhotel-sonnleiten.de*, *Fax (08651) 68585*, ←, 🍽, 🎾 Rest   BZ e
Menu *(nur Abendessen)* (Restaurant nur für Hausgäste) – **8 Zim** 🛏 54/64 – 76/90.
 • Über eine steile Zufahrt erreichen Sie das an den Hang gebaute, kleine Landhotel. Solide, saubere Zimmer zu vernünftigen Preisen sprechen für das Haus.

Am Thumsee *West : 5 km über Staatsstraße* BZ :

Haus Seeblick 🌿, Thumsee 10, ✉ 83435 Bad Reichenhall, ℘ (08651) 9 86 30, *holzner@hotel-seeblick.de*, *Fax (08651) 986388*, ← Thumsee und Ristfracht-Horn, Massage, 👟, 🛋, 🎾, ⚽ – 🛏, Rest, 📺 ☎ 🅿 ⓜ 💳 🎾 Rest
geschl. Anfang Nov. - Mitte Dez. – **Menu** *(geschl. Sonntagmittag)* (Restaurant nur für Hausgäste) – **51 Zim** 🛏 42/67 – 74/120 – ½ P 15.
 • Auf drei verschiedene, allesamt romantisch gelegene Häuser verteilen sich die Gästezimmer. Die Einrichtung ist meist in massivem Naturholz gehalten.

Landgasthof Madlbauer 🌿, Thumsee 2, ✉ 83435 Bad Reichenhall, ℘ (08651) 22 96, *Fax (08651) 68920*, ←, 🍽, 🎾 – 🛏 ⓜ
geschl. Nov. - Mitte Dez., Mittwoch – **Menu** à la carte 19,50/36,50.
 • Direkt an den See gebaut, besticht dieser 300 Jahre alte Gasthof mit seiner Lage. In gediegen-rustikalem Ambiente wählen Sie von einer regionalen Speisekarte.

In Bayerisch Gmain :

Klosterhof 🌿, Steilhofweg 19, ✉ 83457, ℘ (08651) 9 82 50, *hotel.klosterhof@t-online.de*, *Fax (08651) 66211*, ←, 🍽, 🛋, 🎾 – 📺 🅿 ⓜ 💳   BZ a
geschl. 7. - 26. Nov. – **Menu** *(geschl. Montag - Dienstagmittag)* à la carte 18/34,50 – **14 Zim** 🛏 55/80 – 96/120 – ½ P 16.
 • Ohne direkte Nachbarschaft liegt das Haus in einmaliger Umgebung. Reservieren Sie ein Zimmer in der 3. Etage, diese sind besonders komfortabel und haben Bäder mit Whirlwanne. Ländliche Gaststuben und stilvolles Restaurant.

Amberger, Schillerallee 5, ✉ 83457, ℘ (08651) 9 86 50, *amberger.hotel@t-online.de*, *Fax (08651) 986512*, 🛋, 🎾 – 🛏 Zim, 📺 ☎ 🅿 ⓜ 💳 🎾   BZ u
geschl. Nov. - 25. Dez. – **Menu** *(geschl. Samstag - Sonntag)* (nur Abendessen) (Restaurant nur für Hausgäste) – **18 Zim** 🛏 40/47 – 66/88 – ½ P 13.
 • Ein kleines, aber tadellos gepflegtes Hotel, in dem man seine Gäste herzlich willkommen heißt. In den praktischen Zimmern oder Appartements fühlt man sich schnell heimisch.

REICHENWALDE Brandenburg 542 J 26 – 700 Ew – Höhe 50 m.
Berlin 68 – Potsdam 76 – Storkow 6 – Fürstenwalde 14.

Alte Schule, Kolpiner Str. 2, ⊠ 15526, ℘ (033631) 5 94 64, Fax (033631) 59465, 📶 – 🅿. ⓜ 🆅🆂🅰 ᴊᴄʙ
geschl. Jan., Montag – **Menu** 26 à la carte 27/32, 🍷.
♦ Schlicht-modernes Ambiente zeichnet die Räumlichkeiten dieser ehemaligen Dorfschule aus. Hier werden Sie freundlich mit einer schmackhaften Regionalküche verwöhnt.

REICHSHOF Nordrhein-Westfalen 543 N 7 – 20 000 Ew – Höhe 300 m.
🏌 Reichshof, Hasseler Str. 2, ℘ (02297) 71 31.
🛈 Kurverwaltung, Barbarossastr. 5 (in Reichshof-Eckenhagen), ⊠ 51580, ℘ (02265) 90 70, kurverwaltung@reichshof-online.de, Fax (02265) 356.
Berlin 574 – Düsseldorf 97 – Bonn 87 – Olpe 22 – Siegen 38 – Köln 63.

In Reichshof-Eckenhagen – Heilklimatischer Kurort – Wintersport : 400/500 m ⛷1 🎿 :
Le Gourmet - unter den Linden, Bergstr. 3, ⊠ 51580, ℘ (02265) 2 30, le-gourmet-reinke@t-online.de, Fax (02265) 980700, 📶 – 🅿. ⁂
geschl. Mitte - Ende Jan., Aug. 2 Wochen, Dienstag, jede 2. Woche Montag - Dienstag – **Menu** (wochentags nur Abendessen) (Tischbestellung ratsam) à la carte 38/49, 🍷.
♦ In dem Landhaus mit Fachwerk erwartet Sie ein gepflegtes Restaurant mit hellem Steinfußboden, schön gedeckten Tischen und hübschem Dekor.

In Reichshof-Hespert :
Ballebäuschen, Hasseler Str. 10, ⊠ 51580, ℘ (02265) 93 94, Fax (02265) 8773, Biergarten – 🅿. 🆅🆂🅰
geschl. Dienstag – **Menu** à la carte 19/39,50.
♦ Hinter der Giebelfront verbirgt sich ein nettes Lokal, dessen verschiedene, mit Bildern und Antiquitäten dekorierte Bereiche durch Glasscheiben voneinander getrennt sind.

In Reichshof-Wildbergerhütte :
Landhaus Wuttke, Crottorfer Str. 57, ⊠ 51580, ℘ (02297) 9 10 50, lwuttke@aol.com, Fax (02297) 7828, 📶, 🆘 – 📺 🅿 – 🅰 30. ⓜ 🆅🆂🅰
geschl. Aug. - Sept. 3 Wochen – **Menu** (geschl. Sonntagabend) à la carte 18,50/32 – **21 Zim** 🛏 51 – 85 – ½ P 14.
♦ Eingebettet in eine sanfte Hügellandschaft, empfängt Sie diese familiär geführte Unterkunft mit ihren soliden, in heller oder dunkler Eiche eingerichteten Zimmern. Das Restaurant ist bürgerlich gestaltet.

REIFENSTEIN Thüringen siehe Leinefelde.

REIL Rheinland-Pfalz 543 P 5 – 1 300 Ew – Höhe 110 m.
Berlin 673 – Mainz 110 – Trier 62 – Bernkastel-Kues 34 – Cochem 47.

Reiler Hof (mit Gasthof zur Traube), Moselstr. 27, ⊠ 56861, ℘ (06542) 26 29, info@reiler-hof.de, Fax (06542) 1490, ≤, 📶 – ↔ Zim, 🚗 🅿 🅰🅴 ⓜ 🆅🆂🅰
geschl. Mitte Nov. - Mitte Feb. – **Menu** à la carte 16/31 – **22 Zim** 🛏 42/45 – 60/80 – ½ P 11.
♦ Aus zwei Fachwerkhäusern besteht das Hotel, das direkt an der Moselpromenade liegt. Sie beziehen Quartier in wohnlichen, im Landhausstil eingerichteten Zimmern. Teils rustikale, leicht elegante, teils ländlich-gemütliche Gaststuben.

REILINGEN Baden-Württemberg siehe Hockenheim.

REINBEK Schleswig-Holstein 541 F 14 – 26 000 Ew – Höhe 22 m.
🏌 Escheburg, Am Soll 3 (Süd-Ost : 8 km über die B 5), ℘ (04152) 8 32 04 ; 🏌 Wentorf, Golfstr. 2 (Süd : 2 km), ℘ (040) 72 97 80 66 ; 🏌 Dassendorf, Am Riesenbett (Süd-Ost : 7 km), ℘ (04104) 61 20.
Berlin 272 – Kiel 113 – Hamburg 30 – Lübeck 56.

Waldhaus Reinbek 🌳, Loddenallee 2, ⊠ 21465, ℘ (040) 72 75 20, waldhaus@waldhaus.de, Fax (040) 72752100, 📶, Massage, 🆘 – 📱, ↔ Zim, 📺 ✆ 🅿 – 🅰 85. 🅰🅴 ⓞ ⓜ 🆅🆂🅰
Menu à la carte 29,50/41 – 🛏 14 – **50 Zim** 112/130 – 130/160.
♦ Mit viel Geschmack und Gefühl für kultivierte Lebensart wurden die Zimmer und Suiten dieses Domizils gestaltet. Teils im vornehmen Landhausstil, teils modern gestylt. Südliches Flair mit Rattanstühlen in der Orangerie sowie einige rustikalere Stuben.

REINBEK

Sachsenwald-Hotel, Hamburger Str. 4, ✉ 21465, ℘ (040) 72 76 10, *sachsenwaldhotel @t-online.de, Fax (040) 72761215,* ⇌ – 🛗, ✳ Zim, 📺 ✆ ♿ 🚗 – 🛎 250. AE ⓜ VISA
Menu *(geschl. Samstagmittag, Sonntag)* à la carte 21/32 – **64 Zim** ⇌ 65 – 85.
• Die Zimmer dieses vorwiegend als Geschäftshotel genutzten Hauses sind mit dunklen Möbeln funktionell bestückt worden. Sie bieten ausreichend Platz und einen kleinen Balkon. Restaurant im Stil eines englischen Pubs.

REINFELD Schleswig-Holstein 541 E 15 – 8 000 Ew – Höhe 17 m.
Berlin 291 – Kiel 66 – *Lübeck* 18 – *Hamburg* 57.

Stadt Reinfeld garni, Bischofsteicher Weg 1, ✉ 23858, ℘ (04533) 20 32 03, *info @hotel-stadt-reinfeld.de, Fax (04533) 203251* – 📺 ✆ 🅿 AE ⓜ VISA
15 Zim ⇌ 45/49 – 63/73.
• Ein hübsches Eckhaus mit Türmchen verspricht schon von außen eine nette Unterbringung. In den Zimmern bietet man eine zeitgemäße Hotelmöblierung.

Gästehaus Freyer garni, Bolande 41a, ✉ 23858, ℘ (04533) 7 00 10, *Fax (4533) 700122* – 📺 🅿 ⓜ VISA ✳
geschl. Jan. 3 Wochen – **9 Zim** ⇌ 38 – 52.
• Diese familiengeführte kleine Pension am Ortsrand bietet Ihnen sehr gut unterhaltene Zimmer mit modernen Bädern und Balkon/Terrasse ins Grüne. Gepflegte Außenanlage.

Seeblick garni, Ahrensböker Str. 4, ✉ 23858, ℘ (04533) 79 90 90, *Fax (04533) 5610,* ⇌s, 🏊, 🍃 🚗 🅿 ⓜ VISA
19 Zim ⇌ 34/40 – 46/62.
• Am Ortsrand, oberhalb des Herrenteiches, liegt dieses familiengeführte Haus. Die Übernachtungszimmer sind solide ausgestattet und sehr gut gepflegt.

REINHARDSHAGEN Hessen 543 L 12 – 5 300 Ew – Höhe 114 m – Luftkurort.
Berlin 375 – Wiesbaden 246 – *Kassel* 34 – Hann. Münden 11 – Höxter 53.

In Reinhardshagen-Veckerhagen :

Peter, Untere Weserstr. 2, ✉ 34359, ℘ (05544) 10 38, *hotelpeter@gmx.de, Fax (05544) 7216,* ≤, 🍃, 🏊 – 📺 ✆ 🅿 VISA
geschl. 2. - 16. Jan. – **Menu** *(geschl. Donnerstag, außer Feiertage)* à la carte 15,50/28,50 – **14 Zim** ⇌ 44/57 – 61/79.
• Schön ist die Lage des kleinen Hauses : Am Ufer der hier noch jungen Weser, direkt am Fähranleger, beziehen Sie schlichte, mit Eichenmöbeln solide bestückte Zimmer. Restaurant im altdeutschen Stil.

REINSTORF Niedersachsen siehe Lüneburg.

REISBACH / VILS Bayern 546 U 21 – 7 500 Ew – Höhe 405 m.
🏌 Reisbach, Grünbach (Nord-Ost : 7 km), ℘ (08734) 70 35.
🇧 Markt Reisbach, Rathaus, Landauer Str. 18, ✉ 94419, ℘ (08734) 4 90, *markt@reisbach.de, Fax (08734) 5950.*
Berlin 582 – München 112 – *Regensburg* 85 – Landshut 40.

Schlappinger Hof, Marktplatz 40, ✉ 94419, ℘ (08734) 9 21 10, *info@schlappinger-hof.de, Fax (08734) 921192,* Biergarten – 📺 🅿 ⓜ VISA
geschl. 1. - 15. Jan. – **Menu** *(geschl. Mittwoch)* à la carte 13,50/32 – **26 Zim** ⇌ 33/41 – 54/64.
• Der hübsche, gelb gestrichene Gasthof mit der langen Tradition wurde 1983 umfassend modernisiert. Heimelige Zimmer, teils mit freigelegten Balken, erwarten Sie. Gaststube mit Kreuzgewölbe.

REIT IM WINKL Bayern 546 W 21 – 3 500 Ew – Höhe 700 m – Luftkurort – Wintersport : 700/1 800 m ⛷21 ⛸.
Sehenswert : Oberbayrische Häuser★.
🏌 Reit im Winkl-Kössen (Nord-West : 2 km, Richtung Birnbach), ℘ (0043-5375) 62 85 35.
🇧 Tourist-Information, Rathausplatz 1, ✉ 83242, ℘ (08640) 8 00 20, Fax (08640) 80029.
Berlin 696 – München 111 – *Bad Reichenhall* 50 – Rosenheim 52 – Kitzbühel 35.

Unterwirt, Kirchplatz 2, ✉ 83242, ℘ (08640) 80 10, *unterwirt@unterwirt.de, Fax (08640) 801150,* 🌺, ℗, 🅵🅶, ⇌s, 🏊 (geheizt), 🏊, 🍃 – 🛗 📺 ✆ 🚗 🅿 – 🛎 30
Menu à la carte 19,50/43 – **72 Zim** ⇌ 57/82 – 108/174.
• Der gewachsene Gasthof mit der bemalten Fassade verfügt über wohnliche Zimmer, meist mit hellem Weichholzmobiliar bestückt. Bemerkenswerter Wellness-Park ; schöner Garten. Dunkles Holz, solide Möbel und Bilder prägen das Ambiente des unterteilten Restaurants.

REIT IM WINKL

- **Steinbacher Hof** 🍃, Steinbachweg 10 (Ortsteil Blindau), ✉ 83242, ✆ (08640) 80 70, info@steinbacherhof.de, Fax (08640) 807100, ≤, 🍴, 🅿, Massage, 🛋, 🔲, 🌲 – 🛗, ⬛ Zim, 📺 🚗 🅿 🆗 VISA
  Menu à la carte 18/36 – **54 Zim** ⚏ 74/99 – 130/210 – ½ P 20.
  ♦ Bemerkenswert ist die einsame Lage dieses gepflegten Hauses. Fragen Sie nach einem der wohnlich im Landhausstil ausgestatteten Gästezimmer. Das Restaurant und die gemütlichen Stuben strahlen bodenständige Behaglichkeit aus.

- **Gästehaus am Hauchen** garni, Am Hauchen 5, ✉ 83242, ✆ (08640) 87 74, Fax (08640) 410, 🛋, 🔲 – 📺 🅿 ❌
  geschl. Nov. – 15. Dez. – **26 Zim** ⚏ 43/48 – 85/95.
  ♦ Aus zwei Häusern besteht diese nette Unterkunft. Vor herrlichem Alpenpanorama finden Sie hier praktische Zimmer mit älteren, aber blitzblank gepflegten Möbeln.

- **Klauser's Restaurant**, Birnbacher Str. 8, ✉ 83242, ✆ (08640) 84 24, klauser.restaurant@t-online.de, Fax (08640) 8464, 🍴 – 📺 🅿 🆗
  geschl. 14. April – 10. Mai, Nov. – 18. Dez. – **Menu** (geschl. Montag) (Dienstag - Freitag nur Abendessen) à la carte 26,50/49, ♀.
  ♦ Am Dorfrand befindet sich dieses Restaurant, das mit gemütlicher, alpenländischer Atmosphäre gefällt. Auf den schön gedeckten Tisch kommt bayerische und gehobene Küche.

- **Zirbelstube**, Am Hauchen 10, ✉ 83242, ✆ (08640) 79 79 60, zirbelstube@t-online.de, Fax (08640) 797969, 🍴 – 🅿
  geschl. 29. Jan. – 14. März, 18. Okt. – 18. Dez., Juni - Okt. Mittwoch – **Menu** (abends Tischbestellung ratsam) à la carte 13/34.
  ♦ Schon von außen künden bleiverglaste Fenster und blumengeschmückte Balkone von der traditionellen Gestaltung der Innenräume dieses für den Landstrich typischen Restaurants.

*Einzelheiten über die in diesem Reiseführer angegebenen
Preise finden Sie in der Einleitung.*

RELLINGEN Schleswig-Holstein **541** F 13 – 14 000 Ew – Höhe 12 m.
Berlin 304 – Kiel 92 – Hamburg 22 – Bremen 124 – Hannover 168.

In Rellingen-Krupunder Süd-Ost : 5 km, über A 23 Richtung Hamburg, Abfahrt Halstenbek-Krupunder :

- **Fuchsbau**, Altonaer Str. 357, ✉ 25462, ✆ (04101) 3 82 50, mail@hotel-fuchsbau.de, Fax (04101) 33952, 🍴 – ⬛ Zim, 📺 ✆ 🅿 – 🔔 25. AE ① 🆗 VISA
  Menu (geschl. Sonn- und Feiertage) (nur Abendessen) à la carte 21,50/35 – **40 Zim** ⚏ 66/70 – 85/90. siehe Stadtplan Hamburg S. 3 **R** b
  ♦ Der Fuchsbau liegt citynah und doch fernab der Großstadthektik. Sie wohnen in funktionell und solide gestalteten Zimmern, teilweise mit Stilmobiliar. Restaurant mit schöner Gartenterrasse.

REMAGEN Rheinland-Pfalz **543** O 5 – 16 800 Ew – Höhe 65 m.
🅱 Touristinformation, Kirchstr. 6, ✉ 53424, ✆ (02642) 2 01 87, touristinfo@remagen.de, Fax (02642) 20127.
Berlin 610 – Mainz 142 – Bonn 19 – Koblenz 38.

In Remagen-Rolandswerth Nord : 14 km, auf dem Rodderberg, Anfahrt über Bonn-Mehlem Richtung Wachtberg, Zufahrt für PKW Samstag und Sonntag bis 19 Uhr gesperrt

- **Rolandsbogen**, ✉ 53424 Remagen, ✆ (02228) 3 72, info@rolandsbogen.de, Fax (02228) 8423, ≤ Rhein und Siebengebirge, 🍴 – 🅿 AE ① 🆗 VISA JCB
  geschl. Jan. – 15. Feb., Montag - Dienstag – **Menu** 24 (mittags) à la carte 31/44.
  ♦ Die Reste einer Burgruine gaben dem Haus seinen Namen. Dank der exponierten Lage genießt man hier eine tolle Aussicht. Hübsches Dekor und antike Schränke prägen das Ambiente.

REMCHINGEN Baden-Württemberg **545** T 9 – 11 000 Ew – Höhe 162 m.
Berlin 673 – Stuttgart 54 – Karlsruhe 21 – Pforzheim 14.

In Remchingen-Wilferdingen :

- **Zum Hirsch**, Hauptstr. 23, ✉ 75196, ✆ (07232) 7 96 36, kontakt@hirsch-remchingen.de, Fax (07232) 79638, 🍴 – ⬛ Zim, 📺 ✆ 🅿 🆗 VISA
  Menu (geschl. Freitag) à la carte 16/27 – **17 Zim** ⚏ 50/55 – 76/80.
  ♦ Der solide, gepflegte Gasthof mit Fachwerkfassade ist ein kleines Hotel mit sauberen, in heller Eiche möblierten Zimmern. Nette Gartenanlage mit Terrasse. Bürgerliches Restaurant und hübsch dekorierter Gewölbekeller.

1167

REMSCHEID Nordrhein-Westfalen 543 M 5 – 122 000 Ew – Höhe 366 m.
  ADAC, Fastenrathstr. 1.
  Berlin 535 ② – *Düsseldorf* 40 ③ – Köln 43 ② – Lüdenscheid 35 ② – Solingen 12 ③ – Wuppertal 12 ④

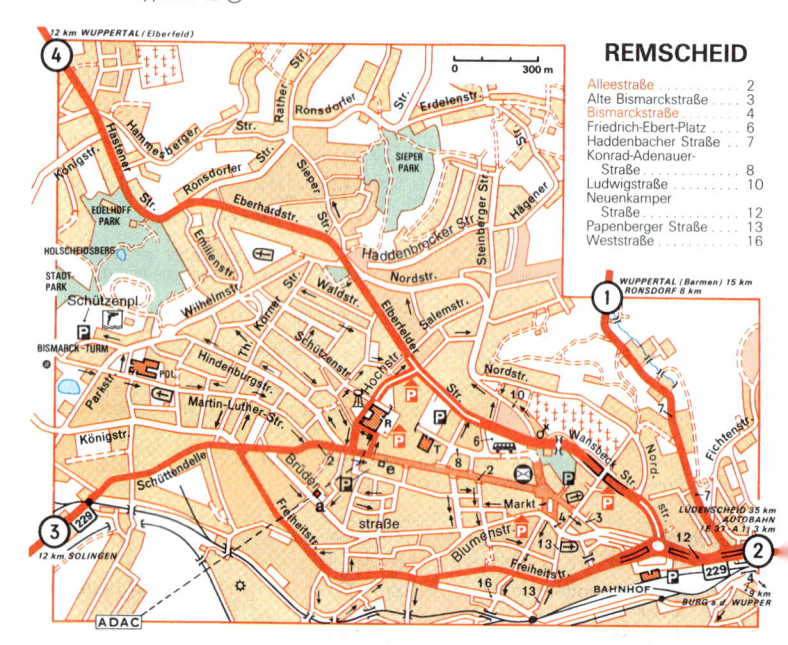

REMSCHEID

Alleestraße	2
Alte Bismarckstraße	3
Bismarckstraße	4
Friedrich-Ebert-Platz	6
Haddenbacher Straße	7
Konrad-Adenauer-Straße	8
Ludwigstraße	10
Neuenkamper Straße	12
Papenberger Straße	13
Weststraße	16

Noll garni, Alleestr. 85, ✉ 42853, ✆ (02191) 4 70 00, *info@hotel-noll.de*, Fax (02191) 470013 – 📶 📺 🚗. AE ① ◎ VISA
22 Zim ⌒ 60/65 – 80.
  ♦ Mitten in der Fußgängerzone, in bester Einkaufslage, finden Sie hier ein nettes Quartier mit gediegen eingerichteten, teils mit Stilmöbeln ausgestatteten Gästezimmern.

Concordia (Heldmann), Brüderstr. 56, ✉ 42853, ✆ (02191) 29 19 41, *restaurant-concordia@t-online.de*, Fax (02191) 21915, 🍴, 🌸 – 📶. P – 🅰 50. AE
geschl. Jan. 1 Woche, Juli - Aug. 4 Wochen, Samstagmittag, Sonntag - Montag, Feiertage
– **Menu** 40/79 à la carte 39/57, 🍷 – **Fifty Six** (geschl. Samstagmittag, Sonntag - Montag, Feiertage) **Menu** à la carte 19,50/32,50, 🍷.
  ♦ Freuen Sie sich auf ein feines Essen! Im stilvollen Ambiente der mit Stuck und Kristalllüstern geschmückten Villa mit kleinem Park kocht man aromatische internationale Menus. Im modern eingerichteten Bistro Fifty Six reicht man eine kleine Saisonkarte.
  Spez. Gegrillter Steinbutt mit Sternanis-Safranbutter. Törtchen vom Rehrücken mit Gänseleber und Pfifferlingen. Grießsoufflé mit Gartenbeeren (Sommer)

In Remscheid-Lüttringhausen über ① : 6 km :

Fischer (mit Gästehaus), Lüttringhauser Str. 131 (B 51), ✉ 42899, ✆ (02191) 9 56 30, *info@hotel-fischer-remscheid.de*, Fax (02191) 956399, 🍴, ≦s – 📶, ⇌ Zim, 📺 📞 P – 🅰 20. AE ① ◎ VISA. ✻ Zim
Menu (geschl. 22. Dez. - 3. Jan., Dienstagmittag, Samstagmittag) à la carte 19/34,50 –
48 Zim ⌒ 56/73 – 78/97.
  ♦ Die beiden Häuser, aus denen das Hotel besteht, liegen auf einem begrünten Grundstück. Wählen Sie zum Übernachten das großzügige und komfortable Gästehaus! Restaurant mit behaglichem Ambiente.

Kromberg (mit Gästehaus), Kreuzbergstr. 24, ✉ 42899, ✆ (02191) 59 00 31, *hotelkromberg@t-online.de*, Fax (02191) 51869 – ⇌ Zim, 📺 AE ① ◎ VISA
geschl. 27. Dez. - 5. Jan. – **Menu** (geschl. Freitagmittag, Samstagmittag) à la carte 17,50/29
– **17 Zim** ⌒ 51/56 – 82.
  ♦ Typisch für das Bergische Land ist die schieferverkleidete Fassade mit den grünen Fensterläden. Hier und im 200 Meter entfernten Gästehaus wohnt man in soliden Zimmern. Helle Farben und viel Eichenholz prägen das Restaurant.

REMSECK AM NECKAR — Baden-Württemberg 545 T 11 – 16 300 Ew – Höhe 212 m.
Berlin 625 – Stuttgart 17 – Heilbronn 44 – Nürnberg 198.

In Remseck-Aldingen :
XX **Schiff**, Neckarstr. 1, ✉ 71686, ☎ (07146) 9 05 40, info@restaurant-schiff.de, Fax (07146) 91616 – 🅿. 🆎 VISA
geschl. Mittwoch - Donnerstag – **Menu** à la carte 23/41.
• Ein netter, ländlicher Gasthof mit Metzgerei : Die Gaststube ist holzvertäfelt, man sitzt in kleinen Nischen. Ein freundliches Team serviert Gerichte der regionalen Küche.

In Remseck-Hochberg :
XX **Gengenbach's Adler**, Am Schloß 2, ✉ 71686, ☎ (07146) 57 49, info@gengenbachs-adler.de, Fax (07146) 990651 – 🆎 VISA
geschl. Jan. 1 Woche, Aug. 2 Wochen, Montag – **Menu** à la carte 24/36.
• Ein gestandenes Gasthaus mit ländlichen Stuben. Die Tische werden hübsch mit Silber und Stoff eingedeckt und man serviert eine regionale Küche.

Die in diesem Führer angegebenen Preise folgen
der Entwicklung der allgemeinen Lebenshaltungskosten.
Lassen Sie sich bei der Zimmerreservierung den endgültigen
Preis vom Hotelier mitteilen.

REMSHALDEN — Baden-Württemberg 545 T 12 – 13 000 Ew – Höhe 267 m.
Berlin 615 – Stuttgart 23 – Schwäbisch Gmünd 34 – Schwäbisch Hall 58.

In Remshalden-Hebsack :
🏠 **Lamm**, Winterbacher Str. 1, ✉ 73630, ☎ (07181) 4 50 61, info@lamm-hebsack.de, Fax (07181) 45410, 🍽, (Gasthaus a.d.J. 1792) – 📺 🅿 – 🚪 30. 🆎 🆎 VISA
Menu (geschl. 1. - 6. Jan., Sonntagabend) à la carte 28/43,50 – **23 Zim** ⇌ 68/80 – 88/120.
• Seit 1880 hat man sich hier mit Leib und Seele der Gastronomie verschrieben. In der früheren Poststation wird man heute in sympathischen, hellen Zimmern beherbergt. Im gemütlichen Restaurant kommen Freunde traditionell schwäbischer Gerichte auf ihre Kosten.

RENCHEN — Baden-Württemberg 545 U 8 – 6 000 Ew – Höhe 144 m.
Berlin 731 – Stuttgart 132 – Karlsruhe 61 – Offenburg 15 – Strasbourg 29 – Baden-Baden 38.

In Renchen-Erlach Süd-Ost : 2 km, über Renchtalstraße :
X **Drei Könige**, Erlacher Str. 1, ✉ 77871, ☎ (07843) 22 87, Fax (07843) 2268, 🍽 – 🅿 – 🚪 40
geschl. Juni 2 Wochen, Mittwoch – **Menu** à la carte 17/34, 🍷.
• Mit hellem Holz getäfelte Wände sowie gepolsterte Sitzbänke und Stühle schaffen in dem Landgasthaus eine gemütliche Atmosphäre. Mit regionaler und internationaler Küche.

In Renchen-Ulm Ost : 3 km, über Renchtalstraße :
X **Bauhöfers Braustüberl** mit Zim, Ullenburgstr. 16, ✉ 77871, ☎ (07843) 6 95, Fax (07843) 97017, Biergarten – 🅿
geschl. Nov. 3 Wochen – **Menu** (geschl. Donnerstag) à la carte 16,50/36 – **5 Zim** ⇌ 35 – 65.
• In diesem Lokal können Sie ein Stück echter badischer Brauhaus-Gemütlichkeit erleben. Die Küche bietet eine einfache Speiseauswahl, ergänzt durch Tagesempfehlungen.

RENDSBURG — Schleswig-Holstein 541 D 12 – 31 000 Ew – Höhe 7 m.
Sehenswert : Eisenbahnhochbrücke★ B.
🛫 Sorgbrück, An der B 77 (Nord-West : 8 km über ⑤), ☎ (04336) 99 91 11.
🛈 Tourist-Information, Altstädter Markt, ✉ 24768, ☎ (04331) 2 11 20, rendsburg@tourist-information.de, Fax (04331) 23369.
Berlin 368 ③ – Kiel 36 ② – Neumünster 38 ③ – Schleswig 30 ⑤

Stadtpläne siehe nächste Seiten

🏠 **Hansen**, Bismarckstr. 29, ✉ 24768, ☎ (04331) 5 90 00, info@hotelhansen.de, Fax (04331) 21647 – 📺 🚗 🅿 – 🚪 60. 🆎 ⓞ 🆎 VISA   B n
Menu (geschl. Sonntag) à la carte 20,50/35 – **25 Zim** ⇌ 50/55 – 75/80.
• Etwas versteckt liegt dieses Hotel am Stadtrand. Der Reisende wird in schlichten, aber nett möblierten und mit guten Schreibtischen bestückten Zimmern untergebracht. Freundlich mit Blautönen gestaltetes Restaurant.

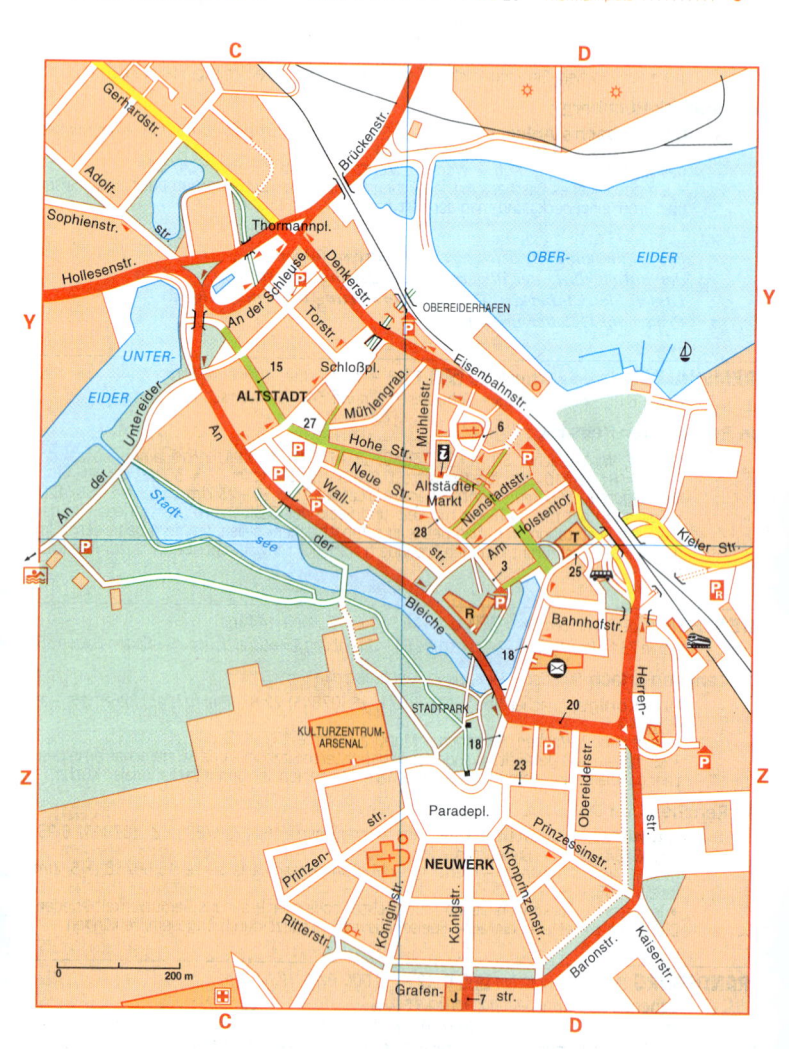

RENDSBURG

Am Holstentor .... **DYZ**	Berlinerstraße .... **DZ** 7	Mühlenstraße .... **DY**
Bahnhofstraße .... **DZ**	Gerhardstraße .... **CY**	Provianthausstraße .... **DZ** 23
Am Gymnasium .... **DZ** 3	Hohe Straße .... **CDY**	Röhlingsplatz .... **DZ** 25
An der Marienkirche ...... **DY** 6	Holsteinerstraße .... **CY** 15	Schiffbrückenplatz .... **CY** 27
	Jungfernstieg .... **DZ** 18	Schleifmühlen-
	Materialhof-	straße .... **DY** 28
	straße .... **DZ** 20	Thormannplatz .... **C**

In Büdelsdorf über ① : 4 km :

🏠 **Heidehof** garni, Hollerstr. 130 (B 203), ✉ 24782, ☎ (04331) 34 30, *heidehof-hotel@t-online.de*, Fax (04331) 343444, 🛋, 🍽 – 📶 ❄ 📺 📞 ♿ 🅿 – 🛎 70. AE
🔘 VISA
108 Zim ☐ 74/84 – 105/140, 4 Suiten.
♦ Geräumig und komfortabel wohnen Sie in diesem modernen Haus, das mit einer Kombination von Wohnlichkeit und Funktionalität Geschäftsleute und Urlauber gleichermaßen anspricht.

RENDSBURG

Bismarckstraße	**AB** 8	Hindenburgstraße	**A** 12
Eckernförderstraße	**A** 9	Lancasterstraße	**B** 21
Flensburger Straße	**A** 10	Röhlingsweg	**B** 26

Am Bistensee über ① : 12 km, in Holzbunge links ab Richtung Alt-Duvenstedt :

Seehotel Töpferhaus ⚓ (mit Gästehaus), Am See, ✉ 24791 Alt-Duvenstedt, ℰ (04338) 9 97 10, info@toepferhaus.com, Fax (04338) 997171, ≼ Bistensee, 🍽, ⛱, 🏊, ⚒, 🌳 – ⬚ Zim, 📺 📞 ♿ 🅿 – 🔔 60. AE ⓘ ⓜⓒ VISA JCB
Menu (geschl. Ende Jan. 1 Woche, Sonntag - Montag) 50/72 à la carte 42/69, ♀ – **Pesel :** Menu à la carte 24/35,50, ♀ – **46 Zim** ⛁ 80/105 – 120/151 – ½ P 25.
• Das malerisch am See gelegene repräsentative Landhotel beherbergt nette Zimmer, die dem Haus durch ihren wohnlichen Charakter eine kultivierte Note verleihen. Behagliches Restaurant im Landhaus-Stil mit schnörkelloser, klassischer Küche. Schöne Terrasse.
Spez. Sautierte Jakobsmuscheln mit Brunnenkressepüree und Périgord Trüffel. Gebratenes Rehrückenfilet mit glasierten Kirschen und Spitzkohl. Variation von der Valrhôna-Schokolade

RENGSDORF Rheinland-Pfalz ⑤⑷⓷ O 6 – 2 500 Ew – Höhe 300 m – Heilklimatischer Kurort.
🛈 Kurverwaltung, Westerwaldstr. 32a (Post), ✉ 56579, ℰ (02634) 23 41, Fax (02634) 7706.
Berlin 607 – Mainz 118 – *Koblenz* 25 – Bonn 57.

Villa Hohenwald ⚓, Alter Garten 1, ✉ 56579, ℰ (02634) 9 43 10, info@villa-hohenwald.de, Fax (02634) 943131, 🍽, 🌳 – 📺 📞 ♿ 🅿. AE ⓘ ⓜⓒ VISA. ✄
Menu à la carte 15,50/30 – **8 Zim** ⛁ 60/68 – 100 – ½ P 19.
• Kleines Hotel in einer modernisierten Jugendstilvilla. Landhausmobiliar und freundliche Farben machen die Zimmer wohnlich - alle mit Balkon.

Obere Mühle, an der Straße nach Hardert (Nord : 1 km), ✉ 56579, ℰ (02634) 22 29, Fax (02634) 7577, 🍽, ⛱, 🏊, 🌳 – 📺 🅿 – 🔔 15. ✄ Zim
Menu (geschl. Donnerstag) à la carte 16/34 – **15 Zim** ⛁ 39/49 – 78/98 – ½ P 10.
• Das 1648 erstmals als Kornmühle erwähnte Anwesen liegt eingebettet in einen Rhododendronpark. Die Meisten der schlichten Zimmer bieten einen schönen Ausblick. Natursteinboden und Holzbalken geben dem Restaurant seinen behaglichen Charakter.

RENGSDORF

In Hardert Nord-Ost : 3 km, über Friedrich-Ebert-Str. – Luftkurort :

⚓ **Zur Post** 🐾, Mittelstr. 13, ✉ 56579, ✆ (02634) 27 27, Fax (02634) 2729, 🍽 – 🅿 geschl. Mitte Nov. - Mitte Dez. - **Menu** (geschl. Mittwoch) à la carte 17/28 – **11 Zim** ⛌ 27/37 – 54/64.
  • Sehr gepflegt und sauber ist die Einrichtung im Zimmerbereich dieses Hauses. Fragen Sie nach einem Raum mit Balkon oder Blick auf den schönen Garten mit altem Baumbestand. Gediegen-altdeutsch eingerichtetes Restaurant.

RENNEROD Rheinland-Pfalz 543 O 8 – 3 800 Ew – Höhe 450 m.
Berlin 551 – Mainz 87 – Siegen 87 – Limburg an der Lahn 28.

🏠 **Röttger**, Hauptstr. 50, ✉ 56477, ✆ (02664) 9 93 60, hotel-roettger@ww-touristik.de, Fax (02664) 90453 – 📺 🅿 🆗 💳
Menu (geschl. Sonntagabend - Montag) à la carte 20,50/34 – **Gourmetstübchen** (geschl. Sonntagabend - Montag) **Menu** à la carte 26,50/46 – **12 Zim** ⛌ 40/51 – 67/82.
  • Das kleine Hotel ist ein guter Ausgangspunkt für Wanderungen oder Radtouren. Die Zimmer sind teils mit bemalten Bauernmöbeln, teils mit hellem, solidem Mobiliar bestückt. Ländliche Atmosphäre im Restaurant. Elegantes Ambiente im Gourmetstübchen.

🍴 **Ratsstube** (mit Gästehaus), Hauptstr. 54 (1. Etage), ✉ 56477, ✆ (02664) 66 35, Fax (02664) 90156 – 📳 📺 🅿 – 🅰 15. 🍽 Zim
geschl. Juli - Aug. 3 Wochen – **Menu** (geschl. Samstag, Sonntagabend) à la carte 15/36 – **6 Zim** ⛌ 48 – 75.
  • Im Erdgeschoss des Hauses befindet sich eine Metzgerei, deren Produkte Sie auf der Speisekarte des gemütlichen Gaststübchens wiederfinden. Nette Zimmer im Gästehaus.

RENNINGEN Baden-Württemberg siehe Leonberg.

REURIETH Thüringen 544 O 15 – 1 100 Ew – Höhe 380 m.
Berlin 381 – Erfurt 89 – Coburg 39.

In Reurieth-Trostadt Nord-West : 1 km :

🏠 **Landhotel Klostermühle** 🐾, Dorfstr. 2, ✉ 98646, ✆ (036873) 2 46 90, info@la ndhotel-klostermuehle.de, Fax (036873) 22142, 🍽 – 🛏 Zim, 📺 🗣 🅿 – 🅰 30
Menu (geschl. Montag) à la carte 14,50/22 – **17 Zim** ⛌ 30/45 – 47/62.
  • Mühlenromantik pur ! Eine hübsche Getreidemühle aus dem 19. Jh. mit gepflastertem Innenhof und Zimmern, deren moderne Naturholzeinrichtung durch alte Möbelstücke ergänzt wird. Ländliche Gaststuben.

REUTLINGEN Baden-Württemberg 545 U 11 – 109 000 Ew – Höhe 382 m.
🛈 Tourist - Information, Listplatz 1, ✉ 72764, ✆ (07121) 3 03 26 22, Fax (07121) 339590.
ADAC, Lederstr. 102.
Berlin 676 ④ – Stuttgart 39 ① – Pforzheim 77 ① – Ulm (Donau) 75 ①

Stadtplan siehe gegenüberliegende Seite

🏨 **Fürstenhof** garni, Kaiserpassage 5, ✉ 72764, ✆ (07121) 31 80, fuerstenhof-reutlin gen@t-online.de, Fax (07121) 318318, 🛋, 🔲 – 📳 🛏 📺 🗣 ♿ 🚗 🅿 – 🅰 20. 🅰🅴 ⓞ 🆗 💳
51 Zim ⛌ 75/95 – 113. BZ c
  • Die Zimmer dieses Stadthotels sind mit hellen Teppichen und Vorhangstoffen sowie mit dunklem Wurzelholzmobiliar ansprechend und freundlich ausgestattet worden.

🏨 **Fora-Hotel**, Am Echazufer 22, ✉ 72764, ✆ (07121) 92 40, reservation.reutlingen@ fora.de, Fax (07121) 924444, 🍽, 🛋 – 📳 🛏 Zim, 📺 🗣 ♿ 🚗 🅿 – 🅰 160. 🅰🅴 ⓞ 🆗 💳 🆎
BZ a
Menu (geschl. Sonn- u. Feiertage) à la carte 21/33 – **156 Zim** ⛌ 94/105 – 110/121.
  • Die Zimmer haben durch einen großzügig gestalteten Hallenbereich. In den Zimmern findet man einheitliches, hellgraues Mobiliar und eine gute Technik vor. Helles, modern gestaltetes Restaurant auf drei Ebenen.

🏨 **Württemberger Hof** garni, Kaiserstr. 3, ✉ 72764, ✆ (07121) 1 70 56, info@hote l-wuerttemberger-hof.de, Fax (07121) 44385 – 📳 📺 🅿 🅰🅴 ⓞ 🆗 💳 AY r
50 Zim ⛌ 60/80 – 90/100.
  • Nach einer gründlichen Renovierung erstrahlt alles in neuem Glanz. Solide, mit Vogelaugenahorn möblierte Zimmer mit schönen Bädern ermöglichen bequemes Wohnen.

REUTLINGEN

Beutterstraße	**BZ** 3	Kanzleistraße	**ABZ** 8	Oberamteistraße	**ABZ** 17
Georgenstraße	**BZ** 6	Karlstraße	**ABY**	Rathausstraße	**AZ** 18
Gutenbergstraße	**AZ** 7	Katharinenstraße	**AZ** 9	Schieferstraße	**AY** 19
		Marktplatz	**AZ** 14	Silberburgstraße	**BY** 20
		Metzgerstraße	**ABZ** 15	Wilhelmstraße	**AZ**
		Nikolaiplatz	**AZ** 16	Willy-Brandt-Platz	**AZ** 25

Hotel Achalm ॐ, Auf der Achalm, ✉ 72766 Reutlingen, ☏ (07121) 48 20, info@a chalm.com, Fax (07121) 482100, ≤ Reutlingen und Schwäbische Alb, ☂ – ✂ Zim, 📺 ⬛
🅿 – 🏊 100. 🆗 **VISA** 🗙 über ①
geschl. 22. - 30. Dez., 2. - 11. Jan. – **Menu** siehe Rest. **Achalm** separat erwähnt – **46 Zim**
☑ 59/75 – 76/93.
♦ Hier überzeugen nicht nur die schöne Lage und die Aussicht, sondern auch die gepflegten sowie zeitgemäß und technisch gut ausgestatteten Zimmer des Hotels.

1173

REUTLINGEN

Restaurant Achalm - Hotel Achalm, Auf der Achalm, ✉ 72766 Reutlingen, ✆ (07121) 48 24 82, info@achalm.com, Fax (07121) 482488, ≤ Reutlingen und Schwäbische Alb, 🍴 – 🅿 🆖 VISA   über ①
geschl. 12. - 25. Jan., Montag – **Menu** à la carte 17,50/36, ♀.
• Freunde modernen Designs werden sich in diesen lichten Konstruktion aus Stahl, Glas und Holz wohlfühlen. Die abwechslungsreiche Küche und die schöne Aussicht tun ein Übriges.

Alte Mühle, Frankonenweg 8, ✉ 72764, ✆ (07121) 30 02 74, Fax (07121) 371813, 🍴 – AE ⓘ 🆖 VISA   AZ b
geschl. 15. Feb. - 1. März, 4. - 20. Aug., Sonntagabend – **Menu** à la carte 23/48, ♀.
• An einem kleinen Bach liegt die historische Mühle aus dem 15. Jh., in der man auf zwei Ebenen ein gediegen-rustikales Restaurant eingerichtet hat. Mit internationaler Küche.

In Reutlingen-Betzingen über ③ : 4 km :

Fortuna, Carl-Zeiss-Str. 75 (nahe der B 28), ✉ 72770, ✆ (07121) 58 40 (Hotel), 58 41 77 (Rest.), buchenrt@fortuna-hotels.de, Fax (07121) 584113, 🍴, ≦s – 📳, ≒ Zim, 📺 🅿 – 🛏 150. AE ⓘ 🆖 VISA JCB
Menu (geschl. Sonn- und Feiertage) à la carte 16/31 – **100 Zim** ⊇ 69/82 – 95.
• Gut unterhaltene, teils hell in Naturholz, teils in Mahagoni eingerichtete Zimmer sowie ein großzügiger Tagungsbereich mit kompletter Technik sprechen für das Haus.

RHEDA-WIEDENBRÜCK Nordrhein-Westfalen 543 K 8 – 38 000 Ew – Höhe 73 m.
Berlin 418 – Düsseldorf 151 – Bielefeld 37 – Münster (Westfalen) 54 – Paderborn 36.

Im Stadtteil Rheda :

Hotel am Doktorplatz, Berliner Str. 19, ✉ 33378, ✆ (05242) 9 42 50, info@hotel-am-doktorplatz.de, Fax (05242) 942579 – 📳 ≡ 📺 ✆ 🅿 – 🛏 20. ⓘ 🆖 VISA
Menu (geschl. Dienstag) (wochentags nur Abendessen) à la carte 21,50/34 – **18 Zim** ⊇ 70/87 – 86/108.
• Die meisten Zimmer dieses sympathischen Klinker-Fachwerkhauses sind in zartgelben Tönen gestrichen. Hübsche Vorhangstoffe und Polstersessel unterstreichen das nette Ambiente.

Reuter, Bleichstr. 3, ✉ 33378, ✆ (05242) 9 45 20, info@hotelreuter.de, Fax (05242) 945244, 🍴 – 📳 ≒ Zim, 📺 ✆ 🅿 – 🛏 15. AE ⓘ 🆖 VISA
Menu (geschl. Freitag - Samstagmittag) à la carte 27/43,50 – **36 Zim** ⊇ 49/75 – 105.
• Das Fachwerkhaus mit dem modernen Anbau bietet Zimmer in verschiedenen Größen, die ansprechend farblich abgesetzt sind und teilweise renoviert wurden. Restaurant mit Wintergarten und Art déco-Einrichtung.

Im Stadtteil Wiedenbrück :

Sonne garni, Hauptstr. 31, ✉ 33378, ✆ (05242) 9 37 10, post@hotelsonne.de, Fax (05242) 937171, ≦s – 📳 ≒ 📺 ✆ ♿ 🅿 AE ⓘ 🆖 VISA. ℅
geschl. 20. Dez. - 2. Jan. – **21 Zim** ⊇ 75 – 95/115.
• Komfortable, in angenehmen Erdtönen gehaltene Gästezimmer und ein luftiger Frühstücksraum mit Terrasse und Rattanstühlen sind die Pluspunkte dieser hübschen Villa.

Romantik Hotel Ratskeller, Markt 11 (Eingang auch Lange Straße), ✉ 33378, ✆ (05242) 92 10, ratskeller@romantikhotels.com, Fax (05242) 921100, 🍴, ≦s – 📳, ≒ Zim, 📺 ✆ ⇐ – 🛏 20. AE ⓘ 🆖 VISA JCB
Menu (geschl. 2. - 8. Jan.) à la carte 27/42 – **33 Zim** ⊇ 70/93 – 102/139.
• Eines der schönsten Fachwerkhäuser am Ort verfügt über hübsch eingerichtete Zimmer, die, bedingt durch die mittelalterliche Architektur, unterschiedlich geschnitten sind. Historische, rustikale Galeriezimmer mit uralten Eichenbalken.

RHEDE Nordrhein-Westfalen 543 K 4 – 18 600 Ew – Höhe 32 m.
🛈 Touristinformation, Rathausplatz 9, ✉ 46414, ✆ (02872) 93 01 00, tourist@rhede.de, Fax (02872) 93049100.
Berlin 553 – Düsseldorf 82 – Bocholt 8 – Enschede 54 – Münster (Westfalen) 75.

In Rhede-Krechting Süd : 2,5 km :

Zur alten Post (mit Gästehaus), Krommerter Str. 6, ✉ 46414, ✆ (02872) 9 27 30, info@hotel-elbers.de, Fax (02872) 7562, 🍴, Massage, ≦s – 📺 ✆ ♿ 🅿 AE 🆖 VISA
Menu (wochentags nur Abendessen) à la carte 15/33,50 – **18 Zim** ⊇ 51 – 82.
• Der für die Gegend typische Klinkerbau liegt in der Mitte des Dorfes. Im Gästehaus stehen sehr solide, mit Buchenholz und stabilen Schreibtischen bestückte Zimmer bereit.

RHEINAU Baden-Württemberg 545 U 7 – 10 400 Ew – Höhe 132 m.
Berlin 730 – Stuttgart 134 – Karlsruhe 59 – Strasbourg 23 – Offenburg 34.

In Rheinau-Diersheim Süd-West : 3 km, über B 36 :

La Provence garni, Hanauer Str. 1, ✉ 77866, ℘ (07844) 4 70 15, Fax (07844) 47663, ⌂ – TV ⌂ P. AE ⓜ VISA
geschl. 20. Dez. - 10. Jan. – **12 Zim** ⌂ 39/49 – 61/69.
• Französisches Flair macht sich in diesem kleinen Hotel breit, das nett und verspielt eingerichtet ist und von der Chefin charmant geleitet wird.

In Rheinau-Linx Süd-West : 6 km über B 36 :

Grüner Baum, Tullastr. 30 (B 36), ✉ 77866, ℘ (07853) 3 58, gruenerbaumlinx@t-online.de, Fax (07853) 17458, ⌂ – P. ⓜ VISA
geschl. 19. Jan. - 9. Feb., Anfang Nov. 1 Woche, Sonntagabend - Montag – **Menu** à la carte 17/36.
• Familie Velluzz heißt Sie in dem 1761 erbauten Fachwerkhaus willkommen. Man serviert Ihnen internationale Küche, begleitet von Weinen aus Baden oder dem Elsass.

RHEINBÖLLEN Rheinland-Pfalz 543 P 7 – 3700 Ew – Höhe 360 m.
Berlin 622 – Mainz 52 – Bad Kreuznach 27 – Koblenz 51.

Landhaus Elbert, Am Alten Bahnhof 1, ✉ 55494, ℘ (06764) 90 00, info@landhaus-elbert.de, Fax (06764) 90033 – TV P – ⌂ 60. AE ⓪ ⓜ VISA
Menu (geschl. Montag) à la carte 18/32 – **38 Zim** ⌂ 46 – 83.
• Unweit der Autobahnausfahrt gelegen, bietet sich dieses Haus für eine Rast an. Sie wählen zwischen rustikalen Zimmern im Nebenhaus oder modernen, geräumigen im Haupthaus.

RHEINBROHL Rheinland-Pfalz 543 O 6 – 4000 Ew – Höhe 65 m.
Berlin 613 – Mainz 124 – Koblenz 31 – Bonn 37.

Klauke's Krug, Kirchstr. 11, ✉ 56598, ℘ (02635) 24 14, Fax (02635) 5295, Biergarten – AE ⓪ ⓜ VISA
geschl. März 3 Wochen, Montag - Dienstag – **Menu** à la carte 22/35.
• Ganz in der Nähe des Rathauses finden Sie dieses Restaurant, das in ländlich-rustikalen Gaststuben eine bürgerliche, mit Einflüssen der Region durchsetzte Küche offeriert.

RHEINE Nordrhein-Westfalen 543 J 6 – 75 000 Ew – Höhe 45 m.
⌂ ⌂ Rheine, Gut Winterbrock (Süd : 8 km über die B 481 und Mesum), ℘ (05975) 94 90.
⌂ Verkehrsverein, Bahnhofstr. 14, ✉ 48431, ℘ (05971) 5 40 55, verkehrsverein@tourismus.rheine.de, Fax (05971) 52988.
ADAC, Tiefe Str. 32.
Berlin 470 – Düsseldorf 166 – Nordhorn 39 – Enschede 45 – Münster (Westfalen) 45 – Osnabrück 46.

City Club Hotel ⌂, Humboldtplatz 8, ✉ 48429, ℘ (05971) 8 08 00, info@cch-rheine.de, Fax (05971) 8080155, ⌂ – ⌂, ⌂ Zim, TV ⌂ P – ⌂ 400. AE ⓪ ⓜ VISA
Menu (geschl. Sonntagabend) (Juli - Aug. nur Abendessen) à la carte 17,50/31,50 – **58 Zim** ⌂ 78/91 – 107/118.
• Dieses Hotel ist direkt mit der Stadthalle verbunden. Die Zimmer entsprechen mit solider, ansprechend wohnlicher und funktioneller Machart neuzeitlichen Anforderungen. Restaurant in der Stadthalle.

Zum Alten Brunnen (mit Gästehäusern), Dreierwalder Str. 25, ✉ 48429, ℘ (05971) 96 17 15, kontakt@zumaltenbrunnen.de, Fax (05971) 9617166, ⌂ – ⌂ Zim, TV ⌂ ⌂ P. AE ⓜ VISA
geschl. 23. Dez. - 7. Jan. – **Menu** (geschl. Sonntag) (nur Abendessen) à la carte 24,50/45 – **17 Zim** ⌂ 76/108 – 85/180.
• Zum Übernachten bietet man seinen Gästen ein Potpourri der verschiedensten Räume : von der eleganten Suite über antik eingerichtete Zimmer bis hin zum funktionellen Quartier. Kleine, rustikal eingerichtete Gaststube und schönes Gartenrestaurant.

Lücke, Heilig-Geist-Platz 1, ✉ 48431, ℘ (05971) 1 61 80, info@hotel-luecke.de, Fax (05971) 161816, ⌂ – ⌂, ⌂ Zim, TV ⌂ P – ⌂ 50. AE ⓪ ⓜ VISA
Menu à la carte 18,50/38 – **39 Zim** ⌂ 70/77 – 97.
• Am Ufer der Ems liegt dieses Haus relativ ruhig und doch zentral. Die schlichten, jedoch geräumigen Zimmer auf der Rückseite des Hauses blicken auf den Fluss. Bistrorant mit mediterranem Flair.

Beesten, Eichenstr. 3, ✉ 48431, ℘ (05971) 32 53, info@restaurant-beesten.de, Fax (05971) 915389, ⌂ – P. AE ⓪ ⓜ VISA
geschl. Jan. 2 Wochen, Aug. 3 Wochen, Donnerstag – **Menu** à la carte 24/38,50.
• Ein Vorstadtlokal, das sich zu einem schlichten, bürgerlichen Restaurant mit schmackhafter, teils baden-württembergischer, teils internationaler Küche gemausert hat.

RHEINE

In Rheine-Elte *Süd-Ost : 7,5 km über B 475 :*

Zum Splenterkotten mit Zim, Ludgerusring 44, ✉ 48432, ℘ (05975) 2 85, info@splenterkotten.de, Fax (05975) 3947, Biergarten – 📺 🅿.
geschl. 21. - 25. Jan., Ende Okt. - Anfang Nov. – **Menu** *(geschl. Montag - Dienstag)* à la carte 18,50/31 – **2 Zim** ⊇ 45 – 75.
• Unter dem schweren, alten Gebälk der Galerie macht sich Gemütlichkeit breit. Das Münsterländer Bauernhaus von 1764 hat einen festen Platz in der Historie des Dorfes.

In Rheine-Mesum *Süd-Ost : 7 km über B 481 :*

Altes Gasthaus Borcharding mit Zim, Alte Bahnhofstr. 13, ✉ 48432, ℘ (05975) 12 70, Fax (05975) 3507, 🌳 – 📺 🅿 – 🔔 40. 🆎 ⓘ 🌐 🆅🅸🆂🅰 🅹🅲🅱
geschl. Jan. 1 Woche, Aug. 2 Wochen – **Menu** *(geschl. Donnerstag - Freitagmittag, Samstagmittag)* à la carte 21/39 🗡 – **9 Zim** ⊇ 42/63 – 63/90.
• Um den verglasten Innenhof des westfälischen Gasthofs von 1712 herum gruppieren sich verschiedene teils rustikale, teils mit Stilmöbeln eingerichtete schöne Stuben.

In Spelle *Nord-Ost : 12 km, jenseits der A 30, über B 70 :*

Krone, Bernard-Krone-Str. 15, ✉ 48480, ℘ (05977) 9 39 20, info@krone-hotel-spelle.de, Fax (05977) 939292 – 📶, ⇥ Zim, 📺 📞 ♿ 🅿 – 🔔 120. 🆎 🌐 🆅🅸🆂🅰
Menu *(geschl. Juli, Samstagmittag, Montag)* à la carte 16,50/28 – **28 Zim** ⊇ 50 – 70.
• Auf drei Etagen verteilen sich die Gästezimmer dieses Hauses, bei deren Ausstattung viel Wert auf harmonische Farbgebung und zeitgemäße Funktionalität gelegt wurde. Das Ambiente im Restaurant ist von gepflegter Rustikalität geprägt.

RHEINFELDEN Baden-Württemberg 𝟓𝟒𝟓 X 7 – 28 000 Ew – Höhe 283 m.
Berlin 838 – Stuttgart 284 – Freiburg im Breisgau 84 – Bad Säckingen 15 – Basel 19.

Oberrhein garni, Werderstr. 13, ✉ 79618, ℘ (07623) 7 21 10, info@hotel-oberrhein.de, Fax (07623) 721150 – 📶 ⇥ 📺 📞 🚗 🌐 🆅🅸🆂🅰
21 Zim ⊇ 55/65 – 85.
• In einer ruhigen Seitenstraße liegt das Etagen-Garni. Die Zimmer unterscheiden sich im Schnitt, sind teils renoviert und mit Naturholz, teils mit dunklerem Holz eingerichtet.

I Fratelli, Rheinbrückstr. 8, ✉ 79618, ℘ (07623) 3 02 54, Fax (07623) 719523, 🌳 – 🅿 🌐 🆅🅸🆂🅰
geschl. über Fastnacht 1 Woche, Aug. 2 Wochen, Montag – **Menu** (abends Tischbestellung ratsam) (italienische Küche) à la carte 26/48,50.
• Die Brüder Lamano kümmern sich mit einer frischen und schmackhaften Küche um das Wohl ihrer Gäste. Schön gestaltete Räumlichkeiten, Gewölbekeller und Rheinterrasse.

In Rheinfelden-Eichsel *Nord : 6 km, über B 316, in Degerfelden rechts ab :*

Landgasthaus Maien 🐎, Maienplatz 2, ✉ 79618, ℘ (07623) 7 21 50, info@gasthaus-maien.de, Fax (07623) 721530, ≤, 🌳, Biergarten – 📶, ⇥ Zim, 📺 📞 🅿 – 🔔 60. 🆎 🌐 🆅🅸🆂🅰
Menu *(geschl. 21. Feb. - 5. März, Freitag)* à la carte 14,50/35 – **21 Zim** ⊇ 47/52 – 73/97.
• Der Hotelanbau schließt sich an das historische Stammhaus an. Hier befinden sich die Gästezimmer, die hübsch in Eiche oder Wurzelholz möbliert sind, teils mit Sitzgruppe. Seit 1749 bewirtet das Gasthaus Besucher. Regionale und internationale Küche.

Café Elke, Saaleweg 8, ✉ 79618, ℘ (07623) 44 37, cafe.elke@t-online.de, Fax (07623) 40550, 🌳 – 🅿 – 🔔 30. 🌐 🆅🅸🆂🅰
geschl. Montag - Dienstag – **Menu** à la carte 21,50/35, ⚶.
• Über die Höhen des Jura bis hin zu den Schweizer Alpen reicht der Blick von den Räumen und der Gartenterrasse dieses Lokals. Reservieren Sie einen Fensterplatz !

In Rheinfelden-Riedmatt *Nord-Ost : 5 km, über B 34 :*

Storchen, Brombachstr. 3 (B 34), ✉ 79618, ℘ (07623) 7 51 10, alexandras-storchenhotel@t-online.de, Fax (07623) 7511299, 🌳 – 📶, ⇥ Zim, 📺 🚗 🅿.
🌐 🆅🅸🆂🅰
Menu *(geschl. über Fastnacht, Donnerstagmittag, Freitag - Samstagmittag)* à la carte 22/41, ⚶ – **31 Zim** ⊇ 51/56 – 77.
• Unterschiedliche Hölzer und Stile kennzeichnen die wohnliche und gepflegte Zimmereinrichtung in diesem von der Familie engagiert geführten Haus. Das Restaurant : teils gediegen-rustikal, teils mit mediterranem Touch.

RHEINSBERG Brandenburg 542 G 22 – 5 000 Ew – Höhe 56 m – Erholungsort.
  Sehenswert : Schloss Rheinsberg★.
  🛈 Tourist-Information, Markt (Kavalierhaus), ✉ 16831, ℘ (033931) 20 59, Fax (033931) 34704.
  Berlin 88 – Potsdam 125 – Neubrandenburg 70.

  Der Seehof (mit Gästehaus), Seestr. 18, ✉ 16831, ℘ (033931) 40 30, hotel@seehof-rheinsberg.com, Fax (033931) 40399, 🍽 – 📺 ✆ – 🅿 15
  Menu à la carte 21/33 – **19 Zim** ⊇ 65/95 – 80/130 – ½ P 20.
  ◆ Das Ackerbürgerhaus von 1750 wurde unter Erhaltung seines Charakters modernisiert. Das Interieur ist größtenteils im Landhausstil geschmackvoll gestylt worden. Verschiedene gastronomische Bereiche vom Bistro bis zum klassischen Restaurant.

  Bei verspäteter Anreise, nach 18 Uhr, ist es sicherer,
  Ihre Zimmerreservierung zu bestätigen.

RHEINTAL Rheinland-Pfalz 543 P 6, 7.
  Sehenswert : Tal★★★ von Bingen bis Koblenz (Details siehe unter den erwähnten Rhein-Orten).

RHODT UNTER RIETBURG Rheinland-Pfalz siehe Edenkoben.

RIEDEN Bayern siehe Füssen.

RIEDEN (KREIS AMBERG-SULZBACH) Bayern 546 S 19 – 2 500 Ew – Höhe 365 m.
  Berlin 448 – München 165 – *Regensburg* 47 – Nürnberg 74 – Weiden i. d. Oberpfalz 62.

In Rieden-Kreuth Süd-West : 2 km :

  Gut Matheshof 🌳, ✉ 92286, ℘ (09624) 91 90, info@gut-matheshof.de, Fax (09624) 9192828, 🍽, ⇌ – 🏨, 🐴 Zim, 📺 🛁 ⇔ 🅿 – 🅰 230. 🅰🅴 🅼🅾 VISA
  Menu à la carte 18/25 – **130 Zim** ⊇ 56/66 – 76/96.
  ◆ Von luxuriös bis rustikal präsentieren sich die zeitgemäß ausgestatteten Zimmer. Angegliedert ist das modernste Pferdesportzentrum Ostbayerns. Zur Waldseite hin liegt das ländliche Restaurant dieser weitläufigen Anlage.

RIEDENBURG Bayern 546 T 19 – 5 700 Ew – Höhe 354 m – Luftkurort.
  🛈 Tourist-Information, Marktplatz 1, ✉ 93339, ℘ (09442) 90 50 00, touritik@riedenburg.de, Fax (09442) 905002.
  Berlin 510 – München 132 – *Regensburg* 45 – Ingolstadt 33 – Nürnberg 96.

In Riedenburg-Obereggersberg West : 4 km :

  Schloß Eggersberg 🌳, ✉ 93339, ℘ (09442) 9 18 70, schwarz-renate-riedenburg@t-online.de, Fax (09442) 918787, ≤, 🍽, 🛏 – 🅿 – 🅰 30
  geschl. Jan. - Feb. – **Menu** (geschl. Sonntagabend - Montag) à la carte 15/29 – **15 Zim** ⊇ 55/70 – 100/125.
  ◆ Wohnen im Schloss! Die Zimmer sind teils sehr groß und individuell mit antiken Möbeln eingerichtet. Im Haus ist auch das Hofmark-Museum untergebracht. Gemütlich und rustikal speist man im Restaurant mit Jagd- und Reitdekor.

RIEGEL Baden-Württemberg 545 V 7 – 3 400 Ew – Höhe 183 m.
  Berlin 796 – Stuttgart 187 – *Freiburg im Breisgau* 27 – Offenburg 45.

  Riegeler Hof (mit Gästehaus), Hauptstr. 69, ✉ 79359, ℘ (07642) 68 50, hotelriegelerhof@aol.com, Fax (07642) 68568, 🍽 – 🐴 Zim, 📺 🅿 🅰🅴 ① 🅼🅾 VISA
  Menu (geschl. Jan. 2 Wochen, Montagmittag) à la carte 20,50/41 – **55 Zim** ⊇ 48/56 – 70/80.
  ◆ Das schmucke Städtchen liegt in einer Reblandschaft am Kaiserstuhl. Das Hotel bietet Ihnen nett möblierte, zum Teil recht geräumige Zimmer mit Balkon. Die Galerieäume sind ganz mit hellem Holz im alpenländischen Stil verkleidet worden.

  Zum Rebstock, Hauptstr. 37, ✉ 79359, ℘ (07642) 10 26, rebstockhotel@t-online.de, Fax (07642) 3766, 🍽 – 📺 🅿 🅰🅴 🅼🅾 VISA
  Menu (geschl. Donnerstag, Sonntagabend)(nur Abendessen) à la carte 16/30 – **16 Zim** ⊇ 45 – 65.
  ◆ Geschäftsreisende wie auch Urlauber schätzen diesen familiär geführten Gasthof. Sie schlafen in solide ausgestatteten Gästezimmern mit ausreichend Platz. Ländlich gestaltetes Restaurant.

RIEGEL

In Malterdingen Ost : 2 km, jenseits der A 5 :

Landhaus Keller, Gartenstr. 21, ✉ 79364, ℘ (07644) 13 88, Fax (07644) 4146, 佘 – ⇔ Zim, 📺 ⇔ 🅿 – 🛆 20. 🖭 ⓜ 🚾 ⓙⓒⓑ. ※ Zim
geschl. Juli - Aug. 3 Wochen – **Menu** *(geschl. Samstagmittag, Sonntag)* à la carte 26,50/41 – **16 Zim** ⇌ 64/78 – 88/120.
• Perfekt sind die verschiedenen Stilmöbel dieses geschmackvollen Domizils in die Räume eingepasst. Die individuellen Zimmer gefallen mit Frische und Farbe. In einem separaten Gebäude befindet sich das in Nischen unterteilte Restaurant.

RIELASINGEN-WORBLINGEN Baden-Württemberg siehe Singen (Hohentwiel).

RIENECK Bayern 546 P 12 – 2 200 Ew – Höhe 170 m – Erholungsort.
Berlin 512 – München 325 – Würzburg 47 – Fulda 72.

Gut Dürnhof, Burgsinner Str. 3 (Nord : 1 km), ✉ 97794, ℘ (09354) 10 01, info@gut-duernhof.de, Fax (09354) 1512, ≼, 佘, ⓢs, 🏊, 洛, – ⇔ Zim, 📺 ⇔ 🅿 – 🛆 25. ⓜ 🚾
geschl. 14. Dez. - 11. Jan. – **Menu** *(Montag - Donnerstag nur Abendessen)* à la carte 17/30 – **26 Zim** ⇌ 40/72 – 88/119 – ½ P 21.
• Die schöne Lage am See und die angegliederte Landwirtschaft machen den Reiz des Hauses aus. Die Zimmer sind teils einfach, teils komfortabler. Reitstall und Gastpferdeboxen. Nette Gartenterrasse am kleinen See.

RIESA AN DER ELBE Sachsen 544 M 23 – 48 000 Ew – Höhe 120 m.
Berlin 192 – Dresden 65 – Leipzig 62 – Meißen 27.

Mercure, Bahnhofstr. 40, ✉ 01587, ℘ (03525) 70 90, mercure-riesa@t-online.de, Fax (03525) 70 99 99, Biergarten – 📲, ⇔ Zim, 📺 📞 🅿 – 🛆 60. 🖭 ⓜ 🚾. ※ Rest
Menu à la carte 15,50/24 – ⇌ 12 – **104 Zim** 66/81 – 77/92, 4 Suiten.
• Dem Hotel sieht man seine Plattenbau-Vergangenheit nicht an. Im Zentrum der Stadt ist ein komfortables Haus mit bequem und ansprechend gestalteten Zimmern entstanden. Das Restaurant bietet Bürgerliches im Hämmerbräu und mexikanische Küche im Panama Joe's.

Wettiner Hof, Hohe Str. 4, ✉ 01587, ℘ (03525) 71 80, info@wettiner-hof.com, Fax (03525) 718222, 佘 – 📲, 🅿 – 🛆 15. 🖭
Menu *(Juli - Aug. nur Abendessen)* à la carte 17/26 – **43 Zim** ⇌ 59 – 79.
• Namengeber für das moderne Hotel ist das Geschlecht der Wettiner. Sie finden hier solide und farblich angenehm gestaltete Zimmer mit viel Tageslicht und Balkonen. Bogenfenster und schwarze Bestuhlung tragen zum klassischen Charakter des Lokals bei.

Sachsenhof, Hauptstr. 65, ✉ 01587, ℘ (03525) 73 36 29, Fax (03525) 730167 – 📺 🅿. 🖭 ⓜ 🚾
Menu *(geschl. Sonntagabend, Montagabend)* à la carte 14/20,50 – **14 Zim** ⇌ 46 – 62.
• Seit 1993 kann man hier wieder übernachten, nachdem der Hotelbetrieb 1947 eingestellt werden musste. Ihre Gastgeber, engagierte Hoteliers, laden Sie in behagliche Zimmer ein. Alte niederländische Stilelemente wie Utrechter Fayencefliesen prägen die Gasträume.

In Zeithain-Moritz Nord-Ost : 3,5 km, über B 169 :

Moritz an der Elbe, Dorfstr. 2, ✉ 01619, ℘ (03525) 76 11 11, hotel-moritz@t-online.de, Fax (03525) 761114, 佘, 洛 – 📲, ⇔ Zim, 📺 ఉ 🅿 – 🛆 40. ⓜ 🚾. ※ Rest
Menu *(geschl. Freitagabend)* *(wochentags nur Abendessen)* à la carte 13,50/27,50 – **40 Zim** ⇌ 53/59 – 83/86.
• Strenge Symmetrie und futuristische Accessoires innen und außen kennzeichnen die moderne Architektur im Kontrast zu ihrer ländlichen Umgebung. Schöne, meist farbige Bäder. Das Ambiente des Restaurants wird von südlichen Farben und modernen Sitzmöbeln bestimmt.

RIESSERSEE Bayern siehe Garmisch-Partenkirchen.

RIETBERG Nordrhein-Westfalen 543 K 9 – 24 000 Ew – Höhe 83 m.
Berlin 423 – Düsseldorf 160 – Bielefeld 44 – Münster (Westfalen) 63 – Paderborn 27.

In Rietberg-Mastholte Süd-West : 7 km, über Mastholter Str. :

Domschenke, Lippstädter Str. 1, ✉ 33397, ℘ (02944) 3 18, Fax (02944) 6931 – 🅿. ⓜ
geschl. 1. - 7. Jan., 3. - 21. April, 24. Juli - 18. Aug., Samstagmittag, Dienstag – **Menu** *(abends Tischbestellung ratsam)* 18 *(mittags)*/63 à la carte 37/44, ♀.
• Freundliche Farben und schön gedeckte Tische dominieren in den Räumen des Restaurants. Der Küchenchef kombiniert Französisches mit deutschen Elementen.

RIETHNORDHAUSEN Thüringen 544 M 17 – 1 100 Ew – Höhe 192 m.
Berlin 275 – Erfurt 16 – Gotha 37 – Nordhausen 58 – Weimar 34.

- **Landvogt**, Erfurter Str. 29, ✉ 99195, ℘ (036204) 58 80, hotel.landvogt@t-online.de, Fax (036204) 52513, Biergarten, ≘s – ⊁ Zim, TV P – 🕭 25. AE ⓜ VISA
  Menu (wochentags nur Abendessen) à la carte 15/24 – **16 Zim** ⊐ 46/49 – 67.
  ♦ Idyllisch liegt das Fachwerkhaus mit modernen Anbauten an einer Kastanienallee. In zeitgemäßen und gut gepflegten Zimmern finden Sie ein nettes Zuhause für unterwegs. Der Chef persönlich führt in der Küche Regie.

RIEZLERN Österreich siehe Kleinwalsertal.

RIMBACH Bayern 546 S 22 – 2 000 Ew – Höhe 560 m – Erholungsort.
🛈 Tourist-Information, Hohenbogenstr. 10, ✉ 93485, ℘ (09941) 89 31, tourist@gemeinde-rimbach.de, Fax (09941) 7292.
Berlin 505 – München 202 – Passau 102 – Cham 20 – Deggendorf 53.

- **Bayerischer Hof**, Dorfstr. 32, ✉ 93485, ℘ (09941) 23 14, info@bayrischerhof-rimbach.de, Fax (09941) 2315, 😊, ≘s, 🔲, 🐎 – 🛗, ⊁ Zim, TV P – 🕭 80. AE ⓜ VISA
  Menu à la carte 20/32,50 – **180 Zim** ⊐ 51/80 – 80/100, 6 Suiten.
  ♦ Großes Hotel im alpenländischen Stil in der Ortsmitte mit ländlich-rustikal gestalteten Zimmern und einem originellen Freizeitbereich. Geräumiges Restaurant mit heller Holztäfelung.

*Bei verspäteter Anreise, nach 18 Uhr, ist es sicherer,
Ihre Zimmerreservierung zu bestätigen.*

RIMBACH Hessen siehe Fürth im Odenwald.

RIMPAR Bayern 546 Q 13 – 7 000 Ew – Höhe 224 m.
Berlin 501 – München 285 – Würzburg 13 – Nürnberg 90 – Schweinfurt 35.

- **Schloßgaststätte**, Schlossberg 1 (im Schloss Grumbach), ✉ 97222, ℘ (09365) 38 44, schlossgaststaette@schloss-rimpar.de, Fax (09365) 4193, 😊
  geschl. Mittwoch – **Menu** à la carte 17/24,50.
  ♦ Das hübsche weiße Jagdschlösschen von 1603 mit Rundturm beherbergt in einem Flügel das Restaurant, das mit dem gut erhaltenen Kreuzgewölbe besonders urig und gemütlich wirkt.

RIMSTING Bayern 546 W 21 – 3 200 Ew – Höhe 563 m – Luftkurort.
Sehenswert : Chiemsee★.
🛈 Verkehrsamt, Rathaus, Schulstr. 4, ✉ 83253, ℘ (08051) 68 76 21, Fax (08051) 687630.
Berlin 653 – München 87 – Bad Reichenhall 61 – Wasserburg am Inn 24 – Rosenheim 20.

In Rimsting-Greimharting Süd-West : 4 km in Richtung Prien – Höhe 668 m

- **Der Weingarten** ⚘, (mit Gästehaus), Ratzingerhöhe, ✉ 83253, ℘ (08051) 17 75, o.a.weingarten@t-online.de, Fax (08051) 63517, ≤ Voralpenlandschaft, Chiemsee und Alpen, 😊, ≘s, 🐎, – ⊁ Zim, TV ⇔ P ① ⓜ VISA ⊁ Zim
  Menu (geschl. Nov. - 15. Dez., Freitag) à la carte 15,50/24,50 – **23 Zim** ⊐ 35/45 – 74/80 – ½ P 11.
  ♦ Schon allein die reizvolle erhöhte Lage des Berggasthofs wirkt einladend. Die Zimmer sind solide und gut gepflegt, mit Balkon oder Terrasse. Das Restaurant ist ganz im einheimischen Stil eingerichtet.

RINGELAI Bayern 546 T 24 – 960 Ew – Höhe 410 m – Erholungsort.
Berlin 535 – München 209 – Passau 29 – Regensburg 138.

- **Wolfsteiner Ohe** ⚘, Perlesreuter Str. 5, ✉ 94160, ℘ (08555) 9 70 00, wolfsteiner-ohe@t-online.de, Fax (08555) 8242, 😊, ≘s, 🔲, 🐎, – TV P
  geschl. Nov. 3 Wochen – **Menu** (geschl. Nov. - März Montagmittag) à la carte 12,50/25 – **30 Zim** ⊐ 37/41 – 79/85 – ½ P 11.
  ♦ "Gastlichkeit mit Herz" lautet der Wahlspruch von Familie Koller, die ihre Gäste mit wohnlichen Räumen erwartet. Fragen Sie nach einem der renovierten Zimmer ! In den rustikalen Restaurants widmet man sich der bayerischen Schmankerlküche.

RINGGAU Hessen 543 M 14 – 3 600 Ew – Höhe 300 m.
Berlin 382 – Wiesbaden 211 – Kassel 52 – Bad Hersfeld 47 – Göttingen 65.

In Ringgau-Datterode Nord-West : 6 km ab Netra, über B 7 :

Fasanenhof ♨ mit Zim, Hasselbach 28, ✉ 37296, ℘ (05658) 13 14, info@fasanenhof.de, Fax (05658) 8440, 🍴, 🌿 – ⇌ Zim, 📺 🅿 🅰🅴 ⓞ ⓜⓞ 𝗩𝗜𝗦𝗔
Menu (geschl. Feb. 2 Wochen, Montag) à la carte 17/28,50 – **7 Zim** ⇌ 36 – 59.
• Zum Speisen nimmt man hier in bürgerlich gestalteten Räumlichkeiten Platz. Aus der Küche kommen internationale Gerichte und einige nordhessische Spezialitäten.

RINGSHEIM Baden-Württemberg 545 V 7 – 2 000 Ew – Höhe 166 m.
Berlin 776 – Stuttgart 170 – Freiburg im Breisgau 35 – Offenburg 35.

Heckenrose, Bundesstr. 22 (B 3), ✉ 77975, ℘ (07822) 10 81, info@hotel-heckenrose.com, Fax (07822) 3764, 🍴 – 📶 📺 🅿 – 🔔 20. 🅰🅴 ⓞ ⓜⓞ 𝗩𝗜𝗦𝗔
Menu (geschl. Montagmittag, Freitagmittag, Samstagmittag) à la carte 14,50/28 – **26 Zim** ⇌ 47/55 – 78/80.
• Kein Zimmer gleicht hier dem anderen. Allen gemeinsam ist eine wohnliche Einrichtung und eine angenehme Farbgebung. Einige verfügen auch über Balkone. Bürgerlich gestaltetes Restaurant.

RINTELN Niedersachsen 541 J 11 – 30 000 Ew – Höhe 55 m.
🛈 Tourist-Information, Marktplatz 7, ✉ 31737, ℘ (05751) 92 58 33, tourist@rinteln.de, Fax (05751) 925834.
Berlin 342 – Hannover 60 – Bielefeld 61 – Hameln 27 – Osnabrück 91.

Der Waldkater ♨, Waldkaterallee 27, ✉ 31737, ℘ (05751) 1 79 80, info@waldkater.com, Fax (05751) 179883, 🍴, Hausbrauerei, ☕ – 📶, ⇌ Zim, 📺 ✆ 🛏 ⇌ 🅿 – 🔔 80. 🅰🅴 ⓞ ⓜⓞ 𝗩𝗜𝗦𝗔
Menu à la carte 24/36 – **31 Zim** ⇌ 82/92 – 108/123.
• Umgeben von hundertjährigen Buchen liegt das im Fachwerkstil erbaute Hotel mit schönem Blick über Rinteln. Die Zimmer sind alle in dunkler Kirsche solide eingerichtet. Rustikalgemütliche Hausbrauerei mit großen Kupferkesseln und dunklem Holz.

Stadt Kassel, Klosterstr. 42, ✉ 31737, ℘ (05751) 9 50 40, info@hotel-stadtkassel.de, Fax (05751) 44066, Biergarten – 📶 📺 Zim, 📺 🅿 – 🔔 25. 🅰🅴 ⓞ ⓜⓞ 𝗩𝗜𝗦𝗔
Menu à la carte 15/33 – **50 Zim** ⇌ 39/54 – 67/82.
• Mitten in der historischen Altstadt finden Sie hier eine gut geführte Unterkunft mit reizenden Ausblicken auf die umliegenden Baudenkmäler und zeitgemäßen Gästezimmern. Urige Eichenbalken zieren die Altdeutsche Bierstube von 1721.

In Rinteln-Todenmann Nord-West : 3 km über Mindener Str. – Erholungsort :

Altes Zollhaus, Hauptstr. 5, ✉ 31737, ℘ (05751) 9 71 80, info@altes-zollhaus-rinteln.de, Fax (05751) 7761, ≤, 🍴, ☕ – 📺 ✆ ⇌ 🅿 – 🔔 50. 🅰🅴 ⓞ ⓜⓞ 𝗩𝗜𝗦𝗔. 🚭 Rest
Menu à la carte 23/43 – **21 Zim** ⇌ 53/58 – 78/113 – ½ P 17.
• Das Haupthaus wurde 1804 von Wilhelm von Hessen als Zollstation erbaut. Hier und im modernen Anbau beziehen heute Gäste in gut gestalteten Räumen Quartier. Gedrechselte Holzsäulen und ein offener Kamin geben dem Lokal ein rustikales Ambiente.

RIPPOLDSAU-SCHAPBACH, BAD Baden-Württemberg 545 U 8 – 2 400 Ew – Höhe 564 m – Heilbad – Luftkurort.
🛈 Tourist-Information, Kurhausstr. 2 (Bad Rippoldsau), ✉ 77776, ℘ (07440) 91 39 40, info@bad-rippoldsau-schapbach.de, Fax (07440) 9139494.
Berlin 732 – Stuttgart 106 – Karlsruhe 97 – Offenburg 55 – Freudenstadt 15.

Im Ortsteil Bad Rippoldsau :

Kranz, Reichenbachstr. 2, ✉ 77776, ℘ (07440) 91 39 00, hotel@kranz-rippoldsau.de, Fax (07440) 511, 🍴, ☕, 🏊, 🌿 – 📶 📺 ⇌ 🅿 ⓜⓞ 𝗩𝗜𝗦𝗔
Menu à la carte 22,50/40 – **26 Zim** ⇌ 52/70 – 92/98 – ½ P 18.
• Hinter dem blumengeschmückten Walmdachgiebel empfängt Sie gediegene Ländlichkeit. Die Zimmer sind bestens gepflegt und überzeugen mit solider Ausstattung. Unterteilter gastronomischer Bereich mit Bauernstube, Speisesaal und Café.

Landhotel Rosengarten, Fürstenbergstr. 46, ✉ 77776, ℘ (07440) 2 36, landhotel.rosengarten@t-online.de, Fax (07440) 586, 🍴 – 📶 📺 🛏 🅿
Menu (geschl. Nov.) à la carte 20,50/35, ♀ – **12 Zim** ⇌ 39/46 – 64/88 – ½ P 16.
• Engagiert führt die Wirtsfamilie das Landhotel mit der weißen Schindelfassade, das mit einer schönen, modern-gediegenen Einrichtung gefällt. Restaurant mit hohen Holzdecken, großen Fenstern und freundlichem Ambiente.

Zum letzten G'stehr, Wolftalstr. 17, ✉ 77776, ☏ (07440) 7 14, schroedergsther
@t-online.de, Fax (07440) 715, 🍴 – 🛗 📺 🅿
geschl. 15. - 31. Jan. – **Menu** (geschl. Dienstag) à la carte 16/37 – **18 Zim** ☒ 35/38 – 66/70
– ½ P 15.
◆ Dieses Haus hat sich im Lauf der Jahrzehnte vom einfachen Holzflößer-Gasthof zum
stattlichen Hotel gewandelt. Zu Fuß oder mit dem Rad erkunden Sie die herrliche Landschaft. Blümchenvorhänge, Bilder und Schnitzereien machen den Charme der Flößer-Stube
aus.

Klösterle Hof, Klösterleweg 2, ✉ 77776, ☏ (07440) 2 15, kloesterle-hof@t-online.de,
Fax (07440) 623, 🍴 – 📺 🚗 🅿 AE ⓜ VISA. ✾
geschl. 10. - 31. Jan. – **Menu** (geschl. Montag) à la carte 21/32 – **10 Zim** ☒ 34/62 – 60/84
– ½ P 15.
◆ Das 400 Jahre alte Gebäude gehörte einstmals zum Kloster. Hier hat man ein wohnliches,
ländliches Quartier geschaffen, in dem man sich als Gast gut aufgehoben fühlt. Gemütliche,
rustikale Gaststube.

Im Ortsteil Schapbach Süd : 10 km :

Ochsenwirtshof, Wolfacher Str. 21 (Süd-West : 1,5 km), ✉ 77776, ☏ (07839)
91 97 98, hotel-ochsenwirtshof@t-online.de, Fax (07839) 1268, 🍴, ⛱, 🚗 – 📺 🚗
🅿 ⓜ VISA
Menu (geschl. Dienstag) à la carte 17/36 – **17 Zim** ☒ 40/45 – 70/96 – ½ P 14.
◆ Das traditionsreiche Haus mit dem Natursteinsockel liegt mitten im Grünen und bietet
seinen Gästen sonnige, gepflegte Zimmer. Schöne Wanderwege direkt am Hotel. Nette
Gaststuben mit ländlichem Charakter und hübscher Terrasse.

Sonne, Dorfstr. 31, ✉ 77776, ☏ (07839) 2 22, info@sonne-freudenstadt.de,
Fax (07839) 1265, 🚗 – 📺 🅿 ⓜ
Menu (geschl. Montag) à la carte 17/29 – **14 Zim** ☒ 35/39 – 56/64 – ½ P 10.
◆ Herzlich leitet die Sonnenwirtin das gut unterhaltene Hotel. Eine schöne Landschaft und
ein gepflegtes Ambiente sprechen für das Haus. Gastraum und Bauernstube mit heller,
freundlicher Atmosphäre.

Adler, Dorfstr. 6, ✉ 77776, ☏ (07839) 2 15, Fax (07839) 1385, 🚗 – 🚗 🅿
geschl. 20. Okt. - 20. Dez. – **Menu** (geschl. Mittwochabend - Donnerstag) à la carte 14/28
– **9 Zim** ☒ 23/30 – 45/65 – ½ P 8.
◆ Ein gewachsener Gasthof, dem auch heute noch ein landwirtschaftlicher Betrieb angegliedert ist. In einfacher, aber gepflegter Umgebung genießt man hier das Landleben.
Jagdtrophäen schmücken die rustikale Gaststube.

Im Ortsteil Bad Rippoldsau-Wildschapbach Nord-West : 3 km ab Schapbach :

Grüner Baum, Wildschapbachstr. 15, ✉ 77776, ☏ (07839) 2 18, Fax (07839) 919655,
🍴 – 📺 🅿 VISA. ✾ Zim
geschl. Jan. 3 Wochen – **Menu** (geschl. Montagmittag, Dienstag) à la carte 17/33 – **8 Zim**
☒ 29 – 46 – ½ P 9.
◆ Seit 1872 ist dieses Haus, das sich so hübsch an einen grünen Hügel schmiegt, im Familienbesitz. Saubere und gepflegte Zimmer mit Eichenmöbeln und Balkonen. Einfache,
heimische Küche.

Die in diesem Führer angegebenen Preise folgen
der Entwicklung der allgemeinen Lebenshaltungskosten.
Lassen Sie sich bei der Zimmerreservierung den endgültigen
Preis vom Hotelier mitteilen.

RITTERSDORF Rheinland-Pfalz siehe Bitburg.

RIVERIS Rheinland-Pfalz siehe Waldrach.

ROCKENHAUSEN Rheinland-Pfalz 🗺 R 7 – 5800 Ew – Höhe 203 m.
Berlin 632 – Mainz 61 – Bad Kreuznach 30 – Mannheim 75 – Kaiserslautern 29.

Schlosshotel, Schlossstr. 8, ✉ 67806, ☏ (06361) 9 29 20, info@schlosshotel-rocke
nhausen.de, Fax (06361) 929211, 🍴, Biergarten – 🛗, ✾ Zim, 📺 📞 ♿ 🅿 – 🛎 70. AE
ⓜ VISA
Menu à la carte 21/37 – **26 Zim** ☒ 62 – 89.
◆ Ein Hotelanbau mit sehr modernen, solide möblierten Zimmern ergänzt das komplett
umgebaute hübsche kleine Schloss im Stadtzentrum. Helles, neuzeitliches Restaurant mit
internationaler Küche.

RODACH, BAD Bayern 546 O 16 – 6 700 Ew – Höhe 320 m – Heilbad.

🛈 Gästeinformation, Schloßplatz 5, ✉ 96476, ℰ (09564) 1 94 33, gaesteinfo@bad-rodach.de, Fax (09564) 921106.

Berlin 368 – München 300 – Coburg 18.

In Bad Rodach-Gauerstadt Süd-Ost : 4,5 km, über Heldburger Str. :

Landgasthof Wacker, Billmuthäuser Str. 1, ✉ 96476, ℰ (09564) 9 23 84, landgasthof-wacker@gmx.de, Fax (09564) 3211, Biergarten, 🐎 – 📺 🅿 🏧
geschl. 7. - 31. Jan. – **Menu** (geschl. Mittwoch) à la carte 10/24 – **12 Zim** ⛳ 29/32 – 49/54.
• Der Gasthof, 1523 erstmals urkundlich erwähnt, ist einer der ältesten im Coburger Land. Sie schlafen in einfachen, mit älteren Möbeln ordentlich eingerichteten Räumen. Ländlich gestalteter Speiseraum.

In Bad Rodach-Heldritt Nord-Ost : 3 km, über Heldritter Str. :

Tannleite ⚘, Obere Tannleite 4, ✉ 96476, ℰ (09564) 7 44, Fax (09564) 744, 🐎 –
↤⇥ Zim, 📺 🅿
Menu (geschl. Mitte Nov. - Mitte Dez., Mittwoch) (nur Abendessen) à la carte 12/17 – **13 Zim** ⛳ 26/29 – 44/48.
• Wenn Sie eine sehr private Unterkunft mit Pensionscharakter schätzen, sind Sie hier gut aufgehoben. Ruhige, praktisch möblierte Zimmer warten auf Ihren Einzug.

RODALBEN Rheinland-Pfalz 543 S 6 – 7 800 Ew – Höhe 260 m.

🛈 Tourist-Information, Am Rathaus 9, ✉ 66976, ℰ (06331) 23 41 80, Fax (06331) 234105.

Berlin 678 – Mainz 119 – Saarbrücken 71 – Pirmasens 6 – Kaiserslautern 32.

Zum Grünen Kranz, Pirmasenser Str. 2, ✉ 66976, ℰ (06331) 2 31 70, info@boldskranz.de, Fax (06331) 231730, 🐎 – ↤⇥ Zim, 📺 ☎ 🅿 🏧 VISA
Menu (geschl. Dienstagmittag, Donnerstag) à la carte 18,50/32 – **18 Zim** ⛳ 40/45 – 75.
• Pfälzer Idylle wohin das Auge schaut - weitab von der Großstadt beziehen Sie hier ein ruhiges Haus, das Ihnen verschiedene, nett eingerichtete Zimmer bietet. An sehr schön eingedeckten Tischen sitzt man im Restaurant des Hauses.

Pfälzer Hof, Hauptstr. 108, ✉ 66976, ℰ (06331) 1 71 23, bold-pfaelzerhof@t-online.de, Fax (06331) 16389 – 📺 🚗 🅿 – 🛎 50. AE ⓘ 🏧 VISA ✂
geschl. Aug. 3 Wochen – **Menu** (geschl. Sonntagabend - Montag) à la carte 14/30 – **8 Zim** ⛳ 39 – 62.
• Solide mit hellem Holz ausgestattete Zimmer kennzeichnen dieses Haus. Spazierrouten und der bekannte Felsenwanderweg beginnen in der Nähe des Hauses.

RODEBERG Thüringen siehe Mühlhausen.

RODGAU Hessen 543 P 10 – 41 000 Ew – Höhe 128 m.

Berlin 542 – Wiesbaden 54 – Frankfurt am Main 25 – Aschaffenburg 27.

Im Stadtteil Nieder-Roden :

Weiland, Borsigstr. 15 (Industriegebiet Süd), ✉ 63110, ℰ (06106) 8 71 70, Fax (06106) 871750, 🐎 – 📺 🚗 🅿 – 🛎 30. ⓘ 🏧 VISA JCB ✂
Menu (geschl. Samstag, Sonntagabend) (wochentags nur Abendessen) à la carte 16/35 – **30 Zim** ⛳ 67/75 – 93/110.
• Die verkehrsgünstige Lage und die Nähe zu Frankfurt machen das Haus mit den praktisch gestalteten Zimmern bei geschäftlich und privat Reisenden besonders beliebt. Gemütlicher Mittelpunkt des großzügigen Gastraums ist ein weißer Kachelofen.

RODING Bayern 546 S 21 – 11 500 Ew – Höhe 370 m.

🛈 Tourismusbüro, Schulstr. 15, ✉ 93426, ℰ (09461) 94 18 15, Fax (09461) 941860.

Berlin 486 – München 163 – Regensburg 46 – Amberg 62 – Cham 15 – Straubing 39.

In Roding-Neubäu Nord-West : 9 km über die B 85 :

Am See ⚘, Seestr. 1, ✉ 93426, ℰ (09469) 3 41, a.u.k.schiessl@t-online.de, Fax (09469) 403, ≤, 🐎, ≘, 🏊, 🐎 – 📺 🚗 🅿 – 🛎 50. 🏧 VISA
Menu (geschl. Montagmittag) à la carte 11/25 – **49 Zim** ⛳ 33 – 50/62 – ½ P 7/10.
• Direkt am See liegt dieses im traditionellen Stil erbaute Haus. Man bietet moderne Gästezimmer, die praktisch ausgestattet und sämtlich mit Balkon versehen sind. Rustikales Restaurant und romantisches Antoniusstüberl.

RÖBEL (MÜRITZ) Mecklenburg-Vorpommern 542 F 21 – 6 000 Ew – Höhe 85 m.

ℤ *Touristinformation (Im Haus des Gastes), Straße der deutschen Einheit 7,* ✉ *17207,*
℘ *(039931) 5 06 51, Fax (039931) 50651.*
Berlin 140 – Schwerin 105 – Neubrandenburg 64.

Landhaus Müritzgarten ⌘, garni, Seebadstr. 45, ✉ 17207, ℘ (039931) 88 10, lan
dhaus-mueritzgarten@vr-web.de, Fax (039931) 881113, 🛌 – ⌘ TV ℘ P ⌘
Mitte März - Mitte Okt. – **40 Zim** ⌘ 65/85 – 98/110.
◆ Zwei Häuser im Landhausstil und vier Blockhäuser hat man hier wohnlich und komfortabel gestaltet. Ein engagiertes Serviceteam steht bereit.

Seelust ⌘, Seebadstr. 33a, ✉ 17207, ℘ (039931) 58 30, info@hotel-seelust.de,
Fax (039931) 53493, 🛌, ⌘ – ⌘ TV ⌘ P ⌘ VISA ⌘ Zim
geschl. Mitte Jan. - Ende Feb. – **Menu** à la carte 15/27 – **27 Zim** ⌘ 68/82 – 79/98 –
½ P 15.
◆ Direkt am See liegt dieses Ferienhotel mit der modernen Ausstattung. Seit mehr als hundert Jahren hat das Haus den Fremdenverkehr im Ort entscheidend mitgeprägt. Eine schöne Terrasse am See ergänzt das Restaurant.

Seestern ⌘, Müritzpromenade, ✉ 17207, ℘ (039931) 5 80 30, Fax (039931) 580339,
🛌 – ⌘ TV P ⌘ VISA ⌘ Zim
geschl. Ende Jan. - Anfang Feb. – **Menu** à la carte 19/26 – **27 Zim** ⌘ 45/55 – 65/88
– ½ P 15.
◆ Auf einer kleinen Landzunge gelegen, ist das Hotel von drei Seiten von Wasser umgeben. Wählen Sie eines der Maisonette-Zimmer mit schöner Aussicht auf den See. Schlicht und freundlich ist die Aufmachung des Restaurants. Terrasse am See.

Müritzterrasse, Straße der deutschen Einheit 27, ✉ 17207, ℘ (039931) 89 10, rog
er.ahrent@t-online.de, Fax (039931) 89126, 🛌 – TV P ⌘ VISA
geschl. 2. Jan. - 31. März – **Menu** à la carte 13/23 – **13 Zim** ⌘ 50/60 – 60/80.
◆ Helle, mit solidem Eichenmobiliar eingerichtete Gästezimmer bietet dieses gut unterhaltene Hotel. Von den meisten Zimmern aus schaut man übers Wasser. Lichtdurchflutetes Restaurant mit Zugang zur Terrasse am See.

RÖDELSEE Bayern siehe Iphofen.

RÖDENTAL Bayern siehe Coburg.

RÖDERMARK Hessen 543 Q 10 – 27 000 Ew – Höhe 141 m.
Berlin 550 – Wiesbaden 54 – Frankfurt am Main 21 – Darmstadt 25 – Aschaffenburg 30.

In Rödermark-Bulau :

Odenwaldblick, Bulauweg 27, ✉ 63322, ℘ (06074) 8 74 40, info@hotelodenwaldb
lick.de, Fax (06074) 861551 – ⌘ Zim, TV ⌘ P AE ⓪ ⓪ VISA
Menu *(geschl. Dienstag) (Montag - Freitag nur Abendessen)* à la carte 18,50/29 – **24 Zim**
⌘ 60/90 – 80/130.
◆ Sie haben die Wahl : mit hellen Holzmöbeln solide eingerichtete oder mit handbemalten Bauernmöbeln bestückte Zimmer. Allen gemeinsam ist die hervorragende Pflege. Reich dekoriertes und trotz des großzügigen Zuschnitts gemütlich wirkendes Lokal.

In Rödermark - Ober-Roden :

Eichenhof ⌘, Carl-Zeiss-Str. 30 (Industriegebiet), ✉ 63322, ℘ (06074) 9 40 41,
Fax (06074) 94044, 🛌, Biergarten, ⌘ – ⌘ TV P – ⌘ 25. AE ⓪ VISA
Menu *(geschl. Samstag) (nur Abendessen)* à la carte 20/41 – **37 Zim** ⌘ 75 – 102.
◆ Das Haus verfügt über behaglich und ansprechend eingerichtete Gästezimmer, die fast alle einen Balkon haben und technisch gut ausgestattet sind. Eine helle Holzverkleidung und gemütliche Sitznischen prägen das Restaurant.

RÖHRMOOS Bayern 546 V 18 – 5 900 Ew – Höhe 506 m.
Berlin 573 – München 29 – Dachau 12.

In Röhrmoos-Großinzemoos Nord-West : 2 km :

Landgasthof Brummer mit Zim, Indersdorfer Str. 51, ✉ 85244, ℘ (08139) 72 70,
info@landgasthof-brummer.de, Fax (08139) 8790, Biergarten – TV P AE ⓪ VISA
⌘ Zim
Menu *(geschl. Montag)* à la carte 15/35 – **13 Zim** ⌘ 38/72 – 55/100.
◆ Eichenholzmöbel, Deckenbalken und ein Kachelofen geben dem Gasthof eine rustikale Note. Wählen Sie aus einem bürgerlichen Angebot mit regionalen und internationalen Gerichten.

RÖHRNBACH Bayern 546 T 24 – 4 500 Ew – Höhe 436 m – Erholungsort.
🛈 Tourist-Information, Rathausplatz 1, ✉ 94133, ℘ (08582) 96 09 40, tourismus@ro ehrnbach.de, Fax (08582) 960916.
Berlin 539 – München 199 – Passau 23 – Freyung 12.

Jagdhof ⌘, Marktplatz 11, ✉ 94133, ℘ (08582) 97 00, info@jagdhof-roehrnbach.de, Fax (08582) 970222, 😊, ≋, ⩫ (geheizt), ▭, ⚘ – 🛗 TV 🕭 P ⓂⓄ VISA
geschl. Ende Nov. - Mitte Dez. – **Menu** à la carte 13/26 – **69 Zim** ⇌ 45/60 – 80/120 – ½ P 8.
• Die großzügige Hotelanlage befindet sich mitten im Ort. Die gepflegten Gästezimmer sind alle nach hinten zum schönen Garten mit Pool gelegen. Gemütliche Gaststube mit behaglichem Kachelofen und bayerischer Atmosphäre.

RÖMERBERG Rheinland-Pfalz siehe Speyer.

RÖMHILD Thüringen 544 O 15 – 1 800 Ew – Höhe 305 m.
Berlin 384 – Erfurt 93 – Coburg 43.

Zum Hirsch, Heurichstr. 32, ✉ 98631, ℘ (036948) 86 80, hotel-hirsch-prediger@t-online.de, Fax (036948) 868333, 😊, ≋ – 🛗, ⚤ Zim, TV 🕭 P – 🔔 40. AE ⓂⓄ VISA
Menu à la carte 14/26 – **25 Zim** ⇌ 40/45 – 70/80 – ½ P 15.
• Im Grenzland zwischen Thüringen und Bayern findet man diesen zeitgemäßen Gasthof mit meist recht geräumigen, praktischen Zimmern. Freizeitbereich mit Rasulbad. Gemütliches Restaurant mit bürgerlicher Küche.

In **Römhild-Waldhaus** Ost : 4 km, Richtung Hildburghausen :

Waldhaus, Am Sandbrunnen 10, ✉ 98631, ℘ (036948) 8 01 47, Fax (036948) 80148, Biergarten – ⚤ Zim, TV 🕭 P
Menu (geschl. Montagmittag) à la carte 13/22 – **15 Zim** ⇌ 37/45 – 55/68.
• Im Jahr 1993 ist das sympathische Haus komplett rekonstruiert worden. Besonders empfehlenswert sind die Turmzimmer, die neben solider Möblierung auch ausreichend Platz bieten. Schlicht und leicht rustikal ist die Einrichtung des Restaurants.

RÖPERSDORF Brandenburg siehe Prenzlau.

RÖSRATH Nordrhein-Westfalen 543 N 5 – 22 000 Ew – Höhe 72 m.
Berlin 584 – Düsseldorf 56 – Bonn 24 – Siegburg 12 – Köln 16.

Klostermühle, Zum Eulenbroicher Auel 15, ✉ 51503, ℘ (02205) 47 58, Fax (02205) 87868, 😊 – P. AE ⓞ ⓂⓄ VISA
geschl. Anfang Jan. 1 Woche, Montag - Dienstag – **Menu** à la carte 33/48 ⌘.
• Die alte Mühle - im Fachwerkstil erbaut - besticht mit einem rustikalen Interieur, das von freigelegtem Mauerwerk und dem offenen Kamin geprägt wird. Schön eingedeckte Tische !

ROETGEN Nordrhein-Westfalen 543 O 2 – 8 000 Ew – Höhe 420 m.
Berlin 648 – Düsseldorf 96 – Aachen 34 – Liège 59 – Monschau 15 – Köln 85.

Gut Marienbildchen mit Zim, Münsterbildchen 3 (B 258, Nord : 2 km), ✉ 52159, ℘ (02471) 25 23, Fax (02471) 921643, 😊 – 🛗, TV P. AE VISA. ⚤ Zim
geschl. Mai 1 Woche, Mitte Juli - Mitte Aug. – **Menu** (geschl. Sonntag - Montagmittag) à la carte 21/40 – **7 Zim** ⇌ 50/65 – 65/85.
• Hier wurde ein hübscher Wintergarten angebaut ! Das Lokal lockt mit rustikal-eleganter Einrichtung und netter Dekoration. Die Küche arbeitet mit regionalen Produkten.

RÖTHENBACH BEI ST. WOLFGANG Bayern siehe Wendelstein.

RÖTZ Bayern 546 R 21 – 3 600 Ew – Höhe 453 m.
🏌 🛝 Rötz, Hillstett 40 (West : 2 km), ℘ (09976) 1 80.
Berlin 459 – München 204 – Regensburg 67 – Amberg 56 – Cham 25 – Weiden in der Oberpfalz 56.

In **Rötz-Bauhof** Nord-West : 3 km in Richtung Neunburg v. W., am Ortsende rechts :

Bergfried ⌘, ✉ 92444, ℘ (09976) 9 40 00, info@hotel-bergfried.de, Fax (09976) 9400399, ≤ Bayerischer Wald, Biergarten, ≋, ⚘ – TV 🕭 P. AE ⓞ ⓂⓄ VISA
geschl. Anfang Feb. 1 Woche, Mitte Nov. 1 Woche – **Menu** (geschl. Nov.- März Samstag) à la carte 13,50/24,50 – **24 Zim** ⇌ 33/36 – 48/56 – ½ P 7.
• Erhöht liegt das familiengeführte Haus direkt am Waldrand. Man verfügt über solide möblierte, gepflegte Gästezimmer, meist mit Balkon. Im Restaurant mit Kachelofen oder im Wintergarten sitzt man gemütlich.

1184

RÖTZ

In Rötz-Grassersdorf Nord : 3 km, nahe der B 22 :

🏖 **Landgasthof Henghuber** ॐ, ✉ 92444, ℘ (09976) 14 13, Fax (09976) 1547, 🏡,
🍸 — 📺 ⇌ 🅿 ※ Rest
Menu (geschl. Anfang Okt. 2 Wochen, Freitagmittag) à la carte 12/19 – **14 Zim** ⊇ 25 –
44/50.
♦ Eine einfache, ländliche Adresse, die man auf Grund ihrer komplett eingerichteten, tipp-
topp gepflegten Zimmer und der sehr günstigen Preise gut empfehlen kann. Nette länd-
liche Gaststube.

In Rötz-Hillstett West : 4 km in Richtung Seebarn :

🏨 **Die Wutzschleife** ॐ, ✉ 92444, ℘ (09976) 1 80, info@wutzschleife.com,
Fax (09976) 18180, ≤, 🏡, Biergarten, Massage, ≘, 🅻, 🍸, ※(Halle), 🏋 – 🛗, ⇌ Zim,
📺 📞 🅿 – 🚗 110. 🅰🅴 ⓘ 🆚 🅥🅸🆂🅰
Menu (geschl. Montag - Dienstag) à la carte 31/44 – **70 Zim** ⊇ 114/172 – 186/302 –
½ P 13.
♦ Man betritt das ungewöhnliche Haus durch eine imposante Halle, die über zwei Etagen
reicht. Schöne, individuelle Zimmer in verschiedenen Kategorien und großes Freizeitan-
gebot ! Vielfältiger gastronomischer Bereich, von rustikal bis edel.

In Winklarn-Muschenried Nord : 10 km in Richtung Oberviechtach :

🏡 **Seeschmied** ॐ (mit Gästehaus), Lettenstr. 6, ✉ 92559, ℘ (09676) 2 41, info@se
eschmied.de, Fax (09676) 1240, 🏡, 🅻, 🍸, ※ – 📺 🅿 🆚🅸🆂🅰. ※
geschl. Jan. - Feb. 3 Wochen – **Menu** (geschl. Montag) à la carte 13/29 – **15 Zim** ⊇ 29/32
– 57/60 – ½ P 9.
♦ In ruhigen Gästehaus stellen Ihre Gastgeber Ihnen liebevoll gestaltete, in freundlichen
Farben gestrichene Zimmer zur Verfügung. Schönes Hallenbad und neue Tennisanlage !
Farbenfroh gestaltet und nett dekoriert präsentiert sich das Hotelrestaurant.

ROGGENBURG Bayern 󠀵󠀴󠀶 V 14 – 2 500 Ew – Höhe 541 m.
Berlin 637 – München 132 – Augsburg 61 – Neu-Ulm 24.

🏨 **Klostergasthof Roggenburg** ॐ, Klosterstr. 2, ✉ 89297, ℘ (07300) 92 19 20,
klostergasthof@kloster-roggenburg.de, Fax (07300) 92192129, 🏡 – 🛗, ⇌ Zim, 📺 📞
⇌ 🅿 – 🚗 200. 🅰🅴 ⓘ 🆚 🅥🅸🆂🅰
Gourmet-Restaurant : Menu à la carte 23/35 – **Gaststube** : Menu à la carte 16/27
– **16 Zim** ⊇ 69 – 89.
♦ Das Hotel ist an ein großes Bildungszentrum angeschlossen. Parkettboden und teure
Materialien geben den gut ausgestatteten Zimmern einen eleganten Touch. Helles, freund-
liches Gourmet-Restaurant mit netter Terrasse. Holz und blanke Tische prägen die Gast-
stube.

ROHLSTORF-WARDER Schleswig-Holstein siehe Bad Segeberg.

ROHRDORF Bayern 󠀵󠀴󠀶 W 20 – 4 100 Ew – Höhe 472 m.
Berlin 657 – München 69 – Bad Reichenhall 71 – Passau 178 – Rosenheim 10 – Salzburg 73
– Innsbruck 110.

🏡 **Zur Post** (mit Gästehäusern), Dorfplatz 14, ✉ 83101, ℘ (08032) 18 30, hotel@post
-rohrdorf.de, Fax (08032) 5844, 🏡, Biergarten – 🛗 📺 📞 🅿 – 🚗 120. 🅰🅴 ⓘ 🆚 🅥🅸🆂🅰
Menu à la carte 15/27 – **109 Zim** ⊇ 38/66 – 51/80.
♦ Die einladende, traditionell mit Malereien gestaltete Fassade des Gasthofs ist aus dem
Ortsbild nicht mehr wegzudenken. Nette Zimmer, größtenteils in Naturholz, stehen bereit.
Behagliche, holzverkleidete Gaststuben mit Metzgerei.

🏡 **Christl** garni, Anzengruberstr. 10, ✉ 83101, ℘ (08032) 9 56 50, info@hotel-christl.de,
Fax (08032) 956566 – 📺 📞 🅿 🆚 🅥🅸🆂🅰
27 Zim ⊇ 44/48 – 64/70.
♦ Besonders für Gäste, die auf der Durchreise sind, ist dieses verkehrsgünstig gelegene
Hotel mit ausschließlich ebenerdigen Zimmern eine gute Station für eine Rast.

※※ **Gut Apfelkam**, Unterapfelkam 3 (Ost : 3 km, nahe der BAB-Ausfahrt Achenmühle),
✉ 83101, ℘ (08032) 53 21, restaurant@gut-apfelkam.de, Fax (08032) 707638, 🏡 – 🅿
geschl. Nov., Montag - Dienstag – **Menu** (Mittwoch - Freitag nur Abendessen) 32/73 à la
carte 38,50/47.
♦ In dem hübschen Haus mit Fachwerkgiebel bewirten Sie Ihre Gastgeber in ansprechend
dekorierten, leicht rustikalen Räumen mit kreativ und international beeinflusster Küche.
Spez. Carpaccio vom roten Thunfisch mit Avocado und Curryöl. Gefüllte Fasanenbrust mit
Maronen und Madeirasauce. Mit Nougatmousse und Kirschsorbet gefüllte Schokoladen-
waffel

1185

ROIGHEIM Baden-Württemberg siehe Möckmühl.

ROMANTISCHE STRASSE Baden-Württemberg und Bayern 546 Q 13 bis X 16.
Sehenswert : Strecke ★★ von Würzburg bis Füssen (Details siehe unter den erwähnten Orten entlang der Strecke).

ROMROD Hessen siehe Alsfeld.

RONNENBERG Niedersachsen siehe Hannover.

RONSHAUSEN Hessen 543 N 13 – 2 700 Ew – Höhe 210 m – Luftkurort.
🛈 Verkehrsamt, Haus des Gastes, Eisenacher Str. 20, ✉ 36217, ℰ (06622) 92 31 19, Fax (06622) 923120.
Berlin 391 – Wiesbaden 189 – Kassel 65 – Bad Hersfeld 26.

Waldhotel Marbach ⦿, Berliner Str. 7, ✉ 36217, ℰ (06622) 9 21 40, info@waldhotel-marbach.de, Fax (06622) 921410, 😊, ≋, 🔲, 🎿 – 🛗, ⊀ Zim, 📺 ⇔ 🅿 – 🔔 70.
AE ⓪ ⓜⓔ VISA
Menu (geschl. Montagmittag) à la carte 15/33 – **37 Zim** ⌕ 45/55 – 70/85 – ½ P 14.
♦ Gepflegte nordhessische Gastlichkeit und familiäre Führung zeichnen dieses Haus aus. Neben gut eingerichteten Zimmern bietet man diverse Freizeiteinrichtungen. Der Restaurantbereich ist unterteilt und bürgerlich bis rustikal gehalten.

> *Die im Michelin-Führer*
> *verwendeten Zeichen und Symbole haben*-
> *dünn oder **fett** gedruckt, rot oder schwarz -*
> *jeweils eine andere Bedeutung.*
> *Lesen Sie daher die Erklärungen aufmerksam durch.*

ROSBACH Hessen siehe Friedberg/Hessen.

ROSENBERG Baden-Württemberg 545 S 14 – 2 400 Ew – Höhe 520 m.
Berlin 558 – Stuttgart 92 – Aalen 30 – Ansbach 64 – Schwäbisch Hall 28.

Landgasthof Adler (Bauer) mit Zim, Ellwanger Str. 15, ✉ 73494, ℰ (07967) 5 13, info@landgasthofadler.de, Fax (07967) 710300, 😊 – ⊀ Zim, 📺 ⇔ 🅿. ※
geschl. Jan. 3 Wochen, Aug. 3 Wochen – **Menu** (geschl. Montag - Dienstag)(Mittwoch - Donnerstag nur Abendesssen) (Tischbestellung ratsam) 24/75 à la carte 29/56, ♈ – **15 Zim** ⌕ 60/75 – 80/100, 3 Suiten.
♦ Eine nicht alltägliche kulinarische Adresse! Der ländlich-modern gestaltete traditionelle Gasthof von 1380 bietet Ihnen eine schnörkellose, regional beeinflusste Küche.
Spez. Gelierte Tomatenspaghettini mit gebratenem Thunfisch. Rücken vom Sommerbock mit Pfifferlingen und Blutwurst-Gröstl. Weißer Schokoladenschaum mit Minzgelée und Limonengranité.

ROSENGARTEN Niedersachsen 541 F 13 – 11 000 Ew – Höhe 85 m.
Berlin 298 – Hannover 140 – Hamburg 28 – Buchholz in der Nordheide 8 – Bremen 90.

In Rosengarten-Nenndorf :

Rosenhof ⦿, Rußweg 6, ✉ 21224, ℰ (04108) 71 81, Fax (04108) 7512, 😊, 🎿
📺 ✆ 🅿 – 🔔 50. ⓪ ⓜⓔ VISA
Menu (wochentags nur Abendessen) à la carte 19/30 – **10 Zim** ⌕ 46 – 77.
♦ Ein gut geführtes Haus mit sauberen, solide ausgestatteten Gästezimmern. Hübsch anzusehen ist der nette Garten mit Teich und Bachlauf. Bilder, Pflanzen und Zierrat schmücken das Restaurant.

In Rosengarten-Sieversen :

Holst, Hauptstr. 29, ✉ 21224, ℰ (04108) 59 10, rhholst@t-online.de, Fax (04108) 591298, 😊, 🌀, Massage, 🎿, ≋, 🔲, 🎿 – 🛗, ⊀ Zim, 📺 🅿 – 🔔 60.
AE ⓪ ⓜⓔ VISA
Menu à la carte 24/36 – **72 Zim** ⌕ 95 – 120.
♦ Hier lässt es sich gut wohnen und tagen! Man bietet seinen Gästen gut eingerichtete Zimmer, Suiten mit Wasserbett oder Whirlwanne und eine schöne Saunalandschaft. In der Kamin-Stuuv wird eine internationale Küche gepflegt.

ROSENHEIM Bayern ⁵⁴⁶ W 20 – 59 000 Ew – Höhe 451 m.

₁₈ Höslwang, Kronberg 3 (Nord-Ost : 20 km), ℘ (08075) 7 14.

🛈 Touristinfo, Kufsteiner Straße 4, ✉ 83022, ℘ (08031) 3 65 90 61, touristinfo@rosenheim.de, Fax (08031) 3 65 90 60.

ADAC, Salinstr. 12.

Berlin 658 – München 70 – Bad Reichenhall 77 – Innsbruck 108 – Salzburg 82.

Parkhotel Crombach, Kufsteiner Str. 2, ✉ 83022, ℘ (08031) 35 80, info@parkhotel-crombach.de, Fax (08031) 33727, 🌳 – |≡|, 🍽 Zim, 📺 🚗 🅿 – 🔒 75. AE ⓘ ⓜ VISA
Menu (geschl. Anfang Jan. 1 Woche, Anfang - Mitte Aug., Sonntag) à la carte 22/39 – **62 Zim** ⊇ 61/95 – 99/137.
♦ Gemütlich und ruhig wohnen Sie in dem im Zentrum des oberbayerischen Städtchens gelegenen Hotel. Draußen lädt ein weitläufiger Park zum Spaziergang ein. Restaurant mit hübscher Gartenterrasse.

Panorama Cityhotel garni, Brixstr. 3, ✉ 83022, ℘ (08031) 30 60, rosenheim@panoramacityhotel.de, Fax (08031) 306415 – |≡| 🍽 📺 📞 🔈 – 🔒 70. AE ⓘ ⓜ VISA JCB. 🍽 Rest
89 Zim ⊇ 95 – 115.
♦ In der Stadtmitte gelegenes Haus mit ansprechendem Rahmen. Sie wohnen in soliden, teils mit Sitzgruppen ausgestatteten Räumen. Frühstück serviert man im Wintergarten.

Weinhaus zur historischen Weinlände, Weinstr. 2, ✉ 83022, ℘ (08031) 1 27 75, Fax (08031) 37468 – 🔒 30. AE ⓘ ⓜ VISA
geschl. Mitte Aug. - Mitte Sept., Samstagmittag, Sonn- und Feiertage – **Menu** à la carte 20/33, ♀.
♦ Aus drei gemütlichen Stuben besteht dieses Restaurant. Das Angebot, das man seinen Gästen offeriert, ist breit gefächert und umfasst auch regionale Gerichte.

In Rosenheim-Heilig Blut Süd : 3 km über die B 15 Richtung Autobahn :

Fortuna, Hochplattenstr. 42, ✉ 83026, ℘ (08031) 61 63 63, fortuna.ro@t-online.de, Fax (08031) 61636400, 🌳 – 📺 AE ⓜ VISA
Menu (geschl. Sept. 1 Woche, Dienstag) (italienische Küche) à la carte 18/36 – **17 Zim** ⊇ 49/64 – 70/93.
♦ Die familiäre Führung und das Engagement der Wirtsfamilie machen dieses Haus zu einer netten Unterkunft in dörflicher Umgebung. Schlichte, praktische Zimmer. Restaurant mit Wintergarten und vorgelagerter Terrasse.

In Stephanskirchen-Baierbach Ost : 7,5 km, jenseits des Inn, in Stephanskirchen über Simsseestraße :

Gocklwirt mit Zim, Am Weinberg 9, ✉ 83071, ℘ (08036) 12 15, webmaster@gocklwirt.de, Fax (08036) 1705, 🌳 – 🍽 Rest, 📺 🅿
geschl. 6. - 27. Jan. – **Menu** (ab 13 Uhr geöffnet, geschl. Montag - Dienstag) à la carte 16/39, ♀ – **3 Zim** ⊇ 70.
♦ Ein Ausflugslokal mit Minigolf, einer Sammlung von landwirtschaftlichen Maschinen und Antiquitäten. Aus der Küche kommen Gerichte aus der Region, aber auch Internationales.

ROSSBACH Rheinland-Pfalz ⁵⁴³ O 6 – 1 400 Ew – Höhe 113 m – Luftkurort.
Berlin 619 – Mainz 132 – Bonn 65 – Koblenz 42.

Zur Post, Wiedtalstr. 55, ✉ 53547, ℘ (02638) 2 80, info@zur-post-rossbach, Fax (02638) 946160, Biergarten, 🌳 – 🍽 Zim, 📺 🅿 ⓜ 🍽 Zim
geschl. Jan. 2 Wochen – **Menu** (geschl. Ende Juli - Anfang Aug. 2 Wochen, Dienstag) à la carte 20,50/32 – **15 Zim** ⊇ 28/31 – 54/56 – ½ P 10.
♦ Das Haus mit der hübschen Fachwerkfassade blickt auf eine lange Tradition zurück. Es ist hell und freundlich eingerichtet, einige Zimmer im Landhausstil. Ländliche Gemütlichkeit in der Gaststube.

Strand-Café, Neustadter Str. 9, ✉ 53547, ℘ (02638) 9 33 90, info@strand-cafe.de, Fax (02638) 933939, 🌳, 🌳 – 📺 📞 🅿 – 🔒 20
Menu à la carte 18,50/29,50 – **22 Zim** ⊇ 41/50 – 72/81 – ½ P 10.
♦ Die meisten Gästezimmer des hübsch im Tal der Wied gelegenen Hauses verfügen über Balkon oder Terrasse, alle sind mit hellen Ahornmöbeln freundlich eingerichtet. Restaurant mit Wintergarten und Blick auf den Fluss.

ROSSDORF Sachsen-Anhalt siehe Genthin.

ROSSFELD-RINGSTRASSE Bayern siehe Berchtesgaden.

ROSSHAUPTEN Bayern 546 X 16 – 2 100 Ew – Höhe 816 m – Luftkurort – Wintersport : 800/1 000 m ⟜2 ⛷.

🛈 Tourist-Information, Hauptstr. 10, ⊠ 87672, ℘ (08367) 3 64, info@rosshaupten.de, Fax (08367) 642.

Berlin 657 – München 118 – *Kempten* 55 – Füssen 11 – Marktoberdorf 18.

Kaufmann ⚐, Füssener Str. 44, ⊠ 87672, ℘ (08367) 9 12 30, info@hotel-kaufmann.com, Fax (08367) 1223, ≤, 余, ≦s, ⌧, TV 📞 ⇔ 🅿 – 🛗 20. AE ⓘ VISA
geschl. Mitte Jan. - Mitte Feb. – **Menu** (geschl. Montag) à la carte 16/32 – **22 Zim** ⊇ 60/80 – 105/140 – ½ P 13.
• Eingebettet in die herrliche Allgäuer Landschaft überzeugt das Hotel einerseits durch seine Lage, andererseits durch hübsche und wohnlich eingerichtete Gästezimmer. Restaurant im alpenländischen Stil und elegant wirkender Wintergarten.

In Roßhaupten-Vordersulzberg West : 4 km, Richtung Seeg :

Haflinger Hof ⚐, Vordersulzberg 1, ⊠ 87672, ℘ (08364) 9 84 80, haflingerhof@t-online.de, Fax (08364) 984828, ≤, 余, ≦s, ⌧ 🅿.
Menu (geschl. außer Saison Dienstag - Mittwoch) à la carte 18/28 – **9 Zim** ⊇ 44/50 – 60/68.
• Besonders Pferdeliebhaber kommen in dem ehemaligen Bauernhof mit Haflingerzucht auf ihre Kosten. Man wohnt in gemütlich-rustikalen, teils im Bauernstil gehaltenen Räumen. Optischer Mittelpunkt der anheimelnden Gaststube ist der weiße Kachelofen.

ROSSLAU Sachsen-Anhalt 542 K 20 – 14 000 Ew – Höhe 66 m.

Berlin 120 – *Magdeburg* 57 – *Leipzig* 72 – Dessau 7.

Astra, Hauptstr. 128, ⊠ 06862, ℘ (034901) 6 20, astra-hotel-rosslau@t-online.de, Fax (034901) 62100, ≦s – ⌊⌉, ⌧ Zim, TV 📞 ⇔ – 🛗 60. ⓘ VISA
Menu à la carte 14/24 – **54 Zim** ⊇ 54/69 – 69/82.
• Ein neuzeitlich gestaltetes Hotel im Zentrum, in dem man einheitlich und funktionell eingerichtete Zimmer für die Gäste bereithält. Mit Tagungsmöglichkeiten. Hell und freundlich wirkendes Restaurant.

ROSTOCK Mecklenburg-Vorpommern 542 D 20 – 200 000 Ew – Höhe 14 m.

Sehenswert : Marienkirche★★ (Astronomische Uhr★★, Bronzetaufkessel★, Turm ⁕ ★) CX – Schifffahrtsmuseum★ CX M1 – Kulturhistorisches Museum★ BX M2 (Dreikönigs-Altar★).
Ausflugsziele : Bad Doberan über ⑤ : 17 km, Münster★★ (Altar★, Triumphkreuz★, Sakramentshaus★) – Fischland-Darß und Zingst★ über ① : 60 km.

✈ Rostock-Laage (über ③ : 30 km) ℘ (038454) 3 13 19.
🚗 Rostock-Krummendorf, Straße zum Überseehafen AT.

🛈 Tourist-Information, Neuer Markt 3, ⊠ 18055, ℘ (0381) 3 81 22 22, touristinfo@rostock.de, Fax (0381) 3812602.

ADAC, Trelleborger Str. 1 (Lütten-Klein).

Berlin 222 ③ – Schwerin 89 ⑤ – Lübeck 117 ⑤ – Stralsund 69 ①

Stadtpläne siehe nächste Seiten

Steigenberger Hotel Sonne, Neuer Markt 2, ⊠ 18055, ℘ (0381) 4 97 30, info@hotel-sonne-rostock.de, Fax (0381) 4973351, ≦s – ⌊⌉, ⌧ Zim, TV 📞 ℒ ⇔ – 🛗 180.
AE ⓘ ⓘ VISA JCB   CX r
Menu (geschl. Sonntag - Montag) (nur Abendessen) à la carte 24/33 – **Weinwirtschaft** : **Menu** à la carte 14/24 – **124 Zim** ⊇ 110/129 – 132/179, 10 Suiten.
• Eine in warmen Holztönen gehaltene Halle empfängt Sie hinter der gepflegten Fassade mit Treppengiebel. Überzeugend : die zentrale Lage und wohnliche, moderne Zimmer. Klassisch wirkt das Ambiente im Restaurant. Ungezwungen gibt sich die Weinwirtschaft.

Courtyard by Marriott, Kröpeliner/Schwaansche Str. 6, ⊠ 18055, ℘ (0381) 4 97 00, courtyard-hotel-rostock@t-online.de, Fax (0381) 4970700, Ⅰ₆, ≦s – ⌊⌉, ⌧ Zim, 📺 TV 📞 ℒ – 🛗 120. AE ⓘ ⓘ VISA JCB   BX n
Menu à la carte 18/32 – **150 Zim** ⊇ 110/140 – 121/172.
• Erholen Sie sich in geräumigen, mit dunklem Holz modern-elegant möblierten Zimmern, die mit großen Schreibtischen und der nötigen Technik auch Platz zum Arbeiten bieten. Das Restaurant Fischer's Fritze bietet vorwiegend Fischgerichte.

InterCityHotel, Herweghstr. 51, ⊠ 18055, ℘ (0381) 4 95 00, info@rostock.intercityhotel.de, Fax (0381) 4950999 – ⌊⌉, ⌧ Zim, TV 📞 ℒ 🅿 – 🛗 70. AE ⓘ ⓘ VISA ⚒ Rest
Menu (geschl. Sonntagabend)(Mitte Juni - Ende Aug. nur Abendessen) à la carte 15/23 – ⊇ 11 – **174 Zim** 71/99 – 76/104.   AU b
• Unweit vom Hauptbahnhof wohnen Sie in funktionellen Zimmern mit hellem Mobiliar. Der Hotelausweis gilt gleichzeitig für den öffentlichen Nahverkehr. Wochenend-Arrangements !

ROSTOCK

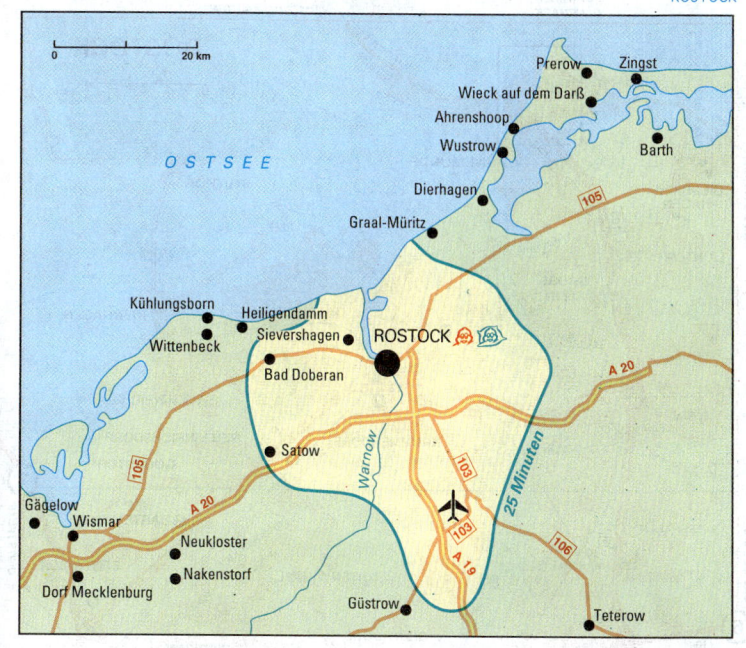

🏨 **Die kleine Sonne** garni, Steinstr. 7, ✉ 18055, ✆ (0381) 4 61 20, info@die-kleine-sonne.de, Fax (0381) 46121234, 🛁 – 🛗 ✱ TV ✆ AE ⓄⓂ 🅥🅘🅢🅐 CX t
48 Zim ☐ 79 – 99.
♦ Freundlich und frisch wirkt dieses mitten im Zentrum gelegene Hotel. Gemälde und Grafiken des Künstlers Nils Ausländer setzen im ganzen Haus farbige Akzente.

🏨 **Ibis**, Warnowufer 42, ✉ 18057, ✆ (0381) 24 22 10, h2208@accor-hotels.com, Fax (0381) 24221444, Biergarten – 🛗, ✱ Zim, 🔳 TV ✆ ⊘ 🅿 – 🏛 60. AE ⓄⓂ 🅥🅘🅢🅐
Menu (nur Abendessen) à la carte 16/23 – ☐ 9 – **91 Zim** 57 – 69.   AU n
♦ Am Stadthafen der historischen Handelsstadt können Sie an großen Scheibtischen bequem arbeiten oder sich in den freundlichen, hell möblierten Zimmern einfach nur erholen.

✕ **Amberg 13**, Amberg 13, ✉ 18055, ✆ (0381) 4 90 62 62, altstadtrestaurant@t-online.de, Fax (0381) 4906260, 🍽. ⓄⓂ 🅥🅘🅢🅐 CX a
geschl. Montag – **Menu** (nur Abendessen) à la carte 18/31.
♦ Das Restaurant in der Altstadt zeigt sich im freundlichen Bistro-Stil - helle, farbige Wände zieren den Raum. Hier machen die Köche selbst den Service.

In Rostock-Brinckmansdorf Ost : 2,5 km :

🏨 **Trihotel-Am Schweizer Wald**, Tessiner Str. 103, ✉ 18055, ✆ (0381) 6 59 70, info@trihotel-rostock.de, Fax (0381) 6597600, 🍽, (Kleinkunstbühne "Spot"), 👋, Massage, 🛁, 🔲 – 🛗, ✱ Zim, TV ⊘ 🚗 🅿 – 🏛 140. AE ⓄⓂ 🅥🅘🅢🅐 ✱ Rest   AU c
Menu à la carte 17/31 – **101 Zim** ☐ 88/119 – 116/148, 3 Suiten.
♦ Die Kleinkunstbühne im Keller lockt mit Kabarett, Pantomime, Musik und Shows ! Fragen Sie nach dem Captains Room ; Seemanns- oder Managerzimmer mit großen Schreibflächen. Helles Restaurant mit Wintergarten.

In Rostock-Dierkow :

🏨 **Landhaus Dierkow**, Gutenbergstr. 5, ✉ 18146, ✆ (0381) 6 58 00, harnack@landhaus-dierkow.de, Fax (0381) 6580100 – TV ✆ ⊘ 🅿 – 🏛 40. ⓄⓂ 🅥🅘🅢🅐   AU u
geschl. 22. - 27. Dez. – **Menu** (nur Abendessen) à la carte 16/24 – **45 Zim** ☐ 56/68 – 77/80.
♦ Das im Landhausstil gebaute Hotel verfügt über Gästezimmer, die modern und wohnlich ausgestattet sind. Auch die freundliche Atmosphäre lädt zum Verweilen ein. Rustikales, mit viel Holz geschmücktes Restaurant.

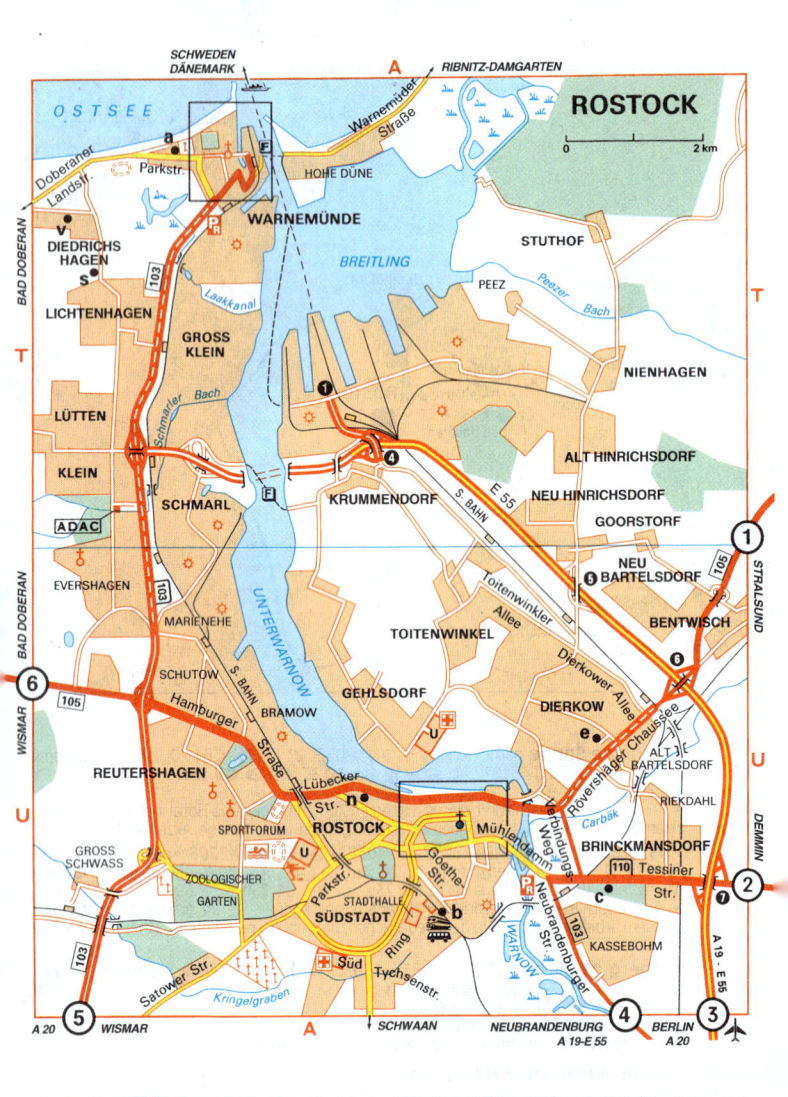

In Rostock-Markgrafenheide Nord-Ost : 16 km, ab Warnemünde mit Fähre und über Hohe Düne, Warnemünder Straße.

🏨 **Godewind,** Warnemünder Str. 5, ✉ 18146, ✆ (0381) 60 95 70, info@hotel-godewind.de, Fax (0381) 60957111, 🍽, ⛱, 🏊 – 📶, ⚡ Zim, 📺 ♨ 🅿 – 🛎 20. 🟥🅾 VISA
Menu à la carte 16,50/28 – **48 Zim** 🛏 78/85 – 80/113 – ½ P 16.
• An der Ostseeküste liegt das familiengeführte Haus mit gemütlich-ländlicher blau-weißer oder grüner Einrichtung und Möglichkeit zur Original-Schroth-Kur! Restaurant im Pavillon.

🏨 **Dünenhotel** 🌿, Dünenweg 28, ✉ 18146, ✆ (0381) 2 06 60, duenenhotel.niendorf @t-online.de, Fax (0381) 2066199, 🍽 – 📺 🅿 🅰🅴 🟥🅾 VISA
Menu à la carte 17,50/29 – **23 Zim** 🛏 59/72 – 82/102.
• Hinter den Dünen und am Rande eines Kiefernwaldes liegt dieses schmucke weiße Hotel im Landhausstil. Die Zimmer sind größtenteils recht geräumig und solide eingerichtet. Mit dunklem Holz wurde das Hotelrestaurant im Bistrostil gestaltet.

ROSTOCK

Badstüberstr. **BX** 4	Gertrudenplatz **BX** 16	Richard-Wagner-Str. **CX** 28
Beim Grünen Tor **BX** 8	Große Wasserstr. **CX** 17	Rungestr. **BCX** 29
Buchbinderstr. **CX** 9	Kleine Wasserstr. **CX** 19	Schwaansche Str. **BX** 31
Friedhofsweg **BX** 14	Krämerstr. **CX** 21	Strandstr. **BCX** 34
	Mönchentor **CX** 24	Vogelsang **CX** 38
	Pädagogienstr. **BX** 26	Wendenstr. **CX** 41

In Rostock-Warnemünde Nord-West : 11 km – Seebad.

🛈 Tourist-Information, Am Strom 59, ✉ 18119, ℘ (0381) 54 80 00, touristinfo@rostock.de, Fax (0381) 5480030

Neptun, Seestr. 19, ✉ 18119, ℘ (0381) 77 70, info@hotel-neptun.de, Fax (0381) 54023, ≤, 😀, 🍴, Massage, ᒪᏉ, ≘s, 🏊, – 🛗, ⥃ Zim, 📺 ⚙ P – 🛎 300. AE ⓘ ⓜⓞ VISA. ⥃ Rest
Menu à la carte 25/45 – **338 Zim** ⭗ 125/151 – 176/258. DY **h**

◆ Im schönen Seebad Warnemünde lädt Sie das Neptun ein, mit der Thalasso-Therapie Meereskräfte zu tanken und in den elegant-komfortablen Zimmern den Seeblick zu genießen. Restaurant mit freundlich-modernem Ambiente.

Strand-Hotel Hübner, Seestr. 12, ✉ 18119, ℘ (0381) 5 43 40, info@hotel-huebner.de, Fax (0381) 5434444, ≤, Massage, ≘s – 🛗, ⥃ Zim, 📺 ⚙ ⛓ ⌘ P – 🛎 70. AE ⓘ ⓜⓞ VISA JCB. ⥃ Rest
Menu à la carte 21/31 – **95 Zim** ⭗ 115/170 – 140/185, 6 Suiten. DY **a**

◆ Leseratten fühlen sich im Leseraum mit Kamin ebenso zu Hause wie in den wohnlich-eleganten Zimmern mit hellen Holzmöbeln und großen Schreibflächen ; teils mit Meerblick ! Helles, maritimes Restaurant mit saisonorientiertem internationalem Angebot.

Warnemünder Hof 🗲, Stolteraer Weg 8 (in Diedrichshagen, West : 2 km), ✉ 18119, ℘ (0381) 5 43 00, info@warnemuender-hof.de, Fax (0381) 5430444, 😀, ≘s, 🌿 – 🛗, ⥃ Zim, 📺 ⛓ P – 🛎 70. AE ⓘ ⥃ Rest
Menu à la carte 20/36 – **91 Zim** ⭗ 100/110 – 115/140 – ½ P 18. AT **v**

◆ Das reetgedeckte Landhaus mit neuerem Anbau beherbergt Sie in behaglichen Zimmern mit dunklem Kirschholz oder auch im Romantik- oder Hochzeitszimmer mit bemalten Bauernmöbeln. Das Restaurant befindet sich im Stammhaus - mit hellem Wintergarten.

Hanse Hotel, Parkstr. 51, ✉ 18119, ℘ (0381) 54 50, info@hanse.bestwestern.de, Fax (0381) 5453006, 😀, ≘s, 🌿 – 🛗, ⥃ Zim, 📺 ⛓ ⌘ P – 🛎 60. AE ⓘ ⓜⓞ VISA. ⥃ Rest
Menu à la carte 19/33 – **72 Zim** ⭗ 75/120 – 92/137 – ½ P 18. AT **a**

◆ Wohnen Sie dicht hinter dem Deich und genießen Sie den Blick aufs Meer, der sich von den meisten der mit modernen Holzmöbeln bestückten Räumen bietet. Mit Kinderspielzimmer ! Hotelrestaurant mit leicht maritimem Touch.

WARNEMÜNDE

Alexandrinen-Straße	**DYZ** 2
Alte Bahnhofstr.	**DZ**
Am Bahnhof	**DYZ**
Am Leuchtturm	**DY** 3
Am Markt	**DZ**
Am Passagierkai	**DZ**
Am Strom	**DYZ**
Anastasiastr.	**DY** 5
Beethovenstr.	**DZ** 7
Dänische Str.	**DYZ**
Friedrich-Franz-Straße	**DY** 12
Fritz-Reuter-Straße	**DZ**
Georginenplatz	**DY** 14
Heinrich-Heine-Straße	**DY**
John-Brinkmann-Straße	**DZ** 17
Kirchenplatz	**DY** 19
Kirchenstraße	**DY** 21
Kirchnerstr.	**DZ**
Kurhausstr.	**DY**
Laakstr.	**DZ**
Mühlenstr.	**DYZ**
Parkstr.	**DZ**
Poststr.	**DZ**
Richard-Wagner-Straße	**DZ**
Rostocker Str.	**DZ**
Schillerstr.	**DY** 29
Schwarzer Weg	**DZ** 32
Seepromenade	**DY**
Seestr.	**DY**
Wachtlerstr.	**DY** 36

Am Leuchtturm, Am Leuchtturm 16, ✉ 18119, ℘ (0381) 5 43 70, *hotel-am-leuchtturm@t-online.de*, Fax (0381) 548510, 🍽 – 📶, ⁎ Zim, 📺 ⚙ – 🔔 25. 📧 ⓘ ⓜ 💳.
⁎
DY e
Menu *(geschl. 19. Jan. - 8. Feb.) (Jan. - April Montag - Freitag nur Abendessen)* à la carte 20/39 – **35 Zim** ⊆ 90/120 – 105/180 – ½ P 19.
◆ Gegenüber dem Leuchtturm wohnen Sie nahe der See in sympathischen gelb-blau gehaltenen Zimmern mit honigfarbenen Möbeln. Die Appartements verfügen über kleine Küchenzeilen. Restaurant im Bistrostil.

Landhotel Immenbarg ⁑, Groß-Kleiner-Weg 19 *(in Diedrichshagen, West : 2 km)*, ✉ 18109, ℘ (0381) 77 69 30, *landhotel-immenbarg@t-online.de*, Fax (0381) 7769355, ⁑ – 📶 📺 ⚙ ⁑ 🅿 – 🔔 20. 📧 ⓜ 💳. ⁎ Rest
AT s
geschl. Jan. - Feb. – **Menu** *(geschl. Montag - Dienstag) (nur Abendessen)* à la carte 28/36 – **25 Zim** ⊆ 62/76 – 99/116.
◆ Nicht weit von der Ostsee warten großzügige, wohnliche Zimmer mit hellem Holz und geschmackvollen Stoffen. Auch Drei-Bett-Suiten oder Maisonette-Ferienwohnungen sind zu haben! Hell und freundlich gestaltetes Restaurant.

Il Ristorante, Am Strom 107 (1. Etage), ✉ 18119, ℘ (0381) 5 26 74, *info@restaurant-atlantic.de*, Fax (0381) 52605 – 📧 ⓜ 💳
DY c
Menu *(nur Abendessen) (italienische Küche)* à la carte 24/36.
◆ Speisen Sie mit reizvollem Ausblick auf den Hafen : Das Restaurant in der 1. Etage bietet eine schmackhafte italienisch beeinflusste Küche. Bistro mit regionalem Angebot.

Zur Gartenlaube 1888, Anastasiastr. 24, ✉ 18119, ℘ (0381) 5 26 61, Fax (0381) 52661, 🍽 – 📧 ⓘ ⓜ 💳
DY x
geschl. Sonntag – **Menu** *(nur Abendessen)* à la carte 33/46.
◆ Nostalgie-Fans finden hinter der bemalten Fassade ihren Meister : In einer Kulisse aus urigen Deko-Stücken sitzen Sie auf alten Kirchenbänken und speisen Internationales.

In Sievershagen *Nord-West : 8 km über* ⑤ :

Atrium Hotel Krüger, Ostsee-Park-Str. 2 (B 105), ✉ 18069, ℘ (0381) 1 28 82 00, *info@atrium-hotel-krueger.de*, Fax (0381) 1288300, ⁑, 🎱 – 📶 ⁎ Zim, ⚙ 🅿 – 🔔 20. 📧 ⓜ 💳 ⁎ Rest
Menu *(geschl. Sonntag) (nur Abendessen)* (Restaurant nur für Hausgäste) – **59 Zim** ⊆ 52/70 – 70/95.
◆ Nahe dem Gewerbepark warten moderne, geschmackvoll eingerichtete Zimmer mit solidem Kirschbaummobiliar. Große Schreibtische mit moderner Technik ermöglichen bequemes Arbeiten.

ROT AM SEE Baden-Württemberg 545 S 14 – 4 200 Ew – Höhe 419 m.
Berlin 532 – Stuttgart 132 – Würzburg 78 – Crailsheim 18 – Nürnberg 110.

- **Landhaus Hohenlohe** ⑤, Erlenweg 24, ✉ 74585, ℘ (07955) 9 31 00, info@land
haus-hohenlohe.de, Fax (07955) 931093, 余, – TV P – ⚿ 35. ⓜ VISA
geschl. Anfang - Mitte Jan., Mitte - Ende Aug. – **Casalinga** (geschl. Montag - Dienstag) (nur
Abendessen) Menu à la carte 32,50/42 – **Cafénädle** (geschl. Montag) Menu à la carte
18,50/30 – **24 Zim** ⊇ 43/50 – 57/65 – ½ P 20.
  • Das gut geführte Landhotel liegt recht ruhig in einem Wohngebiet. Die Zimmer - verteilt
auf Haupt- und Gästehaus - sind gepflegt und solide möbliert, teils im Landhausstil. Hell
und freundlich zeigt sich das Casalinga.

- **Gasthof Lamm**, Kirchgasse 18, ✉ 74585, ℘ (07955) 23 44, lamm-rotamsee@t-onl
ine.de, Fax (07955) 2384, 余, 霖 – TV ⇔ P. ⓞ ⓜ VISA
Menu (geschl. 26. Okt. - 10. Nov., Donnerstag) à la carte 13,50/29 – **11 Zim** ⊇ 35/40
– 52/60.
  • Das Hotel liegt in der Mitte des Dorfes. Die Zimmer des Landgasthofs sind mit soliden,
unterschiedlichen Naturholzmöbeln ausgestattet. Ländliches Ambiente empfängt Sie im
Restaurant.

ROT AN DER ROT Baden-Württemberg 545 V 14 – 3 800 Ew – Höhe 604 m.
Berlin 667 – Stuttgart 149 – Konstanz 135 – Ravensburg 46 – Ulm (Donau) 58 – Memmingen 17.

- **Landhotel Seefelder**, Theodor-Her-Str. 11, ✉ 88430, ℘ (08395) 9 40 00, landhot
el-rot@t-online.de, Fax (08395) 940050, 余, ⇔, 霖, – TV ⇔ P – ⚿ 60. AE ⓞ ⓜ
Menu (geschl. Jan. 2 Wochen, Montag) (nur Abendessen) à la carte 19/32 – **20 Zim**
⊇ 48/66 – 74/85.
  • In dem freundlichen Hotel, das an der oberschwäbischen Barockstraße liegt, erwarten
Sie Ihre Gastgeber mit recht geräumigen, praktischen Zimmern, meist mit Balkon. Der Klosterkeller ist ein mit viel hellem Holz nett gestaltetes Lokal.

ROTENBURG AN DER FULDA Hessen 543 N 13 – 15 000 Ew – Höhe 198 m – Luftkurort.
🛈 Verkehrs- und Kulturamt, Marktplatz 15 (Rathaus), ✉ 36199, ℘ (06623) 55 55, Fax
(06623) 933153.
Berlin 402 – Wiesbaden 187 – Kassel 56 – Bad Hersfeld 20.

- **Posthotel Rotenburg**, Poststr. 20, ✉ 36199, ℘ (06623) 93 10, info@posthotel-r
otenburg.de, Fax (06623) 931415, 余, Fₐ, ⇔ – ⌷, ↯ Zim, TV ℡ ⇔ P – ⚿ 120.
AE ⓞ ⓜ VISA
Menu à la carte 16/31 – **68 Zim** ⊇ 61 – 88.
  • Der Zimmerbereich dieses City-Hotels ist einheitlich gestaltet. Kirschbaummöbel harmonieren gut mit blauen Teppichen und Polstersesseln, auch die Größe der Räume stimmt.

- **Landhaus Silbertanne** ⑤, Am Wäldchen 2, ✉ 36199, ℘ (06623) 9 22 00, info@
hotel-silbertanne.de, Fax (06623) 922099, 余, – ↯ Zim, TV ℡ P – ⚿ 25. AE ⓞ ⓜ
VISA JCB
geschl. 5. - 23. Jan. – **Menu** (geschl. Sonntagabend) à la carte 19,50/37 – **24 Zim** ⊇ 55/60
– 72/110 – ½ P 16.
  • Mitten im Grünen liegt dieses Haus, dessen Zimmer auch Geschäftsreisenden gute
Arbeitsmöglichkeiten mit ISDN-, Fax- und Modemanschluss bieten. Rustikal gestaltetes
Restaurant.

ROTENBURG (WÜMME) Niedersachsen 541 G 12 – 21 800 Ew – Höhe 28 m.
Scheessel-Westerholz, Hof Emmen (Nord : 5 km), ℘ (04263) 9 30 10.
🛈 Informations-Büro, Große Str. 1, Rathaus, ✉ 27356, ℘ (04261) 7 11 00, tib@roten
burg-wuemme.de, Fax (04261) 71147.
Berlin 352 – Hannover 107 – Bremen 51 – Hamburg 79.

- **Landhaus Wachtelhof**, Gerberstr. 6, ✉ 27356, ℘ (04261) 85 30, info@wachtelh
of.de, Fax (04261) 853200, 余, Massage, ⇔, □, 霖 – ⌷, ↯ Zim, TV ℡ ⇔ P
– ⚿ 100. AE ⓞ ⓜ VISA ⚿ Rest
Menu 27 (mittags) à la carte 30/56 ♣ – **36 Zim** ⊇ 140/150 – 192/210.
  • Bei der Ausstattung dieses Hauses wurde an nichts gespart: Möbel aus Pinie, Bäder aus
Carrara-Marmor und reizende Accessoires fügen sich zu einem geschmackvollen Ganzen.
Nobles Landhausambiente im Restaurant und Wintergarten. Mit schöner Gartenterrasse.

In Rotenburg-Waffensen West : 6 km, über B 57 :

- **Lerchenkrug**, Am Lerchenkrug 6 (B 75), ✉ 27356, ℘ (04268) 3 43, info@lerchenk
rug.de, Fax (04268) 1546, 余 – P. ⓞ ⓜ VISA
geschl. 1. - 11. Jan., 14. - 28. Juli – **Menu** (wochentags nur Abendessen) à la carte 22/36.
  • Schon 1822 erwähnte eine Chronik das idyllisch gelegene Haus als einen Ort der Romantik.
Auch heute empfängt Sie ein aufmerksames Team in gepflegt-rustikalen Räumlichkeiten.

ROTENBURG (WÜMME)

In Bothel *Süd-Ost : 8 km, über B 71, in Hemsbünde rechts ab :*

XX **Botheler Landhaus,** Hemsbünder Str. 13, ✉ 27386, ✆ (04266) 15 17, *info@botheler-landhaus.de*, Fax (04266) 1517, 佘 – P, AE ⓜ VISA
geschl. Sonntag – Montag – **Menu** *(nur Abendessen)* (Tischbestellung ratsam) à la carte 28/47.
• Unter den dicken Holzbalken des 300 Jahre alten, reetgedeckten Hauses sitzt man besonders gemütlich. Im Winter prasselt ein Kamin, im Sommer sitzt man draußen unter Obstbäumen.

In Hellwege *Süd-West : 15 km, über B 57, in Sottrum links ab :*

Prüser's Gasthof (mit Gästehäusern), Dorfstr. 5, ✉ 27367, ✆ (04264) 99 90, *pruesers-gasthof@t-online.de*, Fax (04264) 99945, 佘, ≘s, 🔲, ※ – ⌷, ⇥ Zim, 📺 ✆ &
P – 🅰 60. ⓜ VISA
geschl. 2. - 8. Jan. – **Menu** *(geschl. Dienstagmittag)* à la carte 17/34 – **56 Zim** ⇌ 42/48 – 73/80.
• Im Jahre 2000 wurde eine hübsche, großzügige Badelandschaft eingeweiht. Seither gibt es auch einige neue Zimmer, die in ihrer modernen Machart sehr empfehlenswert sind. Freundliche Farben prägen die Atmosphäre im zeitgemäßen Restaurant.

ROTH AN DER OUR Rheinland-Pfalz 543 Q 2 – 280 Ew – Höhe 220 m.
Berlin 733 – Mainz 202 – Trier 50 – Bitburg 29 – Ettelbruck 18 – Luxembourg 47.

Ourtaler Hof, Ourtalstr. 27, ✉ 54675, ✆ (06566) 2 18, *info@ourtaler-hof.de*, Fax (06566) 1444, 佘, 😀 – 📺 P. ⓜ VISA
geschl. 22. Dez. - Mitte Feb. – **Menu** à la carte 18/31 – **24 Zim** ⇌ 30/39 – 57/68.
• Ganz im Grünen liegt dieses Hotel, nur wenige hundert Meter von der luxemburgischen Grenze entfernt. Reservieren Sie eines der neueren Zimmer im Gästehaus! Die Restauranträume sind gediegen gestaltet, teils im altdeutschen Stil.

ROTHENBERG (ODENWALDKREIS) Hessen 543 R 10 – 2 500 Ew – Höhe 450 m – Erholungsort.
Berlin 616 – Wiesbaden 118 – Mannheim 53 – Frankfurt am Main 87 – Heidelberg 31 – Heilbronn 74.

Gasthof Hirsch, Schulstr. 3, ✉ 64757, ✆ (06275) 9 13 00, *hirsch@hirsch-hotel.de*, Fax (06275) 913016, 佘, Lб, ≘s – ⇥ Zim, 📺 P. 🅰 40. ⓜ VISA
Menu *(geschl. Montag - Dienstag)* à la carte 13/36 – **30 Zim** ⇌ 44/54 – 69/88 – ½ P 12.
• Bei der Einrichtung der individuell gestalteten Gästezimmer wurden natürliche Materialien wie unbehandeltes Holz und Kork verwendet. Einige Zimmer auch mit Luftfilteranlage. Das Restaurant mit großer Theke erinnert an eine dörfliche Gaststätte.

ROTHENBUCH Bayern 546 Q 12 – 2 000 Ew – Höhe 360 m.
Berlin 542 – München 345 – Würzburg 66 – Frankfurt am Main 68.

Spechtshaardt 🌲, Rolandstr. 34, ✉ 63860, ✆ (06094) 9 72 00, *info@spechtshaardt.de*, Fax (06094) 9720100, 佘, ≘s (Wildgehege) – 📺 🚗 P – 🅰 60. ⓞ ⓜ VISA
Menu à la carte 13/29 – **35 Zim** ⇌ 50/66 – 75/85.
• Zu den Annehmlichkeiten dieses Hauses zählen eine gute Führung, gepflegte, solide eingerichtete Zimmer und die ruhige Lage am Ortsrand. Mit kleinem Wildgehege. Bürgerliches Restaurant.

ROTHENBURG OB DER TAUBER Bayern 546 R 14 – 12 000 Ew – Höhe 425 m.
Sehenswert : Mittelalterliches Stadtbild★★★ – Rathaus★ (Turm ≤★) Y R – Kalkturm ≤★ Z – St.- Jakobskirche (Hl.-Blut-Altar★★) Y – Spital★ Z – Spitaltor★ Z – Stadtmauer★ YZ
Ausflugsziel : Detwang : Kirche (Kreuzaltar★) 2 km über ④.
🅱 Tourimus Service, Marktplatz 1, ✉ 91541, ✆ (09861) 4 04 92, *info@rothenburg.de*, Fax (09861) 86807.
Berlin 500 ② – München 236 ② – Würzburg 69 ① – Ansbach 35 ② – Stuttgart 134 ②.

Stadtplan siehe gegenüberliegende Seite

Eisenhut (mit Gästehaus), Herrngasse 3, ✉ 91541, ✆ (09861) 70 50, *hotel@eisenhut.com*, Fax (09861) 70545 – 🔋, ⇥ Zim, 📺 🚗 – 🅰 45. AE ⓞ ⓜ VISA JCB. ※ Rest
geschl. 3. Jan. - 1. März – **Menu** à la carte 28/39,50 – ⇌ 15 – **79 Zim** 111/170 – 155/205 – ½ P 25. Y e
• Das historische Patrizierhaus aus dem 15. Jh. fügt sich wunderbar in das mittelalterliche Stadtbild ein. Im Inneren herrscht stilvolle Eleganz in allen Zimmern und Suiten. Wandmalde, Natursteinbögen und Holzvertäfelung im Restaurant. Sehr schöne Terrasse.

ROTHENBURG OB DER TAUBER

Georgengasse	Y 4		Milchmarkt	Y 17
Grüner Markt	Y 5		Obere Schmiedgasse	Z 18
Hafengasse	YZ 6		Pfarrgasse	Y 19
Herrngasse	Y 7		Pfeifergäßchen	Y 20
Heugasse	Y 8		Rödergasse	Y
Kapellenplatz	Y 9		Spitalgasse	Z 21
Kirchgasse	Y 10		Untere Schmiedgasse	Z 23
Kirchplatz	Y 12		Vorm Würzburger Tor	Y 24
Markt	Y 15			
Marktplatz	Y 16			

🏨 **Romantik Hotel Markusturm**, Rödergasse 1, ✉ 91541, 📞 (09861) 9 42 80, info @markusturm.de, Fax (09861) 9428113 – ⚑ Zim, 📺 🚗 🅿. AE ⓪ ⓂⓄ VISA JCB Y m
Menu (geschl. Mitte Jan. - Mitte Feb., Dienstag) (nur Abendessen) à la carte 24/37 – **25 Zim** ⌧ 90/125 – 125/165.
♦ Hinter den altehrwürdigen Mauern des ehemaligen Zollhauses beherbergt man seit vier Generationen Gäste aus aller Welt in geschmackvoll und individuell eingerichteten Zimmern. Holz und ländliches Dekor machen das Restaurant behaglich.

🏨 **Burg-Hotel** ⌂ garni, Klostergasse 1, ✉ 91541, 📞 (09861) 9 48 90, burgotel.rothe nburg@t-online.de, Fax (09861) 948940, ⩽ Taubertal – ⚑ 📺 🚗. AE ⓪ ⓂⓄ VISA JCB Y x
15 Zim ⌧ 90/140 – 125/180.
♦ Elegant und ansprechend präsentieren sich die Zimmer des kleinen, aber feinen Hauses an der Stadtmauer. Auch von außen besticht das historische Gebäude mit hübschen Details.

🏨 **Tilman Riemenschneider**, Georgengasse 11, ✉ 91541, 📞 (09861) 97 90, hotel@ tilman-riemenschneider.de, Fax (09861) 2979, 🌿, ⌂ – 🛗 📺 🚗 – 🔔 25. AE ⓪ ⓂⓄ VISA JCB Y z
Menu à la carte 20/44 – **60 Zim** ⌧ 85/145 – 105/205 – ½ P 16.
♦ In einer der malerischen Gassen des Städtchens finden Sie diese nette Unterkunft, in der Sie gemütliche Gästezimmer mit zumeist bäuerlich bemalten Möbeln vorfinden. Rustikaler Restaurantbereich mit Nischen, Kachelofen und Wandgemälden.

ROTHENBURG OB DER TAUBER

Reichs-Küchenmeister (mit Gästehaus), Kirchplatz 8, ✉ 91541, ℘ (09861) 97 00, hotel@reichskuechenmeister.com, Fax (09861) 970409, 😀, 🍴s – 📶 ⚙ TV 🚗 P. AE ⓪ ⓜ VISA JCB
Menu à la carte 16/36 – **45 Zim** ⚬ 60/80 – 85/130 – ½ P 15.
• Sie beziehen Quartier in einem stattlichen Stadthaus mit unterschiedlichen, aber immer wohnlich und solide eingerichteten Gästezimmern. Weiß gekalkte Wände und Butzenscheiben machen den Charme der Gaststube aus.

Mittermeier, Vorm Würzburger Tor 7, ✉ 91541, ℘ (09861) 9 45 40, info@mittermeier.rothenburg.de, Fax (09861) 945494, 😀, 🍴s, 🌐 – 📶 ⚙ Zim, TV 🚗 P. AE ⓪
ⓜ VISA
Menu (geschl. Sonntag) 26/63 à la carte 26/46, ♀ – **27 Zim** ⚬ 55/115 – 115/125 – ½ P 26.
• Schlafen Sie doch mal in "Afrika" oder "Spanien"! So heißen zwei der individuell ausgestatteten Zimmer und Suiten dieses hübschen Domizils. Ein junger, frischer Landhausstil dominiert in den Restauranträumen.

Meistertrunk, Herrngasse 26, ✉ 91541, ℘ (09861) 60 77, meistertrunk-hotel@t-online.de, Fax (09861) 1253, 😀 – 📶 TV P. AE ⓪ ⓜ VISA JCB
Menu (geschl. Anfang Jan. - Mitte März.) à la carte 18,50/31 – **15 Zim** ⚬ 50/70 – 80/150 – ½ P 20.
• Eines der ältesten Patrizierhäuser der Stadt, benannt nach der Heldentat des Bürgermeisters Nusch. Sie schlafen in wohnlichen Zimmern, die meist über große Bäder verfügen. Blickfang im Restaurant sind der Kachelofen und antike Türzargen. Schöne Gartenterrasse.

Merian garni, Ansbacher Str. 42, ✉ 91541, ℘ (09861) 8 75 90, info@hotel-merian.bestwestern.de, Fax (09861) 86787 – 📶 ⚙ TV P. AE ⓪ ⓜ VISA JCB. ✂
40 Zim ⚬ 68 – 94.
• Wenn Sie eine funktionelle Adresse suchen, die auch Geschäftsreisenden den gewünschten technischen Komfort bietet, sind Sie in diesem Etagenhotel gut aufgehoben.

Hornburg garni, Hornburgweg 28, ✉ 91541, ℘ (09861) 84 80, hotelhornburg@t-online.de, Fax (09861) 5570 – ⚙ TV. AE ⓜ VISA
10 Zim ⚬ 49/64 – 69/95.
• Eine charmante kleine Jugendstilvilla mit individuellen, farblich sehr angenehm gestalteten Zimmern zu fairen Preisen und einem entzückenden Frühstücksraum.

Glocke, Am Plönlein 1, ✉ 91541, ℘ (09861) 95 89 90, glocke.rothenburg@t-online.de, Fax (09861) 9589922 – ⚙ Zim, TV 🚗 – 🔒 20. AE ⓪ ⓜ VISA JCB. ✂ Rest
geschl. 22. Dez. - 7. Jan. – **Menu** (geschl. Sonntagabend) à la carte 14/35 – **24 Zim** ⚬ 61/77 – 87/103.
• Das Haus besteht aus drei miteinander verbundenen Gebäuden. Achten Sie bei Ihrer Reservierung darauf, einem der Zimmer im vorderen Teil den Vorzug zu geben. Kachelofen und Holzbalken machen das Restaurant gemütlich.

Gerberhaus garni, Spitalgasse 25, ✉ 91541, ℘ (09861) 9 49 00, gerberhaus@t-online.de, Fax (09861) 86555 – TV 🚗. ⓜ VISA JCB
20 Zim ⚬ 56/70 – 79/89.
• Von der hübschen Fassade bis zum blühenden Garten ein durch und durch sympathisches Haus! Die Zimmer wie auch der Frühstücksraum sind in Naturholz eingerichtet.

Zum Rappen, Vorm Würzburger Tor 6, ✉ 91541, ℘ (09861) 9 57 10, info@hotel-rappen.com, Fax (09861) 6076 – ⚙ TV P. – 🔒 130. AE ⓪ ⓜ VISA JCB
geschl. 7. - 22. Jan. – **Menu** à la carte 14/25 – **35 Zim** ⚬ 59/100 – 87/128 – ½ P 12.
• Schon seit 1603 existiert diese traditionsreiche Adresse. Heute beherbergt das familiengeführte Hotel funktionell ausgestattete Zimmer sowie geräumige und wohnliche Studios. Das ländliche Restaurant ist in dem alten Gasthof untergebracht.

Goldenes Fass, Ansbacher Str. 39, ✉ 91541, ℘ (09861) 9 45 00, hotel@goldenes-fass.com, Fax (09861) 8371, Biergarten – ⚙ Zim, TV 📞 P. AE ⓪ ⓜ VISA JCB
Menu (geschl. Jan., Montagmittag, Dienstagmittag) (Feb. - März und Nov. nur Abendessen) à la carte 15/29 – **30 Zim** ⚬ 58/70 – 75/93 – ½ P 13.
• Vor den Toren der Altstadt liegt das Hotel verkehrsgünstig an der Durchgangsstraße. Im Villenstil erbaut, beherbergt es zeitgemäß und wohnlich ausgestattete Räumlichkeiten. Rustikales Restaurant mit bürgerlich-regionaler Küche.

Bayerischer Hof, Ansbacher Str. 21, ✉ 91541, ℘ (09861) 60 63, info@bayerischerhof.com, Fax (09861) 86561, 😀 – TV P. ⓜ VISA
geschl. Jan. - Mitte Feb. – **Menu** (geschl. Donnerstag) à la carte 15,50/27 – **9 Zim** ⚬ 42/60 – 64/74 – ½ P 14.
• Zwei spitze Giebel geben dem Haus mit der frischen altrosa Putzfassade sein unverwechselbares Gesicht. Im Inneren überzeugt es mit Schlichtheit und praktischer Gestaltung. Ein warmer Parkettboden und helle Holzvertäfelung schmücken das Lokal.

ROTHENBURG OB DER TAUBER

Schranne, Schrannenplatz 6, ✉ 91541, ℘ (09861) 9 55 00, hotelschranne@rothenburg.de, Fax (09861) 9550150, 🍴 – 🛗 📺 🅿. 🅰🅴 ⓞ 🆎 VISA JCB   Y a
Menu à la carte 14/27 – **49 Zim** ⊇ 48/70 – 64/105 – ½ P 13/17.
 ♦ Das Haus mit der roten Fassade diente in früheren Zeiten einer Adelsfamilie als Wohnsitz. Heute beherbergt man Gäste in Zimmern, die mit Eiche oder Zirbelkiefer bestückt sind.

Spitzweg garni, Paradeisgasse 2, ✉ 91541, ℘ (09861) 9 42 90, info@hotel-spitzweg.de, Fax (09861) 1412, (Haus a.d.J. 1536) – 📺 🅿. 🅰🅴 🆎 VISA   Y g
10 Zim ⊇ 60/65 – 80/85.
 ♦ Viele Details in diesem behutsam restaurierten Haus erinnern an den Rothenburger Maler Spitzweg. Zum Schlafen legen Sie sich in hübsch bemalte Bauernbetten.

Klosterstüble 🐕, Heringsbronnengasse 5, ✉ 91541, ℘ (09861) 67 74, hotel@klosterstueble.de, Fax (09861) 6474, 🍴 – 📺 🆎 VISA JCB   YZ c
Menu (geschl. Jan. - Feb., März - April Montag) à la carte 16/32 – **13 Zim** ⊇ 55/58 – 75/90.
 ♦ Besonders wohnliche Zimmer, zum Teil im alpenländischen Stil mit Holzvertäfelung, finden Sie in diesem kleinen, im ausgehenden Mittelalter erbauten Hotel. Die Wände der Gaststube zieren lustige Malereien.

Linde, Vorm Würzburger Tor 12, ✉ 91541, ℘ (09861) 9 46 90, info@hotel-linde-rothenburg.de, Fax (09861) 9469690, – 🛗 📺 🅿. 🅰🅴 ⓞ 🆎 VISA JCB   Y b
geschl. Mitte Jan. - Feb. – **Menu** (geschl. Dienstag) à la carte 14,50/32 – **27 Zim** ⊇ 42/52 – 52/80 – ½ P 11.
 ♦ Ganz in der Nähe des Würzburger Tores liegt dieses Haus, in dem man Ihnen praktische Zimmer vermietet, die mit älterer, aber gut gepflegter Einrichtung versehen sind. Mehrfach unterteiltes, rustikal ausgestattetes Restaurant.

Zum Greifen, Obere Schmiedgasse 5, ✉ 91541, ℘ (09861) 22 81, info@gasthof-greifen.rothenburg.de, Fax (09861) 86374, 🍴 – 🅿. 🅰🅴 🆎 VISA JCB   YZ f
geschl. 22. Dez. - 25. Jan. – **Menu** (geschl. Sonntagabend) à la carte 13/26 – **15 Zim** ⊇ 38/50 – 60/82 – ½ P 11.
 ♦ Ein schön geschwungener Giebel und rot-weiße Fensterläden bestimmen das äußere Erscheinungsbild des Gasthofs. Innen warten große, gut gepflegte Gästezimmer. Nett und rustikal gestaltete Gasträume, in denen man Bürgerliches und Regionales serviert.

Baumeisterhaus, Obere Schmiedgasse 3, ✉ 91541, ℘ (09861) 9 47 00, Fax (09861) 86871 – 🅰🅴 ⓞ 🆎 VISA JCB   YZ f
geschl. 15. Jan. - 1. April – **Menu** 12/23,50 à la carte 16/27.
 ♦ Gegenüber dem Rathaus wurde 1596 dieses Juwel der Renaissance erbaut. Alte Wandmalereien und Sammlerstücke zieren das rustikale Restaurant.

In Rothenburg-Detwang über ④ : 3 km :

Schwarzes Lamm, Detwang 21, ✉ 91541, ℘ (09861) 67 27, info@hotelschwarzeslamm-rothenburg.de, Fax (09861) 86899, 🍴 – 📺 🍴 🅿. 🆎 VISA
geschl. 10. Jan. - Ende Feb. – **Menu** (geschl. Montag) à la carte 11,50/25 – **30 Zim** ⊇ 47/50 – 65/70 – ½ P 14.
 ♦ Im Dreißigjährigen Krieg erfüllte der Gasthof seine Funktion als Hauptquartier des Feldherrn Piccolomini. Heute beherbergt man hier gepflegte, solide ausgestattete Zimmer. Fränkische Gaststube mit Kachelofen.

In Steinsfeld-Bettwar über ④ : 5 km :

Alte Schreinerei, Bettwar 52, ✉ 91628, ℘ (09861) 15 41, alte.schreinerei@t-online.de, Fax (09861) 86710, 🍴, 🦓 – 📺 🅿.
geschl. Jan. – **Menu** (geschl. Donnerstag) à la carte 10/25 – **12 Zim** ⊇ 25/27 – 40/55.
 ♦ Das Haus macht seinem Namen alle Ehre ! In den Zimmern finden sich solide, vom Schreiner angefertigte Möbel aus behaglich wirkendem, hellen Hölzern. Holz, alte Schreinerwerkzeuge und ein Kachelofen prägen das Restaurant.

In Steinsfeld-Hartershofen über ① : 7 km :

Zum Schwan, Hartershofen 39, ✉ 91628, ℘ (09861) 33 87, zumschwan-schaumann@t-online.de, Fax (09861) 3087, 🍴 – 📺 🍴 🅿. 🆎 VISA
geschl. über Fasching 2 Wochen, Nov. 1 Woche – **Menu** (geschl. Dienstag) à la carte 12/28 – **14 Zim** ⊇ 27/35 – 42/55.
 ♦ Eine schmucke gelbe Fassade mit Fachwerk-Erker lädt ein, eines der praktisch ausgestatteten Gästezimmer des 1874 erbauten Gasthofs zu beziehen. Ländlich-schlicht gestaltetes Restaurant.

In Steinsfeld-Reichelshofen über ① : 7 km :

Landwehrbräu (mit Gästehaus), Reichelshofen 8, ✉ 91628, ℘ (09865) 98 90, hotel@landwehr-braeu.de, Fax (09865) 989686, 🍴 – 🛗 📺 📞 🍴 🅿 – 🚗 30. 🆎 VISA
geschl. 5. - 30. Jan. – **Menu** à la carte 19/34,50, ♀ – **37 Zim** ⊇ 58/64 – 77/92 – ½ P 19.
 ♦ Seit 1387 existiert dieses schöne Fachwerkgebäude. In den Zimmern bietet man seinen Gästen heute Komfort und ein wohnliches Ambiente. Vier verschiedene Gasträume von rustikal bis Biedermeier stehen zur Verfügung.

ROTHENBURG OB DER TAUBER

In Windelsbach-Linden Nord-Ost : 7 km über Schweinsdorfer Straße Y :

Gasthof Linden-Gästehaus Keitel, Linden 25, ⌧ 91635, ℘ (09861) 9 43 30, galin@t-online.de, Fax (09861) 943333, 㐂, ⎯, TV, ⎯ P – 洛 25. ⓪ ⓥ VISA geschl. 28. Dez. - 6. Jan., Anfang Aug. 2 Wochen – **Menu** (geschl. Montag) à la carte 12/26,50 – **18 Zim** ⌦ 25/32 – 45/48 – ½ P 9.
• Ein gestandener Dorfgasthof mit neu gebautem, nur eine Minute entferntem Gästehaus. In schlichten, aber behaglichen Zimmern erleben Sie hier eine ländliche Idylle. Helles, freundlich in Blau und Rosa dekoriertes Restaurant.

In Windelsbach Nord-Ost : 9 km über Schweinsdorfer Straße Y :

Landhaus Lebert mit Zim, Schloßstr. 8, ⌧ 91635, ℘ (09867) 95 70, info@landhaus-lebert.de, Fax (09867) 9567, 㐂 – ⇝ Zim, TV P. ⒶⒺ ⓪ ⓥ VISA geschl. Ende Aug. - Anfang Sept., Montag, Dienstagmittag – **Menu** à la carte 22/42 – **9 Zim** ⌦ 33/50 – 42/75 – ½ P 13.
• Aus einem bäuerlichen Anwesen entstand 1970 dieser schöne Dorfgasthof. Hier kocht man international und regional, stets schmackhaft und mit guten, meist heimischen Produkten.

ROTHENFELDE, BAD Niedersachsen ⓯④① J 8 – 6 900 Ew – Höhe 112 m – Heilbad.

🛈 Kur und Touristik, Am Kurpark 12, ⌧ 49214, ℘ (05424) 2 21 80, touristinfo@bad-rothenfelde.de, Fax (05424) 2218129.
Berlin 414 – Hannover 135 – Bielefeld 31 – Münster (Westfalen) 45 – Osnabrück 25.

Drei Birken, Birkenstr. 3, ⌧ 49214, ℘ (05424) 64 20, info@hotel-drei-birken.de, Fax (05424) 64289, 㐂, Massage, ♨, ≋, ⎅, ⎯ – ⫾, ⇝ Zim, TV 忌 P – 洛 30. ⒶⒺ ⓪ ⓥ VISA. ⋈ Rest
Menu (geschl. Jan. - Feb., Dienstag) à la carte 20,50/32 – **42 Zim** ⌦ 52/65 – 70/92 – ½ P 10.
• Ein zeitgemäßes Kur- und Urlaubshotel, das Ihnen größtenteils geräumige Zimmer und eine komplette Badeabteilung mit Schönheitsfarm zur Verfügung stellt. Restaurant mit verschiedenen gemütlichen Stuben.

Dreyer garni, Salinenstr. 7, ⌧ 49214, ℘ (05424) 2 19 00, hotel-dreyer@surf2000.de, Fax (05424) 219029 – ⇜ ⫾ P. ⒶⒺ ⓪ ⓥ VISA. ⋈
geschl. Ende Jan. - Anfang Feb. – **16 Zim** ⌦ 42/50 – 58/64.
• Gegenüber der Saline liegt dieses neuzeitliche Haus, in dem man Ihnen helle, unterschiedlich gestaltete Zimmer anbietet. Eine Küche steht zur Benutzung bereit.

ROTTACH-EGERN Bayern ⓯④⑥ W 19 – 7 000 Ew – Höhe 731 m – Heilklimatischer Luftkurort – Wintersport : 740/1 700 m ≰1 ⁇3 ≱.

🛈 Tourist-Info, Nördliche Hauptstr. 9 (Rathaus), ⌧ 83700, ℘ (08022) 67 13 41, info@rottach-egern.de, Fax (08022) 671347.
Berlin 645 – München 56 – Garmisch-Partenkirchen 81 – Bad Tölz 22 – Miesbach 21.

Dorint Seehotel Überfahrt, Überfahrtstr. 10, ⌧ 83700, ℘ (08022) 66 90, info.mucteg@dorint.com, Fax (08022) 6691000, ≤ See und Berge, 㐂, ⌾, Massage, ⒻⓈ, ≋, ⎅ (geheizt), ⎅, ⚒, ⎯ – ⫾, ⇝ Zim, ◲ TV 忌 ⋄ ⟓ ⎯ – 洛 60. ⒶⒺ ⓪ ⓥ VISA JCB. ⋈ Rest
Menu à la carte 37/52 – **188 Zim** ⌦ 230/307 – 280/359, 21 Suiten – ½ P 38.
• Exklusivität in Stil und Design : Edle Einzelstücke und Sonderanfertigungen aus aller Welt lassen die Räume elegant wirken. Mit luxuriösem Spa. Lage direkt am See. Restaurant mit internationaler Küche und Blick zum See.

Bachmair am See, Seestr. 47, ⌧ 83700, ℘ (08022) 27 20, info@bachmair.de, Fax (08022) 272790, ≤, 㐂, ⌾, Massage, ♨, ⒻⓈ, ≋, ⎅ (geheizt), ⎅, ⎯ – ⫾ TV ⋄ ⚒ ⟓ P – 洛 140. ⒶⒺ ⓪ ⓥ VISA
Menu (geschl. Montag - Dienstag)(nur Abendessen) à la carte 38/58 (auch Diät), ♀ – **288 Zim** (nur ½ P) 140/180 – 230/260, 12 Suiten.
• Das aus mehreren Gebäuden bestehende Traditionshotel in dem schönen Park besticht durch seine filmreife Lage sowie durch gemütliche Zimmer und Suiten von höchster Eleganz. Diverse Restaurants, von rustikal-bayerisch bis gediegen elegant, stehen zur Verfügung.

Park-Hotel Egerner Hof, Aribostr. 19, ⌧ 83700, ℘ (08022) 66 60, info@egerner-hof.de, Fax (08022) 666200, ≤, 㐂, Massage, ≋, ⎅, ⎯ – ⫾ TV ⋄ ⟓ ⎯ P – 洛 55. ⋈ Rest
Dichterstub'n (geschl. Dienstag - Mittwoch)(wochentags nur Abendessen) **Menu** à la carte 51,50/68, ♀ – **Hubertusstüberl-St. Florian** : **Menu** à la carte 31,50/41, ♀ – **93 Zim** ⌦ 123/223 – 188/248, 17 Suiten – ½ P 29.
• Der gediegene und traditionsreiche Hotelkomplex mit hellen floralen Stoffen erzeugt in dem Urlaubshotel eine heitere Atmosphäre mit viel Charme und behaglicher Wohnkultur. Rustikal-elegante Dichterstub'n. Gemütliches Hubertusstüberl und St. Florian mit freundlichem Ambiente.

ROTTACH-EGERN

- **Gästehaus Haltmair** garni, Seestr. 33, ✉ 83700, ✆ (08022) 27 50, info@haltmair.de, Fax (08022) 27564, ≤, ≦s, ☞ – 📶 TV 🚗 🅿
  geschl. 16. Nov. - 5. Dez. – **40 Zim** ⊇ 65/100 – 98/120.
  ◆ Dieses Haus liegt eingebettet in eine schöne Gartenanlage am See. Der Zimmerbereich überzeugt mit einem wohnlichen Landhausstil und freundlicher farblicher Gestaltung.

- **Reuther** ⚘ garni (mit Gästehaus), Salitererweg 6, ✉ 83700, ✆ (08022) 2 40 24, info@hotel-reuther.de, Fax (08022) 24026, ☞ – 📶 TV 🅿 ⓜ VISA ✼
  26 Zim ⊇ 40/60 – 75/95.
  ◆ Gediegene Rustikalität eint den Stil des Gästehauses in zentraler und doch ruhiger Lage. Die Zimmer sind teils mit Eichenmöbeln, teils mit Naturholz eingerichtet.

- **Seerose** ⚘ garni, Stielerstr. 13, ✉ 83700, ✆ (08022) 92 43 00, hotel-seerose@t-online.de, Fax (08022) 24846, ☞ – 📶 TV 🅿
  geschl. Nov. - 20. Dez. – **19 Zim** ⊇ 52 - 82/89.
  ◆ Ein hübsches, mit Balkonfassade im traditionellen Stil erbautes Haus, in dem Sie rustikale Zimmer und ein gemütlicher Frühstücksraum mit Kachelofen erwarten.

ROTTENBUCH Bayern **545** W 16 – 1 700 Ew – Höhe 763 m – Erholungsort.
  Sehenswert: Mariä-Geburts-Kirche★.
  Ausflugsziele: Wies (Kirche★★) Süd-West : 12 km – Echelsbacher Brücke★ Süd : 3 km.
  🛈 Touristik-Informations-Büro, Klosterhof 36, ✉ 82401, ✆ (08867) 14 64, tourist-info@rottenbuch.de, Fax (08867) 1858.
  Berlin 644 – München 70 – Garmisch-Partenkirchen 39 – Landsberg am Lech 40.

- **Café am Tor** garni, Klosterhof 1, ✉ 82401, ✆ (08867) 92 10 40, Fax (08867) 921040 – 🅿.
  geschl. Mitte Nov. - Mitte Dez. – **10 Zim** ⊇ 31 – 62.
  ◆ Eine blitzsaubere und nette Übernachtungsmöglichkeit bietet Ihnen das Haus am Tor zum ehemaligen Kloster. Man verfügt über nette, gepflegte Zimmer.

In Rottenbuch-Moos Nord-West : 2 km, über B 23 :

- **Moosbeck-Alm** ⚘, Moos 38, ✉ 82401, ✆ (08867) 9 12 00, hotel.moosbeck-alm@t-online.de, Fax (08867) 912020, ☞, ≦s, ⊼ (geheizt), ☞, ✼ – TV 🚗 🅿
  Menu (geschl. 15. Nov. - Jan. Dienstag) à la carte 16/26 – **20 Zim** ⊇ 35/45 – 70/76 – ½ P 15.
  ◆ Umgeben von Wiesen und Wäldern liegt das nette Hotel in sonniger Alleinlage. Mit Antiquitäten bestückte Zimmer und die schöne Gartenterrasse machen den Charme des Hauses aus. Essen serviert man in der rustikalen König-Ludwig-Stube oder im lichten Wintergarten.

ROTTENBURG AM NECKAR Baden-Württemberg **545** U 10 – 43 000 Ew – Höhe 349 m.
  🇸 🇫 Starzach-Sulzau, Schloß Weitenburg (West : 11 km), ✆ (07472) 1 50 50.
  🛈 Amt für Tourismus, Marktplatz 18 (Rathaus), ✉ 72108, ✆ (07472) 91 62 36, info@wtg-rottenburg.de, Fax (07472) 916233.
  Berlin 682 – Stuttgart 55 – Freudenstadt 47 – Reutlingen 26 – Villingen-Schwenningen 76.

- **Convita**, Röntgenstr. 38 (im Industriegebiet), ✉ 72108, ✆ (07472) 92 90, info@hotel-convita.de, Fax (07472) 929888, ☞ – 📶, ✼ Zim, TV 📞 🚗 🅿 – 🛎 100. 🆎 ⓞ ⓜ VISA
  Menu (geschl. Samstagmittag, Sonntagabend) à la carte 23/34 – **63 Zim** ⊇ 83/96 – 102/110.
  ◆ Modern und farblich angenehm abgestimmt wie die Eingangshalle sind auch die Zimmer in diesem Haus. In den geschmackvollen Suiten umgibt Sie ein Hauch von Luxus. Das elegante Restaurant lockt mit niveauvollem Ambiente.

- **Martinshof**, Eugen-Bolz-Platz 5, ✉ 72108, ✆ (07472) 91 99 40, martinshof-ro@t-online.de, Fax (07472) 24691 – 📶, ✼ Zim, 🍴 Rest, TV 📞 🚗 – 🛎 130. 🆎 ⓞ ⓜ VISA ✼
  geschl. 2. - 25. Aug. – **Menu** (geschl. Sonntagabend - Montag) à la carte 22/37 – **34 Zim** ⊇ 50/58 – 80.
  ◆ In attraktiver Zentrumslage vermietet man hier Gästezimmer, die technisch auf einem guten Stand sind und mit gemaserten Holzmöbeln nett eingerichtet wurden. Restaurant mit neuzeitlich-schlichter Ausstattung.

- **Württemberger Hof** (mit Gästehaus), Tübinger Str.14, ✉ 72108, ✆ (07472) 9 63 60, info@wuerttembergerhof.de, Fax (07472) 43340 – ✼ Zim, TV 📞 🚗 ⓜ VISA ✼ Zim
  Menu (geschl. Donnerstag) à la carte 16/30 – **17 Zim** ⊇ 50/55 – 78/84.
  ◆ Links vom Neckar, kurz hinter dem Ortseingang, liegt der renovierte Gasthof. Ihre Gastgeberinnen stellen Ihnen solide, in hellem Holz gehaltenen Zimmer zur Verfügung. Gemütliches, im Stil einer "guten Stube" dekoriertes Restaurant.

ROTTENDORF Bayern siehe Würzburg.

ROTTHALMÜNSTER Bayern 546 U 23 – 4 400 Ew – Höhe 359 m.
Berlin 636 – München 148 – *Passau* 36 – Salzburg 110.

In Rotthalmünster-Asbach Nord-West : 4 km, über Griesbacher Straße :

Kloster Asbach, Hauptstr. 52, ✉ 94094, ✆ (08533) 20 40 (Hotel) 18 59 (Rest.), info@kloster-asbach.de, Fax (08533) 20444, Biergarten, – 🖽 P – 🛏 60.
geschl. Dez. - Jan. – **Menu** (geschl. Montag) à la carte 13,50/24 – **23 Zim** ☑ 33/40 – 56/68.
• Wohnen im ehemaligen Benediktinerkloster a. d. 11. Jh. ! Die Zimmer befinden sich teils in den Mönchsklausen und haben eine zeitlose Ausstattung. Teil des Nationalmuseums. Ein schönes Gewölbe, Holzböden und Stuckarbeiten prägen den Stil des Restaurants.

ROTTWEIL Baden-Württemberg 545 V 9 – 25 000 Ew – Höhe 600 m.
Sehenswert : *Hauptstraße* ★ – *Heiligkreuzmünster* (Retabel★) – *Dominikanermuseum* (Orpheus-Mosaik ★, Sammlung schwäbischer Plastiken ★) – *Kapellenturm* (Turm★) – *Altstadt*★.
Ausflugsziel : Dreifaltigkeitskirche★ (⋇★) Süd-Ost : 20 km.
🛈 Tourist-Information, Hauptstr. 21, ✉ 78628, ✆ (0741) 49 42 80, tourist-information@rottweil.de, Fax (0741) 494373.
Berlin 724 – Stuttgart 98 – *Konstanz* 87 – Offenburg 83 – Tübingen 59 – Donaueschingen 33.

Johanniterbad, Johannsergasse 12, ✉ 78628, ✆ (0741) 53 07 00, johanniterbad@ringhotels.de, Fax (0741) 41273, 🍴 – 📶, ❥ Zim, 🖽 ❦ P – 🛏 30. 🆎 ⓞ 🆗 VISA
geschl. 2. - 7. Jan - **Menu** (geschl. Aug. 1 Woche, Sonntagabend - Montagmittag) à la carte 22/37 – **32 Zim** ☑ 59/76 – 89/107.
• Ursprünglich war das Haus die Badestube der Herren von St. Johann, später entwickelte es sich zum Gästehaus. Reservieren Sie eines der geräumigen Zimmer im Altbau ! Das Restaurant empfängt Sie mit gediegener Behaglichkeit. Schöne Gartenterrasse.

Sailer garni, Karlstr. 3, ✉ 78628, ✆ (0741) 9 42 33 66, info@hotel-sailer.de, Fax (0741) 9423377 – 📶 ❥ 🖽 ❦ ⇔ 🆎 🆗 VISA
18 Zim ☑ 56/76 – 86/106.
• Eine neuzeitliche Adresse, die sehr farbenfroh gestaltet ist. Moderne Zimmer in drei verschiedenen Kategorien, von economy bis deluxe, stehen den Gästen zur Verfügung.

Romantik Hotel Haus zum Sternen, Hauptstr. 60, ✉ 78628, ✆ (0741) 5 33 00, sternen@romantikhotels.com, Fax (0741) 533030, 🍴, (Haus a.d. 14. Jh.) – ❥ Zim, 🖽 ⇔ – 🛏 15. 🆎 ⓞ 🆗 VISA JCB. ❧ Rest
Menu (geschl. Jan. 1 Woche, Aug. 1 Woche, Montag) (wochentags nur Abendessen) à la carte 21,50/35 – **11 Zim** ☑ 51/80 – 95/120.
• Das Patrizierhaus aus dem 14. Jh. hat Zimmer, die alle unterschiedlich mit Antiquitäten aus verschiedenen Epochen, vom Barock bis zum Klassizismus, eingerichtet sind. Restaurant und sehenswertes Gotisches Stüble mit historischem Ambiente.

Bären, Hochmaurenstr. 1, ✉ 78628, ✆ (0741) 17 46 00, info@baeren-rottweil.de, Fax (0741) 1746040, 🍴, 🛋 – 📶, ❥ Zim, 🖽 ⇔ P – 🛏 20. 🆎 🆗 VISA JCB
geschl. 20. Dez. - 6. Jan. – **Menu** (geschl. Samstag, Sonntagabend) à la carte 21/31 – **25 Zim** ☑ 62/84 – 83/110.
• Das Wappentier ziert die beige-weiße Fassade des sehr gepflegt wirkenden Hotels, dessen Zimmer teils praktisch-rustikal, teils neuzeitlich ausgestattet sind. Holzvertäfelung und bürgerlich-rustikale Einrichtung im Restaurant.

Villa Duttenhofer, Königstr. 1, ✉ 78628, ✆ (0741) 4 31 05, restaurant@villa-duttenhofer.de, Fax (0741) 41595 – P. ⓞ 🆗 VISA
L'Etoile (geschl. Ende Juli - Mitte Sept.)(nur Abendessen)(Tischbestellung erforderlich) **Menu** à la carte 36/46 – **Weinstube/Pavillon** (geschl. Ende Sept. 2 Wochen, Montag) **Menu** à la carte 21/38
• Im 1. Stock der im Jugendstil erbauten Villa Duttenhofer befindet sich das elegante Restaurant L'Etoile, wo Sie ein freundliches Team mit mediterranen Speisen bewirtet. Im Parterre : die gemütliche Weinstube und ein lichtdurchfluteter Pavillon.

In Deißlingen Süd : 9 km in Richtung Schwenningen :

Hirt, Oberhofenstr. 5, ✉ 78652, ✆ (07420) 9 29 10, info@hotel-hirt.de, Fax (07420) 9291333, 🍴 – 🖽 ❦ ⇔ P – 🛏 40. 🆎 ⓞ 🆗 VISA
Menu (geschl. Aug. 2 Wochen, Sonntagabend) à la carte 15,50/28 – **36 Zim** ☑ 26/49 – 56/72.
• Urlauber wie auch Geschäftsreisende schätzen die solide ausgestatteten, teils mit Wurzelholz möblierten Zimmern dieses gut unterhaltenen Hauses.

ROTTWEIL

In Zimmern-Horgen *Süd-West : 7,5 km in Richtung Hausen – Erholungsort :*

Linde Post ⑤, mit Zim, Alte Hausener Str. 8, ⊠ 78658, ℘ (0741) 3 33 33, lindepos
t@lindepost.de, Fax (0741) 32294, 霂 – ⇌ Zim, TV P. ⓜ VISA
Menu *(geschl. Donnerstag)* à la carte 22,50/40 – **7 Zim** ⇌ 46 – 76.

• Angenehme Farbgebung, hübsche Stoffe und moderne Bilder machen den mediterranen Charme dieses Lokals aus. Das Essen ist teils regional, teils gehoben. Wohnliche Zimmer.

RUBKOW *Mecklenburg-Vorpommern siehe Anklam.*

RUBOW *Mecklenburg-Vorpommern* 542 *E 18 – 200 Ew – Höhe 37 m.*
Berlin 223 – Schwerin 21 – Güstrow 47 – Lübeck 82 – Rostock 67.

In Rubow-Flessenow *West : 7,5 km, Richtung Ventschow, nach 1,5 km links ab :*

Seewisch ⑤, Am Schweriner See 1d, ⊠ 19067, ℘ (03866) 4 61 10, info@seewisch.de, Fax (03866) 4611166, 霂, ≘s – ⇌ Zim, TV ✆ P – ⚑ 20. ⚍ ① ⓜ VISA JCB. ℅ Rest
geschl. Jan. – **Menu** à la carte 21/34 – **23 Zim** ⇌ 62/79 – 80/106 – ½ P 16.

• Schön liegt das mit Rotklinkern und Fachwerk gebaute Hotel am See - mit hauseigenem Badestrand. Die Zimmer sind hell und freundlich eingerichtet. Nettes, ländliches Restaurant mit Kachelofen.

RUDERSBERG *Baden-Württemberg* 545 *T 12 – 9 600 Ew – Höhe 278 m.*
Berlin 600 – Stuttgart 43 – Heilbronn 47 – Göppingen 37.

In Rudersberg-Schlechtbach *Süd : 1 km :*

Sonne (mit Gasthof), Heilbronner Str. 70, ⊠ 73635, ℘ (07183) 30 59 20, info@sonn
e-rudersberg.de, Fax (07183) 30592444, 霂, ₤₅, ≘s, ⃟ – ⃖, ⇌ Zim, TV ✆ P – ⚑ 50.
ⓜ VISA
geschl. 1. - 12. März – **Menu** *(geschl. Freitag)* à la carte 13,50/29,50 – **43 Zim** ⇌ 36/72 – 57/84.

• Sie wählen zwischen schlichten, rustikal eingerichteten Zimmern im Gasthof oder neuzeitlich und praktisch gestalteten Räumen im modernen Gästehaus. Gaststuben mit leicht rustikaler Einrichtung in dunklem Holz.

RUDOLSTADT *Thüringen* 544 *N 18 – 28 000 Ew – Höhe 209 m.*
Sehenswert : *Schloss Heidecksburg★ (Säle im Rocaille-Stil★★).*
ℤ *Tourist-Information, Marktstr. 57, ⊠ 07407, ℘ (03672) 41 47 43, ru-info@saale-ne
t.de, Fax (03672) 431286.*
Berlin 284 – Erfurt 48 – Coburg 79 – Suhl 65.

Adler garni, Markt 17, ⊠ 07407, ℘ (03672) 44 03, webmaster@adler-rudolstadt.de, Fax (03672) 440444, ⇌ Zim, TV ✆ P – ⚑ 20. ⓜ VISA
29 Zim ⇌ 46/62 – 80/90.

• Harmonisch in das Ensemble des alten Marktes eingebunden, bot das Haus von 1601 schon Goethe ein stilvolles Logis. Altes Parkett und schöne Möbel schmücken die Räume.

Am Marienturm *Süd-Ost : 3 km :*

Panoramahotel Marienturm ⑤, Marienturm 1, ⊠ 07407, ℘ (03672) 4 32 70, info@hotel-marienturm.de, Fax (03672) 432785, ≤ Rudolstadt und Saaletal, 霂, ≘s –
⇌ Zim, TV ✆ P – ⚑ 30. ⚍ ① ⓜ VISA
Menu à la carte 17/35 – **29 Zim** ⇌ 51/70 – 80/96.

• Seit Jahren ist der Marienturm mit der Aussichtsterrasse ein beliebtes Ausflugsziel. Nach der Wende wurde das Logierhaus modernisiert und ein neuer Hotelkomplex angebaut. Restaurant auf zwei Ebenen, am Herd steht der Chef persönlich.

In Rudolstadt-Mörla *West : 1 km :*

Hodes ⑤ (mit Gästehaus), Mörla Nr. 1, ⊠ 07407, ℘ (03672) 41 01 01, Fax (03672) 424568, Biergarten – ⇌ Zim, TV P – ⚑ 50. ⚍ ① ⓜ VISA
Menu à la carte 11/17 – **15 Zim** ⇌ 40/45 – 60/65.

• Die Zimmer dieses ländlichen Hotels verteilen sich auf das vorgelagerte Gästehaus und das Haupthaus und sind einheitlich mit hellen Naturholzmöbeln ausgestattet.

RÜCKERSDORF *Bayern* 546 *R 17 – 4 000 Ew – Höhe 326 m.*
Berlin 422 – München 174 – Nürnberg 17 – Bayreuth 67.

Roter Ochse, Hauptstr. 57 (B 14), ⊠ 90607, ℘ (0911) 5 75 57 50, info@roter-och
se.de, Fax (0911) 5755751, 霂 – ⇌ P. ⓜ VISA
geschl. Dienstag, Sonntag – **Menu** à la carte 25/38, ♀.

• Mit rustikalem Charme und schönem Holzboden präsentiert sich die Gaststube des denkmalgeschützten Gasthofs a. d. 17. Jh. Schmackhafte regionale und internationale Küche.

1201

RÜCKHOLZ Bayern siehe Seeg.

RÜDESHEIM AM RHEIN Hessen 543 Q 7 – 10 000 Ew – Höhe 85 m.
Ausflugsziel : Kloster Eberbach★★ (Weinkeltern★★).
🛈 Tourist Information, Geisenheimer Str. 22, ⊠ 65385, ℘ (06722) 90 61 50, Fax (06722) 3485 – Berlin 592 – Wiesbaden 31 – Bad Kreuznach 70 – Koblenz 65 – Mainz 34.

Rüdesheimer Schloss, Steingasse 10, ⊠ 65385, ℘ (06722) 9 05 00, ruedesheimer-schloss@t-online.de, Fax (06722) 47960, 㐭 – ⌷, ⥺ Zim, TV ℡ &, ⇌ P – 🎂 50. AE ⓘ ⓜ VISA JCB
geschl. Weihnachten - Anfang Jan. – **Menu** (geschl. Weihnachten - Ende Jan.) à la carte 20,50/31, ♀ ♧ – **26 Zim** ⊇ 95/115 – 115/145.
• Die Architektur aus dem Jahre 1729 und eine Einrichtung mit modernen Designermöbeln ergeben einen reizvollen Kontrast. Zentral zwischen Rhein und den Weinbergen gelegen. Der gastronomische Bereich ist im Stil einer historischen Weinstube gestaltet.

Central-Hotel, Kirchstr. 6, ⊠ 65385, ℘ (06722) 91 20, centralhotel@t-online.de, Fax (06722) 2807 – ⌷, ⥺ Zim, TV ⇌ P – 🎂 15. AE ⓘ ⓜ VISA
geschl. 19. Dez. - Mitte März – **Menu** (geschl. Nov.- März Donnerstag) (Nov. - März Montag - Freitag nur Abendessen) à la carte 16/29 – **50 Zim** ⊇ 66/82 – 90/115.
• Aus einer Weinkellerei entstanden, bietet das im Zentrum gelegene Haus heute eine nette Unterkunft in modernen, gepflegten Gästezimmern. Restaurant mit offenem Kamin und bleiverglasten Fenstern.

Trapp, Kirchstr. 7, ⊠ 65385, ℘ (06722) 9 11 40, hotel-trapp@t-online.de, Fax (06722) 47745 – ⌷ TV ℡ ⇌ P – 🎂 15. ⓜ VISA. ⨳
20. März - 18. Dez. – **Entenstube** (wochentags nur Abendessen) **Menu** à la carte 18/35 – **38 Zim** ⊇ 65/100 – 95/130.
• Im Zentrum des romantischen Städtchens finden Sie hier mit rustikaler Eiche oder hellen Holzmöbeln ausgestattete, sehr gut unterhaltene Zimmer. "Viel Ambiente rund um die Ente" : das Federvieh findet man in der Entenstube als Deko und in Topf und Pfanne.

Zum Bären, Schmidtstr. 24, ⊠ 65385, ℘ (06722) 9 02 50, info@zumbaeren.de, Fax (06722) 902513 – ⌷, ⥺ Zim, TV ℡ ⇌ – 🎂 20. ⓜ VISA
geschl. März – **Menu** (geschl. Sonntagabend, Nov. - Mai Sonntagabend - Montag) à la carte 16/30 – **24 Zim** ⊇ 76/95 – 96/160.
• Im Jahre 1997 wurde das Hotel komplett umgebaut. Die neu entstandenen Zimmer unterscheiden sich im Zuschnitt, ansonsten sind sie einheitlich mit hellem Holz bestückt. Rustikaler Restaurantbereich.

Traube-Aumüller, Rheinstr. 6, ⊠ 65385, ℘ (06722) 91 40, hotel@traube-aumueller.com, Fax (06722) 1573, 㐭, ⬚s, 🞏 – ⌷, ⥺ Zim, TV ⇌ – 🎂 25. AE ⓘ ⓜ VISA JCB. ⨳ Rest
geschl. 20. Dez. - Feb. – **Menu** à la carte 16/37 – **115 Zim** ⊇ 65/105 – 110/145.
• Nur die Uferstraße und die Bahnlinie trennen die beiden miteinander verbundenen Hotelbauten vom Rhein. Helle, gut gepflegte Gästezimmer stehen zum Einzug bereit. Zwei Restaurants mit Blick auf den Rhein.

Felsenkeller, Oberstr. 39, ⊠ 65385, ℘ (06722) 9 42 50, felsenkeller@ruedesheim-rhein.com, Fax (06722) 47202, 㐭 – ⌷ TV ℡ ⇌ AE ⓘ ⓜ VISA JCB. ⨳ Rest
April - Okt. – **Menu** à la carte 17/43 – **60 Zim** ⊇ 60/92 – 77/128.
• Unweit der weltberühmten Drosselgasse liegt dieses teils im Fachwerkstil gebaute Hotel. Sie werden in schlichten, aber praktischen Räumen gut untergebracht. Großzügig geschnittenes, rustikal eingerichtetes Restaurant und hübsche Terrasse.

Rüdesheimer Hof, Geisenheimer Str. 1, ⊠ 65385, ℘ (06722) 9 11 90, ruedesheimer-hof@t-online.de, Fax (06722) 48194, 㐭 – ⌷ TV P. AE ⓘ ⓜ VISA
geschl. Mitte Dez. - 1. März – **Menu** à la carte 15/28 – **38 Zim** ⊇ 62/65 – 77/92.
• Der größte Teil der Zimmer des Hauses wurde renoviert und weiß nun mit hellem Naturholzmobiliar oder weiß eingefärbten Möbeln zu gefallen. Man isst in der heimeligen Bauernstube oder im Kaminzimmer mit gemütlichem Ambiente.

Rheinhotel garni, Kaiserstr. 1 / Ecke Geisenheimer Str., ⊠ 65385, ℘ (06722) 90 30, info@rheinhotel-ruedesheim.de, Fax (06722) 903199, ⬚s, 🞏 – ⌷ TV ℡ ⇌ P – 🎂 30. AE ⓘ ⓜ VISA JCB
geschl. 20. Dez. - 15. März – **22 Zim** ⊇ 72/82 – 84/94.
• Familiengeführtes Hotel im Herzen der Rheinstadt : Zeitgemäß ausgestattete Zimmer und ein netter Frühstücksraum im Stil einer Weinstube stehen für die Gäste bereit.

Außerhalb Nord-West : 5 km über die Straße zum Niederwald-Denkmal :

Jagdschloss Niederwald ♣ (mit Gästehaus), Am Niederwald 1, ⊠ 65385 Rüdesheim, ℘ (06722) 7 10 60, jnrued@aol.com, Fax (06722) 7106666, 㐭, ⬚s, 🞏, ✿, ⨳ – ⌷, ⥺ Zim, TV ℡ ⇌ P – 🎂 65. AE ⓘ ⓜ VISA
Menu à la carte 25/40,50 – **52 Zim** ⊇ 84/95 – 133/148.
• Ruhig logiert man im prächtigen ehemaligen Jagdschloss der Fürsten von Nassau, hier oben auf dem Niederwald. Das Weinstädtchen Rüdesheim liegt Ihnen dabei zu Füßen. Zeitlos-elegantes Ambiente im Restaurant mit schöner Gartenterrasse.

RÜDESHEIM AM RHEIN

In Rüdesheim-Assmannshausen *Nord-West : 5 km, über B 42 :*

Krone Assmannshausen, Rheinuferstr. 10, ✉ 65385, ℰ (06722) 40 30, krone-as
s@t-online.de, Fax (06722) 3049, ≤, 🍴, 🏊 (geheizt), 🐴 – 🛗, 🚿 Zim, 📺 📞 ⇔ 🅿
– 🔒 60. 🅰🅴 🅾🅾 🆅🅸🆂🅰 🅹🅲🅱
Menu 28 (mittags)/75 à la carte 40/60 🍷 – ⊇ 13 – **65 Zim** 100/125 – 145/180, 5 Suiten.
♦ Luxuriöse Zimmer, individuell eingerichtet und mit Antiquitäten bestückt, warten in dem türmchenverzierten Hotel.aus dem 16. Jh. auf Besucher. Aufwändig gestaltete Bäder ! Speisen Sie im klassischen Restaurant oder auf der glyzinienberankten Terrasse.

Alte Bauernschänke (mit Gästehaus), Niederwaldstr. 23, ✉ 65385, ℰ (06722) 4 99 90, altebauernschaenke@t-online.de, Fax (06722) 47912, 🍴, (Fachwerkhaus a.d.J. 1408) – 🛗 📺 – 🔒 30. 🅰🅴 🅾🅾 🆅🅸🆂🅰
Mitte März - Mitte Dez. – Menu à la carte 16/31 – **53 Zim** ⊇ 57/91 – 80/108.
♦ Die Bauernschänke ist das Herzstück eines aus fünf Häusern bestehenden historischen Ensembles. Wohnliche, teils renovierte Zimmer. Die geschwärzten Deckenbalken und viele liebevolle Details machen den Charme der Gaststuben aus. Mit lauschiger Laubenterrasse.

Schön, Rheinuferstr. 3, ✉ 65385, ℰ (06722) 9 06 66 00, schoen-wein@t-online.de, Fax (06722) 9066650, ≤, 🍴, 🚿 Zim, 📺 ⇔ 🅿. 🅾🅾 🆅🅸🆂🅰 🅹🅲🅱
März - Okt. – Menu à la carte 23/35 – **25 Zim** ⊇ 50/65 – 80/110.
♦ Das vormals als Wechselstation für Treidelpferde genutzte Haus bietet Reisenden heute nette Zimmer, fast alle mit Rheinblick und Sonnenbalkon oder Zugang zum Garten. Mit rustikalem Restaurant und schattiger Wein-Laubenterrasse.

Unter den Linden, Rheinallee 1, ✉ 65385, ℰ (06722) 22 88, info@unter-den-lind
en-hotel.de, Fax (06722) 47201, ≤, 🍴, ⇔ 🅿. 🅾🅾 🆅🅸🆂🅰
Mitte März - Anfang Nov. – Menu à la carte 17/29,50 – **28 Zim** ⊇ 42/70 – 72/100.
♦ Von einigen der gepflegten Gästezimmer aus blicken Sie auf die direkt hinter dem Haus beginnenden Weinberge, andere liegen Richtung Fluss. Mit sehr schöner Laubenterrasse.

Ewige Lampe (mit Gästehaus Haus Resi), Niederwaldstr. 14, ✉ 65385, ℰ (06722) 24 17, Fax (06722) 48459 – ⇔
geschl. 5. Jan. - 15. Feb. – Menu (geschl. Dienstag) à la carte 17/30 – **19 Zim** ⊇ 35/45 – 60/80.
♦ Ein einfacher, aber gepflegter und nett geführter Familienbetrieb, bestehend aus Haupt- und Gästehaus. Die Zimmer sind teils mit Bauernmöbeln bestückt, einige auch mit Balkon.

In Rüdesheim-Presberg *Nord : 13 km, über die Straße zum Niederwald-Denkmal :*

Haus Grolochblick 🌲, Schulstr. 8, ✉ 65385, ℰ (06726) 7 38, Fax (06726) 81050, ≤, 🍴 – 🅿.
geschl. Dez. - Jan. – Menu (Restaurant nur für Hausgäste) – **18 Zim** ⊇ 23/28 – 43.
♦ Dieses Haus liegt in einer ruhigen Seitenstraße auf den Höhen des Rheingaugebirges. Hier finden Sie eine blitzsaubere und preiswerte Unterkunft.

RÜGEN (Insel) Mecklenburg-Vorpommern 🅵🅰🅵 **C** 23,24 – Seebad – Größte Insel Deutschlands, durch einen 2,5 km langen Damm mit dem Festland verbunden.
Sehenswert : Gesamtbild★ der Insel mit Badeorten★ Binz, Sellin, Babe und Göhren – Putbus★ (Circus★, Theater★, Schlosspark★) – Jagdschloss Granitz★ (≤★★) – Kap Arkona★ (≤★★) – Stubbenkammer : Königsstuhl★★.
🏌 🏌 Karnitz, Zum Golfplatz (Süd-West : 10 km ab Bergen), ℰ (038304) 1 24 20.
🚢 in Sassnitz, am Fährhafen.
⚓ Fährlinie Sassnitz-Trelleborg, ℰ (038392) 6 41 80.
ab Bergen : Berlin 249 – Schwerin 186 – Greifswald 60 – Stralsund 28.

Baabe – 900 Ew – Höhe 25 m – Seebad.
🅸 Kurverwaltung, Fritz-Worm-Str. 1, ✉ 18586, ℰ (038303) 14 20, kvbaabe@t-online.de, Fax (038303) 14299.
Nach Bergen 20 km.

Solthus am See 🌲, Bollwerkstr. 1, ✉ 18586, ℰ (038303) 8 71 60, info@solthus.de, Fax (038303) 871699, ≤, 🍴, 🎭, Massage, 🅵🆂, 🏊 – 🚿 Zim, 📺 📞 ♿ 🅿. – 🔒 30. 🅰🅴 ① 🅾🅾 🆅🅸🆂🅰
Menu à la carte 30/45 – **39 Zim** ⊇ 100/120 – 135/155 – ½ P 28.
♦ In seiner Bauweise ganz der Region angepasst ist dieses reetgedeckte Haus mit Landhauseinrichtung - am kleinen Hafen zwischen Selliner See und Rügischen Bodden gelegen. Holzbohlen im Blockhausstil tragen zum gemütlichen Ambiente des Restaurants bei.

Villa Granitz garni, Birkenallee 17, ✉ 18586, ℰ (038303) 14 10, villa-granitz@t-onli
ne.de, Fax (038303) 14144 – 🚿 📺 ♿ 🅿.
April - Okt. – **60 Zim** ⊇ 64/69 – 74/108, 4 Suiten.
♦ 1994 wurde das Hotel nach dem Vorbild der Rügener Seebäder-Architektur erbaut. Farblich angenehm gestaltete Zimmer und ein hübscher Wintergarten zeichnen das Haus aus.

1203

RÜGEN (Insel)

🏨 **Strandallee**, Strandstr. 18, ✉ 18586, ✆ (038303) 14 40, hotel-strandallee@t-online
.de, Fax (038303) 14419, 余, ≦s – ⚹ Zim, TV P. ※ Rest
Menu (geschl. Nov. - 18. Dez.) à la carte 15/22 – **30 Zim** ⊇ 53 – 76/95 –
½ P 12.
• Ungefähr 500 Meter vom Strand entfernt liegt - zwischen Bäumen - das weiße,
aus zwei Häusern bestehende Hotel. Hausgäste können die angeschlossene Wasser-
sportschule nutzen. Das Restaurant wirkt durch seinen Wintergarten hell und
einladend.

🏨 **Strandhotel**, Strandstr. 24, ✉ 18586, ✆ (038303) 1 50, strandhotel@t-online.de,
Fax (038303) 15150, 余, ≦s – ⚹ Zim, TV P. ※ Rest
Menu (Nov. - März nur Abendessen) à la carte 14/26 – **40 Zim** ⊇ 60/70 – 75/85 –
½ P 15.
• In Strandnähe, direkt am Kurmittelhaus, ist dieses Hotel gelegen. Im Inneren finden Sie
mit soliden honigfarbenen Möbeln funktionell ausgestattete Zimmer. Gepflegtes Restau-
rant mit großer Fensterfront. Hübscher Biergarten.

Bergen – 15 500 Ew – Höhe 60 m.
🛈 Touristeninformation, Markt 23, ✉ 18528, ✆ (03838) 81 12 76, touristeninformatio
n@stadt-bergen-auf-ruegen.de, Fax (03838) 811127.

🏛 **Ramada Treff Hotel**, Stralsunder Chaussee 1, ✉ 18528, ✆ (03838) 81 50, berge
n@ramada-treff.de, Fax (03838) 815500, 余, ≦s – ⚹ Zim, TV ✆ ⅃ ⊜ P – 🎾 150.
AE ⓄⓂ VISA. ※ Rest
Menu à la carte 21/28 – **154 Zim** ⊇ 63/84 – 102/124 – ½ P 15.
• Das große, zweiflügelige Stadthotel spricht mit seiner funktionellen Ausstattung Urlauber
wie Tagungsgäste an. Wählen Sie ein Zimmer zur Rückseite, mit Blick auf den Teich. Lichtes,
freundliches Restaurant mit großer Fensterfront.

RÜGEN (Insel)

Romantik Hotel Kaufmannshof, Bahnhofstr. 6, ✉ 18528, ℘ (03838) 8 04 50, *kaufmannshof@romantikhotels.com*, Fax (03838) 804545, Biergarten, ⇔ – ⇐ Zim, 📺 ✆ 🅿 – 🛋 20. AE ⓂⓄ VISA
Menu à la carte 18/39 – **18 Zim** ⊇ 60/85 – 90/120 – ½ P 18.
• Schöne Zimmer, mit spanischen Möbeln und in geschmackvollen Farben eingerichtet, sowie ein Mode- und Geschenkartikelgeschäft gehören zu den Annehmlichkeiten des Hauses. Mit viel Holz, Spiegelwänden und nostalgischen Accessoires wurde das Restaurant gestaltet.

Rugard ⚘, Rugardweg 10, ✉ 18528, ℘ (03838) 2 01 90, *rezeption@rugard.de*, Fax (03838) 201919, ⛭, ⇔ – 🛗, ⇐ Zim, 📺 🅿 ⓂⓄ VISA
Menu à la carte 18,50/25,50 – **22 Zim** ⊇ 54 – 87.
• Am Ernst-Moritz-Arndt-Turm, einem Wahrzeichen Rügens, liegt das im traditionellen norddeutschen Stil gebaute Haus. Solide mit Kirschholz möblierte Zimmer. Terrakottafliesen und helles Naturholz verleihen dem Restaurant eine nette Atmosphäre.

Binz – *5 200 Ew – Höhe 5 m – Seebad.*
🛈 *Kurverwaltung, Heinrich-Heine Str. 7, ✉ 18609, ℘ (038393) 14 81 48, kv-binz@t-on line.de, Fax (038393) 148145.*

Nach Bergen 13 km.

Kurhaus Binz, Strandpromenade 27, ✉ 18609, ℘ (038393) 66 50, *kurhaus-binz@t c-hotels.de*, Fax (038393) 665555, ⛭, ⓥ, Massage, ♨, ⇔, ⌇ (geheizt), ▨ – 🛗, ⇐ Zim, 📺 📺 ✆ ⚐ ⇌ 🅿 – 🛋 300. AE ⓄⓂⓄ VISA. ⚡ Rest
Menu (April - Sept. nur Abendessen) à la carte 32/44 – **Surf'n Turf** (geschl. Okt. - März) à la carte 26/41 – **126 Zim** ⊇ 128/210 – 170/225, 6 Suiten.
• Hinter der aufwändig renovierten Fassade dieses imposanten Baus vom Ende des 19. Jh. überzeugen Komfort, mediterranes Flair sowie ein großzügiger Freizeitbereich. Das Restaurant mit klassischem, stilvollem Rahmen befindet sich im 1. Stock.

Kempinski Resort Hotel Bel Air ⚘, Strandpromenade 7, ✉ 18609, ℘ (038393) 1 50, *ruegen.reservation@kempinski.com*, Fax (038393) 15555, ⛭, ⓥ, Massage, 🅻♨, ⇔, ▨, 🎾 – 🛗, ⇐ Zim, 📺 🅿 ⚐ ⇌ – 🛋 50. AE ⓄⓂⓄ VISA
Menu à la carte 25/43 – **122 Zim** ⊇ 160/240 – 190/270, 4 Suiten – ½ P 31.
• Schöne, der Bäderarchitektur nachempfundene Hotelanlage, die nur durch einen schmalen Grünstreifen vom Strand getrennt ist. Luxus und Stil prägen die Innenräume des Hauses. Dezent-elegantes Restaurant mit Wintergartenanbau und hübscher kleiner Terrasse.

Dorint Strandhotel, Strandpromenade 58, ✉ 18609, ℘ (038393) 4 30, *info.zsibin @dorint.com*, Fax (038393) 43100, ⛭, ⓥ, Massage, 🅻♨, ⇔, ▨ – 🛗🛗 📺 ✆ ⚐ ⇌ 🅿 – 🛋 15. AE ⓄⓂⓄ VISA JCB. ⚡ Rest
Menu (nur Abendessen) à la carte 21,50/35 – ⊇ 16 – **63 Zim** 139/159 – 149/219, 46 Suiten – ½ P 25.
• Direkt am Strand liegt der Neubau, dessen Zimmer durch ihre Farbgestaltung und gekalkte Naturholzmöbel ein südländisches Flair erhalten haben. Mit großzügigem Wellnessbereich. Mediterrane Atmosphäre im Restaurant mit Showküche.

Arkona Strandhotel, Strandpromenade 59, ✉ 18609, ℘ (038393) 5 70, *hotelark ona@aol.com*, Fax (038393) 57777, ≤, ⛭, ⓥ, Massage, 🅻♨, ⇔, ▨ – 🛗🛗 📺 ⇌ 🅿 – 🛋 135. AE ⓂⓄ VISA. ⚡ Rest
Menu à la carte 16/33 – **196 Zim** ⊇ 110/130 – 140/180, 24 Suiten – ½ P 20.
• Urlaubshotel mit weißer Fassade und großzügigem Rahmen. Die Gästezimmer sind einheitlich gestaltet, zum Relaxen bietet sich die Badelandschaft mit Schönheitsfarm an. Restaurant mit Showküche und großem Buffet - zum Strand hin gelegene Terrasse.

Seehotel Binz-Therme ⚘, Strandpromenade 76, ✉ 18609, ℘ (038393) 60, *info @binz-therme.de*, Fax (038393) 61500, ⛭, ⓥ, Massage, ♨, ⇔, ▨ – 🛗, ⇐ Zim, 📺 ✆ ⚐ ⇌ 🅿 – 🛋 140. AE Ⓓ ⓂⓄ VISA. ⚡ Rest
Menu à la carte 26/37 – **143 Zim** ⊇ 100/113 – 165/190, 6 Suiten – ½ P 20.
• Nur der Küstenschutzwald trennt diese komfortable Hotel- und Ferienwohnungsanlage von der Ostsee. In der Badeabteilung sprudelt eine Solequelle aus 1222 Metern Tiefe ! Blau und gelb gepolsterte Holzstühle setzen farbliche Akzente im Hotelrestaurant.

Imperial ⚘ garni, Strandpromenade 20, ✉ 18609, ℘ (038393) 13 80, *hotel-imperi al@karin-loew-hotellerie.de*, Fax (038393) 13813 , ≤ – 🛗 📺 🅿 AE ⓂⓄ VISA
27 Zim ⊇ 70/90 – 115/130.
• An der Strandpromenade und doch relativ ruhig steht diese hübsche Jugendstilvilla. Hier bietet man zeitgemäße, wohnliche Zimmer, meist mit Balkon und Blick auf die Ostsee.

Am Meer, Strandpromenade 34, ✉ 18609, ℘ (038393) 4 40, *info@hotel-am-meer.de*, Fax (038393) 44444, ≤, ⛭, ⇔ – 🛗, ⇐ Zim, 📺 ✆ ⚐ 🅿 AE Ⓓ ⓂⓄ VISA
Menu à la carte 28/44 – **60 Zim** ⊇ 125/150 – 150/185 – ½ P 24.
• Die moderne Architektur des Hotels bildet einen reizvollen Kontrast zu den umgebenden Gründerzeitvillen. Reservieren Sie eines der Eckzimmer mit einem Maximum an Ausblick ! Modern gestyltes Lokal mit freiem Blick auf die Strandpromenade.

RÜGEN (Insel)

Strandhotel Lissek, Strandpromenade 33, ✉ 18609, ✆ (038393) 38 10, *strandho
tel-lissek@t-online.de, Fax (038393) 381430*, ≤, 🍴, ≘s – 🛗, ⇆ Zim, 📺 🅿 🆎 🆐 💳
Fischmarkt *(geschl. 30. Okt. - 28. Nov., Dez. - April Montag - Freitag nur Abendessen)* **Menu**
à la carte 17/33 – **40 Zim** ⊇ 67/98 – 113/148 – ½ P 20.
• Mit Liebe zum Detail wurde das Hotel mit dem Türmchen äußerlich wieder in den
ursprünglichen Zustand versetzt und im Inneren mit modernen Annehmlichkeiten verse-
hen. Maritim in Weiß und Blau eingerichtetes Restaurant.

Villa Salve, Strandpromenade 41, ✉ 18609, ✆ (038393) 22 23, *urlaub@ruegen-sch
ewe.de, Fax (038393) 13629*, 🍴 – 📺 🆎 🆐 💳
Menu à la carte 23/36 – **13 Zim** ⊇ 92/100 – 100/160 – ½ P 16.
• Hinter der weißen Villenfassade verbergen sich individuell, meist mit elegantem italie-
nischem Stilmobiliar ausgestattete Zimmer, die im ersten Stock besonders geräumig sind.
Restaurant im Brasserie-Stil.

Villa Schwanebeck, Margarethenstr. 18, ✉ 18609, ✆ (038393) 20 13, *villa.schwan
ebeck@gmx.de, Fax (038393) 31734*, ≘s – 🛗 📺 🅿
geschl. Nov. - Weihnachten – **Menu** *(geschl. Nov. - Weihnachten, Anfang Jan. - Feb.) (März
nur Abendessen)* à la carte 17,50/30 – **20 Zim** ⊇ 60/80 – 90/110 – ½ P 15.
• In Alt-Binz gelegen, bietet diese Villa Ihnen zum Teil geräumige Zimmer mit Wohnbereich
und Balkon oder Loggia. Die rückwärtigen Räume sind besonders ruhig. Nett dekoriertes
Restaurant.

Deutsche Flagge, Schillerstr. 9, ✉ 18609, ✆ (038393) 4 60, *hotel-deutsche-flagge
-binz@t-online.de, Fax (038393) 46131*, ≘s – ⇆ Zim, 📺 🅿 🆎 🆐 💳 ⇆ Zim
Menu *(geschl. Nov. - Feb.)* à la carte 19/35 – **23 Zim** ⊇ 75/122 – 90/130 – ½ P 18.
• Im Zentrum des quirligen Städtchens liegt diese Urlaubsadresse mit der typischen weißen
Fassade im Binzer Bäderstil. Sie wohnen in hübschen, gut eingerichteten Zimmern.

✗ **Strandhalle**, Strandpromenade 5, ✉ 18609, ✆ (038393) 3 15 64, *Fax (038393) 31564*
– 🆎 🅾 🆐 💳
geschl. Mitte - Ende Nov. – **Menu** *(Nov. - März nur Abendessen)* (abends Tischbestellung
ratsam) à la carte 14,50/27,50.
• Ganz am Ende der Strandpromenade finden Sie eine originelle Einkehrmöglichkeit : ein
restauriertes Strandhaus aus dem vorigen Jahrhundert mit nostalgischer Einrichtung.

Breege – *900 Ew – Höhe 5 m.*
Nach Bergen 40 km.

In Breege-Juliusruh *Nord-Ost : 1 km :*

Atrium am Meer, Am Waldwinkel 2, ✉ 18556, ✆ (038391) 40 30, *hotel-atrium-am
-meer@t-online.de, Fax (038391) 40341* – 🛗 ⇆ Zim, 📺 🅿 🆐 💳. ⇆ Rest
Menu à la carte 14,50/23 – **55 Zim** ⊇ 79/83 – 98 – ½ P 13.
• In Ufernähe ist dieses neu erbaute Haus mit den markanten blauen Erkern angesiedelt.
Das Innere wird bestimmt von modernen, hellen Möbeln und hübsch gemusterten Stoffen.
Licht und freundlich, mit blauen Polsterstühlen ausgestattet, zeigt sich das Restaurant.

Glowe – *1 400 Ew – Höhe 10 m – Seebad.*
Nach Bergen 24 km.

Bel Air, Waldsiedlung 130a, ✉ 18551, ✆ (038302) 74 70, *service@bel-air-hotels.de,
Fax (038302) 747120*, 🍴, ≘s, 🏊 – 🛗 📺 🅿 – 🔒 10. 🆎 🅾 🆐 💳. ⇆ Rest
März - Okt. – **Menu** *(nur Abendessen)* à la carte 25/30 – **37 Zim** ⊇ 112 – 139 – ½ P 19.
• Strandnahes Hotel, in dem man es verstanden hat, mit freundlichen Farben und gedie-
gen-moderner Möblierung eine stilvolle Atmosphäre zu schaffen. Helle, warme Farbtöne
und ein gutes Couvert prägen das Restaurant.

Meeresblick, Waldsiedlung 129a, ✉ 18551, ✆ (038302) 74 40, *meeresblick@glowe
.de, Fax (038302) 744211*, 🍴 – 📺 🅿 🆐 💳
Menu à la carte 15/23 – **31 Zim** ⊇ 46 – 65/76 – ½ P 15.
• Zeitgemäß und funktionell sind die Zimmer dieses gut geführten Urlaubshotels ausge-
stattet - teils mit Balkon, im oberen Stockwerk mit Dachschräge. Bürgerlich gestaltetes
Restaurant mit Wintergarten.

Göhren – *1 200 Ew – Höhe 40 m – Seebad.*
🛈 Kurverwaltung, Poststr. 9, ✉ 18586, ✆ (038308) 6 67 90, *kv@goehren-ruegen.de*,
Fax (038308) 667932.
Nach Bergen 24 km.

Hanseatic ⏏, Nordpferdstr. 2, ✉ 18586, ✆ (038308) 5 15, *info@hotel-hanseatic.de,
Fax (038308) 51600*, 🍴, 🎭, Massage, 🏋, ≘s, 🏊, 🎿, 🚴 – 🛗 ⇆ Zim, 📺 📞 🏊 🚴
🅿 – 🔒 60. 🆎 🅾 🆐 💳. ⇆ Rest
Menu *(nur Abendessen)* à la carte 15,50/28 – **89 Zim** ⊇ 112 – 138, 3 Suiten – ½ P 20.
• Das Haus überzeugt mit einer großzügigen Halle und dem aufragenden Turm, der einen
schönen Blick bietet. Niveauvolle Wohnkultur in den Zimmern. Ansprechender Wellness-
bereich. Vielfältiges gastronomisches Angebot.

RÜGEN (Insel)

🏨 **Nordperd** ॐ (mit 2 Gästehäusern), Nordperdstr. 11, ⊠ 18586, ℰ (038308) 70, *nordperd@tc-hotels.de*, *Fax (038308) 7160*, 🍴, 🕒, Massage, ♨, ≋ – 📶, ⇎ Zim, 📺 🛜 ፠, 🅿, AE 🅾 VISA ፠ Rest
Mitte März - Ende Okt. – **Menu** *(nur Abendessen)* 23 (nur Buffet) – **92 Z** ⊇ 90/119 – 142/160 – ½ P 17.
• In leichter Hanglage überzeugt dieses relativ ruhig gelegene Hotel mit wohnlichen, funktionellen Zimmern. Haupthaus und zwei Villen bilden ein nettes Ensemble. Eine moderne Einrichtung und angenehme Farben prägen das Restaurant.

🏨 **Meeresblick** ॐ, Friedrichstr. 2, ⊠ 18586, ℰ (038308) 56 50, *hotel.meeresblick@avr.de*, *Fax (038308) 565200*, ≤, ≋, ⛲, 🍴 – 📶 ⇎ 📺 🛜 🅿, AE 🅾 VISA
geschl. Anfang Jan. - Mitte Feb., Anfang Nov. - Mitte Dez. – **Menu** siehe Rest. **Meeresblick** separat erwähnt – **7 Z** ⊇ 86 – 122, 23 Suiten.
• Mehrere Gebäude fügen sich zu dieser gut geführten Hotelanlage zusammen, die sehr gepflegte, neuzeitlich ausgestattete Zimmer, Suiten und Ferienappartements beherbergt.

🏨 **Stranddistel** ॐ garni, Katharinenstr. 9, ⊠ 18586, ℰ (038308) 54 50, *stranddistel@t-online.de*, *Fax (038308) 54555*, 🧖, ≋ – 📶 📺 🅿, AE 🅾 VISA
35 Zim ⊇ 62/90 – 77/99.
• Hier finden Sie eine ruhige und doch zentrumsnahe Unterkunft. Mit dem hauseigenen Segelschiff "Sehnsucht" unternimmt man gern Tagestörns mit interessierten Gästen.

🏨 **Inselhotel** ॐ, Wilhelmstr. 6, ⊠ 18586, ℰ (038308) 55 50, *inselhotel-ruegen@t-online.de*, *Fax (038308) 55555*, ≋ – 📶, ⇎ Zim, 📺 ⇌ 🅿, ፠ Rest
Menu *(geschl. Montag - Dienstag) (nur Abendessen)* (Restaurant nur für Hausgäste) – **32 Zim** ⊇ 44/71 – 80/106 – ½ P 13.
• Nur 150 Meter Fußweg vom Strand entfernt, stellt man Ihnen in diesem schmucken Neubau gut ausgestattete Gästezimmer mit Korbstühlen und Polsterbetten zur Verfügung.

🍴 **Restaurant Meeresblick** – Hotel Meeresblick, Friedrichstr. 2, ⊠ 18586, ℰ (038308) 56 55 14, *Fax (038308) 565200*, ≤, 🍴 – 🅿, AE 🅾 VISA
geschl. 4. Nov. - 29. Feb., Mittwoch – **Menu** *(nur Abendessen)* à la carte 31/48, 𝒴.
• Auf ganz individuellem Geschirr wird hier gehobene Regionalküche angerichtet : Exklusiv für dieses Restaurant hat die Keramikkünstlerin Kathrin Grünke 180 Unikate entworfen !

Lohme – *700 Ew – Höhe 70 m.*
Nach Bergen 25 km.

🏨 **Panorama Hotel Lohme** ॐ (mit Gästehäusern), Dorfstr. 35, ⊠ 18551, ℰ (038302) 91 10, *info@lohme.com*, *Fax (038302) 9234*, ≤ Ostsee, 🍴, ⛲ – 📺 🛜 🅿
Menu à la carte 20/35,50 – **41 Zim** ⊇ 72/98 – 82/150 – ½ P 18.
• Beeindruckend ist die Lage dieses Hotels direkt an der bewaldeten Steilküste. Besonders hübsch und individuell sind die Zimmer und Appartements in zweien der Gästehäuser. Freundliches Restaurant mit Parkett und Hussenstühlen - Wintergarten mit Panoramablick.

Middelhagen – *500 Ew – Höhe 25 m.*
Nach Bergen 25 km.

🏨 **Zur Linde,** Dorfstr. 20, ⊠ 18586, ℰ (038308) 55 40, *info@zur-linde-ruegen.de*, *Fax (038308) 55490*, 🍴, ≋, ⛲ – ⇎ Zim, 📺 🅿, 🅾 VISA
Menu à la carte 15/26 – **20 Zim** ⊇ 60/70 – 70/80.
• Aus dem 15. Jh. stammt dieser alte Gasthof, den man um einen neuzeitlichen Hotelanbau erweitert hat. Hier bietet man Ihnen wohnliche, freundliche Zimmer mit Kochgelegenheit. Sehenswert : das Restaurant mit seinem derb-rustikalen, gemütlichen Charakter.

In Middelhagen-Alt Reddevitz *West : 2 km :*

🍴 **Kliesow's Reuse,** Dorfstr. 23a, ⊠ 18586, ℰ (038308) 21 71, *kliesowsreuse@web.de*, *Fax (038308) 25527* – 🅿, AE 🅾
geschl. Nov. – **Menu** à la carte 15/27.
• Uriges Ambiente : Unter dem reetgedeckten Dach der Zweiständerscheune kann man auf zwei Ebenen sitzen und die regionale Küche der Insel kennenlernen. Mit kleiner Hausbrauerei.

Neuenkirchen – *470 Ew – Höhe 43 m.*
Nach Bergen 17 km.

In Neuenkirchen-Tribbevitz *Süd-Ost : 2 km :*

🏨 **Gut Tribbevitz** ॐ, ⊠ 18569, ℰ (038309) 70 80, *info@gut-tribbevitz.de*, *Fax (038309) 708299*, 🍴, ≋, ⛲ – ⇎ Zim, 📺 🅿 – 🛠 30. 🅾 VISA
geschl. 7. Jan. - 1. März – **Menu** 22/50 und à la carte *(auch vegetarisches Menü)* – **21 Zim** ⊇ 80 – 100/135, 6 Suiten.
• Die restaurierte historische Gutsanlage beherbergt in ihrem hübschen Herrenhaus heute ein Hotel mit recht geräumigen Zimmern. Angrenzend : ein Trakehnergestüt mit Gastboxen. Helles Restaurant mit klassischem Rahmen.

RÜGEN (Insel)

Putbus – 4 900 Ew – Höhe 23 m – Erholungsort.
🛈 Putbus-Information, Circus 1, ✉ 18581, ℘ (038301) 4 31, info.putbus@putbus.de, Fax (038301) 60964.
Nach Bergen 7 km.

In Putbus-Vilmnitz Ost : 2 km Richtung Binz :

🏨 **Landhotel Ulmenhof**, Chausseestr. 5, ✉ 18581, ℘ (038301) 8 82 80, info@landhotel-ulmenhof.de, Fax (038301) 8828888, 🍽, 🌳, – 🛗, ✲ Zim, 📺 ☎ 🅿 – 🔔 20
geschl. Jan. - Feb. – **Menu** (geschl. Nov. - März Mittwoch) à la carte 15/29 – **32 Zim** 🍴 54/71 – 87/97 – ½ P 13.
• Sieben in einem kleinen Dorf liegt dieser neuzeitliche Hotelbau. Praktisch und zeitgemäß ist die Ausstattung der Zimmer, recht sachlich der Einrichtungsstil.

In Putbus-Wreechen Süd-West : 2 km :

🏨 **Wreecher Hof** ⚘, Kastanienallee, ✉ 18581, ℘ (038301) 8 50, info@wreecher-hof.de, Fax (038301) 85100, 🍽, 🌳, Massage, 🛋, 🔲, 🐴, – ✲ Rest, 📺 🅿 🅰 ⓞ
⓫ 𝐕𝐈𝐒𝐀
Menu (wochentags nur Abendessen) (Tischbestellung ratsam) à la carte 26/44 – **43 Zim** 🍴 80/113 – 110/130 – ½ P 23.
• Sieben reetgedeckte, komfortabel eingerichtete Landhäuser in einer großen Gartenanlage bilden den Wreecher Hof. Urlauber finden "Natur pur" und eine Atmosphäre zum Wohlfühlen. Restaurant mit luftigem Wintergarten und schöner Terrasse.

Ralswiek – 300 Ew 45 m.
Nach Bergen 7 km.

🏨 **Schloss Ralswiek** ⚘, Parkstr. 35, ✉ 18528, ℘ (03838) 2 03 20, info@schlosshotel-ralswiek.de, Fax (03838) 2032222, 🍽, Massage, 🛋, 🔲, 🐴, – 🛗, ✲ Zim, 📺 ♿ 🅿
– 🔔 70. ⓫ 𝐕𝐈𝐒𝐀. ✕ Rest
Menu à la carte 23/44 – **Grafenschenke** (geschl. Sonntag, Okt. - April Sonntag - Mittwoch) (nur Abendessen) **Menu** à la carte 27/40 – **65 Zim** 🍴 65 – 92/150 – ½ P 25.
• 1893 im Stil der Neurenaissance erbaut, beeindruckt das oberhalb des Jasmunder Boddens einsam in einem Park gelegene Schloss mit einem imposanten Äußeren und modernem Komfort. Zur Gartenseite : das Restaurant mit hohen, luftigen Räumen. Rustikale Grafenschenke.

Sagard – 3 000 Ew – Höhe 8 m.
Nach Bergen 16 km.

🏨 **Steigenberger Resort** ⚘, Neddesitz (Nord-Ost : 3 km), ✉ 18551, ℘ (038302) 95, ruegen@steigenberger.de, Fax (038302) 96620, 🍽, Biergarten, 🌳, Massage, 🛋, 🏊, 🔲, 🐴, ✕ (Halle) – 🛗, ✲ Zim, 📺 ♿ ⚕ 🅿 – 🔔 100. 🅰 ⓞ ⓫
𝐕𝐈𝐒𝐀 𝐉𝐂𝐁
Menu à la carte 20/30 – **145 Zim** 🍴 117/137 – 140/160, 6 Suiten – ½ P 18.
• Ein imponierendes Ferienhotel mit Zimmern, Suiten und Ferienwohnungen, die um einen sanierten Gutshof angelegt sind. Sport und Wellness werden hier groß geschrieben. Vielfältiges gastronomisches Angebot.

Sassnitz – 12 300 Ew – Höhe 30 m – Erholungsort.
🛈 Tourist-Service, RügenGalerie 27, ✉ 18546, ℘ (038392) 64 90, mail@touristservice-sassnitz.de, Fax (038392) 64920.
Nach Bergen 24 km.

🏨 **Parkhotel**, Hauptstr. 36, ✉ 18546, ℘ (038392) 69 50, parkhotel.sassnitz@t-online.de, Fax (038392) 695199 – 🛗, ✲ Zim, 📺 🅿. ⓫ 𝐕𝐈𝐒𝐀. ✕
Menu (Nov. - April nur Abendessen) à la carte 17/28 – **21 Zim** 🍴 50/65 – 80/100 – ½ P 11.
• Durch seine weiß-gelbe Fassade fällt das klassizistische Gebäude dem Reisenden gleich ins Auge. Im Inneren stehen wohnliche Räumlichkeiten, teils mit kleiner Sitzecke, bereit.

🏨 **Villa Aegir** ⚘ (mit Gästehaus), Mittelstr. 5, ✉ 18546, ℘ (038392) 30 20, villaaegir@ringhotels.de, Fax (038392) 33046, ≤, 🍽, – 📺 🅿. ⓫ 𝐕𝐈𝐒𝐀
Menu (Nov. - April nur Abendessen) à la carte 15/20 – **36 Zim** 🍴 54/77 – 80/100 – ½ P 9.
• Schön über dem Hafen gelegene Villa mit Gästehaus. Die Zimmer sind mit honigfarbenen Möbeln bestückt - die hohen Räume im Haupthaus bieten etwas mehr Platz. Seeseitig liegt das Restaurant mit Wintergarten und schönem Blick auf Hafen und Ostsee.

🏨 **Waterkant** ⚘ garni, Walterstr. 3, ✉ 18546, ℘ (038392) 5 09 41, hotel.waterkant@t-online.de, Fax (038392) 50844, ≤, – 📺 🅿. ⓞ ⓫ 𝐕𝐈𝐒𝐀. ✕
geschl. Weihnachten, 10. - 31. Jan. – **16 Zim** 🍴 55/60 – 70/90.
• Seit August 1994 steht diese nette Urlaubsadresse am Hafen Reisenden offen. Besonders hübsch sind die gepflegte Garten und der Frühstücksraum mit Meeresblick.

RÜGEN (Insel)

An der Straße nach Lohme Nord : 5 km, Einfahrt Stubbenkammer :

※ **Baumhaus Hagen** ⌾ mit Zim, Stubbenkammer, ⊠ 18546 Sassnitz, ℘ (038392) 2 23 10, Fax (038392) 66869, 🍴, 🅣 🄿.
geschl. 14. Nov. - 24. Dez. – **Menu** (Jan. - Feb. nur an Wochenenden geöffnet) à la carte 18/32 – **10 Zim** ⌷ 55 – 70/92.
• 1992 wurde das Haus an historischer Stelle mitten im Wald errichtet. Von außen mit seinem Reetdach hübsch anzusehen, ist das Haus innen gemütlich-rustikal eingerichtet.

Schaprode – 800 Ew – Höhe 5 m.
Nach Bergen 25 km.

In Schaprode-Poggenhof Nord-Ost 1,5 km :

🏛 **Zur alten Schmiede** ⌾, Poggenhof 25, ⊠ 18569, ℘ (038309) 21 00, poggenhof @web.de, Fax (038309) 21043, 🍴, ≋, ⚓, – 🅣 🄿. 🄰🄴 🄼🄾 🆅🅸🆂🅰
geschl. 4. Jan. - 18. Feb. – **Menu** à la carte 23/42 – **21 Zim** ⌷ 73/123 – 93/133 – ½ P 22.
• In einer hübschen Gartenanlage steht dieser u-förmig angelegte Hotelbau. Die ruhige Umgebung und funktionelle Zimmer ermöglichen einen schönen Aufenthalt. Im Landhausstil gehaltenes Restaurant.

Sellin – 2 800 Ew – Höhe 20 m – Seebad.
🛈 Kurverwaltung, Warmbadstr. 4, ⊠ 18586, ℘ (038303) 16 11, kv@ostseebad-sellin.de, Fax (038303) 87205.
Nach Bergen 19 km.

🏛 **Hotel-Park Ambiance,** Wilhelmstr. 34, ⊠ 18586, ℘ (038303) 12 20, info@hotel-a mbiance.de, Fax (038303) 122122, 🍴, 🌿, Massage, ≋, 🅻, ⚓ – 🛗, ⚼ Zim, 🅣 📞 🄿.
🄰🄴 🄼🄾 🆅🅸🆂🅰
Menu (nur Abendessen) 32/68 und à la carte, ⚜ – **Clou** (auch Mittagessen) **Menu** à la carte 19/33 – **55 Zim** ⌷ 130/170 – 170/210, 24 Suiten – ½ P 25.
• Edle Materialien und harmonische Farben machen die Villen im Stil wilhelminischer Bäderarchitektur zu einem angenehmen Domizil. Badelandschaft mit mediterranem Flair. Klassisch-moderne Eleganz prägt das Restaurant. Das Clou ist ein nettes Bistro.

🏛 **Kurhaus Sellin** ⌾, Wilhelmstr. 27, ⊠ 18586, ℘ (038303) 9 51 00, kurhaus-sellin@ tc-hotels.de, Fax (038303) 95155, ≤, 🍴, Massage, 🅵🅶, ≋ – 🛗, ⚼ Zim, 🅣 📞 ♿ 🚗
🄿. 🄰🄴 ① 🄼🄾 🆅🅸🆂🅰 ※ Rest
12. März - 15. Nov. – **Menu** à la carte 18/36 – **96 Zim** ⌷ 97/159 – 134/172, 7 Suiten.
• Im Frühjahr 2001 eröffnete das Haus, dessen moderne Architektur Elemente der Bäderarchitektur aufgegriffen hat. Innen wie außen farbenfroh gestaltet. Das Atrium-Restaurant lässt mit seiner beeindruckenden Höhe das traditionelle Kurhaus-Flair aufleben.

🏛 **Cliff Hotel** ⌾, Siedlung am Wald 22a, ⊠ 18586, ℘ (038303) 84 84, info@cliff-hotel.de, Fax (038303) 8495, ≤, 🍴, 🌿, Massage, ⚐, 🅵🅶, ≋, 🅻, ☍, ⚓, ※ – 🛗, ⚼ Zim, 🅣
📞 🚺 🄿 – 🛎 150. 🄰🄴 ① 🄼🄾 🆅🅸🆂🅰 ※ Rest
Menu à la carte 30/44 – **262 Zim** ⌷ 107/183 – 152/195, 6 Suiten – ½ P 23.
• Wohnliche Zimmer, teils mit Blick auf Ostsee oder Selliner See, sowie ein großzügiger Wellnessbereich machen dieses Hotel aus. Ein hauseigener Lift bringt Sie zum Strand. Integriert in das Restaurant : eine Lounge mit Sitzgruppen und großer Bar.

※ **Seebrücke,** Wilhelmstr. 25, ⊠ 18856, ℘ (038303) 82 90, info@cliff-hotel.de, Fax (038303) 8291, ≤Ostsee, 🍴 – ① 🄼🄾 🆅🅸🆂🅰
Menu à la carte 24/32.
• Direkt auf der Seebrücke, dem Selliner Wahrzeichen, ist hinter einer schmucken Fassade dieses helle, freundliche Restaurant untergebracht. Bemerkenswert : der Blick aufs Meer.

Trent – 860 Ew – Höhe 5 m.
Nach Bergen 19 km.

🏛 **Radisson SAS** ⌾, Vaschvitz 17 (Nord-West : 5 km), ⊠ 18569, ℘ (038309) 2 20, inf o.trent@radissonsas.com, Fax (038309) 22599, 🍴, 🌿, Massage, 🅵🅶, ≋, 🅻 (geheizt),
🅻, ⚓ – 🛗, ⚼ Zim, 🅣 📞 🚗 🄿 – 🛎 70. 🄰🄴 ① 🄼🄾 🆅🅸🆂🅰 ※ Rest
geschl. Jan. - Feb. – **Menu** à la carte 24/37 – **153 Zim** ⌷ 94/124 – 136/166 – ½ P 20.
• Die Anlage besteht aus fünf Gebäuden, die architektonisch regionalen Gutshöfen nachempfunden sind. Die Innenausstattung orientiert sich am skandinavischen Stil. Vielfältige Gastronomie.

RÜGEN (Insel)

Wiek – 1 300 Ew – Höhe 5 m.
Nach Bergen 35 km.

Alt Wittower Krug (mit Gästehäusern), Gerhart-Hauptmann-Str. 7, ⌧ 18556, ℰ (038391) 76 00, Fax (038391) 760760, 🍴, 🌳 – 📺 🅿 ⦿ VISA
geschl. Nov. – **Menu** à la carte 12/22 – **38 Zim** ⊊ 54 – 64/73, 4 Suiten – ½ P 15.
• Idyllisch liegt das Haus am Dorfteich des Hafen- und Fischerdorfes Wiek. In warmer und persönlicher Atmosphäre finden Sie Zimmer im Landhausstil. Heller Parkettboden und hübsche Vorhangstoffe erzeugen eine heitere Stimmung im Restaurant.

Kyp zum Wieker Hafen, Hauptstr. 10, ⌧ 18556, ℰ (038391) 7 64 60, info@peter-flory.de, Fax (038391) 764622, Biergarten – 📺 ♿ 🅿
geschl. 5. Jan. - 3. April – **Menu** (außer Saison nur Abendessen) à la carte 15/24 – **37 Zim** ⊊ 50/55 – 78/83.
• Ein neu aufgebautes traditionelles Gasthaus und ein moderner Anbau bilden dieses Hotel. Die Nähe zum Hafen und zeitgemäße Zimmer mit Laminat zählen zu den Annehmlichkeiten. Deutsches Haus nennt sich das elegant im Brauhausstil gehaltene Restaurant.

RUEHSTAEDT Brandenburg siehe Wilsnack, Bad.

RÜLZHEIM Rheinland-Pfalz **543** S 8 – 8 000 Ew – Höhe 112 m.
Berlin 661 – Mainz 117 – Karlsruhe 26 – Landau in der Pfalz 16 – Speyer 25.

Südpfalz garni, Schubertring 48, ⌧ 76761, ℰ (07272) 80 61, hotel-suedpfalz@t-online.de, Fax (07272) 75796 – 📺 🅿 🅰 ⦿ ⦾ VISA
geschl. 20. Dez. - 3. Jan. – **25 Zim** ⊊ 39/44 – 57/62.
• Dieses Haus mit älteren, aber tipptopp gepflegten Zimmern liegt in einem Wohngebiet. Ein reichhaltiges Frühstücksbuffet erwartet Sie am Morgen.

RÜMMINGEN Baden-Württemberg siehe Binzen.

RÜSSELSHEIM Hessen **543** Q 9 – 60 000 Ew – Höhe 88 m.
🅱 Öffentlichkeitsarbeit, Mainstr. 7, ⌧ 65428, ℰ (06142) 83 2214, Fax (06142) 832243.
ADAC, Marktplatz 8.
Berlin 561 – Wiesbaden 19 – Frankfurt am Main 29 – Darmstadt 27 – Mainz 12.

Columbia, Stahlstr. 2, ⌧ 65428, ℰ (06142) 87 60, ruesselsheim@columbia-hotels.de, Fax (06142) 876805, 🍴, ⇔, 🏊 – 🛗, ⊁ Zim, ≡ 📺 ℰ ⇔ 🅿 – 🔔 140. 🅰 ⦿ ⦾ VISA JCB. ⊁ Rest
Menu (geschl. 21. Dez. - 9. Jan.) à la carte 23/35, ⦽ – **Navette** (geschl. 21. Dez. - 19. Jan., 20. Juli - 17. Aug., Sonntag - Montag)(nur Abendessen) **Menu** 38/58 und à la carte – **150 Zim** ⊊ 136/180 – 156/200, 10 Suiten.
• Mediterrane Leichtigkeit umgibt Sie in der Empfangshalle. Im Zimmerbereich hat man angenehme Farbtöne und natürliche Hölzer ansprechend kombiniert. Restaurant im Brasserie-Stil. Im Navette serviert man eine gehobene internationale Küche.

Atrium garni, Marktstr. 2, ⌧ 65428, ℰ (06142) 91 50, info@atrium-ruesselsheim.bestwestern.de, Fax (06142) 915111, ⇔ – 🛗 ⊁ Zim, 📺 ℰ ♿ 🅿 – 🔔 20. 🅰 ⦿ ⦾ VISA ⊊ 11 – **84 Zim** 124/134 – 153.
• Nach einer umfassenden Renovierung im Jahre 2001 kann man seinen Gästen nun wohnliche, mit kirschbaumfarbenem Holz solide eingerichtete Zimmer anbieten.

Golden Tulip Hotel garni, Eisenstr. 6, ⌧ 65428, ℰ (06142) 89 40, goldentulip-ruesselsheim@t-online.de, Fax (06142) 894450 – 🛗 ⊁ 📺 ℰ 🅿 – 🔔 50. 🅰 ⦿ ⦾ VISA JCB
84 Zim ⊊ 100/160 – 120/180.
• Neben geräumig zugeschnittenen Zimmern, bequem und mit praktischer Ausstattung, spricht auch die Nähe zum Frankfurter Flughafen für dieses Hotel.

Travellers Inn, Eisenstr. 28, ⌧ 65428, ℰ (06142) 85 80, travellersinn@t-online.de, Fax (06142) 858444 – 🛗, ⊁ Zim, 📺 ℰ ♿ 🅿 – 🔔 25. 🅰 ⦿ ⦾ VISA
geschl. 24. Dez. - 2. Jan. – **Menu** (geschl. Samstag - Sonntag) (nur Mittagessen) à la carte 18/28 – **110 Zim** ⊊ 86/145 – 111/170.
• Eine moderne Übernachtungsadresse, die mit Funktionalität zu überzeugen weiß. Große Schreibtische und notwendige technische Anschlüsse erleichtern Ihnen die Arbeit auf Reisen.

La Villa, Ludwig-Dörfler-Allee 9 (Opel-Villen), ⌧ 65428, ℰ (06142) 2 10 09 55, Fax (06142) 2100966, 🍴 – ♿ 🅿 🅰 ⦿ ⦾ VISA
geschl. Montag – **Menu** (italienische Küche) à la carte 33/36,50 – **Bistro** (geschl. Montag) (italienische Küche) **Menu** à la carte 21,50/37,50.
• Hinter der schmucken Fassade einer der bereits um 1915 erbauten ehemaligen Opel-Villen hat man in einem kleinen Salon dieses vornehm wirkende Restaurant eingerichtet. Unter einem Dach mit dem La Villa : das elegante Bistro. In der 2. Villa : Kunst und Events.

1210

RÜSSELSHEIM

Shahi, Ferdinand-Stuttmann-Str. 10 (Emil-Fuchs-Platz), ⊠ 65428, ℘ (06142) 6 22 63, Fax (06142) 550877, 😊 – AE ⓘ ⓜ VISA
Menu (geschl. Samstagmittag) (indisch-pakistanische Küche) à la carte 21/34.
♦ Das Restaurant ist in ein Geschäftshaus integriert. In typisch asiatischem Ambiente sitzt man hier an schön eingedeckten Tischen und genießt die Aromen des Orients.

In Rüsselsheim-Bauschheim Süd-West : 5 km, jenseits der A 60, über B 519 :

Rüsselsheimer Residenz, Am Weinfaß 133, ⊠ 65428, ℘ (06142) 9 74 10 (Hotel), 97 76 94 (Rest.), ruesselsheimer-residenz@t-online.de, Fax (06142) 72770, 😊, ≘s – ≣, ⩘ Zim, ⊡ ⓚ ⩗ – ⩐ 15. AE ⓘ ⓜ VISA JCB
L'herbe de Provence (geschl. 2. - 6. Jan., Samstagmittag, Sonntagabend) **Menu** à la carte 36/42 – **24 Zim** ⊇ 83/135 – 99/145.
♦ Der neuzeitliche Zweckbau mit den runden Dachgauben beherbergt unterschiedlich geschnittene, recht gemütlich wirkende Übernachtungszimmer. Restaurant mit heimeliger Kaminecke und rundum verglastem Wintergarten.

In Raunheim Nord-Ost : 4 km, über B 43 :

Mercure Hotel Wings, Anton-Flettner-Str. 8, ⊠ 65479, ℘ (06142) 7 90, h2204@accor-hotels.com, Fax (06142) 791791, 😊, ⩘, ≘s – ≣, ⩘ Zim, ⊡ ⓚ ⩗ ⩘ ⓟ – ⩐ 80. AE ⓘ ⓜ VISA JCB ⩘ Rest
Charles Lindbergh : **Menu** à la carte 22/38 – ⊇ 13 – **167 Zim** 95/197 – 110/217.
♦ Nur zwölf Kilometer vom Frankfurter Flughafen entfernt, finden Sie in diesem modernen Hotel ansprechende Zimmer, die mit funktioneller Technik und Wohnlichkeit überzeugen.

City Hotel garni, Ringstr. 107 (Stadtzentrum), ⊠ 65479, ℘ (06142) 4 40 66, armineg@gmx.de, Fax (06142) 21138 – ⊡ ⓟ – ⩐ 40. AE ⓘ ⓜ VISA JCB
27 Zim ⊇ 75/157 – 116/174.
♦ Eine zentral und verkehrsgünstig gelegene Unterkunft. Sie werden in Zimmern untergebracht, die mit älteren, aber sehr gepflegten, rustikalen Möbeln eingerichtet sind.

RÜTHEN Nordrhein-Westfalen siehe Warstein.

RUHPOLDING Bayern ⑤④⑥ W 21 – 6 400 Ew – Höhe 655 m – Luftkurort – Wintersport : 740/1 636 m ⩘1 ⩘8 ⩘.

⩘ Ruhpolding-Zell, Rauschbergstr. 1a, ℘ (08663) 24 61.

⩘ Kurverwaltung, Hauptstr. 60, ⊠ 83324, ℘ (08663) 8 80 60, tourismus@ruhpolding.de, Fax (08663) 880620.

Berlin 703 – München 115 – Bad Reichenhall 30 – Salzburg 43 – Traunstein 14.

Steinbach-Hotel, Maiergschwendter Str. 8, ⊠ 83324, ℘ (08663) 54 40, info@steinbach-hotel.de, Fax (08663) 370, 😊, Massage, ≘s, ⊠, ⩘ – ⩘ Zim, ⊡ ⩘ ⩘ ⓟ – ⩐ 20. ⓘ VISA ⩘ Rest
geschl. 27. Okt. - 19. Dez. – **Menu** à la carte 19/34 – **75 Zim** ⊇ 60/75 – 90/120, 4 Suiten – ½ P 12.
♦ Passend zu der ländlichen Umgebung ist die Einrichtung der drei miteinander verbundenen Hotelgebäude gemütlich und rustikal gehalten. Gepflegte Zimmer, meist mit Balkon. Gemütlich-alpenländische Atmosphäre im Restaurant mit Kachelofen.

Rosenhof-Feriendomizil ⩘ garni, Niederfeldstr. 17, ⊠ 83324, ℘ (08663) 8 82 00, Fax (08663) 5085, ≘s, ⩘, ⊡ ⓟ ⓜ
11 Zim ⊇ 42/60 – 72/82.
♦ Solider rustikaler Landhausstil bestimmt den Charakter der Gästezimmer in diesem traditionell gebauten Ferienhotel. Das Platzangebot ist meist überdurchschnittlich.

Ortnerhof, Ort 6 (Süd : 3 km), ⊠ 83324, ℘ (08663) 8 82 30, hotel@ortnerhof.de, Fax (08663) 9699, 😊, ≘s, ⩘ – ⩘ Zim, ⊡ ⓟ
geschl. 21. März - 7. April, 24. Okt. - 5. Dez. – **Menu** (geschl. Dienstag) à la carte 16/33, ⩘ – **19 Zim** ⊇ 40/64 – 74/94 – ½ P 8.
♦ Ein gewachsener Gasthof in schöner, ländlicher Umgebung. Saubere und gepflegte Räumlichkeiten sowie das fürsorgliche Engagement der Wirtsfamilie verschönern Ihren Aufenthalt. Verschiedene gemütliche Gaststuben, alle mit hellem oder dunklem Holz verkleidet.

Ruhpoldinger Hof, Hauptstr. 30, ⊠ 83324, ℘ (08663) 12 12, ruhpoldinger-hof@t-online.de, Fax (08663) 5777, Biergarten, ≘s, ⊠, – ≣ ⩘ Zim, ⊡ ⓟ AE ⓘ ⓜ VISA
geschl. Nov. - Mitte Dez. – **Menu** (geschl. Dienstag) à la carte 16,50/36 – **42 Zim** ⊇ 46/72 – 82/96, 5 Suiten – ½ P 14.
♦ Eine ganze Etage des mitten im Dorfzentrum gelegenen Gasthofs ist den Nichtrauchern vorbehalten. Reservieren Sie eines der wohnlich-eleganten Zimmer im dritten Stock. Restaurant mit heller Holzverkleidung und Sprossenfenstern.

RUHPOLDING

Landhotel Maiergschwendt ⚐, Maiergschwendt 1 (West : 1,5 km), ✉ 83324, ℘ (08663) 8 81 50, *landhotel.ruhpolding@t-online.de, Fax (08663) 881560*, ≤, 🍴, Massage, 🛋, 🏊, TV, 🚗, Ⓟ
geschl. Nov. - 20. Dez. - **Menu** à la carte 20/27 – **26 Zim** 🛏 52/60 – 100/106 – ½ P 8.
• Der unverbaute Blick auf die Berge und die ländliche Umgebung sind prägende Merkmale des Hauses. Wählen Sie eines der neueren Zimmer im Anbau ! Helles, rustikales Restaurant.

Haus Flora garni, Zellerstr. 13, ✉ 83324, ℘ (08663) 88 58 80, *haus_flora@t-online.de, Fax (08663) 8858888*, 🛋, 🏊, 🚗, TV, Ⓟ, 🅜, ⛔
geschl. Nov. - 15. Dez. - **28 Zim** 🛏 41 – 66/82.
• Eine einfache, aber gut gepflegte und saubere Übernachtungsadresse. Tennisplätze und Ski-Langlaufmöglichkeiten befinden sich in unmittelbarer Nähe.

Fischerwirt ⚐, Rauschbergstr. 1 (Zell, Süd-Ost : 2,5 km, am Golfplatz), ✉ 83324, ℘ (08663) 17 05, *fischerwirt-ruhpolding@t-online.de, Fax (08663) 5008*, ≤, 🍴, 🚗 – ⛔ Zim, TV, 🚗, Ⓟ, 🅜, VISA
geschl. 15. - 29. März, 8. Nov. - 7. Dez. - **Menu** *(geschl. Montag)* à la carte 14,50/26 – **15 Zim** 🛏 30/38 – 48/62 – ½ P 11.
• Der Fischerwirt ist ein alt eingeführter Betrieb, der im netten, familiären Stil geleitet wird. Gemütliche, alpenländisch wirkende Zimmer stehen zum Einzug bereit. Gasthaus mit rustikalem Ambiente.

Vier Jahreszeiten garni, Brandstätter Str. 41, ✉ 83324, ℘ (08663) 17 49, *Fax (08663) 800979*, ≤, 🚗, TV, 🚗, Ⓟ
12 Zim 🛏 22/35 – 40/48.
• Nur wenige Minuten vom Dorfzentrum entfernt, empfängt man Sie hier mit familiärer Gastlichkeit. Die gut gepflegten Zimmer verfügen zumeist über Balkon oder Terrasse.

Berggasthof Weingarten ⚐, Weingarten 1 (West : 3 km), ✉ 83324, ℘ (08663) 92 19, *Fax (08663) 5783*, ≤ Ruhpolding und Trauntal, 🍴 – TV, Ⓟ, ⛔ Zim
geschl. 18. April - 9. Mai, 20. Okt. - 25. Dez. - **Menu** *(geschl. Montag) (Jan. - April nur Mittagessen)* à la carte 13/25 – **14 Zim** 🛏 34 – 46/50 – ½ P 10.
• Über eine schmale Zufahrt erreichen Sie diesen typischen Gasthof, der einsam am Berg liegt. Man vermietet einfache Zimmer mit herrlicher Aussicht. In der rustikalen Gaststube hält man bayerische Schmankerln und deftige Hausmannskost bereit.

Fragen Sie Ihren Buchhändler nach dem aktuellen
Katalog des Michelin Reise-Verlags

RUHSTORF Bayern ⑤⑷⑹ U 24 *– 6 200 Ew – Höhe 318 m.*
Berlin 622 – München 155 – *Passau 23 – Salzburg 118.*

Antoniushof, Ernst-Hatz-Str. 2, ✉ 94099, ℘ (08531) 9 34 90, *antoniushof@t-onlin e.de, Fax (08531) 9349210*, 🍴, 🚗, 🛋, ♨, ♣, 🏊, 🛋 *(geheizt)*, 🅜, 🚗 – 🏢, ⛔ Zim, TV, 🚗, Ⓟ, 🚶 20. AE ⓘ 🅜 VISA ⛔ Rest
Menu à la carte 16/33 – **37 Zim** 🛏 59/87 – 90/140.
• Seit mehr als hundert Jahren befindet sich das traditionsreiche Haus in Familienbesitz. Heute ist es ein komfortables Urlaubsdomizil mit schönem Garten und Wellnessbereich. Rustikale Eleganz prägt die Kaminstube mit internationaler Küche.

RUMBACH Rheinland-Pfalz ⑤⑷③ S 7 *– 500 Ew – Höhe 230 m.*
Berlin 704 – Mainz 150 – *Karlsruhe 60 – Saarbrücken 91 – Wissembourg 19 –* Pirmasens 31.

Haus Waldeck ⚐, Im Langenthal 75, ✉ 76891, ℘ (06394) 4 94, *haus-waldeck@t-online.de, Fax (06394) 1350*, 🍴, 🚗 – ⛔ Zim, TV, 🚗, Ⓟ, 🅜, VISA ⛔ Zim
Menu *(nur Abendessen)* à la carte 13/25 – **15 Zim** 🛏 35/45 – 54/62 – ½ P 11.
• Schön liegt das Hotel am Waldrand und wird deshalb auch gerne von Wanderern angesteuert. Die Gästezimmer sind solide und verfügen zum Teil über Südbalkone. Ländliches Restaurant mit offenem Kamin.

In Nothweiler *Süd : 3,5 km - Erholungsort :*

Landgasthaus Zur Wegelnburg (mit Pension Kraft ⚐), Hauptstr. 15, ✉ 76891, ℘ (06394) 2 84, *info@zur-wegelnburg.de, Fax (06394) 5049*, 🍴 – ⛔ Zim, 📞, Ⓟ
geschl. Mitte Nov. - Mitte Dez. - **Menu** *(geschl. Montagmittag, Dienstag)* à la carte 18,50/33 – **12 Zim** 🛏 42/50 – 67/80 – ½ P 14.
• Der Gasthof eine etwas oberhalb des Dorfes gelegene Pension - mit schönem Blick auf den Ort und das Tal - bieten Ihnen zeitgemäße, solide möblierte Zimmer. Ländliche Gaststuben mit teils überdachter Sonnenterrasse.

RUNKEL
Hessen 543 O 8 – 10 000 Ew – Höhe 119 m.

Berlin 562 – Wiesbaden 50 – Koblenz 64 – Frankfurt am Main 86 – Siegen 66.

In Runkel-Schadeck :

Landhaus Schaaf, Oberstr. 15, ✉ 65594, ℘ (06482) 29 80, landhaus-schaaf@t-on line.de, Fax (06482) 29820, Biergarten – 🛗 TV 📞 P – 🛎 80. ⓜ VISA. ✂
Menu à la carte 17/31 – **31 Zim** ⇌ 35/48 – 60/75.
• Im Lauf der Jahre wurde dieses Landhaus ständig erweitert und bietet seinen Gästen heute gut eingerichtete Zimmer, von denen die im Neubau am geräumigsten sind. Rustikal-gemütliches Restaurant.

RUST
Baden-Württemberg 545 V 7 – 3 500 Ew – Höhe 164 m.

Sehenswert : Europa-Park★★.

🛈 Verkehrsamt, Fischerstr. 51 (Rathaus), ✉ 77977, ℘ (07822) 6 10 41, Fax (07822) 61042.

Berlin 776 – Stuttgart 185 – Freiburg im Breisgau 37 – Offenburg 37.

El Andaluz und Castillo Alcazar, Europaparkstr. 4 (im Europa-Park), ✉ 77977, ℘ (07822) 86 00, hotel@europapark.de, Fax (07822) 8605545, ⇌s, ⌇ (geheizt), 🌳 – 🛗 TV P – 🛎 40. AE ⓞ ⓜ VISA. ✂ Rest
geschl. Feb. – **Menu** (Tischbestellung erforderlich) à la carte 21/35 – **312 Zim** ⇌ 109 – 140, 14 Suiten.
• El Andaluz, die Sommervilla mit andalusischem Garten, versprüht mediterrane Leichtigkeit, das Castillo Alcazar ist einer mittelalterlichen spanischen Ritterburg nachempfunden. Die Restaurants Don Quichotte und Castillo wurden im maurischen Stil gestaltet.

Rebstock, Klarastr. 14, ✉ 77977, ℘ (07822) 76 80, info@rebstock-rust.de, Fax (07822) 76106, 🍽 – 🛗 TV P. AE ⓜ VISA. ✂
Menu (geschl. 7. - 31. Jan, Feb. - April Montag - Dienstag) à la carte 17/29 – **40 Zim** ⇌ 50/80 – 77/90.
• Hotelneubau in unmittelbarer Nähe zum Europapark. Die Einrichtung ist zeitlos und funktionell. Für Familien hat man eigens entsprechend ausgestattete Zimmer im Programm. Mit begrünten Raumteilern ist das großzügige Restaurant optisch aufgelockert worden.

Am Park, Austr. 1, ✉ 77977, ℘ (07822) 44 49 00, hotel_am_park@t-online.de, Fax (07822) 444929, 🍽 – 🛗 TV P. ⓜ VISA
geschl. Jan. - März – **Menu** (nur Abendessen) à la carte 15/34 – **47 Zim** ⇌ 65/90 – 90/114.
• Eine gute Übernachtungsmöglichkeit für Familien, die den Europapark besuchen wollen, ist die modernisierte und erweiterte Pension mit solide und zeitgemäß möblierten Zimmern.

SAALFELD
Thüringen 544 O 18 – 30 000 Ew – Höhe 240 m.

Ausflugsziel : Feengrotten★, Süd-Ost : 1 km.

🛈 Saalfeld-Information, Markt 6, ✉ 07318, ℘ (03671) 3 39 50, info@saalfeld-info.de, Fax (03671) 522183.

Berlin 294 – Erfurt 59 – Coburg 73 – Suhl 65.

Anker, Markt 25, ✉ 07318, ℘ (03671) 59 90, info@hotel-anker-saalfeld.de, Fax (03671) 512924, 🍽 – 🛗 TV P. ⓜ VISA – 🛎 30. AE ⓜ VISA
Zur güldenen Gans : **Menu** à la carte 14/25,50 – **54 Zim** ⇌ 47/55 – 74/90.
• Unter Erhaltung der alten Bausubstanz wurde das traditionsreiche Haus aus dem 15. Jh. zu einem zeitgemäßen Hotel – einige der Zimmer sind mit Stilmöbeln wohnlich gestaltet. In der güldenen Gans beeindruckt ein historischer Gewölbekeller.

Tanne, Saalstr. 35, ✉ 07318, ℘ (03671) 82 60, hotel-tanne-saalfeld@web.de, Fax (03671) 826400, 👟, ⇌s – 🛗, ✂ Zim, TV 🚗 – 🛎 60. AE ⓞ ⓜ VISA
Menu (geschl. 15. - 28. Dez., Sonn- und Feiertage) (nur Abendessen) à la carte 16/24 – **64 Zim** ⇌ 44/56 – 58/72.
• Das im Ortskern gelegene Hotel bietet seinen Gästen gepflegte und mit überwiegend hellen Holzmöbeln praktisch eingerichtete Zimmer in neuzeitlichem Stil. Im ersten Stock : das rustikale Restaurant.

Schreiben Sie uns...
Ihre Meinung, sei es Lob oder Kritik, ist stets willkommen.
Jeder Ihrer Hinweise wird durch unsere Inspektoren sorgfältigst
in den betroffenen Hotels und Restaurants überprüft.
Dank Ihrer Mithilfe wird Der Rote Michelin-Führer
immer aktueller und vollständiger.
Vielen Dank im Voraus !

SAARBRÜCKEN ⓛ Saarland 543 S 5 – 190 000 Ew – Höhe 191 m.

Sehenswert : Museum für Vor- und Frühgeschichte (keltisches Fürstinnengrab★★) AZ M1 – Ludwigsplatz und Ludwigskirche★★ AZ – St. Johannermarkt★ BZ – Basilika St.Johann★ BZ A – Moderne Galerie (Gemälde des deutschen Expressionismus★ BZ M2 – Stiftskirche St. Arnual★ (Grabdenkmäler★★, Taufstein★) X B.

🏌 Wallerfangen-Gisingen, Oberlimberger Weg (Nord-West : 35 km über ⑥), ℘ (06837) 9 18 00 ; 🏌 🏌 Gersheim-Rubenheim, Katharinenhof (Ost : 18 km über Saarbrücker Str. X), ℘ (06843) 87 97.

✈ Saarbrücken-Ensheim (Süd-Ost : 12 km, über Saarbrücker Straße X), ℘ (06893) 8 32 72.

Messegelände X, ℘ (0681) 95 42 70, Fax (0681) 9542792.

🛈 Tourist-Information, Reichsstr. 1 (Saargalerie) ✉ 66111, ℘ (0681) 93 80 90, kontour @saarbruecken.de, Fax (0681) 9380938.

ADAC, Am Staden 9.

Berlin 710 ③ – Mannheim 128 ③ – Luxembourg 93 ⑥ – Metz 67 ⑤ – Wiesbaden 162 ③

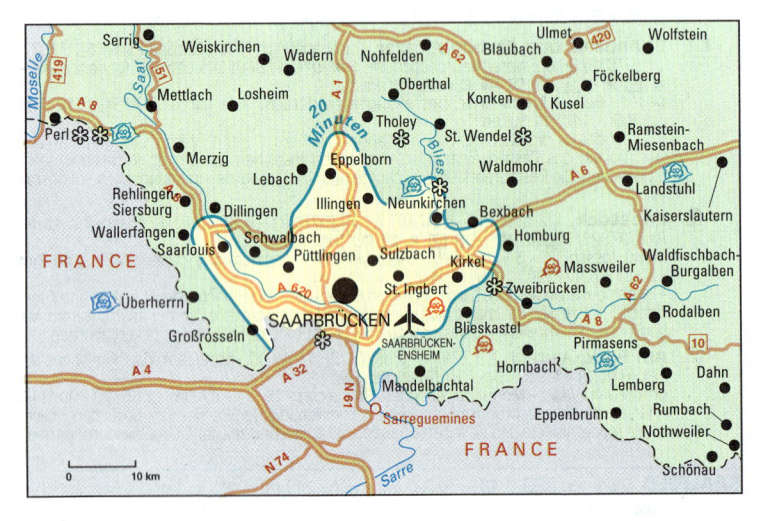

🏨 **Victor's Residenz-Hotel,** Deutschmühlental, ✉ 66117, ℘ (0681) 58 82 10, info.sa arbruecken@victors.de, Fax (0681) 58821199, 🌳, Massage, ≘s – 🛗, 🛏 Zim, 📺 📞 🐾 ⇔ – 🚗 100. AE ⓓ ⓜⓞ VISA X d
Menu à la carte 21/31 – **145 Zim** 🍴 115/140 – 140/195, 4 Suiten.
• Eine großzügige Halle empfängt Sie in diesem modernen Hotelbau. Verschiedene Zimmertypen reichen von ″Standard″ im klassischen Stil bis zum hohen Komfort der ″Bel Etage″. Ein ansprechender Brasserie-Stil mit elegantem Touch prägt das Restaurant.

🏨 **Victor's Residenz Hotel Rodenhof,** Kalmanstr. 47, ✉ 66113, ℘ (0681) 4 10 20, info@rodenhof.bestwestern.de, Fax (0681) 43785, 🌳, Massage, ≘s, 🛆 – 🛗, 🛏 Zim, 📺 📞 ⇔ – 🚗 60. AE ⓓ ⓜⓞ VISA JCB X e
Menu à la carte 25/36 – **100 Zim** 🍴 115/140 – 140/195, 7 Suiten.
• Neuzeitlichen Komfort bieten die Zimmer dieses engagiert geführten Hotels am Stadtrand - je nach Lage sind sie mit Erker, Balkon oder Dachterrasse versehen. Restaurant mit leicht mediterranem Charakter.

🏨 **La Résidence,** Faktoreistr. 2, ✉ 66111, ℘ (0681) 3 88 20, info@la-residence.net, Fax (0681) 3882185, ≘s – 🛗, 🛏 Zim, 📺 📞 ⇔ 🅿 – 🚗 70. AE ⓓ ⓜⓞ VISA JCB
Menu (geschl. Samstagmittag, Sonntagmittag, Juli - Aug. Samstag - Sonntag) à la carte 23/34 – **126 Zim** 🍴 80/120 – 102/142, 7 Suiten. AY x
• Von der ″Economy″-Ausführung bis zur Suite, funktionell eingerichtete Zimmer mit moderner Kommunikationstechnik überzeugen Geschäftsleute, aber auch Privatreisende. Neuzeitliches Restaurant mit leichtem Bistro-Charakter.

🏨 **Mercure,** Hafenstr. 8, ✉ 66111, ℘ (0681) 3 89 00, h1307@accor-hotels.com, Fax (0681) 3890989 – 🛗, 🛏 Zim, 📺 📞 ⇔ – 🚗 80. AE ⓓ ⓜⓞ VISA AY x
Menu à la carte 19/37 – 🍴 13 – **150 Zim** 89/99 – 99/109, 5 Suiten.
• Dem Reisenden stehen die Zimmerkategorien ″Classic″, ″Komfort″ und ″Business″ zur Auswahl, die mit funktioneller Ausstattung überzeugen.

SAARBRÜCKEN

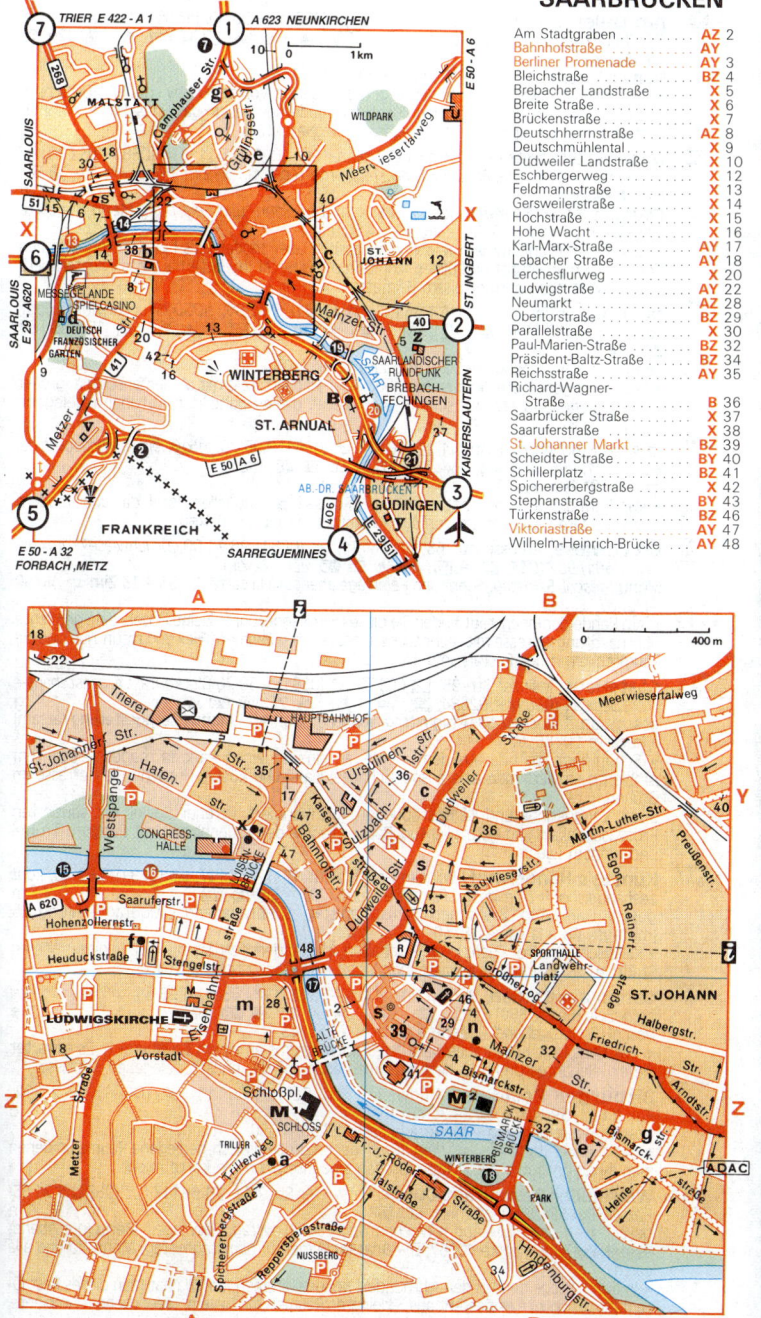

Am Stadtgraben		AZ
Bahnhofstraße		AY
Berliner Promenade		AY 3
Bleichstraße		BZ 4
Brebacher Landstraße		X 5
Breite Straße		X 6
Brückenstraße		X 7
Deutschherrnstraße		AZ 8
Deutschmühlental		X 9
Dudweiler Landstraße		X 10
Eschbergerweg		X 12
Feldmannstraße		X 13
Gersweilerstraße		X 14
Hochstraße		X 15
Hohe Wacht		X 16
Karl-Marx-Straße		AY 17
Lebacher Straße		AY 18
Lerchesflurweg		X 20
Ludwigstraße		AZ 22
Neumarkt		AZ 28
Obertorstraße		BZ 29
Parallelstraße		X 30
Paul-Marien-Straße		BZ 32
Präsident-Baltz-Straße		BZ 34
Reichsstraße		AY 35
Richard-Wagner-Straße		B 36
Saarbrücker Straße		X 37
Saaruferstraße		X 38
St. Johanner Markt		BZ 39
Scheidter Straße		BY 40
Schillerplatz		BZ 41
Spichererbergstraße		X 42
Stephanstraße		BY 43
Türkenstraße		BZ 46
Viktoriastraße		AY 47
Wilhelm-Heinrich-Brücke		AY 48

SAARBRÜCKEN

Am Triller ⚜, Trillerweg 57, ✉ 66117, ☏ (0681) 58 00 00, *info@hotel-am-triller.de*, *Fax (0681) 58000303*, ≼, Biergarten, 🛋, 🏊, 🌿 – 🛗 ⇌ Zim, TV 📞 ⇐ 🅿 – 🔑 120. AE ⓘ ⓜ VISA
AZ a
Menu à la carte 27/40 – **110 Zim** 🍴 99/111 – 136.
♦ Ein ehemaliges Modeatelier beherbergt nun Reisende. Von der Lobby - mit Info-Bildschirm und PC - bis in die Zimmer prägen Kunst und modernes Design das Haus. Das Panorama-Restaurant lockt mit toller Sicht. Legerer Bistrobereich.

Domicil Leidinger (mit Gästehaus), Mainzer Str. 10, ✉ 66111, ☏ (0681) 9 32 70, *info@domicil-leidinger.de*, *Fax (0681) 38013*, Biergarten – 🛗, ⇌ Zim, TV 📞 ⇐ 🅿 – 🔑 60. AE ⓘ ⓜ VISA
BZ n
Gourmet-Bistro Seimetz (geschl. Montagmittag, Sonn- und Feiertage) **Menu** à la carte 21/38 – **91 Zim** 🍴 79/84 – 96/104, 4 Suiten.
♦ Das Angebot an Zimmern reicht von klassisch über modern bis hin zum fernöstlichen Themenzimmer - Kunst und Bilder schmücken das Hotel. Im Hinterhaus das Theater. Neuzeitlich wirkt das Gourmet-Bistro Seimetz.

Novotel, Zinzinger Str. 9, ✉ 66117, ☏ (0681) 5 86 30, *h0500@accor-hotels.com*, *Fax (0681) 5863300*, 🌿, 🏊, 🌿 – 🛗, ⇌ Zim, ≡ TV 📞 ♿ 🅿 – 🔑 150. AE ⓘ ⓜ VISA
X v
Menu à la carte 18,50/29,50 – **100 Zim** 🍴 65/103 – 65/121.
♦ Einheitlich gestaltete Zimmer in funktioneller Machart, teils mit Modemanschluss, großer Arbeitsfläche und französischem Bett bietet dieses nahe der Autobahn gelegene Hotel.

Ibis garni, Hohenzollernstr. 41, ✉ 66117, ☏ (0681) 9 95 70, *info@ibis-saarbruecken.de*, *Fax (0681) 9957200* – 🛗, ⇌ Zim, TV 🅿 AE ⓘ ⓜ VISA
AY f
🍴 9 – **38 Zim** 58/70.
♦ Rund um die Uhr empfängt man Sie in in diesem funktionellen Hotel, das über modern ausgestattete Gästezimmer verfügt - Komfortzimmer mit Balkon.

Bruchwiese, Preussenstr. 68, ✉ 66111, ☏ (0681) 96 71 00, *bruchwiese@gmx.de*, *Fax (0681) 9671033*, 🌿 – TV ⇐ 🅿 AE ⓜ VISA, ⇌ Zim
X c
Menu (geschl. Samstag, Sonn- und Feiertage abends) à la carte 22/33 – **13 Zim** 🍴 43/50 – 75/87.
♦ Am Rande der Innenstadt finden Sie dieses familiengeführte kleine Hotel - eine gepflegte Übernachtungsadresse mit recht sachlich gestalteten Zimmern. Hell und freundlich sind die Räumlichkeiten des Restaurants.

GästeHaus, Mainzer Str. 95, ✉ 66121, ☏ (0681) 9 58 26 82, *kontakt@gaestehaus-erfort.de*, *Fax (0681) 9582684*, 🌿, 🌿 – 🔑 25. ⓘ ⓜ VISA
BZ g
geschl. Jan. 3 Wochen, Samstagmittag, Sonntag - Montag – **Menu** (Tischbestellung ratsam) à la carte 50/66, ♒.
♦ Schön liegt die Villa aus dem 19. Jh. an einem kleinen Park. In modern-elegantem Ambiente serviert man eine ausgezeichnete, klassische Küche. Hübsch : die Terrasse im Grünen.
Spez. Langustinos und Gänsestopfleber, roh mariniert. Offener Ravioli mit sautierten Froschschenkeln und Petersiliensud. Bäckeoffe von der Taubenbrust mit Périgord-Trüffel und jungem Lauch.

Kuntze's Handelshof, Wilhelm-Heinrich-Str. 17, ✉ 66117, ☏ (0681) 5 69 20, *kuntzeshandelshof@t-online.de*, *Fax (0681) 5847707* – AE ⓜ VISA
AZ m
geschl. Juli - Aug. 2 Wochen, Samstagmittag, Sonntagabend - Montag – **Menu** 25 (mittags)/48 à la carte 38/50.
♦ Klassisch gestaltet - ganz in Weiß gehalten - präsentiert sich das Innenleben dieses älteren Stadthauses. Freundlich serviert man Ihnen eine französische Küche.

Casino am Staden, Bismarckstr. 47, ✉ 66121, ☏ (0681) 6 23 64, *info@casino-kaiserhof.de*, *Fax (0681) 63027*, 🌿 – 🅿 – 🔑 50. AE ⓘ ⓜ VISA
BZ e
geschl. Sonntagabend – **Menu** à la carte 23,50/43.
♦ Das Haus liegt etwas außerhalb des Stadtzentrums an einem Grünbereich. Es erwartet Sie ein elegantes Umfeld - nett sitzt man auch auf der hübsch gelegenen Terrasse.

Bitburger Residenz, Dudweiler Str. 56, ✉ 66111, ☏ (0681) 37 23 12, *Fax (0681) 3904010*, 🌿 – 🅿 ⓜ VISA
BY c
geschl. Samstagmittag – **Menu** à la carte 27,50/45,50.
♦ Das schöne Stadthaus aus dem 18. Jh. beherbergt klassisch-gediegene Räume, in denen man Ihnen an gut eingedeckten Tischen eine internationale Karte reicht.

Weismüller-Restaurant Quack, Gersweiler Str. 43a, ✉ 66117, ☏ (0681) 5 21 53, *Fax (0681) 5849910*, 🌿 – 🅿 ⓜ VISA
X a
geschl. 1. - 4. Jan., Juli - Aug. 4 Wochen, Sonntag - Dienstag, Feiertage – **Menu** (nur Abendessen) 45/76 à la carte 40/57, ♒ – **Brasserie** (geschl. Samstagmittag) **Menu** 20 und à la carte.
♦ In der 1. Etage der aus der Jahrhundertwende stammenden Villa hat man dieses Restaurant eingerichtet - es besteht aus 3 kleineren Räumen mit hellem, freundlichem Ambiente. In der Brasserie : lockere, nette Atmosphäre.

SAARBRÜCKEN

XX **Roma,** Klausener Str. 25, ✉ 66115, ℰ (0681) 4 54 70, *ristorante.roma@t-online.de,*
Fax (0681) 4170105, 🌿 – 🅿 ⓘ ⓂⓄ 𝖵𝖨𝖲𝖠 AY t
Menu (Tischbestellung ratsam) (italienische Küche) à la carte 32/41.
• Steht Ihnen der Sinn nach italienischer Küche ? Man bittet Sie in einem gepflegten, leicht rustikalen Ambiente zu Tisch - ein guter Wein bereichert Ihr Essen.

XX **Il Gabbiano,** Françoisstr. 33, ✉ 66117, ℰ (0681) 5 23 73, *Fax (0681) 52373 –* 🅿 ⋇
à la carte 30/60. X b
• Die ehemalige Vorstadtkneipe wurde zu einem netten kleinen Lokal umgebaut. Eine große Tafel präsentiert das Angebot - auch mündliche Empfehlungen zählen zum Service.

XX **Jörg's Restaurant,** Breite Str. 47, ✉ 66115, ℰ (0681) 4 29 80, *Fax (0681) 42980 –*
ⓂⓄ 𝖵𝖨𝖲𝖠 X s
geschl. Montag, Dienstagabend, Samstagmittag, Juli - Aug. auch Sonntagabend – **Menu**
28/46 à la carte 30/43,50.
• Zwei helle, ineinander übergehende Räume mit vielen Bildern als Dekor bilden einen gepflegten Rahmen. Man serviert Ihnen eine internationale Küche.

XX **Hashimoto,** Cecilienstr. 7, ✉ 66111, ℰ (0681) 39 80 34, *Fax (0681) 376841 –* 𝔸𝔼 ⓂⓄ
𝖵𝖨𝖲𝖠 𝖩𝖢𝖡 BY s
Menu (japanische Küche) 13 (mittags)/51 à la carte 27/42,50.
• Der Name des Hauses sagt es bereits : hier kocht man japanisch. Das Interieur präsentiert sich im landestypischen Stil - mit großen Kochplatten und Sushibar.

X **Die Traube** mit Zim, Grülingstr. 101, ✉ 66113, ℰ (0681) 94 85 00, *dietraube@web.de,*
Fax (0681) 473311, 🌿 – 📺 🅿 𝔸𝔼 ⓂⓄ 𝖵𝖨𝖲𝖠 X g
geschl. Feb. 2 Wochen – **Menu** (geschl. Montag, Samstagmittag) à la carte 23/44,50 – **9 Zim** ⇌ 49/95 – 75/120.
• Eine nette, gepflegte Adresse, in der Sie an gut eingedeckten Tischen Internationales speisen. Landhausstil prägt den Charakter des Restaurants.

X **Zum Stiefel,** Am Stiefel 2, ✉ 66111, ℰ (0681) 93 64 51 6, *derstiefel@t-online.de,*
Fax (0681) 9364536, 🌿, (Brauereigaststätte a.d.J. 1702 mit Hausbrauerei Stiefelbräu) –
ⓂⓄ 𝖵𝖨𝖲𝖠 BZ s
geschl. Sonntag – **Menu** à la carte 15/31,50.
• In einer engen Altstadtgasse in der Fußgängerzone befindet sich eine gemütliche Einkehrmöglichkeit. Rustikale Stuben machen dieses typische Brauereilokal aus.

Auf dem Halberg Süd-Ost : 4 km :

XX **Schloß Halberg,** ✉ 66024, ℰ (0681) 6 31 81, *restaurant.schloss.halberg@t-online.de,*
Fax (0681) 638655, 🌿 – ▤ 🅿 ⓂⓄ 𝖵𝖨𝖲𝖠 X z
geschl. Samstagmittag, Sonntag – **Menu** à la carte 24/44.
• Oberhalb der Stadt liegt das kleine Palais mit modernem Interieur. Sie finden hier ein Bistro mit langer Esstheke, ein großzügiges Restaurant und einen hellen Wintergarten.

In Saarbrücken-Altenkessel über ⑥ : 8 km :

🏨 **Wahlster,** Gerhardstr. 12, ✉ 66126, ℰ (06898) 9 82 20, *webmaster@hotel-wahlste*
r.de, Fax (06898) 982250, 🌿 – 📺 ⓂⓄ 𝖵𝖨𝖲𝖠 ⋇ Rest
Menu (geschl. Mitte - Ende Juli, Sonn- und Feiertage) (nur Abendessen) à la carte 19,50/33 – **26 Zim** ⇌ 45/48 – 65.
• Seit 1870 ist dieses Haus unter familiärer Leitung. Die funktionellen Zimmer sind teils zum ruhigen Garten hin gelegen, teils sind sie schallisoliert. Sie speisen in ländlichem Ambiente.

In Saarbrücken-Bübingen Süd-Ost : 10 km über die B 51 X :

🏨 **Angelo,** Saargemünder Str. 28, ✉ 66129, ℰ (06805) 9 30 00, *hotel-restaurant.angel*
o@gmx.de, Fax (06805) 930030, 🌿 – ⋇ Zim, 📺 ☏ ♿ ⇌ 🅿 𝔸𝔼 ⓘ ⓂⓄ 𝖵𝖨𝖲𝖠. ⋇ Rest
Menu (italienische Küche) à la carte 23/41 – **15 Zim** ⇌ 60 – 85.
• Sinnvoll gestaltete Zimmer - teils mit bemalten Bauernmöbeln, teils neuzeitlich - wie auch die private Atmosphäre zählen zu den Vorzügen dieser kleinen Adresse. Restaurant mit Wintergarten.

In Saarbrücken-Güdingen Süd-Ost : 8 km über B 51 X :

X **Alt Güdingen,** Saargemünder Str. 132, ✉ 66130, ℰ (0681) 87 21 18, *restaurant.alt*
-guedingen@t-online, 🌿 – 🅿 ⋇ X y
geschl. Mitte Okt. 1 Woche, Montag – **Menu** à la carte 18/35.
• In der Dorfmitte liegt dieses hübsche Gasthaus mit Fachwerkfassade. Die Einrichtung ist rustikal mit offenem Kamin, Bilder zieren die Wände.

In Kleinblittersdorf Süd-Ost : 13 km über B 51 X :

🏨 **Zum Dom** garni, Elsässer Str. 51, ✉ 66271, ℰ (06805) 9 11 80, *Fax (06805) 8659 –*
📺 🅿 ⓂⓄ 𝖵𝖨𝖲𝖠 ⋇
geschl. 24. - 31. Dez. – **12 Zim** ⇌ 45/55 – 68/80.
• Die ehemalige Kirche - seit den zwanziger Jahren ohne Glockentürmchen - dient heute mit soliden Gästezimmern als kleines, gepflegtes Hotel.

SAARBURG Rheinland-Pfalz 543 R 3 – 6 500 Ew – Höhe 148 m – Erholungsort.

🛈 Saar-Obermosel-Touristik, Graf-Siegfried-Str. 32, ✉ 54439, ℰ (06581) 99 59 80, info-saarburg@saar-obermosel.de, Fax (06581) 9959829.

Berlin 743 – Mainz 176 – Trier 25 – Saarbrücken 71 – Thionville 44.

🏨 **Villa Keller,** Brückenstr. 1, ✉ 54439, ℰ (06581) 9 29 10, villa-keller@t-online.de, Fax (06581) 6695, ≤Saarburg, 🛋, Biergarten – 📺 📞 🅰🅴 ⓞ 🅼🅾 𝗩𝗜𝗦𝗔
geschl. 1. - 25. Jan. – **Menu** (geschl. Montag - Dienstagmittag) 28 à la carte 24/35 – **11 Zim** ⊇ 55 – 90/110.
• Hinter der hübschen Fassade des Herrenhauses direkt an der Saar beherbergt man seine Gäste in wohnlichen Zimmern. Die stilvolle Einrichtung und die gute Technik überzeugen. Sie essen im behaglichen Restaurant oder auf der Veranda.

🏨 **Saar Galerie** garni, Heckingstr. 12, ✉ 54439, ℰ (06581) 9 29 60, info@hotel-saar-galerie.de, Fax (06581) 929650 – 📶 📺 📞 ♿ 🚗 🅿 – 🛋 40. 🅰🅴 🅼🅾 𝗩𝗜𝗦𝗔
33 Zim ⊇ 47/52 – 75/80.
• In der zweiten Etage des Geschäftshauses - am Rande der Innenstadt gelegen - finden Sie eine modern und wohnlich gestaltete Unterkunft.

🏨 **Am Markt,** Am Markt 10, ✉ 54439, ℰ (06581) 9 26 20, hotel_am_markt@t-online.de, Fax (06581) 926262, 🛋 – 📺 📞 🅰🅴 ⓞ 🅼🅾 𝗩𝗜𝗦𝗔
Menu (italienische Küche) à la carte 14/31 – **14 Zim** ⊇ 49/77 – 69/98.
• Sie logieren in einem ehemaligen Wohnhaus in der Fußgängerzone der kleinen Stadt. Alle Zimmer sind individuell bestückt, manche mit bekannten Städten und Weinorten der Saar. Mediterranes Flair erleben Sie in den Räumen des Restaurants.

🏨 **Wirtshaus Zum Pferdemarkt** ⚓, Pferdemarkt 3, ✉ 54439, ℰ (06581) 99 39 13, Fax (06581) 99191, 🛋 – 📺 🅼🅾 𝗩𝗜𝗦𝗔
Menu (geschl. 5. - 16. Jan., Nov. - März Donnerstag) (Nov. - März wochentags nur Abendessen) à la carte 16,50/32 – **14 Zim** ⊇ 49/55 – 64/76.
• Neuzeitliche Gästezimmer mit solider Möblierung und modernen Bädern stehen in diesem gepflegten und funktionellen Hotel zum Einzug bereit. Backsteinwände und Naturholztische im rustikalen Restaurant.

🏨 **Zunftstube,** Am Markt 11, ✉ 54439, ℰ (06581) 9 18 70, hotel-zunftstube@gmx.de, Fax (06581) 918720 – 📺 📞 🅼🅾 𝗩𝗜𝗦𝗔
geschl. Feb. 3 Wochen – **Menu** (geschl. Donnerstag) à la carte 18,50/28,50 – **7 Zim** ⊇ 48/50 – 70.
• Sind Sie auf der Suche nach einer soliden Unterkunft in zentraler Lage ? In der familiären Atmosphäre dieser kleinen Adresse werden Sie sich gut aufgehoben fühlen. Gepflegter Restaurantbereich in rustikaler Aufmachung.

🍴🍴 **Saarburger Hof** mit Zim, Graf-Siegfried-Str. 37, ✉ 54439, ℰ (06581) 9 28 00, infos@saarburger-hof.de, Fax (06581) 928080, 🛋 – 📺 📞 🚗 – 🛋 25. 🅰🅴 🅼🅾 𝗩𝗜𝗦𝗔.
✗ Rest
geschl. 27. Dez. - 20. Jan. – **Menu** (geschl. Montag - Dienstagmittag) à la carte 33/41 – **Gaststube** (geschl. Montag - Dienstagmittag) **Menu** à la carte 17/31,50 – **12 Zim** ⊇ 60/65 – 70/95 – ½ P 20.
• Das mitten im Zentrum gelegene Stadthaus beherbergt hinter seiner weißen Fassade ein stilvolles, klassisches Restaurant sowie freundliche Zimmer. Die Gaststube ist die rustikale Alternative zum Saarburger Hof.

🍴 **Gutsschänke,** Im Staden 53, ✉ 54439, ℰ (06581) 99 53 49, Fax (06581) 995359, 🛋 – 🅿
geschl. Jan. 2 Wochen, Dienstag – **Menu** (Nov. - März nur Abendessen) à la carte 23/33,50, 🍷
• Das historische Haus - idyllisch in der Altstadt gelegen - bietet sich mit seinem sympathischen, rustikalen Ambiente für eine gemütliche Rast an.

In Trassem Süd-West : 4,5 km, über B 407 :

🏨 **St. Erasmus** (mit Gästehaus), Kirchstr. 6a, ✉ 54441, ℰ (06581) 92 20, st.erasmus.trassem@t-online.de, Fax (06581) 922199, 🛋, ⊆s, 🏊 – 📶 📺 📞 🅿 – 🛋 60. 🅰🅴 ⓞ 🅼🅾 𝗩𝗜𝗦𝗔
Menu (geschl. Mittwoch - Donnerstagmittag) à la carte 18/32,50 – **35 Zim** ⊇ 37/70 – 51/84 – ½ P 15.
• Neben solide und funktionell möblierten Zimmern im Hotel verfügt man in den Gästehäusern über in Technik und Möblierung neuzeitlichere Zimmer mit gutem Platzangebot. Gemütlich und gepflegt zeigt sich das Restaurant.

Die in diesem Führer angegebenen Preise folgen
der Entwicklung der allgemeinen Lebenshaltungskosten.
Lassen Sie sich bei der Zimmerreservierung den endgültigen
Preis vom Hotelier mitteilen.

SAARLOUIS Saarland 𝟓𝟒𝟑 S 4 – 38 400 Ew – Höhe 185 m.

  ⛳ *Wallerfangen-Gisingen, Oberlimberger Weg (West : 10 km),* ℘ (06837) 9 18 00.
  🛈 *Stadtinfo, Großer Markt 1,* ✉ 66740, ℘ (06831) 44 30, stadtinfo@saarlouis.de, Fax (06831) 443495.
  Berlin 728 ② – *Saarbrücken 27* ② – *Luxembourg 75* ⑤ – *Metz 57* ④ – *Trier 70* ⑤

SAARLOUIS

Adlerstraße	**B** 2
Alte Brauereistraße	**B** 3
Bibelstraße	**B** 5
Brückenstraße	**A** 6
Deutsche Straße	**B** 7
Eisenhüttenstädter Allee	**AB** 9
Französische Straße	**B** 10
Großer Markt	**B** 12
Handwerkerstraße	**B** 14
Herrenstraße	**A** 15
Hohenzollernring	**B** 16
Kaiser-Friedrich-Ring	**B** 17
Karcherstraße	**B** 18
Kavalleriestraße	**B** 19
Kleiner Markt	**B**
Lebacher Straße	**B** 20
Lisdorfer Straße	**B** 21
Luxemburger Ring	**B** 21
Neue Brauereistraße	**B** 22
Prälat-Subtil-Ring	**B** 23
Saarlouiser Straße	**A** 24
St. Nazairer Allee	**AB** 25
Schanzenstraße	**A** 26
Schlächterstraße	**B** 27
Silberherzstraße	**B** 28
Überherrner Straße	**A** 29
Zeughausstraße	**B**

🏨 **Posthof**, Postgäßchen 5 (Passage), ✉ 66740, ℘ (06831) 9 49 60, posthof@hotel-saarlouis.de, Fax (06831) 9496111 – 📶, ↔ Zim, 📺, AE ① ⓜ VISA JCB. ※ Rest
  B a
  Menu (geschl. Sonntagabend - Montag) à la carte 22/40 – **48 Zim** ⊇ 68/78 - 88.
  ♦ Ein gepflegtes Ambiente, sinnvoll ausgestattete Zimmer - teils neu möbliert - sowie ein direkter Zugang zur Fußgängerzone der Stadt kennzeichnen dieses Hotel. Eine rustikale Pilsstube ergänzt das zeitlos eingerichtete Restaurant.

🏨 **Park** garni, Ludwigstr. 23, ✉ 66740, ℘ (06831) 48 88 10, park@hotel-saarlouis.de, Fax (06831) 4888110, ⇌ – ↔ 📺 ⇌ 🅿 AE ① ⓜ VISA JCB
  33 Zim ⊇ 68/78 - 88.
  B c
  ♦ Diese verkehrsgünstig am Rande der Innenstadt gelegene Adresse beherbergt schlicht gestaltete Zimmer mit guter Technik. Auch für Feierlichkeiten findet sich hier ein Platz.

✕ **Escargot**, Handwerkerstr. 5, ✉ 66740, ℘ (06831) 4 13 33, Fax (06831) 41333, 🌂
  VISA
  B r
  geschl. Samstagmittag, Sonntag – **Menu** à la carte 33/43.
  ♦ Steht Ihnen der Sinn nach klassisch-französischer Küche ? Im Sommer ergänzt die Terrasse im Hof das Platzangebot des kleinen Bistro-Restaurants.

In Saarlouis-Beaumarais West : 3 km über Wallerfanger Straße A :

🏨 **Altes Pfarrhaus Beaumarais**, Hauptstr. 2, ✉ 66740, ℘ (06831) 63 83 (Hotel) 96 56 70 (Rest.), mail@restaurant-trampert.de, Fax (06831) 62898, 🌂 – 📺 ⇄ 🅿 – 🛎 35. AE ① ⓜ VISA
  Trampert (geschl. Juli - Aug. 2 Wochen, Samstagmittag, Sonntag - Montagmittag) **Menu** à la carte 34/47 – **36 Zim** ⊇ 78 - 110.
  ♦ Ursprünglich als Sommervilla, später als Pfarrhaus genutzt, empfängt das historische Haus nun Reisende in stilvoll-wohnlichen Gemächern - mit Antiquitäten bestückt. Das Trampert gefällt mit elegantem Bistro-Ambiente und Innenhofterrasse. Urig : die Brasserie.

SAARLOUIS

In Saarlouis-Picard über ④ : 4 km :

Taffing's Mühle, Am Taffingsweiher, ⊠ 66740, ℰ (06831) 9 44 00, Fax (06831) 944040, 🍴 – 📺 🅿 – 🛋 25. 🆎 ⓞ ⓜ 🆅🆂🅰
Menu (wochentags nur Abendessen) à la carte 19/36,50 – **11 Zim** ⊇ 49 – 69/74.
• Ehemals als Wassermühle genutzt, dient das Haus aus dem 18. Jh. heute Ihrer Beherbergung. Für ungestörte Nachtruhe sorgt die ruhige Lage am Weiher. Passend zum ländlichen Charakter des Hauses ist der Restaurantbereich im rustikalen Stil gehalten.

In Wallerfangen West : 4 km über Wallerfanger Straße A :

Villa Fayence mit Zim, Hauptstr. 12, ⊠ 66798, ℰ (06831) 9 64 10, info@villafayence.de, Fax (06831) 62068, 🍴, 🌿 – 📺 🅿 🆎 ⓞ ⓜ 🆅🆂🅰. 🍽 Rest
Menu (geschl. Sonntag - Montag) 32/45 à la carte 32/50 – **4 Zim** ⊇ 80 – 123/154.
• Die denkmalgeschützte Villa im Park lädt mit stilvollem Interieur und französischer Küche ein. Legeres Bistro-Ambiente erwartet Sie im Keller des Hauses.

In Wallerfangen-Kerlingen West : 9 km über Wallerfanger Straße A :

Scheidberg, St. Vallier Str. 10, ⊠ 66798, ℰ (06837) 7 50, hotel-scheidberg@web.de, Fax (06837) 7530, ≼, 🍴, 🅿 – 🛋 – 🏋 Zim, 📺 📞 🅿 – 🛋 350. 🆎 ⓜ 🆅🆂🅰
Menu à la carte 19,50/34 – **81 Zim** ⊇ 63/75 – 85/98.
• Unterschiedlich in Größe und farblicher Gestaltung, präsentieren sich die Zimmer dieses Hotels mal praktisch, mal modern ausgestattet. Die Alleinlage garantiert Ruhe.

In Wallerfangen-Oberlimberg Nord-West : 12 km über Wallerfanger Straße A und Gisingen :

Hotellerie Waldesruh, Siersburger Str. 8, ⊠ 66798, ℰ (06831) 9 66 00, info@waldesruh-wallerfangen.de, Fax (06831) 966060, 🍴, Biergarten – 📺 🚗 🅿 🆎 ⓜ 🆅🆂🅰
Menu (geschl. Freitag, Mai - Aug. Freitagmittag) à la carte 15/29 – **7 Zim** ⊇ 47/55 – 80.
• Besucher finden in dem modernisierten Gasthof gepflegte und neuzeitliche Zimmer. Auch die private Atmosphäre dieser Adresse werden Sie schätzen. Blanke Holztische mit gutem Couvert unterstreichen den gemütlichen Charakter des Restaurants.

SAAROW, BAD Brandenburg 🅵🅰🅶 J 26 – 4 000 Ew – Höhe 65 m.

🏌 🏌 🏌 🏌 Bad Saarow, Parkallee 3 (Nord : 1 km), ℰ (033631) 6 33 00.
🛈 Touristinformation, Ulmenstr.15, ⊠ 15526, ℰ (033631) 86 80, info@bad-saarow.de, Fax (033631) 868120.
Berlin 72 – Potsdam 88 – Frankfurt (Oder) 38 – Brandenburg 118.

Das Brandenburg, Parkallee 1 (Süd-West : 6 km), ⊠ 15526, ℰ (033631) 60, info@dasbrandenburg.com, Fax (033631) 62525, 🍴, 🌿, Massage, ≠, 🏋, ≘, 🏊, 🏊, 🌿, 🎾(Halle), 🏌 Segelschule – 🛋, 🏋 Zim, 🖥 📺 📞 🅿 🚗 🅿 – 🛋 80. 🆎 ⓞ ⓜ 🆅🆂🅰. 🍽 Rest
Lakeside : Menu à la carte 36/49 – **179 Zim** ⊇ 175/225 – 205/255, 16 Suiten -(Wiedereröffnung nach Renovierung Mai 2004).
• Eleganz und Moderne begleiten Sie durch alle Bereiche des Anwesens. Komfort und gute Technik in den Zimmern, draußen ein sehr schönes Gelände mit Seeterrasse. Reitstall. Das Lakeside Restaurant bietet einen tollen Blick aufs Wasser.

Seehotel Esplanade, Seestr. 49, ⊠ 15526, ℰ (033631) 33 63 43 20, info@esplanade.de, Fax (033631) 4328222, 🍴, 🌿, Massage, 🏋, ≘, 🏊, 🏊, 🌿 – 🛋, 🏋 Zim, 📺 📞 🅿 – 🛋 180. 🆎 ⓞ ⓜ 🆅🆂🅰
Menu à la carte 23/34 – **191 Zim** ⊇ 98/118 – 136/182.
• Der moderne, sternförmig angelegte Hotelkomplex - ein Teil des alten Kurhaus-Ensembles wurde in die Anlage integriert - gefällt mit komfortablen und geschmackvollen Zimmern. Das Silberberg bietet internationale Küche, die rustikalere Dependance Regionales.

Palais am See garni, Karl-Marx-Damm 23, ⊠ 15526, ℰ (033631) 86 10, info@palais-am-see.de, Fax (033631) 86186, ≼, ≘, 🌿, 🌿 – 📺 🅿 – 🛋 20. 🆎 ⓞ ⓜ 🆅🆂🅰 🅹🅲🅱. 🍽
12 Zim ⊇ 100/140 – 160/180.
• Fernab vom Großstadtlärm, in einem hübschen Garten mit direktem Zugang zum Scharmützelsee steht die ehemalige Villa mit ihrem geschmackvollen Interieur.

Villa Contessa, Seestr. 18, ⊠ 15526, ℰ (033631) 5 80 18, villa-contessa@t-online.de, Fax (033631) 58019, ≼, ≘, 🌿 – 🏋 📺 🅿 🆎 ⓜ 🆅🆂🅰. 🍽 Rest
geschl. 23. - 28. Dez. – **Menu** (nur Abendessen) (Restaurant nur für Hausgäste) – **8 Zim** ⊇ 106 – 132/152.
• Stilvolle, mit Liebe eingerichtete Zimmer halten, was die attraktive Fassade dieses kleinen historischen Hauses am Ufer verspricht. Angenehme private Atmosphäre.

SAAROW, BAD

Landhaus Alte Eichen ⟨⟩, Alte Eichen 21, ✉ 15526, ✆ (033631) 41 15, info@la
ndhaus-alte-eichen.de, Fax (033631) 2058, 🌳, Massage, 🛁, 🚶, 🚭, 🚗 – 📺 🅿 –
🛌 25. AE ◉ VISA JCB
Menu à la carte 21/29 – **38 Zim** ⊐ 69 – 88.
  ♦ Das Hotel liegt auf der Halbinsel im See. Verteilt auf Haupthaus, "Galerie" und "Villa",
  stehen dem Reisenden gepflegte Zimmer verschiedener Kategorien zur Wahl. Liebevoll
  eingerichtet, teils mit Antiquitäten bestückt : das Restaurant.

Am Werl, Silberberger Str. 51, ✉ 15526, ✆ (033631) 86 90, office@hotelamwerl.de,
Fax (033631) 86951, 🌳, 🚗, 🅿 – 🛌 20. AE ◉ VISA
Menu à la carte 16,50/27 – **13 Zim** ⊐ 54/68 – 82/92 – ½ P 15.
  ♦ Zur Naherholung oder auf Geschäftsreise finden Sie hier eine funktionell wie auch wohn-
  lich ausgestattete Unterkunft. Das kleine Hotel ist ganz in der Nähe des Sees gelegen. Ein
  Wintergarten ergänzt das zeitos gestaltete Restaurant.

Pieskow ⟨⟩, Schwarzer Weg 6, ✉ 15526, ✆ (033631) 4 38 30, Fax (033631) 438323,
🌳, 🚗 – 📺 🅿 – 🛌 20. ◉ VISA
Menu à la carte 13/26,50 – **11 Zim** ⊐ 49/60 – 74 – ½ P 10.
  ♦ In schlichter gepflegter Aufmachung präsentieren sich die Gästezimmer des kleinen
  Hotels - von hier aus starten Sie zu Ausflügen an den nahegelegenen Scharmützelsee. Das
  Restaurant ist im Stil eines ländlichen Gasthofs gehalten.

SACHSA, BAD Niedersachsen 541 L 15 – 9 400 Ew – Höhe 360 m – Heilklimatischer Kurort –
Wintersport : 500/650 m ✦3 ✦.
  🛈 Bad Sachsa Information, Am Kurpark 6, ✉ 37441, ✆ (05523) 3 00 90, touristik@ba
  dsachsainfo.de, Fax (05523) 300949.
  Berlin 273 – Hannover 129 – Erfurt 100 – Göttingen 62 – Braunschweig 95.

Romantischer Winkel ⟨⟩, Bismarckstr. 23, ✉ 37441, ✆ (05523) 30 40, info@ro
mantischer-winkel.de, Fax (05523) 304122, 🌳, 🍴, Massage, ♨, 🏊, 🚗 – 🛗 ✻ 📺 📞
🚗 🅿 – 🛌 25. AE ◉ VISA. ✻ Rest
geschl. 28. Nov. - 16. Dez. - **Menu** à la carte 27,50/47,50 – **77 Zim** (nur ½ P) 105/166
– 189/255, 4 Suiten.
  ♦ Historischer, exklusiver, romantischer und rustikaler Flügel bilden diese Residenz.
  Schmuckstück der Jugendstilvilla ist der frühere Sommersitz des russischen Botschafters.
  Restaurant in klassischem Stil und Wintergarten.

Sonnenhof ⟨⟩ garni, Glasebergstr. 20a, ✉ 37441, ✆ (05523) 9 43 70, info@sonne
nhof-bad-sachsa.de, Fax (05523) 943750, Massage, 🚗 – 🛗 ✻ 📺 📞 🚗 🅿 ◉
geschl. 5. Nov. - 5. Dez. - **17 Zim** ⊐ 46/65 – 70/122.
  ♦ Früher privat genutzt, stellt dieses schöne Haus nun Gästen verschiedene Zimmertypen
  zur Wahl. Wohnlichkeit und gute Technik machen Übernachten zu angenehmem Logieren.

SÄCKINGEN, BAD Baden-Württemberg 545 X 7 – 17 000 Ew – Höhe 290 m – Heilbad.
Sehenswert : Fridolinsmünster★ – Überdachte Rheinbrücke★.
  🛈 Rickenbach, Hennematt 20 (Nord : 12 km), ✆ (07765) 7 77.
  🛈 Kurverwaltung, Waldshuter Str. 20, ✉ 79713, ✆ (07761) 5 68 30, kurverwaltung@
  bad-saeckingen.de, Fax (07761) 568317.
  Berlin 822 – Stuttgart 205 – Freiburg im Breisgau 74 – Schaffhausen 67 – Basel 31.

Goldener Knopf ⟨⟩, Rathausplatz 9, ✉ 79713, ✆ (07761) 56 50, info@goldenerk
nopf.de, Fax (07761) 565444, ≤, 🚗 – 🛗 ✻ Zim, 📺 🅿 – 🛌 60. AE ◉ VISA
Menu à la carte 28,50/36,50 – **72 Zim** ⊐ 74/110 – 118 – ½ P 21.
  ♦ Geschmackvoll-wohnliche Zimmer sowie großzügigere "Deluxe"-Zimmer zählen neben der
  zentralen, aber dennoch ruhigen Lage zu den Annehmlichkeiten des Hauses. Scheffelstube,
  Le Jardin und Schifferstube bilden das Restaurant.

Zur Flüh ⟨⟩, Weihermatten 38, ✉ 79713, ✆ (07761) 92 44 80, adler@hotel-flueh.de,
Fax (07761) 9244824, 🌳, 🚗, 🏊 – ✻ Zim, 📺 🅿 – 🛌 30. AE ◉ VISA
Menu (geschl. Sonntagabend) à la carte 23,50/44 – **35 Zim** ⊐ 53/60 – 85 – ½ P 15.
  ♦ In einem ruhigen Wohngebiet oberhalb des Zentrums liegt dieses solide geführte Haus,
  das über funktionell ausgestattete Gästezimmer verfügt. Das Restaurant ist rustikal gestal-
  tet.

Fuchshöhle, Rheinbrückstr. 7, ✉ 79713, ✆ (07761) 73 13, info@fuchshoehle.com,
Fax (07761) 938476, 🌳 – ◉ VISA
geschl. über Fastnacht 2 Wochen, Sonntag - Montagmittag – **Menu** (Tischbestellung rat-
sam) à la carte 19,50/30,50.
  ♦ Hinter der netten Fassade des historischen Hauses aus dem 17. Jh. verbirgt sich ein
  gemütliches, rustikales Lokal. Hübsche Wandmalereien zieren das Restaurant.

SAGARD Mecklenburg-Vorpommern siehe Rügen (Insel).

SALACH Baden-Württemberg 545 T 13 – 7 000 Ew – Höhe 365 m.
Berlin 601 – *Stuttgart* 49 – Göppingen 8 – Ulm (Donau) 43.

Klaus, Hauptstr. 87b, ⊠ 73084, ℘ (07162) 9 63 00, *hotelklaus@aol.com*, Fax (07162) 963051, 😊, 🍴 – 🛗 TV 🅿 – 🏛 30. AE ⓜ VISA
Menu *(geschl. Samstag - Sonntag) (nur Abendessen)* à la carte 23,50/31 – **18 Zim** 🍴 62/87 – 93.
♦ Bewusst schlicht ist das Ambiente in diesem kleinen Hotel gehalten, solide und funktionell sind die Zimmer gestaltet. Freizeiteinrichtungen finden sich in unmittelbarer Nähe. Das Restaurant im maurischen Stil.

In der Ruine Staufeneck *Ost : 3 km :*

Burghotel Staufeneck ⚜, Staufenecker Str., ⊠ 73084, ℘ (07162) 93 34 40, *info@burg-staufeneck.de*, Fax (07162) 9334455, ≤ Filstal, 😊 – 🛗, ⚘ Zim, TV 📞 🅿 – 🏛 80. AE ⓜ VISA
Menu *(geschl. Montagmittag)* à la carte 25,50/44,50 – **33 Zim** 🍴 80/95 – 165.
♦ Neben seiner einsamen Lage auf einer Bergkuppe besticht dieses moderne, komfortable Hotel mit geschmackvoll und hochwertig eingerichteten Zimmer und schönem Freizeitbereich. Im Restaurant verspricht die große Fensterfront eine weite Sicht.

Burgrestaurant Staufeneck (Straubinger), Staufenecker Straße, ⊠ 73084 Salach, ℘ (07162) 93 34 40, *info@burg-staufeneck.de*, Fax (07162) 9334455, ≤ Filstal, 😊 – 🅿 – 🏛 80. ⓜ VISA
geschl. Juli 2 Wochen, Montag – **Menu** 40/88 à la carte 36/65, ♃.
♦ Inmitten alter Gemäuer finden Sie umgeben von edel-rustikalem Ambiente ein schönes Restaurant mit ganz eigenem Charme. Man kocht klassisch mit mediterranen Akzenten. **Spez.** Salat von Kalbskopf und Bries mit Salsa Verde. Ligurischer Fischsud mit Langustinen. Bretonischer Steinbutt mit Tagliatelle und Basilikum

SALEM Baden-Württemberg 545 W 11 – 10 000 Ew – Höhe 445 m.
Sehenswert : Ehemaliges Kloster★ (Klosterkirche★) – Schloss★.
🛈 Reiseverkehrsbüro, Schloßseeallee 20 (Mimmenhausen), ⊠ 88682, ℘ (07553) 9 22 10, *rb-salem@t-online.de*, Fax (07553) 922122.
Berlin 730 – Stuttgart 149 – *Konstanz* 27 – Sigmaringen 47 – Bregenz 62.

Salmannsweiler Hof ⚜, Salmannsweiler Weg 5, ⊠ 88682, ℘ (07553) 9 21 20, *salmannsweiler_hof@t-online.de*, Fax (07553) 921225, 😊 – ⚘ Zim, TV 📞 🅿 ⚘
Menu *(geschl. Donnerstag - Freitagmittag)* à la carte 17/38 – **10 Zim** 🍴 44/47 – 70/80.
♦ Solide ausgestattet und gut gepflegt zeigen sich die Gästezimmer dieses Fachwerk-Gasthofs. Auch die überschaubare Größe zählt zu den Annehmlichkeiten des Hauses. Holzdecke, Kachelofen und eine regionale Küche prägen den Charakter des Restaurants.

In Salem-Neufrach *Süd-Ost : 3 km, über Schloßstraße und Neufracher Straße :*

Reck, Bahnhofstr. 111, ⊠ 88682, ℘ (07553) 2 01, Fax (07553) 202, 😊 – 🛗 TV 🚗 🅿. AE ⓜ VISA
geschl. über Fastnacht 2 Wochen, Nov. 2 Wochen – **Menu** *(geschl. Mittwochabend - Donnerstag)* à la carte 22/37 – **20 Zim** 🍴 49/65 – 80/90.
♦ Die Zimmer des Gasthofs unterscheiden sich in Zuschnitt und Art des Mobiliars - mal klassisch-stilvoll, mal neuzeitlich. Der nahe Bodensee bietet sich als Ausflugsziel an. Gemütliche Stube mit unkomplizierter und schmackhafter regionaler Küche.

Landgasthof Apfelblüte, Markdorfer Str. 45, ⊠ 88682, ℘ (07553) 9 21 30, *landgasthof-apfelbluete@web.de*, Fax (07553) 921390, 😊, ⚘ Zim, TV 🅿
geschl. Jan. 2 Wochen – **Menu** *(geschl. Dienstag, Freitagmittag, Samstagmittag)* à la carte 14,50/25 – **30 Zim** 🍴 39/42 – 62 – ½ P 13.
♦ Eine familiengeführte Übernachtungsadresse am Ortsausgang. Auf Neu- und Altbau verteilen sich neuzeitlich gestaltete Zimmer mit solider Technik sowie etwas schlichtere Zimmer. Gemütliche Gaststuben, im Landhausstil eingerichtet.

SALLGAST Brandenburg 542 L 25 – 1 300 Ew – Höhe 103 m.
Berlin 129 – Potsdam 136 – *Cottbus* 49 – Dresden 69.

Schloßpark Hotel ⚜, Parkstr. 3, ⊠ 03238, ℘ (035329) 5 99 60, *kontakt@schloss-sallgast.de*, Fax (035329) 5996137, 😊, Biergarten – ⚘ Zim, TV 🅿 – 🏛 40. AE ⓜ VISA
Menu *(geschl. Montagmittag)* à la carte 16/24,50 – **25 Zim** 🍴 45 – 70.
♦ An der Zufahrt zu dem im Jahre 1206 erbauten Wasserschloss steht dieses neuzeitliche Hotel mit funktionellen, in einheitlichem Stil eingerichteten Zimmern. Im Schloss befindet sich das Restaurant mit 2 Terrassen - im Innenhof sowie zum Garten hin.

SALZBURG L Österreich 730 L 5 – 146 000 Ew – Höhe 425 m.

Sehenswert: ≤★★ auf die Stadt (vom Mönchsberg) X und ≤★★ (von der Hettwer-Bastei) Y – Hohensalzburg★★ X, Z; ≤★★ (von der Kuenburgbastei), ※★★ (vom Reckturm), Burgmuseum★ – Petersfriedhof★★ Z – Stiftskirche St. Peter★★ Z – Residenz★★ Z – Haus der Natur★★ Y M2 – Franziskanerkirche★ Z A – Getreidegasse★ Y – Mirabellgarten★ V (Monumentaltreppe★★ des Schlosses) – Barockmuseum★ V M3 – Dom★ Z.

Ausflugsziele: Gaisbergstraße★★ (≤★) über ① – Untersberg★ über ② : 10 km (mit 🚠) – Schloss Hellbrunn★ über Nonntaler Hauptstraße X.

🏌 Salzburg-Wals, Schloss Klessheim, ℘ (0662) 85 08 51 ; 🏌 in Hof (über ① : 20 km), ℘ (06229) 23 90 ; 🏌 in St. Lorenz (über ① : 29 km), ℘ (06232) 3 83 50.

Festspiel-Preise : siehe S. 10
Prix pendant le festival : voir p. 26
Prices during tourist events : see p. 40
Prezzi duranti i festival : vedere p. 54.

✈ Innsbrucker Bundesstr. 95 (über ③), ℘ (0662) 8 58 00 - City Air Terminal (Autobusbahnhof), Südtirolerplatz V.

🚂 Lastenstraße.

Messezentrum Salzburg, Am Messezentrum 1, ℘ (0662) 2 40 40.

🛈 Salzburg-Information, Mozartplatz 5, ✉ 5020, ℘ (0662) 88 98 73 30, tourist@salzburginfo.at, Fax (0662) 8898732.

ÖAMTC, Alpenstr. 102 (über ②).

Wien 292 ① – Innsbruck 177 ③ – Bad Reichenhall 20 ③ – München 140 ③

Stadtpläne siehe nächste Seiten

🏨🏨🏨🏨 **Sacher**, Schwarzstr. 5, ✉ 5020, ℘ (0662) 8 89 77, salzburg@sacher.com, Fax (0662) 88977551, 😊, Massage, 🏊, ≘s, – 🛗, ⁂ Zim, 🖃 TV 📞 🔧, 🚗 – 🎩 80. AE ① ◎ VISA JCB   Y b
Zirbelstube : Menu à la carte 29/55, ♀ – **Salzachgrill** : Menu 13 à la carte 17/33, ♀ – ⊇ 26 – **118 Zim** 219/285 – 329/549, 3 Suiten.
◆ Das von Carl Freiherr von Schwarz erbaute klassische Grandhotel mit Tradition ist ein Anziehungspunkt für Gäste aus aller Welt. Stilvolle Eleganz, die keinen Luxus entbehrt. Elegant-rustikale Zirbelstube. Der Salzach Grill mit herrlicher Terrasse am Fluss.

🏨🏨🏨🏨 **Bristol**, Makartplatz 4, ✉ 5020, ℘ (0662) 87 35 57, hotel.bristol@salzburg.co.at, Fax (0662) 8735576 – 🛗, ⁂ Zim, 🖃 TV 📞 – 🎩 60. AE ① ◎ VISA JCB   Y a
geschl. 2. Feb. - 2. April – **Polo Lounge** : (geschl. Sonntag, außer Festspielzeit) Menu à la carte 37/54 – **60 Zim** ⊇ 207/266 – 313/392, 9 Suiten.
◆ Im Herzen der Mozartstadt ist das stilvolle Haus aus der Gründerzeit etabliert. Individuelle Räume, zum Teil mit Antiquitäten und einzigartigem Blick über die Stadt. Spiegel, Bilder, Messing-Zierleisten und ein klassisches Couvert prägen die Polo Lounge.

🏨🏨🏨🏨 **Altstadt Radisson SAS**, Judengasse 15, ✉ 5020, ℘ (0662) 84 85 71 0, radisson-altstadt@austria-trend.at, Fax (0662) 8485716, 😊 – 🛗, ⁂ Zim, 🖃 Zim, TV 📞 🚗 – 🎩 40. AE ① ◎   Y s
Menu (geschl. Feb. 1 Woche, Sonntag, außer Festspielzeit) à la carte 35/42 – **62 Zim** ⊇ 149/265 – 220/390, 13 Suiten.
◆ Ein Hoteljuwel von 1377 ! Kein Zimmer gleicht dem anderen : von verträumt-verspielt bis beeindruckend-großzügig, mit antiken Holzbalken oder Stuckverzierungen. Das Restaurant ist eine der ältesten gastlichen Stätten Salzburgs.

🏨🏨🏨🏨 **Crowne Plaza-Pitter**, Rainerstr. 6, ✉ 5020, ℘ (0662) 88 97 80, office@crowneplaza-salzburg.at, Fax (0662) 878893, ≘s – 🛗, ⁂ Zim, 🖃 TV 📞 – 🎩 160. AE ① ◎ VISA JCB   Y n
Menu à la carte 28/45 – ⊇ 20 – **187 Zim** 245/265 – 260/280, 3 Suiten.
◆ Das 1870 erbaute Traditionshaus mit elegant-gediegenen Zimmern steht im Zentrum Salzburgs. Professioneller Tagungs-Service mit repräsentativen Räumlichkeiten und Ballsaal. Die mit Zirbelholz vertäfelte Stube sorgt für heimeliges österreichisches Wohlgefühl.

🏨🏨🏨🏨 **Sheraton**, Auerspergstr. 4, ✉ 5020, ℘ (0662) 88 99 90, sheraton.salzburg@sheraton.at, Fax (0662) 881776, 😊, Massage, 🏊, direkter Zugang zum Kurmittelhaus, ≘s – 🛗, ⁂ Zim, 🖃 TV 📞 🔧 – 🎩 50. AE ① ◎ VISA JCB   Y s
Mirabell Menu à la carte 34/49 – ⊇ 21 – **163 Zim** 198/275 – 218/299, 9 Suiten.
◆ Einfühlsam fügt sich das Architektur in das Landschaftsbild von Kurpark und Mirabellgarten ein. Die Harmonie von Funktion und Form setzt sich im Inneren fort. Businesszimmer. Im Mirabell : klassisch-gediegenes Ambiente und Terrasse mit Kurpark-Blick.

🏨🏨🏨🏨 **Renaissance**, Fanny-von-Lehnert-Str. 7, ✉ 5020, ℘ (0662) 4 68 80, rhi.szgbr.business.center@renaissancehotels.com, Fax (0662) 4688298, 😊, Massage, 🏊, ≘s, 🛠 – 🛗, ⁂ Zim, 🖃 TV 📞 🔧, 🚗 – 🎩 500. AE ① ◎ VISA JCB
Menu à la carte 16/31 – **257 Zim** ⊇ 153/184 – 177/208.
◆ In Bahnhofsnähe residiert man in großzügigem Rahmen und gediegen-eleganter Atmosphäre. Erfolgreiche Veranstaltungen verspricht der große Tagungsbereich mit neuester Technik.   über Kaiserschützenstraße V

SALZBURG

Auerspergstraße	**V** 3	Gstättengasse	**X** 12	Nußdorfer Straße	**X** 31
Bürglsteinstraße	**X** 5	Kaiserschützenstr.	**V** 20	Rainerstraße	**V**
Erzabt-Klotz-Str.	**X** 9	Lindhofstr.	**V** 22	Schießstattstr.	**V** 33
		Mirabellplatz	**V** 26	Schwarzstr.	**X** 34
		Nonntaler Hauptstr.	**X** 29	Spätgasse	**X** 37

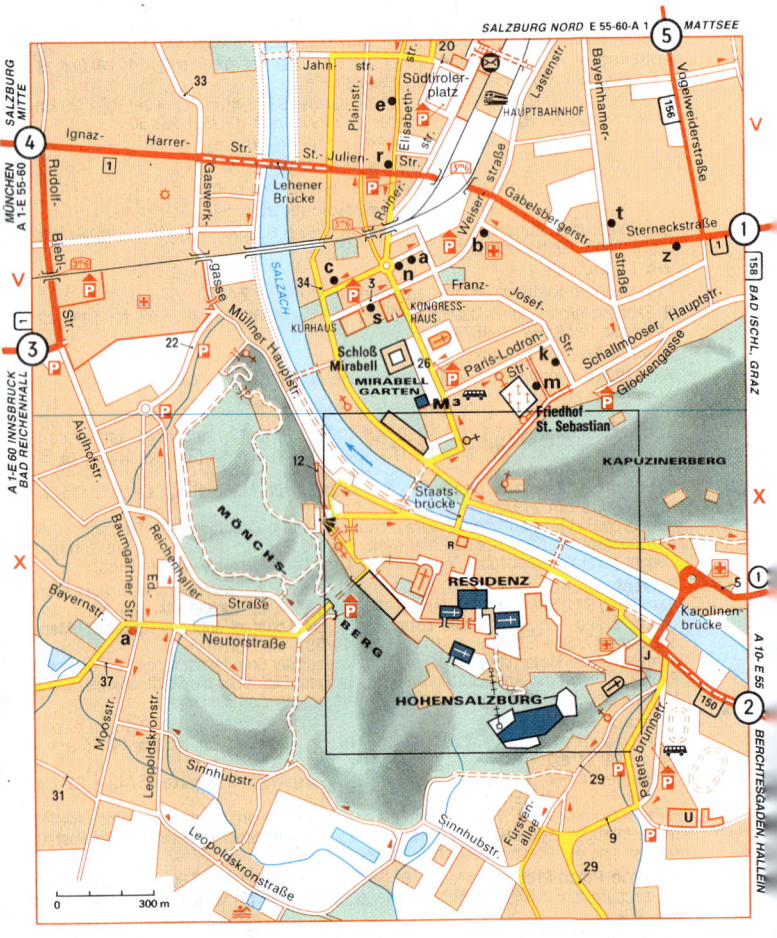

🏨 **Goldener Hirsch**, Getreidegasse 37, ⌂ 5020, ☏ (0662) 8 08 40, welcome@goldenerhirsch.com, Fax (0662) 843349 – 📶, ※ Zim, ▤ 📺 📞 – 🚘 30. 🅰🅴 ⓘ 🅲🅼
VISA JCB
Menu à la carte 41/51,50 – ⌂ 25 – **69 Zim** 204/376 – 274/372, 4 Suiten.
  ♦ Der romantische Zauber eines Patrizierhauses aus dem 15. Jh. ist hier erhalten geblieben ! Individuelle Zimmer mit ländlichem Charme und Originalität, teils antike Bauernmöbel. Ein schönes Kreuzgewölbe überdacht das rustikal angehauchte Restaurant.

🏨 **Parkhotel Castellani**, Alpenstr. 6, ⌂ 5020, ☏ (0662) 20 60, info@castellani-parkhotel.com, Fax (0662) 2060555, 🍽, 🎾, 📶, ※ Zim, ▤ 📺 📞 🚗 🅿 – 🚘 100. 🅰🅴 ⓘ 🅼🅾 VISA über ②
Salieri (nur Abendessen, außer Festspielzeit) **Menu** à la carte 30/45,50 – **Eschenbach** (nur Mittagessen, außer Festspielzeit) **Menu** 18 (Lunchbuffet) und à la carte 25/35 – **153 Zim** ⌂ 110/130 – 140/160 – ½ P 25.
  ♦ Der moderne Hotelbau bildet einen interessanten Kontrast zu dem schmucken alten Herrenhaus. Es erwarten Sie eine großzügige Halle und geschmackvoll gestaltete Zimmer. Schlicht-modern : das Salieri. Eschenbach : teils neuzeitlich, teils klassisch im Stil.

SALZBURG

Alter Markt	**Y** 2
Bürgerspitalgasse	**Y** 4
Dreifaltigkeitsgasse	**Y** 6
Getreidegasse	**Y**
Hanusch-Platz	**Y** 15
Herbert-von-Karajan-Platz	**Y** 16
Judengasse	**YZ**
Kaigasse	**Z**
Kajetaner-Platz	**Z** 21
Linzer-Gasse	**Y**
Makartplatz	**Y**
Max-Reinhardt-Platz	**Z** 23
Residenzplatz	**Z** 32
Sigmund-Haffner-Gasse	**YZ** 35
Theatergasse	**Y** 39
Universitätsplatz	**Y** 40
Waagplatz	**Z** 43

🏨 **Dorint,** Sterneckstr. 20, ✉ 5020, ✆ (0662) 8 82 03 10, info.szgsal@dorint.com, Fax (0662) 8820319, 😊, 🛋 – 🏢, 🚭 Zim, 📺 📞 🛏 🚗 – 🔒 140. 🅰🅴 ⓘ 🆆🅾 VISA JCB 🍴 Rest **V z**
Menu à la carte 23/32 – **139 Zim** ☐ 108/190 – 133/215, 4 Suiten.
♦ Als zentraler Standort empfiehlt sich dieses Hotel, zehn Gehminuten von der berühmten Altstadt entfernt. Funktionelle Zimmer, Tagungsräume mit ISDN-Technik. Restaurant Amadeo mit Terrassengarten.

🏨 **Zum Hirschen,** St.-Julien-Str. 21, ✉ 5020, ✆ (0662) 88 90 30, zumhirschen@ains.at, Fax (0662) 8890358, Biergarten, Massage, 🛋 – 🏢, 🚭 Zim, 📺 📞 🅿 – 🔒 30. 🅰🅴 ⓘ 🆆🅾 VISA JCB, 🚭 Zim **V r**
Menu (geschl. Sonntag) à la carte 17/30 – **64 Zim** ☐ 88/111 – 121/132.
♦ In Bahnhofsnähe gelegen. Das Domizil bietet traditionelle Salzburger Gemütlichkeit in gediegenem Ambiente mit italienischen Stilmöbeln. Große Sauna auf der Dachterrasse. Restaurant mit fünf schön dekorierten Räumen.

🏨 **NH Carlton** garni, Markus-Sittikus-Str. 3, ✉ 5020, ✆ (0662) 8 82 19 10, nhcarlton@nh-hotels.com, Fax (0662) 88219188, 🛋 – 🏢, 🚭 📺 📞 🚗 🅿. 🅰🅴 ⓘ 🆆🅾 VISA JCB ☐ 13 – **40 Zim** 97/127 – 120/174, 14 Suiten. **V c**
♦ Im Zentrum der Festspielstadt steht das hübsche Palais mit dem Charme einer komfortablen Privatvilla. Geräumige Zimmer mit hohen Decken und elegantem Wurzelholzmobiliar.

🏨 **NH Salzburg,** Franz-Josef-Str. 26, ✉ 5020, ✆ (0662) 88 20 41, nhsalzburg@nh-hotels.com, Fax (0662) 874240, 🛋 – 🏢, 🚭 Zim, 📺 📞 🛏 🚗 🅿. 🅰🅴 ⓘ 🆆🅾 VISA JCB ☐ 90. **V k**
Menu (nur Abendessen) à la carte 17/34 – **140 Zim** ☐ 108/138 – 131/186.
♦ Unweit vom Mirabellgarten finden Geschäftsreisende solide ausgestattete und sachlich gehaltene Räume mit Schreibtischen, auf Wunsch auch mit Modemanschluss.

SALZBURG

CD Hotel, Am Messezentrum 2, ✉ 5020, ✆ (0662) 4 35 54 60, *salzburg@cdhotels.at*, *Fax (0662) 43951095*, ☏ – 🛗, 🚭 Zim, 📺 ✆ ⟶ 🅿 – 🅰 300. AE ① ⓂⓈ VISA
Menu à la carte 17/24 – **120 Zim** ☕ 98 – 137.   über ④
* Beim Messezentrum erwartet Sie ein funktionelles und doch wohnliches Zuhause auf Zeit mit kirschbaummöblierten Zimmern. Veranstaltungssäle für bis zu 500 Personen. Der große Speisesaal ist im Bistrostil eingerichtet.

Mercure, Bayerhamerstr. 14, ✉ 5020, ✆ (0662) 8 81 43 80, *h0984@accor-hotels.com*, *Fax (0662) 871111411*, ☏ – 🛗, 🚭 Zim, 📺 ✆ ⟶ 🅿 – 🅰 100. AE ① ⓂⓈ VISA JCB
V t
Menu à la carte 19,50/33 – ☕ 11 – **121 Zim** 92/115 – 110/145.
* Modernes Kettenhotel am Rande des Zentrums, dessen in einheitlichem Stil gehaltene Zimmer mit einer sachlichen, funktionellen Ausstattung überzeugen.

Wolf-Dietrich, Wolf-Dietrich-Str. 7, ✉ 5020, ✆ (0662) 87 12 75, *office@salzburg-h otel.at*, *Fax (0662) 8712759*, ☏, 🛆 – 🛗 📺 ✆ ⟶. AE ① ⓂⓈ VISA JCB V m
Ährlich (geschl. Feb. - März, Sonntag - Montag) (nur Abendessen) **Menu** à la carte 17/36 – **30 Zim** ☕ 69/114 – 109/149.
* Ein älteres Stadthaus in einer verkehrsberuhigten Zone mit gediegen-eleganter Note. Die Zimmer sind wohnlich eingerichtet, teils recht ruhig gelegen. Im Bio-Restaurant nur Lebensmittel aus kontrolliert biologischem Anbau und artgerechter Tierhaltung.

arthotel Blaue Gans, Getreidegasse 41, ✉ 5020, ✆ (0662) 8 42 49 10, *office@bl auegans.at*, *Fax (0662) 8424919* – 🛗 📺 ✆. AE ① ⓂⓈ VISA JCB   Y r
Menu (geschl. Dienstag, außer Festspielzeit) à la carte 24/41, 🍷 – **40 Zim** ☕ 99/109 – 129/169.
* Um 1599 erstmals als "Gasthof zur Plawen Gans" erwähnt. In einem der ältesten Hotels der Stadt vereinen sich harmonisch jahrhundertealte Bausubstanz und moderner Wohnkomfort. Im historischen Gasthaus bezaubert die Atmosphäre 500 Jahre alter Gewölbe.

Markus Sittikus garni, Markus-Sittikus-Str. 20, ✉ 5020, ✆ (0662) 8 71 12 10, *info @markus-sittikus.at*, *Fax (0662) 87112158* – 🛗 📺 ✆ – 🅰 15. AE ① ⓂⓈ VISA JCB
V a
39 Zim ☕ 65/79 – 105/126.
* Erzbischof Markus Sittikus - der Namengeber des Stadthotels mit gelber Fassade - brachte den italienischen Barock nach Salzburg. Reservieren Sie eines der renovierten Zimmer.

Hohenstauffen garni, Elisabethstr. 19, ✉ 5020, ✆ (0662) 8 77 66 90, *hohenstauff en@aon.at*, *Fax (0662) 87219351* – 🛗 🚭 📺 ⟶ 🅿. AE ① ⓂⓈ VISA JCB   V e
31 Zim ☕ 72/95 – 109/145.
* Seit 1902 befindet sich dieses in Bahnhofsnähe gelegene Hotel in Familienbesitz. Die Zimmer sind individuell möbliert, teils mit Himmelbett.

Lasserhof garni, Lasserstr. 47, ✉ 5020, ✆ (0662) 87 33 88, *hotellasserhof@magne t.at*, *Fax (0662) 8733886* – 🛗 🚭 📺 ✆ 🅿. AE ① ⓂⓈ VISA   V b
29 Zim ☕ 55/70 – 85/105.
* In einer Seitenstraße befindet sich dieses solide geführte, gepflegte Hotel, das über stilvoll und wohnlich eingerichtete Gästezimmer verfügt.

Gablerbräu, Linzer Gasse 9, ✉ 5020, ✆ (0662) 8 89 65, *hotel@gablerbrau.com*, *Fax (0662) 8896555*, ☏ – 🛗 📺 – 🅰 20. AE ① ⓂⓈ VISA JCB   Y d
Menu (geschl. 4. - 19. Feb.) à la carte 14/34 – **48 Zim** ☕ 70/85 – 108/158.
* Im Zentrum, nahe der Dreifaltigkeitskirche liegt dieser gepflegte, renovierte Gasthof aus dem 15. Jh., der über zeitgemäße, wohnliche Zimmer verfügt. Das Restaurant präsentiert sich teils rustikal - mit altem Gewölbe - teils moderner.

Alt Salzburg, Bürgerspitalgasse 2, ✉ 5020, ✆ (0662) 84 14 76, *altsalzburg@aon.at*, *Fax (0662) 8414764* – AE ① ⓂⓈ VISA JCB   Y c
geschl. Mitte Feb. 1 Woche, Sonntag - Montagmittag (außer Festspielzeit) – **Menu** (abends Tischbestellung ratsam) à la carte 24,50/43, 🍷.
* Rustikal-elegantes Restaurant, das vor oder nach dem Besuch des Festspielhauses anbietet, um regionale Küche mit internationalen Einflüssen zu goutieren.

Gasthaus zu Schloss Hellbrunn, Fürstenweg 37, ✉ 5020, ✆ (0662) 82 56 08, *off ice@taste-gassner.com*, *Fax (0662) 82560842*, ☏ – 🅿. AE ① ⓂⓈ VISA
geschl. Feb. - März, Montagabend, Sonntagabend – **Menu** à la carte 34/54, 🍷.
* In den ansprechend gestalteten Räumen des Renaissance-Lustschlosses - mit Park und Wasserspielen - offeriert man abends eine klassische Küche, mittags preiswertes Regionales.   über ②

Bei Bruno im Ratsherrnkeller, Sigmund-Haffner-Gasse 4, ✉ 5020, ✆ (0662) 87 84 17, *bruno@restaurant-austria.net*, *Fax (0662) 8784174* – AE ① ⓂⓈ VISA JCB   Y g
geschl. Feb. 2 Wochen, Sonn- und Feiertage (außer Festspielzeit) – **Menu** à la carte 27,50/55, 🍷.
* Lederpolster, gut eingedeckte Tische und Wände in einem warmen Orangeton bilden in diesem Gewölberestaurant einen ansprechenden Rahmen mit mediterranem Flair.

SALZBURG

XX **Pan e Vin,** Gstättengasse 1 (1. Etage), ⊠ 5020, ℘ (0662) 84 46 66, info@panevin.at, Fax (0662) 84466615 – 🕭 🕭 VISA JCB   Y m
geschl. Sonntag (außer Festspielzeit) – **Menu** (italienische Küche) à la carte 39/58, ♀ –
Trattoria (geschl. Sonntag - Montag) **Menu** à la carte 24,50/46.
• Dezente, warme Farben und ein gepflegtes, gut abgestimmtes Dekor geben den Räumlichkeiten des 600 Jahre alten Hauses einen mediterranen Touch. Im Untergeschoss des Pan e Vin bietet die Trattoria eine unbeschwerte Atmosphäre.

XX **Riedenburg,** Neutorstr. 31, ⊠ 5020, ℘ (0662) 83 08 15, reservierung@riedenburg.at, Fax (0662) 843923, 🍽 – 🅿. 🕭 ⓞ 🕭 VISA   X a
geschl. Sonntag (außer Festspielzeit) – **Menu** à la carte 35/57.
• Die Küche Österreichs und Internationales kommen hier auf den Tisch. Rustikales Restaurant mit einem Hauch Eleganz. Werfen Sie einen Blick in das älteste Salettl Salzburgs.

XX **K+K Restaurant am Waagplatz,** Waagplatz 2 (1. Etage), ⊠ 5020, ℘ (0662) 84 21 56, kk.restaurant@kuk.at, Fax (0662) 84215633, 🍽 – 🔲. 🕭 ⓞ 🕭 VISA JCB   Z h
geschl. 3. Feb. - 7. März – **Menu** (Tischbestellung ratsam) à la carte 27/37,50, ♀.
• Denkmalgeschütztes Gebäude mit vielen kleinen, gediegenen Gaststuben. Im romanischen Kellergewölbe werden die Gäste nach mittelalterlichen Riten verköstigt und unterhalten.

X **Perkeo,** Priesterhausgasse 20, ⊠ 5020, ℘ (0662) 87 08 99, Fax (0662) 870833, 🍽
❀ geschl. Samstag - Sonntag, in der Festspielzeit nur Sonntag – **Menu** (Tischbestellung ratsam) à la carte 35/48, ♀.   Y n
• Holztische und -bänke unterstreichen das schlichte Ambiente des Restaurants. Hier darf man einen Blick in die Töpfe oder auch in eines der vielen Bücher zum Thema Wein werfen. **Spez.** Eierschwammel-Parfait mit gebratenem Wolfsbarsch. Pochiertes Kalbsfilet mit Bohnen und Gnocchi. Crème Brûlée.

In Salzburg-Aigen Süd-Ost : 6 km über Bürglsteinstraße X :

🏨 **Rosenvilla** garni, Höfelgasse 4, ⊠ 5020, ℘ (0662) 62 17 65, hotel.rosenvilla@salzburg-online.at, Fax (0662) 6252308, 🍽 – 🛌 TV 📞 🅿. 🕭 ⓞ 🕭 VISA
14 Zim ⊇ 65/75 – 120/165.
• Vor der ehemaligen Villa unweit des Zentrums hat man den Garten nach der Lehre des Feng Shui angelegt. Jedes Zimmer mit individueller Note, teils mit Balkon. Internetzugang.

🏨 **Doktorwirt,** Glaser Str. 9, ⊠ 5026, ℘ (0662) 6 22 97 30, schnoell@doktorwirt.co.at, Fax (0662) 62171724, 🍽, 🌊, 🛝 (geheizt), 🍽 – 🛌 Rest, TV 📞 ⇔ 🅿 – 🔱 25. 🕭 ⓞ 🕭 VISA JCB. 🎀 Rest
geschl. Feb. 2 Wochen, Mitte Okt. - Ende Nov. – **Menu** (geschl. Montag, Sept. - Mai Sonntagabend - Montag) à la carte 14,50/33, ♀ 🕭 – **39 Zim** ⊇ 64/90 – 105/160.
• 1670 kaufte (und taufte) ein Doktor den Gutshof aus dem 12. Jh. Heute erwartet Sie hier ein rustikaler Landgasthof mit gemütlich-gediegener Atmosphäre. Das Restaurant besteht aus zwei Osttiroler Zirbelstuben.

XX **Gasthof Schloss Aigen,** Schwarzenbergpromenade 37, ⊠ 5026, ℘ (0662) 62 12 84, schloss-aigen@elsnet.at, Fax (0662) 6212844, 🍽 – 🅿. 🕭 ⓞ 🕭 VISA
geschl. Mitte Feb. 2 Wochen, Mittwoch - Donnerstagmittag (außer Festspielzeit) – **Menu** 26 (mittags) à la carte 28/45, ♀.
• Am Waldrand liegt der ehemalige Schlossgasthof mit rustikalem Ambiente. Die Karte bietet sorgfältig zubereitete regionale Rindfleischgerichte vom Pinzgauer Bio-Bauern.

In Salzburg-Gnigl Ost : 3,5 km über ① :

X **Pomodoro,** Eichstr. 54, ⊠ 5023, ℘ (0662) 64 04 38, 🍽 – 🅿. 🕭 ⓞ 🕭 VISA
geschl. Ende Juli - Ende Aug., Montag - Dienstag – **Menu** (italienische Küche, Tischbestellung ratsam) à la carte 24/37.
• Seit über 20 Jahren betreiben die Besitzer dieses heimelig wirkende Restaurant. Holztäfelung und Fischernetze an der Decke tragen zum rustikalen Ambiente bei.

In Salzburg-Itzling Nord : 1,5 km über Kaiserschützenstraße V :

🏨 **Auerhahn,** Bahnhofstr. 15, ⊠ 5020, ℘ (0662) 45 10 52, auerhahn@eunet.at, Fax (0662) 4510523, 🍽 – 🛌 Rest, TV ⇔ 🅿. 🕭 ⓞ 🕭 VISA
geschl. Feb. 1 Woche, Juli 2 Wochen – **Menu** (geschl. Sonntagabend - Montag, außer Aug.) à la carte 18/36, ♀ – **13 Zim** ⊇ 43/64 – 72/81.
• In einem älteren Stadthaus beim Bahnhof von Salzburg-Itzling befindet sich dieses kleine Hotel mit seinen zeitgemäß eingerichteten Zimmern. Das Restaurant : gemütlich-rustikales Lokal mit lauschigem Garten unter Kastanienbäumen.

SALZBURG

In Salzburg-Liefering *Nord-West : 4 km über ④ :*

Brandstätter, Münchner Bundesstr. 69, ✉ 5020, ℘ (0662) 43 45 35, *info@hotel-brandstaetter.com, Fax (0662) 43453590*, 🍴, ⇌, 🏊, 🌳, – 🛗 ⇄ TV ❖ 🅿 – 🚗 30. 🆎 VISA ❊ Rest
geschl. 22. - 27. Dez. – **Menu** *(geschl. Anfang Jan. 1 Woche, Sonntag außer Saison)* (Tischbestellung ratsam) à la carte 20,50/54, ♀ – **35 Zim** ⇌ 68/95 – 91/130.
♦ Persönlich geführter Gasthof mit vielen alten Salzburger Bauernmöbeln und liebevoll dekorierten Räumen. Fragen Sie nach einem gartenseitig gelegenen Zimmer mit Balkon. In gemütlichen Stuben serviert man eine köstlich zubereitete Regionalküche.
Spez. Lauwarmer Kalbsbrust-Salat mit Gemüsevinaigrette. Hummergröstl mit Curry. Kalbs-Salonbeuschel mit Semmelknödel

In Salzburg-Maria Plain *Nord : 3 km über Plainstraße V :*

Maria Plain ♨, Plainbergweg 41, ✉ 5101, ℘ (0662) 4 50 70 10, *info@mariaplain.com, Fax (0662) 45070119*, 🍴, – 🛗, ❊ Rest, TV ❖ 🅿 – 🚗 40. 🆎 ⓘ ⓜ VISA
geschl. Juli 1 Woche – **Menu** *(geschl. Dienstag - Mittwoch, außer Festspielzeit)* à la carte 20/29 – **27 Zim** ⇌ 55/65 – 97/124, 5 Suiten.
♦ Der einstige Meierhof aus dem 17. Jh. diente auch als Herberge für die Wallfahrer der nahegelegenen Basilika. Die Zimmer sind mit Stilmöbeln eingerichtet. Gemütliches Restaurant und romantischer Kastaniengarten.

In Salzburg-Nonntal :

Purzelbaum, Zugallistr. 7, ✉ 5020, ℘ (0662) 84 88 43, *info@purzelbaum.at, Fax (0662) 8488433*, 🍴 – 🆎 ⓘ ⓜ VISA   Z e
geschl. Sonntag - Montagmittag (außer Festspielzeit) – **Menu** à la carte 34/48, ♀.
♦ Ein älteres Stadthaus im Zentrum beherbergt dieses modern gestaltete Restaurant, in dem ein freundlicher Service eine französische Karte reicht.

Auf dem Heuberg *Nord-Ost : 3 km über ① – Höhe 565 m*

Schöne Aussicht ♨, Heuberg 3, ✉ 5023 Salzburg, ℘ (0662) 64 06 08, *hotel@salzburgpanorama.cc, Fax (0662) 6406082*, 🍴, ⇌, 🏊, 🌳, ❊ – TV ❖ 🅿 – 🚗 20. 🆎 ⓜ VISA
März - Dez. – **Menu** à la carte 19/31 – **30 Zim** ⇌ 51/69 – 72/115.
♦ Das etwa 300 Jahre alte Bauernhaus steht einsam auf dem Heuberg und hält, was der Name verspricht : Fragen Sie nach einem der Zimmer mit Balkon. Rustikales Restaurant mit Kachelofen, Gartenterrasse mit schöner Aussicht.

Auf dem Gaisberg *Ost : 5 km über ① :*

Vitalhotel Kobenzl ♨, Am Gaisberg 11 – Höhe 730 m, ✉ 5020 Salzburg, ℘ (0662) 64 15 10, *info@kobenzl.at, Fax (0662) 642238*, 🍴, ⚕, Massage, ⇌, 🏊, 🌳, ❊ – 🛗 TV ❖ 🅿 – 🚗 40. 🆎 ⓘ ⓜ VISA
geschl. 6. Jan. - 6. März – **Menu** à la carte 37/51 – **40 Zim** ⇌ 120/142 – 142/233, 4 Suiten.
♦ Zwischen Himmel und Salzburg mitten im Grünen steht das edel-elegante Berghotel mit altem Holz und goldenen Armaturen. Große Namen (u. a. Richard Nixon) zieren das Gästebuch! Stilvoller Speisesaal.

Romantik Hotel Gersberg Alm ♨, Gersberg 37 – Höhe 800 m, ✉ 5023 Salzburg-Gnigl, ℘ (0662) 64 12 57, *office@gersbergalm.at, Fax (0662) 644278*, 🍴, ⇌, 🏊, 🌳, ❊ – TV ❖ 🅿 – 🚗 80. 🆎 ⓘ ⓜ VISA
Menu (Tischbestellung ratsam) à la carte 24/38 – **45 Zim** ⇌ 87/129 – 158/270.
♦ Schon zu Mozarts Zeiten diente die Gersberg Alm als Ausflugsziel : Am Berg in ruhiger Lage mit schöner Aussicht residieren Sie heute in wohnlichen Zimmern, teils mit Balkon. Restaurant mit zwei rustikal-gemütlichen Stüberln.

Beim Flughafen *Süd-West : 5 km über ③ :*

Airporthotel, Dr.-M.-Laireiter-Str. 9, ✉ 5020 Salzburg-Loig, ℘ (0662) 85 00 20, *airporthotel@aon.at, Fax (0662) 85002044*, 🍴, 🏋, ⇌, 🏊, – 🛗, ❊ Zim, TV ❖ ⇌ 🅿 – 🚗 20. 🆎 ⓘ ⓜ VISA JCB ❊ Rest
Menu (Restaurant nur für Hausgäste) – **39 Zim** ⇌ 84/115 – 123/140.
♦ Gegenüber dem Flughafen liegt dieses aus zwei miteinander verbundenen Landhäusern bestehende Hotel mit funktionelle Zimmern, teils mit Balkon.

Ikarus, Wilhelm-Spazier-Str. 2 (Hangar-7, 1. Etage), ✉ 5020, ℘ (662) 21 97 *office@hangar-7.com, Fax (0662) 21973709* – 🛗 ▭ 🅿 – 🚗 20. 🆎 ⓘ ⓜ VISA JCB, ❊
Menu (Tischbestellung erforderlich) 64/80 und à la carte.
♦ Unter der frei gespannten, transparenten Schale des für die Sammlung historischer Flugzeuge der Flying Bulls erbauten Hangar-7 setzen Gastköche monatlich wechselnde Themen um.

SALZBURG

In Siezenheim 5 km über ③ und Siezenheimer Straße :

Gasthof Kamml (mit Gästehaus), Brückenstr. 105, ✉ 5072, ✆ (0662) 85 02 67, hotel@ka mml.com, Fax (0662) 85026713, Biergarten, ⊆ (geheizt), ⊶, ⊗ – ⌷ 🆃🆅 AE ⓘ ⓜ ⓥ₂₅. ⌷
Menu (geschl. 22. Dez. - 6. Jan., Samstag - Sonntag) à la carte 13/30 – **46 Zim** ☲ 45/50 – 76/85.
♦ Familiär geführtes Haus mit langer Tradition und rustikalen Räumen. Sportliebhaber dürfen sich auf der Golf-Driving-Range, die kleinen Gäste auf dem Kinderspielplatz austoben. Gasthaus im Salzburger Stil mit anheimelnden Stuben.

In Anif Süd : 7 km über ② :

Friesacher (mit Gästehaus Anifer Hof), Hellbrunner Str. 17, ✉ 5081, ✆ (06246) 89 77, first@hotelfriesacher.com, Fax (06246) 897749, ⊶, Massage, 🆕, ≘, ⊶, – ⌷, ⊁ Zim, 🆃🆅 ⓘ ⓜ ⓥ
geschl. Juni – **Menu** à la carte 15/34 – **70 Zim** ☲ 59/88 – 93/120.
♦ In diesem Landhaus hat Gastlichkeit seit über 150 Jahren Tradition. Stilvolles, gediegenes Ambiente im geschmackvollen Landhausstil. Alle Zimmer mit ISDN und Balkon. Das Restaurant unterteilt sich in mehrere gemütliche Stuben.

Schlosswirt zu Anif (mit Gästehaus), Salzachtal Bundesstr. 7, ✉ 5081, ✆ (06246) 7 21 75, info@schlosswirt-anif.com, Fax (06246) 721758, ⊶, ⊶, – ⌷ 🆃🆅 ⊶ P – 🄐 50.
AE ⓘ ⓜ ⓥ ⱼ꜀ᵦ
geschl. Feb. 2 Wochen, Ende Okt. - Anfang Nov. 3 Wochen – **Menu** (geschl. Montag, außer Festspielzeit) 17,50 (mittags) à la carte 38/54 – **28 Zim** ☲ 69 – 127.
♦ Das Hotel sowie das dazugehörige, nahegelegene Wasserschloss wurden 1350 erbaut. Der umsichtig restaurierte Traditionsgasthof beherbergt Zimmer im Biedermeierstil. Seit 1607 besitzt der Schlosswirt das Schankrecht in der Gaststube.

Hubertushof, Alpenstr. 110 (Neu Anif, nahe der Autobahnausfahrt Salzburg Süd), ✉ 5081, ✆ (06246) 89 70, hotel@hubertushof-anif.at, Fax (06246) 76036, ⊶, Massage, ≘, ⊶, – ⌷ 🆃🆅 🕯 P – 🄐 100. AE ⓘ ⓜ ⓥ
geschl. Anfang Feb. 2 Wochen, Juli 3 Wochen – **Menu** à la carte 19/34 – **76 Zim** ☲ 74/96 – 111/154.
♦ Ein gewachsener regionstypischer Gasthof mit Balkonfassade in verkehrsgünstiger Lage. Fragen Sie nach einem Zimmer im eleganten Landhausstil. Gepflegtes Restaurant mit regionaler Küche.

In Bergheim Nord : 7 km über Plainstraße V :

Gasthof Gmachl, Dorfstr. 35, ✉ 5101, ✆ (0662) 45 21 24, info@gmachl.at, Fax (0662) 45212468, ⊶, ≘, 🅂 (geheizt), ⊶, ⊗ – ⌷, ⊁ Zim, 🆃🆅 🕯 P – 🄐 40. AE ⓜ ⓥ
Menu à la carte 18/33 – **72 Zim** ☲ 78/96 – 136/164, 7 Suiten – ½ P 23.
♦ Der Traditionsgasthof im Ortszentrum überzeugt mit wohnlichen Zimmern und komfortablen Suiten sowie einem schön angelegten Park mit Freizeiteinrichtungen. In verschiedenen Stilrichtungen eingerichtete gemütliche Stuben.

In Bergheim-Lengfelden Nord : 7 km über ⑤ :

Gasthof Bräuwirt, Lengenfelden 21, ✉ 5101, ✆ (0662) 45 21 63, gasthof@braeu wirt.at, Fax (0662) 45216353, ⊶ – ⌷ 🆃🆅 P – 🄐 80. ⓘ ⓜ ⓥ
geschl. 22. Jan. - 13. Jan., 8. - 14. April – **Menu** (geschl. Juli 2 Wochen, Sonntagabend - Montag) à la carte 13,50/30 – **39 Zim** ☲ 52/60 – 80/111.
♦ Schon 1657 wurde der Gasthof als Brauerei urkundlich erwähnt. Die Zimmer sind in rustikaler Eiche, mit italienischen Möbel oder neuzeitlich eingerichtet. Hotelrestaurant mit ländlichem Flair.

In Hallwang-Söllheim Nord-Ost : 7 km über ① und Linzer Bundesstraße :

Pfefferschiff (Fleischhaker), Söllheim 3, ✉ 5300, ✆ (0662) 66 12 42, restaurant@p fefferschiff.at, Fax (0662) 661841, ⊶ – P. AE. ⊗
geschl. Ende Juni - Mitte Juli, Sept. 1 Woche, Sonntag - Montag, Festspielzeit nur Montag – **Menu** (Tischbestellung ratsam) 30 (mittags)/61 (abends) à la carte 36/51, ♀.
♦ Sie gehen an Bord eines 350 Jahre alten Pfarrhauses, das mitten im Grünen ankert. Individuelles, stilsicheres Interieur. Regionale, feinste Gastronomie bestimmt den Kurs. **Spez.** Blunzenguglhupf mit Trüffel und Mangold. Lammkarree mit Porree und Kartoffelgratin. Rehrücken mit Ingwerkirschen und Petersilienpüree.

In Elixhausen Nord : 11 km über ⑤, Richtung Obertrum :

Romantik Hotel Gmachl, Dorfstr. 14, ✉ 5161, ✆ (0662) 4 80 21 20, romantikho tel@gmachl.com, Fax (0662) 48021272, ⊶, ≘, 🅂 (geheizt), ⊶, ⊗ (Halle) – ⌷ 🆃🆅 ⊶ P – 🄐 70. AE ⓘ ⓜ ⓥ
geschl. Ende Juni - Mitte Juli – **Menu** (geschl. 21. - 27. Dez., Sonntagabend - Montagmittag, außer Festspielzeit) à la carte 21,50/44 – **49 Zim** ☲ 73/109 – 116/169, 3 Suiten.
♦ Behagliche, individuell geschnittene Zimmer im Landhausstil bietet dieser schöne Landgasthof von 1334, der ehemals den Benediktinern als Taverne diente. Ländliche Restaurantstuben mit nettem Dekor.

SALZBURG

In Hof Ost : 20 km über ① und B 158 :

Schloss Fuschl (mit Gästehäusern), Vorderelsenwang 19, ✉ 5322, ℘ (06229) 22 53 15 00, schloss.fuschl@arabellasheraton.com, Fax (06229) 22531531, ≼, ⛲, Massage, 🏋, ≋, 🚲, 🏇, 🎯, 🏌 – 🛗, ⇌ Zim, 📺 ☎ ⇌ 🅿 – 🔔 100. 🆎 ⓞ ⓜⓞ 𝗩𝗜𝗦𝗔 ⓙⒸⒷ. ✄ Rest
Menu à la carte 42/58, ♀ – **84 Zim** ⇌ 150/440 – 180/470, 3 Suiten.
• Idyllisch am Fuschlsee erwartet Sie ein ehemaliges Jagdschloss. Das Domizil mit klassischem Interieur stammt aus dem 15. Jh. und diente 1957 als Kulisse für die Sissi-Filme. Elegant : das Schlossrestaurant.

ArabellaSheraton Hotel Jagdhof, Vorderelsenwang 29, ✉ 5322, ℘ (06229) 2 37 20, jagdhof.fuschl@arabellasheraton.com, Fax (06229) 23722531, ≼, ⛲, Biergarten, ⓟ, 🏋, ≋, ▨, 🏇, 🏌 – 🛗, ⇌ Zim, 📺 ☎ ♿ ⇌ 🅿 – 🔔 280. 🆎 ⓜⓞ 𝗩𝗜𝗦𝗔
Menu à la carte 30/44 – **143 Zim** ⇌ 99/270 – 136/290.
• Ein Gasthof und zwei Gebäude im Landhausstil bilden diese schöne Anlage, die mit geschmackvollem, modernem Interieur und einem großen, ansprechenden Wellnessbereich überzeugt. Unterteiltes Restaurant in rustikalem Stil - mit netter Terrasse.

In Fuschl am See Ost : 26 km über ① und B 158 :

Ebner's Waldhof, Seestr. 30, ✉ 5330, ℘ (06226) 82 64, info@ebners-waldhof.at, Fax (06226) 8644, ≼, ⛲, ⓟ, Massage, ≋, ⨯, ▨, 🚲, 🏇, 🏌 – 🛗 ⇌ Zim 🅿 – 🔔 60. ⓞ ⓜⓞ 𝗩𝗜𝗦𝗔. ✄ Rest
geschl. 7. März - 3. April, Nov. - 13. Dez. – **Menu** (Restaurant nur für Hausgäste) **Gütlstuben** (Tischbestellung ratsam) (geschl. Nov. - Anfang Mai, Donnerstag - Freitagmittag) **Menu** à la carte 31/48, ♀ – **120 Zim** ⇌ 89/118 – 141/171, 15 Suiten – ½ P 11.
• Ein sehr schön am Seeufer gelegenes Ferienhotel. Bilderbuch-Landschaft, wohnliche Zimmer und teils sehr aufwändig gestaltete Suiten - zur Seeseite mit Balkon. Gütlstuben : elegant im alpenländischen Stil gehalten.

Brunnwirt, Wolfgangseestr. 11, ✉ 5330, ℘ (06226) 82 36, office@brunnwirt.at, Fax (06226) 8236, ⛲ – 🅿. 🆎 ⓞ 𝗩𝗜𝗦𝗔
geschl. Ende Jan. - Mitte Feb., Nov. 2 Wochen, Montag (außer Festspielzeit) – **Menu** (wochentags nur Abendessen) (Tischbestellung erforderlich) à la carte 30/40.
• Außerhalb gelegener Landgasthof mit netten Bauernstuben. Das regionale Angebot wird durch eine Auswahl internationaler Gerichte ergänzt.

In Mondsee Ost : 28 km über ⑤, A 1 Ausfahrt Mondsee :

Seehof, ✉ 5311 Loibichl, ℘ (06232) 50 31, seehof@nextra.at, Fax (06232) 503151, ≼, ⛲, Massage, ≋, 🚲, 🏇, 🏌 – ⇌ Rest, 📺 ⇌ 🅿 ⓜⓞ 𝗩𝗜𝗦𝗔 ⓙⒸⒷ
15. Mai - 13. Sept. – **Menu** à la carte 33/48, ♀ – **30 Zim** ⇌ 250 – 290, 4 Suiten – ½ P 30.
• Ein neuzeitliches, geschmackvolles Ambiente und ein Hauch Luxus zeichnen die aus 3 Häusern und einem kleinen Park bestehende Hotelanlage aus. Mit Beautyfarm. Lichtes, dezent elegantes Restaurant mit schöner, überdachter Terrasse.

Schloss Mondsee, Schlosshof 1a, ✉ 5310, ℘ (06232) 50 01, office@schlossmondsee.at, Fax (06232) 500122, ⛲, ⓟ, Massage, 🏋, ≋, ▨ – 🛗, ⇌ Zim, ▤ Zim, 📺 ☎ ⇌ 🅿 – 🔔 40. ⓜⓞ 𝗩𝗜𝗦𝗔 ✄
Menu à la carte 23/38 – **68 Zim** ⇌ 91/121 – 140/180, 6 Suiten.
• Das Schloss - 763 erstmals erwähnt - beherbergt heute ein interessantes, modernes Hotel, das mit wohnlichen Zimmern/Maisonetten und historischem Rahmen überzeugt. Sie speisen im Gewölberestaurant - teils mit unverputztem Mauerwerk.

Villa Wunderlich garni, St. Lorenz, ✉ 5310, ℘ (06232) 2 73 72, info@villa-wunderlich.at, Fax (06232) 2737299, 🏇 – ⇌ 📺 ☎ 🅿. ⓜⓞ 𝗩𝗜𝗦𝗔 ✄
7 Zim ⇌ 104 – 180.
• Die Salzkammergut-Villa a. d. 17. Jh. wurde mit viel Liebe zu einem charmanten kleinen Hotel umgestaltet. Sie wohnen in individuell und geschmackvoll eingerichteten Zimmern.

Seegasthof Lackner mit Zim, Mondseestr. 1, ✉ 5310, ℘ (06232) 23 59, office@seehotel-lackner.at, Fax (06232) 235950, ≼ Mondsee und Voralpenlandschaft, ⛲ – 📺 🅿. ⓜⓞ 𝗩𝗜𝗦𝗔
geschl. 13. Nov. - 5. Dez., 16. Feb. - 2. April – **Menu** (geschl. Donnerstag) à la carte 25/46 ♀ – **17 Zim** ⇌ 67/90 – 109/120 – ½ P 20.
• Das Interieur dieses direkt am Mondsee gelegenen Gasthofs zeigt sich in neuzeitlichem Stil - moderne Kunst dient als Dekor. Schön : die Terrasse am See. Praktische Zimmer.

SALZBURG

In Golling Süd : 25 km über ② und A 10 :

Döllerer's Goldener Stern, Am Marktplatz 56, ✉ 5440, ℘ (06244) 4 22 00, offic e@doellerer.at, Fax (06244) 691242, ☎ – 🅣 ✆ – 🅐 15. 🆎 VISA
geschl. Jan. 2 Wochen, Okt. 1 Woche – **Menu** (geschl. Sept. - Juli Sonntag - Montagmittag) 37/78 à la carte 43/61, ♀ – **Bürgerstube** (geschl. Sept. - Juli Sonntag - Montagmittag) **Menu** à la carte 22,50/32,50, ♀ – **13 Zim** ⊇ 58 – 94.
♦ In den historischen Mauern des a. d. 14. Jh. stammenden Gasthofs wohnen Sie in mit Stilmobiliar eingerichteten Zimmern mit Blick auf die Burg oder zum Park. Ländlich-elegantes Restaurant mit sehr guter klassischer Küche. Rustikales Flair in der Bürgerstube.
Spez. Gegrillter Hummer und gefüllter Schweinsfuß mit Basilikum-Linsen. Bresse-Taube mit Myrrhe parfümiert und Sellerie. Schokoladenzigarre mit Erdbeerragout und Balsamico

In Werfen Süd : 45 km über ② und A 10 :

Karl-Rudolf Obauer mit Zim, Markt 46, ✉ 5450, ℘ (06468) 5 21 20, ok@obauer.com, Fax (06468) 521212, ☎ – ▭ Rest, 🅣 🅟 – 🅐 25. 🆎
Menu (geschl. Montag - Dienstag, außer Saison und Festspielzeit) (Tischbestellung erforderlich) 35 (mittags)/68 (abends) à la carte 36/75, ♀ – **10 Zim** ⊇ 70/128 – 138/155 – ½ P 55.
♦ Hier wachen Feinschmecker verwöhnt ! Das rustikale Ambiente passt als nicht modernem Interieur und die internationale mit regionaler Küche. Schöne Gartenterrasse.
Spez. Forellenstrudel mit Veltlinersauce und Pilzpüree. Wange und Filet vom Pinzgauer Rind mit Kürbiscannelloni. Grapefruitnocken mit Camparisorbet

---

SALZDETFURTH, BAD Niedersachsen **541** J 14 – 15 000 Ew – Höhe 155 m – Heilbad.
🎯 Bad Salzdetfurth-Wesseln, In der Bünte (Nord-Ost : 3 km), ℘ (05063) 15 16.
Berlin 298 – Hannover 50 – Braunschweig 52 – Göttingen 81 – Hildesheim 16.

relexa, An der Peesel 1 (in Detfurth), ✉ 31162, ℘ (05063) 2 90, badsalzdetfurth@r elexa-hotel.de, Fax (05063) 29113, ☎, ☒ – 🛗 ✆ Zim, 🅣 ☎ 🅟 – 🅐 220. 🆎 ⓞ 🆎 VISA JCB
Menu à la carte 23,50/31,50 – **130 Zim** ⊇ 97/107 – 117/127, 3 Suiten.
♦ Vor allem Tagungsgäste schätzen die funktionell ausgestatteten Zimmer dieses Hotels. Einige Zimmer verfügen über Kitchenette, bequeme Sitzgruppen und Balkon. Kaminrestaurant mit gemütlichem Ambiente.

SALZGITTER Niedersachsen **541** J 15 – 110 000 Ew – Höhe 80 m.
🎯 Bad Salzgitter, Mahner Berg, ℘ (05341) 3 73 76.
🛈 Tourist-Information, Parkallee 3, im Thermalsolbad, (Salzgitter-Bad), ✉ 38259, ℘ (05341) 30 98 10, Fax (05341) 309850.
Berlin 261 – Hannover 68 – Braunschweig 28 – Göttingen 79 – Hildesheim 33.

In Salzgitter-Bad – Heilbad :

Golfhotel garni, Gittertor 5, ✉ 38259, ℘ (05341) 30 10, info@golfhotel-salzgitter.de, Fax (05341) 301199 – 🛗 ✆ 🅣 ☎ 🅟 🆎 ⓞ VISA
32 Zim ⊇ 54/68 – 72/105.
♦ Das historische Fachwerkhaus und ein moderner Anbau bilden dieses tadellos gepflegte Hotel, ausgestattet mit funktionellen Zimmer, teils mit Modemanschluss.

Quellenhof garni, Hinter dem Salze 32, ✉ 38259, ℘ (05341) 80 70, info@quellenh of-salzgitter.de, Fax (05341) 807299, ☎ – 🛗 ✆ 🅣 ☎ 🅟 🆎 ⓞ VISA
38 Zim ⊇ 54 – 75.
♦ Hinter einer neuzeitlichen Fassade verbergen sich solide möblierte Gästezimmer, teils im Landhausstil eingerichtet. Schallisolierung verspricht angenehme Nachtruhe.

Ratskeller ❧, Marktplatz 10, ✉ 38259, ℘ (05341) 30 13 20, hotel.ratskeller@t-online .de, Fax (05341) 3013242, ☎ – 🛗 ✆ Zim, 🅣 ☎ ⓓ 🅟 – 🅐 200. 🆎 ⓞ 🆎 VISA
Menu à la carte 19/33,50 – **44 Zim** ⊇ 63/79 – 83/94.
♦ Das Fachwerkhaus mit 700-jähriger Geschichte - als Rathaus, Brauerei, Waffenarsenal und Kornspeicher erbaut - bietet eine zentrale, ruhige Lage und gepflegtes Ambiente. Im alten Gewölbe des Hauses ist das Restaurant untergebracht.

Kniestedter Hof garni, Breslauer Str. 20, ✉ 38259, ℘ (05341) 80 08 00, k-hof@t -online.de, Fax (05341) 800888, ☎ – 🛗 ✆ 🅣 ⓓ 🅟 🆎 ⓞ VISA
geschl. 20. Dez. - 4. Jan. – **23 Zim** ⊇ 48 – 70.
♦ Neuzeitlich und funktionell sind die Zimmer dieses gut geführten Hotels eingerichtet. Nur wenige Schritte entfernt befindet sich die Altstadt.

Haus Liebenhall ❧ garni, Bismarckstr. 9, ✉ 38259, ℘ (05341) 81 10 77, pietrek @aol.com, Fax (05341) 31092 – 🅣 🅟 🆎 VISA, ❀
9 Zim ⊇ 40/56 – 58/67.
♦ Auf der Suche nach einer gepflegten Übernachtungsadresse für unterwegs finden Geschäftsreisende wie auch Urlauber hier eine praktische Unterkunft und freundlichen Service.

SALZGITTER

In Haverlah-Steinlah Nord-West : 6 km ab Salzgitter-Bad, über B 6, bei Haverlah rechts ab :

Gutshof ⑤, Lindenstr. 5, ✉ 38275, ℘ (05341) 33 84 41, hotelgutshof@web.de, Fax (05341) 338442, 舎, ≁ – TV P – 益 80. AE ① ⑩ VISA JCB. ℅ Rest
Menu (nur Abendessen) à la carte 16/39 – **23 Zim** ☑ 50/91 – 80/101.
♦ Der hübsche Klinkerbau aus dem 18. Jh. und ein neuerer Anbau - dem ehemaligen Gutshof architektonisch nachempfunden - beherbergen recht individuelle, wohnliche Zimmer. In mehrere Stuben unterteilt und nett dekoriert zeigt sich das Restaurant.

SALZHAUSEN Niedersachsen **541** G 14 – 3 300 Ew – Höhe 60 m.
Berlin 288 – Hannover 117 – Hamburg 55 – Lüneburg 18.

Romantik Hotel Josthof (mit Gästehäusern), Am Lindenberg 1, ✉ 21376, ℘ (04172) 9 09 80, josthof@romantikhotels.com, Fax (04172) 6225, 舎, Biergarten – TV P – 益 15. AE ① ⑩ VISA
Menu (abends Tischbestellung ratsam) à la carte 26,50/43,50 – **16 Zim** ☑ 59/75 – 109.
♦ Mehrere reetgedeckte Fachwerkhäuser setzen sich zu diesem historischen Bauerngehöft zusammen, das heute mit wohnlichen Zimmern Ihrer Beherbergung dient. Hübsch eingerichtete Stuben in regionaltypischer Aufmachung.

In Gödenstorf West : 3 km, über Bahnhofstraße :

Gasthof Isernhagen, Hauptstr. 11, ✉ 21376, ℘ (04172) 87 85, Fax (04172) 8715, 舎 – ⇌ Zim, TV ⇐ P – 益 30. ⑩ VISA
geschl. 15. März - 7. April - **Menu** (geschl. Dienstag) à la carte 16/25,50 – **10 Zim** ☑ 44/54 – 67/77.
♦ 1887 gegründet, hat sich der dörfliche Gasthof im regionstypischen Klinkerstil durch verschiedene Um- und Neubauten zu einem zeitgemäßen kleinen Hotel entwickelt. Bürgerlich eingerichtetes Restaurant.

SALZKOTTEN Nordrhein-Westfalen **543** K 9 – 23 800 Ew – Höhe 100 m.
🛈 Informations- und Verkehrsbüro, Marktstr. 8, ✉ 33154, ℘ (05258) 50 71 18, stadtverwaltung@salzkotten.de, Fax (05258) 50726118.
Berlin 433 – Düsseldorf 157 – Arnsberg 59 – Lippstadt 19 – Paderborn 12.

Walz, Paderborner Str. 21 (B 1), ✉ 33154, ℘ (05258) 98 80, walz-salzkotten@t-online.de, Fax (05258) 4849, 舎, ≘s – TV ☏ P – 益 30. AE ① ⑩ VISA
Menu (geschl. Samstagmittag) à la carte 18/33 – **34 Zim** ☑ 55 – 75.
♦ Funktionell ausgestattet und in zeitgemäßem Stil eingerichtet, stellt das familiengeführte Hotel mit seinem neueren Anbau eine sympathische Übernachtungsadresse dar. Bürgerliches Restaurant.

SALZSCHLIRF, BAD Hessen **543** O 12 – 3 300 Ew – Höhe 250 m – Heilbad.
🛈 Kur und Tourismus, Bahnhofstr. 22, ✉ 36364, ℘ (06648) 22 66, info@bad-salzschlirf.de, Fax (06648) 2368.
Berlin 446 – Wiesbaden 161 – Fulda 20 – Gießen 81 – Bad Hersfeld 36.

Söderberg ⑤, Bonifatiusstr. 6, ✉ 36364, ℘ (06648) 94 20, soederberg@t-online.de, Fax (06648) 942211, 舎, ≁ – 🛗 TV P. ⑩ VISA
geschl. Jan., Nov. – **Menu** (geschl. Montag) à la carte 15,50/34,50 – **30 Zim** ☑ 32/40 – 53 – ½ P 10.
♦ Leicht erhöht am Berg liegt dieses aus Alt- und Neubau bestehende Hotel. Man verfügt über solide, saubere und gepflegte Gästezimmer. Im Untergeschoss : gemütliches, rustikales Restaurant. Schöne Gartenterrasse.

SALZUFLEN, BAD Nordrhein-Westfalen **543** J 10 – 56 000 Ew – Höhe 80 m – Heilbad.
🏌 Bad Salzuflen, Schwaghof 4 (Nord : 3 km), ℘ (05222) 1 07 73.
🛈 Kur- und Touristinformation, Parkstr. 20, ✉ 32105, ℘ (05222) 18 31 83, info@bad-salzuflen.de, Fax (05222) 17154.
Berlin 375 – Düsseldorf 191 – Bielefeld 26 – Hannover 89.

Romantik Hotel Arminius ⑤, Ritterstr. 2, ✉ 32105, ℘ (05222) 36 60, info@hotelarminius.de, Fax (05222) 366111, 舎, Massage, ≘s – 🛗, ⇌ Zim, TV ⇐ – 益 45. AE ① ⑩ VISA
Menu à la carte 23/39 – **66 Zim** ☑ 85/95 – 92/115, 11 Suiten – ½ P 19.
♦ Geschichte und Moderne harmonisch vereint : In historischen Fachwerkgebäuden der Weserrenaissance befindet sich ein Hotel mit charmantem Ambiente und Komfort von heute. Rustikal-gemütliches Restaurant.

SALZUFLEN, BAD

- **Altstadt-Palais Lippischer Hof**, Mauerstr. 1, ✉ 32105, ☏ (05222) 53 40, *lippisc herhof@hof-hotels.de, Fax (05222) 50571*, 😀, Massage, ≘s, 🏊, – 📶, 🛌 Zim, 📺 📞 ⇔ 🅿 – 🔒 80. 💳 VISA JCB
  Menu à la carte 31,50/41,50 – **Walter's Pharmacy :** Menu à la carte 19,50/43 – **65 Zim** 🍴 67/85 – 98/110 – ½ P 18.
  ◆ Die Zimmer dieses familiengeführten Hotels in der Innenstadt sind teils praktisch gestaltet, teils geräumiger und wohnlich-elegant eingerichtet. Restaurant im Wintergarten. An eine ehemalige Apotheke erinnert Walter's Pharmacy, im Brasserie-Stil gehalten.

- **Mercure Golf Hotel** 🌿, Schwaghof 1 (Nord : 3 km), ✉ 32108, ☏ (05222) 9 16 20, *h2925@accor-hotels.com, Fax (05222) 9162100*, ≤, 😀, ≘s, 🏊, 🌳, 🍴 – 📶, 🛌 Zim, 📺 ⇔ 🅿 – 🔒 170. 💳 ① 💳 VISA JCB
  Menu à la carte 22/33,50 – **86 Zim** 🍴 80/96 – 118/133 – ½ P 20.
  ◆ Die Gästezimmer dieses Hotels zeigen sich in zeitgemäßer und funktioneller Gestaltung. Tagende, aber auch Urlauber finden hier eine ruhige Unterkunft direkt beim Golfplatz.

- **Vitalotel Roonhof**, Roonstr. 9, ✉ 32105, ☏ (05222) 34 30, *info@roonhof.de, Fax (05222) 343100*, 😀, Massage, ♨, ≘s, 🏊, 🛌 Zim, 📺 📞 ⇔ – 🔒 25. 💳 ① 💳 VISA
  Menu (nur Abendessen)(Restaurant nur für Hausgäste) – **54 Zim** 🍴 79/89 – 118 – ½ P 16.
  ◆ Wohnlichkeit und Funktionalität bestimmen dieses neuzeitliche Hotel. Zum Konzept des Hauses gehört auch ein Freizeitbereich mit Zentrum für Gesundheit.

- **Kurpark-Hotel** 🌿, Parkstr. 1, ✉ 32105, ☏ (05222) 39 90, *info@kurparkhotel.de, Fax (05222) 399462*, 😀, Massage – 🛌 Zim, 📺 📞 & ⇔ – 🔒 60. 💳 ① 💳 VISA JCB
  geschl. 3. Jan. - 5. Feb. – **Menu** à la carte 22/33 – **74 Zim** 🍴 60/108 – 138/160 – ½ P 15.
  ◆ Das von der Inhaber-Familie geführte Haus im Kurgebiet verfügt über Zimmer verschiedener Kategorien, von schlicht bis komfortabel, teils mit Balkon zum Garten oder zur Saline. Zeitgemäß eingerichtetes Hotelrestaurant.

- **Antik-Hotel Eichenhof** garni, Friedenstr. 1, ✉ 32105, ☏ (05222) 9 34 00, *eichen hof@hof-hotels.de, Fax (05222) 934040* – 🛌 📺 ⇔ – 🔒 30. 💳 VISA JCB
  28 Zim 🍴 69/79 – 85/95.
  ◆ Im Inneren dieses kleinen historischen Hauses hat man den Charme vergangener Zeiten erhalten und es mit modernen Elementen zu einer praktischen Unterkunft erweitert.

- **Otto**, Friedenstr. 2, ✉ 32105, ☏ (05222) 93 04 40, *info@hotel-otto.de, Fax (05222) 58464*, 🌳 – 📶, 🛌 Zim, 📺 ⇔ 🅿 💳 ① 💳 VISA JCB
  geschl. Ende Nov. - Ende Jan. – **Menu** (nur Abendessen) (Restaurant nur für Hausgäste) – **22 Zim** 🍴 68/82 – 104.
  ◆ Seit 1920 bemüht man sich hinter nun denkmalgeschützten Mauern um das Wohl des Gastes. Liebevoll renoviert, ermöglicht Ihnen das Haus heute zeitgemäßes Wohnen.

- **Bauer** 🌿, An der Hellrüsche 41, ✉ 32105, ☏ (05222) 9 14 40, *Fax (05222) 16781*, 😀 – 📺 🅿 💳 ① 💳 VISA JCB
  Menu (geschl. Montag) à la carte 18/32,50 – **12 Zim** 🍴 42 – 62 – ½ P 10.
  ◆ In einem Wohngebiet an einem Park liegt das familiengeführte kleine Hotel, das über solide gestaltete Fremdenzimmer in neuzeitlicher Machart verfügt. Café-Charakter prägt das Restaurant.

- **Alexandra**, Untere Mühlenstr. 2, ✉ 32105, ☏ (05222) 40 05 75, *gast@restaurant-a lexandra.de, Fax (05222) 923745*, 😀 – 💳 VISA
  geschl. Mitte Jan. - Anfang Feb., Ende Okt. - Anfang Nov., Mittwoch – **Menu** (Montag - Donnerstag nur Abendessen) à la carte 19/35,50.
  ◆ Das kleine historische Fachwerkhaus a. d. 16. Jh. beherbergt ein behaglich-rustikales Restaurant, das sorgfältig zubereitete internationale und regionale Speisen bietet.

In Bad Salzuflen-Sylbach Süd : 8 km über B 239 Richtung Lage :

- **Zum Löwen**, Sylbacher Str. 223, ✉ 32107, ☏ (05232) 9 56 50, *zum_loewen@t-onli ne.de, Fax (05232) 956565*, 😀, 🏊 – 🛌 Zim, 📺 📞 🅿 💳 💳 VISA
  geschl. Juli - Aug. 2 Wochen – **Menu** (wochentags nur Abendessen) à la carte 19,50/30,50 – **32 Zim** 🍴 48 – 78.
  ◆ Im seitlichen Anbau dieses familiengeführten Gasthofs hat man die im Stil einheitlichen, soliden und wohnlichen Zimmer untergebracht. Neuzeitlich gestaltetes Restaurant mit Wintergarten.

SALZUNGEN, BAD Thüringen 544 N 14 – 17 000 Ew – Höhe 238 m – Solebad.

🛈 Tourist-Information, Am Flößrasen 1, ☑ 36433, ☏ (03695) 69 34 20, *kur-basa@t-o nline.de, Fax (03695) 693421*. – Berlin 377 – *Erfurt* 86 – Bad Hersfeld 43.

- **Salzunger Hof**, Bahnhofstr. 41, ✉ 36433, ☏ (03695) 67 20, *salzunger.hof@t-onlin e.de, Fax (03695) 601700*, 😀 – 📶, 🛌 Zim, 📺 & ⇔ 🅿 – 🔒 200. 💳 ① 💳 VISA
  Menu à la carte 18,50/29 – **71 Zim** 🍴 65 – 90 – ½ P 12.
  ◆ Zeitgemäß und funktionell eingerichtete Gästezimmer bietet dieses gepflegte Haus. Auch Ferienwohnungen für einen längeren Aufenthalt stehen zur Verfügung. Ländlich-rustikales Restaurant.

SALZWEDEL Sachsen-Anhalt 🅵🅰🅵 H 17 – 20 000 Ew – Höhe 51 m.
🇮 Tourist-Information, Neuperverstr. 29, ✉ 29410, ℰ (03901) 42 24 38, Fax (03901) 31077.
Berlin 187 – Magdeburg 103 – Schwerin 114 – Wolfsburg 59.

Union, Goethestr. 11, ✉ 29410, ℰ (03901) 42 20 97, hotelunion@t-online.de, Fax (03901) 422136, 🍽, ☕ – 🚭 Zim, 📺 🅿 – 🛗 30. 🆎 ① 🆎 🆅🅸🆂🅰
Menu à la carte 16,50/30 – **33 Zim** ⌷ 47/57 – 70.
• Das traditionelle Haus befindet sich an der mittelalterlichen Stadtmauer. Sie betreten es durch eine neuzeitliche Halle mit einem Hauch von alpenländischem Flair. Ein Kachelofen macht die Galträume gemütlich.

SAMERBERG Bayern 🅵🅰🅶 W 20 – 2 600 Ew – Höhe 700 m – Erholungsort – Wintersport : 700/1 569 m ⛷1 ⛷1 ⛷.
🇮 Verkehrsverein, Dorfplatz 3 (Samerberg-Törwang), ✉ 83122, ℰ (08032) 86 06, info@samerberg.de, Fax (08032) 989414.
Berlin 672 – München 82 – Bad Reichenhall 65 – Traunstein 44 – Rosenheim 16.

In Samerberg-Törwang :

Zur Post, Dorfplatz 4, ✉ 83122, ℰ (08032) 86 13, info@hotel-post-samerberg.de, Fax (08032) 8929, 🍽, 🛁, ♨, 🎾 – 📶 📺 🚭 🅿 – 🛗 20. 🆎 🆅🅸🆂🅰. 🚭 Zim geschl. Nov. – **Menu** (geschl. Dienstag, Nov. - März Dienstag - Mittwoch) à la carte 13,50/26,50 – **23 Zim** ⌷ 40/43 – 53/61.
• Einen urgemütlichen Aufenthalt verspricht dieses denkmalgeschützte Haus mit seinem gepflegten, rustikalen Inneren - seit 300 Jahren in Familienbesitz. Restaurant mit ländlichem Charakter.

In Samerberg-Duft Süd : 6 km ab Törwang, über Eßbaum und Gernmühl : – Höhe 800 m

Berggasthof Duftbräu ⛷, Duft 1, ✉ 83122, ℰ (08032) 82 26, duftbraeu@frenet.de, Fax (08032) 8366, ≤, 🍽 – 🚭 Rest, 📺 🚭 🅿
Menu à la carte 13/22,50 – **16 Zim** ⌷ 31/50 – 52/75 – ½ P 13.
• Abseits von Straßenlärm liegt dieses familiengeführte kleine Haus am Waldrand. Man verfügt über schlichte, aber saubere und gepflegte Gästezimmer. Gaststuben in ländlichem Stil.

SANDE Niedersachsen 🅵🅰🅵 F 8 – 9 500 Ew – Höhe 2 m.
Berlin 476 – Hannover 217 – Cuxhaven 104 – Oldenburg 47 – Wilhelmshaven 9.

Landhaus Tapken, Bahnhofstr. 46, ✉ 26452, ℰ (04422) 9 58 60, info@landhaustapken.de, Fax (04422) 958699, 🍽 – 📺 🚭 🅿 – 🛗 120. ① 🆎 🆅🅸🆂🅰. 🚭 Zim
23. – 26. Dez. – **Menu** (wochentags nur Abendessen) à la carte 13,50/31 – **20 Zim** ⌷ 48 – 71.
• Auf der Suche nach einer gepflegten Unterkunft finden Reisende in diesem gut geführten Hotel mit Klinkerfassade solide ausgestattete Zimmer. Bürgerlich gestaltetes Restaurant.

SANGERHAUSEN Sachsen-Anhalt 🅵🅰🅵 L 17 – 26 000 Ew – Höhe 158 m.
🇮 Tourist-Information, Schützenplatz 8, ✉ 06526, ℰ (03464) 1 94 33, info@sangerhausen-tourist.de, Fax (03464) 515336.
Berlin 224 – Magdeburg 98 – Erfurt 75 – Nordhausen 37 – Weimar 68 – Halle 53.

In Oberröblingen Süd : 5 km, über B 86 :

Zum Löwen, Sangerhäuser Str. 24 (B 86), ✉ 06528, ℰ (03464) 5 45 00, info@zum-loewen-hotel.de, Fax (03464) 674230, Biergarten – 🚭 Zim, 📺 🆎 🆎 🆅🅸🆂🅰. 🚭 Rest
Menu à la carte 16,50/28 – **28 Zim** ⌷ 39/49 – 62/72.
• In Möblierung und Technik solide ausgestattete Zimmer bietet diese engagiert geführte Übernachtungsadresse. Viele historische Sehenswürdigkeiten in der Umgebung. Bereits seit 1852 existierte das heute neuzeitlich gestaltete Restaurant.

ST. AUGUSTIN Nordrhein-Westfalen 🅵🅰🅶 N 5 – 56 700 Ew – Höhe 50 m.
⛳₁₈ St. Augustin Gut Großenbusch (Süd : 7 km über Hangelar), ℰ (02241) 3 98 80.
Berlin 590 – Düsseldorf 71 – Bonn 6 – Siegburg 4.

Regina, Markt 81, ✉ 53757, ℰ (02241) 86 90, info@reginahotel.de, Fax (02241) 28385, 🍽, ☕ – 📶 🚭 📺 🅲 🚭 – 🛗 70. 🆎 ① 🆎 🆅🅸🆂🅰. 🚭 Rest
Menu à la carte 15,50/27 – **59 Zim** ⌷ 82/102 – 87/153.
• Das Hotel liegt im Zentrum der Stadt, an der Fußgängerzone. Ein wohnliches Interieur gehört ebenso zu den Vorzügen des Hauses wie die verkehrsgünstige Lage. Bürgerlich-gediegene Atmosphäre im Restaurant.

ST. AUGUSTIN

In St. Augustin-Hangelar :

Hangelar, Lindenstr. 21, ✉ 53757, ✆ (02241) 9 28 60, info@hotel-hangelar.de, Fax (02241) 928613, ⇔, 🅂, ✍ – Zim, 📺 ✆ 35. 🖽 ☉ VISA JCB
Menu (nur Abendessen) (Restaurant nur für Hausgäste) – **44 Zim** ⇔ 75/95 – 85/115.
 ◆ Ausreichend Platz bieten die Zimmer dieses Hauses in einem Wohngebiet. Sie sind teils mit Kiefern-, teils mit Kirschbaummobiliar eingerichtet. Einige haben Modemanschluss.

ST. BLASIEN Baden-Württemberg 545 W 8 – 3 700 Ew – Höhe 762 m – Heilklimatischer Kneippkurort – Luftkurort.

Sehenswert : Dom★★.

🛈 Tourist-Information, Haus des Gastes, Am Kurgarten 1, ✉ 79837, ✆ (07672) 4 14 30, tourist-information@st-blasien-menzenschwand.de, Fax (07672) 41438.
🛈 Tourist Information im Rathaus Menzenschwand, ✉ 79837, ✆ (07675) 9 30 90, Fax (07675) 1709.

Berlin 810 – Stuttgart 187 – *Freiburg im Breisgau* 51 – Donaueschingen 64 – Basel 62.

Café Aich garni, Hauptstr. 31, ✉ 79837, ✆ (07672) 14 29, cafe.aich@t-online.de, Fax (07672) 2062 – ⇔ 📺 ✆ ⇔
6 Zim ⇔ 50/60 – 75/90.
 ◆ Wenn Sie auch unterwegs eine private Atmosphäre schätzen, wird Ihnen diese kleine Übernachtungsadresse gefallen – Sie bewohnen elegant im englischen Stil eingerichtete Zimmer.

In St. Blasien-Menzenschwand Nord-West : 9 km, über Umgehungsstraße : – Luftkurort :

Sonnenhof, Vorderdorfstr. 58, ✉ 79837, ✆ (07675) 9 05 60, Fax (07675) 905650, ≤, ⇔, Massage, ♠, ⇔, 🅂, ✍ – 📺 ✆ – 🏛 40. ☉ ☉ VISA
geschl. Anfang Nov. - Mitte Dez. – **Menu** (geschl. April - Okt. Montag, Nov. - März Dienstag)(nur Abendessen) à la carte 15/33 – **27 Zim** ⇔ 35/55 – 65/95 – ½ P 13.
 ◆ In reizvoller landschaftlicher Umgebung heißt man Skifahrer wie auch Wanderer willkommen. Es stehen Ihnen gepflegte Zimmer mit bemaltem Bauernmobiliar zur Verfügung.

Waldeck, Vorderdorfstr. 74, ✉ 79837, ✆ (07675) 9 05 40, info@menzenschwand-waldeck.de, Fax (07675) 1476, ⇔, ⇔, ✍ – 📺 ✆ 🖽 ☉ ☉ VISA
geschl. Anfang Nov. - Mitte Dez. – **Menu** (geschl. Montag) à la carte 13,50/33 – **19 Zim** ⇔ 36/38 – 56/72 – ½ P 13.
 ◆ Im Altbau wie auch im neueren Anbau dieses Schwarzwaldgasthofs stehen funktionelle Zimmer zum Einzug bereit. Die Umgebung bietet Ihnen viele Ausflugsmöglichkeiten. Hinter der hübschen Schindelfassade empfängt man den Gast in rustikalen Stuben.

In Ibach-Mutterslehen an der Strasse nach Todtmoos : West : 6 km – Höhe 1 000 m – Erholungsort :

Schwarzwaldgasthof Hirschen, Hauptstraße, ✉ 79837, ✆ (07672) 9 30 40, info@hotel-hirschen.de, Fax (07672) 9412, ≤, ⇔, ✍ – 📺 ✆ 🖽 ☉ ☉ VISA
Menu (geschl. Dienstag) à la carte 18,50/40 – **15 Zim** ⇔ 42 – 70/75 – ½ P 14.
 ◆ Solide und wohnlich zeigen sich die Gästezimmer dieses traditionsreichen Hauses - seit 1810 in Familienbesitz. Auch die überschaubare Größe des Gasthofs werden Sie schätzen. Im regionstypischen Stil, rustikal und gemütlich die Galtsräume.

ST. ENGLMAR Bayern 546 S 22 – 1500 Ew – Höhe 850 m – Luftkurort – Wintersport : 800/1055 m ⛷13 ⛷.

🛈 Tourist-Information, Rathausstr. 6, ✉ 94379, ✆ (09965) 84 03 20, tourist-info@sankt-englmar.de, Fax (09965) 840330.
Berlin 519 – München 151 – *Regensburg* 68 – Cham 37 – Deggendorf 30 – Straubing 31.

Angerhof ⇔, Am Anger 38, ✉ 94379, ✆ (09965) 18 60, hotel@angerhof.de, Fax (09965) 18619, ≤, ⇔, ♠, Massage, ♠, ⇔, 🅂 (geheizt), 🅂, ✍, Squash – 📶 ⇔ 📺 ✆ – 🏛 50. ⇔ Rest
Menu à la carte 25,50/30,50 – **80 Zim** ⇔ 74/106 – 142/172, 6 Suiten – ½ P 20.
 ◆ Die Kategorien Classique, Exclusiv und Landhaus geben den Zimmern dieses Hauses eine individuelle Note und machen Übernachten zu angenehmen Wohnen. Imposanter Wellnessbereich. Vielfältige Gastronomie mit klassisch-elegantem Panoramarestaurant.

In St. Englmar-Grün Nord-West : 3 km, über Bogener Straße, am Ortsende links ab :

Reinerhof, Grün 9, ✉ 94379, ✆ (09965) 85 10, hotel-reinerhof@t-online.de, Fax (09965) 851125, ≤, ⇔, 🅂, ✍ – 📶 📺 ⇔ ✆ ⇔ Rest
geschl. Nov. - Mitte Dez. – **Menu** (nur Abendessen) (Restaurant nur für Hausgäste) – **40 Zim** ⇔ 39/44 – 72/84 – ½ P 10.
 ◆ In funktionell gestalteten Gästezimmern und gemütlichen Aufenthaltsräumen läßt man Sie nach einem abwechslungsreichen Freizeitprogramm zur Ruhe kommen.

ST. ENGLMAR

In St. Englmar-Maibrunn *Nord-West : 5 km, über Grün :*

🏨 **Maibrunn** (mit Anbau), Maibrunn 1, ✉ 94379, ☏ (09965) 85 00, *info@berghotel-maibrunn.de*, Fax (09965) 850100, ≤, 🍴, 🅿, Massage, ♨, 🏋, ≘s, 🏊 (geheizt), 🏓, 🐎, 🎾, ⚘ – 🛗, ☒ Zim, 📺, 📞, 🚗, 🅿 – 🛁 20. 🎾 Rest
Menu à la carte 20,50/32,50 – **52 Zim** ⊇ 45/75 – 80/118 – ½ P 22.
• Das schöne Hotel liegt auf der Sonnenseite des Bayerischen Waldes - in 850 m Höhe. Vom Standard-Zimmer bis zur Suite stehen dem Gast Quartiere nach Maß zur Verfügung. Ländlich-elegantes Restaurant.

In St. Englmar-Rettenbach *Süd-Ost : 5 km, über Bogener Straße, im Wald links ab :*

🏨 **Romantik Hotel Gut Schmelmerhof**, Rettenbach 24, ✉ 94379, ☏ (09965) 18 90, *hotel@gut-schmelmerhof.de*, Fax (09965) 189140, 🍴, Massage, ♨, 🏋, ≘s, 🏊 (geheizt), 🏓, 🐎 – 🛗 📞 🅿 – 🛁 25. ◉ 🆅 🎾
Menu à la carte 22/41,50 – **40 Zim** ⊇ 66/90 – 116/180 – ½ P 22.
• Birkenau, Wiesengrund oder Lerchenhaid - individuell gestaltete Zimmer stellen ein wohnliches Quartier dar. Schönheitsfarm und Garten sorgen für wohltuende Stunden. Restaurant mit urigem Ziegelsteingewölbe.

ST. GEORGEN Baden-Württemberg ⁵⁴⁵ V 9 – 14 000 Ew – Höhe 810 m – Erholungsort – Wintersport : 800/1 000 m ⛷5 ⛷.
🛈 *Tourist Information, Hauptstr. 9, Rathaus, ✉ 78112, ☏ (07724) 8 71 94, Fax (07724) 87120.*
Berlin 754 – Stuttgart 127 – *Freiburg im Breisgau* 71 – Schramberg 18 – Villingen-Schwenningen 14 – Offenburg 65.

🏨 **Tannenhof**, Schwanenweg 9, ✉ 78112, ☏ (07724) 9 39 90, *hoteltannenhof@aol.com*, Fax (07724) 939999, 🍴, ≘s, 🐎 – 🛗 Zim, 📺, 🚗, 🅿 – 🛁 50. 🆎 ◉ 🆅
Menu *(geschl. 11. Jan. - 8. Feb., Sonntagabend) (wochentags nur Abendessen)* à la carte 15,50/32 – **22 Zim** ⊇ 49/62 – 74/88 – ½ P 15.
• Drei neuzeitliche Landhäuser im Schwarzwaldstil bilden diese Hotelanlage. Loipe und Wanderwege finden sich in unmittelbarer Nähe des Hauses. Mehrere Gaststuben in rustikaler Aufmachung.

🏨 **Kammerer** garni, Hauptstr. 23, ✉ 78112, ☏ (07724) 9 39 20, *hotel-kammerer@t-online.de*, Fax (07724) 939241 – 🛗 📺 📞 🚗. 🆎 ◉ ◉ 🆅 🆎🅱
22 Zim ⊇ 42/54 – 72/76.
• Im Zentrum der kleinen Stadt findet man eine gut geführte, solide Unterkunft mit zeitgemäßen Zimmern. Kleines Bistro für Hausgäste.

ST. GOAR Rheinland-Pfalz ⁵⁴³ P 7 – 3 500 Ew – Höhe 70 m.
Sehenswert : Burg Rheinfels★★.
Ausflugsziel : *Loreley* ★★★ ≤★★, *Süd-Ost : 4 km.*
🛈 *Tourist-Information, Heerstr. 86, ✉ 56329, ☏ (06741) 3 83, touristinfo@st-goar.de,* Fax (06741) 7209.
Berlin 627 – Mainz 63 – *Koblenz* 43 – Bingen 28.

🏨 **Schloß Hotel und Villa Rheinfels**, Schloßberg 47, ✉ 56329, ☏ (06741) 80 20, *info@burgrheinfels.de*, Fax (06741) 802802, ≤ Rheintal, 🍴, Massage, ≘s, 🏊 – 🛗 📺 📞 🅿 – 🛁 65. 🆎 ◉ ◉ 🆅 🆎🅱
Menu 35/46 à la carte 22,50/35,50 – **65 Zim** ⊇ 85/125 – 128/150.
• In exponierter Lage, vor der beeindruckenden Kulisse der Burganlage, bilden Schloßhotel und Villa ein ansprechendes Domizil - eingebettet in das Tal der Loreley. Gepflegtes Restaurant in klassischer Gestaltung.

🏨 **Zum Goldenen Löwen**, Heerstr. 82, ✉ 56329, ☏ (06741) 16 74, *hotelzumgoldenenloewen-tiscali.de*, Fax (06741) 2852, ≤, 🍴 – 📺 – 🛁 30
Menu à la carte 23/37 – **12 Zim** ⊇ 49/70 – 70/110 – ½ P 15.
• Das kleine Hotel stellt dem Besucher Zimmer verschiedener Kategorien zur Wahl, alle gepflegt, aber unterschiedlich in Zuschnitt und Einrichtung. Im Restaurant : rustikale Einrichtung im altdeutschen Stil.

In St. Goar-Fellen *Nord-West : 3 km, über B 9 :*

🏨 **Landsknecht**, an der Rheinufer-Straße (B 9), ✉ 56329, ☏ (06741) 20 11, *info@hotel-landsknecht.de*, Fax (06741) 7499, ≤, 🍴, 🐎 – 📺 🚗 🅿 – 🛁 20. 🆎 ◉ 🆅
geschl. Jan. - Feb. – **Menu** à la carte 21/33,50 – **15 Zim** ⊇ 50/70 – 85/115 – ½ P 20.
• Zimmer in Standard- und Komfort-Ausstattung bieten dem Gast eine behagliche, zeitgemäße Unterkunft. Eine hübsche Gartenanlage schließt sich an das Haus an. Das Restaurant ist rustikal gehalten - auf der Terrasse genießen Sie den Blick auf den Rhein.

ST. INGBERT Saarland 543 S 5 – 41 000 Ew – Höhe 229 m.
Berlin 697 – Saarbrücken 13 – Kaiserslautern 55 – Zweibrücken 25.

- **Goldener Stern** (mit Stammhaus und Gästehaus), Ludwigstr. 37, ⌧ 66386, ℘ (06894) 9 26 20, info@hotel-goldenerstern.de, Fax (06894) 926225 – 📶 TV ⌧ P – 🅰 80. AE ⌧ VISA
  Menu (geschl. 31. Dez. - 10. Jan., Montag) à la carte 24/40 – **48 Zim** ⌧ 60/75 – 70/110.
  ◆ Seit 2001 ergänzt ein Neubau das Hotel. Hier finden sich der Eingangsbereich mit moderner Halle und 18 neue Zimmer, die zeitgemäß und klassisch eingerichtet sind. Elegantes Hotelrestaurant mit internationalem Angebot.

- **Absatz-Schmitt** garni, Ensheimer Str. 134, ⌧ 66386, ℘ (06894) 9 63 10, info@hotel-absatzschmitt.de, Fax (06894) 963124 – TV P. ⌧ VISA
  11 Zim ⌧ 50/55 – 60/80.
  ◆ Eine praktische Unterkunft am Stadtrand. Die Zimmer sind technisch komplett ausgestattet und überzeugen mit Funktionalität und Pflege.

- **La Trattoria del Postillione,** Neue Bahnhofstr. 2, ⌧ 66386, ℘ (06894) 38 10 61, postillione@t-online.de, Fax (06894) 384132, 🍽 – P. ⌧ VISA
  geschl. Juli - Aug. 2 Wochen, Sonntag – **Menu** (italienische Küche) à la carte 24/34,50.
  ◆ Ein ehemaliges Bahnhofsgebäude bildet die stimmungsvolle Kulisse für einen kulinarischen Ausflug nach Italien. Ein mit altem Zierrat und südlichem Ambiente gestaltetes Lokal.

- **Die Alte Brauerei** 🐚 mit Zim, Kaiserstr. 101, ⌧ 66386, ℘ (06894) 9 28 60, norbertlichter@t-online.de, Fax (06894) 928623, 🍽 – TV ⌧ P. ⌧ VISA JCB
  geschl. Dienstag, Samstagmittag – **Menu** à la carte 23,50/36,50 – **6 Zim** ⌧ 49/56 – 72/92.
  ◆ In rustikal-gemütlichem Stil präsentiert sich das Interieur der ehemaligen Brauerei. Sorgfalt und Qualität kennzeichnen die Speisen - mit französischer Note zubereitet.

In St. Ingbert-Rohrbach Ost : 3 km, über B 40 :

- **Zum Mühlehannes** (mit Gästehaus), Obere Kaiserstr. 97 (B 40), ⌧ 66386, ℘ (06894) 9 55 60, muehlehannes@t-online.de, Fax (06894) 955619 – TV ⌧ P. AE ⓞ ⌧ VISA
  Menu (geschl. Samstagmittag) à la carte 14/32,50 – **15 Zim** ⌧ 30/51 – 66/81.
  ◆ Ein netter Familienbetrieb : Der Hotelteil des Gasthofs - zwei Häuser weiter gelegen - beherbergt seine Gäste in gepflegten Zimmern, rustikal ausgestattet. Bürgerlich-gediegenes Restaurant.

In St. Ingbert-Sengscheid Süd-West : 4 km, jenseits der A 6, über B 40, in Rentrisch links ab :

- **Sengscheider Hof** (mit Gästehäusern), Zum Ensheimer Gelösch 30, ⌧ 66386, ℘ (06894) 98 20, sengscheiderhof@aol.com, Fax (06894) 982200, 🍽, 🏊, 🔺, 🐎 – 📶 TV ⌧ 🚗 P. – 🅰 15. ⌧ VISA
  Menu (geschl. 27. Dez. - 5. Jan., Samstagmittag, Sonntag - Montagmittag) à la carte 32/48 – **Franziska Stube** : (nur Abendessen) **Menu** à la carte 20/31,50 – **47 Zim** ⌧ 50/80 – 107/154.
  ◆ Im Haupthaus wie auch in den Gästehäusern stehen dem Gast individuelle Zimmer zur Verfügung - teils neuzeitlich mit guter Technik, teils einfacher und preiswerter. Das Restaurant : ein großer, stilvoll gestalteter Raum. Modernes Design in der Franziska Stube.

- **Alfa-Hotel,** Zum Ensheimer Gelösch 2, ⌧ 66386, ℘ (06894) 98 50, alfa-hotel@t-online.de, Fax (06894) 985299, 🍽, 🏊, 🐎 – TV 🚗 P. – 🅰 40. AE ⓞ ⌧ VISA
  Le jardin (geschl. Samstagmittag, Sonntagabend - Montagmittag) **Menu** à la carte 30/39 – **54 Zim** ⌧ 55/90 – 80/120.
  ◆ Von der freundlichen Lobby des neu gestalteten Hotels aus gelangen Sie in zeitgemäße Zimmer - im Altbau etwas schlichter eingerichtet. Das Restaurant Le jardin bietet Ihnen ein gepflegtes Ambiente.

ST. JOHANN Baden-Württemberg 545 U 12 – 5 000 Ew – Höhe 750 m – Erholungsort – Wintersport : 750/800 m ⛷2 ⛸.
🛈 Touristikbüro, Kirchgasse 1 (Upfingen), ⌧ 72813, ℘ (07122) 92 31, touristik-st.johann@t-online.de, Fax (07122) 3679.
Berlin 674 – Stuttgart 55 – Reutlingen 17 – Ulm (Donau) 65.

In St. Johann-Lonsingen :

- **Albhotel Bauder - Grüner Baum** (mit Gasthof), Albstr. 4, ⌧ 72813, ℘ (07122) 1 70, Fax (07122) 17217, 🍽, 🏊, 🐎 – 📶, ⌧ Zim, TV ⌧ 🚗 P. – 🅰 45
  Menu (geschl. Nov. 2 Wochen, Montag) à la carte 15/31,50 – **68 Zim** ⌧ 40/45 – 64/74 – ½ P 12.
  ◆ Gästezimmer mit wohnlicher Einrichtung und guter Technik - meist auch mit Sitzecke versehen - verteilen sich auf die verschiedenen Bauabschnitte dieses Urlaubshotels. Bürgerlich-schlicht : der Gasthof, ländlich-gediegen das Restaurant im Anbau.

ST. JOHANN Rheinland-Pfalz siehe Sprendlingen.

ST. LEON-ROT Baden-Württemberg 545 S 9 – 11 900 Ew – Höhe 100 m.
St. Leon-Rot, Opelstr. 30, ℘ (06227) 8 60 80.
Berlin 642 – Stuttgart 92 – Mannheim 32.

Fairway garni, Opelstr. 10 (Gewerbegebiet), ✉ 68789, ℘ (06227) 54 40, info@fairway-hotel.de, Fax (06227) 544500, ≘s, 🚭 – 📶 ⁂ TV P – 🅰 40. AE ⓘ ⓜ VISA
89 Zim ⊇ 102 – 135.
• Hell, neuzeitlich und funktionell ausgestattet, wird das Hotel den Ansprüchen der heutigen Zeit gerecht und bietet sich nur für Tagende und Golfer eine geeignete Unterkunft.

Ace of Clubs Golf-Restaurant, Opelstr. 30 (am Golfplatz nahe dem Gewerbegebiet), ✉ 68789, ℘ (06227) 8 60 81 10, ace-of-clubs@gmx.de, Fax (06227) 8608190, 😀 – P – 🅰 35. AE ⓜ VISA 😀 – P
Menu à la carte 20/43.
• In schöner Lage am Rande des Golfplatzes bewirtet man nicht nur Anhänger des "grünen Sports". Großzügig gestaltetes Restaurant und Gartenterrasse.

ST. MÄRGEN Baden-Württemberg 545 V 8 – 1 900 Ew – Höhe 898 m – Luftkurort – Wintersport : 900/1 100 m ≰.
🛈 Tourist Information, Rathausplatz 1, ✉ 79274, ℘ (07669) 91 18 17, tourist-info@st-maergen.de, Fax (07669) 911840.
Berlin 790 – Stuttgart 230 – Freiburg im Breisgau 24 – Donaueschingen 51.

Hirschen (mit Gästehaus), Feldbergstr. 9, ✉ 79274, ℘ (07669) 94 06 80, info@hirschen-st-maergen.de, Fax (07669) 9406888, 😀, ≘s, 🚭 – 📶 TV ⥌ P – 🅰 60. AE ⓘ ⓜ VISA
geschl. 7. - 28. Jan. – **Menu** (geschl. Mittwoch) à la carte 16,50/38 – **44 Zim** ⊇ 43/46 – 67/88 – ½ P 15.
• In einem reizvollen Wandergebiet heißt man Sie in freundlicher Atmosphäre willkommen. Sowohl im Haupthaus als auch im neueren Anbau zeitlos-modern eingerichtete Zimmer.. Gemütliche, holzgetäfelte Gaststuben.

An der B 500 : Süd-Ost : 8 km, Richtung Furtwangen :

Zum Kreuz, Hohlengraben 1 – Höhe 1033 m, ✉ 79274 St. Märgen, ℘ (07669) 9 10 10, info@gasthaus-zum-kreuz.de, Fax (07669) 910120 – ⁂ TV P – 🅰
geschl. Anfang Nov. - Anfang Dez. – **Menu** (geschl. Donnerstag) à la carte 15/31,50 – **16 Zim** ⊇ 24/27 – 54 – ½ P 12.
• In ländlicher Idylle bietet dieser Schwarzwaldgasthof mit Hotelanbau tipptopp gepflegte Zimmer und Appartements in wohnlicher Machart. Rustikal-ländliche Gaststube im regionalen Stil.

ST. MARTIN Rheinland-Pfalz 543 S 8 – 1 900 Ew – Höhe 240 m – Luftkurort.
Sehenswert : St. Martin (Doppelgrabmal★) – Altes Schlößchen★ – Alte Kellerei★.
🛈 Büro für Tourismus, In der Alten Kellerei, Kellereistr. 1, ✉ 67487, ℘ (06323) 53 00, Fax (06323) 981328.
Berlin 658 – Mainz 102 – Mannheim 43 – Kaiserslautern 46 – Karlsruhe 51.

Das Landhotel 😀 garni, Maikammerer Str. 39, ✉ 67487, ℘ (06323) 9 41 80, reservierung@das-landhotel.com, Fax (06323) 941840, 🚭 – ⁂ TV P 😀
geschl. Weihnachten, Mitte - Ende Jan. – **17 Zim** ⊇ 58/88 – 78/98.
• Mediterraner Landhausstil, Komfort und Gemütlichkeit bestimmen das Innenleben dieses Hotels. Eine gepflegte Anlage ermöglicht interessante Einblicke.

Consulat des Weins, Maikammerer Str. 44, ✉ 67487, ℘ (06323) 80 40, consulat-des-weins@t-online.de, Fax (06323) 804426, 😀, ≘s – 📶 TV P – 🅰 20
geschl. 23. Dez. - 23. Jan., 5. - 24. Aug. – **Menu** (geschl. Sonn- und Feiertage abends, Montag) à la carte 20/32 – **39 Zim** ⊇ 58/80 – 92/100 – ½ P 18.
• Am Rande des Winzerdorfes freut sich ein neuzeitlicher Gasthof auf Ihren Besuch. Zeitgemäße, gepflegte Zimmer mit hellem Naturholzmobiliar. Rustikales Restaurant, Vinothek.

St. Martiner Castell, Maikammerer Str. 2, ✉ 67487, ℘ (06323) 95 10, st.martinercastell@t-online.de, Fax (06323) 951200, 😀, ≘s – 📶, ⁂ Zim, TV 📞 – 🅰 25. ⓜ VISA
geschl. 9. Feb. - 12. März – **Menu** (geschl. Dienstag) 32/43 à la carte 25/39 – **26 Zim** ⊇ 53/62 – 90 – ½ P 25.
• Ursprünglich ein einfacher Winzerhof, dient das Anwesen heute Ihrer Beherbergung. Der rustikale Touch der Einrichtung passt zum Charakter des Hauses. Sie speisen in der Kelterstube, am Kachelofen oder auf der Terrasse.

Landhaus Christmann, Riedweg 1, ✉ 67487, ℘ (06323) 9 42 70, landhauschristmann@web.de, Fax (06323) 942727, 😀 – ⁂ Zim, TV P AE ⓘ ⓜ VISA
Menu (geschl. Jan. - Feb. 2 Wochen, Juli - Aug. 2 Wochen, Montag - Mittwoch) (nur Abendessen) à la carte 17,50/29,50 – **7 Zim** ⊇ 41/46 – 72.
• Inmitten der Weinberge liegt das neuzeitliche kleine Hotel, ein Winzerhof, mit hellen, wohnlichen Zimmern im Landhausstil - teils mit Antiquitäten bestückt. Eine schlichte Aufmachung in rustikalem Stil prägt die gemütliche Weinstube.

ST. MARTIN

Haus am Rebenhang, Einlaubstr. 66, ✉ 67487, ℰ (06323) 9 44 30, hotel_hau s_am_rebenhang@t-online.de, Fax (06323) 944330, ≤ St. Martin und Rheinebene, ☆, ⇌ – TV 🅿 ⓜ VISA
geschl. 2. Jan. - 6. Feb. - **Menu** (geschl. Montag - Dienstagmittag, Nov. - Feb. Montag - Donnerstag) à la carte 18,50/35,50 – **19 Zim** ⌑ 46/70 – 78/84 – ½ P 16.
♦ Im Herzen des Naturparks Pfälzer Wald bietet man gepflegte, mit hellen Eichenmöbeln ausgestattete Zimmern. Auch die schöne Aussicht zählt zu den Vorzügen der Hotel-Pension. Rustikal-bürgerliche Gaststuben.

Weinstube Christmann, Edenkobener Str. 50, ✉ 67487, ℰ (06323) 37 13, Fax (06323) 989175, ☆ – 🅿
geschl. Jan. - Feb. 3 Wochen, Mitte - Ende Juli, Donnerstag – **Menu** (nur Abendessen) à la carte 13/21,50.
♦ Eine nette kleine Weinstube in bürgerlich-schlichtem Stil erwartet den Besucher. Die typische Pfälzer Küche darf auf der Karte natürlich nicht fehlen.

ST. MICHAELISDONN Schleswig-Holstein siehe Brunsbüttel.

ST. OSWALD-RIEDLHÜTTE Bayern 546 T 24 – 3 500 Ew – Höhe 820 m – Erholungsort – Wintersport : 700/800 m ⛷3 ⛸.

🛈 Tourist-Information, Schulplatz 2 (Riedlhütte), ✉ 94566, ℰ (08553) 60 83, tourist-s ervice@t-online.de, Fax (08553) 1036.
🛈 Tourist-Service, Klosterallee 4 (St. Oswald), ✉94568, ℰ (08552) 46 66, Fax (08552) 961142.
Berlin 503 – München 188 – Passau 43 – Regensburg 115.

Im Ortsteil St. Oswald :

Pausnhof (mit Gästehaus), Goldener Steig 7, ✉ 94568, ℰ (08552) 40 88 60, info@ pausnhof.de, Fax (08552) 4088616, ☆, ⇌, 🐎 – ⇥ TV 🅿 ⛔ Rest
geschl. Nov. - 25. Dez., 15. März – 30. April – **Menu** (geschl. Montag - Dienstag) (nur Abendessen) (Tischbestellung ratsam) à la carte 19/34,50 – **27 Zim** ⌑ 50/60 – 82 – ½ P 12.
♦ Mitten im Ort und doch ruhig liegt dieses renovierte Bauernhaus. Solide, in hellem Holz gehaltene Zimmer und die ländliche Umgebung machen diese Adresse sympathisch. Gemütlich-familiäre Atmosphäre im Restaurant - Küche mit eigenen Bio-Produkten.

Im Ortsteil Riedlhütte :

Zum Friedl, Kirchstr. 28, ✉ 94566, ℰ (08553) 9 66 80, zumfriedl@t-online.de, Fax (08553) 966833, ☆, 🐎 – ⇥ Rest, TV ⇌ 🅿
geschl. Anfang Nov. - 25. Dez. – **Menu** à la carte 13/28,50 – **18 Zim** ⌑ 30/45 – 60/64 – ½ P 8.
♦ Ein ländlicher Gasthof, der über saubere, praktisch ausgestattete Zimmer verfügt. Zum Erkunden der Landschaft stehen Fahrräder bereit. Gemütliches, in kleine Stuben unterteiltes Restaurant.

Berghotel Wieshof, Anton-Hiltz-Str. 8, ✉ 94566, ℰ (08553) 4 77, wieshof@y ahoo.de, Fax (08553) 6838, ≤, ⇌ – TV 🅿
geschl. 5. Nov. - 20. Dez. – **Menu** à la carte 11,50/24,50 – **15 Zim** ⌑ 31/45 – 58/60.
♦ Gepflegte und solide ausgestattete Gästezimmer stehen zum Einzug bereit. Skifreunde wie auch Wanderer werden die Umgebung dieser ländlichen Adresse schätzen. Rustikales Ambiente im Restaurant.

ST. PETER Baden-Württemberg 545 V 8 – 2 400 Ew – Höhe 722 m – Luftkurort – Wintersport : ⛸.

Sehenswert : Barockkirche (Bibliothek★).
Ausflugsziel : ≤★★ von der Straße nach St. Märgen.
🛈 Tourist-Information, Klosterhof 11, ✉ 79271, ℰ (07660) 91 02 24, Fax (07660) 910244.
Berlin 797 – Stuttgart 224 – Freiburg im Breisgau 32 – Waldkirch 20.

Jägerhaus, Mühlengraben 18, ✉ 79271, ℰ (07660) 9 40 00, jaegerhaus-st.pete r@t-online.de, Fax (07660) 940014, ☆, ⇌, 🐎 – ⇥ Rest, TV ⇌ 🅿
geschl. Mitte - Ende März 2 Wochen, Ende Okt. - Mitte Nov. 2 Wochen – **Menu** (geschl. Mittwoch, Nov. - April Mittwoch - Donnerstagmittag) à la carte 16/27,50 – **18 Zim** ⌑ 44 – 60/84 – ½ P 12.
♦ Der neuzeitliche Gasthof ist am Rande des Ortes gelegen, umgeben von Wiesen und Weihern. Wohnlichkeit in ländlichem Stil macht das Haus zu einer sympathischen Unterkunft. Viel Holz gibt dem Restaurant einen rustikal-gemütlichen Touch.

ST. PETER

Zur Sonne (Rombach) mit Zim, Zähringerstr. 2, ⌧ 79271, ✆ (07660) 9 40 10, *sonne-st.peter@t-online.de*, Fax (07660) 940166, 🌿, ⇔ Zim, 🖻 ⇔ 🅰🅾 𝕍𝕀𝕊𝔸 *geschl. Jan. 2 Wochen, Nov. 2 Wochen* – **Menu** *(geschl. Montag - Dienstag)* à la carte 28/57, ♀ – **14 Zim** ⊇ 40/50 – 58/124 – ½ P 21.
• Mit leuchtend gelber Fassade bietet sich dieser schöne Gasthof. Im Inneren verwöhnt man Sie mit französischer Küche und südlichem Ambiente. Auch einige hübsche Landhauszimmer!
Spez. Chicoréespitzen mit Langustinen und Thaimarinade. Geschmortes Täubchen mit Trüffelsud. Viererlei von der Schokolade.

ST. PETER-ORDING Schleswig-Holstein **541** D 9 – 4 100 Ew – Nordseeheil- und Schwefelbad.
Ausflugsziel: *Eidersperrwerk*★ *Süd-Ost : 16 km.*
🏌 *St. Peter-Ording, Zum Böhler Strand 16, ✆ (04863) 35 45.*
🛈 *Tourismus-Service-Center (in der Dünen-Therme), St. Peter-Bad, Marleens Knoll 2, ⌧ 25826, ✆ (04863) 99 90, tscspo@tz-spo.de, Fax (04863) 999180.*
Berlin 428 – Kiel 125 – Sylt (Westerland) 93 – Heide 40 – Husum 50.

Im Ortsteil St. Peter-Bad :

Vier Jahreszeiten ♨, Friedrich-Hebbel-Str. 2, ⌧ 25826, ✆ (04863) 70 10, *hotel-vierjahreszeiten@t-online.de*, Fax (04863) 2689, 🌿, 🛎, Massage, 🧖, ≋, ⊼ (geheizt), ⊼, 🐎, ۩ (Halle) – 🛗, 🔲 Rest, 🖻 ⇔ 🅿 ⇔ 🅰. 30. 🅰🅴 ⓘ 🅾 𝕍𝕀𝕊𝔸. ⇔ Rest
Menu 33 und à la carte – **Vivaldi** *(geschl. 15. Nov. - 15. Dez., Sept. - Juni Montag - Dienstag, Juli - Aug. Donnerstag) (nur Abendessen)* **Menu** à la carte 33/47 – **62 Zim** ⊇ 135 – 130/170, 5 Suiten – ½ P 35.
• Eine behagliche, stilvolle Atmosphäre durchzieht diese neuzeitliche Hotelanlage - vom Empfang bis in die Zimmer. Der großzügige Freizeitbereich sorgt für Abwechslung. Das Restaurant Vivaldi lockt mit mediterranem Ambiente.

Ambassador ♨, Im Bad 26, ⌧ 25826, ✆ (04863) 70 90, *info@ambassador-stpeter.bestwestern.de*, Fax (04863) 2666, ≤, 🌿, 🧖, ≋, ⊼ – 🛗, ⇔ Zim, 🖻 ⇔ 🅿 – 🅰 85. 🅰🅴 ⓘ 🅾 𝕍𝕀𝕊𝔸. ⇔ Rest
Menu à la carte 23/34 – **90 Zim** ⊇ 105/150 – 150/200 – ½ P 22.
• Direkt an der Strandpromenade liegt dieses Hotel. Die Zimmer sind teils mit hell gekalkten Holzmöbeln, teils mit braunem Rattan zeitgemäß und wohnlich gestaltet. In einem hellen, neuzeitlichen Ambiente bittet man Sie zu Tisch.

Landhaus an de Dün ♨ garni (mit Gästehaus), Im Bad 63, ⌧ 25826, ✆ (04863) 9 60 60, *hotel-landhaus@t-online.de*, Fax (04863) 960660, ≋, ⊼ – 🖻 🅿 ⇔ *geschl. 6. - 31. Jan., Dez. 2 Wochen* – **19 Zim** ⊇ 80/155 – 120/205.
• Hinter einer netten Fassade erwarten den Gast modern-komfortabel eingerichtete Zimmer. Die Strandnähe des kleinen Hauses verrät bereits der Name.

Friesenhof ♨ garni (Apart-Hotel), Im Bad 58, ⌧ 25826, ✆ (04863) 9 68 60, *info@aparthotel-friesenhof.de*, Fax (04863) 968676, Massage, ≋, ⊼ – ⇔ 🖻 ⇔ 🅰 ⇔ **19 Zim** ⊇ 72/120 – 140/152.
• Ein architektonisch ansprechendes Äußeres hält ein nicht weniger attraktives Innenleben für Sie bereit - Zimmer und Appartements überzeugen mit geschmackvoller Gestaltung.

St. Peter ♨ (mit Gästehaus), Rungholtstrg 7, ⌧ 25826, ✆ (04863) 90 40 (Hotel) 98 90 (Rest.), *info@hotel-stpeter.de*, Fax (04863) 904400, 🌿, ≋, 🐎 – 🛗, ⇔ Rest, 🖻 ⇔ 🅿
Schimmelreiter : **Menu** à la carte 22/39,50 – **52 Zim** ⊇ 70/85 – 110/160, 3 Suiten – ½ P 14.
• Die Zimmer dieses Hotels verteilen sich auf Haupthaus und Gästehaus - unterschiedlich in Einrichtung und Komfort. Auch die Nähe zum Strand zählt zu den Vorzügen des Hauses. Das Restaurant liegt separat in einem ca. 200 m entfernt liegenden Gebäude.

Dünenhotel Eulenhof ♨ garni (mit Gästehäusern), Im Bad 93, ⌧ 25826, ✆ (04863) 9 65 50, *duenenhotel-eulenhof@t-online.de*, Fax (04863) 9655155, ≋, ⊼, 🐎 – 🖻 🅿.
🅰🅴 🅾 𝕍𝕀𝕊𝔸
36 Zim ⊇ 45/65 – 90/120.
• Stammhaus sowie drei Gästehäuser bilden diese sympathische Anlage. Gemütliche Sitzecken, eine Bibliothek und die Gartenanlage verschönern Ihren Aufenthalt im Hotel.

Fernsicht ♨, Am Kurbad 17, ⌧ 25823, ✆ (04863) 20 22, *hotel_fernsicht@t-online.de*, Fax (04863) 2020, ≤, 🌿, ≋ – ⇔ Rest, 🖻 ⇔ 🅿. 🅰🅴 ⓘ 🅾 𝕍𝕀𝕊𝔸
Menu *(geschl. 4. Jan. - Feb.)* à la carte 20/32 – **24 Zim** ⊇ 50/60 – 85/100 – ½ P 15.
• Der Familienbetrieb steht für ruhiges Wohnen an der autofreien Promenade. Neuzeitlich und funktionell zeigen sich die Gästezimmer - teils mit Balkon versehen. Kleines Restaurant mit Café-Charakter.

Jensens Hotel Tannenhof ♨ garni, Im Bad 59, ⌧ 25826, ✆ (04863) 70 40, *jensen.hotel.tannenhof@t-online.de*, Fax (04863) 70413, ≋, 🐎 – 🖻 🅿 ⇔
geschl. 15. - 25. Dez. – **34 Zim** ⊇ 45/64 – 82/106.
• Schätzen Sie gepflegte Gastlichkeit in familiärer Atmosphäre ? Individuell eingerichtete Zimmer - teils mit Balkon - ersetzen Ihnen vorübergehend Ihr eigenes Zuhause.

ST. PETER-ORDING

Im Ortsteil Ording :

Kölfhamm 🐾, Kölfhamm 6, ✉ 25826, ✆ (04863) 99 50, info@koelfhamm.de, Fax (04863) 99545, 🍴, 🚗 – 📺 & – 🛁 15
geschl. 20. Dez. - Mitte Jan. – **Menu** (geschl. Mittwoch) à la carte 17,50/30 – **25 Zim** ☐ 62/73 – 102/133 – ½ P 16.
♦ Hinter regionstypischen roten Backsteinmauern beherbergt man Reisende in gepflegten, zeitgemäß ausgestatteten Zimmern. Die Nähe zum Strand spricht für sich. Grün ist die dominierende Farbe im Restaurant.

Eickstädt 🐾 garni, Waldstr. 19, ✉ 25826, ✆ (04863) 20 58, info@hotel-eickstaedt.de, Fax (04863) 2735, 🚗 – 👤 Zim, 📺 ✆ 🅿 ◯ ⓜ VISA JCB
35 Zim ☐ 65/80 – 80/125.
♦ In einem Wohngebiet in ruhiger Lage ist diese zeitgemäße Adresse gelegen. Fragen Sie nach einem der wohnlichen Gästezimmer im mediterran-rustikalen Stil.

Gambrinus, Strandweg 4, ✉ 25826, ✆ (04863) 29 77, info@restaurant-gambrinus.de, Fax (04863) 1053, 🍴 – 🅿 🚫
geschl. Mitte Jan. - Anfang Feb., Montag – **Menu** (Nov. - März Dienstag - Freitag nur Abendessen) 16 (mittags) à la carte 22/34.
♦ Das Küchenteam verwöhnt den Gast in dem bürgerlich-rustikalen Restaurant mit sorgfältig und schmackhaft Zubereitetem. Schöne Terrasse mit Cafégarten.

ST. WENDEL Saarland 543 R 5 – 28 000 Ew – Höhe 286 m.

🛈 Touristinformation, Schloßstr. 3, ✉ 66606, ✆ (06851) 9 39 55 14, Fax (06851) 9395515.
Berlin 699 – Saarbrücken 42 – Idar-Oberstein 43 – Neunkirchen/Saar 19.

Angel's - das Hotel am Fruchtmarkt, Am Fruchtmarkt 5, ✉ 66606, ✆ (06851) 99 90 00, reservierung@angels-dashotel.de, Fax (06851) 999001, 🍴, 🛁 – ❘❚, 🦽 Zim, ☐ 📺 ✆ & – 🛁 60. 🅰🅴 ⓜ VISA 🚫
Menu à la carte 17,50/37 – **55 Zim** ☐ 55/80 – 106.
♦ Zwei mit einem Glasbau verbundene Häuser - ehemals Geschäfte und eine Bibliothek - beherbergen heute ein Hotel mit modern-gediegener Einrichtung im Designer-Stil. Restaurant mit Bistro-Ambiente.

Dom-Hotel 🐾, Carl-Cetto-Str. 4, ✉ 66606, ✆ (06851) 27 37, Fax (06851) 2596, 🍴 – 📺 ✆ 🅰🅴 ⓜ VISA
Dionysos (griechische Küche) **Menu** à la carte 13,50/25,50 – **8 Zim** ☐ 36/44 – 52.
♦ Sie beziehen ein denkmalgeschütztes Stadthaus aus dem 18. Jh. Die überschaubare Größe des Hauses schafft eine sympathische Atmosphäre - Funktionalität und Pflege überzeugen. Unverputzte Backsteinwände machen das Dionysos gemütlich.

In St. Wendel-Bliesen Nord-West : 5,5 km, über Sankt Annen Straße und Alsfassener Straße :

Kunz, Kirchstr. 22, ✉ 66606, ✆ (06854) 81 45, restaurant-kunz@t-online.de, Fax (06854) 7254 – 🅿 ⓜ VISA
geschl. Montag - Dienstag – **Menu** (geschl. Anfang Jan. 1 Woche, Juli - Aug. 2 Wochen) (nur Abendessen, außer Sonn- und Feiertage) 58/73 à la carte 41/65, ☐ – **Jakobstube** (geschl. Montag - Dienstag, Samstagmittag) **Menu** à la carte 18/36, ☐.
♦ Moderne und klassische Elemente in gelungener Kombination prägen das Interieur des Hauses. Ein eigener Stil zeichnet die feinen Kreationen der Küchenbrigade aus. Die Jakobstube ist eine rustikale Alternative
Spez. Geräucherte Schweinebäckchen mit krossem Speck und Panaché von Zwiebeln. Poulet de Bresse vom Grill auf zwei Arten serviert (2 Pers.). Kalbshaxe mit Thymianglace und Kartoffelpüree

---

ST. WOLFGANG Bayern 546 T 22 – 3 200 Ew – Höhe 508 m.

Berlin 626 – München 52 – Bad Reichenhall 106 – Landshut 42 – Wasserburg am Inn 22.

St. Georg garni, Hauptstr. 28 (B 15), ✉ 84427, ✆ (08085) 9 30 30, info@hotel-st-georg.com, Fax (08085) 930343 📺 ✆ & 🚗 🅿 🅰🅴 ◯ ⓜ VISA
16 Zim ☐ 48/74 – 62/93.
♦ Ende 1995 fertig gestellt, bietet Ihnen dieses kleine Hotel praktisch eingerichtete Zimmer in neuzeitlicher Machart - in günstiger Lage für Durchreisende.

SASBACHWALDEN Baden-Württemberg 545 U 8 – 2 400 Ew – Höhe 260 m – Luftkurort – Kneippkurort.

🛈 Kurverwaltung, Talstr. 51 (Kurhaus), ✉ 77887, ✆ (07841) 10 35, info@sasbachwalden.de, Fax (07841) 23682.
Berlin 729 – Stuttgart 131 – Karlsruhe 58 – Freudenstadt 45 – Offenburg 30 – Baden-Baden 37.

SASBACHWALDEN

Talmühle (Fallert), Talstr. 36, ⌧ 77887, ✆ (07841) 62 82 90, *talmuehle@t-online.de*, Fax (07841) 6282999, 🍽, 🍴, – 📶, ✳ Zim, 📺 ✆ ⇔ 🅿 – 🅐 20. ⒶⒺ ⓄⒹ 🕮 𝕍𝕀𝕊𝔸. ✳ Zim
Restaurant Fallert (geschl. 2. - 20. Feb., Nov. - März Montag - Dienstag) **Menu** à la carte 34,50/59, 🍷 – **Badische Stuben** (geschl. 2. - 20. Feb.) **Menu** à la carte 20/38, 🍷 – **30 Zim** ⌆ 63 – 90 – ½ P 20.
* In dem seit Generationen in Familienbesitz befindlichen Haus erwartet den Besucher ein gepflegtes, wohnliches Ambiente. Sehr schön : die Gartenanlage. Klassisch-elegantes Restaurant mit gutem Couvert. Hübsche Gartenterrasse. Bürgerlich : die Badischen Stuben. **Spez.** Kutteln in Riesling. Filet vom Köhlerfisch mit Ragout von Kalbskopf und Bohnenkernen. Elsässer Taube mit gebratener Gänseleber

Engel, Talstr. 14, ⌧ 77887, ✆ (07841) 30 00, *deckers-engel@t-online.de*, Fax (07841) 26394, 🍽 – 📺 🅿 – 🅐 25. ⒶⒺ 🕮 𝕍𝕀𝕊𝔸
geschl. 7. - 24. Jan. – **Menu** (geschl. Montag) à la carte 20,50/38 – **13 Zim** ⌆ 46/55 – 75/96 – ½ P 19.
* Das hübsche kleine Fachwerkhaus - ein engagiert geführter Familienbetrieb - beherbergt mit hellem Landhausmobiliar wohnlich eingerichtete Gästezimmer. In behaglichen Restauranträumen serviert man Ihnen regionale Küche.

Landhaus Hiller ⌱ garni, Auf der Golz 6, ⌧ 77887, ✆ (07841) 2 04 70, *landhaus-hiller@direktbox.com*, Fax (07841) 24884, ≤ – 📺 🅿 🕮 𝕍𝕀𝕊𝔸
geschl. 12. Jan. - 12. Feb. – **12 Zim** ⌆ 40 – 70.
* Das kleine Landhaus befindet sich in einem Wohngebiet, umgeben von Weinbergen. Solide ausgestattete Zimmer und eine private Atmosphäre bestimmen das Innenleben.

SASSENDORF, BAD Nordrhein-Westfalen **543** L 8 – 10 500 Ew – Höhe 90 m – Heilbad.

🛈 Kurverwaltung, Kaiserstr. 14, ⌧ 59505, ✆ (02921) 5 01 45 07, Fax (02921) 5014848.
Berlin 456 – Düsseldorf 123 – Arnsberg 29 – Beckum 27 – Lippstadt 20 – Soest 5.

Maritim-Hotel Schnitterhof ⌱, Salzstr. 5, ⌧ 59505, ✆ (02921) 95 20, *info.sas@maritim.de*, Fax (02921) 952499, 🍽, 🈁, 🏊, 🍴, – 📶, ✳ Zim, 📺 🅿 – 🅐 120. ⒶⒺ ⓄⒹ 🕮 𝕍𝕀𝕊𝔸. ✳ Rest
Menu à la carte 25/38 – **142 Zim** ⌆ 98/128 – 146/176 – ½ P 23.
* Früher als Quartier für Erntehelfer genutzt, präsentiert sich diese Adresse - Teil eines alten westfälischen Gutsbesitzes - heute als komfortables Hotel. Rustikal : das Restaurant in der ehemaligen Tenne.

Gästehaus Hof Hueck ⌱ garni, Wiesenstr. 12, ⌧ 59505, ✆ (02921) 9 61 40, *reservierung@hofhueck.de*, Fax (02921) 961450 – 📺 🅿 ⒶⒺ ⓄⒹ 🕮 𝕍𝕀𝕊𝔸 ✳
29 Zim ⌆ 59/66 – 87/97.
* Am Rande des Kurparks steht das neuzeitliche Hotel, das mit tadelloser Pflege überzeugt, mit Therapiezentrum. Die Kureinrichtungen des Ortes sind bequem zu Fuß erreichbar.

Gästehaus Brink's ⌱ garni, Bismarckstr. 25, ⌧ 59505, ✆ (02921) 9 61 60, *reservierung@hofhueck.de* – ✳ 📺 🅿 ⒶⒺ ⓄⒹ 🕮 𝕍𝕀𝕊𝔸 ✳
14 Zim ⌆ 56/60 – 88.
* Mit Liebe zum Detail hat man das nette Klinkerhaus restauriert. Es erwarten Sie eine gute Führung und solide, recht wohnliche Gästezimmer.

Wulff ⌱ (mit Gästehäusern), Berliner Str. 31, ⌧ 59505, ✆ (02921) 9 60 30, *mail@hotel-wulff.de*, Fax (02921) 960335, 🈁, 🏊, 🍴, – 📺 🅿 🕮 ✳
Menu (geschl. Nov.)(Restaurant nur für Hausgäste) – **30 Zim** ⌆ 45/65 – 90/102, 4 Suiten – ½ P 18.
* Eine funktionelle Übernachtungsadresse unweit des Kurparks. Vom Einzelzimmer bis zum Appartement bietet man für jeden eine passende, zeitgemäße Unterkunft.

Hof Hueck ⌱ mit Zim, Im Kurpark, ⌧ 59505, ✆ (02921) 9 61 30, *reservierung@hofhueck.de*, Fax (02921) 961350, 🍽 – ✳ Zim, 📺 🅿 ⒶⒺ ⓄⒹ 🕮 𝕍𝕀𝕊𝔸 ✳
Menu (geschl. Montag) à la carte 23,50/46 – **12 Zim** ⌆ 59 – 98/108 – ½ P 20.
* Im rustikalen Ambiente dieses sehenswerten restaurierten westfälischen Bauernhauses aus dem 17. Jh. serviert man eine Auswahl an gekonnt zubereiteten regionalen Speisen.

SASSNITZ Mecklenburg-Vorpommern siehe Rügen (Insel).

SATOW Mecklenburg-Vorpommern **542** E 19 – 2 100 Ew – Höhe 62 m.
Berlin 230 – Schwerin 63 – Rostock 20.

Weide, Hauptstr. 50, ⌧ 18239, ✆ (038295) 7 50, *hotel.weide@t-online.de*, Fax (038295) 78518, 🍽 – 📺 ✆ 🅿 – 🅐 20. ⒶⒺ ⓄⒹ 🕮 𝕍𝕀𝕊𝔸
Menu à la carte 16/35 – **39 Zim** ⌆ 56/65 – 68/78.
* In einem kleinen Ort inmitten der typischen Landschaft Mecklenburgs finden Reisende ein gepflegtes Hotel mit funktionell und neuzeitlich ausgestatteten Zimmern. Bürgerlich eingerichtetes Restaurant mit Wintergartenanbau.

SATRUP Schleswig-Holstein **541** B 12 – 3 000 Ew – Höhe 40 m.
Berlin 430 – Kiel 65 – Flensburg 18 – Schleswig 26.

- **Angelner Hof**, Flensburger Str. 26, ✉ 24986, ✆ (04633) 10 13, Fax (04633) 1014 – 📺 ✆ 🅿 – 🄰 50. 🐵 VISA
  Menu à la carte 19/34 – **12 Zim** ⚏ 49/53 – 83/85.
  • Das ehemalige Postamt des Ortes beherbergt ein modern ausgestattetes Hotel mit wohnlichen Zimmern, die auch gute Schreibmöglichkeiten bieten. Leicht rustikal gestaltetes Restaurant.

SAUENSIEK Niedersachsen **541** F 12 – 1 700 Ew – Höhe 20 m.
Berlin 339 – Hannover 162 – Hamburg 68 – Bremen 74.

- **Klindworths Gasthof**, Hauptstr. 1, ✉ 21644, ✆ (04169) 9 11 00, gasthof@klindworths.de, Fax (04169) 911010, 🍽 – 🛏 Zim, 📺 🅿 🄰 🐵 VISA ⚛ Zim
  Menu (geschl. Montag) (Jan. - März Dienstag - Freitag nur Abendessen) à la carte 13,50/25 – **19 Zim** ⚏ 30/35 – 50/55.
  • Der gepflegte, von der Inhaber-Familie geführte kleine Gasthof am Ortseingang verfügt über schlichte, solide eingerichtete Gästezimmer. Neben der ländlich geprägten Gaststube steht im Sommer das Gartencafé bereit.

SAULGAU, BAD Baden-Württemberg **545** V 12 – 17 500 Ew – Höhe 593 m – Heilbad.
📍 Bad Saulgau, Koppelweg 103 (Süd : 6 km), ✆ (07581) 52 74 59.
🛈 Tourist-Information, Lindenstr. 7, ✉ 88348, ✆ (07581) 20 09 22, willkommen@t-b-g.de, Fax (07581) 200929.
Berlin 686 – Stuttgart 114 – Konstanz 89 – Reutlingen 74 – Ulm (Donau) 69 – Bregenz 73.

- **Kleber-Post** garni, Poststr. 1, ✉ 88348, ✆ (07581) 50 10, kleber-post@t-online.de, Fax (07581) 501461 – 📶 ✆ 📺 🅿 ⚓ – 🄰 15. 🄰 🐵 VISA
  59 Zim ⚏ 72/94 – 89/104.
  • In der Innenstadt liegt der neuzeitliche Hotelbau von 1994. Geschmackvolles Stilmobiliar und schöne Farben machen die Zimmer wohnlich und schön.

- **Ochsen** garni, Paradiesstr. 6, ✉ 88348, ✆ (07581) 4 80 40, ochsen@komforthotels.de, Fax (07581) 480466 – 📶 ✆ 📺 🅿 🐵 VISA
  18 Zim ⚏ 55 – 80.
  • Hinter der recht nüchternen Fassade dieses in der Innenstadt gelegenen kleinen Hotels bietet man Ihnen funktionell ausgestattete, gepflegte Zimmer.

- **Vinum**, Marktplatz 4, ✉ 88348, ✆ (07581) 5 23 52, Fax (07581) 4093, 🍽 – 🅿 🐵 VISA
  geschl. Samstagmittag, Sonntag – **Menu** à la carte 21/35.
  • Modern eingerichtet und mit jahreszeitlichem Dekor verziert zeigt sich dieses hübsche Restaurant mit Vinothek im Gewölbekeller. Der Stil der Küche ist kreativ.

SAULHEIM Rheinland-Pfalz **543** Q 8 – 6 300 Ew – Höhe 210 m.
Berlin 583 – Mainz 16 – Bad Kreuznach 43 – Alzey 20.

- **Lehn**, Neupforte 19, ✉ 55291, ✆ (06732) 9 41 00, info@hotel-lehn.de, Fax (06732) 941033, 🍽, ⚓ – 🛏 Zim, 📺 ✆ 🅿 – 🄰 20. 🄰 🐵 🄾 VISA
  Menu (geschl. Jan. 2 Wochen, Fasching, Juli 3 Wochen, Samstag - Sonntag) (nur Abendessen) à la carte 11,50/22 – **17 Zim** ⚏ 49 – 67.
  • Das kleine familiär geführte Hotel befindet sich im Herzen der Weinbaugemeinde - in verkehrsberuhigter Lage. Im Inneren warten solide eingerichtete Fremdenzimmer auf Sie. Im Stil einer Weinstube ist das Restaurant gestaltet.

SAUZIN Mecklenburg-Vorpommern siehe Usedom (Insel).

SCHÄFTLARN Bayern **546** W 18 – 5 000 Ew – Höhe 693 m.
Berlin 612 – München 25 – Augsburg 84 – Garmisch-Partenkirchen 69.

In Schäftlarn-Ebenhausen :

- **Gut Schwaige** garni, Rodelweg 7, ✉ 82067, ✆ (08178) 9 30 00, info@hotel-gutschwaige.de, Fax (08178) 4054 – ✆ 📺 🅿 🐵 VISA
  18 Zim ⚏ 59/75 – 79/100.
  • Das Innenleben des ehemaligen Bauernhauses ist vom ländlichen Charakter der Gegend geprägt. Jedes der gepflegten, funktionellen Zimmer bietet ein gutes Platzangebot.

SCHALKENMEHREN Rheinland-Pfalz siehe Daun.

SCHALKHAM Bayern 546 U 21 – 1 000 Ew – Höhe 440 m.
  Berlin 581 – München 86 – Regensburg 86 – Landshut 26.

In Schalkham-Johannesbrunn

☒ **Sebastianihof**, Brunnenstr. 9, ☒ 84175, ℘ (08744) 91 94 45, sebastianihof@t-onli
ne.de, Fax (08744) 919446, 😊 – 📺
geschl. Mitte März 1 Woche, Ende Aug. - Anfang Sept. 2 Wochen, Montag - Dienstag -
Menu (wochentags nur Abendessen) à la carte 23/34, ♀.
• In einer umgebauten Scheune entstand hier ein nettes Restaurant - ganz in hellem Naturholz gehalten. Freundliche Mitarbeiter servieren schmackhafte internationale Speisen.

SCHALLBACH Baden-Württemberg siehe Binzen.

SCHALLSTADT Baden-Württemberg 545 W 7 – 5 000 Ew – Höhe 233 m.
  Berlin 809 – Stuttgart 213 – Freiburg im Breisgau 11 – Basel 66 – Strasbourg 90.

In Schallstadt-Wolfenweiler :

🏨 **Ochsen** (mit Gästehaus), Basler Str. 50 (B 3), ☒ 79227, ℘ (07664) 65 11, familie.win
kler@hotel-ochsen.de, Fax (07664) 6727, 😊 – 🔑 📺 🅿. 🅼🅾 🆅🅸🆂🅰
Menu à la carte 19/43 – **40 Zim** ☑ 45/53 – 64/80.
• Sie haben die Wahl : im Gästehaus wohnen Sie neuzeitlich, im Gartenhaus stehen schlichtere Zimmer und im Stammhaus finden Sie kleine Einzelzimmer unterm Dach. Ländlichrustikaler Restaurantbereich.

☒ **Zum Schwarzen Ritter**, Basler Str. 54 (B 3), ☒ 79227, ℘ (07664) 6 01 36, killy@
schwarzer-ritter.de, Fax (07664) 6833, 😊 – 🅰🅴 🅾 🅼🅾 🆅🅸🆂🅰
geschl. Montag - Dienstag – **Menu** à la carte 19/32.
• Das historische Kreuzgewölbe a. d. 15. Jh. gibt dem urig-rustikalen Restaurant einen ansprechenden Rahmen. Serviert wird eine bürgerliche Küche.

SCHANDAU, BAD Sachsen 544 N 26 – 3 500 Ew – Höhe 125 m – Erholungsort.
🛈 Kurverwaltung im Haus des Gastes, Markt 12, ☒ 01814 ℘ (035022) 9 00 30, Fax (035022) 90034.
Berlin 233 – Dresden 39 – Chemnitz 110 – Görlitz 78.

🏨 **Zum Roten Haus**, Marktstr. 10, ☒ 01814, ℘ (035022) 4 23 43, hotelzumrotenhau
s@web.de, Fax (035022) 40666 – 📺 🅿. 🅼🅾
geschl. Jan. – **Menu** (geschl. 1. Nov. - 15. April Montag - Dienstag) à la carte 13/20,50 –
12 Zim ☑ 32/45 – 50/67.
• Neben den funktionell gestalteten Zimmern sowie dem Familienzimmer mit separatem Kinderraum zählt auch die zentrale Lage zu den Vorzügen dieses kleinen Hotels. Bleiverglaste Fenster tragen zur gemütlichen Atmosphäre der Gaststätte bei.

In Bad Schandau-Ostrau Ost : 5 km, Richtung Schmilka über die B172, nach Postelwitz links ab :

🏨 **Ostrauer Scheibe** 🌳, garni, Alter Schulweg 12, ☒ 01814, ℘ (035022) 48 80, info
@ostrauer-scheibe.de, Fax (035022) 48888, 😊 – 🛗 ⤴ 📺 🅿 – 🅰 30. 🅰🅴 🅾 🅼🅾
30 Zim ☑ 56/78 – 84/154.
• Das denkmalgeschützte Haus liegt reizvoll und ruhig auf einem Plateau. Neuzeitliches Inventar, kleine Sitzgruppen und kräftige Farben machen die Zimmer wohnlich.

SCHAPRODE Mecklenburg-Vorpommern siehe Rügen (Insel).

SCHARBEUTZ Schleswig-Holstein 541 D 16 – 11 600 Ew – Seeheilbad.
🛈 Tourismus-Service, Bahnhofstr. 1, ☒ 23683, ℘ (04503) 77 09 64, info@scharbeutz
.de, Fax (04503) 72122.
Berlin 288 – Kiel 59 – Lübeck 30 – Schwerin 82 – Neustadt in Holstein 12.

🏨 **Göttsche** 🌳, Am Hang 8, ☒ 23683, ℘ (04503) 88 20, Fax (04503) 882200, ≤, 😊
– 📺 🅿. 🎿 Zim
geschl. Nov. – **Menu** (geschl. Sept. - Juni Dienstag - Mittwoch) (nur Abendessen) à la carte
16/30 – **13 Zim** ☑ 75/108 – 90/130.
• Auf einer kleinen Anhöhe oberhalb des Strandes finden Reisende ein sehr gepflegtes Hotel mit solide und funktionell ausgestatteten Zimmern. Restaurant mit Bistro-Ambiente.

🏨 **Villa Scharbeutz** garni, Seestr. 26, ☒ 23683, ℘ (04503) 8 70 90, villa-scharbeutz@
t-online.de, Fax (04503) 351240, 😊 – 📺 📞 🅿. 🎿
22 Zim ☑ 35/56 – 75/82.
• Eine hübsche Villa und ein neuzeitlicher Anbau bilden dieses familiengeführte kleine Hotel. Zur Wahl stehen komfortable Zimmer im Neubau sowie etwas schlichter gestaltete.

SCHARBEUTZ

- **Petersen's Landhaus** garni, Seestr. 56a, ✉ 23683, ℰ (04503) 3 55 10, info@petersens-landhaus.de, Fax (04503) 355115, 🏊, 🍴, 📺 🅿 ❄
  17 Zim ⚏ 65/75 – 90/98.
  ◆ Ein netter Eingangsbereich mit Kamin empfängt Sie in diesem kleinen Hotel. Neben wohnlich gestalteten Gästezimmern werden Sie auch die private Atmosphäre schätzen.

- **Herzberg's Restaurant,** Strandallee 129, ✉ 23683, ℰ (04503) 7 41 59, info@herzbergs-restaurant.de, Fax (04503) 75794, 🌳
  Menu 20/34.
  ◆ Holzbalken und ein nettes Dekor unterstreichen das ländlich-gemütliche Ambiente dieses Gasthofs. Um das Haus herum hat man eine Terrasse angelegt. Freundlicher Service.

In Scharbeutz-Haffkrug :

- **Maris,** Strandallee 10, ✉ 23683, ℰ (04563) 4 27 20 (Hotel) 42 28 03 (Rest.), info@hotelmaris.de, Fax (04563) 427272, ≤, 🌳, ⇔ – 🛗, ↔ Zim, 📺 📞 🚗 🅿 🅰🅴 ⓞ 🔵 VISA
  Muschel (geschl. Mitte Jan. - Mitte Feb., Dienstag - Mittwochmittag) **Menu** à la carte 22/34 – **13 Zim** ⚏ 80/85 – 98/110 – ½ P 15.
  ◆ Die Lage direkt an der Strandpromenade und die praktisch ausgestatteten Zimmer zählen zu den Vorzügen des Hauses. Nutzen Sie den kostenlosen Fahrradverleih. In der Muschel offeriert man schmackhaft zubereitete regionale und internationale Speisen.

In Scharbeutz-Schürsdorf Süd-West : 4 km, jenseits der A 1 :

- **Das Kleine Gesellschaftshaus Butz** 🌳 mit Zim, Hackendorfredder 3, ✉ 23684, ℰ (04524) 97 07, Fax (04524) 1365, 🌳 – 📺 🅿 🔵
  Menu (geschl. Sept. - Juni Montag) (Dienstag - Freitag nur Abendessen) à la carte 20/33 – **6 Zim** ⚏ 45/55 – 60/75.
  ◆ Nach dem Motto "alles unter einem Dach" beherbergt das Haus mit der netten Fassade neben einem behaglichen Restaurant auch liebenswert eingerichtete Zimmer.

Fragen Sie Ihren Buchhändler nach dem aktuellen
Katalog des Michelin Reise-Verlags

SCHEER Baden-Württemberg siehe Sigmaringen.

SCHEESSEL Niedersachsen 541 G 12 – 10 400 Ew – Höhe 30 m.
Berlin 341 – Hannover 121 – *Hamburg* 68 – Bremen 54.

In Scheeßel-Oldenhöfen Nord-West : 7 km, Zevener Straße und Hetzweger Straße, in Hetzwege rechts ab :

- **Rauchfang,** Oldenhöfen 3a, ✉ 27383, ℰ (04263) 6 02, Fax (04263) 3418, 🌳 – 🅿 🔵 VISA
  geschl. März 1 Woche, Sept. - Okt. 2 Wochen, Dienstag - **Menu** (wochentags nur Abendessen) à la carte 21/39.
  ◆ In der ländlich-gemütlichen Atmosphäre einer ehemaligen Bauernkate serviert man Ihnen eine mit Sorgfalt zubereitete regionale und internationale Küche.

SCHEIBENBERG (ERZGEBIRGE) Sachsen 544 O 22 – 3 500 Ew – Höhe 520 m.
Berlin 308 – Dresden 121 – *Chemnitz* 45 – Zwickau 49.

- **Sächsischer Hof,** Markt 6, ✉ 09481, ℰ (037349) 7 90 46, info@hotel-saechsischerhof.de, Fax (037349) 79048 – ↔ Zim, 📺 🅰🅴 ⓞ 🔵 VISA
  Menu (wochentags nur Abendessen) (italienische Küche) à la carte 14,50/26 – **24 Zim** ⚏ 49/69 – 69/93.
  ◆ Das Stadthaus aus dem 16. Jh. befindet sich an einem kleinen begrünten Platz. Sie wohnen in stilvollen, leicht elegant wirkenden Gästezimmern. Im Restaurant wurden moderne Möbel mit freigelegtem Mauerwerk kombiniert.

SCHEIBENHARDT Rheinland-Pfalz 543 T 8 – 740 Ew – Höhe 120 m.
Berlin 687 – Mainz 168 – *Karlsruhe* 24 – Landau in der Pfalz 32 – Wissembourg 16.

In Scheibenhardt-Bienwaldmühle Nord-West : 5,5 km :

- **Bienwaldmühle,** ✉ 76779, ℰ (06340) 2 76, Fax (06340) 264, 🌳 – 🅿
  geschl. Weihnachten - Anfang Feb., Ende Juli - Anfang Aug., Montag - Dienstag - **Menu** à la carte 22/38.
  ◆ Einsam liegt der familiengeführte Gasthof im namengebenden Wald. In ländlichgepflegtem Ambiente serviert man eine gutbürgerliche Küche. Nette Terrasse.

1245

SCHEIDEGG Bayern 545 X 13 – 4 200 Ew – Höhe 804 m – Heilklimatischer Kurort – Kneippkurort – Wintersport : 800/1000 m ⟨2⟩ ⟨.
🛈 Kurverwaltung, Rathausplatz 4, ⊠ 88175, ℘ (08381) 8 85 55, scheidegg@allgaeu.org, Fax (08381) 89550.
Berlin 720 – München 177 – Konstanz 84 – Ravensburg 40 – Bregenz 22.

🏨 **Birkenmoor** ⌂, Am Brunnenbühl 10, ⊠ 88175, ℘ (08381) 9 20 00, info@hotel-birkenmoor.de, Fax (08381) 920030, ≤, 🄿, Massage, 🄳, 🄴🄲, 🄺, 🄷, 🄸, 🄿, 🄽
geschl. Ende Okt. - Mitte Dez. – **Menu** (nur Abendessen) (Restaurant nur für Hausgäste) – **16 Zim** ⚏ 53/90 – 106/120 – ½ P 7.
 • Wohnliche Gästezimmer, viele Freizeit- und Entspannungsmöglichkeiten sowie die Lage in einem ruhigen Wohngebiet fast ganz im Grünen sind die Vorzüge dieses Familienbetriebs.

SCHELLHORN Schleswig-Holstein siehe Preetz.

SCHENEFELD Schleswig-Holstein 541 F 13 – 15 500 Ew – Höhe 11 m.
Berlin 298 – Kiel 86 – Hamburg 12.

In Schenefeld-Dorf :

🏨 **Klövensteen**, Hauptstr. 83, ⊠ 22869, ℘ (040) 8 39 36 30, info@hotel-kloevensteen.de, Fax (040) 83936343, 🄲, 🄸, 🄴🄲 – 🄷, 🄾 Zim, 🄸🄶 🄺 🄺 🄿 – 🄳 70. 🄰🄴 🄾 🄸🄾 🄾🄸
Peter's Bistro (Montag - Freitag nur Abendessen) **Menu** à la carte 18/35 – **58 Zim** ⚏ 67/77 – 87/97.
 • Die Kombination von ländlichem Ambiente und Stadtnähe kennzeichnet dieses Haus vor den Toren Hamburgs. Wohnliche, zeitgemäße Zimmer stehen zum Einzug bereit. Ein rustikaler Rahmen erwartet Sie in Peter's Bistro.

🍴 **Reitstall Klövensteen**, Uetersener Weg 100, ⊠ 22869, ℘ (040) 8 30 69 92, rskloevensteen@aol.com, Fax (040) 8391649, Biergarten – 🄴 🄿 🄾 🄸🄾 🄸🄾
geschl. Montag – **Menu** à la carte 16,50/35,50.
 • Das gepflegt-rustikale Restaurant ist direkt an die Reithalle angeschlossen und bietet interessante Einblicke. Man offeriert eine internationale und regionale Küche.

SCHENKENZELL Baden-Württemberg 545 V 9 – 2 000 Ew – Höhe 365 m – Luftkurort.
🛈 Tourist-Information, Haus des Gastes, Landstr. 2 (B 294), ⊠ 77773, ℘ (07836) 93 97 51, tourist-info@schenkenzell.de, Fax (07836) 939750.
Berlin 732 – Stuttgart 104 – Freiburg im Breisgau 72 – Villingen-Schwenningen 46 – Freudenstadt 23.

🏨 **Sonne**, Reinerzaustr. 13, ⊠ 77773, ℘ (07836) 9 57 40, hotel-sonne@t-online.de, Fax (07836) 10 49, 🄲, 🄴🄲, 🄺 – 🄸🄶 🄿 – 🄳 50. 🄰🄴 🄾 🄸🄾 🄸🄾
geschl. 6. - 10. Jan. – **Menu** à la carte 20/45 – **38 Zim** ⚏ 41/53 – 71/110 – ½ P 10.
 • Die Zimmer sind teils im Fachwerkgasthof, teils im neueren Anbau untergebracht und solide, teils neuzeitlicher eingerichtet. Einige der Zimmer sind als Maisonetten angelegt. Restaurant in ländlich-rustikalem Stil.

🏨 **Winterhaldenhof** ⌂, Winterhalde 8, ⊠ 77773, ℘ (07836) 72 48, winterhaldenhof@t-online.de, Fax (07836) 7649, ≤, 🄲, 🄴🄲 – 🄷 🄸🄶 🄺 🄿 🄰🄴 🄾 🄸🄾 🄸🄾 🄽 Rest
geschl. Nov. – **Menu** (geschl. Donnerstag) (nur Abendessen) à la carte 15/31 – **18 Zim** ⚏ 48 – 82/92 – ½ P 10.
 • Die waldnahe Lage sowie die gepflegten, teils hell, teils dunkel möblierten Zimmer zählen zu den Annehmlichkeiten dieses familiengeführten kleinen Hotels. Das Restaurant ist als Rundbau angelegt - mit neo-rustikaler Einrichtung und Kamin.

🏨 **Waldblick**, Schulstr. 12, ⊠ 77773, ℘ (07836) 9 39 60, info@hotel-waldblick.de, Fax (07836) 939699, 🄲 – 🄷 🄸🄶 🄿 🄾 🄸🄾 🄸🄾. 🄽 Zim
Menu (geschl. Nov. 2 Wochen, Mitte Sept. - April Freitag) à la carte 19/33 – **20 Zim** ⚏ 41/53 – 68/90 – ½ P 13.
 • Ein gut unterhaltener Gasthof im regionalen Baustil bietet Ihnen funktionelle Zimmer. Die überschaubare Größe des Hauses schafft eine private Atmosphäre. Freundliches Restaurant, in hellem Holz gehalten.

SCHERMBECK Nordrhein-Westfalen 543 K 4 – 12 900 Ew – Höhe 34 m.
🄸🄶 🄸🄶 Schermbeck, Steenbecksweg 12 (West : 12 km), ℘ (02856) 9 13 70.
Berlin 523 – Düsseldorf 69 – Dorsten 10 – Wesel 19.

🏨 **Comfort Hotel** garni, Maassenstr. 1, ⊠ 46514, ℘ (02853) 9 19 30, info@comfort-hotel-schermbeck.de, Fax (02853) 919311 – 🄷 🄾 🄸🄶 🄺 🄺 🄺 – 🄳 25. 🄰🄴 🄾 🄸🄾 🄸🄾
42 Zim ⚏ 49/99 – 76/136.
 • Das in einem Wohngebiet am Ortsrand gelegene Hotel mit Klinkerfassade beherbergt funktionell ausgestattete Zimmer sowie 2 größeren Studios im 3. Stock.

SCHERMBECK

In Schermbeck-Gahlen Süd : 4 km, über Mittelstraße und Maassenstraße :

Op den Hövel, Kirchstr. 71, ⊠ 46514, ℘ (02853) 9 14 00, Fax (02853) 914050, 🍴, Biergarten, ⇔, 🔲 – 📺 📞 ⇔ 🅿 – 🔒 30
Menu (geschl. 22. Dez. - 10. Jan., Freitag) à la carte 12/29 – **35 Zim** ⊐ 36 – 56.
◆ Das schmucke Haus mit Klinkerfassade blickt auf eine 350-jährige Geschichte zurück. Ein neuerer Anbau ergänzt es um weitere funktionelle Fremdenzimmer. Gaststuben in bürgerlichem Stil.

In Schermbeck-Voshövel Nord-West : 13 km, über B 58, bei Drevenack rechts ab :

Landhotel Voshövel, Am Voshövel 1, ⊠ 46514, ℘ (02856) 9 14 00, post@landhotel.de, Fax (02856) 744, 🍴, 🎱, ⇔ – 📶 ❄ 📺 📞 ♿ 🅿 – 🔒 125. 🅰 ⓘ 🍴 𝗩𝗜𝗦𝗔
geschl. 2. - 8. Jan. - **Menu** à la carte 21/39 – **54 Zim** ⊐ 60/100 – 100/150.
◆ "Damen-" oder "Künstlerzimmer", "Golf-" oder "Trainerzimmer" ? Seit der Ergänzung des sympathischen Hotels um zwei weitere Gebäude haben Sie die Qual der Wahl. Gaststube mit integriertem Fachwerk und schöne Empore.

SCHESSLITZ Bayern 𝟱𝟰𝟲 Q 17 – 6 800 Ew – Höhe 309 m.
Berlin 391 – München 252 – Coburg 57 – Bayreuth 47 – Nürnberg 70 – Bamberg 14.

Krapp, Oberend 3, ⊠ 96110, ℘ (09542) 80 66, hotelkrapp@t-online.de, Fax (09542) 70041, 🍴, ⇔ – 📺 Zim, 📺 🅿 – 🔒 30
geschl. Aug. 2 Wochen - **Menu** (geschl. Mittwoch, Sonntagabend) à la carte 11/25 – **31 Zim** ⊐ 30/40 – 48/62.
◆ Sind Sie auf der Suche nach einer netten, funktionellen Unterkunft ? Durch die Toreinfahrt gelangen Sie in den hübschen Innenhof zum hauseigenen Parkplatz. Ländlichgemütlich : die Gaststube.

In Scheßlitz-Würgau Ost : 5 km, über Hauptstraße, Oberend und B 22 :

Brauerei-Gasthof Hartmann, Fränkische-Schweiz-Str. 26 (B 22), ⊠ 96110, ℘ (09542) 92 03 00, info@brauerei-hartmann.de, Fax (09542) 920309, Biergarten – 📺 🅿 – 🔒 80. 🍴 𝗩𝗜𝗦𝗔
Menu (geschl. 23. - 30. Dez., Dienstag) à la carte 14/35 – **9 Zim** ⊐ 30/35 – 60.
◆ Mit neun behaglichen Gästezimmern stellt das familiengeführte Gasthaus in der Ortsmitte eine liebenswerte kleine Übernachtungsadresse dar. Tradition und Gemütlichkeit prägen die Atmosphäre im Restaurant.

SCHIEDER-SCHWALENBERG Nordrhein-Westfalen 𝟱𝟰𝟯 K 11 – 10 000 Ew – Höhe 150 m.
🅱 Tourist-Information Schieder, Im Kurpark 1, ⊠ 32816, ℘ (05282) 6 01 71, tourismus@schieder-schwalenberg.de, Fax (05282) 60173.
Berlin 362 – Düsseldorf 209 – Hannover 80 – Detmold 22 – Paderborn 39.

Im Ortsteil Schieder – Kneippkurort :

Landhaus Schieder (mit Gästehaus), Domäne 1, ⊠ 32816, ℘ (05282) 9 80 90, landhaus.schieder@t-online.de, Fax (05282) 1646, 🍴 – 📶 ❄ 📺 📞 🅿 – 🔒 30. 🅰 🍴 𝗩𝗜𝗦𝗔 𝗝𝗖𝗕
Menu à la carte 20/30 – **23 Zim** ⊐ 65 – 113 – ½ P 13.
◆ Modernes Ambiente hinter alten Mauern. Um 1900 als Herrenhaus erbaut, fungiert das hübsche Steinhaus heute als Hotel - mit hellen, gepflegten Zimmern in neuzeitlichem Stil. Modernes Restaurant und gemütliches Landhausstübchen.

Im Ortsteil Schwalenberg :

Schwalenberger Malkasten, Neue-Tor-Str. 1, ⊠ 32816, ℘ (05284) 9 80 60, info@schwalenberger-malkasten.de, Fax (05284) 980666, 🍴, ⇔ – 📺 🅿 ⓘ 🍴 𝗩𝗜𝗦𝗔
❄ Zim
geschl. 2. Jan. - 15. Feb., 23. - 26. Dez. - **Menu** à la carte 16,50/39 – **44 Zim** ⊐ 38/45 – 62/84 – ½ P 13.
◆ Im Zentrum des Maler- und Trachtenstädtchens empfängt Sie ein schmuckes Fachwerkhaus mit Zimmern in ländlichem Stil und ungezwungener Atmosphäre. Verschiedene rustikale Restaurants.

Burg Schwalenberg 🌿, ⊠ 32816, ℘ (05284) 9 80 00, Fax (05284) 980027, ≤ Schwalenberg und Umgebung – ❄ Zim, 📺 🅿 – 🔒 40. 🅰 🍴 𝗩𝗜𝗦𝗔
geschl. 10. Jan. - 20. Feb. - **Menu** (geschl. 5. Jan. - 25. Feb.) à la carte 23/32 – **18 Zim** ⊐ 70/85 – 95/150 – ½ P 22.
◆ In dem alten Gemäuer der aus dem 13. Jh. stammenden Burganlage hat man ein kleines Hotel eingerichtet, das über recht geräumige, gepflegte Zimmer verfügt. Die Gasträume sind rustikal eingerichtet.

SCHIEDER-SCHWALENBERG

In Schieder-Glashütte Nord-Ost : 5 km, über Keslerstraße, Bahnhofstraße und Hainbergstraße :
– Kneippkurort –

Herlingsburg, Bergstr. 29, ✉ 32816, ✆ (05282) 2 24, urlaub@hotel-herlingsburg.de, Fax (05282) 270, ≼, 🍴, 🌳 – 🛗, ⚭ Zim, 📺 ⇔ 🅿 AE ⓓ ⓜ VISA
geschl. 5. Jan. - 1. Feb. – **Menu** à la carte 14/30 – **40 Zim** ⚌ 42 – 75 – ½ P 10.
• Der Fachwerkbau befindet sich in Hanglage oberhalb des Emmertausees - ausgestattet mit neu möblierten Zimmern. Eine Kneipp-Abteilung findet sich im Nebenhaus. In rustikaler Aufmachung zeigt sich der unterteilte Restaurantbereich.

An der Straße nach Bad Pyrmont Nord-Ost : 5 km ab Schieder :

Fischanger, Fischanger 25, ✉ 32816 Schieder-Schwalenberg, ✆ (05282) 2 37, hotel-fischanger@t-online.de, Fax (05282) 6211, 🍴, ⚭, 🌳 – ⚭ Rest, 📺 ⇔ 🅿 ⓜ VISA
geschl. Mitte Jan. - Mitte Feb. – **Menu** (geschl. Dienstag) à la carte 14/29 – **18 Zim** ⚌ 36 – 60.
• 1814 als Waldhaus erbaut, später als Zollhaus genutzt, entwickelte sich diese Adresse zum Gasthaus - ein familiengeführtes kleines Hotel mit praktischen Zimmern. Mehrere Stuben in rustikalem Stil bilden das Restaurant.

SCHIERKE Sachsen-Anhalt 542 K 15 – 850 Ew – Höhe 600 m.

🛈 Kurverwaltung, Brockenstr. 10, ✉ 38879, ✆ (039455) 86 80, Fax (039455) 403.
Berlin 246 – Magdeburg 92 – Braunlage 10 – Halberstadt 45.

Der Kräuterhof, In Drei Annen Hohne 104 (Ost : 8 km), ✉ 38879, ✆ (039455) 8 40, rezeption@hotelkraeuterhof.de, Fax (039455) 84199, 🍴, Biergarten, ⚭, 🌳 – 🛗, ⚭ Zim, 📺 ✆ 🅿
Menu à la carte 18,50/38 – **40 Zim** ⚌ 50/67 – 70/89 – ½ P 13.
• Das alleine im Wald liegende Berghotel steht für eine solide und gepflegte Unterbringung. Hinter der holzverkleideten Fassade beziehen Sie wohnliche Zimmer. Im Landhausstil gestaltetes Restaurant.

Waldschlößchen 🌲, Hermann-Löns-Weg 1, ✉ 38879, ✆ (039455) 86 70, hotel@waldschloessen-schierke.de, Fax (038455) 86777, ≼, 🍴, ⚭ – 🛗, ⚭ Zim, 📺 ✆ 🅿 – 🛎 20. ⓜ VISA. ⚭ Zim
geschl. 1. - 21. Nov. – **Menu** (nur Abendessen) à la carte 16/23 – **29 Zim** ⚌ 52/57 – 83/88.
• Hier hat man in einer ehemalige Villa um einen Hotelanbau erweitert. Man verfügt über neuzeitlich und funktionell ausgestattete Zimmer mit hellem Naturholz. Im Bistro-Stil eingerichtetes Restaurant.

Gasthof zum Stadel, Brockenstr. 26, ✉ 38879, ✆ (039455) 36 70, stadel@gasthof-stadel.de, Fax (039455) 36777, 🍴 – 📺 🅿 ⓜ VISA. ⚭ Zim
geschl. 20. Nov. - 20. Dez. – **Menu** (geschl. Donnerstag) à la carte 12,50/22 – **10 Zim** ⚌ 42 – 62/67.
• Das kleine Hotel unter familiärer Leitung verfügt über zehn gepflegte und saubere Gästezimmer, die mit Weichholzmobiliar solide eingerichtete sind. Restaurant mit ländlich-gemütlichem Ambiente.

In Elend-Mandelholz Süd-Ost : 5,5 km, Richtung Braunlage, in Elend links ab Richtung Königshütte :

Grüne Tanne, Mandelholz 1 (B 27), ✉ 38875, ✆ (039454) 4 60, hotel_gruene_tanne@t-online.de, Fax (039454) 46155, 🍴, Massage, ⚭, 🌳 – 🛗 📺 🅿 – 🛎 15
geschl. Mitte - Ende Nov. – **Menu** (geschl. Nov. - April Montag) à la carte 15/28 – **29 Zim** ⚌ 39/48 – 62/75 – ½ P 12.
• Das hübsche holzverkleidete kleine Hotel beherbergt gepflegte Zimmer, die mit zeitgemäßem Kirschmobiliar funktionell ausgestattet sind. Mit Kamin und Holz gemütlich gastaltet : das Restaurant.

SCHIFFERSTADT Rheinland-Pfalz 543 R 9 – 18 000 Ew – Höhe 102 m.

Berlin 631 – Mainz 83 – Mannheim 25 – Speyer 9,5.

Salischer Hof (mit Gästehäusern), Burgstr. 12, ✉ 67105, ✆ (06235) 93 10, info@salischer-hof.de, Fax (06235) 931200, 📺 ✆ 🕭 🅿 – 🛎 25. AE ⓜ VISA JCB
Menu (geschl. Samstagmittag, Sonntag) à la carte 26/37 – **24 Zim** ⚌ 75 – 95.
• Das modernisierte Hofgut aus dem Jahre 1732 - bestehend aus zwei Fachwerkhäusern, einer Scheune und dem neuen Anbau - bietet Ihnen helle, zeitgemäße Zimmer. Im Restaurant finden Sie auf zwei Ebenen stilvolle Räumlichkeiten mit mediterranem Flair.

Zur Kanne (mit Gästehaus), Kirchstr. 7, ✉ 67105, ✆ (06235) 4 90 00, hotelzurkanne@aol.com, Fax (06235) 490066, Biergarten – 📺 🅿 ⓜ VISA. ⚭ Rest
Menu (geschl. Dienstag - Mittwochmittag) à la carte 13/31 – **37 Zim** ⚌ 50 – 70.
• Die funktionellen Gästezimmer verteilen sich auf das Haupthaus und zwei Nebenhäuser - teils rustikal, teils neuzeitlich möbliert, meist mit Parkettboden versehen. Hinter der Fachwerkfassade verbergen sich gemütlich-rustikale Gaststuben.

SCHIFFERSTADT

XX **Am Museum,** Kirchenstr. 13, ✉ 67105, ℘ (06235) 51 69, 🍴 – 🌐
geschl. Aug., Montag, Samstagmittag – **Menu** (italienische Küche) à la carte 16,50/ 38,50.
• Neben einem leicht rustikalen Restaurant mit Atmosphäre steht auch die schöne kleine Innenhofterrasse für Sie bereit. Sie speisen italienisch oder international.

SCHILDOW Brandenburg 542 I 24 – 3 500 Ew – Höhe 66 m.
Berlin 17 – Potsdam 45 – Eberswalde 53.

Schildow garni, Mühlenbecker Str. 2, ✉ 16552, ℘ (033056) 8 57 00, Fax (033056) 85750 – ⚙ TV P – 🚿 30. 🌐 VISA
34 Zim ☑ 49 – 80.
• Die moderne Architektur dieses Hotels verspricht ein ebenso neuzeitliches Innenleben. Von der Hotelhalle bis in die Flure begleiten Sie ausgestellte Bilder und Antiquitäten.

SCHILLINGSFÜRST Bayern 546 S 14 – 2 500 Ew – Höhe 515 m – Erholungsort – Wintersport: ⛷.
Berlin 517 – München 188 – Würzburg 85 – Ansbach 28 – Heilbronn 121 – Nürnberg 86.

Die Post, Rothenburger Str. 1, ✉ 91583, ℘ (09868) 95 00, diepost@arcor.de, Fax (09868) 950250, ≤, 🍴, ☂, ⚙ Rest, TV ⚓ P – 🚿 15. ⓞ 🌐 VISA JCB
Menu à la carte 15/29 – **14 Zim** ☑ 51/53 – 57/92.
• Schon zur Postkutschenzeit war das Haus eine beliebte Unterkunft, seit 1870 befindet es sich in Familienbesitz. Man verfügt über behagliche, gepflegte Zimmer. Im Restaurant wie auch von der Terrasse aus genießen Sie eine schöne Aussicht.

SCHILTACH Baden-Württemberg 545 V 9 – 4 100 Ew – Höhe 325 m – Luftkurort.
Sehenswert : Marktplatz*.
🅱 Tourist Information, Hauptstr. 5, ✉ 77761, ℘ (07836) 58 50, Fax (07836) 5858.
Berlin 740 – Stuttgart 126 – Freiburg im Breisgau 68 – Offenburg 51 – Villingen-Schwenningen 42 – Freudenstadt 27.

Zum weyßen Rössle, Schenkenzeller Str. 42, ✉ 77761, ℘ (07836) 3 87, info@weysses-roessle.de, Fax (07836) 7952 – TV ⚓ P. AE 🌐 VISA
Menu (geschl. Sonntagabend - Montag) (Tischbestellung ratsam) à la carte 16/33 – **9 Zim** ☑ 44/47 – 68/78 – ½ P 15.
• Hinter den denkmalgeschützten Mauern dieses familiengeführten kleinen Hotels stehen neuzeitlich, funktionell und komfortabel gestaltete Zimmer bereit. Schon 1590 nutzte man den historischen Gasthof zur Einkehr - heute ein rustikales Restaurant.

SCHIPKAU Brandenburg 542 L 25 – 8 500 Ew – Höhe 122 m.
Berlin 136 – Potsdam 144 – Cottbus 41 – Dresden 58 – Görlitz 111.

In Schipkau-Klettwitz Nord-Ost : 3 km am Ortseingang Meuro, jenseits der A 13 :

Arcade, Buchenstr. 8, ✉ 01998, ℘ (035754) 64 30, arcade@hotelarcade.de, Fax (035754) 643200, 🍴 – 🔑, ⚙ Zim, TV ☏ P – 🚿 30. AE ⓞ 🌐 VISA
Menu à la carte 17/35 – **41 Zim** ☑ 57/72 – 80/100.
• In einem Wohnpark liegt dieses im modernen Stil erbaute Hotel. Es bietet freundliche, neuzeitlich und funktionell ausgestattete Zimmer, teils mit Balkon oder Terrasse. Zeitlos gestaltetes Restaurant mit Terrasse zum Innenhof.

In Schipkau-Meuro Nord-Ost : 4 km, jenseits der A 13 :

Landhaus Meuro ♨, Drochower Str. 4, ✉ 01994, ℘ (035754) 74 40, Fax (035754) 74424, 🍴, ☂ – 🔑, ⚙ Zim, TV P – 🚿 30. AE ⓞ 🌐 VISA
Menu (Montag - Freitag nur Abendessen) à la carte 18/34,50 – **16 Zim** ☑ 80/87 – 115/145.
• Ein prächtiger Herrensitz, der an die Südstaaten und an "Vom Winde verweht" erinnert. Von den erfrischend eleganten Zimmern blickt man auf die grünen Wiesen der Umgebung. Restaurant mit stilvollem Ambiente.

SCHKEUDITZ Sachsen 544 L 20 – 15 000 Ew – Höhe 120 m.
Berlin 172 – Dresden 124 – Leipzig 13 – Halle (Saale) 21.

Globana Airport Hotel, Frankfurter Str. 4 (West : 1,5 km), ✉ 04435, ℘ (034204) 3 33 33, hotel@globana.com, Fax (034204) 33334, 🍴, 🏋, ☎ – 🔑, ⚙ Zim, TV ☏ &
P – 🚿 100. AE ⓞ 🌐 VISA
Menu à la carte 17/26 – **158 Zim** ☑ 62/82 – 82/118, 17 Suiten.
• Als Teil des Globana Trade Centers - ein verkehrsgünstig gelegenes multifunktionales Veranstaltungscenter - bietet das Hotel besonders Geschäftsreisenden ein modernes Umfeld. Das Restaurant ist im frischen Bistro-Stil gehalten - ganz in neuzeitlichem Design.

SCHKEUDITZ

Schillerstuben, Herderstr. 26, ✉ 04435, ☏ (034204) 1 47 16, *schillerstuben@t-onl ine.de*, Fax (034204) 14716,
geschl. Sonntag – **Menu** *(nur Abendessen)* (Tischbestellung ratsam) à la carte 29/40.
• In den Räumen einer liebevoll restaurierten Villa a. d. J. 1929 hat man ein gemütliches Restaurant eingerichtet. Die internationale Küche überzeugt mit Sorgfalt und Geschmack.

In Schkeuditz-Radefeld *Nord-Ost : 6 km :*

Sorat Messe-Hotel, Haynaer Weg 15, ✉ 04435, ☏ (034207) 4 20, *leipzig@soratm ail.de*, Fax (034207) 42400, Zim, 110.
Menu à la carte 16/24 – **108 Zim** 79 – 94.
• Schon die Lobby stimmt Sie auf das moderne Ambiente im Haus ein - die recht sachlich gestalteten Zimmer überzeugen mit Funktionalität. Messe und Flughafen liegen in der Nähe.

SCHKOPAU Sachsen-Anhalt **542** L 19 – *3 000 Ew* – *Höhe 96 m.*
Berlin 182 – Magdeburg 96 – Leipzig 35 – Halle (Saale) 11.

Schlosshotel Schkopau , Am Schloss, ✉ 06258, ☏ (03461) 74 90, *info@schl osshotel-schkopau.de*, Fax (03461) 749100, Zim, 210.
Menu à la carte 31/48 – **54 Zim** 133/190 – 154/210, 4 Suiten.
• Umgeben von alten Mauern genießt man die Kombination aus Tradition und Moderne. Gediegenheit und Eleganz beherrschen das Interieur. Schön : Schlosskapelle und Park. Stilvolles Restaurant mit historischem Kreuzgewölbe.

SCHLANGENBAD Hessen **543** P 8 – *6 700 Ew* – *Höhe 318 m* – *Heilbad.*
🛈 Kur- und Verkehrsverein, Landgrafenplatz, ✉ 65388, ☏ (06129) 5 80 90, *kvv.schlan genbad@gmx.de*, Fax (06129) 58092.
Berlin 581 – Wiesbaden 13 – Koblenz 63 – Bad Kreuznach 59 – Limburg an der Lahn 43 – Mainz 21.

Parkhotel Schlangenbad , Rheingauer Str. 47, ✉ 65388, ☏ (06129) 4 20, *inf o@parkhotel.net*, Fax (06129) 424242, direkter Zugang zum Thermalbad, 120. Rest
geschl. 3. Jan. - 1. Feb. – **Menu** à la carte 31/43 – **Quellenstübchen** *(geschl. Montag - Dienstag) (nur Abendessen)* **Menu** à la carte 20/27 – **88 Zim** 100/139 – 145/185, 3 Suiten – ½ P 20.
• Durch eine großzügige Hotelhalle betreten Sie dieses imposante Gebäude. Privat- wie auch Businessgästen ermöglicht man zeitgemäßes Wohnen in einem klassischen Grandhotel. Hohe Räume, helle Einrichtung und eleganter Rahmen im Restaurant.

SCHLAT Baden-Württemberg **545** U 13 – *1 700 Ew* – *Höhe 415 m.*
Berlin 606 – Stuttgart 46 – Göppingen 9 – Schwäbisch Gmünd 24 – Ulm (Donau) 46.

Lamm, Eschenbacher Str. 1, ✉ 73114, ☏ (07161) 9 99 02 15, *gasthof.lamm@t-onlin e.de*, Fax (07161) 9990225, 40.
geschl. Feb. 1 Woche, Aug. 2 Wochen, Dienstag – **Menu** à la carte 21/44.
• Ein nettes, ursprüngliches Dorfgasthaus, in dem viel Holz und Jadgtrophäen den rustikalen Charakter unterstreichen. Eigene Schnapsbrennerei.

SCHLEIDEN Nordrhein-Westfalen **543** O 3 – *14 000 Ew* – *Höhe 348 m.*
🛈 Touristik Schleidener Tal (Schleiden-Gemünd), Kurhausstr. 6, ✉ 53937, ☏ (02444) 20 11, Fax (02444) 1641.
Berlin 639 – Düsseldorf 103 – Aachen 50 – Düren 38 – Euskirchen 30.

Kettner's, Vorburg 9 (im Schloss Schleiden), ✉ 53937, ☏ (02445) 85 00 85, *kettner s-restaurant@t-online.de*, Fax (02445) 850087,
geschl. Montagabend - Dienstag – **Menu** à la carte 23/39.
• Im historischen Umfeld der Schleidener Burg ist ein Restaurant mit mediterranem Ambiente entstanden. Sie tafeln unter einem schönen Kreuzgewölbe oder auf der Gartenterrasse.

In Schleiden-Gemünd *Nord : 6 km über B 265 – Kneippkurort :*

Kurpark Hotel , Parkallee 1, ✉ 53937, ☏ (02444) 9 51 10, *info@kurparkhotel-s chleiden.de*, Fax (02444) 951133, Zim, 30.
Menu *(Restaurant nur für Hausgäste)* – **20 Zim** 45/50 – 78.
• Inmitten des Kurgebiets finden Reisende eine praktisch ausgestattete Unterkunft. Die solide Führung und der gepflegte Zustand sprechen für das Haus.

SCHLEIDEN

🏨 **Friedrichs**, Alte Bahnhofstr. 16, ⊠ 53937, ℘ (02444) 95 09 50, mail@hotel-friedrichs.de, Fax (02444) 950940, 🍽, 🛋 – 📶 🚿 TV 📞 🚗 P – 🔑 40. ⓘ ⓜ VISA
Menu (geschl. Dienstag) à la carte 23/37,50 – **23 Zim** ⊇ 51/62 – 80/88 – ½ P 19.
• Unterschiedlich in Zuschnitt und Möblierung und praktisch in der Ausstattung sind die Zimmer dieses familiengeführten Hotels in der Ortsmitte. Das Restaurant teilt sich in zwei Bereiche : mal rustikal, mal in freundlichen Farbtönen.

🍴 **Kettner's Parkrestaurant**, Kurhausstr. 5, ⊠ 53937, ℘ (02444) 27 76, Fax (02444) 8901, 🍽 – ♿ ⓘ ⓜ VISA
geschl. Montag – **Menu** à la carte 19/32.
• In dem gepflegten, gut geführten Restaurant ermöglicht eine große Fensterfront zum Park hin einen schönen Ausblick. Im Sommer sehr schön : die Gartenterrasse.

SCHLEMA Sachsen 544 O 21 – 5600 Ew – Höhe 450 m.

🛈 Fremdenverkehrsamt, R.-Friedrich-Str. 18, ⊠ 08301, ℘ (03771) 38 04 50, fremdenverkehr@kurort-schlema.de, Fax (03771) 380453.
Berlin 300 – Dresden 113 – Chemnitz 37 – Oberwiesenthal 41 – Plauen 54 – Zwickau 20.

🏨 **Am Kurhaus** ♨, Richard-Friedrich-Boulevard 16, ⊠ 08301, ℘ (03772) 3 71 70, info@am-kurhaus.com, Fax (03772) 3717170, 🍽 – 📶 TV 📞 ♿ P. AE ⓜ VISA
Menu à la carte 15/27 – **43 Zim** ⊇ 55/59 – 82/112.
• In einen Geschäftskomplex im Kurgebiet hat man dieses Hotel integriert. Die geräumigen, hell und freundlich gestalteten Zimmer bieten auch zum Arbeiten einen geeigneten Platz. Neuzeitliches Restaurant mit großer Fensterfront.

🏨 **Haus Schlematal**, Hauptstr. 48, ⊠ 08301, ℘ (03772) 3 95 30, Fax (03772) 3953125, 🍺 Biergarten – TV P.
Menu (geschl. Dienstag) à la carte 16/22 – **14 Zim** ⊇ 35 – 55.
• Zeitgemäß eingerichtete Zimmer bietet Ihnen dieses gut unterhaltene Hotel an der Durchgangsstraße. Die überschaubare Größe des Hauses schafft eine private Atmosphäre.

SCHLEPZIG Brandenburg 542 J 25 – 640 Ew – Höhe 50 m.
Berlin 78 – Potsdam 95 – Cottbus 66 – Frankfurt (Oder) 67.

🏨 **Landgasthof zum grünen Strand der Spree**, Dorfstr. 53, ⊠ 15910, ℘ (035472) 66 20, spreewaldbrauerei@t-online.de, Fax (035472) 473, 🍽 – TV P – 🔑 30. AE ⓜ VISA
Menu 10 (Buffet) à la carte 16/36 – **25 Zim** ⊇ 60/100 – 80/120.
• In der reizvollen Landschaft des Unterspreewaldes - an einem Spreekanal gelegen - überzeugt das Hotel mit wohnlichem Ambiente. Mit einem Paddelboot erkunden Sie die Gegend. Eine rustikale Brauerei - mit Schnapsbrennerei - ergänzt das ländliche Restaurant.

SCHLESWIG Schleswig-Holstein 541 C 12 – 25000 Ew – Höhe 14 m.
Sehenswert : Schloss Gottorf : Schleswig Holsteinisches Landesmuseum (Fayence- und Porzellansammlungen★, Jugendstil Sammlung★, Renaissancekapelle★★) Y – Schloss Gottorf : Archäologisches Landesmuseum★, Nydamm-Boot★ Y – Dom★ (Bordesholmer Altar★★) Z – ≤★ vom Parkplatz an der B 76 Y – Fischerviertel "Holm" (Friedhofsplatz★) Z.
⛳ Güby, Borgwedeler Weg 16 (Süd-Ost : 9 km über ②), ℘ (04354) 9 81 84.
🛈 Touristinformation, Plessenstr. 7, ⊠ 24837, ℘ (04621) 98 16 16, touristinformation@schleswig.de, Fax (04621) 981619.
Berlin 395 ③ – Kiel 53 ② – Flensburg 33 ⑤ – Neumünster 65 ③

Stadtplan siehe nächste Seite

🏨 **Zollhaus**, Lollfuß 110, ⊠ 24837, ℘ (04621) 29 03 40, info@zollhaus-schleswig.de, Fax (04621) 290373, 🍽 – TV P. ⓜ VISA   Y b
geschl. Mitte Jan. 2 Wochen, Mitte Okt. 2 Wochen – **Menu** (geschl. Montag) à la carte 22/33 – **9 Zim** ⊇ 65/80 – 80/90.
• Unweit der Schlei liegt dieses Haus in einer belebten Nebenstraße. Ihre Gastgeber offerieren Ihnen helle, mit Buchenmöbeln praktisch ausgestattete Zimmer. Wechselnde Bilderausstellungen im Bistro-Restaurant.

🍴🍴 **Olschewski's** mit Zim, Hafenstr. 40, ⊠ 24837, ℘ (04621) 2 55 77, olschewski@foni.net, Fax (04621) 22141, 🍽 – TV   Z a
geschl. Mitte Jan. - Feb. – **Menu** (geschl. Montag - Dienstag) 28 und à la carte – **7 Zim** ⊇ 52/60 – 77/87.
• Unterhalb der Altstadt, ganz in Hafennähe, umsorgt man Sie in einem hell und freundlich gestalteten Restaurant mit internationalen Speisen - viele Fischgerichte.

1251

SCHLESWIG

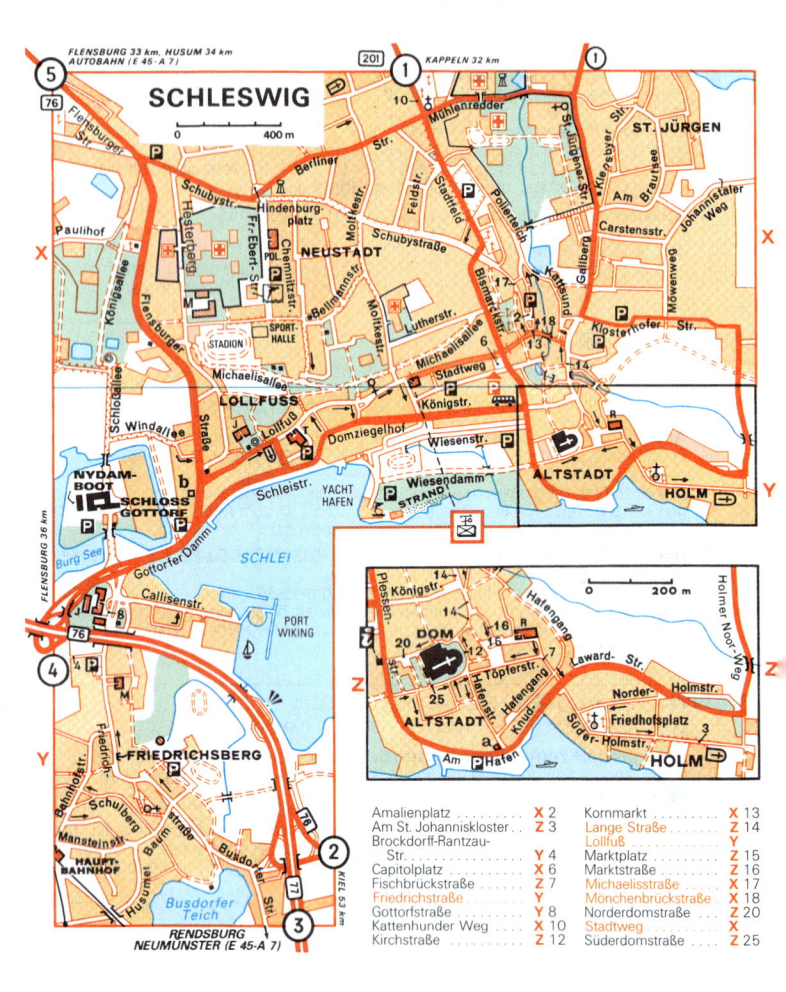

Amalienplatz	X 2	Kornmarkt	X 13
Am St. Johanniskloster	Z 3	Lange Straße	Z 14
Brockdorff-Rantzau-Str.	Y 4	Lollfuß	Y
Capitolplatz	X 6	Marktplatz	Z 15
Fischbrückstraße	Z 7	Marktstraße	Z 16
Friedrichstraße	Y	Michaelisstraße	X 17
Gottorfstraße	Y 8	Mönchenbrückstraße	X 18
Kattenhunder Weg	X 10	Norderdomstraße	Z 20
Kirchstraße	Z 12	Stadtweg	X
		Süderdomstraße	Z 25

In Schleswig-Pulverholz *Süd-West : 1,5 km, Zufahrt über Brockdorff-Rantzau-Straße* **Y** :

Waldschlösschen, Kolonnenweg 152, ✉ 24837, ☎ (04621) 38 30, *reception@hotel-waldschloesschen.de*, Fax (04621) 383105, 🍴, ⚏, 🏊, 🔒 – 📶, 🛏 Zim, 📺 📞 ♿ 🅿
– 🛎 160. AE ⓘ VISA 🍴
Menu à la carte 25/37 – **117 Zim** ⚏ 89/95 – 115/120.
• Hier finden Sie Komfort nach Maß : mal neuzeitlich mit Modemanschluss, mal großzügig geschnitten. Der Name des attraktiven Hauses lässt bereits die waldnahe Lage vermuten. Ein gepflegtes Ambiente prägt die Atmosphäre im Restaurant.

Lesen Sie die Einleitung, sie ist der Schlüssel zu diesem Führer.

SCHLEUSINGEN Thüringen 544 O 16 – 6 000 Ew – Höhe 450 m.
Berlin 356 – Erfurt 73 – *Coburg* 37 – Meiningen 35 – Suhl 15.

Zum Goldenen Löwen, Markt 22, ✉ 98553, ☎ (036841) 4 23 53, *info@zum-goldenen-loewen-schleusingen.de*, Fax (036841) 41320, 🍴, – 📺. ⓘ VISA
Menu (geschl. Montag) à la carte 12/22 – **9 Zim** ⚏ 35/37 – 50/55.
• Am historischen Marktplatz des kleinen Ortes genießen Sie die Behaglichkeit eines familiären Gasthofs. Sie wohnen in neuzeitlich eingerichteten Zimmern. Gepflegtes Restaurant mit bürgerlicher Küche.

SCHLIENGEN Baden-Württemberg **545** W 6 – 4 800 Ew – Höhe 251 m.

🛈 Verkehrsamt, Wasserschloss Entenstein, ✉ 79419, ℘ (07635) 31 09 11, Fax (07635) 310927.

Berlin 836 – Stuttgart 243 – *Freiburg im Breisgau* 38 – Müllheim 9 – Basel 28.

In Schliengen-Obereggenen *Ost : 7 km, über Altinger Straße und Niedereggenen :*

🏨 **Landgasthof Graf** 🐾, Kreuzweg 6, ✉ 79418, ℘ (07635) 12 64, *landgasthof-graf @t-online.de, Fax (07635) 9555,* 🍽, 🚗 – 📺 🅿 ⓜ 💳
geschl. 15. Jan. - 5. Feb. - **Menu** *(geschl. Mittwoch - Donnerstagmittag)* à la carte 19/34 – **15 Zim** ⇌ 39/60 – 74/80.
• Hinter der gepflegten Fassade dieses kleinen Hotels beziehen Sie funktionell ausgestattete Zimmer. Auch die ruhige Ortsrandlage spricht für das Haus. Das Restaurant setzt sich aus drei ländlichen Gaststuben zusammen.

🏨 **Rebstock,** Kanderner Str. 4, ✉ 79418, ℘ (07635) 12 89, *rebstock-obereggenen@t-online.de, Fax (07635) 8844,* 🍽, 🚗 – 📺 🅿 ⓜ 💳
geschl. Mitte Juni - Anfang Juli, Mitte Dez. - Anfang Feb. – **Menu** *(geschl. Dienstag, Nov. - Feb. Dienstag - Mittwoch) (nur Abendessen)* 36,50/38,50 und à la carte – **12 Zim** ⇌ 36/46 – 65.
• Die dörfliche, von Obst- und Weinbau bestimmte Umgebung prägt den Charakter des Landhotels. Die Zimmer sind mit Naturholzmöbeln wohnlich eingerichtet. Parkett und Holzvertäfelung lassen die Gaststube gemütlich wirken.

SCHLIERSEE Bayern **546** W 19 – 6 400 Ew – Höhe 800 m – Luftkurort – Wintersport : 790/1 700 m ✦ 2 ✦ 16 ✦.

Sehenswert : *Pfarrkirche*★.

Ausflugsziel : *Spitzingsattel : Aussichtspunkt* ≤★, *Süd : 9 km.*

🛈 Gäste-Information, Bahnhofstr. 11a, ✉ 83727, ℘ (08026) 6 06 50, Fax (08026) 606520.

Berlin 652 – München 62 – Garmisch-Partenkirchen 79 – Rosenheim 36 – Bad Tölz 25.

🏨🏨 **Schlierseer Hof am See,** Seestr. 21, ✉ 83727, ℘ (08026) 94 00, *info@ schlierserhof.de, Fax (08026) 940100,* ≤, 🍽, 🛁, 🏊 (geheizt), 🌳, 🚗, 🎾 – 📺 📞 🅿 – 🛎 30
geschl. 3. - 28. März, 3. - 29. Nov. – **Menu** à la carte 20/29,50 – **45 Zim** ⇌ 67/77 – 98/154 – ½ P 18.
• Eine großzügige, recht stilvolle Halle empfängt Sie in diesem gepflegten Haus. Die Zimmer sind teils in geschmackvollem Landhausstil gehalten, teils schlichter eingerichtet. Vom Restaurant oder der Gartenterrasse aus genießen Sie den schönen Blick auf den See.

🏨 **Gästehaus Lechner am See** garni, Seestr. 33, ✉ 83727, ℘ (08026) 9 43 80, *gaestehaus-lechner@t-online.de, Fax (08026) 943899,* ≤, 🍽, 🚗 – 📺 🅿 🛁
geschl. Anfang Nov. - Weihnachten – **11 Zim** ⇌ 45/81 – 82/88.
• Äußerlich wie auch im Inneren ist das kleine Hotel im alpenländischen Stil gehalten. Das Haus ist durch eine schöne Liegewiese direkt mit dem See verbunden.

🏨 **Gästehaus am Kurpark** garni, Gartenstr. 7, ✉ 83727, ℘ (08026) 9 40 30, Fax (08026) 2743, 🚗 – 📺 📞 🅿
26 Zim ⇌ 45/60 – 65/85.
• Diese ländliche Pension ermöglicht Ihnen Ferien in familiärer Atmosphäre. Saubere, wohnliche Zimmer und eine schöne Gegend sprechen für diese Adresse.

In Schliersee-Neuhaus *Süd : 4 km, über B 307 :*

🏨 **Hubertus** garni, Bayrischzeller Str. 8, ✉ 83727, ℘ (08026) 7 10 35, *hubertus@ruschitzka-schliersee.de, Fax (08026) 71036,* 🍽, 🚗 – 📺 🅿 Æ ⓜ 💳
Menu siehe Restaurant *Sachs* – **20 Zim** ⇌ 44 – 52/78.
• Der Gasthof ist von der Fassade bis zu den Zimmern dem typisch alpenländischen Stil angepasst - sowohl für Sommer- als auch für Winterurlauber eine geeignete Adresse.

🍽🍽 **Sachs,** Neuhauser Str. 12, ✉ 83727, ℘ (08026) 72 38, *sachs@ruschitzka-schliersee.de, Fax (08026) 71958,* 🍽 – 🅿 Æ ⓜ 💳
geschl. Montag – **Menu** à la carte 20/38.
• Das Restaurant - mit Zirbelstube und Weinstube - ist ganz im alpenländischen Stil eingerichtet. Ein gut geschultes Team umsorgt Sie mit regionaltypischer Küche.

In Schliersee-Spitzingsee *Süd : 10 km, über B 307, nach Neuhausen rechts ab :* – Höhe 1 085 m

🏨🏨🏨 **ArabellaSheraton Alpenhotel am Spitzingsee** 🐾, Seeweg 7, ✉ 83727, ℘ (08026) 79 80, *alpenhotel@arabellasheraton.com, Fax (08026) 798879,* ≤, 🍽, 🛁, Massage, 🏋, 🛁, 🏊 (Therme), 🌳, 🚗, 🎾 – 🛗 📺 📞 🚗 🅿 – 🛎 115. Æ ⓞ ⓜ 💳 JCB, 🛁 Rest
Menu à la carte 24/36 – **120 Zim** ⇌ 131/161 – 160/207, 11 Suiten.
• Das engagiert geführte Hotel liegt vor einer reizvollen Bergkulisse in 1100 m Höhe. Die Zimmer im alpenländischem Stil überzeugen mit Wohnlichkeit und Funktionalität.

SCHLOSS HOLTE-STUKENBROCK Nordrhein-Westfalen 543 K 9 – 23 500 Ew – Höhe 135 m.

🔼 Schloß Holte-Stukenbrock, Gut Welschhof (Ost : 2 km), ℘ (05207) 92 09 36.
Berlin 403 – Düsseldorf 173 – Bielefeld 23 – Detmold 24 – Paderborn 28.

Im Ortsteil Stukenbrock :

Westhoff, Hauptstr. 24, ✉ 33758, ℘ (05207) 9 11 00, info@hotel-westhoff.de, Fax (05207) 911051, 🍴 – 🛗, 🚭 Zim, 📺 📞 ♿ 🅿 – 🅰 80. AE ⓘ ⓜ VISA
Menu (geschl. Freitagmittag, Samstagmittag) à la carte 18/33 – **32 Zim** ⌷ 51/67 – 82/105.
• Hinter seiner weißen Fassade beherbergt das gepflegte Hotel in der Ortsmitte gediegen eingerichtete Zimmer, teils mit Parkett - etwas ruhiger sind die nach hinten gelegenen. Hübsches Restaurant und nostalgisches Bistro.

SCHLUCHSEE Baden-Württemberg 545 W 8 – 2 700 Ew – Höhe 951 m – Heilklimatischer Kurort – Wintersport : 1 000/1 130 m ✶3 ⛷.
Sehenswert : See★.
🛈 Tourist Information, Fischbacher Str. 7, ✉ 79859, ℘ (07656) 77 32, info@schluchsee.de, Fax (07656) 7759.
Berlin 795 – Stuttgart 172 – Freiburg im Breisgau 48 – Donaueschingen 49 – Waldshut-Tiengen 33.

Vier Jahreszeiten 🦢, Am Riesenbühl, ✉ 79859, ℘ (07656) 7 00, info@vjz.de, Fax (07656) 70323, ≤, 🍴, 🎱, Massage, ⛱, 🏋, 🩱, 🏊(geheizt), 🏊, 🎠, 🎾 (Halle) Squash – 🛗 🚭 Zim, 📞 ♿ 🚴 🅿 – 🅰 140. AE ⓘ ⓜ VISA. 🎾 Rest
Menu (nur Abendessen) (Restaurant nur für Hausgäste) – **209 Zim** (nur ½ P) 135/250 – 242/271, 5 Suiten.
• Die beeindruckende Ferienanlage in ruhiger Ortsrandlage steht für komfortables Wohnen. Ein großzügiger Freizeitbereich lässt Langeweile gar nicht erst aufkommen.

Hegers Parkhotel Flora 🦢, Sonnhalde 22, ✉ 79859, ℘ (07656) 9 74 20, parkhotel-flora@t-online.de, Fax (07656) 1433, ≤, 🍴, 🎱, 🏋, 🩱, 🏊, 🎠 – 📺 🚘 🅿 – 🅰 20. AE ⓘ ⓜ VISA. 🎾 Rest
geschl. Ende Nov. - Anfang Dez. 3 Wochen – **Menu** à la carte 21/37 – **34 Zim** ⌷ 70/90 – 98/130, 4 Suiten – ½ P 19.
• Wohnlichkeit und eine persönliche Note sind ein Garant für angenehmes Wohnen. Alle Zimmer haben Balkon oder Terrasse mit Blick oder Zugang zur schönen Gartenanlage. Gemütliches Restaurant.

Mutzel, Im Wiesengrund 3, ✉ 79859, ℘ (07656) 5 56, hotelmutzel@aol.com, Fax (07656) 9175, 🍴, 🩱, 🎠 – 🛗 📺 🚘 🅿 AE ⓘ ⓜ VISA
geschl. Mitte Nov. - Mitte Dez. – **Menu** (geschl. Montag) à la carte 22/36 – **24 Zim** ⌷ 41/51 – 72/87 – ½ P 17.
• Der Familienbetrieb liegt in einem Wohngebiet am Rande des Ortes. Hinter der regionaltypischen Balkonfassade erwartet den Reisenden eine solide, zeitgemäße Unterkunft.

In Schluchsee-Aha Nord-West : 4 km, über B 500 :

Auerhahn, Vorderaha 4 (an der B 500), ✉ 79859, ℘ (07656) 9 74 50, info@auerhahn.net, Fax (07656) 9270, ≤, 🎱, Massage, 🏋, 🩱, 🏊, 🎾 – 🛗 🚭 📺 🅿. 🎾 Rest
Menu (Abendessen nur für Hausgäste) à la carte 18/28 – **60 Zim** (nur ½ P) 97/124 – 194/248.
• Das aus mehreren neuzeitlichen Gebäuden mit hübscher Balkonfassade bestehende Hotel beherbergt funktionelle Zimmer in hellem Holz und eine schöne Saunalandschaft. Helles Restaurant mit Kachelofen.

SCHLÜCHTERN Hessen 543 O 12 – 15 000 Ew – Höhe 208 m.
Berlin 478 – Wiesbaden 117 – Fulda 30 – Frankfurt am Main 76 – Gießen 113.

Stadt Schlüchtern garni, Breitenbacher Str. 5, ✉ 36381, ℘ (06661) 74 78 80, info@hotel-stadt-schluechtern.de, Fax (06661) 7478899 – 🛗 🚭 📺 📞 ♿ 🚘 – 🅰 30. AE ⓘ ⓜ VISA
32 Zim ⌷ 47 – 78.
• Mitten im Zentrum erwarten Sie in dem modernen Hotelbau funktionelle Zimmer in hellem Naturholz. Der Frühstücksraum ist mit der hauseigenen Bäckerei verbunden.

Elisa 🦢 garni, Zur Lieserhöhe 14, ✉ 36381, ℘ (06661) 80 94, hartkopp@hotel-elisa.de, Fax (06661) 8096 – 📺 🚘 🅿 AE ⓘ ⓜ VISA
geschl. Weihnachten - Anfang Jan. – **11 Zim** ⌷ 36/53 – 63/77.
• Die kleine, sehr gut unterhaltene Pension liegt am Stadtrand in einer ruhigen, waldreichen Umgebung. Man verfügt über gepflegte, solide möblierte Gästezimmer.

SCHLÜCHTERN

- **Zeppelin**, Schloßstr. 13, ⊠ 36381, ℘ (06661) 58 32, restaurant-zeppelin@t-online.de, Fax (06661) 730002 – 🐝 50. ⬛ ⬛
  geschl. Mittwoch, Samstagmittag – **Menu** à la carte 16/38.
  ◆ Freundliche Farben, Korbstühle und Accessoires aus der Zeppelin'schen Passagierluftfahrt prägen das legere Ambiente des Restaurants. Man serviert Ihnen Regionales.

In Schlüchtern-Ramholz Ost : 8 km, über Herolz und Vollmerz :

- **Schloss Ramholz Orangerie**, Parkstr. 4, ⊠ 36381, ℘ (06664) 91 94 00, Fax (06664) 919402, 🌳 – 🅿. ⬛ ⬛ ⬛ ⬛
  geschl. Aug. 2 Wochen, Montag - Dienstag, Jan. - Mitte März Montag - Freitag – **Menu** à la carte 25/35.
  ◆ An einem privat geführten Schloss aus dem 14. Jh. liegt dieses Restaurant. In einem großen Raum mit hoher Decke und Empore serviert man eine regionale Küche.

SCHLÜSSELFELD Bayern 546 Q 15 – 5400 Ew – Höhe 299 m.

🏌 Schlüsselfeld, Schloss Reichmannsdorf (Nord-Ost : 7 km), ℘ (09546) 92 15 10.
Berlin 446 – München 227 – *Nürnberg* 59 – Bamberg 44 – Würzburg 57.

- **Zum Storch** (mit Gästehaus), Marktplatz 20, ⊠ 96132, ℘ (09552) 92 40, info@hotel-storch.de, Fax (09552) 924100, 🌳 – 📺 📞 🅿 – 🐝 50. ⬛ ⬛ ⬛ ⬛
  Menu (geschl. Nov. 2 Wochen) à la carte 12,50/25,50 – **54 Zim** ⊇ 40/55 – 65/90.
  ◆ Im Zentrum liegt das gepflegte, durch die Besitzer-Familie geführte Haus, dessen Zimmer teils rustikal, teils neuzeitlich gestaltet sind, im Gästehaus auch im Designer-Stil. Ungezwungene Atmosphäre herrscht in der ländlichen Gaststube.

SCHMALKALDEN Thüringen 544 N 15 – 20000 Ew – Höhe 296 m.

🛈 Tourist-Information, Mohrengasse 1a, ⊠ 98574, ℘ (03683) 40 31 82, info@schmalkalden.de, Fax (03683) 604014.
Berlin 360 – *Erfurt* 69 – Coburg 80 – Bad Hersfeld 65.

- **Stadthotel Patrizier**, Weidebrunner Gasse 9, ⊠ 98574, ℘ (03683) 60 45 14, Fax (03683) 604518, 🌳 – 📺 📞 🅿 ⬛ ⬛ ⬛ ⬛
  Menu (Montag - Donnerstag nur Abendessen) à la carte 16/26 – **16 Zim** ⊇ 41/52 – 72.
  ◆ Hinter der renovierten Fachwerkfassade dieses gepflegten alten Stadthauses erwarten Sie wohnliche Gästezimmer und eine persönliche Atmosphäre. Das Restaurant : teils elegant, teils rustikal.

- **Jägerklause**, Pfaffenbach 45, ⊠ 98574, ℘ (03683) 60 01 43, hotel_jaegerklause@t-online.de, Fax (03683) 604513, Biergarten, 🌳 – 🏢 📺 🅿 – 🐝 30. ⬛ ⬛
  Menu à la carte 12,50/26 – **40 Zim** ⊇ 44/50 – 73.
  ◆ In diesem solide geführten, gewachsenen Gasthof am Rande des malerischen Ortes finden Sie eine praktische und gepflegte Unterkunft. Mit viel Holz rustikal gestaltete Galerieräume.

- **Ratskeller**, Altmarkt 2, ⊠ 98574, ℘ (03683) 40 27 42, Fax (03683) 6086077, 🌳 – ⬛ ⬛ ⬛ ⬛
  Menu à la carte 14/21.
  ◆ Äußerlich wie auch im Inneren wurde durch sorgfältiges Modernisieren der historische Charakter des Hauses bewahrt – Gewölbe, Säulen und Holzbalkendecke zieren den Raum.

Im Ehrental Nord-West : 4 km, über Waldhausstraße und Pfaffenbach, im Wald links ab :

- **Waldhotel Ehrental** 🍃, ⊠ 98574 Schmalkalden, ℘ (03683) 68 90, info@waldhotel-ehrental.de, Fax (03683) 689199, 🌳, 🌿, 🏊 – 🏢 📺 🅿 – 🐝 50. ⬛ ⬛
  Menu à la carte 17/28,50 – **50 Zim** ⊇ 50 – 70/95.
  ◆ Die Lage am Waldrand oberhalb der Stadt sowie praktisch und zeitlos eingerichtete Zimmer machen diese Adresse aus. Auch für Tagungen geeignet. Das Restaurant ist mit hellem Holz und nettem Dekor freundlich gestaltet.

SCHMALLENBERG Nordrhein-Westfalen 543 M 8 – 26600 Ew – Höhe 410 m – Luftkurort – Wintersport : 480/818 m, ⚐15 ⚐.

🏌 Schmallenberg, Winkhausen 75 (Ost : 6 km), ℘ (02975) 87 45 ; 🏌 Schmallenberg, Sellinghausen (Nord : 11 km bei Mailar), ℘ (02971) 9 60 91 06.
🛈 Gästeinformation, Poststr. 7, ⊠ 57392, ℘ (02972) 9 74 00, info@schmallenberger-sauerland.de, Fax (02972) 974026.
Berlin 513 – Düsseldorf 168 – Arnsberg 48 – Meschede 35 – Olpe 38.

- **Störmann**, Weststr. 58, ⊠ 57392, ℘ (02972) 99 91 23, info@hotel-stoermann.de, Fax (02972) 999124, 🌳, 🌿, 🏊, 🌳 – 🏢 📺 📞 🅿 – 🐝 30. ⬛ ⬛ ⬛ ⬛
  geschl. 29. Feb. - 26. März, 19. - 28. Dez. – **Menu** (geschl. Sonntagabend) 12,50 (mittags) à la carte 21/39 – **36 Zim** ⊇ 57/72 – 100/130 – ½ P 17.
  ◆ Einst Gasthof und Posthalterei, hat sich das Haus zu einem zeitgemäßen Hotel entwickelt. Hinter der Schindelfassade beziehen Sie wohnliche Zimmer. Schöner Garten. Gemütliches Restaurant - teils rustikal, teils mit elegantem Touch.

SCHMALLENBERG

In Schmallenberg-Bödefeld Nord-Ost : 17 km, über B 236 und B 511, in Fredeburg rechts ab Richtung Westernbödefeld :

Gasthof Albers, Graf-Gottfried-Str. 2, ✉ 57392, ℘ (02977) 21 34 88, Fax (02977) 1426, 佘, ≦s, ☐, 邲 ⸗, – 劇, TV P, – ゐ 30. ※ Rest
geschl. 28. März - 4. April, 7. - 25. Dez. – **Menu** (geschl. Mittwoch) 13 (mittags) à la carte 19/33 – **48 Zim** ⊊ 40/50 – 75/95.
♦ Hinter der schwarz-weißen, typisch sauerländischen Fachwerkfassade beziehen Sie funktionelle Zimmer. Zum Freizeitbereich zählt auch der Skilift direkt hinter dem Haus. Teils bürgerlich, teils rustikal zeigt sich das Restaurant.

In Schmallenberg-Fleckenberg Süd-West : 2 km über B 236 :

Hubertus ⸎, Latroper Str. 24, ✉ 57392, ℘ (02972) 50 77, gasthofhubertusflecke nberg@t-online.de, Fax (02972) 1731, 佘, ≦s, 邲 – 劇, ⸜⸝ Zim, TV P – ゐ 15
geschl. 1. - 25. Dez. – **Menu** à la carte 17/34 – **25 Zim** ⊊ 50/58 – 82/112.
♦ Das Landhaus mit der regionstypischen Fassade aus Fachwerk und Schiefer beherbergt seine Gäste in wohnlichen Zimmern. Ausgedehnte Wiesen verbinden das Anwesen mit dem Wald. Restaurant und gemütliche Kaminstube im rustikalen Stil.

In Schmallenberg-Bad Fredeburg Nord-Ost : 7 km über B 236 und B 511 – Kneippheilbad :

Kleins Wiese ⸎, (Nord-Ost : 2,5 km), ✉ 57392, ℘ (02974) 3 76, kleins-wiese@t-online.de, Fax (02974) 5115, 佘, ≦s, 邲 – ⸜⸝ Zim, TV P – ゐ 15
geschl. 15. - 26. Dez. – **Menu** à la carte 17/38 – **20 Zim** ⊊ 44/72 – 88/112 – ½ P 14.
♦ Außerhalb des Ortes auf einer Anhöhe liegt das gepflegte familiengeführte Hotel mit funktionell eingerichteten Zimmern. Die ruhige Umgebung spricht für sich. Kleine bürgerliche Gaststube und rustikales Restaurant.

In Schmallenberg-Grafschaft Süd-Ost : 4,5 km, über Oststraße und Grafschafter Straße : – Heilklimatischer Kurort :

Maritim Hotel Grafschaft ⸎, An der Almert 11, ✉ 57392, ℘ (02972) 30 30, inf o.sma@maritim.de, Fax (02972) 303777, 佘, ≦s, ☐, ※ – 劇, ⸜⸝ Zim, TV ⇔ P – ゐ 120. AE ◯ ◉ VISA JCB. ※ Rest
Menu à la carte 22/44 – **116 Zim** ⊊ 84/94 – 122/142, 10 Suiten – ½ P 23.
♦ Auf einer Anhöhe in dörflicher Umgebung gelegen, verbindet das Haus ländliches Ambiente mit den Annehmlichkeiten eines funktionellen Hotels. Reitstall und Gastpferdeboxen. Zum Speisen stehen das Restaurant sowie das behagliche Kaminzimmer zur Wahl.

Gasthof Heimes, Hauptstr. 1, ✉ 57392, ℘ (02972) 9 78 00, mail@gasthof-heimes.de, Fax (02972) 978097, 佘, ≦s, 邲 – 劇, ⸜⸝ Rest, TV ⇔ P – ゐ 50. ◉ ※ Rest
geschl. 9. Nov. - 2. Dez. – **Menu** (geschl. Dienstag) à la carte 16/24 – **17 Zim** ⊊ 34/46 – 62/76 – ½ P 12.
♦ Praktische Gästezimmer und eine familiäre Atmosphäre sprechen für diesen Gasthof. Ganz in der Nähe liegt das 1072 gegründete Kloster Grafschaft. Gemütliche Restauranträume.

In Schmallenberg-Jagdhaus Süd : 7 km, über B 236, in Fleckenberg links ab :

Jagdhaus Wiese ⸎, Jagdhaus 3, ✉ 57392, ℘ (02972) 30 62 01, info@jagdhauswiese.de, Fax (02972) 306288, 佘, ≦s, ☐, 邲, ※ – 劇, ⸜⸝ Rest, TV ✆ ⇔ P. ※ Zim
geschl. 30. Nov. - 27. Dez. – **Menu** à la carte 20/47 – **64 Zim** ⊊ 57/106 – 104/172, 13 Suiten – ½ P 20.
♦ Komfort, Ruhe und ein netter Freizeitbereich kennzeichnen dieses Landhotel mit Schieferfassade. Die Berge und der Park bilden sommers wie winters eine reizvolle Umgebung. Teils rustikal, teils bürgerlich gestaltetes Restaurant.

Schäferhof ⸎ mit Zim, Jagdhaus 21, ✉ 57392, ℘ (02972) 4 73 34, info@schaefe rhof.com, Fax (02972) 47336, 佘, ≦s – TV P.
geschl. Mitte März 2 Wochen, Mitte Nov. 2 Wochen – **Menu** (geschl. Dienstag) à la carte 18/27 – **8 Zim** ⊊ 45 – 60/82 – ½ P 12.
♦ Die Räume dieses ausgebauten Bauernhofs sind - passend zur ländlichen Umgebung - im rustikalen Stil gehalten. Mündliche Empfehlungen ergänzen die bürgerliche Speisekarte.

In Schmallenberg-Latrop Süd-Ost : 8 km, über Grafschaft :

Hanses Bräutigam ⸎, Latrop 27, ✉ 57392, ℘ (02972) 99 00, info@hotel-hanse s.de, Fax (02972) 990222, ≦s, ☐, 邲 – 劇, TV P. AE ◯ ◉ VISA
geschl. Nov. – **Menu** à la carte 20/35 – **22 Zim** ⊊ 51/72 – 99/129 – ½ P 15.
♦ Das Fachwerk-Landhaus in typischer Sauerländer Bauweise beherbergt gepflegte Gästezimmer, die Ihren Ansprüchen an eine praktische Unterkunft gerecht werden. Bürgerlicher Speisesaal.

SCHMALLENBERG

Zum Grubental ⚜, Latrop 5, ✉ 57392, ℘ (02972) 97 74 40, info@grubental.de, Fax (02972) 9774444, 🍴, 🛏, 🎿, ✂ – 📺 🅿
geschl. Ende Nov. - 26. Dez. – **Menu** (geschl. Montag) à la carte 19/35 – **16 Zim** ⊇ 37/48 – 80/84 – ½ P 13.
• In dörflicher Umgebung steht dieses familiengeführte kleine Haus, dessen Zimmer funktionell eingerichtet sowie sehr sauber und gut unterhalten sind. Alte Holzbalken durchziehen den Restaurantraum.

In Schmallenberg-Nordenau *Nord-Ost : 13 km – Luftkurort :*

Gnacke, Astenstr. 6, ✉ 57392, ℘ (02975) 9 63 30, info@gnacke.de, Fax (02975) 9633170, Massage, ⚕, 🛏, 🏊 (Sole), 🎿 – 🛗 📺 ⇌ 🅿 – 🔒 30
geschl. 7. Nov. - 25. Dez. – **Menu** à la carte 24/40 – **50 Zim** ⊇ 69/87 – 110/158 – ½ P 18.
• Das seit 1835 in Familienbesitz befindliche Hotel verfügt über Zimmer in ländlich-wohnlichem Stil und einen gepflegten Freizeitbereich. Rustikales Restaurant. Schöne Café-terrasse zum Tal.

In Schmallenberg-Oberkirchen *Ost : 8 km über B 236 :*

Gasthof Schütte, Eggeweg 2 (nahe der B 236), ✉ 57392, ℘ (02975) 8 20, landhotel@gasthof-schuette.de, Fax (02975) 82522, 🍴, 🛏, 🏊 (geheizt), 🏊, 🎿 – 🛗 📺 ☎ ♿ ⇌ 🅿 – 🔒 25. 🅰 ⓞ ⓜ 🆅 ✂ Zim
geschl. 23. Nov. - 25. Dez. – **Menu** 12,50/25 (mittags) à la carte 20/43 – **64 Zim** ⊇ 67/87 – 114/188, 8 Suiten – ½ P 19.
• Das schöne Fachwerkhaus aus dem 18. Jh. wurde durch verschiedene Nebengebäude ergänzt, die sich harmonisch ins Bild einfügen. Innen überzeugt Wohnlichkeit, draußen der Garten. Behaglich-rustikales Restaurant im alten Stammhaus.

Schauerte-Jostes, Alte Poststr. 13 (B 236), ✉ 57392, ℘ (02975) 3 75, info@gasthof-schauerte.de, Fax (02975) 337, 🍴, 🎿 – 📺 ⓜ.
geschl. Aug. 1 Woche, 18. Nov. - 25. Dez. – **Menu** (geschl. Montag) à la carte 17/33 – **13 Zim** ⊇ 39/46 – 86 – ½ P 12.
• Hinter einer schmucken Schindelfassade stehen behagliche Zimmer zum Einzug bereit. Für Wanderungen ist das Haus genau der richtige Ausgangspunkt. Restaurant mit privater Atmosphäre.

In Schmallenberg-Ohlenbach *Ost : 15 km, über B 236, in Oberkirchen links ab, über Westfeld :*

Waldhaus ⚜, Ohlenbach 10, ✉ 57392, ℘ (02975) 8 40, waldhaus-ohlenbach@t-online.de, Fax (02975) 8448, ≤ Rothaargebirge, 🍴, 🛏, 🏊, 🎿, ✂ – 🛗 📺 ☎ ⇌ 🅿 – 🔒 15. ⓞ ⓜ 🆅 ✂ Zim
geschl. Mitte Nov. - Mitte Dez. – **Menu** à la carte 19/45 – **Schneiderstube** : Menu à la carte 31/48 – **50 Zim** ⊇ 57/72 – 144 – ½ P 21.
• In 700 m Höhe liegt das moderne, gepflegte Anwesen - einst ein schlichtes Blockhaus. Neben wohnlichen Zimmern bietet man einen beeindruckenden Blick über das Rothaargebirge. Klassisches Restaurant mit geschmackvollem Ambiente.

In Schmallenberg-Sellinghausen *Nord : 14 km, über B 236 und B 511, in Mailar rechts ab :*

Stockhausen ⚜, Sellinghausen 1, ✉ 57392, ℘ (02971) 31 20, info@ferienhotel-stockhausen.de, Fax (02971) 312102, 🍴, 🎾, 🛏, 🏊 (geheizt), 🏊, 🎿, ✂, 🎿, 🚲 – 🛗 📺 ☎ ♿ 🚴 🅿 – 🔒 80
Menu à la carte 21/36 – **69 Zim** ⊇ 67/70 – 123/130 – ½ P 16.
• Ein engagiert geführtes Ferienhotel, außerhalb in einer kleinen Ansiedlung gelegen. Neben wohnlichen Zimmern zählt ein abwechslungsreiches Freizeitprogramm zu den Vorzügen. Mehrfach unterteilt, präsentiert sich das Restaurant mal rustikal, mal bürgerlich.

In Schmallenberg-Vorwald *Ost : 13 km, über B 236 :*

Gut Vorwald ⚜, ✉ 57392, ℘ (02975) 9 66 10, info@gut-vorwald.de, Fax (02975) 966119, ≤, 🍴, (ehemaliger Gutshof a.d.J. 1797), 🛏, 🎿 – 📺 ⇌ 🅿.
geschl. 24. Nov. - 25. Dez. – **Menu** à la carte 15/27 – **14 Zim** ⊇ 37/47 – 72/82 – ½ P 12.
• Ursprünglich rein landwirtschaftlich genutzt, dient der Hof heute - mit ausgebautem Interieur und stilgerechtem Anbau - als zeitgemäßes Hotel. Ponyreiten möglich. Verschiedene Zimmer und Stuben bilden das rustikale Restaurant.

In Schmallenberg-Westfeld *Ost : 12 km, über B 236, in Oberkirchen links ab :*

Berghotel Hoher Knochen ⚜, in Hohen Knochen (Ost : 2 km) – Höhe 650 m, ✉ 57392, ℘ (02975) 8 50, info@hoher-knochen.de, Fax (02975) 421, 🍴, Massage, 🛏, 🏊, 🎿, ✂ – 🛗, ✂ Zim, 📺 ☎ ⇌ 🅿 – 🔒 60. 🅰 ⓞ ⓜ 🆅 ✂ Zim
Menu à la carte 22/40 – **60 Zim** ⊇ 60/95 – 105/165 – ½ P 19.
• Die einsame Lage im Wald auf einer Anhöhe sowie funktionell und wohnlich eingerichtete Zimmer machen dieses gut geführte Hotel aus. Im Restaurant : gepflegtes, rustikales Ambiente.

SCHMALLENBERG

Bischof, Am Birkenstück 3, ⌧ 57392, ☏ (02975) 9 66 00, info@hotel-bischof.de, Fax (02975) 966070, 🌳, ≋ – 📺 🚗 🅿
geschl. vor Ostern 2 Wochen – **Menu** (geschl. Mittwoch) à la carte 14/27 – **20 Zim** ☕ 33/38 – 60/75 – ½ P 8.
• In dörflicher Umgebung liegt dieses sympathische Landgasthaus, dessen gepflegte und saubere Gästezimmer in rustikalem Stil gehalten sind. Schlichtes Restaurant im bürgerlichen Stil.

In Schmallenberg-Winkhausen Ost : 6 km, über B 236 :

Deimann, Winkhausen 5 (B 236), ⌧ 57392, ☏ (02975) 8 10, deimann@t-online.de, Fax (02975) 81289, 🌳, 🅿, Massage, ⚓, 🎳, ≋, 🏊, 🎿, 🎾 – 🛗, ✦ Zim, 📺 📞 🚗 🅿 🅰🅴 🔘 🅾 🆅🅸🆂🅰
Menu à la carte 18/42 – **53 Zim** ☕ 88/120 – 124/272 – ½ P 19.
• Der 1880 erbaute Gutshof mit Herrenhaus dient seit 1883 als Hotel. Heute überzeugt das engagiert geführte Haus mit modernem Wohnkomfort und großzügigem Freizeitbereich. Restaurant mit gediegen-rustiakelem Ambiente.

SCHMIEDEBERG, BAD Sachsen-Anhalt 🅵🅷🅶 K 22 – 4 500 Ew – Höhe 90 m – Moor- und Mineralheilbad.

🅱 Tourismusinformation, Rehhahnweg 1c, ⌧06905, ☏ (034925) 7 11 01, Fax (034925) 71103.
Berlin 137 – Magdeburg 117 – *Leipzig* 48.

Griedel, Dommitzscher Str. 36d (über Korgauer Straße), ⌧ 06905, ☏ (034925) 7 11 67, Fax (034925) 71170 – 🛗, ✦ Zim, 📺 📞 🅿 – 🅰 20. 🅰🅴 🔘 🅾 🆅🅸🆂🅰
Menu (nur Abendessen) (Restaurant nur für Hausgäste) – **36 Zim** ☕ 43/50 – 52/70 – ½ P 12.
• Sie wohnen inmitten des reizvollen Naturparks Dübener Heide. Hinter der neuzeitlichen Fassade des gut geführten Hauses verbergen sich zeitgemäße Gästezimmer.

SCHMIEDEBERG Sachsen 🅵🅷🅶 N 25 – 3 500 Ew – Höhe 460 m.
Berlin 221 – *Dresden* 29 – Altenberg 13 – Marienberg 62.

In Schmiedeberg-Schönfeld Süd-West : 7,5 km, über B 170, Bärenfels und Oberpöbel :

Am Rennberg, Am Rennberg 17, ⌧ 01762, ☏ (035052) 23 60, info@hotel-am-rennberg.de, Fax (035052) 23610, ≤, 🌳, ≋, 🎿 – ✦ Zim, 📺 🅿 – 🅰 20. 🅰🅴 🔘 🅾 🆅🅸🆂🅰
Menu à la carte 20/29 – **15 Zim** ☕ 40 – 56/61 – ½ P 15.
• Etwas außerhalb des Ortes, in Hanglage, steht dieses neuzeitliche Hotel. Funktionelle Gästezimmer in zeitgemäßem Stil sprechen für das Haus. Gepflegtes Restaurant mit Wintergartenanbau.

SCHMIEDEFELD AM RENNSTEIG Thüringen 🅵🅷🅶 O 16 – 2 200 Ew – Höhe 750 m – Wintersport : 750/944 m ⚡ 2, 🎿.

🅱 Fremdenverkehrsamt, Suhler Str. 4, ⌧ 98711, ☏ (036782) 6 13 24, schmiedefeld.fva@t-online.de, Fax (036782) 61324.
Berlin 341 – *Erfurt* 59 – Suhl 13.

Gastinger (mit Gästehaus), Ilmenauer Str. 21 (B 4), ⌧ 98711, ☏ (036782) 70 70, info@hotel-gastinger.de, Fax (036782) 70711, 🌳, ≋, 🎿 – 🛗 📺 🅿 – 🅰 15. 🅾 🆅🅸🆂🅰
Menu à la carte 15/25 – **20 Zim** ☕ 44/49 – 64/74 – ½ P 12.
• Das neuzeitliche familiengeführte Hotel ist am Rande des Ortes an der Bundesstraße gelegen und verfügt über wohnliche Gästezimmer im Landhausstil. Das Restaurant verteilt sich auf zwei Ebenen - teils neuzeitlich, teils rustikal im Stil.

Im Kurpark, Friedrichsweg 21, ⌧ 98711, ☏ (036782) 63 60, Fax (036782) 63645, 🌳, ≋, 🎿 – ✦ Zim, 📺 🅿 – 🅰 20. 🅾 🆅🅸🆂🅰
Menu (geschl. Montag) (Dienstag - Freitag nur Abendessen) à la carte 10/17 – **15 Zim** ☕ 34/37 – 48/55 – ½ P 9.
• Neben der einsamen, ruhigen Lage im Wald zählen auch die überschaubare Größe des Hauses sowie die gepflegte, zeitgemäße Zimmer zu den Annehmlichkeiten. Café-Charakter prägt das Restaurant.

Rennsteighotel Grüner Baum, Suhler Str. 3, ⌧ 98711, ☏ (036782) 7 08 11, hotel@gruener-baum-schmiedefeld.de, Fax (036782) 70813, Biergarten – 📺 🅿 🅾 🆅🅸🆂🅰
🎿 Rest
Menu à la carte 13/28,50 – **11 Zim** ☕ 38/45 – 58/78 – ½ P 11.
• In einheitlichem Stil eingerichtete, funktionelle Zimmer - teils mit Aufbettungsmöglichkeit - sorgen dafür, dass sich die Gäste während ihres Aufenthalts gut aufgehoben fühlen. Ländliches Ambiente und heimische Gerichte laden ins Restaurant ein.

SCHMILAU Schleswig-Holstein siehe Ratzeburg

SCHMITTEN IM TAUNUS Hessen 543 P 9 – 8 500 Ew – Höhe 534 m – Luftkurort – Wintersport : 534/880 m ⩽4 ⚐.

Ausflugsziel : Großer Feldberg : ⁕⁕ Süd : 8 km.

🛈 Tourismus- und Kulturverein, Parkstr. 2 (Rathaus), ✉ 61389, ℘ (06084) 46 23, tourismus@schmitten.de, Fax (06084) 4646.

Berlin 536 – Wiesbaden 37 – *Frankfurt am Main* 36 – Gießen 55 – Limburg an der Lahn 39.

🏨 **Kurhaus Ochs**, Kanonenstr. 6, ✉ 61389, ℘ (06084) 4 80, reception@kurhaus-ochs.de, Fax (06084) 4880, ₤₅, ≋, 🔲, ☂ – 🛗, ⥤ Zim, 📺 📞 ⇔ 🅿 – 🕍 45. 🅰🅴 ⓜⓞ 🆅🅸🆂🅰 🅹🅲🅱
Menu (geschl. Sonntagabend, außer Messen) à la carte 22/36 – **K zwo** (nur Abendessen)
Menu à la carte 17/28 – **40 Zim** ⇄ 64/97 – 87/133 – ½ P 20.
♦ Modernes Design begleitet Sie von der Rezeption bis in die funktionell ausgestatteten Zimmer. Für Tagungen : das freundlich gestaltete "Kurhaus-Konferenz-Zentrum". Die Kurhaus-Stuben : in hellem Holz eingerichtet. K zwo : rustikales Kellerlokal.

In Schmitten-Oberreifenberg Süd-West : 4 km, über Schillerstraße – Höhe 650 m

🏨 **Waldhotel** ⚐, Tannenwaldstr. 12 (Ost : 1 km), ✉ 61389, ℘ (06082) 9 21 50, info@waldhotel.org, Fax (06082) 3469, ☂ – 🛗, ⥤ Zim, 📺 📞 ⇔ 🅿 – 🕍 20. 🅰🅴 ⓜⓞ 🆅🅸🆂🅰
Menu à la carte 19/32 – **15 Zim** ⇄ 65/75 – 85/95.
♦ Ein gepflegter, gut unterhaltener kleiner Familienbetrieb, der Ihnen eine ruhige Lage und solide, technisch gut ausgestattete Gästezimmer bietet. Das Restaurant : teils gemütlich-rustikal, teils als Wintergarten angelegt.

SCHMÖLLN Thüringen 544 N 21 – 14 000 Ew – Höhe 211 m.

Berlin 236 – Erfurt 114 – Gera 27.

🏨 **Bellevue** ⚐, Am Pfefferberg 7, ✉ 04626, ℘ (034491) 70 00, hotel.bellevue.schmoelln@t-online.de, Fax (034491) 70077, ≤, ☂ – ⥤ Zim, 📺 📞 ⇔ 🅿 – 🕍 30. ⓜⓞ 🆅🅸🆂🅰
Menu (geschl. 5. - 18. Jan.) à la carte 23/37 – **15 Zim** ⇄ 50/70 – 70/100.
♦ In ruhiger Lage am Waldrand steht die im Jahre 1920 erbaute Jugendstilvilla. Hinter einer ansprechenden Fassade verbergen sich geschmackvolle, wohnliche Zimmer. Eine klassische Aufmachung mit elegantem Touch prägt das Ambiente im Restaurant.

🏨 **Reussischer Hof**, Gößnitzer Str. 14, ✉ 04626, ℘ (034491) 2 31 08, hotel_reussischer_hof@t-online.de, Fax (034491) 27758, ☂ – 🛗, ⥤ Zim, 📺 ♿ ⇔ 🅿 – 🕍 50. 🅰🅴 ⓜⓞ 🆅🅸🆂🅰
Menu à la carte 15,50/26,50 – **34 Zim** ⇄ 41/48 – 63/72.
♦ Der modernisierte, gut geführte Gasthof ist in der Innenstadt von Schmölln gelegen. Sie wohnen in zeitgemäß und funktionell eingerichteten Gästezimmern. Neben Restaurant und Wintergarten steht im Sommer auch der Innenhof zur Verfügung.

🏠 **Café Baum**, Brückenplatz 18, ✉ 04626, ℘ (034491) 36 20, fam.baum@hotel-cafe-baum.de, Fax (034491) 36210, ☂ – 📺 🅿 🅰🅴 🆅🅸🆂🅰
Menu à la carte 15/25 – **9 Zim** ⇄ 39 – 63.
♦ Diese familiär geführte Adresse liegt an einem kleinen Platz im Zentrum der Stadt. Die Zimmer überzeugen mit ihrer soliden, neuzeitlichen Einrichtung. Restaurant mit Café-Charakter.

SCHNAITTACH Bayern 546 R 18 – 8 600 Ew – Höhe 352 m.

Berlin 409 – München 178 – *Nürnberg* 35 – Bayreuth 55 – Amberg 49.

In Schnaittach-Hormersdorf Nord-Ost : 10 km, nahe der A 9, Abfahrt Hormersdorf :

🏠 **Motel Hormersdorf**, Arzbühlstr. 8, ✉ 91220, ℘ (09152) 9 29 60, motel.hormersdorf@t-online.de, Fax (09152) 929654 – ⥤ Zim, 📺 🅿 ⓜⓞ 🆅🅸🆂🅰. ✾ Rest
Menu (nur Abendessen) à la carte 10/19 – **32 Zim** ⇄ 39/46 – 50/64.
♦ In der neuzeitlichen Motelanlage - verkehrsgünstig unweit der Autobahn gelegen - finden Reisende gepflegte, einheitlich eingerichtete Zimmer. Ein dem Hotelbereich vorgelagerter Pavillon dient als Restaurant.

SCHNAITTENBACH Bayern 546 R 20 – 5 000 Ew – Höhe 403 m.

Berlin 430 – München 196 – Weiden in der Oberpfalz 28 – Amberg 19 – Regensburg 68.

🍺 **Brauerei-Gasthof-Haas** (mit 🏨 Gästehaus), Hauptstr. 20, ✉ 92253, ℘ (09622) 24 66, michl.haas@t-online.de, Fax (09622) 5045, ☂ – ⥤ Zim, 📺 📞 ⇔ 🅿 🅰🅴 ⓜⓞ 🆅🅸🆂🅰 ✾
Menu (geschl. Nov., Dienstag) à la carte 15,50/25 – **35 Zim** ⇄ 35/55 – 55/80.
♦ Hinter der gelben Fassade dieses gewachsenen Gasthofs finden Sie rustikal eingerichtete Zimmer, das Gästehaus ist mit hellem Einbaumobiliar ausgestattet. Rustikale Gaststube.

SCHNEEBERG KREIS AUE Sachsen 544 O 21 – 17 300 Ew – Höhe 487 m.

🛈 Touristinformation, Markt 1, ✉ 08289, ℰ (03772) 2 03 14, schneeberg.touristinfo@t-online.de, Fax (03772) 22347.

Berlin 301 – Dresden 115 – Chemnitz 40 – Plauen 50 – Zwickau 20.

XX **Büttner** mit Zim, Markt 3, ✉ 08289, ℰ (03772) 35 30, hotel-restaurant_buettner@t-online.de, Fax (03772) 353200, 🍽 – 🆃🆅 🅿 🚗 🆎 ⓞ 🆆 🆅🅸🆂🅰
geschl. Jan. 2 Wochen, Juli - Aug. 2 Wochen – **Menu** (geschl. Dienstag) (Montag - Freitag nur Abendessen) 19,50/46,50 à la carte 22/44, ♀ – **12 Zim** 🛏 46/60 – 66/80.
• Hinter der schmucken Fassade der ehemaligen Konditorei verbirgt sich ein eleganter Raum mit historischem Kreuzgewölbe. Hier kreiert man Feines aus der französischen Küche.

SCHNELLDORF Bayern 546 S 14 – 3 000 Ew – Höhe 530 m.

Berlin 515 – München 174 – Stuttgart 119 – Würzburg 90 – Nürnberg 83.

🏨 **Kellermann**, Am Birkenberg 1 (nahe BAB-Ausfahrt), ✉ 91625, ℰ (07950) 9 88 00, info@kellermanns.de, Fax (07950) 988080, 🍽 – 📶 🆃🆅 🚗 🅿 – 🆎 60. 🆎 ⓞ 🆆 🆅🅸🆂🅰 🅹🅲🅱
Menu à la carte 14,50/35 – **32 Zim** 🛏 41/50 – 78.
• Neben einer soliden Zimmerausstattung überzeugt das familiengeführte Hotel mit einer günstigen Verkehrslage nahe der Autobahnausfahrt. Auch für Tagungen geeignet. Restaurant mit rustikalem Ambiente und nettem Dekor.

SCHNEVERDINGEN Niedersachsen 541 G 13 – 18 500 Ew – Höhe 90 m – Luftkurort.

🛈 Tourist-Information, Schulstr. 6a, ✉ 29640, ℰ (05193) 9 31 80, Fax (05193) 93184.

Berlin 339 – Hannover 97 – Hamburg 66 – Bremen 74.

🏨🏨 **Landhaus Höpen** 🌿, Höpener Weg 13, ✉ 29640, ℰ (05193) 8 20, info@landhaus-hoepen.de, Fax (05193) 82113, ≤, 🍽, Massage, 🍀, 🔲, 🎾, 🆃🆅 ☎ 🅿 – 🆎 80. 🆆 🆅🅸🆂🅰
Menu à la carte 21/41 – 🛏 11 – **46 Zim** 82/135 – 120/160, 3 Suiten – ½ P 37.
• Am Ortsrand auf einer kleinen Anhöhe inmitten der Heidelandschaft finden Sie in mehreren teils regionstypischen Häusern wohnliche Zimmer verschiedener Kategorien. Das gemütliche Restaurant ist in einem schmucken Reetdachhaus untergebracht.

X **Ramster** mit Zim, Heberer Str. 16, ✉ 29640, ℰ (05193) 68 88, info@hotel-ramster.de, Fax (05193) 50390, 🍽, 🎾 – ✱ Zim, 🆃🆅 🅿 🚗 🆎 ⓞ 🆆 🆅🅸🆂🅰
geschl. 9. - 23. Feb. – **Menu** à la carte 20/33 – **8 Zim** 🛏 36/41 – 70.
• Dieses Restaurant bietet Ihnen ein schlichtes Ambiente mit privater Atmosphäre, eine schöne Terrasse und eine mit Sorgfalt und Geschmack zubereitete internationale Küche.

In Schneverdingen-Reinsehlen Nord : 4,5 km, über Harburger Straße :

🏨 **Camp Reinsehlen Hotel** 🌿, ✉ 29640, ℰ (05198) 98 30, hotel@campreinsehlen.de, Fax (05198) 98399, 🍽 – ✱ Zim, 🆃🆅 ☎ 🅿 – 🆎 150
geschl. 1. - 11. Jan. – **Menu** (geschl. 27. Dez. - 11. Jan., Montagabend, Dienstagabend, Mittwochabend) à la carte 24/34 – **28 Zim** 🛏 75 – 115.
• Die elegante Landhauseinrichtung dieser lichtdurchfluteten Holzbauten ist ein gelungenes Zusammenspiel modernen, klaren Designs und hochwertiger Handwerksqualität. Restaurant in neuzeitlichem Stil.

In Schneverdingen-Tütsberg Süd-Ost : 12 km, über Bahnhofstraße, Heber, in Scharrl links ab :

🏠 **Hof Tütsberg** 🌿, im Naturschutzpark, ✉ 29640, ℰ (05199) 9 00, info@tuetsberg.de, Fax (05199) 9050, 🍽, (Niedersächsischer Bauernhof a.d. 16. Jh.), ☎, 🎾 – ✱ Zim, 🚗 🅿 – 🆎 25. 🆎 ⓞ 🆆 🆅🅸🆂🅰 🅹🅲🅱
Menu à la carte 20,50/43 – **22 Zim** 🛏 75 – 99, 7 Suiten – ½ P 19.
• Eingebettet in den Baumbestand des Naturschutzparks, bietet die hübsche historische Anlage neben dem Landschaftspflegehof einem Hotel mit wohnlichen Zimmern Platz. Reitstall. Altdeutscher Stil und offener Kamin geben dem Restaurant eine gemütliche Atmosphäre.

SCHOBÜLL Schleswig-Holstein siehe Husum.

SCHÖMBERG (KREIS CALW) Baden-Württemberg 545 T 9 – 8 500 Ew – Höhe 633 m – Heilklimatischer Kurort und Kneippkurort – Wintersport : 500/700 m, ≰1, ⚐.

🛈 Touristik und Kur, Lindenstr. 7, ✉ 75328, ℰ (07084) 1 44 44, toursitik@schoemberg.de, Fax (07084) 14445.

Berlin 674 – Stuttgart 74 – Karlsruhe 47 – Pforzheim 24 – Calw 15.

🏠 **Krone**, Liebenzeller Str. 15, ✉ 75328, ℰ (07084) 70 77, krone-schoemberg@t-online.de, Fax (07084) 6641 – 📶 ✱ 🆃🆅 🚗 🅿 – 🆎 25. 🆎 ⓞ 🆆 🆅🅸🆂🅰
Menu à la carte 14/31 – **35 Zim** 🛏 38/60 – 60/80 – ½ P 13.
• Gute Pflege sowie funktionell und zeitgemäß ausgestattete Gästezimmer, meist mit Balkon machen dieses Hotel aus. "Kennenlern"- und "Wochen-Pauschale". Teils bürgerlich, teils rustikal : die Gasträume.

SCHÖMBERG (KREIS CALW)

In Schömberg-Langenbrand *Nord-West : 2 km, über Lindenstraße und Bergstraße – Luftkurort :*

Schwarzwald-Sonnenhof, Salmbacher Str. 35, ⊠ 75328, ℘ (07084) 9 24 00, *schwarzwald-sonnenhof@t-online.de,* Fax (07084) 924099, 😀, 🍴 – 📺 ⬛ 🅿 – 🚲 30. 💳. ⌀
Menu à la carte 19/32 – **23 Zim** ☑ 31/49 – 65/104 – ½ P 15.
• Ein sehr gepflegtes und sauberes familiengeführtes Hotel am Ortsrand, das über solide, funktionell ausgestattete Gästezimmer verfügt. Gemütliche Galsträume mit viel hellem Naturholz.

Ehrich, Schömberger Str. 26, ⊠ 75328, ℘ (07084) 9 24 20, *hotel-ehrich@t-online.de,* Fax (07084) 924292, 😀, 🍴 – 📺 🅿 – 🚲 30
geschl. 15. Nov. - 5. Dez. - **Menu** *(geschl. Montag)* à la carte 14/35 – **32 Zim** ☑ 40/52 – 72.
• Umgeben von Tannenwäldern mit Wanderwegen liegt das von der Inhaber-Familie geführte Hotel mit gepflegten, solide eingerichteten Zimmern - 2 Zimmer mit Bauernmobiliar. Gasträume in rustikaler Aufmachung.

In Schömberg-Oberlengenhardt *Süd-Ost : 3 km, über Liebenzeller Straße – Erholungsort :*

Ochsen 🌿, Burgweg 3, ⊠ 75328, ℘ (07084) 92 79 50, *info@landgasthof-ochsen.de,* Fax (07084) 9279513, 😀, 🍴 – 📺 🅿 – 🚲 15. 💳 💳
Menu *(geschl. Dienstag)* à la carte 16/34 – **11 Zim** ☑ 36/48 – 62/68 –. ½ P 13.
• In dörflicher Umgebung liegt dieser gestandene Landgasthof unter familiärer Leitung. Die Zimmer sind mit rustikalem Mobiliar eingerichtet und gut gepflegt. Ein ländliches Ambiente mit viel Holz erwartet den Gast im Restaurant.

SCHÖNAICH *Baden-Württemberg siehe Böblingen.*

SCHÖNAU AM KÖNIGSSEE *Bayern* **546** *X 22 – 5 600 Ew – Höhe 620 m – Heilklimatischer Kurort – Wintersport : 560/1800 m ⬚1 ⬚6 ⬚.*
Ausflugsziele : *Königssee*★★ *Süd : 2 km – St. Bartholomä : Lage*★ *(nur mit Schiff ab Königssee erreichbar).*
🛈 *Tourist-Information, Rathausplatz 1 (Unterschönau),* ⊠ *83471,* ℘ *(08652) 17 60, tourismus@koenigssee.com, Fax (08652) 4050.*
Berlin 747 – München 159 – Bad Reichenhall 23 – Berchtesgarden 5 – Salzburg 28.

In Schönau-Faselsberg *Ost : 4 km über Königsseer Straße :*

Alpenhof 🌿, Richard-Voss-Str. 30, ⊠ 83471, ℘ (08652) 60 20, *info@alpenhof.de,* Fax (08652) 64399, ≤, 😀, 🍽, ⬛, 🍴, ⚼ – 🛗, ✳ Zim, 📺 🅿 – 🚲 30. 💳 💳 💳
💳. ⌀ Zim
geschl. 7. Nov. - 19. Dez., 7. März - 4. April - **Menu** à la carte 17/37 – **53 Zim** (nur ½ P) 72/105 – 128/176.
• Das Ferienhotel - durch Erweiterungen aus einem ehemaligen Gasthof entstanden - bietet Ihnen eine einzigartige Alleinlage in 700 m Höhe sowie wohnliche Zimmer. Restaurant in gemütlich-rustikalem Stil.

In Schönau-Hinterschönau :

Bärenstüberl (mit Gästehaus), Grünsteinstr. 65, ⊠ 83471, ℘ (08652) 9 53 20, *ausserstorfer@t-online.de,* Fax (08652) 953227, 😀, 🍽, ⬛ – ✳ Rest, 📺 🅿. ⌀ Rest
Menu *(geschl. 3. Nov. - 15. Dez., Mittwoch)* à la carte 15/31 – **20 Zim** ☑ 55/70 – 90/110 – ½ P 15.
• Vor einer schönen Bergkulisse liegt dieser in ländlichem Stil gehaltene Gasthof mit Gästehaus. Die Zimmer sind mit solidem Naturholzmobiliar wohnlich eingerichtet. Rustikal gestaltetes Restaurant.

In Schönau-Königssee :

Zur Seeklause, Seestr. 6, ⊠ 83471, ℘ (08652) 94 78 60, *info@seeklause.de,* Fax (08652) 9478660, 😀, 🍽 – 📺 📞 🅿. 💳 💳 💳 💳. ⌀ Zim
Menu *(geschl. 30. Okt. - 26. Dez., 7. März - 6. April, Montag)* à la carte 13/31 – **16 Zim** ☑ 65/75 – 76/118 – ½ P 14.
• Sowohl die Nähe zum See als auch die solide gestalteten Gästezimmer sprechen für das kleine Hotel, einen erweiterten ländlichen Gasthof. Verschiedene mit viel Holz eingerichtete Restaurant-Stuben.

In Schönau-Oberschönau :

Zechmeisterlehen 🌿, Wahlstr. 35, ⊠ 83471, ℘ (08652) 94 50, *info@zechmeisterlehen.de,* Fax (08652) 945299, ≤ Grünstein, Kehlstein und Hoher Göll, Massage, 🍽, ⬛ (geheizt), 🍴, ⚼ – 🛗, ✳ Rest, 📺 🅿. 💳 💳 💳. ⌀ Rest
geschl. 6. Nov. - 24. Dez. - **Menu** *(geschl. Sonntag) (nur Abendessen)* (Restaurant nur für Hausgäste) – **42 Zim** ☑ 88/132 – 160/186 – ½ P 12.
• Das Haus befindet sich in ruhiger Ortsrandlage - eine Wiese umgibt das Grundstück. Das wohnliche Innenleben und der Blick auf die Berge machen den Reiz dieser Adresse aus.

SCHÖNAU AM KÖNIGSSEE

Stoll's Hotel Alpina, Ulmenweg 14, ⊠ 83471, ℘ (08652) 6 50 90, info@stolls-hotel-alpina.de, Fax (08652) 61608, ≤ Kehlstein, Hoher Göll und Watzmann, 😊, ≦s, ⛱ (geheizt), 🏊, 🐎 – 🆃🆅 📞 🅐🅔 ⓞ ⓜⓞ 🆅🅘🅢🅐
geschl. 4. Nov. - 20. Dez. – **Menu** *(nur Abendessen)* (Tischbestellung ratsam) à la carte 17/27 – **55 Zim** 🛏 60/87 – 95/128, 8 Suiten – ½ P 15.
• Diese ansprechende Hotelanlage im alpenländischen Stil - umgeben von einer großzügigen Gartenanlage - liegt absolut ruhig inmitten der Berchtesgadener Bergwelt. Viel dunkles Holz gibt dem Restaurant rustikales Flair.

Georgenhof, Modereggweg 21, ⊠ 83471, ℘ (08652) 95 00, Fax (08652) 950200, ≤ Hoher Göll, Watzmann und Hochkalter, ≦s, 🐎 – 👤 Zim, 🆃🆅 📞 📞 🅐🅔 ⓞ ⓜⓞ 🆅🅘🅢🅐. 🎗 Rest
geschl. 10. Nov. - 15. Dez. – **Menu** *(nur Abendessen)* (Restaurant nur für Hausgäste) – **22 Zim** 🛏 55/65 – 88/106 – ½ P 12.
• In ruhiger Ortsrandlage liegt der engagiert geführte erweiterte Gasthof in regionstypischem Stil. Die Zimmer sind mit hellem Holzmobiliar wohnlich eingerichtet.

In Schönau-Unterschönau :

Köppeleck, Am Köppelwald 15, ⊠ 83471, ℘ (08652) 94 20, koeppeleck@t-online.de, Fax (08652) 942222, ≤ Kehlstein, Jenner und Hoher Göll, 😊, ≦s, 🐎 – 📱 📞 🅐🅔 ⓜⓞ 🆅🅘🅢🅐. 🎗 Rest
Menu à la carte 15,50/29 – **45 Zim** 🛏 40/65 – 70/78 – ½ P 11.
• Die ruhige Lage am Waldrand außerhalb des Ortes zählt ebenso zu den Annehmlichkeiten dieses familiär geführten Berggasthofs wie die soliden Zimmer in Alt- und Neubau.

Waldhauser-Bräu, Waldhauserstr. 12, ⊠ 83471, ℘ (08652) 94 89 43, waldhauserbraeu@t-online.de, Fax (08652) 948945, Biergarten – 📞
Menu *(Montag - Freitag nur Abendessen)* à la carte 12/24.
• Rustikale Holztische und ländliches Flair bestimmen das Innenleben dieses bayerischen Brauereigasthofs. Das bürgerliche Angebot wird durch Brotzeiten ergänzt.

SCHÖNAU AN DER BREND Bayern 🅵🅸🅶 O 14 – 1 400 Ew – Höhe 310 m – Erholungsort.
Berlin 424 – München 324 – Fulda 47 – Bad Kissingen 37.

Krone, Röhnstr. 57, ⊠ 97659, ℘ (09775) 2 58, Fax (09775) 858384 – 📞
geschl. Montag - Dienstag – **Menu** *(Mittwoch - Freitag nur Abendessen)* à la carte 17/33.
• Dieser in der Ortsmitte gelegene ältere Gasthof teilt sich in eine Gaststube mit blanken Tischen und Theke und ein bürgerliches Restaurant mit Kamin und dunkler Holzdecke.

In Schönau-Burgwallbach Süd : 3 Km, über Burgwallbacher Straße :

Gasthof Zur Linde, Kreuzbergstr. 47, ⊠ 97659, ℘ (09775) 2 77, gasthof-zurlinde@t-online.de, Fax (09775) 1419, 🐎 – 🆃🆅 📞
geschl. Nov. 2 Wochen – **Menu** *(geschl. Donnerstag)* à la carte 13/27,50 – **17 Zim** 🛏 27/36 – 44.
• Der von der Inhaber-Familie geführte, erweiterte ländliche Gasthof verfügt über praktische, saubere Zimmer - teils neuzeitlich, teils älter möbliert. Bürgerliches Restaurant mit Wintergartenanbau.

SCHÖNAU IM SCHWARZWALD Baden-Württemberg 🅵🅸🅶 W 7 – 2 500 Ew – Höhe 542 m – Luftkurort – Wintersport : 800/1 414 m ⛷4 ⛸.
Ausflugsziel : *Belchen* ⁂ ★★★, Nord-West : 14 km.
🅵🅶 Schönau, Schönenberger Str. 17, ℘ (07673) 88 86 60.
🅱 Belchenland Tourist-Information, Gentnerstr. 2, ⊠ 79677, ℘ (07673) 91 81 30, info@belchenland.com, Fax (07673) 9181329.
Berlin 808 – Stuttgart 186 – Freiburg im Breisgau 39 – Donaueschingen 63 – Basel 42.

Kirchbühl, Kirchbühlstr. 6, ⊠ 79677, ℘ (07673) 2 40, Fax (07673) 249, 😊, 🐎 – 🆃🆅 📞 ⓞ ⓜⓞ 🆅🅘🅢🅐. 🎗 Zim
Menu *(geschl. März 2 Wochen, Nov. 3 Wochen, Dienstag - Mittwochmittag)* à la carte 17/39 – **10 Zim** 🛏 35/43 – 67/77 – ½ P 13.
• In der Mitte des Ortes, aber dennoch ruhig liegt dieses familiengeführte kleine Haus, das Ihnen gepflegte und solide möblierte Gästezimmer bietet. Gasträume im Schwarzwälder Stil.

Vier Löwen (mit 🏨 Anbau), Talstr. 18, ⊠ 79677, ℘ (07673) 91 81 20, info@vier-loewen.de, Fax (07673) 9181240, ≦s, 🏊 – 🆃🆅 📞
Menu *(geschl. Dienstagmittag, Mittwoch)* à la carte 14/31 – **19 Zim** 🛏 44/55 – 70/88 – ½ P 12.
• Ein neuzeitlicher Anbau ergänzt den liebenswerten, tadellos unterhaltenen Gasthof um weitere funktionelle Zimmer - im Gästehaus freundlich und modern gestaltet. Bürgerlich-rustikales Restaurant.

SCHÖNAU IM SCHWARZWALD

In Tunau Ost : 3 km, über Talstraße und Bischmatt :

Zur Tanne, Alter Weg 4, ⌧ 79677, ℰ (07673) 3 10, info@tanne-tunau.de, Fax (07673) 1000, ≤, 🍽, ≋, 🏊, 🛝, 🎿 – 🅿. ⦾ VISA. 🚷 Rest geschl. 10. - 18. März, Mitte Nov. - Mitte Dez. – **Menu** (geschl. Montagabend - Dienstag) à la carte 21/32 – **13 Zim** ⌑ 40/50 – 70 – ½ P 11.
• Der in einem kleinen Bergdorf gelegene Schwarzwaldgasthof a. d. 17. Jh. beherbergt unter seinem regionstypischen Walmdach wohnliche Zimmer. Mit viel Holz behaglich eingerichtetes Restaurant mit sorgfältig zubereiteter regionaler Küche.

In Aitern-Multen Nord-West : 10 km, über B 317, Aitern und Holzinshaus :

Jägerstüble, an der Straße zum Belchen – Höhe 1 100 m, ⌧ 79677, ℰ (07673) 72 55, info@belchenhotel.de, Fax (07673) 7884, 🍽, 🅿, ≋, 🏊, 🛝 – 📺 ⇌ 🅿. ⦾ VISA
Menu (geschl. 25. Nov - 10. Dez) à la carte 16/38 – **16 Zim** ⌑ 35/45 – 64/74 – ½ P 12.
• Der ruhig gelegene familiengeführte Schwarzwälder Gasthof bietet hinter seiner gepflegten Fassade solide ausgestattete Fremdenzimmer. Mit moderner Badelandschaft. Rustikal gestaltetes Restaurant.

SCHÖNAU (PFALZ) Rheinland-Pfalz **543** S 7 – 600 Ew – Höhe 214 m – Erholungsort.
Berlin 711 – Mainz 155 – Karlsruhe 66 – Saarbrücken 98 – Landau in der Pfalz 44 – Pirmasens 39 – Wissembourg 25.

Zur Wegelnburg (mit Gästehaus), Hauptstr. 8, ⌧ 66996, ℰ (06393) 9 21 20, hotel-wegelnburg@t-online.de, Fax (06393) 921211, 🍽 – ⇌ Zim, 📺 🅿. ⦾ VISA
geschl. Anfang Jan. - Fasching – **Menu** (geschl. Mai - Okt. Mittwoch, Nov. - April Mittwoch - Donnerstag) à la carte 15/33 – **15 Zim** ⌑ 40/50 – 72/75 – ½ P 10.
• Der familiengeführte Gasthof wird ergänzt durch ein kleines, 250 Jahre altes Fachwerk-Gästehaus. Sehr sauber sind die mit hellem Holzmobiliar eingerichteten Zimmer. Bürgerlich-schlicht gestaltetes Restaurant.

SCHÖNAU (RHEIN-NECKAR-KREIS) Baden-Württemberg **545** R 10 – 4 600 Ew – Höhe 175 m.
Berlin 643 – Stuttgart 115 – Mannheim 49 – Heidelberg 18 – Mosbach 43.

In Schönau-Altneudorf Nord : 3 km, über Weinheimer Straße :

Zum Pflug, Altneudorfer Str. 16, ⌧ 69250, ℰ (06228) 82 07, Fax (06228) 913825 – 🅿.
geschl. Montag – **Menu** (wochentags nur Abendessen) à la carte 27/47.
• Im rustikalen Ambiente dieses gepflegten Dorfgasthauses mischen Sie sich unter Einheimische. Das Speiseangebot orientiert sich an der internationalen Küche.

SCHÖNBERG Bayern **546** T 24 – 4 200 Ew – Höhe 565 m – Luftkurort – Wintersport : 650/700 m ≰1 🎿.
🛈 Touristikbüro, Marktplatz 16, ⌧ 94513, ℰ (08554) 46 04 41, touristik@markt-schoenberg.de, Fax (08554) 960444.
Berlin 552 – München 181 – Passau 34 – Cham 74 – Deggendorf 38.

In Schönberg-Maukenreuth Süd : 3 km, über Mitternach :

Landhaus zur Ohe, ⌧ 94513, ℰ (08554) 9 60 70, landhaus_zur_ohe@t-online.de, Fax (08554) 556, ≤, 🍽, Massage, ≋, 🏊, 🛝, 🎿 – 📳, ⇌ Rest, 📺 🅿. ⦾ VISA
geschl. 8. - 27. Nov. – **Menu** à la carte 16/29,50 – **50 Zim** ⌑ 39/45 – 80/96 – ½ P 16.
• Das familienfreundliche Haus liegt alleine auf einer kleinen Anhöhe. Hier finden Sie neuzeitliche Gästezimmer sowie etwas schlichtere mit älteren Bauernmöbeln. Reitstall. Restaurant mit ländlichem Rahmen.

SCHÖNBERG Schleswig-Holstein **541** C 15 – 7 500 Ew – Höhe 18 m – Erholungsort.
🛈 Tourist Information, Service Center, Käptn's Gang 1, (OT Schönberger Strand) ⌧ 24217, ℰ (04344) 4 14 10, Fax (04344) 414114.
Berlin 348 – Kiel 26 – Lübeck 88 – Lütjenburg 22 – Preetz 19.

Stadt Kiel, Am Markt 8, ⌧ 24217, ℰ (04344) 3 05 10, hotel-stadt-kiel@addcom.de, Fax (04344) 305151, 🍽, Biergarten, ≋ – 📺 🅿. 🆎 ⦾ ⦿ VISA
Menu (geschl. Dienstag) à la carte 19/38 – **16 Zim** ⌑ 46/52 – 72/82.
• In der Mitte des Dorfes liegt der modernisierte kleine Gasthof. Vor allem die Zimmer in der oberen Etage überzeugen mit Wohnlichkeit und einem guten Platzangebot. Restaurant mit ländlichem Charakter.

SCHÖNBERG

Ruser's Hotel (mit Gästehaus), Albert-Koch-Str. 4, ✉ 24217, ℘ (04344) 20 13, *mail to.rusershotel@t-online.de, Fax (04344) 2015*, 😊, 🍽, 🚗 – ❄ Zim, TV 🚗 P.
Menu à la carte 13,50/26 – **40 Zim** 🛏 33/45 – 56/71 – ½ P 9.
• Das Hotel in der Ortsmitte verfügt über saubere und gepflegte, praktisch eingerichtete Zimmer - in einem ca. 100 m entfernten Wohngebiet bietet ein Gästehaus weitere Zimmer.

In Schönberg-Kalifornien *Nord : 5 km – Ostseebad :*

Kalifornien 🌊, Deichweg 3, ✉ 24217, ℘ (04344) 3 05 80, *hotel-gasthaus-kaliforni en@t-online.de, Fax (04344) 305852*, ≤, 🍽 – ❄ Zim, TV 📞 🚗 P. AE ⓘ ⓜ VISA. 💱 Zim
Menu *(geschl. Mitte Okt. - Mitte Nov., Montagmittag, Okt. - März Montag - Dienstag)* à la carte 16/29 – **33 Zim** 🛏 37/70 – 70/90.
• Unmittelbar hinter dem Küstenschutzdeich - nur wenige Schritte vom Strand entfernt - erwartet Sie ein Hotel mit soliden Zimmern, meist mit Blick auf's Meer. Ländlich-schlicht gestaltetes Restaurant mit schöner Gartenterrasse.

SCHÖNBORN, BAD Baden-Württemberg 545 S 9 – 11 000 Ew – Höhe 110 m – Heilbad.

🛈 *Kurverwaltung (Mingolsheim), Kraichgaustr. 10*, ✉ 76669, ℘ (07253) 9 43 10, Fax (07253) 943114.
Berlin 636 – Stuttgart 79 – *Karlsruhe* 41 – Heilbronn 51 – Heidelberg 25.

In Bad Schönborn-Mingolsheim :

Waldparkstube, Waldparkstr. 1, ✉ 76669, ℘ (07253) 97 10, *hotel.waldparkstube@t-online.de, Fax (07253) 97150*, 😊, 🍽 – ❄ TV 📞 🚗 P. – 🛌 50
Menu *(geschl. 19. Dez. - 15. Jan., Samstagabend - Sonntag)* à la carte 16/37 – **30 Zim** 🛏 65/85 – 80/110.
• Nahe dem Kurpark liegt das funktionell ausgestattete Hotel. Durch die günstige Lage zu verschiedenen Technologiezentren ist das Haus auch für Geschäftsreisende geeignet. Rustikal geprägtes Restaurant mit Wintergarten.

Gästehaus Prestel 🌊, garni, Beethovenstr. 20, ✉ 76669, ℘ (07253) 41 07, *gaestehprestel@aol.com, Fax (07253) 5322*, 🍽 – 📶 TV P. ⓜ VISA. 💱 *geschl. 23. Dez. - 7. Jan.* – **33 Zim** 🛏 45 – 65.
• Das Haus ist ein solider Familienbetrieb, ruhig in einem Wohngebiet gelegen. Die gepflegten Fremdenzimmer verteilen sich auf zwei Gebäude.

SCHÖNEBECK Sachsen-Anhalt 542 J 19 – 37 000 Ew – Höhe 50 m.

🛈 *Stadtinformation, Badepark 1, (Bad Salzelmen)*, ✉ 39218, ℘ (03928) 84 27 42, *info@solepark.de, Fax (03928) 705542*.
Berlin 162 – *Magdeburg* 16 – Dessau 50 – Halberstadt 56 – Halle 71.

Domicil, Friedrichstr. 98a, ✉ 39218, ℘ (03928) 71 23, *info@hotel-domicil-schoeneb eck.de, Fax (03928) 712400*, Biergarten, 🍽 – 📶, ❄ Zim, TV 📞 ♿ P. – 🛌 120. AE ⓘ ⓜ VISA
Menu à la carte 16/32 – **62 Zim** 🛏 65/70 – 80/105.
• Das neuzeitliche Hotelgebäude im Zentrum der Stadt zeigt sich auch innen in moderner Aufmachung - von der Rezeption bis in die funktionell ausgestatteten Zimmer. Helle, freundliche Farben bestimmen das Restaurant.

In Schönebeck-Bad Salzelmen *Süd-Ost : 1,5 km – Soleheilbad :*

Am Kurpark 🌊, Magdeburger Str. 1, ✉ 39218, ℘ (03928) 7 08 00, *info@hotelam kurpark.de, Fax (03928) 708099*, Massage, 🍽, 🚗 – 📶 ❄ TV 📞 ♿ P. – 🛌 80. AE ⓜ VISA JCB. 💱 Rest
Menu *(Montag - Freitag nur Abendessen)* (überwiegend Fischgerichte) à la carte 15/35 – **45 Zim** 🛏 72/82 – 98 – ½ P 14.
• Die kleine Villa aus dem Jahre 1907 und der neuzeitliche Anbau verbinden sich zu einem ansprechenden Hotel - in den Zimmern überzeugen modernes Design und eine gute Technik. Mit warmen Farben und neuzeitlichem Mobilar gefällt das Restaurant.

SCHÖNECK Hessen 543 P 10 – 10 700 Ew – Höhe 141 m.
Berlin 533 – Wiesbaden 64 – *Frankfurt* 24 – Gießen 55 – Hanau 9.

In Schöneck-Kilianstädten :

Lauer garni, Frankfurter Str. 17, ✉ 61137, ℘ (06187) 9 50 10, *hotellauer@aol.com, Fax (06187) 950120* – TV P. AE ⓜ VISA
17 Zim 🛏 46/52 – 72/77.
• Diese kleine pensionsähnliche Adresse ist ein ehemaliges Gasthaus in der Mitte des Dorfes. Freundliche Farben und ein neuzeitlicher Stil prägen das Inventar der Zimmer.

SCHÖNEFELD (KREIS DAHME-SPREEWALD) Brandenburg – 2000 Ew – Höhe 42 m.
Berlin 19 – Potsdam 36 – Königs Wusterhausen 16 – Cottbus 113 – Frankfurt (Oder) 78.

Holiday Inn Airport, Hans-Grade-Allee 5, ⊠ 12529, ℘ (030) 63 40 10, hi.berlin-sch
oenefeld@ichotelsgroup.com, Fax (030) 63401600, 佘, ℔, ≦s, – ¦₵, ⸙ Zim, ▯ TV ⊙
& ⇌ P – 🛆 130. AE ⊙ ⓜ VISA JCB
Menu à la carte 21/35 – **195 Zim** ⊇ 110/140 – 125/155.
• Die günstige Lage zum Flughafen und zum Bahnhof sowie das moderne Interieur machen das Haus zu einer attraktiven Adresse für Geschäftsreisende und Tagungsgäste.

El Condor garni, Seeweg 2, ⊠ 12529, ℘ (030) 63 48 80, rezeption@hotel-elcondor.de, Fax (030) 63488222 – TV ⊙ P. ⓜ VISA
18 Zim ⊇ 60/65 – 70/80.
• Das familiengeführte kleine Hotel liegt in einem Wohngebiet am Rande des Ortes. Die Zimmer sind mit zeitgemäßem Holzmobiliar einheitlich eingerichtet, sauber und gepflegt.

SCHÖNFELS Sachsen siehe Zwickau.

SCHÖNHEIDE Sachsen ⁵⁴⁴ O 21 – 5 700 Ew – Höhe 650 m.
🅱 Fremdenverkehrsamt, Hauptstr. 43, (Rathaus), ⊠ 08304, ℘ (037755) 5 16 23, gem einde-schoenheide@t-online.de, Fax (037755) 51629.
Berlin 316 – Dresden 151 – Chemnitz 78 – Zwickau 30.

Zum Forstmeister ⸙, Auerbacher Str. 15, ⊠ 08304, ℘ (037755) 6 30, forstmei ster@t-online.de, Fax (037755) 6399, 佘, ≦s, ⟩⟩, ⸙ – TV P – 🛆 40. AE ⊙ ⓜ VISA
geschl. 20. - 24. Dez. – **Menu** à la carte 13/28 – **47 Zim** ⊇ 40/44 – 57/65.
• Am Waldrand liegt das ehemalige Ferienheim, heute ein sauberes und gut unterhaltenes Hotel mit praktischen Zimmern - auch einige Familienzimmer stehen zur Verfügung.

Zur Post, Hauptstr. 101, ⊠ 08304, ℘ (037755) 51 30, hotels-am-auersberg@web.de, Fax (037755) 51329, Biergarten, ≦s – ⸙ Zim, TV P – 🛆 20. AE ⊙ ⓜ VISA ⸙
Menu à la carte 13/28 – **11 Zim** ⊇ 42/50 – 72/80.
• Das kleine Hotel liegt in der Mitte des Ortes. Hinter der Backsteinfassade des 1896 errichteten Postamts stehen nun funktionelle Gästezimmer bereit. Hell und freundlich eingerichtete Galträume.

Einzelheiten über die in diesem Reiseführer angegebenen
Preise finden Sie in der Einleitung.

SCHÖNSEE Bayern ⁵⁴⁶ R 21 – 2 800 Ew – Höhe 656 m – Erholungsort – Wintersport : 550/900 m ⸙5, ⸙, Sommerrodelbahn.
🅱 Tourist-Information, Hauptstr. 25, ⊠ 92539, ℘ (09674) 3 17, touristinfo@schoens eer-land.de, Fax (09674) 913130.
Berlin 454 – München 235 – Weiden in der Oberpfalz 50 – Cham 56 – Nürnberg 136.

St. Hubertus ⸙, Hubertusweg 1, ⊠ 92539, ℘ (09674) 9 22 90, st.hubertus@t-on line.de, Fax (09674) 922929, ≤, 佘, Massage, ⸙, ℔, ≦s, ⊠, ⟩⟩, ⸙(Halle) – ¦₵, ⸙ Zim, TV ⊙ ⇌ P – 🛆 70. AE ⊙ ⓜ VISA
geschl. Jan. 2 Wochen, Anfang Nov. - Anfang Dez. – **Menu** à la carte 13/28 – **78 Zim** ⊇ 55/65 – 72/94, 3 Suiten – ½ P 12.
• Der ursprüngliche Gasthof hat sich durch ständige Erweiterungen zu einem ansprechenden Ferienhotel entwickelt - in ruhiger Waldrandlage in 700 m Höhe gelegen. Mit Jagdmuseum. Im regionstypischen Stil gehaltenes Restaurant im Haupthaus.

In Schönsee-Gaisthal Süd-West : 6 km in Richtung Oberviechtach :

Gaisthaler Hof, Schönseer Str. 16, ⊠ 92539, ℘ (09674) 2 38, info@gaisthaler-hof.de, Fax (09674) 8611, 佘, ≦s, ⊠, ⟩⟩, – TV P – 🛆 15. AE ⊙ ⓜ VISA ⸙
geschl. Nov. - Mitte Dez. – **Menu** à la carte 11/23 – **32 Zim** ⊇ 26/40 – 48/53 – ½ P 6.
• Eine ländliche Adresse, die mit familiärer Atmosphäre und praktischer Gestaltung überzeugt - in dörflicher Umgebung gelegen. Hinter dem Haus ist der Reitstall. Schlicht und rustikal : das Restaurant.

In Schönsee-Lindau Nord : 4 km in Richtung Stadlern, am Ortsausgang links ab :

Weiherblasch mit Zim, Lindau 2, ⊠ 92539, ℘ (09674) 81 69, info@weiherblasch.de, Fax (09674) 600 – P. ⓜ VISA
geschl. 1. - 9. Nov. – **Menu** (geschl. Montag - Dienstag) (Mittwoch - Freitag nur Abendessen) à la carte 17/34 – **2 Zim** ⊇ 35 – 60.
• Auf den Grundmauern einer alten Mühle etablierte sich hier vor einigen Jahren ein gemütlich eingerichtetes Restaurant. Ökologisch erzeugte Produkte bereichern die Speisekarte.

SCHÖNTAL Baden-Württemberg 545 S 12 – 5 700 Ew – Höhe 210 m.
Sehenswert : Ehemalige Klosterkirche★ (Alabasteraltäre★★) – Klosterbauten (Ordenssaal★). – Berlin 573 – Stuttgart 86 – Würzburg 76 – Heilbronn 44.

In Kloster Schöntal :

Zur Post, Honigsteige 1, ✉ 74214, ☎ (07943) 22 26, walter.blattau@t-online.de, Fax (07943) 2563, Biergarten, ≘s – 🛏, 🙌 Zim, 📺 🅿
Menu (geschl. über Fasching, Montag) à la carte 12/25 – **33 Zim** 🍴 44/49 – 66/76.
• 1701 erbaut, diente das Hotel ursprünglich Mönchen als Klosterwaschhaus. Die Zimmer im neuen Anbau sind modern und farblich schöner gestaltet, die im Haupthaus eher schlicht. Ländliches Restaurant mit holzgetäfelten Wänden.

Gästehaus Zeller ⚘, garni, Honigsteige 21, ✉ 74214, ☎ (07943) 6 00, gaestehau s.zeller@t-online.de, Fax (07943) 942400 – 📺 ⇔ 🅿 ✻
geschl. 20. Dez. - 15. Jan. – **18 Zim** 🍴 34/48 – 57/60.
• Auf der Suche nach einer zeitgemäßen, sauberen Übernachtungsadresse finden Sie in ruhiger Lage am Ortsrand diesen gut geführten kleinen Familienbetrieb.

SCHÖNWALD Baden-Württemberg 545 V 8 – 2 700 Ew – Höhe 988 m – Heilklimatischer Kurort – Wintersport : 950/1 150 m ✓3 ✗.
🛈 Tourist-Info, Franz-Schubert-Str. 3, ✉ 78141, ☎ (07722) 86 08 31, tourist-info@sc hoenwald.de, Fax (07722) 860834.
Berlin 772 – Stuttgart 146 – Freiburg im Breisgau 49 – Donaueschingen 37 – Offenburg 63.

Zum Ochsen, Ludwig-Uhland-Str. 18, ✉ 78141, ☎ (07722) 86 64 80, ringhotel@och sen.com, Fax (07722) 8664888, ≤, 😀, ≘s, 🔲, ☞, ✻, 𝐅ɢ – 🙌 Zim, 📺 🅫 ⇔ 🅿 – 🔺 30. 🅰🅴 ⓜ 🆅🅸🆂🅰. ✻ Rest
geschl. 10. - 28. Jan. – **Menu** (geschl. Dienstag - Mittwoch) à la carte 27/42 – **37 Zim** 🍴 58/71 – 102/116 – ½ P 21.
• Das recht ruhig am Ortsrand gelegene engagiert geführte Hotel gefällt mit zeitgemäßem Wohnkomfort, Schwarzwälder Flair und einigen Freizeitangeboten. Das Restaurant ist in mehrere gemütlich-elegante Stuben unterteilt.

Dorer ⚘, Franz-Schubert-Str. 5, ✉ 78141, ☎ (07722) 9 50 50, hotel-dorer@t-online.de, Fax (07722) 950530, 😀, 🔲, ☞, ✻ – 🙌 Rest, 📺 🅫 ⇔ 🅿 🅰🅴 ⓞ ⓜ 🆅🅸🆂🅰. ✻ Rest
Menu (Tischbestellung ratsam) à la carte 25/39 – **19 Zim** 🍴 42/50 – 80/89, 4 Suiten – ½ P 20.
• Wohnlicher Landhausstil und eine zeitgemäße Einrichtung kennzeichnen dieses kleine Hotel - nützliche Kleinigkeiten wie Nähzeug und Schuhlöffel bereichern die Ausstattung. Holztäfelung und nettes Dekor machen das Restaurant gemütlich.

Silke ⚘, Feldbergstr. 8, ✉ 78141, ☎ (07722) 95 40, info@hotel-silke.com, Fax (07722) 7840, ≤, 𝐈𝐚, ≘s, 🔲, ☞ – 📺 🅿 🅰🅴 ⓜ 🆅🅸🆂🅰
geschl. 8. Nov. - 24. Dez. – **Menu** (nur Abendessen) à la carte 17/28 – **38 Zim** 🍴 30/37 – 58/74 – ½ P 15.
• Das oberhalb des Dorfes in einem ruhigen Wohngebiet gelegene, aus zwei Häusern bestehende Hotel verfügt über funktionelle wie auch wohnliche Zimmer. Im neo-rustikalen Stil behaglich eingerichtetes Restaurant.

Adlerschanze ⚘, Goethestr. 8, ✉ 78141, ☎ (07722) 9 68 80, info@adlerschanze.de, Fax (07722) 968829, ≤, 😀, ≘s, ☞ – 🙌 Zim, 📺 🅿
geschl. Nov. 2. Wochen – **Menu** (geschl. Montag) (Nov. - Mai nur Abendessen) à la carte 21/39 – **11 Zim** 🍴 40 – 60/70 – ½ P 14.
• Nach der nahe gelegenen Skisprungschanze benannt, bietet das ländliche Hotel gerade Wintersportlern einen idealen Ausgangsort. Wanderwege, Loipen und Skilift in der Nähe. Kleines Restaurant in bürgerlich-rustikalem Stil.

Löwen, Furtwanger Str. 8 (Escheck, Süd : 2 km, an der B 500), ✉ 78141, ☎ (07722) 41 14, info@hotel-loewen.com, Fax (07722) 1891, ≤, 😀, ≘s, ☞ – 🙌 Zim, 📺 ⇔ 🅿 ⓜ 🆅🅸🆂🅰. ✻ Zim
geschl. Mitte Nov. - Mitte Dez. – **Menu** (geschl. Mittwochabend - Donnerstag) à la carte 18/30 – **14 Zim** 🍴 35/40 – 60/68 – ½ P 13.
• Umgeben von Wiesen und Hängen, stellt das Hotel in über 1000 m Höhe sommers wie winters eine reizvolle Unterkunft dar. Fragen Sie nach den neu ausgebauten Gästezimmern. Mit hellem Holz wurde das Restaurant rustikal gestaltet.

SCHÖNWALDE (Glien) Brandenburg 542 I 23 – 3 200 Ew – Höhe 50 m.
Berlin 23 – Potsdam 31 – Frankfurt/Oder 135 – Magdeburg 145 – Rostock 201.

Diana ⚘, Berliner Allee 16, ✉ 14621, ☎ (03322) 2 97 90, hoteldiana@t-online.de, Fax (03322) 297929, 😀 – 📺 🅫 🅿 – 🔺 20. 🅰🅴 ⓜ 🆅🅸🆂🅰
Menu à la carte 13/25 – **12 Zim** 🍴 59/64 – 77/87.
• Umgebaut zu einem kleinen Hotel, dient das ehemalige Wohnhaus nun der Beherbergung Reisender. Zeitgemäße, funktionale Räume und eine private Atmosphäre sprechen für das Haus. Das Restaurant ist im wintergartenähnlichen Nebengebäude untergebracht.

SCHÖPPINGEN Nordrhein-Westfalen 543 J 5 – 6 500 Ew – Höhe 94 m.
Berlin 502 – Düsseldorf 133 – Nordhorn 55 – Enschede 31 – Münster (Westfalen) 33 – Osnabrück 74.

In Schöppingen-Eggerode Süd : 6,5 km Richtung Coesfeld :

🏠 **Winter,** Gildestr. 3, ✉ 48624, ✆ (02545) 9 30 90, hotel@winter-eggerode.de, Fax (02545) 930915, 🍴, ≘s, TV, P, ⓜ, VISA
geschl. Juli - Aug. 2 Wochen – **Menu** (geschl. Montag) (Jan. - Feb. nur Abendessen) à la carte 13,50/30,50 – **16 Zim** ⊇ 46 – 75.
◆ Das Haus mit der regionstypischen Natursteinfassade steht im Zentrum des kleinen Ortes. Im Inneren überzeugen gepflegte, funktionelle Zimmer von schlicht bis neuzeitlich. Gaststuben in ländlich-rustikalem Stil.

✕✕ **Haus Tegeler** mit Zim, Vechtstr. 24, ✉ 48624, ✆ (02545) 9 30 30, info@hotel-tegeler.de, Fax (02545) 930323, 🍴, TV, P, AE, ①, ⓜ, VISA
Menu (geschl. Donnerstag - Freitagmittag) à la carte 17/36 – **13 Zim** ⊇ 44 – 80.
◆ Eine nette Stube im altdeutschen Stil sorgt mit Dielencharakter und Kamin für Gemütlichkeit. Serviert wird eine sorgfältig und schmackhaft zubereitete regionale Küche.

SCHOLLBRUNN Bayern 546 Q 12 – 800 Ew – Höhe 412 m – Erholungsort.
Berlin 547 – München 325 – *Würzburg* 51 – Aschaffenburg 34 – Wertheim 11.

🏠 **Benz** ≫, Am Herrengrund 1, ✉ 97852, ✆ (09394) 80 20, hotelbenz@t-online.de, Fax (09394) 80240, ≤, ≘s, 🔲, 🍴, ⇌ Zim, ⇌, P, 🛁 30. ⓜ VISA. ℛ Rest
geschl. Mitte Jan. - Feb. – **Menu** (Restaurant nur für Hausgäste) – **35 Zim** ⊇ 37/45 – 64/70 – ½ P 10.
◆ In praktischer, schlichter Machart präsentieren sich die Gästezimmer dieser Urlaubsadresse. Auch die ruhige Lage am Ortsrand zählt zu den Vorzügen des Hauses.

🏠 **Zur Sonne,** Brunnenstr. 1, ✉ 97852, ✆ (09394) 9 70 70, gasthof-sonne@t-online.de, Fax (09394) 970767, Biergarten, 🍴, TV, ⇌ Zim, P, 🛁 35. ⓜ VISA
geschl. Jan. 3 Wochen – **Menu** (geschl. Dienstag) à la carte 11/24 – **29 Zim** ⊇ 33/35 – 55 – ½ P 12.
◆ Sie beziehen Quartier in einem solide geführten Familienbetrieb mit ländlichem Rahmen. Die Gästezimmer sind unterschiedlich eingerichtet und sehr gepflegt. Bürgerlich-rustikaler Restaurantbereich.

SCHONACH Baden-Württemberg 545 7 8 – 4 300 Ew – Höhe 885 m – Luftkurort – Wintersport : 900/1 163 m ⸝3 ⸝.
🎿 Tourist-Information, Hauptstr. 6, ✉ 78136, ✆ (07722) 96 48 10, info@schonach.de, Fax (07722) 2548.
Berlin 769 – Stuttgart 143 – *Freiburg im Breisgau* 54 – Triberg 4 – Villingen-Schwenningen 30 – Offenburg 60.

🏠 **Bergfriede** ≫, Schillerstr. 2, ✉ 78136, ✆ (07722) 92 04 40, hotel@bergfriede.de, Fax (07722) 920442, ≤, ≘s, 🍴, ⇌ Zim, TV, P, ⓜ, VISA, ℛ
Menu (nur Abendessen) (Restaurant nur für Hausgäste) – **8 Zim** ⊇ 44 – 72 – ½ P 17.
◆ Hell, wohnlich und modern - so präsentiert sich das Innenleben dieser kleinen Hotel-Pension. In der oberen Etage wohnen Sie unter hohen Giebeldecken.

🏠 **Landhotel Rebstock,** Sommerbergstr. 10, ✉ 78136, ✆ (07722) 9 61 60, info@landhotel-rebstock.com, Fax (07722) 961656, 🍴, ≘s, 🔲, – 🛗, TV, P, AE, ①, ⓜ, VISA
geschl. März 2 Wochen, Nov. 2 Wochen – **Menu** (geschl. Dienstag) à la carte 13/32 – **25 Zim** ⊇ 48 – 86 – ½ P 16.
◆ Eine solide Urlaubsadresse in ländlicher Umgebung ist dieses in der Ortsmitte gelegene, familiengeführte Haus mit gut gepflegten Zimmern. Bürgerliches Restaurant.

SCHONGAU Bayern 546 W 16 – 12 000 Ew – Höhe 710 m – Erholungsort.
🎿 Bernbeuren, Stenz 1 (Süd-West : 13 km), ✆ (08860) 5 82.
🛈 Tourist Information, Münzstr. 5, ✉ 86956, ✆ (08861) 72 16, touristinfo@schongau.de, Fax (08861) 2626.
Berlin 623 – München 83 – Garmisch-Partenkirchen 53 – *Kempten (Allgäu)* 54 – Füssen 36 – Landsberg am Lech 27.

🏠 **Rössle** garni, Christophstr. 49, ✉ 86956, ✆ (08861) 2 30 50, Fax (08861) 2648 – 🛗, TV, ⇌, P, AE, ①, ⓜ, VISA
17 Zim ⊇ 48/58 – 80.
◆ Das Hotel liegt direkt an der Stadtmauer des Ortes. Neben zeitgemäßen Zimmern mit einem guten Platzangebot wird der Gast auch die überschaubare Größe des Hauses schätzen.

SCHONGAU

Holl 🦢, Altenstädter Str. 39, ✉ 86956, ✆ (08861) 2 33 10, info@hotel-holl-schongau.de, Fax (08861) 233112, ≤ – 🛌 Zim, 📺 ✆ 🅿 – 🔒 25. 🆎 ⓞ 🆗 VISA. ❌ Rest
Menu (geschl. 20. Dez. - Ende Jan., Freitag - Sonntag, Feiertage) (nur Abendessen) à la carte 16/29 – **23 Zim** ⊆ 41/57 – 77/85 – ½ P 15.
• Geschäftlich wie auch privat Reisende finden in diesem leicht erhöht gelegenen Haus geräumige und funktionell ausgestattete Übernachtungszimmer.

Alte Post, Marienplatz 19, ✉ 86956, ✆ (08861) 2 32 00, info@altepost-schongau.de, Fax (08861) 232080, 🍴 – 🔒 25
geschl. 24. Dez. - 10. Jan. – **Menu** (geschl. Samstag, Sonn- und Feiertage) à la carte 11/26 – **34 Zim** ⊆ 36/45 – 68/83.
• Sie finden das Haus in verkehrsberuhigter Lage im Herzen des mittelalterlichen Städtchens. Sie beziehen funktionelle, teils neu möblierte Gästezimmer. Dunkles Holz macht das Restaurant gemütlich.

SCHOPFHEIM Baden-Württemberg 🗾 X 7 – 19 400 Ew – Höhe 374 m.
🏌 Schopfheim, Ehner-Fahrnau 12, ✆ (07622) 67 47 60.
🛈 Touristinformation, Hauptstr. 23, ✉ 79650, ✆ (07622) 39 61 45, tourismus@schopfheim.de, Fax (07622) 396202.
Berlin 826 – Stuttgart 275 – *Freiburg im Breisgau* 83 – Basel 23 – Zürich 77.

Hotel im Lus, Hohe-Flum-Str. 55, ✉ 79650, ✆ (07622) 6 75 00, hotel-im-lus-schopfheim@t-online.de, Fax (07622) 675050, 🍴 – 📺 ✆ 🅿 – 🔒 25. 🆎 🆗 VISA
Menu (geschl. über Fasching, Freitag) à la carte 15/31 – **31 Zim** ⊆ 49 – 77.
• Am Rande der Stadt liegt dieses neuzeitliche Hotel, dessen Zimmer mit hellem Naturholzmobiliar und solider Technik ausgestattet und gut gepflegt sind. Restaurant mit rustikalen wie auch modernen Einrichtungselementen.

Alte Stadtmühle, Entegaststr. 9, ✉ 79650, ✆ (07622) 24 46, altestadtmuehle@aol.com, Fax (07622) 672157, 🍴 – 🆗 VISA
geschl. Montag – **Menu** (wochentags nur Abendessen) à la carte 21/46 (auch vegetarisches Menu), 🍷.
• Der rustikale Charme von Fachwerk, freigelegtem Mauerwerk und Kamin schafft ein gemütliches Umfeld. Man serviert sorgfältig zubereitete internationale und regionale Speisen.

Glöggler, Austr. 5, ✉ 79650, ✆ (07622) 21 67, h.gloeggler@t-online.de, Fax (07622) 668344, 🍴 – ⓞ 🆗 VISA
geschl. Ende Aug. 2 Wochen, Sonntag - Montag – **Menu** à la carte 17/36.
• Das Restaurant liegt in der Altstadt von Schopfheim, am Rande der Fußgängerzone. Man stellt dem Besucher ein bewusst einfaches und preiswertes bürgerliches Angebot vor.

In Schopfheim-Gersbach Nord-Ost : 16 km, über B 317 und Kürnberg – *Erholungsort* – *Wintersport : 870/970 m ⛷2* :

Mühle zu Gersbach 🦢, Zum Bühl 4, ✉ 79650, ✆ (07620) 9 04 00, hotel@muehle.de, Fax (07620) 904050, 🍴, 🍽 – 📺 🅿 – 🔒 20. ⓞ 🆗 VISA
geschl. 11. Jan. - 2. Feb. – **Menu** (geschl. Dienstag - Mittwochmittag) 17,50 (mittags)/52 à la carte 26/47, 🍷 – **14 Zim** ⊆ 46/63 – 72/96 – ½ P 19.
• Das kleine, familiär geführte Landhotel überzeugt seine Gäste mit einer wohnlichen Unterkunft und ungezwungener Atmosphäre. Die ruhige ländliche Umgebung spricht für sich. Im Restaurant offeriert man eine schmackhafte regionale Küche aus Produkten der Saison.

Zum Waldhüter, Gässle 7, ✉ 79650, ✆ (07620) 98 89 00, info@zumwaldhueter.de, Fax (07620) 988901, 🍴, 🈴, 🍽 – 🛌 Zim, 📺 ✆ 🅿 🆎 ⓞ 🆗 VISA
geschl. 21. Feb. - 1. März, 1. - 15. Nov. – **Menu** (geschl. Montag) à la carte 17/38 – **8 Zim** ⊆ 45/62 – 70/104.
• In diesem detailgetreu restaurierten Schwarzwaldhaus aus dem 16. Jh. schläft man heute in geschmackvoll eingerichteten Zimmern mit historischem Flair. Gaststuben mit gemütlichem Ambiente und altertümlicher Herdstelle als Blickfang.

In Schopfheim-Wiechs Süd-West : 3 km, über Hauptstraße und Wiechser Straße :

Krone-Landhaus Brunhilde 🦢, Am Rain 6, ✉ 79650, ✆ (07622) 3 99 40, hotel@krone-wiechs.de, Fax (07622) 399420, ≤, 🍴, 🈴, 🈁, 🍽 – 🛌 Rest, 📺 ✆ ♿ 🅿 – 🔒 30. 🆗 VISA. ❌ Zim
geschl. Jan. 3 Wochen – **Menu** (geschl. Montagmittag, Freitag) à la carte 15/36 – **47 Zim** ⊆ 58/78 – 98/96.
• Ein Um- und Erweiterungsbau macht den ursprünglichen Gasthof zu einer zeitgemäßen Hotelanlage in ländlichem Stil. Bestaunen Sie auch die private Kutschensammlung. Modernes Restaurant in hellen Farben.

SCHOPSDORF Sachsen-Anhalt 542 J 20 – 220 Ew – Höhe 70 m.
Berlin 104 – Magdeburg 50 – Brandenburg 40.

- **Best Hotel**, Heidestr. 10 (Gewerbegebiet), ⊠ 39291, ℘ (03921) 92 60, best-hotel@t-online.de, Fax (03921) 926253, 🍴, ⚒, – 📶, ✳ Zim, 📺 ⚬ ♿ 🅿 – 🎯 35. 🅰🅴 ⓘ ⓜ ⓥ 🆂🅰
Menu (geschl. Freitag - Sonntag) (nur Abendessen) à la carte 13,50/20 – **72 Zim** ⊇ 51/59 – 82.
• Hinter der neuzeitlichen Fassade dieses gepflegten Hauses erwarten Sie ebenso zeitgemäße Gästezimmer. Zu den Vorzügen zählt auch die verkehrsgünstige Lage.

SCHORNDORF Baden-Württemberg 545 T 12 – 37 000 Ew – Höhe 256 m.
Sehenswert : Oberer Marktplatz★.
Berlin 605 – Stuttgart 35 – Göppingen 20 – Schwäbisch Gmünd 23.

In Schorndorf-Weiler West : 2 km :

- **Baur** garni, Winterbacher Str. 52, ⊠ 73614, ℘ (07181) 7 09 30, info@hotel-baur.de, Fax (07181) 709399 – ✳ 📺 ⚬ 🅿 🅰🅴 ⓘ ⓜ ⓥ 🆂🅰
geschl. 24. Dez. - 6. Jan. – **18 Zim** ⊇ 61 – 82.
• Seit 1990 beherbergt eine ehemalige Fabrik dieses nette, familiengeführte Hotel. Für Gäste stehen sehr gepflegte, funktionelle Zimmer und ein Aufenthaltsraum mit PC bereit.

In Plüderhausen Ost : 6 km, über B 29 :

- **Altes Rathaus,** Brühlstr. 30, ⊠ 73655, ℘ (07181) 98 95 65, mail@altesratshaus.com, Fax (07181) 989566, 🍴 – 🅿.
geschl. Ende Aug. - Anfang Sept., Samstagmittag, Sonntag - Montag – **Menu** (1. Sonntag im Monat geöffnet) (Tischbestellung ratsam) à la carte 28/42, 🍷.
• Hinter den historischen Mauern des ehemaligen Rathauses von 1569 verbindet sich aufs angenehmste der ursprüngliche Charme des alten Fachwerks mit modernen Elementen.

In Urbach Ost : 4 km über B 29 :.

- **Zur Mühle** garni, Neumühleweg 32, ⊠ 73660, ℘ (07181) 8 60 40, hzm@gmx.de, Fax (07181) 860480 – 📶 ✳ 📺 ⚬ ⚬ 🅿 ⓜ ⓥ 🆂🅰
39 Zim ⊇ 55 – 75.
• Eine gepflegte Adresse mit funktionell und zeitgemäß ausgestatteten Zimmern. Für einen Kurzurlaub eignen sich die Wochenend-Arrangements des Hauses.

In Winterbach West : 4 km, über Grabenstraße und Weilerstraße :

- **Holiday Inn Garden Court,** Fabrikstr. 6 (nahe der B 29), ⊠ 73650, ℘ (07181) 7 09 00, holiday.inn.winterbach@t-online.de, Fax (07181) 7090190, 🍴 – 📶, ✳ Zim, 📺 ⚬ 🅿 – 🎯 40. 🅰🅴 ⓘ ⓜ ⓥ 🆂🅰 🅹🅲🅱
Menu (geschl. Samstag - Sonntagmittag) à la carte 20/32 – ⊇ 13 – **63 Zim** 104/120 – 120.
• Neuzeitlich und funktionell ausgestattet - mit ISDN-Telefon und Modemanschluss versehen - stellt dieses Hotel vor allem für Geschäftsreisende eine ansprechende Unterkunft dar.

- **Am Engelberg,** Ostlandstr. 2 (nahe der B 29), ⊠ 73650, ℘ (07181) 70 09 60, reception@hotel-am-engelberg.de, Fax (07181) 700969, ⇌, ⬜ – 📶, ✳ Zim, 📺 ⚬ 🅿 – 🎯 15. 🅰🅴 ⓘ ⓜ ⓥ 🆂🅰, ✳ Rest
geschl. Aug. – **Menu** (geschl. Samstag - Sonntag) (nur Abendessen) à la carte 14,50/20 – **34 Zim** ⊇ 58/75 – 88.
• Der neuzeitliche Hotelbau beherbergt Reisende in praktischen Gästezimmern. Geschäftsleute finden hier auch einen geeigneten Platz zum Arbeiten.

SCHOTTEN Hessen 543 O 11 – 11 400 Ew – Höhe 274 m – Luftkurort – Wintersport : 600/773 m ✦4 🎿.

🏌 Schotten-Eschenrod, Lindenstr. 46 (Süd-Ost : 5 km), ℘ (06044) 84 01.
🅱 Tourist-Information, Vogelsbergstr. 180, ⊠ 63679, ℘ (06044) 66 51, tourist-info@schotten.de, Fax (06044) 6679.
Berlin 487 – Wiesbaden 100 – Frankfurt am Main 67 – Fulda 52 – Gießen 41.

- **Haus Sonnenberg**, Laubacher Str. 25, ⊠ 63679, ℘ (06044) 9 62 10, info@hotel-haus-sonnenberg.de, Fax (06044) 962188, ≤, 🍴, ⇌, ⬜, 🍴 – 📶, ✳ Zim, 📺 🅿 – 🎯 60. 🅰🅴 ⓘ ⓜ ⓥ 🆂🅰
Menu à la carte 16/28 – **50 Zim** ⊇ 39/53 – 72/85 – ½ P 15.
• Der Name des Hauses lässt bereits die Lage an einem sonnigen Berghang vermuten. Das mehrfach erweiterte Hotel bietet dem Gast eine solide ausgestattete Unterkunft. Restaurant mit freundlichem, rustikalem Ambiente.

SCHOTTEN

XX **Zur Linde,** Schloßgasse 3, ✉ 63679, ℘ (06044) 15 36, Fax (06044) 3093 – AE ⓞ VISA
geschl. Montag - Dienstag – **Menu** (wochentags nur Abendessen) à la carte 25/36.
• Das Fachwerkhaus liegt in einer kleinen gepflasterten Gasse in der Nähe des Schlosses. Das Ambiente wird von offenem Gebälk und modernen Elementen geprägt.

SCHRAMBERG Baden-Württemberg 545 V 9 – 19 200 Ew – Höhe 420 m – Erholungsort.
🛈 Tourist-Information, Hauptstr. 25 (Rathaus), ✉ 78713, ℘ (07422) 2 92 15, info@typisch-schwarzwald.de, Fax (07422) 29363.
Berlin 730 – Stuttgart 118 – Freiburg im Breisgau 65 – Freudenstadt 37 – Villingen-Schwenningen 32.

Bären, Marktstr. 7, ✉ 78713, ℘ (07422) 9 40 60, info@hotel-baeren-schramberg.de, Fax (07422) 9406100 – 📶, ⇔ Zim, 📺 📞 🚗 – 🔔 40. AE ⓞ MC VISA
geschl. 6. - 10. Jan., Aug. 3 Wochen – **Menu** (geschl. Sonntagabend) à la carte 15,50/46 – **18 Zim** ⊇ 53 – 95.
• In der Fußgängerzone von Schramberg finden Sie dieses renovierte Gasthaus, dessen Zimmer über eine solide und zeitgemäße Ausstattung verfügen. Im Restaurant : schlichte Aufmachung im ländlichen Stil.

XX **Hirsch** mit Zim, Hauptstr. 11, ✉ 78713, ℘ (07422) 28 01 20, info@hotel-gasthof-hirsch.com, Fax (07422) 2801218 – ⇔ 📺 MC VISA
geschl. über Fastnacht 2 Wochen, Juli 3 Wochen – **Menu** (geschl. Dienstag - Mittwochmittag) (Tischbestellung ratsam) à la carte 24,50/39, ⚲ – **6 Zim** ⊇ 50/60 – 95/100.
• In der ersten Etage des schönen historischen Gasthauses empfängt Sie eine gediegene, elegante Atmosphäre. Zum Übernachten stehen hübsche Zimmer zur Verfügung.

Außerhalb West : 4,5 km über Lauterbacher Straße :

X **Burgstüble** ⚲, Am Burgstüble 1, Hohenschramberg 1, ✉ 78713 Schramberg, ℘ (07422) 9 59 50, info@burgstueble-schramberg.de, Fax (07422) 959530, ≼ Schramberg und Schwarzwaldhöhen, 🍽 – 📺 🅿 AE ⓞ MC VISA
geschl. 5. - 11. Nov. – **Menu** (geschl. Mittwoch - Donnerstag) à la carte 16/33 – **6 Zim** ⊇ 39 – 66 – ½ P 12.
• Einsam liegt dieser Gasthof direkt neben der Burgruine. Hier speisen Sie in urig-rustikalem Umfeld oder beziehen eines der ländlich gestalteten Zimmer.

In Schramberg-Sulgen Ost : 5 km in Richtung Rottweil :

Drei Könige ⚲, Birkenhofweg 10 (Richtung Hardt 1,5 km), ✉ 78713, ℘ (07422) 9 94 10, Fax (07422) 994141, ≼, 🍽 – 📶, ⇔ Zim, 📺 📞 🅿 🚗 VISA 🚳
Menu (geschl. 27. Dez. - 5. Jan., Freitag, Sonntagabend) à la carte 15/37 – **25 Zim** ⊇ 53 – 85.
• In ruhiger dörflicher Umgebung bietet Ihnen dieser neuzeitliche Gasthof solide Zimmer - zeitgemäßes Inventar und ein gutes Platzangebot zählen zu den Annehmlichkeiten. Durch helles Holz und Grünpflanzen wirkt das Restaurant einladend.

Unsere Hotel-, Reiseführer und Straßenkarten ergänzen sich. Benutzen Sie sie zusammen.

SCHRIESHEIM Baden-Württemberg 545 R 9 – 13 300 Ew – Höhe 120 m.
Berlin 618 – Stuttgart 130 – Mannheim 26 – Darmstadt 53 – Heidelberg 8.

Neues Ludwigstal, Strahlenberger Str. 2, ✉ 69198, ℘ (06203) 69 50, neues@ludwigstal.de, Fax (06203) 61208 – 📶 📺 📞 🚗 🅿 MC VISA
Menu (geschl. Sonntagabend) (Montag - Freitag nur Abendessen) à la carte 15/32 – **35 Zim** ⊇ 40/62 – 64/75.
• Das familiär geführte Hotel befindet sich etwas außerhalb des Ortes in erhöhter Lage am Waldrand. Fragen Sie nach den neueren, hell und wohnlich gestalteten Zimmern. In bürgerlichem Ambiente bittet man Sie mit regionaler Küche zu Tisch.

XXX **Strahlenberger Hof** (Schneider), Kirchstr. 2, ✉ 69198, ℘ (06203) 6 30 76, ✿ Fax (06203) 68590, 🍽, (ehem. Gutshof a.d.J. 1240) – ⓞ MC VISA
geschl. März 2 Wochen, Aug. 3 Wochen, Sonntag - Montag – **Menu** (nur Abendessen) (Tischbestellung ratsam) 36/62 à la carte 33/50, ⚲.
• Die rustikale Note des elegant gestalteten Restaurants erinnert an den ursprünglichen Charakter des historischen Guts mit romantischer Innenhofterrasse. Kreative Küche.
Spez. Wildkräutersalat mit Mille-feuille von Ziegenkäse. Kaninchenkeule mit schwarzen Oliven gefüllt. Basilikumparfait mit zweierlei Caramel-Tomaten (Sommer)

SCHRIESHEIM

XX **Zum goldenen Hirsch**, Heidelberger Str. 3, ⌧ 69198, ✆ (06203) 69 24 37, Fax (06203) 692439, 😤 – 🆗 VISA
geschl. Anfang - Mitte März, Montag - Mittwochmittag – **Menu** à la carte 27/41.
♦ Die sorgfältige Zubereitung frischer Produkte macht die internationale und regionale Küche aus. Ein angenehm schlichtes Ambiente in hellen Farben prägt das Restaurant.

X **Weinhaus Bartsch**, Schillerstr. 9, ⌧ 69198, ✆ (06203) 69 44 14, weingutbartsch@aol.com, Fax (06203) 694419, 😤 – 🅿 🆗 VISA
geschl. Anfang Jan. 2 Wochen, Ende Aug. 2 Wochen, Sonntag - Montag – **Menu** (nur Abendessen) à la carte 25/35.
♦ Hell und freundlich hat man dieses von der Familie selbst geführte Restaurant im mediterranen Stil eingerichtet. Man reicht eine kleine bürgerliche Karte.

SCHROBENHAUSEN Bayern 👊👊 U 17 – 15 700 Ew – Höhe 414 m.

Berlin 549 – München 74 – Augsburg 45 – Ingolstadt 37 – Ulm (Donau) 113.

🏨 **Griesers Hotel Zur Post** garni, Alte Schulgasse 3a, ⌧ 86529, ✆ (08252) 8 94 90, griesers.hotel.post@t-online.de, Fax (08252) 894942 – 🛗 ⚡ 📺 📞 ♿ 🅿 ⛔ – 🚗 20. 🆎 🆗 VISA
46 Zim ⌧ 41/55 – 60/75.
♦ Sauber und gepflegt zeigen sich die Zimmer des familiengeführten Hauses - im Altbau in dunklem Holz, im Neubau nüchtern-modern. Dieser ist unterirdisch bequem zu erreichen.

In Schrobenhausen-Hörzhausen Süd-West : 5 km, über Hörzhausener Straße :

🏨 **Gästehaus Eder**, Bernbacher Str. 3, ⌧ 86529, ✆ (08252) 24 15, info@gasthaus-eder.de, Fax (08252) 5005, 😤, 🈴, 🅿, – 📺 – 🛏 🅿 🅿 🆎 🆗 VISA
Menu (geschl. 1. - 15. Aug., Sonntag - Montag) (nur Abendessen) à la carte 17/23 – **14 Zim** ⌧ 30/40 – 65.
♦ Ländlich und gepflegt, einheitlich mit Kiefernmobiliar eingerichtet, stellen die Zimmer dieses Familienbetriebs eine solide Unterkunft für unterwegs dar. Die Gaststuben sind schlicht und gemütlich gestaltet.

Die im Michelin-Führer
verwendeten Zeichen und Symbole haben-
*dünn oder **fett** gedruckt, rot oder schwarz -*
jeweils eine andere Bedeutung.
Lesen Sie daher die Erklärungen aufmerksam durch.

SCHÜTTORF Niedersachsen 👊 J 5 – 13 600 Ew – Höhe 32 m.

Berlin 486 – Hannover 201 – Nordhorn 19 – Enschede 35 – Osnabrück 63.

🏨 **Nickisch**, Nordhorner Str. 71, ⌧ 48465, ✆ (05923) 9 66 00, welcome@hotel-nickisch.de, Fax (05923) 966066, 😤, 🈴 – 🛗 ⚡ Zim, 📺 📞 ♿ 🅿 – 🚗 100. 🆎 🅾 🆗 VISA
🐾 Rest
Menu à la carte 18/38 – **35 Zim** ⌧ 64/69 – 87/92.
♦ Ein moderner Hotelanbau ergänzt den ursprünglichen Gasthof. Neuzeitliches Inventar und eine gute technische Ausstattung machen die Zimmer aus. Das Restaurant im alten Gasthaus ist im rustikalen Stil gehalten.

🏨 **Am See** 🌿, Drievorderner Str. 25, ⌧ 48465, ✆ (05923) 99 39 90, info@hotel-am-see-online.de, Fax (05923) 9939933, 😤, 🈴, 🚐 – ⚡ Zim, 📺 🅿 🆎 🆗 VISA
Menu à la carte 14/31 – **15 Zim** ⌧ 48/52 – 84/86.
♦ Die Mehrzahl der Zimmer - neuzeitlich mit hellem Holz und guter Technik ausgestattet - befinden sich im modernen Anbau des Hauses. Einfachere Zimmer finden Sie im Altbau. In hellen Farbtönen eingerichtetes Restaurant.

SCHULD Rheinland-Pfalz 👊 O 4 – 800 Ew – Höhe 270 m.

Berlin 644 – Mainz 163 – Aachen 94 – Adenau 12 – Bonn 47.

X **Schäfer**, Schulstr. 2, ⌧ 53520, ✆ (02695) 3 40, hotel-schaefer@t-online.de, Fax (02695) 1671, 😤, 🈴, 🚐 – 🅿
geschl. Mitte Jan. - Feb. – **Menu** (geschl. Mittwoch - Donnerstag) à la carte 14,50/22 – **13 Zim** ⌧ 34/42 – 68.
♦ Hinter der bewachsenen Fassade des kleinen, gut geführten Hauses mit privater Atmosphäre hält man tadellos gepflegte und saubere Gästezimmer für Sie bereit. Das ländliche Restaurant wird durch eine Terrasse mit schöner Aussicht ergänzt.

SCHUSSENRIED, BAD Baden-Württemberg 545 V 12 – 8 300 Ew – Höhe 580 m – Heilbad.
  Sehenswert : Ehemaliges Kloster (Bibliothek ★).
  Ausflugsziel : Bad Schussenried-Steinhausen : Wallfahrtskirche ★ Nord-Ost : 4,5 km.
  🛈 Tourist-Information, Klosterhof 1, ✉ 88427, ℘ (07583) 94 01 71, info@bad-schussenried.de, Fax (07583) 4747.
  Berlin 675 – Stuttgart 120 – Konstanz 104 – Ulm (Donau) 61 – Ravensburg 35.

  Amerika garni, Zeppelinstr. 13, ✉ 88427, ℘ (07583) 9 42 50, info@hotel-amerika.de, Fax (07583) 942511 – TV 📞 🚗 P – 🛁 30. AE ⓘ ⓜ VISA
  46 Zim ⮂ 47 – 66.
  • Der moderne Flachbau liegt in einem kleinen Industriegebiet am Stadtrand. Man überzeugt mit praktischen Gästezimmern in neuzeitlicher Machart.

  Barbara garni, Georg-Kaess-Str. 2, ✉ 88427, ℘ (07583) 26 50, info@hotel-barbara.com, Fax (07583) 4133 – TV P. ⓘ ⓜ VISA
  21 Zim ⮂ 25/45 – 60.
  • In einem Wohngebiet im Zentrum der kleinen Stadt steht für Reisende ein netter Familienbetrieb mit sauberen und gepflegten Übernachtungszimmern bereit.

SCHWABACH Bayern 546 R 17 – 38 500 Ew – Höhe 328 m.
  ⛳ ⛳ Abenberg (Süd : 11 km), ℘ (09178) 98960.
  Berlin 447 – München 167 – Nürnberg 23 – Ansbach 36.

  Raab - Inspektorsgarten, Äußere Rittersbacher Str. 14 (Forsthof), ✉ 91126, ℘ (09122) 9 38 80, info@hotel-raab.de, Fax (09122) 938860, 🌳 – TV 📞 P – 🛁 30. ⓘ ⓜ VISA
  Menu (geschl. Anfang Jan. 1 Woche, Aug. 2 Wochen, Dienstagmittag) à la carte 13,50/28 – **31 Zim** ⮂ 50/64 – 70/92.
  • Verteilt auf den ursprünglichen Gasthof und einen neueren Anbau, bietet Ihnen der sympathische Familienbetrieb gut möblierte und saubere Übernachtungszimmer. Nettes Restaurant mit rustikalem Charakter.

  Löwenhof garni, Rosenberger Str. 11, ✉ 91126, ℘ (09122) 83 21 00, info@hotel-loewenhof-schwabach.de, Fax (09122) 8321029 – ✴ TV 🚗. AE ⓘ ⓜ VISA JCB
  geschl. 21. Dez. - 11. Jan. – **12 Zim** ⮂ 60/65 – 85/95.
  • Ein rustikaler Stil zieht sich durch das ganze Haus. Gäste beziehen ordentlich ausgestattete, mit Eichenmobiliar bestückte Zimmer. In der Ortsmitte gelegen.

In Schwabach-Wolkersdorf Nord : 4 km – siehe Nürnberg (Umgebungsplan) :

  Drexler, Wolkersdorfer Hauptstr. 42, ✉ 91126, ℘ (0911) 63 00 99, Fax (0911) 635030, Biergarten – TV P. ⓜ VISA. ✂ Zim
  AT e
  geschl. Aug. – **Menu** (geschl. Freitagabend - Sonntag) à la carte 12/24 – **37 Zim** ⮂ 34/38 – 59.
  • Die Zimmer dieses familiär geführten, gut unterhaltenen Hauses - ein Gasthof mit Metzgerei - verfügen über eine solide und praktische Ausstattung. Typische ländliche Gaststube.

SCHWABENHEIM Rheinland-Pfalz siehe Ingelheim.

SCHWABMÜNCHEN Bayern 546 V 16 – 11 000 Ew – Höhe 557 m.
  Berlin 588 – München 75 – Augsburg 32 – Kempten (Allgäu) 77 – Memmingen 58.

  Deutschenbaur, Fuggerstr. 11, ✉ 86830, ℘ (08232) 95 96 00, hotel-deutschenbaur@t-online.de, Fax (08232) 9596097 – ✴ Zim, TV 📞 🚗 P – 🛁 25. AE ⓘ ⓜ VISA
  geschl. 24. Dez. - 6. Jan. – **Menu** (geschl. über Pfingsten 1 Woche, Freitag - Samstag) à la carte 14/28 – **28 Zim** ⮂ 45/55 – 65/73.
  • Seit 1853 befindet sich das Haus in Familienbesitz. Die Zimmer sind solide und gepflegt, meist in Eiche eingerichtet - einige auch mit modernen Formen und Farben aufgefrischt. Zeitlos gestaltetes Restaurant.

In Untermeitingen Süd-Ost : 7 km, Richtung Klosterlechfeld :

  Lechpark garni, Lagerlechfelder Str. 28 (Gewerbegebiet Lagerlechfeld Nord-Ost : 2,5 km), ✉ 86836, ℘ (08232) 99 80, Fax (08232) 998100, 🌀 – 📶 ✴ TV 🚗 P – 🛁 50. ⓘ ⓜ VISA
  59 Zim ⮂ 55/75 – 75/100.
  • Hinter der neuzeitlichen Fassade des in einem kleinen Gewerbegebiet gelegenen Geschäftshotels erwarten Sie funktionelle und wohnliche Zimmer im Landhausstil.

SCHWABMÜNCHEN

In Langerringen-Schwabmühlhausen Süd : 9 km, Richtung Buchloe :

🏨 **Untere Mühle** (mit Gästehaus), Untere Mühle 1, ✉ 86853, ☎ (08248) 12 10, info@unteremuehle.de, Fax (08248) 7279, 🍽, 🌳, - 📶, ⚟ Zim, TV, P - 🎿 50. AE ⓘ ⓜ VISA
Menu à la carte 17/37 – **39 Zim** ⛺ 46/56 – 73/89.

• Ursprünglich als Kornmühle genutzt, beherbergt diese ruhig am Ortsrand gelegene sympathische Adresse heute in verschiedenen Bauabschnitten rustikale Zimmer. Verschiedene liebevoll eingerichtete, ländliche Restaurant-Stuben.

SCHWÄBISCH GMÜND
Baden-Württemberg ⁵⁴⁵ T 13 – 63 000 Ew – Höhe 321 m – Wintersport : 400/781 m ⛷6 ⛷.

Sehenswert : Heiligkreuzmünster★ BZ A.

🛈 Touristik- und Marketing, Marktplatz 37/1, ✉ 73525, ☎ (07171) 6 03 42 50, tourist-info@schwaebisch-gmuend.de, Fax (07171) 6034299.

Berlin 582 ② – Stuttgart 56 ③ – Nürnberg 151 ② – Ulm (Donau) 68.

Stadtpläne siehe nächste Seiten

🏨 **Das Pelikan,** Türlensteg 9, ✉ 73525, ☎ (07171) 35 90, info@hotel-pelikan.de, Fax (07171) 359359 – 📶, TV, ⓘ, ⛶, 🚗 P - 🎿 60. AE ⓘ ⓜ VISA
BY n
geschl. 23. Dez. - 1. Jan. – **Menu** (geschl. Samstagmittag, Sonntag) à la carte 18/32 – **62 Zim** ⛺ 63/95 – 109.

• Solide, funktionell und zeitgemäß - so zeigt sich das Innenleben dieses Stadthotels. Die Lage mitten in der Altstadt zählt ebenfalls zu den Vorzügen des Hauses. Ein Bistro ergänzt das freundlich gestaltete Restaurant.

🏨 **Fortuna,** Hauberweg 4, ✉ 73525, ☎ (07171) 10 90, fortuna-gmuend@fortuna-hotels.de, Fax (07171) 109113, Massage, ⛨, ≘s Squash – 📶, ⚟ Zim, TV, ⛶, P - 🎿 60. AE ⓘ ⓜ VISA JCB. ❀ Rest
AZ s
Menu (geschl. Aug., Freitag - Sonntag) (nur Abendessen) à la carte 16/32 – **112 Zim** ⛺ 67/73 – 97.

• In der Nähe des Stadtgartens liegt dieses funktionelle Hotel mit solide und sachlich ausgestatteten Zimmern und einem großzügigen Freizeitbereich.

XX **Fuggerei,** Münstergasse 2, ✉ 73525, ☎ (07171) 3 00 03, info@restaurant-fuggerei.de, Fax (07171) 38382, 🍽 – ⛶ P - 🎿 70. ⓜ VISA
BZ u
geschl. über Fasching 2 Wochen, Aug. 2 Wochen, Dienstag, Sonntagabend – **Menu** à la carte 21/39.

• Gewölbedecken zieren das Innere dieses historischen Fachwerkhauses a. d. 14. Jh. Das klassische und regionale Angebot basiert auf guten Produkten und sorgfältiger Zubereitung.

XX **Stadtgarten-Restaurant,** Rektor-Klaus-Str. 9 (Stadthalle), ✉ 73525, ☎ (07171) 6 90 24, ccs-gastronomie@t-online.de, Fax (07171) 68261, 🍽, Biergarten – 🎿 450. ⓘ ⓜ VISA
AZ a
geschl. 3. - 16. Aug., Montag – **Menu** à la carte 22/36.

• Direkt an der Stadthalle befindet sich das auf zwei Ebenen angelegte Restaurant. Das Ambiente ist klassisch mit hohen Decken und Holztäfelung.

X **Brauerei-Gaststätte Kübele,** Engelgasse 2, ✉ 73525, ☎ (07171) 6 15 94, Fax (07171) 61594 – ⓜ VISA
BY v
geschl. Aug. 3 Wochen, Sonntagabend - Montag, Donnerstagabend - **Menu** à la carte 18/28.

• Eine gepflegte Adresse mit einem für eine Brauerei-Gaststätte typischen bürgerlich-rustikalen Ambiente. Auf den Tisch kommt regionale Küche.

In Schwäbisch Gmünd-Hussenhofen über ② : 4,5 km :

🏨 **Gelbes Haus,** Hauptstr. 83, ✉ 73527, ☎ (07171) 98 70 50, info@hotel-gelbeshaus.de, Fax (07171) 88368, 🍽 – 📶, ⚟ Zim, TV, ⓘ, P. AE ⓘ ⓜ VISA JCB
Menu (geschl. 27. Juli - 18. Aug., Samstag) à la carte 17/34 – **32 Zim** ⛺ 49/54 – 72/82.

• Seit 1714 existiert dieser traditionelle Gasthof - eine familiengeführte Übernachtungsadresse in dörflicher Umgebung mit praktisch ausgestatteten Gästezimmern. Das Restaurant ist eine schlichte Gaststube in ländlicher Aufmachung.

In Waldstetten über Weißensteiner Straße CZ : 6 km :

XX **Sonnenhof,** Lauchgasse 19, ✉ 73550, ☎ (07171) 94 77 70, info@sonnenhof.de, Fax (07171) 9477710, 🍽, Biergarten - P. AE ⓘ ⓜ VISA
geschl. Montag - Dienstag – **Menu** 37/79 à la carte 23/42,50.

• Verschiedene Stuben mit hellem, klassischem Interieur und hübschem Dekor aus Porzellan, Kachelofen und Bildern schaffen einen angenehmen Rahmen.

SCHWÄBISCH GMÜND

Aalener Straße	**CY**	
Augustinerstraße	**BZ**	3
Badmauer	**BYZ**	4
Bahnhofplatz	**AY**	
Bahnhofstraße	**AY**	6
Baldungstraße	**CY**	
Bergstraße	**BZ**	
Bocksgasse	**BZ**	7
Buchstraße	**CY**	
Eichenweg	**AY**	
Franz-Konrad-Straße	**BY**	
Freudental	**BY**	8
Goethestraße	**ABZ**	
Graf-von-Soden-Straße	**CY**	
Gutenbergstraße	**CZ**	
Haußmannstraße	**BZ**	
Herlikofer Straße	**CY**	9
Heugenstraße	**BZ**	
Hintere Schmiedgasse	**CY**	10
Hofstatt	**BYZ**	12
Johannisplatz	**BY**	13
Kaffeebergweg	**CY**	
Kalter Markt	**BCY**	
Kappelgasse	**BY**	16
Katharinenstraße	**AZ**	
Klarenbergstraße	**BCZ**	
Klösterlestraße	**BZ**	
Königsturmstraße	**CY**	
Kornhausstraße	**BZ**	17
Ledergasse	**BZ**	
Lorcher Straße	**AYZ**	
Marktplatz	**BY**	
Mörikestraße	**AZ**	
Münsterplatz	**BZ**	22
Mutlanger Straße	**BCY**	23
Nepperbergstraße	**AY**	
Oberbettringer Straße	**CZ**	
Obere Zeiselbergstraße	**CZ**	
Parlerstraße	**BZ**	
Pfitzerstraße	**CY**	
Rechbergstraße	**BZ**	
Rektor-Klaus-Straße	**ABZ**	
Remsstraße	**BY**	
Rinderbacher Gasse	**BCY**	24
Robert-von-Ostertag-Straße	**BZ**	
Rosenstraße	**CYZ**	25
Schwerzerallee	**AZ**	
Sebaldplatz	**BZ**	
Sebaldstraße	**BZ**	
Stuttgarter Straße	**AZ**	
Taubentalstraße	**AY**	
Türlensteg	**BY**	26
Turniergraben	**BZ**	27
Uferstraße	**BZ**	
Untere Zeiselbergstraße	**CZ**	
Vordere Schmiedgasse	**CY**	28
Waisenhausgasse	**CY**	29
Weißensteiner Straße	**CZ**	
Wilhelmstraße	**CY**	

In Waldstetten-Weilerstoffel über Weißensteiner Straße **CZ** : 8 km :

⌂ **Hölzle** ⚑, Waldstetter Str. 19, ✉ 73550, ℰ (07171) 4 00 50, info@hoelzle.de, Fax (07171) 400531, 🍴 – 📶, ⚞ Zim, 📺 ⚐ 🚗 🅿. ⓐ 🆅🅸🆂🅰
geschl. über Fasching 2 Wochen – **Menu** (geschl. Dienstag) à la carte 17/33 – **17 Zim** ⚐ 41 – 77.
   ♦ Der erweiterte, renovierte Gasthof stellt eine neuzeitliche und solide Übernachtungsadresse dar - ein gut geführter und gepflegter kleiner Familienbetrieb. Ein nettes Ambiente in rustikalem Stil erwartet Sie im Restaurant.

In Böbingen a.d.R. über ② : 10 km :

⌂ **Schweizer Hof**, Bürglestr. 11, ✉ 73560, ℰ (07173) 9 10 80 (Hotel) 31 33 (Rest.), Fax (07173) 12841, 🍴, ⚞ (geheizt), 🐎 – ⚞ Zim, 📺 🅿 – 🔔 25. 🅰🅴 🆅🅸🆂🅰
Menu (nur Abendessen) à la carte 17/32 – **25 Zim** ⚐ 43 – 70.
   ♦ Die Zimmer dieses Landgasthofs befinden sich alle im zugehörigen Gästehaus - in rustikaler Eiche oder in Naturholz solide möbliert und praktisch ausgestattet. Eine liebevolle Dekoration macht das Restaurant gemütlich.

Benutzen Sie den Hotelführer des laufenden Jahres

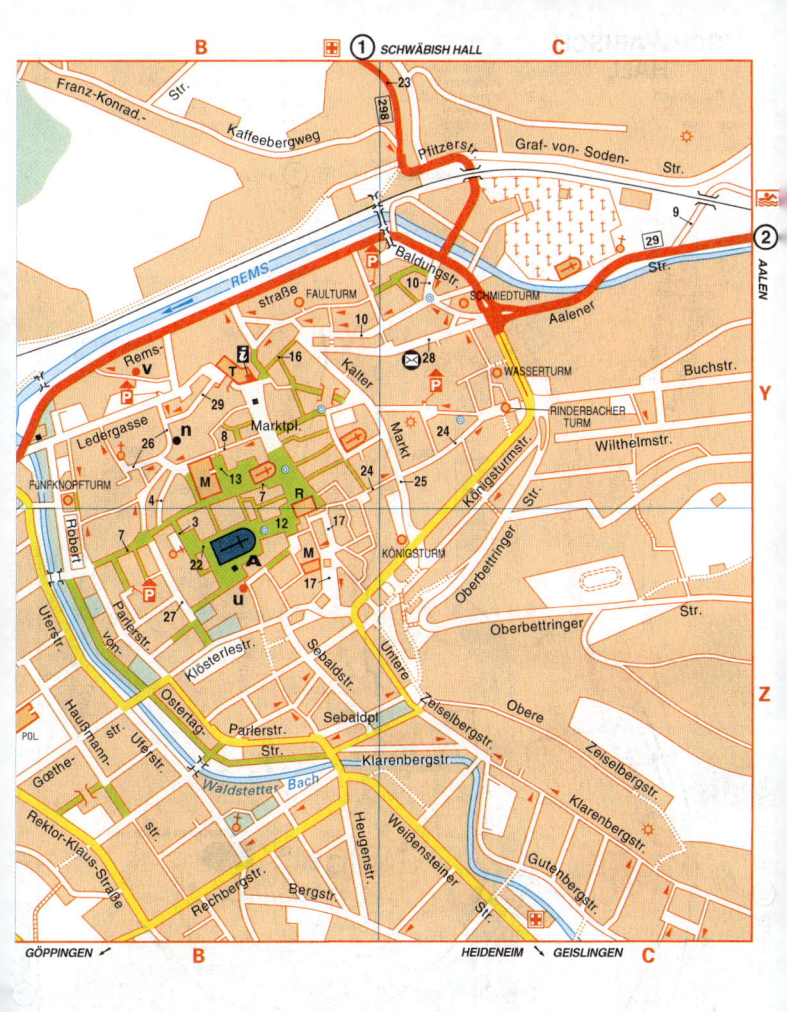

*Benutzen Sie die Grünen Michelin-Reiseführer,
wenn Sie eine Stadt oder Region kennenlernen wollen.*

SCHWÄBISCH HALL Baden-Württemberg 545 S 13 – 35 800 Ew – Höhe 270 m.
  Sehenswert : Marktplatz★★ : Rathaus★ R, Michaelskirche (Innenraum★) – Kocherufer ≤★ F.
  Ausflugsziele : Ehemaliges Kloster Groß-Comburg★ : Klosterkirche (Leuchter★★★, Antependium★) Süd-Ost : 3 km – Hohenloher Freilandmuseum★ in Wackershofen, über ④ : 5 km.
  ✈ Schwäbisch Hall-Dörrenzimmern, Am Golfplatz (Süd-Ost : 12 km), ℘ (07907) 81 90.
  ☐ Touristik-Information, Am Markt 9, ✉ 74523, ℘ (0791) 75 12 46, touristik@schwae bischhall.de, Fax (0791) 751397.
  ADAC, Daimlerstr. 5.
  Berlin 551 ① – Stuttgart 74 ③ – Heilbronn 53 ① – Nürnberg 138 ② – Würzburg 107 ①

1275

SCHWÄBISCH HALL

Am Schuppach	2
Am Spitalbach	
Badtorweg	4
Bahnhofstraße	5
Gelbinger Gasse	
Gymnasiumstraße	7
Hafenmarkt	8
Henkersbrücke	13
Im Weiler	14
Marktstraße	17
Neue Straße	
Obere Herrngasse	19
Schwatzbühlgasse	21
Untere Herrngasse	23
Weilertor	25
Zollhüttengasse	26
Zwinger	28

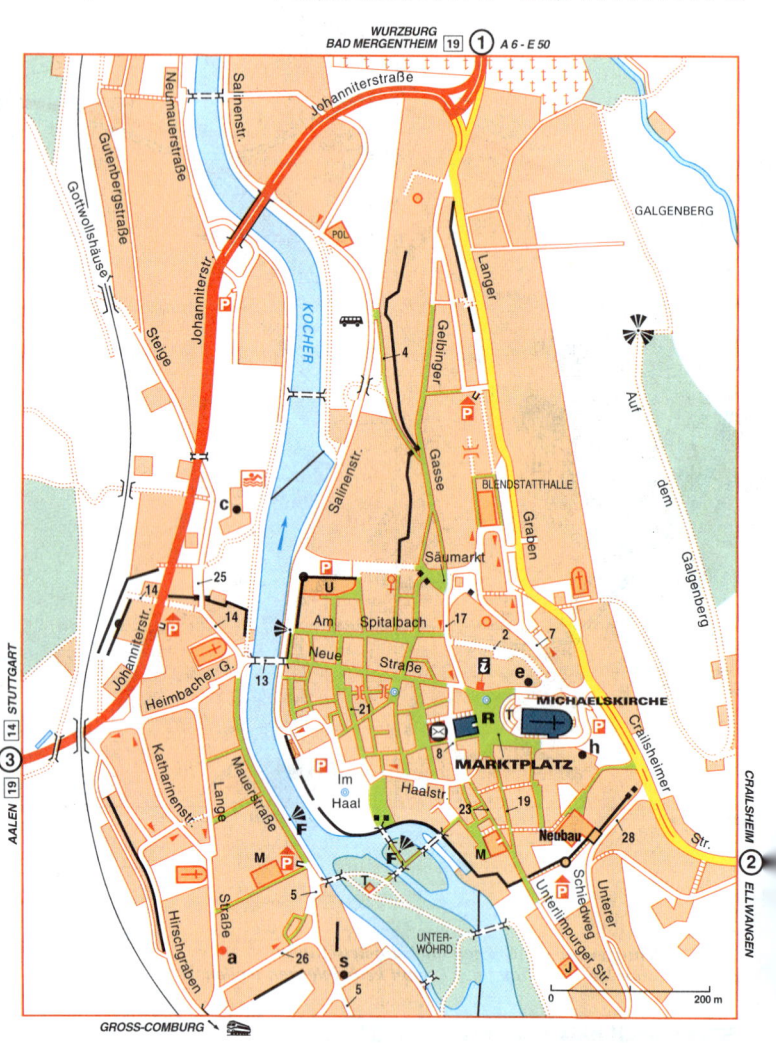

Hohenlohe, Weilertor 14, ✉ 74523, ☎ (0791) 7 58 70, hotelhohenlohe@t-online.de, Fax (0791) 758784, ≤, 🍽, Massage, ≘s, 🏊 (geheizt), 🔲 – 📶, ✦ Zim, 🍴 Rest, 📺 📞 ♿ 🚗 🅿 – 🔔 80. 🆎 ① ⓜ 🆅🅸🆂🅰 ⅍ Rest
Menu à la carte 25/45 – **114 Zim** ☐ 89/119 – 124/148, 4 Suiten.
♦ Das komfortable Domizil liegt leicht erhöht oberhalb des Kochers. Hell und freundlich präsentiert sich der Empfangsbereich, wohnlich und funktionell die Zimmer. In der ersten Etage des Hauses befindet sich das klassisch eingerichtete Restaurant.

1276

Der Adelshof, Am Markt 12, ✉ 74523, ℘ (0791) 7 58 90, hotel.adelshof@t-online.de, Fax (0791) 6036 – 📶, 🍽 Zim, 📺 📞 🚗 🅿 – 🍴 70. 🏧 VISA   e
Menu (geschl. Jan. 2 Wochen, Sonntag - Montag) à la carte 26/52 – **47 Zim** ⊑ 75/95 – 100/125.
• Das schmucke Stadthaus aus dem 14. Jh. kann auf eine wechselvolle Geschichte zurückblicken. Breite Flure mit schönen alten Holzdecken führen zu wohnlich gestalteten Zimmern. Klassisch eingerichtetes Restaurant mit ambitionierter Küche.

Kronprinz, Bahnhofstr. 17, ✉ 74523, ℘ (0791) 9 77 00, hotel.kronprinz@gmx.de, Fax (0791) 9770100, 🌳, 🛋 – 📶, 🍽 Zim, 📺 📞 🅿 – 🍴 45. 🏧 ⓞ ⓜ VISA   s
Menu à la carte 20/34 – **44 Zim** ⊑ 65/85 – 95/110.
• Helles, neuzeitliches Mobiliar und eine gute technische Ausstattung machen die Zimmer zu einer passenden Unterkunft für private wie auch geschäftliche Aufenthalte. Modernes Restaurant in freundlichen Farben.

Scholl garni, Klosterstr. 2, ✉ 74523, ℘ (0791) 9 75 50, info@hotel-scholl.de, Fax (0791) 975580 – 📶 📺 📞 ⓜ VISA   h
geschl. 24. Dez. - 6. Jan. – **32 Zim** ⊑ 60/68 – 95.
• Drei miteinander verbundene Stadthäuser bieten dem Gast eine zeitgemäße und funktionelle Unterkunft. Nett der Frühstücksraum mit alten Holzbalken.

Blauer Bock mit Zim, Lange Str. 53, ✉ 74523, ℘ (0791) 8 94 62, Fax (0791) 856115, 🌳 – 📺 🚗 ⓜ VISA   a
geschl. Ende Aug. - Anfang Sept. – **Menu** (geschl. Montag, Samstagmittag, letzter Sonntag im Monat) à la carte 14/29 – **4 Zim** ⊑ 45/50 – 70.
• Hinter der freundlichen blauen Fassade des denkmalgeschützten Stadthauses finden sich zwei nette einfache Gaststuben - ein kleiner Wintergarten ergänzt das Platzangebot.

In Schwäbisch Hall-Gottwollshausen über ③ : 4 km :

Sonneck, Fischweg 2, ✉ 74523, ℘ (0791) 97 06 70, hotel-sonneck@t-online.de, Fax (0791) 9706789, 🌳 – 📺 🅿 – 🍴 40. ⓞ VISA
Menu (geschl. Dienstag) à la carte 13,50/22 – **26 Zim** ⊑ 38/42 – 59/64.
• Der erweiterte Gasthof bietet seinen Besuchern mit praktischen, hellen Hotelmöbeln ausgestattete Zimmer, die teilweise über Balkone verfügen. Das gemütliche Restaurant wird durch eine behagliche Stube ergänzt.

In Schwäbisch Hall-Hessental über ② : 3 km :

Die Krone, Wirtsgasse 1, ✉ 74523, ℘ (0791) 9 40 30, diekrone@ringhotels.de, Fax (0791) 940384, 🌳, 🛋, 🏊 – 📶, 🍽 Zim, 📺 📞 🅿 – 🍴 80. 🏧 ⓞ ⓜ VISA
Menu à la carte 20/34 – **87 Zim** ⊑ 81/89 – 96/107.
• Hier wurde ein historischer Landgasthof gelungen mit moderner Hotellerie verbunden. Von dem hellen, großzügigen Empfangsbereich gelangen Sie in wohnliche, neuzeitliche Zimmer. Restaurant mit rustikalem Charakter und imposanter Barocksaal für Feiern.

Wolf, Karl-Kurz-Str. 2, ✉ 74523, ℘ (0791) 93 06 60, info@flairhotel-wolf.de, Fax (0791) 93066110 – 📶, 🍽 Zim, 📺 🅿 – 🍴 25. 🏧 ⓞ ⓜ VISA
geschl. über Fasching – **Eisenbahn** (geschl. 30. Aug. - 12. Sept., Samstagmittag, Montag - Dienstagmittag) **Menu** à la carte 44/59, ♀ – **25 Zim** ⊑ 54/65 – 79/93.
• Der neuere Hotelanbau dieses netten Fachwerkhauses beherbergt gepflegte, funktionelle Gästezimmer. Die malerische Altstadt lädt zum Bummeln ein. In klassisch gestalteten Räumlichkeiten serviert man eine feine französische Küche.
Spez. Marinierter Kalbskopf und Krebse lauwarm serviert mit Tomatenvinaigrette. Steinbuttfilet mit Champagnerschaum und Waldpilzrisotto. Geschmorte Kalbsbäckchen mit Rahmkohlrabi und Trüffelpolenta.

Haller Hof, Schmiedsgasse 9, ✉ 74523, ℘ (0791) 4 07 20, Fax (0791) 4072200 – 📺 📞 🅿 – 🍴 40. 🏧 ⓜ VISA
Menu (geschl. Sonntag) (nur Abendessen) (Restaurant nur für Hausgäste) – **47 Zim** ⊑ 52 – 77.
• Praktisch, sauber und gepflegt - so präsentieren sich Ihnen die Zimmer dieses aus drei Gebäude bestehenden Hotels. Hausgästen serviert man einfache Speisen.

In Schwäbisch Hall-Weckrieden über ② : 3 km :

Landgasthof Pflug, Weckriedener Str. 2, ✉ 74523, ℘ (0791) 93 12 30, info@landgasthof-pflug.de, Fax (0791) 9312345, Biergarten – 🍽 Zim, 📺 📞 🅿 – 🍴 20. ⓜ VISA
geschl. Anfang Jan. 2 Wochen – **Menu** (geschl. Montag - Dienstagmittag) à la carte 22/44, ♀ – **16 Zim** ⊑ 49/55 – 75/85.
• Durch sorgfältige Renovierungen und ein modernes Interieur ist aus dem denkmalgeschützten Haus aus dem Jahre 1805 ein gemütliches kleines Hotel entstanden. Gemütliche Stube und leicht mediterran wirkendes Restaurant.

SCHWAIG Bayern 546 R 17 – 8 200 Ew – Höhe 325 m.
Siehe Stadtplan Nürnberg (Umgebungsplan).
Berlin 429 – München 171 – Nürnberg 14 – Lauf 6,5.

In Schwaig-Behringersdorf :

Weißes Ross, Schwaiger Str. 2, ⊠ 90571, ℰ (0911) 5 06 98 80, weissesross@t-onli ne.de, Fax (0911) 50698870, 🍽 – 📺 🅿 🅰🅴 ⓞ ⓜⓞ VISA CS s
Menu (geschl. 1. - 12. Jan., nach Pfingsten 1 Woche, Ende Aug. - Mitte Sept., Sonntagabend - Montag) à la carte 10/30 – **20 Zim** ⊇ 54 – 80.
• Ein ländlicher Stil durchzieht den ganzen Gasthof und gibt ihm seinen typischen Charakter. Auch die überschaubare Größe des Hauses trägt zur sympathischen Atmosphäre bei. Holzgetäfelte Gaststuben mit gemütlichen Nischen.

SCHWAIKHEIM Baden-Württemberg 545 T 12 – 9 600 Ew – Höhe 200 m.
Berlin 610 – Stuttgart 23 – Ludwigsburg 42 – Karlsruhe 96 – Schwäbisch Gmünd 51.

Zum Riesling, Winnender Str. 1, ⊠ 71409, ℰ (07195) 96 59 00, info@zumriesling.de, Fax (07195) 965902, 🍽
geschl. Feb. 2 Wochen, Anfang Okt. 1 Woche, Samstag, Sonn- und Feiertage – **Menu** à la carte 23/38, ₤.
• Hinter alten Mauern widmet man sich auf zwei Ebenen Ihrer Bewirtung : in neuzeitlichem Bistro-Stil zeigt sich das Restaurant, gemütlich-rustikal der Gewöbekeller.

SCHWALBACH Saarland 543 S 4 – 19 200 Ew – Höhe 160 m.
Berlin 726 – Saarbrücken 25 – Kaiserslautern 84 – Saarlouis 6.

In Schwalbach-Elm Süd-Ost : 2 km :

Zum Mühlenthal garni, Bachtalstr. 214, ⊠ 66773, ℰ (06834) 9 55 90, info@hotel-muehlenthal.de, Fax (06834) 568511, 🍽, 🍽, – 🛗 📺 📞 🅰🅴 ⌘ Rest
geschl. 23. - 31. Dez. – **25 Zim** ⊇ 45/75 – 60/90.
• Funktionelle und wohnliche Zimmer zählen zu den Annehmlichkeiten dieser gastlichen Adresse. Schnapsbrennerei und schöner Garten gehören ebenfalls zum Haus.

SCHWALBACH AM TAUNUS Hessen 543 P 9 – 14 500 Ew – Höhe 135 m.
Berlin 570 – Wiesbaden 34 – Frankfurt 12.

Mutter Krauss, Hauptstr. 13, ⊠, ℰ (06196) 12 89, service@mutter-kraus.de, Fax (06196) 568539, 🍽 – 📺 📞 🅰🅴 ⓞ ⓜⓞ VISA
Menu (geschl. Anfang Jan. 1 Woche, Samstagmittag) à la carte 16/41 – **24 Zim** ⊇ 80 – 110.
• Der erweiterte traditionsreiche Gasthof im alten Ortskern beherbergt ein neuzeitliches Hotel - hübsche, solide eingerichtete Zimmer mit Parkett und dunklem Mobiliar. Rustikal gestaltetes Restaurant mit großer Gartenterrasse.

SCHWALBACH, BAD Hessen 543 P 8 – 11 300 Ew – Höhe 330 m – Heilbad.
🛈 Kurverwaltung, Am Kurpark 1, ⊠ 65307, ℰ (06124) 50 20, kontakt@kur-bad-schwalbach.de, Fax (06124) 502464.
Berlin 588 – Wiesbaden 18 – Koblenz 58 – Limburg an der Lahn 36 – Lorch am Rhein 32 – Mainz 27.

Romantik Hotel Eden-Parc ♦, Goetheplatz 1, ⊠ 65307, ℰ (06124) 70 40, info@eden-parc.de, Fax (06124) 704600, 🍽, Massage, 🎣, 🍽, 🏊 – 🛗, ⌘ Zim, 📺 🅿 🚗 80. 🅰🅴 ⓞ ⓜⓞ VISA
Menu à la carte 34/46 – **92 Zim** ⊇ 115/130 – 130/190, 3 Suiten – ½ P 27.
• Zimmer von "Standard" über "Deluxe" bis hin zur noblen Suite bieten dem Gast Komfort und Eleganz nach Maß. Schön : die großzügigen Bäder in Marmor. Eine mediterrane Note prägt das Restaurant.

SCHWALMSTADT Hessen 543 N 11 – 18 000 Ew – Höhe 220 m.
🛈 Schwalm-Touristik, Paradeplatz 7 (Ziegenhain), ⊠ 34613, ℰ (06691) 7 12 12, schwalm-touristik@t-online.de, Fax (06691) 5776.
Berlin 436 – Wiesbaden 154 – Kassel 64 – Bad Hersfeld 41 – Marburg 43.

In Schwalmstadt-Treysa :

Stadt Treysa garni, Bahnhofstr. 21, ⊠ 34613, ℰ (06691) 9 63 30, info@hotel-stadt-treysa.de, Fax (06691) 963344 – 🛗 ⌘ 📺 📞 ⓜⓞ VISA
14 Zim ⊇ 37/47 – 62/72.
• Das Etagenhotel bietet Reisenden eine saubere und praktische Übernachtungsmöglichkeit - auch Schreibflächen und die notwendigen Anschlüsse gehören zum Inventar.

SCHWALMSTADT

In Schwalmstadt-Ziegenhain :

Rosengarten, Muhlystr. 3, ✉ 34613, ℘ (06691) 9 47 00, info@hotel-rosengarten.org, Fax (06691) 947030, ≪, (Fachwerkhaus a.d.J. 1620 mit Hotelanbau), ☞ – 📺 ✆ 🅿 – 🛗 130. **⊙⊙** VISA JCB
Menu (geschl. Okt. 2 Wochen) à la carte 21/37,50 – **13 Zim** ⍉ 40 – 65.
• Ein neuzeitlicher Hotelanbau ergänzt das alte Fachwerkhaus: Sie wählen zwischen wohnlichen Appartements - teils mit Kochnische - und praktischen Zimmern. Nette rustikale Stuben und gut eingedeckte Tische findet man im Restaurant.

SCHWANDORF Bayern 546 S 20 – 20 000 Ew – Höhe 365 m.

🏌 Schmidmühlen, Am Theilberg 1 (Süd-West : 19 km), ℘ (09474) 7 01.
Berlin 452 – München 167 – Regensburg 44 – Nürnberg 83 – Weiden in der Oberpfalz 46.

Waldhotel Schwefelquelle, An der Schwefelquelle 12, ✉ 92421, ℘ (09431) 7 14 70, info@schwefelquelle.de, Fax (09431) 714740, ≪, ☕ – 📺 ✆ ♿ ⇔ 🅿 – 🛗 50. AE ⓘ ⓞ VISA
Menu (geschl. 10. - 17. Juni, Dienstagmittag, Sonntagabend) à la carte 13/27 – **23 Zim** ⍉ 37 – 62.
• Diese familiengeführte Adresse am Stadtrand verbindet rustikalen Charme mit den Annehmlichkeiten eines soliden, funktionellen Hotels. Mit hellem Naturholz ländlich gestaltetes Restaurant.

SCHWANGAU Bayern 546 X 16 – 3 700 Ew – Höhe 800 m – Heilklimatischer Kurort – Wintersport : 830/1720 m ≰1 ≰4 ⚐.

Ausflugsziele : Schloss Neuschwanstein★★★ ≤★★★ , Süd : 3 km – Schloss Hohenschwangau★ Süd : 4 km – Alpsee★ : Pindarplatz ≤★, Süd : 4 km.
🅱 Tourist Information, Münchener Str. 2, ✉ 87645, ℘ (08362) 8 19 80, info@schwangau.de, Fax (08362) 819825.
Berlin 656 – München 116 – Kempten (Allgäu) 47 – Füssen 3 – Landsberg am Lech 60.

Weinbauer, Füssener Str. 3, ✉ 87645, ℘ (08362) 98 60, info@hotel-weinbauer.de, Fax (08362) 986113 – 📶, 🔄 Zim, 📺 🅿 **⊙⊙** VISA
geschl. 8. Jan. - 10. Feb. – **Menu** (geschl. Mittwochmittag, Donnerstagmittag, Nov. - April Mittwoch - Donnerstag) à la carte 14/29 – **40 Zim** ⍉ 40/47 – 67/76 – ½ P 13.
• Ein ursprünglicher Gasthof mit bemalter Fassade und hübschen blau-weißen Fensterläden. Im Haupthaus wie auch im Gästehaus stehen solide Zimmer zum Einzug bereit. Verschiedene Stuben mit Kachelofen oder Gewölbedecke.

Schwanstein, Kröb 2, ✉ 87645, ℘ (08362) 9 83 90, hotel-schwanstein@t-online.de, Fax (08362) 983961, Biergarten – 📺 🅿 ⓘ **⊙⊙** VISA
Menu à la carte 13/24 – **31 Zim** ⍉ 45/50 – 75/85 – ½ P 13.
• Ein Gasthof mit ländlichem Charkater, im Zentrum des kleinen Ortes gelegen. Man verfügt über gepflegte Gästezimmer mit Standard-Ausstattung. Die Gaststuben - teils im alpenländischen Stil - bieten ein rustikales Ambiente.

Hanselewirt, Mitteldorf 13, ✉ 87645, ℘ (08362) 82 37, info@hanselewirt.de, Fax (08362) 81738 – 🔄 Zim, 📺 🅿 **⊙⊙** VISA
geschl. Mitte Märzd 2 Wochen, Mitte Nov. - Mitte Dez. – **Menu** (geschl. Okt. - Juni Mittwoch - Donnerstagmittag) à la carte 16/23 – **13 Zim** ⍉ 36/45 – 61/69 – ½ P 13.
• Das nette kleine Haus mit Holzfensterläden fügt sich harmonisch in die ländliche Umgebung ein. Sie wohnen in behaglichen Zimmern in hellem Naturholz. Behagliches rustikales Restaurant.

Post, Münchener Str. 5, ✉ 87645, ℘ (08362) 9 82 10, postwirt-schwangau@t-online.de, Fax (08362) 982155 – 🔄 Zim, 📺 🅿 ✖ Zim
geschl. Mitte Nov. - Mitte Dez. – **Menu** (geschl. Montag, Okt.- April Montag - Dienstag) à la carte 13/29 – **31 Zim** ⍉ 41/55 – 73/82 – ½ P 12.
• Dieses sympathische Domizil befindet sich seit 1891 in Familienbesitz. Hier bietet man Ihnen gemütliche Zimmer, eine natürliche, dörfliche Gegend und attraktive Ausflugsziele. In einfachen, holzgetäfelten Gaststuben bewirtet man Sie mit regionaler Kost.

In Schwangau-Brunnen :

Martini ≫ garni, Seestr. 65, ✉ 87645, ℘ (08362) 82 57, Fax (08362) 88177, ≤ – 📺 ⇔ 🅿
geschl. März - April 2 Wochen, Nov. – **13 Zim** ⍉ 33/45 – 60.
• Die Einrichtung im bäuerlichen Stil bewahrt dem Haus seinen ursprünglichen Charakter. Auch die überschaubare Größe und die Nähe zum See sprechen für dieses Hotel.

1279

SCHWANGAU

In Schwangau-Hohenschwangau :

Müller ⌕, Alpseestr. 16, ✉ 87645, ✆ (08362) 8 19 90, *info@hotel-mueller.de*, *Fax (08362) 819913*, ㊝ – ⌕ Zim, ㊝ – ⌂ 25. ⓐ ⓑ ⓒ 𝗩𝗜𝗦𝗔 𝗝𝗖𝗕
geschl. 3. Jan. - 10. März – **Menu** à la carte 17/52 – **43 Zim** ⌑ 100/135 – 140/160, 4 Suiten – ½ P 18.
• Vom einfach-gemütlichen Gästezimmer bis hin zur großzügigen, eleganten Suite - zu Füßen zweier Königsschlösser gelegen, überzeugt das Haus mit Zimmern nach Maß. Edel-rustikales Restaurant und Terrasse mit beeindruckendem Blick.

Schlosshotel Lisl ⌕ (mit 🏠 Jägerhaus), Neuschwansteinstr. 1, ✉ 87645, ✆ (08362) 88 70, *info@lisl.de*, *Fax (08362) 81107*, ≤, ㊝ – ⌕ Zim, ㊝ ✆ ⌂ 𝗣 – ⌂ 80. ⓐ ⓑ ⓒ 𝗩𝗜𝗦𝗔 𝗝𝗖𝗕
geschl. 20. - 26. Dez. – **Menu** à la carte 15/21 – ⌑ 12 – **47 Zim** 67/98 – 110/160.
• Anspruchsvolle beziehen im Gästehaus des gediegenen Schlosshotels Quartier : wo einst königliche Jäger nächtigten, finden Sie heute Individualität und einen Hauch Luxus. Zwei Restaurants, eines mit Blick auf die Schlösser.

Alpenhotel Meier, Schwangauer Str. 37, ✉ 87645, ✆ (08362) 8 11 52 (Hotel) 8 18 89 (Rest.), *alpenhotelmeier@t-online.de*, *Fax (08362) 987028*, ㊝ – 𝗣
Menu *(geschl. Mitte Nov. - Mitte Dez., Dienstag)* à la carte 19/32 – **12 Zim** ⌑ 43/65 – 70/77.
• Sie wohnen in einem kleinen, familiär geführten Hotel am Fuße der Königsschlösser. Wählen Sie ein Zimmer mit Balkon - von hier aus blicken Sie auf Wiesen und Felder. Zwei kleine gemütliche Stuben mit Holzdecke.

In Schwangau-Horn :

Rübezahl ⌕, Am Ehberg 31, ✉ 87645, ✆ (08362) 88 88, *hotel-ruebezahl@t-online.de*, *Fax (08362) 81701*, ≤, ㊝, ⌕ – ⌂ ⓐ 𝗩𝗜𝗦𝗔
geschl. Mitte Nov. - Anfang Dez. – **Menu** *(geschl. Mittwoch)* à la carte 19/45 – **40 Zim** ⌑ 60/90 – 110/130 – ½ P 21.
• Vor einer reizvollen Bergkulisse erleben Sie alpenländischen Charme kombiniert mit gemütlich-rustikaler Einrichtung. Ebenfalls im Blick : das königliche Schloss. Kachelofen und gemütliche Nischen im Restaurant, mediterrane Note im Wintergarten.

Helmerhof ⌕, Frauenbergstr. 9, ✉ 87645, ✆ (08362) 80 69, *info@helmerhof.de*, *Fax (08362) 8437*, ≤, ㊝, ⌕ – ⌕ Zim
geschl. 8. März - 1. April, 2. - 25. Nov. – **Menu** *(geschl. Jan. - April Donnerstag, Dez. Montag - Dienstag)* à la carte 16/27 – **35 Zim** ⌑ 36/58 – 76/106 – ½ P 13.
• Diese familiär geführte Ferienadresse beherbergt Gästezimmer und Appartements in ländlichem Stil. Im Winter wie auch im Sommer genießen Sie eine attraktive Landschaft. Hell und gepflegt präsentiert sich das Restaurant.

In Schwangau-Waltenhofen :

Gasthof am See ⌕, Forggenseestr. 81, ✉ 87645, ✆ (08362) 9 30 30, *info@hotelgasthofamsee.de*, *Fax (08362) 930339*, ≤, ㊝, ⌕ – ⌂ ⓐ ⓑ 𝗣 ⓒ 𝗩𝗜𝗦𝗔
geschl. 15. Nov. - 16. Dez. – **Menu** *(geschl. Dienstag)* à la carte 15/29 – **22 Zim** ⌑ 38 – 66/76 – ½ P 13.
• Das Haus gefällt mit alpenländischem Charakter, der Lage direkt am See und einer familiären Atmosphäre. Wählen Sie eines der zum See hin gelegenen Zimmer. Gemütlich : die Bauernstube und das Restaurant.

Café Gerlinde ⌕ garni, Forggenseestr. 85, ✉ 87645, ✆ (08362) 82 33, *info@pension-gerlinde.de*, *Fax (08362) 8486*, ㊝, ⌕ – ⌂ 𝗣
geschl. 15. März - 2. April, 2. Nov. - 17. Dez. – **19 Zim** ⌑ 36/48 – 58/76.
• Ländlicher Charme und freundliche Atmosphäre sowie hübsch möblierte, wohnliche Gästezimmer und die Nähe zum See machen dieses kleine Ferienhotel aus.

SCHWANHEIM *Rheinland-Pfalz siehe Hauenstein.*

SCHWARMSTEDT *Niedersachsen* 𝟱𝟰𝟭 H 12 – *3 900 Ew – Höhe 30 m – Erholungsort.*
🛈 *Touristinformation, Am Markt 1, ✉ 29690, ✆ (05071) 86 88, touristinfo@schwarmstedt.de, Fax (05071) 80989.*
Berlin 310 – Hannover *51 – Bremen 88 – Celle 33 – Hamburg 118.*

Bertram, Moorstr. 1, ✉ 29690, ✆ (05071) 80 80, *ringhotel.bertram@t-online.de*, *Fax (05071) 80845*, ㊝ – ⌕ Zim, ㊝ ✆ ⌂ 𝗣 – ⌂ 80. ⓐ ⓑ ⓒ 𝗩𝗜𝗦𝗔 𝗝𝗖𝗕
Menu à la carte 17/35,50 – **37 Zim** ⌑ 60/75 – 80/97 – ½ P 20.
• Funktionell, sauber und gepflegt - so zeigen sich die Zimmer in diesem Rotklinkerbau, einem gut unterhaltenen, famliengeführten Hotel.

1280

SCHWARMSTEDT

In Schwarmstedt-Bothmer *Nord-West : 3 km, über B 214 :*

Gästehaus Schloß Bothmer ⚘, Alte Dorfstr. 15, ✉ 29690, ✆ (05071) 30 37, *inf o@schlossbothmer.de, Fax (05071) 3039,* 🍽, 🎾, ⛳ – 📺 P. AE ◎ VISA
Menu *(geschl. 1. Jan. - 15. Feb., Montag) (wochentags nur Abendessen)* à la carte 27/37,50
– **9 Zim** ⚘ 77 – 105.
 • Das privat bewohnte Schloss wird ergänzt durch einen Anbau im Gartenhaus-Stil. Hier beziehen Sie geschmackvolle, großzügige Zimmer, meist mit kleinem Wintergarten. Teil des Restaurants ist der große Wintergarten mit Blick in den Park.

An der Straße nach Ostenholz *Nord-Ost : 8 km :*

Heide-Kröpke ⚘, Esseler Damm 1, ✉ 29690 Essel, ✆ (05167) 97 90, *heide-kroepk e@t-online.de, Fax (05167) 979291,* 🍽, ≘s, 🏊, 🎾, ⛳ – 🛗, ⇌ Zim, 📺 ✆ & 🚗
P. – 🛎 60. AE ◎ ◎ VISA JCB. ⚘ Rest
Menu à la carte 24/47 *(auch vegetarisches Menu)* – **60 Zim** ⚘ 70/90 – 102/125, 9 Suiten
– ½ P 20.
 • Mehrere miteinander verbundene Gebäude und ein weitläufiger Park bilden dieses attraktive Anwesen. Im Inneren überzeugt Komfort - teils wohnlich-elegant, teils neuzeitlich. Hotelrestaurant mit hellem, freundlichem Ambiente.

SCHWARTAU, BAD *Schleswig-Holstein* **541** E 16 *– 20 000 Ew – Höhe 10 m – Heilbad.*
🛈 *Tourist-Information, Markt 15 (im Rathaus),* ✉ 23611, ✆ (0451) 2 00 02 42, *stadtve rwaltung@bad-schwartau.de, Fax (0451) 2000202.*
Berlin 274 – Kiel 72 – Lübeck 16 *– Schwerin 73 – Oldenburg in Holstein 50.*

Waldhotel Riesebusch ⚘, Sonnenweg 1, ✉ 23611, ✆ (0451) 29 30 50, *info@w aldhotel-riesebusch.de, Fax (0451) 283646,* 🍽 – ⇌ Zim, 📺 ⇌ P. AE ◎ VISA. ⚘ Zim
geschl. 13. - 29. Feb. – **Menu** *(geschl. Donnerstag)* à la carte 19,50/32 – **25 Zim** ⚘ 58/62
– 82/85 – ½ P 18.
 • Urlauber und Geschäftsreisende schätzen die Lage und das funktionelle Innenleben des typischen Familienbetriebs. Spazier- und Wanderwege finden sich direkt vor der Tür.

Elisabeth, Elisabethstr. 4, ✉ 23611, ✆ (0451) 2 17 81, *info@elisabeth-hotel.de,*
Fax (0451) 283850, 🍽, 🎾 – 📺 – 🛎 40. AE ◎ ◎ JCB
à la carte 18/32 – **23 Zim** ⚘ 62/70 – 76/82 – ½ P 15.
 • Mit einem modernen Eingangsbereich empfängt Sie dieses familiengeführte Hotel. Gäste schätzen die sauberen, funktionellen Zimmer und den privaten Charakter des Hauses. Gepflegt und schlicht in der Aufmachung zeigt sich das Restaurant.

Haus Magdalene garni, Lübecker Str. 69, ✉ 23611, ✆ (0451) 28 99 90, *hausmagd alene@aol.com, Fax (0451) 2899920 –* 📺 P. ◎ VISA
geschl. 23. Dez. - 3. Jan. – **10 Zim** ⚘ 42/52 – 72.
 • Ehemals als Wohnsitz genutzt, dient die kleine Villa nun der Beherbergung Reisender. Die überschaubare Größe verleiht dem Haus eine private Atmosphäre.

SCHWARZACH AM MAIN *Bayern* **546** Q 14 *– 3 500 Ew – Höhe 200 m.*
Berlin 471 – München 255 – Würzburg 28 *– Bamberg 47 – Gerolzhofen 9 – Schweinfurt 35.*

Im Ortsteil Münsterschwarzach :

Zum Benediktiner ⚘ garni, Weideweg 7, ✉ 97359, ✆ (09324) 91 20, *info@zum benediktiner.de, Fax (09324) 912900,* 🎾 – 🛗 📺 ✆ & ⇌ P. – 🛎 50. AE ◎ VISA
geschl. 1. - 26. Dez. – **45 Zim** ⚘ 56/60 – 75/80.
 • Hinter dem 500-jährigen Gasthaus Zum Benediktiner liegt das gepflegte, funktionelle Hotel. Neuere Zimmer mit modernem Mobiliar finden Sie in der zweiten Etage.

Gasthaus zum Benediktiner, Schweinfurter Str. 31, ✉ 97359, ✆ (09324) 9 97 98,
Fax (09324) 99799, 🍽 – P. AE ◎ ◎ VISA
geschl. 1. - 26. Dez., Nov. - Feb. Mittwoch – **Menu** à la carte 16,50/33.
 • Im 15 Jh. von der Benediktinerabtei als Klosterherberge erbaut, stellt das altfränkische Gasthaus heute für jeden Besucher eine behaglich-rustikale Einkehrmöglichkeit dar.

Im Ortsteil Stadtschwarzach :

Schwab's Landgasthof, Bamberger Str. 4, ✉ 97359, ✆ (09324) 12 51, *info@lan dgasthof-schwab.de, Fax (09324) 5291,* 🍽 – 📺 ✆ ◎
Menu *(geschl. Feb. 2 Wochen, Aug. 2 Wochen, Montag - Dienstag)* à la carte 15/34 – **11 Zim**
⚘ 37/45 – 53/63.
 • Mit seinem ländlichen Stil ist das familiengeführte Haus ganz dem dörflichen Charakter der Gegend angepasst und bietet Ihnen eine solide Unterkunft. In dem rustikalen, nett dekorierten Restaurant serviert man regionale Küche.

SCHWARZENBACH AM WALD Bayern 546 P 18 – 6 500 Ew – Höhe 667 m – Wintersport : ⛷.
Ausflugsziel : Döbraberg : Aussichtsturm ※★, Süd-Ost : 4 km und 25 min. zu Fuß.
Berlin 320 – München 283 – Coburg 65 – Bayreuth 54 – Hof 24.

In Schwarzenbach-Gottsmannsgrün Süd-West : 3 km, über B 173 :

Zum Zegasttal, Gottsmannsgrün 8, ✉ 95131, ℘ (09289) 14 06, info@zegasttal.de, Fax (09289) 6807, 🍴, P, 📺, 🅰, VISA
Menu (geschl. Mittwoch) à la carte 12/32 – **13 Zim** ⇌ 28/30 – 56 – ½ P 9.
• Der kleine Familienbetrieb liegt ruhig in dörflicher Umgebung. Die Zimmer sind recht schlicht gestaltet, aber sehr gepflegt und gut unterhalten - alle mit Balkon. Gaststube in bürgerlichem Stil.

In Schwarzenbach-Schübelhammer Süd-West : 7 km, über B 173 :

Zur Mühle, an der B 173, ✉ 95131, ℘ (09289) 4 24, Fax (09289) 6717, 🍴, 🅰, 🔲 – 🚗 P
geschl. Mitte Nov. - Mitte Dez. – **Menu** (geschl. Dienstag) à la carte 13/22 – **19 Zim** ⇌ 36 – 60 – ½ P 8.
• Ursprünglich als Mühle genutzt, zeigt sich das Haus heute als solide Übernachtungsadresse - rustikal in der Gestaltung. Eine schöne Landschaft lädt zu Ausflügen ein. Wer's bürgerlich-rustikal mag, wird das Ambiente des Restaurants schätzen.

In Schwarzenbach-Schwarzenstein Süd-West : 2 km, über Hauptstraße :.

Rodachtal (mit Gästehaus), Zum Rodachtal 15, ✉ 95131, ℘ (09289) 2 39, rodachtal@aol.com, Fax (09289) 203, 🍴, 🚗 – 📺, 🚗, P, 🅰 25, ⊕, VISA
geschl. Mitte Okt. - Mitte Nov. – **Menu** (geschl. Montag) à la carte 11/31 – **23 Zim** ⇌ 36 – 67 – ½ P 10.
• Seit 100 Jahren befindet sich der ländliche Gasthof in Familienbesitz. Dieser Tradition verpflichtet, stellt man Ihnen hier solide, saubere Zimmer zur Verfügung. Gepflegte, bürgerlich-schlicht gestaltete Gaststuben.

SCHWARZENBERG Sachsen 544 O 22 – 21 000 Ew – Höhe 427 m.
Sehenswert : Pfarrkirche St. Georg★.
🛈 Schwarzenberg-Information, Oberes Tor 5, ✉ 08340, ℘ (03774) 2 25 40, Fax (03774) 22540.
Berlin 300 – Dresden 125 – Chemnitz 41 – Chomutov 76 – Karlovy Vary 60 – Zwickau 36.

Neustädter Hof, Grünhainer Str. 24, ✉ 08340, ℘ (03774) 12 50, neustaedterhof@t-online.de, Fax (03774) 125500, Biergarten, 🅰 – 🛗, ✻ Zim, 📺, 📞, 🅹, 🚗, P – 🅰 60. ⊕, VISA, ✻ Rest
Menu à la carte 14/31 – **77 Zim** ⇌ 59/69 – 92.
• Hinter der hübschen Fassade des renovierten, aus dem Jahre 1910 stammenden Hauses verbinden sich Wohnlichkeit und Funktionalität zu zeitgemäßem Komfort. Viel Holz und neuzeitliche Einrichtungselemente verleihen dem Restaurant ein behagliches Ambiente.

In Schwarzenberg-Bermsgrün Süd : 4 km, über Karlsbader Straße :

Am Hohen Hahn 🌲, Gemeindestr. 92, ✉ 08340, ℘ (03774) 13 10, info@hotel-am-hohen-hahn.de, Fax (03774) 131150, 🍴, ✻ – 📺, P, 🅰 20. ⊕ ⊕ VISA
Menu à la carte 13,50/31,50 – **41 Zim** ⇌ 64 – 90.
• Das gepflegte Domizil - ein altes Landhaus mit neuerem Anbau - liegt außerhalb des Ortes auf einer kleinen Anhöhe. Man verfügt über funktionelle Zimmer, teils im Landhausstil. Der Restaurantbereich verteilt sich auf mehrere Räume mit gediegenem Ambiente.

SCHWARZENFELD Bayern 546 R 20 – 6 000 Ew – Höhe 363 m.
🏌 Kemnath bei Fuhrn (Süd-Ost : 9 km), ℘ (09439) 4 66.
Berlin 443 – München 175 – Weiden in der Oberpfalz 38 – Nürnberg 82 – Regensburg 53.

Schloss Schwarzenfeld, Schloss Str. 13, ✉ 92521, ℘ (09435) 55 50, hotel@schloss-schwarzenfeld.de, Fax (09435) 555199, 🍴, 🎱, 🅰 – 🛗, ✻ Zim, ▭ Rest, 📺, 📞, P – 🅰 120. ⊕ ⊕ VISA, ✻ Rest
Menu à la carte 21/36,50 – **88 Zim** ⇌ 85 – 115, 4 Suiten.
• Integriert in das restaurierte Schloss, kombiniert das Hotel modernen Komfort mit historischem Flair. Vor allem für Tagungen bietet man ein geeignetes Umfeld. Sie speisen im gräflichen Salon unter originalgetreu restaurierten Kreuzgewölben.

In Fensterbach-Wolfringmühle West : 7,5 km in Richtung Amberg :

Wolfringmühle, ✉ 92269, ℘ (09438) 9 40 20, kontakt@hotel-wolfringmuehle.de, Fax (09438) 940280, 🍴, Biergarten, 🎱, 🅰, 🔲, 🚗, ✻ – 🛗, 📺, 📞, P – 🅰 50. ⊕ VISA
geschl. 7. Jan. - 1. Feb. – **Menu** à la carte 11/27 – **53 Zim** ⇌ 40 – 65.
• Das familiär geführte Hotel hat neben zeitgemäßen, soliden Zimmern auch für Aktive ein geeignetes Freizeitprogramm zu bieten - für kleine Gäste stehen Ponys bereit. Helles Holz und ein ländliches Ambiente bestimmen den Charakter des Restaurants.

SCHWARZHEIDE Brandenburg 542 L 25 – 9 000 Ew – Höhe 100 m.
Berlin 143 – Potsdam 160 – Cottbus 56 – Dresden 56 – Görlitz 101.

Ramada Treff Page Hotel, Ruhlander Str. 75, ⊠ 01987, ℘ (035752) 8 40, schw arzheide@ramada-treff.de, Fax (035752) 84100, ℔, ≘s – ⊜, ⋇ Zim, 🍽 Rest, 📺 ⋖ ⚃ 🅿 – 🔒 40. 🆎 ⓞ 🆛 🆅🆂🅰 🄹🄲🄱
Menu à la carte 15/25 – **135 Zim** ⊇ 77/128 – 88/139.
♦ 1995 wurde dieses neuzeitliche Hotel erbaut. Es erwarten Sie funktionelle Zimmer mit zeitgemäßer Ausstattung. Verkehrsgünstige Lage nahe der Autobahn-ausfahrt.

SCHWARZWALDHOCHSTRASSE Baden-Württemberg 545 U 8 – 50 km lange Höhenstraße★★★ von Baden-Baden bis Freudenstadt – Wintersport : 700/1 166 m ⚞21 ⚶.

SCHWARZWALDHOCHSTRASSE

□ *Waldblick*	Einsam gelegenes Hotel
■	Einsam gelegenes Restaurant
○ FORBACH	Ort mit Unterkunftsmöglichkeiten

□ *Waldblick*	Hôtel isolé
■	Restaurant isolé
○ FORBACH	Localité à ressources hôtelières

□ *Waldblick*	Isolated hotel
■	Isolated restaurant
○ FORBACH	Town with hotels or restaurants

□ *Waldblick*	Albergo isolato
■	Ristorante isolato
○ FORBACH	Localitá con risorse alberghiere

Halten Sie beim Betreten
des Hotels oder des Restaurants
den Führer in der Hand.
Sie zeigen damit, daß Sie aufgrund
dieser Empfehlung gekommen sind.

*Michelin hängt keine Schilder
an die empfohlenen
Hotels und Restaurants.*

*Michelin n'accroche pas
de panonceau aux hôtels
et restaurants qu'il signale.*

*Michelin puts no plaque or sign
on the hotels and restaurants
mentioned in this Guide.*

*Michelin non applica
targhe pubblicitarie agli alberghi
e ristoranti segnalati in guida.*

Hotels siehe unter : Baiersbronn, Bühl, Seebach und Freudenstadt

SCHWEDT Brandenburg 542 G 26 – 39 000 Ew – Höhe 15 m.
🛈 Fremdenverkehrsverein, Lindenallee 36, ⊠ 16303, ℘ (03332) 2 55 90, Fax (03332) 255959.
Berlin 100 – Potsdam 136 – Neubrandenburg 98 – Szczecin 87.

Turm-Hotel, Heinersdorfer Damm 1, ⊠ 16303, ℘ (03332) 44 30, info@turmhotel-schwedt.de, Fax (03332) 443299, ☕ – ⊜, ⋇ Zim, 📺 ⋖ ⚃ 🅿 – 🔒 60. 🆎 🆛 🆅🆂🅰
Turm-Brauhaus (wochentags nur Abendessen) **Menu** à la carte 15/24,50 – **41 Zim** ⊇ 61/67 – 89/100.
♦ Weithin sichtbar leitet der Wasserturm - Wahrzeichen der Stadt - Reisende zu ihrer funktionellen Unterkunft. 1995 eröffnet, stellt das Haus eine neuzeitliche Adresse dar. Rustikal zeigt sich das Innere des Brauhauses.

SCHWEDT

🏨 **Andersen** garni, Gartenstr. 9, ✉ 16303, ℘ (03332) 2 91 10, *schwedt@andersen.de*, Fax (03332) 524750 – 🛗 ✲ 📺 📞 🚗 – 🍴 25. AE ⓞ ⓜ VISA
32 Zim ⊐ 67/74 – 74/94.
* Im Herzen der Altstadt liegt dieses funktionelle und zeitgemäße Hotel. Die Ausstattung mit Schreibtisch, Fax- und Modemanschluss schätzen auch Geschäftsreisende.

🏨 **Stadtpark Hotel** garni, Bahnhofstr. 3, ✉ 16303, ℘ (03332) 5 37 60, Fax (03332) 537631 – 📺 🅿 AE ⓜ VISA
18 Zim ⊐ 46/60 – 60/75.
* Der kleine Familienbetrieb beherbergt Sie in solide und sinnvoll eingerichteten Gästezimmern. Direkt hinter dem Haus liegt der namengebende Stadtpark.

In Zützen *Süd-West : 4 km, über B 2 :*

🏨 **Oder-Hotel**, Apfelallee 2 (an der B 2), ✉ 16306, ℘ (03332) 26 60, *hotel@oder-hotel.de*, Fax (03332) 266266, 🍽, 🌳 – ✲ Zim, 📺 📞 🅿 – 🍴 35. AE ⓜ VISA
Menu à la carte 15/28 – **33 Zim** ⊐ 42/47 – 52/62.
* Modern zeigt sich das Äußere dieses im Landhausstil erbauten Hotels. Auch der Empfang und die funktionellen Zimmer sind in neuzeitlichem Design gehalten. Modern ausgestattetes Hotelrestaurant.

🏨 **Chalet Europa - Appelhaus**, Apfelallee 1 (an der B 2), ✉ 16306 Zützen, ℘ (03332) 5 38 80, *chalet_europa@hotmail.com*, Fax (03332) 538853, 🍽, 🌳 – ✲ Zim, 🅿 AE ⓞ ⓜ VISA
Menu à la carte 11,50/18 – **30 Zim** ⊐ 25 – 35.
* Die auf drei Häuser verteilten Zimmer verfügen alle über einen separaten Eingang und einen Parkplatz direkt vor der Tür - eine praktische Motelanlage für Durchreisende.

SCHWEICH Rheinland-Pfalz 543 Q 4 – 7 000 Ew – Höhe 125 m.

🛈 Tourist-Information, Brückenstr. 46 (Rathaus), ✉ 54338, ℘ (06502) 40 71 17, *mosel@touristinfo-schweich.de*.
Berlin 706 – Mainz 149 – Trier 18 – Bernkastel-Kues 36 – Wittlich 24.

🏨 **Zur Moselbrücke**, Brückenstr. 1, ✉ 54338, ℘ (06502) 9 19 00, *hotel-moeselbruecke@t-online.de*, Fax (06502) 919091, 🍽, 🌳 – 📺 🚗 🅿 – 🍴 25. AE ⓞ ⓜ VISA
geschl. 19. Dez. - 18. Jan. – **Menu** *(geschl. Nov. - April Donnerstag)* à la carte 16/29 – **24 Zim** ⊐ 51/56 – 68/75.
* Der Name des Hauses weist bereits auf die Lage an der Mosel hin. Funktionelle, gepflegte Zimmer stehen hier zum Einzug bereit. Draußen erwartet Sie ein schöner Garten. Eine Bier- und Weinstube ergänzt das Restaurant.

SCHWEIGEN-RECHTENBACH Rheinland-Pfalz 543 S 7 – 1 300 Ew – Höhe 220 m.

Berlin 690 – Mainz 162 – Karlsruhe 45 – Landau in der Pfalz 21 – Pirmasens 47 – Wissembourg 4.

🏨 **Am deutschen Weintor** garni, Bacchusstr. 1 (B 38, Rechtenbach), ✉ 76889, ℘ (06342) 73 35, Fax (06342) 6287 – 📺 🅿 ⓜ VISA
16 Zim ⊐ 40/48 – 60/75.
* Das kleine Hotel beherbergt Sie in praktischen Zimmern mit Balkon. Umgeben von Wald- und Rebland, zeigt sich der Ort einem Wein- und Erholungsort als beliebtes Ausflugsziel.

🍴 **Weingut Leiling**, Hauptstr. 3 (Schweigen), ✉ 76889, ℘ (06342) 70 39, *info@weingut-leiling.de*, Fax (06342) 6351, 🍽
geschl. Jan., Montag - Donnerstagmittag, Freitagmittag – **Menu** (nur Eigenbauweine) à la carte 18/31, 🍷.
* Rustikale Steinwände, dunkles Mobiliar und ein großer offener Kamin verleihen dem Lokal ein stimmungsvolles Ambiente. Bei schönem Wetter genießt man die Gartenterrasse.

SCHWEINFURT Bayern 546 P 14 – 55 000 Ew – Höhe 226 m.

⛳ Löffelsterz, Ebertshauser Str. 17 (Nord-Ost : 12 km), ℘ (09727) 58 89.
🛈 Tourist-Information, Brückenstr. 20, ✉ 97421, ℘ (09721) 5 14 98, *tourismus@schweinfurt.de*, Fax (09721) 51605. – **ADAC**, Rückertstr. 17.
Berlin 456 ② – München 287 ② – Würzburg 51 ② – Bamberg 57 ① – Erfurt 156 ⑤ – Fulda 85 ④

Stadtplan siehe gegenüberliegende Seite

🏨 **Mercure**, Maininsel 10, ✉ 97421, ℘ (09721) 7 30 60, *H3281@accor-hotels.com*, Fax (09721) 7306444, 😊 – 🛗 ✲ Zim, ▤ 📺 📞 🚗 🅿 – 🍴 490. AE ⓞ ⓜ VISA 🐾 Rest
Menu à la carte 21/33 – **133 Zim** ⊐ 98 – 121.   Z a
* Auf einer Insel im Main liegt das hufeisenförmig um einen Innenhof angelegte Hotel. Im Inneren erwarten Sie eine großzügige Lobby sowie helle, moderne und funktionelle Zimmer. Neuzeitliches Restaurant mit Blick auf die Stadt und den Fluss.

SCHWEINFURT

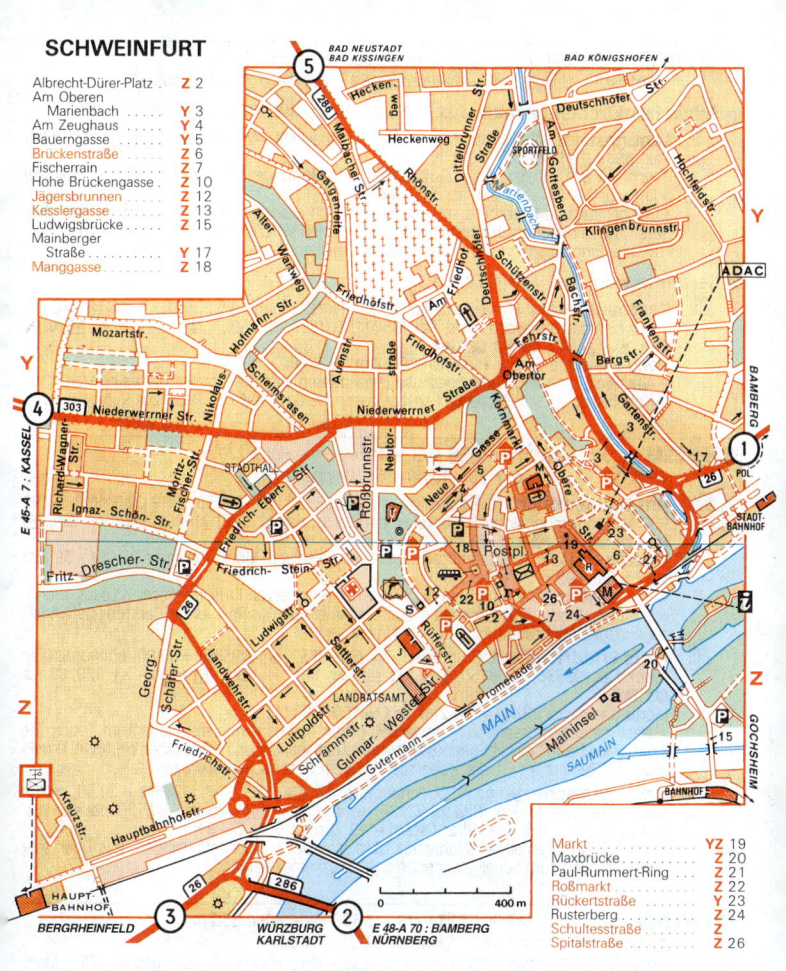

Albrecht-Dürer-Platz	Z 2
Am Oberen Marienbach	Y 3
Am Zeughaus	Y 4
Bauerngasse	Y 5
Brückenstraße	Z 6
Fischerrain	Z 7
Hohe Brückengasse	Z 10
Jägersbrunnen	Z 12
Kesslergasse	Z 13
Ludwigsbrücke	Z 15
Mainberger Straße	Y 17
Manggasse	Z 18
Markt	YZ 19
Maxbrücke	Z 20
Paul-Rummert-Ring	Z 21
Roßmarkt	Z 22
Rückertstraße	YZ 23
Rusterberg	Z 24
Schultesstraße	Z
Spitalstraße	Z 26

Roß, Postplatz 9, ✉ 97421, ℰ (09721) 2 00 10, info@hotel-ross.de, Fax (09721) 200113, 🍴, ≘, 🔲 – 📳, 📺 Zim, 📺 📞 ⇔ 🅿 AE ⓓ ⓜⓞ VISA JCB geschl. 22. Dez. - 6. Jan. – **Menu** (geschl. Montagmittag, Sonn- und Feiertage) à la carte 15/32 – **48 Zim** ⊑ 68/105 – 85/120.   Z r
• Das Hotel liegt in der Altstadt von Schweinfurt. Man verfügt über verschiedene Zimmerkategorien von neuzeitlich-komfortabel bis funktionell-schlicht. Gediegen-rustikaler Stil im Restaurant.

Park Hotel garni, Hirtengasse 6a, ✉ 97421, ℰ (09721) 12 77, info@park-hotel-mp m.de, Fax (09721) 27332 – 📳 📺 📞 ⇔ 🅿 AE ⓓ ⓜⓞ VISA   Z s
geschl. 23. Dez. - 6. Jan. – **39 Zim** ⊑ 72/82 – 110.
• Hinter der etwas nüchtern wirkenden Fassade dieses in der Innenstadt gelegenen Hotels empfängt Sie ein modernes Interieur. Hell möbliert, technisch gut ausgestattete Zimmer.

In Bergrheinfeld über ③ : 5 km :

Weißes Roß (mit Gästehäusern), Hauptstr. 65 (B 26), ✉ 97493, ℰ (09721) 78 97 00, gasthof@weissesrossrudloff.de, Fax (09721) 789789, 🍴 – 📺 📞 🅿 – 🛎 45. AE ⓓ ⓜⓞ VISA geschl. 27. Dez. - 8. Jan. – **Menu** (geschl. Sonntagabend - Montagmittag) (1. - 20. Aug. Montag - Freitag nur Abendessen) à la carte 13/30 – **53 Zim** ⊑ 38/44 – 60/67.
• Die soliden Gästezimmer dieser familiengeführten Adresse verteilen sich auf drei Häuser - von einfach und preiswert bis neuzeitlich-funktionell. Rustikale Gaststube, in der auch Hausgeschlachtetes serviert wird.

SCHWEITENKIRCHEN Bayern 546 U 18 – 4 300 Ew – Höhe 537 m.
Berlin 542 – *München* 46 – *Regensburg* 81 – Augsburg 70 – Landshut 60.

In Schweitenkirchen-Aufham *Süd : 5 km, ab Autobahnausfahrt Richtung Kirchdorf :*

Landgasthof Weiß (mit Gästehaus), Otterbachstr. 42, ⊠ 85301, ℘ (08444) 8 04,
Fax (08444) 91129, 🍴 – TV P.
geschl. 27. Dez. - 5. Jan., Aug. - Sept. 3 Wochen – **Menu** (geschl. Dienstag - Mittwochmittag)
à la carte 12/24 – **13 Zim** ⊇ 31 – 41.
• Haupthaus und Gästehaus stehen mit praktisch ausgestatteten Zimmern für Besucher bereit. Auch die überschaubare Größe zählt zu den Vorzügen dieses Familienbetriebs. Die rustikale Einrichtung verleiht den Gaststuben einen ländlichen Charakter.

In Geisenhausen *Nord : 5 km, über A 9 :*

Rasthaus in der Holledau, An der A 9 (West : 1 km), ⊠ 85301, ℘ (08444) 80 10,
info@holledau.bestwestern.de, Fax (08441) 801563, 🍴, ≘s – 📶, ⇌ Zim, ⊟ TV 📞 &
⇌ P – 🔺 40. AE ⓘ ⓜⓔ VISA
Menu à la carte 16/28 – ⊇ 10 – **92 Zim** 59 – 79.
• Geräumig, hell und funktionell - so präsentieren sich die Zimmer dieses neuzeitlichen Autobahnhotels. Schallisolierte Fenster lassen Sie auch auf der Reise zur Ruhe kommen.

SCHWELM Nordrhein-Westfalen 543 M 5 – 31 200 Ew – Höhe 220 m.
Berlin 522 – *Düsseldorf* 50 – Hagen 16 – Wuppertal 9.

Am Mühlenteich, Obermauerstr. 11, ⊠ 58332, ℘ (02336) 9 19 00 (Hotel) 91 90
90(Rest.), am-muehlenteich@hotel-wuppertal.de, Fax (02336) 919099 – 📶, ⇌ Zim, TV
P – 🔺 20. AE ⓘ ⓜⓔ VISA
Carstens (geschl. Samstagmittag, Sonn- und Feiertage) **Menu** à la carte 27/49 – **39 Zim**
⊇ 77/89 – 99.
• Eine elegante Halle empfängt Sie hinter der renovierten Fassade dieses Altbaus. Wohnlichkeit und Modernität zeichnen die Gästezimmer aus. Das Restaurant Carstens gefällt mit Jugendstil-Einrichtung.

Haus Friedrichsbad, Brunnenstr. 24, ⊠ 58332, ℘ (02336) 4 00 80, bhbhotels@ao
l.com, Fax (02336) 4008150, 🍴, 🏊, ≘s, 🛋 – 📶, ⇌ Zim, TV 📞 P – 🔺 120. AE ⓘ
ⓜⓔ VISA
Menu à la carte 28/41 – **64 Zim** ⊇ 65/100 – 90/123.
• Nach einer umfassenden Renovierung glänzt das Haus nun mit elegantem Touch. Die Zimmer sind zum Teil mit Stilmobiliar, zum Teil mit spanischen Antiquitäten bestückt. Prunkstück im Restaurant ist der Kaisersaal mit dem historischen Stuhl der Kaiserin Sissi.

Haus Wünsche garni, Göckinghofstr. 47, ⊠ 58332, ℘ (02336) 8 20 30, mail@
hotel-wuensche.de, Fax (02336) 82126, ≤, ≘s, 🛋 – TV ⇌ P – 🔺 20. ⓘ ⓜⓔ VISA
geschl. 23. Dez. - 6. Jan., über Ostern – **19 Zim** ⊇ 56 – 66/81.
• Aus einem ehemaligen Wohnhaus ist dieses kleine Hotel entstanden, das über sehr gepflegte und funktionell eingerichtete Gästezimmer verfügt.

SCHWENDI Baden-Württemberg 545 V 13 – 5 300 Ew – Höhe 530 m.
Wain, Reischenhof (Ost : 3 km), ℘ (07353) 17 32.
Berlin 645 – Stuttgart 127 – *Konstanz* 138 – Ravensburg 67 – Ulm (Donau) 35 – Memmingen 36.

Oberschwäbischer Hof, Hauptstr. 9, ⊠ 88477, ℘ (07353) 9 84 90, info@obersc
hwaebischer-hof.de, Fax (07353) 9849200, 🍴, ≘s – 📶 TV 📞 & ⇌ P – 🔺 100.
ⓜⓔ VISA
Menu (geschl. Sonntag) à la carte 23,50/37 – **32 Zim** ⊇ 69 – 103.
• Neuzeitliche Architektur bestimmt die Fassade des 1997 fertig gestellten Hotels. Klare Linien und modernes Design durchziehen das Haus vom Empfang bis in die Zimmer. Schlichte Eleganz bestimmt das Restaurant, Sorgfalt und Geschmack prägen die regionale Küche.

SCHWERIN L Mecklenburg-Vorpommern 542 F 18 – 98 000 Ew – Höhe 43 m.
Sehenswert : Schloss-Insel★★ (Schloss★ mit Thronsaal★, Schlosskapelle★, Schlossgarten★) CZ – Dom★ BY – Staatliches Museum★ CY.
Ausflugsziel : Ludwigslust : Schloss und Park★ Süd : 36 km.
Gneven-Vorbeck, Kranichweg 1 (Ost : 20 km über ③ und Raben-Steinfeld), (03860) 50 20.
🛈 Schwerin-Information, Am Markt 10, ⊠ 19055, ℘ (0385) 5 92 52 12, info@schweri
n-tourist.de, Fax (0385) 555094.
ADAC, Lübecker Str. 18.
Berlin 203 – Lübeck 67 – Rostock 89.

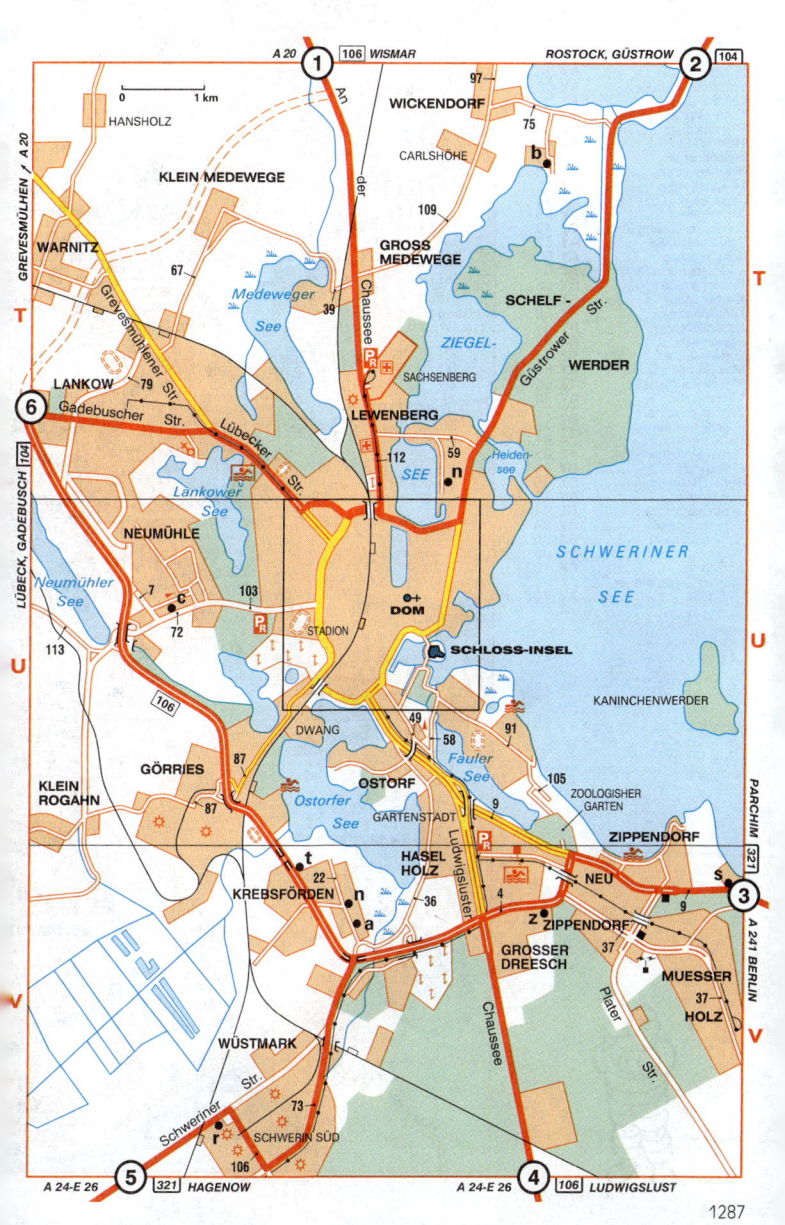

SCHWERIN

Street	Ref
Am Grünen Tal	V 4
An den Wadehängen	U 7
An der Crivitzer Chaussee	UV 9
Dorfstraße	V 22
Hagenower Chaussee	V 36
Hamburger Allee	V 37
Hauptstraße	T 39
Johannes-Stelling-Straße	U 49
Lennestraße	U 58
Medeweger Straße	T 67
Möwenburgstraße	T 59
Neumühler Straße	U 72
Pampower Straße	V 73
Paulsdammer Weg	T 75
Ratzeburger Straße	T 79
Rogahner Straße	U 87
Schloßgartenallee	U 91
Seehofer Straße	TU 97
Vor dem Wittenburger Tor	U 103
Waldschulweg	U 105
Werkstraße	V 106
Wickendorfer Straße	T 109
Wismarsche Straße	T 112
Wittenfördener Straße	U 113

SCHWERIN

Street	Grid	No.
Am Packhof	BX	2
Alter Garten	CY	3
Apothekerstraße	BXY	10
Backerstraße	AY	12
Beethovenstraße	AX	13
Bischofstraße	BY	15
Bornhövedstraße	CX	16
Bürgerm.-Bade-Platz	BX	18
Demmlerplatz	AY	19
Demmlerstraße	AZ	21
Dr.-Külz-Straße	AX	24
Enge Straße	BY	25
Franz-Mehring-Straße	ABY	27
Friedrichstraße	BY	28
Fritz-Reuter-Straße	AY	30
Gaußstraße	BXY	31
Große Wasserstraße	AZ	33
Grunthalplatz	BX	34
Heinrich-Mann-Straße	BZ	40
Helenenstraße	BY	42
Hermannstraße	BZ	43
Hospitalstraße	CX	45
Jägerweg	BZ	46
Jahnstraße	CY	48
Johannes-Stelling-Straße	BZ	49
Johannesstraße	AY	52
Jungfernstieg	AY	53
Karl-Liebknecht-Platz	AZ	54
Kirchenstraße	CY	55
Kleiner Moor	CY	57
Lennéstraße	CZ	58
Lobedanzgang	BY	61
Löwenplatz	AX	62
Ludwigsluster Chaussee	BZ	63
Max-Suhrbier-Straße	AX	64
Mecklenburgstraße	BYZ	66
Müllerstraße	AY	70
Platz der Freiheit	AX	76
Puschkinstraße	BY	78
Reutzstraße	BX	81
Richard-Wagner-Straße	AY	82
Ritterstraße	BY	84
Robert-Koch-Straße	CX	85
Sandstraße	AY	90
Schloßgartenallee	CZ	91
Schmiedestraße	BY	94
Schweinemarkt	BX	96
Severinstraße	ABY	99
Spieltordamm	BX	102
Werner-Seelenbinder-Straße	AY	108

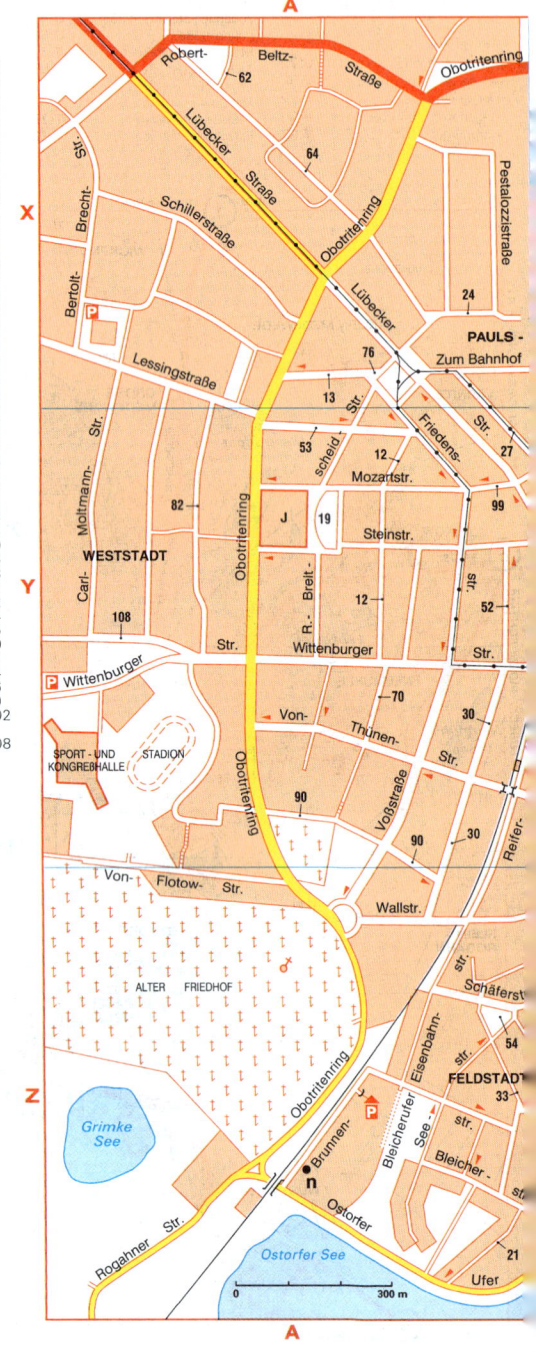

1288

Map: Schwerin

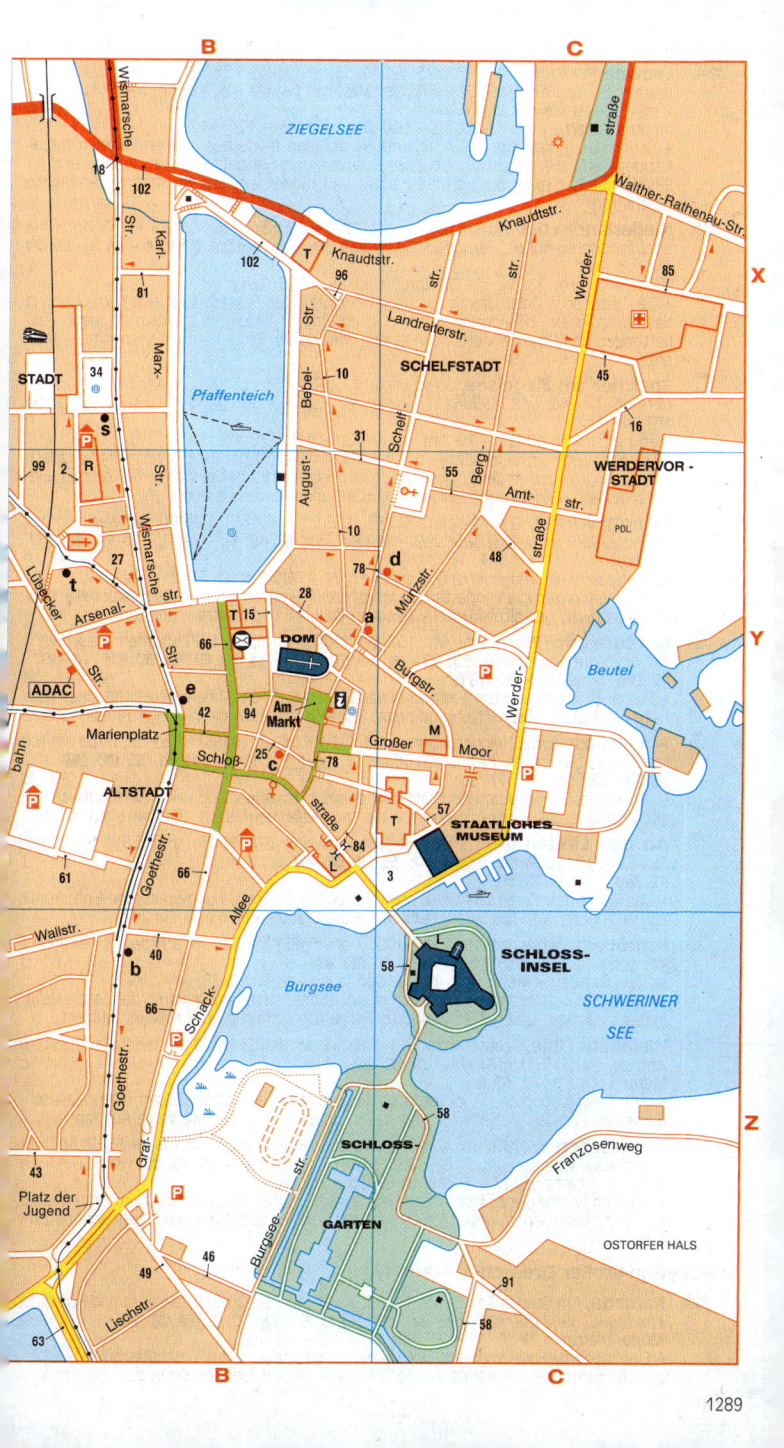

Areas: STADT, ALTSTADT, SCHELFSTADT, WERDERVORSTADT, SCHLOSSINSEL, SCHLOSSGARTEN, OSTORFER HALS

Water bodies: ZIEGELSEE, Pfaffenteich, Burgsee, Beutel, SCHWERINER SEE

Landmarks: DOM, Am Markt, Marienplatz, STAATLICHES MUSEUM, Platz der Jugend, ADAC

Streets:
- Wismarsche Str.
- Karl-Marx-Str.
- Walther-Rathenau-Str.
- Knaudtstr.
- Landreiterstr.
- Bebel-Str.
- August-Str.
- Scheff-Str.
- Berg-Str.
- Amt-Straße
- Werder-Straße
- Lübecker Str.
- Arsenal-Str.
- Mürzstr.
- Burgstr.
- Schloß-Straße
- Großer Moor
- Goethestr.
- Wallstr.
- Schack-Allee
- Burgseestr.
- Graf-Str.
- Lischstr.
- Franzosenweg

Numbered references: 18, 102, 81, 34, 99, 2, 27, 15, 66, 42, 94, 25, 78, 28, 10, 31, 55, 48, 45, 85, 16, 57, 84, 3, 61, 66, 40, 58, 43, 46, 49, 63, 91, 96, d, a, e, b, c, t, S, R, M, T, L, POL

1289

SCHWERIN

🏨 **Crowne Plaza,** Bleicher Ufer 23, ⌧ 19053, ℘ (0385) 5 75 50, *crowne-plaza-schwerin@t-online.de, Fax (0385) 5755777*, 🍴, Massage, 🎿, ≘s – 🛗, 😊 Zim, 📺 📞 ♿ –
🏛 150. 🆎 ⓞ ⓜ 🆅 ᴊᴄʙ
AZ n
Menu à la carte 21/31 – ⊏ 12 – **100 Zim** 105/115 – 120/130.
• Schon die großzügige Lobby stimmt Sie auf den modernen, noblen Rahmen dieser Residenz ein, die elegantes Wohnen, Business und Freizeit gelungen kombiniert. Im Restaurant hat man mit warmen Farben und modernem Stil ein schönes Ambiente geschaffen.

🏨 **Niederländischer Hof,** Karl-Marx-Str. 12, ⌧ 19055, ℘ (0385) 59 11 00, *hotel@niederlaendischer-hof.de, Fax (0385) 59110999*, 🍴 – 🛗, 😊 Zim, 📺 📞 P – 🏛 30. 🆎 ⓜ 🆅. 🚫 Rest
BX r
Menu à la carte 26/31, ♀ – **33 Zim** ⊏ 90/95 – 118/128.
• Das historische Gebäude mit der denkmalgeschützten Fassade fügt sich harmonisch in das Stadtbild ein. Individualität und schlichte Eleganz bilden ein stilvolles Interieur. Parkettboden und Champagnertöne verleihen dem kleinen Restaurant ein vornehmes Ambiente.

🏨 **Speicher am Ziegelsee,** Speicherstr. 11, ⌧ 19055, ℘ (0385) 5 00 30, *info@speicher-hotel.de, Fax (0385) 5003111*, ≤, 🍴, ≘s – 🛗, 😊 Zim, 📺 📞 P – 🏛 40. 🆎 ⓞ ⓜ 🆅. 🚫 Rest
T n
Menu à la carte 18/29 – **79 Zim** ⊏ 90/100 – 110/120.
• Der ehemalige Getreidespeicher a. d. J. 1939 - ein 8-stöckiger Backsteinbau mit Spitzdach - beherbergt heute moderne, geschmackvoll in warmen Farben eingerichtete Zimmer. Elegant wirkendes Restaurant mit Parkettboden und raumhohen Fenstern.

🏨 **InterCityHotel,** Grunthalplatz 5, ⌧ 19053, ℘ (0385) 5 95 00, *schwerin@intercityhotel.de, Fax (0385) 5950999* – 🛗, 😊 Zim, 📺 📞 ♿ – 🏛 45. 🆎 ⓞ ⓜ 🆅. 🚫 Rest
BX s
Menu *(geschl. Sonntagabend)* à la carte 17/24 – **180 Zim** ⊏ 73/91 – 92/112.
• Mit einem großzügig verglasten Eingangsbereich empfängt Sie dieses funktionelle, neuzeitlich-schlicht gestaltete Hotel - zwischen Bahnhof und Zentrum gelegen.

🏨 **Mercure** garni, Wismarsche Str. 107, ⌧ 19053, ℘ (0385) 5 95 50, *mercure.schwerin@t-online.de, Fax (0385) 595559* – 🛗 😊 📺 📞 P – 🏛 20. 🆎 ⓞ ⓜ 🆅. 🚫 Rest
47 Zim ⊏ 69/82 – 80/101.
BY e
• Hinter der restaurierten Fassade erwarten den Gast die Annehmlichkeiten eines neuzeitlichen Hotels. Geschäftlich und privat Reisende schätzen die günstige Innenstadtlage.

🏠 **Am Schloss** garni, Heinrich-Mann-Str. 3, ⌧ 19053, ℘ (0385) 59 32 30, *hotel-am-schloss.m-vp@t-online.de, Fax (0385) 5932310* – 🛗 📺 📞 ♿ P – 🏛 20. 🆎 ⓜ 🆅
25 Zim ⊏ 59/71 – 82/89.
BZ b
• An die einstige Funktion als Brotfabrik erinnert heute nur noch eine Aufschrift an der alten Fassade des Hauses. Im Inneren hat man helle, neuzeitlich eingerichtete Zimmer.

🏠 **An den Linden** garni, Franz-Mehring-Str. 26, ⌧ 19053, ℘ (0385) 51 20 84, *Fax (0385) 512281*, ≘s – 🛗 📺 P. 🆎 ⓞ ⓜ 🆅
BY t
12 Zim ⊏ 64 – 77/90.
• Das kleine renovierte Stadthaus stellt Reisenden eine solide und praktische Unterkunft zur Verfügung. Von hier aus erreichen Sie das Stadtzentrum bequem zu Fuß.

🍴🍴 **Schröter's,** Schliemannstr. 2, ⌧ 19055, ℘ (0385) 5 50 76 98, *schroeters-restaurant@t-online.de, Fax (0385) 5507719* – 🆎 ⓜ 🆅
CY d
geschl. Sonntag – **Menu** *(nur Abendessen)* à la carte 30,50/38.
• Das kleine Restaurant befindet sich in einer Seitenstraße im Zentrum der Stadt. Heller Parkettfußboden und gut eingedeckte Tische unterstreichen das stilvolle Ambiente.

🍴🍴 **Weinhaus Uhle,** Schusterstr. 15, ⌧ 19055, ℘ (0385) 56 29 56, *weinhaus.uhle@t-online.de, Fax (0385) 5574093* – 🆎 ⓜ 🆅
BY c
Menu à la carte 22/30 🍷.
• Alte Gewölbedecken, Stuckverzierungen und stilvolles Mobiliar bilden einen klassisch-eleganten Rahmen. Weinkontor und -keller bieten eine bemerkenswerte Auswahl.

🍴 **Weinstuben Wöhler** mit Zim, Puschkinstr. 26, ⌧ 19055, ℘ (0385) 55 58 30, *info@weinhaus-woehler.com, Fax (0385) 5558315*, Biergarten – 🆎 ⓞ ⓜ 🆅
BY a
Menu à la carte 18/27 – **6 Zim** ⊏ 60/90 – 75/120.
• Kürzlich wurde dieses historische Haus - schon früher eine Institution im Ort - wieder eröffnet. Neben einem urigen Restaurant mit Gewölbe bietet man auch sehr schöne Zimmer.

In Schwerin-Großer Dreesch *Süd-Ost : 4 km :*

🏨 **Ramada,** Am Grünen Tal 39, ⌧ 19063, ℘ (0385) 3 99 20, *schwerin@ramada-treff.de, Fax (0385) 3992188*, ≘s – 🛗 😊 Zim, 📺 📞 ♿ P – 🏛 60. 🆎 ⓞ ⓜ 🆅
V z
Menu à la carte 18,50/31 – **78 Zim** ⊏ 66/78 – 82/102.
• Eine moderne Halle empfängt Sie in diesem komfortablen Haus. Geschäftsreisende schätzen die funktionelle Ausstattung der Zimmer - elegant logieren Sie in der "Bel Etage".

SCHWERIN

In Schwerin-Krebsförden Süd : 4 km :

NH Schwerin, Zum Schulacker 1, ⊠ 19061, ℘ (0385) 6 37 00, nhschwerin@nh-hotels.com, Fax (0385) 6370500, 🍽, ⇔ – 🛗, ❀ Zim, ≡ Rest, 📺 📞 ፌ 🅿 – 🛎 150. 🖭 ⓘ ⓜ⦾ VISA JCB V t
Menu à la carte 21/29 – ⊇ 12 – **144 Zim** 62/84 – 74/84.
• Hier ist man ganz auf die Wünsche Geschäftsreisender eingestellt. Eine neuzeitlich-funktionelle Einrichtung und freundliche Farben bestimmen den Stil der Zimmer.

Arte, Dorfstr. 6, ⊠ 19061, ℘ (0385) 6 34 50, arte@ringhotels.de, Fax (0385) 6345100, 🍽, ⇔ – 🛗, ❀ Zim, 📺 ፌ 🅿 – 🛎 25. 🖭 ⓘ ⓜ⦾ VISA V a
Fontane : Menu à la carte 22,50/34 – **40 Zim** ⊇ 79/99 – 89/129.
• Eine ansprechende Architektur prägt den modernen Klinkerbau - im Stil einem alten Bauernhaus nachempfunden. Rattanmöbel und schöne Stoffe machen die Zimmer wohnlich. Restaurant Fontane mit elegantem Touch.

De Schün garni, Dorfstr. 16, ⊠ 19061, ℘ (0385) 64 61 20, deschuen@compuserve.de, Fax (0385) 6461240, 🍽 – ❀ Zim, 📺 🅿 ⓜ⦾ VISA ⌀ V n
geschl. 24. Dez. - 2. Jan. – **17 Zim** ⊇ 45/55 – 65/75.
• Wo früher Wanderern in der Scheune eines Hofes ein Nachtquartier bereitet wurde, bietet Ihnen heute dieses kleine Hotel eine solide Unterkunft.

In Schwerin-Neumühle West : 2,5 km :

Neumühler Hof garni, Neumühler Str. 45, ⊠ 19057, ℘ (0385) 73 41 63, Fax (0385) 719361, 🍽 – ❀ Zim, 📺 🅿 ⓜ⦾ VISA U c
14 Zim ⊇ 47/52 – 73.
• Ein Anbau ergänzt das Privathaus um praktische Übernachtungszimmer. Auch die familiäre Atmosphäre zählt zu den Annehmlichkeiten dieses kleinen Hauses.

In Schwerin-Raben Steinfeld Süd-Ost : 9 km über ③ :

Dobler garni, Peckateler Str. 5, ⊠ 19065, ℘ (03860) 80 11, Fax (03860) 8006 – 🛗 ❀ 📺 📞 🅿 – 🛎 20. 🖭 ⓜ⦾ VISA
31 Zim ⊇ 50/55 – 70/83.
• Ein neuzeitlicher Klinkerbau im Landhausstil bietet Reisenden wohnliche Zimmer verschiedener Kategorien. Die Nähe zum See und die verkehrsgünstige Lage sprechen für das Haus.

In Schwerin-Süd Süd-West : 7 km über B 321 :

Europa, Werkstr. 209, ⊠ 19061, ℘ (0385) 6 34 00, europa-hotel-schwerin@t-online.de, Fax (0385) 6340666, ⇔ – 🛗, ❀ Zim, 📺 🅿 – 🛎 35. 🖭 ⓘ ⓜ⦾ VISA V r
geschl. 22. - 27. Dez. – **Menu** à la carte 16/25 – **70 Zim** ⊇ 51/70 – 85/97.
• Neben zahlreichen Büros findet auch dieses Business-Hotel in dem großen, neuzeitlichen Geschäftsgebäude Platz. Die Zimmer zeigen sich teils funktionell, teils "deluxe".

In Schwerin-Wickendorf Nord : 9 km über B 106 :

Seehotel Frankenhorst ⌀, Frankenhorst 5, ⊠ 19055, ℘ (0385) 59 22 20, info@seehotel.bestwestern.de, Fax (0385) 59222145, ≤, 🍽, ⇔, 🏖, 🍽 – ❀ Zim, 📺 📞 🅿 – 🛎 45. 🖭 ⓘ ⓜ⦾ VISA T b
Menu à la carte 18/30 – **50 Zim** ⊇ 80/95 – 95/120, 3 Suiten.
• Gemütliche Zimmer im Landhausstil, die reizvolle Lage am See und eine schöne Parkanlage sind Annehmlichkeiten dieser gut geführten Adresse. Im hellen, freundlichen Bistro-Stil präsentiert sich das Restaurant.

In Langen Brütz Nord-Ost : 14 km über ②, in Rampe rechts ab :

Landhaus Bondzio ⌀, Hauptstr. 21a, ⊠ 19067, ℘ (03866) 4 60 50, Fax (03866) 745, 🍽, ⇔, 🍽 – 📺 🅿 ⓜ⦾ VISA
Menu (geschl. Sept. - April Montag) (wochentags nur Abendessen) à la carte 12/24 – **18 Zim** ⊇ 38/40 – 60.
• Das nette Klinkerhaus fügt sich mit seiner ländlichen Bauweise harmonisch in die Umgebung ein. Direkt an das kleine Hotel schließen sich Wiesen und Felder an. Das Restaurant : ein heller, freundlicher Raum sowie ein lichtdurchfluteter Wintergarten.

SCHWERTE Nordrhein-Westfalen ₅₄₃ L 6 – 52 000 Ew – Höhe 127 m.
Berlin 491 – Düsseldorf 73 – Dortmund 13 – Hagen 19 – Hamm in Westfalen 40.

In Schwerte-Geisecke Ost : 5,5 km, über Schützenstraße :

Gutshof Wellenbad mit Zim, Zum Wellenbad 7, ⊠ 58239, ℘ (02304) 48 79, Fax (02304) 45979, 🍽 – 📺 🅿 🖭 ⓜ⦾ VISA
Menu (geschl. Montag) à la carte 24,50/43 – **12 Zim** ⊇ 60/75 – 75/85.
• Rustikale Eleganz bestimmt den Stil des früheren Guthofs - nach einer im 19. Jh. vor dem Haus eröffneten Badeanstalt benannt. Die Küche : teils regional, teils klassisch.

SCHWETZINGEN Baden-Württemberg **545** R 9 – 22 000 Ew – Höhe 102 m.
　Sehenswert : *Schlossgarten*★★.
　ʀ Stadtinformation, Dreikönigstr. 3, ⊠ 68723, ℰ (06202) 94 58 75, stadtinfo@schwetzingen.de, Fax (06202) 945877.
　Berlin 623 – Stuttgart 118 – Mannheim 18 – Heidelberg 10 – Speyer 16.

🏨 **Adler-Post**, Schloßstr. 3, ⊠ 68723, ℰ (06202) 2 77 70, info@adler-post.de, Fax (06202) 277777, 😀, 😂 – 😃 TV 📞 🍴 ⇔ – 🅰 30. AE ① ⓜ VISA
　geschl. 1. - 12. Jan. – **Menu** *(geschl. 3. - 25. Aug., Sonntagabend - Montag)* à la carte 27/45,50 – **28 Zim** ⊃ 69/98 – 105/121.
　♦ Aus der einstigen Posthalterei ist nach vielen baulichen Veränderungen ein gepflegtes Hotel entstanden, das über gediegene, zeitgemäße Zimmer verfügt. Das Restaurant teilt sich in verschiedene gemütliche Stuben.

🏨 **Achat** garni, Schälzigweg 1, ⊠ 68723, ℰ (06202) 20 60, schwetzingen@achat-hotel.de, Fax (06202) 206333, 😂 – 🏨 😃 TV 📞 📞 – 🅰 25. AE ① ⓜ VISA JCB
　⊃ 11 – **69 Zim** 74/94 – 84/104.
　♦ Das Hotel bietet privat wie auch geschäftlich Reisenden in einheitlichem Stil eingerichtete Gästezimmer, die funktionell ausgestattet sowie sauber und gepflegt sind.

🏨 **Mercure** garni, Carl-Benz-Str. 1 (Industriegebiet), ⊠ 68723, ℰ (06202) 28 10, h2841@accor-hotels.com, Fax (06202) 281222 – 🏨 😃 TV 📞 🍴 ⇔ – 🅰 40. AE ① ⓜ VISA
　⊃ 13 – **116 Zim** 92 – 117, 6 Suiten.
　♦ Vom Empfang bis in die Zimmer ist dieses im Industriegebiet gelegene Hotel neuzeitlich ausgestattet. Gäste schätzen die Funktionalität der "Standard"- und "Komfort"-Zimmer.

🏨 **Zum Erbprinzen**, Karlsruher Str. 1, ⊠ 68723, ℰ (06202) 9 32 70, info@hotelzumerbprinzen.de, Fax (06202) 932793, 😀 – 😃 Zim, TV 📞 🍴 Zim, ⓜ VISA
　Café Journal : **Menu** à la carte 17/28 – **26 Zim** ⊃ 63/115 – 100/158.
　♦ Solide und zeitgemäße Technik sowie Naturholzmobiliar in italienischem Stil zählen zu den Annehmlichkeiten des Hotels - ebenso die zentrale Lage am Schloss. Eine legere Atmosphäre prägt den Bistro-Charakter des Restaurants.

🏨 **Villa Guggolz** garni, Zähringer Str. 51, ⊠ 68723, ℰ (06202) 2 50 47, info@villa-benz.de, Fax (06202) 25049 – 😃 TV 🅿 AE ⓜ VISA. 😀
　10 Zim ⊃ 68/75 – 85/95.
　♦ Die kleine Villa mit der netten Fachwerkfassade - ehemals als Wohnhaus genutzt - steht rund um die Uhr zum Einzug bereit. Es erwarten Sie solide, wohnliche Zimmer.

In Ketsch Süd-West : 5 km, jenseits der A 6 :

🏨 **See-Hotel** 😀, Kreuzwiesenweg 5, ⊠ 68775, ℰ (06202) 69 70, seehotel@seehotel.de, Fax (06202) 697199, 😀, 😂 – 😃 Zim, TV 📞 🅿 – 🅰 30. AE ⓜ VISA
　Die Ente : **Menu** à la carte 37/48 – **42 Zim** ⊃ 60/78 – 85/98.
　♦ Funktionell und wohnliche eingerichtete Zimmer sowie die ruhige Lage am Ortsrand, direkt an einem kleinen See, machen dieses Hotel aus. Ein Wintergartenanbau macht das Restaurant angenehm hell.

🍴 **Gasthaus Adler**, Schwetzinger Str. 21, ⊠ 68775, ℰ (06202) 60 90 04, Fax (06202) 609148, 😀 – 🅰 25. AE ⓜ VISA
　geschl. über Fasching 1 Woche, Juli - Aug. 2 Wochen, Sonntagabend - Montag – **Menu** 25,50/50 à la carte 30/45 – *Adler-Stuben* *(geschl. Sonntagabend - Montag)* **Menu** à la carte 24/32.
　♦ Freundliche Gelbtöne und ein nettes Dekor verleihen dem Raum ein leicht mediterranes Flair. Ein aufmerksamer Service reicht eine internationale Karte. Eine etwas schlichtere Alternative stellen die Adler-Stuben dar.

🍴 **Lacher am See**, Hohwiesenweg 4, ⊠ 68775, ℰ (06202) 6 28 59, lacher-am-see@t-online.de, Fax (06202) 605875, 😀 – 🅿 ① ⓜ VISA
　geschl. Jan. - Feb. 2 Wochen, Montag – **Menu** à la carte 26/49.
　♦ Inmitten von Schrebergärten liegt dieses Restaurant - geprägt durch eine Konstruktion aus Holzbalken und Glas. In lichtem Ambiente speist man international oder bürgerlich.

🍴 **Hirsch**, Hockenheimer Str. 47, ⊠ 68775, ℰ (06202) 6 14 39, info@hirsch-ketsch.de, Fax (06202) 609026, 🅿 AE ⓜ VISA
　geschl. 1. - 23. Aug., Dienstag – **Menu** à la carte 21,50/32.
　♦ Mit einem rustikalen Interieur hat der ehemalige Dorfgasthof seinen ursprünglichen Charakter bewahrt. Gut eingedeckte Tische betonen das gepflegte Ambiente im Raum.

Es ist immer sicherer, eine Zimmerreservierung schriftlich oder per Fax zu bestätigen.

SCHWÖRSTADT Baden-Württemberg **545** X 7 – 2 400 Ew – Höhe 296 m.
Berlin 829 – Stuttgart 214 – Freiburg im Breisgau 71 – Lörrach 13 – Bad Säckingen 5 – Todtmoos 26 – Basel 29.

- **Schloßmatt**, Lettenbündte 5, ✉ 79739, ℘ (07762) 5 20 70, hotel-schlossmatt@t-online.de, Fax (07762) 70035, 🍽, ≤, ⇔ Zim, 📺 ℘ ⇔ – 🔺 20. 🅰🅴 🅾 🆅🅸🆂🅰
  Menu (geschl. Sonntag) (nur Abendessen) à la carte 27/38 – **27 Zim** ⊇ 57/72 – 82/92.
  • Gute Pflege und eine solide Technik kennzeichnen die Gästezimmer dieses neuzeitlichen Hotels. Eine persönliche Note macht das Haus zu einer sympathischen Adresse. Hotelrestaurant mit gediegenem Ambiente.

SEBNITZ Sachsen **544** N 26 – 9 800 Ew – Höhe 328 m.
🅱 Touristinformation, Schillerstr. 3, ✉ 01855, ℘ (035971) 5 30 79, Fax (035971) 53182.
Berlin 227 – Dresden 47 – Görlitz 66.

- **Sebnitzer Hof**, Markt 13, ✉ 01855, ℘ (035971) 90 10, info@sebnitzer-hof.de, Fax (035971) 901211 – 📶, ≤ Zim, 📺 ℘ 🅰🅴 🅾 🆅🅸🆂🅰. 🍽
  Menu à la carte 16/26,50 – **39 Zim** ⊇ 55/65 – 79.
  • Das Hotel liegt am historischen Marktplatz der Stadt. Neuzeitliches Stilmobiliar verleiht den wohnlichen Zimmern einen nostalgischen Touch. Im 1. Stock befindet sich ein saalartiges Restaurant im klassischen Stil.

- **Brückenschänke**, Schandauer Str. 62, ✉ 01855, ℘ (035971) 5 75 92, brueckenschaenke@t-online.de, Fax (035971) 57593, ⇔ – 📺 ℘ 🅰🅴 🅾 🆅🅸🆂🅰 🅹🅲🅱
  Menu (geschl. Sonntag – Montagmittag) à la carte 13,50/23 – **13 Zim** ⊇ 50 – 60/70.
  • Das Gasthaus mit neuerem Anbau bietet Ihnen solide, zeitgemäße Übernachtungszimmer. Die überschaubare Größe des Hauses trägt zur sympathischen Atmosphäre bei. Ein Wintergarten mit afrikanischem Dekor ergänzt das rustikal gestaltete Restaurant.

SEEG Bayern **546** X 15 – 2 800 Ew – Höhe 854 m – Luftkurort.
🅱 Tourist-Information, Hauptstr. 33, ✉ 87637, ℘ (08364) 98 30 33, info@seeg.de, Fax (08364) 987315.
Berlin 658 – München 142 – Kempten (Allgäu) 31 – Pfronten 11.

- **Pension Heim** 🍽, garni, Aufmberg 8, ✉ 87637, ℘ (08364) 2 58, pensionheim@t-online.de, Fax (08364) 1051, ≤ Voralpenlandschaft, ⇔, 🍽 – 📺 ℘
  geschl. Nov. - 25. Dez. – **16 Zim** ⊇ 40/55 – 70/80.
  • Dorfidylle und familiäre Atmosphäre prägen dieses kleine Hotel. Passend zur Gegend zeigt sich die Einrichtung des Hauses in ländlichem Stil.

In Rückholz-Seeleuten Süd-West : 2 km, über Aufmberg

- **Café Panorama** 🍽, Seeleuten 62, ✉ 87494, ℘ (08364) 2 48, Fax (08364) 8469, ≤ Voralpenlandschaft, ⇔, ≤ Zim, 📺 ℘ 🆅🅸🆂🅰
  geschl. Nov. - 25. Dez. – **Menu** (Restaurant nur für Hausgäste) – **14 Zim** ⊇ 36 – 60 – ½ P 10.
  • Der von der Inhaber-Familie geführte, ländliche kleine Gasthof in reizvoller Umgebung bietet Ihnen mit hellen Naturholzmöbeln solide eingerichtete Zimmer.

SEEHAUSEN Brandenburg siehe Prenzlau.

SEEHEIM-JUGENHEIM Hessen **543** Q 9 – 16 600 Ew – Höhe 140 m – Luftkurort.
Berlin 582 – Wiesbaden 56 – Mannheim 48 – Darmstadt 13 – Heidelberg 47 – Mainz 48.

Im Ortsteil Jugenheim :

- **Brandhof** 🍽, Im Stettbacher Tal 61 (Ost : 1,5 km), ✉ 64342, ℘ (06257) 5 05 00, reservierung@hotel-brandhof.com, Fax (06257) 3523, 🍽, 🅵🅶, ⇔ – 📺 ℘ – 🔺 40. 🅰🅴 🅾 🅾 🆅🅸🆂🅰
  Menu à la carte 16/33 – **45 Zim** ⊇ 53/58 – 90.
  • Die auf zwei Häuser verteilten Gästezimmer sind alle praktisch eingerichtet. Die ruhige Lage am Wald zählt zu den Vorzügen dieser Adresse. Das Restaurant zeigt sich in rustikaler Aufmachung - erweitert durch einen freundlichen Wintergarten.

Im Ortsteil Malchen :

- **Malchen** 🍽, garni, Im Grund 21, ✉ 64342, ℘ (06151) 9 46 70, info@hotel-malchen.de, Fax (06151) 946720 – ≤ 📺 ℘ 🅰🅴 🅾 🅾 🆅🅸🆂🅰 🅹🅲🅱
  20 Zim ⊇ 60/70 – 90/100.
  • Relativ ruhig liegt das Haus in einer Nebenstraße. Hier bietet man dem Besucher eine sehr gepflegte, zeitgemäß und solide ausgestattete Unterkunft.

SEELBACH Baden-Württemberg 545 V 7 – 5 200 Ew – Höhe 217 m – Luftkurort.
🛈 Tourist-Information, Hauptstr. 7, ✉ 77960, ✆ (07823) 94 94 52, gemeinde@seelbach-online.de, Fax (07823) 949451.
Berlin 774 – Stuttgart 175 – *Freiburg im Breisgau* 61 – Offenburg 33.

Schmieders Ochsen (mit Gästehäusern), Hauptstr. 100, ✉ 77960, ✆ (07823) 9 49 50, hotel@ochsen-seelbach.de, Fax (07823) 2036, 🍴 – ⚡ Zim, 📺 📞 🚗 🅿 – 🏛 60. 🆎 🆖 🆅
geschl. Feb. 3 Wochen – **Menu** (geschl. Mittwoch) à la carte 16/31,50 – **34 Zim** ⇌ 50/60 – 76/80 – ½ P 13.
• Der solide geführte Familienbetrieb - Haupthaus und zwei 100 m entfernte Gästehäuser - beherbergt praktisch ausgestattete Zimmer, die z. T. auch für Familien geeignet sind. Ein halbrunder, neuzeitlicher Anbau ergänzt das rustikale Restaurant.

In Seelbach-Wittelbach *Süd : 2,5 km, über Tretenhofstraße :*

🍴 **Landgasthof Ochsen** mit Zim, Schuttertalstr. 5, ✉ 77960, ✆ (07823) 22 57, landgasthof-ochsen@gmx.de, Fax (07823) 5631, 🍴, 🌳 – 📺 🅿 🆖 🆅 ⚡ Zim
geschl. Jan. 2 Wochen, Sept. 2 Wochen – **Menu** (geschl. Montag - Dienstagmittag) à la carte 26/38 – **10 Zim** ⇌ 36/38 – 60 – ½ P 15.
• Holztäfelung, Kachelofen und Stammtisch unterstreichen den ländlichen Charakter des familiär geführten Gasthofs. Freundlich serviert man Ihnen eine regionale Küche.

SEELOW Brandenburg 542 I 27 – 5 600 Ew – Höhe 20 m.
Berlin 73 – Potsdam 96 – Frankfurt (Oder) 29.

Brandenburger Hof, Apfelstr. 1 (an der B 1), ✉ 15306, ✆ (03346) 8 89 40, brandenburgerhof@seelow.de, Fax (03346) 88942, 🍴, 🧖, 🌳 – ⚡ Zim, 📺 ♿ 🅿 – 🏛 40. 🆎 🆖 🆅 ⚡ Rest
Menu à la carte 16/31 – **40 Zim** ⇌ 42/62 – 72/82.
• Das Hotel wurde in neuzeitlichem Design erbaut - blau eingerahmte Fenster frischen die Backsteinfassade farblich auf. Im Inneren stehen funktionelle Zimmer zum Einzug bereit. Im geräumigen Restaurant bittet man seine Gäste mit bürgerlicher Küche zu Tisch.

SEEON-SEEBRUCK Bayern 546 W 21 – 4 400 Ew – Höhe 540 m – Erholungsort.
Sehenswert : *Chiemsee*★.
🏌 🏌 Chieming-Hart, Kötzing 1 (Ost : 6 km), ✆ (08669) 8 73 30 ; 🏌 *Gut Ising* (Süd-Ost : 3 km), ✆ (08667) 7 93 58 ; 🏌 🏌 Höslwang, Kronberg 3 (West : 17 km), ✆ (08075) 7 14.
🛈 Tourist-Information Seebruck, Am Anger 1, ✉ 83358, ✆ (08667) 7139, tourismus@seeon-seebruck.de, Fax (08667) 7415.
Berlin 654 – München 80 – *Bad Reichenhall* 55 – Wasserburg am Inn 26 – Rosenheim 39.

In Seeon-Seebruck - Lambach *Süd-West : 3 km ab Seebruck in Richtung Rosenheim :*

Malerwinkel, Lambach 23, ✉ 83358, ✆ (08667) 8 88 00, malerwinkel@info-seebruck.de, Fax (08667) 888044, ≤ auf See und Alpenlandschaft, 🍴, 🧖, 🚣, 🌳 – 📺 🅿
Menu (Tischbestellung ratsam) à la carte 23,50/44 – **20 Zim** ⇌ 54/75 – 90/125.
• Wohnliche Zimmer im Landhausstil - teils mit Dachschräge, teils mit Blick auf den See - sowie Liegewiese und Fahrradverleih zählen zu den Annehmlichkeiten dieser Adresse. Vom Restaurant und der Terrasse aus blicken Sie auf den Chiemsee.

Landgasthof Lambach (mit Gästehaus), Lambach 8, ✉ 83358, ✆ (08667) 8 79 90, info@hotel-lambach.de, Fax (08667) 8799199, 🍴, 🧖, 🎣, 🚣, 🌳 – ⚡ Zim, 📺 🅿 – 🏛 70. ⚡ Zim
Menu (geschl. Nov., Dienstag) à la carte 15/32 – **33 Zim** ⇌ 58/70 – 90/130 – ½ P 15.
• Hinter der regionstypischen Fassade mit denkmalgeschützten Lüftlmalereien verbergen sich wohnliche Zimmer in rustikaler Machart. Schön ist der Badebereich im römischen Stil ! Helles Holz, Kachelofen und nettes Dekor verbreiten ländlichen Charme im Restaurant.

In Seeon-Seebruck - Truchtlaching *Süd-Ost : 4 km ab Seeon in Richtung Traunstein, dann links ab :*

🍴 **Gasthof zur Post**, Chiemseestr. 2, ✉ 83376, ✆ (08667) 80 92 36, Fax (08667) 809237, Biergarten – 🅿 🆖 🆅
geschl. Nov. 2 Wochen, Mittwoch – **Menu** à la carte 16/33, 🍷.
• Bei der Gestaltung des Restaurants hat man Wert darauf gelegt, den ursprünglichen rustikalen Charakter des Hauses zu bewahren. Das Speiseangebot ist international ausgelegt.

SEESEN Niedersachsen 541 K 14 – 22 500 Ew – Höhe 250 m.
  🛈 Tourist-Information, Marktstr. 1, ✉ 38723, ☏ (05381) 7 52 43, info@seesen.de, Fax (05381) 75261.
  Berlin 294 – Hannover 78 – Braunschweig 62 – Göttingen 53 – Goslar 26.

Goldener Löwe, Jacobsonstr. 20, ✉ 38723, ☏ (05381) 93 30, info@loewe-seesen.de, Fax (05381) 933444, 😀 – 📶, ⇔ Zim, 📺 📞 ⇔ – 🚗 70. AE ① ⓜ VISA
  Anna (geschl. Jan. - Feb. 4 Wochen, Samstagmittag, Sonntagabend - Montag) **Menu** 22/39 à la carte 25/41,50 – **Brasserie** : (Sonntag - Freitag nur Abendessen) **Menu** à la carte 20/32 – **40 Zim** ⇔ 80/95 – 95/110.
  ◆ Wohnliche "Ambiente"-Zimmer und moderne "Lifestyle"-Zimmer stehen zur Wahl. Sie frühstücken hoch über der Straße in Leo's Loft, der Verbindung zwischen Stammhaus und Anbau. Im Restaurant Anna : Parkettboden und blanke, mit Stoff-Sets eingedeckte Tische.

Zum alten Fritz, Frankfurter Str. 2, ✉ 38723, ☏ (05381) 9 49 30 (Hotel) 49 08 33 (Rest.), Fax (05381) 949340, 😀, ⇔ – 📶 📺 ⇔ P. AE ⇔ – 🚗 60. AE ① ⓜ VISA
  Menu à la carte 14/33 – **25 Zim** ⇔ 42/52 – 62/78.
  ◆ Das nahe dem Zentrum gelegene Gasthaus wurde durch einen Anbau erweitert und verfügt über mit dunklen Holzmöbeln praktisch eingerichtete Zimmer. Restaurant in rustikalem Stil.

Wilhelmsbad, Frankfurter Str. 10, ✉ 38723, ☏ (05381) 10 35, burdet@t-online.de, Fax (05381) 47590, Biergarten – 📶 📺 ⇔ P. AE ⇔ ⓜ VISA ⇔ Rest
  Menu (geschl. Sonntag) à la carte 15/31 – **19 Zim** ⇔ 62/70 – 72/77.
  ◆ Sie finden das familiengeführte kleine Hotel nahe dem Ortszentrum von Seesen - ausgestattet mit gepflegten, teils neuzeitlichen Gästezimmern. Ländlich gestaltetes Restaurant.

SEESHAUPT Bayern 546 W 17 – 2 900 Ew – Höhe 600 m.
  Berlin 635 – München 49 – Garmisch-Partenkirchen 46 – Weilheim 14 – Starnberg 26.

Sterff garni, Penzberger Str. 6, ✉ 82402, ☏ (08801) 9 06 30, info@hotel-sterff.de, Fax (08801) 906340, 😀 – 📶 ⇔ P. ⓜ ⇔
  geschl. 20. Dez. - 6. Jan. – **21 Zim** ⇔ 48/58 – 75.
  ◆ Ihr vorübergehendes Heim zeigt sich in typisch bayerischem Stil - von der Fassade bis in die Zimmer. Auch die Lage am Südufer des Starnberger Sees spricht für das Haus.

SEEVETAL Niedersachsen 541 F 14 – 40 000 Ew – Höhe 25 m.
  🏌 Seevetal-Helmstorf, Am Hockenberg 100, ☏ (04105) 5 22 45 ; 🏌 Seevetal-Hittfeld, Am Golfplatz 24 (Süd-West : 3 km ab Fleestedt), ☏ (04105) 23 31.
  Berlin 298 – Hannover 130 – Hamburg 26 – Bremen 101 – Lüneburg 33.

In Seevetal-Hittfeld :

Krohwinkel, Kirchstr. 15, ✉ 21218, ☏ (04105) 24 09, hotel@krohwinkel.de, Fax (04105) 53799, 😀, (Spielbank im Hause) – 📺 P. – 🚗 25. AE ① ⓜ VISA
  Menu à la carte 17/27 – **16 Zim** ⇔ 53 – 81.
  ◆ Hier wohnen Sie auf dem Lande und doch direkt vor den Toren Hamburgs. Mit Fachwerk, Backsteinmauern und Walmdach präsentiert sich Ihr Domizil in regionstypischer Bauweise. Rustikale Dekorationen verleihen dem Restaurant ein gemütliches Ambiente.

In Seevetal-Maschen :

Maack, Hamburger Str. 6, ✉ 21220, ☏ (04105) 81 70, service@hotel-maack.de, Fax (04105) 817777, 😀 – 📶, ⇔ Zim, 📺 ⇔ P. – 🚗 55. AE ① ⓜ VISA ⇔ Rest
  Menu 11 (mittags) à la carte 20/34 – **85 Zim** ⇔ 44/70 – 68/88.
  ◆ Das solide Landhotel ist ein für die Gegend typisches Klinkerhaus. Die Hotelhalle sowie der Großteil der Zimmer sind in einem modernen, freundlichen Stil gestaltet. Bilder und ein offener Kamin zieren das Restaurant.

SEEWALD Baden-Württemberg 545 U 9 – 2 400 Ew – Höhe 750 m – Luftkurort – Wintersport : 700/900 m ⛷.
  🛈 Seewald Touristik, Wildbader Str. 1, ✉ 72297, ☏ (07447) 94 60 11, gemeinde@seewald-schwarzwald.de, Fax (07447) 946015.
  Berlin 709 – Stuttgart 76 – Karlsruhe 80 – Freudenstadt 23 – Altensteig 13.

In Seewald-Besenfeld :

Oberwiesenhof, Freudenstädter Str. 60 (B 294), ✉ 72297, ☏ (07447) 28 00, info @hotel-oberwiesenhof.de, Fax (07447) 280333, 😀, ⇔, 🌊, 🐎, ⇔ – 📶, ⇔ Zim, 📺 P. – 🚗 60. ⇔ Rest
  geschl. 8. - 20. Jan. – **Menu** à la carte 22/41,50 – **60 Zim** ⇔ 54/83 – 100/114, 12 Suiten – ½ P 17.
  ◆ Ein solide geführter Familienbetrieb mit gepflegten Zimmern unterschiedlicher Kategorien. Eine Besonderheit : Wanderungen zum Jagdhaus im eigenen Privatwald. Holz, Kachelofen und nettes Dekor verleihen dem Restaurant sein ländliches Flair.

1295

SEEWALD

Café Konradhof garni, Freudenstädter Str. 65 (B 294), ⊠ 72297, ℘ (07447) 9 46 40, hotel.konradshof@t-online.de, Fax (07447) 946413, — ⌖ TV ⇌ P ◉ VISA
geschl. 1. - 14. Nov., Mittwoch – **14 Zim** ⊇ 28/36 – 47/64.
• Mit nur 14 Gästezimmern stellt diese Adresse eine sympathische, familiär geführte Unterkunft dar. Sie beziehen ein rustikales, gepflegtes Zimmer mit Balkon.

SEGEBERG, BAD Schleswig-Holstein 541 E 14 – 16 000 Ew – Höhe 45 m – Heilbad und Luftkurort.
⛳ Wensin, Feldscheide (Nord-Ost : 10 km), ℘ (04559) 13 60.
🛈 Tourist-Information, Oldesloer Str. 20, ⊠ 23795, ℘ (04551) 9 64 90, tourist-info@badsegeberg.de, Fax (04551) 946915.
Berlin 302 – Kiel 47 – Lübeck 33 – Hamburg 69 – Neumünster 26.

Vitalia Seehotel ⑤, Am Kurpark 3, ⊠ 23795, ℘ (04551) 80 28, info@vitaliaseehotel.de, Fax (04551) 8029888, ≤, 斧, ⓟ, ≘s, ⛆, 颯, – ⌖, ⇥ Zim, TV ✆ P – 🛆 300. AE ◉ ◉ VISA
Menu à la carte 31/42,50 – **90 Zim** ⊇ 99/108 – 149/164, 4 Suiten – ½ P 20.
• Das kürzlich erbaute Hotel überzeugt mit modernem Design und wohnlich-komfortablen Zimmern auch anspruchsvolle Gäste. Sehenswert : der großzügige Wellnessbereich. Im neuzeitlichem Ambiente des Restaurants genießen Sie die schöne Aussicht auf den See.

In Bad Segeberg-Schackendorf Nord-West : 5 km :

Immenhof, Neukoppel 1, ⊠ 23795, ℘ (04551) 32 44, immenhof-prey@t-online.de, 斧 – ℗
geschl. 27. - 30. Dez., Donnerstag – **Menu** à la carte 17/33,50.
• Hinter hübschen Sprossenfenstern erwartet Sie ein geschmackvolles Interieur im Landhausstil. Im Sommer finden Sie auf der Terrasse unter alten Bäume ein schattiges Plätzchen.

In Högersdorf Süd-West : 3,5 km, über B 432 :

Landhaus Holsteiner Stuben ⑤, mit Zim, Dorfstr. 19, ⊠ 23795, ℘ (04551) 40 41, Fax (04551) 1576, 斧, 颯 – ℗ P. AE ◉ ◉ VISA
geschl. Anfang - Mitte Feb. – **Menu** (geschl. Mittwoch) à la carte 19/32 – **5 Zim** ⊇ 45 – 70.
• Das schöne Landgasthaus mit Klinkerfassade und Reetdach beherbergt ein ländlich-gepflegtes Restaurant. Eine kleine Saisonkarte ergänzt das regionale Angebot.

In Rohlstorf-Warder Nord-Ost : 8 km, über B 432 :

Gasthof am See ⑤, (mit Gästehaus), Seestr. 25, ⊠ 23821, ℘ (04559) 18 90, hotel-gasthof-am-see@t-online.de, Fax (04559) 720, ≤, 斧, ≘s, 颯 – ⌖, ⇥ Zim, TV ✆ P – 🛆 100. AE ◉ ◉ VISA
geschl. Jan. 3 Wochen – **Menu** à la carte 21/35 – **42 Zim** ⊇ 52/77 – 85/95 – ½ P 13.
• In reizvoller Lage am Wardersee hat sich ein netter Dorfgasthof zu einem soliden Urlaubshotel entwickelt - ergänzt durch ein Gästehaus mit weiteren zeitgemäßen Zimmern. In gepflegten, hellen Räumlichkeiten serviert man Internationales.

In Blunk Nord : 8 km, über B 432, in Klein Rönnau links ab :

Landhotel Zum Schinkenkrug, Segeberger Str. 32, ⊠ 23813, ℘ (04557) 9 97 00, schinkenkrug.blunk@t-online.de, Fax (04557) 997020, 斧, 颯 – ⇥ Zim, TV ✆ P – 🛆 80. AE ◉ ◉ VISA
geschl. 4. - 16. Okt. – **Menu** (geschl. Dienstag) à la carte 22/38 – **9 Zim** ⊇ 55/59 – 82/92.
• Seit 1995 ergänzt ein Hotel den ursprünglichen Gasthof - geschmackvoll im Landhausstil eingerichtet. Hinter dem Haus schließt sich ein schöner kleiner Garten mit Teich an. Das Restaurant zeigt sich in hübscher ländlicher Aufmachung.

In Pronstorf Ost : 15 km, über B 206, nach Geschendorf links ab :

Pronstorfer Krug ⑤, (mit Gästehäusern), Lindenstr. 2, ⊠ 23820, ℘ (04553) 2 50, info@pronstorfer-krug.de, Fax (04553) 336, 斧, ⛆, 颯 – ⇥ Zim, TV ✆ P – 🛆 40. AE ◉ ◉ VISA
Menu (geschl. 2. - 16. Jan.) à la carte 19/35 – **24 Zim** ⊇ 49 – 79 – ½ P 14.
• Die Zimmer dieser gastlichen Adresse sind auf zwei Gästehäuser mit Giebeldach verteilt. Die ruhige Lage und ein Garten mit Pool zählen zu den Annehmlichkeiten Ihres Domizils. Das Restaurant : teils bürgerlich, teils leicht elegant.

In Pronstorf-Strenglin Ost : 17 km, über B 206, in Geschendorf links ab, über Pronstorf :

Strengliner Mühle (mit 2 Gästehäusern), Mühlenstr. 2, ⊠ 23820, ℘ (04556) 99 70 99, info@strenglinermuehle.de, Fax (04556) 997016, 斧, ≘s, ⛆, 颯, ✗ – ⌖, ⇥ Zim, TV ✆ ⇌ P – 🛆 25. AE ◉ ◉ VISA
Menu (Montag - Freitag nur Abendessen) à la carte 17/31 – **35 Zim** ⊇ 65/77 – 82/98 – ½ P 13.
• Die ehemalige Wind- und Wassermühle bildet zusammen mit zwei weiteren Gebäuden ein solides Hotel - Sie beziehen wohnliche Zimmer mit einem guten Platzangebot. In neuzeitlich-ländlichem Stil präsentiert sich das Restaurant mit Wintergarten.

SEHNDE Niedersachsen 541 J 13 – 20 000 Ew – Höhe 64 m.

 Sehnde-Rethmar, Seufzerallee 10 (Ost : 4 km), (05138) 70 05 30.
Berlin 269 – Hannover 23 – Braunschweig 48 – Hildesheim 38.

In Sehnde-Bolzum Süd West : 2,5 km, über Nordstraße :

Landhaus Bolzum garni, Schmiedestr. 10, 31319, (05138) 60 82 90, hotel@landhaus-bolzum.de, Fax (05138) 6082920, –   P. VISA
geschl. 23. Dez. - 2. Jan. – **21 Zim** 40/45 – 52/55.
 Aus einer einfachen Pension wurde nach Umbau ein sympathisches kleines Landhotel mit freundlichen Zimmern und einem Frühstücksraum mit mediterranem Touch.

SEIFFEN Sachsen 544 O 24 – 2 800 Ew – Höhe 550 m.

 Tourist-Information (Haus des Gastes), Hauptstr. 156, 09548, (037362) 84 38, fv-amt.seiffen@t-online.de, Fax (037362) 76715.
Berlin 256 – Dresden 65 – Chemnitz 56 – Freiberg 36.

Wettiner Höhe , Jahnstr. 23, 09548, (037362) 14 00, info@wettiner-hoehe.de, Fax (037362) 14140, , , – , Zim,   P – 200. AE
VISA. Rest
Menu à la carte 16,50/25,50 – **65 Zim** 57/87 – 78/134.
 Mit einer großzügigen Halle empfängt Sie dieses in regionstypischem Stil erbaute Hotel. Die Zimmer gefallen mit wohnlichem, leicht elegantem Ambiente. Bürgerlich-gediegenes Restaurant mit schöner Aussicht.

Erbgericht-Buntes Haus, Hauptstr. 94, 09548, (037362) 77 60, buntes-haus@erzgebirgshotels.de, Fax (037362) 77660, , – , Zim,   – 120. AE VISA JCB
Menu à la carte 15/33 – **42 Zim** 55/75 – 85/120.
 Seit fast 500 Jahren ist das Erbgericht mit dem Spielzeugdorf Seiffen verwurzelt. Das Innere des Hauses ist liebevoll in warmen Farben gestaltet und mit Holzfiguren dekoriert. Restaurant mit geschmackvoller rustikaler Einrichtung.

Seiffener Hof, Hauptstr. 31, 09548, (037362) 1 30, seiffener-hof@t-online.de, Fax (037362) 1313, – , Zim,   P
geschl. 4. - 15. Jan. – **Menu** à la carte 11/26,50 – **25 Zim** 42/59 – 74/80.
 Über wohnliche Gästezimmer mit hellem Holzmobiliar verfügt dieses tadellos gepflegte Hotel. Im Hof hinter dem Haus schließt sich eine Schnitzerei-Werkstatt mit Verkauf an. Gaststube mit ländlichem Charakter.

Landhotel zu Heidelberg, Hauptstr. 196, 09548, (037362) 87 50, skrallert@aol.com, Fax (037362) 87555, , – , P – 30. VISA
Menu à la carte 12,50/22 – **29 Zim** 49/59 – 59/78.
 Hinter der teilweise holzverkleideten Fassade dieses gepflegten, familiengeführten Hauses stehen gemütliche Zimmer in rustikalem Stil zum Einzug bereit. Ländliches Restaurant.

SELB Bayern 546 P 20 – 18 500 Ew – Höhe 555 m.

 Tourist-Information, Ludwigstr. 6 (Rathaus), 95100, (09287) 88 31 18, info@selb.de, Fax (09287) 883130.
Berlin 344 – München 291 – Hof 29 – Bayreuth 62.

Rosenthal-Casino , Kasinostr. 3, 95100, (09287) 80 50, info@rosenthal-casino.de, Fax (09287) 80548, , – , Zim, P AE   VISA
Menu (geschl. Samstagmittag, Sonntag) à la carte 22,50/33 – **20 Zim** 60 – 80/85.
 Hinter einer Fassade aus Porzellankacheln haben Künstler und Designer - jeder mit seiner unverwechselbaren Handschrift - moderne und individuelle Wohnräume kreiert. Elegantes Restaurant mit Mooreichenparkett.

SELBITZ Bayern 546 P 19 – 5 000 Ew – Höhe 525 m.
Berlin 310 – München 285 – Hof 17 – Bayreuth 56.

In Selbitz-Stegenwaldhaus Ost : 4 km, über B 173, in Sellanger rechts ab :

Leupold , Leupoldsgrüner Str. 1, 95152, (09280) 2 72, info@hotel-leupold.de, Fax (09280) 8164, Biergarten, – P
Menu (geschl. Sonntagabend - Montagmittag) à la carte 12/24 – **13 Zim** 27/36 – 45/51.
 Der gut unterhaltene Familienbetrieb bietet dem Reisenden eine solide und zeitgemäß möblierte Unterkunft. Auch die überschaubare Größe des Hauses werden Sie schätzen.

1297

SELIGENSTADT Hessen 543 P 10 – 20 000 Ew – Höhe 108 m.

🛈 Verkehrsbüro, Aschaffenburger Str. 1, ✉ 63500, ☏ (06182) 8 71 77, Fax (06182) 29477.

Berlin 540 – Wiesbaden 58 – Frankfurt am Main 27 – Aschaffenburg 17.

🏨 **Elysée** garni, Ellenseestr. 45, ✉ 63500, ☏ (06182) 8 90 70, mail@hotel-elysee.de, Fax (06182) 20280 – 🍳 TV 📞 🚗 P AE ① ⑩ VISA 🍽
geschl. 20. Dez. - 5. Jan. – **18 Zim** 🛏 46/55 – 74/79.
• Sauber und gepflegt präsentieren sich die Zimmer des Familienbetriebs - teils unterm Dach gelegen, teils neu gestaltet. Nett : der private Charakter des Hauses.

🏨 **Landgasthof Neubauer**, Westring 3a, ✉ 63500, ☏ (06182) 30 97, landgasthof-neubauer@t-online.de, Fax (06182) 3099, 🌳 – TV P 🍽
geschl. Jan. 1 Woche, Karwoche, Aug. 2 Wochen, Okt. 2 Wochen – **Menu** (geschl. Montag) (wochentags nur Abendessen) à la carte 19,50/28,50 – **17 Zim** 🛏 55 – 73/80.
• Der familiengeführte kleine Landgasthof am Rande des Städtchens gefällt mit privater Atmosphäre und gut unterhaltenen Gästezimmern. Viel Holz sorgt für ein rustikales Ambiente im Restaurant.

🏨 **Zum Ritter** garni, Würzburger Str. 31, ✉ 63500, ☏ (06182) 8 93 50, info@hotel-zum-ritter.de, Fax (06182) 893537 – TV 📞 🚗 P AE ① ⑩ VISA
geschl. 24. Dez. - 6. Jan. – **20 Zim** 🛏 57 – 85.
• Mit Kirschmobiliar und freundlichen Farben ausgestattete Gästezimmer bietet Ihnen dieses gepflegte und gut geführte kleine Hotel.

🍴 **Römischer Kaiser**, Frankfurter Str. 9, ✉ 63500, ☏ (06182) 2 22 96, pescare.rk@t-online.de, Fax (06182) 29227, 🌳 – P
geschl. Feb. 2 Wochen, Mitte Okt. 2 Wochen, Donnerstag – **Menu** à la carte 16,50/35,50.
• Kleine ineinander übergehende Stuben mit rustikaler Holztäfelung machen das Haus zu einer urgemütlichen Adresse. Brauspezialitäten haben ihren festen Platz auf der Karte.

In Seligenstadt-Froschhausen Nord-West : 3 km, über Frankfurter Straße :

🏨 **Columbus**, Am Reitpfad 4, ✉ 63500, ☏ (06182) 84 00, mailtocolumbus@aol.com, Fax (06182) 840555 – 📶 🍳 Zim, TV P ♿ 🚗 🛁 100 AE ⑩ VISA 🍽 Zim
Menu (geschl. Samstag - Sonntag, 21. Dez. - 2. Jan.) à la carte 14/32,50 – **116 Zim** 🛏 79/89 – 114.
• Besonders Tagungsgäste und Geschäftsreisende schätzen die modernen und technisch gut ausgestatteten Zimmer dieses in einem kleinen Gewerbegebiet gelegenen Hotels.

🍴 **Zum Lamm** (mit Gästehaus), Seligenstädter Str. 36, ✉ 63500, ☏ (06182) 70 64, Fax (06182) 67482 – TV P ⑩ VISA
geschl. 20. Dez. - 9. Jan. – **Menu** (geschl. Ende Juli - Anfang Aug., Freitag - Samstag) (wochentags nur Abendessen) à la carte 14/25 – **27 Zim** 🛏 38 – 71.
• Ein sauberer und solide geführter Familienbetrieb. Die zeitgemäß und funktionell ausgestatteten Zimmer verteilen sich auf Gasthof und Gästehaus. Schlichte, ländliche Gaststätte.

SELLIN Mecklenburg-Vorpommern siehe Rügen (Insel).

SENDEN Bayern 546 V 14 – 19 000 Ew – Höhe 470 m.
Berlin 624 – München 143 – Augsburg 81 – Memmingen 48 – Ulm (Donau) 11.

🏨 **Feyrer**, Bahnhofstr. 18, ✉ 89250, ☏ (07307) 94 10, info@hotel-feyrer.de, Fax (07307) 941150, 🌳 – 📶 🍳 Zim, TV P – 🛁 60 AE ⑩ VISA
Menu (geschl. Samstagmittag, Sonntagabend) à la carte 19/35 – **48 Zim** 🛏 75 – 90.
• Dies ist ein gut geführtes Tagungs- und Geschäftshotel, das über funktionell und solide ausgestattete Zimmer verfügt. Zentrale Lage in Bahnhofsnähe. Das gepflegte Restaurant mit internationaler und regionaler Küche schließt sich direkt an die Hotelhalle an.

SENDENHORST Nordrhein-Westfalen 543 K 7 – 10 600 Ew – Höhe 53 m.
🏌 Everswinkel-Alversk irchen, Holling 4 (Nord-West : 8 km), ☏ (02582) 56 45.
Berlin 451 – Düsseldorf 136 – Bielefeld 73 – Beckum 19 – Münster (Westfalen) 22.

In Sendenhorst-Hardt Süd-Ost : 2 km, über Osttor :

🏨 **Waldmutter**, an der Straße nach Beckum, ✉ 48324, ☏ (02526) 9 32 70, Fax (02526) 932727, 🌳 – 🍳 Zim, TV 📞 ♿ P – 🛁 60 ⑩ VISA JCB
Menu (geschl. Montagmittag) à la carte 16/36 – **21 Zim** 🛏 54 – 83.
• Das ursprüngliche Gasthaus im regionstypischen Klinkerstil wurde durch einen neuzeitlichen Hotelanbau erweitert - die Zimmer sind modern gestaltet, meist mit Blick ins Grüne. Das Restaurant ist nett im ländlichen Stil eingerichtet, schöne Gartenterrasse.

SENFTENBERG Brandenburg 542 L 25 – 30 000 Ew – Höhe 102 m.
🛈 Touristinformation, Markt 1, ✉ 01968, ✆ (03573) 14 99 01 0, fvv-nl-seen@t-online.de, Fax (03573) 14199011. – **ADAC,** Am Neumarkt 6.
Berlin 143 – Potsdam 152 – Cottbus 35 – Dresden 75.

Lausitz-Therme, Buchwalder Str. 77, ✉ 01968, ✆ (03573) 3 78 90, lausitztherme@gmx.de, Fax (03573) 378911, 😊, Massage, 🏊 (geheizt) – 📺 ✆ 🅿 🚻 VISA
Menu à la carte 14,50/33 – **29 Zim** ⇌ 55/70 – 75/90.
♦ Ein wohnlicher Landhausstil und warme Farben kennzeichnen die Zimmer und Bungalows dieser neuzeitlichen Anlage. Eine Saunalandschaft vervollständigt das Angebot. Behagliches Restaurant mit großer Außenterrasse.

Parkhotel, Steindamm 20, ✉ 01968, ✆ (03573) 3 78 60, info@parkhotel-senftenberg.de, Fax (03573) 2074, Biergarten – 📺 🅿 – 🛏 50. 🆎 🚻 VISA. ⁂ Rest
Menu (wochentags nur Abendessen) à la carte 15,50/20 – **21 Zim** ⇌ 50/59 – 75/82.
♦ Im Zentrum der kleinen Stadt, nahe der Festungsanlage, liegt dieser modernisierte Gasthof mit wohnlich und funktionell eingerichteten Zimmern und einer Suite. Schlicht gestaltetes Restaurant mit integrierter Theke.

SENHEIM Rheinland-Pfalz 543 P 5 – 700 Ew – Höhe 90 m.
Berlin 662 – Mainz 164 – Trier 81 – Koblenz 16 – Cochem 74.

Schützen ⬟ (mit Gästehaus), Brunnenstr. 13, ✉ 56820, ✆ (02673) 43 06, schuetzen-stock@t-online.de, Fax (02673) 4316 – 🅿 🆎 🚻 VISA. ⁂
8. April - 2. Nov. – **Menu** (geschl. Montag) (Dienstag - Freitag nur Abendessen) à la carte 17/25 – **12 Zim** ⇌ 40/43 – 60/70.
♦ Ein kleines, solide geführtes Hotel mit familiärer Atmosphäre und Zimmern in ländlichem Stil. Nutzen Sie die Rad- und Wanderwege an einer der schönsten Moselschleifen. Dunkles Holz und ein Kachelofen bestimmen das Ambiente des Restaurants.

SERRIG Rheinland-Pfalz 543 R 3 – 1 400 Ew – Höhe 156 m.
Berlin 739 – Mainz 173 – Trier 25 – Saarbrücken 71 – Luxembourg 59.

Gasthaus Wagner, Losheimer Str. 3, ✉ 54455, ✆ (06581) 22 77, Fax (06581) 6786, Biergarten – 🚻 VISA
geschl. Ende März 1 Woche, Okt. 2 Wochen, Mittwoch - Donnerstagmittag – **Menu** (Nov. - April Montag - Freitag nur Abendessen) à la carte 16,50/31.
♦ Rustikal-gemütlich geht es in diesem gut gepflegten, familiengeführten Gasthaus in der Ortsmitte zu : an blanken Tischen serviert man Ihnen eine bürgerliche Küche.

SESSLACH Bayern 546 P 16 – 4 100 Ew – Höhe 271 m.
Berlin 395 – München 275 – Coburg 19 – Bamberg 40.

Fränkische Landherberge garni, Hans-Reiser-Str. 33, ✉ 96145, ✆ (09569) 9 22 70, Fax (09569) 922750 – 📺 ♿ 🅿 🆎 🚻 VISA
geschl. Mitte Dez. - Mitte Jan. – **33 Zim** ⇌ 34/36 – 56.
♦ Wie die früheren bäuerlichen Anwesen wurde dieses Hotel in U-Form angelegt - geschmackvoll, in neuzeitlichem Stil möblierte Zimmer erreicht der Gast durch den Innenhof.

SIEBELDINGEN Rheinland-Pfalz 543 S 8 – 1 000 Ew – Höhe 170 m.
Berlin 666 – Mainz 115 – Mannheim 54 – Karlsruhe 41.

Sonnenhof, Mühlweg 2, ✉ 76833, ✆ (06345) 33 11, info@soho-siebeldingen.de, Fax (06345) 5316, 😊 – 📺 🅿 🚻 VISA
Menu (geschl. Jan. 2 Wochen, Mittwochmittag, Donnerstag, Nov. - März auch Sonntagabend) à la carte 22,50/36,50, ♀ – **12 Zim** ⇌ 50/60 – 75 – ½ P 18.
♦ In den alten Mauern des ehemaligen Weinguts beherbergt man heute Reisende in mit hellem Naturholz und hübschen Stoffen wohnlich gestalteten Zimmern. Restaurant in bürgerlichem Stil - mit sorgfältig zubereiteten teils regionalen, teils internationalen Speisen.

SIEGBURG Nordrhein-Westfalen 543 N 5 – 40 000 Ew – Höhe 61 m.
🛈 Tourist Information, Markt 46, ✉ 53721, ✆ (02241) 9 69 85 33, tourismus@siegburg.de, Fax (02241) 9698531. – **ADAC,** Humperdinckstr. 64.
Berlin 590 – Düsseldorf 67 – Bonn 13 – Koblenz 87 – Köln 27.

Kranz-Parkhotel, Mühlenstr. 32, ✉ 53721, ✆ (02241) 54 70, rezeption@kranzparkhotel.de, Fax (02241) 547444, 😊, 🅎s – 🛗, ✂ Zim, 🚭 Zim, 📺 ✆ ♿ 🚗 – 🛏 90. 🆎 ① 🚻 VISA
Menu à la carte 27/37 – **110 Zim** ⇌ 115/148 – 151/164.
♦ Eine moderne Halle empfängt Sie in diesem komfortablen Hotel im Zentrum. Mit ISDN-Telefon und Fax-/ Modemanschluss sind die Zimmer neuzeitlich-funktionell ausgestattet. Hell und freundlich gestaltetes Parkrestaurant.

SIEGBURG

Kaiserhof, Kaiserstr. 80, ✉ 53721, ℘ (02241) 1 72 30, info@kaiserhof-siegburg.de, Fax (02241) 172350, 🍽 – 🛗, 🚭 Zim, 📺 📞 ⊙⊙ 🆔 VISA
geschl. über Weihnachten 1 Woche – **Menu** à la carte 26/42 – **30 Zim** ⊊ 80/95 – 105/120.
• Sie finden dieses Hotel in der Fußgängerzone der Stadt. Die Gästezimmer unterscheiden sich in Zuschnitt und Art des Mobiliars - alle bieten eine zeitgemäße Ausstattung. Leicht rustikal gehaltenes Restaurant und Brasserie.

Kaspar garni, Elisabethstr. 11 (am Rathaus), ✉ 53721, ℘ (02241) 5 98 30, hotel.kaspar@t-online.de, Fax (02241) 598344 – 🛗 📺 🆔 ⊙⊙ 🆔 VISA JCB
geschl. 22. Dez. - 5. Jan. – **25 Zim** ⊊ 69/105 – 82/125.
• Sauber und gepflegt - so zeigt sich dieses Hotel von der Rezeption bis in die Zimmer - einige zum Markt hin gelegen. Auch die Nähe zur Fußgängerzone spricht für das Haus.

Siegblick, Nachtigallenweg 1, ✉ 53721, ℘ (02241) 12 73 33, contact@siegblick.de, Fax (02241) 1273350, 🍽 – 📺 ⊜ 🅿 ⊙⊙ VISA
geschl. 1. - 16. Jan. – **Menu** (geschl. Sonn- und Feiertage abends) à la carte 17/36 – **23 Zim** ⊊ 52/62 – 76/97.
• Das nette Landhaus liegt etwas außerhalb der Stadt, oberhalb der Sieg. Man verfügt über gepflegte, funktionell ausgestattete Gästezimmer. Eine rustikale Aufmachung und allerlei Dekorationen schaffen Gemütlichkeit im Restaurant.

In Siegburg-Seligenthal Süd-Ost : 5 km in Richtung Wahnbachtalsperre :

Klosterhof Seligenthal ⚜, Zum Klosterhof 1, ✉ 53721, ℘ (02242) 87 47 87, info@klosterhof-seligenthal.de, Fax (02242) 874789, 🍽 – 📺 📞 🅿 – 🔔 40. 🆔 ⊙ ⊙⊙ VISA. 🚭 Zim
Menu à la carte 31/41 – **12 Zim** ⊊ 120 – 145.
• Tradition und Moderne gelungen vereint : Die abgeschiedene Klosteranlage wurde mit Liebe zum Detail restauriert und beherbergt heute ein neuzeitliches kleines Hotel. Rustikal-elegantes Restaurant.

SIEGEN Nordrhein-Westfalen 543 N 8 – 110 000 Ew – Höhe 236 m.

🛈 Gesellschaft für Stadtmarketing, Markt 2 (Rathaus), ✉57072, ℘ (0271) 4 04 13 16, touristik@gss-siegen.de, Fax (0271) 22687.
ADAC, Leimbachstr. 189.
Berlin 564 ⑤ – Düsseldorf 130 ⑤ – Bonn 99 ⑤ – Gießen 73 ③ – Hagen 88 ⑤ – Köln 93 ⑤

Stadtplan siehe gegenüberliegende Seite

Park Hotel, Koblenzer Str. 135 (bei der Siegerland-Halle), ✉ 57072, ℘ (0271) 3 38 10, info@parkhotel-siegen.bestwestern.de, Fax (0271) 3381450, 🍽 – 🛗 🚭 Zim, 📺 📞 🅿 – 🔔 25. 🆔 ⊙ ⊙⊙ VISA   Z a
Menu à la carte 18,50/38 – **88 Zim** ⊊ 90 – 105.
• Das Geschäftshotel ist auf die Bedürfnisse des modernen Gastes eingestellt. Solide und wohnlich ausgestattete Zimmer überzeugen mit funktionellem Mobiliar und guter Technik. In dem neuzeitlichen Hotelrestaurant ist Gelb die vorherrschende Farbe.

Pfeffermühle, Frankfurter Str. 261, ✉ 57074, ℘ (0271) 23 05 20, info@pfeffermuehle-siegen.de, Fax (0271) 51019, Biergarten – 🛗, 🚭 Zim, 📺 📞 🅿 – 🔔 200. 🆔 ⊙ ⊙⊙ VISA. 🚭 Rest   über ②
Menu (geschl. 8. - 22. Aug., Sonntag)(nur Abendessen) à la carte 17,50/36,50 – **24 Zim** ⊊ 60 – 79.
• Das hübsche Stammhaus wurde durch einen neuen Anbau zu einem modernen Hotel erweitert, das über funktionell eingerichtete Zimmer verfügt. Helles, neuzeitliches Ambiente mit elegantem Touch im Restaurant.

Berghotel Johanneshöhe, Wallhausenstr. 1, ✉ 57072, ℘ (0271) 31 00 08, hoefkes@johanneshoehe.de, Fax (0271) 315039, ≤ Siegen, 🍽 – 🚭 Zim, 📺 📞 ⊜ 🅿 – 🔔 40. ⊙ ⊙⊙ VISA   über Achenbacher Straße   Z
Menu (geschl. Jan. 2 Wochen, Aug. 2 Wochen, Sonntagabend - Montag) à la carte 23/40 – **24 Zim** ⊊ 52/69 – 73/93.
• Über schlicht und praktisch eingerichtete Zimmer - teils mit Kiefernholz möbliert - verfügt dieses gut geführte Haus. Die erhöhte Lage über der Stadt bietet eine schöne Sicht. Gediegen wirkt das Panoramarestaurant mit großer Fensterfront.

Bürger garni (mit Gästehaus), Marienborner Str. 134, ✉ 57072, ℘ (0271) 6 25 51, hotel-buerger@t-online.de, Fax (0271) 63555 – 🛗 📺 ⊜ 🅿 🆔 ⊙ ⊙⊙ VISA
33 Zim ⊊ 53/60 – 73/80.   über Marienborner Straße   Z
• Sie beziehen zeitgemäße, solide gestaltete Gästezimmer - teils mit Kitchenette. Die Nähe zur Innenstadt spricht ebenfalls für das privat geführte Haus.

1300

SIEGEN

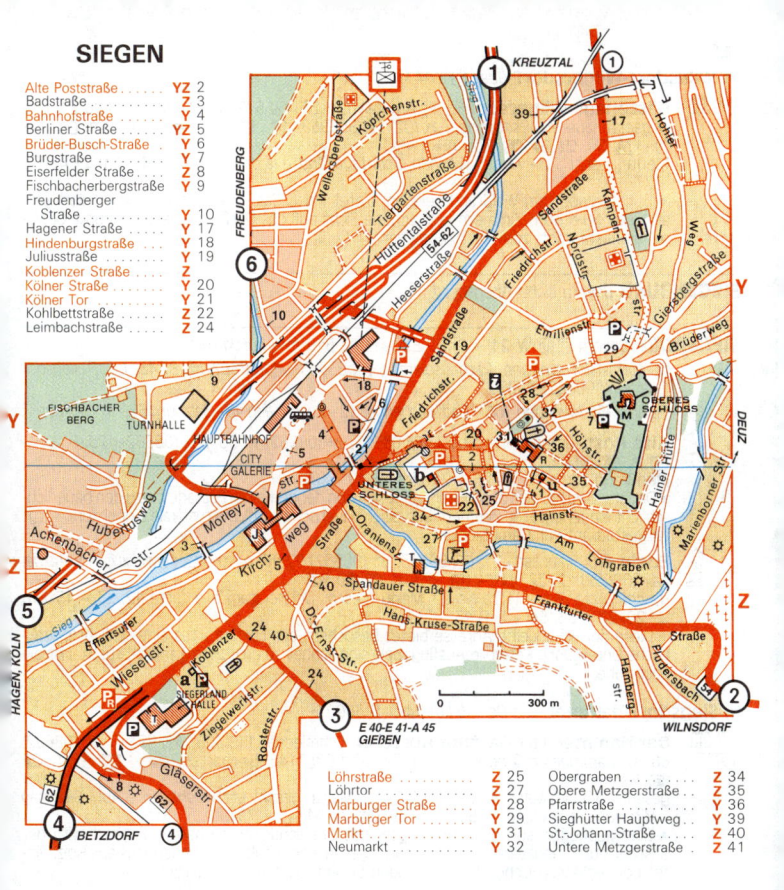

Alte Poststraße	YZ	2
Badstraße	Z	3
Bahnhofstraße	Y	4
Berliner Straße	YZ	5
Brüder-Busch-Straße	Y	6
Burgstraße	Y	7
Eiserfelder Straße	Z	8
Fischbacherbergstraße	Y	9
Freudenberger Straße	Y	10
Hagener Straße	Y	17
Hindenburgstraße	Y	18
Juliusstraße	Y	19
Koblenzer Straße	Z	
Kölner Straße	Y	20
Kölner Tor	Y	21
Kohlbettstraße	Y	22
Leimbachstraße	Z	24

Löhrstraße	Z	25	Obergraben	Z	34
Löhrtor	Z	27	Obere Metzgerstraße	Z	35
Marburger Straße	Y	28	Pfarrstraße	Y	36
Marburger Tor	Y	29	Sieghütter Hauptweg	Y	39
Markt	Y	31	St.-Johann-Straße	Z	40
Neumarkt	Y	32	Untere Metzgerstraße	Z	41

※※ **Schwarzbrenner,** Untere Metzgerstr. 29, ✉ 57072, ☎ (0271) 5 12 21, Fax (0271) 51220 – ⓘ ⓜⓒ 𝗩𝗜𝗦𝗔   Z u
geschl. Juli - Aug. 3 Wochen, Montag – **Menu** (nur Abendessen) (Tischbestellung ratsam) à la carte 28/43.
♦ In dem Stadthaus aus dem 17. Jh. wurde auf zwei Etagen ein gemütliches Restaurant eingerichtet, in dem man klassische Küche serviert. Viel Holz schafft ein rustikales Umfeld.

※※ **Piazza,** Unteres Schloss 1 (Museum für Gegenwartskunst), ✉ 57072, ☎ (0271) 3 03 08 56, Fax (0271) 3030981, 🌿 – ⓜⓒ 𝗩𝗜𝗦𝗔   Z b
geschl. Montag – **Menu** à la carte 28/42.
♦ Ein Seitenflügel des Museums für Gegenwartskunst beherbergt dieses Restaurant - moderne Einrichtungselemente verbinden sich gelungen mit klarem Bauhaus-Design.

In Siegen-Eiserfeld über ④ : 5 km :

🏨 **Siegboot,** Eiserfelder Str. 230, ✉ 57080, ☎ (0271) 35 90 30, siegboot@hotels-siegen.de, Fax (0271) 3590355, 🌿, Biergarten, 🈁 – 🛗 📺 📞 🚗 🅿 – 🔔 15. ⓜⓒ 𝗩𝗜𝗦𝗔 𝗝𝗖𝗕
Menu (geschl. Montag) (wochentags nur Abendessen) à la carte 15/34 – **29 Zim** ☐ 59/69 – 79.
♦ Hinter einer schlichten Fassade beherbergt dieses gepflegte und gut geführte Hotel saubere Gästezimmer mit neuzeitlicher und praktischer Ausstattung.

In Siegen-Sohlbach über ① : 7 km :

🏨 **Kümmel,** Gutenbergstr. 7, ✉ 57078, ☎ (0271) 8 30 69, Fax (0271) 83368 – 📺 🚗 🅿
Menu (nur Abendessen) (Restaurant nur für Hausgäste) – **11 Zim** ☐ 40/45 – 60.
♦ Mit seinen einfach ausgestatteten, aber sauberen und gepflegten Fremdenzimmern stellt der familiär geführte Gasthof eine solide Übernachtungsadresse dar.

SIEGEN

In Wilnsdorf-Wilgersdorf über ② : 14 km :

🏨 **Gästehaus Wilgersdorf**, Am Kalkhain 23, ✉ 57234, ℘ (02739) 8 96 90, info @gaestehaus-wilgersdorf.de, Fax (02739) 896960, 🍴, ⇌, 🔲, 🛤 – ⊁ Zim, 📺 🚗 🅿 – 🛎 50. 🆎 ⓞ 🅜 VISA JCB
Menu (geschl. Juli - Aug. 3 Wochen, Sonntagabend) à la carte 21/41 – **40 Zim** ⇌ 45/55 – 77/100.
• Leicht erhöht am Waldrand gelegen, bietet Ihnen das Hotel neben funktionellen, teils allergikergerechten Zimmern eine schöne Sicht auf das Dorf und die Umgebung. Gediegenes Restaurant, zum Tal hin gelegen.

SIEGENBURG Bayern siehe Abensberg.

SIEGSDORF Bayern 546 W 21 – 8 400 Ew – Höhe 615 m – Luftkurort.

🛈 Tourist-Information, Rathausplatz 2, ✉ 83313, ℘ (08662) 49 87 45, info@siegsdorf.de, Fax (08662) 498750.
Berlin 695 – München 105 – Bad Reichenhall 32 – Rosenheim 48 – Salzburg 36 – Traunstein 7.

🌿 **Alte Post**, Traunsteiner Str. 7, ✉ 83313, ℘ (08662) 71 39, Fax (08662) 12526, 🍴 – 📺 🅿. 🅜 VISA
Menu à la carte 15,50/25 – **21 Zim** ⇌ 40 – 67.
• Der alte Gasthof aus dem 15. Jh. zeigt sich von der bemalten Fassade bis zu den bäuerlich-schlicht eingerichteten Zimmern in typisch bayerischem Stil. Die rustikale Einrichtung sorgt im Restaurant für Gemütlichkeit.

🌿 **Edelweiß**, Hauptstr. 21, ✉ 83313, ℘ (08662) 92 96, gasthof_edelweiss@t-online.de, Fax (08662) 12722, 🍴 – 📺 🚗 🅿. 🆎 🅜 VISA
geschl. Mitte Okt. – Mitte Nov. – **Menu** (geschl. Donnerstag) à la carte 12/23 – **15 Zim** ⇌ 20/28 – 36/54 – ½ P 13.
• Diese dörfliche kleine Adresse bietet Besuchern des Luftkurortes eine schlichte, praktische Unterkunft. Reizvolle Ausflugsziele sind schnell zu erreichen. Ländlich-rustikal ist die Gaststube.

In Siegsdorf-Hammer Süd-Ost : 6 km, über B 306 :

🏨 **Der Hammerwirt-Gasthof Hörterer**, Schmiedstr. 1 (B 306), ✉ 83313, ℘ (08662) 66 70, hammerwirt@hoerterer.de, Fax (08662) 7146, Biergarten, 🛤 – 📺 🅿. 🆎 ⓞ 🅜 VISA
geschl. 15. - 31. März, 3. Nov. - 13. Dez. – **Menu** (geschl. Mittwoch, Jan. - April Dienstag - Mittwoch) à la carte 14,50/31 – **29 Zim** ⇌ 41/43 – 79/90.
• Eine gepflegte, solide Urlaubsadresse mit alpenländischem Charme. Ergänzt wird der Gasthof durch neuzeitliche Ferienwohnungen in einem hübschen Nebenhaus aus Holz. Hinter der regionstypischen Fassade finden Sie ein rustikales Restaurant.

SIERKSDORF Schleswig-Holstein 541 D 16 – 1 300 Ew – Höhe 15 m – Seebad.

🛈 Tourist-Information, Vogelsang 1, ✉ 23730, ℘ (04563) 47 89 90, info@sierksdorf.de, Fax (04563) 4789918.
Berlin 291 – Kiel 57 – Lübeck 38 – Neustadt in Holstein 8,5.

🏨 **Seehof**, garni (mit Gästehäusern), Gartenweg 30, ✉ 23730, ℘ (04563) 4 77 70, seehof@ringhotels.de, Fax (04563) 7485, ≤ Ostsee, ⇌, 🛤 – 📺 🚗 🅿. 🆎 ⓞ 🅜 VISA
geschl. Jan. – **20 Zim** ⇌ 64/87 – 100/118.
• Mehrere Gebäude fügen sich harmonisch in eine schöne Parkanlage ein - leicht erhöht gelegen. Eine Treppe führt Sie hinunter zum Badestrand. Wohnliche, individuelle Zimmer.

In Sierksdorf-Wintershagen Nord : 3 km, über Pohnsdorfer Straße :

🍴 **Gutshof Restaurant**, an der Straße nach Neustadt, ✉ 23730, ℘ (04561) 20 70, Fax (04561) 17709, 🍴 – 🅿
geschl. Dienstag – **Menu** (Montag - Donnerstag nur Abendessen) à la carte 18/30.
• Ehemals der Schweinestall eines Gutshofs, gefällt das reetgedeckte Haus heute als gemütliches Restaurant mit nettem, ländlichem Ambiente.

SIEVERSHAGEN Mecklenburg-Vorpommern siehe Rostock.

SIEZENHEIM Österreich siehe Salzburg.

SIGMARINGEN Baden-Württemberg 545 V 11 – 17 000 Ew – Höhe 570 m.

ଊଽ Inzigkofen, Buwiesen 10 (Süd-West : 4 km), ℘ (07571) 7 44 20.

🛈 Tourist-Information, Schwabstr. 1, ✉ 72488, ℘ (07571) 10 62 23, tourismus@sigm aringen.de, Fax (07571) 106177.

Berlin 696 – Stuttgart 101 – Konstanz 73 – Freiburg im Breisgau 136 – Ulm (Donau) 85.

🏠 **Fürstenhof**, Zeppelinstr. 14 (Süd-Ost : 2 km Richtung Ravensburg, nahe der B 32), ✉ 72488, ℘ (07571) 7 20 60, info@fuerstenhof-sig.de, Fax (07571) 720644, ≼, 佘, 龠 – 📳, ⅋ Zim, 📺 ⟺ 🅿 – 🔬 60. ⚌ ⓘ ⓒ 𝗩𝗜𝗦𝗔 ⫗

Menu (geschl. 25. Dez. - 10. Jan., Sonntagabend) (wochentags nur Abendessen) à la carte 29/37 – **34 Zim** ⇄ 51/60 – 75/81.

♦ Sauber, gepflegt und zeitgemäß eingerichtet präsentieren sich die Gästezimmer dieses in einem kleinen Industriegebiet gelegenen Hotels. Ein gediegenes Ambiente erwartet den Gast im Restaurant.

🏠 **Jägerhof** garni, Wentelstr. 4, ✉ 72488, ℘ (07571) 20 21, jaegerhof-sigmaringen@t-online.de, Fax (07571) 50476, 佘 – ⅋ 📺 ✆ ⟺ 🅿 ⚌ ⓘ ⓒ 𝗩𝗜𝗦𝗔
18 Zim ⇄ 44/50 – 65/67.

♦ Etwas außerhalb des Stadtzentrums, in relativ ruhiger Lage, finden Reisende eine solide ausgestattete Unterkunft in angenehmer, überschaubarer Größe.

In Scheer Süd-Ost : 10 km, über B 32 :

🏠 **Donaublick**, Bahnhofstr. 21 (an der B 32), ✉ 72516, ℘ (07572) 7 63 80, info@don aublick.de, Fax (07572) 763866, 佘, 龠 – ⅋ Zim, 📺 ✆ 🅿 ⚌ ⓘ ⓒ 𝗩𝗜𝗦𝗔
Menu (geschl. Ende Sept. 2 Wochen, Donnerstagabend - Samstagmittag) à la carte 15/31 – **Bacchusstube** (geschl. Sonntag - Montag) (nur Abendessen) **Menu** à la carte 16/29 – **19 Zim** ⇄ 41 – 68.

♦ Der frühere Bahnhof dient heute - umgebaut und renoviert - der Unterbringung Reisender. Fragen Sie nach den neuzeitlichen Zimmern in der oberen Etage. Eine ländliche Aufmachung bestimmt das Ambiente im Restaurant. Urig-rustikal : die Bacchusstube.

🗙🗙 **Brunnenstube**, Mengener Str. 4, ✉ 72516, ℘ (07572) 36 92 – 🅿 ⓒ
geschl. Aug. 2 Wochen, Montag, Samstagmittag – **Menu** 30 à la carte 26,50/33.

♦ Ein Gasthaus der ländlichen Art - gemütlich-rustikal gestaltet und nett dekoriert. Die klassische Küche basiert auf frischen Produkten und einer sorgfältigen Zubereitung.

SIMBACH AM INN Bayern 546 V 23 – 9 000 Ew – Höhe 345 m.

Berlin 634 – München 122 – Passau 54 – Landshut 89 – Salzburg 85.

🏠 **Göttler** (mit Gästehaus), Pfarrkirchner Str. 24, ✉ 84359, ℘ (08571) 9 11 80, gastho f-goettler@t-online.de, Fax (08571) 911818, 佘, ✆ – ⅋ Zim, 📺 ✆ ⟺ 🅿 ⓒ 𝗩𝗜𝗦𝗔
Menu (geschl. Aug. - Sept. 2 Wochen, Montag) à la carte 11,50/21,50 – **15 Zim** ⇄ 32 – 47 – ½ P 9.

♦ Die ehemalige Weißbierbrauerei wurde durch ein separates Gästehaus ergänzt, das über saubere, neuzeitlich und funktionell eingerichtete Zimmer verfügt. Typisch bayerisches Restaurant - im Sommer mit Biergarten.

In Stubenberg-Prienbach Nord-Ost : 4,5 km, über B 12 :

🏠 **Zur Post**, Poststr. 1 (B 12), ✉ 94166, ℘ (08571) 60 00, hotel-post-prienbach@t-on line.de, Fax (08571) 600230, 佘, ✆, ⅋ – ⅋ Zim, 📺 ✆ ⟺ 🅿 – 🔬 30
Menu (geschl. Montagmittag) à la carte 14,50/34 – **31 Zim** ⇄ 38/45 – 60/67.

♦ Am Ortsrand liegt der regionale Landgasthof, der in mehreren Bauabschnitten gepflegte und funktionell ausgestattete Gästezimmer bietet - meist mit Balkon. Rustikal-gemütliches Restaurant mit gut eingedeckten Tischen.

SIMMERATH Nordrhein-Westfalen 543 O 2 – 15 300 Ew – Höhe 540 m – Erholungsort.

Ausflugsziel : Rurtalsperre★ Ost : 10 km.

🛈 Rursee-Touristik, Franz-Becker-Str. 2, ✉ 52152, ℘ (02485) 3 17, info@rursee.de, Fax (02485) 319.

Berlin 640 – Düsseldorf 107 – Aachen 30 – Düren 34 – Euskirchen 45 – Monschau 10.

In Simmerath-Erkensruhr Süd-Ost : 12 km, über B 266, nach Einruhr rechts ab : – Erholungsort :

🏠 **Nadolny's Wellness Hotel** ⌂, Erkensruhr 108, ✉ 52152, ℘ (02485) 9 55 00, inf o@nadolnys.de, Fax (02485) 955050, 佘, ⅋, Massage, 龠, ⌧, ⋆ – 📳, ⅋ Zim, 📺 ✆ 🅿 – 🔬 80

Menu (nur Abendessen) à la carte 30,50/47,50 – **40 Zim** ⇄ 70/110 – 130/135 – ½ P 20.

♦ Hinter der hellblauen Fassade des modernen Tagungs- und Freizeithotels überzeugt man den Gast mit neuzeitlichem Wohnen, vor der Tür lockt eine reizvolle ländliche Umgebung. Von der Hotelhalle aus gelangen Sie in das im Stil einer Empore angelegte Restaurant.

SIMMERATH

In Simmerath-Lammersdorf Nord-West : 3 km, über B 399 :

Lammersdorfer Hof, Kirchstr. 50, ⌂ 52152, ℘ (02473) 80 41, lammersdorferhof
@t-online.de, Fax (02473) 1499, 😊 – ⭲ Zim, TV P. 🎽 Zim
geschl. Mitte Juli - Anfang Aug. – **Menu** (geschl. Dienstag) à la carte 14,50/26,50 – **9 Zim**
⇌ 40 – 60 – ½ P 10.
• Ein schlichter Gasthof mit neuerem Anbau beherbergt gepflegte Fremdenzimmer in ländlichem Stil. Nutzen Sie diese Adresse als Ausgangspunkt für schöne Wanderungen. Rustikal gestalteter Restaurantbereich.

SIMMERN Rheinland-Pfalz **543** Q 6 – 8 000 Ew – Höhe 330 m.
Sehenswert : Pfarrkirche St. Stephan (Grabdenkmäler★).
🛈 Tourist-Information, Rathaus, Brühlstr. 2, ⌂ 55469, ℘ (06761) 83 71 06, Fax (06761) 837120.
Berlin 634 – Mainz 67 – *Bad Kreuznach* 52 – *Trier* 87 – Koblenz 61.

Bergschlößchen, Nannhauser Straße, ⌂ 55469, ℘ (06761) 90 00, info@hotel-bergschloesschen.de, Fax (06761) 900100, 😊 – 📱 TV 🚗 P – 🎽 15. AE ⓘ
MC VISA
geschl. 15. Feb. - 15. März – **Menu** à la carte 15/31 – **22 Zim** ⇌ 45/55 – 93.
• Der rustikale Landgasthof liegt leicht erhöht etwas außerhalb des Ortes. Die gepflegten Gästezimmer sind wohnlich eingerichtet und teils recht geräumig. Unter einer schön bemalten Holzdecke serviert man bürgerliche Küche.

Schwarzer Adler, Koblenzer Str. 3, ⌂ 55469, ℘ (06761) 90 18 17,
Fax (06761) 901817, 😊 – MC VISA
geschl. Samstagmittag, Montag – **Menu** à la carte 16/33.
• Im Keller eines Geschäftshauses befindet sich dieses kleine Restaurant mit Bruchsteingewölbe. Das Speiseangebot ist international mit italienischen Einflüssen.

An der Straße nach Laubach Nord : 6 km :

Birkenhof 🌿, ⌂ 55469 Klosterkumbd, ℘ (06761) 9 54 00, hotel@birkenhof-info.de,
Fax (06761) 954050, 😊, Biergarten, ≘s, 🌊 – 📱, ⭲ Zim, TV ℡ P – 🎽 15. AE ⓘ MC
VISA. 🎽 Rest
geschl. 4. - 31. Jan. – **Menu** (geschl. Dienstag) à la carte 19/39 – **22 Zim** ⇌ 51/57 – 72/92.
• Einzeln liegt der gewachsene Gasthof im Grünen - ein gut unterhaltener Familienbetrieb mit sauberen und funktionell ausgestatteten Gästezimmern. Rustikal-gemütliche Gaststuben.

SIMONSBERGER KOOG Schleswig-Holstein siehe Husum.

SIMONSWALD Baden-Württemberg **545** V 8 – 3 100 Ew – Höhe 330 m.
🛈 Tourist-Information, Talstr. 14a, ⌂ 79263, ℘ (07683) 1 94 33, simonswald@zweita elerland.de, Fax (07683) 1432.
Berlin 786 – Stuttgart 215 – *Freiburg im Breisgau* 36 – Donaueschingen 49.

Tannenhof, Talstr. 13, ⌂ 79263, ℘ (07683) 9 13 90, info@ferienhotel-tannenhof.de,
Fax (07683) 9139100, ≘s, 🌊, 🌊 – 📱 TV P – 🎽 20. MC VISA. 🎽
geschl. 7. Jan. - März, Nov. - 20. Dez. – **Menu** (geschl. Nov. - Feb., Dienstag) (nur Abendessen) à la carte 14/22,50 – **33 Zim** ⇌ 46 – 72 – ½ P 13.
• Im Hof, etwa 50 m hinter dem ursprünglichen Gasthof, steht das Gästehaus mit seinen solide möblierten Zimmern. Lage : im Zentrum des kleinen Ortes. In der schlicht-rustikalen Gaststätte serviert man gutbürgerliche Küche.

Hugenhof 🌿 (mit Pension Hugenhof), Am Neuenberg 14, ⌂ 79263, ℘ (07683)
93 00 66, Fax (07683) 909258, ≤, ≘s, 🌊, 🌊 – P.
Menu (geschl. Feb. 3 Wochen, Aug. 3 Wochen, Montag - Dienstag) (wochentags nur Abendessen) 36 à la carte 24/31 – **18 Zim** ⇌ 23 – 55 – ½ P 8.
• Den gepflegten Gasthof mit rustikal-komfortablem Interieur finden Sie an der Sonnenseite des Simonswäldertales. Man offeriert dem Gast ein ansprechendes regionales Menü.

In Simonswald-Obersimonswald Süd-Ost : 4 km in Richtung Furtwangen :

Engel (mit Gästehaus), Obertalstr. 44, ⌂ 79263, ℘ (07683) 2 71, info@hotel-engel.de,
Fax (07683) 1336, 😊, ≘s, 🌊 – ⭲ Rest, TV 🚗 P – 🎽 30
geschl. Feb. 2 Wochen, Nov. 3 Wochen – **Menu** (geschl. Montag - Dienstag, Donnerstagmittag) à la carte 20,50/40,50 – **33 Zim** ⇌ 40 – 68 – ½ P 18.
• Das seit 1636 in Familienbesitz befindliche Haus bietet gepflegte, praktische Zimmer - im gegenüberliegenden Gästehaus stehen weitere, einfachere Zimmer zur Verfügung. Recht gemütlich wirkt das rustikale Restaurant mit Kachelofen.

SINDELFINGEN
Baden-Württemberg **545** T 11 – 61 000 Ew – Höhe 449 m.
siehe auch Böblingen (Umgebungsplan).

🎿 🎿 *Holzgerlingen, Schaichhof* (Süd : 9 km über ①), ℘ (07157) 6 79 66.

Messehalle, Mahdentalstr. 116 **BS**, ℘ (07031) 79 10.

🛈 *Tourist-Information*, Marktplatz 1, ✉ 71063, ℘ (07031) 9 43 25, i-punkt@sindelfing en.de, Fax (07031) 94786. – **ADAC**, *Tilsiter Str. 15* (Breuningerland).

Berlin 647 – Stuttgart 20 – Karlsruhe 80 – Reutlingen 34 ① – Ulm (Donau) 97.

🏨 **Marriott**, Mahdentalstr. 68, ✉ 71065, ℘ (07031) 69 60, stuttgart.marriott@marriot thotel.com, Fax (07031) 696880, Massage, 🔲, 🔲, 🔲 – 🛗, ⚡ Zim, 📺 📞 ⚡ 🚗 – 🎿 200. 🅰🅴 ⓘ ⓜⓞ 𝗩𝗜𝗦𝗔 𝗝𝗖𝗕 **BS a**
Menu à la carte 24/41 – ☕ 15 – **257 Zim** 130, 4 Suiten.
♦ Eine großzügige, elegante Atriumhalle empfängt Sie in diesem neuzeitlichen Hotelbau. Klassische Gediegenheit und moderner Komfort bilden eine gelungene Einheit. Mehrfach unterteiltes Restaurant mit internationaler Küche.

🏨 **Erikson-Hotel**, Hanns-Martin-Schleyer-Str. 8, ✉ 71063, ℘ (07031) 93 50, info@erik son.de, Fax (07031) 935555, 🔲 – 🛗, ⚡ Zim, 📺 📞 🚗 P – 🎿 90. 🅰🅴 ⓘ ⓜⓞ 𝗩𝗜𝗦𝗔
Menu à la carte 21/34,50 – **92 Zim** ☕ 107/122 – 137/152. **CX e**
♦ Von der Fassade über die Lobby bis in Ihr Zimmer zeigt sich das gut geführte Stadthotel in neuzeitlichem Design. Komfort und Technik werden den Ansprüchen von heute gerecht.

🏨 **Novotel**, Schwertstr. 65 (Ost : 2 km), ✉ 71065, ℘ (07031) 6 19 60, h2939@accor-h otels.com, Fax (07031) 6196888, Biergarten, Massage, 🔲, 🔲 – 🛗, ⚡ Zim, 📺 📞 ⚡ P – 🎿 120. 🅰🅴 ⓘ ⓜⓞ 𝗩𝗜𝗦𝗔 **BS d**
Menu à la carte 21,50/31,50 – ☕ 13 – **186 Zim** 121 – 149.
♦ Vor allem Geschäftsreisende schätzen die funktionelle und technisch gute Ausstattung der Zimmer und die verkehrsgünstige Lage des Hotels.

Bleichmühlestraße . . . . **DX** 15	Liebenzeller Straße . . . . **CV** 40	Schillerstraße . . . . **DVX** 59
Brunnenwiesenstr. . . . . **CX** 18	Lützelwiesenstraße . . . . **CV** 42	Stäbenheckstraße . . . . **CV** 67
Corbeil-Essonnes-	Marktplatz . . . . **DX** 45	Untere Torgasse . . . . **CV** 70
Platz . . . . **CV** 19	Mercedesstraße . . . . **CX**	Untere Vorstadt . . . . **CX** 71
Grabenstraße . . . . **CVX** 27	Planiestraße . . . . **DX** 52	Wettbachstraße . . . . **CX** 73
Lange	Riedmühlestraße . . . . **CX** 54	Wurmbergstraße . . . . **CV** 76
Straße . . . . **CX** 36	Rösslesmühlestraße . . . . **CX** 55	Ziegelstraße . . . . **DVX**

SINDELFINGEN

Residence garni, Calwer Str. 16, ✉ 71063, ☏ (07031) 93 30, *residence@swol.de, Fax (07031) 933100*, 🕿 – 📶 📺 📞 🚗 – 🍴 90. 💳 💳 💳 💳   CX c
135 Zim ⎓ 80/105 – 105/115, 4 Suiten.
• Das Stadthotel und Boardinghouse im Zentrum verfügt über neuzeitlich eingerichtete Zimmer, meist mit Miniküche. Auch Business-Zimmer sind vorhanden.

Mercure, Wilhelm-Haspel-Str. 101, ✉ 71065, ☏ (07031) 61 50, *h2938@accor-hotels.com, Fax (07031) 874981*, 🕿 – 📶 – 📶 Zim, 📺 📞 📺 – 🍴 150. 💳 💳 💳 💳 💳   BS v
Menu *(geschl. Sonntagabend)* à la carte 23/40 – **147 Zim** ⎓ 112/121 – 125/134.
• Mit einer zeitgemäßen und funktionellen Ausstattung überzeugen die Zimmer dieses im Stadtrandbereich gelegenen, gut unterhaltenen Kettenhotels.

Berlin, Berliner-Platz 1, ✉ 71065, ☏ (07031) 86 55, *info@hotel-berlin.bestwestern.de, Fax (07031) 865600*, 🕿, 🏊 – 📶 – 📶 Zim, 📺 Rest, 📺 👍 🚗 🅿 – 🍴 55. 💳 💳 💳 💳 💳   BT c
Menu *(geschl. Anfang - Mitte Aug. 2 Wochen, Samstag)* à la carte 26/32 – **96 Zim** ⎓ 100/110 – 120/130, 3 Suiten.
• In einem Wohngebiet in verkehrsgünstiger Lage zu Stuttgart liegt dieses funktionelle Hotel. Moderne technische Anschlüsse gehören zum Inventar der Zimmer.

Carle garni, Bahnhofstr. 37, ✉ 71063, ☏ (07031) 87 40 01, *Fax (07031) 814427* – 📶 📺 📞 🅿 💳 💳 💳   DX s
14 Zim ⎓ 69/80 – 100.
• Sind Sie auf der Suche nach einer funktionellen Adresse in citynaher Lage ? Mit nur 14 Zimmern bietet Ihnen dieses Haus zudem die Vorzüge eines familiären Hotels.

Piu di Prima, Gartenstr. 24, ✉ 71063, ☏ (07031) 87 88 90, *f.i.c.germania@t-online.de, Fax (07031) 872256*, 🍽 – 💳 💳 💳 💳   CX f
geschl. Sonntag – **Menu** *(Tischbestellung ratsam)* (italienische Küche) à la carte 23/39.
• Hell und freundlich zeigt sich das Interieur dieses Hauses - Naturstein und viel Weiß verleihen dem Raum einen südländischen Touch. Ansprechend : das italienische Angebot.

In Sindelfingen-Maichingen :

Abakus-Hotel, Stuttgarter Str. 49, ✉ 71069, ☏ (07031) 6 31 00, *info@abakus-hotel.de, Fax (07031) 6310100*, 🕿 – 📶, 📶 Zim, 📺 📞 🅿 – 🍴 45. 💳 💳 💳
Menu *(geschl. Aug., Samstag, Sonntagabend)* à la carte 19/25,50 – **80 Zim** ⎓ 97/102 – 115/120.   AS n
• Die Zimmer dieses Hotels sind im Landhausstil eingerichtet. Helle, gekalkte Möbel und dezente Farben schaffen eine einladende Ambiente. Gute Tagungstechnik. Landhausstuben mit internationaler Küche.

SINGEN (HOHENTWIEL) Baden-Württemberg ❚❚❚ W 10 – 44 000 Ew – Höhe 428 m.

🚏 Steißlingen-Wiechs, Brunnenstr. 4 (Nord-Ost : 10 km über ①), ☏ (07738) 7196.
🛈 Tourist-Information, August-Ruf-Str. 13, ✉ 78224, ☏ (07731) 8 52 62, *tourist-info.stadt@singen.de, Fax (07731) 85263*.
ADAC, Schwarzwaldstr. 40.
Berlin 780 ⑤ – Stuttgart 154 ⑤ – *Konstanz* 34 ① – Freiburg im Breisgau 106 ⑤ – Zürich 79 ③.

Stadtplan siehe gegenüberliegende Seite

Lamm, Alemannenstr. 42, ✉ 78224, ☏ (07731) 40 20 (Hotel) 40 26 80 (Rest.), *info@hotellamm.com, Fax (07731) 402200* – 📶, 📶 Zim, 📺 👍 🅿 – 🍴 80. 💳 💳 💳
geschl. 21. Dez. - 6. Jan. – **Menu** *(geschl. Sonn- und Feiertage)(nur Abendessen)* à la carte 15/27 – **79 Zim** ⎓ 67/89 – 97.   B v
• Das familiengeführte Hotel liegt direkt am Rande der Singener Innenstadt in einer verkehrsberuhigten Zone. Die soliden Zimmern sind zum Teil neuzeitlich eingerichtet. Das Hotelrestaurant zeigt sich in schlichter, gepflegter Aufmachung.

Hegauhaus, Duchtlinger Str. 55, ✉ 78224, ☏ (07731) 4 46 72, *Fax (07731) 949452*, ≤ Singen und Umgebung, 🍽 – 🅿 – 🍴 50   über ⑤, Richtung Duchtlingen
geschl. Jan. 3 Wochen, Dienstag – **Menu** à la carte 16/36,50.
• Oberhalb der Stadt finden Sie ein nettes rustikales Lokal, in dem man Sie aufmerksam mit gutbürgerlicher Küche bewirtet. Auch Ausflügler genießen den Blick in die Umgebung.

In Singen-Bohlingen über ② Süd-Ost : 6 km Richtung Überlingen :

Zapa, Bohlinger Dorfstr. 48, ✉ 78224, ☏ (07731) 79 61 61, *info@restaurant-zapa.de, Fax (07731) 796162*, 🍽 – 📶 Zim, 📺 Rest, 📺 📞 🚗 🅿 💳 💳 ⚕ Zim
Menu (italienische Küche) à la carte 25/35 – **7 Zim** ⎓ 68/75 – 107/110.
• In relativ ruhiger Lage am Ortsrand steht dieses in modernem Stil erbaute Haus. Neuzeitlich zeigen sich auch die mit kleinen Schreibplätzen ausgestatteten Zimmer. Restaurant mit großer Fensterfront zum Garten.

SINGEN
(HOHENTWIEL)

Alpenstraße	B 2	August-Ruf-Straße	B	Holzacker	B 17
Aluminiumstraße	B 3	Ekkehardstraße	B	Kreuzensteinstraße	B 18
Am Posthalterswäldle	B 5	Erzbergerstraße	AB 8	Mühlenstraße	A 20
Am Schloßgarten	A 6	Fichtestraße	B	Radolfzeller Straße	B 22
Anton-Bruckner-Straße	A 7	Freiheitstraße	B	Reckholderbühl	A 23
		Goethestraße	A 10	Remishofstraße	A 25
		Herderstraße	A 12	Rielasinger Straße	B 27
		Hilzinger Straße	A 13	Ringstraße	B 29
		Hohenhewenstraße	B 14	Scheffelstraße	AB 30
		Hohenstoffelnstraße	A 15	Schlachthausstraße	B 31
		Hohgarten	A 16	Waldeckstraße	B 34

In Singen-Überlingen am Ried über ② und Georg-Fischer-Straße : 5 km :

Flohr's, Brunnenstr. 11, ⌧ 78224, ℘ (07731) 9 32 30, flohr@flohrs-restaurant.de, Fax (07731) 932323, 😊, 🍽, – ⌂ Zim, 📺 📞 🚗 🅿 AE ⓂⓄ VISA
Menu (geschl. Sept. - Juni Sonntag - Montag, Juli - Aug. Sonntagmittag, Montag) (Tischbestellung ratsam) 38 (mittags) à la carte 58/66, 🍷 🐚 – **8 Zim** ⇌ 77 – 113.
• Mit einem neuen Hotelanbau hat man den ursprünglichen Landgasthof um acht individuelle Zimmer erweitert. Neuzeitliche Eleganz begleitet den Gast durch das ganze Haus. In stilvollem Rahmen serviert man eine klassische Küche mit kreativen Akzenten.
Spez. Salat von grünem und weißem Spargel mit Kalbskutteln und Langustinen. Perlhuhnküken mit Zitronenmarmelade und Balsamico-Schnecken. Tomaten-Rosmarinsoufflé mit Kompott von grünen Tomaten und Oliven-Rahmeis.

In Rielasingen-Worblingen über ② : 4 km :

Krone, Hauptstr. 3 (Rielasingen), ⌧ 78239, ℘ (07731) 8 78 50, info@krone-rielasingen.de, Fax (07731) 878510, 😊, 🍽 – 📺 📞 🚗 🅿 – 🔔 60. AE ⓄⒹ ⓂⓄ VISA
geschl. 27. Dez. - 5. Jan. – **Menu** (geschl. 27. Dez. - 5. Jan., Aug. 2 Wochen, Sonntagabend - Montag) à la carte 14,50/33 – **27 Zim** ⇌ 42/52 – 68/80.
• Mitten im Ort liegt dieser solide Familienbetrieb mit praktisch eingerichteten und gepflegten Zimmern. Malereien zieren die Fassade des hübschen Gasthofs. Rustikal zeigt sich das traditionsreiche Restaurant.

SINGEN (HOHENTWIEL)

Salzburger Stub'n, Hardstr. 29 (Worblingen), ⊠ 78239, ℘ (07731) 2 73 49, *birgit.s obota@t-online.de, Fax (07731) 911165,* 🍴 – 🅿 ⦾
geschl. Donnerstag – **Menu** 25 à la carte 30/41,50.
• Die Heimatstadt der Hausherrin gab dem Restaurant seinen Namen. Eine helle Holztäfelung und ein nettes Dekor lassen das Lokal gemütlich wirken.

Alte Mühle mit Zim, Singener Str. 3 (Rielasingen), ⊠ 78239, ℘ (07731) 91 13 71, *inf o@alte-muehle.biz, Fax (07731) 911472,* 🍴 – ⥮ Zim, 📺 🅿 ⦾ 🆅 Rest
Menu *(geschl. Dienstagmittag, Mittwochmittag)* à la carte 25/36 – **6 Zim** ⊇ 47/52 – 74/84 – ½ P 20.
• Dunkle, denkmalgeschützte Holzbalken durchziehen die ehemalige Mühle aus dem 18. Jh. - ein rustikales, über zwei Etagen angelegtes Restaurant. Funktionelle Zimmer.

Benutzen Sie den Hotelführer des laufenden Jahres

SINSHEIM Baden-Württemberg 𝟓𝟒𝟓 S 10 – 28 000 Ew – Höhe 159 m.

Sehenswert : *Auto- und Technikmuseum★*.
🏌 Sinsheim-Weiler, Buchenauer Hof (Süd-West : 15 km), ℘ (07265) 72 58.
Berlin 618 – Stuttgart 87 – *Mannheim* 50 – Heilbronn 35 – Würzburg 135.

Bär garni, Hauptstr. 131, ⊠ 74889, ℘ (07261) 15 80, *willkommen@hotel-baer.de, Fax (07261) 158100,* ⥅ – ⥮ 📺 🚗 – 🔒 15. 🅰🅴 ⦿ ⦾ 🆅 🆃
50 Zim ⊇ 74/104 – 104/124.
• Das neuzeitliche Hotel - teils mit Fachwerkfassade - beherbergt Geschäftsleute, privat Reisende und Messebesucher in gepflegten, funktionell ausgestatteten Zimmern.

In Sinsheim-Dührn Süd-West : 3 km, jenseits der A 6, über B 39/B 292 :

Ratsstube, Karlsruher Str. 55, ⊠ 74889, ℘ (07261) 93 70, *ratsstube@t-online.de, Fax (07261) 937250,* 🍴 – ⥮ 📺 📞 🅿 🅰🅴 ⦾ 🆅 ⥂
Menu à la carte 13/34 – **31 Zim** ⊇ 73 – 99.
• Ein neuer, ruhig nach hinten gelegener Hotelanbau ergänzt den ursprünglichen, in Naturstein erbauten Gasthof mit weiteren hell und neuzeitlich ausgestatteten Zimmern. Restaurant mit bürgerlichem Charakter. Hell und freundlich : die Kraichgaustube.

SINZIG Rheinland-Pfalz 𝟓𝟒𝟑 O 5 – 17 000 Ew – Höhe 65 m.

🅱 Verkehrsamt, Bad Bodendorf, Pavillon am Kurgarten, ⊠ 53489, ℘ (02642) 98 05 00, *tourist-info-sinzig@t-online.de,* Fax (02642) 980501.
Berlin 613 – Mainz 135 – *Bonn* 22 – *Koblenz* 37.

Vieux Sinzig, Kölner Str. 6, ⊠ 53489, ℘ (02642) 4 27 57, *info@vieux-sinzig.com, Fax (02642) 43051* – ♿ ⦿ ⦾ 🆅
geschl. Feb. 2 Wochen, Juli 2 Wochen, Okt. 1 Woche, Montag - Dienstagmittag – **Menu** (französische Küche) 15 (mittags)/22 à la carte 33/54.
• Hell und neuzeitlich zeigt sich das Restaurant - die Fensterfront zum Garten hin läßt sich bei schönem Wetter öffnen. Frische Kräuter bereichern die französische Saisonküche.

SIPPLINGEN Baden-Württemberg 𝟓𝟒𝟓 W 11 – 2 100 Ew – Höhe 401 m – Erholungsort.

🅱 Verkehrsamt, Haus des Gastes (ehem. Bahnhof), an der B 31, ⊠ 78354, ℘ (07551) 80 96 29, *touristinfo@sipplingen.de,* Fax (07551) 3570.
Berlin 748 – Stuttgart 168 – *Konstanz* 36 – Freiburg im Breisgau 123 – Ravensburg 53.

Seeblick, Prielstr. 4, ⊠ 78354, ℘ (07551) 6 12 27, *hotel.seeblick.bodensee@t-online .de, Fax (07551) 67157,* ≤, ⥅, 🏊 – ⥮ Zim, 📺 🅿 🅰🅴 ⦾ 🆅 Rest
geschl. 15. Dez. - 5. März – **Menu** *(geschl. Donnerstag) (nur Abendessen)* (Restaurant nur für Hausgäste) – **12 Zim** ⊇ 74/76 – 115/120 – ½ P 19.
• Das Hotel liegt in Südhanglage oberhalb des Sees. Neben wohnlichen, gepflegten Gästezimmern zählt auch die überschaubare Größe zu den Vorzügen des Hauses.

Sternen ⥃, Burkhard-von-Hohenfels-Str. 20, ⊠ 78354, ℘ (07551) 6 36 09, *land gasthofsternen@t-online.de, Fax (07551) 3169,* ≤ Bodensee und Alpen, 🍴, 🐴 – ⥮ 📺 ⥂ 🅿
geschl. Mitte Jan. - Anfang März – **Menu** *(geschl. Dienstag)* à la carte 15/29 – **17 Zim** ⊇ 39 – 68 – ½ P 12.
• In ruhiger Lage am Rande des kleinen Ortes steht dieses sympathische, ländlich gestaltete Hotel in Wald- und Seenähe. Fast alle Zimmer verfügen über einen Balkon. Ländlichrustikaler Restaurantbereich.

SITTENSEN Niedersachsen **541** G 12 – 5 300 Ew – Höhe 20 m.

🏌 Sittensen, Alpershausener Weg 60, ℰ (04282) 32 66.
Berlin 334 – Hannover 130 – Hamburg 58 – Bremen 63.

🏨 **Zur Mühle** garni, Bahnhofstr. 25, ✉ 27419, ℰ (04282) 9 31 40, muehle-sittensen@t-online.de, Fax (04282) 931422, ⬌ – 📺 ⚒ 🅿 🆎 ⓞ ⓜ 🆅🆂🅰
11 Zim ⥂ 55/65 – 75/80.
◆ Hinter der hübschen Klinkerfassade dieses gut unterhaltenen kleinen Hauses finden Sie eine saubere und solide ausgestattete Unterkunft.

In Groß Meckelsen West : 5 km, jenseits der A 1, über Lindenstraße :

🏨 **Schröder** (mit Gästehaus), Am Kuhbach 1, ✉ 27419, ℰ (04282) 5 08 80, info@hotel-schroeder.de, Fax (04282) 3535, 🌳, ⬌, 🐎 – ⬌ Zim, 📺 ⚒ ⇌ 🅿 – 🛎 80. 🆎 ⓜ
🆅🆂🅰, 🍴 Rest
Menu à la carte 16/31 – **41 Zim** ⥂ 47/55 – 60/75.
◆ Haupthaus und Gästehaus bilden mit gepflegten, einheitlich gestalteten Zimmern eine zeitgemäße Übernachtungsadresse unter familiärer Leitung. Restaurant mit gediegenem Ambiente.

In Groß Meckelsen-Kuhmühlen Nord-West : 5 km, jenseits der A 1, über Lindenstraße, nach Groß Meckelsen rechts ab :

✕✕ **Zur Kloster-Mühle**, Kuhmühler Weg 7, ✉ 27419, ℰ (04282) 59 41 90, info@kloster-muehle.de, Fax (04282) 5941919, 🌳, – 🅿 – 🛎 20
Menu (wochentags nur Abendessen) 28/34 à la carte 28,50/38,50.
◆ Die alten Mauern der einstigen Mühle und ein mediterranes Interieur bilden eine gelungene Kombination. Sorgfältig und schmackhaft zubereitete internationale Küche.

In Stemmen Süd-Ost : 12 km, Richtung Scheeßel, in Helvesiek links ab :

🏨 **Stemmer Landkrug**, Große Str. 12, ✉ 27389, ℰ (04267) 9 30 40, web@stemmer-landkrug.de, Fax (04267) 930466, 🌳, ⬌ – 🛗, ⬌ Zim, 📺 ⚒ 🅿 – 🛎 60. ⓞ ⓜ
🆅🆂🅰, 🍴
Menu (geschl. Montag) (Dienstag - Freitag nur Abendessen) à la carte 15/30,50 – **32 Zim** ⥂ 45/68 – 75/98.
◆ Äußerlich ist das Hotel ganz dem ländlichen Charakter des Dorfes angepaßt. Vom großzügigen, neuzeitlichen Empfangsbereich aus gelangen Sie in wohnliche Zimmer. Eine rustikale Gaststube ergänzt das gepflegte Restaurant.

SOBERNHEIM, BAD Rheinland-Pfalz **543** Q 6 – 6 750 Ew – Höhe 150 m – Heilbad.

🛈 Kur- und Touristinformation, Bahnhofstr. 4, ✉ 55566, ℰ (06751) 8 12 41, touristinfo@bad-sobernheim.de, Fax (06751) 81240.
Berlin 631 – Mainz 64 – Bad Kreuznach 19 – Idar-Oberstein 31.

🏨 **Hotel Maasberg Therme** ⩘, am Maasberg (Nord : 2 km), ✉ 55566, ℰ (06751) 87 60, info@maasberg-therme.de, Fax (06751) 876201, 🌳, Massage, ⚕, 🛠, ⬌, 🏊,
🐎, 🍴 – 🛗 ⬌ 📺 ⚒ 🅿 – 🛎 50. 🆎 🍴 Rest
geschl. 5. - 23. Jan., 6. - 20. Dez. – **Menu** à la carte 21/28 – **84 Zim** ⥂ 71/90 – 118/150, 4 Suiten – ½ P 16.
◆ Eine einladende Hotelhalle im Atriumstil empfängt Sie in diesem Kur- und Ferienhotel. Wohnliche Eleganz bestimmt das Interieur der großzügigen Hotelanlage. Mediterran angehaucht präsentiert sich das Restaurant.

🏨 **Romantik Hotel BollAnt's im Park** ⩘ (mit Gästehaus), Zum Freilichtmuseum,
✉ 55566, ℰ (06751) 9 33 90, info@bollants.de, Fax (06751) 2696, 🌳, 🌿, Massage, 🛠,
⬌, 🏊, 🐎 – ⬌ 📺 ⚒ 🅿 – 🛎 80. ⓜ 🆅🆂🅰, 🍴
geschl. Jan. – **Passione Rossa** (geschl. Jan., Aug. 1 Woche, Dienstag - Mittwoch) (wochentags nur Abendessen) **Menu** à la carte 39/41, ⚗ – **Herrmannshof** : (geschl. Jan.) **Menu** à la carte 29/36 – **34 Zim** ⥂ 75/120 – 130/170.
◆ Jugendstil-Villa, historischer Herrmannshof und Kurhaus bilden mit dem kleinen Park ein hübsches Ensemble - Wellness und individuelle, geschmackvolle Zimmer überzeugen. Das Passione Rossa kombiniert das alte Sandsteingewölbe mit modern-elegantem Stil. Innenhof.

In Meddersheim Süd-West : 3 km :

✕ **Landgasthof zur Traube**, Sobernheimer Str. 2, ✉ 55566, ℰ (06751) 95 03 82,
Fax (06751) 950220
geschl. 27. Dez. - Mitte Jan., Juli 3 Wochen, Dienstagabend - Mittwoch – **Menu** à la carte 19,50/36.
◆ Gemütlich-rustikal zeigt sich das Innere der ehemaligen Bäckerei. An schweren Holztischen serviert man sorgfältig zubereitete regionale Speisen mit viel Geschmack.

SOBERNHEIM, BAD

Lohmühle, Süd-West : 3 km, an der Straße nach Meisenheim, ✉ 55606 Kirn, ℘ (06751) 45 74, Fax (06751) 6567, ☆ – **P**.
geschl. Jan. - 8. Feb., Montag - Dienstag – **Menu** *(Mittwoch - Freitag nur Abendessen)* à la carte 19/31.
• Die ehemalige Mühle aus dem 15. Jh. liegt außerhalb des Ortes am Waldrand. Steinwände und Holz verleihen dem auf zwei Etagen angelegten Restaurant ein rustikales Ambiente.

SODEN AM TAUNUS, BAD Hessen 543 P 9 – 21 000 Ew – Höhe 200 m – Heilbad.

🛈 Kur und Tourismus, Königsteiner Str. 73 (Rathaus) ✉ 65812, ℘ (06196) 2 08, info @bad-soden.de, Fax (06196) 151.
Berlin 545 – Wiesbaden 31 – *Frankfurt am Main* 17 – Limburg an der Lahn 45.

Ramada-Treff, Königsteiner Str. 88, ✉ 65812, ℘ (06196) 20 00, badsoden@ramada-treff.de, Fax (06196) 200153, ☆, ≤s – 🛗, ⇔ Zim, 📺 📞 & **P** – 🔔 500. ⚿ ⓘ ⓜ 𝐕𝐈𝐒𝐀 JCB
Menu à la carte 25/38 – ⊡ 13 – **130 Zim** 169 – ½ P 15.
• In zentrumsnaher Lage finden Reisende eine funktionelle Unterkunft mit großzügigem Rahmen. Vor allem für Tagungen bietet man hier eine geeignete Ausstattung.

Rheinischer Hof, Am Bahnhof 3, ✉ 65812, ℘ (06196) 56 20, info@rheinischer-hof.com, Fax (06196) 562222 – 🛗, ⇔ Zim, 📺 ⇔ – 🔔 25. ⚿ ⓜ 𝐕𝐈𝐒𝐀 JCB ✂
Menu *(geschl. Montag, Freitag - Samstag)* à la carte 16/33 – **58 Zim** ⊡ 72/95 – 116/144.
• Das historische, unter Denkmalschutz stehende Haus mit Jugendstil-Fassade stellt eine zeitgemäßes Unterkunft dar. Auch die verkehrsgünstige Lage werden Sie schätzen. Mit seinem klassischen Rahmen passt das Restaurant zum Charakter des Hauses.

Concorde, Am Bahnhof 1, ✉ 65812, ℘ (06196) 20 90, info@hotel-concorde.com, Fax (06196) 27075 – 🛗, ⇔ Zim, 📺 📞 ⇔ – 🔔 25. ⚿ ⓜ 𝐕𝐈𝐒𝐀 JCB
geschl. 23. Dez. - 2. Jan. – **Menu** *(geschl. Juli, Freitag - Sonntag, außer Messen) (nur Abendessen)* à la carte 23/34 – **114 Zim** ⊡ 79/86 – 117.
• Im Zentrum der kleinen Stadt - direkt am Bahnhof - finden Tagungsgäste wie auch privat Reisende eine funktionelle Unterkunft. Park und Wald in der näheren Umgebung. Große Fenster und viel Weiß lassen das Restaurant hell wirken.

Salina Hotel ⚘, Bismarckstr. 20, ✉ 65812, ℘ (06196) 56 40, info@salina.de, Fax (06196) 564555, ≤s, 🏊, – 🛗, ⇔ Zim, 📺 **P** – 🔔 30. ⚿ ⓜ 𝐕𝐈𝐒𝐀 JCB
Menu *(geschl. Freitag - Sonntag) (nur Abendessen)* (Restaurant nur für Hausgäste) – **53 Zim** ⊡ 85/140 – 115/180 – ½ P 15.
• Das gut unterhaltene Haus mit seinen gepflegten und zeitgemäß eingerichteten Gästezimmern liegt angenehm ruhig in einem Wohngebiet.

Waldhotel ⚘ garni, Seb.-Kneipp-Str. 1, ✉ 65812, ℘ (06196) 50 28 00, info@waldhotel-bad-soden.de, Fax (06196) 5028011, ≤s, 🏊 ⇔ 📺 📞 ⚿ ⓘ ⓜ 𝐕𝐈𝐒𝐀 JCB
geschl. 22. Dez. - Anfang Jan. – **35 Zim** ⊡ 72/80 – 100.
• Hotel am Kurpark mit praktischen Gästezimmern, komplett ausgestattet und mit ordentlichen Bädern. Im Sommer frühstückt man auf der hübschen kleinen Terrasse.

SODEN-SALMÜNSTER, BAD Hessen 543 P 12 – 14 000 Ew – Höhe 150 m – Heilbad.

ᛚ₁₈ Bad Soden-Salmünster, Golfplatz Alsberg a.d.H. (Ost : 5 km), ℘ (06056) 9 15 80.
🛈 Tourist-Information, Frowin-von-Hutten-Str. 5, ✉ 63628, ℘ (06056) 74 41 44, info @badsodensalmuenster.de, Fax (06056) 744147.
Berlin 494 – Wiesbaden 105 – *Fulda* 45 – Frankfurt am Main 61.

Im Ortsteil Bad Soden :

Kress, Sprudelallee 26, ✉ 63628, ℘ (06056) 7 30 60, infowunsch@hotel-kress.de, Fax (06056) 730666, ☆ – 🛗, 📺 **P** – 🔔 120. ⚿ ⓘ 𝐕𝐈𝐒𝐀
Menu *(geschl. Sonntag)* à la carte 21,50/31 – **42 Zim** ⊡ 61/72 – 83/93 – ½ P 13.
• Zeitgemäß ausgestattete Gästezimmer bieten Ihnen die Annehmlichkeiten, die Sie sich von einem funktionellen Hotel wünschen. Das Sole-Bad liegt ganz in Ihrer Nähe. Modern gestaltetes Restaurant und mediterranes Bistro.

Berghotel Berlin, Parkstr. 8, ✉ 63628, ℘ (06056) 9 12 20, info@berghotel-berlin.de, Fax (06056) 912255, ☆, 🏊 – 🛗, ⇔ Zim, 📺 📞 & **P** – 🔔 15. ⚿ ⓘ ⓜ 𝐕𝐈𝐒𝐀 ✂ Rest
Menu *(geschl. Jan., Sonntagabend) (wochentags nur Abendessen)* à la carte 16/27 – **22 Zim** ⊡ 49 – 75/85.
• Warme Farben vermitteln in den Gästezimmern dieses sympathischen Hotels eine wohnliche Atmosphäre. Auch die Lage am Kurpark und der freundliche Service gefallen. Gespeist wird im gepflegten Bistro-Ambiente.

Zum Heller garni, Gerhard-Radke-Str. 1, ✉ 63628, ℘ (06056) 73 50, Fax (06056) 73513 – ⇔ 📺 **P**. ⓜ 𝐕𝐈𝐒𝐀
20 Zim ⊡ 30/35 – 46/50.
• Als Appartements angelegt, verfügen die meisten Zimmer dieser Hotel-Pension über einen kleinen Wohnbereich, eine Küche sowie einen Balkon.

SÖGEL
Niedersachsen **541** H 6 – 5 000 Ew – Höhe 50 m.
Berlin 486 – Hannover 220 – Nordhorn 68 – Cloppenburg 42 – Meppen 26.

- **Jansen's Clemenswerther Hof** (mit Gästehaus), Clemens-August-Str. 33, ✉ 49751, ℘ (05952) 12 30, clemenswertherhof@t-online.de, Fax (05952) 1268, 🍽 – 📶 📺 🅿 – 🛎 30. ⓘ 🅞 VISA
Menu (geschl. Montag) à la carte 13/29 – **36 Zim** 🛏 41/51 – 62/66.
  ♦ Im Stammhaus wie auch im gegenüberliegenden Gästehaus dieses familiengeführten Gasthofs finden Sie eine solide, saubere Unterkunft vor. Zwei Gaststuben stehen für die Bewirtung bereit.

SÖMMERDA
Thüringen **544** M 17 – 25 000 Ew – Höhe 150 m.
🛈 Stadtinformation, Marktstr. 1, ✉ 99610 ℘ (03634) 35 02 41, Fax (03634) 350351.
Berlin 264 – *Erfurt* 36 – Nordhausen 58 – Weimar 37.

- **Erfurter Tor,** Kölledaer Str. 33, ✉ 99610, ℘ (03634) 33 20, info@hotel-erfurter-tor.de, Fax (03634) 332299, 🍽, 🛋 – 📶, 🔲 Zim, 📺 📞 ♿ 🚗 🅿 – 🛎 50. 🅰🅔 ⓘ 🅞 VISA
Menu (nur Abendessen) à la carte 17/29 – **41 Zim** 🛏 63/65 – 80.
  ♦ Durch einen modern gestalteten Eingangsbereich betreten Sie dieses gut unterhaltene Hotel, das über zeitgemäß ausgestattete Zimmer verfügt. Zur Halle hin offenes Restaurant.

SÖRGENLOCH
Rheinland-Pfalz **543** Q 8 – 1 000 Ew – Höhe 131 m.
Berlin 581 – Mainz 14 – *Frankfurt am Main* 53 – *Bad Kreuznach* 36 – Darmstadt 45.

- **Schloss Sörgenloch** ⚜, Schlossgasse 7, ✉ 55270, ℘ (06136) 9 52 70, landhotel@schlosssoergenloch.de, Fax (06136) 9527130, 🍽 – 🔲 Zim, 📺 📞 ♿ 🅿 – 🛎 50. 🅞 VISA
Menu à la carte 22,50/34 – **24 Zim** 🛏 58/60 – 80/90.
  ♦ Mit einem neuzeitlichen Hotel hat man den hübschen historischen Gutshof aus dem 17. Jh. ergänzt. Schlichte, moderne Zimmer und die ruhige Lage sprechen für das Haus. Gemütliche Gaststuben mit freigelegtem Fachwerk.

SOEST
Nordrhein-Westfalen **543** L 8 – 50 000 Ew – Höhe 98 m.
Sehenswert : St. Patroklidom★ (Westwerk★★ und Westturm★★) Z – Wiesenkirche★ (Aldegrevers-Altar★) Y – Nikolaikapelle (Nikolai-Altar★) Z D.
🛈 Tourist Information, Am Seel 5, ✉ 59494, ℘ (02921) 1 03 14 14, touristinfo@soest.de, Fax (02921) 1031499.
ADAC, Arnsberger Str. 7.
Berlin 457 ② – Düsseldorf 118 ③ – Arnsberg 21 ③ – Dortmund 52 ④ – Paderborn 49 ②

Stadtplan siehe nächste Seite

- **Hanse,** Siegmund-Schultze-Weg 100, ✉ 59494, ℘ (02921) 7 09 00, info@hanse-hotel-soest.de, Fax (02921) 709075, 🍽 – 🔲 🚗 🅿 – 🛎 40. 🅰🅔 ⓘ 🅞 VISA
über ③ und Arnsberger Straße
Menu à la carte 15/31 – **45 Zim** 🛏 59/70 – 89/100.
  ♦ Am Rande der Stadt finden Sie diese mit gepflegten Gästezimmern ausgestattete Unterkunft mit ausreichendem Platzangebot und ordentlicher technischer Ausstattung. Neuzeitlich-schlichtes Restaurant.

- **Im wilden Mann,** Am Markt 11, ✉ 59494, ℘ (02921) 1 50 71, mail@im-wilden-mann.de, Fax (02921) 17280, 🍽 – 📺 – 🛎 70. 🅰🅔 ⓘ 🅞 VISA JCB. 🔲 Zim   Y b
Menu à la carte 18/34 – **12 Zim** 🛏 54/56 – 78/91.
  ♦ Das hübsche Fachwerkhaus mit Spitzgiebeln liegt mitten im Zentrum der Stadt. Zwölf gemütliche Zimmer in rustikalem Stil stehen zum Einzug bereit. Viel dunkles Holz macht die Gaststuben behaglich.

- **Pilgrim-Haus** mit Zim, Jakobistr. 75, ✉ 59494, ℘ (02921) 18 28, info@pilgrimhaus.de, Fax (02921) 12131, 🍽 – 🔲 Rest, 📺 🅞 VISA   Z e
geschl. 24. Dez. - 1. Jan. – **Menu** (geschl. Dienstag) (Montag - Freitag nur Abendessen) à la carte 18/33 – **10 Zim** 🛏 69 – 85/95.
  ♦ Seit 1304 existiert dieses gastliche Haus - der älteste Gasthof Westfalens. Hinter hübschen Sprossenfenstern laden gemütlich-rustikale Stuben zur Einkehr ein.

- **Am Kattenturm,** Dasselwall 1 (Stadthalle), ✉ 59494, ℘ (02921) 1 39 62, Fax (02921) 769371, 🍽, Biergarten – ♿ 🅿 – 🛎 35. 🅰🅔 ⓘ 🅞 VISA   Z
geschl. Juli - Aug. Montag, Samstagmittag – **Menu** à la carte 20/32,50.
  ♦ Das Restaurant liegt direkt an der Stadtmauer, integriert in die moderne Stadthalle von Soest. In gepflegten, neuzeitlich gestalteten Räumlichkeiten bittet man Sie zu Tisch.

1311

SOEST

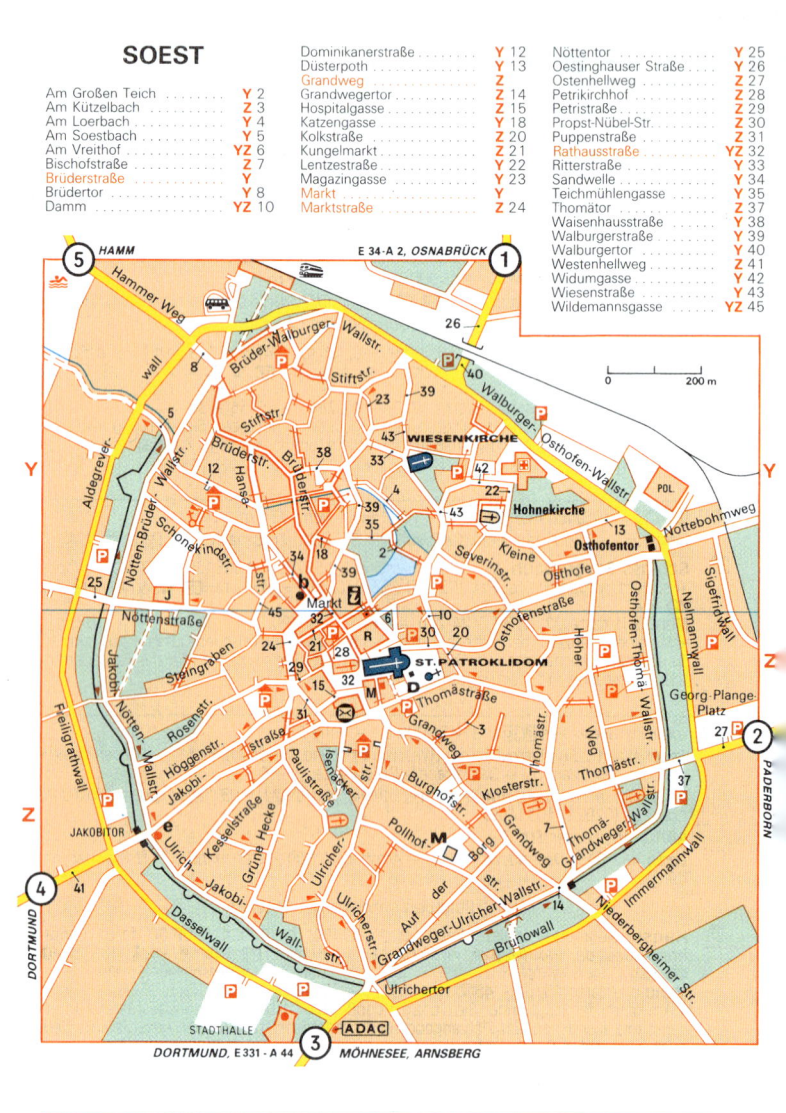

Am Großen Teich	Y 2	
Am Kützelbach	Z 3	
Am Loerbach	Y 4	
Am Soestbach	Y 5	
Am Vreithof	YZ 6	
Bischofstraße	Z 7	
Brüderstraße	Y	
Brüdertor	Y 8	
Damm	YZ 10	
Dominikanerstraße	Y 12	
Düsterpoth	Y 13	
Grandweg	Z	
Grandwegertor	Z 14	
Hospitalgasse	Z 15	
Katzengasse	Y 18	
Kolkstraße	Z 20	
Kungelmarkt	Z 21	
Lentzestraße	Y 22	
Magazingasse	Y 23	
Markt	Y	
Marktstraße	Z 24	
Nöttentor	Y 25	
Oestinghauser Straße	Y 26	
Ostenhellweg	Z 27	
Petrikirchhof	Z 28	
Petristraße	Z 29	
Propst-Nübel-Str.	Z 30	
Puppenstraße	Z 31	
Rathausstraße	YZ 32	
Ritterstraße	Y 33	
Sandwelle	Y 34	
Teichmühlengasse	Y 35	
Thomätor	Y 37	
Waisenhausstraße	Y 38	
Walburgerstraße	Y 39	
Walburgertor	Y 40	
Westenhellweg	Z 41	
Widumgasse	Y 42	
Wiesenstraße	Y 43	
Wildemannsgasse	YZ 45	

SOHLAND AN DER SPREE Sachsen 544 M 27 – 8 000 Ew – Höhe 326 m.
Berlin 213 – Dresden 58 – Görlitz 44 – Bautzen 17.

In Sohland-Wehrsdorf Nord-West : 3 km Richtung Bischofswerda :

Wehrsdorfer Erbgericht, Oppacher Str.1 (B 98), ⊠ 02689, ℘ (035936) 45 00, hotel@wehrsdorfer-erbgericht.de, Fax (035936) 45029, ≦s – |≡|, ⋊ Zim, TV ℘ 占 P – 丛 30. AE ⑯ VISA, ℘ Zim
Menu à la carte 15/27 – 立 6 – **13 Zim** 65/100 – 82/121.
  ◆ Hinter 250 Jahre alten Außenmauern überzeugt dieses Hotel mit komfortablen Zimmern von antik-stilvoll bis modern sowie einem hübsch gestalteten Freizeitbereich. Holzdielen, ein offener Kamin und eine Holzkassettendecke prägen die Gaststube.

Jährlich eine neue Ausgabe, benutzen Sie den Hotelführer des laufenden Jahres.

SOLINGEN Nordrhein-Westfalen 543 M 5 – 163 000 Ew – Höhe 225 m.

Ausflugziel : Solingen-Gräfrath : Deutsches Klingenmuseum★ 4 km über ①.

ADAC, *Goerdelerstr. 45.*

Berlin 543 ③ – *Düsseldorf* 34 ⑤ – Essen 35 ① – Köln 36 ④ – Wuppertal 16 ②

🏨 **City Club Hotel** garni, Kronprinzenstraße, ✉ 42655, ☏ (0212) 2 20 60, *info@city-club-hotel.de*, Fax (0212) 2206060 – 🛗 ⚒ TV 📞 – 🅿 25. AE ⓓ ⓜⓞ VISA   Y a
geschl. 23. Dez. - 2. Jan. - **100 Zim** 🛏 95/100 – 115.
  ♦ Das neuzeitliche Stadthotel überzeugt geschäftlich wie auch privat Reisende mit einem großzügigen Rahmen, gut ausgestatteten Zimmern und einer verkehrsgünstigen Lage.

🏨 **Turmhotel**, Kölner Str. 99, ✉ 42651, ☏ (0212) 22 30 70, *turmhotel@t-online.de,* Fax (0212) 2230777, ≤, – 🛗, ⚒ Zim, TV 📞 🚗 – 🅿 35. AE ⓓ ⓜⓞ VISA   Z v
geschl. 20. Dez. - 5. Jan. - **Menu** *(nur Abendessen)* (Restaurant nur für Hausgäste) – **40 Zim** 🛏 63/75 – 82/88.
  ♦ Das zentral gelegene Etagenhotel erstreckt sich über die oberen Stockwerke eines nüchternen Hochhauses. Im Inneren erwarten den Gast praktisch eingerichtete Zimmer.

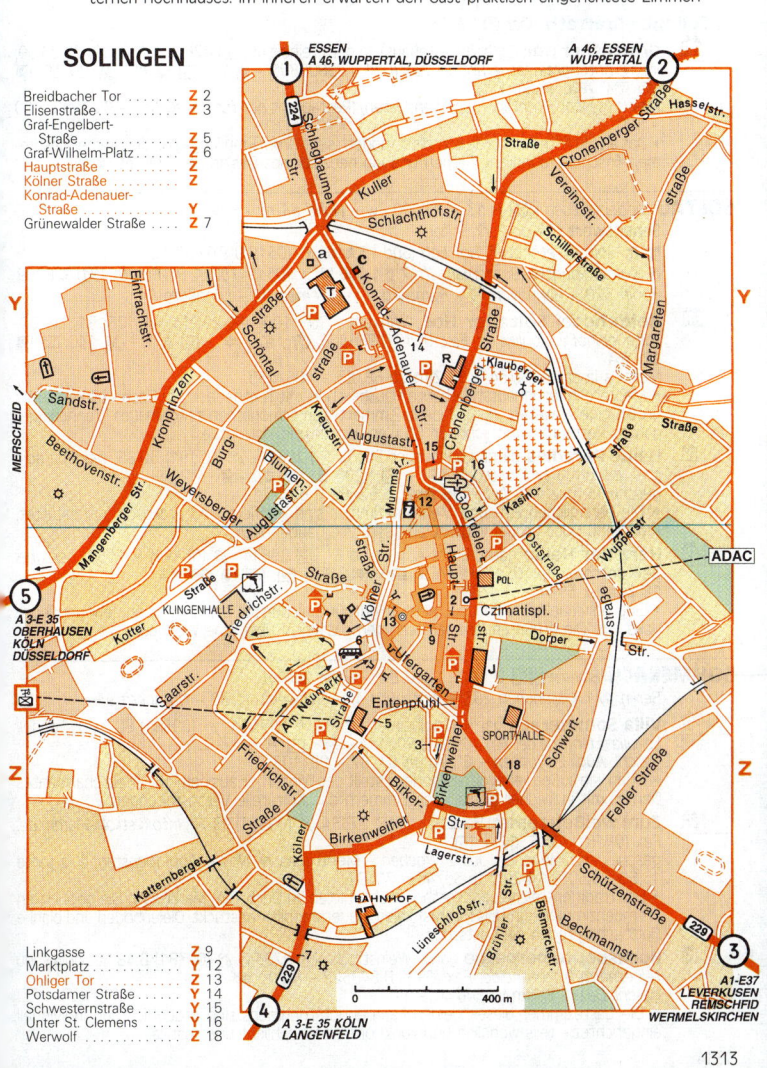

SOLINGEN

Breidbacher Tor	Z 2
Elisenstraße	Z 3
Graf-Engelbert-Straße	Z 5
Graf-Wilhelm-Platz	Z 6
Hauptstraße	**Y**
Kölner Straße	Z
Konrad-Adenauer-Straße	**Y**
Grünewalder Straße	Z 7
Linkgasse	Z 9
Marktplatz	Y 12
Ohliger Tor	**Y 13**
Potsdamer Straße	Y 14
Schwesternstraße	Y 15
Unter St. Clemens	Y 16
Werwolf	Z 18

SOLINGEN

Globusmann, Konrad-Adenauer-Str. 72, ✉ 42651, ℘ (0212) 28 01 74, info@globus mann.de, Fax (0212) 2801767, 🌳 – 🅿 – 🔒 80. 🆎 ⓘ ⓜ 🆅🆂🅰 🅹🅲🅱. 🍴 Rest   Y c
geschl. Samstagmittag – **Menu** à la carte 25,50/28,50, ♀ – **Steinhaus Lounge** *(geschl. Samstagmittag, Sonntag)* **Menu** à la carte 20/28.
• Im Keller der historischen Christiansvillen hat man ein hübsches Restaurant eingerichtet - Gewölbenischen aus unverputztem Backstein bieten eine besondere Atmosphäre. Das Bistro Steinhaus Lounge gefällt mit Show-Küche und lockerer Atmosphäre.

In Solingen-Burg über ③ : *8 km* :

Haus Niggemann, Wermelskirchener Str. 22, ✉ 42659, ℘ (0212) 4 10 21, info@h otel-niggemann.de, Fax (0212) 49175, 🌳 – 🛗 📺 🅿 – 🔒 60. ⓘ ⓜ 🆅🆂🅰
Menu *(geschl. Dienstag)* à la carte 16/30,50 – **27 Zim** ⌂ 77 – 102.
• Das familiengeführte Hotel liegt in einem kleinen Teilort von Solingen. Die Nähe zu verschiedenen Ruhrgebietsmetropolen macht es zum idealen Ausgangspunkt für Stadttouren. Bürgerlich gestaltetes Restaurant.

In Solingen-Gräfrath über ① : *6,5 km* :

Gräfrather Hof 🌿 (mit Gästehaus), In der Freiheit 48, ✉ 42653, ℘ (0212) 25 80 00, info@hotel-graefratherhof.de, Fax (0212) 25800800 – 🛗 🍴 📺 ☎ 🅿 – 🔒 20. 🆎 ⓘ ⓜ 🆅🆂🅰 🅹🅲🅱. 🍴 Rest
Menu *(geschl. Sonntag) (nur Abendessen)* (Restaurant nur für Hausgäste) – **60 Zim** ⌂ 90 – 120.
• Das alte Stadthaus wurde komplett modernisiert : Vom Empfang bis in die Zimmer bestimmen frische, freundliche Farben und ein neuzeitliches Design den Stil des Hotels.

SOLTAU Niedersachsen 🅵🅰🅹 H 13 – *22 000 Ew* – *Höhe 64 m* – *Erholungsort.*
Sehenswert : *Heide-Park Soltau★.*
🏌 🏌 Soltau-Tetendorf, Hof Loh (Süd : 3 km), ℘ (05191) 9 67 63 33.
🅱 Soltau Touristik, Bornemannstr. 7, ✉ 29614, ℘ (05191) 82 82 82, Fax (05191) 828299.
Berlin 320 – Hannover 79 – Hamburg 80 – Bremen 92 – Lüneburg 51.

Heidehotel Soltauer Hof, Winsener Str. 109, ✉ 29614, ℘ (05191) 96 60, soltauer-hof@t-online.de, Fax (05191) 966466, 🌳, ☎, 🌿 – 📺 ♿ 🅿 – 🔒 140. 🆎 ⓘ ⓜ 🆅🆂🅰
Menu à la carte 19/34 – **53 Zim** ⌂ 68/85 – 105/135.
• Mehrere im Landhausstil erbaute Häuser - teils mit reetgedecktem Dach - bilden dieses großzügige Anwesen. Verschiedene Zimmertypen ermöglichen zeitgemäßes Wohnen. Elegantes Restaurant mit schönen Stühlen, Kamin und Holzdecke.

Heide-Paradies garni, Lüneburger Str. 6, ✉ 29614, ℘ (05191) 30 86, heideparadie s1@aol.com, Fax (05191) 18332 – 📺 ☎ 🅿. 🆎 ⓘ ⓜ 🆅🆂🅰
geschl. 15. Dez. - 8. Jan. – **18 Zim** ⌂ 52/62 – 62/77.
• Die behaglichen Ein- und Mehrbettzimmer sind gepflegt und praktisch ausgestattet. Auffallend : das große, von Säulen gestützte Gaubendach.

Herz der Heide garni, Ernst-August-Str. 7, ✉ 29614, ℘ (05191) 9 67 50, herzdhei de@aol.com, Fax (05191) 17765, ☎, 🌿 – 🌳 📺. 🆎 ⓘ ⓜ 🆅🆂🅰
18 Zim ⌂ 39/49 – 64/80.
• Eine individuelle Einrichtung, meist im gutbürgerlichen Stil, zeichnet dieses sehr gepflegte Haus aus. Die größeren Zimmer verfügen zusätzlich über eine Wohnecke.

SOMMERACH Bayern 🅵🅰🅹 Q 14 – *1 400 Ew* – *Höhe 200 m.*
Berlin 471 – München 263 – Würzburg 31 – Schweinfurt 30 – Nürnberg 93.

Villa Sommerach garni, Nordheimer Str. 13, ✉ 97334, ℘ (09381) 80 24 85, denek ke-villa@t-online.de, Fax (09381) 802484 – 🌿 📺 🅿. 🍴
geschl. Aug. 2 Wochen – **6 Zim** ⌂ 67/87 – 98/108.
• Innen wie außen liebevoll restauriert, stellt der Winzerhof aus dem 16. Jh. ein charmantes Domizil mit individuell gestalteten Zimmern dar. Kulturelle Veranstaltungen.

Zum weißen Lamm, Hauptstr. 2, ✉ 97334, ℘ (09381) 93 77, info@strobel-lamm.de, Fax (09381) 4933, 🌳 – 📺
geschl. Jan. 3 Wochen, Juli 2 Wochen – **Menu** *(geschl. Nov. - April Dienstag)* à la carte 15,50/29,50 – **14 Zim** ⌂ 35/40 – 70/92.
• Der traditionsreiche Landgasthof steht mitten im Dorf - am Marktplatz. Die gepflegten Fremdenzimmer sind teils mit rustikalem Bauernmobiliar bestückt. Dielenboden und blanke Holztische prägen die Gaststube.

Bocksbeutelherberge garni, Weinstr. 22, ✉ 97334, ℘ (09381) 8 48 50, bocksbeu telherberge@t-online.de, Fax (09381) 848522 – 📺 🅿. 🍴
geschl. Dez. – **8 Zim** ⌂ 33/40 – 51.
• Die Gästezimmer dieses kleinen Familienunternehmens sind ordentlich und individuell eingerichtet - teils wohnlich und funktionell, teils schlicht und rustikal.

SOMMERFELD Brandenburg 542 H 23 – 1050 Ew – Höhe 43 m.
Berlin 48 – Potsdam 56 – Neuruppin 28.

Am See ⊗, Beetzer Str. 1a, ⊠ 16766, ℘ (033055) 9 70, info@hotel-sommerfeld.de, Fax (033055) 97445, 佘, Massage, ≦s, ⊠, ☞ – 園, ⇼ Zim, TV ✆ & P – 益 80. AE ① ⑩ VISA
Menu à la carte 21,50/32 – **95 Zim** ⊇ 92/102 – 128.
◆ Von der Fassade über die Rezeption bis in Ihr Zimmer ist das komfortable Domizil in neuzeitlichem Stil gehalten - funktionell das Innenleben, reizvoll die ruhige Lage am See. Ein neuzeitlich-elegantes Ambiente prägt das Restaurant.

SOMMERHAUSEN Bayern siehe Ochsenfurt.

SONNEBERG Thüringen 544 O 17 – 23800 Ew – Höhe 350 m.
🛈 Fremdenverkehrsbüro, Bahnhofspl. 3 (im Bahnhof), ⊠ 96515, ℘ (03675) 70 27 11, Fax (03675) 742002.
Berlin 354 – Erfurt 107 – Coburg 22.

Parkhotel Sonne, Dammstr. 3, ⊠ 96515, ℘ (03675) 82 30, parkhotel-sonne@t-on line.de, Fax (03675) 823333, 佘 – 園, ⇼ Zim, TV ✆ P – 益 50. AE ⑩ VISA. ⋇ Rest
Menu (geschl. Samstag - Sonntag) (nur Abendessen) à la carte 14/23,50 – **36 Zim** ⊇ 54 – 82.
◆ Hell und modern wie das Äußere des Hotels präsentiert sich auch der Empfangsbereich. Das funktionale Inventar der Zimmer schätzen nicht nur Geschäftsreisende. Mit neuzeitlichem Design ist das Restaurant dem Stil des Hauses angepaßt.

Schöne Aussicht, Schöne Aussicht 24, ⊠ 96515, ℘ (03675) 80 40 40, info@hotel schoeneaussicht.de, Fax (03675) 804041, 佘, ☞ – TV P. ⑩ VISA
Menu (geschl. Sonntagabend) à la carte 13/25 – **12 Zim** ⊇ 46/49 – 72.
◆ Ein moderner Eingangsbereich empfängt Sie hinter der freundlichen, rosa gestrichenen Fassade dieses Hotels. Von hier aus gelangen Sie in neuzeitlich eingerichtete Zimmer. Eine große Fensterfront gibt dem Restaurant einen wintergartenähnlichen Charakter.

SONNENBÜHL Baden-Württemberg 545 U 11 – 7000 Ew – Höhe 720 m – Wintersport : 720/880 m ≰3 ≰.
🏌 Sonnenbühl-Undingen, Im Zerg, ℘ (07128) 9 26 60.
🛈 Touristinformation, Hauptstr. 2, ⊠ 72820, ℘ (07128) 9 25 18, Fax (07128) 92550.
Berlin 700 – Stuttgart 63 – Konstanz 120 – Reutlingen 26.

In Sonnenbühl-Erpfingen – Luftkurort :

Hirsch (Windhösel) mit Zim, Im Dorf 12, ⊠ 72820, ℘ (07128) 9 29 10, info@restaur ant-hotel-hirsch.de, Fax (07128) 3121, 佘, ☞ – 園 TV P. ⑩ VISA. ⋇ Rest
geschl. 8. - 19. Feb., 10. - 20. Nov. – **Menu** (geschl. Montag - Dienstag) à la carte 29/53 – **Dorfstube** : **Menu** à la carte 23,50/32 – **11 Zim** ⊇ 56/72 – 73/102.
◆ Der tadellos gepflegte Familienbetrieb gefällt mit einem ländlich-elegant gestalteten Restaurant und wohnlichen, neuzeitlichen Zimmern. Hinter dem Haus : ein schöner Garten. Betont rustikal : die Dorfstube mit blanken Tischen, Holzfußboden und Täfelung.
Spez. Ziegenquark-Maultäschle mit gedünsteter Rauke. Rücken vom Milchferkel mit getrüffeltem Kartoffelgemüse. Sanddorn-Dickmilch-Mousse mit Früchteallerlei

SONTHOFEN Bayern 546 X 14 – 22000 Ew – Höhe 742 m – Luftkurort – Wintersport : 750/1050 m ≰3 ≰.
🏌 Sonnenalp Ofterschwang (Süd-West : 4 km), ℘ (08321) 27 21 81.
🛈 Gästeamt, Rathausplatz 1, ⊠ 87527, ℘ (08321) 61 52 91, gaesteinfo@sonthofen.de, Fax (08321) 615293.
Berlin 725 – München 152 – Kempten (Allgäu) 27 – Oberstdorf 13.

Allgäu Stern ⊗ (mit 🏛 Residenz Ludwig), Buchfinkenweg 2, ⊠ 87527, ℘ (08321) 27 90, info@allgaeustern.de, Fax (08321) 279444, ≤ Allgäuer Berge, 佘, ❷, Massage, ⊕, ℉δ, ≦s, ⊠, ⚒, ☞, ✵ – 園, ⇼ Zim, TV ✆ ஃ P – 益 400. AE ① ⑩ VISA. ⋇
Menu à la carte 24,50/33, ♀ – **442 Zim** ⊇ 86/113 – 136/200, 8 Suiten.
◆ Teil dieser großzügigen Hotelanlage ist das "Suitenjuwel" Residenz Ludwig, das mit moderner Eleganz in warmen Tönen überzeugt. Wellnesspark und Alpen-Congress-Centrum. Gastronomie hat hier viele Gesichter : von elegant bis typisch bayerisch.

Alte Post, Promenadestr. 5, ⊠ 87527, ℘ (08321) 25 08, Fax (08321) 68750 – AE ⑩ VISA
geschl. Mitte Jan. 1 Woche, Juni 3 Wochen, Donnerstag – **Menu** à la carte 16/29.
◆ Zwei Stuben bilden das Interieur : Mal dienen Postutensilien als Dekor, mal zieren rote Bänke und gelbe Stühle ein modern-legeres Brasserie-Ambiente.

SONTHOFEN

In Blaichach-Seifriedsberg *Nord-West : 5 km, über Östliche Alpenstraße und Illerstraße :*

Kühbergalp, Kühberg 1, ✉ 87544, ℘ (08321) 6 63 90, *info@kuehbergalp.de*, Fax (08321) 663999, ≤ Allgäuer Berge, 佘, ⇔, ⊠ – ⌷ 回 见 % Rest geschl. Mitte Nov. - Mitte Dez. – **Menu** à la carte 17/31,50 – **30 Zim** ⊆ 61/68 – 102/116 – ½ P 18.
* Der im regionalen Stil erbaute Gasthof liegt ruhig oberhalb des Ortes - ergänzt durch einen neuzeitlichen Anbau. Hier beziehen Sie wohnliche, funktionelle Zimmer. Eine ländliche Aufmachung in hellem Holz prägt den Charakter des Restaurants.

In Ofterschwang-Schweineberg *Süd-West : 4 km, über Südliche Alpenstraße :*

Sonnenalp, ✉ 87527, ℘ (08321) 27 20, *info@sonnenalp.de*, Fax (08321) 272242, ≤, 佘, ⓘ, Massage, ♣, ⓕ, ⇔, ⊠ (geheizt), ⊠, 굫, % (Halle), 굵 ⓛ8, 犾, Sportzentrum – ⌷, 씙 Rest, 回 ∰ ⇔ 见 – Ⳡ ⓓ 100. % **Menu** (Restaurant nur für Hausgäste), ♀ – **223 Zim** (nur ½ P) 150/215 – 320/450, 23 Suiten.
* Ein Sport- und Urlaubsresort der Superlative ! Unvergleichliche Exklusivität und außergewöhnliche Animation, alpiner Charme und die einzigartige Lage beeindrucken den Gast.

SONTRA Hessen **543** M 13 – *9 800 Ew – Höhe 242 m – Luftkurort.*
Berlin 392 – Wiesbaden 201 – Kassel 56 – Bad Hersfeld 34 – Göttingen 62.

Link, Bahnhofstr. 17, ✉ 36205, ℘ (05653) 6 83, *hotel-link@t-online.de*, Fax (05653) 8123, 佘 – ⌷, ≾⇔ Zim, 回 见 – Ⳡ 80. ⓜⓞ 𝖵𝖨𝖲𝖠
Menu à la carte 10/19 – **35 Zim** ⊆ 25/34 – 45/55 – ½ P 8.
* Schlichte, aber gut gepflegte und saubere Fremdenzimmer sowie familiäre Castlichkeit machen diese solide geführte Übernachtungsadresse aus. Bürgerlich-rustikales Restaurant.

In Nentershausen-Weißenhasel *Süd : 5 km, über B 27, nach 1 km links ab :*

Johanneshof, Kupferstr. 24, ✉ 36214, ℘ (06627) 9 20 00, Fax (06627) 920099, 佘, ⇔, 굫 – ⌷, ≾⇔ Zim, 回 – Ⳡ 45. Ⱥ℡ ⓜⓞ 𝖵𝖨𝖲𝖠
Menu *(geschl. Freitagmittag, Samstagmittag)* à la carte 14/24 – **20 Zim** ⊆ 47 – 62 – ½ P 8.
* Seit über 300 Jahren befindet sich das sympathische Gasthaus in Familienbesitz. Umgeben von Wiesen und Feldern, ist der kleine Ort ein idealer Ausgangspunkt für Wanderungen. Ländliches Dekor macht das Restaurant gemütlich.

SOODEN - ALLENDORF, BAD Hessen **543** M 13 – *10 000 Ew – Höhe 160 m – Heilbad.*
Sehenswert : *Allendorf : Fachwerkhäuser★ (Bürgersches Haus★, Kirchstr. 29, Eschstruthsches Haus★★, Kirchstr. 59).*
🛈 *Touristinformation, Landgraf-Philipp-Pl. 1, ✉ 37242, ℘ (05652) 9 58 70, Fax (05652) 958713.*
Berlin 375 – Wiesbaden 231 – Kassel 52 – Bad Hersfeld 68 – Göttingen 36.

Im Ortsteil Ahrenberg *Nord-West : 6 km über Ellershausen :*

Berggasthof Ahrenberg, ✉ 37242, ℘ (05652) 9 57 30, *info@hotel-ahrensb erg.de*, Fax (05652) 1854, ≤ Werratal, 佘, ⇔, 굫 – ⌷, ≾⇔ Zim, 回 ⓒ 见 – Ⳡ 15. Ⱥ℡ ⓓ ⓜⓞ 𝖵𝖨𝖲𝖠
Menu à la carte 16/29 – **25 Zim** ⊆ 45/55 – 70/85 – ½ P 15.
* Eine hübsche Veranda, Holzbalkone und ein Türmchen mit Glasfront prägen das Äußere des Hauses, im Inneren stehen liebevoll eingerichtete Zimmer zum Einzug bereit. Gepflegte ländliche Dekoration im Restaurant.

SPAICHINGEN Baden-Württemberg **545** V 10 – *9 500 Ew – Höhe 670 m.*
Ausflugsziel : *Dreifaltigkeitsberg★ : Wallfahrtskirche ✵★ Nord-Ost : 6 km.*
Berlin 737 – Stuttgart 112 – Konstanz 70 – Tuttlingen 14 – Rottweil 14.

In Hausen ob Verena *Süd-West : 6 km, über Angerstraße, Karlstraße und Hausener Straße :*

Hofgut Hohenkarpfen, am Hohenkarpfen – Höhe 850 m, ✉ 78595, ℘ (07424) 94 50, *hofgut.hohenkarpfen@t-online.de*, Fax (07424) 945245, ≤ Eltatal, 佘, 굫 – 回 ⓒ 见 – Ⳡ 100. Ⱥ℡ ⓓ ⓜⓞ 𝖵𝖨𝖲𝖠
Menu à la carte 31/42 – **21 Zim** ⊆ 62 – 98.
* Der ehemalige Bauernhof in einmaliger Lage - bestehend aus zwei Häusern mit Walmdach - beherbergt ein Kunstmuseum sowie ein modernes Tagungshotel mit gemütlichen Zimmern. Das Restaurant zeugt vom ursprünglichen Charakter des Anwesens.

SPALT Bayern ▨▨ S 16 – 5 200 Ew – Höhe 357 m – Erholungsort.
 ▨ Tourist-Information, Rathaus, Herrengasse 10, ✉ 91174, ℘ (09175) 7 96 50, postst elle@spalt.de, Fax (09175) 796580.
 Berlin 474 – München 149 – Nürnberg 50 – Ingolstadt 70 – Ansbach 35.

Krone, Hauptstr. 23, ✉ 91174, ℘ (09175) 3 70, Fax (09175) 223, 🍴 – 🛏 Zim, 📺 🚗 P. ◉ VISA. ✂ Zim
 geschl. Dez. - Jan. 4 Wochen – **Menu** (geschl. Dienstag) à la carte 13/26 – **15 Zim** ⇌ 36 – 52.
 • Hinter einer freundlichen gelben Fassade beziehen Reisende eine gepflegte, solide ausgestattete Unterkunft. Mit nur 15 Zimmern stellt das Haus eine nette, kleine Herberge dar. Ländliches Restaurant.

In Spalt-Großweingarten Süd-Ost : 3 km, über Bahnhofstraße und Rother Straße, nach Wasserzell rechts ab :

Zum Schnapsbrenner, Dorfstr. 67, ✉ 91174, ℘ (09175) 7 97 80, info@pension-schnapsbrenner.de, Fax (09175) 797833, 🍴 – 📺 P. ◉ VISA
 Menu (geschl. Ende Okt. - Mitte Nov., Sonntag) (nur Abendessen) à la carte 10/22 – **10 Zim** ⇌ 32 – 60.
 • Die kleine Pension verfügt über neuzeitliche Zimmer im Landhausstil. Der Name des Hauses lässt es bereits vermuten - in einem kleinen Laden verkauft man Selbstgebranntes. Ländliches Restaurant mit Gewölbedecke, Kachelofen und Hopfen als Dekor.

In Spalt-Stiegelmühle Nord-West : 5 km, Richtung Wernfels :

Gasthof Blumenthal, ✉ 91174, ℘ (09873) 3 32, Fax (09873) 1375, 🍴 – P.
 geschl. Jan. 3 Wochen, Montag - Dienstag – **Menu** à la carte 22/30.
 • In einer kleinen Siedlung am Waldrand liegt der familiär geführte Landgasthof - mit netten Stuben und Innenhof. Mit Sorgfalt und Geschmack bereitet man hier die Speisen zu.

Lesen Sie die Einleitung, sie ist der Schlüssel zu diesem Führer.

SPANGENBERG Hessen ▨▨ M 12 – 7 300 Ew – Höhe 265 m – Luftkurort.
 ▨ Service-Center, Rathausstr. 7, ✉ 34286, ℘ (05663) 72 97, Fax (05663) 930406.
 Berlin 398 – Wiesbaden 209 – Kassel 41 – Bad Hersfeld 50.

Schloss Spangenberg ⚓, ✉ 34286, ℘ (05663) 8 66, hotel.schloss.spangenberg@t-online.de, Fax (05663) 7567, < Spangenberg, 🍴 – 🛏 Zim, 📺 P. – 🔔 60. AE ◉ ◉ VISA. ✂ Rest
 geschl. Jan. 2 Wochen – **Menu** (geschl. Dienstag, Sonntagabend) à la carte 29,50/43 – **24 Zim** ⇌ 61/125 – 99/183.
 • Wo schon im 13. Jh. Ritter residierten, beziehen heute Gäste Quartier. Das in die alte Burg integrierte Hotel bietet Ihnen individuell gestaltete Zimmer. Über zwei Etagen erstreckt sich das rustikal-elegante Restaurant.

Ratskeller, Marktplatz 1, ✉ 34286, ℘ (05663) 3 41, info@ratskeller-spangenberg.de, Fax (05663) 931286, 🍴 – ◉ VISA
 geschl. Juli - Aug. 2 Wochen, Sonntag - Montag, außer Feiertage – **Menu** (abends Tischbestellung ratsam) à la carte 33/42, 🍷.
 • Das historische Rathaus am kleinen Marktplatz beherbergt dieses neuzeitlichelegant wirkende Restaurant mit halbhoher Holztäfelung und gut eingedeckten Tischen.

SPARNECK Bayern siehe Münchberg.

SPAY Rheinland-Pfalz ▨▨ P 6 – 2 200 Ew – Höhe 69 m.
 Berlin 608 – Mainz 98 – Koblenz 14.

Alter Posthof, Mainzer Str. 47, ✉ 56322, ℘ (02628) 87 08, info@alterposthof.de, Fax (02628) 3001, 🍴 – 📺 P. ◉ VISA
 geschl. 22. Dez. - 15. Jan. – **Menu** (geschl. Mittwochmittag) à la carte 17/27 – **15 Zim** ⇌ 44/48 – 75/86.
 • Seit 1802 befindet sich dieser Gasthof - eine alte Posthalterei und Herberge - in Familienbesitz. Solide Zimmer und die überschaubare Größe sprechen für das Haus. Traditionell gestaltete Gaststube.

SPELLE Nordrhein-Westfalen siehe Rheine.

SPEYER

SPEYER Rheinland-Pfalz 543 S 9 – 50 000 Ew – Höhe 104 m.

Sehenswert : Kaiserdom★★ (Krypta★★★, Querschiff★★) B – ≤★★ vom Fuß des Heidentürmchens auf den Dom B E – Judenbad★ B A – Dreifaltigkeitskirche (Barock-Interieur★) B B – Historisches Museum der Pfalz (Goldener Hut★ aus Schifferstadt, Weinmuseum★, Römerwein★) B M1 – Altstadt (Altpörtel★), A – Technik-Museum★ (IMAX-Filmtheater★) B.

🛈 Tourist-Information, Maximilianstr. 13, ⊠ 67346, ℰ (06232) 14 23 92, touristinformation@stadt-speyer.de, Fax (06232) 142332.

Berlin 638 ① – Mainz 93 ① – Mannheim 33 ① – Heidelberg 21 ② – Karlsruhe 57 ②

SPEYER

Am Heringsee	**B** 2	Grüner Winkel	**AB** 13	Mühlturmstraße	**A** 27
Armbruststraße	**A** 3	Gutenbergstraße	**A** 15	Pfaugasse	**A** 28
Bartholomäus-Weltz-Platz	**A** 4	Heydenreichstraße	**A** 16	Pistoreigasse	**B** 29
Fischmarkt	**A** 6	Hirschgraben	**A** 17	Prinz-Luitpold-Str.	**A** 32
Fr.-Kirrmeier-Straße	**B** 7	Industriestraße	**B** 18	Rheintorstraße	**B** 33
Gilgenstraße	**A**	Johannesstraße	**A** 19	Roßmarktstraße	**A** 34
Große Greifeng.	**A** 8	Karl-Leiling-Allee	**B** 20	Salzgasse	**A** 37
Große Himmelsg.	**B** 10	Kleine Pfaffeng.	**B** 21	St. Georgengasse	**A** 38
Große Pfaffeng.	**B** 12	Königsplatz	**A** 22	Schustergasse	**A** 39
		Korngasse	**A** 23	Stuhlbrudergasse	**B** 42
		Lauergasse	**A** 24	Tränkgasse	**B** 43
		Maximilianstraße	**AB** 25	Wormser Straße	**A** 45

🏨 **Domhof** 🐕 garni, Bauhof 3, ⊠ 67346, ℰ (06232) 1 32 90, rezeption@domhof.de, Fax (06232) 132990 – 🛗 ⚒ TV 📞 ♿ 🚗 🅿 – 🔒 80. AE ⓪ ⑩ VISA   B v
49 Zim ☑ 91/111 – 111/121.
• In der Altstadt von Speyer, unweit des Doms, bilden mehrere historische Stadthäuser dieses funktionelle Hotel. Die Hausbrauerei beherbergt ein neuzeitliches Tagungszentrum.

SPEYER

Goldener Engel, Mühlturmstr. 5, ✉ 67346, ℘ (06232) 1 32 60, Fax (06232) 132695 – 📱 TV ✆ 🅿. 🆗 JCB   A e
geschl. 23. Dez. - 7. Jan. – **Menu** siehe **Wirtschaft zum Alten Engel** separat erwähnt
– **46 Zim** ⇌ 58/64 – 89/110.
◆ Diese Unterkunft befindet sich im historischen Zentrum der Stadt. Eine Kombination von rustikalen und modernen Möbeln bestimmt den individuellen Stil der Zimmer.

Am Technik-Museum ⌂ garni (mit 2 Gästehäusern), Am Technik Museum 1, ✉ 67346, ℘ (06232) 6 71 00, hotel@technik-museum.de, Fax (06232) 671020 – ⇔ TV 🅿 – 🔥 60. 🆎 🆗 VISA   B a
108 Zim ⇌ 55 – 70.
◆ Eine umgebaute Kaserne dient heute Ihrer Unterbringung. Neuzeitlich ausgestattete Gästezimmer und die günstige Lage zur Altstadt sind Annehmlichkeiten dieses Hotels.

XX Backmulde, Karmeliterstr. 11, ✉ 67346, ℘ (06232) 7 15 77, restaurant@backmulde.de, Fax (06232) 629474 – 🆎 ① 🆗 VISA   A z
geschl. Mitte Aug. - Anfang Sept., Sonntag - Montag – **Menu** à la carte 38/49, ♀.
◆ Gut eingedeckte Tische und eine Kombination von alten und modernen Elementen prägen den Rahmen. Eine große Weinauswahl bereichert die mediterran angehauchte Küche.

XX Kutscherhaus mit Zim, Am Fischmarkt 5a, ✉ 67346, ℘ (06232) 7 05 92, Fax (06232) 620922, Biergarten – TV 🆗 VISA –   AB s
geschl. Aug. 3 Wochen – **Menu** (geschl. Mittwoch - Donnerstag) (Tischbestellung ratsam) à la carte 19,50/33 – **3 Zim** ⇌ 65.
◆ Hinter der begrünten Fachwerkfassade des alten Hauses bittet man Sie in gemütlich gestalteten Räumen zu Tisch. Ein lauschiges Plätzchen finden Sie auch im Biergarten.

X Ratskeller, Maximilianstr. 12, ✉ 67346, ℘ (06232) 7 86 12, Fax (06232) 71908, Biergarten – 🆎 🆗 VISA   A n
geschl. Feb. 3 Wochen, Sonntagabend - Montag – **Menu** à la carte 16/31.
◆ Zum Speisen nehmen Sie im historischen Keller des schmucken Rathauses Platz - ein gemütliches, vor 20 Jahren freigelegtes Gewölbe aus dem Jahre 1578.

X Wirtschaft zum Alten Engel – Hotel Goldener Engel, Mühlturmstr. 7, ✉ 67346, ℘ (06232) 7 09 14, zumaltenengel@t-online.de, Fax (06232) 132695 –   A r
geschl. Juli - Aug. 2 Wochen, Juni - Aug. Sonntag – **Menu** (nur Abendessen) à la carte 18,50/34.
◆ Alte Backsteingewölbe, antikes Mobiliar und blanke Tische verleihen dem Kellerlokal seinen rustikalen Charakter. Ein Tagesangebot ergänzt die regional ausgelegte Karte.

X Zweierlei, Johannesstr. 1, ✉ 67346, ℘ (06232) 6 11 10, info@das-zweierlei.de, Fax (06232) 61129 – 🆗 VISA   A c
geschl. Aug. 2 Wochen, Sonntag - Montag – **Menu** à la carte 29/37.
◆ Eine schlichte, gepflegte Einrichtung im Bistrostil prägt das Innenleben dieses gastlichen Hauses. Die zum Restaurant hin offene Küche ermöglicht interessante Einblicke.

X Pfalzgraf, Gilgenstr. 26b, ✉ 67346, ℘ (06232) 7 47 55, Fax (06232) 75596 – 🆎 🆗   A u
geschl. Mittwochabend - Donnerstag – **Menu** à la carte 18/33.
◆ Die schöne Buntsandsteinfassade des alten Hauses fügt sich harmonisch in das historische Bild der Stadt ein. Restaurant mit bürgerlichem Charakter.

In Speyer-Binshof über ① : 6 km Richtung Otterstadt :

Lindner Hotel Binshof ⌂, Binshof 1, ✉ 67346, ℘ (06232) 64 70, info.binshof@lindner.de, Fax (06232) 647199, ☂, ⓔ, Massage, ⚓, ↻, ≋, ☷ (geheizt), ⛱, ⚘, 🎾 – 🛗 ⇔, ■ Rest, TV ✆ ⇔ 🅿 – 🔥 40. 🆎 ① 🆗 VISA. ❌ Rest
Menu à la carte 30/46 – **67 Zim** ⇌ 135/260 – 225/375 -(Wiedereröffnung nach Renovierung März 2004).
◆ Eleganz und Komfort sowie eine individuelle Einrichtung mit Designermöbeln und Antiquitäten machen diese Hotelanlage attraktiv. Imposante Thermenlandschaft. Klassisches Restaurant mit Säulen, eleganten Polsterstühlen und antiken Elementen. Wintergartenanbau.

In Römerberg-Berghausen über ③ : 3 km :

Morgenstern, Germersheimer Str. 2b, ✉ 67354, ℘ (06232) 6 85 00, info@hotel-morgenstern.de, Fax (06232) 685040, ☂ – ⇔ Zim, TV ⇔ 🅿 – 🔥 15. 🆗 VISA.
Menu (geschl. über Fasching 2 Wochen, Aug. 2 Wochen, Dienstag, Samstagmittag) à la carte 26,50/36 – **19 Zim** ⇌ 43 – 72.
◆ Solide möblierte, zeitgemäß ausgestattete Gästezimmer mit gutem Platzangebot sowie die verkehrsgünstige Lage sprechen für diese familiengeführte Adresse. Gepflegtes Ambiente und internationale Speisen im Restaurant.

Gasthof zum Engel, Berghäuser Str. 36, ✉ 67354, ℘ (06232) 6 01 20, info@zumengel.de, Fax (06232) 601230, Biergarten – ⇔ Zim, TV 🅿. 🆗 VISA
geschl. Feb. 2 Wochen, Nov. 1 Woche – **Menu** (geschl. Montag) à la carte 17,50/26,50 – **10 Zim** ⇌ 66/80.
◆ Ein 350 Jahre alter Gasthof mit hübscher Fachwerkfassade beherbergt behagliche Zimmer mit hellem Holzmobiliar. Die Umgebung bietet viele Möglichkeiten der Freizeitgestaltung. In typisch ländlichem Stil : das Restaurant.

1319

SPIEGELAU Bayern 546 T 24 – 4 200 Ew – Höhe 730 m – Erholungsort – Wintersport : 780/830 m ✠2 ✠.

🛈 Tourist-Information, Konrad-Wilsdorf-Str. 1, ✉ 94518, ✆ (08553) 96 00 17, tourismus-spiegelau@vr-web.de, Fax (08553) 960042.
Berlin 496 – München 193 – *Passau* 43 – Deggendorf 50.

Landhotel Tannenhof ⌂, Auf der List 27, ✉ 94518, ✆ (08553) 97 30, *landhotel-tannenhof@t-online.de, Fax (08553) 973200*, 🍴, ≋, 🏊, – ↔Zim, 📺, 🚗 P, ✘ Rest
Menu à la carte 13,50/25 – **92 Zim** ⌂ 43/46 – 74/80 – ½ P 10.
• Das aus mehreren Gebäuden bestehende Hotel ist in ruhiger Waldrandlage am Ende des kleinen Ortes gelegen. Wohnliche, neuzeitlich eingerichtete Zimmer überzeugen den Gast. Hell und einladend sind die Restauranträume gestaltet.

Waldfrieden ⌂, Waldschmidtstr. 10, ✉ 94518, ✆ (08553) 12 47, *hotel.waldfrieden@t-online.de, Fax (08553) 6631*, Massage, ≋, 🏊, – 📺 ✘ Zim
geschl. Mitte März - Ende April, Ende Okt. - 24. Dez. – **Menu** *(geschl. Mai - Okt. Dienstag)(nur Abendessen)* à la carte 14/23 – **28 Zim** ⌂ 31/50 – 58/62 – ½ P 8.
• Recht ruhig in einem Wohngebiet liegt dieser ländliche Gasthof. Familiäre Atmosphäre, solide Zimmer und eine schöne Gegend ziehen auch Stammgäste immer wieder an. Gepflegter, ländlich eingerichteter Gastraum.

In Spiegelau-Klingenbrunn *Nord-West : 4 km, über Hauptstraße und Grafenauer Straße – Höhe 820 m*

Hochriegel (mit Gästehaus), Frauenauer Str. 31, ✉ 94518, ✆ (08553) 97 00, *hotel.hochriegel@t-online.de, Fax (08553) 970193*, Massage, ♨, ♀, ≋, 🏊, 🚗 – 🛗 📺 P, ✘
geschl. Nov. - 24. Dez. – **Menu** (Restaurant nur für Hausgäste) – **58 Zim** ⌂ 50 – 100/110 – ½ P 12.
• Hinter einer netten Balkonfassade beherbergt das Haus praktisch ausgestattete Zimmer. Ein ehemaliges Schulhaus ergänzt den Gasthof mit großzügigen Appartements.

In Spiegelau-Oberkreuzberg *Süd : 7 km, über Hauptstraße und Grafenauer Straße, in Steinbüchl links ab :*

Berggasthof Grobauer ⌂ (mit Gästehaus), Kreuzbergstr. 8, ✉ 94518, ✆ (08553) 9 11 09, *info@hotel-grobauer.de, Fax (08553) 91110*, ≤, ≋, 🏊 – 🛗 📺 P, ✘ Zim
geschl. Mitte März - Anfang April, Anfang Nov. - 18. Dez. – **Menu** *(geschl. Dienstagmittag, Mittwochmittag)* à la carte 12,50/23 – **35 Zim** ⌂ 25/33 – 50/66 – ½ P 10.
• Im Haupthaus wie auch im gegenüberliegenden Gästehaus stehen ländlich eingerichtete Zimmer zum Einzug bereit. Fragen Sie nach Sonderwochen und Pauschalangeboten. Mit hellem Holz ausgestattete Gaststuben.

SPIEKEROOG (Insel) Niedersachsen 541 E 7 – 750 Ew – Nordseeheilbad – Insel der Ostfriesischen Inselgruppe. Autos nicht zugelassen.

⛴ von Neuharlingersiel (40 min.), ✆ (04974) 2 14.
🛈 Kurverwaltung, Noorderpad 25, ✉ 26474, ✆ (04976) 9 19 31 01, info@spiekeroog.de, Fax (04976) 9193213.
ab Hafen Neuharlingersiel : Berlin 518 – Hannover 258 – Emden 61 – Aurich (Ostfriesland) 33 – Wilhelmshaven 46.

Inselfriede ⌂ (mit Gästehäusern), Süderloog 12, ✉ 26474, ✆ (04976) 9 19 20, *inselfriede.spiekeroog@t-online.de, Fax (04976) 919266*, 🍴, ≋, 🏊, 🚗 – ↔ Zim, 📺, ✘ Zim
geschl. 10. Jan. - 20. Feb., 21. Nov. - 26. Dez. – **Menu** *(wochentags nur Abendessen)* à la carte 24/34 – **50 Zim** ⌂ 64/82 – 102/154.
• Das aus mehreren Klinkerhäusern bestehende Hotel mit neuzeitlichen Zimmern befindet sich in zentraler Lage - nur wenige Minuten vom Strand entfernt. Hübsches Restaurant in Blau-Weiß.

Zur Linde ⌂, Noorderloog 5, ✉ 26474, ✆ (04976) 9 19 40, *hotelzurlinde@t-online.de, Fax (04976) 919430*, 🍴, 🚗 – 📺
geschl. Mitte Jan. - Mitte März – **Menu** *(geschl. Dienstag)* (nur Abendessen) à la carte 22,50/33 – **22 Zim** ⌂ 70/100 – 100/125 – ½ P 19.
• Im Zentrum des autofreien Inselortes beherbergt ein altes friesisches Landhaus Reisende in praktischen Zimmern. Angenehm ruhige Lage. Teils neuzeitliches, teils leicht rustikales Restaurant.

SPORNITZ Mecklenburg-Vorpommern siehe Parchim.

SPREMBERG Brandenburg 542 L 27 – 25 000 Ew – Höhe 115 m.
 ▯ *Tourist-Information, Am Markt 2, ✉ 03130, ℰ (03563) 45 30, Fax (03563) 594041.*
 Berlin 143 – Potsdam 148 – Cottbus 22 – Dresden 72.

- **Stadt Spremberg**, Am Markt 5 (im City Center), ✉ 03130, ℰ (03563) 3 96 30, hot el.stadt.spremberg@t-online.de, *Fax (03563) 396399,* ⇌ – ⌷, ■ Zim, TV & P – 🎿 25. AE ⓘ MC VISA
  Menu à la carte 16/27,50 – **31 Zim** ⊑ 55/60 – 57/67.
  ♦ Direkt im Zentrum der Stadt, am Marktplatz, liegt dieses neuzeitliche Hotel - integriert in das neu erbaute City Center Spremberg. Schallschutz sorgt für erholsamen Schlaf. Hotelrestaurant in zeitgemäßem Stil.

- **Zur Post**, Lange Str. 24, ✉ 03130, ℰ (03563) 3 95 50, hotel.zurpost@t-online.de, *Fax (03563) 395530,* Biergarten – ⌷ TV & & P. AE ⓘ MC VISA
  Menu *(geschl. Samstagmittag)* à la carte 12/25,50 – **19 Zim** ⊑ 36/46 – 54/67.
  ♦ Die soliden, mit Naturholz möblierten Zimmer dieses familiengeführten Hotels in der Stadtmitte bieten ausreichenden Platz und zeitgemäßen Komfort. Bürgerliches Restaurant.

- **Am Berg**, Bergstr. 30, ✉ 03130, ℰ (03563) 6 08 20, hotelamberg@t-online.de, *Fax (03563) 6082231,* Biergarten, ☞ – ■ Rest, TV & & P. ※ Rest
  Menu *(wochentags nur Abendessen)* à la carte 16/24,50 – **15 Zim** ⊑ 40 – 70.
  ♦ Zu den Annehmlichkeiten dieser gut geführten kleinen Pension zählen solide und funktionell eingerichtete Gästezimmer wie auch die zentrumsnahe Lage. Eine Art Wintergarten erweitert das Restaurant.

SPRENDLINGEN Rheinland-Pfalz 543 Q 7 – 3 600 Ew – Höhe 95 m.
 Berlin 610 – Mainz 39 – Bad Kreuznach 7.

- **Apart Hotel Garni**, Bahnhofstr. 39, ✉ 55576, ℰ (06701) 9 30 10, *Fax (06701) 930150 –* ⇌ TV & ⇌ P
  18 Zim ⊑ 48/55 – 73/76.
  ♦ Bei der Ausstattung des Hotels hat man großen Wert auf Funktionalität und freundliches Ambiente gelegt. Die Zimmer bieten u. a. eine gute Schreibfläche und Faxanschluss.

In St. Johann Nord-Ost : 2 km :

- **Golf Hotel Rheinhessen** ⊛, Hofgut Wissberg (beim Golfplatz), ✉ 55578, ℰ (06701) 91 64 50, hotel@golfhotel-rheinhessen.de, *Fax (06701) 916455,* ≤ Weinberge und Golfplatz, ⍋, ⇌ – ⌷, ⇌ Zim, TV & P – 🎿 20. ⓘ MC VISA
  geschl. Mitte Dez. - Anfang Jan. – **Menu** *(geschl. Mitte Dez. - Ende Jan., Montag)* à la carte 17/40 – **21 Zim** ⊑ 85 – 110.
  ♦ Leicht erhöht auf einem Plateau ergänzt ein außen wie auch innen in modernem Design gestaltetes Hotel das alte Weingut - nicht nur für Golfer eine attraktive Unterkunft. Gewölbe-Restaurant und netter Innenhof.

SPROCKHÖVEL Nordrhein-Westfalen 543 L 5 – 25 000 Ew – Höhe 203 m.
 ▯₁₈ Sprockhövel, Gut Frielinghausen (Süd : 8 km), ℰ (0202) 64 82 22 22.
 Berlin 526 – Düsseldorf 53 – Bochum 18 – Wuppertal 16.

In Sprockhövel-Niedersprockhövel :

- **Tante Anna**, Hauptstr. 58, ✉ 45549, ℰ (02324) 7 96 12, ☞ – AE ⓘ MC VISA
  geschl. Montag – **Menu** *(nur Abendessen)* (Tischbestellung ratsam) à la carte 27/41.
  ♦ Das Innere des älteren Stadthauses zeigt sich in neuzeitlichem Stil - helle Farben und Korbstühle verleihen dem Restaurant einen mediterranen Touch. Man kocht international.

- **Eggers** mit Zim, Hauptstr. 78, ✉ 45549, ℰ (02324) 7 17 80, info@hotel-restaurant-eggers.de, *Fax (02324) 717290,* ☞ – TV P. MC VISA
  geschl. Anfang Jan. 1 Woche, Juli - Aug. 2 Wochen – **Menu** *(geschl. Mittwoch - Donnerstagmittag)* à la carte 22,50/35 – **17 Zim** ⊑ 47/50 – 73/77.
  ♦ Hinter der hübschen Schindelfassade mit grünen Fensterläden wählen Sie zwischen rustikalem und elegantem Ambiente. Hier wird sorgfältig und schmackhaft gekocht.

STADE Niedersachsen 541 F 12 – 46 000 Ew – Höhe 7 m.
 Sehenswert : Schwedenspeicher-Museum Stade★ *(Bronze-Räder★)* – Altstadt★★.
 Ausflugsziel : Das Alte Land★.
 ▯₁₈ Deinste, Im Mühlenfeld 30 (Süd : 8 km), ℰ (04149) 92 51 12.
 ▯ *Tourist-Information, Hansestr. 16, ✉ 21682, ℰ (04141) 40 91 70, stade.tourismus-gmbh@stade.de, Fax (04141) 409110.*
 ADAC, Hinterm Teich 1.
 Berlin 350 – Hannover 178 – Hamburg 59 – Bremerhaven 76.

STADE

Ramada-Treff Hotel Herzog Widukind garni, Grosse Schmiedestr. 14, ✉ 21682, ℰ (04141) 9 99 80, stade@ramada-treff.de, Fax (04141) 9998444 – 📶 📺 📞 🚗.
AE ① MO VISA
☐ 13 – **45 Zim** 75/80.
• Eine elegante Halle mit Säulen und Empore empfängt Sie in diesem neuzeitlichen Stadthotel. Die Ausstattung mit dem Komfort von heute schätzen nicht nur Geschäftsleute.

Parkhotel Stader Hof, Schiffertorsstr. 8 (Stadeum), ✉ 21682, ℰ (04141) 49 90, info@staderhof.de, Fax (04141) 499100, 🍴, 🍺 – 📶 📺 📞 🅿 – 🅰 150. AE
① MO VISA
Menu à la carte 18,50/31 – **97 Zim** ☐ 69/99 – 99/119, 6 Suiten.
• Das architektonisch ansprechend gestaltete Hotel ist mit seinem funktionellen Interieur vor allem auf die Bedürfnisse von Tagungsgästen ausgelegt - in Altstadtnähe gelegen. Das Restaurant ist im englischen Stil gehalten.

Ramada-Treff Hotel Stade, Kommandantendeich 1, ✉ 21680, ℰ (04141) 9 99 70, stade@ramada-treff.de, Fax (04141) 999711, 🍴 – 📶 📺 📞 🅿 – 🅰 120.
AE ① MO VISA
Menu (nur Abendessen) à la carte 18/33 – ☐ 13 – **65 Zim** 72/80.
• Der moderne Klinkerbau liegt altstadtnah am historischen Hafen. Durch den großzügigen Eingangsbereich gelangen Sie in neuzeitlich-komfortabel eingerichteten Gästezimmer. Restaurant im US-amerikanischen Stil.

Vier Linden 🌲, Schöliscer Str. 63, ✉ 21682, ℰ (04141) 9 27 02, info@hotel-vierlinden.de, Fax (04141) 2865, 🍴, 🍺, 🐎 – 📺 📞 🅿 – 🅰 50. AE ① MO VISA
Menu (geschl. Sonntagabend) (wochentags nur Abendessen) à la carte 20/36 – **46 Zim** ☐ 57/67 – 87/92.
• In einem nach hinten gelegenen Gebäude beherbergt dieses Hotel praktisch ausgestattete Zimmer. Gerne ist man Ihnen bei der Planung Ihrer Ausflüge behilflich. Bürgerlich gestaltetes Restaurant.

Zur Einkehr, Freiburger Str. 82, ✉ 21682, ℰ (04141) 23 25, zureinkehr@gmx.de, Fax (04141) 2455, 🍴, 🍺, 🐎 – 📺 🅿 – 🅰 20. AE ① MO VISA JCB
Menu à la carte 14/31,50 – **37 Zim** ☐ 48/75 – 79/92.
• Das regionstypische Klinkerhaus am Rande der Stadt. Komplett ausgestattete Zimmer stellen eine solide Unterkunft dar ; Nebengebäude im Motelstil.

Insel-Restaurant, Auf der Insel, ✉ 21680, ℰ (04141) 20 31, Fax (04141) 47869, 🍴 – 📞 🅿 – 🅰, 🐎
Menu à la carte 17,50/34.
• Das Restaurant ist Teil des auf einer kleinen Insel gelegenen Museumsdorfs. Nach einem Brand wurde das Klinker-Fachwerk-Bauernhaus mit Reetdach originalgetreu wieder erbaut.

STADECKEN-ELSHEIM Rheinland-Pfalz siehe Mainz.

STADTALLENDORF Hessen 543 N 11 – 21 000 Ew – Höhe 255 m.
Berlin 458 – Wiesbaden 141 – Marburg 28 – *Kassel* 74 – Neustadt Kreis Marburg 8 – Alsfeld 27.

Parkhotel, Schillerstr. 1, ✉ 35260, ℰ (06428) 70 80, info@parkhotel-stadtallendorf.de, Fax (06428) 708259, 🍴, 🐎, 🎿 – 📺 📞 🚗 🅿 – 🅰 60. AE ① MO VISA
🍽 Rest
Menu à la carte 19,50/39,50 – **50 Zim** ☐ 65/110 – 90/130.
• Unter dem flachen Satteldach dieses Hotels finden geschäftlich wie auch privat Reisende eine funktionelle Unterkunft - ein gepflegter kleiner Park schließt sich an. Neuzeitlich-gediegen präsentiert sich das Hotelrestaurant.

In Stadtallendorf-Niederklein Süd : 4,5 km, Richtung Homberg (Ohm) :

Germania (mit Gästehaus), Obergasse 1, ✉ 35260, ℰ (06429) 9 23 60, Fax (06429) 923620 – 📺 📞 🅿 – 🅰 80. AE ① MO VISA
Menu (geschl. Dienstag) (wochentags nur Abendessen) à la carte 16/34 – **21 Zim** ☐ 40 – 70.
• Mitten in dem kleinen Dorf steht der familiengeführte Gasthof mit praktischen Zimmern bereit - erweitert durch das gegenüberliegende Gästehaus.

STADTHAGEN Niedersachsen 541 J 11 – 23 800 Ew – Höhe 67 m.
📎 Obernkirchen, Röserheide 2 (Süd-West : 12 km), ℰ (05724) 46 70
Tourist-Information, Am Markt 1, ✉ 31655, ℰ (05721) 92 60 70, Fax (05721) 925055.
Berlin 327 – *Hannover* 45 – Bielefeld 76 – Osnabrück 106.

STADTHAGEN

- **Gerber Hotel La Tannerie** (mit Gästehaus), Echternstr. 14, ✉ 31655, ℘ (05721) 98 60, info@gerber-hotel.de, Fax (05721) 98666 – |≡|, ⇄ Zim, TV, ✆, ⇔, P – 🛋 25. AE ① ⓦ VISA
  geschl. 23. Dez. - 6. Jan. – **Gerber's Kleines Weinrestaurant** (Bistro) *(geschl. Juni - Aug., Samstag - Sonntag) (nur Abendessen)* **Menu** à la carte 19/31 – **29 Zim** ⇆ 57/77 – 82/97.
  ♦ Ein neues Gästehaus ergänzt das renovierte Stadthaus mit modernen Zimmern - schlichte Eleganz prägt hier das Ambiente. Ein wohnliches Quartier steht im Haupthaus bereit. Im Restaurant verbinden sich bistroartige Schlichtheit und Landhaus-Elemente.

- **Torschreiberhaus**, Krumme Str. 42, ✉ 31655, ℘ (05721) 64 50, info@torschreiberhaus.de, Fax (05721) 923184, 🌿, (Restaurant im Bistro-Stil)
  geschl. Jan. 2 Wochen, Okt. 1 Woche, Sonntag - Montag – **Menu** (abends Tischbestellung ratsam) à la carte 35/42.
  ♦ Holzboden und Wände in warmem Farbton, Kerzen und Korbstühle verleihen dem modernen Bistro-Ambiente eine behagliche Note. Internationale Küche mit mediterranem Touch.

- **Fisch-Restaurant Blanke**, Rathauspassage 5, ✉ 31655, ℘ (05721) 8 17 86, fischhaus-blanke@t-online.de, Fax (05721) 9800384 – ⓦ VISA
  geschl. Sonntag - Montag – **Menu** à la carte 17/31.
  ♦ Der Name sagt es bereits : Hier bekocht man Sie ausschließlich mit Leckerem aus dem Meer - die Showküche ermöglicht Ihnen interessante Einblicke.

In Stadthagen-Obernwöhren *Süd-Ost : 5 km, über Habichhorster Straße :*

- **Oelkrug** 🌿, Waldstr. 2, ✉ 31655, ℘ (05721) 80 25 25, info@oelkrug.de, Fax (05721) 802550, 🌿, 🐎, ⇄ Zim, TV, P – 🛋 30. AE VISA
  Menu *(geschl. 27. Dez. - 13. Jan., Montag) (Dienstag - Freitag nur Abendessen)* à la carte 18/32 – **18 Zim** ⇆ 60/85 – 85/125.
  ♦ Das Haus ist ein älterer, erweiterter Gasthof - ein gut geführter Familienbetrieb, der über saubere und gepflegte Gästezimmer verfügt. Gemütliche Gaststube und gediegenes Restaurant mit ständig wechselnder Bilderausstellung.

In Nienstädt-Sülbeck *Süd-West : 6 km, über B 65 :*

- **Sülbecker Krug** mit Zim, Mindener Str. 6 (B 65), ✉ 31688, ℘ (05724) 9 55 00, info@suelbeckerkrug.de, Fax (05724) 955050, 🌿 – TV, ⇔, P, AE ① ⓦ VISA
  geschl. 1. - 6. Jan., Juli - Aug. 3 Wochen – **Menu** *(geschl. Samstagmittag, Sonntagabend - Montag)* à la carte 33,50/46, Ⓨ – **12 Zim** ⇆ 46 – 73.
  ♦ Teils klassisch mit elegantem Touch, teils mit Holztäfelung und Kamin - so präsentiert sich das Innere dieses älteren Klinkerhauses. Freuen Sie sich auf eine feine Küche.

STADTKYLL Rheinland-Pfalz **543** O 3 – *1650 Ew* – *Höhe 460 m* – *Luftkurort.*
🛈 Tourist Information Oberes Kylltal, Burgberg 22, ✉ 54589, ℘ (06597) 28 78, tourist-info.obereskylltal@t-online.de, Fax (06597) 4871.
Berlin 653 – Mainz 190 – Aachen 78 – Euskirchen 48 – Mayen 64.

- **Am Park,** Kurallee 13, ✉ 54589, ℘ (06597) 1 50, info@hotel-am-park.de, Fax (06597) 15250, 🌿, ≘s, 🧊 – |≡|, ⇄ Zim, TV, P – 🛋 100. AE ① ⓦ VISA. ⚡ Rest
  Menu à la carte 18,50/41 – **91 Zim** ⇆ 85 – 135/149 – ½ P 19.
  ♦ Hinter der neuzeitlichen Balkonfassade empfängt Sie eine moderne Hotelhalle. Eine Kombination von Funktionalität und Wohnlichkeit prägt das komfortable Innenleben des Hotels. Klassisches Restaurant, ergänzt durch ein rustikales Wirtshaus.

STADTOLDENDORF Niedersachsen **541** K 12 – *6 000 Ew* – *Höhe 227 m.*
Berlin 337 – Hannover 62 – Göttingen 71 – Hildesheim 51.

- **Villa Mosler,** Hoopstr. 2, ✉ 37627, ℘ (05532) 50 60, villa.mosler@t-online.de, Fax (05532) 506400, 🌿, ⇄ Zim, ♿, P – 🛋 100. AE ① ⓦ VISA
  Topas *(geschl. Sonntag) (nur Abendessen)* **Menu** à la carte 29/41 – **61 Zim** ⇆ 87 – 99, 5 Suiten.
  ♦ Die denkmalgeschützte Villa - erbaut während des Kaiserreiches - dient heute als Hotel. Hier wie auch im modernen Anbau überzeugt das schöne Haus mit wohnlichem Komfort. Marmorboden und Säulen geben dem Topas einen eleganten Touch.

STADTRODA Thüringen **544** N 19 – *6 600 Ew.* – *Berlin 245 – Erfurt 58 – Gera 29 – Jena 17.*

- **Hammermühle,** Hammermühlenweg 2, ✉ 07646, ℘ (036428) 57 90, info@hammermuehle.com, Fax (036428) 57990, 🌿, ≘s, ⚡, ⇄ Zim, TV, ✆, P – 🛋 40. AE ⓦ VISA
  Menu à la carte 17/31 – **28 Zim** ⇆ 48/72 – 70/80.
  ♦ Das Mühlengehöft aus dem 15. Jh. diente Napoleon längere Zeit als Stützpunkt. Heute findet man hier gepflegte, teils mit Biedermeiermöbeln bestückte Zimmer. Das Restaurant : Mühlenstube und rustikale ehemalige Scheune.

STAFFELSTEIN, BAD Bayern 546 P 17 – 10 600 Ew – Höhe 272 m – Heilbad.
Ausflugsziele : Kloster Banz (ehem. Klosterkirche★, Terrasse ≤★) Nord : 5 km – Wallfahrtskirche Vierzehnheiligen★★ (Nothelfer-Altar★★) Nord-Ost : 5 km.
🛈 Kurverwaltung, Bahnhofstr. 1, ✉ 96231, ✆ (09573) 3 31 20, tourismus@bad-staffelstein.de, Fax (09573) 331233. – Berlin 379 – München 261 – Coburg 24 – Bamberg 26.

Kurhotel ⑤, Am Kurpark 7, ✉ 96231, ✆ (09573) 33 30, info@kurhotel-staffelstein.de, Fax (09573) 333299, 🍴, Massage, 🧖, ≦s, 🏊, 🎾 – 📶, ⇌ Zim, 📺 ☎ 🛏 🚗
🅿 – 🧖 100. 🆎 ⓞ ⓜⓞ 🆅🆂🅰. ※ Rest
Menu à la carte 20,50/37 – **113 Zim** ⌃ 65 – 92 – ½ P 15.
● In neuzeitlichem Stil zeigen sich sowohl das Innere als auch das Äußere des Hauses. Ein moderner, großzügiger Rahmen sowie komfortable, funktionelle Zimmer erwarten Sie. Das Ambiente im Restaurant ist geprägt durch schlichte, zeitgemäße Eleganz.

Rödiger, Zur Herrgottsmühle 2, ✉ 96231, ✆ (09573) 92 60, info@hotel-roediger.de, Fax (09573) 926262, 🍴, ≦s, 🏊 – 📶, ⇌ Zim, 📺 ☎ 🅿 – 🧖 50. 🆎 ⓞ ⓜⓞ 🆅🆂🅰
Menu (geschl. Aug. 3 Wochen, Freitag) à la carte 16/33 – **51 Zim** ⌃ 45/50 – 69/76 – ½ P 15.
● Ein renovierter Altbau und der angeschlossene Neubau bilden dieses repräsentative Hotel, das Ihnen geschmackvoll eingerichtete Zimmer bietet. Klassisches Restaurant mit leicht rustikaler Note.

Vierjahreszeiten ⑤ garni, Annaberger Str. 1, ✉ 96231, ✆ (09573) 68 38, info@vierjahreszeiten-staffelstein.de, Fax (09573) 34200, 🎾 – ⇌ 📺 🅿 ※
17 Zim ⌃ 39/49 – 62.
● Ein persönlich geführtes Haus in einem Wohngebiet am Ortsrand. Die Zimmer verfügen über eine solide Ausstattung und Betten mit Bandscheiben-Matratzen.

In Bad Staffelstein-Grundfeld Nord-Ost : 3 km, über Lichtenfelser Straße :

Gasthof Maintal, Alte Bundesstr. 5, ✉ 96231, ✆ (09571) 31 66, info@gasthof-maintal.de, Fax (09571) 5768, 🍴 – ⇌ 📺 🅿 ※
geschl. 27. Dez. - 27. Jan. – **Menu** (geschl. Sonntagabend - Montag) à la carte 12/29 – **19 Zim** ⌃ 35/50 – 56/60.
● In einem nach hinten gelegenen Anbau dieses ländlichen Gasthauses beziehen Sie saubere, gepflegte Zimmer. Viele Ausflugsziele sind von hier aus leicht zu erreichen. Ländlich-rustikales, mit viel hellem Holz eingerichtetes Restaurant.

In Bad Staffelstein-Romansthal Ost : 2 km :

Zur schönen Schnitterin ⑤, Romansthal 1, ✉ 96231, ✆ (09573) 43 73, gastrof@schnitterin.de, Fax (09573) 5489, ≤, 🍴 – ☎ 🅿 ※ Zim
geschl. 26. Nov. - 26. Dez. – **Menu** (geschl. Montag, 10. Jan. - März Montag, Donnerstag) à la carte 12/27 – **15 Zim** ⌃ 30/40 – 50/64 – ½ P 12.
● Wo einst eine alte Gastwirtschaft und Ställe angesiedelt waren, entstand dieses mit soliden Zimmern ausgestattete, familiengeführte kleine Hotel. Schlicht und ländlich in der Aufmachung ist die Gaststube.

STAHNSDORF Brandenburg 542 I 23 – 6 000 Ew – Höhe 100 m. – Berlin 32 – Potsdam 13.
Kaiser Pagode, Potsdamer Allee 119, ✉ 14532, ✆ (03329) 6 36 60, info@kaiser-pagode.de, Fax (03329) 636622, 🍴 – 🅿. 🆎 ⓞ ⓜⓞ 🆅🆂🅰. ※
Menu (chinesische Küche) à la carte 16/36.
● Architektonisch wie auch kulinarisch entführt man Sie hier in das alte kaiserliche China. Ein typisches Dekor und die traditionellen Farben Rot und Gold schmücken den Raum.

STARNBERG Bayern 546 V 18 – 21 300 Ew – Höhe 587 m.
🏌 Starnberg-Hadorf, Uneringer Straße, ✆ (08151) 1 21 57 ; 🏌 Starnberg, Gut Rieden, ✆ (08151) 9 07 70. – 🛈 Tourismusverband, Wittelsbacher Str. 2c, ✉ 82319, ✆ (08151) 9 06 00, info@sta5.de, Fax (08151) 906090.
Berlin 613 – München 26 – Augsburg 82 – Garmisch-Partenkirchen 70.

Seehof, Bahnhofsplatz 6, ✉ 82319, ✆ (08151) 90 85 00 (Hotel) 22 21 (Rest.), info@hotel-seehof-starnberg.de, Fax (08151) 28136, ≤, 🍴 – 📶 ⇌ ☎ 🅿 🆎 ⓞ ⓜⓞ 🆅🆂🅰
Al Gallo Nero (italienische Küche) **Menu** à la carte 23/34 – **38 Zim** ⌃ 70/85 – 110/130.
● Gästezimmer mit gutem Platzangebot sowie einer wohnlichen und funktionellen Ausstattung sprechen für dieses Domizil. Auch die Nähe des Sees ist angenehm. Mit leicht südlichem Flair : das Al Gallo Nero.

Fischerhaus garni, Achheimstr. 1, ✉ 82319, ✆ (08151) 9 05 50, info@hotel-fischerhaus-starnberg.de, Fax (08151) 905520, 🎾 – ⇌ 📺 ☎ 🛏 ⓜⓞ 🆅🆂🅰
11 Zim ⌃ 86/105 – 115/122.
● Behagliche, funktionelle Zimmer und die seenahe Lage dieses kleinen Hotels zählen zu den Annehmlichkeiten, die Geschäftsreisende und Urlauber gleichermaßen schätzen.

Pension Happach garni, Achheimstr. 2, ✉ 82319, ✆ (08151) 1 25 37, Fax (08151) 739712 – ⇌ ☎ – geschl. 15. Dez. - 31. Jan. – **11 Zim** ⌃ 35/50 – 60/70.
● Sauber und gepflegt präsentiert sich diese kleine Pension im Zentrum der Stadt. Die Zimmer sind schlicht und praktisch eingerichtet.

STARNBERG

XX **Al Torchio**, Kaiser-Wilhelm-Str. 2, ✉ 82319, ℘ (08151) 74 44 66, altorchio@aol.com, Fax (08151) 29831, 🍽 – 🅿 AE ⓞ ⓜ VISA
geschl. Aug. 1 Woche, Montagmittag – **Menu** (italienische Küche) à la carte 23/39.
• In dem durch Mauerbogen und Nischen unterteilten Restaurant sitzt man gemütlich. Gut eingedeckte Tische und eine dunkle Holzdecke schaffen einen rustikal-eleganten Touch.

X **Starnberger Alm - Illguth's Gasthaus**, Schloßbergstr. 24, ✉ 82319, ℘ (08151) 1 55 77, 🍽 – 🅿 AE ⓜ VISA
geschl. Weihnachten - Anfang Jan., Aug. 3 Wochen, Sonntag - Montag – **Menu** (nur Abendessen) (Tischbestellung ratsam) à la carte 15/26, ♀ 🍷.
• Dunkle Holzbalken und schwere, blanke Tische verleihen den gemütlichen Stuben dieses Hauses einen urigen Charakter. Eine Sammlung alter Handwerksgeräte schmückt die Räume.

STASSFURT Sachsen-Anhalt **542** K 18 – 21 000 Ew – Höhe 90 m.
🛈 Tourist-Information, Steinstr. 40, ✉ 39418, ℘ (03925) 98 91 90, Fax (03925) 989199.
Berlin 175 – Magdeburg 38 – Dessau 59 – Halle 56 – Nordhausen 95.

🏨 **Salzland Center**, Hecklinger Str. 80, ✉ 39418, ℘ (03925) 87 00 10, salzlandcenter @compuserve.de, Fax (03925) 870040, 🛁, ≘s, 🏊(Halle) Erlebnis-Bad (Gebühr), geschl. Juni - Aug. – 📞 TV 🅿 – 🔥 50. ⓜ VISA
Menu (geschl. Sonntagabend) (wochentags nur Abendessen) à la carte 15/28,50 – **22 Zim** ⊇ 49 – 75.
• Hinter der modernen Fassade des 1998 eröffneten Hauses findet sich ein Hotel mit funktionell und zeitgemäß ausgestatteten Zimmern. Diverse Freizeitangebote.

STAUDACH-EGERNDACH Bayern **546** W 21 – 1 100 Ew – Höhe 540 m.
🛈 Verkehrsverein, Marquartsteiner Str. 3, ✉ 83224, ℘ (08641) 25 60, Fax (08641) 1808.
Berlin 683 – München 91 – Bad Reichenhall 47 – Traunstein 20 – Rosenheim 34.

Im Ortsteil Staudach:

🏡 **Mühlwinkl** 🌿, Mühlwinkl 12, ✉ 83224, ℘ (08641) 24 14, gasthof-muehlwinkel@vr -web.de, Fax (08641) 5656, 🍽, 🌳 – TV 🅿
geschl. 22. - 30. März, Nov. - 12. Dez. – **Menu** (geschl. Dienstag - Mittwochmittag) à la carte 12,50/27,50 – **15 Zim** ⊇ 23/30 – 51/56 – ½ P 10.
• Der sympathische kleine Dorfgasthof überzeugt seine Gäste mit soliden, schlichten Fremdenzimmern, familiärer Atmosphäre und der reizvollen, ruhigen Lage. Die Gaststube zeigt sich im typischen ländlichen Stil.

STAUFEN Baden-Württemberg **545** W 7 – 7 300 Ew – Höhe 290 m – Erholungsort.
Sehenswert : Staufenburg : Lage★.
🛈 Touristik-Information, Hauptstr. 53, ✉ 79219, ℘ (07633) 8 05 36, Fax (07633) 50593.
Berlin 820 – Stuttgart 222 – Freiburg im Breisgau 22 – Basel 58.

🏨 **Zum Löwen**, Hauptstr. 47, ✉ 79219, ℘ (07633) 70 78, Fax (07633) 500121, 🍽, (Gasthaus seit 1407) – TV 🅿 ⓜ VISA 🚫
Menu (geschl. Sonntagabend) à la carte 22/40 – **18 Zim** ⊇ 75 – 100 – ½ P 22.
• Eine geschichtsträchtige Adresse : In Zimmer Nr. 5 soll Faust 1539 sein Leben ausgehaucht haben. Das neue Gästehaus ist mit hellen Landhausmöbeln wohnlich eingerichtet. Allerlei Zierrat und ein Kachelofen machen die Gaststuben behaglich.

🏨 **Die Krone** 🌿, Hauptstr. 30, ✉ 79219, ℘ (07633) 58 40, Fax (07633) 82903, 🍽 – TV 🅿 AE ⓜ VISA
geschl. Feb. - März 3 Wochen – **Menu** (geschl. Freitag - Samstag) à la carte 17/32, ♀ – **9 Zim** ⊇ 60 – 75.
• Das Gasthaus aus dem 18. Jh. liegt in der Mitte des kleinen Ortes, in der Fußgängerzone. Hier stehen wohnliche, gepflegte Fremdenzimmer in hellem Naturholz zum Einzug bereit. Ländlich-rustikale Restauranträume.

🏨 **Zum Hirschen** 🌿, Hauptstr. 19, ✉ 79219, ℘ (07633) 52 97, zumhirschen@t-onlin e.de, Fax (07633) 5295, 🍽, 🌳 – 📞 TV 🅿 ⓜ VISA
Menu (geschl. Juli 1 Woche, Nov., Montag - Dienstag) à la carte 18/36 – **16 Zim** ⊇ 60 – 70.
• In der Fußgängerzone von Staufen befindet sich das Gasthaus mit der rosa gestrichenen Fassade - ausgestattet mit behaglichen, ländlich eingerichteten Zimmern. In rustikalem Umfeld serviert man eine regionale Küche.

XX **Kreuz-Post** mit Zim, Hauptstr. 65, ✉ 79219, ℘ (07633) 9 53 20, kreuz-post-staufen @t-online.de, Fax (07633) 953232, 🍽 – 🚭 Zim, TV, ⓜ VISA JCB, 🚫 Zim
geschl. Jan. 2 Wochen – **Menu** (geschl. Mittwoch) à la carte 23,50/48, ♀ – **5 Zim** ⊇ 85/88 – 95/100.
• Eine traditionelle Markgräfler Gaststube mit guter regionaler Küche und nettem Ambiente. Hübsche Zimmer im Landhausstil, nach Obstsorten benannt.

1325

STAUFEN

In Staufen-Grunern *Süd-West : 1 km :*

Gasthaus Rebstock zum Belchenblick mit Zim, Im Steiner 4, ✉ 79219, ✆ (07633) 53 94, Fax (07633) 924354, ...
Menu *(geschl. Montag - Dienstag)* à la carte 23,50/35 – ☐ 7 – **5 Zim** 30 – 60.
• In schlichtem, ländlich-rustikalem Stil präsentiert sich dieser familiengeführte Gasthof. Das Angebot reicht von der einfachen bis zur leicht gehobenen Regionalküche.

STAUFENBERG Hessen 543 O 10 – 7 500 Ew – Höhe 163 m.

Berlin 498 – Wiesbaden 102 – Marburg 20 – Frankfurt am Main 73 – Gießen 11.

Burghotel Staufenberg, Burggasse 10, ✉ 35460, ✆ (06406) 30 12, info@burg-hotel-staufenberg.com, Fax (06406) 3014004, ≤, 🍴, (Burg a.d. 12. Jh. mit Hotelanbau) – 📺 ✆ 🅿 – 🔑 40. 🆎 ⓘ ⓜ 💳
Menu à la carte 28/42 – **30** ☐ 70/110 – 120/155.
• Die schön oberhalb des Ortes gelegene Burg aus dem 12. Jh. sowie ein Hotelanbau beherbergen zeitgemäße, tadellos gepflegte Zimmer - einige mit reizvoller Aussicht. Auf drei Ebenen angelegtes Restaurant mit hübschem Gewölbe und Ritterrüstungen als Dekor.

STAVENHAGEN (REUTERSTADT) Mecklenburg-Vorpommern 542 E 22 – 7 500 Ew – Höhe 46 m.

Berlin 166 – Schwerin 119 – Neubrandenburg 31 – Stralsund 83.

Kutzbach, Malchiner Str. 2, ✉ 17153, ✆ (039954) 2 10 96, Fax (039954) 30838, 🍴 – ✆ Zim, 📺 🅿 🆎 ⓜ 💳 ✆
Menu à la carte 14/23 – **17 Zim** ☐ 41 – 62.
• Der ältere, renovierte Gasthof - ein gepflegter Familienbetrieb - liegt am Marktplatz des Ortes. Die umliegende Mecklenburger Seenplatte stellt ein schönes Ausflugsziel dar. Bürgerlich gestaltetes Restaurant.

In Jürgenstorf *Süd : 4 km über B 194 Richtung Waren :*

Unkel Bräsig, Warener Str. 1a (B 194), ✉ 17153, ✆ (039955) 3 80, juergenviergutz @aol.com, Fax (039955) 38222, 🍴 – ✆ Zim, 📺 🅿 – 🔑 100. 🆎 ⓜ 💳
geschl. 27. Dez. - 4. Jan. – **Menu** *(geschl. Okt. - März Sonntag) (Montag - Freitag nur Abendessen)* à la carte 12,50/24 – **18 Zim** ☐ 35/40 – 45.
• Hinter der netten Fassade dieses neuzeitlichen kleinen Hotels - im Stil einem Landhaus nachempfunden - beziehen Sie funktionelle und zeitgemäße Gästezimmer. Schlicht gestaltete Räumlichkeiten dienen als Restaurant.

In Kittendorf *Süd : 9 km über B 194 Richtung Waren :*

Schlosshotel Kittendorf, Dorfstr. 47 (B 194), ✉ 17153, ✆ (039955) 5 00, reception@schloss-kittendorf.de, Fax (039955) 50140, 🍴, 🌳 – ✆ Zim, 📺 🅿 – 🔑 30. 🆎 ⓜ 💳 ✆ Rest
Menu *(geschl. Montagmittag, Dienstagmittag)* à la carte 24/34 – **27 Zim** ☐ 70/105 – 115/155.
• Die elegante Residenz - 1848 im Tudorstil erbaut - zählt zu den repräsentativsten Adelsbauten der Region. Ein von Lenné entworfener Landschaftspark umgibt das weiße Schloss. Die Orangerie - Café und Bistro - sowie ein Weinkeller ergänzen das Restaurant.

STEBEN, BAD Bayern 546 O 18 – 3 700 Ew – Höhe 580 m – Heilbad – Wintersport : 585/650 m ≤1 ≤. – 🛈 Info-Büro, Badstr. 31. ✉ 95138, ✆ (09288) 9 60 20, Fax (09288) 96010.

Berlin 320 – München 295 – *Coburg* 75 – Hof 25 – Bayreuth 66.

relexa Hotel, Badstr. 26, ✉ 95138, ✆ (09288) 7 20, badsteben@relexa-hotel.de, Fax (09288) 72113, 🍴, ⓜ, Massage, ♨, 🎾, ≘s, 🏊, 🌳 – 🛗, ✆ Zim, 📺 🅿 – 🔑 200. 🆎 ⓘ ⓜ 💳 JCB ✆ Rest
Menu à la carte 22,50/29 – **122 Zim** ☐ 87/97 – 130/140, 7 Suiten – ½ P 17.
• "Alles unter einem Dach" - nach diesem Motto verbindet das Hotel am Kurpark komfortables Wohnen und Wellness. Auch ein hübsches Schlösschen gehört zum Anwesen. Klassisches Ambiente im Restaurant und Wintergarten.

In Bad Steben-Bobengrün *Süd : 3 km, über Thierbach :*

Spitzberg mit Zim, Hauptstr. 43, ✉ 95138, ✆ (09288) 3 13, kontakt@gasthof-spitzberg.de, Fax (09288) 55325, 🍴, Biergarten, – ✆ 🅿 🆎 ⓜ 💳
Menu *(geschl. Dienstag)* à la carte 14,50/32 – **5 Zim** ☐ 32 – 47.
• Das gepflegte, in bürgerlichem Stil eingerichtete und familiengeführte Restaurant verteilt sich auf zwei Räume. Regionale Speisen bereichern das internationale Angebot.

STEBEN, BAD

In Lichtenberg Nord-Ost : 3 km, über Lichtenberger Straße :

Burghotel ⌂, Schlossberg 1, ✉ 95192, ☎ (09288) 51 51, Fax (09288) 5459, ≤, Biergarten – |₿| TV P – 🛁 20. AE ◍ VISA
Menu à la carte 13,50/25 – **25 Zim** ⌑ 41 – 72 – ½ P 10.
 • Das ehemalige Finanzamt - ein älteres renoviertes Haus mit Schindelfassade - dient heute mit neuzeitlich-funktionellen Zimmern der Unterbringung Reisender. Alpenländischer Stil mit rustikaler Holztäfelung prägt das Restaurant.

Burgrestaurant Harmonie, Schloßberg 2, ✉ 95192, ☎ (09288) 2 46, burgrestaurant-harmonie@t-online.de, Fax (09288) 924541, 🌳 – ◍ VISA
geschl. Jan. 2 Wochen, Dienstag – **Menu** à la carte 21,50/36.
 • Parkett sowie Mobiliar und Täfelung aus dunklem Holz verleihen dem Saal seinen behaglichen Charakter. Weitere Plätze finden Sie am Kachelofen oder auf der alten Burgmauer.

STEGAURACH Bayern siehe Bamberg

STEGEN Baden-Württemberg siehe Kirchzarten.

STEIN Schleswig-Holstein siehe Laboe.

STEINBACH-HALLENBERG Thüringen **544** N 15 – 6 200 Ew – Höhe 520 m.
🛈 Tourist-Information, Heimathof, Hauptstr. 45, ✉ 98587, ☎ (036847) 4 10 65, gastinfo@steinbach-hallenberg.de, Fax (036847) 41066.
Berlin 364 – Erfurt 72 – Eisenach 54 – Gotha 47 – Suhl 23.

Holland-Moritz, Hennebergstr. 6, ✉ 98587, ☎ (036847) 36 20, info@hotel-holland-moritz.de, Fax (036847) 36214 – ⇌ Zim, TV P ◍ VISA ⚡ Rest
Menu à la carte 13,50/25,50 – **8 Zim** ⌑ 40/50 – 60/70.
 • Das kleine Hotel ist eine saubere und gepflegte Übernachtungsadresse, die über zeitgemäß und praktisch ausgestattete Zimmer verfügt. Neuzeitliches Restaurant mit bürgerlicher Küche.

STEINEN Baden-Württemberg **545** X 7 – 4 600 Ew – Höhe 335 m.
Berlin 833 – Stuttgart 269 – Freiburg im Breisgau 76 – Basel 17 – Schopfheim 7.

In Steinen-Höllstein Süd : 1 km, über Eisenbahnstraße :

Höllsteiner Hof, Friedrichstr. 65, ✉ 79585, ☎ (07627) 9 10 80, info@hotelhh.de, Fax (07627) 910866, 🌳 – TV P 🛁 20. AE ◍ VISA
Menu (geschl. Jan. 1 Woche, Sonntag)(nur Abendessen) à la carte 15/35 – **14 Zim** ⌑ 45/60 – 70.
 • Gepflegt, sauber und funktionell zeigt sich dieser neuzeitliche Gasthof. Die ordentlichen Zimmer, einheitlich in Kirschbaum gestaltet, befinden sich im Anbau. Ländlich-schlichtes Hotelrestaurant.

Tannenhof garni, Friedrichstr. 9/1, ✉ 79585, ☎ (07627) 91 82 80, hotel-tannenhof@arcor.de, Fax (07627) 3468 – TV ⚡ P ◍ VISA – **18 Zim** ⌑ 43/50 – 70.
 • Das 1991 erbaute, gepflegte Hotel am Ortsrand bietet Ihnen mit hellem Holzmobiliar freundlich und funktionell ausgestattete Zimmer.

STEINENBRONN Baden-Württemberg **545** U 11 – 4 700 Ew – Höhe 430 m.
Berlin 658 – Stuttgart 21 – Reutlingen 33 – Ulm (Donau) 92.

Krone, Stuttgarter Str. 45, ✉ 71144, ☎ (07157) 73 30, reservierung@krone-steinenbronn.de, Fax (07157) 733177, 🌳, ≘s, 🞏 – |₿| ⇌ Zim, TV 🞏 ⇌ P – 🛁 30. AE ① ◍ VISA
geschl. 24. Dez. – 6. Jan. – **Menu** (geschl. Aug. 2 Wochen, Sonntag - Montagmittag) à la carte 27,50/42,50 – **45 Zim** ⌑ 78/80 – 89/105.
 • Hinter seiner schlichten Fassade beherbergt das familiengeführte Hotel gepflegte Gästezimmer, die über eine solide Einrichtung verfügen.

Löwen (mit Gästehaus), Stuttgarter Str. 1, ✉ 71144, ☎ (07157) 5 24 40, info@weinholzner.de, Fax (07157) 524424, ≘s – |₿| ⇌ Zim, TV ⇌ P AE ① ◍ VISA
Menu (geschl. Aug. 1 Woche, Mittwoch) à la carte 19/35 – **30 Zim** ⌑ 50/62 – 62/85.
 • Die mit hellem Holz möblierten und funktionell ausgestatteten Zimmer sind teils im ursprünglichen Gasthof, teils im nebenan liegenden neuzeitlichen Gästehaus untergebracht. Rustikales Restaurant mit heller Täfelung.

STEINFURT Nordrhein-Westfalen **543** J 6 – 34 000 Ew – Höhe 70 m.
⛳ Steinfurt, Bagno, ☎ (02551) 83 35 50. – 🛈 Tourist-Information, Altes Rathaus, Markt 2, ✉ 48565, ☎ (02551) 13 83, info@steinfurt.de, Fax (02551) 7326.
Berlin 494 – Düsseldorf 162 – Nordhorn 55 – Enschede 39 – Münster (Westfalen) 25.

1327

STEINFURT

In Steinfurt-Borghorst :

Schünemann, Altenberger Str. 109, ✉ 48565, ☎ (02552) 39 82, *info@hotel-schuenemann.de*, Fax (02552) 61728, ⇔, 🔲 – 📺 🅿 – 🛁 15. 🆎 ① ⓜ VISA JCB
Menu *(geschl. Sonntagabend)* à la carte 22,50/41 – **33 Zim** ⇌ 62 – 88.
• Mit einem neuzeitlichen Ambiente empfängt Sie das aus mehreren Gebäuden bestehende Hotel. Hier stehen funktionell ausgestattete Zimmer bereit. Etwas unterteilt, in rustikalem Stil präsentiert sich das Restaurant.

Posthotel Riehemann, Münsterstr. 8 (Zufahrt über Alte Lindenstraße), ✉ 48565, ☎ (02552) 9 95 10, *info@riehemann.de*, Fax (02552) 62484, Biergarten – ⇔ Zim, 📺 ⇔ 🅿 – 🛁 30. 🆎 ① ⓜ VISA
Menu *(nur Abendessen)* (Restaurant nur für Hausgäste) – **16 Zim** ⇌ 52/54 – 76.
• Unterschiedlich eingerichtete Gästezimmer - teils neuzeitlich, teils älter - machen diesen gut geführten Familienbetrieb zu einer soliden Übernachtungsadresse.

In Steinfurt-Burgsteinfurt :

Zur Lindenwirtin (mit Gästehaus), Ochtruper Str. 38, ✉ 48565, ☎ (02551) 20 15, Fax (02551) 4728, ⇔ – 🅿. ⌘
geschl. 23. Dez. - 11. Jan., 1. - 22. Aug. – **Menu** *(geschl. Sonntag) (nur Abendessen)* à la carte 16/27 – **18 Zim** ⇌ 38/47 – 63/66.
• Ein familiengeführtes Hotel in überschaubarer Größe mit solide eingerichteten Zimmern, die sich auf Haupt- und Gästehaus verteilen. Behaglich-rustikales Restaurant.

STEINGADEN Bayern **546** W 16 – *2 800 Ew – Höhe 763 m – Erholungsort.*
Sehenswert : Klosterkirche★.
Ausflugsziel : Wies : Kirche★★ Süd-Ost : 5 km.
🎿₁₈ Lechbruck, Gsteig 1 (Ost : 5 km) ☎ (08862) 85 20.
🛈 Tourist Information, Krankenhausstr. 1, ✉ 86989, ☎ (08862) 2 00, *tourist-info@steingaden.de*, Fax (08862) 6470.
Berlin 639 – München 103 – Garmisch-Partenkirchen 46 – *Kempten (Allgäu)* 65 – Füssen 21.

In Steingaden-Wies *Süd-Ost : 5 km, Richtung Wieskirche* :

Schweiger, Wies 9, ✉ 86989, ☎ (08862) 5 00, Fax (08862) 6116, ⇔
geschl. 15. Nov. - 20. Dez., Okt. - April Freitag – **Menu** *(nur Mittagessen)* à la carte 17/29.
• Einst wohnte und schaffte hier der Erbauer der Wallfahrtskirche Wies. Auf der Karte des historischen Alpengasthofs mit bemalter Fassade findet sich regionale Küche.

STEINHAGEN Nordrhein-Westfalen **543** J 9 – *18 600 Ew – Höhe 101 m.*
Berlin 404 – Düsseldorf 166 – *Bielefeld* 11 – Münster (Westfalen) 67 – Osnabrück 47.

Alte Schmiede, Kirchplatz 22, ✉ 33803, ☎ (05204) 70 01, *schmiede@aol.com*, Fax (05204) 89129, ⇔, (ehemalige Schmiede a.d.J. 1843) – 🅿. 🆎 ⓜ VISA
geschl. April 2 Wochen, Dienstag – **Menu** *(wochentags nur Abendessen)* (Tischbestellung ratsam) à la carte 22/41, ♀ ⌘.
• Das historische Fachwerkhaus befindet sich in der Innenstadt. Freigelegte Holzbalken, nett eingedeckte Tische und moderne Bilder prägen das rustikal-gemütliche Lokal.

In Steinhagen-Brockhagen *West : 5 km* :

Ententurm mit Zim, Sanforther Str. 50, ✉ 33803, ☎ (05204) 9 17 60, *info@ententurm.de*, Fax (05204) 917618, ⇔ – 📺 🅿. ⓜ VISA
Menu *(geschl. Dienstag)* à la carte 21/32 – **7 Zim** ⇌ 62 – 82.
• Parkettfußboden und angenehme, helle Farben tragen zum hübschen Ambiente dieses netten Landgasthofs bei. Individuelle, sehr geschmackvoll eingerichtete Zimmer.

STEINHEIM Nordrhein-Westfalen **543** K 11 – *12 100 Ew – Höhe 144 m.*
Berlin 368 – Düsseldorf 208 – *Hannover* 87 – Detmold 21 – Paderborn 38.

In Steinheim-Sandebeck *Süd-West : 12 km, über B 252 und Bergheim* :

Germanenhof, Teutoburger-Wald-Str. 29, ✉ 32839, ☎ (05238) 9 89 00, *hotelgermanenhof@t-online.de*, Fax (05238) 989090, ⇔, ⇔ – 📶, ⇔ Zim, 📺 ✆ ⇔ 🅿 – 🛁 80. 🆎 ① ⓜ VISA
Menu *(geschl. Dienstag)* (Tischbestellung ratsam) à la carte 21/40 – **30 Zim** ⇌ 54/58 – 78.
• Ein netter Familienbetrieb, der über wohnliche und funktionelle Zimmer verfügt, die mit Naturholzmöbeln versehen und teils mit Balkon versehen sind. Gemütlich ausgestattete Gaststuben.

STEINHEIM AM ALBUCH *Baden-Württemberg siehe Heidenheim an der Brenz.*

STEINKIRCHEN Niedersachsen 541 F 12 – 1 740 Ew – Höhe 1 m.
Berlin 321 – Hannover 161 – Hamburg 41 – Bremerhaven 88 – Stade 12.

Windmüller, Kirchweg 3 (hinter der Kirche), ✉ 21720, ℘ (04142) 8 19 80, hotel-windmueller@t-online.de, Fax (04142) 819820, 😊, 🍴 – ✲ Zim, 📺 📞 🛁 🅿 – 🔔 30. ⑩ 🆀 VISA
Menu (geschl. Nov. - März Dienstag)(Nov. - März nur Abendessen) 18,50/28 à la carte 22/39 – **26 Zim** ⊇ 62 – 82/92.
• Das reetgedeckte Fachwerkhaus stammt aus dem Jahre 1746. Heute überrascht es mit wohnlichen Zimmern, teils auch für Allergiker, und individuell ausgestatteten Bädern. Ein offener Kamin und freigelegte Holzbalken prägen den Charakter des Restaurants.

STEINSFELD Bayern siehe Rothenburg ob der Tauber.

STEISSLINGEN Baden-Württemberg 545 W 10 – 4 400 Ew – Höhe 465 m – Erholungsort.
🛈 Verkehrsverein, Schulstr. 19 (Rathaus), ✉ 78256, ℘ (07738) 92 93 40, touristinfo@steisslingen.de, Fax (07738) 929359.
Berlin 782 – Stuttgart 152 – Konstanz 29 – Singen (Hohentwiel) 9.

Sättele 🍃, Schillerstr. 9, ✉ 78256, ℘ (07738) 92 90 50, Fax (07738) 929059, ≤, 😊, 🌳 – 📺 🚗 🅿 – 🔔 40. 🅰🅴 ⑩ VISA
geschl. über Fastnacht 2 Wochen, Ende Juli - Mitte Aug. – **Menu** (geschl. Donnerstag, Sonntagabend) à la carte 19/39,50 – **15 Zim** ⊇ 39/50 – 75/92.
• An einem schön angelegten Park direkt am See finden Reisende ein zeitgemäß eingerichtetes Hotel. Die überschaubare Größe des Hauses schafft eine familiäre Atmosphäre. Rustikales Restaurant und Terrasse mit Blick aufs Wasser.

STEMMEN Niedersachsen siehe Sittensen.

STEMWEDE Nordrhein-Westfalen 543 I 9 – 12 500 Ew – Höhe 65 m.
Berlin 385 – Düsseldorf 227 – Bielefeld 50 – Minden 36 – Osnabrück 33.

In Stemwede-Haldem Nord-West : 8,5 km ab Levern :

Berggasthof Wilhelmshöhe 🍃, Zur Wilhelmshöhe 14, ✉ 32351, ℘ (05474) 9 20 30, berggasthof-wilhelmshoehe@t-online.de, Fax (05474) 920358, 😊, 🌳 – 📺 🚗 🅿 – 🔔 40. 🅰🅴 ⑩ VISA
geschl. 20. - 25. Dez. – **Menu** (geschl. Dienstag) à la carte 22,50/34 – **22 Zim** ⊇ 40/65 – 75/90.
• In ruhiger Lage am Waldrand oberhalb des Dorfes findet man diese Hotelanlage. Zu den Annehmlichkeiten gehören gemütliche Zimmer und ein schöner Garten. Eine rustikale Ausstattung mit leicht elegantem Touch prägt das Restaurant.

STENDAL Sachsen-Anhalt 542 I 19 – 38 000 Ew – Höhe 33 m.
Sehenswert : Dom St. Nikolai★ (Glasfenster★) – Uenglinger Tor★.
Ausflugsziele : Tangermünde★ (Rathaus★, Neustädter Tor★), Süd-Ost : 10 km – Havelberg (Dom St. Marien★, Skulpturen★★ an Lettner und Chorschranken), Nord : 46 km (über Tangermünde).
🛈 Stendal-Information, Kornmarkt 8, ✉ 39576, ℘ (03931) 65 11 93, touristinfo@stendal.de, Fax (03931) 651195.
Berlin 130 – Magdeburg 60 – Dessau 133 – Schwerin 135.

Altstadt-Hotel, Breite Str. 60, ✉ 39576, ℘ (03931) 6 98 90, altstadthotel@surfeu.de, Fax (03931) 698939 – 📺 📞 🛁 🅿 – 🔔 30. 🅰🅴 ⑩ VISA
Menu à la carte 14,50/24 – **28 Zim** ⊇ 49/79 – 79/99.
• Im Herzen der Stadt, in direkter Nähe zu den historischen Sehenswürdigkeiten steht dieses nette Hotel - von der Rezeption bis in die Zimmer in neuzeitlichem Stil eingerichtet. Freundlich empfängt Sie das modern gestaltete Restaurant.

Am Uenglinger Tor garni, Moltkestr. 17, ✉ 39576, ℘ (03931) 6 84 80, hsellent@t-online.de, Fax (03931) 643130 – 📺 📞 🅿 ⑩ VISA
17 Zim ⊇ 45 – 66.
• Das nach dem schmucken, mit Türmchen verzierten Klinkerbauwerk benannte kleine Hotel liegt in unmittelbarer Nähe zur Innenstadt. Hier beziehen Sie funktionelle Zimmer.

STEPHANSKIRCHEN Bayern siehe Rosenheim.

STERNBERG Mecklenburg-Vorpommern 542 E 19 – 5 100 Ew – Höhe 65 m – Erholungsort.
🛈 Fremdenverkehrsamt, Luckower Str. 3, ✉ 19406, ✆ (03847) 45 10 12, Fax (03847) 451012.
Berlin 196 – Schwerin 37 – Güstrow 27.

Seehotel ⏵, Johannes-Dörwaldt-Allee 4, ✉ 19406, ✆ (03847) 35 00, seehotel-sternberg@t-online.de, Fax (03847) 350166, 🍽, ⏵s – ⏵ Zim, 📺 P – 🅿 150. AE ⓜ VISA
Menu à la carte 16,50/28 – **43 Zim** 🛏 66/71 – 91/101 – ½ P 16.
◆ Dieses äußerlich wie auch im Inneren neuzeitlich gestaltete Hotel überzeugt seine Gäste mit einer reizvollen Lage und einer Kombination von Wohnlichkeit und Funktionalität. Restaurant mit gepflegtem Ambiente und internationaler Küche.

STIMPFACH Baden-Württemberg 545 S 14 – 2 700 Ew – Höhe 465 m.
Berlin 541 – *Stuttgart* 109 – Nürnberg 110 – Würzburg 111.

In Stimpfach-Rechenberg Süd-Ost : 4 km :

Landgasthof Rössle ⏵, Ortsstr. 22, ✉ 74597, ✆ (07967) 9 00 40, landgasthof.roessle@t-online.de, Fax (07967) 1387, 🍽, ⏵s, 🍴 – ⏵ Zim, 📺 ✆ P – 🅿 100. AE ⓓ ⓜ VISA
geschl. Anfang Jan. 1 Woche, Mitte Aug. 2 Wochen – **Menu** (geschl. Sonntagabend) à la carte 16/31 – **76 Zim** 🛏 53 – 83.
◆ Sie wohnen in individuell eingerichteten Zimmern - mal rustikal, mal modern. Mit technisch gut ausgestatteten Räumen ist man vor allem auf Tagungen eingestellt. Im Restaurant empfängt Sie ein rustikales, dem alpenländischen Stil nachempfundenes Interieur.

STOCKACH Baden-Württemberg 545 W 11 – 16 500 Ew – Höhe 491 m.
Ausflugsziel : Haldenhof ⏵⏵, Süd-Ost : 13 km.
🏌 🏌 Orsingen-Nenzingen, Schloss Langenstein (West : 6 km), ✆ (07774) 5 06 51.
🛈 Tourist-Information, Salmannsweilerstr. 1., ✉ 78333, ✆ (07771) 80 23 00, tourist-info@stockach.de, Fax (07771) 802311.
Berlin 730 – Stuttgart 157 – *Konstanz* 34 – Freiburg im Breisgau 112 – Ulm (Donau) 114.

Zum Goldenen Ochsen, Zoznegger Str. 2, ✉ 78333, ✆ (07771) 9 18 40, info@ochsen.de, Fax (07771) 9184184, 🍽, ⏵s – 🛗, ⏵ Zim, 📺 ✆ 🚗 P – 🅿 35. AE ⓓ ⓜ VISA JCB
Menu à la carte 25/40, ⏵ – **38 Zim** 🛏 65/85 – 110/125.
◆ Nach einem Brand wurde das Haus 1965 komplett neu aufgebaut. Mit neuzeitlich eingerichteten Zimmern wird man Ihren Ansprüchen an ein zeitgemäßes, funktionelles Hotel gerecht. Ländlich-gediegenes Restaurant.

Zur Linde, Goethestr. 23, ✉ 78333, ✆ (07771) 6 10 66, info@hotelzurlinde.de, Fax (07771) 61220, 🍽 – 🛗, ⏵ Zim, 📺 ✆ P – 🅿 50. ⓜ VISA
Menu (geschl. Freitagmittag) à la carte 17,50/36 – **27 Zim** 🛏 52/58 – 75/92.
◆ Dieses Gasthaus ist eines der ältesten des Ortes und seit mehr als 100 Jahren in Familienbesitz. Wohnliche Zimmer sorgen für einen erholsamen Aufenthalt. Mit Holzmobiliar und Bildern ist das Restaurant nett eingerichtet.

In Stockach-Wahlwies Süd-West : 3 km, jenseits der A 98, über B 313 :

Adler (mit Gästehaus), Leonhardtstr. 29, ✉ 78333, ✆ (07771) 35 27, adler-wahlwies@t-online.de, Fax (07771) 920012, 🍽 – ⏵ Zim, 🚗 P. ⓜ VISA
geschl. Feb., 25. Okt. - 10. Nov. – **Menu** (geschl. Montag - Dienstagmittag) à la carte 16/34 – **14 Zim** 🛏 32/35 – 45/54.
◆ Das traditionsreiche Haus bietet Reisenden neben soliden Zimmern auch eine wohltuende familiäre Atmosphäre. Neuzeitlichere Zimmer stehen im Gästehaus bereit. Bürgerlich-rustikale Gaststube.

STOCKELSDORF Schleswig-Holstein siehe Lübeck.

STOCKHEIM Bayern siehe Kronach.

STOCKSTADT AM MAIN Bayern 546 Q 11 – 8 000 Ew – Höhe 110 m.
Berlin 550 – München 361 – *Frankfurt am Main* 38 – Darmstadt 36.

Brößler, Obernburger Str. 2, ✉ 63811, ✆ (06027) 42 20, info@hotel-broessler.de, Fax (06027) 422100, Biergarten – 📺 ✆ 🚗 P – 🅿 20. AE ⓓ ⓜ VISA
geschl. Anfang Jan. 1 Woche – **Menu** (geschl. Samstag) à la carte 15/34 – **36 Zim** 🛏 55 – 85.
◆ Eine Glasüberführung verbindet den hübschen, alten Gasthof mit einem modernen Gästehaus. Mit neuzeitlichem Inventar werden die Zimmer heutigen Ansprüchen gerecht. Man bittet seine Gäste in bürgerlich-schlichtem Umfeld zu Tisch.

STÖLLN Brandenburg 542 H 21 – 320 Ew – Höhe 25 m.
Berlin 86 – Potsdam 75 – Schwerin 135 – Stendal 59.

Zum 1. Flieger, Otto-Lilienthal-Str. 7, ⌂ 14728, ℰ (033875) 3 00 00, gasthof@zum
-ersten-flieger.de, Fax (033875) 30020, Biergarten – ⥅ Zim, 📺 🅿. 🆎
geschl. 1. - 18. Jan. – **Menu** (Jan. - Mitte März wochentags nur Abendessen) à la carte 13/22
– **10 Zim** ⌂ 33 – 49/55.
♦ Eine inzwischen zum Hotel ausgebaute Scheune diente einst Otto Lilienthal zur Aufbewahrung seiner Gleitfluggeräte. Heute beherbergt das kleine Haus 10 gemütliche Gästezimmer. Ein rustikales Interieur mit Dielenboden bestimmen den Charakter der Gaststuben.

STOLBERG (HARZ) Sachsen-Anhalt 542 L 16 – 1 500 Ew – Höhe 330 m – Luftkurort.
🛈 Tourist-Information, Markt 2, ⌂ 06547, ℰ (034654) 4 54, Fax (034654) 729.
Berlin 246 – Magdeburg 110 – *Erfurt* 91 – Göttingen 88.

Zum Bürgergarten, Thyratal 1, ⌂ 06547, ℰ (034654) 81 10, zum.buergergarten
@t-online.de, Fax (034654) 811100, 🍽, 🅴 – ⥅ Zim, 📺 ♿ 🅿 – 🔔 40. ⓐ 🆎 VISA
Menu (geschl. Montagmittag, Dienstagmittag) à la carte 15/27 – **28 Zim** ⌂ 36/56 –
46/71 – ½ P 10.
♦ Hinter den alten Mauern des netten Fachwerkhauses - ein familiengeführtes Hotel - verbergen sich sehr gepflegte, wohnlich eingerichtete Gästezimmer. Das Restaurant liegt im Altbau und ist gediegen-rustikal eingerichtet.

Weißes Roß, Rittergasse 5, ⌂ 06547, ℰ (034654) 4 03, katja.nelder@arcormail.de,
Fax (034654) 602 – 📺. ⥅ Zim
Menu (geschl. Nov.) (Dez. - März wochentags nur Abendessen) à la carte 13,50/18,50 –
13 Zim ⌂ 30/35 – 46/56 – ½ P 8.
♦ Im ältesten Gasthaus Stolbergs überzeugt man seine Besucher mit wohnlichen, gepflegten Fremdenzimmern und der familiären Atmosphäre eines kleinen Hotels. Bürgerliche Gaststube.

STOLBERG Nordrhein-Westfalen 543 N 2 – 59 000 Ew – Höhe 180 m.
Berlin 629 – Düsseldorf 80 – *Aachen* 11 – Düren 23 – Monschau 36.

Romantik Parkhotel am Hammerberg ⋟, garni, Hammerberg 11, ⌂ 52222,
ℰ (02402) 1 23 40, hammerberg@romantikhotels.com, Fax (02402) 123480, 🍽, 🗔,
🍴 – ⥅ 📺 ✆ 🅿 – 🔔 15. ⓐ ⓞ 🆎 VISA
27 Zim ⌂ 75/90 – 119/134.
♦ Oberhalb des Ortes, neben einer alten Kirche mit historischem Friedhof, liegt dieses Hotel. Wohnliche Zimmer und eine nette Sitzecke mit Kamin laden zum Verweilen ein.

Stadthalle garni, Rathausstr. 77, ⌂ 52222, ℰ (02402) 2 30 56, Fax (02402) 84211 –
📶 📺 🅿 – 🔔 30. ⓐ ⓞ 🆎 VISA
19 Zim ⌂ 46/49 – 62/72.
♦ Das Haus befindet sich in zentraler Lage, integriert in die Stadthalle von Stolberg. Gepflegte, praktisch ausgestattete Zimmer erwarten Sie.

In Stolberg-Zweifall Süd-Ost : 6,5 km, über Bauschenberg und Vicht :

Zum Walde ⋟, (mit Gästehäusern), Klosterstr. 4, ⌂ 52224, ℰ (02402) 76 90, chris
ten@hotel-zum-walde.de, Fax (02402) 76910, 🍽, 🅴, 🗔, 🍴 – 📶 📺 ✆ ⥤ 🅿
– 🔔 25. ⓐ ⓞ 🆎 VISA
Menu à la carte 22,50/39 – **61 Zim** ⌂ 88/92 – 126/135, 3 Suiten.
♦ Vier einzelne, jeweils in einem Abstand von 50 m über ein Wohngebiet verteilte Gebäude bilden diese Hotelanlage. Gepflegte Zimmer und Appartements stehen zum Einzug bereit. Im rustikalen Ambiente des Restaurants nehmen Sie am offenen Kamin Platz.

In Stolberg-Vicht Süd-Ost : 4 km, über Bauschenberg :

Vichter Landhaus, Münsterau 140, ⌂ 52224, ℰ (02402) 9 89 10, info@vichter-
landhaus.de, Fax (02402) 989192, 🍽 – 📺 ⥤ 🅿 – 🔔 25. ⓐ 🆎 VISA JCB.
⥅ Zim
Menu à la carte 16/36 – **30 Zim** ⌂ 55 – 83.
♦ Das am Wald gelegene Landhaus - ein solider Familienbetrieb - verfügt über gut unterhaltene Gästezimmer. Rundbogenfenster zieren einen Teil der Fassade. Schöne Backsteinbögen unterteilen das Restaurant.

Die Erläuterungen in der Einleitung helfen Ihnen,
Ihren Michelin-Führer effektiver zu nutzen.

STOLLBERG Sachsen 544 N 22 – 14 000 Ew – Höhe 415 m.
Berlin 280 – Dresden 94 – Chemnitz 20 – Plauen 66 – Zwickau 29.

Goldener Adler, Postplatz 7, ⊠ 09366, ℘ (037296) 6 99 50, Fax (037296) 699514 – [TV] [P]. [AE] [MC] [VISA]
Menu à la carte 11/21 – **15 Zim** ⊇ 40 – 60.
• Das renovierte ältere Stadthaus liegt im Zentrum von Stollberg. In der zweiten Etage hat man nette, neuzeitlich möblierte Zimmer mit sinnvollem Inventar für Sie eingerichtet. Das Hotelrestaurant zeigt sich in bürgerlich-schlichter Aufmachung.

In Stollberg-Mitteldorf Süd-West : 3 km, über B 169 :

Zur Grünen Laube, Hartensteiner Str. 59, ⊠ 09366, ℘ (037296) 24 84, Fax (037296) 3603, 😊 – [TV] [✆] [P] – 🔑 15. [AE] [①] [MC] [VISA]
Menu à la carte 12/23 – **15 Zim** ⊇ 45 – 60.
• Das 1995 neu erbaute Hotel zählt zu einer sauberen, solide Übernachtungsadresse dar. Jedes der neuzeitlichen Zimmer verfügt über einen kleinen Balkon.

In Niederwürschnitz Nord-West : 3,5 km, jenseits der A 72, über B 180 :

Vinum, Chemnitzer Str. 29, ⊠ 09399, ℘ (037296) 1 51 26, info@hotel-vinum.de, Fax (037296) 15129, 😊 – ⚡ Zim, [TV] 🚗 [P]. [MC] [VISA]
geschl. 2. - 10. Jan. – **Menu** (geschl. Sonntag)(nur Abendessen) à la carte 15/31,50, ♀ – **13 Zim** ⊇ 60 – 80/85.
• Die Gästezimmer des kleinen Weinhotels sind nach verschiedenen Anbaugebieten benannt. Die praktische, individuelle Einrichtung reicht von leicht rustikal bis modern. Weinregale und ein nettes Dekor tragen zu einem gemütlichen Ambiente im Restaurant bei.

STOLPE (KREIS ANKLAM) Mecklenburg-Vorpommern 542 E 24 – 500 Ew – Höhe 5 m.
Berlin 179 – Schwerin 171 – Neubrandenburg 48 – Rügen (Bergen) 103 – Stralsund 75.

Gutshaus Stolpe 🍃, Dorfstr. 37, ⊠ 17391, ℘ (039721) 55 00, info@gutshaus-stolpe.de, Fax (039721) 55099, 😊, 🎾, ⚡, 🌿, 🍽 – [TV] [✆] [P] – 🔑 120. [AE] [MC] [VISA]. 🍽 Rest
geschl. 5. - 25. Jan. – **Menu** (geschl. Montag, Nov. - März Montag - Dienstag)(nur Abendessen) à la carte 38/54, ♀ – **33 Zim** ⊇ 105/120 – 130/145, 3 Suiten.
• Das Interieur des fast 150 Jahre alten, herrschaftlich anmutenden Gutshofes besticht durch wohnliche Eleganz. Der umgebende Park mit alten Bäumen ist einmalig schön. Parkett und stilvolle Einrichtung im Restaurant, wo eine feine klassische Küche geboten wird.
Spez. Warmgeräucherter Hummer mit orientalischem Gemüsesalat. Gebratener Zander mit Ochsenschwanzragout und Zwiebelravioli. Pommerscher Rehrücken mit Gewürzkruste und Wildpfeffersauce (Saison)

Fährkrug, Dorfstr. 25, ⊠ 17391, ℘ (039721) 5 22 25, info@gutshaus-stolpe.de, Fax (039721) 55099 72 – [P]
geschl. 5. - 25. Jan., Okt. - April Dienstag - Mittwoch – **Menu** à la carte 16/26,50.
• Seit 1998 ergänzt das 300 Jahre alte Reetdachhaus an der Peene den Gastronomie des Hotels Gutshaus Stolpe - eine mit Liebe zum Detail renovierte Adresse.

STOLPEN Sachsen 544 M 26 – 6 000 Ew – Höhe 356 m.
Berlin 207 – Dresden 27 – Bautzen 35 – Pirna 17.

Burghotel 🍃, Schloßstr. 12 (Zufahrt über Poetenweg), ⊠ 01833, ℘ (035973) 2 99 00, info@burghotel-stolpen.de, Fax (035973) 2990110, ≤, 😊, Biergarten – 🛗 ⚡ [TV] 🚿 [P] – 🔑 40
Menu à la carte 14,50/26 – **44 Zim** ⊇ 50/60 – 70/85.
• Eine unmittelbar unterhalb der Burg gelegene solide Unterkunft, die neben funktionellen Zimmern auch die ruhige Lage zu ihren Vorzügen zählt. Das Wintergartenrestaurant bietet eine schöne Aussicht.

STORKAU Sachsen-Anhalt 542 I 19 – 190 Ew – Höhe 55 m.
Berlin 123 – Magdeburg 71 – Brandenburg 60 – Stendal 18.

Schloß Storkau 🍃, Im Park, ⊠ 39590, ℘ (039321) 52 10, hotel.schloss.storkau@t-online.de, Fax (039321) 5220, 😊, 🎾, ⚡, 🍽 – 🛗 ⚡ Zim, [TV] [✆] 🚿 [P] – 🔑 70. [AE] [①] [MC] [VISA]
Menu (geschl. 12. - 21. Feb., Sonntagabend - Montag) 20/58 à la carte 24/43 – **107 Zim** ⊇ 125/135 – 95/170.
• Umgeben von einer großzügigen Parkanlage, ist das stilvoll restaurierte Schloss an der Elbe ein idealer Ort für Ruhesuchende. Zu dem Anwesen gehört auch das Kavaliershaus. Dem stilvollen Rahmen angepasst, zeigt sich das Restaurant klassisch-elegant.

STORKOW (MARK) Brandenburg 542 J 25 – 7 100 Ew – Höhe 40 m.

🛈 Tourist-Information, Schloßstr. 6 (Burg), ✉ 15859, ℰ (033678) 7 31 08, tourismus@storkow.de, Fax (033678) 73229.

Berlin 63 – Potsdam 80 – Cottbus 81 – Frankfurt (Oder) 53.

In Storkow-Hubertushöhe Süd-Ost : 3,5 km, Richtung Beeskow :

Schloss Hubertushöhe ⌂, (mit Seeresidenz und Kutscherhaus), Robert-Koch-Str. 1, ✉ 15859, ℰ (033678) 4 30, info@hubertushoehe.de, Fax (033678) 43100, 🐟, 🐎 Bootssteg – 📺 🍴 P – 🏊 15. AE ⓘ ⓜ VISA
geschl. Jan. – **Windspiel** (geschl. Okt. - März Montag - Dienstag) **Menu** à la carte 42/64 – **23 Zim** ⌧ 130/215 – 100/350.
• Das detailgetreu restaurierte Jagdschloss von 1900 - heute Bau- und Kulturdenkmal - beeindruckt den Gast mit außergewöhnlicher Architektur und herrlicher Lage im Park. Schlichte Eleganz prägt die stilvoll eingerichteten hohen Räume des Restaurants.

In Groß Schauen Süd-West : 2 km, über B 246 :

Köllnitzer Hof ⌂, Hauptstr. 19 (B 246, West : 1 km), ✉ 15859, ℰ (033678) 69 60, Fax (033678) 69632, 🍴, 🐎, 🍽 – 📺 P ⓜ VISA
Menu (Mahlzeiten in den Fischerstuben) à la carte 14/28 – **11 Zim** ⌧ 51 – 64.
• Das Hotel liegt in einer Hofanlage mit Fischereibetrieb. Hinter einer für die Region typischen Klinker-Fachwerkfassade beziehen Sie zeitgemäße Zimmer. Die Fischerei als Haupterwerbsquelle der Region ist Grundlage der hier angebotenen Küche.

STRALSUND Mecklenburg-Vorpommern 542 D 23 – 59 800 Ew – Höhe 5 m.

Sehenswert : Rathaus★ (Nordfassade★★) BY – Deutsches Meeresmuseum★ BY M – Nikolaikirche★ BY – Marienkirche★ BZ.

🛈 Tourismuszentrale, Alter Markt 9, ✉ 18439, ℰ (03831) 2 46 90, info@stralsundtourismus.de, Fax (03831) 246922.
ADAC, Frankenstr. 1.
Berlin 247 ② – Schwerin 160 ④ – Rügen (Bergen) 29 ① – Rostock 71 ④ – Greifswald 32 ②

Stadtplan siehe nächste Seite

Steigenberger Hotel Baltic, Frankendamm 22, ✉ 18439, ℰ (03831) 20 40, stralsund@steigenberger.de, Fax (03831) 204999, 🍴 – 📶, 🛏 Zim, 📺 🍴 🚗 – 🏊 100. AE ⓘ ⓜ VISA JCB CZ k
Menu (Nov. - April nur Abendessen) à la carte 19/34 – **134 Zim** ⌧ 102/134 – 124/158, 5 Suiten.
• Die frühere Kaserne wurde um einen neuzeitlichen Klinkeranbau ergänzt. Das Ergebnis : Ein Hotel, das mit Komfort und Eleganz den Ansprüchen des heutigen Gastes gerecht wird. In moderner, bistroartiger Gestaltung präsentiert sich das Restaurant.

Zur Post, Tribseer Str. 22, ✉ 18439, ℰ (03831) 20 05 00, info@hotel-zur-post-stralsund.de, Fax (03831) 200510, 🍴 – 📶, 🛏 Zim, 📺 🍴 🚗 – 🏊 60. AE ⓜ VISA BZ a
Menu (nur Abendessen) à la carte 15,50/29 – **108 Zim** ⌧ 84/115 – 110/125.
• Das im Atriumstil angelegte Hotel liegt am Neuen Markt, im historischen Kern der Altstadt. Hier wurde Komfort mit ansprechendem, modernem Design verbunden. Luftig und hell präsentiert sich das zur Halle hin offene Restaurant.

InterCityHotel, Tribseer Damm 76, ✉ 18437, ℰ (03831) 20 20, stralsund@intercityhotel.de, Fax (03831) 202599 – 📶, 🛏 Zim, 📺 🍴 – 🏊 150. AE ⓘ ⓜ VISA 🍽 Rest AZ z
Menu (nur Abendessen) à la carte 19,50/30 – **114 Zim** ⌧ 88 – 114.
• In das Hansecenter hat man dieses Hotel integriert. Sehr funktionelle Zimmer sowie die Lage zwischen Bahnhof und historischer Altstadt zählen zu den Annehmlichkeiten.

An den Bleichen garni, An den Bleichen 45, ✉ 18435, ℰ (03831) 39 06 75, Fax (03831) 392153, 🍴, 🐎 – 🛏 📺 P AE ⓜ VISA AY d
23 Zim ⌧ 50/55 – 66/72.
• Das familiengeführte Haus ist in einem Wohngebiet am Zentrumsrand gelegen - umgeben von hübschen Gärten. Es erwarten Sie praktisch ausgestattete Zimmer.

Pension Ziegler garni, Tribseer Str. 15, ✉ 18439, ℰ (03831) 70 08 30, info@pension-ziegler.de, Fax (03831) 7008329 – 📺. 🍽 BZ b
12 Zim ⌧ 45/55 – 65/75.
• Die kleine Pension in der Altstadt, am Neuen Markt, beherbergt mit hellem Naturholz und Laminatfußboden freundlich eingerichtete Zimmer - teils mit Sicht auf die Marienkirche.

Tafelfreuden im Sommerhaus mit Zim, Jungfernstieg 5a, ✉ 18437, ℰ (03831) 29 92 60, klatte.mueller@t-online.de, Fax (03831) 292385, 🍴 – 📺 P ⓜ VISA AY e
Menu (geschl. Montag) (Dienstag - Freitag nur Abendessen) à la carte 25/35 – **3 Zim** ⌧ 46/51 – 56/68.
• Freundliche Farben, Holzboden und ein Wintergarten lassen das nette kleine Häuschen im schwedischen Landhausstil mediterran wirken. 3 hübsche, individuell gestaltete Zimmer.

1333

STRALSUND

Alte Rostocker Straße	**AZ**	2
Alter Markt	**BY**	3
Am Langenkanal	**CY**	4
Apollonienmarkt	**BY**	6
August-Bebel-Ufer	**BZ**	7
Badenstraße	**BY**	9
Badstüberstraße	**BCY**	10
Baumschulenstraße	**AY**	12
Bleistraße	**BZ**	13
Elisabethweg	**AZ**	15
Fährstraße	**BY**	16
Friedrich-List-Straße	**AZ**	18
Greifwalder Chaussee	**BZ**	19
Hafenstraße	**CYZ**	21
Heilgeistraße	**BY**	
Heuweg	**AZ**	22
Hinter der Brunnenaue	**AY**	23
Jacobichorstr.	**BY**	24
Jacobiturmstraße	**BY**	25
Ketelstraße	**AY**	27
Mauerstraße	**BY**	28
Mühlenstraße	**BY**	30
Neuer Markt	**BZ**	31
Olof-Palme-Platz	**BY**	33
Ossenreyerstraße	**BY**	
Otto-Voge-Straße	**BCZ**	34
Papenstraße	**BY**	36
Peter Blome Straße	**CZ**	37
Philipp-Julius-Weg	**AZ**	39
Platz des Friedens	**AZ**	40
Richtenberger Chaussee	**AZ**	41
Semlowerstr.	**BY**	42
Schillstraße	**BY**	43
Tetzlawstraße	**AZ**	45
Tribseerstraße	**BZ**	46
Wasserstraße	**CY**	48
Witzlawstraße	**AZ**	49

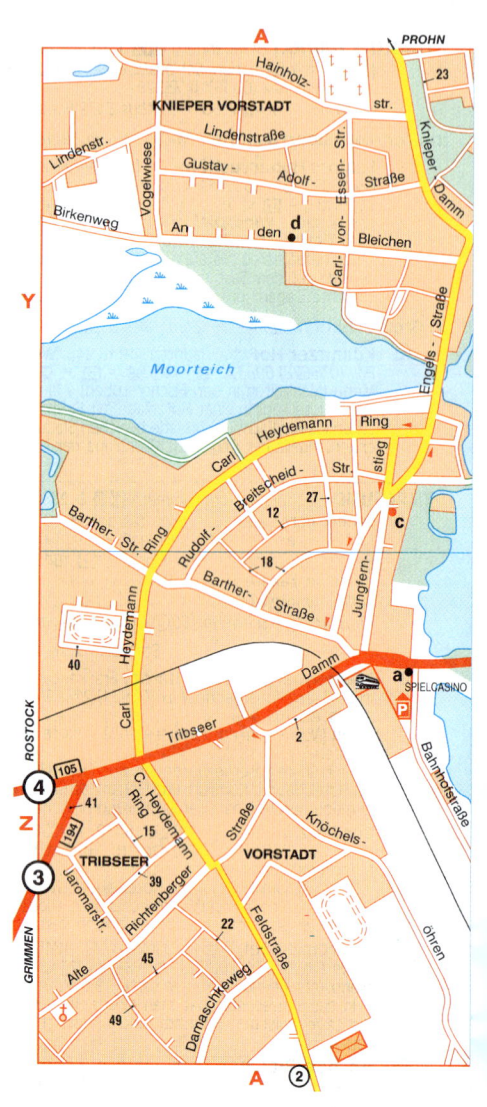

Die im Michelin-Führer
verwendeten Zeichen
und Symbole haben -
fett oder dünn gedruckt,
rot oder schwarz -
jeweils eine andere Bedeutung.
Lesen Sie daher
die Erklärungen
aufmerksam durch.

In Stralsund-Grünhufe West : 2 km über ④ :

Dorint Im HanseDom, Grünhufer Bogen 18, ✉ 18437, ℰ (03831) 3 77 30, *dorint.reservierung@hansedom.de*, Fax (03831) 3773100, 🛎, Zugang zum Freizeitpark HanseDom (Gebühr), ≘s, ※(Halle) Squash – 📶, 🛌 Zim, 📺 📞 ♿ 🅿 – 🛎 60. 🆎 ⓘ ⓜ VISA JCB. ※ Rest
Menu à la carte 18,50/32 – ⚏ 15 – **114 Zim** 96/110 – 120/132, 5 Suiten.
   • Das 1999 eröffnete Hotel ist integriert in einen beeindruckenden Freizeitpark. Komfort und ein modernes, maritim-elegantes Ambiente prägen das Interieur des Hauses. Hell und freundlich ist das Restaurant gestaltet.

Unter den Linden, Lindenallee 41, ✉ 18437, ℰ (03831) 44 20, *hotel-unter-den-linden@t-online.de*, Fax (03831) 442270, 🛎, 🛋, ≘s, – ※ Zim, 📺 📞 🅿 🆎 ⓜ VISA
Menu à la carte 15/25 – **37 Zim** ⚏ 50/55 – 75/85.
   • Dieses neuzeitliche Haus stellt Reisenden zeitgemäß und funktionell eingerichtete Gästezimmer zur Verfügung - ein saubere, gepflegte Unterkunft für unterwegs.

STRANDE Schleswig-Holstein 541 C 14 – *1 700 Ew* – Höhe 5 m – Seebad.

🛈 *Tourist Information, Strandstr. 12*, ✉ 24229, ✆ (04349) 2 90, info@strande.de, Fax (04349) 909974.

Berlin 366 – Kiel 18 – Eckernförde 26.

🏨 **Strandhotel**, Strandstr. 21, ✉ 24229, ✆ (04349) 9 17 90, info@strandhotel.de, Fax (04349) 9179210, 🌳, 🍴 – 📺 📞 🅿 AE ⦿ VISA
Menu *(geschl. 15. Okt. - 15. März Sonntagabend)* à la carte 24,50/34 – **29 Zim** ⊇ 80/95 – 115/145.
• Die schöne Lage an der Seepromenade unweit des Yachthafens macht dieses Hotel zu einer attraktiven Urlaubsadresse. Wohnliche Zimmer sind ein weiterer Pluspunkt. Terrakottafliesen und ein großer offener Kamin im Restaurant.

STRASSLACH Bayern 546 V 18 – 2 700 Ew – Höhe 590 m.
- Straßlach, Tölzer Straße 95, ℘ (08170) 9 29 18 11.
Berlin 619 – München 24 – Augsburg 84 – Garmisch-Partenkirchen 71 – Starnberg 24.

Gasthof zum Wildpark, Tölzer Str. 2, ✉ 82064, ℘ (08170) 6 35, gasthof-zum-wildpark@roiderer.de, Fax (08170) 996220, 🍽, Biergarten – ⚑ 🅿
Menu à la carte 17,50/33.
• Mehrere teils holzgetäfelte Stuben machen dieses Restaurant zu einer gemütlichen Einkehrmöglichkeit. Vor dem Haus : ein großer Biergarten mit Schatten spendenden Bäumen.

STRAUBENHARDT Baden-Württemberg 545 T 9 – 11 000 Ew – Höhe 416 m.
Berlin 674 – Stuttgart 67 – Karlsruhe 30 – Baden-Baden 38 – Pforzheim 17.

In Straubenhardt-Schwann :

Landhotel Adlerhof 🌿, Mönchstr. 14 (Schwanner Warte), ✉ 75334, ℘ (07082) 9 23 40, info@adlerhof.de, Fax (07082) 9234130, ≤, 🍽, 🌳 – ⚑ Zim, 📺 📞 🅿 – 🔑 15. 🅰🅴 ⓜⓞ 🆅🅸🆂🅰
geschl. 4. - 23. Jan. – **Menu** (geschl. Montag) à la carte 21/37,50, ♀ – **22 Zim** ⚏ 60 – 95.
• Die Gästezimmer dieses netten Hotels sind mit hellem Naturholz zeitgemäß und funktionell gestaltet worden. Schön : die ruhige Lage auf einer kleinen Anhöhe. Zum Essen nehmen Sie Platz in bürgerlich gestalteten Räumlichkeiten.

STRAUBING Bayern 546 T 21 – 44 500 Ew – Höhe 330 m.
Sehenswert : Stadtplatz★.

☐ ☐ Kirchroth, Am Bachhof 9 (Nord : 6km), ℘ (09428) 71 69.
🛈 Amt für Tourismus, Theresienplatz 20, ✉ 94315, ℘ (09421) 94 43 07, tourismus@straubing.de, Fax (09421) 944103.
ADAC, Stadtgraben 44a.
Berlin 541 – München 120 – Regensburg 50 – Landshut 51 – Passau 79.

Theresientor garni, Theresienplatz 41, ✉ 94315, ℘ (09421) 84 90, straubing@hotel-theresientor.de, Fax (09421) 849100 – 🛗 ⚑ 📺 📞 ♿ 🚗. 🅰🅴 ⓞ ⓜⓞ 🆅🅸🆂🅰 🆓🅲🅱
43 Zim ⚏ 60/109 – 90/139.
• Mit seinem architektonisch außergewöhnlichen Äußeren bildet dieses Hotel einen interessanten Kontrast zum historischen Stadtbild - auch im Inneren modern gestaltet.

Seethaler 🌿, Theresienplatz 25, ✉ 94315, ℘ (09421) 9 39 50, info@hotel-seethaler.de, Fax (09421) 939550, 🍽 – 📺 🅿 🅰🅴 ⓜⓞ
Menu (geschl. Sonntag - Montag) à la carte 16/31 – **19 Zim** ⚏ 58/63 – 88/94.
• Der historische Gasthof liegt ganz zentral am Stadtturm von Straubing. Saubere, wohnliche Zimmer und die ruhige Lage sind weitere Annehmlichkeiten. Alte Holzdecken und eine Aufmachung in bürgerlichem Stil prägen das Restaurant.

Römerhof, Ittlinger Str. 136, ✉ 94315, ℘ (09421) 9 98 20, hotel@roemerhof-straubing.de, Fax (09421) 998229, 🍽 – 🛗, ⚑ Zim, 📺 📞 ♿ 🚗 🅿 – 🔑 15. 🅰🅴 ⓞ ⓜⓞ 🆅🅸🆂🅰. 🞾 Rest
geschl. 23. - 26. Dez. – **Menu** (geschl. 6. - 21. Aug., Samstag - Sonntag)(nur Abendessen) à la carte 15/24,50 – **26 Zim** ⚏ 52/80 – 78/98.
• Ein sauberes, gepflegtes Hotel am Ortsrand : Die meist neuzeitlich eingerichteten Fremdenzimmer sind mit allem Notwendigen ausgestattet.

Wenisch, Innere Passauer Str. 59, ✉ 94315, ℘ (09421) 9 93 10 (Hotel), 9 09 99 (Rest.), info@hotel-wenisch.de, Fax (09421) 993180 – ⚑ Zim, 📺 🚗 🅿 🅰🅴 ⓞ ⓜⓞ 🆅🅸🆂🅰
Menu à la carte 12/23 – **33 Zim** ⚏ 28/59 – 49/74.
• Ordentliche Gästezimmer bieten dem Reisenden eine praktische Unterkunft. Innenstadt wie auch Bahnhof sind nicht weit vom Hotel entfernt. Ländlich-schlichte Gaststuben.

STRAUSBERG Brandenburg 542 I 25 – 26 300 Ew – Höhe 80 m.
☐ Gielsdorf, Schloss Wilkendorf (Nord-Ost : 4 km), ℘ (03341) 33 09 60.
🛈 Stadt- und Tourist-Information, August-Bebel-Str. 1, ✉ 15344, ℘ (03341) 31 10 66, touristinformation.strausberg@ewetel.net, Fax (03341) 314635.
Berlin 44 – Potsdam 75 – Eberswalde 35 – Frankfurt (Oder) 62.

The Lakeside, Gielsdorfer Chaussee 6, ✉ 15344, ℘ (03341) 3 46 90, hotel@thelakeside.de, Fax (03341) 346915, Biergarten, 🛳, 🏊 – 🛗, ⚑ Zim, 📺 📞 🅿 – 🔑 50. 🅰🅴 ⓜⓞ 🆅🅸🆂🅰
Menu à la carte 22/31 – **53 Zim** ⚏ 80 – 105.
• Mit Türmchen, Zinnen und einem als Amphitheater dienenden Innenhof erinnert die Architektur dieses Hotels an eine Burg. Im Inneren überzeugen Komfort und Eleganz. Eine Bistro-Bar im englischen Stil ergänzt das Restaurant.

STRAUSBERG

Annablick, Ernst-Thälmann-Str. 82a, ⊠ 15344, ℘ (03341) 42 39 17, Fax (03341) 471829 – TV P. ⦾ VISA. ※ Rest
geschl. 22. Dez. - 10. Jan. – **Menu** (geschl. Samstag - Sonntag) (nur Abendessen) (Restaurant nur für Hausgäste) à la carte 10/20 – **13 Zim** ⊇ 35/45 – 62/65.
• Das ehemalige Wohnhaus dient heute mit familiärem Charme und gepflegten, individuell gestalteten Zimmern der Unterbringung Reisender.

STREHLA Sachsen 544 L 23 – 4 100 Ew – Höhe 104 m.
Berlin 156 – Dresden 61 – Leipzig 89 – Riesa 7.

Ambiente garni, Torgauer Str. 20, ⊠ 01616, ℘ (035264) 98 60, willkommen@ambiente-hotel-strehla.de, Fax (035264) 98615 – ⦾ TV P. ⦾ ⦾ VISA JCB
16 Zim ⊇ 35/46 – 52/57.
• Ein neuzeitliches kleines Hotel mit sympathischem Pensionscharakter. Die Zimmer sind mit allen Annehmlichkeiten einer funktionellen Übernachtungsadresse ausgestattet.

STROMBERG (KREIS KREUZNACH) Rheinland-Pfalz 543 Q 7 – 3 000 Ew – Höhe 235 m.
⛳ Stromberg-Schindeldorf, Eckenrother Fels 1, ℘ (06724) 9 30 80.
Berlin 611 – Mainz 45 – Bad Kreuznach 28 – Koblenz 59.

Johann Lafer's Stromburg ⦾, Schloßberg 1, ⊠ 55442, ℘ (06724) 9 31 00, stromburghotel@johannlafer.de, Fax (06724) 931090, ≤, 🌳, Biergarten – TV ℘ P. – 🛎 80. AE ⦾ ⦾ VISA
Menu siehe Rest. **Le Val d'Or** separat erwähnt – **Turmstube** : Menu à la carte 30/45, ♀ – 17 – **14 Zim** 98/190 – 130/229.
• Hinter den restaurierten Mauern der alten Burganlage bilden Luxus und Stil ein harmonisches Ambiente. Namen berühmter Köche begleiten den Gast durch diese exklusive Residenz. Gehobene Regionalküche gibt es in der ländlich-eleganten Turmstube.

Land und Golf Hotel Stromberg ⦾, Buchenring 6 (beim Golfplatz), ⊠ 55442, ℘ (06724) 60 00, info@golfhotel-stromberg.de, Fax (06724) 600433, 🌳, ⓥ, Massage, ≘s, 🏊, ⛳, – 🛗, ⦾ Zim, ▤ Rest, TV ℘ P. – 🛎 260. AE ⦾ ⦾ VISA JCB. ※ Rest
Menu à la carte 27/34,50 – **184 Zim** ⊇ 105/110 – 130/140.
• Das von einer herrlichen Golfanlage umgebene, engagiert geführte Hotel überzeugt mit Ruhe, modernem Wohnkomfort und einem ansprechenden Wellnessbereich. Der gastronomische Bereich des Hauses ist elegant gestaltet.

Le Val d'Or - Hotel Johann Lafer's Stromburg, Schloßberg 1, ⊠ 55442, ℘ (06724) 9 31 00, stromburghotel@johannlafer.de, Fax (06724) 931090, 🌳 – P. AE ⦾ ⦾ VISA
geschl. Jan. 2 Wochen, Montag (außer Feiertage) – **Menu** (Dienstag - Freitag nur Abendessen) 91/107 à la carte 61/76,50, ♀.
• Klassische Eleganz und Können machen die Wirkungsstätte des beliebten Fernsehkochs zum Herzstück der Stromburg. Eine französische Küche, kreativ variiert, überzeugt den Gast.
Spez. Carpaccio vom Loup de mer mit rosa Pfeffer-Vinaigrette und Mango-Chutney. Ochsenfilet mit Rotweinschalotten und Gänsestopfleber-Cannelloni. Dessert-Impressionen

STRULLENDORF Bayern 546 Q 16 – 7 500 Ew – Höhe 253 m.
Berlin 412 – München 222 – Coburg 54 – Bayreuth 68 – Nürnberg 50 – Bamberg 9.

Christel, Forchheimer Str. 20, ⊠ 96129, ℘ (09543) 44 60, Fax (09543) 4970, 🌳, ≘s, 🏊, – 🛗, ⦾ Zim, TV ℘ P. – 🛎 30. AE ⦾ ⦾ VISA
geschl. 24. - 30. Dez. – **Menu** (geschl. Sonntag) à la carte 19/31 – **42 Zim** ⊇ 50/55 – 80/90.
• Mit seinen gepflegten und praktisch ausgestatteten Gästezimmern stellt das familiengeführte Haus eine solide Übernachtungsadresse dar. Ein Teil des Restaurants zeigt sich in rustikaler Aufmachung.

STUBENBERG Bayern siehe Simbach am Inn.

Die in diesem Führer angegebenen Preise folgen
der Entwicklung der allgemeinen Lebenshaltungskosten.
Lassen Sie sich bei der Zimmerreservierung den endgültigen
Preis vom Hotelier mitteilen.

STÜHLINGEN Baden-Württemberg 545 W 9 – 5 000 Ew – Höhe 501 m – Luftkurort.
🖪 🖪 Stühlingen, Am Golfplatz 1, ℘ (07703) 9 20 30.
Berlin 773 – Stuttgart 156 – Freiburg im Breisgau 73 – Donaueschingen 30 – Schaffhausen 21.

Rebstock (mit Gästehaus), Schloßstr. 10, ✉ 79780, ℘ (07744) 9 21 20, familie.sarnow@hotel-rebstock.de, Fax (07744) 921299, Biergarten, 🍽 – ⚞ Zim, 📺 🅿. 🕭 VISA
geschl. 2. - 20. Jan. – **Menu** à la carte 14/28 – **29 Zim** ⊑ 36/42 – 62/64.
• In einem kleinen Ort mit ländlicher Umgebung liegt dieser gepflegte, engagiert geführte Gasthof. Stammhaus und Gästehaus beherbergen solide Zimmer. Teil des Restaurants ist die gemütliche Schwarzwaldstube.

In Stühlingen-Schwaningen Nord-West : 7 km, über B 314 und B 315 :

Gasthaus Schwanen mit Zim, Talstr. 9, ✉ 79780, ℘ (07744) 51 77, restaurant@gasthaus-schwanen.de, Fax (07744) 1318, 🍽 – 📺 🕭 VISA
geschl. Feb. 3 Wochen, Okt. 3 Wochen – **Menu** (geschl. Mittwoch - Donnerstagmittag) (geschl. Okt. - April Montagmittag, Dienstagmittag, Mittwoch - Donnerstagmittag, Samstagmittag) à la carte 19/30,50 – **9 Zim** ⊑ 30/40 – 48.
• Ein Landgasthof wie er im Buche steht : Kein Wunder, denn bereits drei Wirtsgenerationen bemühen sich hier um das Wohl des Gastes. Die Küche ist schmackhaft und regional.

In Stühlingen-Weizen Nord-Ost : 4 km, über B 314 und B 315 :

Zum Kreuz, Ehrenbachstr. 70, ✉ 79780, ℘ (07744) 3 35, gasthaus-kreuz@t-online.de, Fax (07744) 1347, 🍽 – 📺 🅿. 🕭 VISA
geschl. Ende Okt. – Mitte Nov. – **Menu** (geschl. Montag) à la carte 13/22,50 – **17 Zim** ⊑ 30/35 – 52/54.
• Dieser Familienbetrieb ist eine ländliche kleine Unterkunft, die Ihnen mit solidem Holzmobiliar eingerichtete Zimmer und eine gute Pflege bietet. Gaststube mit ländlich-schlichtem Charakter.

In Stühlingen-Weizen - Bahnhof Nord-Ost : 3 km über B 314 :

Sonne, Ehrenbachstr. 10, ✉ 79780, ℘ (07744) 9 21 10, info@sonne-weizen.de, Fax (07744) 921140, 🍽 – ⚞ Zim, 📺 🅿. 🕭 VISA
geschl. 20. Dez. - 5. Jan. – **Menu** (geschl. Nov. - April Samstag) à la carte 16/29 – **20 Zim** ⊑ 35/43 – 60/70.
• Das Hotel mit der freundlichen hellgelben Fassade ist eine engagiert geführte Unterkunft mit modern eingerichteten Fremdenzimmern. In neuzeitlichem Stil präsentiert sich das Restaurant dieses traditionsreichen Hauses.

STUER, BAD Mecklenburg-Vorpommern siehe Plau am See.

STUHR Niedersachsen 541 G 10 – 32 000 Ew – Höhe 4 m
Bürgerbüro Stuhr, Blockener Str. 6 (Rathaus), ✉-28816, ℘ (0421) 5 69 50, Fax (0421) 5695300.
Berlin 390 – Hannover 125 – Bremen 10 – Wildeshausen 29.

In Stuhr-Brinkum Süd-Ost : 4 km, jenseits der A 1 :

Bremer Tor, Syker Str. 4, ✉ 28816, ℘ (0421) 80 67 80, hotelbremertor@t-online.de, Fax (0421) 8067830, 🍽 – 📺 🅿 – 🔔 100. 🕭 ⊙ 🕭 VISA
Menu à la carte 17/32 – **38 Zim** ⊑ 67/80 – 88/94.
• Funktionalität und gute Technik machen die zeitgemäßen Zimmer dieses Hotels für Geschäftsleute wie auch für Privatreisende interessant. Hotelrestaurant mit neuzeitlichem Ambiente.

In Stuhr-Moordeich West : 2 km :

Nobel 🌿 mit Zim, Neuer Weg 13, ✉ 28816, ℘ (0421) 5 68 00, klaas@nobel-moordeich.de, Fax (0421) 563648, 🍽 – 📺 🅿 – 🔔 25. 🕭 VISA. ⚞ Zim
Menu (geschl. Dienstag - Mittwoch) à la carte 19,50/33 – **2 Zim** ⊑ 45/50 – 60.
• Bürgerlich-klassisches Restaurant mit bodenständiger bis internationaler Küche. Alternativ reicht man in der Bierstube Pumpernickel eine kleinere Karte.

STUTENSEE Baden-Württemberg 545 S 9 – 20 700 Ew – Höhe 116 m.
Berlin 662 – Stuttgart 79 – Karlsruhe 15 – Heidelberg 45.

In Stutensee-Blankenloch :

Herrmannshäusle, Hauptstr. 97, ✉ 76297, ℘ (07244) 9 44 39, Fax (07244) 94439
geschl. über Fastnacht 1 Woche, Aug. 2 Wochen, Montag - Dienstag – **Menu** (wochentags nur Abendessen) à la carte 24/45,50.
• Fachwerk, Parkett und ein nettes Dekor prägen das rustikal-gemütliche Innere des kleinen Hauses. An nett gedeckten Tischen serviert man regionale und internationale Gerichte.

STUTTGART

L Baden-Württemberg 545 T 11 – 593 500 Ew – Höhe 245 m

Berlin 630 ① – Frankfurt am Main 204 ② – Karlsruhe 88 ⑧ – München 222 ⑥ – Strasbourg 156 ⑧

Umgebungskarten	S. 2 und 3
Stadtplan Stuttgart :	
Stuttgart und Umgebung	S. 4 und 5
Stuttgart	S. 6 und 7
Zentrum	S. 8
Alphabetische Liste der Hotels und Restaurants	S. 9 und 10
Hotels und Restaurants	S. 11 bis 21

☑ Tourist-Info, Königstr. 1a, ✉ 70173, ☏ (0711) 2 22 82 40, info@stuttgart-tourist.de, Fax (0711) 2228216

ADAC, Am Neckartor 2

✈ Stuttgart-Echterdingen DS, ☏ (0711) 94 80

City-Air-Terminal, Lautenschlagerstr. 14 LY

🚗 in Kornwestheim, Bahnhofsplatz

Messegelände Killesberg GT, ☏ (0711) 2 58 90, Fax (0711) 2589440

Sehenswert : Linden-Museum★★ KY M¹ – Wilhelma★ HT und Höhenpark Killesberg★ GT – Fernsehturm (✻★) HX – Galerie der Stadt Stuttgart (Otto-Dix-Sammlung★) LY M⁴ – Schwäbisches Brauereimuseum★ BS M⁷ – Altes Schloss (Rennaissance-Hof★, Württembergisches Landesmuseum★) LY M³ – Staatsgalerie★★ (Alte Meister★★) LY M² – Stiftskirche (Grafenstandbilder★) KY A – Staatl. Museum für Naturkunde (Museum am Löwentor★) HT M⁵ – Daimler-Benz-Museum★ JV M⁶ – Porsche-Museum★ CP – Schloss Solitude★ BR

Ausflugsziel : Bad Cannstatt : Kurpark★ JT

⛳ Kornwestheim, Aldinger Str. 975 (über ② : 11 km), ☏ (07141) 87 13 19

⛳ Schwieberdingen, Nippenburg 21 (über ⑨ : 15 km), ☏ (07150) 3 95 30

⛳ Mönsheim, Schlossfeld (Nord-West : 30 km über die A8, Ausfahrt Heimsheim), ☏ (07044) 9 11 04 10

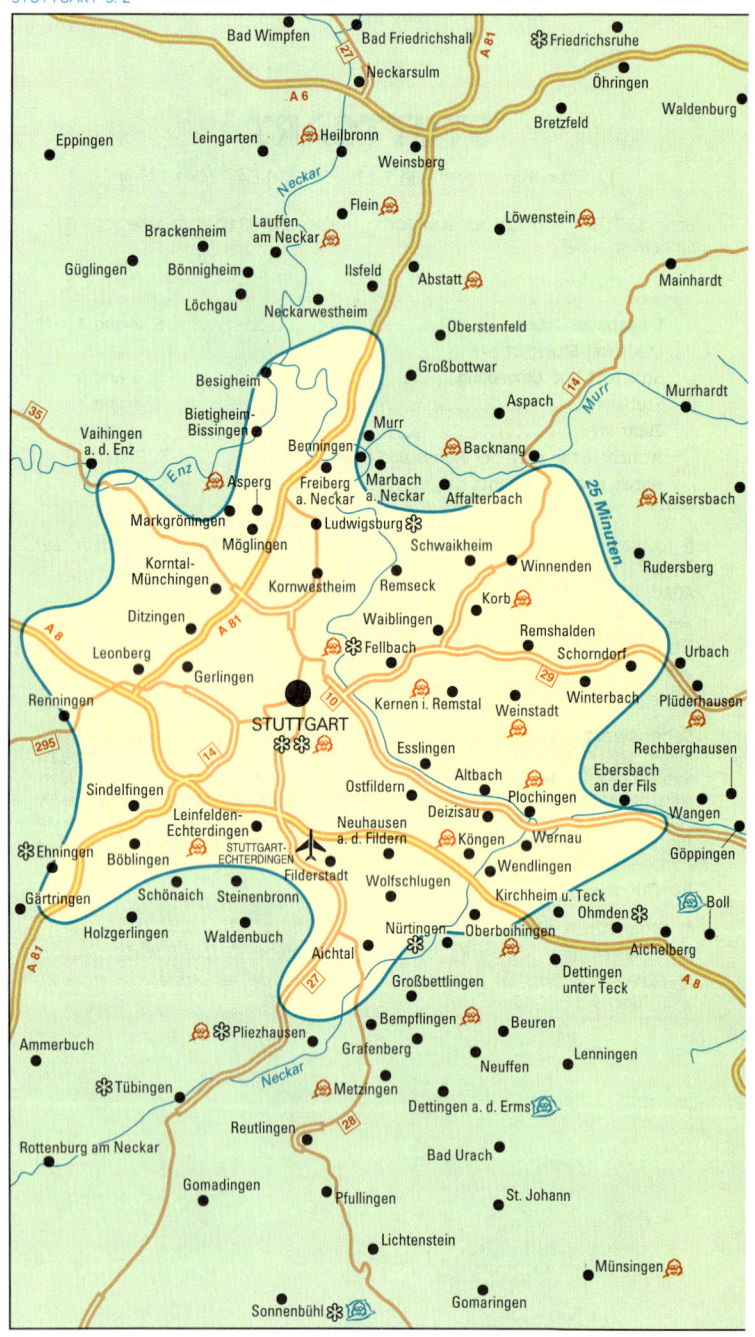

STUTTGART S. 2

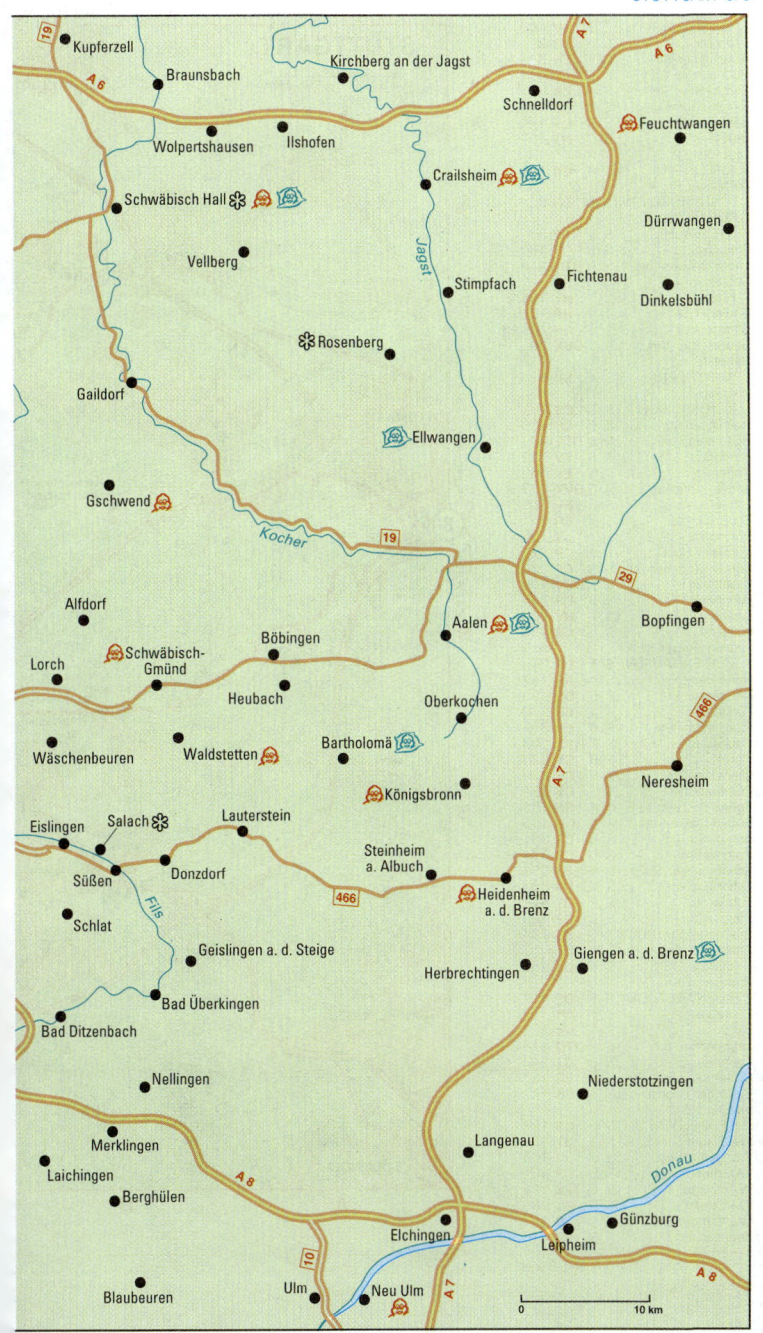

STUTTGART S. 3

STUTTGART S. 4

Street	Page	Grid	No.
Albert-Schalfe-Str.	S. 7	HV	107
Asangstr.	S. 5	ER	2
Augsburger Str.	S. 5	ER	3
Bahnhofstr.	S. 5	EP	4
Bergheimer Steige	S. 4	BR	5
Birkenwaldstr.	S. 6	GU	114
Böblinger Str	S. 5	CS	146
Brückenstr.	S. 7	HT	69
Ditzinger Str. (GERLINGEN)	S. 4	BR	147
Fellbacher Str. (UNTERTÜRKHEIM)	S. 5	ER	9
Fellbacher Str. (FELLBACH)	S. 5	EP	8
Föhrichstr.	S. 5	CR	150
Friedrich-Ebert-Str.	S. 6	GTU	119
Gablenberger Hauptstr.	S. 7	HV	105
Gerlinger Str.	S. 4	BP	13
Glemseckstr.	S. 4	AR	14
Hauptstätter Str.	S. 6	GVX	30
Hauptstr. (GERLINGEN)	S. 4	BR	17
Hauptstr. (ECHTERDINGEN)	S. 5	CS	16
Hechinger Str.	S. 5	CS	158
Heilbronner Str.	S. 6	GTV	34
Herdersstr.	S. 6	FV	112
Höhenstr.	S. 5	EP	160
Immen hofer Str.	S. 6	GVX	117
Johannesstr.	S. 6	FV	109
Kappelbergstr.	S. 5	ER	21
Köning-Karl-Str.	S. 7	JT	102
Korntaler Str.	S. 5	CP	22
Kornwestheimer Str.	S. 5	CP	23
Landhausstr.	S. 7	HUV	103
Leonberger Str.	S. 5	CR	164
Libanonstr.	S. 7	HV	106
Löffelstr.	S. 5	CS	165
Ludwigsburger Str. (ZUFFENHAUSEN)	S. 5	DP	26
Neue Ramtelstr.	S. 4	AR	167
Neuhäuser Str.	S. 5	DS	29
Panoramastr.	S. 4	BR	170
Pforzheimer Str.	S. 5	CP	31
Pischekstr.	S. 7	HVX	108
Planie	S. 6	GV	62
Plieninger Str.	S. 5	CS	33
Rembrandtstr.	S. 5	CS	174
Robert-Koch-Str.	S. 4	BS	35
Robert-Mayer-Str.	S. 5	GU	115
Rohrer Str.	S. 5	CS	36
Rotenwaldstr.	S. 5	CR	37
Scharnhauser Str.	S. 5	ES	38
Schönbuchstr.	S. 4	BS	39
Schönestr.	S. 7	HT	42
Steiermärker Str.	S. 5	CP	180
Stuttgarter Str. (RUIT)	S. 5	ES	184
Stuttgarter Str. (LEINFELDEN)	S. 5	CS	183
Stuttgarter Str. (KORNWESTHEIM)	S. 5	DP	41
Südrandstr.	S. 4	AR	187
Talstr.	S. 5	DR	188
Taubenheim-Str.	S. 7	JTU	118
Tunnelstr.	S. 6	GT	84
Untertürkheimer Str.	S. 5	ER	189
Vaihinger Landstr.	S. 5	CR	192
Vaihinger Str. (LEINFELDEN)	S. 5	CS	193
Waiblinger Str.	S. 7	JT	55
Wangener Str.	S. 7	JV	104
Weilimdorfer Str.	S. 5	CP	56
Weinsteige	S. 6	GX	116
Wolframstr.	S. 6	GU	68
Württembergstr.	S. 5	ER	197
Zeppelinstr.	S. 6	FV	113

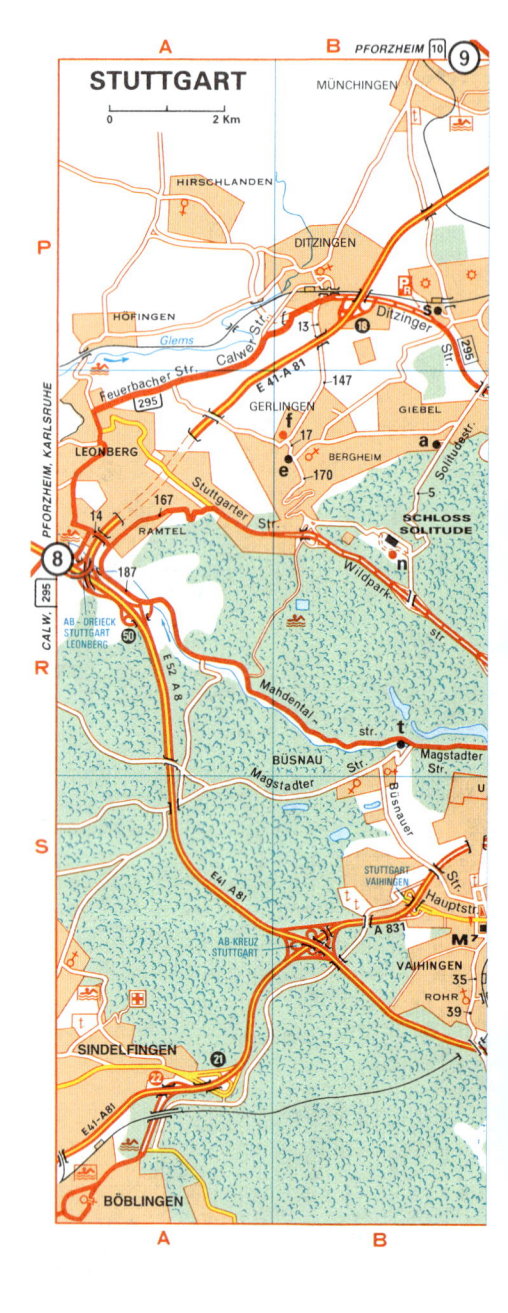

1342

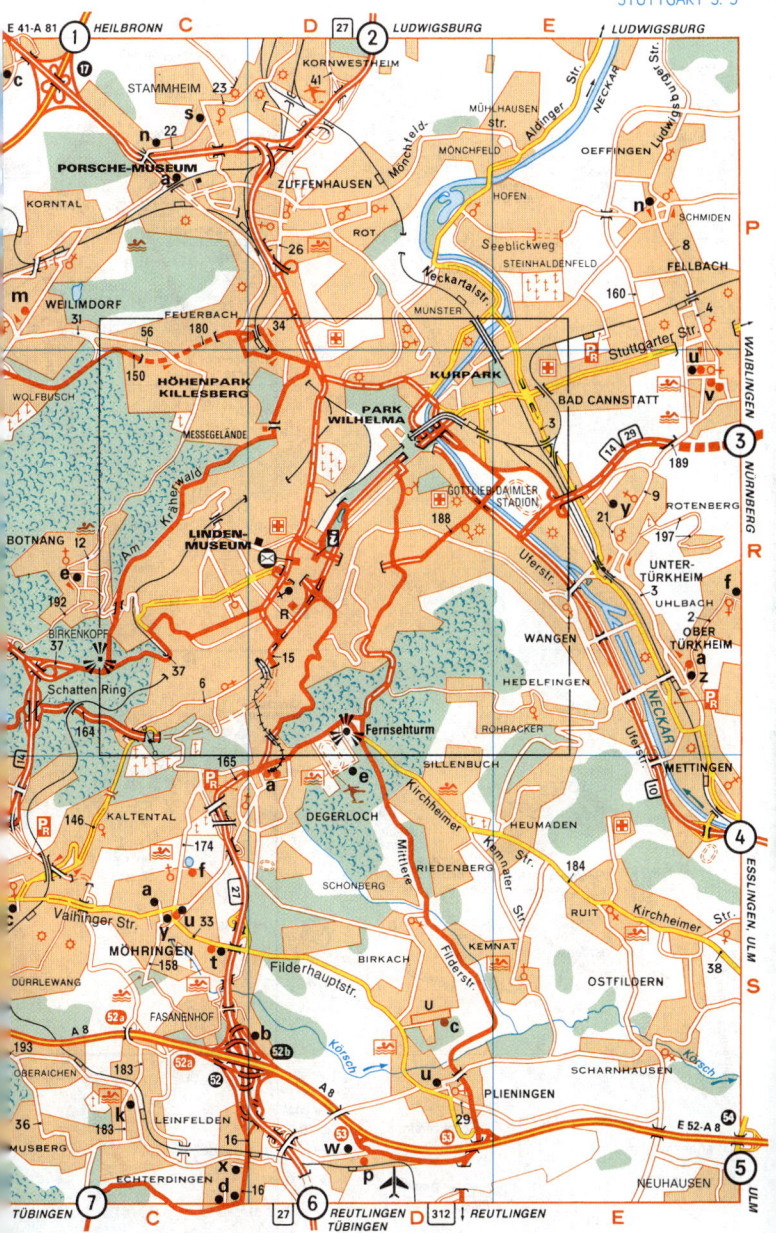

STUTTGART S. 5

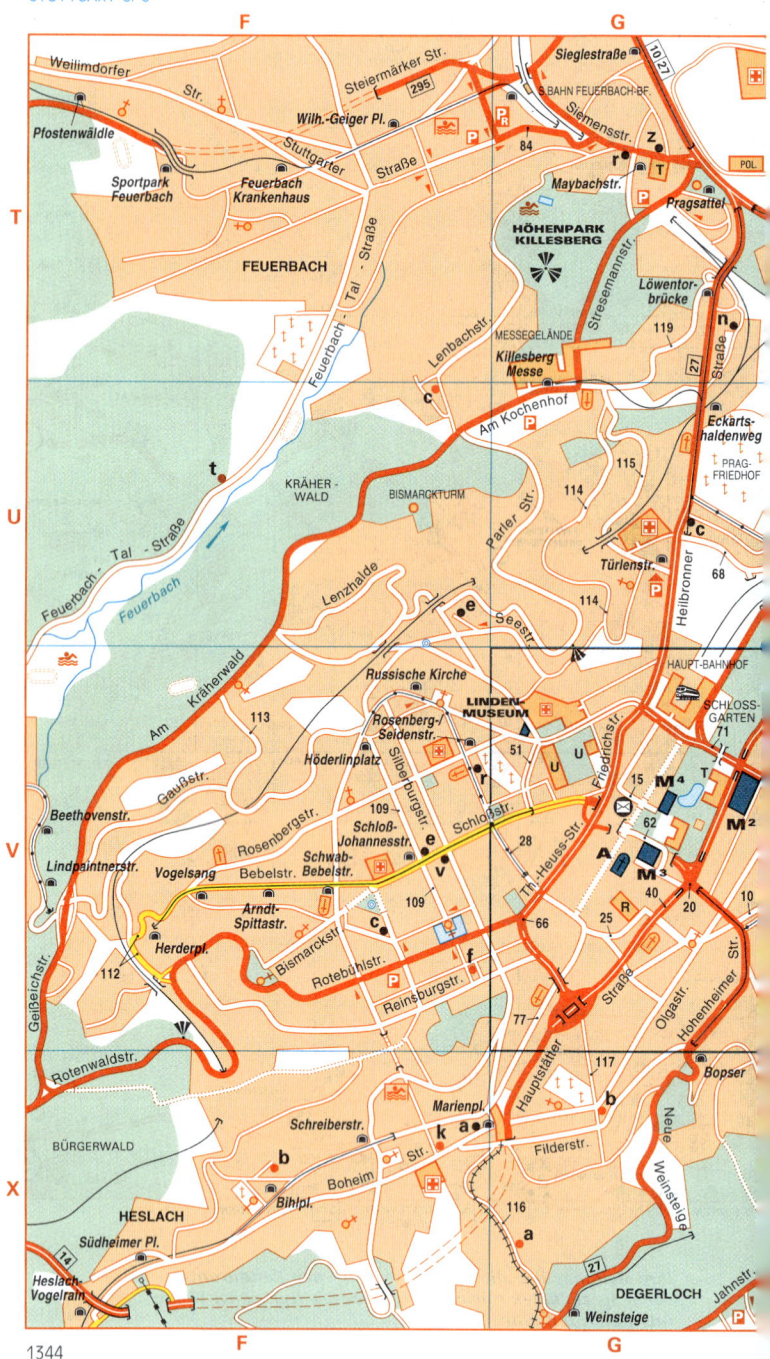

STUTTGART S. 6

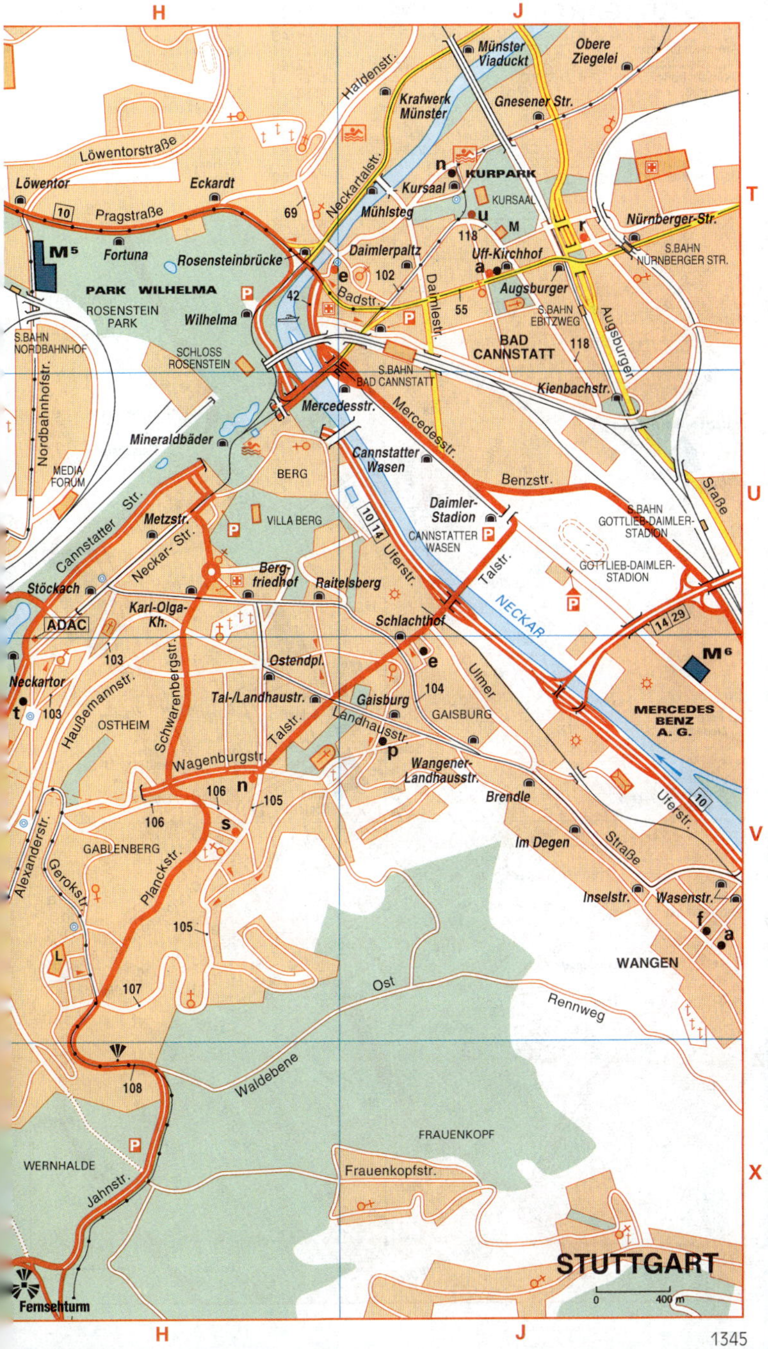
H
J
T
U
V
X
Münster Viaduckt
Obere Ziegelei
Haldenstr.
Krafwerk Münster
Gesener Str.
Löwentorstraße
Löwentor
Eckardt
Neckartalstr.
Kursaal
KURPARK
KURSAAL
Pragstraße
69
Mühlsteg
M
118
Nürnberger-Str.
S.BAHN NÜRNBERGER STR.
M5
Fortuna
Rosensteinbrücke
Daimlerpaltz
102
Uff-Kirchhof
PARK WILHELMA
Badstr.
Daimlerstr.
Augsburger
ROSENSTEIN PARK
42
Wilhelma
55
S.BAHN EBITZWEG
S.BAHN NORDBAHNHOF
SCHLOSS ROSENSTEIN
BAD CANNSTATT
118
Augsburger
S.BAHN BAD CANNSTATT
Kienbachstr.
Nordbahnhofstr.
Mercedesstr.
Mineraldbäder
Mercedesstr.
Cannstatter Wasen
BERG
MEDIA FORUM
Benzstr.
Straße
Daimler-Stadion
S.BAHN GOTTLIEB-DAIMLER-STADION
Metzstr.
VILLA BERG
CANNSTATTER WASEN
Cannstatter Str.
Neckar- Str.
Uferstr.
Talstr.
GOTTLIEB-DAIMLER-STADION
Berg-friedhof
Raitelsberg
Stöckach
NECKAR
Karl-Olga-Kh.
ADAC
Schlachthof
103
Ostendpl.
M6
Neckartor
Haußemannstr.
Tal-/Landhaustr.
Gaisburg
104
GAISBURG
Ulmer
103
OSTHEIM
Schwarenbergstr.
Talstr.
Landhausstr.
MERCEDES BENZ A. G.
Wagenburgstr.
Wangener-Landhausstr.
106
105
Brendle
Uferstr.
106
Alexanderstr.
Im Degen
Straße
GABLENBERG
Gerokstr.
Planckstr.
Inselstr.
Wasenstr.
105
WANGEN
Ost
107
Rennweg
108
Waldebene
FRAUENKOPF
WERNHALDE
Jahnstr.
Frauenkopfstr.
STUTTGART
0
400 m
Fernsehturm

STUTTGART S. 8

STUTTGART

Arnulf-Klett-Platz	**LY**	6
Augustenstraße	**KZ**	7
Blumenstraße	**LZ**	10
Bolzstraße	**LY**	15
Calwer Str.	**KYZ**	18
Charlottenplatz	**LZ**	20
Dorotheenstraße	**LZ**	24
Eberhardstraße	**KLZ**	25
Friedrichsplatz	**KY**	27
Hauptstätter Str.	**KZ**	30
Hegelplatz	**KY**	32
Heilbronner Str.	**LY**	34
Holzstraße	**LZ**	40
Karlsplatz	**LY**	43
Karlstraße	**LZ**	44
Katharinenplatz	**LZ**	45
Kirchstraße	**LZ**	46
Königstraße	**KLYZ**	
Konrad- Adenauer- Straße	**LY**	47
Kronenstraße	**KLY**	48
Kronprinzstraße	**KYZ**	49
Leonhardsplatz	**LZ**	50
Marktplatz	**KLZ**	52
Marktstraße	**LZ**	53
Österreichischer Platz	**KZ**	57
Pfarrstraße	**LZ**	61
Rotebühlplatz	**KZ**	66
Rotebühlstraße	**LZ**	70
Schlossplatz	**LY**	72
Schulstraße	**KZ**	75
Silberburgstraße	**KZ**	76
Sophienstraße	**KZ**	78
Theodor- Heuss- Str.	**KYZ**	80
Torstraße	**KZ**	82
Wilhelmsplatz	**LZ**	86
Wilhelmstraße	**LZ**	88
Willi- Bleicher- Str.	**KY**	91

1346

Alphabetische Liste der Hotels und Restaurants
Liste alphabétique des hôtels et restaurants

A
- S. 12 Abalon
- S. 19 Achat
- S. 21 Adler
- S. 20 Aldinger's Weinstube Germania
- S. 15 Alt Cannstatt
- S. 14 Alter Fritz am Killesberg
- S. 20 Am Park
- S. 11 Am Schlossgarten
- S. 11 Azenberg

B
- S. 12 Bellevue
- S. 17 Bistro Ecco
- S. 17 Breitenbach
- S. 18 Brita Hotel

C
- S. 12 Central Classic
- S. 12 City-Hotel
- S. 19 Classic Congress Hotel

D
- S. 13 Da Franco
- S. 16 Das Fässle
- S. 13 Délice
- S. 14 Der Goldene Adler
- S. 14 Der Zauberlehrling
- S. 13 Di Gennaro
- S. 11 Dorint City-Center
- S. 18 Dorint Fontana

E
- S. 19 Eduard M.

F
- S. 20 Filderland
- S. 16 Fora Hotel (Fasanenhof)
- S. 17 Fora Hotel (Möhringen)

G
- S. 18 Gästehaus Münzmay
- S. 17 Gloria

H
- S. 13 Hansa
- S. 19 Hasen
- S. 19 Hetzel Hotel Löwen
- S. 15 Hirsch (Botnang)
- S. 20 Hirsch (Fellbach – Schmiden)
- S. 19 Holiday Inn

I
- S. 12 Ibis am Löwentor
- S. 12 Ibis am Marienplatz
- S. 12 InterCityHotel
- S. 11 InterContinental

K
- S. 14 Kachelofen
- S. 13 Kern's Pastetchen
- S. 17 Körschtal
- S. 16 Kongresshotel Europe
- S. 13 Krämer's Bürgerstuben
- S. 15 Krehl's Linde
- S. 20 Krone
- S. 11 Kronen-Hotel

L
- S. 13 La Fenice
- S. 20 Lamm
- S. 16 Landgasthof im schönsten Wiesengrund
- S. 17 Landgasthof Riedsee
- S. 13 La nuova Trattoria da Franco
- S. 13 La Scala

M
- S. 11 Maritim
- S. 20 Martins Klause

STUTTGART S. 10

- S. 15 Mercure (Bad Cannstatt)
- S. 20 Mercure (Korntal – Münchingen)
- S. 16 Messehotel Europe
- S. 17 Millennium Hotel and Resort
- S. 16 Mövenpick-Hotel
- S. 19 Muckenstüble

N – O

- S. 21 Nödingerhof
- S. 18 Novotel-Nord
- S. 19 Ochsen
- S. 13 Olivo

P

- S. 14 Peri
- S. 18 Petershof
- S. 15 Pfund
- S. 16 Primafila

R

- S. 15 relexa Waldhotel Schatten
- S. 12 Rieker
- S. 18 Romantik Hotel Traube
- S. 11 Royal

S

- S. 12 Sautter
- S. 19 Schloss-Solitude
- S. 15 Spahr
- S. 17 Speisemeisterei
- S. 12 Stadthotel am Wasen
- S. 11 Steigenberger Graf Zeppelin
- S. 18 Strobel
- S. 14 Stuttgarter Stäffele

T – U – V

- S. 17 top air
- S. 12 Unger
- S. 14 Vetter

W

- S. 15 Waldhotel Degerloch
- S. 12 Wartburg
- S. 16 Weber's Gourmet im Turm
- S. 15 Weinhaus Stetter
- S. 14 Weinstube Klink
- S. 14 Weinstube Klösterle
- S. 15 Weinstube Kochenbas
- S. 14 Weinstube Schellenturm
- S. 14 Weinstube Träuble
- S. 16 Wielandshöhe
- S. 18 Wirt am Berg
- S. 11 Wörtz zur Weinsteige

Z

- S. 13 Zirbelstube
- S. 18 Zur Linde

STUTTGART S. 11

Steigenberger Graf Zeppelin, Arnulf-Klett-Platz 7, ✉ 70173, ℘ (0711) 2 04 80, stuttgart@steigenberger.de, Fax (0711) 2048542, 🌐, Massage, ≘s, 🔲 – ⌊§⌋, ✳ Zim, 🖳 📺 📞 ᗡ – 🏛 300. 🆎 ⓞ ⓜ ᐦ Rest
Menu siehe Rest. **Olivo** separat erwähnt – **Zeppelin Stüble** (geschl. Sonntagabend) **Menu** à la carte 18,50/33 – **Zeppelino's** : **Menu** à la carte 24,50/37 – ⊆ 17 – **177 Zim** 195/205 – 220/240.
LY v
◆ Hinter sachlicher Fassade verbirgt sich ein Mix aus Tradition und Moderne. Exklusive Zimmer gibt es in drei Varianten : klassisch, elegant und avantgardistisch. Das Zeppelin Stüble gefällt mit seiner gemütlichen, rustikalen Art.

Am Schlossgarten, Schillerstr. 23, ✉ 70173, ℘ (0711) 2 02 60, info@hotelschlossgarten.com, Fax (0711) 2026888, 🌿 – ⌊§⌋, ✳ Zim, 🖳 📺 📞 & ᗡ – 🏛 100. 🆎 ⓞ ⓜ 🆅🆁🆂🅰 ᐦ Rest
Menu siehe Rest. **Zirbelstube** separat erwähnt – **Schlossgarten-Restaurant** (geschl. Freitag - Samstag) **Menu** à la carte 36/48 – **Vinothek** (geschl. Sonntag - Montag) **Menu** 22,50 à la carte 25/36 – ⊆ 18 – **116 Zim** 158/233, 4 Suiten.
LY u
◆ Zwischen Einkaufsmeile, Staatstheater und am grünen Schlossgarten Park gelegen. Elegant-luxuriöse Zimmer mit farbenfroh karierten und geblümten Stoffen. Restaurant mit elegant-rustikalem Ambiente und herrlicher Terrasse mit Parkblick.

Maritim, Seidenstr. 34, ✉ 70174, ℘ (0711) 94 20, info.stu@maritim.de, Fax (0711) 9421000, 🌿, Massage, 𝑓ぅ, ≘s, 🔲 – ⌊§⌋, ✳ Zim, 🖳 📺 📞 & ᗡ – 🏛 400. 🆎 ⓞ ⓜ 🆅🆁🆂🅰 🅹🅲🅱
Menu (Aug. nur Abendessen) à la carte 19,50/39,50 – ⊆ 15 – **555 Zim** 157/167 – 180/190, 12 Suiten.
FV r
◆ Für Tagungen und Bankette ideal ist die integrierte Alte Stuttgarter Reithalle aus dem Jahre 1888, die 800 Gästen Platz bietet. Zum beliebten Treff avancierte die Piano-Bar. In den Restaurants Rotisserie und Bistro Reuchlin gibt es für jeden Geschmack etwas.

InterContinental, Willy-Brandt-Str. 30, ✉ 70173, ℘ (0711) 2 02 00, stuttgart@interconti.com, Fax (0711) 20202020, Massage, 𝑓ぅ, ≘s, 🔲 – ⌊§⌋ ✳ 🖳 📺 📞 ᗡ – 🏛 300. 🆎 ⓞ ⓜ 🆅🆁🆂🅰 ᐦ Rest
Menu à la carte 29,50/45 – ⊆ 17 – **276 Zim** 175/300, 28 Suiten.
HV t
◆ Hier wohnten schon Stars wie Placido Domingo oder die Rolling Stones : modernes Grandhotel mit schönen und geschmackvoll gestalteten Zimmern und Suiten. Das Restaurant hat gemütlichen Stubencharakter.

Dorint City-Center, Heilbronner Str. 88, ✉ 70191, ℘ (0711) 25 55 80, info.strbud@dorint.com, Fax (0711) 25558100 – ⌊§⌋, ✳ Zim, 🖳 📺 📞 & ᗡ – 🏛 120. 🆎 ⓞ ⓜ 🆅🆁🆂🅰
Menu à la carte 20/34,50 – ⊆ 13 – **174 Zim** 100/125 – 110/145.
GU c
◆ Die neuzeitlichen Zimmer sind hell und freundlich. Besonders beliebt bei Geschäftsreisenden : Alle sind mit großem Schreibtisch, PC- und Fax-Anschluss ausgestattet. Einen Hauch von Süden verspürt man im mediterranen Restaurant.

Royal, Sophienstr. 35, ✉ 70178, ℘ (0711) 6 25 05 00, royalhotel@t-online.de, Fax (0711) 628809 – ⌊§⌋, ✳ Zim, 🖳 📺 ᗡ 🅿 – 🏛 60. 🆎 ⓞ ⓜ 🆅🆁🆂🅰 🅹🅲🅱
Menu (geschl. 2. - 23. Aug., Sonn- und Feiertage) à la carte 21/47,50 – **100 Zim** ⊆ 96/120 – 125/145, 3 Suiten.
KZ b
◆ Gut geführtes Haus mit sympathischer Atmosphäre. Die Zimmer : ruhig und gediegen. Teils mit Vogelaugen-Ahorn, teils mit Kirschbaum-Einbaumöbeln eingerichtet.

Wörtz zur Weinsteige, Hohenheimer Str. 28, ✉ 70184, ℘ (0711) 2 36 70 00, info@hotel-woertz.de, Fax (0711) 2367007, 🌿 – ⌊§⌋, ✳ Zim, 📺 📞 & ᗡ 🅿. 🆎 ⓞ ⓜ 🆅🆁🆂🅰 🅹🅲🅱
Menu (geschl. Jan. 3 Wochen, Ende Juli - Mitte Aug., Sonntag - Montag, Feiertage außer Weihnachten) à la carte 26/46, ♀ 🍷 – **33 Zim** ⊆ 76/120 – 85/200.
LZ p
◆ Glanzpunkt dieses engagiert geführten Hotels ist das Schlösschen, dessen Zimmer mit eleganten, italienischen Möbeln gefallen. Die Zimmer im Haupthaus wirken wohnlich-rustikal. Holzschnitzereien und schmiedeeiserne Elemente prägen das Restaurant.

Kronen-Hotel 🌿 garni, Kronenstr. 48, ✉ 70174, ℘ (0711) 2 25 10, kronenhotel@s.netic.de, Fax (0711) 2251404, ≘s – ⌊§⌋ ✳ 🖳 📺 ᗡ – 🏛 20. 🆎 ⓞ ⓜ 🆅🆁🆂🅰 🅹🅲🅱
geschl. 22. Dez. - 7. Jan. – **83 Zim** ⊆ 99/120 – 133/169.
KY m
◆ Apart eingerichtete Zimmer, mit schönen, in Pastelltönen gefliesten Bädern. Vom Frühstücksraum mit Nichtraucherbereich hat man einen herrlichen Blick ins Grüne.

Azenberg 🌿, Seestr. 114, ✉ 70174, ℘ (0711) 2 25 50 40, info@hotelazenberg.de, Fax (0711) 22550499, ≘s, 🔲, 🌿 – ⌊§⌋, ✳ Zim, 📺 📞 ᗡ 🅿 – 🏛 20. 🆎 ⓞ ⓜ 🆅🆁🆂🅰 🅹🅲🅱
Menu (geschl. 22. Dez. - 5. Jan., 13. - 16. April, 24. Mai - 5. Juni, 29. Juli - 11. Sept., 2. - 6. Nov., Samstag, Sonn- und Feiertage)(nur Abendessen) (Restaurant nur für Hausgäste) – **58 Zim** ⊆ 85/109 – 125/145.
FU e
◆ Liegt in Halbhöhenlage am Killesberg und bietet einen fantastischen Blick über die Stadt. Gemütliche und ansprechende Zimmer. Roomservice rund um die Uhr, ohne Aufpreis !

STUTTGART S. 12

🏨 **Unger** garni, Kronenstr. 17, ✉ 70173, ✆ (0711) 2 09 90, info@hotel-unger.de, Fax (0711) 2099100 – 🛗 ⚡ 📺 ✆ 🚗 – 🦽 15. AE ① ⓜ VISA JCB **LY a**
95 Zim ⌂ 102/128 – 143/158.
• Das Hotel liegt direkt hinter der Fußgängerzone und bietet modernen Komfort in allen Zimmern. Ruhe ist trotz zentraler Lage garantiert, denn alle Fenster sind schallisoliert.

🏨 **InterCityHotel** garni, Arnulf-Klett-Platz 2, ✉ 70173, ✆ (0711) 2 25 00, stuttgart@intercityhotel.de, Fax (0711) 2250499 – 🛗 ⚡ 📺 ✆ – 🦽 25. AE ① ⓜ VISA JCB **LY p**
112 Zim ⌂ 112/118 – 138/144.
• Für Bahnreisende ist es nur ein Katzensprung in die funktionellen, aber sehr geräumigen Zimmer : Das Hotel liegt direkt neben dem Haupteingang des Bahnhofs.

🏨 **Wartburg**, Lange Str. 49, ✉ 70174, ✆ (0711) 2 04 50, Fax (0711) 2045450 – 🛗, ⚡ Zim, 🍴 Rest, 📺 ✆ 📽 – 🦽 40. AE ① ⓜ VISA. ✳ Rest **KY g**
geschl. 22. Dez. - 6. Jan., über Ostern – **Menu** (geschl. Samstag, Sonn- und Feiertage)(nur Mittagessen) à la carte 17/27 – **76 Zim** ⌂ 82/95 – 127/139.
• Kleines, ordentlich geführtes Haus. Sie haben die Wahl zwischen wohnlichen Zimmern mit dunkel gebeiztem Mobiliar oder mit hellem Naturholz ausgestatteten Räumen. Banker und Geschäftsleute bevorzugen diese Adresse für ihren Mittagstisch.

🏨 **Abalon** ✣ garni, Zimmermannstr. 7 (Zufahrt über Olgastr. 79), ✉ 70182, ✆ (0711) 2 17 10, info@abalon.de, Fax (0711) 2171217 – 🛗 ⚡ 📺 ✆ 🚗. AE ①
ⓜ VISA **LZ x**
42 Zim ⌂ 76/82 – 108/112.
• Der moderne Bau mit begrünter Dachterrasse hätte eigentlich ein Studentenwohnheim werden sollen. Deshalb verfügt das Haus jetzt über ausnehmend große Zimmer.

🏨 **Central Classic** garni, Hasenbergstr. 49a, ✉ 70176, ✆ (0711) 6 15 50 50, central-classic@gmx.de, Fax (0711) 61550530 – 🛗 📺 ✆. AE ① ⓜ VISA JCB. ✳ **FV c**
geschl. 22. Dez. - 6. Jan. – **34 Zim** ⌂ 65 – 79.
• Geschäftsleute schätzen das kleine Hotel beim Feuersee. Denn : Sämtliche Zimmer haben praktische Einzelschreibtische mit Fax- und PC-Anschluss sowie ISDN-Telefon.

🏨 **City-Hotel** garni, Uhlandstr. 18, ✉ 70182, ✆ (0711) 21 08 10, info@cityhotel-stuttgart.de, Fax (0711) 2369772 – 📺 📽 AE ① ⓜ VISA JCB. ✳ **LZ a**
31 Zim ⌂ 79/85 – 95/115.
• Von außen wirkt das Gebäude wie ein Wohnhaus. Dahinter verbergen sich saubere, ordentlich eingerichtete Zimmer. Besonders freundlich : Der Frühstücksraum mit Wintergarten.

🏨 **Rieker** garni, Friedrichstr. 3, ✉ 70174, ✆ (0711) 22 13 11, info@hotel-rieker.de, Fax (0711) 293894 – 🛗 ⚡ 📺 ✆ 🚗. AE ① ⓜ VISA JCB **LY d**
66 Zim ⌂ 92/112 – 122/132.
• Das gegenüber dem Hauptbahnhof gelegene Hotel hat behaglich eingerichtete Zimmer und bietet seinen Gästen einen Wäsche- und Bügelservice an.

🏨 **Ibis am Löwentor** garni, Presselstr. 15, ✉ 70191, ✆ (0711) 25 55 10, h2202@accor-hotels.com, Fax (0711) 25551150 – 🛗 ⚡ 🍽 📺 ✆ & 🚗. AE ① ⓜ VISA JCB
⌂ 9 – **132 Zim** 66. **GT n**
• Ideal gelegen zwischen Innenstadt und Autobahn. Neu erbautes Hotel mit gepflegten, hell gestalteten Zimmern. Die Rezeption ist 24 Stunden besetzt.

🏨 **Ibis am Marienplatz** garni, Marienplatz 8, ✉ 70178, ✆ (0711) 12 06 40, h3284@accor-hotels.com, Fax (0711) 12064160 – 🛗 ⚡ 🍽 📺 ✆ & 🚗. AE ① ⓜ VISA
⌂ 9 – **104 Zim** 66/78. **FX**
• Als funktionelle Unterkunft im Zentrum bietet sich dieses Haus besonders für Geschäftsreisende an, denn die Zimmer verfügen über Schreibtische und alle technischen Anschlüsse.

🏨 **Bellevue**, Schurwaldstr. 45, ✉ 70186, ✆ (0711) 48 07 60, Fax (0711) 4807631 – 📺 🚗. AE ① ⓜ VISA. ✳ **JV p**
Menu (geschl. Aug., Dienstag - Mittwoch) à la carte 17,50/32 – **12 Zim** ⌂ 44/59 – 77.
• Der Familienbetrieb besteht seit 1913. Gut geführtes und gepflegtes Haus in einer ruhigen Wohngegend. Jeder Gast bekommt hier morgens eine eigene Tageszeitung. Gemütlich zeigt sich das Hotelrestaurant.

🏨 **Stadthotel am Wasen** garni, Schlachthofstr. 19, ✉ 70188, ✆ (0711) 16 85 70, info@stadthotelamwasen.de, Fax (0711) 1685757 – 🛗 📺 🚗 📽 AE ① ⓜ VISA. ✳ Rest
31 Zim ⌂ 60/77 – 82/105. **JUV e**
• Hier dominiert gediegene, bürgerliche Atmosphäre. Ordentlich eingerichtete Zimmer mit mahagonifarbenen Holzeinbauten, die teilweise einen kleinen Balkon haben.

🏨 **Sautter**, Johannesstr. 28, ✉ 70176, ✆ (0711) 6 14 30, info@hotel-sautter.de, Fax (0711) 611639, 📽 – 🦽 30. AE ① ⓜ VISA **FV e**
Menu (geschl. Sonn- und Feiertage abends) à la carte 17,50/29,50 – **56 Zim** ⌂ 70/85 – 90/108.
• Das Hotel liegt im Herzen der Stadt, auch mit Bus und Bahn gut erreichbar. Die wohnlichen Zimmer sind fast alle mit Kirsch- oder Naturholzmöbeln nett eingerichtet. Dunkles Holz und Kachelofen machen das Restaurant behaglich.

STUTTGART S. 13

Hansa garni, Silberburgstr. 114, ✉ 70176, ☏ (0711) 6 56 78 00, info@hansa-stuttgart.de, Fax (0711) 617349 – 📺 – 🍳 20. AE ① MO VISA JCB
78 Zim ☑ 74/79 – 100/116.
FV v
♦ Ein typisches Stadthaus im 50er Jahre Stil. Die Zimmer - auf mehreren Etagen - sind unterschiedlich eingerichtet und tadellos gepflegt. Schallschutzfenster im ganzen Haus !

XXXX **Zirbelstube** - Hotel Am Schlossgarten, Schillerstr. 23, ✉ 70173, ☏ (0711) 2 02 68 28, info@hotelschlossgarten.com, Fax (0711) 2026888, ≤, 😊 – ⇔. AE ① MO VISA
geschl. 1. - 12. Jan., 16. Aug. - 6. Sept., Sonntag – Montag – **Menu** 76/98 à la carte 57/83, ♀.
LY u
♦ Eine kulinarische Top-Adresse der Stadt ! Gourmets werden mit klassischen, teils mediterran angehauchten Menüs und erlesenen Weinen verwöhnt. Terrasse mit schöner Aussicht.
Spez. Variation von der Pelati-Tomate mit gebratenen Gambas. Jakobsmuscheln asiatisch mit Curry-Glasnudeln. Taubenkotelett gefüllt mit Trüffel und Gänsestopfleber

XXX **Olivo** - Hotel Steigenberger Graf Zeppelin, Arnulf-Klett-Platz 7 (1. Etage), ✉ 70173, ☏ (0711) 2 04 80, stuttgart@steigenberger.de, Fax (0711) 2048542 – 📺 ≡ ⇔. AE ① MO VISA JCB.
LY v
geschl. Aug., Sonntag - Montag – **Menu** (italienische Küche) 64/104 à la carte 42/59, ♀.
♦ Dekor und weiche Farben verleihen dem Restaurant eine elegant-mediterrane Note. Geschult serviert man die feine italienische Küche Thomas Heilemanns.
Spez. Salat von der Wachtel mit Sommertrüffel und Parmesan. Thunfischfilet im Ofen gebacken mit Backpflaumen und Zwiebellauch. Amaretti-Halbgefrorenes mit Orangenragout und Zabaione

XX **Kern's Pastetchen,** Hohenheimer Str. 64, ✉ 70184, ☏ (0711) 48 48 55, kerns.pastetchen@t-online.de, Fax (0711) 487565
LZ v
geschl. 24. - 28. Feb., 29. Juli - 14. Aug., Sonntag - Montag – **Menu** (nur Abendessen) 46/58 à la carte 36,50/49.
♦ Elegant mit leichten rustikalen Akzenten ist das Ambiente in diesem Restaurant. Internationale Küche mit einer Spur österreichischer und französischer Tradition.

XX **Délice** (Gutscher), Hauptstätter Str. 61, ✉ 70178, ☏ (0711) 6 40 32 22 – AE
geschl. 24. Dez. - 6. Jan., Samstag, Sonn- und Feiertage – **Menu** (nur Abendessen) (Tischbestellung erforderlich) 70 à la carte 44/56, ♀ 🍷.
KZ a
♦ Elegant wirkt das kleine Gewölbe-Restaurant mit offener Küche - an jedem Tisch stellt der Chef persönlich sein Menü vor. Zeitgenössische Kunst ziert die Wände.
Spez. Marinierte Spaghettini mit Caviar. Filet vom St. Pierre mit Limonen-Kapernbutter und gestampften Kartoffeln. Graumohn-Auflauf mit Aprikosensauce und Rumeis

XX **La Fenice,** Rotebühlplatz 29, ✉ 70178, ☏ (0711) 6 15 11 44, g.vincenzo@t-online.de, Fax (0711) 6151146, 😊 – AE MO VISA. ✗
KZ e
geschl. Aug. 2 Wochen, Montag, Samstagmittag, Sonntagmittag – **Menu** (italienische Küche) à la carte 30,50/50.
♦ In einem ehemaligen Postgebäude haben sich die Geschwister Gorgoglione den Traum vom eigenen Restaurant erfüllt. Küchenchefin Rosa kredenzt eine gute italienische Küche.

XX **Di Gennaro,** Kronprinzstr. 11, ✉ 70173, ☏ (0711) 22 29 60 51, Fax (0711) 22296040 – AE ① MO VISA. ✗
KZ n
geschl. Sonn- und Feiertage – **Menu** (italienische Küche) à la carte 33/42.
♦ In das moderne Stadthaus mit Glasfassade ist neben diesem italienischen Restaurant ein Feinkostgeschäft integriert. Ein neuzeitlicher Bistro-Stil prägt das Interieur.

XX **Da Franco,** Calwer Str. 23 (1. Etage), ✉ 70173, ☏ (0711) 29 15 81, info@dafrancostuttgart.de, Fax (0711) 294549 – ≡. AE MO VISA
KYZ s
geschl. Juli - Aug. 4 Wochen, Montag – **Menu** (italienische Küche) à la carte 29,50/51,50.
♦ Italiener in der ersten Etage mit Blick auf Stuttgarts Flaniermeile. Klare, sachliche Einrichtung ohne Schnörkel : viel Weiß und moderne Kunst an den Wänden.

XX **La nuova Trattoria da Franco,** Calwer Str. 32, ✉ 70173, ☏ (0711) 29 47 44, info@dafrancostuttgart.de, Fax (0711) 294549, 😊 – ≡. AE MO VISA
KYZ c
Menu (italienische Küche) à la carte 24/37.
♦ Sehen und gesehen werden lautet hier die Devise. Auf zwei Etagen werden neben Pizza und Pasta auch anspruchsvolle italienische Gerichte serviert.

XX **La Scala,** Friedrichstr. 41 (1.Etage, 📺), ✉ 70174, ☏ (0711) 29 06 07, Fax (0711) 2991660 – ≡. AE ① MO VISA. ✗
KY b
geschl. Sonntag, Feiertage mittags – **Menu** (italienische Küche) 22/28 à la carte 26/36.
♦ Klassischer Italiener in der ersten Etage mit typischer Küche. Interessantes Flair dank holzvertäfelter Wände und offener Aussicht auf den Friedrichsbau.

XX **Krämer's Bürgerstuben,** Gablenberger Hauptstr. 4, ✉ 70186, ☏ (0711) 46 54 81, Fax (0711) 486508 – AE ① MO VISA
HV n
geschl. Juli - Aug. 3 Wochen, Samstagmittag, Sonntagabend - Montag – **Menu** à la carte 23/40.
♦ Von außen ein unscheinbares Stadthaus, innen ein gemütliches, rustikales Lokal, in dem internationale Küche serviert wird. Weinkarte mit einigen exklusiven Raritäten.

1351

STUTTGART S. 14

Alter Fritz am Killesberg mit Zim, Feuerbacher Weg 101, ✉ 70192, ℘ (0711) 13 56 50, *Fax (0711) 1356565,* 🍴 – 📺 ☎. ✕ – **Der kleine Fritz** *(geschl. Montag, Feiertage)(nur Abendessen)* **Menu** à la carte 29/43 – **10 Zim** ⊆ 66/82 – 92/110.
FU c
 • Bei Messebesuchern ist das Haus beliebt, denn es liegt nur einen Steinwurf von der Messe entfernt. Die freundlichen Zimmer sind mit ansprechenden Kirschbaummöbeln bestückt. Der kleine Fritz ist ein hübsches kleines Abendrestaurant.

Der Goldene Adler, Böheimstr. 38, ✉ 70178, ℘ (0711) 6 40 17 62, *der.goldene.adler@t-online.de, Fax (0711) 6499970,* 🍴 – 🅿. 🆎 🟠 VISA
FX k
geschl. Aug. - Sept. 3 Wochen, Montag – **Menu** *(wochentags nur Abendessen)* à la carte 24,50/48,50.
 • In einem älteren Stadthaus mit Natursteinfassade befindet sich dieses gediegene Traditionslokal, das besonders Stammgäste schätzen. Internationale Karte.

Der Zauberlehrling mit Zim, Rosenstr. 38, ✉ 70182, ℘ (0711) 2 37 77 70, *kontakt@zauberlehrling.de, Fax (0711) 2377775* – ❌ Zim, 📺 ☎ 🚗. ✕
LZ c
Menu *(geschl. Samstagmittag, Sonntagmittag)* à la carte 27/46, ⚲ – **9 Zim** ⊆ 100/135 – 135/160.
 • Das Ambiente : Rustikal, aber gehoben. An blanken Naturholztischen reicht man eine kleine internationale Karte. Ganz individuell im Designer-Stil eingerichtete Themenzimmer.

Vetter, Bopserstr. 18, ✉ 70180, ℘ (0711) 24 19 16, *Fax (0711) 60189640,* 🍴
geschl. Sept. - Okt. 3 Wochen, Sonn- und Feiertage – **Menu** *(nur Abendessen)* (Tischbestellung ratsam) à la carte 19,50/36.
LZ s
 • In einer Seitenstraße in der Innenstadt liegt dieses gut geführte, gemütliche Lokal mit moderner Einrichtung und einer Auswahl regionaler und internationaler Speisen.

Peri, Steinstr. 11, ✉ 70173, ℘ (0711) 2 36 80 61, *Fax (0711) 8602799* – 🔵 🟠 VISA
KZ v
Menu (türkische Küche) à la carte 18/28,50.
 • Spezialitäten aus der Türkei und dem Mittelmeerraum stehen auf der Karte des zweigeschossigen Bistro-Restaurants, in dem kräftige Orangetöne dominieren.

Schwäbische Weinstuben *(kleines Speiseangebot)* :

Weinstube Schellenturm, Weberstr. 72, ✉ 70182, ℘ (0711) 2 36 48 88, *juergenwurst@t-online.de, Fax (0711) 2262699,* 🍴 – 🆎
LZ u
geschl. 24. Dez. - 6. Jan., Sonn- und Feiertage – **Menu** *(nur Abendessen)* à la carte 19/39,50, ⚲.
 • In dem alten Wehrturm aus dem 16. Jh. geht's richtig urig und schwäbisch-gemütlich zu. Dazu gehören : ein guter Wein, Maultäschle oder Käsespätzle.

Weinstube Klösterle, Marktstr. 71 (Bad Cannstatt), ✉ 70372, ℘ (0711) 56 89 62, *Fax (0711) 558606,* 🍴 – 🟠
HJT e
geschl. Sonn- und Feiertage – **Menu** *(ab 17 Uhr geöffnet)* à la carte 16/26,50.
 • Das historische Klostergebäude aus dem Jahre 1463 ist eines der ältesten bewohnten Häuser der Stadt. Die rustikale Einrichtung unterstreicht den Charakter des Lokals.

Kachelofen, Eberhardstr. 10 (Eingang Töpferstraße), ✉ 70173, ℘ (0711) 24 23 78, *Fax (0711) 5299162,* 🍴 – 🟠 VISA
KZ x
geschl. Sonntag – **Menu** *(ab 17 Uhr geöffnet)* à la carte 26/39.
 • Die Weinstube in dem alten Stadthaus ist seit Jahren schon Stammlokal vieler Prominenter - zahlreiche Fotos und Autogrammkarten an den Wänden belegen das.

Stuttgarter Stäffele, Buschlestr. 2a, ✉ 70178, ℘ (0711) 61 72 76, *staeffele@aol.com, Fax (0711) 613535,* 🍴 – 🆎 🟠 VISA
FV f
geschl. Samstagmittag, Sonn- und Feiertage mittags – **Menu** (Tischbestellung ratsam) à la carte 15/36.
 • Mit Holzverkleidung und rot-weiß karierten Vorhängen verströmt dieses Lokal typischen Weinstubencharakter. Auf der Karte stehen schwäbische Speisen und Württemberger Weine.

Weinstube Klink, Epplestr. 1 (Degerloch), ✉ 70597, ℘ (0711) 7 65 32 05, *Fax (0711) 760307,* 🍴
DS a
geschl. Mitte Aug. - Anfang Sept., Samstag, Sonn- und Feiertage – **Menu** *(ab 17 Uhr geöffnet)* (Tischbestellung ratsam) à la carte 25/40.
 • Man muss schon ein bisschen suchen, um den Eingang zu finden. Denn das Lokal liegt versteckt in einem Innenhof. Originell : Die Tageskarte wird auf einer Schultafel vorgelegt.

Weinstube Träuble, Gablenberger Hauptstr. 66 (Eingang Bussenstraße), ✉ 70186, ℘ (0711) 46 54 28, *Fax (0711) 4207961,* 🍴 – ✕
HV s
geschl. 24. Dez. - 6. Jan., Ende Aug. - Mitte Sept., Sonn- und Feiertage – **Menu** *(ab 17 Uhr geöffnet)* (nur Vesperkarte).
 • Ein bisschen wie eine Puppenstube wirkt dieses 200 Jahre alte kleine Häuschen. Äußerst gemütlich ist es, in der vertäfelten Gaststube am Kachelofen zu vespern.

STUTTGART S. 15

X **Weinstube Kochenbas**, Immenhofer Str. 33, ✉ 70180, ℰ (0711) 60 27 04, *koch enbas@t-online.de, Fax (0711) 602704,* 🍴
geschl. Ende Aug. - Mitte Sept., Montag – **Menu** (Tischbestellung ratsam) à la carte 15,50/22.
GX b
• Die zweitälteste Weinstube Stuttgarts gefällt mit ihrer rustikalen Einrichtung und ihrem typisch schwäbischen Ambiente. Aus der Küche kommt Regionales - deftig zubereitet.

X **Weinhaus Stetter**, Rosenstr. 32, ✉ 70182, ℰ (0711) 24 01 63, *post@weinhaus-stetter.de, Fax (0711) 240193,* 🍴
geschl. 24. Dez. - 8. Jan., Sonn- und Feiertage – **Menu** *(geöffnet Montag - Freitag ab 15 Uhr, Samstag bis 15 Uhr)* (nur Vesperkarte) 🍷.
LZ e
• Um so ein Wein-Angebot zu finden, muss man lange suchen. Das Sortiment ist enorm, auch gute internationale Weine sind zu haben. Handel und Vesper-Wirtschaft in einem.

In Stuttgart-Botnang :

🏨 **Hirsch** garni, Eltinger Str. 2, ✉ 70195, ℰ (0711) 69 29 17, *hotelhirsch@debitel.net, Fax (0711) 6990768* – 📶 📺 📶 🅿 – 🛋 140. 🆎 ⓘ ⓜⓞ 𝗩𝗜𝗦𝗔
34 Zim ⊇ 53/68 – 85.
CR e
• Das Hotel befindet sich in einem ruhigen Vorort und der Chef selbst kümmert sich um seine Gäste. Die Zimmer sind alle sehr sauber und praktisch eingerichtet.

In Stuttgart-Büsnau :

🏨 **relexa Waldhotel Schatten**, Magstadter Straße 2 (am Solitudering), ✉ 70569, ℰ (0711) 6 86 70, *stuttgart@relexa-hotel.de, Fax (0711) 6867999,* 🍴, 🏊, ♨ Zim,
📺 ✆ 👥 ⇔ 🅿 – 🛋 80. 🆎 ⓘ ⓜⓞ 𝗩𝗜𝗦𝗔 𝗝𝗖𝗕
BR t
La Fenêtre *(geschl. Sonn- und Feiertage, Montag)* (nur Abendessen) **Menu** à la carte 36/52 – **Kaminrestaurant** : **Menu** à la carte 22,50/37 – **136 Zim** ⊇ 105/194 – 139/213, 8 Suiten.
• Vor den Toren der Stadt liegt das 200 Jahre alte Hotel. Gelungen ist die Kombination von historischem Altbau und neuem Teil. Einige Zimmer sind mit Stilmöbeln bestückt. La Fenêtre besticht durch einen eleganten Touch. Rustikal : das Kaminrestaurant.

In Stuttgart-Bad Cannstatt :

🏨 **Mercure**, Teinacher Str. 20, ✉ 70372, ℰ (0711) 9 54 06 03, *h1704@accor-hotels.com, Fax (0711) 9540630,* 🍴, ♨ – 📶 ♨ Zim, 📺 ✆ 👥 ⇔ – 🛋 100. 🆎 ⓘ ⓜⓞ 𝗩𝗜𝗦𝗔
Menu à la carte 23,50/43 – **156 Zim** ⊇ 120 – 153.
JT n
• Das Stadthotel verfügt über neuzeitliche und wohnliche Zimmer. Benötigen Sie viel Platz ? Fragen Sie nach den sehr großzügig geschnittenen Suiten oder Appartements.

🏨 **Spahr** garni, Waiblinger Str. 63, ✉ 70372, ℰ (0711) 55 39 30, *hotel.spahr@t-online.de, Fax (0711) 55393333* – 📶 ♨ 📺 ⇔ 🅿 🆎
geschl. 23. Dez. - 6. Jan. – **70 Zim** ⊇ 75/88 – 106/116.
JT a
• Mit dunklen oder weißen Holzmöbeln eingerichtete Zimmer finden Sie in diesem zentral in Bad Cannstatt gelegenen, auch für Tagungen geeigneten Hotel.

XX **Krehl's Linde** mit Zim, Obere Waiblinger Str. 113, ✉ 70374, ℰ (0711) 5 20 49 00, *info@krehl-gastronomie.de, Fax (0711) 52049013,* 🍴 – 📺 ⇔ – 🛋 50. 🆎 ⓜⓞ 𝗩𝗜𝗦𝗔
geschl. Aug. - Sept. 3 Wochen – **Menu** *(geschl. Sonntag - Montag)* 22,50 à la carte 31/45, 🍷 – **18 Zim** ⊇ 40/60 – 90.
JT r
• Das Traditionshaus ist seit 1875 in Familienbesitz. Serviert werden in stilvollem Rahmen regionale sowie gehobene französische Speisen. Solide eingerichtete Zimmer.

XX **Pfund**, Waiblinger Str. 61a, ✉ 70372, ℰ (0711) 56 63 63, *Fax (0711) 5006768* – 🅿 🆎 ⓘ ⓜⓞ 𝗩𝗜𝗦𝗔
JT a
geschl. 23. Dez. - 5. Jan., Freitagmittag, Samstagmittag, Sonn- und Feiertage – **Menu** 23/50 à la carte 29/43.
• Klein, aber fein ist das kulinarische Angebot in diesem Restaurant mit charmantem Weinstuben-Charakter. Urig : Gewölbekeller, der für Veranstaltungen reserviert werden kann.

X **Alt Cannstatt**, Königsplatz 1, ✉ 70372, ℰ (0711) 56 11 15, *altcannstatt@kursaal.de, Fax (0711) 560080,* 🍴, Biergarten – 🛋 300. 🆎 ⓘ ⓜⓞ 𝗩𝗜𝗦𝗔
JT u
geschl. Sonntagabend - Dienstag, Feiertage – **Menu** à la carte 24/34.
• Das Haus liegt direkt am Kurpark und gefällt mit rustikaler Einrichtung. Der Küchenchef kocht international und regional. Vielfältiges Angebot für Vegetarier.

In Stuttgart-Degerloch :

🏨 **Waldhotel Degerloch** 🌲, Guts-Muths-Weg 18, ✉ 70597, ℰ (0711) 76 50 17, *info@waldhotel-degerloch.de, Fax (0711) 76501999,* 🍴, 🏊, 🎾 – 📶 📺 ✆ 👥 🅿 – 🛋 120.
🆎 ⓘ ⓜⓞ 𝗩𝗜𝗦𝗔 𝗝𝗖𝗕
DS e
Menu à la carte 18,50/35 – **50 Zim** ⊇ 93/112 – 137/154.
• Ruhiger Schlaf und saubere Luft garantiert : Das Hotel mit seinen netten Zimmern liegt idyllisch in einem kleinen Waldstück in der Nähe des Fernsehturms. Das aparte Restaurant ist in mehrere kleinere Bereiche unterteilt.

STUTTGART S. 16

Wielandshöhe (Klink), Alte Weinsteige 71, ✉ 70597, ℘ (0711) 6 40 88 48, *Fax (0711) 6409408*, 🍽 – AE ⓘ ⓂⓄ VISA
GX a
geschl. Sonntag - Montag – **Menu** (Tischbestellung ratsam) 64/98 (abends) à la carte 42/69, 및.
• Hausherr Vincent Klink beherrscht das klassische Repertoire - geprägt von mediterranen und regionalen Einflüssen. Das Ambiente besticht durch Eleganz und herrlichen Ausblick.
Spez. Ravioli von der Kalbshaxe mit Trüffelsauce. Loup de mer in der Salzkruste mit geschmortem Chicorée (2 Pers.). Kotelett vom Schwäbisch Hallischen Jungschwein mit Pfefferjus

Weber's Gourmet im Turm, Jahnstr. 120, ✉ 70597, ℘ (0711) 24 89 96 10, *restaurant@fernsehturm-stgt.de*, *Fax (0711) 24899627*, ❁ Stuttgart und Umgebung, (im Fernsehturm in 144 m Höhe, |🛗|) – 🅿 AE ⓘ ⓂⓄ VISA
HX
geschl. Jan. 2 Wochen, Feb. 3 Wochen, Sonntag - Montag – **Menu** *(nur Abendessen)* (Tischbestellung erforderlich) à la carte 61/83, 및.
• Ein Lift bringt Sie in das Fernsehturm-Restaurant in 144 Metern Höhe. Es lohnt sich : kreative Küche und gute Weinkarte in gediegen-elegantem Ambiente.
Spez. Schaumsüppchen von Palmenherzen und Zitronengras. Paella mit Hummer und Artischocken. Kalbskopf-Risotto mit Rote Bete und Trüffel

Das Fässle, Löwenstr. 51, ✉ 70597, ℘ (0711) 76 01 00, *info@faessle.de*, *Fax (0711) 764432*, 🍽 – 📺 – 🅿 20. AE ⓘ ⓂⓄ VISA
DS a
geschl. Sonntag - Montagmittag – **Menu** (Tischbestellung ratsam) 30 à la carte 27/41.
• In dem rustikal-ländlichen Restaurant werden man Speisen einer internationalen und regionalen Küche. Viel Holz und hübsche Sprossenfenster verbreiten Gemütlichkeit.

Primafila, Jahnstr. 120 (am Fuß des Fernsehturms), ✉ 70597, ℘ (0711) 2 36 31 55, *ristoranteprimafila@gmx.de*, *Fax (0711) 2363156*, 🍽, Biergarten – 🅿 AE ⓘ ⓂⓄ
Menu (italienische Küche) à la carte 20,50/39,50.
HX
• Italienisches Restaurant am Fuß des Fernsehturms. Sie essen unter Bäumen im herrlichen Wintergarten. Separate Zigarren-Lounge mit mächtigen roten Ledersesseln.

In Stuttgart-Fasanenhof :

Fora Hotel, Vor dem Lauch 20, ✉ 70567, ℘ (0711) 7 25 50, *reservation.fasanenhof@fora.de*, *Fax (0711) 7255666*, 🍽, ≦s – |🛗|, ⇌ Zim, 📺 📞 🚗 – 🅿 55. AE ⓘ ⓂⓄ VISA
DS b
Menu à la carte 22/33 – **101 Zim** ⊇ 115 – 131.
• Mitten im Businesspark liegt dieses moderne Haus, das ganz auf Geschäftsleute ausgerichtet ist : Auf Wunsch wird Ihr Zimmer mit einem Faxgerät ausgerüstet.

In Stuttgart-Feuerbach :

Messehotel Europe, Siemensstr. 33, ✉ 70469, ℘ (0711) 81 00 40 (Hotel) 8 10 04 24 55 (Rest.), *info.str@europe-hotels-int.de*, *Fax (0711) 810042555* – |🛗|, ⇌ Zim, 📺 📞 🚗, AE ⓘ ⓂⓄ VISA
GT r
geschl. Mitte Dez. - Mitte Jan., Aug. – **Landhausstuben** *(nur Abendessen)* **Menu** à la carte 17/24,50 – **114 Zim** ⊇ 102 – 128.
• Prunkstück des modernen Messehotels ist die Lobby mit zwei Glasaufzügen und den von exotischen Pflanzen umgebenen Wasserspielen. Wohnliche, moderne Zimmer. Gemütlich zeigt sich das rustikale Restaurant.

Kongresshotel Europe, Siemensstr. 26, ✉ 70469, ℘ (0711) 81 00 40, *info.str@europe-hotels-int.de*, *Fax (0711) 810041444*, 🍽, ≦s – |🛗|, ⇌ Zim, 📺 📞 🚗 – 🅿 120. AE ⓘ ⓂⓄ
GT z
Menu *(geschl. Samstagmittag, Sonntagmittag)* à la carte 24/41,50 – **144 Zim** ⊇ 87/110 – 138, 3 Suiten.
• Fast alle Zimmer sind im spanischen Stil in warmen Farben eingerichtet. Die Zimmer in der Business-Etage sind mit Faxgeräten und Modem-Anschluss ausgestattet.

Landgasthof im schönsten Wiesengrund mit Zim, Feuerbacher-Tal-Str. 200, ✉ 70469, ℘ (0711) 1 35 37 20, *info@landgasthof-wiesengrund.de*, *Fax (0711) 13537210*, 🍽, Biergarten – ⇌ Zim, 📺 📞 🅿 – 🅿 20. AE ⓘ ⓂⓄ VISA JCB
FU t
Menu à la carte 25/44,50 – **14 Zim** ⊇ 65 – 105.
• Ein im bürgerlichen Stil eingerichtetes Restaurant, dessen regionale Speisenauswahl durch saisonale Spezialitäten ergänzt wird. Helle, moderne Gästezimmer.

In Stuttgart-Flughafen :

Mövenpick-Hotel, Flughafenrandstr. 7, ✉ 70629, ℘ (0711) 7 90 70, *hotel.stuttgart-airport@moevenpick.com*, *Fax (0711) 793585*, 🍽, ≦s – |🛗| ⇌ 📺 📞 ♿ 🅿 – 🅿 40. AE ⓘ ⓂⓄ VISA JCB. ⋈ Rest
DS w
Menu à la carte 19,50/38 – ⊇ 16 – **229 Zim** 154/168 – 179/193.
• In diesem Hotel befinden Sie sich nur 200 Meter von den Flughafen-Terminals entfernt. Sie beziehen maximal schallisolierte, wohnliche Zimmer. S-Bahn-Anschluss.

1354

STUTTGART S. 17

XXX **top air,** im Flughafen (Terminal 1, Ebene 4), ⌧ 70629, ℰ (0711) 9 48 21 37, *top.air.*
ℬ *stuttgart@woellhaf-airport.de, Fax (0711) 7979210* – 🍽 🄿 – 🎩 40. AE ⓞ
 ⓂⓈ VISA   DS p
geschl. Ende Dez. 1 Woche, Anfang Jan. 2 Wochen, Aug., Samstag - Sonntag, Feiertage
– **Menu** 36 (mittags)/90 und à la carte, ♀.
♦ Mit einzigartigem Blick auf das Rollfeld des Flughafens verköstigt man Sie mit kreativen, französischen Gaumenfreuden. Exquisit auch das Ambiente : moderne Eleganz.
Spez. Parfait von Kalbsbries mit Hummer und getrüffelten Bohnen. Bresse-Taube im Blätterteig mit geschmortem Chicorée. Topfen-Limonencrème mit Banyuls-Kirschen und Nougateis

In Stuttgart-Heslach :

XX **Breitenbach,** Gebelsbergstr. 97, ⌧ 70199, ℰ (0711) 6 40 64 67, *Fax (0711) 6744234*
– ⓞ ⓂⓈ VISA   FX b
geschl. Aug. 3 Wochen, Sonntag - Montag – **Menu** *(nur Abendessen)* à la carte 34/47, ♀.
♦ Blumen und ein gutes Couvert - farblich der Jahreszeit angepasst - zieren dieses schlicht-elegante Restaurant, in dem Sie ein freundlicher Service mit Internationalem umsorgt.

In Stuttgart-Hohenheim :

XXXX **Speisemeisterei** (Öxle), Am Schloss Hohenheim, ⌧ 70599, ℰ (0711) 4 56 00 37,
ℬℬ *Fax (0711) 4560038* – 🄿 ⚜.   DS c
geschl. 1. - 13. Jan., 26. Juli - 11. Aug., Montag - Dienstag – **Menu** *(wochentags nur Abendessen)* (Tischbestellung ratsam) 64/110, ♀ ⚜.
♦ In herrschaftlicher Atmosphäre von Schloss Hohenheim befindet sich ein Paradies für den verwöhnten Gaumen : Die klassische Küche ist so edel wie das Ambiente.
Spez. Gänseleber und Perigord-Trüffel mit Ochsenschwanz-Madeiragelee. Steinbutt und Hummerschwanz im Gemüsemantel mit Kaviar-Nudeln. Schokoladen-Crêpes-Torte mit Vanillefeige

In Stuttgart-Möhringen :

🏛 **Millennium Hotel and Resort** (mit 🏨 **SI**), Plieninger Str. 100, ⌧ 70567, ℰ (0711)
72 10, *sales.stuttgart@mill-cop.com, Fax (0711) 7212950,* 🌳, Biergarten, direkter Zugang zur Schwaben Quelle – 🛗, ⚜ Zim, 🍽 📺 ☎ ♿ 🚗 – 🎩 650. AE ⓞ
 ⓂⓈ VISA   CS t
Menu (19 verschiedene Restaurants, Bars und Cafés) à la carte 21/41 – ⊡ 16 – **454 Zim** 165/185 – 185/205.
♦ Gegenüber den Musical-Theatern steht der moderne Hochhausbau. Hier finden Sie geschmackvolle, elegante Zimmer und einen großzügig angelegten Freizeitbereich. Sie haben die Wahl zwischen 19 verschiedenen Themen-Restaurants und -Bars.

🏠 **Gloria,** Sigmaringer Str. 59, ⌧ 70567, ℰ (0711) 7 18 50, *info@hotelgloria.de,*
Fax (0711) 7185121, Biergarten, ☎ – 🛗, ⚜ Zim, 📺 ☎ 🚗 🄿 – 🎩 50. AE
 ⓂⓈ VISA   CS u
Möhringer Hexle : **Menu** à la carte 18/31 – **85 Zim** ⊡ 75/85 – 90/113.
♦ Eine schöne, helle Hotelhalle empfängt Sie in diesem Familienbetrieb, der über neuzeitliche, funktionelle wie auch modern gestaltete Gästezimmer verfügt. Das bürgerliche Möhringer Hexle wird ergänzt durch einen freundlichen Wintergarten.

🏠 **Fora Hotel** garni, Filderbahnstr. 43, ⌧ 70567, ℰ (0711) 71 60 80, *reservation.moeh*
ringen@fora.de, Fax (0711) 7160850 – 🛗 ⚜ 📺 ☎ 🚗. AE ⓞ ⓂⓈ VISA JCB   CS a
geschl. 24. Dez. - 6. Jan. – **41 Zim** ⊡ 86 – 102.
♦ Das Hotel liegt von der Hauptstraße etwas zurückversetzt. Sie beziehen gepflegte Zimmer, die durch helle Farbtöne sehr freundlich wirken.

🏠 **Körschtal** garni, Richterstr. 23, ⌧ 70567, ℰ (0711) 71 60 90, *hotel-koerschtal@t-o*
nline.de, Fax (0711) 7160929 – 🛗 ⚜ 📺 ☎ 🚗. AE ⓞ ⓂⓈ VISA ⚜.   CS y
30 Zim ⊡ 64 – 84.
♦ Die Zimmer des modernen Hotels sind mit gutem Komfort behaglich ausgestattet. Besonders Geschäftsreisende schätzen das kleine Hotel abseits vom Trubel der Stadt.

XX **Bistro Ecco,** Plieninger Str. 100 (im Spielcasino), ⌧ 70567, ℰ (0711) 9 00 72 72,
Fax (0711) 9007273 – 🚗. AE ⓞ ⓂⓈ VISA   CS t
Menu *(nur Abendessen)* à la carte 23/33,50.
♦ Ob nach einem spannenden Spielbankbesuch oder zum Treff mit Freunden oder Geschäftspartnern : Auf der pfiffigen Karte des Ecco ist für jeden etwas dabei.

X **Landgasthof Riedsee** ⚜ mit Zim, Elfenstr. 120, ⌧ 70567, ℰ (0711) 71 87 63 50,
info@riedsee.de, Fax (0711) 71876359, ☎ – ⚜ 📺 ☎ 🚗 🄿. AE ⓞ ⓂⓈ VISA   CS f
Menu *(geschl. Montag)* à la carte 19/36 – **6 Zim** ⊡ 55/65 – 80.
♦ In diesem netten Landgasthof mit der schönen Seeterrasse werden Ihnen gutbürgerliche Gerichte serviert. Auch Ausflügler kehren hier gerne ein.

1355

STUTTGART S. 18

Zur Linde, Sigmaringer Str. 49, ⊠ 70567, ℘ (0711) 7 19 95 90, *info@gasthauszurlin
.de, Fax (0711) 7199592,* 🍴 CS u
geschl. Samstagmittag – **Menu** à la carte 19/36, ♀.
  • Wer's deftig mag, ist in der rustikalen und gemütlichen Linde genau richtig : Hier wird mit Liebe nach Großmutters schwäbischen Rezepten gekocht.

In Stuttgart-Obertürkheim :

Brita Hotel, Augsburger Str. 671, ⊠ 70329, ℘ (0711) 32 02 30, *info@brita-hotel.de, Fax (0711) 32023400* – 🛗, ⚜ Zim, 📺 📞 🚗 – 🏊 80. ⚜ ⓘ ⓜ 🆚 ER z
geschl. 20. Dez. - 7. Jan. – **Menu** *(geschl. 5. - 26. Aug., Samstag - Sonntag)(nur Abendessen)* à la carte 19,50/31 – **70 Zim** ⊇ 75/95 – 128.
  • Ein freundliches Haus mit zeitgemäßem Komfort. Alle Zimmer haben schallisolierte Fenster. Auf Wunsch reserviert man Ihnen ein Bett mit Überlänge und Überbreite. Im rustikalen Poststüble oder in der Kutscherstube serviert man Gutbürgerliches.

Wirt am Berg, Uhlbacher Str. 14, ⊠ 70329, ℘ (0711) 32 12 26, *Fax (0711) 3654561* – ⚜. ⚜ ⓜ 🆚 ER a
geschl. Aug. 3 Wochen, Sonntagabend - Montag, Samstagmittag – **Menu** à la carte 18,50/31,50.
  • Eine urig-schwäbische Adresse. Das Gasthaus mit Weinstuben-Charakter ist aufgeteilt in zwei gemütlich-rustikale Räume, in denen fast ausschließlich Regionales angeboten wird.

In Stuttgart-Plieningen :

Romantik Hotel Traube, Brabandtgasse 2, ⊠ 70599, ℘ (0711) 45 89 20, *info@
romantik-hotel-traube.com, Fax (0711) 4589220,* 🍴 – ⚜ Zim, 📺 📞 🅿 – 🏊 15. ⓘ
ⓜ 🆚 DS u
geschl. 23. Dez. - 3. Jan., Aug. 3 Wochen – **Menu** *(geschl. Samstagmittag, Sonntag - Montagmittag) (Tischbestellung ratsam)* à la carte 24/53, ♀ – **19 Zim** ⊇ 85/115 – 105/165.
  • Hinter der geschichtsträchtigen Fachwerkfassade sind alle Zimmer liebevoll gestaltet worden. Sie sind teils mit Stilmöbeln, teils rustikal mit viel Holz eingerichtet. Ländlich-stilvolle Gaststube.

In Stuttgart-Stammheim :

Novotel-Nord, Korntaler Str. 207, ⊠ 70439, ℘ (0711) 98 06 20, *h0501@accor-hot
els.com, Fax (0711) 98062137,* 🍴, ⚜, 🅇 (geheizt) – 🛗, ⚜ Zim, 📺 📞 🅿 – 🏊 130.
⚜ ⓘ ⓜ 🆚 JCB CP n
Menu à la carte 19/28 – ⊇ 13 – **112 Zim** 94 – 104.
  • Sehr verkehrsgünstig liegt dieses Hotel unweit der Autobahn. Die Zimmer sind mit hellem, praktischem Mobiliar in typischem Novotel-Standard ausgestattet.

Strobel, Korntaler Str. 35, ⊠ 70439, ℘ (0711) 80 91 30 30, *Fax (0711) 80913055* –
⚜ Rest, 📺 🅿 ⓜ 🆚 CP s
geschl. Aug. 3 Wochen – **Menu** *(geschl. Samstag - Sonntag)* à la carte 18/28,50 – **30 Zim** ⊇ 52 – 70.
  • Der modernisierte Gasthof ist seit vielen Jahren in Familienbesitz und bietet dem Gast ein behagliches Ambiente. Fragen Sie nach Zimmern im Neubau ! Nett dekoriertes, bürgerlich-rustikales Restaurant.

In Stuttgart-Uhlbach :

Gästehaus Münzmay ⚜ garni, Rührbrunnenweg 19, ⊠ 70329, ℘ (0711)
9 18 92 70, *Fax (0711) 9189271,* ⚜ – 🛗 📺 🚗 🅿 ⚜ ⓜ 🆚 ER f
geschl. 24. Dez. - 6. Jan. – **11 Zim** ⊇ 67 – 90.
  • Zwischen Götzenberg und Rotenberg, unterhalb herrlicher Weinberge liegt dieses Hotel. Die Zimmer sind wohnlich mit Möbeln in Eiche rustikal eingerichtet.

In Stuttgart-Untertürkheim :

Petershof ⚜, Klabundeweg 10 (Zufahrt über Sattelstraße), ⊠ 70327, ℘ (0711)
3 06 40, *info@hotel-petershof.de, Fax (0711) 3064222* – 🛗, ⚜ Zim, 📺 📞 🚗 🅿 ⚜
ⓘ ⓜ 🆚 JCB ER y
geschl. 23. Dez. - 2. Jan. – **Menu** *(geschl. Freitag - Samstag)(nur Abendessen)* (Restaurant nur für Hausgäste) – **30 Zim** ⊇ 71 – 98.
  • Die ruhige Lage in einer Nebenstraße eines Wohngebiets sowie gut unterhaltene, praktisch ausgestattete Zimmer zählen zu den Annehmlichkeiten dieses Hauses.

In Stuttgart-Vaihingen :

Dorint Fontana, Vollmoellerstr. 5, ⊠ 70563, ℘ (0711) 73 00, *info.strfon@dorint.com,
Fax (0711) 7302525,* 🍴, Massage, ♣, 🅶, ⚜, 🅇 – 🛗 ⚜ ☰ 📺 📞 ♿ 🚗 – 🏊 250.
⚜ ⓘ ⓜ 🆚 JCB ⚜ Rest CS c
Menu à la carte 24,50/41,50 – ⊇ 16 – **252 Zim** 162/192 – 177/207.
  • Die stilvollen Zimmer verteilen sich auf 18 Etagen. Sie sind geschmackvoll eingerichtet mit Schreibtischen, kleinen Wohnbereichen und teils mit exquisiten Polsterbetten. Sie wählen zwischen dem eleganten und dem rustikalen Restaurantbereich.

STUTTGART S. 19

In Stuttgart-Wangen :

Hetzel Hotel Löwen, Ulmer Str. 331, ⊠ 70327, ℰ (0711) 4 01 60, info@hetzel-h
otel.de, Fax (0711) 4016333 – |≡|, ↔ Zim, ⊡ 📺 ✆ 🄿 🅰🄴 ⓞ 🄼🄾 VISA JCB
JV a
Menu à la carte 15/30 – **65 Zim** ⊇ 70/92 – 93/114.
♦ Bei der Ausstattung der Zimmer wurde großer Wert auf ein wohnliches und freundliches Ambiente gelegt. Morgens erwarten Sie ein reichhaltiges Frühstücksbuffet. Genießen Sie im Hotelrestaurant Spezialitäten aus Griechenland.

Ochsen, Ulmer Str. 323, ⊠ 70327, ℰ (0711) 4 07 05 00, info@ochsen-online.de, Fax (0711) 40705099, Biergarten – |≡|, ↔ Zim, ▬ Zim, 📺 ✆ 🄿 🅰🄴 ⓞ 🄼🄾 VISA JCB ⋇ Zim
JV f
Menu à la carte 19/38 – **22 Zim** ⊇ 80/99 – 107/128.
♦ Ein Familienbetrieb mit gemütlicher, schwäbischer Gastlichkeit. Sehr geschmackvolle Zimmer. Die Bäder haben teilweise Whirlpool-Wannen. Die Einrichtung im Restaurant verströmt rustikale Eleganz.

In Stuttgart-Weilimdorf :

Holiday Inn, Mittlerer Pfad 25, ⊠ 70499, ℰ (0711) 98 88 80, holidayinn.stuttgart@t-online.de, Fax (0711) 988889, Biergarten, 🄵🅂, ≋ – |≡|, ↔ Zim, 📺 ✆ 🄫 🚗 – 🅰 220. 🅰🄴 ⓞ 🄼🄾 VISA JCB
BP s
Menu à la carte 21/39 – ⊇ 16 – **321 Zim** 150/166, 7 Suiten.
♦ Die Einrichtung der Zimmer ist funktionell und zeitgemäß, der Komfort wohnlich standardisiert. Alle Zimmer haben einen Kaffee-/Teezubereiter. Reservieren Sie im Hauptgebäude !

Muckenstüble (mit Gästehaus), Solitudestr. 25 (in Bergheim), ⊠ 70499, ℰ (0711) 8 60 08 10, muckenstueble@aol.com, Fax (0711) 86008144, 🍽 – |≡| 📺 🚗 🄿 🄼🄾 VISA JCB
BR a
geschl. Aug. 3 Wochen – **Menu** (geschl. Samstagabend, Sonn- und Feiertage abends, Dienstag) à la carte 14/24,50 – **26 Zim** ⊇ 45 – 77.
♦ Fachwerk und Natursteinbestimmen die Fassade des Hauses. Gästen bietet man neuzeitlich mit Holzmöbeln eingerichtete Zimmer sowie eine Gartenterrasse. Restaurant mit gutbürgerlicher Küche.

Hasen, Solitudestr. 261, ⊠ 70499, ℰ (0711) 9 89 89 80, restaurant-hasen@t-online.de, Fax (0711) 99989816 – 🄿 🄼🄾 VISA
CP m
geschl. Aug. 3 Wochen, Montag, Sonn- und Feiertage – **Menu** à la carte 26/56, ♀.
♦ In dem farblich aufgefrischten, gemütlichen Restaurant zeugen Holzbalken und ein nettes Dekor von dem früheren Weinstuben-Charakter des Hauses.

Beim Schloss Solitude :

Schloss-Solitude, Solitude 2, ⊠ 70197 Stuttgart, ℰ (0711) 69 20 25, schloss-gastronomie-solitude@t-online.de, Fax (0711) 6990771, 🍽 – 🄿 – 🅰 20. 🅰🄴 ⓞ 🄼🄾 VISA JCB. ⋇
BR n
geschl. Sonntag - Montag – **Menu** (nur Abendessen) à la carte 38,50/50,50 – **Wintergarten** (geschl. Sonntagabend - Montag) **Menu** à la carte 27,50/37,50.
♦ Das von Herzog Carl Eugen im 18. Jh. erbaute Rokoko-Schloss beherbergt heute im Kavaliersbau ein feines Gourmet-Restaurant. Wunderschöner Rahmen für ein elegantes Abendessen. Etwas legerer und auch vom Preis etwas günstiger ist der Wintergarten.

In Stuttgart-Zuffenhausen :

Achat garni, Wollinstr. 6, ⊠ 70439, ℰ (0711) 82 00 80, stuttgart@achat-hotel.de, Fax (0711) 82008999 – |≡| ↔ 📺 ✆ 🚗. 🅰🄴 ⓞ 🄼🄾 VISA ⋇ Rest
CP a
⊇ 11 – **104 Zim** 74/89 – 74/99.
♦ 1997 wurde dieses moderne Hotel erbaut. Die Zimmer bieten eine nette Atmosphäre, sie sind freundlich und hell eingerichtet. Manche von ihnen haben eine kleine Küche.

In Fellbach :

Classic Congress Hotel, Tainer Str. 7, ⊠ 70734, ℰ (0711) 5 85 90, info@cch-bw.de, Fax (0711) 5859304, 🄵🅂, ≋ – |≡|, ↔ Zim, 📺 ✆ 🚗 🄿 – 🅰 55. 🅰🄴 ⓞ 🄼🄾 VISA
ER u
geschl. 23. Dez. - 6. Jan. – **Menu** siehe Rest. **Eduard M.** separat erwähnt – **149 Zim** ⊇ 149/149 – 168.
♦ Direkt an der Schwabenlandhalle, verbunden mit einem unterirdischen Gang, liegt das Haus mit seinen neu renovierten Zimmern. Sie sind alle mit hellen Möbeln eingerichtet.

Eduard M. - Classic Congress Hotel, Tainer Str. 7 (Schwabenlandhalle), ⊠ 70734, ℰ (0711) 5 85 94 11, restaurant@eduardm.de, Fax (0711) 5859427, 🍽 – ▬ 🅰🄴 ⓞ 🄼🄾 VISA
ER u
geschl. 27. - 30. Dez. – **Menu** à la carte 27/46,50.
♦ Das neu gestaltete Restaurant des Classic Congress Hotels gefällt mit seiner hell und freundlich wirkenden Holzausstattung und den versetzten Ebenen.

STUTTGART S. 20

XX **Aldinger's Weinstube Germania,** Schmerstr. 6, ✉ 70734, ℰ (0711) 58 20 37, *aldingers@t-online.de, Fax (0711) 582077*, 🌳 – ✄
ER v
geschl. Feb. - März 2 Wochen, Aug. 3 Wochen, Sonntag – Montag – **Menu** *(Tischbestellung ratsam) à la carte 26/37*, ⚘.
• In der Weinstube mit modernen Touch steht der Chef persönlich am Herd. Sein Kochstil : die regionale und saisonale Küche. An schönen Tagen serviert man auf der Terrasse.

In Fellbach-Schmiden :

🏨 **Hirsch** (mit Gästehaus), Fellbacher Str. 2, ✉ 70736, ℰ (0711) 9 51 30, *info@hotel-hirsch-fellbach.de, Fax (0711) 5181065*, Biergarten, ⚏, 🏊 – 🛗, ⥤ Zim, 📺 📞 🚗 🅿 – 🔨 20. AE ⓘ ⓜ VISA JCB
EP n
geschl. 20. Dez. - 4 Jan. – **Menu** *(geschl. Freitag, Sonntag) à la carte 16/31,50 –* **114 Zim** 🍽 54/64 – 85/95.
• Der behagliche Gasthof ist schon in der dritten Generation in Familienbesitz. Besonders hübsch sind die Zimmer des Gästehauses - ein historischer Bauernhof aus dem 16. Jh. Der rustikale Gastraum ist mehrfach unterteilt. Besonders heimelig : die Tische am Kamin.

In Gerlingen :

🏨 **Krone** (mit Gästehaus), Hauptstr. 28, ✉ 70839, ℰ (Q7156) 4 31 10 (Hotel) 43 60 50 (Rest.), *info@krone-gerlingen.de, Fax (07156) 4311100*, 🌳, ⚏ – 🛗, ⥤ Zim, 📺 📞 🚗 🅿 – 🔨 80. AE ⓘ ⓜ VISA
BR e
Menu *(geschl. Aug. 3 Wochen, Samstagmittag, Sonntag) (Tischbestellung ratsam) à la carte 25/38 –* **56 Zim** 🍽 79/90 – 107/112.
• Langjährige Tradition, gemütlich-elegante Ausstattung, geschmackvolle Gästezimmer, manche sogar mit offenem Kamin, und freundlicher Service zeichnen dieses Hotel aus. Restaurant mit alpenländischer Einrichtung.

X **Lamm,** Leonberger Str. 2, ✉ 70839, ℰ (07156) 2 22 51, *Fax (07156) 48815*, 🌳 – ⓜ VISA
geschl. Dienstag, Samstagmittag – **Menu** *à la carte 22,50/40*.
BR f
• In gemütliche Nischen unterteilt zeigt sich dieses teilweise holzvertäfelte Restaurant. Passend zum rustikalen Ambiente werden regionale und bürgerliche Speisen serviert.

In Korntal-Münchingen *nahe der Autobahn-Ausfahrt S-Zuffenhausen :*

🏨 **Mercure,** Siemensstr. 50, ✉ 70825, ℰ (07150) 1 30, *h0685@accor-hotels.com, Fax (07150) 13266*, 🌳, Biergarten, ⚏, 🏊 – 🛗, ⥤ Zim, 📺 📞 ♿ 🅿 – 🔨 180. AE ⓘ ⓜ VISA
CP c
Menu *à la carte 28,50/38,50 –* **200 Zim** 🍽 108/138 – 132/162.
• Tagungsgäste schätzen das in der Nähe der Autobahn liegende Hotel. Die funktionellen Zimmer haben alle Schreibtische und teils auch Wohnecken.

In Leinfelden-Echterdingen :

🏨 **Am Park,** Lessingstr. 4 (Leinfelden), ✉ 70771, ℰ (0711) 90 31 00, *info@hotelampark-leinfelden.de, Fax (0711) 9031099*, Biergarten – 🛗, ⥤ Zim, 📺 📞 🅿 – 🔨 15. AE ⓘ ⓜ VISA
CS k
Menu *(geschl. 24. Dez. - 10. Jan., Samstag - Sonntag) à la carte 19/39 –* **42 Zim** 🍽 77 – 96.
• Umgeben von herrlichen Bäumen in einer ruhigen Sackgasse liegt dieses freundliche Haus, das mit seinen hellen und liebenswert gestalteten Zimmern gefällt. Im Restaurant können Sie gut zubereitete regionale Gerichte bestellen.

🏨 **Filderland** garni, Tübinger Str. 16 (Echterdingen), ✉ 70771, ℰ (0711) 9 49 46, *hotel-filderland@t-online.de, Fax (0711) 9494888* – 🛗 ⥤ 📺 📞 🚗 – 🔨 15. AE ⓘ ⓜ VISA, ✄
CS d
geschl. 23. Dez. - 5. Jan. – **48 Zim** 🍽 63/76 – 83/91.
• Hinter der ansprechenden Fassade verbirgt sich ein gut geführtes Hotel, das unweit des Flughafens liegt. Das Interieur ist neuzeitlich und komfortabel.

🏨 **Martins Klause** garni, Martin-Luther-Str. 1 (Echterdingen), ✉ 70771, ℰ (0711) 94 95 90, *kontakt@hotelmartinsklause.de, Fax (0711) 9495959* – 🛗 📺 🅿 AE ⓜ VISA
CS d
18 Zim 🍽 57 – 80.
• Vorzüge des Hotels sind gute Pflege, die behagliche Atmosphäre sowie die nette Innenausstattung. Sie haben die Wahl zwischen Zimmern mit Kirschbaum- oder rustikalen Möbeln.

🏨 **Adler** garni, Obergasse 18 (Echterdingen), ✉ 70771, ℰ (0711) 94 75 50, *Fax (0711) 7977476*, ⚏, 🏊 – 🛗 ⥤ 📺 🅿 AE ⓘ ⓜ VISA
CS x
geschl. 24. Dez. - 6. Jan. – **18 Zim** 🍽 54/69 – 74/89.
• Das gepflegte Hotel von Familie Holzäpfel liegt in einer verkehrsberuhigten Zone. Sie wohnen in Zimmern mit funktionellen Möbeln. Blumige Stoffe runden das Bild ab.

STUTTGART S. 21

In Leinfelden-Echterdingen - Stetten *über die B 27* DS *, Ausfahrt Stetten :*

🏨 **Nödingerhof,** Unterer Kasparswald 22, ✉ 70771, ✆ (0711) 99 09 40, Fax (0711) 9909494, <, 🍽, – 🛗 📺 ☎ ⟺ 🅿 🔒 40. AE ⓄD ⓂC VISA
geschl. 2. - 6. Jan. - **Menu** *à la carte* 17,50/37 – **52 Zim** ⇌ 66/79 – 100/105.
♦ Gleich hinter dem Hotel beginnt das Naherholungsgebiet Schönbuch, das zu Spaziergängen einlädt. Sie wohnen in geschmackvollen, mit Fax-Modem ausgestatteten Zimmern. Das kleine Restaurant befindet sich im ersten Stock des Hotels.

Die im Michelin-Führer
verwendeten Zeichen und Symbole haben-
*dünn oder **fett** gedruckt, rot oder schwarz -*
jeweils eine andere Bedeutung.
Lesen Sie daher die Erklärungen aufmerksam durch.

SÜDERBRARUP *Schleswig-Holstein* 541 **C 13** – *3 800 Ew – Höhe 20 m – Luftkurort.*
Berlin 399 – Kiel 53 *– Schleswig 25 – Flensburg 32.*

🏨 **Hamester's Hotel,** Bahnhofstr. 24, ✉ 24392, ✆ (04641) 9 29 10, hamester@t-online.de, Fax (04641) 929134, 🍽, – 📺 🅿 – 🔒 20. ⓂC
Menu *(geschl. Dienstag) à la carte* 17/32 – **10 Zim** ⇌ 43 – 65.
♦ Vor einigen Jahren hat man das ehemalige Bankgebäude zu einem kleinen Hotel umgestaltet. Reisende beziehen funktionelle, saubere und gut gepflegte Zimmer. Restaurant mit bunten Fliesen und hellem Naturholz.

SÜDERENDE *Schleswig-Holstein siehe Föhr (Insel).*

SÜDERLÜGUM *Schleswig-Holstein* 541 **B 10** – *2 000 Ew – Höhe 18 m.*
Berlin 467 – Kiel 129 – Sylt (Westerland) *37 – Flensburg 48 – Husum 51 – Niebüll 11.*

🏨 **Tetens Gasthof,** Hauptstr. 24 (B 5), ✉ 25923, ✆ (04663) 1 85 80, Fax (04663)185888, 🍽 – 📺 🅿 – 🔒. ⓂC VISA
Menu *(Montag - Donnerstag nur Abendessen) à la carte* 19/29 – **12 Zim** ⇌ 36/42 – 66/75.
♦ Ein historischer friesischer Gasthof aus dem Jahre 1816, der über Zimmer mit unterschiedlicher Einrichtung in ländlichem Stil verfügt. Die gemütliche, mehrfach unterteilte Gaststube ist typisch für die Region.

SÜDLOHN *Nordrhein-Westfalen* 543 **K 4** – *7 800 Ew – Höhe 40 m.*
Berlin 538 – Düsseldorf 98 – Nordhorn 69 – Bocholt 24 – Münster (Westfalen) 64 – Winterswijk 12.

🏨 **Südlohner Hof,** Kirchstr. 3, ✉ 46354, ✆ (02862) 9 98 80, info@hotel-suedlohner-hof.de, Fax (02862) 998877, 🍽 – 📺 ☎ ⟺ 🅿. AE ⓄD ⓂC VISA
Menu *(geschl. Montag, Samstagmittag) à la carte* 20/36 – **22 Zim** ⇌ 44/55 – 74/78.
♦ Schon im 19. Jh. machten Fahrgäste von Postkutschen in dieser Herberge Station. Heute übernachten Sie in zeitgemäßen Zimmern, die alle mit Faxanschluss versehen sind. Restaurant mit offenem Kamin.

🏨 **Nagel** (mit Gästehaus), Kirchplatz 8, ✉ 46354, ✆ (02862) 9 80 40, info@hotel-nagel.de, Fax (02862) 980444, Biergarten – ⟵ Zim, 📺 ☎ 🅿 – 🔒 80. ⓂC VISA
Menu *(geschl. Dienstagmittag, Mittwochmittag) à la carte* 16,50/27 – **28 Zim** ⇌ 45/51 – 70/80.
♦ Dieser gewachsene Gasthof mit Anbau und Gästehaus ist ein engagiert geführter Familienbetrieb. Die Zimmer sind sehr gepflegt und neuzeitlich eingerichtet, mit Parkett. Bürgerlich-rustikale Gaststuben.

In Südlohn-Oeding : *Süd-West : 4,5 km, über B 70 Richtung Borken, nach 1 km rechts ab :*

🏨 **Burghotel Pass,** Burgplatz 1, ✉ 46354, ✆ (02862) 58 30, info@burghotel-pass.de, Fax (02862) 58370, 🍽, ≦s, 🏊 – 🛗 📺 🅿 – 🔒 100. AE ⓄD ⓂC VISA. ※ Rest
Menu *à la carte* 24/38 – **47 Zim** ⇌ 55/75 – 75/128.
♦ Mittelpunkt dieses neuzeitlichen Klinkerbaus ist ein imposanter Schlossturm aus dem Jahre 1371. Sie wohnen in funktionellen, mit solidem Hotelmobiliar ausgestatteten Zimmern. Das Essen wird unter einem mächtigen Backsteinkreuzgewölbe serviert.

SÜSSEN Baden-Württemberg **545** T 13 – 10 000 Ew – Höhe 364 m.
Berlin 599 – Stuttgart 49 – Göppingen 9 – Heidenheim an der Brenz 34 – Ulm (Donau) 41.

Löwen (mit Gästehaus), Hauptstr. 3 (B 10), ⌧ 73079, ℘ (07162) 94 82 20, info@loewen-hotel.de, Fax (07162) 9482299, 😊, 🍴 – 📶, ✳ Zim, 📺 ☎ ♿ 🅿 – 🎓 50. 𝔸𝔼 ⓜ ⓦ 𝕍𝕀𝕊𝔸
Menu (geschl. Ende Aug. 2 Wochen, Sonntagabend) à la carte 16/37 – **51 Zim** ⍚ 39/62 – 61/90.

♦ In dem leicht zurückversetzten Gästehaus dieses familiengeführten Gasthofs bietet man gut ausgestattete, schallisolierte Zimmer. Etwas schlichter : das Stammhaus. Restaurant in ländlichem Stil.

SUHL Thüringen **544** O 16 – 45 000 Ew – Höhe 430 m – Wintersport : 650/700 m 🎿.
ℹ Tourist Information, Friedrich-König-Str. 7, ℘ 98527, ℘ (03681) 72 00 52, touristinformation@suhl-ccs.de, Fax (03681) 720052. – Berlin 352 – Erfurt 61 – Bamberg 94.

Mercure Kongress, Friedrich-König-Str. 1, ⌧ 98527, ℘ (03681) 71 00, h2830@accor-hotels.com, Fax (03681) 710333, 𝕃𝛽, 😊, 🏊 – 📶, ✳ Zim, 📺 ☎ ♿ 🚗 – 🎓 50.
𝔸𝔼 ⓞ ⓜ 𝕍𝕀𝕊𝔸 𝕁ℂ𝔹
Menu à la carte 19/29 – ⍚ 13 – **133 Zim** 72/77 – 82/87, 6 Suiten.

♦ Das Ende der 90er Jahre eröffnete Hotel erfreut seine Gäste mit modernen, großzügig geschnittenen Zimmern, die auch technisch auf dem neuesten Stand sind. Restaurant im 16. Stock mit herrlicher Aussicht auf die Stadt.

Auf dem Ringberg Ost : 5 km :

Ringberg Resort Hotel 🐾, Ringberg 10, ⌧ 98527 Suhl, ℘ (03681) 38 90, reservierung@ringberghotel.de, Fax (03681) 389890, ⇐ Suhl und Thüringer Wald, Biergarten, Massage, 𝕃𝛽, 😊, 🏊, 🍴 – 📶, ✳ Zim, 🍽 Rest, 📺 ☎ ♿ 🚶 🅿 – 🎓 400. 𝔸𝔼 ⓞ ⓜ
𝕍𝕀𝕊𝔸 𝕁ℂ𝔹, ✄ Rest
Menu à la carte 19,50/37 – **290 Zim** ⍚ 74/117 – 79/130 – ½ P 14.

♦ In luftiger Höhe von 750 Metern liegt direkt am Rennsteig dieses funktionelle Ferien- und Tagungshotel. Der Wald ringsum lädt zum Wandern und aktiver Erholung ein. Das großzügig ausgelegte Restaurant ist mehrfach unterteilt.

In Suhl-Neundorf Süd : 1 km :

Goldener Hirsch, An der Hasel 91, ⌧ 98527, ℘ (03681) 7 95 90, reservierung@goldener-hirsch-suhl.de, Fax (03681) 795920, 🍴 – ✳ Zim, 📺 🅿 ⓜ 𝕍𝕀𝕊𝔸
Menu à la carte 12,50/25 – **32 Zim** ⍚ 41/49 – 57/72.

♦ Ein rustikales Fachwerkhaus aus dem Jahre 1616. In einem Anbau entstanden neue Zimmer, die - wie die im Haupthaus - mit netten Naturholzmöbeln eingerichtet sind. Kleine rustikale Gaststube.

In Hirschbach Süd : 7 km, über B 247 :

Zum goldenen Hirsch, Hauptstr. 33 (B 247), ⌧ 98553, ℘ (03681) 72 00 37, info@zum-goldenen-hirsch-hirschbach.de, Fax (03681) 303509, Biergarten, 😊 – ✳ Zim, 📺
🅿 – 🎓 80. 𝔸𝔼 ⓜ 𝕍𝕀𝕊𝔸
Menu à la carte 13/23 – **30 Zim** ⍚ 40/45 – 60/66.

♦ Nach einem freundlichen Empfang führt man Sie in gepflegte Zimmer, die mit zeitgemäßen, hellen Holzmöbeln eingerichtet sind und über den nötigen Komfort verfügen. Zum Essen erwartet den Besucher eine zünftig eingerichtete Gaststube.

SUHLENDORF Niedersachsen **541** H 16 – 2 650 Ew – Höhe 66 m.
Berlin 214 – Hannover 111 – Schwerin 123 – Uelzen 15.

In Suhlendorf-Kölau Süd : 2 km :

Brunnenhof 🐾 (mit Gästehäusern), ⌧ 29562, ℘ (05820) 8 80, service@hotel-brunnenhof.de, Fax (05820) 1777, 🍴, 😊, 🏊, 🎿, ✄ – ✳ Zim, 📺 🅿 – 🎓 60. 𝔸𝔼 ⓞ
ⓜ 𝕍𝕀𝕊𝔸, ✄ Rest
Menu à la carte 17,50/30 – **43 Zim** ⍚ 49/52 – 76/98, 4 Suiten.

♦ Besonders Natur- und Pferdeliebhaber kommen auf diesem Gut aus dem 18. Jh. mit seinen reetgedeckten, rustikal eingerichteten Gästehäusern auf ihre Kosten. Das Restaurant ist in der hübschen, großen Bauerndiele untergebracht.

SULINGEN Niedersachsen **541** H 10 – 12 500 Ew – Höhe 30 m.
Berlin 364 – Hannover 77 – Bremen 55 – Bielefeld 100 – Osnabrück 84.

Zur Börse, Langestr. 50, ⌧ 27232, ℘ (04271) 9 30 00, info@hotelzurboerse.com, Fax (04271) 5780 – ✳ Zim, 📺 ☎ 🚗 🅿 – 🎓 60. 𝔸𝔼 ⓞ ⓜ 𝕍𝕀𝕊𝔸
Menu (geschl. Freitagabend - Samstagmittag, Sonntagmittag) à la carte 20/37 – **26 Zim**
⍚ 50/70 – 85/97.

♦ Das Haus besticht durch seine verkehrsgünstige Lage. Es bietet seinen Gästen moderne Zimmer mit Naturholzmöbeln oder etwas einfachere, sachlich eingerichtete. Dunkle Holzbalken und nostalgische Lampen sorgen im Restaurant für Gemütlichkeit.

SULINGEN

Landhaus Nordloh, Bassumer Str. 163 (an der B 51), ⌧ 27232, ℘ (04271) 22 18, Fax (04271) 6950, 🍴 – 🅿 AE ⓘ MC VISA. ⅍ Rest
geschl. Montag, Samstagmittag – **Menu** à la carte 18,50/31.
◆ Etwas außerhalb liegt dieser im Fachwerkstil erbaute Landgasthof. Im Inneren umgibt Sie ein fast klassisches Ambiente mit offenem Kamin und dunkler Holzdecke.

In Mellinghausen Nord-Ost : 8 km über B 214 :

Märtens 🏡, (mit Gästehäusern), Am Sportplatz 63, ⌧ 27249, ℘ (04272) 9 30 00, info@hotel-maertens.de, Fax (04272) 930028, 🐎 – 🔄 Zim, 📺 ૐ 🅿 – 🔔 25. AE MC VISA
Menu (geschl. Montag) à la carte 13/30 – **24 Zim** ⌂ 38/42 – 65/68.
◆ Fernab von Verkehr und Hektik finden Sie in diesem netten Hotel gepflegte Zimmer, die auf drei Gästehäuser verteilt sind. Reservieren Sie im Gästehaus Nummer drei ! Gaststube mit offenem Kamin.

*Erfahrene Autofahrer benutzen den **Michelin-Führer** des laufenden Jahres.*

SULZ AM NECKAR
Baden-Württemberg 545 U 9 – 11 800 Ew – Höhe 430 m – Erholungsort.
Berlin 701 – Stuttgart 76 – Karlsruhe 130 – Rottweil 30 – Horb 16.

In Sulz-Glatt Nord : 4 km :

Kaiser, Oberamtstr. 23, ⌧ 72172, ℘ (07482) 92 20, info@hotelkaiser.de, Fax (07482) 922222, 🍴, 🎿, ≘s, 🏊, 🐎 – 🔄 Zim, 📺 ✆ 🅿 – 🔔 40. MC VISA
Menu à la carte 16,50/38,50 – **33 Zim** ⌂ 48/50 – 96/100 – ½ P 15.
◆ An der Ortsdurchfahrt und dennoch umgeben von sattem Grün, empfängt dieser Gasthof seine Besucher mit rustikal eingerichteten Zimmern. Bürgerliches Restaurant.

Zur Freystatt 🏡, Schlossplatz 11, ⌧ 72172, ℘ (07482) 9 29 90, info@hotel-freystatt.de, Fax (07482) 929933, 🍴 – 📺 ✆ ⇔ 🅿 MC VISA
geschl. über Fastnacht – **Menu** (geschl. Montag) à la carte 17/32 – **18 Zim** ⌂ 38/43 – 77/80.
◆ Ob für ein paar Tage oder einen längeren Ferienaufenthalt - Wanderfreunde und Erholungsuchende kehren immer wieder gerne in dieses gut geführte Haus zurück. Restaurant mit Blick auf Schloss Glatt.

In Sulz-Hopfau West : 7 km :

An der Glatt, Neunthausen 19, ⌧ 72172, ℘ (07454) 9 64 10, info@hotel-an-der-glatt.de, Fax (07454) 964141, 🍴, ≘s, 🏊, 🐎 – 📳 📺 ✆ ⇔ 🅿 – 🔔 40. AE ⓘ MC VISA JCB
Menu à la carte 21/30,50 – **24 Zim** ⌂ 59/69 – 100/120 – ½ P 13.
◆ Der modernisierte Gasthof ist in einer Nebenstraße des kleinen Ortes gelegen. Funktionell ausgestattete Zimmer mit solidem Holzmobiliar stehen zum Einzug bereit. Sie speisen in einer Gaststube mit ungezwungener Atmosphäre oder auf der Terrasse.

SULZA, BAD
Thüringen 544 M 18 – 3 100 Ew – Höhe 150 m – Heilbad.
🛈 Gästeinformation, Kurpark 2, ⌧ 99518, ℘ (036461) 8 21 10, info@bad-sulza.de, Fax (036461) 82111.
Berlin 240 – Erfurt 57 – Leipzig 79 – Jena 25 – Naumburg 17 – Weimar 30.

Ratskeller, Markt 1, ⌧ 99518, ℘ (036461) 2 23 22, reinhardt.s@t-online.de, Fax (036461) 22321, 🍴 – ⓘ MC VISA. ⅍
geschl. Montag - Dienstagmittag – **Menu** à la carte 17,50/30,50.
◆ Ihre Gastgeber empfangen Sie in einem stilvollen Kellergewölbe, wo Sie unter funkelnden Kristallüstern an individuell eingedeckten Tischen Platz nehmen.

SULZBACH-ROSENBERG
Bayern 546 R 19 – 21 000 Ew – Höhe 450 m.
🛈 Tourist-Information, Luitpoldplatz, ⌧ 92237, ℘ (09661) 51 01 10, tourist-info@sulzbach-rosenberg.de, Fax (09661) 4333.
Berlin 422 – München 205 – Weiden in der Oberpfalz 50 – Bayreuth 67 – Nürnberg 59 – Regensburg 77.

Brauereigasthof Sperber-Bräu, Rosenberger Str. 14, ⌧ 92237, ℘ (09661) 8 70 90, info@sperberbraeu.de, Fax (09661) 870977 – 🔄 Zim, 📺 ✆
Menu à la carte 11,50/25,50 – **23 Zim** ⌂ 35/50 – 56/70.
◆ Handwerkliches Geschick haben die Baumeister des historischen Brauereigasthofs Ende des 18. Jh. bewiesen. Davon zeugen noch viele Elemente in den modern gestalteten Zimmern. Zünftige, typisch bayerische Gaststube.

SULZBACH-ROSENBERG

In Sulzbach-Rosenberg-Feuerhof Nord : 1,5 km über B 14 :

🏛 **Zum Bartl**, Glückaufstr. 2 (an der B 14), ✉ 92237, ✆ (09661) 5 39 51, info@zum-b artl.de, Fax (09661) 51461, 🍽, 🌳 – 📺, 🚗 🅿. ⓪⓪ VISA, ✂ Rest
geschl. 16. - 27. Feb., 20. Sept. - 1. Okt. – **Menu** (geschl. Montag, Freitagabend) à la carte 9,50/22,50 – **25 Zim** ☐ 40/42 – 60/62.
- Viele Stammgäste verbringen seit Jahren ihren Urlaub in diesem gut geführten Gasthof - untergebracht in einfachen, sehr gepflegten Zimmern, die teils über Balkone verfügen. Im Restaurant serviert man einfache Brotzeiten und bürgerliche Gerichte.

SULZBACH/SAAR Saarland 5 4 3 S 5 – 19 900 Ew – Höhe 215 m.
Berlin 703 – Saarbrücken 10 – Kaiserslautern 61 – Saarlouis 33.

In Sulzbach-Neuweiler Süd : 2 km :

🏛 **Paul** garni, Sternplatz 1, ✉ 66280, ✆ (06897) 92 39 00, hotelpaul@t-online.de, Fax (06897) 92390444 – 📺. 🝏 ⓪⓪ VISA
18 Zim ☐ 45/60 – 65/85.
- Die Zimmer dieses älteren kleinen Hotels sind einheitlich mit dunklen Eichenmöbeln eingerichtet, ausreichend groß und sehr gepflegt.

SULZBACH/TAUNUS Hessen 5 4 3 P 9 – 8 200 Ew – Höhe 190 m.
Berlin 546 – Wiesbaden 19 – Frankfurt am Main 15 – Mainz 31.

🏨 **Dorint**, Am Main-Taunus-Zentrum 1 (Süd : 1 km), ✉ 65843, ✆ (06196) 76 30, info.fr asul@dorint.com, Fax (06196) 72996, 🍽, Biergarten – 📶, ✂ Zim, 🖥 📺 📞 & 🅿 – 🔑 210. 🝏 ⓪⓪ VISA JCB. ✂ Rest
Feldberg : **Menu** à la carte 25/39 – **287 Zim** ☐ 168/270 – 196/276, 5 Suiten.
- Geschmackvoll, modern und komfortabel sind die Zimmer des vor den Toren Frankfurts direkt am Main-Taunus-Zentrum gelegenen Ketten-Hotels. Das Restaurant Feldberg gefällt mit lichtdurchflutetem Wintergarten und Showküche.

SULZBERG Bayern siehe Kempten (Allgäu).

SULZBURG Baden-Württemberg 5 4 5 W 7 – 2 600 Ew – Höhe 474 m – Luftkurort.
🛈 Tourist-Information, Am Marktplatz, ✉ 79295, ✆ (07634) 56 00 40, tourist-info@s ulzburg.de, Fax (07634) 560034.
Berlin 826 – Stuttgart 229 – Freiburg im Breisgau 29 – Basel 51.

🏨 **Waldhotel Bad Sulzburg** ✿, Badstr. 67 (Süd-Ost : 4 km), ✉ 79295, ✆ (07634) 50 54 90, info@waldhotel4you.de, Fax (07634) 5054915, 🍽, 🏊, 🌡, ≦s, 🔲, 🎾, ✂ – 📶, ✂ Zim, 📺 📞 🅿 – 🔑 40. ⓪⓪ VISA ✂ Rest
geschl. 6. - 19. Jan. – **Menu** à la carte 29,50/43, ♀ – **36 Zim** ☐ 107/112 – 116/140 – ½ P 23.
- Idyllische Lage, geschmackvolles Ambiente und herzliche Gastlichkeit sind die Annehmlichkeiten dieses gut geführten, komfortablen Hotels. Rustikales Ambiente im gemütlichen Restaurant.

🏛 **Haus am Wald** ✿ garni, Schlossbergstr. 6, ✉ 79295, ✆ (07634) 85 77, jenniferris smann@aol.com, Fax (07634) 592087, 🌳 – 🅿. ✂
11 Zim ☐ 30/45 – 52/65.
- In ruhiger Lage am Ortsrand schätzen Feriengäste die unaufdringliche, einfache und persönliche Art dieses gepflegten kleinen Hotels.

XXX ❀❀ **Hirschen** (Steiner) mit Zim, Hauptstr. 69, ✉ 79295, ✆ (07634) 82 08, hirschen-sulzb urg@t-online.de, Fax (07634) 6717, (Gasthof a.d. 18. Jh.)
geschl. 5. - 22. Jan., 26. Juli - 12. Aug. – **Menu** (geschl. Montag - Dienstag) (Tischbestellung ratsam) 35 (mittags) à la carte 49/70,50 ♀ – **9 Zim** ☐ 80 – 102.
- Unauffällig fügt sich der Gasthof aus dem 18. Jh. in die Häuserreihe des Ortes ein. Im Inneren : kostbare Antiquitäten, Stilmöbel und kulinarische Höchstleistungen.
Spez. Variation von der Gänseleber mit Brioche. Gratin von Krebsen mit Kalbskopf. Taubenbrust im Artischockenboden gegart mit Trüffelsauce

In Sulzburg-Laufen West : 2 km :

XX **La Vigna**, Weinstr. 7, ✉ 79295, ✆ (07634) 80 14, Fax (07634) 69252, 🌳 – 🅿. ⓪⓪ VISA
geschl. 5. - 13. Jan., 23. Juni - 8. Juli, Sonntag - Montag – **Menu** (Tischbestellung ratsam) (italienische Küche) 27,50 (mittags) à la carte 33/52, ♀ ♺.
- Der Chef erwartet Sie mit seiner Passion für die Küche und den Wein seiner italienischen Heimat - gekonnt kredenzt in dem kleinen Restaurant im Hofgebäude aus dem Jahre 1837.

SULZFELD *Bayern siehe Kitzingen.*

SULZHEIM *Bayern* 546 *Q 15 – 800 Ew – Höhe 235 m.*
Berlin 451 – München 214 – Würzburg 51 – Bamberg 55 – Nürnberg 96 – Schweinfurt 15.

Landgasthof Goldener Adler, Otto-Drescher-Str. 12, ✉ 97529, ℘ (09382) 70 38, goldener.adler@web.de, Fax (09382) 7039, Biergarten – ⚡ Zim, TV ✆ ⇌ 🅿.
🅾 VISA
geschl. 28. Dez. - 5. Jan. – **Menu** *(geschl. Freitag)* à la carte 12,50/23 – **42 Zim** ⇌ 25/45 – 40/69.
• Dieser einfache, sehr gepflegte Gasthof verfügt über Zimmer mit Möbeln aus Kirschbaum oder hellem Holz. Ein netter dörflicher Familienbetrieb! Ein Teil des Restaurants wurde mit heller Täfelung versehen.

In Sulzheim-Alitzheim :

Grob (mit Gästehaus), Dorfplatz 1, ✉ 97529, ℘ (09382) 9 72 50, Fax (09382) 287 – ⚡ Zim, TV ⇌ 🅿 – 🎗 50. AE 🅾 VISA
Menu *(geschl. 26. Dez. – 11. Jan., Sonntag)* à la carte 12/26,50 – **31 Zim** ⇌ 32/47 – 53/68.
• Eine günstige Übernachtungsmöglichkeit auf der Reise stellt dieser gepflegte Landgasthof mit eigener Metzgerei unweit der Rhön-Autobahn dar. Einfache, bürgerliche Gaststube.

SUNDERN *Nordrhein-Westfalen* 543 *M 8 – 33 200 Ew – Höhe 250 m.*
✈ *Sundern-Amecke (Süd-West : 6 km), ℘ (02933) 17 06 66.*
🛈 *Stadtmarketing, Rathausplatz 7, ✉ 59846, ℘ (02933) 97 95 90, stadtmarketing-sundern@t-online.de, Fax (02933) 9795915.*
Berlin 504 – Düsseldorf 111 – Arnsberg 13 – Lüdenscheid 48.

Sunderland, Rathausplatz 2, ✉ 59846, ℘ (02933) 98 70, sunderland@serudo.de, Fax (02933) 987111, 🍴, ≘s – 🛗, ⚡ Zim, TV ✆ ⇃ 🅿 – 🎗 90. ◎ 🅾 VISA
Menu *(geschl. Sonntagabend)* à la carte 27/39,50 – **55 Zim** ⇌ 67/85 – 82/110.
• Ein 1995 erbautes, architektonisch geschmackvolles Hotel, dessen moderne Zimmer Tagungsgäste auch dank der technischen Anschlüsse schätzen. Themenorientierte Suiten. Eine warme Atmosphäre herrscht in dem nett eingerichteten Restaurant.

In Sundern-Dörnholthausen *Süd-West : 6 km, über Seidfeld und Stockum :.*

Klöckener, Stockumer Str. 44, ✉ 59846, ℘ (02933) 9 71 50, info@hotel-kloeckener.de, Fax (02933) 78133, 🍴, 🏊, 🌳 – TV 🅿 – 🎗 20. ✤
geschl. März 3 Wochen – **Menu** *(geschl. Dienstag)* à la carte 16/33 – **17 Zim** ⇌ 37 – 64 – ½ P 11.
• Voll Stolz führt Familie Klöckener ihren sympathischen Landgasthof, der sich schon seit über 100 Jahren in ihrem Besitz befindet. Sie nächtigen in wohnlichen Zimmern. Behaglich eingerichtetes Restaurant.

In Sundern-Langscheid *Nord-West : 4 km, über Stemel – Luftkurort :.*

Seegarten, Zum Sorpedamm 21, ✉ 59846, ℘ (02935) 9 64 60, info@hotel-seegarten.com, Fax (02935) 7192, 🍴, 🏊 – 🛗, ⚡ Zim, TV ✆ 🅿 – 🎗 80. ◎ 🅾 VISA
Menu à la carte 24,50/35 – **35 Zim** ⇌ 53/63 – 73/93 – ½ P 13.
• Die mit viel Liebe zum Detail gestalteten Zimmer, überwiegend mit Balkonen versehen, bieten Ihnen einen schönen Blick auf den See oder den Park. In drei Restaurants werden unterschiedliche gastronomische Konzepte verwirklicht.

Seehof, Zum Sorpedamm 1, ✉ 59846, ℘ (02935) 9 65 10, Fax (02935) 965130, ≤, 🍴 – TV 🅿 – 🎗 20. 🅾 VISA
Menu *(geschl. Okt.- März Montag)* à la carte 20/32 – **13 Zim** ⇌ 40/55 – 95 – ½ P 20.
• Sehr gepflegt wirken die wohnlichen Zimmer dieses oberhalb des Sees gelegenen Hotels. Für einen längeren Aufenthalt bieten sich die Appartements mit Kochnische an. Die großzügigen Räume des Restaurants sind auch bei Ausflugsgästen beliebt.

Landhaus Pichel, Langscheider Str. 70, ✉ 59846, ℘ (02935) 20 33, info@landhaus-pichel.de, Fax (02935) 4943, ≤, 🍴, 🌳 – TV ✆ 🅿 🅾 VISA
Menu *(geschl. Donnerstag)* à la carte 16,50/37 – **11 Zim** ⇌ 50/57 – 70/92 – ½ P 15.
• In diesem Haus in ruhiger Ortsrandlage haben Sie von Ihrem Zimmer aus einen herrlichen Ausblick : der Sorpesee liegt Ihnen im wahrsten Sinne des Wortes zu Füßen. Restaurant mit vorgelagerter Terrasse.

SYKE Niedersachsen 541 H 10 – 19 100 Ew – Höhe 40 m.
- Syke-Okel, Schultenweg 1 (Nord-Ost : 6 km), ℰ (04242) 82 30.
Berlin 376 – Hannover 89 – Bremen 31 – Osnabrück 106.

In Syke-Steimke Süd-Ost : 2,5 km Richtung Nienburg :

Steimker Hof, Nienburger Str. 68 (B 6), ✉ 28857, ℰ (04242) 9 22 20, hotelsteimkerhof@t-online.de, Fax (04242) 922233, ☕ – 🛗, ✲ Zim, 📺 ⚓ 🅿 – 🔔 30. AE ⓞ ⓜⓞ VISA JCB
Menu à la carte 19/28 – **12 Zim** ⊇ 47 – 67.
• Gut erreichbar liegt das äußerst gepflegte Hotel an der B6. Das familiengeführte Haus bieten ihnen schlichte, meist mit Kirschbaummöbeln eingerichtete Zimmer. Restaurant mit rustikalem Thekenraum.

Erfahrene Autofahrer benutzen den Michelin-Führer des laufenden Jahres.

SYLT (Insel) Schleswig-Holstein 541 B 8 – Seebad – Größte Insel der Nordfriesischen Inselgruppe mit 40 km Strand, durch den 12 km langen Hindenburgdamm (nur Eisenbahn, ca. 30 min) mit dem Festland verbunden.
Sehenswert : Gesamtbild★★ der Insel – Westerland★ – Keitum★ – Keitumer Kliff★ – Rotes Kliff★.
- Kampen-Wenningstedt, ℰ (04651) 4 53 11 ; - Klein-Morsum, Zum Wäldchen, ℰ (04651) 89 03 87 ; - Sylt-Ost, Flugplatz, ℰ (04651) 92 75 75.
- Westerland, ℰ (04651) 92 06 12.
- in Westerland, Bahnhofsplatz.
🛈 Sylt Marketing (Westerland), Stephanstr. 6, ✉ 25980, ℰ (04651) 1 94 33, info@sylt.de, Fax (04651) 820222.
ab Westerland : Berlin 464 – Kiel 136 – Flensburg 55 – Husum 53.

Kampen – 650 Ew.
🛈 Tourismus-Service, Hauptstr. 12, ✉ 25999, ℰ (04651) 4 69 80, info@kampen.de, Fax (04651) 469840.
Nach Westerland 6 km.

Rungholt ॐ, Kurhausstr. 35, ✉ 25999, ℰ (04651) 44 80, hotel.rungholt@t-online.de, Fax (04651) 44840, ≤, ⚕, Massage, ⇔, 🏊, 🌊 – 🛗 📺 ⚓ 🅿 ✲ Rest
geschl. 5. Jan. - 6. Feb. – **Menu** (Restaurant nur für Hausgäste) – **64 Zim** ⊇ 115/140 – 215/268, 19 Suiten – ½ P 19/24.
• Ganz am Ende der Kurhausstraße, nur wenige Minuten Fußweg vom Strand entfernt, erwartet Sie ein großzügig angelegtes Hotel mit gepflegten Zimmern.

Village ॐ, Alte Dorfstr. 7 (Zufahrt über Brönshooger Weg), ✉ 25999, ℰ (04651) 4 69 70, hotel@village-kampen.de, Fax (0651) 469777, ⇔, 🏊, 🌊 – ✲ Zim, 📺 ⚓ 🅿.
AE ⓞ ⓜⓞ VISA
Menu (geschl. Montag) (nur Abendessen) (Restaurant nur für Hausgäste) à la carte 26/37 – **14 Zim** ⊇ 230/245 – 255/275, 4 Suiten.
• Ein stilvolles Haus, in dem persönlicher Service und individuelle Betreuung sowie Pflege und guter Komfort selbstverständlich sind.

Walter's Hof ॐ (mit Appartementhaus Westerheide), Kurhausstr. 23, ✉ 25999, ℰ (04651) 9 89 60, walters-hof@t-online.de, Fax (04651) 45590, ≤, 🏡, Massage, ⇔, 🏊, 🌊 – 📺 🅿 ✲ Rest
Tappe's Restaurant (italienische Küche) (geschl. Mitte Jan. - Ostern, Ende Okt. - Mitte Dez.) (nur Abendessen) **Menu** à la carte 36/53, ♀ – ⊇ 18 – **30 Zim** 180 – 180/300, 10 Suiten.
• Die schöne Lage unweit des Roten Kliffs und individuelle, sehr wohnlich gestaltete Zimmer machen dieses in ansprechendem regionstypischem Stil erbaute Hotel aus. In Tappe's Restaurant genießen Sie an gut eingedeckten Tischen eine tolle Aussicht.

Reethüüs ॐ garni (mit Gästehaus), Hauptstr. 18, ✉ 25999, ℰ (04651) 9 85 50, reethues@t-online.de, Fax (04651) 45278, ⇔, 🏊, 🌊 – 📺 🅿 AE
20 Zim ⊇ 155/204 – 170/220.
• Naturgewachsene Heideflächen umgeben die Gästehäuser des Hotels. Die Zimmer sind alle im friesischen Stil eingerichtet, die im Erdgeschoss verfügen über Terrassen.

Kamphörn garni, Norderheide 2, ✉ 25999, ℰ (04651) 9 84 50, info@kamphoern.de, Fax (04651) 984519, 🌊 – 📺 🅿 ⓜⓞ
12 Zim ⊇ 75/95 – 130/148.
• Ein gepflegtes, familiengeführtes Hotel am Rande von Kampen. Unter seinem Reetdach verbergen sich geschmackvolle Zimmer, die dank ihrer Möblierung hell und freundlich wirken.

SYLT (Insel)

🏠 **Ahnenhof** 🌿 garni, Kurhausstr. 8, ✉ 25999, ✆ (04651) 4 26 45, info@ahnenhof.de, Fax (04651) 44016, ≤, ≘s, 🐎 – 📺 🅿 AE
14 Zim 🍽 85/170 – 160/180.
♦ Wohnlich eingerichtete Zimmer stehen Ihnen hier zur Verfügung. Von den meisten aus können Sie das Meer sehen. Das Haus wurde mit einem großen Freizeitbereich ausgestattet.

✕✕ **Gogärtchen**, Strön-Wai 12, ✉ 25999, ✆ (04651) 4 12 42, info@gogaertchen-sylt.de, Fax (04651) 41172, 🌳 – AE ⓓ ⓜⓞ VISA
geschl. Mitte Nov. - Mitte Dez., 10. Jan. - 31. März – **Menu** (nur Abendessen) à la carte 42,50/61,50.
♦ Seit vielen Jahren beliebter Szene- und Promitreff in der berühmt-berüchtigten "Whiskeystraße", in der schon so manche Nacht zum Tag gemacht wurde.

✕ **Il Ristorante**, Kurhausstr. 1, ✉ 25999, ✆ (04651) 49 51, kabani@t-online.de, Fax (04651) 45942, 🌳 – 🅿
geschl. Nov. - März Dienstag – **Menu** (italienische Küche) à la carte 27,50/50.
♦ Ein friesisches Reetdachhaus, in dem die typische "cucina italiana" zu Hause ist. Eingerichtet wie ein Bistro, in dem bunte Farben für ein fröhliches Ambiente sorgen.

SYLT (Insel)

※ **Manne Pahl,** Zur Uwe Düne 2, ✉ 25999, ✆ (04651) 4 25 10, *info@manne-pahl.de*, Fax (04651) 44410 – P. AE MC VISA JCB
geschl. Jan. – **Menu** à la carte 28/46.
• Vor über 20 Jahren verließ Gastwirt Pius Piegli seine Schweizer Heimat und siedelte sich auf der Insel an. In seinem rustikalen Lokal serviert er gehoben-bürgerliche Gerichte.

List – *2 900 Ew.*
🅘 Kurverwaltung, Am Brünk 1, ✉ 25992, ✆ (04651) 9 52 00, *kvlistsylt@t-online.de*, Fax (04651) 871398.
Nach Westerland 18 km.

※※ **Alter Gasthof,** Alte Dorfstr. 5, ✉ 25992, ✆ (04651) 87 72 44, *christa@alter-gasthof.com*, Fax (04651) 871400, 🌣 – P. AE MC VISA
geschl. Anfang Jan. - Ende Feb., Ende Nov. - Weihnachten, Sept. - Juni Montag – **Menu** à la carte 32/50.
• Auf dem Weg zum Hafen steht dieser ehemalige Bauernhof aus dem 16. Jh. Sein Innenleben zeigt sich gemütlich mit rustikal-friesischer Einrichtung.

Sylt Ost – *5 500 Ew – Seebad.*
🅘 Kurverwaltung, im Ortsteil Keitum, Am Tipkenhoog 5, ✉ 25980, ✆ (04651) 33 70, Fax (04651) 33737.
Nach Westerland 5 km.

Im Ortsteil Archsum :

🏠 **Christian VIII** garni (mit Gästehaus), Heleeker 1, ✉ 25980, ✆ (04651) 9 70 70, *info@christianVIII.de*, Fax (04651) 970777, Massage, ≘s, 🔲, 🐎 – TV 📞 P. AE ① MC VISA
18 Suiten 🍽 230 – 395.
• Die sehr geschmackvoll möblierten Suiten dieses in einem hübschen kleinen Park gelegenen Hotels werden auch anspruchsvollen Gästen gerecht.

Im Ortsteil Keitum – *Luftkurort* :.
🅘 Kurverwaltung, Am Tipkenhoog 5, ✉25980, ✆ (04651) 33 70, *tourismus@sylt-ost.de*, Fax (04651) 33737

🏠 **Benen-Diken-Hof** 🗝 (mit Gästehäusern), Süderstr. 3, ✉ 25980, ✆ (04651) 9 38 30, *info@benen-diken-hof.de*, Fax (04651) 9383183, 🌣, 🌿, Massage, ≘s, 🔲, 🐎 – TV 📞 ♿ ⚹ P. AE MC VISA
Menu *(geschl. Mittwoch, Nov. - März Mittwoch - Donnerstag) (nur Abendessen)* (Tischbestellung erforderlich) à la carte 30/44 – **40 Zim** 🍽 123/170 – 170/261, 5 Suiten.
• Schon in der zweiten Generation befindet sich das idyllische Domizil in der Hand von Familie Johannsen. In verschiedenen Reetdachhäusern stehen geschmackvolle Zimmer bereit. Schön gestaltetes Restaurant in elegantem Stil.

🏠 **Aarnhoog,** Gaat 13, ✉ 25980, ✆ (04651) 39 90, *hotel@aarnhoog.de*, Fax (04651) 39910, ≘s, 🔲, 🐎 – TV 📞 ♿ P. AE MC VISA
geschl. 11. - 29. Jan. – **Menu** *(geschl. Montag)(nur Abendessen)* (Restaurant nur für Hausgäste) – **13 Zim** 🍽 125/160 – 155/210, 11 Suiten.
• Ein angenehmes Ambiente zieht sich durch Haus und Garten. Umgeben von exklusiven Landhausmöbeln residieren Sie zumeist in geräumigen Maisonette-Zimmern.

🏠 **Groot's Hotel** garni, Gaat 5, ✉ 25980, ✆ (04651) 9 33 90, *jens.groot@t-online.de*, Fax (04651) 32953, ≘s, 🐎 – TV P. ⚹
geschl. 24. Nov. - 16. Dez. – **11 Zim** 🍽 90/130 – 160/180.
• Ein gepflegtes Urlaubshotel, im Friesenstil gebaut und ruhig gelegen, bietet seinen Gästen freundlich eingerichtete Zimmer, in denen schöne Stoffe elegante Akzente setzen.

🏠 **Seiler Hof** garni, Gurtstig 7, ✉ 25980, ✆ (04651) 9 33 40, *info@seilerhofsylt.de*, Fax (04651) 933444, (modernisiertes Friesenhaus a.d.J. 1761), ≘s, 🐎 – TV P. ⚹
11 Zim 🍽 90/125 – 140/160.
• Das historische Kapitänshaus von 1761 verfügt über zeitlos eingerichtete Zimmer. Besonders hübsch ist der zum Haus gehörende Garten.

※※ **Karsten Wulff,** Museumsweg 4, ✉ 25980, ✆ (04651) 3 03 00, *restaurant@karsten-wulff.de*, Fax (04651) 35738, 🌣 – P.
geschl. Mitte Jan. - Mitte Feb., Mitte Nov. - Mitte Dez., Montag – **Menu** (überwiegend Fischgerichte) à la carte 28/40.
• Hier erfreut man seine Besucher zum einen mit einer originellen neo-rustikalen Inneneinrichtung und zum anderen mit schmackhaften regionalen Spezialitäten.

※※ **Fisch-Fiete,** Weidemannsweg 3, ✉ 25980, ✆ (04651) 3 21 50, *fischfietesylt@aol.com*, Fax (04651) 32591, 🌣 – P.
geschl. Mitte Jan. - Mitte Feb., Anfang Dez. - Weihnachten, Nov. - März Mittwoch – **Menu** (Tischbestellung erforderlich) à la carte 25/52.
• Durch eine blaue Flügeltür gelangt man in das 1954 eröffnete Fisch-Restaurant. Alte holländische Fliesen und eine traditionelle Einrichtung bestimmen den Stil. Gartenterrasse.

SYLT (Insel)

Im Ortsteil Morsum :

Morsum Kliff, Nösistig 13, ✉ 25980, ✆ (04651) 83 63 20, info@hotel-morsum-kliff.de, Fax (04651) 8363236, ≤, ⚜, ⚘ – TV P AE
Menu (Tischbestellung ratsam) à la carte 23/41 – **10 Zim** ⊇ 170/195 – 225/260.
 • Einsam liegt das friesische Landhaus am Morsum-Kliff an der Ostspitze der Insel. Die großzügig angelegten Zimmer gefallen mit elegantem, wohnlichem Ambiente. Im Restaurant: breites Angebot vom belegten Brot über feine Kuchen bis zur frischen Regionalküche.

Im Ortsteil Munkmarsch :

Fährhaus, Heefwai 1, ✉ 25980, ✆ (04651) 9 39 70, info@faehrhaus-sylt.de, Fax (04651) 939710, ⚜, ℔, ≋, ◻, ⚘ – ▯, ¾ Zim, TV ☏ P – ⚐ 40. AE ⓂⓈ VISA
geschl. 6. - 21. Dez. – **Menu** siehe Rest. **Fährhaus** separat erwähnt – **Käpt'n Selmer Stube :** Menu à la carte 33/42 – **20 Zim** ⊇ 160/170 – 210/230, 4 Suiten – ½ P 32.
 • 1997 wurde das Fährhaus originalgetreu im viktorianischen Stil restauriert. Seit 1999 sorgen exklusive, modern gestylte Zimmer und Suiten für besonders angenehme Ferien. In der rustikalen Stube dient ein wunderschöner friesischer Kachelofen als Blickfang.

Restaurant Fährhaus - Hotel Fährhaus, Heefwai 1, ✉ 25980, ✆ (04651) 9 39 70, info@faehrhaus-sylt.de, Fax (04651) 939710 – AE ⓂⓈ VISA. ⚘
geschl. 12. Jan. - 19. Feb., 15. Nov. - 23. Dez., Montag, Mitte Sept. - Anfang Juli Montag - Dienstag – **Menu** 78/90 à la carte 48/68, ⚘.
 • Das Licht des Nordens durchflutet das mit erlesenen Möbeln aufwändig eingerichtete Restaurant. Man kredenzt feine Gaumenfreuden der klassischen Küche.
Spez. Karamellisiertes Mille-feuille von Gänsestopfleber und geräuchertem Aal. Gebratener Loup de mer with confiertem Gänseklein und Ziegenkäse-Spätzle. Charlotte von der Taube und Jakobsmuscheln mit Steinpilzkrapfen

Moby Dick, Munkhoog 14, ✉ 25980, ✆ (04651) 3 21 20, info@moby-dick-sylt.de, Fax (04651) 30310, ≤ Wattenmeer, ⚜ – P. AE ⓂⓈ VISA
geschl. 20. Nov.- 4. Dez., März 2 Wochen, Mittwochmittag, Sept. - Juni Mittwoch - Donnerstagmittag – **Menu** (Tischbestellung ratsam) à la carte 31,50/47.
 • Hoch über der Wattenbucht, umgeben von Heide und Heckenrosen, liegt das reetgedeckte, rustikal gehaltene Friesenhaus mit unverbauter Sicht bis Dänemark.

Im Ortsteil Tinnum :

Landhaus Stricker, Boy-Nielsen-Str. 10, ✉ 25980, ✆ (04651) 8 89 90, info@landhaus-stricker.de, Fax (04651) 8899499, ⚜, ✿, ℔, ≋, ◻, ⚘ – ▯ TV ☏ ⚐ P – ⚐ 30. AE ⓞ ⓂⓈ VISA
Menu siehe Rest. **Bodendorf's** separat erwähnt – **Tenne und Kaminzimmer** (geschl. Mitte Nov. - Anfang April Dienstag) **Menu** 21/62 à la carte 35/48 – ⊇ 10 – **38 Zim** 130/180 – 190/220, 16 Suiten.
 • In einer schönen Anlage mit Park, Bach und Teich steht das hübsche rote Klinkerhaus. Zimmer in geschmackvollem Landhausstil sowie eine großzügige Badelandschaft überzeugen. Rustikal-komfortabel zeigen sich Tenne und Kaminzimmer - mit historischem Holzgebälk.

Bodendorf's - Landhaus Stricker, Boy-Nielsen-Str. 5, ✉ 25980, ✆ (04651) 8 89 90, info@landhaus-stricker.de, Fax (04651) 8899499 – P. AE ⓂⓈ VISA. ⚘
geschl. Ende Feb. - Ende März, 10. Nov. - 18. Dez., Dienstag - Mittwoch – **Menu** (nur Abendessen) 68/92 und à la carte, ⚘.
 • Helle Farben und Dekorationen geben dem Bodendorf's sein elegant-mediterranes Flair. Lassen Sie sich mit feinen Speisen einer mediterran beeinflussten Küche verwöhnen.
Spez. Getränktes Bauernbrot mit Kartoffelcrème im Thymianfond. Lammrücken mit Pinienkernkruste und karamellisiertem Chicorée. Schokoladenganache mit Mango-Chutney und Kokossorbet

Rantum – 470 Ew.

🛈 Kurverwaltung, Strandstr. 7, ✉ 25980, ✆ (04651) 80 70, info@rantum.de, Fax (04651) 80766.
Nach Westerland 7 km.

Dorint Söl'ring Hof, Am Sandwall 1, ✉ 25980, ✆ (04651) 83 62 00, johannes.king@dorint.com, Fax (04651) 8362020, ⚜, Massage, ≋, ⚘ – ¾ Zim, TV ☏ P. AE ⓞ ⓂⓈ VISA. ⚘
Menu (geschl. 18. Jan. - 8. Feb., Sonntag)(nur Abendessen) (Tischbestellung ratsam) 60/98 und à la carte, ⚘ – **15 Zim** ⊇ 255/285 – 285/470.
 • Mit Gespür für Stil, klassische Eleganz und modernes Design hat man das Friesenhaus in malerischer Lage zwischen den Rantumer Dünen gestaltet. Schöner kleiner Wellnessbereich. An aufwändig eingedeckten Tischen serviert man kreative Küche auf klassischer Basis.
Spez. Vorspeisen-Variation. Gebratene Gänsestopfleber mit Ragout vom Apfel, Aal und dicken Bohnen. Geeister Knusper-Apfel

1367

SYLT (Insel)

Watthof (mit Gästehaus), Alte Dorfstr. 40, ✉ 25980, ℰ (04651) 80 20, *watthof.rantum@t-online.de*, Fax (04651) 80222, ≤, 余, 🔲, TV P AE MC VISA
geschl. 3. - 22. Dez. – **Schapers** *(geschl. Dienstag) (nur Abendessen)* **Menu** à la carte 30/48 – **35 Zim** ⇄ 140/230 – 190/260, 11 Suiten – ½ P 25.
• An der schlanksten Stelle der Insel und nicht weit vom Strand wartet dieses schmucke Friesenhaus mit modern-behaglichen Zimmern auf seine Gäste. Ein ansprechender Landhausstil bestimmt das Ambiente im Schapers.

Alte Strandvogtei garni (mit Gästehäusern), Merret-Lassen-Wai 6, ✉ 25980, ℰ (04651) 9 22 50, *info@alte-strandvogtei.de*, Fax (04651) 29157, ≘s, 🐎 – TV P
32 Zim ⇄ 90 – 150/195, 9 Suiten.
• In Ortsrandlage am Meer bilden das historische Friesenhaus und ein im Stil angeglichener Neubau eine ansprechende und geschmackvoll gestaltete Adresse.

Sansibar, (Süd : 3 km), ✉ 25980, ℰ (04651) 96 46 46, *Fax (04651) 964647*, 余 – P
AE ⓓ MC VISA
Menu (Tischbestellung erforderlich) à la carte 31,50/50, 오
• Nur schwer kann man sich der Magie dieser Trendadresse entziehen : Seit Jahren ist die nach außen einfach wirkende ehemalige Strandhütte beliebter Treffpunkt der Schickeria.

Wenningstedt – 1 600 Ew – Seeheilbad.

🛈 *Tourist-Information, Westerlandstr. 1, ✉ 25996, ℰ (04651) 9 89 00, tourist-information@wenningstedt.de*, Fax (04651) 45772.
Nach Westerland 4 km.

Strandhörn (mit Gästehäusern), Dünenstr. 1, ✉ 25996, ℰ (04651) 9 45 00, *rezeption@strandhoern.de*, Fax (04651) 45777, 余, 🌀, 𝟔, ≘s, 🔲, 🐎 – TV P
Lässig (Tischbestellung ratsam) *(geschl. Mittwoch) (nur Abendessen)* **Menu** à la carte 46/62, 오 – **Olive** *(geschl. Mittwoch)* **Menu** à la carte 22/31,50 – **29 Zim** ⇄ 110/165 – 190/205, 16 Suiten.
• Erholung das ganze Jahr über bietet Ihnen dieser gepflegte Familienbetrieb, an dem die Gäste die stilvoll eingerichteten Zimmer und die schöne Badelandschaft schätzen. Das Lässig überzeugt mit guter Küche und elegantem Rahmen. Olive mit mediterranem Flair.

Lindner Hotel Windrose, Strandstr. 21, ✉ 25996, ℰ (04651) 94 00, *info@windrose.lindner.de*, Fax (04651) 940877, 余, Massage, ≘s, 🔲, 🐎 – 🛗 TV P – 🚗 30.
AE ⓓ MC VISA JCB
Admirals-Stuben : **Menu** à la carte 32,50/45,50 – **98 Zim** ⇄ 135/185 – 185/260, 18 Suiten – ½ P 26.
• Die Zimmer im Haupthaus des Hotels sind überwiegend mit blauen Holzmöbeln eingerichtet. Für Familien mit Kindern eignen sich die großen Maisonetten im Gästehaus. Im Restaurant erinnern allerlei Dekorationen an die Seefahrt.

Sylter Domizil garni (mit Gästehaus), Berthin-Bleeg-Str. 2, ✉ 25996, ℰ (04651) 8 29 00, *sylter-domizil@t-online.de*, Fax (04651) 829029, 𝟔, ≘s – ✈ TV 📞 P AE MC VISA
35 Zim ⇄ 93/170 – 145/180.
• Ein neues Gästehaus ergänzt das ursprüngliche Sylter Domizil. In beiden Häusern bezieht man hübsche Zimmer mit Holzmöbeln in friesischem Blau. Gepflegter Freizeitbereich.

Ulenhof Gartenhotel garni (mit Gästehäusern), Lerchenweg 6, ✉ 25996, ℰ (04651) 9 46 20, *info@ulenhof.de*, Fax (04651) 946210, ≘s, 🔲, 🐎 – ✈ TV 📞 P
geschl. 16. Nov. - 18. Dez. – **20 Zim** ⇄ 80/110 – 140, 3 Suiten.
• Auf 3 Häuser verteilt sich die modern und wohnlich gestalteten Zimmer, teils mit Balkon, eine kleine Bibliothek und ein heller Frühstücksraum mit Terrasse.

Friesenhof garni, Hauptstr. 16, ✉ 25996, ℰ (04651) 94 10, *hotel.friesenhof@t-online.de*, Fax (04651) 941222, ≘s, 🐎 – TV 📞 P 🚭
14 Zim ⇄ 75 – 150.
• Seit vier Generationen befindet sich der 1840 eröffnete und sehr wohnlich eingerichtete Friesenhof im Besitz der Familie Rohde. Er ist wohl der älteste Gasthof der Insel !

Westerland – 10 000 Ew – Seeheilbad.

🛈 *Fremden-Verkehrs-Zentrale, Stephanstr. 6, ✉ 25980, ℰ (04651) 99 88, Fax (04651) 998555.*

Stadt Hamburg, Strandstr. 2, ✉ 25980, ℰ (04651) 85 80, *hsh-sylt@t-online.de*, Fax (04651) 858220, 余, ≘s, 🔲, – 🛗 TV 📞 🚗 – 🚗 80. AE ⓓ MC VISA. 🚭 Rest
Menu *(nur Abendessen)* 38/65 à la carte 40/57, 오 – **Bistro** *(auch Mittagessen)* **Menu** 22 à la carte 27,50/36, 오 – ⇄ 18 – **72 Zim** 108/170 – 165/295, 24 Suiten – ½ P 50.
• Die Atmosphäre dieses Hotels wirkt wie die eines englischen Herrenhauses. Erlesener Geschmack und guter Komfort zeichnen den Großteil der Zimmer aus. Klassisches, nobles Ambiente im Restaurant. Sehr hübsches Bistro.

SYLT (Insel)

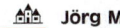

Jörg Müller (mit Gästehaus), Süderstr. 8, ✉ 25980, ✆ (04651) 2 77 88, *hotel-joerg-mueller@t-online.de*, Fax (04651) 201471, 佘, Massage, ≦s – ⇔ Zim, TV ₺ ₰ AE ⓘ ⓂⓄ VISA. ℅ Rest
geschl. 30. Nov. - 17. Dez., 11. Jan. - 13. Feb. – **Menu** siehe Rest. **Jörg Müller** separat erwähnt – *Pesel* (geschl. Montag - Dienstagmittag) **Menu** à la carte 31/55, ♀ – **22 Zim** ⌒ 148 – 230, 4 Suiten.
• Unter einem Dach mit dem gleichnamigen Restaurant, gefällt das Hotel mit seinen hellen, geschmackvoll im Landhausstil gehaltenen Zimmern und ansprechendem Freizeitbereich. Echter Sylter Tradition entspricht der rustikale Pesel.

Strandhotel Sylt ♨ garni, Margaretenstr. 9, ✉ 25980, ✆ (04651) 83 80, *strandhotel-sylt@t-online.de*, Fax (04651) 838454, ₧, ≦s – ⌘ TV ✆ ⇐ AE ⓘ ⓂⓄ VISA
53 Zim ⌒ 159/174 – 233/513, 45 Suiten.
• Beste Lage in Strandnähe, behagliche Atmosphäre, stilvoll-elegante, in zarten Gelbtönen gehaltene Zimmer und Suiten sowie engagierte Mitarbeiter sind die Trümpfe des Hauses.

Dorint Strandhotel ♨, Schützenstr. 22, ✉ 25980, ✆ (04651) 85 00, *info.gwtwes@dorint.com*, Fax (04651) 850150, 佘, Massage, ≦s, ⊠ – ⌘ TV 🚼 ₰ – 🔒 25. AE ⓘ ⓂⓄ VISA JCB. ℅ Rest
Menu à la carte 24,50/41 – ⌒ 16 – **72 Zim** 220/225, 9 Suiten – ½ P 25.
• Besonders Familien mit Kindern schätzen das Hotel am "Himmelsreiter", dem Hauptstrand Westerlands : meist großzügig geschnittene Zimmer und umfassendes Programm für Kinder. Ungezwungenes Ambiente herrscht in dem im Bistro-Stil gestalteten Restaurant.

Miramar ♨, Friedrichstr. 43, ✉ 25980, ✆ (04651) 85 50, *miramar-sylt@t-online.de*, Fax (04651) 855222, ≤, 佘, 🐾, Massage, ₧, ≦s, ⊠ – ⌘ TV ✆ ₰ – 🔒 60. AE ⓘ ⓂⓄ VISA JCB. ℅ Rest
geschl. Mitte Nov. - Mitte Dez. – **Menu** à la carte 24,50/52 – **93 Zim** ⌒ 165/240 – 250/355, 11 Suiten – ½ P 30.
• Schon 1903 empfingen die Vorfahren des jetzigen Besitzers hier ihre Gäste. Das Haus besticht durch seine hervorragende Lage am Strand und die persönliche Führung. Klassisch mit stilvoller Tischkultur präsentiert sich das Restaurant des Hotels.

Vier Jahreszeiten ♨ garni, Johann-Möller-Str. 40, ✉ 25980, ✆ (04651) 9 86 70, *vierjahreszeiten.sylt@t-online.de*, Fax (04651) 986777, ✈ – ⌘ TV ₰ – 🔒 15. ⓂⓄ VISA
19 Zim ⌒ 120/155 – 180/185, 7 Suiten.
• Das Hotel liegt direkt an der Düne und verfügt über wohnliche Zimmer, die alle mit Parkettböden und zeitlosem Mobiliar ausgestattet sind.

Wiking garni, Steinmannstr. 11, ✉ 25980, ✆ (04651) 8 30 02, *hotel@wikingsylt.de*, Fax (04651) 830299 – ⌘ TV ⇐
28 Zim ⌒ 82/117 – 137/200.
• Hinter einer unscheinbaren Fassade verbergen sich hübsch im Landhausstil eingerichtete Zimmer in angenehmen Farben, teils behindertengerecht mit Parkettfußboden.

Wünschmann, Andreas-Dirks-Str. 4, ✉ 25980, ✆ (04651) 50 25, *info@hotel-wuenschmann.de*, Fax (04651) 5028 – ⌘ TV ⇐ ₰ AE. ℅
geschl. Mitte Nov. - Mitte Dez. – **Menu** (nur Abendessen) (Restaurant nur für Hausgäste) – **35 Zim** ⌒ 90/159 – 149/245.
• Bei diesem Etagenhotel überzeugen Pflege, Unterhaltung und Führung gleichermaßen. Die Zimmer sind alle mit neuzeitlichen rustikalen Möbeln bestückt.

Monbijou garni, Andreas-Dirks-Str. 6, ✉ 25980, ✆ (04651) 99 10, *info@hotel-monbijou.de*, Fax (04651) 27870 – ⌘ TV ₺ ⇐ ₰.
30 Zim ⌒ 70/125 – 120/230.
• Seit über 100 Jahren befindet sich das traditionsreiche Etagenhotel in Familienbesitz. Sie wohnen in gepflegten Zimmern und genießen ein feines Frühstück mit Meerblick.

Windhuk, Brandenburger Str. 6, ✉ 25980, ✆ (04651) 99 20, *info@hotel-windhuk.de*, Fax (04651) 29379 – ⇔ Zim, TV ⇐
Möller's kleines Restaurant (geschl. 7. Jan. - 15. Feb., Mittwoch) (nur Abendessen) **Menu** à la carte 29,50/50 – ⌒ 13 – **30 Zim** 80 – 129.
• Rund 150 Meter vom Westerländer Hauptstrand entferntes, unweit des Zentrums gelegenes Haus, das Ihnen wohnliche Gästezimmer bietet. Klassisch, leicht elegant wirkendes Restaurant.

Dünenburg, Elisabethstr. 9, ✉ 25980, ✆ (04651) 8 22 00, *hotel@duenenburg.de*, Fax (04651) 24310, Massage – ⌘ TV ₰ ⓂⓄ VISA. ℅
Menu (geschl. Jan. - 30. März, 20. Nov. - Weihnachten, Montag) (nur Abendessen) à la carte 19/37 – **37 Zim** ⌒ 85/135 – 125/149 – ½ P 18.
• Das von außen nüchtern wirkende Haus in unmittelbarer Nähe des Wellenbads bietet seinen Gästen Zimmer, die mit zeitgemäßen spanischen Möbeln bestückt sind. Ein hübsch eingerichtetes Restaurant wartet auf Ihren Besuch.

SYLT (Insel)

Uthland garni, Elisabethstr. 12, ✉ 25980, ℘ (04651) 9 86 00, *info-hoteluthland@t-online.de, Fax (04651) 986060,* 🕿 – 🛗 📺 📞 🅿 🆎 ⓂⓄ 💳. ⌀
16 Zim ⊆ 100/150 – 180/195.
* Nur 100 Meter vom Strand finden Sie dieses kleine ruhige Klinkerhaus. Es empfängt seine Gäste mit hübschen Zimmern, die durch warme Farbtöne sehr wohnlich wirken.

Westfalen Hof garni, Steinmannstr. 49, ✉ 25980, ℘ (04651) 80 50, *hotel@westfalenhof.de, Fax (04651) 80588,* 🕿, 🅇, 🏇 – 🛗 📺 🅿
20 Zim ⊆ 89 – 178.
* In diesem Hotel schätzen die Gäste die gute und persönliche Führung sowie gepflegte und solide ausgestattete Zimmer mit wohnlichem Ambiente.

Clausen garni, Friedrichstr. 20, ✉ 25980, ℘ (04651) 9 22 90, *hotel-clausen-sylt@t-online.de, Fax (04651) 28007* – 📺 ◁◁. 🆎 ⓂⓄ 💳
geschl. Jan. 3 Wochen – **19 Zim** ⊆ 90 – 95/155.
* Im Herzen der Fußgängerzone fällt das gepflegte Haus schon durch seine schöne Fassade ins Auge. Im Inneren erwarten Sie wohnlich in Pastelltönen eingerichtete Zimmer.

Westfalen garni, Steinmannstr. 46, ✉ 25980, ℘ (04651) 80 50, *hotel@westfalenhof.de, Fax (04651) 80588* – 📺 🅿
April - Okt. – **13 Zim** ⊆ 82 – 144.
* Am Ortsrand, in Strandnähe finden Reisende dieses kleine, familiengeführte Hotel. Praktische und solide ausgestattete Zimmer stehen für Sie bereit.

Restaurant Jörg Müller - Hotel Jörg Müller, Süderstr. 8, ✉ 25980, ℘ (04651) 2 77 88, *hotel-joerg-mueller@t-online.de, Fax (04651) 201471,* 🕿 – 🅿. 🆎 ⓞ ⓂⓄ 💳. ⌀
geschl. 30. Nov. - 17. Dez., 11. Jan. - 13. Feb., Montag – **Menu** (nur Abendessen) (Tischbestellung erforderlich) 84/108 à la carte 54/80,50, ♀
* Die legere Eleganz des Restaurants spiegelt den Charme und die Lebensart des Nordens wider. Mit raffinierten klassischen Kreationen verführt Chef Jörg Müller seine Gäste.
Spez. Carpaccio von Langustinen mit Fenchel-Orangensalat. Jakobsmuscheln und gebackene Garnelen mit Curry-Limettensauce. Geschmortes Kalbsbäckchen mit Spitzkohl und gebratener Gänseleber

Web-Christel, Süderstr. 11, ✉ 25980, ℘ (04651) 2 29 00 – 🅿
geschl. 20. Nov. - 24. Dez., Mittwoch – **Menu** (Okt. - April nur Abendessen) (Tischbestellung ratsam) à la carte 22/46.
* Ein gemütlich-rustikales, friesisches Ambiente erwartet Sie hinter der Backsteinfassade dieses Reetdachhauses - Aquarelle zieren das Restaurant. Regionale Küche.

Franz Ganser, Bötticherstr. 2, ✉ 25980, ℘ (04651) 2 29 70, *fganser1@aol.com, Fax (04651) 834980,* 🕿 – 🆎 ⓂⓄ 💳
geschl. 20. Feb. - 20. März, 25. Nov. - 16. Dez., Montag - Dienstagmittag – **Menu** à la carte 33/54,50.
* Bistro-Stil und ungezwungene Atmosphäre empfangen Sie in dem etwas außerhalb gelegenen Restaurant. Auf der Karte finden Sie Gerichte, wie sie für diese Region typisch sind.

TABARZ Thüringen **544** N 15 – 4 500 Ew – Höhe 420 m – Kneippkurort – Wintersport : 800/916 m ⛷ 1, ⛸.
🛈 Kurgesellschaft, Zimmerbergstr. 4, ✉ 99891, ℘ (036259) 56 00, Fax (036259) 56018.
Berlin 344 – *Erfurt* 53 – Bad Hersfeld 92 – Coburg 102.

Frauenberger ⌀, Max-Alvary-Str. 9, ✉ 99891, ℘ (036259) 52 20, *info@hotel-frauenberger.de, Fax (036259) 522100,* ≤, 🕿, Massage, 🕿, 🅇, 🏇 – 🛗, ⌀ Zim, 📺 ◁◁ 🅿 – 🔏 25. 🆎 ⓂⓄ 💳
Menu (Montag - Freitag nur Abendessen) à la carte 21/37 – **43 Zim** ⊆ 45/65 – 75/95 – ½ P 16.
* Bläulich oder grünlich eingefärbte Stilmöbel und farblich aufeinander abgestimmte Stoffe prägen die Einrichtung der wohnlichen Zimmer dieses familiengeführten Hotels am Waldrand. Blaue Holzstühle und blanke Tische geben dem Restaurant eine frische Note.

Zur Post, Lauchagrundstr. 16, ✉ 99891, ℘ (036259) 66 60, *hotel-tabarz@t-online.de, Fax (036259) 66666,* 🕿, 🕿 – 🛗, ⌀ Zim, 📺 ♿ 🅿 – 🔏 50. 🆎 ⓞ ⓂⓄ 💳
Menu à la carte 14/22,50 – **42 Zim** ⊆ 49 – 92 – ½ P 13.
* Im Herzen des Kurorts liegt dieses neue Hotel. Die Zimmer sind zeitgemäß und solide mit grün abgesetzten Holzmöbeln und gemusterten Polstersesseln gestaltet. Gepflegtes Restaurant und rustikale Kellerbar.

Wiesenhaus, Lauchagrundstr. 64, ✉ 99891, ℘ (036259) 3 01 00, *rezeption@hotel-wiesenhaus.de, Fax (036259) 301049,* 🕿 – 🛗, ⌀ Zim, 📺 📞 🅿 🆎 ⓞ ⓂⓄ 💳. ⌀
Menu à la carte 16,50/26 – **24 Zim** ⊆ 41/49 – 70/82 – ½ P 12.
* Das neue Hotel liegt am Waldrand. Helle, moderne Holzmöbel und Stoffe in dezenten Farben machen die Zimmer wohnlich. Mit Appartements. Freundliche Atmosphäre im Restaurant.

TABARZ

※ **Romantik Schenke**, Inselbergstr. 83, ✉ 99891, ℘ (036259) 6 24 34, promantik@aol.com, Fax (036259) 62434, 🌳 – 🆎 𝗩𝗜𝗦𝗔
geschl. Juli 2 Wochen, Nov. 1 Woche, Juni - Sept. Montag, Okt. - Mai Donnerstag – **Menu** (wochentags nur Abendessen) (Tischbestellung ratsam) à la carte 24/42.
• Das Restaurant in dem alten Fachwerkhaus erstreckt sich über zwei Ebenen. Ein nettes Dekor, Holzbalken und ein offener Kamin schaffen eine rustikale Atmosphäre.

TAMM Baden-Württemberg siehe Asperg.

TANGERMÜNDE Sachsen-Anhalt **542** I 19 – 9 900 Ew – Höhe 45 m.
Sehenswert : Rathausfassade★ – Neustädter Tor★.
🛈 Tourismus-Büro, Kirchstr. 13, ✉ 39590, ℘ (039322) 2 23 93, buero@tourismus-tangermuende.de, Fax (039322) 22394.
Berlin 119 – Magdeburg 63 – Brandenburg 64.

🏨 **Schloss Tangermünde** 🌳, (mit Gästehäusern), Amt 1, ✉ 39590, ℘ (039322) 73 73, schlosstangermuende@ringhotels.de, Fax (039322) 73773, ≤ Elbe mit Schiffsanleger und Elbauen, 🌐, 🌳 – 🛗, 🛏 Zim, 📺 🎮 🅿 🆎 ⓘ ⓦ 𝗩𝗜𝗦𝗔
Menu (Montag - Freitag nur Abendessen) à la carte 19,50/31,50 – **22 Zim** ⥂ 62/82 – 87/128.
• Sie nächtigen in einer Burganlage aus dem 11. Jh. Die schöne Lage an der Elbe und die hohen Zimmer mit klassischem Mobiliar machen das Hotel zu einer sympathischen Unterkunft. Klassisch und elegant gibt sich das Restaurant.

🏨 **Schwarzer Adler** (mit Gästehaus), Lange Str. 52, ✉ 39590, ℘ (039322) 9 60, schwarzeradler@ringhotels.de, Fax (039322) 3642, 🌳, 🌐, 🌳 – 📺 🛗 🅿 – 🚗 80. 🆎 ⓘ ⓦ 𝗩𝗜𝗦𝗔
Menu à la carte 14,50/27,50 – **56 Zim** ⥂ 49/75 – 82/113.
• Ein Hotel mit Tradition : 1632 gegründet, wurde das Haus 1992 von Grund auf renoviert. Hier und in den Gästehäusern hält man Zimmer im rustikalen bis klassischen Stil bereit. Gediegenes Restaurant und gemütliches Kutscherstübchen.

TANN (RHÖN) Hessen **543** O 14 – 5 000 Ew – Höhe 390 m – Luftkurort.
🛈 Tourist-Information - Verkehrsamt, Am Kalkofen 6 (Rhönhalle), ✉ 36142, ℘ (06682) 16 55, info@tann-online.de, Fax (06682) 8922.
Berlin 418 – Wiesbaden 226 – Fulda 30 – Bad Hersfeld 52.

In Tann-Lahrbach Süd : 3 km :

🏨 **Gasthof Kehl** (mit Gästehaus), Eisenacher Str. 15, ✉ 36142, ℘ (06682) 3 87, Fax (06682) 1435, 🌐, 🌳 – 🛗 🚗 🅿 – 🚗 30. ⓦ 🛏 Zim
geschl. 18. Okt. - 5. Nov. – **Menu** (geschl. Dienstag) à la carte 14/25,50 – **37 Zim** ⥂ 30/34 – 46/56 – ½ P 9.
• Sowohl im Haupthaus, dem traditionellen Gasthof mit Fachwerkfassade, als auch im Gästehaus findet man solide und wohnliche Zimmer. Das mit hellem Holz eingerichtete ländlich-rustikale Restaurant wirkt gemütlich.

TANNENBERG Sachsen **544** O 22 – 1 200 Ew – Höhe 500 m.
Berlin 297 – Dresden 116 – Chemnitz 32 – Zwickau 46.

🏨 **Zum Hammer**, Untere Dorfstr. 21, ✉ 09468, ℘ (03733) 5 29 51, info@zumhammer.de, Fax (03733) 500906, 🌳 – 🛏 Zim, 📺 🅿 🛏
Menu à la carte 14/21 – **17 Zim** ⥂ 40 – 60.
• Mitten im Erzgebirge liegt dieses komfortable Landhotel. Das gepflegte Haus verfügt über gut eingerichtete Zimmer, zum Teil mit freigelegtem Fachwerk. Dunkle Deckenbalken, Fliesenboden und rustikales Mobiliar geben der Gaststube ein ländliches Flair.

🏨 **Am Sauwald** 🌳, Annaberger Str. 52 (Ost : 2km), ✉ 09468, ℘ (03733) 56 99 90, info@sauwald.de, Fax (03733) 57124, 🌳 – 🛏 Zim, 📺 🅿
geschl. März 2 Wochen – **Menu** à la carte 10,50/21,50 – **20 Zim** ⥂ 36/39 – 52/57.
• In idyllischer Lage am Waldrand finden Sie diesen traditionellen Gasthof mit wohnlichen Zimmern, die mit hellen Naturholzmöbeln ausgestattet sind. Rustikale Gaststube mit grünem Kachelofen.

Die im Michelin-Führer
verwendeten Zeichen und Symbole haben –
dünn oder **fett** *gedruckt,* rot *oder* schwarz –
jeweils eine andere Bedeutung.
Lesen Sie daher die Erklärungen aufmerksam durch.

1371

TAUBERBISCHOFSHEIM Baden-Württemberg 545 R 12 – 14 500 Ew – Höhe 181 m.

🛈 Tourist-Information, Marktplatz 8 (Rathaus), ✉ 97941, ✆ (09341) 8 03 13, tourismus@tauberbischofsheim.de, Fax (09341) 80389.
Berlin 529 – Stuttgart 117 – Würzburg 34 – Heilbronn 75.

Am Brenner ≤, Goethestr. 10, ✉ 97941, ✆ (09341) 9 21 30, hotelambrenner@t-online.de, Fax (09341) 921334, ≤, 余, ≦s – ⇔ Zim, 📺 📞 📨 🅿 – 🔏 30. 🆎 ⓘ 🕘 🕥 ⓥⓘ🅢🅐
Menu (geschl. Freitag - Samstagmittag) à la carte 18/38 – **30 Zim** ⌑ 48/55 – 73.
• An einem Südhang etwas oberhalb der Stadt und dem Taubertal liegt das familiengeführte Hotel. Sie wohnen in behaglichen, gut ausgestatteten Zimmern. Neues Gästehaus. Restaurantterrasse mit schöner Aussicht.

Badischer Hof, Am Sonnenplatz, ✉ 97941, ✆ (09341) 98 80, reception@hotelbadischerhof.de, Fax (09341) 988200 – 📺 📞 📨 🅿 🆎 ⓘ 🕘 🕥 ⓥⓘ🅢🅐 🅹🅒🅑
geschl. 15. Dez. - 15. Jan. - **Menu** (geschl. Anfang Aug. 2 Wochen, Freitag) à la carte 14/27 – **26 Zim** ⌑ 45/55 – 65/75.
• Das älteste Hotel am Ort : 1733 wurde das traditionsreiche Haus erbaut, die Fassade ist originalgetreu erhalten, innen findet man bequeme Zimmer mit modernem Komfort. Freundliches Restaurant mit hellen Wänden und Polstern in Blautönen.

In Tauberbischofsheim-Hochhausen Nord-West : 6 km, Richtung Wertheim, in Werbach links ab :

Landhotel am Mühlenwörth ≤, Am Mühlenwörth, ✉ 97941, ✆ (09341) 9 55 55, landhotel.muehlenwoerth@t-online.de, Fax (09341) 95557, 余, ≦s – 📺 📞 🅿
Menu (geschl. Sonntag)(nur Abendessen) à la carte 12/29 – **14 Zim** ⌑ 29/35 – 45/49 – ½ P 9.
• Ein gut unterhaltenes, familiengeführtes kleines Hotel am Ortsrand mit sehr gepflegten, hell möblierten Zimmern in neuzeitlichem Stil. Hübsch dekoriertes Restaurant im Landhausstil.

TAUBERRETTERSHEIM Bayern siehe Weikersheim.

TAUCHA KREIS LEIPZIG Sachsen 544 L 21 – 12 300 Ew – Höhe 118 m.
Siehe Stadtplan Leipzig (Umgebungsplan).
Berlin 190 – Dresden 108 – Leipzig 13.

Comfort Hotel, Leipziger Str. 125, ✉ 04425, ✆ (034298) 39 70, info@comfort-taucha.de, Fax (034298) 397299 – 📶, ⇔ Zim, 📺 📞 ⇔ 🅿 – 🔏 20. 🆎 ⓘ 🕘 🕥 ⓥⓘ🅢🅐
U x
Menu (nur Abendessen) (Restaurant nur für Hausgäste) – **103 Zim** ⌑ 49/59 – 58/68.
• Zeitgemäßer Standard : Die Zimmer dieses praktischen und funktionellen Hotels sind mit hellen Buchenholzmöbeln eingerichtet und machen einen freundlichen Eindruck.

TAUER Brandenburg 542 K 27 – 950 Ew – Höhe 60 m.
Berlin 149 – Potsdam 156 – Cottbus 21 – Frankfurt (Oder) 69.

Christinenhof, Hauptstr. 39, ✉ 03185, ✆ (035601) 8 97 20, info@christinenhof.net, Fax (035601) 897229, 余, ≦s, 余 – ⇔ Zim, 📺 📞 🅿 – 🔏 80. 🕥 ⓥⓘ🅢🅐
Menu à la carte 13/27,50 – **26 Zim** ⌑ 51/55 – 67/75.
• Das im Jahr 2001 eröffnete Hotel bietet seinen Gästen neuzeitlich gestaltete Zimmer mit gutem Einbaumobiliar und modernen Bädern sowie zwei komfortable Suiten. Freundliches Restaurant mit großen Fenstern - teils mit Blick in den Garten.

TAUFKIRCHEN KREIS MÜNCHEN Bayern 546 V 18 – 16 800 Ew – Höhe 567 m.
Berlin 600 – München 12 – Augsburg 79 – Garmisch-Partenkirchen 86 – Rosenheim 60.

Limmerhof, Mühlthaler Str. 43, ✉ 82024, ✆ (089) 61 43 20, info@limmerhof.de, Fax (089) 61432333, 余, ≦s – 🛗 📺 📞 ⇔ 🅿 – 🔏 60. 🆎 ⓘ 🕥 ⓥⓘ🅢🅐
Menu à la carte 24/38 – **81 Zim** ⌑ 97/128 – 130/153.
• Bayerischer Landhausstil erwartet Sie in dem gut geführten Hotel mit der gelben Fassade. Gemütliche und gediegen ausgestattete Zimmer sorgen für einen komfortablen Aufenthalt. Das unterteilte Restaurant ist ansprechend dekoriert.

TAUFKIRCHEN (VILS) Bayern 546 U 20 – 8 600 Ew – Höhe 456 m.
Berlin 581 – München 58 – Regensburg 87 – Landshut 26 – Passau 129 – Rosenheim 66 – Salzburg 126.

Am Hof garni, Hierlhof 2, ✉ 84416, ✆ (08084) 9 30 00, reception@hotelamhof.de, Fax (08084) 930028 – 🛗 📺 📞 🅿 🕥 ⓥⓘ🅢🅐
geschl. Ende Juli - Mitte Aug. – **19 Zim** ⌑ 48/60 – 78/88.
• Ein in ein Wohn-/Geschäftshaus integriertes Etagenhotel, das für seine Gäste gepflegte und neuzeitlich eingerichtete Zimmer mit funktioneller Ausstattung bereithält.

TAUFKIRCHEN (VILS)

In Taufkirchen-Hörgersdorf *Süd-West : 8,5 km, über B 15, bei Angerskirchen rechts ab :*

Landgasthof Forster, Hörgersdorf 23, ✉ 84416, ℰ (08084) 23 57, Fax (08084) 258481, ☆ – 🅿. 🐶
geschl. über Fasching 1 Woche, Ende Aug. - Anfang Sept., Montag - Dienstag – **Menu** *(Mittwoch - Freitag nur Abendessen)* à la carte 26/34,50.
• Das gepflegte Dorfgasthaus mit dem ländlich-rustikalen Restaurant überzeugt seine Gäste mit einer schmackhaften, sorgfältig zubereiteten internationalen Küche.

TAUNUSSTEIN Hessen 543 P 8 – 24 700 Ew – Höhe 343 m.
Berlin 564 – Wiesbaden 12 – *Frankfurt am Main* 69 – Bad Schwalbach 10 – Limburg an der Lahn 38.

In Taunusstein-Neuhof :

Zur Burg, Limburger Str. 47 (B 275), ✉ 65232, ℰ (06128) 97 77 20, hotelzurburg@t-online.de, Fax (06128) 75160 – 📺 🅿. – 🛋 40. 🆎 ◉ 💳
Menu *(geschl. Samstag)* à la carte 11/30 – **24 Zim** ⊇ 60/72 – 82/97.
• Sehr sauber und gut unterhalten zeigt sich das vom Eigentümer selbst geführte Haus. Die Gästezimmer sind solide und meist neuzeitlich eingerichtet. Rustikale Gaststube.

TAUTENHAIN Thüringen siehe Klosterlausnitz, Bad.

TECKLENBURG Nordrhein-Westfalen 543 J 7 – 9 600 Ew – Höhe 235 m – Luftkurort – Kneippkurort.
🏌 Westerkappeln-Velpe, Birkenhof (Nord-Ost : 9 km), ℰ (05456) 9 60 13 ; 🏌 Tecklenburg, Wallenweg 24 (West : 3 km), ℰ (05455) 10 35.
🛈 Tecklenburg Touristik, Markt 7, ✉ 49545, ℰ (05482) 9 38 90, info@tecklenburg-touristik.de, Fax (05482) 938919.
Berlin 442 – Düsseldorf 160 – *Bielefeld* 77 – Münster (Westfalen) 28 – Osnabrück 28.

In Tecklenburg-Brochterbeck *West : 6,5 km :*

Teutoburger Wald, Im Bocketal 2, ✉ 49545, ℰ (05455) 9 30 00, hotelteutoburgerwald@t-online.de, Fax (05455) 930070, ☎, 🏊, 🞅, – 🛋, ⇔ Zim, 📺 📞 & ⇔ 🅿 – 🛋 80. 🆎 ◉ 💳
geschl. 21. - 25. Dez. – **Menu** à la carte 21,50/35,50 – **43 Zim** ⊇ 63/70 – 80/100.
• Eine hübsche Hotelanlage mit wohnlichen Zimmern und Appartements. Die öffentlichen Bereiche mit unverputztem Natursteinmauerwerk und offenem Kamin laden zum Verweilen ein.

In Tecklenburg-Leeden *Ost : 8 km, jenseits der A 1 :*

Altes Backhaus, Am Ritterkamp 27, ✉ 49545, ℰ (05481) 65 33, Fax (05481) 83102, ☆ – 🅿. ◉ 💳
geschl. Anfang - Mitte Feb., Ende Aug. - Anfang Sept., Dienstag – **Menu** à la carte 21,50/44.
• Sehr gepflegt und reich dekoriert ist das in einem Fachwerkhaus untergebrachte unterteilte, rustikale Restaurant, in dem eine internationale Küche serviert wird.

TEGERNAU Baden-Württemberg 545 W 7 – 500 Ew – Höhe 444 m.
Berlin 828 – Stuttgart 200 – *Freiburg im Breisgau* 83 – Basel 37 – Zürich 89.

In Tegernau-Schwand *Nord-West : 3,5 km, Richtung Badenweiler :*

Sennhütte ⏨, Schwand 14, ✉ 79692, ℰ (07629) 9 10 20, info@sennhuette.com, Fax (07629) 910213, ≤, ☆ – 📺 🅿 💳 ✂ Zim
geschl. Feb. – **Menu** *(geschl. Dienstag)* à la carte 14/37 – **11 Zim** ⊇ 38/40 – 69/75.
• Nicht nur die gute Pflege, sondern auch die reizvolle Lage am Rand des kleinen Bergdorfs sprechen für das nette Gasthaus mit solide eingerichteten Zimmern (oft mit Balkon). Die Wirtschaft ist ein beliebtes Einkehrziel.

TEGERNSEE Bayern 546 W 19 – 4 000 Ew – Höhe 732 m – Heilklimatischer Kurort.
🛈 Tourist-Information, im Haus des Gastes, Hauptstr. 2, ✉ 83684, ℰ (08022) 18 01 40, info@tegernsee.de, Fax (08022) 3758.
Berlin 642 – München 53 – Garmisch-Partenkirchen 75 – Bad Tölz 19 – Miesbach 18.

Bayern ⏨, Neureuthstr. 23, ✉ 83684, ℰ (08022) 18 20, info@hotel-bayern.de, Fax (08022) 182100, ≤ Tegernsee und Berge, ☆, Biergarten, 🞅, Massage, ☎, 🏊, 🞅 – 🛋, ⇔ Zim, 📺 📞 & 🅿. – 🛋 70. 🆎 ◉ 💳 JCB
Menu à la carte 29/43 – **73 Zim** ⊇ 82/112 – 130/180, 10 Suiten – ½ P 24.
• Die großzügige Anlage mit Seeblick und Wellnessbereich umfasst Gästehäuser im alpinen Stil sowie das romantische Sengerschloss. Komfortabel eingerichtete Zimmer. Moderne Eleganz und ansprechendes Design prägen das Restaurant TegernSeh.

TEGERNSEE

🏠 **Fackler** ⌘ (mit Appartmenthaus), Karl-Stieler-Str. 14, ✉ 83684, ✆ (08022) 9 17 60, hotel.fackler@t-online.de, Fax (08022) 917615, ≤, ⌂s, 🔲, 🏊, 🚗 – TV P. AE ① ⑩ VISA. ※ Rest
geschl. 15. Nov. - 15. Dez. – **Menu** *(nur Abendessen)* (Restaurant nur für Hausgäste) – **25 Zim** ⊆ 60 – 114 – ½ P 16.
• Urlaub in gemütlicher und netter Atmosphäre : Das ehemalige Herrenhaus und das neuere Appartementhaus beherbergen wohnliche Zimmer im gepflegten alpenländischen Stil.

🏠 **Ledererhof** garni (mit Gästehaus), Schwaighofstr. 89, ✉ 83684, ✆ (08022) 92 240, info@ledererhof.de, Fax (8022) 922456, ⌂s, – TV P. ⑩ VISA
22 Zim ⊆ 65 – 90.
• Diese gut geführte Ferienadresse ist ein ländliches, im regionstypischen Stil angelegtes Anwesen. Wohnliche Appartements unterschiedlicher Größe stehen zum Einzug bereit.

🏠 **Bastenhaus,** Hauptstr. 71, ✉ 83684, ✆ (08022) 9 14 70, bastenhaus@freenet.de,
Fax (08022) 914747, ≤, 🍴, ⌂s, 🔲, 🏊, 🚗 – TV P. ⑩ VISA. ※ Zim
Menu *(geschl. Nov., Dienstag - Mittwoch) (nur Abendessen)* à la carte 13/35 – **20 Zim**
⊆ 60/65 – 70/128 – ½ P 15.
• Direkt am See, mit eigenem Badestrand und Liegewiese, liegt dieses Hotel. Solide mit hellen, rustikalen Naturholzmöbeln eingerichtete Zimmer, zum Ufer hin mit Balkon. Gemütliches Restaurant mit Kachelofen und Kaminstube.

⚓ **Fischerstüberl am See,** Seestr. 51, ✉ 83684, ✆ (08022) 91 98 90, hotlfisch@t-o
nline.de, Fax (08022) 9198950, ≤, 🍴, 🔲, – TV P. ※ Zim
geschl. Anfang Nov. - 24. Dez., 15. Jan. - 28. Feb. – **Menu** *(geschl. Montag, Okt. - Mai Montag - Dienstag)* à la carte 13/23 – **20 Zim** ⊆ 32/70 – 90 – ½ P 13.
• Die Zimmer des netten Gasthofs mit Balkonfassade am See sind teils mit bemalten Bauernmöbeln, teils mit Naturholzmobiliar eingerichtet. Einfache, ländliche Gaststube mit herrlichem Blick auf den See.

XXX **Bischoff am See** mit Zim, Schwaighofstr. 53, ✉ 83684, ✆ (08022) 39 66, info@
bischoff-am-see.de, Fax (08022) 1720, ≤ Tegernsee, 🍴, 🚗 – TV 📞 P. AE
⑩ VISA
geschl. 5. Jan. - 10. Feb. – **Menu** *(geschl. Montag - Dienstag)* (Tischbestellung ratsam) 46/87 à la carte 44/60, ♀ 🍴 – **12 Zim** ⊆ 125/160 – 165/220.
• Das Bischoff hat den See direkt vor der Haustür. Edle Lederpolster in dezentem Farbton und ein ansprechendes Couvert vermitteln moderne Eleganz. Stilvoll gestaltete Zimmer !
Spez. Carpaccio von Serviettenknödel und Kalbsfilet mit Schnittlauch-Vinaigrette. Zweierlei Krustentiersuppe mit Flusskrebsen und Tortellini. Variation vom Lamm mit Tomaten-Polenta und Artischocken

XX **Trastevere,** Rosenstr. 5, ✉ 83684, ✆ (08022) 43 82, 🍴, – AE ⑩ VISA
geschl. Ende Juni 2 Wochen, 15. Jan. - 15. Feb., Mittwoch - Donnerstagmittag – **Menu** (italienische Küche) à la carte 29/37.
• Italienische Küche trotz alpenländisch-rustikaler Einrichtung : Nicht nur Pizza und Pasta stehen auf der Speisekarte, sondern auch Fleisch- und Fischgerichte aus Bella Italia.

TEINACH-ZAVELSTEIN, BAD Baden-Württemberg 545 T 10 – *3 000 Ew – Höhe 392 m – Heilbad – Luftkurort.*

🛈 Teinachtal-Touristik, Otto-Neidhart-Allee 6, (Bad Teinach), ✉ 75385, ✆ (07053) 9 20 50 40, teinachtal@t-online.de, Fax (07053) 9205044.
Berlin 669 – Stuttgart 56 – *Karlsruhe 64* – Pforzheim 37 – Calw 9.

Im Stadtteil Bad Teinach :

🏛 **Bad-Hotel** ⌘, Otto-Neidhart-Allee 5, ✉ 75385, ✆ (07053) 2 90, bad-hotel-bad-tein
ach@t-online.de, Fax (07053) 29177, 🍴, freier Zugang zum Kurhaus, ※ – |🛗|, ⇌ Zim,
TV ⇌ P. – 🔒 80. AE ① ⑩ VISA. ※ Rest
Menu à la carte 32/50,50 *(auch vegetarisches Menu)* – **Brunnen-Schenke** *(geschl. Samstag, Sonntagabend)* **Menu** à la carte 16,50/29,50 – **58 Zim** ⊆ 71/110 – 135/160, 4 Suiten – ½ P 23.
• Das traditionsreiche, klassizistische Hotel im Stil eines Palais überzeugt mit einem gepflegten Äußeren und einer stilvollen Inneneinrichtung. Klassisch ist das Quellen-Restaurant mit seiner holzgetäfelten Decke.

🏠 **Mühle** garni, Otto-Neidhart-Allee 2, ✉ 75385, ✆ (07053) 9 29 50, hotelmuehle@fre
enet.de, Fax (07053) 929599 – |🛗| TV ⇌ P. 🔒 ⑩ ※
geschl. Nov. - 15. Dez. – **18 Zim** ⊆ 33 – 66.
• Der Name dieses neuzeitlichen Hotels erinnert noch an die alte Mühle, die hier einst stand. Man bietet gepflegte Zimmer mit rustikalen Eichenmöbeln und gutem Platzangebot.

TEINACH-ZAVELSTEIN, BAD

- **Schloßberg**, Burgstr. 2, ⌧ 75385, ℘ (07053) 9 26 90, schlossberghotel@t-onlin e.de, Fax (07053) 926915, ≤, 🍽 – TV P, 🛇 Zim
  geschl. 22. Nov. - 24. Dez. – **Menu** (geschl. Montag) à la carte 16,50/32,50 – **14 Zim** ⊇ 30/35 – 64/71 – ½ P 11.
  • An einem Südhang etwas oberhalb des Ortes liegt das Hotel mit Balkonfassade und Flachdach. Die Zimmer sind mit hellen, bemalten Bauernmöbeln eingerichtet. Rustikales Restaurant.

- **Lamm**, Badstr. 17, ⌧ 75385, ℘ (07053) 9 26 80, Fax (07053) 926835 – |‡|, 🛇 TV P, MC VISA
  geschl. Mitte Jan. - Ende Feb. – **Menu** (geschl. Dienstag) à la carte 12,50/23 – **20 Zim** ⊇ 34 – 68.
  • Ein neuzeitlicher Gasthof mit gelber Fassade und bequemen, solide eingerichteten Zimmern, die alle mit dem Aufzug erreichbar sind. Das Restaurant ist unterteilt in einen ländlich-rustikalen Gastraum und ein Nichtraucher-Nebenzimmer.

Im Stadtteil Zavelstein – *Luftkurort* :

- **Berlin's Hotel Krone und Lamm**, Marktplatz 3, ⌧ 75385, ℘ (07053) 9 29 40, kronelamm@berlins-hotel.de, Fax (07053) 929430 – |‡|, 🛇 Zim, TV P, MC VISA
  Menu à la carte 16/33 – **36 Zim** ⊇ 52/87 – 88/120 – ½ P 15.
  • Unter diesem Namen sind zwei im Ortszentrum gelegene Gasthäuser im regionstypischen Stil zusammengefasst, die über komfortable Zimmer verfügen. Geschmackvolles und gemütlich-rustikales Ambiente bestimmen den gastronomischen Bereich.

Lesen Sie die Einleitung, sie ist der Schlüssel zu diesem Führer.

TEISENDORF Bayern 546 W 22 – 8 800 Ew – Höhe 504 m – Erholungsort.
🛈 Tourismusbüro, Poststr. 14, ⌧ 83317, ℘ (08666) 2 95, Fax (08666) 1647.
Berlin 709 – München 120 – *Bad Reichenhall* 20 – Rosenheim 61 – Salzburg 22.

In Teisendorf-Achthal *Süd-West : 5 km, über B 304, in Obersteisendorf links ab* :

- **Reiter** mit Zim, Teisendorfer Str. 80, ⌧ 83317, ℘ (08666) 3 27, reitermm@t-online.de, Fax (08666) 6696, 🍽, 🛋 – TV ⟵ P
  geschl. Nov. 3 Wochen – **Menu** (geschl. Donnerstag) à la carte 11/25 – **9 Zim** ⊇ 25/27 – 50/54 – ½ P 8.
  • Ein gemütlicher, ländlicher Gasthof mit preiswerter, bürgerlicher Küche und eigener Metzgerei. Gepflegte Zimmer laden zum Übernachten ein. Mit Ferienwohnungen.

In Teisendorf-Neukirchen *Süd-West : 8 km, über B 304, in Obersteisendorf links ab, nahe der A 8* :

- **Gasthof Schneck**, Pfarrhofweg 20, ⌧ 83364, ℘ (08666) 3 56, gasthofschneck1 @aol.com, Fax (08666) 6802, ≤, 🍽 – P ⓐ MC VISA
  geschl. Mitte Jan. - Mitte Feb. – **Menu** (geschl. Donnerstag) à la carte 12,50/28 – **11 Zim** ⊇ 31/42 – 57 – ½ P 11.
  • Der alpenländische Gasthof verfügt über solide eingerichtete Zimmer. Sommers wie winters gibt es in der Umgebung viele Möglichkeiten der Freizeitgestaltung. Produkte der eigenen Metzgerei und selbst gebackenen Kuchen serviert man in der rustikalen Gaststube.

TEISING Bayern siehe Altötting.

TEISNACH Bayern 546 S 22 – 3 000 Ew – Höhe 467 m.
🛈 Tourist-Information, Regenmühlstr. 2, ⌧ 94244, ℘ (09923) 80 11 15, poststelle@m arkt-teisnach.de, Fax (09923) 80 11 20.
Berlin 520 – München 168 – *Passau* 73 – Cham 40 – Deggendorf 24.

In Teisnach-Kaikenried *Süd-Ost : 4 km, über Oed und Aschersdorf* :

- **Oswald**, Am Platzl 2, ⌧ 94244, ℘ (09923) 8 41 00, info@hotel-oswald.de, Fax (09923) 841010, 🍽, 🛋, 🏊 – TV P AE ⓐ MC 🛇 Rest
  geschl. Jan. 2 Wochen, Nov. 2 Wochen – **Menu** (geschl. Dienstag) à la carte 22/35 – **17 Zim** ⊇ 49 – 95 – ½ P 18.
  • In der Dorfmitte liegt der gepflegte Landgasthof mit hellen, wohnlichen Zimmern, die mit Naturholzmöbeln und freundlichen Stoffen ansprechend gestaltet sind. Rustikale Gemütlichkeit bietet die Gastwirtschaft.

TEISTUNGEN Thüringen 544 L 14 – 1 500 Ew – Höhe 300 m.
Berlin 306 – Erfurt 98 – Göttingen 32 – Nordhausen 45 – Mühlhausen 39.

Victor's Residenz-Hotel Teistungenburg, Klosterweg 6, ✉ 37339, ℰ (036071) 8 40, info.teistungen@victors.de, Fax (036071) 84444, 斎, Biergarten, direkter Zugang zur Bäderwelt, Squash, Badminton – 劇, ⇼ Zim, ⊡ ℰ ⇔ ℗ – 益 150. 匨 ⓄⒹ ⓄⓄ ᴠɪsᴀ
Menu à la carte 20/30 – **97 Zim** ⊇ 77/84 – 102/133 – ½ P 18.
• Eine großzügige neue Hotelanlage mit repräsentativer Lobby, wohnlichen und gut ausgestatteten Zimmern, modernen Tagungsräumen und einem sehr gepflegten, großen Fitnessbereich. Bequeme gepolsterte Stühle und schön gedeckte Tische im Restaurant.

TELGTE Nordrhein-Westfalen 543 K 7 – 19 700 Ew – Höhe 49 m.
Sehenswert : Heimathaus Münsterland (Hungertuch★).
☞ Telgte, Harkampsheide 5 (Ost : 3 km), ℰ (02504) 7 23 26.
🛈 Stadttouristik, Kapellenstr. 2, ✉ 48291, ℰ (02504) 69 01 00, stadttouristik@telgte.de, Fax (02504) 690109.
Berlin 446 – Düsseldorf 149 – Bielefeld 64 – Münster (Westfalen) 12 – Osnabrück 47.

Heidehotel Waldhütte ♨, Im Klatenberg 19 (Nord-Ost : 3 km, über die B 51), ✉ 48291, ℰ (02504) 92 00, info@heidehotel-waldhuette.de, Fax (02504) 920140, 斎, ≦s, 🐢, ⊡ ℰ ⇔ ℗ – 益 40. 匨 ⓄⒹ ⓄⓄ
geschl. 2. - 9. Jan. – Menu à la carte 20,50/36,50 – **33 Zim** ⊇ 67/75 – 105/115.
• Ein idyllisch in einem Landschaftsschutzgebiet am Waldpark gelegenes Fachwerkhotel im altdeutschen Stil mit Zimmern, die mit rustikalen Naturholzmöbeln eingerichtet sind. Liebevoll dekorierte Gaststube mit Kamin und schöner Gartenterrasse.

Marienlinde garni, Münstertor 1, ✉ 48291, ℰ (02504) 9 31 30, info@marienlinde.de, Fax (02504) 931350 – ⇼ ⊡ ℗. 匨 ⓄⒹ ⓄⓄ ᴠɪsᴀ
20 Zim ⊇ 48/50 – 74.
• Ein gepflegtes Klinkergebäude aus den 80er Jahren mit praktischen Zimmern, die einheitlich mit funktionellem Naturholzmobiliar ausgestattet sind.

In Ostbevern Nord-Ost : 7 km, über B 51 :

Beverhof, Hauptstr. 35, ✉ 48346, ℰ (02532) 51 62, hotel.beverhof@t-online.de, Fax (02532) 1688, 斎, 🐢 – ⇼ Zim, ⊡ ⇔ ℗
Menu (geschl. Montag) (wochentags nur Abendessen) à la carte 11/24 – **13 Zim** ⊇ 33 – 55.
• Hier stimmt das Preis-Leistungs-Verhältnis : Ein tadellos geführtes Landhotel mit komplett ausgestatteten Zimmern, die mit soliden hellen Eichenmöbeln gestaltet sind. Ländliche Gaststube mit Theke und ansprechender Dekoration.

TELTOW Brandenburg 542 I 23 – 15 100 Ew – Höhe 40 m.
Siehe Stadtplan Berlin (Umgebungsplan).
Berlin 21 – Potsdam 16 – Frankfurt (Oder) 96 – Wittenberge 81.

Courtyard by Marriott, Warthestr. 20, ✉ 14513, ℰ (03328) 44 00, berlin.teltow@courtyard.com, Fax (03328) 440440, 斎, 16, ≦s – 劇, ⇼ Zim, ■ ⊡ ℰ ⇔ ℗ – 益 180. 匨 ⓄⒹ ⓄⓄ ᴠɪsᴀ ᴊᴄʙ
BV e
Menu à la carte 20/31 – ⊇ 13 – **198 Zim** 85.
• An der Stadtgrenze zu Berlin findet man dieses moderne Hotel mit einem gediegenen Hallenbereich und zeitgemäß eingerichteten, auch technisch gut ausgestatteten Zimmern.

TEMPLIN Brandenburg 542 G 24 – 14 000 Ew – Höhe 60 m – Erholungsort.
🛈 Tourismus-Service, Obere Mühlenstr.11, (Akziesehaus) ✉ 17268, ℰ (03987) 26 31, templin-info@t-online.de, Fax (03987) 53833.
Berlin 75 – Potsdam 127 – Neubrandenburg 81 – Neuruppin 75.

Fährkrug, Fährkrug 1 (Nord-Ost : 2 km), ✉ 17268, ℰ (03987) 4 80, faehrkrug17268 @lycos.de, Fax (03987) 48111, 斎, 🐢 – 劇, ⇼ Zim, ⊡ ℰ ⇔ ℗ – 益 25. 匨 ⓄⒹ ⓄⓄ ᴠɪsᴀ
Menu à la carte 22,50/31,50 – **40 Zim** ⊇ 55 – 80 – ½ P 13.
• Das ältere Stammhaus wurde um einen modernen Anbau erweitert : Entstanden ist eine neuzeitliche Hotelanlage mit praktisch eingerichteten Zimmern in schöner Lage am Fährsee. Rustikales Restaurant und lichtdurchfluteter Wintergarten.

Am Großdöllner See Süd-Ost : 22 km, über Ahrensdorf, in Wilmersdorf rechts ab auf B 109 :

Döllnsee-Schorfheide ♨, Döllnkrug 2, ✉ 17268 Groß Dölln, ℰ (039882) 6 30, info@doellnsee.de, Fax (039882) 63402, 斎, Massage, 16, ≦s, 🖼, 🐢, 𝒳 – 劇, ⇼ Zim, ■ Rest, ⊡ ℰ ⇔ ℗ – 益 110. 匨 ⓄⒹ ⓄⓄ ᴠɪsᴀ
Menu à la carte 22/33 – **107 Zim** ⊇ 93 – 122.
• Ein ruhig und idyllisch am Waldrand und See gelegenes ehemaliges Jagdhaus mit Erweiterungsbau, in dem geschmackvolle Zimmer im wohnlichen Landhausstil auf die Gäste warten. Bilder und Wandleuchten schmücken das unterteilte, klassisch eingerichtete Restaurant.

TENGEN Baden-Württemberg **545** W 9 – 4 600 Ew – Höhe 610 m.
Berlin 760 – Stuttgart 131 – Konstanz 58 – Villingen-Schwenningen 25 – Winterthur 51 – Schaffhausen 23.

In Tengen-Blumenfeld Ost : 2 km, über B 314 :

Bibermühle ⑤, Untere Mühle 1, ✉ 78250, ℘ (07736) 9 29 30, bibermuehle@t-on line.de, Fax (07736) 9293140, 佘, (Wildgehege), ⇌, ※ – 闑 TV ℃ P – 🛆 50. ⑩ VISA
Menu (geschl. Feb. 3 Wochen) à la carte 24,50/40 – **31 Zim** ⇌ 54/66 – 90/107.
♦ Eine romantische Hotelanlage : Im historischen Ambiente der alten Wassermühle lässt es sich stilvoll und komfortabel wohnen. Zeitlos eingerichtete Zimmer mit modernem Komfort. Fachwerkwände, Kachelofen und Dekorationen schaffen im Lokal ein ländliches Ambiente.

In Tengen-Wiechs Süd : 7 km, über Schwarzwaldstraße :

Sonne, Hauptstr. 57, ✉ 78250, ℘ (07736) 75 43, sonne-wiechs@t-online.de, Fax (07736) 98987, 佘 – P. ⓐ ⑩ VISA
geschl. Juli - Aug. 4 Wochen, Jan. - Feb. 2 Wochen, Montagmittag, Dienstagmittag, Mittwoch - Donnerstag – **Menu** à la carte 24/38.
♦ Aus einer Dorfwirtschaft hat sich ein nettes Restaurant entwickelt - hell und einladend gestaltet, mit Aquarellen verziert. Aus der Küche kommt Schmackhaftes aus der Region.

TENNENBRONN Baden-Württemberg **545** V 9 – 3 800 Ew – Höhe 662 m – Luftkurort.
🛈 Tourismusbüro, Rathaus, Hauptstr. 23, ✉ 78144, ℘ (07729) 92 60 28, tourist-info@tennenbronn.de, Fax (07729) 926056.
Berlin 739 – Stuttgart 116 – Freiburg im Breisgau 74 – Freudenstadt 44 – Villingen-Schwenningen 24.

Adler, Hauptstr. 60, ✉ 78144, ℘ (07729) 9 22 80, service@adler-tennenbronn.de, Fax (07729) 922813 – P. ⑩ VISA
geschl. Feb. – **Menu** (geschl. Montag) à la carte 16,50/31,50 – **14 Zim** ⇌ 35/45 – 58/65 – ½ P 13.
♦ Der hübsche, behutsam renovierte Schwarzwaldgasthof erwartet Sie mit geschmackvollen, wohnlichen Zimmern, die hell und freundlich wirken. Gaststube und gemütliches, liebevoll gestaltetes Restaurant mit Deckenmalerei und Kachelofen.

TENNSTEDT, BAD Thüringen **544** M 16 – 2 900 Ew – Höhe 144 m – Heilbad.
Berlin 286 – Erfurt 31 – Halle 113 – Mühlhausen 36 – Nordhausen 58.

Am Kurpark garni, Am Osthöfer Tor 1, ✉ 99955, ℘ (036041) 37 00, hotel-am-kurpark@web.de, Fax (036041) 3700 – TV ℃ P.
14 Zim ⇌ 35/46 – 52/63.
♦ Ein solide und freundlich geführtes kleines Hotel in der Ortsmitte. Die ehemaligen Wirtschaftsgebäude beherbergen mit hellbraunen Holzmöbeln ausgestattete Zimmer.

TETEROW Mecklenburg-Vorpommern **542** E 21 – 11 000 Ew – Höhe 30 m.
🛝 🛝 Teschow, Gutshofallee 1 (Nord-Ost : 5 km), ℘ (03996) 14 00.
Berlin 182 – Schwerin 92 – Neubrandenburg 55 – Rostock 58 – Stralsund 87.

Blücher garni, Warener Str. 50, ✉ 17166, ℘ (03996) 17 21 96, hotel.bluecher@free net.de, Fax (03996) 120295, ⇌ – TV P. ⑩
16 Zim ⇌ 40 – 60.
♦ Das kleine Hotel verfügt über saubere, mit hellen Holzmöbeln eingerichtete Zimmer und überzeugt mit tadelloser Pflege und engagierter Führung.

In Teterow-Teschow Nord-Ost : 5 km :

Golf-und Wellnesshotel Schloss Teschow ⑤, Gutshofallee 1, ✉ 17166, ℘ (03996) 14 00, info@schloss-teschow.de, Fax (03996) 140100, 佘, ②, Massage, 🛋, ⇌, ⌭, ☐, 庵, 🛝, 🛝 – 🍴 TV ℃ P – 🛆 650. ⓐ ⓞ ⑩ VISA JCB
Chez Lisa (geschl. Sonntag - Montag)(nur Abendessen) Menu à la carte 31,50/45,50 – **Sukhothai** (thailändische Küche) (nur Abendessen) Menu à la carte 26/37 – **Schlossrestaurant von Blücher** : Menu à la carte 25,50/32 – **101 Zim** ⇌ 100 – 120/200, 3 Suiten – ½ P 23.
♦ Ein Schlosshotel aus dem 19. Jh. : Die mit warmen Farben und hochwertigen Materialien gestalteten Zimmer befinden sich größtenteils im neuen Anbau. Herrschaftliches Ambiente umgibt Sie im klassischen Chez Lisa. Rottöne dominieren im fernöstlichen Sukhothai.

TETTNANG Baden-Württemberg ⁵⁴⁵ W 12 – 17 300 Ew – Höhe 466 m.

🛈 Tourist-Info-Büro, Montfortstr. 1/1, ✉ 88069, ✆ (07542) 95 38 39, Fax (07542) 939196.

Berlin 714 – Stuttgart 160 – Konstanz 35 – Kempten (Allgäu) 65 – Ravensburg 13 – Bregenz 28.

Rad, Lindauer Str. 2, ✉ 88069, ✆ (07542) 54 00, hotelrad.tettnang@t-online.de, Fax (07542) 53636, 😊 – 📶, ✥ Zim, 🍽 Rest, 📺 ⟵ 🅿 – 🔒 120. 🆎 ⓞ 📧 𝗩𝗜𝗦𝗔
geschl. Jan. 3 Wochen – **Menu** à la carte 19/39,50 – **70 Zim** ⊇ 59/87 – 92/113.
• Das zum historischen Fachwerkgasthof gehörende Hotel wurde 1975 nach einem Brand wieder aufgebaut, 1983 erweitert und bietet nun verschieden gestaltete, praktische Zimmer. Gemütliche, rustikale Gaststuben mit Kachelofen, Holztäfelung und ländlicher Dekoration.

Torstuben (mit Gästehaus), Bärenplatz 8, ✉ 88069, ✆ (07542) 9 38 60, torstuben @t-online.de, Fax (07542) 938624, 😊 – 📶 📺 ⟵ 🅿, 📧
Menu (geschl. Donnerstag) à la carte 16/27,50 – **14 Zim** ⊇ 40/67 – 67/77.
• In dem hübschen Gasthof mit gelb-weißer Fassade sind in den gepflegten Gästehaus warten ländliche, mit Kiefernmöbeln eingerichtete Zimmer auf die Gäste. Rustikales Lokal mit holzgetäfelter Decke.

Ritter, Karlstr. 2, ✉ 88069, ✆ (07542) 5 30 20, ritter.tettnang@t-online.de, Fax (07542) 530230, 😊 – 📶 📺 ⟵ 🅿, 🆎 ⓞ 📧 𝗩𝗜𝗦𝗔
Menu (geschl. 27. Feb. - 14. März, Freitagmittag, Samstagmittag) à la carte 17/33 – **26 Zim** ⊇ 42/55 – 70/85.
• Das Hotel befindet sich im 1. und 2. Stock eines kleinen Hochhauses und hält praktische Zimmer mit hellen oder dunklen Eichenmöbeln bereit. Eine Darstellung des historischen Tettnangs schmückt eine Wand des rustikalen Restaurants.

In Tettnang-Kau West : 3 km Richtung Friedrichshafen, in Pfingstweide links ab :

Lamm im Kau, Sängerstr. 50, ✉ 88069, ✆ (07542) 47 34, Fax (07542) 405672, 😊 – 📶, 📧
geschl. Montag – **Menu** (wochentags nur Abendessen) (Tischbestellung ratsam) à la carte 18/35.
• Regional ausgerichtete, schmackhaft zubereitete Mahlzeiten genießen Sie in der holzgetäfelten Gaststube, in der ein Kachelofen ein behagliches Ambiente schafft.

THALFANG Rheinland-Pfalz ⁵⁴³ Q 4 – 1 800 Ew – Höhe 440 m – Erholungsort – Wintersport : 500/818 m ⭐4 🎿 (am Erbeskopf).

Ausflugsziel: Hunsrück-Höhenstraße★.

🛈 Tourist-Information, Saarstr. 3, ✉ 54424, ✆ (06504) 91 40 50, Fax (06504) 8773.
Berlin 684 – Mainz 121 – Trier 35 – Bernkastel-Kues 31 – Birkenfeld 20.

Apart-Hotel Blumenhof 🌿 (mit Gästehäusern), Birkenweg 73 (Ferienpark), ✉ 54424, ✆ (06504) 91 20, info@himmelberg.de, Fax (06504) 912420, 😊, 🧖, 🏊, ✖ (Halle) - ✥ Zim, 📺 📞 🅿, 🆎 📧 𝗩𝗜𝗦𝗔
Menu à la carte 15,50/28 – **33 Zim** ⊇ 59 – 85 – ½ P 16.
• Die verschiedenen Häuser dieses Ferienparks beherbergen neuzeitliche, wohnliche und funktionelle Zimmer sowie einige Freizeitangebote. Auch für Geschäftsreisende geeignet. Über drei Etagen angelegtes rustikales Restaurant.

Haus Vogelsang 🌿, Im Vogelsang 7, ✉ 54424, ✆ (06504) 10 88, Fax (06504) 2332, 😊, 🧖 – 📺 🅿, 📧 𝗩𝗜𝗦𝗔, ✖
Menu (geschl. Nov. 1 Woche, Mittwoch)(wochentags nur Abendessen) à la carte 12,50/23 – **11 Zim** ⊇ 30/32 – 58/60 – ½ P 11.
• Umgeben von Wiesen und Wäldern liegt die gepflegte, familiengeführte Pension an einem sonnigen Südhang. Ein Teil der solide eingerichteten Zimmer verfügt über Balkone. Preiswert und einfach ist das Angebot in der gepflegten, schlichten Gaststube.

THANNHAUSEN Bayern ⁵⁴⁶ V 15 – 6 500 Ew – Höhe 498 m.

🚂 Schloss Klingenburg (Nord-West : 5 km), ✆ (08225) 30 30.
Berlin 591 – München 113 – Augsburg 36 – Ulm (Donau) 59.

Schreiegg's Post, Postgasse 1/ Ecke Bahnhofstrasse, ✉ 86470, ✆ (08281) 9 95 10, hotel@schreieggs-post.de, Fax (08281) 995151, 😊, Biergarten, 😊 – 📶, ✥ Zim, 📺 📞 🅰 ⟵ 🅿 – 🔒 20. 🆎 ⓞ 📧 𝗩𝗜𝗦𝗔
geschl. Jan. – **Menu** (geschl. Montag - Dienstagmittag) (Tischbestellung ratsam) 35/85 à la carte 39/52, ♀ – **10 Zim** ⊇ 85/88 – 115.
• Der renovierte Brauereigasthof befindet sich seit über 500 Jahren in Familienbesitz. "Klein, aber fein" lautet das Motto des mit klassischer Eleganz gestalteten Hotels. Hohe Decken und alter Terrakottaboden prägen das Jagdzimmer und das Postzimmer mit Kamin.

THIERHAUPTEN Bayern 546 U 16 – 4 100 Ew – Höhe 441 m.
Berlin 550 – München 86 – Augsburg 29 – Donauwörth 27 – Ulm (Donau) 95.

Klostergasthof, Augsburger Str. 3, ✉ 86672, ✆ (08271) 8 18 10, info@hotel-klostergasthof.de, Fax (08271) 818150, 😊, ⇌, – ⌽, ↔ Zim, 📺 ✆ & ⇌ 🅿 – 🔔 30. ㏂ ⓜ 🆅🆂🅰 🅹🅲🅱
Menu (geschl. Sonntagabend) à la carte 22/33 – **47 Zim** ⇌ 58/73 – 80/92.
♦ In dem schönen ehemaligen Sudhaus des Klosters verbindet sich gelungen Historie mit zeitgemäßem Komfort. Die Gästezimmer gefallen mit puristischem Design. Im Restaurant hat man den warmen Holzton von Parkett und Mobiliar mit modernem Stil kombiniert.

THOLEY Saarland 543 R 5 – 13 200 Ew – Höhe 370 m – Luftkurort.
🅱 Verkehrsamt, Im Kloster 1, Rathaus, ✉ 66636, ✆ (06853) 5 08 45, verkehrsamt@tholey.de, Fax (06853) 30178.
Berlin 718 – Saarbrücken 37 – Trier 62 – Birkenfeld 25.

Hotellerie Hubertus, Metzer Str. 1, ✉ 66636, ✆ (06853) 9 10 30, hotellerie-hubertus@web.de, Fax (06853) 30601, 😊, – 📺 ✆. ㏂ ⓞ ⓜ 🆅🆂🅰 ⌀
Menu (geschl. Sonntagmittag, Sonntagabend - Montag) (Tischbestellung ratsam) à la carte 47/63, ♀ - **Café Palazzo** (italienische Küche) (geschl. Sonntagabend - Montag) Menu à la carte 23/33 – **Markt-Stube Juneperus** (geschl. Donnerstag)(nur Abendessen) Menu à la carte 20/32 – **20 Zim** ⇌ 52/95 – 95/110.
♦ Zeitgemäßer Komfort in alten Mauern : Das gut geführte Hotel hält für seine Gäste individuell eingerichtete Zimmer - teils klassisch, teils modern - bereit. Elegantes Gourmetrestaurant. Mediterranes Ambiente meets Café Palazzo.
Spez. Gebratene Gänseleber mit Aprikosen-Kompott und Verjus-Marinade. St. Peterfisch in Limonenöl pochiert mit gebratenem grünen Spargel. Gebrannte Crème mit Verveine-Aroma und weißem Schokoladeneis

Im Ortsteil Theley Nord : 2 km :

Kopp ⌀, Im Hofgut Imsbach, ✉ 66636, ✆ (06853) 5 01 40, kontakt@hofgut-imsbach-kopp.de, Fax (06853) 501413, 😊, ⛱, ⇌, 🐎 – ⌽, ↔ Zim, 📺 ✆ & ⚒ 🅿 – 🔔 100. ⓜ 🆅🆂🅰
Menu à la carte 17/27 – **37 Zim** ⇌ 70 – 90 – ½ P 20.
♦ Das Hotel ist in eine historische Gutsanlage integriert. Die mit hellen Holzmöbeln solide und schlicht eingerichteten Zimmer befinden sich überwiegend in einem neuen Anbau. Helles, modernes Restaurant.

THUMBY Schleswig-Holstein 541 C 13 – 550 Ew – Höhe 2 m.
Berlin 397 – Kiel 50 – Flensburg 61 – Schleswig 34.

In Thumby-Sieseby West : 3 km :

Schlie-Krog ⌀ mit Zim, Dorfstr. 19, ✉ 24351, ✆ (04352) 25 31, Fax (04352) 1580, 😊, 🐎 – 📺 🅿. ⓜ ⌀
geschl. Feb. – Menu (geschl. Sept. - Juni Montag) (Tischbestellung ratsam) à la carte 23,50/44,50 – **2 Zim** ⇌ 100 – 125.
♦ Das weiße Reetdachhaus nahe der idyllischen Schlei beherbergt ein gemütliches, mit Liebe zum Detail gestaltetes Restaurant mit freundlichem Service und internationaler Küche.

THUMSEE Bayern siehe Reichenhall, Bad.

THYRNAU Bayern 546 U 24 – 3 900 Ew – Höhe 450 m.
Berlin 617 – München 202 – Passau 10 – Regensburg 128.

In Thyrnau-Hundsdorf Nord-Ost : 2 km :

Parkschlössl ⌀, Hundsdorf 20a, ✉ 94136, ✆ (08501) 92 20, info@hotel-parkschloessl.de, Fax (08501) 922123, 😊, ☕, ⛱, Park, ⇌, ⌇, – ⌽, ↔ Zim, 🔲 Rest, 📺 ✆ ⇌ 🅿 – 🔔 40. ⓜ 🆅🆂🅰 ⌀ Rest
Menu à la carte 16/34 – **51 Zim** ⇌ 60/65 – 94/104, 6 Suiten.
♦ Ein neues Hotel mit gelber Fassade und zwei Türmen. Bei der Inneneinrichtung hat man Wert auf wohnlichen Komfort gelegt : italienische Möbel und schöne Bäder. Bequeme Polsterstühle, ein gemusterter Teppich und kunstvoll drapierte Vorhänge schmücken das Lokal.

In Thyrnau-Kellberg Süd-Ost : 4 km – Luftkurort :

Lindenhof garni, Kurpromenade 12, ✉ 94136, ✆ (08501) 80 80, lindenhof-kellberg@t-online.de, Fax (08501) 80815, ⇌, ⌇, – ⌽ 📺 🅿. ⓜ 🆅🆂🅰
geschl. 21. - 26. Dez., 6. - Ende Jan. – **35 Zim** ⇌ 28/37 – 55/64.
♦ Besonders die Zimmer im Anbau dieses gut geführten Hotels wirken aufgrund ihrer Einrichtung mit hellen Holzmöbeln wohnlich. Die Zimmer im Haupthaus sind einfacher.

THYRNAU

In Thyrnau-Raßbach *Süd-Ost : 2 km :*

Golf-Hotel, Raßbach 8 (Am Golfplatz), ✉ 94136, ✆ (08501) 9 13 13, *info@hotel-anetseder.de*, Fax (08501) 91314, ≤, 🌳, ≦s, 🕍, TV, P, 🅰 30. ⓘ ⓄⒷ VISA
geschl. Ende Nov. - Mitte März – **Menu** à la carte 13/25 – **16 Zim** ⊇ 49 – 78 – ½ P 13.
• Ein Bauernhof hat sich zum Hotel gemausert : Alle Zimmer des Hotels direkt am Golfplatz sind mit hellen Holzmöbeln eingerichtet und haben kleine Küchenzeilen. Ein gepflegtes, bürgerlich eingerichtetes Restaurant mit schöner Panoramaterrasse.

TIEFENBACH Bayern siehe Waldmünchen.

TIEFENBRONN *Baden-Württemberg* 545 **T 10** – *4 600 Ew – Höhe 432 m.*
Sehenswert : *Pfarrkirche (Lukas-Moser-Altar★★, Monstranz★).*
Berlin 646 – Stuttgart 39 – Karlsruhe 45 – Pforzheim 15 – Tübingen 59 – Heilbronn 73.

Ochsen-Post, Franz-Josef-Gall-Str. 13, ✉ 75233, ✆ (07234) 9 54 50, *info@ochsen-post.de*, Fax (07234) 9545145, 🌳 – TV ✆ P, 🅰 ⓘ ⓄⒷ VISA
Bauernstube *(geschl. Anfang Jan. 3 Wochen, Dienstag)* **Menu** à la carte 23/47 – **19 Zim** ⊇ 46/82 – 68/85.
• Ein modernisierter, von der Besitzer-Familie geführter Fachwerkgasthof aus dem 17. Jh. mit gepflegten Zimmern, deren Einrichtung z. T. mit Antiquitäten ergänzt wurde. Die traditionelle Bauernstube ist ganz mit Holz verkleidet.

In Tiefenbronn-Mühlhausen *Süd-Ost : 4 km :*

Arneggers Adler (mit Gästehaus), Tiefenbronner Str. 20, ✉ 75233, ✆ (07234) 95 35 30, *arneggers-adler@t-online.de*, Fax (07234) 9535350, 🌳, ≦s, 🚗 – 🛗 TV 🚙 P, 🅰 30. 🅰 ⓄⒷ VISA
geschl. Jan. – **Menu** à la carte 20,50/44 – **21 Zim** ⊇ 50/52 – 74/80.
• Gastlichkeit mit 125-jähriger Tradition : ein engagiert geführtes Landhotel in der Ortsmitte. Die Zimmer sind etwas unterschiedlich gestaltet, aber stets wohnlich und gepflegt. Nehmen Sie Platz in der sympathischen, nett dekorierten Gaststube.

Im Würmtal *West : 4 km, Richtung Würm :*

Häckermühle (mit Gästehaus), Im Würmtal 5, ✉ 75233 Tiefenbronn, ✆ (07234) 42 46, *info@haecker-muehle.de*, Fax (07234) 5769, 🌳, ≦s – TV P, 🅰 15. 🅰 ⓄⒷ VISA
geschl. Jan. 2 Wochen – **Menu** *(geschl. Montag - Dienstagmittag)* (Tischbestellung ratsam) à la carte 26,50/58,50 – **15 Zim** ⊇ 39/59 – 75/95.
• Das Restaurant in der Getreidemühle unterteilt sich in Stuben mit elegant-rustikaler Ausstattung. Das schmackhafte regionale Angebot wird durch internationale Küche ergänzt.

TIETZOW *Brandenburg* 542 **H 22** – *300 Ew – Höhe 36 m.*
🏌 🏌 *Börnicke/Nauen, An der B 273 (Süd-Ost : 4km), ✆ (033230) 89 40.*
Berlin 49 – Potsdam 44 – Wittstock 67.

Helenenhof, Dorfstr. 66, ✉ 14641, ✆ (033230) 87 70, *hotel-helenenhof@t-online.de*, Fax (033230) 50290, 🌳 – TV P, 🅰 50. 🅰 ⓄⒷ VISA
Menu à la carte 20/32 – **21 Zim** ⊇ 67/72 – 93.
• Seit 1883 in Familienbesitz : Nach umfangreichen Sanierungsmaßnahmen entstand hier ein netter Landgasthof mit zeitlos und komfortabel eingerichteten Zimmern. Zartgelbe Wände, Stuck, Parkettboden, Kristall-Lüster und ein offener Kamin schmücken das Restaurant.

TIMMENDORFER STRAND *Schleswig-Holstein* 541 **E 16** – *9 000 Ew – Höhe 10 m – Seeheilbad.*
🏌 🏌 *Timmendorfer Strand, Am Golfplatz 3, ✆ (04503) 51 52.*
🛈 *Tourist-Service, Timmendorfer Platz 10* ✉ 23669, ✆ (04503) 3 58 50, Fax (04503) 358545.
Berlin 281 – Kiel 64 – Schwerin 80 – Lübeck 27 – Lübeck-Travemünde 9.

Seeschlößchen, Strandallee 141, ✉ 23669, ✆ (04503) 60 11, *info@seeschloesschen.de*, Fax (04503) 601333, ≤, 🌳, 🎭, Massage, ♨, 🎿, ≦s, 🏊 (geheizt), 🏊, 🚗 – 🛗 ♿ TV 🚙 P – 🅰 100. ⓄⒷ VISA 🅰 Rest
geschl. 11. Jan. - 11. Feb. – **Menu** à la carte 30,50/58,50 – **129 Zim** ⊇ 140/210 – 170/225, 9 Suiten – ½ P 50.
• Das blütenweiße Hochhaus steht direkt am Strand. Kultiviert wirken der großzügige und geschmackvoll gestaltete Hallenbereich und die eleganten Zimmer im Landhausstil. Klassisches Restaurant - im Sommer mit Strandterrasse.

TIMMENDORFER STRAND

Maritim Seehotel, Strandallee 73, ⌧ 23669, ℰ (04503) 60 50, info.tim@maritim.de, Fax (04503) 6052450, ≤, 😊, Massage, ♠, ≘s, ⊒ (geheizt), ⊠ – ⧊, 🈺 Zim, ⊟ Rest, ⊡ ☏ ⇄ ℙ – 🅰 350. ℞ ⓞ ⓜ 𝕍𝕀𝕊𝔸. 🚫 Rest
Menu siehe Rest. *Orangerie* separat erwähnt – **Seeterrassen** : Menu à la carte 24,50/39,50 – **241 Zim** ⊐ 150/200 – 200/250, 4 Suiten – ½ P 25.
♦ An der Strandpromenade liegt das 1969 erbaute Hotel mit Balkonfassade. Ein komfortabler Rahmen und eine engagierte Führung sprechen für das Haus. Das Restaurant mit stilvoller Möblierung bietet einen eindrucksvollen Blick auf die Lübecker Bucht.

Maritim Golf- und Sporthotel, An der Waldkapelle 26, ⌧ 23669, ℰ (04503) 60 70, info.tig@maritim.de, Fax (04503) 607800, ≤ Ostsee, 😊, Massage, ♠, ≘s, ⊒ (geheizt), ⊠, 🐎, ※ (Halle), 🅵ₛ – ⧊, 🈺 Zim, ⊡ ☏ 🚸 ⇄ – 🅰 160. ℞ ⓞ ⓜ 𝕍𝕀𝕊𝔸 𝕁𝕔𝔹. 🚫 Rest
Pub : Menu à la carte 18,50/36 – **191 Zim** ⊐ 129/169 – 158/208 – ½ P 29.
♦ Dieses gediegen ausgestattete Hotel befindet sich in den ersten 5 Etagen eines Hochhauses - oberhalb der Stadt gelegen. Mit umfangreichem Freizeitbereich. Im Pub mit großer Theke dominieren Mahagoni-Töne.

Landhaus Carstens (mit Gästehaus), Strandallee 73, ⌧ 23669, ℰ (04503) 60 80, info@landhauscarstens.de, Fax (04503) 60860, 😊, ≘s, 🐎 – ⧊ ⊡ ☏ ⅋ ⇄ ℙ – 🅰 30. ℞ ⓞ ⓜ 𝕍𝕀𝕊𝔸
Menu à la carte 27,50/58,50 – *Kleines Landhausstübchen* (geschl. Sonntag - Mittwoch)(nur Abendessen) **Menu** 59/69 und à la carte, ⌾ – **33 Zim** ⊐ 110/147 – 160/195.
♦ Das Fachwerkhotel mit Schieferdach liegt an der Promenade. Hier wie auch im neu erbauten Gästehaus finden Sie individuelle Gästezimmer. Rustikal-gemütliches Restaurant mit holzgetäfelter Decke. Schöne Gartenterrasse ! Elegant wirkt das Kleine Landhausstübchen.

Romantik Hotel Villa Gropius - Villa Röhl, Strandallee 50, ⌧ 23669, ℰ (04503) 88 80 00, info@villaroehl.de, Fax (04503) 888100, 😊, ≘s, ⊒, 🐎 – 🈺 Zim, ⊡ ⇄ ℙ. ℞ 𝕍𝕀𝕊𝔸. 🚫 Rest
Menu (geschl. 1. - 14. Nov., Mittwoch) (nur Abendessen) à la carte 19/35 – *Bistro* (geschl. Dienstag)(Montag - Freitag nur Abendessen) **Menu** à la carte 21,50/46,50 – **70 Zim** ⊐ 95 – 140 – ½ P 16.
♦ In Strandnähe befinden sich die zwei stilvollen weißen Villen vom Ende des 19. Jh. - mit neuem Anbau. Sie beherbergen geschmackvolle Zimmer mit modernem Komfort. Das Restaurant gefällt durch rustikales Ambiente mit Holzschnitzereien und offenem Kamin.

Country Inn and Suites, Strandallee 136, ⌧ 23669, ℰ (04503) 80 80, info-tdf@countryinns.de, Fax (04503) 808666, 😊, ≘s – ⧊, 🈺 Zim, ⊡ ☏ ⇄ ℙ – 🅰 80. ℞ ⓞ ⓜ 𝕍𝕀𝕊𝔸
Menu à la carte 23/33 – **93 Zim** ⊐ 136 – 202, 6 Suiten – ½ P 18.
♦ Zimmer unterschiedlicher Größe, alle wohnlich und zeitgemäß im Landhausstil eingerichtet und technisch sehr gut ausgestattet, bietet Ihnen das neuzeitliche Klinkerhaus. Blau ist der vorherrschende Farbton in dem freundlichen Restaurant.

Princess, Strandallee 198, ⌧ 23669, ℰ (04503) 6 00 10, info@princesshotel.de, Fax (04503) 6001500, 😊, ≘s, ⊒ – ⧊, 🈺 Zim, ⊡ ⇄ ℙ – 🅰 60. ℞ ⓞ ⓜ 𝕍𝕀𝕊𝔸
geschl. 4. Jan. - 8. Feb. - **Menu** (9. Feb. - 30. März nur Abendessen) à la carte 19/29,50 – **89 Zim** ⊐ 115 – 125 – ½ P 17.
♦ Das Ferienhotel liegt nur 100 m von Strand entfernt. Gepflegte Zimmer mit neuzeitlichem Komfort, Appartements mit Küchenzeile und eine Lobby mit Glaskuppel erwarten Sie. Hellblau gebeiztes Holz setzt im Restaurant freundliche Akzente.

Meridian, Schmilinskystr. 2, ⌧ 23669, ℰ (04503) 3 52 20, info@meridian-timmendorf.de, Fax (04503) 352235, 😊, ≘s, ⊒, 🐎 – ⧊ ⊡ ⇄ ℙ – 🅰 30. ⓜ 𝕍𝕀𝕊𝔸. 🚫 Rest
Menu (geschl. Nov. - April Montag - Dienstag) (nur Abendessen) à la carte 21/28,50 – **60 Zim** ⊐ 80/100 – 120/150 – ½ P 15.
♦ In zentraler und doch ruhiger Lage finden Reisende diese gepflegte Adresse. Sie beziehen funktionale Gästezimmer mit zeitlosem Naturholzmobiliar und guter Technik. Hotelrestaurant mit elegantem Touch.

Gorch Fock, Strandallee 152, ⌧ 23669, ℰ (04503) 89 90, info@hotel-gorch-fock.de, Fax (04503) 899111, 😊, ≘s – ⊡ ⇄ ℙ – 🅰 20. ⓜ 𝕍𝕀𝕊𝔸. 🚫 Zim
Menu (geschl. Nov. - Feb. Mittwoch) à la carte 17/38 – **44 Zim** ⊐ 43/85 – 85/115 – ½ P 16.
♦ Strandnah liegt das traditionsreiche Haus mit neuerem Anbau. Die gepflegten, mit hellem Holzmobiliar eingerichteten Zimmer verfügen teilweise über Sitzecken. Gediegen präsentiert sich das Restaurant mit gut eingedeckten Tischen.

TIMMENDORFER STRAND

Royal garni, Kurpromenade 2, ✉ 23669, ☏ (04503) 3 59 50, info@royal-timmendorf.de, Fax (04503) 6820, 😊, ☐ – 📶 📺 📶. ✱
geschl. Jan. 3 Wochen – **40 Zim** ☐ 95/125 – 102/145.
• Mit solidem Kirschbaummobiliar und z. T. mit kleinen Sitzgruppen sind die gepflegten Zimmer des in der Ortsmitte gelegenen Hotels ausgestattet. Frühstück bis 12 Uhr.

Atlantis, Strandallee 60, ✉ 23669, ☏ (04503) 80 90, info@hotel-atlantis.de, Fax (04503) 5056, 😊, 😊, ☐ – 📶 📺 ☎ 🅿 – 🅰 45. ⓜ 💳
Menu à la carte 17/45 – **47 Zim** ☐ 65/78 – 95/110 – ½ P 18.
• Ein freundlich geführtes Hotel : Die Zimmer des Hauses mit Flachdach sind mit Kirschbaummöbeln eingerichtet, zeitgemäß ausgestattet und bieten ausreichend Platz. Wie beim Besuch des Schifffahrtsmuseums fühlt man sich in dem urigen Restaurant.

Park-Hotel garni, Am Kurpark 4, ✉ 23669, ☏ (04503) 6 00 60, park-hotel@intus-hotels.de, Fax (04503) 600650, 😊 – 📶 📺 🅿. ⓜ
25 Zim ☐ 74/82 – 116/122.
• Direkt am Kurpark liegt die hübsche alte Villa mit gediegener Atmosphäre. Die Zimmer sind mit Kirschbaummobiliar ansprechend gestaltet. Einladende Terrasse vor dem Haus.

Brigitte garni, Poststr. 91, ✉ 23669, ☏ (04503) 42 91, hotelbrigitte@t-online.de, Fax (04503) 86661, 😊 – 📺 🅿. ✱
14 Zim ☐ 51 – 78/90.
• Hinter einer roten Klinkerfassade erwartet eine sehr gepflegte, solide eingerichtete und liebevoll dekorierte Pension die Gäste. Viele Zimmer mit Balkon.

Orangerie – Maritim Seehotel, Strandallee 73, ✉ 23669, ☏ (04503) 6 05 24 24, info.tim@maritim.de, Fax (04503) 6052450, 😊 – 📶 📶 ⓐ ⓓ ⓜ 💳 💳. ✱
geschl. 2. Feb. - 2. März, 15. - 30. Nov., Montag - Dienstag – **Menu** (wochentags nur Abendessen) à la carte 46/68, 💎.
• Feinschmecker werden sich in der klassisch gestalteten Orangerie mit verspiegelten Säulen, liebevoll gedeckten Tischen und einer feinen Saisonküche wohlfühlen.
Spez. Wildkräutersalat mit Langustinen und Tomatenconfit. Seeteufel mit gefüllter Zucchini im Fenchelsud. Etouffé-Taube "à la presse" mit Sauce Rouenaise und Kartoffelschaum

Doblers Restaurant, Wohldstr. 25, ✉ 23669, ☏ (04503) 89 88 50, Fax (04503) 898851, 😊 – 💳. ✱
geschl. 15. - 30. März, Montag - Dienstag – **Menu** (nur Abendessen) (Tischbestellung ratsam) 56/72, 💎 – **Bistro** (geschl. Montag - Dienstagmittag) **Menu** à la carte 28/39,50, 💎.
• Im 1. Stock des alten, reetgedeckten Hauses ist ein neues, elegantes Restaurant mit edlen Materialien entstanden. Man serviert eine internationale Küche mit kreativem Touch. Das Bistro ist hell und zeitgemäß eingerichtet.

In Timmendorfer Strand-Niendorf Ost : 1,5 km, über B 76 :

Yachtclub Timmendorfer Strand, Strandstr. 94, ✉ 23669, ☏ (04503) 80 60, hotel-yachtclub@t-online.de, Fax (04503) 806110, 😊, ☐ – 📶, ✱ Rest, 📺 🅿 – 🅰 60. ⓐ ⓓ ⓜ 💳. ✱ Rest
geschl. 3. Jan. - 29. Feb. – **Menu** à la carte 26/33,50 – **49 Zim** ☐ 135 – 190, 8 Suiten – ½ P 20.
• In Strandnähe liegt das gepflegte, familiengeführte Hotel mit Balkonfassade und hell und komfortabel eingerichteten Zimmern. Eine Kegelbahn sorgt für Spaß.

Strandhotel Miramar, Strandstr. 59, ✉ 23669, ☏ (04503) 80 10, info@miramar-niendorf.de, Fax (04503) 801111, ≤, 😊 – 📶, ✱ Zim, 📺 ☎ 🅿 – 🅰 20. ⓜ 💳
geschl. Jan. – **Caspari** (geschl. Nov. - März Montag)(wochentags nur Abendessen) **Menu** à la carte 22/32,50 – **36 Zim** ☐ 96 – 156 – ½ P 19.
• Hinter der weißen Klinkerfassade dieses Hotels direkt am Strand erwarten die Gäste gut gepflegte und geschmackvoll mit Kirschbaummobiliar eingerichtete Zimmer. Das Caspari - hell und leicht mediterran im Stil - bietet einen schönen Blick auf Dünen und Meer.

Friedrichsruh, Strandstr. 65, ✉ 23669, ☏ (04503) 89 50, hotel@friedrichsruh.de, Fax (04503) 895110, ≤, 😊, 😊, ☐ – 📶 📺 🅿 – 🅰 25
Menu à la carte 17/39,50 – **37 Zim** ☐ 68/80 – 95/145 – ½ P 15.
• Ein gut geführtes Haus direkt am Strand, das schon seit mehr als 100 Jahren in Familienbesitz ist. Die Zimmer befinden sich teils im Stammhaus, teils in einem neueren Anbau. Rustikales Restaurant mit großer Fensterfront und Ostseeblick.

TINNUM Schleswig-Holstein siehe Sylt (Insel).

TIRSCHENREUTH Bayern 👁️👁️👁️ Q 21 – 10 000 Ew – Höhe 503 m.
Berlin 388 – München 283 – Weiden in der Oberpfalz 30 – Nürnberg 131 – Bayreuth 63.

🏨 **Haus Elfi** ⚜, garni, Theresienstr. 23, ✉ 95643, ✆ (09631) 28 02, *pension.hauselfi@t-online.de*, Fax (09631) 6420, 🍽 – 🅿 📞 ⬜ 🅿. 🔴 🟦 ⛔
13 Zim ⬜ 32/35 – 46.
  ◆ Sauberkeit und Pflege überzeugen in dieser Hotelpension, die über solide eingerichtete Zimmer mit ausreichendem Platzangebot verfügt.

TITISEE-NEUSTADT Baden-Württemberg 👁️👁️👁️ W 8 – 12 000 Ew – Höhe 849 m – Heilklimatischer Kurort – Wintersport : 820/1 200 m ✦3 ✦.
Sehenswert : See★★.

ℹ Tourist-Information Titisee, Strandbadstr. 4, ✉ 79822, ✆ (07651) 9 80 40, *touristinfo@titisee.de*, Fax (07651) 980440.
ℹ Tourist-Information Neustadt, Sebastian-Kneipp-Anlage 2, ✉ 79822, ✆ (07651) 93 55 60, *touristinfo-neustadt@titisee.de*, Fax (07651) 610.

Berlin 780 ② – Stuttgart 160 ② – Freiburg im Breisgau 33 ④ – Donaueschingen 32 ② – Basel 74 ③ – Zürich 95 ③

Stadtplan siehe nächste Seite

Im Ortsteil Titisee :

🏨 **Treschers Schwarzwald-Romantik-Hotel** ⚜, Seestr. 10, ✉ 79822, ✆ (07651) 80 50, *trescher@mail.pcom.de*, Fax (07651) 8116, ≤, 🍽, 🏖, Massage, 🏊, 🦶, ≦, 🟦, 🏌, 🎾, ✂ – 🔹 📺 ⬜ 🅿 – 🔑 150. 🔴 🟠 🟦 ⛔ Rest **BZ x**
Menu à la carte 33/42,50 – **84 Zim** ⬜ 92/179 – 128/200 – ½ P 30.
  ◆ Mit eleganten, komfortablen Zimmern, einem großen Freizeitangebot und sehr freundlichem Service gefällt dieses direkt am See gelegene Hotel. Restaurant mit Blick auf den See.

🏨 **Parkhotel Waldeck** (mit Gästehaus), Parkstr. 6, ✉ 79822, ✆ (07651) 80 90, *parkhotel.waldeck@t-online.de*, Fax (07651) 80999, 🍽, 🦶, ≦, 🟦, 🎾 – 🔹, ✂ Zim, 📺 📞 🅿 – 🔑 40. 🔴 🟠 🟦 ⛔ 🟨 Rest **BZ v**
Menu à la carte 23,50/39 – **53 Zim** ⬜ 57/76 – 88/122, 4 Suiten – ½ P 18.
  ◆ Das Ferienhotel im Schwarzwaldstil überzeugt mit komfortablen, solide eingerichteten Zimmern in verschiedenen Kategorien, guter Pflege und einem ansprechenden Freizeitangebot. Für das leibliche Wohl sorgt man in mehreren elegant-rustikalen Stuben.

🏨 **Seehotel Wiesler** ⚜, Strandbadstr. 5, ✉ 79822, ✆ (07651) 9 80 90, *info@seehotel-wiesler.de*, Fax (07651) 980980, ≤, 🍽, ≦, 🟦, 🏌, 🎾 – 🔹 📺 ⬜ 🅿. 🟠 🟦 **BZ t**
geschl. 1. - 20. Dez. – **Menu** à la carte 17/42 – **28 Zim** ⬜ 51/78 – 102/122 – ½ P 18.
  ◆ Meist geräumige Zimmer mit zeitgemäßem Komfort und unterschiedlicher Einrichtung. Die hoteleigene Liegewiese direkt am See ist ideal zum Entspannen. Rustikales Restaurant und lauschige Gartenterrasse.

Im Jostal *Nord-West : 6 km ab Neustadt* **AB** :

🏨 **Josen**, Jostalstr. 90, ✉ 79822 Titisee-Neustadt, ✆ (07651) 91 81 00, *hotel-josen@t-online.de*, Fax (07651) 9181044, 🍽, ≦, 🟦, 🎾 – 🔹, ✂ Zim, 📺 📞 🅿 – 🔑 60. 🔴 🟠 🟦 ⛔
geschl. 1. - 20. Dez. – **Menu** *(geschl. Donnerstag - Freitagmittag)* à la carte 27/44,50 – **29 Zim** ⬜ 70/84 – 106/138 – ½ P 19.
  ◆ Individuell im Landhausstil eingerichtete Zimmer erwarten Sie in dem hübschen Schwarzwaldgasthof, der umgeben von Wiesen und Wäldern etwas außerhalb des Ortes liegt. Gepolsterte Sitzbänke und die Holztäfelung schaffen im Lokal eine gemütliche Atmosphäre.

🏨 **Jostalstüble**, Jostalstr. 60, ✉ 79822 Titisee-Neustadt, ✆ (07651) 91 81 60, *jostalstueble@t-online.de*, Fax (07651) 9181640, 🍽, ≦, 🎾 – ✂ Rest, 📺 ⬜ 🅿. 🟠 🟦
Menu *(geschl. Montag - Dienstagmittag)* à la carte 13,50/38,50 – **16 Zim** ⬜ 43 – 76 – ½ P 13.
  ◆ Behagliche und gepflegte Zimmer hält der typische Schwarzwaldgasthof für seine Gäste bereit - ein familiengeführtes kleines Haus im idyllischen Jostal. Ländliche, mit hellem Holz eingerichtete Gaststube.

Im Ortsteil Langenordnach *Nord : 5 km über Titiseestraße* **BY** :

🏨 **Zum Löwen - Unteres Wirtshaus** (mit Gästehaus), ✉ 79822, ✆ (07651) 10 64, *zum-loewen@t-online.de*, Fax (07651) 3853, 🍽, 🎾 – 📺 ⬜ 🅿. 🟠 🟦
geschl. Ende Nov. - Mitte Dez. – **Menu** *(geschl. Montag, Samstagmittag)* à la carte 14,50/34 – **16 Zim** ⬜ 32/44 – 50/92 – ½ P 11.
  ◆ Der schöne, traditionsreiche Schwarzwaldgasthof ist schon seit 400 Jahren in Familienbesitz. Die Einrichtung der Zimmer ist ländlich und solide. Traditionelle Bauernstube mit Kachelofen und gemütlicher Holzbank.

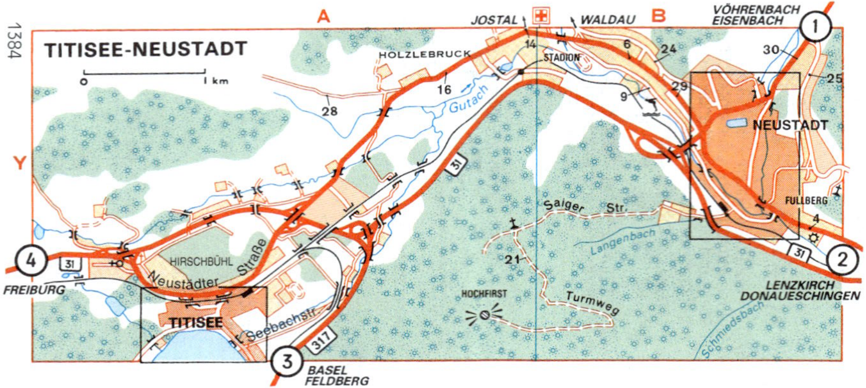

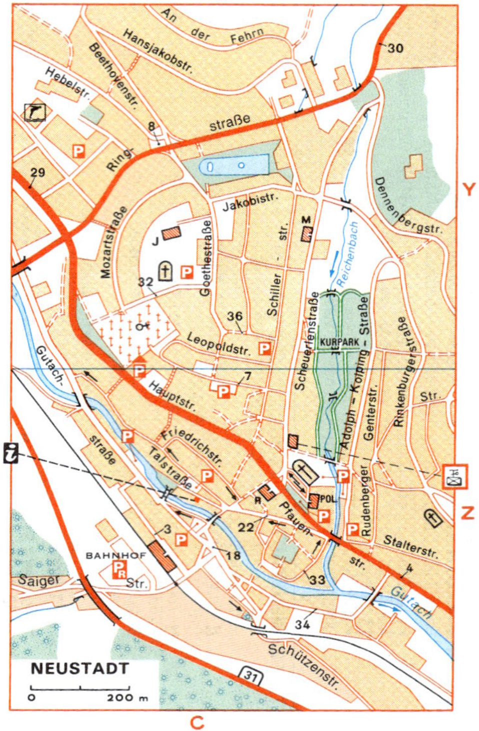

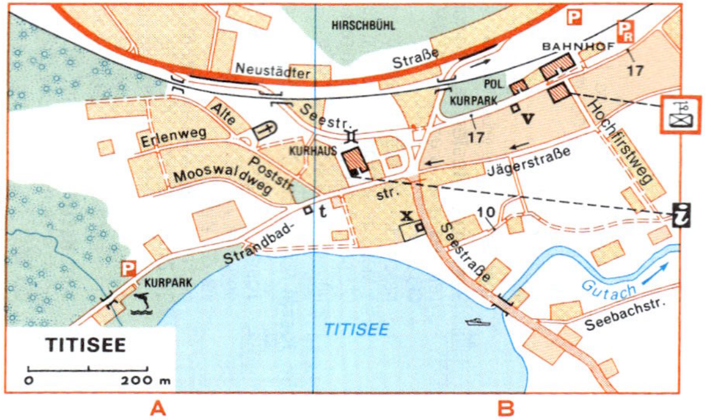

TITISEE-NEUSTADT

Street	Grid
Bahnhofstraße	CZ 3
Donaueschinger Straße	BY, CZ 4
Freiburger Straße	BY 6
Friedhofstraße	CZ 7
Friedrich-Ebert-Platz	CY 8
Gutachstraße	BY 9
Hauptstraße	CZ
Hermeshofweg	BZ 10
Jostalstraße	AY 14
Parkstraße	BZ 17
Plauenstraße	CZ
Postplatz	CZ 18
Saigerkreuzweg	AY 21
Salzstraße	BZ 22
Schottenbühlstraße	BY 24
Schwarzwaldstraße	BY 25
Seestraße	BZ
Spiegelsbachweg	AY 28
Titiseestraße	BY, CY 29
Vöhrenbacher Straße	CY 30
Walther-Gebel-Weg	CY 32
Wilhelm-Fischer-Straße	CZ 33
Wilhelm-Stahl-Straße	CZ 34
Wilhelmstraße	CY 36

1384

TITISEE-NEUSTADT

Im Ortsteil Waldau *Nord : 10 km über Titiseestraße* **BY** :

 Sonne-Post , Landstr. 13, 79822, (07669) 9 10 20, sonne-post@t-online.de, Fax (07669) 910299, , , , , TV, P, ⓂⓄ VISA, Zim
 geschl. 15. März - 3. April, Mitte Nov. - Mitte Dez. – **Menu** *(geschl. Montag)* à la carte 13,50/29,50 – **19 Zim** 40/52 – 69/80 – ½ P 10.
 • Mit viel hellem Naturholz hat man es verstanden, den gepflegten Zimmern dieses typischen Schwarzwälder Gasthofs eine freundliche Atmosphäre zu verleihen. Ein Kachelofen und holzvertäfelte Decken und Wände schaffen in der Gaststube ein ländliches Ambiente.

TITTING *Bayern* 5 4 6 **T 17** – *2 500 Ew – Höhe 447 m*.

 B Markt Titting, Rathausplatz 1, 85135, (08423) 9 92 10, Fax (08423) 992111.
 Berlin 485 – München 119 – Augsburg 87 – Ingolstadt 42 – Nürnberg 73 – Weißenburg in Bayern 22.

In Titting-Emsing *Ost : 4,5 km, über Emsinger Straße :*

 Dirsch , (mit Gästehaus), Hauptstr. 13, 85135, (08423) 18 90, info@hotel-dirsch.de, Fax (08423) 1370, , , , , TV, P, , 100.
 geschl. 18. - 28. Dez. – **Menu** à la carte 14/30,50 – **100 Zim** 50/60 – 82/90.
 • Hinter der hellgelben Fassade des gut geführten Hotels mit Gästehaus erwarten Sie zeitgemäß eingerichtete, komfortable Zimmer. Mit schönem, neuem Freizeitbereich.

TITTLING *Bayern* 5 4 6 **T 24** – *3 800 Ew – Höhe 528 m – Erholungsort*.

 B Tourist-Information im Grafenschlössl, Marktplatz 10, 94104, (08504) 4 01 14, tourismus@tittling.de, Fax (08504) 40120.
 Berlin 604 – München 197 – Passau 22.

Am Dreiburgensee *Nord-West : 3,5 km, über Tresdorf und Rothau :*

 Ferienhotel Dreiburgensee , Am Dreiburgensee (beim Museumsdorf), 94104 Tittling, (08504) 20 92, info@rotel.de, Fax (08504) 4926, , , , , , – , TV, P, , 200.
 April - Okt. – **Menu** à la carte 15/24,50 – 6 – **200 Zim** 27/49 – 92/120 – ½ P 9.
 • Man begrüßt die Gäste mit einem gut besetzten Empfang und einer großen Halle. Bruchsteinwände geben dem Hotel am Museumsdorf Bayerischer Wald ein rustikales Flair. Schlichtes, saalartiges Restaurant.

 Seehof Tauer , (mit Gästehaus), Seestr. 20, 94104 Tittling, (08504) 7 60, seehof.tauer@t-online.de, Fax (08504) 2065, , , , – TV, , P, ⓂⓄ VISA, Zim
 geschl. Nov. - Mitte Dez. – **Menu** *(geschl. 6. Jan. - Mitte März Montag - Freitag)* à la carte 11,50/21,50 – **33 Zim** 21/25 – 42 – ½ P 8.
 • Am Waldrand, direkt am See liegt der regionstypische Gasthof. Einige Zimmer sind im Landhausstil gestaltet worden, die Zimmer im Gästehaus haben eine kleine Küchenzeile. In der ländlichen Gaststätte kocht der Chef selbst.

TODTMOOS *Baden-Württemberg* 5 4 5 **W 7** – *2 100 Ew – Höhe 821 m – Heilklimatischer Kurort – Wintersport : 800/1 263 m* 4 .
Ausflugsziel : Hochkopf (Aussichtsturm ★★) Nord-West : 5 km und 1/2 Std. zu Fuß.
 B Tourist-Information, Wehrastr. 19, 79682, (07674) 9 06 00, info@todtmoos.net, Fax (07674) 906025.
 Berlin 817 – Stuttgart 201 – Freiburg im Breisgau 49 – Donaueschingen 78 – Basel 48.

 Löwen, Hauptstr. 23, 79682, (07674) 9 05 50, info@hotel-loewen.de, Fax (07674) 9055150 50, , , , , – , , Zim, TV, P, AE Ⓞ ⓂⓄ VISA
 geschl. Jan. 2 Wochen, März - April 4 Wochen, Nov. - 18. Dez. – **Menu** à la carte 13,50/33 – **52 Zim** 41/50 – 70/84 – ½ P 12.
 • Der Gasthof im Schwarzwälder Stil liegt in der Ortsmitte und beherbergt seine Gäste in solide mit hellem Eichenholzmobiliar eingerichteten Zimmern, überwiegend mit Balkon. Rustikale Gaststuben und die hübsche Gartenterrasse.

 Wehrahof garni, Hohwehrweg 1, 79682, (07674) 9 29 60, hotel-wehrahof@web.de, Fax (07674) 929630, , – , TV, P
 geschl. Nov. – **16 Zim** 37 – 58/74.
 • Schmucker Schwarzwaldgasthof mit langer Tradition : Die frühere Färberei mauserte sich zu einer holzverkleideten Pension mit wohnlichen Zimmern und zeitgemäßem Komfort.

TODTMOOS

In Todtmoos-Strick *Nord-West : 2 km :*

Rößle (mit Gästehäusern), Kapellenweg 2, ⊠ 79682, ℘ (07674) 9 06 60, info@h otel-roessle.de, Fax (07674) 8838, ≤, 余, (Schwarzwaldgasthof a.d.J. 1670), Massage, ⌘, ≘s, 氣, ℀, 丿 – 国 匝 🕭 ♿ 禾 – 🅐 60. ⓜ ⑨ 📧
geschl. 2. Nov. - 18. Dez. – **Menu** *(geschl. Dienstag)* à la carte 17/36 – **26 Zim** ⇌ 49/65 – 90/98 – ½ P 16.
• Die ehemalige Pferdewechselstation ist nach traditioneller Schwarzwälder Bauart mit Holzschindeln verkleidet. Gepflegte Zimmer, meist in hellem Naturholz eingerichtet. Mit hellem Holz vertäfelte Gaststuben und Gartenterrasse.

In Todtmoos-Weg *Nord-West : 3 km :*

Schwarzwald-Hotel (mit Gästehaus), Alte Dorfstr. 29, ⊠ 79682, ℘ (07674) 9 05 30, info@romantisches-schwarzwaldhotel.de, Fax (07674) 905390, 余, ≘s, 氣 – 匝 ⇔ 🅿. ⓘ ⓜ ⑨ 📧
geschl. 9. - 23. März, 9. Nov. - 8. Dez. – **Menu** *(geschl. Montag - Dienstagmittag)* à la carte 25/42 – **15 Zim** ⇌ 35/39 – 70/90 – ½ P 16.
• Solide, mit Naturholzmöbeln eingerichtete Zimmer hält man in dem alten, schindelverkleideten Schwarzwald-Bauernhaus für Besucher bereit. Mit wohnlichen Appartements. Ländliche Gaststuben.

TODTNAU *Baden-Württemberg* ⑤④⑥ *W 7 – 5 200 Ew – Höhe 661 m – Luftkurort – Wintersport : 660/1 388 m ≤21 ⍓.*
Sehenswert : *Wasserfall★.*
Ausflugsziel : *Todtnauberg★ (Nord : 6 km).*
🛈 Tourist-Info Todtnau, Haus des Gastes, Meinrad-Thoma-Str. 21, ⊠ 79674, ℘ (07671) 96 96 95, info@todtnau.de, Fax (07671) 636.
🛈 Tourist-Information Todtnauberg, Haus des Gastes, Kurhausstr. 18, ⊠ 79674, ℘ (07671) 96 96 90, todtnauberg@t-online.de, Fax (07671) 9220.
Berlin 800 – Stuttgart 179 – [Freiburg im Breisgau](#) *32 – Donaueschingen 56 – Basel 49.*

Waldeck, Poche 6 (nahe der B 317, Ost : 1,5 km), ⊠ 79674, ℘ (07671) 99 99 30, wal deck-todtnau@t-online.de, Fax (07671) 9999339, 余 – ⇔ Zim, 匝 🅿. ⓜ ⑨ 📧
geschl. 22. März - 8. April, Nov. - 21. Dez. – **Menu** *(geschl. Mittwoch - Donnerstagmittag)* à la carte 19/26 – **18 Zim** ⇌ 43/52 – 49/66 – ½ P 9.
• Ein im Grünen gelegener solider Schwarzwaldgasthof. Die gepflegten, zeitgemäßen Zimmer sind mit Kiefernholzmöbeln eingerichtet und verfügen z. T. über Balkone. Regionstypische Gaststube mit Kachelofen.

In Todtnau-Brandenberg *Nord-Ost : 3,5 km über B 317 – Höhe 800 m*

Zum Hirschen, Kapellenstr. 1 (B 317), ⊠ 79674, ℘ (07671) 18 44, info@hirschen-b randenberg.de, Fax (07671) 8773, 余 – 匝 🅿. ⓜ ⑨ 📧
geschl. Nov. – **Menu** *(geschl. Dienstag)* à la carte 17/28 – **10 Zim** ⇌ 32 – 58/64 – ½ P 14.
• Dieser hübsche Schwarzwaldgasthof begrüßt seine Besucher mit einer familiären Atmosphäre und gepflegten, mit Eichenholzmobiliar eingerichteten Zimmern. Die rustikalen GastRäume im Schwarzwälder Stil wirken hell und freundlich.

In Todtnau-Fahl *Nord-Ost : 4,5 km über B 317 – Höhe 900 m*

Lawine, Fahl 7 (B 317), ⊠ 79674, ℘ (07676) 3 55, hotel@lawine.de, Fax (07676) 366, 余, ≘s, 氣 – 匝 ⇔ 🅿. 🅐🅔 ⓘ ⓜ ⑨ 📧
geschl. 26. April - 10. Mai, 10. Nov. - 12. Dez. – **Menu** *(geschl. Donnerstag)* à la carte 14,50/31 – **17 Zim** ⇌ 43/45 – 63/67 – ½ P 14.
• Der Schwarzwaldgasthof mit Hotelanbau liegt am Fuße des Feldbergs. Die Zimmer sind mit hellem, zeitlosem Einbaumobiliar ausgestattet, ausreichend groß und haben z. T. Balkone. Mehrfach unterteilte, rustikale Gaststuben im regionalen Stil mit Kachelofen.

In Todtnau-Herrenschwand *Süd : 14 km, über B 317, in Geschwend links ab, über Präg – Höhe 1 018 m*

Waldfrieden, Dorfstr. 8, ⊠ 79674, ℘ (07674) 2 32, waldfrieden@herrenschwa nd.de, Fax (07674) 1070, 余, 氣 – ⇔ Zim, 匝 ⇔ 🅿. ⓜ ⑨ 📧
geschl. 15. - 26. März, 8. Nov. - 15. Dez. – **Menu** *(geschl. Dienstag)* à la carte 19/33 – **15 Zim** ⇌ 36/38 – 72 – ½ P 13.
• Ein gut geführter Familienbetrieb : Schwarzwaldgasthof mit sauberen, gepflegten Zimmern in unterschiedlicher Ausstattung, einer großen Liegewiese und reizvoller Umgebung. Ländliche Gaststube.

TODTNAU

In Todtnau-Präg Süd-Ost : 7 km, über B 317, in Geschwend links ab :

Landhaus Sonnenhof, Hochkopfstr. 1, ⌧ 79674, ℘ (07671) 5 38, Fax (07671) 1765, 佘, ≘s, ◻, 砰, ⇌ Zim, TV P
geschl. März 2 Wochen – **Menu** (geschl. Montag) à la carte 17/38 – **18 Zim** ⌂ 48 – 95 – ½ P 15.
• Solide, mit bemalten Bauernmöbeln eingerichtete Zimmer und eine neue Badelandschaft mit Quellwasser zählen zu den Vorzügen dieses Hauses. Rustikale Gaststuben mit regionstypischem Dekor.

In Todtnau-Todtnauberg Nord : 6 km, Richtung Schauinsland, über Aftersteg – Höhe 1 021 m

Wellness- Vitalhotel Mangler, Ennerbachstr. 28, ⌧ 79674, ℘ (07671) 9 69 30, wellnesshotel@mangler.de, Fax (07671) 8693, ≤, 佘, ⌖, Massage, ♨, Ⅰ6, ≘s, ◻, 砰 – ⌶, TV P, ⓜⓞ VISA, ✗
Menu à la carte 23/36 – **32 Zim** ⌂ 78/92 – 114/154 – ½ P 20.
• Gepflegte Schwarzwälder Gastlichkeit : Das komfortable Hotel erwartet Sie mit wohnlichen Zimmern im Landhausstil, einem gepflegten Wellnessbereich und freundlichem Service. In dem Restaurant mit ländlichem Ambiente sitzt man in gemütlichen Nischen.

Engel, Kurhausstr. 3, ⌧ 79674, ℘ (07671) 9 11 90, hotel-engel-todtnauberg@t-online.de, Fax (07671) 9119200, 佘, Massage, ≘s, ◻, 砰 – ⌶, ⇌ Zim, TV, ⇐ P, AE ⓜⓞ VISA
Menu à la carte 18/38 – **32 Zim** ⌂ 54 – 80/95, 3 Suiten – ½ P 17.
• Im Jahr 1861 erhielt der Engel das Schankrecht : Aus der ehemaligen Bauernschänke wurde ein zeitgemäßes Hotel mit solide eingerichteten Zimmern und bequemen Ferienwohnungen. Gemütliche Schwarzwaldstube und stilvoll renoviertes Restaurant.

Sonnenalm, Hornweg 21, ⌧ 79674, ℘ (07671) 18 00, info@hotel-sonnenalm.de, Fax (07671) 9212, ≤ Schwarzwald und Berner Oberland, ≘s, ◻, 砰 – TV P, ⓜⓞ, ✗
geschl. 5. Nov. - 15. Dez. – **Menu** (geschl. Sonntag) (nur Abendessen) (Restaurant nur für Hausgäste) – **15 Zim** ⌂ 40/54 – 72/104 – ½ P 14.
• Das neu gebaute kleine Hotel liegt oberhalb des Dorfes und bietet solide eingerichtete Zimmer und einen schönen Blick auf die Umgebung.

Arnica, Hornweg 26, ⌧ 79674, ℘ (07671) 96 25 70, schwarzwaldhotel-arnica@t-online.de, Fax (07671) 962580, ≤ Schwarzwald und Berner Oberland, ≘s, ◻, 砰 – TV, ⇐ P, ✗
geschl. Nov. - Mitte Dez. – **Menu** (nur Abendessen)(Restaurant nur für Hausgäste) – **13 Zim** ⌂ 44/54 – 88/116 – ½ P 14.
• Eine nette Pension mit privater Atmosphäre und Zimmern mit hellem, ländlichem Mobiliar. Die ruhige Lage und die gute Bewirtung sorgen für einen komfortablen Aufenthalt.

Die in diesem Führer angegebenen Preise folgen
der Entwicklung der allgemeinen Lebenshaltungskosten.
Lassen Sie sich bei der Zimmerreservierung den endgültigen
Preis vom Hotelier mitteilen.

TÖLZ, BAD Bayern ⁵⁴⁶ W 18 – 16 500 Ew – Höhe 657 m – Heilbad – Heilklimatischer Kurort – Wintersport : 670/1 250 m ✓8 ✗.
Sehenswert : Marktstraße★.
🏌 Wackersberg, Straß 124 (West : 2 km), ℘ (08041) 99 94.
🛈 Tourist-Information, Kurverwaltung, Max-Höfler-Platz 1, ⌧ 83646, ℘ (08041) 7 86 70, info@bad-toelz.de, Fax (08041) 786756.
Berlin 642 – München 53 – Garmisch-Partenkirchen 54 – Innsbruck 97 – Rosenheim 52.

Rechts der Isar :

Am Wald, Austr. 39, ⌧ 83646, ℘ (08041) 7 88 30, info@hotel-wald.de, Fax (08041) 788330, 佘, Massage, ♨, ≘s, ◻, 砰 – ⌶, ⇌ Rest, TV P, AE ⓜⓞ VISA, ✗ Rest
geschl. 10. Nov. - 20. Dez. – **Menu** (geschl. Dienstag) à la carte 15/33 – **34 Zim** ⌂ 45/50 – 74 – ½ P 10.
• Saubere und gepflegte Zimmer mit Balkon, ein netter Garten mit Liegewiese und eine Grillhütte erwarten die Gäste. Die Spazierwege beginnen direkt am Hotel. Ländlich-rustikales Lokal.

Altes Fährhaus mit Zim, An der Isarlust 1, ⌧ 83646, ℘ (08041) 60 30, info@altes-faehrhaus-toelz.de, Fax (08041) 72270, ≤, 佘 – TV P
geschl. Feb. 2 Wochen, Nov. 2 Wochen – **Menu** (geschl. Montag - Dienstag) à la carte 28/49 – **5 Zim** ⌂ 69/87 – 100/118.
• In dem ehemaligen Fährhaus am idyllischen Isarufer speist man an schön gedeckten Tischen in teils rustikal-eleganten, teils klassischen Stuben.

TÖLZ, BAD
Links der Isar :

Jodquellenhof ⌘, Ludwigstr. 13, ⊠ 83646, ℘ (08041) 50 90, *reservation@jodqu ellenhof.com, Fax (08041) 509555*, 🌳, freier und direkter Zugang zum Kurmittelhaus und Alpamare-Badezentrum – 🛗 📺 📞 ⇔ 🅿 – 🏋 60. 🅰🅴 ⓘ 🆎 𝐕𝐈𝐒𝐀. ※ Rest
Menu à la carte 28/36 – **90 Zim** ⊇ 155/235 – 225/305 – ½ P 28.
  • Ein klassisches Kurhotel mit stilvoller Halle und komfortabler Ausstattung. Die wohnlichen Zimmer überzeugen mit geschmackvollen Pastellfarben und modernen Badezimmern. Im ansprechenden Landhausstil präsentiert sich das großzügige Restaurant.

Alpenhof ⌘ garni, Buchener Str. 14, ⊠ 83646, ℘ (08041) 7 87 40, *hotel@alpenh of-toelz.de, Fax (08041) 72383*, 🎿, 🈁, 🔲, 🚗 – 🛗 – 🛌 📺 ⇔ 🅿. 🆎 𝐕𝐈𝐒𝐀
geschl. Ende Nov. 2 Wochen – **27 Zim** ⊇ 55/65 – 90/94.
  • In der Kurzone liegt das engagiert geführte Haus mit geräumigen und komplett ausgestatteten Appartements mit Küchenzeilen. Gesundheitsbewussten bietet man Schrothkuren an.

Tölzer Hof ⌘, Rieschstr. 21, ⊠ 83646, ℘ (08041) 80 60, *hotel-toelzer-hof@t-onli ne.de, Fax (08041) 806333*, 🌳, Massage, ♨, 🈁, 🚗 – 🛗 – 🛌✱ Zim, 📺 ♿ ⇔ 🅿 – 🏋 40. 🅰🅴 ⓘ 🆎 𝐕𝐈𝐒𝐀. ※ Rest
Menu à la carte 21/32 – **83 Zim** ⊇ 110 – 180 – ½ P 18.
  • Alle Zimmer des gepflegten Hotels mit dem aufmerksamen Service sind solide eingerichtet und haben Balkone und Sitzecken. Sanatoriumsabteilung. Im mit Naturholzmöbeln eingerichteten Restaurant nimmt man auch auf Diätwünsche Rücksicht.

Lindenhof, Königsdorfer Str. 24, ⊠ 83646, ℘ (08041) 79 43 40, *info@lindenhof-to elz.de, Fax (08043) 7943429*, 🌳 – 🛌✱ Zim, 📺 ♿ 🅿. 🅰🅴 🆎 𝐕𝐈𝐒𝐀
Olympia (griechische Küche) **Menu** à la carte 15/30 – **11 Zim** ⊇ 36/54 – 72/82.
  • Nach einem aufwändigen Umbau präsentiert sich das bayerische Gasthaus in modernisierter Form. Reisenden bietet man neuzeitlich ausgestattete Zimmer mit gutem Platzangebot. Im Restaurant steht griechische Küche auf dem Programm.

Villa Bellaria ⌘ garni, Ludwigstr. 22, ⊠ 83646, ℘ (08041) 8 00 80, *post@villa-bel laria.de, Fax (08041) 800844*, Massage, ♨, 🈁, 🚗 – 🛗 📺 🅿. 🆎 𝐕𝐈𝐒𝐀
22 Zim ⊇ 67/99 – 114/124.
  • Klassisch-stilvolles Ambiente verbunden mit zeitgemäßem Komfort findet der Gast hinter der gelb-weißen Fassade der recht ruhig im Kurgebiet gelegenen Villa.

Alexandra, Kyreinstr. 13, ⊠ 83646, ℘ (08041) 7 84 30, *info@alexandrahotel.de, Fax (08041) 784399*, 🈁, 🚗 – 🛗 ⇔ 🅿. 🆎 𝐕𝐈𝐒𝐀. ※
Menu *(geschl. Sonntag) (nur Abendessen)* (Restaurant nur für Hausgäste) – **22 Zim** ⊇ 45/69 – 78/100.
  • Ländlich-rustikal ist das Ambiente in der Hotelpension mit familiärem Charakter. Das Landhaus mit Balkonfassade beherbergt wohnlich ausgestattete Zimmer und nette Gaststuben.

Kurhotel Tannenberg ⌘ garni, Tannenbergstr. 1, ⊠ 83646, ℘ (08041) 7 66 50, *info@kurhotel-tannenberg.de, Fax (08041) 766565*, Massage, ♨, 🈁, 🚗 – 🛗 🛌✱ 🅿. 🆎
𝐕𝐈𝐒𝐀. ※
geschl. 24. Nov. - 20. Dez – **16 Zim** ⊇ 46/66 – 82/92.
  • Ein Nichtraucherhaus mit hübscher Kaminhalle und gepflegten Zimmern, die mit Nussbaummobiliar eingerichtet sind. Mit moderner Badeabteilung, Heilfasten und F.X. Mayr-Kur.

In Bad Tölz-Kirchbichl *Nord : 6,5 km über Dietramszeller Straße :*

Jägerwirt, Nikolaus-Rank-Str. 1, ⊠ 83646, ℘ (08041) 95 48, *mail@jaegerwirt-kirchb ichl.de, Fax (08041) 73542*, 🌳 – 🅿. 🆎 ●
geschl. März 2 Wochen, Mitte Okt. - Mitte Nov., Montag, Donnerstag – **Menu** à la carte 13,50/30.
  • Nettes Gasthaus im Stil eines Bauernhofs mit derb-rustikalem Ambiente und schmackhaften regionalen Schmankerln. Spezialität sind Haxen vom Grill (auf Vorbestellung).

TÖNISVORST Nordrhein-Westfalen 𝟓𝟒𝟑 M 3 – 29 400 Ew – Höhe 40 m.
Berlin 577 – *Düsseldorf* 29 – Krefeld 8 – Mönchengladbach 24.

An der Straße von St. Tönis - Anrath *Süd : 3 km :*

Landhaus Hochbend, Düsseldorfer Str. 11, ⊠ 47918, ℘ (02156) 32 17, Fax (02156) 40585, 🌳 – 🅿. 🆎 𝐕𝐈𝐒𝐀
geschl. über Karneval 2 Wochen, Aug. 2 Wochen, Montag, Samstagmittag – **Menu** à la carte 35/50.
  • Das reich dekorierte Restaurant ist im Landhausstil gehalten - durch eine große Sprossentür blicken Sie in den Garten. Leicht gehobene, französisch ausgerichtete Küche.

1388

TÖNNING Schleswig-Holstein 541 D 10 – 5 000 Ew – Höhe 3 m.
Berlin 414 – Kiel 97 – Sylt (Westerland) 81 – Husum 24 – Heide 23.

Miramar, Westerstr. 21, ✉ 25832, ✆ (04861) 90 90, miramar@nordsee-erlebnis.de, Fax (04861) 909404, 🌳 – 🛗, ⊁ Zim, 📺 ✆ & 🅿 – 🔒 70. 🅼 🆅
Menu à la carte 18/37 – **34 Zim** ⌂ 50/75 – 90/125.
• Ehemals als Schule genutzt, beherbergt das Haus heute ein modern und wohnlich ausgestattetes Hotel. Optische Abwechslung bietet eine Bilderausstellung. Hell und leicht elegant präsentiert sich das Restaurant.

TORGAU Sachsen 544 L 23 – 20 000 Ew – Höhe 85 m.
🛈 Informations-Center, Schloßstr. 11, ✉ 04860, ✆ (03421) 71 25 71, info@tic-torgau.de, Fax (03421) 710280.
Berlin 129 – Dresden 83 – Leipzig 53 – Wittenberg 49.

Torgauer Brauhof, Warschauer Str. 7, ✉ 04860, ✆ (03421) 7 30 00, hotel-torgauer-brauhof@t-online.de, Fax (03421) 730017 – ⊁ Zim, 📺 🅿 – 🔒 20. 🆀 🅞 🅼 🆅 🅹🅲🅱. ⊁ Rest
Menu (geschl. Sonntag) (nur Abendessen) à la carte 13,50/21 – **37 Zim** ⌂ 46/62 – 66/72.
• Gut unterhaltene, großzügig geschnittene und zeitgemäss eingerichtete Zimmer erwarten die Gäste in dem neuzeitlichen Hotelbau. Moderne Bowlingbahn.

TORNESCH Schleswig-Holstein 541 E 13 – 12 000 Ew – Höhe 11 m.
Berlin 315 – Kiel 104 – Hamburg 33 – Itzehoe 35.

Esinger Hof garni, Denkmalstr. 7 (Esingen), ✉ 25436, ✆ (04122) 9 52 70, esingerhof@t-online.de, Fax (04122) 952769, 🌳 – 📺 ✆ & 🅿 🅼 🆅
23 Zim ⌂ 45 – 65.
• Gepflegte Zimmer mit rustikalen Eichenholzmöbeln erwarten die Gäste des Klinkerbaus im Landhausstil mit schöner Gartenanlage. Mit Appartements für Langzeitgäste.

TRABEN-TRARBACH Rheinland-Pfalz 543 Q 5 – 6 300 Ew – Höhe 120 m – Luftkurort.
✈ Hahn, Am Flughafen (Ost : 19 km), ✆ (06543) 50 95 60.
🛈 Tourist-Information, Bahnstr. 22, ✉ 56841, ✆ (06541) 8 39 80, Fax (06541) 839839.
Berlin 673 – Mainz 104 – Trier 63 – Bernkastel-Kues 24 – Cochem 55.

Im Ortsteil Traben :

Romantik Hotel Bellevue ⊛ (mit Gästehäusern), Am Moselufer, ✉ 56841, ✆ (06541) 70 30, info@bellevue-hotel.de, Fax (06541) 703400, ≤, 🌳, Massage, 🎿, ≘s, 🏊 – 🛗 📺 ✆ – 🔒 20. 🆀 🅞 🅼 🆅. ⊁ Rest
Clauss Feist : Menu à la carte 25/42 – **60 Zim** ⌂ 75/120 – 140/169 – ½ P 24.
• In schöner Lage an der Mosel findet man dieses um 1900 erbaute Jugendstilgebäude. Die Gästezimmer gefallen durch ein klassisches, wohnliches Ambiente. Jugendstilelemente wie Motivfenster und Täfelungen geben dem Restaurant Clauss Feist eine besondere Note.

Trabener Hof garni, Bahnstr. 25, ✉ 56841, ✆ (06541) 7 00 80, trabener-hof@net-art.de, Fax (06541) 700888 – 🛗 📺. 🆀 🅞 🅼 🆅 🅹🅲🅱
geschl. 1. Nov. - 15. März – **24 Zim** ⌂ 49/66 – 75/89.
• Hinter der gepflegten Fassade des renovierten Stadthauses findet man modern und geschmackvoll gestaltete Zimmer, in denen Karostoffe für eine wohnliche Atmosphäre sorgen.

Bisenius garni, An der Mosel 56, ✉ 56841, ✆ (06541) 81 37 10, info@hotel-bisenius.de, Fax (06541) 813720, ≤, ≘s, 🏊, 🌳 – 📺 🅿. 🆀 🅞 🅼 🆅
geschl. Mitte Nov. - Mitte März – **12 Zim** ⌂ 44/62 – 62/77.
• Das Haus ist nur durch die Promenade von der Mosel getrennt und verfügt über solide mit hellen Möbeln eingerichtete Zimmer und eine schöne Terrasse mit Flussblick.

Im Ortsteil Trarbach :

Moseltor, Moselstr. 1, ✉ 56841, ✆ (06541) 65 51, info@moseltor.de, Fax (06541) 4922, 🌳 – ⊁ Zim, 📺 ⇔. 🆀 🅞 🅼 🆅 🅹🅲🅱. ⊁ Rest
geschl. Feb., Juli 2 Wochen – **Menu** (geschl. Dienstag) (nur Abendessen) (Tischbestellung ratsam) à la carte 25/36 – **11 Zim** ⌂ 46/80 – 77/115 – ½ P 21.
• Die Zimmer des von der Besitzer-Familie geführten Stadthauses mit Natursteinfassade sind mit soliden, teils neuzeitlichen Holzmöbeln eingerichtet und bieten Standardkomfort.

TRASSEM Rheinland-Pfalz siehe Saarburg.

TRASSENHEIDE Mecklenburg-Vorpommern siehe Usedom (Insel).

TRAUNSTEIN Bayern 546 W 21 – 18 000 Ew – Höhe 600 m.

🛈 Tourismusbüro, Im Stadtpark, ✉ 83278, ℘ (0861) 9 86 95 23, tourismus@traunstein.btl.de, Fax (0861) 9869524.

ADAC, Ludwigstr. 12c.

Berlin 674 – München 112 – Bad Reichenhall 35 – Rosenheim 53 – Salzburg 41.

Park-Hotel Traunsteiner Hof, Bahnhofstr. 11, ✉ 83278, ℘ (0861) 98 88 20, parkhotel-ts@t-online.de, Fax (0861) 8512, Biergarten, ≘ – 🕴, ⚞ Zim, 📺 ⇔ 🅿 – 🔬 30. AE ⓞ ⓜ VISA
Menu (geschl. 1. - 10. Jan., 16. Okt. - 7. Nov., Samstag) à la carte 17/27 – **56 Zim** ⊇ 52/57 – 90.

• Das stilvolle, gut geführte Hotel von 1888 überzeugt mit komfortablen Zimmern, in denen farblich aufeinander abgestimmtes Mobiliar eine wohnliche Atmosphäre erzeugt. Holzgetäfelte Wände und schöne Dekorationsstoffe im Restaurant.

In Traunstein-Hochberg Süd-Ost : 5 km, über Daxerau und Höfen – Höhe 775 m

Alpengasthof Hochberg ⋙, Hochberg 6, ✉ 83278, ℘ (0861) 42 02, gruberaloi s@t-online.de, Fax (0861) 1669777, ≤ Chiemsee und Berchtesgadener Alpen, Biergarten – 📺 ⇔ 🅿
geschl. Ende Okt. - Anfang Dez. – **Menu** (geschl. Dienstag - Mittwochmittag, Jan. - April Dienstag - Mittwoch) à la carte 15/25 – **16 Zim** ⊇ 25/33 – 50/66 – ½ P 10.

• Einen schönen Blick auf die Chiemgauer Alpen genießt man von dem netten, einsam gelegenen Gasthof mit seinen einfachen Zimmern. Guter Ausgangspunkt für Wanderungen. Schlichte, rustikale Gaststube.

TREBBIN Brandenburg 542 J 23 – 5 000 Ew – Höhe 50 m.
Berlin 56 – Potsdam 29 – Brandenburg 62 – Frankfurt (Oder) 101 – Wittenberg 68.

Parkhotel, Parkstr. 5, ✉ 14959, ℘ (033731) 7 10, parkhotel-trebbin@t-online.de, Fax (033731) 71111, ♨ – 🕴, ⚞ Zim, 📺 📞 ⇔ 🅿 – 🔬 70. AE ⓞ ⓜ VISA
Menu (nur Abendessen) à la carte 14/21 – **38 Zim** ⊇ 62/72 – 78/88.

• Freundlich ist die Atmosphäre in den hell und modern eingerichteten Zimmern dieses ruhig an einem Park gelegenen Hotels. Auch für Tagungen gut geeignet.

TREBGAST Bayern 546 P 18 – 1 440 Ew – Höhe 324 m.
Berlin 347 – München 250 – Coburg 56 – Kulmbach 13.

Landhotel Röhrleinshof, Eichholz 6 (West : 2 km), ✉ 95367, ℘ (09227) 95 50, landhotel-roehrleinshof@web.de, Fax (09227) 955190, ♨, ≘, 🎱, ⚞ – 📺 🅿 – 🔬 40. ⓜ VISA
Menu (geschl. Jan. 2 Wochen, Montag) à la carte 15,50/29 – **23 Zim** ⊇ 44/62 – 77/82.

• Das aus mehreren Gebäuden bestehende ehemalige Gehöft beherbergt ein gepflegtes, gut geführtes Hotel mit soliden Zimmern. Schön : die Lage auf dem Land. Neuzeitlich gestaltete Restauranträume mit Wintergarten und hübsche Gartenterrasse.

TREBSEN (MULDE) Sachsen 544 M 22 – 3 600 Ew – Höhe 130 m.
Berlin 181 – Dresden 85 – Leipzig 36 – Chemnitz 79.

Schloßblick, Markt 8, ✉ 04687, ℘ (034383) 60 80, hotel-trebsen@proximedia.de, Fax (034383) 42237 – ⚞ Zim, 📺 📞 🅿 – 🔬 50. ⓜ VISA
Menu à la carte 13/28 – **35 Zim** ⊇ 45 – 55.

• Hinter der hellrosa Fassade des Hotels in der Ortsmitte erwarten den Gast solide, mit rustikalen Kiefernholzmöbeln eingerichtete Zimmer mit zeitgemäßem Standard.

TREBUR Hessen 543 Q 9 – 11 000 Ew – Höhe 86 m.
Berlin 571 – Wiesbaden 25 – Frankfurt am Main 38 – Darmstadt 21 – Mainz 19.

Zum Erker, Hauptstr. 1, ✉ 65468, ℘ (06147) 9 14 80, zumerker@surfeu.de, Fax (06147) 914840, ♨ – ⚞ Zim, 📺 🅿 – 🔬 50. AE ⓜ VISA
Menu (geschl. 1. - 17. Juli, Sonntagabend - Montagmittag) à la carte 16/33 – **26 Zim** ⊇ 62 – 72/87.

• Der historische Gasthof ist seit 1743 in Familienbesitz. Die gepflegten Zimmer sind mit Mahagonimobiliar und Fliesenböden ausgestattet und nett dekoriert. Ländliches Hotel mit Nischen, holzgetäfelter Decke und gepolsterten Bänken.

TREFFELSTEIN Bayern siehe Waldmünchen.

TREIS-KARDEN Rheinland-Pfalz **543** P 5 – 2 600 Ew – Höhe 85 m. ·
  🛈 Verkehrsamt, Hauptstr. 27 (Treis), ✉ 56253, ✆ (02672) 61 37, Fax (02672) 2780.
  Berlin 633 – Mainz 100 – Koblenz 37 – Trier 104 – Cochem 12.

Im Ortsteil Karden :

🏨 **Schloß-Hotel Petry**, St.-Castor-Str. 80, ✉ 56253, ✆ (02672) 93 40, info@schloss-hotel-petry.de, Fax (02672) 934440, 😀, 🛋 – 📶, 🚭 Zim, 📺 📞 ♿ 🚗 📍 – 🔒 60. 🍽 Rest
  Menu à la carte 18/34 – **Schloß-Stube** (geschl. Jan. 2 Wochen, Aug. 2 Wochen, Dienstag - Mittwoch) **Menu** à la carte 38/44 – **74 Zim** ⊃ 40/63 – 70/110 – ½ P 13.
  • Zimmer in verschiedenen Kategorien, von schlicht bis elegant, bietet die aus mehreren Häusern bestehende Anlage, die um das Schloss herum entstanden ist. Weinstube im altdeutschen Stil. Stilvoll-elegante Schloss-Stube.

🏨 **Brauer**, Moselstr. 26, ✉ 56253, ✆ (02672) 12 11, Fax (02672) 8910, ≤, 😀 – 🚗 📍 🍽
  geschl. Jan. - Feb. – **Menu** (geschl. Mittwoch) à la carte 18/28 – **33 Zim** ⊃ 30/35 – 60/62.
  • Ein netter, solider Gasthof mit Zimmern, die teils mit rustikalen Eichenholzmöbeln, teils mit hellen Naturholzmöbeln eingerichtet sind. Helle Gaststube und Restaurant im altdeutschen Stil.

In Müden Ost : 4 km Richtung Löf :

🏨 **Sewenig**, Moselstr. 5 (B 416), ✉ 56254, ✆ (02672) 13 34, info@hotel-sewenig.de, Fax (02672) 1730, ≤, 😀, 🛋, 🚗 – 📶, 🚭 Zim, 📺 📍 ① 🆗 VISA. 🍽 Rest
  geschl. Jan. – **Menu** (geschl. Nov. - April Dienstag) à la carte 15/26 – **30 Zim** ⊃ 38/40 – 72/80.
  • Das Ferien- und Tagungshotel ist nur durch die Uferstraße von der Mosel getrennt. Die Zimmer sind mit rustikalen Eichenmöbeln eingerichtet und bieten zeitgemäßen Standard. Leicht rustikales Restaurant mit schönem Blick auf die Mosel.

TRENT Mecklenburg-Vorpommern siehe Rügen (Insel).

TREUCHTLINGEN Bayern **546** T 16 – 14 500 Ew – Höhe 414 m – Erholungsort.
  🛈 Kur- und Touristinformation (Schloß), ✉ 91757, ✆ (09142) 31 21, Fax (09142) 3120.
  Berlin 496 – München 133 – Augsburg 76 – Nürnberg 68 – Stuttgart 156.

🏨 **Gästehaus Stuterei Stadthof** garni, Luitpoldstr. 27, ✉ 91757, ✆ (09142) 9 69 60, stadthof@freenet.de, Fax (09142) 969696, 🚗 – 🚭 📺 📞 ♿ 📍 – 🔒 40. AE 🆗 VISA JCB
  geschl. 20. Dez. - 7. Jan. – **33 Zim** ⊃ 49 – 80.
  • Der ehemalige Gutshof wurde am Ortsrand zu einem freundlichen Gästehaus mit solide eingerichteten Zimmern, wohnlichen öffentlichen Bereichen und einer hübschen Gartenanlage.

TREUEN Sachsen **544** O 20 – 7 200 Ew – Höhe 470 m.
  Berlin 298 – Dresden 143 – Gera 51 – Plauen 10.

🏨 **Wettin**, Bahnhofstr. 18, ✉ 08233, ✆ (037468) 65 80, wettin@hotel-wettin.de, Fax (037468) 4752, Biergarten – 📺 📞 📍 – 🔒 25. AE 🆗 VISA
  Menu à la carte 21/38 – **16 Zim** ⊃ 49/65 – 69/85.
  • Solide Zimmer, die mit mahagonifarbenen Möbeln eingerichtet sind und oft über Sitzgruppen verfügen, hält das renovierte Eckhaus in der Stadtmitte für seine Gäste bereit.

TRIBERG Baden-Württemberg **545** V 8 – 5 500 Ew – Höhe 700 m – Heilklimatischer Kurort – Wintersport : 800/1 000 m ❄.
  Sehenswert : Wasserfall★ – Wallfahrtskirche "Maria in der Tanne" (Ausstattung★) – Schwarzwaldbahn ★.
  🛈 Tourist-Information, im Kurhaus, Luisenstr. 10, ✉ 78098, ✆ (07722) 95 32 30, tourist-info@triberg.de, Fax (07722) 953236.
  Berlin 765 – Stuttgart 139 – Freiburg im Breisgau 61 – Offenburg 56 – Villingen-Schwenningen 26.

🏨 **Romantik Parkhotel Wehrle** (mit Gästehaus), Gartenstr. 24, ✉ 78098, ✆ (07722) 8 60 20, info@parkhotel-wehrle.de, Fax (07722) 860290, 😀, 🛋, 🏊, 🏊, 🚗 – 📶 🚭 📺 📞 🚗 📍 – 🔒 50. AE ① 🆗 VISA JCB
  Ochsenstube : Menu à la carte 31/51 – **Alte Schmiede** : Menu à la carte 19/32 – **51 Zim** ⊃ 65/125 – 130/195 – ½ P 29.
  • Ein Hotel mit stilvoll-behaglichem Ambiente : Individuelle, geschmackvolle Zimmer und der hoteleigene Park schaffen Wohlfühl-Atmosphäre. In der Ochsenstube speisen Sie in einer eleganten Umgebung. Rustikaler geht es in der Alten Schmiede zu.

TRIBERG

Schwarzwald Residenz, Bgm.-De-Pellegrini-Str. 20, ⌂ 78098, ✆ (07722) 9 62 30, info@residenz-triberg.bestwestern.de, Fax (07722) 962365, ≤, 😊, 🍽, 🏊 – 🛗, 🍴 Zim, 📺 🍷 ⇔ 🅿 🆎 ⓞ ⓜⓞ 💳 JCB. 🍽 Rest
Menu (nur Abendessen) à la carte 17/27 – **41 Zim** ☒ 74/79 – 109 – ½ P 15.
• Helle Naturholzmöbel schmücken die freundlichen Zimmer des praktischen Hotels mit Balkonfassade. Genießen Sie die schöne Aussicht auf die reizvolle Umgebung. Mit Appartements. Restaurant in heller, zeitloser Aufmachung.

Adler garni, Hauptstr. 52, ⌂ 78098, ✆ (07722) 45 74, Fax (07722) 4556 – 📺 🅿 🆎 ⓞ ⓜⓞ 💳
10 Zim ☒ 42 – 64.
• Das Hotel-Café verfügt über wohnliche Zimmer, denen freigelegtes Fachwerk eine rustikale Note gibt. Appetitliche Torten bietet die Konditorei.

In Triberg-Gremmelsbach Nord-Ost : 9 km (Zufahrt über die B 33 Richtung St. Georgen, auf der Wasserscheide Sommerau links ab) :

Staude 🌿, Obertal 20, ⌂ 78098, ✆ (07722) 48 02, info@gasthausstaude.de, Fax (07722) 21018, ≤, 😊, 🍽, 🍷 – 📺 ⇔ 🅿
geschl. Nov. – **Menu** (geschl. Dienstag) à la carte 15/35 – **13 Zim** ☒ 36/38 – 68/76 – ½ P 15.
• Genießen Sie die ruhige, sonnige Lage : In 900 m Höhe wartet dieser hübsche, typische Schwarzwaldhof auf seine Gäste. Man wohnt in gepflegten, zeitgemäß ausgestatteten Zimmern. Ländliche Gaststuben mit rustikaler Einrichtung.

TRIER Rheinland-Pfalz **543** Q 3 – 100 000 Ew – Höhe 124 m.
Sehenswert : Porta Nigra★★ DX – Liebfrauenkirche★ (Grabmal des Domherren Metternich★) DX – Kaiserthermen★★ DY – Rheinisches Landesmuseum★★ DY – Dom★ (Domschatzkammer★, Kreuzgang ≤★, Inneres Tympanon★ des südlichen Portals) DX – Bischöfliches Museum ★ DX M1 – Palastgarten★ DY – St. Paulin★ DX – Schatzkammer der Stadtbibliothek★★ DY B – Hauptmarkt★ DX – Dreikönigenhaus★ DX K.
Ausflugsziel : Moseltal★★★ (von Trier bis Koblenz).
🛬 Ensch-Birkenheck (Nord-Ost : 20 km über ① und Bekond), ✆ (06507) 99 32 55.
🛈 Tourist-Information, An der Porta Nigra, ⌂ 54290, ✆ (0651) 97 80 80, info@trier.de, Fax (0651) 9780888. – **ADAC,** Fahrstr. 3.
Berlin 719 ① – Mainz 162 ① – Bonn 143 ① – Koblenz 124 ① – Luxembourg 47 ③ – Metz 98 ② – Saarbrücken 93 ①

Stadtplan siehe nächste Seite

Park Plaza, Nikolaus-Koch-Platz 1, ⌂ 54290, ✆ (0651) 9 99 30, info@parkplaza-trier.de, Fax (0651) 9993555, 😊, 🍽 – 🛗, 🍴 Zim, 📺 🍷 ⇔ – 🚗 180. 🆎 ⓞ ⓜⓞ 💳 JCB. 🍽 Rest
Menu à la carte 32/40 – ☒ 15 – **142 Zim** 105/116 – 116/126.   CX f
• Nur wenige Schritte von der Fußgängerzone entfernt liegt dieses Hotel. Geradliniges Design begleitet Sie von der Lobby bis in die modern ausgestatteten Zimmer. Zur Halle hin offenes Restaurant im Bistrostil.

Dorint, Porta-Nigra-Platz 1, ⌂ 54292, ✆ (0651) 2 70 10, info.zqftri@dorint.com, Fax (0651) 2701170 – 🛗, 🍴 Zim, 🍽 📺 🍷 – 🚗 80. 🆎 ⓞ ⓜⓞ 💳 JCB. 🍽 Rest   DX z
Menu (nur Abendessen) à la carte 20/36,50 – **106 Zim** ☒ 114/141 – 142/169.
• Gegenüber der Porta Nigra beziehen Sie ein neuzeitliches Stadthotel mit klassischwohnlichem Ambiente. Fragen Sie nach einem der eleganten Kirschholz-Zimmer. Restaurant Porta mit stilvoll-eleganter Atmosphäre.

Mercure, Metzer Allee 6, ⌂ 54295, ✆ (0651) 9 37 70, h2829@accor-hotels.com, Fax (0651) 9377333, 😊 – 🛗, 🍴 Zim, 🍽 📺 🍷 ⇔ – 🚗 70. 🆎 ⓞ ⓜⓞ 💳
                                                                          V n
Menu à la carte 19/37 – ☒ 13 – **105 Zim** 84/94 – 108/136, 3 Suiten.
• Das komfortable Hotel befindet sich in einem schlichten, modernen Bau und überzeugt durch wohnliche Eleganz sowohl im Hallenbereich wie auch in den Zimmern. Helles, modernes Restaurant.

Deutscher Hof, Südallee 25, ⌂ 54290, ✆ (0651) 9 77 80, info@hotel-deutscher-hof.de, Fax (0651) 9778400, 😊, 🍽 – 🛗, 🍴 Zim, 📺 🍷 ⇔ 🅿 – 🚗 110. 🆎 ⓞ ⓜⓞ 💳   CY g
geschl. 21. Dez. - 5. Jan. – **Menu** (geschl. 21. Dez - 9. Jan.) à la carte 20/35 – **102 Zim** ☒ 60/75 – 95/115.
• Ein professionell geführtes, gepflegtes Stadthotel mit großzügig und modern gestaltetem Lobbybereich. Fragen Sie nach den gut ausgestatteten Komfort-Zimmern.

TRIER

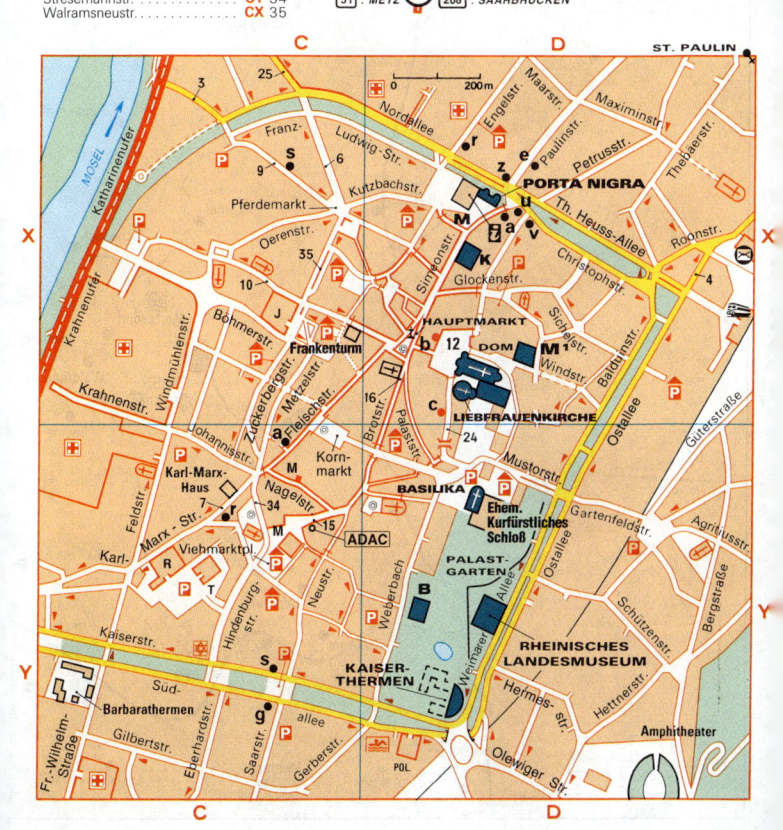

Aachener Straße	**V** 2
Ausoniusstraße	**CX** 3
Berliner Allee	**V** 5
Bismarckstr.	**DX** 4
Brotstraße	**CDY**
Bruchhausenstr.	**CX** 6
Brückenstraße	**CY** 7
Deutschherrenstr.	**CX** 9
Dietrichstraße	**CX** 10
Domfreihof	**DX** 12
Eurener Straße	**V** 14
Fahrstraße	**CY** 15
Fleischstraße	**CXY**
Grabenstraße	**DX** 16
Hauptmarkt	**DX**
Hohenzollernstr.	**V** 18
In der Reichsabtei	**V** 19
Johanniter-Ufer	**V** 20
Kaiser-Wilhelm-Brücke	**V** 22
Kölner Str.	**V** 21
Konrad-Adenauer-Brücke	**V** 23
Kornmarkt	**CY**
Liebfrauenstr.	**DXY** 24
Lindenstraße	**CX** 25
Loebstraße	**V** 26
Martinsufer	**V** 27
Nagelstraße	**CY**
Neustraße	**CY**
Römer-Brücke	**V** 28
Schöndorfer-Str.	**DX**
Simeonstraße	**V** 30
St-Barbara-Ufer	**V** 30
Schöndorfer-Str.	**V** 32
Stresemannstr.	**CY** 34
Walramsneustr.	**CX** 35

1393

Map: Trier region

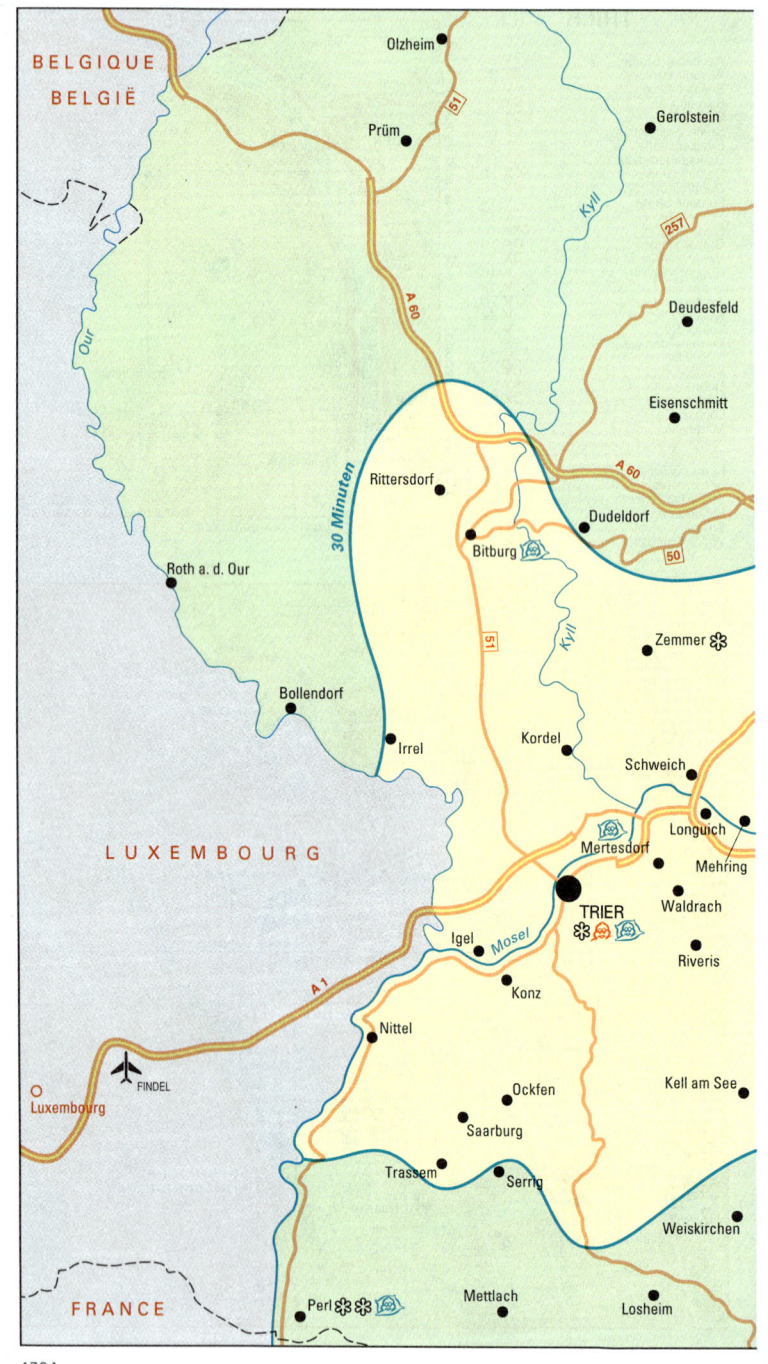

BELGIQUE / BELGIË

- Olzheim
- Prüm
- Gerolstein
- Deudesfeld
- Eisenschmitt
- Rittersdorf
- Dudeldorf
- Bitburg
- Roth a. d. Our
- Zemmer
- Bollendorf
- Irrel
- Kordel
- Schweich
- Longuich
- Mehring

LUXEMBOURG

- Mertesdorf
- TRIER
- Waldrach
- Igel
- Riveris
- Konz
- Nittel
- Ockfen
- Kell am See
- Luxembourg ○
- FINDEL ✈
- Saarburg
- Trassem
- Serrig
- Weiskirchen

FRANCE

- Perl
- Mettlach
- Losheim

Rivers: Our, Kyll, Mosel

Roads: A 60, A 1, 51, 257, 50

30 Minuten (isochrone)

1394

1395

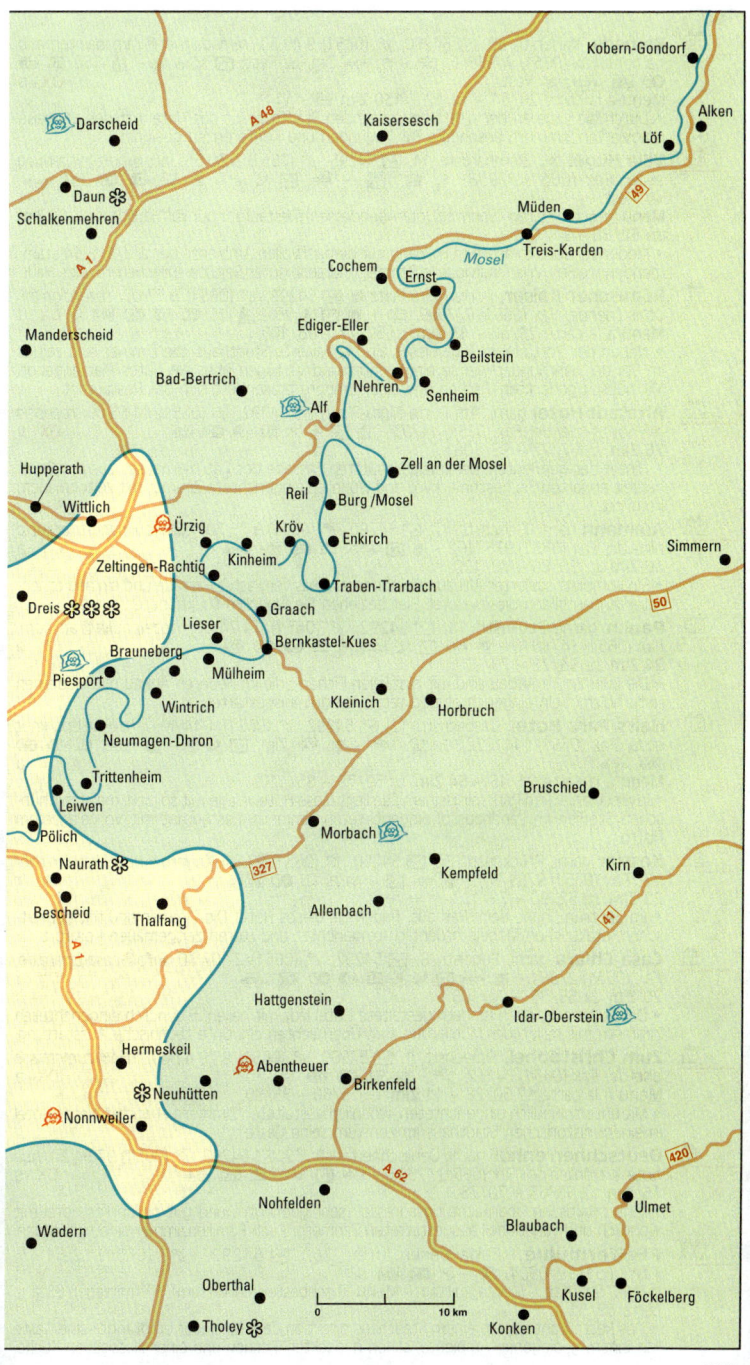

TRIER

Ramada, Kaiserstr. 29, ✉ 54290, ☏ (0651) 9 49 50, *ramada.trier@ramadainternatio nal.com, Fax (0651) 9495666*, 🍴 – 📶, ⇌ Zim, 🍽 Rest, 📺 📞 ♿ 🅿 – 🔑 550. AE ⓘ ⓜ ⓥ VISA JCB. ※ Rest CY s
Menu à la carte 20/34 – ⊇ 12 – **130 Zim** 99 – 114.
- Durch die Lage an der direkt angrenzenden Stadthalle ist das Hotel mit den teilweise renovierten Zimmern besonders für Tagungen und Konferenzen geeignet.

Villa Hügel ⚘, Bernhardstr. 14, ✉ 54295, ☏ (0651) 3 30 66, *info@hotel-villa-hueg el.de, Fax (0651) 37958*, ≤, ≋, ◻ – ⇌ 📺 📞 ⇌ 🅿 AE ⓘ ⓜ VISA JCB ※ Rest V s
Menu *(geschl. Freitag - Sonntag) (nur Abendessen)* (Restaurant nur für Hausgäste) – **29 Zim** ⊇ 69/88 – 97/133.
- Moderner Hotelkomfort im Einklang mit dem stilvollen Ambiente der a. d. J. 1914 stammenden weißen Villa : Individuelle Zimmer und sehr guter Service sprechen für das Haus.

Römischer Kaiser, Porta-Nigra-Platz 6, ✉ 54292, ☏ (0651) 9 77 00, *rezeption@h otels-trier.de, Fax (0651) 977099*, 🍴 – 📶 📺 ♿ 🅿 – 🔑 15. AE ⓘ ⓜ VISA DX u
Menu à la carte 23/36 – **43 Zim** ⊇ 67/77 – 98/108.
- Neben der Porta Nigra liegt dieses alte, renovierte Stadthaus. Die Zimmer sind zeitlos im Stil der Jahrhundertwende eingerichtet und verfügen über ein gutes Platzangebot. Mit hübsch gedeckten Tischen und einer Empore präsentiert sich das Restaurant.

Altstadt-Hotel garni, Am Porta-Nigra-Platz, ✉ 54292, ☏ (0651) 14 55 60, *rezeptio n@hotels-trier.de, Fax (0651) 41293* – 📶 📺 ♿ 🅿 AE ⓘ ⓜ VISA DX v
76 Zim ⊇ 67/77 – 98/108.
- Hinter der gepflegten, denkmalgeschützten Fassade des Patrizierhauses aus der Gründerzeit erwarten Sie geschmackvoll und wohnlich eingerichtete Zimmer mit zeitgemäßem Komfort.

Aulmann garni, Fleischstr. 47, ✉ 54290, ☏ (0651) 9 76 70, *hotel-aulmann-trier@t-o nline.de, Fax (0651) 9767102* – 📶 📺 ⇌ AE ⓜ VISA JCB CY a
36 Zim ⊇ 55/85 – 78/120.
- Ein komplett sanierter Altbau mit moderner, teils verglaster Fassade und ein neu errichteter Anbau bilden dieses Hotel. Hier beziehen Sie wohnlich-funktionelle Zimmer.

Paulin garni, Paulinstr. 13, ✉ 54292, ☏ (0651) 14 74 00, *hotelpaulin@aol.com, Fax (0651) 1474010* – 📶 ⇌ 📺 📞 ⇌ 🅿 AE ⓘ ⓜ VISA DX e
24 Zim ⊇ 53/72 – 77/97.
- Die Zimmer im Altbau sind mit rustikalen Eichen-, die im neueren Anbau mit modernen Naturholzmöbeln eingerichtet und technisch gut ausgestattet.

Nell's Park Hotel, Dasbachstr. 12, ✉ 54292, ☏ (0651) 1 44 40, *info@nellsparkhot el.de, Fax (0651) 1444222*, ≤, 🍴, 🌳 – 📶, ⇌ Zim, 📺 📞 🅿 – 🔑 100. AE ⓘ ⓜ VISA JCB V a
Menu à la carte 21/45 – **54 Zim** ⊇ 59/79 – 85/110.
- Idyllisch an einem Park mit kleinem See liegt diese Hotelanlage mit soliden, meist mit hübschen Stoffen im Landhausstil eingerichteten Zimmern. Restaurant mit vorgelagertem Bistro.

Kessler garni, Brückenstr. 23, ✉ 54290, ☏ (0651) 97 81 70, *info@hotel-kessler-trier .de, Fax (0651) 9781797* – 📶 ⇌ 📺 ⇌ 🅿 AE ⓜ VISA CY r
22 Zim ⊇ 52/90 – 72/128.
- Im Zentrum, nahe beim Rathaus, finden Sie dieses Hotel. Die Zimmer sind mit neuzeitlichen, praktischen Möbeln ordentlich eingerichtet und bieten zeitgemäßen Komfort.

Casa Chiara garni, Engelstr. 8, ✉ 54292, ☏ (0651) 27 07 30, *info@casa-chiara.de, Fax (0651) 27881* – 📶 ⇌ 📺 📞 🅿 AE ⓘ ⓜ VISA JCB DX r
20 Zim ⊇ 55/75 – 90/105.
- Das außen wie innen modern gestaltete Hotel lädt mit hellen, freundlich eingerichteten Zimmern mit hellgrauer Möblierung zum Übernachten ein. Gute technische Ausstattung.

Zum Christophel, Simeonstr. 1, ✉ 54290, ☏ (0651) 9 79 42 00, *info@zumchristo phel.de, Fax (0651) 74732*, 🍴 – 📶 📺 ⓜ VISA DX a
Menu à la carte 17,50/28 – **11 Zim** ⊇ 55/60 – 85/90.
- Mit unterschiedlich eingerichteten, wohnlich gestalteten Zimmern erwartet dieses Hotel in einem historischen Stadthaus im Zentrum seine Gäste.

Deutschherrenhof garni, Deutschherrenstr. 32, ✉ 54290, ☏ (0651) 97 54 20, *hdh hotel@t-online.de, Fax (0651) 42395* – ⇌ 📺 ⇌ AE ⓜ VISA CX s
15 Zim ⊇ 55/65 – 70/75.
- Eine praktische Übernachtungsadresse : sehr gepflegtes und gut geführtes Hotel mit wohnlich und funktionell ausgestatteten Zimmern. Auch Familienzimmer sind vorhanden.

Pfeffermühle, Zurlaubener Ufer 76, ✉ 54292, ☏ (0651) 2 61 33, *Fax (0651) 9910904*, 🍴 – 🅿 ⓜ VISA ※ V t
geschl. Sonntag - Montagmittag – **Menu** (Tischbestellung ratsam) 30 (mittags)/65 à la carte 39/51.
- Das Restaurant liegt in einem Stadthaus direkt an der Mosel und empfängt seine Gäste mit einem gediegenen Ambiente, schön gedeckten Tischen und einer klassischen Küche.

1396

TRIER

- **Palais Kesselstatt**, Liebfrauenstr. 9, ✉ 54290, ☏ (0651) 4 02 04, *kesselstatt@aol.com*, Fax (0651) 42308, 🌿 – AE MC VISA JCB – **Menu** à la carte 28/42. DX c
  geschl. 13. - 29. Jan., Sonntag - Montag
  ♦ Speisen in fürstlicher Atmosphäre : Das Restaurant in dem Barockpalais ist mit Stuck, Gemälden und Lüstern stilvoll gestaltet und bewirtet Sie mit einer gehobenen Saisonküche.

- **Schlemmereule**, Domfreihof 1b (im Palais Walderdorff), ✉ 54290, ☏ (0651) 7 36 16, *ps@schlemmereule.de*, Fax (0651) 9945001, 🌿 – AE ⓘ MC VISA DX b
  geschl. über Karneval 1 Woche, Dienstag – **Menu** à la carte 33/44.
  ♦ Lichtdurchflutet präsentiert sich das Restaurant in historischen Mauern : Zartgelbe Wände, Spiegel, dunkle Tische und Polsterstühle schaffen ein elegantes Bistro-Ambiente.

- **Bagatelle**, Zurlaubener Ufer 78, ✉ 54292, ☏ (0651) 2 97 22, Fax (0651) 27754, 🌿 – AE ⓘ MC VISA JCB V c
  geschl. über Karneval 2 Wochen, Nov. - Feb. Sonntag – **Menu** à la carte 30/45.
  ♦ In dem Restaurant, das in einem kleinen Fischerhaus an der Mosel eingerichtet ist, erwartet Sie eine legere Bistro-Atmosphäre und eine leichte Küche auf klassischer Basis.

Auf dem Kockelsberg über ④ : 5 km :

- **Berghotel Kockelsberg** (mit Gästehaus), ✉ 54293 Trier, ☏ (0651) 8 24 80 00, *hokotr@aol.com*, Fax (0651) 8248290, ≤ Trier, 🌿 – 📺 P AE MC VISA
  Menu (geschl. 21. - 27. Dez.) à la carte 15/34 – **32 Zim** 🛏 36/51 – 50/80.
  ♦ Einen schönen Blick auf Trier genießt man von diesem Hotel aus der Wende vom 19. zum 20. Jh. mit weißer Fassade und Türmchen. Die Zimmer sind gepflegt und wohnlich. Ausflugslokal mit ländlichem Ambiente und reizvoller Aussicht.

In Trier-Ehrang über ⑤ : 8 km :

- **Kupfer-Pfanne**, Ehranger Str. 200 (B 53), ✉ 54293, ☏ (0651) 6 65 89, Fax (0651) 66589, 🌿 – MC VISA
  geschl. Montag – **Menu** (Tischbestellung ratsam) à la carte 26/42.
  ♦ Ein hübscher Garten liefert einen Teil der Produkte für die internationalen Speisen, die man auf der bewachsenen Terrasse oder in der liebevoll dekorierten Gaststube serviert.

In Trier-Euren Süd-West : 3 km über Eurener Straße V :

- **Eurener Hof**, Eurener Str. 171, ✉ 54294, ☏ (0651) 8 24 00, *info@eurener-hof.de*, Fax (0651) 800900, 🌿, ≦s, Massage, 🏊 – 📺 ☎ P AE MC VISA
  geschl. 24. - 26. Dez. – **Menu** à la carte 26/47, ♀ 🌿 – **89 Zim** 🛏 68/80 – 89/99, 3 Suiten.
  ♦ Hinter der gepflegten Fassade des Stadthauses vom Anfang des 20. Jh. erwarten Sie Zimmer, die mit wahrlich meisterlicher Handwerkskunst ausgestattet sind. Das Restaurant ist in mehrere gemütlich-rustikale Stuben unterteilt.

In Trier-Olewig :

- **Blesius-Garten**, Olewiger Str. 135, ✉ 54295, ☏ (0651) 3 60 60, *info@blesius-garten.de*, Fax (0651) 360633, 🌿, (ehemaliges Hofgut a.d.J. 1789), ≦s, 🏊 – 📺 P – 🏛 30. AE ⓘ MC VISA JCB V d
  Menu à la carte 21/39 – **Kraft-Bräu** : **Menu** à la carte 13/27 – **63 Zim** 🛏 62/98 – 80/112.
  ♦ Sie wohnen in einem renovierten Hofgut von 1789. Die Zimmer sind behaglich im Landhausstil eingerichtet und bieten zeitgemäßen Komfort. Ein hübscher, heller Wintergartenanbau ist Teil des Restaurants. Im Kraft-Bräu : brauereitypisches Ambiente.

- **Weinhaus Becker** mit Zim, Olewiger Str. 206, ✉ 54295, ☏ (0651) 93 80 80, *info@weinhaus-becker.de*, Fax (0651) 9380888 – 📺 – 🏛 30. ⌀ Rest V b
  Menu (geschl. Feb. 3 Wochen, Juli - Aug. 2 Wochen, Sonntagabend - Dienstagmittag) 49/72 à la carte 40/63, ♀ – **18 Zim** 🛏 45/60 – 75/85.
  ♦ Lassen Sie sich von dem rustikalen Äußeren nicht täuschen : Hier bereitet man eine leichte, kreative Küche auf klassischer Basis, die an schön gedeckten Tischen serviert wird.
  Spez. Bretonische Langustine im Linsengelée mit Gänseleber. Medaillons vom Maibockrücken mit Karotten-Ingwerpüree (Saison). Variation von Nougat

In Trier-Pfalzel über ⑤ : 7 km :

- **Klosterschenke**, Klosterstr. 10, ✉ 54293, ☏ (0651) 96 84 40, *mail@hotel-klosterschenke.de*, Fax (0651) 9684430, 🌿 – 📺 P AE MC VISA JCB
  Menu à la carte 16/34 – **11 Zim** 🛏 60/65 – 80/90.
  ♦ Individuell und geschmackvoll, teils im Landhausstil eingerichtete Zimmer erwarten die Gäste in dem restaurierten, ehemaligen kleinen Kloster aus dem 4. Jh. Das Restaurant mit gotischem Gewölbe empfängt seine Gäste mit mediterranem Ambiente.

TRIER

In Trier-Zewen Süd-West : 7 km über ③ :

Ambiente, In der Acht 1, ✉ 54294, ☎ (0651) 82 72 80, hotel-ambiente-trier@t-onl ine.de, Fax (0651) 8272844, 斧 – ☑ P. 歴 ⓘ 匝 匝 ※ Zim geschl. 24. Dez. - 2. Jan. – **Stempers Brasserie** (geschl. Donnerstag, Samstagmittag) Menu à la carte 23/42 – **13 Zim** ⊇ 52/62 – 78/88.
• Ein gepflegtes Hotel mit funktionellen Zimmern, die überwiegend mit Eichenholzmöbeln im altdeutschen Stil eingerichtet sind. Mit hübschem Garten und schöner Terrasse. Helles, freundliches Restaurant mit elegantem Touch.

Schloss Monaise, Schloss Monaise 7, ✉ 54294, ☎ (0651) 82 86 70, monaise@t-on line.de, Fax (0651) 828671, 斧 – P. 歴 ⓘ 匝 匝 匝
geschl. 6. - 22. Jan., über Karneval 2 Wochen, Okt. - April Montag - Dienstagmittag, Mai - Sept. Montagmittag, Dienstagmittag – Menu 25/49 à la carte 32/55.
• Die hellen Räume des kleinen Schlosses aus dem Jahre 1780 sind im modernen Bistrostil gestaltet. Bunte Bilder an den Wänden bilden einen Kontrast zu den alten Mauern.

In Igel Süd-West : 8 km über ③ :

Igeler Säule, Trierer Str. 41 (B 49), ✉ 54298, ☎ (06501) 9 26 10, info@igeler-saeu le.de, Fax (06501) 926140, 斧, 金, 🌊 – 📶, 🗣 Zim, ☑ 🖘 P – 🛆 80. 匝 匝
Menu (geschl. 1. - 8. Jan., 24. - 26. Dez., Montagmittag) à la carte 17/34 – **26 Zim** ⊇ 38/60 – 65/85.
• Der gestandene Gasthof mit dem Schieferdach beherbergt seine Übernachtungsgäste in ordentlich mit rustikalem Mobiliar eingerichteten Zimmern. Dunkle Holzbalken und rustikale Eichenholzmöbel in der Gastwirtschaft.

In Mertesdorf Ost : 9 km über Loebstraße V :

Weis ⑤, Eitelsbacher Str. 4, ✉ 54318, ☎ (0651) 9 56 10, info@hotel-weis.de, Fax (0651) 9561150, ≤, 斧 – 📶, 🗣 Zim, ☑ 🖘 P – 🛆 80. 匝 ⓘ 匝 匝 ※ Rest
Menu à la carte 17,50/33 – **54 Zim** ⊇ 51/75 – 69/98.
• Inmitten des Weinberge des Ruwertals liegt dieses Hotel mit Weingut. Die Zimmer sind geschmackvoll mit Naturholzmöbeln eingerichtet und auch technisch gut ausgestattet. Sehr gepflegte, rustikale Gaststuben mit Holztäfelung.

Grünhäuser Mühle, Hauptstr. 4, ✉ 54318, ☎ (0651) 5 24 34, anja.coignard@t-onl ine.de, Fax (0651) 53946, 斧 – P. 歴 ⓘ 匝 匝 匝
geschl. Juni - Juli 3 Wochen, Okt. 1 Woche, Montag - Dienstag – Menu (wochentags nur Abendessen) à la carte 21/36.
• Die ehemalige Mühle beherbergt ein gemütliches, rustikales Restaurant, das sich der französischen Küche verschrieben hat. Zweimal in der Woche gibt es ein bretonisches Buffet.

MICHELIN-REIFENWERKE KGaA. ✉ 54293 Trier-Pfalzel (über ⑤ : 7 km), Eltzstr. 20, ☎ (0651) 68 10 Fax (0651) 681234.

TRIPTIS Thüringen 🗺 N 19 – 7 500 Ew – Höhe 410 m.
Berlin 256 – Erfurt 85 – Gera 41.

In Miesitz West : 1,5 km über B 281, jenseits der A 9 :

Wutzler, Ortsstr. 18 (B 281), ✉ 07819, ☎ (036482) 3 08 47, info@hotel-wutzler.de, Fax (036482) 30848, Biergarten, ※ – 📶 ☑ P – 🛆 35. 匝 匝 匝
Menu à la carte 13/27 – **35 Zim** ⊇ 40/50 – 60/70.
• Verkehrsgünstig liegt das Hotel an der Autobahnausfahrt, sachlich und funktionell sind die Zimmer gestaltet. Die Pflege ist gut, der Komfort zeitgemäß. Das zum Empfangsbereich hin offene Restaurant bewirtet Sie mit Produkten aus der eigenen Metzgerei.

TRITTENHEIM Rheinland-Pfalz 🗺 Q 4 – 1 200 Ew – Höhe 121 m – Erholungsort.
🛈 Tourist-Information, Moselweinstr. 55, ✉ 54349, ☎ (06507) 22 27, info@trittenhei m.de, Fax (06507) 2040.
Berlin 700 – Mainz 138 – Trier 35 – Bernkastel-Kues 25.

Wein- und Tafelhaus, Moselpromenade 4, ✉ 54349, ☎ (06507) 70 28 03, wein-t afelhaus@t-online.de, Fax (06507) 702804, 斧 – P.
geschl. Jan., Montag - Dienstag – Menu à la carte 33/44.
• In einem kleinen Gasthaus in einem schönen Garten hat man das im Landhausstil gehaltene Restaurant eingerichtet - helles, freundliches Ambiente. Sehr schöne Terrasse.

TRITTENHEIM

Weinstube Stefan-Andres mit Zim, Laurentiusstr. 17, ✉ 54349, ℘ (06507) 59 72, bernhard.eifel@t-online.de, Fax (06507) 6460 – **P**
geschl. über Karneval 3 Wochen – **Menu** (geschl. Dienstag, Nov. - März Montag - Donnerstag) (nur Abendessen) à la carte 18/32 – **5 Zim** ⌐ 29/30 – 46/49.
  ◆ Sympathische, gemütlich wirkende Weinstube mit dicken Holzbalken, blanken Tischen und einer alten, der Dekoration dienenden Weinpresse.

In Naurath (Wald)-Büdlicherbrück Süd : 8 km oder über A1 Abfahrt Mehring :

Landhaus St. Urban (Rüssel) ♨ mit Zim, Büdlicherbrück 1, ✉ 54426, ℘ (06509) 9 14 00, info@landhaus-st-urban.de, Fax (06509) 914040, 🍽, 🌳 – 📺 **P** – 🚗 30. AE ⓜ VISA
geschl. Jan. 2 Wochen – **Menu** (geschl. Dienstag - Mittwoch) 75/90 à la carte 50/65, ♀
– **16 Zim** ⌐ 70 – 95/160 – ½ P 35.
  ◆ Das Restaurant in der malerisch im Dhrontal gelegenen alten Mühle wurde neu gestylt und verbreitet nun eine elegante, edle Atmosphäre. Serviert wird eine klassische Küche.
  Spez. Lauwarmer Kartoffelsalat mit Hummer und gebackenem Kalbskopf. Rehrücken mit Majorankruste und eingelegten Kirschen (Saison). Karamellisierte Verveinetarte mit Akazienhonig-Thymianeis

In Bescheid Süd : 10 km über Büdlicherbrück :

Zur Malerklause, Im Hofecken 2, ✉ 54413, ℘ (06509) 5 58, malerklause@t-online.de, Fax (06509) 1082, 🍽 – **P** ⓜ VISA
geschl. 2. - 26. Feb., 1. - 15. Sept., Montag - Dienstag – **Menu** (wochentags nur Abendessen) (Tischbestellung ratsam) à la carte 34/59.
  ◆ Das Dorfgasthaus überrascht mit einem kleinen, feinen Restaurant. Herzlich umsorgt Sie Familie Lorscheider in klassisch gestalteten, üppig dekorierten Räumlichkeiten.

Ihre Meinung über die von uns empfohlenen Restaurants,
deren Spezialitäten sowie die angebotenen regionalen Weine,
interessiert uns sehr.

TROCHTELFINGEN Baden-Württemberg ❹❺❻ V 11 – 6 500 Ew – Höhe 720 m – Erholungsort – Wintersport : 690/815 m ⚡2 🎿.
🛈 Verkehrsamt, im Rathaus, Rathausplatz 9, ✉ 72818, ℘ (07124) 48 21, info@trochtelfingen.de, Fax (07124) 4848.
Berlin 702 – Stuttgart 68 – Konstanz 105 – Reutlingen 27.

Zum Rössle, Marktstr. 48, ✉ 72818, ℘ (07124) 92 50, roessle@trochtelfingen.de, Fax (07124) 925200, Massage, ≘s, 🟦 – 🛏 Zim, 📺 🍴 **P** – 🚗 60. ⓜ VISA
geschl. Anfang Jan. 1 Woche, Anfang Aug. 2 Wochen – **Menu** (geschl. Montag) à la carte 15/30 – **28 Zim** ⌐ 33/44 – 56/68 – ½ P 16.
  ◆ Ein gepflegter Gasthof mit über 100-jähriger Tradition : Die Zimmer sind unterschiedlich eingerichtet und bieten guten Komfort. Mit kleinem Tagungszentrum. Ländliches Lokal mit Kachelofen.

Zum Ochsen, Marktstr. 21, ✉ 72818, ℘ (07124) 22 00, info@uwefoerster.de, Fax (07124) 931168 – ⓜ
Menu (wochentags nur Abendessen) à la carte 32/46.
  ◆ Das Restaurant in dem Fachwerkhaus in der Innenstadt ist gepflegt, rustikal mit dunklem Holz gestaltet und liebevoll mit Zierrat dekoriert.

TRÖSTAU Bayern ❺❹❻ P 19 – 2 500 Ew – Höhe 550 m.
🛈 Tröstau, Fahrenbach 7, ℘ (09232) 88 22 56.
Berlin 370 – München 268 – Weiden in der Oberpfalz 58 – Bayreuth 37.

Bauer mit Zim, Kemnather Str. 20, ✉ 95709, ℘ (09232) 28 42, info@bauershotel.de, Fax (09232) 1697, 🍽, 🌳 – 📺 **P** ⓜ
Menu (geschl. Mittwoch) à la carte 16/31 – **11 Zim** ⌐ 34/39 – 62 – ½ P 14.
  ◆ Ein netter, familiär geführter Gasthof in der Ortsmitte auf einer kleinen Anhöhe gelegen. Die Zimmer sind unterschiedlich eingerichtet, sehr gepflegt und sauber. Ländliche Gaststube.

In Tröstau-Fahrenbach Süd-Ost : 2 km :

Golfhotel Fahrenbach ♨, Fahrenbach 1, ✉ 95709, ℘ (09232) 88 20, golfhotel @t-online.de, Fax (09232) 882345, ≤, 🍽, ≘s, 🌳, 🏌 – 📶, 🛏 Zim, 📺 🚼 **P** – 🚗 70. AE ⓞ ⓜ VISA. ✄ Rest
Menu à la carte 17,50/32 – **80 Zim** ⌐ 63/69 – 98/105 – ½ P 18.
  ◆ Die reizvolle Lage direkt am Golfplatz und die hellen, modern gestalteten Zimmer mit guter Ausstattung machen dieses Hotel zu einer komfortablen Unterkunft. Helles Restaurant mit Buffetbereich.

TROISDORF Nordrhein-Westfalen 543 N 5 – 70 000 Ew – Höhe 65 m.
Berlin 584 – Düsseldorf 65 – Bonn 12 – Siegburg 5 – Köln 21.

- **Wald-Hotel** garni, Altenrather Str. 49, ✉ 53840, ℰ (02241) 9 82 40, info@wald-hotel.com, Fax (02241) 74184 – |≣| ⭐ TV P. AE ① MO VISA
24 Zim ⯐ 65 – 85.
  - Das Hotel mit der gelben Fassade liegt am Ortsrand in Waldnähe und hält für die Gäste gepflegte, individuell gestaltete Zimmer und einen gemütlichen Frühstücksraum bereit.

- **Kronprinz** garni, Poststr. 87, ✉ 53840, ℰ (02241) 9 84 90, info@hotelkronprinz.de, Fax (02241) 984999 – |≣| TV ✆ ⯐. AE ① MO VISA. ⯐
48 Zim ⯐ 58/64 – 72.
  - Gastlichkeit mit Tradition : In dem 1901 eröffneten Hotel wohnt man in gepflegten Zimmern, die in hellen Farben gehalten und mit Naturholzmöbeln praktisch ausgestattet sind.

- **Am Bergerhof,** Frankfurter Str. 82, ✉ 53840, ℰ (02241) 7 42 82, Fax (02241) 806095, 🍽 – P. MO ⯐
Menu (wochentags nur Abendessen) à la carte 20/34.
  - Das Restaurant befindet sich in einem Fachwerkhaus aus dem 18. Jh. Im Inneren schaffen die rustikale Einrichtung, Zierrat und freigelegtes Fachwerk ein gemütliches Ambiente.

In Troisdorf-Sieglar :

- **Quality Hotel,** Larstr.1, ✉ 53844, ℰ (02241) 99 70, info@airporthotel-cologne.com, Fax (02241) 997288 – |≣|, ⭐ Zim, TV ✆ ⯐ P. – 🔒 70. AE ① MO VISA
Menu à la carte 22/37 – **88 Zim** ⯐ 85 – 95.
  - Das Hotel liegt verkehrsgünstig zum Flughafen Köln-Bonn und erwartet seine Gäste mit funktionellen Zimmern, die mit hellen Holzmöbeln eingerichtet sind.

Außerhalb Nord : 2 km : über Altenrather Straße :

- **Forsthaus Telegraph,** Mauspfad 3, ✉ 53842 Troisdorf-Spich, ℰ (02241) 7 66 49, kontakt@forsthaus-telegraph.de, Fax (02241) 70494, 🍽 – P. AE ① MO VISA
geschl. Anfang Jan. 1 Woche – **Menu** (geschl. Montag) (wochentags nur Abendessen) (Tischbestellung ratsam) à la carte 37,50/48.
  - Das ehemalige Forsthaus liegt idyllisch mitten im Wald. Die gediegene, geschmackvolle Einrichtung erzeugt eine Atmosphäre von rustikaler Eleganz.

Die im Michelin-Führer
verwendeten Zeichen und Symbole haben-
*dünn oder **fett** gedruckt, rot oder schwarz -*
jeweils eine andere Bedeutung.
Lesen Sie daher die Erklärungen aufmerksam durch.

TROLLENHAGEN Mecklenburg-Vorpommern siehe Neubrandenburg.

TROSSINGEN Baden-Württemberg 545 V 9 – 15 000 Ew – Höhe 699 m.
🛈 Trossingen Kultur, Hohnerstr. 23, ✉ 78647, ℰ (07425) 32 68 83, kultur@trossingen.de, Fax (07425) 326985.
Berlin 734 – Stuttgart 106 – Konstanz 81 – Rottweil 14 – Donaueschingen 27.

- **Bären,** Hohnerstr. 25, ✉ 78647, ℰ (07425) 60 07, h.j.letters@t-online.de, Fax (07425) 21395 – TV ⯐ P. AE ① MO VISA
Menu (geschl. Aug., Freitagabend - Samstag) à la carte 20/33 – **20 Zim** ⯐ 52/59 – 75/82.
  - Ein traditionsreicher, typischer ländlicher Gasthof in der Ortsmitte mit solide möblierten und tadellos gepflegten Zimmern und familiärer Leitung. Einfache Gaststube mit Holzboden und getäfelten Wänden.

TÜBINGEN Baden-Württemberg 545 U 11 – 83 000 Ew – Höhe 341 m.
Sehenswert : Eberhardsbrücke ≤★ Z – Museum im Schloss Hohentübingen★ (Vogelherdpferdchen★, Ägyptische Kultkammer★) YZ – Am Markt★ Y – Rathaus★ Y R – Stiftskirche (Grabtumben★★, Kanzel★ Turm ≤★) Y – Neuer Botanischer Garten★ (Gewächshäuser★) X.

Ausflugsziel : Bebenhausen : ehemaliges Kloster★ (Dachreiter★, Sommerrefektorium★) 6 km über ①.
🛈 Verkehrsverein, An der Neckarbrücke, ✉ 72072, ℰ (07071) 9 13 60, mail@tuebingen-info.de, Fax (07071) 35070.
Berlin 682 ⑥ – Stuttgart 46 ② – Freiburg im Breisgau 155 ④ – Karlsruhe 105 ⑥ – Ulm (Donau) 100 ②.

TÜBINGEN

Alberstraße	**X**	2
Am Markt	**Y**	
Ammergasse	**Y**	5
Derendinger Straße	**X, Z**	8
Friedrichstraße	**Z**	12
Froschgasse	**Y**	15
Goethestraße	**X**	18
Hirschgasse	**Y**	21
Hölderlinstraße	**X**	24
Holzmarkt	**Y**	27
Karlstraße	**Z**	
Kirchgasse	**Y**	30
Kronenstraße	**Y**	33
Lange Gasse	**Y**	
Mohlstraße	**Y**	36
Mühlstraße	**Y**	
Münzgasse	**Y**	39
Neckargasse	**Y**	42
Nürtinger Straße	**X**	45
Pfleghofstraße	**Y**	48
Pfrondorfer Straße	**X**	51
Poststraße	**Z**	54
Reutlinger Straße	**X**	57
Rheinlandstr.	**X**	58
Schmiedtorstraße	**Y**	60
Sigwartstraße	**Y**	63
Wilhelmstraße	**X, Y**	

Michelin hängt keine Schilder an die empfohlenen Hotels und Restaurants.

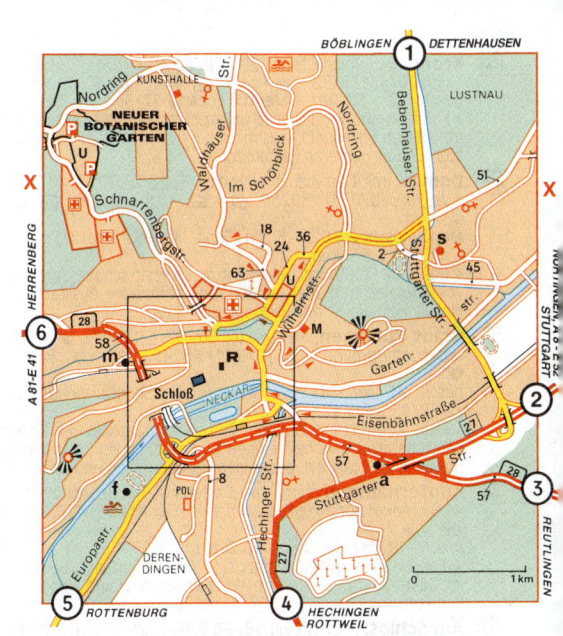

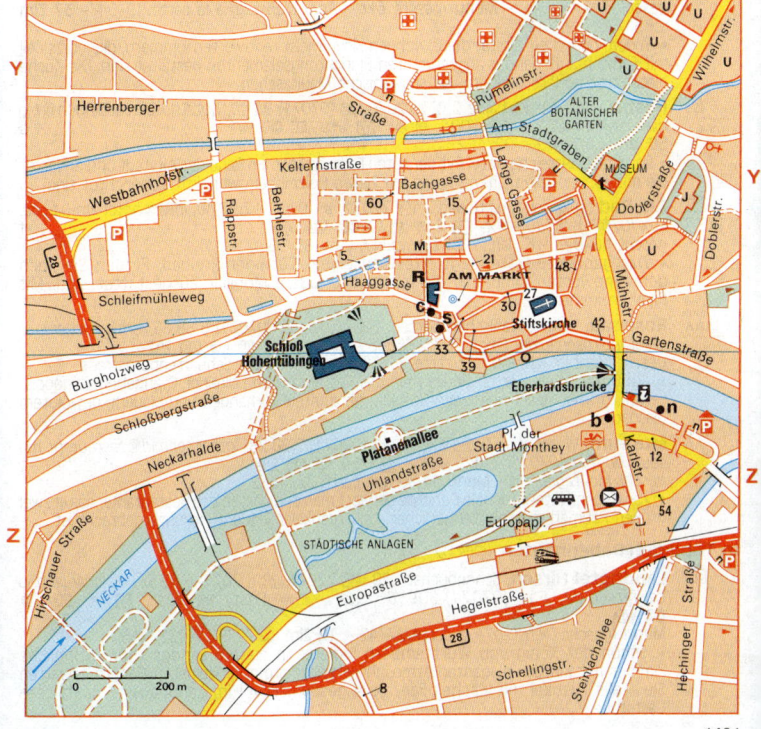

1401

TÜBINGEN

Krone, Uhlandstr. 1, ✉ 72072, ☎ (07071) 1 33 10, info@krone-tuebingen.de, Fax (07071) 133132 – 🏨 📶 📺 🚗 – 🅿️ 40. AE ① MC VISA JCB
Z b
geschl. 22. - 30. Dez. – **Menu** à la carte 27/39 – **47 Zim** 88/105 – 125/155.
• Klassisch gibt sich das Hotel mit komfortabler Halle und ansprechenden Zimmern, die teils mit älteren Stilmöbeln, teils mit modernerem Mobiliar eingerichtet sind. Rustikale Uhlandstub und eleganterer Restaurantteil.

Domizil (mit Gästehaus), Wöhrdstr. 5, ✉ 72072, ☎ (07071) 13 90, info@hotel-domizil.de, Fax (07071) 139250, 🌳, 🎱 – 🏨 📶 Zim, 📺 📞 ♿ – 🅿️ 35. AE MC VISA
※ Rest
Z n
Menu (geschl. 21. Dez. - 6. Jan., Sonn- und Feiertage) à la carte 21/35 – **79 Zim** 93/99 – 113/125, 3 Suiten.
• Das neue Stadthotel überzeugt durch seine schöne Lage direkt am Neckar, geschmackvolle Zimmer im modernen Stil, gute technische Ausstattung und freundlichen Service. Kleines Restaurant mit Blick auf den Fluss.

Stadt Tübingen, Stuttgarter Str. 97, ✉ 72072, ☎ (07071) 3 10 71, info@hotel-stadt-tuebingen.de, Fax (07071) 38245, 🌳 – 🏨, 📶 Zim, 📺 🅿️ – 🅿️ 250. AE MC VISA
X a
geschl. 23. Dez. - 6. Jan. – **Menu** (geschl. Sonntagabend) à la carte 18,50/42 – **71 Zim** 68/95 – 85/127.
• Helle, komfortable Zimmer, die teils mit rustikalen Eichenholzmöbeln, teils mit moderneren hellgrauen Möbeln eingerichtet sind, finden Sie in diesem familiengeführten Hotel. Bürgerliches Lokal mit bequemen Polsterstühlen und -bänken.

Kupferhammer garni (mit Gästehaus), Westbahnhofstr. 57, ✉ 72070, ☎ (07071) 41 80, info@hotel-kupferhammer.de, Fax (07071) 418299 – 📶 📺 📞 🚗 🅿️ AE MC VISA JCB
X m
geschl. 18. Dez. - 6. Jan. – **20 Zim** 62/67 – 82/91.
• Die Zimmer im Haupthaus sind mit mahagonifarbenem Mobiliar eingerichtet, die im Gästehaus mit dunklem Wurzelholz. Alle sind gepflegt und bieten zeitgemäßen Komfort.

Am Schloss, Burgsteige 18, ✉ 72070, ☎ (07071) 9 29 40, info@hotelamschloss.de, Fax (07071) 929410, 🌳 – 📺 🚗 🅿️ AE ① MC VISA
Y c
geschl. 5. - 15. Jan. – **Menu** (geschl. Okt. - April Dienstag) à la carte 19/31 – **37 Zim** 51/72 – 92/115.
• In dem hübschen Altstadthaus wohnen Sie in meist renovierten Zimmern, die individuell mit farblich aufeinander abgestimmten Einrichtungselementen gestaltet sind. Die Küche bietet traditionelle Gerichte wie schwäbische Maultaschen.

Hospiz garni, Neckarhalde 2, ✉ 72070, ☎ (07071) 92 40, hotel.hospiz.tuebingen@t-online.de, Fax (07071) 924200 – 🏨 📶 📺 🚗. AE MC VISA
Y s
50 Zim 59/72 – 92/102.
• Das traditionsreiche Hotel mit der roten Fassade liegt am Rand der Altstadt und erwartet Sie mit funktionellen Zimmern, die mit hellen Holzmöbeln wohnlich eingerichtet sind.

Am Bad garni, Am Freibad 2, ✉ 72072, ☎ (07071) 7 97 40, info@hotel-am-bad.de, Fax (07071) 75336 – 📶 📺 🚗 🅿️ AE MC VISA JCB
X f
geschl. 18. Dez. - 6. Jan. – **35 Zim** 47/69 – 85/98.
• Das gepflegte Hotel liegt direkt an einem Tübinger Freibad. Fragen Sie nach den renovierten Zimmern, die zeitgemäßem Mobiliar ausgestattet sind. Mit Familienzimmern.

Rosenau, beim Botanischen Garten, ✉ 72076, ☎ (07071) 6 88 66, ernst.fischer@restaurant-rosenau.de, Fax (07071) 688680, 🌳 – 🅿️ AE ① MC VISA
geschl. Montag – **Menu** à la carte 26/39,50.   über Schnarrenbergstraße   X
• Am Botanischen Garten findet man das Restaurant im Stil einer Orangerie mit gepolsterten, graziös geschwungenen Stühlen, geblümten Vorhängen und blauem, gewölbtem Glasdach.

Museum, Wilhelmstr. 3, ✉ 72074, ☎ (07071) 2 28 28, lothar.schmid@restaurant-museum.de, Fax (07071) 21429 – 🅿️ – 🅿️ 250. AE MC VISA
Y t
geschl. Montagabend – **Menu** 14,50 à la carte 22/43, ♀.
• Vorwiegend internationale Gerichte serviert man den Gästen des Restaurants, das in zwei großen Räumen mit teils bürgerlicher, teils rustikaler Einrichtung untergebracht ist.

In Tübingen-Bebenhausen über ① : 6 km :

Landhotel Hirsch, Schönbuchstr. 28, ✉ 72074, ☎ (07071) 6 09 30, dialog@landhotel-hirsch.de, Fax (07071) 609360, 🌳 – 📶 Rest, 🎱 Rest, 📺 🅿️ AE ① MC VISA
Menu (geschl. Dienstag) à la carte 27/42 – **12 Zim** 72/97 – 128/145.
• Schon dem König von Württemberg logierte in diesem Landgasthof. Wohnliche Zimmer mit ländlich-eleganter Atmosphäre und marmorverkleideten Bädern erwarten Sie. Teils rustikal mit Kachelofen, teils geschmackvoll im Landhausstil gestaltete Gaststube.

TÜBINGEN

XXX **Waldhorn** (Schulz), Schönbuchstr. 49 (B 464), ✉ 72074, ☏ (07071) 6 12 70, info@
waldhorn-bebenhausen.de, Fax (07071) 610581, 🍽 – 🅿 ﷽
geschl. Aug. - Sept. 2 Wochen, Montagmittag, Dienstag – **Menu** (Tischbestellung ratsam)
55/91 à la carte 36/58, ♀ 🍷.
• Rustikale Ländlichkeit mit eleganter Note bestimmt das Ambiente des Restaurants, in
dem der aufmerksame Service Ihnen eine klassische Küche mit kreativem Einschlag serviert.
Spez. Variation von Gänsestopfleber. Lammrücken mit Aromaten gebraten. Gratiniertes
Limoneneisparfait mit Mangosalat.

In Tübingen-Lustnau :

XX **Basilikum**, Kreuzstr. 24, ✉ 72074, ☏ (07071) 8 75 49, Fax (07071) 87549, 🍽 – ﷽
🆑 VISA   X s
geschl. Aug. 2 Wochen, Mittwoch – **Menu** (italienische Küche) à la carte 30/44.
• Hier huldigt man der klassischen italienischen Küche. Frisch gebackenes Brot
und hausgemachte Pasta gehören zum Angebot des hell und modern gestalteten
Ristorante.

Die Erläuterungen in der Einleitung helfen Ihnen,
Ihren Michelin-Führer effektiver zu nutzen.

TÜSSLING Bayern siehe Altötting.

TUNAU Baden-Württemberg siehe Schönau im Schwarzwald.

TUNTENHAUSEN Bayern 545 546 W 20 – 5 800 Ew – Höhe 508 m.
Berlin 570 – München 42 – Rosenheim 19.

In Tuntenhausen-Maxlrain Süd-West : 5,5 km in Richtung Beyharting, dann links Richtung Bad Aibling :

X **Schloßwirtschaft Maxlrain**, Freiung 1, ✉ 83104, ☏ (08061) 83 42,
Fax (08061) 6857, Biergarten – 🅿
geschl. Mitte - Ende Jan., Ende Aug. - Mitte Sept., Montagabend - Dienstag – **Menu** (Tisch-
bestellung ratsam) à la carte 18/33, ♀.
• Schmackhaft und sorgfältig zubereitete Gerichte finden sich auf der Karte des gemüt-
lichen, historischen Landgasthofs. Abends geht es etwas feiner zu.

In Tuntenhausen-Ostermünchen Nord-Ost : 3 km in Richtung Rott a. Inn :

X **Landhaus Kalteis** mit Zim, Rotter Str. 2, ✉ 83104, ☏ (08067) 9 08 00, peppi@pe
ppi-kalteis.de, Fax (08067) 908020, 🍽 – 🅿 🆑 VISA
Menu (geschl. Montag - Dienstag) à la carte 17/34, ♀ – **Salettel** (geschl. Montag - Dienstag)
(nur Abendessen) **Menu** 35/48 und à la carte – **4 Zim** ⊃ 35 - 47.
• Der ehemalige Postgasthof ist eine ländliche Gaststube mit dörflicher
Atmosphäre, in der man dem Gast bayerische Wirtshausschmankerln bietet. Im nach hinten
gelegenen Wintergarten befindet sich das Salettel - die Gourmet-Variante des Landhaus
Kalteis.

TUTTLINGEN Baden-Württemberg 545 546 W 10 – 35 000 Ew – Höhe 645 m.
ℹ Tourist-Info, Rathausstr. 1 (Rathaus), ✉ 78532, ☏ (07462) 3 40, touristik@tuttling
en.de, Fax (07462) 7572.
Berlin 753 ① – Stuttgart 128 ④ – Konstanz 70 ③ – Freiburg im Breisgau 88 ③ – Ulm-
(Donau) 116 ①

Stadtpläne siehe nächste Seiten

🏨 **Stadt Tuttlingen** (mit Gästehaus), Donaustr. 30, ✉ 78532, ☏ (07461) 93 00, hote
lstadttuttlingen@t-online.de, Fax (07461) 930250 – 🛗 📺 🚗 – 🅰 60. ﷽ ⓞ
🆑 VISA   C a
Menu (Restaurant nur für Hausgäste) – **79 Zim** ⊃ 69/89 – 106/126.
• Die Zimmer im Haupthaus sind einheitlich mit dunklen Holzmöbeln eingerichtet, funk-
tionell und ausreichend geräumig, die im Gästehaus haben Kirschbaummobiliar und neuere
Bäder.

🏨 **Rosengarten** garni, Königstr. 17, ✉ 78532, ☏ (07461) 9 62 70, rosengarten-hotel
@t-online.de, Fax (07461) 962745 – 🛗 📺 🚗 🆑 VISA   C r
geschl. Mitte Dez. - Mitte Jan. – **23 Zim** ⊃ 36/49 – 75/80.
• Die unterschiedlich gestalteten Zimmer des zentral in der Innenstadt gelegenen, gut
geführten Hotels sind funktionell und gepflegt.

1403

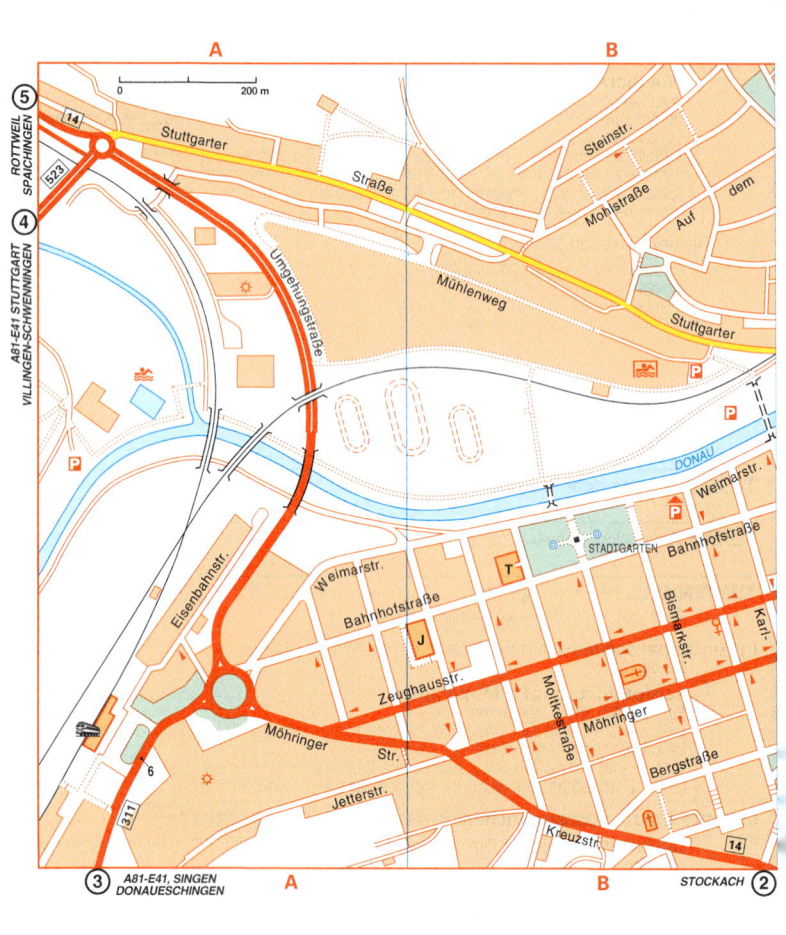

In Tuttlingen-Möhringen über ③ : 5 km – Luftkurort :

🏠 **Löwen** (mit Gästehaus), Mittlere Gasse 4, ✉ 78532, ✆ (07462) 62 77, *loewen-moehr ingen@t-online.de*, *Fax (07462) 7050*, 🍴, – 📺 🚗 🅿 💳 💳
geschl. Mitte Okt. - Anfang Nov. – **Menu** *(geschl. Mittwochabend - Donnerstag)* à la carte 17,50/28 – **14 Zim** ⊇ 37/42 – 60/70.
♦ Einfache Räume, die praktisch und gut gepflegt sind, bietet der ländliche Gasthof seinen Besuchern. Ein netter dörflicher Familienbetrieb ! Rustikale Gaststuben mit holzgetäfelten Wänden und bleiverglasten Fenstern.

In Wurmlingen über ⑤ : 4 km :

🏨 **Traube** garni, Untere Hauptstr. 43, ✉ 78573, ✆ (07461) 93 80, *info@hoteltraube.de*, *Fax (07461) 938463*, 🍴, 🍴, 🏊, 🌿, – 🛗 📺 📞 🚗 🅿 – 🚗 30. 💳 💳 💳
💳 🍴
65 Zim ⊇ 76/95 – 96/125.
♦ Ein modernes Hotel mit ansprechend gestalteten Aufenthaltsräumen, komfortablen Zimmern mit zeitgemäßem Mobiliar und guter Technik sowie einem gepflegten Freizeitbereich.

✕ **Gasthof Traube,** Untere Hauptstr. 40, ✉ 78573, ✆ (07461) 83 36, *Fax (07461) 6463* – 🅿 💳 💳 💳 💳 🍴
geschl. Aug. 2 Wochen, Dienstag – **Menu** à la carte 17/30.
♦ Fliesen, gepolsterte Holzbänke und -stühle sowie stoffbespannte Lampen geben dem Lokal ein rustikales Gepräge. Einladend wirkt der neue Wintergarten mit einem Hauch Eleganz.

TUTTLINGEN

Alleenstraße	**C** 2
Auf dem Schildrain	**BC**
Bahnhofstraße	**AB**
Bergstraße	**BC**
Bismarckstraße	**B**
Brückenstraße	**C**
Donaueschinger Straße	**A** 6
Donaustraße	**C** 7
Eisenbahnstraße	**A**
Freiburgstraße	**C**
Gartenstraße	**C**
Gießstraße	**C**
Jetterstraße	**A**
Karlstraße	**BC**
Königstraße	**C** 9
Kreuzstraße	**B**
Kronenstraße	**C** 10
Ludwigstaler Straße	**C** 12
Marktplatz	**C** 13
Mohlstraße	**B**
Möhringer Straße	**AB**
Moltkestraße	**B**
Mühlenweg	**AB**
Nendinger Allee	**C** 14
Neuhauser Straße	**C** 15
Obere Hauptstraße	**C** 16
Panoramastraße	**C**
Rathausstraße	**C** 18
Schaffhauser Straße	**C** 19
Scheffelstraße	**C**
Schützenstraße	**C**
Stadtkirchstraße	**C** 22
Steinstraße	**B**
Stockacher Straße	**C**
Stuttgarter Straße	**ABC**
Umgehungstraße	**A**
Untere Hauptstraße	**C** 24
Untere Vorstadt	**C** 25
Weimarstraße	**AB**
Zeughausstraße	**ABC**

Wenn Sie ein ruhiges Hotel suchen, benutzen Sie die Übersichtskarte in der Einleitung oder wählen Sie ein Hotel mit dem entsprechenden Zeichen 👉

TUTZING Bayern 546 W 17 – 9 300 Ew – Höhe 610 m – Luftkurort.
🏌 Tutzing, Deixlfurt 7 (West : 2 km), ℘ (08158) 36 00.
Berlin 627 – München 40 – Starnberg 15 – Weilheim 14.

🏠 **Zum Reschen** garni, Marienstr. 7, ✉ 82327, ℘ (08158) 93 90, info@zumreschen.de, Fax (08158) 939100 – ⚙ 📺 ⬚ 🅿 🅼🅾 🆅🅸🆂🅰 ⚒
geschl. 17. Dez. - 14. Jan., über Fasching – **18 Zim** ⛌ 51/59 – 86.
♦ Wenige Schritte vom See entfernt wohnt man hier in schlichten, gepflegten Zimmern, die alle mit hellen Naturholzmöbeln eingerichtet sind und zeitgemäßen Komfort bieten.

🏠 **Am See - Lidl** 🠪 (mit Gästehaus), Marienstr. 16, ✉ 82327, ℘ (08158) 9 95 00, lidl @hotelamsee-tutzing.de, Fax (08158) 7526, ≤, 🕮, 🛥, 🚤, – 📺 🅿 🅰🅴 🅼🅾 🆅🅸🆂🅰
geschl. Mitte - Ende Nov. – **Menu** (geschl. Dienstagabend, Nov. - März Dienstag) à la carte 19/35 – **25 Zim** ⛌ 41/75 – 85/92 – ½ P 21.
♦ Die Fischerfamilie Lidl hat in dem Haus im alpenländischen Stil direkt am See ordentlich ausgestattete Zimmer für die Besucher eingerichtet. Gemütlich-rustikale Gaststube und Wintergartenanbau zum See hin.

1405

TWIST Niedersachsen 541 I 5 – 8 400 Ew – Höhe 20 m.
Berlin 523 – Hannover 255 – Nordhorn 25 – Bremen 147 – Groningen 99.

In Twist-Bült :

※ **Gasthof Backers - Zum alten Dorfkrug** mit Zim, Kirchstr. 25, ✉ 49767, ℘ (05936) 90 47 70, Fax (05936) 904779, 🍽 – TV P. ◉ VISA, ※ Zim geschl. 1. - 6. Jan., 5. - 9. April – **Menu** (geschl. Dienstag, Samstagmittag) à la carte 24/35 – **4 Zim** ⊇ 40 – 60.
 • Warme Farben, nette Dekorationen und ein Kamin geben dem ländlichen Lokal eine gemütliche Atmosphäre. Für Extras gibt es ein Jagdzimmer und den Festsaal.

ÜBACH-PALENBERG Nordrhein-Westfalen 543 N 2 – 23 000 Ew – Höhe 125 m.
Berlin 629 – Düsseldorf 82 – Aachen 26 – Geilenkirchen 6.

🏠 **Weydenhof**, Kirchstr. 17 (Palenberg), ✉ 52531, ℘ (02451) 4 14 10, hotel-weydenhof@foni.net, Fax (02451) 48958 – 🛗 TV 🚗 P. – 🅰 40. ◉ VISA JCB
Menu (geschl. Sonntagabend, Freitag)(wochentags nur Abendessen) à la carte 15/28 – **29 Zim** ⊇ 26/50 – 46/72.
 • Hinter einer neuzeitlichen Fassade finden Sie eine solide Unterkunft auf Zeit. Praktische und ruhig gelegene Gästezimmer tragen zu einem gelungenen Aufenthalt bei. Restaurant mit Wirtshauscharakter.

ÜBERHERRN Saarland 543 S 4 – 11 600 Ew – Höhe 377 m.
Berlin 743 – Saarbrücken 36 – Saarlouis 13 – Metz 52 – Pont-a-Mousson 83.

🏠 **Linslerhof** 🌳, (mit Gästehäusern), über Differterstraße (Ost : 2 km), ✉ 66802, ℘ (06836) 80 70, info@linslerhof.de, Fax (06836) 80717, Biergarten, Massage, 🏕, 🚣 – 🛗 TV 📞 P. – 🅰 50. AE ◉ VISA
Menu (geschl. 1. - 11. Jan.) à la carte 25/41,50 – **60 Zim** ⊇ 87/95 – 110/131.
 • In den Gästezimmern des aus dem 12. Jh. stammenden Anwesens spürt man den Gutshofcharakter. Jedes ist individuell, elegant-rustikal im englischen Landhausstil eingerichtet. Das Restaurant liegt in einem ca. 300 m entfernten Gebäude.

In Überherrn-Altforweiler Nord : 5 km :

🏠 **Häsfeld** 🌳, Comotorstr. 9 (Industriegebiet), ✉ 66802, ℘ (06836) 44 44, Fax (06836) 6444, 🍽 – 📞 ◉ VISA
Menu (geschl. 1. - 15. Jan., Mittwoch) (Montag - Freitag nur Abendessen) à la carte 16/30 – **14 Zim** ⊇ 39 – 67.
 • Wenn Sie auf der Suche nach einer schlichten, aber ordentlich gepflegten und gut erreichbaren Unterkunft sind, werden Sie hier fündig. Zum Haus gehört auch eine Reitanlage. Das Restaurant ist eine nette Gaststube.

In Überherrn-Felsberg Nord : 8 km, in Altforweiler links ab :

🏠 **Felsberger Hof** (mit Gästehaus), Metzer Str. 117, ✉ 66802, ℘ (06837) 9 00 00, Fax (06837) 900020, 🍽 – TV P. AE ◉ ◉ VISA
Menu (geschl. 27. Dez. - 2. Jan.) (wochentags nur Abendessen) à la carte 17/24,50 – **35 Zim** ⊇ 39/55 – 63/76.
 • Am Fuß der Teufelsburg empfängt man Sie in einer modern mit hellem Holzmobiliar ausgestatteten Übernachtungsadresse mit familiärer Atmosphäre. Rustikale Gaststube mit Theke.

ÜBERKINGEN, BAD Baden-Württemberg 545 U 13 – 4 000 Ew – Höhe 440 m – Heilbad.
🏌 Bad-Überkingen-Oberböhringen, Beim Bildstöckle (Nord : 8 km), ℘ (07331) 6 40 66.
🛈 Kurverwaltung, Gartenstr. 1, ✉ 73337, ℘ (07331) 96 19 19, info@bad-ueberkingen.de Fax (07331) 961999.
Berlin 598 – Stuttgart 62 – Göppingen 21 – Ulm (Donau) 37.

🏨 **Bad-Hotel** (mit Gästehäusern), Otto-Neidhart-Platz 1, ✉ 73337, ℘ (07331) 30 20, bad-hotel-ueberkingen@minag.de, Fax (07331) 30220, 🍽, ※ – 🛗, ↔ Zim, TV 📞 P. – 🅰 40. AE ◉ ◉ VISA JCB
Menu (geschl. 2. - 5. Jan.) à la carte 24,50/41,50 – **51 Zim** ⊇ 81/118 – 118/125 – ½ P 26.
 • Ein über Jahre gewachsener Betrieb, der aus einem Ensemble reparierter Fachwerkbauten besteht. Gediegene, wohnliche Zimmer ermöglichen einen schönen Aufenthalt. Ein schwarzer Flügel und von Säulen getragene Bögen bestimmen das Interieur des Restaurants.

Benutzen Sie die **Grünen** *Michelin-Reiseführer,*
wenn Sie eine Stadt oder Region kennenlernen wollen.

ÜBERLINGEN Baden-Württemberg 545 W 11 – 20 500 Ew – Höhe 403 m – Kneippheilbad und Erholungsort.

Sehenswert : Stadtbefestigungsanlagen★ A – Münster★ B – Rathaus (Ratssaal★) B **R**.

🏌18 Owingen, Alte Owinger Str. 93 (Nord : 5 km), ℰ (07551) 8 30 40.

🛈 Tourist-Information, Landungsplatz 14, ✉ 88662, ℰ (07551) 99 11 22, Fax (07551) 991175.

Berlin 743 ① – Stuttgart 172 ② – *Konstanz* 40 ① – Freiburg im Breisgau 129 ② – Ravensburg 46 ① – Bregenz 63 ①

ÜBERLINGEN

Bahnhofstraße	**A** 2
Christophstraße	**A** 3
Franziskanerstraße	**B** 5
Gradebergstraße	**B** 6
Hafenstraße	**B** 8
Hizlerstraße	**B** 9
Hochbildstraße	**B** 10
Hofstatt	**B**
Jakob-Kessenring- Straße	**A** 12
Klosterstraße	**A** 14
Krummebergstraße	**B** 15
Landungsplatz	**B** 17
Lindenstraße	**B** 19
Luzigengasse	**B** 20
Marktstraße	**AB** 22
Münsterstraße	**B**
Obertorstraße	**B** 23
Owinger Straße	**B** 25
Pfarrhofstraße	**B** 26
St-Ulrich-Straße	**B** 28
Schlachthausstr.	**B** 30
Seestraße	**B** 31

Michelin puts no plaque or sign on the hotels and restaurants mentioned in this guide.

🏨 **Bad-Hotel** (mit Villa Seeburg), Christophstr. 2, ✉ 88662, ℰ (07551) 83 70, info@bad-hotel-ueberlingen.de, Fax (07551) 837100, ≼, 🌳, 🌼 – 🛗, 🏊 Zim, 📺 🚗 🅿 – 🛄 150. 🆎 ⓜ 🆅🅸🆂🅰, ⨯
Menu *(Nov.- März Garni)* à la carte 18,50/34,50 – **64 Zim** ⊠ 76/102 – 122/148 – ½ P 23.   **A s**

• Das direkt am Kurgarten gelegene Haus mit Dependance in einer alten Villa wurde im Jahre 2000 komplett renoviert. Sie können geräumige und wohnliche Zimmer erwarten. Hell und freundlich wirken die Räumlichkeiten des Restaurants.

🏨 **Rosengarten**, Bahnhofstr. 12, ✉ 88662, ℰ (07551) 9 28 20, info@haus-rosengarten.com, Fax (07551) 928239 – ⨯ Zim, 📺 📞 🚗 🅿. 🆎 ⓜ 🆅🅸🆂🅰, ⨯ Rest
Menu *(nur Abendessen)* (Restaurant nur für Hausgäste) – **14 Zim** ⊠ 70/77 – 85/135 – ½ P 18.   über Bahnhofstr.   **A**

• Das romantische Jugendstil-Schlößchen mit dem modernen Anbau liegt malerisch im Stadtgarten. Ihre Unterbringung erfolgt in einheitlich mit Kirschholz möblierten Räumen.

🏠 **Wiestor** garni, Wiestorstr. 17, ✉ 88662, ℰ (07551) 8 30 60, wiestor.hotelgarni@t-online.de, Fax (07551) 830612 – 🛗 ⨯ 📺 🚗. 🆎 ⓞ ⓜ 🆅🅸🆂🅰
geschl. Jan. – **16 Zim** ⊠ 65/75 – 85/93.   **B a**

• Mit italienischen Möbeln geschmackvoll eingerichtete und farblich ansprechende Zimmer sowie die elegante Frühstücksraum sind Punkte, die für dieses Haus sprechen.

🏠 **Stadtgarten**, Bahnhofstr. 22, ✉ 88662, ℰ (07551) 45 22, Fax (07551) 5939, ≼, 🔲, 🌼 – 🛗 📺 🚗 🅿   über Bahnhofstr.   **A**
März - Okt. – **Menu** *(geschl. Mittwochabend)* (Restaurant nur für Hausgäste) – **32 Zim** ⊠ 39/60 – 78/106 – ½ P 14.

• Das Hotel liegt zentral, aber mitten im Grünen, unweit der Schifflandestelle. Die Innenräume werden durch freundliche Farben und eine nette Einrichtung geprägt.

🏠 **Bürgerbräu**, Aufkircher Str. 20, ✉ 88662, ℰ (07551) 9 27 40, dorfwirt@aol.com, Fax (07551) 66017 – 📺 🅿 🆎 ⓞ ⓜ 🆅🅸🆂🅰   **B c**
geschl. 12. - 26. März – **Menu** *(geschl. Mittwoch - Donnerstag)* à la carte 22,50/36,50 – **12 Zim** ⊠ 48 – 78.

• Oberhalb der Stadtmauer liegt dieses sympathische Haus. Man bietet seinen Besuchern zwar wenige, aber dafür nette, mit gekalkten Pinienmöbeln eingerichtete Zimmer. Eine etwas rustikalere Stube ergänzt das im Landhausstil gehaltene Restaurant.

1407

ÜBERLINGEN

Seegarten ⌂, Seepromenade 7, ✉ 88662, ✆ (07551) 91 88 90, Fax (07551) 3981, ≤, ♨ – ⌘ TV ◎ VISA – **Menu** à la carte 23/35,50 – **21 Zim** ⋍ 49/83 – 105/140 – ½ P 17.
geschl. Dez. - 1. März
• Die Lage direkt an der Seepromenade, Pflege und Sauberkeit zählen zu den Annehmlichkeiten dieses Hotels. Fragen Sie nach einem Zimmer mit Blick auf den Bodensee. Zur Promenade hin liegt das Restaurant mit der großen Fensterfront - schöne Gartenterrasse.

Alpenblick, Nussdorferstr. 35, ✉ 88662, ✆ (07551) 9 20 40, hotel-alpenblick-ueberlingen@t-online.de, Fax (07551) 920416, ≤s, ⌇ (geheizt) – ⌘, ⇔ Zim, TV, über Mühlenstr. ◎ VISA
Menu (geschl. über Fastnacht, Aug., Sonntag, Montag)(nur Abendessen) à la carte 27,50/33,50 – **24 Zim** ⋍ 48/65 – 75/80 – ½ P 19.
• Die solide, familiengeführte Pension bietet ihren Gästen freundliche, wohnlich gestaltete Zimmer - teils mit Aussicht auf Alpen und Bodensee. 400 m zur Promenade. Zeitgenössische Bilder geben dem Restaurant einen modernen Touch - mit Vinothek.

Arena, Landungsplatz 14 (1. Etage), ✉ 88662, ✆ (07551) 91 63 26, arena@t-online.de, Fax (07551) 916327 – AE ◎ ◎ VISA
geschl. Montag (außer Feiertage) – **Menu** (italienische Küche) à la carte 24/32,50.
• Eine gastronomische Adresse der elegant-rustikalen Art. Im ersten Stock können Sie beim Essen auf das Wandfresko mit St. Georg und dem Drachen bewundern.

In Überlingen-Andelshofen über ① : 3 km :

Romantik Hotel Johanniter-Kreuz ⌂, Johanniterweg 11, ✉ 88662, ✆ (07551) 6 10 91, johanniter-kreuz@romantikhotels.com, Fax (07551) 67336, ♨, ≤s, ⇔ – ⌘ TV ✆ ⇔ P – ⌂ 25. ◎ ◎ VISA
Menu (geschl. Montag - Dienstagmittag) à la carte 25,50/44, ⌇ – **25 Zim** ⋍ 65/105 – 100/160 – ½ P 28.
• Ein 300 Jahre altes Bauernhaus mit modernem Hotelanbau. Im Anbau sind die Zimmer neuzeitlich-elegant und geräumig, im Stammhaus gemütlich im Landhausstil. In dem Fachwerkhaus a. d. 17. Jh. hat man ein rustikales Restaurant eingerichtet.

Sonnenbühl ⌂ garni, Zum Brandbühl 19, ✉ 88662, ✆ (07551) 8 30 00, info@hotel-lake-constance.com, Fax (07551) 830080, ≤s, ⇔ – TV P – ⌂ 15. ◎ ◎ VISA
April - Okt. – **20 Zim** ⋍ 60/75 – 95/110.
• Ein schmuckes Haus mit Pensionscharakter, das in einem grünen Wohngebiet liegt. Die Zimmer sind einheitlich in Eiche eingerichtet, teils auch mit kleinem Wohnbereich.

In Überlingen-Lippertsreute über ① : 9 km :

Landgasthof zum Adler (mit Gästehaus), Hauptstr. 44, ✉ 88662, ✆ (07553) 8 25 50, landgasthof-adler-voegele@t-online.de, Fax (07553) 825570, ♨, ⇔ – ⌘ TV ⇔ P ◎ VISA
geschl. Okt. - Nov. 3 Wochen – **Menu** (geschl. Mittwochabend - Donnerstag) à la carte 21,50/33 – **16 Zim** ⋍ 43/50 – 60/86 – ½ P 14.
• Ein wunderschönes Fachwerkhaus a. d. J. 1635 - mit grauem Gebälk - und ein Gästehaus bilden diese sympathische Adresse. Die Zimmer präsentieren sich im Landhausstil. Gemütlich-rustikale Gaststube mit Holztäfelung und Kachelofen.

Landgasthof Brauerei Keller, Riedweg 2, ✉ 88662, ✆ (07553) 2 23, info@landgasthofbrauereikeller.de, Fax (07553) 7488, ♨ – TV P
geschl. 27. Dez. - Ende Jan. – **Menu** (geschl. Montagabend - Dienstag) à la carte 17,50/26,50 – **15 Zim** ⋍ 35/43 – 58/75 – ½ P 13.
• Ein typischer Landgasthof, mit Wein bewachsen und von Kastanien beschattet. Die Gäste wohnen in netten Zimmern im Haupthaus oder im neueren Anbau. Ländliche Gaststube mit Holzboden.

ÜBERSEE Bayern 546 W 21 – 4 400 Ew – Höhe 525 m – Luftkurort.

🛈 Verkehrsamt, Feldwieser Str. 27, ✉ 83236, ✆ (08642) 2 95, Fax (08642) 6214.
Berlin 684 – München 95 – Bad Reichenhall 45 – Traunstein 20 – Rosenheim 36.

In Übersee-Westerbuchberg Süd-West : 2 km in Richtung Grassau, nach 500 Meter rechts ab :

Alpenhof ⌂, Westerbuchberg 99, ✉ 83236, ✆ (08642) 8 94 00, Fax (08642) 894033, ≤ Chiemgau, ♨ – TV P
geschl. Feb. 2 Wochen, Nov. - Anfang Dez. – **Menu** (geschl. Dienstag - Mittwoch) à la carte 18,50/35,50, ⌇ – **10 Zim** ⋍ 60 – 90.
• Schon seit dem 14. Jh. existiert das Haus auf der kleinen Bergkuppe, in dem man sich heute liebevoll um seine Gäste kümmert. Die Zimmer sind sehr gepflegt und solide möbliert. Im Restaurant verwöhnt man Sie mit einer schmackhaften bayerischen Küche.

UECKERMÜNDE Mecklenburg-Vorpommern 542 E 26 – 12 000 Ew – Höhe 5 m.

🛈 Touristik-Info, Ueckerstr. 96, ✉ 17373, ℘ (039771) 2 84 84, info@ueckermuende.de, Fax (039771) 28487.

Berlin 167 – Schwerin 199 – Neubrandenburg 69 – Greifswald 71.

Pommern Mühle ≫, Liepgartener Str. 88a, ✉ 17373, ℘ (039771) 20 00, braun@pommern-muehle.via.t-online.de, Fax (039771) 20099, 🌳, ≘s – ⥉ Zim, 📺 📞 🅿 – 🚗 30. 🆗 VISA
Menu (geschl. Montagmittag) à la carte 13/23 – **38 Zim** ⊇ 57/69 – 90/120.
• Das Herzstück der schmucken Hotelanlage ist die schön restaurierte, 130 Jahre alte Windmühle. Im Inneren finden Sie eine moderne und wohnliche Ausstattung. Ein Teil des Restaurants befindet sich in der Mühle - freigelegtes Fachwerk ziert den Raum.

Pommernyacht, Altes Bollwerk 1b, ✉ 17373, ℘ (039771) 21 50, pommernyacht@ueckermuende.de, Fax (039771) 21539, 🌳, – ⥉ Zim, 📺 🅿 🆎 🆗 VISA
Menu à la carte 18,50/31 – **18 Zim** ⊇ 60/70 – 75/90.
• Direkt am Hafen steht das in seiner Architektur einem Schiff nachempfundene, weiße Haus. Es gibt auch zwei Kapitänszimmer, deren Ausstattung maritimes Flair versprüht. Nautische Accessoires prägen den Stil des neuzeitlichen Restaurants.

ÜHLINGEN-BIRKENDORF Baden-Württemberg 545 W 8 – 5 100 Ew – Höhe 644 m – Wintersport : 644/900 m ⛷.

🛈 Kurverwaltung Birkendorf, Haus des Gastes, ✉ 79777, ℘ (07743) 3 80, Fax (07743) 1277.

Berlin 791 – Stuttgart 172 – *Freiburg im Breisgau* 59 – Donaueschingen 46 – Waldshut-Tiengen 21.

Im Ortsteil Birkendorf – Luftkurort :

Sonnhalde ≫ garni, Hohlgasse 3, ✉ 79777, ℘ (07743) 9 20 20, hotel_sonnhalde@t-online.de, Fax (07743) 5996, ≘s, 🔲, 🛥, 🌳 – 📶 📺 🅿 – 🚗 25. 🆎 ① 🆗 VISA
32 Zim ⊇ 36/46 – 70/80.
• Ein Landhaus mit Anbauten, das in einem ruhigen Wohngebiet situiert ist. Neben praktischen Standart-Zimmern bietet man auch Komfort-Zimmer mit Balkon.

Sonnenhof mit Zim, Schwarzwaldstr. 9, ✉ 79777, ℘ (07743) 9 20 10, hotel-sonnenhof@t-online.de, Fax (07743) 1789, 🌳 – 📺 🚗 🅿
Menu (geschl. Nov. - April Donnerstag) à la carte 19/42 – **14 Zim** ⊇ 29/44 – 56 – ½ P 15.
• Auf verschiedenen Ebenen können Sie hier zum Essen Platz nehmen. Jede der Gaststuben hat ihren eigenen heimeligen Charakter. Breitgefächerte bürgerliche Karte.

In Ühlingen-Birkendorf-Witznau Süd-West : 10 km :

Witznau, Witznau 3, ✉ 79777, ℘ (07747) 2 15, Fax (07747) 1394, 🌳 – 🅿. 🆗 VISA
geschl. Feb. 2 Wochen, Anfang Nov. 1 Woche, Montag – **Menu** à la carte 17/30.
• Hier steht der Chef noch selbst am Herd ! In verwinkelten Gasträumen offeriert man eine Speisekarte, die vorwiegend bürgerlich ist und auch Wildgerichte beinhaltet.

UELSEN Niedersachsen 541 I 4 – 5 000 Ew – Höhe 22 m – Erholungsort.

🛈 Verkehrsverein, Am Markt (Altes Rathaus), ✉ 49843, ℘ (05942) 14 11, Fax (05942) 922872.

Berlin 518 – Hannover 240 – Nordhorn 17 – Almelo 23 – Lingen 36 – Rheine 56.

Am Waldbad ≫, Zum Waldbad 1, ✉ 49843, ℘ (05942) 9 39 30, rezeption@hotel-am-waldbad.de, Fax (05942) 1952, 🌳, ≘s, 🛥 – 📺 📞 🅿 – 🚗 35. ✂ Zim
Menu (geschl. Montagmittag) à la carte 21/40,50 – **20 Zim** ⊇ 45/56 – 67/85.
• Das Haus liegt angenehm ruhig, umgeben von Wald und Wiese. Eine solide, gepflegte Atmosphäre erwartet den Gast im Inneren - fragen Sie nach den neuzeitlichen Zimmern im Anbau. Von dem eleganten Restaurant aus blicken Sie ins Grüne.

UELZEN Niedersachsen 541 H 15 – 36 000 Ew – Höhe 35 m.

🛈 Stadt- und Touristinformation, Herzogenplatz 2, ✉ 29525, ℘ (0581) 80 04 42, stadt_uelzen@t-online.de, Fax (0581) 800100.

Berlin 233 – *Hannover* 99 – Braunschweig 83 – Celle 53 – Lüneburg 33.

Stadt Hamburg garni, Lüneburger Str. 4, ✉ 29525, ℘ (0581) 9 08 10, info@hotelstadthamburg.de, Fax (0581) 9081188 – 📶 ⥉ 📺 📞 ♿ 🚘 – 🚗 20. 🆗 VISA JCB
34 Zim ⊇ 55/60 – 65/75.
• Mitten im Zentrum der Kleinstadt, an der Einkaufsstraße, finden Sie diese saubere, gut geführte Übernachtungsadresse mit solide möblierten, hellgelb gestrichenen Zimmern.

UELZEN

🏠 **Am Stern,** Sternstr. 13, ✉ 29525, ℘ (0581) 7 63 00, Fax (0581) 16945, 🔒, 🚗 – 🛗
📺 🅿 🆎 💳
Menu (geschl. 20. Dez. - 10. Jan., Sonntag) (nur Abendessen) à la carte 16/23 – **33 Zim** ⌂ 30/40 – 60/70.
◆ In einem Wohngebiet außerhalb des Zentrums liegt das 1990 erbaute Klinkerhaus, das über gut gepflegte und praktisch ausgestattete Zimmer verfügt. Restaurant der rustikalen Art.

In Uelzen-Hanstedt II Ost : 7,5 km, über B 71 :

🏠 **Meyer's Gasthaus,** Hanstedter Str. 4, ✉ 29525, ℘ (05804) 97 50, meyers-gasthaus@t-online.de, Fax (05804) 975400, 🌿, 🚗 – 📺 🅿 – 🔔 80
Menu (geschl. Sonntagabend - Montagmittag) à la carte 21/39 – **20 Zim** ⌂ 35/40 – 59/65.
◆ Im Jahre 2000 wurde der langgezogene Klinkerbau komplett renoviert. Reisende schätzen die sehr gut unterhaltenen, sachlich eingerichteten Zimmer. An das helle Restaurant schließt sich eine Art Wintergarten an.

In Uelzen-Veerssen Süd-West : 2 km :

🏠🏠 **Deutsche Eiche,** Soltauer Str. 14 (B 71), ✉ 29525, ℘ (0581) 9 05 50, eicheuelzen@aol.com, Fax (0581) 74049, 🌿 – ⚭ Zim, 📺 ♿ 🅿 – 🔔 80. 🆎 ① 💳 💳
Menu à la carte 19/43 – **37 Zim** ⌂ 62 – 87.
◆ Sie betreten das Hotel durch eine mit Stilmöbeln schön gestaltete, halbkreisförmig angelegte Halle. Eine Sitzgruppe trägt zum wohnlichen Ambiente der gepflegten Zimmer bei. Eine Einrichtung in hellem Naturholz lässt das Restaurant gemütlich wirken.

ÜRZIG Rheinland-Pfalz 543 Q 5 – 1 000 Ew – Höhe 106 m.

Berlin 691 – Mainz 124 – Trier 51 – Bernkastel-Kues 10 – Wittlich 11.

🏠 **Zur Traube,** Am Moselufer 16 (B 53), ✉ 54539, ℘ (06532) 93 08 30, Fax (06532) 9308311, ≤, 🌿 – ⚭ Zim, 📺 📞 🚗 🅿 🆎 💳 💳 JCB
geschl. Mitte Jan. - Mitte Feb. – **Menu** à la carte 16,50/30,50 – **13 Zim** ⌂ 43/65 – 50/125 – ½ P 16.
◆ Sauberkeit und Pflege überzeugen in diesem renovierten Hotel. Reservieren Sie eines der neuzeitlichen Zimmer im Haupthaus - moselseitig mit Balkon ! Die überdachte Moselterrasse ergänzt das bürgerlich gestaltete Restaurant.

🏠 **Zehnthof,** Moselufer 38, ✉ 54539, ℘ (06532) 25 19, info@weinhaus-zehnthof.de, Fax (06532) 5131, ≤, – 🚗 🅿
März - Dez. – **Menu** (geschl. Montag) (nur Abendessen) à la carte 23/34,50 – **20 Zim** ⌂ 56 – 90.
◆ Rustikalität bestimmt den Rahmen dieses Hauses, das im Zentrum des Weinörtchens liegt und über praktische Zimmer und eine weinumrankte Terrasse verfügt. Dunkle Polsterstühle und eine Holzdecke prägen den Charakter des Restaurants.

🍴🍴 **Moselschild** mit Zim, Am Moselufer 14 (B 53), ✉ 54539, ℘ (06532) 9 39 30, moselschild@t-online.de, Fax (06532) 939393, ≤, 🌿, 🔒 Bootssteg – 📺 🚗 🅿 🆎 ① 💳 💳
geschl. 10. - 31. Jan. – **Menu** 57 à la carte 27/46, ♀ 🌿 – **13 Zim** ⌂ 60/75 – 90/130 – ½ P 22.
◆ Am Moselufer liegt das gediegene Restaurant. Die Küche bietet sorgsam zubereitete internationale und regionale Spezialitäten, begleitet von Weinen aus eigenem Anbau.

UETERSEN Schleswig-Holstein 541 E 13 – 18 000 Ew – Höhe 6 m.

✈ Haseldorf, Heister Feld 7 (Süd-West : 8 km), ℘ (04122) 85 35 00.
Berlin 319 – Kiel 101 – Hamburg 37 – Itzehoe 35.

🏠🏠🏠 **Mühlenpark,** Mühlenstr. 49, ✉ 25436, ℘ (04122) 9 25 50, muehlenpark@t-online.de, Fax (04122) 925510, 🌿 – 🛗, ⚭ Zim, 📺 📞 🅿 – 🔔 30. 🆎 ① 💳 💳
🚫 Rest
Menu à la carte 21,50/31,50 – **25 Zim** ⌂ 69/102 – 99/132.
◆ Das Interieur dieser Jugendstil-Villa mit Hotelanbau besticht mit zeitlos-eleganter Wohnkultur. Die Zimmer sind solide möbliert und sehr komfortabel. Besonders schön in dem vornehm wirkenden Restaurant : ein Tisch in der Erker.

🏠🏠 **Im Rosarium** 🌿, Berliner Str. 10, ✉ 25436, ℘ (04122) 9 21 80, hotel-im-rosarium@t-online.de, Fax (04122) 921877, 🌿 – 🛗, ⚭ Zim, 📺 📞 ♿ 🚗 🅿 – 🔔 60. 🆎 💳 💳 JCB
Menu à la carte 15/35 – **44 Zim** ⌂ 52/72 – 95.
◆ Im Neubaubereich dieses gut geführten Hotels bietet man besonders komfortable Zimmer, die mit hellem, modernem Mobiliar wohnlich eingerichtet sind. Von dem leicht eleganten Restaurant aus blicken Sie in den Park - Gartenterrasse mit schöner Aussicht.

UETTINGEN
Bayern 546 Q 13 – 1 250 Ew – Höhe 230 m.
Berlin 519 – München 294 – Würzburg 18 – Frankfurt am Main 101.

Fränkischer Landgasthof, Marktheidenfelder Str. 3, ⊠ 97292, ℘ (09369) 9 08 80, info@landgasthof-uettingen.de, Fax (09369) 908836, 😐 – 📺 📞 ⇔ 🅿 – 🚣 30. 🌐 VISA. ⚘
Menu à la carte 12,50/27 – **13 Zim** ⊇ 38/43 – 62/70.
♦ Das auffällig blaue Hotel erwartet seine Besucher mit einfachen, aber gut gepflegten Zimmern, die alle mit Parkettboden und Eichenmöbeln ausgestattet sind. Restaurant mit ländlichem Ambiente.

UFFENHEIM
Bayern 546 R 14 – 5 800 Ew – Höhe 330 m.
Berlin 494 – München 242 – Würzburg 47 – Ansbach 40 – Bamberg 88.

Schwarzer Adler, Adelhofer Str. 1, ⊠ 97215, ℘ (09842) 9 88 00, schellbach.uffenheim@t-online.de, Fax (09842) 988080, Biergarten – ⚘ Zim, 📺 📞 ⇔ 🅿 🅰🅴 ⓄⒹ 🌐 VISA JCB
geschl. Feb. 2 Wochen – Menu (geschl. Montag) à la carte 11,50/30 – **15 Zim** ⊇ 29/32 – 46/49.
♦ Der ehemalige Brauerei-Gasthof aus dem Spätbarock blickt auf eine lange Tradition zurück. Sie schlafen in einfachen Räumen im Haupthaus oder im schön restaurierten Gästehaus. In rustikalem Stil gehaltenes Restaurant.

UHLDINGEN-MÜHLHOFEN
Baden-Württemberg 545 W 11 – 7 800 Ew – Höhe 398 m – Erholungsort.
Ausflugsziel : Birnau-Maurach : Wallfahrtskirche★, Nord-West : 3 km.
🛈 Tourist-Information, Schulstr. 12 (Unteruhldingen), ⊠ 88690, ℘ (07556) 9 21 60, tourist-info@uhldingen-bodensee.de, Fax (07556) 921620.
Berlin 736 – Stuttgart 181 – Konstanz 19 – Ravensburg 38 – Bregenz 55.

Im Ortsteil Maurach :

Seehalde ⚘, Maurach 1, ⊠ 88690, ℘ (07556) 9 22 10, seehalde@web.de, Fax (07556) 6522, ≼, 😐, 😐, ⬜, 🐾, 😐 – 📺 ⇔ 🅿. ⚘ Zim
geschl. Anfang Jan. - Anfang März – Menu (geschl. Dienstag - Mittwochmittag) 26/50 à la carte 25/45, 🍷 – **21 Zim** ⊇ 65/85 – 108 – ½ P 20.
♦ Eingebettet in eine idyllische Naturlandschaft, liegt dieses Haus direkt am See. Alle Zimmer sind solide eingerichtet und verfügen über Aussicht auf Bodensee und Alpen. Neben einem Blick über den See bietet das Restaurant eine regional verwurzelte Küche.

Pilgerhof ⚘, Maurach 2, ⊠ 88690, ℘ (07556) 93 90, pilgerhof@t-online.de, Fax (07556) 6555, 😐, 🐾, 😐 – ⚘ 📺 📞 ⇔ 🅿 – 🚣 25. 🌐 VISA
Menu à la carte 19,50/33,50 – **40 Zim** ⊇ 75/85 – 96/130 – ½ P 16.
♦ Die Nähe zum See und die ruhige Lage machen dieses Haus zu einer attraktiven Urlaubsadresse. Unterschiedlich geschnittene Zimmer mit Balkon oder Terrasse stehen bereit. Unterteiltes Restaurant mit neo-rustikaler Einrichtung. - Terrasse.

Rebmannshof ⚘, Maurach 2, ⊠ 88690, ℘ (07556) 93 90, Fax (07556) 6555, ≼, 😐, 😐, 🐾, 😐 – ⚘ 📺 📞 ⇔ 🅿. ⚘ Zim
Menu (geschl. Mitte Okt. - Mitte März) à la carte 19,50/33,50 – **8 Zim** ⊇ 75 – 110/130 – ½ P 16.
♦ Hinter der restaurierten Fassade des 300-jährigen Fischerhauses ist ein modernes Hotel entstanden, dessen Zimmer mit hellem Holz freundlich eingerichtet sind. Neuzeitliches Restaurant mit freigelegtem Fachwerk.

Im Ortsteil Oberuhldingen :

Storchen (mit Gästehaus), Aachstr. 17, ⊠ 88690, ℘ (07556) 65 91, info@storchen-uhldingen.de, Fax (07556) 5348, 😐, 😐, 🐾, – 📺 🅿
geschl. 7. Jan. - 13. Feb. - Menu (geschl. Okt. - April Montag) à la carte 13/33,50 – **20 Zim** ⊇ 35/46 – 48/82 – ½ P 13.
♦ Ein gewachsener Gasthof mit Gästehaus und einem hübschen Garten. Im Haupthaus schlafen Sie in bemalten Bauernbetten, im Gästehaus dominieren Wurzelholzmöbel. Beim Essen sitzt man gemütlich in der rustikalen Gaststube oder im hellen, begrünten Wintergarten.

Im Ortsteil Seefelden :

Landhotel Fischerhaus ⚘, (mit 2 Gästehäusern), ⊠ 88690, ℘ (07556) 85 63, birkenmayer@fischerhaus-seefelden.de, Fax (07556) 6063, ≼, (Fachwerkhaus a.d. 17.Jh.), Massage, 😐, ⬜ (geheizt), 🐾, 😐 – ⚘ Rest, 📺 🅿. ⚘ Zim
April - Okt. – Menu (nur Abendessen) (Restaurant nur für Hausgäste) – **23 Zim** (nur ½ P) 110/130 – 170/210, 4 Suiten.
♦ Eine aus mehreren Gebäuden bestehende Hotelanlage, die in ein modernes Gartengrundstück eingebunden ist. Geschmackvolle Zimmer und die engagierte Führung sprechen für sich.

UHLDINGEN-MÜHLHOFEN

Im Ortsteil Unteruhldingen :

🏨 **Seevilla**, Seefelder Str. 36, ✉ 88690, ☎ (07556) 9 33 70, info@seevilla.de, Fax (07556) 933770, 😊, ⇌, 🚗 – 🛗 TV ⇌ 🚗 🅿 🆎 20. 🕮
Menu (nur Abendessen) à la carte 19/29,50 – **23 Zim** (nur ½ P) 100/120 – 130/150.
♦ Diese schöne, rosa gestrichene Villa empfängt ihre Gäste mit einer edlen Ausstattung und freundlichem Ambiente. Die Zimmer überzeugen mit apartem Landhausmobiliar. Vornehme Champagnerfarben und Rattansessel prägen das Restaurant und den Wintergarten.

🏨 **Mainaublick** (mit Gästehaus), Seefelder Str. 22, ✉ 88690, ☎ (07556) 9 21 30, info@hotel-mainaublick.de, Fax (07556) 5844, 😊, ⇌ TV ⇌ 🚗 🅿 🆎 🕮 🕬 VISA
Mitte März – Okt. – **Menu** (wochentags nur Abendessen) à la carte 23/39 – **33 Zim** (nur ½P) 60/80 – 120/150.
♦ Unweit vom Yachthafen liegt dieses hübsche Haus mit Terrasse zur Uferpromenade. Ein Gästehaus mit gepflegten, neueren Zimmern ergänzt das Haupthaus. Zum Speisen stehen Ihnen das ländlich gestaltete Restaurant und die schöne Terrasse zur Verfügung.

ULM (Donau) Baden-Württemberg 545 U 13 – 112 000 Ew – Höhe 479 m.
Sehenswert : Münster★★★ (Chorgestühl★★★, Turm ⁂★★, Sakramentshaus★) Y – Jahnufer (Neu-Ulm) ≤★★ Z – Mühlen-, Fischer- und Gerberviertel★ Z – Ulmer Museum★ Z M1 – Brotmuseum★ Y M2.
Ausflugsziele : Ulm-Wiblingen : Klosterkirche (Bibliothek★) Süd : 5 km – Blaubeuren : Ehemalige Klosterkirche (Hochaltar★★, Chorgestühl★) West : 18 km.
✈ Illerrieden, Wochenauer Hof 2 (Süd : 12 km), ☎ (07306) 92 95 00.
Ausstellungsgelände a. d. Donauhalle (über Wielandstr. X), ☎ (0731) 92 29 90, Fax (0731) 9229930.
🛈 Tourist-Information, Münsterplatz 50, ✉ 89073, ☎ (0731) 1 61 28 30, Fax (0731) 1611641.
ADAC, Neue Str. 40.
Berlin 613 ① – *Stuttgart* 93 ⑥ – Augsburg 80 ① – München 138 ①.

Stadtplan siehe gegenüberliegende Seite

🏨🏨🏨 **Maritim**, Basteistr. 40 (Congress-Centrum), ✉ 89073, ☎ (0731) 92 30, info@ulm@maritim.de, Fax (0731) 9231000, ⇌, ⬜ – 🛗 ✣ Zim, TV 📞 ♿ ⇌ – 🅰 650. 🆎 ⓞ 🕬 VISA JCB. ✣ Rest X a
Panorama ≤ Ulm und Neu-Ulm (nur Abendessen) **Menu** à la carte 27,50/44 – 🛏 13 – **287 Zim** 129/171 – 147/187, 11 Suiten.
♦ Direkt an der Donau ragt das verspiegelte Hochhaus in den Himmel. Das Hotel gefällt mit außergewöhnlicher Architektur und einem eleganten Interieur. Den schönsten Blick auf die Stadt hat man vom exklusiven Restaurant in der 16. Etage.

🏨 **Stern**, Sterngasse 17, ✉ 89073, ☎ (0731) 1 55 20, reception@hotelstern.de, Fax (0731) 155299, 😊, ⇌ – 🛗 ✣ Zim, TV 📞 ⇌ 🅿 🆎 🕬 VISA JCB Y d
Menu à la carte 20/34,50 – **60 Zim** 🛏 80 – 95/133.
♦ Die Einrichtung ist in jeder Etage dieses Hotels in einer anderen Holzart gehalten. Auffällig sind hier die tadellose Pflege und das freundliche Servicepersonal. Der Rahmen des Restaurants wird von klassischem Stil und einem guten Couvert geprägt.

🏨 **Comfor** garni, Frauenstr. 51, ✉ 89073, ☎ (0731) 9 64 90, hotel-fr@comfor.de, Fax (0731) 9649499 – 🛗 TV 📞 ⇌ 🅿 🆎 🕬 VISA Y
geschl. 24. Dez. - 1. Jan. – **102 Zim** 🛏 85/90 – 110/135, 15 Suiten.
♦ Dieses komfortable Stadthotel eignet sich auch für einen Langzeitaufenthalt, denn die modernen Zimmer sind alle mit einer kleinen Küchenzeile versehen.

🏨 **Schiefes Haus** garni, Schwörhausgasse 6, ✉ 89073, ☎ (0731) 96 79 30, hotelschiefeshausulm@t-online.de, Fax (0731) 9679333 – ✣ TV – 🅰 15. 🆎 🕬 VISA Z n
11 Zim 🛏 108 – 140.
♦ Schonend wurde das mittelalterliche Haus restauriert und mit eingepassten Designermöbeln chic gestaltet. Die Betten haben eingebaute Wasserwaagen, damit keiner schief liegt !

🏨 **Blaubeurer Tor** garni, Blaubeurer Str. 19, ✉ 89077, ☎ (0731) 9 34 60, info@hotel-blaubeurertor.de, Fax (0731) 9346200 – 🛗 ✣ TV 📞 ⇌ 🅿 🆎 🕮 ⓞ 🕬 VISA X c
geschl. 24. - 3. Jan. – **40 Zim** 🛏 75 – 100.
♦ In ein Autohaus integriert, bietet das Etagenhotel vor allem eine gute Verkehrsanbindung. Es weiß jedoch auch mit einem funktionellen Zimmerbereich zu überzeugen.

🏨 **InterCityHotel**, Bahnhofplatz 1, ✉ 89073, ☎ (0731) 9 65 50, ulm@intercityhotel.de, Fax (0731) 9655999 – 🛗 ✣ Zim, TV 📞 ♿ ⇌ – 🅰 50. 🆎 ⓞ 🕬 VISA JCB.
✣ Rest Y a
Menu (geschl. Freitagabend - Sonntag) à la carte 21/26,50 – 🛏 13 – **135 Zim** 100.
♦ Vom ICE direkt in eines der modernen, schallisolierten Zimmer. Für Workaholics hat man in jedem Zimmer eine Arbeitsecke mit Fax-Anschluss installiert.

1412

ULM

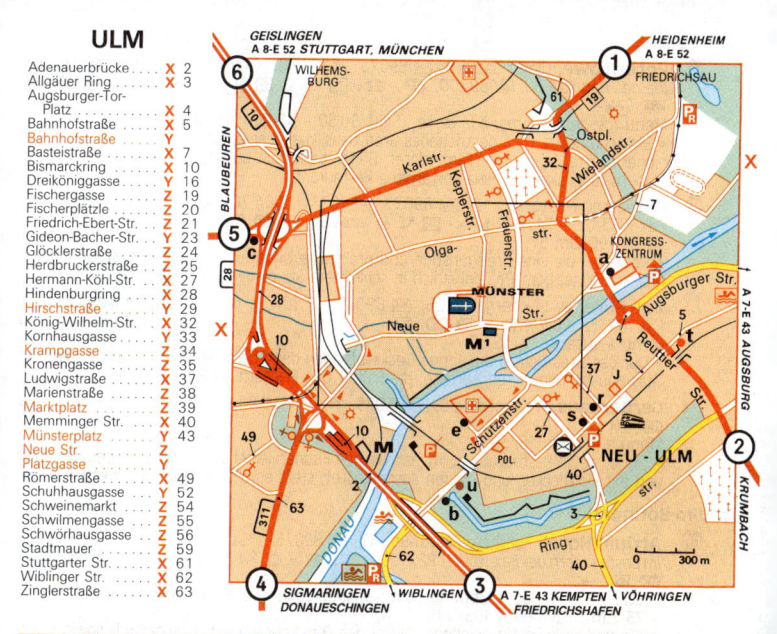

Straße		Nr.
Adenauerbrücke	X	2
Allgäuer Ring	X	3
Augsburger-Tor-Platz	X	4
Bahnhofstraße	X	5
Bahnhofstraße	**Y**	
Basteistraße	X	7
Bismarckring	X	10
Dreikönigsgasse	Y	16
Fischergasse	Z	19
Fischerplätzle	Z	20
Friedrich-Ebert-Str.	Z	21
Gideon-Bacher-Str.	Y	23
Glöcklerstraße	Y	24
Herdbruckerstraße	Z	25
Hermann-Köhl-Str.	X	
Hindenburgring	X	28
Hirschstraße	**Y**	29
König-Wilhelm-Str.	X	32
Kornhausgasse	X	33
Krampgasse	**Z**	34
Kronengasse	X	35
Ludwigstraße	X	37
Marienstraße	X	38
Marktplatz	**Z**	39
Memminger Str.	Y	40
Münsterplatz	**Y**	43
Neue Str.	**Y**	
Platzgasse	**Y**	
Römerstraße	X	49
Schuhhausgasse	Y	52
Schweinemarkt	Z	54
Schwilmengasse	Z	55
Schwörhausgasse	Z	56
Stadtmauer	Z	59
Stuttgarter Str.	X	61
Wiblinger Str.	X	62
Zinglerstraße	X	63

🏨 **Am Rathaus-Reblaus** garni, Kronengasse 10, ✉ 89073, ☎ (0731) 96 84 90, info@rathausulm.de, Fax (0731) 9684949 – 📺 🍴 🆎 👁 Z k
34 Zim ☐ 57/68 – 85/92.
  ♦ Gegenüber dem historischen Rathaus befinden sich die zwei Altstadthäuser. Im Haupthaus ist die Einrichtung klassisch-stilvoll, in der Reblaus eher rustikal.

1413

ULM (Donau)

Roter Löwe, Ulmer Gasse 8, ⊠ 89073, ℘ (0731) 14 08 90, *hotel.roter.loewe@t-onl ine.de, Fax (0731) 14089200*, 斧, ⇔, 🖻 – 🛗 TV 📞 🚗 – 🔬 20. AE ⓘ ⓜ VISA JCB
Y m
Menu *(geschl. Sonntag)* à la carte 15,50/30,50 – **35 Zim** ⊇ 78/88 – 88/98.
♦ Ein schmuckes, rosa gestrichenes Stadthaus, das über größtenteils moderne, sachlich eingerichtete Zimmer verfügt, deren Bäder technisch auf dem neuesten Stand sind. Modern-rustikales, mit Holz vertäfeltes Restaurant.

Ibis garni, Neutorstr. 12, ⊠ 89073, ℘ (0731) 9 64 70, *h0800@accor-hotels.com, Fax (0731) 9647123* – 🛗 ⇨ TV 📞 ♿ 🚗. AE ⓘ ⓜ VISA
Y y
⊇ 9 – **90 Zim** 57.
♦ Reisende, die eine preisgünstige und praktische Unterkunft in der Innenstadt suchen, finden hier zeitgemäße, einheitlich in hellem Stil eingerichtete Zimmer.

Zur Forelle, Fischergasse 25, ⊠ 89073, ℘ (0731) 6 39 24, *zurforelle@aol.com, Fax (0731) 69869*, 斧 – ⓘ ⓜ VISA
Z b
Menu à la carte 18/38,50.
♦ Dunkles altes Holz und niedrige Decken prägen den Charakter dieser jahrhundertelang ''das Häusle'' genannten Adresse, die früher den Fischern als Einkehr diente.

Gerberhaus, Weinhofberg 9, ⊠ 89073, ℘ (0731) 6 94 98, *Fax (0731) 9691078* – ⓘ ⓜ VISA
Z r
Menu à la carte 16/38.
♦ Dieses nette Restaurant ist im historischen Fischerviertel angesiedelt. Hübsch dekoriert und mit Holzdecken und -böden ausgestattet, stellt es eine gemütliche Einkehr dar.

In Ulm-Böfingen über ① :

Atrium-Hotel, Eberhard-Finckh-Str. 17, ⊠ 89075, ℘ (0731) 9 27 10, *info@atrium-u lm.best-western.de, Fax (0731) 9271200*, 斧, ⇔ – 🛗, ⇨ Zim, TV 📞 P – 🔬 35. AE ⓘ ⓜ VISA. ※
geschl. 22. - 31. Dez. – **Menu** *(geschl. Samstag, Sonn- und Feiertage)* à la carte 18,50/29 – **73 Zim** ⊇ 80/90 – 105/115.
♦ Ein verkehrsgünstig gelegenes Hotel der funktionellen Art. Geschäftlich sowie privat Reisende finden hier eine praktische und technisch gut ausgerüstete Unterkunft. Das modern und farbenfroh gestaltete Restaurant bietet einen hübschen Blick ins Grüne.

In Ulm-Gögglingen über ④ : 8 km :

Hoher Berg, Bertholdstr. 44, ⊠ 89079, ℘ (07305) 37 31, *Fax (07305) 9338591*, 斧 – P. ⓜ VISA
geschl. Mitte - Ende Juni, Donnerstag, Freitagmittag – **Menu** à la carte 16,50/36.
♦ Ein nettes, ländliches Lokal in rustikaler Aufmachung. Neben einer breit gefächerten Auswahl internationaler Gerichte bietet man auch einige schwäbische Spezialitäten.

In Ulm-Grimmelfingen über ④ : 5 km :

Hirsch, Schultheißenstr. 9, ⊠ 89081, ℘ (0731) 93 79 30, *info@hirsch-ulm.de, Fax (0731) 9379360*, 斧 – TV 🚗 P. ⓘ ⓜ VISA
geschl. 24. Dez. - Mitte Jan. – **Menu** *(geschl. Dienstag)* à la carte 13/31 – **25 Zim** ⊇ 49/55 – 63/78.
♦ Ein typisch schwäbischer Landgasthof mit Fachwerkfassade. In den mit älteren, aber sehr gepflegten Möbeln eingerichteten Fremdenzimmern werden Sie gut untergebracht. Restaurant mit ursprünglichem, dörflichem Charakter - Gartenwirtschaft.

An der Autobahn A 8 - Ausfahrt Ulm-Ost über ① : 8 km :

Rasthaus Seligweiler, an der B 19, ⊠ 89081 Ulm (Donau), ℘ (0731) 2 05 40, *info @seligweiler.de, Fax (0731) 2054400*, 斧, ⇔ – 🛗 TV 📞 🚗 P – 🔬 100. AE ⓘ ⓜ VISA
Menu à la carte 12,50/26 – **114 Zim** ⊇ 49/79 – 69/89.
♦ Dies ist eine Adresse, die besonders für Durchreisende interessant ist : direkt an der Autobahnausfahrt bietet man solide Zimmer und eine Tankstelle mit 24-Stunden-Service. Genau durch das Restaurant läuft die Grenze zwischen Württemberg und Bayern.

ULMET Rheinland-Pfalz **543** R 6 – *800 Ew – Höhe 185 m*.
Berlin 663 – Mainz 98 – *Saarbrücken* 81 – *Trier* 92 – Kaiserslautern 31.

Felschbachhof ⑤, nahe der B 420 (West : 1 km), ⊠ 66887, ℘ (06387) 91 10, *inf o@felschbachhof.de, Fax (06387) 911234*, 斧, ⇔, 🏊 – ⇨ Zim, TV P – 🔬 50. AE ⓜ VISA. ※
Menu à la carte 20/34 – **23 Zim** ⊇ 41/47 – 67/76.
♦ Etwas erhöht liegt das Hotel an einem bewaldeten Hang. Fragen Sie nach einem der neuen Zimmer, die mit Kirschholz ansprechend ausgestattet wurden. Bürgerlich gestaltetes Restaurant.

UNDELOH Niedersachsen 541 G 13 – 850 Ew – Höhe 75 m.
  Sehenswert : *Typisches Heidedorf*★.
  Ausflugsziel : *Wilseder Berg*★ ≤ ★ *(Süd-West: 5 km, nur zu Fuß oder mit Kutsche erreichbar)*.
  🛈 Tourist-Information, Zur Dorfeiche 27, ✉ 21274, ℰ (04189) 3 33, verkehrsverein.u
  ndeloh@t-online.de, Fax (04189) 504.
  Berlin 327 – Hannover 113 – Hamburg 64 – Lüneburg 35.

  Heiderose - Gästehaus Heideschmiede ⑤, Wilseder Str. 13, ✉ 21274,
  ℰ (04189) 3 11, tuwischhof@t-online.de, Fax (04189) 314, 🌳, ⇌s, 🔲, 🐎, – 🛗 TV P
  – 🏊 50
  Menu à la carte 17/34,50 – **59 Zim** ⇌ 52 – 90/94.
  ♦ Reizvoll ist die Lage des durch ein Gästehaus erweiterten Klinkerhauses am Rande des
  Naturschutzgebietes. Das familiengeführte Hotel bietet Ihnen gepflegte Zimmer. Rustikale
  Gasträume, teils mit offenem Kamin.

  Witte's Hotel ⑤ (mit Gästehaus), Zum Loh 2, ✉ 21274, ℰ (04189) 81 33 60, info
  @witteshotel.de, Fax (04189) 629, 🌳, 🐎 – TV P – 🏊 15. AE ⓜ VISA
  geschl. Mitte Dez. - Anfang Feb. – **Menu** *(geschl. Montag)* à la carte 18,50/31 – **22 Zim**
  ⇌ 44/70 – 74/78.
  ♦ Von Bäumen umgeben, fügt sich das Hotel schön in die Landschaft ein. Die in unter-
  schiedlichem Stil ausgestatteten Zimmer befinden sich alle im ruhigen Gästehaus. Ein groß
  angelegter Restauranttrakt bietet die Möglichkeit, auch Gruppen zu bewirten.

  Undeloher Hof (mit Gästehäusern), Wilseder Str. 22, ✉ 21274, ℰ (04189) 4 57, inf
  o@undeloherhof.de, Fax (04189) 468, 🌳, – TV P – 🏊 20. ⓜ VISA
  Menu à la carte 16,50/26,50 – **37 Zim** ⇌ 50 – 75/90.
  ♦ Sehr gepflegte Zimmer mit gutem Platzangebot und die schöne dörfliche Lage gehören
  zu den Annehmlichkeiten dieses typischen, reetgedeckten Heidehofes. Ein nettes, rusti-
  kales Ambiente umgibt Sie im Restaurant.

In Undeloh-Wesel *Nord-West : 5 km* :

  Heidelust ⑤ (mit Gästehaus), Weseler Dorfstr. 9, ✉ 21274, ℰ (04189) 2 72, info@
  heidelust.de, Fax (04189) 672, Biergarten, ⇌s, 🐎 – P – 🏊 20
  Menu *(geschl. Nov.-März Donnerstag)* à la carte 14,50/31,50 – **26 Zim** ⇌ 33 – 61 – ½ P 8.
  ♦ Bereits in der vierten Generation wird dieser Gasthof familiär geführt. Reiter können ihr
  eigenes Pferd mitbringen, Pferdekoppel und Gastboxen stehen zur Verfügung. Rustikaler
  Restaurantbereich mit Kamin und kleiner Theke.

UNKEL Rheinland-Pfalz 543 O 5 – 5 300 Ew – Höhe 58 m.
  🛈 Touristinformation, Linzer Str. 2, ✉ 53572, ℰ (02224) 90 28 22, unkel@rheingefue
  hl.de, Fax (02224) 911735.
  Berlin 608 – Mainz 137 – Bonn 20 – Neuwied 28.

  Rheinhotel Schulz ⑤, Vogtsgasse 4, ✉ 53572, ℰ (02224) 90 10 50, info@rhein
  hotel-schulz.de, Fax (02224) 9010599, ≤ Rhein, 🌳 – 🛗, 🍽 Zim, 🍴 Rest, TV 📞 🚗 –
  🏊 40. AE ⓜ VISA
  Menu à la carte 30,50/59,50 – **29 Zim** ⇌ 95/125 – 180/240, 5 Suiten.
  ♦ Die Lage direkt am Rhein, geschmackvolle Zimmer - teils mit hochwertigem Mobiliar und
  Marmorbädern, teils leicht provenzalisch - sowie nette Details zeichnen dieses Hotel aus.
  Restaurant mit Blick zum Rhein.

  Weinhaus Zur Traube (mit Gästehaus Korf), Vogtsgasse 2, ✉ 53572, ℰ (02224)
  33 15, Fax (02224) 73362, 🌳 – 🚗 P ⓜ VISA
  geschl. Weihnachten - Anfang Jan., Feb. - März 3 Wochen – **Menu** *(geschl. Dienstag, Nov.
  - April Montag - Mittwoch) (Nov. - April nur Abendessen)* à la carte 16,50/31,50 – **12 Zim**
  ⇌ 31/38 – 66.
  ♦ Das Besondere an diesem rustikalen Restaurant ist der im Innenhof gelegene, mit Glas über-
  dachte Rebengarten, der schon ab Ostern sein frisches Grün über den Gästen ausbreitet.

UNNA Nordrhein-Westfalen 543 L 7 – 64 000 Ew – Höhe 96 m.
  🏌 🏌 Fröndenberg, Schwarzer Weg 1 *(Süd-Ost : 9 km)*, ℰ (02373) 7 00 68 ; 🏌 Fröndenberg
  Gut Neuenhof, Eulenstr. 58 *(Süd-Ost : 9 km)*, ℰ (02373) 7 64 89.
  ADAC, Friedrich-Ebert-Str. 7b.
  Berlin 476 – Düsseldorf 83 – Dortmund 21 – Soest 35.

  Katharinen Hof, Bahnhofstr. 49, ✉ 59423, ℰ (02303) 92 00, hotel-katharinenhof
  @riepe.com, Fax (02303) 920444, 🌳, 🏋, ⇌s – 🛗, 🍽 Zim, TV 🛁 🚗 – 🏊 80. AE ⓞ
  ⓜ VISA
  Menu à la carte 20,50/38 – **70 Zim** ⇌ 91/103 – 118/124.
  ♦ Durch einen großzügigen Hallenbereich betreten Sie dieses von glasbetonter Architektur
  geprägte Stadthotel. Die Zimmer gefallen mit Wohnlichkeit und dezenter Farbgebung. In
  der ersten Etage befindet sich das moderne Restaurant mit großer Showküche.

1415

UNNA

Kraka, Gesellschaftsstr. 10, ✉ 59423, ☏ (02303) 2 20 22, Fax (02303) 2410 – 🛗 📺 ✆ 🚗, 🔴 VISA
Menu *(geschl. Sonntag) (nur Abendessen)* à la carte 16/32,50 – **35 Zim** ⊇ 51/70 – 78/93.
• Ein im Zentrum gelegenes Stadthaus mit neuem Anbau. Fragen Sie nach einem der neueren Zimmer, die mit Naturholz, guter Technik und gutem Platzangebot glänzen. Das Restaurant ist im Stil einer einfachen Gaststätte eingerichtet - Bistro für den kleinen Hunger.

UNTERBREIZBACH Thüringen siehe Vacha.

UNTERFÖHRING Bayern siehe München.

UNTERHACHING Bayern siehe München.

UNTERMEITINGEN Bayern siehe Schwabmünchen.

UNTERREICHENBACH Baden-Württemberg 🔢🔢 T 10 – 2 100 Ew – Höhe 525 m – Erholungsort.
Berlin 672 – Stuttgart 62 – *Karlsruhe* 40 – Pforzheim 12 – Calw 14.

In Unterreichenbach-Kapfenhardt :

Mönchs Waldhotel 🌲, Kapfenhardter Mühle, ✉ 75399, ☏ (07235) 79 00, moenchs.waldhotel@t-online.de, Fax (07235) 790190, 🍽, 🌿, 🏊, ≦s, 🔲 – 🛗, 🥢 Zim, 📺 ✆ 🅿 – 🔔 100. 🅰🅴 ⓘ 🔴 VISA JCB, 🛞 Rest
Menu à la carte 22/41 – **65 Zim** ⊇ 65/82 – 111/145 – ½ P 20.
• Ein über Jahre gewachsenes Hotel in waldnaher Lage, das Ihnen rustikale, in Eiche möblierte Zimmer bietet. Empfehlenswert ist auch die entsprechende Bade- und Saunalandschaft ! Der Restaurantbereich verteilt sich auf mehrere rustikal gestaltete Räume.

Untere Kapfenhardter Mühle 🌲, ✉ 75399, ☏ (07235) 9 32 00, info@unterekapfenhardter-mühle, Fax (07235) 7180, 🍽, ≦s, 🌿, – 🛗, 🥢 Zim, 📺 ✆ 🅿 – 🔔 50. 🅰🅴 ⓘ 🔴 VISA
geschl. Ende Jan. 1 Woche - **Menu** à la carte 15/33 – **33 Zim** ⊇ 45/58 – 84/98 – ½ P 14.
• Eine original Schwarzwaldmühle, deren Ursprünge in das Jahr 1692 zurückreichen. Die Zimmer sind sehr gepflegt und rustikal eingerichtet, mit Balkon. Schön : die Lage im Tal. Gemütliche, mit hellem Holz verkleidete Gaststuben.

Jägerhof 🌲, Kapfenhardter Tal, ✉ 75399, ☏ (07235) 9 70 40, Fax (07235) 970444, 🍽, – 📺 🚗 🅿 – 🔔 30. 🔴 VISA
geschl. Nov. 1 Woche - **Menu** *(geschl. Montag)* à la carte 17/32 – **14 Zim** ⊇ 44 – 80 – ½ P 13.
• In einem kleinen Tal am Ortsausgang liegt das Haus idyllisch am Waldrand - mit angeschlossenem Wildgehege. Man bringt seine Gäste in soliden Zimmern mit Balkon unter. Zahlreiche Jagdtrophäen zieren die Wände der rustikalen Stuben.

UNTERSCHLEISSHEIM Bayern 🔢🔢 V 18 – 24 500 Ew – Höhe 474 m.
Berlin 570 – *München* 17 – *Regensburg* 107 – Augsburg 69 – Ingolstadt 62 – Landshut 60.

Victor's Residenz-Hotel, Keplerstr. 14, ✉ 85716, ☏ (089) 3 21 03 09, info.muenchen@victors.de, Fax (089) 32103899, 🍽 – 🛗, 🥢 Zim, 📺 ✆ 🚗 🅿 – 🔔 110. 🅰🅴 ⓘ 🔴 VISA
Menu à la carte 23/38 – **207 Zim** ⊇ 110 – 145.
• Vor den Toren der süddeutschen Metropole finden Sie dieses moderne Business-Hotel mit funktionellen, wohnlichen Zimmern und voll ausgerüstetem Tagungsbereich. Marmorierte Säulen unterteilen das helle, freundliche Restaurant.

Mercure Nord garni, Rathausplatz 8, ✉ 85716, ☏ (089) 3 17 85 70, h0936@accor-hotels.com, Fax (089) 3173596, ≦s – 🛗 🥢 📺 🅿 – 🔔 40. 🅰🅴 ⓘ 🔴 VISA JCB
⊇ 12 – **58 Zim** 85/129 – 90/138.
• Ein freundliches und professionelles Team, neuzeitlich eingerichtete Zimmer und funktionelle Tagungseinrichtungen sind die Pluspunkte dieses Hauses.

Alter Wirt, Hauptstr. 36, ✉ 85716, ☏ (089) 3 70 73 40, alterwirt.ush@t-online.de, Fax (089) 37073424, Biergarten – 📺 🅿 – 🔔 50. 🅰🅴 ⓘ 🔴 VISA JCB
Menu à la carte 17/45 – **10 Zim** ⊇ 70/85 – 90/105.
• Das hübsche gelbe Haus mit den grünen Fensterläden hat nur wenige, aber sehr gepflegte und individuelle Zimmer, die ihren Charme durch Antiquitäten und Blumenstoffe erhalten. Nettes, rustikales Restaurant, teils mit hellem Holz behaglich gestaltet.

UNTERWÖSSEN Bayern 546 W 21 – 4 200 Ew – Höhe 600 m – Luftkurort – Wintersport :
600/900 m ⛷5 ⛷.
🛈 Tourist-Information, Rathausplatz 1, ✉ 83246, ℰ (08641) 82 05, Fax (08641) 978926.
Berlin 688 – München 99 – Bad Reichenhall 52 – Traunstein 29 – Rosenheim 40.

Astrid garni, Wendelweg 15, ✉ 83246, ℰ (08641) 9 78 00, info@astrid-hotel.de,
Fax (08641) 978044, 🍴, 🍽, – 🛗 ⛷ TV ✆ 🚗 ℗.
geschl. April, Nov.- Mitte Dez. – **20 Zim** ☑ 50/66 – 80/104, 12 Suiten.
♦ Vor einer herrlichen Bergkulisse liegt das aus zwei miteinander verbundenen, traditionell
gebauten Häusern bestehende Hotel. Es erwarten Sie helle, solide Zimmer.

UPLENGEN Niedersachsen 541 G 7 – 9 300 Ew – Höhe 10 m.
Berlin 473 – Hannover 206 – Emden 53 – Oldenburg 38 – Wilhelmshaven 48.

In Uplengen-Südgeorgsfehn Süd : 10 km ab Remels, jenseits der A 31 :

Ostfriesischer Fehnhof, Südgeorgsfehner Str. 85, ✉ 26670, ℰ (04489) 27 79,
Fax (04489) 3541, 🍴, – ℗. AE ⓘ ⚫ VISA
geschl. März 2 Wochen, Montag - Dienstag – **Menu** (Mittwoch - Freitag nur Abendessen)
(Tischbestellung ratsam) à la carte 21,50/36,50.
♦ Verschiedene Stuben, allesamt im farbenfrohen friesischen Stil, mit Holz und den bekann-
ten Kacheln aus der Region verziert, bilden den Rahmen dieses Restaurants.

URACH, BAD Baden-Württemberg 545 U 12 – 12 600 Ew – Höhe 465 m – Heilbad und Luftkurort.
🛈 Touristinfo, Haus des Gastes, Bei den Thermen 4, ✉ 72574, ℰ (07125) 9 43 20, kbu
@badurach.de, Fax (07125) 943222.
Berlin 660 – Stuttgart 45 – Reutlingen 19 – Ulm (Donau) 56.

Graf Eberhard , Bei den Thermen 2, ✉ 72574, ℰ (07125) 14 80, info@hotel-g
raf-eberhard.de, Fax (07125) 8214, 🍴, – 🛗, ⛷ Zim, TV 🚗 ℗ – 🏛 50. AE ⓘ
⚫ VISA
Menu à la carte 18,50/36 – **83 Zim** ☑ 82/98 – 110/166 – ½ P 19.
♦ Direkt am Thermalbad liegt dieses neuzeitliche Hotel mit der Balkonfassade und den solide
eingerichteten Zimmern - eine geeignete Adresse für Kur- und Tagungsgäste. Das Restau-
rant ist teils als gemütliche Weinstube, teils als Wintergarten angelegt.

Frank Vier Jahreszeiten (mit Gästehaus), Stuttgarter Str. 5, ✉ 72574, ℰ (07125)
9 43 40, thomasfrank@flairhotel-vierjahreszeiten.de, Fax (07125) 943494 – 🛗 TV ✆
🏛 30. ⚫ VISA
Menu à la carte 18/30 – **48 Zim** ☑ 59/74 – 89/125 – ½ P 15.
♦ Im Herzen der historischen Altstadt heißen Sie Hotel und Gästehaus willkommen. Im
Stammhaus erwartet Sie rustikales Flair, im Gästehaus Landhaus-Romantik. Das Restaurant
ist unterteilt und ländlich eingerichtet.

Breitenstein garni, Eichhaldestr. 111, ✉ 72574, ℰ (07125) 9 49 50, schuhmac
her@hotel-breitenstein.de, Fax (07125) 949510, ≤, Massage, ♨, 🍽, 🏊, 🍴 – 🛗 TV
🚗.
geschl. Dez. 3 Wochen – **16 Zim** ☑ 38/55 – 74/84.
♦ Ein sehr gepflegtes Haus mit schönem Blick übers Tal. Die Zimmer sind alle mit
Balkon ausgestattet, die Doppelzimmer haben zusätzlich einen Wohnteil und eine
Teeküche.

Bächi , garni, Olgastr. 10, ✉ 72574, ℰ (07125) 9 46 90, Fax (07125) 946969,
🏊 (geheizt), 🍴 – TV ℗. ⛷
16 Zim ☑ 38/45 – 63/68.
♦ Nett liegt dieses kleine Hotel mit Pensionscharakter in einen Garten eingebettet. Die
Gästezimmer sind schlicht, aber gepflegt und mit allem Nötigen ausgerüstet.

URBACH Baden-Württemberg siehe Schorndorf.

URBAR Rheinland-Pfalz 543 O 6 – 2 500 Ew – Höhe 60 m.
Berlin 595 – Mainz 105 – Koblenz 7 – Lahnstein 11.

Chiaro, Klostergut Besselich, ✉ 56182, ℰ (0261) 9 63 72 63, info@restaurant-chiaro
.de, Fax (0261) 9637264, ≤, 🍴, – ℗. ⓘ ⚫ VISA
geschl. 1. - 15. Jan., Montag - Dienstag – **Menu** à la carte 31/44, ♀.
♦ Das Restaurant befindet sich in einer ehemaligen Klosteranlage. Korbstühle und warme
Farben verleihen dem modernen Ambiente eine mediterrane Note. Terrasse mit Blick ins
Tal.

URSENSOLLEN Bayern siehe Amberg.

1417

USEDOM (Insel) Mecklenburg-Vorpommern **542** E 25 – Seebad – Östlichste und zweitgrößte Insel Deutschlands, durch Brücken mit dem Festland verbunden.

Sehenswert : Gesamtbild* der Insel mit Badeorten* Bansin, Heringsdorf, Ahlbeck(Seebrücke*) – Mellenthin (Innenausstattung der Dorfkirche*).

✈ Neppermin-Balm, Drewinsker Weg 1, ✆ (038379) 2 81 99.

Ab Zinnowitz : Berlin 220 – Schwerin 201 – *Neubrandenburg* 81 – *Rügen (Bergen)* 100 – Stralsund 74 – Rostock 136.

Ahlbeck – 3 500 Ew – Seeheilbad.

🛈 Kurverwaltung, Dünenstr. 45, ✉ 17419, ✆ (038378) 2 44 14, info@drei-kaiserbaeder.de, Fax (038378) 24455.

Romantik Seehotel Ahlbecker Hof, Dünenstr. 47, ✉ 17419, ✆ (038378) 6 20, ahlbecker-hof@seetel.de, Fax (038378) 62100, 😊, 🏊, Massage, ≘s, 🔲 – 🛗 📺 📞 🚗, 🅿 – 🛎 20. AE ⓞ VISA. ℅ Rest
Menu *(nur Abendessen)* à la carte 37/54,50 – **Brasserie** *(geschl. Nov. - März Montag - Dienstag)* Menu à la carte 21,50/26,50 – **70 Zim** ⇌ 145/170 – 175/200, 5 Suiten – ½ P 35.
♦ Dieser modernisierte klassizistische Bau - ein Prunkstück der Bäderarchitektur - verwöhnt seine anspruchsvollen Gäste mit nobel eingerichteten Zimmern und Badelandschaft. Kristall-Lüster und klassisches Ambiente geben dem Restaurant einen Hauch Exklusivität.

Ostseehotel ⚓, (mit Gästehaus), Dünenstr. 41, ✉ 17419, ✆ (038378) 6 00, ostseehotel@seetel.de, Fax (038378) 60100, ≘s, 🔲 – 🛗, ↩ Zim, 📺 ♿, 🚗 – 🛎 60. AE ⓞ VISA. ℅ Rest
Menu à la carte 21,50/31,50 – **94 Zim** ⇌ 90/100 – 100/144 – ½ P 18.
♦ Gleich bei der Seebrücke liegt dieser imponierende Hotelbau mit gelb-weißer Fassade. Im Inneren erwarten Sie mit Kirschholz wohnlich und zeitlos eingerichtete Zimmer. Im luftigen Wintergartenrestaurant mit Rattaneinrichtung hat man einen Ausblick aufs Meer.

Ostende ⚓, Dünenstr. 24, ✉ 17419, ✆ (038378) 5 10, hotel-ostende@t-online.de, Fax (038378) 51403, ≤, 😊, Massage, ≘s – 📺 📞 🅿 – 🛎 30. AE ⓞ VISA. ℅ Rest
geschl. 5. - 29. Jan. – **Menu** *(Okt. - April nur Abendessen)* 25 à la carte 27/38 – **27 Zim** ⇌ 75/115 – 125/140 – ½ P 20.
♦ Ende des 19. Jh. wurde das Haus erbaut, 1993 restauriert. Bei der Gestaltung der Innenräume wurde auf klare Linienführung geachtet, die Farben verweisen auf Meer und Strand. Hell und modern zeigt sich das Restaurant mit der großen Fensterfront.

Kastell ⚓, Dünenstr. 3, ✉ 17419, ✆ (038378) 4 70 10, hotel.kastell@t-online.de, Fax (038378) 470119, 😊 – 🛗 📺 📞 🚗 🅿 ⓞ VISA JCB. ℅ Rest
geschl. Jan. – **Menu** *(geschl. Montag - Dienstag) (nur Abendessen)* à la carte 17/23 – **15 Suiten** ⇌ 99/155.
♦ Hinter der schmucken weißen Fassade dieses architektonisch einer Burg nachempfundenen Hauses verbergen sich wohnlich eingerichtete Suiten im englischen Stil. Gediegenes Restaurant mit elegantem Touch.

Villa Auguste Viktoria, Bismarckstr. 1, ✉ 17419, ✆ (038378) 24 10, Fax (038378) 24144, 😊, ≘s – 📺 AE ⓞ VISA. ℅ Rest
Menu *(geschl. Nov. - Feb.)* (abends Tischbestellung ratsam) à la carte 18/35 – **18 Zim** ⇌ 75/85 – 100/120, 6 Suiten – ½ P 18.
♦ In einer ruhigen Stichstraße, nur 50 Meter vom Badestrand entfernt, liegen die beiden miteinander verbundenen renovierten Jugendstil-Villen mit hübschen Zimmern. Restaurant in dem mit Glas überdachten Verbindungsgang zwischen den Zwillingsvillen.

Bansin – 2 500 Ew – Seeheilbad.

🛈 Kurverwaltung, An der Seebrücke, ✉ 17429, ✆ (038378) 4 70 50, Fax (038378) 470515.

Strandhotel ⚓, Bergstr. 30, ✉ 17429, ✆ (038378) 80 00, strandhotel-bansin@tc-hotels.de, Fax (038378) 800111, ≤, 😊, 🏊, Massage, ≘s, 🔲 – 🛗, ↩ Zim, 📺 ♿ ♿, 🚗 🅿 – 🛎 20. AE ⓞ ⓞ VISA JCB. ℅ Rest
Menu à la carte 23/30,50 – **102 Zim** ⇌ 113/115 – 142/175, 20 Suiten – ½ P 23.
♦ Nach kompletter Renovierung und Erweiterung ist hier eine moderne Hotelanlage entstanden. Durch eine angenehm großzügige Lobby gelangen Sie in wohnlich-komfortable Zimmer. Vom Restaurant in der 1. Etage aus blicken Sie durch große Fenster auf die Ostsee.

Romantik Strandhotel Atlantic, Strandpromenade 18, ✉ 17429, ✆ (038378) 6 05, atlantic@seetel.de, Fax (038378) 60600, 😊, ≘s, 🔲 – 📺. AE ⓞ VISA. ℅ Rest
Menu à la carte 27,50/35 – **26 Zim** ⇌ 90/100 – 124/165 – ½ P 27.
♦ Ende des 19. Jh. als Kleinod der Strandpromenade erbaut, hat die restaurierte Villa 1994 ihre einstige Schönheit wiedererlangt. Im Inneren : warme Farben und ein Hauch Luxus. Im Restaurant tragen Kristall-Leuchter zum klassisch-eleganten Ambiente bei.

USEDOM (Insel)

Zur Post, Seestr. 5, ⊠ 17429, ℰ (038378) 5 60, hzp_usedom@t-online.de, Fax (038378) 56220, 🏡, ⇌s – 🛗 TV & ⇌ 🅿 – 🅰 80. ⓜ VISA. ⋇ Rest
Menu à la carte 17,50/33 – **60 Zim** ⇌ 75 – 110/130 – ½ P 18.
♦ Über eine Freitreppe betritt man die schöne, weiß-gelbe Villa von 1901 - ein Haus im Stil der Seebäder-Architektur. Man hat zwei mit Antiquitäten eingerichtete Turmzimmer ! Unaufdringlich gestaltetes Restaurant mit gutbürgerlicher Küche.

✕ **Plonsky,** Strandpromenade 36, ⊠ 17429, ℰ (038378) 66 15 66, Fax (038378) 661566, ≤, 🏡, – ⓜ VISA
geschl. 25. Nov. - 25. Dez., Okt. - März Sonntag - Montag – **Menu** (Okt. - März nur Abendessen) à la carte 17,50/41.
♦ Im Gebäude des Hotels Admiral befindet sich dieses neuzeitlich gestaltete und freundlich wirkende Restaurant. Schön : der Blick aufs Meer - im Restaurant und auf der Terrasse.

Heringsdorf – 3 500 Ew – Seebad.
🅱 Kurverwaltung, Kulmstr. 33, ⊠ 17424, ℰ (038378) 24 51, Fax (038378) 2454.

Strandidyll ⑤, Delbrückstr. 9, ⊠ 17424, ℰ (038378) 47 60, strandidyll@tc-hotels.de, Fax (030378) 476555, 🏡, 🇻, Massage, ⇌s, ≋, ▣, 🕊 – 🛗 ⇌ TV ✆ & ⇌ 🅿 – 🅰 150. AE ⓞ ⓜ VISA. ⋇
Menu (Restaurant nur für Hausgäste)**Belvedere** ⇐ Ostsee (geschl. Montag, außer Saison Montag - Dienstag)(nur Abendessen)(Tischbestellung erforderlich) **Menu** 55 à la carte 28/42 – **151 Zim** ⇌ 115/125 – 158/239, 3 Suiten – ½ P 21.
♦ Hier entstand ein luxuriöses Hotel mit Parkanlage, das auch Anspruchsvolle zufriedenstellt. Die Räume sind mit eleganten Hölzern und frischen Farben harmonisch eingerichtet. Im vierten Stock des Hotels finden Sie das Belvedere mit mediterranem Ambiente.

Upstalsboom Hotel Ostseestrand ⑤, Eichenweg 4, ⊠ 17424, ℰ (038378) 6 30, ostseestrand@upstalsboom.de, Fax (038378) 63444, 🏡, 🇻, Massage, ₮, ⇌s, ▣ – 🛗 ⋇, ≡ Rest, TV & 🅿 – 🅰 110. AE ⓞ ⓜ VISA. ⋇ Rest
Menu à la carte 26/33,50 – **99 Zim** ⇌ 102/124 – 148/199 – ½ P 20.
♦ In einer Wohn- und Villengegend liegt dieses anspruchsvoll gestaltete Hotel, das Ihnen schön und wohnlich ausgestattete Zimmer im Landhausstil anzubieten hat. Im Restaurant erzeugen aufwändige Stoffdekorationen und Rattanstühle ein schönes Ambiente.

Maritim Hotel Kaiserhof, Strandpromenade, ⊠ 17424, ℰ (038378) 6 50, info.her@maritim.de, Fax (038378) 65800, 🏡, 🇻, Massage, 🗲6, ⇌s, ▣ – 🛗, ⋇ Zim, ≡ Rest, TV ✆ & – 🅰 280. AE ⓞ ⓜ VISA. ⋇ Rest
Menu à la carte 26,50/34,50 – **133 Zim** ⇌ 109/145 – 150/202, 5 Suiten – ½ P 23.
♦ Ein großzügiges, modernes Hotel, das in allen Bereichen mit Professionalität überzeugt. Alle Zimmer sind hell und wohnlich möbliert, die seeseitigen sind meist etwas größer. Ein Glasdach, Kunstpalmen und freundliche Farben prägen das moderne Restaurant.

Strandhotel Ostseeblick, Kulmstr. 28, ⊠ 17424, ℰ (038378) 5 40, info@strandhotel-ostseeblick.de, Fax (038378) 54299, ≤, 🏡, 🇻, Massage, ⇌s, ▣ – 🛗, ⋇ Zim, TV ✆ ⇌ – 🅰 30. AE ⓜ VISA. ⋇ Rest
Menu à la carte 29/38 – **Alt Heringsdorf :** Menu à la carte 17/26 – **61 Zim** ⇌ 95/110 – 125/171, 3 Suiten – ½ P 22.
♦ Hinter der sonnengelben Fassade dieses herrlich gelegenen Hotels erwartet Sie neuzeitlicher Komfort : schöne, wohnliche Zimmer, Vineta-Therme und ein aufmerksamer Service ! In der lichtdurchfluteten Rotunde speisen Sie mit Panorama-Blick auf die Ostsee.

Esplanade, Seestr. 5, ⊠ 17424, ℰ (038378) 7 00, esplanade@seetel.de, Fax (038378) 70400, 🏡 – 🛗, TV ✆ & ⇌. AE ⓜ VISA. ⋇ Rest
Menu (nur Abendessen) à la carte 17,50/22 – **43 Zim** ⇌ 95/100 – 100/156 – ½ P 21.
♦ Seit hundert Jahren steht das schlossartige Haus für gepflegte Hotellerie. Im Inneren erwarten Sie hohe Räume, die mit Geschmack und Niveau ausgestattet sind. Stilvolles Mobiliar, Stuckdecke und Kronleuchter lassen das Restaurant klassisch-elegant wirken.

Strandhotel ⑤, Lehrstr. 10, ⊠ 17424, ℰ (038378) 23 20, info@strandhotel-heringsdorf.de, Fax (038378) 30025, 🏡, 🇻, Massage, ⇌s, ▣ – 🛗, ⋇ Zim, ≡ Rest, TV
Menu à la carte 27,50/37,50 – **71 Zim** ⇌ 89/105 – 112/136, 13 Suiten – ½ P 20.
♦ Ein stilvolles Foyer empfängt Sie in diesem neuzeitlichen Hotel, das Ihnen wohnlich eingerichtete Zimmer - teils auch Panorama-Zimmer - und einen Freizeitbereich bietet. Geschmackvolles Restaurant mit Holztäfelung.

Oasis ⑤ (mit Gästehaus), Strandpromenade/Puschkinstr. 10, ⊠ 17424, ℰ (038378) 26 50, oasismaihoefer@t-online.de, Fax (038378) 26599, ≤, 🏡, ⇌s, 🕊 – ⋇ TV ✆ ⇌ 🅿. AE ⓜ VISA. ⋇ Zim
Kräuterstuben (nur Abendessen) **Menu** à la carte 27/43 – **Bistro Maikäfer :** Menu à la carte 21,50/30 – **20 Zim** ⇌ 127 – 153 – ½ P 20.
♦ Ein Hotel mit privater und stilvoller Atmosphäre. In der Gründerzeitvilla sind elegantmodernes Wohnen und persönliche Betreuung selbstverständlich. Ein schönes Interieur mit Parkett und Stuck prägt den Charakter der Kräuterstuben.

USEDOM (Insel)

Pommerscher Hof, Seestr. 41, ✉ 17424, ℘ (038378) 6 10, *pommerscher-hof@s eetel.de*, *Fax (038378) 61100*, 斧 – 📶, ⇄ Zim, 📺 🚗 – 🅿️ 60. AE ⓜ️ VISA. ✗ Rest
Menu à la carte 15,50/24,50 – **95 Zim** ⊇ 81/88 – 114/126 – ½ P 18.
◆ Zu den Annehmlichkeiten dieses Hauses zählen die Lage im Zentrum des Ortes, solide und gepflegte Gästezimmer - oft mit Balkon - und die Nähe zum Strand. Wie eine lange, lichtdurchflutete Loggia ist das Restaurant dem Hotel vorgebaut.

Wald und See ⊱, Rudolf-Breitscheid-Str. 8, ✉ 17424, ℘ (038378) 4 77 70, *info@ hotel-waldundsee.de*, *Fax (038378) 477777*, 斧 – 📶, ⇄ Zim. ✗ Rest
geschl. Nov. - Feb. – **Menu** *(nur Abendessen)* à la carte 16,50/28 – **43 Zim** ⊇ 63/69 – 90/96, 3 Suiten – ½ P 15.
◆ Aus einem ehemaligen Ferienheim entstand hier am Ortsrand ein funktionelles Hotel, dessen Zimmer mit hellem Holzmobiliar gut eingerichtet sind. Das Restaurant ist ein heller, schlicht gestalteter Raum mit großer Fensterfront.

Fortuna garni, Kulmstr. 8, ✉ 17424, ℘ (038378) 4 70 70, *hotel.fortuna@freenet.de*, *Fax (038378) 470743*, 斧 – ⇄ 🅿️.
geschl. Nov. – **21 Zim** ⊇ 48 – 75/90.
◆ Die schöne Villa im Stil der Seebäder-Architektur stammt a. d. J. 1890 und wurde 1997/98 aufwändig restauriert. Sie wohnen in modernen, freundlichen Zimmern.

Käpt'n "N", Seebrücke 1, ✉ 17424, ℘ (038378) 2 88 17, *info@seebruecke-heringsd orf.de*, *Fax (038378) 28819*, ≤ – ⓞ ⓜ️ VISA
Menu *(nur Abendessen)* (Tischbestellung ratsam) à la carte 38/49 – **Nauticus** à la carte 15/27.
◆ An der Spitze der Seebrücke werden Sie in einem vollverglasten Rundbau bekocht. Dunkles Schiffsparkett und Lederpolster lassen das Restaurant gediegen wirken. Das Nauticus ist die einfachere, gutbürgerliche Alternative zum Käpt'n "N".

Kulm-Eck, Kulmstr. 17, ✉ 17424, ℘ (038378) 2 25 60, *stachelbrian@t-online.de*, 斧
geschl. Jan., März - April Montag, Okt. - Feb. Sonntag - Montag – **Menu** *(nur Abendessen)* à la carte 23/36.
◆ Ein kleines Restaurant mit Bistro-Charakter, das in einem hübschen Haus aus dem 19. Jh. untergebracht ist. Für eine nette Dekoration sorgen zahlreiche Fotos von Heringsdorf.

Karlshagen – *3 500 Ew - Erholungsort.*
🛈 Kurverwaltung, Hauptstr. 16, ✉ 17449, ℘ (038371) 2 07 58, *Fax (038371) 28537*.

Strandhotel ⊱, Strandpromenade 1, ✉ 17449, ℘ (038371) 26 90, *info@strandh otel-usedom.de*, *Fax (038371) 269199*, 斧, ≋ – ⇄ Zim, 📺 📞 ♿ ⇔ 🅿️. ⓜ️ VISA
Menu *(geschl. Nov.)(nur Abendessen)* à la carte 20,50/25,50 – **20 Zim** ⊇ 68/90 – 90/120 – ½ P 15.
◆ Die Lage am Strand sowie hübsch eingerichtete, moderne Zimmer und Maisonetten mit schönen Bädern zeichnen dieses familiengeführte, kleine Hotel aus. Im Restaurant : ein geschmackvolles neuzeitliches Ambiente.

Nordkap, Strandstr. 8, ✉ 17449, ℘ (038371) 5 50, *mail@hotel-nordkap.de*, *Fax (038371) 55100*, 斧, ≋ – 📶 📺 📞 🅿️ AE ⓜ️ VISA
Menu à la carte 15,50/28 – **40 Zim** ⊇ 60/70 – 85/105 – ½ P 16.
◆ Mitten in der Natur liegt dieses Haus, abseits des Trubels der großen Seebäder. Es verfügt über funktionelle, teils sehr geräumige Gästezimmer. Ein heller Wintergarten ergänzt das leicht rustikale Restaurant mit Holztäfelung.

Korswandt – *500 Ew.*

Idyll Am Wolgastsee, Hauptstr. 9, ✉ 17419, ℘ (038378) 2 21 16, *idyll-am-wolgas tsee@landidyll.de*, *Fax (038378) 22546*, 斧, ≋, 🐎 – 📺 🅿️ – 🅿️ 20. AE ⓞ ⓜ️ VISA
Menu à la carte 18/27 – **19 Zim** ⊇ 45/70 – 80/120.
◆ Das komplett modernisierte Haus liegt direkt am malerischen Seeufer. Man wohnt hier recht ruhig in äußerst gepflegten Zimmern, die nett in Erlenholz eingerichtet sind. Das Restaurant teilt sich in einen rustikalen und einen hellen, neuzeitlicheren Bereich.

Koserow – *1 700 Ew - Seebad.*
🛈 Kurverwaltung, Hauptstr. 34, ✉ 17459, ℘ (038375) 2 04 15, *Fax (038375) 20417*.

Nautic, Triftweg 4, ✉ 17459, ℘ (038375) 25 50, *info@hotel-nautic.de*, *Fax (038375) 25555*, 斧, ≋, 🄽, 🐎 – ⇄ Zim, 📺 📞 ♿ 🅿️ – 🅿️ 120. ⓜ️ VISA
Menu *(nur Abendessen)* à la carte 13/23 – **40 Zim** ⊇ 62 – 88, 4 Suiten – ½ P 13.
◆ Im Jahre 1999 wurde dieses Haus eröffnet. Zwischen Meer und Achterwasser gelegen, bietet es neuzeitliche Gästezimmer und einen tadellosen Freizeitbereich. Im Sommer ergänzt ein Biergarten das unterteilte Restaurant.

USEDOM (Insel)

In Koserow-Damerow Nord-West : 2 km :

Vineta-Forsthaus Damerow, Nahe der B 111, ✉ 17459, ℘ (038375) 5 60, info@usedom.com, Fax (038375) 56400, Biergarten, ⚫, ≘s, 🏊 – 🛗 TV P – 🚗 60. AE VISA
Menu à la carte 23/32,50 – **Grafenstube** (nur Abendessen) **Menu** 29,50/62 – **68 Zim** ⇌ 71/90 – 91/111.
♦ Ein ehemaliges Forsthaus aus dem ein schönes, reetgedecktes Anwesen entstanden ist. Die Zimmer sind wohnlich eingerichtet und gut geschnitten, teils im Landhausstil. Das Restaurant Kaminzimmer ist rustikal gehalten. Elegant-stilvoll : die Grafenstube.

Loddin – 1000 Ew – Seebad.

In Loddin-Kölpinsee Nord-Ost : 2 km :.

🛈 Kurverwaltung, Strandstr. 23, ✉ 17459, ℘ (038375) 2 06 12, Fax (038375) 20612

Strandhotel Seerose, (mit Gästehaus), Strandstr. 1, ✉ 17459, ℘ (038375) 5 40, info@strandhotel-seerose.de, Fax (038375) 54199, ≤, 🌿, 🏋, ≘s, 🏊 – 🛗 ⚲ TV & P – 🚗 80. ⓜ VISA
geschl. 22. - 26. Nov. - **Menu** à la carte 19/28,50 – **67 Zim** ⇌ 72/128 – 105/170, 3 Suiten – ½ P 18.
♦ Die Lage in unmittelbarer Strandnähe und die in Pastelltönen gehaltenen Zimmer zählen zu den Vorzügen dieses vom Küstenwald umgebenen, neuzeitlichen Hauses. Das helle, freundliche Restaurant ist zur Seeseite hin gelegen.

Neppermin – 370 Ew.

In Neppermin-Balm Nord-West : 2,5 km :

Golf- und Landhotel Balmer See, Drewinscher Weg 1, ✉ 17429, ℘ (038379) 2 80, info@golfhotel-balmersee.de, Fax (038379) 28222, ≤ Balmer See, 🌿, ⚫, Massage, 🏋, ≘s, 🏊, 🌿, 🎾, 🏌 – ⚲ Zim, TV & ⚷ P – 🚗 25. AE ⓞ ⓜ VISA. ❀ Rest
Menu à la carte 29/41 – **89 Zim** ⇌ 92/116 – 128/168, 14 Suiten – ½ P 21.
♦ Fünf reetgedeckte Landhäuser bilden diese Hotelanlage mit Blick auf den Balmer See. Elegant-komfortable Zimmer, ein großes Wellness- und Sportangebot und die Lage überzeugen. Das Restaurant im 1. Stock verbindet moderne Ausstattung und klassische Tischkultur.

SAUZIN – 400 Ew.

In Sauzin-Ziemitz Nord : 3 km :

Zur Reuse, Peenestr. 2, ✉ 17440, ℘ (03836) 60 28 55, Fax (03836) 602855 72 – P
geschl. Jan. - Feb., Dez. - März Montag – **Menu** à la carte 14,50/25,50.
♦ Hübsch liegt das kleine Restaurant am Peenehafen. Die Einrichtung ist rustikal und spiegelt den Charakter der Region wider. Bürgerliche Karte mit vielen Fischgerichten.

Trassenheide – 850 Ew – Seebad.

🛈 Kurverwaltung, Strandstr. 36, ✉ 17449, ℘ (038371) 2 09 28, Fax (038371) 20913.

Kaliebe, Zeltplatzstr. 5, ✉ 17449, ℘ (038371) 5 20, info@kaliebe.de, Fax (038371) 52299, 🌿, ≘s, 🏊 Zim, 🟰 & ⚷ P. AE ⓞ ⓜ VISA
Menu à la carte 13/28 – **35 Zim** ⇌ 60 – 80/90 – ½ P 15.
♦ Ein neuzeitliches Landhaus, mehrere finnische Blockhäuser - eines davon als Sauna genutzt - und zwei Ferienhäuser bilden diese ansprechende Anlage mit modernen Zimmern. Bürgerliches Restaurant mit Wintergarten. Selbst geräucherter Fisch.

Zinnowitz – 3700 Ew – Seebad.

🛈 Kurverwaltung, Neue Strandstr. 30, ✉ 17454, ℘ (038377) 49 20, Fax (038377) 42229.

Zinnowitz Palace-Hotel, Dünenstr. 8, ✉ 17454, ℘ (038377) 39 60, usedom@zinnowitz-palacehotel.de, Fax (038377) 39699, 🌿, ⚫, Massage, 🏋, ≘s, 🏊 – 🛗, ❀ Zim, 🟰 Rest, TV & ⚷ P – 🚗 20. AE ⓞ ⓜ
geschl. 1. - 26. Dez. – **Menu** (Nov. - Feb. nur Abendessen) à la carte 32/40,50 – **40 Zim** ⇌ 110/130 – 150/200 – ½ P 29.
♦ Es sind dies die palastartige Erscheinung und die liebenswerten Details, die den Charme dieses Hauses ausmachen. Komfortable Zimmer und ein Wellnessbereich dienen Ihrer Erholung. Der Speisesaal besticht durch zurückhaltende Eleganz.

Strandhotel, Dünenstr. 11, ✉ 17454, ℘ (038377) 3 80 00, strandhotel-zinnowitz@tc-hotels.de, Fax (038377) 38555, ≤, 🌿, Massage, ≘s – 🛗 ❀ TV & ⚷ P. AE ⓞ ⓜ VISA. ❀ Rest
geschl. 16. Nov. - 5. März – **Menu** à la carte 25/37,50 – **75 Zim** ⇌ 99 – 130 – ½ P 19.
♦ Schon von weitem fallen die beiden Türme des zentral gelegenen Hotels ins Auge. Das Interieur bestimmen frische Farben und italienische Möbel. Das Restaurant ist in kräftigen Tönen, mit Rattanstühlen und modernen Lampen eingerichtet.

USEDOM (Insel)

Parkhotel Am Glienberg, Glienbergweg 10/Zufahrt über Waldstraße, ✉ 17454, ℘ (038377) 7 20, info@parkhotel-am-glienberg.de, Fax (038377) 72434, 🍴, ≋, 🔲 – 🛗, 👯 Zim, 📺, 🚗, 🅿, 80. AE ⓘ ⓜ VISA. ※ Rest
Menu *(nur Abendessen)* à la carte 19,50/30,50 – **38 Zim** ⇌ 78/102 – 122/143, 4 Suiten – ½ P 18.
• Nach einem Umbau ergänzen zusätzliche, mit neuzeitlichem Stilmobiliar hübsch eingerichtete Gästezimmer im vierten Stock die wohnlichen Räume dieses Hotels.

Asgard, Dünenstr. 20, ✉ 17454, ℘ (038377) 46 70, *info@hotelasgard.de*, Fax (038377) 467124, 🍴, Massage, ≋, 🔲 – 🅿. AE ⓘ ⓜ VISA
Menu à la carte 16/38 – **34 Zim** ⇌ 70/75 – 90/120.
• Direkt an der Strandpromenade liegt das nach dem germanischen Paradies benannte Haus, das über modern eingerichtete Gästezimmer verfügt. Das Hotelrestaurant ist mit Wurzelholz und in rötlichen Farben eingerichtet.

USINGEN Hessen **543** O 9 – *12 500 Ew* – *Höhe 270 m.*
Berlin 521 – Wiesbaden 62 – Frankfurt am Main 32 – Gießen 38 – Limburg an der Lahn 45.

In Usingen-Kransberg *Nord-Ost* : *5 km, über B 275* :

XX **Herrnmühle**, Herrnmühle 1, ✉ 61250, ℘ (06081) 6 64 79, *post@herrnmuehle.de*, Fax (06081) 66442, 🍴 – 🅿. ⓜ VISA
geschl. Montag - Dienstag – **Menu** *(nur Abendessen)* 32/42 und à la carte.
• In der ehemaligen Mühle hat man nach gründlicher Renovierung ein nettes Restaurant eingerichtet. Warme Farben, gepflegtes Dekor und blanke runde Tische sind prägende Elemente.

USLAR Niedersachsen **541** L 12 – *17 200 Ew* – *Höhe 173 m* – *Erholungsort.*
🛈 Touristik-Information, Mühlentor 1, ✉ 37170, ℘ (05571) 9 22 40, *touristikuslar@aol.com*, Fax (05571) 922422.
Berlin 352 – Hannover 133 – Kassel 60 – Göttingen 39 – Braunschweig 120.

In Uslar-Schönhagen *Nord-West* : *7 km über B 241* - *Erholungsort* :

Fröhlich-Höche, Amelither Str. 6 (B 241), ✉ 37170, ℘ (05571) 26 12, Fax (05571) 913107, 🍴, ≋, 🚗 – 📺 🅿 – 🚘 80
geschl. 25. Jan. - 16. Feb. – **Menu** *(geschl. Mittwoch)* à la carte 10/26 – **14 Zim** ⇌ 28/35 – 56 – ½ P 9.
• Das familiengeführte kleine Hotel ist ein ländlicher Gasthof im Fachwerkstil, in dem auch Familien herzlich willkommen sind. Man verfügt über paktische Zimmer. Holzfußboden und offener Kamin verleihen der Gaststube ein gemütliches Ambiente.

In Uslar-Volpriehausen *Ost* : *8 km über B 247* :

Landhotel am Rothenberg (mit Gästehäusern), Rothenbergstr. 4, ✉ 37170, ℘ (05573) 95 90, *kontakt@landhotel-online.de*, Fax (05573) 959100, 🍴, ≋, 🚗 – 🛗, 👯 Zim, 📺 📞 🅿 – 🚘 80. ⓜ VISA
geschl. 20. Dez. - 20. Jan. – **Menu** à la carte 19,50/32,50 – **80 Zim** ⇌ 50/80 – 70/100, 6 Suiten – ½ P 15.
• In verschiedenen Häusern bietet diese familiengeführte Hotelanlage solide Zimmer von praktisch-schlicht bis neuzeitlich-komfortabel sowie ein Tagungszentrum. Schöner Garten ! Im Stammhaus ist das rustikal gestaltete Restaurant untergebracht.

UTTING AM AMMERSEE Bayern **546** V 17 – *2 900 Ew* – *Höhe 554 m.*
Berlin 625 – München 47 – Augsburg 61 – Landsberg am Lech 24.

Wittelsbacher Hof, Bahnhofsplatz 6, ✉ 86919, ℘ (08806) 9 20 40, *info@hotel-wittelsbacher-hof.de*, Fax (08806) 2799, Biergarten, ≋, 🔲 – ※ Rest, 📺 🅿 – 🚘 25 ※ Zim
geschl. Jan. – **Menu** *(geschl. Mittwoch, außer Saison auch Montagmittag, Donnerstagmittag, Freitagmittag)* à la carte 14/23 – **22 Zim** ⇌ 56/70 – 96 – ½ P 12.
• In dem familiengeführten, tadellos gepflegten Gasthof am Ortsrand finden Sie saubere, gut eingerichtete Fremdenzimmer, teils mit Balkon. Schlicht-rustikale Gaststube.

In Utting-Holzhausen :

Sonnenhof, Ammerseestr. 1, ✉ 86919, ℘ (08806) 9 23 30, *info@sonnenhof-hotel.de*, Fax (08806) 2789, 🍴, ≋, 🚗 – ※, 🍽 Rest, 📺 📞 🚗 🅿 – 🚘 35. AE ⓜ VISA
Menu à la carte 15,50/29 – **30 Zim** ⇌ 80/85 – 85/120 – ½ P 17.
• Am Westufer des Ammersees steht dieses ländliche, teils mit Wein bewachsene Haus. Sehr gepflegte und wohnliche Gästezimmer stehen zum Einzug bereit. Teil des Restaurants ist ein gemütlich im alpenländischen Stil eingerichteter Rundbau.

VACHA Thüringen 544 N 14 – 4 000 Ew – Höhe 225 m.

🛈 Fremdenverkehrsbüro, Markt 4, Rathaus ⊠ 36404, ℘ (036962) 26 10, Fax (036962) 26117.

Berlin 391 – Erfurt 100 – Kassel 100 – Bad Hersfeld 26 – Fulda 48.

Adler, Markt 1, ⊠ 36404, ℘ (036962) 26 50, info@hotel-adler-vacha.de, Fax (036962) 26547, 🍽, 🍴, P, 🛏 40. AE ⓘ ⓜ VISA. ❀ Rest
Menu à la carte 14/23,50 – **25 Zim** ⊇ 44/47 – 67.
♦ Zwei bauliche Stilrichtungen - Gründerzeit und Jugendstil - beherrschen das Bild dieses Gasthofs. Im Inneren erwartet Sie nette, mit Holzmöbeln ausgestattete Zimmer. Das Restaurant mit hübscher Holzvertäfelung ist im altdeutschen Stil gestaltet.

In Unterbreizbach-Sünna Süd-West : 5 km über B 84 :

Kelten-Wald-Hotel Goldene Aue ⚞, (in Sünna-Ortsmitte links ab : Ost : 2 km), ⊠ 36404, ℘ (036962) 26 70, info@keltenhotel.de, Fax (036962) 26777, 🍽, ≘s, 🏊 (geheizt), 🍴 – 🛌 Zim, TV P – 🛏 30. AE ⓜ VISA
Menu à la carte 11,50/25 – **25 Zim** ⊇ 36/40 – 47/65.
♦ Einsam liegt dieses familiengeführte Haus im Wald. Nach einem Um- und Neubau entstand 1996 ein gepflegtes Hotel mit einfachen, in rustikalem Naturholz gehaltenen Zimmern. Blankes Holz, Felle auf den Stühlen, Naturstein und Kamin prägen das Restaurant.

VACHDORF Thüringen 544 O 15 – 900 Ew – Höhe 320 m.

Berlin 389 – Erfurt 96 – Coburg 49 – Fulda 75.

Öko Markt Werratal, Riethweg 239 (an der B 89), ⊠ 98617, ℘ (036949) 29 70, oekomarkt.vachdorf@gmx.de, Fax (036949) 29721, 🍽, Massage, ≘s, 🛗, 🍴 Zim, TV 🚗, P – 🛏 35
Menu (Montag - Mittwoch nur Abendessen) à la carte 13/18,50 – **34 Zim** ⊇ 36 – 67/82.
♦ Eine gelungene Kombination von Hotel, Restaurant und Öko-Einkaufsmarkt. Ihr wohnlich eingerichtetes Domizil ist umgeben von landwirtschaftlich genutzten Flächen. Helles Holz und ein Kachelofen machen das Restaurant behaglich, Sudpfannen zieren die Bierstube.

VAIHINGEN AN DER ENZ Baden-Württemberg 545 T 10 – 26 500 Ew – Höhe 245 m.

Berlin 633 – Stuttgart 28 – Heilbronn 54 – Karlsruhe 56 – Pforzheim 21.

Post garni, Franckstr. 23, ⊠ 71665, ℘ (07042) 9 53 10, info@hotel-post-garni.de, Fax (07042) 953144 – 🛗 TV 🚗 P ⓜ VISA. ❀
geschl. 22. Dez. - 6. Jan. – **35 Zim** ⊇ 54/57 – 77/79.
♦ Eine gute Adresse für Geschäftsreisende : Das Haus besticht zum einen durch die engagierte Führung seiner Besitzer und zum anderen durch seine solide und gepflegte Einrichtung.

In Vaihingen-Horrheim Nord-Ost : 7 km Richtung Heilbronn :

Lamm, Klosterbergstr. 45, ⊠ 71665, ℘ (07042) 8 32 20, info@hotel-lamm-horrheim.de, Fax (07042) 832250 – 🛗, 🍴 Zim, TV 🚗, 🛏 45. AE ⓜ
Menu (geschl. Anfang Jan. 2 Wochen, Sonntagabend - Montag) à la carte 27/40,50, ♀ –
23 Zim ⊇ 53/55 – 75/82.
♦ Hier finden Sie ein sympathisches Haus, in dem Tradition und Moderne harmonisch vereint sind : Auf den historischen Grundmauern wurde 1994 ein neuer Gasthof errichtet. Feine Küche mit regionalen Akzenten.

In Vaihingen-Roßwag West : 4 km über B 10 Richtung Pforzheim :

Krone, Kronengäßle 1, ⊠ 71665, ℘ (07042) 2 40 36, Fax (07042) 24114, 🍽
geschl. über Fasching 1 Woche, Aug. 2 Wochen, Mittwoch - Donnerstag – **Menu** à la carte 21/35.
♦ In dem netten Fachwerkhaus hat man eine gepflegte Stube mit ländlichem Charakter eingerichtet. Freundlich serviert man Ihnen Speisen einer regionalen Küche.

VALLENDAR Rheinland-Pfalz 543 O 6 – 8 000 Ew – Höhe 69 m.

Berlin 593 – Mainz 113 – Koblenz 9 – Bonn 61 – Limburg an der Lahn 43.

Die Traube, Rathausplatz 12, ⊠ 56179, ℘ (0261) 6 11 62, dietraube@t-online.de, Fax (0261) 6799408, 🍽 – ⓜ VISA
geschl. 1. - 10. Jan., über Fasching, Juli - Aug. 3 Wochen, Montag – **Menu** (Tischbestellung ratsam) à la carte 19/41.
♦ Die betont rustikale Einrichtung gibt diesem netten Fachwerkhaus a. d. J. 1647 eine heimelige Atmosphäre. Serviert werden gute regionale und internationale Gerichte.

VAREL Niedersachsen 541 F 8 – 24 300 Ew – Höhe 10 m.
Berlin 461 – Hannover 204 – Bremen 75 – Wilhelmshaven 25 – Oldenburg 34.

XX **Schienfatt**, Neumarktplatz 3, ⌧ 26316, ℘ (04451) 47 61, heike.u.uwe.rehs@t-onlin e.de, Fax (04451) 956849, (Heimatmuseum) – ⓜ️ⓞ VISA
Menu (wochentags nur Abendessen) (Tischbestellung ratsam) (überwiegend Fischgerichte) à la carte 23/41,50.
  • Restaurant und Museum unter einem Dach. In den gemütlich-rustikalen Gaststuben schaffen reichlich Zierrat und eine historische Bildersammlung Atmosphäre.

In Varel-Dangast Nord-West : 7 km – Nordseebad :

🏨 **Graf Bentinck** ⌂, Dauenser Str. 7, ⌧ 26316, ℘ (04451) 13 90, info@bentinck.de, Fax (04451) 139222, ☞ – 🏢, ✾ Zim, 📺 📞 P – 🚗 40. AE ⓞ ⓜ️ⓞ VISA. ✾ Rest
Menu (nur Abendessen) à la carte 18,50/33 – **42 Zim** 🛏 66/80 – 97/117 – ½ P 17.
  • Hinter seiner backsteinroten Fassade mit weißen Sprossenfenstern beherbergt das reetgedeckte Haus wohnlich eingerichtete Gästezimmer. Das gemütliche Hauptrestaurant und der helle, freundliche Wintergarten zeigen sich im friesischen Stil.

VATERSTETTEN Bayern 546 V 19 – 20 000 Ew – Höhe 528 m.
Berlin 596 – München 21 – Landshut 76 – Passau 160 – Salzburg 138.

In Vaterstetten-Neufarn Nord-Ost : 7,5 km :

🏨 **Stangl** (mit 🏠 Gasthof), Münchener Str. 1, ⌧ 85646 Neufarn, ℘ (089) 90 50 10, info@hotel-stangl.de, Fax (089) 90501363, Biergarten – 🏢, ✾ 📺 📞 P – 🚗 60. AE ⓞ ⓜ️ⓞ VISA JCB.
Menu à la carte 21,50/35, ♀ – **55 Zim** 🛏 59/89 – 99/129.
  • Ein hübsch gestalteter Hallenbereich mit Empore empfängt Sie. Den ehemaligen Gutshof hat man mit einer schönen Jugendstileinrichtung versehen ; schlichte Zimmer im Gasthof. In charmanten Gaststuben serviert man eine sorgfältig zubereitete regionale Küche.

🏠 **Landhotel Anderschitz** garni, Münchener Str. 13, ⌧ 85646 Neufarn, ℘ (089) 9 27 94 90, anderschitz.hotel@t-online-de, Fax (089) 92794917 – ✾ 📺 ⇔ P. ✾
geschl. 23. Dez. - 7. Jan. – **27 Zim** 🛏 54/74 – 87/98.
  • Ein einfacher alpenländischer Gasthof : Sie übernachten in soliden Zimmern und bekommen morgens in der behaglichen holzvertäfelten Stube ein sorgfältig zubereitetes Frühstück.

In Vaterstetten-Parsdorf Nord : 4,5 km :

🏠 **Erb** (mit Gästehaus), Posthalterring 1 (Gewerbegebiet, Nähe BAB Ausfahrt), ⌧ 85599 Parsdorf, ℘ (089) 99 11 00, info@hotel-erb.bestwestern.de, Fax (089) 99110155, ☞ – 🏢 ✾ 📺 📞 ⇔ P – 🚗 20. AE ⓞ ⓜ️ⓞ VISA JCB. ✾ Rest
Menu (nur Abendessen) (Restaurant nur für Hausgäste) – **98 Zim** 🛏 90 – 110.
  • Durch einen freundlichen Hallenbereich betreten Sie Ihr vorübergehendes Zuhause. Fragen Sie nach den neuen Zimmern - diese sind mit gutem Mobiliar wohnlich eingerichtet.

VECHTA Niedersachsen 541 H 8 – 24 000 Ew – Höhe 37 m.
🌐 Welpe 2, ℘ (04441) 8 21 68.
Berlin 412 – Hannover 124 – Bremen 69 – Oldenburg 49 – Osnabrück 61.

🏨 **Bremer Tor**, Bremer Str. 1, ⌧ 49377, ℘ (04441) 9 99 90, info@bremertor.de, Fax (04441) 999999 – 🏢 📺 📞 ♿ ⇔ P – 🚗 30. AE ⓞ ⓜ️ⓞ VISA. ✾ Rest
Maximilian's (geschl. Sonntag) **Menu** à la carte 18/33 – **38 Zim** 🛏 65/77 – 95/113.
  • Neben der zentralen Lage zählen die modern und wohnlich gestalteten Gästezimmer sowie ein guter Service zu den Annehmlichkeiten des Stadthotels. Im Kellergewölbe hat man das leger-freundliche Maximilian's eingerichtet.

🏠 **Schäfers**, Große Str. 115, ⌧ 49377, ℘ (04441) 9 28 30, info@schaefers-hotel.de, Fax (04441) 928330 – ✾ Zim, 📺 📞 ⇔ P. AE ⓞ ⓜ️ⓞ VISA
Menu (geschl. Montag) (wochentags nur Abendessen) à la carte 17/27,50 – **17 Zim** 🛏 48 – 68.
  • Dieses von der Besitzerfamilie geführte kleine Haus in der Innenstadt bietet Ihnen einfache und sehr gepflegte Zimmer zu einem guten Preis-Leistungs-Verhältnis. Unterteiltes Restaurant mit bürgerlicher Küche.

VEITSHÖCHHEIM Bayern 546 Q 13 – 10 200 Ew – Höhe 178 m.
Sehenswert : Rokoko-Hofgarten★.
🅱 Tourist-Information, Rathaus, Erwin-Vornberger-Platz, ⌧ 97209, ℘ (0931) 9 80 27 40, info@wuerzburgerland.de, Fax (0931) 9802742.
Berlin 506 – München 287 – Würzburg 11 – Karlstadt 17.

VEITSHÖCHHEIM

- **Weißes Lamm** (mit Gästehaus), Kirchstr. 24, ✉ 97209, ℰ (0931) 9 80 23 00, info@hotel-weisses-lamm.de, Fax (0931) 4045025, Biergarten – 🛏, ⇔ Zim, 📺 ✆ ⟪ 🅿 – ⚿ 80. AE ⓜ VISA
Menu à la carte 23/37 – **54 Zim** ⌔ 59/66 – 87/95.
  • Das traditionsreiche Hotel wird seit 1995 durch ein weiteres denkmalgeschütztes Haus, das Ihnen den gleichen modernen Komfort bietet, ergänzt. In den unterteilten Galerieräumen reicht man an gut eingedeckten Tischen eine internationale Karte.

- **Am Main** 🌿 garni, Untere Maingasse 35, ✉ 97209, ℰ (0931) 9 80 40, info@hotel-am-main.de, Fax (0931) 9804121, ⚘ – 📺 🅿 AE ⓞ ⓜ VISA
geschl. 24. Dez. - 7. Jan. – **36 Zim** ⌔ 58 – 80.
  • Ein Haus mit privatem und gepflegtem Ambiente, das Ihnen Zimmer mit solider Kirschbaummöblierung und einen Frühstücksraum mit moderner Bistro-Einrichtung bietet.

- **Café Müller** 🌿 garni, Thüngersheimer Str. 8, ✉ 97209, ℰ (0931) 98 06 00, hotel-cafe-mueller@t-online.de, Fax (0931) 9806042 – ⇔ 📺 ✆ 🅿 – ⚿ 15. AE ⓞ ⓜ VISA JCB
21 Zim ⌔ 65 – 90.
  • In dem neuzeitlichen Haus erwarten Sie zeitgemäß möblierte Zimmer, die alle über mit Granit ausgestattete Bäder verfügen. Kostenloser Fahrradverleih !

- **Spundloch** 🌿, Kirchstr. 19, ✉ 97209, ℰ (0931) 90 08 40, info@spundloch.com, Fax (0931) 9008420, ⚘ – 📺 ✆ 🅿 – ⚿ 20. AE ⓞ ⓜ VISA JCB
Menu à la carte 15/32,50 – **9 Zim** ⌔ 55 – 80.
  • Einladende Fachwerkfassade nach außen, fränkische Gemütlichkeit in den Zimmern. Sie sind alle mit Naturholzmöbeln, teils auch mit Himmelbetten und modernen Bädern versehen. Rustikales, über 300 Jahre altes Wirtshaus.

VELBERT Nordrhein-Westfalen **543** L 5 – 90 000 Ew – Höhe 260 m.
🛈 Velbert, Kuhlendahler Str. 283, ℰ (02053) 92 32 90.
🛈 Tourist-Information, Friedrichstr. 181a, ✉ 42551, ℰ (02051) 31 65 10, Fax (02051) 316516.
Berlin 544 – Düsseldorf 41 – Essen 16 – Wuppertal 19.

In Velbert-Neviges Süd-Ost : 4 km, über B 224, Abfahrt Velbert-Tönisheide :

- **Haus Stemberg**, Kuhlendahler Str. 295, ✉ 42553, ℰ (02053) 56 49, Fax (02053) 40785, ⚘, ⚘ AE ⓜ VISA
geschl. März - April 2 Wochen, Juli - Aug. 3 Wochen, Donnerstag - Freitagmittag, Jan. - Nov. Donnerstag - Freitag – **Menu** (Tischbestellung ratsam) 20/46 à la carte 25/43,50, ⚘.
  • Teils ländlich-gediegen, teils leicht elegant ist das Ambiente in diesem Restaurant. Patron Walter Stemberg bereitet eine schmackhafte regionale und internationale Küche.

VELBURG Bayern **546** S 19 – 4 700 Ew – Höhe 516 m.
Berlin 474 – München 144 – Regensburg 58 – Nürnberg 60.

In Velburg-Lengenfeld West : 3 km bei Autobahn-Ausfahrt Velberg :

- **Winkler Bräustüberl**, St.-Martin-Str. 6, ✉ 92355, ℰ (09182) 1 70, info@winkler-braeu.de, Fax (09182) 17110, Biergarten, ⇔, ⚘ – 🛏 📺 ✆ ⟪ 🅿 – ⚿ 80. AE ⓞ ⓜ VISA
Menu à la carte 19/34,50 – **57 Zim** ⌔ 59/81 – 105.
  • Ländlicher Charme und Wohnlichkeit prägen den Charakter dieses Landgasthofs mit zeitgemäßem Hotelanbau. Besonders hübsch sind die Komfortzimmer. Das Restaurant ist eine bürgerliche Brauerei-Gaststätte mit dunkler Täfelung und Holzdecke.

VELEN Nordrhein-Westfalen **543** K 4 – 11 300 Ew – Höhe 55 m.
Berlin 525 – Düsseldorf 90 – Bocholt 30 – Enschede 54 – Münster (Westfalen) 52.

- **Sportschloss Velen** 🌿, Schloßplatz 1, ✉ 46342, ℰ (02863) 20 30, info@sportschlossvelen.de, Fax (02863) 203788, ⚘, 🏋, ⇔, ⚘, ⚘, ⚘(Halle) – 🛏, ⇔ Zim, 📺 ✆ ⟪ 🅿 – ⚿ 120. AE ⓞ ⓜ VISA ⚘ Rest
Menu (geschl. Sonntagabend) à la carte 27/38,50 – **Orangerie-Keller** (geschl. 4. Aug. - 8. Sept., Montag) (nur Abendessen) **Menu** 24 (nur Buffet) – **101 Zim** ⌔ 105/129 – 149/189, 4 Suiten.
  • Das zweiflügelige Wasserschloss ist umgeben von einem herrlichen Park. Die Zimmer : teils geschmackvoll mit italienischen Möbeln bestückt, teils etwas sachlicher in der Art. Stilvolles Restaurant mit elegantem Mobiliar und spanischer Ledertapete.

1425

VELLBERG Baden-Württemberg 546 S 13 – 3 900 Ew – Höhe 369 m – Erholungsort.
  Sehenswert : Pfarrkirche St. Martin ≤ ★.
  Berlin 546 – Stuttgart 88 – Aalen 49 – Schwäbisch Hall 13.

In Vellberg-Eschenau Süd-Ost : 1,5 km :

Rose, Ortsstr. 13, ✉ 74541, ☏ (07907) 22 94, info@eschenau-rose.de, Fax (07907) 8569, 🍴 – 🅿 AE ⓘ ⓜ VISA
geschl. Jan. 2 Wochen, Sept. 2 Wochen, Montag - Dienstagmittag – **Menu** (Nov. - März Mittwoch - Donnerstag nur Abendessen) à la carte 20,50/31,50.
♦ Ein familiär geführter Landgasthof mit rustikaler Atmosphäre. Täfelung und Holzmobiliar unterstreichen den ländlichen Charakter des Restaurants.

VERDEN (Aller) Niedersachsen 541 H 11 – 28 800 Ew – Höhe 25 m.
  🏌 Verden-Walle, Holtumer Str. 24 (Nord : 6 km), ☏ (04230) 14 70.
  🅱 Tourist-Information, Holzmarkt 15, ✉ 27283, ☏ (04231) 80 71 80, touristik@verden.de, Fax (04231) 807171.
  Berlin 354 – Hannover 95 – Bremen 43 – Rotenburg (Wümme) 25.

Höltje, Obere Str. 13, ✉ 27283, ☏ (04231) 89 20, hotel.hoeltje@t-online.de, Fax (04231) 892111, 🍴, ⛲, 🛋 – 📶 ⇌ Zim, 📺 ☏ 🅿 – 🔔 35. AE ⓘ ⓜ VISA. ※ Rest
Menu à la carte 20/31,50 – **60 Zim** ⊇ 83/119 – 131/158.
♦ Die Gastfreundschaft der Besitzerfamilie und das zeitlos elegante Ambiente werden Sie erfreuen. Die komfortablen Zimmer sind mit viel Fingerspitzengefühl ausgestattet worden. Dunkles Holz und antike Möbelstücke geben dem Restaurant seinen rustikalen Charakter.

Parkhotel Grüner Jäger, Bremer Str. 48 (B 215), ✉ 27283, ☏ (04231) 76 50, info@parkhotel-verden.de, Fax (04231) 76545, 🍴 – 📶 📺 ☏ 🅿 – 🔔 300. AE ⓘ ⓜ VISA
Menu à la carte 18,50/30,50 – **41 Zim** ⊇ 65/85 – 95.
♦ Viel renoviert wurde in den letzten Jahren - entstanden sind Zimmer mit hellen Kirschholzmöbeln, die alle einladend und freundlich wirken. Sie speisen in der rustikalen Jägerstube oder im eleganteren Restaurant.

Haag's Hotel Niedersachsenhof, Lindhooper Str. 97, ✉ 27283, ☏ (04231) 66 60, reception@niedersachsenhof-verden.de, Fax (04231) 64875, 🍴, ⇌ – 📶 📺 ☏ ♿ 🅿 – 🔔 300. AE ⓘ ⓜ VISA
Menu à la carte 17/35 – **82 Zim** ⊇ 59 – 87.
♦ Besonders Tagungsteilnehmer schätzen das großzügig angelegte Hotel im Fachwerkstil. Es liegt inmitten einer reizvollen Landschaft und wird vom Inhaber persönlich geführt. Mit dunklem Holz ausgestattetes Restaurant - im Sommer ergänzt durch eine nette Terrasse.

Pades Restaurant, Grüne Str. 15, ✉ 27283, ☏ (04231) 30 60, kontakt@pades.de, Fax (04231) 81043, 🍴 –
geschl. 1. - 12. Jan., Juli - Aug. 3 Wochen, Sonntag - Montag – **Menu** (nur Abendessen) (Tischbestellung ratsam) à la carte 38/49,50 – **Bistro** (auch Mittagessen) **Menu** à la carte 18/26.
♦ Ein kultiviertes Interieur in Jugendstil und Art déco prägt das Stadthaus a. d. 15. Jh. - schöne Gartenterrasse hinter dem Haus. Kreative Küche von mediterran bis klassisch. Elegant und neuzeitlich : die Einrichtung im Bistro.
Spez. Riesengarnele vom Holzkohlengrill mit weißer Tomatensauce. Lamm mit nordafrikanischen Gewürzen in der Folie gegart auf Peperonata. Topfenvariation mit Mangoschmarrn

Victoria, Johanniswall, ✉ 27283, ☏ (04231) 95 18 13, Fax (04231) 951814, 🍴 – AE ⓘ ⓜ VISA
Menu 22,50/30 und à la carte.
♦ Das Innere dieses hübschen Pavillons mit Zwiebeldach stellt eine Kombination von Bar, Gaststube und Restaurant sowie einem kleinen Laden dar. Mittig : die offene Küche.

In Verden-Dauelsen Nord : 2 km über B 215, diesseits der A 27 :

Landhaus Hesterberg, Hamburger Str. 27 (B 215), ✉ 27283, ☏ (04231) 7 39 49, Fax (04231) 73949, 🍴 – 🅿 ⓜ
geschl. Jan. - Feb. 2 Wochen, Juni - Juli 2 Wochen, Sonntag - Montagmittag – **Menu** à la carte 21/33.
♦ Interessanter Blickfang in dem restaurierten Fachwerkhaus a. d. 17. Jh. ist der unter Denkmalschutz stehende Mosaikfußboden - gefertigt aus Lehm und Ochsenblut.

In Verden-Walle Nord : 5 km über B 215, jenseits der A 27 :

Quellengrund garni, Waller Heerstr. 73 (B 215), ✉ 27283, ☏ (04230) 9 30 20, info@hotel-verden.de, Fax (04230) 930233 – 📺 ☏ ⇌ 🅿 AE ⓘ ⓜ VISA
17 Zim ⊇ 45/55 – 65/85.
♦ Umgeben von einem hübschen Garten mit üppigen Rhododendronbüschen, verbergen sich hinter der Klinkerfassade gut und solide eingerichtete Gästezimmer.

VERL Nordrhein-Westfalen 543 K 9 – 20 500 Ew – Höhe 91 m.
Berlin 413 – Düsseldorf 152 – Bielefeld 19 – Gütersloh 11 – Lippstadt 36 – Paderborn 31.

Landhotel Altdeutsche, Sender Str. 23, ⌧ 33415, ℘ (05246) 96 60, info@altdeutsche.de, Fax (05246) 966299, 龠, Biergarten, ≘s – |∌|, ⇸ Zim, TV ℃ & P – 🛆 120. AE ① ⦾ VISA
Menu (geschl. Mitte Juli - Mitte Aug.) à la carte 19/34,50 – **45 Zim** ⊊ 75/95 – 115/125.
♦ In einer verkehrsberuhigten Zone erwartet Sie ein Haus, das allen Anforderungen an modernen Komfort gerecht wird. Die Bäder sind mit attraktiven Runddduschen versehen. Eine altdeutsche Stube ergänzt das anspruchsvoll gestaltete Restaurant.

Papenbreer garni, Güterloher Str. 82, ⌧ 33415, ℘ (05246) 9 20 40, kontakt@hotel-papenbreer.de, Fax (05246) 920420 – TV P AE ⦾ VISA
18 Zim ⊊ 46/51 – 72/77.
♦ Unweit der BAB 2 befindet sich dieses 1994 erbaute Hotel, dessen persönliche und gepflegte Atmosphäre Geschäftsreisende und Privatgäste gleichermaßen schätzen.

VERSMOLD Nordrhein-Westfalen 543 J 8 – 18 700 Ew – Höhe 70 m.
Versmold-Peckeloh, Schultenallee 1 (Süd-West : 2 km), ℘ (05423) 4 28 72.
Berlin 415 – Düsseldorf 165 – Bielefeld 33 – Münster (Westfalen) 44 – Osnabrück 33.

Altstadthotel, Wiesenstr. 4, ⌧ 33775, ℘ (05423) 95 20, info@altstadthotel-versmold.de, Fax (05423) 43149, 龠, ≘s – |∌|, ⇸ Zim, TV ℃ P – 🛆 100. AE ① ⦾ VISA
Menu à la carte 22/38,50 – **Tenne** (wochentags nur Abendessen) Menu à la carte 19/28,50 – **40 Zim** ⊊ 70/75 – 91/98.
♦ Moderne Pinienmöbel und farbliche Akzente sorgen in dem ruhig gelegenen Hotel für einen zeitgemäßen Rahmen. Für Entspannung sorgt eine attraktive Sauna im Untergeschoss. Ein Wintergarten und eine lauschige Terrasse ergänzen das Restaurant.

In Versmold-Bockhorst Nord-Ost : 6 km über B 476 Richtung Melle :

Alte Schenke mit Zim, Bockhorst 3 (an der Kirche), ⌧ 33775, ℘ (05423) 9 42 80, kontakt@alte-schenke.de, Fax (05423) 942828, 龠 – TV P AE ⦾ VISA
Menu (geschl. Montag - Dienstag)(wochentags nur Abendessen) à la carte 21,50/43,50 – **3 Zim** ⊊ 45 – 90.
♦ Das hübsche Fachwerkhaus hinter der Kirche ist eine Aufforderung zum Gastieren und Gustieren. Entdecken Sie die schmackhafte, nach westfälischen Rezepten zubereitete Küche.

VETSCHAU Brandenburg 542 K 26 – 9 200 Ew – Höhe 40 m.
Berlin 105 – Potsdam 122 – Cottbus 24 – Dresden 113 – Frankfurt (Oder) 84.

Ratskeller, Am Markt 5, ⌧ 03226, ℘ (035433) 5 10, ratskellervetschau@ringhotels.de, Fax (035433) 70387, 龠, Biergarten, ≘s – |∌| TV ℃ P – 🛆 60. AE ① ⦾ VISA
Menu (geschl. 3. - 6. Jan.) à la carte 16,50/30 – **39 Zim** ⊊ 68/78 – 92/104.
♦ Antike Elemente des über 200 Jahre alten Gasthofs wurden gekonnt mit modernem Komfort gepaart. Dem Gast stehen individuell gestaltete Zimmer zur Verfügung. Der Biergarten im Innenhof erweitert das Restaurant um einige luftige Plätze.

VETTELSCHOSS Rheinland-Pfalz 543 O 6 – 3 400 Ew – Höhe 300 m.
Berlin 620 – Mainz 130 – Bonn 33 – Bad Honnef 17.

In Vettelschoss-Kalenborn West : 1 km :

Nattermann's Restaurant (mit Gästehaus), Bahnhofstr. 12, ⌧ 53560, ℘ (02645) 9 73 10, jonattermann@t-online.de, Fax (02645) 973124, 龠 – ⇸ Zim, TV ℃ P – 🛆 20. AE ① ⦾ VISA
geschl. Jan. 1 Woche – **Menu** (geschl. Donnerstag) 26/34 à la carte 22/34,50 – **12 Zim** ⊊ 41/48 – 78.
♦ Der von Familie Nattermann geführte gewachsene Gasthof beherbergt ein gepflegtes Restaurant mit internationaler und regionaler Küche. Neuzeitliche Zimmer im Gästehaus.

VIECHTACH Bayern 546 S 22 – 8 700 Ew – Höhe 450 m – Luftkurort – Wintersport : ⛷.
Tourist-Information, Stadtplatz 1, ⌧ 94234, ℘ (09942) 16 61, tourist-info@viechtach.de, Fax (09942) 6151.
Berlin 507 – München 174 – Passau 81 – Cham 27 – Deggendorf 31.

Schmaus, Stadtplatz 5, ⌧ 94234, ℘ (09942) 9 41 60, info@hotel-schmaus.de, Fax (09942) 941630, 龠, ≘s, ⊡ – |∌| TV ℃ P – 🛆 150. AE ① ⦾ VISA JCB. ℅ Rest
geschl. 6. Jan. - 2. Feb. – **Menu** à la carte 18,50/37,50 – **41 Zim** ⊊ 55/64 – 85/102 – ½ P 18.
♦ Im Stadtkern liegt der Gasthof mit den zum Teil 400 Jahre alten Grundmauern. Das Hotel bietet Ihnen gute Pflege und zeitgemäß ausgestattete Zimmer. Gepflegte Restaurantstuben in bürgerlichem Stil.

VIECHTACH

In Viechtach-Neunußberg Nord-Ost : 10 km in Richtung Lam, in Wiesing rechts ab :

Burghotel und Burggasthof, Neunußberg 35, ⊠ 94234, ☎ (09942) 80 50, info@burghotel-sterr.de, Fax (09942) 805200, ≤, 🍴, 🌿, Massage, ≘s, 🔲, 🏊, 🎾 – 📶 TV 📞 ⇔ 🅿
geschl. 8. - 26. Nov. – **Menu** à la carte 13,50/26 – **54 Zim** ⊇ 41/51 – 82/102 – ½ P 9.

• Angenehm ruhig liegt dieses persönlich geführte Haus. Besonders schön wohnen Sie in den mit solidem Naturholz eingerichteten Zimmern im "Burghotel", schlichter im Gasthof. Restaurant in ländlicher Aufmachung.

Unsere Hotel-, Reiseführer und Straßenkarten ergänzen sich.
Benutzen Sie sie zusammen.

VIERNHEIM Hessen 543 R 9 – 32 000 Ew – Höhe 100 m.

Siehe Stadtplan Mannheim-Ludwigshafen.

🏌 Viernheim, Alte Mannheimer Str. 3, ☎ (06204) 6 07 00 ; 🏌 Heddesheim, Gut Neuzenhof (Süd : 3 km), ☎ (06204) 9 76 90.
Berlin 608 – Wiesbaden 82 – Mannheim 11 – Darmstadt 47 – Heidelberg 21.

Central-Hotel garni, Hölderlinstr. 2, ⊠ 68519, ☎ (06204) 9 64 20, central.hotel@junior-net.de, Fax (06204) 964299, ≘s – 📶 ⇔ TV ⇔ 🅿 – 🔒 25. AE ⓓ ⓜⓞ VISA DU n
34 Zim ⊇ 70/80 – 80/93, 7 Suiten.

• Das verkehrsgünstig und dennoch ruhig in einem Wohngebiet gelegene Hotel verfügt über wohnlich-elegante oder einfachere und praktisch ausgestattete Zimmer.

Am Kapellenberg garni, Mannheimer Str. 59, ⊠ 68519, ☎ (06204) 77 07 70, info@hotelamkapellenberg.de, Fax (06204) 7707710 – 🔲 Zim, TV 🅿 ⓜⓞ VISA DU e
geschl. 20. Dez. - 5. Jan. – **18 Zim** ⊇ 49 – 66.

• Das einfache, aber gepflegte kleine Hotel ist eine familiengeführte, saubere Übernachtungsadresse. Das Frühstück können Sie im Sommer auf der Terrasse einnehmen.

In Viernheim-Neuzenlache über die A 659 DU, Ausfahrt Viernheim-Ost :

Pfeffer & Salz, Neuzenlache 10, ⊠ 68519, ☎ (06204) 7 70 33, restaurant@pfefferrsalz.de, Fax (06204) 77035, 🍴 – 🅿 AE
geschl. 1. - 15. Jan., Sonntag-Montag, Dez. Samstagmittag - Sonntag – **Menu** (Jan. - Nov. nur Abendessen) (Tischbestellung ratsam) à la carte 32/54, ♀ 🍷.

• Ein rustikales Restaurant mit elegantem Touch – in einem Garten mit Springbrunnen gelegen. Hübscher Zierrat und gut eingedeckte Tische tragen ihren Teil bei.

VIERSEN Nordrhein-Westfalen 543 M 3 – 77 000 Ew – Höhe 41 m.

Berlin 592 – Düsseldorf 34 – Krefeld 20 – Mönchengladbach 10 – Venlo 23.

Kaisermühle, An der Kaisermühle 20, ⊠ 41747, ☎ (02162) 2 49 02 40, kaisermuehle@online-club.de, Fax (02162) 24902424, 🍴 – TV 🅿 AE ⓓ ⓜⓞ VISA
Menu à la carte 18,50/34 – **11 Zim** ⊇ 81/91 – 120.

• Am Ortsrand finden Sie diese ehemalige Mühle, in der man heute Gäste beherbergt. Sämtliche Zimmer sind hell und freundlich mit klassischem Mobiliar eingerichtet. Viel dunkles Holz und ein nettes Dekor geben dem Restaurant seinen rustikalen Charakter.

In Viersen-Süchteln Nord-West : 4,5 km über A 61, Abfahrt Süchteln :

Höhen-Hotel, Hindenburgstr. 67, ⊠ 41749, ☎ (02162) 72 77, info@hoehen-hotel.de, Fax (02162) 80359, 🍴, ≘s, 🔲 – 📞 TV 🅿 AE ⓜⓞ VISA, 🍽 Rest
Petit Château (Tischbestellung erforderlich) (geschl. Aug. 2 Wochen, Sonntag) (nur Abendessen) **Menu** à la carte 24/40,50 – **12 Zim** ⊇ 56/76 – 86, 3 Suiten.

• Schmuck sieht die klassische Villa am Ortsrand. Was das Äußere verspricht, hält das Interieur mit seinen wohnlich-gediegen eingerichteten Zimmern. Hohe Räume, Parkettböden und ein Blick ins Grüne kennzeichnen das Petit Chateau.

Alte Villa Ling - Josefine (Teigelkamp) mit Zim, Hindenburgstr. 34, ⊠ 41749, ☎ (02162) 97 01 50, info@alte-villa-ling.de, Fax (02162) 9701510, Biergarten – 🍽 Zim, TV 📞 🅿 ⓜⓞ VISA, 🍽 Zim
Menu (geschl. Montag - Dienstag, Samstagmittag) 80 à la carte 45/55, ♀ – **Gaststube** (geschl. Montag, Samstagmittag) **Menu** à la carte 26/41,50, ♀ – **7 Zim** ⊇ 80 – 110.

• In diesem 1899 erbauten Herrenhaus verbindet sich der unverwechselbare Charme der Jugendstilvilla mit elegantem Ambiente und feiner klassischer Küche. Gaststube in rustikalem Stil.

Spez. Kalbsfilet-Galette mit schwarzem Pfeffer und Limonenwürze. Weißer Heilbutt mit Tamarillojus und Sommerkohl. Gelierte Champagnersuppe mit gefüllten Herzkirschen

VILBEL, BAD — Hessen 543 P 10 – 25 000 Ew – Höhe 110 m – Heilbad.

Bad Vilbel-Dortelweil, Lindenhof (Nord : 2 km), ℘ (06101) 5 24 52 00.
Berlin 540 – Wiesbaden 48 – Frankfurt am Main 10 – Gießen 55.

City Hotel, Alte Frankfurter Str. 13 (Siedlung Heilsberg), ✉ 61118, ℘ (06101) 58 80, info@cityhotel-badvilbel.de, Fax (06101) 588488, ⇔s – |≡|, ⥈ Zim, TV ✆ ⇔ – 🎿 50. AE ⓞ ◯ VISA JCB
Menu à la carte 17/31 – **92 Zim** ⊇ 90/115 – 115/135 – ½ P 20.
 ♦ Vor den Toren von Frankfurt entstand 1997 das moderne Hotel. Pastellfarben dominieren in der Ausstattung der Zimmer und sorgen für ein freundliches Ambiente. Neuzeitliches Hotelrestaurant mit großem Buffet.

Am Kurpark garni, Parkstr. 20, ✉ 61118, ℘ (06101) 60 07 00, Fax (06101) 600707 – |≡|, ⥈ Zim, TV AE ⓞ ◯
geschl. Weihnachten – Anfang Jan. – **38 Zim** ⊇ 57/80 – 72/110.
 ♦ Die ruhige Lage des kleinen Hotels inmitten des Kurgebiets verspricht erholsamen Schlaf. Geboten werden freundliche, zeitgemäß ausgestattete Zimmer.

In Bad Vilbel-Dortelweil : Nord : 2 km, über Kasseler Straße und Friedberger Straße :

Golfclub Lindenhof ♨, Am Golfplatz, ✉ 61118, ℘ (06101) 5 24 51 40, info@golfhotel-lindenhof.de, Fax (06101) 5245141, 🍽 – TV P – 🎿 60. AE ⓞ ◯ VISA
Menu (geschl. Montag) à la carte 17,50/39,50 – **19 Zim** ⊇ 80 – 100.
 ♦ Auffallend ist die raffinierte Architektur des Hauses : Die modernen Zimmer befinden sich in der ersten Etage des Gebäudes und sind im offenen Atriumstil angelegt. Helles, freundliches Restaurant mit einer netten, zum Golfplatz hin gelegenen Terrasse.

In Niederdorfelden Nord-Ost : 4,5 km, über Gronau :

Schott ♨ garni, Hainstr. 19, ✉ 61138, ℘ (06101) 53 66 60, kontakt@hotel-schott.de, Fax (06101) 5366677 – ⥈ TV P. ⓞ ◯ VISA
geschl. 24. Dez. - 4. Jan. – **10 Zim** ⊇ 48/50 – 73/77.
 ♦ 1992 hat Familie Schott ihr kleines Hotel mit persönlichem Pensionscharakter eröffnet. Solide möblierte, sehr gepflegte Gästezimmer stehen zum Einzug bereit.

Lesen Sie die Einleitung, sie ist der Schlüssel zu diesem Führer.

VILLINGEN-SCHWENNINGEN Baden-Württemberg 545 V 9 – 82 000 Ew – Höhe 704 m – Kneippkurort.

🛈 Tourist-Information, Villingen, Niedere Str. 88, ✉ 78050, ℘ (07721) 82 23 40, tourist-info@villingen-schwenningen.de, Fax (07721) 822347.
🛈 Tourist-Information, Schwenningen, im Bahnhof, ✉ 78054, ℘ (07720) 82 12 08, Fax (07720) 821207.
ADAC, Kaiserring 1 (Villingen).
Berlin 734 ③ – Stuttgart 115 ③ – Freiburg im Breisgau 77 ⑤ – Konstanz 90 ⑤ – Offenburg 79 ① – Tübingen 83 ③

Stadtplan siehe nächste Seite

Im Stadtteil Villingen :

Rindenmühle, Am Kneipp-Bad 9 (am Kurpark), ✉ 78052, ℘ (07721) 8 86 80, mail@rindenmuehle.de, Fax (07721) 886813, 🍽, 🌿 – ⥈ Zim, TV ✆ P – 🎿 25. AE ⓞ ◯ VISA JCB. ⥈ Zim   über Kirnacher Straße   **A**
Menu (geschl. über Fastnacht 1 Woche, über Pfingsten 2 Wochen, Sonntagabend - Montag) à la carte 25,50/36,50 – **23 Zim** ⊇ 65/76 – 89/102 – ½ P 19.
 ♦ Aus einem ehemaligen landwirtschaftlichen Gebäude entstand ein gut geführtes Hotel mit sauberen, soliden und wohnlich eingerichteten Zimmern. Hell und freundlich gestaltetes Restaurant mit wintergartenartigem Anbau.

Bosse ♨, Oberförster-Ganter-Str. 9 (Kurgebiet), ✉ 78048, ℘ (07721) 5 80 11, info@hotel-bosse.de, Fax (07721) 58013, 🍽, 🌿 – ⥈ Zim, TV ✆ ⇔ P – 🎿 40. AE ⓞ ◯ VISA JCB. ⥈ Rest   über Am Krebsgraben   **A**
Menu (geschl. Freitag) à la carte 26/39,50, ♀ – **36 Zim** ⊇ 62/72 – 86/98 – ½ P 20.
 ♦ Ein von außen wie von innen nett gestalteter Landgasthof in ruhiger Ortsrandlage. Der Zimmerbereich verzeugt mit einer soliden Ausstattung. Mit badischer Lebensart empfängt Sie das im Landhausstil gestaltete Restaurant.

Bären garni, Bärengasse 2, ✉ 78050, ℘ (07721) 2 06 96 90, info@hotel-baeren.biz, Fax (07721) 2069699 – |≡| ⥈ TV ✆ ⇔. AE ⓞ ◯ VISA   **A** s
16 Zim ⊇ 51/70 – 76/95.
 ♦ Das in der Altstadt gelegene Haus bietet Ihnen komplett neu renovierte Zimmer, die jetzt mit hellem, freundlichem Holzmobiliar das Auge erfreuen.

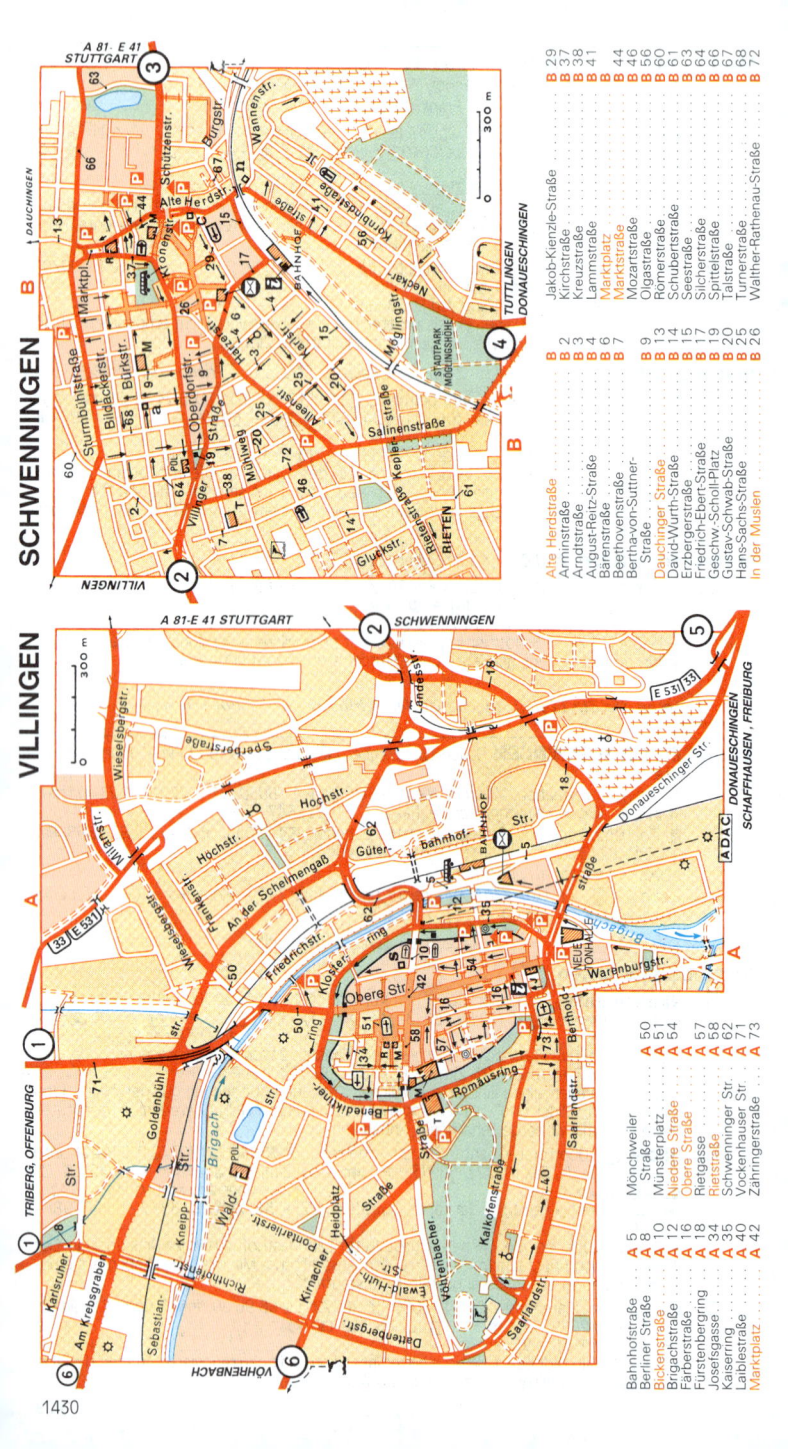

VILLINGEN

SCHWENNINGEN

Bahnhofstraße	A 5
Berliner Straße	A 8
Bickenstraße	A 10
Brigachstraße	A 16
Färberstraße	A 18
Fürstenbergring	A 34
Josefsgasse	A 35
Kaiserring	A 40
Laiblestraße	A 42
Marktplatz	
Mönchweiler Straße	A 50
Münsterplatz	A 51
Niedere Straße	A 54
Obere Straße	
Rietgasse	A 57
Rietstraße	
Schwenninger Str.	A 62
Vockenhauser Str.	A 71
Zähringerstraße	A 73

Alte Herdstraße	
Arminstraße	B 2
Arndtstraße	B 3
August-Reitz-Straße	B 4
Bärenstraße	B 6
Beethovenstraße	B 7
Bertha-von-Suttner-Straße	B 9
Dauchinger Straße	
David-Wurth-Straße	B 13
Erzbergerstraße	B 14
Friedrich-Ebert-Straße	B 15
Geschw.-Scholl-Platz	B 17
Gustav-Schwab-Straße	B 19
Hans-Sachs-Straße	B 20
In der Muslen	B 25
	B 26
Jakob-Kienzle-Straße	B 29
Kirchstraße	B 37
Kreuzstraße	B 38
Lammstraße	B 41
Marktstraße	
Marktplatz	B 44
Mozartstraße	B 46
Olgastraße	B 56
Römerstraße	B 60
Schubertstraße	B 61
Seestraße	B 63
Silcherstraße	B 64
Spittelstraße	B 66
Talstraße	B 67
Turnerstraße	B 68
Walther-Rathenau-Straße	B 72

1430

VILLINGEN-SCHWENNINGEN

Im Stadtteil Schwenningen :

Ochsen, Bürkstr. 59, ⊠ 78054, ℘ (07720) 83 90, info@hotelochsen.com, Fax (07720) 839639, 🍴 – 🛗, ⇔ Zim, 📺 📞 🚗 🅿 – 🛋 40. 🆎 ① ⓜ 💳 B a
geschl. Anfang Jan. 1 Woche – **Kupferkanne** (geschl. Sonn- und Feiertage)(nur Abendessen) Menu à la carte 20,50/33,50 – **39 Zim** ⊇ 59/77 – 97/107 – ½ P 18.
* Von außen ein eher schlichter Bau, überrascht das Hotel im Inneren mit geschmackvollen und individuellen Zimmern. Auch die Bäder entsprechen zeitgemäßem Standard. Im Keller : die gemütlich-rustikale Kupferkanne. Schöne Gartenterrasse.

Central-Hotel garni, Alte Herdstr. 12 (Muslen-Parkhaus), ⊠ 78054, ℘ (07720) 30 30, info@centralhotel-vs.de, Fax (07720) 303100 – 🛗 ⇔ 📺 📞 🅿 🚗 – 🛋 40. 🆎 ① ⓜ 💳 geschl. 1. - 9. Jan., 20. - 31. Dez. – **57 Zim** ⊇ 59/64 – 80/90. B c
* Besonders Geschäftsleute schätzen das sympathische Etagenhotel seit Jahren. Solide Zimmer, direkter Zugang zum Parkhaus und ein leckeres Frühstück tragen dazu bei.

Neckarquelle, Wannenstr. 5, ⊠ 78056, ℘ (07720) 9 78 29, Fax (07720) 978230, 🍴 – 📺 🚗 🅿 ⓜ 💳 JCB B n
Menu (geschl. 1. - 15. Aug., Sonntagabend - Montagmittag) à la carte 19/32 – **17 Zim** ⊇ 49/52 – 72 – ½ P 15.
* Suchen Sie eine gut geführte, praktische Übernachtungsadresse ? Dieses am Rand der Innenstadt gelegene Haus bietet zeitgemäß möblierte Zimmer und ein appetitliches Frühstück. Restaurant in bürgerlicher Aufmachung.

Im Stadtteil Obereschach Nord : 5 km über Vockenhauser Straße A :

Sonne, Steinatstr. 17, ⊠ 78052, ℘ (07721) 9 51 60, sonnegasthaus@aol.com, Fax (07721) 951650, 🍴 – 📺 🅿 ⓜ
Menu (geschl. 10. - 30. Aug., Dienstag) à la carte 15/30,50 – **15 Zim** ⊇ 33 – 50 – ½ P 8.
* Inmitten eines von Wiesen und Wäldern umgebenen Dorfes liegt diese einfache Adresse. Dank ihrem Standort ein idealer Ausgangspunkt für Wanderer und Naturliebhaber. Ein heller Kachelofen ist gemütlicher Blickfang in der ländlichen Gaststube.

VILLINGENDORF Baden-Württemberg 𝟻𝟦𝟻 V 9 – 3 200 Ew – Höhe 621 m.
Berlin 725 – Stuttgart 89 – Konstanz 92 – Rottweil 6 – Schramberg 23.

Kreuz, Hauptstr. 8, ⊠ 78667, ℘ (0741) 3 40 57, info@kreuz-villingendorf.de, Fax (0741) 347217, 🍴 – 🅿 ⓜ 💳
geschl. Jan. 2 Wochen, Aug. 3 Wochen – **Menu** (geschl. Mittwoch - Donnerstagmittag) à la carte 15,50/30 – **8 Zim** ⊇ 37/38 – 64/68.
* Seit 1824 steht die Wirtsfamilie Schanz mit ihrem gepflegten Betrieb im Dienste des Gastes. Wohnliche, mit ländlichem Weichholzmobiliar eingerichtete Zimmer stehen bereit. Gutbürgerliches Restaurant.

Linde, Rottweiler Str. 3, ⊠ 78667, ℘ (0741) 3 18 43, linde-villingendorf@t-online.de, Fax (0741) 34181, 🍴 – 🅿 – 🛋 60. ⓜ 💳
geschl. Jan. 1 Woche, nach Pfingsten 1 Woche, Ende Aug. 2 Wochen, Montagabend - Dienstag – **Menu** à la carte 21/41,50, ♀.
* Das Lokal ist eine gut geführte, bürgerlich-ländliche Adresse. An gut eingedeckten Tischen serviert man schmackhafte Speisen nach regionaler Art.

VILSBIBURG Bayern 𝟻𝟦𝟼 U 21 – 10 500 Ew – Höhe 449 m.
🛫 Trauterfing 31 (Süd-Ost : 3 km), ℘ (08741) 96 86 80.
Berlin 581 – München 79 – Regensburg 81 – Landshut 21.

In Vilsbiburg-Achldorf Süd : 2 km :

Kongressissimo, Hauptstr. 2, ⊠ 84137, ℘ (08741) 96 60, info@kongressissimo.de, Fax (08741) 966299, 🍴, Biergarten, ≦s, 🔲, 🏊, ※(Halle) Squash – 🛗, ⇔ Zim, 🍽 Rest, 📺 📞 🅿 – 🛋 60. 🆎 ⓜ 💳 ⊗ Zim
Menu (geschl. Samstag) à la carte 16/31 – **43 Zim** ⊇ 56/67 – 86/102.
* Besonders Tagungsgäste schätzen dieses moderne Hotel, das mit funktionellen Zimmern in neuzeitlichem Stil und zahlreichen Freizeitangeboten überzeugt.

VILSHOFEN Bayern 𝟻𝟦𝟼 U 23 – 14 600 Ew – Höhe 307 m.
Berlin 585 – München 164 – Passau 23 – Regensburg 101.

Bairischer Hof garni, Vilsvorstadt 29, ⊠ 94474, ℘ (08541) 50 65, Fax (08541) 6972 – ⇔ 🚗 🅿 🆎 ⓜ 💳
geschl. 23. Dez. - 6. Jan. – **29 Zim** ⊇ 40/45 – 60/70.
* Eine einfache, gepflegte Übernachtungsadresse in unmittelbarer Nähe des Bahnhofs. Das Haus wird von seinen Besitzern persönlich und familiär geführt.

VISBEK Niedersachsen **541** H 8 – 4 500 Ew – Höhe 50 m.
Berlin 429 – Hannover 139 – Bremen 48 – Oldenburg 45 – Osnabrück 63.

Wübbolt garni, Astruper Str. 19, ✉ 49429, ℘ (04445) 9 67 70, info@hotel-wuebbo
lt.de, Fax (04445) 967710 – TV P. ✆ ⚙ VISA
15 Zim ⊑ 41 – 62.
◆ Gästen stehen in dem Hotel mit Klinkerfassade Zimmer mit dunklem oder hellem Mobiliar zur Verfügung. Die gute Pflege zieht sich durch alle Bereiche des Hauses.

VISSELHÖVEDE Niedersachsen **541** H 12 – 10 000 Ew – Höhe 56 m – Erholungsort.
🅱 Tourist-Information, Burgstr. 3, ✉ 27374, ℘ (04262) 16 67, touristik@visselhoeved
e.de, Fax (04262) 2042.
Berlin 344 – Hannover 81 – Hamburg 87 – Bremen 60 – Rotenburg (Wümme) 19.

In Visselhövede-Hiddingen Nord-Ost : 3 km :

Röhrs (mit Gästehaus), Neuenkirchener Str. 1, ✉ 27374, ℘ (04262) 9 31 80, info@h
otel-roehrs.de, Fax (04262) 4435, 🖇, 🖉 – TV P. – 🖇 60. AE ⚙ ⚙ VISA. ✳
Menu (Montag - Freitag nur Abendessen) à la carte 15,50/33 – **37 Zim** ⊑ 44/64 – 64/84 – ½ P 11.
◆ Das seit 1855 als Familienbetrieb geführte Hotel am Ortsrand bietet seinen Besuchern gepflegte Gastlichkeit in bürgerlicher Atmosphäre - und einen schönen Garten. Das Restaurant ist teils rustikal-elegant gehalten, teils als gemütliche Bierstube angelegt.

In Visselhövede-Jeddingen Süd-West : 5 km :

Jeddinger Hof (mit Gästehäusern), Heidmark 1, ✉ 27374, ℘ (04262) 93 50, Fax (04262) 736, 🖇, 🖉 – TV P. – 🖇 80. AE ⚙ ⚙ VISA
Menu à la carte 17/28,50 – **60 Zim** ⊑ 46/52 – 72/90 – ½ P 12.
◆ Die Zimmer des im Klinkerstil gebauten Hotels verteilen sich auf drei verschiedene Gebäude. Sie sind alle mit soliden Voglauermöbeln praktisch eingerichtet. Mehrfach unterteiltes Restaurant mit rustikalem Rahmen.

VLOTHO Nordrhein-Westfalen **543** J 10 – 19 500 Ew – Höhe 47 m.
🇫🇷 Vlotho-Exter, Heideholz 8 (Süd-West : 8 km), ℘ (05228) 74 34.
Berlin 359 – Düsseldorf 206 – Bielefeld 43 – Bremen 116 – Hannover 76 – Osnabrück 72.

In Vlotho-Bonneberg Süd-West : 2,5 km :

Bonneberg 🖇, Wilhelmstr. 8, ✉ 32602, ℘ (05733) 79 30, info@bonneberg.bestwe
stern.de, Fax (05733) 793111, 🖇, 🖇 – 🖇, ⇥ Zim, TV ℅ 🖇 P. – 🖇 200. AE ⚙
⚙ VISA
Menu à la carte 18/36,50 – **126 Zim** ⊑ 72/92 – 112/142 – ½ P 15.
◆ Aus einer ehemaligen Möbelfabrik entstand ein modernes Tagungshotel. Alle Zimmer sind großzügig geschnitten und hell gestaltet - Korb- und Rattanmöbel setzen Akzente. Freundlich hat man das neuzeitliche Restaurant eingerichtet.

VÖHRENBACH Baden-Württemberg **545** V 8 – 4 300 Ew – Höhe 800 m – Erholungsort – Wintersport : 800/1 100 m ⚞4 ⚟.
🅱 Tourist-Information, Friedrichstr. 8, ✉ 78147, ℘ (07727) 50 11 15, info@voehrenb
ach.de, Fax (07727) 501119.
Berlin 759 – Stuttgart 131 – Freiburg im Breisgau 48 – Donaueschingen 21 – Villingen-Schwenningen 18.

Zum Engel (Ketterer), Schützenstr. 2, ✉ 78147, ℘ (07727) 70 52, gasthof-engel@
gmx.de, Fax (07727) 7873 – ⚙ VISA
geschl. 7. - 17. Jan., nach Pfingsten 1 Woche, Montag - Dienstag – **Menu** (Tischbestellung ratsam) 30/53 à la carte 30,50/48, ⚟.
◆ Der 1544 erbaute Familienbetrieb vermittelt typisch badische Gastlichkeit. In ländlichem, teils elegantem Ambiente serviert man eine feine regionale und klassische Küche.
Spez. Kalbskopf und Züngle mit Artischockenravioli im Schnittlauchsud (Sommer). Das Beste vom Lamm mit Frühlingslauch und Rosmarinkartoffeln. Kalte Quittensuppe mit Quarktäschle und weißem Schokoladenparfait

In Vöhrenbach-Hammereisenbach Süd : 7 km :

Felsen, Hauptstr. 5, ✉ 78147, ℘ (07657) 4 79, gasthaus-felsen@t-online.de, Fax (07657) 933373, Biergarten – P.
geschl. Dienstag – **Menu** à la carte 27/44.
◆ Hinter einer schlichten Fassade beherbergt dieser ältere Gasthof ländlich gestaltete Räumlichkeiten, in denen man Ihnen eine ansprechende klassische Küche offeriert.

VÖHRENBACH

An der Straße nach Unterkirnach *Nord-Ost : 3,5 km – Höhe 963 m*

Friedrichshöhe, Villinger Str. 30 – Höhe 960 m, ⌧ 78147 Vöhrenbach, ℘ (07727) 2 49, landgasthof-friedrichshoehe@t-online.de, Fax (07727) 1350, 佘, ≦s, 舟 – ⇌ Zim, ⊡ ⇔ P. – 函 25. ◎ VISA
geschl. 16. - 29. März, 9. Nov. - 5. Dez. – **Menu** *(geschl. Montag)* à la carte 13,50/28 – **16 Zim** 立 34/38 – 68 – ½ P 11.
• Auf einer Anhöhe liegt der familiengeführte kleine Schwarzwaldgasthof. Solide ausgestattete Fremdenzimmer stehen zum Einzug bereit. In dem ländlich-rustikalen Lokal serviert man eine bürgerliche Küche.

VÖHRINGEN *Bayern* 5̄4̄6̄ V 14 – *12 900 Ew – Höhe 498 m.*
Berlin 628 – München 146 – Augsburg 86 – Kempten (Allgäu) 75 – Ulm (Donau) 22.

In Vöhringen-Illerberg *Nord-Ost : 3 km nahe der A 7 :*

Burgthalschenke, Untere Hauptstr. 4 (Thal), ⌧ 89269, ℘ (07306) 52 65, Fax (07306) 34394, 佘 – P. ⓘ ◎ VISA
geschl. über Fasching 1 Woche, Montag – **Menu** 19,50 (mittags) à la carte 24/39,50.
• Das familiengeführte Haus aus den 70er Jahren - als Rundbau angelegt - beherbergt ein sich über drei Ebenen erstreckendes Restaurant mit rustikaler Einrichtung.

VOERDE *Nordrhein-Westfalen* 5̄4̄3̄ L 4 – *34 000 Ew – Höhe 26 m.*
Berlin 552 – Düsseldorf 61 – Duisburg 23 – Wesel 10.

Wasserschloß Haus Voerde, Allee 64, ⌧ 46562, ℘ (02855) 36 11, Fax (02855) 3616, 佘 – P. 延 ◎ VISA
geschl. Montag – **Menu** à la carte 21,50/41,50.
• Neben einem netten Restaurant mit niedriger Gewölbedecke beherbergt das Wasserschloss a. d. 16. Jh. ein Standesamt und einen für Hochzeiten geeigneten Festsaal.

VÖRSTETTEN *Baden-Württemberg siehe Denzlingen.*

VOGTSBURG IM KAISERSTUHL *Baden-Württemberg* 5̄4̄5̄ V 6 – *5 100 Ew – Höhe 220 m.*
Berlin 797 – Stuttgart 200 – Freiburg im Breisgau 31 – Breisach 10 – Sélestat 28.

In Vogtsburg-Achkarren :

Zur Krone, Schloßbergstr. 15, ⌧ 79235, ℘ (07662) 9 31 30, krone-achkarren@t-online.de, Fax (07662) 931350, 佘, 舟, ※ – ⇌ Zim, ⊡ ⇔ P. ◎ VISA
Menu *(geschl. Mittwoch)* à la carte 19,50/41 – **23 Zim** 立 45 – 70/90 – ½ P 15.
• Gastlichkeit mit Tradition : Seit 1919 wird die Krone von Familie Höfflin-Schüsler geführt und heißt mit ihren netten und wohnlichen Zimmern jeden Besucher willkommen. Eine gemütliche Gaststube dient als Restaurant.

Haus am Weinberg ♦, In den Kapellenmatten 8, ⌧ 79235, ℘ (07662) 7 78, Fax (07662) 8527, I₆, ≦s, 🛦, 舟 – ⊡ ⇔ P. ◎ VISA. ※
Menu *(nur Abendessen)* (Restaurant nur für Hausgäste) – **11 Zim** 立 55 – 80.
• Zu den Annehmlichkeiten dieses gut unterhaltenen kleinen Hotels zählen eine schöne Umgebung, eine hübsche Gartenanlage und rustikal angehauchte Zimmer.

In Vogtsburg-Bischoffingen :

Steinbuck ♦, Steinbuckstr. 20 (in den Weinbergen), ⌧ 79235, ℘ (07662) 91 12 10, wernet@hotel-steinbuck.de, Fax (07662) 6079, ≤ Kaiserstühler Rebland, 佘, ≦s, 舟 – ⊡ P. – 函 30. VISA
geschl. Anfang Jan. - Mitte Feb. – **Menu** *(geschl. Aug. 2 Wochen, Dienstag - Mittwochmittag, Nov. - März Dienstag - Mittwoch)* à la carte 26,50/42, ♀ – **18 Zim** 立 50/54 – 84/93 – ½ P 18.
• Ein schönes familiengeführtes Ferienhotel mit herrlicher Aussicht. In wohnlich und hell ausgestatteten Zimmern mit modernen Bädern genießen Sie die himmlische Ruhe. Im Restaurant offeriert man Ihnen schmackhafte regionale und internationale Speisen.

In Vogtsburg-Burkheim :

Kreuz-Post (mit Gästehaus), Landstr. 1, ⌧ 79235, ℘ (07662) 9 09 10, info@kreuz-post.de, Fax (07662) 1298, ≤, 佘, 舟 – ︱♣︱, ⇌ Zim, ⊡ ⇔ P. – 函 25. ◎ VISA
geschl. Mitte Nov. - Anfang Dez. – **Menu** *(geschl. Dienstag)* à la carte 18,50/36,50 – **35 Zim** 立 39/59 – 60/98 – ½ P 19.
• Mit sehr viel Engagement wird dieser persönlich geführte Gasthof betrieben : immer wieder wird renoviert und investiert. Geschmackvolle Zimmer erfreuen die Besucher. Gemütliche Gaststuben.

VOGTSBURG IM KAISERSTUHL

In Vogtsburg-Oberbergen :

XXX **Schwarzer Adler** mit Zim, Badbergstr. 23, ✉ 79235, ℘ (07662) 93 30 10, *gasthau s@franz-keller.de, Fax (07662) 719*, 🍴 – 📺 ⇔ 🅿 ① 🆗 VISA ✗
geschl. Feb. – **Menu** *(geschl. Mittwoch - Donnerstag)* (Tischbestellung ratsam) 49/88 à la carte 32/62,50, ♀ 🍷 – **14 Zim** ⇔ 65/80 – 105/125.
• Versäumen Sie nicht, bei einer Reise an den Kaiserstuhl in dem blumengeschmückten Landgasthaus einzukehren. Der warmherzige Empfang steht der feinen Kulinarik in nichts nach.
Spez. Gänseleber nach Art des Hauses. Seeteufel mit Gambas gefüllt. Dombes-Ente aus dem Ofen

X **Weinhaus Rebstock,** Badbergstr. 22, ✉ 79235, ℘ (07662) 9 40 66, *Fax (07662) 949374*, 🍴 – 🅿
geschl. 2. Jan. - 10. Feb., Montag - Dienstag, Samstagmittag – **Menu** à la carte 19/31, ♀.
• Schlicht und einfach zeigt sich dieser Gasthof in der Dorfmitte. Die Einrichtung ist rustikal gehalten, in der Küche bereitet man regionale Speisen auf gehobenem Niveau.

In Vogtsburg-Schelingen :

X **Zur Sonne** mit Zim, Mitteldorf 5, ✉ 79235, ℘ (07662) 2 76, *sonne-schelingen@gmx.de, Fax (07662) 6043*, 🍴 – 📺 🅿 ① 🆗 VISA ✗ Zim
geschl. 15. Jan. - 5. Feb., 1. - 16. Juni – **Menu** *(geschl. Dienstag, Mitte Nov. - Feb. Dienstag - Mittwochmittag)* (Tischbestellung ratsam) à la carte 18/36 – **9 Zim** ⇔ 36/40 – 55/76 – ½ P 18.
• In der erst vor kurzem erweiterten Gaststube erwarten den Gast ländlicher, rustikaler Charme und gutbürgerliche, regionale Spezialitäten.

VOHENSTRAUSS Bayern 𝟓𝟒𝟔 R 21 – *7 800 Ew – Höhe 570 m.*

🛈 *Tourismusbüro, Rathaus, Marktplatz 9*, ✉ 92648, ℘ (09651) 92 22 30, *info@tourismus.vohenstrauss.de Fax (09651) 922241.*
Berlin 423 – München 206 – Weiden in der Oberpfalz 17 – Cham 66 – Regensburg 87.

Drei Lilien, Friedrichstr. 15, ✉ 92648, ℘ (09651) 23 61, *drei.lilien@t-online.de, Fax (09651) 916181* – 📺 ⇔ 🅿
Menu *(geschl. Dienstagmittag, Mittwochmittag)* à la carte 11,50/21,50 – **22 Zim** ⇔ 27 – 44 – ½ P 9.
• Eine schlichte Unterkunft mit einfach eingerichteten Zimmern, die aber - wie das gesamte Haus - in einem tadellos gepflegten und sauberen Zustand sind. Das Restaurant ist eine ländliche Gaststube.

VOLKACH Bayern 𝟓𝟒𝟔 Q 14 – *10 000 Ew – Höhe 200 m – Erholungsort.*

Sehenswert : *Wallfahrtskirche "Maria im Weingarten" : Rosenkranzmadonna*★ *Nord-West : 1 km.*

🛈 *Tourist Information, Rathaus, Marktplatz*, ✉ 97332, ℘ (09381) 4 01 12, *tourismus@volkach.de, Fax (09381) 40116.*
Berlin 466 – München 269 – Würzburg 28 – Bamberg 64 – Nürnberg 98.

🏨 **Romantik Hotel Zur Schwane,** Hauptstr. 12, ✉ 97332, ℘ (09381) 8 06 60, *schwane@romantikhotels.com, Fax (09381) 806666*, 🍴, ⇔ – 📺 📞 ⇔ 🅿 – 🛎 15. AE 🆗 VISA
geschl. 22. - 29. Dez. – **Menu** *(geschl. Montagmittag)* 22/62 à la carte 35/46, ♀ – **26 Zim** ⇔ 44/85 – 85/140 – ½ P 22.
• Mit wohnlich und doch funktionell gestalteten Zimmern heißt man Gäste in diesem gepflegten Hotel in der Altstadt willkommen und bietet ihnen einen zuvorkommenden Service. Zum Speisen nehmen Sie in den altfränkischen Stuben oder auf der Innenhofterrasse Platz.

🏨 **Vier Jahreszeiten** garni, Hauptstr. 31, ✉ 97332, ℘ (09381) 8 48 40, *vierjahreszeiten-volkach@t-online.de, Fax (09381) 848444* – ✗ 📺 📞 🅿 AE 🆗 VISA
20 Zim ⇔ 60/95 – 89/119.
• Im Herzen der Altstadt ist Ende der 70er Jahre ein historisches Kleinod a. d. J. 1605 zu neuem Leben erwacht. Umfangreich saniert, besticht das Haus mit antikem Interieur.

🏨 **Am Torturm** garni (mit Gästehaus), Hauptstr. 41, ✉ 97332, ℘ (09381) 8 06 70, *hotel-am-torturm@t-online.de, Fax (09381) 806744* – ✗ 📺 📞 ⇔ AE 🆗 VISA
geschl. 24. Dez. - 7. Jan. – **22 Zim** ⇔ 50/75 – 75/95.
• Das schicke kleine Hotel direkt am Torturm verwöhnt seine Gäste mit modern eingerichteten Zimmern und gut ausgestatteten Bädern. Morgens lockt ein leckeres Frühstücksbuffet.

VOLKACH

- **Rose** (mit 🍴 Gasthof), Oberer Markt 7, ✉ 97332, ☎ (09381) 84 00, info@rose-volk ach.de, Fax (09381) 840333, 🌳, 🐕 – 🛏, ✱, TV 🔥 P – 🚗 25. ⓘ VISA
  Menu (geschl. Mitte Jan. - Mitte Feb., Mittwoch) à la carte 16/30 – **30 Zim** ⇆ 45/50 – 80/90 – ½ P 13.
  ◆ Das persönlich geführte Hotel vermittelt durch modernen Komfort und geschmackvolle Innenausstattung das Gefühl, gut aufgehoben zu sein. Schlicht-rustikale Gaststuben.

- **Breitenbach** garni, Hauptstr. 2, ✉ 97332, ☎ (09381) 80 35 33, hotelbreitenbach@freenet.de, Fax (09381) 847128 – ✱, TV. ⓘ VISA. ✱
  20 Zim ⇆ 35/95 – 65/105 – ½ P 10.
  ◆ Direkt neben dem Stadttor steht dieses renovierte Haus, hinter dessen Fassade sich individuell, teils mit Stilmöbeln eingerichtete Zimmer befinden.

- **Behringer** (mit Gästehaus), Marktplatz 5, ✉ 97332, ☎ (09381) 81 40, info@hotel-behringer.de, Fax (09381) 814299, Biergarten – TV
  Menu (geschl. Jan. - Feb.) à la carte 17/26,50 – **17 Zim** ⇆ 43/70 – 72/82 – ½ P 13.
  ◆ Ein hübsch anzusehendes 400 Jahre altes Fachwerkhaus mit reichlich Blumenschmuck an den Fenstern. Man verfügt über modern ausgestattete Gästezimmer. Fränkische Rustikalität erwartet Sie in der Stube im ersten Stock. Netter Hinterhof.

In Volkach-Eschendorf West : 3 km :

- **Gasthaus Zur Krone**, Bocksbeutelstr. 1, ✉ 97332, ☎ (09381) 28 50, info@krone-eschendorf.de, Fax (09381) 6082, 🌳 – ⓘ VISA
  geschl. Feb. 3 Wochen, Dienstag – **Menu** à la carte 27/40.
  ◆ Der charmante Empfang und Service durch die Chefin des Hauses wird seine Wirkung nicht verfehlen. In rustikal-ländlichem Rahmen bietet man eine klassisch orientierte Küche.

In Nordheim Süd-West : 4 km :

- 🛈 Gemeinde Nordheim, Hauptstr. 26, ✉ 74226, ☎ (07133) 18 21 14, info@nordheim.de, Fax (07133) 182117

- **Gasthof Markert**, Am Rain 22, ✉ 97334, ☎ (09381) 8 49 00, info@gasthof-markert.de, Fax (09381) 8490400, 🌳 – TV ✱ P – 🚗 50. ⓘ VISA
  Menu à la carte 12,50/29 – **24 Zim** ⇆ 40 – 58 – ½ P 13.
  ◆ Der familiengeführte Gasthof in einer Dorfnebenstraße hält für seine Gäste einheitlich mit hellem Kiefernholz eingerichtete Zimmer bereit. Restaurant mit ländlichem Charakter.

- **Zur Weininsel** (mit Gästehaus), Mainstr. 17, ✉ 97334, ☎ (09381) 80 36 90, info@gasthof-weininsel.de, Fax (09381) 803691, 🌳 – ✱, ✱, P. ⓘ VISA. ✱ Zim
  geschl. 27. Dez. - Mitte Jan. – **Menu** (geschl. Mittwoch) à la carte 13/26 – **13 Zim** ⇆ 33/38 – 50/65 – ½ P 13.
  ◆ Dieses funktionelle kleine Hotel überzeugt mit tadelloser Pflege in allen Bereichen. Fragen Sie nach den wohnlichen Zimmern im Haupthaus.

- **Zur Sonne** mit Zim, Hauptstr. 18, ✉ 97334, ☎ (09381) 8 07 10, wittenburg@franken-sonne.de, Fax (09381) 807155, 🌳 – TV ✱ P – 🚗 25
  geschl. Feb. – **Menu** (geschl. Dienstag) à la carte 18/29,50 – **8 Zim** ⇆ 39/44 – 56/59.
  ◆ Das Barockhaus aus dem Jahre 1780 beherbergt ein hell und rustikal gestaltetes Restaurant, in dem man Ihnen regionale und gutbürgerliche Gerichte auftischt.

- **Zehnthof Weinstuben**, Hauptstr. 2, ✉ 97334, ☎ (09381) 17 02, Fax (09381) 4379, 🌳 ✱. ⓘ VISA
  geschl. Montag – **Menu** à la carte 12/21,50, ♀.
  ◆ Regen Zuspruch bei den Gästen findet dieses legere, in den uralten Kreuzgewölberäumen des ehemaligen Benediktinerklosters untergebrachte Lokal.

VREDEN Nordrhein-Westfalen ⓘⓘⓘ J 4 – 22 000 Ew – Höhe 40 m.
🛈 Verkehrsverein, Markt 6, ✉ 48691, ☎ (02564) 46 00, vvv.@vreden.de, Fax (02564) 31744.
Berlin 537 – Düsseldorf 116 – Nordhorn 66 – Bocholt 33 – Enschede 25.

- **Zum Stadtpark**, Up de Bookholt 48, ✉ 48691, ☎ (02564) 9 31 60, info@hotel-zum-stadtpark.de, Fax (02564) 931640 – TV ✱ ✱ P – 🚗 30. ⓘ VISA. ✱
  Menu (geschl. 10. - 30. Aug., Sonntagabend) (wochentags nur Abendessen) (Restaurant nur für Hausgäste) à la carte 15/26 – **26 Zim** ⇆ 44 – 72.
  ◆ Alle Zimmer dieses Domizils verfügen über eine gute, zeitgemäße Ausstattung - die Farbgebung der Einrichtung variiert von Etage zu Etage.

- **Cavallino**, Dömern 69 (Ost : 2 km, Richtung Ottenstein), ✉ 48691, ☎ (02564) 3 26 99, Fax (02564) 32699, 🌳 – P. ⓘ VISA
  geschl. Juli 3 Wochen, Montag – **Menu** à la carte 24/35.
  ◆ Freunde italienischer Küche kommen in dem rustikalen Klinkerlandhaus auf ihre Kosten : die Karte bietet Pizza, Pasta sowie andere Italo-Klassiker.

WAAKIRCHEN Bayern siehe Gmund am Tegernsee.

WACHENHEIM Rheinland-Pfalz 543 R 8 – 4 700 Ew – Höhe 158 m.
🛈 Touristinformation, Weinstr., ⌧ 67157, ℘ (06322) 95 80 32, touristinfo@wachenheim.de, Fax (06322) 958059.
Berlin 641 – Mainz 86 – Mannheim 27 – Kaiserslautern 35 – Neustadt an der Weinstraße 12.

Goldbächel ⋄, Waldstr. 99, ⌧ 67157, ℘ (06322) 9 40 50, info@goldbaechel.de, Fax (06322) 5068, 🍽, ⋵s, 🐎 – 📺 📞 🅿 – 🚿 25. ⓂⓈ 𝕍𝕀𝕊𝔸 JCB
Menu (geschl. Jan. 2 Wochen, Juli 2 Wochen, Montag) à la carte 15/31 – **16 Zim** ⌸ 41/65 – 82/90.
• Zu diesem familiengeführten Haus am Waldrand gehören wohnliche Zimmer mit Sitzecke und Schreibgelegenheit. Morgens begrüßt man Sie mit einem Pfälzer Landfrühstück. Das Restaurant zeigt sich teils bürgerlich-rustikal, teils heller und neuzeitlicher.

WACHTBERG Nordrhein-Westfalen 543 O 5 – 19 000 Ew – Höhe 230 m.
🏌 Wachtberg-Niederbachem, Landgrabenweg, ℘ (0228) 34 40 03.
Berlin 609 – Düsseldorf 99 – Bonn 17 – Koblenz 67 – Köln 52.

In Wachtberg-Adendorf : West : 6 km Richtung Meckenheim :

Kräutergarten, Töpferstr. 30, ⌧ 53343, ℘ (02225) 75 78, Fax (02225) 702801, 🍽 – 🅿
geschl. über Karneval, über Weihnachten, Samstagmittag, Sonntag - Montag – **Menu** (Tischbestellung ratsam) à la carte 45/52.
• Es sind die modernen Einrichtungselemente, die die klassische Einrichtung dieses Restaurants mit Holzdecken und Steinboden etwas auflockern und reizvolle Kontraste setzten.

WACKERSBERG Bayern 546 W 18 – 3 100 Ew – Höhe 745 m.
Berlin 648 – München 56 – Garmisch-Partenkirchen 56.

In Wackersberg-Arzbach Süd : 3 km :

Benediktenhof ⋄ garni, Alpenbadstr. 16, ⌧ 83646, ℘ (08042) 9 14 70, info@benediktenhof.de, Fax (08042) 914729, 🛁, 🐎 – ⋇ 📺 🅿 ⋇
11 Zim ⌸ 50/75 – 60/90.
• Alle Zimmer dieses renovierten Bauernhauses wurden mit individuellen und hübschen Möbeln im alpenländischen Stil ausgestattet. Auch der Frühstücksraum ist reizend anzusehen !

WADERN Saarland 543 R 4 – 17 000 Ew – Höhe 275 m.
Berlin 723 – Saarbrücken 54 – Birkenfeld 30 – Trier 43.

In Wadern-Lockweiler Süd-Ost : 4 km :

Castello Bianco ⋄, Steinkreuzweg 18, ⌧ 66687, ℘ (06871) 9 11 37, Fax (06871) 91138, 🍽 – ⋇ Zim, 📺 🅿 🅰🅴 ⓂⓈ 𝕍𝕀𝕊𝔸
Menu (italienische Küche) à la carte 17/33 – **10 Zim** ⌸ 45 – 65.
• In einem Wohngebiet steht dieses im Landhausstil errichtete Hotel platziert. Gepflegte Zimmer in hellem Naturholz stellen eine solide Unterkunft dar. Das große, unterteilte Restaurant ist ländlich in seiner Aufmachung.

WADERSLOH Nordrhein-Westfalen 543 K 8 – 11 000 Ew – Höhe 90 m.
Berlin 432 – Düsseldorf 153 – Bielefeld 52 – Beckum 16 – Lippstadt 11.

Bomke (mit Gästehaus), Kirchplatz 7, ⌧ 59329, ℘ (02523) 9 21 60, bomke@ringhotels.de, Fax (02523) 1366, 🍽, 🐎 – ⋇ Zim, 📺 📞 🅿 – 🚿 60. 🅰🅴 Ⓞ ⓂⓈ 𝕍𝕀𝕊𝔸
⋇ Zim
Menu (geschl. Jan. 1 Woche, Ende Juli - Mitte Aug., Donnerstag, Samstagmittag) (Tischbestellung ratsam) 23,50 (mittags)/74 à la carte 33,50/53,50, ⍭ 🍷 – **20 Zim** ⌸ 65/77 – 98/135.
• Der geschmackvoll restaurierte Familien-Gasthof überzeugt im Haupthaus mit aufwändig möblierten Zimmern und guten Bädern. Das Gästehaus ist etwas einfacher eingerichtet. In stilvollen Räumen mit ländlichem Flair genießt man eine feine klassische Küche.
Spez. Krosser Angeldorsch mit Stockfischmousse und eingemachten Rotweinzwiebeln. Kotelett vom Milchkalb mit gebackenen Kartoffel-Ravioli. Allerlei von Crêpes Suzette mit Blutorange und Waldbeeren

WÄSCHENBEUREN Baden-Württemberg ᕤᕥ T 13 – 3 500 Ew – Höhe 408 m.
Berlin 598 – Stuttgart 53 – Göppingen 10 – Schwäbisch Gmünd 16.

In Wäschenbeuren-Wäscherhof Nord-Ost : 1,5 km :

Zum Wäscherschloß, Wäscherhof 2, ⌧ 73116, ℘ (07172) 73 70, gasthofwae
scherschloss@t-online.de, Fax (07172) 22340, 🍽 – TV 🚗 P.
Menu (geschl. Montag - Dienstag) (Mittwoch - Freitag nur Abendessen) à la carte 17/25
– **18 Zim** ⊇ 40 – 65/75.
• 100 Meter vom Wäscherschloss entfernt liegt der Wäscherhof, ein früherer Gasthof
a. d. J. 1836. Jedes der Zimmer ist mit soliden Möbeln wohnlich eingerichtet. Ländlich gestaltetes, gemütliches Restaurant.

WAGING AM SEE Bayern ᕤᕦ W 22 – 6 100 Ew – Höhe 450 m – Luftkurort.
🛈 Tourist-Info, Salzburger Str. 32, ⌧ 83329, ℘ (08681) 3 13, info@waging-am-see.de,
Fax (08681) 9676.
Berlin 679 – München 124 – Bad Reichenhall 47 – Traunstein 12 – Salzburg 31.

Eichenhof, Angerpoint 1 (Nord-Ost : 1 km), ⌧ 83329, ℘ (08681) 40 30, hotel-e
ichenhof-waging@t-online.de, Fax (08681) 40325, 🍽, ≘s, 🏖, 🐎 – TV P – 🛋 20.
🆆 VISA
geschl. 20. - 24. Dez. - **Menu** (nur Abendessen) à la carte 29/42 – **46 Zim** ⊇ 62/80 –
113/124 – ½ P 18.
• Die schöne, tadellos geführte Hotelanlage besticht durch ein behagliches Interieur im
alpenländischen Stil und die reizvolle, ruhige Lage in unmittelbarer Nähe zum See. Das
Restaurant : teils behaglich-rustikal, teils freundlich und licht als Wintergartenanbau.

Wölkhammer (mit 🏠 Anbau), Haslacher Weg 3, ⌧ 83329, ℘ (08681) 40 80, inf
o@hotel-woelkhammer.de, Fax (08681) 4333, 🍽, 🏋, ≘s, 🐎 – 🗝 TV P – 🛋 45. 🕸 Zim
geschl. 11. - 25. Jan., Mitte - Ende Nov. - **Menu** (geschl. Freitagabend) à la carte 13,50/29
– **47 Zim** ⊇ 49/77 – 76/108 – ½ P 13.
• Ein komfortabler Anbau mit 14 sehr schönen Zimmern ergänzt das Haupthaus, dessen
Räume mit rustikalen Eichenmöbeln praktisch ausgestattet sind. Bayerische Schmankerln
und Bürgerliches wird in vier rustikal eingerichteten Restaurants serviert.

Landhaus Tanner mit Zim, Aglassing 1, ⌧ 83329, ℘ (08681) 6 97 50, landhaus@t
anner-hotels.de, Fax (08681) 697549, 🍽, ≘s, 🐎 – 🗝 TV 🔥 P. 🆆 VISA
geschl. Ende Feb. - Anfang März, Anfang Nov. 2 Wochen - **Menu** (geschl. Dienstag - Mittwochmittag) à la carte 23/35 – ⊇ 8 – **7 Appart.** 62 – 82 – ½ P 19.
• Ein familiengeführtes Haus in Alleinlage. Sowohl das Restaurant als auch die Zimmer sind
sehr liebevoll im Landhausstil mit Weichholz und hübschen Stoffen ausgestattet worden.

WAHLSBURG Hessen ᕤᕣ L 12 – 2 600 Ew – Höhe 150 m.
Sehenswert : in Lippoldsberg : Klosterkirche★.
🛈 Verkehrsamt, Am Mühlbach 15, ⌧ 37194, ℘ (05572) 93 78 11, gemeinde@wahlsbu
rg.de, Fax (05572) 937827.
Berlin 362 – Wiesbaden 265 – Kassel 50 – Hann. Münden 30 – Höxter 35.

In Wahlsburg-Lippoldsberg – Luftkurort.

Lippoldsberger Hof, Schäferhof 16, ⌧ 37194, ℘ (05572) 3 36, info@lippolds
berger-hof.de, Fax (05572) 1327, 🍽, 🐎 – ⚤ Zim, TV 🚗 P.
geschl. Anfang - Mitte März - **Menu** (geschl. Mittwoch) à la carte 12/19 – **20 Zim** ⊇ 29/37
– 52/54 – ½ P 10.
• In dörflicher Umgebung finden Sie hier eine praktische und ruhige Unterkunft. Das Haus
ist ein guter Ausgangspunkt für Wanderungen oder Radtouren. Sie speisen in ländlich-einfachem, gepflegtem Ambiente.

WAIBLINGEN Baden-Württemberg ᕤᕥ T 11 – 52 600 Ew – Höhe 229 m.
🛈 Stadtinformation, Kurze Str. 33, Rathaus, ⌧ 71332, ℘ (07151) 5 00 14 23, touristin
fo@waiblingen.de, Fax (07151) 5001447.
ADAC, Bahnhofstr. 75.
Berlin 609 – Stuttgart 19 – Schwäbisch Gmünd 42 – Schwäbisch Hall 57.

Koch, Bahnhofstr. 81, ⌧ 71332, ℘ (07151) 95 83 20, info@hotel-koch.de,
Fax (07151) 9583242 – 🗝 TV 🚗 P. AE 🆆 VISA JCB
geschl. 22. Dez. - 6. Jan. - **Menu** (geschl. Samstagmittag, Sonntagabend) à la carte 17,50/34
– **52 Zim** ⊇ 69 – 93.
• Besonders von Geschäftsreisenden wird dieses Haus gern angesteuert, da es über eine
gute Verkehrsanbindung, genug Parkplätze und solide eingerichtete Zimmer verfügt. In
gemütlich gestalteten Räumen bittet man Sie zu Tisch.

WAIBLINGEN

Adler garni, Kurze Str. 15, ✉ 71332, ☏ (07151) 9 65 77 30, *info@hoteladler.ws*, Fax (07151) 562779 – ⚏ TV AE ⓘ ⓂⓄ VISA
geschl. 22. Dez. - 6. Jan. – **29 Zim** ⇌ 67/97 – 97/105.
• Im Zentrum des Stauferstädtchens liegt diese nette Adresse, die Ihnen unterschiedliche Zimmer - von schlicht bis wohnlich - zur Verfügung steltt.

Ambiente, Neustädter Str. 28, ✉ 71334, ☏ (07151) 2 97 92, *info@ambiente-wn.de*, Fax (07151) 23236, 🌳
geschl. Samstagmittag, Sonntag – **Menu** à la carte 25/46.
• Ein sehr nettes Restaurant, das von dem jungen Wirtspaar engagiert geführt wird. Mit seinem hellen, neuzeitlichen Interieur macht das Haus seinem Namen alle Ehre.

Bachofer, Marktplatz 6, ✉ 71332, ☏ (07151) 97 64 30, *mail@bachofer.info*, Fax (07151) 976431, 🌳 – AE ⓘ ⓂⓄ VISA
geschl. Mitte - Ende Aug., Sonntag - Montag und Feiertage – **Menu** à la carte 31,50/45, ₰.
• Modernes Design und ungezwungene Atmosphäre verleihen dem Restaurant in der Innenstadt sein Bistro-Ambiente. Serviert wird eine teils regionale, teils klassische Küche.

In Korb *Nord-Ost* : *3 km* :

Rommel, Boschstr. 7 (Gewerbegebiet), ✉ 71404, ☏ (07151) 93 10 (Hotel) 36 84 44 (Rest.), *info@hotel-rommel-korb.de*, Fax (07151) 931240 – 🏢, ⚏ Zim, TV 📞 P – 🅰 15. AE ⓂⓄ VISA JCB
geschl. 22. Dez. - 6. Jan. – **Menu** *(geschl. Sonntag) (nur Abendessen)* (italienische Küche) à la carte 19,50/33 – **47 Zim** ⇌ 64/72 – 89/97.
• Geschäftlich wie privat Reisende finden in diesem verkehrsgünstig im Schnittpunkt von B14 und B29 gelegenen Hotel ein praktisches Zuhause für unterwegs. Restaurant in rustikalem Stil.

In Korb-Steinreinach *Nord-Ost* : *3,5 km* :

Zum Lamm, Buocher Str. 34, ✉ 71404, ☏ (07151) 3 25 77 – P
geschl. 24. Dez. - 26. Jan., 28. Juli - 3. Sept., Montag - Dienstag – **Menu** à la carte 17/31.
• Dies ist ein ländlicher Gasthof wie er im Buche steht! Das Ambiente ist gemütlich, die Küche ist durch und durch schwäbisch, sorgsam zubereitet und sehr schmackhaft.

WAISCHENFELD *Bayern* 🄵🄶 Q 18 – *3 400 Ew* – *Höhe 349 m* – *Luftkurort*.
Ausflugsziel : *Fränkische Schweiz*★★.
🄱 *Tourist-Information, Marktplatz 58,* ✉ *91344,* ☏ *(09202) 96 01 17, tourist-info@waischenfeld.bayern.de, Fax (09202) 960129.*
Berlin 391 – München 228 – Coburg *73 – Bayreuth 26 – Nürnberg 82 – Bamberg 48.*

Im Wiesenttal, an der Straße nach Behringersmühle :

Café-Pension Krems 🌿, Rabeneck 17 (Süd-West : 3 km), ✉ 91344 Waischenfeld, ☏ (09202) 2 45, *info@pension-krems.de*, Fax (09202) 972491, ≤, 🛋, 🌳 – 🚗 P. ⚏ Rest
geschl. Mitte Nov. - 20. Dez. – **Menu** *(geschl. Dienstagabend)* *(Restaurant nur für Hausgäste)* – **16 Zim** ⇌ 21/30 – 50 – ½ P 9.
• In einem malerischen Tal liegt die Pension ruhig an Wald, Wiesen und Wasser. Sie können einfache, nette und blitzsauber gepflegte Zimmer erwarten.

Waldpension Rabeneck 🌿, Rabeneck 27 (Süd-West : 3 km), ✉ 91344 Waischenfeld, ☏ (09202) 2 20, *waldp.rabeneck@waischenfeld.de*, Fax (09202) 1728, ≤, 🌳, 🌿 – P. ⓂⓄ
geschl. Feb. – **Menu** *(geschl. Mitte Nov. - Jan. Montag - Freitag)* à la carte 15/23 – **19 Zim** ⇌ 26/30 – 44/52 – ½ P 9.
• Etwas abseits am Waldrand ist dieser Gasthof mit Balkonfassade angesiedelt. In den Gästezimmern finden Sie solide, gut gepflegte Eichenmöbel vor. Schlicht und rustikal eingerichtetes Restaurant.

In Waischenfeld-Langenloh *Süd-Ost* : *2,5 km* :

Gasthof Thiem 🌿, Langenloh 14, ✉ 91344, ☏ (09202) 3 57, *info@gasthof-thiem.de*, Fax (09202) 1660, 🌳, 🌿 – TV 🚗 P. ⚏ Zim
geschl. Nov. - 25. Dez. – **Menu** *(geschl. Dienstag)* à la carte 11/20 – **10 Zim** ⇌ 22/30 – 33/50 – ½ P 10.
• Diese einfache, familiengeführte Adresse ist eine kleine und preisgünstige Pension mit gepflegten Zimmern. Die schöne Landschaft der Fränkischen Schweiz lädt zu Ausflügen ein. Der Gaststubenbereich ist in bürgerlichem Stil gehalten.

WALCHSEE *Österreich siehe Kössen.*

WALDACHTAL Baden-Württemberg 545 U 9 – 5 900 Ew – Höhe 600 m – Wintersport : 🎿.
  🛈 Gästeinformation (Lützenhardt), Hauptstr. 18, ✉ 72178, ☎ (07443) 96 34 40, Fax (07443) 30162.
  Berlin 697 – Stuttgart 83 – *Karlsruhe* 126 – Tübingen 64 – Freudenstadt 17.

In Waldachtal-Salzstetten :

Vital- und Wellnesshotel Albblick ⌂, Tumlinger Weg 30, ✉ 72178, ☎ (07486) 98 00, info@albblick.de, Fax (07486) 980103, Massage, ≘s, ⛱, ※(Halle) – ⇜ TV 🅿 ※
  Menu (wochentags nur Abendessen) à la carte 21,50/31 – **37 Zim** ⇌ 49 – 90 – ½ P 16.
  • Hier ist gut aufgehoben, wer seinem Körper etwas Gutes tun will - ob mit Sport, Kosmetik, Ayurveda oder Aromatherapie. Mit solidem Naturholz wohnlich eingerichtete Zimmer. Der gastronomische Bereich teilt sich in rustikale Stuben.

WALDBREITBACH Rheinland-Pfalz 543 O 6 – 8 000 Ew – Höhe 110 m – Luftkurort.
  🛈 Touristinformation, Neuwieder Str. 61, ✉ 56588, ☎ (02638) 40 17, tv-wiedtal@t-online.de, Fax (02638) 6688.
  Berlin 614 – Mainz 135 – *Bonn* 42 – *Koblenz* 37.

Zur Post, Neuwieder Str. 44, ✉ 56588, ☎ (02638) 92 60, hotelzurpost-waldbreitbach@t-online.de, Fax (02638) 926180, 😊, ≘s – ⇜ Zim, TV ⇌ 🅿 – 🔥 60. AE ①
  ⓪ VISA
  Menu à la carte 15/24,50 – **41 Zim** ⇌ 57/108 – 97/152.
  • Der Gasthof mit Anbau stellt eine neuzeitliche Unterkunft dar. In den Zimmern hat man mit einer einheitlichen, soliden Möblierung in Buche ein wohnliches Ambiente geschaffen. Weinstubendekor prägt den Charakter des Restaurants.

WALDBRONN Baden-Württemberg 545 T 9 – 12 000 Ew – Höhe 260 m.
  🛈 Kurverwaltung, Bergstr. 32 (beim Thermalbad), ✉ 76337, ☎ (07243) 5 65 70, kurverwaltung@waldbronn.de, Fax (07243) 565758.
  Berlin 683 – Stuttgart 71 – *Karlsruhe* 15 – Pforzheim 22.

In Waldbronn-Busenbach :

La Cigogne - Zum Storch, Ettlinger Str. 97, ✉ 76337, ☎ (07243) 5 65 20, info@la-cigogne.de, Fax (07243) 565256 – 🛗, ⇜ Zim, TV 📞 ⇌ 🅿. AE ① ⓪
  VISA JCB
  geschl. Aug. 2 Wochen – **Menu** (geschl. Mittwoch) (wochentags nur Abendessen) à la carte 19/38 – **11 Zim** ⇌ 56 – 84.
  • Der Neubau mit der blauen Fassade wird vom deutsch-elsässischen Wirtsehepaar engagiert und freundlich geführt. Nette Zimmer, im Dachgeschoss mit freigelegten Balken. Gemütlich gestaltetes Restaurant.

In Waldbronn-Reichenbach – Luftkurort :

Weinhaus Steppe (mit Gästehaus), Neubrunnenschlag 18, ✉ 76337, ☎ (07243) 5 65 60, hotel@weinhaus-steppe.de, Fax (07243) 565656, 😊, ⛱ – ⇜ Zim, TV 📞 🅿 – 🔥 35. ⓪ VISA JCB
  Menu (geschl. 1. - 8. Jan., Aug., Mittwoch, Sonn- und Feiertage abends) à la carte 16/33,50 – **25 Zim** ⇌ 50/62 – 82 – ½ P 14.
  • Die Zimmer dieser am Ortsrand gelegenen Adresse verteilen sich auf drei Gebäude. Fragen Sie nach einem der drei großen, hübsch eingerichteten Zimmer mit eigenem Wintergarten. Das gemütliche Restaurant erinnert mit seiner offenen Dachkonstruktion an eine Tenne.

Krone, Kronenstr. 12, ✉ 76337, ☎ (07243) 5 64 50, email@hotelkrone-waldbronn.de, Fax (07243) 564530, 😊, ≘s, ⇜ Zim, TV ⇌ 🅿. ① ⓪ VISA JCB
  geschl. Mitte Juli - 15. Aug. – **Menu** (geschl. Mittwoch) à la carte 16/42 – **18 Zim** ⇌ 32/55 – 49/80 – ½ P 15.
  • Ein gewachsener Metzgerei-Gasthof, der bereits im 17. Jh. als Besenwirtschaft erwähnt wurde. Heutzutage bietet man seinen Gästen hier praktische Übernachtungsmöglichkeiten. Das Restaurant ist in dem für die Gegend typischen, rustikalen Stil eingerichtet.

WALDECK Hessen 543 M 11 – 7 500 Ew – Höhe 380 m – Luftkurort.
  Sehenswert : Schlossterrasse ≤★.
  🛈 🛈 Waldeck, Dömänenweg 12, ☎ (05623) 9 98 90.
  🛈 Edersee Touristic, Sachsenhäuser Str. 10, ✉ 34513, ☎ (05623) 9 99 80, edersee-info@t-online.de, Fax (05623) 999830.
  Berlin 436 – Wiesbaden 201 – *Kassel* 54 – Korbach 23.

WALDECK

Schloss Waldeck, ⌂ 34513, ℘ (05623) 58 90, schlosswaldeck@aol.com, Fax (05623) 589289, ≤ Edersee und Ederhöhen, 🍴, ≋, 🔲 – 🛗 TV P – 🔒 80. AE ⓘ ⓜ VISA
geschl. 5. Jan. - 15. Feb. – **Menu** (April - Okt. nur Abendessen) à la carte 28,50/41,50 – **40 Zim** ⊐ 88/103 – 130/149 – ½ P 29.
• Malerisch thront die Burganlage auf einer Anhöhe. In ihrem Inneren findet man gut geschnittene Zimmer, die überwiegend mit zeitlos-eleganten Möbeln eingerichtet sind. Restauranträume in klassischer Aufmachung. Urig : die Kellerbar mit ihrem alten Gewölbe.

Roggenland, Schloßstr. 11, ⌂ 34513, ℘ (05623) 99 88, info@roggenland.de, Fax (05623) 6008, 🍴, Massage, 🛁, ≋, 🔲 – 🛗 TV ℘ P – 🔒 60. AE ⓘ ⓜ VISA
geschl. 18. - 26. Dez. – **Menu** (geschl. Sonntagabend) à la carte 20,50/33 – **60 Zim** ⊐ 69/75 – 88/106 – ½ P 14.
• In geringer Entfernung zum Edersee liegt der von der Inhaber-Familie solide geführte, gewachsene Gasthof. Fragen Sie nach einem der neueren, wohnlichen Zimmer! Hell und freundlich zeigt sich das Restaurant mit seiner zeitlos-eleganten Einrichtung.

Seeschlößchen, Kirschbaumweg 4, ⌂ 34513, ℘ (05623) 51 13, hotel-seeschloesschen@t-online.de, Fax (05623) 5564, ≤, ≋, 🔲, 🐎 – 🚭 Zim, TV P ⓜ ✗ Rest
geschl. 12. Jan. - 15. März, 6. Nov. - 19. Dez. – **Menu** (nur Abendessen) (Restaurant nur für Hausgäste) – **22 Zim** ⊐ 38/45 – 73/90 – ½ P 14.
• Ein schmuckes weißes Haus mit braunen Holzbalkonen. Die Innenräume sind mit hellen Möbeln praktisch eingerichtet und sehr sauber und gepflegt.

Am Edersee Süd-West : 2 km, Richtung Nieder-Werbe :

Waldhotel Wiesemann, Oberer Seeweg 2, ⌂ 34513, ℘ (05623) 53 48, waldhotel-wiesemann@t-online.de, Fax (05623) 5410, ≤ Edersee, 🍴, Massage, ≋, 🔲, 🐎 – 🚭 Zim, TV ℘ P – 🔒 15. ✗ Rest
geschl. Jan. 1 Woche, Nov. 2 Wochen – **Menu** (geschl. Okt. - Mai Donnerstag) à la carte 17/36 – **14 Zim** ⊐ 45/75 – 55/105 – ½ P 15.
• Umgeben von Wald und sanften Hügeln liegt dieses Haus oberhalb der Uferstraße. Sie wohnen in soliden, teils mit Kirschholz möblierten Gästezimmern. Von dem hellen, freundlichen Restaurant aus hat man einen schönen Blick auf den See.

In Waldeck - Nieder-Werbe West : 8 km :

Werbetal, Uferstr. 28, ⌂ 34513, ℘ (05634) 9 79 60, werbetal@aol.com, Fax (05634) 979695, 🍴, 🐎 – 🚭 Zim, TV ⟵ P – 🔒 50. AE ⓘ ⓜ VISA ✗
geschl. 3. Jan. - 1. März – **Menu** à la carte 18/36 – **25 Zim** ⊐ 40/59 – 80/98 – ½ P 14.
• Nahe am Seeufer befindet sich dieses Hotel, in dem seit dem Jahre 1866 die gastronomische Tradition hochgehalten wird. Fragen Sie nach den neuen Zimmern mit Mahagonimöbeln! Große Fenster zum See hin lassen viel Licht in das rustikale Restaurant.

WALDENBUCH Baden-Württemberg **545** U 11 – 8 000 Ew – Höhe 362 m.
Berlin 662 – *Stuttgart* 25 – Tübingen 20 – Ulm (Donau) 94.

Landgasthof Rössle, Auf dem Graben 5, ⌂ 71111, ℘ (07157) 73 80, info@landgasthofroessle.de, Fax (07157) 20326 – 🛗, 🚭 Zim, TV P – 🔒 30. AE ⓘ ⓜ VISA
geschl. Anfang Jan. 1 Woche – **Menu** (geschl. Feb. 1 Woche, Aug. 2 Wochen, Montag) à la carte 22,50/34,50 – **32 Zim** ⊐ 52/65 – 83/92.
• Nach umfassender Renovierung präsentieren sich nun fast alle Gästezimmer im neuen Gewand. Helles Holz und frische Stoffe erzeugen eine einladende Stimmung. Bürgerlich-ländliches Restaurant.

Gasthof Krone, Nürtinger Str. 14, ⌂ 71111, ℘ (07157) 40 88 49, info@krone-waldenbuch.de, Fax (07157) 408854, 🍴 – ⓜ VISA
geschl. Mitte Jan. - Anfang Feb., Aug. 3 Wochen, Dienstagabend - Mittwoch – **Menu** à la carte 31,50/46.
• Aus einer früheren Umspannstation an der Straße Stuttgart-Tübingen entstand durch viel Engagement ein hübsches Restaurant mit idyllischer Terrasse und romantischem Festsaal.

WALDENBURG Baden-Württemberg **545** S 12 – 3 200 Ew – Höhe 506 m – Luftkurort.
🛈 Touristinformation, Hauptstr. 13, ⌂ 74638, ℘ (07942) 10 80, stadt@waldenburg-hohenlohe.de, Fax (07942) 10888.
Berlin 558 – *Stuttgart* 88 – Heilbronn 42 – Schwäbisch Hall 19.

Panoramahotel Waldenburg, Hauptstr. 84, ⌂ 74638, ℘ (07942) 9 10 00, info@panoramahotel-waldenburg.de, Fax (07942) 9100888, ≤, 🍴, Massage, 🛁, ≋, 🔲, 🛗, 🚭 Zim, 🖃 Rest, TV ℘ ⟵ P – 🔒 80. AE ⓘ ⓜ VISA
Menu à la carte 24/45 – **69 Zim** ⊐ 87/98 – 121/131 – ½ P 21.
• Damit Sie auch unterwegs auf nichts guten Komfort verzichten müssen, sind alle Zimmer modern und bequem gestaltet. Das funktionelle Interieur schätzen auch Tagungsgäste. Restaurant mit großer Fensterfront und Blick auf die Hohenloher Ebene.

WALDENBURG

Villa Blum garni, Haller Str. 12, ✉ 74638, ℰ (07942) 9 43 70, villa-blum@t-onlin
e.de, Fax (07942) 943727, ⇌, 🐕 – ⊁ 📺 📞 🅿. ⓜⓈ 𝘝𝘐𝘚𝘈
9 Zim ⊇ 70/90 – 125.
* Aus der fast 100 Jahre alten Jugendstil-Villa ist ein nettes kleines Hotel entstanden. Das Interieur gefällt mit erhaltenen Mosaikböden sowie Art déco- und Designer-Mobiliar.

Bergfried, Hauptstr. 30, ✉ 74638, ℰ (07942) 9 14 00, info@hotel-bergfried.com, Fax (07942) 914045, ≤, 㐕, 🐕 – 📺 – 🦽 20. ⓜⓈ 𝘝𝘐𝘚𝘈
geschl. 10. - 25. Aug. - **Menu** (geschl. Mittwoch) à la carte 14/29 – **15 Zim** ⊇ 44/49 – 67/72 – ½ P 13.
* Das Hotel ist direkt an den Staufferturm gebaut, den höchsten Aussichtsturm des Hohenloher Landes. Sie werden in solide eingerichteten Zimmern untergebracht. Restaurant und Weinlauben-Terrasse mit schöner Aussicht.

Mainzer Tor garni, Marktplatz 8, ✉ 74638, ℰ (07942) 9 13 00, Fax (07942) 913030
– 📺 🅿.
12 Zim ⊇ 32/45 – 75.
* Blau ist die dominierende Farbe in Zimmern und Fluren dieses neuzeitlich und solide möblierten Hotels. Die Zutaten fürs Frühstück kommen frisch aus der eigenen Bäckerei.

WALDENBURG Sachsen siehe Glauchau.

WALDERBACH Bayern ⑤④⑥ S 21 – 1 000 Ew – Höhe 360 m.
Berlin 478 – München 161 – Regensburg 39 – Amberg 55 – Cham 28.

Rückerl (mit Gästehaus), Am Prälatengarten 2, ✉ 93194, ℰ (09464) 95 00, hotel-rueckerl@t-online.de, Fax (09464) 1224, 㐕 – 📺 🅿. ⓜⓈ 𝘝𝘐𝘚𝘈
geschl. Nov. - **Menu** à la carte 12/21 – **31 Zim** ⊇ 14/31 – 58.
* Der Gasthof befindet sich in dem ehemaligen Zisterzienser-Kloster a. d. 12. Jh. Die gepflegten Zimmer verteilen sich auf den historischen Teil und das neue Gästehaus. Restaurant der einfachen, ländlichen Art.

WALDESCH Rheinland-Pfalz ⑤④③ P 6 – 2 300 Ew – Höhe 350 m.
Berlin 603 – Mainz 88 – Koblenz 12 – Bingen 56.

Rosenhof, Hübingerweg 10, ✉ 56323, ℰ (02628) 9 60 90, hotel-rosenhof-waldesch@t-online.de, Fax (02628) 960960, ≤, 㐕 – 📺 📞 🅿. – 🦽 40. 𝘈𝘌 ⓞ ⓜⓈ 𝘝𝘐𝘚𝘈
Menu (geschl. Montag) à la carte 14/50/30 – **8 Zim** ⊇ 40/55 – 68/77.
* Dies ist eine kleine, aber nette und sehr gepflegte Adresse ! Zeitlos eingerichtete Zimmer - alle mit Balkon und Anschlüssen für Fax und Computer - sprechen für sich. Viel Holz an Wänden und Decken gibt dem Restaurant seinen rustikalen Charakter.

WALDFISCHBACH-BURGALBEN Rheinland-Pfalz ⑤④③ S 6 – 5 700 Ew – Höhe 272 m.
🚩 Waldfischbach-Burgalben, Auf dem Aspen 60, ℰ (06333) 27 96 03.
Berlin 670 – Mainz 110 – Saarbrücken 70 – Pirmasens 14 – Kaiserslautern 26.

Zum Schwan, Hauptstr. 119, ✉ 67714, ℰ (06333) 9 24 20, zum-schwan-wfb@t-online.de, Fax (06333) 924292, Biergarten, 㐕 – ⊁ Zim, 📺 🅿. ⓜⓈ
Menu (geschl. Donnerstag) à la carte 12/28,50 – **20 Zim** ⊇ 40 – 65.
* Ein Hotelanbau ergänzt den Dorfgasthof mit der schlichten Fassade. Für Gäste stehen helle und praktische Zimmer - teils mit Balkon - zur Verfügung. Das Restaurant ist in gemütlich-rustikale Gaststuben unterteilt.

WALDKIRCH Baden-Württemberg ⑤④⑥ V 7 – 20 000 Ew – Höhe 274 m – Luftkurort.
Sehenswert : Elztalmuseum★ – Pfarrkirche St. Margaretha (Innenausstattung★).
Ausflugsziel : Kandel ≤★ Süd-Ost : 12 km.
🚩 Tourist-Information, Kirchplatz 2, ✉ 79183, ℰ (07681) 1 94 33, waldkirch@zweitaelerland.de, Fax (07681) 404107.
Berlin 778 – Stuttgart 204 – Freiburg im Breisgau 26 – Offenburg 62.

In Waldkirch-Buchholz Süd-West : 4 km über B 294 :

Hirschen-Stube - Gästehaus Gehri, Schwarzwaldstr. 45, ✉ 79183, ℰ (07681) 47 77 70, hirschenstube-buchholz@t-online.de, Fax (07681) 4777740, 㐕, 🎱, ⇌, 🐕 – 📺 ⇌ 🅿. ⓜⓈ 𝘝𝘐𝘚𝘈
Menu (geschl. Jan. - Feb. 2 Wochen, Anfang Aug. 2 Wochen, Sonntagabend - Montag) à la carte 16/37,50 – **25 Zim** ⊇ 46/50 – 69/75 – ½ P 17.
* Schon seit mehr als 200 Jahren steht dieses Haus im Dienst der Gastlichkeit. Sie wählen zwischen Haupt- und Gästehaus, in beiden finden sich gepflegte Übernachtungszimmer. Sie speisen in gemütlichen Gasträumen oder - im Sommer - auf der Gartenterrasse.

WALDKIRCH

Landgasthof Löwen, Schwarzwaldstr. 34, ⊠ 79183, ℘ (07681) 98 68, *landgasthofloewen@t-online.de*, Fax (07681) 25253, 🍴 – 📺 📞 ♿ 🅿 – 🏨 30. ❄ Zim
geschl. Jan. – **Menu** *(geschl. Mittwoch)* à la carte 15/33 – **23 Zim** ⌑ 50 – 70 – ½ P 11.
• Seit über 300 Jahren ist der Landgasthof im Familienbesitz. Heute verfügt man über einen modernen Anbau, in dem der Großteil der neuzeitlichen Zimmer untergebracht ist. Der Restaurantbereich ist unterteilt und ländlich eingerichtet.

In Waldkirch-Kollnau *Nord-Ost : 2 km :*

Kohlenbacher Hof 🌿, Kohlenbach 8 (West : 2 km), ⊠ 79183, ℘ (07681) 88 28, *hotel-restaurant@kohlenbacherhof.de*, Fax (07681) 5237, 🍴, 🏊 – ❄ Zim, 📺 📞 🅿 – 🏨 25. ⓐ ⓜⓞ 𝐕𝐈𝐒𝐀
Menu *(geschl. Dienstag)* à la carte 19/33 – **18 Zim** ⌑ 45/55 – 68/74 – ½ P 13.
• Fast versteckt liegt das im traditionellen Stil gebaute Haus in einem ruhigen Seitental. Sie beziehen hier wohnliche Zimmer unterschiedlicher Größe. Der ländliche Charakter der Gegend spiegelt sich in Einrichtung und Küchenangebot des Lokals wider.

WALDKIRCHEN Bayern ⑤④⑥ T 24 – *10 600 Ew – Höhe 575 m – Luftkurort – Wintersport : 600/984 m ⛷4.*

🏌₁₈ 🏌₉ *Waldkirchen (Ost : 3 km)*, ℘ (08581) 10 40.
🅱 *Tourismusbüro, Ringmauerstr. 14, (Bürgerhaus)*, ⊠ 94065, ℘ (08581) 1 94 33, *tourismus@waldkirchen.de*, Fax (08581) 4090.
Berlin 542 – München 206 – Passau 26 – Freyung 19.

In Waldkirchen-Dorn *Süd-Ost : 1,5 km :*

Sporthotel Reutmühle *(Ferienanlage mit 8 Gästehäusern)*, Frauenwaldstr. 7, ⊠ 94065, ℘ (08581) 20 30, *info@reutmuehle.de*, Fax (08581) 203170, Biergarten, 🎿, 🔲, 🏊 – ❄ Zim, 📺 🏃 🚗 🅿 – 🏨 50. ⓐ ⓘ ⓜⓞ 𝐕𝐈𝐒𝐀. ❄ Rest
Menu à la carte 16,50/28 – **140 Zim** ⌑ 62/83 – 96/134 – ½ P 10.
• Eine aus mehreren Gästehäusern bestehende Hotelanlage, deren Zimmer mit Kochmöglichkeit und Sitzecken auf die Bedürfnisse von Familien und Geschäftsleuten zugeschnitten sind. Das Restaurant ist als lichter Pavillon angebaut und wirkt modern.

In Waldkirchen-Schiefweg *Nord-West : 3 km Richtung Freyung :*

Landgasthaus Emerenz Meier, Dorfplatz 9, ⊠ 94065, ℘ (08581) 98 91 90, Fax (08581) 989192, 🍴 – ❄
geschl. Montag - Dienstagmittag – **Menu** à la carte 18/28.
• In der 1. Etage des Geburtshauses der namengebenden Heimatdichterin serviert man in gepflegtem ländlich-rustikalem Ambiente eine schmackhafte regionale Küche. Museum im Haus.

WALDKRAIBURG Bayern ⑤④⑥ V 21 – *25 000 Ew – Höhe 434 m.*
Berlin 649 – München 71 – Bad Reichenhall 81 – Passau 107 – Rosenheim 64.

City-Hotel garni, Berliner Str. 35, ⊠ 84478, ℘ (08638) 9 67 50, Fax (08638) 967550 – 📞 📺 📞 🅿 ⓐ ⓘ ⓜⓞ 𝐕𝐈𝐒𝐀 𝐉𝐂𝐁
31 Zim ⌑ 60/85 – 90/120, 7 Suiten.
• Hinter der recht unscheinbaren Fassade dieses Etagenhotels befinden sich praktische Zimmer. Besonders empfehlenswert : die Suiten mit Laminatboden und großem Bad !

WALD-MICHELBACH Hessen ⑤④③ R 10 – *11 500 Ew – Höhe 346 m – Erholungsort – Wintersport : 450/593 m ⛷1 ⛷.*
🅱 *Touristik-Service, In der Gass 17, (Rathaus)* ⊠ 69483, ℘ (06207) 94 71 11, *rathaus@gemeinde-wald-michelbach.de*, Fax (06207) 947170.
Berlin 599 – Wiesbaden 101 – Mannheim 56 – Darmstadt 61.

In Wald-Michelbach - Aschbach *Nord-Ost : 2 km :*

Vettershof, Waldstr. 12, ⊠ 69483, ℘ (06207) 23 13, *vettershof@t-online.de*, Fax (06207) 3971, ≼, Biergarten – 🅿 – 🏨 25. ⓐ ⓘ ⓜⓞ 𝐕𝐈𝐒𝐀
geschl. Anfang Jan. 2 Wochen, Montag – **Menu** à la carte 22/41,50 – **Kleiner Vetter** *(geschl. Anfang Jan. 2 Wochen, Montag)* **Menu** à la carte 17/25,50.
• Freuen Sie sich auf ein gutes Essen in schöner, elegant-rustikaler Umgebung ! An tadellos eingedeckten Tischen serviert man Ihnen eine sorgfältig zubereitete Saisonküche. Der Kleine Vetter ist eine gemütliche Gaststube.

WALD-MICHELBACH

Auf der Kreidacher Höhe *West : 3 km :*

Kreidacher Höhe, ⊠ 69483 Wald-Michelbach, ℘ (06207) 26 38, *hotel-kreidach er-hoehe-metz@t-online.de, Fax (06207) 1650*, ≤, 🌴, ≘s, ☒ (geheizt), 🔲, 🐴, 🍴 –
🛗 📺 P – 🅿 30. ⅏ 🆎
Menu à la carte 23/40 – **39 Zim** ⊇ 65/85 – 110/130 – ½ P 20.
♦ Ruhig liegt das Hotel an einer waldreichen Anhöhe. Man verfügt über solide mit Eichenholz möblierte, funktionelle Zimmer, teils mit Balkon. Unter einer schweren Holzdecke nehmen Sie in den neu-rustikal gestalteten Restauranträumen Platz.

WALDMOHR
Rheinland-Pfalz 🆅🆄🆉 *R 6 – 5 400 Ew – Höhe 269 m.*
Berlin 677 – Mainz 127 – Saarbrücken 38 – Kaiserslautern 36.

Le Marmiton, Am Mühlweier 1, ⊠ 66914, ℘ (06373) 91 56, Fax (06373) 9156, 🌴
– P. ⅏ ◯ 🆎 VISA
geschl. Feb. 2 Wochen, Montag - Dienstagmittag – **Menu** à la carte 29/40.
♦ Das kleine Landhaus liegt hübsch an einem Weiher. Die Inneneinrichtung ist wie das Speisenangebot klassisch, Tagesempfehlungen werden auf einer Tafel präsentiert.

WALDMÜNCHEN
Bayern 🆅🆄🆉 *R 22 – 7 500 Ew – Höhe 512 m – Luftkurort – Wintersport : 750/920 m ≴ 2 ⚡.*

🅱 *Tourismusbüro, Marktplatz 16, ⊠ 93449, ℘ (09972) 3 07 25, tourist@waldmuench en.de, Fax (09972) 30740.*
Berlin 473 – München 210 – Weiden in der Oberpfalz 69 – Cham 21.

Bayerischer Hof, Torweiherweg 5, ⊠ 93449, ℘ (09972) 95 00 01, *info@ferie nhotel-bayerischer-hof.de, Fax (09972) 950455*, 🌴, ≘s, 🔲 – 🛗, ⥢ Zim, 📺 🐴 P – 🅿 80. ⅏ 🆎 VISA. 🍴 Rest
Menu *(wochentags nur Abendessen)* à la carte 13,50/25 – **100 Zim** ⊇ 42/47 – 72/84 – ½ P 13.
♦ Das renommierte Ferienhotel begrüßt seine Gäste mit hellen, freundlichen Zimmern, die über Kochgelegenheit, Schreibfläche und Sitzecke verfügen. Schön : die ruhige Lage. Neuzeitlich-schlichtes Restaurant.

In Tiefenbach *Nord-West : 13 km Richtung Schönsee :*

Gasthof Russenbräu, Irlacher Str. 2, ⊠ 93464, ℘ (09673) 2 04, *hotel@russenbra eu.de, Fax (09673) 1808*, 🌴 – 📺 P. ⅏ 🆎 VISA
geschl. 10. - 23. Nov. – **Menu** à la carte 11/26 – **14 Zim** ⊇ 23/35 – 42/56 – ½ P 6.
♦ Der Traditionsgasthof mit der bewegten Geschichte hat hinter seiner ansprechenden Fassade gut geschnittene und solide möblierte Gästezimmer zu bieten. Sprossenfenster, hohe Decken und Terrakottaboden erzeugen ein nettes Ambiente im Restaurant.

In Treffelstein-Kritzenthal *Nord-West : 10 km Richtung Schönsee, nach 8 km rechts ab :*

Katharinenhof, Kritzenthal 3, ⊠ 93492, ℘ (09673) 93 00, *info@katharinenho f-hotel.de, Fax (09673) 930100*, 🌴, ≘s, 🔲, 🐴 – 📺 🍴 P – 🅿 60. ⅏ 🆎 VISA
Menu à la carte 17/31 – **50 Zim** ⊇ 40/45 – 50/60 – ½ P 14.
♦ Hübsch bei einem Waldstück liegt dieses aus zwei Häusern bestehende Hotel. Man nächtigt hier in Zimmern mit Kiefernmöbeln oder bemaltem Bauernmobiliar. Verschiedene rustikale Gaststuben.

WALDRACH
Rheinland-Pfalz 🆅🆄🆉 *Q 4 – 2 200 Ew – Höhe 130 m.*
Berlin 718 – Mainz 163 – Trier 13 – Hermeskeil 22 – Wittlich 36.

In Riveris *Süd-Ost : 3 km :*

Landhaus zum Langenstein, Auf dem Eschgart 11, ⊠ 54317, ℘ (06500) 2 87, *zum.langenstein@t-online.de, Fax (06500) 7579*, 🌴, 🐴 – P. 🍴 Rest
geschl. 26. Dez. - 20. Jan. – **Menu** *(geschl. Montag)* à la carte 14,50/24 – **22 Zim** ⊇ 28/40 – 48/54 – ½ P 13.
♦ Nett liegt das von Familie Reuter herzlich geführte Haus in einem Wohngebiet am Hang. Gäste werden in wohnlichen und sehr gepflegten Naturholz-Zimmern untergebracht. Das Restaurant ist rustikal im Brauerei-Stil eingerichtet.

WALDSASSEN
Bayern 🆅🆄🆉 *P 20 – 8 000 Ew – Höhe 477 m.*
Sehenswert *: Stiftsbasilika*★ *(Chorgestühl*★*, Bibliothek*★★*).*
Ausflugsziel *: Kappel : Lage*★★ *- Wallfahrtskirche*★ *Nord-West : 3 km.*
🅱 *Neualbenreuth, Ottengrün 50 (Süd-Ost : 12 km), ℘ (09638) 12 71.*
🅱 *Tourist-Information, Johannisplatz 11, ⊠ 95652, ℘ (09632) 8 81 60, tourist-info@waldsassen.de, Fax (09632) 5480.*
Berlin 370 – München 311 – Weiden in der Oberpfalz 43 – Bayreuth 77 – Hof 55.

WALDSASSEN

Bayerischer Hof, Bahnhofstr. 15, ✉ 95652, ✆ (09632) 12 08, *info@bayerischerhof-waldsassen.de, Fax (09632) 4924*, 🍽 – ✂ Zim, 📺 🅿 ◉ VISA
geschl. April 1 Woche, Nov. 1 Woche – **Menu** *(geschl. Mittwoch)* à la carte 13/30 – **15 Zim** ⌖ 26/34 – 52.
• Ein von außen wie von innen hübsch gestalteter Landgasthof. Im Zimmerbereich kommt man den Wünschen seiner Gäste mit behaglichem Landhausstil entgegen. Das Restaurant zeigt sich traditionell im bayerischen Stil.

Königlich-Bayrisches Forsthaus, Basilikaplatz 5, ✉ 95652, ✆ (09632) 9 20 40, *Fax (09632) 920444*, 🍽 – 📺
Menu à la carte 13,50/22 – **25 Zim** ⌖ 29/34 – 50.
• Sie wohnen in einem Haus aus dem 18. Jh., zentral gegenüber der Basilika. Die Zimmer sind unterschiedlich eingerichtet, allen gemeinsam ist ihre gute Unterhaltung. Eine schöne Gewölbedecke ziert die ländliche Gaststube.

Zrenner, Dr.-Otto-Seidl-Str. 13, ✉ 95652, ✆ (09632) 12 26, *Fax (09632) 5427*, 🍽 – ✂ Zim, 📺 ⌬
Menu *(geschl. Freitagabend)* à la carte 14/29 – **21 Zim** ⌖ 28/37 – 50/60.
• Seit 1823 existiert an dieser Stelle ein Wirtshaus. Die sehr gepflegten Gästezimmer sind von Familie Hofmann zum Teil mit bemalten Bauernmöbeln ausgestattet worden. Eine hübsche Innenhofterrasse ergänzt das rustikal gehaltene Restaurant.

Prinzregent Luitpold, Prinzregent-Luitpold-Str. 4, ✉ 95652, ✆ (09632) 28 86, *Fax (09632) 5439*, 🍽 – ◉ VISA
geschl. Feb. 2 Wochen, Dienstag – **Menu** à la carte 13/24.
• Im Herzen des Städtchens finden Sie diesen ehemaligen Bauernhof, dessen Gastraum ganz mit hellem Holz ausgekleidet ist. Im Sommer lockt die Terrasse im begrünten Innenhof.

In Waldsassen-Kondrau *Süd-West : 2 km über B 299 :*

Gasthaus Sommer, Wirtsgasse 8, ✉ 95652, ✆ (09632) 9 22 00, *info@pension-sommer.de, Fax (09632) 922040*, 🍽, ⌬, – ✂ Zim, 📺 🅿 VISA ✂
Menu *(geschl. Dienstag, Samstag, 1. Sonntag im Monat) (nur Abendessen)* à la carte 10/12,50 – **18 Zim** ⌖ 25/36 – 44/52.
• Nett eingerichtete Zimmer in Eiche oder Weichholz sowie ein schöner, separat im Wintergarten untergebrachter Frühstücksraum zählen zu den Annehmlichkeiten des Hauses. Das Restaurant ist eine rustikale Gaststube.

Kondrauer Hof, Alte Str. 1 (an der B 299), ✉ 95652, ✆ (09632) 9 21 40, *service@kondrauerhof.de, Fax (09632) 921444*, 🍽, 🍽 – 📺 ⌬ 🅿
Menu *(geschl. 1. - 26. Nov., Donnerstag) (Montag - Freitag nur Abendessen)* à la carte 10/18 – **12 Zim** ⌖ 28 – 43/46.
• Ein neuzeitlicher kleiner Gasthof in ländlicher Umgebung. Sie beziehen Quartier in zeitlos eingerichteten und gut gepflegten Zimmern. In schlichtem Ambiente serviert man Ihnen einfache bürgerliche Gerichte.

WALDSEE, BAD Baden-Württemberg ⁵⁴⁵ W 13 – *19 500 Ew – Höhe 587 m – Moorheilbad – Kneippkurort*.
Sehenswert : *Stadtsee*★.
🏌 18 🏌 9 *Bad Waldsee, Hopfenweiler 14 (Nord-Ost : 3 km)*, ✆ (07524) 4 01 70 ; 🏌 18 *Oberschwaben, Hofgut Hopfenweiler 2 (Nord.Ost : 3 km)*, ✆ (07524) 59 00.
🛈 *Kurverwaltung, Ravensburger Str. 3*, ✉ 88339, ✆ (07524) 94 13 42, *info@bad-waldsee.de, Fax (07524) 941345*.
Berlin 676 – Stuttgart 154 – Konstanz 61 – Ulm (Donau) 66 – Ravensburg 21.

Hotel im Hofgut, Hopfenweiler (Nord-Ost : 3 km), ✉ 88339, ✆ (07524) 4 01 70, *info@waldsee-golf.de, Fax (07524) 4017100*, 🍽, /⌬, ⌬, 🏌 18 🏌 9 – 📳, ✂ Zim, 📺 🅿 – 🔒 20. 🅰🅴 ◉ ◉ VISA ✂ Rest
Menu à la carte 30/41,50 – **40 Zim** ⌖ 88/97 – 138/150 – ½ P 23.
• Eingebettet in eine weitläufige Golfanlage, vereint dieses Hotel alte und neue Architektur auf gelungene Weise. Schöne Zimmer und ein guter Freizeitbereich sprechen für sich. Landhausstil mit klaren Linien prägt das Restaurant im alten Teil des Hauses.

Altes Tor garni, Hauptstr. 49, ✉ 88339, ✆ (07524) 9 71 90, *info@altestor.de, Fax (07524) 971997*, ⌬ – 📳 ✂ 📺 ✆ 🅰🅴 ◉ VISA
geschl. 23. Dez. - 6. Jan. – **27 Zim** ⌖ 58/64 – 87/92.
• Liebevoll wurde dieses stattliche Bürgerhaus mit den blauen Fensterläden von innen und außen restauriert. Es erwarten Sie wohnliche Zimmer und ein reizender Frühstücksraum.

Grüner Baum, Hauptstr. 34, ✉ 88339, ✆ (07524) 9 79 00, *info@baum-leben.de, Fax (07524) 979050*, 🍽 – 📺 🅿 – 🔒 25. 🅰🅴 ◉ ◉ VISA
geschl. 23. - 25. Dez. – **Menu** à la carte 15/32 – **22 Zim** ⌖ 52/72 – 78/101 – ½ P 17.
• In schöner Lage beim verkehrsberuhigten Rathausvorplatz finden Sie dieses schmucke weiße Stadthaus. Im Inneren erfreuen nett und wohnlich eingerichtete Zimmer das Auge. Eine Alternative zu dem zum Hof gelegenen Restaurant mit Terrasse ist die urige Stube.

WALDSEE, BAD

Gästehaus Rössle garni, Wurzacher Str. 30, ⊠ 88339, ℰ (07524) 4 01 00, Fax (07524) 401040 – 📺 ✆
12 Zim ⊊ 36/50 – 60/64.
♦ Direkt beim malerischen Wurzacher Tor finden Sie diese gut unterhaltene Adresse, die Ihnen gepflegte Gästezimmer in funktioneller Machart anbietet.

In Bad Waldsee-Gaisbeuren Süd-West : 4 km über B 30 :

Adler, Bundesstr. 15 (B 30), ⊠ 88339, ℰ (07524) 99 80, mail@hotel-gasthaus-adler.de, Fax (07524) 998152, 🍴, Biergarten – 📶 📺 ✆ 🅿 – 🛄 140. 🆎 ① ⓜ⓪ 𝑽𝑰𝑺𝑨
geschl. 14. - 29. Feb. – **Menu** (geschl. Donnerstag) à la carte 19,50/35 – **31 Zim** ⊊ 49/60 – 78/86 – ½ P 17.
♦ Das 500 Jahre alte Gasthaus wurde um einen modernen Hotelanbau erweitert, in dem Ihnen gut ausgestattete Gästezimmer komfortables Wohnen ermöglichen. Im Restaurant ist es gelungen, den ursprünglichen Charakter des alten Gasthauses zu erhalten.

WALDSHUT-TIENGEN Baden-Württemberg 𝟓𝟒𝟓 X 8 – 23 000 Ew – Höhe 340 m.

Sehenswert : Altstadt★.

🛈 Tourist-Information, Wallstr. 26, ⊠ 79761, ℰ (07751) 83 32 00, tourist-info@waldshut-tiengen.de, Fax (07751) 833126.
Berlin 793 – Stuttgart 180 – *Freiburg im Breisgau* 75 – Donaueschingen 57 – Zürich 45.

Im Stadtteil Waldshut :

Waldshuter Hof, Kaiserstr. 56, ⊠ 79761, ℰ (07751) 8 75 10, hotel@waldshuter-hof.de, Fax (07751) 875170 – 📶 📺 ✆ 🅿 𝑽𝑰𝑺𝑨
Menu (geschl. Sonntagabend - Montag) à la carte 22/39 – **23 Zim** ⊊ 52/55 – 80/82.
♦ Einheitlich im Zuschnitt und in ihrer hellgrauen Möblierung sowie funktionell in der Ausstattung zeigen sich die Zimmer dieses gepflegten Etagenhotels. Im ersten Stock des Stadthauses erwartet Sie ein gediegenes Restaurant.

Im Stadtteil Tiengen :

Bercher, Bahnhofstr. 1, ⊠ 79761, ℰ (07741) 4 74 70, hotel@bercher.de, Fax (07741) 4747100, 🍴 – 📶, ❋ Zim, 📺 ✆ 🚗 🅿 – 🛄 80. ① ⓜ⓪ 𝑽𝑰𝑺𝑨
Menu (geschl. Anfang - Mitte Jan., 4. - 16. Aug., Sonntag) (nur Abendessen) à la carte 16/34,50 – **40 Zim** ⊊ 46/76 – 77/117.
♦ Die älteren Zimmer dieses hübschen, rosa gestrichenen Stadthauses sind mit Stilmöbeln eingerichtet, die neueren mit Landhausmobiliar, einige sogar mit Kachelofen. Die unterschiedlichen Restauranträume präsentieren sich mit rustikalem Touch.

Brauerei Walter, Hauptstr. 23, ⊠ 79761, ℰ (07741) 8 30 20, rezeption@brauereiwalter.de, Fax (07741) 830240, 🍴 – 📺 🚗 🅿 ⓜ⓪ 𝑽𝑰𝑺𝑨
Menu (geschl. Ende Aug. - Anfang Sept., Montag) à la carte 22/38,50 – **20 Zim** ⊊ 34/49 – 66/87.
♦ Ein gläserner Wintergarten verbindet den gut geführten Gasthof mit seinem Anbau ; dieser beherbergt neuzeitliche Zimmer in einheitlichem Stil. In dem rustikalen Restaurant hat Gastlichkeit seit 1909 Tradition.

Im Stadtteil Breitenfeld Nord-Ost : 3 km ab Stadtteil Tiengen :

Landgasthof Hirschen ♨, Breitenfeld 13, ⊠ 79761, ℰ (07741) 6 82 50, hirschen-breitenfeld@t-online.de, Fax (07741) 682568, 🍴, 🍽, 🌳 – 📶 📺 🚗 🅿 – 🛄 30. ⓜ⓪ 𝑽𝑰𝑺𝑨
geschl. 10. - 28. Jan. – **Menu** à la carte 16/29 – **27 Zim** ⊊ 37 – 76.
♦ Ein Landgasthof der gemütlichen Art. Besonders die Zimmer im Gästehaus Cäcilia sind auffällig geräumig und überzeugen mit wohnlicher und solider Einrichtung. Ländlich-rustikal gestaltete Restauranträume.

In Lauchringen-Oberlauchringen Süd-Ost : 4 km ab Stadtteil Tiengen, über B 34 :

Gartenhotel Feldeck, Klettgaustr. 1 (B 34), ⊠ 79787, ℰ (07741) 8 30 70, mail@hotel-feldeck.de, Fax (07741) 830750, 🍴, 🍽, ⌧, 🌳 – 📶, ❋ Zim, 📺 🚗 🅿 – 🛄 40. ⓜ⓪ 𝑽𝑰𝑺𝑨 ❋ Zim
Menu (geschl. Samstag) à la carte 17/29 – **36 Zim** ⊊ 45/55 – 70/90.
♦ Ein familiengeführtes Haus, das auf Grund seiner Lage ein guter Ausgangspunkt für Ausflüge in den Schwarzwald oder in die Schweiz darstellt. Praktische Zimmer. Restaurant teils rustikal mit Holztäfelung, teils hell und modern gestaltet.

WALDSTETTEN Baden-Württemberg siehe Schwäbisch Gmünd.

WALLDORF Baden-Württemberg 545 S 9 – 13 200 Ew – Höhe 110 m.
Berlin 636 – Stuttgart 107 – Mannheim 32 – Heidelberg 15 – Heilbronn 54.

Holiday Inn, Roter Straße (Süd-West : 1,5 km), ✉ 69190, ✆ (06227) 3 60, reservati on.hiwalldorf@queensgruppe.de, Fax (06227) 36504, 🍽, Massage, 🛁, ⇔, 🏊 (geheizt), 🌳, 🎾, ✗ – 📶, ↔ Zim, 📺 ✆ 🅿 – 🎩 100. 🆎 ⓞ ⓜⓔ VISA JCB. ✗ Rest
Menu à la carte 27,50/36,50 – 😋 16 – **158 Zim** 186 – 206.
• Wegen seiner verkehrsgünstigen Lage wirkt diese Adresse auch gern von Geschäftsleuten angesteuert. Das Interieur erinnert in seiner noblen Art an englischen Landhausstil.

Vorfelder, Bahnhofstr. 28, ✉ 69190, ✆ (06227) 69 90, info@hotel-vorfelder.de, Fax (06227) 30541, 🍽, Biergarten, ⇔, 🌳 – 📶, ↔ Zim, 📺 ✆ & 🅿 – 🎩 50. 🆎 ⓞ ⓜⓔ VISA
Menu (geschl. Anfang Jan. 2 Wochen) à la carte 20,50/33 – **65 Zim** 😋 77/102 – 119/144, 3 Suiten.
• Fragen Sie bei Ihrer Reservierung nach einem der Zimmer im Neubau – diese sind besonders großzügig und in warmen Pastellfarben komfortabel eingerichtet. Das Restaurant teilt sich in das leicht elegant wirkende Tiffany und die Weinstube.

Domizil garni, Schwetzinger Str. 50, ✉ 69190, ✆ (06227) 69 72 00, info@astralis.de, Fax (06227) 697400, ⇔ – 📶 ↔ 📺 ✆ 🅿. 🆎 ⓞ ⓜⓔ VISA
34 Zim 😋 115 – 145.
• Mit modernem Designermobiliar, geräumiger Arbeitsfläche, wahlweise ISDN oder analogem Modemanschluss und DVD-Player kümmert man sich um die diversen Bedürfnisse seiner Gäste.

WALLDÜRN Baden-Württemberg 545 R 12 – 11 800 Ew – Höhe 398 m – Erholungsort.
🏌 🏌 Walldürn-Neusaß, Mühlweg 7 (Nord : 5 km), ✆ (06282) 73 83 ; 🏌 Mudau, Donebacher Str. 41 (Süd-West : 16 km), ✆ (06284) 84 08.
🛈 Tourist Information, Rathaus, Hauptstr. 27, ✉ 74731, ✆ (06282) 6 71 07, Fax (06282) 67103.
Berlin 554 – Stuttgart 125 – Würzburg 59 – Aschaffenburg 64 – Heidelberg 93.

Zum Riesen, Hauptstr. 14, ✉ 74731, ✆ (06282) 9 24 20, info@hotel-riesen.de, Fax (06282) 924250, 🍽, (ehemaliges Palais a.d.J. 1724) – 📶 📺 🅿 – 🎩 25. ⓜⓔ VISA
Menu (geschl. 8. - 21. Aug., 10. - 20. Nov., Montag) à la carte 17,50/29 – **26 Zim** 😋 57 – 87 – ½ P 19.
• Hinter einer schön restaurierten Fassade verbergen sich gediegene, zumeist mit dunklem Holz eingerichtete Gästezimmer, von denen einige auch über Sitzecken verfügen. Mit Holz und Schmiedeeisen hat man das Restaurant ansprechend dekoriert.

In Walldürn-Reinhardsachsen Nord-West : 9 km :

Frankenbrunnen 🌳, Am Kaltenbach 3, ✉ 74731, ✆ (06286) 9 20 20, hotel-frank enbrunnen@t-online.de, Fax (06286) 1330, 🍽, ⇔, 🌳 – ↔ Zim, 📺 ✆ ⇔ 🅿 – 🎩 60. 🆎 ⓞ ⓜⓔ VISA JCB. ✗ Rest
Menu à la carte 17/40 – **28 Zim** 😋 79/82 – 90/106 – ½ P 16.
• In einem kleinen Dorf mitten im "Madonnenländchen" liegt dieses sympathische Haus, das seinen Besuchern in nett eingerichteten Zimmern bequemes Wohnen ermöglicht. Dezente Farben und eine zeitlose Einrichtung prägen die unterteilten Galerieräume.

WALLENHORST Niedersachsen 541 I 8 – 22 800 Ew – Höhe 70 m.
Berlin 433 – Hannover 150 – Bielefeld 61 – Nordhorn 83 – Osnabrück 10.

Töwerland, Grosse Str. 26, ✉ 49134, ✆ (05407) 88 10, info@hotel-toewerland.de, Fax (05407) 881100 – 📶 📺 ✆ ⇔ 🅿 – 🎩 350. ⓞ ⓜⓔ VISA JCB
Menu (nur Abendessen) à la carte 18/26 – 😋 10 – **48 Zim** 66/76 – 92.
• Die Gästezimmer dieses Hauses verfügen über eine funktionelle Einrichtung mit hellem Naturholzmobiliar, praktischen Schreibtischen sowie Modemanschluss. In dem bistroartigen Restaurant wählen Sie von einer kleinen bürgerlichen Karte.

Alte Küsterei, Kirchplatz 2, ✉ 49134, ✆ (05407) 85 78 70, alte-kuesterei@t-online .de, Fax (05407) 857871, 🍽 – 🆎 ⓜⓔ VISA JCB
geschl. Jan. 2 Wochen, Juni - Juli 2 Wochen, Montag - Dienstag – **Menu** (nur Abendessen) à la carte 29/45.
• In der Ortsmitte, gleich beim Rathaus liegt dieses schöne restaurierte Steinhaus a. d. J. 1883. Sie tafeln hier unter einer Holzbalkendecke und umgeben von verspieltem Dekor.

WALLERFANGEN Saarland siehe Saarlouis.

WALLERSTEIN Bayern ⁴⁶ T 15 – 3 300 Ew – Höhe 430 m.
Berlin 521 – München 139 – Augsburg 78 – Ansbach 62 – Würzburg 131.

※ **Zum goldenen Löwen,** Obere Bergstr. 1, ✉ 86757, ℘ (09081) 2 76 60, Fax (09081) 27666, Biergarten – ⚜
geschl. Anfang Sept. 2 Wochen, Dienstag – **Menu** à la carte 16/31,50.
• Der restaurierte, heute familiengeführte Gasthof, der so hübsch gegenüber dem fürstlichen Schloss liegt, stammt aus dem Jahre 1733. Ländliches Ambiente prägt das Interieur.

Es ist immer sicherer, eine Zimmerreservierung schrifftlich oder per Fax zu bestätigen.

WALLGAU Bayern ⁵⁴⁶ X 17 – 1 300 Ew – Höhe 868 m – Erholungsort – Wintersport : 900/1 000 m ≰1 ⚘.
⚐ Karwendel, Risser Straße 14, ℘ (08825) 21 83.
🅱 Verkehrsamt, Mittenwalder Str. 8, ✉ 82499, ℘ (08825) 92 50 50, Fax (08825) 925066.
Berlin 680 – München 93 – Garmisch-Partenkirchen 20 – Bad Tölz 47.

🏨 **Parkhotel,** Barmseestr. 1, ✉ 82499, ℘ (08825) 2 90, parkhotel@wallgau.de, Fax (08825) 366, ☕, Massage, 🛁, ≋, 🏊, 🎾 – 🚻 📺 ⇔ 🅿 – 🚗 40
geschl. April 2 Wochen, 5. Nov. - 20. Dez. – **Menu** (Tischbestellung ratsam) à la carte 27/49 – **46 Zim** ⊇ 65/80 – 116/130, 14 Suiten – ½ P 15.
• Vor herrlicher Kulisse liegt dieses alpenländisch geprägte Haus. Durch eine großzügige Halle gelangen Sie in rustikal-wohnliche oder neuzeitlich-komfortable Zimmer. Im aufwändig gestalteten Restaurant verbindet sich Rustikalität mit einer eleganten Note.

🏨 **Alpenhof,** Mittenwalder Str. 28, ✉ 82499, ℘ (08825) 20 90, hotel@alpenhof-wallga u.de, Fax (08825) 2017, ≤, ≋, 🎾 – 📺 ⇔ 🅿 🔸 ⚜ Rest
geschl. Ende Okt. - Mitte Dez. – **Menu** (geschl. Mittwoch) (nur Abendessen) (Restaurant nur für Hausgäste) – **20 Zim** ⊇ 35/40 – 60/70 – ½ P 10.
• Die Zimmer dieses schönen Alpenhotels wurden mit individuell angefertigten Möbeln ausgestattet und verfügen über Balkone mit einem traumhaften Blick auf die Berge.

🏨 **Wallgauer Hof** ⚘, Isarstr. 15, ✉ 82499, ℘ (08825) 9 21 00, info@wallgauer-hof.de, Fax (08825) 921047, ≋, 🎾 – 📺 ⇔ 🅿
geschl. 10. Nov. - 10. Dez. – **Menu** (geschl. Donnerstag - Freitagmittag) à la carte 18/38 – **17 Zim** ⊇ 45/68 – 77/92 – ½ P 13.
• Das Haus ist im oberbayerischen Stil ausgestattet und liegt ruhig am Ortsrand. Großer Garten, Mountainbike-Verleih und Friseursalon gehören zu den Annehmlichkeiten des Hotels. Eine ländlich-rustikale Ausstattung in hellem Holz erwartet Sie im Restaurant.

WALLUF Hessen ⁵⁴³ P 8 – 6 000 Ew – Höhe 90 m.
Berlin 573 – Wiesbaden 10 – Bad Kreuznach 49 – Koblenz 71 – Mainz 13.

🏨 **Zum neuen Schwan** ⚘, Rheinstr. 3, ✉ 65396, ℘ (06123) 9 95 90 (Hotel) 99 59 18 (Rest.), hotel-zum-neuen-schwan@t-online.de, Fax (06123) 995950, ☕ – 📺 🅿 – 🚗 25. 🅰🅴 ① ⓜ⓸ 🆅🅸🆂🅰
geschl. 20. Dez. - 11. Jan. – **Rheinpavillon** (geschl. Mitte Nov. - Mitte Feb., Donnerstag) **Menu** à la carte 16/31 – ⊇ 8 – **26 Zim** 49/61 – 66/89.
• Beim Bau dieses modernen Hotels wurde dem ländlichen Stil des Rheinörtchens Rechnung getragen. Bei den Zimmern wählen Sie zwischen drei verschiedenen Stilrichtungen. Gegenüber dem Hotel liegt der Rheinpavillon mit schöner Terrasse am Fluss.

※※ **Schwan,** Rheinstr. 4, ✉ 65396, ℘ (06123) 7 24 10, schwan.stieber@main-rheiner.de, Fax (06123) 75442 – 🅿 🅰🅴 ① ⓜ⓸ 🆅🅸🆂🅰 🅹🅲🅱
geschl. Dienstag, Samstagmittag – **Menu** à la carte 25/42,50.
• Ein sehr gediegenes Restaurant mit bemerkenswert schöner Holztäfelung, das sich in einem nahe am Rhein gelegenen Haus mit schöner gelber Fassade befindet.

※ **Zum Treppchen,** Kirchgasse 14, ✉ 65396, ℘ (06123) 7 17 68, treppchen@aol.com, Fax (06123) 75973 – ⓜ⓸ 🆅🅸🆂🅰
geschl. Juli - Aug., Sonntag – **Menu** (nur Abendessen) 29.
• In dem Fachwerkhaus a. d. 18. Jh. hat man eine nette Weinschänke eingerichtet, die mit gemütlich-rustikaler Atmosphäre besticht - nicht nur bei den Einheimischen beliebt.

※ **Zur Schlupp** (Weinstube), Hauptstr. 25, ✉ 65396, ℘ (06123) 7 26 38, info@gasthau szurschlupp.de, Fax (06123) 75256
geschl. 27. Dez. - 8. Jan., Aug., Dienstag - Mittwoch – **Menu** (wochentags nur Abendessen) à la carte 22/31.
• Das in einem Altstadthäuschen untergebrachte Restaurant ist eine sympathische kleine Adresse in schlicht-rustikalem Stil - Aquarelle an den Wänden dienen als Dekor.

WALPERTSKIRCHEN Bayern 546 V 19 – 1 200 Ew – Höhe 494 m.
Berlin 603 – *München* 43 – Erding 8.

In Walpertskirchen-Hallnberg :

🏠 **Hallnberg** ⚐, Hallnberg 2, ✉ 85469, ℘ (08122) 9 94 30, *info@hallnberg.de*, Fax (08122) 994399, 🍴 – 🛗, ⇄ Zim, 📺 ☎ 🅿 – 🅰 50. 🆎 ⓜ 💳 ✗ Rest
Menu *(Montag - Donnerstag nur Abendessen)* à la carte 21/35,50 – **30 Zim** ⇌ 63/115 – 73/145.
• Mit seinen neuzeitlich ausgestatteten Zimmern - meist ruhig nach hinten gelegen - stellt dieser erweiterte Gasthof eine ansprechende und gut geführte Urlaubsadresse dar. Die nette Kräuterterrasse ergänzt das klassisch gehaltene Restaurant.

WALSRODE Niedersachsen 541 H 12 – 25 000 Ew – Höhe 35 m – Erholungsort.
Ausflugsziel : *Vogelpark★ Nord : 3 km.*
🛫 Fallingbostel, Tietlingen 6, ℘ (05162) 38 89.
🛈 Tourist-Information, Lange Str. 22, ✉ 29664, ℘ (05161) 97 71 10, *tourismus@walsrode.de*, Fax (05161) 977108.
Berlin 329 – *Hannover* 70 – Bremen 61 – Hamburg 102 – Lüneburg 76.

🏠 **Landhaus Walsrode** ⚐ garni, Oskar-Wolff-Str. 1, ✉ 29664, ℘ (05161) 9 86 90, *landhauswa@aol.com*, Fax (05161) 2352, (ehem. Bauernhaus in einer Parkanlage), ≋ (geheizt), 🍴 – 📺 ☎ ⇄ 🅿 – 🅰 25. 🆎 ⓜ 💳
geschl. Mitte. Dez. - Anfang Jan. – **18 Zim** ⇌ 60/110 – 90/150.
• Perfekt gepflegt präsentiert sich das von Lieselotte Wolff seit Jahren mit Herz und Verstand geführte Haus. Individuell eingerichtete Zimmer bieten ein angenehmes Ambiente.

🏠 **Mercure** garni, Gottlieb-Daimler-Str. 11, ✉ 29664, ℘ (05161) 60 70, *info@mercure walsrode.de*, Fax (05161) 607444 – ⇄ 📺 ☎ ⇱ 🅿 – 🅰 100. 🆎 ⓓ ⓜ 💳 JCB
79 Zim ⇌ 79/97 – 99/115.
• Ganz auf die Bedürfnisse des Durchreisenden eingestellt, bietet das Haus eine praktische und gut gepflegte Übernachtungsmöglichkeit.

Beim Vogelpark *Nord : 3 km :*

🏠 **Luisenhöhe**, Am Vogelpark, ✉ 29664 Walsrode, ℘ (05161) 9 86 20, *info@luisenhoehe.de*, Fax (05161) 2387, 🍴, 🍹, 🍴 – 🛗, ⇄ Zim, 📺 ☎ 🅿 – 🅰 150. 🆎 ⓓ ⓜ 💳 JCB
Menu à la carte 16,50/27 – **47 Zim** ⇌ 69/75 – 85/95 – ½ P 18.
• Eingebettet in eine Parkanlage, liegt das langgezogene Hotelgebäude mit dem interessanten Dach an einem Teich. Sie schlafen in funktionellen, solide möblierten Zimmern. Das Restaurant ist teils im Bistrostil, teils mit elegantem Touch eingerichtet.

Beim Golfplatz *Ost : 9 km, über B 209 :*

🏠 **Sanssouci** ⚐, ✉ 29664 Walsrode-Tietlingen, ℘ (05162) 30 47, *Fax (05162) 6742*, 🍴, 🍴 – 📺 🅿. 🆎 ⓜ 💳
geschl. Jan. – **Menu** *(geschl. Donnerstag)* à la carte 18,50/29,50 – **11 Zim** ⇌ 45/47 – 68/78.
• Sehr idyllisch liegt das ehemalige Gutshaus mit der kräftig gelben Fassade zwischen Bäumen. Besonders Hübsch : das geräumige Turmzimmer mit Stilmobiliar. Schlicht gestaltetes Restaurant mit hübscher Gartenterrasse.

In Walsrode-Hünzingen *Nord : 5 km, über Dreikronen :*

🏠 **Forellenhof** ⚐ (mit Gästehaus), ✉ 29664, ℘ (05161) 97 00, *info@forellenhof-walsrode.de*, Fax (05161) 970123, 🍴, 🍹, 🍴 – ⇄ Zim, 📺 ☎ 🅿 – 🅰 400. 🆎 ⓜ 💳
Menu à la carte 16/39 – **64 Zim** ⇌ 47/72 – 80/100 – ½ P 16.
• Durch ständige Erweiterungen und Verbesserungen ist hier eine großzügige Hotelanlage entstanden, die mit solide und ansprechend möblierten Zimmern aufwartet. Mit Reitstall. Viel helles Holz gibt dem Restaurant im neueren Anbau einen rustikalen Charakter.

WALTENHOFEN Bayern 546 W 14 – 8 900 Ew – Höhe 750 m.
🛈 Gästeinformation, Immenstädter Str. 7, ✉ 87448, ℘ (08303) 79 29, *gaesteinformation@waltenhofen.de*, Fax (08303) 9239729.
Berlin 704 – München 131 – *Kempten (Allgäu)* 6 – Bregenz 73 – Ulm (Donau) 97.

In Waltenhofen-Martinszell *Süd : 5,5 km über B 19 – Erholungsort :*

🏠 **Landhotel Adler** (mit Gästehaus), Illerstr. 10, ✉ 87448, ℘ (08379) 92 07 00, *info@adler-martinszell.de*, Fax (08379) 920727, 🍴, Biergarten – 📺 ☎ ⇱ 🅿 – 🅰 80. ⓜ 💳
Menu à la carte 20/32,50 – **29 Zim** ⇌ 41/49 – 74/82.
• Ein für den Allgäuer Landstrich typischer Gasthof mit Gästehaus. Die Zimmer sind gepflegt und wohnlich, teils in Eichenholz, teils in Fichte eingerichtet. In zwei behaglichen, rustikal gestalteten Stuben werden Gäste freundlich bewirtet.

WALTERSHAUSEN Thüringen 544 N 15 – 12 000 Ew – Höhe 325 m.

fl Stadtinformation, Markt 1 (Rathaus), ⊠ 99880, ℘ (03622) 63 01 48, stadtinfo@stadt-waltershausen.de, Fax (03622) 902555.
Berlin 338 – Erfurt 47 – Eisenach 23.

Landgraf, Gothaer Str. 1, ⊠ 99880, ℘ (03622) 6 50 00, landgraf@wunsch-hotel.de, Fax (03622) 650065, Biergarten, ≘s – ⌘, ⇔ Zim, ⊡ ⊘ P – 🚗 70. ⬛ ⓞ ⓜ ⓥ
Balthasar (wochentags nur Abendessen) **Menu** à la carte 16/24 – **68 Zim** ⊇ 49 – 62.
• Einheitlich in frischen Farben gestaltete Gästezimmer gehören zu den Vorzügen dieses Hotels, das schon von außen mit weißer Fassade und rotem Dach sehr gepflegt wirkt. Von alpenländisch-rustikal bis leicht elegant zeigen sich die Stuben des Balthasar.

Waldhaus ⚘, Zeughausgasse 5, ⊠ 99880, ℘ (03622) 6 90 03, waldhaushotel@t-online.de, Fax (03622) 902249, ≤, ⌘, ⊡ P, ⬛ ⓞ ⓜ ⓥ
geschl. 29. Jan. - 20. Feb. – **Menu** (Montag - Freitag nur Abendessen) à la carte 14,50/21 – **10 Zim** ⊇ 41 – 62.
• Wenn Sie keinen großen Wert auf Luxus legen, sondern sich lieber an ruhiger Waldlage, schöner Aussicht und nettem Service erfreuen, sind Sie hier gut aufgehoben. Rustikale Gaststube mit zwei hübschen Nebenräumen für besondere Anlässe.

Zum Eisenacher, Bremerstr. 14, ⊠ 99880, ℘ (03622) 90 24 12, ⌘ – ⓜ
geschl. 7. - 15. Aug., 1. - 15. Sept., Dienstagabend - Mittwoch – **Menu** à la carte 22/33,50.
• Eine Balkenkonstruktion, Holzpolster und ein nettes Dekor geben diesem familiengeführten Restaurant seinen rustikalen Charakter. Sie speisen hier oder im Innenhof.

*Einzelheiten über die in diesem Reiseführer angegebenen
Preise finden Sie in der Einleitung.*

WALTROP Nordrhein-Westfalen 543 L 6 – 30 000 Ew – Höhe 60 m.
Berlin 494 – Düsseldorf 74 – Münster (Westfalen) 50 – Recklinghausen 15.

Haus der Handweberei garni, Bahnhofstr. 95, ⊠ 45731, ℘ (02309) 9 60 90, hotel-kaufhold@t-online.de, Fax (02309) 75899, ⌘ – ⇔ Zim, ⊡ P, ⓜ ⓥ
24 Zim ⊇ 41/45 – 70/80.
• Ein kleinerer, recht privat wirkender Familienbetrieb mit integrierter Weberei, der seine Besucher in schlichten, aber sehr gut gepflegten Zimmern unterbringt.

Gasthaus Stromberg, Dortmunder Str. 5 (Eingang Isbruchstraße), ⊠ 45731, ℘ (02309) 42 28, gasthaus.stromberg@t-online.de, Fax (02309) 920317, Biergarten – P. ⬛ ⓞ ⓜ ⓥ
geschl. Montag – **Menu** à la carte 17,50/35,50.
• An einen einfachen Gastraum mit Theke schließt sich ein nett dekoriertes, bürgerlich gestaltetes Restaurant an. Hier reicht man eine internationale Karte.

WANDLITZ Brandenburg 542 H 24 – 4 700 Ew – Höhe 67 m.
fl Tourismusverein, Prenzlauer Chaussee 157, ⊠ 16348, ℘ (033397) 6 61 31, tv-naturparkbarnim@ibs-brandenburg.de, Fax (033397) 66168.
Berlin 33 – Potsdam 61 – Brandenburg 103 – Frankfurt (Oder) 118 – Eberswalde 35.

Zur Waldschänke, Zühlsdorfer Chaussee 14 (Süd-West : 3 km), ⊠ 16348, ℘ (033397) 35 50, Fax (033397) 355355, ⌘ – ⌘ ⊡ ⚹ ⊘ P – 🚗 140. ⓜ ⓥ
Menu à la carte 13/30 – **20 Zim** ⊇ 44/51 – 72.
• Das frühere Ausflugslokal wurde nach der Wende um Fremdenzimmer ergänzt, die ein gutes Platzangebot und gediegenes Wurzelholzmobiliar bieten. Mit Jagdtrophäen geschmückte Galerie.

WANGELS Schleswig-Holstein 541 D 16 – 2 200 Ew – Höhe 5 m.
Berlin 327 – Kiel 45 – Lübeck 73 – Oldenburg in Holstein 11.

In Wangels-Weißenhäuser Strand *Nord : 5 km :*

Strandhotel ⚘, Seestr. 1, ⊠ 23758, ℘ (04361) 55 27 71, strandhotel@weissenhaeuserstrand.de, Fax (04361) 552710, ≤, ⌘, ⚘, Massage, ⚹, ⚐, ≘s, ⊠ – ⌘, ⇔ Zim, ⊡ ⊘ P – 🚗 120. ⬛ ⓞ ⓜ ⓥ ⚘
Menu à la carte 17/31 – **184 Zim** ⊇ 60/68 – 92/112 – ½ P 14.
• Das Haus ist integriert in eine weitläufige Ferienanlage und bietet dem Gast neben einheitlichen, modernen Zimmern eine Vielzahl von Freizeit- und Sportmöglichkeiten. Ein freundlicher Wintergarten mit Blick auf die Dünen ergänzt das klassische Restaurant.

1449

WANGEN IM ALLGÄU Baden-Württemberg 545 W 13 – 26 000 Ew – Höhe 556 m – Luftkurort.
   Sehenswert : Marktplatz★.
   🛈 Touristinformation, Rathaus, Marktplatz 1, ✉ 88239, ℘ (07522) 7 42 11, tourist@wangen.de, Fax (07522) 74214.
   Berlin 701 – Stuttgart 194 – Konstanz 37 – Ravensburg 23 – Bregenz 27.

🏨 **Vierk** garni, Bahnhofsplatz 1, ✉ 88239, ℘ (07522) 9 31 10, flairhotel-vierk@tessionmail.de, Fax (07522) 931188 – 🛗 📺 **P**. ◑◐ **VISA**
   29 Zim ⊇ 50/65 – 79/92.
   • Auf vier Etagen verteilen sich die Gästezimmer dieses im Villenstil gebauten Hotels. Bei ihrer Einrichtung hat man viel Wert auf Funktionalität gelegt.

🏨 **Engelberg** garni, Leutkircher Str. 47, ✉ 88239, ℘ (07522) 70 79 70, hotel@birk-wangen.de, Fax (07522) 7079710 – 📺 ℡ ⇌ **P**. ◑◐ **VISA**
   geschl. Ende Dez. - Mitte Jan. – **10 Zim** ⊇ 47/57 – 79/89.
   • Die freundliche, helle Buchenmöblierung zieht sich durch das ganze Haus. Die zeitgemäße Ausstattung der Zimmer und die funktionellen Bäder sprechen für diese Adresse.

In Wangen-Neuravensburg Süd-West : 8 km über B 18 :

🏨 **Mohren,** Bodenseestr. 7, ✉ 88239, ℘ (07528) 95 00, info@landgasthof-mohren.de, Fax (07528) 95095, ⇌, 🎲, ※ – 🛗 📺 ℡ ⇌ **P** – 🔏 25. 🖼 ◐ ◑◐ **VISA**
   Menu (geschl. Juni 2 Wochen, Nov. 2 Wochen, Montag) (Dienstag - Freitag nur Abendessen) à la carte 15/35 – **32 Zim** ⊇ 49/65 – 72/85 – ½ P 13.
   • Seit 1787 befindet sich das Gasthaus im Familienbesitz. Die meisten Zimmer sind mit zeitlosem, hellem Naturholzmobiliar nett und praktisch eingerichtet. Restaurant in ländlichem Stil.

🏨 **Waldgasthof zum Hirschen** ⏎, Grub 1, ✉ 88239, ℘ (07528) 9 51 40, info@waldgasthof-hirschen.de, Fax (07528) 951414, ⛲, ⚓, ※ – ⇌ 📺 **P**.
   Menu (geschl. Montag) à la carte 17,50/32 – **9 Zim** ⊇ 49/60 – 69/87, 3 Suiten – ½ P 18.
   • Schwäbische Gastlichkeit möchte man in diesem Haus seinen Besuchern vermitteln. Gepflegte Zimmer und die landschaftlich schöne Lage tragen dazu bei. Rustikales Restaurant mit Wintergarten.

In Wangen-Primisweiler Süd-West : 6 km - über B 18 und Niederwangen, jenseits der A 96 :

※※ **Landgasthaus Neue Welt,** Tettnanger Str. 7, ✉ 88239, ℘ (07528) 70 62, Fax (07528) 7062, ⛲ – **P**.
   geschl. über Fastnacht 2 Wochen, Aug. 3 Wochen, Montagabend - Dienstag – **Menu** à la carte 25/37.
   • Das hübsche Haus mit der bemalten Fassade hat seinen ländlichen Charakter bewahren können. Freuen Sie sich auf eine schmackhaft zubereitete Küche mit regionalen Einflüssen.

Michelin bringt keine Schilder an den empfohlenen Hotels und Restaurants an.

WANGEN Baden-Württemberg 545 T 12 – 3 300 Ew – Höhe 350 m.
   Berlin 607 – Stuttgart 38 – Göppingen 5.

🏨 **Landhotel Linde,** Hauptstr. 30, ✉ 73117, ℘ (07161) 91 11 10, info@landhotel-linde-wangen.de, Fax (07161) 9111122, Biergarten – 🛗, ⇌ Zim, 📺 ℡ ♿ ⇌ **P** – 🔏 35. 🖼 ◐ ◑◐ **VISA**. ※ Zim
   Menu à la carte 17/31 – **28 Zim** ⊇ 58/75 – 105/130.
   • Diese sympathische Adresse überzeugt mit freundlichem Service. Es stehen sowohl neuzeitliche, renovierte Räume als auch ältere, einfachere Zimmer zur Verfügung. Restaurant in rustikalem Stil.

※※ **Landgasthof Adler,** Hauptstr. 103, ✉ 73117, ℘ (07161) 2 11 95, Fax (07161) 21195 – 🖼 ◑◐ **VISA**
   geschl. Anfang Jan. 1 Woche, Aug. 2 Wochen, Montag - Dienstag – **Menu** (Tischbestellung ratsam) à la carte 28/41.
   • Viel Zierrat, ein Kachelofen und Fotografien machen das zweigeteilte Restaurant - teils im Landhausstil eingerichtet, teils eher bürgerlich-rustikal - gemütlich.

WANGERLAND Niedersachsen 541 F 7 – 10 000 Ew – Höhe 1 m – Nordseeheilbad.
   🛈 Wangerland Touristik, Zum Hafen 3 (Horumersiel), ✉ 26434, ℘ (04426) 98 70, info@wangerland.de, Fax (04426) 987187.
   Berlin 496 – Hannover 242 – Emden 76 – Cuxhaven 123 – Oldenburg 72 – Wilhelmshaven 21.

WANGERLAND

In Wangerland-Hooksiel – Seebad :

XX Zum Schwarzen Bären, Lange Str. 15, ✉ 26434, ℰ (04425) 9 58 10, *herbert.klo stermann@t-online.de, Fax (04425) 958129*, 🍽 – 🅿. AE ⓞ ⓜⓞ VISA JCB *geschl. Jan. - Feb. 3 Wochen, Mittwoch, Juli - Aug. Mittwochmittag* – **Menu** à la carte 18,50/34,50.
• Dieses im friesischen Stil eingerichtete Restaurant liegt genau gegenüber dem alten Hafen. Inmitten maritimer Accessoires isst man hier hauptsächlich Fischgerichte.

In Wangerland-Horumersiel – Seebad :

🏨 Leuchtfeuer, Pommernweg 1, ✉ 26434, ℰ (04426) 9 90 30, *leuchtfeuer@horume rsiel.de, Fax (04426) 9903110*, 🍽, ➾s – 🛗, 🙀 Zim, 📺 📞 🅿. – 🕭 30. AE ⓞ ⓜⓞ VISA 🙀 Rest
Menu à la carte 19/29,50 – **34 Zim** ⚏ 63 – 104 – ½ P 14.
• Neuzeitliche, mit honigfarbenen Möbeln wohnlich ausgestattete Zimmer und die Nähe zur Nordsee sind Annehmlichkeiten dieses im Zentrum gelegenen Hotels. Restaurant mit freundlicher, zeitgemäßer Einrichtung.

🏨 Altes Zollhaus, Zum Hafen 1, ✉ 26434, ℰ (04426) 99 09 09, *info@zollhaus-online.de, Fax (04426) 990966*, 🍽, ➾s – 🙀 📺 📞 🅿. ⓜⓞ VISA
Menu à la carte 18,50/35,50 – **19 Zim** ⚏ 68/80 – 86/114 – ½ P 17.
• Neues Hotel mit Klinkerfassade und gepflegten Zimmern, die mit Buchenmöbeln eingerichtet sind und über moderne Bäder, teils mit Dusche, teils mit Badewanne, verfügen. Ländliches Restaurant mit Wintergarten.

🏨 Schmidt's Hoern 🙀, garni, Heinrich-Tiarks-Str. 5, ✉ 26434, ℰ (04426) 9 90 10, *sho ern@t-online.de, Fax (04426) 990132*, ➾s – 📺 🅿. ⓜⓞ. 🙀
17 Zim ⚏ 42/73 – 78/83.
• Ein im regionalen Stil gebautes Haus mit praktischer Ausstattung : Jedes Zimmer verfügt über Balkon oder Terrasse, Kaffeemaschine, Mikrowelle, Wasserkocher und Kühlschrank.

WANGEROOGE (Insel) Nordrhein Niedersachsen 541 E 7 – *1 300 Ew – Nordseeheilbad – Insel der Ostfriesischen Inselgruppe. Autos nicht zugelassen.*

⛴ *von Wittmund-Harlesiel (ca. 1 h 15 min), ℰ (04464) 94 94 11.*
🛈 *Tourist-Service, Bahnhofstr. 8, ✉ 26486, ℰ (04469) 9 48 80, info@westturm.de, Fax (04469) 948899.*
ab Fährhafen Carolinensiel : Berlin 512 – Hannover 256 – Cuxhaven 144 – Emden 72 – Aurich/Ostfriesland 36 – Wilhelmshaven 41.

🏨 Strandhotel Upstalsboom 🙀, Strandpromenade 21, ✉ 26486, ℰ (04469) 87 60, *strandhotel@upstalsboom.de, Fax (04469) 876511*, ≤, 🍽, Massage, ♨, ➾s, 🔲 – 🛗, 🙀 Zim, 📺 📞 AE ⓞ ⓜⓞ VISA
Menu à la carte 22,50/41 – **79 Zim** ⚏ 82/100 – 130/150, 10 Suiten – ½ P 24.
• Der Name sagt es bereits : hier wohnen Sie direkt am Meer - und das in hellen, in Pastelltönen eingerichteten Zimmern, auf Wunsch auch mit phantastischem Seeblick. Eine Seeterrasse mit Blick auf Strand und Meer ergänzt das neuzeitliche Restaurant.

WARBURG Nordrhein-Westfalen 543 L 11 – *25 500 Ew – Höhe 205 m.*

🛈 *Tourist-Information, Neustädter Marktplatz, ✉ 34414, ℰ (05641) 9 25 55, Fax (05641) 92583.*
Berlin 403 – Düsseldorf 195 – Kassel 34 – Marburg 107 – Paderborn 42.

🏨 Romantik Hotel Alt Warburg (mit Gästehaus), Kalandstr. 11, ✉ 34414, ℰ (05641) 7 89 80, *alt-warburg@romantikhotels.com, Fax (05641) 789815* – 📺 🅿. – 🕭 50. AE ⓞ ⓜⓞ VISA JCB
Menu *(geschl. Aug. 1 Woche, Sonntag) (Montag - Freitag nur Abendessen)* à la carte 40/50, ♀ – **20 Zim** ⚏ 65 – 105.
• In dem restaurierten Fachwerkhaus aus dem 16. Jh. finden Sie zeitgemäß eingerichtete Zimmer - nur noch teilweise freigelegte Holzbalken künden von einer bewegten Historie. Altes Holz und eine Empore zieren das sehr gemütliche Restaurant.

In Warburg-Germete West : 2 km - über B 7 und B 252, Richtung A 44 :

🏨 Landgasthof Deele, Zum Kurgarten 24, ✉ 34414, ℰ (05641) 7 89 90, *info@hote l-deele.de, Fax (05641) 4164*, 🍽 – 📺 📞 🅿. AE ⓞ ⓜⓞ VISA JCB
Menu *(geschl. Montagmittag)* à la carte 20,50/42,50 – **13 Zim** ⚏ 50/55 – 90/95.
• Hier wohnen Sie in einem denkmalgeschützten Bauernhaus aus dem Jahre 1745. Den Zimmern merkt man das Alter des Hauses nicht an, sie sind modern eingerichtet. Im Restaurant umgeben Sie freigelegte Fachwerkmauern und eine liebevolle Dekoration.

WARDENBURG Niedersachsen 541 G 8 – 14 300 Ew – Höhe 9 m.
Berlin 444 – Hannover 156 – *Bremen 56* – Oldenburg 13.

Wardenburger Hof, Oldenburger Str. 255, ⊠ 26203, ℘ (04407) 9 21 00, *wardenb urger.hof@t-online.de*, Fax (04407) 20710, Biergarten – ⇥ Zim, TV 🖘 P. AE ⓘ MC VISA
Menu à la carte 17/35 – **24 Zim** ⊆ 49/55 – 79/85.
• Bei der Gestaltung der Hotelzimmer hat man viel Wert auf solide Eichenmöbel, hübsche Stoffe und eine wohnliche Ausstattung im Landhausstil gelegt. Das Restaurant ist - entsprechend der Herkunft der Patronin - im friesischen Stil gestaltet.

WAREN (Müritz) Mecklenburg-Vorpommern 542 F 22 – 22 000 Ew – Höhe 80 m – Luftkurort.
Sehenswert : Müritz-Nationalpark★.
🛈 Waren (Müritz) - Information, Neuer Markt 21, ⊠ 17192, ℘ (03991) 66 61 83, *waren-tourist@t-online.de*, Fax (03991) 664330.
Berlin 162 – Schwerin 102 – Neubrandenburg 42 – Hamburg 212 – Rostock 81.

Kleines Meer, Alter Markt 7, ⊠ 17192, ℘ (03991) 64 80, *info@kleinesmeer.com*, Fax (03991) 648222, 😀, ⇐, – 🛗, ⇥ Zim, TV 📞 🖘 – 🔨 30. AE MC VISA
Menu (geschl. 16. Okt. - 15. April Sonntag - Montag) (Okt. - Mai nur Abendessen) à la carte 31/42 – **30 Zim** ⊆ 79/99 – 109/119 – ½ P 25.
• Am alten Markt, unweit des Hafens steht dieses moderne Hotel. Man verfügt über schöne Zimmer, gut geschnitten und mit komplettester Technik versehen. Ein neuzeitliches Ambiente mit viel Glas und klaren Farben empfängt Sie im Restaurant.

Villa Margarete, Fontanestr. 11, ⊠ 17192, ℘ (03991) 62 50, *villamargarete@ring hotels.de*, *Fax (03991) 625100*, 😀, ⇐, 🛥 – 🛗 TV P. – 🔨 35. AE ⓘ MC VISA
Menu à la carte 17/33 – **31 Zim** ⊆ 74/111 – 99/119 – ½ P 18.
• Die Gästezimmer dieser Villa mit Anbau sind allesamt zeitgemäß und wohnlich eingerichtet. Das Prunkstück ist die Suite mit einem aufwändig gestalteten Bad. Neuzeitlich-schlicht gehaltenes Restaurant.

Ingeborg garni, Rosenthalstr. 5, ⊠ 17192, ℘ (03991) 6 13 00, *hotel-ingeborg@t-on line.de*, Fax (03991) 613030 – ⇥ TV P. ⓘ MC VISA. ✄
geschl. 24. Nov. - 28. Dez. – **28 Zim** ⊆ 58 – 83/88.
• Ein sehr gepflegtes und nett geführtes Hotel in Hafennähe. Wenn Sie seefest sind, können Sie an einem Törn auf dem hoteleigenen Jollenkreuzer Ingeborg teilnehmen.

Am Yachthafen garni, Strandstr. 2, ⊠ 17192, ℘ (03991) 6 72 50, *amyachthafen @aol.com*, Fax (03991) 672525, ⇐, 🛥 📞 P. – 🔨 20. ✄
März - 6. Nov. – **18 Zim** ⊆ 65/77 – 84/113.
• Bemerkenswert ist in diesem schön restaurierten Haus von 1831 die Einrichtung : In den Zimmern und Suiten sind massive Stilmöbel von kundiger Hand arrangiert worden.

Stadt Waren garni, Große Burgstr. 25, ⊠ 17192, ℘ (03991) 6 20 80, *info@hotel-s tadt-waren.de*, Fax (03991) 620830, ⇐ – 🛗 TV 🖘 P. AE MC VISA
22 Zim ⊆ 58/80 – 85.
• Die neuzeitliche und wohnlich-funktionelle Einrichtung zieht sich durch das ganze Haus, das von der liebenswürdigen Gastgeberfamilie gut geführt wird.

Paulshöhe, Falkenhäger Weg, ⊠ 17192, ℘ (03991) 1 71 40, *info@hotel-paulshoehe .de*, Fax (03991) 171444, 😀 – TV P. AE MC VISA
Menu à la carte 16/25,50 – **14 Zim** ⊆ 46/56 – 72/79 – ½ P 15.
• Nur 200 Meter vom Ufer der Müritz entfernt liegt das Hotel mit seinen sieben Bungalows. Ihr Zimmer überzeugt mit gutem Platzangebot und einer zeitgemäßen Einrichtung. Restaurant in gediegen-neuzeitlicher Aufmachung.

Gasthof Kegel, Große Wasserstr. 4, ⊠ 17192, ℘ (03991) 6 20 70, *info@gasthof-k egel.de*, Fax (03991) 620714 – TV P. AE MC VISA
Menu à la carte 13/27 – **16 Zim** ⊆ 50/72 – 77.
• Mitten im Zentrum des Ortes liegt das renovierte Haus mit den Holzgauben. Helle, solide eingerichtete Zimmer und familiärer Service tragen zu einem erholsamen Aufenthalt bei. Antike französische Stühle und Tische geben dem Restaurant seine besondere Note.

In Federow Süd-Ost : 9 km :

Gutshaus Federow ✥, Am Park 1, ⊠ 17192, ℘ (03991) 67 49 80, *gutshaus-fed erow@t-online.de*, Fax (03991) 67498100, 😀 – TV 📞 P. MC VISA
geschl. Nov. - März – **Menu** *(geschl. Okt. Montag)* à la carte 14/25 – **16 Zim** ⊆ 52/62 – 84/94.
• Das aus dem 19. Jh. stammende Gutshaus mit der roten Fassade stellt heute eine nette kleine Unterkunft dar. Man verfügt über hübsche, in warmen Farben gestaltete Zimmer. Helle, freundliche Räume und ein angenehm dezentes Dekor prägen das Restaurant.

WAREN (Müritz)

In Klink *Süd-West : 7 km über B 192 :*

🏨 **Schloßhotel Klink** ⚜, Schloßstr. 6, ✉ 17192, ✆ (03991) 74 70, *reservierung@schlosshotel-klink.de, Fax (03991) 747299*, ≤, 🍴, 🍽, 🏊, 🐎 – 📶 📺 🅿 – 🎾 60. 🅰🅴 ⓜ ⓞ 💳 🐾 Rest
Garten Eden : Menu à la carte 35/50,50 – *Madame Medici* (nur Abendessen) Menu à la carte 26/36 – *Ritter-Artus-Keller :* Menu à la carte 21/32,50 – **108 Zim** 🛏 75/100 – 110/140, 5 Suiten – ½ P 22.

• Schön liegt das Schloss aus dem Jahre 1898 an der Müritz. Hier wie auch in der Orangerie beziehen Sie hübsche Zimmer mit viel Komfort. Vornehm : cremefarbene Stühle, Gewölbedecke und Kristall-Lüster im Garten Eden. Im Stil eines Wintergartens : Madame Medici.

In Groß Plasten *Nord-Ost : 12 km - über B 192 und B 194 :*

🏨 **Schloss Groß Plasten** ⚜, Parkallee 36, ✉ 17192, ✆ (039934) 80 20, *information en@schlosshotel-grossplasten.de, Fax (039934) 80299*, 🍴, 🍽, 🏊, 🐎 – 📺 🚗 🅿 – 🎾 50. 🅰🅴 ⓜ ⓞ 💳 🐾 Rest
Menu à la carte 28/46 – **54 Zim** 🛏 75/125 – 90/150 – ½ P 21.

• Das Anwesen mit dem geschmackvollen Rahmen ist ein Herrensitz a. d. J. 1751. Wer das Besondere liebt, wählt eines der individuell gestalteten "Nostalgie-Zimmer". Eine Terrasse am See ergänzt das teils holzvertäfelte Restaurant mit den schweren Polsterstühlen.

Im Müritz-Nationalpark *Süd-Ost : 12 km :*

🏨 **Kranichrast** ⚜, Schwarzenhof, ✉ 17192 Waren, ✆ (03991) 6 72 60, *nationalparkhotel@t-online.de, Fax (03991) 672659*, 🍴, 🍽, Zim, 📺 🅿 – 🎾 30. ⓜ
Menu à la carte 17/33 – **31 Zim** 🛏 56 – 82 – ½ P 16.

• Mitten im Naturschutzgebiet gelegen, bietet dieses Hotel die Möglichkeit zu eindrucksvollen Naturerlebnissen. Sie wohnen in geräumigen, neuzeitlichen Zimmern. Saalartiges Restaurant mit Parkettboden und Panoramafenstern.

WARENDORF Nordrhein-Westfalen 🆕🅰🅱 K 7 – 38 500 Ew – Höhe 56 m.
Ausflugsziel : Freckenhorst : Stiftskirche⋆ (Taufbecken ⋆) Süd-West : 5 km.
🏌 Warendorf, Vohren 41 (Ost : 8 km), ✆ (02586) 17 92.
🅘 Verkehrsverein, Emsstr. 4, ✉ 48231, ✆ (02581) 78 77 00, *verkehrsverein@warendorf.de, Fax (02581) 787711*.
Berlin 443 – Düsseldorf 150 – *Bielefeld* 50 – Münster (Westfalen) 27 – Paderborn 63.

🏨 **Im Engel** ⚜, Brünebrede 35, ✉ 48231, ✆ (02581) 9 30 20, *info@hotel-im-engel.de, Fax (02581) 62726*, 🍴, 🍽, Zim, 📺 🅿 – 🎾 120. 🅰🅴 ⓜ 💳
Menu *(geschl. Sonntag)* à la carte 24/47 🍷 – **22 Zim** 🛏 50/70 – 82/115.

• Seit 1692 befindet sich das traditionsreiche Altstadthaus im Familienbesitz. Die Zimmer dieses Hotels bestechen mit großzügiger Aufteilung und aufwändiger Ausstattung. Stilvoll präsentiert sich das rustikale Restaurant.

🏨 **Mersch,** Dreibrückenstr. 66, ✉ 48231, ✆ (02581) 6 37 30, *info@hotel-mersch.de, Fax (02581) 637340*, 🍴, 🍽 – 🛗, Zim, 📺 📞 🚗 🅿 – 🎾 60. 🅰🅴 ⓜ ⓞ 💳
geschl. Aug. 2 Wochen – Menu *(geschl. Sonntag) (nur Abendessen)* à la carte 24,50/35,50 – **24 Zim** 🛏 65/75 – 92/105.

• Fast am Ortsausgang liegt diese gut geführte und zeitgemäße Übernachtungsadresse. In der nahen Umgebung befinden sich vielfältige Sport- und Freizeiteinrichtungen. Polsterstoffe in warmen Farben unterstreichen die gediegene Atmosphäre im Restaurant.

WARMENSTEINACH Bayern 🆕🆖 Q 19 – 3 000 Ew – Höhe 558 m – Luftkurort – Wintersport : 560/1 024 m ⛷ 7 (Skizirkus Ochsenkopf) 🛷.
🅘 Verkehrsamt, Freizeithaus, ✉ 95485, ✆ (09277) 14 01, Fax (09277) 1613.
Berlin 372 – München 253 – Weiden in der Oberpfalz 73 – Bayreuth 24 – Marktredwitz 27.

🏨 **Krug** ⚜, Siebensternweg 15, ✉ 95485, ✆ (09277) 99 10, *info@hotel-krug.de, Fax (09277) 99199*, ≤, 🍴, 🍽, 🏊, 🐎 – 🛗, Zim, 📺 🅿 – 🎾 25. 🐾 Rest
geschl. 10. Nov. - 4. Dez. – Menu *(geschl. Sonntagabend - Montag)* à la carte 17,50/32 – **30 Zim** 🛏 50/95 – 88/110 – ½ P 13.

• Ein familienfreundliches Hotel, ruhig und am Hang gelegen. Vom einfachen bis zum großzügigen und individuell eingerichteten Zimmer reicht hier die Angebotspalette. Das Restaurant ist teils rustikal, teils modern gestaltet - schöne Terrasse mit Aussicht.

🏠 **Gästehaus Preißinger** ⚜, Bergstr. 134, ✉ 95485, ✆ (09277) 15 54, *pension_preissinger@t-online.de, Fax (09277) 6289*, ≤, 🍽, 🏊, 🐎 – 🅿. ⓜ 🐾 Rest
geschl. Mitte Nov. - Mitte Dez. – Menu *(nur Abendessen)* (Restaurant nur für Hausgäste) – **30 Zim** 🛏 31/38 – 65/74 – ½ P 7.

• Ein sehr gemütlicher Familienbetrieb ! Die Zimmer sind teils schlichter, teils auch etwas aufwändiger mit soliden Landhausmöbeln bestückt und allesamt sehr gut gepflegt.

1453

WARMENSTEINACH

In Warmensteinach-Fleckl *Nord-Ost : 5 km, über Oberwarmensteinach :*

Sport-Hotel Fleckl, Fleckl 5, ✉ 95485, ☎ (09277) 99 90, *voit@sporthotel-fleckl.de*, Fax (09277) 999999, 🛎, 🔲, 🍴 – 📺 🚗 🅿 ❄ Rest
geschl. Anfang Nov. - 20. Dez. – **Menu** *(nur Abendessen)* (Restaurant nur für Hausgäste)
– **19 Zim** ⊇ 45/55 – 75/95, 3 Suiten.
• Ein ländlicher Gasthof mit Anbauten, der schön am Südhang des Ochsenkopfes liegt. Im Inneren finden Sie einfache, aber tadellos gepflegte Zimmer vor.

Berggasthof, Fleckl 20, ✉ 95485, ☎ (09277) 2 70, *krafts-berggasthof@fichtelgebirge.de*, Fax (09277) 1353, 🍴, 🍴 – 📺 🚗 🅿
geschl. Mitte Nov. - Mitte Dez. – **Menu** à la carte 12/19 – **15 Zim** ⊇ 26 – 46/50 – ½ P 9.
• Insbesondere im Stammhaus dieses Gasthofes kann man recht geräumige und nett eingerichtete Zimmer anbieten. Schön ist auch die Lage am Waldrand. Eine Gaststube und ein fast stadelartiger Anbau mit bemalten Deckenbalken bilden das Restaurant.

In Warmensteinach-Oberwarmensteinach *Ost : 2 km :*

Goldener Stern, Oberwarmensteinach 12, ✉ 95485, ☎ (09277) 2 46, *goldener-stern@warmensteinach.de*, Fax (09277) 6314, Biergarten, 🍴 – 📺 🚗 🅿
geschl. Nov. – **Menu** *(geschl. Mittwoch)* à la carte 12/24 – **20 Zim** ⊇ 19/25 – 43/46 – ½ P 9.
• In der Mitte des beschaulichen Dörfchens finden Sie diese familiär geführte Adresse, in der man für seine Gäste gut gepflegte, sehr preiswerte Zimmer bereithält. Die gemütliche Gaststube spiegelt den dörflichen Charakter der Umgebung wider.

WARPE *Niedersachsen siehe Bücken.*

WARSTEIN *Nordrhein-Westfalen* **543** L 9 – *29 000 Ew – Höhe 300 m.*
Berlin 466 – Düsseldorf 149 – Arnsberg 32 – Lippstadt 28 – Meschede 28.

In Warstein-Allagen *Nord-West : 11 km - über B 55 bis Belecke, links ab auf B 516 :*

Haus Püster, (mit Gästehäusern), Marmorweg 27, ✉ 59581, ☎ (02925) 9 79 70, *info@hotel-puester.de*, Fax (02925) 979767, 🍴, Biergarten, 🛎, 🔲 – 📺 ☎ 🅿 – 🛗 20. 🆎 ① 🆎 VISA JCB ❄ Rest
Menu *(nur Abendessen)* à la carte 16,50/29 – **34 Zim** ⊇ 52/57 – 85/98.
• Neuzeitlich eingerichtete Zimmer mit Sitzgruppe und meist mit Balkon oder Terrasse gehören zu den Pluspunkten dieses familiengeführten Landhotels. Ein gepflegtes bürgerliches Ambiente zeichnet das freundlich wirkende Restaurant aus.

In Warstein-Hirschberg *Süd-West : 7 km – Erholungsort :*

Landhotel Cramer, Prinzenstr. 2, ✉ 59581, ☎ (02902) 98 80, *info@landhotel-cramer.de*, Fax (02902) 988260, 🍴, (Fachwerkhaus a.d.J. 1788) – 📺 🅿 – 🛗 30. 🆎 VISA
Menu à la carte 18/31 – **30 Zim** ⊇ 47/55 – 72/85.
• Seit 200 Jahren bürgt dieser große Dorfgasthof für die sprichwörtliche Sauerländer Gastlichkeit. Ihre Unterbringung erfolgt in soliden Zimmern mit Eichenmobiliar. Gemütliche Gaststuben im typischen Sauerländer Stil.

In Rüthen-Kallenhardt *Ost : 6 km, über Suttrop :*

Romantik Hotel Knippschild, Theodor-Ernst-Str. 3, ✉ 59602, ☎ (02902) 8 03 30, *knippschild@romantikhotels.com*, Fax (02902) 803310, 🍴, 🛎, 🍴 – ❄ Zim, 📺 🚗 🅿 – 🛗 35. 🆎 ① 🆎 VISA
Menu *(geschl. Donnerstag - Freitagmittag)* 14 (mittags)/36 à la carte 21/35 – **22 Zim** ⊇ 58/82 – 98/124.
• Das hübsche, blumengeschmückte Fachwerkhaus gefällt mit komfortablen Zimmern, die man in neuzeitlichem Stil eingerichtet und mit guter Technik versehen hat. Rustikales Restaurant mit schweren Holzbalken und soliden Polsterstühlen.

WARTENBERG (KREIS ERDING) *Bayern* **546** U 19 – *3 600 Ew – Höhe 430 m.*
Berlin 577 – München 58 – Regensburg 92 – Landshut 27.

Antoniushof, garni, Fichtenstr. 24, ✉ 85456, ☎ (08762) 7 31 90, *info@antoniushof.info*, Fax (08762) 731955, 🛎, 🔲, 🍴 – 📶 ❄ 📺 ☎ 🅿 🆎 🆎 VISA JCB
17 Zim ⊇ 75/100 – 99/115.
• In einem ruhigen Wohngebiet liegt dieses Haus, das insbesondere durch seine gepflegten Zimmer und die Nähe zum Münchener Flughafen überzeugt. Park- und Shuttleservice.

WARTENBERG (KREIS ERDING)

🏠 **Reiter-Bräu**, Untere Hauptstr. 2, ✉ 85456, ✆ (08762) 7 35 80, service@hotelgasth of-reiter.de, Fax (08762) 735850 – 🏢 🆂 🕿 ⇌ 🅿 🅰🅴 🆅🅸🆂🅰
Menu (geschl. 2. - 25. Aug., Donnerstag, Sonntagabend) (Montag - Freitag nur Abendessen) à la carte 14,50/27,50 – **34 Zim** ⇌ 48 – 75.
• Ein über Jahre gewachsener Brauereigasthof, in dem man in sehr gepflegten, in rustikaler Eiche eingerichteten Gästezimmern übernachtet. Viel dunkles Holz prägt den Charakter der Gaststube.

XXX **Bründlhof** (Garnier), Badstr. 44, ✉ 85456, ✆ (08762) 35 53, info@bruendlhof.de, ❀ Fax (08762) 3247, 🌿 – 🅿 🅰🅴 🆅🅸🆂🅰 🕿
geschl. 27. Dez. - 8. Jan., 3. - 27. Aug., Dienstag - Mittwoch – **Menu** à la carte 38,50/56, ₽.
• Rustikale Bauweise, moderne Bilder und schön gedeckte Tische vereinen sich zu einem behaglichen Ambiente. Aus der Küche kommen feine Köstlichkeiten französischer Art.
Spez. Mit eingelegten Zitronen marinierte Makrele und Tomaten-Tartelette. Variation aus dem Ozean. Kalbsnierchen mit Meaux-Senfsauce

WARTENBERG-ROHRBACH Rheinland-Pfalz 543 R 7 – 500 Ew – Höhe 327 m.
Berlin 637 – Mainz 70 – Mannheim 60 – Kaiserslautern 10.

XX **Wartenberger Mühle** (Scharff) 🌿 mit Zim, Schloßberg 16, ✉ 67681, ✆ (06302)
❀ 9 23 40, martin.scharff@t-online.de, Fax (06302) 923434, 🌿 – 🆂 Zim, 🕿 ⇌ 🅿 🅰🅴 🅾 🆄🅴 🆅🅸🆂🅰 🕿 Zim
Menu (geschl. Jan. 2 Wochen, Montag - Dienstag) (wochentags nur Abendessen) 62/83 à la carte 49/73, ₽ - **Bistro** : Menu à la carte 25,50/36, ₽ – **14 Zim** ⇌ 55/72 – 115.
• In dem Dreiseithof a. d. 16. Jh. bildet das von Säulen getragene Gewölbe des ehemaligen Kuhstalls einen reizvollen Rahmen. Individuell mit Kunstobjekten eingerichtete Zimmer. Im Bistro speisen Sie unter einer freigelegten Ziegeldecke.
Spez. Gänsestopfleber und Granny-Smith Apfel "warm/kalt". Lammrücken mit Zitronensariette und Gewürztomaten. Buttermilchtörtchen mit Himbeeren und Zitronenthymiangelée

WARTMANNSROTH Bayern siehe Hammelburg.

WASSENBERG Nordrhein-Westfalen 543 M 2 – 13 000 Ew – Höhe 70 m.
🞋 Wassenberg, Rothenbach 10 (Nord-West : 5 km), ✆ (02432) 49 05 11.
🅸 Tourist-Service, Kirchstr. 26, ✉ 41849, ✆ (02432) 9 60 60, info@hts-info.de, Fax (02432) 960619.
Berlin 613 – Düsseldorf 57 – Aachen 42 – Mönchengladbach 27 – Roermond 18.

🏠 **Burg Wassenberg**, Auf dem Burgberg 1, ✉ 41849, ✆ (02432) 94 90, burgwassen berg@t-online.de, Fax (02432) 949100, ≤, 🌿, 🆂 – 🆂 Zim, 🕿 ⇌ 🅿 – ⛨ 100.
🅰🅴 🅾 🆄🅴 🆅🅸🆂🅰
geschl. 5. - 20. Jan. – **Menu** (geschl. Juni - Sept. Montag) à la carte 33,50/49 – **31 Zim** ⇌ 90/150 – 140/180.
• Ein Hotel in rotem Backstein in einer alten Burganlage a. d. 16. Jh. Die Zimmer sind meist mit hellen Buchenmöbeln wohnlich und komfortabel gestaltet. Offener Kamin und freigelegte Ziegelwände verbreiten im Restaurant Behaglichkeit.

XX **Lucie's**, An der Windmühle 31, ✉ 41849, ✆ (02432) 23 32, Fax (02432) 49763, Biergarten – 🅿 – ⛨ 100. 🅰🅴 🅾 🆄🅴 🆅🅸🆂🅰
geschl. Montag – **Menu** à la carte 18/39.
• Aus einem alten Waldgasthof wurde ein zeitgemäßes Restaurant, das mit schönen Dielenböden und kräftigen Farben im Landhausstil ansprechend gestaltet wurde.

In Wassenberg-Effeld Nord-West : 6 km :

🏠 **Haus Wilms**, Steinkirchener Str. 3, ✉ 41849, ✆ (02432) 30 71, haus-wilms@t-onlin e.de, Fax (02432) 5982, 🌿 – 🏢 🕿 ⇌ 🅿 – ⛨ 15. 🅾 🆅🅸🆂🅰
Menu à la carte 20/32 – **14 Zim** ⇌ 50/55 – 75/85.
• Nur 500 m von der Grenze zu Holland entfernt liegt dieser gut geführte, sympathische Gasthof. Für seine Gäste hält man gepflegte, individuell eingerichtete Zimmer bereit. Klassisch-stilvolles Mobiliar gibt dem Restaurant einen leicht eleganten Touch.

🏠 **Landhaus Effeld**, Dorfstr. 9, ✉ 41849, ✆ (02432) 2 09 81, landhaus-effeld@t-onli ne.de, Fax (02432) 934484, 🌿, 🆂 – 🕿 🅿 – ⛨ 45. 🅾 🆄🅴 🆅🅸🆂🅰 🕿 Rest
Menu (geschl. Anfang Jan. 1 Woche, April - Sept. Dienstagmittag) (Okt. - März nur Abendessen) à la carte 17/35 – **15 Zim** ⇌ 51 – 77.
• Im Ortskern finden Sie diese kleine Übernachtungsadresse, die ihren Gästen gepflegte, zeitgemäß und praktisch ausgestattete Fremdenzimmer anzubieten hat. Hell und freundlich präsentiert sich das im Landhausstil eingerichtete Restaurant, rustikal die Bierstube.

WASSERBURG AM BODENSEE Bayern 546 X 12 – 3 000 Ew – Höhe 406 m – Luftkurort.

🛈 Verkehrsamt, Rathaus, Lindenplatz 1, ✉ 88142, ℘ (08382) 88 74 74, tourist-info@wasserburg-bodensee.de, Fax (08382) 89042.
Berlin 728 – München 185 – Konstanz 74 – Ravensburg 27 – Bregenz 15.

Walserhof, Nonnenhorner Str. 15, ✉ 88142, ℘ (08382) 9 85 60, hotel-walserhof@t-online.de, Fax (08382) 985610, 🍴, 🍽, 🔲, ⚓, ☞ – 📵 TV P 15.
geschl. Mitte Jan. - Mitte Feb. – **Menu** (geschl. 7. Jan. - 25. Feb., Nov. - März Montag - Dienstag) à la carte 15/36 – **28 Zim** ⊑ 40/62 – 82 – ½ P 15.
• Die meisten Zimmer dieses familiengeführten Hotels wurden mit behaglichen, soliden Schreinermöbeln ausgestattet. Etliche sind mit Balkon oder Dachgarten versehen. Das Restaurant ist teils bürgerlich, teils im alpenländischen Stil eingerichtet.

Lipprandt 🍴, Halbinselstr. 63, ✉ 88142, ℘ (08382) 9 87 60, hotel.lipprandt@t-online.de, Fax (08382) 887245, 🍴, 🍽, 🔲, ⚓, ☞ – TV 📞 ⇔ P 🔘 VISA JCB. 🍽 Rest
Menu (geschl. 6. Nov. - 20. Dez.) (nur Abendessen) (Restaurant nur für Hausgäste) – **36 Zim** ⊑ 49/65 – 90/100.
• Direkt auf der Wasserburger Halbinsel liegt diese Urlaubsadresse. Hübsche Zimmer - meist mit Balkon und Seeblick - sowie ein gutes Freizeitangebot sprechen für dieses.

Pfälzer Hof, Lindenplatz 3, ✉ 88142, ℘ (08382) 98 85 30, info@pfaelzer-hof-wasserburg.de, Fax (08382) 9885313, 🍴 – TV ⇔ P 🔘 VISA JCB
Menu (geschl. Nov. - März, Mittwoch) à la carte 15/25 – **10 Zim** ⊑ 40/45 – 60/76 – ½ P 12.
• Schon seit vielen Jahren befindet sich dieses Haus in Familienbesitz. Alles hier ist bestens gepflegt und die Atmosphäre ist familiär und freundlich. Schlicht und rustikal zeigt sich die Einrichtung im unterteilten Restaurant.

In Wasserburg-Hege West : 1,5 km, ahe der B 31 :

Gierer, ✉ 88142, ℘ (08382) 9 87 20, info@hotel-gierer.de, Fax (08382) 987213, 🍴, 🍽, 🔲, – 📵 TV ⇔ P – 🛁 70
Menu à la carte 21,50/39,50 – **64 Zim** ⊑ 47/69 – 59/106 – ½ P 17.
• Solide, meist komfortable Gästezimmer, ein ansprechendes Frühstücksbuffet und eine nette Badelandschaft sprechen für diese traditionsreiche Adresse. Weinstube mit liebevoll eingerichteten Nischen und gemütlichem Kaminzimmer.

WASSERBURG AM INN Bayern 546 V 20 – 12 000 Ew – Höhe 427 m.

Sehenswert : Inn-Brücke : ≤★ – Heimatmuseum★.
🏌 🏌 Pfaffing (West : 7 km), Köckmühle 132, ℘ (08076) 9 16 50.
🛈 Verkehrsamt, Marienplatz 2 (Rathaus), Eingang Salzsenderzeile, ✉ 83512, ℘ (08071) 1 05 22, touristik@stadt-wasserburg.de, Fax (08071) 10521.
Berlin 629 – München 53 – Bad Reichenhall 77 – Rosenheim 31 – Salzburg 88 – Landshut 64.

Weisses Rössl, Herrengasse 1, ✉ 83512, ℘ (08071) 5 02 91, 🍴
geschl. 31. Mai - 13. Juni, 27. Aug. - 10. Sept., Sonntagabend - Dienstag – **Menu** 12,50 (mittags) à la carte 26/32,50.
• Hinter der bemalten Fassade des historischen Stadthauses können Sie in einer rustikalen Stube Platz nehmen und sich mit einer verfeinerten bürgerlichen Küche verwöhnen lassen.

WASSERTRÜDINGEN Bayern 546 S 15 – 6 000 Ew – Höhe 420 m.

Berlin 494 – München 154 – Nürnberg 67 – Nördlingen 26 – Ansbach 34.

Zur Ente, Dinkelsbühler Str. 1, ✉ 91717, ℘ (09832) 70 89 50, hzehummel@aol.com, Fax (09832) 7089555, 🍴, 🍽 – ⚓ Zim, TV ⇔ P – 🛁 20. 🔘 VISA
Menu à la carte 13/22,50 – **28 Zim** ⊑ 43/45 – 68.
• Ein rötlicher Fachwerkbau mit grünen Fensterläden und ein moderner Hotelanbau fügen sich harmonisch zusammen. Die Zimmer sind mit praktischen, grauen Möbeln bestückt. Im alten Teil des Anwesens befindet sich das gemütliche Restaurant.

WASUNGEN Thüringen 544 O 15 – 4 000 Ew – Höhe 280 m.

Berlin 373 – Erfurt 82 – Eisenach 40 – Meiningen 13.

Burg Maienluft 🍴, Maienluft 1, ✉ 98634, ℘ (036941) 78 40, hotel-burg-maienluft@t-online.de, Fax (036941) 78450, ≤, 🍴, – TV 📞 ⇔ – 🛁 35. 🍽 Zim
geschl. 5. - 23. Jan. – **Menu** (geschl. Montag) à la carte 14/27 – **13 Zim** ⊑ 36/46 – 65/90.
• In schöner, erhöhter Lage bietet das ehemalige Wirtschaftsgebäude der Burg heute Gästen gepflegte Zimmer, die mit gekalkten Eichenmöbeln eingerichtet sind. Im Restaurant unterstreichen Säulen und klassisches, dunkles Holzmobiliar den Charakter des Hauses.

WEDEL Schleswig-Holstein 541 F 13 – 32 000 Ew – Höhe 2 m.
  Sehenswert : *Schiffsbegrüßungsanlage beim Schulauer Fährhaus* ≤ ★.
  ⓖ ⓖ Holm, Haverkamp 1 (Süd-West : 11 km), ℰ (04103) 9 13 30.
  Berlin 304 – Kiel 106 – Hamburg 19 – Bremen 126 – Hannover 170.

  🏨 **Wedel** garni (mit Gästehäusern), Pinneberger Str. 69, ✉ 22880, ℰ (04103) 9 13 60, *hotel-pension-wedel@t-online.de*, Fax (04103) 913613, ⇔ – 🛗 TV 📞 P. AE ① ⓜⓞ VISA. 🛇
    geschl. 23. Dez. - 3. Jan. – **25 Zim** ⌂ 60/76 – 82/92, 8 Suiten.
    ♦ An einer ruhigen Stichstraße liegen die verschiedenen Häuser dieses Hotels. Die Zimmer sind geräumig und solide eingerichtet, einige sind auch für Langzeitgäste geeignet.

  🏨 **Diamant** garni, Schulstr. 4, ✉ 22880, ℰ (04103) 70 26 00, *info@hoteldiamant.de*, Fax (04103) 702700 – 🛗 ≒ TV 📞 🛪 ⇔ – 🏛 20. AE ① ⓜⓞ VISA JCB
    39 Zim ⌂ 74/84 – 92/99.
    ♦ Zu den Vorzügen dieses Hauses gehören die hellen, zeitlos ausgestatteten Zimmer sowie ein appetitliches und reichhaltiges Frühstücksbuffet.

  🏛 **Freihof am Roland**, Am Marktplatz 6, ✉ 22880, ℰ (04103) 12 80, *info@freihof.de*, Fax (04103) 3294, 🌿, ⇔ – 🛗, ≒ Zim, TV P. 🏛 30. AE ⓜⓞ VISA
    Menu *(geschl. Montag - Freitagmittag)* à la carte 19/31 – ⌂ 7 – **43 Zim** 49/70 – 69/89.
    ♦ Seit 1532 trägt das Anwesen den Titel "Freihof". Der Gasthof mit Anbauten präsentiert sich als ordentliche Übernachtungsadresse mit praktisch, zeitgemäßen Zimmern. Bürgerlich-rustikal gestaltetes Restaurant.

WEGBERG Nordrhein-Westfalen 543 M 2 – 26 000 Ew – Höhe 60 m.
  ⓖ Schmitzhof, Arsbecker Str. 160 (West : 7 km), ℰ (02436) 3 90 90 ; ⓖ Wildenrath, Friedrich-List-Allee, (Süd-West : 8 km), ℰ (02432) 8 15 00.
  Berlin 605 – Düsseldorf 46 – Erkelenz 9,5 – Mönchengladbach 16.

  🍴 **Ophover Mühle**, Forst 14, ✉ 41844, ℰ (02434) 2 41 86, *ellen.gande@web.de*, Fax (02434) 24317, 🌿
    geschl. über Karneval 2 Wochen, Okt. 2 Wochen, Dienstag – **Menu** *(nur Abendessen)* à la carte 15/27.
    ♦ Hier können Sie noch echte Mühlenromantik erleben : Das gut erhaltene Mahlwerk a. d. J. 1659 dient heute nicht mehr zum Broterwerb, sondern als Dekoration im Restaurant.

In Wegberg-Rickelrath *Nord : 3 km :*

  🍴🍴 **Molzmühle** 🌲 mit Zim, Im Bollenberg 41, ✉ 41844, ℰ (02434) 9 97 70, *molzmuehle@yahoo.de*, Fax (02434) 25723, 🌿 – P. – 🏛 20. AE ⓜⓞ VISA
    geschl. Feb. 1 Woche – **Menu** *(geschl. Montag - Dienstag)* à la carte 21/40 – **8 Zim** ⌂ 50/75 – 100/140.
    ♦ Ruhig liegt diese schöne alte Ölmühle a. d. J. 1627 in einem malerischen Waldstück. Ein Mahlwerk ziert das Interieur und erhält den ursprünglichen Charakter des Gebäudes.

In Wegberg-Tüschenbroich *Süd-West : 2 km :*

  🍴🍴 **Tüschenbroicher Mühle**, Gerderhahner Str. 1, ✉ 41844, ℰ (02434) 42 80, *service@tueschenbroicher-muehle.de*, Fax (02434) 25917, 🌿 – P. – 🏛 20
    geschl. Montag – **Menu** à la carte 26,50/40,50.
    ♦ Ein schön am Weiher gelegenes Restaurant mit Blick aufs Wasserschloss. In dem klassisch gestalteten Raum sorgt eine ständig wechselnde Bilderausstellung für optische Reize.

WEHINGEN Baden-Württemberg 545 V 10 – 3 100 Ew – Höhe 777 m.
  Berlin 731 – Stuttgart 100 – Konstanz 83 – Villingen-Schwenningen 40 – Sigmaringen 46.

  🏛 **Café Keller** (mit Gästehaus), Bahnhofstr. 5, ✉ 78564, ℰ (07426) 9 47 80, *info@hotelkeller.de*, Fax (07426) 947830, 🌿, 🌲 – TV ⇔ P. AE ⓜⓞ VISA
    Menu *(geschl. Freitag, Samstagabend)* à la carte 14,50/34 – **28 Zim** ⌂ 51/58 – 76/79.
    ♦ Dort, wo die Schwäbische Alb am höchsten ist, liegt diese familiäre Unterkunft. Fragen Sie nach den neuen Zimmern im Gästehaus, die mit Naturholz modern ausgerüstet wurden. Typisches Café-Restaurant mit großer Kuchenauswahl und bürgerlicher Karte.

WEHR Baden-Württemberg 545 X 7 – 13 600 Ew – Höhe 365 m.
  🅱 Kultur- und Verkehrsamt, Hauptstr. 14, ✉ 79664, ℰ (07762) 8 08 88, Fax (07762) 80873.
  Berlin 832 – Stuttgart 216 – Freiburg im Breisgau 64 – Lörrach 22 – Bad Säckingen 11 – Todtmoos 17 – Basel 31.

  🏛 **Landgasthof Sonne** 🌲 (mit Gästehaus), Enkendorfstr. 38, ✉ 79664, ℰ (07762) 5 31 11, Fax (07762) 7321, 🌿, 🌲 – TV P. ⓜⓞ VISA
    Menu *(geschl. 1. - 15. Juni, Montag)* à la carte 17,50/26 – **21 Zim** ⌂ 36/40 – 57.
    ♦ Ein gewachsener Gasthof mit neu erbautem Gästehaus. Dort finden Sie auch die geräumigeren Zimmer, denen mit neuzeitlicher Ausstattung ein wohnliches Gesicht gegeben wurde. Ganz mit Holz vertäfelt : die gemütlich-rustikalen Gaststuben.

WEHR

Klosterhof ⌂, Frankenmatt 8 (beim Schwimmbad), ✉ 79664, ✆ (07762) 5 20 90, *klosterhof.wehr@arcormail.de*, Fax (07762) 520915, ☕ – 🛗, 🚭 Zim, 📺 🅿
Menu *(geschl. Feb., Sonntagabend, Freitag)* à la carte 22,50/42 – **40 Zim** ⌂ 41/49 – 55/72.
• Gleich beim Freibad finden Sie diese familiäre Adresse. Die Zimmer sind teils im Landhausstil, teils mit Kirschmöbeln eingerichtet - stets funktionell und gepflegt. Blickfang im Restaurant ist das große Meerwasser-Aquarium.

WEIBERSBRUNN Bayern 546 Q 12 – 2 000 Ew – Höhe 354 m.
Berlin 558 – München 337 – *Würzburg* 59 – Aschaffenburg 19.

Brunnenhof, Hauptstr. 231, ✉ 63879, ✆ (06094) 3 64, *hotel@brunnenhof-spessar t.de*, Fax (06094) 1064, ☕, ☁ – 🛗 📺 🅿 – 🔒 80. 🆎 ⓜ 𝕍𝕀𝕊𝔸
Menu à la carte 15,50/33,50 – **49 Zim** ⌂ 45/64 – 72/83.
• Umgeben von Wiesen und Wäldern und doch verkehrsgünstig in der Nähe der Autobahn liegt dieses Hotel, das auch gern von Reisegruppen besucht wird. Großer, mehrfach unterteilter Restaurantbereich.

WEICHERING Bayern 546 T 17 – 1 500 Ew – Höhe 372 m.
Berlin 532 – München 91 – *Augsburg* 64 – Ingolstadt 14.

Landgasthof Vogelsang ⌂, Bahnhofstr. 24, ✉ 86706, ✆ (08454) 9 12 60, *vog elsang@weichering-web.de*, Fax (08454) 8171, ☕, Biergarten – 📺 🅿 – 🔒 110. 🚭
geschl. 1. - 5. Jan. – **Menu** *(geschl. Donnerstag)* à la carte 11/21 – **14 Zim** ⌂ 30 – 51.
• Tradition wird in diesem Landgasthof seit 1895 gepflegt. Die überschaubare Zimmerzahl und der persönliche Service gehören zu den Vorzügen des Hauses. Das Restaurant hat den Charakter einer ländlichen Gaststube - mit Stammtisch.

WEIDA Thüringen 544 N 20 – 9 900 Ew – Höhe 312 m.
Berlin 257 – Erfurt 91 – Gera 12 – Chemnitz 89 – Plauen 44.

In Wünschendorf-Pösneck *Nord-Ost : 8 km :*

Pension Müller ⌂ garni, Pösneck 12, ✉ 07570, ✆ (036603) 84 00, *pensionmuelle r@freenet.de*, Fax (036603) 84010 – 🚭 📺 ♿ 🅿
10 Zim ⌂ 35 – 51.
• Eine kleine, gepflegte Adresse mit solide möblierten Zimmern. Ferienangebot der angeschlossenen Fahrschule : Führerschein in 2 bis 3 Wochen während des Urlaubs.

WEIDEN IN DER OBERPFALZ Bayern 546 Q 20 – 43 500 Ew – Höhe 397 m.
🏌 Luhe-Wildenau, Klaus-Conrad-Allee 1 (Süd : 10 km), ✆ (09607) 9 20 20.
🅱 *Tourist-Information*, Dr.-Pfleger-Str. 17, ✉ 92637, ✆ (0961) 4 80 82 50, Fax (0961) 4808251.
ADAC, Bürgermeister-Prechtl-Str. 21.
Berlin 406 ① – München 204 ④ – Bayreuth 64 ① – Nürnberg 100 ④ – Regensburg 82 ③

Stadtplan siehe gegenüberliegende Seite

Admira, Brenner-Schäffer-Str. 27, ✉ 92637, ✆ (0961) 4 80 90, *mail@hotel-admira. com*, Fax (0961) 4809666, ☕, ☁ – 🛗, 🚭 Zim, 📺 ☏ ♿ ⚡ 🅿 – 🔒 35. 🆎 ⓞ ⓜ 𝕍𝕀𝕊𝔸 𝕁𝔸𝔹 BZ a
Menu *(geschl. Samstagmittag)* à la carte 31,50/41,50 – **104 Zim** ⌂ 80 – 100.
• Dieses großzügige Hotel überzeugt seine Besucher mit wohnlichen Zimmern und elegant angehauchten Suiten. Beste Tagungsmöglichkeiten durch die Anbindung an das Kongresszentrum. Warme Terrakottatöne erzeugen im Restaurant ein behagliches Ambiente.

Klassik Hotel am Tor garni, Schlörplatz 1a, ✉ 92637, ✆ (0961) 4 74 70, *mail@kl assikhotel.de*, Fax (0961) 4747200, ☁ – 🛗 🚭 📺 ☏ ♿ 🅿. 🆎 ⓜ 𝕍𝕀𝕊𝔸 BZ m
40 Zim ⌂ 67/79 – 97/105.
• Direkt am alten Stadttor bietet man seinen Gästen hier die Möglichkeit, komfortables Wohnen mit historischem Ambiente zu verbinden. Besonders hübsch : das Romantik-Zimmer.

Europa, Frauenrichter Str. 173, ✉ 92637, ✆ (0961) 67 07 10, *info@hotel-europa-w eiden.de*, Fax (0961) 6707114, ☕ – 🛗 📺 ⚡ 🅿 – 🔒 40. 🆎 ⓜ 𝕍𝕀𝕊𝔸 AX b
Menu *(geschl. Sonn- und Feiertage) (nur Abendessen)* à la carte 25,50/36,50 – **24 Zim** ⌂ 58 – 85.
• Nach einer umfassenden Renovierung überzeugt dieses gastliche Haus mit neuzeitlich und funktionell ausgestatteten Zimmern, Pflege und Sauberkeit. Weiß als dominierende Farbe sowie zurückhaltende Eleganz prägen das Restaurant.

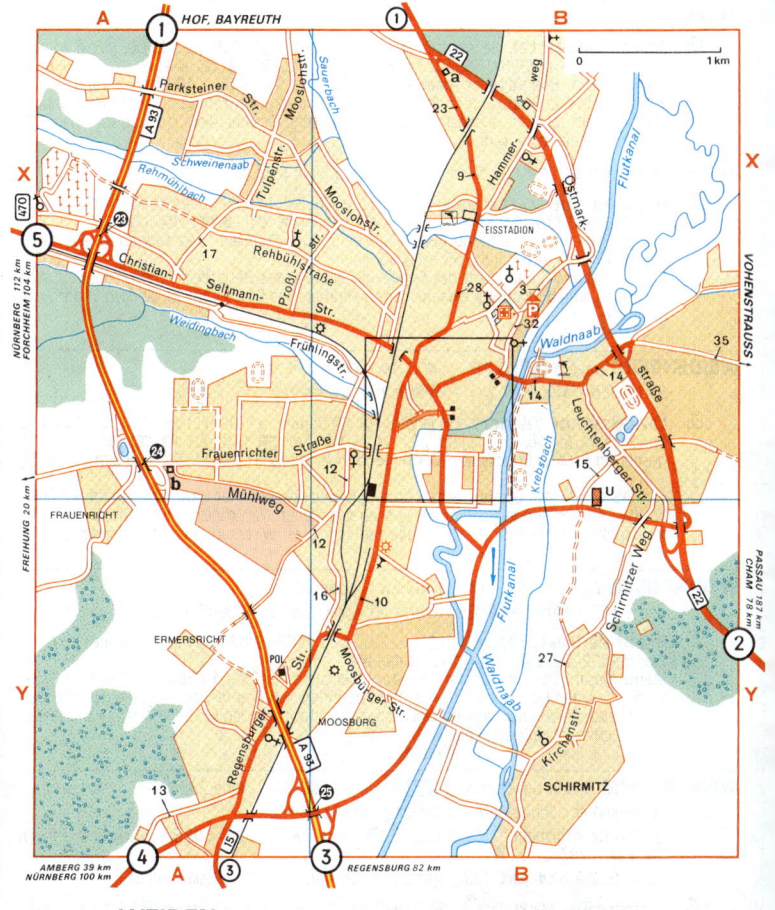

WEIDEN IN DER OBERPFALZ

Am Langen Steg	**BX** 3
Bürgermeister-Prechtl-Straße	**BZ** 7
Christian-Seltmann-Straße	**BZ** 8
Dr.-Martin-Luther-Straße	**BX** 9
Dr.-Seeling-Straße	**BY** 10
Ermersrichter Straße	**BXY** 12
Etzenrichter Straße	**AY** 13
Friedrich-Ebert-Straße	**BXZ** 14
Hetzenrichter Weg	**BX** 15
Hinterm Rangierbahnhof	**BY** 16
Joseph-Haas-Straße	**AX** 17
Landgerichtsstraße	**BZ** 18
Ledererstraße	**BZ** 20
Max-Reger-Straße	**BZ** 21
Neustädter Straße	**BX** 23
Nikolaistraße	**BZ** 24
Oberer Markt	**BZ** 25
Postkellerstraße	**BY** 27
Prinz-Ludwig-Straße	**BX** 28
Schulgasse	**BZ** 31
Sebastianstraße	**BYZ** 32
Unterer Markt	**BZ** 34
Vohenstrußer Straße	**BX** 35
Wörthstraße	**BZ** 36

1459

WEIDEN IN DER OBERPFALZ

Advantage-Hotel, Neustädter Str. 46, ✉ 92637, ✆ (0961) 38 93 00, info@advantage-hotel.de, Fax (0961) 3893020, 🍽 – 📺 📶 🅿. 🅰🅴 ⓘ 🆆 💳 BX a
Menu (geschl. Sonntag)(nur Abendessen) à la carte 14/28,50 – **18 Zim** ☐ 45/57 – 65.
♦ Am nördlichen Stadtrand finden Sie diesen familiengeführten Gasthof mit Hotelanbau. Man verfügt über gut ausgestattete und praktische Zimmer. Teils rustikal, teils klassisch eingerichtetes Restaurant.

In Weiden-Oberhöll über ② : 7 km auf B 22, nach 3 km links ab :

Hölltaler Hof 🌿, Oberhöll 2, ✉ 92637, ✆ (0961) 4 70 39 40, info@hoelltaler-hof.de, Fax (0961) 45339, 🍽, 🌿, 🗝 Zim, 📺 📶 🅿. 🅰🅴 ⓘ 🆆 💳 JCB
geschl. 20. - 30. Dez. – **Menu** (geschl. 20. - 30. Aug., Sonntag - Montagmittag) à la carte 12/26,50 – **23 Zim** ☐ 35/55 – 60/85.
♦ Einsam am Waldrand liegt das familiengeführte Hotel. Besonders empfehlenswert sind die neuen, im Landhausstil eingerichteten Zimmer. Das Restaurant ist ländlich in der Aufmachung.

WEIDENBERG Bayern 546 Q 19 – 5 400 Ew – Höhe 463 m.
Berlin 368 – München 244 – Weiden in der Oberpfalz 53 – Bayreuth 15.

Landgasthof Kilchert, Lindenstr. 14, ✉ 95466, ✆ (09278) 99 20, info@landgasthof-kilchert.de, Fax (09278) 992222, 🌿, 🗝 Zim, 📺 📶 🅿. 🅰🅴 ⓘ 🆆 💳
geschl. Ende Okt. - Ende Nov. – **Menu** (geschl. Montag) à la carte 16/29 – **16 Zim** ☐ 28/35 – 70.
♦ 1745 wurde der Gasthof erbaut und befindet sich seit vier Generationen im Familienbesitz. Tadellos gepflegte Zimmer, mit verschiedenen Naturhölzern möbliert. Die gemütlich-fränkisch eingerichtete Gaststube hat sich ihren Wirtshauscharakter bewahrt.

WEIDHAUSEN Bayern 546 P 17 – 3 200 Ew – Höhe 289 m.
Berlin 369 – München 286 – Coburg 19 – Bayreuth 53 – Bamberg 51.

Braunes Ross, Kappel 1, ✉ 96279, ✆ (09562) 9 82 80, mail@braunes-ross.de, Fax (09562) 982888 – 🛗 📺 📶 🅿. 🆆 💳
Menu (geschl. Aug. 2 Wochen, Dienstag) à la carte 11/23 – **18 Zim** ☐ 39/41 – 56/59.
♦ Im modernen Hotelanbau des Gasthofs befinden sich Fremdenzimmer, die mit zeitlosen Kirschholzmöbeln ansprechend wohnlich eingerichtet worden sind. Der Restaurantbereich ist schlicht-rustikal gestaltet.

WEIKERSHEIM Baden-Württemberg 545 R 13 – 7 600 Ew – Höhe 230 m – Erholungsort.
Sehenswert : Schloss (Ausstattung★★, Rittersaal★★).
🛈 Tourist Information, Marktplatz 7, ✉ 97990, ✆ (07934) 1 02 55, info@weikersheim.de, Fax (07934) 10258.
Berlin 522 – Stuttgart 128 – Würzburg 40 – Ansbach 67 – Heilbronn 86.

Laurentius, Marktplatz 5, ✉ 97990, ✆ (07934) 9 10 80, info@hotel-laurentius.de, Fax (07934) 910818, 🍽 – 🛗, 🗝 Zim, 📺 📶 🅿. 🅰🅴 ⓘ 🆆 💳
Menu (geschl. Jan. - Feb., Montag - Dienstag)(wochentags nur Abendessen) 28/75 und à la carte, ♀ – **Brasserie** (geschl. Feb., Dienstag) **Menu** à la carte 21/32 – **11 Zim** ☐ 60/68 – 89/98 – ½ P 20.
♦ Direkt am Marktplatz erwarten den Gast hinter hübscher, gelber Fassade nette Zimmer, die mit italienischen Stilmöbeln bestückt und tadellos gepflegt sind. Im schönen Gewölbekeller liegt das Restaurant mit der einsehbaren Küche. Moderne Brasserie.

Grüner Hof, Marktplatz 10, ✉ 97990, ✆ (07934) 2 52, Fax (07934) 3056, 🍽 – 🆆. 🗝 Zim
geschl. 15. Jan. - 1. März – **Menu** (geschl. Montag) à la carte 17/22 – **22 Zim** ☐ 40/44 – 68/70.
♦ Der Gasthof fügt sich malerisch in das von Barock und Renaissance geprägte Ensemble des Marktplatzes ein. Die Zimmer sind einheitlich mit soliden Möbeln eingerichtet. Bürgerlich-rustikale Gaststuben.

In Tauberrettersheim Bayern - Nord-Ost : 4 km Richtung Rothenburg :

Zum Hirschen, Mühlenstr. 1, ✉ 97285, ✆ (09338) 3 22, landgasthof-hirschen@t-online.de, Fax (09338) 8217, 🍽, 🍳, 🌿 – 📶 🅿.
geschl. 7. Jan. - 1. Feb., 7. - 17. Sept. – **Menu** (geschl. 24. Nov. - 4. Dez., Mittwoch) à la carte 14,50/19 – **12 Zim** ☐ 27/33 – 53/62.
♦ Direkt an der Tauber und ihrer historischen Bruchsteinbrücke liegt dieser typische Dorfgasthof. Hier finden Sie gut gepflegte Zimmer und die Atmosphäre eines Familienbetriebs. Viel Holz gibt dem Gastraum seinen ländlichen Charakter.

WEIL Bayern 546 V 16 – 2 900 Ew – Höhe 573 m.
Berlin 605 – München 54 – Augsburg 34 – Landsberg am Lech 10.

In Weil-Pestenacker Nord-Ost : 7 km :

Post, Hauptstr. 22, ✉ 86947, ℘ (08195) 2 77, Fax (08195) 1677, Biergarten,
geschl. 23. Dez. - 7. Jan., 25. Aug. - 10. Sept. – **Menu** (geschl. Montag - Dienstag) à la carte 14,50/24,50 – **16 Zim** ⊇ 16/23 – 32/44.
◆ Seit dem Jahre 1859 bewirtschaftet dieselbe Familie diesen schmucken Gasthof. Sie finden hier einfache, aber tadellos gepflegte Zimmer zu besonders günstigen Preisen. Stammgäste schätzen den schlicht-rustikalen Rahmen und die bodenständige Küche.

WEIL AM RHEIN Baden-Württemberg 545 X 6 – 26 000 Ew – Höhe 260 m.
Berlin 860 – Stuttgart 261 – Freiburg im Breisgau 67 – Basel 7,5 – Lörrach 5.

Atlas Hotel, Alte Str. 58 (nahe der BAB-Abfahrt Weil am Rhein), ✉ 79576, ℘ (07621) 70 70, info@atlas-hotel.de, Fax (07621) 707650, 🛋 – 🛗, ☆ Zim, ☰ Zim, 📺 ✆ 🅿 – 🔏 80. ᴀᴇ ⓞ ᴍ◎ 𝗩𝗜𝗦𝗔
Menu à la carte 30,50/47 – **160 Zim** ⊇ 105/115 – 128/141.
◆ Funktionelle Gästezimmer und ein gut ausgestatteter Tagungsbereich sind die Pluspunkte dieses neuzeitlichen Hotels, das so verkehrsgünstig im Dreiländereck liegt.

Schwanen, Hauptstr. 121, ✉ 79576, ℘ (07621) 7 10 47, info@schwanen-weil.de, Fax (07621) 793065, 🌳 – 📺 ✆ 🅿 – 🔏 100. ᴀᴇ ᴍ◎ 𝗩𝗜𝗦𝗔
Menu (geschl. Mittwoch - Donnerstag) à la carte 23/38 – **19 Zim** ⊇ 62/85 – 90/125.
◆ Seit 1906 pflegt Familie Ritter hier die alte Markgräfler Gastlichkeit. Stammhaus und neu erbautes Gästehaus überzeugen mit zeitgemäßer Einrichtung und sympathischem Ambiente. Unterteilte Gaststuben in ländlich-gemütlicher Aufmachung.

Ott's Hotel Leopoldshöhe, Müllheimer Str. 4, ✉ 79576, ℘ (07621) 9 80 60, otts-hotel-leopoldshoehe@t-online.de, Fax (07621) 9806299, 🌳, 🛋, 🏊 – 🛗 📺 ✆ 🛄 🅿. ᴀᴇ ⓞ ᴍ◎ 𝗩𝗜𝗦𝗔
Menu (geschl. 2. - 20. Jan., Sonn- und Feiertage) à la carte 19/43,50 ⓑ – **40 Zim** ⊇ 60 – 90.
◆ Nur drei Kilometer vom Messezentrum Basel entfernt liegt das gut geführte Gasthaus mit Anbau, das Ihnen solide und wohnlich eingerichtete Zimmer bietet. Bürgerlich-gediegen zeigt sich der Restaurantbereich.

Adler (Wöhrle) (mit Gästehaus), Hauptstr. 139, ✉ 79576, ℘ (07621) 9 82 30, adler-weil@t-online.de, Fax (07621) 75676, 🌳 – 📺 🅿. ᴍ◎ 𝗩𝗜𝗦𝗔
Menu (geschl. Anfang - Mitte Jan., Anfang - Mitte Aug., Sonntag - Montag) (Tischbestellung ratsam) 28 (mittag)/90 à la carte 45/81 ⓑ – **Spatz** (geschl. Anfang - Mitte Jan., Anfang - Mitte Aug., Sonntag - Montag) **Menu** à la carte 22/39, ♀ – **25 Zim** ⊇ 55/65 – 85/125.
◆ Eine Einrichtung aus dunklem Holz und elegant eingedeckte Tische bilden den Rahmen für eine klassische französische Küche, die mit badischem Charme dargeboten wird. Der Spatz ist ein gepflegtes Kellerrestaurant mit rustikaler Atmosphäre.
Spez. Guglhupf von der Gänseleber im Muskatellersülze. Kabeljau mit Osietra-Kaviar und Topinamburpüree. Rehbockrücken mit Pilzen und Maronen

Zur Krone (mit Zim. und Gästehaus), Hauptstr. 58, ✉ 79576, ℘ (07621) 7 11 64, hechler@kroneweil.de, Fax (07621) 78963, (Landgasthof a.d.J. 1571) – 📺 🅿. ᴀᴇ ⓞ ᴍ◎ 𝗩𝗜𝗦𝗔
Menu (geschl. Montagabend - Dienstag) (Tischbestellung ratsam) 14 (mittags) à la carte 21,50/59 – **12 Zim** ⊇ 48/75 – 68/95.
◆ Dem traditionsreichen Charakter des Gasthauses entsprechend ist die Gaststube gemütlich eingerichtet und versprüht typisch südbadisches Flair.

In Weil-Haltingen Nord : 3 km über B 3 :

Rebstock, Große Gaß 30, ✉ 79576, ℘ (07621) 96 49 60, rebstock-haltingen@t-online.de, Fax (07621) 9649696, 🌳 – 📺 ✆ 🅿. ᴀᴇ ᴍ◎ 𝗩𝗜𝗦𝗔
Menu (geschl. Ende Aug. - Anfang Sept.) 12 (mittags) à la carte 23/46 – **16 Zim** ⊇ 68 – 103.
◆ Nach einer gründlichen Renovierung im Jahre 2000 zeigt sich der hübsche Landgasthof im neuen Gewand. Es erwarten Sie wohnliche Zimmer, teils auch mit Balkon. Gepflegtes Restaurant mit ländlichem Touch.

Krone (mit Gästehaus), Burgunderstr. 21, ✉ 79576, ℘ (07621) 6 22 03, krone-haltingen@t-online.de, Fax (07621) 63354, 🌳, 🐎 – ☆ Zim, 📺 ✆ 🛄 🅿. ᴀᴇ ᴍ◎ 𝗩𝗜𝗦𝗔 ᴊᴄʙ
Menu (Dienstag - Donnerstag nur Abendessen) à la carte 15,50/46,50 – **26 Zim** ⊇ 55/95 – 100/120.
◆ Ein blumengeschmückter Gasthof mit modernem Gästehaus. Die Zimmer im Neubau überzeugen durch ihre neuzeitlich-funktionelle Ausstattung und guten Zuschnitt. Viel Holz und ein Kachelofen geben dem Restaurant den Charme einer badischen Stube.

WEIL AM RHEIN

In Weil-Märkt Nord-West : 5 km, über B 3, in Eimeldingen links ab :

XX **Zur Krone** mit Zim, Rheinstr. 17, ✉ 79576, ℰ (07621) 6 23 04, krone.maerkt@t-onl
ine.de, Fax (07621) 65350, ㉇ – TV P.
geschl. Feb. 2 Wochen, Sept. 2 Wochen – **Menu** (geschl. Montag - Dienstag) à la carte
20/42,50 – **9 Zim** ⇌ 49/53 – 75.
• Im gediegen-rustikalen Ambiente der unterteilten Gaststube serviert Ihnen ein freundliches Team unter anderem auf heimischen Fisch spezialisierte Küche.

WEILBACH Bayern 546 Q 11 – 2 100 Ew – Höhe 166 m.
Berlin 573 – München 353 – Würzburg 76 – Frankfurt am Main 79 – Heilbronn 87 – Mannheim 84.

In Weilbach-Ohrnbach Nord-West : 8 km, über Weckbach :

🏠 **Zum Ohrnbachtal** ॐ, Ohrnbach 5, ✉ 63937, ℰ (09373) 14 13, gasthof.ohrnbach
tal@t-online.de, Fax (09373) 4550, ㉇, ⇌s, ⬜, ⛟, ※ – TV P. ⓜ VISA.
ॐ Zim
Menu (geschl. Mittwoch, Nov. - März Dienstagabend - Mittwoch) à la carte 15,50/30 –
23 Zim ⇌ 40/50 – 76.
• Besonders schön ist die ruhige Lage dieses Hauses zwischen Wiesen und Wäldern. Für Ihre Unterbringung stehen solide eingerichtete Zimmer mit Balkon bereit. Die Gaststuben sind holzverkleidet und strahlen ländliche Gemütlichkeit aus. Idyllische Terrasse.

WEILBURG Hessen 543 O 8 – 13 500 Ew – Höhe 172 m – Luftkurort.
Sehenswert : Lage★.
🛈 Tourist-Information, Mauerstr. 6, ✉ 35781, ℰ (06471) 3 14 67, tourist-info@weilbu
rg.de, Fax (06471) 7675.
Berlin 530 – Wiesbaden 72 – Frankfurt am Main 61 – Limburg an der Lahn 22 – Gießen 40.

🏨 **Lahnschleife**, Hainallee 2, ✉ 35781, ℰ (06471) 4 92 10, info@hotel-lahnschleife.de,
Fax (06471) 4921777, ㉇, ॐ, Massage, ⇌s, ⬜ – ⌘ ⥥ TV ℰ ⬥ ⇌ P – ⚘ 50. AE
⓪ ⓜ VISA
Menu à la carte 17,50/36 – **59 Zim** ⇌ 65/85 – 95/105.
• Repräsentative Architektur im Villenstil prägt das Erscheinungsbild dieses Hotels. Im Inneren erwarten Sie wohnliche Zimmer, ein römisches Bad sowie eine Fitness-Abteilung. Freundliches Restaurant mit großem Buffet und zwei Terrassen.

XX **Joseph's La Lucia,** Marktplatz 10, ✉ 35781, ℰ (06471) 21 30, Fax (06471) 2909, ㉇
– AE ⓜ VISA.
geschl. 1. - 15. Jan., Montagmittag – **Menu** à la carte 22,50/36.
• Mit Terrakottaböden und Spiegeln hat man diesem Restaurant einen fast schon eleganten Anstrich gegeben. Das Speiseangebot gibt sich mediterran-italienisch.

In Löhnberg Nord : 3,5 km :

🏠 **Zur Krone,** Obertor 1, ✉ 35792, ℰ (06471) 60 70, info@hotel-zurkrone.de,
Fax (06471) 62107, Biergarten – ⌘ TV ℰ ⬥ P – ⚘ 50. AE ⓜ VISA
Menu à la carte 23,50/41 – **45 Zim** ⇌ 54/59 – 71/86 – ½ P 17.
• Das Hotel hat sich trotz seiner Größe seinen familiären Charakter bewahren können. Ein freundliches Team und gut ausgestattete Zimmer sprechen für sich. Herzstück des Hotels ist die gemütliche, mit hellem Holz verkleidete Gaststube im alten Fachwerkteil.

In Mengerskirchen-Probbach Nord-West : 7 km, über Löhnberg :

🏠 **Landhaus Höhler** ॐ, Am Waldsee 3, ✉ 35794, ℰ (06476) 80 31, landhaushoehle
r@t-online.de, Fax (06476) 8886, ≤, ㉇, ⇌s, ⬜, ⛟ – TV P. – ⚘ 30.
ⓜ VISA
Menu (geschl. Montag) à la carte 19/25 – **21 Zim** ⇌ 56/65 – 72/121 – ½ P 17.
• Direkt am Waldrand, unweit des kleinen Sees, liegt das gut geführte Landhotel in einem großen Garten. Die Gästezimmer sind behaglich eingerichtet und alle mit Balkon versehen. Holzbalken und eine rustikale Holzdecke prägen den Stil des Restaurants.

WEILER-SIMMERBERG IM ALLGÄU Bayern 546 X 13 – 6 800 Ew – Höhe 631 m – Luftkurort
– Wintersport : 630/900 m ⚞5 ⚟.
🛈 Kur- und Gästeamt, Hauptstr. 14 (Weiler), ✉ 88171, ℰ (08387) 3 91 50, info@weil
er-tourismus.de, Fax (08387) 39153.
Berlin 715 – München 179 – Konstanz 83 – Ravensburg 42 – Bregenz 32.

WEILER-SIMMERBERG IM ALLGÄU

Im Ortsteil Weiler :

Sport-, Kur- und Tennishotel Tannenhof, Lindenberger Str. 33, ⌧ 88171, ℘ (08387) 12 35, hotel@tannenhof.net, Fax (08387) 1626, 🌳, 🅿, Massage, ⚕, 🏋, ≋,
🏊, 🔲, 🚴, 🎾 und Halle – 📺 🅿 – 🅿 25. 🚭 Rest
Menu à la carte 20,50/36 – **89 Zim** ⌕ 69/111 – 112/160, 12 Suiten – ½ P 7.
◆ Eine nicht alltägliche Hotelanlage ! Sie werden in wohnlichen Zimmern untergebracht und können an einem fast unerschöpflichen Sport- und Wellnessangebot teilhaben. Das Restaurant präsentiert sich im rustikalen, regionstypischen Stil.

Zur Traube, Hauptstr. 1, ⌧ 88171, ℘ (08387) 9 91 20, Fax (08387) 99121, 🌳 – 🅿
🆗 VISA
geschl. März 2 Wochen, Sept. 2 Wochen, Sonntagabend - Montag – **Menu** à la carte 17/46.
◆ Das stattliche 200 Jahre alte Gasthaus diente lange Zeit als Poststation. Heute bewirtet man Gäste in der urigen Stube mit den für die Gegend typischen, bemalten Möbeln.

WEILHEIM Bayern **546** W 17 – 20 500 Ew – Höhe 563 m.
 ⛳₁₈ Pähl (Nord : 9 km), ℘ (08808) 9 20 20.
Berlin 637 – München 51 – Garmisch-Partenkirchen 45 – Landsberg am Lech 37.

Bräuwastl, Lohgasse 9, ⌧ 82362, ℘ (0881) 9 47 70, hotel-braeuwastl@t-online.de, Fax (0881) 947799, ≋ – 📺 📞 📶 ⇔ 🅿 – 🅿 40. 🆎 VISA
Menu (geschl. Samstag - Sonntag) (Restaurant nur für Hausgäste) – **49 Zim** ⌕ 69/76 – 98.
◆ Diese praktische Übernachtungsadresse finden Sie nahe der Altstadt gleich neben einem Einkaufszentrum. Die Zimmer sind recht sachlich im neuzeitlichen Stil eingerichtet.

Vollmann, Marienplatz 12, ⌧ 82362, ℘ (0881) 42 55, hotel.vollmann@t-online.de, Fax (0881) 63332, 🌳 – 📺 🅿 – 🅿 70. 🆗 VISA JCB
Menu (geschl. Jan. 1 Woche, Sonntag) à la carte 16/26 – **34 Zim** ⌕ 53/57 – 80.
◆ Die gepflegte Fassade des Hotels fügt sich hübsch in das Häuserensemble am Marktplatz ein. Fragen Sie nach einem der renovierten Gästezimmer ! Schlichte Gaststube in ländlichem Stil.

In Pähl Nord-Ost : 8,5 km über B 2 :

Zum silbernen Floh - Zur alten Post, Ammerseestr. 3, ⌧ 82396, ℘ (08808) 5 94, restaurant@silberner-floh.de, Fax (08808) 302, Biergarten – 🅿
geschl. Montag - Dienstag – **Menu** (Mittwoch - Freitag nur Abendessen) à la carte 24,50/53.
◆ In der schönen Gaststube sitzt man an Tischen der verschiedensten Stilrichtungen, die auch ungedeckt hübsch anzusehen sind. Gekocht wird regional, mit Sorgfalt und Geschmack.

WEILROD Hessen **543** P 9 – 6 300 Ew – Höhe 370 m – Erholungsort.
 ⛳₁₈ Weilrod-Altweilnau, Merzhäuser Str., ℘ (06083) 9 50 50.
Berlin 532 – Wiesbaden 42 – Frankfurt am Main 47 – Gießen 51 – Limburg an der Lahn 33.

In Weilrod-Altweilnau Süd-Ost : 1,5 km an B 275 :

Landsteiner Mühle, Landstein 1, ⌧ 61276, ℘ (06083) 3 46, mehlbox@landstein.de, Fax (06083) 28415 – 🅿 🆎 ① 🆗 VISA
geschl. 16. - 29. Feb., Montag, Mitte Jan. - Mitte März Montag, Donnerstag - Freitag – **Menu** à la carte 24/43, ♀.
◆ In einer ehemaligen Mühle ist dieses nette, seit vielen Jahren in Familienbesitz befindliche Restaurant untergebracht. Freigelegtes Fachwerk unterstreicht den rustikalen Stil.

In Weilrod-Neuweilnau Nord-Ost : 2,5 km - über B 275, in Erbismühle links ab :

Sporthotel Erbismühle, ⌧ 61276, ℘ (06083) 28 80, info@erbismuehle.de, Fax (06083) 288700, 🌳, 🏋, ≋, 🔲, 🚴, 🎾 – 📺 📞 🅿 – 🅿 150. 🆎 🆗 VISA JCB
geschl. 27. Dez. - 8. Jan. – **Menu** à la carte 20,50/37 – **75 Zim** ⌕ 64/133 – 112/151 – ½ P 7.
◆ Nach einem Brand im Jahre 1989 wurde die traditionsreiche Mühle neu erbaut und an die Erfordernisse der heutigen Zeit angepasst. Wohnliche Zimmer unterschiedlicher Größe. Restaurant in rustikal-ländlicher Aufmachung.

WEIMAR Thüringen **544** N 18 – 62 000 Ew – Höhe 208 m.
Sehenswert : *Stadtschloss (Cranachsammlung*★★*)* BZ – *Goethehaus*★★ BZ – *Schillerhaus*★ BZ – *Deutsches Nationaltheater (Doppelstandbild*★★ *von Goethe und Schiller)* AZ T – *Goethes Gartenhaus*★ BZ – *Stadtkirche (Cranachaltar*★★*, Renaissance-Grabmäler*★*)* BY – *Nietzsche-Archiv (Bibliothek*★*)* AZ.
 ⛳ Jena-Münchenroda, Dorfstr. 29 (Ost : 22 km über ②), ℘ (03641) 42 46 51.
🛈 Touristinformation, Markt 10, ⌧ 99421, ℘ (03643) 2 40 00, Fax (03643) 240040.
Berlin 285 ③ – Erfurt 22 ④ – Chemnitz 132 ③

WEIMAR

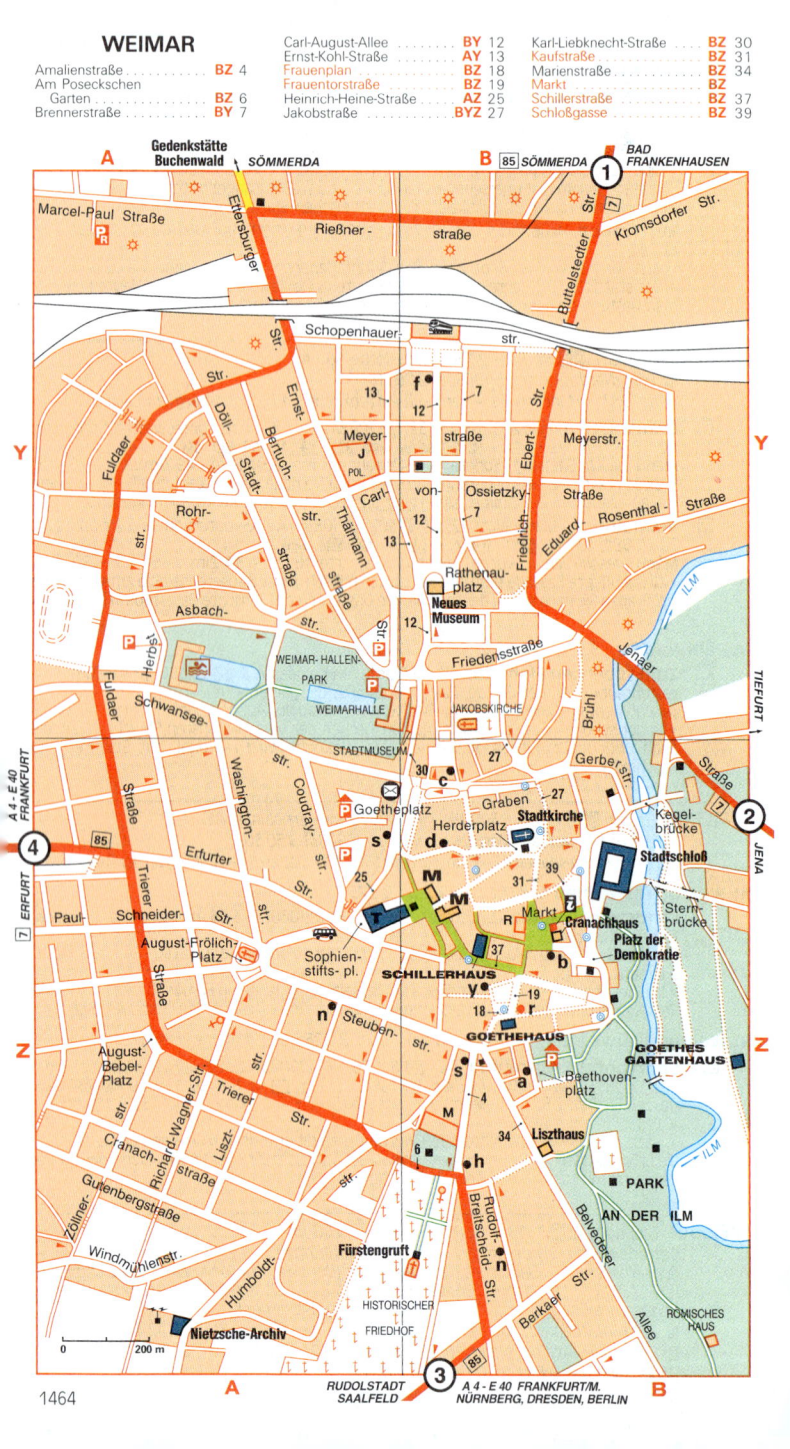

Amalienstraße .... **BZ** 4	Carl-August-Allee .... **BY** 12	Karl-Liebknecht-Straße .... **BZ** 30
Am Poseckschen	Ernst-Kohl-Straße .... **AY** 13	Kaufstraße .... **BZ** 31
Garten .... **BZ** 6	Frauenplan .... **BZ** 18	Marienstraße .... **BZ** 34
Brennerstraße .... **BY** 7	Frauentorstraße .... **BZ** 19	Markt .... **BZ**
	Heinrich-Heine-Straße .... **AZ** 25	Schillerstraße .... **BZ** 37
	Jakobstraße .... **BYZ** 27	Schloßgasse .... **BZ** 39

1464

WEIMAR

Hilton, Belvederer Allee 25, ✉ 99425, ℘ (03643) 72 20, *info_weimar@hilton.com, Fax (03643) 722741*, 😀, Massage, ≦s, 🏊 – 🛗, ⚡ Zim, 📺 📞 ఉ ⇔ 🅿 – 🔔 280. AE ① ⓜ VISA
über Belvederer Allee BZ
Menu à la carte 24/35,50 – ⊇ 18 – **294 Zim** 125/210.

◆ Unweit des Goetheparks liegt das Hotel mit den großzügigen Rahmen und den wohnlichen Zimmern. Die vielen Konferenzräume machen das Haus zu einer gefragten Tagungsadresse. Eine gepflegte Atmosphäre erwartet Sie in dem unterteilten Restaurantbereich.

Grand Hotel Russischer Hof, Goetheplatz 2, ✉ 99423, ℘ (03643) 77 40, *reservierung@russischerhof.com, Fax (03643) 774840,* 𝄞, ≦s – 🛗, ⚡ Zim, 📺 📞 ఉ ⇔ – 🔔 70. AE ① ⓜ VISA JCB
AZ s
Menu à la carte 26/46,50 – ⊇ 15 – **126 Zim** 135/228 – 155/266, 7 Suiten.

◆ Das historische Hotel mit elegantem Ambiente stammt a. d. J. 1805. In der nachklassischen Zeit gingen hier Persönlichkeiten wie Franz Liszt und Robert Schumann ein und aus. Ein Wiener Kaffeehaus ergänzt das klassisch gestaltete Restaurant.

Elephant, Markt 19, ✉ 99423, ℘ (03643) 80 20, *elephant.weimar@arabellasheraton.com, Fax (03643) 802610*, 😀 – 🛗, ⚡ Zim, 📺 📞 ఉ 🅿 – 🔔 120. AE ① ⓜ VISA JCB. 𝄞 Rest
BZ b
Menu siehe Rest. **Anna Amalia** separat erwähnt – *Elephantenkeller (geschl. Anfang Jan. 1 Woche, Mitte Juli - Mitte Aug., Dienstag)* **Menu** à la carte 16/27,50, ⚲ – ⊇ 18 – **99 Zim** 179/219 – 205/245, 6 Suiten.

◆ Wo schon Goethe, Schiller, Bach und Wagner residierten, können auch Sie sich in den illustren Gästekreis einreihen. Zimmer im Art déco- und im Bauhausstil stehen bereit. Im rustikalen Elephantenkeller serviert man unter einer Kreuzgewölbedecke regionale Küche.

Dorint am Goethepark, Beethovenplatz 1, ✉ 99423, ℘ (03643) 87 20, *info.erfwei@dorint.com, Fax (03643) 872100,* 😀, Massage, 𝄞, ≦s – 🛗, ⚡ Zim, 📺 📞 ఉ ⇔ – 🔔 190. AE ① ⓜ VISA JCB
BZ a
Menu à la carte 31/40 – ⊇ 16 – **143 Zim** 124/135 – 153, 6 Suiten.

◆ Eine gelungene Fusion aus historischer Bausubstanz und Neubau ! Das Innenleben des Hotels besticht durch stilvolles modernes Mobiliar und funktionelle Details. Teil des Restaurants im historischen Part des Hauses sind zwei kleine Biedermeier-Salons.

InterCityHotel, Carl-August-Allee 17, ✉ 99423, ℘ (03643) 23 40, *weimar@intercityhotel.de, Fax (03643) 234444,* 😀 – 🛗, ⚡ Zim, 📺 📞 ఉ ⇔ 🅿 – 🔔 90. AE ① ⓜ VISA JCB
BY f
Menu à la carte 17,50/24 – ⊇ 11 – **134 Zim** 81/86.

◆ Das ehemalige Hotel Kaiserin Augusta, 1860 erbaut und 1994 restauriert, kombiniert in funktionell ausgestatteten Zimmern historisches Flair mit moderner Architektur. Ein Teil des Restaurants ist in dem Wintergartenanbau aus den 20er Jahren untergebracht.

Anna Amalia garni, Geleitstr. 8, ✉ 99423, ℘ (03643) 4 95 60, *info@hotel-anna-amalia.de, Fax (03643) 495699,* 🛗 ⚡ 📺 📞 ⇔. AE ① VISA
BZ d
50 Zim ⊇ 60/65 – 90/120.

◆ Ein Haus a. d. J. 1792 sowie 2 weitere Gebäude bilden dieses nette Domizil in der Innenstadt. Jedes der neuzeitlichen, funktionellen Zimmer trägt den Namen einer Opernfigur.

Am Frauenplan garni, Brauhausgasse 10, ✉ 99432, ℘ (03643) 4 94 44 40, *info@hotel-am-frauenplan.de, Fax (03643) 4944444* – 🛗 ⚡ 📺 📞 ⇔. ⓜ VISA
BZ y
48 Zim ⊇ 51/66 – 77/85.

◆ Das rekonstruierte Palais a. d. 18. Jh. beherbergt heute - ergänzt durch einen modernen Anbau - helle, neuzeitliche Zimmer. Im Sommer frühstücken Sie im schönen Innenhof.

Villa Hentzel ⚲ garni, Bauhausstr. 12, ✉ 99423, ℘ (03643) 8 65 80, *info@hotel-villa-hentzel.de, Fax (03643) 865819* – ⚡ 📺 📞 🅿. AE ① ⓜ VISA
BZ n
13 Zim ⊇ 54/67 – 77/98.

◆ Ein sympathisches kleines Hotel in einer schön restaurierten Villa, das vor allem durch die individuelle Farbgestaltung und Möblierung seiner Zimmer auffällt.

Amalienhof garni, Amalienstr. 2, ✉ 99423, ℘ (03643) 54 90, *info@amalienhof-weimar.de, Fax (03643) 549110* – 🛗 📺 🅿 – 🔔 20. AE ⓜ VISA
BZ s
32 Zim ⊇ 70/80 – 85/100.

◆ Die Zimmer sind nach Persönlichkeiten benannt, die das Bild der Stadt geprägt haben. Darüber hinaus bieten sie Ihnen Behaglichkeit und einen Hauch von Klassik.

Alt Weimar, Prellerstr. 2, ✉ 99423, ℘ (03643) 8 61 90, *info@alt-weimar.de, Fax (03643) 861910,* 😀 – 📺 🅿. AE ① ⓜ VISA
AZ n
Menu à la carte 22,50/33 – **17 Zim** ⊇ 70 – 95.

◆ Viele Details in diesem schönen, gelb gestrichenen Stadthaus erinnern noch an die Zeit, als sich hier die Weimarer Kunstszene traf, z. B. Zimmer mit Bauhaus-Elementen. Holzvertäfelte Wände und zeitgenössisches Dekor bestimmen den Charakter des Restaurants.

WEIMAR

Zur Sonne, Rollplatz 2, ✉ 99423, ☏ (03643) 8 62 90, *hotelzursonne@web.de*, Fax (03643) 862939, 🍴 – 📺 AE ⓘ ⓜ VISA
Menu à la carte 11,50/17,50 – **21 Zim** ⊇ 55/66 – 77/82. **BZ c**
• Dieses hübsche Ziegelhaus liegt im Herzen der Weimarer Altstadt. Im Inneren ist es zeitgemäß ausgestattet, mit praktischen, freundlich wirkenden Gästezimmern. Das gemütliche Restaurant ist im Stil einer altdeutschen Gastwirtschaft gehalten.

Am Stadtpark, Amalienstr.19, ✉ 99423, ☏ (03643) 2 48 30, *amstadtparkweimar@t-online.de*, Fax (03643) 511720 – 📺 ⅙ 🅿 AE ⓘ ⓜ VISA **BZ h**
Menu *(geschl. Feb., Sonntag - Montag) (nur Abendessen)* à la carte 14/17,50 – **12 Zim** ⊇ 65 – 90.
• Ein praktisches Stadthotel mit historischer Fassade und neuem Anbau, der ruhig zum Innenhof liegt. Die Zimmer sind im Motelstil angeordnet und modern möbliert. Bürgerlich gestaltetes Restaurant.

Apart-Hotel garni, Berkaer Str. 75, ✉ 99425, ☏ (03643) 81 23 00, *apart-hotel@weimar-cs.de*, Fax (03643) 812500 – ⇔ 📺 📞 🅿 AE ⓘ ⓜ VISA JCB über ③ **BZ**
40 Zim ⊇ 53 – 75.
• Etwas außerhalb und sehr verkehrsgünstig liegt dieses neuzeitliche, im Motelstil erbaute Haus. Man bietet ordentliche Gästezimmer zu recht günstigen Preisen.

Anna Amalia - Hotel Elephant, Markt 19, ✉ 99423, ☏ (03643) 80 20, *elephant.weimar@arabellasheraton.com*, Fax (03643) 802610, 🍴 – 🅿 AE ⓘ ⓜ VISA JCB. ✕
BZ b
geschl. Jan. 3 Wochen, Nov. - Mai Sonntag - Montag – **Menu** *(Nov. - Mai Mittwoch - Samstag nur Abendessen)* (Tischbestellung ratsam) à la carte 35/47,50, ₤.
• Anna Amalia besticht durch ein klassisch-elegantes, exklusiv wirkendes Ambiente und eine kreative, mediterran beeinflusste Küche. Sehr schön : die Gartenterrasse.
Spez. Kartoffelravioli mit Morchelsauce und Flusskrebsen. Gratinierte Rehmedaillons mit Petersilienpüree und Pfifferlingen (Saison). Mille-feuille von Passionsfrucht und Papaya

Gasthaus Zum weißen Schwan, Frauentorstr. 23, ✉ 99423, ☏ (03643) 90 87 51, *info@weisserschwan.de*, Fax (03643) 908752, 🍴 – AE ⓘ ⓜ VISA **BZ r**
geschl. Jan., Montag - Dienstag – **Menu** à la carte 16,50/34.
• Das historische Gasthaus war nachweislich Johann Wolfgang von Goethes Stammlokal. Liebevoll restauriert, erwartet Sie heute ein gemütlich-rustikales Ambiente.

In Weimar-Gelmeroda *Süd-West : 4 km über ③, nahe der Autobahn-Abfahrt Weimar :*

Schwartze, Holzdorferweg 7, ✉ 99428, ☏ (03643) 5 99 50, *hotel.schwartze@t-online.de*, Fax (03643) 512614, 🍴 – ⇔ Zim, 📺 🅿 AE ⓜ VISA. ✕ Rest
Menu *(nur Abendessen)* à la carte 13,50/14,50 – **30 Zim** ⊇ 56 – 77.
• Vor den Toren der Klassikerstadt finden Sie hier in ländlicher Umgebung eine nette Unterkunft. Die Zimmer sind praktisch, bis in die Stadt sind es nur wenige Minuten. Hell und freundlich ist das Restaurant mit den großen Rundbogenfenstern.

In Weimar-Schöndorf *Nord : 4 km über ① :*

Romantik Hotel Dorotheenhof ♨, Dorotheenhof 1, ✉ 99427, ☏ (03643) 45 90, *info@dorotheenhof.com*, Fax (03643) 459200, 🍴, ≘s, 🌳 – 🛗, ⇔ Zim, 📺 📞 ⅙ 🅿 – 🅰 60. AE ⓘ ⓜ VISA. ✕ Rest
Menu à la carte 20,50/32,50 – **60 Zim** ⊇ 68/92 – 102/145.
• In ländlicher Idylle liegt das ehemalige Anwesen des Rittmeisters Carl von Kalkreuth - heute ein schönes Hotel im Landhausstil. Drei Zimmer mit Parkett und begehbarem Schrank. Ein Teil des Restaurants gibt sich ländlich, der andere gefällt mit schönem Gewölbe.

In Ballstedt *Nord-West : 12 km über Ettersburger Straße* **AY** *:*

Zur Tanne, Im Dorfe 29, ✉ 99439, ☏ (036452) 7 23 60, Fax (036452) 70857, 🍴, ≘s – 📺 🅿 VISA. ✕ Rest
Menu *(geschl. 18. - 25. Juli, Sonntagabend)* à la carte 11/15,50 – **24 Zim** ⊇ 41 – 65.
• Das Landhotel wurde 1992 fertig gestellt und dient seither der Unterbringung geschäftlich wie privat Reisender. Gute Verkehrsanbindung und praktische Zimmer sprechen für sich. Restaurant in bürgerlich-schlichter Aufmachung.

Fragen Sie Ihren Buchhändler nach dem aktuellen
Katalog des Michelin Reise-Verlags

WEIMAR *Hessen siehe Marburg.*

WEINBÖHLA *Sachsen siehe Meissen.*

WEINGARTEN
Baden-Württemberg 545 W 12 – 25 000 Ew – Höhe 458 m.

Sehenswert : Basilika★★.

🛈 Amt für Kultur und Tourismus, Münsterplatz 1, ✉ 88250, ℘ (0751) 40 51 25, akt@weingarten-online.de, Fax (0751) 405268.

Berlin 692 – Stuttgart 143 – Konstanz 48 – Ravensburg 4 – Ulm (Donau) 85 – Biberach an der Riß 43.

Mövenpick Hotel, Abt-Hyller-Str. 37, ✉ 88250, ℘ (0751) 50 40, hotel.weingarten@moevenpick.com, Fax (0751) 504400, 🍽 – 🛗, ⚝ Zim, 📺 📞 🚗 – 🔑 500. 🅰🅴 ⓓ ⓜⓔ 🆅🅸🆂🅰

Menu à la carte 18/34,50, ♀ – 🛏 13 – **72 Zim** 94/117.

• Einheitliche Zimmer in modernem Landhausstil sowie das angeschlossene Kongresszentrum machen dieses Hotel zum guten Standort für einen geschäftlichen oder privaten Aufenthalt. Ein Bistro ergänzt das Restaurant mit Wintergarten.

Altdorfer Hof (mit Gästehaus), Burachstr. 12, ✉ 88250, ℘ (0751) 5 00 90, hotel@altdorfer-hof.de, Fax (0751) 500970, 🍽 – 🛗, ⚝ Zim, 📺 📞 🚗 🅿 – 🔑 30. 🅰🅴 ⓓ ⓜⓔ 🆅🅸🆂🅰 JCB

geschl. 20. Dez. - 10. Jan. - **Menu** (geschl. Sonntagabend - Montag) à la carte 18,50/36 – **54 Zim** 🛏 74/86 – 98/122.

• In verschiedenen Stilrichtungen wurden die Zimmer dieses Hauses gestaltet : von gediegener Einrichtung in Kirsch oder Mahagoni bis zu neuzeitlichem Landhausstil. Der vornehme Stil des Restaurants erinnert an Barock.

Bären, Kirchstr. 3, ✉ 88250, ℘ (0751) 56 12 00, baeren-weingarten@t-online.de, Fax (0751) 5612050 – ⚝ Zim, 📺 🚗 🅿 🅰🅴 ⓜⓔ 🆅🅸🆂🅰

Menu (geschl. März 1 Woche, Aug. 3 Wochen, Montag) à la carte 17/28, ♀ – **16 Zim** 🛏 45/46 – 65/68.

• Der Bären besteht nachweislich seit über 300 Jahren und beherbergt seine Gäste heute in mit Naturholz einheitlich gestalteten Zimmern mit gutem Platzangebot. Das Restaurant reich eingerichtet, Holzbalken geben dem Raum einen rustikalen Touch.

In Wolpertswende-Mochenwangen Nord : 7,5 km - über B 30, in Eggers links ab auf die Mochenwanger Str. :

Rist (mit Gästehaus), Bahnhofstr. 8, ✉ 88284, ℘ (07502) 9 22 20, Fax (07502) 2884, 🍽 – 📺 🚗 🅿 ⓜⓔ 🆅🅸🆂🅰

Menu (geschl. Feb. 2 Wochen, Aug. 2 Wochen, Sonntagabend - Dienstagmittag) à la carte 15/27,50 – **14 Zim** 🛏 35/38 – 52/62.

• Ein typischer schwäbischer Gasthof mit modernem Gästehaus. In beiden Bereichen sind die Zimmer solide möbliert und mit guter Technik versehen. Helle, rustikale Gaststube.

WEINGARTEN (KREIS KARLSRUHE)
Baden-Württemberg 545 S 9 – 8 200 Ew – Höhe 120 m.

Berlin 664 – Stuttgart 88 – Karlsruhe 17 – Heidelberg 46.

Romantik Hotel Walk'sches Haus (mit Gästehaus), Marktplatz 7 (B 3), ✉ 76356, ℘ (07244) 7 03 70, info@walksches-haus.de, Fax (07244) 703740, 🍽 – 📺 📞 🅿 – 🔑 40. 🅰🅴 ⓓ ⓜⓔ 🆅🅸🆂🅰

Menu (geschl. Anfang Jan. 1 Woche, Aug. 1 Woche, Samstagmittag, Dienstag) à la carte 42/54, ♀ – **27 Zim** 🛏 60/80 – 100/120.

• Dieses schöne restaurierte Fachwerkhaus im Altstadtbereich stammt a. d. J. 1701. In seinem Inneren sowie im Gästehaus finden Sie Zimmer mit zeitgemäßem Komfort. In den Gasträumen verbreitet eine helle Holzverkleidung Behaglichkeit.

WEINHEIM AN DER BERGSTRASSE
Baden-Württemberg 545 R 10 – 43 000 Ew – Höhe 135 m.

Sehenswert : Exotenwald★.

🛈 Verkehrsverein, Bahnhofstr. 15, ✉ 69469, ℘ (06201) 99 11 17, info@ferienteam.de, Fax (06201) 991135.

Berlin 609 – Stuttgart 137 – Mannheim 28 – Darmstadt 45 – Heidelberg 20.

NH Weinheim, Breslauer Str. 52 (Weststadt), ✉ 69469, ℘ (06201) 10 30, nhweinheim@nh-hotels.com, Fax (06201) 103300, 🍽, 🏋, ⚓ – 🛗, ⚝ Zim, 📺 📞 🅿 – 🔑 220. 🅰🅴 ⓓ ⓜⓔ 🆅🅸🆂🅰 JCB

Menu à la carte 21/37,50 – 🛏 13 – **187 Zim** 95 – 108.

• Ein modernes Hotel, das ganz auf die Bedürfnisse von Tagungsgästen und Geschäftsreisenden abgestimmt ist. Die Zimmer bieten viel Platz, Schreibtische und gute Technik.

NH Ottheinrich ⚘, Hauptstr. 126, ✉ 69469, ℘ (06201) 1 80 70, nhottheinrich@nh-hotels.com, Fax (06201) 180788 – 🛗 📺 🚗 – 🔑 25. 🅰🅴 ⓓ ⓜⓔ 🆅🅸🆂🅰

🛏 12 – **25 Zim** 77 – 105.

• Mitten in der Altstadt befindet sich das Hotel, dessen Zimmer und Suiten klar und schnörkellos mit Möbeln in italienischem Design ausgestattet sind.

WEINHEIM AN DER BERGSTRASSE

Fuchs'sche Mühle, Birkenauer Talstr. 10, ✉ 69469, ✆ (06201) 1 00 20, info@fuchssche-muehle.de, Fax (06201) 100222, 🍽 ⇌ ☐ – ⎮⌂⎮ ↔ Zim, TV ⇆ P. ⓜⓒ VISA ⚜
Menu (geschl. Mitte - Ende Jan., Sonntagabend - Dienstagmittag) à la carte 25/45 – **18 Zim** ⇌ 78 – 98.
• Ein schöner Garten, freundliche Betreiber und wohnliche Zimmer sprechen für dieses Haus! Im Untergeschoss: die Mühle, die seit über 100 Jahren Strom aus Wasserkraft erzeugt. Zwei nette, gemütliche Stuben mit Kachelofen.

Ebert Park Hotel garni, Freiburger Str. 42 (Weststadt), ✉ 69469, ✆ (06201) 10 50, ebert-park-hotel-weinheim@t-online.de, Fax (06201) 105401 – ⎮⌂⎮ ↔ TV P. AE ⓞ ⓜⓒ VISA JCB
70 Zim ⇌ 64/74 – 75/85.
• Dieses schlichte, moderne Haus bietet praktische, recht geräumige Zimmer. Die Doppelzimmer sind wahlweise mit Einzelbetten oder französischem Bett ausgestattet.

Haus Masthoff, Lützelsachsener Str. 5, ✉ 69469, ✆ (06201) 9 99 60, peter@haus-masthoff.de, Fax (06201) 16735, 🍽 – TV ⇆ P. ⓜⓒ VISA JCB ⎮⌂⎮ 15.
Menu (geschl. Montag) à la carte 15,50/32 – **14 Zim** ⇌ 64 – 92.
• Die Villa mit Hotelanbau liegt in einem schönen Wohngebiet oberhalb der Stadt und verfügt über sehr gepflegte, mit älteren Eichenmöbeln eingerichtete Zimmer.

Schlosspark-Restaurant, Obertorstr. 9, ✉ 69469, ✆ (06201) 9 95 50, info@schlosspark-restaurant.de, Fax (06201) 995524, 🍽 – ⎮⌂⎮ 40. AE ⓞ VISA
geschl. 16. Feb. - 5. März, Dienstag – **Menu** à la carte 23/41.
• Direkt am Schlosspark liegt dieses Palais – im Inneren hohe Decken mit Stuckverzierung und eine Einrichtung im klassischen Stil. Terrasse zum Park.

In Weinheim-Lützelsachsen Süd : 3 km über B 3 :

Winzerstube, Sommergasse 7, ✉ 69469, ✆ (06201) 5 22 98, info@winzer-stube.de, Fax (06201) 56520, 🍽 – P. AE ⓜⓒ VISA
geschl. 1. - 14. Jan., 24. Mai - 5. Juni, Sonntag - Montag, Feiertage – **Menu** (nur Abendessen) 27/45 à la carte 28/43.
• Das große Wohnhaus im Villenstil beherbergt ein nettes Restaurant. Eine alte Weinpresse und Bilderausstellungen sorgen für optische Abwechslung. Mit hübscher Terrasse.

WEINSBERG Baden-Württemberg 545 S 11 – 10 000 Ew – Höhe 200 m.
Berlin 588 – *Stuttgart* 53 – Heilbronn 6 – Schwäbisch Hall 42.

Außerhalb Süd-Ost : 2 km, nahe A 81 Ausfahrt Heilbronn-Ellhofen :

Rappenhof, Rappenhofweg, ✉ 74189 Weinsberg, ✆ (07134) 51 90, rezeption@rappenhof.de, Fax (07134) 51955, ≤, 🍽, 🏇 – ⎮⌂⎮ ↔ Zim, TV ✆ ⇆ P. – ⎮⌂⎮ 20. ⓞ ⓜⓒ VISA
geschl. 22. Dez. - 10. Jan. – **Menu** à la carte 21,50/39 – **39 Zim** ⇌ 79/89 – 91/109.
• Aus einem ehemaligen Bauernhof entstand ein schmuckes Landhotel. Das Haus liegt schön in den Weinbergen und bietet Zimmer im Landhausstil, teils mit Balkon. Restaurant mit imposantem Wintergartenanbau und schönem Ausblick.

WEINSTADT Baden-Württemberg 545 T 12 – 23 900 Ew – Höhe 290 m.
Berlin 616 – *Stuttgart* 24 – Esslingen am Neckar 13 – Schwäbisch Gmünd 38.

In Weinstadt-Baach :

Adler ⚜ mit Zim, Forststr. 12, ✉ 71384, ✆ (07151) 6 58 26, info@adler-baach.de, Fax (07151) 66520, 🍽 – ⇆ P.
geschl. Feb. 2 Wochen, Juli - Aug. 3 Wochen – **Menu** (geschl. Montag - Dienstag) (Sonntag - Donnerstag nur Mittagessen) à la carte 20,50/40,50 – **5 Zim** ⇌ 35 – 60.
• Das ländlich-rustikale Lokal wirkt gemütlich mit seinen teils blanken Holztischen. Gekocht wird hier wie es für die Region typisch ist : bürgerlich mit schwäbischem Einschlag.

Gasthaus Rössle, Forststr. 6, ✉ 71384, ✆ (07151) 6 68 24, gasthausroesslewelte@gmx.de, Fax (07151) 65146, 🍽 – P. ⓜⓒ VISA
geschl. Mitte Aug. - Anfang Sept., Mittwoch - Donnerstag – **Menu** à la carte 18/31,50.
• Ein Gasthaus der ländlichen Art ist dieser gepflegte Familienbetrieb. In bürgerlichem Ambiente oder auf der Terrasse bewirtet man Sie mit Speis und Trank aus der Region.

In Weinstadt-Beutelsbach :

Weinstadt-Hotel, Marktstr. 39, ✉ 71384, ✆ (07151) 99 70 10, info@weinstadt-hotel.de, Fax (07151) 9970111, 🍽 – ⎮⌂⎮ ↔ Zim, TV ✆ ⇆ ⇌ AE ⓞ ⓜⓒ VISA ⚜ Zim
Krone : Menu à la carte 16,50/33,50 – **32 Zim** ⇌ 55 – 86.
• Im Zentrum des Weinorts liegt dieses Haus - ein älterer Gasthof mit Hotelneubau. Die Unterbringung der Gäste erfolgt in zeitlosen Zimmern mit Sitzgelegenheit und Schreibtisch. Viel Holz gibt dem Restaurant seinen ländlich-rustikalen Charakter.

WEINSTADT

Landgut Burg ⌕, Süd-West : 2 km : Richtung Plochingen, nach 200 Meter rechts ab, ✉ 71384, ✆ (07151) 9 93 30, landgutburg@t-online.de, Fax (07151) 690392, ≤ Remstal, 🍴, 🛁, ≋, – TV 📞 & P. – 🛋 80. ◉ VISA. ✗ Rest
geschl. Aug. 2 Wochen, 24. Dez. - Anfang Jan. – **Menu** à la carte 17/27 – **67 Zim** ⇄ 62/69 – 90/96.
• Früher als Außenstelle der kalifornischen Stanford Universität genutzt, beherbergt die in den Weinbergen platzierte Anlage heute Urlauber und Tagende in praktischen Zimmern. Sie speisen im schlicht gestalteten Restaurant oder auf der Terrasse.

In Weinstadt-Endersbach :

Weinstube Muz, Traubenstr. 3, ✉ 71384, ✆ (07151) 6 13 21, Fax (07151) 61131 – AE ◉ VISA
geschl. 1. - 30. Aug., Sonn- und Feiertage – **Menu** (nur Abendessen) à la carte 19,50/36,50.
• Die gemütliche Weinstube mit den drei kleinen, niedrigen Gasträumen existiert bereits seit 1877. Zum Wein bietet man hier eine Auswahl gutbürgerlicher Speisen.

WEISENDORF Bayern 546 R 16 – 5 500 Ew – Höhe 300 m.
Berlin 445 – München 204 – Nürnberg 35 – Bamberg 53 – Würzburg 86.

Jägerhof (mit Gästehaus), Auracher Bergstr. 2, ✉ 91085, ✆ (09135) 71 70, hotel@jaegerhof.biz, Fax (09135) 717444 – TV 📞 P. – 🛋 25. ◉ ◉ VISA. ✗
geschl. 22. Dez. - 7. Jan., Aug. 3 Wochen – **Menu** (geschl. Freitag) (wochentags nur Abendessen) à la carte 15/27 – **34 Zim** ⇄ 50 – 65/79.
• Unweit der Frankenmetropole Nürnberg finden Sie hier einen netten familiengeführten Betrieb. Die Zimmer sind praktisch und auch für Geschäftsreisende geeignet. Ein rustikal-bürgerliches Ambiente erwartet Sie im Hotelrestaurant.

In Großenseebach Ost : 4 km, über Reinersdorf :

Seebach, Hauptstr. 2, ✉ 91091, ✆ (09135) 71 60, hotelseebach@aol.com, Fax (09135) 716105 – TV 📞 ≋ P. – 🛋 15. AE ◉ ◉ VISA
Menu (geschl. 27. Dez. - 6. Jan., Freitagabend) à la carte 15/27 – **21 Zim** ⇄ 52/76 – 69/95.
• Dieses neuzeitliche Hotel am Ortsrand zeichnet sich durch gut geschnittene, zeitlos möblierte Gästezimmer aus, die auch teilweise mit Balkon versehen sind. Das Restaurant ist modern, mit frischen Farben gestaltet - ergänzt durch einen Wintergarten.

WEISENHEIM AM BERG Rheinland Pfalz 543 R 8 – 1 800 Ew – Höhe 120 m.
Berlin 639 – Mainz 78 – Mannheim 29 – Kaiserslautern 41 – Neustadt an der Weinstraße 22.

Admiral, Leistadter Str. 6, ✉ 67273, ✆ (06353) 41 75, gast@restaurant-admiral.de, Fax (06353) 989325, 🍴 – P.
geschl. 1. - 15. Jan., Montag - Dienstag – **Menu** (wochentags nur Abendessen) à la carte 28/43.
• Liebevoll gepflegt, wirkt das Haus mit den grünen Fensterläden und dem schönen Garten einladend auf den Gast. Im Inneren gefallen hübsche Einrichtung und ambitionierte Küche.

WEISKIRCHEN Saarland 543 R 4 – 6 500 Ew – Höhe 400 m – Heilklimatischer Kurort – Kneippkurort.
🛈 Kurverwaltung - Tourist-Information, Kirchenweg 2, ✉ 66709, ✆ (06876) 7 09 37, hochwald-touristik@weiskirchen.de, Fax (06876) 70938.
Berlin 725 – Saarbrücken 59 – Trier 37 – Birkenfeld 39 – Merzig 19.

Parkhotel ⌕, Kurparkstr. 4, ✉ 66709, ✆ (06876) 91 90, info@parkhotel-weiskirchen.de, Fax (06876) 919519, 🍴, Massage, ♨, 🛁, ≋, 🏊, 🎾, – 📶, ✗ Zim, TV 📞 &. P. – 🛋 150. AE ◉ ◉ VISA
Menu à la carte 23/42,50 – **125 Zim** ⇄ 75/105 – 100/115.
• Mit seinen hellen, freundlichen Zimmern, die mit soliden Korbmöbeln eingerichtet sind, und der "Vitalis"-Badelandschaft ist das Haus für Kurgäste wie auch Urlauber attraktiv. Große Glasflächen geben dem modernen Restaurant ein lichtes Ambiente.

In Weiskirchen-Rappweiler Süd-West : 2 km :

La Provence, Merziger Str. 25, ✉ 66709, ✆ (06872) 43 26, Fax (06872) 887818. ◉ VISA. ✗
geschl. Juli - Aug. 3 Wochen, Montag, Freitagmittag, Samstagmittag – **Menu** à la carte 27,50/39,50.
• Ländliche Eleganz prägt den Stil dieses Restaurants mit hübschem offenen Kamin. Der Chef ist Franzose und bekocht seine Gäste mit Speisen aus seiner schönen Heimat.

WEISSENBURG IN BAYERN Bayern 546 S 16 – 18 000 Ew – Höhe 420 m.

Sehenswert : Römermuseum (Bronze-Statuetten★) und Römische Thermen★.
Ausflugsziel : Ellingen (Schloss : Ehrentreppe★) Nord : 4 km.
🛈 Amt für Kultur und Touristik, Martin-Luther-Platz 3 (Römermuseum), ✉ 91781, ℘ (09141) 90 71 24, akut@weissenburg.de, Fax (09141) 907121.
Berlin 483 – München 131 – *Nürnberg 59* – Augsburg 82 – Ulm (Donau) 119.

Am Ellinger Tor, Ellinger Str. 7, ✉ 91781, ℘ (09141) 8 64 60, *ellingertor@t-online.de,* Fax (09141) 864650, 🍴 – ⸺ Zim, 📺 📞 ⸺, 🆎 🅜🅞 🆅🅸🆂🅰 🅹🅲🅱
Menu à la carte 15,50/29 – **27 Zim** ⸺ 47/62 – 72/86 – ½ P 14.
• Ein über 500 Jahre altes Fachwerkhaus, das geschickt mit einem Nebenhaus verbunden wurde. Ihr Zimmer ist wohnlich eingerichtet und verfügt über zeitgemäßen Komfort. Das nett dekorierte Restaurant ist im ältesten Teil des Hotels untergebracht.

Goldener Adler, Marktplatz 5, ✉ 91781, ℘ (09141) 8 55 60, *goldener-adler@t-online.de,* Fax (09141) 855633, 🍴 – 📺 🆎 🅜🅞 🆅🅸🆂🅰
Menu *(geschl. Feb.)* à la carte 12,50/24 – **11 Zim** ⸺ 42 – 70.
• Im Herzen der Altstadt, gleich neben dem historischen Rathaus, liegt dieses altehrwürdige Stadthaus. Originell : das Dachzimmer mit freigelegter Balkenkonstruktion. Wandbilder zieren das Restaurant, das mit Holzdecken und -pfeilern rustikal gestaltet ist.

WEISSENFELS Sachsen-Anhalt 542 M 19 – 31 200 Ew – Höhe 100 m.

🛈 Stadtinformation, Nicolaistr. 37, ✉ 06667, ℘ (03443) 30 30 70, stadtinformationweissenfels@gmx.de, Fax (03443) 239472.
Berlin 201 – Magdeburg 122 – *Leipzig 42* – Halle 34.

Parkhotel Güldene Berge (mit Gästehaus), Langendorfer Str. 94, ✉ 06667, ℘ (03443) 3 92 00, *gueldene-berge@t-online.de,* Fax (03442) 392020, Biergarten, 🚗, 🏋 📺 📞 ⸺ 🅿 – 🔥 25. 🆎 🅜🅞 🆅🅸🆂🅰
Menu à la carte 16/22,50 – **26 Zim** ⸺ 65 – 80/85.
• Gegen Ende des 19. Jh. wurde diese Villa mit kleiner Parkanlage erbaut. In ihren Zimmern finden Reisende ein wohnliches und modernes Zuhause für unterwegs. Mit hoher Decke, Parkettboden und schönen Vorhängen passt das Restaurant sehr gut in die alte Villa.

WEISSENHORN Bayern 546 V 14 – 11 000 Ew – Höhe 501 m.

Berlin 591 – München 146 – *Augsburg 67* – Memmingen 41 – Ulm (Donau) 22.

Zum Löwen 🕊 (mit Gästehaus), Martin-Kuen-Str. 5, ✉ 89264, ℘ (07309) 9 65 00, *info@der-loewen.de,* Fax (07309) 5016 – 📺 📞 🆎 🅞 🅜🅞 🆅🅸🆂🅰 🅹🅲🅱
Menu *(geschl. Sonntag)* (Tischbestellung ratsam) à la carte 19,50/33 – **23 Zim** ⸺ 41/55 – 70/80.
• Bereits während des Bauernkrieges 1524/25 wird der Löwen als Wirtshaus erwähnt. Im modernen Gästehaus sind die Zimmer besonders geräumig und wohnlich. Hinter der hübsch geschwungenen Giebelfassade wird die regionale Küche gepflegt.

WEISSENSTADT Bayern 546 P 19 – 3 900 Ew – Höhe 630 m – Erholungsort.

🛈 Tourist-Information, Kirchplatz 5, ✉ 95163, ℘ (09253) 9 50 30, *tourist@weissenstadt.de,* Fax (09253) 95039.
Berlin 349 – München 265 – Hof 28 – Bayreuth 36.

Zum Waldstein, Kirchenlamitzer Str. 8, ✉ 95163, ℘ (09253) 2 70, Fax (09253) 8676 – ⸺
geschl. Feb. 2 Wochen, Nov. 2 Wochen – **Menu** *(geschl. Montag)* à la carte 13,50/25 – **13 Zim** ⸺ 20/29 – 36/58.
• Von der netten Betreiberfamilie werden Sie hier aufs herzlichste empfangen. Der einfache Gasthof ist tadellos gepflegt, seine Zimmer sind schlicht und praktisch eingerichtet. Ländliche Gaststube.

Egertal (Rupprecht), Wunsiedler Str. 49, ✉ 95163, ℘ (09253) 2 37, *egertal@t-online.de,* Fax (09253) 500, 🍴 – 🅿 🆎 🅞 🅜🅞 🆅🅸🆂🅰 🕊
geschl. Jan. - Feb. 3 Wochen, Dienstag – **Menu** *(wochentags nur Abendessen)* (Tischbestellung ratsam)/67 à la carte 38,50/50, 🍷 – **Prinz-Rupprecht Stube** *(nur Abendessen)* **Menu** à la carte 18/32,50, 🍷.
• Ein Ambiente ländlicher Eleganz genießt man in den Räumen dieses schmucken weißen Hauses. Ebenfalls ein Genuss : die klassisch geprägte Küche. Rustikal mit schönem Gewölbe zeigt sich die Prinz-Rupprecht Stube.
Spez. Zander mit Frankenweinsauce und Specklauch. Lammcarré mit Aromaten gebraten und Schalottensauce. Kalbsfilet mit Taubenbrust und gebratener Gänseleber (2 Pers.)

WEISSWASSER Sachsen 544 L 27 – 24 800 Ew – Höhe 116 m.

fl *Tourist-Information, Schillerstr. 4, ⌧ 02943, ℘ (03576) 20 71 26, touristinfo@weiss wasser.de, Fax (03576) 242712.*
Berlin 166 – Dresden 97 – *Cottbus* 45.

Prenzel, Straße des Friedens 11, ⌧ 02943, ℘ (03576) 2 78 20, Fax (03576) 278240
– 🛗 TV ⇔ 🅿. AE ⓘ ⓂⓄ VISA
Menu à la carte 15,50/26,50 – **18 Zim** ⊇ 35/45 – 50/60.
• In der Ortsmitte liegt dieses nette kleine Hotel, das von seiner Betreiberin mit Herz und Sachverstand geführt wird. Praktische und tadellos gepflegte Zimmer erwarten Sie.

WEISWEIL Baden-Württemberg 545 V 7 – 2 000 Ew – Höhe 173 m.
Berlin 783 – Stuttgart 181 – *Freiburg im Breisgau* 36 – Offenburg 39.

✕ **Landgasthof Baumgärtner,** Sternenstr. 2, ⌧ 79367, ℘ (07646) 3 47, *baumgae rtner2@freenet.de*, Fax (07646) 1347, 🍴 – 🅿. ⓂⓄ
geschl. Aug. 2 Wochen, Montag – **Menu** *(wochentags nur Abendessen)* à la carte 22/41,50.
• Diesen stattlichen Gasthof - ein solider Familienbetrieb - finden Sie in einer netten dörflichen Umgebung. Seine Innenräume sind mit dunklem Holz rustikal eingerichtet.

WEMDING Bayern 546 T 16 – 5 700 Ew – Höhe 460 m – Erholungsort.
fl *Tourist-Information, Mangoldstr. 5, ⌧ 86650, ℘ (09092) 82 22, tourismus@wemding.de, Fax (09092) 969050.*
Berlin 511 – München 128 – *Augsburg* 70 – Nördlingen 18 – Nürnberg 93.

Weißer Hahn, Wallfahrtstr. 21, ⌧ 86650, ℘ (09092) 9 68 00, *info@weisser-hahn.de*, Fax (09092) 968044, Biergarten, 🍴 – ⇌ Zim, TV ☎ 🅿. AE ⓂⓄ VISA JCB
Menu *(geschl. Donnerstag) (Nov. - April nur Abendessen)* à la carte 11/38 – **27 Zim** ⊇ 42/48 – 74/76.
• Der aufwändig gestaltete Treppengiebel dieses 1464 errichteten Hauses fällt sofort ins Auge. Die Zimmer im Haupthaus sind in Weiß, die im Anbau in Weichholz eingerichtet. Modern, hell und freundlich - mit leichtem Bistrocharakter - zeigt sich das Restaurant.

Meerfräulein (mit Gästehaus), Wallfahrtsstr. 1, ⌧ 86650, ℘ (09092) 9 69 40, *meye rsepp@aol.com*, Fax (09092) 9694200, 🍴 – 🛗 🐇 Zim ⇔ – 🏊 30. AE VISA JCB
Menu *(geschl. Dienstag, Sonn- und Feiertage abends)* à la carte 12,50/25 – **40 Zim** ⊇ 46/55 – 60/75 – ½ P 11.
• Mitten in der historischen Altstadt liegt das Hotel mit dem auffälligen roten Fachwerk. Fragen Sie nach den Zimmern im Gästehaus, wo sich auch ein kleines Kino befindet. Restaurant in bürgerlich-ländlicher Aufmachung.

WENDEBURG Niedersachsen siehe Peine.

WENDELSTEIN Bayern 546 R 17 – 15 000 Ew – Höhe 340 m.
Siehe Nürnberg (Umgebungsplan).
Berlin 439 – München 157 – *Nürnberg* 15 – Ingolstadt 84 – Regensburg 100.

Zum Wenden, Hauptstr. 32, ⌧ 90530, ℘ (09129) 9 01 30, *info@hotel-zum-wenden.de*, Fax (09129) 901316, 🍴 – ⇌ Zim, TV ⇔ – 🏊 20. AE ⓘ ⓂⓄ VISA CT c
Menu *(geschl. Montagmittag)* à la carte 24,50/36,50 – **17 Zim** ⊇ 75/89 – 90/110.
• Die gastliche Tradition begann hier schon 1745. Heute schläft man in rustikalen Räumen, teils mit Fachwerk oder in modernen, ganz in Weiß gehaltenen Zimmern. Eine Holzdecke und uralte, grob behauene Balken geben dem Restaurant eine gemütliche Atmosphäre.

✕✕ **Ofenplatt'n,** Nürnberger Str. 19, ⌧ 90530, ℘ (09129) 34 30, Fax (09129) 3430, 🍴
– 🅿. CT v
geschl. Samstagmittag, Sonntag – **Menu** (Tischbestellung ratsam) à la carte 18/42.
• Ein altes fränkisches Gasthaus mit Natursteinfassade, dessen Innenleben mit viel Liebe zum Detail in ein ansprechendes Restaurant verwandelt wurde. Netter Service !

In Röthenbach bei St. Wolfgang Nord-Ost : 2 km :

Kübler Hof, In der Lach 2, ⌧ 90530, ℘ (09129) 90 00, *kuebler-hof@t-online.de*, Fax (09129) 900292, 🍴 – 🛗 TV 🅿. AE ⓂⓄ VISA JCB. ⋘ CT n
Menu *(geschl. 22. Dez. - 6. Jan., Samstag - Sonntag)* à la carte 13,50/28 – **48 Zim** ⊇ 48/55 – 75.
• Ein an der Hauptstraße gelegener Hotelbau, dessen Zimmer zumeist in rustikaler Eiche eingerichtet sind, über ein gutes Platzangebot verfügen und gut unterhalten werden. Das unterteilte Restaurant wirkt eher schlicht und ist im bürgerlichen Stil eingerichtet.

WENDEN Nordrhein-Westfalen 543 N 7 – 18 500 Ew – Höhe 360 m.
🛪 Wenden-Ottfingen (Süd : 5 km), ℘ (02762) 9 76 20.
Berlin 565 – Düsseldorf 109 – Siegen 21 – Köln 72 – Olpe 11.

An der Straße nach Hünsborn Süd : 2 km :

Landhaus Berghof ≶, ✉ 57482 Wenden, ℘ (02762) 50 88 (Hotel) 52 66 (Rest.), Fax (02762) 3708, 🍴 – TV ⇔ P – 🅰 20. ⓜ VISA. ⚒
Menu (geschl. Montag) à la carte 16/31,50 – **15 Zim** ⇆ 47/57 – 79/84.
 • Ruhig liegt dieses hübsche Haus am Waldrand. Die Zimmer sind hell und mit massiven Naturholzmöbeln bestückt, das Servicepersonal weiß auch anspruchsvolle Gäste zu überzeugen. Fein-rustikal ist das Ambiente im Restaurant. Im Sommer lockt die hübsche Terrasse.

In Wenden-Brün West : 5,5 km über Gerlingen :

Sporthotel Landhaus Wacker, Mindener Str. 1, ✉ 57482, ℘ (02762) 69 90, sporthotel-wacker@t-online.de, Fax (02762) 699399, 🍴, Massage, ≘s, ⛱, ☀, ⚒ – 🛗, ⥈ Zim, TV ℭ ⇔ 🖃 – 🅰 120. ⓐ ⓜ VISA. ⚒ Rest
Menu à la carte 21,50/38,50 – **75 Zim** ⇆ 60/95 – 110/180 – ½ P 15.
 • Das seit 1860 im Familienbesitz befindliche Haus verfügt über ein breit gefächertes Freizeit- und Sportangebot. Fragen Sie nach einem der neu eingerichteten Zirbelholz-Zimmer ! Rattanmöbel und Grünpflanzen lassen das Pavillon-Restaurant freundlich wirken.

WENDISCH-RIETZ Brandenburg 542 J 26 – 1 050 Ew – Höhe 50 m.
Berlin 74 – Potsdam 83 – Frankfurt (Oder) 17 – Eberswalde 102.

Arminius ≶, Am Glubigsee 45 (Süd : 1 km), ✉ 15864, ℘ (033679) 6 00 00, info@arminiushotel.de, Fax (033679) 60113, 🍴, 🍸, ⥈ – 🛗 ℭ ⇔ 🖃 – 🅰 30. ⓐ ⓞ ⓜ VISA
Menu à la carte 14/25 – **71 Zim** ⇆ 60/85 – 90/105.
 • Mitten in einem Kiefernwäldchen liegt das im Halbrund gebaute Haupthaus mit seinen farbigen Appartement-Häusern. Die Zimmer und Appartements sind modern und wohnlich. Im Haupthaus finden Sie das zur Halle hin offene, neuzeitliche Restaurant.

WENDLINGEN AM NECKAR Baden-Württemberg 545 T 12 – 14 800 Ew – Höhe 280 m.
Berlin 626 – Stuttgart 30 – Göppingen 28 – Reutlingen 31 – Ulm (Donau) 69.

In Wendlingen-Unterboihingen :

Löwen (mit Gästehaus), Nürtinger Str. 1, ✉ 73240, ℘ (07024) 94 90, info@loewen-wendlingen.de, Fax (07024) 94999, 🍴 – ⥈ Zim, TV ⇔ 🖃 – 🅰 30
Menu (geschl. Aug. 2 Wochen, Samstag, Sonntagabend) à la carte 15,50/35 – **37 Zim** ⇆ 46/67 – 65/80.
 • Im Haupt- wie auch im Gästehaus dieses netten Familienbetriebs präsentieren sich die Zimmer mit hellem Naturholz, Schreibtisch und Sitzgruppe. Gemütlicher, in Holz gehaltener Restaurantbereich.

WENNINGSTEDT Schleswig-Holstein siehe Sylt (Insel).

WENTORF BEI HAMBURG Schleswig-Holstein 541 F 14 – 8 700 Ew – Höhe 22 m.
🛪 Wentorf, Golfstr. 2, ℘ (040) 72 97 80 68.
Berlin 278 – Kiel 101 – Hamburg 22 – Hannover 186 – Lüneburg 42.

Jungclaus garni, Hamburger Landstr. 21 (B 207), ✉ 21465, ℘ (040) 7 20 00 90, hoteljungclaus@t-online.de, Fax (040) 72000910 – ⥈ TV ℭ 🖃 ⓜ VISA
20 Zim ⇆ 77/82 – 100.
 • Ein von außen wie von innen attraktives Domizil ist diese Jugendstilvilla. Das Interieur wird von modernen Landhausmöbeln bestimmt, der Frühstücksraum wirkt stilvoll-elegant.

WERBELLINSEE Brandenburg siehe Joachimsthal.

WERBEN Brandenburg siehe Burg/Spreewald.

WERDAU Sachsen 544 N 21 – 26 000 Ew – Höhe 234 m.
🛈 Stadtinformation, Markt 18 (Rathaus) ✉08412, ℘ (03761) 59 43 10, Fax (03761) 594333.
Berlin 263 – Dresden 123 – Gera 41 – Zwickau 9.

Katharinen Hof garni, Katharinenstr. 18, ✉ 08412, ℘ (03761) 8 88 20, hotel-katharinen-hof@t-online.de, Fax (03761) 3601 – TV 🖃 – 🅰 25. ⓐ ⓞ ⓜ VISA
18 Zim ⇆ 49/72 – 64/87.
 • Mitsamt ihrer Inneneinrichtung steht diese restaurierte Jugendstilvilla a. d. J.1906 unter Denkmalschutz. Die Zimmer verfügen über eine zeitgemäße Ausstattung.

WERDAU

Friesen, Zwickauer Str. 58 (B 175), ✉ 08412, ℘ (03761) 8 80 00, hotel.friesen@t-on
line.de, Fax (03761) 880050, 🍴 – ⚭ Zim, TV ✆ 🚗 P – 🏊 45. AE ⓄⒹ ⑩ VISA
Menu à la carte 13,50/20 – **20 Zim** ⌒ 45 – 70.
• Das neu gebaute Haus - verkehrsgünstig am Ortsrand gelegen - überzeugt im Zimmerbereich mit tadelloser Pflege und Wohnlichkeit, gepaart mit Funktionalität. Parkettboden und neuzeitliche Bestuhlung geben dem Restaurant seine freundliche Atmosphäre.

In Werdau-Steinpleis *Süd-Ost : 2,5 km :*

In der Mühle ⚘, Mühlenweg 1, ✉ 08432, ℘ (03761) 18 88 80, hotel.indermuehle
@werdau.net, Fax (03761) 58307, 🍴, (ehemalige Mühle), ⚭ – ⚭ Zim, TV 🚗 P –
🏊 20. ⓄⒹ ⑩ VISA
Menu *(wochentags nur Abendessen)* à la carte 12/22 – **21 Zim** ⌒ 49 – 65.
• Die ehemalige Wassermühle - umgeben von 100-jährigen Eichen - lockt mit Ruhe und Abgeschiedenheit. Ihr Zimmer ist mit soliden Naturholzmöbeln nett eingerichtet. Rustikal gestaltetes Restaurant mit uralten Deckenbalken.

WERDOHL *Nordrhein-Westfalen* ⑤④③ **M 7** – 21 200 Ew – Höhe 185 m.
Berlin 534 – Düsseldorf 91 – Arnsberg 43 – Hagen 36 – Lüdenscheid 14.

In Werdohl-Kleinhammer

Dorfkrug, Brauck 7, ✉ 58791, ℘ (02392) 9 79 80, info@thunsdorfkrug.de,
Fax (02392) 979829, 🍴 – ⚭ Zim, 🚗 P ⑩ VISA
Menu *(geschl. Samstagmittag, Sonn- und Feiertage)* à la carte 27/38 – **17 Zim** ⌒ 43/61
– 85.
• Die Zimmer dieses von Familie Thun geführten kleinen Hotels gefallen mit neuzeitlich-schlichtem Design in klaren Formen und modernen Bädern. Angenehm hell und leicht elegant wirkendes Restaurant mit kreativer Küche.

WERFEN *Österreich siehe Salzburg.*

WERL *Nordrhein-Westfalen* ⑤④③ **L 7** – 28 100 Ew – Höhe 90 m.
🏌 Werl, Wickeder Str. (Süd : 8 km), ℘ (02377) 63 07.
Berlin 470 – Düsseldorf 103 – Arnsberg 30 – Dortmund 37 – Hamm in Westfalen 17 – Soest 15.

Maifeld Sport- und Tagungshotel, Hammer Landstr. 4 (im Industriegebiet Maifeld),
✉ 59457, ℘ (02922) 9 76 80, info@hotel-maifeld.de, Fax (02922) 97688, Biergarten,
🏋, 🛁, ℀(Halle) Badminton – 🛗, ⚭ Zim, TV ✆ 🚗 P – 🏊 100. AE ⓄⒹ ⑩ VISA
geschl. 24. Dez. - 6. Jan. – **Menu** *(geschl. Samstagmittag)* à la carte 20/38,50 – **56 Zim**
⌒ 80 – 105.
• Großzügigkeit, Komfort und ein behaglicher, moderner Stil sind die Annehmlichkeiten dieses neuzeitlichen Hotels. Geschäftsreisende schätzen die günstige Lage zur Autobahn. Eine Bierstube ergänzt das an die Tennishalle angegliederte Restaurant.

Parkhotel Wiener Hof mit Zim, Hammer Str. 1, ✉ 59457, ℘ (02922) 26 33, wolf
gang.farendla@t-online.de, Fax (02922) 6448, 🍴 – TV 🚗 P – 🏊 40. AE ⓄⒹ ⑩
VISA. ℀
Menu *(geschl. Montag)* 23 à la carte 25,50/38 – **8 Zim** ⌒ 45/55 – 80/85.
• Hübsch liegt dieses Haus in einen kleinen Park eingebettet. Die Innenräume sind mit Pastelltönen angenehm gestaltet, die Karte gibt sich österreichisch. Schöne Gartenterrasse.

WERMELSKIRCHEN *Nordrhein-Westfalen* ⑤④③ **M 5** – 37 000 Ew – Höhe 310 m.
🏌 Hückeswagen, Stoote 1 (Ost : 5 km), ℘ (02192) 85 47 20.
Berlin 541 – Düsseldorf 50 – Köln 34 – Lüdenscheid 38 – Wuppertal 30.

Zum Schwanen, Schwanen 1 (B 51), ✉ 42929, ℘ (02196) 71 10, hotel@zum-schw
anen.com, Fax (02196) 711299, 🛁 – 🛗, ⚭ Zim, TV ✆ 🚗 P – 🏊 35. AE ⓄⒹ ⑩ VISA.
℀ Zim
Menu *(geschl. Ende Aug. 1 Woche)* à la carte 20/41 – **40 Zim** ⌒ 80/93 – 120/134.
• Ein engagiert geführter Familienbetrieb an der Durchgangsstraße. Die Zimmer im Haupthaus sind rustikal und etwas einfacher, der Anbau ist modern mit eleganter Note. Das Restaurant wirkt behaglich durch dunkle Holzbalken und weiß getünchte Wände.

Zur Eich, Eich 7 (B 51), ✉ 42929, ℘ (02196) 7 27 00, hotel_zur_eich@t-online.de,
Fax (02196) 727070, Biergarten – TV 🚗 P – 🏊 30. ⓄⒹ ⑩ VISA
Menu *(geschl. Aug. 3 Wochen)* à la carte 21,50/32 – **39 Zim** ⌒ 52/66 – 90/107.
• Das unter Denkmalschutz stehende alte Haus ist ganz mit Schindeln verkleidet und typisch für die Region. Praktische, gepflegte Zimmer in Haupthaus und Anbau. Dunkles Holz an Boden und Wänden sowie eine alte Standuhr prägen das Restaurant.

WERMELSKIRCHEN

In Wermelskirchen-Stumpf *Süd : 4 km :*

Große Ledder (Hotelanlage mit 7 Gästehäusern), ✉ 42929, ✆ (02193) 2 20, *tag ungszentrum.grosseledder@t-online.de*, Fax (02193) 22222, 龠, ≘s – TV ✆ P – 兆 45. ⓂⓄ VISA
geschl. 27. Dez. - 2. Jan. – **Menu** *(geschl. Sonntagabend)* 24/44 (nur Buffet) – **86 Zim** ⊇ 72 – 91.
• Sieben Häuser verschiedener Epochen - von typisch bergisch bis zum Bürgerhaus a. d. 19. Jh. - bilden diese Anlage mit Park. Moderne, komfortable Zimmer und Tagungszentrum.

WERMSDORF *Sachsen* 544 *M 22* – *6 300 Ew – Höhe 185 m.*
Berlin 226 – Dresden 80 – Leipzig 49 – Oschatz 13 – Grimma 20 – Torgau 34.

Seehof Döllnitzsee, Grimmaer Str. 29, ✉ 04779, ✆ (034364) 5 17 00, Fax (034364) 51703, 龠 – ⇔ Zim, TV ✆ ஃ P – 兆 60. AE ⓂⓄ VISA JCB. ※ Zim
Menu à la carte 15/31,50 – **20 Zim** ⊇ 51 – 77.
• Die hübsche Lage am Horstsee und wohnliche, funktionelle Zimmer mit guter Technik und schönen Bädern machen das aus mehreren Häusern bestehende Hotel aus. Rustikalgemütliches Restaurant mit Galerie und Blick auf den See.

WERNAU *Baden-Württemberg* 545 *T 12* – *11 400 Ew – Höhe 255 m.*
Berlin 622 – Stuttgart 26 – Göppingen 21 – Reutlingen 34 – Ulm (Donau) 67.

Maître, Kirchheimer Str. 83, ✉ 73249, ✆ (07153) 9 30 00, *hotel-maitre@t-online.de*, Fax (07153) 36835, 龠 – ⌘ TV ✆ P – 兆 15. AE ⓞ ⓂⓄ VISA
Menu *(geschl. Freitag - Samstagmittag)* à la carte 17/35,50 – **26 Zim** ⊇ 60/97 – 82/119.
• Moderne, sachliche Architektur und Zimmer in einheitlicher, zeitgemäßer Machart verbinden sich in diesem Haus zu einer funktionellen Einheit. Das neuzeitlich gestaltete Restaurant hat einen leicht eleganten Touch.

WERNBERG-KÖBLITZ *Bayern* 546 *R 20* – *5 000 Ew – Höhe 377 m.*
Luhe-Wildenau, Klaus-Conrad-Allee 1 (Nord-West : 10 km), ✆ (09607) 9 20 20.
Berlin 425 – München 193 – Weiden in der Oberpfalz 20 – Nürnberg 95 – Regensburg 71.

Burg Wernberg , Schloßberg 10, ✉ 92533, ✆ (09604) 93 90, *hotel@burg-wernberg.de*, Fax (09604) 939139, ≤, 龠, Massage, ≘s, – ⌘ TV ✆ P – 兆 130. AE ⓂⓄ VISA. ※ Rest
Menu siehe Rest. *Kastell* separat erwähnt – *Burgkeller :* **Menu** à la carte 26/42 – **30 Zim** ⊇ 97/140 – 154/196.
• Hinter den alten Mauern der Burganlage a. d. 13. Jh. überzeugen geschmackvoll und individuell eingerichtete Zimmer mit den Annehmlichkeiten von heute. Barocke Burgkapelle. Der Burgkeller teilt sich in das rustikale Gewölbe und einen wintergartenartigen Vorbau.

Landgasthof Burkhard, Marktplatz 10, ✉ 92533, ✆ (09604) 9 21 80, *hotel.burkhard@t-online.de*, Fax (09604) 921850, 龠 – ⌘ TV ✆ P ⓞ ⓂⓄ VISA. ※ Rest
Menu *(geschl. Jan., Donnerstagabend, Sonntagabend)* à la carte 15,50/27 – *Kaminstube* *(geschl. Jan., Donnerstagabend, Sonntagabend)* **Menu** à la carte 30/40 – **35 Zim** ⊇ 62/72 – 108/126.
• Ein solides und mit zeitgemäßer Technik ausgestattetes Zimmer finden Sie in diesem Hotel und Landgasthof. Familienzimmer mit Gitterbett und Babyphon. In neuzeitlichem Landhausstil gehaltenes Restaurant. Gemütlich : die Kaminstube mit hellem Holz und Ofen.

XXX **Kastell** - Hotel Burg Wernberg, Schloßberg 10, ✉ 92533, ✆ (09604) 93 90, *hotel@burg-wernberg.de*, Fax (09604) 939139 – P. AE ⓂⓄ VISA. ※
❀❀ geschl. 2. - 29. Jan., Montag - Dienstag – **Menu** *(nur Abendessen)* (Tischbestellung ratsam) 85/105 à la carte 54,50/77, ⓢ.
• Ein schönes, weiß getünchtes Gewölbe, elegante Einrichtung, versierter Service und eine kreative, französisch beeinflusste Saisonküche machen den Besuch hier zum Erlebnis.
Spez. Ragout vom Kalbsschwanz in der Kiste. Cannelloni von der Seezunge mit zweierlei Kaviar. Gebackene Feigen mit Rumsahne und Tonkabohneneis

WERNE *Nordrhein-Westfalen* 543 *K 6* – *32 000 Ew – Höhe 52 m.*
Werne-Schmintrup, Kerstingweg 10 (Nord : 3 km Richtung Capelle), ✆ (02389) 53 90 60.
ᐃ Verkehrsverein, Markt 19 (Stadtsparkasse), ✉ 59368, ✆ (02389) 53 40 80, *verkehrsverein-werne@t-online.de*, Fax (02389) 537099.
Berlin 483 – Düsseldorf 104 – Dortmund 25 – Hamm in Westfalen 15 – Münster (Westfalen) 40.

WERNE

Baumhove Hotel Am Kloster garni, Kurt-Schumacher-Str. 9, ✉ 59368, ✆ (02389) 98 95 90, *hotelamkloster@baumhove.de*, Fax (02389) 98959120 – |≣| 💱 TV 📞 & 🚗 – 🎿 60. AE ① ⑩ VISA JCB
54 Zim ☑ 81/87 – 106.
♦ Mit wohnlichen Komfortzimmern in ansprechender farblicher Gestaltung und mit funktionellen Tagungseinrichtungen trägt man den Bedürfnissen geschäftlich Reisender Rechnung.

Ickhorn (mit Gästehaus), Markt 1, ✉ 59368, ✆ (02389) 9 87 70, *info@hotel-ickhorn.de*, Fax (02389) 987713, 🍽 – 💱 Rest, TV 📞 P. AE ⑩ VISA
Menu à la carte 16/47,50 – **23 Zim** ☑ 45/50 – 70/75.
♦ Inmitten der Fußgängerzone dieser liebenswürdigen Stadt liegt das Haus mit der historischen Fassade. Besonders die praktischen Zimmer im Gästehaus überzeugen. Im bürgerlichen Stil mit dunklem Holz und gepflegtem Dekor eingerichtetes Lokal.

Baumhove Hotel Am Markt, Markt 2, ✉ 59368, ✆ (02389) 98 95 90, *hotelammarkt@baumhove.de*, Fax (02389) 98959120, (Fachwerkhaus a.d.J. 1484) – |≣| TV AE ① ⑩ VISA JCB
Menu (geschl. Sonntagabend) à la carte 16,50/35 – **17 Zim** ☑ 31/51 – 77.
♦ Das am historischen Marktplatz gelegene Hotel führt eine Familie, die seit fünf Jahrhunderten im Gastgewerbe tätig ist. Zeitgemäße, unterschiedlich möblierte Zimmer. Restaurant mit rustikaler Einrichtung.

Am Solebad garni, Lüner Str. 2, ✉ 59368, ✆ (02389) 9 88 00, *rezeption@hotel-am-solebad.de*, Fax (02389) 988099 – TV 📞 P. ⑩ VISA 💱
16 Zim ☑ 45/65 – 68/80.
♦ Klein und gepflegt zeigt sich dieser Familienbetrieb mit Pensionscharakter. Die Gäste werden in hellen, mit Weichholzmobiliar eingerichteten Zimmern untergebracht.

In Werne-Stockum *Ost : 5 km, jenseits der A 1 :*

Stockumer Hof, Werner Str. 125, ✉ 59368, ✆ (02389) 9 50 70, *info@stockumerhof.de*, Fax (02389) 950799, 🍽 – TV P. ⑩ VISA
Menu (geschl. 27. Dez. - 7. Jan.)(wochentags nur Abendessen) à la carte 13/28,50 – **20 Zim** ☑ 39 – 62.
♦ Die Gastgeberfamilie stellt Ihnen einfache, praktisch bestückte Zimmer zur Verfügung, die mit ihren großen Schreibtischen auch für Geschäftsreisende geeignet sind. Grobe, alte Holzbalken geben dem Restaurant ein rustikales und gemütliches Gepräge.

WERNECK Bayern 546 Q 14 – 10 000 Ew – Höhe 221 m.
Berlin 468 – München 295 – *Würzburg* 27 – Schweinfurt 13.

Krone-Post, Balthasar-Neumann-Str. 1, ✉ 97440, ✆ (09722) 50 90, *info@kronepost.de*, Fax (09722) 509199, 🍽 – |≣|, 💱 Zim, TV & P. – 🎿 25. AE ① ⑩ VISA
Menu (geschl. Sonntagabend - Montagmittag) à la carte 16/26 – **56 Zim** ☑ 72 – 109.
♦ Teils neuzeitlich mit hellem Holz oder älter mit dunklen Möbeln ausgestattet sind die Gästezimmer dieses Hotels, das in früherer Zeit als Posthalterei genutzt wurde. Restaurant mit gepflegtem, bürgerlichem Ambiente.

WERNIGERODE Sachsen-Anhalt 542 K 16 – 34 800 Ew – Höhe 230 m.
Sehenswert : Rathaus★★ – Fachwerkhäuser★★.
Ausflugsziele : Rübeland (Hermannshöhle★) Süd-Ost : 14 km.
🛈 Tourist-Information, Nicolaiplatz 1, ✉ 38855, ✆ (03943) 63 30 35, *wernigerode-tg@netco.de*, Fax (03943) 632040.
Berlin 229 – *Magdeburg* 78 – Braunschweig 88 – Erfurt 145 – Göttingen 98.

Gothisches Haus, Marktplatz 2, ✉ 38855, ✆ (03943) 67 50, *gothisches-haus@tc-hotels.de*, Fax (03943) 675555, 🍽, ☯, Massage, 🏋, ≘s – |≣|, 💱 Zim, 📺 TV 📞 & 🚗 P. – 🎿 120. AE ① ⑩ VISA 💱 Rest
Menu à la carte 26/42, ♀ – **Winkeller 1360** (geschl. Montag) (nur Abendessen) **Menu** à la carte 20/28, ♀ – **116 Zim** ☑ 103/108 – 150/216, 3 Suiten.
♦ Hinter seiner sorgsam restaurierten, denkmalgeschützten Fassade gefällt dieses mitten in der Altstadt gelegene Haus mit komfortablen Zimmern und individuellen Suiten. Verschiedene Restaurantstuben. Winkeller 1360 mit historischem Ambiente.

Weißer Hirsch, Marktplatz 5, ✉ 38855, ✆ (03943) 60 20 20, *info@hotel-weisser-hirsch.de*, Fax (03943) 633139, 🍽, ≘s – |≣|, 💱 Zim, TV 🚗 – 🎿 100. AE ⑩ VISA JCB
Menu à la carte 19/38,50 – **54 Zim** ☑ 63/92 – 110/140, 6 Suiten.
♦ Die Lage am historischen Marktplatz der Stadt macht dieses Hotel so anziehend. Im Inneren überzeugen die teils sehr gut eingerichteten Zimmer und Suiten. Hell und zeitgemäß gestalteter Restaurantbereich.

WERNIGERODE

Ramada Treff Hotel, Pfarrstr. 41, ⊠ 38855, ℘ (03943) 94 10, wernigerode@ramada-treff.de, Fax (03943) 941555, 余, ≘s – 劇, ⇄ Zim, ⊡ ☎ ఉ ⇔ – 益 350. ஊ ① ⓜ VISA JCB. ※ Rest
Menu à la carte 16,50/26 – **258 Zim** ⊃ 88 – 117.
• Im Stadtzentrum und nahe dem Bahnhof liegt diese neuzeitliche Adresse, die aufgrund ihrer Größe auch für Gruppen interessant ist. Einheitliche, funktionelle Zimmer.

Erbprinzenpalais ⑤, Lindenallee 27, ⊠ 38855, ℘ (03943) 5 40 50, info@erbprinzenpalais.de, Fax (03943) 540599, 余, ⬚ – 劇 ⊡ ఉ ℗ – 益 20. ஊ ⓜ VISA JCB
Menu à la carte 16,50/25,50 – **30 Zim** ⊃ 69/79 – 96/158.
• Die in einem Wohngebiet gelegene kleine kurfürstliche Residenz mit Hotelanbau bietet ihren Gästen Zimmer mit neuzeitlicher Einrichtung und guter Technik. Hohe Decken und schönes altes Parkett verleihen dem Restaurant ein ansprechendes Ambiente.

Johannishof ⑤ garni, Pfarrstr. 25, ⊠ 38855, ℘ (03943) 9 49 40, info@hotel-johannishof.de, Fax (03943) 949449 – 劇 ⇄ ⊡ ☎ ఉ ℗ ⓜ VISA
25 Zim ⊃ 50/55 – 75/80.
• Mitten im Stadtkern und doch ruhig liegt dieses ehemalige Gutshaus. Hier finden Sie geräumige und sehr wohnliche, fast schon elegant gestaltete Zimmer.

Ratskeller, Am Marktplatz 1, ⊠ 38855, ℘ (03943) 63 27 04, Fax (03943) 905485, 余
Menu à la carte 14,50/27,50.
• Dieses nette Restaurant befindet sich im Untergeschoss des Rathauses und blickt auf eine jahrhundertealte Tradition zurück. Sie sitzen unter einem sehr schönen Gewölbe!

WERSHOFEN Rheinland-Pfalz ▫▫▫ O 4 – 960 Ew – Höhe 497 m.
Berlin 648 – Mainz 176 – Aachen 97 – Adenau 19 – Bonn 53.

Kastenholz, Hauptstr. 1, ⊠ 53520, ℘ (02649) 3 81, info@kastenholz-eifel.de, Fax (02649)536, ≤, Massage, ≘s, 秉 – 劇 ⊡ ☎ ℗ – 益 40. ⓜ VISA. ※
Menu à la carte 19/40 – **38 Zim** ⊃ 73/95 – 116/160 – ½ P 18.
• Ein gewachsener Gasthof mit Anbau im anheimelnden Stil. Wohnlich-elegante Zimmer, ein schöner Freizeitbereich und die Waldrandlage mit Blick auf den Aremberg überzeugen. Rondellartiges, rustikales Restaurant mit mittig angelegtem rundem Kamin.

Landgasthaus Pfahl (mit Gästehaus), Hauptstr. 15, ⊠ 53520, ℘ (02694) 2 32, hotel@landgasthaus-pfahl.de, Fax (02694) 530, ≤, 余, ≘s – ⊡ ℗ – 益 35. ஊ ⓜ VISA
geschl. Jan. 3 Wochen – **Menu** (geschl. Dienstag) à la carte 18,50/26 – **22 Zim** ⊃ 48 – 78.
• Auf einem Höhenzug des Oberahrgebirges liegt dieses im Fachwerkstil gebaute Hotel. Die Zimmer im Haupthaus sind im Landhausstil, die im Gästehaus in Eiche eingerichtet. Ländlich gestaltetes Restaurant mit behaglicher Kaminecke.

WERTHEIM Baden-Württemberg ▫▫▫ Q 12 – 24 000 Ew – Höhe 142 m.
Sehenswert : Stiftskirche (Grabdenkmäler★★).
Ausflugsziel : Bronnbach : Klosterkirche★ Süd-Ost : 9,5 km.
🛈 Tourist-Information, Am Wenzelplatz, ⊠ 97877, ℘ (09342) 10 66, info@tourist-wertheim.de, Fax (09342) 38277.
Berlin 537 – Stuttgart 143 – Würzburg 38 – Aschaffenburg 47.

Schwan (mit Gästehaus), Mainplatz 8, ⊠ 97877, ℘ (09342) 9 23 30, info@hotel-schwan-wertheim.de, Fax (09342) 923366, 余 – ⊡ ☎ – 益 20. ஊ ① ⓜ VISA
Menu à la carte 15,50/41 – **31 Zim** ⊃ 52/69 – 68/118, 3 Suiten.
• Erbaut auf den ehemaligen Stadtmauern des mittelalterlichen Ortes, steht der Schwan schon seit Generationen im Dienste des Gastes. Sie schlafen in soliden Zimmern. Im Restaurant : Schiestl Holzschnitzarbeiten aus dem Jahre 1913.

In Wertheim-Bestenheid Nord-West : 3 km :

Bestenheider Stuben, Breslauer Str. 1, ⊠ 97877, ℘ (09342) 9 65 40, info@bestenheider-stuben.de, Fax (09342) 965444, 余 – ⊡ ☎ ℗ – 益 35. ஊ ⓜ VISA
geschl. Anfang Jan. 1 Woche – **Menu** 28/40 à la carte 21/38,50 – **20 Zim** ⊃ 60/65 – 75/85.
• Die Zimmer dieses am Ortseingang gelegenen, gut geführten Landhauses mit Holzfassade sind alle farblich schön design und funktionell mit modernen Hotelmöbeln eingerichtet. Landhausstil kombiniert mit frischen Farben prägt das Ambiente im Restaurant.

In Wertheim-Reicholzheim Süd-Ost : 7 km – Erholungsort :

Martha ⑤, Am Felder 11, ⊠ 97877, ℘ (09342) 78 96, hotel.martha@t-online.de, Fax (09342) 6655, ≤, 余, ▭, 秉 – ⊡ ℗ ⓜ VISA. ※
geschl. Ende Okt. - Anfang Nov. – **Menu** à la carte 15/28 – **10 Zim** ⊃ 37/44 – 64/84 – ½ P 16.
• Die ruhige, sonnige Hanglage und die schlicht und praktisch ausgestatteten Gästezimmer - teils mit Balkon - machen das familiengeführte kleine Hotel aus. Ländliches Restaurant mit wechselnder Bilderausstellung.

WERTHEIM

In Kreuzwertheim *Bayern - auf der rechten Mainseite :*

Herrnwiesen garni, In den Herrnwiesen 4, ✉ 97892, ☎ (09342) 9 31 30, *hotel@he rrnwiesen.de, Fax (09342) 931311*, 🍴 – ⌧ TV ☏ 🚗 P AE ⓂⓄ VISA
22 Zim ⌂ 55/80 – 65/85.
♦ Ein engagiert geführtes Haus, das mit guter Pflege überzeugt. Die Zimmer sind mit hellem Naturholz eingerichtet - einige verfügen über einen hübsch bewachsenen Balkon.

Lindenhof, Lindenstr. 41 (Nord-Ost : 2 km Richtung Marktheidenfeld), ✉ 97892, ☎ (09342) 91 59 40, *lindenhof.kreuzwertheim@t-online.de, Fax (09342) 9159444*, ≤, 🌳, 🍴 – ⌧ TV ☏ 🚗 P ⌘ Rest
Menu à la carte 26,50/37,50 – **15 Zim** ⌂ 63/69 – 85/125.
♦ Die Betreiberfamilie kann auf eine lange Tradition als Winzer und Gastwirte zurückblicken. Die Zimmer sind individuell und wohnlich gestaltet. Das Restaurant ist reich dekoriert und strahlt Gemütlichkeit aus.

WERTHER *Nordrhein-Westfalen siehe Halle in Westfalen.*

WERTHER *Thüringen siehe Nordhausen.*

WERTINGEN *Bayern* 𝟓𝟒𝟔 U 16 – *7 000 Ew – Höhe 419 m.*
Berlin 538 – München 90 – Augsburg 34 – Donauwörth 24 – Ulm (Donau) 74.

Hirsch, Schulstr. 7, ✉ 86637, ☎ (08272) 80 50, *mail@hotel-zum-hirsch.de, Fax (08272) 805100*, 🌳 – ⌧ TV 🚗 P – 🛋 80. AE ⓂⓄ VISA JCB
Menu *(geschl. 23. Dez. - 6. Jan., Freitagabend - Samstag)* à la carte 11,50/25 – **28 Zim** ⌂ 39/40 – 70/74.
♦ Ein schmucker Gasthof mit Hotelanbau. Hier wie dort findet man bestens unterhaltene, solide und zeitgemäß ausgestattete Fremdenzimmer. Im Restaurant wirken holzvertäfelte Wände und Dielenboden gemütlich.

WESEL *Nordrhein-Westfalen* 𝟓𝟒𝟑 L 3 – *65 000 Ew – Höhe 25 m.*
🛈 *Weseler Verkehrsverein, Großer Markt 11, ✉ 46483, ☎ (0281) 2 44 98, verkehrsver einwesel@t-online.de, Fax (0281) 14053.*
ADAC, *Schermbecker Landstr. 41.*
Berlin 557 – Düsseldorf 64 – Bocholt 24 – Duisburg 31.

Welcome Hotel Rheinresidenz 🌿, Rheinpromenade 10, ✉ 46487, ☎ (0281) 3 00 00, *info@rheinresidenz-wesel.com, Fax (0281) 3000333*, ≤, 🌳, 🏋, ≘ – 🛗, ⌧ Zim, ▪ TV ☏ & P – 🛋 300. AE ⓄⓂⓄ VISA ⌘ Rest
Menu à la carte 20/32 – **104 Suiten** ⌂ 128/148 – 170/185.
♦ Der vierflügelige Bau mit mittiger Empfangskuppel liegt nahe am Rhein und Schiffsanleger und bietet komfortable Zimmer mit separatem Schlafraum und Küche. Modern gestaltetes Restaurant mit vorgelagerter Terrasse und großer Fensterfront zum Rhein hin.

Lippeschlößchen, Hindenburgstr. 2 (Süd-Ost : 2 km), ✉ 46485, ☎ (0281) 44 88, *lip peschloesschen@t-online.de, Fax (0281) 4733*, 🌳 – P – 🛋 60. AE ⓄⓂⓄ VISA JCB
geschl. Dienstag – **Menu** à la carte 28/44.
♦ Das Restaurant ist geschmackvoll und hell im bürgerlichen Stil eingerichtet. Von der Terrasse aus genießen Sie den Blick über die Lippeniederung.

In Wesel-Feldmark *Nord : 3 km über Reeser Landstraße (B 8) :*

Waldhotel Tannenhäuschen 🌿, Am Tannenhäuschen 7, ✉ 46487, ☎ (0281) 9 66 90, *info@tannenhaeuschen.de, Fax (0281) 966999*, 🌳, 🎭, Massage, 🏋, ≘, 🔲, 🍴 – 🛗, ⌧ Zim, TV ☏ & P – 🛋 90. AE ⓄⓂⓄ VISA
Menu à la carte 31,50/44 – **46 Zim** ⌂ 69/119 – 85/135.
♦ Gediegene Eleganz umgibt den Gast in einem Haus, das ruhig in hoteleigenen Park- und Waldanlagen situiert ist. Die Zimmer ermöglichen individuelles Wohnen. Das Restaurant besticht mit Großzügigkeit, stilvollem Mobiliar und gehobener Tischkultur.

In Wesel-Flüren *Nord-West : 3 km, über B 8 :*

Art, Reeser Landstr. 188, ✉ 46487, ☎ (0281) 9 75 75, *restaurantart@t-online.de, Fax (0281) 97577*, 🌳 – P
geschl. Dienstag, Samstagmittag – **Menu** 11 (mittags) à la carte 26,50/41.
♦ Die hübsche Lage, die halbrunde Bauweise und ein modernes Interieur mit Bildern und Skulpturen bieten dem Gast ein besonderes Umfeld. Terrasse am See.

WESEL

In Wesel-Lackhausen *Nord : 2 km* :

Haus Duden, Konrad-Duden-Str. 99, ⊠ 46485, ℘ (0281) 9 62 10, *hotel.hausduden@t-online.de*, Fax (0281) 9621100, 🍽, ≦s – ⇌ Zim, 🖬 Rest, 📺 ✆ 🅿 – 🛎 60. 🅰🅴 ⓜⓞ ⓥⓘⓢⓐ
Menu à la carte 32/42,50 – **Dudenstube :** Menu à la carte 22,50/33,50 – **63 Zim** ☞ 84/119 – 114/159.
• Die kleine traditionsreiche Villa - das Geburtshaus von Konrad Duden - wurde um einen neuzeitlichen Hoteltrakt erweitert. Wohnliche und funktionelle Zimmer. Parkrestaurant mit Fensterfront zum Garten sowie Wintergarten. Gemütlich-rustikal : die Dudenstube.

In Hamminkeln-Marienthal *Nord-Ost : 14 km, über B 70* :

Romantik Hotel Haus Elmer ⓢ, An der Klosterkirche 12, ⊠ 46499, ℘ (02856) 91 10, *info@haus-elmer.de*, Fax (02856) 91170, 🍽, ≦s – ⇌ Zim, 📺 ✆ 🅿 – 🛎 65. 🅰🅴 ⓜⓞ ⓥⓘⓢⓐ. ⸺ Rest
Menu à la carte 28/36, ♀ – **31 Zim** ☞ 83/95 – 103/135.
• Geborgenheit und angenehme Atmosphäre verspürt man in den Zimmern dieses Hauses, die vom Designerstil bis zur gehoben-rustikalen Einrichtung für jeden etwas bieten. Gediegener Landhausstil und liebevolles Dekor prägen das Restaurant - schöne Gartenterrasse.

WESENBERG *Mecklenburg-Vorpommern* 542 G 22 – *3 200 Ew – Höhe 82 m.*
Berlin 114 – Schwerin 128 – Neubrandenburg 44.

Romantik Hotel Borchard's Rookhus am See ⓢ, Am Großen Labussee (Nord : 4,5 km), ⊠ 17255, ℘ (039832) 5 00, *info@rookhus.de*, Fax (039832) 50100, ≤, 🍽, ≦s, 🚣, 🐎, ⇌ Zim, 📺 ✆ ♿ 🅿 – 🛎 40. 🅰🅴 ⓜⓞ ⓥⓘⓢⓐ. ⸺ Rest
Menu à la carte 22/42 – **45 Zim** ☞ 82/132 – 120/140, 4 Suiten – ½ P 23.
• Ein Großteil der Zimmer und Suiten dieses herrlich am See gelegenen Hotels ist im englischen Landhausstil eingerichtet - bis ins Detail gestaltete Wohnkultur. Das Restaurant Storchennest : ländlich-regional, Fürst Nikolaus : gediegen-stilvoll.

In Wesenberg-Strasen *Süd-Ost : 10 km über Wustrow* :

Zum Löwen ⓢ, Schleusengasse 11, ⊠ 17255, ℘ (039828) 2 02 85, *info@loewenhotel.de*, Fax (039828) 20391, 🍽, ≦s – 📺 🅿 – 🛎 20. 🅰🅴 ⓜⓞ ⓥⓘⓢⓐ
Menu à la carte 14/21 – **23 Zim** ☞ 41/46 – 64.
• Wo früher eine Wassermühle aus dem 17. Jh. betrieben wurde, liegt dieses Hotel - es verfügt über solide und praktisch eingerichtete Zimmer mit zeitgemäßem Komfort. Von einigen Plätzen des ländlich gestalteten Restaurants aus blicken Sie auf den Havelkanal.

WESSELING *Nordrhein-Westfalen* 543 N 4 – *33 000 Ew – Höhe 51 m.*
Berlin 583 – Düsseldorf 55 – *Bonn* 20 – Köln 12.

Haus Burum garni, Bonner Str. 83, ⊠ 50389, ℘ (02236) 94 39 10, Fax (02236) 9439127 – 🛗 📺 🚭 🅿
geschl. 21. Dez. - 7. Jan. – **24 Zim** ☞ 42/52 – 67.
• Ein sympathisches Haus, das sehr engagiert geführt wird. Weitere Pluspunkte sind die zeitgemäßen Zimmer mit Kirschholzmöbeln und der Frühstücksraum mit antiken Stühlen.

WESTERBURG *Rheinland-Pfalz* 543 O 7 – *6 000 Ew – Höhe 380 m.*
🏌18 🏌 Westerburg, Am Wiesensee (Nord-Ost : 3 km Richtung Stahlhofen), ℘ (02663) 99 11 92.
🅱 Touristinformation, Neumarkt 1, 56457, ℘ (02663) 29 14 90, *tourist-information@vg-westerburg.de*, FAX (02663) 291888.
Berlin 561 – Mainz 88 – *Koblenz* 54 – Siegen 43.

In Westerburg-Stahlhofen *Nord-Ost : 4,5 km Richtung Wiesensee* :

Lindner Hotel und Sporting Club Wiesensee ⓢ, Am Wiesensee, ⊠ 56457, ℘ (02663) 9 91 00, *info.wiesensee@lindner.de*, Fax (02663) 991199, ≤, 🍽, Biergarten, 🌊, Massage, 🛋, ≦s, 🚣, 🐎, 🌳, ✕, 🏌, – 🛗, ⇌ Zim, 📺 ✆ ♿ 🅿 – 🛎 90. 🅰🅴 ⓜⓞ ⓥⓘⓢⓐ ⓙⓒⓑ. ⸺ Rest
Menu à la carte 27/41,50 – **104 Zim** ☞ 127 – 176, 19 Suiten.
• Die schöne Lage an einem kleinen See sowie die gut in Ahorn oder Pinie eingerichteten Zimmer machen das Haus zu einem attraktiven Domizil. Suiten mit fernöstlichem Interieur. Im Restaurant schaffen Rattanstühle und hellgelbe Wände eine freundliche Atmosphäre.

WESTERLAND *Schleswig-Holstein siehe Sylt (Insel).*

WESTERSTEDE
Niedersachsen 541 G 7 – 21 600 Ew – Höhe 13 m – Erholungsort.

🛈 Touristik Westerstede, Am Markt 2, ✉ 26655, ℘ (04488) 1 94 33, touristik@westerstede.de, Fax (04488) 5555.

Berlin 460 – Hannover 195 – Emden 58 – Groningen 110 – Oldenburg 24 – Wilhelmshaven 42.

Voss, Am Markt 4, ✉ 26655, ℘ (04488) 51 90, info@voss-hotels.de, Fax (04488) 6062, 🍴, Massage, ≘s, 🏊 – 📶, ⚡ Zim, 📺 📞 🚗 P – 🔔 180. ᴀᴇ ⓞ ⓜⓞ 𝗩𝗜𝗦𝗔
Vossini : Menu à la carte 19/32 – **73 Zim** ⚏ 64/77 – 89/115 – ½ P 16.
• Der neuzeitliche Klinkerbau mit flachem Anbau liegt in der Mitte der Rhododendronstadt. Das Haus überzeugt mit wohnlicher Einrichtung und funktioneller Tagungstechnik. Zum Markt hin liegt das Vossini, das hell und leicht mediterran wirkt.

Altes Stadthaus (mit Gästehaus), Albert-Post-Platz 21, ✉ 26655, ℘ (04488) 8 47 10, altesstadthaus@aol.com, Fax (04488) 847130, 🍴 – ⚡ Zim, 📺. ⓜⓞ 𝗩𝗜𝗦𝗔
Menu (geschl. Samstagmittag, Montag) à la carte 14,50/34,50 – **17 Zim** ⚏ 47 – 84 – ½ P 14.
• Das renovierte alte Stadthaus mit Neubau beherbergt ein engagiert geführtes Hotel. Die Zimmer sind individuell, teils sehr schön im englischen Landhausstil ausgestattet. Kleines, in hübschen Farben gestaltetes Restaurant.

In Westerstede-Burgforde Nord-Ost : 1,5 km in Richtung Neuenburg :

Waldhotel am Wittenheimer Forst, Burgstr. 15, ✉ 26655, ℘ (04488) 8 38 20, info@waldhotel-wittenheim.de, Fax (04488) 72829, 🍴 – ⚡ Zim, 📺 P. 𝗩𝗜𝗦𝗔
geschl. 27. Dez. - 31. Jan. – **Menu** (geschl. Montag)(außer Saison nur Abendessen) à la carte 15/28,50 – **19 Zim** ⚏ 53 – 83.
• Das schön restaurierte Landhaus liegt am Waldrand. Teils in Weiß, teils in rustikaler Eiche zeigen sich die Zimmer. Morgens lockt ein reichhaltiges Landfrühstück. Zum gastronomischen Bereich zählen die rustikale Schänke und das fast klassische Restaurant.

WETTENBERG
Hessen siehe Giessen.

WETTRINGEN
Nordrhein-Westfalen 543 J 5 – 7 500 Ew – Höhe 55 m.

Berlin 487 – Düsseldorf 160 – Nordhorn 50 – Enschede 32 – Münster (Westfalen) 37 – Osnabrück 59.

Zur Post, Kirchstr. 4 (B 70), ✉ 48493, ℘ (02557) 9 37 20, natze@t-online.de, Fax (02557) 937240, Biergarten – 📺 ⓜⓞ
Menu (geschl. Sonntag)(nur Abendessen) à la carte 14/32 – **24 Zim** ⚏ 39 – 62.
• Seit 150 Jahren ist dieses Haus im Familienbesitz. Eine sehr saubere und gepflegte Adresse, die ihren Gästen solide, praktische Zimmer anbieten kann. Ein großer, heller Wintergarten verbindet das Restaurant mit dem Biergarten.

WETZLAR
Hessen 543 O 9 – 53 000 Ew – Höhe 168 m.

🛈₁₈ Braunfels, Homburger Hof (Süd-West : 12 km über ⑦), ℘ (06442) 45 30.

🛈 Tourist-Information, Domplatz 8, ✉ 35573, ℘ (06441) 9 93 38, tourist-info@wetzlar.de, Fax (06441) 99339.

Berlin 510 ② – Wiesbaden 96 ② – *Frankfurt am Main 68 ②* – Limburg an der Lahn 42 ⑧ – Siegen 64 ⑧ – Gießen 17 ②

Stadtplan siehe nächste Seite

Mercure, Bergstr. 41, ✉ 35578, ℘ (06441) 41 70, h0782@accor-hotels.com, Fax (06441) 42504, Biergarten, ≘s, 🏊 – 📶, ⚡ Zim, 📺 📞 🚗 P – 🔔 280. ᴀᴇ ⓞ ⓜⓞ 𝗩𝗜𝗦𝗔
Menu à la carte 20/35 – **144 Zim** ⚏ 88/108 – 106/116.   Z c
• Unweit der Stadthalle liegt dieses Tagungs- und Gruppenhotel. Die meisten Zimmer sind mit cremefarbenen Möbeln bestückt, bunte Stoffe setzen Akzente.

Blankenfeld, Im Amtmann 20, ✉ 35578, ℘ (06441) 78 70, info@hotel-blankenfeld.com, Fax (06441) 787200, 🍴 – 📶, ⚡ Zim, 📺 🐕 P – 🔔 20. ⓜⓞ 𝗩𝗜𝗦𝗔   über ⑥
Menu à la carte 19,50/35 – **38 Zim** ⚏ 56/67 – 82/92.
• Das ganze Haus wirkt durch seine offene und moderne Architektur lichtdurchflutet. Die Zimmer sind ebenfalls hell und mit solidem Kirschholz gut eingerichtet. Bistroartiges Restaurant mit Korbstühlen und frischen Farben.

Wetzlarer Hof, Obertorstr. 3, ✉ 35578, ℘ (06441) 90 80, hotel@wetzlarerhof.de, Fax (06441) 908100, 🍴 – 📶, ⚡ Zim, 📺 📞 P – 🔔 40. ᴀᴇ ⓞ ⓜⓞ 𝗩𝗜𝗦𝗔   Z d
Menu à la carte 19/33 – **55 Zim** ⚏ 75/80 – 90.
• Modern eingerichtete Zimmer, teilweise mit Balkon und Aussicht auf die Avignon-Anlage, erwarten Sie. Auch der Empfangsbereich ist ansprechend mit Sitzgruppen gestaltet. Gepflegtes, neuzeitliches Restaurant.

WETZLAR

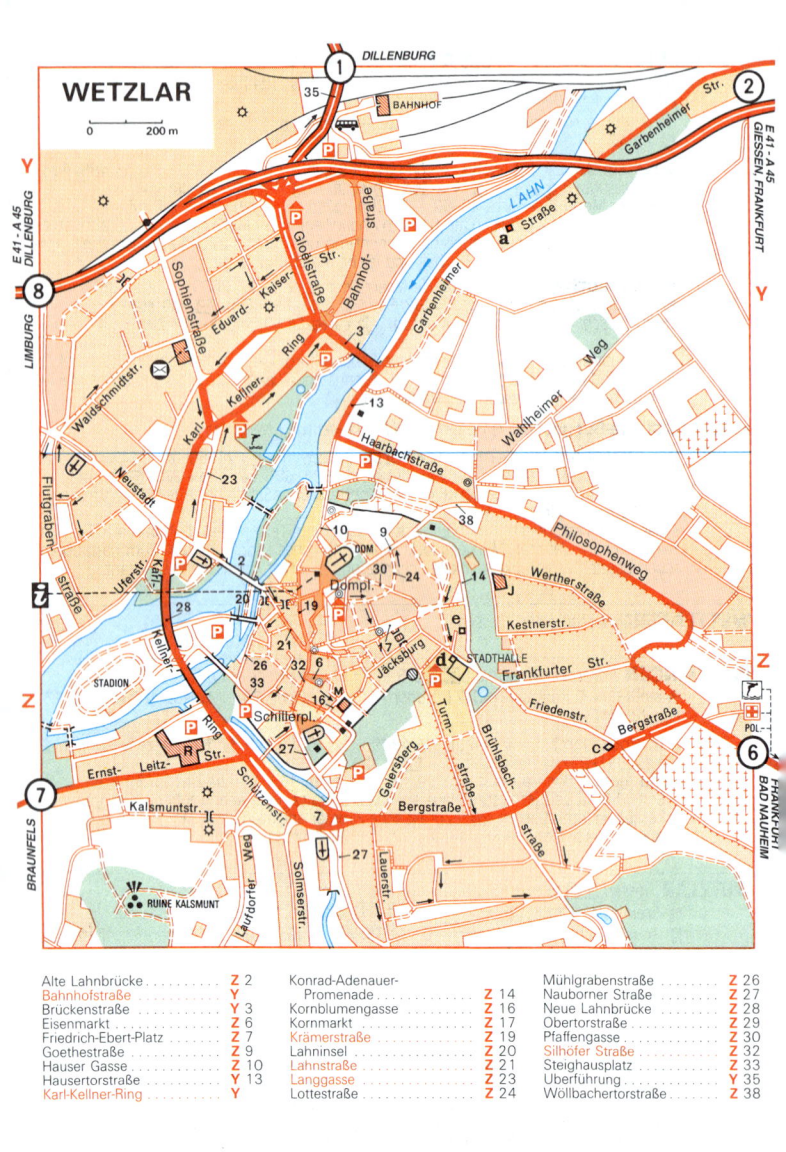

0 — 200 m

Alte Lahnbrücke	**Z** 2	Konrad-Adenauer-		Mühlgrabenstraße	**Z** 26
Bahnhofstraße	**Y**	Promenade	**Z** 14	Nauborner Straße	**Z** 27
Brückenstraße	**Y** 3	Kornblumengasse	**Z** 16	Neue Lahnbrücke	**Z** 28
Eisenmarkt	**Z** 6	Kornmarkt	**Z** 17	Obertorstraße	**Z** 29
Friedrich-Ebert-Platz	**Z** 7	Krämerstraße	**Z** 19	Pfaffengasse	**Z** 30
Goethestraße	**Z** 9	Lahninsel	**Z** 20	Silhöfer Straße	**Z** 32
Hauser Gasse	**Z** 10	Lahnstraße	**Z** 21	Steighausplatz	**Z** 33
Hausertorstraße	**Y** 13	Langgasse	**Z** 23	Überführung	**Y** 35
Karl-Kellner-Ring	**Y**	Lottestraße	**Z** 24	Wöllbachertorstraße	**Z** 38

🏨 **Bürgerhof,** Konrad-Adenauer-Promenade 20, ✉ 35578, ☏ (06441) 90 30, *hotel@buergerhof-wetzlar.com, Fax (06441) 903100* – 🛗 TV 📞 🚗 P. AE ⓘ ⓜ VISA **Z** e
Menu à la carte 17,50/33 – **62 Zim** ☑ 55/74 – 85/95.
 • Zwei moderne Hotelflügel fügen sich harmonisch in die alte Bausubstanz ein. Die Zimmer sind unterschiedlich im Zuschnitt und praktisch eingerichtet. Das Restaurant - gemütlich in der Aufmachung - liegt im historischen Gebäudeteil.

🍴 **Schnittlik,** Garbenheimer Str. 18, ✉ 35578, ☏ (06441) 4 25 51, *Fax (06441) 42551,*
🌿 – P. ⓜ **Y** a
geschl. Jan. 2 Wochen, Juli. 2 Wochen, Sonntagabend - Dienstag – **Menu** *(wochentags nur Abendessen)* (Tischbestellung ratsam) à la carte 31/49.
 • Hinter den Mauern dieser schönen alten Villa wartet ein gemütliches Restaurant. Rustikale Einrichtung, aufgelockert durch farbige Polsterstoffe, bestimmt das Ambiente.

WETZLAR

In Wetzlar-Naunheim über ① : auf der Brücke rechts ab : 3 km :

Landhotel Naunheimer Mühle, Mühle 2, ✉ 35584, ℘ (06441) 9 35 30, naunheimer-muehle@t-online.de, Fax (06441) 935393, 🍽 – |₪| 🛁 TV 📞 P – 🚗 20. AE ⑩ VISA. ※ Rest
Menu à la carte 16,50/37,50 – **33 Zim** ☐ 50/69 – 98/120.
• Idyllisch liegt die alte Mühle mit ihren Anbauten direkt an der Lahn. Die Gästezimmer dieses hübschen Anwesens überzeugen mit moderner Ausstattung und Funktionalität. Viel Holz an Wänden und Decken schafft im Restaurant ein behagliches Ambiente.

In Lahnau-Atzbach über ② : 7,5 km :

Bergschenke Atzbach, Bergstr. 27, ✉ 35633, ℘ (06441) 9 64 30, info@bergschenke-atzbach.de, Fax (06441) 964326, ≤, 🍽 – P. ⑩ VISA
Menu (geschl. Samstagmittag, Dienstag) à la carte 24/37,50 – **Bürgerstube** (geschl. Samstagmittag) **Menu** à la carte 17,50/28.
• Oberhalb des Ortes, in schöner Hanglage, befindet sich dieses von außen etwas unscheinbare Haus. Das Interieur ist angenehm im eleganten Landhausstil eingerichtet. Die Bürgerstube ist die rustikale Alternative zur Bergschenke Atzbach.

WEYARN Bayern ⑤⑥ W 19 – 2 900 Ew – Höhe 654 m.
Berlin 627 – München 38 – Garmisch-Partenkirchen 83 – Salzburg 104 – Innsbruck 124.

Alter Wirt, Miesbacher Str. 2, ✉ 83629, ℘ (08020) 90 70, info@alter-wirt.com, Fax (08020) 1515, Biergarten – 🛁 Zim, TV 📞 ⇔ P – 🚗 40. ⑩ VISA
Menu à la carte 14,50/33,50 – **42 Zim** ☐ 60 – 87 – ½ P 13.
• Wohnliche Zimmer und Suiten mit klassischen Akzenten machen den traditionellen Gasthof von 1646 zu einer soliden Unterkunft vor den Toren Münchens. Mehrere gemütliche Räume bilden den ländlich-rustikalen Restaurantbereich.

Im Mangfalltal Nord-West : 2,5 km, jenseits der A 8 :

Waldrestaurant Maxlmühle, ✉ 83626 Valley, ℘ (08020) 17 72, 🍽, Biergarten – P. ⑩
geschl. Ende Jan. - Feb., Mittwoch, Donnerstag – **Menu** à la carte 15/30,50.
• In schöner, einsamer Lage am Ende der Straße finden Sie dieses nette Restaurant. Im Inneren sorgen Holzböden und ein Kachelofen für eine behagliche Atmosphäre.

WEYHAUSEN Niedersachsen siehe Wolfsburg.

WEYHE Niedersachsen ⑤④① H 10 – 24 500 Ew – Höhe 9 m.
Berlin 396 – Hannover 104 – Bremen 15 – Syke 10 – Verden (Aller) 36.

In Weyhe-Kirchweyhe :

Koch, Bahnhofstr.2, ✉ 28844, ℘ (04203) 8 14 70, trimpe@hotelkoch.de, Fax (04203) 814739, Biergarten – TV P – 🚗 140. AE ⓞ ⑩ VISA
Menu (geschl. Sonntagabend) à la carte 18/34 – **21 Zim** ☐ 47 – 69.
• Dieses 200 Jahre alte Anwesen blickt auf mehr als sechs Jahrzehnte gepflegter Gastlichkeit zurück. Die Gäste beziehen wohnliche Zimmer - teils im Landhausstil eingerichtet. Gemütliche Gaststube.

In Weyhe-Leeste :

Leeste, Alte Poststr.2, ✉ 28844, ℘ (0421) 80 26 06, akzent.hotel.leeste@t-online.de, Fax (0421) 892265, 🍽, ≘s, ⌇ (geheizt) – TV P – 🚗 20. AE ⑩ VISA
Menu (geschl. 23. Dez. - 10. Jan., Sonntag)(nur Abendessen) à la carte 18,50/31,50 – **35 Zim** ☐ 65 – 89.
• Vor den Toren Bremens liegt dieses neuzeitliche Klinkerhaus, das seinen Gästen praktische, gepflegte Zimmer und einen Freizeitbereich bietet.

WEYHER Rheinland-Pfalz siehe Edenkoben.

WICKEDE (RUHR) Nordrhein-Westfalen ⑤④③ L 7 – 11 600 Ew – Höhe 155 m.
Berlin 478 – Düsseldorf 103 – Arnsberg 27 – Dortmund 38 – Meschede 42.

Haus Gerbens mit Zim, Hauptstr. 211 (B 63, Nord-Ost : 2 km), ✉ 58739, ℘ (02377) 10 13, kontakt@haus-gerbens.de, Fax (02377) 1871, Biergarten, ※ – TV P. AE ⓞ ⑩ VISA
Menu (geschl. Samstagmittag, Sonntagmittag) à la carte 26/42 – **13 Zim** ☐ 58/77 – 85/115.
• Seit 150 Jahren beherbergt das kleine Haus gastronomische Betriebe - heute finden Sie hier eine ländliche Gaststube, ein freundliches Restaurant und nette Zimmer.

1481

WIECK AUF DEM DARSS Mecklenburg-Vorpommern siehe Prerow.

WIEDEMAR Sachsen 544 L 20 – 600 Ew – Höhe 110 m.
Berlin 162 – Dresden 130 – Leipzig 26 – Halle (Saale) 21.

Belmondo, Junkersstr. 1 (Gewerbepark), ⌧ 04509, ✆ (034207) 45 90, info@hotel-belmondo.com, Fax (034207) 45988, ⌂, ⌐s – ⌮, ⌽ Zim, TV ☎ ☆ P – 🅐 170. ☒ ⓜ VISA
Menu à la carte 14/25 – **104 Zim** ⌚ 75 – 88.
• Moderne begleitet den Gast durch das gesamte Haus. Vom architektonisch interessant gestalteten Empfangsbereich gelangen Sie in die durch frisches Design geprägten Zimmer.

WIEDEN Baden-Württemberg 545 W 7 – 650 Ew – Höhe 850 m – Erholungsort – Wintersport : 850/1 100 m, ⌘2, ⌂.
🛈 Kurverwaltung, Rathaus, Kirchstr. 2, ⌧ 79695, ✆ (07673) 3 03, Fax (07673) 8533.
Berlin 813 – Stuttgart 246 – Freiburg im Breisgau 44 – Basel 50 – Todtnau 11.

Moosgrund ⌂, Steinbühl 16, ⌧ 79695, ✆ (07673) 79 15, info@moosgrund.de, Fax (07673) 1793, ≤, ⌂, ⌐s, ⌧, ⌨, ⌮ – ⌮ TV ☆ P. ⓜ VISA. ⌘ Rest
geschl. Nov. – **Menu** à la carte 15/34 – **20 Zim** ⌚ 44/66 – 66/84 – ½ P 15.
• Oberhalb des Dorfes gelegen, überzeugt das kleine Hotel mit Ruhe und solide eingerichteten Zimmern. Mehr Komfort bieten die Ferienwohnungen und Appartements. Restaurant in ländlicher Aufmachung.

Hirschen, Ortsstr. 8, ⌧ 79695, ✆ (07673) 8 88 60, hotel-hirschen@t-online.de, Fax (07673) 888637, ⌂, ⌐s, ⌧, ⌨, ⌘ – ⌮ TV ☎ ⌧ P – 🅐 15. ⓜ VISA
geschl. Mitte Nov. - Mitte Dez. – **Menu** (geschl. Montag) à la carte 18,50/32 – **28 Zim** ⌚ 46/54 – 72/80 – ½ P 17.
• Der familiengeführte Gasthof liegt mitten in einem netten kleinen Dorf. Ein nach hinten gelegenes Gästehaus beherbergt die meisten der im ländlichen Stil gehaltenen Zimmer. Teil des Restaurants sind zwei Stuben mit Kachelofen und rustikalem Dekor.

An der Straße zum Belchen West : 4 km :

Berghotel Wiedener Eck – Höhe 1 050 m, ⌧ 79695 Wieden, ✆ (07673) 90 90, info@wiedener-eck.de, Fax (07673) 1009, ≤, ⌂, ⌐s, ⌧, ⌨, ⌘ – ⌮ TV ☎ ⌧ P – 🅐 20. ⓞ ⓜ VISA
Menu à la carte 21/34,50 – **30 Zim** ⌚ 49/70 – 80/119 – ½ P 17.
• Der engagiert geführte Familienbetrieb ist auf einer kleinen Anhöhe platziert. Die Gästezimmer sind in wohnlichem Landhausstil eingerichtet. Unterteilte Gaststuben von ländlich-bürgerlich bis urig.

WIEFELSTEDE Niedersachsen 541 G 8 – 14 500 Ew – Höhe 15 m – Erholungsort.
🛈 Touristik Wiefelstede, Haus des Gastes, Kleiberg 10, ⌧ 26215, ✆ (04402) 96 51 50, info@touristik-wiefelstede.de, Fax (04402) 69381.
Berlin 452 – Hannover 188 – Bremen 66 – Bad Zwischenahn 14 – Oldenburg 13.

In Wiefelstede-Metjendorf Süd-Ost : 10 km Richtung Oldenburg :

Trend Hotel, Jürnweg 5, ⌧ 26215, ✆ (0441) 9 61 10, info@trendhotel-ol.de, Fax (0441) 9611200 – ⌘ Zim, TV ☎ ☎ ☒ ⓞ ⓜ VISA. ⌘
Menu (geschl. Freitag - Sonntag) (nur Abendessen) à la carte 14/24,50 – ⌚ 7 – **34 Zim** 39 – 61.
• Im Motel-Stil angelegt, beherbergt das flache Gebäude saubere, praktisch ausgestattete Zimmer - alle ebenerdig gelegen, mit direktem Zugang zum Parkplatz. Neuzeitliche Einrichtung und freundliche Farben verleihen dem Restaurant einen bistroähnlichen Charakter.

WIEHL Nordrhein-Westfalen 543 N 6 – 26 500 Ew – Höhe 192 m.
🛈 Verkehrsamt, Rathaus, Bahnhofstr. 1, ⌧ 51674, ✆ (02262) 9 91 95, Fax (02262) 99247.
Berlin 570 – Düsseldorf 82 – Bonn 71 – Siegen 53 – Waldbröl 17 – Köln 48.

Zur Post, Hauptstr. 8, ⌧ 51674, ✆ (02262) 79 00, info@hzpde.de, Fax (02262) 92595, Biergarten, ⌂, ⌐s, ⌧, ⌨, ⌘ – ⌮ TV ☎ ⌧ P – 🅐 180. ☒ ⓞ ⓜ VISA
Menu à la carte 21/39 – **57 Zim** ⌚ 85/115 – 120/140.
• Zeitgemäße, wohnliche Gästezimmer mit funktioneller Ausstattung machen dieses Haus aus. Eine Vielzahl von Sportmöglichkeiten finden Sie in unmittelbarer Nähe. Eine rustikalgemütliche Bierstube ergänzt das gediegene Restaurant.

Platte, Hauptstr. 25, ⌧ 51674, ✆ (02262) 90 75, Fax (02262) 97876, ⌂ – P – 🅐 20. ☒ ⓞ ⓜ VISA JCB
Menu (geschl. Mitte Juli - Mitte Aug.) à la carte 19/40 – **20 Zim** ⌚ 65 – 90.
• Eine saubere und gepflegte Übernachtungsadresse mit praktischer Ausstattung. Freigelegte Holzbalken zieren einige der Gästezimmer. Ein nettes ländliches Dekor gibt den Restauranträumen einen rustikalen Charakter.

WIEK Mecklenburg-Vorpommern siehe Rügen (Insel).

WIESBADEN L Hessen 543 P 8 – 270 000 Ew – Höhe 115 m – Heilbad.

Sehenswert : Kurhaus★ BY – Kurpark und Kuranlagen★ BY – Museum Wiesbaden (Jawlensky-Kollektion★)BZ M1 – Nerobergbahn★ AY.

Ausflugsziel : Schloss Biebrich★ – Kloster Eberbach★★ (Weinkeltern★★) West : 18 km.

Wiesbaden-Delkenheim, Lange Seegewann 2 (Ost : 12 km), ℘ (06122) 5 25 50 ; Wiesbaden, Weißer Weg (Nord-West : 6 km über Dotzheimer Str. AZ), ℘ (0611) 1 84 24 16 ; Wiesbaden, Chausseehaus 17 (Nord-West : 5 km über Klarenthaler Str. AYZ), ℘ (0611) 46 02 38.

Ausstellungs- und Kongreßzentrum Rhein-Main-Halle (BZ), ℘ (0611) 14 40, Fax (0611) 144118.

☑ Tourist Information, Marktstr. 6, ✉ 65183, ℘ (0611) 1 72 97 80, tourist@wiesbaden.de, Fax (0611) 1729798.

ADAC, Grabenstr. 5.

Berlin 567 ① – Bonn 153 ① – *Frankfurt am Main* 40 ① – *Bad Kreuznach* 49 ② – Mannheim 89 ①

Stadtpläne siehe nächste Seiten

Nassauer Hof, Kaiser-Friedrich-Platz 3, ✉ 65183, ℘ (0611) 13 30, verkauf@nassauer-hof.de, Fax (0611) 133632, ㈜, Massage, ≦s, ☒ (Thermal), – 🕪, ⇄ Zim, ☐ Rest, 📺 ✆ 🚗 – 🅐 120. ㎹ ⓘ ⓜ VISA. ✵
Menu siehe Rest. *Ente* separat erwähnt – *Orangerie* : Menu à la carte 26/39 – ♁ 20 – **169 Zim** 228/255 – 310/330, 12 Suiten.
BY v
♦ Die wilhelminische Fassade und ein klassisch-elegantes Interieur bilden einen noblen Rahmen. Mit Stil und modernem Komfort beeindruckt dieses Grandhotel Gäste aus aller Welt. Ein guter Vorbau mit hohen Sprossenfenstern und Kuppel beherbergt das Restaurant.

Radisson SAS Schwarzer Bock, Kranzplatz 12, ✉ 65183, ℘ (0611) 15 50, info.wiesbaden@radissonsas.com, Fax (0611) 155111, ㈜, Massage, ♨, ≦s, ☒ (Thermal) – 🕪, ⇄ Zim, ☐ ✆ 🚗 – 🅐 90. ㎹ ⓘ ⓜ VISA JCB
Capricorne : Menu à la carte 25,50/43,50 – ♁ 18 – **142 Zim** 165/260 – 185/290, 6 Suiten – ½ P 25.
BY e
♦ Das historische Stadthaus mit 500-jähriger Geschichte - eines der ältesten Hotels Deutschlands - verwöhnt anspruchsvolle Gäste mit einem Hauch von Luxus. Eine Lichtkuppel und elegantes Ambiente mit Parkett prägen das Capricorne. Schöne Innenhofterrasse.

Dorint, Auguste-Viktoria-Str. 15, ✉ 65185, ℘ (0611) 3 30 60, info.uwe194@dorint.com, Fax (0611) 303960, ㈜, ♨, ≦s – 🕪, ⇄ Zim, ☐ 📺 ✆ 🚗 – 🅐 280. ㎹ ⓘ ⓜ VISA JCB. ✵ Rest
Menu (geschl. Sonntagabend) à la carte 36,50/46 – ♁ 19 – **298 Zim** 172/275 – 203/306, 4 Suiten.
BZ e
♦ Bei der Gestaltung des Interieurs hat man sich für modernes Design und klare Linien entschieden. Komfort auf hohem Niveau überzeugt auch den Business-Gast von heute. Korbstühle und ein frisches Design verleihen dem Restaurant eine gewisse Leichtigkeit.

NH Aukamm 🗞, Aukamm-Allee 31, ✉ 65191, ℘ (0611) 57 60, nhaukammwiesbaden@nh-hotels.com, Fax (0611) 576264, ㈜, Massage, ≦s – 🕪, ⇄ Zim, ☐ 📺 ✆ 🚗 ℗ – 🅐 220. ㎹ ⓘ ⓜ VISA JCB über Bierstadter Straße CY
Menu à la carte 23/34,50 – **164 Zim** ♁ 134 – 149, 8 Suiten.
♦ Hinter der Balkonfassade des neuzeitlichen Hochhauses verbergen sich Komfort und Funktionalität. Business-Zimmer ermöglichen Ihnen auch unterwegs erfolgreiches Arbeiten. Der Rosengarten ist ein hell gestaltetes Restaurant - mittags mit Buffet.

Crowne Plaza, Bahnhofstr. 10, ✉ 65185, ℘ (0611) 16 20, sales@crowneplaza-wiesbaden.de, Fax (0611) 304599, ♨, ≦s, ☒ – 🕪, ⇄ Zim, ☐ 📺 ✆ 🚗 – 🅐 120. ㎹ ⓘ ⓜ VISA JCB
BZ s
Menu à la carte 23/37 – ♁ 18 – **228 Zim** 160/250 – 180/270, 3 Suiten – ½ P 21.
♦ Mit einem großzügigen Hallenbereich empfängt Sie das in der Stadtmitte gelegene Hotel. Von hier aus gelangen Sie in funktionelle Zimmer mit vielen nützlichen Extras. Ein bistroartiges Ambiente umgibt den Gast im Restaurant.

Oranien, Platter Str. 2, ✉ 65193, ℘ (0611) 1 88 20, info@hotel-oranien.de, Fax (0611) 1882200, ㈜ – 🕪, ⇄ Zim, ☐ 📺 ✆ 🚗 ℗ – 🅐 120. ㎹ ⓘ ⓜ VISA JCB
BY u
Menu (geschl. Juli - Aug. 3 Wochen, Sonntag) à la carte 26,50/38 – **79 Zim** ♁ 105/140 – 140/180 – ½ P 28.
♦ Nach stilgerechter Renovierung beherbergt das alte Haus mit der schmucken rosa Fassade nun ein komfortables Hotel - zeitgemäß und wohnlich. In frischen, freundlichen Farben präsentiert sich das Restaurant.

WIESBADEN

Albrecht-Dürer-Straße	AY	2
An den Quellen	BY	3
Bahnhofstraße	BZ	
Burgstraße	BY	4
Friedrichstraße	BY	
Goldgasse	BY	5
Grabenstraße	BY	6
Kaiser-Friedrich-Platz	BY	7
Kirchgasse	BYZ	
Langgasse	BY	8
Luisenstraße	BYZ	
Marktstraße	BY	10
Mauergasse	BY	12
Michelsberg	BZ	13
Moritzstraße	BY	
Mühlgasse	BY	15
Neugasse	BY	16
Prinzessin-Elisabeth-Straße	BY	17
Wagemannstraße	BY	20
Webergasse	BY	21
Wilhelmstraße	BY	

🏨 **Klee am Park**, Parkstr. 4, ✉ 65189, ✆ (0611) 9 00 10, *hotel-klee-am-park@t-online.de*, Fax (0611) 9001310, ≋ – 📶, ✸ Zim, 📺 🅿 – 🛗 20. AE ⓘ ⓂⓈ VISA BY q
Menu à la carte 28/34 – 🛏 13 – **54 Zim** 90/140 – 160 – ½ P 30.
• Die Lage am Kurpark und die unmittelbare Nähe zur City zählen zu den Annehmlichkeiten dieses zeitgemäßen Hotels - gepflegt und funktionell ausgestattet. Hotelrestaurant mit klassischem Ambiente.

🏨 **Fontana** garni, Sonnenberger Str. 62, ✉ 65193, ✆ (0611) 18 11 60, *info@fontana.de*, Fax (0611) 1811666 – 📶 ✸ 📺 ✆ 🅿 – 🛗 15. AE ⓘ ⓂⓈ VISA JCB CY b
geschl. Weihnachten - Anfang Jan. – 🛏 11 – **25 Zim** 75/93 – 118/130.
• Mit einem modernen Äußeren begrüßt Sie das in einem Villenviertel nahe dem Kurpark platzierte Haus. Ebenso neuzeitlich, hell und freundlich zeigen sich die Zimmer.

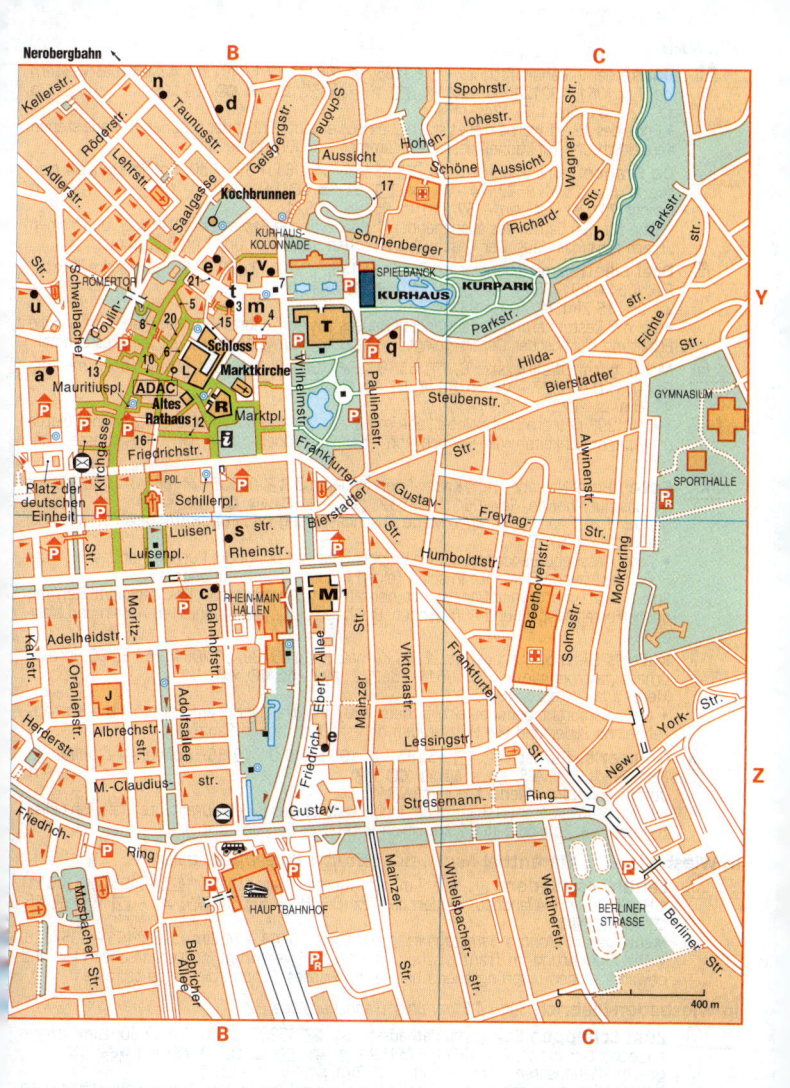

Trüffel, Webergasse 6, ✉ 65183, ✆ (0611) 99 05 50, info@trueffel.net, Fax (0611) 9905555, 🌿 – 🛗 ✻ Zim, 📺 ☎ – 🚗 15. AE ⓓ MC VISA JCB. ✻ Zim
BY t
Menu (geschl. Sonntag) à la carte 29/42 – **24 Zim** ⌗ 110/145 – 145/195.
♦ Das klare Design dieses modernen Hotels trägt die Handschrift des Mailänder Architekten Stefano Orsi. Der Business-Gast findet hier einen komfortablen Arbeitsplatz. Schlichte Eleganz bestimmt das Ambiente im Restaurant - mit Bistro und Delikatessengeschäft.

Klemm garni (mit Gästehaus), Kapellnstr. 9, ✉ 65193, ✆ (0611) 58 20, hotel-klemm@t-online.de, Fax (0611) 582222 – 🛗 ✻ 📺 ☎ 🚗 – 🚙 20. AE ⓓ MC VISA JCB. ✻
BY d
63 Zim ⌗ 85/95 – 100/120.
♦ Eine gelungene Kombination von Alt und Neu : das Jugendstilhaus von 1888 beherbergt ein helles, modernes Interieur in freundlichen Farben. Lage : am Rande der Altstadt.

1485

WIESBADEN

Hansa garni, Bahnhofstr. 23, ✉ 65185, ℘ (0611) 90 12 40, *info@hansa.bestwestern .de, Fax (0611) 90124666* – 📶 📺 📞 🅿 – 🚗 30. 🅰🅴 ⓘ ⓜⓞ 🆅🅸🆂🅰 JCB
☕ 12 – **81 Zim** 102/124 – 136. BZ c
• Ende des 19. Jh. wurde dieses stattliche Haus erbaut. Hinter der schönen Fassade stehen neuzeitlich und funktionell gestaltete Zimmer zum Einzug bereit.

De France garni, Taunusstr. 49, ✉ 65183, ℘ (0611) 95 97 30, *hoteldefrance@t-on line.de, Fax (0611) 9597374* – 📶 📺 🅰🅴 ⓘ ⓜⓞ 🆅🅸🆂🅰 BY n
geschl. 23. Dez. - 4. Jan. – **37 Zim** ☕ 85/96 – 99/133.
• Eine für den Baustil des ausgehenden 19. Jh. typische Fassade mit Balkonen und kleinen Erkern ziert das Haus. Der Gast wählt zwischen Standard- und Komfortzimmern.

Drei Lilien garni, Spiegelgasse 3, ✉ 65183, ℘ (0611) 99 17 80, *info@dreililien.de, Fax (0611) 9917888* – 📶 📺 🅰🅴 ⓘ ⓜⓞ 🆅🅸🆂🅰. ❄ BY r
☕ 9 – **15 Zim** 79/109 – 99/139.
• Bei der Restaurierung des Jugendstil-Hauses aus dem Jahre 1905 hat man Wert auf die Erhaltung historischer Details gelegt. Sie beziehen ein gepflegtes, zeitgemäßes Zimmer.

Maxi garni, Wellritzstr. 6, ✉ 65183, ℘ (0611) 9 45 20, *info@hotel-maxi.de, Fax (0611) 945277* – 📶 📺 🅿 🅰🅴 ⓘ ⓜⓞ 🆅🅸🆂🅰 BY a
41 Zim ☕ 70/80 – 95.
• Das 1996 neu eröffnete Hotel liegt im Herzen von Wiesbaden. Die Gästezimmer bieten die Annehmlichkeiten, die Sie sich von einer funktionellen Übernachtungsadresse wünschen.

Ente - Hotel Nassauer Hof, Kaiser-Friedrich-Platz 3, ✉ 65183, ℘ (0611) 13 36 66, *ent e@nassauer-hof.de, Fax (0611) 133632*, 🌞 – 🍽. 🅰🅴 ⓘ ⓜⓞ 🆅🅸🆂🅰. ❄ BY v
geschl. 1. - 7. Jan., Sonntag – **Menu** (Tischbestellung ratsam) 38 (mittags)/95 (abends) à la carte 47/67, 🍷 🐟.
• Klare, klassische Eleganz bis auf die Empore. Gekonnt bringt der Küchenchef des Nassauer Hofs fernöstliche Elemente in seine feinen kulinarischen Kreationen ein.
Spez. Salat von grüner Papaya mit gebratenem Hummer und Kokosschaum. Reh mit gepfefferten Mispeln und Pfifferlingen. Blaubeersoufflé mit marinierten Äpfeln und Malagaeis

Käfer's Bistro, Kurhausplatz 1 (im Kurhaus), ✉ 65189, ℘ (0611) 53 62 00, *info@k urhaus-gastronomie.de, Fax (0611) 536222*, 🌞 – 🅰🅴 ⓜⓞ 🆅🅸🆂🅰 BY
Menu à la carte 26/48,50.
• Das Restaurant befindet sich in dem 1907 in wilhelminischem Stil erbauten Kurhaus. Zahlreiche Bilder und viel Holz prägen den schönen hohen Raum.

Gollner's, Burgstr. 1, ✉ 65183, ℘ (0611) 9 01 19 66, *gollners@t-online.de, Fax (0611) 9011765*, 🌞 – 🅰🅴 ⓘ ⓜⓞ 🆅🅸🆂🅰 BY m
geschl. Sonntag – **Menu** à la carte 28/45,50.
• In ein großes Geschäftshaus in der Innenstadt ist dieses Restaurant integriert. Ein helles, freundliches Ambiente und klare Linien unterstreichen den Bistro-Stil.

In Wiesbaden-Alt Klarenthal Nord-West : 5 km über Klarenthaler Straße AY :

Landhaus Diedert 🌿, mit Zim, Am Kloster Klarenthal 9, ✉ 65195, ℘ (0611) 1 84 66 00, *info@landhaus-diedert.de, Fax (0611) 18466030*, 🌞, 🌳 – 📺 🅿 – 🚗 15. 🅰🅴 ⓘ ⓜⓞ 🆅🅸🆂🅰
Menu (geschl. Montag, Samstagmittag) à la carte 30/44 – **14 Zim** ☕ 85/105 – 105/128.
• Die Einrichtung im französischen Landhausstil versprüht provenzalisches Flair und bewahrt so den ursprünglichen Charme des Landhauses. Schön : die Gartenterrasse.

In Wiesbaden-Biebrich Süd : 4,5 km, über Biebricher Allee BZ :

Zum Scheppen Eck garni, Rathausstr. 94, ✉ 65203, ℘ (0611) 67 30, *zum_schepp en_eck@t-online.de, Fax (0611) 673159* – 📶 📺 📞 🅰🅴 ⓘ ⓜⓞ 🆅🅸🆂🅰 JCB. ❄
geschl. Weihnachten - Anfang Jan. – **21 Zim** ☕ 70/80 – 85.
• Sie beziehen ein schmuckes historisches Haus mit modernem Anbau. Parkettfußboden und helles Holzmobiliar machen jedes Zimmer zu einem wohnlichen Zuhause auf Zeit.

Das Stephan, Armenruhrstr. 6, ✉ 65203, ℘ (0611) 6 11 34, *das-stephan@web.de, Fax (0611) 603825*, Biergarten – ⓜⓞ 🆅🅸🆂🅰 JCB
geschl. Samstagmittag – **Menu** à la carte 23/44.
• In einem ländlichen Gasthof befindet sich dieses tadellos unterhaltene Restaurant. In gepflegtem Ambiente mit rustikalem Touch serviert man Ihnen internationale Speisen.

In Wiesbaden-Erbenheim über ② : 4 km :

Domäne Mechtildshausen 🌿, nahe Army Airfield, ✉ 65205, ℘ (0611) 73 74 60, *wjwgmbh@t-online.de, Fax (0611) 737479*, 🌞, 🌳 – 📺 🅿 – 🚗 40. 🅰🅴 ⓜⓞ 🆅🅸🆂🅰
Menu (geschl. 27. Dez. - 13. Jan., Sonntagabend - Montag) à la carte 30/43,50 – **Café und Weinstube** : **Menu** à la carte 14/23 – **15 Zim** ☕ 80/100 – 130.
• Das kleine Gästehaus ist Teil eines ansprechenden angelegten landwirtschaftlichen Gutshofs. Felder und Weiden umgeben diese solide und zeitgemäße Adresse. In der Küche verwendet man Produkte aus eigenem Anbau und der eigenen Metzgerei.

WIESBADEN

In Wiesbaden-Nordenstadt *Ost : 10 km über Berliner Str. und A 66, Ausfahrt Nordenstadt :*

Stolberg garni, Stolberger Str. 60, ⊠ 65205, ℘ (06122) 99 20, info@hotel-stolberg.de, Fax (06122) 992111 – 🖵 ⇌ 🅿 – 🔒 40. 🆎 ⓞ ⓜ VISA JCB
geschl. Weihnachten - Anfang Jan. – **48 Zim** 🖵 60/68 – 78/82.
♦ Am Rande des Industriegebietes finden Reisende diesen privat geführten Hotelbetrieb. In ordentlich gepflegten, sauberen Gästezimmern beziehen Sie Quartier.

In Wiesbaden-Sonnenberg *Nord-Ost : 4 km, über Sonnenberger Straße* CY :

XX **Gollner's Burg Sonnenberg**, Am Schloßberg 20, ⊠ 65191, ℘ (0611) 54 14 09, gollners@t-online.de, Fax (0611) 543900, ≤, 🌳 – 🔒 🆎 ⓞ ⓜ VISA
geschl. Dienstag – **Menu** à la carte 30,50/49.
♦ Moderne Schlichtheit in bistroartigem Stil bestimmt das Interieur des unterhalb der Burgruine gelegenen Hauses. Auf der Gartenterrasse genießen Sie eine traumhafte Aussicht.

WIESENTHEID *Bayern* 546 Q 15 – *5 Ew – Höhe 270 m.*
Berlin 471 – München 252 – Würzburg 42 – Nürnberg 83.

Landgasthof zur Brücke, Marienplatz 2, ⊠ 97353, ℘ (09383) 9 99 49, Fax (09383) 99959, 🌳 – 🖵 📞 🅿 ⓜ VISA
geschl. 18. Feb. - 3. März – **Menu** (geschl. Mittwoch) à la carte 17/30,50, ♀ – **10 Zim** 🖵 46 – 62/68.
♦ Hinter den Natursteinmauern dieses hübschen kleinen Familienbetriebs hat man gepflegte, neuzeitlich möblierte Gästezimmer für Sie eingerichtet. Holzboden und freundliche Farben verleihen den Gaststuben einen neu-rustikalen Charakter.

WIESENTTAL *Bayern* 546 Q 17 – *2 700 Ew – Höhe 320 m – Luftkurort.*

🛈 *Tourist-Information, Forchheimer Str. 8, (Rathaus in Muggendorf),* ⊠ 91346, ℘ (09196) 1 94 33, info@wiesenttal.de, Fax (09196) 929930.
Berlin 409 – München 226 – Nürnberg 58 – Bayreuth 53 – Bamberg 38.

Im Ortsteil Muggendorf :

Feiler, Oberer Markt 4, ⊠ 91346, ℘ (09196) 9 29 50, info@hotel-feiler.de, Fax (09196) 362, 🌳 – ↔ Rest, 🖵 ⇌ 🅿 🆎 ⓜ VISA
Menu (geschl. Montagmittag) 22,50 (mittags)/59 (abends) à la carte 31/47 – **15 Zim** 🖵 50/65 – 79/90 – ½ P 22.
♦ Das nette Gasthaus präsentiert sich in typischem ländlichem Stil. An warmen Tagen nehmen Sie Ihr Frühstück auf der schönen Innenhofterrasse ein. Das Restaurant besteht aus verschiedenen gemütlich-stilvollen Gasträumen.

Goldener Stern, Marktplatz 6, ⊠ 91346, ℘ (09196) 9 29 80, hotel@goldner-stern.de, Fax (09196) 1402, 🌳, ≘ – 🖵 🅿 ⓜ VISA
Menu (geschl. 10. Jan. - 28. Feb., Nov. - März Mittwoch - Donnerstag) à la carte 14/30 – **22 Zim** 🖵 35/45 – 66/87 – ½ P 13.
♦ Das familiengeführte Haus ist durch und durch in regionalem Stil gehalten. Solide möblierte Zimmer stellen eine praktische Unterkunft dar. Natursteinboden, viel Holz und ein nettes ländliches Dekor bestimmen den Charakter der Gaststube.

WIESLOCH *Baden-Württemberg* 545 S 10 – *24 000 Ew – Höhe 128 m.*

⛳ Wiesloch-Baiertal, Hohenhardter Hof, ℘ (06222) 78 81 10 ; ⛳ ⛳ St.Leon-Rot, Opelstr. 30 (Süd-West : 7 km), ℘ (06227) 8 60 80.
Berlin 633 – Stuttgart 102 – Mannheim 40 – Heidelberg 14 – Heilbronn 49 – Karlsruhe 48.

Palatin, Ringstr. 17, ⊠ 69168, ℘ (06222) 5 82 01, info@palatin.de, Fax (06222) 582555, ℔, ≘ – 🛗, ↔ Zim, 🖵 📞 & ⇌ – 🔒 420. 🆎 ⓞ ⓜ VISA JCB
Menu à la carte 25/42,50 – **115 Zim** 🖵 121/168 – 137/198.
♦ Hinter einer modernen Fassade verbergen sich neuzeitlich und funktionell ausgestattete Gästezimmer. Mit großem, zeitgemäß ausgestattetem Tagungsbereich. Freundliches, durch eine große Fensterfront erhelltes Restaurant.

Mondial, Schwetzinger Str. 123, ⊠ 69168, ℘ (06222) 57 60, info@mondial-wiesloch.de, Fax (06222) 576333, 🌳, ≘, 🌊, 🛋 – 🛗, ↔ Zim, 🗏 Rest, 🖵 📞 🅿 – 🔒 20. 🆎 ⓞ ⓜ VISA JCB, 🍴 Rest
geschl. 23. Dez. - 6. Jan. – **Menu** (geschl. Freitag - Samstag) (nur Abendessen) à la carte 17/30 – **43 Zim** 🖵 90/105 – 105/120.
♦ Die gepflegten Zimmer überzeugen den Gast mit ihrer funktionellen Ausstattung. Von hier aus erreichen Sie problemlos sehenswerte Städte wie Heidelberg und Speyer. Restaurant mit heller Holztäfelung und schönem Blick in den Garten. Nette Terrasse.

WIESLOCH

Ifen garni, Schwetzinger Str. 131, ✉ 69168, ☏ (06222) 5 80 90, info@hotel-ifen.de, Fax (06222) 580910 – 📶 ✳ 📺 ☎ ♿ 🚗 🅾 🆎 VISA ✂
32 Zim ⌧ 79/83 – 96/99.
* Ein modernes Geschäftsgebäude beherbergt dieses Hotel. Die solide und funktionell ausgestatteten Zimmer verfügen zum Teil über eine Küchenzeile. Auch für Langzeitgäste.

Freihof (mit Gästehaus), Freihofstr. 2, ✉ 69168, ☏ (06222) 25 17, info@restaurant-freihof-hotel.de, Fax (06222) 51634, 🌳, (historisches Weinrestaurant) – 🅿 🆎 🅾 🆎 VISA JCB
Menu à la carte 32,50/50 – **10 Zim** ⌧ 75/85 – 95.
* Das um 1300 erbaute Haus mit seinem markanten Treppengiebel dient seit 1701 als Gasthaus. Heute prägt rustikale Eleganz das Interieur dieser ehrwürdigen Adresse.

Langen's Turmstuben, Höllgasse 32, ✉ 69168, ☏ (06222) 10 00, Fax (06222) 2032, 🌳 – 🅿 🆎 🅾 VISA
geschl. Okt., Mittwoch – **Menu** à la carte 16,50/32.
* Das kleine Gasthaus liegt direkt an der alten Stadtmauer. Holz, Fachwerk und Natursteinwände geben dem auf zwei Etagen angelegten Restaurant seinen rustikalen Charakter.

WIESMOOR Niedersachsen 541 F 7 – 12 800 Ew – Höhe 10 m – Luftkurort.

🏌 Wiesmoor-Hinrichsfehn, Fliederstr. 5 (Süd : 4 km), ☏ (04944) 64 40.
🛈 Wiesmoor Touristik, Hauptstr. 199a, ✉ 26639, ☏ (04944) 9 19 80, tourist-info@wiesmoor.de, Fax (04944) 919899.
Berlin 493 – Hannover 222 – Emden 52 – Oldenburg 51 – Wilhelmshaven 36.

Friesengeist, Am Rathaus 1, ✉ 26639, ☏ (04944) 9 22 20, info@hotel-friesengeist.de, Fax (04944) 922239, 🌳, ☎, 🏌 – 📶 ✳ Zim, 📺 🅿 – 🅰 60. 🅾 🆎 VISA ✂ Rest
Menu à la carte 18/27 – **38 Zim** ⌧ 48/55 – 95/100 – ½ P 12.
* Im Zentrum des Ortes finden Sie eine Übernachtungsadresse, die Ihnen saubere, funktionell und zeitgemäß eingerichtete Gästezimmer bietet. Eine rustikale Bierstube ergänzt das kleine, helle Pavillon-Restaurant mit Reetdach und Sprossenfenstern.

Zur Post 🌳, (mit Gästehaus), Am Rathaus 6, ✉ 26639, ☏ (04944) 9 10 60, info@zur-post-wagner.de, Fax (04944) 910666, 🌳 – 📺 ♿ 🚗 🅿 – 🅰 25
Menu (geschl. Montag) à la carte 18/31,50 – **13 Zim** ⌧ 38/40 – 69.
* Zentral und dennoch ruhig in der Blumengemeinde Wiesmoor gelegen, stellt das kleine familiengeführte Klinkerhaus eine praktische Unterkunft dar. Im friesischen Stil präsentiert sich das Hotelrestaurant.

In Wiesmoor-Hinrichsfehn Süd : 4,5 km, über die Straße nach Remels, nach 3,5 km rechts ab :

Blauer Fasan 🌳, Fliederstr. 1, ✉ 26639, ☏ (04944) 9 27 00, info@blauer-fasan.de, Fax (04944) 927070, 🌳, ☎, 🏌 – 📺 🅿 – 🅰 60. 🆎 VISA
geschl. 3. Jan. - 25. Feb. – **Menu** (geschl. Nov. - Dez. Montag) à la carte 18/37,50 – **26 Zim** ⌧ 64/80 – 104/112.
* Ein Gästehaus erweitert das nette, reetgedeckte Haus um wohnliche, neuzeitliche Zimmer mit elegantem Touch. Schön : der Blumengarten sowie die ruhige Lage in Golfplatznähe. Ostfriesischer Charme prägt den Charakter der Gaststuben.

WIESSEE, BAD Bayern 546 W 19 – 5 000 Ew – Höhe 730 m – Heilbad – Wintersport : 730/880 m ✦2 ✦.

🏌 Bad Wiessee, Robognerhof, ☏ (08022) 87 69.
🛈 Tourist Information, Kuramt, Adrian-Stoop-Str. 20, ✉ 83707, ☏ (08022) 8 60 30, info@bad-wiessee.de, Fax (08022) 860330.
Berlin 643 – München 54 – Garmisch-Partenkirchen 76 – Bad Tölz 18 – Miesbach 19.

Romantik Hotel Landhaus Wilhelmy 🌳, Freihausstr. 15, ✉ 83707, ☏ (08022) 9 86 80, info@romantik-hotel.de, Fax (08022) 9868233, 🌳, 🌲 – ✳ Zim, 📺 ☎ 🅿 – 🅰 15. 🅾 🆎 VISA JCB ✂ Rest
Menu (geschl. Sonntag - Montag) (nur Abendessen) (Restaurant nur für Hausgäste) – **23 Zim** ⌧ 80/110 – 129/195, 3 Suiten – ½ P 20.
* Gepflegte Zimmer mit liebevoller Einrichtung und geschmackvollem Mobiliar im Landhausstil machen das alpenländische Hotel zu einem wohnlichen Zuhause auf Zeit. Schöner Garten.

Lederer am See 🌳, Bodenschneidstr. 9, ✉ 83707, ☏ (08022) 82 90, hotel@lederer.com, Fax (08022) 829200, ≤, 🌳, ☎, 🏌, 🎾, 🚤, ℅ – 📶 📺 🅿 – 🅰 30. 🆎 🅾 🆎 VISA JCB ✂ Rest
geschl. Nov. - Mitte Dez. – **Menu** à la carte 20/33,50 – **104 Zim** ⌧ 70/120 – 110/198 – ½ P 24.
* Vier im Stil der Region erbaute Häuser bilden diese ansprechende Ferienadresse. Eingebettet in einen herrlichen Park, befindet sich das Haus in einzigartiger Lage am See. Hell und freundlich zeigt sich das zum See hin gelegene, rustikale Restaurant.

WIESSEE, BAD

Rex, Münchner Str. 25, ✉ 83704, ℘ (08022) 8 62 00, hotel-rex@hotmail.com, Fax (08022) 8620100, 🌳, 🌿 – 🛗 TV 🅿. ✗ Rest
April - Okt. – **Menu** à la carte 16,50/28 – **57 Zim** ⊇ 50/75 – 94/115 – ½ P 12.
♦ In den Jahren 1920 bis 1923 weilte König Ferdinand von Bulgarien in diesem familiär geführten Haus und gab ihm seinen heutigen Namen. Schön angelegter Park. Eine Terrasse vor dem Haus ergänzt das gepflegte Restaurant.

Am Sonnenbichl ⑤, Sonnenbichl 1, ✉ 83707, ℘ (08022) 9 87 30, sonnenbichl@aol.com, Fax (08022) 8940, ≤ Berge und Tegernsee, 🌳, 🌿 – 🛗 TV 🅿. 🎿 15. 🆎 ⓜ 🆅🅸🆂🅰.
Menu à la carte 30/44 – **22 Zim** ⊇ 75/82 – 90/100 – ½ P 26.
♦ Völlig neu gestaltet, überzeugt der Berggasthof mit wohnlichem Komfort und Funktionalität. Das alpenländische Äußere fügt sich harmonisch in die ländliche Umgebung. Helles Holz schafft eine warme, behagliche Atmosphäre im Restaurant.

Toscana ⑤, Freihausstr. 27, ✉ 83707, ℘ (08022) 9 83 60, hotel.toscana.bad.wiesse@t-online.de, Fax (08022) 983650, Massage, ≦s, 🌿 – 🛗 TV 📞 🅿. 🎿 20. ⓜ 🆅🅸🆂🅰. ✗ Rest
geschl. Dez. 3 Wochen – **Menu** (geschl. Samstag - Sonntag) (nur Abendessen) (Restaurant nur für Hausgäste) – **18 Zim** ⊇ 58/69 – 92/118 – ½ P 20.
♦ Das familiengeführte kleine Haus mit privatem Charakter beherbergt Reisende in individuell und wohnlich gestalteten Zimmern. Hinter dem Haus liegt der hübsche Garten.

Landhaus Midas ⑤ garni, Setzbergstr. 12, ✉ 83707, ℘ (08022) 8 11 50, hotel@landhaus-midas.de, Fax (08022) 99577, 🌿 – ✗ TV 🅿. 🎿 ⓜ 🆅🅸🆂🅰
geschl. 7. - 31. Jan., 30. Nov. - 19. Dez. – **11 Zim** ⊇ 48/65 – 85/96.
♦ In einem ruhigen Wohngebiet finden Sie ein gut geführtes, zeitgemäßes Domizil mit regionstypischem Äußeren. Solide, wohnliche Zimmer stehen zum Einzug bereit.

Bellevue, Hirschbergstr. 22, ✉ 83707, ℘ (08022) 6 64 90, hotel@bellevue-badwiessee.de, Fax (08022) 664949, 🌳, ≦s, 🌿 – 🛗 TV 📞 ⓞ ⓜ 🆅🅸🆂🅰 🅹🅲🅱
geschl. Nov. – **Menu** (nur Abendessen) à la carte 17/31 – **24 Zim** ⊇ 49/62 – 88/98 – ½ P 13.
♦ Ein gepflegter Familienbetrieb, der Urlaubern praktisch ausgestattete Zimmer bietet. Der See liegt ganz in der Nähe, eine Liegewiese findet sich direkt am Haus. Ein schlicht-rustikaler Stil verleiht der Weinstube behaglichen Charakter.

Jägerheim ⑤ garni, Freihausstr. 12, ✉ 83707, ℘ (08022) 8 60 70, Fax (08022) 83127, ≦s, ☐, 🌿 – TV 🅿. ✗
April - Okt. – **22 Zim** ⊇ 41/65 – 78/100.
♦ Hinter der netten Fassade des im alpenländischen Stil gebauten Gasthofs beherbergt man rustikal eingerichtete Fremdenzimmer - teils mit kleinem Wohnbereich versehen.

Freihaus Brenner, Freihaus 4, ✉ 83707, ℘ (08022) 8 20 04, info@freihaus-brenner.de, Fax (08022) 83807, ≤ Tegernsee und Berge, 🌳, 🌿
geschl. 7. - 22. Jan., Dienstag – **Menu** (Tischbestellung erforderlich) 20 à la carte 28/49.
♦ Eine niedrige Holzbalkendecke, hübsche Vorhänge und ein nettes Dekor prägen das rustikale Berggasthaus. Auf den Tisch kommen sorgfältig und schmackhaft zubereitete Speisen.

WIETZE Niedersachsen 541 I 13 – 8 300 Ew – Höhe 40 m.

🛈 Touristinformation, Schwarzer Weg 7, ✉ 29323, ℘ (05146) 91 93 97, wietze@tourismus-region-celle.de, Fax (05146) 919398.
Berlin 294 – *Hannover* 51 – Bremen 98 – Celle 18.

In Wietze-Hornbostel Nord : 1 km :

Wildland ⑤, Am Moorberg 6, ✉ 29323, ℘ (05146) 9 89 30, wildland@t-online.de, Fax (05146) 92237, 🌳, ≤ Zim, TV 🅿. 🎿 30. 🅿. ⓜ 🆅🅸🆂🅰
Menu (geschl. Montag) (wochentags nur Abendessen) à la carte 25/40 – **22 Zim** ⊇ 90/95 – 115/130.
♦ Mehrere rekonstruierte Bauernhäuser bilden dieses schön gelegene Anwesen - alte Bausubstanz verbindet sich hier gelungen mit modernen Elementen. Wechselnde Kunstausstellungen. Eine rustikale Diele - ehemals als Stall genutzt - dient heute als Restaurant.

WIGGENSBACH Bayern 546 W 14 – 4 600 Ew – Höhe 857 m – Erholungsort – Wintersport : 857/1 077 m ✗1 ✗.

🛇 Wiggensbach, Hof Waldegg, ℘ (08370) 9 30 73.
🛈 Informationszentrum, Kempter Str. 3, ✉ 87487, ℘ (08370) 84 35, info@wiggensbach.de, Fax (08370) 379.
Berlin 698 – München 133 – *Kempten (Allgäu)* 11 – Augsburg 112 – Ulm (Donau) 87.

1489

WIGGENSBACH

Goldenes Kreuz, Marktplatz 1, ✉ 87487, ℘ (08370) 80 90, *hotel-goldenes-kreuz@t-online.de, Fax (08370) 80949*, 😊, 📶, 📺, 📞, 👥, 🅿 50. AE ⓓ ⓜ VISA
Menu *(geschl. Montag)* à la carte 22,50/38 – **24 Zim** ☞ 65/75 – 100/130 – ½ P 18.
• Dieser sympathische Landgasthof mit der gemütlichen Einrichtung stammt von 1593. Zimmer mit solidem Mobiliar und guter Technik ermöglichen bequemes Wohnen. Behagliche, nett dekorierte Galerie Gasträume in dunklem Holz.

WILDBAD IM SCHWARZWALD, BAD
Baden-Württemberg **545** T 9 – 11 500 Ew – Höhe 426 m – Heilbad – Luftkurort – Wintersport : 685/769 m ⟨ 2 ⟩ ⟨ .

🛈 Reise- und Verkehrsbüro, König-Karl-Str. 7, ✉ 75323, ℘ (07081) 1 02 80, *reise-verkehrsbuero@bad-wildbad.de, Fax (07081) 10290*.
Berlin 681 – Stuttgart 76 – *Karlsruhe 52* – Pforzheim 26 – Freudenstadt 39.

Bären, Kurplatz 4, ✉ 75323, ℘ (07081) 30 10, *hotelbaeren-badwildbad@t-online.de, Fax (07081) 301166*, 😊 – 📶, ※ Zim, 📺, 👥, ➖, 🅿 – 🚶 35. ✖ Rest
Menu à la carte 31/44,50 – **44 Zim** ☞ 48/65 – 90/140 – ½ P 20.
• Die unterschiedlich zugeschnittenen Zimmer dieses gut geführten Hauses präsentieren sich in individueller, wohnlicher Gestaltung. Lage : im Zentrum von Bad Wildbad.

Valsana am Kurpark 🌿, Kernerstr. 182, ✉ 75323, ℘ (07081) 15 10, *info@valsana.de, Fax (07081) 15199*, 😊, ♨, 📶, 📐 – 📶 📺, 👥, ➖, 🅿 – 🚶 30. ⓓ ⓜ VISA
geschl. 15. Nov. - 20. Dez. – **Menu** *(geschl. Montag - Dienstag)* à la carte 17/24 – **35 Zim** ☞ 52/77 – 90/108 – ½ P 18.
• Eine durch und durch saubere und gepflegte Adresse in ruhiger Lage. Ein Teil der Zimmer dieses familiär geführten Hauses sind mit Kirschholz, die anderen in Eiche möbliert. Im Restaurant erwartet den Gast ein gepflegtes, gediegenes Ambiente.

Sonne (mit Gästehaus), Wilhelmstr. 29, ✉ 75323, ℘ (07081) 9 25 70, *hotelsonne-badwildbad@t-online.de, Fax (07081) 925749*, 😊 – 📶 📺 🅿
geschl. Jan. – **Menu** *(geschl. Mittwoch)* à la carte 13/31 – **23 Zim** ☞ 38/62 – 82/86 – ½ P 12.
• Das Gästehaus Brigitte ergänzt den modernisierten Gasthof um weitere gepflegte, solide ausgestattete Zimmer. Auch die zentrale Lage des Hauses werden Sie schätzen. Rustikal präsentiert sich der gastronomische Bereich des Hauses.

Rothfuß 🌿, Olgastr. 47, ✉ 75323, ℘ (07081) 9 24 80, *hotel-rothfuss@t-online.de, Fax (07081) 924810*, ≤, 👥, 🚗 – 📶 📺, ➖, 🅿 – 🚶 20. ✖
geschl. 1. - 20. Dez. – **Menu** *(nur Abendessen)* (Restaurant nur für Hausgäste) – **30 Zim** ☞ 47/60 – 82/84 – ½ P 15.
• Hier finden Reisende eine zeitgemäße, praktisch gestaltete Unterkunft. Eine kleine Wellnesslandschaft und die recht ruhige Lage zählen ebenfalls zu den Annehmlichkeiten.

WILDBERG
Baden-Württemberg **545** U 10 – 10 000 Ew – Höhe 395 m – Luftkurort.
Berlin 674 – Stuttgart 52 – *Karlsruhe 69* – Nagold 12 – Calw 15.

Talblick 🌿, Bahnhofsträßle 6, ✉ 72218, ℘ (07054) 52 47, *talblick-wildberg@t-online.de, Fax (07054) 5299*, 😊 – 📶 📺 VISA. ✖ Zim
Menu *(geschl. Dienstag)* à la carte 19/36 – **16 Zim** ☞ 30/40 – 65/75.
• Genießen Sie die schöne Aussicht über das Nagoldtal : Der gepflegte Gasthof erwartet Sie mit renovierten Zimmern, die behaglich gestaltet sind und zeitgemäßen Komfort bieten. Der Chef selbst steht am Herd der rustikalen Restaurants.

In Wildberg-Schönbronn West : 5 km, über Effringen – Erholungsort :

Löwen, Eschbachstr. 1, ✉ 72218, ℘ (07054) 9 26 10, *info@hotel-loewen-schoenbronn.de, Fax (07054) 5021*, 😊, 👥, 🚗 – 📶 📺 📞 🅿 – 🚶 60
geschl. Aug. – **Menu** à la carte 18/31 – **40 Zim** ☞ 47 – 83 – ½ P 16.
• Der Altbau wie auch der neuere Anbau dieses Gasthofs beherbergen neuzeitliche, im Stil einheitlich eingerichtete Gästezimmer. Hinter dem Haus haben Sie eine schöne Aussicht. Komplett renoviert, zeigt sich das Restaurant in heller, freundlicher Aufmachung.

WILDEMANN
Niedersachsen **541** K 14 – 1 300 Ew – Höhe 420 m – Kneippkurort – Wintersport : ⟨ .

🛈 Tourist-Information, Bohlweg 5, ✉ 38709, ℘ (05323) 61 11, *info@harztourismus.com, Fax (05323) 6112*.
Berlin 274 – *Hannover 97* – Braunschweig 82 – Goslar 28.

Waldgarten 🌿, Schützenstr. 31, ✉ 38709, ℘ (05323) 9 68 00, *waldgarten@harz.de, Fax (05323) 968050*, 😊, 👥, 📐, 🚗 – 📺 🅿. VISA. ✖
geschl. 22. Nov. - 15. Dez. – **Menu** *(nur Abendessen)* (Restaurant nur für Hausgäste) – **29 Zim** ☞ 42/47 – 75/97 – ½ P 11.
• Praktisch ausgestattete, gut unterhaltene Zimmer stehen in diesem ruhig am Ortsende gelegenen familiengeführten Haus bereit. Idealer Ausgangspunkt für Wanderungen.

WILDENBRUCH Brandenburg siehe Potsdam.

WILDESHAUSEN Niedersachsen 541 H 9 – 18 000 Ew – Höhe 20 m – Luftkurort.

Sehenswert : Alexanderkirche (Lage★).
Ausflugsziel : Visbeker Steindenkmäler★ : Visbeker Braut★, Visbeker Bräutigam★ (4 km von Visbeker Braut entfernt) Süd-West : 11 km.

🏌 Wildeshausen, Spasche 5 (Nord-West : 6 km), ℘ (04431) 12 32.

🛈 Verkehrsverein, Historisches Rathaus, Am Markt 1, ✉ 27793, ℘ (04431) 65 64, info@verkehrsverein-wildeshausen.de, Fax (04431) 929264.

Berlin 417 – Hannover 149 – Bremen 37 – Oldenburg 37 – Osnabrück 84.

Huntetal, Im Hagen 3, ✉ 27793, ℘ (04431) 94 00, info@hotel-huntetal.de, Fax (04431) 94050, 🍽 – ⚡ Zim, 📺 ☎ 🅿 – 🔒 30. ① ⓜ 💳
Menu à la carte 14/23 – **32 Zim** ☑ 62 – 82 – ½ P 14.
• Hinter einer neuzeitlichen Rotklinkerfassade beziehen Sie zeitgemäße Zimmer - teils mit Kinder-Stockbetten versehen. Für Erholung und Tagungen eine geeignete Adresse.

Landhaus Thurm-Meyer 🌿 (mit Gästehaus), Dr.-Klingenberg-Str. 15, ✉ 27793, ℘ (04431) 9 90 20, info@thurm-meyer.de, Fax (04431) 990299, 🍽 – 📺 🅿 🅰 ①
ⓜ 💳
Menu (geschl. Sonntag) (nur Abendessen) (Restaurant nur für Hausgäste) – **25 Zim** ☑ 40/45 – 55/65.
• Das im Landhausstil erbaute Hotel ist in einem ruhigen Wohngebiet platziert. Hier wie auch in dem neuen kleinen Gästehaus stehen zeitgemäße Zimmer zum Einzug bereit.

Am Rathaus garni, Kleine Str. 4, ✉ 27793, ℘ (04431) 9 46 60, a.mikkers@web.de, Fax (04431) 946666 – 📺 ☎ 🅰 ⓜ 💳
21 Zim ☑ 41/47 – 67/72.
• Im Herzen der kleinen Stadt - zwischen historischem und neuem Rathaus gelegen - finden Sie eine saubere und gut geführte Übernachtungsadresse mit praktischen Zimmern.

Lindenau garni, Dr.-Klingenberg-Str. 1a, ✉ 27793, ℘ (04431) 9 40 94, hotel-lindenau@t-online.de, Fax (04431) 946427, 🍽 – ⚡ 📺 ♿ 🅿 ⓜ 💳
10 Zim ☑ 40/49 – 67.
• Das nette kleine Landhotel - im typisch nordischen Rotklinkerstil erbaut - hält für seine Gäste gemütliche, leicht rustikal gestaltete Zimmer bereit.

Altes Amtshaus, Herrlichkeit 13, ✉ 27793, ℘ (04431) 9 46 38 00, service@amtshaus-wildeshausen.de, Fax (04431) 9463801, 🍽 – 🅿 ⓜ 💳
geschl. 11. - 23. Okt., Montag – **Menu** (wochentags nur Abendessen) à la carte 23/32,50.
• Das ehemalige Amtshaus - ein historisches Fachwerkhaus von 1730 - ist auf einem parkähnlichen Grundstück mit altem Baumbestand platziert. Gepflegtes, helles Interieur.

An der Straße nach Oldenburg Nord : 1,5 km :

Gut Altona (mit Gästehäusern), Wildeshauser Str. 34, ✉ 27801 Dötlingen, ℘ (04431) 95 00, info@gut-altona.de, Fax (04431) 1652, 🍽, 🎾, 🍴, ⚡ Zim, 📺 ☎ ♿ 🚗 🅿 – 🔒 80. 🅰 ① ⓜ 💳
Menu à la carte 24/36 – **53 Zim** ☑ 46/67 – 72/105.
• Mehrere regionstypische Klinkerhäuser bilden dieses etwas außerhalb gelegene Anwesen. Zu den Annehmlichkeiten zählen zeitgemäße Zimmer und diverse Freizeitangebote. Teil des gastronomischen Bereichs ist ein helles Wintergartenrestaurant.

WILDUNGEN, BAD Hessen 543 M 11 – 18 000 Ew – Höhe 300 m – Heilbad.

Sehenswert : Evangelische Stadtkirche (Wildunger Altar★★).

🏌 Bad Wildungen, Talquellenweg, ℘ (05621) 37 67.

🛈 Tourist Information, Langemarckstr. 2, ✉ 34537, ℘ (0800) 7 91 01 00, tourist@bad-wildungen.de, Fax (05621) 704126.

Berlin 422 – Wiesbaden 185 – Kassel 40 – Marburg 56 – Paderborn 108.

Maritim Badehotel 🌿, Dr.-Marc-Str. 4, ✉ 34537, ℘ (05621) 79 99, info.wil@maritim.de, Fax (05621) 799799, 🍽, 🌀, Massage, ♨, 🍴, 🎾, 🏊, 🍽 – 🗜, ⚡ Zim, 🍽 Rest, 📺 ☎ 🚗 🅿 – 🔒 450. 🅰 ① ⓜ 💳 🅹 ⚡ Rest
Menu à la carte 26/37,50 – **245 Zim** ☑ 100/130 – 137/160, 11 Suiten – ½ P 23.
• Ein großzügiger Rahmen, die herrliche Lage im Kurpark und viele Freizeitangebote machen diese attraktive Residenz zu einem Garant für Erholung. Komfort und klassischer Stil mit einem Hauch Eleganz empfangen Sie im Hotelrestaurant.

Allee-Schlößchen, Brunnenallee 11, ✉ 34537, ℘ (05621) 7 98 00, Fax (05621) 798080, 🍽 – 📺 ☎ 🅿
Menu à la carte 21/26 – **14 Zim** ☑ 34/45 – 69/82 – ½ P 8.
• Das kleine Hotel überzeugt mit neuzeitlich eingerichteten Gästezimmern und seiner zentralen Lage ganz in der Nähe des Stadtzentrums und der Kuranlagen. Das Restaurant ist in Holz gehalten - in Stil und Dekor bistroähnlich gestaltet.

WILDUNGEN, BAD

Birkenstern, Goeckestr. 5, ✉ 34537, ☏ (05621) 7 08 00, *birkenstern@t-online.de*, Fax (05621) 708030, 😊 – ↔ 📺 ♨ ⇔ 🅿 ❌ Rest
Menu (Restaurant nur für Hausgäste) – **20 Zim** ⇔ 44/49 – 64/74 – ½ P 9.
• Hier finden Reisende eine saubere und gepflegte Übernachtungsmöglichkeit. Auch die zentrale Lage, nur wenige Schritte von der Kurpromenade entfernt, werden Sie schätzen.

Cording, Brunnenallee 12, ✉ 34537, ☏ (05621) 23 23, Fax (05621) 2323, 😊 – 🅰🅴 **© VISA**
geschl. Jan. 3 Wochen, Montag – **Menu** à la carte 17/34.
• Das familiengeführte Restaurant in der Innenstadt von Bad Wildungen freut sich nicht nur auf seine Stammgäste. Helle Steinwände und Holz machen das Lokal gemütlich.

In Bad Wildungen-Reinhardshausen *Süd-West : 4 km über B 253* :

Schwanenteich, Hauptstr. 4, ✉ 34537, ☏ (05621) 78 60, *hotel_schwanenteich@t-online.de*, Fax (05621) 786160, 😊, direkter Zugang zum Kur-Centrum, ⇔ – 📶, ↔ Zim, 📺 ☎ ⚓ 🅿 – 🔔 130. 🅰🅴 ⓞ **© VISA**
Menu à la carte 19,50/36 – **45 Zim** ⇔ 69/87 – 95/125 – ½ P 18.
• Ein nettes Fachwerkhaus und ein äußerlich wie auch im Inneren modern gestalteter Neubau bilden dieses ansprechende Domizil - unter einem Dach mit dem Kurzentrum. Neben dem gepflegten Restaurant steht an warmen Tagen auch eine Terrasse zur Verfügung.

Haus Orchidee und Haus Mozart garni, Masurenallee 13, ✉ 34537, ☏ (05621) 7 09 80, *info@haus-orchidee.de*, Fax (05621) 709833, 🚗 – 📺 ☎ 🅿
17 Zim ⇔ 33 – 49.
• Die beiden gastlichen Häuser liegen in einem Wohngebiet in unmittelbarer Nähe zum Kurpark. Reisende beziehen hier praktisch eingerichtete Zimmer.

WILGARTSWIESEN *Rheinland-Pfalz* 543 S 7 – *1 200 Ew – Höhe 200 m – Erholungsort.*
Berlin 682 – Mainz 122 – Mannheim 70 – Kaiserslautern 60 – Landau 22 – Pirmasens 24.

Am Hirschhorn, Am Hirschhorn 12, ✉ 76848, ☏ (06392) 5 81, *hotel@landhausamhirschhorn.de*, Fax (06392) 3578, 😊, 💆, Massage, ⇔, 🏊 – 📺 ☎ 🅿 – 🔔 15. **© VISA** ❌ Rest
geschl. Mitte Jan. 2 Wochen – **Menu** *(geschl. Jan. - April Dienstag)* à la carte 20/39 – **19 Zim** ⇔ 51/85 – 90/150 – ½ P 20.
• Ein in moderner Architektur errichteter Anbau ergänzt das kleine Landhotel - auch im Inneren mit neuzeitlichem Design. Verschiedene Zimmerkategorien bieten Komfort nach Maß. Helles, freundliches Restaurant mit großer Fensterfront.

Wasgauperle, Bahnhofstr. 1, ✉ 76848, ☏ (06392) 12 37, *wasgauperle@aol.com*, Fax (06392) 2727 – 📺 🅿 ❌ Zim
geschl. Ende Feb. - Anfang März – **Menu** *(geschl. Mittwoch)* à la carte 13/30 – **9 Zim** ⇔ 37 – 55/65 – ½ P 15.
• Sauber, gepflegt und solide ausgestattet ist diese familiengeführte kleine Adresse mit ländlichem Charakter. Holzbalkone zieren die Fassade des Hauses. Bürgerlich-schlichtes Restaurant.

WILHELMSFELD *Baden-Württemberg* 545 R 10 – *3 300 Ew – Höhe 433 m – Luftkurort – Wintersport :* ⛷.

🅱 Verkehrsamt, Johann-Wilhelm-Str. 61, ✉ 69259, ☏ (06220) 50 90, *post@wilhelmsfeld.de*, Fax (06220) 50935.
Berlin 626 – Stuttgart 117 – Mannheim 34 – Heidelberg 17 – Heilbronn 66.

Talblick 🌿 mit Zim, Bergstr. 38, ✉ 69259, ☏ (06220) 16 26, *restaurant@talblick-wilhelmsfeld.de*, Fax (06220) 5564, 😊, 🚗 – 🅿
geschl. Nov. – **Menu** *(geschl. Montag)* à la carte 21/31,50 – **2 Zim** ⇔ 31 – 52.
• Diese familiäre Adresse liegt ruhig in einem Wohngebiet des kleinen Ortes. Von einem der Fensterplätze aus genießen Sie den schönen Talblick, der dem Haus seinen Namen gab.

WILHELMSHAVEN *Niedersachsen* 541 F 8 – *85 000 Ew.*

✈ Schortens-Accum, Mennhausen 5 (West : 6 km über ① und Accumer Landstr.), ☏ (04423) 98 59 18.
🅱 Tourist-Information, Ebertstr. 110, ✉ 26382, ☏ (04421) 91 30 00, *info@whv-freizeit.de*, Fax (04421) 9130010.
ADAC, Ebertstr. 110.
Berlin 485 ① – Hannover 228 ① – Cuxhaven 110 ① – Bremerhaven 70 ① – Oldenburg 58 ①

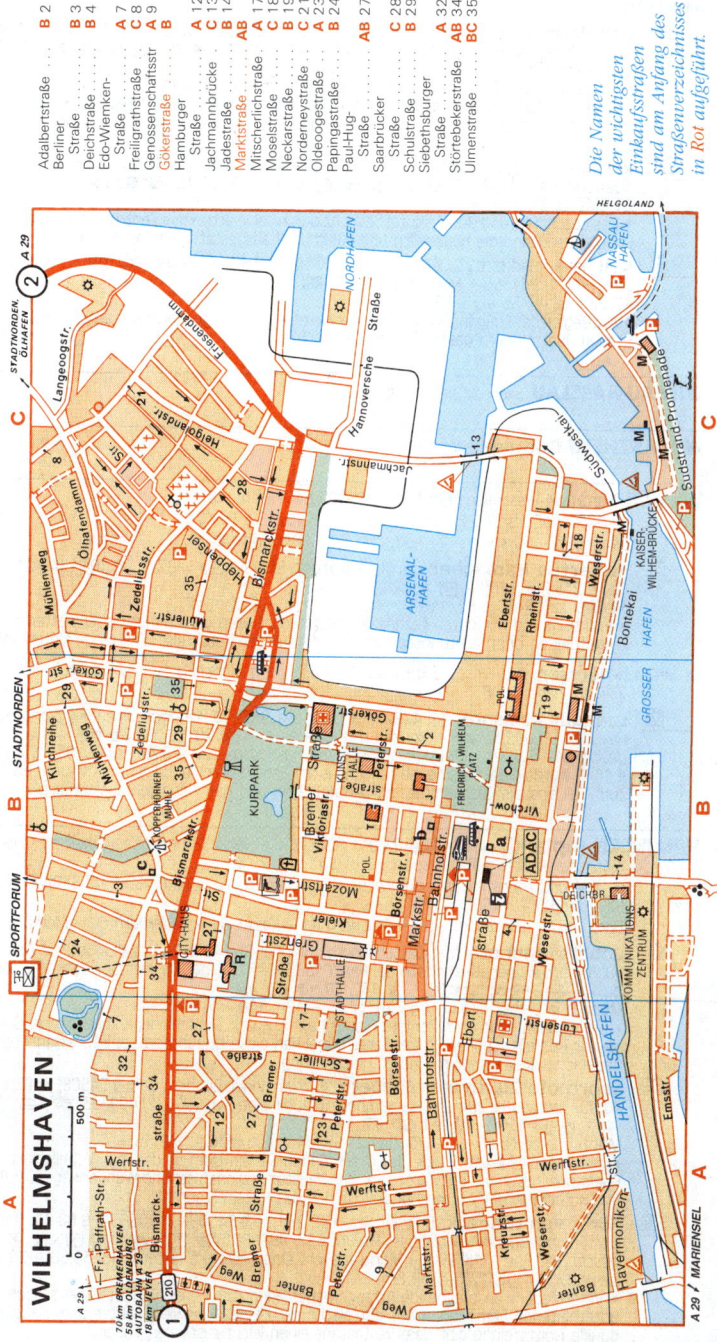

Adalbertstraße	B 2
Berliner Straße	B 3
Deichstraße	B 4
Edo-Wienken-Straße	A 7
Freiligrathstraße	C 8
Genossenschaftsstr	A 9
Gökerstraße	B
Hamburger Straße	A 12
Jachmannbrücke	C 13
Jadestraße	B 14
Marktstraße	AB
Mitscherlichstraße	A 17
Moselstraße	C 18
Neckarstraße	B 19
Norderneystraße	C 21
Oldeoogestraße	A 23
Papingastraße	B 24
Paul-Hug-Straße	AB 27
Saarbrücker Straße	C 28
Schulstraße	B 29
Siebethsburger Straße	A 32
Störtebekerstraße	AB 34
Ulmenstraße	BC 35

Die Namen der wichtigsten Einkaufsstraßen sind am Anfang des Straßenverzeichnisses in Rot aufgeführt.

WILHELMSHAVEN

WILHELMSHAVEN

City Hotel Valois, Ebertstr. 104 (Ecke Valoisplatz), ✉ 26382, ℘ (04421) 48 50, *inf o@city-hotel-valois.de, Fax (04421) 485485*, 🛁, 🍸, – 🛗, ⇌ Zim, 📺 ✆ ⇔ 🅿 – 🔔 30. 🅰🅴 ⓞ ⓜⓢ 𝚅𝙸𝚂𝙰   B a
Menu à la carte 17/32 – **61 Zim** ⇆ 65/100 – 95/140, 4 Suiten.
• Direkt im Stadtzentrum gelegen - nur Gehminuten von Bahnhof, Hafen und Strand entfernt - stellt dieses neuzeitliche Hotel einen idealen Ausgangspunkt für Unternehmungen dar.

Residenz garni, Kopperhörnerstr. 7, ✉ 26384, ℘ (04421) 9 32 20, *info@4sterne-residenz.de, Fax (04421) 932266* – 🛗 ⇌ 📺 ✆ 🅿 – 🔔 20. 🅰🅴 ⓞ ⓜⓢ 𝚅𝙸𝚂𝙰   B c
21 Zim ⇆ 71/76 – 91/110.
• Das Geschäfts- und Urlaubshotel besticht durch seine attraktive Zentrumslage. Ebenfalls überzeugend sind die neuzeitlich und funktionell ausgestatteten Gästezimmer.

Keil garni, Marktstr.23, ✉ 26382, ℘ (04421) 9 47 80, *reservierung@hotel-keil.de, Fax (04421) 941355* – ⇌ 📺 ✆. 🅰🅴 ⓞ ⓜⓢ 𝚅𝙸𝚂𝙰   B b
17 Zim ⇆ 45/55 – 75/85.
• Am Beginn der Fußgängerzone liegt dieses renovierte ältere Stadthaus, das in den oberen Etagen über modern gestaltete Zimmer verfügt.

WILKAU-HASSLAU *Sachsen siehe Zwickau.*

WILLANZHEIM *Bayern siehe Iphofen.*

WILLICH *Nordrhein-Westfalen* **543** M 3 – 41 000 Ew – Höhe 48 m.
🏌 *Duvenhof, Hardt 21 (Süd-Ost : 3 km), ℘ (02159) 91 10 93.*
Berlin 583 – Düsseldorf 24 – Krefeld 8 – Mönchengladbach 16.

Hubertus Hamacher garni, Anrather Str. 4, ✉ 47877, ℘ (02154) 91 80, *Fax (02154) 918100* – 📺 🅿 ⇌
31 Zim ⇆ 56/76 – 82/110.
• Praktisch und mit guter Technik ausgestattet, bieten die Zimmer dieser netten familiengeführten Übernachtungsadresse Gästen auf der Durchreise eine solide Unterkunft.

In Willich-Neersen *Süd-West : 5 km über A 44 Richtung Mönchengladbach, danach Richtung Viersen, nahe der B 7 :*

Landgut Ramshof, ✉ 47877, ℘ (02156) 9 58 90, *landgut.ramshof@t-online.de, Fax (02156) 60829*, 🍽 – ⇌ Zim, 📺 ✆ ⇔ 🅿 – 🔔 20. 🅰🅴 ⓞ ⓜⓢ 𝚅𝙸𝚂𝙰
geschl. 24. - 31. Dez. - **Menu** *(Restaurant nur für Hausgäste)* – **28 Zim** ⇆ 60/85 – 85/105.
• 1640 wurde dieses rheinische Hallenhaus mit Schindeldach und Fachwerkmauern erbaut. Zum Teil sind die Gästezimmer mit Antiquitäten und Himmelbetten ausstaffiert.

WILLINGEN (Upland) *Hessen* **543** M 9 – 8 500 Ew – Höhe 550 m - Kneippheilbad - Heilklimatischer Kurort – Wintersport : 560/843 m ⛷7 ⛸.
🛈 *Kur- und Touristik-Service, Rathaus, Waldecker Str. 12, ✉ 34508, ℘ (05632) 40 11 80, Fax (05632) 401150.*
Berlin 467 – Wiesbaden 208 – Arnsberg 61 – Kassel 81 – Paderborn 64 – Marburg 88.

Göbel's Landhotel (mit Gästehäusern), Briloner Str. 48 (B 251), ✉ 34508, ℘ (05632) 98 70, *goebels-landhotel.de, Fax (05632) 987198*, 🍽, ⚕, Massage, 🍸, 🏊, 🍷 – 🛗, ⇌ Zim, 📺 ✆ ⇔ 🅿 – 🔔 160. 🅰🅴 ⓞ ⓜⓢ 𝚅𝙸𝚂𝙰
Menu à la carte 18/37 – **64 Zim** ⇆ 75 – 124/158 – ½ P 15.
• Sie wohnen nahe dem Zentrum, direkt am Kurpark. Verschiedene komfortable Gästehäuser und ein schöner Freizeitbereich machen diese Urlaubsadresse interessant. Leicht gediegenes Restaurant mit heller Holztäfelung.

Sporthotel Zum hohen Eimberg ⏳, Zum hohen Eimberg 3a, ✉ 34508, ℘ (05632) 40 90, *sporthotel_zum_hohen_eimberg@t-online.de, Fax (05632) 409333*, 🍽, 🍸, 🏊, 🍷 – 🛗 📺 ✆ 🅿 – 🔔 90. ⓜⓢ 𝚅𝙸𝚂𝙰
Menu à la carte 20/38 – **70 Zim** ⇆ 58/94 – 106/176 – ½ P 15.
• In ruhiger Lage am Rande des Ortes finden Sie ein Domizil, das mit Wohnlichkeit und Funktionalität überzeugt. Direkt vor der Haustür beginnen schöne Wanderwege. Gepflegt und schlicht in der Aufmachung zeigt sich das Hotelrestaurant.

Fürst von Waldeck, Briloner Str. 1 (B 251), ✉ 34508, ℘ (05632) 9 88 99, *hotel-fuerst-von-waldeck@t-online.de, Fax (05632) 988988*, 🍸, 🏊, 🍷 – 🛗 📺 ⇔ 🅿
geschl. 25. Nov. - 15. Dez. - **Menu** *(geschl. Donnerstag)* à la carte 15/30,50 – **29 Zim** ⇆ 55/72 – 102/128 – ½ P 8.
• Verschiedene ansprechende Arrangements laden zum Kennenlernen dieses soliden, gut unterhaltenen Familienbetriebs ein. Nett : die kleine Liegewiese hinter dem Haus. Eine dunkle Holztäfelung gibt dem Restaurant einen leicht rustikalen Touch.

WILLINGEN (Upland)

- **Willinger Brauhaus**, Briloner Str. 54 (B 251), ✉ 34508, ✆ (05632) 9 69 00, *info@hotel-willinger-brauhaus.de, Fax (05632) 969096*, 斧, ⇌, – ⌽, ☰ Zim, TV ✆ P – 🛋 30. ❶ ❿ VISA. ※ Rest
  Menu *(geschl. außer Saison Montag - Mittwoch)* à la carte 15/26 – **67 Zim** ⇌ 54/66 – 98/122 – ½ P 12.
  ◆ Auf den Grundmauern einer alten Pension ist dieses moderne Haus entstanden. Die Zimmer, Maisonetten und Appartements sind neuzeitlich gestaltet und technisch gut ausgestattet. Das Restaurant teilt sich in mehrere im mediterranen Stil eingerichteten Stuben.

- **Kur- und Sporthotel Göbel**, Waldecker Str. 5 (B 251), ✉ 34508, ✆ (05632) 4 00 90, *hotel-goebel@gmx.de, Fax (05632) 6884*, ⇌, ⌐ – ⌽ TV ⇌ P – 🛋 20
  geschl. 23. Nov. - 20. Dez. – **Menu** *(geschl. Donnerstag)* à la carte 15/27 – **35 Zim** ⇌ 64/67 – 112/122 – ½ P 6.
  ◆ Neben gepflegten und solide eingerichteten Zimmern zählen auch Sauna und Dampfbad zu den Annehmlichkeiten dieses gut geführten Hotels. Restaurant in rustikalem Stil.

- **Rüters Parkhotel**, Bergstr. 3a, ✉ 34508, ✆ (05632) 98 40, *ruetersparkhotel@t-online.de, Fax (05632) 984200*, 斧, ⌐, ☛ – ⌽ TV ⇌ P – 🛋 20. ※ Rest
  Menu à la carte 19,50/36 – **45 Zim** ⇌ 60/84 – 92/128 – ½ P 9.
  ◆ Eine Parkanlage im Zentrum des Ortes umgibt dieses solide, familiengeführte Domizil. Fragen Sie nach den neuen, geschmackvoll eingerichteten Komfort-Zimmern. Das bürgerlich gestaltete Restaurant hat man zum Garten hin platziert - kleiner Wintergartenanbau.

- **Bürgerstuben**, Briloner Str. 40 (B 251), ✉ 34508, ✆ (05632) 98 30, *buergerstuben@t-online.de, Fax (05632) 983500*, Massage, ♨, ⇌, ⌐, ☛ – ⌽ TV ⇌ P – 🛋 35. ※ Rest
  Menu à la carte 16/33,50 – **52 Zim** ⇌ 45/75 – 90/130 – ½ P 14.
  ◆ Teils rustikal, teils neuzeitlich eingerichtete Gästezimmer bieten Ihnen eine gepflegte Unterkunft. Ein Sauna- und Kosmetikbereich zählt ebenfalls zu den Vorzügen des Hauses.

- **Hof Elsenmann**, Zur Hoppecke 1, ✉ 34508, ✆ (05632) 9 81 80, *info@hof-elsenmann.de, Fax (05632) 6480*, 斧, ⇌, ❶ ❿ VISA
  geschl. 8. - 18. Dez. – **Menu** à la carte 14/27,50 – **29 Zim** ⇌ 47/71 – 94/112 – ½ P 11.
  ◆ Sauber, gepflegt und praktisch ausgestattet - so zeigen sich die Gästezimmer dieses familiengeführten Domizils. Fragen Sie nach den kürzlich renovierten Zimmern. Restaurant in leicht rustikaler Aufmachung.

In Willingen-Schwalefeld *Nord-Ost : 3,5 km :*

- **Upländer Hof**, Uplandstr. 2, ✉ 34508, ✆ (05632) 9 81 23, *uplaender-hof@t-online.de, Fax (05632) 69052*, 斧, ⇌, ☛ – ⌽ TV ⇌ P – 🛋 20. ❿ VISA
  geschl. 15. Nov. - 4. Dez. – **Menu** *(geschl. Nov.- April Montag)* à la carte 17/31 – **29 Zim** ⇌ 45/80 – 68/100 – ½ P 13.
  ◆ Der familiengeführte Dorfgasthof beherbergt sehr gepflegte und solide eingerichtete Fremdenzimmer. Die ländliche Umgebung ist ideal für ausgedehnte Wanderungen. Ländlichschlicht gestaltete Räumlichkeiten bilden den gastronomischen Bereich.

In Willingen-Stryck *Süd-Ost : 3,5 km :*

- **Romantik Hotel Stryckhaus** ❀, Mühlenkopfstr. 12, ✉ 34508, ✆ (05632) 98 60, *stryckhaus@t-online.de, Fax (05632) 69961*, 斧, Biergarten, ♨, Massage, ⇌, ≋ (geheizt), ⌐, ☛ – ⌽ ✕ TV ✆ ⇌ P – 🛋 35. ❶ ❶ ❿ VISA ※ Rest
  Menu à la carte 28/43, ♀ – **61 Zim** ⇌ 75/90 – 170/194 – ½ P 20.
  ◆ Am Südhang des Ettelsberges erbaute der Worpsweder Maler Heinrich Vogeler 1912 ein Landhaus. Hieraus entstand ein komfortables Hotel mit schönem Garten. Restaurant mit klassischem Ambiente. Nett : die rustikale Stube.

In Willingen-Usseln *Süd-Ost : 4,5 km über B 251 :*

- **Post-Hotel Usseln**, Korbacher Str. 14 (B 251), ✉ 34508, ✆ (05632) 9 49 50, *posthotelusseln@t-online.de, Fax (05632) 949596*, 斧, ⇌, ⌐, ☛ – ⌽, ✕ Zim, TV ✆ ⇌ P – 🛋 30. ❶ ❶ ❿ VISA ※
  Menu à la carte 18,50/36 – **42 Zim** ⇌ 61/86 – 88/100, 15 Suiten – ½ P 13.
  ◆ Dieses Hotel entwickelte sich aus einem Sauerländer Gasthof mit Postkutschenstation. Sie wohnen in mit etwas älteren, aber sehr gepflegten Möbeln eingerichteten Zimmern. Durch viel helles Holz elegant wirkendes Restaurant.

- **Berghof** ❀, Am Schneppelnberg 14, ✉ 34508, ✆ (05632) 94 98 98, *berghof-usseln@t-online.de, Fax (05632) 949894*, 斧, ⇌, ⌐, ☛ – ⌽ TV ⇌ P – 🛋 25. ❿ VISA
  geschl. Ende Nov. - Anfang Dez. – **Menu** *(geschl. Mittwoch)* à la carte 17/27 – **25 Zim** ⇌ 39/75 – 74/114 – ½ P 13.
  ◆ Angepasst an den Charakter der Gegend wurde das Innere des Hauses in ländlichem Stil gestaltet. Ein Anbau erweitert das Stammhaus um weitere wohnliche Gästezimmer. Das gemütliche Restaurant wird ergänzt durch eine schmucke rustikale Stube.

WILLINGEN (Upland)

🏨 **Henkenhof**, Hochsauerlandstr. 23 (B 251), ✉ 34508, ✆ (05632) 18 17, *henkenhof-u sseln@t-online.de*, Fax (05632) 7748, ≘s, 🔲, 🚗 – 🛗 📺 ♿ ⇔ 🅿
geschl. 1. - 20. Dez. – **Menu** à la carte 16/25,50 – **40 Zim** ☑ 43/55 – 76/84 – ½ P 12.
♦ Das familiengeführte Hotel sorgt in landschaftlich schöner Umgebung für Behaglichkeit. Ein gutes Platzangebot bieten die solide möblierten Gästezimmer im neueren Anbau. Erzeugnisse aus eigener Schlachtung und Landwirtschaft beeinflussen die Küche.

WILLSTÄTT Baden-Württemberg 545 U 7 – 8 800 Ew – Höhe 142 m.

Berlin 739 – Stuttgart 136 – Karlsruhe 70 – Offenburg 11 – Strasbourg 15.

XX **Kinzigbrücke** mit Zim, Sandgasse 1, ✉ 77731, ✆ (07852) 22 80, *info@kinzigbruek ke.de*, Fax (07852) 5276, 🌳 – ⇔ Zim, 📺
geschl. nach Fasching 1 Woche, Anfang Juli 1 Woche – **Menu** (geschl. Samstagmittag, Sonntagabend - Montag) und à la carte 18/43 – **6 Zim** ☑ 30/38 – 60/70.
♦ Das schmucke kleine Fachwerkhaus mit grünen Fensterläden stammt aus dem Jahre 1765. Parkett, Holzmobiliar und ein nettes Dekor vermitteln ländlichen Charme.

WILNSDORF Nordrhein-Westfalen siehe Siegen.

WILSDRUFF Sachsen 544 M 24 – 3 800 Ew – Höhe 275 m.

Berlin 203 – Dresden 17 – Chemnitz 55 – Meißen 16.

An der Autobahn A 4 Ost : 4 km, Richtung Dresden (Südseite) :

🏨 **Autobahnraststätte und Motel Dresdner Tor-Süd**, ✉ 01723, ✆ (035204) 90 50, *service@dresdner-tor.de*, Fax (035204) 90566, 🌳, ≘s – ⇔ Zim, 📺 ♿ ⇔ 🅿 – 🔔 40. AE ⓘ ⓜ VISA
Menu à la carte 14/22,50 – **64 Zim** ☑ 50 – 71.
♦ Wenn Sie auf Geschäfts- oder Urlaubsreise eine längere Rast einlegen möchten, finden Sie hier eine moderne, praktische Unterkunft im Motel-Stil. Neben dem neuzeitlichen Bistro bietet man die für eine Rastanlage typische und geschätzte Selbstbedienung.

In Klipphausen-Sora Nord-West : 3,5 km, jenseits der A 4, Richtung Meißen :

🏨 **Zur Ausspanne**, An der Silberstr. 2, ✉ 01665, ✆ (035204) 46 60, *zurausspanne.so ra@t-online.de*, Fax (035204) 46660, 🌳 – 🛗, ⇔ Zim, 📺 🅿 – 🔔 40. ⓘ ⓜ VISA
Menu à la carte 17/26 – **32 Zim** ☑ 55/60 – 70.
♦ Schon 1791 fanden Fuhrleute in der ehemaligen Poststation Bewirtung und eine Bleibe. Nach aufwändigem Umbau überzeugt das Landhotel heute mit moderner Einrichtung. Am Abend ergänzt eine gemütliche Stube das freundliche, gepflegte Restaurant.

WILSNACK, BAD Brandenburg 542 H 19 – 2 900 Ew – Höhe 30 m.

🛈 Stadtinformation, Am Markt 5, ✉ 19336, ✆ (038791) 26 20, *stadtinfo@bad-wilsna ck.de*, Fax (038791) 999199.
Berlin 132 – Potsdam 117 – Schwerin 95 – Perleberg 23.

🏨 **Ambiente**, Dr.-Wilhelm-Külz-Str. 5a, ✉ 19336, ✆ (038791) 7 60, *badwilsnack@hotel ambiente.com*, Fax (038791) 76400, 🌳, ≘s, 🚗 – 🛗, ⇔ Zim, 📺 ♿ ⇔ 🅿 – 🔔 40. AE ⓘ ⓜ VISA, ⇔ Rest
Menu à la carte 21/26 – **59 Zim** ☑ 75/85 – 105/120, 3 Suiten – ½ P 15.
♦ Modern und wohnlich eingerichtete Zimmer, zeitgemäße Bäder, gute Tagungsmöglichkeiten und ein netter, gepflegter Freizeitbereich erwarten die Gäste dieses Hotels. Neuzeitliches Restaurant mit großer Fensterfront.

In Bad Wilsnack-Groß Lüben West : 2 km :

🏨 **Erbkrug** 🌺, Dorfstr. 36, ✉ 19336, ✆ (038791) 27 32, *hotel@erbkrug.de*, Fax (038791) 2586, 🌳, 🚗 – 📺 ♿ 🅿 ⓜ
Menu à la carte 16/26 – **20 Zim** ☑ 36 – 50/62 – ½ P 9.
♦ Alle Zimmer des Gasthofs aus dem 19. Jh. liegen ruhig nach hinten im neu gebauten Gästehaus und sind mit neuzeitlichen Kirschbaummöbeln wohnlich und funktionell eingerichtet. Ländlich und rustikal ist das Ambiente im Restaurant.

In Rühstädt Süd-West : 12 km über Groß Lüben :

🏨 **Schloss Rühstädt** 🌺 garni, ✉ 19322, ✆ (038791) 8 08 50, *info@schlosshotel-ru ehstaedt.de*, Fax (038791) 808529, Massage, ≘s, ⇔ Zim, 📺 🅿 ⓜ VISA
geschl. 5. - 31. Jan., 23. - 26. Dez. – **14 Zim** ☑ 65 – 89.
♦ Schlossambiente im storchenreichsten Dorf Deutschlands ! Das stilgerecht restaurierte herrschaftliche Anwesen am städtischen Park bietet große, komfortable Zimmer.

WILTHEN Sachsen 544 M 27 – 6 900 Ew – Höhe 300 m.
 🛈 Fremdenverkehrsamt, Bahnhofstr. 8, ⌧ 02681, ℘ (03592) 38 54 16, fremdenverkehrsamt@wilthen.de, Fax (03592) 385499.
 Berlin 216 – Dresden 81 – Görlitz 49 – Bautzen 13.

In Wilthen-Tautewalde West : 2 km Richtung Neukirch :

🏨 **Erbgericht Tautewalde**, Tautewalde 61, ⌧ 02681, ℘ (03592) 3 83 00, erbgericht@tautewalde.de, Fax (03592) 383299, 🍽, Biergarten, ≘s, 🐎, ℅ – ⇌ Zim, 📺 ❦ 🅿
 – 🛣 50. 🆎 ⓞ 🄼🄾 🆅🅸🆂🅰. ℅ Rest
 Menu (geschl. Feb.) à la carte 25/34, ♀ – **32 Zim** ⇌ 65 – 80.
 ♦ Ein nettes Landhotel am Fuß der Oberlausitzer Berglands : Die Zimmer im modernen Gästehaus sind geschmackvoll im Landhausstil mit hübschen Stoffen und Naturhölzern gestaltet. Gemütliche Gaststube im alten Gebäudeteil mit schmackhafter internationaler Küche.

WIMPFEN, BAD Baden-Württemberg 545 S 11 – 6 800 Ew – Höhe 202 m – Heilbad.
 Sehenswert : Wimpfen am Berg★★ : Hauptstraße★ – Wimpfen im Tal : Stiftskirche St. Peter (Kreuzgang★★).
 Ausflugsziel : Burg Guttenberg★ : Greifvogelschutzstation Nord : 8 km.
 🛈 Tourist-Information, Carl-Ulrich-Str. 1, (Alter Bahnhof), ⌧ 74206, ℘ (07063) 9 72 00, info@badwimpfen.org, Fax (07063) 972020.
 Berlin 598 – Stuttgart 69 – Heilbronn 16 – Mannheim 73 – Würzburg 113.

🏨 **Am Rosengarten** ♨, Osterbergstr. 16, ⌧ 74206, ℘ (07063) 99 10, rosengarten@t-online.de, Fax (07063) 9918008, 🍽, ≘s, 🅂 (geheizt), 🄸, 🐎 – 🛗, ⇌ Zim, 📺 ♿
 ⟽, – 🛣 150. 🆎 ⓞ 🄼🄾 🄹🄲🄱
 Menu à la carte 19,50/31 – **60 Zim** ⇌ 85/95 – 95/122 – ½ P 16.
 ♦ 1997 eröffnetes Kur- und Tagungshotel : Funktionale Zimmer, ein großer Freizeitbereich und die reizvolle Umgebung machen dieses Haus aus. Helles, freundliches Restaurant mit großer Fensterfront zum Rosengarten hin.

🏨 **Am Kurpark** ♨ garni, Kirschenweg 16, ⌧ 74206, ℘ (07063) 9 77 70, rezeption@amkurpark.de, Fax (07063) 977721, ≘s, 🐎 – 📺 ❦ 🅿. 🄼🄾 🆅🅸🆂🅰
 geschl. Mitte Dez. - Mitte Jan. – **9 Zim** ⇌ 47/70 – 84/104.
 ♦ Die ruhige Lage in Kurparknähe, solide und wohnlich eingerichtete Zimmer (alle 6 DZ mit Balkon) und die nette Führung sprechen für diese Hotelpension.

🏨 **Sonne** (mit Gästehaus), Hauptstr. 87, ⌧ 74206, ℘ (07063) 2 45, info@sonne-wimpfen.de, Fax (07063) 6591, 🍽 – 📺 ❦ 🄼🄾 🆅🅸🆂🅰
 geschl. 21. Dez. - 18. Jan. – **Menu** (geschl. Donnerstag, Sonntagabend) à la carte 26,50/40 – **18 Zim** ⇌ 50 – 85.
 ♦ Zwei schöne Fachwerkhäuser in der Altstadt beherbergen die rustikalen, praktischen Zimmer dieses Hotels, die trotz der historischen Bausubstanz zeitgemäßen Komfort bieten. Restaurant mit schattiger, kleiner Terrasse.

WIMSHEIM Baden-Württemberg siehe Pforzheim.

WINDECK Nordrhein-Westfalen 543 N 6 – 21 000 Ew – Höhe 95 m.
 🛈 Verkehrsverein, Rathausstr. 12 (Rosbach), ⌧ 51570, ℘ (02292) 1 94 33, tourismus@gemeinde-windeck.de, Fax (02292) 601294.
 Berlin 592 – Düsseldorf 114 – Bonn 62 – Limburg an der Lahn 71 – Koblenz 77.

In Windeck-Rosbach :

🍴 **Zur Post**, Hauptstr. 13, ⌧ 51570, ℘ (02292) 51 51, Fax (02292) 67203 – ⇌ 🅿
 geschl. Aug. 3 Wochen, Montag - Dienstag – **Menu** à la carte 19/39.
 ♦ Hier sitzen die Gäste in ländlichen Gaststuben mit Kamin, Theke und Stammtisch und wählen aus einem Angebot an bürgerlichen Gerichten.

In Windeck-Schladern :

🏨 **Bergischer Hof**, Elmoresstr. 8, ⌧ 51570, ℘ (02292) 22 83, info@bergischer-hof.de, Fax (02292) 930535, 🍽, 🐎 – 📺 🅿. 🛣 40. 🆎 🄼🄾 🆅🅸🆂🅰
 geschl. Juli – **Menu** (geschl. Sonntagabend - Montag) à la carte 17/30 – **19 Zim** ⇌ 48/52 – 68/78 – ½ P 11.
 ♦ Hinter der typisch bergischen Schieferfassade des denkmalgeschützten Hotels erwarten Sie zeitgemäß ausgestattete Zimmer und ein freundlicher Service. Mit hübschem Garten. Gepflegte, ländliche Restauranträume.

WINDELSBACH Bayern siehe Rothenburg ob der Tauber.

WINDEN Baden-Württemberg **545** V 8 – 2 800 Ew – Höhe 320 m – Erholungsort.
🛈 Tourist-Information, Bahnhofstr. 1 (Rathaus in Oberwinden), ✉ 79297, ✆ (07682) 9 23 60, gemeinde@winden-im-elztal.de, Fax (07682) 923679.
Berlin 771 – Stuttgart 192 – Freiburg im Breisgau 35 – Offenburg 46.

In Winden-Oberwinden Nord-Ost : 2 km über B 294 :

🏨 **Elztal Hotel** ≫, Am Rüttlersberg 5 (Süd : 2 km, über Bahnhofstrasse), ✉ 79297, ✆ (07682) 9 11 40, urlaub@elztalhotel.de, Fax (07682) 1767, ≤, 🌳, 🐴, Massage, 𝑓ₐ, ≦s, 🅻, 🐟, %, – 🛗 📺 ✆ ⚑ ⇔ 🅿 – 🔺 25. ❧ Rest
geschl. Mitte Nov. - Mitte Dez. – **Menu** (Restaurant nur für Hausgäste) – **70 Zim** (nur ½ P) 99/104 – 168/198.
• Neben wohnlichen Zimmern verschiedener Kategorien bietet Ihnen diese reizvoll gelegene Ferienadresse schöne Außenanlagen und ein abwechslungsreiches Freizeitangebot.

🏠 **Waldhorn**, Hauptstr. 27 (B 294), ✉ 79297, ✆ (07682) 91 82 10, info@waldhorn-winden.de, Fax (07682) 6635, 🌳 – 📺 ⇔ 🅿. 𝗩𝗜𝗦𝗔. ❧ Rest
geschl. Feb. 2 Wochen – **Menu** (geschl. Donnerstag) à la carte 15/26,50 – **23 Zim** ⇌ 36 – 56 – ½ P 9.
• Die Zimmer dieses dörflichen Gasthofs sind mit hellen Holzmöbeln solide ausgestattet. Schreibflächen und Sitzgelegenheiten gehören zum praktischen Inventar. Glänzender Steinfußboden und gepflegt eingedeckte Tische prägen das Ambiente im Restaurant.

Bei verspäteter Anreise, nach 18 Uhr, ist es sicherer,
Ihre Zimmerreservierung zu bestätigen.

WINDHAGEN Rheinland-Pfalz **543** O 6 – 4 000 Ew – Höhe 303 m.
🏌 Windhagen-Rederscheid, Gestüt Waldbrunnen (Süd-West : 3 km), ✆ (02645) 80 41.
Berlin 616 – Mainz 132 – Koblenz 26 – Bonn 57.

In Windhagen-Rederscheid Süd-West : 3 km jenseits der A 3 :

🏨 **Dorint Sporthotel Waldbrunnen** ≫, Brunnenstr. 7, ✉ 53578, ✆ (02645) 1 50, info.bnjwal@dorint.com, Fax (02645) 15548, 🌳, 🐴, Massage, 𝑓ₐ, ≦s, 🅻 (geheizt), 🐟, %(Halle) – 🛗, ⇔ Zim, 📺 ⚑ ⇔ 🅿 – 🔺 120. 🅰🅴 ⓘ ⓜ 𝗩𝗜𝗦𝗔. ❧ Rest
Menu à la carte 23,50/36 – **125 Zim** ⇌ 124/140 – 137/153 – ½ P 21.
• Das weitläufige Hotel mit Reit- und Tennisanlage orientiert sich vorwiegend an den Bedürfnissen der Tagungsgäste. Die Zimmer im Anbau sind neuzeitlicher und bieten mehr Platz. Einen Blick in die Reithalle hat man im Restaurant mit angrenzendem Wintergarten.

WINDISCHESCHENBACH Bayern **546** Q 20 – 6 000 Ew – Höhe 428 m.
🛈 Tourist-Information, Hauptstr. 34 (Rathaus), ✉ 92670, ✆ (09681) 40 12 40, tourismus@windischeschenbach.de, Fax (09681) 401100.
Berlin 392 – München 261 – Weiden in der Oberpfalz 21 – Bayreuth 49 – Nürnberg 115.

🏠 **Weißer Schwan**, Pfarrplatz 1, ✉ 92670, ✆ (09681) 12 30, schwanerer@t-online.de, Fax (09681) 1466, Biergarten, ≦s – 📺 🅿. ⓘ ⓜ
Menu (geschl. Samstag, Sonntagabend) à la carte 12/27 – **20 Zim** ⇌ 30/50 – 50.
• Ein familiengeführter Landgasthof mit Blumenschmuck an den Fenstern : Sie wohnen in freundlichen Zimmern mit Parkett, holzvertäfelten Wänden und rustikalen Naturholzmöbeln. Helle, gemütlich-rustikale Gaststube.

WINDORF Bayern **546** U 23 – 4 300 Ew – Höhe 306 m – Erholungsort.
Berlin 587 – München 181 – Passau 26 – Regensburg 104 – Straubing 72.

In Windorf-Rathsmannsdorf Nord-Ost : 4,5 km :

🏠 **Zur Alten Post**, Schloßplatz 5, ✉ 94565, ✆ (08546) 10 37, Fax (08546) 2483, 🌳 – 📺 🅿 – 🔺 100. ⓜ 𝗩𝗜𝗦𝗔
Menu à la carte 11,50/27 – **30 Zim** ⇌ 26/52 – 52/84.
• Ein behaglich-rustikales Ambiente erwartet die Gäste in dem gestandenen bayerischen Gasthof mit blumengeschmückter Fassade und soliden Zimmern. Gemütliche Restauranträume mit schnitzereiverziertem Holz und Kachelöfen.

WINDSHEIM, BAD Bayern **546** R 15 – 13 000 Ew – Höhe 321 m – Heilbad.
🏌 Bad Windsheim, Am Weinturm 2, ✆ (09841) 50 27.
🛈 Kur-, Kongress- und Touristik-Information, Erkenbrechtallee 2, ✉ 91438, ✆ (09841) 40 20, tourismus@bad-windsheim.de, Fax (09841) 40299.
Berlin 475 – München 236 – Nürnberg 68 – Bamberg 72 – Ansbach 33 – Würzburg 57.

WINDSHEIM, BAD

Reichsstadt, Pastoriusstr. 5, ✉ 91438, ✆ (09841) 90 70, info@hotel-reichsstadt.de, Fax (09841) 907200, 🍴, ⬌ – 🛗, ✱ Zim, 📺 📞 ♿ 🚗 – 🛋 200. AE ① ⓜ VISA JCB. ✱ Rest
Menu (geschl. Sonntag - Montag) à la carte 21/31 – **110 Zim** ☕ 80 – 105 – ½ P 18.
• Ein schmucker, neuzeitlicher Hotelbau mit integriertem Fachwerkhaus. Fragen Sie nach den Zimmern im Neubau, diese sind mit modernen Möbeln wohnlich ausgestattet. Gepflegtes Ambiente mit Pastelltönen und Terrakottaböden erwartet Sie im Restaurant Medaillon.

Residenz ⚜, Erkenbrechtallee 33, ✉ 91438, ✆ (09841) 9 10, hotel@residenz-bad-windsheim.de, Fax (09841) 912663, 🍴, Massage, ♨, 🏊, ⬌, 🔲, 🚗 – 🛗 ✱ Zim 📺 ♿ 🅿 – 🛋 300. AE ① ⓜ VISA JCB
Menu à la carte 17/30,50 – **116 Zim** ☕ 86/100 – 95/110 – ½ P 14.
• Das Haus befindet sich in reizvoller Lage nahe an Kurpark und historischer Altstadt. Gute Konferenztechnik macht es auch für Tagungsgäste interessant. Eine Terrasse zum Garten hin ergänzt das unterteilte Restaurant.

Goldener Schwan, Rothenburger Str. 5, ✉ 91438, ✆ (09841) 50 61, hoenicka@t-online.de, Fax (09841) 79440 – 📺 🅿. AE ① ⓜ VISA
Menu (geschl. 30. Dez. - 24. Jan., Mittwoch) à la carte 14/32 – **22 Zim** ☕ 39/42 – 56/65 – ½ P 14.
• Aus dem einstigen Patrizierhaus wurde 1778 ein Gasthaus. Momentan sorgt die vierte Generation der Wirtsleute dafür, dass Sie sich in den praktischen Zimmern wohlfühlen. Restaurant mit ländlichem Ambiente.

Zum Storchen, Weinmarkt 6, ✉ 91438, ✆ (09841) 66 98 90, hotel.storchen@t.online.de, Fax (09841) 6698930, 🍴 – ✱ Zim, 📞. AE ⓜ VISA
Menu (geschl. Okt. - April Montag) à la carte 16/28 – **20 Zim** ☕ 75 – 99 – ½ P 14.
• Schon 400 Jahre ist dieses Fachwerkhaus alt. Die solide ausgestatteten Gästezimmer sind zeitgemäß mit allem Notwendigen ausgestattet. Das Restaurant ist nett, im fränkischen Stil gestaltet.

WINGERODE Thüringen 544 L 14 – 1 200 Ew – Höhe 290 m.
Berlin 305 – Erfurt 90 – Göttingen 47 – Nordhausen 43 – Mühlhausen 47.

Keppler's Ecke, Hauptstr. 52, ✉ 37327, ✆ (03605) 50 16 66, info@kepplers-ecke.de, Fax (03605) 501668, Biergarten – 📺 🅿 – 🛋 30
Menu (geschl. Montagmittag) à la carte 12/21,50 – **15 Zim** ☕ 30/44 – 50/58.
• Ein sympathisches, familiengeführtes Fachwerk-Hotel, dessen Zimmer alle unterschiedlich eingerichtet sind. Neuerdings hat man auch ein Kosmetikstudio im Hause. Gemütliche, rustikal gestaltete Gaststube.

WINGST Niedersachsen 541 E 11 – 3 600 Ew – Höhe 25 m – Luftkurort.
🛈 Kurverwaltung, Hasenbeckallee 1, ✉ 21789, ✆ (04778) 8 12 00, wingst@t-online.de, Fax (04778) 812029.
Berlin 383 – Hannover 218 – Cuxhaven 39 – Bremerhaven 54 – Hamburg 97.

Peter, Bahnhofstr. 1 (B 73), ✉ 21789, ✆ (04778) 2 79, flair-hotel-peter@t-online.de, Fax (04778) 7474, 🍴 – 🛗, ✱ Zim, 📺 📞 ♿ 🅿 – 🛋 20. AE ⓜ VISA ✱ Rest
geschl. Mitte Jan. - Mitte Feb. – **Oehlschläger-Stube** (geschl. Mittwoch - Donnerstag) (wochentags nur Abendessen) **Menu** à la carte 21/33 ⚜ – **31 Zim** ☕ 37/51 – 64/77.
• Hinter einer gepflegten, gelb gestrichenen Fassade mit Ecktürmchen stehen recht wohnliche und individuell gestaltete Gästezimmer bereit. Die Oehlschläger-Stube ist nach dem Wingster Heimatmaler benannt, dessen Bilder hier ausgestellt sind.

WINKLARN Bayern siehe Rötz.

WINNENDEN Baden-Württemberg 545 T 12 – 25 000 Ew – Höhe 292 m.
Berlin 599 – Stuttgart 26 – Schwäbisch Gmünd 44 – Schwäbisch Hall 48.

In Winnenden-Birkmannsweiler Süd-Ost : 3 km :

Heubach-Krone, Hauptstr. 99, ✉ 71364, ✆ (07195) 98 44 40, Fax (07195) 9844444 – 📺 🅿. AE ① ⓜ VISA
Menu (geschl. Aug. 1 Woche, Dienstag) à la carte 14/34 – **18 Zim** ☕ 39/54 – 54/72.
• Vor kurzem wurde das Angebot dieser ländlichen Adresse um fünf neue Zimmer im Nebenhaus erweitert. Diese sind mit einer kleinen Küche ausgestattet und nett eingerichtet. Ländliches Restaurant mit rustikaler Aufmachung und gemütlichem Kachelofen.

WINNENDEN

In Winnenden-Bürg *Nord-Ost : 4,5 km :*

Burghotel Schöne Aussicht ⚘, Neuffenstr. 18, ✉ 71364, ☎ (07195) 9 75 60, *Fax (07195) 975619,* ≤ Winnenden und Umgebung, 🍴 – TV P. AE ⓞ ⑩ VISA JCB
Menu *(geschl. Montag)* à la carte 15/40 – **16 Zim** ⊆ 56 – 81.
• Gediegene und praktische Einrichtung im Zimmerbereich sowie die Lage machen dieses Haus interessant. Alle Zimmer mit Balkon oder Terrassenplatz. Die Restaurationsräume sind rustikal in dunklem Holz gestaltet worden.

In Winnenden-Hanweiler *Süd : 3 km :*

Traube mit Zim, Weinstr. 59, ✉ 71364, ☎ (07195) 13 99 00, *Fax (07195) 1399022,* 🍴 – TV P. – *geschl. Mitte Feb. - Anfang März 2 Wochen, Ende Juli - Mitte Aug.* – **Menu** *(geschl. Dienstag - Mittwoch)* à la carte 11/24,50 – **6 Zim** ⊆ 35/45 – 60.
• Eine nette Einkehrmöglichkeit für alle, die einen ländlichen Gasthof mit Weinstubencharakter schätzen. Auf den Tisch kommt eine einfache, regional bezogene Küche.

In Berglen-Lehnenberg *Süd-Ost : 6 km :*

Blessings Landhotel, Lessingstr. 13, ✉ 73663, ☎ (07195) 9 76 00, *info@blessings-landhotel.de, Fax (07195) 976040,* ≤, 🍴 – 🍽 Zim, TV P. – 🛋 40. AE ⓞ ⑩ VISA *geschl. Anfang Jan. 2 Wochen* – **Menu** *(geschl. Donnerstag)* à la carte 21/37 – **23 Zim** ⊆ 56/75 – 82/95.
• Das in früheren Zeiten als Posthalterei und Kolonialwarengeschäft genutzte Haus präsentiert sich heute als modernes Urlaubs- und Tagungshotel. Bürgerlich und leicht rustikal sind Einrichtung und Dekor im Restaurant.

WINSEN (LUHE) *Niedersachsen* 541 F 14 *– 30 000 Ew – Höhe 8 m.*

🎏 Winsen, Radbrucher Str. 200 *(Süd-Ost : 3 km Richtung Radbruch),* ☎ (04178) 78 22 41.
Berlin 285 – Hannover 132 – Hamburg 36 – Bremen 118 – Lüneburg 24.

Storchennest, Tönnhäuser Weg 3, ✉ 21423, ☎ (04171) 88 80, *hotel-storchennest@t-online.de, Fax (04171) 888222,* 🍴 – TV ☎ & 🅿 🛋 15. AE ⓞ ⓜ ⑩ Rest
Menu *(geschl. 24. Dez. - 11. Jan, Sonn- und Feiertage) (nur Abendessen)* à la carte 12,50/19 – **25 Zim** ⊆ 59/70 – 72/88.
• Vor den Toren Hamburgs liegt dieses Hotel in kleinstädtischer Umgebung. Sie wohnen in neuzeitlich-funktionellen Zimmern mit guter Technik und Wasserkocher.

WINTERBACH *Baden-Württemberg siehe Schorndorf.*

WINTERBERG *Nordrhein-Westfalen* 543 M 9 *– 15 000 Ew – Höhe 700 m – Heilklimatischer Kurort – Wintersport : 672/841 m ≰51 🛷.*

🎏 Winterberg, In der Büre *(Nord-West : 3 km Richtung Silbach),* ☎ (02981) 17 70.
🄱 Tourist-Information, Am Kurpark 6, ✉ 59955, ☎ (02981) 9 25 00, *info@winterberg.de, Fax (02981) 925024.*
Berlin 482 – Düsseldorf 186 – Arnsberg 56 – Marburg 60 – Paderborn 79 – Siegen 69.

Leisse, Am Waltenberg 2, ✉ 59955, ☎ (02981) 73 64, *hotelleisse@t-online.de, Fax (02981) 3199,* 🍴 – TV ☎ P. ⑩
Menu à la carte 16/36 – **15 Zim** ⊆ 45 – 80/110, 3 Suiten – ½ P 14.
• Hinter einer für das Sauerland typischen Schieferfassade verbergen sich solide ausgestattete Zimmer, die wohnlich wirken und einen guten Komfort bieten. Sehr gepflegt zeigt sich der unterteilte Restaurantbereich mit Wintergarten und beheizter Freiterrasse.

Astenblick, Nuhnestr. 5, ✉ 59955, ☎ (02981) 9 22 30, *info@astenblick.de, Fax (02981) 92235,* 🍴, 🅵₆, ☎ – 🛗, 🍽 Zim, TV ☎ & 🖙 🅿 ⑩ VISA
Menu *(geschl. Juni 2 Wochen, Dienstag) (Montag - Freitag nur Abendessen)* à la carte 21/43 – **22 Zim** ⊆ 60/65 – 70/110.
• In einer Nebenstraße des Wintersportortes steht dieses neuzeitliche Urlaubshotel. Besonders die Zimmer und Suiten in den beiden Ecktürmen sind wohnlich eingerichtet. Das Restaurant : neuzeitlich und schlicht in dezenten Farben.

Waldhaus ⚘, Kiefernweg 12, ✉ 59955, ☎ (02981) 20 42, *waldhaus-winterberg@t-online.de, Fax (02981) 3670,* ≤, 🍴, Massage, ☎, 🏊 , 🎾 – 🛗 TV P. AE ⓞ ⑩ VISA JCB
Menu *(Montag - Donnerstag nur Abendessen)* à la carte 27/44 – **20 Zim** ⊆ 47 – 68/114 – ½ P 20.
• In ruhiger Waldlage, nur zehn Minuten vom Ortskern entfernt, liegt das familiengeführte, gepflegte Haus. Fast alle Zimmer haben eine Südbalkon mit schönem Ausblick. Das leicht elegante Restaurant ist im Stil eines Wintergartens angelegt.

Engemann-Kurve, Haarfelder Str. 10 (B 236), ✉ 59955, ☎ (02981) 9 29 40, *info@engemann-kurve.de, Fax (02981) 929449,* 🍴, ☎, 🏊 – TV ☎ P. ⑩ VISA
geschl. 27. Juni - 11. Juli – **Menu** à la carte 18/32 – **16 Zim** ⊆ 55/70 – 74/100 – ½ P 18.
• Nach umfangreicher Renovierung verfügt dieses gut geführte Hotel über moderne, farblich abgestimmte Zimmer mit gutem Komfort und individueller Einrichtung.

WINTERBERG

- **Steymann,** Schneilstr. 4, ✉ 59955, ✆ (02981) 70 05, *hotel.steymann@t-online.de*, *Fax (02981) 3619*, 🍴, ⇌, ▭, 🐎 – ℗ 🚫 Rest
  Menu à la carte 24/38 – **33 Zim** ⊆ 46/52 – 68/92 – ½ P 15.
  ♦ Ein gut gepflegtes Haus, dessen Zimmer mit Eichenmöbeln und teils auch mit bemalten Bauernmöbeln ausgestattet sind. Golfkurse für Anfänger und Fortgeschrittene. Eine bürgerlich-schlichte Gaststube ergänzt das saalartige Restaurant.

In Winterberg-Altastenberg West : 5 km über B 236 :

- **Berghotel Astenkrone** ⏃, Astenstr. 24, ✉ 59955, ✆ (02981) 80 90, *berghotel @astenkrone.de*, Fax (02981) 809198, ≤, 🍴, 🏊, Massage, ♨, ⇌, ▭ – 🛗 🚫 📺 ♿ ⇌ ℗ – 🛎 50. 🆎 💳 🚫 Rest
  Menu à la carte 26,50/50 – **39 Zim** ⊆ 80/90 – 120/165, 3 Suiten.
  ♦ Am Fuß des Kahlen Astens liegt dieses schöne Haus mit stilvollen Zimmern. Edle Hölzer kombiniert mit hochwertigen Stoffen und elegante Bäder sorgen für angenehmen Wohnkomfort. Das Restaurant besticht mit fein-rustikaler Atmosphäre und gut eingedeckten Tischen.

- **Haus Clemens** ⏃, Renauweg 48, ✉ 59955, ✆ (02981) 9 24 10, *hotel-clemens@t-online.de*, Fax (02981) 924150, ⇌, ▭, – 📺 ℗ – 🛎 🆎 💳
  geschl. 5. - 30. Nov. – **Menu** à la carte 15/38 – **12 Zim** ⊆ 38 – 75/87 – ½ P 13.
  ♦ Ein individuell, wohnlich gestalteter Zimmerbereich macht dieses Haus zu einer netten Urlaubsadresse. Im Winter finden Sie gut gespurte Loipen direkt vor der Tür. Im Restaurant bittet man Sie in ansprechender neo-rustikaler Umgebung zu Tisch.

In Winterberg-Silbach Nord-West : 7 km :

- **Büker,** Bergfreiheit 56, ✉ 59955, ✆ (02983) 9 70 50, *info@landhotel-bueker.de*, Fax (02983) 970510, 🍴, ⇌, ▭, – 📺 ℗ – 🛎 20. 🆎 ⓞ 💳 🏧
  geschl. 18. April - 9. Mai, 21. Nov. - 26. Dez. – **Menu** (geschl. Mittwoch) à la carte 18/30 – **19 Zim** ⊆ 42 – 79/83 – ½ P 13.
  ♦ Ein nettes, blumengeschmücktes Fachwerkhaus in Hanglage. Sie schlafen in Bauernbetten, die in einfachen, solide ausgestatteten Gästezimmern stehen. Der Restaurantbereich ist bürgerlich-rustikal im Stil.

WINTERHAUSEN Bayern 546 Q 14 – 1 450 Ew – Höhe 170 m.
Berlin 502 – München 262 – Würzburg 14 – Kitzingen 13 – Ochsenfurt 7.

- **Gasthof Schiff** ⏃ mit Zim, Fährweg 14, ✉ 97286, ✆ (09333) 17 85, *info@hotel-schiff.de*, Fax (09333) 1832, 🍴, 🔔 Zim, 🚫 ⇌ ℗ 💳
  Menu (geschl. 24. Dez. - 13. Jan., Sonntagabend) à la carte 25/42 – **10 Zim** ⊆ 40/55 – 60/80.
  ♦ Bei der Renovierung dieses schönen Gasthofs hat man viel Wert auf den Erhalt der 400 Jahre alten Bausubstanz gelegt. Das Ergebnis : ländlich-gemütliche Atmosphäre.

WINTRICH Rheinland-Pfalz 543 Q 4 – 1 000 Ew – Höhe 120 m.
🛈 Touristinfo, Bergstr. 3 (Rathaus), ✉ 54487, ✆ (06534) 86 28, *gemeinde-wintrich@t-online.de*, Fax (06534) 1512.
Berlin 690 – Mainz 118 – Trier 46 – Bonn 146 – Saarbrücken 100.

- **Weinhaus Simon** garni, Am Martinergarten 3, ✉ 54487, ✆ (06534) 6 64, *hotel-weinhaus-simon@t-online.de*, Fax (06534) 18149, ⇌, 🐎 – 🚫 📺 ℗
  geschl. Nov. – **10 Zim** ⊆ 45/50 – 80/85.
  ♦ Ruhig und doch zentral liegt dieses kleine, einem Weingut angeschlossene Hotel mit schlichten, praktischen Gästezimmern, die alle über einen Balkon verfügen.

- **Altes Kelterhaus,** Am Martinergarten 13, ✉ 54487, ✆ (06534) 94 96 67, Fax (06534) 949667, 🍴 – ℗ 💳 🏧 🚫
  geschl. Mittwoch – **Menu** (Tischbestellung ratsam) à la carte 35,50/48.
  ♦ Das schöne alte Natursteinhaus wurde Ende des 18. Jh. im moseltypischen Stil erbaut. Das internationale Speiseangebot wird durch Empfehlungen auf einer Tafel ergänzt.

WINTZINGERODE Thüringen siehe Worbis.

WIPPERFÜRTH Nordrhein-Westfalen 543 M 6 – 23 000 Ew – Höhe 275 m.
Berlin 550 – Düsseldorf 72 – Köln 50 – Lüdenscheid 27 – Remscheid 20.

- **Christian's Restaurant,** Marktstr. 8, ✉ 51688, ✆ (02267) 8 26 66, Fax (02267) 659286, 🍴
  geschl. Montag, Samstagmittag – **Menu** à la carte 29/43.
  ♦ Das kleine Stadthaus im bergischen Stil beherbergt ein modernes Restaurant, in dem dunkles Holz, Spiegel und rot bezogene Polsterstühle den Ton angeben.

WIPPERFÜRTH

In Wipperfürth-Stüttem *Süd : 4 km an der Straße nach Lindlar :*

Landgut Stüttem, Stüttem 1, ✉ 51688, ✆ (02267) 88 18 40, info@landgutstuettem.de, Fax (02267) 8818444, 🍴, 🌳 – 📺 ✆ 🅿 – 🚗 150. AE MC VISA JCB
Menu *(geschl. Montag) (wochentags nur Abendessen)* à la carte 28,50/44,50 – **17 Zim** ⌂ 55/65 – 90/100.
• Schon vor hundert Jahren kehrten Reisende gern in der Pferdewechselstation ein, die sich zu einem stattlichen Landhotel mit individuellen und wohnlichen Zimmern gemausert hat. Im oberbergischen Stil zeigt sich das Restaurant - gemütlich, mit rustikalem Touch.

In Wipperfürth-Wasserfuhr *Nord-Ost : 4 km, an der Straße nach Halver :*

Haus Koppelberg, ✉ 51688, ✆ (02267) 50 51, Fax (02267) 2842, 🍴, 🌳 – 📺 🅿 – 🚗 60. AE MC VISA
Menu *(geschl. Montag)* à la carte 15/28 – **18 Zim** ⌂ 39 – 54.
• Ein hübsch im Grünen gelegenes Hotel mit schönem Garten. Fragen Sie nach einem der drei neuen Zimmer im Gästehaus, die mit hellem Naturholzmobiliar bestückt sind. Schlichtrustikales Restaurant mit Gartenterrasse.

In Wipperfürth-Wipperfeld *Süd-West : 8 km über B 506 :*

Landhotel Napoleon (mit Gästehaus), Lamsfuß 12 (an den B 506), ✉ 51688, ✆ (02268) 9 14 10, info@landhotel-napoleon.de, Fax (02268) 914159, 🍴, 🌙 Zim, 📺 ✆ 🅿 – 🚗 80. 🚭 Zim
Menu *(geschl. Montag - Dienstagmittag)* à la carte 16/27 – **16 Zim** ⌂ 48 – 68.
• Alle Zimmer dieses Hotels sind im neuzeitlichen Gästehaus untergebracht. Sie bieten dem Gast moderne Einrichtung mit hellem Holz und kräftigen Farben sowie eine gute Technik. Das Restaurant befindet sich im Haupthaus - einem Fachwerkhaus im bergischen Stil.

WIRGES *Rheinland-Pfalz siehe Montabaur.*

WIRSBERG *Bayern* 🗺 *P 18 – 2 000 Ew – Höhe 355 m – Luftkurort.*
🛈 Gäste-Information, Sessenreuther Str. 2, ✉95339, ✆ (09227) 9 32 20, gaeste-information@markt-wirsberg.de, Fax (09227) 93290.
Berlin 341 – München 250 – Coburg 60 – Hof 41 – Bayreuth 21.

Reiterhof Wirsberg 🌿, Sessenreuther Str. 50 (Süd-Ost : 1 km), ✉ 95339, ✆ (09227) 20 40, info@reiterhof-wirsberg.de, Fax (09227) 7058, ≤, 🍴, Massage, 🏋, 🐎, 🔲, 🌳, 🎾 – 📳 📺 ✆ 🅿 – 🚗 60. AE MC VISA
Menu à la carte 25/42,50 – **51 Zim** ⌂ 75/104 – 124/146 – ½ P 26.
• "Wohnen statt nur übernachten" lautet die Devise dieses gewachsenen Landhotels. Die Zimmer überzeugen mit behaglichem Ambiente und zeitgemäßer Technik. Reitstall. Elegant-rustikal, mit hellem Holz an Wänden und Decken, präsentiert sich das Restaurant.

Herrmann's Romantik Posthotel, Marktplatz 11, ✉ 95339, ✆ (09227) 20 80, posthotel@romantikhotels.com, Fax (09227) 5860, 🍴, 🔲 – 📳, 🌙 Zim, 📺 ✆ 🅿 – 🚗 30. AE ① MC VISA
Herrmann's Restaurant *(geschl. 20. Dez. - 31. Jan., Sonntag) (nur Abendessen)* **Menu** à la carte 43/52, 🍷 – **Jägerstube** : Menu à la carte 30/40, 🍷 – **47 Zim** ⌂ 72/152 – 99/201, 8 Suiten.
• Schöne, komfortabel gestaltete Zimmer und Suiten im Landhausstil machen das familiengeführte Haus im Ortszentrum zu einem attraktiven Domizil. Holzdecke sowie hübsche Stoffe und Lampen lassen Herrmann's Restaurant elegant wirken.

Hereth, Hauptstr. 15, ✉ 95339, ✆ (09227) 9 41 91, Fax (09227) 941919, Biergarten – 📺 ✆ 🅿. AE ① MC VISA
geschl. 8. - 24. Jan. – **Menu** *(geschl. Mittwoch)* à la carte 11/20 – **15 Zim** ⌂ 30/35 – 55/65 – ½ P 10.
• Dieser familiengeführte Gasthof liegt im Ortszentrum in waldnaher Lage. Helle, freundliche Zimmer und der nette Service machen das Haus aus. Mit hellem Holz rustikal eingerichtetes Restaurant.

WISMAR *Mecklenburg-Vorpommern* 🗺 *E 18 – 47 300 Ew – Höhe 14 m.*
Sehenswert : Marktplatz★ – Nikolaikirche★ (Altar der Krämergilde) – Wasserkunst★ – Schabbelhaus★.
Ausflugsziel : Neukloster★ Süd-Ost : 18 km.
🛫 Hohen Wieschendorf, Am Golfplatz 1 (Nord-West : 14 km über Gramkow), ✆ (038428) 6 60.
🛈 Tourist-Information, Am Markt 11, ✉ 23966, ✆ (03841) 2 51 30 25, touristinfo@wismar.de, Fax (03841) 2513091. – *Berlin 234 – Schwerin 32 – Rostock 52 – Lübeck 59.*

WISMAR

🏨 **Steigenberger Hotel Stadt Hamburg**, Am Markt 24, ✉ 23966, ✆ (03841) 23 90, *wismar@steigenberger.de*, Fax (03841) 239239, 🍴, ⇌ – 🛏, ⇌ Zim, 📺 ✆ ⇌ – ⚿ 90. AE ⓘ ⓜ VISA – **Menu** à la carte 16/32, ♀ – **104 Zim** ⇌ 85/115 – 108/135.
  ♦ Hinter einer denkmalgeschützten Fassade, die sich harmonisch in das historische Altstadtbild einfügt, überzeugt das Hotel mit Moderne und Wohnlichkeit. Restaurant in neuzeitlichem Stil.

🏨 **Reuterhaus**, Am Markt 19, ✉ 23966, ✆ (03841) 2 22 30, *hotel/seeblickhwi@aol.com*, Fax (03841) 222324, 🍴 – 📺 ✆ AE ⓘ ⓜ VISA JCB. 🍴
  Menu 17/30 – **10 Zim** ⇌ 60/70 – 80/90.
  ♦ Ein kleines Hotel in einem renovierten historischen Gebäude am Marktplatz. Es bietet ausreichend große Zimmer, die mit grünlichen italienischen Möbeln wohnlich gestaltet sind. Restaurant mit hellem Steinfußboden und barocken, dunklen Holzbänken.

in Wismar-Wendorf, Bad *Nord-Ost : 2 km :*

🏨 **Seeblick** 🍴, Ernst-Scheel-Str. 27, ✉ 23968, ✆ (03841) 6 27 40, *hotelseeblickhwi@aol.com*, Fax (03841) 6274666, 🍴 – ⇌ Zim, 📺 ✆ 🅿 – ⚿ 80. AE ⓘ ⓜ VISA JCB. 🍴
  Menu à la carte 17/32 – **40 Zim** ⇌ 60/80 – 70/90.
  ♦ Direkt am Strand und der Seebrücke : Das Hotel aus dem Jahr 1866 mit den markanten Türmchen wurde renoviert. Sie übernachten in wohnlich im Landhausstil gestalteten Zimmern. Das Restaurant mit Rattanbestuhlung bietet einen schönen Blick auf die Wismarbucht.

In Gägelow *Nord-West : 7 km :*

🏨 **Ramada Treff Hotel**, Bellevue 15 (Gewerbegebiet), ✉ 23968, ✆ (03841) 66 00, *wismar@ramada-treff.de*, Fax (03841) 660500, 🍴, ⇌ – 🛏, ⇌ Zim, 📺 ✆ 🅿 – ⚿ 250. AE ⓘ ⓜ VISA JCB – **Menu** à la carte 21/31 – **180 Zim** ⇌ 69 – 99.
  ♦ Zeitlos und geschmackvoll mit aufeinander abgestimmten Stoffen eingerichtet sind die Zimmer dieses modernen, langgestreckten Hotelbaus mit großem Tagungsbereich.

WISSEN Rheinland-Pfalz 📙 **N 7** – *9 200 Ew – Höhe 155 m – Luftkurort.*
  🛈 Tourist-Information, Rathausstr. 75 (Rathaus), ✉ 57537, ✆ (02742) 93 91 34, *info@rathaus-wissen.de*, Fax (02742) 939200.
  Berlin 588 – Mainz 127 – *Bonn* 69 – Limburg an der Lahn 67 – Siegen 39 – Köln 82.

🏨 **Ambiente** garni, Hockelbachstr. 2, ✉ 57537, ✆ (02742) 9 32 40, *info@hotel-ambiente-wissen.de*, Fax (02742) 932417, ⇌, 🍴 – ⇌ 📺 ✆ 🅿 AE ⓘ ⓜ VISA JCB
  8 Zim ⇌ 54 – 74.
  ♦ Kleine Annehmlichkeiten wie Bademantel, Wasserkocher und Tageszeitung machen die neuzeitlich gestalteten Zimmer dieses gut geführten kleinen Hotels zu einer netten Unterkunft.

🏨 **Nassauer Hof**, Nassauer Str. 2, ✉ 57537, ✆ (02742) 9 34 00, *info@nassauerhof-wissen.de*, Fax (02742) 934099, Biergarten – ⇌ Zim, 📺 ✆ ⇌. AE ⓘ ⓜ VISA
  Menu (geschl. Sonntagabend) (wochentags nur Abendessen) à la carte 15/30,50 – **16 Zim** ⇌ 50 – 70.
  ♦ Ein zeitgemäß renoviertes älteres Gasthaus mit gelber Fassade, die teils mit Schieferschindeln verkleidet ist. Wohnliche Zimmer und eine freundliche Atmosphäre erwarten Sie. Im Restaurant dienen Bilder von Film- und Showstars als Dekor.

WITTDÜN Schleswig-Holstein siehe Amrum (Insel).

WITTEN Nordrhein-Westfalen 📙 **L 6** – *105 000 Ew – Höhe 80 m.*
  🛈 Verkehrsverein, Ruhrstr. 43, ✉ 58452, ✆ (02302) 1 22 33, *vvw@stadt-witten.de*, Fax (02302) 12236. – Berlin 510 – *Düsseldorf* 59 – Bochum 10 – Dortmund 21 – Hagen 17.

🏨 **Parkhotel**, Bergerstr. 23, ✉ 58452, ✆ (02302) 58 80, *parkhotel-witten@riepe.com*, Fax (02302) 588555, 🍴, Massage, ⇌, 🔲 – 🛏 📺 ✆ 🅿 – ⚿ 45. AE ⓘ ⓜ VISA
  Menu à la carte 19/34 – **65 Zim** ⇌ 92 – 115.
  ♦ Ein etwas älteres Hochhaus beherbergt das Hotel mit kürzlich renovierten Zimmern, in denen das gute Raumangebot und die moderne Möblierung eine wohnliche Atmosphäre erzeugen. Restaurant in rustikalem Stil - in der 9. Etage : Panorama-Café mit Dachterrasse.

In Witten-Annen :

🏨 **Mercure** 🍴, Kreisstr. 20, ✉ 58453, ✆ (02302) 2 02 10, *h2923@accor-hotels.com*, Fax (02302) 2021142 – 🛏, ⇌ Zim, 📺 ✆ 🅿 – ⚿ 80. AE ⓘ ⓜ VISA JCB
  geschl. 24. Dez. - 4. Jan. – **Menu** à la carte 25/43 – **87 Zim** ⇌ 85/91 – 95/114.
  ♦ Überwiegend Suiten in wohnlicher und geschmackvoller Gestaltung (mit funktioneller Einbauküche, Terrasse bzw. Balkon) stehen für Gäste dieser modernen Hotelanlage bereit. Neuzeitliches Hotelrestaurant mit großem Buffetbereich.

WITTENBECK Mecklenburg-Vorpommern siehe Kühlungsborn.

WITTENBERG (LUTHERSTADT) Sachsen-Anhalt 542 K 21 – 45 000 Ew – Höhe 65 m.

Sehenswert : Markt★ B – Lutherhalle★ C – Schlosskirche★ A – Stadtkirche (Reformations-Altar★) B.

Ausflugsziel : Wörlitz : Wörlitzer Park★★, Schloss Wörlitz★, Gotisches Haus★ (Schweizer Glasmalereien★) West : 20 km über ④.

🛈 Wittenberg-Information, Schloßplatz 2, ✉06886, ✆ (03491) 49 86 10, wittenberg-information@stadtverwaltung.wittenberg.de, Fax (03491) 498611.

Berlin 108 ① – Magdeburg 87 ④ – Leipzig 66 ③ – Dresden 151 ② – Dessau 36 ④

Stadtpalais Wittenberg, Collegienstr. 56, ✉ 06886, ✆ (03491) 42 50, info@stadtpalais.bestwestern.de, Fax (03491) 425100, 🍴, ⬌, ▮, 🛠 Zim, TV 📞 ♿ 🚗 P – 🛁 50. AE ① ⓂⓈ VISA
B a

Menu *(nur Abendessen)* à la carte 20/35 – ⊇ 11 – **78 Zim** 75/90 – 85/100.

♦ Hinter der klassizistischen Fassade des Stadthauses finden Sie eine gediegene Halle mit bequemen Sitzgruppen, komfortable Zimmer und einen freundlichen Service. Dunkle Holztäfelung und ein fast klassischer Stil geben dem Restaurant einen eleganten Touch.

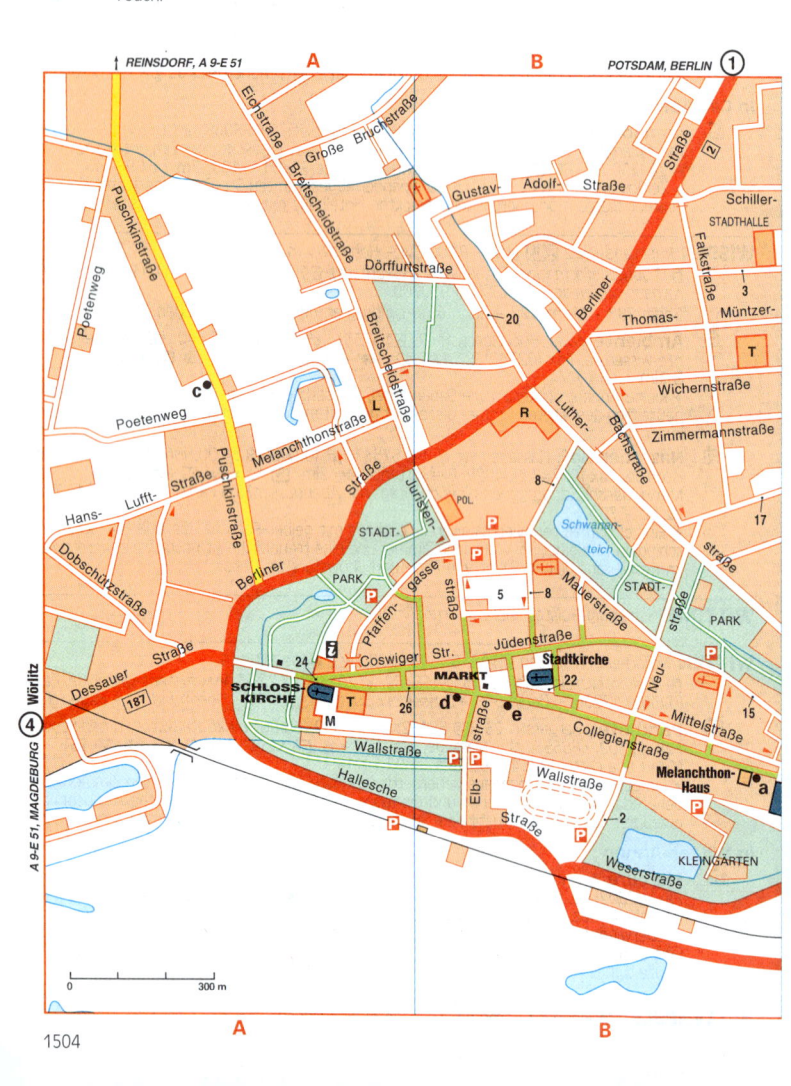

WITTENBERG (LUTHERSTADT)

Schwarzer Baer garni, Schlossstr. 2, ⌧ 06886, ✆ (03491) 4 20 43 44, *koppe@stadthotel-wittenberg.de*, Fax (03491) 4204345 – 📺 ✆ 🚗 AE ⦿ ⦿ VISA   B d
13 Zim ⌕ 56 – 69.
♦ Hinter der Klinkerfassade des historischen Altstadthotels erwarten Sie liebevoll renovierte und modern eingerichtete Zimmer, teilweise mit unverputzten Wänden.

Brauhaus, Markt 6, ⌧ 06886, ✆ (03491) 43 31 30, *info@brauhaus-wittenberg.de*, Fax (03491) 433131, Biergarten – 📺 ✆ 🅿 ⦿ VISA   B e
Menu à la carte 15/23 – **14 Zim** ⌕ 50 – 70.
♦ Zu den gepflegten, zeitgemäßen Zimmern mit Steinfußboden, solidem Mobiliar, Dachschräge und teils freigelegten Balken gelangt man über eine Hofanlage aus dem 15. Jahrhundert. Zwei große Braukessel bestimmen das Interieur der derb-rustikalen Gaststätte.

Acron, Am Hauptbahnhof 3, ⌧ 06886, ✆ (03491) 4 33 20, *acron-hotel-wittenberg@t-online.de*, Fax (03491) 433218 – 🛗, 🍽 Zim, 📺 ♿ 🅿 – 🔺 20. ⦿ VISA   C f
Menu (Restaurant nur für Hausgäste) – **62 Zim** ⌕ 47 – 64.
♦ Saubere, einheitlich und praktisch eingerichtete Zimmer erwarten Sie in diesem neueren Hotel mit gelber Fassade und grünen Fensterrahmen in zentraler Lage am Bahnhof.

WITTENBERG

Am Stadtgraben	B	2
An der Stadthalle	B	3
Arsenalpl.	B	5
Bürgermeisterstr.	B	8
Collegienstr.	B	
Coswiger Str.	AB	
Dresdener Str.	C	12
Fleischerstr.	B	15
Geschwister-Scholl-Str.	B	17
Johann-Friedrich-Böttger-Str.	B	20
Jüdenstr.	B	
Kirchpl.	B	22
Markt	B	
Schlopl.	A	24
Schloßstr.	A	26
Theodor-Fontane-Str.	C	27
Wilhelm-Weber-Str.	C	28

1505

WITTENBERG (LUTHERSTADT)

In Wittenberg-Piesteritz West : 3 km über ④ Richtung Coswig :

Klabautermann mit Zim, Dessauer Str. 93 (B 187), ✉ 06886, ℘ (03491) 66 21 49, Fax (03491) 669560, 🍽 – 🛌 Zim, TV P MC VISA
Menu (geschl. Sonntagabend - Montag) (überwiegend Fischgerichte) à la carte 21/37 – **7 Zim** ⇌ 40/50 – 50/55.
• In mediterranem Stil ist dieses tadellos gepflegte, gediegen wirkende Restaurant gehalten. Eine Alternative ist die rustikal-maritime Fischerklause.

In Wittenberg-Reinsdorf Nord-West : 4 km über Puschkinstraße A Richtung Straach :

Grüne Tanne 🌳, Am Teich 1 (im OT Braunsdorf West : 2 km), ✉ 06896, ℘ (03491) 62 90, info@gruenetanne.de, Fax (03491) 629250, 🍽, 🐎, 🛌 – TV P – 🔔 20. AE MC VISA
Menu (Montag - Freitag nur Abendessen) à la carte 15/23 – **40 Zim** ⇌ 45 – 65.
• Der kleine renovierte Gutshof am Dorfrand wird engagiert geführt und bietet ordentliche Zimmer, die hell und freundlich mit zeitgemäßem Mobiliar ausgestattet sind. Restaurant mit Fensterfront zum Garten und zur Terrasse.

WITTENBERGE Brandenburg **542** G 19 – 21 000 Ew – Höhe 24 m.

🛈 Tourist-Information, Paul-Lincke-Platz, ✉ 19322, ℘ (03877) 40 27 21, wittenberge.touristinfo@t-online.de, Fax (03877) 402723.
Berlin 162 – Potsdam 142 – Schwerin 87 – Stendal 50.

Das Kranhaus, Elbstraße 4a, ✉ 19322, ℘ (03877) 40 20 50, Fax (03877) 402992, 🍽 MC
geschl. Feb., Montag – **Menu** à la carte 22/36.
• Das zweistöckige Backsteinhaus - direkt am Elbhafen gelegen - wurde nach der Wende originalgetreu restauriert. Rustikales Interieur und eine schöne Terrasse erwarten Sie.

WITTENBURG Mecklenburg-Vorpommern **542** F 17 – 5 700 Ew – Höhe 90 m.

Berlin 209 – Schwerin 35 – Lübeck 54 – Rostock 113.

Schwanenhof garni, Bahnhofstr. 12, ✉ 19243, ℘ (038852) 61 80, hotel.schwanenhof@wittenburg.de, Fax (038852) 61830, 🐎 – TV P MC VISA
23 Zim ⇌ 47/50 – 65/80.
• Die hübsche renovierte Villa liegt am idyllischen Stadtteich. Innen dominiert ein strahlendes Blau die gepflegte Einrichtung im Landhausstil, orangene Polster setzen Akzente.

WITTINGEN Niedersachsen **541** H 16 – 12 000 Ew – Höhe 80 m.

Berlin 265 – Hannover 93 – Schwerin 149 – Celle 50 – Lüneburg 64 – Braunschweig 65.

Wittinger Tor, Salzwedeler Str. 4, ✉ 29378, ℘ (05831) 2 53 00, Fax (05831) 253010, Biergarten – TV 📞 P AE MC VISA
Menu (wochentags nur Abendessen) à la carte 16/35 – **16 Zim** ⇌ 70 – 90/100.
• Das schöne, restaurierte weiße Fachwerk-Bürgerhaus von 1904 mit neuem Anbau von 1998 bietet Ihnen solide und zeitgemäß ausgestattete Zimmer ; alle Bäder mit Tageslicht. Antiquitäten im Stil der Jahrhundertwende verleihen dem Restaurant nostalgisches Flair.

WITTLICH Rheinland-Pfalz **543** Q 4 – 18 000 Ew – Höhe 155 m.

🛈 Moseleifel Touristik, Neustr. 7, ✉ 54516, ℘ (06571) 40 86, moseleifel@t-online.de, Fax (06571) 6417.
Berlin 681 – Mainz 129 – *Trier* 41 – Koblenz 91.

Wittlicher Hof, Trierer Str. 29, ✉ 54516, ℘ (06571) 9 77 70, trudel.clair@wittlicher-hof.de, Fax (06571) 977777, 🍽 – P AE MC VISA
Menu à la carte 17/28,50 – **16 Zim** ⇌ 62/75 – 88.
• Ein gut geführter großer Gasthof, der seine Gäste in neuzeitlich und funktionell eingerichteten Zimmern mit guter technischer Ausstattung unterbringt. Klassisch gestaltetes Restaurant.

Well garni, Marktplatz 5, ✉ 54516, ℘ (06571) 9 11 90, info@hotel-well-garni.de, Fax (06571) 911950, – 🛗 🛌 TV 🚗 AE ① MC VISA
21 Zim ⇌ 50/70 – 90/96.
• Das gut geführte Hotel mit den gepflegten Zimmern hat zwei Seiten : zum Marktplatz hin die historische, verzierte Fassade aus dem 17. Jh., auf der Rückseite der neuere Anbau.

WITTLICH

In Hupperath Nord-West : 5 km über B 50 :

Eifeler Hof, Wittlicher Str. 16 (B 50), ⊠ 54518, ℘ (06571) 9 74 70, info@ei
feler-hof-hupperath.de, Fax (06571) 974747, 🍽, ⇔s – 🔟 P, 🚗 50. ◉ VISA
Menu (geschl. Dienstag) (Montag - Freitag nur Abendessen) à la carte 15/24 – **19 Zim**
⊇ 40 – 64.
♦ Ein guter Ausgangspunkt für Ausflüge in die reizvolle Umgebung ist dieser hübsche Landgasthof. Fast alle Zimmer sind zeitgemäß mit hellen Eichenholzmöbeln ausgestattet. Das gepflegte Restaurant unterteilt sich in mehrere Stuben mit ländlicher Aufmachung.

In Dreis Süd-West : 8 km :

XXXX
ಭಿಭಿಭಿ
Waldhotel Sonnora (Thieltges) 🐚 mit Zim, Auf dem Eichelfeld, ⊠ 54518, ℘ (06578) 9 82 20, info@hotel-sonnora.de, Fax (06578) 1402, ≼, 🍽 – 🔟 P, 🚗 ℘ geschl. Jan. - Anfang Feb., Anfang Juli 2 Wochen – **Menu** (geschl. Montag - Dienstag) (Tischbestellung ratsam) 95/115 à la carte 65/82, ♀ – **20 Zim** ⊇ 70/120 – 100/170.
♦ Eine Aura klassischer Eleganz umgibt Sie in dem Restaurant, in dem Helmut Thieltges seine große Küche zelebriert. Zum Haus gehören auch gepflegte Zimmer und der schöne Garten.
Spez. Kleine Torte vom Rinderfilet-Tatar mit Imperial Kaviar und Kartoffelrösti. Bretonischer Steinbutt mit Basilikum-Tomaten und Spinat-Tortellini. Topfensoufflé mit geliertem Orangen-Physalis-Kompott

---

WITTMUND Niedersachsen **541** F 7 – 21 500 Ew – Höhe 8 m – Erholungsort.
🛈 Tourist-Information, Am Markt 15 ⊠ 26409, ℘ (04462) 98 31 25, info@wittmund.k
do.de, Fax (04462) 983298.
Berlin 496 – Hannover 237 – Emden 50 – Oldenburg 67 – Wilhelmshaven 26.

Residenz, Am Markt 13, ⊠ 26409, ℘ (04462) 88 60, residenz.wittmund@t-online.de, Fax (04462) 886123, 🍽, ⇔s – 🛗, ⇐ Zim, 🔟 🚗 P, 🚗 400. ⚛ ◉ ◉ VISA JCB
Menu à la carte 21/31 – **50 Zim** ⊇ 73/83 – 98/119.
♦ Ein historisches Amtshaus und ein neuer Anbau bilden das 1991 eröffnete Hotel am Markt. Man wohnt in komfortabel und wohnlich mit dunklen Holzmöbeln ausgestatteten Zimmern. Im Restaurant gibt eine große Fensterfront den Blick auf den Marktplatz frei.

WITTSTOCK Brandenburg **542** G 21 – 12 300 Ew – Höhe 66 m.
🛈 Touristinformation, Markt 1 (Rathaus), ⊠ 16909, ℘ (03394) 43 34 42, info@wittst
ock.de, Fax (03394) 448996.
Berlin 108 – Potsdam 116 – Neubrandenburg 95 – Rostock 115 – Wittenberge 59.

Röbler Thor, Am Dosseteich 1, ⊠ 16909, ℘ (03394) 4 00 46, info@prignitz-hotels.
com, Fax (03394) 443822, 🍽 – ⇐ Zim, 🔟 ℘ P, 🚗 30. ◉ VISA
Menu à la carte 16/28 – **14 Zim** ⊇ 49/52 – 67.
♦ Das im Landhausstil erbaute Hotel liegt eingebettet in die Parklandschaft des Stadtwalls neben einem kleinen See. Helle Möbel und angenehme Farben bestimmen das Interieur. Gepflegtes kleines Hotelrestaurant.

Deutsches Haus garni, Kirchgasse 1 (Marktplatz), ⊠ 16909, ℘ (03394) 44 43 63, hot el_deutscheshaus_wittstock@t-online.de, Fax (03394) 444365 – 🔟 P. ⚛ ◉ VISA
18 Zim ⊇ 39/41 – 62/65.
♦ Die sauberen Zimmer des gut geführten Stadthotels sind mit soliden Holzmöbeln, funktionellen Schreibtischen und guter Technik ausgestattet.

WITZENHAUSEN Hessen **543** L 13 – 18 000 Ew – Höhe 140 m.
🛈 Tourist-Information, Ermschwerder Str. 2, ⊠ 37213, ℘ (05542) 6 00 10, Fax (05542) 600113.
Berlin 365 – Wiesbaden 248 – Kassel 36 – Göttingen 26.

Burghotel (mit Gästehaus), Oberburgstr. 10, ⊠ 37213, ℘ (05542) 25 06, mail@burghote l-witzenhausen.de, Fax (05542) 3200, Hausbrauerei, ⇔s, 🔲 – 🔟 ⚛ ◉ ◉ VISA JCB
Menu (nur Abendessen) à la carte 13/23 – **35 Zim** ⊇ 37 – 52/76.
♦ Individuell und teils auch originell eingerichtete Zimmer und Suiten (z.B. Dornröschen-Zimmer und Dali-Suite) erwarten die Besucher der Hotelanlage am Altstadtrand. Zu dem Restaurant im rustikalen Stil gehört eine kleine Hausbrauerei.

In Witzenhausen-Dohrenbach Süd : 4 km über B 451 - Luftkurort :

Zur Warte 🐚, Warteweg 1, ⊠ 37216, ℘ (05542) 30 90, hotel.zurwarte@t-online.de, Fax (05542) 6681, 🍽, ⇔s, 🔲, 🍽 – ⇐ Zim, 🔟 ℘ 🚗 P, 🚗 40. ⚛ ◉ VISA
Menu (geschl. Montagmittag, Donnerstagmittag, Jan. und Nov. wochentags nur Abendessen) à la carte 14,50/29 – **20 Zim** ⊇ 43/55 – 66/74 – ½ P 11.
♦ Eine gut geführte Hotelpension mit soliden, praktisch augestatteten Zimmern in hellem Naturholz - teils mit Balkon. Auch eine Gartenanlage gehört zum Haus. Ländlicher Restaurantbereich.

WITZHAVE Schleswig-Holstein **541** F 15 – 1 200 Ew – Höhe 45 m.
Berlin 260 – Kiel 98 – Hamburg 29 – Lübeck 51.

Pünjer, Möllner Landstr. 9, ⊠ 22969, ℘ (04104) 9 77 70, info@hotel-puenjer.de, Fax (04104) 977755, 斎, 龠 – TV ℘ P
geschl. 24. Dez. - 3. Jan. – **Menu** (geschl. Juli 3 Wochen, Samstag) (nur Abendessen) à la carte 17/26 – **36 Zim** ⊇ 42/51 – 64/66.
• Ein gutes Preis-Leistungs-Verhältnis bietet der engagiert geführte Landgasthof mit roter Klinkerfassade seinen Gästen : Zimmer mit zeitgemäßem Komfort und freundlicher Service. Leicht rustikal gestaltetes Restaurant mit Wintergartenanbau.

WITZWORT Schleswig-Holstein siehe Husum.

WÖHRDEN Schleswig-Holstein **541** D 10 – 1 500 Ew – Höhe 10 m.
Berlin 396 – Kiel 86 – Cuxhaven 119 – Husum 41.

Gasthof Oldenwöhrden 🐾, Große Str. 17, ⊠ 25797, ℘ (04839) 9 53 10, gasthof@oldenwoehrden.de, Fax (04839) 953118, 斎, 龠, ⇔ – TV P AE ① MC VISA
Menu (geschl. Nov. 2 Wochen) à la carte 18/31 – **19 Zim** ⊇ 45 – 77/82 – ½ P 15.
• Hinter der Backsteinfassade des traditionsreichen Gasthofs findet man unterschiedlich eingerichtete, gepflegte Zimmer. Für die kleinen Gäste gibt es einen Spielplatz. Nette, rustikale Gaststube.

WÖLLSTEIN Rheinland Pfalz **543** Q 7 – 4 100 Ew – Höhe 130 m.
Berlin 605 – Mainz 36 – Bad Kreuznach 10 – Kaiserslautern 60 – Mannheim 73.

Wöllsteiner Weinstube, Eleonorenstr. 32, ⊠ 55597, ℘ (06703) 96 19 33, Fax (06703) 3325, 斎 – P
geschl. 24. Dez. - 12. Jan., Montag – **Menu** (nur Abendessen) à la carte 22/40.
• Ein kleines Schmuckstück ist das 400 Jahre alte renovierte Steinhaus mit Fachwerk, in dem man in gemütlich-rustikalem Ambiente mit bürgerlicher Küche umsorgt wird.

WÖRISHOFEN, BAD Bayern **546** V 15 – 15 000 Ew – Höhe 626 m – Kneippheilbad.
⛳₁₈ Rieden, Schlingener Str. 27 (Süd-Ost : 8 km), ℘ (08346) 7 77 ; ⛳₁₈ ⛳₉ Türkheim-Ludwigsberg, Augsburger Str. 51 (Nord : 9 km), ℘ (08245) 33 22.
🛈 Tourist-Information, Hauptstr. 16 (Kurhaus), ⊠ 86825, ℘ (08247) 99 33 55, info@bad-woerishofen.de, Fax (08247) 993359.
Berlin 612 – München 80 – Augsburg 62 – Kempten (Allgäu) 53 – Memmingen 43.

Steigenberger Hotel Der Sonnenhof 🐾, Hermann-Aust-Str. 11, ⊠ 86825, ℘ (08247) 95 90, reservierung@sonnenhof-steigenberger.de, Fax (08247) 959599, 斎, 🌿, Massage, ⇔, ▨, 龠 – ⑂ ≒ TV ℘ ⇔ – 🔑 70. AE ① MC VISA. ⅍ Rest
Menu (italienische Küche) à la carte 32/40 – **199 Zim** ⊇ 105/155 – 160/240, 3 Suiten – ½ P 27.
• Klassisch-elegant ist das Ambiente in dem aufwändig gestalteten neuen Hotel mit schönem Park, moderner Wellnesslandschaft und stilvollen, wohnlichen Zimmern. Leicht vornehm wirkendes Restaurant mit italienischer Küche.

Kneipp-Kurhotel Fontenay 🐾, Eichwaldstr. 10, ⊠ 86825, ℘ (08247) 30 60, fontenay@t-online.de, Fax (08247) 306185, 🌿, Massage, ♨, ♣, ⇔, ▨ (geheizt), ▨, 龠 – ⑂ ≒ TV ⇔ P. AE ① MC VISA. ⅍
Menu (Tischbestellung erforderlich) à la carte 28/60 – **60 Zim** ⊇ 102/156 – 190/250, 4 Suiten – ½ P 20.
• Ein großzügiger Hallenbereich und komfortable Zimmer, ein engagierter Service und tadellose Pflege sind Annehmlichkeiten dieses klassischen Kurhotels. Gediegene Eleganz bestimmt die Atmosphäre im Restaurant.

Kur-und Sporthotel Tanneck 🐾, Hartenthaler Str. 29, ⊠ 86825, ℘ (08247) 30 70, tanneck@t-online.de, Fax (08247) 307280, 斎, Massage, ♨, ♣, ⇔, ▨ (geheizt), ▨, 龠, ⅍ – ⑂ ≒ Rest, TV ⇔ – 🔑 40. AE MC VISA. ⅍ Rest
Menu à la carte 26/37 – **120 Zim** ⊇ 59/95 – 131/195, 3 Suiten – ½ P 22.
• Ein stilvoller, eleganter Rahmen, wohnliche Zimmer und ein attraktives Freizeitangebot erwarten die Gäste dieses Ferienhotels im Landhausstil, das ruhig am Ortsrand liegt. Restaurant mit klassischer Einrichtung, hübsch gedeckten Tischen und weißem Kachelofen.

Kneipp-Kurhotel Edelweiß 🐾, Bürgermeister-Singer-Str. 11, ⊠ 86825, ℘ (08247) 3 50 10, hotel-edelweiss@t-online.de, Fax (08247) 350175, 🌿, Massage, ♨, ♣, ⇔, ▨, 龠 – ⑂ ≒ TV ⇔ P. ⅍
geschl. Ende Nov. - Anfang Jan. – **Menu** (Restaurant nur für Hausgäste) – **52 Zim** ⊇ 55/65 – 90/95 – ½ P 12.
• Ein gut geführtes Haus im alpenländischen Stil mit schöner kleiner Gartenanlage. Man wohnt in sehr gepflegten Zimmern und hat ein vielseitiges Freizeitangebot zur Verfügung.

1508

WÖRISHOFEN, BAD

Kurhotel Eichwald, Eichwaldstr. 20, ⊠ 86825, ℘ (08247) 60 94, info@kurhotel-eichwald.de, Fax (08247) 6679, 佘, Massage, ≦s, ⊠, 🐎 – ⌽, ⥱ Zim, TV ⇌ P geschl. Mitte Nov. - Mitte Dez. – **Menu** à la carte 15/25 – **54 Zim** ⊇ 50/54 – 90/105 – ½ P 15.
♦ Solide, mit Eichenmöbeln eingerichtete Zimmer, eine große Liegewiese und freundlicher Service machen das Hotel mit Balkonfassade zu einer praktischen Kur- oder Urlaubsadresse. Restaurant mit Café-Charakter.

Kurhotel Brandl, Hildegardstr. 3, ⊠ 86825, ℘ (08247) 3 90 90, info@kurhotel-brandl.de, Fax (08247) 390990, Massage, ♨, ≦s, ⊠ – ⌽ TV ⇌ Rest geschl. Ende Nov. - Ende Jan. – **Menu** (Restaurant nur für Hausgäste) – **22 Zim** (nur ½ P) 67/89 – 141/162.
♦ Einheitlich mit neuzeitlichem Mobiliar ausgestattete Zimmer mit gutem Platzangebot und Balkonen finden die Gäste in diesem gut geführten Hotel mit familiärer Atmosphäre.

Brauereigasthof Löwenbräu, Hermann-Aust-Str. 2, ⊠ 86825, ℘ (08247) 9 68 40, loewenbraeu-bad-woerishofen@t-online.de, Fax (08247) 32051, 佘 – ⌽, ⥱ Zim, TV ⇌ P AE ① ⓤ VISA JCB
geschl. Mitte Dez. - 6. Jan. – **Menu** (geschl. Montag) à la carte 16/31 – **25 Zim** ⊇ 40/60 – 66/95.
♦ Ein engagiert geführter Familienbetrieb. Alle Zimmer des Brauereigasthofs haben einen Balkon, sind gepflegt, sauber und bieten Standardkomfort. Eine gemütlich-rustikale Atmosphäre umgibt Sie im Restaurant - mit eigener Hausbrauerei.

Adler (mit Gästehaus), Hauptstr. 40, ⊠ 86825, ℘ (08247) 9 63 60, info@adler-trommer.de, Fax (08247) 9636300, Biergarten – ⌽ TV ⇌ P AE ① ⓤ VISA
Menu (geschl. Freitag) à la carte 13/25 – **45 Zim** ⊇ 39/50 – 78 – ½ P 14.
♦ Eine praktische Übernachtungsadresse : In dem traditionsreichen Gasthof erwartet man die Gäste mit einfach eingerichteten, aber gepflegten Zimmern zu fairen Preisen. Gaststube mit ländlichem Ambiente.

Sonnenbüchl mit Zim, Sonnenbüchl 1 (am Freibad), ⊠ 86825, ℘ (08247) 95 99 00, sonnenbuechl@t-online.de, Fax (08247) 959909, 佘 – ⌽ TV ⇌ P AE ⓤ VISA
geschl. 7. Jan. - 5. Feb., Nov. 1 Woche – **Menu** (geschl. Sonntagabend - Montag) à la carte 18,50/31 (auch vegetarisches Menü) – **4 Zim** ⊇ 43/48 – 78/88 – ½ P 20.
♦ Mit Sorgfalt zubereitete regionale Speisen serviert der geschulte Service dieses hübschen, ländlichen Lokals mit Kachelofen und freundlichem Ambiente. Wohnliche Zimmer.

In Bad Wörishofen-Schlingen Süd : 4 km :

Jagdhof, Allgäuer Str. 1, ⊠ 86825, ℘ (08247) 48 79, Fax (08247) 2534, 佘 – P. AE ⓤ
geschl. 5. Jan.- 13. Feb., Montag - Dienstag – **Menu** à la carte 20/38,50.
♦ Die Jagdtrophäen an den Wänden machen dem Namen des familiengeführten Restaurants alle Ehre. Man sitzt in verschiedenen ländlichen Stuben mit freundlichem Service.

WÖRLITZ Sachsen-Anhalt **542** K 21 – 1 700 Ew – Höhe 63 m – Erholungsort.
Sehenswert : Schloss und Park ★★.
🛈 Wörlitz-Information, Förstergasse 26, ⊠ 06786, ℘ (034905) 2 02 16, info@woerlitz-information.de, Fax (034905) 20216.
Berlin 114 – Magdeburg 78 – *Leipzig* 75 – Wittenberg 21 – Dessau 36.

Zum Stein, Erdmannsdorffstr. 228, ⊠ 06786, ℘ (034905) 5 00, info@hotel-zum-stein.de, Fax (034905) 50199, ≦s, ⊠, 🐎 – ⌽, ⥱ Zim, TV ✆ & P – 🛎 120. AE ① ⓤ VISA JCB
Menu à la carte 20/36 – **87 Zim** ⊇ 76/86 – 116/126, 6 Suiten.
♦ Das Gasthaus wurde 1914 eröffnet und stellt nach Renovierung und Erweiterung heute ein wohnliches Domizil dar. Besonders schön sind die eleganten Zimmer im Gartenhaus. Das Restaurant ist teilweise holzvertäfelt und hat einen kleinen Wintergartenanbau.

Landhaus Wörlitzer Hof, Markt 96, ⊠ 06786, ℘ (034905) 41 10, info@woerlitzer-hof.de, Fax (034905) 41122, Biergarten, ⥱ Zim, TV ✆ P – 🛎 80. AE ⓤ VISA
Menu à la carte 19/32 – **50 Zim** ⊇ 64/97 – 97/135.
♦ Direkt am Landschaftsgarten liegt das Hotel mit der Rundbogenfassade. Komfortable Zimmer, teils mit zeitlosem hellem Mobiliar, teils in eher elegantem Landhausstil. Bei schönem Wetter ergänzen das Arkadencafé und der Biergarten das Restaurant.

Parkhotel, Erdmannsdorffstr. 62, ⊠ 06786, ℘ (034905) 2 03 22, parkhotel-woerlitz@freenet.de, Fax (034905) 21143, Biergarten – TV P – 🛎 30. AE ① ⓤ VISA JCB
geschl. Feb. – **Menu** à la carte 12/25 – **16 Zim** ⊇ 65/70 – 82/90.
♦ Die Gäste dieses traditionsreichen, gut geführten Hotels finden hier wohnlich im Landhausstil eingerichtete Zimmer mit zeitgemäßem Komfort - teils mit altem Fachwerk. Viel Holz macht das Restaurant gemütlich.

1509

WÖRRSTADT
Rheinland-Pfalz 543 Q 8 – 6 700 Ew – Höhe 192 m.
Berlin 591 – Mainz 23 – Kreuznach, Bad 24 – Mannheim 63.

Wasseruhr, Keppentaler Weg 10 (Gewerbepark, Ost : 1 km : Richtung Autobahn), ⊠ 55286, ℘ (06732) 91 30, hotel_wasseruhr@yahoo.de, Fax (06732) 913113, 🍽 – 🛏, ⇔ Zim, 📺 🛜 & 🅿 – 🔒 60. 🝰 ⓜ VISA
Menu à la carte 16/33 – **40 Zim** ⊇ 56/61 – 76/81.
• Am Eingang des modernen, blauen Hotelbaus findet man die originelle Wasseruhr, die dem Haus den Namen gab. Geschmackvoll gestaltete Zimmer mit guter technischer Ausstattung. Schlichtes Restaurant mit einer Bar in Schiffsform.

WÖRTH AM RHEIN
Rheinland-Pfalz 543 S 8 – 18 400 Ew – Höhe 104 m.
Berlin 681 – Mainz 129 – Karlsruhe 14 – Landau in der Pfalz 23 – Speyer 39.

In Wörth-Maximiliansau Süd-Ost : 1,5 km, jenseits der A 65 :

Zur Einigkeit, Karlstr. 16, ⊠ 76744, ℘ (07271) 44 44, Fax (07271) 49339, 🍽, ⚑
geschl. Ende Mai - Mitte Juni, Samstag - Montag – **Menu** à la carte 35/48.
• Leicht elegantes Ambiente, schön gedeckte Tische und eine gehobene französische Küche finden die Gäste hinter der bewachsenen Fassade des kleinen Restaurants.

Die wichtigsten Einkaufsstraßen sind im Straßenindex der Stadtpläne in rot gekennzeichnet

WÖRTH AN DER ISAR
Bayern 545 546 U 21 – 2 200 Ew – Höhe 360 m.
Berlin 596 – München 94 – Regensburg 75 – Landshut 22 – Straubing 56.

Wörth garni, Luitpoldpark 1 (nahe der BAB, im Autohof), ⊠ 84109, ℘ (08702) 92 00, info@hotel-woerth.de, Fax (08702) 920400, ⇔ – 🛏 ⇔ 📺 🛜 ⇔ 🅿 – 🔒 15. 🝰 ⓘ ⓜ VISA
76 Zim ⊇ 57/71 – 82/102.
• Eine praktische Übernachtungsadresse : Funktionell und modern ausgestattete Zimmer bietet Ihnen dieses verkehrsgünstig gelegene Hotel aus dem Jahr 1994.

WOLFACH
Baden-Württemberg 545 V 8 – 6 000 Ew – Höhe 262 m – Luftkurort.
Sehenswert : Dorotheen-Glashütte★.
🄱 Tourist-Info, Rathaus, Hauptstr. 41, ⊠ 77709, ℘ (07834) 83 53 53, wolfach@wolfach.de, Fax (07834) 835359.
Berlin 750 – Stuttgart 137 – Freiburg im Breisgau 57 – Freudenstadt 38 – Offenburg 40.

Kreuz, Hauptstr. 18, ⊠ 77709, ℘ (07834) 3 20, info@hotel-kreuz.biz, Fax (07834) 47615, – 📺 ⓜ VISA
Menu (geschl. Okt. - Juni Mittwoch) à la carte 23/31 – **21 Zim** ⊇ 35/40 – 60/80.
• Mit solidem Mobiliar eingerichtet und von ausreichender Größe sind die Zimmer dieses hübschen, familiengeführten Gasthofs in der Mitte des kleinen Ortes. Das Restaurant ist mit hellem Holz und sauber eingedeckten Tischen bürgerlich gestaltet.

Schwarzwaldhotel ⚑ garni, Kreuzbergstr. 26, ⊠ 77709, ℘ (07834) 40 11, Fax (07834) 4011, 🍽 – 📺 🛜
Mitte März - Mitte Okt. – **8 Zim** ⊇ 38/48 – 65/75.
• Eine nette Pension im Landhausstil in ruhiger Südhanglage mit wohnlichen, unterschiedlich gestalteten Zimmern, einer familiären Atmosphäre und hübschem Garten.

In Wolfach-Kirnbach Süd : 5 km :

Sonne ⚑, Talstr. 103, ⊠ 77709, ℘ (07834) 69 55, hotel@sonne-kirnbach.de, Fax (07834) 4696, 🍽, Wildgehege – 🛏 📺 🅿 🝰 ⓘ ⓜ VISA
Menu (geschl. Montag) à la carte 16/27 – **23 Zim** ⊇ 32/41 – 70 – ½ P 13.
• Ein traditioneller Gasthof mit neuerem Anbau : Gut ausgestattete Zimmer mit solidem Holzmobiliar und ein freundlicher Service erwarten Sie. In der ländlichen Gaststube sorgt ein Kachelofen für behagliche Atmosphäre.

In Wolfach-St. Roman Nord-Ost : 12 km, Richtung Schiltach, nach 7 km links ab – Höhe 673 m

Adler ⚑, ⊠ 77709, ℘ (07836) 9 37 80, info@silencehotel-adler.de, Fax (07836) 7434, 🍽, Wildgehege, ⚕, Massage, ⇔, 🅂, 🍽, ⚑ – 🛏 ⇔ Zim, 📺 🛜 ⇔ 🅿 – 🔒 25. ⓜ VISA
Menu à la carte 20/37 – **42 Zim** ⊇ 56/94 – 101/144 – ½ P 16.
• Umgeben von Wiesen und Wäldern im idyllischen Schwarzwald finden Sie das zeitgemäße Hotel mit Stammhaus und Gästehaus. Nett : der Wellnessbereich. Das Restaurant ist mit hellem Holz und Kachelofen gemütlich gestaltet - mit Wintergarten.

WOLFEN Sachsen-Anhalt 542 L 20 – 45 000 Ew – Höhe 65 m.
Berlin 138 – Magdeburg 82 – Leipzig 55 – Dessau 28.

- **Deutsches Haus,** Leipziger Str. 94a (B 184), ✉ 06766, ℘ (03494) 4 50 25, Fax (03494) 44166, Biergarten – ■ Rest, TV 🅿 AE ◉ VISA
Menu à la carte 17/26 – **23 Zim** ⊇ 41/56 – 63.
  ◆ 1992 wurde das denkmalgeschützte Hotel mit der gelben Klinkerfassade völlig neu gestaltet. Sie beziehen saubere, gut unterhaltene Zimmer mit solidem Mobiliar. Das Restaurant zeigt sich in bistroartiger Aufmachung.

WOLFENBÜTTEL Niedersachsen 541 J 15 – 57 000 Ew – Höhe 75 m.
Sehenswert : *Stadtbild*★★ – *Fachwerkhäuser*★★ABYZ – *Stadtmarkt*★ AZ – *Schloss (Turm*★)AZ. – Kissenbrück, (Süd-Ost : 8 km über ③), ℘ (05337) 9 07 03.
🛈 Tourist-Information, Stadtmarkt 7, ✉ 38300, ℘ (05331) 8 62 80, touristinfo@wolfenbuettel.com, Fax (05331) 867708.
Berlin 240 ① – Hannover 74 ① – Braunschweig 12 ① – Goslar 31 ③.

- **Parkhotel Altes Kaffeehaus,** Harztorwall 18, ✉ 38300, ℘ (05331) 88 80, info@parkhotel-wolfenbuettel.de, Fax (05331) 888100, 🍴, 🅵🅸, ≘s – 🛗, ⇔ Zim, TV 📞 🅿 – 🔒 60. AE ◉ ◉ VISA
BZ a
Menu (wochentags nur Abendessen) à la carte 15,50/30 – **74 Zim** ⊇ 69/79 – 96/126.
  ◆ An der Stelle des türkischen Kaffeehauses wurde ein neues Hotel mit zeitgemäßem Komfort errichtet. Die gepflegten Zimmer sind mit hellen Holzmöbeln wohnlich eingerichtet. Sie speisen im hellen Restaurant oder in der historischen Weingrotte mit Gewölbe.

WOLFENBÜTTEL

Am Herzogtore	**BY** 2	Holzmarkt	**BZ** 15	Leopoldstraße	**BY** 32
Anna-Vorwerk-Str.	**AY** 3	Jägermeisterstraße	**BY** 16	Löwenstraße	**AZ** 33
Bahnhofstraße	**AZ** 5	Jägerstraße	**AZ** 17	Lohenstraße	**BZ** 34
Brauergildenstraße	**BZ** 6	Kanzleistraße	**AZ** 19	Marktstraße	**BZ** 35
Breite Herzogstraße	**BYZ**	Kleine Kirchstraße	**ABZ** 21	Okerstraße	**BYZ**
Dr.-Heinrich-Jasper-Str.	**AZ** 8	Klosterstraße	**AZ** 23	Reichsstraße	**BZ** 36
Enge Str.	**BZ** 9	Kommißstraße	**AZ** 24	Schiffwall	**AYZ** 37
Große Kirchstraße	**BZ** 12	Kornmarkt	**AZ** 26	Schloßplatz	**AZ** 39
Großer Zimmerhof	**AZ** 13	Krambuden	**AZ** 27	Sophienstraße	**AY** 40
		Landeshuter-Platz	**BZ** 29	Stadtmarkt	**AZ**
		Lange Herzogstraße	**ABYZ**	Stobenstraße	**AYZ** 42
		Lange Str.	**BZ**	Ziegenmarkt	**BYZ** 43

1511

WOLFENBÜTTEL

Ramada Treff Hotel, Bahnhofstr. 9, ✉ 38300, ℘ (05331) 9 88 60, *wolfenbuettel @ramada-treff.de*, Fax (05331) 988611, 😊 – 🏢, 🛏 Zim, 📺 ✆ ⚒ 🅿 – 🛎 140. 🆎 ⓘ
🆖 VISA JCB über Bahnhofstraße AZ
Menu *(geschl. Sonntag - Montag) (nur Abendessen)* à la carte 14/30 – ☕ 13 – **48 Zim** 70.
♦ Die Zimmer des funktionellen Hotels am Altstadtrand sind mit hellen, modernen Holzmöbeln eingerichtet und technisch gut ausgestattet. Angeschlossen ist ein Freizeit-Center. Restaurant im "American style".

Landhaus Dürkop 🏡 garni, Alter Weg 47, ✉ 38302, ℘ (05331) 70 53, *landhausduerkop@t-online.de*, Fax (05331) 72638, 🛁, 🏊 – 🛏 Zim 📺 📠 🅿 🆎 ⓘ VISA JCB
30 Zim ☕ 55/59 – 84/99. über ①
♦ Die Zimmer der familiengeführten Pension im Landhausstil sind überwiegend mit rustikalen Eichenmöbeln eingerichtet, die neueren mit wohnlichem Kirschbaummobiliar ausgestattet.

WOLFHAGEN Hessen **543** M 11 – 14 000 Ew – Höhe 280 m.
Berlin 415 – Wiesbaden 238 – *Kassel 32* – Paderborn 68.

Zum Schiffchen, Hans-Staden-Str. 27, ✉ 34466, ℘ (05692) 9 87 50, *besucher@ho tel-zum-schiffchen.de*, Fax (05692) 987511 – 📺 📠 🅿 🆎 ⓘ ⚒
Menu *(geschl. Sonntagabend - Montagmittag)* à la carte 13/24 – **12 Zim** ☕ 30/36 – 56/65.
♦ Die Zimmer des Fachwerkgasthofs bieten unterschiedlichen Komfort. Teils sind sie einfacher und mit älterem Mobiliar eingerichtet, teils zeitgemäß und solide ausgestattet. Rustikale Gaststube mit Holztäfelung.

In Wolfhagen-Leckringhausen *Süd : 2 km* :

Landhotel Mulot, Hugenottenstr. 13, ✉ 34466, ℘ (05692) 99 01 57, *hotel@landh otel-mulot.de*, Fax (05692) 990159, 😊, 💆 – 🏢, 🛏 Zim, 📺 ✆ ⚒ 📠 🅿 – 🛎 30.
⚒ VISA
Menu *(geschl. Montag)* à la carte 12/20 – **9 Zim** ☕ 34 – 62.
♦ Seit 7 Generationen ist der 250 Jahre alte Landgasthof in Familienbesitz. In einem Anbau sind die Zimmer untergebracht : in hellem Holz gehalten, modern und sinnvoll gestaltet. Gaststätte Kuhaupt mit bürgerlichem Charakter.

WOLFRAMS-ESCHENBACH Bayern **546** S 16 – 2 800 Ew – Höhe 445 m.
Berlin 473 – München 177 – *Nürnberg 49* – Nördlingen 54 – Ansbach 16.

Alte Vogtei, Hauptstr. 21, ✉ 91639, ℘ (09875) 9 70 00, *alte.vogtei@t-online.de*, Fax (09875) 970070, 😊 – 📺 🅿 – 🛎 40
geschl. 24. - 30. Dez. – **Menu** *(geschl. Montag)* à la carte 13/30 – **18 Zim** ☕ 34 – 57/62.
♦ Ein Fachwerkgasthof a. d. 14. Jh., erbaut vom Deutschen Ritterorden : Historische Elemente wie gotische Holz- und Renaissance-Stuckdecken gehen einher mit zeitgemäßen Zimmern. Das Restaurant ist rustikal-ländlich geprägt.

Sonne (mit Gästehaus), Richard-Wagner-Str. 2, ✉ 91639, ℘ (09875) 9 79 70, *info@g asthof-hotel-sonne.de*, Fax (09875) 979777, 😊 – 🛏 Zim, 📺 📠 🅿 ⚒ VISA
Menu *(geschl. 4. - 11. Nov., Mittwochabend)* à la carte 11/19 – **27 Zim** ☕ 32 – 52.
♦ Am Oberen Torturm der historischen Stadtmauer liegt dieser fränkische Landgasthof mit Pensionscharakter. Die gepflegten Zimmer sind praktisch und solide ausgestattet. Das Restaurant mit dem hübschen Kachelofen strahlt ländliche Gemütlichkeit aus.

Pension Seitz 🏡, Duchselgasse 1, ✉ 91639, ℘ (09875) 9 79 00, *Fax (09875) 979040*, 🛁, 🏊 *(geheizt)*, 🌳 – 🛏 Zim, 📺 📠 🅿 – 🛎 30. ⚒
geschl. 23. Dez. - 4. Jan. – **Menu** *(geschl. Sonntag) (nur Abendessen)* (Restaurant nur für Hausgäste) – **19 Zim** ☕ 33 – 55.
♦ In einem großen Garten liegt die familiär geführte Hotelpension, altstadtnah und doch ruhig. Praktisch eingerichtete Gästezimmer und eine freundliche Atmosphäre erwarten Sie.

WOLFRATSHAUSEN Bayern **546** W 18 – 17 000 Ew – Höhe 577 m.
🏌 Bergkramerhof (West : 1 km), ℘ (08171) 4 19 10 ; 🏌 Riedhof (Ost : 3 km), ℘ (08171) 2 19 50.
Berlin 622 – *München 39* – Garmisch-Partenkirchen 57 – Bad Tölz 23 – Weilheim 31.

Thalhammer garni, Sauerlacher Str. 47d, ✉ 82515, ℘ (08171) 4 21 90, Fax (08171) 421950, 🛁 📺 ✆ 📠 🅿 🆎 ⚒ VISA JCB
geschl. 21. Dez. - 6. Jan. – **24 Zim** ☕ 54/59 – 82.
♦ Komfortabel, mit hellem Naturholz möblierte Zimmer und eine gepflegte, nette Atmosphäre hält dieses Hotel im alpenländischen Stil für seine Gäste bereit.

WOLFRATSHAUSEN

Märchenwald ⌾ garni, Kräuterstr. 39, ✉ 82515, ℰ (08171) 41 87 90, Fax (08171) 22236 – ⇔ TV P VISA. ⌾
geschl. Mitte Dez. - Mitte Jan. – **14 Zim** ⌑ 45/50 – 70.
♦ Hell und freundlich eingerichtete Zimmer findet man in dem ruhig gelegenen Hotel, das zu einem Freizeitpark mit Märchenmotiven gehört. Mit Ferienwohnungen.

Humplbräu, Obermarkt 2, ✉ 82515, ℰ (08171) 48 32 90, Fax (08171) 4832913 – TV ⇔ P AE MC VISA
Menu (geschl. Sonntagabend - Montag) à la carte 12/26 – **32 Zim** ⌑ 46/55 – 66/77.
♦ Typisch bayerisch ist dieser ehemalige Brauereigasthof in dem historischen Gebäude aus dem 17. Jh. Die Zimmer sind unterschiedlich eingerichtet, teils ländlich-rustikal. Gemütliche urige Gaststuben mit hübschen Nebenzimmern. Eigene Metzgerei.

Patrizierhof (Maiwert), Untermarkt 17, ✉ 82515, ℰ (08171) 2 25 33, Fax (08171) 22438, 🍽 – MC VISA
geschl. 26. Jan. - 13. Feb., Montag - Dienstag – **Menu** 47/59 à la carte 32/46, ♀ – **Andreas-Stube** (geschl. Montag - Dienstag, Sonn- und Feiertage)(nur Mittagessen) **Menu** 17 à la carte 20/29, ♀.
♦ Der hohe, zartblaue Kachelofen beherrscht das Interieur des von rustikaler Eleganz geprägten Restaurants, in dem man den Gästen Kreationen der klassischen Küche serviert. In der stilvoll-rustikalen Andreas-Stube serviert man schmackhafte regionale Speisen.
Spez. Blutwurst im Kartoffelmantel mit glasierten Äpfeln. Pochiertes Rinderfilet mit Schalotten-Rotweinsauce. Warmer Schokoladenauflauf

WOLFSBURG Niedersachsen 541 I 16 – 126 000 Ew – Höhe 60 m.
Sehenswert : *Autostadt*★★.
🏌 Bokensdorf, Oßloßer Weg (Nord-West : 15 km über ④ und Weyhausen), ℰ (05366) 12 23.
🛈 *Informations- und Service-Center, Willy-Brandt-Platz 5, ✉ 38440, ℰ (05361) 1 43 33, tourist@wolfsburg.de, Fax (05361) 12466.* – **ADAC**, *Am Mühlengraben 22.*
Berlin 222 ③ – Hannover 91 ③ – *Magdeburg* 83 ③ – Celle 80 ③ – Braunschweig 33 ③

Stadtplan siehe nächste Seite

The Ritz-Carlton, Stadtbrücke (Autostadt), ✉ 38440, ℰ (05361) 60 70 00, reservation@the-ritzcarlton.de, Fax (05361) 608000, 🍽, Massage, ✦, ⇌ – ❙, ⇼ Zim, ≡ TV ✆ ⇔ P – ⚐ 115. AE ① MC VISA JCB. ⌾ Rest   X a
Menu siehe Rest. **Aqua** separat erwähnt – **Vision** : Menu à la carte 28/45 – ⌑ 23 – **174 Zim** 212/282, 21 Suiten.
♦ Integriert in die Industriearchitektur des VW-Werks besticht das im Halbrund gebaute Designerhotel mit schlichter Eleganz in klaren Linien und modernster Technologie. In dem bistroartigen Vision setzt sich das modern-elegante Ambiente des Ritz-Carlton fort.

Holiday Inn, Rathausstr. 1, ✉ 38440, ℰ (05361) 20 70, info.hiwolfsburg@queensgruppe.de, Fax (05361) 207981, 🍽, ⇌, 🏊 – ❙, ⇼ Zim, ≡ Rest, TV ✆ ⇔ – ⚐ 90. AE ① MC VISA   Y a
Menu à la carte 22/35 – ⌑ 15 – **207 Zim** 105/140 – 115/155.
♦ Das Hotel aus den 70er Jahren liegt im Stadtzentrum. Funktionell gestaltete Zimmer in verschiedenen Kategorien stehen für die Gäste bereit. Mittags speisen Sie im Coupé 1900, am Abend im rustikal-gediegenen Restaurant Zilles Stube.

Global Inn, Kleiststr. 46, ✉ 38440, ℰ (05361) 27 00, globalinn@vwimmobilien.de, Fax (05361) 270150 – ❙, ⇼ Zim, TV ✆ & P – ⚐ 30. AE ① MC VISA. ⌾ Rest   Y e
Menu siehe Rest. **Fellini** separat erwähnt – ⌑ 11 – **225 Zim** 45/76 – 86/89.
♦ Hell und freundlich mit modernen Möbeln eingerichtet und technisch gut ausgestattet sind die Zimmer dieses Hotels am Rand der Innenstadt. Mit Appartements für Langzeitgäste.

Tryp, Willy-Brandt-Platz 2, ✉ 38440, ℰ (05361) 89 90 00, tryp.wolfsburg@t-online.de, Fax (05361) 899444, 🍽, ⇌ – ❙, ⇼ Zim, TV ✆ & ⇔ P – ⚐ 40. AE ① MC VISA. ⌾ Rest   Y t
Menu (geschl. Sonntag) à la carte 28/40 – **120 Zim** ⌑ 116 – 128.
♦ Ein neuzeitlicher Hotelbau in Bahnhofs- und Autostadtnähe mit geschmackvoller moderner Einrichtung - in der Halle wie auch im Zimmerbereich. Alle Zimmer mit Internetzugang.

Aqua - Hotel The Ritz Carlton, Stadtbrücke (Autostadt), ✉ 38435, ℰ (05361) 60 70 91, ccr@the-ritzcarlton.de, Fax (05361) 606158 – ≡ P. AE ① MC VISA JCB. ⌾   X a
geschl. Jan. 2 Wochen, Juli 3 Wochen, Sonntag - Montag – **Menu** (nur Abendessen) 39/105 à la carte 52/67, ♀.
♦ Schlichte Eleganz prägt das Restaurant : Klare Linien, edle Materialien, sehr guter Service und die kreative Küche mit französischen Wurzeln machen das Essen zu einem Erlebnis.
Spez. Offene Ravioli vom bretonischen Hummer mit Estragon-Hummerbisque. Kalbsbäckchen in Tahiti-Vanille geschmort mit Kircherbsen-Mousseline. Variation von der Valrhona-Schokolade

1513

WOLFSBURG

Bahnhofspassage		Y 4
Berliner Brücke		XY 7
Dresdener Ring		X 8
Eichendorffstraße		Y 9
Fallersleber Straße		X 12
Ganghoferstraße		Y 13
Heßlinger Straße		Y
Hochring		X 17
Kaufhof		Y 19
Klieverhagen		Y 22
Königsberger Straße		Y 23
Lerchenweg		Y 24
Marktplatz		Y 25
Pestalozziallee		Y 26
Porschestraße		Y
Robert-Koch-Platz		Y 27
Röntgenstraße		X 28
Rothenfelder Markt		Y 29
Rothenfelder Straße		Y
Schlesierweg		X 31
Schulenburgallee		X 33
Stadtwaldstraße		X 34
Willy-Brandt-Platz		Y 36

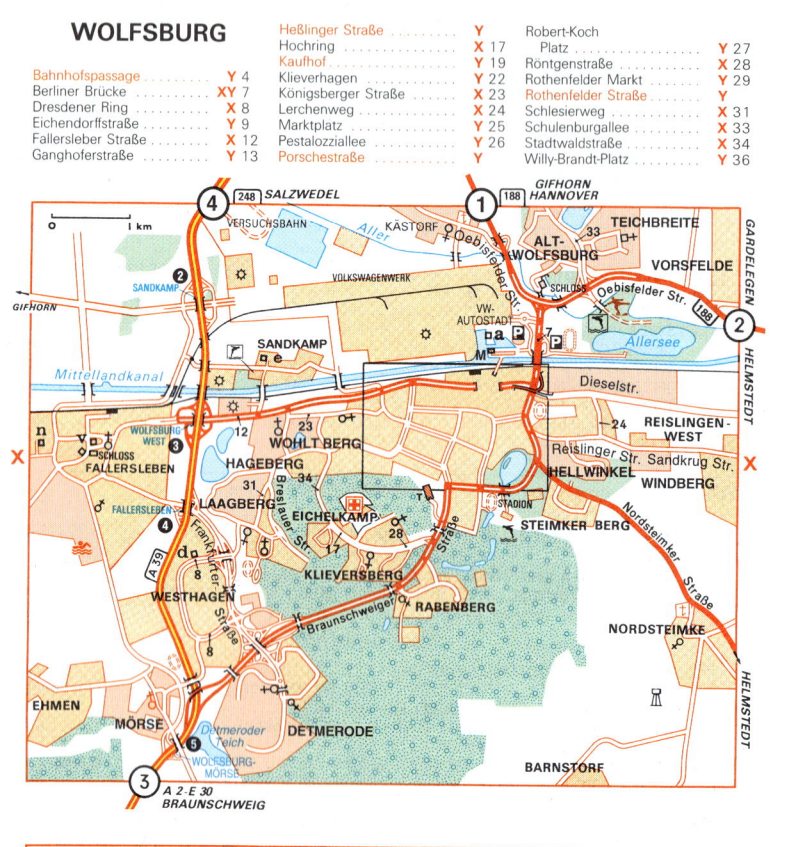

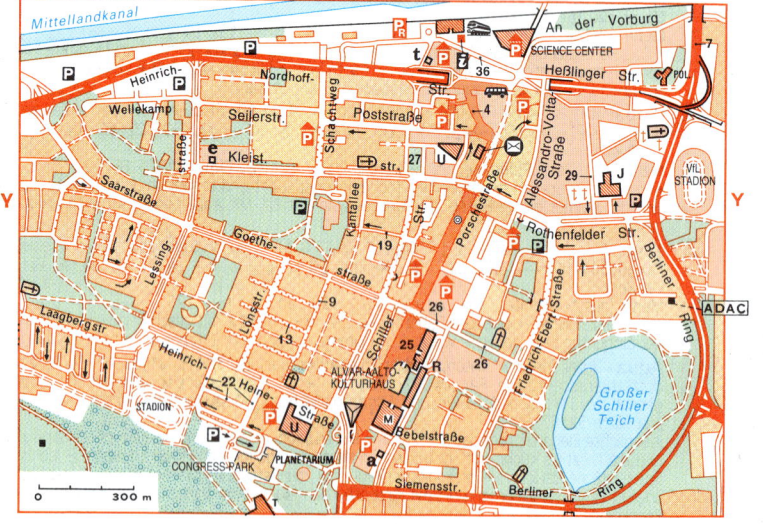

1514

WOLFSBURG

XX **Fellini** -Hotel Global Inn, Kleistr. 46, ✉ 38440, ✆ (05361) 27 01 92, Fax (05361) 270150, 🍽 – 🅿 AE ⓘ ⓜ VISA. ℅ geschl. Sonntagmittag – **Menu** à la carte 30/37. Y e
* Bistro-Flair erwartet die Gäste des modernen Restaurants, in dem kräftige rote Farbtöne interessante Akzente setzen. Internationale Küche mit italienischen Einflüssen.

In Wolfsburg-Brackstedt Nord-West : 8 km über ① :

🏨 **Brackstedter Mühle,** Zum Kühlen Grunde 2 (Nord : 1 km), ✉ 38448, ✆ (05366) 9 00, info@brackstedter-muehle.de, Fax (05366) 9050, 🍽, 🛋 – ℅ Zim, 📺 ☏ 🅿 – 🏛 100. AE ⓘ ⓜ VISA
Menu à la carte 25/51 – **50 Zim** ⊑ 72/92 – 106/118.
* Wohnliches Ambiente in ländlicher Umgebung : Um die alte Mühle a. d. 16. Jh. herum entstand ein Hotel mit unterschiedlich eingerichteten Zimmern verschiedener Kategorien. Die Restauranträume strahlen rustikale Gemütlichkeit aus.

In Wolfsburg-Fallersleben :

🏨 **Ludwig im Park,** Gifhorner Str. 25, ✉ 38442, ✆ (05362) 94 00, info@ludwig-im-park.de, Fax (05362) 940400, 🍽 – 🛗 📺 🅿 – 🏛 30. AE ⓘ ⓜ VISA. ℅ Rest X n
La Fontaine (geschl. Sonntag)(nur Abendessen) **Menu** à la carte 41/54,50, ♀ – **43 Zim** ⊑ 100 – 125, 4 Suiten.
* Ein ansprechendes Ambiente erwartet die Besucher dieses Hotels im Landhausstil. Die geräumigen Zimmer sind wohnlich und komfortabel mit Stilmöbeln eingerichtet. In klassisch-elegantem Ambiente verwöhnt Sie das La Fontaine mit feiner französischer Küche.
Spez. Dreierlei vom Norweger Lachs mit Gurken-Pinienkerntapinade. Crépinettes von Taube und Wachtel mit Portweinjus. Panna cotta von Tonkabohnen mit Ananaskompott und Schokoladen-Ingwereis

🏨 **Fallersleber Spieker** garni, Am Spieker 6, ✉ 38442, ✆ (05362) 93 10, uwe.schumacher@t-online.de, Fax (05362) 931400 – ℅ 📺 ☏ 🅿 AE ⓘ ⓜ VISA JCB X v
geschl. 23. Dez. - 5. Jan. – **48 Zim** ⊑ 50/95 – 75/120.
* Eine praktische Übernachtungsadresse : Das neuzeitliche Hotel mit der weißen Fassade verfügt über hell möblierte, funktionelle Zimmer mit zeitgemäßem Komfort.

🏨 **Neue Stuben,** Bahnhofstr. 13, ✉ 38442, ✆ (05362) 9 69 00, neue-stuben@t-online.de, Fax (05362) 969030, 🍽 – 📺 ☏ 🅿 ⓜ VISA. ℅ X v
Menu (geschl. 27. Dez. - 6. Jan., Samstagmittag) à la carte 18/29 – **20 Zim** ⊑ 65/70 – 95.
* Das alte Bürgerhaus von 1751 mit roter Klinkerfassade und Fachwerk hält für seine Gäste solide Zimmer bereit, die mit dunklen Kirschholzmöbeln eingerichtet sind. Eine historische Balkendecke, Holzfußboden und Korbstühle prägen das Restaurant.

In Wolfsburg-Hattorf Süd-West : 10 km über ③ :

🏨 **Landhaus Dieterichs** (mit 2 Gästehäusern), Krugstr. 31, ✉ 38444, ✆ (05308) 40 80, Fax (05308) 408104 – 📺 ☏ 🅿 AE
Menu (geschl. 23. Dez. - 2. Jan., Juli - Aug. 3 Wochen, Freitag - Sonntag, Feiertage) (nur Abendessen) à la carte 13/22 – **70 Zim** ⊑ 36/46 – 62/67.
* Geräumige Zimmer mit solider Einrichtung und auch Appartements mit Kochnische erwarten Sie in dem Landgasthof mit der roten Klinkerfassade - mit zwei Gästehäusern.

In Wolfsburg-Neuhaus Ost : 5 km über Dieselstraße X :

🏨 **An der Wasserburg** 🐾, An der Wasserburg 2, ✉ 38446, ✆ (05363) 94 00, an-der-wasserburg@t-online.de, Fax (05363) 71574, 🍽, 🛋, 🏊 – ℅ Zim, 📺 ☏ 🅿 – 🏛 100. ⓘ ⓜ VISA
Menu à la carte 21/35 – **56 Zim** ⊑ 85/105 – 115/145.
* Bei der ältesten Wasserburg Niedersachsens : Historisches Ambiente und zeitgemäßen Komfort bieten die Zimmer in dem modernisierten 250 Jahre alten Gebäude mit neuerem Anbau. Unverputzte Sandsteinwände und -gewölbe machen das Kellerrestaurant gemütlich-rustikal.

In Wolfsburg-Sandkamp :

🏨 **Jäger,** Eulenweg 3, ✉ 38442, ✆ (05361) 3 90 90 (Hotel) 38 50 90 (Rest.), hotel.jaeger@epost.de, Fax (05361) 390944, 🍽 – ℅ Zim, 📺 ☏ 🅿 AE ⓘ ⓜ VISA. ℅ Rest X e
Menu (geschl. Sonntag) à la carte 23/40 – **41 Zim** ⊑ 72 – 95.
* Das gut geführte, freundliche Hotel mit Rondellanbauten bietet unterschiedlich eingerichtete Zimmer. Besonders zu empfehlen sind die neuen, modern gestalteten Räume. Helles, freundliches Restaurant im Landhausstil.

WOLFSBURG

In Wolfsburg-Westhagen :

Strijewski, Rostocker Str. 2, ✉ 38444, ℘ (05361) 8 76 40, info@hotel-strijewski.de, Fax (05361) 8764410, 🌳 – ✱ Zim, 📺 ℅ 🅿 X d
Menu (geschl. Samstagmittag, Sonntagabend) à la carte 16,50/33 – **51 Zim** ⇌ 71/92 – 92/102.
 • Solide und funktionell sind die Zimmer dieses gut geführten, in einem Wohngebiet gelegenen Hotels : gute Betten, Schreibtische, teils mahagonifarbene, teils kirschbaummöbel. Bürgerlich eingerichtetes Restaurant.

In Weyhausen Nord-West : 9 km über ① :

Alte Mühle, Wolfsburger Str. 72 (B 188), ✉ 38554, ℘ (05362) 9 80 00, info@alte-muehle-wolfsburg.de, Fax (05362) 980060, 🌳, 🍽 – 🛗, ✱ Zim, 📺 ℅ 🅿 – 🛎 80. AE ⓘ ⓜ VISA
Menu à la carte 16/29 – **Mühlenstube** : Menu à la carte 28/36 – **50 Zim** ⇌ 120/145 – 145/160.
 • Der rote Klinkerbau im Landhausstil empfängt seine Gäste mit einer liebevoll dekorierten Halle und beherbergt sie in komfortabel und geschmackvoll eingerichteten Zimmern. Klassisch gestaltetes Restaurant mit elegantem Touch. Rustikal : die Mühlenstube.

WOLFSCHLUGEN Baden-Württemberg siehe Nürtingen.

WOLFSTEIN Rheinland-Pfalz ⁵⁴³ R 6 – 2 500 Ew – Höhe 188 m.
Berlin 658 – Mainz 83 – Bad Kreuznach 50 – Kaiserslautern 23 – Saarbrücken 90.

In Wolfstein-Reckweilerhof Nord : 3 km über B 270 :

Reckweilerhof, an der B 270, ✉ 67752, ℘ (06304) 6 18, info@reckweilerhof.de, Fax (06304) 1533, 🌳, 🐎 – ✱ Zim, 📺 🅿 AE ⓘ ⓜ VISA
Menu (geschl. Montagabend) à la carte 14/27 – **20 Zim** ⇌ 33/38 – 53/59.
 • Das Pfälzer Bergland dient als Kulisse für diesen familiengeführten Landgasthof mit solide eingerichteten Zimmern und zahlreichen Freizeitangeboten in der Umgebung. Ländlich-rustikales Restaurant mit heller, freundlicher Atmosphäre.

WOLGAST Mecklenburg-Vorpommern ⁵⁴² D 25 – 13 300 Ew – Höhe 5 m.
🛈 Wolgast-Information, Rathausplatz 10, ✉ 17438, ℘ (03836) 60 01 18, stadtinfo@wolgast.de, Fax (03836) 600118.
Berlin 210 – Schwerin 193 – Rügen (Bergen) 90 – Greifswald 34.

Peenebrücke garni, Burgstr. 2, ✉ 17438, ℘ (03836) 2 72 60, hotel_peenebruecke@yahoo.de, Fax (03836) 272699 – ✱ Zim 📺 🅿 ⓜ VISA
20 Zim ⇌ 52/62 – 67/77.
 • In dem hübschen, 1997 sanierten historischen Gebäude a. d. 17. Jh. wohnt man in sehr gut gepflegten Zimmern mit solider Kirschholzmöblierung. Auch Appartements sind vorhanden.

WOLMIRSTEDT Sachsen-Anhalt ⁵⁴² J 18 – 12 000 Ew – Höhe 50 m.
Berlin 152 – Magdeburg 14 – Gardelegen 50 – Stendal 47 – Wolfsburg 84.

Wolmirstedter Hof, August-Bebel-Str. 1, ✉ 39326, ℘ (039201) 2 27 27, wolmirstedter-hof@t-online.de, Fax (039201) 22728 – 📺 ⓜ VISA
Menu (geschl. Samstagmittag) à la carte 13/32 – **20 Zim** ⇌ 40/56 – 70/78.
 • Das tadellos unterhaltene Hotel in der Ortsmitte überzeugt mit wohnlichen und sauberen Gästezimmern, die über eine zeitgemäße Ausstattung verfügen. Ländliches, kleines Restaurant mit gemütlicher Atmosphäre.

WOLPERTSHAUSEN Baden-Württemberg ⁵⁴⁵ S 13 – 1 300 Ew – Höhe 400 m.
Berlin 540 – Stuttgart 97 – Crailsheim 21 – Schwäbisch Hall 12.

In Wolpertshausen-Cröffelbach Süd-West : 2,5 km über B 14 :

Goldener Ochsen, Hauptstr. 4, ✉ 74549, ℘ (07906) 93 00, hotel-goldener-ochsen@t-online.de, Fax (07906) 930200, 🌳, 🍽 – 🛗, ✱ Zim, 📺 ℅ ♿ 🅿 – 🛎 80. AE ⓘ ⓜ VISA JCB, ℅ Rest
Menu (geschl. Montag) à la carte 14,50/29 – **28 Zim** ⇌ 57/69 – 77/89.
 • Der Fachwerkgasthof mit neuerem Anbau ist ein familiengeführtes Hotel mit gut organisiertem Tagungsbereich und funktionell eingerichteten Zimmern. Die Gaststuben sind mit viel Holz und ländlichem Dekor rustikal gestaltet.

WOLPERTSWENDE Baden-Württemberg siehe Weingarten.

WORBIS Thüringen 544 L 15 – 6 000 Ew – Höhe 420 m.
fl Informationszentrum, Kirchstr. 19, ⊠ 37339, ℘ (036074) 9 48 56, ibz-worbis@t-on line.de, Fax (036074) 94858.
Berlin 295 – Erfurt 83 – Göttingen 45 – Nordhausen 35.

- **Drei Rosen**, Bergstr. 1, ⊠ 37339, ℘ (036074) 97 60, hotel@3rosen.de, Fax (036074) 97666, 斧, 全 – 樹, ⇔ Zim, TV 𝖆. 𝐏 – 🛆 20. AE ⓘ ⓜ VISA
  Menu à la carte 18,50/36 – **42 Zim** ⊊ 55/65 – 80/95.
  - Das traditionsreiche Hotel befindet sich in einem massiven, roten Backsteinbau. Man begrüßt Sie mit einer gediegenen Rezeption und hält wohnlich gestaltete Zimmer bereit. Das Restaurant ist rustikal in der Aufmachung.

- **Zur Wipper**, Nordhäuser Str. 14a (B 80), ⊠ 37339, ℘ (036074) 3 12 12, Fax (036074) 30775, 斧, 🐎 – ⇔ Zim, TV 𝐏. AE ⓘ ⓜ VISA
  Menu à la carte 16/20 – **15 Zim** ⊊ 38 – 48.
  - An der B80 liegt das kleine Hotel im Landhausstil. Die Zimmer sind unterschiedlich in der Größe, aber im Stil einheitlich eingerichtet und bieten zeitgemäßen Komfort. Rustikales Restaurant mit kleinem Thekenbereich.

In Wintzingerode Nord-West : 4 km über B 247 :

- **Landhotel Gerdes** 珍, Schloßstr. 9, ⊠ 37339, ℘ (036074) 3 50, info@landhotel-g erdes.de, Fax (036074) 35199, 斧, ≦, 🐎 – 樹, ⇔ Zim, TV 𝐏 – 🛆 45. ⓘ ⓜ VISA. ⩋ Rest
  Merlan (geschl. Montag) (wochentags nur Abendessen) **Menu** à la carte 26/35 – **35 Zim** ⊊ 55/65 – 70/80.
  - Das ehemalige Erholungsheim wurde aufwändig restauriert und bietet seinen Gästen eine gemütliche Lobby und komfortable Zimmer im Landhausstil. Hell und licht ist das Ambiente im Merlan - mit Gartenterrasse. Serviert wird eine schmackhafte mediterrane Küche.

WORMS Rheinland-Pfalz 543 R 9 – 82 000 Ew – Höhe 100 m.
Sehenswert : Dom★★ (Westchor★★, Reliefs aus dem Leben Christi★) A – Judenfriedhof★ A – Kunsthaus Heylshof★ Gemäldesammlung★ A M1.
fl Tourist Info, Neumarkt 14, ⊠ 67547, ℘ (06241) 2 50 45, Fax (06241) 26328.
ADAC, Friedrich-Ebert-Str. 84.
Berlin 607 ② – Mainz 45 ① – Mannheim 25 ③ – Darmstadt 43 ② – Kaiserslautern 53 ③

Stadtplan siehe nächste Seite

- **Parkhotel Prinz Carl**, Prinz-Carl-Anlage 10, ⊠ 67547, ℘ (06241) 30 80, info@par khotel-prinzcarl.de, Fax (06241) 308309, 斧 – 樹, ⇔ Zim, TV 𝐏. AE ⓘ ⓜ VISA, ⩋ Rest über Mainzer Straße **A**
  Menu (geschl. Samstagmittag, Sonn- und Feiertage) à la carte 25/40 – **90 Zim** ⊊ 68/79 – 98/135.
  - Auf dem Gelände einer ehemaligen Kaserne finden Sie heute hinter der schönen Fassade zweier historischer Gebäude ein modernes und komfortables Geschäftshotel. Hell und elegant wirkt das Restaurant.

- **Asgard** garni, Gutleutstr. 4, ⊠ 67547, ℘ (06241) 8 60 80, info@asgard-hotel.de, Fax (06241) 8608100, 全 – 樹, ⇔ Zim, TV 𝖆. 𝐏 ⇔. AE ⓘ ⓜ VISA
  65 Zim ⊊ 65/80 – 84/94. über Speyerer Straße **A**
  - Eine empfehlenswerte Übernachtungsadresse am Rande der Innenstadt : Das Stadt- und Tagungshotel bietet zeitgemäß eingerichtete, helle Zimmer mit guter technischer Ausstattung.

- **Dom-Hotel**, Obermarkt 10, ⊠ 67547, ℘ (06241) 90 70, info@dom-hotel.de, Fax (06241) 23515 – 樹, ⇔ Zim, 🍽 Rest, TV 𝖆. ⇔ 𝐏 – 🛆 50. AE ⓘ ⓜ VISA **A x**
  Menu (geschl. Juli - Aug. 2 Wochen, Samstagmittag, Sonn- und Feiertage) à la carte 21/39 – **55 Zim** ⊊ 62/82 – 92/110.
  - Ein Hotel-Zweckbau in der Fußgängerzone (für Ihr Auto gibt es eine hoteleigene Tiefgarage) mit solide ausgestatteten Zimmern - einige sind moderne Deluxe-Zimmer. Das neuzeitliche, freundliche Restaurant liegt in der ersten Etage des Hauses.

- **Kriemhilde**, Hofgasse 2, ⊠ 67547, ℘ (06241) 9 11 50, hotelkriem@aol.com, Fax (06241) 9115310, 斧 – TV. ⓘ ⓜ VISA JCB **A c**
  Menu (geschl. Samstag) à la carte 19/32 – **19 Zim** ⊊ 46/50 – 67/75.
  - Ein kleines Hotel in der Innenstadt mit nettem Service und praktischen Zimmern, die teils mit Kiefern-, teils mit Eichenholzmobiliar ausgestattet sind. Ländlich-rustikal und liebevoll dekoriert präsentiert sich das Restaurant.

1517

WORMS

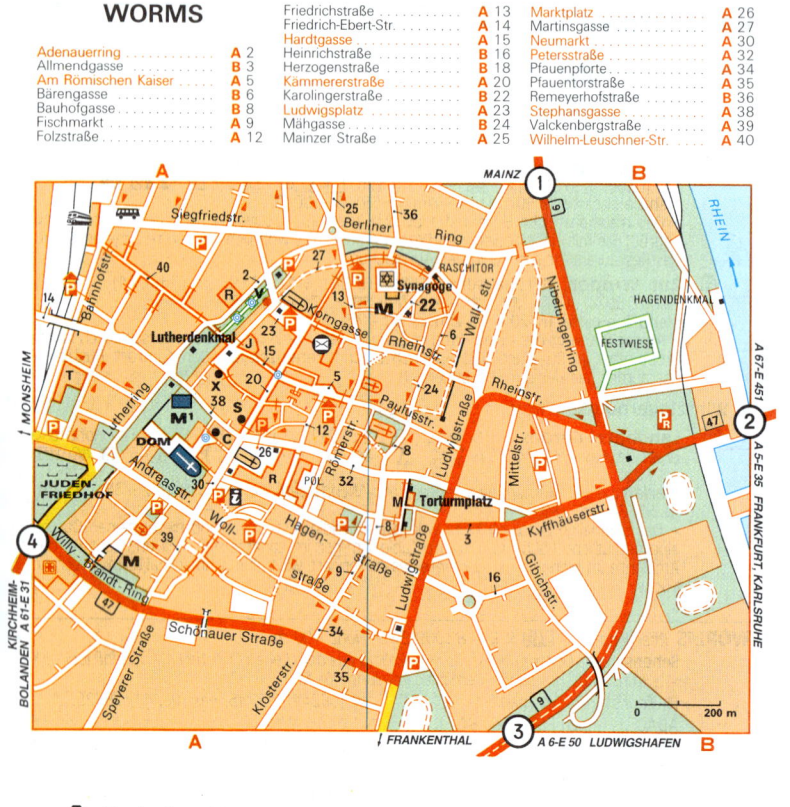

Adenauerring	A 2	Friedrichstraße	A 13	Marktplatz	A 26
Allmendgasse	B 3	Friedrich-Ebert-Str.	A 14	Martinsgasse	A 27
Am Römischen Kaiser	A 5	Hardtgasse	A 15	Neumarkt	A 30
Bärengasse	B 6	Heinrichstraße	B 16	Petersstraße	A 32
Bauhofgasse	B 8	Herzogenstraße	B 18	Pfauenpforte	A 34
Fischmarkt	A 9	Kämmererstraße	A 20	Pfauentorstraße	A 35
Folzstraße	A 12	Karolingerstraße	B 22	Remeyerhofstraße	B 36
		Ludwigsplatz	A 23	Stephansgasse	A 38
		Mähgasse	B 24	Valckenbergstraße	A 39
		Mainzer Straße	A 25	Wilhelm-Leuschner-Str.	A 40

Central garni, Kämmererstr. 5, ✉ 67547, ☎ (06241) 6 45 70, info@centralhotel-worms.de, Fax (06241) 27439 – 🛗 🍴 TV ☎ 🅿 AE ⓘ ⓜⓒ VISA
geschl. 20. Dez. - 18. Jan. – **19 Zim** ⬜ 53/60 – 80/85.   A s
• Das gut geführte Etagenhotel befindet sich am Beginn der Fußgängerzone gegenüber dem Marktplatz. Die behaglichen Zimmer sind sauber und gepflegt.

Tivoli, Adenauer-Ring 4b, ✉ 67547, ☎ (06241) 2 84 85, Fax (06241) 426111, 🌿 – ⓜⓒ VISA, ✄
geschl. Juli - Aug. 3 Wochen, Montag – **Menu** (italienische Küche) à la carte 18/36.   A v
• Engagiert und freundlich kümmert man sich in diesem ländlich gestalteten, mit modernen Bildern dekorierten Ristorante um die Gäste. Das Angebot wechselt nach der Saison.

In Worms-Heppenheim West : 8 km über Speyrer Str. A und Horchheimer Str. :

Landhotel Bechtel, Pfälzer-Wald-Str. 100, ✉ 67551, ☎ (06241) 3 65 36, Fax (06241) 34745, ☎, 🍴 – ⟷ Zim, TV ☎ 🅿 – 🔔 50. ✄ Rest
Menu (geschl. Sonntag) (nur Abendessen) à la carte 20/35 – **11 Zim** ⬜ 35 - 50.
• Mit hellem Holzmobiliar und hübschen Stoffen wohnlich eingerichtete Zimmer hält man in diesem sympathischen, familiengeführten kleinen Hotel für seine Gäste bereit.

In Worms-Rheindürkheim über ① : 9 km :

Rôtisserie Dubs, Kirchstr. 6, ✉ 67550, ☎ (06242) 20 23, rotisseriedubs@web.de, Fax (06242) 2024 – ⓜⓒ VISA
geschl. Jan. 3 Wochen, Dienstag, Samstagmittag – **Menu** 25/68 à la carte 29/47 ✄.
• Ein elegantes Ambiente erwartet Sie in dem kleinen Landgasthaus, in dem Patron Wolfgang Dubs die Gäste mit einer gehobenen internationalen Küche bewirtet.

Der MICHELIN-Hotelführer : EUROPE
für Geschäftsreisende und Touristen.

WORPSWEDE Niedersachsen **541** G 10 – 9 000 Ew – Höhe 50 m – Erholungsort.
 ✈ Vollersode, Giehlermühlen (Nord : 18 km), ℘ (04763) 73 13.
 ℹ Gästeinformation, Bergstr. 13, ✉ 27726, ℘ (04792) 95 01 21, info@worpswede.de, Fax (04792) 0479.
 Berlin 383 – Hannover 142 – *Bremen 26* – Bremerhaven 59.

Eichenhof ॐ, Ostendorfer Str. 13, ✉ 27726, ℘ (04792) 26 76, eichenhof-hotel@t-online.de, Fax (04792) 4427, ≘s, ☞ – ⌿ Zim, 📺 🅿 – 🔔 15. ① ⓜ ⓥⓘⓢⓐ
Menu *(nur Abendessen)* à la carte 33/38 – **20 Zim** ⇌ 76/100 – 143/161.
 ♦ Am Ende einer schönen Eichenallee liegt das weinbewachsene ehemalige Landgut mit individuell gestalteten Zimmern, teils traditionell norddeutsch, teils im modernen Designerstil. Kräftige Farben, klare Linien und weiße Deckenbespannungen prägen das Restaurant.

Buchenhof ॐ garni, Ostendorfer Str. 16, ✉ 27726, ℘ (04792) 9 33 90, info@hotel-buchenhof.de, Fax (04792) 933929, ≘s – ⌿ 📺 ✆ 🅿 – 🔔 40. ⓜ ⓥⓘⓢⓐ
28 Zim ⇌ 50/80 – 85/115.
 ♦ Die restaurierte Jugendstil-Villa des Künstlers Hans am Ende ist geschmackvoll mit Antiquitäten ausgestattet. Das neue Gästehaus : hell und freundlich im Landhausstil.

Village Hotel am Weyerberg garni, Bergstr. 22, ✉ 27726, ℘ (04792) 9 35 00, info@village-worpswede.de, Fax (04792) 935029, – 📺 ✆ 🅿 – 🔔 20. ① ⓜ ⓥⓘⓢⓐ
9 Zim ⇌ 76/86 – 125/129.
 ♦ Das Hotel liegt in einem schicken Einkaufszentrum im Klinkerstil. Die individuell gestalteten Zimmer erstrecken sich über 2 Ebenen und sind komfortabel-elegant.

Am Kunstcentrum ॐ (mit Gästehaus), Hans-am-Ende-Weg 4, ✉ 27726, ℘ (04792) 94 00, hotelamkunstcentrum@t-online.de, Fax (04792) 3878, ☞, ≘s, 🔲, ☞, ☞ – ⌿ Zim, 📺 ⇔ 🅿 – 🔔 15. ⓜ ⓥⓘⓢⓐ ⌿ Zim
geschl. 20. Jan. - 14. Feb. – **Menu** *(geschl. 19. Jan. - 20. Feb., Dienstag)* *(nur Abendessen)* à la carte 16/25 – **29 Zim** ⇌ 65/77 – 92/103 – ½ P 15.
 ♦ Die Fachwerkklinkerbauten im norddeutschen Stil beherbergen Sie in praktischen Zimmern, die teils mit Kirschbaum-, teils mit Mahagonimöbeln solide ausgestattet sind. Restaurant in norddeutsch-rustikaler Aufmachung.

XX **Kaffee Worpswede**, Lindenallee 1, ✉ 27726, ℘ (04792) 10 28, kaffee.worpswede@t-online.de, Fax (04792) 310235, ☞ – ⒶⒺ ⓜ ⓥⓘⓢⓐ
geschl. Feb. - März 2 Wochen, Okt. - Nov. 2 Wochen, Montag - Dienstag – **Menu** à la carte 27/38.
 ♦ Lassen Sie sich von dem ungewöhnlichen Ambiente des von Bernhard Hoetger gestalteten Backsteinensembles von 1925 beeindrucken. Schmackhafte international geprägte Küche.

WREMEN Niedersachsen **541** F 9 – *1 600 Ew* – Höhe 2 m – Seebad.
 Berlin 419 – Hannover 199 – Bremerhaven 16 – *Cuxhaven 30*.

X **Gasthaus Wolters - Zur Börse**, Lange Str. 22, ✉ 27638, ℘ (04705) 12 77, restaurant-zur-boerse@t-online.de, Fax (04705) 810077, ☞ – 🅿 ⓜ ⓥⓘⓢⓐ
geschl. Anfang März 2 Wochen, Anfang Okt. 3 Wochen, Dienstag - Mittwochmittag – **Menu** à la carte 17/34,50.
 ♦ Ländlich-rustikal ist der Gasthof in dem ehemaligen Fachwerk-Bauernhaus aus dem 18. Jh. eingerichtet. Gute Produkte prägen das regionale und internationale Speiseangebot.

WÜNNENBERG, BAD Nordrhein-Westfalen **543** L 10 – *12 500 Ew* – Höhe 271 m – Kneippheilbad und Luftkurort.
 ℹ Kurverwaltung, Im Aatal 3, ✉ 33181, ℘ (02953) 80 01, info@bad-wuennenberg.de, Fax (02953) 7430.
 Berlin 449 – Düsseldorf 169 – Arnsberg 61 – Brilon 20 – Paderborn 28.

Jagdhaus ॐ, Schützenstr. 58, ✉ 33181, ℘ (02953) 70 80, hotel.jagdhaus@freenet.de, Fax (02953) 70858, ☞, ≘s, 🔲, ☞ – 📺 ✆ ⇔ 🅿 – 🔔 50. ⒶⒺ ① ⓜ ⓥⓘⓢⓐ
Menu à la carte 22/39 – **40 Zim** ⇌ 55/63 – 96/107 – ½ P 14.
 ♦ In ruhiger Waldrandlage liegt dieser gewachsene, vom Eigentümer selbst geführte Gasthof. Sie beziehen funktionelle Zimmer, die teils im Landhausstil eingerichtet sind. Das Restaurant zeigt sich in heller, ländlicher Aufmachung.

Parkhotel ॐ, Hoppenberg 2, ✉ 33181, ℘ (02953) 83 49, info@parkhotel-hegers.de, Fax (02953) 7774, ☞, – 📺 ✆ 🅿 – 🔔
Stilleben *(geschl. Juli - Aug. 3 Wochen, Montag)* **Menu** à la carte 25/43 – **10 Zim** ⇌ 44/54 – 68/82 – ½ P 12.
 ♦ In einer ruhigen Wohngegend steht am Hang dieser renovierte Gasthof. Er verfügt über neuzeitlich mit Kirschmobiliar ausgestattete Zimmer, die teils auch Balkone haben. Im Stilleben offeriert man Ihnen Schmackhaftes der regionalen und internationalen Küche.

WÜNNENBERG, BAD

In Bad Wünnenberg-Bleiwäsche Süd : 8 km - über B 480, nach 3 km links ab :

Waldwinkel (mit Gästehaus), Roter Landweg 3, ✉ 33181, ✆ (02953) 70 70, inf o@waldwinkel.de, Fax (02953) 707222, ≤, 🌳, Massage, ≘s, 🔲, 🐎 – 🛗 TV P – 🅰 40. AE ⓓ ⓜⓞ VISA
Menu à la carte 18/35 – **69 Zim** ⊊ 65/85 – 110/140 – ½ P 20.
• Abseits auf einem hübschen Grundstück ist dieses gediegene Ferienhotel im Landhausstil mit seinen wohnlichen Zimmern - meist mit Balkonen - gelegen. Das Restaurant ist mit geschmackvollen Möbeln und viel Holz gestaltet - schöne Gartenterrasse.

In Bad Wünnenberg-Haaren Nord : 7,5 km über B 480 :

Haarener Hof, Paderborner Str. 7, ✉ 33181, ✆ (02957) 9 89 80, Fax (02957) 989879, 🌳, ≘s – 🛗 TV ✆ P – 🅰 50. AE ⓜⓞ VISA
Menu (geschl. Montag) à la carte 19/33,50 – **34 Zim** ⊊ 52/62 – 87/97.
• Schon das Äußere dieses familiengeführten Hauses wirkt hell und freundlich. Im Inneren erwarten den Gast zeitgemäß ausgestattete Zimmer in Buche. Bürgerliches Restaurant.

WÜNSCHENDORF Thüringen siehe Weida.

WÜRSELEN Nordrhein-Westfalen **543** N 2 – 33 600 Ew – Höhe 180 m.
Berlin 635 – Düsseldorf 80 – Aachen 9 – Mönchengladbach 47.

Park-Hotel, Aachener Str. 2 (B 57), ✉ 52146, ✆ (02405) 6 90 00, office@parkhotel -wuerselen.de, Fax (02405) 690070 – 🛗, ⁘ Zim, TV 🚗 P. ⓜⓞ VISA. 🌳
Menu (geschl. Freitag - Sonntagmittag) à la carte 12/24 – **32 Zim** ⊊ 50/75 – 80/95.
• In zentraler, gut zu erreichender Lage bietet man Geschäfts- und Privatreisenden in schlichten, aber neu renovierten Zimmern eine günstige Übernachtungsmöglichkeit. Rustikal gehaltenes Restaurant mit Sitznischen.

WÜRZBURG Bayern **546** Q 13 – 130 000 Ew – Höhe 182 m.

Sehenswert : Residenz⋆⋆ (Kaisersaal⋆⋆, Hofkirche⋆⋆, Treppenhaus⋆⋆, Hofgarten⋆, Martin-von-Wagner-Museum⋆ : Antikensammlung⋆ mit griechischen Vasen⋆⋆) Z – Haus zum Falken⋆ Y D – St.-Kilian-Dom (Apostelaltar mit Mainbrücke⋆ Z – Riemenschneider-Skulpturen⋆), Grabmale⋆ der Fürst-Bischöfe) Z – Festung Marienberg⋆ (Mainfränkisches Museum⋆⋆ M1, Fürstengarten ≤⋆) X – Käppele (Terrasse ≤⋆⋆) X.
Ausflugsziele : Romantische Straße⋆⋆ (von Würzburg bis Füssen) – Bocksbeutelstraße⋆ (Maintal).

📍 Würzburg, Am Golfplatz 2 (über ②), ✆ (0931) 6 78 90.
🎪 Congress Tourismus Wirtschaft, Am Congress Centrum, ✉ 97070, ✆ (0931) 37 23 35, tourismus@wuerzburg.de, Fax (0931) 373652.
🎪 Touristinformation, Marktplatz 10 (Falkenhaus), ✉ 97070, ✆ (0931) 37 23 98.
ADAC, Sternplatz 1.

Berlin 500 ① – München 281 ① – Frankfurt am Main 119 ② – Nürnberg 110 ①

Stadtpläne siehe nächste Seiten

Maritim, Pleichertorstr. 5, ✉ 97070, ✆ (0931) 3 05 30, info.wur@maritim.de, Fax (0931) 3053900, ≘s, 🔲 – 🛗, ⁘ Zim, 🍽 TV & 🚗 – 🅰 1000. AE ⓓ ⓜⓞ VISA JCB. 🌳 Rest   Y k
Menu 25 (nur Lunchbuffet) – **Viaggio** (geschl. Sonntag) (nur Abendessen) Menu à la carte 33/39 – **Weinstube** (geschl. Montag) (nur Abendessen) Menu à la carte 24/33 – ⊊ 13 – **287 Zim** 128/203 – 152/228, 4 Suiten.
• Unmittelbar am Mainufer und wenige Schritte von der Altstadt entfernt liegt dieses komfortable Kettenhotel, das Sie mit einem großzügigen Hallenbereich empfängt. Terrassenrestaurant mit Buffet. Im eleganten Viaggio reicht man eine mediterran beeinflusste Karte.

Rebstock, Neubaustr. 7, ✉ 97070, ✆ (0931) 3 09 30, rebstock@rebstock.com, Fax (0931) 3093100 – 🛗, ⁘ Zim, 🍽 Rest, TV ✆ 🚗 – 🅰 60. AE ⓓ ⓜⓞ VISA JCB   Z v
Menu (geschl. Aug., Sonntag - Montag, Feiertage) (nur Abendessen) à la carte 36/46 – **Wintergarten** (geschl. Montag) **Menu** à la carte 26/35 – **72 Zim** ⊊ 102/137 – 162/189.
• Hinter der Rokokofassade von 1737 begrüßt man Sie mit wohnlichen Zimmern in verschiedenen Stilrichtungen - teils elegant, teils modern oder mit ländlichem Touch. Eine Holztäfelung lässt das Restaurant gemütlich wirken. Bistroähnlicher Wintergarten.

Dorint, Ludwigstraße/Ecke Eichstraße, ✉ 97070, ✆ (0931) 3 05 40, info.qwuwue@d orint.com, Fax (0931) 3054423, 🌳, Massage, ≘s, 🔲 – 🛗, ⁘ Zim, 🍽 Rest, TV ✆ & 🚗 – 🅰 110. AE ⓓ ⓜⓞ VISA JCB   Y f
Menu à la carte 25/40 – ⊊ 15 – **166 Zim** 114/151 – 134/171.
• In bevorzugter Stadtlage, nur wenige Gehminuten von der Residenz, empfängt Sie dieses Hotel mit Gästezimmern, die über zeitgemäßen Wohnkomfort verfügen. Teil des Restaurants ist die gehoben-rustikal wirkende Frankenstube.

WÜRZBURG

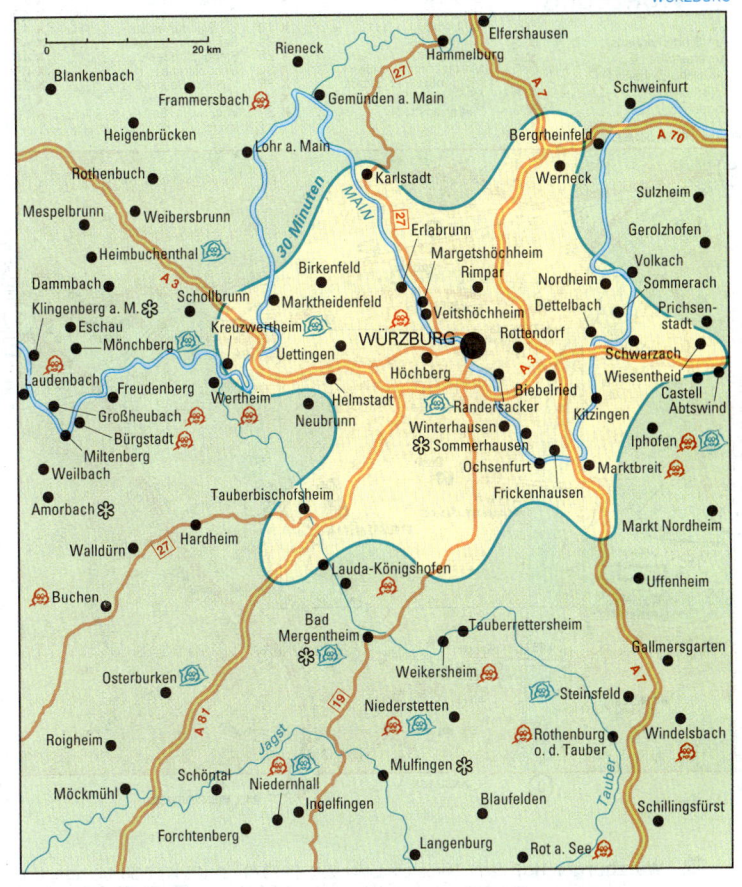

Mercure am Mainufer, Dreikronenstr. 27, ✉ 97082, ℰ (0931) 4 19 30, *h1697@accor-hotels.com*, Fax (0931) 4193460 – 🛗, 🍴 Zim, 📺 ✆ & 🚗 🅿 – 🔔 60. AE ⓘ ⓜⓒ VISA JCB. ⁂ Rest   X a
Menu à la carte 17/29,50 – ☑ 13 – **129 Zim** 85/95 – 108.
♦ Besonders Geschäftsreisende und Tagungsteilnehmer schätzen das zentral gelegene, 1990 erbaute Hotel. Es bietet funktionell ausgestattete Zimmer.

Walfisch, Am Pleidenturm 5, ✉ 97070, ℰ (0931) 3 52 00, *walfisch@hotel-walfisch.com*, Fax (0931) 3520500, ≤ Main und Festung – 🛗 🍽 📺 ✆ 🚗 – 🔔 35. AE ⓘ ⓜⓒ VISA JCB. ⁂ Rest   Z b
Menu (geschl. Sonntagabend) à la carte 19/32 – **40 Zim** ☑ 85/126 – 116/155.
♦ Gastlichkeit hat hier Tradition : Seit 1919 befindet sich das Haus in Besitz von Familie Schwarzmeier. Die Zimmer sind modern eingerichtet, mit guter Technik ausgestattet. Bürgerlich gestaltetes Restaurant mit ansprechend eingedeckten Tischen.

Amberger garni, Ludwigstr. 17, ✉ 97070, ℰ (0931) 3 51 00, *reservation@hotel-amberger.de*, Fax (0931) 3510800 – 🛗 📺 ✆ 🚗 – 🔔 30. AE ⓘ ⓜⓒ VISA JCB   Y t
geschl. 22. Dez. - 6. Jan. – **70 Zim** ☑ 82/97 – 97/128.
♦ Erholsamen Schlaf finden Sie in den gepflegten Zimmer, die alle mit schalldichten Fenstern versehen sind. Morgens verwöhnt man Sie mit einem leckeren Frühstücksbuffet.

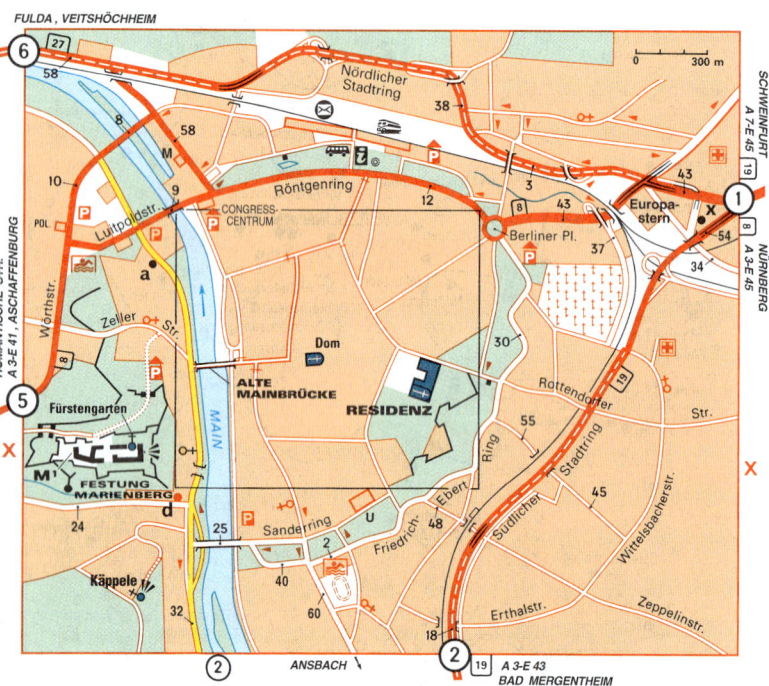

WÜRZBURG

Am Studentenhaus	X 2	Georg-Eydel-Str.	X 10	Rimparer Str.	X 38
Auverastraße	X 3	Haugerring	X 12	Sanderglacisstraße	X 40
Deutsche Einheit		Kantstraße	X 18	Schweinfurter Str.	X 43
(Brücke)	X 8	Leistenstraße	X 24	Seinsheimstraße	X 45
Friedensbrücke	X 9	Ludwigsbrücke	X 25	Sieboldstraße	X 48
		Martin-Luther-Straße	X 30	Urlaubstraße	X 54
		Mergentheimer Straße	X 32	Valentin-Becker-Str.	X 55
		Nürnberger Str.	X 34	Veitshöchheimer Str.	X 58
		Raiffeisenstraße	X 37	Virchowstraße	X 60

Würzburger Hof garni, Barbarossaplatz 2, ✉ 97070, ☏ (0931) 5 38 14, *rezeption @hotel-wuerzburgerhof.de, Fax (0931) 58324* – 🛗 TV 📞 ⇔ 🅿 🚼 AE ⓘ 🅼🅲 VISA Y r *geschl. 17. Dez. - 10. Jan.* – **34 Zim** ⊂ 70/120 – 110/145, 3 Suiten.
• Dieses historische Stadthaus von 1908 verfügt über meist geräumige Gästezimmern, die alle in verschiedenen Einrichtungsstilen gehalten sind.

Residence garni, Juliuspromenade 1, ✉ 97070, ☏ (0931) 5 35 46, *hotel-residence-w uerzburg@t-online.de, Fax (0931) 12597* – 🛗 TV 📞 – 🚼 20. AE ⓘ 🅼🅲 VISA Y v
52 Zim ⊂ 68/85 – 88/115.
• In dem gepflegten Hotel nahe der Altstadt bietet man Ihnen zeitgemäße Zimmer, in denen Teppiche, Vorhänge und Tapeten mit floralen Mustern farbenfrohe Akzente setzen.

Till Eulenspiegel, Sanderstr. 1a, ✉ 97070, ☏ (0931) 35 58 40, *nichtrauch-hotel.eu lenspiegel@t-online.de, Fax (0931) 3558430* – ⇔ Zim, TV 📞 🅿 ⚙ Zim Z c
Weinstube (*geschl. Juli - Aug., Sonntag - Montag)(nur Abendessen)* **Menu** à la carte 16/19, ♀ – **19 Zim** ⊂ 63/108 – 85/123.
• Das 1993 eröffnete und sehr gepflegte Hotel liegt im Herzen der Stadt. Ruhe ist Ihnen hier gewiß, denn in Würzburgs Flaniermeile herrscht Nachtfahrverbot. Eine Holzverkleidung trägt zur gemütlichen Atmosphäre in der Weinstube bei.

Strauss, Juliuspromenade 5, ✉ 97070, ☏ (0931) 3 05 70, *anfrage@hotel-strauss.de, Fax (0931) 3057555* – 🛗 TV ⇔ 🅿 – 🚼 30. AE ⓘ 🅼🅲 VISA JCB Y v
Menu (*geschl. 29. Dez. - 25. Feb., Dienstag*) à la carte 17/28 – ⊂ 8 – **78 Zim** 59/64 – 76/79.
• Nahe der Altstadt liegt dieses familiengeführten Hotel. Fragen Sie nach den neu renovierten, modern eingerichteten Zimmern mit guter Technik. Restaurant mit rustikalem Ambiente.

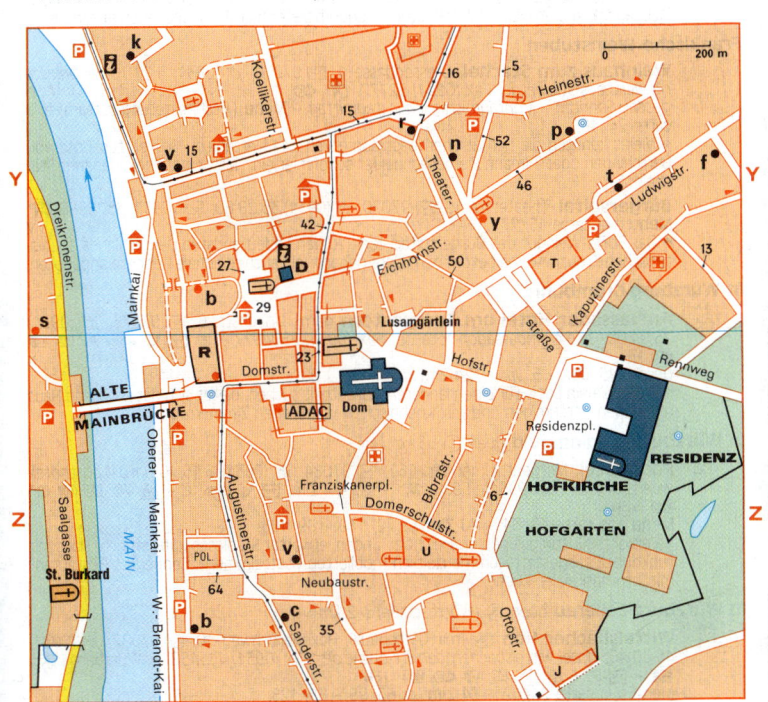

WÜRZBURG

Augustiner Straße	Z	Barbarossaplatz	Y 7	Marktplatz	Y 29
Bahnhofstraße	Y 5	Domstraße	Z	Peterstraße	Z 35
Balthasar-Neumann-		Eichhornstraße	Y	Schönbornstraße	Y 42
Promenade	Z 6	Hofstallstraße	Y 13	Semmelstraße	Y 46
		Juliuspromenade	Y 15	Spiegelstraße	Y 50
		Kaiserstraße	Y 16	Textorstraße	Y 52
		Kürschnerhof	Z 23	Theaterstraße	YZ
		Marienplatz	Y 27	Wirsbergstraße	Z 64

🏨 **Zur Stadt Mainz,** Semmelstr. 39, ✉ 97070, ☎ (0931) 5 31 55, info@hotel-stadtmainz.de, Fax (0931) 58510 – 📺 🚗, AE ⓜ VISA JCB Y p
Menu (geschl. 22. Dez. - 10. Jan., Sonntagabend) (Tischbestellung ratsam) à la carte 15/36 – **15 Zim** ⊇ 75/85 – 110.
 • Hinter der originell bemalten Fassade des aus dem Jahre 1430 stammenden Hauses verbergen sich wohnliche und funktionelle, im Landhausstil eingerichtete Zimmer. Gemütlich sitzt man in den alt-fränkischen Gaststuben.

🏨 **Schönleber** garni, Theaterstr. 5, ✉ 97070, ☎ (0931) 3 04 89 00, reservierung@hotel-schoenleber.de, Fax (0931) 16012 – 📺 AE ⓜ VISA. ✻ Y n
geschl. 22. Dez. - 14. Jan. – **32 Zim** ⊇ 40/64 – 72/82.
 • Im Altstadtbereich liegt dieses von der Inhaber-Familie geführte Hotel - eine einfache, aber sehr gepflegte Unterkunft, die durch gästefreundliche Preise auffällt.

✕ **Bacchus Stuben,** Leistenstr. 6, ✉ 97082, ☎ (0931) 88 37 39, Fax (0931) 461857, 🍽 – 🅿. X d
geschl. Jan. 1 Woche, August 3 Wochen, Montag – **Menu** (nur Abendessen) à la carte 23/40.
 • Ein recht einfaches Restaurant mit gutem Couvert und einer internationalen Küche aus frischen Produkten. Hübsch : die dunkle Holztäfelung und restaurierte Wandmalereien.

✕ **Ratskeller,** Langgasse 1, ✉ 97070, ☎ (0931) 1 30 21, ratskeller-wuerzburg@t-online.de, Fax (0931) 13022, 🍽 – AE ⓞ ⓜ VISA JCB Z R
Menu à la carte 20/33.
 • Die mehrfach unterteilten Räumlichkeiten des im historischen Rathaus beherbergten Lokals sind allesamt rustikal gestaltet. Serviert werden regionale Gerichte.

WÜRZBURG

X **Schiffbäuerin**, Katzengasse 7, ✉ 97082, ✆ (0931) 4 24 87, *fischhaus@schiffbaeuerin.de, Fax (0931) 42485*
Y s
geschl. 1. - 6. Jan., 20. Juli - 17. Aug., Sonntagabend - Montag – **Menu** (überwiegend Fischgerichte) à la carte 23,50/38, ⌾.
• Ein gastfreundliches Haus mit rustikal-bürgerlicher Einrichtung. Besonders Fisch-Liebhaber kommen hier auf ihre Kosten - mündlich bietet man Ihnen aber auch Alternativen.

Fränkische Weinstuben :

X **Weinhaus zum Stachel**, Gressengasse 1, ✉ 97070, ✆ (0931) 5 27 70, *webmaster@weinhaus-stachel.de, Fax (0931) 52777*, 🍴, ⓜⓔ
Y b
geschl. Sonntag - Montagmittag, Dienstagmittag – **Menu** (Tischbestellung ratsam) à la carte 24/36.
• Vieles könnten die gemütlichen Galerieräume von 1413 erzählen : So kehrten Götz von Berlichingen oder Tilmann Riemenschneider schon hier ein. Netter Innenhof, genannt Stachelhof.

X **Bürgerspital**, Theaterstr. 19, ✉ 97070, ✆ (0931) 35 28 80, *Fax (0931) 3528888*, 🍴
Menu à la carte 15/27.
Y y
• Das Stifts-Weingut des Bürgerspitals zählt zu den bedeutendsten Deutschlands. Im historischen Kreuzgewölbe bekommen Gäste neben Wein auch regionale Gerichte angeboten.

In Würzburg-Grombühl :

🏨 **Ambassador Hotel am Europastern** garni, Urlaubstr. 6, ✉ 97076, ✆ (0931) 25 04 00, *info@ambassador-hotel.de, Fax (0931) 2504077* – 📶 📺 ✆ 🔒 🅿 🅰🅴 ⓞ ⓜⓔ 🆅🅸🆂🅰
X x
geschl. 15. Dez. - 5. Jan. – **24 Zim** ⌑ 75/85 – 98.
• Wenn Sie ein Logis für einen längeren Aufenthalt suchen, bietet sich das moderne Haus mit seinen geräumigen und mit Kochnischen versehenen Zimmern an.

In Würzburg-Heidingsfeld über ② : 3 km :

🏨 **Post-Hotel**, Mergentheimer Str. 162, ✉ 97084, ✆ (0931) 6 15 10, *info@posthotel-wuerzburg.de, Fax (0931) 65850*, 🍴 – 📶, ✆ Zim, 📺 ✆ 🔒 🅿 – 🎗 70. 🅰🅴 ⓞ ⓜⓔ 🆅🅸🆂🅰 🅹🅲🅱
Menu à la carte 18/31 – **70 Zim** ⌑ 72/110 – 89/105.
• Verkehrsgünstig gelegen und leicht zu finden, erwartet Sie dieses gut geführte Haus mit funktionell ausgestatteten, neuzeitlich möblierten Gästezimmern. Gepflegtes Restaurant mit internationaler Küche.

In Würzburg-Zellerau über ⑤ (Wörthstraße) : 2 km :

🏨 **Wittelsbacher Höh** ⌇ (mit Gästehaus), Hexenbruchweg 10, ✉ 97082, ✆ (0931) 45 30 40, *hotel-wittelsbacherhoeh@t-online.de, Fax (0931) 415458*, ≤ Würzburg, 🍴, ☎ – 📺 🅿 – 🎗 65. 🅰🅴 ⓞ ⓜⓔ 🆅🅸🆂🅰 🅹🅲🅱
Menu à la carte 24/42 – **74 Zim** ⌑ 65/95 – 85/125.
• Auf einer Anhöhe oberhalb der Stadt steht dieses gewachsene Hotel. Helle Holzmöbel und florale Tapeten bestimmen die Einrichtung der Zimmer. Motelartig angelegte Appartements. Das leicht rustikale Restaurant bietet eine schöne Aussicht. Mit Gartenterrasse.

Am Stein über ⑥ :

🏨 **Schloß Steinburg** ⌇, Auf dem Steinberg (schmale Zufahrt ab Unterdürrheim), ✉ 97080 Würzburg, ✆ (0931) 9 70 20, *hotel@steinburg.com, Fax (0931) 97121*, ≤ Würzburg und Marienberg, 🍴, ☎, 🏊, ✱ – 📺 ✆ 🔒 🅿 – 🎗 80. 🅰🅴 ⓞ ⓜⓔ 🆅🅸🆂🅰 🅹🅲🅱
Menu à la carte 32/42 – **52 Zim** ⌑ 90/120 – 130/150.
• Wo im Mittelalter schon Ritter wohnten, steht auf den Überresten einer alten Burg Schloss Steinburg - hier bietet man Ihnen in Stilmöbeln eingerichtete Zimmer. Eine schöne Gartenterrasse ergänzt die elegant-rustikalen Restauranträume.

XX **Weinstein**, Mittlerer Steinbergweg 5, ✉ 97080, ✆ (0931) 28 69 01, *info@weinstein-bar.de, Fax (0931) 2008699*, 🍴 – 🅿. 🅰🅴 ⓜⓔ 🆅🅸🆂🅰
geschl. Sonntag – **Menu** (nur Abendessen) (Tischbestellung ratsam) à la carte 26/35.
• Das umgebaute kleine Weingut beherbergt ein rustikal-modernes Lokal mit Backsteinwänden und nettem Dekor. Terrasse in den Weinbergen mit Blick auf Würzburg und Marienberg.

In Höchberg über ⑤ : 4 km :

🏨 **Zum Lamm**, Hauptstr. 76, ✉ 97204, ✆ (0931) 3 04 56 30, *lamm-hoechberg@t-online.de, Fax (0931) 408973*, 🍴 – 📶, ✆ Zim, 📺 ✆ 🔒 – 🎗 40. 🅰🅴 ⓜⓔ 🆅🅸🆂🅰
geschl. 27. Dez. - 12. Jan. – **Menu** (geschl. Montag) à la carte 13,50/29 – **37 Zim** ⌑ 59/68 – 84/98.
• Auf 250 Jahre Gastlichkeit nach fränkischer Art blickt Familie Imhof voll Stolz zurück. Das Haus verfügt über funktionell eingerichtete Zimmer mit gewachsten Naturholzmöbeln. Sehr gepflegtes Restaurant in rustikalem Stil.

WÜRZBURG

In Rottendorf über ① : 6 km :

🏨 **Zum Kirschbaum,** Würzburger Str. 18, ✉ 97228, ℘ (09302) 9 09 50, *hotel-zum-kirschbaum@t-online.de*, Fax (09302) 909520 – |≡| TV 🕻 P – 🅰 30. ⓜⓞ 𝗩𝗜𝗦𝗔
geschl. 1. - 5. Jan. – **Menu** à la carte 15/26 – **37 Zim** ⇌ 51/54 – 70.
♦ In dem netten Landgasthof mit seinen gelb-weiß gestreiften Korbmarkisen vor den Fenstern stehen zeitgemäß ausgestattete Zimmer zur Verfügung. Produkte aus der hauseigenen Metzgerei bereichern das Angebot der ländlichen Gaststube.

XX **Waldhaus,** nahe der B 8, ✉ 97228, ℘ (09302) 9 22 90, *info@waldhaus-leonhardt.de*, Fax (09302) 922930, 🌤 – P. ⓜⓞ
geschl. Mitte Aug. - Anfang Sept., über Weihnachten 1 Woche, Donnerstag – **Menu** à la carte 18/33.
♦ Ruhig liegt das Gasthaus vor den Toren Würzburgs. In dem gemütlichen, im Wald gelegenen Restaurant serviert man Ihnen eine regionale und internationale Küche.

In Margetshöchheim über ⑥ : 9 km :

🏨 **Eckert** 🌳, Friedenstr. 41, ✉ 97276, ℘ (0931) 4 68 50, *hotel_eckert@t-online.de*, Fax (0931) 4685100, ≘s – |≡|, 💱 Zim, TV 🕻 ⇌ P – 🅰 25. ⒶⒺ ⓜⓞ 𝗩𝗜𝗦𝗔. 💱 Rest
geschl. 20. Dez. - 6. Jan. – **Menu** (geschl. 9. - 29. Aug., Samstag - Sonntag) (nur Abendessen) à la carte 15/27 – **36 Zim** ⇌ 60 – 80/90.
♦ Stadtnah und doch im Grünen liegt das familiengeführte Hotel, das mit freundlichen, wohnlich und funktionell eingerichteten Zimmern überzeugt. Neuzeitlich gestaltetes Restaurant.

In Biebelried über ① : 12 km, nahe der Autobahnausfahrt A 3 und A 7 :

🏨 **Leicht,** Würzburger Str. 3 (B 8), ✉ 97318, ℘ (09302) 91 40, *info@hotel-leicht.de*, Fax (09302) 3163, 🌤, ≘s – |≡| TV 🕭 ⇌ P – 🅰 35. ⒶⒺ ⓜⓞ 𝗩𝗜𝗦𝗔
geschl. 23. Dez. - 6. Jan. – **Menu** (geschl. Sonntagmittag) à la carte 20/33,50 – **72 Zim** ⇌ 54/77 – 118/118.
♦ Ehemals als Herberge der Johanniterkommende genutzt, sprechen heute solide und hochwertig eingerichtete Zimmer und individueller Service für diese Adresse. Die Gaststuben präsentieren sich im gemütlichen alt-fränkischen Stil.

In Erlabrunn über ⑥ : 12 km :

🏨 **Weinhaus Flach** 🌳, (mit Gästehaus), Würzburger Str. 14, ✉ 97250, ℘ (09364) 13 19, *ifhotel-weinhaus-flach@t-online.de*, Fax (09364) 5310, 🌤, 🐎 – |≡|, 💱 Zim, TV 🕻 ⇌ P – 🅰 45. ⓜⓞ 𝗩𝗜𝗦𝗔
geschl. 19. Jan. - 8. Feb. – **Menu** (geschl. Dienstag) à la carte 16/24 – **38 Zim** ⇌ 41/55 – 62/82.
♦ In landschaftlich reizvoller Lage am Fuße des Volkenberges findet sich dieses Winzerhaus mit funktionellen, solide ausgestatteten Gästezimmern. Behagliche Gaststube mit rustikalem Charakter.

WUNSIEDEL Bayern 𝟱𝟰𝟲 P 20 – 10 500 Ew – Höhe 537 m.
Ausflugsziel : Luisenburg : Felsenlabyrinth★★ Süd : 3 km.
🛈 Verkehrs- und Kulturamt, Jean-Paul-Str. 5 (Fichtelgebirgshalle), ✉ 95632, ℘ (09232) 60 21 62, *kultur@wunsiedel.de*, Fax (09232) 602169.
Berlin 353 – München 280 – Weiden in der Oberpfalz 55 – Bayreuth 48 – Hof 36.

🏨 **Wunsiedler Hof,** Jean-Paul-Str. 1, ✉ 95632, ℘ (09232) 9 98 80, *wunsiedler-hof@t-online.de*, Fax (09232) 2462, 🌤, ≘s – |≡|, 💱 Zim, TV 🕻 ⇌ – 🅰 350. ⒶⒺ ⓞ ⓜⓞ 𝗩𝗜𝗦𝗔
Menu à la carte 13,50/29 – **40 Zim** ⇌ 46 – 70 – ½ P 12.
♦ Das zentral in der Innenstadt gelegene, funktionelle Haus eignet sich aufgrund seiner Anbindung an die Fichtelgebirgshalle bestens für Tagungen und Kongresse. Das Restaurant zeigt sich im leicht skandinavischen Stil.

🏨 **Kronprinz von Bayern,** Maximilianstr. 27, ✉ 95632, ℘ (09232) 35 00, *reception@hotel-kronprinz.net*, Fax (09232) 7640 – TV P. ⓜⓞ 𝗩𝗜𝗦𝗔
Menu (geschl. Montag) à la carte 15/31 – **25 Zim** ⇌ 36/43 – 66/72 – ½ P 12.
♦ Übernachtungsgästen stehen in dem familiär geführten Gasthof im Herzen der Stadt großzügig geschnittene Zimmer und modernisierte Bäder zur Verfügung. Das Hauptrestaurant besticht durch sein auffälliges Kreuzgewölbe aus dem 16. Jh.

In Wunsiedel-Juliushammer Ost : 3,5 km Richtung Arzberg :

🏨 **Juliushammer** 🌳, ✉ 95632, ℘ (09232) 97 50, *hoteljuliushammer@t-online.de*, Fax (09232) 8147, ≘s, 🏊, 🐎, 💱 – TV P – 🅰 30. ⓜⓞ 𝗩𝗜𝗦𝗔
Menu à la carte 16/30 – **30 Zim** ⇌ 50/53 – 80/83 – ½ P 12.
♦ In absolut ruhiger Lage in einem einsamen Tal liegt das ehemals als Hammerwerk und Mühle genutzte Fachwerkhaus. Sehr gepflegte und saubere Zimmer. Rustikaler Restaurantbereich.

WUNSIEDEL
Bei der Luisenburg Süd-West : 2 km :

XX **Schöpfs Jägerstüberl** ⚘, mit Zim, Luisenburg 5, ✉ 95632 Wunsiedel, ℰ (09232) 21 03 (Hotel) 44 34 (Rest.), fichtelgebirge@jaegerstueberl.de, Fax (09232) 1556, ⌂ – TV
P. AE ⓘ MC VISA
geschl. über Fasching 1 Woche, Okt. 1 Woche – **Menu** (geschl. Sonntagabend - Montag) (wochentags nur Abendessen) (Tischbestellung ratsam) 37/60 und à la carte – **7 Zim** ⌂ 49/55 – 77/87.
• In diesem familiengeführten Haus finden Sie neben einem elegant gestalteten und nett dekorierten Restaurant geschmackvoll und individuell eingerichtete Zimmer.

WUNSTORF Niedersachsen 541 I 12 – 41 300 Ew – Höhe 50 m.

🛈 Tourist-Information Steinhude, Meerstr. 2, ✉ 31515, ℰ (05033) 9 50 10, touristinfo.steinhude@t-online.de, Fax (05033) 950120.
Berlin 306 – Hannover 24 – Bielefeld 94 – Bremen 99 – Osnabrück 124.

🏨 **Cantera Naturstein Hotel** garni, Adolph-Brosang-Str. 32, ✉ 31515, ℰ (05031) 9 52 90, info@cantera.de, Fax (05031) 952929, Massage, ☎ – TV 📞 P. – 🏊 15. MC VISA
11 Zim ⌂ 79 – 106.
• Gestaltet von dem Eigentümer einer Natursteinhandlung, ist das moderne Hotel geprägt durch dieses Naturmaterial. Individuelle Zimmer und schöne Saunalandschaft.

🏨 **Wehrmann-Blume,** Kolenfelder Str. 86, ✉ 31515, ℰ (05031) 1 79 11, info@hotel-wehrmann-blume.de, Fax (05031) 179133, Biergarten – 📶, ⚘ Zim, TV 📞 P. ⚘ Zim
geschl. Ende Juli - Mitte Aug., 24. Dez. - 1. Jan. – **Menu** (geschl. Sonn- u. Feiertage) (nur Abendessen) à la carte 13/22 – **25 Zim** ⌂ 45/47 – 75.
• Hinter der unscheinbaren Fassade des zentral zwischen Autobahn, Bahnhof und Stadtmitte gelegenen Hauses finden Reisende eine praktische Übernachtungsmöglichkeit. Ein Biergarten hinter dem Haus ergänzt das Restaurant.

In Wunstorf-Steinhude Nord-West : 8 km – über B 441, in Hagenburg-Altenhagen rechts ab – Erholungsort :

🏨 **Haus am Meer** ⚘, Uferstr. 3, ✉ 31515, ℰ (05033) 9 50 60, haus_am_meer@t-online.de, Fax (05033) 950666, ≤, ⌂, Bootssteg – 📞 P. – 🏊 30. AE ⓘ MC VISA
Menu à la carte 23/36 – **25 Zim** ⌂ 59/69 – 89/125.
• Näher geht es nicht : Direkt an der Brücke zur Badeinsel empfangen Sie Ihre Gastgeber. Fragen Sie bei der Reservierung nach den kürzlich fertig gestellten Zimmern im Neubau. Eine hübsche Gartenterrasse ergänzt das bürgerlich-gediegene Restaurant.

X **Schweers-Harms-Fischerhus,** Graf-Wilhelm-Str. 9, ✉ 31515, ℰ (05033) 52 28, info@fischerhus.de, Fax (05033) 3408, ⌂ – **P.** AE MC VISA JCB
geschl. 5. Jan. - 13. Feb., Nov. - März Montag – **Menu** (vorwiegend Fischgerichte) à la carte 16,50/36.
• Urig gemütlich geht's in dem alten niedersächsischen Bauernhaus zu. Blanke Holztische, alte Fotos und Fischereiutensilien sorgen für die typische Atmosphäre.

WUPPERTAL Nordrhein-Westfalen 543 M 5 – 370 000 Ew – Höhe 167 m.

Sehenswert : Von-der-Heydt-Museum★ CZ M1.
✈ Siebeneickerstr. 386 AX, ℰ (02053) 71 77 ; ✈ Frielinghausen 1, (Nord-Ost : 11 km), ℰ (0202) 64 82 22 22.
🛈 Informationszentrum, Wuppertal-Elberfeld, Pavillon Döppersberg, ✉ 42103, ℰ (0202) 1 94 33, infozentrum@stadt.wuppertal.de, Fax (0202) 5638052.
ADAC, Bundesallee 237 (Elberfeld).
Berlin 522 ② – Düsseldorf 40 ⑦ – Essen 35 ⑨ – Dortmund 48 ② – Köln 56 ④

Stadtpläne siehe nächste Seiten

In Wuppertal-Barmen :

🏨 **Lindner Golfhotel Juliana,** Mollenkotten 195, ✉ 42279, ℰ (0202) 6 47 50, info.juliana@lindner.de, Fax (0202) 6475777, ⌂, ⚘, Massage, ⚘, ☎, 🏊, ✈ – 📶, ⚘ Zim, TV 📞 ⚘, ⌂ P. – 🏊 120. AE ⓘ MC VISA ⚘ Rest   BX u
Menu (nur Abendessen) à la carte 29/41 – ⌂ 15 – **132 Zim** 116 – 131, 3 Suiten.
• In verkehrsgünstiger Lage oberhalb der Stadt stehen dieses komfortable Hotel, in dem Sie ein großzügiger Hallenbereich und funktionelle Zimmer erwarten. Neben dem klassischen Pavillon-Restaurant hat man eine Terrasse mit schöner Aussicht.

XXX **Schmitz Jägerhaus,** Jägerhaus 87, ✉ 42287, ℰ (0202) 46 46 02, schmitz-jaegerhaus@t-online.de, Fax (0202) 4604519, ⌂ – **P.** MC VISA, ⚘   BY t
geschl. Anfang Jan. 1 Woche, Ende Juli - Anfang Aug., Dienstag – **Menu** à la carte 30/49.
• Zuvorkommende Gastlichkeit mit einem gut funktionierenden Service erwartet Sie in den klassisch eingerichteten Räumlichkeiten von Familie Schmitz.

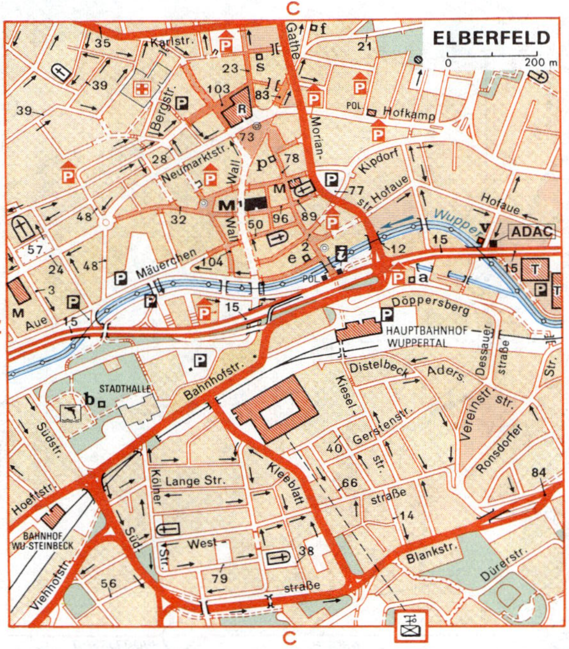

ELBERFELD

Alte Freiheit	CZ 2	Brausenwerther		Else-Lasker-Schüler-Str. CZ 21
Auer Schulstraße	CZ 3	Gasse	CZ 12	Friedrichstraße CZ 23
Beckmannshof	DZ 4	Brüningstraße	CZ 14	Friedrich-Ebert-Straße CZ 24
Brändströmstraße	DZ 10	Bundesallee	CZ 15	Große Flurstraße DZ 26

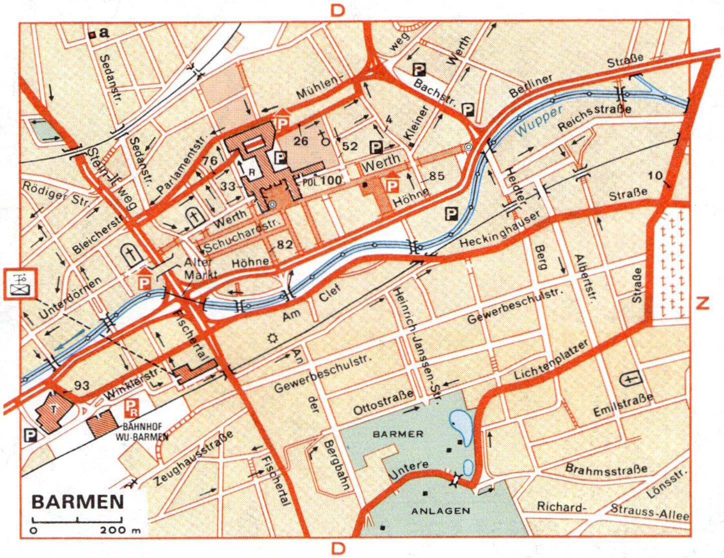

BARMEN

Grünstraße		Kleine Flurstraße	CZ 28	Rommelspütt CZ 83
Herzogstraße		Lahnstraße	CZ 32	Ronsdorfer Str. CZ 84
Heubruch		Laurentiusplatz	CZ 33	Rudolf-Herzog-Straße CZ 85
Hochstraße		Malzstraße	CZ 35	Schöne Gasse CZ 89
Höhne		Neumarkt	DZ	Spinnstraße CZ 93
Holzer Straße		Paul-Humburg-Straße	DZ 76	Turmhof CZ 96
Hombüchel		Platz am Kolk	CZ 77	Wegnerstraße DZ
Hopfenstraße		Poststraße	CZ 78	Werth CZ 100
Kasinostraße		Prinzenstraße	CZ 79	Willy-Brandt-Platz CZ 103
Kirchstraße			DZ 82	Wirmhof CZ 104

1527

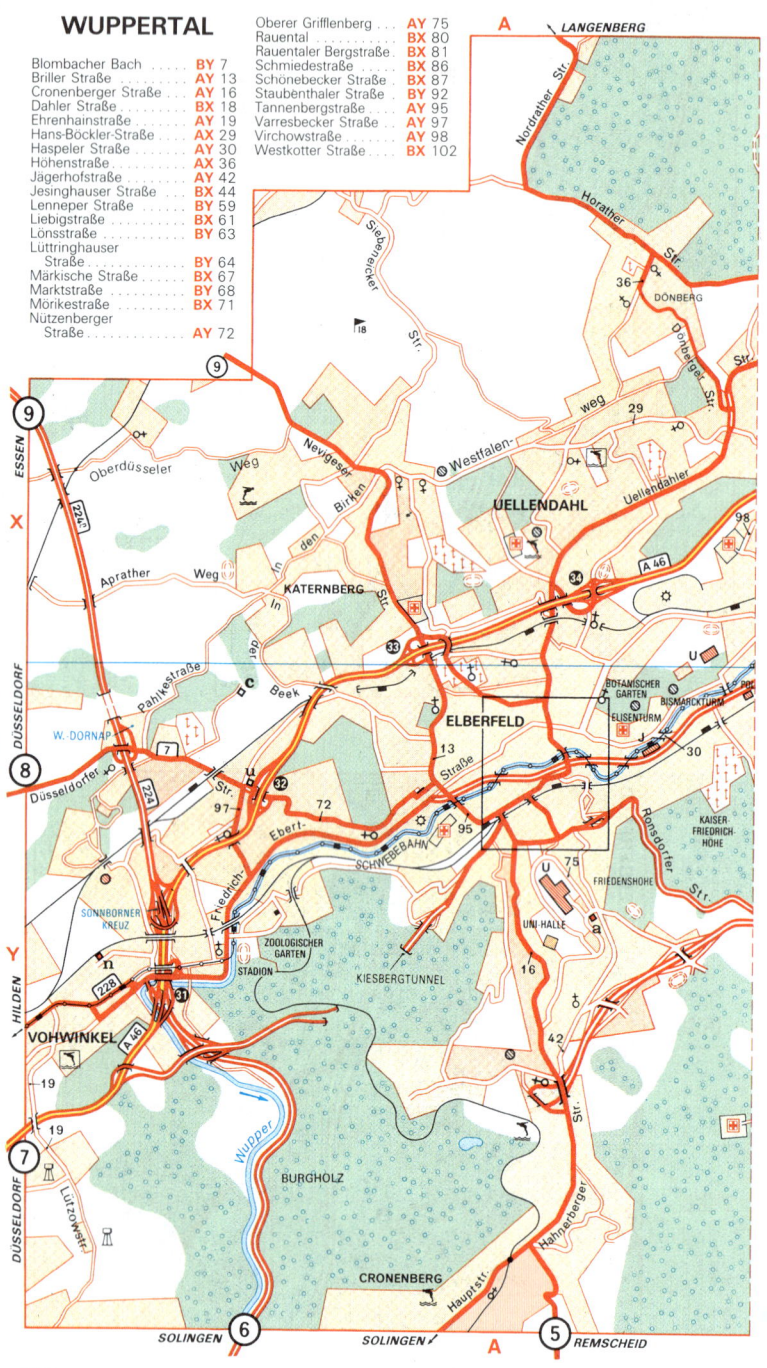

WUPPERTAL

Blombacher Bach	**BY** 7
Briller Straße	**AY** 13
Cronenberger Straße	**AY** 16
Dahler Straße	**BX** 18
Ehrenhainstraße	**AY** 19
Hans-Böckler-Straße	**AX** 29
Haspeler Straße	**AY** 30
Höhenstraße	**AX** 36
Jägerhofstraße	**AY** 42
Jesinghauser Straße	**BX** 44
Lenneper Straße	**BY** 59
Liebigstraße	**BX** 61
Lönsstraße	**BX** 63
Lüttringhauser Straße	**BY** 64
Märkische Straße	**BX** 67
Marktstraße	**BY** 68
Mörikestraße	**BX** 71
Nützenberger Straße	**AY** 72
Oberer Grifflenberg	**AY** 75
Rauental	**BX** 80
Rauentaler Bergstraße	**BX** 81
Schmiedestraße	**BX** 86
Schönebecker Straße	**BX** 87
Staubenthaler Straße	**BY** 92
Tannenbergstraße	**AY** 95
Varresbecker Straße	**AY** 97
Virchowstraße	**AY** 98
Westkotter Straße	**BX** 102

1528

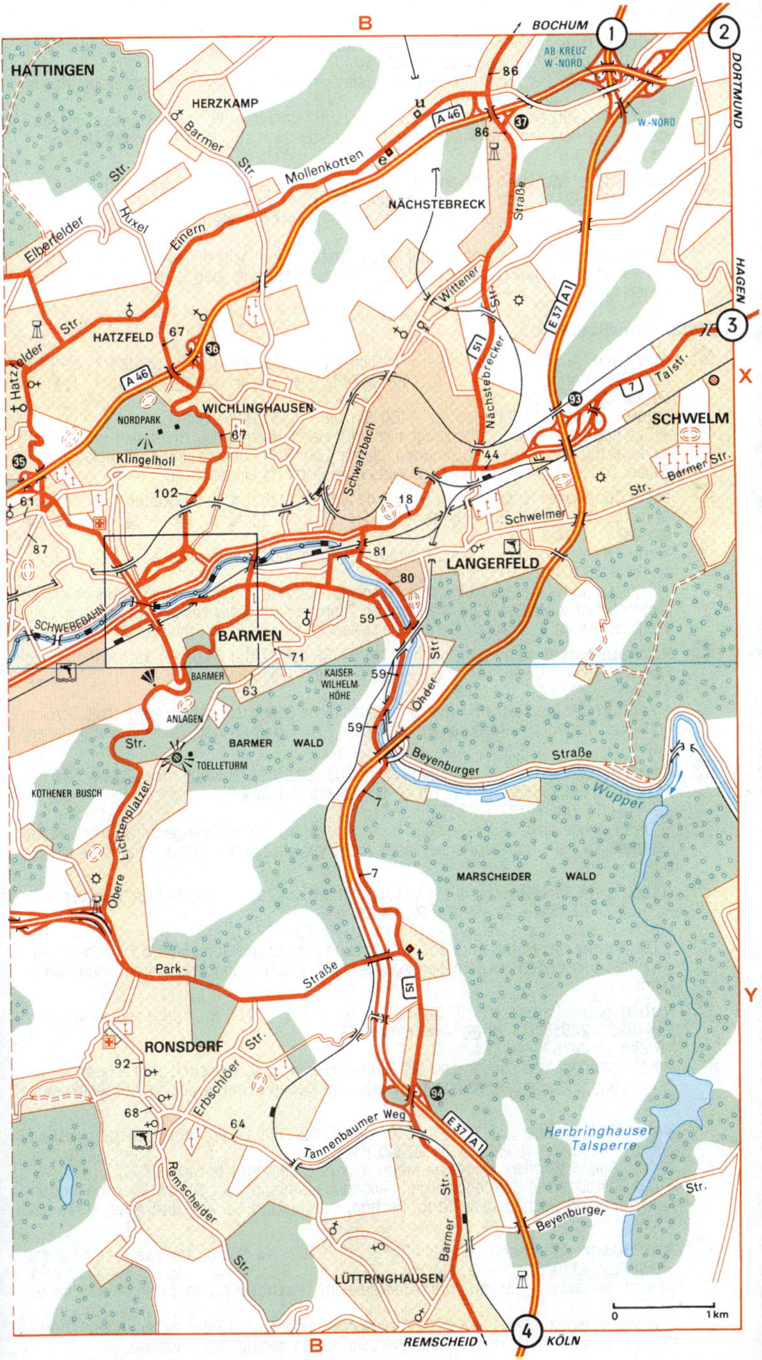
B
BOCHUM
DORTMUND
HAGEN
X
Y
HATTINGEN
HERZKAMP
Barmer Str.
Mollenkotten
A 46
AB KREUZ W-NORD
W-NORD
NÄCHSTEBRECK
Straße
Elberfelder Str.
Huxel
Einern
Hatzfelder Str.
HATZFELD
Wittener Str.
Nächstebrecker
E 37 A1
Talstr.
SCHWELM
WICHLINGHAUSEN
NORDPARK
Klingelholl
Schwarzbach
Barmer Str.
Schwelmer Str.
LANGERFELD
SCHWEBEBAHN
BARMEN
BARMER ANLAGEN
KAISER-WILHELM-HÖHE
Öhder Str.
Beyenburger Straße
Wupper
BARMER WALD
TOELLETURM
KOTHENER BUSCH
Obere Lichtenplatzer Str.
MARSCHEIDER WALD
Park-Straße
RONSDORF
Erbschlöer Str.
Tannenbaumer Weg
Herbringhauser Talsperre
Beyenburger Str.
Remscheider Str.
Barmer Str.
LÜTTRINGHAUSEN
REMSCHEID
KÖLN
0
1 km

WUPPERTAL

Galerie Palette, Sedanstr. 68, ✉ 42281, ☎ (0202) 50 62 81, *palette@wtal.de*, Fax (0202) 2501241, 🍴 – AE ⓪ ⓂⓄ VISA
geschl. 24. - 31. Dez., Sonntag - Montag – **Menu** (nur Abendessen) (Tischbestellung ratsam) à la carte 26/42.
DZ a
• Das um 1900 erbaute Haus hat sich zu einem schmucken Restaurant entwickelt. Antiquitäten geben dem rustikal-gediegenen Interieur eine stilvolle Atmosphäre. Innenhofterrasse.

Jagdhaus Mollenkotten, Mollenkotten 144, ✉ 42279, ☎ (0202) 52 26 43, Fax (0202) 524431, 🍴 – 🅿 AE ⓪ ⓂⓄ VISA
geschl. Jan. 1 Woche, Juli 3 Wochen, Montag - Dienstag – **Menu** 11 (mittags) à la carte 17,50/30.
BX e
• Bereits 1625 lud Jaspar Mollenkotten Gäste in sein Wirtshaus ein. Direkt mit ihm verwandt ist Katja Brenne, heute Gastgeberin in dem im bergischen Stil gehaltenen Restaurant.

In Wuppertal-Elberfeld :

Mercure, Auf dem Johannisberg 1 (Nähe Stadthalle), ✉ 42103, ☎ (0202) 4 96 70, *h2828@accor-hotels.com*, Fax (0202) 4967177 – 📶, ⚡ Zim, 🖥 TV 📞 ♿ 🚗 – 🔑 50. AE ⓪ ⓂⓄ VISA JCB
CZ b
Menu à la carte 20/33 – 🍽 13 – **130 Zim** 98 – 113/142, 9 Suiten.
• Das neuzeitliche Hotel überzeugt nicht nur Geschäftsreisende mit einem großen Hallenbereich und funktionellen Zimmern, die alle über Schreibtische und Kofferablagen verfügen. Das Restaurant ist hell und modern im Bistrostil eingerichtet.

InterCityHotel, Döppersberg 50, ✉ 42103, ☎ (0202) 4 30 60, *wuppertal@intercityhotel.de*, Fax (0202) 456959, 😊 – 📶, ⚡ Zim, 🖥 TV 📞 ♿ 🚗 – 🔑 120. AE ⓪ ⓂⓄ VISA
CZ a
Menu (geschl. 22. Juli - 4. Sept., Freitag - Sonntag) (nur Abendessen) à la carte 21/35 – 🍽 11 – **160 Zim** 106/118 – 132/141.
• Schallschutzfenster und Klimaanlagen sorgen trotz der zentralen Lage für einen erholsamen Schlaf in den solide eingerichteten Zimmern mit guter technischer Ausstattung. Vom Restaurant aus blicken Sie auf die bekannte Wuppertaler Schwebebahn.

Rathaus-Hotel garni, Wilhelmstr. 7, ✉ 42105, ☎ (0202) 45 01 48, *rathaushotel@telebel.de*, Fax (0202) 451284 – 📶 ⚡ TV 🚗 – ⓂⓄ VISA
CZ s
33 Zim 🍽 71/98 – 102/148.
• Komfortable, gepflegte Zimmer und neuzeitliche Bäder, ein netter Aufenthaltsbereich und eine freundliche Atmosphäre erwarten Sie in dem in der Stadtmitte gelegenen Hotel.

Central garni, Poststr. 4, ✉ 42103, ☎ (0202) 69 82 30, *info@central.bestwestern.de*, Fax (0202) 69823333 – 📶 ⚡ TV 📞 AE ⓪ ⓂⓄ VISA JCB
CZ p
🍽 11 – **51 Zim** 77/97 – 97/137.
• Diese neuzeitliche Adresse liegt ganz zentral, in der Fußgängerzone. Hier finden Reisende saubere und gepflegte, meist recht ruhige Zimmer mit praktischer Ausstattung.

Astor garni, Schloßbleiche 4, ✉ 42103, ☎ (0202) 45 05 11, *info@astor-wuppertal.de*, Fax (0202) 453844 – 📶 ⚡ TV AE ⓪ ⓂⓄ VISA
CZ e
geschl. Weihnachten - Neujahr – **44 Zim** 🍽 59/70 – 77/82.
• Die Zimmer des Hotels im Stadtzentrum sind mit soliden Hotelmöbeln funktionell eingerichtet und bieten zeitgemäßen Komfort. Mit ansprechend gestaltetem Frühstücksraum.

Rubin garni, Paradestr. 59, ✉ 42107, ☎ (0202) 24 83 80, *hotel-rubin@web.de*, Fax (0202) 2483810 – 📶 TV 🚗 🅿 ⓂⓄ VISA
CZ f
16 Zim 🍽 44/69 – 68/74.
• Sehr gepflegt und sauber sind die Zimmer dieses Stadthotels mit Klinkerfassade. Die Einrichtung und eine Sammlung alter Werkzeuge geben dem Haus eine rustikal-heimelige Note.

Valentino, Bembergstr. 20, ✉ 42103, ☎ (0202) 4 60 06 90, *info@valentino-restaurant.de*, Fax (0202) 4605697 – 🅿 AE ⓂⓄ VISA
CZ v
geschl. Aug. 3 Wochen, Montag – **Menu** (nur Abendessen) à la carte 23/37.
• Das Restaurant in dem ehemaligen Fabrikgebäude empfängt Sie mit klassisch-modernem Ambiente, schön gedeckten Tischen, geschultem Service und einer kreativen Küche.

Am Husar, Jägerhofstr. 2, ✉ 42119, ☎ (0202) 42 48 28, *amhusar@t-online.de*, Fax (0202) 437986, 🍴 – 🅿 ⓂⓄ VISA
AY a
geschl. Mittwoch – **Menu** (nur Abendessen) (Tischbestellung ratsam) à la carte 23,50/41.
• Wenn Sie eine rustikal-gemütliche Atmosphäre mögen, sind Sie in diesem hübsch dekorierten Restaurant mit dem freundlichen Service an der richtigen Adresse.

WUPPERTAL

In Wuppertal-Varresbeck :

Waldhotel Eskeshof (mit Gästehäusern), Krummacherstr. 251, ✉ 42115, ℘ (0202) 2 71 80, info@eskeshof.de, Fax (0202) 2718199, Biergarten, ≋, 🏊 – ⇔ Zim, 📺 ⌕ ⇔ 🅿 – 🔔 70. ⌸ ⓞ ⓜ ⓥⓘⓢⓐ   AY c
geschl. 24. Dez. - 1. Jan. - **Menu** à la carte 18/33,50 – **86 Zim** ⌸ 84/89 – 106/109.
◆ Der stattliche Fachwerkgasthof mit neuerem Anbau liegt am Stadtrand : Funktionelle Gästezimmer, moderne Tagungsräume und ein gepflegter Freizeitbereich. Unverputzte Backsteinwände und rustikales Mobiliar bestimmen den Charakter des Restaurants.

Novotel, Otto-Hausmann-Ring 203, ✉ 42115, ℘ (0202) 7 19 00, h0789@accor-hotels.com, Fax (0202) 7190333, 🍽, ≋, 🏊 – 🛗, ⇔ Zim, 📺 ⌕ 🅿 – 🔔 240. ⌸ ⓞ ⓜ ⓥⓘⓢⓐ ⓙⓒⓑ   AY u
Menu à la carte 21/31 – **128 Zim** ⌸ 90 – 118.
◆ Gepflegt, funktionell und dem Novotel-Standard entsprechend präsentieren sich die Zimmer dieses Hotel-Zweckbaus in verkehrsgünstiger Lage nahe der Autobahn.

In Wuppertal-Vohwinkel :

Scarpati mit Zim, Scheffelstr. 41, ✉ 42327, ℘ (0202) 78 40 74, info@scarpati.de, Fax (0202) 789828, 🍽 – 📺 🅿 ⌸ ⓞ ⓜ ⓥⓘⓢⓐ, ⇔ Zim   AY n
Menu (geschl. Montag) à la carte 48/61 – **Trattoria** (geschl. Montag) **Menu** à la carte 28/31 – **7 Zim** ⌸ 77 – 108.
◆ Im Anbau einer Jugendstil-Villa hat man dieses zeitlos-elegante Restaurant eingerichtet, in dem man eine klassische, italienisch beeinflußte Küche offeriert. Hübsche Zimmer. Eine leicht rustikale Alternative zum Scarpati : die Trattoria.

WURMLINGEN Baden-Württemberg siehe Tuttlingen.

WURZACH, BAD Baden-Württemberg 545 W 13 – 14 400 Ew – Höhe 652 m – Moorheilbad.
🛈 Kurverwaltung, Mühltorstr. 1, ✉ 88410, ℘ (07564) 30 21 50, info@bad-wurzach.de, Fax (07564) 302154.
Berlin 681 – Stuttgart 159 – Konstanz 121 – Kempten (Allgäu) 47 – Bregenz 66.

Adler, Schloßstr. 8, ✉ 88410, ℘ (07564) 9 30 30, b.gut@t-online.de, Fax (07564) 930340, 🍽 – ⇔ Zim, 📺 ⇔ 🅿 ⌸ ⓜ ⓥⓘⓢⓐ
geschl. 23. Dez. - 3. Jan., 15. - 30. Aug. – **Menu** (geschl. Montag) à la carte 18/34 – **18 Zim** ⌸ 45/48 – 70/75.
◆ Der gepflegte, traditionsreiche Gasthof in der Altstadt wurde renoviert und bietet nun helle, freundliche Zimmer mit zeitgemäßem Komfort. Das im modernen Landhausstil gestaltete Restaurant bietet eine schmackhafte regionale Küche.

WUSTRAU-ALTFRIESACK Brandenburg 542 H 22 – 1 300 Ew – Höhe 40 m.
Berlin 72 – Potsdam 73 – Brandenburg 66.

Seeschlösschen ⌂, Am Schloß 8, ✉ 16818, ℘ (033925) 88 03, seeschloesschen@ssg.de, Fax (033925) 88055, 🍽, ≋ Bootssteg – ⇔ 🅿 ⌸ ⓞ ⓜ ⓥⓘⓢⓐ
Menu (geschl. Jan.) à la carte 28/34 – **11 Zim** ⌸ 70 – 90/120.
◆ Mediterranes Ambiente bestimmt die Räumlichkeiten dieses direkt am Ruppiner See gelegenen Hotels. Die Zimmer, meist mit Balkon, gefallen mit Terrakottaböden und Metallbetten. Lichtdurchflutetes Restaurant und breite Seeterrasse.

WUSTROW Mecklenburg-Vorpommern 542 C 21 – 2 400 Ew – Seebad.
🛈 Kurverwaltung, Ernst-Thälmann-Str. 11, ✉ 18347, ℘ (038220) 2 51, kurverwaltung@ostseebad-wustrow.de, Fax (038220) 253.
Berlin 255 – Schwerin 133 – Rostock 42.

Dorint, Strandstr. 46, ✉ 18347, ℘ (038220) 6 50, info.rlgwus@dorint.com, Fax (038220) 65100, 🍽, 🅞, Massage, ≋, 🏊 – 🛗 ⇔ 📺 ⌕ ⇔ 🅿 – 🔔 90. ⌸ ⓞ ⓜ ⓥⓘⓢⓐ ⓙⓒⓑ, ⇔ Rest
Menu à la carte 25,50/42 – ⌸ 16 – **97 Zim** 109/149 – 125/159, 28 Suiten.
◆ Lichtdurchflutet präsentiert sich das aus 3 miteinander verbundenen Gebäuden bestehende Hotel in Strandnähe. Schöne Zimmer, Badelandschaft und nette Kinderbetreuung. Helles, freundliches Restaurant mit Korbstühlen und maritimem Dekor.

Sonnenhof ⌂, Strandstr.33, ✉ 18347, ℘ (038220) 61 90, sonnenhof-wustrow@t-online.de, Fax (038220) 61955, Biergarten, ≋, 🏊, 🍽 – 📺 ⌕ 🅿 ⌸ ⓞ ⓜ ⓥⓘⓢⓐ
Menu à la carte 13,50/31 – **14 Zim** ⌸ 45/65 – 65/100.
◆ Der Hotelneubau wurde in dem für die Region typischen Klinker-Fachwerkstil erbaut und beherbergt seine Gäste in sehr wohnlichen, mit hellem Naturholz eingerichteten Zimmern. Das rustikale Restaurant befindet sich in einem älteren Gebäude.

WUSTROW (KREIS NEUSTRELITZ) Mecklenburg-Vorpommern 542 G 22 – 750 Ew – Höhe 50 m.
Berlin 108 – Schwerin 135 – Neubrandenburg 50.

In Wustrow-Grünplan Süd-West : 7 km, über Neu Canow und Canow :

Heidekrug, Dorfstr. 14, ⊠ 17255, ℘ (039828) 6 00, info@hotel-heidekrug-gruenplan.de, Fax (039828) 20266, 🍴, ⊑, ⛳, 🐎, – 🛗 TV P – 🔒 30. AE ⓘ MC VISA
Menu à la carte 16/27 – **27 Zim** ⊇ 67/72 – 85/93.
• Ruhig und idyllisch an einem See liegt dieses gepflegte Hotel im Landhausstil mit gediegenem Hallenbereich und wohnlichen, funktionellen Zimmern. Teil des Restaurants ist eine einfache, gemütliche kleine Gaststätte.

WYK Schleswig-Holstein siehe Föhr (Insel).

XANTEN Nordrhein-Westfalen 543 L 3 – 20 000 Ew – Höhe 26 m – Erholungsort.
Sehenswert : Dom St. Viktor★.
🛈 Tourist-Information, Kurfürstenstr. 9, ⊠ 46509, ℘ (02801) 98 30 00, info@xanten.de, Fax (02801) 71664.
Berlin 574 – Düsseldorf 68 – Duisburg 42 – Kleve 26 – Wesel 16.

Van Bebber, Klever Str. 12, ⊠ 46509, ℘ (02801) 66 23, info@hotelvanbebber.de, Fax (02801) 5914, 🍴, 🍴, 🛏, TV ✆ P – 🔒 60. AE ⓘ MC VISA
Menu (geschl. Montagmittag) à la carte 22/34 – **36 Zim** ⊇ 64/90 – 105/128 – ½ P 16.
• Wo schon Königin Victoria und Winston Churchill beherbergt wurden, offeriert man Ihnen Zimmer, die teils mit Stuck und Antiquitäten, teils im Landhausstil eingerichtet sind. Einladend wirken die stilvollen Stuben mit Stuckdecken und alten Bildern.

Neumaier, Orkstr. 19, ⊠ 46509, ℘ (02801) 7 15 70, hotelneumaier@t-online.de, Fax (02801) 715736, Biergarten – 🛗, 🍴 Zim, TV ✆ P – 🔒. AE ⓘ MC VISA
geschl. 1. - 5. Jan. - Menu à la carte 19/30 – **14 Zim** ⊇ 50 – 75.
• Nur wenige Gehminuten vom Stadtkern entfernt finden Sie diese charmante, familiär geführte Adresse. Die Zimmer wirken gemütlich, mit Liebe zum Detail eingerichtet. Rustikales Restaurant mit blanken Tischen sowie Holzbänken und -stühlen.

In Xanten-Obermörmter Nord-West : 15 km über die B 57 :

Landhaus Köpp, Husenweg 147, ⊠ 46509, ℘ (02804) 16 26, Fax (02804) 910187 – P. AE
geschl. 2. - 26. Jan., Samstagmittag, Sonntagabend - Montag – **Menu** (Tischbestellung erforderlich) 42,50/73 à la carte 45/57, ♀.
• Das Haus liegt etwas versteckt in einem Wohngebiet. In elegantem, freundlichem Ambiente offeriert Patron Jürgen Köpp seinen Gästen feine klassische Kreationen.
Spez. Seeteufel mit marinierten Gemüsebohnen. Lasagne von Entenbrust mit Rotweinschalotten. Variation von der Mango

---

ZEHNA Mecklenburg-Vorpommern 542 E 20 – 700 Ew – Höhe 45 m.
Berlin 184 – Schwerin 64 – Güstrow 10 – Rostock 47 – Wismar 65.

In Zehna-Groß Breesen Süd-Ost : 6 km Richtung Goldberg :

Gutshotel Groß Breesen, Groß Breesen, ⊠ 18276, ℘ (038458) 5 00, info@gutshotel.de, Fax (038458) 50234, 🍴, 🐎, 🍴 Zim, TV ✆ P – 🔒 80. AE MC
Menu (Okt. - April Montag - Freitag nur Abendessen) à la carte 20/34 – **30 Zim** ⊇ 67 – 96.
• Der recht hübsch gelegene ehemalige Gutshof mit zwei kleineren Neubauten stellt ein solides, ländliches Domizil dar. Eine Besonderheit des Hauses ist die große Bibliothek. In dem urigen Gewölbekeller von 1883 nehmen Sie an blanken Holztischen Platz.

ZEIL AM MAIN Bayern 545 P 15 – 5 300 Ew – Höhe 237 m.
Berlin 428 – München 270 – Coburg 70 – Schweinfurt 27 – Bamberg 29.

Kolb, Krumer Str. 1, ⊠ 97475, ℘ (09524) 90 11, hotel-kolb-zeil@t-online.de, Fax (09524) 6676, 🍴 – TV 🚗 P – 🔒 40. MC VISA
geschl. Jan. 3 Wochen, Ende Aug. - Anfang Sept. 2 Wochen – **Menu** (geschl. Donnerstagmittag) à la carte 16,50/31 – **20 Zim** ⊇ 34/45 – 68.
• Hinter der rosafarbenen Fassade des Landgasthofs erwarten die Besucher saubere und gepflegte Zimmer, die mit zeitgemäßen Einbaumöbeln solide ausgestattet sind. Die Einrichtung der ländlichen Gaststube ist schlicht und rustikal.

ZEISKAM Rheinland-Pfalz siehe Bellheim.

ZEITHAIN Sachsen siehe Riesa an der Elbe.

ZELL AM HARMERSBACH Baden-Württemberg 545 U 8 – 8 500 Ew – Höhe 223 m – Erholungsort.

🐟 Zell am Harmersbach, Gröbernhof, ℘ (07835) 63 49 09.
🛈 Tourist Information, Alte Kanzlei, ✉ 77736, ℘ (07835) 63 69 47, tourist-info@zell.de, Fax (07835) 636950.
Berlin 769 – Stuttgart 168 – Karlsruhe 99 – Freudenstadt 43 – Offenburg 22 – Freiburg im Breisgau 55.

🏨 **Sonne**, Hauptstr. 5, ✉ 77736, ℘ (07835) 6 37 30, sonne-zell@t-online.de, Fax (07835) 637313, 😊 – ✤ Zim, 📺 📞 🚗 🅿 – 🛎 15. AE ⓞ ⓜ VISA JCB.
geschl. Jan. 2 Wochen – **Menu** (geschl. Donnerstag - Freitagmittag) à la carte 18/33 – **19 Zim** ⚏ 45 – 74 – ½ P 15.
♦ Am Ortseingang erwartet Sie ein blumengeschmückter Schwarzwaldgasthof mit solide in rustikaler Eiche ausgestatteten, wohnlichen Zimmern mit Balkon. Bleiverglaste Fenster und Holzbänke und -stühle vermitteln Behaglichkeit im Restaurant.

🏨 **Zum Schwarzen Bären**, Kirchstr. 5, ✉ 77736, ℘ (07835) 63 92 90, hhaseidl@t-online.de, Fax (07835) 5251, Biergarten – 📶 📺 🚗 🅿 – 🛎 50. AE ⓞ ⓜ VISA.
geschl. 2. - 16. Jan., 6. - 12. März – **Menu** (geschl. Montagmittag, Mittwoch) à la carte 18/34 – **24 Zim** ⚏ 38/45 – 60/64 – ½ P 13.
♦ Der Gasthof mit der blau-weißen Fassade liegt in der Ortsmitte. Die Zimmer sind mit dunklen Holzmöbeln ausgestattet, gepflegt, praktisch und ausreichend geräumig. Die ländliche Gaststube ist gemütlich und liebevoll dekoriert.

🏡 **Gasthof Kleebad** 🛌, Jahnstr. 8, ✉ 77736, ℘ (07835) 33 15, Fax (07835) 5187, 🐎 – 🔧 🅿. 🚭
Menu (geschl. 15. Nov. - 15. Dez., Montag) (Restaurant nur für Hausgäste) – **21 Zim** ⚏ 35/45 – 64/72 – ½ P 10.
♦ Die idyllische Lage am Waldrand und die gepflegten, praktischen Zimmer sprechen für dieses traditionsreiche Gasthaus mit schöner Sommerterrasse.

Benutzen Sie den Hotelführer des laufenden Jahres

ZELL AN DER MOSEL Rheinland-Pfalz 543 P 5 – 4 860 Ew – Höhe 94 m.

🛈 Tourist-Information, Rathaus, Marktstr. 2, ✉ 56856, ℘ (06542) 9 62 20, info@zellerland.de, Fax (06542) 962229.
Berlin 665 – Mainz 105 – Trier 72 – Cochem 39.

🏨 **Zum grünen Kranz** (mit Gästehaus), Balduinstr. 13, ✉ 56856, ℘ (06542) 9 86 10, info@zum-gruenen-kranz.de, Fax (06542) 986180, ≼, 😊, 😌, 🏊 – 📶 📺 AE ⓞ ⓜ VISA.
Menu (geschl. 5. Jan. - Ostern) à la carte 17,50/32 – **32 Zim** ⚏ 45/60 – 86/130.
♦ Von dem neuzeitlichen Hotelbau an der Uferpromenade hat man einen schönen Blick auf die Mosellandschaft. Fragen Sie nach den neuen Zimmern im hinteren Gebäudeteil. Das Restaurant mit Weinstube ist gediegen eingerichtet, teils mit Holz vertäfelt.

🏨 **Haus Notenau** garni, Notenau 8, ✉ 56856, ℘ (06542) 50 10, haus-notenau@t-online.de, Fax (06542) 5280, ✤ 📺 🅿 ⓜ VISA JCB. 🚭
18 Zim ⚏ 36 – 60.
♦ Eine sehr gut geführte Pension in einem Haus mit hellgelber Fassade und Schieferdach. Die Zimmer sind solide eingerichtet und bieten zeitgemäßen Komfort. Mit Appartements.

ZELL IM WIESENTAL Baden-Württemberg 545 W 7 – 6 400 Ew – Höhe 444 m – Erholungsort.

🛈 Zeller Bergland Tourismus, Schopfheimer Str. 3, ✉ 79669, ℘ (07625) 92 40 92, info@zeller-bergland.de, Fax (07625) 13315.
Berlin 819 – Stuttgart 196 – Freiburg im Breisgau 50 – Donaueschingen 73 – Basel 32.

🏨 **Löwen**, Schopfheimer Str. 2, ✉ 79669, ℘ (07625) 9 25 40, info@hotel-loewen-zell.de, Fax (07625) 8086, Biergarten – 📺 📞 🅿 ⓞ ⓜ VISA.
Menu (geschl. Donnerstagabend - Samstagmittag) à la carte 17/42 – **36 Zim** ⚏ 32/39 – 59/65 – ½ P 15.
♦ Die Zimmer des Landgasthofs in der Ortsmitte sind mit dunklen Eichenholzmöbeln, heller Buche oder mahagonifarben eingerichtet, praktisch und gepflegt ; zum Teil mit Balkonen. Urige, rustikale Gaststube mit Kachelofen und bürgerlich eingerichtetes Restaurant.

ZELL IM WIESENTAL

In Zell-Pfaffenberg Nord : über B 317, in Atzenbach links ab, 5,5 km – Höhe 700 m

Berggasthof Schlüssel 🍴, Pfaffenberg 2, ✉ 79669, ✆ (07625) 92 48 61, info@berggasthof-schluessel.de, Fax (07625) 924862, ≤, 🌳, 🐎 – 🅿. 🆎 VISA
🐕 Zim
geschl. 13. Jan. - 19. Feb. – **Menu** (geschl. Montag - Dienstag) à la carte 18/34 – **11 Zim** ⊑ 31 – 52 – ½ P 14.
• Ein Schwarzwälder Gasthof mit über 100-jähriger Tradition - gut geführt und sehr sauber. Die Zimmer sind zum Teil mit bemalten Bauernmöbeln eingerichtet. Die Gaststuben sind ländlich gestaltet, mit Terrasse.

ZELLA-MEHLIS Thüringen 544 O 16 – 12 800 Ew – Höhe 500 m – Erholungsort.

🛈 Tourist-Information, Louis-Anschütz-Str. 28, ✉ 98544, ✆ (03682) 48 28 40, touristinfo@zella-mehlis.de, Fax (03682) 487143.
Berlin 346 – Erfurt 55 – Coburg 58 – Suhl 6.

Waldmühle, Lubenbachstr. 2, ✉ 98544, ✆ (03682) 8 98 90, hotel-waldmuehle@t-online.de, Fax (03682) 898111, 🌳, 🐎 – 🆎 Rest
Menu à la carte 12/23 – **36 Zim** ⊑ 49 – 67 – ½ P 16.
• Das 1892 erbaute Gasthaus wurde um einen modernen Hotelanbau im Landhausstil erweitert, in dem praktisch eingerichtete Zimmer mit zeitgemäßem Komfort auf die Gäste warten. Bilder, Pflanzen und Zierrat schmücken das leicht rustikal gestaltete Restaurant.

Stadt Suhl, Bahnhofstr. 7, ✉ 98544, ✆ (03682) 48 23 79, info@hotel-stadt-suhl.de, Fax (03682) 41931, Biergarten – TV P. AE VISA
Menu (geschl. Sonntagabend) à la carte 13,50/20 – **13 Zim** ⊑ 30/46 – 60.
• Die Zimmer in dem renovierten Stadthaus mit der rotbraunen Fassade und dem Schieferdach sind mit hellen Naturholzmöbeln solide eingerichtet, gepflegt und ausreichend wohnlich. Hell und rustikal gibt sich die gemütliche Gaststube.

ZELTINGEN-RACHTIG Rheinland-Pfalz 543 Q 5 – 2 500 Ew – Höhe 105 m – Erholungsort.

🛈 Verkehrsbüro, Uferallee 13, ✉ 54492, ✆ (06532) 24 04, info@zeltingen-rachtig.de, Fax (06532) 3847.
Berlin 688 – Mainz 121 – Trier 49 – Bernkastel-Kues 8 – Koblenz 99 – Wittlich 10.

Im Ortsteil Zeltingen :

St. Stephanus, Uferallee 9, ✉ 54492, ✆ (06532) 6 80, info@hotel-stephanus.de, Fax (06532) 68420, ≤, 🌳, 🍴, 🏊 – 📶, 🛌 Zim, TV 🚗 P. – 🔑 50. AE ⓘ 🆎 VISA
Saxlers Restaurant (geschl. Nov. 2 Wochen, Mittwoch) (Montag - Donnerstag nur Abendessen) **Menu** à la carte 28/45 – **Bistro Weinstein** (geschl. Montag) (wochentags nur Abendessen) **Menu** à la carte 17,50/28 – **46 Zim** ⊑ 54/81 – 86/154 – ½ P 18.
• Das historische Haus mit schmucker ursprünglicher Natursteinfassade wird ergänzt durch einen Hotelanbau mit solide eingerichteten, wohnlichen Zimmern - am Moselufer gelegen. Mit elegantem Touch empfängt Sie Saxlers Restaurant.

Nicolay zur Post, Uferallee 7, ✉ 54492, ✆ (06532) 9 39 10, info@hotel-nicolay.de, Fax (06532) 2306, ≤, 🌳, 🍴, 🏊 – 📶, 🛌 Zim, TV 🚗 P. AE 🆎 VISA
🐕 Rest
geschl. Jan. - Feb. 4 Wochen – **Menu** (geschl. Montag - Dienstagmittag) à la carte 21/50 – **36 Zim** ⊑ 50/65 – 84/104 – ½ P 16.
• Der Hotelzweckbau liegt am Moselufer. Die Zimmer sind teils mit kirschbaumfarbenem, teils mit dunklem Holzmobiliar solide und praktisch ausgestattet. Freundliches Restaurant und rustikale Weinstube.

Im Ortsteil Rachtig :

Deutschherrenhof (mit Gästehaus), Deutschherrenstr. 23, ✉ 54492, ✆ (06532) 93 50, hotel.deutschherrenhof@t-online.de, Fax (06532) 935199, ≤, 🌳 – 📶 TV P. – 🔑 30. ⓘ 🆎 VISA
geschl. 2. - 22. Jan. – **Menu** (geschl. Nov. - März Dienstag) (Nov. - März wochentags nur Abendessen) à la carte 17/32 – **26 Zim** ⊑ 46 – 86 – ½ P 18.
• Die gepflegten, unterschiedlich eingerichteten Zimmer verteilen sich auf das Haupthaus, einen ehemaligen Ordenshof der Deutschherren mit Schieferdach, und das nette Gästehaus. Sie speisen im Wintergartenrestaurant oder in der Backstube.

ZEMMER Rheinland-Pfalz siehe Kordel.

ZENTING Bayern 546 T 23 – 1 300 Ew – Höhe 450 m – Wintersport : 600/1 000 m.
  🛈 Touris-Information, Schulgasse 4, ✉ 94579, ✆ (09907) 8 72 00 11, Fax (09907) 8720018.
  Berlin 596 – München 172 – Passau 35 – Cham 89 – Deggendorf 30.

In Zenting-Ranfels Süd : 4 km :

  Zur Post (mit Gästehaus), Schloßbergweg 4, ✉ 94579, ✆ (09907) 2 30, gasthof-zur-post@region-sonnenwald.de, Fax (09907) 1209, Biergarten, 🅿.
  geschl. Nov. - 20. Dez. – **Menu** (geschl. Mittwoch) à la carte 12,50/20 – **17 Zim** ⇔ 22 – 39.
  • Ein gestandener Gasthof im Ortskern. Die Zimmer sind mit hellen Holzmöbeln schlicht, aber praktisch eingerichtet, sauber und gut gepflegt. Rustikale Gaststube mit einer 200 Jahre alten Holzbalkendecke.

  Fragen Sie Ihren Buchhändler nach dem aktuellen
  Katalog des Michelin Reise-Verlags

ZERBST Sachsen-Anhalt 542 K 20 – 16 700 Ew – Höhe 68 m.
  🛈 Tourist-Information, Schloßfreiheit 12, ✉ 39261, ✆ (03923) 76 01 78, info@stadt-zerbst.de, Fax (03923) 760179.
  Berlin 133 – Magdeburg 43 – Dessau 30.

  von Rephuns Garten, Rephunstr. 2, ✉ 39261, ✆ (03923) 6 16 05, Fax (03923) 61607, 🍽, – 📺 🅿 – 🔒 20. ⓐⓔ ⓞ ⓜⓞ 🆅🅸🆂🅰, ⚞ Rest
  geschl. Mitte - Ende Juli – **Menu** à la carte 20/28 – **14 Zim** ⇔ 51 – 77.
  • Das historische Gebäude im Stil eines kleinen Palais hält für seine Gäste einfache Zimmer bereit, die mit grün eingefärbten Holzmöbeln schlicht eingerichtet sind. Ein künstlicher Baum ziert das mit hellen Holzmöbeln eingerichtete Restaurant.

  Park-Restaurant Vogelherd, Lindauer Str. 78 (Nord: 2,5 km), ✉ 39261, ✆ (03923) 78 04 44, Fax (03923) 780447, 🍽 – 🅿. ⓐⓔ ⓜⓞ 🆅🅸🆂🅰
  geschl. 10. Juli - 1. Aug., Montag - Dienstag – **Menu** à la carte 19/33.
  • Das kleine Gutshaus liegt außerhalb in einer Parkanlage mit Teich, Pavillon und Grill. Das Restaurant im altdeutschen Stil erfreut den Besucher mit schönen Stuckdecken.

ZETEL Niedersachsen 541 F 7 – 10 500 Ew – Höhe 10 m.
  Berlin 477 – Hannover 189 – Bremen 89 – Wilhelmshafen 21.

In Zetel-Neuenburg Süd : 4 km :

  Neuenburger Hof, Am Markt 12, ✉ 26340, ✆ (04452) 2 66, kontakt@hotel-neuenburger-hof.de, Fax (04452) 7806, 🍽, 🈴, 🚗 – 📺 🚙 🅿. ⓞ ⓜⓞ 🆅🅸🆂🅰.
  Menu (geschl. Mittwochmittag, Freitagmittag) à la carte 17/26 – **16 Zim** ⇔ 32 – 52.
  • Ein gemütlicher niedersächsischer Landgasthof mit unterschiedlich eingerichteten Zimmern, die alle tadellos gepflegt sind und zeitgemäßen Komfort bieten. Die Gaststube wirkt gemütlich : Parkett und Teppiche verleihen ihr ein nettes Ambiente.

ZEULENRODA Thüringen 544 O 19 – 15 000 Ew – Höhe 425 m.
  🛈 Fremdenverkehrsverein, Schuhgasse 7, ✉ 07937, ✆ (036628) 8 24 41, Fax (036628) 89276.
  Berlin 267 – Erfurt 109 – Gera 31 – Greiz 20.

  Seehotel, Flur Leize 4 (Nord : 2 km, an der Talsperre), ✉ 07937, ✆ (036628) 9 80, info@seehotel-zeulenroda.de, Fax (036628) 98100, ≤, 🍽, 🏋, 🈴, 🎾 – 🛗, ⇔ Zim, 🍽 Rest, 📺 ☎ 🚙 🅿 – 🔒 240. ⓐⓔ ⓞ ⓜⓞ 🆅🅸🆂🅰 🅹🅲🅱
  Menu à la carte 19/37 – **138 Zim** ⇔ 102 – 145.
  • Eine großzügige Lobby empfängt Sie in diesem modernen Urlauber- und Tagungshotel. Hübsche Zimmer, ein gepflegter Freizeitbereich sowie die schöne Lage überzeugen. Drei unterschiedlich gestaltete, neuzeitliche Restaurants mit internationalem Speisenangebot.

  Goldener Löwe, Kirchstr. 15, ✉ 07937, ✆ (036628) 6 01 44, hotel@goldenerloewe.de, Fax (036628) 60145, 🍽, Massage, ♨, 🈴 – ⇔ Zim, 📺 ☎ 🚗 🅿 – 🔒 25. ⓐⓔ ⓜⓞ 🆅🅸🆂🅰, ⚞ Rest
  Menu à la carte 19/37 – **31 Zim** ⇔ 60/70 – 90.
  • Hinter der denkmalgeschützten Fassade des historischen Gasthofs erwarten Sie solide und wohnlich mit dunklen Holzmöbeln eingerichtete Zimmer und ein hübscher Innenhof. Professioneller Service und schön gedeckte Tische im Restaurant.

ZEUTHEN Brandenburg 542 I 24 – 8 000 Ew – Höhe 50 m.
Berlin 32 – Potsdam 57 – Frankfurt (Oder) 74.

Seehotel, Fontaneallee 27, ✉ 15738, ℰ (033762) 8 90, info@seehotel-zeuthen.de, Fax (033762) 89408, 🍽, Massage, ≘s, 🐟 – 🛗, ⚲ Zim, 📺 📞 🅿 – 🛠 220. 🆎 ⓞ ⓜ ⓥⓘⓢⓐ ⒿⒸⒷ
Menu à la carte 22/34 – **142 Zim** ⊆ 80/120 – 120/150, 4 Suiten.
• Stilvoll wohnen am Zeuthener See : Das moderne Hotel empfängt seine Gäste mit einer großzügig und geschmackvoll eingerichteten Halle und wohnlichen Zimmern mit Nußbaummöbeln. Klassisch eingerichtetes Restaurant mit schöner Terrasse.

ZEVEN Niedersachsen 541 G 11 – 14 500 Ew – Höhe 30 m.
Berlin 350 – Hannover 147 – Bremen 58 – Bremerhaven 60 – Hamburg 74.

Paulsen, Meyerstr. 22, ✉ 27404, ℰ (04281) 94 10, info@hotel-paulsen.de, Fax (04281) 94142 – 🛗, ⚲ Zim, 📺 📞 🅿 – 🛠 50. 🆎 ⓞ ⓜ ⓥⓘⓢⓐ
Menu (geschl. Sonn- und Feiertage) à la carte 19/35 – **38 Zim** ⊆ 62/87 – 87/115.
• Ein Haus mit Tradition : Seit 1786 befindet sich das Anwesen in Familienbesitz, wurde verändert, erweitert und stellt heute ein komfortables Hotel mit zeitgemäßen Zimmern dar. Das Restaurant ist in gediegenem Stil eingerichtet.

Central, Alte Poststr. 2, ✉ 27404, ℰ (04281) 9 39 10, hotelcentral@t-online.de, Fax (04281) 939191, 🍽 – ⚲ Zim, 📺 📞 🅿. 🆎 ⓞ ⓜ ⓥⓘⓢⓐ 🍽 Rest
Menu (nur Abendessen) à la carte 18/28 – **25 Zim** ⊆ 47/52 – 69/78.
• Ein netter Gasthof mit Klinkerfassade, der solide eingerichtete Zimmer bereithält. Ein reichhaltiges Frühstücksbuffet erleichtert den Start in den Tag. Das Restaurant wirkt durch viel helles Holz gemütlich.

Landhaus Radler garni, Kastanienweg 17, ✉ 27404, ℰ (04281) 9 88 20, hotel@landhaus-radler.de, Fax (04281) 988210, 🐟 – ⚲ 📺 📞 🅿. 🆎 ⓜ ⓥⓘⓢⓐ
16 Zim ⊆ 43/52 – 59/72.
• Ein hübsches Fachwerkhaus mit roter Klinkerfassade : Das familiär geführte Hotel hat wohnliche Zimmer, einen lichten Frühstücksraum und einen Garten mit kleinem Spielplatz.

In Gyhum-Sick Süd : 10 km über B 71 :

Niedersachsen-Hof, Sick 13 (an der B 71), ✉ 27404, ℰ (04286) 94 00, info@niedersachsenhof.de, Fax (04286) 1400, 🍽, ≘s – ⚲ Zim, 📺 📞 🍳 🅿 – 🛠 35. 🆎 ⓞ ⓜ ⓥⓘⓢⓐ. 🍽 Zim
Menu (geschl. 1. - 6. Jan., Freitag) à la carte 19/32 – **37 Zim** ⊆ 47 – 72.
• Ein kleines rundes Türmchen ziert den rot verklinkerten Gasthof. Geschmackvoll und wohnlich gestaltete Zimmer und ein gepflegter Sauna-Keller erwarten Sie. Das rustikale Restaurant empfängt seine Besucher mit hübsch gedeckten Tischen.

ZIEGENRÜCK Thüringen 544 O 18 – 1 000 Ew – Höhe 300 m.
Berlin 283 – Erfurt 84 – Gera 53 – Hof 48.

Am Schlossberg, Paskaer Str. 1, ✉ 07924, ℰ (036483) 7 50, hotel-am-schlossberg@t-online.de, Fax (036483) 75150, Biergarten, ≘s – 🛗 📺 🅿 – 🛠 50. 🆎 ⓜ ⓥⓘⓢⓐ
Menu à la carte 14/20 – **43 Zim** ⊆ 38/50 – 60/75.
• Das ehemalige Ferienheim wurde zu einem netten Hotel umgestaltet : Zeitlos eingerichtete Zimmer, Tagungsmöglichkeiten und Freizeitbereich. Bürgerlich gestaltetes Restaurant mit leicht nostalgischen Hängelampen und Grünpflanzen.

ZIMMERN Baden-Württemberg siehe Rottweil.

ZINGST Mecklenburg-Vorpommern 542 C 22 – 3 200 Ew – Seeheilbad.
🛈 Tourist-Information, Seestr. 57, ✉ 18374, ℰ (038232) 8 15 80, haus-des-gastes@zingst.de, Fax (038232) 81550.
Berlin 284 – Schwerin 143 – Rostock 71 – Stralsund 42.

Meerlust 🐟, Seestr. 72, ✉ 18374, ℰ (038232) 88 50, hotel-meerlust@t-online.de, Fax (038232) 88599, 🍽, 🛥, Massage, 🛁, ≘s, 🏊, 🐟 – 🛗 ⚲ 📺 📞 🍳 🅿 ⓜ ⓥⓘⓢⓐ 🍽 Rest
Menu à la carte 28/39 – **35 Zim** (nur ½ P) 112/133 – 155/200, 4 Suiten.
• Ein sonniges Gelb kennzeichnet das stilvolle, moderne Hotel am Seedeich hinter dem Strand. Mit Zimmern im eleganten Landhausstil und einer großen Wellness-Landschaft. Hübsches Restaurant in angenehmer farblicher Gestaltung.

ZINGST

- **Steigenberger Esprix Aparthotel,** Seestr. 54, ✉ 18374, ☏ (038232) 8 50, *zin gst@esprix-hotels.de*, Fax *(038232) 85999*, 🍴, 🛋 – 🛗 ✽ Zim, 📺 ♿ 🚗 – 🛠 25. 🅰🅴 ⓄⒹ ⓂⓄ 🆅🅸🆂🅰 JCB. ✽ Rest
  Menu à la carte 16/32 – **103 Zim** ⊇ 95/118 – 121/156.
  ♦ Nicht nur die Lage an der Strandpromenade, auch die großzügigen, modern und freundlich eingerichteten Appartements mit Küchenzeile sprechen für dieses neuzeitliche Hotel. Helles Holz, blanke Tische und maritimes Dekor prägen das Restaurant.

- **Seebrücke** 🌿 (mit Gästehaus), Seestr. 53, ✉ 18374, ☏ (038232) 8 40, Fax *(038232) 15787*, 🍴, 🛋 – 🛗 ♿ 🅿
  Menu à la carte 19/30 – **35 Zim** ⊇ 60/90 – 80/110.
  ♦ Das Haus mit der weiß-blauen Fassade liegt direkt an Deich und Meer. Die Zimmer sind funktionell gestaltet und recht geräumig, meist mit Balkon, teils auch mit Meerblick.

- **Marks** 🌿, Jordanstr. 7, ✉ 18374, ☏ (038232) 1 61 40, *hotel-marks@t-online.de*, Fax *(038232) 16144*, 🍴, 🚲 – 📺 📞 🅿, 🅰🅴 ⓂⓄ 🆅🅸🆂🅰
  Menu à la carte 20/30 – **24 Zim** ⊇ 58/89 – 99/109 – ½ P 13.
  ♦ Das Hotel liegt auf der Boddenseite gleich hinterm Deich in einem kleinen Wäldchen. Die wohnlichen Zimmer sind mit Rattanmöbeln ausgestattet, die Wände teils farbig gestaltet. Restaurant im Pub-Stil.

- **Am Strand** 🌿, Birkenstr. 21, ✉ 18374, ☏ (038232) 1 56 00, *hotel@amstrand.de*, Fax *(038232) 15603*, 🍴, 🛋 – 📺 🅿, ✽ Zim
  geschl. Jan. – Menu *(Nov. - Mai Montag - Freitag nur Abendessen)* à la carte 17/25 – **19 Zim** ⊇ 70 – 80/95.
  ♦ In einem Wohngebiet direkt hinter dem Deich liegt das weiß verklinkerte Haus. Man bietet Ihnen unterschiedlich möblierte Zimmer - sehr sauber und gut unterhalten. Hell das Restaurant, rustikal das Kaminzimmer mit Kachelofen.

- **Boddenhus** 🌿, Hafenstr. 9, ✉ 18374, ☏ (038232) 1 57 13, *boddenhus@aol.com*, Fax *(038232) 15629*, 🍴 – 📺 🅿, 🅰🅴 ⓄⒹ ⓂⓄ 🆅🅸🆂🅰
  Menu à la carte 16/23 – **20 Zim** ⊇ 64 – 95 – ½ P 13.
  ♦ In der Nähe des Hafens auf der Boddenseite befindet sich die familiengeführte Pension ; die Zimmer sind mit mahagonifarbenen Möbeln ausgestattet und bieten zeitgemäßen Komfort. Bürgerliches Restaurant mit Wintergarten und Terrasse.

- **Meeresrauschen** 🌿, Seestr. 51, ✉ 18374, ☏ (038232) 13 01, *hotelmeeresrausch en@freenet.de*, Fax *(038232) 80184*, 🍴 – 📺 🅿
  Menu *(geschl. Nov. - März)* à la carte 17/23 – **13 Zim** ⊇ 52 – 77.
  ♦ Ungewöhnlich ist die Form dieses achteckigen Gebäudes mit Wintergarten. Die Zimmer sind zeitlos und funktionell mit kleinen Sitzecken eingerichtet. Kunstausstellungen.

In Zingst-Sundische Wiese *Ost : 10 km* :

- **Schlößchen** 🌿, Landstr. 19, ✉ 18374, ☏ (038232) 81 80, *info@hotelschloesschen .de*, Fax *(038232) 81838*, 🍴, Biergarten, 🛋, 🚲 – 📺 🅿, 🅰🅴 ⓂⓄ 🆅🅸🆂🅰 JCB
  geschl. 7. Jan. - 6. Feb., 23. Nov. - 24. Dez. – **Menu** *(geschl. Feb. - März, Nov. Montag - Mittwoch)* à la carte 20/37 – **15 Zim** ⊇ 70/95 – 115/145.
  ♦ Das ehemalige Jagdschloss steht einsam auf einem großen Waldgrundstück zwischen Bodden und Ostsee. Hübsche, wohnliche Appartements und Maisonetten im Landhausstil. Behagliche Atmosphäre finden Sie im Restaurant mit Wintergarten.

ZINNOWITZ Mecklenburg-Vorpommern siehe Usedom (Insel).

ZIRNDORF Bayern 𝟓𝟒𝟔 R 16 – 21 000 Ew – Höhe 290 m.
Siehe Stadtplan Nürnberg (Umgebungsplan).
Berlin 452 – München 175 – Nürnberg 16 – Ansbach 35.

- **Rangau,** Banderbacher Str. 27, ✉ 90513, ☏ (0911) 9 60 10, *info@hotelrangau.de*, Fax *(0911) 9601100*, 🍴, 🚲 – 🛗 ✽ Zim, 📺 📞 🅿 – 🛠 40. 🅰🅴 ⓄⒹ ⓂⓄ 🆅🅸🆂🅰, ✽ AS c
  geschl. 1. - 6. Jan. – Menu *(geschl. Sonntagabend - Montag)* à la carte 28/40 – **24 Zim** ⊇ 69/115 – 85/148.
  ♦ Eine gute Übernachtungsadresse : Geräumige Zimmer und Appartements mit funktioneller Einrichtung, ein engagierter Service und moderne Tagungstechnik stehen für Sie bereit.

- **Kneippkurhotel** 🌿, Achterplätzchen 5, ✉ 90513, ☏ (0911) 60 90 03, *kneipp-kur hotel@odn.de*, Fax *(0911) 603001*, 🍴 – 📺 🛋 🅿, 🅰🅴 ⓄⒹ ⓂⓄ 🆅🅸🆂🅰 AS m
  Menu *(geschl. 27. Dez. - 5. Jan., Sonntag - Montagmittag)* à la carte 20/25 – **18 Zim** ⊇ 40/43 – 55/58.
  ♦ Das Hotel liegt oberhalb der Stadt am Waldrand. Die gepflegten, sauberen Zimmer sind mit soliden Möbeln in Eiche oder hellem Naturholz ausgestattet. Hell und rustikal ist der gemütlich wirkende Gastraum.

ZITTAU Sachsen **544** N 28 – 27 000 Ew – Höhe 242 m.
Sehenswert : Grüner Born★ – Oybin : Bergkirche★, Burg- und Klosteranlage★ ≤★ Süd-West : 8 km – Großschönau : Deutsches Damast- und Frottiermuseum★ West : 12 km.
🛈 Tourist-Information, im Rathaus, Markt 1, ✉ 02763, ☏ (03583) 75 21 37, tourist-info@zittau.de, Fax (03583) 752149.
Berlin 246 – Dresden 99 – Görlitz 34.

Dreiländereck, Bautzner Str. 9, ✉ 02763, ☏ (03583) 55 50, info@hotel-dle.de, Fax (03583) 555222, 🍴, – 📶, ⟨⟩ Zim, 📺 ✆ ⇌ – 🛠 40. 🅰🅴 ⓘ 🆗 VISA
Menu à la carte 17/28,50 – **44 Zim** ⊇ 60/66 – 75/85.
♦ In dem liebevoll rekonstruierten Stadthaus erwarten die Gäste ein freundlicher Service und mit hellen Farben wohnlich gestaltete Zimmer mit elegantem Touch. Gewölbedecke, Holzboden und warme Töne verleihen der Brasserie ein nettes Ambiente.

Dresdner Hof (mit Gästehaus), Äußere Oybiner Str. 9, ✉ 02763, ☏ (03583) 5 73 00, Fax (03583) 573050, 🍴, 🌳 – 📶, ⟨⟩ Zim, 📺 ✆ 🅿 – 🛠 20. 🅰🅴 🆗 VISA
Menu à la carte 13/23 – **29 Zim** ⊇ 46/51 – 61/66.
♦ Die Zimmer dieses gut geführten Gasthofs mit gelber Fassade befinden im neueren Anbau und sind mit solidem Mobiliar eingerichtet. Nett : die kleine Parkanlage am Haus. Dunkle Holzmöbel lassen das Hotelrestaurant rustikal wirken.

In Bertsdorf-Hörnitz West : 4 km Richtung Oppach :

Schlosshotel Althörnitz 🏰, Zittauer Str. 9 (Hörnitz), ✉ 02763, ☏ (03583) 55 00, hotel@schlosshotel-althoernitz.de, Fax (03583) 550200, 🍴, Massage, ⇌, 🌳 – 📶, ⟨⟩ Zim, 📺 ✆ 🅿 – 🛠 60. 🅰🅴 🆗 VISA JCB
Menu (Montag - Freitag nur Abendessen) à la carte 21/38 – **76 Zim** ⊇ 68 – 112, 3 Suiten.
♦ In einer Parkanlage steht das schön restaurierte Schloss aus dem 17. Jh. Die meisten Zimmer, teils rustikal, teils zeitlos gestaltet, befinden sich im neuzeitlichen Anbau. Schöne Räume mit Parkett, Rundbogenfenstern und Kachelofen beherbergen das Restaurant.

ZÖLLNITZ Thüringen siehe Jena.

ZORGE Niedersachsen **541** L 15 – 1 400 Ew – Höhe 340 m – Luftkurort.
🛈 Tourist-Information, Am Kurpark 4, ✉ 37449, ☏ (05586) 99 98 88, info@die-drei-suedharzer.de, Fax (05586) 971095.
Berlin 262 – Hannover 137 – Erfurt 98 – Göttingen 70 – Braunlage 15.

Wolfsbach, Hohegeißer Str. 25, ✉ 37449, ☏ (05586) 4 26, Fax (05586) 971246, 🌳 – 📺 🅿 ⟨⟩
geschl. 26. März - 15. April, 1. Nov. - 15. Dez. – **Menu** (Restaurant nur für Hausgäste) – **17 Zim** ⊇ 29/32 – 58/64 – ½ P 8.
♦ Der hübsche Fachwerkgasthof am Waldrand verfügt über praktische, mit rustikaler Eiche eingerichtete Zimmer und einen schönen großen Garten mit Liegewiese.

ZORNEDING Bayern **546** V 19 – 7 500 Ew – Höhe 560 m.
Berlin 599 – München 24 – Wasserburg am Inn 34.

Neuwirt, Münchner Str. 4 (B 304), ✉ 85604, ☏ (08106) 2 42 60, info@hotelneuwirt.de, Fax (08106) 2426166, 🍴 – ⟨⟩ 📺 ⇌ 🅿 – 🛠 30. 🅰🅴 ⓘ 🆗 VISA
Menu à la carte 19/36 – **30 Zim** ⊇ 62 – 82.
♦ Ein typischer bayerischer Gasthof : blumengeschmückte Balkonfassade, wohnliche Zimmer, die mit soliden hellen Möbeln eingerichtet sind, und eine herzliche Atmosphäre. Das Restaurant präsentiert sich im rustikalen Landhausstil.

Zur Post mit Zim, Anton-Grandauer-Str. 9, ✉ 85604, ☏ (08106) 2 00 07, Fax (08106) 23832, Biergarten – 🅿
geschl. Nov. – **Menu** (geschl. Montag - Dienstag) à la carte 20/37 – **4 Zim** ⊇ 70 – 85.
♦ Ein Kachelofen und hübsche Polsterstoffe zieren das in gediegenem Landhausstil gehaltene Restaurant, das sich in einem gestandenen Gasthof mit hellgelber Fassade befindet.

ZOSSEN Brandenburg **542** J 24 – 8 000 Ew – Höhe 40 m.
Berlin 34 – Potsdam 55 – Königs Wusterhausen 17.

Berlin, Bahnhofstr. 28 (B 96), ✉ 15806, ☏ (03377) 32 50, zentrale@hotel-berlin-zossen.de, Fax (03377) 325100 – 📶, ⟨⟩ Zim, 📺 ✆ 🅿 – 🛠 90. 🅰🅴 ⓘ 🆗 VISA
Menu (nur Abendessen) à la carte 17/30 – **59 Zim** ⊇ 65 – 80, 9 Suiten.
♦ Die Zimmer dieses gut geführten, im Zentrum gelegenen Hotels sind geschmackvoll und wohnlich gestaltet und technisch gut ausgestattet. Mit Appartements, auch für Langzeitgäste. Hell und freundlich wirkt das Restaurant.

1538

ZOSSEN

Reuner, Machnower Chaussee 1a (B 96), ✉ 15806, ✆ (03377) 30 13 70, info@hotel
.reuner.de, Fax (03377) 301371, 🍴, 🐴, ⇔ Zim, 📺 ✆ ⚒ 🅿 – 🍽 20. AE ⓜ VISA
Menu à la carte 12,50/23 – **17 Zim** ⊇ 60/65 – 72/92.
 • Die Zimmer dieses familiengeführten Hotels sind funktionell ausgestattet, teils mit Stilmöbeln wohnlich gestaltet, meist mit zeitlosem Mobiliar in Kirschbaum eingerichtet.

ZSCHORLAU Sachsen **544** O 21 – 5 000 Ew – Höhe 530 m.

Berlin 303 – Dresden 117 – Chemnitz 42 – Karlovy Vary 63 – Plauen 53 – Zwickau 23.

In Zschorlau-Burkhardtsgrün Süd : 4 km :

Landhotel Am Alten Zollhaus, Hauptstr. 19, ✉ 08321, ✆ (037752) 62 00, info
@amaltenzollhaus.de, Fax (037752) 6206, 🍴, ⇔, 🏊 – ⥂ Zim, 📺 🅿 – 🍽 20. ⓜ VISA
Menu à la carte 17/24 – **18 Zim** ⊇ 40/49 – 60/72.
 • Ein Schieferdach krönt das kleine Hotel, in dem einheitlich mit rustikalen Eichenholzmöbeln ausgestattete, gut gepflegte und geräumige Zimmer auf die Gäste warten. Nette Dekorationen schaffen eine gemütliche Atmosphäre im Restaurant.

ZÜTZEN Brandenburg siehe Schwedt.

ZUSMARSHAUSEN Bayern **546** U 15 – 4 700 Ew – Höhe 466 m.

Berlin 575 – München 98 – Augsburg 25.

Die Post, Augsburger Str. 2, ✉ 86441, ✆ (08291) 1 88 00, post@hotel-die-post.de,
Fax (08291) 8363, 🍴, Massage, 🛋, ⇔, 🏊 – 🛗, ⥂ Zim, 📺 ✆ ⇌ 🅿 – 🍽 60. ⓞ
ⓜ VISA
Menu (geschl. Sonntagabend - Montag) à la carte 19/30 – **25 Zim** ⊇ 49/65 – 94/104.
 • In den historischen Mauern der 350 Jahre alten Poststation auf der Strecke Paris - Wien finden die Gäste heute solide, meist hell möblierte Zimmer mit zeitgemäßem Komfort. Verschiedene gemütlich-rustikale Räume bilden das Restaurant.

ZWEIBRÜCKEN Rheinland-Pfalz **543** S 6 – 38 000 Ew – Höhe 226 m.

🛫 Rieschweiler-Mühlbach, Hitscherhof (Ost : 17 km), ✆ (06336) 64 42.
🄱 Kultur- und Verkehrsamt, Poststr. 40, ✉ 66482, ✆ (06332) 87 11 23, tourist@zwei
bruecken.de, Fax (06332) 871145.
Berlin 691 – Mainz 139 – Saarbrücken 40 – Pirmasens 25.

Europas Rosengarten ⌘, Rosengartenstr. 60, ✉ 66482, ✆ (06332) 97 70, euro
pasrosengarten@zadra-hotellerie.de, Fax (06332) 977222, 🍴 – 🛗, ⥂ Zim, 📺 🅿 –
🍽 40. AE ⓞ ⓜ VISA JCB
Menu à la carte 17/31 – **48 Zim** ⊇ 49/69 – 89.
 • Seinen Namen hat das ansprechende Hotel vom angrenzenden sortenreichen, großen Rosengarten. Sie wohnen in funktionellen, mit grau eingefärbten Möbeln eingerichteten Zimmern. Das Restaurant ist geschmackvoll gestaltet und mit Bildern geschmückt.

Zum Storchennest, Landauer Str. 106a, ✉ 66482, ✆ (06332) 4 94 10, info@zum
storchennest.de, Fax (06332) 46750, Biergarten – 🅿. ⓜ VISA
geschl. Juli - Aug. 2 Wochen, Dienstag – **Menu** à la carte 18/29.
 • Ein älteres Stadthaus beherbergt diesen netten, gut geführten Betrieb. Holzfußboden und Bilder an den Wänden tragen zum gemütlichen, ländlichen Ambiente des Restaurants bei.

Außerhalb Ost : 3 km :

Romantik Hotel Landschloss Fasanerie ⌘, Fasanerie 1, ✉ 66482 Zweibrücken,
✆ (06332) 97 30, info@landschloss-fasanerie.de, Fax (06332) 973111, 🍴, Biergarten,
⇔, 🏊 – ⥂ Zim, 📺 ✆ 🅿 – 🍽 150. AE ⓜ VISA JCB
Menu siehe Rest. **Tschifflik** separat erwähnt – **Orangerie :** Menu 19/46 à la carte
27,50/37, 🍷 – **Landhaus** (wochentags nur Abendessen) **Menu** à la carte 17/32, 🍷 – **50 Zim** ⊇ 105 – 145.
 • Stilvoll übernachtet man in dem komfortablen Landhotel, das in einer schönen Parkanlage liegt : Aufmerksamer Service und sehr wohnliche Zimmer erwarten Sie. Im lichtdurchfluteten Wintergarten : die Orangerie. Rustikal und leger wirkt das Landhaus.

Tschifflik – Romantik-Hotel Landschloss Fasanerie, Fasanerie 1, ✉ 66482, ✆ (06332)
97 32 05, info@landschloss-fasanerie.de, Fax (06332) 973111 – 🅿. AE ⓜ VISA JCB
geschl. 28. Dez. - 27. Jan., 18. Juli - 3. Aug., Sonntag - Montag (außer Feiertage) – **Menu**
43/82 und à la carte, 🍷.
 • Wände in intensivem Rot, Ölgemälde und ein aufwändiges Couvert verleihen dem Restaurant eine Atmosphäre gediegener Eleganz. Man kocht klassisch mit modischen Akzenten.
Spez. Tschiffliks Langustinensalat. Morcheln à la crème mit geschmorten Milchferkelbäckchen und Gänseleber. Steinbutt in Pistazienbutter gebraten mit Bourride von Artischocken

1539

ZWESTEN, BAD Hessen 543 M 11 – 4 300 Ew – Höhe 215 m – Heilbad – Luftkurort.
🛈 Kurverwaltung, Rathaus, Ringstr. 1, ✉ 34596, ℘ (05626) 7 73, kurverwaltung@bad zwesten.de, Fax (05626) 999326.
Berlin 424 – Wiesbaden 171 – *Kassel* 40 – Bad Wildungen 11 – Marburg 50.

🏨 **Landhotel Kern**, Brunnenstr. 10, ✉ 34596, ℘ (05626) 99 70, hotelkern@aol.com, Fax (05626) 997222, 🍽, 😊, 🏊, – 🛗 📺 🅿 – 🛋 Rest
Menu *(geschl. 10. - 31. Jan., Dienstagabend, Mittwochabend)* à la carte 16/32 – **58 Zim** ⌇ 48/53 – 80/84.
• Einfach ausgestattet, aber praktisch und gepflegt sind die Zimmer dieses Landgasthofs, der in einem kleinen Luftkurort im Kurhessischen Bergland liegt. Zum Essen sitzen Sie in der Schwälmer Bauernstube mit Kachelofen.

🏨 **Zum kleinen König**, Hauptstr. 4, ✉ 34596, ℘ (05626) 84 11, Fax (05626) 8360, 🍽 – 📺 AE ⓪ ⓜ VISA
Menu *(geschl. Montag)* à la carte 16/30 – **7 Zim** ⌇ 35/40 – 62/72.
• Das kleine Fachwerkhaus hält für seine Gäste gepflegte, mit soliden hellen Holzmöbeln eingerichtete Zimmer bereit, die zeitgemäßen Komfort bieten. Das Restaurant ist hell und mit vielen Grünpflanzen geschmückt.

🏨 **Altenburg**, Hardtstr. 1a, ✉ 34596, ℘ (05626) 8 00 90, hotel-altenburg@freenet.de, Fax (05626) 997439, 🍽, 🧖, 😊, 🏊 – 🥗 Zim, 📺 AE ⓪ 60. AE ⓪ ⓜ VISA
Menu *(geschl. 15 Jan. - 15. Feb., 15. - 30. Nov.)* (Restaurant nur für Hausgäste) – **46 Zim** ⌇ 38/43 – 67/82 – ½ P 10.
• Die Zimmer des Hotels sind fast alle mit einfachen braunen Holzmöbeln ausgestattet und bieten ausreichenden Komfort. Kegelbahnen und Liegewiese vervollständigen das Angebot.

ZWICKAU Sachsen 544 N 21 – 103 000 Ew – Höhe 434 m.
Sehenswert : Dom St. Marien★ **DZ** *(Hauptaltar★★, Beweinung Christi★, Heiliges Grab★, Kanzel★)*.
🏌 Zwickau, Reinsdorfer Str. 29 **BV**, ℘ (0375) 2 04 04 00.
🛈 Tourist-Information, Hauptstr. 6, ✉ 08056, ℘ (0375) 2 72 59 10, tourist@kultour-z .de, Fax (0375) 2725919.
ADAC, Äußere Schneeberger Str. 4.
Berlin 263 ① – Dresden 105 ① – *Chemnitz* 42 ② – Leipzig 80 ①

Stadtpläne siehe nächste Seiten

🏨 **Holiday Inn**, Kornmarkt 9, ✉ 08056, ℘ (0375) 2 79 20, hotel@holiday-inn-zwickau.de, Fax (0375) 2792666, 🍽, 🧖, 😊, – 🛗, 🥗 Zim, 🍴 Rest, 📺 📞 📶 ⟲ – 🛋 100. AE ⓪ ⓜ VISA JCB
DZ s
Pavillon *(geschl. Sonntag - Dienstag) (nur Abendessen)* **Menu** à la carte 30/48 – **Confetti :** **Menu** à la carte 14/22 – **127 Zim** ⌇ 88/90 – 110/119, 4 Suiten.
• Ein moderner Hotelbau in der Innenstadt. Warme Farben, neuzeitliches Mobiliar und eine gute technische Ausstattung machen die Zimmer komfortabel und funktionell. Elegant wirkt das Restaurant Pavillon. Eine halbrunde Theke beherrscht das Confetti.

🏨 **Airport Hotel**, Olzmannstr. 57, ✉ 08060, ℘ (0375) 5 60 20, info@airport-zwickau. bestwestern.de, Fax (0375) 5602151, 🍽, 😊 – 🛗, 🥗 Zim, 📺 📞 📶 📞 – 🛋 120. AE ⓪ ⓜ VISA
AV a
Menu à la carte 17/35 – **124 Zim** ⌇ 80 – 100, 9 Suiten.
• Eine großzügig verglaste Halle mit blauen Ledersesseln empfängt Sie in diesem modernen Hotel. Funktionell und neuzeitlich mit hellen Holzmöbeln ausgestattete Zimmer.

🏨 **Merkur** garni, Bahnhofstr. 58, ✉ 08056, ℘ (0375) 29 42 86, hotel.merkur.garni.zwickau @t-online.de, Fax (0375) 294288 – 📺 📞 AE ⓪ ⓜ VISA, 🥗
CZ b
25 Zim ⌇ 50/55 – 72.
• Das Hotel in einem älteren Stadthaus in der Innenstadt wurde 1912 eröffnet und 1992 umfassend renoviert. Man findet gepflegte Zimmer von ausreichender Größe.

🏨 **Aparthotel 1A** garni, Robert-Müller-Str. 1 A, ✉ 08056, ℘ (0375) 27 57 50, aparth otel.zwickau@t-online.de, Fax (0375) 2757530 – 📺 📞 ⓜ VISA, 🥗 Rest
CZ c
11 Zim ⌇ 54/64 – 72/75.
• Am Rande des Stadtzentrums liegt dieses kleine Hotel, das für seine Gäste helle, funktionell möblierte Zimmer - teils mit kleinem Wohnbereich - bereithält.

In Zwickau-Eckersbach *Nord-Ost :* 3 km :

🏨 **Park Eckersbach**, Trillerplatz 1, ✉ 08066, ℘ (0375) 47 55 72, parkeckersbach@t-online.de, Fax (0375) 475801, Biergarten – 🥗 Zim, 📺 📞 AE ⓜ VISA
BV d
Menu *(geschl. Sonntagabend) (Montag - Freitag nur Abendessen)* à la carte 12/37 – **16 Zim** ⌇ 50/60 – 70.
• Hinter der roten Backsteinfassade des renovierten Gasthofs erwarten Sie saubere und gepflegte Zimmer, die allerdings nicht allzu geräumig sind. Helle Farben geben dem Restaurant eine freundliche Atmosphäre.

ZWICKAU

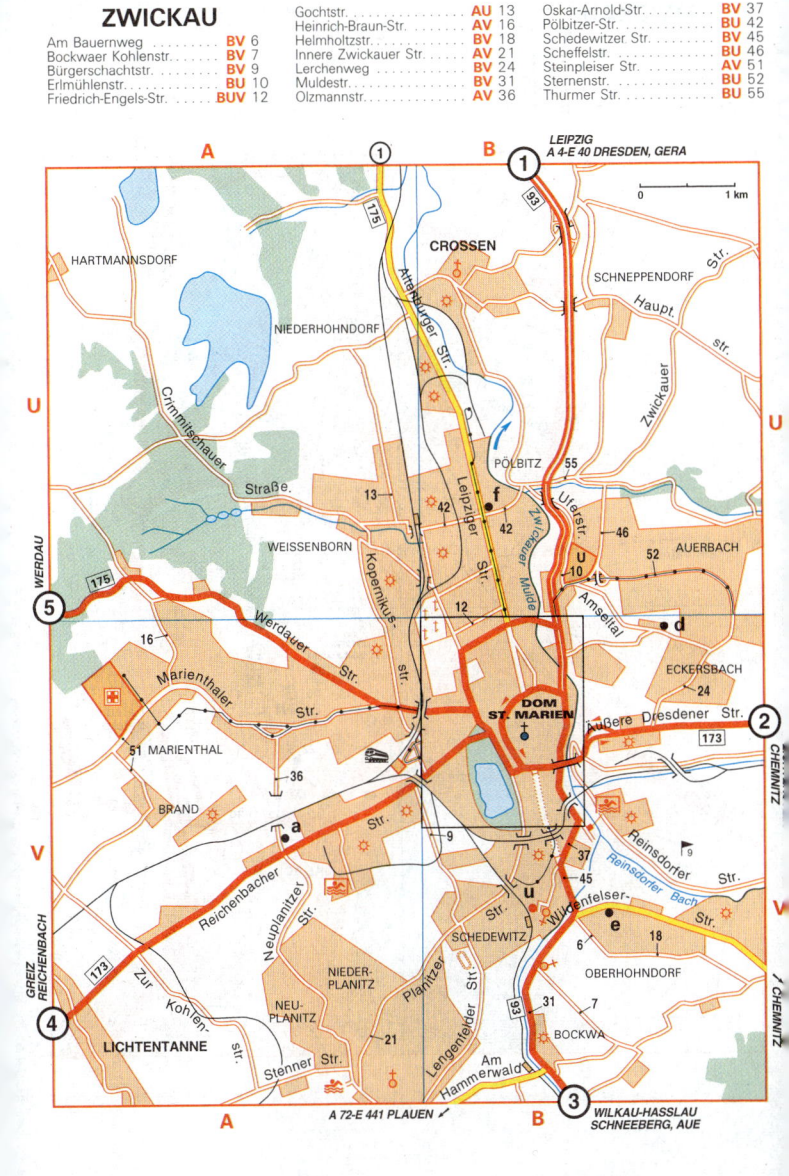

Am Bauernweg .... **BV** 6	Gochtstr. .... **AU** 13	Oskar-Arnold-Str. .... **BV** 37
Bockwaer Kohlenstr. ..... **BV** 7	Heinrich-Braun-Str. ..... **AV** 16	Pölbitzer-Str. .... **BU** 42
Bürgerschachtstr. .... **BV** 9	Helmholtzstr. .... **BV** 18	Schedewitzer Str. .... **BV** 45
Erlmühlenstr. .... **BU** 10	Innere Zwickauer Str. ... **AV** 21	Scheffelstr. .... **BU** 46
Friedrich-Engels-Str. .... **BUV** 12	Lerchenweg .... **BV** 24	Steinpleiser Str. .... **AV** 51
	Muldestr. .... **BV** 31	Sternenstr. .... **BU** 52
	Olzmannstr. .... **AV** 36	Thurmer Str. .... **BU** 55

In Zwickau-Oberhohndorf Süd-Ost : 4 km :

Gerisch garni, Wildenfelser Str. 20a, ⊠ 08056, ℘ (0375) 21 29 40, info@gerisch.de, Fax (0375) 296550 – ⚒ TV P. AE ⓜ VISA. ⚒
15 Zim ⊇ 45/55 – 60/70.   **BV** e
 ♦ Eine familiär geführte Pension : Die praktischen Zimmer sind gepflegt, mit hellen Naturholzmöbeln eingerichtet und von ausreichender Größe.

1541

ZWICKAU

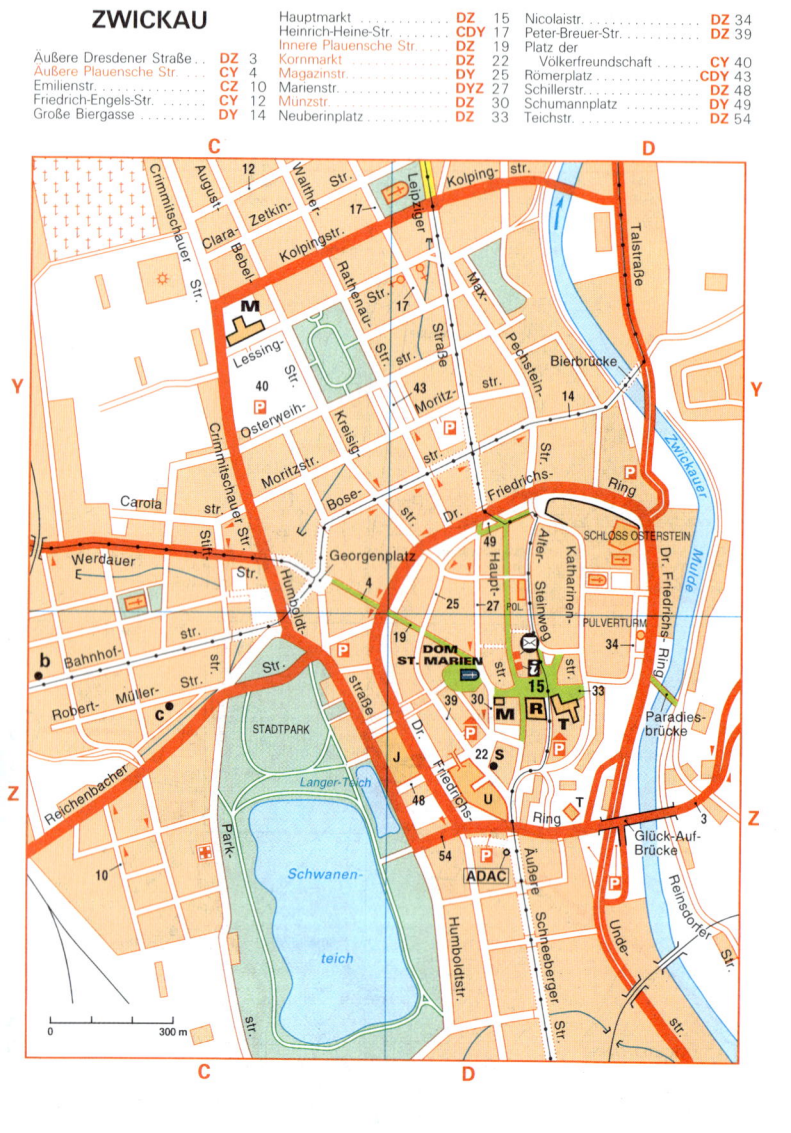

Äußere Dresdener Straße	DZ	3	Hauptmarkt	DZ	15	Nicolaistr.	DZ 34
Äußere Plauensche Str.	CY	4	Heinrich-Heine-Str.	CDY	17	Peter-Breuer-Str.	DZ 39
Emilienstr.	CZ	10	Innere Plauensche Str.	DZ	19	Platz der Völkerfreundschaft	CY 40
Friedrich-Engels-Str.	CY	12	Kornmarkt	DZ	22	Römerplatz	CDY 43
Große Biergasse	DY	14	Magazinstr.	DY	25	Schillerstr.	DZ 48
			Marienstr.	DYZ	27	Schumannplatz	DY 49
			Münzstr.	DZ	30	Teichstr.	DZ 54
			Neuberinplatz	DZ	33		

In Zwickau-Pölbitz *Nord : 2,5 km* :

Achat, Leipziger Str. 180, ✉ 08058, ✆ (0375) 87 20 (Hotel), 30 20 37 (Rest.), *zwickau@achat-hotel.de*, Fax (0375) 872999, 🍴, ≤s – 🛗, ⚿ Zim, 📺 📞 🚗 🅿 – 🔑 30. 🅰🅴 ◑ ⓂⓈ 🆅🅸🆂🅰 🅹🅲🅱
BU f
Menu à la carte 14/26 – ⊇ 11 – **135 Zim** 69 – 79, 4 Suiten.
♦ Hier finden Sie ein in neuzeitlichem Stil erbautes Hotel mit zeitgemäß und wohnlich eingerichteten Zimmern. Für Langzeitgäste gibt es ein Boardinghouse mit Appartements. Das Restaurant ist modern im Bistrostil gestaltet.

ZWICKAU

In Zwickau-Schedewitz *Süd : 3,5 km :*

XX **Drei Schwäne,** Tonstr. 1, ✉ 08056, ✆ (0375) 2 04 76 50, *info@drei-schwaene.de*, Fax (0375) 3032517, 🍴 – 🅿 AE ⓘ 💳 VISA BV u
geschl. 1. - 5. Jan., Sonntagabend - Montag – **Menu** (französische Küche) à la carte 35/44.
  • Schön gedeckte Tische, ein geschulter Service, französische Gerichte und französischer Wein erwarten den Gast in dem neuzeitlichen, im Landhausstil gehaltenen Restaurant.

In Schönfels *Süd-West : 6 km über* ④ :

🏠 **Landgasthaus zum Löwen** ⓢ, Zwickauer Str. 25, ✉ 08115, ✆ (037600) 7 01 45, *hotel-schoenfels@t-online.de*, Fax (037600) 70152, 🍴 – 🛏 Zim, 📺 🅿 – 🅰 100. 💳 VISA
Menu à la carte 12/18 – **15 Zim** ⊂ 40 – 60.
  • Der traditionsreiche Landgasthof mit weißer Fassade empfängt Sie mit wohnlichen Zimmern, die im Stil einheitlich mit zeitlosen Holzmöbeln ausgestattet sind. Sitznischen mit gepolsterten Bänken erwarten Sie in der ländlichen Gaststube.

In Wilkau-Hasslau *Süd-Ost : 7 km über* ③ :

X **Laurentius,** Kirchberger Str. 6, ✉ 08112, ✆ (0375) 67 10 37, Fax (0375) 671521 – 💳
geschl. Dienstag – **Menu** à la carte 17/33.
  • Das kleine Restaurant mit dazugehöriger Metzgerei ist hell und freundlich gestaltet und bewirtet seine Gäste mit regionaler und internationaler Küche.

ZWIEFALTEN *Baden-Württemberg* 545 **V 12** *– 2 300 Ew – Höhe 540 m – Erholungsort.*
Sehenswert : *Ehemalige Klosterkirche*★★.
Berlin 669 – Stuttgart 84 – Konstanz *105 – Reutlingen 43 – Ulm (Donau) 50 – Ravensburg 63.*

🍴 **Zur Post,** Hauptstr. 44 (B 312), ✉ 88529, ✆ (07373) 9 20 70, *gasthof.post@t-online.de*, Fax (07373) 920760, 🍴, 🌳 – 🛏 Zim, 📺 ☎ 🅿 💳 VISA
geschl. 12. - 27. Jan. – **Menu** *(geschl. Dienstag)* à la carte 16/25 – **18 Zim** ⊂ 25/32 – 36/50 – ½ P 13.
  • Preiswert, sehr sauber und ländlich-einfach sind die Fremdenzimmer dieses 1695 erbauten Gasthofs, der direkt an der Aach liegt. Mit Terrasse und Ferienwohnungen.

ZWIESEL *Bayern* 546 **S 23** *– 10 500 Ew – Höhe 585 m – Luftkurort – Wintersport : 600/700 m* 🎿 *1* 🎿.

🏌 Oberzwieselau (Ost : 3 km), ✆ (09922) 23 67.
🛈 *Kur- und Touristik-Information, Stadtplatz 27 (Rathaus),* ✉ 94227, ✆ (09922) 84 05 23, *zwiesel.tourist@t-online.de,* Fax (09922) 5655.
Berlin 476 – München 179 – Passau *62 – Cham 59 – Deggendorf 36.*

🏨 **Zur Waldbahn,** Bahnhofplatz 2, ✉ 94227, ✆ (09922) 85 70, *zurwaldbahn@gmx.de,* Fax (09922) 857222, 🍴, 🌳 – 🛏 🅿 – 🅰 20. 💳 VISA Zim
geschl. 12. März - 4. April – **Menu** à la carte 14/25 – **25 Zim** ⊂ 55 – 88 – ½ P 13.
  • Ein hübscher, traditioneller Gasthof mit Anbau. Die Zimmer sind mit teils hellen, teils dunklen Holzmöbeln eingerichtet. Mit schönem Schwimmbad und gepflegtem Garten. Gaststuben mit bayerischem Charakter, teils mit rustikalem Ambiente, teils etwas eleganter.

🏨 **Glas Hotel Bergfeld** ⓢ, Hochstr. 45, ✉ 94227, ✆ (09922) 85 40, *info@glashotel.de,* Fax (09922) 854100, ≤, Massage, ☎, 🎱, 🌳 – 🛏 📺 ☎ 🅿 🚭
geschl. 5. - 19. April, 20. Nov. - 20. Dez. – **Menu** *(geschl. Sonntag) (nur Abendessen)* (Restaurant nur für Hausgäste) – **26 Zim** ⊂ 36/50 – 68/88 – ½ P 13.
  • Mit Liebe zum Detail und heimischen Glasgegenständen eingerichtet wurde die gut geführte Pension, in der man in gepflegten, wohnlich ausgestatteten Nichtraucherzimmern wohnt.

🏨 **Kapfhammer,** Holzweberstr. 6, ✉ 94227, ✆ (09922) 8 43 10, *hotel-kapfhammer@web.de,* Fax (09922) 6546, ☎ – 🛏 Zim, 📺 🅿 🚭
geschl. Nov. – **Menu** à la carte 13,50/26 – **46 Zim** ⊂ 40/60 – 58/68 – ½ P 9.
  • Hinter der weißen, blumengeschmückten Fassade des gestandenen Gasthofs übernachten Sie in komfortablen, z. T. mit hellen, modernen Möbeln eingerichteten Zimmern. Überwiegend regional ausgerichtet ist das Angebot im vertäfelten Restaurant.

X **Marktstube,** Angerstr. 31, ✉ 94227, ✆ (09922) 62 85, Fax (09922) 4638, 🍴 – 🅿 💳 VISA
geschl. 10. - 24. Juni, Mitte Nov. - Anfang Dez., Dienstag – **Menu** à la carte 17/27.
  • Modernes Ambiente empfängt Sie in dem 1996 eröffneten Restaurant - ein Baum in der Mitte des Raumes dient als Dekor. Die freundliche Chefin macht den Service, der Chef kocht.

1543

ZWIESEL

In Lindberg-Lehen *Nord-Ost : 4 km :*

Sporthotel Ahornhof, Lehen 35a, ⊠ 94227, ℰ (09922) 85 30, *info@hotel-ahorn hof.de, Fax (09922) 853500*, ≼, 龠, Massage, ⌂, ≘s, ⌂ (geheizt), ⌂, 轵 – ⊜, 匞 Zim, TV ➢ P – △ 50. ᴀᴇ ① ⓜ ᴠɪꜱᴀ. ※ Rest
Menu à la carte 15/28 – **156 Zim** ⊇ 50/65 – 90/110 – ½ P 15.
• Am Rand des Naturparks Bayerischer Wald : neuzeitliche Hotelanlage umgeben von Wiesen, mit praktischen Zimmern, Kinderspielraum und vielen Möglichkeiten zur Freizeitgestaltung. Das Restaurant ist geteilt und mit hellem Holz eingerichtet.

Riesberghof ⌂, Riesweg 4, ⊠ 94227, ℰ (09922) 85 20, *riesberghof@t-online.de*, Fax (09922) 852100, ≼, 龠, ≘s, 轵 – P. ※ Rest
geschl. Nov. - 15. Dez. – **Menu** *(nur Abendessen)* 12 – **65 Zim** ⊇ 40 – 71 – ½ P 12.
• Die Ferienanlage liegt am Waldrand mit Blick über den Bayerischen Wald. Die Zimmer sind ordentlich mit hellen, zeitgemäßen Holzmöbeln und Kochgelegenheit ausgestattet. Ländlich gestaltetes Restaurant.

In Lindberg-Zwieslerwaldhaus *Nord : 10 km Richtung Bayerisch Eisenstein – Höhe 700 m – Wintersport :* ⌂

Waldhotel Naturpark ⌂, Zwiesler Waldhaus 42, ⊠ 94227, ℰ (09925) 9 41 10, *zwieselerwaldhaus@t-online.de*, Fax (09925) 941149, 龠, ≘s, 轵 – TV P
geschl. nach Ostern 1 Woche, Nov. - 20. Dez. – **Menu** à la carte 11/21 – **17 Zim** ⊇ 41 – 68/74 – ½ P 8.
• Ein schlichter, gut geführter Gasthof im alpenländischen Stil mit blumengeschmückten Balkonen und bemalter Fassade. Gepflegte Zimmer mit unterschiedlichem Mobiliar.

ZWINGENBERG Hessen 543 Q 9 – *7 000 Ew – Höhe 97 m.*

Berlin 586 – Wiesbaden 61 – Mannheim 43 – Darmstadt 23 – Heidelberg 45 – Mainz 62.

Zur Bergstraße garni, Bahnhofstr. 10, ⊠ 64673, ℰ (06251) 1 78 50, *info@hotel-z b.de*, Fax (06251) 178555 – ⊜ TV ✆ ⌂. P. ᴀᴇ ① ⓜ ᴠɪꜱᴀ. ※
geschl. 24. Dez. - 5. Jan. – **21 Zim** ⊇ 79 – 93.
• Mit Blick auf den Odenwald : Die Zimmer dieses familiengeführten Hotels wirken hell und freundlich und sind mit zeitgemäßem Mobiliar und Parkettfußboden wohnlich gestaltet.

ZWISCHENAHN, BAD Niedersachsen 541 G 8 – *26 000 Ew – Höhe 11 m – Moorheilbad.*

Sehenswert *: Parkanlagen★.*

🖙 Bad Zwischenahn, Ebereschenstr. 10 (Nord : 3 km über Rostrup), ℰ (04403) 6 38 66.
🄱 Touristikzentrale, Oldenburger Str. 2, ⊠ 26160, ℰ (04403) 81 86 22, *info@touristikzentrale-bad-zwischenahn.de*, Fax (04403) 818623.
Berlin 453 – Hannover 185 – Bremen 67 – Oldenburg 17 – Wilhelmshaven 53.

Haus am Meer ⌂, Auf dem Hohen Ufer 25, ⊠ 26160, ℰ (04403) 94 00, *hotel@hausammeer.de*, Fax (04403) 940300, 龠, ≘s – ⊜, 匞 Zim, TV ✆ ⌂ ➢ P – △ 200. ᴀᴇ ① ⓜ ᴠɪꜱᴀ. ※ Rest
Deters : **Menu** à la carte 23,50/39 – **71 Zim** ⊇ 75/95 – 102/122 – ½ P 18.
• Die Zimmer dieses komfortablen, tadellos gepflegten Hotels in der Nähe des Zwischenaher Meers sind mit modernen Möbeln und warmen Farben sehr wohnlich eingerichtet. Hell und freundlich ist die Atmosphäre im Restaurant Deters.

Seehotel Fährhaus ⌂, Auf dem Hohen Ufer 8, ⊠ 26160, ℰ (04403) 60 00, *see hotel@nwn.de*, Fax (04403) 600500, ≼, 龠, Massage, ≘s, ⌂, Bootssteg – ⊜ TV P – △ 150. ᴀᴇ ① ⓜ ᴠɪꜱᴀ
Menu à la carte 21/39 – **61 Zim** ⊇ 67/127 – 93/170 – ½ P 16.
• Ein hübsches Landhaus in attraktiver Lage direkt am See und an der Bootsanlegestelle. Die Zimmer sind solide und komfortabel möbliert, z. T. mit Balkon oder Loggia. Rund gebautes Restaurant mit großer Fensterfront und Seeterrasse.

Villa am Park ⌂, garni, Unter den Eichen 30, ⊠ 26160, ℰ (04403) 9 36 50, *rezeption@villa-am-park-zwischenahn.de*, Fax (04403) 59620, ≘s, ⌂, 轵 – TV ✆ P ※
geschl. 21. Dez. - 5. Jan. – **17 Zim** ⊇ 69/120 – 118/128.
• Die Zimmer dieses individuell geführten Hotels im Landhausstil sind elegant mit Chippendale-Stilmöbeln eingerichtet. Ein kleiner Garten lädt zum Entspannen ein.

Am Badepark, Am Badepark 5, ⊠ 26160, ℰ (04403) 69 60, *info@hotelambadepark.de*, Fax (04403) 696373, 龠, ≘s – ⊜, 匞 Zim, TV ✆ P – △ 50. ᴀᴇ ① ⓜ ᴠɪꜱᴀ
Menu *(Nov. - Ostern nur Abendessen)* à la carte 18/32 – **50 Zim** ⊇ 60/65 – 80/90, 5 Suiten – ½ P 14.
• Der neuzeitliche rote Klinkerbau direkt neben einem großen Freizeitbad ist renoviert worden und beherbergt gepflegte, einheitlich mit Kirschbaummöbeln eingerichtete Zimmer. Gediegenes Restaurant mit komfortablen Polsterstühlen.

ZWISCHENAHN, BAD

Kopenhagen, Brunnenweg 8, ✉ 26160, ✆ (04403) 9 18 10, Fax (04403) 64010, 🍴, ⇔s – TV P AE ⓞ MC VISA JCB
Menu à la carte 15/35 – **13 Zim** ⛌ 69/72 – 112/125 – ½ P 15.
◆ Eine Pension mit roter Klinkerfassade in der Nähe des Kurzentrums : Das persönlich geführte Haus bietet unterschiedlich eingerichtete Zimmer und einen freundlichen Service. Klein und gemütlich präsentiert sich das Restaurant.

Haus Ammerland ≫, Rosmarinweg 24, ✉ 26160, ✆ (04403) 92 83 00, info@haus-ammerland.de, Fax (04403) 928383, 🍴 – ⇔ Zim, TV P MC ⋈ Rest
Menu (geschl. Mittwoch) (nur Abendessen) (Restaurant nur für Hausgäste) – **36 Zim** ⛌ 52/65 – 78/79 – ½ P 9.
◆ In der Halle knistert das Kaminfeuer : Die Pension mit Gästehäusern bietet Ihnen eine familiäre Atmosphäre und eine gediegene, rustikale Ausstattung. Mit Ferienwohnungen.

Der Ahrenshof, Oldenburger Straße, ✉ 26160, ✆ (04403) 39 89, restaurant@der-ahrenshof.de, Fax (04403) 64027, 🍴 – P AE ⓞ MC VISA
Menu (Jan. - März nur Abendessen) à la carte 22/43.
◆ Ländliche Gemütlichkeit erwartet die Gäste des Ammerländer Bauernhauses von 1688 : Bäuerliche Gerätschaften, bemalte Kacheln und Jagdtrophäen schmücken die Gasträume.

Antonio Lava, In der Horst 1, ✉ 26160, ✆ (04403) 6 49 70, a.lava@t-online.de, Fax (04403) 65289, 🍴 – AE ⓞ MC VISA
Menu (italienische Küche) à la carte 20/45.
◆ Das große, im mediterranen Stil eingerichtete Ristorante mit der kleinen Terrasse bewirtet Sie mit einem ansprechenden Antipastibuffet und allerlei Gerichten aus Bella Italia.

In Bad Zwischenahn-Aschhauserfeld Nord-Ost : 4 km Richtung Wiefelstede :

Romantik Hotel Jagdhaus Eiden ≫, Eiden 9, ✉ 26160, ✆ (04403) 69 80 00, info@jagdhaus-eiden.de, Fax (04403) 698398, 🍴, (Spielcasino im Hause), ⇔s, ⊠, 🍴 – ⌘, ⇔ Zim, TV ☎ P – ⛌ 60. MC VISA JCB
Menu siehe Rest. **Apicius** separat erwähnt – **Jäger- und Fischerstube :** Menu à la carte 21/46 – **71 Zim** ⛌ 69/90 – 100/132 – ½ P 20.
◆ Die traumhafte Lage am See, die attraktiven, regionstypischen roten Fachwerk-Klinkerbauten und die komfortabel ausgestatteten Zimmer zeichnen dieses Landhotel aus. Das Restaurant ist gediegen-rustikal gestaltet, mit Gartenterrasse.

Upstalsboom Hotel Amsterdam, Wiefelsteder Str. 18, ✉ 26160, ✆ (04403) 93 40, info@hotel-amsterdam.de, Fax (04403) 934234, 🍴, ⇔s, 🍴 – ⌘, ⇔ Zim, TV ☎ ♿ P – ⛌ 25. AE ⓞ MC VISA ⋈ Rest
Menu (Nov. - Ostern nur Abendessen) à la carte 19/32 – **40 Zim** ⛌ 55/65 – 77/92 – ½ P 14.
◆ In dem quadratischen Hotelbau mit Innenhof finden Sie mit modernen Buchenmöbeln eingerichtete, gepflegte Zimmer, die hell und freundlich wirken. Im Restaurant sitzt man auf hellen Polsterstühlen an hübsch gedeckten Tischen.

Andrea garni, Wiefelsteder Str. 43, ✉ 26160, ✆ (04403) 47 41, Fax (04403) 4745, 🍴 – ⇔ TV ♿ P AE ⓞ MC VISA
14 Zim ⛌ 47/57 – 75/86.
◆ Hier findet man individuell eingerichtete Zimmer und eine freundliche Atmosphäre. Selbst gebackenes Brot und hausgemachte Marmelade zum Frühstück. Mit japanischem Garten.

Apicius - Romantik Hotel Jagdhaus Eiden, Eiden 9, ✉ 26160, ✆ (04403) 69 84 16, info@jagdhaus-eiden.de, Fax (04403) 698398 – P MC VISA JCB ⋈
geschl. 4. - 26. Jan., 18. Juli - 2. Aug., Sonntag - Montag – **Menu** (nur Abendessen) (Tischbestellung ratsam) 67,50 à la carte 35/54, ⚜.
◆ Gemütlich und gediegen mit einem eleganten Touch präsentiert sich das gehobene Hotelrestaurant seinen Gästen. Man serviert geschmackvolle Kreationen der französischen Küche.
Spez. Zandermaultasche mit Flußkrebsen. Kalbsfilet mit Gänseleber gefüllt. Beerenfrüchte mit geeistem Fliederbeersekt

In Bad Zwischenahn-Aue Nord-Ost : 6 km Richtung Wiefelstede :

Klosterhof mit Zim, Wiefelsteder Str. 67, ✉ 26160, ✆ (04403) 91 59 90, restauran t@klosterhof-aue.de, Fax (04403) 9159925, 🍴 – TV P MC VISA
Menu (geschl. Montag) à la carte 16,50/34 – **6 Zim** ⛌ 33/43 – 57 – ½ P 14.
◆ Originell und typisch für die Region ist das Restaurant in einem Ammerländer Bauernhaus : rustikale Einrichtung, Holzbalken und niedrige Decken geben ihm norddeutsches Flair.

In Bad Zwischenahn-Dreibergen Nord : 4 km Richtung Wiefelstede :

Seeschlößchen Dreibergen, Dreiberger Str. 21, ✉ 26160, ✆ (04403) 98 70, info@seeschloesschen-dreibergen.de, Fax (04403) 987155, ≤, 🍴, Massage, ♨, ⇔s, 🍴 – ⌘, ⇔ Zim, TV P – ⛌ 80. AE MC VISA JCB ⋈ Rest
Menu à la carte 25/36 – **60 Zim** ⛌ 75/135 – 120/145 – ½ P 20.
◆ Der großzügige Hallenbereich, die wohnlichen Zimmern und die reizvolle Lage auf einem großen Grundstück in Seenähe (300 m) sprechen für einen Aufenthalt in diesem Hotel. Neuzeitlich gestaltete Restaurants mit Buffetbereich.

1545

ZWISCHENAHN, BAD

Eshramo, Dreiberger Str. 15, ⊠ 26160, ℰ (04403) 98 41 74, Fax (04403) 984175, 🈷 – 🅿. ⓐ ⓜ VISA
geschl. Anfang - Mitte Jan., Montag – **Menu** (Dienstag - Freitag nur Abendessen) à la carte 29/41.
• In einem hübschen Klinkerhaus hat man ein modernes, durch helle, warme Farben leicht mediterran wirkendes Restaurant eingerichtet. Blickfang : die mittig angelegte große Theke.

In Bad Zwischenahn-Meyerhausen Nord : 7,5 km Richtung Wiefelstede :

Hof von Bothmer garni, Dreiberger Str. 27, ⊠ 26160, ℰ (04403) 9 36 30, info@hof-von-bothmer.de, Fax (04403) 936310, ⇔s, 🈷 – TV 📞 🅿 – ⚜ 20. ⓐ ⓓ ⓜ VISA
13 Appart. ⊆ 82/95 – 113/128.
• Stilvolles Wohnen verspricht der geschmackvoll und individuell mit frischen Farben gestaltete ehemalige Bauernhof mit schicker, moderner Landhaus-Einrichtung.

In Bad Zwischenahn-Rostrup Nord-West : 2 km Richtung Westerstede :

HisjeHof 🌿, Seestr. 2, ⊠ 26160, ℰ (04403) 9 79 10, info@hisjehof.de, Fax (04403) 979119, Massage – ⇔ Zim, TV 🅿 – ⚜ 35. ⓜ VISA
Menu (geschl. Sonntag - Montag)(nur Abendessen) à la carte 30/35 – **30 Zim** ⊆ 39/54 – 88/148 – ½ P 19.
• Der reetgedeckte Hof wurde im Jahr 1379 erstmals urkundlich erwähnt. Nach liebevoller Renovierung entstanden Zimmer im Landhausstil und ein moderner Tagungsbereich. Friesisch-rustikal wirkt das Restaurant.

ZWÖNITZ Sachsen 544 O 22 – 10 000 Ew – Höhe 525 m.

🅱 Stadtinformation Zwönitz, Markt 3a, ⊠ 08297, ℰ (037754) 3 51 59, info@zwoenitz.de, Fax (037754) 35158.
Berlin 289 – Dresden 110 – Chemnitz 30 – Chomutov 79 – Karlovy Vary 63 – Zwickau 29.

Stadt Zwönitz, Am Mühlgraben 10, ⊠ 08297, ℰ (037754) 7 20, info@hotel-stadt-zwoenitz.de, Fax (037754) 72404, 🈷, 🎔, ⇔s – 🛗 TV 📞 🅿 – ⚜ 25. ⓐ ⓜ VISA
Menu à la carte 12/31 – **39 Zim** ⊆ 48/51 – 68/76.
• Ein guter Ausgangspunkt für Ausflüge ins Erzgebirge : Zeitgemäß und funktionell ausgestattet sind die Zimmer dieses familiengeführten Hotels im Zentrum. Helles, bürgerlich gestaltetes Restaurant.

Roß, Markt 1, ⊠ 08297, ℰ (037754) 22 52, hotelross@t-online.de, Fax (037754) 77533, Biergarten – ⇔ Zim, TV 🅿. ⓜ VISA
Menu (geschl. Anfang Jan. 1 Woche, Donnerstag, Sonntagabend) (Montag - Freitag nur Abendessen) à la carte 16/31,50 – **22 Zim** ⊆ 48/55 – 65.
• Bei der Renovierung dieses Hauses von 1537 hat man versucht, viele historische Elemente zu erhalten. Die Zimmer sind mit zeitgemäßem Komfort praktisch gestaltet. Im Restaurant : handbemalte Bleiglasfenster und ein grüner Kachelofen aus Meißner Pfannen.

ZWOTA Sachsen siehe Klingenthal.

Ferientermine
(Angegeben ist jeweils der erste und letzte Tag der Ferien)

Vacances scolaires
(Premier et dernier jour des vacances)

School holidays
(Dates of holidays)

Vacanze scolastiche
(Primo ed ultimo giorno di vacanza)

Land	Ostern 2004	Sommer 2004	Weihnachten 2004-2005
Baden-Württemberg	8.4. - 16.4.	29.7. - 11.9.	23.12. - 8. 1.
Bayern	5.4. - 17.4.	2.8. - 13.9.	24.12. - 4. 1.
Berlin	5.4. - 16.4.	24.6. - 7.8.	23.12. - 31.12.
Brandenburg	7.4. - 16.4.	24.6. - 7.8.	23.12. - 31.12.
Bremen	29.3. - 14.4.	8.7. - 18.8.	23.12. - 8. 1.
Hamburg	8.3. - 20.3.	24.6. - 4.8.	22.12. - 31.12.
Hessen	5.4. - 17.4.	19.7. - 27.8.	23.12. - 11. 1.
Mecklenburg-Vorpom.	5.4. - 14.4.	26.6. - 6.8.	22.12. - 3. 1.
Niedersachsen	29.3. - 14.4.	8.7. - 18.8.	23.12. - 7. 1.
Nordrhein-Westfalen	5.4. - 17.4.	22.7. - 4.9.	24.12. - 7. 1.
Rheinland-Pfalz	1.4. - 16.4.	19.7. - 27.8.	22.12. - 7. 1.
Saarland	5.4. - 20.4.	19.7. - 28.8.	23.12. - 4. 1.
Sachsen	8.4. - 16.4.	10.7. - 20.8.	23.12. - 1. 1.
Sachsen-Anhalt	5.4. - 8.4.	8.7. - 18.8.	22.12. - 31.12.
Schleswig-Holstein	15.3. - 27.3.	28.6. - 7.8.	23.12. - 5. 1.
Thüringen	5.4. - 16.4.	8.7. - 18.8.	22.12. - 31.12.

Entfernungen

Einige Erklärungen

In jedem Ortstext finden Sie Entfernungen zur Bundeshauptstadt, zur Landeshauptstadt sowie zu den nächstgrößeren Städten in der Umgebung. Die Kilometerangaben der Tabelle ergänzen somit die Angaben des Ortstextes.

Da die Entfernung von einer Stadt zu einer anderen nicht immer unter beiden Städten zugleich aufgeführt ist, sehen Sie bitte unter beiden entsprechenden Ortstexten nach. Eine weitere Hilfe sind auch die am Rande der Stadtpläne erwähnten Kilometerangaben.

Die Entfernungen gelten ab Stadtmitte unter Berücksichtigung der günstigsten (nicht immer kürzesten) Strecke.

Distances

Quelques précisions

Au texte de chaque localité vous trouverez la distance de la capitale, de la capitale du « Land » et des villes environnantes. Les distances intervilles du tableau les complètent.

La distance d'une localité à une autre n'est pas toujours répétée en sens inverse : voyez au texte de l'une ou l'autre.

Utilisez aussi les distances portées en bordure des plans.

Les distances sont comptées à partir du centre-ville et par la route la plus pratique, c'est-à-dire celle qui offre les meilleures conditions de roulage, mais qui n'est pas nécessairement la plus courte.

Distances

Commentary

The text on each town includes its distances to the capital, to the "land" capital and to its neighbours.

The distances in the table complete those given under individual town headings for calculating total distances.

To avoid excessive repetition some distances have only been quoted once, you may, therefore, have to look under both town headings.

Note also that some distances appear in the margins of the town plans. Distances are calculated from centres and along the best roads from a motoring point of view – not necessarily the shortest.

Distanze

Qualche chiarimento

Nel testo di ciascuna località troverete la distanza dalla capitale, dalla capitale del « land » e dalle città circostanti. Le distanze tra le città della tabella le completano.

La distanza da una località ad un'altra non è sempre ripetuta in senso inverso : vedete al testo dell'una o dell'altra.

Utilizzate anche le distanze riportate a margine delle piante.

Le distanze sono calcolate a partire dal centro delle città e seguendo la strada più pratica, ossia quella che offre le migliori condizioni di viaggio, ma che non è necessariamente la più breve.

Entfernungen zwischen den größeren Städten
Distances entre principales villes
Distances between major towns
Distanze tra le principali città

Karlsruhe - Stuttgart: 77 km

	Aachen	Augsburg	Bamberg	Berlin	Bonn	Braunschweig	Bremen	Darmstadt	Dresden	Düsseldorf	Essen	Frankfurt am Main	Frankfurt an der Oder	Freiburg	Hamburg	Hannover	Karlsruhe	Kassel	Kiel	Koblenz	Köln	Konstanz	Leipzig	Lübeck	Mannheim	München	Nürnberg	Osnabrück	Regensburg	Rostock	Saarbrücken	Stuttgart	Trier	Ulm	Wiesbaden
Augsburg	577																																		
Bamberg	456	203																																	
Berlin	635	566	406																																
Bonn	94	494	359	596																															
Braunschweig	411	557	400	230	373																														
Bremen	373	688	531	394	338	171																													
Darmstadt	270	330	202	573	173	366	476																												
Dresden	653	444	284	190	561	309	473	493																											
Düsseldorf	82	557	422	557	71	334	288	236	584																										
Essen	122	583	445	529	98	306	252	262	555	37																									
Frankfurt am Main	255	314	200	544	158	337	447	32	464	220	247																								
Frankfurt an der Oder	700	631	471	102	661	295	459	638	178	623	595	609																							
Freiburg	452	276	395	807	390	604	714	244	685	471	497	270	872																						
Hamburg	486	714	557	285	451	174	127	523	479	401	365	494	385	761																					
Hannover	353	568	411	286	314	63	129	377	366	275	248	348	352	615	155																				
Karlsruhe	357	226	264	677	266	468	578	108	554	335	361	134	742	134	625	480																			
Kassel	308	411	254	385	270	152	283	220	357	231	202	191	450	458	309	163	323																		
Kiel	568	808	651	346	533	268	209	617	540	483	447	588	446	855	94	249	719	402																	
Koblenz	153	432	322	604	61	376	397	136	524	131	157	121	669	334	511	374	210	225	593																
Köln	70	520	385	573	29	349	314	199	577	40	74	184	638	434	428	291	298	246	510	94															
Konstanz	587	224	396	762	503	677	808	338	640	565	592	365	828	126	834	688	235	531	928	441	529														
Leipzig	573	406	246	182	481	200	364	413	114	468	439	384	247	647	367	257	516	237	461	444	497	602													
Lübeck	543	770	614	278	508	209	184	580	471	458	422	551	377	818	68	212	682	365	77	568	485	891	399												
Mannheim	296	286	254	621	206	414	524	54	544	286	307	80	686	200	571	425	64	268	665	150	245	295	461	628											
München	639	66	232	587	557	605	761	390	465	619	646	398	652	351	788	642	287	485	881	493	583	251	427	804	347										
Nürnberg	485	140	63	437	388	454	593	231	314	451	477	229	502	380	619	473	250	316	713	351	414	335	277	676	239	166									
Osnabrück	259	580	424	421	224	198	121	362	500	174	138	333	486	600	235	139	464	181	317	283	200	695	391	292	410	654	485								
Regensburg	583	145	162	485	487	502	666	329	350	549	576	327	519	469	670	559	338	414	763	450	512	367	325	702	327	124	104	584							
Rostock	664	757	597	222	629	281	305	701	416	579	543	672	322	939	189	333	803	487	191	689	606	953	373	116	749	777	627	413	675						
Saarbrücken	252	356	376	716	217	509	553	170	636	283	313	183	782	199	666	520	131	363	748	201	241	304	556	723	131	417	366	439	455	844					
Stuttgart	426	160	221	633	341	502	633	177	511	404	430	203	698	186	659	513	77	356	753	280	367	181	473	716	133	222	206	534	295	824	207				
Trier	157	423	386	721	147	508	473	185	641	195	233	193	786	294	586	449	199	342	668	131	160	398	561	643	177	485	412	359	500	764	96	275			
Ulm	509	78	214	613	425	538	669	260	491	487	513	287	678	203	695	549	157	392	789	363	450	146	453	752	217	139	186	561	218	804	286	91	354		
Wiesbaden	227	362	234	573	130	366	431	41	493	192	219	41	638	276	523	377	140	220	617	69	156	370	413	580	93	432	263	317	362	701	156	209	155	293	
Würzburg	372	201	100	499	275	364	495	118	377	338	364	116	565	314	521	375	184	218	615	238	301	315	339	577	173	285	116	387	215	690	292	140	302	182	150

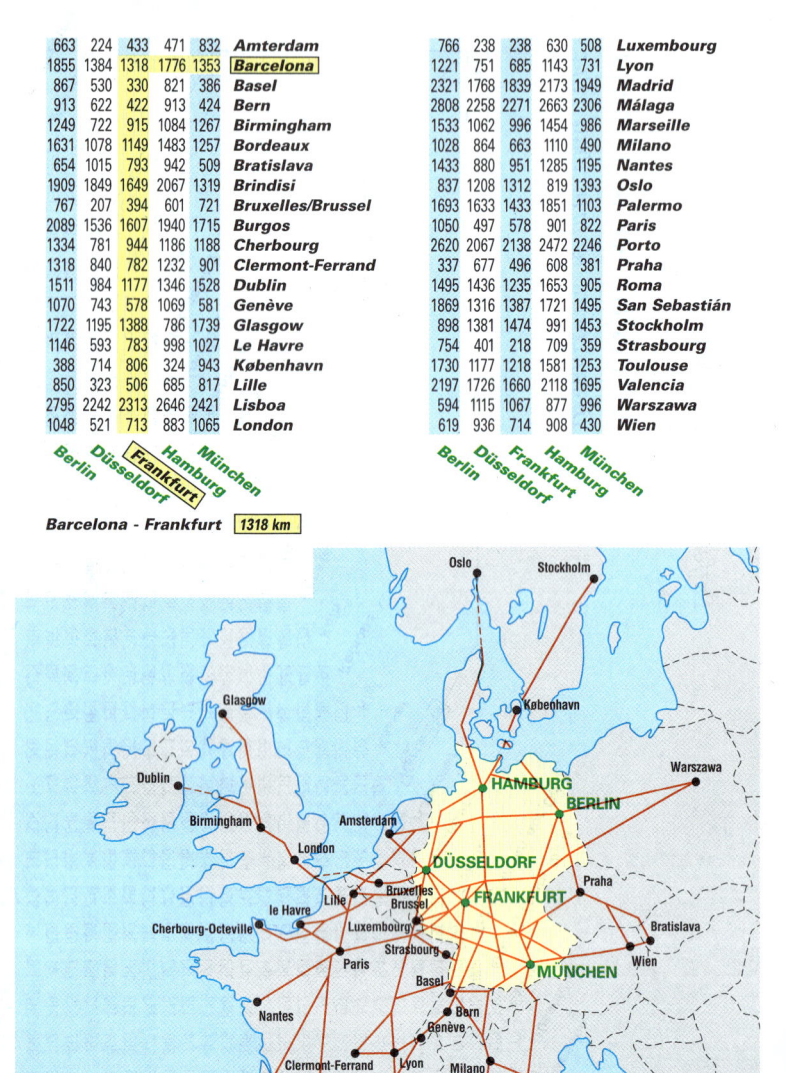

663	224	433	471	832	*Amsterdam*	766	238	238	630	508	*Luxembourg*
1855	1384	1318	1776	1353	*Barcelona*	1221	751	685	1143	731	*Lyon*
867	530	330	821	386	*Basel*	2321	1768	1839	2173	1949	*Madrid*
913	622	422	913	424	*Bern*	2808	2258	2271	2663	2306	*Málaga*
1249	722	915	1084	1267	*Birmingham*	1533	1062	996	1454	986	*Marseille*
1631	1078	1149	1483	1257	*Bordeaux*	1028	864	663	1110	490	*Milano*
654	1015	793	942	509	*Bratislava*	1433	880	951	1285	1195	*Nantes*
1909	1849	1649	2067	1319	*Brindisi*	837	1208	1312	819	1393	*Oslo*
767	207	394	601	721	*Bruxelles/Brussel*	1693	1633	1433	1851	1103	*Palermo*
2089	1536	1607	1940	1715	*Burgos*	1050	497	578	901	822	*Paris*
1334	781	944	1186	1188	*Cherbourg*	2620	2067	2138	2472	2246	*Porto*
1318	840	782	1232	901	*Clermont-Ferrand*	337	677	496	608	381	*Praha*
1511	984	1177	1346	1528	*Dublin*	1495	1436	1235	1653	905	*Roma*
1070	743	578	1069	581	*Genève*	1869	1316	1387	1721	1495	*San Sebastián*
1722	1195	1388	786	1739	*Glasgow*	898	1381	1474	991	1453	*Stockholm*
1146	593	783	998	1027	*Le Havre*	754	401	218	709	359	*Strasbourg*
388	714	806	324	943	*København*	1730	1177	1218	1581	1253	*Toulouse*
850	323	506	685	817	*Lille*	2197	1726	1660	2118	1695	*Valencia*
2795	2242	2313	2646	2421	*Lisboa*	594	1115	1067	877	996	*Warszawa*
1048	521	713	883	1065	*London*	619	936	714	908	430	*Wien*
Berlin	*Düsseldorf*	*Frankfurt*	*Hamburg*	*München*		*Berlin*	*Düsseldorf*	*Frankfurt*	*Hamburg*	*München*	

Barcelona - Frankfurt `1318 km`

Hauptverkehrs-strassen

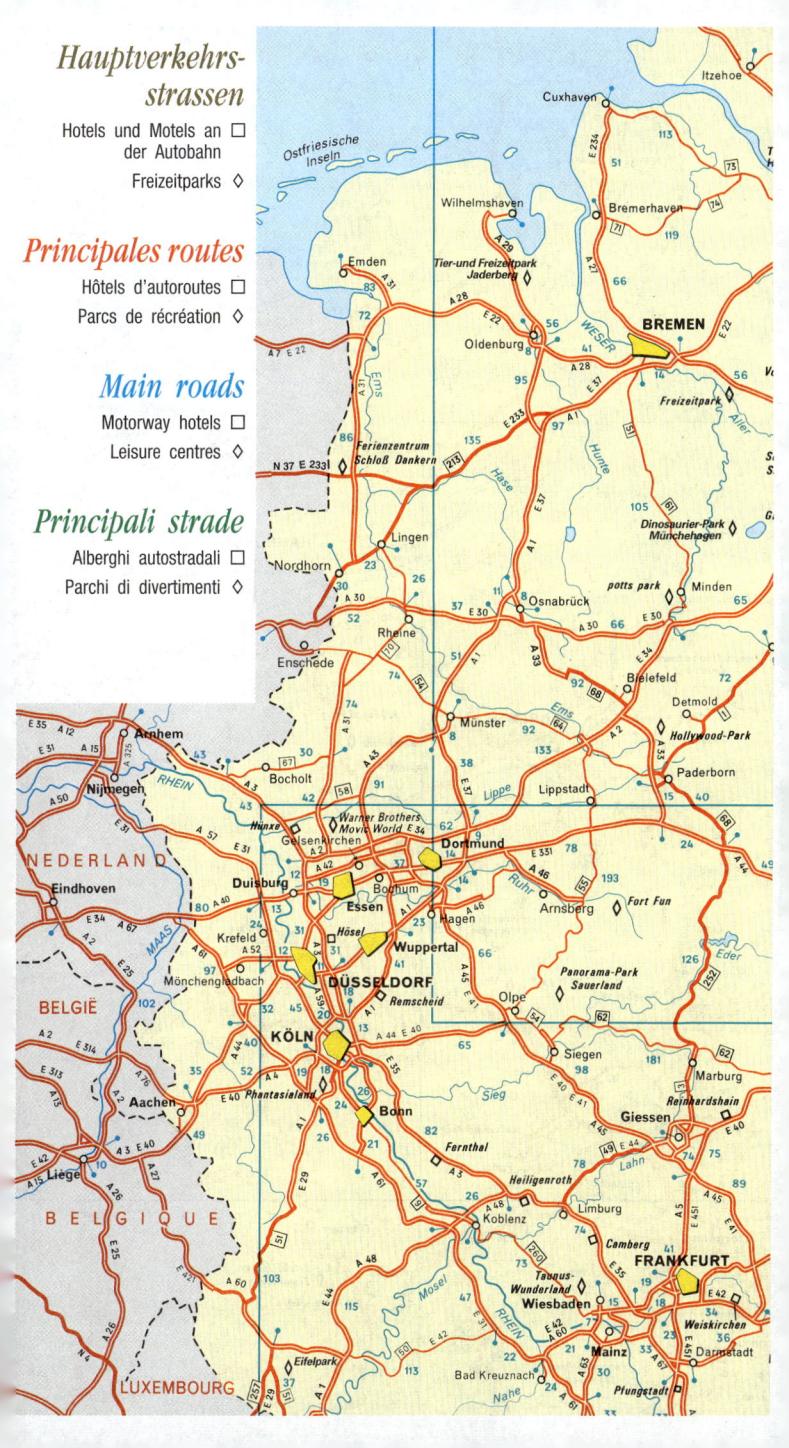

- Hotels und Motels an der Autobahn □
- Freizeitparks ◊

Principales routes

- Hôtels d'autoroutes □
- Parcs de récréation ◊

Main roads

- Motorway hotels □
- Leisure centres ◊

Principali strade

- Alberghi autostradali □
- Parchi di divertimenti ◊

DANMARK
SYLT
Westerland
Flensburg
Schleswig
Kiel
NORDSEE
Nord-Ostsee-Kanal
Neumünster
Hanza-Park
Travemünde
Wismar
Itzehoe
Lübeck
Cuxhaven
Schwerin
HAMBURG
Tierpark Hagenbeck
Wilhelmshaven
Bremerhaven
Lüneburg
ELBE
Tier-und Freizeitpark Jaderberg
BREMEN
Brunautal
Oldenburg
WESER
Heide-Park
Vogelpark
Freizeitpark
Aller
Hunte
Hase
Serengeti-Safaripark
Celle
Garbsen
Dinosaurier-Park Münchehagen
Erse-Park
Wülferode
HANNOVER
Braunschweig
potts park
Minden
Osnabrück
Hildesheim
Hameln
Rasti-Land
Bielefeld
Detmold
Halberstadt
Leine
Münster
Ems
Hollywood-Park
Weser
Paderborn
Lippstadt
Lippe
Göttingen
Nordhausen
Dortmund
Kassel
Erlebnispark Ziegenhagen
Ruhr
Arnsberg
Fort Fun
Kassel-Söhre
Hagen
Erfurt
Eder
Fulda
Panorama-Park Sauerland
Gotha
Olpe
Eisenach
Bad Hersfeld

Mapa

Morze Bałtyckie / Ostsee

Miasta (Niemcy):
- Saßnitz
- Rügen
- Bergen
- Stralsund
- Greifswald
- Rostock
- Neubrandenburg
- Müritz See
- Prenzlau
- Eberswalde
- Stendal
- Brandenburg
- Raststätte Grunewald
- Potsdam
- Spreepark
- BERLIN
- Frankfurt (Oder)
- Eisenhüttenstadt
- Magdeburg
- Wittenberg
- Dessau
- Cottbus
- Halle
- Hoyerswerda
- LEIPZIG
- Meißen
- DRESDEN
- Görlitz
- Naumburg
- Zittau
- Weimar
- Jena
- Gera
- Chemnitz

Miasta (Polska):
- SZCZECIN

Rzeki:
- Elbe / Łaba (Labe)
- Havel
- Oder / Odra
- Spree
- Warta

POLSKA

Wybrane oznaczenia dróg i odległości:
- E 22, E 28, E 30, E 36, E 40, E 55, E 65
- A 10, A 11, A 12, A 13, A 14, A 15, A 19, A 20, A 24, A 38
- 104, 105, 109, 96, 167, 187, 251

Przykładowe liczby kilometrów przy drogach:
73, 50, 31, 66, 81, 89, 40, 73, 36, 32, 111, 53, 35, 52, 26, 41, 30, 98, 58, 62, 73, 88, 48, 93, 49, 109, 103, 92, 43, 61, 48, 49, 94, 18, 67, 77, 37, 65, 74, 30, 16, 44, 34, 5

Map of Germany and Surrounding Regions

Cities and Towns

Northern Region:
- Warner Brothers Movie World
- Gelsenkirchen
- Dortmund
- Göttingen
- Essen
- Bochum
- Hagen
- Arnsberg
- Fort Fun
- Kassel
- Erlebnispark Ziegenhagen
- Kassel-Söhre
- Hösel
- Wuppertal
- DÜSSELDORF
- Remscheid
- Panorama-Park Sauerland
- Olpe
- Bad Hersfeld
- Eisenach
- KÖLN
- Bonn
- Siegen
- Marburg
- Rimberg
- Kirchheim
- Fulda
- Fernthal
- Heiligenroth
- Giessen
- Reinhardshain

Central Region:
- Koblenz
- Limburg
- Camberg
- FRANKFURT
- Schweinfurt
- Taunus-Wunderland
- Wiesbaden
- Weiskirchen
- Aschaffenburg
- Mainz
- Darmstadt
- Weibersbrunn
- Würzburg
- Eifelpark
- Bad Kreuznach
- Pfungstadt
- Trier
- Worms
- Ludwigshafen
- Mannheim
- Wildpark
- Kurpfalz-Park
- Kaiserslautern
- Heidelberg
- Holiday-Park
- Speyer
- Saarbrücken
- Landau
- Bruchsal
- Heilbronn
- Crailsheim
- Pirmasens
- Altweibermühle Tripsdrill
- Schwäbisch Hall
- Karlsruhe
- Baden-Baden
- Pforzheim
- Schwaben-Park
- STUTTGART

Southern Region:
- STRASBOURG
- Tübingen
- Seligweiler
- Dornstadt
- Offenburg
- Freudenstadt
- Reutlingen
- Ulm
- FRANCE
- Riedlingen
- Europa-Park
- Colmar
- Donaueschingen
- Ravensburg
- Freiburg
- Bergwildpark Steinwasen
- Schaffhausen
- Konstanz
- Lindau
- Mulhouse
- Bodensee
- Bregenz
- Belfort
- BASEL
- ZÜRICH
- SCHWEIZ

Rivers and Water Features:
- Ruhr
- Eder
- Fulda
- Werra
- Sieg
- Lahn
- Mosel
- RHEIN
- Nahe
- Main
- Saar
- Neckar
- Jagst
- Meurthe
- Moselle
- Donau
- Rhein
- Bodensee

Map of Southern Germany and surrounding areas

Cities and locations:

- Nordhausen 37
- LEIPZIG
- Meißen 18
- DRESDEN
- Gotha
- Erfurt
- Naumburg
- Weimar
- Jena
- Gera
- Chemnitz
- Zwickau
- Plauen
- Hof
- Karlovy Vary
- ČESKÁ REPUBLIKA
- Coburg
- Bamberg
- Bayreuth
- Weiden
- Plzeň
- Sphermshöhe
- Schloß Thurn
- Fränkisches Wunderland
- Freizeit-Land
- Steigerwald
- Fürth
- NÜRNBERG
- Amberg
- Ansbach
- Feucht
- Churpfalzpark Loifling
- Regensburg
- Straubing
- Passau
- Ingolstadt
- Donauwörth
- Heidenheim
- Holledau
- Landshut
- Edenbergen
- Legoland Leipheim
- Augsburg
- Landsberg
- MÜNCHEN
- Rosenheim
- Chiemsee
- SALZBURG
- Irschenberg
- Bad Reichenhall
- Kempten
- Forggensee
- Garmisch-Partenkirchen
- Innsbruck
- ÖSTERREICH

Rivers: Elbe, Labe, Saale, Main, Naab, Regen, Donau, Isar, Lech, Altmühl, Ammersee, Starnberger See, Inn, Salzach, Iller

Numbered highway distances/markers: 61, 4, 53, 94, 18, 77, 79, 37, 61, 74, 67, 65, 22, 30, 34, 5, 33, 18, 21, 22, 44, 16, 141, 51, 41, 49, 282, 81, 38, 29, 17, 87, 13, 171, 61, 40, 51, 48, 146, 40, 56, 22, 67, 49, 76, 23, 75, 14, 17, 8, 107, 51, 28, 45, 56, 80, 83, 66, 20, 31, 43, 67, 12, 155, 121, 15, 60, 31, 65, 3, 56, 67, 8, 170, 94, 16, 127, 45, 60, 72, 49, 61, 60, 552, 141, 54, 6, 65, 52, 99, 49, 12, 44, 70, 61, 52, 60, 9, 13, 1, 60, 55, 119, 96, 134, 509, 117, 89, 553, 178, 100, 158, 59, 533, 178, 45, 60

Auszug aus dem Messe- und Veranstaltungskalender

Extrait du calendrier des foires et autres manifestations

Excerpt from the calendar of fairs and other events

Estratto del calendario delle fiere ed altre manifestazioni

Messe- und Ausstellungsgelände sind im Ortstext angegeben.

Baden-Baden	Frühjahrsmeeting	15. 5. - 23. 5.
	Herbert von Karajan Pfingstfestspiele	28. 5. - 6. 6.
	Große Woche	27. 8. - 5. 9.
Bayreuth	Wagner-Festspiele	25. 7. - 28. 8.
Berlin	Grüne Woche	16. 1. - 25. 1.
	Berlinale	5. 2. - 15. 2.
	Bautec	17. 2. - 21. 2.
	Internationale Tourismus-Börse (ITB)	12. 3. - 16. 3.
	Berlin Marathon	26. 9.
Bielefeld	Touristik	12.11. - 14.11.
Bregenz (A)	Festspiele	23. 7. - 22. 8.
Dortmund	Motorräder	3. 3. - 7. 3.
	Dortmunder Herbst	3. 9. - 12. 9.
Dresden	Dresdner Reisemarkt	30. 1. - 1. 2.
Dürkheim, Bad	Dürkheimer Wurstmarkt	10. 9. - 20. 9.
Düsseldorf	boot-Düsseldorf	17. 1. - 25. 1.
	GDS (Internationale Schuhmesse)	11. 3. - 14. 3.
	Drupa	6. 5. - 19. 5.
	Caravan Salon	28. 8. - 5. 9.
	GDS (Internationale Schuhmesse)	16. 9. - 19. 9.
	Hogatec	26. 9. - 30. 9.
Essen	Reise/Camping	3. 3. - 7. 3.
	Motor-Show	26.11. - 5.12.
Frankfurt	Heimtextil	14. 1. - 17. 1.
	Ambiente Internationale Frankfurter Messe	20. 2. - 24. 2.
	Prolight + Sound	31. 3. - 3. 4.
	Musikmesse	31. 3. - 4. 4.
	Tendence Internationale Frankfurter Messe	27. 8. - 31. 8.
	Frankfurter Buchmesse	6.10. - 11.10.
Freiburg	Camping- und Freizeitausstellung	13. 3. - 21. 3.
Friedrichshafen	IBO - Messe	20. 3. - 28. 3.
	Internationale Wassersportausstellung (INTERBOOT)	18. 9. - 26. 9.
Furth im Wald	Der Drachenstich	6. 8. - 16. 8.
Hamburg	REISEN - Hamburg	11. 2. - 15. 2.
	INTERNORGA	5. 3. - 10. 3.
	Hafengeburtstag Hamburg	5. 5. - 8. 5.

	German open (Tennis)	10. 5. - 16. 5.
	Hanseboot	23.10. - 31.10.
Hannover	CeBIT	18. 3. - 24. 3.
	Hannover Messe INDUSTRIE	19. 4. - 24. 4.
	IAA-Nutzfahrzeuge	23. 9. - 30. 9.
	Euro-Blech	26.10. - 30.10.
Hersfeld, Bad	Festspiele	10. 6. - 2. 8.
Kempten i.A.	Allgäuer Festwoche	14. 8. - 22. 8.
Kiel	Kieler Woche	19. 6. - 27. 6.
Köln	Internationale Möbelmesse	19. 1. - 25. 1.
	Photokina	28. 9. - 3.10.
	Reisemarkt Köln	26.11. - 28.11.
Leipzig	Haus-Garten-Freizeit	14. 2. - 22. 2.
	Buchmesse	25. 3. - 28. 3.
	Auto Mobil International	17. 4. - 25. 4.
	TC - Touristik + Caravaning	17.11. - 21.11.
Mannheim	Maimarkt	24. 4. - 4. 5.
München	ISPO-Winter	1. 2. - 4. 2.
	C - B - R (Caravan - Boot - Reisemarkt)	14. 2. - 18. 2.
	Internationale Handwerksmesse	4. 3. - 10. 3.
	Bauma	29. 3. - 4. 4.
	ISPO-Sommer	27. 6. - 29. 6.
	Oktoberfest	18. 9. - 3.10.
	System	18.10. - 22.10.
Nürnberg	Internationale Spielwarenmesse	5. 2. - 10. 2.
	Freizeit, Garten + Touristik	28. 2. - 7. 3.
	Consumenta	24.10. - 1.11.
	Christkindlesmarkt	26.11. - 24.12.
Offenburg	Oberrhein-Messe	25. 9. - 3.10.
Rothenburg o.d.T.	Historische Festspiele	28. 5. - 31. 5.
		3. 9. - 5. 9.
Saarbrücken	Internationale Saarmesse	27. 3. - 4. 4.
Salzburg (A)	Osterfestspiele	3. 4. - 12. 4.
	Barockfestspiele	28. 5. - 31. 5.
	Sommerfestspiele	26. 7. - 31. 8.
Stuttgart	CMT -Ausstellung für Caravan, Motor, Touristik	17. 1. - 25. 1.
	Intergastra	14. 2. - 19. 2.
	Cannstatter Wasen	25. 9. - 10.10.
Ulm	Leben-Wohnen-Freizeit	27. 3. - 4. 4.
Villingen - Schwenningen	Südwest-Messe	5. 6. - 13. 6.
Wunsiedel	Luisenburg-Festspiele	25. 5. - 24. 8.

Telefon-Vorwahlnummern international

Wichtig : bei Auslandsgesprächen darf die Null (0) der Ortsnetzkennzahl nicht gewählt werden (außer bei Gesprächen nach Italien).

Indicatifs Téléphoniques Internationaux

Important : pour les communications internationales, le zéro (0) initial de l'indicatif interurbain n'est pas à composer (excepté pour les appels vers l'Italie).

von \ nach	A	B	CH	CZ	D	DK	E	FIN	F	GB	GR
A Österreich		0032	0041	00420	0049	0045	0034	00358	0033	0044	0030
B Belgien	0043		0041	00420	0049	0045	0034	00358	0033	0044	0030
CH Schweiz	0043	0032		00420	0049	0045	0034	00358	0033	0044	0030
CZ Tschechische Rep.	0043	0032	0041		0049	0045	0034	00358	0033	0044	0030
D Deutschland	0043	0032	0041	00420		0045	0034	00358	0033	0044	0030
DK Dänemark	0043	0032	0041	00420	0049		0034	00358	0033	0044	0030
E Spanien	0043	0032	0041	00420	0049	0045		00358	0033	0044	0030
FIN Finnland	0043	0032	0041	00420	0049	0045	0034		0033	0044	0030
F Frankreich	0043	0032	0041	00420	0049	0045	0034	00358		0044	0030
GB Großbritannien	0043	0032	0041	00420	0049	0045	0034	00358	0033		0030
GR Griechenland	0043	0032	0041	00420	0049	0045	0034	00358	0033	0044	
H Ungarn	0043	0032	0041	00420	0049	0045	0034	00358	0033	0044	0030
I Italien	0043	0032	0041	00420	0049	0045	0034	00358	0033	0044	0030
IRL Irland	0043	0032	0041	00420	0049	0045	0034	00358	0033	0044	0030
J Japan	00143	00132	00141	001420	00149	00145	00134	001358	00133	00144	00130
L Luxemburg	0043	0032	0041	00420	0049	0045	0034	00358	0033	0044	0030
N Norwegen	0043	0032	0041	00420	0049	0045	0034	00358	0033	0044	0030
NL Niederlande	0043	0032	0041	00420	0049	0045	0034	00358	0033	0044	0030
PL Polen	0043	0032	0041	00420	0049	0045	0034	00358	0033	0044	0030
P Portugal	0043	0032	0041	00420	0049	0045	0034	00358	0033	0044	0030
RUS Russ. Föderation	81043	81032	81041	810420	81049	81045	*	810358	81033	81044	*
S Schweden	00943	00932	00941	009420	00949	00945	00934	009358	00933	00944	00930
USA	01143	01132	01141	011420	01149	01145	01134	01358	01133	01144	01130

* *Automatische Vorwahl nicht möglich*   * *Pas de sélection automatique*

International Dialling Codes

Note : when making an international call, do not dial the first "0" of the city codes (except for calls to Italy).

Indicativi Telefonici Internazionali

Importante : per le comunicazioni internazionali, non bisogna comporre lo zero (0) iniziale dell'indicativo interurbano (escluse le chiamate per l'Italia).

Ⓗ	Ⓘ	ⒾⓇⓁ	Ⓙ	Ⓛ	Ⓝ	ⓃⓁ	ⓅⓁ	Ⓟ	ⓇⓊⓈ	Ⓢ	ⓊⓈⒶ	
0036	0039	00353	0081	00352	0047	0031	0048	00351	007	0046	001	**A Österreich**
0036	0039	00353	0081	00352	0047	0031	0048	00351	007	0046	001	**B Belgien**
0036	0039	00353	0081	00352	0047	0031	0048	00351	007	0046	001	**CH Schweiz**
0036	0039	00353	0081	00352	0047	0031	0048	00351	007	0046	001	**CZ Tschechische Rep.**
0036	0039	00353	0081	00352	0047	0031	0048	00351	007	0046	001	**D Deutschland**
0036	0039	00353	0081	00352	0047	0031	0048	00351	007	0046	001	**DK Dänemark**
0036	0039	00353	0081	00352	0047	0031	0048	00351	007	0046	001	**E Spanien**
0036	0039	00353	0081	00352	0047	0031	0048	00351	007	0046	001	**FIN Finnland**
0036	0039	00353	0081	00352	0047	0031	0048	00351	007	0046	001	**F Frankreich**
0036	0039	00353	0081	00352	0047	0031	0048	00351	007	0046	001	**GB Großbritannien**
0036	0039	00353	0081	00352	0047	0031	0048	00351	007	0046	001	**GR Griechenland**
	0039	00353	0081	00352	0047	0031	0048	00351	007	0046	001	**H Ungarn**
0036		00353	0081	00352	0047	0031	0048	00351	*	0046	001	**I Italien**
0036	0039		0081	00352	0047	0031	0048	00351	007	0046	001	**IRL Irland**
00136	00139	001353		001352	00147	00131	00148	001351	*	00146	0011	**J Japan**
0036	0039	00353	0081		0047	0031	0048	00351	007	0046	001	**L Luxemburg**
0036	0039	00353	0081	00352		0031	0048	00351	007	0046	001	**N Norwegen**
0036	0039	00353	0081	00352	0047		0048	00351	007	0046	001	**NL Niederlande**
0036	0039	00353	0081	00352	0047	0031		00351	007	0046	001	**PL Polen**
0036	0039	00353	0081	00352	0047	0031	0048		007	0046	001	**P Portugal**
81036	*	*	*	*	*	81031	81048	*		*	*	**RUS Russ. Föderation**
00936	00939	009353	00981	009352	00947	00931	00948	009351	0097		0091	**S Schweden**
01136	01139	011353	01181	011352	01147	01131	01148	011351	*	01146		**USA**

* *Direct dialing not possible*   * *Selezione automatica impossibile*

Manufacture française des pneumatiques Michelin
Société en commandite par actions au capital de 304 000 000 EUR
Place des Carmes-Déchaux – 63 Clermont-Ferrand (France)
R.C.S. Clermont-Fd B 855 200 507
© **Michelin et Cie, propriétaires-éditeurs**
Dépôt légal Novembre 2003 – ISBN 2-06-710244-3
Printed in France, 10-03/1.1

Jede Reproduktion, gleich welcher Art, welchen Umfangs und mit welchen Mitteln, ohne Erlaubnis des Herausgebers ist untersagt.

Compograveur : MAURY Imprimeur S.A., Malesherbes
Imprimeur : ISTRA, Schiltigheim
Relieur : S.I.R.C., Marigny-le-Châtel

Illustrations de l'introduction : Cécile Imbert/MICHELIN
Illustrations de la nomenclature : Rodolphe Corbel